Vorwort

Der anlässlich des Inkrafttretens des 2. KostRMoG erstmals erschienene Kommentar zum Gesamten Kostenrecht st von der Praxis überaus freundlich angenommen worden. Zwei Jahre nach Erscheinen der ersten Auflage var nun eine Neuauflage angezeigt, denn das Kostenrecht hat seither eine Reihe von bedeutsamen Veränderungen erfahren.

Das Gesetz zum Internationalen Erbrecht und zur Änderung von Vorschriften zum Erbschein führte im GNotKG neue Gebührentatbestände für das Europäische Nachlasszeugnis ein. In den Grundbuchangelegenheiten kamen neue Gebührenvorschriften hinzu, vor allem zu den Gesamtrechten. Wesentliche Änderungen erfolgten auch in den Betreuungssachen durch die Einführung neuer Regelungen zur Eilbetreuung durch das Gesetz zur Durchführung des Haager Übereinkommens vom 30. Juni 2005 über Gerichtsstandsvereinbarungen. Das 3. Opferrechtsreformgesetz gilt ab 1.1.2017 und damit haben auch die Neuregelungen der Zuschläge im GKG für die psychosoziale Prozessbegleitung Geltung. Zeitgleich tritt auch das neue Gesetz über die psychosoziale Prozessbegleitung im Strafverfahren (PsychPbG) mit den Vergütungsregelungen für den psychosozialen Prozessbegleiter in Kraft. Damit ist nur ein Teil der Aktivitäten des Gesetzgebers auf dem Gebiet des Kostenrechts angesprochen.

Bemerkenswert ist auch der beträchtliche Umfang der seit dem 2. KostRMoG erschienenen Rechtsprechung und Literatur, die es zu bewerten und zu verarbeiten galt, insbesondere zum GNotKG. Aber auch zu „alten Themen" haben sich wichtige Entscheidungen ergeben – auch dies ist Indiz für die besondere Bedeutung des Kostenrechts.

Dies alles veranlasst uns zur Herausgabe der nun vorliegenden 2. Auflage des „NK-GK". Der Zuspruch und die große Beachtung, die dem Kommentar bereits in der Erstauflage von Seiten der Leserschaft entgegengebracht worden sind, haben uns ermutigt, das Konzept beizubehalten: eine aktuelle, verlässliche und gut strukturierte Kommentierung aller kostenrechtlichen Vorschriften, gebündelt in einem Band, für alle Berufsgruppen, die in ihrer täglichen Praxis mit dem Kostenrecht zu tun haben – vor allem Richter, Rechtspfleger, Kostenbeamte, Urkundsbeamte, Rechtsanwälte, Notare, Gerichtsvollzieher und Sachverständige. Ein Kommentar, der alle Bereiche mit kostenrechtlichem Bezug abdeckt und die Verzahnungen der einzelnen Rechtsgebiete untereinander stärker berücksichtigt und verständlicher macht, als dies Spezialkommentare naturgemäß leisten können. Und ein Kommentar, der den Fokus der Erläuterungen ganz bewusst auf die abrechnungstypischen Praxisthemen legt. Im Bereich der Gerichtskostengesetze beispielsweise auf die Themen wie Fälligkeit, Abhängigmachung, Vorschuss, Kostenschuldner, Kostenansatz und Rechtsbehelfe, im Bereich der Anwaltsvergütung und Notarkosten auf das Entstehen der Gebühr, ihren Abgeltungsbereich und die praxisbedeutsamen Anrechnungsfragen.

Die durchgängig gelobten Analysen detaillierter Verfahrenskonstellationen haben wir nochmals ausgebaut, um so die Unterschiede in der Gebührenabrechnung noch deutlicher zu machen. Außerdem veranschaulichen viele neue Berechnungs- und Fallbeispiele – oft auch mit Varianten – die Kostenabrechnung und ermöglichen darüber hinaus eine sichere Aneignung. Nochmals erweiterte A–Z-Auflistungen geben normbezogen Antwort auf immer wiederkehrende Fragestellungen, vor allem bei der Wertbestimmung.

Die Neuauflage liefert damit einen vollständigen Überblick über alle praxisrelevanten Kostenvorschriften einschließlich der Rechtsprechung in der Regel auf dem Stand vom Sommer 2016. Neben den eingangs genannten Änderungsgesetzen und den zahlreichen weiteren Änderungsgesetzen mit kostenrechtlichem Bezug aus den Jahren 2014 bis Mitte 2016 sind vorausblickend bereits die geplanten umfangreichen Änderungen durch das „Gesetz zur Durchführung der Verordnung (EU) Nr. 655/2014 sowie zur Änderung sonstiger zivilprozessualer Vorschriften (EuKoPfVODG)" eingearbeitet. Sie erstrecken sich auf alle großen Kostengesetze, lösen vor allem bisherige brisante Streitfragen im GvKostG und korrespondieren mit Änderungen in den zwangsvollstreckungsrechtlichen Vorschriften des 8. Buches der ZPO, die ebenfalls in die Erläuterungen miteinbezogen werden. Auch die anstehenden Änderungen im GKG zur Vorwegleistungspflicht in Verfahren wegen überlanger Gerichtsverfahren und strafrechtlicher Ermittlungsverfahren durch das „Gesetz zur Änderung des Sachverständigenrechts und zur weiteren Änderung des Gesetzes über das Verfahren in Familiensachen und in den Angelegenheiten der freiwilligen Gerichtsbarkeit sowie zur Änderung des Sozialgerichtsgesetzes, der Verwaltungsgerichtsordnung, der Finanzgerichtsordnung und des Gerichtskostengesetzes" sind bereits berücksichtigt.

Neu bearbeitet sind die Vorschriften über die Abrechnung des bestellten/beigeordneten Rechtsanwalts in Strafsachen mit der Landeskasse (§§ 52–59 a RVG), Teil 6 VV RVG (Sonstige Verfahren) und Teil 7 VV RVG (Auslagen). Hinzu gekommen sind Beiträge zur Kostenfestsetzung und -erstattung sowie zur Vergütung des psychosozialen Prozessbegleiters.

All diese Neuerungen und Vertiefungen benötigen Platz. Auf die Kommentierung des Bundesgebührengesetzes und des Beratungshilfegesetzes wurde daher verzichtet. Auch die Vorschriften zu den Voraussetzungen der Bewilligung und Beiordnung im Rahmen der Prozess- und Verfahrenskostenhilfe, die ohne unmittelbaren kostenrechtlichen Bezug sind, wurden nicht kommentiert.

Unser Ziel ist es, im Bereich des Kostenrechts alle denkbaren Fragestellungen aufzugreifen und für alle kostenrechtlichen Problemfälle Lösungen anzubieten. Gleichwohl treten stets neue Fragen in der täglichen praktischen Arbeit auf. Darauf wollen wir in der nächsten Auflage Antwort geben. Anregungen unter dem Stichwort „NK-GK" sind willkommen (www.nomos.de).

Allen Autoren danken wir für die wiederum engagierte Arbeit an diesem Werk. Besonderer Dank gilt unserer Lektorin, Frau Rechtsanwältin Gertrud Vorbuchner, die auch diese Auflage wieder mit großem Einsatz umsichtig betreut und mit ihrem kritischen und sorgfältigen Blick auf die Texte ganz entscheidend zur Qualität des Werkes beigetragen hat.

Neunkirchen/Willich/Lübeck,
im August 2016

Norbert Schneider
Joachim Volpert
Peter Fölsch

Inhaltsverzeichnis

Teil 4:
Sonstige Kostenvorschriften in der Arbeits- und Sozialgerichtsbarkeit

Teil 5:
Gerichtskosten in berufsgerichtlichen Verfahren

Teil 6:
Deutsches Patent- und Markenamt, Bundespatentgericht

Teil 7:
Kostenhilferecht

Teil 8:
Vergütung und Aufwendungsersatz sonstiger Personen

Teil 9:
Kostenerstattung und Kostenfestsetzung

Bearbeiterverzeichnis

Karl Büringer, Notar, Kempten
  GNotKG: §§ 11–17, 121–124; KV Vorbem. 3.2, Nr. 32000–32015

Bianca Docter-Schüller, Dipl.-Wirtschaftsjuristin (FH), Hamburg
  Ziff. 28: „Vergütung des Testamentsvollstreckers"

Benedikt Drempetic, Notar, Kulmbach
  GNotKG: §§ 112, 113; KV Vorbem. 1.4, Nr. 14110–14160, Nr. 14210–14261, Nr. 14310–14342,
  Vorbem. 1.4.4, Nr. 14400, 14401, Vorbem. 1.4.5, Nr. 14510–14530, Vorbem. 2.1.3, Nr. 21300–21304

Dr. Christian Fackelmann, M.St. (Oxford), Notar, Bad Staffelstein
  GNotKG: §§ 1–7 a, 34, 46–51, 55, 77–80, 97, 98, 100, 101, 104; Vorbem. 2, Vorbem. 2.1,
  Vorbem. 2.1.1, Nr. 21100–21102

Peter Fölsch, Richter am Landgericht, Lübeck
  GKG: § 22 Abs. 4, §§ 49–51 a; KV Vorbem. 1.2.2, Nr. 1220–1223, Nr. 1810–1827, Nr. 1902, Nr. 9018
  JVKostG: § 15 a; KV Nr. 1160

Eva Friedrich, Diplom-Rechtspflegerin, Regensburg
  GNotKG: Vor §§ 22 ff, §§ 22–28

Dr. Michael Giers, Direktor des Amtsgerichts, Neustadt a. Rbge.
  GNotKG: § 76; KV Vorbem. 1.5.1, Vorbem. 1.5.1.1, Nr. 15110–15141
  JVEG: §§ 1–4 c, 10, 11, 13, 24, 25
  JBeitrO; EBAO
  ZPO: §§ 121, 122, 124, 125

Dr. Claudia Greipl, Notarin, Dipl.-Verwaltungswirtin (FH), Weiden i.d. OPf.
  GNotKG: §§ 40–42, 95, 96, 126; KV Vorbem. 1.6, Vorbem. 1.6.1, Nr. 16110–16124, Vorbem. 1.6.2,
  Nr. 16210–16224, Nr. 26000–26003

Dr. Jörn Heinemann, LL.M., Notar, Neumarkt i.d. OPf.
  GNotKG: §§ 35–39, 127–131; KV Vorbem. 1.3, Nr. 13100, 13101, Nr. 13200, 13201, Nr. 13310–
  13332, Nr. 13400, Vorbem. 1.5.2, Nr. 15210–15241

Dr. Jan Heisel, Notar, Coburg
  GNotKG: §§ 85–87, 105–108; KV Nr. 23200, 23201, Vorbem. 2.3.3, Nr. 23300–23302, Vorbem. 2.3.4,
  Nr. 23400, 23401, Vorbem. 2.3.5, Nr. 23500–23503

Stefan Hering, LL.M., Rechtsanwalt, Offenbach am Main
  GNotKG: §§ 8–10, 32, 33, 114–118; KV Vorbem. 1.3.5, Nr. 13500–13504, Nr. 13610–13630,
  Vorbem. 2.3, Nr. 23100, Vorbem. 2.3.6, Nr. 23600–23603, Nr. 23700, 23701, Nr. 23800–23808,
  Vorbem. 2.5.3, Nr. 25300, 25301

Dirk Hinne, Rechtsanwalt, Fachanwalt für Medizinrecht, Fachanwalt für Sozialrecht, Fachanwalt für Versicherungsrecht, Dortmund
  RVG: §§ 3, 15, 16–20, 22 Abs. 1; VV Nr. 1005, 1006, Nr. 2100–2103, Nr. 2302, Nr. 3102, Nr. 3106,
  Nr. 3204, 3205, Nr. 3212, 3213, Nr. 3406, Nr. 3501, Nr. 3511, 3512, Nr. 3515, Nr. 3517, 3518
  SGG: §§ 73 a, 183–197 b

Dr. Jochen Hofmann-Hoeppel, Höchberg
  GKG: § 42 Abs. 1 S. 1, 1. und 2. Var., Abs. 1 S. 2, 1. Alt., § 52 (Verwaltungsgerichtsbarkeit), § 53 Abs. 2
  Nr. 1, 1. Alt., Nr. 2; KV Teil 5 (Nr. 5110–5601)
  RVG: §§ 37–38 a, 40

Dr. Holger Jäckel, Richter am Landgericht, Nürnberg/Karlsruhe
  GNotKG: §§ 71–75, 81–84; KV Vorbem. 1.2, Nr. 12100, 12101, Vorbem. 1.2.2, Nr. 12210–12240,
  Nr. 12310–12340, Nr. 12410–12428, Nr. 12520–12550, Vorbem. 1.5.3, Nr. 15300, 15301,
  Vorbem. 2.3.9, Nr. 23900–23903

Heiko Janssen, Rechtsanwalt und Notar, Fachanwalt für Insolvenzrecht, Fachanwalt für Handels- und Gesellschaftsrecht, Insolvenzverwalter, Aurich
GKG: § 1 Abs. 1 S. 1 Nr. 2–4, §§ 23, 23 a, 53 a, 58; KV Nr. 1650–1653, Vorbem. 2.3, Nr. 2310–2364, Nr. 9017
RVG: VV Vorbem. 3.3.5, Nr. 3313–3323
InsVV

Karl-Ludwig Kessel, Diplom-Rechtspfleger, Landgericht Bonn, Lehrkraft am Ausbildungszentrum der Justiz NRW
GvKostG

Hans Dieter Klos, Diplom-Rechtspfleger, Dozent an der Fachhochschule für Rechtspflege NRW und Lehrkraft am Ausbildungszentrum der Justiz NRW, Bad Münstereifel
GKG: § 5, § 6 Abs. 1, 2, §§ 7, 9, 15, Vor §§ 22 ff („Wirkungen der Prozesskostenhilfe"), §§ 26, 54, 55; KV Nr. 1610, Vorbem. 2.2, Nr. 2210–2243
RVG: §§ 8, 9, 11, 12, 41; VV Nr. 3311, 3312, 3335
Ziff. 26: „Vergütung des Betreuers, Vormunds und Verfahrenspflegers"

Jürgen Köpf, Rechtsanwalt, Fachanwalt für Arbeitsrecht, Fachanwalt für Sozialrecht, Dachau
GKG: § 1 Abs. 2 Nr. 4, § 2 Abs. 2 und 4 (Arbeitsgerichtsbarkeit), § 6 Abs. 3, § 11, § 22 Abs. 2, § 42 Abs. 1 S. 1, 3. Var., Abs. 2, Abs. 3 (Arbeitsgerichtsbarkeit), Anhang 2 zu § 48 GKG („Streit- und Gegenstandswerte in Arbeitssachen; Streitwertkatalog für die Arbeitsgerichtsbarkeit"); KV Teil 8 (Nr. 8100–8700)
RVG: § 36 Abs. 1 Nr. 2, § 44; VV Vorbem. 2.5, Nr. 2500–2508, Nr. 3326
ArbGG: §§ 11 a, 12, 12 a
BetrVG: §§ 40, 76 a, 80 Abs. 3

Thomas Krause, Notar, Staßfurt
GNotKG: §§ 88–90, 102, 103, 119, 120; KV Nr. 25100–25104

PD Dr. Peter Kreutz, Akademischer Oberrat a.Z., Universität Augsburg
GKG: § 53 Abs. 1 Nr. 1–3; KV Vorbem. 1.4, Nr. 1410–1431, Nr. 1620–1629
RVG: § 36 Abs. 1 Nr. 1, Abs. 2; VV Nr. 3327

Ralf Kurpat, Vorsitzender Richter am Landgericht, Bonn
GKG: § 41, § 42 Abs. 1 aF, Abs. 3 (Zivilgerichtsbarkeit), §§ 44, 45, 48, Anhang 1 zu § 48 GKG („Streitwert nach §§ 3–9 ZPO"), § 53 Abs. 1 Nr. 4; KV Nr. 1640–1644

Dr. Martin Leiß, M.A., Notar, Rosenheim
GNotKG: §§ 29–31, 52–54, 99; KV Vorbem. 2.4.1, Nr. 24100–24103, Nr. 24200–24203, Nr. 25200–25209, Nr. 25210–25214

Dr. Michael Luber, LL.M. Eur, Regierungsdirektor, Bayerisches Staatsministerium der Finanzen, für Landesentwicklung und Heimat, München
GKG: § 52 (Finanzgerichtsbarkeit), Anhang 2 zu § 52 GKG („Streitwertkatalog für die Finanzgerichtsbarkeit"), § 53 Abs. 2 Nr. 1, 2. Alt., Nr. 3; KV Teil 6 (Nr. 6110–6600)

Dr. Klaus Macht, Notar, Ingolstadt
GNotKG: §§ 19, 21, 91, 93, 94, 109–111; KV Vorbem. 2.1.2, Nr. 21200, 21201, Vorbem. 2.2, Vorbem. 2.2.1.1, Nr. 22110–22114, Vorbem. 2.2.1.2, Nr. 22120–22125, Nr. 22200, 22201

Ralf Pannen, M.A., Diplom-Rechtspfleger, Dozent an der Fachhochschule für Rechtspflege NRW und Lehrkraft am Ausbildungszentrum der Justiz NRW, Bad Münstereifel
JVEG: §§ 5–9, 12, 14–23 (gemeinsam mit *Simon*)

Dr. Stefan Poller, Richter am Amtsgericht, Laufen
GNotKG: § 58
HRegGebV; § 107 GVG

Dr. Christoph Röhl, Notar, Wegscheid
  GNotKG: §§ 43–45, 132–136; KV Nr. 17000–17006

Heinz Schäfer, Richter am Landessozialgericht, Steinfurt
  GKG: § 1 Abs. 2 Nr. 3, § 42 Abs. 1 S. 1, 4. Var., S. 2, § 52 (Sozialgerichtsbarkeit), Anhang 3 zu § 52 GKG
  („Streitwertkatalog für die Sozialgerichtsbarkeit"), § 53 Abs. 2 Nr. 4; KV Teil 7 (Nr. 7110–7601)

Torsten Schmidt-Eichhorn, Vorsitzender Richter am Oberlandesgericht a.D., Köln
  §§ 76, 78 FamFG

Hagen Schneider, Diplom-Rechtspfleger, Ministerium für Justiz und Gleichstellung des Landes Sachsen-
  Anhalt, Magdeburg
  GKG: KV Nr. 1230–1232, Nr. 1240–1243, Nr. 1630–1632, Nr. 2410–2441
  FamGKG: §§ 1–61, 62–64; Kostenverzeichnis
  GNotKG: §§ 56, 57
  RVG: §§ 1, 39, 45–50, 62; VV Vorbem. 3.2, Vorbem. 3.2.1, Nr. 3200–3203, Vorbem. 3.2.2, Nr. 3206–
  3211, Vorbem. 3.5, Nr. 3500, Nr. 3513, 3514
  JVKostG: §§ 1–15, 16–25; KV Nr. 1110–1152, 1210–2002
  Ziff. 10: „Landesgesetze"
  Ziff. 11: „Kosten in Hinterlegungssachen"
  Ziff. 27: „Vergütung des Verfahrensbeistands"
  Ziff. 30: „Vergütung des psychosozialen Prozessbegleiters"
  Anhang I: Verwaltungsvorschriften

Norbert Schneider, Rechtsanwalt, Neunkirchen
  GKG: §§ 3, 4, 8, 34–37, 39, 40, 43, 47, 60–65, 68, 71, 72; KV Nr. 1900, Vorbem. 4, Vorbem. 4.1,
  Nr. 4120–4500
  RVG: § 23 a
  Ziff. 31: „Kostenerstattung und Kostenfestsetzung"
  Anhang II: Gebührentabellen

Stefanie Simon, Diplom-Rechtspflegerin, Dozentin an der Fachhochschule für Rechtspflege NRW und
  Lehrkraft am Ausbildungszentrum der Justiz NRW, Bad Münstereifel
  JVEG: §§ 5–9, 12, 14–23 (gemeinsam mit *Pannen*)

Dr. Thomas Stollenwerk, Vorsitzender Richter am Landgericht, Bonn
  RVG: §§ 42, 43, 51–59 a; VV Teil 4 (Vorbem. 4, Nr. 4100–4304), Teil 5 (Vorbem. 5, Nr. 5100–5200),
  Teil 6 (Vorbem. 6, Nr. 6100–6500), Teil 7 (Vorbem. 7, Nr. 7000–7008)

Joachim Teubel, Rechtsanwalt und Notar a.D., Hamm
  GNotKG: §§ 18, 20, 59–62, 65–70, 92, 118 a, 125; KV Vorbem. 1.8, Nr. 18000–18004, Nr. 19110–
  19130, Nr. 19200, Vorbem. 3, Vorbem. 3.1, Nr. 31000–31016

Lotte Thiel, Rechtsanwältin, Fachanwältin für Familienrecht, Mediatorin, Koblenz
  GKG: §§ 21, 38, 53 Abs. 2 Nr. 5, 69, 69 a; KV Vorbem. 1.5, Nr. 1510–1523, Nr. 1700, Nr. 1901,
  Nr. 2500
  RVG: §§ 2, 5, 10, 12 a, 13, 15 a, 21, 22 Abs. 2, 23, 23 b–33, 35, 41 a, 60, 61; VV Vorbem. 1, Nr. 1000–
  1004, 1009, 1010, Nr. 2200, 2201, Vorbem. 3.3.1, Nr. 3300, 3301, Vorbem. 3.3.2, Nr. 3305–3308,
  Vorbem. 3.3.3, Nr. 3309, 3310, Vorbem. 3.3.6, Nr. 3324, Nr. 3328–3334, Nr. 3337, 3338, Nr. 3502–
  3510, Nr. 3516

Guido Vierkötter, LL.M. (Gewerblicher Rechtsschutz), Rechtsanwalt, Neunkirchen
  GKG: KV Nr. 1250–1256
  RVG: VV Nr. 3325
  PatKostG; PatKostZV; DPMAVwKostV

Joachim Volpert, Diplom-Rechtspfleger, Düsseldorf
GKG: § 1 Abs. 1 S. 1 Nr. 1, 5–21, Abs. 1 S. 2, Abs. 2 Nr. 1, 2, 5, Abs. 3–5; § 2 Abs. 1, 2 (Insolvenzsachen), Abs. 3, 4 (Verwaltungssachen), Abs. 5; §§ 5 a, 5 b, 10, 12–14, 16–20, § 22 Abs. 1, 3, §§ 24, 25, 27–33, 56, 57, 59, 66, 67, 69 b, 70 a, 73; KV Vorbem. 1, Nr. 1100, Vorbem. 1.2.1, Nr. 1210–1215, Vorbem. 2.1, Nr. 2110–2124, Teil 3 (Nr. 3110–3920), Nr. 4110–4112, Vorbem. 9, Nr. 9000–9016, Nr. 9019
FamGKG: § 61 a
GNotKG: §§ 63, 64; KV Vorbem. 1, Vorbem. 1.1, Vorbem. 1.1.1, Nr. 11100–11105, Nr. 11200, 11201, Nr. 11300–11302, 11400
RVG: §§ 12 b, 12 c, 59 b

Klaus Winkler, Rechtsanwalt, Freiburg
RVG: §§ 3 a–4 b, 6, 7, 14, 34; VV Nr. 1008, Vorbem. 2

Tilman Winkler, Rechtsanwalt, Freiburg, Geschäftsführer der Rechtsanwaltskammer Freiburg
RVG: VV Vorbem. 2.3, Nr. 2300, 2301, Nr. 2303, Vorbem. 3, Vorbem. 3.1, Nr. 3100, 3101, Nr. 3104, 3105, Vorbem. 3.4, Nr. 3400–3405

Prof. Dr. Kerstin Wolf, M.A., Rechtsanwältin und Wirtschaftsmediatorin, FOM Hochschule für Oekonomie und Management, München
BRAO (§§ 193–195, 199, GebVerz); PAO (§§ 146–148, GebVerz); StBerG (§ 146, GebVerz); WiPrO (§ 122, GebVerz)

Zitiervorschlag: NK-GK/*Bearbeiter*, … [Gesetzesabkürzung], § … Rn …

Abkürzungsverzeichnis

ABl. EG	Amtsblatt der Europäischen Gemeinschaften
ABl. EU	Amtsblatt der Europäischen Union
AdÜbAG	Gesetz zur Ausführung des Haager Übereinkommens vom 29. Mai 1993 über den Schutz von Kindern und die Zusammenarbeit auf dem Gebiet der internationalen Adoption (Adoptionsübereinkommens-Ausführungsgesetz)
AdVermiG	Adoptionsvermittlungsgesetz
AdWirkG	Adoptionswirkungsgesetz
AEUV	Vertrag über die Arbeitsweise der Europäischen Union
aF	alte Fassung
AG	Amtsgericht; Ausführungsgesetz
AGH	Anwaltsgerichtshof
AGS	Anwaltsgebühren Spezial (Zeitschrift)
AKostG	Auslandskostengesetz
AKostV	Auslandskostenverordnung
AktO	Aktenordnung
AktO-oG	Aktenordnung für die Geschäftsstellen der Gerichte der ordentlichen Gerichtsbarkeit und der Staatsanwaltschaften
ÄndG	Änderungsgesetz
AnfG	Gesetz über die Anfechtung von Rechtshandlungen eines Schuldners außerhalb des Insolvenzverfahrens (Anfechtungsgesetz)
Anm.	Anmerkung
AnwBl	Anwaltsblatt (Zeitschrift)
AnwK	AnwaltKommentar
AO	Abgabenordnung
ArbG	Arbeitsgericht
ArbGG	Arbeitsgerichtsgesetz
ArbnErfG	Gesetz über Arbeitnehmererfindungen
ArbRB	Der Arbeits-Rechts-Berater (Zeitschrift)
ARST	Arbeitsrecht in Stichworten (Zeitschrift)
ArztR	ArztRecht (Zeitschrift)
ASR	Anwalt/Anwältin im Sozialrecht (Zeitschrift)
AsylbLG	Asylbewerberleistungsgesetz
AsylG	Asylgesetz
AufenthG	Aufenthaltsgesetz
AUG	Auslandsunterhaltsgesetz
AuRAG	Gesetz zur Ausführung des Europäischen Übereinkommens betreffend Auskünfte über ausländisches Recht und seines Zusatzprotokolls (Auslands-Rechtsauskunftgesetz)
AusfO-EPÜ	Ausführungsordnung zum Europäischen Patentübereinkommen
AV	Allgemeine Verfügung
AVAG	Anerkennungs- und Vollstreckungsausführungsgesetz
BAföG	Bundesausbildungsförderungsgesetz
BAG	Bundesarbeitsgericht
BahnG	Gesetz über Maßnahmen zur Aufrechterhaltung des Betriebs von Bahnunternehmen des öffentlichen Verkehrs
BauGB	Baugesetzbuch
BauR	Baurecht (Zeitschrift)
BausparkG	Gesetz über Bausparkassen
BayKG	Bayerisches Kostengesetz
BayObLG	Bayerisches Oberstes Landesgericht
BayVGH	Bayerischer Verfassungsgerichtshof
BB	Betriebs-Berater (Zeitschrift)
BBesG	Bundesbesoldungsgesetz

BBG	Bundesbeamtengesetz
BDG	Bundesdisziplinargesetz
BDiG	Bundesdisziplinargericht
BDS	*Bormann/Diehn/Sommerfeldt* (Hrsg.), GNotKG, Kommentar, 2. Aufl. 2016 (zit. BDS/*Bearbeiter*)
BDSG	Bundesdatenschutzgesetz
beA	besonderes elektronisches Anwaltspostfach
BeamtStG	Beamtenstatusgesetz
BeckOK KostR	Beck'scher Online-Kommentar Kostenrecht, hrsg. von *Dörndorfer/Neie/Petzold/ Wendtland* (zit. BeckOK KostR/*Bearbeiter*)
BEEG	Bundeselterngeld- und Elternzeitgesetz
ber.	berichtigt
BerHFV	Verordnung zur Verwendung von Formularen im Bereich der Beratungshilfe (Beratungshilfeformularverordnung)
BerHG	Beratungshilfegesetz
BerHVV	Verordnung zur Einführung von Vordrucken im Bereich der Beratungshilfe (Beratungshilfevordruckverordnung)
BetrVG	Betriebsverfassungsgesetz
BeurkG	Beurkundungsgesetz
BFH	Bundesfinanzhof
BFH/NV	Sammlung der Entscheidungen des Bundesfinanzhofs, die nicht in der amtlichen Sammlung veröffentlicht werden
BFStrMG	Bundesfernstraßenmautgesetz
BGB	Bürgerliches Gesetzbuch
BGBl.	Bundesgesetzblatt
BGebG	Bundesgebührengesetz
BGH	Bundesgerichtshof
BGH/BPatGERVV	Verordnung über den elektronischen Rechtsverkehr beim Bundesgerichtshof und Bundespatentgericht
BGHZ	Entscheidungen des Bundesgerichtshofs in Zivilsachen
BinnSchiff	Binnenschifffahrt (Zeitschrift)
BKAG	Bundeskriminalamtgesetz
BKatV	Bußgeldkatalog-Verordnung
BKGG	Bundeskindergeldgesetz
BlPMZ	Blatt für Patent-, Muster- und Zeichenwesen
BNotO	Bundesnotarordnung
BORA	Berufsordnung der Rechtsanwälte
BPatG	Bundespatentgericht
BPatGE	Entscheidungen des Bundespatentgerichts
BPolG	Bundespolizeigesetz
BRAGO	Bundesgebührenordnung für Rechtsanwälte
BRAO	Bundesrechtsanwaltsordnung
BR-Drucks	Bundesrats-Drucksache
BRKG	Bundesreisekostengesetz
BRKGVwV	Allgemeine Verwaltungsvorschrift zum Bundesreisekostengesetz
BSG	Bundessozialgericht
BT-Drucks	Bundestags-Drucksache
BtG	Betreuungsgesetz
BtM	Betäubungsmittel
BtPrax	Betreuungsrechtliche Praxis (Zeitschrift)
BVerfG	Bundesverfassungsgericht
BVerfGE	Entscheidungen des Bundesverfassungsgerichts
BVerfGG	Gesetz über das Bundesverfassungsgericht
BVerfGK	Kammerentscheidungen des Bundesverfassungsgerichts
BVerwG	Bundesverwaltungsgericht
BVerwGE	Entscheidungen des Bundesverwaltungsgerichts

NomosKommentar

Norbert Schneider | Joachim Volpert | Peter Fölsch [Hrsg.]

Gesamtes Kostenrecht

Justiz | Anwaltschaft | Notariat

2. Auflage

Notar **Karl Büringer**, Kempten | **Bianca Docter-Schüller**, Dipl.-Wirtschaftsjuristin (FH), Hamburg | Notar **Benedikt Drempetic**, Kulmbach | Notar **Dr. Christian Fackelmann**, M.St. (Oxford), Bad Staffelstein | RiLG **Peter Fölsch**, Lübeck | Dipl.-Rpfl. **Eva Friedrich**, Regensburg | DirAG **Dr. Michael Giers**, Neustadt a. Rbge. | Notarin **Dr. Claudia Greipl**, Dipl.-Verwaltungswirtin (FH), Weiden i.d. OPf. | Notar **Dr. Jörn Heinemann**, LL.M., Neumarkt i.d. OPf. | Notar **Dr. Jan Heisel**, Coburg | RA **Stefan Hering**, LL.M., Offenbach/M. | RA **Dirk Hinne**, FAMedR, FASozR, FAVersR, Dortmund | **Dr. Jochen Hofmann-Hoeppel**, Höchberg | RiLG **Dr. Holger Jäckel**, Nürnberg/Karlsruhe | RAuN **Heiko Janssen**, FAInsR, FAHandGesR, Insolvenzverwalter, Aurich | Dipl.-Rpfl. **Karl-Ludwig Kessel**, LG Bonn | Dipl.-Rpfl. **Hans Dieter Klos**, Bad Münstereifel | RA **Jürgen Köpf**, FAArbR, FASozR, Dachau | Notar **Thomas Krause**, Staßfurt | PD **Dr. Peter Kreutz**, Akademischer Oberrat a.Z., Universität Augsburg | VRiLG **Ralf Kurpat**, Bonn | Notar **Dr. Martin Leiß**, M.A., Rosenheim | RD **Dr. Michael Luber**, LL.M. Eur, München | Notar **Dr. Klaus Macht**, Ingolstadt | Dipl.-Rpfl. **Ralf Pannen**, M.A., Bad Münstereifel | RiAG **Dr. Stefan Poller**, Laufen | Notar **Dr. Christoph Röhl**, Wegscheid | RiLSG **Heinz Schäfer**, Steinfurt | VRiOLG a.D. **Torsten Schmidt-Eichhorn**, Köln | Dipl.-Rpfl. **Hagen Schneider**, Magdeburg | RA **Norbert Schneider**, Neunkirchen | Dipl.-Rpfl. **Stefanie Simon**, Bad Münstereifel | VRiLG **Dr. Thomas Stollenwerk**, Bonn | RAuN a.D. **Joachim Teubel**, Hamm | RAin **Lotte Thiel**, FAFamR, Koblenz | RA **Guido Vierkötter**, LL.M., Neunkirchen | Dipl.-Rpfl. **Joachim Volpert**, Düsseldorf | RA **Klaus Winkler**, Freiburg | RA **Tilman Winkler**, Freiburg | RAin **Prof. Dr. Kerstin Wolf**, M.A., München

Die Deutsche Nationalbibliothek verzeichnet diese Publikation in
der Deutschen Nationalbibliografie; detaillierte bibliografische
Daten sind im Internet über http://dnb.d-nb.de abrufbar.

ISBN 978-3-8487-3178-7

2. Auflage 2017

BVG	Bundesversorgungsgesetz
BWNotZ	Zeitschrift für das Notariat in Baden-Württemberg
DAR	Deutsches Autorecht (Zeitschrift)
DAVorm	Der Amtsvormund (Zeitschrift)
DB	Der Betrieb (Zeitschrift)
DB-GvKostG	Durchführungsbestimmungen zum Gerichtsvollzieherkostengesetz
DB-PKH	Durchführungsbestimmungen zur Prozess- und Verfahrenskostenhilfe sowie zur Stundung der Kosten des Insolvenzverfahrens
DepotG	Gesetz über die Verwahrung und Anschaffung von Wertpapieren (Depotgesetz)
DesignG	Gesetz über den rechtlichen Schutz von Design (Designgesetz)
DGVZ	Deutsche Gerichtsvollzieher Zeitung
DNotV	Deutscher Notarverein
DNotZ	Deutsche Notar-Zeitschrift
DÖV	Die Öffentliche Verwaltung (Zeitschrift)
DPMA	Deutsches Patent- und Markenamt
DPMAVwKostV	Verordnung über Verwaltungskosten beim Deutschen Patent- und Markenamt (DPMA-Verwaltungskostenverordnung)
DRiG	Deutsches Richtergesetz
DRiZ	Deutsche Richterzeitung
DRKG	Gesetz über das Deutsche Rote Kreuz und andere freiwillige Hilfsgesellschaften im Sinne der Genfer Rotkreuz-Abkommen (DRK-Gesetz)
DVBl	Deutsches Verwaltungsblatt
DWW	Deutsche Wohnungswirtschaft (Zeitschrift)
EBAO	Einforderungs- und Beitreibungsanordnung
EBE/BGH	Eildienst Bundesgerichtliche Entscheidungen
EFG	Entscheidungen der Finanzgerichte
EGBGB	Einführungsgesetz zum Bürgerlichen Gesetzbuche
EGGVG	Einführungsgesetz zum Gerichtsverfassungsgesetz
EGHGB	Einführungsgesetz zum Handelsgesetz
EGInsO	Einführungsgesetz zur Insolvenzordnung
EGMR	Europäischer Gerichtshof für Menschenrechte
EGStGB	Einführungsgesetz zum Strafgesetzbuch
EGStPO	Einführungsgesetz zur Strafprozeßordnung
EGVP	Elektronisches Gerichts- und Verwaltungspostfach
EG-VSchDG	EG-Verbraucherschutzdurchsetzungsgesetz
EGZPO	Einführungsgesetz zur Zivilprozessordung
EMRK	Europäische Menschenrechtskonvention
EnWG	Gesetz über die Elektrizitäts- und Gasversorgung (Energiewirtschaftsgesetz)
EPA	Europäisches Patentamt
EPÜ	Europäisches Patentübereinkommen
EPÜ-AusfO	Ausführungsordnung zum Europäischen Patentübereinkommen
ErstrG	Gesetz über die Erstreckung von gewerblichen Schutzrechten (Erstreckungsgesetz)
ERVVOBAG	Verordnung über den elektronischen Rechtsverkehr beim Bundesarbeitsgericht
ERVVOBSG	Verordnung über den elektronischen Rechtsverkehr beim Bundessozialgericht
ERVVOBVerwG/BFH	Verordnung über den elektronischen Rechtsverkehr beim Bundesverwaltungsgericht und beim Bundesfinanzhof
ESorgeÜ	Europäisches Sorgerechtsübereinkommen
EuBVO	Europäische Beweisaufnahmeverordnung
EuGeldG	Geldsanktionsgesetz
EUGewSchVG	Gesetz zum Europäischen Gewaltschutzverfahren (EU-Gewaltschutzverfahrensgesetz)
EuGH	Gerichtshof der Europäischen Gemeinschaften

EUIPO	Amt der Europäischen Union für Geistiges Eigentum
EuKoPfVO	Verordnung (EU) Nr. 655/2014 des Europäischen Parlaments und des Rates vom 15. Mai 2014 zur Einführung eines Verfahrens für einen Europäischen Beschluss zur vorläufigen Kontenpfändung im Hinblick auf die Erleichterung der grenzüberschreitenden Eintreibung von Forderungen in Zivil- und Handelssachen (Europäische Kontenpfändungsverordnung)
EuKoPfVODG	Gesetz zur Durchführung der Verordnung (EU) Nr. 655/2014 sowie zur Änderung sonstiger zivilprozessualer Vorschriften
EuRAG	Gesetz über die Tätigkeit europäischer Rechtsanwälte in Deutschland
EuZVO	Europäische Zustellungsverordnung
EzKommR	Entscheidungssammlung zum Kommunalrecht
FamFG	Gesetz über das Verfahren in Familiensachen und in den Angelegenheiten der freiwilligen Gerichtsbarkeit
FamFR	Familienrecht und Familienverfahrensrecht (Zeitschrift)
FamG	Familiengericht
FamGKG	Gesetz über Gerichtskosten in Familiensachen
FamRB	Der Familien-Rechts-Berater (Zeitschrift)
FamRZ	Zeitschrift für das gesamte Familienrecht
FAO	Fachanwaltsordnung
FF	Forum Familien- und Erbrecht (Zeitschrift)
FG	Finanzgericht; Freiwillige Gerichtsbarkeit
FGG-RG	Gesetz zur Reform des Verfahrens in Familiensachen und in den Angelegenheiten der freiwilligen Gerichtsbarkeit
FGO	Finanzgerichtsordnung
FGPrax	Praxis der Freiwilligen Gerichtsbarkeit (Zeitschrift)
FG-Verfahren	Verfahren in der freiwilligen Gerichtsbarkeit
FinDAG	Gesetz über die Bundesanstalt für Finanzdienstleistungsaufsicht (Finanzdienstleistungsaufsichtsgesetz)
FlurbG	Flurbereinigungsgesetz
FrhEntzG	Gesetz über das gerichtliche Verfahren bei Freiheitsentziehungen
FStrG	Bundesfernstraßengesetz
FStrPrivFinG	Gesetz über den Bau und die Finanzierung von Bundesfernstraßen durch Private (Fernstraßenbauprivatfinanzierungsgesetz)
FuR	Familie und Recht (Zeitschrift)
GBl.	Gesetzblatt
GBO	Grundbuchordnung
GebO	Gebührenordnung
GebOSt	Gebührenordnung für Maßnahmen im Straßenverkehr
GebrMG	Gebrauchsmustergesetz
GebV	Gebührenverzeichnis
GenG	Genossenschaftsgesetz
GeschmMG	Geschmacksmustergesetz
GewSchG	Gewaltschutzgesetz
GG	Grundgesetz
GKG	Gerichtskostengesetz
GmbHG	Gesetz betreffend die Gesellschaften mit beschränkter Haftung
GmS-OGB	Gemeinsamer Senat der obersten Gerichtshöfe des Bundes
GNotKG	Gerichts- und Notarkostengesetz
GOÄ	Gebührenordnung für Ärzte
GrdStVG	Grundstückverkehrsgesetz
GRUR	Gewerblicher Rechtsschutz und Urheberrecht (Zeitschrift)
GRUR-RR	Gewerblicher Rechtsschutz und Urheberrecht Rechtsprechungs-Report
GTV	Gefangenentransportvorschrift
GV	Gebührenverzeichnis; Gerichtsvollzieher

GVBl.	Gesetz- und Verordnungsblatt
GVG	Gerichtsverfassungsgesetz
GVGA	Geschäftsanweisung für Gerichtsvollzieher
GvKostG	Gerichtsvollzieherkostengesetz
GVO	Gerichtsvollzieherordnung
GWB	Gesetz gegen Wettbewerbsbeschränkungen
GWR	Gesellschafts- und Wirtschaftsrecht (Zeitschrift)
HABM	Harmonisierungsamt für den Binnenmarkt
HalblSchG	Halbleiterschutzgesetz
HGB	Handelsgesetzbuch
HintO	Hinterlegungsordnung
HK, Hk	Handkommentar
HKiEntÜ	Haager Kindesentführungsübereinkommen
HöfeO	Höfeordnung
HRegGebV	Handelsregistergebührenverordnung
HRV	Handelsregisterverordnung
IfSG	Infektionsschutzgesetz
InsO	Insolvenzordnung
InstGE	Entscheidungen der Instanzgerichte zum Recht des geistigen Eigentums
InsVV	Insolvenzrechtliche Vergütungsverordnung
IntFamRVG	Gesetz zur Aus- und Durchführung bestimmter Rechtsinstrumente auf dem Gebiet des internationalen Familienrechts (Internationales Familienrechtsverfahrensgesetz)
IntPatÜbkG	Gesetz zu dem Übereinkommen vom 27. November 1963 zur Vereinheitlichung gewisser Begriffe des materiellen Rechts der Erfindungspatente, dem Vertrag vom 19. Juni 1970 über die internationale Zusammenarbeit auf dem Gebiet des Patentwesens und dem Übereinkommen vom 5. Oktober 1973 über die Erteilung europäischer Patente
IRG	Gesetz über die internationale Rechtshilfe in Strafsachen
IStGH	Internationaler Strafgerichtshof
IStGHG	Gesetz über die Zusammenarbeit mit dem Internationalen Strafgerichtshof (IStGH-Gesetz)
JBeitrO	Justizbeitreibungsordnung
JGG	Jugendgerichtsgesetz
JKomG	Justizkommunikationsgesetz
JKostG	Justizkostengesetz
JM	Minister der Justiz
JMBl.	Justizministerialblatt
JR	Juristische Rundschau (Zeitschrift)
JuMoG	Justizmodernisierungsgesetz
JurBüro	Das Juristische Büro (Zeitschrift)
JustG	Justizgesetz
JVEG	Justizvergütungs- und -entschädigungsgesetz
JVKostG	Justizverwaltungskostengesetz
JVKostO	Justizverwaltungskostenordnung
KAGB	Kapitalanlagegesetzbuch
KapMuG	Kapitalanleger-Musterverfahrensgesetz
KErzG	Gesetz über die religiöse Kindererziehung
KlagRegV	Klageregisterverordnung
KonsG	Konsulargesetz
KostO	Kostenordnung
KostRMoG	Kostenrechtsmodernisierungsgesetz

KostRsp.	Kostenrechtsprechung, Nachschlagewerk wichtiger Kostenentscheidungen aus der Zivil-, Straf-, Arbeits-, Sozial-, Verwaltungs- und Finanzgerichtsbarkeit mit kritischen Anmerkungen
KostVfg	Kostenverfügung
KredReorgG	Kreditinstitute-Reorganisationsgesetz
KSpG	Kohlendioxid-Speicherungsgesetz
KV	Kostenverzeichnis
LAG	Landesarbeitsgericht
LDG	Landesdisziplinargesetz
LG	Landgericht
LGebG	Landesgebührengesetz
LHO	Landeshaushaltsordnung
LJKG	Landesjustizkostengesetz
LPartG	Lebenspartnerschaftsgesetz
LRiG	Landesrichtergesetz
LSG	Landessozialgericht
LuftFzgG	Gesetz über Rechte an Luftfahrzeugen
LuftSchlichtV	Verordnung nach § 57 c des Luftverkehrsgesetzes zur Schlichtung im Luftverkehr (Luftverkehrsschlichtungsverordnung)
LwAnpG	Landwirtschaftsanpassungsgesetz
LwVfG	Gesetz über das gerichtliche Verfahren in Landwirtschaftssachen
MarkenG	Markengesetz
MautSysG	Mautsystemgesetz
MDR	Monatsschrift für Deutsches Recht
MedR	Medizinrecht (Zeitschrift)
MedSach	Der medizinische Sachverständige (Zeitschrift)
NdsRpfl	Niedersächsische Rechtspflege (Zeitschrift)
NEhelG	Gesetz über die rechtliche Stellung der nichtehelichen Kinder
nF	neue Fassung
NJ	Neue Justiz (Zeitschrift)
NJW	Neue Juristische Wochenschrift
NJW-RR	NJW-Rechtsprechungs-Report Zivilrecht
NotBZ	Zeitschrift für die notarielle Beratungs- und Beurkundungspraxis
NStZ	Neue Zeitschrift für Strafrecht
NZA	Neue Zeitschrift für Arbeitsrecht
NZBau	Neue Zeitschrift für Baurecht und Vergaberecht
NZFam	Neue Zeitschrift für Familienrecht
NZG	Neue Zeitschrift für Gesellschaftsrecht
NZS	Neue Zeitschrift für Sozialrecht
OLG	Oberlandesgericht
OLGR	Schnelldienst zur Zivilrechtsprechung der Oberlandesgerichte (OLG-Report)
OWiG	Gesetz über Ordnungswidrigkeiten
PAO	Patentanwaltsordnung
PartGG	Partnerschaftsgesellschaftsgesetz
PatAnwO	Patentanwaltsordnung
PatG	Patentgesetz
PatKostG	Patentkostengesetz
PatKostZV	Patentkostenzahlungsverordnung
PCT	Patent Cooperation Treaty
PKH	Prozesskostenhilfe
PKHB	Prozesskostenhilfebekanntmachung

PKHFV	Verordnung zur Verwendung eines Formulars für die Erklärung über die persönlichen und wirtschaftlichen Verhältnisse bei Prozess- und Verfahrenskostenhilfe (Prozesskostenhilfeformularverordnung)
PKHVV	Verordnung zur Einführung eines Vordrucks für die Erklärung über die persönlichen und wirtschaftlichen Verhältnisse bei Prozeßkostenhilfe (Prozeßkostenhilfevordruckverordnung)
PostG	Postgesetz
PStG	Personenstandsgesetz
PsychKG	Psychisch-Kranken-Gesetz
PsychPbG	Gesetz über die psychosoziale Prozessbegleitung im Strafverfahren
RDG	Rechtsdienstleistungsgesetz
RDGEG	Einführungsgesetz zum Rechtsdienstleistungsgesetz
RefE	Referentenentwurf
RegE	Regierungsentwurf
RelKErzG	Gesetz über die religiöse Kindererziehung
RGBl.	Reichsgesetzblatt
RG-GebFrhV	Verordnung, betreffend die Gebührenfreiheit in dem Verfahren vor dem Reichsgericht
RiStBV	Richtlinien für das Strafverfahren und das Bußgeldverfahren
RKErzG	Gesetz über die religiöse Kindererziehung
RNotZ	Rheinische Notar-Zeitschrift
Rpfleger	Der Deutsche Rechtspfleger (Zeitschrift)
RPflG	Rechtspflegergesetz
RSG	Reichssiedlungsgesetz
RStruktG	Restrukturierungsgesetz
RÜG	Renten-Überleitungsgesetz
RuP	Recht und Politik (Zeitschrift)
RVG	Rechtsanwaltsvergütungsgesetz
SchiedsVfG	Schiedsverfahrens-Neuregelungsgesetz
SchiedsVZ	Zeitschrift für Schiedsverfahren
SchlHA	Schleswig-Holsteinische Anzeigen
SchOG	Schifffahrtsobergericht
SchRegO	Schiffsregisterordnung
SchRG	Gesetz über Rechte an eingetragenen Schiffen und Schiffsbauwerken
SchVG	Schuldverschreibungsgesetz
SeemG	Seemannsgesetz
SG	Sozialgericht; Soldatengesetz
SGb	Die Sozialgerichtsbarkeit (Zeitschrift)
SGB	Sozialgesetzbuch
SGG	Sozialgerichtsgesetz
SigG	Signaturgesetz
SortSchG	Sortenschutzgesetz
SRV	Verordnung über das elektronische Schutzschriftenregister (Schutzschriftenregisterverordnung)
StAG	Staatsangehörigkeitsgesetz
StBerG	Steuerberatungsgesetz
StBVV	Steuerberatervergütungsverordnung
StGB	Strafgesetzbuch
StPO	Strafprozessordnung
StraFo	Strafverteidiger Forum (Zeitschrift)
StRR	StrafRechtsReport
StrRehaG	Strafrechtliches Rehabilitierungsgesetz
StV	Strafverteidiger (Zeitschrift)
StVG	Straßenverkehrsgesetz

StVollzG	Gesetz über den Vollzug der Freiheitsstrafe und der freiheitsentziehenden Maßregeln der Besserung und Sicherung (Strafvollzugsgesetz)
SVertO	Schifffahrtsrechtliche Verteilungsordnung
ThUG	Therapieunterbringungsgesetz
TSG	Transsexuellengesetz
ÜberlVfRSchG	Gesetz über den Rechtsschutz bei überlangen Gerichtsverfahren und strafrechtlichen Ermittlungsverfahren
UdG	Urkundsbeamter der Geschäftsstelle
UG	Unternehmergesellschaft (haftungsbeschränkt)
UKlaG	Unterlassungsklagengesetz
UmwG	Umwandlungsgesetz
UMV	Unionsmarkenverordnung
UrhG	Urheberrechtsgesetz
UrhWahrnG	Urheberrechtswahrnehmungsgesetz
UStG	Umsatzsteuergesetz
ÜVerfBesG	Gesetz über den Rechtsschutz bei überlangen Gerichtsverfahren und strafrechtlichen Ermittlungsverfahren
UVG	Unterhaltsvorschussgesetz
UWG	Gesetz gegen den unlauteren Wettbewerb
VAHRG	Gesetz zur Regelung von Härten im Versorgungsausgleich
VAÜG	Versorgungsausgleichs-Überleitungsgesetz
VBVG	Vormünder- und Betreuervergütungsgesetz
VermG	Vermögensgesetz
VersAusglG	Versorgungsausgleichsgesetz
VerschG	Verschollenheitsgesetz
VersorgW	Versorgungs Wirtschaft online
VersR	Versicherungsrecht (Zeitschrift)
VGG	Verwertungsgesellschaftengesetz
VGH	Verwaltungsgerichtshof; Verfassungsgerichtshof
VKH	Verfahrenskostenhilfe
Vorbem.	Vorbemerkung
VRR	VerkehrsRechtsReport
VRV	Vereinsregisterverordnung
VSchDG	EG-Verbraucherschutzdurchsetzungsgesetz
VV	Vergütungsverzeichnis
VVG	Versicherungsvertragsgesetz
VwGO	Verwaltungsgerichtsordnung
VwKostG	Verwaltungskostengesetz
VwV	Verwaltungsvorschriften
VwVfG	Verwaltungsverfahrensgesetz
VwVG	Verwaltungsvollstreckungsgesetz
VwZG	Verwaltungszustellungsgesetz
VZOG	Vermögenszuordnungsgesetz
WahrnV	Wahrnehmungsverordnung
WDO	Wehrdisziplinarordnung
WEG	Wohnungseigentumsgesetz
WIPO	Weltorganisation für Geistiges Eigentum
WiPrO	Wirtschaftsprüferordnung
WoFG	Wohnraumförderungsgesetz
WPflG	Wehrpflichtgesetz
WpHG	Wertpapierhandelsgesetz
WPO	Wirtschaftsprüferordnung

NK-GK

WpÜG	Wertpapiererwerbs- und Übernahmegesetz
WRP	Wettbewerb in Recht und Praxis (Zeitschrift)
WuM	Zeitschrift für Wohnungswirtschaft und Mietrecht
ZAG	Gesetz über die Beaufsichtigung von Zahlungsdiensten (Zahlungsdiensteaufsichtsgesetz)
ZEV	Zeitschrift für Erbrecht und Vermögensnachfolge
ZFdG	Gesetz über das Zollkriminalamt und die Zollfahndungsämter (Zollfahndungsdienstgesetz)
ZFE	Zeitschrift für Familien- und Erbrecht
zfs	Zeitschrift für Schadensrecht
ZfStrVo	Zeitschrift für Strafvollzug und Straffälligenhilfe
ZInsO	Zeitschrift für das gesamte Insolvenzrecht
ZIP	Zeitschrift für Wirtschaftsrecht
ZJJ	Zeitschrift für Jugendkriminalrecht und Jugendhilfe
ZKA	Zollkriminalamt
ZKG	Gesetz über die Vergleichbarkeit von Zahlungskontoentgelten, den Wechsel von Zahlungskonten sowie den Zugang zu Zahlungskonten mit grundlegenden Funktionen (Zahlungskontengesetz)
ZMR	Zeitschrift für Miet- und Raumrecht
ZMW	Zugänglichmachungsverordnung
ZPO	Zivilprozessordnung
ZRHO	Rechtshilfeordnung für Zivilsachen
ZSEG	Gesetz über die Entschädigung von Zeugen und Sachverständigen
ZSteu	Zeitschrift für Steuern & Recht
ZUM	Zeitschrift für Urheber- und Medienrecht
ZVFV	Verordnung über Formulare für die Zwangsvollstreckung (Zwangsvollstreckungsformular-Verordnung)
ZVG	Gesetz über die Zwangsversteigerung und die Zwangsverwaltung
ZwVwV	Zwangsverwalterverordnung

Allgemeines Literaturverzeichnis

Anders/Gehle/Kunze, Streitwert-Lexikon, Stichwortkommentar mit systematischer Einführung, 4. Auflage 2002

Assenmacher/Mathias, Kostenordnung. Alphabetischer Kommentar, 16. Auflage 2008

Bassenge/Roth, FamFG/RPflG, Kommentar, 12. Auflage 2009

Baumbach/Lauterbach/Albers/Hartmann, Zivilprozessordnung, Kommentar, 74. Auflage 2016

Baumgärtel/Hergenröder/Houben, RVG, Kommentar, 16. Auflage 2014

Beck'scher Online-Kommentar Kostenrecht, hrsg. v. *Dörndorfer/Neie/Petzold/Wendtland* (zit. BeckOK KostR/*Bearbeiter*)

Bestelmeyer/Feller/Frankenberg u.a., RVG – Rechtsanwaltsvergütungsgesetz, Kommentierung in lexikalischer Form mit jeweiliger Streitwertkommentierung, 5. Auflage 2013

Binz/Dörndorfer/Petzold/Zimmermann, Gerichtskostengesetz, Gesetz über Gerichtskosten in Familiensachen, Justizvergütungs- und -entschädigungsgesetz, Kommentar, 3. Auflage 2014

Bischof/Jungbauer/Bräuer/Curkovic/Klipstein/Klüsener/Uher, RVG Kommentar, 6. Auflage 2014

Bormann/Diehn/Sommerfeldt (Hrsg.), GNotKG, Kommentar, 2. Auflage 2016 (zit. BDS/*Bearbeiter*)

Bumiller/Harders/Schwamb, FamFG, Kommentar, 11. Auflage 2015

Burhoff (Hrsg.), RVG Straf- und Bußgeldsachen, 4. Auflage 2014

Burhoff/Kotz (Hrsg.), Handbuch für die strafrechtlichen Rechtsmittel und Rechtsbehelfe, 2. Auflage 2016

Däubler/Hjort/Schubert/Wolmerath (Hrsg.), Arbeitsrecht, Handkommentar, 3. Auflage 2013 (zit. HK-ArbR/*Bearbeiter*)

Demharter, Grundbuchordnung, Kommentar, 30. Auflage 2016

Diehn, Notarkostenberechnungen, Muster und Erläuterungen zum GNotKG, 4. Auflage 2016

Diehn/Sikora/Tiedtke, Das neue Notarkostenrecht – Einführung in das GNotKG, 2013

Diehn/Volpert, Praxis des Notarkostenrechts, GNotKG von A–Z, 2014

Dürbeck/Gottschalk, Prozess- und Verfahrenskostenhilfe, Beratungshilfe, 8. Auflage 2016

Eiding/Hofmann-Hoeppel (Hrsg.), Formularbuch Verwaltungsrecht, 2013

Eylmann/Vaasen, BNotO, BeurkG, Kommentar, 4. Auflage 2016

Fackelmann, Notarkosten nach dem neuen GNotKG, 2013

Fackelmann/Heinemann, GNotKG – Gerichts- und Notarkostengesetz, Handkommentar, 2013

Filzek, Kostenordnung, Kommentar, 5. Auflage 2012

Germelmann/Matthes/Prütting/Müller-Glöge, Arbeitsgerichtsgesetz, Kommentar, 8. Auflage 2013

Gerold/Schmidt, RVG, Kommentar, 22. Auflage 2015

Göhler, OWiG, Kommentar, 16. Auflage 2012

Gräber, FGO mit Nebengesetzen, Kommentar, 8. Auflage 2015

Groß, Anwaltsgebühren in Ehe- und Familiensachen, Handbuch, 4. Auflage 2014

Groß, Beratungshilfe, Prozesskostenhilfe, Verfahrenskostenhilfe, 13. Auflage 2015

Haarmeyer/Mock, Insolvenzrechtliche Vergütungsverordnung, 5. Auflage 2014

Hartmann, Kostengesetze, Kommentar, 46. Auflage 2016

Hartung/Römermann, Berufs- und Fachanwaltsordnung, Kommentar, 4. Auflage 2008

Hartung/Schons/Enders, RVG, Kommentar, 2. Auflage 2013

Hinne, Anwaltsvergütung im Sozialrecht, 2. Auflage 2013

Hofmann-Hoeppel (Hrsg.), Entscheidungssammlung zum Kommunalrecht (EzKommR)

Hübschmann/Hepp/Spitaler, AO und FGO, Kommentar, Loseblatt

Jost, Vergütungs- und Kostenrecht im FG- und BFH-Verfahren, 5. Auflage 2016

Kalthoener/Büttner/Wrobel-Sachs, Prozess- und Verfahrenskostenhilfe, Beratungshilfe, 7. Auflage 2014

Keidel (Hrsg.), FamFG, Kommentar, 18. Auflage 2014

Kindl/Meller-Hannich/Wolf (Hrsg.), Gesamtes Recht der Zwangsvollstreckung, Handkommentar, 3. Auflage 2016 (zit. HK-ZV/*Bearbeiter*)

Korintenberg, Gerichts- und Notarkostengesetz: GNotKG, Kommentar, 19. Auflage 2015 (zit. Korintenberg/*Bearbeiter*)

Korintenberg/Lappe/Bengel/Reimann, Kostenordnung: KostO, Kommentar, 18. Auflage 2010 (zit. Korintenberg/*Bearbeiter*, KostO)

Krenzler (Hrsg.), RDG Rechtsdienstleistungsgesetz, Handkommentar, 2010

Leipziger Gerichts- & Notarkosten Kommentar, hrsg. v. *Renner/Otto/Heinze*, 2013 bzw. 2. Auflage 2016 (zit. Leipziger-GNotKG/*Bearbeiter*)

Leonhardt/Smid/Zeuner (Hrsg.), Insolvenzrechtliche Vergütungsverordnung (InsVV), 2014

Lissner/Dietrich/Eilzer/Germann/Kessel, Beratungshilfe mit Prozess- und Verfahrenskostenhilfe, 2. Auflage 2014

Lorenz/Klanke, InsVV, GKG, RVG – Kommentar zur Vergütung und Kosten in der Insolvenz, 2. Auflage 2014

Mayer, Das neue Gebührenrecht in der anwaltlichen Praxis, 2013

Mayer/Kroiß, Rechtsanwaltsvergütungsgesetz, Handkommentar, 6. Auflage 2013

Meyer, GKG/FamGKG 2016, Kommentar, 15. Auflage 2015

Meyer/Höver/Bach, JVEG – Die Vergütung und Entschädigung von Sachverständigen, Zeugen, Dritten und von ehrenamtlichen Richtern, Kommentar, 26. Auflage 2014

Münchener Kommentar zum Familienverfahrensgesetz, §§ 1–491 FamFG, IZVR, EuZVR, hrsg. v. *Rauscher*, 2. Auflage 2013 (zit. MüKo-FamFG/*Bearbeiter*)

Münchener Kommentar zur Zivilprozessordnung, 4. Auflage 2013 (zit. MüKo-ZPO/*Bearbeiter*)

Musielak/Voit, Zivilprozessordnung, Kommentar, 13. Auflage 2016

Natter/Gross (Hrsg.), Arbeitsgerichtsgesetz, Handkommentar, 2. Auflage 2013

Notarkasse München (Hrsg.), Streifzug durch das GNotKG, 11. Auflage 2015

Notarkasse München (Hrsg.), Streifzug durch die KostO, 9. Auflage 2012

Oestreich/Hellstab/Trenkle, GKG, FamGKG, Kommentar, Loseblatt

Palandt, Kommentar zum Bürgerlichen Gesetzbuch, 75. Auflage 2016

Poller/Teubel (Hrsg.), Gesamtes Kostenhilferecht, Handkommentar, 2. Auflage 2014

Prütting/Wegen/Weinreich (Hrsg.), BGB, Kommentar, 11. Auflage 2016

Rehberg/Schons/Vogt/Feller/Hellstab/Jungbauer/Bestelmeyer/Frankenberg, Rechtsanwaltsvergütungsgesetz, Kommentar, 6. Auflage 2015

Renner/Otto/Heinze (Hrsg.), Leipziger Gerichts- & Notarkosten Kommentar, 2013 bzw. 2. Auflage 2016 (zit. Leipziger-GNotKG/*Bearbeiter*)

Riedel/Sußbauer, RVG, Kommentar, 10. Auflage 2015

Rittmann-Wenz, Deutsches Gerichtskostengesetz, 1923, 1925

Rohs/Wedewer u.a., Kostenordnung, Kommentar, Loseblatt

Saenger (Hrsg.), ZPO, Handkommentar, 6. Auflage 2015 (zit. HK-ZPO/*Bearbeiter*)

Schneider, H., Gerichtskosten nach dem GNotKG, 2. Auflage 2016

Schneider, H., JVEG, Kommentar, 2. Auflage 2014

Schneider/Herget, Streitwert-Kommentar für Zivilprozess und FamFG-Verfahren, 14. Auflage 2015

Schneider/Thiel, Das neue Gebührenrecht für Rechtsanwälte, 2. Auflage 2014

Schneider/Volpert/Fölsch (Hrsg.), FamGKG, Handkommentar, 2. Auflage 2014

Schneider/Wolf (Hrsg.), AnwaltKommentar RVG, 7. Auflage 2014 (zit. AnwK-RVG/*Bearbeiter*)

Schöner/Stöber, Grundbuchrecht, 15. Auflage 2012

Schröder-Kay, Das Kostenwesen der Gerichtsvollzieher, Kommentar, 13. Auflage 2014

Schulte-Bunert/Weinreich (Hrsg.), FamFG, Kommentar, 5. Auflage 2016

Schulz/Hauß (Hrsg.), Familienrecht, Handkommentar, 2. Auflage 2011

Stein/Jonas (Hrsg.), Kommentar zur Zivilprozessordnung, 22. Auflage 2013

Thomas/Putzo, ZPO, Kommentar, 37. Auflage 2016

Tiedtke/Diehn, Notarkosten im Grundstücksrecht, 3. Auflage 2011

Zimmermann, Prozesskosten- und Verfahrenskostenhilfe, insbesondere in Familiensachen, 5. Auflage 2016

Zöller, Zivilprozessordnung, Kommentar, 31. Auflage 2016

NK-GK

Teil 1: Justiz, Anwaltschaft, Notariat

Gerichtskostengesetz (GKG)

In der Fassung der Bekanntmachung vom 27. Februar 2014 (BGBl. I 154)
zuletzt geändert durch Art. 4 Abs. 44 des Gesetzes zur Aktualisierung der Strukturreform des
Gebührenrechts des Bundes vom 18. Juli 2016 (BGBl. I 1666, 1667)

Abschnitt 1
Allgemeine Vorschriften

§ 1 Geltungsbereich

(1) [1]Für Verfahren vor den ordentlichen Gerichten
1. nach der Zivilprozessordnung, einschließlich des Mahnverfahrens nach § 113 Absatz 2 des Gesetzes über das Verfahren in Familiensachen und in den Angelegenheiten der freiwilligen Gerichtsbarkeit und der Verfahren nach dem Gesetz über das Verfahren in Familiensachen und in den Angelegenheiten der freiwilligen Gerichtsbarkeit, soweit das Vollstreckungs- oder Arrestgericht zuständig ist;
2. nach der Insolvenzordnung;
3. nach der Schifffahrtsrechtlichen Verteilungsordnung;
4. nach dem Gesetz über die Zwangsversteigerung und die Zwangsverwaltung;
5. nach der Strafprozessordnung;
6. nach dem Jugendgerichtsgesetz;
7. nach dem Gesetz über Ordnungswidrigkeiten;
8. nach dem Strafvollzugsgesetz, auch in Verbindung mit § 92 des Jugendgerichtsgesetzes;
9. nach dem Gesetz gegen Wettbewerbsbeschränkungen;
10. nach dem Wertpapiererwerbs- und Übernahmegesetz, soweit dort nichts anderes bestimmt ist;
11. nach dem Wertpapierhandelsgesetz;
12. nach dem Anerkennungs- und Vollstreckungsausführungsgesetz;
13. nach dem Auslandsunterhaltsgesetz, soweit das Vollstreckungsgericht zuständig ist;
14. für Rechtsmittelverfahren vor dem Bundesgerichtshof nach dem Patentgesetz, dem Gebrauchsmustergesetz, dem Markengesetz, dem Designgesetz, dem Halbleiterschutzgesetz und dem Sortenschutzgesetz (Rechtsmittelverfahren des gewerblichen Rechtsschutzes);
15. nach dem Energiewirtschaftsgesetz;
16. nach dem Kapitalanleger-Musterverfahrensgesetz;
17. nach dem EG-Verbraucherschutzdurchsetzungsgesetz;
18. nach Abschnitt 2 Unterabschnitt 2 des Neunten Teils des Gesetzes über die internationale Rechtshilfe in Strafsachen;
19. nach dem Kohlendioxid-Speicherungsgesetz;
20. nach Abschnitt 3 des Internationalen Erbrechtsverfahrensgesetzes vom 29. Juni 2015 (BGBl. I S. 1042) und
21. nach dem Zahlungskontengesetz

werden Kosten (Gebühren und Auslagen) nur nach diesem Gesetz erhoben. [2]Satz 1 Nummer 1, 6 und 12 gilt nicht in Verfahren, in denen Kosten nach dem Gesetz über Gerichtskosten in Familiensachen zu erheben sind.

(2) Dieses Gesetz ist ferner anzuwenden für Verfahren
1. vor den Gerichten der Verwaltungsgerichtsbarkeit nach der Verwaltungsgerichtsordnung;
2. vor den Gerichten der Finanzgerichtsbarkeit nach der Finanzgerichtsordnung;
3. vor den Gerichten der Sozialgerichtsbarkeit nach dem Sozialgerichtsgesetz, soweit nach diesem Gesetz das Gerichtskostengesetz anzuwenden ist;
4. vor den Gerichten für Arbeitssachen nach dem Arbeitsgerichtsgesetz und
5. vor den Staatsanwaltschaften nach der Strafprozessordnung, dem Jugendgerichtsgesetz und dem Gesetz über Ordnungswidrigkeiten.

(3) Dieses Gesetz gilt auch für Verfahren nach
1. der Verordnung (EG) Nr. 861/2007 des Europäischen Parlaments und des Rates vom 11. Juli 2007 zur Einführung eines europäischen Verfahrens für geringfügige Forderungen,

2. der Verordnung (EG) Nr. 1896/2006 des Europäischen Parlaments und des Rates vom 12. Dezember 2006 zur Einführung eines Europäischen Mahnverfahrens,[1]

3. der Verordnung (EU) Nr. 1215/2012 des Europäischen Parlaments und des Rates vom 12. Dezember 2012 über die gerichtliche Zuständigkeit und die Anerkennung und Vollstreckung von Entscheidungen in Zivil- und Handelssachen und[2]

4. *der Verordnung (EU) Nr. 655/2014 des Europäischen Parlaments und des Rates vom 15. Mai 2014 zur Einführung eines Verfahrens für einen Europäischen Beschluss zur vorläufigen Kontenpfändung im Hinblick auf die Erleichterung der grenzüberschreitenden Eintreibung von Forderungen in Zivil- und Handelssachen, wenn nicht das Familiengericht zuständig ist.*[3]

(4) Kosten nach diesem Gesetz werden auch erhoben für Verfahren über eine Beschwerde, die mit einem der in den Absätzen 1 bis 3 genannten Verfahren im Zusammenhang steht.

(5) Die Vorschriften dieses Gesetzes über die Erinnerung und die Beschwerde gehen den Regelungen der für das zugrunde liegende Verfahren geltenden Verfahrensvorschriften vor.

---

1 *Kursive Hervorhebung:* Das Wort „und" wird durch ein Komma ersetzt; geplante Änderung durch Art. 9 Nr. 1 Buchst. a des Entwurfs eines Gesetzes zur Durchführung der Verordnung (EU) Nr. 655/2014 sowie zur Änderung sonstiger zivilprozessualer Vorschriften (EuKoPfVODG), s. BT-Drucks 18/7560, S. 17. Geplantes Inkrafttreten: 18.1.2017 (s. Art. 14 Abs. 1 ÄndG). **2** *Kursive Hervorhebung:* Der Punkt am Ende wird durch das Wort „und" ersetzt; geplante Änderung durch Art. 9 Nr. 1 Buchst. b ÄndG (wie vor). **3** *Kursive Hervorhebung:* Geplante Anfügung der Nummer 4 durch Art. 9 Nr. 1 Buchst. c ÄndG (wie vor).

I. Allgemeines

1. Geltungsbereich. Wie sich bereits aus dem Namen des Gesetzes ergibt, betrifft das GKG nur die **Ge- 1 richtskosten**, also nicht außergerichtliche Kosten wie die der Rechtsanwälte. Das GKG gilt zudem nur für die Kosten eines gerichtlichen Verfahrens, nicht für Kosten eines Verfahrens vor einer Verwaltungsbehörde. Das GKG gilt nach Abs. 4 auch für die mit einem der in Abs. 1–3 genannten Verfahren zusammenhängenden **Beschwerden** (→ Rn 64 f).

§ 1 dient der **Abgrenzung des GKG** gegenüber den andere Rechtsgebiete betreffenden Vorschriften des 2 FamGKG bzw des GNotKG. In seinem Geltungsbereich erfasst das GKG grds. das gesamte Verfahren (erstinstanzliches Verfahren, Rechtsmittelverfahren, Kostenfestsetzung, Vollstreckung).

Das GKG betrifft aber lediglich das **Verhältnis zwischen Staat und Rechtsuchenden**, nicht das Verhältnis 3 der Parteien/Beteiligten untereinander. So fällt im Zivilprozess für den Beschwerdeführer bei Zurückweisung der sofortigen Beschwerde gegen einen Kostenfestsetzungsbeschluss eine Gebühr nach Nr. 1812 KV an. Die Frage der **Erstattung** der außergerichtlichen Kosten richtet sich hingegen nach der gem. §§ 91 ff ZPO zu treffenden Kostenentscheidung.

2. Umfang der Kostenpflicht. Da gem. Abs. 1 S. 1 im Geltungsbereich des GKG Kosten nur „nach diesem 4 Gesetz" erhoben werden, ergibt sich daraus, dass Kostenfreiheit besteht, soweit das Gesetz nicht ausdrücklich eine Kostenregelung trifft (**Grundsatz der Kostenfreiheit**).[4] Dies betrifft, wie sich schon aus den Worten „nach diesem Gesetz" ergibt, auch den Bereich des Kostenverzeichnisses, denn dieses ist die Anlage 1 zu § 3 Abs. 2. Deshalb scheidet insb. eine analoge Anwendung von Vorschriften des Kostenverzeichnisses aus, weil sämtliche gerichtliche Handlungen kostenfrei sind, für die das GKG nicht ausdrücklich etwas anderes bestimmt (**keine Analogien im Kostenrecht**).[5]

Aus Gründen der Rechtssicherheit, der Verhältnismäßigkeit und im Hinblick auf den Grundsatz, dass der 5 verfassungsrechtlich verbürgte Zugang zu den Gerichten (**Justizgewährleistungsanspruch**) nicht durch unzumutbare Kostenvorschriften eingeschränkt oder verhindert werden darf,[6] sind die Vorschriften des GKG nebst Kostenverzeichnis **eng auszulegen**. Dazu können die Durchführungsvorschriften zu den Kostengesetzen, insb. die **Kostenverfügung (KostVfg)**, herangezogen werden. Diese binden allerdings lediglich die Kostenbeamten, nicht jedoch die Gerichte (→ § 19 Rn 2, § 66 Rn 16).[7]

II. Kosten

1. Begriff. „Kosten" ist der Oberbegriff für Gebühren und Auslagen (vgl Abs. 1 S. 1). Er entspricht den 6 Regelungen in § 1 FamGKG und § 1 GNotKG.

Nicht zu den Gerichtskosten iSv § 1 gehören gem. § 59 **RVG** auf die Staatskasse übergegangene Ansprüche von im Wege der Prozesskostenhilfe beigeordneten Rechtsanwälten.[8] § 59 Abs. 2 S. 1 RVG bestimmt lediglich, dass diese Ansprüche wie Gerichtskosten eingezogen werden. Dem Übergangsanspruch gem. § 59 RVG liegen außergerichtliche Kosten und keine Gerichtskosten zugrunde.[9]

2. Gebühren. Gebühren sind öffentliche Abgaben, die aufgrund einer besonderen Inanspruchnahme des 7 Staates in der festgesetzten Höhe zu zahlen sind (sog. **Justizsteuer**);[10] dabei kommt es weder darauf an, ob und in welcher Höhe insoweit ein Verwaltungsaufwand entstanden ist, noch ob diese Gebühren den durch die Inanspruchnahme verursachten Verwaltungsaufwand abdecken.

Man unterscheidet der Art nach zwischen Wertgebühren (auch in Form der Mindest- oder Höchstgebühr), 8 Festgebühren, Pauschalgebühren und Akt- oder Entscheidungsgebühren.

Die Höhe der zu zahlenden **Wertgebühr** ergibt sich im Zusammenspiel des maßgeblichen Verfahrenswerts 9 (vgl §§ 34 ff) und des im Kostenverzeichnis angesetzten Gebührensatzes. Die aus Vereinfachungsgründen in manchen Fällen eingeführte **Festgebühr** ist unabhängig vom Wert des gebührenauslösenden Tatbestands. Sowohl bei Wertgebühren als auch bei Festgebühren finden sich **Wertbegrenzungen** (zB Nr. 1312 KV, § 43) und **Auffangwerte** (§ 42).

Sind Gebühren als **Verfahrensgebühren** ausgestaltet, gelten diese Verfahrensgebühren alle Tätigkeiten in 10 einem bestimmten Verfahren bzw Verfahrensabschnitt ab. **Akt- oder Entscheidungsgebühren** werden nur für eine bestimmte Handlung erhoben.

---

4 BGH NJW-RR 2006, 1003; BGH AGS 2007, 472 = FamRZ 2007, 1008; BSG NZBau 2010, 777; OLG Celle 5.7.2012 – 2 W 174/12, juris; *Meyer*, GKG § 1 Rn 1; Binz/Dörndorfer/*Zimmermann*, § 1 GKG Rn 4. **5** BGH AGS 2007, 472 = FamRZ 2007, 1008. **6** Vgl BVerfG NJW 1992, 1673. **7** BGH 13.4.2011 – 5 StR 406/09, juris; OLG Düsseldorf 29.1.2009 – I-10 W 1404/08, juris; OLG Koblenz MDR 2005, 1079. **8** Vgl OLG Düsseldorf Rpfleger 2001, 87 = AnwBl 2001, 308. **9** OLG Celle MDR 2014, 923; OLG Düsseldorf Rpfleger 2011, 446. **10** OLG Koblenz Rpfleger 1975, 447; *Oestreich/Hellstab/Trenkle*, GKG § 1 Rn 62.

11 **3. Auslagen.** Bei den Auslagen handelt es sich um den Ersatz von Aufwendungen des Gerichts, die diesem im Zusammenhang mit der Befassung in der jeweiligen Angelegenheit entstehen. Dabei kann es sich um den Ersatz der konkret getätigten Auslage handeln (zB für öffentliche Bekanntmachungen, Nr. 9004 Nr. 2 KV) oder um eine pauschale Abgeltung (zB bei Zustellungen, Nr. 9002 KV).

12 **4. Beitreibung.** Nicht freiwillig gezahlte Kosten werden von Amts wegen nach der Justizbeitreibungsordnung (JBeitrO) beigetrieben (§ 1 Abs. 1 Nr. 4 JBeitrO). Dies erfolgt durch die Gerichtskasse oder durch die an deren Stelle von der jeweiligen Landesregierung ermächtigte Behörde (§ 2 Abs. 1 S. 2 JBeitrO).

III. Anwendungsbereich

13 **1. Mittelbare und unmittelbare Anwendung des GKG.** Das GKG findet **unmittelbare Anwendung** nur auf die in Abs. 1–4 genannten Verfahren. In dort nicht genannten Verfahren kann das GKG grds. nicht angewandt werden. Etwas anderes gilt nur, wenn andere gesetzliche Bestimmungen anordnen, dass das GKG ganz oder teilweise (entsprechende) Anwendung findet (**mittelbare Anwendbarkeit**).

■ ZB bestimmen für **berufsgerichtliche Verfahren** §§ 193, 195 BRAO, §§ 146, 148 PatAnwO, § 146 StBerG und § 122 WiPrO, dass Gerichtsgebühren nach den jeweiligen Gebührenverzeichnissen dieser Gesetze erhoben werden. Im Übrigen werden aber die für Gerichtskosten in verwaltungsgerichtlichen Verfahren (§ 193 BRAO, § 146 PatAnwO) bzw für Gerichtskosten in Strafsachen geltenden Vorschriften des GKG (§ 195 BRAO, § 148 PatAnwO, § 146 StBerG, § 122 WiPrO) für entsprechend anwendbar erklärt (zu Baulandsachen → Rn 18; zu Disziplinarsachen → Rn 16, 49 ff). Insbesondere sind danach die Vorschriften des GKG über die Kostenhaftung (§§ 22 ff), die Fälligkeit der Kosten (§§ 6 ff) und die Rechtsbehelfe gegen den Kostenansatz (§§ 66 ff) anwendbar.[11] Für die Zuständigkeit zum Kostenansatz gilt gem. § 146 S. 2 StBerG die Vorschrift des § 19 Abs. 2 entsprechend (→ § 19 Rn 57 f).

■ §§ 8 Abs. 1 und 11 Abs. 1 JBeitrO erklären bestimmte Vorschriften des GKG für anwendbar.

■ Für gem. § 59 RVG auf die Staatskasse übergegangene Ansprüche von im Wege der Prozesskostenhilfe beigeordneten Rechtsanwälten gelten nach § 59 Abs. 2 S. 2–4 RVG bestimmte Vorschriften des GKG entsprechend (→ Rn 6).

14 **2. Verfahren vor den ordentlichen Gerichten (Abs. 1). a) Ordentliche Gerichte.** Das GKG gilt nach Abs. 1 S. 1 in Verfahren vor den ordentlichen Gerichten. **Ordentliche Gerichte** sind die **Amtsgerichte**, die **Landgerichte**, die **Oberlandesgerichte** und der **Bundesgerichtshof**. Es muss sich aber um ein Verfahren vor einem ordentlichen Gericht nach einem der in Nr. 1–21 genannten Gesetze handeln. Denn Abs. 1 S. 1 regelt **enumerativ**, für welche Verfahren vor den ordentlichen Gerichten Gebühren und Auslagen nach dem GKG erhoben werden (aber → Rn 13).[12] Zu **Familiensachen** → Rn 46 f.

15 **b) Verfahren nach einer der in Nr. 1–21 genannten Verfahrensordnung.** Findet ein Verfahren zwar vor einem ordentlichen Gericht statt, richtet es sich aber nicht nach einem der in Nr. 1–21 genannten Gesetze, dürfen Gerichtskosten nach dem GKG grds. nicht erhoben werden. Deshalb gilt das GKG zB nicht für bestimmte gerichtliche Verfahren vor den **Richterdienstgerichten** des Bundes bzw der Länder:

16 **aa)** Nach § 66 Abs. 1 DRiG gelten im **Prüfungsverfahren** gem. § 62 Abs. 1 Nr. 3 und 4 DRiG die Vorschriften der VwGO. Für Richter im Dienst des Landes **Nordrhein-Westfalen** gelten für das **Versetzungsverfahren** nach § 37 Nr. 2 LRiG und das Prüfungsverfahren nach § 37 Nr. 3 und 4 LRiG ebenfalls die Vorschriften der VwGO entsprechend. Zwar gehören die Dienstgerichte und die Dienstgerichtshöfe zur ordentlichen Gerichtsbarkeit (§ 61 Abs. 1 DRiG; vgl zB für NRW § 35 Abs. 2 LRiG). Die genannten Verfahren richten sich jedoch nach den Bestimmungen der VwGO. Verfahren vor einem ordentlichen Gericht nach der VwGO sind aber in § 1 nicht genannt, so dass die Anwendung des GKG ausgeschlossen ist.[13]

bb) Für den **Richterdienstgerichten** übertragene **Disziplinarverfahren** gilt das GKG zwar ebenfalls nicht. Die Gerichtskostenerhebung kann sich aber aus den Disziplinargesetzen des Bundes oder der Länder ergeben. Nach § 63 Abs. 1 und 3 DRiG, § 78 S. 1 BDG werden im gerichtlichen Disziplinarverfahren Gebühren nach der Anlage zu § 78 BDG erhoben. Nach § 78 S. 2 BDG sind im Übrigen die für Kosten in Verfahren vor den Gerichten der Verwaltungsgerichtsbarkeit geltenden Vorschriften des GKG entsprechend anzuwenden. Durch § 83 S. 2 DRiG wird die Landesgesetzgebung ermächtigt, Bestimmungen über die Gerichtskosten in Disziplinarsachen der Richter im Landesdienst zu treffen. So gelten zB in **NRW** gem. § 47 Abs. 1 LRiG in Disziplinarsachen die Vorschriften des Disziplinargesetzes für das Land Nordrhein-Westfalen entsprechend. Nach § 75 LDG NRW werden in gerichtlichen Disziplinarverfahren Gebühren nach dem Gebührenverzeichnis der Anlage zu § 75 LDG NRW erhoben. Im Übrigen sind auch hier die für die Kosten in Verfahren

---

[11] BT-Drucks 16/3038, S. 33. [12] BGH NJW-RR 2006, 1003 = RVGreport 2007, 200. [13] BGH NJW-RR 2006, 1003 = RVGreport 2007, 200; Sächsisches Dienstgericht für Richter DRiZ 2007, 50 = NVwZ-RR 2007, 268.

vor den Gerichten der Verwaltungsgerichtsbarkeit geltenden Vorschriften des GKG entsprechend anwendbar. Im Übrigen wird auf die Erl. zu Abs. 2 Nr. 1 verwiesen (→ Rn 49 ff).

c) Verfahren nach der ZPO (Nr. 1). Nach § 3 Abs. 1 EGZPO findet die Zivilprozessordnung (ZPO) auf alle **17** bürgerlichen Rechtsstreitigkeiten Anwendung, die vor die ordentlichen Gerichte gehören. Erfasst von Nr. 1 sind damit nicht nur Prozessverfahren, sondern alle in der ZPO geregelten gerichtlichen Verfahren (zB selbständiges Beweisverfahren – Gebühr Nr. 1610 KV; Mahnverfahren – Gebühr Nr. 1100 KV; Zwangsvollstreckung – Gebühren Nr. 2110 ff KV).

Das GKG gilt auch in Verfahren vor den ordentlichen Gerichten, in denen die ZPO für anwendbar erklärt **18** wird. Für das Verfahren vor den **Kammern für Baulandsachen** nach §§ 217 ff BauGB bestimmt § 221 Abs. 1 BauGB, dass für Anträge auf gerichtliche Entscheidung in **Baulandsachen** die bei Klagen in bürgerlichen Rechtsstreitigkeiten geltenden Vorschriften entsprechend anzuwenden sind. Das Verfahren richtet sich damit nach der ZPO. § 219 Abs. 1 BauGB bestimmt das **Landgericht** als zuständiges Gericht, in dessen Bezirk die den Verwaltungsakt erlassende Stelle ihren Sitz hat. Die Gerichtskostenerhebung richtet sich somit nach dem GKG. Als Besonderheit ist zu beachten, dass § 221 Abs. 4 BauGB die **Vorauszahlungspflicht** nach § 12 Abs. 1 S. 1 und 2 ausschließt (dazu → § 12 Rn 20).

d) Mahnverfahren in Familiensachen (Nr. 1). Nach § 113 Abs. 2 FamFG können in **Familienstreitsachen 19** (§ 112 FamFG) die Zahlung einer bestimmten Geldsumme betreffende Ansprüche (zB rückständige Unterhaltsbeträge, güterrechtliche Zahlungsansprüche) nach den Vorschriften der ZPO über das **Mahnverfahren** (§§ 688 ff ZPO) geltend gemacht werden. Das FamFG enthält daher für das Mahnverfahren keine eigenen Verfahrensvorschriften. Die Gerichtskosten richten sich in diesen Fällen nach der ausdrücklichen Regelung in § 1 S. 3 FamGKG und Abs. 1 S. 1 Nr. 1 nach dem **GKG**. Grund hierfür ist, dass auch das Mahnverfahren in Familiensachen von den zentralen Mahngerichten erledigt werden soll, die hierfür dann keine besonderen Vordrucke für dieses Mahnverfahren vorhalten müssen.[14]

Für das Verfahren über den Antrag auf Erlass eines Mahnbescheids in einer Familienstreitsache entsteht damit eine 0,5-Verfahrensgebühr Nr. 1100 KV, die mindestens 32 € beträgt. Zur Berechnung der Gerichtskosten im Mahnverfahren in Familiensachen und im Verfahren vor dem FamG nach Widerspruch s. HK-FamGKG/*Volpert*, 2. Aufl., Nr. 1220 KV Rn 49 ff.

e) Vollstreckung und Arrest in Familiensachen (Nr. 1). Das 8. Buch der ZPO – und damit auch die Vorschrift des § 764 ZPO über die Zuständigkeit des Vollstreckungsgerichts – findet unmittelbar nur Anwendung, wenn der zu vollstreckende Titel nach Maßgabe der ZPO erlassen wurde.[15] Vollstreckungstitel in Familiensachen ergehen aber nicht nach der ZPO, sondern nach dem FamFG. Damit findet auch die Regelung des § 764 ZPO grds. keine Anwendung; die Vollstreckung in Familiensachen (§ 23 b GVG, § 23 a Nr. 1 GVG) obliegt daher grds. dem Familiengericht (§§ 86 ff FamFG), soweit das FamFG nicht selbst ausdrücklich anderslautende Bestimmungen enthält. Für die **Vollstreckung durch das Familiengericht** gilt nach § 1 S. 1 FamGKG das FamGKG (vgl für die Gebühren Vorbem. 1.6 KV FamGKG und Nr. 1600 ff KV FamGKG und für die Auslagen Vorbem. 2 Abs. 4 KV FamGKG).

Eine **anderweitige Zuständigkeit** ergibt sich hinsichtlich der **Ehesachen** sowie der **Familienstreitsachen** aus **21** der Vorschrift des § 120 Abs. 1 FamFG. Darin ist bestimmt, dass in diesen Angelegenheiten die Vorschriften der ZPO über die Zwangsvollstreckung entsprechend gelten. Damit ist dann auch die Vorschrift über die Zuständigkeit des **Vollstreckungsgerichts** (§ 764 ZPO) anwendbar, vgl auch § 113 Abs. 1 FamFG iVm §§ 86–96 FamFG. Bei der Vollstreckung in Ehesachen sowie Familienstreitsachen erfolgt daher die Vollstreckung durch das Vollstreckungsgericht. Deshalb ist insoweit das GKG anwendbar.

Ebenfalls das GKG und nicht das FamGKG ist anzuwenden für Handlungen im Rahmen der **Arrestvollziehung in Familienstreitsachen**; dies gilt auch im Falle des § 930 Abs. 1 S. 2 ZPO, wenn das Arrestgericht die Pfändung einer Forderung bewirkt, weil es insoweit als Vollstreckungsgericht tätig wird.

f) Verfahren nach der InsO (Nr. 2). Das GKG gilt ebenfalls für Gerichtsverfahren, die nach der Insolvenz- **23** ordnung (InsO) abgewickelt werden. So regelt bspw § 23 die Frage der Kostenschuldnerschaft im Insolvenzverfahren und § 58 enthält Regelungen zur Ermittlung des Gegenstandswerts.

g) Verfahren nach der SVertO (Nr. 3). Für Gerichtsverfahren, die nach der Schifffahrtsrechtlichen Vertei- **24** lungsordnung (SVertO) abgewickelt werden, gilt das GKG, insb. für Verfahren vor einem Schifffahrtsgericht. In Verfahren vor dem Rheinschifffahrtsgericht können jedoch nur Auslagen nach dem GKG geltend gemacht werden, da im Übrigen Gebührenfreiheit herrscht.

h) Verfahren nach dem ZVG (Nr. 4). Für Gerichtsverfahren, die sich nach dem Gesetz über die Zwangsver- **25** steigerung und die Zwangsverwaltung (ZVG) (Nr. 2–4) richten, gilt das GKG uneingeschränkt.

---

14 BT-Drucks 16/6308, S. 301. **15** BGH NJW-RR 2006, 645 = Rpfleger 2006, 139.

26 **i) Verfahren nach der StPO (Nr. 5).** Gemäß § 3 Abs. 1 EGStPO findet die Strafprozessordnung (StPO) auf alle Strafsachen Anwendung, die vor die ordentlichen Gerichte gehören. Das GKG gilt nach Nr. 5 für Verfahren vor den ordentlichen Gerichten nach der StPO. Erfasst ist trotz des Wortlauts aber nicht nur das gerichtliche Verfahren, sondern der Anwendungsbereich geht weiter. Nach § 464 a Abs. 1 S. 1, 2 StPO sind Kosten des Verfahrens die Gebühren und Auslagen der Staatskasse, zu denen auch die durch die **Vorbereitung der öffentlichen Klage** entstandenen Kosten gehören. Verfahrenskosten sind danach auch die im **Ermittlungsverfahren** bei der Staatsanwaltschaft bzw der Polizei (§§ 161 ff StPO) entstandenen Kosten. Auch insoweit gilt das GKG. Das ergibt sich auch aus dem Auslagentatbestand in Nr. 9015 KV, wonach Auslagen der in den Nr. 9000–9014 KV bezeichneten Art erhoben werden, soweit sie durch die Vorbereitung der öffentlichen Klage entstanden sind. Nr. 9015 KV ist somit Grundlage für den Ansatz der Auslagen des Ermittlungsverfahrens in der Kostenrechnung. Auslagen der Staatsanwaltschaft bzw der Polizei aus dem Ermittlungsverfahren sind damit unmittelbare Kosten im Verfahren vor einem ordentlichen Gericht (zum **Steuerstrafverfahren** → Nr. 9013 KV Rn 12).[16]

27 Kommt es nicht zu einem gerichtlichen Verfahren, stellt **Abs. 2 Nr. 5** klar, dass das GKG auch in Verfahren vor den Staatsanwaltschaften nach der StPO Anwendung findet.

28 Nach § 464 a Abs. 1 S. 1, 2 StPO sind Verfahrenskosten auch die durch die **Vollstreckung einer Rechtsfolge der Tat** entstandenen Kosten. Für gerichtliche Verfahren zB vor der Strafvollstreckungskammer des Landgerichts nach §§ 462 a, 463 StPO (§ 78 a GVG), die die **Strafvollstreckung** betreffen, gilt gem. Nr. 5 ebenfalls das GKG. Dort anfallende Kosten unterfallen dem Anwendungsbereich des GKG (→ Nr. 9005 KV Rn 2).[17]

29 **j) Verfahren nach dem JGG (Nr. 6).** Das GKG gilt nach Nr. 6 für Verfahren vor den ordentlichen Gerichten nach dem Jugendgerichtsgesetz (JGG). Kommt es nicht zu einem gerichtlichen Verfahren, stellt **Abs. 2 Nr. 5** klar, dass das GKG auch in Verfahren vor den Staatsanwaltschaften nach dem JGG Anwendung findet.

30 **k) Verfahren nach dem OWiG (Nr. 7).** Das GKG gilt nach Nr. 7 für Verfahren vor den ordentlichen Gerichten nach dem Gesetz über Ordnungswidrigkeiten (OWiG). Erfasst sind wie bei Verfahren nach der StPO auch die Kosten des dem gerichtlichen Verfahren vorausgehenden Verwaltungsverfahrens (→ Rn 26 und Nr. 9016 KV Rn 3 f). Kommt es nicht zu einem gerichtlichen Bußgeldverfahren, stellt **Abs. 2 Nr. 5** klar, dass das GKG auch in Verfahren vor den Staatsanwaltschaften nach dem OWiG Anwendung findet. Kommt es nicht zu einem gerichtlichen Verfahren oder einem Bußgeldverfahren vor der Staatsanwaltschaft, gilt für das Bußgeldverfahren vor der Verwaltungsbehörde das GKG nicht. Dann ergeben sich die Kosten aus § 107 OWiG. Zur Frage der Zuständigkeit für den Ansatz von Kosten aus dem Verwaltungsverfahren vor der Bußgeldbehörde → § 19 Rn 48 ff. Zur Frage der Kostenhaftung wird auf die Erl. zu § 27 verwiesen.

31 **l) Verfahren nach dem StVollzG, auch iVm § 92 JGG (Nr. 8).** Verfahren vor den ordentlichen Gerichten nach dem Strafvollzugsgesetz (StVollzG) werden nach Nr. 8 nach dem GKG abgerechnet. Erfasst sind Anträge auf gerichtliche Entscheidung nach §§ 50 Abs. 5, 109, 138 Abs. 3 StVollzG, über die gem. § 110 StVollzG die **Strafvollstreckungskammer** beim Landgericht entscheidet (§ 78 a GVG). Über Rechtsbeschwerden entscheidet gem. §§ 116, 117 StVollzG das Oberlandesgericht. In diesen gerichtlichen Verfahren nach dem StVollzG entstehen die in Nr. 3810–3830 KV geregelten Gerichtsgebühren sowie ggf Auslagen nach Teil 9 KV (→ § 19 Rn 40).

32 **m) Verfahren nach dem GWB (Nr. 9).** Nach Nr. 9 gilt für Verfahren vor den ordentlichen Gerichten nach dem Gesetz gegen Wettbewerbsbeschränkungen (GWB) das GKG. Über **Beschwerden** gegen die Entscheidungen der Kartellbehörde entscheidet gem. § 63 Abs. 4 GWB ausschließlich das für den Sitz der Kartellbehörde zuständige Oberlandesgericht, in den Fällen der §§ 35–42 GWB ausschließlich das für den Sitz des Bundeskartellamts zuständige Oberlandesgericht, und zwar auch dann, wenn sich die Beschwerde gegen eine Verfügung des Bundesministeriums für Wirtschaft und Technologie richtet. Im **Rechtsbeschwerdeverfahren** entscheidet gem. § 74 Abs. 1 GWB der Bundesgerichtshof. Für das Beschwerdeverfahren vor dem Oberlandesgericht fallen die Gebühren nach Nr. 1220 ff KV an (Vorbem. 1.2.2 Nr. 1 KV), für das Rechtsbeschwerdeverfahren die Gebühren nach Nr. 1230 ff KV. Für Verfahren über einen Antrag nach § 115 Abs. 2 S. 5 und 6, § 118 Abs. 1 S. 3 oder nach § 121 GWB richtet sich die Gerichtsgebühr nach Nr. 1630 f KV.

33 **n) Verfahren nach dem WpÜG, soweit dort nichts anderes bestimmt ist (Nr. 10).** Nach Nr. 10 gilt das GKG für das Verfahren vor den ordentlichen Gerichten nach dem Wertpapiererwerbs- und Übernahmegesetz (WpÜG). Gemäß § 66 Abs. 1 S. 1 WpÜG sind für bürgerliche Rechtsstreitigkeiten, die sich aus dem WpÜG ergeben, ohne Rücksicht auf den Wert des Streitgegenstands die Landgerichte ausschließlich zuständig. Diese Rechtsstreitigkeiten sind nach § 66 Abs. 2 WpÜG Handelssachen iSd §§ 93–114 GVG. Im erstinstanzlichen Verfahren vor dem Landgericht entsteht die 3,0-Verfahrensgebühr nach Nr. 1210 KV. Im Beschwerde-

---

16 *Meyer*, GKG § 1 Rn 20. **17** BGH NJW 2000, 1128 = JurBüro 2000, 542 = AGS 2000, 231.

verfahren nach § 48 WpÜG richtet sich die Gebühr nach Nr. 1220 KV (Vorbem. 1.2.2 Nr. 2 KV). Im Verfahren über den Antrag nach § 50 Abs. 3–5 WpÜG fällt eine 0,5-Verfahrensgebühr nach Nr. 1632 KV an.

Nach Nr. 10 gilt das GKG für das Verfahren vor den ordentlichen Gerichten nach dem WpÜG nur, **soweit** 34
dort nichts anderes bestimmt ist. Etwas anderes ist in § 39 b WpÜG hinsichtlich des Verfahrens für den Ausschluss von Aktionären nach § 39 a WpÜG bestimmt, das sich gem. 39 b Abs. 1 WpÜG nach dem FamFG richtet. Insoweit richten sich die Gerichtskosten gem. § 1 Abs. 2 Nr. 6 GNotKG nach dem GNotKG.

o) Verfahren nach dem WpHG (Nr. 11). Nach Nr. 11 gilt das GKG für das Verfahren vor den ordentlichen 35
Gerichten nach dem Wertpapierhandelsgesetz (WpHG). Nach § 37 u Abs. 1 S. 1 WpHG ist gegen Verfügungen der Bundesanstalt für Finanzdienstleistungsaufsicht (BaFin) nach §§ 37 n ff WpHG die Beschwerde statthaft. Für das Beschwerdeverfahren gelten gem. § 37 u Abs. 2 WpHG die §§ 43 und 48 Abs. 2–4, § 50 Abs. 3–5 sowie die §§ 51–58 WpÜG entsprechend. Im Beschwerdeverfahren vor dem OLG Frankfurt (§ 37 u S. 2 WpHG, § 48 Abs. 4 WpÜG) richtet sich die Gebühr nach Nr. 1220 KV (Vorbem. 1.2.2 Nr. 3 KV). Im Verfahren über den Antrag nach § 37 u Abs. 2 WpHG, § 50 Abs. 3–5 WpÜG fällt eine 0,5-Verfahrensgebühr nach Nr. 1632 KV an.

p) Verfahren nach dem AVAG (Nr. 12). In Verfahren nach dem Gesetz zur Ausführung zwischenstaatlicher 36
Verträge und zur Durchführung von Verordnungen und Abkommen der Europäischen Gemeinschaft auf dem Gebiet der Anerkennung und Vollstreckung in Zivil- und Handelssachen (Anerkennungs- und Vollstreckungsausführungsgesetz – AVAG) gilt nach Nr. 12 das GKG. Die Gebühren bestimmen sich nach den Nr. 1510 ff KV (Kostenschuldner in Verfahren über Anträge auf Ausstellung einer Bescheinigung nach § 56 AVAG: § 22 Abs. 3).

q) Verfahren nach dem AUG, soweit das Vollstreckungsgericht zuständig ist (Nr. 13). Am 18.6.2011 ist das 37
Gesetz zur Geltendmachung von Unterhaltsansprüchen im Verkehr mit ausländischen Staaten (Auslandsunterhaltsgesetz – AUG) in Kraft getreten.[18] Nach § 2 AUG gelten für das Verfahren die Vorschriften des FamFG, soweit im AUG nichts anderes geregelt ist. Nach Nr. 13 gilt das GKG nur für die Verfahren nach dem AUG, soweit das Vollstreckungsgericht zuständig ist. Nach § 31 Abs. 1 S. 1 AUG ist für Anträge auf Verweigerung, Beschränkung oder Aussetzung der Vollstreckung nach Art. 21 der Verordnung (EG) Nr. 4/2009 das Amtsgericht als Vollstreckungsgericht zuständig. Nach Nr. 2119 KV wird eine Gebühr iHv 30 € für das Verfahren über Anträge nach § 31 AUG erhoben.

Der Gesetzgeber musste das GKG hinsichtlich seines Anwendungsbereichs auf das AUG erstrecken, soweit 38
das Vollstreckungsgericht zuständig ist. Denn nach den korrespondierenden Vorschriften in § 1 FamGKG, Vorbem. 1.6 S. 2 KV FamGKG und § 1 Abs. 1 S. 1 Nr. 1 GKG ist auch in **Familiensachen** dann das GKG anzuwenden, wenn die Zwangsvollstreckung dem Vollstreckungsgericht obliegt (→ Rn 19 ff).[19]

r) Rechtsmittelverfahren des gewerblichen Rechtsschutzes vor dem BGH (Nr. 14). Rechtsmittelverfahren 39
des gewerblichen Rechtsschutzes vor dem **Bundesgerichtshof** nach dem Patentgesetz (**PatG**), dem Gebrauchsmustergesetz (**GebrMG**), dem Markengesetz (**MarkenG**), dem Designgesetz (**DesignG**),[20] dem Halbleiterschutzgesetz (**HalblSchG**) und dem Sortenschutzgesetz (**SortSchG**) unterfallen nach Nr. 14 dem Geltungsbereich des GKG. Hierdurch soll das Gebührenrecht im Bereich des gewerblichen Rechtsschutzes vor dem Bundesgerichtshof vereinfacht und übersichtlicher gestaltet werden.

Für das erstinstanzliche Verfahren zB vor dem **Patentgericht** gilt nicht das GKG. Die Berechnung der Ge- 40
richtskosten richtet sich nach dem „Gesetz über die Kosten des Deutschen Patent- und Markenamts und des Bundespatentgerichts (**Patentkostengesetz – PatKostG**)". Siehe dazu ausf. die Erl. zum PatKostG in diesem Kommentar (Ziff. 21).

s) Verfahren nach dem EnWG (Nr. 15). Nach Nr. 15 gilt das GKG für das Verfahren vor den ordentlichen 41
Gerichten nach dem Gesetz über die Elektrizitäts- und Gasversorgung (Energiewirtschaftsgesetz – EnWG). Für bürgerliche Rechtsstreitigkeiten, die sich aus diesem Gesetz ergeben, sind gem. § 102 Abs. 1 EnWG ohne Rücksicht auf den Wert des Streitgegenstands die Landgerichte ausschließlich zuständig. Nach § 102 Abs. 2 EnWG sind diese Rechtsstreitigkeiten Handelssachen iSd §§ 93–114 GVG. Im erstinstanzlichen Verfahren vor dem Landgericht entsteht die 3,0-Verfahrensgebühr nach Nr. 1210 KV. Im Beschwerdeverfahren vor dem Oberlandesgericht gegen Entscheidungen der Regulierungsbehörde nach § 75 EnWG richtet sich die Gebühr nach Nr. 1220 KV (Vorbem. 1.2.2 Nr. 4 KV), im Rechtsbeschwerdeverfahren vor dem Bundes-

---

18 Verkündet als Art. 1 des Gesetzes zur Durchführung der Verordnung (EG) Nr. 4/2009 und zur Neuordnung bestehender Aus- und Durchführungsbestimmungen auf dem Gebiet des internationalen Unterhaltsverfahrensrechts v. 23.5.2011 (BGBl. I 898).
19 BT-Drucks 17/4887, S. 51. **20** Vgl Art. 5 Abs. 5 Nr. 1 des Gesetzes zur Modernisierung des Geschmacksmustergesetzes sowie zur Änderung der Regelungen über die Bekanntmachungen zum Ausstellungsschutz v. 10.10.2013 (BGBl. I 3799, 3807), in Kraft getreten am 1.1.2014.

gerichtshof (§ 86 EnWG) gilt die Gebühr Nr. 1230 KV. Beschwerden gegen die Nichtzulassung der Rechtsbeschwerde durch das Oberlandesgericht nach § 86 EnWG fallen unter Nr. 1240 KV.

42   **t) Verfahren nach dem KapMuG (Nr. 16).** Verfahren nach dem Kapitalanleger-Musterverfahrensgesetz (KapMuG) sind nach Nr. 16 nach dem GKG abzurechnen. Das erstinstanzliche Musterverfahren gilt nach Vorbem. 1.2.1 Hs 2 KV als Teil des erstinstanzlichen Prozessverfahrens. Die im erstinstanzlichen Prozessverfahren anfallende Gerichtsgebühr nach Nr. 1210 KV gilt das erstinstanzliche Musterverfahren ab. Für die nachträgliche Anmeldung eines Anspruchs zum nach § 10 Abs. 1 KapMuG bekannt gemachten Musterverfahren nach § 10 Abs. 2 KapMuG wird die mit Wirkung vom 1.11.2012 neu eingeführte[21] Gebühr Nr. 1902 KV erhoben. Zur Zustellungspauschale in Verfahren nach dem KapMuG → Nr. 9002 KV Rn 24.

43   **u) Verfahren nach dem VSchDG (Nr. 17).** Nach Nr. 17 gilt das GKG für das Verfahren nach dem EG-Verbraucherschutzdurchsetzungsgesetz (VSchDG). Im Beschwerdeverfahren nach § 13 VSchDG richtet sich die Gebühr nach Nr. 1220 KV (Vorbem. 1.2.2 Nr. 5 KV). Über die Beschwerde entscheidet gem. § 13 Abs. 4 VSchDG ausschließlich das für den Sitz der zuständigen Behörde zuständige Landgericht. Für das Rechtsbeschwerdeverfahren vor dem Bundesgerichtshof (§ 24 VSchDG) ist die Gebühr nach Nr. 1230 KV vorgesehen. Beschwerden gegen die Nichtzulassung der Rechtsbeschwerde durch das Landgericht nach §§ 24, 25 VSchDG fallen unter Nr. 1240 KV.

44   **v) Vollstreckung europäischer Geldsanktionen nach dem IRG (Nr. 18).** Nach Nr. 18 gilt das GKG in Verfahren nach Abschnitt 2 Unterabschnitt 2 des Neunten Teils des Gesetzes über die internationale Rechtshilfe in Strafsachen (IRG). In diesem Abschnitt (§§ 87 ff IRG) ist die Vollstreckungshilfe für einen anderen Mitgliedstaat nach Maßgabe des Rahmenbeschlusses 2005/214/JI des Rates vom 24. Februar 2005 über die Anwendung des Grundsatzes der gegenseitigen Anerkennung von Geldstrafen und Geldbußen (ABl. L 76 vom 22.3.2005, S. 16) geregelt (Vollstreckung europäischer Geldsanktionen). Für das gerichtliche Verfahren vor dem Amtsgericht nach §§ 87 g ff IRG über den Einspruch gegen die Entscheidung des Bundesamtes für Justiz sowie für das Rechtsbeschwerdeverfahren vor dem Oberlandesgericht werden die in Nr. 3910, 3911 KV geregelten Gebühren erhoben. Diese in Teil 3 KV geregelten Bestimmungen gelten auch dann, wenn Gegenstand des gerichtlichen Verfahrens eine europäische Bußgeldentscheidung ist (s. § 87 IRG). Denn nach der Überschrift zu Teil 3 KV gelten die Gebühren Nr. 3110 KV ff in Verfahren nach dem Gesetz über die internationale Rechtshilfe in Strafsachen. Zur Zuständigkeit für den Kostenansatz → § 19 Rn 64.

45   **w) Verfahren nach dem KSpG (Nr. 19).** Nr. 19 ist mWv 24.8.2012 durch das Gesetz zur Demonstration und Anwendung von Technologien zur Abscheidung, zum Transport und zur dauerhaften Speicherung von Kohlendioxid[22] in das GKG eingefügt worden. Über **Beschwerden** gegen die Entscheidungen der Bundesnetzagentur (§ 35 KSpG) entscheidet in erster Instanz das für den Sitz der Bundesnetzagentur zuständige **Oberlandesgericht** (OLG Köln), im Rechtsbeschwerdeverfahren der Bundesgerichtshof. Für das Beschwerdeverfahren vor dem Oberlandesgericht fallen die Gebühren nach Nr. 1220 ff KV an (Vorbem. 1.2.2 Nr. 6 KV), für das Rechtsbeschwerdeverfahren vor dem Bundesgerichtshof die Gebühren nach Nr. 1230 ff KV. Beschwerden gegen die Nichtzulassung der Rechtsbeschwerde (§ 35 Abs. 4 S. 2 KSpG) durch das Oberlandesgericht fallen unter Nr. 1240 KV.

45a   **x) Verfahren nach dem IntErbRVG (Nr. 20).** Nr. 20 ist mWv 17.8.2015 eingefügt worden.[23] Die Gebühren in diesen Verfahren richten sich nach Nr. 1510 ff KV.[24]

45b   **y) Verfahren nach dem ZKG (Nr. 21).** Nr. 21 ist mWv 18.6.2016 eingefügt worden.[25] Im gerichtlichen Verfahren nach § 50 des Zahlungskontengesetzes (ZKG) vor dem Landgericht werden Gerichtskosten nach dem GKG erhoben (Nr. 1210 ff KV). Durch die ausdrückliche Nennung der Verfahren vor den ordentlichen Gerichten nach dem ZKG ist wie für die entsprechenden Verfahren nach dem EnWG (Nr. 15) und dem GWB (Nr. 9) sichergestellt worden, dass sich die Kostenerhebung nach dem GKG richtet.[26] Das behördliche Verfahren vor der BaFin ist wegen § 49 Abs. 3 ZKG für den Verbraucher gebührenfrei. Im gerichtlichen Verfahren kann der Verbraucher nach den Vorschriften der ZPO Prozesskostenhilfe und damit Gebührenfreiheit erlangen (vgl § 122 ZPO). Den Ländern steht es ferner wegen § 2 Abs. 3 S. 2 frei, noch weitergehend eine Kostenfreiheit des Verfahrens zugunsten des Verbrauchers zu bestimmen.[27]

46   **3. Familiensachen (Abs. 1 S. 2).** Abs. 1 S. 1 Nr. 1, 6 und 12 gilt nicht in Verfahren, in denen Kosten nach dem FamGKG zu erheben sind (**Abs. 1 S. 2**). Kosten nach dem FamGKG werden in **Familiensachen** erho-

---

21 Durch Art. 4 Nr. 6 Buchst. d des Gesetzes zur Reform des Kapitalanleger-Musterverfahrensgesetzes und zur Änderung anderer Vorschriften v. 19.10.2012 (BGBl. I 2182, 2189). **22** Art. 5 G v. 17.8.2012 (BGBl. I 1726, 1752). **23** Art. 12 Nr. 1 Buchst. c des Gesetzes zum Internationalen Erbrecht und zur Änderung von Vorschriften zum Erbschein sowie zur Änderung sonstiger Vorschriften v. 29.6.2015 (BGBl. I 1042, 1055). **24** BT-Drucks 18/4201, S. 62. **25** Art. 8 Nr. 3 des Gesetzes zur Umsetzung der Richtlinie über die Vergleichbarkeit von Zahlungskontoentgelten, den Wechsel von Zahlungskonten sowie den Zugang zu Zahlungskonten mit grundlegenden Funktionen v. 11.4.2016 (BGBl. I 720, 736). **26** BT-Drucks 18/7691, S. 87. **27** BT-Drucks 18/7691, S. 87.

ben, § 1 FamGKG. Familiensachen sind die in Buch 2 des FamFG ("Verfahren in Familiensachen", §§ 111–270 FamFG) geregelten Angelegenheiten einschließlich der Vollstreckung durch das Familiengericht – also nicht die durch das Vollstreckungsgericht – und für das gerichtliche Verfahren auf Anerkennung ausländischer Entscheidungen in Ehesachen vor dem Oberlandesgericht (§ 107 FamFG). Was unter dem Begriff „Familiensache" zu verstehen ist, ergibt sich somit aus § 111 FamFG, der auch für andere Gesetze, somit auch für das FamGKG und für das GKG, die maßgebliche **Definition**[28] der Familiensachen enthält.

Familiensachen sind danach: 47

- Ehesachen (§ 111 Nr. 1 FamFG; Begriff: § 121 FamFG);
- Kindschaftssachen (§ 111 Nr. 2 FamFG; Begriff: § 151 FamFG);[29] das gilt auch für aufgrund der vom BVerfG eröffneten Übergangsregelung[30] eingeleitete Verfahren;[31]
- Abstammungssachen (§ 111 Nr. 3 FamFG; Begriff: § 169 FamFG);
- Adoptionssachen (§ 111 Nr. 4 FamFG; Begriff: § 186 FamFG);
- Ehewohnungs- und Haushaltssachen (§ 111 Nr. 5 FamFG; Begriff: § 200 FamFG);
- Gewaltschutzsachen (§ 111 Nr. 6 FamFG; Begriff: § 210 FamFG);
- Versorgungsausgleichssachen (§ 111 Nr. 7 FamFG; Begriff: § 217 FamFG);
- Unterhaltssachen (§ 111 Nr. 8 FamFG; Begriff: § 231 FamFG);
- Güterrechtssachen (§ 111 Nr. 9 FamFG; Begriff: § 261 FamFG);
- sonstige Familiensachen (§ 111 Nr. 10 FamFG; Begriff: § 266 FamFG);
- Lebenspartnerschaftssachen (§ 111 Nr. 11 FamFG; Begriff: § 269 ZPO).

Verfahren nach dem **IntFamRVG**[32] sind ebenfalls Familiensachen iSv § 1.[33]   48

4. Verfahren vor den Fachgerichtsbarkeiten und der Staatsanwaltschaft (Abs. 2). a) Verwaltungsgerichtliche   49
Verfahren nach der VwGO (Nr. 1). Gemäß Abs. 2 Nr. 1 richtet sich die Erhebung von Gerichtskosten für Verfahren vor den Verwaltungsgerichten nach der Verwaltungsgerichtsordnung (VwGO) nach dem GKG. **Verwaltungsgerichte** sind die Verwaltungsgerichte, die Oberverwaltungsgerichte bzw die Verwaltungsgerichtshöfe (§ 184 VwGO) und das Bundesverwaltungsgericht (§ 3 VwGO). Entscheidend für die Anwendung des GKG ist, dass sich das verwaltungsgerichtliche Verfahren nach der **VwGO** richtet. Verwaltungsgerichtliche Verfahren, die sich nicht nach der VwGO richten, werden nicht nach dem GKG abgerechnet.

Nach § 187 VwGO können die Länder den Gerichten der Verwaltungsgerichtsbarkeit Aufgaben der Disziplinargerichtsbarkeit übertragen und für diese Verfahren ein von der VwGO abweichendes Verfahren bestimmen. In verwaltungsgerichtlichen Verfahren nach dem **Bundesdisziplinargesetz** (BDG) ist das GKG deshalb unmittelbar nicht anwendbar. Gemäß § 78 BDG werden hier Gebühren nach dem Gebührenverzeichnis der Anlage zum BDG erhoben. Im Übrigen sind insoweit die für Kosten in Verfahren vor den Gerichten der Verwaltungsgerichtsbarkeit geltenden Vorschriften des GKG entsprechend anzuwenden. Gemäß § 85 Abs. 12 BDG werden Gebühren nach § 78 S. 1 BDG nur für die nach dem 31.12.2009 anhängig werdenden gerichtlichen Verfahren erhoben. Dies gilt nicht im Verfahren über ein Rechtsmittel, das nach dem 31.12.2009 eingelegt worden ist.

Ähnliche Regelungen finden sich in den Disziplinargesetzen der Länder. Gemäß § 75 **Landesdisziplinargesetz NRW** (LDG NRW) werden in gerichtlichen Disziplinarverfahren Gebühren nach dem Gebührenverzeichnis der Anlage zum LDG NRW erhoben. Im Übrigen sind auch hier die für die Kosten in Verfahren vor den Gerichten der Verwaltungsgerichtsbarkeit geltenden Vorschriften des GKG entsprechend anwendbar. Gemäß § 82 Abs. 11 LDG NRW werden Gebühren nach § 75 S. 1 LDG nur für die nach dem 31.12.2009 anhängig werdenden gerichtlichen Verfahren erhoben. Dies gilt nicht für Verfahren über ein Rechtsmittel, das nach dem 31.12.2009 eingelegt worden ist.

Verfahren vor einem ordentlichen Gericht nach der VwGO (bestimmte Verfahren vor den **Richterdienstge-**   52
richten) werden von § 1 nicht erfasst, so dass die Anwendung des GKG ausgeschlossen ist (→ Rn 16).

b) Finanzgerichtliche Verfahren nach der FGO (Nr. 2). Gemäß Abs. 2 Nr. 2 richtet sich die Erhebung von   53
Gerichtskosten für Verfahren vor den Gerichten der Finanzgerichtsbarkeit nach der Finanzgerichtsordnung (FGO) nach dem GKG. **Finanzgerichte** sind die Finanzgerichte und der Bundesfinanzhof (§ 2 FGO). Entscheidend für die Anwendung des GKG ist, dass sich das finanzgerichtliche Verfahren nach der FGO richtet.

c) Sozialgerichtliche Verfahren nach dem SGG (Nr. 3). Das SGG bestimmt selbst, für welche sozialgerichtli-   54
che Verfahren das GKG anzuwenden ist. Dies geschieht durch § **197 a SGG**. Nach § 197 a SGG sind Kosten

---

28 BT-Drucks 16/6308, S. 223 (zu § 111 FamFG).   **29** KG 12.1.2012 – 19 WF 276/11, juris.   **30** BVerfG 21.7.2010 – 1 BvR 420/09, juris.   **31** KG 12.1.2012 – 19 WF 276/11, juris.   **32** Gesetz zur Aus- und Durchführung bestimmter Rechtsinstrumente auf dem Gebiet des internationalen Familienrechts (Internationales Familienrechtsverfahrensgesetz – IntFamRVG) v. 26.1.2005 (BGBl. I 162), zul. geänd. d. Art. 6 G v. 8.7.2014 (BGBl. I 890, 893).   **33** HK-FamGKG/*Volpert*, § 1 Rn 13, § 13 Rn 3.

nach dem GKG zu erheben und die §§ 154–162 VwGO sind anzuwenden, wenn in einem Rechtszug weder der Kläger noch der Beklagte zum Kreis der in § 183 SGG genannten Personen gehört. Die mWv 2.1.2002[34] eingefügte Norm verweist für die betreffenden Verfahren mithin hinsichtlich der Erhebung von Gerichtskosten auf die Vorschriften des GKG. Mit Wirkung zum 3.12.2011 hat der Gesetzgeber die Vorschrift des § 197a Abs. 1 S. 1 SGG dahin gehend ergänzt, dass der Grundsatz der Gerichtskostenfreiheit auch nicht in Verfahren wegen eines überlangen Gerichtsverfahrens (§ 202 S. 2 SGG)[35] gilt.[36]

55 § 197a Abs. 1 S. 1 SGG beinhaltet folgenden Grundsatz: Wenn an einem Verfahren eine nach § 183 SGG kostenmäßig privilegierte Person als Kläger oder Beklagter teilnimmt, gelten die §§ 184–195 SGG (insb. Erhebung von Pauschgebühren von nichtprivilegierten Klägern oder Beklagten, Kostenentscheidung nach § 193 SGG). Die nach **§ 183 S. 1 SGG Privilegierten** sind in den Verfahren vor den Gerichten der Sozialgerichtsbarkeit regelmäßig die Versicherten, Leistungsempfänger einschließlich Hinterbliebenenleistungsempfänger, behinderte Menschen oder deren Sonderrechtsnachfolger nach § 56 SGB I. Unter den nach der Rspr weit auszulegenden Begriff der **Versicherten** fallen neben denjenigen, deren Versicherteneigenschaft durch bestandskräftigen Bescheid festgestellt ist, bis zur Beendigung eines Streits über diesen Status auch solche Personen, die gegen den eine Versicherungspflicht feststellenden Bescheid (überdies ohne aufschiebende Wirkung, § 86a Abs. 2 Nr. 1 SGG) Widerspruch einlegen und ggf Klage erheben.[37]

56 **Nicht kostenfrei** sind im Umkehrschluss etwa die Streitsachen zwischen Sozialleistungsträgern untereinander oder in vertragsärztlichen Angelegenheiten.[38] In solchen Sachen gilt § 197a SGG und damit das GKG für die Gerichtskosten im Verhältnis zur Staatskasse.[39]

57 Insgesamt hat der Gesetzgeber damit für die betreffenden Verfahren im SGG eine mit Blick auf dieses Gesetz abschließende Regelung zur Gerichtskostenerhebung getroffen: Gerichtskosten nach dem GKG werden allein in den von § 197a SGG erfassten Sozialgerichtsverfahren erhoben.[40] Dazu zählen klarstellend zB auch Verweisungsbeschlüsse aus der Sozialgerichtsbarkeit an die zuständige ordentliche Gerichtsbarkeit in Amtshaftungssachen nach Art. 34 GG iVm § 839 BGB gem. § 71 Abs. 2 Nr. 2 GVG.[41]

58 Die **Geltung des GKG** bedeutet: Es werden Gerichtskosten (Gebühren und Auslagen, vgl Abs. 1 S. 1) nur nach dem GKG erhoben. Hinsichtlich der nicht kostenfreien Verfahren verweist § 197a SGG hins. der näheren Einzelheiten der Kostenerhebung auf das GKG, das u.a. die Frage der Streitwertfestsetzung durch Beschluss und die hiergegen möglichen Rechtsbehelfe regelt. Es gelten also in den von § 197a SGG erfassten Verfahren auch die weiteren Gebührenvorschriften des GKG, insb. die Vorschriften zur Wertberechnung, vor allem § 52.

59 Für die Verfahren iSv § 197a SGG gelten für die **Kostengrundentscheidung zwischen den Beteiligten** die §§ 154–161, 162 Abs. 3 VwGO analog, die inter-partes-Erstattungsfähigkeit der Kosten richtet sich nach § 162 Abs. 1 und 2 VwGO. Der Ansatz der Gerichtskosten im Verhältnis zur Staatskasse erfolgt nach § 19 GKG (und nicht nach § 189 SGG) und die Kostenfestsetzung unter den Beteiligten richtet sich nach § 197 SGG. Ebenso sind das GKG und die VwGO nach ausdrücklicher, durch das Gesetz vom 24.11.2011[42] eingefügter Regelung auch in den Verfahren wegen eines überlangen Gerichtsverfahrens in sozialrechtlichen Streitsachen (§ 202 S. 2 SGG iVm §§ 198 ff GVG) anzuwenden.[43]

59a Nicht einschlägig ist die Verhängung von Mutwillenskosten in Verfahren gem. § 197a SGG, da § 197a Abs. 1 S. 1 Hs 2 SGG dies ausdrücklich ausschließt. Insofern soll schon nach den Gesetzesmotiven ein Missbrauch gerade des kostenfreien sozialgerichtlichen Rechtsschutzes sanktioniert werden, den es im Anwendungsbereich des § 197a SGG bereits begriffsnotwendig nicht gibt.[44]

60 **d) Arbeitsgerichtliche Verfahren nach dem ArbGG (Nr. 4).** Gemäß Abs. 2 Nr. 4 ist das GKG ferner anzuwenden für Verfahren vor den Gerichten für Arbeitssachen nach dem Arbeitsgerichtsgesetz (ArbGG). Gerichte für Arbeitssachen sind die Arbeitsgerichte, die Landesarbeitsgerichte und das Bundesarbeitsgericht (§ 1 ArbGG). Verfahren nach dem ArbGG sind die Urteilsverfahren nach § 2 ArbGG sowie die Beschlussverfahren nach § 2a ArbGG. Kosten (Gebühren und Auslagen, vgl Abs. 1 S. 1) für diese Verfahren werden ausschließlich[45] nach dem GKG erhoben (aber → § 2 Rn 18 f).

61 **e) Verfahren vor der Staatsanwaltschaft nach der StPO, dem JGG und dem OWiG (Nr. 5).** Abs. 2 Nr. 5 stellt klar, dass das GKG auch in Verfahren vor den Staatsanwaltschaften nach der StPO, dem JGG und

34 Durch 6. SGGÄndG v. 17.8.2001 (BGBl. I 2144). **35** BT-Drucks 17/3802, S. 29. **36** Vgl Jansen/*Straßfeld*, SGG, 4. Aufl. 2012, § 197a Rn 3, 8. **37** BSG NZS 2007, 443–445; ebenso *Meyer-Ladewig/Keller/Leitherer*, SGG, 11. Aufl. 2014, § 183 Rn 5. **38** Vgl BT-Drucks 14/5943, S. 28 f. **39** Grundlegend auch BVerfG NZS 2011, 18. **40** Vgl Jansen/*Straßfeld*, SGG, 4. Aufl. 2012, § 197a Rn 3, 8. **41** Vgl dazu BayLSG 8.2.2016 – L 15 SF 48/16 E, juris Rn 2. **42** BGBl. 2011 I 230. **43** Vgl auch dazu Begr., BT-Drucks 17/3802, S. 29; s. auch *Meyer-Ladewig/Keller/Leitherer*, SGG, 11. Aufl. 2014, § 197a Rn 3 f; Jansen/*Straßfeld*, SGG, 4. Aufl. 2012, § 197a Rn 3 mwN. **44** S. Bespr. *Schütz*, jurisPR-SozR 14/2015 v. 9.7.2015, Anm. 4 zu LSG Thüringen, B. v. 16.2.2015 – L 6 SF 1636/14 E – m. Hinw. auf BT-Drucks 14/5943. **45** *Hartmann*, KostG, § 1 GKG Rn 11.

dem OWiG Anwendung findet, wenn es nicht zu einem gerichtlichen Verfahren nach der StPO kommt (→ Rn 26–31).

5. Europäische Verfahren (Abs. 3). a) Verordnung (EG) Nr. 861/2007 (EuBagatellVO) (Nr. 1). Das GKG gilt nach Abs. 3 **Nr. 1** auch in Verfahren nach der Verordnung (EG) Nr. 861/2007 des Europäischen Parlaments und des Rates vom 11. Juli 2007 zur Einführung eines **europäischen Verfahrens für geringfügige Forderungen**[46] (**EuBagatellVO**). Das Verfahren richtet sich nach in der ZPO enthaltenen Vorschriften (vgl §§ 1097 ff ZPO), so dass die Einpassung des Verfahrens in das GKG vorzunehmen war. Für das europäische Verfahren für geringfügige Forderungen entsteht in der ersten Instanz die Verfahrensgebühr Nr. 1210 KV. Das ergibt sich bereits aus der ausdrücklichen Erwähnung im Ermäßigungstatbestand Nr. 1211 Nr. 1 Buchst. e KV. Das Verfahren wird kostenrechtlich damit wie ein normales erstinstanzliches Zivilprozessverfahren behandelt. Gründe für eine kostenrechtliche Privilegierung des Mahnverfahrens bestehen nicht.[47] Nach § 12 Abs. 2 Nr. 2 hängt die Klagezustellung in europäischen Verfahren für geringfügige Forderungen nicht von der vorherigen Zahlung der allgemeinen Verfahrensgebühr Nr. 1210 KV ab (zu weiteren Einzelheiten zur Vorauszahlungspflicht → § 12 Rn 66).

b) Verordnung (EG) Nr. 1896/2006 (EuMahnVO) (Nr. 2). Das GKG gilt ferner nach Abs. 3 **Nr. 2** in Verfahren nach der Verordnung (EG) Nr. 1896/2006 des Europäischen Parlaments und des Rates vom 12. Dezember 2006 zur Einführung eines **Europäischen Mahnverfahrens**[48] (**EuMahnVO**). Für das Verfahren über den Antrag auf Erlass eines Europäischen Zahlungsbefehls (§§ 1087 ff ZPO) entsteht die Verfahrensgebühr nach Nr. 1100 KV (Mahnverfahren). Für die **Vorauszahlungspflicht** dieser Gebühr gilt gem. § 12 Abs. 4 S. 1 die Regelung des § 12 Abs. 3 S. 1 entsprechend (→ § 12 Rn 65).

c) Verordnung (EU) Nr. 1215/2012 (Brüssel Ia-VO) (Nr. 3). Das GKG gilt ferner seit dem 10.1.2015[49] auch für Verfahren nach der Verordnung (EU) Nr. 1215/2012 des Europäischen Parlaments und des Rates vom 12. Dezember 2012 über die **gerichtliche Zuständigkeit und die Anerkennung und Vollstreckung von Entscheidungen in Zivil- und Handelssachen**[50] (**Brüssel Ia-VO**). Gebühren: vgl Nr. 1510 Nr. 5 KV, Nr. 1513 KV: Verfahren über Anträge auf Ausstellung einer Bescheinigung nach § 1110 ZPO.

d) Verordnung (EU) Nr. 655/2014 (EuKoPfVO) (Nr. 4). Die Erhebung von Kosten nach dem GKG ist **mWv 18.1.2017** geplant[51] für Verfahren nach der „Verordnung (EU) Nr. 655/2014 des Europäischen Parlaments und des Rates vom 15. Mai 2014 zur Einführung eines Verfahrens für einen Europäischen Beschluss zur vorläufigen Kontenpfändung im Hinblick auf die Erleichterung der grenzüberschreitenden Eintreibung von Forderungen in Zivil- und Handelssachen"[52] (**Europäische Kontenpfändungsverordnung – EuKoPfVO**), wenn nicht das Familiengericht zuständig ist. Hinsichtlich der in diesen Verfahren anfallenden Gebühren s. die geplanten Regelungen der Vorbem. 1.4 KV-E und Vorbem. 2.1 KV-E[53] (s. dazu die Erl. bei Vorbem. 1.4 KV und Vorbem. 2.1 KV).

IV. In Zusammenhang stehende Beschwerdeverfahren (Abs. 4)

Die Anwendbarkeit des GKG auch auf Beschwerdeverfahren ergibt sich bereits ohne Weiteres aus Abs. 1–3. Abs. 4 erweitert den Anwendungsbereich auch auf solche Verfahren über eine Beschwerde, die nicht in den in Abs. 1–3 genannten Angelegenheiten geregelt sind, sondern mit diesen lediglich „in Zusammenhang stehen" („eingebettet" sind). Entsprechende, wegen des Zusammenhangs sachlich gerechtfertigte Regelungen finden sich in § 1 S. 2 FamGKG und § 1 Abs. 4 GNotKG. Durch die Gebührenregelung für die Beschwerden nach Nr. 1812, 3602, 4401, 5502, 6502, 7504 und 8614 KV sowie die Vorbem. 9 Abs. 1 KV wird gewährleistet, dass Gebühren und Auslagen für die Parteien nur dann anfallen, soweit das Beschwerdeverfahren ganz oder teilweise erfolglos bleibt.

Bei den Verfahren über eine Beschwerde, die mit einem Verfahren nach Abs. 1–3 **lediglich in Zusammenhang** stehen, handelt es sich bspw um das Beschwerdeverfahren gegen Ordnungsmittel wegen Ungebühr (§ 181 GVG), gegen die Ablehnung der Rechtshilfe (§ 159 Abs. 1 S. 2 und 3 GVG) und gegen die Wertfestsetzung von Rechtsanwaltsgebühren (§ 33 RVG). Nach § 33 Abs. 9 S. 1 RVG ist nur das Verfahren über einen Antrag auf Wertfestsetzung nach § 33 Abs. 1, 2 RVG gerichtsgebührenfrei. Im Beschwerdeverfahren

---

46 Vgl Art. 5 des Gesetzes zur Verbesserung der grenzüberschreitenden Forderungsdurchsetzung und Zustellung v. 30.10.2008 (BGBl. I 2122, 2127), in Kraft getreten am 12.12.2008. **47** BT-Drucks 16/8839, S. 31. **48** Vgl Art. 5 des Gesetzes zur Verbesserung der grenzüberschreitenden Forderungsdurchsetzung und Zustellung v. 30.10.2008 (BGBl. I 2122, 2127), in Kraft getreten am 12.12.2008. **49** Vgl Art. 7 Nr. 2 des Gesetzes zur Durchführung der Verordnung (EU) Nr. 1215/2012 sowie zur Änderung sonstiger Vorschriften v. 8.7.2014 (BGBl. I 890, 893). **50** ABl. EU L 351 v. 20.12.2012, S. 1. **51** Geplante Ergänzung durch Art. 9 Nr. 1 Buchst. c des Entwurfs eines Gesetzes zur Durchführung der Verordnung (EU) Nr. 655/2014 sowie zur Änderung sonstiger zivilprozessualer Vorschriften (EuKoPfVODG), s. BT-Drucks 18/7560, S. 17. **52** ABl. EU L 189 v. 27.6.2014, S. 59. **53** Geplante Änderungen durch Art. 9 Nr. 3 Buchst. c und f des Entwurfs eines Gesetzes zur Durchführung der Verordnung (EU) Nr. 655/2014 sowie zur Änderung sonstiger zivilprozessualer Vorschriften (EuKoPfVODG), s. BT-Drucks 18/7560, S. 17 f.

dürfen Gerichtsgebühren erhoben werden, soweit die Beschwerde verworfen oder zurückgewiesen wird. Die in § 4 JVEG geregelten Verfahren sind nach § 4 Abs. 8 S. 1 JVEG zwar in allen Instanzen gebührenfrei; Auslagen können im Beschwerdeverfahren aber nach Abs. 4 erhoben werden.

V. Erinnerungen und Beschwerden (Abs. 5)

66 **1. Vorrang des GKG.** Nach Abs. 5 gehen die Vorschriften des GKG über die Erinnerung und die Beschwerde den Regelungen der für das zugrunde liegende Verfahren geltenden Verfahrensvorschriften vor. Andere Kostengesetze enthalten vergleichbare Regelungen (zB § 1 Abs. 6 GNotKG, § 1 Abs. 3 RVG, § 1 Abs. 2 FamGKG, § 1 Abs. 5 JVEG).

67 Wenn sowohl die jeweilige Verfahrensordnung als auch das GKG Regelungen über Erinnerung und Beschwerde enthalten, kann sich die Frage stellen, welche Rechtsbehelfsvorschriften gelten sollen. Abs. 5 stellt klar, dass die kostenrechtlichen Vorschriften über die Erinnerung und die Beschwerde im **GKG** die **spezielleren Vorschriften** sind und deswegen den für das jeweilige Verfahren geltenden allgemeinen Erinnerungs- oder Beschwerdevorschriften vorgehen. Rechtsbehelfe und Rechtsmittel in den Kostenverfahren des GKG richten sich damit ausschließlich nach den Vorschriften des GKG.

68 **2. Einzelrichterzuständigkeit.** Für die in kostenrechtlichen Erinnerungs- und Beschwerdeverfahren gem. §§ 66 Abs. 6, 67 Abs. 1 S. 2, 68 Abs. 1 S. 5 und Abs. 2 S. 6 zugelassene Entscheidung durch einen **Einzelrichter** wurde in der Rspr bislang teilweise gefordert, dass eine solche Entscheidung institutionell auch vorgesehen ist. Weil in **Strafsachen** eine Entscheidung durch den Einzelrichter ausgeschlossen ist (§ 76 GVG), musste das Gericht nach dieser Auffassung trotz der §§ 66 Abs. 6, 67 Abs. 1 S. 2, 68 Abs. 1 S. 5 und Abs. 2 S. 6 in normaler Besetzung entscheiden.[54] Auch in der **sozialgerichtlichen Rspr** war diese Frage bislang umstritten.[55] Für die Zuständigkeit des Einzelrichters sprachen der klare Wortlaut von §§ 66 Abs. 6, 67 Abs. 1 S. 2, 68 Abs. 1 S. 5 und Abs. 2 S. 6 und der Umstand, dass ansonsten wesentliche strukturelle Änderungen durch die Kostenrechtsmodernisierung I zum 1.7.2004 nicht umgesetzt werden. Aus dem klaren Wortlaut der Bestimmungen ergibt sich ferner, dass der Gesetzgeber bei der Einführung des Einzelrichterprinzips gerade nicht zwischen den einzelnen Gerichtsbarkeiten unterschieden hat.[56]

69 Abs. 5 klärt diese Frage.[57] Die kostenrechtlichen Bestimmungen des GKG über den Spruchkörper sind die spezielleren Vorschriften. Der Einzelrichter ist in den kostenrechtlichen Erinnerungs- und Beschwerdeverfahren damit auch dann zuständig, wenn eine Einzelrichterentscheidung institutionell nicht vorgesehen ist.[58]

70 **3. Rechtsmittel in der Hauptsache.** Abs. 5 stellt darüber hinaus klar, dass im Kostenansatz- und im Wertfestsetzungsverfahren (§§ 66 ff) die Beschwerde auch dann möglich ist, wenn die anzuwendende Verfahrensordnung ein Rechtsmittel in der Hauptsache nicht vorsieht. Daher ist zB eine Beschwerde gegen die Festsetzung des Streitwerts auch dann zulässig, wenn mangels Erreichens der erforderlichen Beschwer in der Hauptsache die Berufung nicht zulässig wäre.[59]

71 In einem **verwaltungsgerichtlichen Verfahren** ist im Kostenansatz- und im Wertfestsetzungsverfahren die Beschwerde auch dann zulässig, wenn in der Hauptsache keine Berufung möglich ist.[60]

§ 2 Kostenfreiheit

(1) ¹In Verfahren vor den ordentlichen Gerichten und den Gerichten der Finanz- und Sozialgerichtsbarkeit sind von der Zahlung der Kosten befreit der Bund und die Länder sowie die nach Haushaltsplänen des Bundes oder eines Landes verwalteten öffentlichen Anstalten und Kassen. ²In Verfahren der Zwangsvollstreckung wegen öffentlich-rechtlicher Geldforderungen ist maßgebend, wer ohne Berücksichtigung des § 252 der Abgabenordnung oder entsprechender Vorschriften Gläubiger der Forderung ist.

54 Vgl zB BGH NStZ 2007, 663; BGH NJW-RR 2005, 584; OLG Düsseldorf JMBl. NW 2007, 139; LG Dresden AGS 2008, 120; LG Hildesheim StraFo 2005, 393; LG Ulm 12.4.2005 – 1 Qs 1027/05, juris. **55** Für die Einzelrichter-Zuständigkeit zB LSG NRW 24.2.2006 – L 10 B 21/05 KA, juris; LSG NRW 30.4.2008 – L 16 B 8/08 KR, juris; LSG NRW 31.8.2009 – L 8 B 11/09 R, juris; LSG Bln-Bbg 15.9.2008 – L 24 B 182/08 KR, juris; aA LSG NRW 1.4.2009 – L 10 B 42/08 P, juris und LSG NRW 22.6.2009 – L 17 B 10/09 U, juris; LSG Bln-Bbg 25.3.2009 – L 1 KR 36/09 B, juris. **56** ZB OLG Düsseldorf Rpfleger 2009, 528 = JurBüro 2009, 255; KG StraFo 2009, 306; BVerwG NVwZ 2006, 479 = NJW 2006, 1450; OLG Köln StraFo 2009, 349. **57** Eingefügt zum 1.8.2013 durch das 2. KostRMoG v. 23.7.2013 (BGBl. I 2586). **58** BT-Drucks 17/11471 (neu), S. 243; vgl BFH 25.3.2014 – X E 2/14, juris; BSG 19.9.2014 – B 13 SF 6/14 S, juris; BVerwG 31.3.2014 – 10 KSt 1/14, juris. **59** OLG Karlsruhe AGS 2012, 420; *Schneider/Thiel*, Das neue Gebührenrecht, § 4 Rn 5. **60** *Schneider/Thiel*, Das neue Gebührenrecht, 2. Aufl., § 4 Rn 5; aA nach bisherigem Recht: OVG NRW 19.3.2012 – 13 E 206/10, JurionRS 2010, 12485; OVG NRW 18.4.2012 – 13 E 292/12, JurionRS 2012, 13735; OVG NRW 25.4.2012 – 13 E 374/12, JurionRS 2012, 14181.

(2) Für Verfahren vor den Gerichten für Arbeitssachen nach § 2 a Absatz 1, § 103 Absatz 3, § 108 Absatz 3 und § 109 des Arbeitsgerichtsgesetzes sowie nach den §§ 122 und 126 der Insolvenzordnung werden Kosten nicht erhoben.

(3) [1]Sonstige bundesrechtliche Vorschriften, durch die für Verfahren vor den ordentlichen Gerichten und den Gerichten der Finanz- und Sozialgerichtsbarkeit eine sachliche oder persönliche Befreiung von Kosten gewährt ist, bleiben unberührt. [2]Landesrechtliche Vorschriften, die für diese Verfahren in weiteren Fällen eine sachliche oder persönliche Befreiung von Kosten gewähren, bleiben unberührt.

(4) [1]Vor den Gerichten der Verwaltungsgerichtsbarkeit und den Gerichten für Arbeitssachen finden bundesrechtliche oder landesrechtliche Vorschriften über persönliche Kostenfreiheit keine Anwendung. [2]Vorschriften über sachliche Kostenfreiheit bleiben unberührt.

(5) [1]Soweit jemandem, der von Kosten befreit ist, Kosten des Verfahrens auferlegt werden, sind Kosten nicht zu erheben; bereits erhobene Kosten sind zurückzuzahlen. [2]Das Gleiche gilt, soweit eine von der Zahlung der Kosten befreite Partei Kosten des Verfahrens übernimmt.

I. Allgemeines

1. Begriffsbestimmung „Kostenfreiheit" und „Gebührenfreiheit". Nach § 1 S. 1 bestehen die nach dem **1** GKG erhobenen **Kosten** aus Gebühren und Auslagen. Zur richtigen Anwendung von § 2 müssen folgende Begriffe unterschieden werden:

■ **Kostenfreiheit:** Es werden weder Gebühren (Teil 1–8 KV) noch Auslagen (Teil 9 KV) geschuldet.
■ **Gebührenfreiheit:** Es werden keine Gebühren geschuldet. Auslagen (Teil 9 KV) sind jedoch zu erheben.[1]

---

[1] OLG Saarbrücken OLGR 2001, 393; OLG Düsseldorf OLGR 2004, 498.

- **Persönliche Kosten- und Gebührenfreiheit:** Die Kosten- oder Gebührenfreiheit gilt ohne Rücksicht auf die Verfahrensart nur für bestimmte Personen, Personengruppen oder Einrichtungen. Sie umfasst alle Angelegenheiten, die von der Person oder Einrichtung betrieben werden, ist also an die Person oder Einrichtung gebunden. In Verfahren vor den Gerichten der Verwaltungsgerichtsbarkeit und den Gerichten für Arbeitssachen gibt es nach Abs. 4 S. 1 keine persönliche Kostenbefreiung (→ Rn 44).
- **Sachliche Kosten- und Gebührenfreiheit:** Die Kosten- oder Gebührenfreiheit wird nur für ein bestimmtes Verfahren gewährt und steht damit allen Kostenschuldnern zu. Sie ist damit nicht an die Person oder Einrichtung gebunden. Sachliche Kostenbefreiungen sind zB in Abs. 2 für Arbeitssachen sowie in Abs. 4 S. 2 iVm § 83 b AsylG und § 188 S. 2 VwGO für Verwaltungssachen enthalten (→ Rn 18, 44).

2   **2. Regelungszweck und Anwendungsbereich. Kostenfreiheit** bedeutet, dass Gerichtskosten zwar entstehen, aber von befreiten Personen nicht erhoben werden dürfen (→ Rn 47 ff).[2] Bei Kostenfreiheit sind auch die in §§ 12 ff bezeichneten Vorschüsse nicht zu leisten. Bei Gebührenfreit kann nur ein Auslagenvorschuss erhoben werden. Die Befreiung gilt grds. für alle Instanzen. Die Bestimmung erfasst sowohl persönliche als auch sachliche Befreiungen.

§ 2 regelt, welche Parteien im Geltungsbereich des GKG (vgl § 1) bei Kostenfreiheit keine Gerichtskosten und bei Gebührenfreiheit keine Gerichtsgebühren zahlen müssen (zur Begriffsbestimmung → Rn 1). Die Befreiung erfolgt entweder durch das GKG selbst (Abs. 1, 2) oder durch sonstiges Bundes- oder Landesrecht (Abs. 3). Die Regelung ist daher nicht abschließend, weil nach Abs. 3 sonstige bundes- oder landesrechtliche Vorschriften über die Kostenfreiheit anwendbar bleiben (→ Rn 20 ff).

3   Grund für die in **Abs. 1 S. 1** bestimmte Befreiung des **Bundes** und der **Länder** von den Gerichtskosten ist, dass diese ohnehin die Kosten für die Errichtung und Unterhaltung der Gerichtsorganisation zu tragen haben und die Gerichtskostenerhebung damit überflüssige Buchungsvorgänge zwischen Bund und Ländern auslösen würde.[3] Allerdings erscheint die Kosten- und Gebührenfreiheit angesichts der zunehmenden Budgetierung der öffentlichen Kassen sowie des häufig mit der Ermittlung und Feststellung einer Befreiung verbundenen Verwaltungsaufwands nicht mehr zeitgemäß. Zudem dürfte die persönliche Befreiung auch gegen das Erfordernis der Chancen- und Waffengleichheit verstoßen.

4   **3. Maßgebende Person.** Für die Kosten- und Gebührenfreiheit ist auf den **Vertretenen** und nicht den Vertreter abzustellen.[4] Vertritt daher zB ein Landesbetrieb ein Bundesland, besteht Kostenfreiheit nach Abs. 1 S. 2 (ausf. → Rn 15).[5] Für die Befreiung ist auf die Person abzustellen, die nach §§ 22 ff **Kostenschuldnerin** wäre.[6]

5   **4. Prozesskostenhilfe.** Die Bewilligung von PKH wird nicht von § 2 erfasst. Denn während die in § 2 geregelte Kosten- und Gebührenfreiheit pauschal den dort aufgeführten Personenkreis erfasst, wird PKH im Einzelfall nur nach Prüfung der in §§ 114 ff ZPO genannten Voraussetzungen für eine bestimmte Person gewährt. Die Wirkungen der PKH sind vielmehr in §§ 122, 123, 125 und 126 ZPO abschließend geregelt. Ist einer Partei PKH bewilligt worden, können die Gerichtskosten gem. § 122 Abs. 1 Nr. 1 Buchst. a ZPO nur nach den vom Gericht getroffenen Bestimmungen geltend gemacht werden. Bei PKH ohne Ratenzahlungsbestimmung können Gerichtskosten von der Partei nicht gefordert werden. Bei Bewilligung von PKH sind nach § 9 der bundeseinheitlich geltenden KostVfg die zwischen den Landesjustizverwaltungen abgestimmten Durchführungsbestimmungen zur Prozess- und Verfahrenskostenhilfe sowie zur Stundung der Kosten des Insolvenzverfahrens (**DB-PKH**)[7] zu beachten.

6   **5. Erstattungsansprüche der Parteien.** § 2 betrifft nur das im GKG geregelte **Verhältnis des Kostenschuldners zur Staatskasse** als Kostengläubigerin. Die in § 2 geregelte Kosten- oder Gebührenfreiheit befreit die nach § 2 kosten- oder gebührenbefreite Partei daher im Falle ihres Unterliegens nicht von der Verpflichtung zur Erstattung der **außergerichtlichen Kosten** des obsiegenden Beteiligten (zB gem. §§ 91 ff ZPO). Zur Folge der Kostenfreiheit bei den Gerichtskosten → Rn 45 ff. Zum Übergangsanspruch gem. § 59 RVG → Rn 7.[8]

7   **6. Übergangsanspruch gem. § 59 RVG.** Der Übergangsanspruch gem. § 59 RVG hat seine Grundlage in dem Kostenerstattungsanspruch der obsiegenden Partei. Der Anspruch wird zwar wie der Gerichtskostenanspruch eingezogen (vgl § 59 Abs. 2 S. 1 RVG). Gleichwohl handelt es sich nicht um Gerichtskosten, son-

---

2 KG RVGreport 2007, 439 = MDR 2007, 986; OLG Hamburg MDR 1993, 183. **3** BGH 24.7.2014 – III ZR 102/12, juris; BGH JurBüro 1997, 373; BGH Rpfleger 1982, 81; KG JurBüro 1996, 42; *Meyer*, GKG § 2 Rn 2. **4** OLG Düsseldorf NJW-RR 2011, 1293 = JurBüro 2011, 432; LG Kiel SchlHA 2012, 74. **5** OLG Düsseldorf NJW-RR 2011, 1293 = JurBüro 2011, 432 (Vertretung des Landes NRW durch den Landesbetrieb Straßenbau NRW); LG Kiel SchlHA 2012, 74 (Vertretung des Landes Schleswig-Holstein durch den Landesbetrieb Straßenbau und Verkehr). **6** BGH JurBüro 2009, 371 = RVGreport 2009, 199. **7** Vgl zB in Nordrhein-Westfalen: AV d. JM v. 30.10.2001 (5603 - I B. 92) - JMBl. NRW S. 271, idF vom 14.10.2015 - JMBl. NRW S. 363. **8** OLG Düsseldorf AGS 2000, 158 = FamRZ 2000, 1389.

dern um außergerichtliche Kosten,[9] so dass die Vorschriften des GKG über die Kosten- und Gebührenfreiheit insoweit keine Anwendung finden. Die Kosten- bzw Gebührenbefreiung schützt daher nicht vor der Inanspruchnahme durch die Staatskasse wegen des auf sie gem. § 59 RVG übergegangenen Beitreibungsanspruchs des Rechtsanwalts, der der obsiegenden Partei im Wege der PKH beigeordnet worden ist.[10] Die Befreiung nach Abs. 1 sowie nach Abs. 2 iVm § 64 Abs. 3 S. 2 SGB X bezieht sich nur auf die Gerichtskosten.

7. Verzögerungsgebühr. Die Kosten- oder Gebührenfreiheit nach § 2 befreit – nach allerdings umstrittener   **8**
Auffassung – nicht von der Verpflichtung zur Zahlung der wegen Verzögerung des Verfahrens auferlegten Gebühr nach § 38, Nr. 1901 KV. Denn ansonsten wäre der Strafcharakter der Verzögerungsgebühr wirkungslos.[11] Im Übrigen befreit auch die Bewilligung von **Prozesskostenhilfe** die Partei nicht von der Verpflichtung zur Zahlung der Verzögerungsgebühr.[12]

8. Verhältnis von Kostenerlass und Kostenstundung zu § 2. § 2, insb. Abs. 5, gilt nicht, wenn einem Kos-   **9**
tenschuldner die Kosten nach den insoweit einschlägigen Bestimmungen aus Billigkeitsgründen im Verwaltungsweg erlassen oder gestundet werden[13] (vgl zB für Nordrhein-Westfalen: § 123 des Gesetzes über die Justiz im Land Nordrhein Westfalen – Justizgesetz NRW – JustG NRW).[14] Erlässt die Justizverwaltung einem Kostenschuldner die Kosten und haften für die Kosten weitere Personen (als Mitschuldner, Gesamtschuldner, Zweitschuldner), hängen die Wirkungen des Erlasses für die mithaftenden Personen von den im Rahmen des Erlasses der Justizverwaltung getroffenen Anordnungen[15] bzw von den entsprechenden Regelungen hierzu in den jeweils einschlägigen Verwaltungsbestimmungen zum Kostenerlass ab. So ist zB in NRW im Falle der Haftung weiterer Personen für die Kosten lediglich der Antragsteller von der Haftung für die Kosten zu befreien, wenn nicht die Kostenschuld mit Wirkung für alle Schuldner erlassen werden soll.[16]

II. Befreiung vor den ordentlichen Gerichten und den Gerichten der Finanz- und Sozialgerichtsbarkeit (Abs. 1)

1. Bund und Bundesländer. Von der Zahlung der Gerichtskosten in Verfahren vor den ordentlichen Ge-   **10**
richten und den Gerichten der Finanz- und Sozialgerichtsbarkeit befreit sind die Bundesrepublik, die Bundesministerien und die unmittelbar nachgeordneten Bundesbehörden.[17] Kostenfreiheit genießen daneben die Bundesländer und die Landesbehörden. Kostenbefreit sind deshalb zB Bundes- und Landesverwaltungen, die Bundeswasserstraßenverwaltung,[18] das Eisenbahn-Bundesamt (Bundeseisenbahnvermögen)[19] und das Hauptzollamt. Städte, Gemeinden und Landkreise werden dagegen nicht von der in Abs. 1 S. 1 geregelten Kostenfreiheit, sondern ggf von Abs. 3 S. 2 erfasst (Gebührenbefreiung nach Landesrecht, s. ausf. → Rn 26 ff).[20] Die Kostenbefreiung durch Abs. 1 S. 1 gilt aufgrund bundesgesetzlicher Regelung in Abs. 1 vor den Gerichten des Bundes und aller Bundesländer. Landesrechtliche Befreiungsvorschriften (Abs. 2 S. 3) gelten aber nicht vor einem Gericht des Bundes.[21]

Unter anderem genießen **keine Kostenfreiheit** nach Abs. 1 S. 1:   **11**

- **Gemeinden** können sich nicht auf eine Kostenfreiheit nach Abs. 1 berufen.[22]
- Eine sich aus einzelnen Gemeinden zusammensetzende **Gebietskörperschaft** (Gemeindeverband) wird von Abs. 1 S. 1 nicht erfasst.[23] Eine Befreiung kann sich nur nach Landesrecht (Abs. 3 S. 2) ergeben (→ Rn 26 ff).
- Für **Kapitalgesellschaften**, deren sämtliche Geschäftsanteile im Besitz des Bundes oder eines Landes sind, gilt Abs. 1 S. 1 nicht.[24] Eine Befreiung kann sich hier allenfalls aus Befreiungsgesetzen der Länder (Abs. 3 S. 2) ergeben (→ Rn 26 ff).[25]
- Die **Bundesanstalt für Immobilienaufgaben** sowie die **Kreditanstalt für Wiederaufbau** sind keine Gebietskörperschaften iSv Abs. 1 S. 1 (Bund, Land) und nicht kostenbefreit.[26]
- die **Bundesanstalt für vereinigungsbedingte Sonderaufgaben;**[27]

9 OLG Celle MDR 2014, 923; OLG Düsseldorf Rpfleger 2011, 446. **10** BGH NJW 1965, 538 = JurBüro 1965, 209; OLG Düsseldorf AGS 2000, 158 = FamRZ 2000, 1389; Binz/Dörndorfer/Zimmermann, § 2 GKG Rn 2. **11** *Oestreich/Hellstab/Trenkle*, GKG § 2 GKG Rn 23; aA *Hartmann*, KostG, § 2 GKG Rn 20. **12** *Oestreich/Hellstab/Trenkle*, GKG § 38 Rn 23; *Meyer*, GKG § 2 Rn 46. **13** *Meyer*, GKG § 2 Rn 7, 44. **14** GVBl. NRW 2010, S. 30. **15** *Meyer*, GKG § 2 Rn 44; *Oestreich/Hellstab/Trenkle*, GKG § 2 Rn 20. **16** RV d. JM v. 2.12.2014 (5602 - Z. 24) Stundung, Niederschlagung und Erlass von Kosten im Bereich der Justiz. **17** OLG Köln JurBüro 1997, 204. **18** BayObLG MittBayNot 1994, 169. **19** BGH MDR 1998, 1120. **20** OLG Düsseldorf 24.4.2014 – I-10 W 46/14, juris; OLG Düsseldorf OLGR 2004, 498. **21** BGH NJW-RR 2011, 934 (für Verfahren vor dem Bundesgerichtshof gilt die Verordnung betreffend die Gebührenfreiheit in Verfahren vor dem Reichsgericht – RG-GebFrhV – v. 24.12.1883, RGBl. 1884 I 1, fort). **22** OLG Düsseldorf JurBüro 2007, 432. **23** BGH MDR 2010, 949 = RVGreport 2011, 277. **24** BGH MDR 2010, 949 = RVGreport 2011, 277 (für Klinik-GmbH, deren alleinige Gesellschafterin eine kommunale Gebietskörperschaft ist); OLG Celle OLGR Celle 2009, 1028 (Klinik GmbH); OLG Braunschweig DGVZ 2009, 152 (gemeinnützige Krankenhaus GmbH). **25** Vgl BGH MDR 2010, 949 = RVGreport 2011, 277; OLG Celle OLGR Celle 2009, 1028. **26** BGH JurBüro 2009, 371; OLG Naumburg 26.1.2012 – 2 W 1/12, juris. **27** BGH JurBüro 1997, 373 = MDR 1997, 503.

- Berufsgenossenschaften;[28]
- Deutsche Bahn AG (anders aber Eisenbahn-Bundesamt, → Rn 10), Deutsche Post AG, Postbank AG, Telekom AG;
- Bundesagentur für Arbeit;[29]
- Deutsche Bundesbank und Landeszentralbanken;
- Rundfunkanstalten.[30]

12 **2. Bundesländer/Stadtstaaten.** **Berlin** und **Hamburg** sind gleichzeitig Bundesländer und Städte. Nach den entsprechenden Verfassungen[31] werden Landes- und Gemeindeangelegenheiten jedoch nicht voneinander getrennt, so dass insoweit stets Kostenfreiheit besteht.[32]

13 **Bremen** besteht nach seiner Verfassung aus den Städten Bremen und Bremerhaven,[33] so dass insoweit Landes- und Gemeindeangelegenheiten voneinander getrennt werden können und nur in Landesangelegenheiten Kostenfreiheit besteht.[34]

14 **3. Öffentliche Anstalten und Kassen.** Nach Haushaltsplänen des Bundes oder eines Landes verwaltete öffentliche Anstalten und Kassen genießen ebenfalls Kostenfreiheit. Das gilt aber nur, wenn die gesamten Einnahmen und Ausgaben in die Haushaltspläne des Bundes oder eines Bundeslandes aufzunehmen sind, der entsprechende Haushaltsplan somit die Anstalt oder Kasse mit seinen gesamten Einnahmen und Ausgaben ausweist. Maßgebend ist daher die haushaltsrechtliche Betrachtung.[35] Deshalb sind die **Bundesanstalt für Immobilienaufgaben** sowie die **Kreditanstalt für Wiederaufbau** nicht nach Abs. 1 S. 1 als nach Haushaltsplänen des Bundes oder eines Landes verwaltete öffentliche Anstalten und Kassen von den Gerichtskosten befreit.[36] Verfügt die Anstalt über einen eigenen Haushalt, besteht keine Kostenfreiheit. Auch mittelbare Beziehungen zum Bundes- oder Landeshaushalt genügen nicht.

14a Die Träger der Sozialhilfe, der Grundsicherung für Arbeitsuchende, der Leistungen nach dem Asylbewerberleistungsgesetz, der Jugendhilfe und der Kriegsopferfürsorge sind keine „nach Haushaltsplänen des Bundes oder eines Landes verwaltete öffentliche Anstalten und Kassen" iSd Abs. 1 S. 1 Alt. 2. Sie sind deshalb nicht nach Abs. 1 umfassend bzw generell kostenbefreit.[37] Das gilt insb. auch für die **Bundesagentur für Arbeit** (→ Rn 16). Eine Kostenbefreiung kann sich für diese Träger aber gem. Abs. 2 aus der weiteren bundesrechtlichen Befreiungsvorschrift in § 64 Abs. 3 S. 2 SGB X ergeben (→ Rn 17 ff).

14b Wenn staatliche Hochschulen (**Universitäten**) nach den Haushaltsplänen eines Landes verwaltete öffentliche Anstalten sind, besteht Kostenfreiheit nach Abs. 2 S. 1.[38] Eine Gebührenbefreiung für Universitäten kann sich auch aus landesrechtlichen Bestimmungen ergeben. Ist dort bestimmt, dass Universitäten in Verfahren vor den ordentlichen Gerichten gebührenbefreit sind, besteht im sozialgerichtlichen Verfahren keine Befreiung.[39]

15 **4. Eigenbetriebe des Bundes oder der Länder.** Ob Eigenbetriebe des Bundes und insb. der Bundesländer (Landesbetriebe) Kostenfreiheit genießen, ist umstritten. Denn eine Einnahmen- und Ausgabenübersicht wird hier idR lediglich informatorisch in Form eines Wirtschaftsplans als Anlage zum Landeshaushaltsplan genommen.[40]

Für die Kosten- und Gebührenfreiheit ist auf den **Vertretenen** und nicht den Vertreter abzustellen.[41] Vertritt daher zB ein Landesbetrieb ein Bundesland, besteht Kostenfreiheit nach Abs. 1 S. 2.[42] Für die Befreiung ist auf die Person abzustellen, die nach §§ 22 ff **Kostenschuldnerin** wäre.[43]

16 **5. Bundesagentur für Arbeit.** Die Bundesagentur für Arbeit ist eine bundesunmittelbare Körperschaft des öffentlichen Rechts. Sie ist aber nicht nach Abs. 1 persönlich kostenbefreit, weil der Haushaltsplan zwar der Genehmigung der Bundesregierung bedarf, aber vom Vorstand aufgestellt wird (vgl § 71a Abs. 1 und 2 SGB IV; aber → Rn 18).[44]

---

28 LG Düsseldorf Rpfleger 1981, 456. **29** KG FamRZ 2009, 1854; OLG München NJW-RR 2005, 1230 = AGS 2005, 265. **30** OLG Köln JurBüro 1987, 560. **31** VOBl. Berlin 1950 I 433; GVBl. Hamburg 1952 S. 117. **32** BGH JurBüro 1954, 378 (für Hamburg); BGH JurBüro 1954, 468 (für Berlin). **33** Vgl Brem. GVBl. 1947 S. 251. **34** BGH Rpfleger 1955, 156. **35** BGH JurBüro 2009, 371 = RVGreport 2009, 199; BGH MDR 1997, 503 = JurBüro 1997, 373; KG JurBüro 1996, 42; ausf. *Meyer*, GKG § 2 Rn 15 mwN. **36** BGH JurBüro 2009, 371, 19; OLG Naumburg 26.1.2012 – 2 W 1/12, juris. **37** Vgl BGH NJW-RR 2006, 717 = FamRZ 2006, 411. **38** Vgl für Schleswig-Holstein OLG Schleswig JurBüro 1995, 209; vgl auch LSG Niedersachsen 21.12.2009 – L 1 SF 1/08, juris. **39** LSG Niedersachsen 21.12.2009 – L 1 SF 1/08, juris. **40** Gegen Kostenfreiheit BGH Rpfleger 1982, 81; OLG Hamm DGVZ 2009, 18; OLGR Rostock 2008, 675 (Betrieb für Bau- und Liegenschaften Mecklenburg-Vorpommern); OLGR Köln 2005, 90 (Bau- und Liegenschaftsbetrieb NRW); OLG Bremen NJW-RR 1999, 1517; KG Rpfleger 1982, 487; Binz/Dörndorfer/*Zimmermann*, § 2 GKG Rn 14; dafür OLG Hamm JurBüro 2010, 542 (zu § 11 KostO für den Landesbetrieb Straßenbau NRW); OLG Düsseldorf IBR 2010, 57 (für den Landesbetrieb Straßenbau NRW im Vergabenachprüfungsverfahren); OLG Köln FGPrax 2007, 291 (kommunaleigenes Abwasserunternehmen). **41** OLG Düsseldorf NJW-RR 2011, 1293 = JurBüro 2011, 432; LG Kiel SchlHA 2012, 74. **42** OLG Düsseldorf NJW-RR 2011, 1293 = JurBüro 2011, 432 (Vertretung des Landes NRW durch den Landesbetrieb Straßenbau NRW); LG Kiel SchlHA 2012, 74 (Vertretung des Landes Schleswig-Holstein durch den Landesbetrieb Straßenbau und Verkehr). **43** BGH JurBüro 2009, 371 = RVGreport 2009, 199. **44** KG FamRZ 2009, 1854; OLG München NJW-RR 2005, 1230 = AGS 2005, 265 = FamRZ 2006, 219.

6. Zwangsvollstreckung wegen öffentlich-rechtlicher Geldforderungen (Abs. 1 S. 2). Nach § 252 AO gilt die 17
Körperschaft als Gläubigerin der zu vollstreckenden Ansprüche, der die Vollstreckungsbehörde angehört.
Abs. 1 S. 2 stellt klar, dass es auf diese Fiktion bei der Beurteilung der Kostenfreiheit nicht ankommt. In
Verfahren der Zwangsvollstreckung wegen öffentlich-rechtlicher Geldforderungen ist für die Kostenfreiheit
allein maßgebend, wer materiellrechtlich Gläubiger ist. Ein nicht befreiter Gläubiger erlangt also durch Beauftragung eines befreiten Gläubigers mit der Vollstreckung keine Kostenfreiheit. Deshalb sind nicht befreite Sozialversicherungsträger auch nicht befreit (auch → Rn 21), wenn sie gem. § 66 SGB X das Hauptzollamt mit der Vollstreckung beauftragen.

III. Bestimmte arbeitsgerichtliche Verfahren (Abs. 2)

Für Verfahren vor den Gerichten für Arbeitssachen nach § 2 a Abs. 1, § 103 Abs. 3, § 108 Abs. 3 und § 109 18
ArbGG sowie nach den §§ 122 und 126 InsO werden Kosten (Gebühren und Auslagen, § 1 Abs. 1 S. 1 aE)
nicht erhoben.

Sachliche Kostenfreiheit genießen damit vor den Gerichten für Arbeitssachen (Arbeitsgerichte, Landesar- 19
beitsgerichte und Bundesarbeitsgericht, vgl § 1 ArbGG):

- sämtliche Beschlussverfahren (§ 2 a Abs. 1 ArbGG),
- gerichtliche Entscheidung über die Ablehnung eines Mitglieds eines Schiedsgerichts (§ 103 Abs. 3
  ArbGG),
- Niederlegung einer Ausfertigung des Schiedsspruchs sowie von Akten des Schiedsgerichts beim Arbeits-
  gericht (§ 108 Abs. 3 ArbGG),
- Vollstreckbarkeitserklärung eines Schiedsspruchs (§ 109 ArbGG),
- Zustimmung des Arbeitsgerichts zur Betriebsänderung ohne vorheriges Verfahren nach § 112 Abs. 2
  BetrVG im Insolvenzverfahren (§ 122 InsO) und
- Antrag des Insolvenzverwalters auf Feststellung der Betriebsbedingtheit und sozialen Rechtfertigung
  von Kündigungen (§ 126 InsO).

IV. Befreiung nach Abs. 3

1. Kostenbefreiung durch Bundesrecht (Abs. 3 S. 1). a) Geltungsbereich. Nach Abs. 3 S. 1 bleiben sonstige 20
bundesrechtliche Vorschriften, durch die eine sachliche oder persönliche Befreiung von Kosten in Verfahren
vor den ordentlichen Gerichten und den Gerichten der Finanz- und Sozialgerichtsbarkeit gewährt ist, unberührt. Die Kostenfreiheit kann sich daher nicht nur aus Abs. 1, sondern auch aus Abs. 3 S. 1 iVm bundesrechtlichen Kostenbefreiungsvorschriften außerhalb des GKG ergeben. Die durch Bundesrecht gewährte
Kostenfreiheit gilt in Verfahren bei den Gerichten des Bundes und aller Bundesländer (→ Rn 26).[45]

b) Träger der Sozial- und Jugendhilfe und der Grundsicherung für Arbeitsuchende. Unter anderem im Ver- 21
fahren nach der ZPO sind gem. § 64 Abs. 3 S. 2 SGB X die Träger der Sozialhilfe (§ 3 SGB XII), der Grundsicherung für Arbeitsuchende (§ 6 SGB II), der Leistungen nach dem Asylbewerberleistungsgesetz (§ 10
AsylbLG), der Jugendhilfe (§ 3 SGB VIII) und der Kriegsopferfürsorge von den Gerichtskosten befreit. Hiermit sind nicht nur Verwaltungsverfahren der Sozialverwaltung gemeint, auf die die Vorschriften der ZPO
entsprechend anwendbar sind, sondern Verfahren vor den Zivilgerichten.[46] Die Aufzählung in § 64 Abs. 3
S. 2 SGB X ist abschließend.[47] Träger der Sozialhilfe kann im Übrigen auch eine „**ARGE Jobcenter**"[48] und
eine **gesetzliche Krankenkasse**[49] sein. Die **Bundesagentur für Arbeit** ist nicht Träger der Sozialhilfe,[50] aber
Träger der Grundsicherung für Arbeitsuchende (§ 6 SGB II) und kann als solche in Verfahren nach der ZPO
gem. § 64 Abs. 3 S. 2 SGB X kostenbefreit sein (auch → Rn 14, 16).[51] In finanzgerichtlichen Verfahren gilt
die Befreiung nach § 64 Abs. 3 S. 2 SGB X nur für die dort genannten Träger, nicht aber für nicht zu diesem
Personenkreis gehörende Kostenschuldner.[52]

Zu beachten ist aber, dass § 64 Abs. 3 S. 2 SGB X den dort genannten Trägern keine umfassende persönli- 22
che Kostenfreiheit in Verfahren nach der ZPO einräumt.[53] Die Kostenfreiheit nach § 64 Abs. 3 S. 2 SGB X
gilt demnach nicht uneingeschränkt. Ziel des § 64 Abs. 3 S. 2 SGB X ist nicht die generelle Kostenfreiheit
der dort genannten Träger vor den Zivil- und Familiengerichten.[54] Der BGH hatte zu § 64 Abs. 3 S. 2

---

45 BGH NJW-RR 2011, 934; BGH NJW-RR 2007, 644; BGH NJW-RR 1998, 1222; BGH JurBüro 1972, 131. **46** BGH NJW-
RR 2006, 717 = FamRZ 2006, 411; KG FamRZ 2009, 1854; s. auch OLG Köln ZEV 2011, 595. **47** BVerwG 30.9.2010 – 5
KSt 4/10, 5 B 37/10, juris. **48** *Meyer*, GKG § 2 Rn 18; vgl auch LG Mönchengladbach JurBüro 2009, 657 = DGVZ 2010, 42
(keine Befreiung des Jobcenters von der Zahlung von Auslagen eines Gerichtsvollziehers gem. § 2 GvKostG). **49** OLG Naum-
burg JurBüro 2011, 310. **50** KG FamRZ 2009, 1854. **51** *Meyer*, GKG § 2 Rn 18. **52** BFH JurBüro 2015, 373 = RVGreport
2015, 316 (für ein Verfahren auf Zulassung der Revision gegen ein Urteil des FG, das die Steuerfreiheit von Einkünften zum
Gegenstand hatte). **53** BGH NJW-RR 2006, 717 = FamRZ 2006, 411. **54** BGH NJW-RR 2006, 717 = FamRZ 2006, 411;
OLG Düsseldorf OLGR 2004, 498; OLG Düsseldorf NJW-RR 1999, 1669; OLG Düsseldorf OLGR 1999, 497.

SGB X aF entschieden, dass die Bestimmung den Sozialhilfeträgern keine umfassende persönliche und damit iE generelle Kostenfreiheit vor den Zivilgerichten gewährt. Die Kostenbefreiung setze vielmehr voraus, dass das konkrete Verfahren vom Sozialhilfeträger gerade in dieser Eigenschaft geführt werde. Das Verfahren müsse also einen **engen sachlichen Zusammenhang zur gesetzlichen Tätigkeit** als Sozialhilfeträger haben.[55] Das sei insb. dann der Fall, wenn nach § 91 BSHG übergegangene bzw nach § 90 BSHG übergeleitete (vgl §§ 93, 94 SGB XII) oder gem. § 116 SGB X übergegangene Ansprüche geltend gemacht werden.[56] Für den Eintritt der Kostenfreiheit muss somit ein untrennbarer Sachzusammenhang zwischen öffentlich-rechtlicher Verwaltungstätigkeit einerseits und dem konkreten Zivilrechtsstreit andererseits bestehen.[57] Macht der Sozialleistungsträger daher einen kraft Gesetzes übergegangenen bürgerlich-rechtlichen Schadensersatzanspruch geltend, verliert dieser seinen bürgerlich-rechtlichen Charakter nicht und es besteht keine Kostenfreiheit.[58] Diese Grundsätze sind unverändert gültig.[59]

Ein enger sachlicher Zusammenhang ist auch zu bejahen, wenn ein überörtlicher Sozialhilfeträger für den Abschluss von Vereinbarungen mit den Trägern von stationären Einrichtungen nach §§ 75–81 SGB XII zuständig ist. Das umfasst auch das Schiedsstellenverfahren und daraus sich ergebende Streitigkeiten, falls eine Vereinbarung konsensual nicht zustande kommt.[60]

Vor diesem Hintergrund kann dann auch die **Bundesagentur für Arbeit** – die nicht nach Abs. 1 kostenbefreit (→ Rn 16) ist – unter den Voraussetzungen des Abs. 3, § 64 Abs. 3 S. 2 SGB X kostenbefreit sein, wenn (angebliche) gem. § 33 Abs. 1 S. 2 SGB II übergegangene **Unterhaltsansprüche** geltend gemacht werden.[61]

23 **c) Deutsches Rotes Kreuz.** Eine bundesrechtliche Regelung über die Kostenfreiheit des Deutschen Roten Kreuzes existiert seit 11.12.2008 nicht mehr.[62] Deshalb besteht für das Deutsche Rote Kreuz seitdem keine Kostenbefreiung nach Abs. 3 S. 1.[63] Eine Befreiung kann sich deshalb nach diesem Zeitpunkt nur noch aus landesrechtlichen Vorschriften ergeben.[64]

24 **d) Verfahren vor den Sozialgerichten.** In Verfahren vor der Sozialgerichtsbarkeit ergibt sich die Kostenfreiheit des Bundes und der Länder sowie der nach Haushaltsplänen des Bundes oder eines Landes verwalteter öffentlicher Kassen aus Abs. 1. Nach § 183 Abs. 1 SGG sind auch Versicherte, Leistungsempfänger, behinderte Menschen oder deren Sonderrechtsnachfolger nach § 56 SGB I kostenbefreit, soweit sie in dieser jeweiligen Eigenschaft als Kläger oder Beklagter beteiligt sind. Die Gebühren für die nicht zu diesen Personen gehörenden Kläger oder Beklagten ergibt sich aus § 184 SGG. Nach § 184 Abs. 3 SGG gilt § 2 GKG entsprechend.

24a Wenn § 64 Abs. 3 S. 2 SGB X bestimmt, dass § 197 a SGG unberührt bleibt, folgt daraus nicht, dass in allen Fällen, in denen Kosten nach § 197 a SGG iVm GKG zu erheben sind, eine Gerichtskostenbefreiung gem. § 64 Abs. 3 S. 2 SGB X ausgeschlossen ist. Vielmehr soll mit dieser Regelung sichergestellt werden, dass die Träger der Sozialhilfe grds. von den Gerichtskosten freigestellt bleiben und von dieser Freistellung lediglich Verfahren in Erstattungsstreitigkeiten zwischen Sozialleistungsträgern ausgenommen sind.[65]

25 **e) Kirchen.** Ob Kirchen nach Abs. 3 S. 1 kostenbefreit sind, ist umstritten. Nach **Bundesrecht** dürfte sich iE keine Befreiung ergeben,[66] Im finanzgerichtlichen Verfahren wird die Befreiung abgelehnt.[67] Im Verfahren vor den Verwaltungsgerichten ist eine persönliche Befreiung nach Abs. 4 S. 1 ausgeschlossen. Für Verfahren vor dem Bundesgerichtshof gilt die Verordnung betreffend die Gebührenfreiheit in Verfahren vor dem Reichsgericht[68] fort.[69] In der ordentlichen Gerichtsbarkeit sind Kirchen idR durch Landesrecht (Abs. 3 S. 2) befreit. In NRW besteht dabei gem. § 122 Abs. 1 JustG lediglich Gebührenfreiheit, so dass Auslagen erhoben werden.[70]

26 **2. Kosten- oder Gebührenbefreiung durch Landesrecht (Abs. 3 S. 2). a) Geltungsbereich.** Abs. 3 S. 2 lässt weitergehende sachliche oder persönliche Kosten- und Gebührenbefreiungen durch Landesrecht zu. Die Befreiung kann sich daher nicht nur aus Abs. 1 und Abs. 3 S. 1, sondern auch aus Abs. 3 S. 2 iVm landesrechtlichen Befreiungsvorschriften ergeben. Die durch Landesrecht nach Abs. 3 S. 2 gewährte Befreiung gilt aber nur in Verfahren bei den Gerichten des jeweiligen Bundeslandes.[71] Landesrechtliche Befreiungsvorschriften

---

55 BSG 28.1.2016 – B 13 SF 3/16 S, juris. **56** Vgl BGH NJW-RR 2006, 717 = FamRZ 2006, 411; KG FamRZ 2009, 1854; so auch OLG Düsseldorf OLGR 2004, 498; OLG Düsseldorf NJW-RR 1999, 1669; OLG Düsseldorf OLGR 1999, 497; OLG Zweibrücken MDR 1996, 208. **57** OLG Düsseldorf OLGR 2004, 498; OLG Jena MDR 1997, 692; OLG Zweibrücken MDR 1996, 208. **58** OLG Jena MDR 1997, 692; OLG Düsseldorf MDR 1995, 102 = Rpfleger 1995, 182; *Meyer*, GKG § 2 Rn 18. **59** So auch *Meyer*, GKG § 2 Rn 18; von *Wulffen/Roos*, SGB X, 7. Aufl. 2010, § 64 Rn 18 b. **60** BSG 28.1.2016 – B 13 SF 3/16 S, juris. **61** KG FamRZ 2009, 1854. **62** Aufhebung von § 18 DRKG durch G v. 5.10.2008 (BGBl. I 2346). **63** OLG Düsseldorf JurBüro 2011, 432. **64** OLG Düsseldorf JurBüro 2011, 432. **65** BSG 28.1.2016 – B 13 SF 3/16 S, juris. **66** HM, vgl zB BVerfG NVwZ 2001, 318. **67** Vgl BFH BStBl. II 1998 S.121; FG Kassel 23.4.1997 – 12 Ko 2966/96, juris; FG Münster 13.2.1992 – 4 Ko 3188/91, juris. **68** RG-GebFrhV v. 24.12.1883 (RGBl. 1884 I 1). **69** BGH NJW-RR 2011, 934; BGH NJW-RR 2007, 644. **70** OLG Düsseldorf 7.10.2010 – I-10 W 107/10, nv. **71** BGH NJW-RR 2011, 934; BGH NJW-RR 2007, 644; BGH NJW-RR 1998, 1222; BGH JurBüro 1972, 131.

gelten insb. nicht vor einem Gericht des Bundes.[72] Eine bundesrechtliche Befreiungsvorschrift gilt dagegen auch bei den Gerichten der Länder.

b) Gebührenbefreiungsgesetze der Bundesländer. aa) Allgemeines. Die Bundesländer haben im Wesentlichen in ihren Gebührenbefreiungsgesetzen geregelt, welche Personen, Personengruppen bzw Einrichtungen in Verfahren vor den ordentlichen Gerichten kosten- bzw gebührenbefreit sind. Darüber hinaus können sich Gebührenbefreiungen auch aus anderen landesrechtlichen Vorschriften ergeben. Nach den Gebührenbefreiungsgesetzen sind idR **Gemeinden, Gemeindeverbände** und **Städte** von der Zahlung der Gerichtsgebühren befreit.[73] Diese Befreiung umfasst daher auch die **Jugendämter**.[74] Werden in den Befreiungsgesetzen der Länder nur Städte, Gemeinden und Gemeindeverbände als gebührenbefreit genannt, erstreckt sich die Gebührenbefreiung **nicht** auf **kommunale Anstalten des öffentlichen Rechts**.[75] Teilweise wird in den einzelnen Befreiungsgesetzen für die Gebührenbefreiung zusätzlich gefordert, dass der Schuldner seinen Wohnsitz oder Sitz im betreffenden Bundesland hat, es sei denn, die Gegenseitigkeit ist verbürgt[76] (s. hierzu auch die Vereinbarung des Bundes und der Länder über den Ausgleich von Kosten).[77]

Wenn in den Befreiungsgesetzen auf „**wirtschaftliche Unternehmungen**" bzw „**Unternehmen von Gemeinden**" abgestellt wird, ist damit gemeint, dass Gegenstand des Rechtsstreits eine nicht wirtschaftliche Betätigung der Körperschaft sein muss.[78] Hierzu können sich nähere Anhaltspunkte insb. aus den jeweiligen Gemeindeordnungen ergeben.[79] Wirtschaftliche Unternehmen sind Einrichtungen der Gemeinde, die aus der allgemeinen Verwaltung ausgegliedert sind und in bestimmtem Umfang eine eigenständige Verwaltung und Wirtschaftsführung erfordern.[80]

Es existieren nachfolgende **Gebührenbefreiungsgesetze** (s. auch den Abdruck der jeweiligen Gebührenbefreiungsvorschrift in diesem Kommentar, Ziff. 10):

bb) Baden-Württemberg. § 7 des Landesjustizkostengesetzes (LJKG) idF vom 15.1.1993,[81] zuletzt geändert durch Gesetz vom 10.2.2015[82] (Gebührenfreiheit für Gemeinden). Sonstige landesrechtliche Befreiungsvorschriften gelten gem. § 8 LJKG fort.

cc) Bayern. Landesjustizkostengesetz (LJKostG) idF der Bekanntmachung vom 19.5.2005,[83] zuletzt geändert durch Gesetz vom 25.4.2014[84] (keine Gebührenfreiheit betr. GKG-Gebühren). Nach Art. 10 LJKostG bleiben die sonstigen landesrechtlichen Vorschriften, die Kosten- oder Gebührenfreiheit gewähren, unberührt.

dd) Berlin. § 1 des Gesetzes über Gebührenbefreiung, Stundung und Erlass von Kosten im Bereich der Gerichtsbarkeiten vom 24.11.1970,[85] zuletzt geändert durch Gesetz vom 17.3.2014[86] (Gebührenfreiheit für Gemeinden). Sonstige landesrechtliche Befreiungsvorschriften gelten gem. § 4 fort.

ee) Brandenburg. §§ 6 und 7 des Justizkostengesetzes für das Land Brandenburg (Brandenburgisches Justizkostengesetz – JKGBbg) vom 3.6.1994,[87] zuletzt geändert durch Gesetz vom 10.7.2014[88] (Gebührenfreiheit für Gemeinden).[89] Voraussetzung für die Gebührenbefreiung ist, dass der Kostenschuldner im Land Brandenburg ansässig ist, es sei denn, die Gegenseitigkeit ist verbürgt. Sonstige landesrechtliche Vorschriften, durch die Kosten- oder Gebührenfreiheit gewährt wird, bleiben gem. § 9 unberührt.

ff) Bremen. § 8 des Bremischen Justizkostengesetzes idF der Bekanntmachung vom 4.8.1992,[90] zuletzt geändert durch Gesetz vom 4.11.2014[91] (Gebührenfreiheit für Gemeinden). Wenn die Gegenseitigkeit verbürgt ist, sind von der Zahlung der Gebühren ausländische Staaten und Gemeinden und Gemeindeverbände anderer deutscher Länder befreit.

gg) Hamburg. Landesjustizkostengesetz vom 18.10.1957 idF vom 5.3.1986,[92] zuletzt geändert durch Gesetz vom 3.9.2014[93] (keine Gebührenfreiheit für Gemeinden und Gemeindeverbände).

hh) Hessen. Hessisches Justizkostengesetz vom 15.5.1958,[94] zuletzt geändert durch Gesetz vom 25.3.2015[95] (keine Gebührenfreiheit für Gemeinden). Sonstige landesrechtliche Befreiungsvorschriften gelten gem. § 9 fort.

27

27a

27b

28

29

30

31

32

33

34

---

72 BFH JurBüro 2015, 373 = RVGreport 2015, 316; BGH NJW-RR 2011, 934 (für Verfahren vor dem Bundesgerichtshof gilt die Verordnung betreffend die Gebührenfreiheit in Verfahren vor dem Reichsgericht [RG-GebFrhV] v. 24.12.1883, RGBl. 1884 I 1, fort); BGH NJW-RR 2007, 644; BGH NJW-RR 1998, 1222; BGH JurBüro 1972, 131. **73** Nicht der Bürgermeister einer Stadt, wenn er als natürliche Person Verfahrensbeteiligter ist, LG Osnabrück JurBüro 2010, 658. **74** OLG Köln ZEV 2011, 595; vgl hierzu auch OLG Dresden JAmt 2004, 162. **75** OLG Hamm 26.10.2010 – 15 W 224/10, juris; BGH MDR 2010, 949 = RVGreport 2011, 277 (für Klinik-GmbH, deren alleinige Gesellschafterin eine kommunale Gebietskörperschaft in Niedersachsen ist). **76** Oestreich/Hellstab/Trenkle, FamGKG § 2 Rn 31; vgl zB für Brandenburg § 6 des Brandenburgischen Justizkostengesetzes. **77** ZB Nordrhein-Westfalen: AV d. JM v. 6.7.2001 (5600 - I B. 55), JMBl. NRW S. 191 idF v. 13.1.2010 (5600 - Z. 55). **78** BGH MDR 2010, 949 = RVGreport 2011, 277; OLG Düsseldorf 24.4.2014 – I-10 W 46/14, juris. **79** OLG Düsseldorf 24.4.2014 – I-10 W 46/14, juris. **80** OLG Düsseldorf JurBüro 2007, 432. **81** GBl. S. 110. **82** GBl. S. 89, 94. **83** GVBl. S. 159. **84** GVBl. S. 166. **85** GVBl. Berlin S. 1934. **86** GVBl. Berlin S. 70. **87** GVBl. I 172. **88** GVBl. I/14, Nr. 35. **89** Vgl OLG Brandenburg OLGR 2001, 566. **90** Brem. GBl. 257. **91** Brem. GBl. 447. **92** Hbg GVBl. S. 48. **93** HmbGVBl. S. 418. **94** GVBl. S. 60. **95** GVBl. S. 126.

35   **ii) Mecklenburg-Vorpommern.** § 7 des Gesetzes über die Kosten im Bereich der Justizverwaltung und über Gebührenbefreiung des Landes Mecklenburg-Vorpommern (Landesjustizkostengesetz – LJKG) vom 7.10.1993,[96] zuletzt geändert am 11.11.2015[97] (Gebührenfreiheit für Gemeinden). Voraussetzung für die Gewährung der Gebührenfreiheit ist, dass der Befreite im Land Mecklenburg-Vorpommern belegen ist oder seinen Sitz hat; darüber hinaus ist Gebührenfreiheit nur zu gewähren, wenn die Gegenseitigkeit verbürgt ist.

36   **jj) Niedersachsen.** § 1 des Gesetzes über die Gebührenbefreiung, Stundung und Erlass von Kosten in der Gerichtsbarkeit vom 10.4.1973,[98] zuletzt geändert am 16.12.2014[99] (Gebührenfreiheit für Gemeinden). Die in § 5 genannten Befreiungen gelten fort. **Krankenhäuser,** die von einer Gemeinde oder einem Gemeindeverband als Alleingesellschafter/in in Form einer GmbH betrieben werden, genießen keine Gebührenfreiheit.[100] Ein **Zweckverband Abfallwirtschaft,** dessen Mitglieder eine Stadt und ein Landkreis sind, ist in Niedersachsen von der Zahlung der Gerichtsgebühren befreit, soweit er innerhalb seiner satzungsgemäßen Aufgaben tätig wird.[101] Eine **Zusatzversorgungskasse** ist ein wirtschaftliches Unternehmen, wenn die ausgeübte Tätigkeit mit derjenigen eines privaten Wirtschaftsunternehmens, das eine ergänzende Rentenversicherung anbietet, vergleichbar ist, sie lediglich den Beschäftigten ihrer Mitglieder zugutekommt, ca. 2.400 Mietwohnungen im gesamten Stadtgebiet unterhält und sich der Satzung eine Gewinnerzielungsabsicht entnehmen lässt.[102]

37   **kk) Nordrhein-Westfalen.** Seit dem 1.1.2011 gilt § 122 des Justizgesetzes NRW (JustG NRW) vom 26.1.2010,[103] zuletzt geändert durch Gesetz vom 8.12.2015.[104] Gemäß § 122 Abs. 1 Nr. 2 JustG NRW besteht eine Befreiung von Gebühren, welche die ordentlichen Gerichte in Zivilsachen und die Justizverwaltungsbehörden erheben, für Gemeinden und Gemeindeverbände nur, soweit die Angelegenheit nicht ihre **wirtschaftlichen Unternehmen** betrifft. Die Angelegenheit betrifft zB dann ein wirtschaftliches Unternehmen einer Gemeinde, wenn sie **Zinsswap-Geschäfte** tätigt.[105] Denn entsprechend § 107 Abs. 1 S. 3 GO NW kommt es darauf an, ob die Tätigkeit ihrer Art nach auch von einem Privaten mit der Absicht der Gewinnerzielung erbracht werden kann, was bei Zinsswap-Geschäften der Fall ist.[106] Der Begriff „wirtschaftliche Unternehmen" ist im JustG NRW nicht definiert. Nach der Rspr des BGH[107] ordnet der Zusatz eine sachliche Einschränkung der persönlichen Privilegierung dahin an, dass Gegenstand des Rechtsstreits eine nicht wirtschaftliche Betätigung der Gebietskörperschaft bilden muss.[108] § 107 Abs. 1 S. 3 GO NW nennt als maßgebliches Kriterium für eine wirtschaftliche Betätigung einer Gemeinde (bzw eines Gemeindeverbandes), ob die Leistung ihrer Art nach auch von einem Privaten mit der Absicht der Gewinnerzielung erbracht werden könnte. § 107 Abs. 2 GO NW enthält aber Ausnahmen, unter deren Voraussetzungen eine nicht wirtschaftliche Betätigung der Gemeinde fingiert wird. Hierbei handelt es sich im Wesentlichen um althergebrachte kommunale Tätigkeiten der Daseinsvorsorge, die von den Bindungen des § 107 Abs. 1 GO NW ausgenommen sein sollen und für die das Kostendeckungsprinzip und nicht das Ertragsprinzip gilt. Gemäß § 107 Abs. 2 Nr. 2 GO NW gilt als wirtschaftliche Betätigung nicht der Betrieb von öffentlichen Einrichtungen, die für die soziale und kulturelle Betreuung der Einwohner erforderlich sind, insb. Einrichtungen auf den Gebieten des Gesundheits- oder Sozialwesens (Krankenhäuser etc.).[109]

38   **ll) Rheinland-Pfalz.** § 1 des Landesgesetzes über Gebührenbefreiung im Bereich der Justiz (Justizgebührenbefreiungsgesetz – JGebBefrG) vom 5.10.1990,[110] geändert am 9.7.2010[111] (Gebührenfreiheit für Gemeinden). Nach § 1 Abs. 3 des Gesetzes bleiben sonstige landesrechtliche Vorschriften, die Gebührenfreiheit gewähren, unberührt.

39   **mm) Saarland.** § 4 des Landesjustizkostengesetzes vom 30.6.1971,[112] zuletzt geändert durch das Gesetz vom 12.2.2014[113] (Gebührenfreiheit für Gemeinden).[114]

40   **nn) Sachsen.** Nach Art. 69 des Gesetzes über die Justiz im Freistaat Sachsen (Sächsisches Justizgesetz – SächsJG) vom 24.11.2000,[115] zuletzt geändert durch Gesetz vom 9.7.2014,[116] bleiben landesrechtliche Vorschriften über Kosten- und Gebührenfreiheit unberührt.

41   **oo) Sachsen-Anhalt.** § 7 des Justizkostengesetzes des Landes Sachsen-Anhalt (JKostG LSA) vom 23.8.1993,[117] zuletzt geändert durch Gesetz vom 5.12.2014[118] (Gebührenfreiheit für Gemeinden). Voraus-

---

96 GVOBl. M–V S. 843. **97** GVOBl. M–V S. 462. **98** GVBl. S. 111. **99** Nds.GVBl. S. 436. **100** BGH MDR 2010, 949 = RVGreport 2011, 277 (für Klinik-GmbH, deren alleinige Gesellschafterin eine kommunale Gebietskörperschaft ist); OLG Celle OLGR Celle 2009, 1028 (Klinik GmbH); OLG Braunschweig DGVZ 2009, 152 (gemeinnützige Krankenhaus GmbH). **101** OLG Celle NdsRpfl 2013, 249 = NVwZ-RR 2013, 868. **102** LG Hannover 23.1.2015 – 11 T 62/14, juris. **103** GV NRW S. 30. **104** GV NRW S. 812. **105** OLG Düsseldorf 24.4.2014 – I-10 W 46/14, juris. **106** OLG Düsseldorf 24.4.2014 – I-10 W 46/14, juris. **107** BGH MDR 2010, 949 = RVGreport 2011, 277 (zur in Bezug auf den fraglichen Passus wortgleichen Formulierung des § 1 Abs. 1 Nr. 2 Nds. GGebBefrG). **108** OLG Düsseldorf 8.1.2013 – I-10 W 142/12. **109** OLG Düsseldorf 8.1.2013 – I-10 W 142/12. **110** GVBl. Rheinland-Pfalz S. 281. **111** GVBl. I 167. **112** Amtsbl. I S. 474. **113** Amtsbl. I S. 146. **114** Vgl OLG Saarbrücken OLGR 2001, 393. **115** SächsGVBl. S. 482, ber. 2001, S. 704. **116** SächsGVBl. S. 405. **117** GVBl. LSA 1993, S. 449. **118** GVBl. LSA 2014, S. 512.

setzung für die Gewährung der Gebührenfreiheit ist, dass der Befreite im Lande Sachsen-Anhalt seinen Sitz hat; darüber hinaus ist Gebührenfreiheit nur zu gewähren, wenn die Gegenseitigkeit verbürgt ist. Gemeinden sind danach von der Zahlung von Gerichtsgebühren befreit sind, soweit die Angelegenheit nicht ihre wirtschaftlichen Unternehmen betrifft. Als Unternehmen werden regelmäßig nur Einrichtungen verstanden, die aus der allgemeinen Verwaltung ausgegliedert sind und in einem bestimmten Umfang eine eigenständige Verwaltungs- und Wirtschaftsführung erfordern.[119] Sachliche Voraussetzung für die Ausnahme von der Kostenbefreiung ist zudem, dass die Unternehmensführung zumindest nach wirtschaftlichen Maßstäben erfolgt oder sogar der Gewinnerzielung dient und mit ihr keine im Allgemeininteresse liegende Aufgabe nichtwirtschaftlicher Art verfolgt wird.[120]

pp) Schleswig-Holstein. Gesetz über Gebührenfreiheit, Stundung und Erlass von Kosten im Bereich der Gerichtsbarkeiten vom 23.12.1969[121] idF der Bekanntmachung vom 31.12.1971, zuletzt geändert durch Gesetz v. 15.07.2014[122] (keine Gebührenfreiheit für Gemeinden). Sonstige landesrechtliche Vorschriften treten außer Kraft, soweit in ihnen in den Verfahren und Angelegenheiten vor den ordentlichen Gerichten Kosten- oder Gebührenfreiheit gewährt wird. **42**

qq) Thüringen. § 6 des Thüringer Justizkostengesetzes vom 28.10.2013[123] (Gebührenfreiheit für Gemeinden). Voraussetzung für die Gewährung der Gebührenfreiheit ist, dass der Befreite im Lande Thüringen seinen Sitz hat; darüber hinaus ist Gebührenfreiheit nur zu gewähren, wenn die Gegenseitigkeit verbürgt ist. **43**

V. Verwaltungs- und Arbeitsgerichte (Abs. 4)

Vor den **Gerichten der Verwaltungsgerichtsbarkeit** und den **Gerichten für Arbeitssachen** (Arbeitsgerichte, Landesarbeitsgerichte und Bundesarbeitsgericht, vgl § 1 ArbGG) finden bundesrechtliche oder landesrechtliche Vorschriften über die Kostenfreiheit (Abs. 1, 3) keine Anwendung. Eine persönliche Kosten- oder Gebührenbefreiung (zum Begriff → Rn 1) existiert insoweit damit nicht. Nur etwaige Vorschriften über eine sachliche Kostenfreiheit (zum Begriff → Rn 1) bleiben unberührt. **44**

In **Arbeitssachen** besteht keine generelle Kostenfreiheit für Bund, Länder, öffentliche Anstalten und Kassen.[124] **Kirchen** genießen dagegen gem. Art. 140 GG Kostenfreiheit.[125] Abs. 4 S. 2 stellt klar, dass eine etwaige **sachliche** Kostenfreiheit (wie in Abs. 2 angeordnet) von Abs. 4 S. 1 unberührt bleibt. Für Arbeitssachen ergibt sich aus Abs. 2 für die dort aufgeführten Verfahren vor den Gerichten für Arbeitssachen sachliche Kostenfreiheit. **44a**

Sachliche Kostenbefreiungen ergeben sich in **Verwaltungsgerichtssachen** zB aus § 83 b AsylG und § 188 S. 2 VwGO.[126] Danach werden Gerichtskosten (Gebühren und Auslagen) in Angelegenheiten der Fürsorge (Angelegenheiten der Sozialhilfe und des Asylbewerberleistungsgesetzes, der Jugendhilfe, der Kriegsopferfürsorge, der Schwerbehindertenfürsorge sowie der Ausbildungsförderung) nicht erhoben.[127] Das gilt aber nicht für Erstattungsstreitigkeiten zwischen Sozialleistungsträgern. Danach sind zB Rechtsstreitigkeiten über die Befreiung von **Rundfunkgebühren** nach § 6 des Rundfunkgebührenstaatsvertrages nach § 188 S. 2 VwGO gerichtskostenfrei.[128] Gerichtskostenfreiheit besteht auch für Verfahren, die **Elternbeiträge** für die **Kindergartenbetreuung** betreffen. Denn hierbei handelt es sich um jugendhilferechtliche Streitigkeiten nach § 90 SGB VIII, für die § 188 S. 2 VwGO Gerichtskostenfreiheit anordnet.[129] Verwaltungsstreitverfahren über die Höhe von Personalkostenzuschüssen nach § 16 Abs. 2 KitaG BB 2 sind ebenfalls gem. § 188 S. 2 VwGO gerichtskostenfrei, weil es sich um Angelegenheiten der Jugendhilfe handelt und es sich auch nicht um eine Streitigkeit zwischen Sozialleistungsträgern handelt.[130] Keine Kostenfreiheit besteht dagegen in Verfahren, in denen es um Wohngeld nach dem Wohngeldgesetz geht.[131] **44b**

VI. Folge der Kostenfreiheit (Abs. 5)

1. Folge für die befreite Partei. Abs. 5 stellt klar, dass von einer **kostenbefreiten** Partei auch dann keine Gerichtskosten (Gebühren und Auslagen, vgl § 1 S. 1 aE) erhoben werden, wenn ihr die Kosten gem. § 29 Nr. 1 auferlegt worden sind, sie also als Entscheidungsschuldnerin haftet. Das Gleiche gilt, wenn die kostenbefreite Partei Kosten in einem Vergleich oder in einer Einigung übernimmt und hierdurch zum Kostenschuldner wird (vgl § 29 Nr. 2).[132] Auch eine kraft Gesetzes bestehende Haftung für die Gerichtskosten (vgl § 29 Nr. 3) kann gegen die befreite Partei nicht geltend gemacht werden.[133] Die Kostenfreiheit umfasst auch **45**

119 OLG Naumburg JurBüro 2014, 252; OLG Naumburg JMBl LSA 2000, 261. **120** OLG Naumburg JurBüro 2014, 252. **121** GVOBl. 1970, S. 4. **122** GVOBl. S. 132. **123** GVBl. 2013, S. 295. **124** Germelmann u.a./*Germelmann*, ArbGG, § 12 Rn 17. **125** ErfK/*Koch*, ArbGG, § 12 Rn 9. **126** Vgl dazu auch VGH München JurBüro 2008, 376 (Ls.); OVG Lüneburg NVwZ-RR 2008, 68. **127** OVG Berlin-Brandenburg JurBüro 2015, 418. **128** BVerwG NVwZ-RR 2011, 622. **129** OVG Berlin-Brandenburg 4.6.2015 – OVG 3 K 32.14, juris. **130** OVG Berlin-Brandenburg JurBüro 2015, 418. **131** BVerwG 18.3.2009 – 5 PKH 1/09, juris; OVG Berlin-Brandenburg 4.6.2015 – OVG 3 K 32.14, juris. **132** OLG Koblenz AGS 2008, 572 = JurBüro 2015, 209; AG Mannheim 4.3.2016 – 10 C 238/15, juris. **133** *Meyer*, GKG § 2 Rn 38.

Sachverständigenvergütungen nach dem JVEG (vgl Nr. 9005 KV) einschließlich der besonderen Vergütung nach § 13 JVEG[134] und die in einem selbständigen Beweisverfahren (vgl Nr. 1610 KV) zwischen den Parteien angefallenen Gerichtskosten.[135]

46   Werden einer **gebührenbefreiten** Partei die Kosten auferlegt bzw übernimmt diese die Kosten, können zwar keine Gebühren, aber die Auslagen gefordert werden.[136] Die in Abs. 2 der Anm. zu Nr. 9000 KV geregelte Vergünstigung bei der Dokumentenpauschale gilt aber auch für den gebührenbefreiten Schuldner (auslagenfreie erste Kopie oder Ausfertigung).[137] Sind der befreiten Partei die Kosten nur teilweise auferlegt worden bzw hat sie diese nur teilweise übernommen, bleibt nur dieser Teil unerhoben.[138]

47   Aus Abs. 5 folgt somit, dass bei Kosten- bzw Gebührenfreiheit Kosten oder Gebühren zwar entstehen, aber nicht erhoben werden dürfen.[139]

48   **2. Folge für die nicht befreite Partei. a) Befreite Partei trägt sämtliche Kosten.** Welche Auswirkung eine Kostenbefreiung auf die Haftung der nicht befreiten Partei für die Gerichtskosten hat, ist in Abs. 5 nur für den Fall geregelt, dass bereits eine Kostenentscheidung getroffen oder eine Kostenübernahme erfolgt ist.[140] Nach Abs. 5 sind bereits erhobene (= gezahlte) Kosten oder Gebühren von der Staatskasse von Amts wegen zurückzuzahlen, wenn einer befreiten Partei Kosten auferlegt bzw von ihr übernommen worden sind.[141] Eine etwaige Antragstellerhaftung der nicht befreiten Partei aus § 22 Abs. 1 S. 1 darf nicht ausgenutzt werden.[142] Das gilt auch dann, wenn ein am Verfahren nicht beteiligter befreiter Dritter die Kosten übernimmt.[143] Erfolgt keine Rückzahlung durch die Staatskasse, ist der Anspruch im Erinnerungsverfahren nach § 66 geltend zu machen.[144] Den Zweck und die Notwendigkeit dieser Regelung verdeutlicht folgendes Beispiel:

Beispiel (Vollständige Kostentragung): Der kostenbefreiten Partei werden vom Gericht die Kosten auferlegt. Die Gerichtskosten betragen 500 € und wurden von der anderen Partei (Kläger) bereits eingezahlt. Kann eine Verrechnung auf die Kostenschuld des Beklagten erfolgen?

Eine Verrechnung darf nicht erfolgen. Denn im Falle der Verrechnung der eingezahlten Gerichtskosten über 500 € – für die der Kläger als Zweitschuldner gem. § 22 Abs. 1 S. 1 haftet – auf die Kostenschuld des Beklagten könnte sich der Kläger diesen Betrag im Kostenfestsetzungsverfahren nach §§ 103 ff ZPO gegen den Beklagten festsetzen lassen. Auf diesem Wege müsste die befreite Partei dann trotz der ihr zustehenden Kostenfreiheit doch wieder Gerichtskosten tragen. Um dieses Ergebnis zu vermeiden, sind die bereits bei der nicht befreiten Partei erhobenen Gerichtskosten zurückzuzahlen.[145] Dagegen sind die dem Kläger entstandenen außergerichtlichen Kosten vom Beklagten gem. §§ 103 ff ZPO zu erstatten (→ Rn 6). Die Gerichtskosten eines selbständigen Beweisverfahrens stellen keine außergerichtlichen Kosten dar und sind daher ggf nach Abs. 5 zurückzuzahlen.

49   Im Falle der **vollständigen** Kostenauferlegung bzw Kostenübernahme sind von der bereiten Partei keine Gerichtskosten zu erheben und der nicht befreiten Partei sind bereits gezahlte Gerichtskosten zu erstatten.[146] Die nicht befreite Partei darf daher nicht als Zweitschuldner in Anspruch genommen werden. Die Kostenfreiheit des Entscheidungs- bzw Übernahmeschuldners darf der nicht befreiten Partei nicht zum Nachteil und der Staatskasse nicht zum Vorteil gereichen. Die befreite Partei kann die obsiegende Partei in der Kostenfestsetzung auf den gegen die Staatskasse bestehenden Rückzahlungsanspruch verweisen.[147]

50   **b) Befreite Partei trägt die Kosten nur teilweise.** Werden die Gerichtskosten der kostenbefreiten Partei nur teilweise auferlegt bzw übernimmt dieser nur einen Teil der Kosten, gilt Abs. 5 nur für diesen Teil.

Beispiel (Teilweise Kostenübernahme): Der Kostenbefreite übernimmt im gerichtlichen Vergleich die Hälfte der Gerichtskosten. Diese betragen 500 € und wurden vom Kläger bereits eingezahlt.

Die eingezahlten Gerichtskosten über 500 €, für die der Kläger gem. § 22 Abs. 1 S. 1 haftet, werden zur Hälfte (250 €) auf die eigene Kostenschuld des Klägers verrechnet. Der verbleibende Betrag über 250 € ist nicht auf die Kostenschuld der befreiten Partei zu verrechnen, sondern dem Kläger von der Staatskasse zu erstatten.[148]

134 OLG Koblenz FamRZ 2002, 412; Binz/Dörndorfer/*Zimmermann*, § 2 GKG Rn 23. 135 BGH NJW 2003, 1322 = JurBüro 2003, 268. 136 OLG Saarbrücken OLGR 2001, 393. 137 *Oestreich/Hellstab/Trenkle*, FamGKG § 2 Rn 21. 138 OLG Koblenz JurBüro 2008, 209 = OLG Koblenz AGS 2008, 572. 139 KG RVGreport 2008, 439; OLG Hamburg MDR 1993, 183. 140 KG RVGreport 2008, 439. 141 OLG Düsseldorf Rpfleger 1983, 38 = JurBüro 1983, 405. 142 BGH NJW 2003, 1322 = JurBüro 2003, 268; OLG Brandenburg OLGR 2008, 317; KG JurBüro 1995, 149; OLG Düsseldorf OLGR 2004, 498; OLG Brandenburg OLGR 2001, 566; OLG Düsseldorf Rpfleger 1983, 38 = JurBüro 1983, 405; AG Eilenburg NJ 1997, 202. 143 LG Hamburg KostRsp. GKG § 2 Nr. 3; *Oestreich/Hellstab/Trenkle*, FamGKG § 2 Rn 25; *Meyer*, GKG § 2 Rn 34. 144 BGH JurBüro 2009, 371 = NJW-RR 2009, 862 = RVGreport 2009, 199; BGH NJW 2003, 1322 = JurBüro 2003, 268; OLG Düsseldorf OLGR 2004, 498; OLG Brandenburg OLGR 2001, 566; OLG Düsseldorf Rpfleger 1983, 39. 145 BGH NJW 2003, 1322 = JurBüro 2003, 268; OLG Brandenburg OLGR 2008, 317; KG JurBüro 1995, 149; OLG Düsseldorf OLGR 2004, 498; OLG Brandenburg OLGR 2001, 566; OLG Düsseldorf Rpfleger 1983, 39; AG Eilenburg NJ 1997, 202; *Meyer*, GKG § 2 Rn 36. 146 OLG Düsseldorf Rpfleger 1983, 38 = JurBüro 1983, 405. 147 BGH NJW 2003, 1322 = JurBüro 2003, 268; OLG Düsseldorf OLGR 2004, 498. 148 BGH NJW 2003, 1322 = JurBüro 2003, 268; OLG Koblenz JurBüro 2008, 209 = AGS 2008, 572; OLG Brandenburg NJ 2008, 317; OLG Düsseldorf OLGR 2004, 498; KG JurBüro 1995, 149; OLG Düsseldorf Rpfleger 1983, 39.

c) **Nicht befreite Partei trägt die Kosten.** Schuldet die nicht befreite Partei die Kosten gem. § 29 Nr. 1 oder 2 51
als Erstschuldner (§ 31 Abs. 2 S. 1; zur Zweitschuldnerhaftung → Rn 48 f), ergeben sich keine Besonderheiten. Die Befreiung der anderen Partei hindert die Kosteneinziehung bei der nicht befreiten Partei nicht. Allerdings kann eine evtl. Zweitschuldnerhaftung der befreiten Partei (zB gem. § 22) nicht ausgenutzt werden (→ Rn 49).

d) **Verhältnis zu § 30.** Nach § 30 S. 1 erlischt die durch eine gerichtliche Entscheidung begründete Verpflichtung zur Zahlung von Kosten (§ 29 Nr. 1) nur, soweit die Entscheidung durch eine andere gerichtliche Entscheidung aufgehoben oder abgeändert wird. Deswegen ist zB eine in einem Vergleich enthaltene abweichende Vereinbarung der Parteien über die Kostentragung unbeachtlich und lässt die zuvor ergangene Kostenentscheidung unberührt (→ § 30 Rn 9).[149] Dies gilt allerdings nicht im Falle der vorrangigen Sonderregelung des Abs. 5. Hier wird die sich aus § 30 S. 1 ergebende Verpflichtung zur Kostenzahlung wirkungslos.[150] Denn sonst müsste die befreite Partei entgegen § 2 im Kostenfestsetzungsverfahren u.U. Gerichtskosten erstatten. 52

Beispiel (Verhältnis von Abs. 5 und § 30 S. 1): Dem nicht befreiten Beklagten werden in der ersten Instanz vom Gericht die Kosten auferlegt. Im Berufungsverfahren vereinbaren die Parteien in einem Vergleich gegenseitige Kostenaufhebung.

Ohne Beteiligung der befreiten Partei am Verfahren müsste der Beklagte die Gerichtskosten der ersten Instanz wegen § 30 S. 1 in voller Höhe tragen. Da aber die befreite Partei in dem zweitinstanzlichen Vergleich die Hälfte der Kosten übernommen hat, kann der nicht befreiten Partei wegen der vorrangigen Sonderreglung in Abs. 5 nur die andere Hälfte der Gerichtskosten in Rechnung gestellt werden bzw sind gezahlte Kosten zu erstatten. Würden sämtliche Gerichtskosten von ihm gefordert, würde die Hälfte entsprechend der Kostenregelung im Vergleich auf die Kostenschuld der befreiten Partei verrechnet, so dass diese insoweit einem Gerichtskostenerstattungsanspruch ausgesetzt wäre.

3. Vorauszahlungs- und Vorschusspflicht. Die Kosten- bzw Gebührenfreiheit befreit gem. § 14 Nr. 2 nur die 53
befreite Partei von der in § 12 Abs. 1 S. 1 geregelten Verpflichtung zur Vorwegleistung der **Verfahrensgebühr** vor der Klagezustellung.[151] Für die nicht befreite Partei bleibt die Vorauszahlungspflicht dagegen bestehen.[152] Die Kosten- bzw Gebührenbefreiung der anderen Partei wirkt sich nach Abs. 5 erst dann für sie aus, wenn eine Kostenentscheidung zu Lasten der befreiten Partei getroffen oder durch diese die Kostenübernahme erfolgt ist.[153] § 18 ist dann nicht anwendbar.

Entsprechendes gilt im Falle der in § 17 geregelten Vorschuss- bzw Vorauszahlungspflicht für die **Auslagen.** 54
Die kostenbefreite Partei ist im Gegensatz zu der nicht befreiten Partei für Auslagen weder vorschuss- noch vorauszahlungspflichtig. Bei Gebührenfreiheit gilt § 17 dagegen auch für die befreite Partei; § 14 Nr. 2 ist hier nicht anwendbar (→ § 17 Rn 6). Der von einer nicht befreiten Partei gezahlte Auslagenvorschuss ist nach Abs. 5 zurückzuzahlen, wenn die befreite Partei gem. § 29 die Kosten schuldet (→ § 18 Rn 6).[154]

Gemäß § 20 Abs. 6 KostVfg ist ein Vorschuss nach § 17 Abs. 2 nicht zu erheben, wenn eine Gemeinde, ein 55
Gemeindeverband oder eine sonstige Körperschaft des öffentlichen Rechts Kostenschuldner ist. Hierdurch ist auch für das GKG klargestellt, dass die nach den Befreiungsgesetzen der Bundesländer idR nur gebührenbefreiten Gemeinden (→ Rn 27 ff) in bestimmten Fällen auch von der Leistung von Auslagenvorschüssen befreit sind.

4. Übergangsanspruch gem. § 59 RVG. Zur Anwendung von Abs. 5 auf Übergangsansprüche gem. § 59 56
RVG wird auf die Ausführungen in → Rn 7 verwiesen.

5. Streitgenossen. a) Inanspruchnahme nicht befreiter Streitgenossen. Streitgenossen haften gem. § 32 als 57
Gesamtschuldner, wenn die Kosten nicht durch gerichtliche Entscheidung unter sie verteilt sind. Das bedeutet, dass jeder Streitgenosse von der Staatskasse grds. in voller Höhe herangezogen werden kann (→ § 32 Rn 10). Allerdings bestimmt § 8 Abs. 4 KostVfg für den Kostenbeamten die hierbei zu beachtende Vorgehensweise. Danach bestimmt der Kostenbeamte nach pflichtmäßigem Ermessen, ob der geschuldete Betrag von einem Kostenschuldner ganz oder von mehreren nach Kopfteilen angefordert werden soll (§ 8 Abs. 4 S. 1 KostVfg). Dabei kann insbesondere berücksichtigt werden (§ 8 Abs. 4 S. 2 Nr. 1–5 KostVfg),

---

149 BGH NJW-RR 2001, 285; OLG Düsseldorf 20.12.2011 – I-10 W 137/11; OLG Düsseldorf Rpfleger 2011, 446; OLG Brandenburg FamRZ 2011, 1323; OLG Düsseldorf 18.6.2010 – I-4 W 22/10; OLG Naumburg AGS 2008, 407 = JurBüro 2008, 325; OLG Brandenburg AGS 2008, 616; OLG Düsseldorf 25.1.2007 – I-10 W 2/07, juris; OLG Nürnberg NJW-RR 2004, 1007 = MDR 2004, 417; OLG Karlsruhe NJW-RR 2001, 1365 = AGS 2002, 212; OLG Düsseldorf Rpfleger 2001, 87 = AnwBl 2001, 308; OLG Dresden OLG-NL 2001, 168; OLG Braunschweig OLGR 1999, 184 und 215; OLG Schleswig JurBüro 1992, 403 = ZAP Fach 24, S. 235 = SchlHA 1993, 27; OLG Oldenburg NdsRpfl 1989, 295; LG Osnabrück JurBüro 1993, 483. **150** OLG Brandenburg FamRZ 2011, 1323; OLG Brandenburg NJ 2008, 317; OLG Schleswig JurBüro 1981, 403 = SchlHA 1981, 71; LG Düsseldorf KostRsp. GKG § 2 Nr. 18; LG Berlin JurBüro 1963, 799. **151** *Meyer*, GKG § 2 Rn 39. **152** *Meyer*, GKG § 2 Rn 39. **153** KG RVGreport 2008, 439. **154** *Meyer*, GKG § 18 Rn 2.

- welcher Kostenschuldner die Kosten im Verhältnis zu den übrigen endgültig zu tragen hat,
- welcher Verwaltungsaufwand durch die Inanspruchnahme nach Kopfteilen entsteht,
- ob bei einer Verteilung nach Kopfteilen Kleinbeträge oder unter der Vollstreckungsgrenze liegende Beträge anzusetzen wären,
- ob die Kostenschuldner in Haushaltsgemeinschaft leben,
- ob anzunehmen ist, dass einer der Gesamtschuldner nicht zur Zahlung oder nur zu Teilzahlungen in der Lage ist.

58 **b) Befreite und nicht befreite Streitgenossen.** Bei Beteiligung einer kosten- oder gebührenbefreiten Partei entstehen Gerichtskosten (→ Rn 2). Auch auf die Entstehung des Gesamtschuldverhältnisses nach § 32 hat die Befreiung einer Partei keinen Einfluss.[155] Unklar ist, wie sich die Beteiligung von nicht befreiten und befreiten Streitgenossen auf die Inanspruchnahme durch die Staatskasse auswirkt. Nach Abs. 5 sind Kosten nicht zu erheben, *soweit* einer kostenbefreiten Partei Kosten des Verfahrens auferlegt worden sind (§ 29 Nr. 1) oder diese Partei Verfahrenskosten übernimmt (§ 29 Nr. 2). Das bedeutet zunächst, dass die Kostenbefreiung eines Streitgenossen nicht schlechthin dazu führt, dass auch von dem/den nicht befreiten Streitgenossen keine Kosten erhoben werden dürfen.[156] Soweit im Gegensatz dazu vereinzelt die Auffassung vertreten wird, dass bei Vorhandensein eines befreiten Streitgenossen von allen Streitgenossen überhaupt keine Kosten erhoben werden dürfen,[157] weil der Kostenbeamte mit einer etwaigen Feststellung des Innenverhältnisses zwischen den Streitgenossen überfordert wäre, ist dem die Regelung in § 8 Abs. 4 S. 2 Nr. 1 KostVfg entgegenzuhalten. Dort wird von der Kenntnis des Kostenbeamten vom Innenverhältnis ausgegangen.

59 Umstritten ist aber, ob die gesamtschuldnerische Haftung auch bei Beteiligung eines befreiten Streitgenossen in jedem Falle ohne Rücksicht auf das zwischen den Streitgenossen bestehende Innenverhältnis die volle Inanspruchnahme der nicht befreiten Streitgenossen erlaubt.[158] Das wird damit begründet, dass sich befreite Parteien nur gegenüber der Staatskasse auf die Befreiung berufen können. Die Befreiung könne aber nicht Streitgenossen entgegengehalten werden, denen sie aufgrund anderweitiger Rechtsgrundlagen gerade zur Erstattung verpflichtet seien. Zudem sei es fraglich, ob Gerichtskosten überhaupt zu den im Rahmen der im Innenverhältnis der Gesamtschuldner auszugleichenden Vermögensverschiebungen gehörten.[159]

Das KG[160] hat zutreffend entschieden, dass die volle Inanspruchnahme des nicht befreiten Streitgenossen jedenfalls nicht auf § 8 Abs. 4 S. 2 Nr. 5 KostVfg gestützt werden kann. Danach können die gesamten Kosten von einem Gesamtschuldner erhoben werden, wenn der Kostenbeamte annimmt, dass einer der Gesamtschuldner zur Zahlung überhaupt nicht oder nur in Teilbeträgen in der Lage wäre. Die Kosten- oder Gebührenfreiheit eines Streitgenossen kann nicht dem in § 8 Abs. 4 S. 2 Nr. 5 KostVfg geregelten wirtschaftlichen Unvermögen gleichgesetzt werden.

60 Nach wohl **hM** darf die Staatskasse/der Kostenbeamte den nicht befreiten Streitgenossen nur in Höhe der im **Innenverhältnis** der Streitgenossen auf ihn entfallenden Beteiligung in Anspruch nehmen.

Soweit auf das Innenverhältnis abgestellt wird, bestehen allerdings wiederum unterschiedliche Auffassungen dazu, ob von einer **kopfteiligen Haftung** der Streitgenossen entsprechend § 426 Abs. 1 S. 1 BGB auszugehen ist[161] oder ob darüber hinaus etwaige abweichende **gesetzliche** Bestimmungen[162] oder sogar auch **vertragliche** Regelungen[163] zwischen den Streitgenossen zu beachten sind.

Im Regelfall darf im Rahmen des Kostenansatzes eine kopfteilige Haftung der Streitgenossen zugrunde gelegt werden.[164] Die Kenntnis schwieriger materiellrechtlicher Ausgleichsvorschriften durch den Kostenbeamten kann nicht ohne Weiteres angenommen und erwartet werden und würde den Rahmen des Kostenansatzverfahrens sprengen.[165]

60a Wenn auch von der kopfteiligen Haftung abweichende gesetzliche Vorschriften zu beachten sind, hat das zur Folge, dass auch von dem nicht befreiten Streitgenossen keine Gerichtskosten erhoben werden können, wenn der befreite Streitgenosse im Innenverhältnis alle Gerichtskosten zu tragen hat.[166] Hierfür könnte die

---

155 KG RVGreport 2007, 439 = MDR 2007, 986; *Mümmler*, JurBüro 1983, 22; iE auch OLG Oldenburg JurBüro 1993, 482; aA *Kunz*, JurBüro 1983, 15. **156** OLG Jena OLGR 2003, 123; OLG Schleswig SchlHA 1994, 162 = AnwBl 1994, 570; aA AG Eilenburg NJ 1997, 202; *Kunz*, JurBüro 1983, 15. **157** So *Kunz*, JurBüro 1983, 15; abl. *Mümmler*, JurBüro 1983, 22. **158** So OLG Jena OLGR 2003, 123; LG Heidelberg Rpfleger 1972, 266; AG Koblenz JurBüro 2007, 40. **159** OLG Jena OLGR 2003, 123 mwN. **160** KG RVGreport 2007, 439 = MDR 2007, 986. **161** So wohl BGHZ 12, 270 = JurBüro 1955, 28. **162** OLG Karlsruhe OLGR 2003, 13 (wenn sich der Ausgleichsanspruch ohne schwierige rechtliche Prüfung beurteilen lässt); OLG Bremen 6.10.1978 – 3 U 12/78, juris (Beachtung von zwingenden gesetzlichen Ausgleichsvorschriften); LG Lübeck JurBüro 1989, 1560. **163** Abl. OLG Oldenburg JurBüro 1993, 482; OLG Schleswig SchlHA 1994, 162 = AnwBl 1994, 570; offengelassen: OLG Bremen 6.10.1978 – 3 U 12/78, juris. **164** BGHZ 12, 270 = JurBüro 1955, 28; OLG Karlsruhe OLGR 2003, 13; OLG Schleswig SchlHA 1994, 162 = AnwB 1994, 570. **165** OLG Karlsruhe OLGR 2003, 13; iE wohl auch OLG Schleswig SchlHA 1994, 162 = AnwBl 1994, 570. **166** OLG Köln MDR 1978, 678 = JurBüro 1978, 888; KG MDR 1973, 418; LG Bayreuth JurBüro 1986, 413; AG Eschwege ZAP Fach 24, S. 1147; *Oestreich/Hellstab/Trenkle*, FamGKG § 2 Rn 28.

frühere Regelung in § 13 KostO sprechen,[167] wobei insoweit allerdings umstritten war, ob die nach § 426 Abs. 1 BGB bestehende Ausgleichungspflicht von Gesamtschuldnern überhaupt von § 13 KostO erfasst wurde.[168]

c) Auswirkung auf die Haftung von befreiten und nicht befreiten Streitgenossen nach § 22 Abs. 1 S. 1. Abs. 5 gilt zwar nur für die Fälle der Kostenauferlegung (§ 29 Nr. 1) bzw der Kostenübernahme (§ 29 Nr. 2). Die Bestimmung greift deshalb unmittelbar nicht ein, wenn Antragstellerhaftung nach § 22 Abs. 1 S. 1 besteht. Sind mehrere gesamtschuldnerisch als Streitgenossen haftende Kläger vorhanden, von denen einer kosten- oder gebührenbefreit ist, können im Rahmen der Anforderung von fälligen Kosten von den nicht befreiten Klägern jedoch nur die im Innenverhältnis auf sie entfallenen Kosten erhoben werden.[169] Da dem Kostenbeamten im Regelfall zum Zeitpunkt der Anforderung von den Klägern keine Anhaltspunkte für das Innenverhältnis vorliegen werden, kann er von kopfteiliger Haftung ausgehen. **61**

Bei gesamtschuldnerischer Haftung (§ 27) der mehreren Kläger hätte der nicht befreite Kläger bei Zahlung der Kosten sonst im Innenverhältnis einen Ausgleichsanspruch gegen den befreiten Kläger, wodurch dessen Befreiung umgangen würde. Für die Richtigkeit dieses Ergebnisses spricht auch die frühere Regelung in § 13 KostO,[170] wobei insoweit allerdings umstritten war, ob die nach § 426 Abs. 1 BGB bestehende Ausgleichungspflicht von Gesamtschuldnern von § 13 KostO erfasst wurde.[171] **62**

§ 3 Höhe der Kosten

(1) Die Gebühren richten sich nach dem Wert des Streitgegenstands (Streitwert), soweit nichts anderes bestimmt ist.

(2) Kosten werden nach dem Kostenverzeichnis der Anlage 1 zu diesem Gesetz erhoben.

I. Allgemeines

Abs. 1 enthält den Grundsatz der Gebührenberechnung. Danach bestimmen sich die Gebühren grds. nach dem Wert des Streitgegenstands (**Streitwert**; → Rn 8 ff), soweit nichts anderes bestimmt ist (→ Rn 5 ff). Gemeint ist damit der **Gebührenstreitwert** nach den Vorschriften des GKG. Die Abrechnung nach Wertgebühren ist daher der Regelfall. Dies gilt sowohl für Verfahrensgebühren als auch für Entscheidungsgebühren. Auch die Verzögerungsgebühr nach § 38 und die Vergleichsgebühr sind als Wertgebühr ausgestaltet. Die Regelung wertabhängiger Gebühren ist verfassungsgemäß.[1] **1**

Abs. 2 bestimmt, dass sich die in einem gerichtlichen Verfahren anfallenden Kosten, also Gebühren und Auslagen (§ 1 Abs. 1 S. 1), nach der Anlage 1 zu diesem Gesetz, dem Kostenverzeichnis (KV), richten. Darin sind sämtliche Gebühren (Teile 1–8 KV) und Auslagen (Teil 9 KV) abschließend geregelt. Eine erweiternde Analogie ist unzulässig. **2**

II. Grundsatz der Wertgebühren (Abs. 1)

Die Höhe einer jeweiligen Gebühr wiederum ergibt sich aus § 34 und der Tabelle in Anlage 2 zu diesem Gesetz (§ 34 Abs. 1 S. 3). Je nach Gebührensatz, der im Kostenverzeichnis vorgesehen ist, wird der Tabellenbetrag einer vollen Gebühr nach § 34 Abs. 1 mit dem entsprechenden Dezimalsatz multipliziert. Der **Mindestbetrag** einer Gebühr beläuft sich auf 15 € (§ 34 Abs. 2). **3**

Ergänzende Vorschriften für den Fall, dass nur Teile des Verfahrensgegenstands betroffen sind, enthält § 36. **4**

III. Anderweitige Bestimmungen (Abs. 1 aE)

„Etwas anderes" iSd Abs. 1 aE bestimmt das Kostenverzeichnis in zahlreichen Fällen, in denen wertunabhängige **Festgebühren** erhoben werden, insb. in Beschwerdeverfahren, in der Zwangsvollstreckung und in Straf- und Bußgeldsachen. **5**

„Etwas anderes" ist auch für die **Vergleichsgebühren** nach Nr. 1900, 5600, 7600 KV geregelt. Auch diese Gebühren sind zwar wertabhängig; sie richten sich jedoch nicht nach dem Streitwert, da ein Vergleich über **6**

167 Vgl KG RVGreport 2007, 439 = MDR 2007, 986. **168** Dafür: OLG Karlsruhe FGPrax 2006, 179 = JurBüro 2006, 490; BayObLG NJW-RR 2003, 358; *Rohs/Wedewer*, KostO, § 13 Rn 5. Dagegen: OLG Köln Rpfleger 1987, 129 = JurBüro 1987, 1208; LG Berlin Rpfleger 1998, 542 = NJW-RR 1999, 512; *Korintenberg/Lappe*, KostO, § 13 Rn 2 ff. **169** BGHZ 12, 270 = JurBüro 1955, 28; KG RVGreport 2007, 439 = MDR 2007, 986; LG Münster JurBüro 1985, 1064. **170** Vgl KG RVGreport 2007, 439 = MDR 2007, 986. **171** Dafür: OLG Karlsruhe FGPrax 2006, 179 = JurBüro 2006, 490; BayObLG NJW-RR 2003, 358; *Rohs/Wedewer*, KostO, § 13 Rn 5. Dagegen: OLG Köln Rpfleger 1987, 129 = JurBüro 1987, 1208; LG Berlin Rpfleger 1998, 542 = NJW-RR 1999, 512; *Korintenberg/Lappe*, KostO, § 13 Rn 2 ff. **1** BVerfGE NJW 2007, 2032 = Rpfleger 2007, 427.

Gegenstände, die bereits beim Streitwert erfasst sind, keine Gebühren auslöst, sondern durch die Gebühr für das Verfahren im Allgemeinen mit abgegolten wird. Bei einem Vergleich wird eine Gebühr nach Nr. 1900, 5600, 7600 KV nur dann ausgelöst, wenn er einen **Mehrwert** enthält, soweit er also über Gegenstände geschlossen wird, die nicht bereits schon Gegenstand eines gerichtlichen Verfahrens sind. Daher wird hier nicht auf den Streitwert, sondern auf den **Vergleichs(mehr)wert** abgestellt, also auf den Wert des Vergleichsgegenstands, soweit der Vergleich über nicht gerichtlich anhängige Gegenstände geschlossen wird. Zu Einzelheiten wird auf die Erl. zu Nr. 1900 KV verwiesen.

7   Anderweitige Bestimmungen finden sich darüber hinaus noch in **Straf- und Bußgeldsachen** (Nr. 3117, 4110 KV). Hier wird ein prozentualer Anteil der Geldbuße erhoben (10 %).

IV. Streitwert (Abs. 1)

8   Nach der Legaldefinition in Abs. 1 richtet sich der Streitwert nach dem **Wert des Streitgegenstands**. Der **Streitgegenstand** wiederum ist der prozessrechtliche Anspruch, der vom Antragsteller aufgrund eines bestimmten Sachverhalts geltend gemacht wird. Ebenso wie beim Begriff des Streitgegenstands nach der ZPO und den übrigen Verfahrensordnungen wird auch hier der Streitgegenstand durch Sachverhalt und Antrag konkretisiert. In Verfahren, die von Amts wegen eingeleitet werden, ist mangels Antrags auf die Entschließung des Gerichts abzustellen, inwieweit es sich mit der jeweiligen Sache befassen will.

9   Wie der Streitwert zu berechnen ist, ergibt sich zum einen aus den besonderen Wertvorschriften der §§ 48–60 und zum anderen aus den ergänzenden allgemeinen Wertvorschriften der §§ 39–47.

10   Begrenzt wird der Streitwert nach § 39 Abs. 2 auf **höchstens 30 Mio. €**. Daneben finden sich in den Wertvorschriften der §§ 48–60 zum Teil noch besondere Wertbegrenzungen.

11   Die Werte **mehrerer Streitgegenstände** werden grds. zusammengerechnet (§ 39 Abs. 1 S. 1), es sei denn, es besteht wirtschaftliche Identität oder es liegt eine gesetzlich geregelte Ausnahme vor, etwa

- bei Zusammentreffen eines nichtvermögensrechtlichen Gegenstands mit einem daraus hergeleiteten vermögensrechtlichen Anspruch (§ 36 Abs. 1 S. 2),
- bei einem Stufenantrag (§ 44),
- im Falle des § 43 (Früchte, Nutzungen, Zinsen und Kosten als Nebenforderungen),
- bei Klage und Widerklage oder Haupt- und Hilfsantrag betreffend denselben Gegenstand (§ 45 Abs. 1 S. 3).

12   Die verschiedenen Gegenstände müssen nicht zeitgleich anhängig sein. Der Streitwert richtet sich vielmehr nach der Summe aller Forderungen, die im Laufe des Verfahrens Gegenstand waren.[2]

13   **Beispiel:** Der Anwalt erhält den Auftrag, Mieten iHv jeweils 1.500 € für die Monate Januar, Februar und März einzuklagen. Im Verfahren stellt sich heraus, dass die Beträge für Januar und Februar bereits gezahlt waren, so dass insoweit die Klage zurückgenommen wird. Wegen zwischenzeitlich weiterer Rückstände für April und Mai wird die Klage erweitert.

Der (Gebühren-)Streitwert nach § 3 beläuft sich auf 7.500 €, da im Verlauf des Verfahrens insgesamt fünf Mieten zu jeweils 1.500 € anhängig waren. Darauf, dass nie mehr als drei Beträge iHv insgesamt 4.500 € zeitgleich anhängig waren, kommt es nicht an. Das spielt nur für den Zuständigkeitsstreitwert eine Rolle, der nie über 4.500 € gelegen war.

14   Von dem Streitwert zu unterscheiden ist der **Vergleichswert**, genauer gesagt, der **Mehrwert eines Vergleichs**. Für die Gebühr der Nr. 1900, 5600, 7600 KV kommt es nur auf den Wert des Vergleichsgegenstands an, soweit er nicht gerichtlich anhängige Gegenstände betrifft. Zu Einzelheiten wird auf die Erl. zu Nr. 1900 KV verwiesen.

15   Vom (Gebühren-)Streitwert des Abs. 1 zu unterscheiden ist ferner der **Zuständigkeitsstreitwert** nach den §§ 3 ff ZPO. Die Werte können identisch sein, insb. wenn § 48 Abs. 1 S. 1 auf die Vorschriften der ZPO über den Zuständigkeitsstreitwert verweist. Die Werte können aber auch erheblich abweichen. So gilt zB die Begrenzung auf den Jahresmietwert in Räumungsprozessen (§ 41 Abs. 1 und 2) nicht auch für den Zuständigkeitsstreitwert, der sich nach dem dreieinhalbfachen Bezug richtet (§§ 8, 9 ZPO). Gleiches gilt für Klagen auf Mieterhöhung oder Renovierung (§ 41 Abs. 5). So wird bei Haupt- und Hilfsantrag für den Zuständigkeitsstreitwert nach der ZPO immer auf den höheren Wert abgestellt (§ 5 ZPO),[3] beim Gebührenstreitwert nach dem GKG gilt jedoch zunächst nur der Hauptantrag; der Wert des Hilfsantrags wird nur hinzugerechnet, wenn darüber auch entschieden wird (§ 45 Abs. 1 S. 2). Umgekehrt werden die Werte für

---

2 OLG Koblenz AGS 2007, 151 = MietRB 2006, 268; OLG Hamm OLGR 2007, 324; KG AGS 2008, 188; OLG Celle AGS 2008, 466 = OLGR 2008, 630; OLG Celle AGS 2015, 453 = NJW-Spezial 2015, 605; LAG Baden-Württemberg AGS 2014, 562 = ArbR 2014, 625; s. auch AnwK-RVG/N. *Schneider*, § 22 Rn 10; aA OLG Dresden OLGR 2007, 470 = JurBüro 2007, 315; OLG Düsseldorf AGS 2011, 86 = JurBüro 2010, 648. **3** Zöller/*Herget*, ZPO, § 5 Rn 4.

Gericht die Beschwerde zugelassen hat. U.U. kommt auch hier eine weitere Beschwerde in Betracht (§ 66 Abs. 4). Darüber hinaus kann der Kostenansatz bei Anordnung einer Vorauszahlung auch mit der Beschwerde nach § 67 angegriffen werden.

§ 4 Verweisungen

(1) Verweist ein erstinstanzliches Gericht oder ein Rechtsmittelgericht ein Verfahren an ein erstinstanzliches Gericht desselben oder eines anderen Zweiges der Gerichtsbarkeit, ist das frühere erstinstanzliche Verfahren als Teil des Verfahrens vor dem übernehmenden Gericht zu behandeln.

(2) [1]Mehrkosten, die durch Anrufung eines Gerichts entstehen, zu dem der Rechtsweg nicht gegeben oder das für das Verfahren nicht zuständig ist, werden nur dann erhoben, wenn die Anrufung auf verschuldeter Unkenntnis der tatsächlichen oder rechtlichen Verhältnisse beruht. [2]Die Entscheidung trifft das Gericht, an das verwiesen worden ist.

I. Allgemeines

1   In Abs. 1 ist die Kostenberechnung bei **Verweisung** eines Verfahrens durch ein erstinstanzliches Gericht oder ein Rechtsmittelgericht an ein anderes erstinstanzliches Gericht geregelt. Nicht erfasst werden die Fälle der Zurückverweisung. Diese richten sich nach § 37 Abs. 1, der allerdings die gleiche Rechtsfolge anordnet.

2   Die formlose **Abgabe** an ein anderes Gericht ist – im Gegensatz zum FamGKG (§ 6 Abs. 1 S. 1 FamGKG) und zum GNotKG (§ 5 Abs. 1 S. 1 GNotKG) – nicht ausdrücklich geregelt. Insoweit gilt aber auch nach dem GKG nichts anderes als bei einer Verweisung, da die Gerichtsgebühr bereits mit Eingang anfällt.

3   Weshalb es zur Verweisung gekommen ist, ist für die Anwendung des § 4 unerheblich. Die Vorschrift gilt sowohl für Fälle der Verweisung wegen **örtlicher** als auch wegen **sachlicher** Unzuständigkeit oder wegen Anrufung eines Gerichts im **unzuständigen Rechtsweg**.

4   In Ergänzung zu Abs. 1 regelt Abs. 2 als Sonderfall des § 21, dass **Mehrkosten**, die durch die Anrufung des unzuständigen Gerichts entstanden sind, nur dann erhoben werden, wenn die Anrufung auf verschuldeter Unkenntnis der tatsächlichen oder rechtlichen Verhältnisse beruhte (Abs. 2 S. 1). Mehrkostenschuldner ist dann immer der jeweilige Antragsteller (§ 22 Abs. 1 S. 2). Die Entscheidung hierüber trifft das Empfangsgericht (Abs. 2 S. 2).

II. Die Verweisungsfälle

5   **1. Überblick.** Das GKG kennt, ebenso wie die anderen Kostengesetze, drei Arten von Verweisungen:

- die sog. **Vertikalverweisung**; das ist die Verweisung an ein anderes Gericht derselben Instanz, wobei unerheblich ist, ob es einer anderen Gerichtsbarkeit angehört; geregelt in **Abs. 1, 1. Alt.**;
- die sog. **Horizontalverweisung**; das ist die Zurückverweisung an das vorinstanzliche Gericht nach Aufhebung seiner Entscheidung zur erneuten Entscheidung unter Beachtung der Rechtsauffassung des Rechtsmittelgerichts; geregelt in § 37;
- die **Diagonalverweisung**; das ist die Aufhebung einer vorinstanzlichen Entscheidung durch ein Rechtsmittelgericht und die Verweisung an ein anderes erstinstanzliches Gericht, ggf auch einer anderen Gerichtsbarkeit; geregelt in **Abs. 1, 2. Alt.**

6   Übersicht: Verweisungen

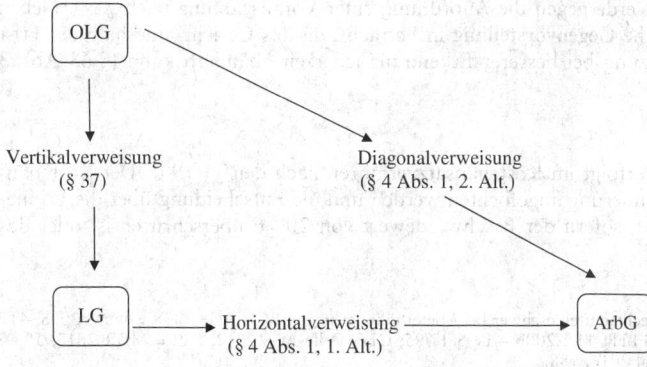

Klage und Widerklage nach § 45 Abs. 1 für den Gebührenstreitwert zusammengerechnet, nicht aber für den Zuständigkeitsstreitwert (§ 5 S. 2 ZPO).

Zu unterscheiden ist ferner der **Wert des Beschwerdegegenstands**, also der Wert, der für die Zulässigkeit 16 eines Rechtsmittels von Bedeutung ist (zB §§ 511 Abs. 2 Nr. 2, 567 Abs. 2 ZPO; § 144 SGG u.a.). Auch der Wert des Beschwerdegegenstands muss nicht mit dem Gebührenstreitwert übereinstimmen.[4]

Der Streitwert nach dem GKG ist grds. auch für die **Gebühren des Rechtsanwalts** maßgebend. Der Gegen- 17 standswert der anwaltlichen Tätigkeit bestimmt sich in gerichtlichen Verfahren, in denen die Gerichtsge-bühren nach dem Wert erhoben werden, nach den für die gerichtlichen Gebühren geltenden Werten (§ 23 Abs. 1 S. 1 RVG). Insoweit besteht sogar eine Bindungswirkung für den Anwalt (§ 32 Abs. 1 RVG). Die Werte gelten entsprechend, wenn im gerichtlichen Verfahren keine Gebühren erhoben werden oder Festge-bühren entstehen (§ 23 Abs. 1 S. 2 RVG). Die Streitwerte nach dem GKG gelten sogar für die außergericht-liche Tätigkeit des Anwalts, wenn sie Gegenstand eines entsprechenden gerichtlichen Verfahrens sein könn-te (§ 23 Abs. 1 S. 3 RVG).

Der Streitwert nach dem GKG muss aber nicht immer mit dem Gegenstandswert der anwaltlichen Tätigkeit 18 übereinstimmen. Es können sich auch Abweichungen ergeben, etwa bei Hilfsanträgen und Hilfsaufrech-nungen nach § 45 (str) oder auch dann, wenn der Anwalt mit weitergehenden Angelegenheiten beauftragt worden ist, die nicht gerichtlich anhängig geworden sind (Verhandlungen über weitergehende Gegenstän-de), oder der Anwalt nur hinsichtlich eines Teils der gerichtlich anhängigen Gegenstände beauftragt worden ist, etwa wenn er nur einen von mehreren Beklagten vertritt.

V. Erhebung der Kosten (Abs. 2)

Gemäß Abs. 2 werden Kosten in Angelegenheiten des § 1 nach dem Kostenverzeichnis (Anlage 1) erhoben. 19 Die Legaldefinition der **Kosten** findet sich in § 1 Abs. 1 S. 1 und erfasst Gebühren und Auslagen.

Vorgesehen sind bei den Wertgebühren grds. **(Verfahrens-)Gebühren**, die für das gesamte Verfahren im All- 20 gemeinen erhoben werden (zB Nr. 1210 KV). Darüber hinaus werden **Entscheidungsgebühren** erhoben, also solche Gebühren, die nur im Falle einer gerichtlichen Entscheidung anfallen (zB Nr. 2210 KV). Daneben kennt das Gesetz noch die **Verzögerungsgebühr** (§ 38), die ebenfalls nach dem Wert berechnet wird, sowie die **Vergleichsgebühren** (zB Nr. 1900 KV), die sich allerdings nach dem Vergleichsmehrwert berechnen (→ Rn 14).

VI. Analogieverbot

Sowohl hinsichtlich der Gebühren (Teil 1 KV) als auch hinsichtlich der Auslagen (Teil 2 KV) ist die Auflis- 21 tung im Kostenverzeichnis **abschließend**. Soweit für bestimmte Verfahren, Handlungen, Entscheidungen o.Ä. keine Gebühren und Auslagen vorgesehen sind, ist das Verfahren kostenfrei. Eine Analogie zu Lasten eines Verfahrensbeteiligten ist unzulässig.

So darf zB in isolierten Räumungsfristverfahren keine Gebühr erhoben werden, weil das GKG eine Gebühr 22 hierfür nicht vorsieht. Gleiches gilt zB für eine Gehörsrüge nach § 69 a GKG[5] oder § 12 a RVG.

VII. Festsetzung des Streitwerts

Die Festsetzung des Streitwerts erfolgt im Verfahren nach § 63. Das Gericht muss den Streitwert **von Amts** 23 **wegen** festsetzen, wenn Gerichtsgebühren nach dem Wert erhoben werden. Es kann eine Festsetzung von Amts wegen oder auf Antrag innerhalb der Frist des § 63 Abs. 3 S. 2 jederzeit abändern (§ 63 Abs. 3 S. 1).

Die Wertfestsetzung kann nach § 68 mit der **Beschwerde** und ggf mit der weiteren Beschwerde angefochten 24 werden oder inzidenter mit der Beschwerde gegen die Anordnung einer Vorauszahlung nach § 67. Neben der Beschwerde kommt auch immer eine **Gegenvorstellung** in Betracht, da das Gericht innerhalb der Frist des § 63 Abs. 3 S. 2 seine Wertfestsetzung bei besserer Erkenntnis jederzeit abändern kann (§ 63 Abs. 3 S. 1).

VIII. Festsetzung der Kosten

Die Festsetzung der Kosten wiederum erfolgt im Kostenansatzverfahren nach den §§ 19 ff. Der Kostenan- 25 satz kann nach § 66 Abs. 1 mit der Erinnerung angefochten werden und die Entscheidung über die Erinne-rung mit der Beschwerde (§ 66 Abs. 2), sofern der Beschwerdewert von 200 € überschritten ist oder das

---

4 BGH AGS 2004, 489 = NZM 2004, 617 (Rechtsmittelbeschwer bei Mieterhöhungsklage); BGH AGS 2008 = WuM 2008, 417 (Rechtsmittelbeschwer bei Räumungsklage). **5** BFH 11.1.2006 – IV S 17/05; OLG Celle AGS 2012, 529 = MDR 2012, 1067; LG Saarbrücken AGS 2016, 180 = NJW-Spezial 2016, 188.

2. Verweisung und Abgabe durch ein erstinstanzliches Gericht (Abs. 1, 1. Alt.). Abs. 1 erfasst nur die Fälle, 7
in denen ein Verfahren an ein erstinstanzliches Gericht derselben oder einer anderen Gerichtsbarkeit verwiesen wird. Erfasst wird daher nicht die Zurückverweisung, wenn das Rechtsmittelgericht die Entscheidung der Vorinstanz aufhebt und die Sache zur erneuten Verhandlung und Entscheidung an die Vorinstanz
zurückverweist; in diesem Fall gilt § 37.

Unerheblich ist, ob das Verfahren förmlich verwiesen oder ob die Sache formlos abgegeben worden ist. Die 8
Rechtsfolgen sind stets dieselben.

Anwendbar ist § 4 – wie sich aus seiner Stellung im GKG ergibt – nur dann, wenn das erstinstanzliche Ge- 9
richt, an das abgegeben oder verwiesen worden ist, also das Empfangsgericht, ein Gericht ist, vor dem die
Gerichtsgebühren nach dem GKG abgerechnet werden. Von welchem Gericht verwiesen wird, ist dagegen
unerheblich.

Beispiele: 10
1. Es wird vom FamG oder vom Nachlassgericht an ein Zivilgericht verwiesen. – Lösung: Es gilt § 4.
2. Es wird vom Zivilgericht an das FamG oder das Nachlassgericht verwiesen. – Lösung: Es gilt § 4 FamGKG bei
   Verweisung an das FamG und § 5 GNotKG bei Verweisung an das Nachlassgericht.

Erfasst werden zum einen alle Fälle der Verweisung an ein gleiches Gericht mit anderer örtlicher Zuständig- 11
keit.

Darüber hinaus werden die Fälle der Verweisung an ein Gericht mit anderer sachlicher Zuständigkeit er- 12
fasst, also insb. Verweisungen vom AG an das LG oder umgekehrt.

Auch Verweisungsfälle zwischen den Gerichtsbarkeiten (jeweils in beide Richtungen) – ArbG–ZivilG; VG– 13
ZivilG; SG–VG; SG–ZivilG; FG–VG; FG–SG – fallen in den Anwendungsbereich der Vorschrift.

Darüber hinaus werden alle Fälle erfasst, in denen ein Gericht, für das das GKG nicht gilt, an ein Gericht 14
verweist, für das nach dem GKG abzurechnen ist, also insb. bei Verweisungen von einem Familiengericht
oder einem Gericht der freiwilligen Gerichtsbarkeit.

Schließlich ist § 4 auch anzuwenden, wenn aufgrund besonderer Zuständigkeiten verwiesen wird. 15

Beispiel: Während der Anhängigkeit eines Berufungsverfahrens reicht der Antragsteller beim AG den Antrag auf 16
Erlass einer einstweiligen Verfügung ein und übersieht dabei, dass das LG als Gericht der Hauptsache zuständig
ist (§ 942 ZPO), so dass die Sache an das OLG abgegeben oder verwiesen wird.

Eine „Verweisung" oder „Abgabe" aufgrund der **Geschäftsverteilung** des Gerichts fällt nicht unter Abs. 1, 17
da dasselbe Gericht zuständig bleibt. Abgesehen davon kann eine Verweisung oder Abgabe innerhalb des
Gerichts keinen Einfluss auf die Abrechnung der Gerichtskosten haben.

3. Verweisung und Abgabe durch ein Rechtsmittelgericht an ein erstinstanzliches Gericht (Abs. 1, 18
2. Alt.). Abs. 1, 2. Alt. erfasst die Fälle, in denen das Rechtsmittelgericht eine Entscheidung der Vorinstanz
aufhebt und die Sache dann an ein anderes erstinstanzliches Gericht verweist (**Diagonalverweisung**). Verweist es an die Vorinstanz zur erneuten Entscheidung zurück (Horizontalverweisung), liegt kein Fall des § 4
vor, sondern ein Fall des § 37, der allerdings zur selben Rechtsfolge führt.

4. Verweisung und Abgabe durch ein Rechtsmittelgericht an ein anderes Rechtsmittelgericht. Der Fall, dass 19
ein Rechtsmittelgericht die Sache an ein anderes Rechtsmittelgericht abgibt oder verweist, fehlt im Gesetz.
Hier dürfte § 4 analog anzuwenden sein.

Beispiel: Gegen das Urteil des AG legt der Anwalt Berufung zum LG A ein. Zuständig ist jedoch das LG B. Das 20
LG A gibt daraufhin die Sache an das LG B ab.

III. Berechnung als ein Verfahren

1. Überblick. Liegt ein Fall des Abs. 1 vor, gilt das frühere erstinstanzliche Verfahren als Teil des Verfah- 21
rens vor dem übernehmenden Gericht. Es liegt also kostenrechtlich nur ein einziges Verfahren vor, obwohl
dieses vor mehreren Gerichten stattgefunden hat. Dies hat zur Folge, dass
- die Gebühren nach § 35 nur einmal erhoben werden dürfen und
- sich die Gerichtsgebühren nach den Vorschriften des Empfangsgerichts richten.

2. Ein Verfahren. Aus Abs. 1 folgt ausdrücklich, dass im Falle einer einfachen Verweisung das Verfahren 22
vor dem abgebenden Gericht und das Verfahren vor dem Empfangsgericht nur **ein einziges kostenrechtli-**
ches Verfahren darstellen. Die Gebühren können gem. § 35 daher nur einmal anfallen.

Bedeutung hat diese Vorschrift insb., wenn vor dem Empfangsgericht geringere Gebühren anfallen; dann 23
gelten nur die geringeren Gebühren vor dem Empfangsgericht; oder wenn vor dem Empfangsgericht eine
andere Wertberechnung gilt.

24 **Beispiel:** Eine vermeintliche Ehewohnungssache wird vom FamG an das LG abgegeben. – Lösung: Es gilt jetzt nicht der privilegierte Wert des § 48 Abs. 1 FamGKG, sondern der objektive Mietwert nach § 48 Abs. 1 S. 1 GKG iVm §§ 3, 6 ZPO.

25 Bedeutung hat die Einheit des Verfahrens auch für den **Zeitpunkt der Wertberechnung**. Gemäß § 40 kommt es nicht auf den Eingang des Antrags beim Empfangsgericht an. Vielmehr bleibt der ursprüngliche Antragseingang beim unzuständigen Gericht maßgebend. Dies hat insb. im Falle von wiederkehrenden Leistungen Bedeutung, da hier die bei Einreichung fälligen Beträge werterhöhend wirken. Auch bei Gegenständen, die Wert- oder Kursschwankungen unterliegen oder in denen auf die Umstände des Einzelfalls abgestellt wird, ist der Zeitpunkt der Einreichung beim verweisenden oder abgebenden Gericht maßgebend.

26 **3. Kostenansatz.** Da Abs. 1 nicht nur regelt, dass es sich bei dem Verfahren vor dem verweisenden und vor dem empfangenden Gericht um eine einzige kostenrechtliche Angelegenheit handelt, sondern darüber hinaus auch klarstellt, dass das Verfahren vor dem abgebenden Gericht Teil des Verfahrens vor dem Empfangsgericht ist, folgt daraus, dass sich die Gerichtskosten nach den Vorschriften richten, die für ein Verfahren vor dem Empfangsgericht gelten. Da Abs. 1 nur den Fall erfasst, dass an ein Gericht im Anwendungsbereich des GKG verwiesen wird, gilt also für das gesamte Verfahren das GKG. Eine Aufteilung nach Verfahrensteilen ist unzulässig.

27 Fallen vor dem Empfangsgericht geringere Gerichtsgebühren an, sind diese maßgebend. Soweit bereits höhere Gebühren vor dem Ausgangsgericht vorausgezahlt worden sind, müssen diese zurückerstattet werden.

28 **Beispiel:** Beim LG wird eine Klage auf Herausgabe bestimmter Haushaltsgegenstände eingereicht. Dort wird zunächst eine 3,0-Gerichtsgebühr nach Nr. 1210 KV erhoben. Das LG verweist die Sache anschließend an das zuständige FamG. – Lösung: Dort fällt für das Verfahren nach Nr. 1320 KV FamGKG nur eine Gebühr iHv 2,0 an.
Für das gesamte Verfahren darf daher, vorbehaltlich einer Ermäßigung (Nr. 1321 KV FamGKG), nur eine 2,0-Gebühr erhoben werden. Soweit vor dem LG bereits eine 3,0-Gebühr vorausgezahlt worden ist, muss eine 1,0-Gebühr zurückerstattet werden.

29 Sofern das GKG **höhere Gebühren** vorsieht als ein Verfahren vor dem Abgabegericht, kann insoweit eine weitere Vorauszahlung oder ein weiterer Vorschuss gefordert werden.

30 **Beispiel:** Beim FamG wird ein vermeintlicher Antrag auf Herausgabe einer Ehewohnung eingereicht. Dort wird zunächst eine 2,0-Gerichtsgebühr nach Nr. 1320 KV erhoben. Das FamG verweist sodann die Sache an das zuständige LG. – Lösung: Dort fällt für das Verfahren eine Gebühr nach Nr. 1210 KV iHv 3,0 an, so dass insoweit eine 1,0-Gebühr nachzuerheben ist.

31 Soweit die Höhe der Gerichtskosten **gleichbleibt,** kann weder eine Nachentrichtung noch eine Rückerstattung beansprucht werden.

32 Unerheblich ist insoweit auch, ob das verweisende Gericht einem **anderen Bundesland** angehört als das Empfangsgericht. Dies führt dann zwar dazu, dass ggf Gerichtskosten, die an eine andere Landeskasse gezahlt worden sind, der Landeskasse des empfangenden Gerichts entgehen oder dass sogar das Empfangsgericht Mehrkosten zurückerstatten muss, die die Landeskasse des verweisenden Gerichts vereinnahmt hat; ein Ausgleich der Länder untereinander findet insoweit jedoch nicht statt.

33 **4. Mehrkosten (Abs. 2).** Soweit durch die Anrufung eines unzuständigen Gerichts Mehrkosten angefallen sind, können diese Mehrkosten gem. Abs. 2 S. 1 dem Antragsteller (§ 22 Abs. 1 S. 1) auferlegt werden, unabhängig davon, wer die sonstigen Kosten des Verfahrens zu tragen hat. Voraussetzung dafür ist allerdings, dass die Anrufung des unzuständigen Gerichts auf **verschuldeter Unkenntnis der tatsächlichen oder rechtlichen Verhältnisse** beruhte (**Abs. 2 S. 1**). Dies gilt selbstverständlich auch dann, wenn vorsätzlich das unzuständige Gericht angerufen worden ist, etwa um einen früheren Eintritt der Rechtshängigkeit zu erreichen.

34 Mehrkosten können idR jedoch nicht anfallen, da die Gerichtsgebühren einheitlich für das gesamte Verfahren nach dem GKG berechnet werden und ein Verweisungsbeschluss oder eine Abgabe keine Gerichtskosten auslösen. Lediglich **Auslagen** können daher als Mehrkosten in Betracht kommen.

35 Von Abs. 2 erfasst werden u.U. auch die Kosten eines Rechtsmittelverfahrens, wenn die Unzuständigkeit des erstinstanzlichen Gerichts erst im Rechtsmittelverfahren bemerkt wird.[1]

36 Die Entscheidung darüber, ob dem Antragsteller eventuell angefallene Mehrkosten aufzuerlegen sind, trifft das Empfangsgericht (**Abs. 2 S. 2**). Das Gericht kann auf Anregung oder auch von Amts wegen entscheiden. Es hat vorher dem Antragsteller rechtliches Gehör zu gewähren. Die Entscheidung ist mit den Rechtsbehelfen und Rechtsmitteln des § 66 anfechtbar.

---

[1] OLG München Rpfleger 1957, 356; KG JurBüro 1962, 34; *Meyer,* GKG § 4 Rn 9; *Hartmann,* KostG, § 4 GKG Rn 12.

IV. Verfahrenstrennung

Wird aus einem Verfahren ein Teil abgetrennt und als gesondertes Verfahren fortgeführt, fehlt eine gesetzliche Regelung. Die Fälle der Verfahrenstrennung sind gesetzlich – auch anderweitig – nicht geregelt. 37

Hier wird entsprechend § 4 von Folgendem auszugehen sein: Mit der Abtrennung wird das abgetrennte 38 Verfahren zu einem selbständigen Verfahren, das dann auch gesonderte Gerichtskosten auslöst. Auch hier wird man aber davon ausgehen müssen, dass das abgetrennte Verfahren und das Verfahren vor Trennung, soweit es den abgetrennten Gegenstand betrifft, als ein Verfahren zu behandeln sind.

Beispiel: Geklagt wird auf Räumung (Wert: 6.000 €) und Zahlung iHv 4.000 €. Das AG trennt die Zahlungsklage 39 ab.

Angefallen ist zunächst eine 3,0-Gebühr aus dem Wert von 10.000 € (Nr. 1210 KV), die vorauszuzahlen war. Im abgetrennten Verfahren fällt ebenfalls eine 3,0-Gebühr (Nr. 1210 KV) aus dem Wert von 4.000 € an. Da das Verfahren vor Trennung insoweit als Teil des Verfahrens nach der Trennung gilt, ist die bereits eingezahlte Gebühr anzurechnen, soweit sie eine Gebühr aus dem verbleibenden Betrag übersteigt.

Für das ursprüngliche Verfahren sind die Gerichtsgebühren lediglich aus dem verbliebenen Wert von 6.000 € zu berechnen, so dass sich eine Überzahlung ergibt iHv

3,0-Gebühr, Nr. 1210 KV (Wert: 6.000 €)	495,00 €
abzgl. Zahlung	– 723,00 €
Überschuss	**– 228,00 €**

Für das abgetrennte Verfahren fallen an Gerichtsgebühren an:

3,0-Gebühr, Nr. 1210 KV (Wert: 4.000 €)	381,00 €
Hierauf ist die Überzahlung anzurechnen	– 228,00 €
somit sind noch zu erheben restliche	**153,00 €**

V. Teilverweisung

Wird nur teilweise verwiesen, dann geht der Teilverweisung eine Verfahrenstrennung voraus, da nur das 40 abgetrennte Verfahren verwiesen werden kann. Es ist dann abzurechnen wie bei einer gewöhnlichen Verfahrenstrennung (→ Rn 37 ff), lediglich mit der Besonderheit, dass die Kosten des abgetrennten Verfahrens jetzt vom Empfangsgericht angesetzt werden.

Beispiel: Vor dem AG wird auch auf Zahlung rückständiger Mieten (4.000 €) und eines Darlehens iHv 6.000 € 41 geklagt. Das Verfahren wegen der Darlehensforderung wird abgetrennt und an das zuständige LG verwiesen.

Für das Verfahren vor dem AG fällt jetzt die Gerichtsgebühr lediglich aus dem verbliebenen Wert von 4.000 € an. Das LG erhebt seine Kosten aus 6.000 €. Die vor dem AG bereits gezahlten Kosten sind auf die Kosten des Verfahrens vor dem LG anzurechnen, soweit sie eine 3,0-Gebühr aus 4.000 € übersteigen.

VI. Verfahrensverbindung

Werden mehrere Verfahren miteinander verbunden, so hat dies auf die bereits entstandenen Gerichtsgebühren keinen Einfluss. Insbesondere erfolgt keine Rückzahlung. 42

Beispiel: A klagt gegen B auf Zahlung von 5.000 € und B gegen A auf Zahlung von 4.000 €. Das AG verbindet 43 die Verfahren als Klage und Widerklage und entscheidet durch Urteil. – Lösung: Es bleibt bei dem Ansatz jeweils einer 3,0-Gerichtsgebühr aus 5.000 € und 4.000 €. Die Gebühren reduzieren sich jetzt nicht etwa auf eine 3,0-Gebühr aus 10.000 €.

Kommt es im späteren Verfahren allerdings zu einer Ermäßigung, etwa infolge eines Vergleichs, einer Antragsrücknahme o.Ä., dann sind beide Gerichtsgebühren zu ermäßigen. 44

Abwandlung 1: Über Klage- und Widerklage wird ein Vergleich geschlossen. – Lösung: Da sich das verbundene 45 Verfahren insgesamt erledigt hat (Nr. 1211 Nr. 3 KV), reduzieren sich beide 3,0-Gebühren auf jeweils eine 1,0-Gebühr, so dass zweimal 2,0-Gebühren zurückgezahlt werden müssen.

Kommt es nur zu einer teilweisen Erledigung, kommt insgesamt keine Ermäßigung in Betracht. 46

Abwandlung 2: Über die Widerklage wird ein Vergleich geschlossen. Über die Klage wird entschieden. – Lösung: 47 Da sich das verbundene Verfahren nicht insgesamt erledigt hat, bleibt es bei den angefallenen Gebühren. Es wäre jetzt unzulässig, die 3,0-Gebühr aus dem verglichenen Verfahren zu ermäßigen.

§ 5 Verjährung, Verzinsung

(1) [1]Ansprüche auf Zahlung von Kosten verjähren in vier Jahren nach Ablauf des Kalenderjahrs, in dem das Verfahren durch rechtskräftige Entscheidung über die Kosten, durch Vergleich oder in sonstiger Weise beendet ist. [2]Für die Ansprüche auf Zahlung von Auslagen des erstinstanzlichen Musterverfahrens nach dem

Kapitalanleger-Musterverfahrensgesetz beginnt die Frist frühestens mit dem rechtskräftigen Abschluss des Musterverfahrens.

(2) [1]Ansprüche auf Rückerstattung von Kosten verjähren in vier Jahren nach Ablauf des Kalenderjahrs, in dem die Zahlung erfolgt ist. [2]Die Verjährung beginnt jedoch nicht vor dem in Absatz 1 bezeichneten Zeitpunkt. [3]Durch Einlegung eines Rechtsbehelfs mit dem Ziel der Rückerstattung wird die Verjährung wie durch Klageerhebung gehemmt.

(3) [1]Auf die Verjährung sind die Vorschriften des Bürgerlichen Gesetzbuchs anzuwenden; die Verjährung wird nicht von Amts wegen berücksichtigt. [2]Die Verjährung der Ansprüche auf Zahlung von Kosten beginnt auch durch die Aufforderung zur Zahlung oder durch eine dem Schuldner mitgeteilte Stundung erneut. [3]Ist der Aufenthalt des Kostenschuldners unbekannt, genügt die Zustellung durch Aufgabe zur Post unter seiner letzten bekannten Anschrift. [4]Bei Kostenbeträgen unter 25 Euro beginnt die Verjährung weder erneut noch wird sie gehemmt.

(4) Ansprüche auf Zahlung und Rückerstattung von Kosten werden vorbehaltlich der nach Nummer 9018 des Kostenverzeichnisses für das erstinstanzliche Musterverfahren nach dem Kapitalanleger-Musterverfahrensgesetz geltenden Regelung nicht verzinst.

I. Allgemeines

1   Die **Verjährung** stellt für den Schuldner ein Leistungsverweigerungsrecht dar, das im Privatrecht jedoch nicht zum Erlöschen des Anspruchs führt (§ 214 Abs. 1 BGB). Aufgrund der ausdrücklichen Verweisung auf die Vorschriften des BGB (Abs. 3 S. 1 Hs 1) ist die im Übrigen gegebene Zuordnung des Anspruchs auf die Gerichtskosten zum öffentlichen Recht insoweit unbeachtlich.[1]

2   Von der Verjährung zu **unterscheiden** ist die in § 20 geregelte **Nachforderung** von Kosten aufgrund einer Berichtigung eines vorherigen unrichtigen Kostenansatzes.

3   Die Vorschrift des § 5 regelt lediglich die Verjährung von Ansprüchen auf Zahlung oder Rückzahlung von Gerichtskosten (Gebühren und Auslagen). Andere Ansprüche, insb. gem. § 59 RVG auf die Staatskasse übergegangene Ansprüche, sind hiervon nicht erfasst.[2]

4   Die **Verjährungsfrist** beträgt sowohl hinsichtlich des Anspruchs des Staates auf Zahlung von Kosten (Abs. 1 S. 1) als auch hinsichtlich des Rückzahlungsanspruchs eines Beteiligten (Abs. 2 S. 1) einheitlich **vier Jahre.**

II. Verjährung des Kostenanspruchs (Abs. 1)

5   Der Beginn der Verjährungsfrist folgt grds. einheitlich für alle nach dem GKG abzurechnenden Verfahren der **endgültigen Erledigung des gesamten Verfahrens**. Es darf somit nicht differenziert auf die jeweilige Instanz abgestellt werden.[3] Demzufolge reicht für den Beginn der Verjährungsfrist auch nicht eine nur unbedingte Kostenentscheidung aus, wie zB für die Fälligkeitsregelung des § 9 Abs. 2 Nr. 1. Sie muss vielmehr **rechtskräftig** sein, um für den Beginn der Verjährungsfrist maßgeblich zu sein.

6   Hinsichtlich des Anspruchs auf Zahlung der Auslagen im **erstinstanzlichen Musterverfahren nach dem Kapitalanleger-Musterverfahrensgesetz (Nr. 9018)** ist ausschließlich der rechtskräftige Abschluss dieses Verfahrens maßgebend (Abs. 1 S. 2).

7   Für den Fristbeginn ist auch ein **Vergleich** maßgebend, sofern damit das gesamte Verfahren erledigt wurde. Der Vergleich muss nicht zwingend eine Kostenregelung enthalten, sofern dann die Regelungen des § 98 ZPO Anwendung finden (vgl § 9 Abs. 2 Nr. 2; § 29 Nr. 2).

8   Fehlt es an einer Verfahrensbeendigung durch rechtskräftige Kostenentscheidung oder Vergleich, ist auf die sonstige Erledigung des gesamten Verfahrens abzustellen (vgl auch § 9 Abs. 2 Nr. 3, 4, 5). Insoweit muss allerdings eine endgültige Erledigung vorliegen. Eine solche ist bei dieser Fallgestaltung nur und erst dann gegeben, wenn für das Gericht, ggf nach Rückfrage, der Wille der Parteien erkennbar geworden ist, das Verfahren endgültig zu erledigen. Die (interne) Verfügung des Richters, die Akten sechs Monate nach Anordnung des Ruhens des Verfahrens wegzulegen, wird im Regelfall dazu nicht ausreichen.[4]

9   Die vierjährige Frist beginnt jeweils nach Ablauf des Jahres, in dem die endgültige Verfahrenserledigung eingetreten ist.

10   **Beispiel (Verjährungsbeginn):** Rechtskraft der Kostenentscheidung am 10.2.2016. – Lösung: Die Verjährungsfrist beginnt am 1.1.2017 und endet am 31.12.2020. Am 1.1.2021 ist die Verjährung des Kostenanspruchs eingetreten. Ein evtl. zuvor eingetretenes Nachforderungsverbot (§ 20) wäre unabhängig davon zu beachten.

---

1 *Korintenberg/Otto*, GNotKG, § 6 Rn 2.   2 *Oestreich/Hellstab/Trenkle*, GKG § 5 Rn 3; *Hartmann*, KostG, § 5 GKG Rn 1. 3 *Oestreich/Hellstab/Trenkle*, GKG § 5 Rn 4.   4 OLG Köln JurBüro 2015, 37; OLG Karlsruhe Justiz 2013, 70–72; OLG Nürnberg JB 1981, 1230.

Der Beginn einer Verjährungsfrist setzt naturgemäß voraus, dass der Anspruch geltend gemacht werden 11
kann, die Kosten somit gegen den Kostenschuldner angesetzt werden könnten. Dazu bedarf es ihrer (vorherigen) Entstehung und deren Fälligkeit (s. dazu §§ 6, 8, 9 und 15 Abs. 1 KostVfg).[5] Der Beginn der Verjährungsfrist gem. Abs. 1 S. 1 erstreckt sich somit auch auf diejenigen Kosten, die zu diesem Zeitpunkt bereits
entstanden und fällig waren, zugleich ist der Fristbeginn jedoch auch auf diese Kosten beschränkt. Sofern
einzelne **Kosten** überhaupt **erst nach der rechtskräftigen oder sonstigen Verfahrenserledigung entstehen,**
kann die Verjährungsfrist demzufolge erst zu diesem späteren Zeitpunkt zu laufen beginnen (Abs. 3 S. 1
Hs 1; § 199 Abs. 1 Nr. 1 BGB). Dies ist insb. in Strafsachen zu beachten, in denen im Rahmen der Strafvollstreckung teilweise erheblich später weitere Kosten anfallen (weitere Kosten für Gutachter bzw Pflichtverteidiger etc.).[6] Selbst wenn der Verurteilte nicht zahlungsfähig sein sollte, kann dies für die Frage der Auf-
rechnungsmöglichkeit der Staatskasse bzgl evtl. bestehender Schadensersatzansprüche gegen den Justizfiskus von Bedeutung sein. Sofern und solange einem Kostenschuldner Prozesskostenhilfe ohne Zahlungsbestimmung bewilligt worden ist, beginnt die Verjährungsfrist dennoch nicht, da in diesem Fall Kosten gegen
ihn nicht angesetzt werden dürfen (§ 122 Abs. 1 Nr. 1 Buchst. a ZPO).[7]

Die Frage der Verjährung einschließlich einer evtl. Hemmung und eines Neubeginns ist hinsichtlich eines 12
jeden Kostenschuldners gesondert und ggf auch anders zu beurteilen. Dies gilt auch für **Gesamt- oder**
Zweitschuldner (§§ 31, 32; § 425 BGB). Gegenüber einem Zweitschuldner (§ 31 Abs. 2) beginnt die Verjährungsfrist erst, wenn die Voraussetzungen für seine Inanspruchnahme (zB erfolgloser Vollstreckungsversuch
oder Kenntnis der Staatskasse von der Aussichtslosigkeit der Vollstreckung) erstmals vorliegen, da zuvor
ein Kostenansatz gegen ihn nicht zulässig ist (→ Rn 11).[8] Ob insoweit ein einziger erfolgloser Vollstreckungsversuch gegen den Erstschuldner für den Beginn der Verjährungsfrist gegen den Zweitschuldner ausreicht,[9] wird von den Umständen des Einzelfalls abhängig sein. Eine erfolglose Zwangsvollstreckung in das
bewegliche Vermögen iSd § 31 Abs. 2 S. 1 wird zB (noch) nicht gegeben sein, wenn der Gerichtsvollzieher
im Rahmen eines erfolglosen Pfändungsversuchs die Arbeitsstelle oder eine Kontoverbindung des Schuldners in Erfahrung bringt. Eine einmal (aufgrund eines erfolglosen Vollstreckungsversuchs) jedoch gegen den
Zweitschuldner bereits begonnene Verjährungsfrist wird nicht durch weitere Vollstreckungsversuche gegen
den Erstschuldner unterbrochen.[10] Auf den Zeitpunkt, zu dem die Staatskasse Kenntnis von der erfolglosen
Zwangsvollstreckung erlangt, kommt es hingegen nicht an.[11]

Folgt man der abweichenden Auffassung[12] und verneint eine analoge Anwendung des § 205 BGB auf dieses 13
gesetzliche Schuldverhältnis (§ 31 Abs. 2), beginnt die Verjährungsfrist für Erst- und Zweitschuldner zeitgleich. Die Verjährungsfrist wäre jedoch dann in vielen Fällen für den Zweitschuldner bereits abgelaufen,
ohne dass zuvor die Staatskasse berechtigt gewesen wäre, ihn überhaupt in Anspruch zu nehmen (§ 31
Abs. 2). Dies widerspricht sowohl der Systematik des § 31 Abs. 2 als auch dem Grundsatz, dass die Verjährungsfrist nicht beginnen kann, bevor der Kostenschuldner überhaupt in Anspruch genommen werden
kann (→ Rn 11). Ob der Neubeginn der Verjährungsfrist (bei noch laufender Vollstreckung gegen den Erstschuldner oder auch bei einer diesem gewährten Ratenzahlung oder Stundung) gegenüber dem Zweitschuldner durch eine an ihn gerichtete Zahlungsaufforderung gem. Abs. 3 S. 2 erreicht werden kann, erscheint in diesem Fall äußerst fraglich, da dies nach § 31 Abs. 2 (noch) nicht zulässig ist.

Eine **Ausnahme** gilt lediglich für denjenigen, der **kraft Gesetzes** für die Kostenschuld eines anderen haftet 14
(§ 29 Nr. 3), da sich dessen Haftung in vollem Umfang an derjenigen des anderen Kostenschuldners orientiert.[13] Bei der zunächst nur anteiligen Inanspruchnahme von Gesamtschuldnern zB gem. § 8 Abs. 4 S. 1
KostVfg bewirkt der konkrete Nachforderungsvorbehalt (§ 24 Abs. 2 S. 2 KostVfg) insoweit eine Stundung
gegenüber diesem Kostenschuldner.[14]

III. Verjährung des Rückzahlungsanspruchs (Abs. 2)

1. Beginn der Verjährungsfrist des Rückzahlungsanspruchs (Abs. 2 S. 1 und 2). a) Überzahlung. Der An- 15
spruch des Kostenschuldners auf Rückzahlung von Kosten entsteht zwar, insb. bei der (evtl. auch nur teilweisen) Zahlung ohne Rechtsgrund, bereits mit der **Zahlung** selbst, so dass dieser Zeitpunkt zunächst auch
maßgeblich für den Verjährungsbeginn ist (**Abs. 2 S. 1**). Da bei einer Überzahlung während eines laufenden
Verfahrens die Frage eines Rückzahlungsanspruchs bzw dessen Höhe jedoch erst endgültig am Ende des
Verfahrens (im Rahmen der Abschlussrechnung) beurteilt werden kann, ist das Verfahrensende (Abs. 1 S. 1)

5 BGH JurBüro 2004, 439. **6** OLG Frankfurt NJW-Spezial 2010, 602. **7** Korintenberg/*Otto*, GNotKG, § 6 Rn 5 f. **8** OLG
Naumburg AGS 2011, 497–499; OLG Schleswig JurBüro 1984, 1699; LG Berlin JurBüro 1982, 885; *Meyer*, GKG § 5 Rn 16;
Oestreich/Hellstab/Trenkle, GKG § 5 Rn 22. **9** OLG Naumburg AGS 2011, 497–499. **10** OLG Naumburg AGS 2011, 497–
499. **11** OLG Celle JurBüro 2012, 538 f. **12** AG Bremen 16.7.2008 – 40 IK 197/01, nv; AG Neuruppin JurBüro 2001, 375; offengelassen OLG Celle OLGR 2008, 760. **13** *Oestreich/Hellstab/Trenkle*, GKG § 5 Rn 21 f. **14** Korintenberg/*Otto*, GNotKG,
§ 6 Rn 22; OLG Koblenz NStZ-RR 2005, 254 f.

in diesem Fall auch der früheste Zeitpunkt für den Beginn der Verjährungsfrist des Rückzahlungsanspruchs (**Abs. 2 S. 2** iVm Abs. 1). Einer gegen die (abschließende) Entscheidung in der Hauptsache erhobenen Verfassungsbeschwerde kommt keine aufschiebende Wirkung zu, so dass sie auch den Beginn der Verjährungsfrist des Rückzahlungsanspruchs nicht hinauszuschieben vermag.[15]

16   Sofern der Kostenbeamte die Verjährung des Rückzahlungsanspruchs als gegeben ansieht, hat er die Akten dem zur Vertretung der Staatskasse zuständigen Beamten vorzulegen (§ 31 S. 1 KostVfg). Soll nach dessen Auffassung die **Verjährungseinrede** erhoben werden, hat dieser hierzu die Einwilligung des unmittelbar vorgesetzten Präsidenten einzuholen (§ 31 S. 2 KostVfg). Sofern der Vertreter der Staatskasse mit Rücksicht auf die Umstände des Einzelfalls von der Erhebung der Verjährungseinrede absieht, bedarf er hierzu keiner Einwilligung des Präsidenten (vgl § 31 S. 3 KostVfg). Er unterrichtet insoweit lediglich den Kostenbeamten, der dann die Rückzahlung veranlasst. Auf der zahlungsbegründenden Unterlage in den Sachakten ist zu vermerken, dass die Verjährungseinrede nicht erhoben werden soll (§ 31 S. 4 KostVfg).

17   Ergibt sich der Rückzahlungsanspruch erst aufgrund eines **berichtigten Kostenansatzes**, spricht die Regelung des **Abs. 2 S. 3** für die Annahme des Zeitpunkts der Zahlung oder späteren Verfahrensbeendigung als Beginn der Verjährungsfrist. Die Einlegung eines Rechtsbehelfs mit dem Ziel, der Rückzahlung die Wirkung einer Verjährungshemmung zuzuschreiben, setzt naturgemäß den bereits zuvor eingetretenen Beginn dieser Verjährungsfrist voraus. Darüber hinaus geht der Kostenschuldner in diesem Fall selbst von der möglichen Überzahlung aus, so dass es gerechtfertigt erscheint, die Verjährungsfrist bereits zuvor beginnen zu lassen.

18   Sofern der Kostenschuldner – wie weit überwiegend – jedoch auf die Richtigkeit der Schlusskostenrechnung vertraut oder der unrichtige Kostenansatz auf einer (später geänderten) Streitwertfestsetzung beruht, erscheint es naheliegend, für den Beginn der Verjährungsfrist auf die Berichtigung des Kostenansatzes bzw die frühere Streitwertänderung abzustellen.[16]

19   Ergibt sich der Rückzahlungsanspruch aufgrund einer Entscheidung zur Nichterhebung von Kosten gem. § 20, wird auch für den Beginn der Verjährungsfrist auf diese – den Erstattungsanspruch erst begründende – Entscheidung und nicht bereits auf die frühere Zahlung abzustellen sein.[17]

20   **b) Gebührenermäßigung.** Wird der Rückzahlungsanspruch erst durch eine Gebührenermäßigung (zB gem. Nr. 1211 KV) zB aufgrund einer **Antragsrücknahme** begründet, beginnt die Verjährungsfrist frühestens mit diesem Zeitpunkt, nicht bereits mit der Zahlung. Erst die Antragsrücknahme hat den Rückzahlungsanspruch entstehen lassen (zur Frage des Zeitpunkts der Verfahrenserledigung → Rn 8).

21   **2. Hemmung des Rückzahlungsanspruchs aufgrund Rechtsbehelfs (Abs. 2 S. 3).** Die bereits – mit der Zahlung oder auch erst mit der Verfahrensbeendigung – begonnene Verjährungsfrist hinsichtlich eines Rückzahlungsanspruchs wird durch Einlegung eines Rechtsbehelfs (Erinnerung und Beschwerde gem. § 66) wie durch eine Klageerhebung (s. § 204 Abs. 1 Nr. 1 BGB) gehemmt. Zur Wirkung der Hemmung → Rn 22 ff. Hatte die Verjährungsfrist noch nicht begonnen, wird deren Beginn durch den Rechtsbehelf hinausgeschoben.

IV. Anwendung der Vorschriften des BGB (Abs. 3)

22   **1. Hemmung der Verjährung nach BGB.** Die Verjährung kann gem. Abs. 3 S. 1 Hs 1 auch nach den Vorschriften des BGB gehemmt sein. Die Hemmung bewirkt, dass die evtl. bereits begonnene Frist berücksichtigt wird und nach Wegfall des Hemmungstatbestands weiterläuft (§ 209 BGB). Beispielsweise wird die Verjährung durch die Anmeldung des Kostenanspruchs zum Insolvenzverfahren gehemmt (§ 204 Abs. 1 Nr. 10 BGB). Die Anfechtung des Kostenansatzes gem. § 66 bewirkt keine Hemmung der Verjährung.[18] Auch die (interne) Löschung im Kostensoll durch die Gerichtskasse bewirkt keine Hemmung.[19] Ist dem Kostenschuldner die Einleitung eines Verfahrens zur Wertermittlung mitgeteilt worden, bewirkt dies ebenfalls eine Hemmung der bereits laufenden Verjährungsfrist, andernfalls wird deren Beginn hinausgeschoben.[20]

23   **2. Neubeginn der Verjährung nach BGB.** Aufgrund der Verweisung in Abs. 3 S. 1 Hs 1 gelten auch die Regelungen des BGB über den Neubeginn der Verjährung (s. § 212 BGB), so dass in diesen Fällen unabhängig vom vorherigen Zeitablauf die Frist erneut für vier Jahre zu laufen beginnt. Dann jedoch nicht erst mit Ablauf des jeweiligen Jahres, sondern sofort mit Erfüllung des maßgeblichen Tatbestands. In Betracht kommt insb. die Vornahme einer Vollstreckungshandlung durch die Gerichtskasse (§ 212 Abs. 1 Nr. 2 BGB). Auch die Zahlungsaufforderung sowie eine dem Schuldner (bei mehreren jedem gesondert, → Rn 12) mitgeteilte

---

15 BGH JurBüro 2004, 439. **16** OLG Köln JurBüro 1992, 749; OLG Oldenburg 2001, 85; aA *Oestreich/Hellstab/Trenkle*, GKG § 5 Rn 7; OLG Stuttgart Rpfleger 2004, 380; OLG Düsseldorf JurBüro 1999, 209; OLG Hamm NJW-RR 1999, 1229; BayObLG JurBüro 2001, 104; KG JurBüro 2003, 31. **17** *Oestreich/Hellstab/Trenkle*, GKG § 5 Rn 9. **18** Korintenberg/*Otto*, GNotKG, § 6 Rn 10. **19** *Oestreich/Hellstab/Trenkle*, GKG § 5 Rn 20. **20** Korintenberg/*Otto*, GNotKG, § 6 Rn 20.

Stundung bewirkt den Neubeginn der Verjährungsfrist. Eine wiederholte Zahlungsaufforderung bzw Stundung bewirkt keinen weiteren Neubeginn. Jedoch ist eine vor Beginn der Verjährungsfrist nach Abs. 1 (zB wie häufig bereits im Jahr der Verfahrensbeendigung) erfolgte Zahlungsaufforderung insoweit unbeachtlich (Neubeginn setzt vorherigen Fristbeginn voraus) und eine weitere Zahlungsaufforderung nach Beginn der Verjährungsfrist bewirkt dann den Neubeginn.[21]

Der Zugang an den Kostenschuldner ist Voraussetzung und maßgebend, wie der Rückschluss aus der Sonderregelung bei dessen unbekanntem Aufenthalt deutlich macht (Abs. 3 S. 3). Einer förmlichen Zustellung bedarf es jedoch nicht.[22] Bei unbekanntem Aufenthalt wird der Zugang durch Aufgabe zur Post fingiert. **24**

3. Geltendmachung. Infolge der Verweisung in Abs. 3 S. 1 Hs 1 auf die Vorschriften des BGB steht dem Schuldner lediglich ein **Leistungsverweigerungsrecht** zu (→ Rn 1), das er demzufolge auch selbst geltend machen muss. Die Verjährung wird demzufolge nicht von Amts wegen berücksichtigt, was in **Abs. 3 S. 1 Hs 2** ausdrücklich geregelt ist. Die Geltendmachung der Verjährung erfolgt im Verfahren der **Erinnerung** gem. § 66, wobei jeder diesbezügliche Einwand entsprechend auszulegen ist.[23] **25**

Hat der Kostenschuldner zuvor die bereits verjährte Kostenforderung beglichen, steht ihm ein Rückzahlungsanspruch auch dann nicht zu, wenn die Zahlung in Unkenntnis der Verjährung erfolgte (Abs. 3 S. 1 Hs 1 iVm § 214 Abs. 2 BGB). Etwas anderes gilt nur, sofern die Zahlung unter Vorbehalt oder zur Abwendung der zwangsweisen Beitreibung erfolgte.[24] **26**

4. Kostenbeträge unter 25 € (Abs. 3 S. 4). Bei Kostenbeträgen unter 25 € kann die Verjährung weder neu beginnen noch gehemmt werden (Abs. 3 S. 4). Diese Regelung bezieht sich sowohl auf den Gesamtbetrag eines Kostenansatzes als auch auf einen nach Teilzahlungen verbleibenden Restbetrag.[25] **27**

V. Verzinsung (Abs. 4)

Die lange umstrittene Frage der Verzinsung sowohl der Kostenansprüche der Staatskasse als auch der Rückzahlungsansprüche der Beteiligten ist wie für den Bereich des FamGKG (§ 7 Abs. 4) sowie des GNotKG (§ 6 Abs. 4) auch für den Geltungsbereich des GKG durch einen Ausschluss gem. Abs. 4 geregelt. **28**

Eine Ausnahme – und somit ein Zinsanspruch – besteht aufgrund der ausdrücklichen Regelung für die Auslagen im erstinstanzlichen Musterverfahren nach dem Kapitalanleger-Musterverfahrensgesetz (Nr. 9005 KV iVm Nr. 9018 KV). **29**

§ 5 a Elektronische Akte, elektronisches Dokument

In Verfahren nach diesem Gesetz sind die verfahrensrechtlichen Vorschriften über die elektronische Akte und über das elektronische Dokument anzuwenden, die für das dem kostenrechtlichen Verfahren zugrunde liegende Verfahren gelten.

I. Anwendungsbereich

§ 5 a ist durch das Justizkommunikationsgesetz (JKomG) vom 22.3.2005[1] eingeführt worden und am 1.4.2005 in Kraft getreten. § 5 a hat die elektronische Akte, das elektronische gerichtliche Dokument und das elektronische Dokument für Anträge und Erklärungen der Beteiligten in das GKG eingeführt und ermöglicht den Gerichten damit auch für die kostenrechtlichen Verfahren des GKG die elektronische Aktenführung und den Gerichten und Beteiligten den elektronischen Rechtsverkehr. **1**

Zu den von § 5 a erfassten Kostenverfahren nach dem GKG gehören:

■ das **Kostenansatzverfahren** gem. § 19,
■ die **Wertfestsetzungsverfahren** gem. §§ 62–65.

Die entsprechenden **Rechtsbehelfsverfahren** nach §§ 66 ff sind ebenfalls erfasst.

Durch das 2. KostRMoG[2] ist § 5 a mit Wirkung vom **1.8.2013** geändert worden. Alle kostenrechtlichen Regelungen zur elektronischen Akte und zum elektronischen Dokument sind durch eine **allgemeine Verweisung** auf die jeweiligen **verfahrensrechtlichen Regelungen für das zugrunde liegende Verfahren** ersetzt worden. Damit ist sichergestellt, dass für die kostenrechtlichen Verfahren die gleichen Grundsätze wie für das Verfahren zur Hauptsache gelten.[3] Es kann daher grds. auf die Erl. der Vorschriften zur elektronischen Ak- **2**

---

21 Korintenberg/*Otto*, GNotKG, § 6 Rn 13 ff. **22** Korintenberg/*Otto*, GNotKG, § 6 Rn 19. **23** Korintenberg/*Otto*, GNotKG, § 6 Rn 25. **24** *Oestreich/Hellstab/Trenkle*, GKG § 5 Rn 14; *Meyer*, GKG § 5 Rn 14. **25** Korintenberg/*Otto*, GNotKG, § 6 Rn 23. **1** BGBl. 2005 I 837. **2** Vom 23.7.2013 (BGBl. I 2586). **3** BT-Drucks 17/11471 (neu), S. 155, 243.

te und zum elektronischen Dokument in den Kommentaren zur ZPO bzw zu den anderen Verfahrensordnungen verwiesen werden. **Übergangsfälle** sind nach § 71 zu beurteilen.

3   Nach dem **Gesetz zur Förderung des elektronischen Rechtsverkehrs mit den Gerichten** vom 10.10.2013[4] (zum gestaffelten Inkrafttreten s. Art. 26 des Gesetzes;[5] auch → Rn 9) wird der elektronische Zugang zur Justiz durch entsprechende bundeseinheitliche Regelungen in der ZPO und den anderen Verfahrensordnungen erweitert (auch → Rn 9). Im GKG ist dabei lediglich in Abs. 3 S. 2 der Anm. zu Nr. 9000 KV die Angabe „§ 191 a Abs. 1 Satz 2 GVG" durch die Angabe „§ 191 a Abs. 1 Satz 5 GVG" ersetzt worden. Weitergehende Änderungen befinden sich allerdings in den Verfahrensordnungen, die damit gem. § 5 a auch für die Kostenverfahren von Bedeutung sind.

4   Aufgrund der Verortung von § 5 a in Abschnitt 1 des GKG („Allgemeine Vorschriften") gilt § 5 a für das gesamte GKG, somit auch für das Rechtsbehelfsverfahren (vgl §§ 66 ff).[6]

II. Elektronische Akte und elektronisches Dokument

5   **1. Begriffsbestimmung.** Die **elektronische Akte** (vgl zB § 298 a ZPO) ersetzt die Gerichtsakte aus Papier. Es werden nach Zulassung und Einführung der elektronischen Akte keine herkömmlichen Gerichtsakten mehr geführt. Die Akte kann dann nur noch auf dem Bildschirm aufgerufen und bearbeitet werden. In einem **elektronischen Dokument** ist ein Text, sind Zahlen oder Bilder oder eine Kombination hieraus durch Digitalisieren (Umwandlung in einen Binärcode) in Dateiform angelegt oder überführt worden. Ein elektronisches Dokument ist damit eine maschinell lesbare Aufzeichnung iSv § 690 Abs. 3 ZPO.[7]

6   **2. Verweisung auf verfahrensrechtliche Vorschriften.** Das GKG enthält für die kostenrechtlichen Verfahren des GKG keine eigenen Verfahrensvorschriften über die elektronische Akte und das elektronische Dokument, sondern verweist insoweit auf die Vorschriften des Verfahrens, die dem kostenrechtlichen Verfahren zugrunde liegen. Es gelten gem. § 5 a die **verfahrensrechtlichen Vorschriften über die elektronische Akte und über das elektronische Dokument**, die für das dem **kostenrechtlichen Verfahren zugrunde liegende Verfahren** gelten.

7   Beispielsweise können im Zivilprozess nach § 298 a Abs. 1 S. 1 ZPO die Prozessakten elektronisch geführt werden. Für das elektronische Dokument sind zB die §§ 130 a ff und 298 ZPO entsprechend anwendbar. Ähnliche Regelungen sind in anderen Prozess- bzw Verfahrensordnungen vorhanden (vgl zB auch § 14 FamFG, § 46 c ArbGG, § 65 a SGG, § 55 a VwGO, § 52 a FGO). Diese Bestimmungen gelten damit auch für Verfahren nach dem GKG.

8   **3. Rechtsverordnung.** Ob elektronische Akten geführt oder elektronische Dokumente bei den Gerichten eingereicht werden können, bestimmen die Bundesregierung und die Landesregierungen für ihren Bereich durch **Rechtsverordnung** (vgl dazu zB §§ 298, 130 a Abs. 2 ZPO, § 41 a Abs. 2 StPO).

Bei den **Bundesgerichten** ist der elektronische Rechtsverkehr weitgehend zugelassen.[8] Die Zulassung kann auf einzelne Gerichte oder Verfahren beschränkt werden (Pilotbetrieb; Experimentierklausel).[9] In **NRW** können seit Januar 2013 bei allen **Verwaltungs-, Finanz- und Sozialgerichten Klagen, Anträge** und **sonstige Schriftsätze** elektronisch eingereicht werden. Die Einreichung erfolgt über das sog. **Elektronische Gerichts- und Verwaltungspostfach (EGVP)**. Weitere Rechtsverordnungen betreffend die Einreichung von elektronischen Dokumenten existieren in Brandenburg, Bremen, Hessen, Mecklenburg-Vorpommern, Sachsen-Anhalt, im Saarland und in Thüringen (teilweise). Deshalb können auch die den Gerichtskostenansatz bzw das Kostenverfahren betreffenden Schriftsätze (zB im Erinnerungs- und Beschwerdeverfahren nach §§ 66 ff) elektronisch eingereicht werden.

Ist die **elektronische Aktenführung** nach der Verfahrensordnung zulässig, die dem kostenrechtlichen Verfahren zugrunde liegt, können auch die den Gerichtskostenansatz bzw das Kostenverfahren betreffenden Aktenteile (zB Erinnerungs- und Beschwerdeverfahren nach §§ 66 ff) elektronisch geführt werden.

9   Nach Art. 24 des Gesetzes zur Förderung des elektronischen Rechtsverkehrs mit den Gerichten[10] (→ Rn 3) können die Landesregierungen für ihren Bereich durch Rechtsverordnung bestimmen, dass u.a. § 130 a

---

4 BGBl. 2013 I 3786.   **5** BGBl. 2013 I 3786, 3798.   **6** Vgl BGH NJW-RR 2015, 1209; BGH AGS 2015, 226 = RVGreport 2015, 160; BT-Drucks 15/4067, S. 56 f (zu § 5 a GKG).   **7** Vgl BT-Drucks 14/4987, S. 24.   **8** Verordnung über den elektronischen Rechtsverkehr beim Bundesgerichtshof und Bundespatentgericht (BGH/BPatGERVV) v. 24.8.2007 (BGBl. I 2130), zul. geänd. d. Art. 5 Abs. 3 G v. 10.10.2013 (BGBl. I 3799, 3807); Verordnung über den elektronischen Rechtsverkehr beim Bundesverwaltungsgericht und beim Bundesfinanzhof (ERVVOBVerwG/BFH) v. 26.11.2004 (BGBl. I 3091), geänd. d. Art. 1 V v. 10.12.2015 (BGBl. I 2207); Verordnung über den elektronischen Rechtsverkehr beim Bundesarbeitsgericht (ERVVOBAG) v. 9.3.2006 (BGBl. I 519), geänd. d. Art. 1 V v. 14.12.2015 (BGBl. I 2338); Verordnung über den elektronischen Rechtsverkehr beim Bundessozialgericht (ERVVOBSG) v. 18.12.2006 (BGBl. I 3219), geänd. d. Art. 1 V v. 14.12.2015 (BGBl. I 2339).   **9** Vgl zum Stand beim Bund und in den einzelnen Bundesländern iE www.justiz.de (dort: „Elektronischer Rechtsverkehr") oder www.egvp.de.   **10** BGBl. 2013 I 3786, 3797.

ZPO, § 46 c ArbGG, § 65 a SGG, § 55 a VwGO, § 52 a FGO in der jeweils am 31.12.2017 geltenden Fassung bis zum jeweils 31.12. des Jahres 2018 oder 2019 weiter Anwendung finden.

III. Elektronisches Dokument

1. Elektronisches Dokument der Parteien. Das elektronische Dokument (**E-Mail**, nicht Telefax)[11] kann   10
auch Anträge und Erklärungen der Beteiligten im Verfahren betreffen. Soweit für vorbereitende Schriftsätze und deren Anlagen, für Anträge und Erklärungen der Parteien sowie für Auskünfte, Aussagen, Gutachten und Erklärungen Dritter die Schriftform vorgesehen ist, genügt gem. **§ 130 a Abs. 1 iVm Abs. 2 ZPO** dieser Form die Aufzeichnung als **elektronisches Dokument**, wenn dieses für die Bearbeitung durch das Gericht geeignet ist. Gemäß § 130 a Abs. 1 ZPO idF des Gesetzes zur Förderung des elektronischen Rechtsverkehrs mit den Gerichten (→ Rn 3) können Anträge und Erklärungen der Beteiligten sowie schriftlich einzureichende Auskünfte, Aussagen, Gutachten, Übersetzungen und Erklärungen Dritter als elektronisches Dokument eingereicht werden.

Für das elektronische Dokument der Parteien sind die verfahrensrechtlichen Regelungen von Bedeutung   11
(vgl zB § 130 a Abs. 1 und 3 ZPO sowie § 298 ZPO).

Durch die allgemeine Verweisung zur elektronischen Akte und zum elektronischen Dokument auf die je-   12
weiligen verfahrensrechtlichen Regelungen für das zugrunde liegende Verfahren ist sichergestellt, dass für die kostenrechtlichen Verfahren die gleichen Grundsätze wie für das Verfahren zur Hauptsache gelten.

Ist die Einreichung von elektronischen Dokumenten für das Verfahren zugelassen, ist zB die Einreichung   13
von Erinnerungen und Beschwerden gegen den Kostenansatz (§ 66) als elektronisches Dokument möglich.[12] Für Kostenverfahren ist somit keine ausdrückliche Zulassung der Einreichung von elektronischen Dokumenten erforderlich.

Ist noch keine Zulassung der Einreichung von Anträgen und Erklärungen als elektronisches Dokument   14
durch entsprechende Rechtsverordnung erfolgt (→ Rn 8 f), wahrt zB die Einreichung einer Erinnerung gegen den Kostenansatz durch **E-Mail** nicht die gem. § 66 Abs. 5 vorgeschriebene Form (Erklärung zu Protokoll der Geschäftsstelle oder schriftliche Einreichung; → § 66 Rn 48).[13] Da die Erinnerung unbefristet ist, kann die Einlegung aber in der durch § 66 Abs. 5 vorgeschriebenen Form **nachgeholt** werden.

Da die elektronische Aufzeichnung nur die Schriftform bzw die Erklärung zu Protokoll der Geschäftsstelle   15
(vgl zB § 66 Abs. 5 S. 1) ersetzt, müssen weitere gesetzliche Formerfordernisse, wie zB die öffentliche Beurkundung oder Beglaubigung, erfüllt werden.[14]

2. Signatur. a) Qualifizierte elektronische Signatur. Soweit die ZPO dem Richter, dem Rechtspfleger, dem   16
Urkundsbeamten der Geschäftsstelle oder dem Gerichtsvollzieher die handschriftliche Unterzeichnung vorschreibt, genügt dieser Form gem. § 130 b ZPO die Aufzeichnung als elektronisches Dokument, wenn die verantwortenden Personen am Ende des Dokuments ihren Namen hinzufügen und das Dokument mit einer **qualifizierten elektronischen Signatur** versehen. Eine qualifizierte elektronische Signatur tritt an die Stelle der eigenhändigen Unterschrift iSv § 130 Nr. 6 ZPO.[15] Sie soll dem elektronischen Dokument insb. im Hinblick auf dessen Flüchtigkeit und sonst spurenlos mögliche Manipulierbarkeit eine einem Papierdokument vergleichbare dauerhafte Fassung verleihen.[16]

b) Sollvorschrift. § 130 a Abs. 1 S. 2 ZPO in der derzeit geltenden Fassung wird in der Gesetzesbegründung   17
zum Gesetz zur Förderung des elektronischen Rechtsverkehrs mit den Gerichten (→ Rn 3) als Ordnungsvorschrift bezeichnet[17] und deswegen teilweise als Sollvorschrift angesehen.[18] Der BGH hat § 130 a Abs. 1 S. 2 ZPO aF nicht nur als bloße Ordnungsvorschrift angesehen; bestimmende Schriftsätze müssten vielmehr mit einer Signatur versehen sein.[19]

Gemäß § 5 a gilt das auch für den elektronischen Rechtsverkehr in kostenrechtlichen Verfahren.

3. Mitteilungspflicht. Ist ein übermitteltes elektronisches Dokument für das Gericht zur Bearbeitung nicht   18
geeignet, ist dies dem Absender gem. § 130 a Abs. 1 S. 3 ZPO unter Angabe der geltenden technischen Rahmenbedingungen unverzüglich mitzuteilen. Hieraus ergibt sich, dass eine sofortige Zurückweisung eines

---

11 Vgl BGH NJW 2010, 2134 = MDR 2010, 460; BGH FamRZ 2009, 319 = NJW-RR 2009, 357. **12** Binz/Dörndorfer/*Zimmermann*, § 5 a GKG Rn 5. **13** BGH AGS 2015, 226 = RVGreport 2015, 160; BGH NJW-RR 2015, 1209; BGH MMR 2009, 99 = WM 2009, 331 = NJW-RR 2009, 357; BayVGH RVGreport 2008, 359 m. zust. Anm. *Hansens*; OLG Hamm RVGreport 2013, 120 = FGPrax 2013, 84; OLG Oldenburg NJW 2009, 536. **14** *Hartmann*, KostG, § 5 a GKG Rn 4. **15** Vgl BGH NJW 2010, 2134 = MDR 2010, 460; BGH NJW 2008, 2649. **16** BGH NJW 2010, 2134 = MDR 2010, 460; BGH FamRZ 2009, 319 = NJW-RR 2009, 357. **17** BT-Drucks 14/4987, S. 24, 43 f; BT-Drucks 17/12634, S. 25; vgl hierzu auch BGH NJW 2010, 2134 = MDR 2010, 460. **18** Zöller/*Greger*, ZPO, § 130 a Rn 4; Musielak/Voit/*Stadler*, ZPO, § 129 Rn 8; BFH NJW 2009, 1903 (für § 77 a FGO). **19** BGH NJW 2010, 2134 = MDR 2010, 460 (für Berufung gegen ein LG-Urteil); so auch *Krüger-Bütter*, MDR 2003, 181; *Dästner*, NJW 2011, 3469.

Antrags wegen mangelnder Eignung nicht zulässig ist, sondern dem Antragsteller Gelegenheit zur **Nachholung eines geeigneten Antrags** innerhalb einer angemessenen Frist zu geben ist.
Gemäß § 5 a gilt diese Mitteilungspflicht auch für das kostenrechtliche Verfahren.

19 Ein übermitteltes elektronisches Dokument ist **zur Bearbeitung durch das Gericht nicht geeignet**, wenn es zwar vollständig von der Empfangseinrichtung des Gerichts aufgezeichnet worden ist, aber den durch Rechtsverordnung (→ Rn 8 f) bestimmten technischen Anforderungen bzw Rahmenbedingungen nicht entspricht. Auch ein von der Empfangseinrichtung des Gerichts nicht oder nur unvollständig aufgezeichnetes Dokument ist für die weitere Bearbeitung durch das Gericht nicht geeignet. Das Risiko einer **fehlgeschlagenen Mitteilung** trägt damit allein der Absender.[20]

20 Für die gerichtliche Mitteilung ist kein bestimmter Übertragungsweg vorgeschrieben. Da aber eine unverzügliche Mitteilung erforderlich ist, dürfte zur Beschleunigung der schnellstmögliche Übertragungsweg zu wählen sein.

IV. Zeitpunkt der Einreichung

21 **1. Aufzeichnung.** Gemäß § 130 a Abs. 3 ZPO ist das elektronische Dokument eingereicht, sobald die für den Empfang bestimmte Einrichtung des Gerichts es vollständig und verständlich aufgezeichnet bzw gespeichert hat.[21] Das gilt gem. § 5 a auch für die kostenrechtlichen Verfahren.

22 **2. Fälligkeit von Gebühren.** Der Zeitpunkt der Einreichung eines elektronischen Dokuments erlangt auch Bedeutung für die Kosten, deren Entstehung und Fälligkeit von der Einreichung eines Antrags pp. abhängt, vgl § 6 Abs. 1. Ist hier die Einreichung als elektronisches Dokument zugelassen worden, entsteht die Verfahrensgebühr mit der Aufzeichnung durch die Empfangseinrichtung des Gerichts (vgl § 130 a Abs. 3 ZPO).

§ 5 b Rechtsbehelfsbelehrung

Jede Kostenrechnung und jede anfechtbare Entscheidung hat eine Belehrung über den statthaften Rechtsbehelf sowie über die Stelle, bei der dieser Rechtsbehelf einzulegen ist, über deren Sitz und über die einzuhaltende Form und Frist zu enthalten.

I. Allgemeines

1 § 5 b ist durch das Gesetz zur Einführung einer Rechtsbehelfsbelehrung im Zivilprozess und zur Änderung anderer Vorschriften vom 5.12.2012[1] in das GKG eingefügt worden (Inkrafttreten: 1.1.2014). § 5 b soll den Rechtsschutz für den Beteiligten noch wirkungsvoller gestalten.[2] Vergleichbare Bestimmungen sind auch in andere Kostengesetze eingefügt worden (§ 8 a FamGKG, § 3 a GvKostG, § 4 c JVEG, § 12 c RVG).

2 Der **Bundesrat**[3] hatte im Gesetzgebungsverfahren kritisiert, dass die in allen Kostengesetzen eingeführte Belehrungspflicht nicht zwischen befristeten oder unbefristeten Rechtsbehelfen unterscheide, und gefordert, die Rechtsbehelfsbelehrung nur für befristet anfechtbare Entscheidungen vorzusehen. **Fristgebunden** ist im GKG die Beschwerde gegen die Festsetzung des Streitwerts (§ 68 Abs. 1 S. 3). **Unbefristet** sind Erinnerungen und Beschwerden gegen den Gerichtskostenansatz nach § 66 (§ 57 FamGKG, § 81 GNotKG und § 5 GvKostG), die Beschwerde gegen die Anordnung einer Vorauszahlung nach § 67 (§ 58 FamGKG), der Antrag auf gerichtliche Festsetzung und die hiergegen statthafte Beschwerde nach § 4 JVEG sowie die Erinnerung nach § 56 RVG. Der Bundesrat sah eine Belehrungspflicht bei diesen unbefristeten Rechtsbehelfen nicht als notwendig an, weil dem Betroffenen hier kein Rechtsverlust durch Fristablauf droht und deshalb eine zwingend vorgeschriebene Rechtsbehelfsbelehrung über unbefristete Rechtsbehelfsmöglichkeiten zur wirksamen Rechtsdurchsetzung nicht geboten sei. Vielmehr könnten Betroffene durch die Rechtsbehelfsbelehrung zu der Fehlvorstellung gelangen, sie müssten sogleich einen förmlichen Rechtsbehelf einlegen, damit ihnen überhaupt rechtliches Gehör gewährt wird. Dies würde zu einem Anstieg der Zahl der ohne jede Aussicht auf Erfolg eingelegten Rechtsbehelfe und damit auch der Belastung der Gerichte führen. Eine unbeschränkte Rechtsbehelfsbelehrungspflicht in Kostensachen stünde auch in keinem vernünftigen Verhältnis zu dem zusätzlichen Aufwand und den Kosten, die verursacht werden, wenn nicht nur jede befristet anfechtbare Entscheidung, sondern auch jede Kostenrechnung – einschließlich solcher im automatisierten Mahnverfahren – und jede Anforderung einer Vorauszahlung, eines Vorschusses oder einer Aktenversendungspauschale sowie jede Festsetzung nach dem JVEG mit einer Rechtsbehelfsbelehrung zu versehen sei.

---

20 OLG Koblenz NJW 2007, 3224; Binz/Dörndorfer/*Zimmermann*, § 5 a GKG Rn 8. 21 Vgl auch BGH FamRZ 2009, 319 = NJW-RR 2009, 307. 1 BGBl. 2012 I 2418. 2 BT-Drucks 17/10490, S. 22. 3 BT-Drucks 17/10490, S. 29.

Zu berücksichtigen sei dabei nicht nur der einmalige Umstellungsaufwand durch die Anpassung der Fachanwendungen, sondern auch der laufende Mehraufwand an Papier-, Druck- und Portokosten. Noch weniger bestehe ein praktischer Bedarf oder ein schutzwürdiges Interesse an einer Belehrung des ohnehin rechtskundigen Rechtsanwalts über die Rechtsbehelfsmöglichkeit des § 56 Abs. 1 RVG.

Die **Bundesregierung**[4] ist dem nicht gefolgt, weil zur Erleichterung der Rechtsanwendung und zur Gewährleistung der Rechtsklarheit Verfahrensrecht und Kostenrecht so weit wie möglich strukturell angeglichen werden sollen. Bei Kostenrechnungen handele es sich um belastende Justizverwaltungsakte, bei denen ein Bürger finanziell von einer Justizbehörde in Anspruch genommen werde. Im Verwaltungsrecht sei die Pflicht zur Belehrung seit Jahrzehnten Standard und habe sich – nach wohl einhelliger Auffassung – bewährt. Es sei nicht nachvollziehbar, weshalb das Kostenrecht nicht dem verwandten allgemeinen Verwaltungsrecht angeglichen werden sollte. Den bürokratischen Mehraufwand hält die Bundesregierung für überschaubar. Die Kosteneinziehung sei in vielen Ländern zentralisiert und werde von einzelnen Justizkassen oder anderen zentralen Kassen für ganze Bezirke oder sogar landesweit vorgenommen. Bei diesen Kostenrechnungen sei bereits jetzt zwingend der Hinweis erforderlich, dass Rechtsbehelfe nicht an die einziehende Kasse, sondern an eine bestimmte entscheidende Stelle zu richten seien. Die Gefahr eines Anstiegs der durch eine Belehrungspflicht ohne jede Aussicht auf Erfolg eingelegten Rechtsbehelfe und damit auch der Belastung der Gerichte bestehe nicht. Vielmehr dürfte die Akzeptanz der Kostenrechnungen bzw der gerichtlichen Entscheidungen in Kostensachen mit beigefügten Rechtsbehelfsbelehrungen sogar eher zunehmen. **3**

II. Belehrungspflicht

1. Kostenrechnung/anfechtbare kostenrechtliche Entscheidung. Die Belehrungspflicht nach § 5 b gilt umfassend zum einen für **Kostenrechnungen** (§ 19) und zum anderen für jede **anfechtbare kostenrechtliche Entscheidung**, unabhängig davon, ob sie als gerichtliche Entscheidung im Beschlussweg erfolgt oder in sonstiger Weise, etwa durch die Staatsanwaltschaft. Eine Rechtsbehelfsbelehrung kommt deshalb bei folgenden Entscheidungen in Betracht, sofern sie anfechtbar sind (→ Rn 12 ff): **4**

- § 21 Abs. 2: Nichterhebung von Gerichtskosten wegen unrichtiger Sachbehandlung,
- § 38: Auferlegung einer Verzögerungsgebühr,
- § 63: Vorläufige oder endgültige Wertfestsetzung,
- § 64: Entscheidung über die Kosten der Abschätzung des Werts,
- § 66: Entscheidungen im Erinnerungs- und Beschwerdeverfahren gegen den Gerichtskostenansatz,
- § 67: Beschluss, durch den die Tätigkeit des Gerichts nur aufgrund dieses Gesetzes von der vorherigen Zahlung von Kosten abhängig gemacht wird,
- § 68: Beschwerdeentscheidungen im Wertfestsetzungsverfahren (zur **Wiedereinsetzung** → Rn 14 f),
- § 69: Beschwerdeentscheidungen bei Auferlegung einer Verzögerungsgebühr (§ 38).

2. Rechtsbehelfsstelle. Mit der Formulierung „**Stelle**" ist klargestellt, dass auch eine Behörde wie die Staatsanwaltschaft als Stelle für die zulässige Einlegung eines Rechtsbehelfs in der Belehrung anzugeben ist.[5] Denn die Erinnerung (§ 66) gegen Kostenansätze der Staatsanwaltschaft (§ 19 Abs. 2) kann nicht nur bei dem erstinstanzlichen Gericht (§ 66 Abs. 5 S. 3, Abs. 1 S. 2), sondern gem. § 66 Abs. 5 S. 4 auch bei der Staatsanwaltschaft eingelegt werden. **5**

3. Inhalt der Belehrung. Die vergleichbare Rechtsbehelfsbelehrung nach § 39 **FamFG** muss nach der Rspr des BGH neben der Bezeichnung des statthaften Rechtsmittels oder Rechtsbehelfs das für die Entgegennahme zuständige Gericht und dessen vollständige Anschrift sowie die bei der Einlegung einzuhaltende Form und Frist angeben. Dazu gehört auch die Information über einen bestehenden Anwaltszwang. Sie muss mit diesem zwingenden Inhalt aus sich heraus verständlich sein.[6] Diese Überlegungen dürften auch auf § 5 b übertragbar sein. **6**

In der Rechtsbehelfsbelehrung unter jeder Kostenrechnung eines Gerichts oder der Staatsanwaltschaft und unter jeder kostenrechtlichen gerichtlichen Entscheidung ist im Einzelnen anzugeben:

a) mit welchem Rechtsbehelf die Kostenrechnung oder die gerichtliche Entscheidung anzufechten ist; der konkrete Rechtsbehelf ist daher in der Belehrung zu benennen (Erinnerung, Beschwerde, weitere Beschwerde); unter einer Kostenrechnung (§ 19) ist daher über die Erinnerung gem. § 66 zu belehren. Die Erinnerungsentscheidung gem. § 66 ist daher mit einer Belehrung über die Beschwerde zu versehen. Beschwerdeentscheidungen des Landgerichts (§ 66 Abs. 4 S. 1) sind mit einer Belehrung über die weitere Beschwerde zu **7**

---

[4] BT-Drucks 17/10490, S. 32. [5] BT-Drucks 17/10490, S. 22. [6] BGH AGS 2011, 333 = MDR 2010, 1073 = NJW-RR 2010, 1297.

versehen. Das gilt aber nur, wenn das Landgericht die weitere Beschwerde auch zugelassen hat. Wird die weitere Beschwerde nicht zugelassen, ist keine Belehrung erforderlich (→ Rn 12). Eine Belehrung über die Beschwerde unter einer gem. § 66 getroffenen Erinnerungsentscheidung ist ebenfalls nicht erforderlich, wenn der Wert des Beschwerdegegenstands 200 € nicht übersteigt und das Erinnerungsgericht in diesem Fall die grundsätzliche Bedeutung der zur Entscheidung stehenden Frage verneint und die Beschwerde in seiner Entscheidung nicht zugelassen hat (§ 66 Abs. 2 S. 2).

8 **b) bei welcher Stelle** (welchem **Gericht**/welcher **Staatsanwaltschaft**) der Rechtsbehelf einzulegen ist. Diese Stellen ergeben sich zB aus § 66 Abs. 5 S. 3–5, § 67 Abs. 1 S. 2, § 68 Abs. 1 S. 5, § 69 S. 2. Weil nach § 5 b der **Sitz** dieser Stelle anzugeben ist, sind genaue Angaben zur Anschrift des Gerichts oder der Staatsanwaltschaft erforderlich (Straße/Postfach, Postleitzahl, Ort). Hat der Rechtsbehelfsführer ein **Wahlrecht** zwischen mehreren Stellen für die Einlegung des Rechtsbehelfs (vgl § 66 Abs. 5 S. 3 und 4: Erinnerungseinlegung bei Gericht oder Staatsanwaltschaft), müssen beide Stellen in der Rechtsbehelfsbelehrung angegeben werden.[7]

9 **c) welche Form** bei der Einlegung des Rechtsbehelfs zu beachten ist; weil Rechtsbehelfe in Kostensachen auch **ohne anwaltliche Vertretung** eingelegt werden können (§ 66 Abs. 5 S. 1, § 67 Abs. 1 S. 2, § 68 Abs. 1 S. 5, § 69 S. 2), muss ein nicht anwaltlich vertretener Beteiligter in den Stand gesetzt werden, allein anhand der Rechtsbehelfsbelehrung ohne Mandatierung eines Rechtsanwalts eine formrichtige Beschwerde einzulegen.[8] Daher muss die Belehrung in diesen Fällen auch Angaben zu der einzuhaltenden Form und ggf zum notwendigen Inhalt der Rechtsmittelschrift enthalten.[9] Anzugeben ist daher, dass der Rechtsbehelf ohne Rechtsanwalt schriftlich eingereicht oder zu Protokoll der Geschäftsstelle abgegeben werden kann und dass § 129 a ZPO entsprechend gilt.

10 **d)** ob eine **Frist** bei der Einlegung zu beachten ist. Handelt es sich um einen **unbefristeten Rechtsbehelf**, genügt zur Erfüllung der erforderlichen Belehrungspflicht über die Frist der Hinweis, dass keine Frist existiert.[10]

11 **4. Erinnerungsentscheidung des Rechtspflegers.** Hat der **Rechtspfleger** in den ihm übertragenen Geschäften über die Erinnerung gem. § 66 entschieden (→ § 66 Rn 57), ist gegen die Entscheidung des Rechtspflegers die Erinnerung gem. § 11 Abs. 2 RPflG gegeben. Wird die Mindestbeschwer iHv 200,01 € nicht erreicht und hat der Rechtspfleger die Beschwerde auch nicht zugelassen, ist die Erinnerung gem. § 11 Abs. 2 RPflG innerhalb der für die sofortige Beschwerde geltenden Frist einzulegen. Gemäß § 5 b ist über das Recht zur Erinnerung nach § 11 Abs. 2 RPflG zu belehren.[11]

III. Keine Belehrungspflicht

12 **1. Außerordentliche Rechtsbehelfe/nicht anfechtbare Entscheidungen. Keine Belehrungspflicht** besteht für **unanfechtbare Entscheidungen** – der Wortlaut erfasst nur anfechtbare Entscheidungen – und für **außerordentliche Rechtsbehelfe.** Hierzu gehören:[12] die Anhörungsrüge gem. § 69 a (die Verwerfung der Rüge als unbegründet erfolgt gem. § 69 a Abs. 3 S. 4 durch unanfechtbaren Beschluss), die Ergänzung bzw Berichtigung einer Entscheidung (§ 319 ZPO), die Gegenvorstellung und die Verfassungsbeschwerde.

13 Da der Wortlaut von § 5 b nur **anfechtbare Entscheidungen** erfasst, besteht **keine Belehrungspflicht**, wenn kein Rechtsmittel bzw kein Rechtsbehelf statthaft ist.[13] Lässt daher zB das Landgericht die weitere Beschwerde gegen seine Beschwerdeentscheidung nicht zu (s. § 66 Abs. 4 S. 1), ist keine Rechtsbehelfsbelehrung erforderlich (→ Rn 6). Dasselbe gilt für die Erinnerungsentscheidung gem. § 66, wenn der Wert des Beschwerdegegenstands 200 € nicht übersteigt und das Erinnerungsgericht in diesem Fall die grundsätzliche Bedeutung der zur Entscheidung stehenden Frage verneint und die Beschwerde in seiner Entscheidung nicht zugelassen hat (§ 66 Abs. 2 S. 2). Eine Rechtsbehelfsbelehrung ist ferner entbehrlich, wenn über die Erinnerung gem. § 66 Abs. 1 das OLG, das FG, das LAG, der VGH, das OVG oder das LSG oder ein Bundesgericht entschieden hat. Denn eine Beschwerde an einen obersten Gerichtshof des Bundes findet gem. § 66 Abs. 3 S. 3 nicht statt.[14]

14 **2. Wiedereinsetzung in den vorigen Stand.** Die Wiedereinsetzung in den vorigen Stand kommt im GKG gem. § 68 Abs. 2 S. 1 in Betracht bei der Versäumung der Frist gem. § 68 Abs. 1 S. 3, 6 für die Einlegung der Beschwerde bzw der weiteren Beschwerde gegen die **Streitwertfestsetzung.** Gemäß § 68 Abs. 2 S. 3 und 4 findet gegen die Ablehnung der Wiedereinsetzung die Beschwerde statt, die nur zulässig ist, wenn sie

7 BT-Drucks 17/10490, S. 13 (zu § 232 ZPO). **8** Zu § 39 FamFG: BGH AGS 2011, 333 = MDR 2010, 1073 = NJW-RR 2010, 1297; OLG Köln FamRZ 2011, 1251. **9** Vgl BT-Drucks 17/10490, S. 13 (zu § 232 ZPO). **10** Vgl BT-Drucks 17/10490, S. 13 (zu § 232 ZPO); vgl OVG Bln-Bbg 4.6.2015 – OVG 3 K 32.14, juris (zur unzutreffenden Belehrung über eine nicht vorhandene Frist). **11** Vgl BT-Drucks 17/10490, S. 13 (zu § 232 ZPO). **12** Vgl BT-Drucks 17/10490, S. 13 (zu § 232 ZPO). **13** Vgl BT-Drucks 17/10490, S. 13 (zu § 232 ZPO). **14** BGH AGS 2010, 387 = RVGreport 2010, 338 = MDR 2010, 946; OLG Bamberg FamRZ 2011, 1605; OLG Köln FamFR 2012, 302 = RENOpraxis 2012, 175; LAG Mainz AGS 2012, 302 = NZA-RR 2012, 443.

innerhalb von zwei Wochen eingelegt wird. Die Wiedereinsetzung in den vorigen Stand gem. § 233 ZPO sieht der Gesetzgeber als **außerordentlichen Rechtsbehelf** an, der deshalb von der ebenfalls zum 1.1.2014 neu eingeführten Rechtsbehelfsbelehrungspflicht gem. § 232 ZPO **nicht** erfasst wird,[15] obwohl auch die Ablehnung der Wiedereinsetzung gem. § 238 Abs. 2 ZPO anfechtbar ist. Vor diesem Hintergrund dürfte kein Anlass bestehen, eine Belehrungspflicht nach § 5 b für die Wiedereinsetzung in den vorigen Stand gem. § 68 Abs. 2 zu fordern.

Hat der Beschwerdeführer die Frist zur Einlegung der Beschwerde/weiteren Beschwerde gegen die Streit- **15** wertfestsetzung wegen einer **unterlassenen** bzw **fehlerhaften Rechtsbehelfsbelehrung** versäumt, stellt der ebenfalls mit Wirkung vom 1.1.2014 neu eingefügte § 68 Abs. 2 S. 2 klar, dass ein Fehlen des Verschuldens der Frist vermutet wird, wenn eine Rechtsbehelfsbelehrung unterblieben oder fehlerhaft ist. § 68 Abs. 2 S. 2 enthält damit eine **gesetzliche Vermutung,** nach der die unterlassene bzw fehlerhafte Rechtsbehelfsbelehrung ursächlich für ein Fristversäumnis ist.[16] Der Gesetzgeber hat die „Wiedereinsetzungslösung" gewählt, um einerseits die Bestandskraft kostenrechtlicher Maßnahmen nicht unnötig hinauszuzögern, andererseits aber einen effektiven Rechtsschutz zu gewährleisten.[17]

IV. Form der Belehrung

§ 5 b regelt nicht, in welcher Form die Belehrung erfolgen muss. Bei schriftlichen Beschlüssen fordert die **16** Lit. zu § 39 FamFG eine **schriftliche** Belehrung und deren Einfügung in den Beschluss, also **oberhalb der Unterschrift** des Richters oder des Rechtspflegers.[18] Das dürfte für § 5 b entsprechend gelten. Die Rechtsbehelfsbelehrung erfolgt bei den gerichtlichen Beschlüssen in Kostensachen somit oberhalb der Unterschrift des Richters oder des Rechtspflegers (→ Rn 10 und § 66 Rn 57, 65). Rechtsbehelfsbelehrungen in **Kostenrechnungen,** die dem Kostenschuldner im Regelfall in automatisierter Form zugehen, sollten für den Kostenschuldner leicht auffindbar angebracht sein. Eine Rechtsbehelfsbelehrung in **deutscher Sprache** reicht aus.[19]

V. Folgen einer unzutreffenden Rechtsbehelfsbelehrung

Zur Bedeutung einer unterlassenen bzw fehlerhaften Rechtsbehelfsbelehrung für die Wiedereinsetzung wird **17** auf die Ausführungen in → Rn 15 verwiesen. Eine unzutreffende Rechtsbehelfsbelehrung ist rechtlich nicht relevant. Die Kostenrechnung bzw die gerichtliche Entscheidung ist wirksam. Durch eine unzutreffende Rechtsbehelfsbelehrung wird insb. ein gesetzlich ausgeschlossener Rechtsbehelf nicht eröffnet.[20]

Fehlt die Rechtsbehelfsbelehrung, kann sich das lediglich auf eine Rechtsmittelfrist auswirken. Die Kosten- **18** rechnung bzw die gerichtliche Entscheidung wird dadurch nicht unwirksam oder nichtig. Nach den Motiven des Gesetzgebers wird vermutet, dass diejenige Partei, die keine oder nur eine fehlerhafte Rechtsbehelfsbelehrung erhalten hat, die Frist zur Einlegung des Rechtsbehelfs unverschuldet versäumt hat und deshalb Wiedereinsetzung in den vorigen Stand beantragen kann. Der Gesetzgeber hat diese Wiedereinsetzungslösung gewählt, um einerseits die Bestandskraft kostenrechtlicher Maßnahmen nicht unnötig hinauszuzögern, andererseits aber einen effektiven Rechtsschutz zu gewährleisten.[21] Ist gegen die Kostenrechnung oder eine anfechtbare Entscheidung ein unbefristetes Rechtsmittel eröffnet, ist das Fehlen der Rechtsbehelfsbelehrung daher irrelevant.

Nach § 66 Abs. 3 S. 3 findet eine Beschwerde an einen obersten Gerichtshof des Bundes nicht statt.[22] Lässt **19** daher zB das OLG in seiner Beschwerdeentscheidung gem. § 66 Abs. 3 S. 2 gegen die Entscheidung des LG über die Erinnerung die Rechtsbeschwerde bzw die weitere Beschwerde zum BGH zu, ist der BGH an diese Zulassung nicht gebunden. Eine von Gesetzes wegen unanfechtbare Entscheidung bleibt auch bei irriger oder fehlerhafter Rechtsbehelfszulassung unanfechtbar.[23] Daran ändert auch eine Rechtsbehelfsbelehrung nicht, die unzutreffend oder irrig auf ein gesetzlich nicht statthaftes Rechtsmittel hinweist.

---

15 Vgl BT-Drucks 17/10490, S. 13 (zu § 232 ZPO). **16** BT-Drucks 17/10490, S. 22. **17** Vgl BT-Drucks 17/10490, S. 22. **18** Zöller/*Feskorn*, ZPO, 28. Aufl., § 39 FamFG Rn 10; MüKo-ZPO/*Ulrici*, 3. Aufl., § 39 FamFG Rn 9. **19** Vgl BT-Drucks 17/10490, S. 13 (zu § 232 ZPO). **20** BGH AGS 2010, 387 = RVGreport 2010, 338 = MDR 2010, 946; BSG NZS 2004, 334. **21** Vgl BT-Drucks 17/10490, S. 22. **22** BGH 17.9.2014 – I ZB 71/14, DGVZ 2014, 257 (für den Ansatz von Gerichtsvollzieherkosten); BGH AGS 2013, 194 = RVGreport 2013, 245 = JurBüro 2013, 311; BGH WuM 2012, 114; BGH AGS 2010, 387 = RVGreport 2010, 338 = MDR 2010, 946, OLG Bamberg FamRZ 2011, 1605; OLG Köln FamFR 2012, 302 = RENOpraxis 2012, 175; LAG Mainz AGS 2012, 302 = NZA-RR 2012, 443. **23** Zu §§ 56, 33 RVG: BGH AGS 2010, 387 = RVGreport 2010, 338 = MDR 2010, 946.

Abschnitt 2
Fälligkeit

§ 6 Fälligkeit der Gebühren im Allgemeinen

(1) [1]In folgenden Verfahren wird die Verfahrensgebühr mit der Einreichung der Klage-, Antrags-, Einspruchs- oder Rechtsmittelschrift oder mit der Abgabe der entsprechenden Erklärung zu Protokoll fällig:

1. in bürgerlichen Rechtsstreitigkeiten,
2. in Sanierungs- und Reorganisationsverfahren nach dem Kreditinstitute-Reorganisationsgesetz,
3. in Insolvenzverfahren und in schifffahrtsrechtlichen Verteilungsverfahren,
4. in Rechtsmittelverfahren des gewerblichen Rechtsschutzes und
5. in Prozessverfahren vor den Gerichten der Verwaltungs-, Finanz- und Sozialgerichtsbarkeit.

[2]Im Verfahren über ein Rechtsmittel, das vom Rechtsmittelgericht zugelassen worden ist, wird die Verfahrensgebühr mit der Zulassung fällig.

(2) Soweit die Gebühr eine Entscheidung oder sonstige gerichtliche Handlung voraussetzt, wird sie mit dieser fällig.

(3) In Verfahren vor den Gerichten für Arbeitssachen bestimmt sich die Fälligkeit der Kosten nach § 9.

I. Allgemeines

1   Die Fälligkeit des Kostenanspruchs berechtigt die Staatskasse, diesen geltend zu machen, und bewirkt somit die Einziehbarkeit dieser Kosten. Zugleich ist der zuständige Bedienstete (idR der Kostenbeamte) verpflichtet, Kosten alsbald nach deren Fälligkeit anzusetzen (§ 15 Abs. 1 S. 1 KostVfg). Die **Fälligkeit** setzt die Entstehung der jeweiligen Kosten voraus. Hinsichtlich der **Gebühren** ist der Zeitpunkt der Entstehung und der Fälligkeit zumeist identisch (→ Rn 8, 13, 14, 20; auch → Nr. 1210 KV Rn 11 ff, Nr. 1220 KV Rn 7, 39 f). Bezüglich der **Auslagen** ist es nur vereinzelt und ausnahmsweise (vgl § 9 Abs. 3) der Fall, dass der Zeitpunkt der Entstehung und der Fälligkeit identisch ist.

2   Von der Fälligkeit ist die **Vorauszahlungs- und Vorschusspflicht** abzugrenzen, die in den §§ 12–14 geregelt ist (→ § 12 Rn 6 mwN).

3   Hinsichtlich eines Verfahrensgegenstands (Anspruchs) in einer Instanz einmal fällig gewordene Gebühren können unabhängig vom weiteren Verfahrensablauf grds. nicht mehr wegfallen. Allenfalls kommt eine nachträgliche Ermäßigung des Gebührensatzes (zB gem. Nr. 1211, 1221 KV), nicht jedoch eine Ermäßigung des Verfahrenswerts, zB bei teilweiser Rücknahme des Klageantrags oder des Antrags, in Betracht (→ Nr. 1210 KV Rn 17, 65 ff). Zum Fall der Nichterfüllung der Vorauszahlungspflicht → § 12 Rn 36 ff.

4   Die Anfechtung einer Kostenrechnung (§ 66) hat auf die einmal eingetretene Fälligkeit keinen Einfluss. Eine aufschiebende Wirkung kann auf Antrag nur durch das Gericht, nicht durch den Kostenbeamten, angeordnet werden (§ 66 Abs. 7 S. 2).

5   § 6 regelt ausschließlich die Fälligkeit von **Gebühren,** und zwar sowohl der Verfahrensgebühr als auch von Gebühren für gerichtliche Entscheidungen oder sonstige gerichtliche Handlungen (Abs. 2). Die Fälligkeit der **Auslagen** ist in § 9 geregelt. Die Regelung gilt für sämtliche Instanzen.

II. Anwendungsbereich

6   Die in § 6 geregelte Fälligkeit ist aufgrund der ausdrücklichen Regelung (Abs. 1 S. 1) anwendbar

- in bürgerlichen Rechtsstreitigkeiten (Nr. 1),
- in Sanierungs- und Reorganisationsverfahren nach dem KredReorgG (Nr. 2),
- in Insolvenzverfahren und in schifffahrtsrechtlichen Verteilungsverfahren (Nr. 3),
- in Rechtsmittelverfahren des gewerblichen Rechtsschutzes (Nr. 4) und
- in Prozessverfahren vor den Gerichten der Verwaltungs-, Finanz- und Sozialgerichtsbarkeit (Nr. 5).

7   Die Fälligkeit der Gebühren in Verfahren der Arbeitsgerichtsbarkeit richtet sich gem. Abs. 3 ausschließlich nach § 9 (→ Rn 34 ff). Die Kosten in Familiensachen sind seit dem 1.9.2009 im FamGKG geregelt.

III. Bürgerliche Rechtsstreitigkeiten (Abs. 1 S. 1 Nr. 1)

8   **1. Verfahrensgebühr.** Die Fälligkeitsbestimmung des Abs. 1 S. 1 Nr. 1 erfasst sämtliche nach Teil 1 KV möglichen Verfahrensgebühren für alle Rechtszüge, somit auch für Berufungs-, Revisions- und Beschwerdeverfahren. Die jeweilige Verfahrensgebühr (zB Nr. 1210 KV) wird somit bereits mit der **Einreichung der Klageschrift** (§ 253 ZPO) bei Gericht fällig. Ob eine Zustellung der Klage-/Antragsschrift erfolgt und wie das Verfahren nachfolgend erledigt wird, ist für die Fälligkeit der Verfahrensgebühr selbst unbeachtlich (→

Rn 3 und → Nr. 1210 KV Rn 11 ff). Allenfalls kommt eine Ermäßigung des Gebührensatzes (zB gem. Nr. 1211 oder 1221 ff KV) in Betracht.

Auch ein gleichzeitiger Antrag auf Bewilligung von **Prozesskostenhilfe** steht der Fälligkeit nicht entgegen,   9
sofern nicht deutlich erkennbar wird, dass die Klage-/Antragsschrift nur für den Fall der Bewilligung von Prozesskostenhilfe eingereicht sein soll, zB durch Beifügung als Entwurf oder durch den Zusatz, vorab über das PKH-Gesuch zu entscheiden (→ Nr. 1210 KV Rn 19 mwN).[1] Davon zu unterscheiden ist die Frage, ob eine bereits fällige Gebühr bereits erhoben wird, solange über einen Antrag auf Bewilligung von Prozesskostenhilfe noch nicht entschieden wurde (→ § 14 Rn 13 ff).

Soweit die Fälligkeit der Verfahrensgebühr von der Einreichung des verfahrenseinleitenden Antrags abhän-   10
gig ist, reicht es aus, dass das entsprechende Schriftstück in den Herrschaftsbereich des Gerichts gelangt; es muss nicht notwendigerweise bei der Geschäftsstelle eingehen. Bei Einreichung per Fax muss das Schriftstück auf das Empfangsgerät des Gerichts gelangt sein. Die verfahrensrechtliche Wirksamkeit des Antrags sowie die Zuständigkeit des Gerichts ist grds. unbeachtlich (ausf. → Nr. 1210 KV Rn 15 mwN).[2]

Ausnahmsweise tritt keine Fälligkeit ein und entsteht auch keine Verfahrensgebühr, sofern **vor** der Klage-   11
schrift ein Schriftsatz eingeht, nach dem diese Klage bei diesem (unzuständigen) Gericht überhaupt nicht eingetragen werden soll.[3] Sofern die verfahrenseinleitende Erklärung zu Protokoll einer Geschäftsstelle abgegeben wird, muss die Protokollierung nach den maßgeblichen verfahrensrechtlichen Vorschriften korrekt und vollständig erfolgt sein (zB § 496 ZPO). Zur elektronischen Einreichung s. § 5 a Abs. 3.

Neben der Fälligkeit der Verfahrensgebühr ist in der ersten Instanz idR insoweit auch die **Vorwegleistungs-**   12
pflicht gegeben (§ 12 Abs. 1), so dass in diesen Fällen die Einziehung beim Zahlungspflichtigen nicht durch Sollstellung bei der Gerichtskasse (§ 25 KostVfg), sondern durch Anforderung ohne Sollstellung (§ 26 Abs. 1 KostVfg) erfolgt (→ § 12 Rn 7).

2. Erweiterung des Antrags. Sofern ein bereits anhängiger Anspruch erhöht oder daneben im Laufe der In-   13
stanz ein weiterer Anspruch anhängig gemacht wird, fällt – neben der bereits fälligen Verfahrensgebühr – keine gesonderte Verfahrensgebühr an (§ 35). Vielmehr sind die Werte zu addieren (§ 39 Abs. 1 S. 1 bzw § 48 Abs. 1 S. 1; § 5 ZPO) und mit Eingang der Antragserweiterung wird der Differenzbetrag zwischen der nach der Wertaddition neu berechneten Verfahrensgebühr und der bereits fälligen Gebühr gem. Abs. 1 fällig (ausf. → Nr. 1210 KV Rn 35 ff).[4] Zur Vorauszahlungspflicht → § 12 Rn 49 ff.

3. Widerklage. Macht der Beklagte in demselben Verfahren einen Anspruch in Form einer **Widerklage** gel-   14
tend, fällt – neben der bereits fälligen Verfahrensgebühr hinsichtlich des Anspruchs des Klägers – keine gesonderte Verfahrensgebühr an (§ 35). Sofern die Ansprüche aus Klage und Widerklage nicht denselben Streitgegenstand betreffen (zur Definition → § 45 Rn 15 ff), sind die Werte zu addieren (§ 45 Abs. 1 S. 1) und der Differenzbetrag zwischen der nach der Wertaddition neu berechneten Verfahrensgebühr und der bereits fälligen Gebühr wird mit Eingang der Widerklage gem. Abs. 1 fällig.[5] Dieser Differenzbetrag ist mangels Vorauszahlungspflicht alsbald nach Eingang der Widerklage (vgl § 15 Abs. 1 KostVfg) gegen den Beklagten (Widerkläger) mit Sollstellung anzufordern (→ § 12 Rn 45 f; ausf. → Nr. 1210 KV Rn 41 ff).

4. Mahnverfahren. a) Allgemeines. Für das Mahnverfahren (§§ 688 ff ZPO) fällt ebenfalls eine (0,5-fache,   15
mindestens 32 € betragende) Verfahrensgebühr Nr. 1100 KV an, die somit mit Eingang des Mahnantrags fällig wird. Ob das Mahnverfahren maschinell oder (ausnahmsweise) manuell bearbeitet wird, hat auf die Fälligkeit – anders als auf die Vorauszahlungspflicht (→ § 12 Rn 51 ff) – keinen Einfluss.

b) Streitiges Verfahren nach Widerspruch. Wird **nach Widerspruch** auf Antrag des Antragstellers oder An-   16
tragsgegners (§ 696 Abs. 1 ZPO) das **streitige Verfahren** vor dem Prozessgericht durchgeführt, fällt insoweit die allgemeine 3,0-Verfahrensgebühr Nr. 1210 KV (zur Anrechnung → Nr. 1100 KV Rn 17 ff) an. Die nach Anrechnung restliche Verfahrensgebühr Nr. 1210 KV entsteht jedoch entgegen der Systematik des Abs. 1 (Fälligkeit und somit auch Entstehung bereits mit Antragseingang) erst mit dem Eingang der Akten bei dem Prozessgericht, an das der Rechtsstreit nach Widerspruchserhebung abgegeben worden ist (Anm. zu Nr. 1210 KV). Da die Fälligkeit einer Gebühr vor ihrer Entstehung nicht denkbar ist, tritt auch die Fälligkeit der (restlichen) Verfahrensgebühr bei vorausgegangenem Mahnverfahren letztlich erst mit dem Eingang der Akten beim Prozessgericht ein (→ Nr. 1210 KV Rn 61 ff).[6] Zur differenzierten Regelung der Vorauszahlungspflicht → § 12 Rn 52 ff.

Sofern die Abgabe an das Prozessgericht ohne vorherige Zahlung der restlichen Gebühr Nr. 1210 KV er-   17
folgte (zB aufgrund eines Antrags des Antragsgegners; → § 12 Rn 56 ff), ist diese Gebühr aufgrund der ge-

---

1 KG JurBüro 2008, 323; *Hartmann*, KostG, § 6 GKG Rn 6. **2** OLG Celle AGS 2009, 279. **3** OLG Celle AGS 2012, 574.
4 *Hartmann*, KostG, § 6 GKG Rn 8. **5** OLG Jena MDR 2008, 593. **6** Binz/Dörndorfer/*Zimmermann*, § 12 GKG Rn 18;
Oestreich/Hellstab/Trenkle, GKG § 12 Rn 19.

gebenen Fälligkeit dann gegen den Antragsgegner, ansonsten gegen den Antragsteller mit Sollstellung anzufordern (§ 15 Abs. 1 KostVfg; → § 14 Rn 56 ff).

18 Erfolgt keine Abgabe an das Prozessgericht, fällt auch keine Verfahrensgebühr gem. Nr. 1210 KV oder Nr. 1211 KV an und es verbleibt bei der Gebühr Nr. 1100 KV für das Mahnverfahren.

19 **c) Teilweise Rücknahme des Antrags auf Durchführung des streitigen Verfahrens.** Aus der dargestellten Systematik der Fälligkeit folgt auch, dass – anders als bei einem sonstigen verfahrenseinleitenden Antrag gem. Abs. 1 – eine **teilweise Rücknahme** des bereits gestellten Antrags auf Durchführung des streitigen Verfahrens vor Eingang der Akten beim Prozessgericht eine Reduzierung des Verfahrenswerts der (restlichen) Gebühr Nr. 1210 KV zur Folge hat. Erfolgt die (teilweise) Rücknahme jedoch erst nach Eingang der Akten beim Prozessgericht und somit nach Fälligkeit der Verfahrensgebühr Nr. 1210 KV, hat dies auf den Verfahrenswert keinen Einfluss mehr; es kommt allenfalls eine Gebührenermäßigung gem. Nr. 1211 KV in Betracht (→ Nr. 1210 KV Rn 74).

20 **d) Streitiges Verfahren nach Vollstreckungsbescheid.** Erfolgt die Abgabe an das Prozessgericht aufgrund eines Einspruchs gegen den erlassenen Vollstreckungsbescheid von Amts wegen (§ 700 Abs. 3 S. 1 ZPO), tritt die Fälligkeit der restlichen Verfahrensgebühr Nr. 1210 KV ebenfalls mit Eingang der Akten beim Prozessgericht ein. Da in diesem Fall keinesfalls Vorauszahlungspflicht besteht (→ § 12 Rn 51 f), ist die restliche Gebühr aufgrund der gegebenen Fälligkeit in jedem Fall (gegen den Antragsteller gem. § 22 Abs. 1 S. 2) per Sollstellung einzuziehen (→ Nr. 1210 KV Rn 65).

21 **e) Urkunden-, Wechsel- und Scheckmahnverfahren.** Hinsichtlich des Verfahrens nach Erlass eines Urkunden-, Scheck- oder Wechselmahnbescheids (§ 703 a ZPO) gelten hinsichtlich der Fälligkeit gegenüber dem zuvor dargestellten Mahnverfahren kostenrechtlich keine Besonderheiten. Die – nach Anrechnung – verbleibende Verfahrensgebühr wird ebenfalls erst mit Eingang der Akten beim Prozessgericht fällig. Zur Vorauszahlungspflicht → § 12 Rn 62 f.

22 **5. Urkunden- und Wechselprozess.** Auch in diesem Verfahren (§§ 592 ff ZPO) sind keine kostenrechtlichen Besonderheiten gegeben, so dass die Verfahrensgebühr mit Eingang des verfahrenseinleitenden Antrags fällig wird. Zur Vorauszahlungspflicht → § 12 Rn 18.

23 **6. Verfahren betreffend die Entschädigungsansprüche bei überlangen Gerichtsverfahren und strafrechtlichen Ermittlungsverfahren.** Die Verfahren nach dem Gesetz über den Rechtsschutz bei überlangen Gerichtsverfahren und strafrechtlichen Ermittlungsverfahren (ÜVerfBesG; s. § 198 GVG) gehören gem. § 201 Abs. 2 GVG ebenfalls zu den bürgerlichen Rechtsstreitigkeiten. Die für das erstinstanzliche Verfahren anfallenden Gebühren Nr. 1212–1214 KV (→ Nr. 1212 KV Rn 1 ff) werden somit ebenfalls mit Eingang der Klage fällig.

24 **7. Rechtsmittelverfahren.** Auch in einem Berufungs-, Revisions- oder Beschwerdeverfahren wird die für diese Instanz gesondert anfallende Gebühr (zB Nr. 1220 ff KV) mit Eingang der die Instanz einleitenden Rechtsmittelschrift gem. Abs. 1 fällig. Mangels Vorauszahlungspflicht (vgl §§ 10, 12 Abs. 1 S. 1) ist diese Gebühr zu diesem Zeitpunkt (§ 15 Abs. 1 KostVfg) gegen den Rechtsmittelführer per Sollstellung einzuziehen. Die Zulässigkeit der Rechtsmittelschrift ist (wie auch für einen Antrag in der ersten Instanz, → Rn 10 f) unbeachtlich.[7] Zur Wertberechnung s. § 45.

25 Sofern das Rechtsmittel einer besonderen Zulassung bedarf, tritt die Fälligkeit gem. **Abs. 1 S. 2** mit der Zulassung durch das Rechtsmittelgericht ein.

IV. Sanierungs- und Reorganisationsverfahren (Abs. 1 S. 1 Nr. 2)

26 Für die nach dem Kreditinstitute-Reorganisationsgesetz möglichen Sanierungs- bzw Reorganisationsverfahren fallen Gebühren gem. Nr. 1650/1651 KV bzw Nr. 1652/1653 KV an, die ebenfalls mit Eingang des Antrags fällig werden (→ Nr. 1650 ff KV Rn 1 ff).

V. Insolvenzverfahren und schifffahrtsrechtliche Verteilungsverfahren (Abs. 1 S. 1 Nr. 3)

27 Für das Insolvenzverfahren und auch das schifffahrtsrechtliche Verteilungsverfahren fallen grds. für die einzelnen Verfahrensabschnitte (zB Eröffnungsverfahren und eröffnetes Verfahren) gesonderte Verfahrensgebühren an (Nr. 2310/2311 KV und Nr. 2320 ff KV; Nr. 2410 und 2420 KV) an, die somit mit Eingang des Antrags fällig werden. Da die (gesonderten) Gebühren für die Durchführung des jeweiligen Verfahrens (zB Nr. 2320 KV bzw Nr. 2330 KV) jedoch einen Eröffnungsbeschluss voraussetzen, kann deren Fälligkeit naturgemäß erst mit der nach dem Eröffnungsbeschluss beginnenden Durchführung des Verfahrens eintreten[8]

---

7 OLG Dresden OLGR 2007, 801. **8** *Hartmann*, KostG, Nr. 2330 KV GKG Rn 6 f.

NK-GK/*Klos/Köpf*

und nicht bereits mit dem Antrag auf Eröffnung des Verfahrens. Zur Wertberechnung vgl § 58 iVm § 16 Abschn. I KostVfg und die diesbezügliche Kommentierung.

Zur Gebühr Nr. 2340 KV für einen besonderen Prüfungstermin → Rn 32 f.   28

VI. Rechtsmittelverfahren des gewerblichen Rechtsschutzes (Abs. 1 S. 1 Nr. 4)

Die in Rechtsmittelverfahren des gewerblichen Rechtsschutzes anfallenden Verfahrensgebühren (vgl   29
Nr. 1250 ff KV) werden aufgrund dieser ausdrücklichen Regelung ebenfalls mit Eingang der Rechtsmittelfrist fällig.

VII. Prozessverfahren vor den Gerichten der Verwaltungs-, Finanz- und Sozialgerichtsbarkeit (Abs. 1 S. 1 Nr. 5)

Da es sich insoweit nicht um bürgerliche Rechtsstreitigkeiten handelt, war die gesonderte Regelung gem.   30
Abs. 1 S. 1 Nr. 5 erforderlich, um auch für die in diesen Angelegenheiten anfallenden Verfahrensgebühren die Systematik des Abs. 1 beizubehalten.

Die Regelung gilt jedoch nur für die diesbezüglichen Prozessverfahren, deren Verfahrensgebühren in Teil 5   31
Hauptabschnitt 1, Teil 6 Hauptabschnitt 1 bzw Teil 7 Hauptabschnitt 1 geregelt sind.[9] Hinsichtlich der Gebühren für die weiteren Verfahren dieser Gerichtsbarkeiten (zB Nr. 5210 ff KV; Nr. 6210 ff KV) dürfte die Regelung des § 6 keine Anwendung finden und die Fälligkeit auch der Gebühren sich nach § 9 Abs. 2 richten.

VIII. Gebühren für Entscheidungen oder sonstige gerichtliche Handlungen (Abs. 2)

Die Bestimmung des Abs. 2 regelt die Fälligkeit von sog. **Aktgebühren**, die im Gegensatz zu den Verfahrens-   32
gebühren für konkrete einzelne Tätigkeiten des Gerichts erhoben werden. Entsprechend der Systematik, dass eine Gebühr nicht vor ihrer Entstehung fällig werden kann (→ Rn 1), tritt die Fälligkeit somit erst mit der jeweiligen gebührenpflichtigen Tätigkeit des Gerichts ein.

Da inzwischen sowohl in den bürgerlichen Rechtsstreitigkeiten als auch in den Verfahren der anderen Ge-   33
richtsbarkeiten für alle Rechtszüge weit überwiegend (pauschale) Verfahrensgebühren eingeführt wurden, mit denen die gesamte Tätigkeit des Gerichts in einem Verfahren, einer Instanz oder auch einem Verfahrensabschnitt abgegolten wird, beschränkt sich der Anwendungsbereich des Abs. 2 nur noch auf wenige Gebühren.[10] Hier ist insb. die Gebühr Nr. 1900 KV (Vergleich über nicht anhängige Verfahrensgegenstände), Nr. 1901 KV (Verzögerungsgebühr), Nr. 2340 KV (Besonderer Prüfungstermin im Insolvenzverfahren) und Nr. 2350 KV (Entscheidung über Restschuldbefreiungsantrag) zu erwähnen. Im Übrigen wird auf die Kommentierung zu den einzelnen Gebührentatbeständen verwiesen.

IX. Verfahren vor den Gerichten für Arbeitssachen (Abs. 3)

In Verfahren vor den Gerichten für Arbeitssachen (den Arbeits- und Landesarbeitsgerichten sowie dem   34
Bundesarbeitsgericht, § 1 ArbGG) bestimmt sich die **Fälligkeit der Kosten** (Gebühren und Auslagen, § 1 Abs. 1 S. 1 aE), auch soweit es sich um bürgerlich-rechtliche Streitigkeiten handelt (Urteilsverfahren des § 2 ArbGG), nicht nach Abs. 1 S. 1 Nr. 1, sondern nach § 9 (Abs. 3).

Dies bedeutet: Abweichend von Abs. 1 ist die Verfahrensgebühr nicht schon mit Einreichung der Klage bzw   35
des Antrags fällig, sondern erst, wenn

- eine unbedingte Entscheidung über die Kosten ergangen ist (§ 9 Abs. 2 Nr. 1),
- das Verfahren oder der Rechtszug durch Vergleich oder Rücknahme beendet ist (§ 9 Abs. 2 Nr. 2),
- das Verfahren sechs Monate ruht oder sechs Monate nicht betrieben worden ist (§ 9 Abs. 2 Nr. 3),
- das Verfahren sechs Monate unterbrochen oder ausgesetzt war (§ 9 Abs. 2 Nr. 4) oder
- das Verfahren durch anderweitige Erledigung beendet ist (§ 9 Abs. 2 Nr. 5).

Der Verweis auf die Verfahrensbeendigung durch Vergleich geht bzgl der Gebühren (nicht aber der Ausla-   36
gen) ins Leere, weil dann keine Gebühren anfallen (vgl Vorbem. 8 KV).

Ruht das Verfahren gem. § 55 Abs. 5 S. 1 ArbGG nach der Güteverhandlung länger als sechs Monate, gilt   37
dies als Klagerücknahme (§ 54 Abs. 5 S. 4 ArbGG, § 269 Abs. 3–5 ZPO). Daher fällt keine Gebühr Nr. 8210 KV an.[11]

Auch für die **Auslagen** gilt § 9.   38

---

9 *Oestreich/Hellstab/Trenkle*, GKG § 6 Rn 5 a f. **10** *Oestreich/Hellstab/Trenkle*, GKG § 6 Rn 6. **11** LAG RhPf LAGE § 54 ArbGG 1979 Nr. 4 (zur Vorgängernorm); aA LAG Köln AE 2009, 79.

39   Wenn, wie häufig bei der Zwangsvollstreckung arbeitsgerichtlicher Titel (§ 62 Abs. 2 ArbGG iVm § 764 ZPO), ein ordentliches Gericht zuständig ist, gilt Abs. 3 nicht.[12]

§ 7 Zwangsversteigerung und Zwangsverwaltung

(1) [1]Die Gebühren für die Entscheidung über den Antrag auf Anordnung der Zwangsversteigerung und über den Beitritt werden mit der Entscheidung fällig. [2]Die Gebühr für die Erteilung des Zuschlags wird mit dessen Verkündung und, wenn der Zuschlag von dem Beschwerdegericht erteilt wird, mit der Zustellung des Beschlusses an den Ersteher fällig. [3]Im Übrigen werden die Gebühren im ersten Rechtszug im Verteilungstermin und, wenn das Verfahren vorher aufgehoben wird, mit der Aufhebung fällig.

(2) [1]Absatz 1 Satz 1 gilt im Verfahren der Zwangsverwaltung entsprechend. [2]Die Jahresgebühr wird jeweils mit Ablauf eines Kalenderjahres, die letzte Jahresgebühr mit der Aufhebung des Verfahrens fällig.

I. Allgemeines

1   § 7 regelt die Fälligkeit von **Gebühren** für sämtliche nach dem Zwangsversteigerungsgesetz (ZVG) durchzuführenden Verfahren, somit nicht nur die echten Vollstreckungsverfahren, sondern auch die besonderen Verfahren des ZVG (§§ 172 ff ZVG), insb. die Verfahren zur Aufhebung einer Gemeinschaft, die sog. Teilungsversteigerung (§§ 180 ff ZVG). Die Fälligkeit der **Auslagen** bestimmt sich regelmäßig nach § 9 Abs. 2 (→ § 9 Rn 20 f).

2   In den (erstinstanzlichen) Verfahren des ZVG ist grds. zwischen zwei Gruppen von Gerichtskosten zu unterscheiden:

- den Verfahrenskosten gem. §§ 109, 155 Abs. 1 ZVG, die im Falle der Versteigerung dem Erlös vorweg entnommen werden, und
- den Kosten für die Entscheidung über einen Anordnungs- oder Beitrittsantrag sowie den Kosten für die Erteilung des Zuschlags.

3   Zu den Verfahrenskosten gem. § 109 ZVG gehören die Gebühren Nr. 2211–2213 KV, Nr. 2215, 2216 KV bzw die Jahresgebühr Nr. 2221 KV im Zwangsverwaltungsverfahren sowie die Nr. 2231, 2232 KV im Falle der Zwangsliquidation einer Bahneinheit.

4   Zu den Kosten für die Entscheidung über einen Anordnungs- oder Beitrittsantrag gehören die (Fest-)Gebühren gem. Nr. 2210, 2220, 2230 KV. Für die Erteilung des Zuschlags fällt die Gebühr Nr. 2214 KV an.

II. Fälligkeitszeitpunkte

5   Im Hinblick auf die Fälligkeitszeitpunkte unterscheidet **Abs. 1** beim Versteigerungsverfahren zwischen den Gebühren für das Verfahren bzw die Verfahrensabschnitte einerseits und den Gebühren für bestimmte Entscheidungen andererseits und übernimmt somit weitgehend die Systematik des § 6. Die Regelung des **Abs. 2** S. 2 berücksichtigt die Besonderheiten der Jahresgebühr in Zwangsverwaltungsverfahren.

III. Entscheidungsgebühren (Abs. 1 S. 1, 2; Abs. 2 S. 1)

6   **1. Entscheidung über den Antrag betreffend die Anordnung und den Beitritt (Abs. 1 S. 1; Abs. 2 S. 1).** Die (Fest-)Gebühren Nr. 2210, 2220, 2230 KV für die Entscheidung über einen Antrag auf Anordnung der Zwangsversteigerung bzw Zwangsverwaltung (vgl § 20 Abs. 1 ZVG) oder die Zulassung des Beitritts (vgl § 27 ZVG) werden mit der Entscheidung fällig. Dabei ist es unerheblich, ob dem Antrag entsprochen oder dieser (evtl. auch teilweise) zurückgewiesen wird.[1]

7   Die Entscheidung ist ergangen, wenn sie von dem zuständigen Organ unterzeichnet worden ist, sofern die Unterschrift nicht ausnahmsweise vor der Bekanntgabe zurückgenommen wird. Für die Fälligkeit der Gebühr ist die Bekanntgabe an die Beteiligten nicht erforderlich.[2]

8   **2. Erteilung des Zuschlags (Abs. 1 S. 2).** Die Gebühr **Nr. 2214 KV** für die Erteilung des Zuschlags wird mit dessen Verkündung im Versteigerungstermin oder in einem besonders anberaumten Verkündungstermin (§ 87 Abs. 1, 2, § 89) fällig. Die Zustellung (§ 88 ZVG) oder die Rechtskraft des Beschlusses ist für die Fälligkeit grds. unerheblich. Wird der Zuschlagsbeschluss jedoch im Rechtsmittelverfahren aufgehoben, entfällt die – dann bereits fällig gewesene Gebühr – rückwirkend wieder (vgl Anm. zu Nr. 2214 KV). Sofern die Gebühr bereits gezahlt wurde, muss eine Rückzahlung erfolgen.

---

12 *Hartmann*, KostG, § 6 GKG Rn 14. **1** *Oestreich/Hellstab/Trenkle*, GKG § 7 Rn 2. **2** *Stöber*, ZVG, Einl. Rn 20 Anm. 20.1, Rn 76 Anm. 76.2.

Wird der Zuschlag – aufgrund einer Anfechtung der Zuschlagsversagung – erst vom Beschwerdegericht erteilt, wird die Gebühr Nr. 2214 KV erst mit Zustellung dieses Beschlusses an den Ersteher fällig. Die Sonderregelung war erforderlich, da in diesem Fall der Zuschlagsbeschluss nicht bereits mit der Verkündung (§ 89 ZVG), sondern auch erst mit der Zustellung an den Ersteher wirksam wird (§ 104 ZVG). **9**

IV. Gebühren für das Verfahren im ersten Rechtszug (Abs. 1 S. 3)

1. Zwangsversteigerungsverfahren. Die zu den Kosten des Verfahrens gem. § 109 ZVG (→ Rn 2 f) gehörenden Gebühren Nr. 2211, 2213, 2215 KV werden – im Falle der Zuschlagserteilung – sämtlich im nachfolgenden Verteilungstermin (vgl §§ 105 ff ZVG) fällig. Obwohl es sich bei der Gebühr Nr. 2211 KV um eine Verfahrensgebühr handelt, ist aufgrund der Sonderregelung die Bestimmung des § 6 Abs. 1 nicht anwendbar. Zur Vorschusspflicht s. § 15. **10**

Im Falle einer außergerichtlichen Verteilung (§§ 143, 144 ZVG) fehlt es an einem gerichtlichen Verteilungstermin. Die Fälligkeit der Gebühren Nr. 2211, 2213, 2216 KV tritt dann im Falle des § 143 ZVG mit Einreichung der diesbezüglichen Unterlagen und im Falle des § 144 ZVG mit Ablauf der zweiwöchigen Frist für die Erhebung von Einwendungen ein.[3] **11**

Wird das Verfahren (zuvor) aufgehoben, werden die dann angefallenen Gebühren Nr. 2211 oder 2212 KV und evtl. Nr. 2213 KV mit der Aufhebung des (gesamten) Verfahrens fällig. Aufgrund der kostenrechtlichen Einheit des Verfahrens – die Gebühren Nr. 2211 ff KV fallen unabhängig von der Anzahl der betreibenden Gläubiger an – reicht die Aufhebung nur gegenüber einzelnen Gläubigern für die Fälligkeit der Gebühren nicht aus.[4] **12**

Eine lediglich einstweilige Einstellung des Verfahrens bewirkt die Fälligkeit (noch) nicht. **13**

2. Zwangsverwaltungsverfahren. Für das Zwangsverwaltungsverfahren wird für jedes begonnene Kalenderjahr (s. Anm. zu Nr. 2221 KV) eine gesonderte Gebühr gem. Nr. 2221 KV erhoben. Die Fälligkeit tritt gem. Abs. 2 S. 2 jeweils mit Ablauf des Kalenderjahres ein. Die Gebühr für das letzte Kalenderjahr, in dem die Aufhebung erfolgt, tritt bereits mit der Aufhebung ein. Zur Vorschusspflicht s. § 15 Abs. 2. **14**

V. Gebühren für das Rechtsmittelverfahren

Für die je nach Ausgang des Beschwerde- bzw Rechtsbeschwerdeverfahrens anfallenden Gebühren Nr. 2240–2243 KV fehlt eine spezielle Vorschrift, so dass diese Gebühren mit der jeweiligen Entscheidung des Beschwerdegerichts gem. § 9 Abs. 2 fällig werden.[5] **15**

§ 8 Strafsachen, Bußgeldsachen

[1]In Strafsachen werden die Kosten, die dem verurteilten Beschuldigten zur Last fallen, erst mit der Rechtskraft des Urteils fällig. [2]Dies gilt in gerichtlichen Verfahren nach dem Gesetz über Ordnungswidrigkeiten entsprechend.

I. Allgemeines

Die Vorschrift des § 8 regelt die Fälligkeit der Kosten in Strafsachen (S. 1) und in gerichtlichen Bußgeldverfahren (S. 2), die dem verurteilten Beschuldigten oder Betroffenen zur Last fallen. Diese Vorschrift geht den allgemeinen Regelungen der §§ 9 ff vor. In Straf- und Bußgeldsachen entstehen die vom verurteilten Beschuldigten oder Betroffenen zu erhebenden Kosten erst durch die Kostengrundentscheidung unter der aufschiebenden Bedingung ihrer Rechtskraft. Erst mit der Rechtskraft werden die Kosten fällig.[1] **1**

Die Kosten, die dem Beschuldigten oder Betroffenen aus einem anderen Grund zur Last fallen, werden, ebenso wenig wie die Kosten eines anderen Beteiligten, nicht von § 8 erfasst (→ Rn 9). **2**

II. Kosten des Verurteilten

1. Aus rechtskräftiger Verurteilung. Soweit der Beschuldigte oder der Betroffene verurteilt wird, werden Gebühren und Auslagen, die er nach der Kostenentscheidung zu tragen hat, erst **mit Rechtskraft des Urteils** oder einer anderweitigen Entscheidung (zB Strafbefehl) fällig, was hinsichtlich der Gebühren auch gar nicht anders möglich wäre, da diese nach Vorbem. 3.1 Abs. 1 KV erst mit Rechtskraft der Entscheidung entstehen. **3**

---

3 *Stöber*, ZVG, Einl. Rn 77 Anm. 77.11; *Oestreich/Hellstab/Trenkle*, GKG § 7 Rn 4. **4** *Oestreich/Hellstab/Trenkle*, GKG § 7 Rn 3. **5** *Oestreich/Hellstab/Trenkle*, GKG § 7 Rn 8. **1** KG Rpfleger 2015, 727.

4   Unerheblich ist in Strafsachen insoweit, ob eine Verurteilung in einem sog. **Offizialverfahren** oder einem **Privatklageverfahren** erfolgt ist.

5   Die Vorschrift gilt auch für die Gebühren eines **Adhäsionsverfahrens** (Nr. 3700 KV).

6   Eine rechtskräftige Verurteilung liegt auch dann vor, wenn das Gericht nach § 465 Abs. 1 S. 2 StPO von einer Strafe absieht. Gleiches gilt, wenn der für straffrei erklärte Beschuldigte nach § 468 StPO zur Kostentragung verurteilt wurde oder wenn auf eine Maßregel der Besserung und Sicherung erkannt worden ist, ohne dass gleichzeitig auch eine Strafe ausgesprochen worden ist.

7   Nicht ausreichend ist eine bloße Beendigung des Verfahrens. Es muss sich vielmehr um eine rechtskräftige Verurteilung handeln. Daher können zB bei faktischem Verfahrensstillstand oder Ruhen des Verfahrens ebenso wenig Kosten nach § 8 fällig gestellt werden wie beim Tod des Beschuldigten/Betroffenen, bei einer Zurücknahme der Privatklage oder in sonstigen Fällen.

8   **2. Aus sonstigen Gründen.** Kosten, die dem Beschuldigten oder dem Betroffenen aus anderen Gründen als einer rechtskräftigen Verurteilung zur Last fallen (etwa Kosten eines unbegründeten Wiedereinsetzungsantrags oder eines unbegründeten Wiederaufnahmeantrags, Mehrkosten im Falle des § 467 Abs. 2 und 3 StPO), werden nach den allgemeinen Regeln der §§ 9 ff fällig.

III. Sonstige Personen

9   Kosten, die einem nicht verurteilen Beschuldigten oder Betroffenen zur Last fallen, werden nach den allgemeinen Regelungen der §§ 9 ff fällig. Auch in Straf- und Bußgeldverfahren können einem Dritten Kosten auferlegt werden, zB einem **Zeugen** für dessen Ausbleiben oder einem **Privat- oder Nebenkläger.** Insoweit tritt die Fälligkeit nach § 9 mit der Rechtskraft der entsprechenden Entscheidung oder anderweitigen Beendigung der Instanz ein.

IV. Strafvollzugsverfahren

10   In Strafvollzugsverfahren gilt § 8 entsprechend. Gegebenenfalls hat der Kostenbeamte insoweit auf eine Entscheidung hinzuwirken.

§ 9 Fälligkeit der Gebühren in sonstigen Fällen, Fälligkeit der Auslagen

(1) [1]Die Gebühr für die Anmeldung eines Anspruchs zum Musterverfahren nach dem Kapitalanleger-Musterverfahrensgesetz wird mit Einreichung der Anmeldungserklärung fällig. [2]Die Auslagen des Musterverfahrens nach dem Kapitalanleger-Musterverfahrensgesetz werden mit dem rechtskräftigen Abschluss des Musterverfahrens fällig.

(2) Im Übrigen werden die Gebühren und die Auslagen fällig, wenn

1. eine unbedingte Entscheidung über die Kosten ergangen ist,
2. das Verfahren oder der Rechtszug durch Vergleich oder Zurücknahme beendet ist,
3. das Verfahren sechs Monate ruht oder sechs Monate nicht betrieben worden ist,
4. das Verfahren sechs Monate unterbrochen oder sechs Monate ausgesetzt war oder
5. das Verfahren durch anderweitige Erledigung beendet ist.

(3) Die Dokumentenpauschale sowie die Auslagen für die Versendung von Akten werden sofort nach ihrer Entstehung fällig.

I. Allgemeines

1   § 9 regelt in **Abs. 1** zunächst gesondert die Fälligkeit der Gebühren und Auslagen betreffend **Verfahren nach dem Kapitalanleger-Musterverfahrensgesetz** (KapMuG). Die **Gebühr** Nr. 1902 KV für die Anmeldung eines Anspruchs zum Musterverfahren nach dem KapMuG (§ 10 Abs. 2 KapMuG) wird gem. **Abs. 1 S. 1** bereits mit Eingang der Anmeldeerklärung fällig, unabhängig von deren Zustellung an die Verfahrensbeteiligten (→ Nr. 1902 KV Rn 10). Die **Auslagen** des erstinstanzlichen Musterverfahrens (s. Nr. 9018 KV) gehören zu den Kosten des jeweiligen Prozessverfahrens (§ 24 KapMuG). Diese Auslagen, für die keine Vorschuss- bzw Vorwegleistungspflicht besteht (→ § 17 Rn 56), werden aufgrund der Sonderregelung gem. **Abs. 1 S. 2** mit dem rechtskräftigen Abschluss des Musterverfahrens fällig (vgl iÜ die Erl. zu Nr. 9018 KV).

2   Darüber hinaus regelt die zentrale Bestimmung des **Abs. 2** einerseits die Fälligkeit (zur Definition → § 6 Rn 1) von **Gebühren** – insoweit jedoch nur als Auffangbestimmung (s. den Wortlaut in Abs. 2 „Im Übrigen …“), so dass zunächst jeweils zu prüfen ist, ob sich nicht eine anderweitige Fälligkeit der Gebühr aus spezi-

elleren Vorschriften, zB der §§ 6, 7 oder 8, ergibt.[1] Von der Fälligkeit der Gebühren ist die Vorauszahlungs- und Vorschusspflicht abzugrenzen, die in den §§ 12–14 geregelt ist (→ § 6 Rn 2, § 12 Rn 6 mwN). Die Bestimmung des Abs. 2 findet somit aufgrund der speziellen Regelung des § 6 Abs. 2 auch keine Anwendung auf sog. Aktgebühren (→ § 6 Rn 32 f).

Hinsichtlich der **Auslagen** (Nr. 9000 ff KV) regelt Abs. 2 die Fälligkeit für alle nach dem GKG abzurechnenden Verfahren – mit Ausnahme der Verfahren nach dem KapMuG (s. Abs. 1) sowie der Strafsachen und Ordnungswidrigkeitsverfahren (s. § 8). **3**

Abs. 3 enthält eine Spezialregelung für die Fälligkeit der Dokumentenpauschale und der Auslagen für die Aktenversendung. Auch hinsichtlich der Auslagen ist zwischen Fälligkeit einerseits und Vorauszahlungs- und Vorschusspflicht andererseits zu unterscheiden, die insoweit in § 17 geregelt ist (→ § 17 Rn 3). **4**

In **Verfahren vor den Gerichten für Arbeitssachen** bestimmt sich die Fälligkeit sowohl der Gebühren als auch der Auslagen aufgrund der Verweisung in § 6 Abs. 3 ausschließlich nach § 9 (Abs. 2 bzw 3). **5**

II. Fälligkeitszeitpunkt

Soweit Abs. 2 Anwendung findet, tritt die Fälligkeit einheitlich zu dem Zeitpunkt ein, zu dem das Verfahren in der Instanz beendet ist oder letztlich mangels tatsächlicher feststehender Erledigung als erledigt anzusehen ist, damit eine Abrechnung der Kosten erfolgen kann. Wann die kostenrechtliche Erledigung als gegeben anzusehen ist, wird in den Nr. 1–5 des Abs. 2 konkret geregelt. **6**

III. Gebühren in sonstigen Fällen und Auslagen (Abs. 2)

1. Gebühren in sonstigen Fällen. Die Fälligkeitsbestimmung des Abs. 2 kommt aufgrund der anderweitigen speziellen Regelungen des § 6 Abs. 1 und 2 (→ Rn 2) – mit Ausnahme der arbeitsgerichtlichen Verfahren (→ Rn 5) – hinsichtlich der Gebühren kaum noch zur Anwendung. Neben den arbeitsgerichtlichen Verfahren (→ Rn 5) ist sie auch auf Gebühren für Verfahren des einstweiligen Rechtsschutzes in den Verfahren vor den Gerichten der Verwaltungs-, Finanz- und Sozialgerichtsbarkeit anwendbar, soweit diese nicht von der Regelung des § 6 Abs. 1 S. 1 Nr. 5 erfasst werden (→ § 6 Rn 30 f). **7**

2. Auslagen. Die Regelung zur Fälligkeit der Auslagen gilt mit Ausnahme der Strafsachen (s. § 8) und der Verfahren nach dem KapMuG (s. Abs. 1) uneingeschränkt für sämtliche nach dem GKG abzurechnenden Verfahren. Der Zeitpunkt der Entstehung und der Fälligkeit ist hier somit regelmäßig nicht identisch. Zur Kostensicherung der Staatskasse besteht die Möglichkeit der Vorwegleistungs- oder Vorschusspflicht nach kostenrechtlichen und/oder verfahrensrechtlichen Bestimmungen. Für die Abrechnung von Auslagenvorschüssen vor Fälligkeit ist die Regelung des § 15 Abs. 2 KostVfg zu beachten (s. dazu die Erl. zu § 17). **8**

3. Die einzelnen Fälligkeitszeitpunkte (Abs. 2). a) Unbedingte Kostenentscheidung (Nr. 1). Dazu gehört jede Entscheidung, die nicht an eine Bedingung geknüpft ist. Die fehlende Rechtskraft stellt, anders als in Strafsachen (s. § 8), keine Bedingung dar.[2] Auch die Anfechtung der Entscheidung oder eine Einstellung der Zwangsvollstreckung hat auf die eingetretene Fälligkeit keine Auswirkungen.[3] **9**

Jedoch muss die Entscheidung **wirksam** sein. Sie muss demnach unter Berücksichtigung der entsprechenden verfahrensrechtlichen Vorschriften von dem zuständigen Organ erlassen worden sein (zB ordnungsgemäße Verkündung oder Bekanntgabe). Andernfalls liegt lediglich ein – die Fälligkeit nicht herbeiführender – interner Vorgang vor. Zur Frage, ob die Kostenentscheidung im Beschluss bei Erlass einer einstweiligen Verfügung oder eines Arrests auch ohne Zustellung an den Antragsgegner (s. § 929 Abs. 2, 3 ZPO, § 936 ZPO) wirksam geworden ist, → Nr. 1410 KV Rn 10. **10**

Ob es sich um eine die Instanz endgültig abschließende Entscheidung (Beschluss oder Urteil) handelt oder nicht, ist grds. unerheblich. So ist auch ein Versäumnisurteil ausreichend, um die Fälligkeit der bis dahin entstandenen Auslagen herbeizuführen. Sofern die Kostenentscheidung (ausnahmsweise) nur einen Teil des Verfahrens betrifft, kann diese Entscheidung auch nur hinsichtlich der bzgl dieses Verfahrensgegenstands entstandenen Auslagen die Fälligkeit bewirken.[4] Auch die Kostenentscheidung in einem Vorbehaltsurteil (§ 302 ZPO) bewirkt die Fälligkeit der Auslagen. **11**

Ein Teilurteil (§ 301 ZPO), sofern nicht ausnahmsweise eine Kostenentscheidung enthaltend, und das Grundurteil (§ 304 ZPO) hingegen bewirken mangels Kostenentscheidung die Fälligkeit der Auslagen nicht. **12**

b) Vergleich oder Zurücknahme (Nr. 2). Die Beendigung durch Vergleich kann sowohl durch gerichtlichen als auch außergerichtlichen Vergleich, der dem Gericht naturgemäß mitgeteilt werden muss, erfolgen. Der **13**

---

1 Binz/Dörndorfer/*Zimmermann*, GKG § 9 Rn 4. **2** Binz/Dörndorfer/*Zimmermann*, GKG § 9 Rn 4. **3** *Oestreich/Hellstab/Trenkle*, GKG § 9 Rn 3; BFH RVGreport 2009, 199. **4** *Oestreich/Hellstab/Trenkle*, GKG § 9 Rn 4.

Prozessvergleich muss wirksam sein, um das Verfahren zu beenden. Sofern ein Vergleich wirksam angefochten wird, entfällt die Fälligkeit rückwirkend und es muss die Prozessbeendigung abgewartet werden.[5]

14   Der Vergleich muss keine Kostenregelung enthalten (s. § 29 Nr. 2; § 98 ZPO). Ein Zwischenvergleich beendet das Verfahren nicht; ein Vergleich mit Widerrufsvorbehalt erst und nur dann, wenn kein fristgerechter Widerruf erfolgt ist.

15   Die Zurücknahme der Klage, des Antrags oder des Rechtsmittels muss die Beendigung des Verfahrens bzw der Instanz auch tatsächlich bewirken. Dies ist zB nicht der Fall, wenn bei wechselseitigen Rechtsmitteln nur eine Partei ihr Rechtsmittel zurücknimmt oder solange eine notwendige Zustimmung des Gegners (zB § 269 Abs. 1 ZPO für die Klage, nicht jedoch für eine Berufungsrücknahme, vgl § 516 Abs. 1 ZPO) fehlt.

16   **c) Ruhen oder Nichtbetreiben des Verfahrens (Nr. 3).** Diese Regelung ermöglicht die Abrechnung aller bisher entstandenen Kosten (Gebühren und Auslagen) der Instanz, obwohl verfahrensrechtlich noch keine endgültige Beendigung gegeben ist. Die Fälligkeit tritt einerseits ein, wenn seit der förmlichen Anordnung des Ruhens durch das Gericht (§§ 251, 251 a Abs. 3 ZPO) **sechs Monate** vergangen sind. Andererseits ist die Fälligkeit ebenfalls gegeben, wenn die Beteiligten (Parteien) das Verfahren sechs Monate nicht betreiben, somit an der weiteren Rechtsverfolgung offenbar kein Interesse mehr besteht. Die Fälligkeit wird nicht rückwirkend beseitigt, sofern die Beteiligten das Verfahren nach diesem Zeitpunkt zulässig wieder aufnehmen.

17   **d) Unterbrechung oder Aussetzung des Verfahrens (Nr. 4).** Ein Nichtbetreiben des Verfahrens iSd Abs. 1 Nr. 3 setzt voraus, dass das Verfahren durch die Beteiligten betrieben werden könnte. Dies ist jedoch nicht der Fall, wenn das Verfahren kraft Gesetzes (zB wegen Eröffnung des Insolvenzverfahrens gem. § 240 ZPO) nicht betrieben wird. Die sechsmonatige Frist beginnt, sofern nicht eine förmliche Anordnung der Aussetzung erforderlich ist (zB §§ 246, 247 ZPO), mit dem objektiven Eintritt der Unterbrechung.[6]

18   **e) Anderweitige Erledigung (Nr. 5).** Insoweit handelt es sich um eine **Auffangbestimmung**, die die Fälligkeit bewirkt, sofern das Verfahren erledigt ist und nicht einer der Tatbestände der Nr. 1–4 bereits erfüllt ist. Als eine solche „anderweitige Erledigung" ist die Erledigungserklärung ohne Kostenentscheidung und auch die Zurückverweisung eines Verfahrens der Rechtsmittelinstanz an die untere Instanz ohne Kostenentscheidung anzusehen.[7]

19   Im **selbständigen Beweisverfahren** (§§ 485 ff ZPO) ergeht im Regelfall keine Kostenentscheidung (vgl § 494 a Abs. 2 ZPO). Die diesbezüglichen Auslagen (Fälligkeit der Gebühr Nr. 1610 KV gem. § 6 Abs. 1 Nr. 1) werden somit, sofern nicht ausnahmsweise eine Fälligkeit gem. Nr. 1–4 gegeben ist, mit der Beendigung dieses Verfahrens gem. Nr. 5 fällig. Diese Beendigung ist regelmäßig mit der Bekanntgabe des Beweisergebnisses an die Parteien gegeben, sofern nicht (ausnahmsweise) eine Ergänzung zB des Sachverständigengutachtens beantragt wird.[8] Die unter Berücksichtigung gezahlter Auslagenvorschüsse verbleibenden Auslagen sind dann gegen den Antragsteller dieses Verfahrens (§ 22 Abs. 1 S. 1) mittels Sollstellung anzufordern, unabhängig davon, dass sie auch zu den (zumeist später abzurechnenden) Kosten der Hauptsache gehören.[9]

20   Die Auslagen in **Verfahren des Zwangsversteigerungsgesetzes** werden im Regelfall gem. Nr. 5 nach der Erlösverteilung oder Aufhebung des Verfahrens fällig. Dies gilt jedoch nur für die Auslagen, die zu den Kosten des Verfahrens gem. § 109 ZVG gehören (→ § 7 Rn 2 f).

21   Die Auslagen, die eine Entscheidung über die Anordnung des Verfahrens, die Zulassung des Beitritts oder die Zuschlagserteilung betreffen – zumeist Auslagen für Zustellung dieser Entscheidungen gem. Nr. 9002 KV –, werden jedoch mit dieser Entscheidung fällig. Aufgrund der kostenrechtlichen Eigenständigkeit dieser Teile des Verfahrens (vgl zB Nr. 2210, 2214 KV bzw § 26) erscheint eine entsprechende Anwendung des § 7 angezeigt.[10]

IV. Fälligkeit der Dokumentenpauschale und der Aktenversendungspauschale (Abs. 3)

22   Die Regelung gilt für die Auslagen zur Herstellung und Überlassung von Dokumenten (Nr. 9000 KV) und für die Versendung von Akten (Nr. 9003 KV).

23   Die Fälligkeit tritt insoweit als Ausnahmeregelung zu Abs. 1 sofort mit Entstehung der Auslagen ein und ermöglicht den Ansatz dieser speziellen Auslagen bereits während des Verfahrens (§ 15 Abs. 1 KostVfg). Zur Vorauszahlungspflicht → § 17 Rn 39 ff. Zur Frage der konkreten Entstehung dieser Auslagen und zur Haftung s. die Erl. zu Nr. 9000 KV, zu Nr. 9003 KV und zu § 28.

24   Abs. 3 gilt für alle nach dem GKG abzurechnenden Verfahren, in denen diese Auslagen anfallen können.

---

5 *Oestreich/Hellstab/Trenkle*, GKG § 9 Rn 5.   **6** *Oestreich/Hellstab/Trenkle*, GKG § 9 Rn 6.   **7** OLG Celle 3.4.2013 – 2 W 73/13, nv; Binz/Dörndorfer/Zimmermann, GKG § 9 Rn 4.   **8** LG Stuttgart NJW-RR 2013, 62.   **9** OLG Koblenz AGS 2011, 585. **10** *Oestreich/Hellstab/Trenkle*, GKG § 7 Rn 9.

Abschnitt 3
Vorschuss und Vorauszahlung

§ 10 Grundsatz für die Abhängigmachung

In weiterem Umfang als die Prozessordnungen und dieses Gesetz es gestatten, darf die Tätigkeit der Gerichte von der Sicherstellung oder Zahlung der Kosten nicht abhängig gemacht werden.

I. Allgemeines

1. Kostensicherung. Der Staat ist grds. verpflichtet, ohne vorherige Zahlung oder Sicherstellung der Gerichtskosten Rechtsschutz zu gewähren.[1] § 10 schreibt daher vor, dass nur in den in den Prozessordnungen und im GKG gesetzlich ausdrücklich geregelten Ausnahmefällen (→ Rn 11 ff) die Tätigkeit des Gerichts von der Vorauszahlung bzw Sicherstellung der Gerichtskosten abhängig gemacht werden darf. In allen übrigen Fällen muss das Gericht ohne Sicherstellung oder Vorauszahlung tätig werden. Eine entsprechende Anwendung auf andere Fälle ist daher unzulässig.[2] § 10 dient der Sicherung des Gerichtskostenanspruchs des Staates und ermöglicht in den genannten Fällen einen frühzeitigen Kostenansatz.

Die §§ 12–18 finden auf Verfahren nach dem ArbGG keine Anwendung (s. § 11 und → Rn 13).

2. Begriffsbestimmung. a) Vorschuss. Vorschusserhebung liegt vor, wenn Kosten (Gebühren und Auslagen, § 1 Abs. 1 S. 1) bereits vor deren **Fälligkeit** (= Einziehbarkeit; Einforderbarkeit; Berechtigung zur Geltendmachung) gefordert werden.[3] Die Fälligkeit wird hier im Ergebnis vorverlegt. Die Fälligkeit der Gebühren und Auslagen ist in §§ 6–9 geregelt. Eine Vorschusserhebung ist daher zB für Auslagen in § 17 (Fälligkeit: § 9 Abs. 2) geregelt (zu einem weiteren Gebührenvorschuss nach dem Mahnverfahren → Rn 8).

Ein Vorschuss wird durch sog. **Sollstellung** vom Zahlungspflichtigen eingefordert, wenn die Tätigkeit des Gerichts nicht von der vorherigen Vorschusszahlung abhängig und damit der Eingang des Vorschusses vom Gericht nicht zu überwachen ist (Abhängigmachung/Vorauszahlungspflicht; → Rn 6);[4] vgl § 25 KostVfg.[5] Bei der Sollstellung wird gem. § 25 Abs. 1 KostVfg die Buchung des zu erhebenden Betrags im Sachbuch der Kasse, die dortige Überwachung des Zahlungseingangs und im Fall der Nichtzahlung die selbständige Einziehung durch die **Vollstreckungsbehörde** bewirkt. Das Verfahren bei der Sollstellung richtet sich gem. § 25 Abs. 2 KostVfg nach den näheren Bestimmungen des Bundesministeriums der Justiz und für Verbraucherschutz oder der jeweiligen Landesjustizverwaltung.[6]

Die Vorschusserhebung ist nicht zwingend mit der Abhängigmachung der Tätigkeit des Gerichts von der Vorschusszahlung verbunden (Vorauszahlungspflicht/Abhängigmachung; vgl § 26 KostVfg).

b) Abhängigmachung/Vorauszahlungspflicht. Abhängigmachung (oder auch **Vorauszahlungspflicht**) liegt vor, wenn die Zustellung einer Klage, die Tätigkeit des Gerichts bzw eine gerichtliche Handlung von der vorherigen Zahlung von Kosten abhängig gemacht wird, zB § 12 Abs. 1 und 3, § 17 Abs. 1 und 2 (vgl §§ 20, 26 KostVfg). Erfolgt keine Zahlung oder Sicherstellung der geforderten Kosten, nimmt das Gericht die Zustellung oder die beantragte Handlung nicht vor. Die Überwachung der Einzahlung der Kosten erfolgt daher – anders als bei der Sollstellung (→ Rn 4) – nicht durch die Vollstreckungsbehörde, sondern durch das Gericht. Die vorauszuzahlenden Kosten werden vom Kostenbeamten gem. § 26 Abs. 1 S. 1 KostVfg ohne Sollstellung und Beteiligung der Vollstreckungsbehörde unmittelbar beim Zahlungspflichtigen angefordert. Die genaue Ausgestaltung der Kostenanforderung ohne Sollstellung richtet sich nach den jeweiligen näheren Bestimmungen des Bundesministeriums der Justiz und für Verbraucherschutz oder der jeweiligen Landesjustizverwaltung (§ 26 Abs. 1 S. 3 KostVfg).[7]

Die Kostenanforderung (ohne Sollstellung) ist grds. dem Antragsteller selbst zuzusenden, da dieser **Kostenschuldner** ist (§ 22 Abs. 1 S. 1).[8] Sofern der Zahlungspflichtige von einem **Bevollmächtigten** (zB Prozess- oder Verfahrensbevollmächtigten) vertreten wird, soll die Kostenanforderung grds. diesem zur Vermittlung der Zahlung zugesandt werden (§ 26 Abs. 6 KostVfg).[9] Wird die Kostenanforderung in diesem Falle gleichwohl dem Zahlungspflichtigen zugesandt, sollte dem Bevollmächtigten stets eine Abschrift der Kostenrechnung zur Kenntnisnahme übersandt werden. Dem Bevollmächtigten wird durch die übersandte Kostenrechnung das Aktenzeichen des Verfahrens bekanntgegeben, zudem kann er für die Zahlung durch den Kosten-

---

1 *Oestreich/Hellstab/Trenkle*, GKG § 12 Rn 2. **2** OLG Düsseldorf NJW-RR 2000, 368 = AGS 2000, 159. **3** *Oestreich/Hellstab/Trenkle*, GKG § 12 Rn 4, § 14 Rn 7. **4** LG Berlin JurBüro 1985, 1369. **5** Vgl zB Nordrhein-Westfalen: ggf automatisierte Sollstellung im JUDICA-Kostenmodul, Rechnungsart „Kostenrechnung". **6** In NRW: Verfahren JUKOS. **7** Vgl zB Nordrhein-Westfalen: JUDICA-Kostenmodul, Rechnungsart „Vorschuss-Kostenrechnung". **8** BGH NJW 2015, 2666 = AGS 2015, 599 = JurBüro 2015, 603; BGH NJW-Spezial 2015, 642 = ZMR 2015, 875. **9** KG Schaden-Praxis 2002, 216.

schuldner sorgen. Es besteht iÜ keine gesetzliche Verpflichtung, die vorauszuzahlenden Gebühren oder Auslagen ohne Anforderung des Gerichts zu zahlen.[10]

8 Die Abhängigmachung kann sich auf **fällige**, aber auch auf **nicht fällige** Kosten (Gebühren und Auslagen) beziehen (zur Fälligkeit s. §§ 6–9). Sind Kosten noch nicht fällig, ist die Tätigkeit des Gerichts von der vorherigen **Vorschuss**zahlung (→ Rn 3) abhängig. Nach Widerspruch gegen den Mahnbescheid und Abgabeantrag des Antragstellers entsteht die Verfahrensgebühr Nr. 1210 KV und wird fällig erst mit dem Eingang der Akten bei dem Gericht (vgl Anm. zu Nr. 1210 KV). Das Mahngericht macht die Abgabe an das Gericht gem. § 12 Abs. 3 S. 3 und 4 GKG daher von der Zahlung einer nicht fälligen Gebühr abhängig und erhebt einen **Gebührenvorschuss** (→ § 12 Rn 53, Nr. 1210 KV Rn 62). Da in Verfahren vor den Gerichten für **Arbeitssachen** gem. §§ 6 Abs. 3, 9 die Verfahrensgebühren Nr. 8212, 8214 KV nicht mit Klageeinreichung fällig werden, werden diese nach §§ 11 S. 2, 12 a in Verfahren wegen überlanger Gerichtsverfahren und strafrechtlicher Ermittlungsverfahren vorauszuzahlenden Gebühren ebenfalls vorschussweise erhoben (→ § 12 Rn 4).[11]

9 **Beispiel (Vorauszahlung fälliger Kosten):** Rechtsanwalt R reicht für seinen Mandanten die Zahlungsklage über 5.000 € ein.

Die nach einem Wert iHv 5.000 € berechnete Verfahrensgebühr Nr. 1210 KV ist gem. § 6 Abs. 1 Nr. 1 mit der Einreichung der Klageschrift fällig geworden. Gemäß § 12 Abs. 1 S. 1 soll die Klage erst nach Zahlung der Verfahrensgebühr Nr. 1210 KV zugestellt werden. Unterbleibt die Zahlung, erfolgt keine Zustellung der Klageschrift (aber → § 12 Rn 36 ff).

10 **Beispiel (Vorschusserhebung und Vorauszahlung nicht fälliger Kosten):** Auf Antrag einer Partei holt das Gericht ein Sachverständigengutachten ein. Das Verfahren wird einige Zeit später durch Vergleich beendet.

Die nach dem JVEG zu berechnende Sachverständigenvergütung wird gem. § 9 Abs. 2 Nr. 2 erst mit Beendigung des Rechtszugs durch den Vergleich fällig. Nach § 17 Abs. 1 S. 1 hat aber die die Einholung beantragende Partei einen hinreichenden Vorschuss für die Sachverständigenkosten einzuzahlen. Nach § 17 Abs. 1 S. 2 bzw §§ 379, 402 ZPO kann das Gericht die Einholung des Gutachtens sogar von der vorherigen Zahlung des Vorschusses abhängig machen. Unterbleibt die Zahlung, wird das Gutachten nicht eingeholt.

II. Ausnahmen vom Verbot der Kostensicherung

11 **1. Ausnahmen im GKG.** Das GKG lässt als Ausnahme von § 10 in den in §§ 12 Abs. 1, 3–6, 13, 17 Abs. 1 S. 2, 2 aufgeführten Fällen eine vorherige Sicherstellung oder Vorauszahlung von Kosten zu.

12 Eine Abhängigmachung nach §§ 12 und 13 ist aber in den in § 14 geregelten Ausnahmefällen nicht vorzunehmen: Bewilligung von **Prozesskostenhilfe** für den Antragsteller, § 14 Nr. 1 (→ Rn 16); Gebühren- oder auch Kostenfreiheit für den Antragsteller, § 14 Nr. 2; schwierige Vermögenslage des Antragstellers, § 14 Nr. 3 Buchst. a; drohender Schaden infolge Verzögerung durch die Abhängigmachung, § 14 Nr. 3 Buchst. b; wegen der Einzelheiten wird auf die Erl. zu § 14 verwiesen. Eine Abhängigmachung erfolgt nach § 12 Abs. 2 insb. auch nicht für die Widerklage.

13 **2. Ausnahmen in der Prozessordnung.** Eine Abhängigmachung ist auch zulässig, soweit diese durch die jeweils einschlägige Prozessordnung zugelassen wird. Diese Prozessordnungen ergeben sich aus § 1. In **bürgerlichen Rechtsstreitigkeiten** nach der ZPO ist gem. § 379 ZPO (Zeugenvorschuss) und § 402 ZPO (Sachverständigenvorschuss) eine vorherige Sicherstellung oder Vorauszahlung von Kosten zulässig (ausf. → § 17 Rn 26 ff, 32).[12] Im **Privatklageverfahren** nach der StPO ist in §§ 379 a Abs. 2 und 390 Abs. 4 StPO eine Abhängigmachung vorgesehen (vgl auch § 16). Im Verfahren nach dem **ArbGG** sind gem. § 11 Vorschusserhebung und Abhängigmachung ausgeschlossen. Das gilt allerdings nicht mehr, wenn die Arbeitsgerichtsbarkeit ein Verfahren an ein ordentliches Gericht verweist. Dann findet § 11 keine Anwendung mehr und kann das ordentliche Gericht seine weitere Tätigkeit von der Zahlung der Verfahrensgebühr Nr. 1210 KV auch dann abhängig machen, wenn bereits vor dem Arbeitsgericht ein Verhandlungstermin stattgefunden hat.[13]

14 **3. Weitere Ausnahmen.** Auch die in anderen Bundesgesetzen vorgesehene Sicherstellung oder Abhängigmachung von der vorherigen Kostenzahlung ist zu beachten. Daher finden zB § 9 JVEG (vorherige Zahlung der besonderen Sachverständigenvergütung an die Staatskasse) und § 4 GvKostG (Vorschusszahlung vor Durchführung des Auftrags) Anwendung.[14]

---

10 BGH NJW 1993, 2811 = JurBüro 1994, 107; LG München I NJW-RR 2011, 1384. **11** N. *Schneider*, RVGreport 2012, 82. **12** *Meyer*, GKG § 10 Rn 4. **13** OLG Brandenburg MDR 1998, 1119 = JurBüro 1998, 548; AG Elmshorn AGS 2010, 385 = MDR 2009, 1357, Verweisung von der kostenfreien Sozialgerichtsbarkeit an die Zivilgerichtsbarkeit; aA *Meyer*, GKG § 12 Rn 3. **14** *Meyer*, GKG § 10 Rn 4.

III. Rechtsbehelfe

Gegen den gerichtlichen Beschluss über eine Vorauszahlung findet unter den Voraussetzungen des § 67   15
Abs. 1 die Beschwerde statt (s. hierzu die Erl. zu § 67). Voraussetzung hierfür ist aber, dass die Anordnung
der Vorauszahlung ihre Grundlage in den Bestimmungen des GKG hat (§ 12 Abs. 1 und 3–6, §§ 13, 17).
Erfolgt die Anordnung der Vorauszahlung dagegen nach der anwendbaren Prozessordnung (zB §§ 379, 402
ZPO), richtet sich die Anfechtung nach den entsprechenden Bestimmungen dieser Verfahrensordnung (ggf
auch nach dem JVEG oder GvKostG, → Rn 14) und ist im Regelfall ausgeschlossen (→ § 67 Rn 4). Gegen
die in § 17 Abs. 2 geregelte und vom Kostenbeamten vorzunehmende Abhängigmachung ist gem. § 67
Abs. 2 die Erinnerung gem. § 66 zulässig (→ § 67 Rn 14 f). Auf die entsprechenden Erl. zu §§ 12 ff wird
verwiesen.

IV. Besonderheiten bei Prozesskostenhilfe

Ist dem Kläger, dem Berufungskläger oder dem Revisionskläger PKH ohne Zahlungsbestimmung bewilligt   16
worden, muss auch dessen Gegner gem. § 122 Abs. 2 ZPO keine Vorauszahlungen leisten. Ist aber dem Beklagten PKH bewilligt worden, ist nur dieser gem. § 14 Nr. 1 von Vorauszahlungen befreit, nicht aber der
Kläger. § 122 Abs. 2 ZPO gilt hier nicht.

V. Verwaltungsbestimmungen

Die Aufgaben des Kostenbeamten bei der Vorauszahlung bzw Sicherstellung der Gerichtskosten richten   17
sich nach §§ 20 und 21 KostVfg. Wegen der Einzelheiten wird auf die Erl. zu §§ 12 ff verwiesen.

§ 11 Verfahren nach dem Arbeitsgerichtsgesetz

[1]In Verfahren vor den Gerichten für Arbeitssachen sind die Vorschriften dieses Abschnitts nicht anzuwenden; dies gilt für die Zwangsvollstreckung in Arbeitssachen auch dann, wenn das Amtsgericht Vollstreckungsgericht ist. [2]Satz 1 gilt nicht in Verfahren wegen überlanger Gerichtsverfahren (§ 9 Absatz 2 Satz 2
des Arbeitsgerichtsgesetzes).

In Verfahren vor den Gerichten für Arbeitssachen (den Arbeits- und Landesarbeitsgerichten sowie dem   1
Bundesarbeitsgericht, § 1 ArbGG) sind die Vorschriften des 3. Abschnitts des GKG („Vorschuss und Vor-
auszahlung") nicht anzuwenden (**S. 1 Hs 1**). Das bedeutet: Es besteht **keine Vorschusspflicht für** gerichtliche
Gebühren (§ 12 Abs. 1) **und Auslagen** (§ 17). Es kann daher kein Vorschuss für die Zeugenladung oder die
Sachverständigenbestellung gefordert werden.[1]

Keine Vorschusspflicht besteht auch, wenn das Arbeitsgericht als Vollstreckungsorgan handelt und sogar,   2
wenn das Amtsgericht Vollstreckungsgericht arbeitsgerichtlicher Titel ist (**S. 1 Hs 2**). Gerichtsvollzieher sind
zur Vorschusserhebung bzgl Gebühren (anders bzgl Auslagen) nicht berechtigt (§ 4 Abs. 1 S. 4 GvKostG).

§ 12 Verfahren nach der Zivilprozessordnung

(1) [1]In bürgerlichen Rechtsstreitigkeiten soll die Klage erst nach Zahlung der Gebühr für das Verfahren im
Allgemeinen zugestellt werden. [2]Wird der Klageantrag erweitert, soll vor Zahlung der Gebühr für das Verfahren im Allgemeinen keine gerichtliche Handlung vorgenommen werden; dies gilt auch in der Rechtsmittelinstanz. [3]Die Anmeldung zum Musterverfahren (§ 10 Absatz 2 des Kapitalanleger-Musterverfahrensgesetzes) soll erst nach Zahlung der Gebühr nach Nummer 1902 des Kostenverzeichnisses zugestellt werden.
(2) Absatz 1 gilt nicht
1. für die Widerklage,
2. für europäische Verfahren für geringfügige Forderungen,
3. für Rechtsstreitigkeiten über Erfindungen eines Arbeitnehmers, soweit nach § 39 des Gesetzes über Arbeitnehmererfindungen die für Patentstreitsachen zuständigen Gerichte ausschließlich zuständig sind,
   und
4. für die Restitutionsklage nach § 580 Nummer 8 der Zivilprozessordnung.

---

1 Germelmann u.a./*Germelmann*, ArbGG, § 12 Rn 74.

(3) [1]Der Mahnbescheid soll erst nach Zahlung der dafür vorgesehenen Gebühr erlassen werden. [2]Wird der Mahnbescheid maschinell erstellt, gilt Satz 1 erst für den Erlass des Vollstreckungsbescheids. [3]Im Mahnverfahren soll auf Antrag des Antragstellers nach Erhebung des Widerspruchs die Sache an das für das streitige Verfahren als zuständig bezeichnete Gericht erst abgegeben werden, wenn die Gebühr für das Verfahren im Allgemeinen gezahlt ist; dies gilt entsprechend für das Verfahren nach Erlass eines Vollstreckungsbescheids unter Vorbehalt der Ausführung der Rechte des Beklagten. [4]Satz 3 gilt auch für die nach dem Gesetz über Gerichtskosten in Familiensachen zu zahlende Gebühr für das Verfahren im Allgemeinen.

(4) [1]Absatz 3 Satz 1 gilt im Europäischen Mahnverfahren entsprechend. [2]Wird ein europäisches Verfahren für geringfügige Forderungen ohne Anwendung der Vorschriften der Verordnung (EG) Nr. 861/2007 fortgeführt, soll vor Zahlung der Gebühr für das Verfahren im Allgemeinen keine gerichtliche Handlung vorgenommen werden.

(5) Über den Antrag auf Abnahme der eidesstattlichen Versicherung soll erst nach Zahlung der dafür vorgesehenen Gebühr entschieden werden.

(6) [1]Über Anträge auf Erteilung einer weiteren vollstreckbaren Ausfertigung (§ 733 der Zivilprozessordnung) und über Anträge auf gerichtliche Handlungen der Zwangsvollstreckung gemäß § 829 Absatz 1, §§ 835, 839, 846 bis 848, 857, 858, 886 bis 888 oder § 890 der Zivilprozessordnung soll erst nach Zahlung der Gebühr für das Verfahren und der Auslagen für die Zustellung entschieden werden. [2]Dies gilt nicht bei elektronischen Anträgen auf gerichtliche Handlungen der Zwangsvollstreckung gemäß § 829 a der Zivilprozessordnung.

I. Allgemeines

1. Regelungsgehalt und Systematik. Zweck der in § 12 normierten Vorauszahlungspflicht ist die Sicherung   1
der Staatskasse vor Ausfällen an Gebühren.[1] § 12 behandelt **abschließend** (§ 10) die Vorauszahlungspflicht
hinsichtlich der in Verfahren nach der Zivilprozessordnung anfallenden Gebühren. Abs. 1 gilt somit nur für
die ausdrücklich genannten **bürgerlichen Rechtsstreitigkeiten** (zu WEG-Sachen → Rn 18; zu Baulandsachen
→ Rn 20), die Abs. 3–6 für die dort genannten übrigen Verfahren (→ Rn 51 ff). Eine erweiternde oder entsprechende Anwendung ist daher nicht möglich; die Vorschrift ist eng auszulegen.[2] Abs. 2 regelt Ausnahmen von der in Abs. 1 normierten Vorauszahlungspflicht.

§ 14 stellt klar, in welchen Fällen Gebühren als Ausnahme von § 12 nicht vorauszuzahlen sind. § 17 regelt
die Vorschuss- und Vorauszahlungspflicht hinsichtlich der **Auslagen** (Teil 9 KV).[3] Regelungen zur **Fälligkeit**
der Gebühren und Auslagen befinden sich in §§ 6–9.

2. Anwendungsbereich. § 12 ist nach der Überschrift nur in Verfahren nach der Zivilprozessordnung an-   2
wendbar und regelt insoweit abschließend die Vorauszahlungspflicht der von Abs. 1–6 erfassten Gebühren.[4] Erfasst von der Vorauszahlungspflicht nach § 12 in Verfahren nach der ZPO werden aber nur

- bürgerliche Rechtsstreitigkeiten (Abs. 1 und 2; → Rn 18 ff),
- Mahnverfahren (Abs. 3 und 4; → Rn 51 ff) sowie
- bestimmte Zwangsvollstreckungssachen (Abs. 5 und 6; → Rn 69 ff).

Keine bürgerliche Rechtsstreitigkeit ist trotz § 404 Abs. 2 StPO das **strafrechtliche Adhäsionsverfahren** nach
§§ 403 ff StPO (s. Nr. 3700 KV). Für die Vorauszahlungspflicht der Gebühr Nr. 2410 KV sowie der Auslagen nach Nr. 9004 KV im **Schifffahrtsrechtlichen Verteilungsverfahren** gilt § 13.

In Verfahren nach dem Gesetz über den Rechtsschutz bei überlangen Gerichtsverfahren und strafrechtli-   2a
chen Ermittlungsverfahren (ÜVerfBesG)[5] richtet sich die Vorauszahlungspflicht der in der **ordentlichen Gerichtsbarkeit** anfallenden Verfahrensgebühren (Nr. 1212 und 1214 KV) nach Abs. 1. Denn auf das erstinstanzliche Verfahren vor dem **OLG** bzw dem **BGH** (s. dazu Nr. 1212 KV und → Nr. 1214 KV Rn 1 f) sind
nach § 201 Abs. 2 S. 1, 2 GVG die Vorschriften der Zivilprozessordnung über das Verfahren vor den Landgerichten im ersten Rechtszug entsprechend anzuwenden. Für die **Fachgerichtsbarkeiten** erklärt § 12 a die
Regelung des Abs. 1 für entsprechend anwendbar.[6]

Für die Vorauszahlungspflicht von Gebühren in **Familiensachen** gilt § 14 FamGKG. Die Vorauszahlungs-   3
pflicht in dem in **Familienstreitsachen** (§ 112 FamFG) möglichen Mahnverfahren (§ 113 Abs. 2 FamFG)
richtet sich wegen § 1 S. 3 FamGKG und § 1 Abs. 1 S. 1 Nr. 1 aber nicht nach dem FamGKG, sondern nach
dem GKG (Abs. 3 S. 4; → Rn 64).[7]

§ 12 gilt **nicht** für Gebühren in Verfahren nach der **Verwaltungsgerichtsordnung**, der **Finanzgerichtsord-**   4
nung und dem **Sozialgerichtsgesetz**. Eine Ausnahme besteht nur in Verfahren nach dem Gesetz über den
Rechtsschutz bei überlangen Gerichtsverfahren und strafrechtlichen Ermittlungsverfahren (ÜVerfBesG).[8]
Dann ist Abs. 1 gem. § 12 a entsprechend anwendbar; auf die Erl zu § 12 a wird verwiesen. Für die Vorauszahlung von Auslagen (Teil 9 KV) in diesen Verfahren gilt § 17. In Verfahren nach dem **Arbeitsgerichtsge-**
setz ist gem. § 11 die Vorschuss- und Vorauszahlungspflicht sowohl für Gebühren als auch für Auslagen
ausgeschlossen. Das gilt allerdings nicht mehr, wenn die Arbeitsgerichtsbarkeit ein Verfahren an ein ordentliches Gericht verweist. Dann findet § 11 keine Anwendung mehr und kann das ordentliche Gericht seine
weitere Tätigkeit von der Zahlung der Verfahrensgebühr Nr. 1210 KV GKG auch dann abhängig machen,
wenn bereits vor dem ArbG ein Verhandlungstermin stattgefunden hat.[9] Das gilt auch, wenn ein Rechtsstreit von einem Verwaltungsgericht an ein ordentliches Gericht verwiesen wird.[10] Bei der Verweisung eines
Rechtsstreits aus einer Fachgerichtsbarkeit an ein ordentliches Gericht darf dieses seine weitere Tätigkeit
von der Zahlung der Verfahrensgebühr abhängig machen, wenn das die zunächst angerufene Gerichtsbarkeit keine Abhängigmachung kennt.[11]

3. Allgemeine Verfahrensgebühr (Abs. 1). Das GKG kennt neben der Gebühr für das Verfahren im Allge-   5
meinen u.a. noch die Entscheidungsgebühr (zB Nr. 1812 KV), die Jahresgebühr (zB Nr. 2221 KV), die Verzögerungsgebühr (Nr. 1901 KV) sowie die Vergleichsgebühr (Nr. 1900 KV). Die in Abs. 1 geregelte Abhängigmachung der Klagezustellung (Abs. 1 S. 1) oder der gerichtlichen Handlung (Abs. 1 S. 2) von der vorhe-

---

1 OLG Düsseldorf NJW-RR 2000, 367 = AGS 2000, 159. **2** OLG Düsseldorf NJW-RR 2000, 367 = AGS 2000, 159; KGReport
Berlin 1999, 261; OLG Celle NdsRpfl 1987, 182. **3** OLG Bremen AGS 2013, 462. **4** OLG Bremen AGS 2013, 462. **5** Gesetz
v. 24.11.2011 (BGBl. I 2302). **6** BSG 12.2.2015 – B 10 ÜG 8/14 B, juris; BFH AGS 2013, 466; BT-Drucks 17/3802; *N. Schneider*, RVGreport 2012, 82. **7** Vgl HK-FamGKG/*Volpert*, § 14 Rn 29 ff. **8** Gesetz v. 24.11.2011 (BGBl. I 2302). **9** OLG Brandenburg MDR 1998, 1119 = JurBüro 1998, 548; AG Elmshorn AGS 2010, 385 = MDR 2009, 1357 (Verweisung von der kostenfreien Sozialgerichtsbarkeit an die Zivilgerichtsbarkeit); aA *Meyer*, GKG § 12 Rn 3. **10** OLGR Dresden 2003, 568. **11** OLGR
Dresden 2003, 568; OLG Brandenburg MDR 1998, 1119 = JurBüro 1998, 548.

rigen Zahlung gilt nur für die Gebühr für das Verfahren im Allgemeinen, nicht für andere Gebühren.[12] Die Vorauszahlungspflicht nach § 12 erstreckt sich auch nicht auf **Auslagen** (zB Zustellungsauslagen). Hinsichtlich der Vorauszahlungspflicht bei Auslagen gilt § 17 Abs. 1 S. 2, Abs. 2.[13]

6   **4. Abhängigmachung/Vorauszahlung, Anforderung der Kosten. Abhängigmachung** (oder auch **Vorauszahlungspflicht**) liegt vor, wenn die Tätigkeit des Gerichts von der vorherigen Zahlung von Kosten abhängig gemacht wird (§ 20 Abs. 1 Nr. 2 KostVfg; zur KostVfg s. auch → § 19 Rn 2 und § 66 Rn 16; s. → § 10 Rn 3 ff, auch zum Vorschuss). In bürgerlichen Rechtsstreitigkeiten ist gem. § 6 Abs. 1 Nr. 1 eine bereits entstandene und fällige Verfahrensgebühr vorauszahlungspflichtig (**Fälligkeit** = Einziehbarkeit, Berechtigung zur Geltendmachung; → § 6 Rn 1 ff). Deshalb treffen zB bei der Verfahrensgebühr Nr. 1210 KV Entstehung und Fälligkeit zusammen.[14]

7   Erfolgt keine Zahlung oder Sicherstellung der geforderten Gebühr, erfolgt keine Zustellung der Klage (Abs. 1 S. 1) bzw Vornahme der beantragten gerichtlichen Handlung (Abs. 1 S. 2, 3, 4) bzw Entscheidung (Abs. 5, 6). Die Überwachung der Einzahlung der Gebühr erfolgt bei der Abhängigmachung – anders als bei der Sollstellung (→ § 10 Rn 4 f) – nicht durch die Gerichtskasse, sondern durch das Gericht. Die vorauszuzahlende Gebühr wird daher vom Kostenbeamten gem. § 26 KostVfg ohne Sollstellung unmittelbar beim Zahlungspflichtigen angefordert (→ § 10 Rn 6 f).[15]

8   **5. Ausnahmen von der Abhängigmachung.** Die Vorschrift des § 14 regelt, in welchen **Ausnahmefällen** keine Vorauszahlungspflicht hinsichtlich der Gebühren nach § 12 besteht. Der Verfahrensfortgang hängt danach dann nicht von der vorherigen Zahlung der Verfahrensgebühr ab,

- soweit dem Antragsteller PKH bewilligt ist (§ 14 Nr. 1; → § 14 Rn 9 ff),
- wenn dem Antragsteller Gebühren- bzw Kostenfreiheit zusteht (§ 14 Nr. 2; → § 14 Rn 28 f)[16] oder
- wenn eine der in § 14 Nr. 3 genannten weiteren Ausnahmen vorliegt (→ § 14 Rn 30 ff).

Weitere Ausnahmen ergeben sich aus Abs. 2.

9   **6. Sollvorschrift.** § 12 ist als Sollvorschrift ausgestaltet und stellt daher keine zwingende kostenrechtliche Vorschrift dar.[17] Wird zB die Klage ohne vorherige Zahlung der allgemeinen Verfahrensgebühr zugestellt (Abs. 1 S. 1) oder die gerichtliche Handlung vor der Zahlung der Verfahrensgebühr vorgenommen (Abs. 1 S. 2), ist das verfahrensrechtlich bzw prozessual bedeutungslos und kann insb. vom Beklagten nicht gerügt werden.[18]

10 Der **Kostenbeamte** ordnet die Abhängigmachung nach § 12 selbständig an (§ 20 Abs. 2 S. 1 KostVfg). Das bedeutet, dass er über die Frage der Abhängigmachung der Klagezustellung von der Gebührenzahlung selbständig entscheidet. Für die gerichtliche Praxis ist hierdurch idR sichergestellt, dass die Abhängigmachung erfolgt.

Nur wenn der Kostenbeamte erkennt, dass eine Erledigung der Sache ohne Vorauszahlung angestrebt wird, hat er sie zuvor dem Richter oder Rechtspfleger vorzulegen (§ 20 Abs. 2 S. 2 KostVfg). Eine **Vorlage** kann zB dann in Betracht kommen, wenn sich der Prozessbevollmächtigte in der Klageschrift für die Einzahlung der Gerichtskosten persönlich stark sagt. Die **Starksagung** bedeutet für den Kostenbeamten, dass eine Erledigung der Sache ohne Vorauszahlung angestrebt wird. Die Akte ist deshalb gem. § 20 Abs. 2 S. 2 KostVfg dem Richter vorzulegen. Dieser entscheidet allerdings nur darüber, ob die Klage ohne vorherige Zahlung der Gebühr Nr. 1210 KV zugestellt wird. Veranlasst der Richter nach der Vorlage durch den Kostenbeamten die Zustellung der Klage ohne vorherige Zahlung der Gebühr, muss der Kostenbeamte diese anschließend unverzüglich gegen den Kläger zum Soll stellen. Denn die Verfahrensgebühr ist mit Klageeinreichung entstanden und fällig geworden (§ 6 Abs. 1). § 15 Abs. 1 KostVfg verpflichtet den Kostenbeamten, fällige Kosten alsbald anzufordern.

11 Dem Gericht steht bei der Abhängigmachung aufgrund der Ausgestaltung von § 12 als Sollvorschrift ein **Ermessensspielraum** zu.[19] Dieser Spielraum verpflichtet das Gericht bzw alle, deren gerichtliche Handlungen in Frage stehen,[20] sich gegenüber dem rechtsuchenden Beteiligten entweder durch Vornahme der beantragten Handlung oder durch Anfordern der vorauszuzahlenden Gebühr zu äußern.[21] Umstritten ist, ob § 12 für das Gericht eine Amtspflicht begründet, deren Nichtbeachtung uU schadensersatzpflichtig macht.[22]

12 OLG Celle RVGreport 2013, 285 = JurBüro 2012, 433. **13** OLG Celle RVGreport 2013, 285 = JurBüro 2012, 433. **14** OLG Düsseldorf 13.12.2007 – 10 W 183/07, nv. **15** Vgl zB Nordrhein-Westfalen: Abhängigmachung im JUDICA-Kostenmodul, Rechnungsart „Vorschuss-Kostenrechnung". **16** Vgl OLG Köln JurBüro 2014, 380. **17** BGH NJW 1993, 2811 = JurBüro 1994, 107; LG München I NJW-RR 2011, 1384. **18** OLG Frankfurt a. M. FamRZ 1982, 810. **19** BGH NJW 1993, 2811 = JurBüro 1994, 107; LG München I NJW-RR 2011, 1384; *Meyer*, GKG § 12 Rn 10; *Binz/Dörndorfer/Zimmermann*, § 12 GKG Rn 9. **20** OLG Düsseldorf 27.11.2007 – I-10 W 176/07. **21** BGH NJW 1993, 2811 = JurBüro 1994, 107; LG München I NJW-RR 2011, 1384. **22** So *Oestreich/Hellstab/Trenkle*, § 12 GKG Rn 14; aA *Hartmann*, KostG, § 12 GKG Rn 2.

7. Kostenschuldner/Zahlungspflichtiger. Die Kostenanforderung ist grds. dem Antragsteller selbst und nicht dem Prozessbevollmächtigten zuzusenden, da dieser Kostenschuldner ist (§ 22 Abs. 1 S. 1).[23] Sofern der Zahlungspflichtige von einem Bevollmächtigten (zB Prozess- oder Verfahrensbevollmächtigten oder Notar) vertreten wird, soll die Kostenanforderung grds. diesem zur Vermittlung der Zahlung zugesandt werden (§ 26 Abs. 6 KostVfg).[24] Wird die Kostenanforderung in diesem Falle gleichwohl der Partei/dem Antragsteller zugesandt, sollte dem Prozess- bzw Verfahrensbevollmächtigten stets eine Abschrift der Kostenrechnung zur Kenntnisnahme übersandt werden. Dem Prozess- bzw Verfahrensbevollmächtigten wird durch die übersandte Kostenrechnung das Aktenzeichen des Verfahrens bekanntgegeben; zudem kann er für die Zahlung durch den Mandanten bzw dessen Rechtsschutzversicherung sorgen. 12

Der Antragsteller kann die vorauszuzahlende Verfahrensgebühr selbst berechnen und zur Beschleunigung der Sache deren Zahlung bereits bei Einreichung der Klage-/Antragsschrift zB durch Beifügung eines **Schecks**, durch **Gerichtskostenstempler** oder durch (elektronische) **Kostenmarken** vornehmen (bei zu geringer Zahlung → Rn 39 ff). Die Überweisung auf ein Konto der Gerichtskasse ohne gerichtliche Kostenrechnung sollte aber nicht vorgenommen werden, da die Zahlung nur schwer, jedenfalls aber nur mit erheblicher Verzögerung dem richtigen Verfahren zugeordnet werden kann. Zur Aufstellung eines Kostenansatzes/einer Kostenrechnung in diesen Fällen → § 19 Rn 15 f. 13

8. Zahlungspflicht nur bei Kostenrechnung. Es besteht keine gesetzliche Verpflichtung, die vorauszuzahlenden Gebühren oder Auslagen **ohne Anforderung des Gerichts** zu zahlen (→ Rn 9). Daher kann die gerichtliche Kostenrechnung abgewartet werden.[25] 14

9. Rechtsmittel gegen die Abhängigmachung. Gegen den **richterlichen Beschluss**, durch den die Tätigkeit des Familiengerichts nur aufgrund des GKG von der vorherigen Zahlung von Kosten abhängig gemacht wird, und wegen der Höhe des in diesem Fall im Voraus zu zahlenden Betrags findet gem. § 67 Abs. 1 S. 1 die **Beschwerde** statt. Das Erreichen des Beschwerdewerts iHv 200,01 € ist nicht erforderlich, weil § 67 Abs. 1 S. 2 nicht auf § 66 Abs. 2 verweist. Hat der Rechtspfleger entschieden, ist gem. § 11 Abs. 1 RPflG das Rechtsmittel gegeben, das nach den allgemeinen verfahrensrechtlichen Vorschriften zulässig ist (→ § 67 Rn 5). 15

In der Praxis wird jedoch idR kein gerichtlicher Beschluss über die Vorauszahlung bzw Abhängigmachung ergehen, weil der Kostenbeamte die Abhängigmachung entsprechend § 20 Abs. 2 KostVfg selbständig anordnet und die Kostenrechnung nebst Kostenanforderung fertigt. Gegen die vom Kostenbeamten festgestellte Höhe der Vorauszahlung ist nicht die Beschwerde gem. § 67, sondern die Erinnerung nach § 66 gegeben.[26] 16

Wird der vom Kostenbeamten der nach Abs. 1 vorauszuzahlenden Verfahrensgebühr zugrunde gelegte Streitwert angegriffen, kann ein Antrag auf Festsetzung des Streitwerts gestellt werden. Hat der Kostenbeamte aber den vom Gericht gem. § 63 Abs. 1 S. 1 vorläufig festgesetzten Streitwert (→ Rn 42 ff) zugrunde gelegt, ist eine Anfechtung der vorläufigen Wertfestsetzung ausgeschlossen (s. die Erl. zu § 63; → § 67 Rn 9 ff).[27] 17

II. Bürgerliche Rechtsstreitigkeiten (Abs. 1)

1. Anwendungsbereich. Die Vorauszahlungspflicht nach Abs. 1 gilt nur in **erstinstanzlichen bürgerlichen Rechtsstreitigkeiten** (vgl dazu §§ 13, 23 und 71 GVG; → Rn 2 ff, 21). In Verfahren wegen **überlanger Gerichtsverfahren und strafrechtlicher Ermittlungsverfahren** gilt Abs. 1 ebenfalls (→ Rn 2). Zu den bürgerlichen Rechtsstreitigkeiten gehören auch **WEG-Sachen.** Deshalb gilt für Klagen und Klageerweiterungen in diesen Verfahren Abs. 1, 2.[28] Dem Abs. 1 unterfallende Klagen werden zB auch im **Urkunden- und Wechselprozess** (§§ 592 ff ZPO) und in der **Zwangsvollstreckung** (zB §§ 722, 731, 767, 768, 771 ZPO) erhoben. 18

Ausnahmen von der Vorauszahlungspflicht nach Abs. 1 ergeben sich aus Abs. 2. Die Klagezustellung in den in Abs. 2 Nr. 3 genannten Klagen nach dem **Arbeitnehmererfindungsgesetz** ist nicht vorauszahlungspflichtig. Dasselbe gilt gem. Abs. 2 Nr. 4 für die **Restitutionsklage** nach § 580 Nr. 8 ZPO. Abs. 2 Nr. 4 ist durch das 2. KostRMoG[29] zum 1.8.2013 eingefügt worden. Im Übrigen kann auch unter den in § 14 aufgeführten Voraussetzungen die Vorauszahlungspflicht ausgeschlossen sein. 19

---

23 BGH NJW 2015, 2666 = AGS 2015, 599 = JurBüro 2015, 603; BGH NJW-Spezial 2015, 642 = ZMR 2015, 875. **24** KG Schaden-Praxis 2002, 216. **25** Vgl insoweit zur Einzahlung der Verfahrensgebühr zur Zustellung „demnächst" iSv § 167 ZPO BGH NJW 2015, 3101 = MDR 2015, 1196; BGH NJW-Spezial 2015, 642 = ZMR 2015, 875; BGH NJW 2005, 291; BGH NJW-RR 2012, 1397; BGH NJW 1993, 2811 = JurBüro 1994, 107; LG München I NJW-RR 2011, 1384. **26** OLG Stuttgart Justiz 2011, 357 = NJW-Spezial 2011, 526; OLG Köln 6.10.2010 – I-17 W 168/10, juris; OLG Düsseldorf AGS 2009, 455 = JurBüro 2009, 542; vgl auch OLG Frankfurt a. M. 13.8.2010 – 4 W 34/10, juris; OLG Stuttgart JurBüro 1986, 897. **27** OLG Düsseldorf MDR 2008, 1120 = JurBüro 2008, 596; OLG Hamm FamRZ 2005, 1767; OLG Stuttgart MDR 2007, 422; OLG Hamm AGS 2008, 358. **28** LG Nürnberg-Fürth NJW 2009, 374 = NZM 2008, 897. **29** BGBl. 2013 I 2586.

20 In **Baulandsachen** gelten gem. § 221 Abs. 1 BauGB die bei Klagen in bürgerlichen Rechtsstreitigkeiten geltenden Vorschriften der ZPO entsprechend. Deshalb werden die Gerichtskosten gem. § 1 S. 1 Nr. 1 nach dem GKG erhoben (→ § 1 Rn 18).[30] Mit Eingang des Antrags auf gerichtliche Entscheidung bei Gericht entsteht gem. § 6 Abs. 1 Nr. 1 die 3,0-Verfahrensgebühr nach Nr. 1210 KV. Gemäß § 221 Abs. 4 BauGB ist jedoch für Anträge und Antragserweiterungen in Baulandsachen die Vorauszahlungspflicht nach Abs. 1 ausgeschlossen. Die Verfahrensgebühr wird gem. § 6 Abs. 1 Nr. 1 jedoch fällig mit Einreichung der Antragsschrift, so dass sie gem. § 15 Abs. 1 KostVfg alsbald nach Eintritt der Fälligkeit durch Sollstellung gegen die Kostenschuldner erhoben werden muss.

21 **2. Klagezustellung (Abs. 1 S. 1). a) Erfordernis einer Klageerhebung.** Die in Abs. 1 S. 1 geregelte Abhängigmachung gilt nur für die in bürgerlichen Rechtsstreitigkeiten (→ Rn 18 ff) erhobene **Klage**. Daraus ergibt sich zunächst, dass in bürgerlichen Rechtsstreitigkeiten, in denen keine Klage erhoben wird, sondern lediglich ein **Antrag** gestellt wird, keine Vorauszahlungspflicht nach Abs. 1 besteht. Keine Vorauszahlungspflicht besteht deshalb insb. im **selbständigen Beweisverfahren** (§§ 485 ff ZPO). Die 1,0-Gebühr für das Verfahren im Allgemeinen nach Nr. 1610 KV ist **nicht vorauszahlungspflichtig**, weil in diesem Verfahren keine Klage erhoben, sondern ein Antrag gestellt wird. Da die Gebühr aber gem. § 6 Abs. 1 Nr. 1 mit Antragstellung **fällig** wird, ist sie alsbald (§ 15 Abs. 1 KostVfg) nach Einreichung des Antrags zum Soll zu stellen. Die Einforderung der Gebühr ist deshalb insb. nicht erst nach Erlass des Beschlusses gem. § 490 Abs. 1 ZPO vorzunehmen. Diese Überlegungen gelten auch bei **Arresten** und **einstweiligen Verfügungen**. Es besteht zwar keine Vorauszahlungspflicht. Die Verfahrensgebühr wird aber hier fällig mit Antragseingang und ist alsbald zum Soll zu stellen. Wird die Klage mit einem Antrag auf Bewilligung von **PKH** verbunden, kann die Vorauszahlung wegen § 14 Nr. 1 ausgeschlossen sein (ausf. → § 14 Rn 9 ff).

22 **b) Nur erste Instanz.** Aus dem in Abs. 1 S. 1 verwendeten Begriff „Klage" ergibt sich darüber hinaus, dass nur in der **ersten Instanz** Vorwegleistungspflicht besteht (Ausnahme: Klageerweiterung in der Rechtsmittelinstanz, Abs. 1 S. 2 Hs 2). Dass der Gesetzgeber insoweit unterscheidet, ergibt sich aus § 6 Abs. 1, in dem auch die Rechtsmittelschrift erwähnt wird. Zudem hat der Gesetzgeber die Abhängigmachung nur für die Klageerweiterung in der Rechtsmittelinstanz in Abs. 1 S. 2 Hs 2 ausdrücklich geregelt (→ Rn 34 ff). Von dieser Ausnahme abgesehen besteht daher keine Vorauszahlungspflicht bei Rechtsmittelverfahren in bürgerlichen Rechtsstreitigkeiten.[31] Die allgemeine Verfahrensgebühr für eine Berufung oder Revision (Nr. 1220, 1230 KV) wird in bürgerlichen Rechtsstreitigkeiten aber gem. § 6 Abs. 1 Nr. 1 fällig mit der Einreichung der Rechtsmittelschrift. Die Verfahrensgebühr ist alsbald nach Fälligkeit zum Soll zu stellen (zur Sollstellung s. grds. → § 10 Rn 3 ff).[32]

22a Teilweise wird für die **Berufungs-Verfahrensgebühr** nach Nr. 1220 KV aus praktischen Erwägungen vorgeschlagen, diese nicht unmittelbar nach Berufungseinlegung, sondern erst nach Eingang der Berufungsbegründung anzusetzen (→ Nr. 1220 KV Rn 39 f). Denn wenn die Berufungseinlegung keinen Antrag enthalte, stehe erst aufgrund des in der Begründung enthaltenen Sachantrags der Rechtsmittelwert und damit der Gebührenwert (§ 47) endgültig fest. Die Abrechnung erst nach Eingang der Begründung vermeide daher eine Gebührenerstattung, wenn nach der Berufungseinlegung der Rechtsmittelwert unzutreffend berechnet worden sei.[33] Dieser Auffassung kann nicht gefolgt werden. Die Verfahrensgebühr ist zur Sicherung des Kostenanspruchs der Staatskasse grds. so bald wie möglich nach Einlegung der Berufung und Eintritt der Fälligkeit (§ 6 Abs. 1) und nicht regelmäßig erst nach Eingang der Berufungsbegründung mit dem darin enthaltenen Berufungsantrag zu erheben.[34] Der Ansatz einer fälligen Gebühr kann nicht deswegen zurückgestellt werden, weil der zugrunde zu legende Streitwert noch nicht sicher bzw abschließend feststeht. Vorläufige Wertansätze stehen dem Gebührenansatz nicht entgegen (vgl § 63 Abs. 1 S. 1, § 15 Abs. 4 KostVfg). Nach Berufungseinlegung ist zumindest die vorläufige Beschwer des Berufungsführers anhand des erstinstanzlichen Urteils häufig unschwer feststellbar und der Gebührenansatz ohne Weiteres möglich. Zudem kann nicht unberücksichtigt bleiben, dass in vielen Fällen eine Berufungsbegründung mit einem Sachantrag ausbleibt und dann ohnehin die Beschwer als Rechtsmittelwert maßgebend ist (§ 47 Abs. 1 S. 2) oder der Berufungsantrag mit der Beschwer übereinstimmt.

23 Vorauszahlungspflichtig ist daher die allgemeine Verfahrensgebühr **Nr. 1210 KV**, die im ersten Rechtszug im Verfahren vor dem AG bzw LG entsteht. Vorauszahlungspflichtig gem. Abs. 1 S. 1 ist aber auch die Verfahrensgebühr **Nr. 1212 KV**, die im erstinstanzlichen Verfahren vor dem OLG über den Rechtsschutz bei **überlangen Gerichtsverfahren** und strafrechtlichen Ermittlungsverfahren anfällt, soweit sich die Entschädigungsklage gegen ein Land richtet (vgl § 201 Abs. 1 S. 1, Abs. 2 S. 1 GVG). Das gilt entsprechend für die

---

30 Vgl *Oestreich/Hellstab/Trenkle*, GKG § 1 Rn 56. **31** OLG Frankfurt a. M. NJW 1985, 751. **32** Siehe dazu ausf. HK-FamGKG/*Volpert*, Nr. 1222 KV Rn 35 ff. **33** So OLG Schleswig JurBüro 1981, 406; Binz/Dörndorfer/*Zimmermann*, Nr. 1220 KV GKG Rn 11; *Oestreich/Hellstab/Trenkle*, GKG Nr. 1210 KV Rn 50, anders aber § 6 Rn 10 aE; *Oestreich/Hellstab/Trenkle*, FamGKG Nr. 1222–1224 Rn 14, anders aber § 9 Rn 10. **34** OLG Düsseldorf NJW-RR 1997, 1159 = MDR 1997, 402.

Entschädigungsklage gegen den Bund, für die der BGH erstinstanzlich zuständig ist (**Nr. 1214 KV**; vgl § 201 Abs. 1 S. 2, Abs. 2 S. 1 GVG). Siehe hierzu → Rn 2 und § 12 a Rn 3.

c) Zustellung. Die allgemeine Verfahrensgebühr nach Nr. 1210, 1212 und 1214 KV wird gem. § 6 Abs. 1 **24** Nr. 1 fällig (= einziehbar; → § 6 Rn 1 ff) mit der Einreichung der Klage. Die Zustellung der Klage wird damit gem. Abs. 1 S. 1 von der vorherigen Zahlung einer fälligen Gebühr abhängig gemacht.

Teilweise Klagerücknahmen vor Zustellung der Klage wirken sich weder auf die Höhe des Gebührensatzes **25** (vgl Nr. 1211 KV) noch auf die Höhe des der Verfahrensgebühr zugrunde zu legenden Streitwerts aus. Die vorauszuzahlende Verfahrensgebühr berechnet sich weiter nach dem höheren Streitwert der ursprünglichen Klage.[35]

Wird die Zustellung vorgenommen, obwohl die Verfahrensgebühr zuvor nicht gezahlt worden ist, ist die **26** Zustellung der Klage deswegen nicht unwirksam. Eine Terminierung bzw die Abhaltung eines Termins darf nicht aus diesem Grund verweigert, der weitere Fortgang des Verfahrens nicht von der Zahlung abhängig gemacht werden.[36] Allerdings hat der Kostenbeamte dann die gem. § 6 Abs. 1 Nr. 1 fällige Verfahrensgebühr alsbald gegen den Kläger zum Soll zu stellen (§ 15 Abs. 1 KostVfg). Für den Fall der Verweisung vom Arbeitsgericht (§ 11) zu einem ordentlichen Gericht darf dieses seine weitere Tätigkeit von der vorherigen Gebührenzahlung abhängig machen (→ Rn 4). Ist vor der Klagezustellung die Verfahrensgebühr Nr. 1210 KV vorab eingezahlt worden und erhöht sich nach der Zustellung (keine Klageerweiterung) der Streitwert zB durch eine vom Gericht vorgenommene Streitwerterhöhung, besteht aufgrund der bereits erfolgten Zustellung keine Vorauszahlungspflicht für die erhöhte Verfahrensgebühr. Der Erhöhungsbetrag der Verfahrensgebühr ist unter Anrechnung des bereits vorausgezahlten Betrags zum Soll zu stellen.

3. Klageerweiterung (Abs. 1 S. 2). a) Erweiterung in der ersten Instanz (Hs 1). Wird die Klage in bürgerli- **27** chen Rechtsstreitigkeiten erweitert, soll vor Zahlung der Gebühr für das Verfahren im Allgemeinen (Nr. 1210 KV und Nr. 1212, 1214 KV; s. dazu → Rn 23) keine gerichtliche Handlung vorgenommen werden (Abs. 1 S. 2 **Hs 1**). Abs. 1 S. 2 gilt wegen Abs. 2 nicht für die Erweiterung der Widerklage (→ Rn 45 ff).[37]

Bei der Klageerweiterung fällt keine weitere aus dem Wert der Klageerweiterung, sondern wegen §§ 39, 48 **28** Abs. 1, 5 ZPO eine aus dem Gesamtwert von Klage und deren Erweiterung berechnete einheitliche Verfahrensgebühr an. § 36 Abs. 2 (zunächst Einzelgebühren aus den Werten von Klage und Erweiterung, anschließend ggf Deckelung auf eine aus dem Gesamtwert berechnete Gebühr) gilt hier nicht (s. ausf. die Erl zu § 36).[38] Auf die Klageerweiterung entfällt daher nur die Gebührendifferenz zwischen der nach dem höheren Gesamtwert einerseits und dem niedrigeren Wert der Klage andererseits berechneten Verfahrensgebühr. Von deren Zahlung hängt die Vornahme einer gerichtlichen Handlung ab (Abs. 1 S. 2; → Rn 30 f). Bleibt die Wertstufe in der Tabelle Anlage 2 zu § 34 nach Einreichung der Klageerweiterung unverändert, erhöht sich die Verfahrensgebühr durch die Klageerweiterung nicht und es entfällt die Abhängigmachung.[39]

Beispiel: Der Kläger macht einen Zahlungsanspruch über 10.000 € geltend. Einige Zeit später wird die Klage um **29** 5.000 € erweitert.

I. Kostenrechnung I nach Eingang der Klage

3,0-Verfahrensgebühr, Nr. 1210 KV (Wert: 10.000 €)   723,00 €

Die Gebühr iHv 723 € ist gem. Abs. 1 mit Kostennachricht vom Kläger eingezogen worden.

II. Kostenrechnung II nach Eingang der Klageerweiterung

3,0-Verfahrensgebühr, Nr. 1210 KV (Wert: 15.000 €)   879,00 €
abzgl. vom Kläger mit Kostenrechnung I gezahlter   − 723,00 €
Differenz   156,00 €

Die Differenz iHv 156 € wird vom Kläger nach Eingang der Klageerweiterung mit Kostennachricht angefordert.

Zu den bis zur Einzahlung der auf die Erweiterung entfallenden Verfahrensgebühr zurückzustellenden **ge-** **30** **richtlichen Handlungen** iSv Abs. 1 S. 2 gehört jegliche gerichtliche Tätigkeit im Interesse des Klägers, zB die Zustellung der Klageerweiterung an den Beklagten oder die Bestimmung und Durchführung eines gerichtlichen Termins.[40] Erfolgt die Erweiterung erst kurz vor oder sogar im gerichtlichen Termin, entfällt praktisch die Vorauszahlungspflicht.[41] Ist die Erweiterung trotz Nichtzahlung des hierauf entfallenden Gebührenanteils einmal zugestellt worden, ist eine Zurückweisung der Erweiterung nicht mehr möglich.[42]

---

35 OLG Köln AGS 2011, 328 = RVGreport 2011, 397. **36** OLG München NJW-RR 1989, 64 = JurBüro 1988, 1567; OLG Celle NdsRpfl 1987, 182; LG Bremen BB 1993, 1836. **37** *Meyer*, GKG § 12 Rn 17. **38** HK-FamGKG/*N. Schneider*, § 30 Rn 26; aA Binz/Dörndorfer/*Zimmermann*, § 36 GKG Rn 4 f; *Oestreich/Hellstab/Trenkle*, § 35 GKG Rn 12 f. **39** *Meyer*, GKG § 12 Rn 17. **40** OLG Düsseldorf 27.11.2007 − I-10 W 176/07. **41** Binz/Dörndorfer/*Zimmermann*, § 12 GKG Rn 10. **42** BGHZ 62, 174, 178; OLG Rostock OLGR 2004, 176 = WuM 2003, 597.

31 Soweit sich die gerichtlichen Handlungen trennen lassen, sind nur gerichtliche Handlungen in Bezug auf die Klageerweiterung, nicht aber auf die ursprüngliche Klage zurückzustellen.[43] Ist eine Trennung insoweit nicht möglich bzw bezieht sich die gerichtliche Handlung auf den gesamten Streitwert der Klage und der Klageerweiterung, unterbleibt die Handlung, wenn die auf die Erweiterung entfallende Verfahrensgebühr nicht gezahlt wird.[44] Im Übrigen sind nach dem Wortlaut von Abs. 1 S. 2 (Erweiterung des Klageantrags) nur dem Interesse des Klägers dienende gerichtliche Handlungen nicht vorzunehmen. Abs. 1 S. 2 gilt damit nicht für Verteidigungsmaßnahmen des Beklagten.[45]

32 b) Erweiterung in der ersten Instanz und Auslagen. Auslagen werden gem. § 9 Abs. 2 idR erst mit Beendigung des Rechtszugs fällig. Gemäß § 15 Abs. 2 S. 1 KostVfg sind Auslagen daher idR erst bei Beendigung des Rechtszugs anzusetzen, wenn kein Verlust für die Staatskasse zu befürchten ist. Das Gleiche gilt für die Abrechnung der zu ihrer Deckung erhobenen Vorschüsse. Wird jedoch im Laufe des Verfahrens eine höhere Verfahrensgebühr durch Eingang einer Klageerweiterung fällig (§ 6 Abs. 1 Nr. 1) und gem. Abs. 1 S. 2 vorauszahlungspflichtig, so sind gem. § 15 Abs. 2 S. 3 KostVfg mit der erhöhten Verfahrensgebühr auch die durch Vorschüsse nicht gedeckten Auslagen anzusetzen.

33 Beispiel: Der Kläger macht einen Zahlungsanspruch über 10.000 € geltend. Das Gericht holt ein Sachverständigengutachten ein, für das der Kläger einen Auslagenvorschuss iHv 800 € eingezahlt hat. Der Sachverständige erhält eine Vergütung iHv 1.200 €. Einige Zeit später wird die Klage um 5.000 € erweitert.

I. Kostenrechnung I nach Eingang der Klage

3,0-Verfahrensgebühr, Nr. 1210 KV (Wert: 10.000 €)	723,00 €

Die Gebühr iHv 723 € ist gem. Abs. 1 mit Kostennachricht vom Kläger eingezogen worden.

II. Kostenrechnung II nach Eingang der Erweiterung der Klage

1. 3,0-Verfahrensgebühr, Nr. 1210 KV (Wert 15.000 €)	879,00 €
2. Sachverständigenvergütung, Nr. 9005 KV	+ 1.200,00 €
Summe	2.079,00 €
abzgl. vom Kläger mit Kostenrechnung I gezahlter	− 723,00 €
abzgl. vom Kläger gezahlten Sachverständigenvorschuss	− 800,00 €
Rest	556,00 €

Der Rest iHv 556 € wird vom Kläger nach Eingang der Klageerweiterung mit Kostennachricht angefordert.

34 c) Klageerweiterung in der Rechtsmittelinstanz (Hs 2). Erfolgt die Klageerweiterung erst in der **Rechtsmittelinstanz,** ist die gerichtliche Handlung nach Abs. 1 S. 2 Hs 2 ebenfalls bis zur Zahlung der Gebühr für das Verfahren im Allgemeinen zurückzustellen. Abgesehen von der Klageerweiterung besteht im Rechtsmittelverfahren keine Vorauszahlungspflicht (→ Rn 22 f). Wird der auf die Klageerweiterung entfallende Teil der Verfahrensgebühr nicht gezahlt, hindert das nicht den Fortgang des übrigen Rechtsmittelverfahrens.[46] Abs. 1 S. 2 gilt nicht für die Erweiterung des Widerklageantrags in der Rechtsmittelinstanz (Abs. 2 Nr. 1; → Rn 45).[47]

Beispiel: Der Kläger macht einen Zahlungsanspruch über 10.000 € geltend, der in der ersten Instanz abgewiesen wird. Der Kläger legt hiergegen Berufung ein und erweitert die Klage um 5.000 €.

I. Kostenrechnung I nach Eingang der Berufung

4,0-Verfahrensgebühr, Nr. 1220 KV (Wert: 10.000 €)	964,00 €

Die Gebühr iHv 964 € wird nach Eingang der Berufung (§ 6 Abs. 1 Nr. 1, § 15 Abs. 1 KostVfg) gegen den Kläger zum Soll gestellt.

II. Kostenrechnung II nach Eingang der Erweiterung der Klage in der Berufung

4,0-Verfahrensgebühr, Nr. 1220 KV (Wert: 15.000 €)	1.172,00 €
abzgl. gegen den Kläger mit Kostenrechnung I zum Soll gestellte	− 964,00 €
Differenz	208,00 €

Die Differenz iHv 208 € wird vom Kläger nach Eingang der Klageerweiterung mit Kostennachricht angefordert.

35 4. Anmeldung zum Kapitalanleger-Musterverfahren (Abs. 1 S. 3). Für die nachträgliche Anmeldung eines Anspruchs gem. § 10 Abs. 2 KapMuG[48] zu dem nach § 10 Abs. 1 KapMuG bekannt gemachten Musterverfahren wird die Gebühr Nr. 1902 KV erhoben, die nach § 22 Abs. 4 S. 2 der Anmelder schuldet (Streitwert: § 51 a). Die Anmeldung zum Musterverfahren nach § 10 Abs. 2 KapMuG soll erst nach Zahlung der Gebühr Nr. 1902 KV zugestellt werden (→ Rn 21 ff). Die Gebühr wird nach Abs. 2 der Anm. zu Nr. 1210 KV

---

43 OLG Düsseldorf 27.11.2007 – I-10 W 176/07. **44** OLG Düsseldorf 27.11.2007 – I-10 W 176/07; *Meyer,* GKG § 12 Rn 18; *Binz/Dörndorfer/Zimmermann,* § 12 GKG Rn 10. **45** *Meyer,* GKG § 12 Rn 18. **46** *Oestreich/Hellstab/Trenkle,* GKG § 12 Rn 21. **47** *Meyer,* GKG § 12 Rn 17. **48** Gesetz zur Reform des Kapitalanleger-Musterverfahrensgesetzes und zur Änderung anderer Vorschriften v. 19.10.2012 (BGBl. I 2182, 2189); vgl aus dem Gesetzgebungsverfahren: BT-Drucks 17/8799; BT-Drucks 17/10160.

auf die Verfahrensgebühr Nr. 1210 KV angerechnet, soweit der Kläger wegen desselben Streitgegenstands einen Anspruch zum Musterverfahren angemeldet hat (s. → Nr. 1210 KV Rn 83 und Nr. 1902 KV Rn 9; vgl → Vorbem. 1.2.1 KV Rn 1 f). Abs. 1 S. 3 findet erst in Musterverfahren Anwendung, die ab 1.11.2012 anhängig werden. Die Übergangsvorschrift in § 71 gilt insoweit nicht.

5. Verfahren bei unterbliebener oder zu geringer Zahlung. a) Keine Zahlung. Wird die unmittelbar vom **36** Zahlungspflichtigen angeforderte Verfahrensgebühr nicht gezahlt, so wird diese Gebühr nur insoweit angesetzt, als sich der Zahlungspflichtige nicht durch Rücknahme der Klage von der Verpflichtung zur Zahlung befreien kann (§ 26 Abs. 8 S. 3 KostVfg). Die vollständige **Klagerücknahme** führt gem. Nr. 1211 KV zu einer 1,0-Verfahrensgebühr (Nr. 1213 KV: 2,0; Nr. 1215 KV: 3,0). Steht daher fest, dass der Kostenanforderung keine Folge geleistet wird (zB → 7 AktO), stellt der Kostenbeamte die ermäßigte 1,0-Verfahrensgebühr gegen den Kostenschuldner (§ 22 Abs. 1 S. 1) zum Soll (zur Sollstellung → § 10 Rn 4).[49]

Zahlt der Kläger die mit Kostennachricht geforderte Verfahrensgebühr nach Nr. 1100 KV für den Erlass **37** des **Mahnbescheids** nicht (→ Rn 59 f), ist diese Verfahrensgebühr in voller Höhe zum Soll zu stellen (§ 26 Abs. 8 S. 1 KostVfg). Denn die Mahnverfahrensgebühr ist mit der Stellung des Antrags auf Erlass des Mahnbescheids gem. § 6 Abs. 1 Nr. 1 entstanden und fällig geworden. Die Ermäßigung oder gar der Wegfall dieser Gebühr im Falle der Rücknahme des Mahnantrags ist gesetzlich nicht vorgesehen.[50]

Zahlt der Kläger nach Widerspruch gegen den Mahnbescheid und Stellung des Antrags auf Durchführung **38** des streitigen Verfahrens die Verfahrensgebühr Nr. 1210 KV nicht (→ Rn 55 ff), schuldet der Kläger nur die Mahnverfahrensgebühr Nr. 1100 KV. Denn wenn der Kläger seiner Zahlungspflicht nach Abs. 3 S. 3 nicht nachkommt, kann keine Abgabe erfolgen und die Gebühr nach Nr. 1210, 1211 KV mangels Akteneingangs beim Gericht nicht entstehen (→ Rn 52 ff; Nr. 1210 KV Rn 61).[51]

b) Auf Kostennachricht zu wenig gezahlter Betrag. Hat der Zahlungspflichtige auf die Kostennachricht **39** einen zur Deckung der Verfahrensgebühr nicht ausreichenden Betrag gezahlt, ist er gem. § 26 Abs. 4 KostVfg vom Kostenbeamten auf den Minderbetrag hinzuweisen und um Zahlung zu bitten. Nur wenn der Minderbetrag gering ist, ist die Sache zuvor vom Kostenbeamten dem Gericht vorzulegen. Legt das Gericht fest, dass die gerichtliche Handlung trotz des fehlenden Betrags erfolgen soll, wird dieser gegen den Schuldner zum Soll gestellt. Kleinbeträge[52] werden nicht zum Soll gestellt, es sei denn, dass das Gericht darauf besteht.

c) Mit Klage zu wenig gezahlter Betrag. Hat der Kläger gleichzeitig mit der Klage die Verfahrensgebühr ge- **40** zahlt (zB mit Scheck, [elektronischen] Kostenmarken, Gerichtskostenstempler [→ Rn 13 f]; zum Kostenansatz in diesen Fällen → § 19 Rn 8), prüft der Kostenbeamte, ob der gezahlte Betrag die vorauszuzahlende Verfahrensgebühr deckt. Ist das nicht der Fall, ist nach § 26 Abs. 4 KostVfg zu verfahren. Ist der Minderbetrag nur gering, gelten die Erl. in → Rn 39.

Beispiel: Der Kläger zahlt mit Gerichtskostenstempler eine Verfahrensgebühr nach dem angegebenen Streitwert **41** iHv 10.000 € mit 723 € ein. Auf die Vorlage des Kostenbeamten setzt das Gericht den Streitwert vorläufig auf 20.000 € fest.

3,0-Verfahrensgebühr, Nr. 1210 KV (Wert: 20.000 €)	1.035,00 €
abzgl. bereits gezahlter	− 723,00 €
Verbleiben	312,00 €

Die Differenz iHv 312 € ist gem. § 26 Abs. 4 S. 1 KostVfg ohne Sollstellung anzufordern.

6. Streitwert. In bürgerlichen Rechtsstreitigkeiten wird die vorauszahlungspflichtige Verfahrensgebühr **42** Nr. 1210 KV mit der Einreichung der Klage fällig. Wird eine bestimmte Geldsumme in **Euro** geltend gemacht (zB bei einer Zahlungsforderung) oder ist für den Regelfall ein fester Wert bestimmt, sind diese Werte der vorauszuzahlenden Verfahrensgebühr zugrunde zu legen. Ansonsten setzt das Gericht gem. § 63 Abs. 1 S. 1 – ggf nach Vorlage durch den Kostenbeamten oder auf Anregung des Vertreters der Staatskasse – den Wert sogleich ohne Anhörung der Parteien durch Beschluss vorläufig fest (s. die Erl. zu § 63).

Da nach § 61 der Streitwert im Antrag anzugeben ist (zur Bedeutung und Wirkung der Wertangabe s. die **43** Erl. zu § 61), kann diese Angabe des Klägers der Berechnung der Verfahrensgebühr zugrunde gelegt werden, sofern sie nicht offenbar unrichtig ist (vgl § 26 Abs. 2 KostVfg). Auf die Wertangabe in der Klage kann zB zurückgegriffen werden, wenn eine vorläufige Wertfestsetzung des Gerichts nach § 63 Abs. 1 S. 1 nicht erfolgt.

Steht zum Zeitpunkt der Fälligkeit der der Verfahrensgebühr zugrunde zu legende Wert noch nicht endgül- **44** tig fest, so werden die Gebühren gem. § 15 Abs. 4 KostVfg unter dem Vorbehalt späterer Berichtigung nach

49 Binz/Dörndorfer/*Zimmermann*, § 12 GKG Rn 4. **50** Binz/Dörndorfer/*Zimmermann*, Nr. 1110 KV GKG Rn 5. **51** *Oestreich/ Hellstab/Trenkle*, GKG § 12 Rn 19. **52** ZB Nordrhein-Westfalen: Beträge von weniger als 7,50 €, vgl AV d. JM vom 17.7.2000 (5661 - I B. 9) idF vom 8.6.2004 – Behandlung von kleinen Kostenbeträgen.

einer vorläufigen Wertannahme angesetzt. Auf rechtzeitige Berichtigung des Kostenansatzes ist wegen des Nachforderungsverbots (§ 20) zu achten.

III. Widerklage (Abs. 2 Nr. 1)

45 **1. Widerklage und deren Erweiterung.** Nach Abs. 2 Nr. 1 gilt Abs. 1 nicht für die Widerklage in bürgerlichen Rechtsstreitigkeiten. Das bedeutet, dass die Zustellung der Widerklage nicht von der vorherigen Zahlung der Gebühr für das Verfahren im Allgemeinen nach Nr. 1210 KV abhängig gemacht werden darf. Auch andere Tätigkeiten des Gerichts, wie zB die Anberaumung eines Termins über die Widerklage, hängen nicht von der vorherigen Einzahlung der Gebühr ab.[53] Da auch Abs. 1 S. 2 in Bezug genommen ist, besteht auch keine Vorauszahlungspflicht bei der Erweiterung der Widerklage in der ersten oder zweiten Instanz (→ Rn 27 ff).

46 **2. Berechnung der Verfahrensgebühr.** Betreffen Klage und Widerklage **denselben Gegenstand**, wird die Verfahrensgebühr gem. § 45 Abs. 1 S. 1 und 3 nur einmal nach dem Wert des höheren Anspruchs erhoben. Ist der Wert der Klage höher, wird die Verfahrensgebühr nur nach dem Wert der Klage berechnet. Ansonsten ist für die Gebühr der Wert der Widerklage maßgebend. Betreffen Klage und Widerklage **verschiedene Gegenstände**, sind die Werte gem. § 45 Abs. 1 S. 1 und 3 zusammenzurechnen.

47 Bei der Widerklage fällt keine weitere aus dem Wert der Widerklage, sondern wegen § 45 Abs. 1 S. 1 und 3 eine aus dem Gesamtwert von Klage und Widerklage berechnete einheitliche Verfahrensgebühr an. § 36 Abs. 1 und 2 (zunächst Einzelgebühren aus den Werten von Klage und Widerklage, anschließend ggf Deckelung auf eine aus dem Gesamtwert berechnete Gebühr) gilt hier nicht.[54] Auf die Widerklage entfällt dann die Gebührendifferenz zwischen der nach dem höheren Gesamtwert einerseits und dem niedrigeren Wert der Klage andererseits berechneten Verfahrensgebühr. Die Einreichung der Widerklage führt zur Entstehung und Fälligkeit (§ 6 Abs. 1 Nr. 1) des auf die Widerklage entfallenden Teils der Verfahrensgebühr.[55] Der Kostenbeamte fordert die auf die Widerklage entfallende Verfahrensgebühr aber nicht wie bei der Klageerweiterung durch Kostennachricht ein, sondern stellt sie alsbald nach Einreichung der Widerklage zum Soll (§ 15 Abs. 1 KostVfg; → § 10 Rn 4 ff).[56]

Beispiel: Der Kläger macht einen Zahlungsanspruch über 10.000 € geltend. Einige Zeit später reicht der Beklagte eine Widerklage über 5.000 € ein. Klage und Widerklage betreffen verschiedene Gegenstände, § 45 Abs. 1 S. 1 und 3.

I. Kostenrechnung I nach Eingang der Klage

3,0-Verfahrensgebühr, Nr. 1210 KV (Wert: 10.000 €)	723,00 €

Die Gebühr iHv 723 € ist gem. Abs. 1 mit Kostennachricht vom Kläger eingezogen worden.

II. Kostenrechnung II nach Eingang der Widerklage

3,0-Verfahrensgebühr, Nr. 1210 KV (Wert: 15.000 €)	879,00 €
abzgl. vom Kläger mit Kostenrechnung I gezahlter	– 723,00 €
Differenz	156,00 €

Die Differenz iHv 156 € wird gegen den Antragsgegner zum Soll gestellt.

Kläger und Beklagter (Widerkläger) **haften** gem. § 22 Abs. 1 S. 1 jeweils als Antragsteller der Instanz für eine nach dem Wert ihrer Klage berechnete Verfahrensgebühr.[57] Im Beispiel haftet der Kläger daher für eine nach einem Wert iHv 10.000 € berechnete Verfahrensgebühr (723 €), der Beklagte haftet für eine nach 5.000 € berechnete Verfahrensgebühr iHv 438 €. Auf die Erl. in → § 22 Rn 67 ff wird verwiesen.

IV. Weitere Ausnahmen von Abs. 1 (Abs. 2 Nr. 2–4)

48 **1. Europäische Verfahren für geringfügige Forderungen (Abs. 2 Nr. 2).** Nach **Abs. 2 Nr. 2**[58] hängt die Klagezustellung in **europäischen Verfahren für geringfügige Forderungen** (vgl §§ 1097 ff ZPO) nicht von der vorherigen Zahlung der allgemeinen Verfahrensgebühr Nr. 1210 KV ab (→ Rn 18; zur Entstehung der Verfahrensgebühr Nr. 1210 KV in diesen Verfahren s. § 1 Abs. 3 Nr. 1 und die Erl. dazu sowie → Nr. 1210 KV Rn 3). Grund hierfür ist, dass nach Art. 5 Abs. 2 S. 2 der Verordnung (EG) Nr. 861/2007 eine Zustellung des Klageformblatts innerhalb von 14 Tagen nach Eingang des ordnungsgemäß ausgefüllten Formblatts vorgeschrieben ist. Für den Fall der Fortführung eines europäischen Verfahrens für geringfügige Forderun-

---

53 OLG München MDR 2003, 1077; OLG Jena MDR 2008, 593. 54 HK-FamGKG/*N. Schneider*, § 30 Rn 26; aA Binz/Dörndorfer/*Zimmermann*, § 36 GKG Rn 4 f; *Oestreich/Hellstab/Trenkle*, § 35 GKG Rn 12 f. 55 OLG Koblenz MDR 2012, 1315; OLG Jena MDR 2008, 593; OLG München MDR 2003, 1077. 56 OLG Koblenz MDR 2012, 1315; OLG Jena MDR 2008, 593; OLG München MDR 2003, 1077. 57 OLG Düsseldorf JurBüro 2002, 83. 58 Art. 5 Nr. 2 des Gesetzes zur Verbesserung der grenzüberschreitenden Forderungsdurchsetzung und Zustellung v. 30.10.2008 (BGBl. I 2122, 2128).

gen als normales ZPO-Klageverfahren (vgl Art. 4 Abs. 3 VO (EG) Nr. 861/2007 und § 1097 Abs. 2 ZPO) besteht aber Vorauszahlungspflicht nach Abs. 4 S. 2 (→ Rn 66).

2. Arbeitnehmererfindungen (Abs. 2 Nr. 3). Für Klagen in Rechtsstreitigkeiten über **Erfindungen eines Arbeitnehmers**, soweit nach § 39 ArbnErfG die für Patentstreitsachen zuständigen Gerichte ausschließlich zuständig sind, besteht nach **Abs. 2 Nr. 3 keine Vorauszahlungspflicht**.[59] Allerdings befreit Abs. 2 Nr. 3 nur und ausschließlich von der Vorauszahlungspflicht. Die Verpflichtung des Arbeitnehmers zur Zahlung der Verfahrensgebühr Nr. 1210 KV nach **Fälligkeitseintritt** gem. § 6 Abs. 1 Nr. 1 wird davon nicht berührt.[60] Deshalb ist die Verfahrensgebühr Nr. 1210 KV bei Klageeinreichung zur Erreichung der Klagezustellung zwar nicht vorauszuzahlen. Diese wird vielmehr ohne vorherige Zahlung vorgenommen. Der Kostenbeamte muss die Verfahrensgebühr aber aufgrund der durch die Einreichung eingetretenen Fälligkeit alsbald nach Einreichung durch Sollstellung vom Kläger erheben (§ 15 Abs. 1 KostVfg).[61]

3. Restitutionsklage nach § 580 Nr. 8 ZPO (Abs. 2 Nr. 4). Keine Vorauszahlungspflicht besteht schließlich für die **Restitutionsklage** nach § 580 **Nr. 8** ZPO. Eine Abhängigmachung ist auch deshalb ausgeschlossen, weil der Restitutionskläger nach § 580 Nr. 8 ZPO gem. § 22 Abs. 1 S. 1 von der Antragstellerhaftung ausgeschlossen ist. Eine Einziehung ist erst möglich, wenn sich aus § 29 ein Kostenschuldner ergibt.[62]

Die Verfahrensgebühr Nr. 1210 KV wird bei Einreichung einer Restitutionsklage nach § 580 Nr. 8 ZPO gem. § 6 Abs. 1 Nr. 1 zwar mit der Klageeinreichung fällig. Mangels eines Kostenschuldners kann sie vom Kostenbeamten aber trotz Fälligkeit (§ 15 Abs. 1 KostVfg) deshalb weder im Wege der Abhängigmachung durch Kostennachricht (§ 12 Abs. 1 S. 1, Abs. 2 Nr. 4) noch durch Sollstellung eingezogen werden (dazu auch → § 22 Rn 5 ff). Die Zustellung der anderen Restitutionsklagen gem. § 580 **Nr. 1–7** ZPO ist hingegen gem. Abs. 1 S. 1 grds. von der vorherigen Zahlung der Verfahrensgebühr Nr. 1210 KV abhängig zu machen.[63]

V. Mahnverfahren (Abs. 3)

1. Mahnbescheid (Abs. 3 S. 1 und 2). Die Vorauszahlungspflicht für die Gebühren des Mahnverfahrens richtet sich nach Abs. 3. Der Mahnbescheid wird gem. Abs. 3 S. 1 bei **manueller** Erstellung erst nach Zahlung der 0,5-Verfahrensgebühr Nr. 1100 KV erlassen. Anders als in Abs. 1 hängt somit nicht die Zustellung, sondern bereits der Erlass des Mahnbescheids von der vorherigen Zahlung ab. Der Mahnbescheid ist erlassen, wenn er unterschrieben und zur Zustellung übergeben ist.[64] Wurde der Mahnbescheid ohne Vorauszahlung erlassen, ist die Gebühr zwar nachzufordern. Der weitere Gang des Mahnverfahrens kann aber nicht mehr von der Zahlung der Gebühr abhängig gemacht werden. Wird der Mahnbescheid **maschinell** erstellt (§§ 703 b f ZPO), muss die Verfahrensgebühr Nr. 1100 KV dagegen gem. Abs. 3 S. 2 erst vor Erlass des **Vollstreckungsbescheids** gezahlt worden sein. Es besteht iÜ keine gesetzliche Verpflichtung, die vorauszuzahlende Gebühr ohne Anforderung seitens des Mahngerichts zu zahlen (→ Rn 14).[65]

2. Widerspruch gegen den Mahnbescheid (Abs. 3 S. 3, 4). a) Entstehung der Verfahrensgebühr des Streitverfahrens. Wird gegen den Mahnbescheid **Widerspruch** eingelegt und auf Antrag des Antragstellers oder des Antragsgegners (§ 696 Abs. 1 ZPO) das streitige Verfahren durchgeführt, fällt insoweit die allgemeine 3,0-Verfahrensgebühr Nr. 1210 KV an. Soweit die Verfahrensgegenstände des Mahnverfahrens und des nachfolgenden Prozessverfahrens identisch sind, **entsteht** die Verfahrensgebühr Nr. 1210 KV nach Abs. 1 der Anm. zu Nr. 1210 KV mit dem Eingang der Akten bei dem Prozessgericht, an das der Rechtsstreit nach Widerspruchserhebung abgegeben worden ist.

b) Fälligkeit der Verfahrensgebühr des Streitverfahrens. Nicht klar gesetzlich geregelt ist allerdings der Zeitpunkt der **Fälligkeit** der Verfahrensgebühr Nr. 1210 KV, wenn ein Mahnverfahren vorausgegangen ist. Denn nach dem Wortlaut von § 6 Abs. 1 Nr. 1 wird diese Verfahrensgebühr bereits vor ihrer Entstehung (Akteneingang beim Prozessgericht, Abs. 1 der Anm. zu Nr. 1210 KV) mit der Einreichung des Antrags auf Durchführung des streitigen Verfahrens fällig. Da die Verfahrensgebühr jedoch nicht fällig werden kann, bevor sie entstanden ist, fallen Entstehung und Fälligkeit der Verfahrensgebühr bei vorausgegangenem Mahnverfahren im Ergebnis mit dem Eingang der Akten beim Prozessgericht zusammen (s. auch die entspr. Erl. zu § 6; ferner → Nr. 1210 KV Rn 61 f).[66]

Randnummern (Marginalien): 49, 50, 51, 52, 53

59 Vgl OLG Düsseldorf NJW-RR 2000, 367 = AGS 2000, 159. **60** OLG Düsseldorf NJW-RR 2000, 367 = AGS 2000, 159; OLGR München 1996, 244 = JurBüro 1996, 591. **61** OLG Düsseldorf NJW-RR 2000, 367 = AGS 2000, 159; OLGR München 1996, 244 = JurBüro 1996, 591. **62** BT-Drucks 17/11471 (neu), S. 244. **63** OLG Düsseldorf 14.4.2011 – I-2 U 102/10, juris; OLG Frankfurt a. M. 13.8.2010 – 4 W 34/10, juris; OLG Dresden MDR 2010, 344. **64** *Meyer*, GKG § 12 Rn 19. **65** BGH NJW 1993, 2811 = JurBüro 1994, 107. **66** Binz/Dörndorfer/*Zimmermann*, § 12 GKG Rn 22; *Oestreich/Hellstab/Trenkle*, GKG § 12 Rn 19.

54   Zahlt der Antragsteller die Verfahrensgebühr Nr. 1210 KV nicht oder nimmt er den Antrag auf Durchführung des Streitverfahrens vor der Abgabe zurück, entsteht die Verfahrensgebühr Nr. 1210 KV mangels Akteneingangs beim Prozessgericht nicht (Abs. 1 der Anm. zu Nr. 1210 KV).[67]

55   **c) Abgabeantrag durch Antragsteller (Abs. 3 S. 3).** Das Mahngericht soll gem. Abs. 3 S. 3 die Sache auf Antrag des **Antragstellers** des Mahnverfahrens erst dann an das Prozessgericht abgeben, wenn die allgemeine Verfahrensgebühr Nr. 1210 KV gezahlt worden ist.[68] Allerdings umfasst die Zahlungspflicht des Antragstellers keine volle 3,0-Verfahrensgebühr Nr. 1210 KV, da die im Mahnverfahren angefallene 0,5-Verfahrensgebühr Nr. 1100 KV nach Abs. 1 der Anm. zu Nr. 1210 KV nach dem Wert des Streitgegenstands angerechnet wird, der in das Streitverfahren übergegangen ist. Hierbei ist jedoch zu beachten, dass idR nur im Falle der Gegenstandsidentität von Mahn- und Streitverfahren eine Anrechnung der **Gebührensätze** zu einem richtigen Ergebnis führt. Es ist somit keine 2,5-Verfahrensgebühr (3,0 – 0,5 = 2,5) vorauszuzahlen.[69] Die Vorauszahlungspflicht umfasst vielmehr eine 3,0-Verfahrensgebühr, auf die im Umfang der Gegenstandidentität eine 0,5-Mahnverfahrensgebühr anzurechnen ist (ausf. → Nr. 1210 KV Rn 66 ff).

56   Hat das Mahngericht die Sache ohne vorherige Zahlung der Verfahrensgebühr Nr. 1210 KV an das Prozessgericht abgegeben, können nach dem Wortlaut von Abs. 3 S. 3 die Zustellung der Klagebegründung, Terminsbestimmung und weitere Durchführung des Verfahrens (vgl § 697 Abs. 2 S. 1 ZPO) vom Prozessgericht nicht mehr von deren Zahlung abhängig gemacht werden.[70] Hierfür spricht, dass im Klageverfahren ohne vorgeschaltetes Mahnverfahren die Rechtshängigkeit mit der Zustellung der Klageschrift eintritt (§§ 253 Abs. 1, 263 Abs. 1 ZPO). Bei vorherigem Mahnverfahren gilt gem. § 696 Abs. 3 ZPO die Streitsache als mit Zustellung des Mahnbescheids rechtshängig geworden, wenn sie alsbald nach der Erhebung des Widerspruchs abgegeben worden ist. Die Rechtshängigkeit kann also nach Abgabe der Streitsache durch das Mahngericht nicht mehr verhindert werden. Zwar ist gem. § 697 Abs. 2 S. 1 ZPO bei Eingang der Anspruchsbegründung beim Prozessgericht wie nach Eingang einer Klage weiter zu verfahren. Die gem. § 271 ZPO erforderliche Zustellung der Anspruchsbegründung kann aber mangels gesetzlicher Regelung nicht wie die Klagezustellung von der Zahlung der 3,0-Verfahrensgebühr abhängig gemacht werden. Abs. 1 S. 1 gilt nur für die Klagezustellung, nicht aber für die Zustellung der Anspruchsbegründung gem. § 697 Abs. 2 S. 1. Die Abhängigmachung nach Widerspruch im Mahnverfahren ist in Abs. 3 S. 3 **abschließend** geregelt.

Allerdings hat der Kostenbeamte die mit Akteneingang beim Prozessgericht entstandene und fällig gewordene Verfahrensgebühr (→ Rn 52 ff) alsbald gegen den Kläger zum Soll zu stellen (§ 15 Abs. 1 KostVfg).

57   **d) Abgabeantrag durch Antragsgegner.** Beantragt der **Antragsgegner** die Durchführung des streitigen Verfahrens, erfolgt die Abgabe nach dem klaren Wortlaut von Abs. 3 S. 3, 4 ohne vorherige Zahlung der Verfahrensgebühr Nr. 1210 KV. Denn die Vorauszahlungspflicht gilt nur bei einem Abgabeantrag des Antragstellers des Mahnverfahrens. Es besteht somit keine Vorauszahlungspflicht und die Verfahrensgebühr ist nicht durch Kostennachricht (→ § 10 Rn 6 f) anzufordern, wenn der Antragsgegner Widerspruch einlegt und nur er die Durchführung des streitigen Verfahrens beantragt.[71] Allerdings ist sie nach Akteneingang beim Prozessgericht zum Soll zu stellen (→ § 10 Rn 4), weil sie hierdurch entstanden und fällig geworden ist (§ 15 Abs. 1 KostVfg; zum Kostenschuldner → § 22 Rn 47 ff).[72]

58   **e) Abgabeantrag durch Antragsteller und Antragsgegner.** Beantragen sowohl der **Antragsteller** als auch der **Antragsgegner** im Falle des Widerspruchs gegen den Mahnbescheid die Durchführung des streitigen Verfahrens, soll nach einer Auffassung im Ergebnis auch für den Antragsteller keine Vorauszahlungspflicht bestehen. Denn das Recht des Antragsgegners auf sofortige Abgabe des Verfahrens würde nicht gewahrt, wenn die Abgabe erst erfolgte, wenn der Antragsteller die Verfahrensgebühr vorausgezahlt hat.[73] Da der Antragsteller ein größeres Interesse an der Durchführung des streitigen Verfahrens haben dürfte als der Antragsgegner, um seinen Vollstreckungstitel zu erlangen, erscheint diese Argumentation nicht zwingend. Der Antragsteller hat die Verfahrensgebühr Nr. 1210 KV daher auch bei Stellung des Abgabeantrags durch den Antragsgegner vorauszuzahlen. Die Vorauszahlungspflicht des Antragstellers fällt nicht dadurch weg, dass auch der Antragsgegner den Abgabeantrag stellt.[74]

59   **f) Automatisiertes Mahnverfahren.** Im **manuellen Mahnverfahren** ist die Mahnverfahrensgebühr Nr. 1100 KV gem. Abs. 3 S. 1 bereits vor dem Erlass des Mahnbescheids gezahlt worden. Bei Widerspruch und Streitantrag des Antragstellers ist daher vor der Abgabe an das Prozessgericht noch die um die anzurechnende Mahnverfahrensgebühr verminderte Verfahrensgebühr Nr. 1210 KV einzuzahlen (→ Rn 55 f).

---

67 *Oestreich/Hellstab/Trenkle*, GKG § 12 Rn 19; vgl dazu auch OLG Saarbrücken NJW-RR 2011, 1004. **68** Vgl dazu auch OLG Saarbrücken NJW-RR 2011, 1004. **69** So aber Binz/Dörndorfer/*Zimmermann*, § 12 GKG Rn 22. **70** KGReport Berlin 1999, 261; *Meyer*, GKG § 12 Rn 15; aA Binz/Dörndorfer/*Zimmermann*, § 12 GKG Rn 22 aE. **71** OLG Karlsruhe JurBüro 1995, 43; OLG Celle NdsRpfl 1985, 278; LG Osnabrück JurBüro 2003, 371. **72** *Oestreich/Hellstab/Trenkle*, GKG § 12 Rn 19; Binz/Dörndorfer/*Zimmermann*, § 12 GKG Rn 27. **73** *Oestreich/Hellstab/Trenkle*, GKG § 12 Rn 19. **74** OLG Hamm NJW-RR 2003, 357; Binz/Dörndorfer/*Zimmermann*, § 12 GKG Rn 28.

Wird dagegen im **maschinellen Mahnverfahren** Widerspruch eingelegt und vom Antragsteller Durchfüh- 60
rung des streitigen Verfahrens beantragt, wird wegen Abs. 3 S. 2 häufig noch keine Zahlung der Mahn-
fahrengebühr erfolgt sein (→ Rn 51). In diesem Fall muss der Antragsteller vor der Abgabe auch die
Mahnverfahrensgebühr Nr. 1100 KV neben der nach deren Anrechnung verbleibenden Verfahrensgebühr
Nr. 1210 KV bzw eine volle Verfahrensgebühr Nr. 1210 KV einzahlen.[75]

3. **Einspruch gegen den Vollstreckungsbescheid.** Erfolgt keine Widerspruchserhebung durch den Antrags- 61
gegner und ergeht deshalb Vollstreckungsbescheid (§ 699 ZPO), kann der Antragsgegner hiergegen **Einspruch** einlegen. Nach § 700 Abs. 3 S. 1 ZPO ist das Verfahren dann von Amts wegen an das Prozessgericht
abzugeben. Auch hier entsteht die 3,0-Verfahrensgebühr des Streitverfahrens nach Abs. 1 der Anm. zu
Nr. 1210 KV mit dem Akteneingang beim Prozessgericht. Die Abgabe an das Prozessgericht hängt aber
nicht davon ab, dass die um die anzurechnende Mahnverfahrensgebühr verminderte Verfahrensgebühr
Nr. 1210 KV (→ Rn 55 f) eingezahlt ist (keine Abhängigmachung). Allerdings ist sie wie bei Widerspruch
und Streitantrag des Antragsgegners (→ Rn 55 f) nach Akteneingang beim Prozessgericht zum Soll zu stellen (→ § 10 Rn 4), weil sie hierdurch entstanden und fällig geworden ist (§ 15 Abs. 2 KostVfg).[76] Die Sollstellung erfolgt nach § 22 Abs. 1 S. 2 gegen den Antragsteller des Mahnverfahrens als Kostenschuldner.

4. **Urkunden-, Scheck- oder Wechselmahnbescheid.** Gemäß § 703 a ZPO ist auch der Erlass eines Urkun- 62
den-, Scheck- oder Wechselmahnbescheids möglich. Für die Abhängigmachung bei Erlass des Mahnbescheids gilt Abs. 3 S. 1 und 2 (→ Rn 51) und bei Einlegung eines unbeschränkten Widerspruchs Abs. 3 S. 3
Hs 1 und S. 4 (→ Rn 55 ff). Zur Einlegung des Einspruchs → Rn 61.

Beschränkt sich der Widerspruch aber auf den Antrag, dem Beklagten die Ausführung seiner Rechte im 63
Nachverfahren vorzubehalten, so ist gem. § 703 a Abs. 2 Nr. 4 ZPO der Vollstreckungsbescheid unter diesem Vorbehalt zu erlassen und auf das weitere Verfahren die Vorschrift des § 600 ZPO entsprechend anzuwenden. Gegen den unter diesem Vorbehalt erlassenen Vollstreckungsbescheid findet nicht der Einspruch
statt, sondern der Rechtsstreit bleibt gem. § 600 Abs. 1 ZPO im gewöhnlichen Streitverfahren anhängig, in
das gem. § 697 ZPO auf Antrag übergeleitet wird. Beantragt der Antragsteller diese Überleitung, erfolgt sie
gem. Abs. 3 S. 3 Hs 2 jedoch nur nach vorheriger Zahlung der Verfahrensgebühr Nr. 1210 KV (→
Rn 55 f).[77]

5. **Mahnverfahren in Familiensachen.** Nach § 113 Abs. 2 FamFG können in Familienstreitsachen (§ 112 64
FamFG) Zahlungsansprüche (zB rückständige Unterhaltsbeträge, güterrechtliche Zahlungsansprüche) nach
den **Vorschriften der ZPO** über das Mahnverfahren (§§ 688 ff ZPO) geltend gemacht werden. Das FamFG
enthält daher für das Mahnverfahren keine eigenen Verfahrensvorschriften. Entsprechend ordnen § 1 S. 3
FamGKG und § 1 Abs. 1 S. 1 Nr. 1 für die Gerichtskosten des Mahnverfahrens in Familiensachen an, dass
diese nach dem GKG erhoben werden.[78] Grund hierfür ist, dass auch das Mahnverfahren in Familiensachen von den zentralen Mahngerichten erledigt werden soll, die hierfür dann keine besonderen Vordrucke
für dieses Mahnverfahren vorhalten müssen.[79] Für das Verfahren über den Antrag auf Erlass eines Mahnbescheids in einer Familienstreitsache entsteht damit eine 0,5-Verfahrensgebühr Nr. 1100 KV, die mindestens 32 € beträgt. Der Erlass des Vollstreckungsbescheids löst keine Gerichtsgebühr aus.

VI. Verfahren mit Europa-Bezug (Abs. 2 Nr. 2, Abs. 4)

1. **Europäisches Mahnverfahren.** Im Verfahren über den Antrag auf Erlass eines **Europäischen Zahlungsbe-** 65
fehls (§§ 1087 ff ZPO) entsteht die 0,5-Mahnverfahrensgebühr nach Nr. 1100 KV (vgl auch § 1 Abs. 3
Nr. 2 und die entspr. Erl. sowie → Nr. 1100 KV Rn 5). Im Europäischen Mahnverfahren wird der Zahlungsbefehl gem. Abs. 4 S. 1, Abs. 3 S. 1 ebenfalls erst nach Zahlung dieser Gebühr erlassen (→ Rn 51).

2. **Europäisches Verfahren für geringfügige Forderungen.** Nach Abs. 2 Nr. 2 hängt die Klagezustellung in 66
europäischen Verfahren für geringfügige Forderungen nicht von der vorherigen Zahlung der allgemeinen
Verfahrensgebühr Nr. 1210 KV ab (→ Rn 48; zur Entstehung der Verfahrensgebühr Nr. 1210 KV in diesen
Verfahren s. § 1 Abs. 3 Nr. 1 und die Erl. dazu sowie → Nr. 1210 KV Rn 3). Vorauszahlungspflicht besteht
nach Abs. 4 S. 2 aber dann, wenn ein Europäisches Verfahren für geringfügige Forderungen ohne Anwendung der Vorschriften der Verordnung (EG) Nr. 861/2007 nach Art. 4 Abs. 3 der Verordnung (EG)
Nr. 861/2007 und § 1097 Abs. 2 ZPO als normales ZPO-Klageverfahren fortgeführt wird. Dann soll nach
Abs. 4 S. 2 vor Zahlung der Verfahrensgebühr Nr. 1210 KV keine gerichtliche Handlung (vgl Abs. 1 S. 2)
vorgenommen werden (zur gerichtlichen Handlung → Rn 30).

---

75 *Meyer*, GKG § 12 Rn 13; *Oestreich/Hellstab/Trenkle*, GKG § 12 Rn 16. **76** *Oestreich/Hellstab/Trenkle*, GKG § 12 Rn 19;
Binz/Dörndorfer/Zimmermann, § 12 GKG Rn 26. **77** *Binz/Dörndorfer/Zimmermann*, § 12 GKG Rn 26. **78** BT-Drucks 16/6308,
S. 223, 301. **79** BT-Drucks 16/6308, S. 301.

VII. Eidesstattliche Versicherung (Abs. 5)

67 Nach Abs. 5 soll über den Antrag auf Abnahme der eidesstattlichen Versicherung erst nach Zahlung der dafür vorgesehenen Gebühr entschieden werden.

68 Erfasst sind die Fälle, in denen der Rechtspfleger nach den Vorschriften des bürgerlichen Rechts (zB §§ 259, 260 Abs. 2, 2028 Abs. 2, 2057 S. 2 BGB) für die Abnahme einer eidesstattlichen Versicherung zuständig ist (§ 890 ZPO). Die Verfahrensgebühr in den Fällen des § 889 ZPO richtet sich nach Nr. 2114 KV und beträgt 35 €.

VIII. Zwangsvollstreckung (Abs. 6)

69 **1. Bestimmte Zwangsvollstreckungsmaßnahmen.** In Abs. 6 ist geregelt, in welchen Fällen das Gericht die beantragte Entscheidung in der Zwangsvollstreckung von der Zahlung der vorgesehenen Gebühren und der Zustellungsauslagen abhängig machen soll. Ohne vorherige Zahlung kommt es deshalb grds. nicht zu der beantragten Maßnahme der Zwangsvollstreckung (**Abs. 6 S. 1**). Von der Abhängigmachung kann unter den in § 14 genannten Voraussetzungen abgesehen werden.

Vorwegleistungspflicht besteht im Einzelnen für folgende Gebühren:

- Nr. 2110 KV: Erteilung einer weiteren vollstreckbaren Ausfertigung (§ 733 ZPO),
- Nr. 2111 KV: Maßnahmen nach § 829 Abs. 1, §§ 835, 839, 846–848, 857, 858, 886–888 oder § 890 ZPO.

Keine Vorauszahlungspflicht besteht, wenn das Arbeitsgericht als Vollstreckungsorgan handelt oder wenn das Amtsgericht Vollstreckungsgericht arbeitsgerichtlicher Titel ist (§ 11 S. 1 Hs 2).[80]

70 Bei **Pfändungs- und Überweisungsbeschlüssen** (§§ 829 Abs. 1, 835 ZPO) besteht grds. Vorauszahlungspflicht. Unter den in § 829 a ZPO genannten Voraussetzungen kann der Antrag auf Erlass eines Pfändungs- und Überweisungsbeschlusses in bestimmten Fällen **elektronisch** gestellt werden.

Weil das elektronische Vollstreckungsverfahren hinsichtlich der Vorauszahlungspflicht wie das maschinelle Mahnverfahren behandelt werden soll (vgl Abs. 3 S. 1 und 2), ordnet **Abs. 6 S. 2** abweichend von Abs. 6 S. 1 an, dass bei elektronischen Aufträgen auf Erlass eines Pfändungs- und Überweisungsbeschlusses gem. § 829 a ZPO keine Vorauszahlungspflicht besteht. Auf die Vorauszahlungspflicht wurde verzichtet, da sie das mit dem elektronischen Vollstreckungsauftrag verfolgte Ziel der Verfahrensvereinfachung und -beschleunigung in Frage stellen würde. Die mit Antragseinreichung anfallende Verfahrensgebühr Nr. 2111 KV über 20 € ist daher gegen den Gläubiger **zum Soll** zu stellen.

71 Keine Vorauszahlungspflicht besteht für die Gebühren, die für in Abs. 6 nicht genannte Zwangsvollstreckungshandlungen vorgesehen sind:

- Nr. 2112 KV: Verfahren über den Antrag auf Vollstreckungsschutz nach § 765 a ZPO,
- Nr. 2117 KV: Verteilungsverfahren,
- Nr. 2118 KV: Verfahren über die Vollstreckbarerklärung eines Anwaltsvergleichs nach § 796 a ZPO,
- Nr. 2119 KV: Verfahren über Anträge auf Verweigerung, Aussetzung oder Beschränkung der Zwangsvollstreckung nach § 1084 ZPO, auch iVm § 1096 oder § 1109 ZPO oder nach § 31 AUG.

72 Die Gebühr Nr. 2113 KV für das Verfahren über den Antrag auf **Erlass eines Haftbefehls** (§ 802 g Abs. 1 ZPO) ist nicht vorauszahlungspflichtig. Der Erlass des Haftbefehls hängt nicht von der vorherigen Zahlung dieser Verfahrensgebühr ab, da sie nicht von der in Abs. 6 geregelten **Vorauszahlungspflicht** erfasst ist.

73 **2. Familiensachen.** Für Vollstreckungsmaßnahmen des **Vollstreckungs- und Arrestgerichts** in **Ehesachen** und **Familienstreitsachen** ergibt sich die Vorauszahlungspflicht für Vollstreckungsmaßnahmen nach Vorbem. 1.6 KV FamGKG und Vorbem. 2 Abs. 4 KV FamGKG aus dem GKG.[81] Für diese Vollstreckungshandlungen richtet sich die Vorauszahlungspflicht wegen Vorbem. 1.6 S. 2 KV FamGKG somit nach Abs. 5 und 6.

74 Für Vollstreckungsmaßnahmen des **Familiengerichts** richtet sich die Vorauszahlungspflicht für die Gebühren nach Nr. 1600 ff KV FamGKG nach § 14 Abs. 3 FamGKG.[82]

IX. Besondere Verfahrenssituationen

75 **1. Verweisung.** Sind bei dem zunächst angerufenen Gericht noch keine Gebühren vorab eingezahlt worden, zB weil das Verfahren dort kostenfrei war oder eine Vorauszahlung dort nicht vorgesehen ist, sind weitere

---

80 So schon zur früheren Rechtslage LG Hildesheim NdsRpfl 1990, 292. **81** BT-Drucks 16/6308, S. 302. **82** Ausf. HK-FamGKG/*Volpert*, § 14 Rn 105 ff.

Maßnahmen des zuständigen Gerichts von der vorherigen Gebührenzahlung abhängig zu machen, wenn das durch § 12 vorgeschrieben ist (→ Rn 4).[83]

2. Trennung. Im Falle der **Trennung** mehrerer in einer Klage erhobenen Ansprüche in getrennte Prozesse **76** (§ 145 Abs. 1 ZPO) entstehen ab dem Zeitpunkt der Trennung jeweils gesonderte Verfahrensgebühren aus den Streitwerten der durch die Trennung entstehenden Einzelverfahren (ausf. → Nr. 1210 KV Rn 50 ff).[84] Im Ausgangsverfahren ist die Verfahrensgebühr Nr. 1210 KV im Regelfall bereits vorausgezahlt worden. Vorauszahlungspflicht besteht für die nach der Trennung neu entstehende Verfahrensgebühr nicht mehr. Durch die Trennung fällig gewordene Mehrbeträge sind zum Soll zu stellen.[85] Vorauszahlungspflicht besteht nicht mehr, weil die Klage bereits zugestellt ist.

3. Stufenanträge. Beim Stufenantrag (§ 254 ZPO) ist für die Wertberechnung gem. § 44 nur einer der ver- **77** bundenen Ansprüche (Auskunft oder Rechnungslegung, Vorlegung des Vermögensverzeichnisses oder Abgabe der eidesstattlichen Versicherung, Zahlung), und zwar der höhere, maßgebend.[86] Das wird idR der Zahlungs- bzw Leistungsantrag sein (s. die Erl. zu § 44). Aufgrund des in § 44 enthaltenen **Additionsverbots** wird die Verfahrensgebühr somit zwar nicht nach den zusammengerechneten Werten der verbundenen Ansprüche berechnet. Alle verbundenen Ansprüche werden aber mit der Einreichung des Antrags anhängig, so dass sich die mit der Einreichung entstehende Verfahrensgebühr als Pauschgebühr nach dem Wert des höheren Anspruchs richtet.[87] Das kann auch die noch unbezifferte Zahlungs- oder Leistungsstufe sein, deren Wert sich nach den Vorstellungen des Klägers vom Wert des Anspruchs bei der Einreichung der Klage richtet.[88] Das gilt auch dann, wenn die Klage insgesamt schon in der ersten Stufe abgewiesen worden ist.[89]

Vorauszahlungspflichtig ist deshalb eine nach dem Wert des höheren Anspruchs berechnete Verfahrensge- **78** bühr. Ist die Klagezustellung zunächst nur von der Zahlung einer nach dem geringeren Wert der Auskunftsstufe berechneten Verfahrensgebühr abhängig gemacht worden, ist die nach dem höheren Wert der Leistungsstufe berechnete Verfahrensgebühr nach Klagezustellung zum Soll zu stellen (→ Rn 7, 26).

4. Haupt- und Hilfsantrag. Nach § 45 Abs. 1 S. 2 kann ein hilfsweise geltend gemachter Anspruch den **79** Streitwert erhöhen. Denn er wird mit dem Hauptanspruch zusammengerechnet, soweit eine Entscheidung über ihn ergeht. Im Rahmen der Abhängigmachung nach § 12 spielt ein Hilfsanspruch deshalb keine Rolle, weil über ihn noch nicht entschieden ist. Die vorauszuzahlende Verfahrensgebühr berechnet sich deshalb nur aus dem Wert des Hauptanspruchs.[90]

5. Klageänderung, § 263 ZPO. Bei der Klageänderung iSv § 263 ZPO (zB Änderung des Streitgegenstands, **80** Änderung in der Person der Prozessparteien, Wechsel der Verfahrensart[91]) wird der frühere Anspruch durch den neuen Anspruch ersetzt. Es bleibt deshalb in dem Rechtszug bei der einmaligen Entstehung der Verfahrensgebühr; sie entsteht durch eine Klageänderung nicht erneut (§ 35).

Die Verfahrensgebühr Nr. 1210 KV ändert sich nur dann, wenn die Klageänderung zu einem höheren **81** Streitwert führt.[92] Dann ist die Verfahrensgebühr wie bei der Klageerweiterung zu berechnen (→ Nr. 1210 KV Rn 57 f). Vorauszahlungspflichtig ist die Differenz zwischen der früheren und der neuen Verfahrensgebühr (→ Rn 27 ff).[93]

---

83 OLG Brandenburg MDR 1998, 1119 = NJW-RR 1999, 291 (Verweisung von der Arbeitsgerichtsbarkeit an die Zivilgerichtsbarkeit); OLGR Dresden 2003, 568 (Verweisung von der Verwaltungsgerichtsbarkeit an ein Zivilgericht); AG Elmshorn AGS 2010, 385 = MDR 2009, 1357 (Verweisung von der kostenfreien Sozialgerichtsbarkeit an die Zivilgerichtsbarkeit); OLG Brandenburg NJW-RR 1999, 291 (Verweisung von der Arbeitsgerichtsbarkeit an die Zivilgerichtsbarkeit). **84** BGH AGS 2014, 498 = NJW-RR 2015, 189 = JurBüro 2015, 71 (zur Verfahrensgebühr Nr. 3100 VV RVG); OLG Düsseldorf 28.1.2016 – I-10 W 16/16; OLG Bremen AGS 2013, 462; KG 10.5.2010 – 1 W 443/09, juris (auch zur Frage der unrichtigen Sachbehandlung gem. § 21 beim Trennungsbeschluss des Gerichts); OLG München AGS 2006, 398 = NJW-RR 2007, 287; OLG Nürnberg OLGR 2005, 262; OLG München NJW-RR 1996, 1279 = JurBüro 1996, 546; OLGR Koblenz 2000, 420; LG Essen JurBüro 2012, 152; LG Dessau-Roßlau 15.12.2011 – 1 T 286/11, juris. **85** OLG Bremen AGS 2013, 462. **86** OLG Düsseldorf AGS 2008, 303. **87** OLG Naumburg 20.6.2011 – 3 EF 157/11, juris. **88** Vgl BGH MDR 1992, 1091 = FamRZ 1993, 1189; OLG Celle AGS 2009, 88; OLG Stuttgart AGS 2008, 632 (Erledigung der Hauptsache nach Auskunftserteilung); OLG Düsseldorf AGS 2008, 303; OLG Köln AGS 2005, 451; OLG Hamm AGS 2005, 452; OLG Schleswig JurBüro 2003, 80; aA (nur der Wert der Auskunftsstufe ist maßgebend): OLG Stuttgart AGS 2009, 86; OLG Stuttgart FamRZ 2005, 1765; OLG Stuttgart FamRZ 1990, 652; OLG Schleswig FamRZ 1997, 46; vgl *Thalmann*, ZAP Fach 24, S. 275. **89** KG AGS 2008, 40. **90** OLG Frankfurt a. M. 13.8.2010 – 4 W 34/10, juris. **91** Vgl Zöller/*Greger*, ZPO, § 263 Rn 2 ff. **92** So auch Zöller/*Greger*, ZPO, § 263 Rn 32. **93** Vgl auch Zöller/*Greger*, ZPO, § 263 Rn 11 a.

§ 12 a Verfahren wegen überlanger Gerichtsverfahren und strafrechtlicher Ermittlungsverfahren

[1]In Verfahren wegen überlanger Gerichtsverfahren und strafrechtlicher Ermittlungsverfahren ist § 12 Absatz 1 *Satz 1 und 2*[1] entsprechend anzuwenden. *[2]Wird ein solches Verfahren bei einem Gericht der Verwaltungs-, Finanz- oder Sozialgerichtsbarkeit anhängig, ist in der Aufforderung zur Zahlung der Gebühr für das Verfahren im Allgemeinen darauf hinzuweisen, dass die Klage erst nach Zahlung dieser Gebühr zugestellt und die Streitsache erst mit Zustellung der Klage rechtshängig wird.*[2]

I. Allgemeines

1   § 12 a ist mWv 3.12.2011 durch das Gesetz über den Rechtsschutz bei überlangen Gerichtsverfahren und strafrechtlichen Ermittlungsverfahren (ÜVerfBesG) vom 24.11.2011[3] in das GKG eingefügt worden. Mit diesem Gesetz hat der Gesetzgeber Ansprüche auf Entschädigung gesetzlich geregelt, die einem Verfahrensbeteiligten zustehen, wenn er infolge der unangemessenen Dauer des Verfahrens einen Nachteil erleidet (zur Entschädigungshöhe vgl § 198 GVG). Die Entschädigung ist vom **Land** zu zahlen, wenn die Verzögerung von einem Gericht des Landes verursacht worden ist, und vom **Bund**, wenn die Verzögerung von einem Bundesgericht verursacht wurde. Das gilt entsprechend bei Ermittlungsverfahren durch eine Staatsanwaltschaft oder Finanzbehörde. Nach § 201 Abs. 2 S. 1 GVG sind die Vorschriften der Zivilprozessordnung über das Verfahren vor den **Landgerichten im ersten Rechtszug** entsprechend anzuwenden.

1a Der Bundestag hat am 7.7.2016 das „Gesetz zur Änderung des Sachverständigenrechts und zur weiteren Änderung des Gesetzes über das Verfahren in Familiensachen und in den Angelegenheiten der freiwilligen Gerichtsbarkeit sowie zur Änderung des Sozialgerichtsgesetzes, der Verwaltungsgerichtsordnung, der Finanzgerichtsordnung und des Gerichtskostengesetzes" verabschiedet, und zwar in der Fassung der Beschlussempfehlung und des Berichts des Ausschusses für Recht und Verbraucherschutz des Deutschen Bundestags vom 6.7.2016.[4] Das Gesetz tritt am Tag nach der Verkündung in Kraft. § 12 a erhält dann die Fassung, wie sie oben im Gesetzestext kursiv kenntlichgemacht wurde. Im Einzelnen:

1b Mit der Änderung in **Satz 1** wird § 12 a zunächst dahin gehend eingeschränkt, dass die in § 12 Abs. 1 S. 3 enthaltene und für Verfahren wegen überlanger Gerichtsverfahren und strafrechtlicher Ermittlungsverfahren unbedeutsame Regelung für das **Kapitalanleger-Musterverfahren** von § 12 a nicht mehr erfasst ist (S. 1 nF). Da § 12 Abs. 1 S. 3 ausschließlich die Anmeldung zum Musterverfahren betrifft und folglich für Verfahren wegen überlanger Gerichtsverfahren und strafrechtlicher Ermittlungsverfahren keine Bedeutung hat, ist die Verweisung in § 12 a entsprechend angepasst worden, so dass § 12 Abs. 1 S. 3 nicht mehr von ihr erfasst ist.[5]

1c Mit der Einführung der **Hinweispflicht** in **Satz 2** wird gewährleistet, dass Kläger, die vor den öffentlich-rechtlichen Gerichtsbarkeiten Entschädigungsansprüche wegen überlanger Gerichtsverfahren geltend machen, über die verfahrensmäßigen Besonderheiten bei diesen Entschädigungsklagen gegenüber den übrigen Verfahren in der Verwaltungs-, Finanz- und Sozialgerichtsbarkeit informiert werden (→ Rn 7 ff).

II. Gebühren

2   In Verfahren wegen überlanger Gerichtsverfahren und strafrechtlicher Ermittlungsverfahren entstehen die im **Klageverfahren** üblichen Gebühren.[6] Im **erstinstanzlichen Verfahren** vor dem **Oberlandesgericht** über den Rechtsschutz bei überlangen Gerichtsverfahren und strafrechtlichen Ermittlungsverfahren fällt die Verfahrensgebühr Nr. 1212, 1213 KV an (ausf. → Nr. 1212–1213 KV Rn 2 ff). Im **erstinstanzlichen Verfahren** vor dem **Bundesgerichtshof** über den Rechtsschutz bei überlangen Gerichtsverfahren und strafrechtlichen Ermittlungsverfahren entsteht die Verfahrensgebühr Nr. 1214, 1215 KV (ausf. → Nr. 1214–1215 KV Rn 2 ff).

Vergleichbare Regelungen sind für die übrigen Gerichtsbarkeiten vorhanden (vgl für die Verwaltungsgerichtsbarkeit: Nr. 5112–5114 KV; für die Finanzgerichtsbarkeit: Nr. 6112, 6113 KV; für die Sozialgerichtsbarkeit: Nr. 7112–7115 KV; für die Arbeitsgerichtsbarkeit: Nr. 8212–8215 KV).

---

1 *Kursive Hervorhebung:* Ergänzung durch Art. 9 Nr. 1 des Gesetzes zur Änderung des Sachverständigenrechts und zur weiteren Änderung des Gesetzes über das Verfahren in Familiensachen und in den Angelegenheiten der freiwilligen Gerichtsbarkeit sowie zur Änderung des Sozialgerichtsgesetzes, der Verwaltungsgerichtsordnung, der Finanzgerichtsordnung und des Gerichtskostengesetzes, BT-Drucks 18/9092, S. 7 mit Begr. S. 22 f. **2** *Kursive Hervorhebung:* Ergänzung durch Art. 9 Nr. 2 des vorgenannten ÄndG, BT-Drucks 18/9092, S. 7 mit Begr. S. 23. **3** BGBl. 2011 I 2302. **4** BT-Drucks 18/9092. **5** BT-Drucks 18/9092, S. 22 f. **6** BT-Drucks 17/3802, S. 29.

III. Vorauszahlungspflicht (S. 1)

1. Ordentliche Gerichtsbarkeit. Die Vorauszahlungspflicht der in der **ordentlichen Gerichtsbarkeit** in Ver- 3
fahren wegen überlanger Gerichtsverfahren und strafrechtlicher Ermittlungsverfahren anfallenden Verfahrensgebühren nach Nr. 1212 und 1214 KV richtet sich **unmittelbar** nach § 12 Abs. 1. Denn auf das erstinstanzliche Verfahren vor dem **OLG** bzw dem **BGH** sind nach § 201 Abs. 2 S. 1, 2 GVG die Vorschriften der
Zivilprozessordnung über das Verfahren vor den Landgerichten im ersten Rechtszug entsprechend anzuwenden. Es handelt sich damit um ein von § 12 Abs. 1 erfasstes Verfahren nach der ZPO. Die **Klagezustellung** ist deshalb gem. § 12 Abs. 1 S. 1 von der vorherigen Zahlung der Verfahrensgebühr Nr. 1212 KV
(OLG) bzw Nr. 1214 KV (BGH) abhängig zu machen. Wird die Klage erweitert, soll gem. § 12 Abs. 1 S. 2
vor Zahlung des auf die **Klageerweiterung** entfallenden Gebührenbetrags (→ § 12 Rn 27 ff und Nr. 1210
KV Rn 37 ff) keine gerichtliche Verhandlung vorgenommen werden (→ § 12 Rn 30 f).

2. Fachgerichtsbarkeiten. a) Allgemeines. Die Vorauszahlungspflicht der in den Fachgerichtsbarkeiten 4
(Verwaltungsgerichte, Arbeitsgerichte, Finanzgerichte, Sozialgerichte) in Verfahren wegen überlanger Gerichtsverfahren und strafrechtlicher Ermittlungsverfahren anfallenden Verfahrensgebühren (Verwaltungsgerichte: Nr. 5112 KV [OVG/VGH], Nr. 5114 KV [BVerwG]; Arbeitsgerichte: Nr. 8212 KV [LAG], Nr. 8214
KV [BAG]; Finanzgerichte: Nr. 6110 KV [FG], Nr. 6112 KV [BFH]; Sozialgerichte: Nr. 7112 KV [LSG],
Nr. 7114 KV [BSG])[7] richtet sich nach § 12 a. Die Vorschrift des § 12 a gilt damit nur für die Fachgerichtsbarkeiten und erklärt § 12 Abs. 1 für entsprechend anwendbar (s. iÜ → Rn 3).[8] § 12 a erstreckt den Regelungsgehalt des § 12 Abs. 1 für Entschädigungsklagen nach § 198 GVG über die Zivilgerichtsbarkeit hinaus
auf alle übrigen Gerichtsbarkeiten.[9]

b) Sozialgerichtsbarkeit. Die Vorschriften über die Abhängigmachung von der vorherigen Kostenzahlung 5
finden somit durch den auf § 12 Abs. 1 verweisenden § 12 a auch in den Fachgerichtsbarkeiten entsprechende Anwendung.[10] Das gilt insb. auch für die **Sozialgerichtsbarkeit**. Zwar wird hier gem. § 202 S. 2
SGG, § 201 GVG, § 90 SGG die Klage bei dem zuständigen Gericht der Sozialgerichtsbarkeit schriftlich
oder zur Niederschrift des Urkundsbeamten der Geschäftsstelle erhoben. Anders als in der ordentlichen Gerichtsbarkeit, in der die Rechtshängigkeit der Klage erst mit der Zustellung der Klageschrift eintritt, wird
die Streitsache gem. § 94 Abs. 1 SGG bereits durch die Erhebung der Klage entsprechend § 90 SGG rechtshängig. Hieraus kann aber nicht der Schluss gezogen werden, dass keine Vorauszahlungspflicht besteht,
weil das SGG die Unterscheidung zwischen Anhängigkeit und Rechtshängigkeit nicht kennt und für die
Rechtshängigkeit keine Zustellung der Klage fordert (§ 94 SGG; aber → Nr. 7112–7113 KV Rn 5).[11] Da
§ 12 Abs. 1 für entsprechend anwendbar erklärt wird, wird nicht die Zustellung der Klage, sondern jedenfalls deren weitere Bearbeitung nach der Erhebung (§ 90 SGG) von der vorherigen Gebührenzahlung abhängig gemacht.[12] Zweck der in § 12 Abs. 1 normierten Vorauszahlungspflicht ist nicht, die Rechtshängigkeit der Klage zu verhindern, sondern die Sicherung der Staatskasse vor Ausfällen an Gebühren (→ § 12
Rn 1).[13]

c) Arbeitsgerichtsbarkeit. In Verfahren vor den **Gerichten für Arbeitssachen** besteht nach § 11 S. 1 keine 6
Vorauszahlungspflicht. Deshalb musste in § 11 S. 2 für Verfahren wegen überlanger Gerichtsverfahren (§ 9
Abs. 2 S. 2 ArbGG) klargestellt werden, dass § 11 S. 1 dort nicht gilt.[14] Die Vorauszahlungspflicht richtet
sich damit nach § 12. Da in Verfahren vor den Gerichten für Arbeitssachen gem. §§ 6 Abs. 3, 9 die Verfahrensgebühren Nr. 8212, 8214 KV nicht mit Klageeinreichung fällig werden, werden diese nach § 12 a in
Verfahren wegen überlanger Gerichtsverfahren und strafrechtlicher Ermittlungsverfahren vorauszuzahlenden Gebühren als echter **Gebührenvorschuss** erhoben (→ § 10 Rn 3 ff).[15]

IV. Hinweispflicht (S. 2)

Der durch das „Gesetz zur Änderung des Sachverständigenrechts und zur weiteren Änderung des Gesetzes 7
über das Verfahren in Familiensachen und in den Angelegenheiten der freiwilligen Gerichtsbarkeit sowie
zur Änderung des Sozialgerichtsgesetzes, der Verwaltungsgerichtsordnung, der Finanzgerichtsordnung und
des Gerichtskostengesetzes" (→ Rn 1 a) neu eingefügte Satz 2 bestimmt, dass im Falle des Anhängigwer-
dens eines Verfahrens wegen überlanger Gerichtsverfahren und strafrechtlicher Ermittlungsverfahren bei
einem Gericht der Verwaltungs-, Finanz- oder Sozialgerichtsbarkeit in der Aufforderung zur Zahlung der
Gebühr für das Verfahren im Allgemeinen darauf hinzuweisen ist, dass die Klage erst nach Zahlung dieser

---

7 Vgl *N. Schneider*, RVGreport 2012, 82. **8** Vgl BSG 12.2.2015 – B 10 ÜG 8/14 B, juris; BFH AGS 2013, 466; BT-Drucks
17/3802, S. 29; *N. Schneider*, RVGreport 2012, 82. **9** BSG 12.2.2015 – B 10 ÜG 8/14 B, juris; BFH AGS 2013, 466. **10** BSG
12.2.2015 – B 10 ÜG 8/14 B, juris; BFH AGS 2013, 466; BT-Drucks 17/3802, S. 29. **11** BSG 12.2.2015 –
B 10 ÜG 8/14 B, juris; aA *Söhngen*, NZS 2012, 493, 498 mwN. **12** BSG 12.2.2015 – B 10 ÜG 8/14 B, juris. **13** Vgl OLG Düsseldorf NJW-RR 2000, 367 = AGS 2000, 159. **14** BSG 12.2.2015 – B 10 ÜG 8/14 B, juris. **15** *N. Schneider*, RVGreport 2012,
82.

Gebühr zugestellt und die Streitsache erst mit Zustellung der Klage rechtshängig wird. Mit der Einführung dieser Hinweispflicht soll gewährleistet werden, dass Kläger, die vor den öffentlich-rechtlichen Gerichtsbarkeiten Entschädigungsansprüche wegen überlanger Gerichtsverfahren nach dem Siebzehnten Titel des Gerichtsverfassungsgesetzes geltend machen, über die verfahrensmäßigen Besonderheiten bei diesen Entschädigungsklagen gegenüber den übrigen Verfahren in der Verwaltungs-, Finanz- und Sozialgerichtsbarkeit informiert werden.[16]

8 Satz 2 sieht **zwei Hinweise** vor:

- Zum einen soll der Kläger wissen, dass seine Entschädigungsklage wegen eines überlangen Gerichtsverfahrens bei bestehender Vorauszahlungspflicht erst nach Zahlung der Gebühr für das Verfahren im Allgemeinen zugestellt wird. Dies entspricht zwar der Rechtslage im Zivilprozess, nicht aber derjenigen in allen anderen Verfahren vor den Gerichten der öffentlich-rechtlichen Gerichtsbarkeiten.

- Zum anderen wird der Kläger darauf hingewiesen, dass die Rechtshängigkeit seiner Entschädigungsklage wegen eines überlangen Gerichtsverfahrens erst mit deren Zustellung eintritt, was ebenfalls eine Abweichung von der für alle anderen Verfahren vor den Gerichten der öffentlich-rechtlichen Gerichtsbarkeiten geltenden Rechtslage darstellt.

9 Der Gesetzgeber geht davon aus, dass durch diese Hinweise einem Kläger zudem deutlicher als bisher vor Augen geführt werde, dass mit der gerichtlichen Geltendmachung eines Entschädigungsanspruchs wegen überlanger Verfahrensdauer ein Kostenrisiko entstehe. Dies sei besonders für Entschädigungsklagen in der Sozialgerichtsbarkeit bedeutsam, da in sozialgerichtlichen Verfahren für den in § 183 SGG genannten Personenkreis grds. Gerichtskostenfreiheit bestehe.[17]

§ 13 Verteilungsverfahren nach der Schifffahrtsrechtlichen Verteilungsordnung

Über den Antrag auf Eröffnung des Verteilungsverfahrens nach der Schifffahrtsrechtlichen Verteilungsordnung soll erst nach Zahlung der dafür vorgesehenen Gebühr und der Auslagen für die öffentliche Bekanntmachung entschieden werden.

I. Allgemeines

1 § 13 regelt die Vorauszahlungspflicht für die 1,0-Verfahrensgebühr nach Nr. 2410 KV, die für das Verfahren über den Antrag auf Eröffnung des Verteilungsverfahrens nach dem Gesetz über das Verfahren bei der Errichtung und Verteilung eines Fonds zur Beschränkung der Haftung in der See- und Binnenschifffahrt (Schifffahrtsrechtliche Verteilungsordnung – SVertO)[1] entsteht. Ferner gilt § 13 für die Auslagen der öffentlichen Bekanntmachung (Nr. 9004 KV).

2 Das Schifffahrtsrechtliche Verteilungsverfahren ist dem Insolvenzverfahren nachgebildet. Anders als dort ist aber eine Vorauszahlungspflicht vorgesehen, weil das Verfahren ausschließlich auf Antrag eröffnet wird und nicht das gesamte Vermögen des Schuldners der Beschlagnahme unterliegt.

Neben § 13 regeln § 25 den Kostenschuldner und § 59 den Wert für die Gebühren im Verteilungsverfahren nach der Schifffahrtsrechtlichen Verteilungsordnung.

II. Regelungsgehalt

3 **1. Vorauszahlung der Gebühr Nr. 2410 KV.** Die Verfahrensgebühr Nr. 2410 KV entsteht und wird gem. § 6 Abs. 1 Nr. 3 fällig mit der Einreichung der Antragsschrift. Über den Antrag auf Eröffnung des Verteilungsverfahrens nach der SVertO soll erst nach Zahlung der Verfahrensgebühr Nr. 2410 KV entschieden werden. Die Vorauszahlung der Gebühr ist nur erforderlich, wenn dem Antrag auf Eröffnung entsprochen wird. Die Zurückweisung ist dagegen auch ohne Vorauszahlung möglich.[2]

4 **2. Vorauszahlung der Bekanntmachungskosten.** Nach § 11 SVertO hat das Gericht nach der Eröffnung des Verteilungsverfahrens den wesentlichen Inhalt des Beschlusses über die Festsetzung der Haftungssumme und des Beschlusses über die Eröffnung des Verteilungsverfahrens, die öffentliche Aufforderung und den allgemeinen Prüfungstermin öffentlich bekanntzumachen. Die öffentliche Bekanntmachung erfolgt durch mindestens einmalige Einrückung in den Bundesanzeiger sowie in wenigstens ein weiteres vom Gericht zu bestimmendes Blatt. Diese zu schätzenden Bekanntmachungskosten hat der Antragsteller nach § 13 vorauszuzahlen.

---

16 BT-Drucks 18/9092, S. 23. **17** BT-Drucks 18/9092, S. 23. **1** IdF der Bek. v. 23.3.1999 (BGBl. I 530; 2000 I 149), zul. geänd. d. Art. 3 G v. 5.7.2016 (BGBl. I 1578, 1579). **2** *Oestreich/Hellstab/Trenkle*, GKG § 13 Rn 1.

3. **Ausnahmen von der Abhängigmachung.** Die Gebühr Nr. 2410 KV sowie die Auslagen Nr. 9004 KV sind 5
in den in § 14 genannten Fällen nicht vorauszahlungspflichtig. Auf die Erl. zu § 14 wird verwiesen.

4. **Sollvorschrift.** § 13 ist wie § 12 als Sollvorschrift ausgestaltet. Auf die Erl. in → § 12 Rn 9 ff wird ver- 6
wiesen.

5. **Kostenschuldner.** Nach § 25 schuldet die Kosten des Verteilungsverfahrens nach der SVertO, wer das 7
Verfahren beantragt hat.

6. **Wert der Verfahrensgebühr.** Nach § 59 wird die Gebühr für den Antrag auf Eröffnung des Verteilungs- 8
verfahrens nach der Schiffahrtsrechtlichen Verteilungsordnung nach dem Betrag der festgesetzten Haftungssumme berechnet. Ist diese höher als der Gesamtbetrag der Ansprüche, für deren Gläubiger das Recht
auf Teilnahme an dem Verteilungsverfahren festgestellt wird, richtet sich die Gebühr nach dem Gesamtbetrag der Ansprüche.[3]

§ 14 Ausnahmen von der Abhängigmachung

Die §§ 12 und 13 gelten nicht,
1. soweit dem Antragsteller Prozesskostenhilfe bewilligt ist,
2. wenn dem Antragsteller Gebührenfreiheit zusteht oder
3. wenn die beabsichtigte Rechtsverfolgung weder aussichtslos noch ihre Inanspruchnahme mutwillig erscheint und wenn glaubhaft gemacht wird, dass
   a) dem Antragsteller die alsbaldige Zahlung der Kosten mit Rücksicht auf seine Vermögenslage oder
      aus sonstigen Gründen Schwierigkeiten bereiten würde oder
   b) eine Verzögerung dem Antragsteller einen nicht oder nur schwer zu ersetzenden Schaden bringen
      würde; zur Glaubhaftmachung genügt in diesem Fall die Erklärung des zum Prozessbevollmächtig-
      ten bestellten Rechtsanwalts.

I. Allgemeines

1. **Regelungsgehalt und Systematik.** § 14 ist Ausnahmevorschrift zu §§ 12 und 13. Es wird geregelt, in wel- 1
chen Fällen der Verfahrensfortgang nicht von der vorherigen Zahlung der **Gebühren** (§ 12) bzw der Verfahrensgebühr Nr. 2410 KV und der Bekanntmachungsauslagen Nr. 9004 KV (§ 13) abhängig zu machen ist.
§ 14 gilt nur für die von §§ 12 und 13 erfassten Gebühren und die von § 13 erfassten Auslagen nach
Nr. 9004 KV, nicht aber für **Auslagen**, deren Abhängigmachung sich ggf nach § 17 richtet.

In Verfahren wegen **überlanger Gerichtsverfahren** und strafrechtlicher Ermittlungsverfahren ist § 12 Abs. 1
gem. § 12 a entsprechend anzuwenden. § 14 gilt damit auch in diesen Verfahren.[1]

2. **Fälligkeit.** § 14 regelt nur Ausnahmen von der Vorauszahlungspflicht (zum Begriff → § 10 Rn 3 ff) nach 2
§§ 12 und 13. Der Eintritt der **Fälligkeit** der Gebühren gem. §§ 6 ff wird von Nr. 3 nicht berührt. Da der
Antragsteller nur von der Vorauszahlungspflicht befreit ist, wird in den Fällen der Nr. 3 die fällige Gebühr
daher nicht im Wege der Vorauszahlung ohne Sollstellung angefordert, sondern zum Soll gestellt (→ § 10
Rn 4, § 12 Rn 6 f).[2]

Bei bewilligter Prozesskostenhilfe (Nr. 1) und bei Kosten- oder Gebührenfreiheit (Nr. 2) können die erfass- 3
ten Gebühren und Auslagen nach Nr. 9004 KV auch nicht durch Sollstellung in Rechnung gestellt werden
(§ 122 Abs. 1 Nr. 1 Buchst. a ZPO, Forderungssperre für die Staatskasse hinsichtlich der rückständigen und
der entstehenden Gerichtskosten, § 2).

3. **Mahnverfahren.** Zur Abhängigmachung im Mahnverfahren und anschließenden Streitverfahren vgl zu- 4
nächst → § 12 Rn 51 ff. Die Ausnahmen von der Abhängigmachung im Mahnverfahren sind in § 12 geregelt (→ § 12 Rn 51 ff).

4. **Verfahren und Rechtsmittel.** Nach § 20 Abs. 2 und 3 KostVfg ordnet der Kostenbeamte die Abhängig- 5
machung selbständig an. Erkennt der Kostenbeamte, dass der Antragsteller kosten- oder gebührenbefreit ist
(Nr. 2), wird er idR selbständig von der Abhängigmachung absehen. Wenn er aufgrund des Vortrags des
Antragstellers erkennt, dass eine Erledigung der Sache ohne Vorauszahlung angestrebt wird (**Nr. 1 und 3**),
hat er sie gem. § 20 Abs. 2 KostVfg dem Richter oder Rechtspfleger vorzulegen. Dieser entscheidet durch
Beschluss.[3] Ordnet das Gericht gem. § 14 an, dass keine Abhängigmachung gem. § 12 oder § 13 erfolgt,

---

3 Vgl dazu Schiffahrtsobergericht Karlsruhe 1.10.2007 – 22 W 3/07 BSch, BinSchiff 2008, 66. **1** BFH AGS 2013, 466 =
RVGreport 2013, 400. **2** Binz/Dörndorfer/*Zimmermann*, § 14 GKG Rn 2. **3** *Meyer*, GKG § 14 Rn 13.

hat der Kostenbeamte die entstandenen oder noch entstehenden Kosten zu berechnen und gegen den Antragsteller nach § 26 Abs. 8 S. 2 KostVfg zum Soll zu stellen (zur Sollstellung → § 10 Rn 3 ff).

6   Gegen den **richterlichen** Beschluss findet gem. § 67 Abs. 1 S. 1 die Beschwerde des **Antragstellers** statt.[4] Gegenstand des Beschwerdeverfahrens ist bei Ablehnung der Anwendung von § 14 die Frage, ob das Gericht seine Tätigkeit zu Recht von der vorherigen Gebührenzahlung abhängig gemacht hat.[5] Das Erreichen des Beschwerdewerts iHv 200,01 € ist nicht erforderlich, weil § 67 Abs. 1 S. 2 nicht auf § 66 Abs. 2 verweist. Hat der **Rechtspfleger** entschieden, ist gem. § 11 Abs. 1 RPflG das Rechtsmittel gegeben, das nach den allgemeinen verfahrensrechtlichen Vorschriften zulässig ist (s. zu allem auch → § 67 Rn 17 ff).

7   Macht das Gericht seine weitere Tätigkeit entsprechend § 14 nicht von der vorherigen Gebührenzahlung abhängig, steht der **Staatskasse** hiergegen kein Rechtsmittel zu.[6] Denn nach dem Wortlaut von § 67 findet die Beschwerde nur dann statt, wenn das Gericht seine Tätigkeit von der vorherigen Kostenzahlung abhängig macht (→ § 67 Rn 8, 14).

8   Ergeht kein gerichtlicher Beschluss über die Vorauszahlung bzw Abhängigmachung iSv § 67, weil der Kostenbeamte die Abhängigmachung entsprechend § 20 Abs. 2 KostVfg selbständig angeordnet und die Sache nicht dem Gericht vorgelegt hat, ist gegen die vom Kostenbeamten festgestellte Höhe der Vorauszahlung nicht die Beschwerde gem. § 67, sondern die Erinnerung nach § 66 gegeben (auch → § 12 Rn 15 ff, § 66 Rn 14 f).[7]

II. Bewilligung der Prozesskostenhilfe (Nr. 1)

9   **1. Auswirkungen der Prozesskostenhilfe.** Nach Nr. 1 ist keine Abhängigmachung der allgemeinen Verfahrensgebühr nach § 12 (§ 13) vorzunehmen, wenn dem Antragsteller PKH bewilligt ist. Das ergibt sich im Ergebnis bereits aus § 122 Abs. 1 Nr. 1 Buchst. a ZPO. Danach kann die Staatskasse bei bewilligter PKH die rückständigen und die entstehenden Gerichtskosten nur nach den vom Gericht getroffenen Bestimmungen gegen den Antragsteller geltend machen:

- Hat das Gericht die Bewilligung **ohne Zahlungsbestimmung** ausgesprochen, können überhaupt keine Gerichtskosten eingefordert werden, so dass auch eine Vorauszahlungspflicht entfällt.
- Hat das Gericht Raten oder aus dem Vermögen zu zahlende Beträge angeordnet, können die Gerichtskosten von der Staatskasse zwar in den hierdurch festgelegten Grenzen geltend gemacht werden. Allerdings befreit auch die Bewilligung von PKH **mit Zahlungsbestimmung** von der in § 12 und § 13 geregelten Vorauszahlungspflicht. Die Klage ist daher unabhängig von bereits erfolgten Ratenzahlungen zuzustellen.

10   Ist dem Kläger PKH **ohne Zahlungsbestimmung** bewilligt worden, ist nach § 122 Abs. 2 ZPO auch der **Beklagte** von der Zahlung der rückständigen und entstehenden Gerichtskosten einstweilen befreit. Daher besteht auch für diesen keine Vorauszahlungspflicht.[8] Ist aber dem Beklagten PKH ohne Zahlungsbestimmung bewilligt, besteht für den Kläger Vorauszahlungspflicht.[9] Bei Widerklagen und Rechtsmittelverfahren ist keine Vorauszahlungspflicht vorgesehen (→ § 12 Rn 22, 45 ff).

11   **2. Bewilligung der Prozesskostenhilfe.** Der Antragsteller/Kläger ist von der Vorauszahlungspflicht nach Nr. 1 nur nach **Bewilligung** der PKH befreit. Der reine Antrag auf Bewilligung von PKH hat daher noch keine befreiende Wirkung. Allerdings macht der Antragsteller/Kläger hierdurch deutlich, dass er eine Erledigung der Sache ohne Vorauszahlung anstrebt. Daher wird der Kostenbeamte bei Antragstellung bzw Klageeingang noch keine Kostennachricht (vorauszahlungspflichtige Kostenrechnung) fertigen (→ § 10 Rn 3 ff), sondern die Sache gem. § 20 Abs. 2 KostVfg dem Richter (oder ggf Rechtspfleger) zur Entscheidung vorlegen (→ Rn 5). Sind **mehrere Antragsteller/Kläger** vorhanden, scheidet bei gesamtschuldnerischer Haftung (§ 32) die Abhängigmachung nur aus, wenn allen Antragstellern/Klägern PKH bewilligt ist.

11a   Ist zunächst nur der bloße Antrag auf Bewilligung von PKH eingereicht worden und reicht die Partei anschließend ihre Klage ohne Bezugnahme oder Hinweis auf die bereits erfolgte PKH-Bewilligung ein, soll nach OLG Koblenz eine unrichtige gerichtliche Sachbehandlung (§ 21) nicht darin gesehen werden, dass die Sache neu eingetragen wird. Die dadurch anfallende Gerichtsgebühr sei von der bedürftigen Partei dann trotz der anderweitig erfolgten PKH-Bewilligung zu zahlen.[10] Unrichtige Sachbehandlung im Bereich des Gerichts dürfte in diesem Fall aber nur dann verneint werden können, wenn das Gericht nur mit über das

---

4 OLG Düsseldorf JurBüro 2007, 432; OLG Naumburg OLGR 2007, 250; KGReport Berlin 2007, 81; OLG München FamRZ 2003, 240; OLG Hamm JurBüro 1989, 1273 = AnwBl 1990, 46. **5** OLG Hamm JurBüro 1989, 1273; OLG München FamRZ 2003, 240; KGReport Berlin 2007, 81; *Meyer*, GKG § 14 Rn 13. **6** *Meyer*, GKG § 14 Rn 13. **7** OLG Stuttgart Justiz 2011, 357 = NJW-Spezial 2011, 526; OLG Köln 6.10.2010 – I-17 W 168/10, juris; OLG Düsseldorf AGS 2009, 455 = JurBüro 2009, 542; vgl auch OLG Frankfurt a. M. 13.8.2010 – 4 W 34/10, juris; OLG Stuttgart JurBüro 1986, 897. **8** OLG München MDR 1997, 299. **9** Binz/Dörndorfer/Zimmermann, § 14 GKG Rn 4. **10** OLG Koblenz AGS 2015, 332 = RVGreport 2015, 78 = JurBüro 2015, 95; OLG Koblenz JurBüro 2011, 538 = RVGreport 2011, 439.

übliche Maß hinausgehendem organisatorischen Aufwand hätte feststellen können, dass die Klage zu dem Verfahren mit dem bereits vorhandenen Aktenzeichen gehört, in dem die PKH bewilligt worden ist.[11] Das Gericht ist angesichts der Vielzahl von Verfahren nicht verpflichtet und auch nicht in der Lage zu prüfen, ob der in der Klageschrift dargestellte Sachverhalt bereits Gegenstand eines PKH-Bewilligungsverfahrens war.[12] Im Übrigen stellt sich jedenfalls bei einer ratenfreien PKH die Frage, wie die Kostenforderung gegenüber dem jedenfalls iSd PKH-Vorschriften mittellosen Kostenschuldner erfolgreich durchgesetzt werden soll (vgl § 10 KostVfg).

3. Keine Bewilligung von Prozesskostenhilfe. a) Nur Antrag auf Prozesskostenhilfe. Weist das Gericht den **12** Antrag auf Bewilligung von PKH zurück, ergeben sich keine kostenrechtlichen Konsequenzen, wenn nur ein Antrag auf Bewilligung von PKH und kein Hauptsacheantrag gestellt bzw Klage erhoben worden ist. Denn es liegt dann nur das durch den Bewilligungsantrag eingeleitete gerichtsgebührenfreie Verfahren über die PKH vor (zur Klageeinreichung ohne Hinweis auf die bereits erfolgte PKH-Bewilligung → Nr. 1210 KV Rn 20).[13]

b) Gleichzeitiger Hauptsache- und Prozesskostenhilfeantrag. Weist das Gericht den Antrag auf Bewilligung **13** von PKH zurück, in der gleichzeitig auch der Hauptsacheantrag bzw die Klage in einem gesonderten oder in einem mit dem PKH-Gesuch verbundenen Schriftsatz eingereicht worden ist, entsteht keine allgemeine Verfahrensgebühr für die Hauptsache, wenn der Hauptsacheantrag nur für den Fall der Bewilligung von PKH gestellt worden ist bzw die Klage nur für diesen Fall erhoben worden ist. Denn dann ist nur das gerichtsgebührenfreie Verfahren über die PKH, nicht aber das Hauptsacheverfahren anhängig geworden. Die allgemeine Verfahrensgebühr des Hauptsacheverfahrens ist nicht entstanden und nicht fällig geworden (§ 6 Abs. 1).

Der Antragsteller muss aber klar und eindeutig erklärt haben, dass der Hauptsacheantrag nur unter der **14** Voraussetzung der Bewilligung von PKH gestellt wird.[14] Die Voranstellung des Antrags auf PKH dürfte nicht ausreichen.[15] Für eine **unbedingte** Klageerhebung spricht auch der zusammen mit dem Antrag auf PKH gem. Nr. 3 Buchst. b gestellte Antrag auf Zustellung der Klageschrift.[16] Wird die Klage mit der Bitte um Anberaumung eines möglichst nahen Termins erhoben und wird am Ende der Antrags- bzw Klageschrift beantragt, dem Antragsteller/Kläger PKH zu bewilligen, wird das idR nur dahin verstanden werden können, dass der Hauptsacheantrag und zugleich oder ferner ein Antrag auf PKH gestellt werden, die Hauptsache mithin unbedingt durchgeführt werden soll.[17] Für die Beurteilung, ob der Hauptsacheantrag bedingt oder unbedingt gestellt bzw die Klage bedingt oder unbedingt erhoben worden ist, kann auf den gesamten Inhalt der Antragsschrift zurückgegriffen werden. Die Behandlung des Hauptsacheantrags durch das Gericht ist dabei für die Entstehung und Fälligkeit der Verfahrensgebühr nicht erheblich.[18]

Eine **bedingte Antragstellung** kann zB dann vorliegen, wenn **15**

- in dem Schriftsatz die Antragstellung oder Klageerhebung unter der Voraussetzung steht, dass PKH bewilligt wird;[19]
- nur von einer beabsichtigten Antragstellung in der Hauptsache bzw Klageerhebung die Rede ist;[20]
- dem Schriftsatz, mit dem PKH beantragt wird, ein als Entwurf bezeichneter und möglichst nicht unterschriebener Antragsschriftsatz bzw Klageschriftsatz beigefügt ist;[21]
- gebeten wird, „vorab" über den Antrag auf PKH zu entscheiden.[22] Wird hier allerdings gebeten, den Antrag oder die Klage zur Verjährungsunterbrechung zuzustellen oder die Zwangsvollstreckung einzustellen, können gewichtige Anhaltspunkte für eine unbedingte Antragstellung bzw Klageerhebung vorliegen (→ Rn 14).[23]

Weist das Gericht bei unbedingter Stellung des Hauptsacheantrags bzw bei unbedingter Klageerhebung den **16** Antrag auf Bewilligung von PKH zurück und verfolgt der Antragsteller den Hauptsacheantrag bzw der Kläger die Klage anschließend nicht weiter, wird dem Antragsteller/Kläger nach den hierzu ergangenen Ver-

---

11 Ähnlich *Hansens*, Anm. zu OLG Koblenz RVGreport 2015, 78. **12** Vgl OLG Köln AGS 2009, 595 = RVGreport 2010, 317. **13** OLG Rostock 31.3.2008 – 1 W 22/08, juris. **14** BGH NJW-RR 2000, 879; BGHZ 4, 328; KG 4.11.2003 – 1 W 306/03, juris; OLG Brandenburg FamRZ 2007, 2000 = AGS 2008, 95; KG 4.11.2003 – 1 W 306/03, juris; OLG Koblenz FamRZ 1998, 312 = AnwBl 1999, 490; OLG Zweibrücken NJW-RR 2001, 1653 = AGS 2001, 208. **15** KG RVGreport 2004, 158; OLG Köln FamRZ 1997, 375; OLG Zweibrücken NJW-RR 2001, 1653. **16** OLG Köln OLGR 2008, 30. **17** OLG Düsseldorf 22.3.2011 – I-10 W 171/10. **18** OLG Rostock 31.3.2008 – 1 W 22/08, juris; OLG Düsseldorf 8.11.2005 – I-10 W 85/05, juris; OLG Köln JurBüro 2005, 546; aA OLG Stuttgart OLGR 2000, 279 = Justiz 2000, 300: Die verfahrensrechtliche Behandlung durch das Gericht ist auch kostenrechtlich maßgebend. **19** BGH FamRZ 1996, 1142; OLG Rostock 31.3.2008 – 1 W 22/08, juris; KG FamRZ 2008, 1646 = JurBüro 2008, 323; OLG Brandenburg FamRZ 2007, 1999 = AGS 2008, 95; OLG Karlsruhe NJW-RR 1989, 512. **20** BGH NJW-RR 2000, 879; OLG Rostock 31.3.2008 – 1 W 22/08, juris; KG FamRZ 2008, 1646 = JurBüro 2008, 323. **21** BGH NJW-RR 2000, 879; OLG Rostock 31.3.2008 – 1 W 22/08, juris; OLG Brandenburg FamRZ 2007, 1999 = AGS 2008, 95. **22** BGH FamRZ 2005, 794; OLG Rostock 31.3.2008 – 1 W 22/08, juris; KG FamRZ 2008, 1646 = JurBüro 2008, 323; OLG Brandenburg FamRZ 2007, 1999 = AGS 2008, 95; OLG Koblenz MDR 2004, 177. **23** KG FamRZ 2008, 1646 = JurBüro 2008, 323; KG RVGreport 2004, 158; vgl auch OLG Köln OLGR 2008, 30; OLG Celle NdsRpfl 2004, 45.

waltungsbestimmungen (s. § 26 Abs. 8 S. 3 KostVfg) nur eine ermäßigte Verfahrensgebühr (zB nach Nr. 1211 KV) in Rechnung gestellt werden können (→ § 12 Rn 36 ff). Allerdings ist zu berücksichtigen, dass teilweise aufgrund des klaren Gesetzeswortlauts das stillschweigende Abfinden des Antragstellers mit der Ablehnung seines Antrags auf Bewilligung von PKH nicht als Antrags- bzw Klagerücknahme angesehen wird.[24] Wird nach Ablehnung der PKH erklärt, dass der Antrag bzw die Klage nicht weiterverfolgt wird, liegt darin die Erklärung der Antrags-/Klagerücknahme.[25]

17　**4. Teilweise Bewilligung von Prozesskostenhilfe. a) Einzelfälle.** Wird dem Antragsteller die beantragte PKH nur für einen Teil des Hauptsacheantrags bzw der Klage bewilligt, ist wie folgt zu unterscheiden:

18　**aa) Nur PKH-Antrag.** Ist zunächst nur ein PKHantrag gestellt worden und wird später der Hauptsacheantrag oder die Klage nur im Umfang der Bewilligung verfolgt, ergibt sich keine Vorauszahlungspflicht (→ Rn 12).

19　**bb) PKH-Antrag und bedingter Hauptsacheantrag/bedingte Klage.** Ist zusammen mit dem Antrag auf PKH ein **bedingter Hauptsacheantrag** (→ Rn 13 ff) gestellt bzw bedingt Klage erhoben worden und wird dieser/diese nach Bewilligung nur in deren Grenzen weiterverfolgt, ergibt sich keine Vorauszahlungspflicht (→ Rn 18). Im Zweifel ist die Stellung des Hauptsacheantrags bzw die Klageerhebung nur in dem Umfang anzunehmen, in dem PKH bewilligt worden ist.[26]

20　**cc) PKH-Antrag und unbedingter Hauptsacheantrag/unbedingte Klage.** Ist zusammen mit dem Antrag auf PKH ein **unbedingter Hauptsacheantrag** (→ Rn 13 ff) gestellt bzw unbedingt Klage erhoben worden und wird dieser/diese nach Bewilligung nur in deren Grenzen weiterverfolgt, ergibt sich ebenfalls keine Vorauszahlungspflicht (→ Rn 18). Insbesondere kann die Zustellung des/der von der PKH erfassten Antrags/Klage nicht von der Vorauszahlung einer nach dem gesamten ursprünglich gestellten Hauptsacheantrag bzw der ursprünglich erhobenen Klage berechneten Verfahrensgebühr abhängig gemacht werden. Dasselbe gilt, wenn von mehreren unbedingt gestellten Hauptsacheanträgen nur noch die verfolgt werden, für die PKH bewilligt ist.[27] Allerdings kann hinsichtlich des von der Bewilligung nicht erfassten Teils des Hauptsacheantrags/der Klage die **Sollstellung** einer ermäßigten Verfahrensgebühr in Betracht kommen (s. aber § 10 KostVfg; → Rn 16). Zur Berechnung → Rn 23.[28]

21　**dd) PKH-Antrag und Weiterverfolgung des Hauptsacheantrags/der Klage in voller Höhe.** Ist zusammen mit dem Antrag auf PKH ein **bedingter** oder **unbedingter** Hauptsacheantrag gestellt bzw eine bedingte oder unbedingte Klage erhoben worden und wird dieser/diese nach teilweiser Bewilligung von PKH in vollem Umfang weiterverfolgt, ist die auf den von der PKH nicht erfassten Teil entfallende Gebühr vorauszuzahlen.[29] Zur Berechnung → Rn 24.

22　**b) Berechnung.** Wird PKH nur für einen **Teil des Hauptsacheantrags** bzw der Klage bewilligt, ist umstritten, auf welche Weise die auf den von der PKH nicht erfassten Teil des Gegenstands entfallende Verfahrensgebühr zu **berechnen** ist. Zutreffend ist, bei der Berechnung dieses Teils der Verfahrensgebühr die Partei so zu stellen, als ob sie das Verfahren von vornherein nur im Umfang der Bewilligung geführt hat. Die Partei schuldet daher nach hM nur die Differenz zwischen einer nach dem gesamten Streitwert und einer nach dem von der PKH erfassten Wert berechneten Gebühr.[30] Vorauszahlungspflichtig ist daher die Differenz zwischen einer nach dem vollen Streitwert und dem von der PKH erfassten Teil des Streitwerts berechneten Gebühr.

23　**Beispiel 1 (zu → Rn 20):** Der Kläger macht gegen den Beklagten einen Anspruch über 20.000 € geltend und beantragt für eine entsprechende Klage PKH. Die Klage ist unbedingt erhoben. Da das Gericht PKH nur für einen Teil iHv 15.000 € bewilligt, erhebt der Kläger Klage nur in diesem Umfang.

Die gegen den Kläger zum Soll zu stellende Verfahrensgebühr berechnet sich wie folgt:

1,0-Verfahrensgebühr, Nr. 1210, 1211 KV (Wert: 20.000 €; Gesamt-Streitwert)	345,00 €
abzgl. 1,0-Verfahrensgebühr, Nr. 1210, 1211 KV (Wert: 15.000 €; PKH)	– 293,00 €
Differenz, die ggf zum Soll zu stellen ist	52,00 €

24　**Beispiel 2 (zu → Rn 21):** Der Kläger möchte gegen den Beklagten einen Anspruch über 20.000 € geltend machen. Das Gericht bewilligt PKH nur für einen Teil der beabsichtigten Klage iHv 15.000 €. Der Kläger erhebt Klage über 20.000 €.

---

24 OLG Stuttgart OLGR 2000, 279 = Justiz 2000, 300. **25** OLG Köln FamRZ 1997, 375 = NJW-RR 1997, 637. **26** OLG Karlsruhe NJW-RR 1989, 512. **27** KGReport Berlin 2007, 81. **28** KG FamRZ 2008, 1646 = JurBüro 2008, 323. **29** OLG München MDR 1997, 299; *Meyer*, GKG § 14 Rn 2; vgl auch KGReport Berlin 2007, 81. **30** BGHZ 13, 373 = NJW 1954, 1406; OLG Naumburg AGS 2015, 470 = NJW-RR 2015, 1210; KGReport Berlin 2007, 81; OLG Koblenz FamRZ 2007, 1758 = AGS 2007, 641; OLG Schleswig MDR 2006, 176 = SchlHA 2006, 207; OLG Hamburg OLGR 1997, 342; OLG München MDR 1997, 299 = JurBüro 1997, 205; OLG Celle NdsRpfl 2011, 44 = FamRZ 2011, 66, OLG Düsseldorf Rpfleger 2005, 268 und KG JurBüro 1988, 728 = Rpfleger 1988, 204 (je für die Anwaltsvergütung).

Die vom Kläger vorauszuzahlende Verfahrensgebühr berechnet sich wie folgt:

3,0-Verfahrensgebühr, Nr. 1210 KV (Wert: 20.000 €; Gesamt-Streitwert)	1.035,00 €
abzgl. 3,0-Verfahrensgebühr, Nr. 1210 KV (Wert: 15.000 €; PKH)	– 879,00 €
Vorauszahlungspflichtige Differenz	156,00 €

Wird diese Differenz nicht vorausgezahlt, darf die Klage nur im Umfang der Bewilligung zugestellt und Termin nur hinsichtlich dieses Teils bestimmt werden.[31]

Nach der abzulehnenden **Gegenauffassung** ist bei teilweiser Bewilligung von PKH die Gebühr im Verhältnis 25 der Streitwerte aufzuteilen.[32] In Beispiel 1 (→ Rn 23) ergibt sich dann ein vorauszuzahlender Betrag iHv 253,50 € (ein Viertel der aus dem Gesamtwert iHv 20.000 € berechneten Verfahrensgebühr, also 1.014 € : 4). Die früher vom RG vertretene Auffassung, dass die Partei eine aus dem von der PKH nicht erfassten Wertteil berechnete Gebühr zu tragen hat, wird soweit ersichtlich nicht mehr vertreten.[33]

Im Falle einer teilweisen Bewilligung von PKH ist es allerdings für die **Auslagen** (Teil 9 KV) sachgemäß, 26 diese durch Quotierung des von der PKH nicht erfassten Teils einerseits und des von der PKH erfassten Teils andererseits im Verhältnis zum Gesamtwert zu ermitteln[34] bzw die Partei an den Auslagen im Verhältnis des Werts der PKH-Bewilligung zum Gesamtwert zu beteiligen.[35] Entfallen Auslagen ausschließlich auf den von der PKH nicht erfassten Teil, sind sie in voller Höhe zu erheben.

5. Aufhebung der Prozesskostenhilfe. Ist PKH bewilligt worden und deshalb nach Nr. 1 keine Abhängig- 27 machung erfolgt, kann der weitere Verfahrensfortgang (zB eine Terminsbestimmung) nach Aufhebung der PKH (§ 124 ZPO) nicht von der Zahlung der allgemeinen Verfahrensgebühr abhängig gemacht werden (auch → § 12 Rn 26).[36]

III. Kosten- und Gebührenfreiheit (Nr. 2)

Keine Vorauszahlungspflicht nach § 12 und § 13 besteht, wenn dem Antragsteller Kostenfreiheit zusteht. 28 Dasselbe gilt bei persönlicher oder sachlicher Gebührenfreiheit (zum Begriff → § 2 Rn 1 ff). Mit der Gebührenfreiheit in § 14 ist (auch) die Kostenfreiheit nach § 2 gemeint.[37] Die Kosten- bzw Gebührenfreiheit stellt aber nur die befreite Partei von der Vorauszahlungspflicht frei (→ § 2 Rn 53 ff). Für die nicht befreite Partei bleibt die Vorauszahlungspflicht dagegen bestehen (→ § 2 Rn 53 f). Die Kosten- bzw Gebührenbefreiung der anderen Partei wirkt sich nach § 2 Abs. 5 erst dann für sie aus, wenn eine Kostenentscheidung zu Lasten der befreiten Partei getroffen oder durch diese die Kostenübernahme erfolgt ist.[38] § 18 ist dann nicht anwendbar (ausf. → § 2 Rn 53 ff).

Zur Abhängigmachung bei **Streitgenossen**, von denen nicht alle kosten- oder gebührenbefreit sind, → § 2 29 Rn 57 ff.

IV. Weitere Ausnahmen (Nr. 3)

1. Aussichtslose oder mutwillige Rechtsverfolgung. Die Befreiung von der Abhängigmachung nach Nr. 3 30 setzt zunächst voraus, dass die beabsichtigte Rechtsverfolgung weder aussichtslos noch ihre Inanspruchnahme mutwillig erscheint. Der Wortlaut der Bestimmung ist an die für die Bewilligung der PKH geltenden Bestimmungen der §§ 114 ff ZPO angelehnt, so dass die hierzu in Rspr und Schrifttum entwickelten Grundsätze entsprechend gelten und hierauf verwiesen werden kann.

Die Anforderungen an die **Erfolgsaussicht** dürfen daher auch bei der Prüfung der Befreiung von der Abhän- 31 gigmachung nicht überspannt und die Rechtsfindung in der Hauptsache nicht dorthin verlagert werden.[39] Es ist daher eine **summarische Prüfung** vorzunehmen und etwaige Ermittlungen sind auf ein Minimum zu beschränken.[40] Die Anhörung des Antragsgegners ist nicht erforderlich, aber unschädlich.[41] Der Erfolg der beabsichtigten Rechtsverfolgung muss eine gewisse Wahrscheinlichkeit für sich haben.[42]

Die beabsichtigte Rechtsverfolgung ist nicht **mutwillig**, wenn eine verständige, sachlich und vernünftig den- 32 kende Partei in einem gleichgelagerten Fall auch mit Abhängigmachung der Tätigkeit des Gerichts von der vorherigen Zahlung der Gebühr in gleicher Weise vorgehen würde.[43] Mutwilligkeit liegt dann vor, wenn diese Partei ihre Rechte auf andere Weise suchen würde, von der Einleitung eines Verfahrens absehen oder nur einen Teilanspruch geltend machen würde.

---

31 Binz/Dörndorfer/*Zimmermann*, § 14 GKG Rn 5. **32** OLG Düsseldorf JurBüro 2000, 425; OLG München JurBüro 1988, 905; OLG Bamberg JurBüro 1988, 1682 m. zust. Anm. *Mümmler*. **33** RGZ 146, 78. **34** OLG Koblenz FamRZ 2007, 1758 = OLG Koblenz AGS 2007, 641; OLG Düsseldorf JurBüro 2000, 425. **35** OLG Schleswig MDR 2006, 176 = SchlHA 2006, 207. **36** *Meyer*, GKG § 14 Rn 2; vgl auch OLG München NJW-RR 1989, 64 = JurBüro 1988, 1567; OLG Celle NdsRpfl 1987, 182; LG Bremen BB 1993, 1836. **37** Vgl BFH AGS 2013, 466 = RVGreport 2013, 400; OLG Düsseldorf JurBüro 2007, 532. **38** KG RVGreport 2008, 439. **39** Vgl zur Prozesskostenhilfe: BVerfG NJW 2003, 576. **40** Für die Prozesskostenhilfe: OLG Celle NdsRpfl 2002, 362. **41** OLG Naumburg OLGR 2007, 250. **42** Für die Prozesskostenhilfe: OLG Karlsruhe FamRZ 2003, 50. **43** Für die Prozesskostenhilfe: OLG Köln NJW-RR 2001, 869.

33   **2. Schwierige Vermögenslage oder sonstige Gründe (Nr. 3 Buchst. a).** Der Antragsteller muss **glaubhaft** machen, dass die **alsbaldige** Zahlung der Gebühr mit Rücksicht auf seine **Vermögenslage** oder aus **sonstigen Gründen Schwierigkeiten** bereitet. Hierbei ist Folgendes zu beachten:

34   **a) Alsbaldige Zahlung.** Entscheidend ist, dass die finanzielle Lage des Antragstellers nur **vorübergehend** schwierig ist. Nr. 3 Buchst. a erfasst daher nur die Fälle, in denen dem Antragsteller die **alsbaldige** Zahlung, nicht aber die Zahlung überhaupt schwerfällt. Ist der Antragsteller dauerhaft zahlungsunfähig, kommt keine Befreiung nach Nr. 3 Buchst. a in Betracht, sondern nach Bewilligung von PKH nur eine Befreiung nach Nr. 1. Denn Nr. 3 Buchst. a soll nur einen an sich nicht unvermögenden Antragsteller vor den Folgen schützen, dass er Vermögensteile nicht oder nicht in zumutbarer Weise in Barmittel umwandeln kann.[44] Keine nur vorübergehende schwierige Vermögenslage iSv Nr. 3 Buchst. a, sondern dauerhafte Zahlungsunfähigkeit liegt vor, wenn der Befreiungsantrag allein auf die der Klage zugrunde liegende Forderung gestützt wird. Denn zum Zeitpunkt der Entscheidung über den Befreiungsantrag ist unklar, ob dem Antragsteller der geltend gemachte Anspruch zusteht.[45]

35   **b) Sonstige Gründe. Sonstige Gründe** iSv Nr. 3 Buchst. a sind solche, die nicht oder nicht allein in der schwierigen Vermögenslage ihre Ursache haben. Hierzu gehören zB Devisen- oder Transferschwierigkeiten.

36   **c) Schwierigkeiten.** Die alsbaldige Zahlung verursacht **Schwierigkeiten**, wenn die Beschaffung der für die Vorauszahlung erforderlichen Barmittel dem Antragsteller nicht nur Unannehmlichkeiten bereitet.[46] Daher ist der Antragsteller zB gehalten, in zumutbarer Weise ggf ein Darlehen aufzunehmen[47] oder eine ausstehende (Unterhalts-)Forderung oder einen Prozesskostenvorschuss geltend zu machen.[48]

37   **d) Glaubhaftmachung.** Der Antragsteller muss für die Befreiung nach Nr. 3 Buchst. a glaubhaft machen, dass der Abhängigmachung Zahlungsschwierigkeiten oder sonstige Gründe entgegenstehen. Für die Glaubhaftmachung gilt § 294 ZPO. Daher können zB schriftliche Unterlagen, Urkunden, Kontoauszüge oder schriftliche Zeugenaussagen vorgelegt werden; es kann auch auf andere Akten Bezug genommen und eine eidesstattliche Versicherung abgegeben werden. Die Glaubhaftmachung kann nur durch den Antragsteller, nicht aber durch dessen Prozessbevollmächtigten erfolgen, weil die Erleichterung nach Nr. 3 Buchst. b nicht gilt.[49]

38   **e) Nachholung der Abhängigmachung.** Da somit nur kurzfristige Verzögerungen bis zur Verbesserung der Vermögenslage des Antragstellers von Nr. 3 Buchst. a erfasst sind, hat der Antragsteller die Gebühr vorauszuzahlen, wenn die vorauszahlungspflichtige gerichtliche Handlung (idR die Zustellung der Klage, § 12 Abs. 1 S. 1) noch nicht erfolgt ist. Ist die gerichtliche Handlung bereits vorgenommen worden, darf die weitere Durchführung des Verfahrens nicht von der Vorauszahlung abhängig gemacht werden (auch → § 12 Rn 26).

39   **3. Verzögerungsschaden (Nr. 3 Buchst. b). a) Verzögerung.** Eine Befreiung von der Vorauszahlungspflicht kann bei nicht aussichtsloser oder mutwilliger Rechtsverfolgung auch dann vorgenommen werden, wenn glaubhaft gemacht wird, dass die durch die Abhängigmachung eintretende Verzögerung dem Antragsteller einen nicht oder nur schwer zu ersetzenden Schaden bringen würde. Verzögerung ist das **kurzfristige**[50] Hinausschieben der Zustellung der Klage (§ 12 Abs. 1 S. 1) bzw der gerichtlichen Handlung (§ 12 Abs. 1 S. 2, 3, Terminsbestimmung, Erlass des Mahnbescheids).[51]

40   **b) Drohender Schaden.** Aufgrund der durch die Abhängigmachung eintretenden Verzögerung muss dem Antragsteller ein nicht oder nur schwer zu ersetzender Schaden drohen. Hiermit ist eine Wirkung gemeint, die **nicht beseitigt** oder **ausgeglichen** werden kann.[52] Ein Schaden droht zB dann, wenn ohne baldige Zustellung des Antrags/der Klage die Verjährung droht oder eintritt,[53] der Anspruch des Antragstellers ausgeschlossen wird oder der Vermögensverfall oder der Umzug des Antragsgegners ins Ausland zu befürchten ist.[54] Ein Schaden kann auch bei besonders eilbedürftigen Verfahren drohen (zB Rangverlust in der Zwangsvollstreckung). Dem Antragsteller wird vom Gericht jedenfalls idR nicht entgegengehalten werden können, dass er den Antrag schon früher hätte stellen können.[55]

41   **c) Glaubhaftmachung.** Der Antragsteller muss für die Befreiung nach Nr. 3 Buchst. b glaubhaft machen, dass ihm aufgrund der durch die Abhängigmachung eintretenden Verzögerung ein nicht oder schwer zu ersetzender Schaden entstehen kann. Für die Glaubhaftmachung gilt – wie bei Nr. 3 Buchst. a – § 294 ZPO (→ Rn 37). Anders als bei Nr. 3 Buchst. a genügt zur Glaubhaftmachung zwar die entsprechende Erklärung

---

44 OLG München FamRZ 2003, 241; OLG Hamm AnwBl 1990, 46 = JurBüro 1989, 1273. **45** OLG München FamRZ 2003, 241. **46** *Meyer*, GKG § 14 Rn 7. **47** *Meyer*, GKG § 14 Rn 7; aA *Oestreich/Hellstab/Trenkle*, FamGKG § 15 Rn 9. **48** *Meyer*, GKG § 14 Rn 7; vgl auch OLG Karlsruhe 11.4.2005 – 16 WF 44/05, juris. **49** *Binz/Dörndorfer/Zimmermann*, § 14 GKG Rn 7; aA aber *Binz/Dörndorfer/Dörndorfer*, § 15 FamGKG Rn 5. **50** OLG Hamm JurBüro 1989, 1273 = AnwBl 1990, 46. **51** BGH NJW-RR 1995, 253 = MDR 1995, 315. **52** BGH NJW-RR 1995, 253 = MDR 1995, 315; OLG Köln OLGR 1995, 307 = FamRZ 1995, 1589. **53** Vgl hierzu OLG Celle NdsRpfl 2004, 45. **54** *Meyer*, GKG § 14 Rn 9. **55** *Meyer*, GKG § 14 Rn 9.

des zum Prozessbevollmächtigten bestellten Rechtsanwalts. Allerdings ist hier **substantiierter Vortrag** und nicht nur eine einfache Behauptung erforderlich. Der Prozessbevollmächtigte muss die Tatsachen angeben, die die Behauptung glaubhaft erscheinen lassen.[56]

§ 15 Zwangsversteigerungs- und Zwangsverwaltungsverfahren

(1) Im Zwangsversteigerungsverfahren ist spätestens bei der Bestimmung des Zwangsversteigerungstermins ein Vorschuss in Höhe des Doppelten einer Gebühr für die Abhaltung des Versteigerungstermins zu erheben.

(2) Im Zwangsverwaltungsverfahren hat der Antragsteller jährlich einen angemessenen Gebührenvorschuss zu zahlen.

I. Allgemeines

§ 15 regelt die Erhebung eines Gebührenvorschusses für sämtliche nach dem Zwangsversteigerungsgesetz (ZVG) durchzuführenden Verfahren, somit nicht nur die echten Vollstreckungsverfahren, sondern auch die besonderen Verfahren des ZVG (§§ 172 ff ZVG), insb. die Verfahren zur Aufhebung einer Gemeinschaft (sog. Teilungsversteigerung, §§ 180 ff ZVG). **1**

Die Vorschrift berechtigt die Staatskasse lediglich zur Erhebung eines Vorschusses für die zu den Verfahrenskosten gem. § 109 ZVG bzw § 155 Abs. 1 ZVG gehörenden **Gebühren** (→ § 7 Rn 2 f). **Erhebung eines Vorschusses** bedeutet somit lediglich die Anforderung von Kosten vor deren Fälligkeit (→ § 10 Rn 3), die in den Zwangsversteigerungs- bzw Zwangsverwaltungsverfahren erst zu einem späteren Zeitpunkt fällig werden (s. § 7). Eine Befugnis für das Gericht iSd § 10, seine (weitere) Tätigkeit von der Zahlung dieses Vorschusses abhängig zu machen, enthält die Vorschrift hingegen nicht (→ § 10 Rn 5 f).[1] Der Vorschuss ist daher **mittels Sollstellung** einzuziehen (→ § 10 Rn 4). Das Verfahren wird unabhängig von der Zahlung des Vorschusses von Amts wegen fortgesetzt. **2**

Hinsichtlich der **Auslagen**, insb. des Honorars für den vor der Wertfestsetzung gem. § 74 a Abs. 5 ZVG im Regelfall zu beauftragenden Sachverständigen, richtet sich die Vorschusserhebung nach § 17 Abs. 3 (→ § 17 Rn 43 mwN). Zur Erhebung eines Auslagenvorschusses im Zwangsverwaltungsverfahren s. § 22 KostVfg. **3**

II. Umfang und Zeitpunkt der Vorschusspflicht

1. Zwangsversteigerungsverfahren (Abs. 1). Im Zwangsversteigerungsverfahren ist das Doppelte der für die Abhaltung des Versteigerungstermins anfallenden Gebühr Nr. 2213 KV (= 0,5), somit eine 1,0-fache Gebühr, zu erheben. Als Wert ist der gem. § 74 a Abs. 5 ZVG festgesetzte Verkehrswert, sofern ausnahmsweise dieser nicht festgesetzt wurde, der Einheitswert anzusetzen (s. § 54 Abs. 1, § 56). **4**

Durch die Formulierung „**spätestens**" ist auch eine Anforderung vor der Bestimmung des Versteigerungstermins (§§ 36 ff ZVG) zulässig.[2] Eine spätere Erhebung ist damit jedoch ebenfalls nicht ausgeschlossen. **5**

2. Zwangsverwaltungsverfahren (Abs. 2). Im Zwangsverwaltungsverfahren ist die Höhe des Vorschusses im GKG selbst nicht konkret vorgegeben, sondern lediglich ein **angemessener** Gebührenvorschuss genannt. Da in diesem Verfahren für jedes Kalenderjahr eine gesonderte Gebühr Nr. 2221 KV nachträglich (s. § 7 Abs. 2 S. 2) anfällt, bestimmt § 22 Abs. 1 S. 1 KostVfg die vorschussweise Erhebung dieser 0,5-fachen Gebühr. Zur Ausnahme bei ausreichenden Einnahmen vgl § 22 Abs. 2 KostVfg. **6**

Dieser Vorschuss ist **jeweils zu Beginn des Kalenderjahres** zu erheben, so dass als Wert im Regelfall der Betrag der Einkünfte des vorherigen Kalenderjahres angemessen sein dürfte (vgl § 55), sofern nicht aufgrund zu erwartender erheblich veränderter Einkünfte für das begonnene Kalenderjahr ein abweichender Wert gerechtfertigt erscheint. Der Wert des Vorschusses für das erste Kalenderjahr ist auf der Grundlage des vom Zwangsverwalter nach der Inbesitznahme des Objekts eingereichten Berichts zu schätzen.[3] **7**

III. Kostenschuldner, Zuständigkeit für den Kostenansatz

Der Vorschuss ist vom **Antragsteller** des Verfahrens (s. § 26 Abs. 1) zu erheben. Mehrere Antragsteller (in der Teilungsversteigerung gem. §§ 180 ff ZVG bzw mehrere betreibende Gläubiger in der Vollstreckungsversteigerung haften für den einheitlichen Vorschuss als Gesamtschuldner (§ 31 Abs. 1),[4] deren Inanspruch- **8**

---

56 BGH NJW-RR 1995, 253 = MDR 1995, 315; Binz/Dörndorfer/*Zimmermann*, § 14 GKG Rn 7; *Meyer*, GKG § 14 Rn 10. **1** *Stöber*, ZVG, Einl. Rn 77 Anm. 77.11; *Oestreich/Hellstab/Trenkle*, GKG § 15 Rn 1. **2** BGH NJW 2009, 2066; *Oestreich/Hellstab/Trenkle*, GKG § 15 Rn 3. **3** *Oestreich/Hellstab/Trenkle*, GKG § 15 Rn 7. **4** BGH NJW 2009, 2066.

nahme sich nach § 8 Abs. 4 KostVfg richtet (→ § 17 Rn 47). Im Regelfall wird eine Aufteilung nach Kopfteilen erfolgen.

9 Jedoch kann von Gläubigern, deren Verfahren eingestellt ist, kein Vorschuss erhoben werden, da sie nicht für Kosten haften, die (erstmals) nach der Einstellung anfallen.[5]

10 Der von einem Antragsteller gezahlte Gebührenvorschuss gehört – ebenso wie ein Auslagenvorschuss gem. § 17 Abs. 3 – weiterhin zu den gem. §§ 109, 155 Abs. 1 ZVG (→ Rn 2) aus dem Erlös vorweg zu entnehmenden Verfahrenskosten. Die Rechtsnatur der Kosten ändert sich durch die Zahlung des Antragstellers nicht, so dass die Vorwegentnahme in demselben Rang wie ein restlicher Kostenbetrag des Justizfiskus zu erfolgen hat.[6]

11 Die Vorschussanforderung ist vom **Kostenbeamten** selbständig anzuordnen (§ 20 Abs. 2 KostVfg), ohne dass es einer Entscheidung des Gerichts (Rechtspflegers) bedarf (→ § 17 Rn 44).

IV. Gebührenfreiheit; Prozesskostenhilfe; Rechtsmittel

12 Sofern einem Antragsteller Gebührenfreiheit zusteht oder Prozesskostenhilfe bewilligt wurde, kann von ihm ein Vorschuss nicht angefordert werden (s. § 122 Abs. 1 Nr. 1 Buchst. a ZPO).[7]

13 Gegen die Vorschusserhebung ist die Erinnerung gem. § 66 Abs. 1 zulässig (→ § 66 Rn 16 ff).

§ 16 Privatklage, Nebenklage

(1) [1]Der Privatkläger hat, wenn er Privatklage erhebt, Rechtsmittel einlegt, die Wiederaufnahme beantragt oder das Verfahren nach den §§ 440, 441 der Strafprozessordnung betreibt, für den jeweiligen Rechtszug einen Betrag in Höhe der entsprechenden in den Nummern 3311, 3321, 3331, 3340, 3410, 3431, 3441 oder 3450 des Kostenverzeichnisses bestimmten Gebühr als Vorschuss zu zahlen. [2]Der Widerkläger ist zur Zahlung eines Gebührenvorschusses nicht verpflichtet.

(2) [1]Der Nebenkläger hat, wenn er Rechtsmittel einlegt oder die Wiederaufnahme beantragt, für den jeweiligen Rechtszug einen Betrag in Höhe der entsprechenden in den Nummern 3511, 3521 oder 3530 des Kostenverzeichnisses bestimmten Gebühr als Vorschuss zu zahlen. [2]Wenn er im Verfahren nach den §§ 440, 441 der Strafprozessordnung Rechtsmittel einlegt oder die Wiederaufnahme beantragt, hat er für den jeweiligen Rechtszug einen Betrag in Höhe der entsprechenden in den Nummern 3431, 3441 oder 3450 des Kostenverzeichnisses bestimmten Gebühr als Vorschuss zu zahlen.

I. Allgemeines

1 Die Gebühren werden in Strafsachen gem. § 8 mit der Rechtskraft des Urteils fällig. § 16 regelt für Strafsachen abschließend, in welchen Fällen Gebühren im Vorschussweg zu zahlen sind (zum Begriff des Vorschusses → § 10 Rn 3). Die Vorschusspflicht für Gebühren ist gem. § 16 grds. auf den **Privatkläger** und den **Nebenkläger** beschränkt. Der **Beschuldigte** bzw der **Angeklagte** ist nie vorschusspflichtig (zur Vorschusspflicht im Klageerzwingungsverfahren s. § 176 StPO). **Gebührenvorschüsse** können darüber hinaus nicht erhoben werden (vgl § 10). Abs. 1 betrifft den Privatkläger, Abs. 2 den Nebenkläger. Für den Privatkläger ist noch die vorrangige Vorschussbestimmung in § 379 a StPO zu berücksichtigen. Die Erhebung eines **Auslagenvorschusses** in Strafsachen richtet sich nach § 17; auf die Erl. zu § 17 wird insoweit verwiesen.

II. Privatkläger (Abs. 1)

2 1. § 379 a StPO. a) Vorauszahlungspflicht. § 379 a StPO hat folgenden Wortlaut:

§ 379 a StPO Gebührenvorschuss

(1) Zur Zahlung des Gebührenvorschusses nach § 16 Abs. 1 des Gerichtskostengesetzes soll, sofern nicht dem Privatkläger die Prozeßkostenhilfe bewilligt ist oder Gebührenfreiheit zusteht, vom Gericht eine Frist bestimmt werden; hierbei soll auf die nach Absatz 3 eintretenden Folgen hingewiesen werden.

(2) Vor Zahlung des Vorschusses soll keine gerichtliche Handlung vorgenommen werden, es sei denn, daß glaubhaft gemacht wird, daß die Verzögerung dem Privatkläger einen nicht oder nur schwer zu ersetzenden Nachteil bringen würde.

---

[5] *Stöber*, ZVG, Einl. Rn 77 Anm. 77.11, Rn 82 Anm. 82.2. [6] *Stöber*, ZVG, § 109 Rn 2 Anm. 2.4; Einl. Rn 77 Anm. 77.11; *Oestreich/Hellstab/Trenkle*, GKG § 15 Rn 5. [7] *Oestreich/Hellstab/Trenkle*, GKG § 15 Rn 6.

(3) [1]Nach fruchtlosem Ablauf der nach Absatz 1 gestellten Frist wird die Privatklage zurückgewiesen. [2]Der Beschluß kann mit sofortiger Beschwerde angefochten werden. [3]Er ist von dem Gericht, das ihn erlassen hat, von Amts wegen aufzuheben, wenn sich herausstellt, daß die Zahlung innerhalb der gesetzten Frist eingegangen ist.

Für das Rechtsmittelverfahren bestimmt § 390 Abs. 4 StPO, dass die Vorschrift des § 379 a StPO über die Zahlung des Gebührenvorschusses und die Folgen nicht rechtzeitiger Zahlung entsprechend gilt. **3**

b) **Verhältnis zu § 16.** § 379 a StPO ist keine Ergänzung des § 16, sondern **lex specialis** (→ § 17 Rn 1, 32).[1] **4** Im Gegensatz zu § 16, der eine **Vorschusspflicht** für bestimmte **Gebühren** regelt – Zahlung von bestimmten Gebühren vor deren Fälligkeit –, enthält § 379 a Abs. 2 StPO eine **Vorauszahlungspflicht** für die in Abs. 1 genannten Gebühren. Eine Vorauszahlungspflicht liegt vor, weil vor Zahlung des Vorschusses nach Abs. 1 keine gerichtliche Handlung vorgenommen werden soll. Für **Auslagen** gilt § 379 a StPO nicht; insoweit ist § 17 einschlägig.

c) **Gerichtliche Handlungen.** Gerichtliche Handlungen iSv § 379 a Abs. 2 StPO sind alle auf den Betrieb des **5** Privatklageverfahrens gegen den Beschuldigten gerichteten Maßnahmen des Gerichts einschließlich der Mitteilung der Privatklage an den Beschuldigten unter Bestimmung einer Erklärungsfrist (§ 382 StPO).[2] Werden gerichtliche Handlungen vor der Zahlung des Gebührenvorschusses vorgenommen, sind diese gleichwohl wirksam.[3]

d) **Verfahrensweise des Kostenbeamten.** Nach Eingang einer Privatklage verfährt der Kostenbeamte nach **6** § 20 Abs. 3 KostVfg. Weil nach §§ 379 a, 390 Abs. 4 StPO die Vornahme des Geschäfts von der Vorauszahlung der Gebühr abhängig gemacht werden soll, hat der Kostenbeamte vor der Einforderung des Gebührenvorschusses die Entscheidung des Richters einzuholen. Dieser bestimmt, ob gerichtliche Handlungen von der Zahlung des Vorschusses abhängig gemacht werden sollen. Entscheidungsträger ist dabei das Gericht, nicht der Vorsitzende allein.[4] Zu weiteren Einzelheiten wird auf die Kommentierungen des § 379 a StPO verwiesen.

2. Gebührenvorschuss gem. Abs. 1. Eine Vorschusspflicht für Gebühren besteht nur in den in **Abs. 1 S. 1** **7** genannten vier Fällen, nämlich bei

- der Erhebung der Privatklage,
- der Einlegung eines Rechtsmittels,
- der Stellung eines Wiederaufnahmeantrags und
- dem Betreiben eines Verfahrens nach den §§ 440, 441 StPO (Einziehung).

In diesen Fällen sind die Gebühren nach Nr. 3311, 3321, 3331, 3340, 3410, 3431, 3441 oder 3450 KV vorschussweise einzuzahlen. Der Höhe nach sind die dort bestimmten Gebühren als Vorschuss einzuzahlen. **Mehrere Privatkläger** haften gem. § 471 Abs. 4 S. 1 StPO für den Gebührenvorschuss als **Gesamtschuldner**, und zwar gem. § 33 auch gegenüber der Staatskasse. Für den Kostenbeamten gilt bei der Anforderung § 8 Abs. 4 KostVfg.

Die Vorschusspflicht des Privatklägers erstreckt sich auf jeden von ihm beantragten Rechtszug. Die Vor- **8** schusspflicht für den Privatkläger besteht aber nicht, wenn der Angeklagte ein Rechtsmittel einlegt. Keine Vorschusspflicht besteht auch für die Erhebung einer **Widerklage** durch den Privatbeklagten (**Abs. 1 S. 2**).[5]

III. Nebenkläger (Abs. 2)

Eine Vorschusspflicht für Gebühren besteht für den Nebenkläger nur in den in Abs. 2 genannten beiden **9** Fällen, nämlich bei

- der Einlegung eines Rechtsmittels oder
- der Stellung eines Wiederaufnahmeantrags.

In diesen Fällen sind die Gebühren nach Nr. 3511, 3521 oder 3530 KV für den jeweiligen Rechtszug vorschussweise einzuzahlen. Wenn der Nebenkläger im Verfahren nach den §§ 440, 441 StPO (Einziehung) Rechtsmittel einlegt oder er die Wiederaufnahme beantragt, sind die Gebühren nach Nr. 3431, 3441 oder 3450 KV für den jeweiligen Rechtszug als Vorschuss zu zahlen. Für die **erste Instanz** besteht **keine Vorschusspflicht** des Nebenklägers.

Mehrere Privatkläger haften gem. § 471 Abs. 4 S. 1 StPO als **Gesamtschuldner**, und zwar gem. § 33 auch **10** gegenüber der Staatskasse. Für **Nebenkläger** findet nach § 472 Abs. 4 ZPO nur § 471 Abs. 4 S. 2 StPO entsprechende Anwendung.

---

1 *Meyer*, GKG § 16 Rn 3. **2** *Meyer*, GKG, § 16 Rn 7. **3** *Meyer-Goßner*, StPO, § 379 a Rn 6. **4** *Meyer-Goßner*, StPO, § 379 a Rn 3. **5** KK-StPO/*Senge*, § 379 a Rn 1.

§ 17 Auslagen

(1) [1]Wird die Vornahme einer Handlung, mit der Auslagen verbunden sind, beantragt, hat derjenige, der die Handlung beantragt hat, einen zur Deckung der Auslagen hinreichenden Vorschuss zu zahlen. [2]Das Gericht soll die Vornahme der Handlung von der vorherigen Zahlung abhängig machen.

(2) Die Herstellung und Überlassung von Dokumenten auf Antrag sowie die Versendung von Akten können von der vorherigen Zahlung eines die Auslagen deckenden Vorschusses abhängig gemacht werden.

(3) Bei Handlungen, die von Amts wegen vorgenommen werden, kann ein Vorschuss zur Deckung der Auslagen erhoben werden.

(4) [1]Absatz 1 gilt nicht in Musterverfahren nach dem Kapitalanleger-Musterverfahrensgesetz, für die Anordnung einer Haft und in Strafsachen nur für den Privatkläger, den Widerkläger sowie für den Nebenkläger, der Berufung oder Revision eingelegt hat. [2]Absatz 2 gilt nicht in Strafsachen und in gerichtlichen Verfahren nach dem Gesetz über Ordnungswidrigkeiten, wenn der Beschuldigte oder sein Beistand Antragsteller ist. [3]Absatz 3 gilt nicht in Strafsachen, in gerichtlichen Verfahren nach dem Gesetz über Ordnungswidrigkeiten sowie in Verfahren über einen Schuldenbereinigungsplan (§ 306 der Insolvenzordnung).

I. Allgemeines

1 **1. Regelungsgehalt und Systematik.** § 17 regelt, in welchen Fällen für die mit Auslagen iSv Teil 9 KV verbundene gerichtliche Handlung ein **Auslagenvorschuss** erhoben und wann das Gericht die vorzunehmende Handlung von der vorherigen Zahlung der voraussichtlich anfallenden **Auslagen abhängig** machen soll. Die Bestimmung gilt daher nur für Auslagen nach Nr. 9000 ff KV.[1] Für die Abhängigmachung einer gerichtlichen Handlung von der vorherigen Zahlung der **Gebühr für das Verfahren im Allgemeinen** gilt § 12.[2] Die in § 14 genannten Ausnahmen von der Abhängigmachung gelten nur für die in §§ 12, 13 geregelte Vorauszahlungspflicht (zu Ausnahmen bei Auslagen → Rn 6–10). Sofern andere Gesetze die Vorauszahlungspflicht eines Auslagenvorschusses regeln (vgl zB §§ 379 und 402 ZPO: Abhängigmachung für Zeugen- und Sachverständigenkosten nach Nr. 9005 KV), sind diese Regelungen *leges speciales* zu § 17 und daher vor-

---

1 OLG Bremen AGS 2013, 462; OLG Düsseldorf 12.9.2006 – 10 W 87/06, juris. **2** OLG Bremen AGS 2013, 462; OLG Hamm 19.7.2013 – II-2 WF 95/13, juris.

rangig.[3] Dieser Vorrang besteht nicht, wenn ihm Rahmen der Zeugen- oder Sachverständigenvernehmung noch andere Auslagen anfallen, zB Reisekosten des Gerichts nach Nr. 9006 KV.[4]

§ 17 ordnet eine selbständige Zahlungsverpflichtung gegenüber der Staatskasse an, die neben die Kosten-haftung nach §§ 22 ff tritt und gem. § 18 bestehen bleibt, wenn die Kosten von einem anderen gem. § 29 Nr. 1 und 2 zu tragen sind (→ Rn 11). **2**

Ein **Vorschuss** wird erhoben, wenn Auslagen bereits vor deren **Fälligkeit** (= Einziehbarkeit; Berechtigung **3** zur Geltendmachung) gefordert werden. Sofern keine Abhängigmachung (→ Rn 4) angeordnet ist, erfolgt die Erhebung durch Sollstellung (→ § 10 Rn 3 ff). Abs. 1 S. 1 und Abs. 3 regeln die vorschussweise Ausla-generhebung. Die Auslagen fallen mit Vornahme der Handlung an, werden gem. § 9 Abs. 2 aber erst mit Beendigung des Verfahrens fällig und einforderbar (s. aber § 15 Abs. 2 KostVfg; → Rn 19 ff). Bei der Doku-menten- und der Aktenversendungspauschale (→ Rn 39 ff) fallen Entstehung und Fälligkeit nach § 9 Abs. 3 zusammen. Gleichwohl wird insoweit nach Abs. 2 ein Vorschuss gefordert, weil diese Auslagen zu diesem Zeitpunkt noch nicht fällig sind.

Abhängigmachung (oder **Vorauszahlungspflicht**) liegt vor, wenn die auslagenverursachende gerichtliche **4** Handlung bis zur Zahlung der Auslagen zurückgestellt wird. Die Abhängigmachung erfolgt durch **Kosten-nachricht** (hierzu → § 10 Rn 6 f). Eine Abhängigmachung gerichtlicher Handlungen von der vorherigen Zahlung von Auslagen ist nur in Abs. 1 S. 2 und Abs. 2 geregelt.[5] Bei der Abhängigmachung nach Abs. 1 S. 2, Abs. 2 wird ein Auslagenvorschuss erhoben, weil die Auslagen noch nicht fällig sind (→ Rn 3 und § 10 Rn 3 ff).

Es ist in § 17 zwischen auf **Antrag** einerseits und **von Amts wegen** vorzunehmenden Handlungen anderer- **5** seits zu unterscheiden. Nur für auf Antrag vorzunehmende und mit Auslagen verbundene gerichtliche Handlungen kann Abhängigmachung von der vorherigen Zahlung der Auslagen erfolgen (Abs. 1 S. 2, Abs. 2; → Rn 4). Bei von Amts wegen vorzunehmenden Handlungen ist lediglich Vorschusserhebung mög-lich (Abs. 3; → Rn 3).[6]

2. Auswirkung der Gebühren- und Kostenfreiheit. Bei Gebührenfreiheit sind Auslagen (Teil 9 KV) zu erhe- **6** ben, so dass § 17 uneingeschränkt Anwendung findet. Die in § 14 Nr. 2 geregelte Befreiung bei Gebühren-freiheit gilt nur für die von §§ 12, 13 erfassten Gebühren und Auslagen im Verfahren nach der Schifffahrts-rechtlichen Verteilungsordnung und ist bei anderen Auslagen nicht einschlägig.[7] Daher ist nur die **kostenbe-freie** Partei für diese Auslagen weder vorschuss- noch vorauszahlungspflichtig (zur Kosten- und Gebühren-freiheit → § 2 Rn 1). Werden einer kostenbefreiten Partei die Kosten auferlegt oder übernimmt sie die Kos-ten (§ 29 Nr. 1 und 2), entfällt gem. § 2 Abs. 5 für die nicht befreite Partei die Vorschuss- bzw Vorauszah-lungspflicht. Wegen § 2 Abs. 5 ist dann auch der von einer nicht kostenbefreiten Partei gezahlte Auslagen-vorschuss zurückzuzahlen (→ § 2 Rn 45 ff).[8]

Für den Kostenbeamten ordnet § 20 Abs. 6 KostVfg an, dass ein Vorschuss nicht zu erheben ist, wenn eine **7** Gemeinde, ein Gemeindeverband oder eine sonstige Körperschaft des öffentlichen Rechts Kostenschuldner ist. Die nach den Befreiungsgesetzen der Bundesländer idR nur **gebührenbefreiten** Gemeinden (→ § 2 Rn 27 ff) sind daher insoweit auch von der Leistung von **Auslagenvorschüssen** befreit.

3. Auswirkung der Prozesskostenhilfe. a) Kläger. Vorschusserhebung oder Abhängigmachung nach § 17 **8** kommt nicht in Betracht, wenn der Partei PKH bewilligt ist. Denn nach § 122 Abs. 1 Nr. 1 Buchst. a ZPO kann die Staatskasse die rückständigen und die entstehenden Gerichtskosten dann nur nach den vom Ge-richt getroffenen Bestimmungen gegen die Partei geltend machen (Forderungssperre für die Staatskasse). Bei Bewilligung von PKH **ohne Zahlungsbestimmung** können überhaupt keine Gerichtskosten (Gebühren und Auslagen) gefordert werden. Bei Bewilligung von PKH **mit Zahlungsbestimmung** können die Gerichts-kosten von der Staatskasse zwar in Höhe der festgelegten Zahlungen geltend gemacht werden. Allerdings befreit auch die Bewilligung von PKH **mit Zahlungsbestimmung** von der in Abs. 1 S. 2 geregelten Voraus-zahlungspflicht.

b) Beklagter. Ist dem Kläger, dem Berufungskläger oder dem Revisionskläger PKH **ohne Zahlungsbestim- 9 mung** bewilligt worden, ist nach § 122 Abs. 2 ZPO auch der Gegner (**Beklagte**) einstweilen von Zahlungen iSv § 17 befreit.[9] Dagegen hat der Beklagte bei Bewilligung von PKH **mit Zahlungsbestimmung** für den

---

3 BGH NJW-RR 2009, 1433; OLG Stuttgart Justiz 2011, 357 = NJW-Spezial 2011, 526; OLG Köln 6.10.2010 – I-17 W 168/10; OLG Stuttgart Justiz 2009, 172; OLG Köln BauR 2009, 1336 = IBR 2009, 436; OLG Dresden JurBüro 2007, 212; OLG Düsseldorf 12.9.2006 – 10 W 87/06, juris; OLG Düsseldorf OLGR 2004, 217 = AG 2004, 390; OLG Frankfurt MDR 2004, 1255 = AGS 2005, 408; OLG Hamm MDR 1999, 502; OLG Bamberg NJW-RR 2001, 1578. **4** OLG Düsseldorf 12.9.2006 – 10 W 87/06, juris. **5** OLG Hamm 19.7.2013 – II-2 WF 95/13, juris. **6** BGH NJW 2000, 743 = AGS 2000, 156; OLG Köln 6.10.2010 – I-17 W 168/10; OLG Koblenz FamRZ 2002, 685 = NJW-RR 2002, 432; OLG Düsseldorf AnwBl 1989, 237; OLG Hamburg FamRZ 1986, 195; OLG Hamm DAVorm 1985, 149. **7** *Meyer*, GKG § 17 Rn 13, 17. **8** *Meyer*, GKG § 18 Rn 2. **9** Vgl OLG München MDR 1997, 299.

Kläger Auslagenvorschüsse iSv § 17 zu leisten. Ist dem Beklagten PKH ohne Zahlungsbestimmung bewilligt, gilt für den Kläger § 17.

10 **4. Weitere Ausnahmen von § 17.** Die Vorschusserhebung bzw Abhängigmachung nach § 17 scheidet aus, wenn zB der Zeuge oder Sachverständige auf die Geltendmachung seiner nach dem JVEG zu berechnenden Entschädigung bzw Vergütung wirksam verzichtet hat (dazu auch → Nr. 9005 KV Rn 12).[10] Die schwierige Vermögenslage des Antragstellers, sonstige Gründe oder ein drohender Verzögerungsschaden rechtfertigen grds. keine Befreiung von § 17, weil § 14 Nr. 3 nicht gilt (→ Rn 1 und § 14 Rn 1).[11] Das Gericht kann aber im Rahmen seiner nach den vorrangig geltenden §§ 379 und 402 ZPO zu treffenden Ermessensentscheidung von der Vorauszahlungspflicht für Zeugen- und Sachverständigenauslagen absehen. Keine Vorschusspflicht besteht ferner, wenn der Rechtsanwalt einer Partei für die Auslagen der beantragten Handlung die Kostenhaftung übernommen hat und hierdurch eine Kostenübernahme gem. § 29 Nr. 2 vorliegt.[12]

11 **5. Endgültige Kostenpflicht.** Wie sich aus § 18 ergibt, bildet die in § 17 geregelte Vorschusspflicht eine endgültige Kostenpflicht (→ § 18 Rn 4 ff).[13] Auch wenn deswegen die in § 17 enthaltene Vorschusspflicht nach Instanzbeendigung fortgilt, erfolgt keine Inanspruchnahme des nach § 17 Einzahlungspflichtigen mehr, wenn zwischenzeitlich die Erstschuldnerhaftung eines anderen Kostenschuldners gem. § 29 Nr. 1 oder 2 eingetreten ist. Denn nach § 18 S. 2 gilt § 31 Abs. 2 S. 1 entsprechend.[14] Der nach Abs. 1 S. 1 Vorschusspflichtige wird für diese (nicht gezahlten) Auslagen daher zum Zweitschuldner (→ § 18 Rn 8 f).

11a **6. Wegfall oder Beschränkung des Vergütungsanspruchs eines Sachverständigen gem. § 8 a Abs. 4 JVEG.** Übersteigt die Vergütung den angeforderten Auslagenvorschuss erheblich und hat der **Sachverständige** nicht rechtzeitig nach § 407 a Abs. 3 S. 2 ZPO auf diesen Umstand hingewiesen, erhält er die Vergütung gem. § 8 a Abs. 4 JVEG nur in Höhe des Auslagenvorschusses. Die Nachforderung eines Vorschusses gem. § 18 verhindert diese Kappung nicht (zu den Einzelheiten → § 18 Rn 15 und Nr. 9005 KV Rn 16 ff).[15] Eine Vorschusserhebung entsprechend Abs. 1 scheidet insoweit dann aus.

II. Vorschusserhebung (Abs. 1 S. 1)

12 **1. Auslagenverursachende Handlung.** Abs. 1 S. 1 erfasst die Handlungen, durch die der Staatskasse die in Teil 9 KV aufgeführten baren Auslagen entstehen. Hierzu gehören zB Vernehmungen von Zeugen und Sachverständigen (Nr. 9005 KV), die Einholung eines schriftlichen Sachverständigengutachtens (Nr. 9005 KV), die Zuziehung eines Dolmetschers für einen Zeugen (Nr. 9005 KV; zur Dolmetscherzuziehung für eine Partei s. Abs. 3, 4 der Anm. zu Nr. 9005 KV) und Zahlungen an mittellose Personen für Reisen zum Verhandlungs- oder Anhörungstermin (Nr. 9008 Nr. 2 KV).

13 Haftkosten sind nach Nr. 9010 und 9011 KV zu erheben (s. dazu auch die Übergangsregelung in § 73). Eine Vorschusserhebung nach Abs. 1 S. 1 ist aber insoweit wie die Abhängigmachung nach Abs. 1 S. 2 durch Abs. 4 ausgeschlossen (→ Rn 50 f).

14 **2. Antrag und Kostenschuldner. a) Begriffsbestimmung „Antrag".** Ein ausdrücklicher Antrag ist zur Begründung der Vorschusspflicht nicht erforderlich. Der Begriff des **Antrags** ist vielmehr im weitesten Sinne zu verstehen. Allerdings führt der in der Hauptsache gestellte Antrag nicht zur Vorschusspflicht nach Abs. 1 S. 1. Abs. 1 erfasst nur die Anträge, die auf Vornahme einer einzelnen konkreten Handlungen gerichtet sind, nicht aber die Anträge, die ein gerichtliches Verfahren einleiten. Insoweit ergibt sich die Haftung ggf aus § 22 Abs. 1 S. 1. Im Insolvenzverfahren gilt Abs. 1 deshalb nicht, sondern Abs. 3, weil das Verfahren zwar auf Antrag eingeleitet wird, aber ab Eröffnung von Amts wegen durchgeführt wird.[16] Gleiches gilt für das **Zwangsversteigerungs- und Zwangsverwaltungsverfahren**, in dem sich die Erhebung eines Auslagenvorschusses damit nach Abs. 3 richtet.[17] Als **Anträge** iSv Abs. 1 S. 1 sind insb. der **Beweisantrag** oder der **Beweisantritt** (§ 282 ZPO) anzusehen.[18]

Der Antrag muss auf eine **bestimmte gerichtliche Handlung** gerichtet sein, zB die Vernehmung eines bestimmten Zeugen. Die Benennung eines bestimmten Sachverständigen ist dagegen nicht erforderlich. In Verfahren mit Anwaltszwang (s. § 78 ZPO) sind Anträge der Parteien für die Vorschusspflicht unerheblich.[19]

15 **b) Vorschusspflicht für selbst beantragte Handlungen.** Der Antragsteller des Verfahrens haftet zwar gem. § 22 Abs. 1 S. 1 für alle durch seinen Hauptsacheantrag verursachten Kosten (s. auch § 18). Er ist aber nicht für alle mit Auslagen verbundenen Handlungen **vorschusspflichtig**, sondern nur für die **von ihm selbst**

10 BVerfG NJW 1986, 833. **11** OLG Koblenz FamRZ 2002, 685 = NJW-RR 2002, 432. **12** OLG Düsseldorf MDR 1991, 161. **13** OLG Karlsruhe NJW-RR 2010, 499 = RVGreport 2011, 39; OLG Koblenz JurBüro 1990, 618; OLG Zweibrücken Rpfleger 1989, 81 = JurBüro 1989, 89; OLG Stuttgart JurBüro 1985, 1370. **14** OLG Koblenz FamRZ 2002, 685 = NJW-RR 2002, 432; OLG Zweibrücken JurBüro 1989, 89. **15** OLG Hamm MDR 2015, 1033; OLG Düsseldorf 17.9.2015 – I-10 W 123/15; aA OLG Dresden 26.9.2014 – 3 W 980/14, juris. **16** *Oestreich/Hellstab/Trenkle,* GKG § 17 Rn 21. **17** Vgl dazu auch OLG Koblenz JurBüro 2005, 215 = Rpfleger 2005, 383. **18** OLG Zweibrücken Rpfleger 1989, 81; OLG Koblenz JurBüro 1990, 618; OLG Koblenz VersR 1988, 702. **19** *Oestreich/Hellstab/Trenkle,* GKG § 17 Rn 8.

beantragten. Denn vorschusspflichtig ist nur derjenige, der die mit Auslagen verbundene gerichtliche Handlung beantragt hat.[20] Stellt daher zB der Beklagte den Antrag, ein Sachverständigengutachten einzuholen, ist der Vorschuss hierfür nur von ihm einzuzahlen.[21] Auch eine etwaige Beweispflicht ist für die Vorschusserhebung unerheblich.[22] Eine nicht beweispflichtige Partei wird daher bei Stellung eines Beweisantrags vorschusspflichtig.[23] Beantragt eine Partei gegenbeweislich die ebenfalls die Einholung eines Sachverständigengutachtens, wird sie vorschusspflichtig, wenn die Einholung auch auf ihrem Beweisantrag beruht.[24]

c) Streithelfer. Geht die beabsichtigte Beweiserhebung auf den Beweisantritt des Streithelfers einer Partei zurück, ist der Auslagenvorschuss von der von dem Streithelfer unterstützten Partei zu erheben. Der Streithelfer handelt nur für die unterstützte Partei, so dass ihn keine Vorschusspflicht trifft.[25] **15a**

d) Selbständiges Beweisverfahren. Im selbstständigen Beweisverfahren sind Fragen nach Vorlage des Gutachtens, die der Konkretisierung oder Ergänzung des Gutachtens dienen, Beweisanträge, die zu einer Vorschusspflicht für ein etwaiges Ergänzungsgutachten führen.[26] Hat der **Streithelfer** die ergänzende Stellungnahme beantragt, schuldet die von ihm unterstützte Partei den Auslagenvorschuss.[27] **16**

e) Vorschusshaftung mehrerer Antragsteller. Benennen beide Parteien denselben Zeugen oder Sachverständigen, haften sie nach allerdings umstrittener Auffassung für den Vorschuss unabhängig von der Frage der Tragung der Beweislast als Gesamtschuldner, wenn jeder Beweisantrag für die Entstehung der Auslagen ursächlich war.[28] Nach der Gegenauffassung bestimmt die materielle Beweislast dann den Vorschussschuldner, wenn die Beweisaufnahme von beiden Parteien beantragt war.[29] **17**

3. Höhe des Vorschusses. Der Vorschuss ist nach pflichtgemäßem **Ermessen des Kostenbeamten** so zu bemessen, dass er zur Deckung der voraussichtlich anfallenden Auslagen nach Teil 9 KV ausreicht. Die Bemessung von Vorschüssen für Zeugen oder Sachverständige erfolgt unter Berücksichtigung der entsprechenden Bestimmungen im JVEG (auch → Rn 26). Bei Sachverständigenvorschüssen kann auf die Kostenschätzung des Sachverständigen zurückgegriffen werden. Die Vorschusspflicht erstreckt sich auf alle mit der beantragten Handlung verbundenen Auslagen.[30] **18**

4. Nachträglicher Vorschuss. Ist die beantragte Handlung durchgeführt worden und ergibt sich, dass der gezahlte Vorschuss zur Deckung der angefallenen Auslagen nicht ausreicht oder überhaupt kein Vorschuss erhoben wurde, kann der Restbetrag unabhängig vom Verfahrensstand, also auch im noch laufenden Verfahren und auch noch nach Beendigung der Instanz, nachträglich eingefordert werden (aber → § 18 Rn 7 ff).[31] Ein Vorschuss liegt weiter vor, weil Auslagen erst mit Beendigung des Rechtszugs fällig werden. Das gilt insb. dann, wenn der gem. §§ 379, 402 ZPO angeforderte Vorschussbetrag zur Auslagendeckung nicht ausreicht (**Vorschussnachforderung**). Diese Frage ist in der Rspr allerdings umstritten.[32] Daher kann auch noch nach Erstellung eines Sachverständigengutachtens im laufenden Verfahren ein Auslagenvorschuss erhoben werden, ggf auch zur Deckung einer gem. § 13 JVEG vereinbarten Sachverständigenvergütung.[33] Denn die Verpflichtung zur Zahlung des Vorschusses bildet gem. § 18 eine endgültige Kostenschuld (→ Rn 11). **19**

Der Kostenbeamte beachtet hierbei jedoch die Verwaltungsbestimmung in § 15 Abs. 2 S. 2 iVm S. 1 KostVfg. Danach sind Auslagenvorschüsse idR erst mit Beendigung des Rechtszugs abzurechnen, wenn kein Verlust für die Staatskasse zu befürchten ist (zur Erstattung → Rn 22). Wenn aber im Laufe des Verfahrens Gebühren fällig werden, zB bei Erweiterungen des Klageantrags oder Widerklageanträgen, sind gem. § 15 Abs. 2 S. 3 KostVfg mit den hierauf entfallenden Gebühren auch die durch Vorschüsse nicht gedeckten Auslagen anzusetzen (→ § 12 Rn 32). **20**

---

20 OLG Frankfurt OLGR 2008, 405. **21** LG Osnabrück JurBüro 1980, 249. **22** OLG Oldenburg JurBüro 2013, 648. **23** OLG Oldenburg JurBüro 2013, 648; OLG Frankfurt OLGR 2008, 405; OLG Schleswig OLGR 2002, 64 = SchlHA 2002, 76; OLG Bamberg NJW-RR 2001, 1578. **24** OLG Stuttgart MDR 1987, 1035 = JurBüro 1988, 347. **25** OLG Jena 21.11.2013 – 1 U 859/11, juris; OLG Köln 21.10.2008 – 22 W 66/08, juris. **26** OLG Köln NJW-RR 2009, 1365 = BauR 2009, 1335; LG Hamburg NStZ 2008, 588; LG Baden-Baden 1.3.2010 – 2 T 5/10, juris; LG Heidelberg 7.1.2008 – 7 OH 13/06, juris; aA LG Hamburg 24.1.2006 – 414 OH 2/04, juris. **27** Vgl OLG Stuttgart Justiz 2011, 357 = NJW-Spezial 2011, 526; OLG Köln 21.10.2008 – 22 W 66/08, juris; LG Heidelberg 7.1.2008 – 7 OH 13/06, juris; vgl auch OLG Jena 21.11.2013 – 1 U 859/11, juris. **28** OLG Frankfurt OLGR 2008, 405; OLG Schleswig OLGR 2002, 64 = SchlHA 2002, 76; OLG Zweibrücken JurBüro 1989, 89 = Rpfleger 1989, 81; OLG Stuttgart JurBüro 1988, 347 = Rpfleger 1988, 164; OLG Koblenz JurBüro 1988, 1021 = Rpfleger 1988, 384; LG Hamburg NStZ 2008, 588; vgl dazu auch *Fölsch*, in: jurisPR-MietR 11/2010 Anm. 5. **29** BGH JurBüro 2010, 265 = MDR 2010, 472; BGH NJW 1999, 2823 = MDR 1999, 1083 (allerdings zur Abhängigmachung nach § 379 ZPO); OLG Stuttgart NJW-RR 2002, 143. **30** OLG Koblenz JurBüro 1990, 618; KG AnwBl 1984, 456. **31** BGH JurBüro 2010, 265 = MDR 2010, 472; OLG Köln 6.10.2010 – I-17 W 168/10, juris; OLG Koblenz FamRZ 2002, 685 = NJW-RR 2002, 432; OLG Zweibrücken JurBüro 1989, 89 = Rpfleger 1989, 81; OLG Koblenz JurBüro 1990, 618; KG AnwBl 1984, 456; OLG München VersR 1978, 751. **32** OLG Koblenz JurBüro 1990, 618; KG AnwBl 1984, 456; aA OLG Stuttgart Justiz 2011, 357 = NJW-Spezial 2011, 526. **33** OLG Stuttgart Justiz 1984, 366; anders aber OLG Stuttgart Justiz 2011, 357 = NJW-Spezial 2011, 526.

21 Es ist nicht zulässig, die Aushändigung eines bereits erstellten Sachverständigengutachtens bis zur Zahlung des Restbetrags des Vorschusses zurückzustellen.[34]

22 **5. Nicht verbrauchter Vorschuss – Verrechnung und Erstattung.** Der gezahlte Vorschuss ist zunächst auf die Auslagen zu **verrechnen**, zu deren Deckung er erhoben worden ist.[35] Ergibt sich hierbei ein **Überschuss**, darf dieser auf andere fällige Gebühren und Auslagen (§§ 6–9) desselben Verfahrens verrechnet werden, für die der Einzahler nach §§ 22 ff haftet. Hierbei ist auch eine **instanzübergreifende Verrechnung** möglich. Ist eine Verrechnung ausgeschlossen, ist der Überschuss schnellstmöglich an den Einzahler zurückzuzahlen. Er darf von der Staatskasse nicht mit Blick auf etwaige künftige weitere Vorschusspflichten oder die zu erwartende Kostenauferlegung zurückgehalten werden.[36] Bei PKH sind bei der Verrechnung allerdings die Einschränkungen des § 122 Abs. 1 Nr. 1 Buchst. a ZPO zu beachten. Eine Verrechnung des überschießenden Teils des auf die Verfahrensgebühr gezahlten Betrags auf nach dem Wirksamwerden der PKH angefallene Sachverständigenkosten ist danach ausgeschlossen.[37] Eine Verzinsung des Erstattungsbetrags erfolgt gem. § 5 Abs. 4 nicht.

23 Auf die Kostenschuld einer anderen Partei darf der Überschuss nur mit Einverständnis des Einzahlers verrechnet werden. Sind der Staatskasse offene Forderungen gegen den Einzahler aus anderen Verfahren bekannt, erfolgt keine Verrechnung durch den Kostenbeamten, sondern **Aufrechnung** durch die jeweilige Gerichtskasse. Hiergegen findet die Erinnerung gem. § 8 JBeitrO, § 66 statt (dazu auch → § 66 Rn 9).

24 **6. Verfahren bei der Vorschusserhebung. a) Allgemeines.** Nach dem Gesetzeswortlaut ist für die Vorschusserhebung (zum Begriff → Rn 3 und § 10 Rn 3) nach Abs. 1 S. 1 keine Anordnung des Gerichts erforderlich. Denn es wird – anders als bei der Abhängigmachung nach Abs. 1 S. 2 – ausdrücklich nicht auf eine gerichtliche Entscheidung abgestellt. Zudem „hat" derjenige, der die Handlung beantragt, nach Abs. 1 S. 1 einen Auslagenvorschuss zu zahlen. Es besteht somit kein Ermessensspielraum.[38] Daher bestimmt § 20 Abs. 2 S. 1 KostVfg, dass der Kostenbeamte die Erhebung eines Kostenvorschusses, von dessen Zahlung die Amtshandlung nicht abhängt, selbständig anordnet.[39] Das gilt jedenfalls für andere Auslagen als Zeugen- und Sachverständigenauslagen, Nr. 9005 KV (→ Rn 26 f).[40]

25 Eine Vorschusserhebung durch den Kostenbeamten ist allerdings **entbehrlich**, wenn das Gericht bereits selbst den Vorschuss angefordert hat. Der Kostenbeamte soll den Auslagenvorschuss gem. § 20 Abs. 5 KostVfg iÜ nur dann erheben, wenn die einzufordernden Auslagen mehr als 25,00 € betragen oder ein Verlust für die Staatskasse zu befürchten ist.

26 **b) Zeugen- und Sachverständigenauslagen, §§ 379, 402 ZPO.** Hat das Gericht in Verfahren der ordentlichen Gerichtsbarkeit gem. §§ 379, 402 ZPO angeordnet, dass ein Vorschuss für **Zeugen- oder Sachverständigenauslagen** nicht zu erheben ist, soll diese Entscheidung **bindend** und hierdurch für diese Auslagen die selbständige Vorschusserhebung durch den Kostenbeamten nach Abs. 1 S. 1 ausgeschlossen sein.[41] Dem wird im Ergebnis zuzustimmen sein. Die Entscheidung kann jedoch für den Kostenbeamten deshalb problematisch sein, weil die Beachtung der Regelung in § 20 Abs. 2 KostVfg für ihn eine Dienstpflicht darstellt. Er ist nämlich nach § 2 Abs. 1 KostVfg für den rechtzeitigen, richtigen und vollständigen Ansatz der Kosten verantwortlich. Der Kostenbeamte sollte das Gericht daher zumindest auf ein Versehen bei der Vorschussanordnung hinweisen.[42]

27 Gegen die Bindungswirkung der gem. §§ 379, 402 ZPO getroffenen gerichtlichen Anordnung für die Vorschusserhebung durch den Kostenbeamten (→ Rn 26) kann allerdings eingewandt werden, dass sich diese Regelungen nach dem Wortlaut nur zur Abhängigmachung (→ Rn 4 und § 10 Rn 6 ff), nicht aber zur (einfachen) Vorschusserhebung (→ Rn 3 und § 10 Rn 3) verhalten. Denn nach diesen Bestimmungen kann das Gericht die Ladung des Zeugen/Sachverständigen davon **abhängig** machen, dass der Beweisführer einen hinreichenden Vorschuss zur Deckung der Auslagen zahlt, die der Staatskasse durch die Vernehmung des Zeugen erwachsen. Wird hieraus der Schluss gezogen, dass §§ 379 und 402 ZPO nur *leges speciales* zu Abs. 1 S. 2, nicht aber zu Abs. 1 S. 1 sind, also nicht für die Vorschusserhebung generell gelten (→ Rn 1, 32),[43] wird der Kostenbeamte auch in diesem Fall die Vorschusserhebung selbständig vornehmen können (aber → Rn 44).[44]

34 OLG Frankfurt MDR 2004, 1255 = AGS 2005, 408. **35** OLG Karlsruhe NJW-RR 2010, 499 = RVGreport 2011, 39; OLG Köln Rpfleger 1982, 121 = JurBüro 1982, 584. **36** Vgl OLG Hamm AGS 2007, 151. **37** OLG Hamm AGS 2007, 151. **38** Vgl aber OLG Düsseldorf JurBüro 2010, 316. **39** OLG Koblenz FamRZ 2002, 685 = NJW-RR 2002, 432 (bei Vorschuss für eine Handlung von Amts wegen). **40** OLG Dresden JurBüro 2007, 212. **41** OLG Stuttgart Justiz 2011, 357 = NJW-Spezial 2011, 526; OLG Koblenz FamRZ 2002, 685 = NJW-RR 2002, 432 (bei Vorschuss für eine Handlung von Amts wegen); OLG Bamberg FamRZ 2001, 1387 = NJW-RR 2001, 1578; OLG Stuttgart JurBüro 1981, 254. **42** Binz/Dörndorfer/*Zimmermann*, § 17 GKG Rn 12. **43** So wohl *Oestreich/Hellstab/Trenkle*, GKG § 17 Rn 17. **44** AA OLG Dresden JurBüro 2007, 212; OLG Koblenz FamRZ 2002, 685 = NJW-RR 2002, 432; OLG Bamberg FamRZ 2001, 1387 = NJW-RR 2001, 1578; OLG Stuttgart JurBüro 1981, 254.

Für **andere Auslagen** als Zeugen- oder Sachverständigenauslagen bilden §§ 379, 402 ZPO keine vorrangigen Bestimmungen (→ Rn 1). **28**

7. Rechtsmittel gegen die Vorschusserhebung. Die Vorschusserhebung durch den Kostenbeamten (§ 20 **29** Abs. 2 KostVfg) nach Abs. 1 S. 1 ist mit der **Erinnerung** gem. § 66 anzufechten.[45] Für die Beschwerde gegen die Erinnerungsentscheidung ist das Erreichen des Beschwerdewerts iHv 200,01 € erforderlich (§ 66 Abs. 2 S. 1). Wird der Auffassung gefolgt, dass §§ 379 und 402 ZPO *leges speciales* auch zu Abs. 1 S. 1 darstellen, ist die Anforderung eines Zeugen- oder Sachverständigenvorschusses durch das Gericht nicht anfechtbar; es ist allenfalls Gegenvorstellung möglich (→ Rn 38 und § 66 Rn 15).[46]

III. Abhängigmachung (Abs. 1 S. 2)

1. Auf Antrag vorzunehmende Handlung. Die Abhängigmachung der Handlung von der vorherigen Zahlung eines Auslagenvorschusses darf das Gericht nur vornehmen, wenn die Vornahme einer mit Auslagen verbundenen Handlung **beantragt** wird. Das ergibt sich auch aus Abs. 3, der bei von Amts wegen vorzunehmenden Handlungen nur die Erhebung eines Auslagenvorschusses (→ Rn 3), nicht aber die Abhängigmachung (→ Rn 4) der Handlung von der vorherigen Vorschusszahlung erlaubt.[47] Bei einer von Amts wegen vorzunehmenden Zustellung ist die Abhängigmachung der Zustellung von der vorherigen Einzahlung der Zustellungsauslagen daher ausgeschlossen.[48] **30**

Bei Handlungen, die von Amts wegen vorgenommen werden, kann nach Abs. 3 ohne Abhängigmachung **31** ein Auslagenvorschuss erhoben werden. Im **Zivilprozess** ist die Abhängigmachung der auslagenverursachenden Handlung von der vorherigen Zahlung des Auslagenvorschusses idR möglich (etwaige Ausnahme: § 144 ZPO, → Rn 45); bei Zeugen- und Sachverständigenkosten erfolgt sie aber nicht nach Abs. 1 S. 2, sondern nach §§ 379, 402 ZPO (auch → Rn 1, 26 f, 32). Im **Verwaltungsgerichtsprozess** ist die Erhebung der erforderlichen Beweise geboten. § 86 Abs. 1 VwGO Amtspflicht des Verwaltungsgerichts. Eine Abhängigmachung ist daher hier ausgeschlossen;[49] eine Vorschusserhebung ist aber nach Abs. 3 möglich. Zur Vorschusserhebung und Abhängigmachung im **Vergütungsfestsetzungsverfahren** gem. § 11 RVG und im Kostenfestsetzungsverfahren in der Zwangsvollstreckung gem. § 788 ZPO → Nr. 9002 KV Rn 28 f (ferner → Rn 46).

2. Verhältnis zu §§ 379, 402 ZPO. Sofern andere Gesetze die Vorauszahlungspflicht eines Auslagenvor- **32** schusses regeln (vgl zB §§ 379 und 402 ZPO: Abhängigmachung für Zeugen- und Sachverständigenauslagen iSv Nr. 9005 KV), sind diese Regelungen *leges speciales* zu Abs. 1 S. 2 und daher vorrangig (→ Rn 1; zur Frage der Vorrangigkeit bei Abs. 1 S. 1 → Rn 26 f).[50] §§ 379 und 402 ZPO gelten nur für die dort ausdrücklich genannten Auslagen. Reist daher zB das Gericht zur Vernehmung des Zeugen an seinen Wohnort, gilt für die vorschussweise Erhebung der dann anfallenden Auslagen des Gerichts nach Nr. 9006 KV die Regelung des § 17.[51]

3. Sollvorschrift (Abs. 1 S. 2). Nach Abs. 1 S. 2 **soll** das Gericht die Abhängigmachung vornehmen. Es han- **33** delt sich um eine Sollvorschrift (wie § 12) und daher um keine zwingende kostenrechtliche Vorschrift.[52] Die Nichtbeachtung ist deshalb verfahrensrechtlich ohne Belang und gibt dem Gegner keine Möglichkeit zu Beanstandungen (→ § 12 Rn 9 ff).[53] Insbesondere kann die unterbliebene Abhängigmachung der Einholung eines Sachverständigengutachtens von der vorherigen Vorschusszahlung **nicht** als **unrichtige Sachbehandlung** iSv § 21 angesehen werden, die zur Nichterhebung dieser Auslagen führt.[54] Im Gegensatz zu Abs. 1 S. 2 ist die Abhängigmachung nach Abs. 2 nur als **Kann-Vorschrift** ausgestaltet.

4. Verfahren bei der Abhängigmachung. Die Abhängigmachung nach Abs. 1 S. 2 erfolgt nur auf Anord- **34** nung des Gerichts. Nach § 20 Abs. 3 Hs 1 KostVfg darf der Kostenbeamte die Abhängigmachung nicht selbständig vornehmen, sondern hat vor der Einforderung des Auslagenvorschusses die Entscheidung des Richters (Rechtspflegers) einzuholen. Das gilt auch bei der Einforderung von Zeugen- und Sachverständigenvorschüssen nach §§ 379, 402 ZPO (→ Rn 26 f).[55] Ordnet das Gericht die Abhängigmachung an, er-

45 OLG Stuttgart Justiz 1984, 366; vgl auch OLG Bamberg FamRZ 2001, 1387 = NJW-RR 2001, 1578. **46** OLG Dresden JurBüro 2007, 212; OLG Düsseldorf OLGR 2004, 217 = AG 2004, 390; OLG Frankfurt MDR 2004, 1255 = AGS 2005, 408. **47** OLG Celle RVGreport 2013, 285 = JurBüro 2012, 433; BGH NJW 2000, 743 = AGS 2000, 156; OLG Koblenz FamRZ 2002, 685 = NJW-RR 2002, 432. **48** LG Kiel SchlHA 1996, 259. **49** VGH Baden-Württemberg NVwZ-RR 1990, 592 = JurBüro 1990, 440; aA BayVGH BayVBl 1985, 600. **50** BGH NJW-RR 2009, 1433; OLG Stuttgart Justiz 2011, 357 = NJW-Spezial 2011, 526; OLG Köln 6.10.2010 – I-17 W 168/10; OLG Stuttgart Justiz 2009, 172; OLG Köln BauR 2009, 1336 = IBR 2009, 436; OLG Dresden JurBüro 2007, 212; OLG Düsseldorf 12.9.2006 – 10 W 87/06; OLG Düsseldorf OLGR 2004, 217 = AG 2004, 390; OLG Frankfurt MDR 2004, 1255 = AGS 2005, 408; OLG Hamm MDR 1999, 502; OLG Bamberg NJW-RR 2001, 1578. **51** OLG Düsseldorf 12.9.2006 – 10 W 87/06, juris. **52** BGH NJW 1993, 2811 = JurBüro 1994, 107; OLG Koblenz JurBüro 2005, 215 = Rpfleger 2005, 383. **53** *Oestreich/Hellstab/Trenkle*, GKG § 17 Rn 15. **54** OLG Koblenz JurBüro 2005, 215 = Rpfleger 2005, 383 (für das Zwangsversteigerungsverfahren). **55** OLG Bamberg FamRZ 2001, 1387 = NJW-RR 2001, 1578.

folgt die Einforderung des Auslagenvorschusses gem. § 26 Abs. 1 KostVfg durch Kostenanforderung ohne Sollstellung. Hat das Gericht den Betrag des Vorschusses und die Zahlungsfrist selbst bestimmt (zB in den Fällen der §§ 379, 402 ZPO), so kann eine Kostenrechnung (§ 24 Abs. 1 KostVfg) unterbleiben, wenn das gerichtliche Schriftstück alle für die Bewirkung der Zahlung erforderlichen Angaben enthält (§ 26 Abs. 3 KostVfg).

35 Im Übrigen gelten die Ausführungen zur Höhe des Vorschusses (→ Rn 18), zur nachträglichen Vorschusserhebung (→ Rn 19 ff) und zur Verrechnung (→ Rn 22 f) entsprechend.

36 Hat der Zahlungspflichtige auf die erhaltene Kostenanforderung einen zur Deckung der Auslagen nicht ausreichenden Betrag gezahlt, ist er auf den Minderbetrag hinzuweisen (§ 26 Abs. 4 S. 1 Hs 1 KostVfg). Nur wenn der Minderbetrag gering ist, ist die Sache zuvor vom Kostenbeamten dem Gericht vorzulegen (§ 26 Abs. 4 S. 2 KostVfg). Legt das Gericht fest, dass die gerichtliche Handlung trotz des fehlenden Betrags erfolgen soll, wird dieser gem. 25 KostVfg mit Sollstellung angefordert (§ 26 Abs. 4 S. 3 Hs 1 KostVfg). Kleinbeträge[56] werden nicht zum Soll gestellt (§ 26 Abs. 4 S. 3 Hs 1 aE KostVfg), es sei denn, dass das Gericht auf der Zahlung des Restbetrags besteht (§ 26 Abs. 4 S. 1 Hs 2 KostVfg). Vgl auch → § 12 Rn 39 ff.

37 **5. Rechtsmittel. a) Fälle des Abs. 1 S. 2.** Gegen den richterlichen Beschluss über die Abhängigmachung nach Abs. 1 S. 2 und wegen der Höhe des in diesem Fall im Voraus zu zahlenden Betrags findet gem. § 67 Abs. 1 S. 1 die **Beschwerde** statt. Das Erreichen des Beschwerdewerts iHv 200,01 € ist nicht erforderlich, weil § 67 Abs. 1 S. 2 nicht auf § 66 Abs. 2 verweist. Hat der Rechtspfleger entschieden, ist gem. § 11 Abs. 1 RPflG das Rechtsmittel gegeben, das nach den allgemeinen verfahrensrechtlichen Vorschriften zulässig ist (zum Beschwerdeverfahren → § 67 Rn 17 ff).

38 **b) Fälle der §§ 379, 402 ZPO.** Ordnet das Gericht im Zivilprozess gem. §§ 379, 402 ZPO die Abhängigmachung der Ladung des Zeugen oder Sachverständigen von der vorherigen Zahlung eines hinreichenden Vorschusses an, ist diese Anordnung bei bewilligter **PKH** nach § 127 ZPO anfechtbar.[57] Im Übrigen besteht Unanfechtbarkeit; es kann allenfalls Gegenvorstellung erhoben werden (→ § 66 Rn 15).[58]

IV. Dokumentenpauschale und Aktenversendungspauschale (Abs. 2)

39 **1. Regelungsgehalt.** Abs. 2 regelt die Abhängigmachung

- der Herstellung und Überlassung von Dokumenten auf Antrag (Nr. 9000 KV) sowie
- der Versendung von Akten (Nr. 9003 KV).

Diese Handlungen **können** von der vorherigen Zahlung eines die Auslagen deckenden Vorschusses abhängig gemacht werden (Ermessensentscheidung). Die von Abs. 2 erfassten Auslagen werden gem. § 9 Abs. 3 sofort nach ihrer Entstehung fällig.

40 **2. Zuständigkeit.** Für die Abhängigmachung nach Abs. 2 ist der **Kostenbeamte** zuständig. Vor der Einforderung des Vorschusses hat er die Entscheidung des Richters (Rechtspflegers) einzuholen (s. § 20 Abs. 3 Hs 1 KostVfg; anders noch § 22 Abs. 2 KostVfg aF: dort wurde Absatz 2 des § 17 nicht erwähnt[59]).

41 Die Abhängigmachung durch den Kostenbeamten (§ 20 Abs. 2 KostVfg) nach Abs. 2 ist gem. § 67 Abs. 2 mit der Erinnerung gem. § 66 anzufechten (→ § 67 Rn 14 f). Da der Beschwerdewert iHv 200,01 € (§ 66 Abs. 2 S. 1) idR nicht erreicht werden wird, hängt die Beschwerde von der Zulassung durch das Gericht in der Erinnerungsentscheidung ab (§ 66 Abs. 2 S. 2).

42 **3. Abhängigmachung.** Im Falle der Nr. 9000 Nr. 1 KV sind für die ersten 50 Seiten je Seite 0,50 € und für jede weitere Seite 0,15 €, bei Farbkopien 1,00 € bzw 0,30 € zu fordern. Bei Überlassung von elektronisch gespeicherten Dateien anstelle der in Nr. 9000 Nr. 1 KV genannten Ablichtungen sind nach Nr. 9000 Nr. 2 KV je Datei 1,50 € bzw 5,00 € zu fordern. Die Aktenversendungspauschale nach Nr. 9003 KV beträgt 12,00 €.

Da die Abhängigmachung im **Ermessen** des Kostenbeamten steht ("können"), ist von ihm im Einzelfall zu entscheiden, ob die Abhängigmachung wirklich erforderlich ist (s. aber § 20 Abs. 6 KostVfg; → Rn 7). Hierbei werden der mit der Abhängigmachung verbundene Aufwand und die Gefahr bzw Wahrscheinlichkeit eines Ausfalls der Staatskasse gegeneinander abzuwägen sein. Entscheidet sich der Kostenbeamte für die Abhängigmachung, wird die beantragte Handlung (Herstellung oder Überlassung eines Dokuments, Aktenversendung) bis zur Zahlung zurückgestellt.

---

56 ZB Nordrhein-Westfalen: Beträge von weniger als 7,50 €, vgl AV d. JM v. 17.7.2000 (5661 - I B. 9) idF v. 8.6.2004 – Behandlung von kleinen Kostenbeträgen. **57** Zöller/*Greger*, ZPO, § 379 Rn 6. **58** BGH NJW-RR 2009, 1433; OLG Stuttgart Justiz 2011, 357 = NJW-Spezial 2011, 526; OLG Stuttgart Justiz 2009, 172; OLG Köln BauR 2009, 1336 = IBR 2009, 436; OLG Dresden JurBüro 2007, 212; OLG Düsseldorf 12.9.2006 – 10 W 87/06; OLG Düsseldorf OLGR 2004, 217 = AG 2004, 390; OLG Frankfurt MDR 2004, 1255 = AGS 2005, 408; OLG Hamm MDR 1999, 502. **59** *Meyer*, GKG § 17 Rn 23.

In Strafsachen und in gerichtlichen Verfahren nach dem OWiG kann die Aktenversendung allerdings wegen Abs. 4 S. 2 nicht von der vorherigen Zahlung der Aktenversendungspauschale abhängig gemacht werden, wenn der Beschuldigte oder sein Beistand Antragsteller ist (→ Rn 52).[60]

V. Handlungen von Amts wegen (Abs. 3)

1. Ermessensentscheidung/Vorschuss. Für **von Amts wegen** vorzunehmende Handlungen **kann** nach Abs. 3   43
ein Vorschuss zur Deckung der Auslagen erhoben werden.[61] Im Zivilprozess kann zB bei Zweifeln über die **Prozessfähigkeit** einer Partei von Amts wegen ein Sachverständigengutachten eingeholt werden, § 56 Abs. 1 ZPO.[62] Nach Abs. 4 S. 3 ist die Vorschusserhebung nach Abs. 3 in **Strafsachen,** in gerichtlichen Verfahren nach dem OWiG sowie in Verfahren über einen Schuldenbereinigungsplan nach § 306 InsO ausgeschlossen (→ Rn 50 ff). Im Gegensatz dazu **hat** bei **auf Antrag** vorzunehmenden Handlungen nach Abs. 1 S. 1 die Vorschusserhebung zu erfolgen. Wie bei Abs. 2 ist daher auch bei Abs. 3 eine **Ermessensentscheidung** zu treffen.[63] Eine **Abhängigmachung** der Maßnahme von der vorherigen Zahlung darf bei Handlungen von Amts wegen nicht erfolgen (→ Rn 30 f).[64] Im **Verwaltungsgerichtsprozess** ist die Erhebung der erforderlichen Beweise gem. § 86 Abs. 1 VwGO Amtspflicht des Verwaltungsgerichts. Das gilt gem. § 76 Abs. 1 FGO auch in Verfahren vor dem **Finanzgericht.** Eine Abhängigmachung ist deshalb hier ausgeschlossen.[65] Ein Vorschuss kann aber erhoben werden. In **sozialgerichtlichen Verfahren** ist die Vorschusserhebung wegen § 183 SGG ausgeschlossen. Eine Ausnahme kann sich aus § 109 SGG ergeben. Für Verfahren vor dem **Arbeitsgericht** gilt § 17 gem. § 11 nicht. Im **Insolvenzverfahren** und im **Zwangsversteigerungs- und Zwangsverwaltungsverfahren** richtet sich die Vorschusserhebung nicht nach Abs. 1, sondern nach Abs. 3 (→ Rn 14).[66]

2. Zuständigkeit. Für die Vorschusserhebung nach Abs. 3 ist der **Kostenbeamte** selbständig zuständig (§ 20   44
Abs. 2 KostVfg).[67] Eine Entscheidung des Gerichts über die Vorschusserhebung ist in Abs. 3 wie in Abs. 1 S. 1 gesetzlich nicht vorgesehen. Eine Vorschusserhebung durch den Kostenbeamten ist aber entbehrlich, wenn das Gericht bereits selbst den Vorschuss angefordert hat. Sieht das Gericht bei Handlungen von Amts wegen von der Vorschusserhebung ab, dürfte für eine Vorschussanordnung des Kostenbeamten kein Raum mehr sein (vgl hierzu auch → Rn 26 f).[68]

3. Beweiserhebung gem. § 144 ZPO. Nach der Rspr des BGH[69] soll im Falle einer gem. § 144 ZPO vom   45
Gericht angeordneten Beweiserhebung von Amts wegen Abs. 3 nicht als Grundlage für eine Vorschussanforderung durch den Kostenbeamten herangezogen werden können. Der Leitsatz ist jedoch missverständlich formuliert.[70] Denn aus den Entscheidungsgründen ergibt sich, dass der BGH lediglich Ausführungen zu der Frage gemacht hat, ob die Nichteinzahlung eines nach Abs. 3 verlangten Auslagenvorschusses für eine von Amts wegen angeordnete Beweiserhebung gem. § 230 ZPO einen Ausschluss der Beweisaufnahme zur Folge haben kann. Daher ist davon auszugehen, dass bei einer auf § 144 ZPO beruhenden Beweisanordnung eine Vorschusserhebung durch den Kostenbeamten nach Abs. 3 jedenfalls dann möglich ist, wenn dies vom Gericht in der Beweisanordnung nicht ausdrücklich ausgeschlossen worden ist.[71]

4. Abhängigmachung; nachträgliche Vorschusserhebung. a) Beweiserhebung von Amts wegen. Bei einer   46
Beweiserhebung von Amts wegen darf deren Vornahme nicht von der vorherigen Vorschusszahlung **abhängig** gemacht werden.[72] Die von Amts wegen vorzunehmende Einholung eines Sachverständigengutachtens bei Zweifeln über die **Prozessfähigkeit** einer Partei darf deshalb nicht gem. §§ 402, 379 ZPO (→ Rn 32) und auch nicht gem. § 17 Abs. 3 von der vorherigen Vorschusszahlung abhängig gemacht werden.[73] Bei der Prozessfähigkeit einer Partei handelt es sich um eine Prozessvoraussetzung, über die das Gericht durch Einholung eines Sachverständigengutachtens unabhängig von etwaigen Beweisanträgen und ohne Einforderung von Kostenvorschüssen von Amts wegen Beweis erheben muss.[74]

---

60 Vgl BVerfG NJW 1995, 3177; LG Göttingen NJW-RR 1996, 190 = StV 1996, 166; LG Tübingen AnwBl 1995, 569; Volpert, VRR 2005, 296. **61** OLG Koblenz FamRZ 2002, 685 = NJW-RR 2002, 432; LG Koblenz AGS 2014, 557 = NJW-RR 2015, 128. **62** BGH NJW-RR 2011, 284 = MDR 2011, 63; BGH NJW 1996, 1059 = MDR 1996, 410; BAG NJW 2009, 3051; BAG MDR 2000, 781 (für den Arbeitsgerichtsprozess). **63** AG Aachen FamRZ 2012, 239. **64** BGH JurBüro 2010, 265 = MDR 2010, 472; BPatG 30.3.2011 – 26 W (pat) 24/06, juris; OLG Celle RVGreport 2013, 285 = JurBüro 2013; AG Aachen FamRZ 2012, 239; BGH NJW 2000, 743 = AGS 2000, 156; OLG Köln 6.10.2010 – I-17 W 168/10, juris; OLG Koblenz FamRZ 2002, 685 = NJW-RR 2002, 432. **65** VGH Baden-Württemberg NVwZ-RR 1990, 592 = JurBüro 1990, 440; aA BayVGH BayVBl 1985, 600. **66** Vgl dazu auch OLG Koblenz JurBüro 2005, 215 = Rpfleger 2005, 383. **67** OLG Celle RVGreport 2013, 285 = JurBüro 2012; OLG Koblenz FamRZ 2002, 685 = NJW-RR 2002, 432; OLG Stuttgart Rpfleger 1981, 163 = JurBüro 1981, 253. **68** OLG Stuttgart Rpfleger 1981, 163 = JurBüro 1981, 253; wohl auch OLG Koblenz NJW-RR 2002, 432. **69** BGH JurBüro 2010, 265 = MDR 2010, 472; BGH NJW 2000, 743 = AGS 2000, 156. **70** OLG Koblenz NJW-RR 2002, 432. **71** OLG Köln 6.10.2010 – I-17 W 168/10, juris; OLG Koblenz NJW-RR 2002, 432; vgl auch BGH JurBüro 2010, 265 = MDR 2010, 472; BPatG 30.3.2011 – 26 W (pat) 24/06, juris. **73** OLG Düsseldorf 6.11.2012 – I-10 W 127/12, JurionRS 2012, 26481. **74** OLG Düsseldorf 6.11.2012 – I-10 W 127/12, JurionRS 2012, 26481; vgl auch OLG München OLGR München 2002, 75.

46a   **b) Kostenfestsetzung in der Zwangsvollstreckung, § 788 ZPO.** Auch die Durchführung des **Kostenfestsetzungsverfahrens** in der **Zwangsvollstreckung** gem. § 788 ZPO darf nicht von der vorherigen Zahlung von Zustellungsauslagen für die von Amts wegen vorzunehmenden Zustellungen im Kostenfestsetzungsverfahren abhängig gemacht werden (→ Nr. 9002 KV Rn 29, auch zur Vorschusserhebung und Abhängigmachung im **Vergütungsfestsetzungsverfahren gem. § 11 RVG**).[75] Wird allerdings darauf abgestellt, dass der Kostenfestsetzungsbeschluss nur auf Antrag erlassen wird und dessen Amtszustellung nicht losgelöst vom Kostenfestsetzungsverfahren betrachtet werden darf, sondern vielmehr untrennbarer Teil eines einheitlichen Verfahrens ist, liegt ein Antragsgeschäft vor und kann Abhängigmachung erfolgen.[76] Eine Vorschusserhebung durch den Kostenbeamten lässt Abs. 3 aber zu (→ Rn 44).[77]

46b   Für eine von Amts wegen vorgenommene Handlung kann auch noch **nach deren Vornahme** der Vorschuss nach Abs. 3 erhoben werden. So kann zB für das von Amts wegen eingeholte Sachverständigengutachten auch noch nach dessen Erstellung ein Auslagenvorschuss angefordert werden.[78] Denn die Verpflichtung zur Zahlung des Vorschusses bildet gem. § 18 eine endgültige Kostenschuld (s. iÜ → Rn 19 ff).

47   **5. Kostenschuldner.** Abs. 3 bestimmt – anders als Abs. 1 S. 1 – nicht, wer als Kostenschuldner des Auslagenvorschusses für die von Amts wegen vorzunehmende Handlung in Anspruch zu nehmen ist. Hierzu wird teilweise die Auffassung vertreten, dass Schuldner derjenige ist, der die Beweislast trägt.[79] Nach aA ist unter Berufung auf die seit 1.8.2013 aufgehobene Regelung in § 2 Nr. 5 KostO Kostenschuldner derjenige, dessen Interesse vom Gericht wahrgenommen wird. Meines Erachtens wird man das dem Kostenbeamten durch Abs. 3 eingeräumte Ermessen bei der Vorschusserhebung auch auf die Feststellung des Kostenschuldners erstrecken können. Daher hat der Kostenbeamte im Rahmen von Abs. 3 nach billigem Ermessen festzustellen, **ob** ein Kostenvorschuss zu erheben ist und **wer** Kostenschuldner ist.[80] Das erscheint auch vor dem Hintergrund der Verwaltungsbestimmung des § 7 Abs. 1 KostVfg gerechtfertigt. Danach stellt der Kostenbeamte den Kostenschuldner und den Umfang seiner Haftung fest. Der Kostenbeamte kann daher die Beteiligten ggf auch nach Kopfteilen in Anspruch nehmen (vgl § 8 Abs. 4 KostVfg).[81] Die Vorschusserhebung bei Handlungen von Amts wegen scheitert daher nicht regelmäßig am Fehlen eines Kostenschuldners. Insbesondere sind das Gericht und der Kostenbeamte auch befugt, einen Kostenschuldner zu bestimmen.[82]

48   **6. Rechtsmittel.** Die Vorschusserhebung durch den Kostenbeamten (§ 20 Abs. 2 KostVfg; auch → Rn 44) nach Abs. 3 ist mit der **Erinnerung** gem. § 66 anfechtbar.[83] Die Beschwerde gegen die Erinnerungsentscheidung setzt das Erreichen des Beschwerdewerts iHv 200,01 € (§ 66 Abs. 2 S. 1) oder die Zulassung der Beschwerde durch das Familiengericht in der Erinnerungsentscheidung voraus (§ 66 Abs. 2 S. 2). Dasselbe gilt, wenn der Kostenbeamte Abhängigmachung durch Kostennachricht vorgenommen hat (→ Rn 30 f, 43, § 67 Rn 15).

49   Eine gerichtliche Vorschussanordnung ohne Abhängigmachung ist ebenfalls nach § 66 anzufechten. Die Beschwerde nach § 67 Abs. 1 ist nämlich nur eröffnet, wenn die Tätigkeit des Gerichts nach dem GKG von der vorherigen Kostenzahlung abhängig gemacht worden ist. Ohne Abhängigmachung scheidet die Anwendung von § 67 Abs. 1 aus und für die Beschwerde ist dann auch das Erreichen des Beschwerdewerts über 200,01 € erforderlich.[84] Ordnet das Gericht unter Berufung auf Abs. 3 an, dass die Beweiserhebung von Amts wegen nach § 144 ZPO von der vorherigen Einzahlung eines Vorschusses abhängt, richtet sich das Rechtsmittelverfahren nach § 67 Abs. 1.[85]

VI. Ausnahmen von Abs. 1–3 (Abs. 4)

50   **1. Haftkosten.** Nach Abs. 4 S. 1 kann im Falle der antragsgemäßen Anordnung einer **Zivil-Haft** (zB Zwangshaft gem. § 888 ZPO; Erzwingungshaft wegen Nichtabgabe der Vermögensauskunft gem. § 802 g ZPO; vgl iÜ Nr. 9010 KV) kein Auslagenvorschuss nach Abs. 1 S 1 erhoben werden. Das gilt nicht nur für die Kosten der Anordnung der Haft (Beschluss), sondern auch für die Haftkosten (Nr. 9010 KV).[86] Auch die Abhängigmachung nach Abs. 1 S. 2 ist natürlich ausgeschlossen.[87] Eine antragsgemäße Haftanordnung kommt zB auch nach § 890 ZPO (Ordnungshaft zur Erzwingung von Unterlassungen und Duldungen) in

---

75 LG Essen 27.10.2012 – 16 a T 145/08, juris; LG Düsseldorf 12.8.2008 – 25 T 542/08, juris; LG Kiel SchlHA 1996, 259; AG Offenbach AGS 2013, 245; aA LG Koblenz AGS 2014, 557 = NJW-RR 2015, 128; LG Verden 2.11.2015 – 3 T 120/15, juris. **76** So LG Koblenz AGS 2014, 557 = NJW-RR 2015, 128; LG Verden 2.11.2015 – 3 T 120/15, juris. **77** OLG Köln 6.10.2010 – I-17 W 168/10, juris. **78** OLG Köln 6.10.2010 – I-17 W 168/10, juris; OLG Stuttgart Rpfleger 1981, 163 = JurBüro 1981, 253; offengelassen BGH JurBüro 2010, 265 = MDR 2010, 472. **79** OLG Bamberg JurBüro 1979, 879. **80** OLG Celle RVGreport 2013, 285 = JurBüro 2012, 433; OLG Köln 6.10.2010 – I-17 W 168/10, juris; *Meyer*, GKG § 17 Rn 28. **81** Binz/Dörndorfer/*Zimmermann*, § 17 GKG Rn 17. **82** OLG Köln 6.10.2010 – I-17 W 168/10, juris; *Meyer*, GKG § 17 Rn 28; aA SBW/*Keske*, §§ 12–17 FamGKG Rn 16. **83** Vgl OLG Celle RVGreport 2013, 285 = JurBüro 2012, 433; OLG Köln 6.10.2010 – I-17 W 168/10, juris; OLG Koblenz NJW-RR 2002, 432. **84** LG Essen 27.10.2008 – 16 a T 145/08, juris. **85** Binz/Dörndorfer/*Zimmermann*, § 66 GKG Rn 26; *Meyer*, GKG § 66 Rn 26. **86** *Schmittmann/Sommer*, DGVZ 2012, 41; aA Binz/Dörndorfer/*Zimmermann*, § 17 GKG Rn 6. **87** AA wohl *Meyer*, GKG § 17 Rn 25: nur die Abhängigmachung ist ausgeschlossen.

Betracht.[88] Auch hier kann kein Vorschuss für die Haftkosten (s. dazu Nr. 9011 KV) gefordert werden. Zu den Haftkosten nach Nr. 9010 und 9011 KV s. die Erl. zu § 73 und zu Nr. 9010, 9011 KV. Der **Gerichtsvollzieher** darf die Entlassung des Schuldners aus der Haft mangels Rechtsgrundlage nicht davon abhängig machen, dass die Haftkosten gezahlt sind.[89]

Auch in **Strafsachen** kann weder für die Anordnung der Haft noch für die Haftkosten (Nr. 9011 KV) ein **51** Vorschuss erhoben werden (→ Rn 50). Bei der **Erzwingungshaft** gem. §§ 96, 97 OWiG ist eine Vorschusserhebung für die Haftkosten gem. Abs. 4 S. 3 ausgeschlossen (→ Rn 54).

2. **Strafsachen.** In Strafsachen gelten für die Vorschuss- und Vorauszahlungspflicht bei Auslagen nach **52** Abs. 4 folgende Besonderheiten (zur Haft → Rn 51):

- **Abs. 4 S. 1:** Der Beschuldigte/Angeklagte ist niemals nach Abs. 1 vorschuss- oder vorauszahlungspflichtig. Für die antragsgemäße Ladung eines Zeugen kann deshalb kein Vorschuss gefordert werden. Das gilt auch für den Nebenkläger in der ersten Instanz. Legt der Nebenkläger aber Berufung oder Revision ein, gilt Abs. 1. Für den Privatkläger und den Widerkläger gilt Abs. 1 in allen Rechtszügen. Insoweit besteht also Vorschuss- und Vorauszahlungspflicht für Auslagenbeträge. Die Vorschusspflicht des Privat- oder Nebenklägers für bestimmte Gebühren ergibt sich aus § 16.

- **Abs. 4 S. 2:** Beantragt der Beschuldigte oder sein Beistand die Herstellung und Überlassung von Dokumenten sowie die Versendung und von Akten, besteht keine Vorauszahlungspflicht für die Dokumentenpauschale (Nr. 9000 KV) bzw die Versendungspauschale (Nr. 9003 KV); dazu auch → Rn 42. Die Herstellung der Kopien sowie die Aktenversendung können daher hier nicht von der vorherigen Zahlung der Auslagen abhängig gemacht werden.

- **Abs. 4 S. 3:** Werden in Strafsachen Handlungen von Amts wegen vorgenommen, darf ein Vorschuss nach Abs. 3 nicht erhoben werden. Deshalb kann zB für die Überwachung von Besuchen bei dem Untersuchungsgefangenen kein Vorschuss für Dolmetscherkosten gefordert werden (s. aber auch → Nr. 9005 KV Rn 42 ff).[90] Werden in Strafsachen Handlungen von Amts wegen vorgenommen, ist damit auch der Privat- oder Nebenkläger nicht vorschusspflichtig, weil die Vorschusspflicht bei Handlungen von Amts wegen für Strafsachen nach Abs. 4 S. 3 generell ausgeschlossen ist.

3. **Gerichtliches Verfahren nach dem OWiG.** In gerichtlichen Verfahren nach dem OWiG besteht keine Vor- **53** auszahlungspflicht nach Abs. 2 für die Dokumentenpauschale (Nr. 9000 KV) bzw die Aktenversendungspauschale (Nr. 9003 KV), wenn der Betroffene oder sein Beistand die Herstellung und Überlassung von Dokumenten sowie die Versendung von Akten beantragt; dazu auch → Rn 42. Die Herstellung der Kopien sowie die Aktenversendung können daher hier nicht von der vorherigen Zahlung der Auslagen abhängig gemacht werden.

Werden in gerichtlichen Verfahren nach dem OWiG Handlungen von Amts wegen vorgenommen, darf ein **54** Vorschuss nach Abs. 3 nicht erhoben werden (zB Erzwingungshaft gem. §§ 96, 97 OWiG; → Rn 51 und Nr. 9010 KV Rn 2).

4. **Verfahren über einen Schuldenbereinigungsplan, § 306 InsO.** Werden in Verfahren über einen Schulden- **55** bereinigungsplan (§ 306 InsO) Handlungen von Amts wegen vorgenommen, darf ein Vorschuss nach Abs. 3 nicht erhoben werden.

5. **Musterverfahren nach dem KapMuG.** Bei Vornahme von Handlungen auf Antrag besteht in Verfahren **56** nach dem KapMuG nach Abs. 4 S. 1 weder Vorschuss- noch Vorauszahlungspflicht nach Abs. 1 für Auslagenbeträge (s. Nr. 9018 KV). Insbesondere für die in diesen Verfahren nicht unerheblichen Sachverständigenkosten sind daher vom Musterkläger keine Vorschüsse zu zahlen. Auch die Kosten der Veröffentlichung des Musterverfahrensantrags gem. § 3 Abs. 2 KapMuG gehören nicht zu den Auslagen des Musterverfahrens iSv § 17 Abs. 4 S. 1 GKG, Nr. 9018KV und können deshalb als Auslagen iSv Nr. 9004 Nr. 1 KV im Prozessverfahren (Ausgangsverfahren) vor dem Landgericht nach den allgemeinen Vorschriften angefordert werden. Für diese Auslagen gilt deshalb § 17 Abs. 1.[91] Siehe iÜ die Erl. zu Nr. 9018 KV.

§ 18 Fortdauer der Vorschusspflicht

[1]Die Verpflichtung zur Zahlung eines Vorschusses bleibt bestehen, auch wenn die Kosten des Verfahrens einem anderen auferlegt oder von einem anderen übernommen sind. [2]§ 31 Absatz 2 gilt entsprechend.

---

88 BT-Drucks 16/6308, S. 220. **89** *Schmittmann/Sommer*, DGVZ 2012, 41. **90** OLG München StV 1996, 491; OLG Stuttgart StV 1990, 79; OLG Frankfurt StV 1986, 24. **91** OLG München Rpfleger 2014, 699 = AG 2014, 544.

I. Allgemeines

1　**1. Regelungsgehalt.** § 18 stellt klar, dass der Vorschusspflichtige von seiner Kostenschuld gegenüber der Staatskasse nicht dadurch befreit wird, dass einem anderen Beteiligten die Kosten des Verfahrens auferlegt werden (§ 29 Nr. 1) oder ein anderer Beteiligter die Kosten des Verfahrens übernimmt (§ 29 Nr. 2).

2　Die Vorschusspflicht fällt also nicht dadurch weg, dass die Instanz beendet ist (→ Rn 8 ff). Das beinhaltet, dass die Vorschusspflicht auch nicht durch Vornahme der beantragten Handlung berührt wird und entfällt (→ Rn 7).[1] Der Vorschusspflichtige hat insb. auch keinen Anspruch auf Erstattung des von ihm gezahlten Vorschusses gegen die Staatskasse. Soweit sein Vorschuss auf die gem. § 29 Nr. 1 oder 2 bestehende Kostenschuld einer anderen Partei verrechnet worden ist, kann der verrechnete Betrag gegen diese Partei im Kostenfestsetzungsverfahren gem. §§ 103 ff ZPO geltend gemacht werden. Die Fortdauer der Vorschusspflicht dient der Sicherung des Kostenanspruchs der Staatskasse und führt zu einer endgültigen Zahlungspflicht bzw Kostenschuld.[2]

3　**2. Anwendungsbereich.** Die Fortdauer der Vorschusspflicht nach § 18 erstreckt sich nicht nur auf die nach § 17 vorschusspflichtigen **Auslagen**, sondern gilt auch für die nach §§ 12, 13 vorauszahlungspflichtigen **Gebühren**.[3]

4　**3. Vorschuss.** Der in § 18 verwendete Begriff „Vorschuss" ist irreführend bzw missverständlich, weil in § 18 die Entstehung einer endgültigen Kostenschuld geregelt wird. Die Begriffe „**Nachschusspflicht**" bzw „**Nachzahlungspflicht**" sind daher treffender.[4]

5　Von „**Vorschusserhebung**" wird gesprochen, wenn die angeforderten Gebühren und/oder Auslagen noch nicht fällig sind (§§ 6–9; → § 10 Rn 3).

6　**4. Ausnahmen.** § 18 gilt nicht, wenn der vorschusspflichtigen Partei **Prozesskostenhilfe** bewilligt ist (→ § 12 Rn 8, § 14 Rn 11 ff, § 17 Rn 8 f). § 18 ist ferner nicht anwendbar, wenn dieser Partei **Gebühren- oder Kostenfreiheit** zusteht (zum Begriff → § 2 Rn 1 f; s. iÜ → § 12 Rn 8, § 14 Rn 30 f, § 17 Rn 6 f; zu weiteren Ausnahmen → § 17 Rn 10). Wird der nicht gem. § 18 vorschusspflichtigen Partei die Kostenforderung von der Justizverwaltung erlassen oder gestundet, entfällt grds. auch die in § 18 geregelte Vorschusspflicht für die andere Partei, wenn der Erlass oder die Stundung nicht ausdrücklich auf die zuerst genannte Partei beschränkt worden ist.[5] Die Wirkungen hängen jedoch von den im Rahmen des Erlasses von der Justizverwaltung getroffenen Anordnungen[6] bzw von den entsprechenden Regelungen hierzu in den jeweils einschlägigen Verwaltungsbestimmungen zum Kostenerlass ab. So ist zB in NRW im Falle der Haftung weiterer Personen für die Kosten lediglich der Antragsteller von der Haftung für die Kosten zu befreien, wenn nicht die Kostenschuld mit Wirkung für alle Schuldner erlassen werden soll.[7]

II. Fortdauer der Vorschusspflicht

7　**1. Unzureichende Vorschusserhebung. a) Instanz noch nicht beendet.** Aus § 18 folgt zunächst, dass die Partei auch dann vorschusspflichtig bleibt, wenn die beantragte Handlung durchgeführt worden ist. Ist daher kein oder ein zu geringer Vorschuss eingefordert worden, kann dieser nachträglich geltend gemacht werden. Ist zB ein Sachverständigengutachten eingeholt worden, kann die dann idR bereits feststehende Sachverständigenvergütung noch nachträglich eingefordert werden (hierzu → § 17 Rn 19; bei zu viel erhobenem Vorschuss → § 17 Rn 22 f).[8] Nach Vornahme der beantragten Handlung werden aber weitere gerichtliche Handlungen nicht von der vorherigen Gebühren- oder Auslagenzahlung abhängig gemacht werden können (→ § 12 Rn 26 und § 17 Rn 19 ff).

8　**b) Instanz ist mit Kostenregelung beendet.** Die Vorschusspflicht bleibt bestehen, auch wenn die Kosten zwischenzeitlich einem anderen auferlegt (§ 29 Nr. 1) oder von einem anderen entsprechend § 29 Nr. 2 übernommen worden sind. Der Vorschusspflichtige und der andere Beteiligte haften dann gem. § 31 Abs. 1 als Gesamtschuldner. Allerdings soll der Vorschusspflichtige gem. S. 2 iVm § 31 Abs. 2 S. 1 nur noch in Anspruch genommen werden, wenn eine Zwangsvollstreckung in das bewegliche Vermögen des gem. § 29 Nr. 1 oder 2 haftenden Erstschuldners erfolglos geblieben ist oder aussichtslos erscheint. Deshalb haftet die

---

1 LG Hamburg JurBüro 2000, 89. **2** OLG Karlsruhe NJW-RR 2010, 499 = RVGreport 2011, 39; OLG Koblenz JurBüro 1990, 618; OLG Zweibrücken Rpfleger 1989, 81 = JurBüro 1989, 89; OLG Stuttgart JurBüro 1985, 1370. **3** Binz/Dörndorfer/*Zimmermann,* § 18 GKG Rn 1; *Meyer,* GKG § 18 Rn 1. **4** Binz/Dörndorfer/*Zimmermann,* § 18 GKG Rn 3; *Meyer,* GKG § 18 Rn 3. **5** *Oestreich/Hellstab/Trenkle,* GKG § 18 Rn 3; *Meyer,* GKG § 18 Rn 7; aA *Hartmann,* KostG, § 18 GKG Rn 6; Binz/Dörndorfer/ *Zimmermann,* § 18 GKG Rn 5. **6** *Meyer,* GKG § 2 Rn 44. **7** In NRW: Nr. 2.6.5.4 der RV d. JM v. 2.12.2014 (5602 - Z. 24) Stundung, Niederschlagung und Erlass von Kosten im Bereich der Justiz. **8** BGH JurBüro 2010, 265 = MDR 2010, 472; OLG Dresden 26.9.2014 – 3 W 980/14, juris; OLG Köln 6.10.2010 – I-17 W 168/10, juris; OLG Koblenz FamRZ 2002, 685 = NJW-RR 2002, 432; OLG Zweibrücken JurBüro 1989, 89 = Rpfleger 1989, 81; OLG Koblenz JurBüro 1990, 618; KG AnwBl 1984, 456; OLG München VersR 1978, 751.

nach § 18 vorschusspflichtige Partei nach Kostenentscheidung oder Kostenübernahme für den nicht gezahlten Betrag nur noch als **Zweitschuldner**.

Beispiel (Unzureichender Vorschuss und Kostenentscheidung): Der Kläger hat den Vorschuss iHv 1.000 € für das **9** von ihm beantragte Sachverständigengutachten nicht eingezahlt. Der Sachverständige erhält eine Vergütung iHv 1.100 €. Nach einiger Zeit ergeht die Hauptsacheentscheidung, in der dem Beklagten die Kosten auferlegt werden.

In der vom Kostenbeamten aufzustellenden Kostenrechnung werden die Sachverständigenkosten (Nr. 9005 KV) gem. § 29 Nr. 1 dem Beklagten in Rechnung gestellt. Zahlt dieser nicht und liegen die Voraussetzungen des Satzes 2 iVm § 31 Abs. 2 S. 1 vor, kann die Staatskasse diese Kosten in voller Höhe gegen den Kläger/Vorschusspflichtigen als Zweitschuldner geltend machen.

Ist dem in die Kosten verurteilten (§ 29 Nr. 1) Beklagten **Prozesskostenhilfe** bewilligt worden, kann der Vor- **10** schusspflichtige aber nicht als Zweitschuldner in Anspruch genommen werden.

Beispiel (Unzureichender Vorschuss, Prozesskostenhilfe und Kostenentscheidung): Der Kläger hat den Vorschuss **11** iHv 1.000 € für das von ihm beantragte Sachverständigengutachten nicht eingezahlt. Der Sachverständige erhält eine Vergütung iHv 1.100 €. Nach einiger Zeit ergeht Urteil, in dem dem Beklagten die Kosten auferlegt werden. Dem Beklagten ist Prozesskostenhilfe ohne Zahlungsbestimmung bewilligt worden.

Der Kostenbeamte stellt aufgrund der dem Beklagten bewilligten Prozesskostenhilfe keine Kostenrechnung gegen diesen auf (§ 122 Abs. 1 Nr. 1 Buchst. a ZPO). Der Kläger als gem. § 18 weiterhin Vorschusspflichtiger kann wegen § 31 Abs. 3 S. 1 nicht als Zweitschuldner in Anspruch genommen werden. Denn hierdurch würde ihm ein Erstattungsanspruch gegen den Beklagten entstehen, der dann auf diesem Wege Gerichtskosten bezahlen müsste, von denen ihn die Prozesskostenhilfe eigentlich befreien soll. Unerheblich ist im Übrigen, ob Prozesskostenhilfe mit oder ohne Zahlungsbestimmung bewilligt worden ist (s. im Einzelnen die Erl. zu § 31).

c) Beendigung der Instanz ohne Kostenregelung. Die Vorschusspflicht nach § 18 bleibt auch dann beste- **12** hen, wenn das Verfahren ohne Kostenentscheidung beendet und auch keine Kostenübernahmeerklärung abgegeben worden ist.[9] In diesem Fall haftet der Vorschusspflichtige ggf neben dem Antragsteller der Instanz (§ 22) gesamtschuldnerisch (§ 31 Abs. 1).

2. Ausreichender Vorschuss. Hat der Vorschusspflichtige den erhobenen Vorschuss gezahlt und hat an- **13** schließend ein anderer Beteiligter die Kosten zu tragen, wird der Vorschuss nicht zurückgezahlt. Aus S. 2 iVm § 31 Abs. 2 S. 1 folgt hier kein Erstattungsanspruch zugunsten des Vorschusspflichtigen. Im Umfang der Verrechnung des gezahlten Vorschusses auf die gem. § 29 Nr. 1 oder 2 bestehende Kostenschuld einer anderen Partei erwächst dem Vorschusspflichtigen aber ein Erstattungsanspruch gegen diese Partei, der im Kostenfestsetzungsverfahren gem. §§ 103 ff ZPO geltend gemacht werden kann. Der vom Vorschusspflichtigen gezahlte Vorschuss ist aber ggf dann zurückzuzahlen, wenn der gem. § 29 Nr. 1 (nicht § 29 Nr. 2) kostenpflichtigen anderen Partei Prozesskostenhilfe mit oder ohne Zahlungsbestimmung bewilligt worden ist, § 31 Abs. 3 S. 1 (vgl die Erl. zu § 31).

3. Zu hoher Vorschuss. Zur Möglichkeit der **Verrechnung** eines zu hohen Vorschusses auf andere Kosten **14** und zur Rückzahlungspflicht der Staatskasse → § 17 Rn 22 f.

4. Wegfall oder Beschränkung des Vergütungsanspruchs eines Sachverständigen gem. § 8 a Abs. 4 **15** **JVEG.** Übersteigt die Vergütung den angeforderten Auslagenvorschuss erheblich und hat der Sachverständige nicht rechtzeitig nach § 407 a Abs. 3 S. 2 ZPO auf diesen Umstand hingewiesen, erhält er die Vergütung gem. § 8 a Abs. 4 JVEG nur in Höhe des Auslagenvorschusses. Die Nachforderung eines Vorschusses gem. § 18 verhindert diese Kappung nicht (zu den Einzelheiten → Nr. 9005 KV Rn 16 ff).[10]

III. Rechtsmittel

Stützt der Kostenbeamte die Inanspruchnahme des Vorschusspflichtigen auf § 18, ist dagegen Erinnerung **16** gem. § 66 gegeben.

---

9 *Meyer*, GKG § 18 Rn 5. **10** OLG Hamm MDR 2015, 1033; OLG Düsseldorf 17.9.2015 – I-10 W 123/15; aA OLG Dresden 26.9.2014 – 3 W 980/14, juris.

Abschnitt 4
Kostenansatz

§ 19 Kostenansatz

(1) [1]Außer in Strafsachen und in gerichtlichen Verfahren nach dem Gesetz über Ordnungswidrigkeiten werden angesetzt:

1. die Kosten des ersten Rechtszugs bei dem Gericht, bei dem das Verfahren im ersten Rechtszug anhängig ist oder zuletzt anhängig war,
2. die Kosten des Rechtsmittelverfahrens bei dem Rechtsmittelgericht.

[2]Dies gilt auch dann, wenn die Kosten bei einem ersuchten Gericht entstanden sind.

(2) [1]In Strafsachen und in gerichtlichen Verfahren nach dem Gesetz über Ordnungswidrigkeiten, in denen eine gerichtliche Entscheidung durch die Staatsanwaltschaft zu vollstrecken ist, werden die Kosten bei der Staatsanwaltschaft angesetzt. [2]In Jugendgerichtssachen, in denen eine Vollstreckung einzuleiten ist, werden die Kosten bei dem Amtsgericht angesetzt, dem der Jugendrichter angehört, der die Vollstreckung einzuleiten hat (§ 84 des Jugendgerichtsgesetzes); ist daneben die Staatsanwaltschaft Vollstreckungsbehörde, werden die Kosten bei dieser angesetzt. [3]Im Übrigen werden die Kosten in diesen Verfahren bei dem Gericht des ersten Rechtszugs angesetzt. [4]Die Kosten des Rechtsmittelverfahrens vor dem Bundesgerichtshof werden stets bei dem Bundesgerichtshof angesetzt.

(3) Hat die Staatsanwaltschaft im Fall des § 25 a des Straßenverkehrsgesetzes eine abschließende Entscheidung getroffen, werden die Kosten einschließlich derer, die durch einen Antrag auf gerichtliche Entscheidung entstanden sind, bei ihr angesetzt.

(4) Die Dokumentenpauschale sowie die Auslagen für die Versendung von Akten werden bei der Stelle angesetzt, bei der sie entstanden sind.

(5) [1]Der Kostenansatz kann im Verwaltungsweg berichtigt werden, solange nicht eine gerichtliche Entscheidung getroffen ist. [2]Ergeht nach der gerichtlichen Entscheidung über den Kostenansatz eine Entscheidung, durch die der Streitwert anders festgesetzt wird, kann der Kostenansatz ebenfalls berichtigt werden.

I. Allgemeines

1　**1. Regelungsgehalt.** Abs. 1–4 regeln, welche Stelle für den Kostenansatz zuständig ist. Abs. 5 bestimmt, auf welche Weise eine Berichtigung des Kostenansatzes ohne gerichtliche Entscheidung möglich ist. Die gesetzliche Regelung über die Zuständigkeit für den Kostenansatz ist erforderlich, weil der Kostenansatz eine

Zahlungsaufforderung enthalten kann und der Anfechtung mit der Erinnerung/Beschwerde gem. § 66 unterliegt.[1]

Eine mit § 19 korrespondierende Zuständigkeitsregelung befindet sich auch in § 5 KostVfg. Hierbei handelt 2
es sich aber lediglich um eine den Kostenbeamten und die Justizverwaltung bindende interne Verwaltungsbestimmung (→ § 66 Rn 16 aE).[2] Dies gilt iÜ für die KostVfg allgemein und auch für andere, den Kostenansatz regelnde Verwaltungsbestimmungen.[3] Umstritten ist, ob sich der Kostenschuldner deshalb darauf berufen bzw geltend machen kann, dass der Kostenbeamte diese Verwaltungsvorschriften zu beachten hat (→ § 66 Rn 16 aE). Die Gerichte bindet die KostVfg nicht (→ Rn 10).[4]

2. Kostenansatz. a) Allgemeines. Der Kostenansatz dient der Befriedigung des Kostenanspruchs der Staats- 3
kasse und besteht in der vom Kostenbeamten (→ Rn 4) aufzustellenden Kostenrechnung (→ Rn 5),[5] § 4
Abs. 1 S. 1 KostVfg. Der Kostenansatz hat die **Berechnung der Gerichtskosten** sowie die **Feststellung der
Kostenschuldner** zum Gegenstand (§ 4 Abs. 1 S. 2 KostVfg).[6] Zu den **Kosten** gehören alle für die Tätigkeit
des Gerichts zu erhebenden Gebühren, Auslagen und Vorschüsse (§ 4 Abs. 1 S. 3 KostVfg). Der Kostenansatz ist **Justizverwaltungsakt** und Aufgabe der Justizverwaltung.[7]

b) Kostenbeamter. Die Aufgaben des Kostenbeamten werden nach den darüber jeweils ergangenen allge- 4
meinen Anordnungen der Justizverwaltungen von den Beamten des gehobenen oder mittleren Justizdienstes
oder vergleichbaren Beschäftigten wahrgenommen (§ 1 KostVfg). Der Kostenbeamte ist nach § 2 Abs. 1
KostVfg für die Erfüllung der ihm übertragenen Aufgaben, insb. für den rechtzeitigen, richtigen und vollständigen Ansatz der Kosten verantwortlich. Hierbei wird er durch die aktenführende Stelle (vgl § 3
KostVfg; früher: Registraturbeamter, Geschäftsstellenkraft, Servicekraft) unterstützt, die dafür verantwortlich ist, dass die Kosten rechtzeitig angesetzt werden können (s. § 3 Abs. 1 S. 1 KostVfg). Der Kostenbeamte
ist bei der Aufstellung des Kostenansatzes weisungsgebunden (vgl § 36 KostVfg; s. Abs. 5, → Rn 68 ff).

c) Kostenrechnung (Transparenzgebot). aa) Inhalt. Der notwendige Inhalt der vom Kostenbeamten aufzu- 5
stellenden Kostenrechnung ist in § 24 **KostVfg** geregelt. Die Kostenrechnung muss mit der gebotenen Bestimmtheit entnommen werden können, welche Kosten von wem in welcher Höhe erhoben werden.[8] Danach enthält die Urschrift der Kostenrechnung für die Sachakte

- die Angabe der Justizbehörde, die Bezeichnung der Sache und die Geschäftsnummer (§ 24 Abs. 1 Nr. 1
  KostVfg),[9]
- die einzelnen Kostenansätze und die Kostenvorschüsse unter Hinweis auf die angewendete Vorschrift,
  bei Wertgebühren auch den der Berechnung zugrunde gelegten Wert (§ 24 Abs. 1 Nr. 2 KostVfg),[10]
- den Gesamtbetrag der Kosten (§ 24 Abs. 1 Nr. 3 KostVfg)[11] sowie
- Namen, Anschriften sowie ggf Geschäftszeichen und Geburtsdaten der Kostenschuldner (§ 24 Abs. 1
  Nr. 4 KostVfg).

Der Kostenbeamte hat die Urschrift der Kostenrechnung unter Angabe von Ort, Tag und Amtsbezeichnung 6
zu **unterschreiben** (§ 24 Abs. 9 KostVfg). Die Unterschrift des Kostenbeamten auf der in der Akte befindlichen Urschrift der Kostenrechnung reicht deshalb aus. Insbesondere ist keine Unterschrift des Kostenbeamten auf der dem Kostenschuldner zugehenden Kostenrechnung erforderlich.[12] Hier reicht der Abdruck des
Dienstsiegels[13] bzw je nach landesrechtlicher Regelung der Hinweis auf eine maschinelle Fertigung der Kostenrechnung ohne Unterschrift aus.[14]

In der Urschrift der Kostenrechnung ist zu vermerken, wo sich Zahlungsnachweise für Gerichtskosten in 7
der Akte befinden (§ 24 Abs. 4 KostVfg) und ob Zweitschuldnerhaftung besteht (vgl dazu § 24 Abs. 2 S. 4
und 5 KostVfg). Wer Kostenschuldner ist und in welchem Umfang er haftet, stellt der Kostenbeamte fest
(§ 7 Abs. 1 S. 1 KostVfg). Haften mehrere Kostenschuldner als Gesamtschuldner, so bestimmt der Kosten-

---

1 *Oestreich/Hellstab/Trenkle,* GKG § 19 Rn 1. **2** BFH 12.12.1996 – VII E 8/96, juris; OLG Brandenburg NJW 2007, 1470 =
RVGreport 2008, 38; HessVGH 1.3.2012 – 7 F 1027/11, juris; FG Düsseldorf 14.11.2011 – 15 Ko 827/11 GK, juris; OLG
Koblenz Rpfleger 1988, 384. **3** OLG Koblenz MDR 2005, 1079. **4** BGH 13.4.2011 – 5 StR 406/09, juris; *Meyer,* GKG vor
§ 1 Rn 5, § 19 Rn 1; aA *Oestreich/Hellstab/Trenkle,* FamGKG § 1 Rn 18, § 18 Rn 5. **5** OVG Mecklenburg-Vorpommern
17.4.2009 – 2 O 183/08, juris. **6** BGH AGS 2016, 176 = MDR 2016, 302. **7** Vgl BVerfGE 22, 299; BVerfG NJW 1970, 853;
OLG Celle StraFo 2014, 262 = NStZ-RR 2014, 264 = RVGreport 2014, 326; HessVGH 1.3.2012 – 7 F 1027/11, juris; OLG
Koblenz NStZ-RR 2010, 359; OLG München 17.10.2013 – 4 Ws 135/13, RVGreport 2014, 481 = JurionRS 2013, 47372;
OLG Düsseldorf JurBüro 2008, 43; KG NJW-RR 2003, 1723 = JurBüro 2004, 325; OLG Saarbrücken OLGR 2001, 460 =
Rpfleger 2001, 461. **8** BGH AGS 2016, 176 = MDR 2016, 302; BFH 20.6.2011 – VII E 11/11, juris; OLG Celle StraFo 2014,
262 = NStZ-RR 2014, 264 = RVGreport 2014, 326; OLG Schleswig SchlHA 2012, 111; OLG Köln 11.10.2010 – 2 Wx
146/10, juris; OLG Köln 24.1.2011 – 2 Wx 18/11, juris. **9** OLG Celle StraFo 2014, 262 = NStZ-RR 2014, 264 = RVGreport
2014, 326. **10** BFH 20.6.2011 – VII E 11/11, juris; OLG Celle StraFo 2014, 262 = NStZ-RR 2014, 264 = RVGreport 2014,
326. **11** OLG Celle StraFo 2014, 262 = NStZ-RR 2014, 264 = RVGreport 2014, 326. **12** BGH NJW 2015, 2194 = MDR
2015, 724. **13** BGH NJW 2015, 2194 = MDR 2015, 724 (für den Kostenansatz durch den BGH). **14** Vgl für NRW § 37 Abs. 5
S. 1 VwVfG.NRW: Bei einem schriftlichen Verwaltungsakt (vgl dazu Rn 3), der mit Hilfe automatischer Einrichtungen erlassen
wird, können Unterschrift und Namenswiedergabe fehlen.

beamte unter Beachtung der Grundsätze in § 8 KostVfg, wer zunächst in Anspruch genommen werden soll (§ 7 Abs. 2 KostVfg). **Umsatzsteuerbeträge** sind in der Kostenrechnung nicht auszuweisen.[15]

8 **bb) Finanzsachen, Strafsachen.** Im **Finanzgerichtsprozess** ist die Kostenrechnung gem. § 62 Abs. 6 S. 5 FGO dem Prozessbevollmächtigten des Verfahrens bekannt zu geben, auf das sich der Kostenansatz in Form der Kostenrechnung bezieht.[16]

9 Die durch § 24 KostVfg vorgeschriebenen Angaben ermöglichen dem Kostenschuldner im Regelfall die Überprüfung des Kostenansatzes (**Transparenzgebot**).[17] Ausnahmsweise können aber weitere Angaben erforderlich werden, so zB in **Strafsachen** bei der Ausscheidung von Mehrkosten infolge Teilverurteilung/Teilfreispruchs. Hier kann es für die Nachprüfbarkeit der Kostenrechnung durch den Kostenschuldner erforderlich sein, die Kostenansätze bei Vollverurteilung und bei Teilverurteilung und den abgesetzten Differenzbetrag zu benennen. Die abgesetzten Ansätze sind gegenstandsmäßig kurz zu bezeichnen; eine Verweisung auf Blattzahlen von Akten genügt nicht.[18]

10 Werden in Strafsachen Auslagen in die Kostenrechnung eingestellt, kann vom Kostenschuldner eine Einzelaufstellung der von ihm geforderten Auslagen verlangt werden.[19] Werden nicht allen Mitverurteilten Auslagen entsprechend § 466 StPO, § 33 GKG anteilig nach Kopfteilen in Rechnung gestellt, muss den Kostenschuldnern mitgeteilt werden, aus welchen Gründen das Ermessen (§ 8 Abs. 4 KostVfg) dahin gehend ausgeübt worden ist, die Auslagen nicht auf alle Mitverurteilten zu verteilen.[20]

11 **d) Rechtsbehelfsbelehrung.** Nach § 5 b hat jede Kostenrechnung zudem eine **Belehrung** über den statthaften Rechtsbehelf (Erinnerung) sowie über die Stelle, bei der diese einzulegen ist, über deren Sitz und über die einzuhaltende Form und Frist zu enthalten. Auf die Erl. zu § 5 b wird insoweit verwiesen.

12 **e) Keine Kostenrechnung. aa) Prozesskostenhilfe.** Bei Bewilligung von PKH **ohne Zahlungsbestimmung** wird für den Kostenschuldner keine Kostenrechnung erstellt, § 9 KostVfg iVm Ziff. 3.1 der Durchführungsbestimmungen zur Prozess- und Verfahrenskostenhilfe sowie zur Stundung der Kosten des Insolvenzverfahrens (DB-PKH);[21] s. auch § 122 Abs. 1 Nr. 1 Buchst. a ZPO.

13 **bb) Verwaltungsbestimmungen.** § 10 KostVfg erlaubt, unter den dort genannten Voraussetzungen von der Aufstellung des Kostenansatzes bei **Unvermögen des Kostenschuldners** abzusehen. Diese Bestimmung ist für die Bewertung der Rechtmäßigkeit des Kostenansatzes allerdings unerheblich. Der Kostenschuldner kann sich deshalb nicht darauf berufen bzw geltend machen, dass der Kostenbeamte diese Verwaltungsvorschrift zu beachten hat (→ Rn 2 und § 66 Rn 16 aE).[22] Eine Entscheidung gem. § 10 KostVfg ist nur **vor Aufstellung** des Kostenansatzes möglich. Nach der Aufstellung kann der Kostenbeamte den Kostenansatz nicht unter Berufung auf § 10 KostVfg aufheben. Dann kommt ggf nur noch ein **Erlass** oder eine **Niederschlagung** der Gerichtskosten aus Billigkeitsgründen in Betracht.[23]

14 Eine Kostenrechnung kann gem. § 26 Abs. 3 KostVfg auch dann unterbleiben, wenn das Gericht bei der **Abhängigmachung** gem. §§ 379, 402 ZPO den Betrag des Vorschusses und die Zahlungsfrist selbst bestimmt hat, sofern das gerichtliche Schriftstück alle für die Bewirkung der Zahlung erforderlichen Angaben enthält (→ § 17 Rn 25 ff).

15 Wird in bürgerlichen Rechtsstreitigkeiten gleichzeitig mit Erhebung der Klage gem. § 12 Abs. 1 vom Kläger auch die Verfahrensgebühr Nr. 1210 KV in voller Höhe eingezahlt (zB durch elektronische Kostenmarken, Gerichtskostenstempler; → § 12 Rn 13), ist ein Kostenansatz iSv § 24 KostVfg (→ Rn 5) entbehrlich.

16 Gemäß § 26 Abs. 9 KostVfg kann bei Anforderung der Kosten ohne Sollstellung von der Übersendung einer **Schlusskostenrechnung** abgesehen werden, wenn sich die endgültig festgestellte Kostenschuld mit dem vorausgezahlten Betrag deckt. Ansonsten ist die Schlusskostenrechnung unverzüglich zu übersenden. Nach den Ergänzungsbestimmungen NRW zu § 26 Abs. 9 KostVfg ist eine Schlusskostenrechnung allerdings auch dann zu erstellen und zu übersenden, wenn neben dem gezahlten Kostenvorschuss keine weiteren Kosten entstanden sind und weder ein Überschuss noch eine Nachforderung besteht oder der Betrag wegen der Kleinbetragsregelung nicht erstattet oder nicht angefordert wird. Die Erstellung hat hier haushaltsrechtliche Gründe (EPOS.NRW).

---

15 Vgl für NRW: RV d. JM v. 22.4.1970 (5607 - I B. 3) – Ansatz von Umsatzsteuerbeträgen in gerichtlichen Kostenrechnungen; für Rheinland-Pfalz: AV d. JM v. 4.3.1976 (JBl. S. 106). **16** BFH 7.11.2012 – XI E 4/12, juris. **17** OLG Celle StraFo 2014, 262 = NStZ-RR 2014, 264 = RVGreport 2014, 326; OLG Schleswig SchlHA 2012, 111. **18** OLG Celle StraFo 2014, 262 = NStZ-RR 2014, 264 = RVGreport 2014, 326; OLG Schleswig SchlHA 2012, 111. **19** OLG Celle StraFo 2014, 262 = NStZ-RR 2014, 264 = RVGreport 2014, 326. **20** OLG Celle StraFo 2014, 262 = NStZ-RR 2014, 264 = RVGreport 2014, 326. **21** Vgl zB für Nordrhein-Westfalen: AV d. JM v. 30.10.2001 (5603 - I B. 92) - JMBl. NRW S. 271, zul. geänd. d. AV d. JM v. 14.10.2015 (5603 - Z. 92) - JMBl. NRW S. 363. **22** So HessVGH 1.3.2012 – 7 F 1027/11, juris; vgl dazu auch BGH 13.4.2011 – 5 StR 406/09, juris. **23** Vgl zB in NRW § 123 Gesetz über die Justiz im Land Nordrhein-Westfalen (Justizgesetz Nordrhein-Westfalen – JustG NRW) v. 26.1.2010 – GV. NRW S. 30.

Ferner schreiben zB die Ergänzungsbestimmungen NRW zu § 24 KostVfg vor, dass im Falle der Vorauszah- 17
lung der Kosten die Kostenrechnung **in kürzester Form** aufzustellen ist.

Zur Einforderung von sog. **Kleinbeträgen** (§ 4 Abs. 5 KostVfg) haben die Justizverwaltungen ergänzende 18
Verwaltungsbestimmungen erlassen.[24]

cc) Strafsachen. Teilweise haben die Länder für Strafsachen weitere Verwaltungsbestimmungen erlassen, 19
die anordnen, dass auf die Bemühungen um eine baldige und dauerhafte Resozialisierung von Verurteilten
auch bei der Geltendmachung der im Strafverfahren entstandenen Gerichtskosten Rücksicht zu nehmen
ist.[25] Nach der für NRW getroffenen Regelung veranlasst der Kostenbeamte u.a. unverzüglich nach Fälligkeit die Einziehung der Kosten, sofern nicht aufgrund des Akteninhalts nach § 10 Abs. 1 KostVfg vom Kostenansatz abzusehen ist. Bei der Inanspruchnahme des Schuldners ist einer Wiedergutmachung des Schadens, der durch die abgeurteilte Tat verursacht wurde, regelmäßig der Vorrang einzuräumen. Ist der Kostenschuldner der Aufsicht und Leitung einer Bewährungshilfe unterstellt, unterrichtet der Kostenbeamte die
Bewährungshilfe über die Höhe der angesetzten Kosten. Ist der Kostenschuldner zu Freiheitsentzug ohne
Aussetzung zur Bewährung verurteilt worden, wird er durch ein der Reinschrift der Kostenrechnung beizu-
fügendes Merkblatt darüber unterrichtet, dass und unter welchen Voraussetzungen Erlass oder Stundung
der im Strafverfahren entstandenen Gerichtskosten bewilligt werden kann.

dd) Unrichtige Sachbehandlung. Ein Kostenansatz ist auch entbehrlich, wenn angeordnet worden ist, dass 20
Kosten wegen **unrichtiger Sachbehandlung** nicht zu erheben sind. Die Anordnung kann gem. § 21 Abs. 2
S. 1 vom Gericht getroffen werden. Solange das Gericht hierüber nicht entschieden hat, kann gem. § 21
Abs. 2 S. 2 die Nichterhebung von Kosten wegen unrichtiger Sachbehandlung auch im **Verwaltungsweg** angeordnet werden. Nach § 37 KostVfg sind hierfür die **Präsidenten der Gerichte** zuständig. Über Beschwerden gegen den ablehnenden Bescheid einer dieser Stellen wird im Aufsichtsweg entschieden. Eine im Verwaltungsweg getroffene Anordnung kann gem. § 21 Abs. 2 S. 3 auch nur im Verwaltungswege geändert
werden.

Nach § 11 KostVfg ist auch der **Kostenbeamte** selbst befugt, die in § 21 Abs. 1 S. 2 genannten Auslagen für 21
eine von Amts wegen veranlasste Verlegung eines Termins außer Ansatz zu lassen. Er legt die Akten aber
dem Gericht mit der Anregung einer Entscheidung vor, wenn dies mit Rücksicht auf rechtliche oder tatsächliche Schwierigkeiten erforderlich erscheint. Die Entscheidung des Kostenbeamten ist keine das Gericht
bindende Anordnung iSv § 21 Abs. 2 S. 2.

f) Zeitpunkt des Kostenansatzes. Der Zeitpunkt des Kostenansatzes hängt grds. davon ab, ob bereits die 22
Fälligkeit der Kosten eingetreten ist. Denn erst der **Eintritt der Fälligkeit** berechtigt die Staatskasse, die Gerichtskosten vom Kostenschuldner zu fordern. Auf die Regelungen zur Fälligkeit in den §§ 6–9 sowie die
Erl. hierzu wird verwiesen. Ist Fälligkeit eingetreten, verpflichtet § 15 Abs. 1 KostVfg den Kostenbeamten,
die Kosten **alsbald** anzusetzen. Auslagen werden gem. § 9 Abs. 2 idR erst bei Beendigung des Verfahrens
oder Rechtszugs fällig und sind daher auch erst dann zu fordern (vgl § 15 Abs. 2 S. 1 KostVfg). Nur wenn
im Laufe des Verfahrens Gebühren fällig werden, sind gem. § 15 Abs. 2 S. 3 KostVfg mit ihnen auch die
durch Vorschüsse nicht gedeckten Auslagen anzusetzen (zB bei der Erweiterung des Klageantrags, →
Nr. 1210 KV Rn 37 ff und § 12 Rn 32 f). Auch die gesetzlich vorgesehene Möglichkeit zur Erhebung eines
Vorschusses (Erhebung von Kosten vor ihrer Fälligkeit, → § 10 Rn 3 ff) erlaubt die Aufstellung des Kostenansatzes (s. § 17 Abs. 1 S. 1 und 2, Abs. 3).

Der Kostenbeamte hat insb. auch dann eine neue Kostenrechnung aufzustellen, wenn sich die **Kostenforde-** 23
rung ändert (§§ 28 Abs. 1, 29 Abs. 1–3 KostVfg). Eine Ermäßigung der Kostenforderung kann zB durch
eine Ermäßigung des Streitwerts oder durch eine Ermäßigung der Verfahrensgebühr zB nach Nr. 1211 KV
eintreten. Hierdurch und aufgrund unterschiedlicher Fälligkeitsbestimmungen kann es in einem Rechtszug
daher zur Aufstellung mehrerer Kostenrechnungen kommen.

Müssen Akten wegen der Einlegung von Rechtsmitteln oder aus sonstigen Gründen für längere Zeit ver- 24
sandt werden, ist nach den hierzu ergangenen Verwaltungsbestimmungen insb. der Kostenansatz möglichst
noch vor der **Versendung der Akten** vorzunehmen.[26]

g) Einziehung der Kosten. Die in der Kostenrechnung berücksichtigten Kosten werden bei Abhängigma- 25
chung gem. § 12 Abs. 1, 3–6, § 17 Abs. 1 S. 2, Abs. 2 oder gem. §§ 379, 402 ZPO (s. hierzu die Erl. zu
§§ 12 ff) ohne Sollstellung unmittelbar vom Zahlungspflichtigen (→ § 10 Rn 7 ff) und ansonsten durch

---

24 Vgl zB für Nordrhein-Westfalen: AV d. JM v. 17.7.2000 (5661 - I B. 9) idF v. 8.6.2004 – Behandlung von kleinen Kostenbe-
trägen. **25** Vgl zB in NRW RV d. JM v. 14.4.2009 (5661 - Z. 18) – Ansatz und Einziehung der Kosten des Strafverfahrens bei
Verurteilung zu Freiheitsstrafen. **26** Vgl zB für Nordrhein-Westfalen: AV d. JM v. 20.3.1987 (5601 - I B. 3) idF v. 8.6.2004 –
Beschleunigung der Festsetzung und Anweisung von Vergütungen, Entschädigungen und Auslagen in Rechtssachen sowie des
Kostenansatzes.

Sollstellung (→ § 10 Rn 4) angefordert. Die Einziehung erfolgt bei der Sollstellung ggf im Verwaltungszwangsverfahren nach der JBeitrO.[27] Wird bei Abhängigmachung (§§ 12 ff) der Kostenanforderung keine Folge geleistet, wird die beantragte gerichtliche Handlung nicht vorgenommen. Eine zwangsweise Beitreibung erfolgt hier daher nicht, zumal die Kosten zunächst auch nicht der Gerichtskasse als zuständige Vollstreckungsbehörde zur Einziehung überwiesen werden. Allerdings kann sich nach § 26 Abs. 8 KostVfg bei der Abhängigmachung der erfolglos gebliebenen Kostenanforderung eine Sollstellung mit zwangsweiser Beitreibung anschließen (→ § 12 Rn 36 ff).

26   **3. Übergangsansprüche gem. § 59 RVG.** Übergangsansprüche gem. § 59 RVG werden zwar wie Gerichtskosten eingezogen (§ 59 Abs. 2 S. 1 RVG), sind aber keine Gerichtskosten, sondern weiterhin außergerichtliche Kosten.[28] Sie sind in der Kostenrechnung gesondert aufzuführen.[29] Übergangsansprüche iSv § 59 RVG sind auch die an den eigenen, im Wege der Prozesskostenhilfe beigeordneten Rechtsanwalt des Beteiligten gezahlten Vergütungen (§ 55 RVG). Nach § 59 Abs. 2 S. 2 RVG werden sie nur bei dem Gericht des ersten Rechtszugs angesetzt (→ Rn 35). Bei Forderungsübergang auf die Bundeskasse erfolgt der Ansatz gem. § 59 Abs. 2 S. 3 RVG beim BGH.

II. Zuständigkeit zum Kostenansatz (Abs. 1)

27   **1. Erste Instanz (Abs. 1 S. 1 Nr. 1).** Außer in Strafsachen und Bußgeldsachen (Abs. 2, 3) werden die Gerichtskosten des ersten Rechtszugs **in allen Gerichtsbarkeiten** bei dem Gericht angesetzt, bei dem das Verfahren im ersten Rechtszug anhängig ist oder zuletzt anhängig war (Abs. 1 S. 1 Nr. 1). Der Ansatz wird daher durch das örtlich zuständige Gericht vorgenommen. Durch den Zusatz „oder zuletzt anhängig war" wird klargestellt, dass das erstinstanzlich zuständige Gericht auch nach Abschluss der ersten Instanz für den Kostenansatz zuständig bleibt.

28   Aus Abs. 1 ergibt sich, dass der Kostenansatz **für jede Instanz gesondert** aufzustellen ist.

29   In **Strafsachen** (Abs. 2) gibt es dagegen nur einen Kostenansatz für alle Instanzen (Ausnahme nach Abs. 2 S. 4: BGH). **Keine Strafsachen** oder gerichtliche Verfahren nach dem OWiG iSv Abs. 2 sind Verfahren nach dem **Strafvollzugsgesetz** vor der Strafvollstreckungskammer (→ Rn 40) sowie gerichtliche Verfahren betreffend die Vollstreckung **europäischer Geldsanktionen** nach §§ 87 ff IRG (**Vollstreckungshilfeverfahren wegen einer im Ausland rechtskräftig verhängten Geldsanktion**, → Rn 64). Hier richtet sich die Zuständigkeit nach Abs. 1.

30   Zur Zuständigkeit in **berufsgerichtlichen Verfahren** → Rn 57 f.

31   **2. Rechtsmittelverfahren (Abs. 1 S. 1 Nr. 2). a) Berufungsverfahren.** Die Kosten des Berufungsverfahrens werden außer in Strafsachen und Bußgeldsachen in allen Gerichtsbarkeiten gem. Abs. 1 S. 1 Nr. 2 bei dem Berufungsgericht angesetzt. Das gilt im **verwaltungsgerichtlichen Verfahren** auch für die Kosten des Verfahrens über die Zulassung der Berufung (§§ 124 ff VwGO), die deshalb beim VGH angesetzt werden.[30] Zur Zuständigkeit in **berufsgerichtlichen Verfahren** → Rn 57 f.

32   **b) Revisionsverfahren.** Die Kosten des Revisionsverfahrens werden gem. Abs. 1 S. 1 Nr. 2 beim BGH angesetzt und zum Soll gestellt.

33   **3. Ersuchtes Gericht (Abs. 1 S. 2).** Abs. 1 S. 2 stellt klar, dass auch die bei einem ersuchten Gericht angefallenen Kosten (zB im Rahmen einer Beweisaufnahme nach § 362 ZPO vor dem ersuchten Richter angefallene Zeugen- oder Sachverständigenauslagen nach Nr. 9005 KV) nicht von dem ersuchten Gericht, sondern von dem Gericht der ersten Instanz oder der Rechtsmittelinstanz angesetzt werden, bei dem das Verfahren anhängig ist und das ersucht hat.

34   **4. Zuständigkeit bei Verweisung oder Abgabe.** Zur Verweisung bzw Abgabe s. zunächst die Erl. zu § 4. Bei der Verweisung bleibt das verweisende oder abgebende Gericht bis zur Verweisung oder Abgabe für den Kostenansatz zuständig. Nach der Verweisung oder Abgabe ist nur noch der Kostenbeamte des übernehmenden Gerichts zuständig. Bis zur Verweisung nicht angesetzte oder angeforderte Kosten fordert dann nur noch der Kostenbeamte des übernehmenden Gerichts ein. Das ist der Regelung in § 4 zu entnehmen, wonach im Falle der Verweisung oder Abgabe das frühere erstinstanzliche Verfahren als Teil des Verfahrens vor dem übernehmenden Gericht zu behandeln ist.[31]

35   Für den Fall der Verweisung an ein Gericht eines **anderen Bundeslandes** haben die Bundesländer eine Vereinbarung getroffen, die sich aus der Anlage zur Verwaltungsbestimmung in § 6 Abs. 1 KostVfg ergibt. Darin wird für die Zuständigkeit zum Kostenansatz im Wesentlichen auf den Zeitpunkt der Fälligkeit der Kos-

---

27 OLG Düsseldorf JurBüro 2008, 43. **28** OLG Celle MDR 2014, 923; OLG Düsseldorf Rpfleger 2011, 446; OLG München AnwBl 1991, 167. **29** OLG Düsseldorf Rpfleger 2011, 446. **30** BayVGH 24.8.2011 – 10 M 11.1966, juris. **31** Vgl hierzu OLG Brandenburg JurBüro 1998, 548.

ten abgestellt. Übergangsansprüche gem. § 59 RVG werden zwar wie Gerichtskosten eingezogen (§ 59 Abs. 2 S. 1 RVG), sind aber keine Gerichtskosten, sondern weiterhin außergerichtliche Kosten.[32] Nach § 6 Abs. 2 KostVfg werden einzuziehende Beträge, die nach § 59 RVG auf die Staatskasse übergegangen sind, im Falle der Verweisung eines Rechtsstreits an ein Gericht eines anderen Landes bei dem Gericht angesetzt, an das der Rechtsstreit verwiesen worden ist (auch → Rn 34).

5. Zurückverweisung. Der Kostenansatz für das Rechtsmittelverfahren erfolgt gem. Abs. 1 S. 1 Nr. 2 bei dem Rechtsmittelgericht. Hat in Strafsachen der BGH die Sache ganz oder teilweise zur anderweitigen Verhandlung und Entscheidung zurückverwiesen, übersendet die für den Kostenansatz zuständige Behörde eine beglaubigte Abschrift der rechtskräftigen Entscheidung zum Kostenansatz an den BGH (§ 5 Abs. 2 KostVfg). **36**

6. Vorausgegangenes Mahnverfahren. Geht ein Mahnverfahren gegen mehrere Antragsgegner nach Widerspruch oder Einspruch in getrennte Streitverfahren bei verschiedenen Gerichten über, ordnet § 5 Abs. 5 S. 1 KostVfg an, dass das Mahngericht den übernehmenden Gerichten jeweils einen vollständigen Verfahrensausdruck samt Kostenrechnung übersendet. Letztere muss Angaben darüber enthalten, ob die Kosten bereits angefordert (§§ 25, 26 KostVfg) oder eingezahlt sind (§ 5 Abs. 5 S. 2 KostVfg). Bei nicht maschineller Bearbeitung hat der Kostenbeamte des abgebenden Gerichts den Kostenbeamten der übernehmenden Gerichte das Original oder eine beglaubigte Abschrift der Kostenrechnung zu übersenden und sie über das sonst von ihm Veranlasste zu unterrichten (§ 5 Abs. 5 S. 3 KostVfg). Zahlungsanzeigen und sonstige Zahlungsnachweise sind im Original oder in beglaubigter Ablichtung beizufügen (§ 5 Abs. 5 S. 4 KostVfg). **37**

III. Zuständigkeit in Straf- und Bußgeldsachen (Abs. 2)

1. Vollstreckung durch die Staatsanwaltschaft (Abs. 2 S. 1). Ist von der Staatsanwaltschaft in Strafsachen und in gerichtlichen Verfahren nach dem OWiG eine **gerichtliche Entscheidung** zu vollstrecken, setzt der Kostenbeamte der Staatsanwaltschaft die Kosten an. Das gilt auch, wenn eine **Bewährungsstrafe** verhängt worden ist.[33] Denn im Rahmen der Strafvollstreckung ist zB eine Mitteilung an das Bundeszentralregister zu fertigen. In Jugendsachen ist bei Bewährungsstrafen aber das Amtsgericht zuständig (→ Rn 44). In Strafsachen gibt es – im Gegensatz zu den von Abs. 1 erfassten Verfahren – nur einen Kostenansatz für alle Instanzen (Ausnahme nach Abs. 2 S. 4: BGH). **38**

Kosten der Vollstreckung von freiheitsentziehenden **Maßregeln** der Besserung und Sicherung werden gem. § 5 Abs. 1 S. 2 KostVfg bei der nach Abs. 2 zuständigen Behörde angesetzt, soweit nicht die Landesregierungen durch Rechtsverordnung andere Zuständigkeiten begründet haben (§ 138 Abs. 2 StVollzG). **39**

2. Strafvollstreckung und Strafvollzug. Verfahren vor den ordentlichen Gerichten nach dem **Strafvollzugsgesetz** (StVollzG) werden nach dem GKG abgerechnet (§ 1 Abs. 1 S. 2 Nr. 8). Erfasst sind Anträge auf gerichtliche Entscheidung nach §§ 50 Abs. 5, 109, 138 Abs. 3 StVollzG, über die gem. § 110 StVollzG die **Strafvollstreckungskammer** beim **Landgericht** entscheidet (§ 78 a GVG). Über Rechtsbeschwerden entscheidet gem. §§ 116, 117 StVollzG das Oberlandesgericht. In diesen gerichtlichen Verfahren nach dem StVollzG entstehen die in Nr. 3810–3830 KV geregelten Gerichtsgebühren sowie ggf Auslagen nach Teil 9 KV. Zuständig für den Kostenansatz ist gem. Abs. 1 S. 1 Nr. 1 für erstinstanzliche Verfahren das LG (Strafvollstreckungskammer) und gem. Abs. 1 S. 1 Nr. 2 das OLG für die Kosten des Rechtsbeschwerdeverfahrens. **40**

Strafvollzugssachen sind keine Strafsachen iSv Abs. 2, die zur Zuständigkeit der Staatsanwaltschaft führen.[34] Das wird schon daraus deutlich, dass der Gesetzgeber in der Überschrift zu Teil 3 KV zwischen Strafsachen und gerichtlichen Verfahren nach dem StVollzG unterscheidet. **Strafsachen** iSv § 19 sind alle Verfahren, die als Strafverfahren ausgestaltet sind, also alle Verfahren nach der **StPO**, dem **JGG** und den **landesrechtlichen Strafvorschriften**. **Gerichtliche Verfahren** nach dem **StVollzG** sind keine Strafverfahren. Denn dort geht es nur um die Frage, ob eine im **Justizvollzug** getroffene Maßnahme den Inhaftierten in seinen Rechten verletzt. Liegt kein gerichtliches Verfahren nach dem StVollzG vor, erhebt ggf die **Justizvollzugsanstalt** nach § 50 StVollzG oder einem landesrechtlichen Strafvollzugsgesetz einen **Haftkostenbeitrag**. Auch wenn die Landesregierungen für die Erhebung des Haftkostenbeitrags durch Rechtsverordnung andere Zuständigkeiten begründet haben, ist der Haftkostenbeitrag eine Justizverwaltungsabgabe (§ 50 Abs. 5 StVollzG; vgl auch § 73 und Nr. 9010, 9011 KV sowie die Erl. hierzu). **41**

Gerichtliche Verfahren vor der Strafvollstreckungskammer des Landgerichts nach §§ 462 a, 463 StPO (§ 78 a GVG), die die **Strafvollstreckung** betreffen, unterfallen gem. § 1 Abs. 1 S. 2 Nr. 5 ebenfalls dem GKG. Die Strafvollstreckungskammer wird im Bereich der Strafvollstreckung nach der StPO in einer Strafsache iSv Abs. 2 tätig (zur Strafsache → Rn 41). Zuständig für den Kostenansatz in Verfahren der Strafvoll- **42**

32 OLG Düsseldorf Rpfleger 2011, 446; OLG München AnwBl 1991, 167. **33** *Hartmann*, KostG, 46. Aufl., § 19 GKG Rn 2.
34 So auch *Oestreich/Hellstab/Trenkle*, GKG § 19 Rn 29.

streckung nach §§ 462 a, 463 StPO ist daher gem. Abs. 2 S. 1 die **Staatsanwaltschaft**, weil eine gerichtliche Entscheidung durch die Staatsanwaltschaft zu vollstrecken ist.[35]

43 **3. Vollstreckungseinleitung in Jugendgerichtssachen (Abs. 2 S. 2).** Wenn in JGG-Sachen vom Jugendrichter eine Vollstreckung einzuleiten ist (§ 84 JGG), ist für den Kostenansatz das entsprechende Amtsgericht zuständig. Ist in demselben Verfahren auch eine gerichtliche Entscheidung durch die Staatsanwaltschaft gegen einen Erwachsenen zu vollstrecken (**mehrere Verurteilte**), setzt die Staatsanwaltschaft die Kosten sowohl gegen den Erwachsenen als auch gegen den verurteilten Jugendlichen an (Abs. 2 S. 2 Hs 2).

44 Wird in einer Jugendgerichtssache in der ersten Instanz vom Landgericht eine **Bewährungsstrafe** verhängt, sind die Kosten bei dem Amtsgericht anzusetzen, weil das Amtsgericht (Jugendrichter) auch für die Vollstreckung der Strafe zuständig ist. Auch bei der Verhängung einer Bewährungsstrafe ist die Vollstreckung vom Jugendrichter einzuleiten.

45 **4. Übrige Fälle (Abs. 2 S. 3).** In nicht von Abs. 2 S. 1 und 2 erfassten Fällen (→ Rn 38 ff) erfolgt der Kostenansatz bei dem **erstinstanzlichen Gericht**. Das ist zB der Fall, wenn Freispruch erfolgt oder das Verfahren nach §§ 153 ff StPO eingestellt ist und gleichwohl Kosten zu erheben sind. Da das erstinstanzliche Gericht zuständig ist, kann der Kostenansatz auch dem Kostenbeamten des LG oder OLG obliegen.

46 **Beispiel 1:** Das AG stellt das Verfahren auf Kosten des Angeklagten ein. – Lösung: Der Kostenansatz erfolgt gem. Abs. 2 S. 3 durch das AG als erstinstanzliches Gericht.

Beispiel 2: Der Angeklagte wird vom AG freigesprochen. Der Nebenkläger legt hiergegen Rechtsmittel ein, das aber auf Kosten des Nebenklägers verworfen wird. – Lösung: Da keine Strafe zu vollstrecken ist, erfolgt der Kostenansatz gem. Abs. 2 S. 3 durch das AG als erstinstanzliches Gericht.

Beispiel 3: Der Angeklagte wird vom LG in erster Instanz freigesprochen. Der Nebenkläger legt hiergegen Rechtsmittel ein, das aber auf Kosten des Nebenklägers verworfen wird. – Lösung: Da keine Strafe zu vollstrecken ist, erfolgt der Kostenansatz gem. Abs. 2 S. 3 durch das LG als erstinstanzliches Gericht.

Beispiel 4: Der Angeklagte A wird vom AG freigesprochen, der Angeklagte B wird verurteilt. Der Nebenkläger legt gegen den Freispruch von A Rechtsmittel ein, das aber auf Kosten des Nebenklägers verworfen wird. – Lösung: Der Kostenansatz erfolgt gem. Abs. 2 S. 1 durch die StA, weil diese gegen B eine Strafe zu vollstrecken hat.

47 **5. Rechtsmittelverfahren beim BGH (Abs. 2 S. 4).** Die Kosten eines beim BGH geführten Rechtsmittelverfahrens werden stets beim BGH angesetzt (Abs. 2 S. 4).[36] Hat der BGH eine Sache ganz oder teilweise zur anderweitigen Verhandlung und Entscheidung zurückverwiesen, so übersendet die für den Kostenansatz zuständige Behörde eine beglaubigte Abschrift der rechtskräftigen Entscheidung zum Kostenansatz an den BGH (§ 5 Abs. 2 KostVfg).

48 **6. Besonderheiten in Bußgeldsachen (Fallbeispiele).** Auch in Bußgeldsachen kommen für den Kostenansatz die Staatsanwaltschaft (Abs. 2 S. 1) sowie das erstinstanzliche Gericht (Abs. 2 S. 3) in Betracht. Daneben kann auch die Bußgeldbehörde für den Ansatz von Kosten zuständig sein (§ 107 OWiG). Die Staatsanwaltschaft ist nur zuständig, wenn eine gerichtliche Entscheidung zu vollstrecken ist. Folgende Fallkonstellationen verdeutlichen die unterschiedlichen Zuständigkeiten.

49 **Beispiel 1 (Erstinstanzliches Gericht):** Die Bußgeldbehörde erlässt einen Bußgeldbescheid über 50 €. Den Einspruch des Betroffenen verwirft die Verwaltungsbehörde gem. § 69 Abs. 1 S. 1 OWiG als unzulässig. Der Betroffene stellt gem. § 69 Abs. 1 S. 2 OWiG Antrag auf gerichtliche Entscheidung über die Zulässigkeit des Einspruchs. Der Antrag wird vom Gericht kostenpflichtig zurückgewiesen, §§ 69 Abs. 1 S. 2, 62 Abs. 2 S. 2 OWiG, § 473 Abs. 1 StPO.

Lösung: Nach Nr. 4303 KV entsteht für die Zurückweisung des Antrags gem. § 62 OWiG auf gerichtliche Entscheidung eine Gerichtsgebühr. Zudem können ggf Zustellungsauslagen (Nr. 9002 KV) anfallen. Zuständig für deren Ansatz ist gem. Abs. 2 S. 3 das Gericht des ersten Rechtszugs. Die gerichtliche Kostenrechnung enthält aber nur die Kosten des Verfahrens über den Antrag auf gerichtliche Entscheidung.

50 **Beispiel 2 (Verwaltungsbehörde):** Die Bußgeldbehörde erlässt einen Bußgeldbescheid über 50 €. Den Einspruch des Betroffenen verwirft die Verwaltungsbehörde gem. § 69 Abs. 1 S. 1 OWiG als unzulässig. Der Betroffene stellt gem. § 69 Abs. 1 S. 2 OWiG Antrag auf gerichtliche Entscheidung über die Zulässigkeit des Einspruchs. Das Gericht gibt dem Antrag statt. Die Verwaltungsbehörde nimmt ihren Bußgeldbescheid zurück und erlässt gleichzeitig einen neuen Bußgeldbescheid, in welchem dem Betroffenen die Kosten auferlegt werden.

Lösung: Im GKG ist keine Gebühr für einen erfolgreichen Antrag gem. § 62 OWiG auf gerichtliche Entscheidung vorgesehen. Es können aber ggf Auslagen (Teil 9 KV) in diesem Verfahren anfallen. Nach § 109 Abs. 1 OWiG trägt der Betroffene aufgrund der Kostenauferlegung im Bußgeldbescheid auch die Kosten des erfolgreichen gerichtlichen Zwischenverfahrens nach § 62 OWiG. Zuständig für den Kostenansatz ist nur die Verwaltungsbehörde, da eine Entscheidung der Verwaltungsbehörde zu vollstrecken ist.

---

35 So auch *Oestreich/Hellstab/Trenkle*, GKG § 19 Rn 29. **36** BGH 13.4.2011 – 5 StR 406/09, juris; BGH NStZ 2007, 663.

Beispiel 3 (Gericht und Verwaltungsbehörde: § 27): Gegen den Bußgeldbescheid wird Einspruch eingelegt. Die 51 Verwaltungsbehörde verwirft den Einspruch nicht als unzulässig, nimmt den Bescheid aber nicht zurück und übersendet die Akten gem. § 69 Abs. 3 OWiG über die StA an das AG. Der Betroffene nimmt dort seinen Einspruch nach Beginn der Hauptverhandlung zurück.

Lösung: Aufgrund Rücknahme des Einspruchs nach Beginn der Hauptverhandlung entsteht eine Gerichtsgebühr nach Nr. 4112 KV. Ein Kostenansatz ist daher – auch ggf für die nach Einspruch angefallenen Auslagen – erforderlich. Die Kostenentscheidung der Verwaltungsbehörde im Bußgeldbescheid, die durch Rücknahme des Einspruchs rechtskräftig geworden ist, gilt aber nur für das Verwaltungsverfahren. Für diese Fälle schreibt § 27 vor, dass Kostenschuldner der im gerichtlichen Verfahren angefallenen Kosten der Betroffene ist. Der Betroffene erhält daher eine Kostenrechnung von der Verwaltungsbehörde und eine Kostenrechnung vom AG. Weil die Verfahren kostenrechtlich keine Einheit bilden, könnte diese Zweigleisigkeit gem. § 1 Abs. 6 JBeitrO durch eine – derzeit nicht vorhandene – Rechtsverordnung beseitigt werden.

Beispiel 4 (Gericht und Verwaltungsbehörde: § 109 Abs. 2 OWiG): Gegen den Bußgeldbescheid wird Einspruch 52 eingelegt. Das Gericht verwirft den Einspruch durch Urteil (§ 74 Abs. 2 OWiG). Dem Betroffenen werden gem. § 109 Abs. 2 OWiG die Kosten des gerichtlichen Verfahrens auferlegt.

Lösung: Im gerichtlichen Verfahren entsteht die Gebühr Nr. 4110 KV.[37] Deshalb ist ein Kostenansatz erforderlich, aber nur für die im gerichtlichen Verfahren angefallene Gebühr. Denn die Kostenentscheidung der Verwaltungsbehörde im Bußgeldbescheid gilt nur für das Verwaltungsverfahren. Diese Kostenentscheidung ist durch Verwerfung rechtskräftig. Die vom Gericht zu treffende Kostenentscheidung gem. § 109 Abs. 2 OWiG[38] gilt nur für die Kosten des gerichtlichen Verfahrens. Der Betroffene erhält daher eine Kostenrechnung von der Verwaltungsbehörde und eine Kostenrechnung vom AG. Weil die Verfahren kostenrechtlich keine Einheit bilden, könnte diese Zweigleisigkeit gem. § 1 Abs. 6 JBeitrO durch eine – derzeit nicht vorhandene – Rechtsverordnung beseitigt werden.

Beispiel 5 (Staatsanwaltschaft): Gegen den Bußgeldbescheid über 40 € wird Einspruch eingelegt. Aus dem Buß- 53 geldbescheid ergibt sich, dass im Verfahren vor der Verwaltungsbehörde eine Verwaltungsgebühr über 25 € und Zustellungsauslagen iHv 3,50 € angefallen sind.

Das Gericht setzt mit Einverständnis des Betroffenen und der StA durch schriftlichen Beschluss gem. § 72 OWiG das Bußgeld auf 30 € fest. Die Kosten des Verfahrens werden dem Betroffenen auferlegt.

Lösung: Die gerichtliche Entscheidung bildet hier eine das Bußgeldverfahren abschließende Sachentscheidung (Bußgeldverhängung). Der Kostenansatz erfolgt daher einheitlich für Verwaltungsverfahren und gerichtliches Verfahren gem. Abs. 2 S. 1 durch die StA, weil gem. § 91 OWiG, § 451 StPO eine gerichtliche Entscheidung durch die StA zu vollstrecken ist. Anzusetzen ist eine Gebühr Nr. 4110 KV. Ein Ansatz der Gebühr des Verwaltungsverfahrens (25 € gem. § 107 Abs. 1 OWiG) erfolgt nicht, weil der Bußgeldbescheid nicht rechtskräftig geworden ist und das OWi-Verfahren nicht abgeschlossen hat. Gemäß § 5 Abs. 3 Buchst. b KostVfg erhebt die StA aber auch die Zustellungsauslagen aus dem Verwaltungsverfahren.

Beispiel 6 (Mehrere Instanzen): Gegen den Bußgeldbescheid über 40 € wird Einspruch eingelegt. Aus dem Buß- 54 geldbescheid ergibt sich, dass im Verfahren vor der Verwaltungsbehörde eine Verwaltungsgebühr über 25 € und Zustellungsauslagen iHv 3,50 € angefallen sind. Das Gericht verwirft den Einspruch durch Urteil als unzulässig und legt dem Betroffenen gem. § 109 Abs. 2 OWiG die Kosten des gerichtlichen Verfahrens auf. Die Rechtsbeschwerde des Betroffenen wird vom OLG kostenpflichtig verworfen, weil sie nicht formgerecht begründet worden ist. Der Betroffene legt sofortige Beschwerde gegen den Verwerfungsbeschluss ein, die vom OLG zurückgewiesen wird.

Lösung: Die rechtskräftige Verwerfungsentscheidung des AG ist nicht von der StA zu vollstrecken (kein zu vollstreckender Inhalt). Der Kostenansatz für alle Instanzen erfolgt daher gem. Abs. 2 S. 3 durch das erstinstanzliche Gericht (AG): Gebühr Nr. 4110 KV; Gebühr Nr. 4120 KV; Gebühr Nr. 4401 KV.

Die Gebühr des Verwaltungsverfahrens (25 € gem. § 107 Abs. 1 OWiG) wird von der Verwaltungsbehörde erhoben. Das gilt auch für die Zustellungsauslagen der Verwaltungsbehörde. Diese werden nicht in die gerichtliche Kostenrechnung (§ 109 Abs. 2 OWiG) übernommen (geteilter Kostenansatz, § 1 Abs. 6 JBeitrO).

7. Erzwingungshaftverfahren. Im Erzwingungshaftverfahren (§§ 96 f OWiG) anfallende Kosten (insb. Zu- 55 stellungsauslagen) können von der Staatsanwaltschaft bzw dem AG nicht erhoben werden, weil es an einer rechtskräftigen Kostenentscheidung fehlt, die eine Anforderung der Kosten vom Betroffenen durch diese Justizbehörden erlauben würde (§§ 8, 29 Nr. 1 GKG). § 109 OWiG gilt für die Kosten des Erzwingungshaftverfahrens nicht, sondern nur für die Kosten des gerichtlichen Verfahrens nach § 62 OWiG und des Einspruchsverfahrens gegen einen Bußgeldbescheid (→ Rn 48 ff; vgl auch → § 27 Rn 7 ff). Die im Erzwingungshaftverfahren angefallenen Kosten müssen daher der Verwaltungsbehörde mitgeteilt werden, damit

---

37 BT-Drucks 17/11471, S. 384, 385. **38** Siehe Burhoff/*Gieg*, Handbuch für das straßenverkehrsrechtliche OWi-Verfahren, 3. Aufl., Stichwort „Einspruch, Unzulässigkeit, Verwerfung" Rn 742.

diese die Kosten gem. § 107 Abs. 3 Nr. 11 OWiG einzieht und ggf einen bestimmten Mindestbetrag (10 €) übersteigende eingezogene Beträge der Justiz erstattet.

56 **Beispiel:** Das AG hat gem. § 96 OWiG auf Antrag der Verwaltungsbehörde Erzwingungshaft angeordnet. Insoweit sind Zustellungsauslagen iHv 7 € angefallen.

Lösung: Eine Kostenrechnung kann beim AG bzw der StA nicht aufgestellt werden, weil es an der erforderlichen gerichtlichen Kostenentscheidung fehlt (§ 29 Nr. 1). Der Kostenansatz kann aber durch die Verwaltungsbehörde aufgrund der im Bußgeldbescheid enthaltenen Kostenentscheidung erfolgen. Diese umfasst gem. § 105 Abs. 1 OWiG, § 464 a Abs. 1 StPO auch die Kosten der Vollstreckung. Der Kostenbeamte teilt deshalb die im Erzwingungshaftverfahren angefallenen Kosten der Verwaltungsbehörde mit, die sie gem. § 107 Abs. 3 Nr. 11 OWiG einfordert. Können die Auslagen beigetrieben werden, sind ggf 10 € übersteigende Beträge der Justiz zu erstatten.

57 **8. Berufsgerichtliche Verfahren.** Für berufsgerichtliche Verfahren bestimmen §§ 193, 195 BRAO, §§ 146, 148 PatAnwO, § 146 StBerG und § 122 WiPrO, dass Gerichtsgebühren nach den jeweiligen Gebührenverzeichnissen dieser Gesetze erhoben werden. Im Übrigen werden aber die für Gerichtskosten in **verwaltungsgerichtlichen Verfahren** (§ 193 BRAO, § 146 PatAnwO) bzw für **Gerichtskosten in Strafsachen** geltenden Vorschriften des GKG (§ 195 BRAO, § 148 PatAnwO, § 146 StBerG, § 122 WiPrO) für entsprechend anwendbar erklärt. Sofern die für Gerichtskosten in **verwaltungsgerichtlichen Verfahren** geltenden Vorschriften des GKG für entsprechend anwendbar erklärt werden, richtet sich die Zuständigkeit zum Kostenansatz nach **Abs. 1.** Gelten die Vorschriften des GKG für **Gerichtskosten in Strafsachen** entsprechend, richtet sich die Zuständigkeit zum Kostenansatz nach **Abs. 2.**

58 Das bedeutet bspw, dass in berufsgerichtlichen **Steuerberater- und Steuerbevollmächtigtensachen** die Gebühr iHv 240 € nach Nr. 110 des Gebührenverzeichnisses Anlage zu § 146 S. 1 StBerG bei der Verhängung eines Verweises (§§ 90, 125 StBerG) gem. Abs. 2 S. 3 vom Kostenbeamten des LG (**erstinstanzliches Gericht gem. § 95 Abs. 1 StBerG**) erhoben wird. Eine Zuständigkeit der StA gem. Abs. 2 S. 1 besteht nicht, weil keine gerichtliche Entscheidung durch die StA zu vollstrecken ist. Denn nach § 151 StBerG gilt der Verweis mit der Rechtskraft des Urteils als vollstreckt. Entscheidet im **zweiten Rechtszug** über die Berufung der Senat für Steuerberater- und Steuerbevollmächtigtensachen beim **Oberlandesgericht** (§ 96 StBerG), wird die Gebühr nach Nr. 210 des Gebührenverzeichnisses Anlage zu § 146 S. 1 StBerG gem. Abs. 2 S. 3 ebenfalls vom Kostenbeamten des LG (erstinstanzliches Gericht gem. § 95 Abs. 1 StBerG) erhoben.

59 **9. Beschwerden gegen Kostenfestsetzungsbeschlüsse in Straf- und Bußgeldsachen.** Nach Vorbem. 3.6 KV (Strafverfahren) und Vorbem. 4.4 KV (Bußgeldverfahren) bestimmen sich die Gebühren im Kostenfestsetzungsverfahren (§ 464 b StPO, § 46 OWiG) nach den für das Kostenfestsetzungsverfahren in Teil 1 Hauptabschnitt 8 KV geregelten Gebühren (Nr. 1810 KV ff). Die **Verwerfung** oder **Zurückweisung** der Beschwerde gegen einen in einer Straf- oder Bußgeldsache ergangenen **Kostenfestsetzungsbeschluss** löst damit eine Gebühr nach **Nr. 1812 KV** aus (Festgebühr 60,00 €; zur teilweisen Verwerfung oder Zurückweisung s. die Anm. zu Nr. 1812 KV). Da im Kostenfestsetzungsverfahren in Straf- und Bußgeldsachen die **Rechtsbeschwerde** ausgeschlossen ist,[39] können die Gebühren nach Nr. 1820 KV ff nicht entstehen. Die Entstehung der Gebühr Nr. 1812 KV ist nicht durch Vorbem. 3.1 Abs. 1 KV bzw Vorbem. 4.1 Abs. 1 KV ausgeschlossen. (Gebühren richten sich nach der rechtskräftig erkannten Strafe oder Geldbuße). Denn die Regelungen gelten nur für die jeweils in den Hauptabschnitten 1 des KV enthaltenen Gebühren. Die Beschwerde im Kostenfestsetzungsverfahren ist in Hauptabschnitt 6 (Teil 3 KV) bzw Hauptabschnitt 4 (Teil 4 KV) geregelt.

60 Wird vom LG oder vom OLG die Beschwerde des **vollständig freigesprochenen** Beschuldigten oder Betroffenen gegen den Kostenfestsetzungsbeschluss verworfen oder zurückgewiesen, durch den seine notwendigen Auslagen gegen die Staatskasse festgesetzt worden sind, wird die Gebühr Nr. 1812 KV nebst etwaiger Auslagen gem. Abs. 2 S. 3 vom **Gericht des ersten Rechtszugs** (AG oder LG) angesetzt. Das gilt auch bei **Jugendlichen**, weil aufgrund Freispruchs keine Vollstreckung vom Jugendrichter einzuleiten ist (Abs. 2 S. 2). Diese Zuständigkeiten gelten auch bei **Nichteröffnung** des **Hauptverfahrens** oder bei **Einstellung des Verfahrens** mit einer Auslagenentscheidung zu Lasten der Staatskasse.

61 Das Kostenfestsetzungsverfahren gem. § 464 b StPO, § 46 Abs. 1 OWiG selbst ist zwar keine Strafsache bzw keine Bußgeldsache iSv Abs. 2. Die Zuständigkeit für den Ansatz der Gebühr Nr. 1812 KV richtet sich aber gleichwohl nicht nach Abs. 1, weil das Kostenfestsetzungsverfahren zur Straf- oder Bußgeldsache gehört und nur dazu dient, die in der Hauptsache getroffene Kosten- und Auslagenentscheidung der Höhe nach zu konkretisieren.

62 Wird vom LG oder vom OLG die Beschwerde des **nur teilweise freigesprochenen** Beschuldigten oder Betroffenen gegen den Kostenfestsetzungsbeschluss verworfen oder zurückgewiesen, durch den seine notwen-

---

39 BGH NJW 2003, 763 = StV 2003, 93; OLG Jena JurBüro 2006, 540.

digen Auslagen nach der Differenztheorie oder gem. § 464 d StPO gegen die Staatskasse festgesetzt worden sind, wird die Gebühr Nr. 1812 KV nebst etwaiger Auslagen (Teil 9 KV) gem. Abs. 2 S. 1 von der StA bzw bei Jugendlichen gem. Abs. 2 S. 2 vom AG angesetzt. Denn aufgrund des Teilfreispruchs ist eine gerichtliche Entscheidung durch die StA zu vollstrecken bzw eine Vollstreckung durch den Jugendrichter einzuleiten.

Wird der Angeklagte verurteilt und werden ihm die notwendigen Auslagen des **Nebenklägers** auferlegt, löst die Zurückweisung bzw Verwerfung von Beschwerden sowohl des Verurteilten als auch des Nebenklägers gegen den Kostenfestsetzungsbeschluss (§ 464 b StPO) die Gebühr Nr. 1812 KV aus. Für deren Ansatz ist gem. Abs. 2 S. 1 die StA zuständig, weil aufgrund Verurteilung des Angeklagten eine Strafe zu vollstrecken ist. 63

10. Vollstreckung europäischer Geldsanktionen, §§ 86 ff IRG. Für gerichtliche Verfahren nach Abschnitt 2 Unterabschnitt 2 des Neunten Teils des Gesetzes über die internationale Rechtshilfe in Strafsachen (IRG, Vollstreckungshilfeverfahren wegen einer im Ausland rechtskräftig verhängten Geldsanktion, §§ 87 ff IRG) gilt nach § 1 Abs. 1 S. 1 Nr. 18 das GKG. Die Gebühren ergeben sich aus Nr. 3910, 3911 KV. Bei diesen Verfahren handelt es sich weder um Strafsachen noch um Bußgeldverfahren nach dem OWiG. Das ergibt sich aus der Überschrift zu Teil 3 KV. Dort werden Verfahren nach dem Gesetz über die internationale Rechtshilfe in Strafsachen ausdrücklich genannt. Das wäre nicht erforderlich, wenn sie Strafsachen wären, die in der Überschrift an erster Stelle genannt sind. Auch im RVG sind die Gebühren in Verfahren nach dem IRG nicht in den für Straf- und Bußgeldsachen geltenden Teilen 4 und 5 VV, sondern in Teil 6 Abschnitt 1 VV (Nr. 6100 ff VV) geregelt (auch → Rn 38). Die Zuständigkeit richtet sich deshalb nach Abs. 1. Deshalb kann in diesen Verfahren die Zuständigkeit zur Vollstreckung (§ 87 n Abs. 1 IRG) und zum Kostenansatz auseinanderfallen. Denn wenn das AG nach Einspruch gem. § 87 h IRG oder auf Antrag der Bewilligungsbehörde (zB bei Jugendlichen) gem. § 87 i IRG eine Entscheidung trifft, erfolgt die Vollstreckung durch die Staatsanwaltschaft bei dem LG, in dessen Bezirk das zuständige AG seinen Sitz hat, als Vollstreckungsbehörde. Soweit in den Fällen des § 87 n Abs. 1 S. 2 IRG nach Umwandlung eine jugendstrafrechtliche Sanktion zu vollstrecken ist, erfolgt die Vollstreckung nach Maßgabe des § 82 JGG (Jugendrichter). Die Vollstreckung obliegt somit der StA oder dem Jugendrichter. Der Kostenansatz erfolgt gem. Abs. 1 für die Gebühr Nr. 3910 KV beim AG, für die Gebühr Nr. 3911 KV beim OLG. 64

IV. Fälle des § 25 a StVG (Abs. 3)

Kann in einem Bußgeldverfahren wegen eines **Halt- oder Parkverstoßes** der Führer des Kraftfahrzeugs, der den Verstoß begangen hat, nicht vor Eintritt der Verfolgungsverjährung ermittelt werden oder würde seine Ermittlung einen unangemessenen Aufwand erfordern, so werden dem Halter des Kraftfahrzeugs oder seinem Beauftragten gem. § 25 a Abs. 1 S. 1 StVG die Kosten des Verfahrens auferlegt; er hat dann auch seine Auslagen zu tragen. Die Kostenentscheidung kann sowohl von der **Verwaltungsbehörde** als auch der **Staatsanwaltschaft** getroffen werden. Für die Entscheidung durch die **Verwaltungsbehörde** erhebt diese eine Gebühr gem. § 107 Abs. 2 OWiG. Trifft die Entscheidung gem. § 25 a Abs. 1 StVG die **Staatsanwaltschaft**, entsteht eine Gebühr nach Nr. 4302 KV. Die Gebühr wird nach Abs. 3 bei der StA angesetzt. 65

Gegen die Kostenentscheidung der Verwaltungsbehörde und der Staatsanwaltschaft kann nach § 25 a Abs. 3 S. 1 StVG innerhalb von zwei Wochen nach Zustellung **gerichtliche Entscheidung** beantragt werden, die unanfechtbar ist (§ 25 a Abs. 3 S. 3 StVG). Die abschließende Entscheidung des Gerichts löst die Gebühr Nr. 4301 KV aus. Hat die Staatsanwaltschaft die Kostenentscheidung getroffen, werden die Kosten einschließlich derer, die durch einen Antrag auf gerichtliche Entscheidung entstanden sind, nach Abs. 3 einheitlich bei der StA angesetzt. Eine Zuständigkeit des Gerichts für den Kostenansatz nach Abs. 2 S. 3 besteht nicht. Denn Abs. 3 schließt ausdrücklich die Kosten ein, die durch einen Antrag auf gerichtliche Entscheidung entstanden sind (§ 25 a Abs. 3 StVG). 66

V. Dokumentenpauschale und Aktenversendungspauschale (Abs. 4)

Unabhängig von der Regelung in Abs. 1 werden die Dokumentenpauschale (Nr. 9000 KV) sowie die Aktenversendungspauschale (Nr. 9003 KV) bei der Stelle (Gericht, Staatsanwaltschaft) angesetzt, bei der sie entstanden sind. 67

VI. Berichtigung des Kostenansatzes (Abs. 5)

1. Berichtigung im Verwaltungsweg. Als Verwaltungsakt (→ Rn 3) kann der Kostenansatz im Verwaltungswege berichtigt werden, solange nicht eine gerichtliche Entscheidung ergangen ist (Abs. 5 S. 1). Das bedeutet zunächst, dass der **Kostenbeamte** bis zu einer gerichtlichen Entscheidung unrichtige Kostenansätze auch **von Amts wegen** berichtigen darf (vgl § 28 Abs. 2 S. 1 KostVfg). Er kann jedoch auch im **Dienstaufsichtswege** zu einer Berichtigung des Kostenansatzes angehalten werden (vgl § 28 Abs. 2 S. 1 KostVfg). **Weisungs-** 68

befugt sind gem. § 36 KostVfg die Vorstände der Justizbehörden (Direktor oder Präsident des Amtsgerichts, Präsident des Land- oder Oberlandesgerichts, Leiter der Staatsanwaltschaft) und die Kostenprüfungsbeamten (vgl § 35 KostVfg: der Bezirksrevisor und die weiter bestellten Prüfungsbeamten). Der Kostenbeamte hat der Weisung Folge zu leisten; er ist nicht berechtigt, deshalb die Entscheidung des Gerichts herbeizuführen (§ 36 S. 2 KostVfg). Zum Erinnerungsrecht der Staatskasse gem. § 66 Abs. 1 s. → § 66 Rn 33 f.

69   Der Kostenansatz muss **richtig und vollständig** sein (vgl § 41 Abs. 1 Nr. 1 KostVfg). Der Prüfungsbeamte hat gem. § 43 Abs. 1 KostVfg bei der Kostenansatzprüfung Unrichtigkeiten zum Nachteil der Staatskasse oder eines Kostenschuldners festzustellen. Hat der Kostenbeamte zu geringe Kosten erhoben, kann er bei Berichtigung von Amts wegen oder auch auf dienstliche Weisung höhere oder andere Kosten in Ansatz bringen (Nachteil des Kostenschuldners). Allerdings ist hierbei das Nachforderungsverbot des § 20 zu beachten. Hat er zu hohe oder unzutreffende Kosten erhoben, ermäßigt er von Amts wegen oder auf dienstliche Weisung die Kostenforderung (Vorteil des Kostenschuldners).[40] Bei der Rückerstattung ist ggf die in § 5 Abs. 2 geregelte Verjährung zu beachten. Ein Rückerstattungsbetrag wird gem. § 5 Abs. 4 nicht verzinst. Der Kostenschuldner ist vor der Berichtigung nicht anzuhören.

70   Wird der Kostenansatz im Verwaltungsweg abgeändert, ist dagegen ein Rechtsmittel nach § 30 a EGGVG nicht gegeben. Denn das Rechtsmittelverfahren richtet sich vorrangig nach § 66, so dass das Rechtsschutzinteresse für ein Verfahren nicht § 30 a EGGVG nicht vorliegt.[41]

71   **2. Berichtigung durch das Gericht.** Das Gericht ist nicht von sich aus berechtigt, den Kostenansatz zu ändern oder dem Kostenbeamten insoweit Weisungen zu erteilen.[42] Eine gerichtliche Entscheidung über den Kostenansatz kann nur im Erinnerungs- und Beschwerdeverfahren gegen den Kostenansatz nach § 66 ergehen.

72   Der Kostenbeamte hat gem. § 28 Abs. 2 S. 1 KostVfg auch auf die Erinnerung gem. § 66 unrichtige Kostenansätze richtig zu stellen. Will er einer Erinnerung des Kostenschuldners aber nicht oder nicht in vollem Umfang abhelfen oder richtet sich die Erinnerung gegen Kosten, die aufgrund einer Beanstandung des Prüfungsbeamten (§ 43 KostVfg) angesetzt sind, so hat er sie gem. § 28 Abs. 2 S. 2 KostVfg mit den Akten dem Prüfungsbeamten vorzulegen. Gemäß § 38 Abs. 2 S. 2 KostVfg prüft dieser, ob der Kostenansatz im Verwaltungsweg (§ 36 KostVfg) zu ändern ist oder ob Anlass besteht, für die Staatskasse ebenfalls Erinnerung einzulegen (zu den Voraussetzungen hierfür s. § 38 Abs. 1 KostVfg). Soweit der Erinnerung nicht abgeholfen wird, veranlasst er, dass die Akten unverzüglich dem Gericht vorgelegt werden (§ 38 Abs. 2 S. 3 KostVfg).

73   Hat das Gericht nach Vorlage durch den Prüfungsbeamten gem. § 66 über die Erinnerung entschieden, ist nur noch diese Entscheidung – soweit sie reicht – für den Kostenansatz maßgebend. Eine Abänderung im Verwaltungswege durch die Vorstände der Justizbehörden und die Kostenprüfungsbeamten ist dann nicht mehr zulässig (→ Rn 68 ff).

74   Es bestehen jedoch folgende **Ausnahmen:**

■   Ist Gegenstand der gerichtlichen Entscheidung nur ein bestimmter Gebühren- oder Auslagentatbestand, bleibt für von der Entscheidung nicht erfasste Tatbestände die Abänderungsbefugnis im Verwaltungswege erhalten.[43]

■   Die Entscheidung ist natürlich auch dann nicht (mehr) maßgebend, wenn sie auf eine Beschwerde (§ 66 Abs. 2) vom Beschwerdegericht aufgehoben oder abgeändert wird (zu Einzelheiten s. die Erl. zu § 66). Auch bei Änderungen von nach dem JVEG zu zahlenden Beträgen (vgl Nr. 9005 KV) im gerichtlichen Festsetzungsverfahren gem. § 4 JVEG ist der Kostenansatz vom Kostenbeamten abzuändern. Das Gleiche gilt, wenn die Vergütung des einer Partei im Wege der PKH beigeordneten Rechtsanwalts im Erinnerungs- oder Beschwerdeverfahren gem. § 56 RVG geändert wird.[44]

■   Schließlich kann gem. **Abs. 5 S. 2** trotz gerichtlicher Entscheidung der Kostenansatz auch geändert werden, wenn nach der gerichtlichen Entscheidung über den Kostenansatz eine Entscheidung ergeht, durch die der Streitwert anders (= höher oder niedriger) festgesetzt wird. Da das Gericht seine Entscheidung über den Kostenansatz nicht von Amts wegen ändern kann, lässt Abs. 5 S. 2 für diesen Fall die Änderung im Verwaltungswege zu. Der Kostenbeamte muss iÜ gem. § 38 Abs. 2 S. 1 KostVfg alle beschwerdefähigen gerichtlichen Entscheidungen einschließlich der Wertfestsetzungen, durch die der Kostenansatz zuungunsten der Staatskasse geändert wird, dem zur Vertretung der Staatskasse zuständigen Beamten (idR der Bezirksrevisor) mitteilen.

---

40 *Meyer*, GKG § 19 Rn 19.   **41** *Meyer*, GKG § 19 Rn 16.   **42** *Oestreich/Hellstab/Trenkle*, FamGKG § 18 Rn 34.   **43** *Meyer*, GKG § 19 Rn 16.   **44** *Meyer*, GKG § 19 Rn 16.

§ 20 Nachforderung

(1) [1]Wegen eines unrichtigen Ansatzes dürfen Kosten nur nachgefordert werden, wenn der berichtigte Ansatz dem Zahlungspflichtigen vor Ablauf des nächsten Kalenderjahres nach Absendung der den Rechtszug abschließenden Kostenrechnung (Schlusskostenrechnung), in Zwangsverwaltungsverfahren der Jahresrechnung, mitgeteilt worden ist. [2]Dies gilt nicht, wenn die Nachforderung auf vorsätzlich oder grob fahrlässig falschen Angaben des Kostenschuldners beruht oder wenn der ursprüngliche Kostenansatz unter einem bestimmten Vorbehalt erfolgt ist.

(2) Ist innerhalb der Frist des Absatzes 1 ein Rechtsbehelf in der Hauptsache oder wegen der Kosten eingelegt, ist die Nachforderung bis zum Ablauf des nächsten Kalenderjahres nach Beendigung dieser Verfahren möglich.

(3) Ist der Wert gerichtlich festgesetzt worden, genügt es, wenn der berichtigte Ansatz dem Zahlungspflichtigen drei Monate nach der letzten Wertfestsetzung mitgeteilt worden ist.

I. Allgemeines

1. Regelungsgehalt. § 20 regelt die Voraussetzungen, unter denen die Staatskasse bei zunächst unrichtigem   1
Kostenansatz Gerichtskosten nachfordern kann.

Die Regelung soll den Kostenschuldner unabhängig von der Verjährung gegen eine verspätete Nachforde-   2
rung von Gerichtskosten durch die Staatskasse schützen.[1] Nach Ablauf der Nachforderungsfrist soll die
Kostenabrechnung der Staatskasse zu Lasten des Kostenschuldners endgültig beendet sein.[2] Hat der Kostenschuldner eine Rechnung erhalten, kann er nach Ablauf der Nachforderungsfrist von deren Richtigkeit
ausgehen (Vertrauensschutz). Andererseits wird für den Kostenschuldner durch § 20 aber auch klargestellt,
bis zu welchem Zeitpunkt Gerichtskosten-Nachforderungen möglich sind.

2. Anwendungsbereich. a) Nachforderung. Aus den in § 20 verwendeten Begriffen „unrichtiger Ansatz"   3
und „Nachforderung" folgt, dass bereits ein Kostenansatz vorausgegangen sein muss und mit der neuen
Kostenrechnung höhere als die bislang berechneten oder neue (nachgeschobene) Kosten gefordert werden.
Ist noch kein Kostenansatz erfolgt, liegt keine Nachforderung, sondern eine **erstmalige Anforderung** vor.
Dem Kostenanspruch der Staatskasse wird insoweit nur durch die Verjährung eine Grenze gesetzt. Die Verjährungseinrede muss aber vom Kostenschuldner erhoben werden (s. die Erl. zu § 5), während das in § 20
geregelte Nachforderungsverbot vom Kostenbeamten und von den Aufsichtführenden über den Kostenansatz (§ 34 KostVfg; → § 19 Rn 68 ff) **von Amts wegen** zu beachten ist.

Keine Nachforderung liegt vor, wenn anstelle nicht berechtigter oder fallen gelassener Positionen des Kos-   4
tenansatzes andere geltend gemacht werden, sich hierdurch der Gesamtbetrag der Rechnung aber nicht ändert.[3] Eine Nachforderung liegt auch nicht vor, wenn der Kostenansatz im Erinnerungsverfahren gem. § 66
ermäßigt und im anschließenden Beschwerdeverfahren wieder erhöht worden ist.[4] Auch die erneute Anforderung/Sollstellung eines von der Gerichtskasse zunächst niedergeschlagenen Kostenbetrags stellt keine
Nachforderung nach einem unrichtigen Kostenansatz dar; bei der **Niederschlagung** handelt es sich lediglich
um eine kasseninterne Maßnahme.[5] Zum Nachforderungsverbot s. iÜ → Rn 7 ff.

b) Kostenansatz im Verwaltungsweg. Der Kostenbeamte darf bis zu einer gerichtlichen Entscheidung un-   5
richtige Kostenansätze auch von Amts wegen berichtigen (vgl § 28 Abs. 2 KostVfg; → § 19 Rn 68 ff). § 20
bezieht sich nur auf den vom Kostenbeamten im Verwaltungswege vorgenommenen Kostenansatz (→ § 19
Rn 3 ff) und schränkt dessen Befugnis zur nachträglichen Berichtigung des Kostenansatzes ein. Ist über den
Kostenansatz bereits im Erinnerungs- oder Beschwerdeverfahren gem. § 66 entschieden worden, kann eine
Nachforderung nur in den Grenzen dieser gerichtlichen Entscheidung erfolgen; § 20 gilt hier nicht (auch →
Rn 20 ff). Nach der gerichtlichen Entscheidung über den Kostenansatz ist dessen Berichtigung im Verwaltungsweg gem. § 19 Abs. 5 S. 1 im Übrigen ausgeschlossen (→ § 19 Rn 68 ff).

c) Beigeordneter Rechtsanwalt bei Prozesskostenhilfe/gerichtlich bestellter Rechtsanwalt. Die Erinnerung   6
der Staatskasse oder des gerichtlich bestellten oder beigeordneten Rechtsanwalts (§§ 45 ff RVG) gegen die

---

1 OLG Zweibrücken 29.1.2014 – 7 W 1/14, juris; OLG Koblenz FamRZ 2000, 762 = JurBüro 1999, 642. **2** OLG Düsseldorf
JurBüro 1990, 1284 = Rpfleger 1990, 480. **3** *Meyer*, GKG § 20 Rn 4; aA OLG Düsseldorf JurBüro 1990, 1284. **4** *Meyer*, GKG
§ 20 Rn 4; vgl aber VG Bayreuth 11.5.2005 – B 1 S 03.845, juris. **5** KG Rpfleger 1962, 117; *Meyer*, GKG § 20 Rn 4.

Festsetzung der PKH-Vergütung ist gem. § 56 Abs. 2 S. 1 RVG unbefristet.[6] Von der wohl hM wird aber angenommen, dass das Erinnerungsrecht der Staatskasse in entsprechender Anwendung von § 20 nach Ablauf des auf die abschließende Festsetzung folgenden Kalenderjahres verwirken könne.[7] Diese Analogie zu § 20 widerspricht allerdings der ausdrücklichen gesetzgeberischen Wertung, Erinnerungen gegen Vergütungsfestsetzungen gerade keiner Frist zu unterwerfen, und ist daher abzulehnen.[8] Das Erinnerungsrecht der Staatskasse verwirkt daher grds. nicht mit Ablauf des auf die Festsetzung folgenden Kalenderjahres; § 20 ist nicht entsprechend anwendbar.[9] Denn neben das **Zeitmoment** muss noch das sog. **Umstandsmoment** treten. Der Verpflichtete muss sich aufgrund des Verhaltens der Staatskasse nach der erfolgten Vergütungsfestsetzung darauf eingerichtet haben, dass diese ihr Recht nicht mehr geltend macht und wegen des geschaffenen Vertrauenstatbestands die verspätete Geltendmachung des Rechts als eine mit Treu und Glauben unvereinbare Härte erscheint. Auf ein Verhalten der Staatskasse im Vorfeld der angefochtenen Vergütungsfestsetzung kommt es dabei nicht an (zur Verwirkung des Erinnerungsrechts vgl aber → § 66 Rn 49).[10]

6a   **d) Keine analoge Anwendung in Verfahren gem. § 66.** Die Erinnerung gegen den Kostenansatz und die Beschwerde gegen die Erinnerungsentscheidung (s. § 66) unterliegen keiner Frist (→ § 66 Rn 20). § 20 ist auf diese Rechtsbehelfe nicht analog anwendbar.[11] Das Erinnerungsrecht des **Kostenschuldners** gegen den Kostenansatz kann aber **verwirkt** sein, wenn dieser es längere Zeit nicht geltend gemacht hat (**Zeitmoment**) und die Staatskasse sich darauf eingerichtet hat und sich nach dem gesamten Verhalten des Berechtigten auch darauf einrichten durfte (**Umstandsmoment**).[12]

Für die **Staatskasse** kann die Erinnerung aber im Ergebnis dann als ausgeschlossen anzusehen sein, wenn die sich bei einer erfolgreichen Erinnerung ergebenden höheren Kosten wegen Eintritts des Nachforderungsverbots gem. § 20 nicht mehr geltend gemacht werden können (vgl aber Abs. 1 S. 2).

II. Nachforderungsverbot (Abs. 1)

7   **1. Voraussetzungen.** Der Eintritt des in § 20 geregelten Nachforderungsverbots setzt voraus, dass

- sich der vorgenommene Kostenansatz nachträglich als unrichtig herausstellt (→ Rn 8 f),
- über den unrichtigen Kostenansatz bereits eine abschließende Kostenrechnung (Schlusskostenrechnung) erstellt worden ist (→ Rn 10 f),
- der unrichtige Ansatz nicht unter einem bestimmten Vorbehalt erfolgt ist (→ Rn 12) oder
- die Nachforderung nicht auf vorsätzlich oder grob fahrlässigen Angaben des Kostenschuldners beruht (→ Rn 14),
- der berichtigte Ansatz dem Zahlungspflichtigen verspätet mitgeteilt wird, die Nachforderungsfrist also abgelaufen ist (→ Rn 14 f, 20 ff und 26 ff), und
- derselbe Kostenschuldner betroffen ist (→ Rn 28 ff).

8   **2. Unrichtiger Kostenansatz.** Ein unrichtiger Ansatz liegt vor, wenn sich der Kostenansatz nachträglich als unrichtig herausstellt. Es kommt nicht darauf an, ob der Kostenansatz (→ § 19 Rn 3 ff) auf einem Irrtum oder Versehen des Kostenbeamten beruht. Maßgebend ist allein die **materielle Unrichtigkeit** des vorgenommenen Ansatzes.[13]

---

6 BGH NJW-RR 2012, 959 = RVGreport 2012, 302; OLG Düsseldorf 4.2.2016 – I-10 W 5-14/16, I-10 W 17-28/16, I-10 W 5/16, I-10 W 17/16, I-10 W 14/16, I-10 W 28/16, 10 W 5-14/16, 10 W 17-28/16, juris; OLG Naumburg Rpfleger 2012, 155 = RVGreport 2012, 102; LSG Nordrhein-Westfalen NZS 2011, 720; OLG Brandenburg JurBüro 2010, 307; OLG Brandenburg AGS 2011, 280 = RVGreport 2010, 218; OLG Düsseldorf StRR 2010, 276; OLG Hamm MDR 2009, 294 = JurBüro 2009, 98; OLG Schleswig SchlHA 2008, 462 = OLGR Schleswig 2008, 718; KG 8.5.2008 – 1 Ws 134/08, JurionRS 2008, 38783; LAG München JurBüro 2010, 26; OLG Düsseldorf RVGreport 2008, 216; OLG Frankfurt RVGreport 2007, 100; OLG Jena Rpfleger 2006, 434 = JurBüro 2006, 366; LG Itzehoe SchlHA 2008, 468; aA OLG Koblenz RVGreport 2006, 60 = NStZ-RR 2005, 391. **7** So zB BayLSG AGS 2012, 584; OLG Düsseldorf 11.1.2012 – III-1 Ws 362/12, RVGreport 2012, 204; KG 26.9.2011 – 1 Ws 52/10, JurionRS 2011, 36594; OLG Rostock JurBüro 2012, 197; OLG Brandenburg AGS 2011, 280 = RVGreport 2010, 218; OLG Brandenburg JurBüro 2010, 307; KG 8.5.2008 – 1 Ws 134/08, JurionRS 2008, 38783; OLG Schleswig OLGR Schleswig 2008, 718 = FamRZ 2009, 451; OLG Jena Rpfleger 2006, 434; LSG Nordrhein-Westfalen NZS 2011, 720; bei Festsetzung RVGreport 2011, 381; LAG Hessen 7.9.2010 – 13 Ta 263/10, juris; OLG Saarbrücken OLGR 2000, 199; OLG Düsseldorf JurBüro 1996, 144 = NJW-RR 1996, 441; OLG Celle JurBüro 1983, 99; OLG Frankfurt JurBüro 1982, 1698. **8** OLG Düsseldorf 4.2.2016 – I-10 W 5-14/16, I-10 W 17-28/16, I-10 W 5/16, I-10 W 17/16, I-10 W 14/16, I-10 W 28/16, 10 W 5-14/16, 10 W 17-28/16, juris; OLG Köln NJW-RR 2011, 1294; OLG Düsseldorf RVGreport 2008, 216 = Rpfleger 2008, 206; LAG München 8.1.2010 – 10 Ta 349/08, juris; AG Halle/Saale Rpfleger 2012, 266 = FamRZ 2012, 1579. **9** OLG Düsseldorf 4.2.2016 – I-10 W 5-14/16, I-10 W 17-28/16, I-10 W 5/16, I-10 W 17/16, I-10 W 14/16, I-10 W 28/16, 10 W 5-14/16, 10 W 17-28/16, juris; OLG Düsseldorf RVGreport 2008, 216 = Rpfleger 2008, 206; KG RVGreport 2004, 314; OLG Zweibrücken RVGreport 2006, 423; vgl auch BVerfG RVGreport 2006, 199 (zur Verwirkung des Rechts zur Stellung eines nachträglichen Beratungshilfeantrags). **10** OLG Düsseldorf RVGreport 2008, 216 = Rpfleger 2008, 206. **11** OLG Zweibrücken 29.1.2014 – 7 W 1/14, juris. **12** OLG Oldenburg NStZ 2006, 406; LG Aurich AGS 2013, 196; OLG München NJW-RR 2013, 1083 (noch zu § 14 KostO). **13** BT-Drucks 16/3038, S. 50; *Oestreich/Hellstab/Trenkle*, GKG § 20 Rn 1.

Ein **unrichtiger Kostenansatz** iSv § 20 liegt daher vor, wenn

- beim Kostenansatz bereits entstandene und fällige Kosten versehentlich nicht erhoben bzw vergessen worden sind;[14]
- bei der Aufstellung des Kostenansatzes entstandene und fällige Kosten unberücksichtigt geblieben sind, weil sie noch nicht bezifferbar oder aktenkundig waren;[15] der Kostenbeamte muss sich dann um die Bezifferung bemühen oder eine Vorbehalt iSv Abs. 1 S. 2 aussprechen;
- der Kostenansatz durch eine nachträglich andere Wertfestsetzung unrichtig geworden ist (s. hierzu auch Abs. 3; → Rn 26 f);[16]
- die Nachforderung darauf beruht, dass dem Kostenbeamten bei der Aufstellung der Kostenrechnung nicht bekannt war, dass sich die Rechtsprechung zu einer bestimmten kostenrechtlichen Frage geändert hat; ändert sich die Rechtsprechung aber erst nach Aufstellung einer Kostenrechnung, ist keine Berichtigung und keine Nachforderung möglich;
- eine zweifelhafte kostenrechtliche Rechtslage durch eine spätere gerichtliche Entscheidung oder eine Veröffentlichung geklärt wird.

Kein unrichtiger Ansatz iSv § 20 liegt vor, wenn 9

- die Kostenrechnung lediglich einen Rechen- bzw Additionsfehler enthält, also zB ein Einzelposten zwar in die Kostenrechnung eingestellt, der Betrag aber bei der Addition vergessen worden ist.[17] Für den Kostenschuldner erkennbare offenbare Unrichtigkeiten werden von § 20 nicht erfasst, zumal es sich beim Kostenansatz um einen Verwaltungsakt (→ § 19 Rn 3) handelt, in dem gem. § 42 VwVfG Schreibfehler, Rechenfehler und ähnliche offenbare Unrichtigkeiten jederzeit berichtigt werden können (vgl auch § 319 ZPO);
- nach der Aufstellung des Kostenansatzes neue, höhere oder weitere Kosten angefallen und fällig geworden sind, zB durch eine Heraufsetzung einer JVEG-Vergütung (Nr. 9005 KV) im Festsetzungsverfahren gem. § 4 JVEG.[18] Denn dann war der ursprüngliche Kostenansatz richtig. Der Kostenschuldner wird hier nur durch die Verjährungsfrist (§ 5) geschützt (→ Rn 3);
- der Kostenbeamte gem. § 10 KostVfg zunächst vollständig vom Kostenansatz gegen den Schuldner abgesehen hat.

3. Schlusskostenrechnung. Der unrichtige Ansatz muss auf einer den Rechtszug abschließenden Kosten- 10 rechnung beruhen, die **Schlusskostenrechnung (gesetzliche Definition)**[19] genannt werden kann, aber nicht muss (zur Teil-Kostenrechnung → Rn 13).[20] Es kommt darauf an, ob der unrichtige Kostenansatz vom Kostenschuldner als endgültiger Kostenansatz für den Rechtszug angesehen werden durfte.[21] Das ist grds. dann nicht der Fall, wenn die dem Kostenschuldner übersandte Kostenrechnung unter einem bestimmten **Vorbehalt** (Abs. 1 S. 2; → Rn 11 f) erteilt oder als **vorläufige** oder **Vorschuss-Kostenrechnung** bezeichnet worden ist.[22] Unklar ist aber, wie die Fälle einzuordnen sind, in denen eine Schlusskostenrechnung nicht (mehr) erteilt, die vorläufige oder Vorschuss-Kostenrechnung daher zur abschließenden Kostenrechnung wird. So ist nach § 26 Abs. 9 KostVfg im Falle der Einforderung von Kosten ohne Sollstellung (zB § 12) dem Kostenschuldner eine Schlusskostenrechnung nur dann zu übersenden, wenn sich die endgültig festgestellte Kostenschuld nicht mit dem vorausgezahlten Betrag deckt.

Beispiel (Zu § 26 Abs. 9 KostVfg): Die Zustellung der Klage wird gem. § 12 Abs. 1 S. 1 von der Zahlung der 3,0- 11 Verfahrensgebühr Nr. 1210 KV abhängig gemacht. Auf die Kostenrechnung vom 30.11.2015 erfolgt Zahlung. Die Zeugen erhalten eine Entschädigung iHv 200 €. Vorschüsse sind hierfür nicht erhoben worden. Der Kostenbeamte vermerkt am 10.4.2016 nach Beendigung des Verfahrens in der Akte, dass die Kosten gedeckt sind.

Lösung: Der Kostenbeamte hat irrtümlich die Voraussetzungen des § 26 Abs. 9 KostVfg bejaht und keine Schlusskostenrechnung erstellt. Ist die Kostenrechnung vom 30.11.2015 Schlusskostenrechnung, können die Zeugenauslagen nach dem 31.12.2016 nicht mehr gefordert werden. Ist aber der Vermerk des Kostenbeamten vom 10.4.2016 maßgebend, tritt das Nachforderungsverbot erst am 31.12.2017 ein. Zwar ist der Vermerk dem Kostenschuldner nicht zugesandt worden. Andererseits stand erst mit dem Vermerk fest, dass die Kostenrechnung vom 30.11.2015 Schlusskostenrechnung ist. Im Ergebnis ist für die Berechnung der Nachforderungsfrist auf den Zeitpunkt des Vermerks abzustellen, weil der Kostenbeamte hier die Schlusskostenrechnung hätte erstellen können. Das gilt immer dann, wenn der vorläufigen keine weitere Kostenrechnung mehr nachfolgt. Es kommt dabei

---

14 OLG Koblenz MDR 1997, 982. 15 BGH KostRsp. GKG aF § 6 Nr. 2; OLG Koblenz MDR 1997, 982. 16 OLG Karlsruhe JurBüro 1998, 364; OVG Nordrhein-Westfalen 28.10.1993 – 25 E 652/93, juris; LG Nürnberg-Fürth JurBüro 1993, 608. 17 OLG Celle Rpfleger 1966, 279; LG Köln KostRsp. KostO aF § 15 Nr. 3. 18 OLG Celle JurBüro 1964, 269; *Meyer*, GKG § 20 Rn 7; aA *Oestreich/Hellstab/Trenkle*, GKG § 20 Rn 6. 19 BT-Drucks 16/3038, S. 50. 20 Binz/Dörndorfer/*Zimmermann*, § 20 GKG Rn 4. 21 OLG Koblenz FamRZ 2000, 762 = OLG Koblenz JurBüro 1999, 642. 22 OLG Zweibrücken FGPrax 1998, 241 = NJW-RR 1999, 1015; OLG Frankfurt Rpfleger 1977, 380.

nicht darauf an, ob die Kostenrechnung, mit der die Abhängigmachung erfolgt, den Hinweis enthält, dass sie als endgültige Kostenrechnung anzusehen ist.[23]

12 **4. Nachforderungsvorbehalt (Abs. 1 S. 2). a) Bestimmter Vorbehalt.** Der Eintritt des Nachforderungsverbots ist nach Abs. 1 S. 2 Alt. 2 ausgeschlossen, wenn der ursprüngliche und unrichtige Kostenansatz unter einem **bestimmten Vorbehalt** erfolgt ist. Jedenfalls die in der für den Kostenbeamten bindenden KostVfg in §§ 15 Abs. 4, 24 Abs. 2 S. 2 und Abs. 5 KostVfg vorgesehenen Nachforderungsvorbehalte sind als bestimmte Vorbehalte iSv Abs. 1 S. 2 anzusehen. Im Vorbehalt sollte grds. angegeben werden, hinsichtlich welcher Kosten noch mit einer Nachforderung zu rechnen ist.[24]

Umstritten ist, ob ein bestimmter Vorbehalt iSv Abs. 1 S. 2 Alt. 2 auch vorliegt, wenn er nur vorsorglich aufgenommen worden ist oder er aus einer Wendung wie „**anteilige Kosten**", „**Einziehung weiterer Kosten bleibt vorbehalten**" oder „**Es besteht Haftung für weitere Beträge**" besteht.[25] Ein Vorbehalt in dieser Form wird nur dann ausreichend sein, wenn feststeht, dass er nicht wahllos und ohne konkreten Anlass routinemäßig in jede Schlusskostenrechnung aufgenommen wird.[26]

13 **b) Teil-Kostenrechnung.** Das in § 20 geregelte Nachforderungsverbot tritt nicht nur dann ein, wenn bei einer früheren Kostenrechnung ein Versehen unterlaufen ist, sondern auch dann, wenn der Kostenansatz deshalb unrichtig ist, weil Einzelposten bewusst weggelassen worden sind. Allerdings soll die eindeutige Bezeichnung einer Kostenrechnung als „Teil-Kostenrechnung" den Eintritt des Nachforderungsverbots verhindern können. Auch eine ausdrücklich als Teil-Kostenrechnung überschriebene Kostenrechnung kann deshalb ausreichen.[27]

Allerdings bestimmt § 24 Abs. 5 KostVfg für den Kostenbeamten, dass ein eindeutiger Vorbehalt über die Möglichkeit einer Inanspruchnahme für die weiteren, nach Art oder voraussichtlicher Höhe zu bezeichnenden Kosten in die Urschrift der Kostenrechnung aufzunehmen ist, wenn sich aus den Akten Anhaltspunkte dafür ergeben, dass noch weitere Kosten geltend gemacht werden können, die vom Kostenschuldner als Auslagen zu erheben sind (zB Vergütungen von Pflichtverteidigern, Verfahrensbeiständen oder Sachverständigen).

III. Nachforderungsfrist (Abs. 1 S. 1)

14 **1. Absendung der Schlusskostenrechnung.** Die Nachforderung von Kosten wegen unrichtigen Ansatzes ist nach Abs. 1 S. 1 grds. nur bis zum Ablauf des nächsten Kalenderjahres möglich, das der Absendung der den Rechtszug abschließenden Schlusskostenrechnung (→ Rn 10 f) folgt. Es kommt nur auf die **Absendung**, nicht aber auf den Zugang der Schlusskostenrechnung bei dem Schuldner an. Bei der Nachforderungsfrist handelt es sich um eine **Ausschlussfrist**,[28] die sich aber unter den in Abs. 2 und 3 genannten Voraussetzungen verlängert. Die Nachforderungsfrist gilt nach Abs. 1 S. 2 nicht, wenn der unrichtige Ansatz auf vorsätzlich oder grob fahrlässig falschen Angaben des Kostenschuldners beruht (zB aufgrund unzutreffender Angabe des Streitwerts)[29] oder wenn die Rechnung einen bestimmten Vorbehalt enthält (→ Rn 12). Hier genießt der Kostenschuldner keinen besonderen Vertrauensschutz und kann ohne zeitliche Einschränkung zu Nachzahlungen herangezogen werden.

15 Die Frist **beginnt** mit dem Zeitpunkt, in dem die Schlusskostenrechnung das Gericht im Wege der Absendung an den Zahlungspflichtigen verlassen hat. Sie **endet** mit Ablauf des nächsten Kalenderjahres nach diesem Zeitpunkt. Es kommt nur auf den Zeitpunkt der Absendung der Schlusskostenrechnung an. Deshalb können zB in **Strafsachen** Auslagen des Ermittlungsverfahrens während der laufenden Strafvollstreckung nicht mehr nachgefordert werden, wenn die Schlusskostenrechnung bereits abgesandt und die Nachforderungsfrist abgelaufen ist. Auf den Zeitpunkt der Rechtskraft der Entscheidung oder der sonstigen Erledigung des Verfahrens kommt es nicht an.[30]

16 **Beispiel (Absendung der Schlusskostenrechnung):** Die Schlusskostenrechnung wird dem Kostenschuldner am 30.12.2015 übersandt.
Lösung: Die Nachforderung wegen unrichtigen Ansatzes muss dem Kostenschuldner spätestens am 31.12.2016 zugehen.

17 **Beispiel (Absendung der Schlusskostenrechnung an Erstschuldner):** Die Schlusskostenrechnung wird dem Kostenschuldner A am 30.12.2015 mitgeteilt. Am 10.3.2017 wird der Kostenschuldner B als Zweitschuldner gem. § 31 Abs. 2 in Anspruch genommen.

23 Vgl OLG Hamm Rpfleger 1987, 38. **24** OLG Hamm 6.12.1984 – 2 Ws 435/83, juris. **25** Vgl hierzu *Oestreich/Hellstab/Trenkle*, GKG § 20 Rn 5; *Meyer*, GKG § 20 Rn 4. **26** Vgl hierzu OLG Düsseldorf JurBüro 1979, 872; OLG Celle NdsRpfl 1975, 68. **27** OLG Hamm 11.12.1990 – 1 Ws 392/90, juris; OLG Hamm 6.12.1984 – 2 Ws 435/83, juris. **28** BayObLG JurBüro 1981, 594. **29** Vgl hierzu OLG Düsseldorf Rpfleger 1982, 398 = JurBüro 1982, 1394. **30** Klarstellung durch die Neufassung des § 20 durch das 2. JuMoG v. 22.12.2006 (BGBl. I 3416, 3423 bzw 3427) mWv 31.12.2006.

Lösung: § 20 ist nicht anwendbar, weil B erstmals als Kostenschuldner in Anspruch genommen wird (→ Rn 14). Ist der Kostenansatz für B unrichtig, muss ihm die Nachforderung spätestens am 31.12.2018 zugehen.

2. Besonderheit bei Zwangsverwaltung. Bei der Zwangsverwaltung fällt für jedes Kalenderjahr der Durch- 18 führung des Verfahrens die Jahresgebühr nach Nr. 2221 KV an. Da bei der Zwangsverwaltung somit keine den Rechtszug abschließende Kostenrechnung erteilt wird, sondern während der Dauer der Zwangsverwaltung jährlich wiederkehrende Gebühren erhoben werden, stellt § 20 insoweit für den Lauf der Nachforderungsfrist auf die Absendung der Jahresrechnung ab.

Beispiel (Nachforderung und Jahresrechnung): In der Zwangsverwaltungssache wird die Rechnung mit der Jah- 19 resgebühr für das Jahr 2015 am 20.2.2016 abgesandt.

Lösung: In dieser Rechnung versehentlich nicht berücksichtigte Auslagen können bis 31.12.2017 nacherhoben werden.

IV. Nachforderungsfrist bei Rechtsbehelf (Abs. 2)

Abs. 2 enthält eine Sonderregelung für den Fall, dass innerhalb der in Abs. 1 S. 1 geregelten Nachforde- 20 rungsfrist von der Staatskasse, dem Kostenschuldner oder einem anderen Beteiligten ein **Rechtsbehelf** in der Hauptsache bzw wegen des Hauptsachegegenstands (→ Rn 32) oder wegen der Kosten eingelegt worden ist. In diesen Fällen ist eine Nachforderung bis zum Ablauf des nächsten Kalenderjahres möglich, das der Beendigung des Rechtsbehelfsverfahrens folgt. **Fristbeginn** ist hier nicht der Zeitpunkt der Absendung der Schlusskostenrechnung oder Mitteilung der Jahresrechnung (Abs. 1 S. 1; → Rn 14 ff), sondern der Zeitpunkt der Beendigung des Rechtsbehelfsverfahrens. **Fristende** ist der Ablauf des nächsten Kalenderjahres nach Beendigung dieses Verfahrens. Die rechtzeitige Einlegung eines Rechtsbehelfs **verlängert** somit die Nachforderungsfrist des Abs. 1 S. 1.

Abs. 2 erfasst alle Rechtsbehelfe, die sich auf den Kostenansatz auswirken. Hierzu können zB Rechtsbehelfe 21 gegen Kostenentscheidungen und Wertfestsetzungen gehören. Durch die Verwendung der Formulierung „Rechtsbehelf" statt „Rechtsmittel" ist gesetzlich klargestellt, dass die Regelung insb. auch bei der Kostenerinnerung nach § 66 greift.[31] Werden daher im Erinnerungsverfahren gegen den Kostenansatz Positionen abgesetzt oder ermäßigt, können zunächst vergessene Positionen innerhalb der Frist des Abs. 2 nachgefordert werden.

Beispiel (Erinnerung gegen den Kostenansatz): Die Schlusskostenrechnung in dem rechtskräftig abgeschlossenen 22 Verfahren wird dem Kostenschuldner am 30.12.2015 mitgeteilt. Der Kostenschuldner legt am 10.3.2016 Erinnerung gegen den Kostenansatz ein, über die am 30.6.2016 entschieden wird.

Lösung: Die Nachforderung wegen unrichtigen Ansatzes muss dem Kostenschuldner gem. Abs. 2 spätestens am 31.12.2017 zugehen. Ohne Kostenerinnerung wäre die Nachforderung lediglich bis zum 31.12.2016 möglich.

V. Nachforderungsfrist bei Wertfestsetzung (Abs. 3)

Ändert das erstinstanzliche Gericht oder das Rechtsmittelgericht von Amts wegen (§ 63 Abs. 3 S. 2) oder im 23 Beschwerdeverfahren (§ 68) den Streitwert ab, der der dem Zahlungspflichtigen übersandten Schlusskostenrechnung zugrunde gelegt worden ist, tritt nach Abs. 3 das Nachforderungsverbot nicht ein, wenn dem Kostenschuldner eine neue, die höhere Wertfestsetzung berücksichtigende und deshalb mit einem höheren Gesamtbetrag abschließende Kostenrechnung innerhalb von drei Monaten nach der letzten Wertfestsetzung mitgeteilt wird. Abs. 3 gilt nur für Nachforderungen aufgrund einer Wertänderung, nicht aufgrund einer ersten Wertfestsetzung (s. dazu Abs. 2).

Durch die Regelung in Abs. 3 kann nur eine **Verlängerung** der in Abs. 1 S. 1 geregelten Frist zur Nachforde- 24 rung eintreten. Abs. 3 tritt daher nicht an die Stelle der Frist in Abs. 1 S. 1, sondern erweitert sie.[32] Das ergibt sich aus der in Abs. 3 verwendeten Formulierung „so genügt es", die eine Abschwächung des Schutzes des Zahlungspflichtigen enthält.[33] Die Frist des Abs. 3 beginnt erst mit dem Zeitpunkt zu laufen, zu welchem die Wertänderungsentscheidung den an der Wertfestsetzungen Beteiligten (Zahlungspflichtiger und Landeskasse, idR vertreten durch den Bezirksrevisor) zumindest formlos mitgeteilt worden ist.[34] Im Beschwerdeverfahren (§ 68) kommt es auf die Zustellung an.[35]

---

31 Vgl insoweit zu § 19 FamGKG BT-Drucks 16/6308, S. 303; vgl hierzu auch OLG Düsseldorf Rpfleger 1978, 69; OLG München Rpfleger 1969, 315. **32** OVG Nordrhein-Westfalen 28.10.1993 – 25 E 652/93, juris; *Meyer*, GKG § 20 Rn 11; aA OLG Düsseldorf NJW-RR 2000, 1382 = MDR 2000, 789; Binz/Dörndorfer/*Zimmermann*, § 20 GKG Rn 10. **33** OVG Nordrhein-Westfalen 28.10.1993 – 25 E 652/93, juris. **34** *Meyer*, GKG § 20 Rn 12; für Zustellung an Landeskasse: OLG Düsseldorf NJW-RR 2000, 1382 = MDR 2000, 789. **35** *Meyer*, GKG § 20 Rn 12; OLG Düsseldorf NJW-RR 2000, 1382 = MDR 2000, 789.

VI. Derselbe Kostenschuldner

25 Sind mehrere gesamtschuldnerisch haftende Kostenschuldner vorhanden (§ 31 Abs. 1), läuft die Nachforderungsfrist grds. nur gegenüber demjenigen, der bereits eine Kostenrechnung erhalten hat (aber → Rn 26). Für den gem. § 31 Abs. 2 erstmals als Zweitschuldner in Anspruch genommenen Zahlungspflichtigen liegt damit keine Nachforderung nach unrichtigem Ansatz, sondern der erste Kostenansatz vor (→ Rn 17). Das gilt auch, wenn derselbe Schuldner zuerst als Erstschuldner und später als Zweitschuldner in Anspruch genommen wird, sich also der Haftungsgrund (zuerst § 29, dann § 22) geändert hat.[36]

26 Sind Gesamtschuldner (§ 31 Abs. 1) für Auslagenbeträge anteilig in Anspruch genommen worden (vgl § 8 Abs. 4 KostVfg), hat der Kostenbeamte nach § 24 Abs. 2 S. 2 KostVfg zwar einen eindeutigen Vorbehalt über die Möglichkeit einer weiteren Inanspruchnahme in die Urschrift der Kostenrechnung aufzunehmen. Die anderen Gesamtschuldner können jedoch auch ohne diesen Vorbehalt nach Ablauf der Nachforderungsfrist für den Anteil eines zahlungsunfähigen Gesamtschuldners in Anspruch genommen werden. Denn es liegt keine Nachforderung wegen unrichtigen Ansatzes vor, weil die erste Rechnung richtig war.[37] Dasselbe gilt, wenn keine anteilige Inanspruchnahme erfolgt, sondern zunächst nur ein Gesamtschuldner in Anspruch genommen wird.

27 Der gem. § 29 Nr. 3 für die Kostenschuld eines anderen kraft Gesetzes haftende Kostenschuldner wird bei der Nachforderung wie der Schuldner behandelt, für den er einstehen soll. Für ihn gilt daher die Nachforderungsfrist des Schuldners, für den er haftet.

VII. Rechtsmittel bei Nachforderungen

28 Werden trotz Nachforderungsverbot Kosten angefordert, kann dies mit der Erinnerung und anschließend mit der Beschwerde nach § 66 angefochten werden.[38] Erstellt der Kostenbeamte keine Kostenrechnung, weil er vom Eintritt des Nachforderungsverbots ausgeht, kann er hierzu von dem Vorstand der Justizbehörde oder dem Kostenprüfungsbeamten angewiesen werden (§ 36 KostVfg). Gegen den Kostenansatz ist dann ebenfalls die Erinnerung gem. § 66 Abs. 1 zulässig.

§ 21 Nichterhebung von Kosten

(1) [1]Kosten, die bei richtiger Behandlung der Sache nicht entstanden wären, werden nicht erhoben. [2]Das Gleiche gilt für Auslagen, die durch eine von Amts wegen veranlasste Verlegung eines Termins oder Vertagung einer Verhandlung entstanden sind. [3]Für abweisende Entscheidungen sowie bei Zurücknahme eines Antrags kann von der Erhebung von Kosten abgesehen werden, wenn der Antrag auf unverschuldeter Unkenntnis der tatsächlichen oder rechtlichen Verhältnisse beruht.

(2) [1]Die Entscheidung trifft das Gericht. [2]Solange nicht das Gericht entschieden hat, können Anordnungen nach Absatz 1 im Verwaltungsweg erlassen werden. [3]Eine im Verwaltungsweg getroffene Anordnung kann nur im Verwaltungsweg geändert werden.

I. Allgemeines

1 Die Vorschrift entspricht § 20 FamGKG und § 21 GNotKG. Die Überschrift zu § 21 und den vergleichbaren Regelungen im FamGKG und GNotKG ist auf der Grundlage des 2. KostRMoG wegen des weitergehenden Inhalts der Vorschrift nicht mehr auf die Nichterhebung der Kosten „wegen unrichtiger Sachbehandlung" beschränkt. Die frühere Überschrift war ungenau, weil der Inhalt der Vorschrift auch bereits früher umfassender gewesen war, als es die Überschrift zum Ausdruck brachte.

2 § 20 dient der Gebührengerechtigkeit. In bestimmten Fällen sollen Kosten nicht erhoben werden (**Abs. 1 S. 1**). Verfahrensbeteiligte sollen demnach durch in der **Sphäre der Gerichte entstandene Fehler** nicht mit (Mehr-)Kosten belastet werden.[1] Die Entscheidung darüber, ob Kosten wegen unrichtiger Sachbehandlung nicht erhoben werden, steht im pflichtgemäßen Ermessen des Gerichts.[2] Das Gericht kann sowohl von der Erhebung von Gebühren als auch von der Erhebung von Auslagen oder von beidem absehen. Dazu gehören auch Kosten eines gerichtlich beauftragten Sachverständigen.[3] Im Fall des **Abs. 1 S. 2** besteht nur die Möglichkeit, Auslagen nicht zu erheben. Die Vorschrift ist weder auf die Kosten eines Beteiligten, auf Kostenerstattungsansprüche der Beteiligten noch auf die Kosten der Verfahrensbevollmächtigten anwendbar.[4]

---

36 OLG Celle JurBüro 1982, 1861; LG Frankenthal JurBüro 1993, 97; aA LG Göttingen KostRsp. GKG aF § 6 Nr. 8; AG Hannover KostRsp. GKG aF § 7 Nr. 1. **37** AA *Oestreich/Hellstab/Trenkle,* GKG § 20 Rn 27. **38** OLG Düsseldorf NJW-RR 2000, 1382 = MDR 2000, 789. **1** Binz/Dörndorfer/*Petzold,* § 21 GKG Rn 1; OLG Frankfurt NJW 1971, 1757. **2** OLG Köln FGPrax 2011, 142. **3** Binz/Dörndorfer/*Petzold,* § 21 GKG Rn 2; LG Ingolstadt StRR 2015, 403. **4** BFH/NV 2016, 936.

Das **Verfahren** über die Nichterhebung von Kosten regelt **Abs. 2.** Es handelt sich rechtssystematisch um ein **3**
Kostenansatzverfahren. Daher gilt auch § 66 (Erinnerung und Beschwerde).[5] Grundsätzlich ist die Entscheidung vom Gericht (Abs. 2 S. 1) zu treffen, das die Kosten angesetzt hat oder bei dem sie anzusetzen gewesen wären.[6] Solange nicht das Gericht entschieden hat, kann über die Nichterhebung auch im Verwaltungswege entschieden werden (Abs. 2 S. 2).

Abs. 1 S. 1 regelt die Kosten, die durch eine unzutreffende Behandlung der Sache angefallen sind. Kosten, **4**
die bei zutreffender Sachbehandlung nicht angefallen wären, sollen nicht erhoben werden. Abs. 1 S. 2 gilt nur für Auslagen, die durch eine von Amts wegen veranlasste Verlegung eines Termins oder die Vertagung einer Verhandlung entstanden sind; auch diese sollen nicht erhoben werden. Nach Abs. 1 S. 3 wiederum kann auch von der Erhebung von Kosten Abstand genommen werden, wenn ein Antrag eines Beteiligten auf unverschuldeter Unkenntnis der tatsächlichen oder rechtlichen Verhältnisse beruhte.

Die Vorschrift des § 21 gilt in **sämtlichen Verfahren**, in denen sich die Kosten nach § 1 richten. **5**

II. Unrichtige Sachbehandlung (Abs. 1 S. 1)

1. Rechtsfolgen. Im Falle unrichtiger Sachbehandlung sind Kosten nicht zu erheben, die bei richtiger Be- **6**
handlung der Sache nicht entstanden wären. Voraussetzung ist also zunächst, dass überhaupt Kosten entstanden sind.

Liegen die Voraussetzungen des Abs. 1 S. 1 vor, darf das Gericht Kosten nicht erheben. Es besteht **kein Er-** **7**
messensspielraum, sondern eine Pflicht zur Nichterhebung.[7] Ein Verschulden des Gerichts ist nicht erforderlich.[8] Allerdings muss die unrichtige Sachbehandlung des Gerichts **ursächlich** sein für das Entstehen der Kosten.[9]

Sind Kosten angefallen, dann ist gegenüberzustellen, welche Kosten angefallen wären, wenn das Gericht zu- **8**
treffend gehandelt hätte. Ergibt sich, dass bei zutreffender Behandlung dieselben Kosten angefallen wären oder zumindest Kosten in derselben Höhe, hat ein Ausspruch ebenfalls zu unterbleiben, weil die unrichtige Sachbehandlung für die Beteiligten keine kostenrechtlichen Nachteile mit sich gebracht hat. Kommt die Prüfung zu dem Ergebnis, dass durch die unrichtige Sachbehandlung Mehrkosten entstanden sind, hat das Gericht nach pflichtgemäßem Ermessen auszusprechen, dass diese Mehrkosten nicht erhoben werden.

2. Voraussetzungen. Es muss ein **Fehler des Gerichts** vorliegen. Dabei ist unerheblich, wer den Fehler be- **9**
gangen hat, also ob der Fehler vom Richter oder von einem Justizbediensteten verursacht worden ist.[10]

Es muss sich um einen **offen zutage tretenden Fehler** oder ein **offensichtliches Versehen** des Gerichts han- **10**
deln.[11] Es muss also offensichtlich und eindeutig gegen gesetzliche Vorschriften verstoßen worden sein.[12] Daher führt nicht jeder Verfahrensfehler oder sonstige Fehler des Gerichts zur Anwendung des § 21. Ein leichter Verfahrensfehler reicht idR nicht aus.

3. Rspr-Beispiele. Eine unrichtige Sachbehandlung kann zB dann vorliegen, wenn das Gericht einen unzu- **11**
lässigen Grund- oder Teilbeschluss erlassen hat,[13] insb. gegen das Gebot der Widerspruchsfreiheit zwischen Grund- und Teilbeschluss verstoßen hat,[14] wenn es über Anträge entschieden hat, die noch gar nicht gestellt waren[15] oder über die noch gar nicht verhandelt worden war. Auch ein schwerer Verfahrensfehler, der zur Aufhebung und Zurückverweisung führt, ist eine unrichtige Sachbehandlung, die zur Nichterhebung von Kosten führt.[16] Ein schwerer Verfahrensfehler in diesem Sinne ist insb. ein Verstoß gegen das Verfassungsgebot des gesetzlichen Richters nach Art. 101 Abs. 1 S. 2 GG. Die durch die Zurückverweisung an das Beschwerdegericht entstehenden Kosten sind wegen unrichtiger Sachbehandlung in diesem Fall nicht zu erheben.[17] Ein schwerer gerichtlicher Verfahrensverstoß, der die Nichterhebung der dadurch verursachten Kosten rechtfertigt, ist in einer Beweiserhebung zu einer Frage zu sehen, die zwischen den Parteien unstreitig ist (hier: Sachverständigengutachten zur Echtheit einer Unterschrift).[18] Ferner kann eine unzutreffende rechtliche Beurteilung dann zur Anwendung des § 21 führen, wenn das Gericht eine offensichtlich unhaltbare Rechtsansicht vertritt.[19]

5 OLG Celle NdsRpfl 2011, 209 = JurBüro 2011, 310; OLG Celle AGS 2012, 294 m. Anm. *Thiel*; BayLSG 18.4.2016 – L 15 SF 99/16. **6** Prütting/Helms/*Klüsener*, FamFG, § 20 FamGKG Rn 12. **7** OLG Köln FGPrax 2011, 142. **8** *Hartmann*, KostG, § 21 GKG Rn 4; Prütting/Helms/*Klüsener*, FamFG, § 20 FamGKG Rn 3; Binz/Dörndorfer/*Petzold*, § 21 GKG Rn 4. **9** Binz/Dörndorfer/*Petzold*, § 21 GKG Rn 8; Prütting/Helms/*Klüsener*, FamFG, § 20 FamGKG Rn 3. **10** KG AGS 2007, 639 = JurBüro 2008, 43. **11** *Hartmann*, KostG, § 21 GKG Rn 8 ff; Binz/Dörndorfer/*Petzold*, § 21 GKG Rn 5. **12** BGH NJW 1962, 2107 = MDR 1963, 45. **13** *Hartmann*, KostG, § 21 GKG Rn 24. **14** OLG Köln WuM 1992, 262 = ZMR 1992, 247; OLG Hamburg MDR 2013, 424, das allerdings davon ausgeht, dass weitere Umstände für die Nichterhebung von Kosten hinzutreten müssen. **15** *Hartmann*, KostG, § 21 GKG Rn 15. **16** OLG München 11.7.2013 – 23 U 695/13. **17** BGH JurBüro 2013, 439. **18** OLG Koblenz MDR 2013, 1366 = JurBüro 2014, 38. **19** OLG München MDR 1990, 348.

Eine falsche Rechtsmittelbelehrung ist eine falsche Sachbehandlung, die die Anwendung des Abs. 1 S. 1 rechtfertigt.[20] Auch eine willkürliche oder unsachgemäße Verfahrenstrennung ist eine falsche Sachbehandlung, die zur Nichterhebung von Kosten nach Abs. 1 S. 1 führt.[21] Zur Anwendung gelangt Abs. 1 S. 1 auch im Falle einer offenkundig fehlenden Prozessfähigkeit einer Partei.[22] Das gilt auch, wenn krankheitsbedingte Gründe der Erfassung der tatsächlichen und rechtlichen Verhältnisse für deren Kenntnis im Verfahren entgegenstehen.[23] Behandelt ein Gericht den Klageentwurf im Prozesskostenhilfeprüfungsverfahren als Klage, ist von der Kostenerhebung abzusehen.[24] Hat das Gericht einen Ingenieur als Zeugen und nicht als Sachverständigen vernommen, sind seine Kosten nur in Höhe fiktiver Kosten aus der Vernehmung als Zeuge zu berücksichtigen.[25] Die gleichzeitige Entscheidung über eine Rechtsbeschwerde und den Prozesskostenhilfeantrag stellt keine unrichtige Sachbehandlung iSv § 21 dar.[26] Eine Anwendung des Abs. 1 S. scheidet auch aus, wenn die Gebühren nicht durch das Verfahren des Kostenansatzes, sondern durch das Verfahren über die vom Erinnerungsführer eingelegte Nichtzulassungsbeschwerde entstehen.[27]

III. Durch eine von Amts wegen veranlasste Verlegung eines Termins oder Vertagung einer Verhandlung entstandene Auslagen (Abs. 1 S. 2)

12 Von Abs. 1 S. 2 werden nur Auslagen erfasst, die durch eine von Amts wegen veranlasste Verlegung eines Termins oder Vertagung einer Verhandlung entstanden sind. Da eine Terminsverlegung oder eine Vertagung weder zu höheren Gebühren noch zu besonderen Gebühren führen kann, kommen hier als Mehrkosten lediglich **Auslagen** in Betracht. Hierbei kann es sich um Zustellungsauslagen für die Ladungen von Zeugen, Sachverständigen etc. handeln. Es kann sich auch um zusätzliche Sachverständigen- und Zeugenauslagen handeln, wenn diese bei einer kurzfristigen Vertagung bereits disponiert hatten.

13 Auch im Fall einer Vertagung können sich weitere Zustellungskosten für den neuen Termin oder höhere Sachverständigen- bzw Zeugenauslagen ergeben, etwa wenn zum ersten Termin bereits erschienene Zeugen dann zum zweiten Termin erneut erscheinen müssen. Es muss sich um Mehrkosten handeln, die bei Durchführung eines Termins nicht angefallen wären.

14 Die **Vertagung** oder **Verlegung** muss **von Amts wegen** ausgesprochen worden sein. Die Gründe hierfür sind unerheblich. Grund für eine Vertagung oder Verlegung können die Erkrankung des Richters oder dienstliche Belange sein. Eine von Amts wegen veranlasste Vertagung oder Verlegung liegt auch dann vor, wenn ein Beteiligter sie aus einem gesetzlich zwingenden Grund beantragt oder angeregt hat.[28]

IV. Abweisende Entscheidung und Zurücknahme bei unverschuldeter Unkenntnis (Abs. 1 S. 3)

15 Darüber hinaus kann das Gericht auch dann von der Erhebung von Kosten (Gebühren und Auslagen) absehen, wenn ein Antrag abgewiesen oder zurückgenommen worden ist, der in unverschuldeter Unkenntnis der tatsächlichen oder rechtlichen Verhältnisse gestellt worden war.

16 Voraussetzung hierfür ist zunächst eine abweisende Entscheidung oder eine Antragsrücknahme. Um welche Art Antrag es sich handelt, ist dabei unerheblich. Es kann sich um einen verfahrenseinleitenden Antrag, einen Rechtsmittelantrag, einen Antrag zu einem Nebenverfahren oder einen sonstigen Kosten auslösenden Antrag handeln.

17 Hinzu kommen muss, dass der Antrag auf einer vom Antragsteller nicht verschuldeten Unkenntnis der tatsächlichen oder rechtlichen Verhältnisse beruht. Unverschuldet ist eine solche Unkenntnis, wenn der Beteiligte trotz aller zumutbaren Bemühungen nicht in der Lage war, die tatsächliche Sach- oder Rechtslage zu erkennen. Soweit der Beteiligte anwaltlich vertreten ist, muss er sich das Verschulden seines Bevollmächtigten zurechnen lassen (§ 85 Abs. 2 ZPO u.a.).

18 Soweit ein Antrag nur teilweise zurückgewiesen oder zurückgenommen wird, kommt insoweit in Betracht, die auf den zurückgewiesenen oder zurückgenommenen Teil anfallenden Mehrkosten nicht zu erheben.

V. Verfahren (Abs. 2)

19 **1. Zuständigkeit.** Zuständig ist grds. das Gericht, bei dem die Kosten angefallen sind. Das Rechtsmittelgericht ist im Hauptsacherechtszug nicht befugt, die Nichterhebung von Kosten, die vor einem untergeordneten Gericht angefallen sind, auszusprechen.[29] Dies ist nur im Erinnerungs- oder Beschwerdeverfahren nach

---

20 OVG Bln-Bbg 21.6.2016 – OVG 3 M 55/16. **21** OVG Bln-Bbg 8.6.2016 – 3 K 44.16, OVG 3 K 53.16; OLG Koblenz AGS 2016, 83 = MDR 2016, 122. **22** BayLSG 18.4.2016 – L 15 SF 99/16; BayLSG 4.12.2015 – L 15 SF 328/15 E. **23** FG Hamburg 11.2.2016 – 3 K 272/15; OLG Koblenz NJW-RR 2012, 891; OVG NRW 20.1.2016 – 4 B 52/16. **24** VGH BW JB 2016, 29 = zfs 2016, 168 = Justiz 2016, 116. **25** OLG Celle BauR 2015, 1711. **26** OLG Karlsruhe NStZ-RR 2016, 157. **27** BGH RVGreport 2016, 35. **28** *Hartmann*, KostG, § 21 GKG Rn 44. **29** Prütting/Helms/*Klüsener*, FamFG, § 20 FamGKG Rn 12.

§ 66 möglich. Das Rechtsmittelgericht kann aber die Kosten des Rechtsmittelverfahrens niederschlagen, wenn das Rechtsmittel bei zutreffender Sachbehandlung durch das Vorgericht nicht angefallen wäre.

2. Entscheidung. Das Gericht muss von Amts wegen prüfen, ob es Kosten nicht erhebt. Daneben kann jeder Beteiligte beantragen, dass Kosten unerhoben bleiben. Der Antrag hat nur die Funktion einer Anregung. Der Beschluss über die Nichterhebung von Kosten hat grds. eine Begründung zu enthalten.   20

3. Erinnerung, Beschwerde. Gegen eine Entscheidung des Gerichts über die Erhebung von Gerichtskosten kann der Betroffene Erinnerung und einfache Beschwerde einlegen. Das Verfahren richtet sich nach § 66. Erforderlich für eine Beschwerde ist auch hier eine Beschwer von über 200 € oder eine Zulassung der Beschwerde.   21

Abschnitt 5
Kostenhaftung

Vorbemerkung zu §§ 22 ff: Wirkungen der Prozesskostenhilfe

I. Einführung

Abschnitt 5 des GKG (§§ 22–33) regelt, wer von der Staatskasse (Kostengläubigerin) für die Gerichtskosten (§ 1 Abs. 1 S. 1) als Kostenschuldner in Anspruch genommen werden kann. Die Kostenhaftung nach §§ 22 ff ist eine öffentlich-rechtliche Kostenschuldnerschaft.[1] Die **Bewilligung von Prozesskostenhilfe** (§§ 114 ff ZPO) oder eine Kosten- und Gebührenfreiheit (§ 2) kann dazu führen, dass die Kostenhaftung von der Staatskasse nicht realisiert werden kann.   1

Die öffentlich-rechtliche Haftung für die Gerichtskosten gegenüber der Staatskasse gem. §§ 22 ff ist von der prozessualen Erstattungspflicht der Parteien untereinander (zB nach § 91 ZPO, § 162 VwGO, §§ 464 ff StPO) zu unterscheiden.[2] Das ergibt sich auch aus § 30. Danach kann die Staatskasse Gerichtskosten aufgrund einer gerichtlichen Kostenentscheidung von einer Partei fordern, auch wenn diese Kostenentscheidung durch eine Kostenvereinbarung der Parteien zB in einem Vergleich abgeändert oder aufgehoben worden ist. Besonderheiten hinsichtlich dieser Haftung für die Gerichtskosten ergeben sich, sofern einer Partei Prozesskostenhilfe bewilligt worden ist.   2

II. Regelungsinhalt und Geltungsbereich der §§ 114 ff ZPO

§ 114 ZPO Voraussetzungen

(1) [1]Eine Partei, die nach ihren persönlichen und wirtschaftlichen Verhältnissen die Kosten der Prozessführung nicht, nur zum Teil oder nur in Raten aufbringen kann, erhält auf Antrag Prozesskostenhilfe, wenn die beabsichtigte Rechtsverfolgung oder Rechtsverteidigung hinreichende Aussicht auf Erfolg bietet und nicht mutwillig erscheint. [2]Für die grenzüberschreitende Prozesskostenhilfe innerhalb der Europäischen Union gelten ergänzend die §§ 1076 bis 1078.

---

1 BGH NJW-RR 1997, 510 = MDR 1997, 198; OLG Celle OLGR Celle 2005, 372; OLG Köln NJW-RR 2003, 66 = zfs 2002, 539. **2** OLG Bremen OLGR 2008, 185.

(2) Mutwillig ist die Rechtsverfolgung oder Rechtsverteidigung, wenn eine Partei, die keine Prozesskostenhilfe beansprucht, bei verständiger Würdigung aller Umstände von der Rechtsverfolgung oder Rechtsverteidigung absehen würde, obwohl eine hinreichende Aussicht auf Erfolg besteht.

§ 119 ZPO Bewilligung

(1) [1]Die Bewilligung der Prozesskostenhilfe erfolgt für jeden Rechtszug besonders. [2]In einem höheren Rechtszug ist nicht zu prüfen, ob die Rechtsverfolgung oder Rechtsverteidigung hinreichende Aussicht auf Erfolg bietet oder mutwillig erscheint, wenn der Gegner das Rechtsmittel eingelegt hat.

(2) Die Bewilligung von Prozesskostenhilfe für die Zwangsvollstreckung in das bewegliche Vermögen umfasst alle Vollstreckungshandlungen im Bezirk des Vollstreckungsgerichts einschließlich des Verfahrens auf Abgabe der eidesstattlichen Versicherung.

§ 122 ZPO Wirkung der Prozesskostenhilfe

(1) Die Bewilligung der Prozesskostenhilfe bewirkt, dass

1. die Bundes- oder Landeskasse
   a) die rückständigen und die entstehenden Gerichtskosten und Gerichtsvollzieherkosten,
   b) die auf sie übergegangenen Ansprüche der beigeordneten Rechtsanwälte gegen die Partei
   nur nach den Bestimmungen, die das Gericht trifft, gegen die Partei geltend machen kann,
2. die Partei von der Verpflichtung zur Sicherheitsleistung für die Prozesskosten befreit ist,
3. die beigeordneten Rechtsanwälte Ansprüche auf Vergütung gegen die Partei nicht geltend machen können.

(2) Ist dem Kläger, dem Berufungskläger oder dem Revisionskläger Prozesskostenhilfe bewilligt und ist nicht bestimmt worden, dass Zahlungen an die Bundes- oder Landeskasse zu leisten sind, so hat dies für den Gegner die einstweilige Befreiung von den in Absatz 1 Nr. 1 Buchstabe a bezeichneten Kosten zur Folge.

§ 9 KostVfg Kosten bei Bewilligung von Prozess- oder Verfahrenskostenhilfe

Bei Bewilligung von Prozess- oder Verfahrenskostenhilfe sind die Durchführungsbestimmungen zur Prozess- und Verfahrenskostenhilfe sowie zur Stundung der Kosten des Insolvenzverfahrens (DB-PKH) zu beachten.

3   Auf die Kommentierung der §§ 121, 122, 124 und 125 ZPO in diesem Kommentar (Ziff. 24) wird zunächst verwiesen.

4   Das Institut der Prozesskostenhilfe (PKH) soll entsprechend dem Grundgedanken des sozialen Rechtsstaates die Möglichkeit des Zugangs zu den Gerichten auch im Falle der nicht oder nur eingeschränkt gegebenen finanziellen Leistungsfähigkeit eröffnen.[3]

5   Die Frage der finanziellen Leistungsfähigkeit zur Aufbringung der (eigenen) **Kosten der Prozessführung** beurteilt sich nach den Vorgaben des § 115 ZPO. Zu diesen Kosten der Prozessführung gehören die von der Partei nach den Vorschriften über die Haftung (§§ 17, 18, 22, 28, 29) zu tragenden Gerichtskosten sowie die Vergütung des ihr (gem. § 121 ZPO) beigeordneten Rechtsanwalts. Die (außergerichtlichen) Kosten des Gegners gehören hierzu nicht und diese hat die PKH-Partei an diesen in jedem Fall zu erstatten, sofern sie im Verfahren unterliegt (vgl § 123 ZPO).

6   Die Bewilligung der PKH setzt neben der wirtschaftlichen Komponente das Vorliegen der Erfolgsaussichten der Rechtsverfolgung bzw Rechtsverteidigung sowie fehlende Mutwilligkeit voraus.

7   PKH kann gem. §§ 114 ff ZPO für **sämtliche Verfahren der ZPO** bewilligt werden.

8   PKH kann einer Partei des Rechtsstreits bewilligt werden, sofern es sich um eine **natürliche Person** handelt. Für andere Parteien gelten die besonderen Voraussetzungen des § 116 ZPO. Eine Bewilligung von PKH für ggf anzuhörende Personen und Behörden kommt nicht in Betracht.

III. PKH-Prüfungsverfahren

9   Mit dem erforderlichen Antrag (§ 117 Abs. 1 ZPO) wird das sog. **Prozesskostenhilfeprüfungsverfahren**, ggf gleichzeitig mit dem angestrebten Hauptsacheverfahren oder auch diesem vorgeschaltet, eingeleitet, für das mangels eines entsprechenden Gebührentatbestands im Kostenverzeichnis selbst keine Gerichtsgebühren anfallen (§ 3 Abs. 2; → § 14 Rn 12). Mit der Bewilligung der PKH oder auch mit deren Ablehnung ist das PKH-Prüfungsverfahren beendet. Soweit nicht auch gleichzeitig das Hauptsacheverfahren anhängig gemacht worden war, sind keine Gerichtsgebühren abzurechnen. Zu Haftung für evtl. im PKH-Prüfungsverfahren angefallene Auslagen gem. Nr. 9000 ff KV GKG vgl § 28 Abs. 3 GKG.

10   Der Beantwortung der Frage, ob ausschließlich ein PKH-Prüfungsverfahren eingeleitet wurde oder auch bereits das Hauptverfahren anhängig gemacht worden ist, kommt insb. im Falle der **Ablehnung des Antrags**

---

3 BVerfG NJW 1988, 2231.

besondere Bedeutung zu. Zumindest bei einer Formulierung wie „Es wird auch oder zugleich Prozesskostenhilfe beantragt" wird man von einer **Anhängigkeit des Hauptverfahrens** ausgehen können. Formulierungen wie zB „vorab oder zunächst soll über das PKH-Gesuch entschieden werden",[4] sprechen für eine Anhängigkeit nur des PKH-Prüfungsverfahrens. In Zweifelsfällen wird eine Auslegung unter Berücksichtigung des Inhalts des Schriftsatzes und der Begleitumstände vorzunehmen sein (→ § 14 Rn 13 ff).[5]

Mit der **Anhängigkeit des Hauptsacheverfahrens** wird regelmäßig bereits die entsprechende Gebühr (zB   **11** Nr. 1210 KV) entstanden und bereits auch fällig geworden sein, von deren Zahlung der Antragsteller bei Ablehnung seines PKH-Antrags selbst dann nicht befreit ist, wenn dieses Hauptsacheverfahren nicht weiter durchgeführt wird. Sofern für das (dann anhängige) Hauptsacheverfahren **Vorwegleistungspflicht** gem. § 12 besteht, ist die vorwegleistungspflichtige Gebühr in jedem Falle von dem Antragsteller mittels **Anforderung ohne Sollstellung** (§ 26 KostVfg) anzufordern. Nur dadurch wird ihm die Möglichkeit eingeräumt, durch Zahlung der Gebühr die Durchführung des Hauptverfahrens zu betreiben. Kommt er dieser Vorwegleistungspflicht nicht nach, ist die fällige Gebühr – ermäßigt unter Berücksichtigung des § 26 Abs. 8 S. 3 KostVfg – vom Antragsteller mittels **Sollstellung** einzuziehen (→ § 14 Rn 16). Ob von dieser Sollstellung unter Berücksichtigung der aus den vorgelegten Unterlagen ersichtlichen Einkommens- und Vermögensverhältnisse gem. § 10 KostVfg abgesehen werden kann, entscheidet der Kostenbeamte im Einzelfall.

Sind mehrere Kläger bzw Antragsteller als **Streitgenossen** vorhanden, kann die vorwegleistungspflichtige   **12** Gebühr Nr. 1210 KV (§ 12 Abs. 1) – ggf begrenzt auf den Wert seines (geringeren) Anspruchs – in jedem Fall von demjenigen angefordert werden, der keinen Antrag auf PKH-Bewilligung gestellt hat.

IV. Bewilligung der PKH

1. Erfasste Streitgegenstände. PKH kann grds. nur für ein bereits anhängiges oder nach Bewilligung anhän-   **13** gig werdendes Hauptsacheverfahren bewilligt werden. Sofern nicht ausnahmsweise ein eingeschränkter Antrag gestellt wurde und auch das Gericht im Bewilligungsbeschluss keine Beschränkung vorgenommen hat, erfolgt die PKH-Bewilligung für den bzw die Streitgegenstände, die zum Zeitpunkt der Bewilligung anhängig waren bzw unter der Voraussetzung der PKH-Bewilligung anhängig gemacht werden sollten.

Auf andere Streitgegenstände, die nach der Bewilligung durch **Klageerweiterung** oder **Einreichung einer Wi-   14 derklage** erstmalig anhängig gemacht werden, kann sich die erfolgte PKH-Bewilligung nicht erstrecken. Insoweit ist auf Antrag eine Erweiterung durch das Gericht vorzunehmen. Dies gilt insb. auch für einen **Vergleich** über in diesem Verfahren nicht anhängige Streitgegenstände (sog. **Mehrvergleich**, vgl Nr. 1900 KV; → Nr. 1900 KV Rn 1 ff).

Für Verfahren betreffend eine **einstweilige Verfügung** oder einen **Arrest**, die ohnehin selbständige Verfahren   15 darstellen, muss in jedem Fall PKH gesondert bewilligt werden. Die Bewilligung in einem gleichzeitig anhängigen Hauptverfahren erfasst das einstweilige Verfügungsverfahren keinesfalls (vgl auch § 48 Abs. 5 S. 2 Nr. 2 RVG).

Sofern für solche weiteren Streitgegenstände diese notwendige Erstreckung der PKH-Bewilligung nicht er-   16 folgt, ist ein Fall der **teilweisen Bewilligung** von PKH gegeben. Bei einer solchen Fallgestaltung ist zunächst von dem Streitgegenstand auszugehen, für den PKH bewilligt wurde. Lediglich die zusätzlichen Kosten, die dadurch entstanden sind, dass die Partei das Verfahren darüber hinaus auch wegen der Streitgegenstände betrieben hat, für die eine solche Bewilligung nicht erfolgte, werden von den Wirkungen der PKH-Bewilligung (§ 122 Abs. 1 Nr. 1 Buchst. a ZPO) nicht erfasst (→ § 14 Rn 22 ff). Nur in dieser kostenrechtlichen Erhöhung des Streitwerts spiegelt sich der (vermeintliche) Mehraufwand des Gerichts wider. Die daran anknüpfende Berechnung der von der PKH nicht erfassten Kosten nach der **Differenzmethode** erscheint daher zwingend.

Dies wird auch für **Auslagen** gelten müssen. Da hier eine Berechnung nach der Differenzmethode im Regel-   17 fall ausscheidet, werden sie nur dann von der PKH-Bewilligung nicht erfasst, sofern sie **ausschließlich** dem Streitgegenstand zugeordnet werden können, für den keine Bewilligung erfolgte.

Beispiel: Der Kläger macht einen Zahlungsanspruch iHv 20.000 € geltend, für den ihm antragsgemäß PKH ohne   18 Zahlungsbestimmung bewilligt wird. Sodann wird der Anspruch um einen Betrag von 10.000 € auf dann 30.000 € (unbedingt) erweitert. PKH wird für diese Antragserweiterung (zB mangels Antrags oder Erfolgsaussichten) nicht bewilligt. Im abschließenden Beschluss werden dem unterlegenen Kläger die Kosten des Verfahrens auferlegt.

---

4 OLG Brandenburg OLGR 2009, 507 f.   **5** BGH NJW-RR 2010, 278 f (PKH-Antrag und Berufung).

Schlusskostenrechnung:

3,0-Verfahrensgebühr, Nr. 1210 KV (Wert: 30.000 €)	1.218,00 €
abzgl. 3,0-Verfahrensgebühr, Nr. 1210 KV (Wert: 20.000 €)	– 1.035,00 €
Differenz	**183,00 €**

Die Differenz iHv 183 € stellt vorliegend den Mehrbetrag der Kosten dar, die von den Wirkungen der PKH-Bewilligung (§ 122 Abs. 1 Nr. 1 Buchst. a ZPO; Nr. 3.1 DB-PKH) nicht erfasst werden, und kann gegen den Kläger zum Soll gestellt werden, sofern nicht der Kostenbeamte im Einzelfall gem. § 10 KostVfg von der Einziehung absieht (→ Rn 11).

19 Die vorstehenden Ausführungen gelten naturgemäß in gleicher Weise, wenn das Gericht die Bewilligung **ausdrücklich auf einen Teil** eines (unbedingt) anhängig gemachten Anspruchs **beschränkt**.

20 Sofern – wie häufig in der Praxis – im Rahmen eines Zivilverfahrens ein Vergleich auch über Gegenstände geschlossen wird, die nicht anhängig waren (sog. **Mehrvergleich**), ist eine **Erweiterung der bewilligten PKH** erforderlich (→ Rn 14).

21 **Beispiel:** In einem Zivilprozess ist ein Anspruch mit einem Wert iHv 8.000 € anhängig. Dem Kläger ist PKH ohne Zahlungsbestimmung für das Verfahren bewilligt worden.

Die Parteien schließen im gerichtlichen Termin einen Vergleich, in dem weitere Ansprüche (Wert: 6.400 €) geregelt werden. Die bewilligte PKH wird durch das Gericht auf diesen Vergleich erweitert. Nach dem Vergleich werden die Kosten gegeneinander aufgehoben.

Schlusskostenrechnung:

1,0-Verfahrensgebühr, Nr. 1211 Nr. 3/Nr. 1210 KV (Wert: 8.000 €)	203,00 €
0,25-Vergleichsgebühr, Nr. 1900 KV (Wert: 6.400 €)	46,00 €
Höchstbetrag gem. § 36 Abs. 3 nicht erreicht	
Gesamt	**249,00 €**

Die Erstschuldnerhaftung des Klägers iHv 124,50 € (1/2 von 249 €) kann gegen ihn nicht geltend gemacht werden (§ 122 Abs. 1 Nr. 1 Buchst. a ZPO, Nr. 3.1 DB-PKH), da nun auch die Vergleichsgebühr von der PKH erfasst wird. Ohne die hier erfolgte ausdrückliche Erweiterung auf den Vergleich könnte die diesbezügliche Erstschuldnerhaftung des Klägers iHv 23 € (1/2 von 46 €) – von der Möglichkeit des § 10 KostVfg abgesehen – geltend gemacht werden. Es wäre dann letztlich ein Fall der teilweisen Bewilligung von PKH gegeben (→ Rn 16).

22 Sofern der Vergleich in diesem Verfahren anhängige Streitgegenstände betrifft, für die PKH bewilligt wurde, bedarf es der Erweiterung naturgemäß nicht.

23 Die Bewilligung von PKH für eine **Stufenklage** (§ 254 ZPO; vgl auch § 44) umfasst neben dem Auskunftsanspruch regelmäßig auch den zugleich anhängigen unbezifferten Zahlungsanspruch (→ § 44 Rn 3 ff), sofern das Gericht nicht ausdrücklich eine Beschränkung vornimmt.

24 **2. Erfasster Rechtszug.** Die Bewilligung von PKH erfolgt nicht für bestimmte Verfahrensabschnitte oder Tätigkeiten des Gerichts, sondern (kraft Gesetzes) regelmäßig für den **jeweiligen Rechtszug**, ohne dass dies im Bewilligungsbeschluss ausdrücklich festgestellt werden muss. Für einen **höheren Rechtszug** ist eine gesonderte Bewilligung aufgrund eines **neuen Antrags** erforderlich (§ 119 Abs. 1 ZPO).

25 **3. Zwangsvollstreckung.** Auch für die Zwangsvollstreckung kann aufgrund eines **gesonderten Antrags** PKH bewilligt werden. Insoweit ist hinsichtlich des **beweglichen Vermögens** nicht für jede einzelne Vollstreckungshandlung eine gesonderte Bewilligung erforderlich. Vielmehr erstreckt sich die Bewilligung für die Vollstreckung in das bewegliche Vermögen kraft Gesetzes auf alle Vollstreckungshandlungen im Bezirk des Vollstreckungsgerichts einschließlich der Abnahme der eidesstattlichen Versicherung (§ 119 Abs. 2 ZPO).

26 Soll die Vollstreckung in **unbewegliches Vermögen** erfolgen, ist für jede Vollstreckungshandlung (zB Eintragung einer Sicherungshypothek, Antrag auf Zwangsversteigerung oder Zwangsverwaltung) auf Antrag gesondert PKH zu bewilligen. Dies gilt auch für Vollstreckungen gem. §§ 887 ff ZPO.

V. Beiordnung eines Rechtsanwalts

27 Zugleich mit der Bewilligung der PKH – im Ausnahmefall auch später – hat das Gericht über einen Antrag auf Beiordnung eines Rechtsanwalts unter den Voraussetzungen des § 121 ZPO zu entscheiden. Mit der Beiordnung ist der Rechtsanwalt nicht mehr berechtigt, seinen Vergütungsanspruch gegen die PKH-Partei als seinem Auftraggeber (aktiv) geltend zu machen (sog. Forderungssperre gem. § 122 Abs. 1 Nr. 3 ZPO). Als Ausgleich hierfür steht ihm ein **unmittelbarer Vergütungsanspruch gegen die Staatskasse** zu, dessen Höhe sich nach der speziellen Tabelle des § 49 RVG – ab einem Streitwert von mehr als 4.000 € geringer als die Gebühren des § 13 Abs. 1 RVG – berechnet (sog. **PKH-Vergütung**; → Rn 51 ff). Dieser Anspruch besteht allein aufgrund der Beiordnung und völlig unabhängig vom Ausgang des Verfahrens.

VI. Inhalt der PKH-Bewilligung

1. Zahlungen der PKH-Partei. a) Zahlungsbestimmung. In dem Bewilligungsbeschluss hat das Gericht ne- 28
ben dem erfassten Streitgegenstand (→ Rn 13 ff) zugleich zu bestimmen, ob die Partei monatliche Zahlungen aus dem Einkommen oder einmalige oder auch mehrfache Zahlungen aus dem Vermögen zu leisten hat
(§ 120 Abs. 1 S. 1 ZPO). Sofern der Bewilligungsbeschluss insoweit keine Angaben enthält, sind keine Zahlungen zu erbringen (sog. **volle PKH** in Abgrenzung zur sog. **Raten-PKH**).

b) Verrechnung der (Raten-)Zahlungen. Die vom Gericht angeordneten Zahlungen der PKH-Partei werden 29
ausschließlich auf die **Kosten der Prozessführung** (vgl § 114 ZPO) verrechnet. Als solche sind die Gerichtskosten, sofern die Partei dafür nach den Bestimmungen des GKG (§§ 17, 18, 22, 28, 29) haftet, sowie die
Vergütung des (eigenen) beigeordneten Rechtsanwalts anzusehen.

Die dem obsiegenden Gegner zu erstattenden Kosten werden davon jedoch nicht erfasst, so dass die PKH-
Partei diese zusätzlich (aufgrund eines diesbezüglichen Kostenfestsetzungsbeschlusses) aufzubringen hat
(§ 123 ZPO).

Hinsichtlich der Raten aus dem Einkommen ist die Zahlungsverpflichtung der PKH-Partei in einem Verfahren auf **höchstens 48 monatliche Raten** begrenzt (§ 115 Abs. 2 S. 4 ZPO), sofern die Kosten der Prozessführung diesen Betrag übersteigen. Diese Obergrenze gilt unabhängig von der Zahl der Rechtszüge in diesem
Verfahren und bedarf keiner ausdrücklichen Festlegung durch das Gericht.

Die Begrenzung auf maximal 48 Raten bezieht sich auf jedes verfahrens- und kostenrechtlich selbständige
und einheitliche Verfahren. Aufgrund ihrer verfahrens- und kostenrechtlichen Selbständigkeit ist diese Begrenzung für **einstweilige Verfügungs- und Arrestverfahren gesondert** zu berechnen und nicht etwa zusammen mit dem anhängigen Hauptverfahren.

c) Änderung der Zahlungsbestimmung. Die Bestimmung im Bewilligungsbeschluss, ob und in welcher Hö- 30
he Zahlungen zu erbringen sind (§ 120 Abs. 1 S. 1 ZPO), kann gem. § 120 a ZPO **geändert** werden. Diese
in den Zuständigkeitsbereich des Rechtspflegers (§ 20 Nr. 4 Buchst. c RPflG) fallende Anordnung setzt jedoch eine **wesentliche Veränderung der maßgeblichen persönlichen oder wirtschaftlichen Verhältnisse** der
PKH-Partei voraus.

Die Anordnung gem. § 120 a ZPO kann sowohl eine Reduzierung oder Erhöhung einer bereits im Bewilligungsbeschluss angeordneten Zahlungsbestimmung wie auch die erstmalige Anordnung einer Zahlungsbestimmung enthalten.

Die Änderung wirkt grds. nur für die Zukunft bzw ab dem in dem Beschluss gem. § 120 a ZPO konkret
angegebenen Zeitpunkt, so dass (Raten-)Zahlungen, die aufgrund früherer Bestimmungen in diesem Verfahren bereits geleistet wurden, weiterhin auf eine bestehende Haftung der PKH-Partei verrechnet werden
können.

Sofern die Entscheidung gem. § 120 a ZPO erstmals (Raten-)Zahlungen bestimmt, sind die der PKH-Partei 31
bisher gestundeten Kosten (§ 122 Abs. 1 ZPO) nach den die Haftung regelnden Bestimmungen des GKG –
ggf zzgl. der Vergütung des eigenen beigeordneten Rechtsanwalts – ratenweise oder in Teilbeträgen einzuziehen.

Zum Nachteil der PKH-Partei kann die Entscheidung gem. § 120 a ZPO nur innerhalb von vier Jahren seit 32
der rechtskräftigen oder sonstigen (endgültigen) Verfahrenserledigung geändert werden.

2. Beiordnung eines Rechtsanwalts. Zur Beiordnung eines Rechtsanwalts → Rn 27. Zum Vergütungsan- 33
spruch des beigeordneten Rechtsanwalts gegen die Staatskasse → Rn 51 ff und gegen den Gegner →
Rn 55 ff.

VII. Auswirkungen der PKH-Bewilligung

1. Wirkungen für die PKH-Partei. Die konkreten Wirkungen der Bewilligung der PKH hinsichtlich der Ge- 34
richtskosten ergeben sich aus § 122 Abs. 1 Nr. 1 Buchst. a ZPO iVm Nr. 3 ff DB-PKH. Dabei ist grds. zwischen diesen Wirkungen der PKH-Bewilligung einerseits und den Regelungen des Gerichtskostenrechts über
die Haftung andererseits zu unterscheiden. Welche Kosten konkret anfallen und wer der Staatskasse gegenüber dafür haftet, bestimmt sich nach den auch sonst anzuwendenden Vorschriften (hier des GKG).

Erst und nur soweit eine Inanspruchnahme der PKH-Partei durch die Staatskasse danach zu erfolgen hätte, 35
sind diese Wirkungen der PKH-Bewilligung zu beachten. Die Zulässigkeit der Inanspruchnahme der PKH-
Partei für Gerichtskosten bestimmt sich dann ausschließlich nach den Bestimmungen im PKH-Bewilligungsbeschluss (§ 120 Abs. 3 S. 1 ZPO) bzw in einem ggf ergangenen Beschluss gem. § 120 a ZPO über zu erbringende Ratenzahlungen aus dem Einkommen oder Zahlungen aus dem Vermögen.

Hat das Gericht keine (Raten-)Zahlung bestimmt, ist eine Inanspruchnahme der PKH-Partei trotz bestehen- 36
der Haftung nach dem GKG nicht zulässig (§ 122 Abs. 1 Nr. 1 Buchst. a ZPO, Nr. 3.1 DB-PKH).

37   Dies gilt grds. auch im Falle der **Kostenübernahmeerklärung** durch die PKH-Partei gem. § 29 Nr. 2 GKG.[6] Die anderslautende Auffassung[7] vermag keinesfalls zu überzeugen und beachtet diese systematische Trennung zwischen der Frage einer sich aus den kostenrechtlichen Bestimmungen ergebenden Haftung und der Frage der Wirkungen der PKH-Bewilligung, die in der Vorschrift des § 122 ZPO speziell geregelt wird, in keiner Weise. Zudem wird sie auch den vielfachen Fällen nicht gerecht, in denen die PKH-Partei die Kosten, evtl. auch teilweise, deshalb übernommen hat, weil es nach dem bisherigen Sach- und Streitstand geboten erschien und insb. es ansonsten gar nicht zu der vergleichsweisen Erledigung gekommen wäre. Die Möglichkeit des Missbrauchs zu Lasten der Landeskasse ist natürlich nicht zu leugnen und wird sicher im Einzelfall auch gegeben sein. Davon aber als Regelfall auszugehen, erscheint weit überzogen und dürfte eine systemwidrige Handhabung nicht rechtfertigen.

38   Die Beschränkung der Inanspruchnahme der PKH-Partei durch die Staatskasse gem. § 122 Abs. 1 Nr. 1 Buchst. b ZPO gilt nicht, **soweit** auch dem (obsiegenden) Gegner PKH bewilligt wurde und von dieser Seite ein Anspruch des diesem beigeordneten Rechtsanwalts gem. § 59 Abs. 1 RVG auf die Landeskasse übergegangen ist (vgl § 123 ZPO).[8]

39   **2. Wirkungen für den Gegner. a) Inanspruchnahme des Gegners.** Die Bewilligung von PKH für eine Partei hat auf dessen Gegner nur eingeschränkte Auswirkungen.

40   Sofern dem Antragsteller der jeweiligen Instanz **PKH ohne Zahlungsbestimmung** bewilligt wurde, ist der Gegner **einstweilen** von Vorauszahlungen **befreit** (§ 122 Abs. 2 ZPO). Er hat somit für Zeugen und/oder Sachverständige, die er benannt hat, keine Auslagenvorschüsse zu zahlen (§ 17 Abs. 1). Diese einstweilige Befreiung wirkt jedoch nur während des laufenden Verfahrens und endet je nach Ausgang des Verfahrens gem. § 125 Abs. 2 ZPO. Danach kann der Gegner auch für diese Kosten in Anspruch genommen werden, sofern ihm die Zahlung der Verfahrenskosten rechtskräftig auferlegt wurde oder das Verfahren ohne Endentscheidung über die Kosten beendet ist.

41   **Beispiel:** In einem Zivilprozessverfahren ist dem Kläger PKH ohne Zahlungsbestimmung bewilligt worden. Der Streitwert beträgt 6.000 €. Der Beklagte hat einen Sachverständigen benannt, der ein Honorar von 1.500 € aus der Staatskasse erhalten hat.

1. Fallvariante: Auf Antrag beider Parteien kommt das Verfahren sodann zum Ruhen und die Akte wird nach sechs Monaten weggelegt.

Zwar durfte das Gericht vom Beklagten keinen Vorschuss vor der Beauftragung des Sachverständigen verlangen, eine Haftung des Beklagten gem. §§ 17, 18 für diese Auslagen ist dennoch gegeben.

Schlusskostenrechnung:

3,0-Verfahrensgebühr, Nr. 1210 KV (Wert: 6.000 €)	495,00 €
Auslagen für Sachverständigen, Nr. 9005 KV	1.500,00 €
Gesamt	**1.995,00 €**

Die Haftung des Klägers iHv 1.995 € (§ 22 Abs. 1 S. 1) kann gegen ihn nicht geltend gemacht werden (§ 122 Abs. 1 Nr. 1 Buchst. a ZPO, Nr. 3.1 DB-PKH).

Die Haftung des Beklagten hingegen (§§ 17 Abs. 1, 18) kann nun geltend gemacht werden. Die einstweilige Befreiung (§ 122 Abs. 2 ZPO) ist mit der fiktiven Verfahrensbeendigung weggefallen, so dass nun die Auslagen iHv 1.500 € gegen ihn zum Soll gestellt werden können.

2. Fallvariante: Das Verfahren endet mit einem Urteil oder Beschluss, wonach dem Beklagten die Kosten auferlegt werden. In diesem Fall können die gesamten Kosten iHv 1.995 € – nach Rechtskraft dieser Entscheidung – gegen den Beklagten zum Soll gestellt werden.

42   **b) Inanspruchnahme des Gegners als Antragsteller der Instanz.** Die einstweilige Befreiung gem. § 122 Abs. 2 ZPO (→ Rn 40) gilt jedoch nicht, sofern der Gegner der PKH-Partei die jeweilige Instanz selbst durch einen Antrag eingeleitet hat. Die Bewilligung von PKH (allein) für den Beklagten einer Instanz hat **während des Verfahrens** auf die Zahlungspflichten des Klägers nach dem GKG (§§ 12, 22 Abs. 1 S. 1, 17, 18) keine Auswirkungen.

43   Dies gilt auch, soweit der Gegner nur **teilweise** als Antragsteller iSd § 22 Abs. 1 S. 1 anzusehen ist, weil er bspw eine **Widerklage** eingereicht hat.

44   **Beispiel:** In einem Zivilprozessverfahren ist dem Kläger für seinen Klageanspruch von 1.800 € PKH ohne Zahlungsbestimmung bewilligt worden. Der Beklagte reicht sodann eine Widerklage mit einem Wert von 2.400 € ein. Es handelt sich um verschiedene Streitgegenstände gem. § 45 Abs. 1 S. 1. Die dem Kläger bewilligte PKH wird auf die Verteidigung gegen den Widerklageantrag erweitert.

---

6 U.a. OLG Naumburg NJW-RR 2015, 1210. **7** OLG Frankfurt NJW-RR 2013, 191 (inzwischen aufgegeben mit Beschl. v. 27.10.2014 – 18 W 181/14, juris). **8** BGH NJW-RR 1998, 70; OLG Dresden FamRZ 2010, 583 mwN.

Hinsichtlich der einheitlichen Gebühr Nr. 1210 KV (Wert: 4.200 €; § 45 Abs. 1 S. 1) haftet der Beklagte für einen Teilbetrag von 324 € nach dem Einzelwert seiner Widerklage (von 2.400 €) als Antragsteller (§ 22 Abs. 1 S. 1).

Dieser Betrag ist aufgrund der Fälligkeit (§ 6 Abs. 1) nach Eingang der Widerklage gegen den Beklagten zum Soll zu stellen, da keine Vorwegleistungspflicht besteht (§ 10; § 12 Abs. 2 Nr. 1).

Zu den Auswirkungen nach Beendigung des Verfahrens vgl auch § 31 Abs. 3.   45

c) Inanspruchnahme des Gegners erst nach Rechtskraft. Unabhängig von einer Antragshaftung (→   46 Rn 42 ff) dürfen die Kosten vom Gegner der PKH-Partei, dem die Kosten durch gerichtliche Entscheidung auferlegt wurden (§ 29 Nr. 1), erst eingezogen werden, sofern und soweit diese Kostenentscheidung Rechtskraft erlangt hat (§ 125 Abs. 1 ZPO, Nr. 3.3.2 DB-PKH). Diese Regelung ist eine Ausnahme von dem Grundsatz, dass die Rechtskraft einer Kostenentscheidung kein Erfordernis für deren Wirksamkeit darstellt (vgl auch § 30).

Beispiel: In einem Zivilprozessverfahren ist dem Kläger PKH ohne Zahlungsbestimmung bewilligt worden. Der   47 Streitwert beträgt 6.000 €. Neben der Verfahrensgebühr (495 €) sind noch Auslagen für von dem Kläger benannte Zeugen iHv 300 € angefallen.

1. Fallvariante: Das Verfahren endet mit einem Urteil, wonach dem Beklagten die Kosten auferlegt werden. In diesem Fall können die gesamten Kosten iHv 795 € erst nach Rechtskraft des Urteils gegen den Beklagten zum Soll gestellt werden. Der Kostenbeamte hat deshalb die Rechtskraft der Endentscheidung von Amts wegen zu prüfen.

2. Fallvariante: Sachverhalt wie vor, jedoch legt der Beklagte Berufung gegen das Urteil ein, die dann durch das Berufungsgericht zurückgewiesen wird.

Nach der Kostenentscheidung der ersten Instanz war eine Einziehung beim Beklagten mangels Rechtskraft (aufgrund der eingelegten Berufung) *zunächst* nicht zulässig (§ 125 Abs. 1 ZPO). Erst nach Zurückweisung der Berufung ist die Kostenentscheidung der ersten Instanz – mangels Zulässigkeit und Erhebung einer Revision (vgl §§ 542 ff ZPO) – rechtskräftig geworden und der Kostenbeamte der ersten Instanz kann die gesamten Kosten iHv 795 € nun gegen den Beklagten (§§ 29 Nr. 1, 31 Abs. 2) zum Soll stellen.

3. Fallvariante: Sachverhalt wie Fallvariante 1, jedoch wird das Urteil erster Instanz aufgrund einer Berufung des Beklagten durch das Berufungsgericht aufgehoben und die Kosten (auch) des erstinstanzlichen Verfahrens werden dem Kläger auferlegt.

Nach der Kostenentscheidung der ersten Instanz war eine Einziehung beim Beklagten mangels Rechtskraft (aufgrund der eingelegten Berufung) nicht zulässig (§ 125 Abs. 1 ZPO).

Kostenschuldner (auch) der ersten Instanz gem. § 29 Nr. 1 ist letztlich ausschließlich der Kläger, der jedoch nicht in Anspruch genommen werden kann (§ 122 Abs. 1 Nr. 1 Buchst. a ZPO). Eine Inanspruchnahme des Beklagten ist somit nicht zulässig.

4. Fallvariante: Sachverhalt wie Fallvariante 3 (nach der Kostenentscheidung der ersten Instanz hat Beklagte die Kosten zu tragen), jedoch hat nach der Entscheidung des Berufungsgerichts die Kosten der ersten Instanz der Kläger zu 1/3, der Beklagte zu 2/3 zu tragen.

Nach der Kostenentscheidung der ersten Instanz war eine Einziehung beim Beklagten mangels Rechtskraft (aufgrund der eingelegten Berufung) nicht zulässig (§ 125 Abs. 1 ZPO).

Erst nach der Entscheidung des Berufungsgerichts ist die Kostenentscheidung erster Instanz – nun jedoch betreffend den Beklagten nur iHv 2/3 – rechtskräftig geworden und der Kostenbeamte der ersten Instanz kann Kosten iHv lediglich 530 € gegen den Beklagten (§§ 29 Nr. 1, 31 Abs. 2) zum Soll stellen.

5. Fallvariante: In den vorgenannten Fallvarianten wird im Berufungsverfahren jeweils ein Vergleich geschlossen, in dem dann inhaltlich die angegebenen Kostenregelungen bzgl der ersten Instanz getroffen werden.

Die Kostenabrechnung für die erste Instanz hat in gleicher Weise, wie oben dargestellt, zu erfolgen bzw ist zunächst mangels Rechtskraft gegen den Beklagten nicht zulässig (§ 125 Abs. 1 ZPO).

Der Beklagte kann sodann für die Kosten der ersten Instanz nur in Anspruch genommen werden, *wenn und soweit* er diese aufgrund des Vergleichs endgültig übernommen hat. Die Kostenentscheidung der ersten Instanz ist nicht rechtskräftig geworden. Die Vorschrift des § 30 ist bei dieser Fallgestaltung nicht anwendbar.

Aufgrund der speziellen Regelung des § 125 Abs. 1 ZPO kommt eine Anwendung der Regelung des § 30   48 nicht in Betracht (→ § 30 Rn 16 ff).

Sofern die Kosten der Instanz vom Gegner der PKH-Partei gem. § 29 Nr. 2 – durch Vergleich – übernom-   49 men wurden, ist § 125 Abs. 1 ZPO entsprechend anzuwenden, so dass nach Rechtswirksamkeit des Vergleichs die Kosten gegen den Gegner geltend gemacht werden können.

Die Regelung des § 125 Abs. 1 ZPO gilt unabhängig davon, ob PKH ohne oder mit Zahlungsbestimmung   50 bewilligt wurde.

VIII. Vergütungsanspruch des beigeordneten Rechtsanwalts

51   **1. Vergütungsanspruch gegen die Staatskasse.** Da dem beigeordneten Rechtsanwalt eine (aktive) Geltendmachung seiner Vergütung gegen seinen Mandanten als Auftraggeber gem. § 122 Abs. 1 Nr. 3 ZPO untersagt ist – zur Annahme freiwilliger Zahlungen ist er berechtigt, die dann ggf auf die PKH-Vergütung zu verrechnen sind (§ 58 Abs. 2 RVG) –, steht ihm als Ausgleich allein aufgrund dieser Beiordnung ein Vergütungsanspruch gegen die Staatskasse auf die sog. **PKH-Vergütung** zu (§§ 45 ff, 49 RVG). Dieser Vergütungsanspruch besteht völlig unabhängig vom Ausgang des Verfahrens und ist ab einem Streitwert von mehr als 4.000 € geringer als die Vergütung eines Wahlanwalts gem. § 13 RVG. Die Festsetzung erfolgt aufgrund eines Antrags im Verfahren gem. § 55 RVG.

52   Mit der Auszahlung der PKH-Vergütung aus der Staatskasse geht der – der Forderungssperre des § 122 Abs. 1 Nr. 3 ZPO unterliegende (→ Rn 51) – Vergütungsanspruch des beigeordneten Rechtsanwalts gegen seinen Mandanten gem. § 59 Abs. 1 S. 1 RVG kraft Gesetzes auf die Staatskasse über, die diesen Anspruch gegen die PKH-Partei selbst jedoch nur im Falle der Anordnung von Ratenzahlungen oder Zahlungen aus dem Vermögen gem. § 122 Abs. 1 Nr. 1 Buchst. b ZPO geltend machen kann (→ Rn 65 ff).

53   Im Falle der Bewilligung von PKH mit Zahlungsbestimmung besteht für den beigeordneten Rechtsanwalt die Möglichkeit, auch die Differenz der PKH-Vergütung (§ 49 RVG) zur Wahlanwaltsvergütung (§ 13 Abs. 1 RVG) – auch „weitere Vergütung" oder „Deckungslücke" genannt – zu erhalten. Auch diesen Anspruch darf er nicht unmittelbar gegen seinen Mandanten geltend machen (§ 122 Abs. 1 Nr. 3 ZPO). Vielmehr setzt dieser neben einem Antrag gem. §§ 50 Abs. 1, 55 Abs. 1, 5 RVG (vgl auch Abs. 6) insb. voraus, dass diese **weitere Vergütung** durch **vorherige Zahlungen der PKH-Partei gedeckt** ist (→ Rn 65 ff).

54   Der Anspruch gem. § 50 RVG auf die weitere Vergütung reduziert sich naturgemäß, soweit eine Festsetzung für den beigeordneten Rechtsanwalt gem. § 126 ZPO gegen den unterlegenen Gegner erfolgt (→ Rn 55 ff).

55   **2. Vergütungsanspruch gegen den Gegner.** Sofern der Gegner der PKH-Partei unterliegt, ist der beigeordnete Rechtsanwalt berechtigt, seine Wahlanwaltsvergütung (§ 13 RVG) gem. § 126 Abs. 1 ZPO im eigenen Namen im Verfahren gem. §§ 103 ff ZPO gegen diesen Gegner festsetzen zu lassen. Der Anspruch des beigeordneten Rechtsanwalts gegen die Staatskasse auf die PKH-Vergütung (§ 49 RVG) wird durch den Anspruch gem. § 126 ZPO nicht beeinträchtigt bzw verdrängt. Hat der beigeordnete Rechtsanwalt auch diesen Vergütungsanspruch gegen die Staatskasse – auf die PKH-Vergütung – geltend gemacht, kann die Festsetzung gem. § 126 ZPO gegen den Gegner maximal nur noch in Höhe der Differenzvergütung erfolgen (Ziff. 2.3.1 AV Vergütungsfestsetzung). Im Falle der Quotelung der Kosten ist sein Anspruch gegen den Gegner naturgemäß auch auf den sich nach einer Ausgleichung gem. § 106 ZPO ergebenden Erstattungsanspruch begrenzt.

56   **Beispiel:** In einem Zivilprozessverfahren ist dem Kläger PKH ohne Zahlungsbestimmung bewilligt und Rechtsanwalt A beigeordnet worden. Die PKH-Vergütung (§ 49 RVG) beträgt 850 € und die Differenzvergütung 750 €. Die PKH-Vergütung wurde nach Abschluss antragsgemäß aus der Staatskasse erstattet. Rechtsanwalt A beantragt die Festsetzung gem. §§ 103 ff, 126 ZPO der Wahlanwaltsvergütung – iHv insgesamt 1.600 € – gegen den Gegner. Die Erstattungsfähigkeit der Wahlanwaltsvergütung gem. § 91 ZPO ist gegeben.

1. Fallvariante: Nach der Kostenentscheidung der ersten Instanz hat der Beklagte die Kosten des Verfahrens zu tragen.

Der Erstattungsanspruch des beigeordneten Rechtsanwalts gegen den Beklagten besteht in diesem Falle grds. in Höhe der gesamten Wahlanwaltsvergütung (hier iHv 1.600 €). Aufgrund der gleichzeitigen oder vorherigen Festsetzung der PKH-Vergütung gegen die Staatskasse (§ 49 RVG; hier 850 €) wird der Rechtspfleger nur noch den Differenzbetrag – hier iHv 750 € – auf Antrag verzinslich gem. § 104 Abs. 1 S. 2 ZPO für den beigeordneten Rechtsanwalt gegen den Beklagten festsetzen.

Der restliche Erstattungsanspruch gegen den Beklagten iHv 850 € geht gem. § 59 Abs. 1 S. 1 RVG auf die Landeskasse über und wird dann gem. § 59 Abs. 2 RVG wie Gerichtskosten eingezogen. Der unterlegene Gegner hat damit letztlich die gesamten außergerichtlichen Kosten des obsiegenden Klägers (hier iHv 1.600 €) zu zahlen, so wie auch ohne Bewilligung von PKH für die obsiegende Partei. Er hat diesen Anspruch nur nicht unmittelbar an den obsiegenden Kläger, sondern hier aufgeteilt an den beigeordneten Rechtsanwalt und die Staatskasse zu erfüllen.

57   Sofern der beigeordnete Rechtsanwalt die PKH-Vergütung gegen die Staatskasse nicht geltend gemacht hat, kann der Rechtspfleger den gesamten Anspruch – hier iHv 1.600 € – festsetzen. Ein Forderungsübergang auf die Landeskasse ist dann naturgemäß nicht gegeben. Dieser Anspruch des beigeordneten Rechtsanwalts gegen den Gegner ist gegenüber einem auf die Landeskasse gem. § 59 Abs. 1 RVG übergegangenen Anspruch **vorrangig** (§ 59 Abs. 1 S. 2 RVG). Dieser Vorrang wirkt sich insb. im Falle einer **Kostenquotelung** aus.

Beispiel: Sachverhalt wie → Rn 56.   58

2. Fallvariante: Nach der Kostenentscheidung hat der Kläger 1/3, der Beklagte 2/3 der Verfahrenskosten zu tragen. Die (gem. § 91 ZPO) erstattungsfähigen Rechtsanwaltskosten des Beklagten betragen 2.000 €.

Nach (antragsgemäßer) Festsetzung der PKH-Vergütung (hier 850 €) ergibt sich im Rahmen des Festsetzungsverfahrens gem. § 106 ZPO aufgrund der gegebenen Quotelung ein Erstattungsanspruch des beigeordneten Rechtsanwalts gegen den Beklagten gem. §§ 106, 126 ZPO iHv 400 €. Da dieser Erstattungsanspruch geringer ist als die Differenzvergütung (hier 750 €), kann dieser Anspruch in voller Höhe – hier 400 € – zugunsten des beigeordneten Rechtsanwalts (gegen den Beklagten) festgesetzt werden.

Ein Forderungsübergang auf die Landeskasse gegen den Beklagter findet in diesem Fall auch nicht teilweise statt, da der gesamte sich aus der Kostenquotelung gem. § 106 ZPO ergebende Erstattungsanspruch (hier iHv lediglich 400 €) gem. § 59 Abs. 1 S. 2 RVG *vorrangig* für den beigeordneten Rechtsanwalt verbraucht wurde.

3. Fallvariante: Nach der Kostenentscheidung hat der Kläger 1/5, der Beklagte 4/5 der Verfahrenskosten zu tragen. Die (gem. § 91 ZPO) erstattungsfähigen Rechtsanwaltskosten des Beklagten betragen wiederum 2.000 €.

Nach (antragsgemäßer) Festsetzung der PKH-Vergütung (hier 850 €) ergibt sich im Rahmen des Festsetzungsverfahrens gem. § 106 ZPO aufgrund der gegebenen Quotelung ein Erstattungsanspruch des beigeordneten Rechtsanwalts gegen den Beklagten gem. §§ 106, 126 ZPO iHv grds. 880 €. Da dieser Erstattungsanspruch die Differenzvergütung (hier 750 €) übersteigt, kann lediglich diese Differenzvergütung iHv 750 € zugunsten des beigeordneten Rechtsanwalts (gegen den Beklagten) festgesetzt werden (Ziff. 2.3.1 AV Vergütungsfestsetzung).

Der *restliche* Erstattungsanspruch von 130 € (880 € abzgl. 750 €) geht gem. § 59 Abs. 1 S. 1 RVG auf die Landeskasse über und wird dann gem. § 59 Abs. 2 RVG wie Gerichtskosten von dem Beklagten eingezogen.

Der übrige sich aus der Kostenquotelung gem. § 106 ZPO ergebende Erstattungsanspruch (hier iHv 750 €) wurde gem. § 59 Abs. 1 S. 2 RVG *vorrangig* für den beigeordneten Rechtsanwalt verbraucht.

Der Anspruch gem. § 126 Abs. 1 ZPO besteht völlig unabhängig davon, ob PKH mit oder ohne Zahlungsbestimmung bewilligt wurde, soweit der beigeordnete Rechtsanwalt nicht – in der Praxis wohl nur ausnahmsweise – auch die Differenzvergütung bereits aus der Staatskasse aufgrund ausreichender (Raten-)Zahlungen seines Mandanten gem. § 50 Abs. 1 RVG erhalten hat.   59

Sofern der beigeordnete Rechtsanwalt die Festsetzung der PKH-Vergütung (§ 49 RVG) erst beantragt, nachdem die Festsetzung gem. § 126 ZPO gegen den Beklagten zu seinen Gunsten (ungekürzt) bereits erfolgt ist, muss der Rechtspfleger diesen Festsetzungsbeschluss (nach § 126 ZPO) entsprechend den obigen Berechnungen einziehen bzw korrigieren und/oder den Gegner benachrichtigen (Ziff. 2.3.2, 2.3.3 AV Vergütungsfestsetzung). Damit wird sichergestellt, dass der beigeordnete Rechtsanwalt aus beiden Ansprüchen (gegen die Staatskasse und den unterlegenen Gegner) zusammen nicht mehr erhält als die Wahlanwaltsvergütung.   60

3. Übergang des Vergütungsanspruchs auf die Staatskasse. Mit der Auszahlung der PKH-Vergütung aus der Staatskasse geht der Erstattungsanspruch des beigeordneten Rechtsanwalts aus § 126 Abs. 1 ZPO gegen den unterlegenen Gegner kraft Gesetzes gem. § 59 Abs. 1 S. 1 RVG auf die Staatskasse über. Der (restliche) Anspruch des beigeordneten Rechtsanwalts gegen den Gegner ist gem. § 59 Abs. 1 S. 2 RVG insoweit vorrangig (→ Rn 55 ff).   61

Die Berechnung und Feststellung des gesetzlichen Forderungsübergangs ist als Ergebnis eines (evtl. fiktiven) Kostenfestsetzungsverfahrens gem. §§ 103 ff ZPO uneingeschränkt dem Aufgabengebiet des **Rechtspflegers** zuzuordnen. Da dieser Anspruch – ungeachtet seiner Zuordnung zu den außergerichtlichen Kosten – lediglich wie Gerichtskosten eingezogen wird (§ 59 Abs. 2 RVG; JBeitrO), beschränkt sich die Aufgabe des Kostenbeamten auf die Übernahme dieses Anspruchs in die Gerichtskostenabrechnung betreffend den Gegner (s. Nr. 3.3.2, 7.1 DB-PKH).   62

Im Falle einer **Quotelung der Kosten** ist zu beachten, dass der Rechtspfleger bei der Feststellung des Forderungsübergangs diese Quotelung bereits berücksichtigt hat. Es sind somit zunächst allein die Gerichtskosten zu quoteln und sodann ist dieser **Forderungsübergang in der vorgegebenen Höhe uneingeschränkt** dem sich aus der Quotelung der Gerichtskosten ergebenden Anteil des Gegners der PKH-Partei hinzuzurechnen.   63

Dieser auf die Landeskasse übergegangene Anspruch kann auch dann uneingeschränkt gegen den Gegner geltend gemacht werden – ungeachtet der Möglichkeit, gem. § 10 KostVfg zu verfahren –, wenn auch diesem PKH bewilligt wurde (→ Rn 38).   64

IX. Besonderheiten bei PKH mit Zahlungsbestimmung

Sowohl monatliche Raten als auch von der PKH-Partei aus dem Vermögen aufzubringende Beträge (vgl § 120 Abs. 1 S. 1 ZPO) werden ausschließlich auf die **Kosten der Prozessführung** (vgl § 114 ZPO; → Rn 5) verrechnet. Dazu gehört neben der sog. PKH-Vergütung (§ 49 RVG), die dem Rechtsanwalt aufgrund seiner Beiordnung gem. §§ 45 ff RVG in jedem Fall gegen die Staatskasse zusteht, auch die Differenz bis zur Wahlanwaltsvergütung dieses beigeordneten Rechtsanwalts (§ 13 Abs. 1 RVG). Letztere – auch „**weitere Vergü-**   65 tung" oder „Deckungslücke" genannt – erhält er jedoch nur, sofern ein Antrag gem. §§ 50 Abs. 1, 2, 55 Abs. 1, 5 RVG (vgl auch § 55 Abs. 6 RVG) vorliegt. Die PKH-Partei hat somit bei vorliegender Zahlungsbestimmung grds. die Kosten der Prozessführung in gleicher Höhe zu zahlen wie auch ohne Bewilligung von PKH.

66 Allerdings erfolgen diese Zahlungen **ausschließlich** an die Staatskasse und im Falle der Anordnung monatlicher Raten besteht eine Höchstgrenze von 48 Raten (§ 115 Abs. 2 ZPO).

67 Diese Zahlungen werden sodann in folgender **Reihenfolge verrechnet** (vgl § 50 Abs. 1 S. 1 RVG):
1. Gerichtskosten, soweit eine erstschuldnerische Haftung vorliegt (§§ 29 Nr. 1, 2, 31 Abs. 2);
2. PKH-Vergütung (§ 122 Abs. 1 Nr. 1 Buchst. b ZPO, §§ 49, 59 RVG) des beigeordneten Rechtsanwalts;
3. Gerichtskosten, soweit eine zweitschuldnerische Haftung vorliegt (§ 22, §§ 17, 18, 28; § 31 Abs. 2);
4. weitere Vergütung des beigeordneten Rechtsanwalts (§§ 50 Abs. 1, 13 RVG).

68 Die **weitere Vergütung** (Ziff. 4) stellt die – ab einem Streitwert von mehr als 4.000 € gegebene – Differenz zwischen der PKH-Vergütung (§ 49 RVG) zu der Regelvergütung eines Wahlanwalts (§ 13 RVG) dar (→ Rn 51 ff).

69 Auch im Falle der Bewilligung von PKH mit Zahlungsbestimmung besteht die sog. **Forderungssperre** für den beigeordneten Rechtsanwalt gegen seinen Mandanten (§ 122 Abs. 1 Nr. 3 ZPO) und seine Vergütungsansprüche kann er nur gegen die Staatskasse (§§ 55, 50 RVG) oder den unterlegenen Gegner (gem. § 126 Abs. 1 ZPO) geltend machen.

70 Aus der Staatskasse erhält der beigeordnete Rechtsanwalt die weitere Vergütung jedoch nur dann und soweit, als diese durch vorherige Zahlungen der PKH-Partei gedeckt ist. Die Bestimmung des § 50 Abs. 1 S. 2 RVG regelt ausschließlich die Frage des Zeitpunkts der Auszahlung (vgl auch 2.5 ff AV Vergütungsfestsetzung).

71 **Beispiel:** In einem Zivilprozessverfahren ist dem Kläger unter Beiordnung seines Prozessbevollmächtigten PKH bewilligt worden und es wurden monatliche Raten von 60 € bestimmt. Der Streitwert beträgt 9.000 €. Neben der Verfahrensgebühr Nr. 1210 KV sind keine Gerichtskosten angefallen.

1. Fallvariante: Die Klage wird zurückgewiesen und dem Kläger werden die Kosten des Verfahrens auferlegt. Dem beigeordneten Rechtsanwalt ist die PKH-Vergütung (§ 49 RVG) nach Abschluss der Instanz iHv 850 € bereits antragsgemäß aus der Staatskasse erstattet worden und dieser hat zugleich die Festsetzung der weiteren Vergütung iHv 750 € beantragt (§ 50 RVG). Bei Abschluss des Verfahrens hat der Kläger bereits 10 Raten à 60 € gezahlt.

Neben den Gerichtskosten (Nr. 1210 KV mit 666 €) hat die PKH-Partei (hier der Kläger) somit auch die Wahlanwaltsvergütung des ihm beigeordneten Rechtsanwalts jedoch ausschließlich an die Staatskasse zu zahlen (§ 122 Abs. 1 Nr. 1 Buchst. b ZPO, § 50 RVG). Die Zahlungen sind sodann in folgender Reihenfolge zu verrechnen:

1. Gerichtskosten gem. § 29 Nr. 1	666,00 €
2. PKH-Vergütung (§§ 49, 59 RVG, § 122 Abs. 1 Nr. 1 Buchst. b ZPO)	850,00 €
3. Gerichtskosten als Zweitschuldner	0,00 €
4. Weitere Vergütung (§§ 50 Abs. 1, 13 RVG)	750,00 €
Summe	2.266,00 €
abzgl. bereits gezahlter Raten	– 600,00 €
Restbetrag	**1.666,00 €**

In die nach Beendigung des Verfahrens aufzustellende Gerichtskostenrechnung nimmt der Kostenbeamte die vom Rechtspfleger vorgegebenen Beträge bzgl der PKH-Vergütung und der weiteren Vergütung in die Kostenrechnung auf (Nr. 7.1 DB-PKH). Der Restbetrag iHv 1.666 € wird sodann vom Kläger weiterhin ratenweise (27 Raten à 60 € und 1 Rate iHv 46 €) eingezogen. Eine Sollstellung ist insoweit nicht zulässig.

72 Nach Zahlung der letzten Rate (von hier 46 €) bestimmt der Rechtspfleger die – hier endgültige – Einstellung der Ratenzahlung gem. § 120 Abs. 3 Nr. 1 ZPO und der Urkundsbeamte veranlasst die Festsetzung der weiteren Vergütung iHv 750 € an den beigeordneten Rechtsanwalt (§ 50 Abs. 1 S. 2 RVG). Die Kläger hat dann die gesamten **Kosten seiner Prozessführung** (vgl § 114 ZPO) gezahlt und der ihm beigeordnete Rechtsanwalt hat letztlich seine Wahlanwaltsvergütung erhalten.

73 Die dem Gegner entstandenen außergerichtlichen Kosten hat der Kläger – unabhängig von den bestimmten Ratenzahlungen – zusätzlich an diesen zu erstatten (vgl § 123 ZPO). Auf Antrag erlässt der Rechtspfleger einen entsprechenden Kostenfestsetzungsbeschluss gegen den Kläger (vgl §§ 103 ff ZPO).

74 **Beispiel: 2. Fallvariante:** Sachverhalt wie 1. Fallvariante (→ Rn 71), jedoch wurden monatliche Raten von 45 € bestimmt.

Die Zahlungsverpflichtung des Klägers beträgt grds. ebenfalls 2.266 €, ist jedoch gem. § 115 Abs. 2 ZPO nunmehr auf 2.160 € (48 Raten à 45 €) begrenzt.

Nach Zahlung der letzten Rate und Einstellung der Ratenzahlung gem. § 120 Abs. 3 Nr. 1 ZPO kann lediglich noch ein Teilbetrag der weiteren Vergütung iHv 644 € (2.160 € abzgl. Gerichtskosten, PKH-Vergütung = 1.516 €) an den beigeordneten Rechtsanwalt ausgezahlt werden (§ 50 Abs. 1 S. 2 RVG).

3. Fallvariante: Sachverhalt wie 1. Fallvariante (→ Rn 71), jedoch wurden monatliche Raten von 30 € bestimmt. Die Zahlungsverpflichtung des Klägers beträgt grds. ebenfalls 2.266 €, ist jedoch gem. § 115 Abs. 2 ZPO nunmehr auf 1.440 € (48 Raten à 30 €) begrenzt.

Nach Zahlung der letzten Rate und Einstellung der Ratenzahlung gem. § 120 Abs. 3 Nr. 1 ZPO kann die weitere Vergütung auch nicht teilweise an den beigeordneten Rechtsanwalt ausgezahlt werden. Die gezahlten Beträge decken diese nach der dargestellten Verrechnungsreihenfolge auch nicht teilweise ab (1.440 € abzgl. Gerichtskosten, PKH-Vergütung = 1.516 €).

Der Anspruch des beigeordneten Rechtsanwalts auf die PKH-Vergütung (§ 49 RVG) ist davon jedoch – wie auch bei PKH-Bewilligung ohne jede Zahlungsbestimmung – nicht betroffen (vgl auch § 45 RVG).

4. Fallvariante: Sachverhalt wie 1. Fallvariante (→ Rn 71), jedoch werden die Kosten des Verfahrens in der abschließenden Entscheidung dem Beklagten auferlegt. Bei Abschluss des Verfahrens hat der Kläger bereits 5 Raten à 60 € gezahlt.

Die Inanspruchnahme des Beklagten ist auch hier erst nach Rechtskraft der Kostenscheidung zulässig (§ 125 Abs. 1 ZPO). Dies gilt auch für die auf die Landeskasse gegen ihn gem. §§ 12, 59 Abs. 1 RVG übergegangenen Ansprüche bzgl der PKH-Vergütung (vgl § 59 Abs. 2 RVG). Die Höhe dieses Forderungsübergangs hat der Rechtspfleger festzustellen. Vorliegend ergibt sich ein solcher Forderungsübergang iHv 550 €. Zugleich hat der Rechtspfleger die vorläufige Einstellung der Ratenzahlung gem. § 120 Abs. 3 Nr. 2 ZPO zu bestimmen.

Die vom Kläger bereits gezahlten Raten werden nicht zurückgezahlt. Vielmehr werden sie auf die PKH-Vergütung des ihm beigeordneten Rechtsanwalts verrechnet (→ Rn 29, 65), was die Reduzierung des auf die Landeskasse übergegangenen Anspruchs gem. § 59 Abs. 1 RVG auf 550 € (850 € – 300 €) bewirkt. Dieser Betrag von 300 € kann dann zugunsten des Klägers selbst im Kostenfestsetzungsverfahren gem. §§ 103 ff ZPO gegen den Beklagten festgesetzt werden.

Der beigeordnete Rechtsanwalt hat auch hier die Möglichkeit, seine Vergütungsansprüche – bis zur Höhe der Wahlanwaltsvergütung (§ 13 RVG; hier iHv 1.600 €) – gem. § 126 Abs. 1 ZPO im eigenen Namen gegen den Beklagten im Kostenfestsetzungsverfahren (§§ 103 ff ZPO) geltend zu machen (→ Rn 55 ff).

Sofern der beigeordnete Rechtsanwalt – wie in der Praxis im Regelfall – die PKH-Vergütung (§ 49 RVG; hier iHv 850 €) gegen die Landeskasse geltend macht, ist sein Anspruch gegen den Beklagten auf die weitere Vergütung von hier 750 € begrenzt.

Die Notwendigkeit der vorläufigen Einstellung der Ratenzahlung wird auch durch die Verrechnung der Ratenzahlungen des Klägers deutlich:

1. Gerichtskosten gem. § 24 Nr. 1	0,00 €
2. PKH-Vergütung (§§ 122 Abs. 1 Nr. 1 Buchst. b ZPO, §§ 12, 49, 59 RVG)	850,00 €
abzgl. § 59 RVG gegen Beklagten	550,00 €
restliche PKH-Vergütung	300,00 €
3. Gerichtskosten als Zweitschuldner	0,00 €
4. Weitere Vergütung – nicht beantragt (§ 50 Abs. 1 RVG)	0,00 €
Summe	300,00 €
abzgl. bereits gezahlter Raten	300,00 €
Restbetrag	**0,00 €**

Sofern der Beklagte seinen Zahlungsverpflichtungen – gegenüber der Landeskasse und/oder dem beigeordneten Rechtsanwalt gem. § 126 ZPO – evtl. auch teilweise nicht nachkommt, ist die vorläufige Einstellung der Ratenzahlungen durch den Rechtspfleger wieder aufzuheben und der Kläger hat die Kosten seiner Prozessführung – hier bis zur Höchstgrenze von 48 Raten – ratenweise zu begleichen und der beigeordnete Rechtsanwalt erhält in diesem Fall je nach Höhe der Ratenzahlung seine weitere Vergütung auf Antrag (§ 50 Abs. 1 RVG) aufgrund der Ratenzahlungen der PKH-Partei selbst. Ein zuvor ergangener Titel gem. § 126 Abs. 1 ZPO müsste naturgemäß vom Rechtspfleger eingezogen werden.

Die Kläger könnte sich in diesem Fall sodann die gesamten gezahlten Raten ebenfalls gegen den Beklagten gem. §§ 103 ff ZPO festsetzen lassen.

Wurde auch dem obsiegenden Gegner PKH bewilligt, wird ein von dieser Seite gem. § 59 Abs. 1 RVG auf die Landeskasse übergegangener Anspruch nicht durch die der unterlegenen PKH-Partei bewilligten Raten abgedeckt. Vielmehr hat die unterlegene PKH-Partei diesen Anspruch zusätzlich an die Staatskasse zu erfüllen (→ Rn 38, 64). [75]

Sofern – in der Praxis absolut ausnahmsweise – im PKH-Bewilligungsbeschluss gem. §§ 115 Abs. 3, 120 Abs. 1 S. 1 ZPO Zahlungen aus dem Vermögen bestimmt wurden, erfolgt die Verrechnung dieser Zahlung in gleicher Weise wie die Ratenzahlungen aus dem monatlichen Einkommen (→ Rn 67). [76]

§ 22 Streitverfahren, Bestätigungen und Bescheinigungen zu inländischen Titeln

(1) [1]In bürgerlichen Rechtsstreitigkeiten mit Ausnahme der Restitutionsklage nach § 580 Nummer 8 der Zivilprozessordnung sowie in Verfahren nach § 1 Absatz 1 Satz 1 Nummer 14, Absatz 2 Nummer 1 bis 3 sowie Absatz 4 schuldet die Kosten, wer das Verfahren des Rechtszugs beantragt hat. [2]Im Verfahren, das gemäß § 700 Absatz 3 der Zivilprozessordnung dem Mahnverfahren folgt, schuldet die Kosten, wer den Vollstreckungsbescheid beantragt hat. [3]Im Verfahren, das nach Einspruch dem Europäischen Mahnverfahren folgt, schuldet die Kosten, wer den Zahlungsbefehl beantragt hat. [4]Die Gebühr für den Abschluss eines gerichtlichen Vergleichs schuldet jeder, der an dem Abschluss beteiligt ist.

(2) [1]In Verfahren vor den Gerichten für Arbeitssachen ist Absatz 1 nicht anzuwenden, soweit eine Kostenhaftung nach § 29 Nummer 1 oder 2 besteht. [2]Absatz 1 ist ferner nicht anzuwenden, solange bei einer Zurückverweisung des Rechtsstreits an die Vorinstanz nicht feststeht, wer für die Kosten nach § 29 Nummer 1 oder 2 haftet, und der Rechtsstreit noch anhängig ist; er ist jedoch anzuwenden, wenn das Verfahren nach Zurückverweisung sechs Monate geruht hat oder sechs Monate von den Parteien nicht betrieben worden ist.

(3) In Verfahren über Anträge auf Ausstellung einer Bestätigung nach § 1079 der Zivilprozessordnung, einer Bescheinigung nach § 1110 der Zivilprozessordnung oder nach § 57 oder § 58 des Anerkennungs- und Vollstreckungsausführungsgesetzes schuldet die Kosten der Antragsteller.

(4) [1]Im erstinstanzlichen Musterverfahren nach dem Kapitalanleger-Musterverfahrensgesetz ist Absatz 1 nicht anzuwenden. [2]Die Kosten für die Anmeldung eines Anspruchs zum Musterverfahren schuldet der Anmelder. [3]Im Verfahren über die Rechtsbeschwerde nach § 20 des Kapitalanleger-Musterverfahrensgesetzes schuldet neben dem Rechtsbeschwerdeführer auch der Beteiligte, der dem Rechtsbeschwerdeverfahren auf Seiten des Rechtsbeschwerdeführers beigetreten ist, die Kosten.

I. Allgemeines

Abs. 1 S. 1 bestimmt für bürgerliche Rechtsstreitigkeiten sowie für die in § 1 Abs. 1 S. 1 Nr. 14, Abs. 2 Nr. 1–3 sowie Abs. 4 genannten Verfahren die Haftung des Antragstellers für sämtliche in der Instanz anfallende **Kosten** (§ 1 Abs. 1 S. 1: **Gebühren und Auslagen**).[1] Ausgenommen von dieser **Veranlasserhaftung** sind in bürgerlichen Rechtsstreitigkeiten Restitutionsklagen nach § 580 Nr. 8 ZPO. Neben die Haftung des Antragstellers der Instanz gem. Abs. 1 S. 1 kann die **Haftung des Entscheidungs- oder Übernahmeschuldners** gem. § 29 Nr. 1 und 2 treten. Die Antragstellerhaftung kann nachträglich nicht wieder wegfallen. Hinsichtlich noch nicht gezahlter Kosten wandelt sich die Antragstellerhaftung nach Abs. 1 S. 1 aber ggf in eine Zweitschuldnerhaftung um (§ 31 Abs. 2). Die Haftung nach Abs. 1 S. 1 soll zusätzlich und in Abweichung von der Erst- bzw Entscheidungsschuldnerhaftung nach § 29 Nr. 1 und 2 (§ 31 Abs. 2), die im Rahmen von §§ 91 ff ZPO angeordnet wird, eine **zusätzliche Kostenschuldnerschaft** begründen, die sich gerade nicht am Obsiegen oder Unterliegen ausrichtet. Sie basiert auf dem Antrags- oder Veranlassungsprinzip, das unabhängig vom Prozess- oder Verfahrenserfolg durchgreift. Abs. 1 S. 1 verfolgt damit eine **eigenständige, erfolgsunabhängige Kostenpflicht**.[2]

1

Abs. 1 S. 1 wird ergänzt durch die Regelungen in **Abs. 1 S. 2–4**. Dort konkretisiert der Gesetzgeber für den Fall des Einspruchsverfahrens nach einem Vollstreckungsbescheid bzw nach einem Europäischen Zahlungsbefehl, wer als haftender Antragsteller anzusehen ist.

2

Abs. 1 S. 4 regelt die Kostenhaftung für die Gebühr für den Abschluss eines gerichtlichen Vergleichs nach Nr. 1900 KV (Zivilverfahren vor den ordentlichen Gerichten), Nr. 5600 KV (Verwaltungsgerichtsbarkeit) und Nr. 7600 KV (Sozialgerichtsbarkeit).

3

Besondere und teilweise von Abs. 1 abweichende Haftungsbestimmungen enthalten **Abs. 2** für die Arbeitsgerichtsbarkeit, **Abs. 3** für Verfahren über Anträge auf Ausstellung einer Bestätigung nach § 1079 ZPO, einer Bescheinigung nach § 1110 ZPO oder nach § 57 oder § 58 des Anerkennungs- und Vollstreckungsausführungsgesetzes (AVAG) sowie **Abs. 4** für Verfahren nach dem Kapitalanleger-Musterverfahrensgesetz (KapMuG).

4

II. Geltungsbereich von Abs. 1 S. 1

1. Bürgerliche Rechtsstreitigkeiten. Abs. 1 S. 1 bestimmt zunächst für bürgerliche Rechtsstreitigkeiten, dass derjenige die Kosten schuldet, wer das Verfahren des Rechtszugs beantragt hat. Bürgerliche Rechtsstreitigkeiten sind gem. § 13 GVG die vor die ordentlichen Gerichte gehörenden Zivilsachen ohne die Familiensachen (§ 111 FamFG) und die Angelegenheiten der freiwilligen Gerichtsbarkeit, in denen sich die Gerichtskosten nach dem FamGKG bzw dem GNotKG richten.

5

2. Restitutionsklagen gem. § 580 Nr. 8 ZPO. Die Haftung des Antragstellers gem. Abs. 1 S. 1 gilt auch bei Einreichung einer Restitutionsklage gem. § 580 **Nr. 1–7** ZPO. Ausdrücklich ausgenommen von der Haftung des Antragstellers in bürgerlichen Rechtsstreitigkeiten ist nach Abs. 1 S. 1 nur die Restitutionsklage nach § 580 **Nr. 8** ZPO. Diese findet statt, wenn der Europäische Gerichtshof für Menschenrechte (EGMR) eine Verletzung der Europäischen Konvention zum Schutz der Menschenrechte und Grundfreiheiten oder ihrer Protokolle (EMRK) festgestellt hat und das Urteil auf dieser Verletzung beruht. Der Ausschluss der Antragstellerhaftung bei dieser Restitutionsklage ist zum 1.8.2013 durch das 2. KostRMoG[3] neu in das GKG aufgenommen worden. Das begründet der Gesetzgeber damit, dass anders als bei den übrigen in § 580 ZPO genannten Restitutionsgründen hier bereits der EGMR eine Entscheidung getroffen hat, die unmittelbar das mit der Restitutionsklage wiederaufzunehmende Verfahren betrifft. Weil die innerstaatlichen Gerichte bei ihren Entscheidungen die EMRK verletzt haben, soll für diese Restitutionsklage die Antragstellerhaftung nach Abs. 1 S. 1 nicht gelten, weil es den Betroffenen nicht zu vermitteln wäre, auch in diesem Fall zu Be-

6

---

1 OLG Karlsruhe NJW-RR 2010, 499; OLG Koblenz AGS 1997, 107 = JurBüro 1998, 547; OLG Hamburg MDR 1984, 412; *Hansens*, RVGreport 2010, 161. **2** OLG Köln AGS 2011, 329 = MDR 2010, 596. **3** Vom 23.7.2013 (BGBl. I 2586).

ginn des Verfahrens zur Zahlung von Gerichtskosten aufgefordert zu werden. Denn die Betroffenen haben bereits vor der Entscheidung des EGMR den innerstaatlichen Rechtsweg auf eigene Kosten ausgeschöpft.[4]

7 Weil nach Abs. 1 S. 1 die Antragstellerhaftung ausgeschlossen ist, kann die Zustellung der Klage nicht gem. § 12 Abs. 1 S. 1 von der vorherigen Zahlung der Gebühr für das Verfahren im Allgemeinen nach Nr. 1210 KV abhängig gemacht werden. Die Restitutionsklage nach § 580 Nr. 8 ZPO wird deshalb durch den ebenfalls durch das 2. KostRMoG neu eingefügten § 12 Abs. 2 Nr. 4 ausdrücklich von der **Abhängigmachung** ausgeschlossen.

8 Die Verfahrensgebühr Nr. 1210 KV wird bei Einreichung einer Restitutionsklage nach § 580 Nr. 8 ZPO gem. § 6 Abs. 1 Nr. 1 zwar mit der Klageeinreichung fällig. Mangels eines Kostenschuldners kann sie vom Kostenbeamten aber trotz Fälligkeit (§ 15 Abs. 1 KostVfg) weder im Wege der Abhängigmachung durch Kostennachricht (§ 12 Abs. 1 S. 1, Abs. 2 Nr. 4) noch durch Sollstellung eingezogen werden. Eine Einziehung ist erst möglich, wenn sich aus § 29 ein Kostenschuldner ergibt.[5]

9 **3. Weitere in Abs. 1 S. 1 genannte Verfahren.** Die Haftung des Antragstellers gem. Abs. 1 S. 1 gilt auch

■ für Rechtsmittelverfahren vor dem Bundesgerichtshof nach dem Patentgesetz, dem Gebrauchsmustergesetz, dem Markengesetz, dem Designgesetz, dem Halbleiterschutzgesetz und dem Sortenschutzgesetz (Rechtsmittelverfahren des gewerblichen Rechtsschutzes), § 1 Abs. 1 S. 1 Nr. 14;

■ für Verfahren vor den Gerichten (§ 1 Abs. 2 Nr. 1–3)
  – der Verwaltungsgerichtsbarkeit nach der Verwaltungsgerichtsordnung;
  – der Finanzgerichtsbarkeit nach der Finanzgerichtsordnung;[6]
  – der Sozialgerichtsbarkeit nach dem Sozialgerichtsgesetz, soweit nach diesem Gesetz das Gerichtskostengesetz anzuwenden ist;

■ für Verfahren über eine Beschwerde, die mit einem der in § 1 Abs. 1–3 genannten Verfahren im Zusammenhang steht (§ 1 Abs. 4).

III. Antragstellerhaftung (Abs. 1 S. 1)

10 **1. Antrag. a) Einleitung eines gerichtlichen Verfahrens.** Ein Antrag iSv Abs. 1 S. 1 ist jede Prozesshandlung, durch die ein gerichtliches Verfahren eingeleitet und in Gang gesetzt wird.[7] Erfasst sind zB die Klageschrift (einschließlich Klageerweiterung und Widerklage), die Rechtsmittelschrift (Beschwerde, Berufung, Revision),[8] der Antrag auf Erlass eines Arrestes oder einer einstweiligen Verfügung, der Antrag auf Durchführung des selbständigen Beweisverfahrens sowie Anträge im Rahmen der Zwangsvollstreckung (zB Erteilung einer weiteren vollstreckbaren Ausfertigung, Erlass eines Pfändungs- und Überweisungsbeschlusses oder eines Kostenfestsetzungsbeschlusses gem. § 788 Abs. 2 ZPO).[9][10]

11 **b) Verteidigungsmaßnahmen.** Werden Anträge auf verschiedenen Parteiseiten gestellt, kommt es für die Haftung als Antragsteller nach Abs. 1 S. 1 darauf an, ob die in Anspruch genommene Partei sich nur verteidigt oder ob sie zum Angriff übergeht und dadurch selbst zur Antragstellerin der Instanz wird. Reine Verteidigungsmaßnahmen der in Anspruch genommenen Partei lösen die Haftung nach Abs. 1 S. 1 nicht aus; für die hierdurch anfallenden Kosten haftet die Partei, die die Instanz eingeleitet hat (ausf. → Rn 37 ff).[11] Geht die in Anspruch genommene Partei aber selbst zB durch Erhebung einer Widerklage zum Angriff über, haftet sie für die durch die Erhebung der Widerklage veranlassten Kosten der Instanz.[12]

12 **c) Konkludentes Handeln.** Ein Antrag iSv Abs. 1 S. 1 ist auch der Antrag auf Durchführung des streitigen Verfahrens nach Widerspruch gegen den Mahnbescheid (→ § 12 Rn 55 ff und Nr. 1210 KV Rn 61 ff; zum Einspruch gegen den Vollstreckungsbescheid s. Abs. 1 S. 2; → Rn 88 ff).[13] Wird kein ausdrücklicher Antrag auf Durchführung des Prozessverfahrens nach Widerspruch gegen den Mahnbescheid gestellt, sondern nur die Verfahrensgebühr Nr. 1210 KV für die Durchführung des Prozessverfahrens eingezahlt (→ § 12 Rn 55 ff und Nr. 1210 KV Rn 63), ist konkludent die Durchführung des Prozessverfahrens beantragt worden und liegt ein die Kostenhaftung begründender Antrag iSv Abs. 1 S. 1 vor.[14]

13 Für die Begründung der Haftung als Antragsteller nach Abs. 1 S. 1 bedarf es nicht zwingend eines ausdrücklichen Antrags. Konkludentes Handeln reicht aus, wenn sich daraus ergibt, dass vom Handelnden gerichtliche Maßnahmen gewollt sind, also ein Antrag als solcher gestellt sein soll.[15]

4 BT-Drucks 17/11471 (neu), S. 243 f. **5** BT-Drucks 17/11471, S. 243 f. **6** FG Münster 30.8.2010 – 11 Ko 4689/08 GK, EFG 2011, 354. **7** OLG Koblenz AGS 1997, 107 = JurBüro 1998, 547. **8** OLG Braunschweig MDR 2009, 895 = NdsRpfl 2009, 163. **9** LG Essen 27.10.2008 – 16 a T 145/08, juris. **10** Vgl OLG Koblenz AGS 1997, 107 = JurBüro 1998, 547. **11** Vgl OLG Karlsruhe NJW-RR 2010, 499; OLG Celle OLGR Celle 2009, 34 = BauR 2009, 283; OLG Düsseldorf AGS 1997, 105; LG Dortmund JurBüro 1985, 1525. **12** OLG Koblenz AGS 1997, 107 = JurBüro 1998, 547. **13** OLG Koblenz AGS 1997, 107 = JurBüro 1998, 547; OLG Düsseldorf JurBüro 1984, 1696; LG Koblenz JurBüro 1996, 205. **14** LG München I JurBüro 2005, 540; *Meyer*, GKG § 22 Rn 6. **15** *Meyer*, GKG § 22 Rn 6.

d) Zulässigkeit des Antrags. Die Kostenhaftung als Antragsteller nach Abs. 1 S. 1 wird auch durch **unwirk-** 14
same oder unzulässige Anträge begründet. Deshalb führt auch der bei Anwaltszwang von der nicht postulationsfähigen Partei selbst gestellte Antrag zur Kostenhaftung als Antragsteller. Für die Entstehung der Verfahrensgebühr Nr. 1210 KV kommt es nämlich nicht darauf an, dass eine zulässige Klage durch den postulationsfähigen Anwalt erhoben wird (→ Nr. 1210 KV Rn 15).

Allerdings setzt der eine Kostenhaftung auslösende Antrag die **Unterschrift des Antragstellers** voraus. Ohne 15
Unterschrift liegt nur ein Entwurf vor, der nicht erkennen lässt, ob er für den Rechtsverkehr bestimmt ist
(→ Nr. 1210 KV Rn 15).[16]

e) Elektronisches Dokument. Auch ein als elektronisches Dokument eingereichter Antrag löst die Haftung 16
nach Abs. 1 S. 1 voraus. Es kommt nicht darauf an, ob es sich um ein gem. § 5 a zulässiges elektronisches
Dokument handelt.[17]

f) Erklärungen zu Protokoll der Geschäftsstelle/mündliche Erklärungen. Zu Protokoll der Geschäftsstelle 17
erklärte mündliche Anträge lösen die Antragstellerhaftung aus. Allerdings wird zu fordern sein, dass das
Protokoll vom Urkundsbeamten formwirksam errichtet worden ist. Nach § 129 a Abs. 1 ZPO können Anträge und Erklärungen, deren Abgabe vor dem Urkundsbeamten der Geschäftsstelle zulässig ist, vor der
Geschäftsstelle **eines jeden Amtsgerichts** zu Protokoll abgegeben werden. Zwar tritt gem. § 129 a Abs. 2
S. 2, Abs. 1 ZPO die Wirkung der Prozesshandlung in diesem Fall frühestens dann ein, wenn das Protokoll
bei dem zuständigen Gericht eingeht. Die Haftung für die durch die Erklärung ausgelösten Kosten tritt aber
bereits aufgrund der Abgabe zu Protokoll der Geschäftsstelle ein. Auf den Eingang der protokollierten Erklärung beim zuständigen Gericht kommt es nicht an.

Die Haftung nach Abs. 1 S. 1 tritt ebenfalls ein, wenn Erklärungen in der mündlichen Verhandlung abgege- 18
ben werden. Die Erklärungen ergeben sich aus dem Terminsprotokoll. Telefonisch gestellte Anträge reichen
für die Haftung als Antragsteller nach Abs. 1 S. 1 hingegen nicht aus.

2. Antragsteller. a) Eigenes Interesse. Antragsteller iSv Abs. 1 ist diejenige Person, die das gerichtliche Ver- 19
fahren durch ihre als Antrag (→ Rn 10 ff) anzusehende Prozesshandlung **im eigenen Interesse** eingeleitet
und in Gang gesetzt hat.[18] Das ist grds. die Partei bzw der Beteiligte selbst.[19] Anträge eines **Prozessunfähi-**
gen begründen keine Haftung nach Abs. 1 S. 1.[20] Macht jemand ein fremdes Recht im eigenen Namen geltend, zB der **Zessionar nach Abtretung**, dann ist er Antragsteller iSv Abs. 1 S. 1.[21] Wer nur als gesetzlicher
oder organschaftlicher Vertreter im Interesse eines anderen handelt, haftet nicht als Antragsteller der Instanz iSv Abs. 1 S. 1.[22] Wenn ein Bevollmächtigter aber im eigenen Interesse tätig wird und einen Antrag
stellt oder ein Rechtsmittel einlegt, wird er nach Abs. 1 S. 1 Schuldner der hierdurch anfallenden Kosten.[23]
Das ist zB der Fall, wenn der Prozessbevollmächtigte gegen seine eingeschränkte Beiordnung im Wege der
PKH Beschwerde einlegt (§ 127 ZPO). Wird davon ausgegangen, dass diese Beschwerde nur im eigenen
Namen möglich ist, schuldet der Prozessbevollmächtigte die bei Verwerfung oder Zurückweisung dieser Be-
schwerde anfallende Gebühr Nr. 1812 KV nach Abs. 1 S. 1.[24]

b) Gesetzliche Vertretung. Der **gesetzliche Vertreter** einer Partei oder eines Beteiligten handelt nicht im eige- 20
nen Interesse. Deshalb werden zB Eltern, Betreuer, Vormünder, Pfleger und organschaftliche Vertretungsorgane einer oHG, KG, GmbH, AG etc. nicht zum Kostenschuldner nach Abs. 1 S. 1.[25] Bei der Vertretung
durch einen gesetzlichen Vertreter haftet deshalb grds. nur die vertretene Partei und nicht der Vertreter.[26]

c) Rechtsgeschäftliche Vertretung/Prozessbevollmächtigter. Auch bei der gewillkürten oder rechtsgeschäftli- 21
chen Vertretung ist Antragsschuldner nach Abs. 1 S. 1 grds. nicht der Vertreter, sondern die vertretene Partei oder der vertretene Beteiligte. Insbesondere wird der **Prozessbevollmächtigte** durch die Einreichung eines
die Instanz einleitenden Schriftsatzes nicht zum Kostenschuldner nach Abs. 1 S. 1.[27] Nach der Rspr des
BGH ist die Schuldnerstellung gem. § 22 dabei unabhängig von der Frage einer wirksamen Bevollmächtigung nach den Vorschriften des BGB über die Stellvertretung. Maßgebend ist vielmehr, wer die Antragstellung veranlasst hat. § 22 sieht deshalb eine Haftung nach dem **Veranlasserprinzip** vor, für die auf die **in**

---

16 OLG Stuttgart FamRZ 2011, 1324 = JurBüro 2011, 309; OLG Koblenz JurBüro 1997, 536. **17** *Meyer*, GKG § 22 Rn 8.
18 Binz/Dörndorfer/*Dörndorfer*, § 22 GKG Rn 3. **19** BFH 16.2.1993 – VII E 9/92, juris; OLG Brandenburg AGS 2007, 639 =
JurBüro 2007, 659; OLG Koblenz JurBüro 1997, 536. **20** *Oestreich/Hellstab/Trenkle*, GKG § 22 Rn 3. **21** *Meyer*, GKG § 22
Rn 12. **22** BFH 16.2.1993 – VII E 9/92, juris; OLG Brandenburg AGS 2007, 639 = JurBüro 2007, 659; OLG Celle OLGR
Celle 2005, 372. **23** BGH ZInsO 2004, 441 = ZVI 2005, 102. **24** OLG Brandenburg AGS 2007, 639 = JurBüro 2007, 659.
25 BGH ZInsO 2004, 441 = ZVI 2005, 102; OLG Celle OLGR Celle 2005, 372. **26** BFH 16.2.1993 – VII E 9/92, juris; OLG
Brandenburg JurBüro 2007, 659; VG Braunschweig NVwZ-RR 2003, 912; Binz/Dörndorfer/*Dörndorfer*, § 22 GKG Rn 3; *Hartmann*, KostG, § 22 GKG Rn 3. **27** BFH 16.2.1993 – VII E 9/92, juris; OLG Brandenburg AGS 2007, 639 = JurBüro 2007,
659; OLG Köln NJW-RR 2003, 66 = zfs 2002, 539.

§ 89 ZPO geregelten prozessualen Folgen einer **vollmachtlosen Prozessvertretung** zurückzugreifen ist.[28] Es kommt damit auf das Prozessrechtsverhältnis und die dadurch bestimmten Parteirollen an.[29]

22   **d) Vertreter ohne Vertretungsmacht.** Wird die die Instanz einleitende Prozesshandlung von einem **Vertreter ohne Vertretungsmacht** vorgenommen, wird der Vertretene erst bzw nur dann Kostenschuldner nach Abs. 1 S. 1, wenn er die Handlungen des vollmachtlosen Vertreters genehmigt hat (vgl § 89 Abs. 2 ZPO).[30] Ohne **Genehmigung** ist der Vertreter nach Abs. 1 S. 1 Schuldner der Kosten, die durch seinen Antrag in der Instanz ausgelöst worden sind. Hierfür bedarf es keiner Auferlegung der Kosten durch eine gerichtliche Entscheidung.[31] Hat daher ein **Rechtsanwalt ohne Vollmacht** und spätere Genehmigung durch die Partei ein Verfahren in Gang gesetzt, muss er für die dadurch anfallenden Kosten selbst einstehen.[32] Weil diese Haftung für die Gerichtskosten nicht auf einer gesetzlichen Haftpflichtbestimmung privatrechtlichen Inhalts, sondern auf dem **Veranlasserprinzip** beruht (→ Rn 23), liegt für den Rechtsanwalt kein von seiner Berufshaftpflichtversicherung abgedeckter Vermögensschaden vor.[33]

Auch wenn die Partei die Prozessführung **nicht genehmigt**, muss sie sich diese aber ggf nach den Grundsätzen der Duldungs- oder Anscheinsvollmacht zurechnen lassen, wenn sie diese kannte und zu einer Verhinderung derselben in der Lage war.[34] So ermächtigt die Prozessvollmacht den Prozessbevollmächtigten auch zur **Einlegung eines Rechtsmittels** (§ 81 ZPO).[35] Legt daher ein erstinstanzlich bevollmächtigter Anwalt Berufung ein, so haftet der Berufungskläger für die Kosten des Rechtsmittelverfahrens und wird aufgrund des sich aus § 81 ZPO ergebenden Vollmachtumfangs des handelnden Rechtsanwalts nicht mit der Einrede gehört, er habe keinen Auftrag zur Durchführung eines Berufungsverfahrens erteilt.[36]

23   Bei der **Rechtsmitteleinlegung ohne Mandat** haftet der Prozessbevollmächtigte persönlich für die Kosten der Rechtsmittelinstanz.[37] Wenn die Partei aber in der Lage war, die Einlegung des Rechtsmittels aufgrund ihrer Kenntnis von dem anhängigen Rechtsstreit zu verhindern, haftet sie für die Kosten der Rechtsmittelinstanz auch bei der Rechtsmitteleinlegung durch einen dazu nicht bevollmächtigten Rechtsanwalt.[38] Das gilt insb. auch dann, wenn durch den Prozessbevollmächtigten der ersten Instanz ein Prozessbevollmächtigter für die Rechtsmittelinstanz bestellt wird, weil die Prozessvollmacht den erstinstanzlichen Bevollmächtigten dazu ermächtigt, einen Prozessbevollmächtigten für die Rechtsmittelinstanz zu bestellen (§ 81 ZPO).[39] Die Haftung für die Kosten der Rechtsmittelinstanz besteht in diesem Fall auch dann, wenn die Partei dem Prozessbevollmächtigten für das Rechtsmittelverfahren persönlich kein Mandat erteilt hat.[40]

24   **e) Prüfung der Bevollmächtigung/Prozessvollmacht.** Der Prozessbevollmächtigte muss über eine ordnungsgemäß erteilte Prozessvollmacht verfügen. Liegt diese nicht vor, ist er **vollmachtloser Vertreter** und ggf Kostenschuldner nach Abs. 1 S. 1. Keine wirksame Prozessvollmacht liegt zB vor, wenn diese von dem ehemaligen Gesellschafter nach dem liquidationslosen Untergang einer oHG erteilt wird.[41] Nur die vor Beendigung der Gesellschaft erteilte Prozessvollmacht besteht nach deren Erlöschen fort.[42]

25   Ob und in welchem Umfang eine Bevollmächtigung vorliegt, ist im **Kostenansatzverfahren** (§ 19) nur zu prüfen, wenn Einwendungen erhoben werden oder berechtigte Zweifel an der Bevollmächtigung bestehen. Im Kostenansatzverfahren kann der Kostenbeamte deshalb grds. davon ausgehen, dass die in der Klageschrift behauptete Vollmacht besteht und Kostenschuldner nach Abs. 1 S. 1 die Partei ist.[43] Die fehlende Bevollmächtigung und damit die fehlende Haftung der in Anspruch genommenen Partei als Antragstellerin der Instanz nach Abs. 1 S. 1 kann mit der **Erinnerung gem. § 66** gegen den Kostenansatz gerügt werden (→ § 66 Rn 15 f).[44] Wird die Prozessvollmacht im Erinnerungsverfahren gem. § 66 bestritten, kann der Prozessbevollmächtigte auch aufgefordert werden, seine Vollmacht nachzuweisen.[45]

26   **f) Partei kraft Amtes/Prozessstandschaft.** Parteien kraft Amtes (zB Insolvenz-, Nachlass-, Zwangsverwalter und Testamentsvollstrecker) haften für die Kosten, die durch ihre die Instanz einleitenden Anträge veran-

---

28 Vgl BGH MDR 1997, 198 = NJW-RR 1997, 510; BGH MDR 1993, 1249; OLG Köln AGS 2011, 329 = NJW-RR 2010, 929 = MDR 2010, 596; OLG Köln NJW-RR 2003, 66 = zfs 2002, 539. **29** OLG Celle OLGR 2005, 372. **30** OLG Hamburg MDR 2001, 1192. **31** FG Baden-Württemberg EFG 1993, 743. **32** OLG Köln NJW-RR 2003, 66 = zfs 2002, 539; OLG Brandenburg AGS 2007, 639 = JurBüro 2007, 659; OLG Koblenz JurBüro 1997, 536. **33** OLG Köln NJW-RR 2003, 66 = zfs 2002, 539. **34** BGH MDR 1997, 198 = NJW-RR 1997, 510; OLG Koblenz MDR 2005, 778; OLG Hamburg MDR 2001, 1192; *Meyer*, JurBüro 1997, 288. **35** OLG Koblenz AGS 2015, 453 = MDR 2015, 1152. **36** OLG Koblenz AGS 2015, 453 = MDR 2015, 1152. **37** BFH 16.2.1993 – VII E 9/92, juris. **38** BGH MDR 1997, 198 = NJW-RR 1997, 510; OLG Brandenburg AGS 2007, 639 = JurBüro 2007, 659; OLG Koblenz MDR 2005, 778; OLG Köln NJW-RR 2003, 66 = zfs 2002, 539. **39** BGH GRUR-RR 2013, 360; OLG Koblenz JurBüro 1993, 425; *Meyer*, GKG § 22 Rn 13; *Oestreich/Hellstab/Trenkle*, GKG § 22 Rn 7; vgl auch OLG Koblenz AGS 2015, 453 = MDR 2015, 1152. **40** BGH GRUR-RR 2013, 360; vgl auch OLG Koblenz AGS 2015, 453 = MDR 2015, 1152. **41** BFH 5.8.2002 – IV E 1/02, juris. **42** BGH NJW 2002, 1207. **43** *Oestreich/Hellstab/Trenkle*, GKG § 22 Rn 5. **44** BGH RVGreport 2011, 399; KG RVGreport 2006, 320; BFH RVGreport 2011, 40 für den Fall, dass dem Verfahrensbevollmächtigten als vollmachtlosem Vertreter die Kosten durch gerichtliche Entscheidung auferlegt worden sind. **45** BFH 16.2.1993 – VII E 9/92, juris; *Oestreich/Hellstab/Trenkle*, GKG § 22 Rn 5.

lasst sind, nach Abs. 1 S. 1.[46] Allerdings haften sie für die Kosten nicht persönlich, sondern die Haftung beschränkt sich auf das von ihnen verwaltete Vermögen.[47]

Auch der Treuhänder (vgl §§ 292, 313 InsO) ist Partei kraft Amtes[48] und haftet damit gem. Abs. 1 S. 1 für die durch seine Antragstellung verursachten Gerichtskosten mit der von ihm verwalteten Vermögensmasse. Bei **Prozessstandschaft** ist der Prozessstandschafter Antragsteller iSv Abs. 1 S. 1.[49]

g) Nebenintervention, Streithilfe, Streitverkündung. Der Nebenintervenient oder Streithelfer (§§ 66 ff ZPO, eigener Beitritt zum Verfahren) ist weder Partei noch gesetzlicher Vertreter der Hauptpartei, sondern **Gehilfe der Hauptpartei** kraft eigenen Rechts.[50] Er ist nach der Überschrift zu §§ 64 ff ZPO als **Dritter** am Rechtsstreit beteiligt.[51] Der Nebenintervenient haftet deshalb **in der ersten Instanz** nicht für die Kosten, weil er nicht Antragsteller iSv Abs. 1 S. 1 sein kann.[52] Die Nebenintervention löst auch insb. keine weitere Verfahrensgebühr nach Nr. 1210 KV aus.   27

Richten sich Entscheidungen aber gegen den Nebenintervenienten selbst und legt er gegen diese Entscheidungen allein bzw selbständig **Rechtsmittel** ein, erfolgt das im eigenen Namen und löst die Haftung nach Abs. 1 S. 1 aus.[53]   28

Bei der **streitgenössischen Nebenintervention (selbständige Streithilfe)** gem. § 69 ZPO gilt der Nebenintervenient als Streitgenosse iSv § 61 ZPO der unterstützten Hauptpartei. Er hat dann regelmäßig die Stellung eines **notwendigen Streitgenossen**.[54] Anders als bei der gewöhnlichen Nebenintervention (→ Rn 27) kann er **selbständig**, und zwar auch gegen den Willen der von ihm unterstützten Hauptpartei, Angriffs- und Verteidigungsmittel vorbringen und Prozesshandlungen vornehmen.[55] Weil seine Handlungen wie Parteihandlungen wirken, haftet er nach Abs. 1 S. 1 für die Kosten, die aufgrund seiner Angriffs- oder Verteidigungsmittel bzw von ihm in Gang gesetzter Rechtsmittelverfahren anfallen.[56]   29

Bei der **Streitverkündung** gem. §§ 72 ff ZPO veranlasst nicht der Dritte selbst (→ Rn 27), sondern die Hauptpartei den Dritten zum Beitritt am Rechtsstreit. Nach Beitritt zum Rechtsstreit hat der Dritte die Stellung eines Nebenintervenienten (§§ 66 ff ZPO). Die Erl. in → Rn 27–29 gelten daher bei der Streitverkündung entsprechend.   30

h) Beigeladene. Das **Verwaltungsgericht** kann gem. § 65 Abs. 1 VwGO, solange das Verfahren noch nicht rechtskräftig abgeschlossen oder in höherer Instanz anhängig ist, von Amts wegen oder auf Antrag andere, deren rechtliche Interessen durch die Entscheidung berührt werden, beiladen. Nach § 66 VwGO kann der Beigeladene innerhalb der Anträge eines Beteiligten **selbständig Angriffs- und Verteidigungsmittel** geltend machen und alle Verfahrenshandlungen wirksam vornehmen. Abweichende Sachanträge kann er nur stellen, wenn eine notwendige Beiladung (§ 65 Abs. 2 VwGO) vorliegt.   31

Nach § 60 Abs. 1 FGO kann auch das **Finanzgericht** von Amts wegen oder auf Antrag andere beiladen, deren rechtliche Interessen nach den Steuergesetzen durch die Entscheidung berührt werden. Gemäß § 60 Abs. 5 FGO kann der Beigeladene innerhalb der Anträge eines als Kläger oder Beklagter Beteiligten **selbständig Angriffs- und Verteidigungsmittel** geltend machen und alle Verfahrenshandlungen wirksam vornehmen. Abweichende Sachanträge kann er nur stellen, wenn eine notwendige Beiladung iSv § 60 Abs. 3 FGO vorliegt.   32

Der Beigeladene kann deshalb als Antragsteller der Instanz nach Abs. 1 S. 1 für die Kosten haften, wenn er selbständig ein Rechtsmittel einlegt (→ § 32 Rn 31 f).[57]   33

i) Versicherungen. Die hinter einer Partei stehende **Rechtsschutzversicherung** wird nicht zur Antragstellerin der Instanz iSv Abs. 1 S. 1, wenn sie für ihren Versicherungsnehmer Gerichtskosten zahlt.[58]   34

Wendet eine Partei ein, dass nicht sie, sondern ihr Versicherer den Prozess führt, bedeutet das allenfalls, dass der Versicherer **im Innenverhältnis zur Partei** verpflichtet ist, die Kosten zu tragen. Die Partei bleibt Antragstellerin der Instanz und haftet für die insoweit veranlassten Kosten nach Abs. 1 S. 1.[59]   35

IV. Verfahren des Rechtszugs (Abs. 1 S. 1)

1. Kostenrechtliche Instanz – prozessuale Instanz. Kostenschuldner ist nach Abs. 1 S. 1 derjenige, der das **Verfahren des Rechtszugs** beantragt hat. Die Kostenhaftung des Antragstellers gilt für das Verfahren des   36

---

46 Zum Insolvenzverwalter vgl BGH NJW-RR 2005, 356 = ZIP 2004, 2293 = ZInsO 2004, 1308. **47** *Hartmann*, KostG, § 22 GKG Rn 6; *Meyer*, GKG § 22 Rn 12. **48** BGH NJW 2012, 1958 = MDR 2012, 936. **49** *Meyer*, GKG § 22 Rn 12; *Hartmann*, KostG, § 22 GKG Rn 6. **50** BGH NJW 1995, 197. **51** *Zöller/Vollkommer*, ZPO, § 67 Rn 1. **52** *Oestreich/Hellstab/Trenkle*, GKG § 22 Rn 3; vgl auch OLG Jena 21.11.2013 – 1 U 859/11, juris; OLG Köln 21.10.2008 – 22 W 66/08, juris. **53** *Oestreich/Hellstab/Trenkle*, GKG § 22 Rn 3; *Hartmann*, KostG, § 22 GKG Rn 6. **54** *Zöller/Vollkommer*, ZPO, § 69 Rn 5. **55** BGH NJW 1999, 285; *Zöller/Vollkommer*, ZPO, § 69 Rn 7. **56** *Oestreich/Hellstab/Trenkle*, GKG § 22 Rn 3. **57** *Oestreich/Hellstab/Trenkle*, GKG § 22 Rn 3. **58** OLG Stuttgart Rpfleger 1985, 169 = JurBüro 1985, 426. **59** BGH GRUR-RR 2013, 360.

Rechtszugs, also der Instanz.[60] Maßgebend ist die **kostenrechtliche Instanz iSv** § 35, es ist also der Rechtszug wie bei § 35 gemeint (zum Begriff des Rechtszugs s. die Erl. zu § 35).[61] Es kommt damit **nicht** auf die **prozessuale** oder **verfahrensrechtliche Instanz** an. Der prozessuale und der kostenrechtliche Rechtszug müssen sich nicht decken bzw können auseinanderfallen (vgl insoweit zum Mahn- und Prozessverfahren → Rn 48 ff).[62] **Rechtsmittelverfahren** bilden im Verhältnis zu der vorhergehenden Instanz kostenrechtlich eigenständige Rechtszüge, so dass der Rechtsmittelführer für die im Rechtsmittelverfahren anfallenden Kosten als Antragsteller der Instanz haftet.[63] Eine besondere kostenrechtliche Instanz bildet jeder Verfahrensabschnitt, der besondere Kosten verursacht.[64]

37 **2. Beispiele für bestimmte Verfahrenssituationen. a) Arrest und einstweilige Verfügung.** Derjenige, der den Erlass des Arrests oder der einstweiligen Verfügung beantragt hat, haftet neben den dort anfallenden Kosten[65] auch für die Kosten des Widerspruchsverfahrens (§ 924 ZPO). Denn das Widerspruchsverfahren begründet keine neue kostenrechtliche Instanz iSv § 35, in der der Widerspruchsführer zum Antragsteller iSv Abs. 1 S. 1 wird.[66] Das Hauptsacheverfahren (zB das Aufhebungsverfahren wegen veränderter Umstände gem. § 926 ZPO) bildet eine neue kostenrechtliche Instanz.[67]

38 **b) Beweisverfahren.** Das selbständige Beweisverfahren (§§ 485 ff ZPO) bildet im Verhältnis zum Hauptsacheverfahren eine eigenständige kostenrechtliche Instanz.[68] Die Haftung nach Abs. 1 S. 1 für die mit Einreichung des Antrags gem. § 6 Abs. 1 Nr. 1 entstehende und fällig werdende Verfahrensgebühr Nr. 1610 KV sowie für die Auslagen trifft den Antragsteller des Verfahrens.[69] Der Antragsteller haftet dabei auch für die Kosten, die durch bloße Verteidigungsmaßnahmen des Antragsgegners entstanden sind.[70] Jedenfalls dann, wenn die Beweisanträge des Gegners im selbständigen Beweisverfahren lediglich darauf zielen, das auf Antrag des Antragstellers gewonnene Beweisergebnis zu erschüttern, entsteht keine neue kostenrechtliche Instanz iSv Abs. 1 S. 1.[71] Stellt der Antragsgegner im selbständigen Beweisverfahren aber eigenständige Anträge zu selbständigen Beweisthemen und begibt er sich dadurch in die Rolle des Angreifers und Antragstellers, haftet er nach Abs. 1 S. 1 für die durch seinen Antrag veranlassten Kosten des Beweisverfahrens.[72] Ein Anhaltspunkt für eigene Anträge des Antragsgegners kann zB der Erlass eines (weiteren) Beweisbeschlusses sein.[73]

Zur Haftung nach Abs. 1 S. 1 bei **Kosten- oder Gebührenfreiheit** → Rn 85 ff.

39 **c) Einspruch gegen Versäumnisurteil.** Durch den Einspruch gegen ein Versäumnisurteil wird der Einspruchsführer nicht zum Antragsteller der Instanz; es beginnt kein neuer Rechtszug. Das Verfahren vor und nach dem Versäumnisurteil bildet dieselbe kostenrechtliche Instanz iSv § 35. Kostenschuldner iSv Abs. 1 S. 1 bleibt der Kläger als Antragsteller der Instanz.[74]

40 **d) Einspruch gegen Vollstreckungsbescheid im Europäischen Mahnverfahren.** Auf die Erl. zu Abs. 1 S. 2 (→ Rn 88 ff) wird insoweit verwiesen.

41 **e) Hilfsaufrechnung.** Für die aufgrund einer Hilfsaufrechnung gem. § 45 Abs. 3 nach einem erhöhten Streitwert anfallende Verfahrensgebühr haftet der **Kläger** als Antragsteller der kostenrechtlichen Instanz nach Abs. 1 S. 1.[75] Entscheidend für die Frage der Antragstellerhaftung nach Abs. 1 S. 1 ist, dass die Hilfsaufrechnung ein bloßes **Verteidigungsmittel** des Beklagten gegen die Klageforderung ist und deshalb schon begrifflich keine kostenrechtliche Instanz einleiten kann.[76] Eine Gleichstellung der Hilfsaufrechnung mit einer Widerklage kann nicht erfolgen, weil es sich bei der Widerklage um ein eigenes (Instanz einleitendes) Angriffsmittel des Beklagten handelt. Die Aufrechnung ist keine Widerklage, sondern ein Verteidigungsmit-

60 Binz/Dörndorfer/*Dörndorfer*, § 22 GKG Rn 3, 9. **61** OLG Karlsruhe JurBüro 1995, 42 = Justiz 1995, 202; Binz/Dörndorfer/*Dörndorfer*, § 22 GKG Rn 9. **62** OLG Düsseldorf JurBüro 1992, 102; OLG Düsseldorf JurBüro 1984, 1696; KG JurBüro 1980, 581 = Rpfleger 1980, 121; OLG Karlsruhe JurBüro 1995, 42 = Justiz 1995, 202; *Hartmann*, KostG, § 22 GKG Rn 12; aA OLG Koblenz AGS 2015, 397 = JurBüro 2015, 593 = MDR 2015, 1096; OLG München MDR 1995, 1072 = JurBüro 1995, 651 (ergangen allerdings zum Übergangsrecht gem. § 71 und nicht zu § 22); OLG München JurBüro 1984, 1696 = MDR 1984, 947 (ergangen zur Haftung nach Einspruchseinlegung gegen den Vollstreckungsbescheid). **63** OLG Braunschweig MDR 2009, 795; OLG Düsseldorf AGS 1997, 105. **64** Vgl Zöller/*Philippi*, ZPO, § 119 Rn 1. **65** OLG Koblenz AGS 2000, 57 = NJW-RR 2000, 732. **66** *Meyer*, GKG § 22 Rn 29; Binz/Dörndorfer/*Dörndorfer*, § 22 GKG Rn 10; *Hartmann*, KostG, § 22 GKG Rn 11. **67** Binz/Dörndorfer/*Dörndorfer*, § 22 GKG Rn 10. **68** *Meyer*, GKG § 22 Rn 29. **69** LG Flensburg JurBüro 2007, 39. **70** OLG Celle OLGR Celle 2009, 34 = BauR 2009, 283; OLG Schleswig OLGR Schleswig 2001, 236 = SchlHA 2001, 221; OLG Koblenz AGS 1997, 107 = JurBüro 1998, 547. **71** OLG München NJW-RR 1997, 318. **72** OLG Celle OLGR Celle 2009, 34 = BauR 2009, 283; KG MDR 2007, 986; OLG Schleswig OLGR Schleswig 2001, 236 = SchlHA 2001, 221; OLG Koblenz AGS 1997, 107 = JurBüro 1998, 547. **73** Vgl OLG Celle OLGR Celle 2009, 34 = BauR 2009, 283; vgl auch KG MDR 2007, 986. **74** OLG München JurBüro 1984, 1698 = MDR 1984, 948; OLG Stuttgart JurBüro 1979, 734; LG Berlin JurBüro 1984, 116; Binz/Dörndorfer/*Dörndorfer*, § 22 GKG Rn 10. **75** OLG Hamburg OLGR Hamburg 2002, 210; OLG Bamberg JurBüro 1980, 1545; LG Dresden JurBüro 2003, 321; *Oestreich/Hellstab/Trenkle*, GKG § 22 Rn 17; Binz/Dörndorfer/*Dörndorfer*, § 22 GKG Rn 10; *Hartmann*, KostG, § 22 GKG Rn 4; *Mümmler*, JurBüro 1983, 892; aA OLG Oldenburg AGS 2006, 399 = JurBüro 2006, 147; OLG Frankfurt JurBüro 1984, 425; OLG Frankfurt JurBüro 1983, 891; KG JurBüro 1983, 1226; LG Dortmund JurBüro 1985, 1525; *Meyer*, GKG § 22 Rn 14; offengelassen OLG Düsseldorf AGS 1997, 105. **76** *Oestreich/Hellstab/Trenkle*, GKG § 22 Rn 17.

tel eigener Art. Sie leitet kein Verfahren ein, sondern stellt lediglich eine auf das Erlöschen der Klageforderung abzielende Erklärung dar.

Zwar ist der Kläger im Hinblick auf sein Prozesskostenrisiko dem Prozessverhalten des Beklagten ausgesetzt, der durch seine Hilfsaufrechnungen den Streitwert vervielfachen und die Verfahrensgebühr entsprechend erhöhen kann.[77] Das muss der Kläger als Antragsteller der Instanz aber von vornherein in seine Überlegungen mit einbeziehen.[78] Es kommt auch nicht darauf an, ob es der Billigkeit entspricht, den Kläger als Antragsteller der Instanz für die durch die Hilfsaufrechnung verursachte erhöhte Verfahrensgebühr haften zu lassen,[79] weil für Billigkeitserwägungen im formell ausgestalteten Kostenrecht kein Raum ist.[80] **42**

Unterliegt die klagende Partei im ersten Rechtszug, weil u.a. auch eine mit streitwerterhöhender Wirkung erklärte Hilfsaufrechnung zur Abweisung der Zahlungsklage geführt hat, so trifft sie nach Einlegung der Berufung die Antragstellerhaftung gem. Abs. 1 S. 1 für die Gerichtsgebühren, die nach dem vollen und weiterhin gem. § 45 Abs. 3 aufrechnungsbedingten erhöhten Streitwert des Rechtsmittelverfahrens anfallen.[81] **43**

f) Hilfsweise geltend gemachter Anspruch. Erhöht sich der Streitwert gem. § 45 Abs. 1 S. 2, Abs. 4 durch einen hilfsweise geltend gemachten Anspruch, haftet der jeweilige Antragsteller. Erhöht sich der Streitwert daher zB durch einen Hilfsantrag des Klägers, ist der Kläger, bei einem Hilfsantrag des Widerklägers dieser Schuldner nach Abs. 1 S. 1.[82] **44**

g) Kostenfestsetzungsverfahren (§§ 103 ff ZPO); Vergütungsfestsetzungsverfahren (§ 11 RVG). Zu dem kostenrechtlichen Rechtszug iSv § 35 (→ Rn 36) gehört auch das **Kostenfestsetzungsverfahren** gem. §§ 103–107 ZPO. Auslagen für die Zustellung des Kostenfestsetzungsbeschlusses können nur dann erhoben werden, wenn in dem Rechtszug, bestehend aus der Hauptsache und dem Kostenfestsetzungsverfahren, mehr als 10 Zustellungen anfallen (→ Nr. 9002 KV Rn 21).[83] Für die in diesem einheitlichen Verfahren anfallenden Zustellungsauslagen haftet deshalb der Antragsteller der Instanz. **45**

Das **Vergütungsfestsetzungsverfahren gem. § 11 RVG** des Rechtsanwalts gegen seinen eigenen Mandanten ist ein eigenständiges und vom Hauptsacheverfahren und auch vom Kostenfestsetzungsverfahren gem. §§ 103 ff ZPO unabhängiges Verfahren, in dem Zustellungen iSv Nr. 9002 KV ab der ersten Zustellung auslagenpflichtig sind (→ Nr. 9002 KV Rn 21).[84] Für die hier anfallenden Zustellungsauslagen haftet deshalb gem. Abs. 1 S. 1 der antragstellende Rechtsanwalt oder der antragstellende Auftraggeber (§ 11 Abs. 1 S. 1 RVG). **46**

h) Mahnverfahren. aa) Kosten des Mahnverfahrens. Für die Kosten des Mahnverfahrens (Gebühr Nr. 1100 KV und etwaige Auslagen iSv Teil 9 KV) haftet gem. Abs. 1 S. 1 derjenige, der die Durchführung des Mahnverfahrens beantragt, also den Antrag auf Erlass des Mahnbescheids gestellt hat (§ 690 Abs. 1 ZPO). Schuldner der Kosten des Mahnverfahrens ist derjenige, der den Erlass des Mahnbescheids beantragt hat. Zum Mahnverfahren in der Arbeitsgerichtsbarkeit s. die Erl. zu Abs. 2 (→ Rn 97 f). **47**

bb) Kosten des Prozessverfahrens. Nach Anm. Abs. 1 S. 1 Hs 1 zu Nr. 1210 KV entsteht die 3,0-Verfahrensgebühr Nr. 1210 KV des Prozessverfahrens nach Einlegung des Widerspruchs gegen den Mahnbescheid und Stellung des Antrags auf Durchführung des streitigen Verfahrens (§ 696 Abs. 1 S. 1 ZPO) erst mit **Eingang der Akten** beim Prozessgericht (→ § 12 Rn 52, Nr. 1210 KV Rn 61).[85] Erfolgt die Abgabe des Mahnverfahrens in das Prozessverfahren auf Antrag des **Antragstellers des Mahnverfahrens**, haftet der Antragsteller des Mahnverfahrens und spätere Kläger gem. Abs. 1 S. 1 für die Verfahrensgebühr Nr. 1210 KV.[86] **48**

Es ist allerdings umstritten, ob das Mahnverfahren und das sich anschließende Prozessverfahren **verschiedene kostenrechtliche Instanzen iSv Abs. 1 S. 1** bilden mit der Folge, dass im Falle der Beantragung der Durchführung des streitigen Verfahrens durch den **Antragsgegner** die Haftungen nach Abs. 1 S. 1 für die Kosten des Mahnverfahrens einerseits (→ Rn 47) sowie die Kosten des Prozessverfahrens andererseits (Nr. 1210 KV) auseinanderfallen. Die wohl **hM** geht zutreffend von **verschiedenen kostenrechtlichen Instan-** **49**

77 So OLG Oldenburg AGS 2006, 399 = JurBüro 2006, 147. **78** OLG Hamburg OLGR Hamburg 2002, 210. **79** So aber *Meyer*, GKG § 22 Rn 14. **80** Vgl OLG Hamburg OLGR Hamburg 2002, 210. **81** OLG Düsseldorf AGS 1997, 105. **82** *Oestreich/Hellstab/Trenkle*, GKG § 22 Rn 17. **83** HK-FamGKG/*Fölsch*, Nr. 2002 KV Rn 15; *Oestreich/Hellstab/Trenkle*, GKG Nr. 9002 KV Rn 17; Musielak/Voit/*Wolst*, ZPO, § 104 Rn 16; Zöller/*Herget*, ZPO, § 104 Rn 7; Binz/Dörndorfer/*Zimmermann*, Nr. 9002 KV GKG Rn 3; *Hartmann*, KostG, Nr. 9002 KV GKG Rn 2; *Mümmler*, JurBüro 1995, 462; AG Rendsburg JurBüro 1996, 318; AG Itzehoe SchlHA 1996, 260; aA *Meyer*, GKG Nr. 9002 KV Rn 42; LG Lübeck 2.12.2002 – 3 T 384/02; LG Lübeck 15.1.2003 – 3 T 15/03; LG Lübeck 2.5.2007 – 3 T 107/07; LG Kiel SchlHA 1996, 259; AG Kiel JurBüro 1996, 261. **84** OLG Köln AGS 2000, 208; LG Lübeck AGS 2014, 558; LG Köln AGS 2000, 209; LG Bonn AGS 2000, 210; AG Pankow-Weißensee JurBüro 1998, 31; AG Charlottenburg JurBüro 1998, 3 **85** OLG Hamm JurBüro 2002, 89; OLG Düsseldorf JurBüro 2002, 90; KG JurBüro 2002, 86; OLG Rostock MDR 2002, 666. **86** OLG Düsseldorf NJW-RR 1997, 704 = JurBüro 1997, 145.

zen aus.[87] Schuldner der Kosten des Prozessverfahrens ist damit stets die Partei, die den Antrag auf Durchführung des streitigen Verfahrens gestellt hat (s. dazu auch → Rn 12). Das kann zum einen der **Antragsteller** des Mahnverfahrens sein, wenn er nach Widerspruch des Antragsgegners die Durchführung des streitigen Verfahrens – ausdrücklich oder konkludent (→ Rn 12) – beantragt (→ Rn 48). Aber auch der **Antragsgegner** des Mahnverfahrens kann deshalb zum Schuldner der Kosten des Prozessverfahrens nach Abs. 1 S. 1 werden, wenn er den Antrag auf Durchführung des streitigen Verfahrens stellt.[88] Wird mit der **Gegenauffassung** aber für das Mahnverfahren und das anschließende Prozessverfahren **dieselbe (kostenrechtliche) Instanz** bejaht, bleibt der Antragsteller des Mahnbescheids auch dann gem. Abs. 1 S. 1 Veranlassungsschuldner des Prozessverfahrens und der Gebühr Nr. 1210 KV, wenn (nur) der Antragsgegner nach Widerspruch die Abgabe an das Prozessgericht beantragt hat.[89]

50 Es ist zwar zutreffend, dass das Mahnverfahren und das nachfolgende Prozessverfahren *prozessual* denselben Rechtszug bilden.[90] Für die Gerichtskosten und insb. für die Haftung für die Gerichtskosten kommt es jedoch darauf an, wie das GKG den *kostenrechtlichen* Rechtszug regelt. Dass der **prozessuale Rechtszug** und der **kostenrechtliche Rechtszug** unterschiedlich geregelt sein können, ergibt sich zunächst bereits aus § 4 (Verweisung) und § 37 (Zurückverweisung). Darüber hinaus zeigt auch § 30, dass kostenrechtlich etwas anderes gelten kann als prozessual (→ § 30 Rn 9). Für die hM und somit dafür, dass das Mahnverfahren und das Prozessverfahren kostenrechtlich verschiedene Rechtszüge bilden und verschiedene Veranlassungsschuldner haben können, spricht die Regelung in § 35. Danach wird die Gebühr für das Verfahren im Allgemeinen **in jedem Rechtszug** hinsichtlich eines jeden Teils des Streitgegenstands **nur einmal erhoben**. Wenn daher für das Mahnverfahren einerseits die Verfahrensgebühr Nr. 1100 KV und für das Prozessverfahren andererseits die Verfahrensgebühr Nr. 1210 KV vorgesehen sind und Abs. 1 der Anm. zu Nr. 1210 KV darüber hinaus bestimmt, dass die Gebühr Nr. 1100 KV auf die Gebühr Nr. 1210 KV anzurechnen ist, kann das nur so verstanden werden, dass der Gesetzgeber beide Verfahren verschiedenen (gerichts-)kostenrechtlichen Rechtszügen iSv § 35 zuordnet. Denn wenn derselbe kostenrechtliche Rechtszug vorliegen würde, wäre für das Mahn- und das Prozessverfahren wegen § 35 insgesamt nur eine Verfahrensgebühr vorgesehen und eine Gebührenanrechnung überflüssig. Gebührenanrechnungen deuten auf verschiedene Rechtszüge hin.[91]

51 Gemäß Abs. 1 S. 2 ist Kostenschuldner im **Verfahren nach Einspruch gegen den Vollstreckungsbescheid** (§ 700 ZPO) derjenige, der diesen beantragt hat (→ Rn 88 ff). Das ist im Regelfall der Antragsteller des Mahnverfahrens, der deshalb auch Veranlassungsschuldner des Einspruchsverfahrens wird. Die Regelung in Abs. 1 S. 2 wird auch als Begründung für die Ablehnung der Haftung des Antragsgegners im Falle der Widerspruchseinlegung und Stellung des Abgabeantrags herangezogen.[92] Hierbei wird aber nicht berücksichtigt, dass im Falle der Einspruchseinlegung gegen den Vollstreckungsbescheid der Rechtsstreit gem. § 700 Abs. 3 ZPO von Amts wegen abgegeben wird, während beim Widerspruch gegen den Mahnbescheid noch der Abgabeantrag hinzukommen muss.[93] Abs. 1 S. 2 ist daher eine Ausnahmeregelung, die auf den Fall der Stellung des Abgabeantrags durch den Antragsgegner nach Widerspruch gegen den Mahnbescheid nicht übertragen werden kann.

52 Schließlich ist bei der Frage der Antragstellerhaftung auch die Regelung in § 12 Abs. 3 S. 3 in den Blick zu nehmen. Danach wird nur bei einem **Antrag des Antragstellers** die Sache an das für das streitige Verfahren als zuständig bezeichnete Gericht erst abgegeben, wenn die Gebühr für das Verfahren im Allgemeinen nach Nr. 1210 KV gezahlt ist. Ginge der Gesetzgeber davon aus, dass der Antragsteller des Mahnverfahrens auch bei einem Abgabeantrag des Antragsgegners Kostenschuldner gem. Abs. 1 S. 1 und damit vorauszahlungspflichtig ist, wäre diese Differenzierung bzw das Abstellen auf den Antragsteller in § 12 Abs. 3 S. 3 über-

---

87 So OLG Karlsruhe JurBüro 1995, 42; OLG Düsseldorf JurBüro 1992, 102; OLG Düsseldorf JurBüro 1984, 1696; KG JurBüro 1980, 581 = Rpfleger 1980, 121; KG MDR 1977, 502 = Rpfleger 1977, 336; LG Osnabrück JurBüro 2003, 371; LG Berlin JurBüro 1984, 116; LG Koblenz JurBüro 1996, 205; LG Frankenthal MDR 1995, 1175; LG Bayreuth JurBüro 1995, 148; AG Bad Neustadt JurBüro 1993, 482; *Meyer*, GKG § 22 Rn 29 (Mahnverfahren); Binz Dörndorfer/*Dörndorfer*, § 22 GKG Rn 10. **88** OLG Düsseldorf NJW-RR 1997, 704 = JurBüro 1997, 145; OLG Karlsruhe JurBüro 1995, 42; OLG Düsseldorf JurBüro 1992, 102; OLG Düsseldorf JurBüro 1984, 1696; KG MDR 1977, 502 = Rpfleger 1977, 336; LG Osnabrück JurBüro 2003, 371. **89** So OLG Koblenz AGS 2015, 397 = JurBüro 2015, 593 = MDR 2015, 1096; LG Osnabrück 12.4.2013 – 7 O 2656/12, juris; vgl auch die vom OLG Koblenz (aaO) zitierten Entscheidungen des OLG München MDR 1995, 1072 = JurBüro 1995, 651, die allerdings zum Übergangsrecht gem. § 71 und nicht zu § 22 ergangen ist, sowie des OLG München JurBüro 1984, 1698 = MDR 1984, 947, die zur Haftung nach Einspruchseinlegung gegen den Vollstreckungsbescheid ergangen ist. **90** OLG Koblenz AGS 2015, 397 = JurBüro 2015, 593 = MDR 2015, 1096. **91** KG MDR 1977, 502 = Rpfleger 1977, 336; vgl auch BGH AGS 2004, 343 = NJW-RR 2004, 1656 = JurBüro 2004, 649: Aus der früheren Anrechnungsregelung in § 43 Abs. 2 BRAGO folgt, dass Mahn- und Prozessverfahren verschiedene Angelegenheiten bilden müssen; so auch OLG Düsseldorf Rpfleger 2000, 566; OLG Hamburg JurBüro 1998, 75; OLG Schleswig AGS 1997, 99; so auch BT-Drucks 15/1971, S. 191; abl. KG AGS 2000, 125. **92** OLG Koblenz AGS 2015, 397 = JurBüro 2015, 593 = MDR 2015, 1096. **93** OLG Düsseldorf JurBüro 1992, 102; KG MDR 1977, 502 = Rpfleger 1977, 336.

flüssig. Die Regelung zur Vorauszahlungspflicht in § 12 Abs. 3 S. 3 macht deshalb nur dann Sinn, wenn bei einem Abgabeantrag des Antrags**gegners** dieser zum Kostenschuldner gem. Abs. 1 S. 1 wird.

Dass der Gesetzgeber das Mahnverfahren und das nachfolgende Prozessverfahren verschiedenen kosten- **53** rechtlichen Instanzen zuordnet, ergibt sich im Übrigen auch aus dem RVG. Nach der § 35 entsprechenden Vorschrift des § 15 Abs. 2 RVG kann der Rechtsanwalt die Gebühren in derselben Angelegenheit nur einmal fordern. Allerdings bilden gem. § 17 Nr. 2 RVG das Mahn- und das Prozessverfahren für den Rechtsanwalt verschiedene gebührenrechtliche Angelegenheiten mit der Folge, dass die Verfahrensgebühr für das Mahnverfahren (Nr. 3305 VV RVG) und die Verfahrensgebühr des Prozessverfahrens (Nr. 3100 VV RVG) jeweils separat anfallen, nach der Anm. zu Nr. 3305 VV RVG die Gebühr Nr. 3305 VV RVG aber auf die Gebühr Nr. 3100 VV RVG anzurechnen ist (§ 15 Abs. 2 RVG).

Stellen beide Parteien den Antrag auf Durchführung des Prozessverfahrens, haften sie für die dort anfallen- **54** den Kosten als **Gesamtschuldner**.[94] Zur Vorauszahlungspflicht → § 12 Rn 58.

cc) Einspruch gegen den Vollstreckungsbescheid. Wird **Einspruch** eingelegt, haftet für die Kosten des Pro- **55** zessverfahrens nach Abs. 1 S. 2 derjenige, der den Vollstreckungsbescheid beantragt hat (Abs. 1 S. 3). Auf die Erl. in → Rn 88 ff wird verwiesen.

i) Nachverfahren nach Vorbehaltsurteil (Urkunden- und Wechselprozess). Das Nachverfahren (§ 600 ZPO) **56** bildet gegenüber dem Verfahren, das zum Erlass des Vorbehaltsurteils (§ 599 ZPO) geführt hat, kostenrechtlich keine neue Instanz.[95] Der Kläger im Urkunden- und Wechselprozess haftet deshalb nach Abs. 1 S. 1 auch für die Kosten des Nachverfahrens.

j) Prozesskostenhilfeverfahren. Das Prozesskostenhilfeprüfungsverfahren bildet im Verhältnis zum Haupt- **57** sacheverfahren zwar eine eigenständige kostenrechtliche Instanz, in der aber keine Gerichtsgebühren anfallen. Für etwaige Auslagen ist § 28 Abs. 3 zu beachten. Danach ist im Verfahren auf Bewilligung von PKH der Antragsteller Schuldner der Auslagen, wenn der PKH-Antrag zurückgenommen oder von dem Gericht abgelehnt wird.

k) Rechtsmittelverfahren. aa) Eigene Instanz. Rechtsmittelverfahren bilden im Verhältnis zu der vorherge- **58** henden Instanz kostenrechtlich **eigenständige Rechtszüge**, so dass der Rechtsmittelführer für die im Rechtsmittelverfahren anfallenden Kosten als Antragsteller der Instanz haftet.[96] Der Antragsteller des erstinstanzlichen Verfahrens haftet somit nicht zwangsläufig für die Kosten eines Rechtsmittelverfahrens.[97] Ergibt sich für das Rechtsmittelverfahren **kein Erstschuldner** nach § 29 Nr. 1 oder 2 (§ 31 Abs. 2), schuldet nur der Rechtsmittelführer nach Abs. 1 S. 1 die Kosten der Rechtsmittelinstanz; die Inanspruchnahme kann nicht mit dem Hinweis auf den fehlenden Erstschuldner abgelehnt werden.[98] **Mehrere Rechtsmittelführer** (zB mehrere Beklagte, die gegen ihre gesamtschuldnerische Verurteilung Berufung einlegen) haften nach §§ 31 Abs. 1, 32 als **Gesamtschuldner**.[99]

Für **Beschwerdeverfahren** – auch für solche, die mit einem der in § 1 Abs. 1–3 genannten Verfahren im Zu- **59** sammenhang stehen (s. dazu § 1 Abs. 4; → § 1 Rn 64 f) – gilt das entsprechend.

bb) Wechselseitige Rechtsmittel. Legen beide Parteien Rechtsmittel ein, werden sie damit beide Kosten- **60** schuldner gem. Abs. 1 S. 1.[100] Mehrere Rechtsmittelführer haften als **Gesamtschuldner** (§§ 31 Abs. 1, 32).[101] Bei einer Mehrheit von Rechtsmittelführern richtet sich der Umfang der Antragstellerhaftung unabhängig von den erstinstanzlichen Parteistellungen für den Einzelnen aber nur nach den Gebühren, die entstanden wären, wenn seine Anträge der einzige Gegenstand des Verfahrens gewesen wären, und nicht etwa nur nach dem Teil der gesamten Gerichtskosten, der nach dem Verhältnis der einzelnen Streitgegenstände zueinander auf diese entfällt (vgl § 32 Abs. 1 S. 2; → § 32 Rn 24 ff).[102] Bei **wechselseitigen Rechtsmitteln** haftet der jeweilige Rechtsmittelführer nur für die aufgrund seines Rechtsmittels entstandenen Kosten. Soweit sich die Haftungen der Rechtsmittelführer decken, besteht **gesamtschuldnerische Haftung** (§ 31 Abs. 1). Betreffen die Rechtsmittel vollständig **denselben Streitgegenstand** (§ 45 Abs. 2, Abs. 1 S. 1, 3), besteht deshalb gesamtschuldnerische Haftung für die gesamte entstandene Verfahrensgebühr (§ 31 Abs. 1). Bei **Teilidentität** besteht Gesamthaft nur in Höhe des sich deckenden Betrags. Bei **Gegenstandsverschiedenheit** besteht für die Differenz zwischen den sich aus den zusammengerechneten Werten der Rechtsmittel einerseits und der Summe der Gebühren aus den Einzelwerten andererseits ermittelten Verfahrensgebühren keine gesamtschuldnerische Haftung.[103] Auf die Berechnungsbeispiele in → Rn 70 ff wird verwiesen.

---

94 OLG Karlsruhe JurBüro 1995, 42; vgl auch OLG Hamm NJW-RR 2003, 357. **95** *Meyer,* GKG § 22 Rn 29; *Oestreich/Hellstab/Trenkle,* GKG § 22 Rn 8. **96** BGH MDR 2016, 241; OLG Braunschweig MDR 2009, 795; OLG Koblenz 23.2.2007 – 7 U 3/01, juris; KG KGR Berlin 2004, 71; OLG Düsseldorf AGS 1997, 105; OLG Düsseldorf OLGR Düsseldorf 1994, 128. **97** OLG Braunschweig MDR 2009, 795. **98** OLG Düsseldorf OLGR Düsseldorf 1994, 128. **99** BGH AGS 2001, 20; OLG Hamburg OLGR Hamburg 1997, 218. **100** BGH NJW 1970, 245 = MDR 1970, 126. **101** OLG Düsseldorf 26.1.2006 – I-10 W 2/06, juris. **102** KG KGR Berlin 2004, 71. **103** *Oestreich/Hellstab/Trenkle,* GKG § 22 Rn 15 f; *Meyer,* GKG § 22 Rn 16 f.

61 **Beispiel:** Der Beklagte B ist durch Urteil des Amtsgerichts zur Zahlung iHv 10.000 € verurteilt worden. Die Klage ist iHv 5.000 € zurückgewiesen worden. Sowohl der Kläger A als auch der Beklagte B legen Berufung ein.

Es ist eine 4,0-Verfahrensgebühr Nr. 1220 KV nach einem zusammengerechneten Wert (§ 39 Abs. 1) iHv 15.000 € mit 1.172 € (§ 39 Abs. 1) entstanden.

Es haften:

A: 4,0-Gebühr, Nr. 1220 KV (Wert: 5.000 €) mit 584 €

B: 4,0-Gebühr, Nr. 1220 KV (Wert: 10.000 €) mit 964 €

Fall a) Legt **zunächst A** Berufung ein, wird ihm eine Gebühr iHv 584 € in Rechnung gestellt. Bei nachfolgender Berufung des B erfolgt noch eine Sollstellung iHv 588 € (1.172 € – 584 €).

Zahlt A seinen Betrag iHv 584 € nicht, kann bei B noch eine restliche Haftung iHv 376 € ausgenutzt werden (964 € [Antragstellerhaftung] – 588 €).

Fall b) Bei **gleichzeitiger Einlegung** der Berufungen bestehen für die Anforderung der Verfahrensgebühr vom Kläger und vom Beklagten zwei Möglichkeiten:

1. Anforderung im Verhältnis der Einzelwerte der Berufungen:

   a) Kläger: $\dfrac{1.164\ \text{€}}{15.000\ \text{€}}$ x 5.000 € =   388,00 €

   b) Beklagter: $\dfrac{1.164\ \text{€}}{15.000\ \text{€}}$ x 10.000 € =   776,00 €

                                                        1.164,00 €

2. Anforderung im Verhältnis der Einzelgebühren, für die Kläger und Beklagter nach Abs. 1 S. 1 haften:

   Kläger: 4,0-Verfahrensgebühr (Wert: 5.000 €)   584,00 €

   Beklagter: 4,0-Verfahrensgebühr (Wert: 10.000 €)   964,00 €

   Summe   1.548,00 €

   a) Kläger: $\dfrac{1.172\ \text{€}}{1.548\ \text{€}}$ x 584 € =   442,15

   b) Beklagter: $\dfrac{1.172\ \text{€}}{1.548\ \text{€}}$ x 964 € =   729,85

                                                        1.172,00 €

62 **cc) Anschlussrechtsmittel.** Bei einem (selbständigen oder unselbständigen) **Anschlussrechtsmittel** (zB Anschlussberufung, § 524 Abs. 4 ZPO) haftet derjenige, der das Anschlussrechtsmittel einlegt, für die nach der Einreichung seines Anschlussrechtsmittels entstandenen Kosten.[104] Für die durch das Rechtsmittelverfahren angefallene **Verfahrensgebühr** haftet er in jedem Fall, allerdings nur bis zur Höhe einer nach dem Streitwert seines Anschlussrechtsmittels berechneten Gebühr.[105] Im Falle des Anschlusses an ein gegnerisches Rechtsmittel wird also der Anschließende regelmäßig neben dem Rechtsmittelführer zum weiteren Antragsteller iSv Abs. 1 S. 1. Die Vorschrift des Abs. 1 S. 1 stellt allein darauf ab, ob ein Verfahren beantragt wurde.[106] Insoweit gelten die Erl. zu wechselseitigen Rechtsmitteln (→ Rn 60 f) entsprechend.

63 **l) Trennung.** Im Falle der Trennung mehrerer in einer Klage erhobener Ansprüche in getrennte Prozesse (§ 145 ZPO) entstehen ab dem Zeitpunkt der Trennung jeweils gesonderte Verfahrensgebühren aus den Streitwerten der durch die Trennung entstehenden Einzelverfahren (→ Nr. 1210 KV Rn 50). Der Kläger schuldet die durch die Trennung entstehenden (Mehr-)Kosten (→ Nr. 1210 KV Rn 50 ff), da er mit der Erhebung der Klage auch die von Amts wegen angeordnete Verfahrenstrennung veranlasst hat.[107] Es kommt nicht darauf an, welche Partei oder dass keine der Parteien die Verfahrenstrennung beantragt hat.[108]

64 Eine Haftung des **Beklagten** besteht auch dann nicht, wenn er die Trennung beantragt hat oder diese wegen Vermögenslosigkeit erfolgt ist.[109] Im Falle der Abtrennung seiner **Widerklage** (→ Nr. 1210 KV Rn 50) gelten aber die Ausführungen zur Abtrennung der Klage (→ Rn 63) entsprechend.

65 **m) Verbindung.** Bei der Verbindung von Verfahren bleiben die bis zur Verbindung in jedem einzelnen Verfahren angefallenen getrennten Gebühren bestehen (→ Nr. 1210 KV Rn 46 ff).[110] Weil die Verbindung be-

104 OLG München NJW 1975, 2027 = JurBüro 1975, 1231; Binz/Dörndorfer/*Dörndorfer*, § 22 GKG Rn 9. **105** BGH MDR 2016, 241; BGH 5.11.1969 – IV ZR 1069/68; OLG München NJW 1975, 2027 = JurBüro 1975, 1231; *Oestreich/Hellstab/ Trenkle*, GKG § 22 Rn 16. **106** BGH MDR 2016, 241; BGH 5.11.1969 – IV ZR 1069/68 – darin wird allerdings darauf abgestellt, ob die Anschließung als Widerklage anzusehen ist bzw der Antrag Gegenstand eines besonderen Rechtsstreits sein könnte. **107** Vgl KG 10.5.2010 – 1 W 443/09, juris; OLG Koblenz OLGR 2000, 420. **108** KG 10.5.2010 – 1 W 443/09, juris. **109** OLG Koblenz OLGR 2000, 420. **110** OLG Düsseldorf AGS 2009, 455; OLG Koblenz MDR 2005, 1017; OLG Hamm JurBüro 2005, 598; OLG Oldenburg JurBüro 2003, 322; OLG München NJW-RR 1999, 1232 = JurBüro 1999, 484; OLG München MDR 1997, 688.

reits entstandene Verfahrensgebühren unberührt lässt, haftet jeder Kläger auch nach der Verbindung für seine in dem getrennten Verfahren angefallene Verfahrensgebühr.[111]

n) Verweisung und Zurückverweisung. Das Verfahren vor und nach **Verweisung** von einem anderen Gericht bildet eine einheitliche kostenrechtliche Instanz (§ 4). Bei der **Zurückverweisung** einer Sache zur anderweitigen Verhandlung an das Gericht des unteren Rechtszugs bildet das weitere Verfahren mit dem früheren Verfahren vor diesem Gericht iSd § 35 einen Rechtszug (§ 37). Die Haftung des Antragstellers der (einheitlichen) ersten Instanz bleibt bestehen.[112] **66**

o) Widerklage. aa) Haftung von Kläger und Widerkläger. Zur Gebührenberechnung bei Widerklagen s. zunächst → § 12 Rn 45 ff und Nr. 1210 KV Rn 40 ff. Erhebt der Beklagte Widerklage, haftet er als Antragsteller der Instanz nach Abs. 1 S. 1 für eine nach dem Wert seiner Widerklage berechnete Verfahrensgebühr (zu deren Vorauszahlungspflicht → § 12 Rn 47) sowie für die durch die Widerklage sonst veranlassten Kosten (**Auslagen** iSv Teil 9 KV). Der Haftungsbetrag wird damit wie bei einer isolierten Klage berechnet; der Widerkläger haftet für die Kosten, die auf den Streitwert der Widerklage entfallen.[113] Kläger und Beklagter (Widerkläger) haften nach Abs. 1 S. 1 als Antragsteller der Instanz damit jeweils für eine nach dem Wert ihrer Klagen berechnete Verfahrensgebühr Nr. 1210 KV. Die Staatskasse kann jedoch insgesamt (§ 35) nur die nach dem zusammengerechneten Wert (§ 45 Abs. 1) angefallene Gebühr fordern (s. dazu das Beispiel → Nr. 1210 KV Rn 42 f). **67**

bb) Gesamtschuldnerische Haftung ("eigenartige Gesamtschuld"). Soweit sich die Haftungen von Kläger und Widerkläger decken, besteht **gesamtschuldnerische Haftung** (§ 31 Abs. 1).[114] **68**

(1) Vollständig derselbe Streitgegenstand: Betreffen Klage und Widerklage vollständig denselben Streitgegenstand (§ 45 Abs. 1 S. 1, 3), haften Kläger und Widerkläger deshalb für die gesamte entstandene Verfahrensgebühr als Gesamtschuldner (§ 31 Abs. 1). **69**

Beispiel 1: Klage A gegen B wegen Zahlung eines Kaufpreises iHv 10.000 €. B erhebt Feststellungswiderklage. Beide Klagen betreffen denselben Streitgegenstand. Streitwert 10.000 €. **70**

Es entsteht eine 3,0-Gebühr nach Nr. 1210 KV (Wert: 10.000 €) mit 723 €.

Es haften nach Abs. 1 S. 1:

A: 3,0-Gebühr, Nr. 1210 KV (Wert: 10.000 €)	723,00 €
B: 3,0-Gebühr, Nr. 1210 KV (Wert: 10.000 €)	723,00 €

Gesamtschuldnerische Haftung besteht iHv 723 €.

(2) Teilidentität: Bei Teilidentität besteht Gesamthaft nur in Höhe des sich deckenden Betrags: **71**
Der Kläger und der Widerkläger haften gem. Abs. 1 S. 1 je für die Gebühr, die sie schulden würden, wenn Gegenstand des Verfahrens nur die Klage bzw die Widerklage gewesen wäre. Die Staatskasse kann aber insgesamt nicht mehr als die nach dem höchsten Streitwert von Klage oder Widerklage (§ 45 Abs. 1 S. 1, 3) berechnete Gebühr fordern. Denn die Verfahrensgebühr wird gem. § 35 für jeden Teil des Streitgegenstands in jedem Rechtszug nur einmal erhoben. Da die jeweiligen Einzelhaftungen von Kläger und Widerkläger zusammen die Gebühr übersteigen, die insgesamt angefallen ist, besteht für einen Teil dieser Gesamtgebühr ein Gesamtschuldverhältnis. Diese sog. **eigenartige Gesamtschuld** wird wie folgt berechnet:[115]

Beispiel 2: Klage A gegen B wegen Zahlung eines Teil-Kaufpreises iHv 10.000 €. B erhebt Feststellungswiderklage (Streitwert 15.000 €). Beide Klagen betreffen denselben Streitgegenstand. Streitwert 15.000 € (höherer Wert, § 45 Abs. 1 S. 1, 3). **72**

Es entsteht eine 3,0-Gebühr nach Nr. 1210 KV (Wert: 15.000 €) mit 879 €.

Es haften nach Abs. 1 S. 1:

A: 3,0-Gebühr, Nr. 1210 KV (Wert: 10.000 €)	723,00 €
B: 3,0-Gebühr, Nr. 1210 KV (Wert: 15.000 €)	879,00 €

Gesamtschuldnerische Haftung besteht für eine Gebühr nach einem Wert iHv 10.000 € mit 723 €. Diese Haftung wird wie folgt berechnet:

Haftung von A: 3,0-Gebühr, Nr. 1210 KV (Wert: 10.000 €)	723,00 €
Haftung von B: 3,0-Gebühr, Nr. 1210 KV (Wert: 15.000 €)	879,00 €
Summe	1.602,00 €
abzgl. Gesamtgebühr: 3,0-Gebühr, Nr. 1210 KV (Wert: 15.000 €)	– 879,00 €
Gesamtschuldnerische Haftung für die Differenz iHv	723,00 €

Für die Differenz zwischen den beiden Beträgen iHv 156 € haftet nur der Widerkläger B.

---

111 OLG Koblenz MDR 2005, 1017. **112** OLG Karlsruhe 22.2.1979 – 132 W 25/87, juris. **113** OLG Düsseldorf JurBüro 2002, 83; OLG Hamburg JurBüro 1989, 384 = MDR 1989, 272. **114** Binz/Dörndorfer/*Dörndorfer*, § 22 GKG Rn 5. **115** Vgl insoweit je zu § 7 Abs. 2 RVG: OLG Düsseldorf AGS 2011, 534 = JurBüro 2011, 592; *N. Schneider*, ZAP 2008, Fach 24, S. 1107.

73 **(3) Gegenstandsverschiedenheit:** Im Falle von Gegenstandsverschiedenheit besteht für die Differenz zwischen den sich aus den zusammengerechneten Werten von Klage und Widerklage einerseits (§ 45 Abs. 1 S. 1) und der Summe der Gebühren aus den Einzelwerten andererseits ermittelten Verfahrensgebühren gesamtschuldnerische Haftung:[116]

Der Kläger und der Widerkläger haften gem. § 22 Abs. 1 S. 1 je für die Gebühr, die sie schulden würden, wenn Gegenstand des Verfahrens nur die Klage bzw. die Widerklage gewesen wäre. Die Staatskasse kann aber insgesamt nicht mehr als die nach den zusammengerechneten Streitwerten von Klage oder Widerklage (§ 45 Abs. 1 S. 1) berechnete Gebühr fordern. Denn die Verfahrensgebühr wird gem. § 35 für jeden Teil des Streitgegenstands in jedem Rechtszug nur einmal erhoben. Da die jeweiligen Einzelhaftungen von Kläger und Widerkläger zusammen die Gebühr übersteigen, die insgesamt angefallen ist, besteht auch hier nur für einen Teil dieser Gesamtgebühr ein Gesamtschuldverhältnis. Diese sog. **eigenartige Gesamtschuld** wird wie folgt berechnet:[117]

74 **Beispiel 3:** Klage A gegen B wegen Zahlung von 10.000 €. B erhebt Widerklage auf Zahlung von 10.000 €. Beide Klagen betreffen verschiedene Streitgegenstände. Streitwert 20.000 € (§ 45 Abs. 1 S. 1).

Es entsteht eine 3,0-Gebühr nach Nr. 1210 KV (Wert: 20.000 €) mit 1.035 €.

Es haften nach Abs. 1 S. 1:

A: 3,0-Gebühr, Nr. 1210 KV (Wert: 10.000 €)	723,00 €
B: 3,0-Gebühr, Nr. 1210 KV (Wert: 10.000 €)	723,00 €
Summe	1.446,00 €

Die gesamtschuldnerische Haftung wird wie folgt berechnet:

Haftung von A: 3,0-Gebühr, Nr. 1210 KV (Wert: 10.000 €)	723,00 €
Haftung von B: 3,0-Gebühr, Nr. 1210 KV (Wert: 10.000 €)	723,00 €
Summe	1.446,00 €
abzgl. Gesamtgebühr: 3,0-Gebühr, Nr. 1210 KV (Wert: 20.000 €)	– 1.035,00 €
Gesamtschuldnerische Haftung für die Differenz iHv	411,00 €

Gesamtschuldnerische Haftung besteht deshalb für einen Betrag iHv 411 €. Für die Differenz iHv 624 € zur Gesamtgebühr (1.035 € – 411 €) besteht keine gesamtschuldnerische Haftung. Insoweit haften A und B jeweils für 312 €.

75 **p) Zwangsvollstreckung.** In der Zwangsvollstreckung ist der jeweilige Antragsteller Kostenschuldner der in dem Zwangsvollstreckungsverfahren anfallenden Kosten.

V. Umfang der Haftung – Inanspruchnahme (Abs. 1 S. 1)

76 **1. Allgemeines.** Die Haftung als Antragsteller der Instanz erstreckt sich auf sämtliche Gebühren und Auslagen (Kosten) der jeweils eingeleiteten Instanz.[118] Dazu gehören auch die durch Verteidigungsmaßnahmen des Gegners verursachten Kosten.[119] Soweit durch Verteidigungsmaßnahmen des Gegners allerdings Auslagen anfallen, zB durch die Einholung eines Sachverständigengutachtens auf Antrag des Gegners, haftet dieser nach §§ 17, 18 bzw §§ 379, 402 ZPO vorrangig für die dadurch anfallenden Auslagen.[120] Der erforderliche Auslagenvorschuss wird daher zunächst vom Gegner angefordert. Zahlt dieser nicht, ist eine Inanspruchnahme des Antragstellers nach Abs. 1 S. 1 möglich, aber nur, wenn die Kosten bereits fällig sind oder ihn eine Vorauszahlungs- oder Vorschusspflicht trifft (§§ 12 ff, § 379 ZPO).

77 **2. Mehrere Antragsteller.** Mehrere Antragsteller der Instanz iSv Abs. 1 S. 1 (zB mehrere Kläger, mehrere Widerkläger) haften gem. § 31 Abs. 1 als Gesamtschuldner.[121] Auch **Streitgenossen** haften als Antragsteller der Instanz gem. § 32 als Gesamtschuldner. Soweit einen Streitgenossen nur Teile des Streitgegenstands betreffen, beschränkt sich seine Haftung als Gesamtschuldner nach § 32 Abs. 1 S. 2 auf den Betrag, der entstanden wäre, wenn das Verfahren nur diese Teile betroffen hätte.

78 Zum Umfang der Haftung wird auf die Erl. zu § 31 Abs. 1, zu § 32 sowie in → Rn 58 ff (Rechtsmittelverfahren) und → Rn 67 ff (Widerklage) verwiesen.

116 Vgl insoweit je zu § 7 Abs. 2 RVG: OLG Düsseldorf AGS 2011, 534 = JurBüro 2011, 592; *N. Schneider*, ZAP 2008, Fach 24, S. 1107; aA *Oestreich/Hellstab/Trenkle*, GKG § 22 Rn 15; *Meyer*, GKG § 22 Rn 16. **117** Vgl insoweit je zu § 7 Abs. 2 RVG: OLG Düsseldorf AGS 2011, 534 = JurBüro 2011, 592; *N. Schneider*, ZAP 2008, Fach 24, S. 1107. **118** OLG Karlsruhe NJW-RR 2010, 499; OLG Celle OLGR Celle 2009, 34 = BauR 2009, 283; OLG Koblenz AGS 1997, 107 = JurBüro 1998, 547; OLG Hamburg MDR 1984, 412; *Hansens*, RVGreport 2010, 161. **119** OLG Karlsruhe NJW-RR 2010, 499; OLG Celle OLGR Celle 2009, 34 = BauR 2009, 283; OLG Koblenz AGS 1997, 107 = JurBüro 1998, 547. **120** OLG Karlsruhe NJW-RR 2010, 499; OLG Schleswig OLGR Schleswig 2001, 236 = SchlHA 2001, 221. **121** OLG Bremen OLGR Bremen 2008, 185.

3. Keine Antragstellerhaftung. Die Haftung nach Abs. 1 S. 1 erstreckt sich nicht auf Kosten, die dem Pro- 79
zessrisiko des Antragstellers nicht zuzurechnen sind, weil sie regelmäßig nicht vorhersehbar sind oder bei
einem normalen Verfahrensablauf nicht anfallen.[122] Keine Haftung nach Abs. 1 S. 1 besteht daher für

- die Pauschale für die Aktenversendung (Nr. 9003 KV); diese schuldet nach § 28 Abs. 2 nur derjenige, der die Versendung beantragt (→ § 28 Rn 21);[123]
- die Dokumentenpauschale nach Nr. 9000 Nr. 1 Buchst. b KV, die entsteht, weil die Partei oder ein Beteiligter es unterlassen hat, die erforderliche Zahl von Mehrfertigungen beizufügen (§ 28 Abs. 1 S. 2);
- die Verzögerungsgebühr (§ 38, Nr. 1901 KV); die Gebühr wegen **Verzögerung des Verfahrens** schuldet nur die Partei oder der Beteiligte, dem sie vom Gericht auferlegt worden ist;
- gem. § 59 RVG auf die Landeskasse übergegangene Ansprüche.

4. Erst- und Zweitschuldnerhaftung, § 31 Abs. 2. a) Reihenfolge der Inanspruchnahme. Die Haftung als 80
Antragsteller der Instanz nach Abs. 1 S. 1 bleibt bestehen, wenn die Kosten dem Gegner auferlegt werden
oder dieser die Kosten zB in einem Vergleich übernimmt.[124] Diese Haftung soll zusätzlich und durchaus in
Abweichung von der Erst- bzw Entscheidungsschuldnerhaftung, die im Rahmen von §§ 91 ff ZPO angeordnet wird, eine zusätzliche Kostenschuldnerschaft begründen, die sich gerade nicht am Obsiegen oder Unterliegen ausrichtet. Sie beruht auf dem Antrags- oder Veranlassungsprinzip, das unabhängig vom Prozess-
oder Verfahrenserfolg gilt. Abs. 1 S. 1 verfolgt damit eine eigenständige, erfolgsunabhängige Kosten-
pflicht.[125]

Der Antragsteller der Instanz (Abs. 1 S. 1) und der Entscheidungs- oder Übernahmeschuldner nach § 29 81
Nr. 1 und 2 haften gem. § 31 Abs. 1 als **Gesamtschuldner** (→ § 31 Rn 24).[126] § 31 Abs. 2 S. 1 legt aber für
die Staatskasse verbindlich die **Reihenfolge** und die Voraussetzung der Inanspruchnahme fest, wenn die
Entscheidungs- oder Übernahmeschuldnerhaftung (§ 29 Nr. 1 und 2) und die Haftung nach Abs. 1 S. 1 zusammentreffen. Abs. 2 unterscheidet dabei zwischen dem zunächst in Anspruch zu nehmenden **Erstschuldner** (§ 29 Nr. 1 und 2) und dem nachrangig haftenden **Zweitschuldner** (Abs. 1 S. 1). Auf die in § 31 Abs. 2
geregelte Reihenfolge der Inanspruchnahme mehrerer Kostenschuldner kommt es damit erst an, wenn eine
Kostenentscheidung getroffen ist[127] oder eine Kostenübernahmeerklärung vorliegt. Siehe dazu → § 31
Rn 39.

b) Voraussetzungen für Inanspruchnahme des Antragstellers. Für noch nicht gezahlte Gerichtskosten (→ 82
§ 31 Rn 42) kann der Antragsteller der Instanz als Zweitschuldner gem. § 31 Abs. 2 S. 1 erst in Anspruch
genommen werden, wenn eine Zwangsvollstreckung in das bewegliche Vermögen des Erstschuldners (§ 29
Nr. 1 oder 2) erfolglos geblieben ist oder aussichtslos erscheint (→ § 31 Rn 46 ff). Hat der als Zweitschuldner haftende Antragsteller des Verfahrens zur Erfüllung seiner Kostenschuld aber **bereits vorher Kosten gezahlt**, darf die Staatskasse diese im Rahmen und in Höhe der bestehenden Haftung nach Abs. 1 S. 1 behalten und ggf auch auf die vom Erstschuldner gem. § 29 Nr. 1 oder 2 geschuldeten Beträge verrechnen (→
§ 31 Rn 42 ff).[128] Der Zweitschuldner kann sich die von ihm gezahlten Beträge, die auf die Kostenschuld
des Erstschuldners verrechnet worden sind, als verauslagte Gerichtskosten gegen diesen im Kostenfestsetzungsverfahren gem. §§ 103 ff ZPO festsetzen lassen.[129] Siehe dazu → § 31 Rn 42 ff.

c) Besonderheiten bei PKH. aa) Inanspruchnahme der PKH-Partei als Zweitschuldner gem. § 31 83
Abs. 2. Die Bewilligung von PKH bewirkt nicht, dass keine Haftung als Antragsteller der Instanz nach
Abs. 1 S. 1 eintritt.[130] Ist dem Antragsteller der Instanz PKH bewilligt, können gem. § 122 Abs. 1 Nr. 1
Buchst. a ZPO die rückständigen und die entstehenden Gerichtskosten aber nur nach den Bestimmungen
geltend gemacht werden, die das Gericht trifft. Ist dem Antragsteller PKH ohne Zahlungsbestimmung bewilligt worden, können Gerichtskosten nicht geltend gemacht werden. Ist dem Antragsteller PKH mit Zahlungsbestimmungen bewilligt worden, kann er nach Abs. 1 S. 1 nur im Rahmen der angeordneten Zahlungen in Anspruch genommen werden. Diese Grundsätze gelten entsprechend, wenn dem Antragsteller der
Instanz PKH bewilligt worden ist und seine Inanspruchnahme als Zweitschuldner gem. § 31 Abs. 2 in Betracht kommt. Die Zweitschuldnerhaftung kann gem. § 122 Abs. 1 Nr. 1 Buchst. a ZPO nur im Rahmen
der PKH-Bewilligung ausgenutzt werden.

bb) Haftung der PKH-Partei als Erstschuldner und Inanspruchnahme eines Zweitschuldners. Auf die 84
Zweitschuldnerhaftung (§ 31 Abs. 2) der Partei, der keine PKH bewilligt ist, kann die Bewilligung von PKH

122 *Oestreich/Hellstab/Trenkle,* FamGKG § 21 Rn 11. **123** BGH AGS 2011, 262 = Rpfleger 2011, 563; VG Regensburg RVGreport 2015, 198. **124** Vgl OLG Naumburg AGS 2013, 481 = NJW-RR 2014, 189; OLG Hamburg OLGR 1997, 218; OLG Hamburg 24.7.2012 – 4 W 64/12, juris; VG Greifswald 25.2.2016 – 3 A 1256/14, juris. **125** OLG Köln AGS 2011, 329 = NJW-RR 2010, 929. **126** *Hansens,* RVGreport 2010, 161; *ders.,* RVGreport 2011, 332. **127** OLG Karlsruhe NJW-RR 2010, 499 = RVGreport 2011, 39. **128** BGH NJW-RR 1989, 1277 = JurBüro 1989, 1569; OLG Düsseldorf NJW-RR 1997, 1295 = JurBüro 1998, 149; OLG Düsseldorf JMBl NW 1996, 242; OLG Köln FamRZ 1995, 494 = JurBüro 1994, 35. **129** *Hansens,* RVGreport 2010, 161. **130** LG Flensburg JurBüro 2007, 39.

für die andere Partei ebenfalls Auswirkungen haben. Ist dem gem. § 29 Nr. 1 haftenden Erstschuldner PKH (mit oder ohne Zahlungsbestimmungen) bewilligt worden, bedeutet das gem. § 31 Abs. 3 S. 1, dass der Antragsteller der Instanz nicht als Zweitschuldner in Anspruch genommen werden darf. Von diesem bereits gezahlte Kosten sind zu erstatten. Die Regelung in § 31 Abs. 3 S. 1 soll verhindern, dass die gem. § 29 Nr. 1 haftende PKH- Partei, von der die Staatskasse keine Gerichtskosten fordern darf (§ 122 Abs. 1 Nr. 1 Buchst. a ZPO), vom Zweitschuldner (Antragsteller der Instanz) im Kostenfestsetzungsverfahren (§§ 103 ff ZPO) für verrechnete Gerichtskostenzahlungen in Anspruch genommen werden kann (s. § 123 ZPO). Auf die Erl. zu § 31 Abs. 3 wird verwiesen.

VI. Auswirkung von Kosten- oder Gebührenfreiheit gem. § 2

85 Ist der **Antragsteller** gem. § 2 kostenbefreit, können im Rahmen der Haftung als Antragsteller der Instanz weder Gebühren noch Auslagen von ihm gefordert werden. Bei Gebührenfreiheit können nur Auslagen gefordert werden.

86 Sind **mehrere gesamtschuldnerisch haftende Antragsteller** vorhanden, von denen nicht alle kosten- oder gebührenbefreit sind, haften die nicht befreiten Antragsteller nach Abs. 1 S. 1 nur für die im Innenverhältnis auf sie entfallenen Kosten.[131] Da dem Kostenbeamten im Regelfall keine Anhaltspunkte für das Innenverhältnis vorliegen werden, kann er gem. § 8 Abs. 4 KostVfg in Ausübung des ihm zustehenden pflichtgemäßen Ermessens von kopfteiliger Haftung ausgehen.[132]

87 Wird ein **selbständiges Beweisverfahren** von einem **kostenbefreiten Antragsteller** und zugleich mit **selbständigen Anträgen** vom **nichtbefreiten Antragsgegner** betrieben, so vermindert sich die Antragstellerhaftung der nichtbefreiten Partei um den Anteil, der den Befreiten im Innenverhältnis getroffen hätte. Das ist – bei gleichem Gegenstand der Beweiserhebung – nach § 426 Abs. 1 BGB ein hälftiger Anteil, da das Innenverhältnis nach § 31 Abs. 1 in der gemeinsamen Beteiligung als Veranlasser des Beweisverfahrens besteht.[133]

VII. Einspruchsverfahren

88 **1. Einspruch gegen Vollstreckungsbescheid (Abs. 1 S. 2).** Wird gegen einen Mahnbescheid kein Widerspruch eingelegt und ergeht deshalb Vollstreckungsbescheid (§ 699 ZPO), kann der Antragsgegner gegen den Vollstreckungsbescheid **Einspruch** einlegen. Nach § 700 Abs. 3 S. 1 ZPO ist das Verfahren auf den Einspruch **von Amts wegen** an das Prozessgericht abzugeben. Durch den Einspruch gegen den Vollstreckungsbescheid geht das Mahnverfahren gem. § 700 Abs. 3 ZPO von Amts wegen in das Streitverfahren über. Mit **Akteneingang beim Prozessgericht** beginnt kostenrechtlich eine neue Instanz (→ Rn 49),[134] in der nach Anm. Abs. 1 S. 1 zu Nr. 1210 KV die 3,0-Verfahrensgebühr des Streitverfahrens (Nr. 1210 KV) entsteht. Auf die Erl. in → Rn 49 ff, in → Nr. 1210 KV Rn 64 f und zur Vorauszahlungspflicht in → § 12 Rn 61 wird verwiesen.

89 Für die Verfahrensgebühr Nr. 1210 KV des Prozessverfahrens haftet nach Abs. 1 S. 2 als Antragsteller nicht derjenige, der den Einspruch gegen den Vollstreckungsbescheid eingelegt hat (Einspruchsführer), sondern derjenige, der den **Vollstreckungsbescheid beantragt** hat.[135] Antragsteller des Vollstreckungsbescheids ist idR der Antragsteller des Mahnverfahrens.[136] Die Haftung nach Abs. 1 S. 2 besteht auch im Falle der Einlegung eines unzulässigen Einspruchs gegen den Vollstreckungsbescheid. Abs. 1 S. 1 differenziert nicht zwischen zulässigen und unzulässigen Einsprüchen.[137] Es kommt für die Haftung als Antragsteller auch nicht darauf an, wer von der auch den Einspruch folgenden Entscheidung profitiert und ob der Einspruch nur zur Behinderung der Zwangsvollstreckung eingelegt worden ist.[138] Der Einspruchsführer wird dadurch nicht zum Antragsteller iSv Abs. 1 S. 2. Abs. 1 S. 2 stellt damit den Antragsteller im kostenrechtlichen Sinne demjenigen im verfahrensrechtlichen Sinne (§ 700 Abs. 3 S. 2 iVm § 697 Abs. 1 ZPO) gleich.[139] Die Regelung unterliegt keinen verfassungsrechtlichen Bedenken.[140]

90 Mit der Regelung in Abs. 1 S. 2 soll verhindern werden, dass der Beklagte durch den Einspruch gegen einen Vollstreckungsbescheid für alle Gerichtskosten haftet, die in dem Prozessverfahren entstehen. Das würde nämlich zu einer Zweitschuldnerhaftung des Beklagten auch im Falle seines Obsiegens im Prozessverfahren führen (§ 31 Abs. 2), obwohl er das gerichtliche Verfahren nicht angestrengt hat.[141] Neben diesem proble-

131 BGHZ 12, 270 = JurBüro 1955, 28; KG RVGreport 2007, 439 = MDR 2007, 986; LG Münster JurBüro 1985, 1064. **132** Vgl KG RVGreport 2007, 439 = MDR 2007, 986. **133** KG RVGreport 2007, 439 = MDR 2007, 986. **134** OLG Düsseldorf JurBüro 2002, 90; BT-Drucks 12/6962, S. 66. **135** OLG Düsseldorf JurBüro 2002, 90; OLG Düsseldorf NJW-RR 1997, 1295 = JurBüro 1998, 149; *Hansens*, RVGreport 2011, 332; *Schneider*, JurBüro 2003, 7. **136** OLG Düsseldorf JurBüro 1998, 149 = NJW-RR 1997, 1295; OLG Hamburg JurBüro 1996, 318; *Meyer*, GKG § 22 Rn 22; *Hansens*, RVGreport 2011, 332. **137** OLG Düsseldorf JurBüro 2002, 90; OLG Düsseldorf JurBüro 1998, 149 = NJW-RR 1997, 1295; *Hansens*, RVGreport 2011, 332. **138** *Hansens*, RVGreport 2011, 332. **139** BT-Drucks 12/6962, S. 66. **140** KG 23.5.1997 – 1 W 8834/95, juris. **141** BT-Drucks 12/6962, S. 66.

matischen Ergebnis würde sich auch das Kostenausfallrisiko der Staatskasse erhöhen, weil der Kläger als regelmäßig solventere Partei nur noch wegen eines geringen Teils der Gerichtskosten als Zweitschuldner haften würde.[142] Da im Mahnverfahren eine Schlüssigkeitsprüfung des geltend gemachten Anspruchs weder vor Erlass des Mahn- noch des Vollstreckungsbescheids stattfindet, erschien es dem Gesetzgeber auch nicht gerechtfertigt, den Gläubiger wie bei einem Rechtsmittel des Gegners von seiner Antragstellerhaftung zu entlassen, sondern angemessener, die Beteiligten in demselben Umfang mit einer Haftung aus § 22 Abs. 1 zu belasten, als wäre von vornherein der Klageweg gewählt worden.[143]

2. Einspruch im Europäischen Mahnverfahren (Abs. 1 S. 3). Zur Geltung des GKG für das Europäische **91** Mahnverfahren[144] s. § 1 Abs. 3 Nr. 2 (→ § 1 Rn 62 f). Zur Verfahrensgebühr für das Verfahren über den Antrag auf Erlass eines Europäischen Zahlungsbefehls (§§ 1087 ff ZPO) → Nr. 1100 KV Rn 5. Zur Vorauszahlungspflicht dieser Gebühr → § 12 Rn 65.

Nach Abs. 1 S. 3 schuldet die Kosten im Verfahren gem. § 1090 ZPO, das nach Einspruch dem Europä- **92** ischen Mahnverfahren folgt, wer den Zahlungsbefehl beantragt hat. Im Einspruchsverfahren entsteht nach Anm. Abs. 1 S. 2, S. 1 zu Nr. 1210 KV die 3,0-Verfahrensgebühr Nr. 1210 KV. Auf die Erl. in → Rn 88 ff wird verwiesen.

VIII. Gerichtlicher Vergleich (Mehrvergleich) (Abs. 1 S. 4)

1. Anwendungsbereich. Nach Abs. 1 S. 4 haftet jeder für die Gebühr für den Abschluss eines gerichtlichen **93** Vergleichs, der an dem Abschluss des Vergleichs beteiligt ist. Gebühren für den Abschluss eines gerichtlichen Vergleichs sind in Nr. 1900 KV (Zivilverfahren vor den ordentlichen Gerichten), Nr. 5600 KV (Verwaltungsgerichtsbarkeit) und Nr. 7600 KV (Sozialgerichtsbarkeit) geregelt. Danach entsteht eine 0,25-Gebühr bei Abschluss eines gerichtlichen Vergleichs, soweit ein Vergleich über nicht gerichtlich anhängige Gegenstände geschlossen wird (**Mehrvergleich**).

Die Haftung nach Abs. 1 S. 4 gilt nicht nur für die in Zivilverfahren vor den ordentlichen Gerichten anfal- **94** lende Vergleichsgebühr nach Nr. 1900 KV, sondern auch für die Gebühren nach Nr. 5600 KV in der Verwaltungsgerichtsbarkeit sowie nach Nr. 7600 KV in der Sozialgerichtsbarkeit. Das folgt aus Abs. 1 S. 1, der ausdrücklich u.a. auf die in § 1 Abs. 2 Nr. 1 und 3 genannten Verfahren vor den Gerichten der Verwaltungsgerichtsbarkeit nach der VwGO sowie vor den Gerichten der Sozialgerichtsbarkeit nach dem SGG verweist.

2. Haftende Personen. Die Haftung für die Gebühr für den Abschluss eines gerichtlichen Vergleichs trifft **95** jeden, der an dem Vergleichsabschluss beteiligt ist.[145] Es spielt keine Rolle, wessen Ansprüche zu- oder aberkannt werden.[146] Auch hierbei es sich damit um eine Antragstellerhaftung (→ Rn 19 ff).[147] Denn die Parteien oder Beteiligten haben die gerichtliche Protokollierung des Vergleichs bzw des Beschlussvergleichs gem. § 278 Abs. 6 S. 1 ZPO übereinstimmend beantragt.[148] Sind an dem Vergleichsabschluss nicht nur die Prozessparteien, sondern auch dem Vergleich beitretende Dritte beteiligt, haften diese ebenfalls für die Gebühr.[149]

3. Gesamtschuldner. Für die Vergleichsgebühr haften mehrere an dem Vergleichsabschluss Beteiligte als **96** Gesamtschuldner (§ 31 Abs. 1),[150] und zwar unabhängig davon, ob im Vergleich eine andere Kostentragungspflicht vereinbart worden ist.[151] Eine abweichende Vereinbarung der Kostentragungspflicht hat nur Bedeutung für die Inanspruchnahme der Beteiligten als Erstschuldner gem. § 29 Nr. 2 und Zweitschuldner (§ 31 Abs. 2).[152] Die Haftung als Antragsteller bzw als derjenige, der am Vergleichsabschluss beteiligt war, bleibt hiervon unberührt.[153]

IX. Arbeitsgerichtsbarkeit (Abs. 2)

Abs. 1 ist gem. **Abs. 2 S. 1** in Verfahren vor den Gerichten für Arbeitssachen (Arbeitsgerichte, Landesar- **97** beitsgerichte und Bundesarbeitsgericht, § 1 ArbGG) nicht anzuwenden, soweit eine Kostenhaftung nach § 29 Nr. 1 oder 2 besteht. Nach § 29 Nr. 1 haftet für die Kosten (Gebühren und Auslagen, § 1 Abs. 1 S. 1 aE) derjenige, dem sie durch gerichtliche Entscheidung auferlegt sind (Entscheidungsschuldner), nach § 29 Nr. 2 derjenige, der sie durch Erklärung oder Vergleich übernommen hat (Übernahmeschuldner). Abs. 2 S. 1

142 BT-Drucks 12/6962, S. 66; KG 23.5.1997 – 1 W 8834/95, juris. **143** BT-Drucks 12/6962, S. 66; KG 23.5.1997 – 1 W 8834/95, juris. **144** Vgl Gesetz zur Verbesserung der grenzüberschreitenden Forderungsdurchsetzung und Zustellung v. 30.10.2008 (BGBl. I 2122), in Kraft getreten am 12.12.2008. **145** OLG Düsseldorf JurBüro 1995, 429; OLG Köln JurBüro 1986, 586. **146** OLG Düsseldorf JurBüro 1995, 429. **147** OLG Düsseldorf JurBüro 1995, 429; OLG Köln JurBüro 1986, 586. **148** *Meyer*, GKG § 22 Rn 30; *Hartmann*, KostG, § 22 GKG Rn 19. **149** *Hartmann*, KostG, § 22 GKG Rn 19; *Meyer*, GKG § 22 Rn 30. **150** OLG Düsseldorf JurBüro 1995, 429; Binz/Dörndorfer/*Dörndorfer*, § 22 GKG Rn 11; *Hartmann*, KostG, § 22 GKG Rn 19. **151** *Meyer*, GKG § 22 Rn 30; *Hartmann*, KostG, § 22 GKG Rn 19. **152** *Meyer*, GKG § 22 Rn 30. **153** OLG Naumburg AGS 2013, 481 = NJW-RR 2014, 189.

schließt für diese Fälle die Kostenhaftung der anderen Partei (**Ausschluss der Zweitschuldnerhaftung**)[154] aus. Diese haftet der Staatskasse also nicht neben dem Erstschuldner (insb. bei dessen Ausfall).

98   In Fällen der Zurückverweisung des Rechtsstreits an die Vorinstanz ist gem. **Abs. 2 S. 2 Hs 1** – vorbehaltlich dessen **Hs 2** – Abs. 1 nicht anzuwenden, solange die Kostentragung noch nicht feststeht.

X. Europäische Vollstreckungstitel (Abs. 3)

99   In Verfahren über Anträge auf Ausstellung einer Bestätigung nach § 1079 ZPO oder über Anträge auf Ausstellung einer Bescheinigung nach § 1110 ZPO oder nach § 58 AVAG entsteht die Gebühr Nr. 1513 KV iHv 20 €, in Verfahren über Anträge auf Ausstellung einer Bescheinigung nach § 57 AVAG oder nach § 27 IntErbRVG die Gebühr Nr. 1512 KV iHv 15 €. Die Auslagen richten sich nach Teil 9 KV.

100   In den von Nr. 1512, 1513 KV erfassten erstinstanzlichen Verfahren über Anträge auf Ausstellung einer Bestätigung nach § 1079 ZPO, einer Bescheinigung nach § 1110 ZPO oder nach § 57 oder § 58 AVAG schuldet die Kosten nach Abs. 3 der **Antragsteller** (→ Rn 19 ff). Weil diese Verfahren nicht ohne Weiteres zu den von Abs. 1 erfassten Verfahren gehören, soll Abs. 3 klarstellen, dass in diesen Verfahren der Antragsteller die entstandenen Kosten schuldet.[155] Abs. 3 ist durch das Gesetz zur Durchführung der Verordnung (EU) Nr. 1215/2012 sowie zur Änderung sonstiger Vorschriften[156] zum 16.7.2014 und durch das Gesetz zur Durchführung des Haager Übereinkommens vom 30. Juni 2005 über Gerichtsstandsvereinbarungen sowie zur Änderung des Rechtspflegergesetzes, des Gerichts- und Notarkostengesetzes, des Altersteilzeitgesetzes und des Dritten Buches Sozialgesetzbuch[157] mit Wirkung vom 1.10.2015[158] geändert worden. Mit der Neufassung des Abs. 3 soll die Kostenhaftung des Antragstellers für die Verfahren über die Ausstellung einer Bescheinigung nach § 1110 ZPO sowie für das Verfahren über die Ausstellung einer Bescheinigung nach § 58 AVAG (Gebühr Nr. 1513 KV) begründet werden.[159]

101   Im Verfahren über Rechtsmittel in den in den Nr. 1512 und 1513 KV genannten Verfahren fällt eine Gebühr nach Nr. 1523 KV iHv 60 € an, wenn ein Rechtsmittel verworfen oder zurückgewiesen wird.

XI. Verfahren nach dem KapMuG (Abs. 4)

102   Abs. 4 bestimmt eine zu Abs. 1 abweichende Regelung für die Gerichtskostenhaftung. Im **erstinstanzlichen Musterverfahren** vor dem OLG besteht nach **Abs. 4 S. 1** keine Antragstellerhaftung. Ohnehin entstehen für das erstinstanzliche Musterverfahren keine Gerichtsgebühren. Denn das erstinstanzliche Musterverfahren gilt als Teil des ersten Rechtszugs des Prozessverfahrens (Vorbem. 1.2.1 KV).

103   Die Kostenhaftung für die im gerichtlichen Musterverfahren entstandenen **Auslagen** (Nr. 9000 ff KV) ergibt sich nur über das zugrunde liegende Prozessverfahren. Nach Anm. Abs. 2 zu Nr. 9018 KV werden die Auslagen nach dem Verhältnis zwischen den im Musterverfahren geltend gemachten Einzelansprüchen und der Addition aller im Musterverfahren geltend gemachten Einzelansprüche auf die **zugrunde liegenden Prozessverfahren** verteilt. Die in den Prozessverfahren bestehende Antragstellerhaftung nach Abs. 1 erstreckt sich dann auch auf diese Teilbeträge.[160]

104   **Abs. 4 S. 2** bestimmt die **Kostenhaftung des Anmelders**. Nach § 10 Abs. 2 KapMuG kann ein Anspruch zum erstinstanzlichen Musterverfahren vor dem OLG angemeldet werden, ohne dass dadurch der Anmelder zum Beteiligten des Musterverfahrens wird. Hierfür fällt die Gebühr Nr. 1902 KV nach dem Streitwert aus § 51 a Abs. 1 an. Siehe im Einzelnen die Erl. zu Nr. 1902 KV.

105   Für das **Rechtsbeschwerdeverfahren nach § 20 KapMuG** sieht **Abs. 4 S. 3** die Antragstellerhaftung vor. Die Gerichtskosten schulden der Rechtsbeschwerdeführer sowie derjenige Beteiligte iSv § 9 Abs. 1 KapMuG (Musterkläger, Musterbeklagter, Beigeladene), der dem Rechtsbeschwerdeverfahren auf Seiten des Rechtsbeschwerdeführers beigetreten ist. Im Übrigen ergibt sich die Kostenhaftung für das Rechtsbeschwerdeverfahren nach § 20 KapMuG aus § 29. Im Rechtsbeschwerdeverfahren nach § 20 KapMuG entsteht die Gerichtsgebühr Nr. 1821 KV nach dem Streitwert des § 51 a Abs. 2. Die Gerichtsgebührenhaftung ist durch § 51 a Abs. 3, 4 für die Beteiligten begrenzt. Auslagen ergeben sich aus Nr. 9000 ff KV.

106   Abs. 4 S. 3 betrifft nur Rechtsbeschwerden nach § 20 KapMuG, die sich gegen den Musterentscheid richten. Für andere Rechtsbeschwerdeverfahren nach § 574 ZPO, die das KapMuG betreffen, bestimmt sich die Antragstellerhaftung nach der allgemeinen Regelung aus Abs. 1.

---

154 Natter/Gross/*Pfitzer*, ArbGG, § 12 Rn 4. **155** BT-Drucks 15/5222, S. 16. **156** Vom 8.7.2014 (BGBl. I 890). **157** Vom 10.12.2014 (BGBl. I 2082). **158** Bekanntmachung über das Inkrafttreten des Gesetzes zur Durchführung des Haager Übereinkommens vom 30. Juni 2005 über Gerichtsstandsvereinbarungen sowie zur Änderung des Rechtspflegergesetzes, des Gerichts- und Notarkostengesetzes, des Altersteilzeitgesetzes und des Dritten Buches Sozialgesetzbuch v. 23.6.2015 (BGBl. I 1034). **159** BT-Drucks 18/823, S. 26 und BT-Drucks 18/2846, S. 12. **160** BT-Drucks 15/5091, S. 35 f.

§ 23 Insolvenzverfahren

(1) [1]Die Gebühr für das Verfahren über den Antrag auf Eröffnung des Insolvenzverfahrens schuldet, wer den Antrag gestellt hat. [2]Wird der Antrag abgewiesen oder zurückgenommen, gilt dies auch für die entstandenen Auslagen. [3]Die Auslagen nach Nummer 9017 des Kostenverzeichnisses schuldet jedoch nur der Schuldner des Insolvenzverfahrens. [4]Die Sätze 1 und 2 gelten nicht, wenn der Schuldner des Insolvenzverfahrens nach § 14 Absatz 3 der Insolvenzordnung die Kosten des Verfahrens trägt.

(2) Die Kosten des Verfahrens über die Versagung oder den Widerruf der Restschuldbefreiung (§§ 296 bis 297 a, 300 und 303 der Insolvenzordnung) schuldet, wer das Verfahren beantragt hat.

(3) Im Übrigen schuldet die Kosten der Schuldner des Insolvenzverfahrens.

I. Allgemeines

§ 23 regelt die öffentlich-rechtliche Kostenhaftung und deren Umfang im Insolvenzverfahren. Die Vorschrift findet ihre Ergänzung durch § 33. Hierneben kann auch eine Kostenhaftung nach § 29 Nr. 1 begründet sein.[1]   **1**

§ 13 Abs. 1 S. 1 InsO stellt klar, dass ein Insolvenzverfahren nicht von Amts wegen eröffnet werden kann. Erforderlich ist stets ein schriftlicher **Antrag**. Antragsberechtigt nach § 13 Abs. 1 S. 2 InsO sind die Gläubiger und der Schuldner. Die Antragstellung ist Prozesshandlung, die entsprechend den allgemeinen Grundsätzen bedingungs- und befristungsfeindlich sowie unanfechtbar ist.[2]   **2**

§ 23 differenziert nach der Kostenhaftung im Eröffnungsverfahren (Abs. 1), hinsichtlich des Antrags auf Versagung oder den Widerruf der Restschuldbefreiung (Abs. 2) und der übrigen Kosten (Abs. 3).   **3**

II. Kostenhaftung im Eröffnungsverfahren (Abs. 1)

1. Kostenschuldner (Nr. 2310, 2311 KV). Kostenschuldner ist nach **Abs. 1 S. 1** zunächst der **Antragsteller**   **4**
des Insolvenzantrags hinsichtlich der **Gerichtsgebühr**. Sowohl für den Antrag des Schuldners (Nr. 2310 KV) als auch für den Antrag des Gläubigers (Nr. 2311 KV) beträgt die Gerichtsgebühr 0,5 der Wertgebühr (§§ 2, 34);[3] bei einem Gläubigerantrag allerdings mindestens 180 € (Nr. 2311 KV).[4] Die Höhe der Wertgebühr richtet sich bei einem Schuldnerantrag nach dem Wert der Insolvenzmasse (§ 58 Abs. 1), bei einem Gläubigerantrag nach dem Betrag seiner Forderung – ohne Nebenforderungen (§ 43) –, es sei denn, die Insolvenzmasse ist geringer (§ 58 Abs. 2). Die Gebühr wird mit der Antragstellung fällig (§ 6 Abs. 1 Nr. 3).

Wird der Antrag auf Eröffnung des Insolvenzverfahrens **abgewiesen** oder **zurückgenommen**, ist der Antrag-   **5**
steller, also der antragstellende Schuldner im Fall der Nr. 2310 KV oder der antragstellende Gläubiger im Fall der Nr. 2311 KV, Kostenschuldner der **Auslagen** im Eröffnungsverfahren (**Abs. 1 S. 2**),[5] ausgenommen die bei einer Stundung der Verfahrenskosten als Auslagen entstehenden Kosten eines **vorläufigen Insolvenzverwalters** (**Abs. 1 S. 3 iVm Nr. 9017 KV**); Letztere gehen ausschließlich zu Lasten des Schuldners. Vorstehende Grundsätze gelten ohne Ausnahme auch für den Fall der **Abweisung mangels Masse** nach § 26 InsO; ihnen kann nicht mit der Argumentation entgegengetreten werden, der Gläubiger habe im Fall der Abweisung mangels Masse im Ergebnis obsiegt[6] oder dieser Fall sei einer Erledigung der Hauptsache gleichzustellen.[7]

Wird dagegen das Verfahren aus anderen Gründen, etwa durch eine **Erledigungserklärung**,[8] nicht eröffnet,[9]   **6**
gilt Vorstehendes nicht. Im Fall der – auch übereinstimmenden – Erledigungserklärung, wie häufig bei sog. **Druckanträgen der Sozialversicherungsträger**, wurden die Kosten in einigen Fällen ebenfalls nach § 91 a ZPO iVm § 4 InsO dem Antragsteller auferlegt.[10] Diese Problematik dürfte durch die Neuregelung in § 14 Abs. 3 InsO erledigt sein. Die Erledigungserklärung ist kostenrechtlich der Antragsrücknahme nicht gleichzusetzen.[11] Der Insolvenzschuldner ist Kostenschuldner der Gebühr Nr. 2310 KV und der Auslagen, wenn dem Antrag auf Eröffnung des Insolvenzverfahrens stattgegeben wird, der Gläubiger in diesem Fall als Antragsteller aber stets nur Schuldner der Gebühr Nr. 2311 KV.

In diesem Zusammenhang ist zu berücksichtigen, dass bei Eröffnung des Insolvenzverfahrens die Gerichts-   **7**
gebühren, die Auslagen und die Kosten der vorläufigen Insolvenzverwaltung **Massekosten iSd §§ 53 f InsO**

---

1 AG Paderborn Rpfleger 1993, 366; Lorenz/Klanke/*Klanke*, § 23 GKG Rn 36. **2** BGH NZI 2010, 441. **3** Vgl auch *Meyer*, GKG Nr. 2310 KV Rn 34. **4** Vgl auch *Meyer*, GKG Nr. 2311 KV Rn 35. **5** OLG Köln MDR 2010, 596 = AGS 2011, 329 = ZIP 2010, 637; OLG Dresden 15.3.2010 – 3 W 253/10, juris; LG Osnabrück JurBüro 2012, 374. **6** OLG Köln MDR 2010, 596 = AGS 2011, 329 = ZIP 2010, 637; LG Göttingen NZI 2009, 729. **7** LG Göttingen ZInsO 2009, 1926; LG Bonn NZI 2009, 897. **8** OLG Dresden 15.3.2010 – 3 W 253/10, juris; OLG Düsseldorf NZI 2006, 708 = JurBüro 2006, 650; OLGR Hamm 2007, 536; OLG Köln NZI 2005, 683; OLG Koblenz ZInsO 2007, 610 = JurBüro 2007, 321; LG Bonn NZI 2009, 897. **9** LG Frankenthal JurBüro 2002, 329. **10** AG Hamburg ZIP 2001, 257; AG Hamburg ZInsO 2007, 1167 f. **11** AG Dresden ZInsO 2009, 1173; LG Frankenthal JurBüro 2002, 329.

sind. Der Antragsteller haftet, wenn nicht genug Masse vorhanden ist, um die Gerichtsgebühr auszugleichen, und zwar als antragstellender Gläubiger auch für die Kosten vorläufiger Maßnahmen, namentlich der
Sequestration und Siegelung.[12] Anderenfalls, also bei ausreichender Insolvenzmasse, sind dem Antragsteller,
der gezahlt hat, die Kosten aus der Masse zu erstatten. Ein antragstellender Gläubiger hat nur einen Anspruch darauf, dass die Kosten aus der Masse vorwegberichtigt werden und, wenn er sie bereits gezahlt hat,
dass sie ihm aus der Masse erstattet werden.

8   Im Falle, dass ein Insolvenzschuldner die Gebühren nach Nr. 2310 KV gezahlt hat, ist diese Zahlung auf die
Gebühr für die Durchführung des Verfahrens anzurechnen (Nr. 2320, 2330 KV), so dass keine Erstattung
der Kosten an ihn vorgenommen wird. Ist der vorläufige Insolvenzverwalter als gerichtlich bestellter Sachverständiger nach § 23 Abs. 1 S. 2 Nr. 3 Hs 2 InsO tätig, so ist eine (Zweit-)Schuldnerhaftung des Gläubigers gegeben.[13]

9   **2. Mehrere Antragsteller.** Durch jeden einzelnen Antrag wird ein selbständiges Eröffnungsverfahren eingeleitet. Jeder Antrag löst eine Gebühr Nr. 2311 KV aus.[14] Gesetzliche Vertreter, Vorstandsmitglieder, Liquidatoren usw, die antragsbefugt sind, handeln für den Gemeinschuldner, so dass aus diesem Grunde bei ihnen keine persönliche Kostenschuld entsteht. Die Gebührenfreiheit ist bei Trägern der Sozialversicherung in
einem Insolvenzverfahren ausgeschlossen.

10 **3. Antrag auf Wiederaufnahme des Verfahrens.** Der jeweilige Antragsteller wird für das Verfahren über den
Antrag auf Wiederaufnahme des Insolvenzverfahrens vor der Entscheidung haftbar gemacht. Entsprechendes gilt für ein Verfahren über einen vor der Wiederaufnahme gestellten Antrag auf Anordnung von Siche-
rungsmaßregeln.

III. Kostenhaftung nach Eröffnung des Insolvenzverfahrens (Abs. 3)

11 **1. Durchführung des Insolvenzverfahrens (Nr. 2320 KV).** Der Insolvenzschuldner ist alleiniger Schuldner
der Gerichtskosten (Abs. 3). Bei den Gerichtskosten handelt es sich um Massekosten. Der Insolvenzverwalter kann von der Staatskasse auf Zahlung der Gerichtskosten in Anspruch genommen werden (§ 33), allerdings beschränkt auf die Insolvenzmasse.[15] Die Staatskasse kann gegen den Insolvenzverwalter Haftungsansprüche auf Schadensersatz wegen schuldhafter Pflichtverletzung nur auf prozessualem Wege verfolgen.

12 **2. Besonderer Prüfungstermin (Nr. 2340 KV).** Der besondere Prüfungstermin nach Nr. 2340 KV findet in
§ 23 keine Regelung. Schuldner jeder einzelnen Gebühr Nr. 2340 KV und der Auslagen ist gem. § 33 iVm
§ 177 InsO der Gläubiger, für dessen Forderung der Termin zur Prüfung bestimmt wurde.[16] Gesamtgläubiger einer Forderung haften gemeinsam, jeder Gläubiger hingegen für seine eigene Gebührenschuld.

13 Wird eine Forderung im besonderen Prüfungstermin mit geprüft, obwohl der Termin hierfür nicht bestimmt war, ist der Gläubiger ebenfalls Kostenschuldner. Dies ergibt sich daraus, dass die Gebühr Nr. 2340
KV nicht für die Terminsanberaumung, sondern für die Prüfung der Forderung entsteht.

14 Alle Gläubiger haften als Gesamtgläubiger in voller Höhe für die Auslagengebühr, die für die Anberaumung des Termins entsteht. Dies gilt nicht für Kosten der öffentlichen Bekanntmachung im besonderen
Prüfungstermin (Nr. 9004 KV). Die Kosten des besonderen Prüfungstermins sind keine Massekosten. Da es
sich um vermeidbare und damit nicht um notwendige Kosten handelt, besteht auch keine Kostenschuld des
Gemeinschuldners.

IV. Beschwerdeverfahren (Nr. 2360–2364 KV)

15 Wer Kostenschuldner der Gebühren Nr. 2360–2364 KV im Beschwerdeverfahren ist, bestimmt § 23 nicht.
Das Beschwerdeverfahren bildet kostenrechtlich eine besondere Angelegenheit. Für die in den §§ 22–26 geregelten Verfahren sowie das Insolvenzverfahren normiert das GKG die Antragstellerhaftung, so dass auch
für die Gebühren des Beschwerdeverfahrens nach Nr. 2360–2364 KV von der Antragstellerhaftung auszugehen ist.

V. Restschuldbefreiung (Abs. 2)

16 Der den Antrag auf Versagung der Restschuldbefreiung (§ 300 Abs. 2 Hs 1 InsO) stellende Gläubiger haftet
unabhängig von dessen Erfolg und trägt damit die Kosten, die im Zusammenhang mit dem Antrag zur
Restschuldbefreiung (§§ 290, 296–297 a, 300 und 303 InsO) gestellt werden. Durch Abs. 2 soll gewährleistet werden, dass nur in aussichtsreichen Fällen Anträge auf Restschuldbefreiung gestellt werden und die
Staatskasse mit diesen Auslagen nicht belastet wird.[17]

---

12 LG Gera ZIP 2002, 1735, 1736. **13** OLG Düsseldorf JurBüro 2009, 266. **14** So auch Binz/Dörndorfer/*Zimmermann*,
Nr. 2311 KV Rn 7. **15** RZG 124, 351. **16** *Oestreich/Hellstab/Trenkle*, GKG § 23 Rn 5; *Meyer*, GKG Nr. 2340 KV Rn 39. **17** BT-
Drucks 12/3803, S. 72 f.

VI. Fälligkeit; Wertberechnung

Die Fälligkeit richtet sich nach §§ 6, 9. Für die Wertberechnung gilt § 3.   17

§ 23 a Sanierungs- und Reorganisationsverfahren nach dem Kreditinstitute-Reorganisationsgesetz

Die Kosten des Sanierungs- und Reorganisationsverfahrens schuldet nur das Kreditinstitut.

Kostenschuldner ist in diesen Sachen immer das betroffene Kreditinstitut. Die Bundesanstalt für Finanz-   1
dienstleistungsaufsicht soll von der ansonsten grds. geltenden Antragstellerhaftung ausdrücklich ausgenommen werden.[1]

§ 24 Öffentliche Bekanntmachung in ausländischen Insolvenzverfahren

Die Kosten des Verfahrens über den Antrag auf öffentliche Bekanntmachung ausländischer Entscheidungen in Insolvenzverfahren oder vergleichbaren Verfahren schuldet, wer das Verfahren beantragt hat.

Das Verfahren hinsichtlich der öffentlichen Bekanntmachung von Entscheidungen im Verfahren über den   1
Antrag auf Anerkennung der Eröffnung eines ausländischen Insolvenzverfahrens ist in §§ 343 ff InsO geregelt (§ 345 InsO).

Nach Vorbem. 2.3 KV steht der Antrag des ausländischen Insolvenzverwalters dem Antrag des Schuldners   2
gleich. Für das Verfahren über den Antrag des Schuldners auf Eröffnung des Insolvenzverfahrens wird nach
Nr. 2310 KV eine 0,5-Gebühr erhoben. Diese Gebühr fällt daher auch im Verfahren über den Antrag des
ausländischen Insolvenzverwalters nach §§ 343 ff InsO an. Für das Beschwerdeverfahren (§ 345 Abs. 3 S. 3
InsO) ist die Gebühr Nr. 2360 KV vorgesehen.

Die für die öffentliche Bekanntmachung anfallenden **Auslagen** sind nach Nr. 9004 KV zu erheben.   3

Kostenschuldner für die im Verfahren auf öffentliche Bekanntmachung in ausländischen Insolvenzverfahren   4
anfallenden Gebühren und Auslagen ist nach § 24 der Antragsteller des Verfahrens. § 24 ist damit *lex specialis* zu § 23 (und § 22 Abs. 1).

§ 25 Verteilungsverfahren nach der Schifffahrtsrechtlichen Verteilungsordnung

Die Kosten des Verteilungsverfahrens nach der Schifffahrtsrechtlichen Verteilungsordnung schuldet, wer das Verfahren beantragt hat.

I. Anwendungsbereich

§ 25 regelt den Kostenschuldner im Verfahren über den Antrag auf Eröffnung des Verteilungsverfahrens   1
nach dem Gesetz über das Verfahren bei der Errichtung und Verteilung eines Fonds zur Beschränkung der
Haftung in der See- und Binnenschifffahrt (Schifffahrtsrechtliche Verteilungsordnung – SVertO).[1] § 25 bestimmt den Kostenschuldner sowohl für die Gebühren als auch für die Auslagen (Kosten, § 1 Abs. 1 S. 1).
Die Gebühren im Verteilungsverfahren nach der SVertO ergeben sich aus Nr. 2410–2441 KV, die Auslagen
aus Teil 9 KV.

Neben § 25 sind § 6 Abs. 1 Nr. 3 für die Gebührenfälligkeit, § 13 für die Vorauszahlungspflicht und § 59   2
für den Wert der Gebühren im Verteilungsverfahren nach der SVertO zu beachten.

II. Kostenschuldner

1. Gebühren Nr. 2410, 2420, 2440 und 2441 KV. Kostenschuldner im Verteilungsverfahren nach der   3
SVertO ist nach § 25 derjenige, der das Verfahren **beantragt** hat. Danach schuldet der **Antragsteller des Verteilungsverfahrens** (§ 1 Abs. 3 SVertO) die Gebühren nach Nr. 2410 KV (Antrag auf Eröffnung des Verteilungsverfahrens) und nach Nr. 2420 KV (Durchführung des Verteilungsverfahrens). Der Beschwerdeführer

---

1 Begr. RegE zum RStruktG, BT-Drucks 17/3024, S. 83. **1** IdF der Bek. v. 23.3.1999 (BGBl. I 530; 2000 I 149), zul. geänd. d.
Art. 3 G v. 5.7.2016 (BGBl. I 1578, 1579).

schuldet die in Nr. 2440, 2441 KV geregelten Festgebühren des **Beschwerde- und Rechtsbeschwerdeverfahrens**. Die Haftung erstreckt sich auch die insoweit anfallenden Auslagen.

4   Nach § 5 Abs. 1 SVertO setzt das Gericht durch Beschluss die Summe fest, die zur Errichtung des Fonds einzuzahlen ist (Haftungssumme; s. die Erl. zu § 59). Ist das Verfahren nach § 1 Abs. 5 SVertO nur mit Wirkung für Ansprüche wegen **Sachschäden** eröffnet worden, so kann durch die in § 30 Abs. 1 SVertO genannten Personen wegen **Personenschäden** die Festsetzung des Mehrbetrags der Haftungssumme beantragt werden. Wird gem. § 30 Abs. 2 SVertO vom Gericht diese erhöhte Haftungssumme festgesetzt, bildet diese den Streitwert. Wird der festgesetzte Mehrbetrag der Haftungssumme eingezahlt, nachdem das Verfahren mit Wirkung für Ansprüche wegen Sachschäden bereits eröffnet worden ist, so beschließt das Gericht gem. § 30 Abs. 4 SVertO, dass das Verfahren auch mit Wirkung für Ansprüche wegen Personenschäden eröffnet wird. Hinsichtlich des Verfahrens wegen des Mehrbetrags der Haftungssumme gilt gem. § 30 Abs. 5 SVertO derjenige, der die Erweiterung des Verfahrens nach § 30 Abs. 1 SVertO beantragt, als Antragsteller iSd SVertO. Dieser Antragsteller wird auch Kostenschuldner iSv § 25, da er die Verfahrenserweiterung (hinsichtlich der Personenschäden) beantragt hat.[2]

5   **2. Gebühr Nr. 2430 KV.** Für die Prüfung von Forderungen in einem **besonderen Prüfungstermin** nach § 11 SVertO entsteht nach Nr. 2430 KV eine Festgebühr iHv 20 €. Für den besonderen Prüfungstermin gilt gem. § 18 S. 3 SVertO § 177 InsO entsprechend. Die Gebühr nach Nr. 2430 KV trägt deshalb der Gläubiger, der den besonderen Prüfungstermin durch nachträgliche Forderungsanmeldung veranlasst hat (§ 18 S. 3 SVertO, § 177 Abs. 1 S. 2 InsO).[3] Das gilt auch für die insoweit anfallenden Auslagen (zB Bekanntmachungskosten, § 18 S. 3 SVertO und § 177 Abs. 3 S. 1 InsO).

6   **3. Weitere/mehrere Kostenschuldner.** Die Haftung nach § 25 tritt ggf hinter eine Haftung als **Erstschuldner** nach § 29 Nr. 1 oder 2, § 31 Abs. 2. Nach § 31 Abs. 1 SVertO trägt der Antragsteller des Verteilungsverfahrens auch die Vergütung und die Auslagen eines Sachwalters (§ 9 SVertO) sowie die Kosten, die dieser zur Verwaltung und Verwertung von Sicherheiten aufgewandt hat.

§ 26 Zwangsversteigerungs- und Zwangsverwaltungsverfahren

(1) Die Kosten des Zwangsversteigerungs- und Zwangsverwaltungsverfahrens sowie des Verfahrens der Zwangsliquidation einer Bahneinheit schuldet vorbehaltlich des Absatzes 2, wer das Verfahren beantragt hat, soweit die Kosten nicht dem Erlös entnommen werden können.

(2) [1]Die Kosten für die Erteilung des Zuschlags schuldet nur der Ersteher; § 29 Nummer 3 bleibt unberührt. [2]Im Fall der Abtretung der Rechte aus dem Meistgebot oder der Erklärung, für einen Dritten geboten zu haben (§ 81 des Gesetzes über die Zwangsversteigerung und die Zwangsverwaltung), haften der Ersteher und der Meistbietende als Gesamtschuldner.

(3) Die Kosten des Beschwerdeverfahrens schuldet der Beschwerdeführer.

I. Allgemeines

1   § 26 regelt zunächst in **Abs. 1** für sämtliche nach dem Zwangsversteigerungsgesetz durchzuführenden Verfahren (→ § 15 Rn 1) einschließlich der Zwangsverwaltungsverfahren die Haftung hinsichtlich aller in diesen Verfahren anfallenden Kosten (Gebühren und Auslagen) mit Ausnahme derjenigen, die durch die Zuschlagserteilung anfallen (s. Abs. 2). Von der Regelung des Abs. 1 werden somit sowohl die Verfahrenskosten gem. §§ 109, 155 Abs. 1 ZVG als auch die durch die Entscheidung über einen Anordnungs- oder Beitrittsantrag anfallenden Kosten (→ § 7 Rn 2) erfasst. Insoweit gilt auch in diesen Verfahren das **Prinzip der Antragstellerhaftung** (s. § 22 Abs. 1 S. 1). Daneben besteht auch eine Haftung gem. § 29 Nr. 3 (zB des Erben) und des Vollstreckungsschuldners (§ 29 Nr. 4). Die Haftung ist nicht (mehr) gegeben, sofern eine Entnahme aus dem Erlös (§§ 109, 155 Abs. 1 ZVG) möglich ist.

2   **Abs. 2** regelt ausschließlich die Haftung hinsichtlich der Kosten (Gebühren und Auslagen), die für die **Erteilung des Zuschlags** anfallen (Nr. 2214 KV nebst Auslagen). Daneben bzw stattdessen besteht nach der ausdrücklichen Bestimmung auch eine Haftung gem. § 29 Nr. 3 (zB des Erben).

3   **Abs. 3** betrifft sodann die im Beschwerdeverfahren anfallenden Kosten (Gebühren und Auslagen).

---

2 *Meyer*, GKG § 59 Rn 2; *Hartmann*, KostG, § 59 GKG Rn 5. **3** *Meyer*, GKG § 25 Rn 2.

II. Kosten betreffend einen Anordnungs- oder Beitrittsantrag (Abs. 1)

1. Zwangsversteigerungsverfahren. Die (Fest-)Gebühren (Nr. 2210, 2220, 2230 KV) für die Entscheidung 4
über einen Antrag auf Anordnung der Zwangsversteigerung bzw Zwangsverwaltung (vgl § 20 Abs. 1 ZVG)
oder die Zulassung des Beitritts (vgl § 27 ZVG) schuldet der jeweilige Antragsteller. Dies gilt neben der sog.
Vollstreckungsversteigerung auch für die Verfahren gem. §§ 172 ff ZVG, insb. für Verfahren zur Aufhebung
der Gemeinschaft (§§ 180 ff ZVG; sog. **Teilungsversteigerung**).

Antragsteller ist jeder, der einen Antrag auf Anordnung der Verfahrens bzw der Zulassung des Beitritts ge- 5
stellt hat. Neben den antragstellenden Gläubigern in der Vollstreckungsversteigerung und der Zwangsverwaltung sind dies Miteigentümer, Personen einer Gesamthandsgemeinschaft (zB Miterben) oder Dritte, die
den Anspruch auf Aufhebung der Gemeinschaft ausüben, wie zB ein Pfändungsgläubiger (§ 181 Abs. 2
ZVG).

In den besonderen Verfahren gem. §§ 172 ff ZVG ist Antragsteller insb. der Insolvenzverwalter, der Testa- 6
mentsvollstrecker, der Nachlassverwalter bzw Nachlasspfleger oder ein Erbe.[1]

Da die Festgebühr (→ Rn 4) grds. hinsichtlich des Antrags eines jeden Gläubigers gesondert anfällt (s. Vor- 7
bem. 2.2 KV), haftet jeder Gläubiger für die Kosten der ihn betreffenden Entscheidung allein.

Eine Ausnahme gilt gem. Vorbem. 2.2 KV für Gesamtgläubiger, Gesamthandsgläubiger oder im Verfahren 8
gem. §§ 180 ff ZVG für mehrere Miteigentümer, die als ein Antragsteller gelten, sofern sie einen gemeinsamen Antrag stellen. Für die dann nur einmal anfallende Festgebühr sowie die diesbezüglichen Zustellungsauslagen haften diese Personen dann als Gesamtschuldner (§ 31 Abs. 1), die dann (zunächst) gem. § 8
KostVfg nach Kopfteilen in Anspruch genommen werden. Werden die Anträge gesondert gestellt und beschieden, besteht für die dann gesonderten Kosten nur die Haftung des jeweiligen Antragstellers.

Parteien kraft Amtes, wie zB der Insolvenzverwalter, Testamentsvollstrecker und Nachlassverwalter, haften 9
nicht persönlich, sondern lediglich mit dem ihrer Verwaltung unterliegenden Vermögen.[2]

Die Haftung des jeweiligen Antragstellers gem. Abs. 1 umfasst auch die durch den Anordnungs- oder Bei- 10
trittsantrag angefallenen **Auslagen**. Dabei handelt es sich im Regelfall um die für die Zustellung des Anord-
nungs-, Beitritts- oder auch Abweisungsbeschlusses zu erhebenden Zustellungsauslagen (Nr. 9002 KV).

Die Kosten der Anordnung bzw des Beitritts können nicht dem Erlös gem. §§ 109, 155 Abs. 1 ZVG ent- 11
nommen werden. Der Antragsteller kann diese, sofern er zum Kreis der Berechtigten des § 10 ZVG gehört,
als **Kosten der dinglichen Rechtsverfolgung** gem. § 10 Abs. 2 neben seinem Hauptanspruch geltend machen.[3]

Neben der **Haftung eines Dritten**, der gem. § 29 Nr. 3 für die Verbindlichkeit hier des Antragstellers kraft 12
Gesetzes haftet (zB der Erbe), ist insb. die **Haftung des Vollstreckungsschuldners** gem. § 29 Nr. 4 zu beachten. Dessen Inanspruchnahme wird jedoch im Regelfall nur in Betracht zu ziehen sein, sofern die Kosten
vom Antragsteller zB infolge bestehender Gebührenbefreiung oder bewilligter Prozesskostenhilfe nicht eingezogen werden (→ Rn 16 auch zur Anmeldemöglichkeit bei erfolgloser Sollstellung). Jedoch haftet der
Vollstreckungsschuldner nur für die notwendigen Kosten der Zwangsvollstreckung (§§ 869, 788 ZPO) und
somit zB nicht für Kosten, die durch Zurückweisung eines Anordnungs- oder Beitrittsantrags entstehen.[4]

Antragsgegner im Verfahren zur Aufhebung einer Gemeinschaft (§§ 180 ff ZVG) sind nicht Vollstreckungs- 13
schuldner gem. § 29 Nr. 4.[5]

2. Zwangsverwaltungsverfahren. Im Zwangsverwaltungsverfahren gelten die obigen Ausführungen hin- 14
sichtlich der Zwangsversteigerungsverfahren ebenso (daher → Rn 4 ff).

3. Zwangsliquidation einer Bahneinheit. Im Verfahren zur Zwangsliquidation einer Bahneinheit (vgl § 871 15
ZPO) gelten ebenfalls die obigen Ausführungen hinsichtlich des Zwangsversteigerungsverfahrens (s.
Nr. 2230 KV). Siehe daher → Rn 4 ff.

4. Prozesskostenhilfe; Kosten- und Gebührenfreiheit. Können die Kosten der Anordnung bzw des Beitritts 16
von dem Antragsteller aufgrund bewilligter Prozesskostenhilfe bzw bestehender Kosten- oder Gebührenfreiheit und – wie zumeist auch vom Vollstreckungsschuldner (→ Rn 12) – nicht eingezogen werden, besteht für den Justizfiskus gem. § 4 Abs. 4 KostVfg die Möglichkeit, diese Kosten als Kosten der dinglichen
Rechtsverfolgung neben dem Hauptanspruch des Gläubigers gem. § 10 Abs. 2 ZVG **anzumelden** (→
Rn 11). Die Gerichtskasse ist bei der Sollstellung auf diese Anmeldemöglichkeit hinzuweisen.[6]

---

1 *Oestreich/Hellstab/Trenkle*, GKG § 26 Rn 6.   **2** *Oestreich/Hellstab/Trenkle*, GKG § 26 Rn 6.   **3** *Stöber*, ZVG, § 109 Rn 2
Anm. 2.3 a).   **4** *Oestreich/Hellstab/Trenkle*, GKG § 26 Rn 9.   **5** *Oestreich/Hellstab/Trenkle*, GKG § 26 Rn 9.   **6** *Stöber*, ZVG,
Einl. Rn 87 Anm. 87.5; § 109 Rn 2 Anm. 2.6; *Oestreich/Hellstab/Trenkle*, GKG § 26 Rn 9.

III. Kosten des Verfahrens im ersten Rechtszug

17   **1. Zwangsversteigerungsverfahren. a) Grundsatz der Haftung.** Von den durch eine Entscheidung über einen Anordnungs- oder Beitrittsantrag entstehenden Kosten sind die Verfahrenskosten gem. § 109 ZVG zu unterscheiden (→ Rn 1). Dazu gehören die Gebühren Nr. 2211–2213, 2215, 2216 KV (→ § 7 Rn 3) sowie die Auslagen gem. Teil 9 KV. Diese Gebühren fallen für das Zwangsversteigerungsverfahren selbst an, das mit dem Anordnungsbeschluss beginnt, ohne dass insoweit eine (weitere einleitende) Tätigkeit des Gerichts erforderlich ist.[7] Zu diesen Verfahrenskosten gehören auch die im Zwangsversteigerungsverfahren selbst anfallenden Auslagen gem. Teil 9 KV, insb. das Honorar für den vor der Wertfestsetzung gem. § 74 a Abs. 5 ZVG im Regelfall zu beauftragenden Sachverständigen (Nr. 9005 KV) sowie die Zustellungsauslagen (nur bei mehr als 10 Zustellungen, s. Anm. zu Nr. 9002 KV), sofern sie nicht durch Entscheidungen über Beitrittsanträge (→ Rn 10) oder die Zustellung des Zuschlagsbeschlusses entstanden sind (→ Rn 33).

18   Die o.a. Verfahrenskosten sind gem. § 109 ZVG grds. dem Erlös vorweg zu entnehmen. Dies gilt auch, sofern Gläubiger gem. §§ 15, 17 einen Vorschuss hierauf geleistet haben (→ § 15 Rn 10), dem Gläubiger Gebühren- oder Kostenfreiheit zusteht oder ihm Prozesskostenhilfe bewilligt wurde.[8] Eine Vorwegentnahme iSd § 109 ZVG ist grds. auch gegeben, sofern der Ersteher seiner Zahlungspflicht (§§ 49, 107 ZVG) nicht nachkommt und deshalb eine Forderungsübertragung nebst Eintragung einer Sicherungshypothek gem. §§ 118, 128 ZVG (auch) für diese Kosten erfolgt (aber → Rn 20).

19   Dem Grundsatz der Vorwegentnahme gem. § 109 ZVG (→ Rn 18) folgend, besteht gem. Abs. 1 die Haftung des Antragstellers nur, soweit diese Entnahme aus dem Erlös nicht möglich ist. Dies ist immer dann der Fall, wenn mangels Zuschlagserteilung kein Erlös vorhanden ist. Wurden diese Verfahrenskosten zB im Teilungsplan nicht oder zu niedrig berücksichtigt, ist eine Haftung des Antragstellers nicht gegeben, da eine Entnahme möglich war.[9]

20   Im Falle der §§ 118, 128 ZVG (→ Rn 18) fällt die Haftung des Antragstellers gem. Abs. 1 jedoch erst weg, wenn die Staatskasse innerhalb von drei Monaten nach dieser Forderungsübertragung nicht auf die Rechte aus der übertragenen Forderung verzichtet und auch daraus nicht die (Wieder-)Versteigerung beantragt. Erst und nur dann wirkt die Forderungsübertragung wie die Befriedigung aus dem Grundstück (§ 118 Abs. 2) – hier somit wie die Entnahme gem. § 109.[10]

21   **b) Mehrere Antragsteller.** Die Gebühren Nr. 2211–2213, 2215, 2216 KV fallen – anders als die Gebühr Nr. 2210 KV – in einem Verfahren unabhängig von der Zahl der Antragsteller nur einmal an, so dass jeder betreibende Gläubiger in der Vollstreckungsversteigerung[11] bzw mehrere Antragsteller (in der Teilungsversteigerung gem. §§ 180 ff ZVG) für diese Kosten haftet und grds. insoweit dann eine gesamtschuldnerische Haftung gegeben ist (§ 31 Abs. 1).[12] Die Inanspruchnahme bestimmt sich nach § 8 Abs. 4 KostVfg (→ § 15 Rn 8 f mwN).

22   Da aber auch in einem Zwangsversteigerungsverfahren das von jedem Gläubiger gegen den Schuldner betriebene Verfahren gesondert zu betrachten ist, haftet jeder Gläubiger als Antragsteller nur hinsichtlich der Kosten, die *auch* auf ihn bezogen entstanden sind.[13] Wurde zB für einen von mehreren Gläubigern das Verfahren vor dem Versteigerungstermin eingestellt – und später aufgehoben –, haftet dieser Gläubiger nicht für die – aufgrund der Durchführung des Versteigerungstermins im Hinblick auf andere Gläubiger – angefallene Nr. 2213 KV. Dies gilt auch hinsichtlich der Auslagen, so dass Gläubiger, deren Verfahren vor Entstehung der Sachverständigenauslagen (Nr. 9005 KV) bereits aufgehoben oder eingestellt war – ohne spätere Fortsetzung – nicht für diese Auslagen haften.

23   Dies gilt im Verfahren gem. §§ 180 ff ZVG ebenso für mehrere Antragsteller.

24   Steht einzelnen der mehreren Antragstellern Kosten- oder Gebührenbefreiung zu, so ist – in entsprechender Anwendung der Regelung des § 2 Abs. 5 – von dem nicht begünstigten Antragsteller nur der Teil der Kosten bzw Gebühren zu erheben, den er im Innenverhältnis zu dem begünstigten Antragsteller gem. § 426 BGB zu tragen hätte.[14] Für die (Fest-)Gebühr Nr. 2210 KV stellt sich diese Problematik regelmäßig nicht, da insoweit hinsichtlich eines jeden Anordnungs- oder Beitrittsbeschlusses ohnehin eine gesonderte Gebühr anfällt (→ Rn 7).

25   **c) Mehrere Objekte.** Sind mehrere Grundstücke, Miteigentumsanteile, grundstückgleiche Rechte etc. Gegenstand des gem. § 18 ZVG verbundenen Verfahrens, fallen die Gebühren Nr. 2211–2213, 2215, 2216 KV nur einmal aus der Summe der Einzelwerte (§ 54 Abs. 4) an. Mehrere Gläubiger haften auch in diesem Fall

---

7 *Stöber*, ZVG, Einl. Rn 77 Anm. 77.2.   **8** *Stöber*, ZVG, Einl. Rn 87 Anm. 87.5; *Oestreich/Hellstab/Trenkle*, GKG § 26 Rn 11.   **9** *Oestreich/Hellstab/Trenkle*, GKG § 26 Rn 12.   **10** *Oestreich/Hellstab/Trenkle*, GKG § 26 Rn 13; *Hartmann*, KostG, § 26 GKG Rn 5.   **11** BGH NJW 2009, 2066.   **12** *Stöber*, ZVG, Einl. Rn 82 Anm. 82.1; *Oestreich/Hellstab/Trenkle*, GKG § 26 Rn 14.   **13** *Stöber*, ZVG, Einl. Rn 82 Anm. 82.1 f; *Oestreich/Hellstab/Trenkle*, GKG § 26 Rn 14; *Meyer*, GKG § 26 Rn 9.   **14** LG Münster JurBüro 1985, 1064; *Oestreich/Hellstab/Trenkle*, GKG § 26 Rn 15.

grds. als Gesamtschuldner (→ Rn 21). Ein Gläubiger, der das Verfahren jedoch nicht hinsichtlich aller Objekte des Verfahrens betreibt, haftet dann ebenfalls nur für die Kosten, die auf ihn bezogen, somit nur hinsichtlich der für ihn beschlagnahmten Objekte (§ 20 Abs. 1), entstanden sind (→ Rn 22).[15]

d) Vollstreckungsschuldner. Neben dem Antragsteller haftet der Vollstreckungsschuldner gem. § 29 Nr. 4   **26** auch für die Verfahrenskosten (→ Rn 12).

2. Zwangsverwaltungsverfahren. Die obigen Ausführungen (→ Rn 4 ff) gelten für die Verfahrenskosten im   **27** Zwangsverwaltungsverfahren (§ 155 Abs. 1 ZVG) in gleicher Weise.

Auch die Jahresgebühren Nr. 2221 KV fallen in einem Verfahren unabhängig von der Zahl der Antragstel-   **28** ler nur einmal an, so dass jeder betreibende Gläubiger für diese Kosten haftet und grds. insoweit dann eine gesamtschuldnerische Haftung gegeben ist (§ 31 Abs. 1, § 8 KostVfg). Allerdings ist ggf auch insoweit eine nur eingeschränkte Haftung einzelner Gläubiger gegeben, sofern deren Verfahren zB vor Beginn eines eine neue Gebühr auslösenden Kalenderjahres aufgehoben wird (→ Rn 22).

3. Zwangsversteigerung von Schiffen und Schiffsbauwerken. Auch in Verfahren gem. §§ 162 ff ZVG gelten   **29** grds. die obigen Ausführungen (→ Rn 4 ff). Die in diesen Verfahren jedoch regelmäßig anfallenden besonderen Kosten für die gem. § 165 Abs. 1 ZVG anzuordnende Bewachung und Verwahrung des Schiffes (zB Hafengebühren) gehören ebenfalls zu den Verfahrenskosten gem. § 109 ZVG.[16]

Die einem Treuhänder für die nach Einstellung des Verfahrens gem. § 165 Abs. 2 ZVG übertragene Bewa-   **30** chung und Verwahrung zustehende Vergütung hingegen ist aus den dann zu erzielenden Nutzungen zu entnehmen (vgl § 165 Abs. 2 S. 4, 5 ZVG).[17]

4. Zwangsliquidation einer Bahneinheit. Im Verfahren zur Zwangsliquidation einer Bahneinheit (→ Rn 15)   **31** gelten ebenfalls die obigen Ausführungen hinsichtlich des Zwangsversteigerungsverfahrens (→ Rn 4 ff). Die Gebühr Nr. 2231 KV ist grds. aus der Masse zu entnehmen.[18]

IV. Beschwerdeverfahren (Abs. 3)

Für eine begründete Beschwerde betreffend die nach dem ZVG durchzuführenden Verfahren fällt keine Ge-   **32** bühr an (vgl Nr. 2240 ff KV) und auch die Auslagen einer begründeten Beschwerde werden im Regelfall nicht erhoben (s. Vorbem. 9 Abs. 1 KV). Die in einem diesbezüglichen Beschwerdeverfahren entstehenden Kosten (Gebühren nach Nr. 2240–2243 KV; Auslagen gem. Teil 9 KV) schuldet nach der ausdrücklichen Regelung des Abs. 3 somit nur der jeweilige Beschwerdeführer. Diese Kosten sind nicht gem. §§ 109, 155 Abs. 1 ZVG aus dem Erlös bzw den Nutzungen vorweg zu entnehmen.[19] Dies gilt insb. auch für die in einem Beschwerdeverfahren betreffend die Festsetzung des Verkehrswerts gem. § 74 a Abs. 5 ZVG anfallenden (weiteren) Auslagen für das Honorar eines Sachverständigen.[20]

V. Kosten der Erteilung des Zuschlags (Abs. 2)

Die für die Erteilung des Zuschlags entstehenden Kosten (Nr. 2214 KV nebst Auslagen Nr. 9002 KV, sofern   **33** diese nach der Anm. zu Nr. 9002 KV überhaupt anfallen)[21] können nicht gem. § 109 ZVG dem Erlös entnommen werden (→ § 7 Rn 2). Diese schuldet nach Abs. 2 lediglich der Ersteher und ggf auch derjenige, der gem. § 29 Nr. 3 kraft Gesetzes für die Kostenschuld eines anderen haftet (zB der Erbe). Insoweit wird die nach § 58 ZVG bestehende Haftung auch ausdrücklich gegenüber der Staatskasse normiert. Eine Haftung des Antragstellers des Verfahrens oder des Vollstreckungsschuldners ist daneben nicht gegeben.[22]

Wird in einem Verfahren der Zuschlag (endgültig) versagt oder im Beschwerdeverfahren aufgehoben, ist ein   **34** ggf haftender Ersteher naturgemäß nicht vorhanden. Im Übrigen fällt dann auch keine Gebühr an (vgl Nr. 2214 KV nebst Anm.).

Werden in einem Zwangsversteigerungsverfahren **mehrere Objekte demselben Ersteher** zugeschlagen, fällt   **35** nur eine einheitliche Gebühr nach dem Gesamtwert an (s. § 54 Abs. 4), für die der Ersteher haftet. Sofern die **mehreren Objekte verschiedenen Erstehern** zugeschlagen werden, fallen gesonderte Gebühren gem. Nr. 2214 KV an (s. § 54 Abs. 5) und jeder Ersteher schuldet nur die diesbezügliche Gebühr nebst der insoweit ggf anfallenden Auslagen (Nr. 9002 KV).[23]

Wird der Zuschlag bzgl eines oder mehrerer Objekte (in einem Verfahren) an eine **Bietergemeinschaft** erteilt   **36** (zB Eheleuten zu bestimmten Anteilen), gelten diese als ein Ersteher. Sie haften dann für die einheitliche Gebühr Nr. 2214 KV nebst Auslagen als Gesamtschuldner (§ 31 Abs. 1).[24]

---

15 *Oestreich/Hellstab/Trenkle*, GKG § 26 Rn 14. **16** *Stöber*, ZVG, § 165 Rn 5 Anm. 5.1. **17** *Stöber*, ZVG, § 165 Rn 5 Anm. 5.2 mwN; *Oestreich/Hellstab/Trenkle*, GKG § 26 Rn 11. **18** *Oestreich/Hellstab/Trenkle*, GKG § 26 Rn 28. **19** *Stöber*, ZVG, § 109 Rn 2 Anm. 2.3 d); *Oestreich/Hellstab/Trenkle*, GKG § 26 Rn 29. **20** OLG Koblenz JurBüro 2005, 215. **21** LG Freiburg JurBüro 1991, 1211–1214; aA *Stöber*, ZVG, § 58 Rn 3. **22** *Oestreich/Hellstab/Trenkle*, GKG § 26 Rn 17 f. **23** *Stöber*, ZVG, Einl. Rn 79 Anm. 79.1; *Oestreich/Hellstab/Trenkle*, GKG § 26 Rn 19. **24** *Oestreich/Hellstab/Trenkle*, GKG § 26 Rn 20.

37   Wird im Falle des § 81 Abs. 2 bzw 3 ZVG der Zuschlag nicht dem Meistbietenden, sondern dem **Zessionar** oder dem **verdeckt Vertretenen** erteilt, haften der Dritte als Ersteher und der Meistbietende für die Kosten des Zuschlags als Gesamtschuldner (Abs. 2 S. 2). Insoweit wird die gesamtschuldnerische Haftung hinsichtlich des Gebots (s. § 81 Abs. 4 ZVG) auch für die Gerichtskosten bestimmt.[25]

38   Die Kosten für die nachfolgenden Eintragungen im Grundbuch (des Erstehers als Eigentümer, Löschung der erloschenen Rechte, bei Nichtzahlung des Gebots einzutragende Sicherungshypotheken – vgl §§ 128, 130 ZVG) werden gesondert nach dem GNotKG erhoben.

§ 27 Bußgeldsachen

Der Betroffene, der im gerichtlichen Verfahren nach dem Gesetz über Ordnungswidrigkeiten den Einspruch gegen einen Bußgeldbescheid zurücknimmt, schuldet die entstandenen Kosten.

I. Allgemeines

1   Legt der Betroffene Einspruch gegen den Bußgeldbescheid ein und nimmt er diesen Einspruch anschließend im gerichtlichen Verfahren zurück, bleibt der Bußgeldbescheid der Verwaltungsbehörde bestehen. Eine im Bußgeldbescheid enthaltene Kostenentscheidung (§ 105 OWiG) erfasst nur die im Bußgeldverfahren vor der Verwaltungsbehörde angefallenen bzw entstehenden Kosten (§ 107 OWiG). Die Haftung für die Kosten des gerichtlichen Verfahrens bestimmt sich dann nach § 27. Die Bestimmung ergänzt § 109 OWiG (→ Rn 7 ff).

II. Regelungszweck

2   § 27 regelt die **Kostenhaftung kraft Gesetzes** für den Fall, dass der Betroffene im gerichtlichen Verfahren nach dem OWiG den Einspruch gegen den Bußgeldbescheid zurücknimmt. Der Betroffene schuldet dann gem. § 27 kraft Gesetzes die im gerichtlichen Verfahren bis zur Rücknahme des Einspruchs bzw bis zum Eintritt der Rechtskraft des Bußgeldbescheids angefallenen Kosten. Einer gerichtlichen Kostenentscheidung bedarf es hierfür damit nicht.[1]

3   § 27 ist erforderlich, weil die nach Rücknahme des Einspruchs gegen den Bußgeldbescheid rechtskräftig werdende Kostenentscheidung der Bußgeldbehörde nur für die Kosten des Bußgeldverfahrens vor der Verwaltungsbehörde gilt und bei Rücknahme des Bußgeldbescheids keine gerichtliche Kostenentscheidung ergeht, die eine Kostenhaftung nach § 29 Nr. 1 auslöst.[2] Deshalb ordnet § 27 an, dass die im gerichtlichen Verfahren angefallenen **Kosten** (§ 1 Abs. 1 S. 1: Gebühren und Auslagen)[3] von dem Betroffenen geschuldet werden.

III. Anwendungsbereich

4   Zu den geschuldeten Kosten gehören die **Gebühren** Nr. 4111, 4112 KV sowie die **Auslagen nach Teil 9 KV**. Von § 27 sind deshalb auch die Kosten eines **Sachverständigengutachtens** (Nr. 9005 KV), auch eines anthropologischen erfasst.[4] Insoweit kann allerdings eine Entscheidung nach § 21 in Betracht kommen, wenn das Gericht das Sachverständigengutachten in Auftrag gibt – dessen voraussichtliche Kosten die im Fall der Verurteilung des Betroffenen zu erwartende Höhe der Geldbuße um ein Vielfaches übersteigen –, ohne den Betroffenen zuvor auf das damit verbundene Kostenrisiko hinzuweisen und Gelegenheit zur Einspruchsrücknahme zu geben. Das Unterlassen der Anhörung verstößt nach einer in der Rspr vertretenen Auffassung gegen den Rechtsgedanken des § 222 StPO iVm § 46 Abs. 1 OWiG. Deshalb sei es in derartigen Fällen rechtlich geboten, den Betroffenen von der beabsichtigten Beweiserhebung in Kenntnis zu setzen, um ihm Gelegenheit zur Änderung seines bisherigen Prozessverhaltens – etwa zur Rücknahme des Einspruchs – zu geben.[5] Allerdings ist es die Aufgabe des Gerichts, den Sachverhalt aufzuklären und die Wahrheit insb. auch mit dem Ziel zu erforschen, den Betroffenen von einem gegen ihn evtl zu Unrecht erhobenen Vorwurf

---

25 *Oestreich/Hellstab/Trenkle*, GKG § 26 Rn 17. **1** LG Zweibrücken MDR 1995, 1076 = zfs 1995, 349; LG Darmstadt MDR 1998, 309; Burhoff/*Gieg*, Handbuch für das straßenverkehrsrechtliche OWi-Verfahren, 3. Aufl., Stichwort „Einspruch, Rücknahme und Verzicht" Rn 727; Göhler/*Seitz*, OWiG, 15. Aufl., § 67 Rn 40 a. **2** Burhoff/*Gieg*, aaO, Stichwort „Einspruch, Rücknahme und Verzicht" Rn 727. **3** AA *Meyer*, GKG § 27 Rn 1, der gegen den Gesetzeswortlaut nur Auslagen erfasst sieht. **4** LG Berlin 20.2.2013 – 538 Qs 20/13, juris; LG Berlin 28.4.2010 – 502 Qs 49/10, juris; LG Darmstadt MDR 1998, 309; LG Düsseldorf 29.10.2012 – 61 Qs 117/12, nv und AG Düsseldorf 9.10.2012 – 326 OWi 51 Js 2349/12-248/12, nv; AG Düsseldorf 16.8.2012 – 314 OWi-20 Js 118/12-13/12, nv; LG Düsseldorf 7.11.2012 – 61 Qs 95/12, juris. **5** Vgl dazu LG Berlin 20.2.2013 – 538 Qs 20/13, juris; LG Berlin 28.4.2010 – 502 Qs 49/10, juris; LG Berlin DAR 2010, 149; LG Ingolstadt 30.9.2015 – 2 Qs 48/15, juris; LG Leipzig JurBüro 2009, 598; LG Baden-Baden zfs 1994, 363; LG Freiburg MDR 1993, 911 = zfs 1993, 385; AG Frankfurt/Oder RVGreport 2013, 287; AG Zschopau zfs 1995, 422; vgl auch *Burhoff*, ZAP Fach 22, 694; *N. Schneider*, AGkompakt 2010, 9.

freizusprechen. Hierzu hat es die erforderlichen Beweismittel heranzuziehen.[6] Unter Berücksichtigung des Vortrags des Betroffenen kann die Einholung eines Sachverständigengutachtens daher ein angemessenes Mittel sein, um dem Gericht die notwendige Sachkunde zu verschaffen.

Beispiel: Gegen den Bußgeldbescheid wird vom Betroffenen Einspruch eingelegt. Die Verwaltungsbehörde verwirft den Einspruch nicht als unzulässig, nimmt den Bescheid aber nicht zurück und übersendet die Akten gem. § 69 Abs. 3 OWiG über die Staatsanwaltschaft an das Amtsgericht. Der Betroffene nimmt dort seinen Einspruch nach Beginn der Hauptverhandlung zurück.   **5**

Weil der Einspruch erst nach Beginn der Hauptverhandlung zurückgenommen worden ist, entsteht die Gerichtsgebühr Nr. 4112 KV. Die Kostenentscheidung der Verwaltungsbehörde im Bußgeldbescheid, die durch Rücknahme des Einspruchs rechtskräftig geworden ist, gilt nur für das Verwaltungsverfahren. Gemäß § 27 ist gesetzlicher Kostenschuldner der im gerichtlichen Verfahren angefallenen Kosten (Gebühr Nr. 4112 KV zzgl Auslagen) der Betroffene. Der Betroffene erhält daher eine Kostenrechnung sowohl von der Verwaltungsbehörde als auch vom Amtsgericht.

Weil die Verfahren kostenrechtlich keine Einheit bilden, könnte diese Zweigleisigkeit gem. § 1 Abs. 6   **6** JBeitrO von den Ländern durch eine Rechtsverordnung beseitigt werden. Dann können die Kosten des gerichtlichen Verfahrens gemeinsam mit den Kosten des Bußgeldverfahrens vor der Verwaltungsbehörde angefordert und ggf beigetrieben werden.

IV. Nicht von § 27 erfasste Fälle

1. § 109 Abs. 1 OWiG. Wird der Einspruch gegen den Bußgeldbescheid von der Verwaltungsbehörde verworfen (§ 69 Abs. 1 S. 1 OWiG), ist gegen diesen Bescheid gem. § 69 Abs. 1 S. 2 OWiG innerhalb von zwei   **7** Wochen nach Zustellung der Antrag auf gerichtliche Entscheidung nach § 62 OWiG zulässig. Wird die Verwerfung des Einspruchs vom Gericht im Zwischenverfahren nach § 62 OWiG aufgehoben, wird das Bußgeldverfahren vor der Verwaltungsbehörde fortgesetzt. Gemäß § 109 Abs. 1 OWiG gilt dann auch für die Kosten und Auslagen des gerichtlichen Verfahrens (§ 62 OWiG) die abschließende Kostenentscheidung der Bußgeldbehörde (§§ 464 Abs. 1, 2, 465 StPO). Die Kostenentscheidung der Bußgeldbehörde erstreckt sich somit auch auf die Kosten des gerichtlichen Zwischenverfahrens gem. § 62 OWiG. Wenn der Betroffene anschließend im fortgesetzten Bußgeldverfahren unterliegt, werden ihm die Kosten des Bußgeldverfahrens von der Bußgeldbehörde auferlegt. Die von der Verwaltungsbehörde getroffene Kostenentscheidung gilt **kraft Gesetzes** (§ 109 Abs. 1 OWiG) für die Kosten des gerichtlichen Zwischenverfahrens (zum Kostenansatz in diesem Fall → § 19 Rn 50).[7]

2. § 109 Abs. 2 OWiG. Verwirft das Gericht den Einspruch des Betroffenen gegen den Bußgeldbescheid als   **8** unzulässig oder weil der Betroffene in der anberaumten Hauptverhandlung unentschuldigt ausbleibt (§§ 70, 74 Abs. 2 OWiG), so trägt er neben den Kosten des Bußgeldverfahrens vor der Verwaltungsbehörde (Ansatz insoweit aufgrund der Kostenentscheidung im Bußgeldbescheid durch die Verwaltungsbehörde) gem. § 109 Abs. 2 OWiG auch die Kosten des gerichtlichen Verfahrens (ggf Gebühr Nr. 4110 KV bei Entscheidung durch Urteil; ggf Auslagen nach Teil 9 KV). Trifft das Gericht in den Fällen des § 109 Abs. 2 OWiG eine Kostenentscheidung,[8] trägt der Betroffene gem. § 29 Nr. 1 die Kosten des gerichtlichen Verfahrens (→ § 19 Rn 52).

Der Betroffene erhält daher auch in den Fällen des § 109 Abs. 2 OWiG eine Kostenrechnung sowohl von   **9** der Verwaltungsbehörde als auch vom Amtsgericht. Weil die Verfahren kostenrechtlich keine Einheit bilden, könnte diese Zweigleisigkeit gem. § 1 Abs. 6 JBeitrO von den Ländern durch eine Rechtsverordnung beseitigt werden. Dann können die Kosten des gerichtlichen Verfahrens gemeinsam mit den Kosten des Bußgeldverfahrens vor der Verwaltungsbehörde angefordert und ggf beigetrieben werden.

Im Übrigen wird auf die Erl. in → § 19 Rn 48 ff verwiesen.   **10**

§ 28 Auslagen in weiteren Fällen

(1) [1]Die Dokumentenpauschale schuldet ferner, wer die Erteilung der Ausfertigungen, Kopien oder Ausdrucke beantragt hat. [2]Sind Kopien oder Ausdrucke angefertigt worden, weil die Partei oder der Beteiligte es

---

6 LG Berlin 20.2.2013 – 538 Qs 20/13, juris; LG Berlin 28.4.2010 – 502 Qs 49/10, juris; LG Düsseldorf 29.10.2012 – 61 Qs 117/12, nv und AG Düsseldorf 9.10.2012 – 326 OWi 51 Js 2349/12-248/12, nv; AG Düsseldorf 16.8.2012 – 314 OWi-20 Js 118/12-13/12, nv; LG Düsseldorf 7.11.2012 – 61 Qs 95/12, juris. **7** Burhoff/*Gübner*, aaO, Stichwort „Kostengrundentscheidung" Rn 1849. **8** Burhoff/*Gieg*, aaO, Stichwort „Einspruch, Unzulässigkeit, Verwerfung" Rn 742.

unterlassen hat, die erforderliche Zahl von Mehrfertigungen beizufügen, schuldet nur die Partei oder der Beteiligte die Dokumentenpauschale.

(2) Die Auslagen nach Nummer 9003 des Kostenverzeichnisses schuldet nur, wer die Versendung der Akte beantragt hat.

(3) Im Verfahren auf Bewilligung von Prozesskostenhilfe einschließlich des Verfahrens auf Bewilligung grenzüberschreitender Prozesskostenhilfe ist der Antragsteller Schuldner der Auslagen, wenn

1. der Antrag zurückgenommen oder vom Gericht abgelehnt wird oder
2. die Übermittlung des Antrags von der Übermittlungsstelle oder das Ersuchen um Prozesskostenhilfe von der Empfangsstelle abgelehnt wird.

I. Allgemeines

1   **1. Regelungsgehalt. a) Dokumentenpauschale.** Abs. 1 bestimmt für die Dokumentenpauschale nach Nr. 9000 KV einen eigenen Kostenschuldner.[1] Der Formulierung in **Abs. 1 S. 1** „ferner" ist zu entnehmen, dass der Schuldner für die Dokumentenpauschale nach Abs. 1 S. 1 zu den übrigen Kostenschuldnern nach §§ 22 ff hinzutritt.[2] **Abs. 1 S. 2** soll der Kostendämpfung und der Kostengerechtigkeit dienen.[3] Jede Partei und jeder Beteiligte kann die Entstehung der Dokumentenpauschale dadurch verhindern, dass sie/er die erforderliche Zahl von Mehrfertigungen selbst fertigt und den Schriftsätzen beifügt.[4] Unterbleibt die Beifügung dieser Mehrfertigungen, schuldet nur die jeweilige Partei bzw der jeweilige Beteiligte die hierdurch angefallene Dokumentenpauschale.[5] Schuldner der Dokumentenpauschale ist somit nach Abs. 1 S. 1 neben den Kostenschuldnern nach §§ 22 ff der Antragsteller, soweit nicht eine Partei oder ein Beteiligter die Dokumentenpauschale wegen seiner prozessualen Säumnis verursacht hat (Abs. 1 S. 2).[6]

2   **b) Aktenversendungspauschale.** Für die Aktenversendungspauschale nach Nr. 9003 KV regelt **Abs. 2** eine **ausschließliche Haftung.** Für Auslagen nach Nr. 9003 KV haftet nur derjenige, der die Versendung der Akten beantragt hat.

3   **c) Prozesskostenhilfebewilligungsverfahren.** Nach **Abs. 3** haftet allein der Antragsteller für die Auslagen, die im Verfahren auf Bewilligung von PKH einschließlich des Verfahrens auf Bewilligung grenzüberschreitender PKH angefallen sind, wenn der Antrag zurückgenommen oder von dem Gericht abgelehnt oder wenn die Übermittlung des Antrags von der Übermittlungsstelle oder das Ersuchen um PKH von der Empfangsstelle abgelehnt wird.[7]

4   **2. Änderungen durch das 2. KostRMoG.** Durch das am 1.8.2013 in Kraft getretene 2. KostRMoG[8] ist in Abs. 1 der Begriff „Ablichtung" in „Kopie" geändert worden und in Abs. 2 die elektronische Übermittlung der Akte gestrichen worden, weil dafür ausschließlich die Dokumentenpauschale anfallen soll; auf die entspr. Erl. zu Nr. 9000 KV und Nr. 9003 KV wird insoweit verwiesen. Abs. 3 ist redaktionell an die Fassung von § 26 GNotKG und § 23 Abs. 3 FamGKG angepasst worden.

II. Antrags-Dokumentenpauschale (Abs. 1 S. 1)

5   **1. Erfasste Dokumentenpauschale.** Abs. 1 S. 1 erfasst nur die Dokumentenpauschale nach Nr. 9000 Nr. 1 Buchst. a, Nr. 2 iVm Nr. 1 Buchst. a und Nr. 3 KV, die entsteht, wenn vom Gericht Ausfertigungen, Kopien und Ausdrucke auf **Antrag** angefertigt oder auf Antrag per Telefax übermittelt worden sind oder wenn elektronisch gespeicherte Dateien anstelle der in Nr. 9000 Nr. 1 Buchst. a KV genannten Ausfertigungen, Kopien und Ausdrucke überlassen werden (Nr. 9000 Nr. 3 KV). Soweit das Gericht die Dokumente auch ohne einen Antrag hätte erteilen müssen, begründet auch ein unnötiger „Antrag" oder eine entsprechende Anregung keine Auslagenpflicht.[9] Die ohne den erforderlichen Antrag vom Gericht angefertigten Ausfertigungen, Kopien und Ausdrucke werden nicht geschuldet.[10] Für die in Nr. 9000 Nr. 1 Buchst. b KV geregelte Säumnis-Dokumentenpauschale ergibt sich der Kostenschuldner nur aus Abs. 1 S. 2.

6   **2. Schuldner. a) Antragsteller.** Zahlungspflichtig ist, wer die Erteilung der Ausfertigungen, Kopien und Ausdrucke beantragt. Gemeint ist derjenige, der durch seinen Antrag die Entstehung der Dokumentenpauschale veranlasst hat, nicht der Antragsteller der Instanz iSv § 22 Abs. 1.[11] Der Antrag muss von der Partei oder einem Beteiligten gestellt werden.[12] Partei oder Beteiligter ist auch ein Verurteilter, Betroffener, Streitgenosse oder Streitgehilfe, nicht jedoch ein Dritter, wie zB die Presse oder ein Wissenschaftler.[13] Für

---

1 VGH München NJW 2007, 1483 f. **2** Binz/Dörndorfer/*Dörndorfer*, § 28 GKG Rn 1. **3** Vgl OLG Hamburg 20.4.2010 – 4 W 87/10, juris; OLG Oldenburg JurBüro 2010, 483 = NdsRpfl 2010, 333; VGH Baden-Württemberg NJW 2008, 536. **4** OLG Oldenburg JurBüro 2010, 483 = NdsRpfl 2010, 333; VGH Baden-Württemberg NJW 2008, 536. **5** VGH Mannheim NJW 2008, 536 ff. **6** *Meyer*, GKG § 28 Rn 1. **7** Binz/Dörndorfer/*Dörndorfer*, § 28 GKG Rn 1. **8** Vom 23.7.2013 (BGBl. I 2586). **9** HK-FamGKG/*Mayer*, § 23 Rn 5. **10** LG Stuttgart 13.2.2013 – 19 T 250/12, juris. **11** *Meyer*, GKG § 28 Rn 4. **12** Binz/Dörndorfer/*Dörndorfer*, § 28 GKG Rn 2. **13** HK-FamGKG/*Mayer*, § 23 Rn 7.

die von einem Dritten beantragten Ausfertigungen, Kopien und Ausdrucke gilt Nr. 2001 KV JVKostG[14] bzw eine ggf vorhandene Regelung in dem Justizverwaltungskostengesetz eines Bundeslandes.[15]

b) Prozessbevollmächtigter. Ob neben der Partei und den am Verfahren Beteiligten im Einzelfall auch der **7** Prozessbevollmächtigte Antragsteller der Dokumentenpauschale sein kann,[16] ist nach den Gesamtumständen zu entscheiden.[17] Umstritten ist, ob die von einem Rechtsanwalt vertretene Partei für die Dokumentenpauschale haftet, wenn der Rechtsanwalt Abschriften bestellt, die er im Innenverhältnis seiner Partei nicht in Rechnung stellen darf (Vorbem. 7 VV RVG und Nr. 7000 VV RVG) und auch gegenüber der Staatskasse nicht ausdrücklich die Alleinübernahme erklärt hat. Nach einer Auffassung haftet in diesen Fällen gleichwohl die Partei für die Dokumentenpauschale.[18] Nach anderer, richtiger Auffassung haftet in solchen Fällen jedoch nur der Prozessbevollmächtigte nach Abs. 1 S. 1.[19] Werden aufgrund örtlicher Übung auch ohne Antrag dem Prozessbevollmächtigten Ablichtungen übersandt, haftet die vertretene Partei.[20]

c) Erst- und Zweitschuldner. Der Antragsteller nach Abs. 1 S. 1 tritt als Kostenschuldner **neben** die sich aus **8** den weiteren Bestimmungen des GKG über die Kostenhaftung ergebenden Kostenschuldner, also insb. neben den Antragsteller der Instanz nach § 22 sowie den Entscheidungs- oder Übernahmeschuldner nach § 29 Nr. 1 und 2. Das ergibt sich aus der Verwendung des Wortes „ferner" in Abs. 1 S. 1 (→ Rn 1).

Gemäß § 31 Abs. 2 S. 1 ist ein aufgrund von § 29 Nr. 1 oder 2 haftender Kostenschuldner **Erstschuldner**. **9** Der nach Abs. 1 S. 1 für die Dokumentenpauschale haftende Antragsteller der Ausfertigungen, Kopien und Ausdrucke ist daher im Verhältnis zu einem Entscheidungsschuldner nach § 29 Nr. 1 oder einem Übernahmeschuldner nach § 29 Nr. 2 nur **Zweitschuldner**.[21]

Da die Dokumentenpauschale gem. § 9 Abs. 3 sofort nach ihrer Entstehung fällig wird, kann sie an sich **10** sofort vom Antragsteller der Ausfertigungen, Kopien und Ausdrucke eingezogen werden (vgl § 15 Abs. 1 KostVfg). Allerdings bestimmt § 15 Abs. 2 S. 1 KostVfg für den Kostenbeamten, dass Auslagen idR erst bei Beendigung des Rechtszugs anzusetzen sind, wenn kein Verlust für die Staatskasse zu befürchten ist. Werden jedoch im Laufe des Verfahrens Gebühren fällig, so sind mit ihnen auch die durch Vorschüsse nicht gedeckten Auslagen anzusetzen (§ 15 Abs. 2 S. 3 KostVfg). Da die Dokumentenpauschale vor diesem Hintergrund bei Beendigung des Rechtszugs und Aufstellung der Schlusskostenrechnung idR nicht gezahlt sein wird, ist vorrangig der sich aus § 29 Nr. 1, 2 ergebende Erstschuldner für die Dokumentenpauschale in Anspruch zu nehmen. § 31 Abs. 2 gilt für noch nicht gezahlte Gerichtskosten (→ § 31 Rn 42 f).

III. Haftung für die Säumnis-Dokumentenpauschale (Abs. 1 S. 2)

1. Unterlassene Beifügung von Mehrfertigungen. a) Mehrfertigungen. Abs. 1 S. 2 erfasst die Dokumenten- **11** pauschale nach Nr. 9000 Nr. 1 Buchst. b KV. Nach der 1. Alt. dieser Bestimmung entsteht eine Dokumentenpauschale, wenn vom Gericht Ausfertigungen, Kopien und Ausdrucke angefertigt worden sind, weil die Partei oder ein Beteiligter es unterlassen hat, die erforderliche Zahl von Mehrfertigungen beizufügen. Es muss eine (gesetzliche) Verpflichtung zur Beifügung von Mehrfertigungen oder Kopien bestehen.[22] Das gilt auch für Anlagen von Schriftsätzen[23] und auch im Sozialgerichtsprozess (§ 93 S. 2, 3 SGG).[24] Geschuldet wird die Dokumentenpauschale in diesem Fall nach Abs. 1 S. 2 nur von der Partei oder dem Beteiligten, die/der die Beifügung der erforderlichen Zahl von Mehrfertigungen unterlassen hat. Schuldner der von Abs. 1 S. 2 erfassten Dokumentenpauschale kann aber auch der **Prozessbevollmächtigte** sein (vgl auch → Rn 7).[25]

b) Ausschließliche Haftung. Aus der Verwendung des Worts „nur" folgt, dass nur diejenige Partei bzw der- **12** jenige Beteiligte Kostenschuldner dieser Dokumentenpauschale ist, die/der ihren/seinen prozessualen Pflichten nicht genügt hat und einem von Amts wegen zuzustellenden Schriftsatz nicht die erforderliche Anzahl von Abschriften beigefügt hat.[26] Andere oder weitere Kostenschuldner sind für die in Nr. 9000 Nr. 1 Buchst. b KV geregelte Dokumentenpauschale deshalb nicht vorhanden. Weder der gem. § 22 haftende Antragsteller der Instanz noch der Entscheidungs- oder Übernahmeschuldner nach § 29 Nr. 1 und 2 haftet für diese Dokumentenpauschale.[27] Insbesondere gibt es deshalb **keine Erst- oder Zweitschuldnerhaftung** iSv § 31 Abs. 2 (→ Rn 8 ff).[28]

---

14 Vgl BPatG GRUR 1992, 434. **15** Vgl zB § 124 Justizgesetzgesetz Nordrhein-Westfalen (JustG NRW) v. 26.1.2010 (GV. NRW S. 30). **16** Bejahend: HK-FamGKG/*Mayer*, § 23 Rn 10; *Meyer*, GKG § 28 Rn 6; Binz/Dörndorfer/*Dörndorfer*, § 28 GKG Rn 2; *Hartmann*, KostG, § 28 GKG Rn 3. **17** Zutr. HK-FamGKG/*Mayer*, § 23 Rn 10; *Meyer*, GKG § 28 Rn 6; Binz/Dörndorfer/*Dörndorfer*, § 28 GKG Rn 2; *Hartmann*, KostG, § 28 GKG Rn 3. **18** *Meyer*, GKG § 28 Rn 6. **19** OLG Oldenburg JurBüro 2010, 483 = ZFE 2011, 33; HK-FamGKG/*Mayer*, § 23 Rn 10; Binz/Dörndorfer/*Dörndorfer*, § 28 GKG Rn 2; *Hartmann*, KostG, § 28 GKG Rn 3. **20** HK-FamGKG/*Mayer*, § 23 Rn 10; Binz/Dörndorfer/*Dörndorfer*, § 28 GKG Rn 2. **21** *Meyer*, GKG § 28 Rn 4; *Hartmann*, KostG, § 28 GKG Rn 3. **22** LG Stuttgart 13.2.2013 – 19 T 250/12, juris. **23** SächsOVG SächsVBl 2010, 192 = RVGreport 2010, 477. **24** LSG Berlin-Brandenburg 28.10.2010 – L 16 SF 277/09 RG, juris. **25** OLG Oldenburg JurBüro 2010, 483 = ZFE 2011, 33. **26** HK-FamGKG/*Mayer*, § 23 Rn 11; *Meyer*, GKG § 28 Rn 8; *Hartmann*, KostG, § 28 GKG Rn 5; Binz/Dörndorfer/*Dörndorfer*, § 28 GKG Rn 3. **27** Vgl *Hansens*, RVGreport 2007, 204. **28** HK-FamGKG/*Mayer*, § 23 Rn 12.

13   Die Haftung der pflichtwidrig handelnden Partei oder des pflichtwidrig handelnden Beteiligten besteht unabhängig von der gerichtlichen Kostenentscheidung oder einer etwaigen Kostenverteilung in einem Vergleich.[29] Auch wenn dieser Partei oder diesem Beteiligten die Kosten vom Gericht nicht auferlegt worden sind, wird die Dokumentenpauschale für die aufgrund der Unterlassung der Partei angefertigten Mehrfertigungen wegen Abs. 1 S. 2 geschuldet.

14   **c) Mehrere Kostenrechnungen.** Deshalb kann sich die Notwendigkeit ergeben, für die von § 28 Abs. 1 S. 2 erfasste Dokumentenpauschale weitere, besondere Kostenansätze (§ 19) bzw zwei oder mehrere Gerichtskostenrechnungen zu erstellen, wenn der Erstschuldner gem. § 29 Nr. 1 oder 2 und der Schuldner nach Abs. 1 S. 2 nicht identisch sind.[30] Hierdurch entsteht bei den Gerichten ein erhöhter Verwaltungsaufwand, weil unterschieden werden muss zwischen dem Kostenschuldner für die Verfahrensgebühr und die sonstigen gerichtlichen Auslagen einerseits und dem Auslagenschuldner für die von Abs. 1 S. 2 erfasste Dokumentenpauschale andererseits.[31]

15   **d) Einfaches Telefax.** Wird ein Schriftsatz einfach **per Telefax und anschließend noch im Original auf dem Postweg** an das Gericht übersandt, fällt keine Dokumentenpauschale nach Nr. 9000 KV an.[32] Insbesondere ist Nr. 9000 Nr. 1 Buchst. b KV nicht erfüllt. Der Ausdruck des Originalschriftsatzes durch die Empfangseinrichtung des Gerichts löst noch keine Dokumentenpauschale aus.[33]

16   Allerdings soll die Partei jedenfalls im Falle einer **Schriftsatzfrist** verpflichtet sein, bereits in ihrem einfach per Telefax übermittelten Schriftsatz darauf hinzuweisen, dass die erforderlichen Abschriften noch nachgereicht werden.[34] Das Gericht ist nicht gehalten, über die Schriftsatzfrist hinaus auf die Übersendung der zur Information der Verfahrensbeteiligten benötigten Abschriften zu warten.[35] Eine Dokumentenpauschale entsteht deshalb auch bei einem einfach per Telefax eingereichten Schriftsatz, wenn zB die zur Information der übrigen Parteien/Beteiligten benötigten Mehrfertigungen nicht innerhalb der für den Schriftsatz gesetzten Frist nachgesandt werden und das Gericht deshalb eine Kopie oder einen weiteren Ausdruck des Telefaxes anfertigen muss.[36] Für die Dokumentenpauschale nach Nr. 9000 Nr. 1 Buchst. b 1. Alt. KV haftet dann nach Abs. 1 S. 2 die Partei oder der Beteiligte, die/der die Übersendung der erforderlichen Zahl von Mehrfertigungen auf dem Postweg unterlassen hat.

17   Werden die Mehrfertigungen nicht auf dem Postweg nachgesandt, sondern wird derselbe Schriftsatz **mehrfach als Telefax** versandt und werden deshalb Mehrfertigungen von der Empfangseinrichtung des Gerichts ausgedruckt, entsteht die Dokumentenpauschale nach Nr. 9000 Nr. 1 Buchst. b 2. Alt. KV.[37] Zur Haftung für die Dokumentenpauschale in diesen Fällen → Rn 18 ff.

18   **2. Ausdruck von per Telefax übermittelten Mehrfertigungen.** Nr. 9000 Nr. 1 KV hatte bis zur Änderung durch das 2. KostRMoG[38] zum 1.8.2013 folgenden Wortlaut:

„Nr. 9000 KV Pauschale für die Herstellung und Überlassung von Dokumenten:

1. Ausfertigungen, Ablichtungen und Ausdrucke, die auf Antrag angefertigt, per Telefax übermittelt oder angefertigt worden sind, weil die Partei oder ein Beteiligter es unterlassen hat, die erforderliche Zahl von Mehrfertigungen beizufügen, oder wenn per Telefax übermittelte Mehrfertigungen von der Empfangseinrichtung des Gerichts ausgedruckt werden: …"

19   Nach dem durch das 2. KostRMoG neu gefassten Nr. 9000 Nr. 1 Buchst. b KV entsteht die „Pauschale für die Herstellung und Überlassung von Dokumenten" für

„1. Ausfertigungen, Kopien und Ausdrucke bis zur Größe von DIN A3, die

a) …

b) angefertigt worden sind, weil die Partei oder ein Beteiligter es unterlassen hat, die erforderliche Zahl von Mehrfertigungen beizufügen; der Anfertigung steht es gleich, wenn per Telefax übermittelte Mehrfertigungen von der Empfangseinrichtung des Gerichts ausgedruckt werden: …"

Zur Entstehung der Dokumentenpauschale bei einem einfachen Telefax und dem Ausdruck von per Telefax übersandten Mehrfertigungen s. zunächst → Rn 15–17 und die entspr. Erl. zu Nr. 9000 Nr. 1 Buchst. b KV.

20   Nach Abs. 1 S. 2 schuldet nur die Partei oder der Beteiligte die Dokumentenpauschale für die **Anfertigung** von Kopien oder Ausdrucken, die/der es unterlassen hat, die erforderliche Zahl von Mehrfertigungen beizu-

29 OLG Oldenburg JurBüro 2010, 483 = ZFE 2011, 33; Binz/Dörndorfer/*Dörndorfer*, § 28 GKG Rn 3; *Meyer*, GKG § 28 Rn 8; *Hartmann*, KostG, § 28 GKG Rn 5; BVerwG NJW 1967, 170. **30** *Hansens*, RVGreport 2007, 204. **31** *Hansens*, RVGreport 2007, 204. **32** OLG Naumburg AGS 2013, 86 = RVGreport 2013, 160; OLG Hamburg 20.4.2010 – 4 W 87/10, juris. **33** OLG Naumburg AGS 2013, 86 = RVGreport 2013, 160; OLG Hamburg 20.4.2010 – 4 W 87/10, juris. **34** VGH Kassel NJW 1991, 316 = JurBüro 1991, 950; Binz/Dörndorfer/*Dörndorfer*, § 28 GKG Rn 3; *Hartmann*, KostG, § 28 GKG Rn 5; vgl dazu auch OLG Naumburg AGS 2013, 86 = RVGreport 2013, 160; OLG Hamburg 20.4.2010 – 4 W 87/10, juris. **35** VGH Kassel NJW 1991, 316 = JurBüro 1991, 950. **36** VGH Kassel NJW 1991, 316 = JurBüro 1991, 950. **37** OLG Naumburg AGS 2013, 86 = RVGreport 2013, 160; OLG Hamburg 20.4.2010 – 4 W 87/10, juris. **38** Vom 23.7.2013 (BGBl. I 2586).

fügen. Der **Ausdruck** von per Telefax übermittelten Mehrfertigungen durch die Empfangseinrichtung des Gerichts, weil die Partei oder ein Beteiligter es unterlassen hat, die erforderliche Zahl von Mehrfertigungen beizufügen, ist nach der neu gefassten Nr. 9000 Nr. 1 Buchst. b KV ausdrücklich der **Anfertigung** von Mehrfertigungen durch das Gericht **gleichgestellt**. Die Gleichstellung des Ausdrucks mit der Anfertigung in Nr. 9000 Nr. 1 Buchst. b KV kann so verstanden werden, dass auch der Ausdruck von per Telefax übermittelten Mehrfertigungen durch das Gericht ausdrücklich der Haftung nach Abs. 1 S. 2 unterworfen ist.[39] Das konnte aufgrund der früheren Formulierung in Nr. 9000 Nr. 1 KV in Zweifel gezogen werden. Denn Abs. 1 S. 2 erfasst dem Wortlaut nach nur die Anfertigung, nicht jedoch den Ausdruck von per Telefax übersandten Mehrfertigungen.[40] Wird auch nach der Neufassung von Nr. 9000 Nr. 1 KV davon ausgegangen, dass sich der Kostenschuldner für diese Dokumentenpauschale jedenfalls nicht ausdrücklich aus Abs. 1 S. 2 ergibt, wird insoweit aber weiterhin eine entsprechende Anwendung von Abs. 1 S. 2 zu bejahen sein.[41] Im Übrigen gelten die Erl. in → Rn 11–15 entsprechend.

IV. Schuldner der Aktenversendungspauschale (Abs. 2)

1. Ausschließliche Haftung. Nach Abs. 2 schuldet die Aktenversendungspauschale nach Nr. 9003 KV nur, **21** wer die Versendung der Akte **beantragt** hat. Wie bei der Dokumentenpauschale nach Abs. 1 S. 2 (→ Rn 12 f) zeigt die Verwendung des Wortes „**nur**", dass die Regelung eine ungerechtfertigte Haftung der allgemeinen Kostenschuldner nach §§ 22 ff vermeiden soll.[42] Der Kostenschuldner für die Aktenversendungspauschale wird eigenständig und ausschließlich nach Abs. 2 ermittelt, die Regelungen zum Kostenschuldner in §§ 22, 29 gelten nicht.[43] Der nach § 22 Abs. 1 haftende Antragsteller der Instanz haftet für die Aktenversendungspauschale somit nur, wenn er die Aktenversendung beantragt hat.[44]

2. Antragsteller. a) Partei und Rechtsanwalt. Nach Abs. 2 haftet der Antragsteller der Aktenversendung für **22** die Aktenversendungspauschale. Kostenschuldner ist nach Abs. 2 deshalb nur derjenige, der gegenüber dem Gericht unmittelbar die Aktenversendung veranlasst hat. Dieser **Antragsteller** ist für die Pauschale ohne Prüfung der Frage heranzuziehen, ob er die Versendung der Akte **in eigenem oder fremdem Interesse** veranlasst hat. Insbesondere kommt es nicht auf Vertretungsregeln gem. §§ 164 ff BGB an. Denn Abs. 2 soll im Interesse einer erleichterten Erhebung der Aktenversendungspauschale eine vereinfachte kostenrechtliche Zuordnung begründen.[45]

Wenn deshalb ein **Rechtsanwalt** die Versendung der Akte beantragt, ist nur er Kostenschuldner der Akten- **23** versendungspauschale. Es ist nicht zu prüfen, in wessen Interesse die Entscheidung für die Akteneinsicht gefallen ist. Alleiniger Schuldner der Aktenversendungspauschale ist deshalb der Rechtsanwalt, der die Antragserklärung gegenüber der aktenführenden und versendenden Stelle abgibt.[46] Der Gesetzgeber knüpft aus Gründen der Vereinfachung an den formalen Gesichtspunkt der Antragstellung an. Es kommt nicht darauf an, in wessen Interesse die Akteneinsicht erfolgt.[47]

Der Rechtsanwalt kann sich von seinem Mandanten – ggf auch von der Staatskasse bei PKH/VKH oder bei **24** Pflichtverteidigung (→ Rn 27) – gem. Vorbem. 7 Abs. 1 S. 2 VV RVG die gezahlte Aktenversendungspauschale **als Aufwendung** erstatten lassen.[48] Sie gehört für den Rechtsanwalt weder zu den mit den Gebühren nach Vorbem. 7 Abs. 1 S. 1 VV RVG abgegoltenen **allgemeinen Geschäftskosten**[49] noch ist sie mit der als

---

39 So auch schon VGH Mannheim NJW 2008, 536 = RVGreport 2008, 74. **40** Vgl *Hansens*, RVGreport 2007, 204. **41** So auch schon *Hansens*, RVGreport 2007, 204; weitergehend VGH Mannheim NJW 2008, 536 = AGS 2008 197, der diese Dokumentenpauschale noch vom Wortlaut des Abs. 1 S. 2 gedeckt sieht. **42** BGH AGS 2011, 262 = Rpfleger 2011, 563. **43** BGH AGS 2011, 262 = Rpfleger 2011, 563; VGH Stuttgart 21.3.2016 – 5 S 2450/12, juris; LSG Bayern 19.4.2016 – L 15 SF 72/15 E, juris; VG Regensburg RVGreport 2015, 198 = zfs 2015, 288; SG Fulda 27.4.2016 – S 4F 2/16 E, juris. **44** Vgl BGH AGS 2011, 262 = Rpfleger 2011, 563; OVG Hamburg 18.4.2006 – 1 So 148/05, juris; VG Regensburg RVGreport 2015, 198 = zfs 2015, 288. **45** BGH AGS 2011, 262 = Rpfleger 2011, 563; BSG AGS 2015, 398 = RVGreport 2015, 356 = zfs 2015, 461. **46** Vgl BGH AGS 2011, 262 = Rpfleger 2011, 563; BSG AGS 2015, 398 = RVGreport 2015, 356; BVerwG AGS 2010, 383 = JurBüro 2010, 476; OLG Düsseldorf 27.8.2015 – III-4 Ws 160/15, NStZ-RR 2016, 64 (Ls.); OLG Düsseldorf AGS 2015, 572 = RVGreport 2016, 156 = StRR 2015, 478; BayLSG 19.4.2016 – L 15 SF 72/15 E, juris; VGH Stuttgart 21.3.2016 – 5 S 2450/12, juris; VGH Stuttgart 23.10.2013 – 11 S 1720/13, juris; OVG Lüneburg AGS 2010, 126 = NJW 2010, 1392; FG Düsseldorf 14.4.2010 – 4 Ko 789/10 GK, juris; VGH München NJW 2007, 1483 = RVGreport 2007, 399; aA zB OLG Naumburg RVGreport 2012, 70 = AGS 2011, 598; OLG Düsseldorf JurBüro 2008, 375; OVG Hamburg 18.4.2006 – 1 So 148/05, juris; SächsOVG AGS 2009, 492 = JurBüro 2009, 543; SächsOVG 13.8.2009 – 5 B 343/08, juris; VG Braunschweig 3.11.2009 – 5 A 249/08, juris; LG Bayreuth JurBüro 1997, 433. **47** Zweifelnd aber VGH Baden-Württemberg 21.3.2016 – 5 S 2450/12, juris, der den Rechtsanwalt nur dann als Antragsteller iSv § 28 Abs. 2 ansehen will, wenn dieser die Versendung der Akten an sich selbst bzw in seine Kanzlei und nicht an einen anderen Ort – etwa ein anderes Gericht – beantragt hat. **48** BGH AGS 2011, 262 = Rpfleger 2011, 563; OVG Lüneburg AGS 2010, 126 = NJW 2010, 1392; SG Fulda 27.4.2016 – S 4 SF 2/16 E, juris. **49** BGH AGS 2011, 262 = Rpfleger 2011, 563; KG RVGreport 2009, 154 = AGS 2009, 198; OLG Naumburg RVGreport 2012, 70 = AGS 2011, 598; LG Berlin BerlAnwBl 1997, 442; LG Potsdam AGS 2012, 564 = JurBüro 2012, 470; LG Zweibrücken RVGreport 2012, 218 = AGS 2012, 234; AG Geesthacht AnwBl 1996, 476; AG Leipzig NStZ-RR 2000, 319; aA LG Berlin RVGreport 2005, 150; AG München JurBüro 1995, 544.

Ersatz für Post- und Telekommunikationsentgelte anfallenden Postentgeltpauschale nach Nr. 7002 VV RVG abgegolten.[50] Die Pauschale kann nicht zu den allgemeinen Geschäftskosten gehören, da sie sich auf einen konkreten Einzelfall bezieht.[51] Sie gehört auch nicht zu den von Nr. 7001, 7002 VV RVG erfassten Post- und Telekommunikationsentgelten, weil es sich bei der Aktenversendungspauschale um gem. Abs. 2 vom antragstellenden Rechtsanwalt geschuldete Gerichts- bzw Verfahrenskosten handelt.[52] Die Erstattung der Pauschale kann dem Rechtsanwalt schließlich nicht mit der Begründung versagt werden, dass bei Abholung der Akte bei Gericht die Pauschale nicht angefallen wäre. Denn der Rechtsanwalt hat von der durch die Justiz angebotenen kostenpflichtigen Versendung Gebrauch gemacht. Die hierdurch angefallenen Aufwendungen sind dann auch erforderlich iSv § 46 RVG.[53]

25 Weil die Aktenversendungspauschale wegen Abs. 2 eine **eigene Kostenschuld des Rechtsanwalts** darstellt, handelt es sich für den Rechtsanwalt auch nicht um einen umsatzsteuerfreien **durchlaufenden Posten** iSv § 10 Abs. 1 S. 6 UStG (Abschn. 152 UStR), sondern um eine **umsatzsteuerpflichtige Leistung**.[54] Die Aktenversendungspauschale ist dem Rechtsanwalt daher vom Mandanten bzw von dessen Rechtsschutzversicherer zzgl Umsatzsteuer zu ersetzen.[55]

26 b) **Verfahrensordnungen.** Das Abstellen auf den antragstellenden Rechtsanwalt wird auch durch die Bestimmungen in den Verfahrensordnungen über die Übersendung von Akten zur Einsichtnahme außerhalb der Diensträume der aktenführenden Stellen gestützt. So ist zB in **Strafsachen** nur der **Verteidiger** selbst Schuldner der Pauschale, weil nur er gem. § 147 Abs. 4 StPO Akteneinsicht nehmen und die Aktenversendung beantragen kann.[56] Diese Grundsätze gelten wegen § 46 Abs. 1 OWiG im **Bußgeldverfahren** entsprechend.[57] Im Bußgeldverfahren vor der Verwaltungsbehörde hat zwar auch der (verteidigte) Betroffene nach § 49 Abs. 1 OWiG selbst das Recht – unter Aufsicht – die Akten einzusehen. Mangels Aktenversendung entsteht hier aber keine Pauschale nach Nr. 9003 KV. Bei der **Privatklage** ist ebenfalls nur der Anwalt Kostenschuldner der Pauschale, weil nur ihm das Einsichtsrecht zusteht, § 385 Abs. 3 StPO.[58] Bei der **Nebenklage** ergibt sich das Recht zur Akteneinsicht aus § 406 e StPO. Die früher in § 397 Abs. 1 S. 2 StPO enthaltene Verweisung auf das in § 385 Abs. 3 StPO normierte Recht des Privatklägers zur Akteneinsicht ist durch das 2. OpferRRG[59] entfallen. Der Nebenkläger und auch der Verletzte kann nach § 406 e Abs. 1 S. 1 StPO nur durch einen Rechtsanwalt die Akten einsehen. Kostenschuldner ist daher auch hier nur der Anwalt.[60] Entsprechendes gilt zB gem. § 100 Abs. 2 VwGO auch im **verwaltungsgerichtlichen Verfahren**.[61]

27 c) **Pflichtverteidiger.** Auch der **Pflichtverteidiger** ist nach Abs. 2 alleiniger Kostenschuldner der Aktenversendungspauschale.[62] Weil der Pflichtverteidiger aber gem. §§ 45, 46 RVG, Vorbem. 7 Abs. 1 S. 2 VV RVG Anspruch auf Erstattung der von ihm gezahlten Aktenversendungspauschale aus der Staatskasse hat, erscheint es sinnvoll, dem Pflichtverteidiger die Aktenversendungspauschale erst gar nicht in Rechnung zu stellen. Hierdurch wird unnötiger Bearbeitungsaufwand vermieden. Außerdem besteht dann auch nicht die Gefahr, dass die in der späteren Pflichtverteidigervergütung als Aufwendung enthaltene Pauschale dem Verurteilten gem. Nr. 9007 KV unberechtigt in Rechnung gestellt wird (→ Nr. 9007 KV Rn 10 f).

---

50 BGH AGS 2011, 262 = Rpfleger 2011, 563; KG RVGreport 2009, 154 = AGS 2009, 198; OLG Naumburg RVGreport 2012, 70 = AGS 2011, 598; OLG Düsseldorf StV 2003, 177 = BRAGOreport 2002, 79; LG Leipzig RVGreport 2010, 454; LG Dresden RVGreport 2010, 454; LG Potsdam AGS 2012, 564 = JurBüro 2012, 470; SG Fulda 27.4.2016 – S 4 SF 2/16 E, juris; aA LG Leipzig RVGreport 2010, 182; RVGreport 2009, 61 = VRR 2009, 119; AG Eilenburg RVGreport 2010, 60 = JurBüro 2010, 34; AG Nordhorn JurBüro 1995, 305. 51 LG Potsdam AGS 2012, 564 = JurBüro 2012, 470. 52 KG RVGreport 2009, 154 = AGS 2009, 198; AG Leipzig AGS 2007, 355. 53 OLG Naumburg RVGreport 2012, 70 = AGS 2011, 598. 54 BGH AGS 2011, 262 = Rpfleger 2011, 563; BVerwG AGS 2010, 383 = JurBüro 2010, 476; OVG Lüneburg AGS 2010, 126 = NJW 2010, 1392; vgl zB auch die Verfügung der OFD Karlsruhe v. 15.8.2007 – S 7200, abgedr. in RVGreport 2007, 401; aA zB VG Braunschweig 3.11.2009 – S 4 249/08, juris. 55 BGH AGS 2011, 262 = Rpfleger 2011, 563; BVerwG AGS 2010, 383 = JurBüro 2010, 476; OVG Lüneburg AGS 2010, 126 = NJW 2010, 1392; OLG Bamberg StraFo 2009, 350 = StRR 2009, 243; OLG Naumburg StRR 2009, 3 = RVGreport 2009, 110; LG Leipzig 28.10.2010 – 5 Qs 164/10, www.burhoff.de; AG Neustadt/Weinstraße AGS 2008, 337; AG Dortmund AGS 2009, 113; AG Lahr AGS 2008, 264; AG Köthen 15.7.2009 – 12 II 301/07, JurionRS 2009, 20599; *Schons*, AGS 2007, 109; aA VG Braunschweig 3.11.2009 – S 4 249/08, juris; AG Dessau StRR 2007, 200; AG Chemnitz DAR 2008, 114; AG Stuttgart AGS 2008, 337; *Weis*, AnwBl 2007, 529; *Buhmann/Woldrich*, DStR 2007, 1900. 56 Vgl BGH AGS 2011, 262; BVerfG NJW 1995, 3177; BVerfG NJW 1996, 2222; BVerwG AGS 2010, 383 = JurBüro 2010, 476; OLG Bamberg StRR 2009, 243 = AGS 2009, 320; OLG Koblenz NStZ-RR 1996, 96; LG Chemnitz StraFo 2010, 261 = AGS 2010, 444; LG Baden-Baden JurBüro 1995, 379; AG Neustadt/Weinstraße AGS 2008, 337; LG Göttingen StV 1996, 166; AG Starnberg AGS 2009, 113; AG Düsseldorf 3.9.2010 – 122 AR 51 Js 4753/09 – 396/10, nv; *Volpert*, VRR 2005, 296; aA LG Bayreuth JurBüro 1997, 433; AG Ahaus AnwBl 1995, 154, 379; AG Münster AnwBl 1995, 379; AG Bielefeld AnwBl 1995, 571; AG Oldenburg StV 1995, 652; AG Beckum StraFo 1996, 30; AG Tecklenburg StV 1996, 167; AG Leverkusen AnwBl 1996, 295. 57 BGH AGS 2011, 262 = Rpfleger 2011, 563. 58 BGH AGS 2011, 262 = Rpfleger 2011, 563. 59 Vom 29.7.2009 (BGBl. I 2280). 60 BGH AGS 2011, 262 = Rpfleger 2011, 563. 61 BGH AGS 2011, 262 = Rpfleger 2011, 563; aA SächsOVG AGS 2009, 492 = JurBüro 2009, 543; SächsOVG 13.8.2009 – 5 B 343/08, juris. 62 BGH AGS 2011, 262 = Rpfleger 2011, 563; OLG Bamberg StRR 2009, 243 = AGS 2009, 320; OLG Düsseldorf BRAGOreport 2002, 79 = AGS 2002, 61; OLG Koblenz MDR 1997, 202; LG Koblenz StraFo 2001, 147; AG Mainz NStZ-RR 1999, 128.

V. Prozesskostenhilfe-Bewilligungsverfahren (Abs. 3)

Im Verfahren auf Bewilligung von PKH (§§ 114 ff ZPO) sowie im Verfahren auf Bewilligung grenzüber- **28** schreitender PKH (§§ 1076 ff ZPO) ist nach Abs. 3 der Antragsteller Schuldner der Auslagen nur dann, wenn er den Antrag zurücknimmt oder dieser vom Gericht abgelehnt wird oder wenn die Übermittlung des Antrags von der Übermittlungsstelle oder das Ersuchen um PKH von der Empfangsstelle abgelehnt wird. Der Antragsteller hat die Auslagen insb. auch dann zu tragen, wenn er seinen Antrag zurücknimmt oder wenn die Übermittlung des Antrags nach § 1077 Abs. 3 ZPO abgelehnt wird. Grund für diese Regelung ist, dass es unbillig wäre, denjenigen Antragsteller besser zu stellen, der zur Vermeidung einer kostenauslösenden Ablehnung den Antrag zuvor zurücknimmt oder aber einen Antrag stellt, der offensichtlich unbegründet ist oder offensichtlich nicht in den Anwendungsbereich der Richtlinie 2003/8/EG fällt und dessen Übermittlung daher von der Übermittlungsstelle abgelehnt wird, so dass es zu einer den Antrag auf Gewährung von PKH ablehnenden Entscheidung der zuständigen Stelle des Empfangsstaates erst gar nicht mehr kommen kann.[63]

Voraussetzung für die Antragstellerhaftung nach Abs. 3 ist nach dem Wortlaut, dass der Antrag **in vollem** **29** **Umfang** zurückgenommen oder erfolglos geblieben ist. Hierdurch soll eine verhältnismäßige Aufteilung der Auslagen bei einem teilweisen Erfolg des Gesuchs um Bewilligung von PKH im Hinblick auf die damit verbundenen Probleme vermieden werden.[64]

Abs. 3 gilt nicht, wenn dem Antrag oder dem Ersuchen auf Bewilligung von PKH in vollem Umfang oder **30** teilweise (→ Rn 28 f) stattgegeben wird. Dann richtet sich die Haftung für die Auslagen (Teil 9 KV) nach §§ 22 ff. Die durch die Vernehmung von Zeugen und Sachverständigen nach § 118 Abs. 2 S. 3 ZPO entstandenen Auslagen (Nr. 9005 KV) sind gem. § 118 Abs. 1 S. 5 ZPO als Gerichtskosten von der Partei zu tragen, der die Kosten des Rechtsstreits auferlegt sind (§ 29 Nr. 1).

§ 29 Weitere Fälle der Kostenhaftung

Die Kosten schuldet ferner,
1. wem durch gerichtliche oder staatsanwaltschaftliche Entscheidung die Kosten des Verfahrens auferlegt sind;
2. wer sie durch eine vor Gericht abgegebene oder dem Gericht mitgeteilte Erklärung oder in einem vor Gericht abgeschlossenen oder dem Gericht mitgeteilten Vergleich übernommen hat; dies gilt auch, wenn bei einem Vergleich ohne Bestimmung über die Kosten diese als von beiden Teilen je zur Hälfte übernommen anzusehen sind;
3. wer für die Kostenschuld eines anderen kraft Gesetzes haftet und
4. der Vollstreckungsschuldner für die notwendigen Kosten der Zwangsvollstreckung.

---

63 BT-Drucks 15/3281, S. 15. **64** BT-Drucks 15/3281, S. 15; aA *Meyer*, GKG § 28 Rn 10, der bei teilweiser Rücknahme oder Teilerfolg die ausscheidbaren Auslagen nur für den entsprechenden Teil ansetzen will. Wenn keine Ausscheidung möglich ist, soll im Verhältnis der Werteteile gequotelt werden.

I. Allgemeines

1 § 29 regelt **weitere Fälle** der Haftung für die Kosten. Die Verwendung des Worts „ferner" (Einleitungssatz) zeigt, dass die in § 29 genannten **weiteren Kostenschuldner** zu den bereits nach anderen Bestimmungen haftenden Kostenschuldnern hinzutreten.[1] Die Kostenschuldner nach § 29 haften deshalb **neben** den sich aus §§ 22 ff ergebenden Kostenschuldnern, soweit dort nicht eine ausschließliche Haftung für die Kosten geregelt ist (vgl § 28 Abs. 2 für die Aktenversendungspauschale; vgl auch die ausschließliche Haftung durch Kostenauferlegung nach § 38 und Nr. 1901, 5601, 6600, 7601 und 8700 KV für die Verzögerungsgebühr). Die Haftung der nach §§ 22 ff haftenden Kostenschuldner bleibt unberührt. § 29 gilt auch für Gerichtskosten, die in Vorbereitung der grenzüberschreitenden Zwangsvollstreckung angefallen sind (Nr. 1510 KV).[2]

2 Die Haftung **desselben Schuldners** für Kosten kann auf **verschiedenen Haftungstatbeständen** beruhen. So haftet zB der kostenpflichtig verurteilte Kläger für die Gerichtskosten einerseits nach § 22 Abs. 1 als Antragsteller der Instanz und andererseits nach Nr. 1 als Entscheidungsschuldner.[3]

3 **Mehrere Kostenschuldner** haften nach § 31 Abs. 1 als Gesamtschuldner. § 31 Abs. 2 regelt die Reihenfolge und die Voraussetzung der Inanspruchnahme mehrerer Kostenschuldner, wenn Entscheidungs- oder Übernahmeschuldnerhaftung (Nr. 1 und 2) besteht. Hierbei wird zwischen dem zunächst in Anspruch zu nehmenden **Erstschuldner** und dem nachrangig haftenden Zweitschuldner unterschieden. § 31 Abs. 3, 4 enthalten Ausnahmeregelungen für den Fall, dass den gem. Nr. 1 oder Nr. 2 haftenden Erstschuldner PKH bewilligt bzw ein Betrag für die Reise zum Ort einer Verhandlung, Anhörung oder Untersuchung und für die Rückreise gewährt worden ist.

II. Entscheidungsschuldner (Nr. 1)

4 **1. Gerichtliche oder staatsanwaltschaftliche Entscheidung.** Kostenschuldner ist nach Nr. 1 derjenige, wem durch unbedingte gerichtliche oder staatsanwaltschaftliche Entscheidung die Kosten des Verfahrens auferlegt sind (**Entscheidungsschuldner**). Kostengrundentscheidungen können insb. in Urteilen, Beschlüssen, Vollstreckungsbescheiden (Mahnverfahren), Gerichtsbescheiden (zB § 90 a FGO, § 105 SGG, § 84 VwGO), Arrestbefehlen, einstweiligen Verfügungen[4] und in Strafbefehlen enthalten sein. Unerheblich ist, ob die Ent-

---

1 Binz/Dörndorfer/*Dörndorfer*, § 29 GKG Rn 1; *Meyer*, GKG § 29 Rn 1 f. **2** OLG Koblenz AGS 2015, 407 = JurBüro 2015, 596. **3** Binz/Dörndorfer/*Dörndorfer*, § 29 GKG Rn 1. **4** Vgl OLG Nürnberg NJW-RR 2004, 1007 = MDR 2004, 417.

scheidung auch eine Sachentscheidung enthält oder nur die Kosten betrifft. Ein Vorbehaltsurteil (§§ 302, 599 ZPO) ist eine unbedingte Kostenentscheidung iSv Nr. 1.[5]

2. Bindung an Kostenentscheidung. Ist die gerichtliche Kostengrundentscheidung **unzutreffend**, ist sie **5** gleichwohl für den Kostenansatz **bindend**. Die Staatskasse als Kostengläubigerin handelt nicht arglistig, wenn für den Kostenansatz eine im Hinblick auf die Kostenauferlegung unrichtige Entscheidung herangezogen wird.[6]

Mit der Erinnerung gem. § 66 kann deshalb nicht eingewandt werden, dass die vom Gericht getroffene Kostengrundentscheidung unzutreffend ist[7] oder dass in ihr ein unzutreffender Kostenschuldner bestimmt worden ist (→ § 66 Rn 15).[8] Ausgeschlossen ist auch der Einwand, dem Rechtsanwalt keine Vollmacht zur Einleitung des Prozesses bzw Verfahrens erteilt zu haben (**vollmachtloser Vertreter**) und deshalb unzutreffend als Entscheidungsschuldner gem. Nr. 1 in Anspruch genommen worden zu sein. Hier wird eine außerhalb des GKG liegende Einwendung erhoben. Denn wenn das Gericht einer Partei die Kosten auferlegt hat, ist es von der Erteilung bzw dem Vorliegen der Vollmacht ausgegangen. Diese Frage kann dann im Verfahren gem. § 66 nicht mehr überprüft werden (anders aber bei ausschließlicher Antragstellerhaftung nach § 22 Abs. 1 S. 1; → § 66 Rn 15 f).[9]

3. Wirksamwerden der Entscheidung. a) Wirksamwerden. Nr. 1 stellt für die Kostenschuldnerschaft dem **6** Wortlaut nach zwar allein auf die Auferlegung der Kosten des Verfahrens in einer gerichtlichen oder staatsanwaltschaftlichen Entscheidung ab. Damit kann aber unter Berücksichtigung allgemeiner verfahrensrechtlicher Grundsätze nur eine Entscheidung gemeint sein, die der Partei oder dem Beteiligten gegenüber wirksam geworden ist, der die Kosten auferlegt worden sind.[10]

Insbesondere bei gerichtlichen **Beschlüssen** ist deshalb zwischen Existent- und Wirksamwerden zu unter- **7** scheiden. **Existent geworden** ist ein Beschluss, wenn er den inneren Bereich des Gerichts verlassen hat. Mit dem **Wirksamwerden** des Beschlusses treten dagegen seine bestimmungsgemäßen Rechtsfolgen ein. Ein Beschluss wird wirksam, wenn er dem Empfänger zugeht.[11] Bei Beschlüssen tritt die Kostenhaftung als Entscheidungsschuldner gem. Nr. 1 deshalb nur ein, wenn der Beschluss demjenigen gegenüber, der aus ihm für die Kosten in Anspruch genommen werden soll, durch Zugang wirksam geworden ist.[12] Ist nach dem Akteninhalt die formlose Übersendung eines Beschlusses veranlasst worden, kann idR vom Zugang der Entscheidung ausgegangen werden. Hat der Beschluss den Beschwerdeführer tatsächlich nicht erreicht, kann der Zugang des Beschlusses jederzeit nachgeholt werden.

b) Arrest und einstweilige Verfügung. Auf das Wirksamwerden des Beschlusses kommt es insb. auch bei **8** der Inanspruchnahme des Antragsgegners für die Kosten eines einstweiligen Verfügungsverfahrens (Nr. 1410 ff KV) an. Wird eine einstweilige Verfügung ohne mündliche Verhandlung mit Kostenentscheidung gegen den Antragsgegner erlassen, so kann dieser als Gerichtskostenschuldner nach Nr. 1 erst in Anspruch genommen werden, wenn die Zustellung der einstweiligen Verfügung an ihn nachgewiesen ist.[13] Denn erst durch die Zustellung wird dem Antragsgegner das ihm zustehende Grundrecht auf rechtliches Gehör gewährt. Darüber hinaus fordert insb. das OLG Koblenz eine Zustellung innerhalb der in § 929 Abs. 3 ZPO geregelten Vollziehungsfrist.[14] Der Kostenbeamte sollte sich die rechtzeitige Zustellung vor dem Kostenansatz gegen den Antragsgegner glaubhaft machen lassen, zB durch eine Ablichtung der Zustellungsurkunde des Gerichtsvollziehers.[15] Die Gegenauffassung wird u.a. damit begründet, dass die Vollstreckbarkeit von Gerichtskosten nach der JBeitrO nicht von der Zustellung vollstreckbarer Entscheidungen abhängt und rechtliches Gehör durch die Anhörungsrüge gem. § 69 a nachgeholt werden kann.[16]

c) Existenz des Kostenschuldners. Der Person, der die Kosten auferlegt werden, muss tatsächlich existieren. **9** Ist eine in die Gerichtskosten verurteilte **Gesellschaft bürgerlichen Rechts** tatsächlich nicht existent, darf der

---

5 *Oestreich/Hellstab/Trenkle*, GKG § 29 Rn 7. **6** *Oestreich/Hellstab/Trenkle*, GKG § 29 Rn 20. **7** BFH 13.9.2012 – X E 5/12, juris; BGH GRUR-RR 2011, 39; BGH NJW-RR 1998, 503; BGH JurBüro 2008, 43; BFH RVGreport 2011, 40; BGH NJW 1992, 1458 = MDR 1992, 1458; BFH RVGreport 2011, 40; OLG Brandenburg 19.7.2012 – 15 WF 146/12, juris; OVG Bautzen 14.5.2010 – F 7 D 17/07, juris. **8** BFH 13.9.2012 – X E 5/12, juris; BFH 20.8.2012 – I E 2/12, juris; BFH 5.8.2002 – IV E 1/02, juris; OLG Koblenz JurBüro 1993, 425. **9** BGH RVGreport 2011, 399; BGH MDR 1997, 198 = NJW-RR 1997, 510; KG RVGreport 2006, 320; BFH RVGreport 2011, 40 (für den umgekehrten Fall, dass dem Verfahrensbevollmächtigten als vollmachtlosem Vertreter die Kosten durch gerichtliche Entscheidung auferlegt worden sind); OLG Koblenz JurBüro 1993, 425. **10** KG NJW-RR 2000, 1240 = KGR Berlin 2000, 219. **11** KG NJW-RR 2000, 1240 = KGR Berlin 2000, 219. **12** KG NJW-RR 2000, 1240 = KGR Berlin 2000, 219; vgl auch BGH NJW 1993, 1076; BAG NJW 1980, 309. **13** KG NJW-RR 2000, 1240 = KGR Berlin 2000, 219; OLG Koblenz AGS 2000, 57 = NJW-RR 2000, 732; OLG Jena OLGR 2005, 964; OLG Hamburg MDR 1999, 60; OLGR Hamburg 1996, 128; AG Grevenbroich MDR 1999, 767; *Oestreich/Hellstab/Trenkle*, GKG Nr. 1410–1430 KV Rn 17; Binz/Dörndorfer/*Dörndorfer*, § 29 GKG Rn 4; aA OLG Hamm JurBüro 1997, 151; AG Neuruppin AGS 2011, 556 = Rpfleger 2010, 550. **14** OLG Koblenz AGS 2000, 57 = NJW-RR 2000, 732; OLG Bremen KostRsp. GKG § 54 aF Nr. 13; wohl auch OLG Hamburg MDR 1999, 60; aA OLG Jena OLGR 2005, 964 (Zustellung ist erforderlich, aber nicht innerhalb der Vollziehungsfrist). **15** *Oestreich/Hellstab/Trenkle*, GKG Nr. 1410–1430 KV Rn 17; offengelassen OLG Koblenz AGS 2000, 57 = NJW-RR 2000, 732. **16** AG Neuruppin AGS 2011, 556 = Rpfleger 2010, 550.

Gerichtskostenansatz zu ihren Lasten nicht auf eine vermeintlich für die Namensgebung der Scheingesellschaft verantwortliche natürliche Person umgeschrieben werden. Deshalb setzt die Inanspruchnahme einer Person als Gesellschafter zwingend die Existenz der Gesellschaft voraus.[17]

10 **4. Rechtskraft der Entscheidung.** Die gerichtliche oder staatsanwaltschaftliche Entscheidung muss grds. weder rechtskräftig noch vollstreckbar sein.[18] Unerheblich ist auch, ob das Gericht die Zwangsvollstreckung eingestellt hat.[19] Erforderlich ist aber, dass die gerichtliche Entscheidung wirksam geworden ist (→ Rn 6 f). Wird im Rahmen eines Erinnerungsverfahrens (§ 66) gegen den Kostenansatz gem. § 66 Abs. 7 S. 2 die aufschiebende Wirkung angeordnet, ist zwar der Einzug der Kostenforderung ausgesetzt; die Haftung als Entscheidungsschuldner wird aber nicht berührt.

11 Die Rechtskraft der Kostengrundentscheidung ist aber erforderlich, wenn von dem Gegner einer **PKH-Partei** Gerichtskosten eingezogen werden sollen. Denn gem. **§ 125 Abs. 1 ZPO** können die Gerichtskosten und die Gerichtsvollzieherkosten von dem Gegner erst eingezogen werden, wenn er rechtskräftig in die Prozesskosten verurteilt ist.[20]

12 Auch in **Strafsachen** und in gerichtlichen Verfahren nach dem Gesetz über Ordnungswidrigkeiten (**Bußgeldsachen**) ist eine rechtskräftige Kostengrundentscheidung erforderlich. Denn hier werden die Kosten, die dem verurteilten Beschuldigten bzw Betroffenen zur Last fallen, gem. § 8 erst mit der Rechtskraft des Urteils fällig.

13 **5. Unterbrechung oder Ruhen des Verfahrens.** Die Unterbrechung oder Aussetzung des Verfahrens gem. §§ 239 ff ZPO hindert die Inanspruchnahme des Entscheidungsschuldners grds. nicht. Denn die Verfahrensunterbrechung betrifft nur das Verhältnis der Parteien zueinander, hindert die Staatskasse grds. aber nicht daran, die vor der Unterbrechung entstandenen und fällig gewordenen Gerichtskosten gegen den Entscheidungsschuldner geltend zu machen.[21]

14 **6. Wegfall der Kostenentscheidung, § 30 S. 1.** Gemäß § 30 S. 1 fällt die durch gerichtliche oder staatsanwaltschaftliche Entscheidung begründete Verpflichtung zur Zahlung von Kosten nur weg, soweit die Entscheidung durch eine andere gerichtliche Entscheidung aufgehoben oder abgeändert wird. Ändern die Parteien daher eine gerichtliche Kostenentscheidung durch einen danach abgeschlossenen Vergleich ab, bleibt die Haftung als Entscheidungsschuldner gem. Nr. 1 gegenüber der Staatskasse bestehen (dazu ausf. → § 30 Rn 6 ff).[22]

15 Auch eine Klagerücknahme kann die gerichtliche Kostenentscheidung beseitigen. Wird eine Klage zurückgenommen, wird gem. § 269 Abs. 3 S. 1 ZPO ein bereits ergangenes, **noch nicht rechtskräftiges** Urteil wirkungslos, ohne dass es seiner ausdrücklichen Aufhebung bedarf.[23]

16 **7. Kostenauferlegung. a) Ganz oder teilweise.** In der gerichtlichen oder staatsanwaltschaftlichen Entscheidung müssen einer Partei oder einem Beteiligten die Kosten des Verfahrens ganz oder teilweise auferlegt worden sein.[24] Der Entscheidungsschuldner haftet gem. Nr. 1 nur für die ihm **auferlegten Kosten**. Werden die Kosten nur teilweise auferlegt, besteht die Haftung aus Nr. 1 nur insoweit (zB Kosten der Verweisung bzw Anrufung eines unzuständigen Gerichts oder durch Säumnis entstandene Mehrkosten; → Rn 19).[25] Daneben kann allerdings noch eine Haftung nach §§ 22 ff treten.

17 Keine Haftung nach Nr. 1 besteht aber, soweit in §§ 22 ff eine ausschließliche Haftung für die Kosten geregelt ist. Das ist zB gem. § 28 Abs. 2 bei der Aktenversendungspauschale nach Nr. 9003 sowie gem. § 38 bei der Verzögerungsgebühr nach Nr. 1901, 5601, 6600, 7601 und 8700 KV der Fall. Auch wenn die Kosten einem Dritten auferlegt worden sind, besteht insoweit keine Haftung der in die Gerichtskosten verurteilten Partei.

18 Werden die Kosten vom Gericht unter den Parteien nach **Bruchteilen** oder **prozentual** aufgeteilt, haftet jede Partei für die Kosten in Höhe des jeweils vom Gericht zugewiesenen Bruchteils bzw Prozentsatzes. Im Falle der **gegenseitigen Kostenaufhebung** (§ 98 ZPO) trägt jede Partei die Hälfte der Gerichtskosten. Verteilt das Gericht bei Klage und Widerklage die Kosten nicht nach Bruchteilen bzw Prozentsätzen, sondern werden dem Kläger die Kosten der Klage und dem Beklagten/Widerkläger die Kosten der Widerklage auferlegt, soll nach hM die Höhe der Entscheidungsschuldnerhaftung der Parteien im Umfang ihrer Antragstellerhaftung zu bestimmen sein (zur Berechnung s. auch → § 22 Rn 60 ff).[26]

17 OLG Koblenz 31.10.2011 – 14 W 621/11, juris. **18** OLG Koblenz Rpfleger 1987, 338; Binz/Dörndorfer/*Dörndorfer*, § 29 GKG Rn 3. **19** *Meyer*, GKG § 29 Rn 11. **20** Binz/Dörndorfer/*Dörndorfer*, § 29 GKG Rn 3. **21** OLG Hamburg MDR 1990, 349; OLG Naumburg JurBüro 1994, 686; OLG Stuttgart JurBüro 1991, 952 = MDR 1991, 1097. **22** BGH NJW-RR 2001, 285; Binz/Dörndorfer/*Dörndorfer*, § 29 GKG Rn 4; *Meyer*, GKG § 29 Rn 6. **23** *Oestreich/Hellstab/Trenkle*, GKG § 29 Rn 5. **24** OLG Bamberg JurBüro 1992, 684; *Meyer*, GKG § 29 Rn 6; Binz/Dörndorfer/*Dörndorfer*, § 29 GKG Rn 4. **25** Binz/Dörndorfer/*Dörndorfer*, § 29 GKG Rn 4. **26** Binz/Dörndorfer/*Dörndorfer*, § 29 GKG Rn 4; *Meyer*, GKG § 29 Rn 10; aA *Mümmler*, JurBüro 1978, 1137.

b) Säumniskosten. Werden dem Kläger nach Rücknahme der Klage die Kosten des Rechtsstreits mit Aus- 19
nahme der Kosten der Säumnis des Beklagten auferlegt, die dieser zu tragen hat, schuldet der Beklagte als
Entscheidungsschuldner nicht die 3,0-Verfahrensgebühr Nr. 1210 KV, obwohl diese nur deshalb mit dem
dreifachen Satz bestehen bleibt, weil der Klagerücknahme das Versäumnisurteil vorausgegangen ist (s.
Nr. 1211 KV).[27]

Beispiel: Zu dem nach Zustellung der Klage anberaumten Verhandlungstermin erscheint der Beklagte nicht. Auf
Antrag des Klägers ergeht Versäumnisurteil. Nach Einspruch des Beklagten nimmt der Kläger die Klage zurück.
Die Kosten des Rechtsstreits werden vom Gericht mit Ausnahme der Säumniskosten, die der Beklagte zu tragen
hat, dem Kläger auferlegt.

Durch eine Klagerücknahme ermäßigt sich die 3,0-Verfahrensgebühr nach Nr. 1211 Nr. 1 KV auf eine 1,0-Verfah-
rensgebühr. Allerdings verhindert das der Klagerücknahme vorausgegangene Versäumnisurteil diese Ermäßigung,
weil das Versäumnisurteil keines der in Nr. 1211 Nr. 2 KV genannten Urteile ist (s. dazu die Erl. zu Nr. 1211 KV).
Die Differenz zwischen der 3,0-Verfahrensgebühr Nr. 1210 KV und einer (hier nicht einschlägigen) 1,0-Verfah-
rensgebühr Nr. 1211 KV bildet keinen vom Beklagten zu tragenden Säumnismehrkostenbetrag.

8. Bedeutung gesetzlicher Kostenfolgen. a) Kostenfolgen in Verfahrensordnungen. Sehen Bestimmungen in 20
den Prozess- oder Verfahrensordnungen den Eintritt bestimmter Kostenfolgen vor (vgl zB § 269 Abs. 4
ZPO, § 516 Abs. 3 ZPO, §§ 53–55, 177, 209 und 269 InsO, §§ 466 und 471 Abs. 4 StPO), gelten diese
Kostenfolgen grds. nur im Verhältnis der Parteien untereinander und nicht gegenüber der Staatskasse als
Kostengläubigerin. Das gilt aber dann nicht, wenn Bestimmungen des GKG die Anwendbarkeit dieser Be-
stimmungen ausdrücklich anordnen (s. § 33).

b) Selbständiges Beweisverfahren. Nach der Rspr des BGH gehören die im selbständigen Beweisverfahren 21
entstandenen und von einer Partei gezahlten Gerichtskosten zu den Gerichtskosten und nicht zu den außergerichtlichen Kosten des nachfolgenden Hauptsacheverfahrens.[28] Denn das Beweisverfahren und das
Hauptsacheverfahren sind idR sachlich, zeitlich, kostenmäßig und hinsichtlich der Beteiligten so eng miteinander verflochten (s. dazu §§ 486 Abs. 2, 493 Abs. 1 ZPO), dass trotz der im Beweisverfahren vorgesehen eigenen Gerichtsgebühr nach Nr. 1610 KV eine einheitliche Betrachtung der in beiden Verfahren angefallenen Gerichtskosten geboten ist.

Allerdings setzt die Einbeziehung der Gerichtskosten des Beweisverfahrens in den Kostenansatz des Haupt- 22
sacheverfahrens voraus, dass die Parteien sowie der Streitgegenstand identisch sind und das Ergebnis des
Beweisverfahrens im Hauptsacheverfahren verwertet worden ist.[29] Eine vollständige Gegenstandsidentität
ist nicht erforderlich. Es reicht aus, wenn Teile des Streitgegenstands des selbständigen Beweisverfahrens
zum Gegenstand des anschließenden Prozesses gemacht werden oder das Hauptsacheverfahren hinter dem
Gegenstand des Beweisverfahrens zurückbleibt.[30]

c) Vorausgegangenes Mahnverfahren. aa) Kostenentscheidung bei vollständigem Übergang vom Mahn- ins 23
Prozessverfahren. Ist der im Mahnverfahren verfolgte Anspruch vollständig in das Prozessverfahren über-
gegangen, erfasst die im Prozessverfahren getroffene Kostenentscheidung gem. §§ 696 Abs. 1 S. 5, 281
Abs. 3 S. 1 ZPO auch die Kosten des vorausgegangenen Mahnverfahrens.[31] Die im Rechtsstreit ergehende
Kostenentscheidung ist grds. eine einheitliche für die Kosten des gesamten Prozesses in allen Phasen. Der
die Gerichtskosten einfordernde Kostenbeamte hat daher bei der Feststellung des Kostenschuldners gem.
Nr. 1 keine Unterscheidung zwischen den Kosten des Mahn- und des Prozessverfahrens zu treffen.[32] Die
gesamten im Mahn- und Prozessverfahren angefallenen und gem. § 91 ZPO als notwendig anzusehenden
Anwaltsvergütungen sind im Kostenfestsetzungsverfahren gem. §§ 103 ff ZPO vom Rechtspfleger zu berücksichtigen.

bb) Kostenentscheidung bei teilweisem Übergang vom Mahn- ins Prozessverfahren. Geht nicht der volle 24
Streitgegenstand des Mahnverfahrens in das Prozessverfahren über, weil der Antragsgegner die im Mahnbescheid geltend gemachte Forderung tlw. erfüllt oder weil der Antragsteller eine zu hohe Forderung geltend
gemacht hat und der Rechtsstreit wegen des entsprechend eingeschränkten Streitantrags nur noch wegen
des Restbetrags durchzuführen ist, verbleiben die nach dem höheren Streitwert ausgelösten zusätzlichen
und insoweit nicht anzurechnenden Kosten im Mahnverfahren. Diese Kosten können wie folgt ermittelt
werden:

---

27 OLG München JurBüro 1997, 95; Binz/Dörndorfer/*Dörndorfer,* § 29 GKG Rn 4, 6; *Meyer,* GKG § 29 Rn 9. **28** BGH NJW-
RR 2006, 810 = Rpfleger 2006, 338; BGH NJW 2003, 1322 = JurBüro 2003, 268; OLG Hamm NJW-RR 2008, 950; OLG
Düsseldorf Rpfleger 1994, 181 = JMBl NW 1994, 46. **29** BGH NJW-RR 2006, 810 = Rpfleger 2006, 338; BGH NJW 2003,
1322 = JurBüro 2003, 268. **30** BGH NJW-RR 2006, 810 = Rpfleger 2006, 338; OLG Hamm NJW-RR 2008, 950 = OLGR
Hamm 2008, 264. **31** Vgl *Ruess,* NJW 2007, 1915, 1920. **32** Vgl *Oestreich/Hellstab/Trenkle,* GKG § 29 Rn 8, 26; Binz/Dörn-
dorfer/*Dörndorfer,* § 29 GKG Rn 3.

25 **Beispiel:** Es ergeht Mahnbescheid wegen eines Zahlungsanspruchs über 20.000 €. Nach Teil-Widerspruch über 10.000 € und Antrag des Antragstellers auf Durchführung des streitigen Verfahrens wird der Rechtsstreit vom Mahngericht an das LG abgegeben.

1. 0,5-Verfahrensgebühr, Nr. 1100 KV (Wert: 20.000 €)	172,50 €
2. 3,0-Verfahrensgebühr, Nr. 1210 KV (Wert: 10.000 €)	723,00 €
3. ./. nach Abs. 1 S. 1 der Anm. zu Nr. 1210 KV anzurechnender Verfahrensgebühr Nr. 1100 KV (Wert: 10.000 €)	– 120,50 €
Verbleibende Verfahrensgebühr Nr. 1210 KV	602,50 €
Summe zu 1. und 2.	775,00 €
./. vom Kläger im Mahnverfahren gezahlter	– 172,50 €
Restbetrag	**602,50 €**
Die gesamten Gerichtskosten des Mahn- und Prozessverfahrens betragen	775,00 €
Im Rechtsstreit sind insgesamt angefallen	– 723,00 €
Anrechnungsfrei sind im Mahnverfahren verblieben	52,00 €

26 Nach einer Auffassung umfasst die im Rechtsstreit ergehende Kostenentscheidung gem. §§ 696 Abs. 1 S. 5, 281 Abs. 3 S. 1 ZPO auch dann alle Kosten des Mahnverfahrens, wenn der im Mahnverfahren verfolgte Anspruch nur teilweise Gegenstand des Rechtsstreits geworden ist, der Gegenstandswert des Prozessverfahrens also geringer als derjenige des Mahnverfahrens ist.[33] Danach sind die nur im Mahnverfahren wegen des höheren Streitwerts angefallenen nicht anzurechnenden Gerichts- und Anwaltskosten bei der einheitlichen Kostenentscheidung als Kosten des Rechtsstreits zu berücksichtigen. Die Verteilung erfolgt dann allerdings nicht nach § 91 ZPO nach der dem Ausgang des Rechtsstreits entsprechenden und für den übergegangenen Streitwertteil geltenden Quote, sondern die insoweit nach § 269 ZPO zu treffende Kostenentscheidung folgt insoweit aus der Ursache des Nichtweiterbetreibens des Verfahrens und den entsprechenden Parteierklärungen hierzu.

27 Nach der **zutr. Gegenauffassung** bezieht sich die im Rechtsstreit getroffene Kostenentscheidung grds. nur auf den Streitwert des Teils, der vom Mahnverfahren in das streitige Verfahren übergeleitet worden ist, so dass die im Mahnverfahren verbliebenen Kosten (vgl Beispiel Rn 25: 52 €) nicht auf der Grundlage der im Prozess getroffenen Kostenentscheidung gem. §§ 103 ff ZPO festgesetzt werden können.[34] Um eine Erstattung der durch den überschießenden Mahnantrag ausgelösten Kosten zu ermöglichen wird vorgeschlagen, ausdrücklich eine Kostenentscheidung nach § 269 Abs. 3 S. 3 ZPO zu beantragen[35] oder diese Kosten als materiell-rechtlichen Kostenerstattungsanspruch im Rechtsstreit geltend zu machen.[36]

28 Stellt der Kostenbeamte nach Beendigung des Rechtszugs fest, dass alle Gerichtskosten des Mahn- und Prozessverfahrens gezahlt sind und keine Erstattung und Nachforderung von Gerichtskosten vorzunehmen ist, ist keine Ausgleichung/Anforderung der Gerichtskosten entsprechend der gerichtlichen Kostenentscheidung durch ihn vorzunehmen, vgl § 30 Abs. 1 KostVfg. Die Ausgleichung der Gerichtskosten erfolgt erst nach entsprechender Antragstellung der Parteien durch den Rechtspfleger im Kostenfestsetzungsverfahren gem. §§ 103 ff ZPO.

29 Muss der für die Abrechnung der Gerichtskosten zuständige Kostenbeamte hingegen eine Schlusskostenrechnung aufstellen, zB weil Auslagen angefallen sind, kommt eine Anforderung der im Mahnverfahren verbliebenen Gerichtskosten (vgl Beispiel Rn 25: 52 €) gem. § 22 Abs. 1 grds. nur vom Antragsteller des Mahnverfahrens in Betracht.

30 **d) PKH-Bewilligungsverfahren. aa) Nachfolgendes Hauptsacheverfahren.** Gemäß § 118 Abs. 1 S. 5 ZPO sind die durch die Vernehmung von Zeugen und Sachverständigen nach § 118 Abs. 2 S. 3 ZPO entstandenen Auslagen (Nr. 9005 KV) als Gerichtskosten von der Partei zu tragen, der die Kosten des Rechtsstreits auferlegt sind. Das gilt über den Wortlaut der Norm hinaus auch für andere gerichtliche Auslagen nach Teil 9 KV.[37] Weil auch keine Kostenerstattung stattfindet (§ 118 Abs. 1 S. 4 ZPO), ist deshalb eine Kostenentscheidung im PKH-Bewilligungsverfahren vom Gericht nicht zu treffen.[38]

31 **bb) Rücknahme oder Ablehnung des PKH-Bewilligungsantrags.** Gemäß § 28 Abs. 3 ist im Verfahren auf Bewilligung von PKH einschließlich des Verfahrens auf Bewilligung grenzüberschreitender PKH der Antragsteller Schuldner der Auslagen, wenn der Antrag zurückgenommen oder vom Gericht abgelehnt wird oder die Übermittlung des Antrags von der Übermittlungsstelle oder das Ersuchen um PKH von der Empfangsstelle abgelehnt wird. Siehe dazu → § 28 Rn 28 ff.

---

33 So Zöller/*Herget*, ZPO, § 91 Rn 13 „Mahnverfahrenskosten"; Zöller/*Vollkommer*, ZPO, vor § 688 Rn 20. **34** Vgl hierzu ausf. *Ruess*, NJW 2007, 1915 ff; so auch OLGR Braunschweig 2000, 222; Musielak/Voit/*Wolst*, ZPO, § 91 Rn 7. **35** *Ruess*, NJW 2007, 1915. **36** Vgl OLGR Hamm 2001, 297; Zöller/*Herget*, ZPO, § 91 Rn 13 „Mahnverfahrenskosten". **37** *Oestreich/Hellstab/Trenkle*, GKG § 29 Rn 14. **38** OLG Hamm FamRZ 2000, 1514.

e) Urkundenprozess. Das Vorbehaltsurteil im Urkunden-Vorverfahren (gleich welcher Instanz) ergeht auch 31a im Kostenpunkt nur bedingt und ist in seinem Bestand abhängig von der Bestätigung oder Aufhebung im Nachverfahren. Eine (anderweitige) Kostenentscheidung im Nachverfahren gilt deshalb für die gesamten Kosten des einheitlichen Urkundenverfahrens und Nachverfahrens.[39]

Wenn daher das zugunsten des Klägers ergangene Vorbehaltsurteil im Nachverfahren aufgehoben und die Klage rechtskräftig abgewiesen wird, so wird die gegen das Vorbehaltsurteil eingelegte Berufung ohne Weiteres gegenstandslos. Die Kostenentscheidung des Urteils im Nachverfahren erfasst deshalb die gesamten Kosten des einheitlichen Urkunden- und Nachverfahrens (vgl §§ 600 Abs. 2, 302 Abs. 4 S. 2–4 ZPO). Für eine selbständige Entscheidung über die Kosten des Berufungsverfahrens ist kein Raum.[40] Auch für das Berufungsverfahren gegen das Vorbehaltsurteil gilt deshalb die Kostenentscheidung des erstinstanzlichen und im Nachverfahren ergangenen Urteils.

Derjenige, dem durch das Urteil im Nachverfahren die Kosten auferlegt werden, wird deshalb gem. § 31 Abs. 2 zum **Erstschuldner** der Gerichtskosten des Berufungsverfahrens. Ist die Gebühr für das Berufungsverfahren vom Gegner noch nicht gezahlt worden, ist diese deshalb aufgrund des Urteils im Nachverfahren dem darin bestimmten Entscheidungsschuldner in Rechnung zu stellen (vgl § 30 Abs. 1 KostVfg).

9. Überflüssige Kostenentscheidung. Im Falle der Verwerfung oder Zurückweisung über im Kostenver- 32 zeichnis nicht besonders aufgeführte Beschwerden, die nicht nach anderen Vorschriften gebührenfrei sind, sieht das GKG in allen Gerichtsbarkeiten Beschwerdegebühren vor (s. Nr. 1812, 1826, Nr. 2241 und 2243, Nr. 2361 und 2364, Nr. 2440 und 2441, Nr. 5502, Nr. 6502, Nr. 7502 und 7504, Nr. 8612 und 8614, Nr. 8623 KV). Soweit in diesen Fällen die Kosten vom Beschwerdeführer gem. § 22 als Antragsteller bzw Veranlasser des Beschwerdeverfahrens geschuldet werden, wird tlw. eine zur Erstschuldnerhaftung nach Nr. 1 führende Kostenentscheidung nicht für erforderlich[41] bzw aufgrund der Antragstellerhaftung nach § 22 für entbehrlich gehalten.[42]

Der Kostenschuldner richtet sich aber vorrangig nach Nr. 1, wenn in diesen Fällen durch gerichtliche Ent- 33 scheidung die Kosten des Verfahrens einer Partei auferlegt werden. Denn im Kostenansatzverfahren ist die Richtigkeit von Kostenentscheidungen nicht nachzuprüfen und fehlerhafte Entscheidungen sind nicht zu berichtigen.[43] Sofern die Sachentscheidung allerdings lediglich den Ausspruch des Gerichts enthält, dass die Gerichtskosten aufgrund einer gesetzlichen Regelung geschuldet werden, stellt das nur einen nicht bindenden **innerdienstlichen Hinweis** an den Kostenbeamten dar.[44] Die Frage, ob die Haftung nun aus § 22 oder aus Nr. 1 folgt, ist nur im Rahmen von § 31 Abs. 2 von Bedeutung.

10. Kostenauferlegung in Strafsachen. a) Auslagenhaftung, Teil 9 KV. aa) Sämtliche Auslagen. Ist der An- 34 geklagte in einer Strafsache kostenpflichtig verurteilt worden, kommt es beim Kostenansatz gem. § 19 nicht darauf an, ob Auslagen iSv Teil 9 KV verursachende Maßnahmen **zugunsten** oder **zulasten** des Kostenschuldners verlaufen sind. Das kann das Gericht bei der Kostenentscheidung gem. § 465 Abs. 2 StPO beachten. In den Kostenansatz sind deshalb grds. sämtliche Auslagen aufzunehmen, die der Tat zugeordnet werden können, deretwegen der Kostenschuldner rechtskräftig verurteilt worden ist (§ 465 Abs. 1 StPO, § 29 Nr. 1).[45]

bb) Auslagen des Ermittlungsverfahrens. Die Auslagen müssen in einem sachlichen Zusammenhang mit der 35 Tat stehen, wegen derer eine Verurteilung erfolgt. Umfasst sind auch **Vorbereitungskosten** aus dem **Ermittlungsverfahren**.[46] Hierbei handelt es sich um die durch die **Aufklärung der Tat** (auch in sich nicht bestätigender Verdachtsrichtung), die **Täterergreifung** und zur **Aufklärung der Tatbeteiligung** angefallenen Auslagen (s. Nr. 9015, 9016 KV).[47]

Bei der Polizei angefallene Kosten für das **Abschleppen** eines Kraftfahrzeugs können als Auslagen nach Nr. 9009 Nr. 1 KV (iVm Nr. 9015 KV) zu erheben sein, wenn diese Kosten als Verfahrenskosten iSv § 464 a Abs. 1 StPO qualifiziert werden können. Das kann bei Abschleppkosten aber zB dann fraglich sein, wenn diese nur durch das Aufräumen einer Unfallstelle angefallen sind. Kosten, die zB durch das Abschleppen eines Kraftfahrzeugs zu einer kriminaltechnischen Untersuchung entstanden sind, werden daher ohne Weiteres als Verfahrenskosten iSv § 464 a Abs. 1 StPO unter Nr. 9009 Nr. 1 KV fallen.

cc) Auslagen in der Strafvollstreckung. Kosten einer **Vollstreckung** der Rechtsfolge der Tat sind Verfahrens- 36 kosten iSv § 464 a Abs. 1 S. 2 StPO und werden deshalb von der Kostenentscheidung des Strafverfahrens

---

39 OLG Koblenz JurBüro 1985, 1886. **40** OLG Braunschweig NJW-RR 2000, 1094. **41** LG Koblenz NJW 2011, 2063 = FamRZ 2011, 1325. **42** Vgl BFH 15.7.2003 – VII E 13/03, juris; BFH 2.10.1992 – VII E 4/02, juris. **43** *Meyer*, GKG § 29 Rn 11. **44** KG NJW 1969, 850; HK-FamGKG/*Mayer*, § 24 Rn 10; *Meyer*, GKG § 29 Rn 6. **45** Vgl OLG Hamm 23.2.2010 – 3 Ws 301/09, juris. **46** Vgl OLG Düsseldorf 12.12.2012 – III-1 Ws 286/12, juris; OLG Hamm 23.2.2010 – 3 Ws 301/09, juris. **47** OLG Hamm 23.2.2010 – 3 Ws 301/09, juris.

(§§ 464, 465 StPO) erfasst.[48] Der in die Verfahrenskosten Verurteilte muss daher auch für diese Kosten aufkommen, weil sie Folge seines delinquenten Verhaltens sind.[49] Der kostenpflichtig Verurteilte trägt somit nach § 464 a Abs. 1 S. 2 StPO die Kosten der Vollstreckung einer Strafe oder einer Maßregel der Besserung und Sicherung. Das ist verfassungsrechtlich nicht zu beanstanden.[50]

37   Sind die Kosten der Vollstreckung in einem sich nach der StPO oder dem JGG richtenden Verfahren vor einem ordentlichen Gericht (zB vor der Strafvollstreckungskammer) angefallen, gilt gem. § 1 Abs. 1 S. 1 Nr. 5, 6 insoweit das GKG. Daher sind zB die in einem Verfahren zur Prüfung der Frage der bedingten Entlassung des Verurteilten gem. § 454 StPO (§§ 57, 67 e StGB) anfallenden Gutachterkosten (kriminalprognostische Gutachten) vom Verurteilten zu tragen.[51] Grundlage für den Ansatz in der Kostenrechnung ist Nr. 9005 KV.

38   **b) Teilfreispruch. aa) Differenztheorie.** Ist der Angeklagte teilweise verurteilt und teilweise freigesprochen worden, richten sich die Gebühren nach Vorbem. 3.1 KV für alle Rechtszüge nach der rechtskräftig erkannten Strafe (→ Vorbem. 3.1 KV Rn 5). Im Umfang seiner Verurteilung zu einer Strafe schuldet der kostenpflichtig Verurteilte eine nach Nr. 3110 ff KV berechnete Gebühr. Die Berechnung der vom Verurteilten zu zahlenden Gerichtsgebühr bereitet bei einem Teilfreispruch damit keine Probleme.

39   Im Gegensatz dazu ist die Ermittlung der vom Verurteilten zu tragenden Auslagen (Teil 9 KV) des Ermittlungs- und des Hauptverfahrens insb. in umfangreichen Strafverfahren mit vielen Auslagenpositionen schwieriger. Sind die Verfahrenskosten vom Gericht nicht gem. § 464 d StPO nach Bruchteilen verteilt worden, muss der Kostenbeamte den teilweise freigesprochenen Verurteilten kostenmäßig so stellen, wie er gestanden hätte, wenn allein die zur Verurteilung führende(n) Tat(en) Gegenstand des Verfahrens gewesen wäre(n). Der Verurteilte ist deshalb von allen Mehrkosten freizustellen, die durch Taten veranlasst worden sind, die zum Freispruch geführt haben. Im Rahmen der Differenztheorie[52] muss der Kostenbeamte somit auf ein fiktives Verfahren nur wegen der rechtskräftig verurteilten Taten abstellen und bei jeder Auslagenposition prüfen, ob diese auch in diesem fiktiven Verfahren angefallen wäre.[53] Es bedarf insoweit einer Würdigung aller Umstände des Einzelfalles unter Berücksichtigung insb. der Art und Schwere der einzelnen Schuldvorwürfe, der Bedeutung der einzelnen Schuldvorwürfe für den Angeklagten sowie des Umfangs und der Schwierigkeit der Beweisaufnahme.[54] Die Ermittlung der bei einem Teilfreispruch vom Verurteilten zu tragenden Kosten des Verfahrens (vgl § 464 a Abs. 1 StPO) ist nicht dem Kostenfestsetzungsverfahren gem. § 464 b StPO vorbehalten, sondern erfolgt im Kostenansatzverfahren gem. § 19.[55]

40   **bb) Pflichtverteidigerkosten, Nr. 9007 KV.** Ist dem Angeklagten neben einem bereits vorhandenen Wahlverteidiger ein Pflichtverteidiger nur wegen der Vielzahl der ihm zur Last gelegten Straftaten bestellt worden und hätten die Taten, die nach dem Teilfreispruch noch den Gegenstand der Verurteilung bilden, die zusätzliche Bestellung des Pflichtverteidigers für sich allein nicht gerechtfertigt, so scheidet eine Kostenhaftung des Angeklagten aus. In einem derartigen Fall sind nämlich die gesamten Kosten der Pflichtverteidigung Mehrkosten, die nicht entstanden wären, wenn die Anklage nur auf die Taten beschränkt gewesen wäre, die zur Verurteilung geführt haben. Es wäre dann unbillig, den Angeklagten auch nur mit einem geringen Teil der Pflichtverteidigerkosten zu belasten, der seiner Verurteilung entspricht.[56]

41   **cc) Verteilung nach Bruchteilen gem. § 464 d StPO.** Vom Gericht können die gerichtlichen Auslagen gem. § 464 d StPO auch nach **Bruchteilen** in der Kostenentscheidung verteilt werden.[57] Allerdings kann auch der **Kostenbeamte** im Kostenansatzverfahren gem. § 19 eine **Auslagenverteilung nach Bruchteilen** gem. § 464 d StPO vornehmen.[58] Hierbei sind allerdings die Grundsätze der **Differenztheorie** zu beachten. Die Quotelung dient also zur Vereinfachung der Anwendung der Differenztheorie.[59]

---

48 Vgl hierzu BVerfG Rpfleger 2007, 107; BGH NJW 2000, 1128 = JurBüro 2000, 542 = AGS 2000, 231; aA OLG Koblenz JurBüro 1991, 419 (Kosten der Strafvollstreckung sind keine Verfahrenskosten); anders aber wohl OLG Koblenz NStZ-RR 1997, 224 = Rpfleger 1997, 403 = StraFo 1997, 350. **49** OLG Frankfurt a. M. NStZ-RR 2010, 359 = NStZ 2010, 719; OLG Köln StV 2005, 279; OLG Karlsruhe StraFo 2003, 290 = Rpfleger 2003, 616; OLG Nürnberg NStZ-RR 1999, 190 = ZfStrVo 1999, 241. **50** BVerfG JR 2006, 480 = RuP 2007, 42. **51** Vgl BGH NJW 2000, 1128; OLG Frankfurt a. M. NStZ-RR 2010, 359 = NStZ 2010, 719; OLG Düsseldorf JMBl. NW 2007, 153 = JR 2007, 129; OLG Köln StV 2005, 279; OLG Koblenz NStZ-RR 2005, 288 = Rpfleger 2005, 627; OLG Karlsruhe Rpfleger 2003, 616 = NStZ-RR 2003, 350; aA OLG Hamm NStZ 2001, 167 = StV 2001, 32, weil es unbillig ist, den Verurteilten mit Gutachterkosten zu belasten, wohingegen die Haftkosten gem. § 50 StVollzG nur bei verschuldeter Arbeitsverweigerung zu zahlen sind; *Eisenberg,* JR 2006, 57; *Burhoff,* BRAGOprof. 2000, 159. **52** Vgl hierzu zB BGHSt 25, 109; KG RVGreport 2009, 231 = StraFo 2009, 260; OLG Dresden NStZ-RR 2003, 224; OLG Düsseldorf MDR 1991, 390; OLG Hamm 5.5.2009 – 2 Ws 29/09, JurionRS 2009, 20288; *Meyer-Goßner,* § 465 StPO Rn 8 f. **53** OLG Hamm 5.5.2009 – 2 Ws 29/09, JurionRS 2009, 20288 (für Sachverständigenkosten); OLG Köln StRR 2010, 437; OLG Rostock StRR 2011, 120. **54** OLG Düsseldorf 29.5.2013 – III-1 Ws 42/13, nv. **55** OLG Rostock StRR 2011, 120; *Löwe/Rosenberg/Hilger,* StPO, § 465 Rn 31. **56** OLG Düsseldorf 29.5.2013 – III-1 Ws 42/13, nv; OLG Düsseldorf JurBüro 1985, 733 = StV 1985, 142; KK-StPO/*Gieg,* § 465 Rn 7. **57** BGH StraFo 2005, 438. **58** OLG Dresden NStZ-RR 2003, 224; *Löwe/Rosenberg/Hilger,* StPO, § 464 d Rn 3, § 465 Rn 31; aA OLG Köln StRR 2010, 437 (nur Differenztheorie); LG Osnabrück NdsRpfl 1999, 296. **59** OLG Dresden NStZ-RR 2003, 224.

Bei der Verteilung von Auslagen iSv Teil 9 KV nach Bruchteilen **scheidet** eine lediglich auf das **reine Zahlen-** **42** **verhältnis** von Freispruchs- bzw Verurteilungsfällen abstellende **Betrachtungsweise aus**. Eine unter Berufung auf § 464 d StPO vorgenommene rein rechnerische Quotelung, die sich allein an der Anzahl der Fälle der Verurteilung einerseits und des Freispruchs andererseits orientiert, ist nicht sachgerecht.[60] Deshalb kommt die Möglichkeit einer Verteilung nach Bruchteilen gerade nicht in den unübersichtlichen, tatsächlich komplizierten Fällen, sondern in den einfachen, leicht überschaubaren Fällen in Betracht, in denen ohne Nachrechnung der tatsächlich angefallenen Auslagen im Einzelnen eine sachgemäße Schätzung möglich ist.[61]

c) Kostenverteilung bei beiderseitigen Rechtsmitteln. Wird sowohl von der Staatsanwaltschaft als auch **43** vom Angeklagten Berufung eingelegt und werden vom Berufungsgericht die Kosten der durch die Berufung der Staatsanwaltschaft entstandenen Kosten der Staatskasse, die durch die Berufung des Angeklagten verursachten Kosten dagegen diesem auferlegt, ist eine Quotelung oder Aufteilung der **Gerichtsgebühr** für das Berufungsverfahren (Nr. 3120 KV) nicht vorzunehmen. Denn nach Vorbem. 3.1 Abs. 1 KV bemisst sich die Gerichtsgebühr für alle Rechtszüge nach der rechtskräftig erkannten Strafe. Der rechtskräftig Verurteilte schuldet damit auf dieser Grundlage berechnete Gebühren.

Hinsichtlich der Auslagen iSv Teil 9 KV ist im **Kostenansatzverfahren** gem. § 19 zu entscheiden, welche **44** Kosten der Staatskasse und welche dem Verurteilten zur Last fallen. Im Kostenansatzverfahren gem. § 19 ist deshalb zu prüfen, ob die Berufung der Staatsanwaltschaft **Mehrkosten** ausgelöst hat, die der Staatskasse zur Last fallen.[62] Hierbei kommt es darauf an, ob Auslagen ermittelt werden können, die gerade und allein durch die Berufung der Staatsanwaltschaft verursacht worden sind. Nur diese sind von der Staatskasse zu tragen und nicht gegen den Verurteilten in Ansatz zu bringen.[63]

Auf die Berufung der Staatsanwaltschaft entfallen nur die Auslagen, die ausscheidbar und ausschließlich **45** der Berufung der Staatsanwaltschaft zuzurechnen sind.[64] Handelt es sich um Auslagen, die nicht ausscheidbar auch dem erfolglosen Rechtsmittel des Angeklagten zuzurechnen sind, so hat der Verurteilte sie vollständig zu tragen. **Billigkeitserwägungen** oder eine **Quotelung** sind insoweit ausgeschlossen.[65] Weil die Berufungen der Staatsanwaltschaft und des Angeklagten kostenrechtlich getrennt zu betrachten sind, hat der Verurteilte die Kosten seiner erfolglosen Berufung unabhängig vom Erfolg der Berufung der Staatsanwaltschaft zu tragen.[66]

d) Kostenverteilung bei Teileinstellungen. Bei der Teileinstellung auf Kosten der Staatskasse und kosten- **46** pflichtiger Verurteilung im Übrigen erfolgt die Feststellung der vom Verurteilten zu tragenden Verfahrenskosten ebenfalls unter Berücksichtigung der zum teilweisen Freispruch entwickelten **Differenztheorie** (→ Rn 38 f).[67] Bei der Teileinstellung auf Kosten der Staatskasse und kostenpflichtiger Verurteilung im Übrigen bedingt die Anwendung der Differenztheorie die Vornahme von **zwei Schritten:**

Zunächst sind die bei Vollverurteilung „an sich" angefallenen Kosten zu ermitteln und diesen sodann die durch die erfolgte Verurteilung veranlassten (fiktiven) Kosten einander gegenüberzustellen, um dann als Differenz die ausscheidbaren Mehrkosten zu ermitteln und absetzen zu können.[68]

Bei den **Pflichtverteidigerkosten** (Nr. 9007 KV) ist zunächst zu prüfen, ob bei einem fiktiven Verfahren ohne **46a** die eingestellten und nur wegen der letztlich zur Verurteilung führenden Taten Anklage statt beim Landgericht ausgehend von der Straferwartung (vgl § 24 GVG) nur beim Amtsgericht zu erheben gewesen wäre und deshalb anstelle der Gebühren nach Nr. 4112 ff VV RVG die niedrigeren Gebühren nach Nr. 4106 ff VV RVG angefallen wären. Anschließend ist insb. festzustellen, ob im Fall einer weniger umfassenden Anklage das Verfahren abgekürzt worden wäre, insb. wenn der Verurteilte von Anfang an hinsichtlich der später verurteilten Taten umfassend geständig gewesen wäre. Wenn sich der Verurteilte zB in der Hauptverhandlung an den ersten Sitzungstagen nicht zu den Tatvorwürfen eingelassen hat, sondern dies erstmals an einem späteren Sitzungstag geschieht, kann zugunsten des Verurteilten bestenfalls davon ausgegangen werden, dass das Verfahren nach seiner Einlassung im späteren Sitzungstag hätte abgeschlossen werden können, wenn die Vorwürfe entsprechend beschränkt gewesen wären. Es ist zu prüfen, ob die Hauptverhandlung eine geringere Zahl von Tagen in Anspruch genommen hätte, wenn die Taten, deretwegen Einstellung erfolgt ist, nicht Gegenstand des Verfahrens gewesen wären. Hierbei kommt es nicht darauf an, an welchen Verhandlungstagen welche Tatvorwürfe erörtert oder welche Zeugen vernommen worden sind. Vielmehr ist überschlägig zu berechnen, wie viele Verhandlungstage durch den weggefallenen Teil des Anklagevor-

---

60 OLG Dresden NStZ-RR 2003, 224; OLG Karlsruhe NStZ 1998, 317 = StV 1998, 609. **61** OLG Köln StRR 2010, 437 = NStZ-RR 2010, 326 (Ls.). **62** OLG Schleswig SchlHA 2003, 207; *Meyer-Goßner*, § 473 StPO Rn 18. **63** Vgl OLG Bamberg JurBüro 1987, 1840; OLG Celle 6.8.2013 – 1 Ws 192/13, JurionRS 2013, 43699; OLG Hamburg NJW 1975, 130 = MDR 1975, 74; AG Osnabrück JurBüro 1992, 349. **64** OLG Celle 6.8.2013 – 1 Ws 192/13, JurionRS 2013, 43699. **65** Vgl OLG Bamberg JurBüro 1987, 1840; OLG Celle 6.8.2013 – 1 Ws 192/13, JurionRS 2013, 43699. **66** OLG Braunschweig 25.3.2013 – 1 Ws 59/13, JurionRS 2013, 48162. **67** OLG Schleswig 10.8.2011 – 2 Ws 324/11 (115/11), juris; OLG Dresden NStZ-RR 2003, 224. **68** OLG Schleswig 10.8.2011 – 2 Ws 324/11 (115/11), juris; OLG Dresden NStZ-RR 2003, 224.

wurfs eingespart worden wären.[69] Es kommt auch nicht darauf an, ob die auf Kosten der Staatskasse einge-stellten Taten bei der Beweisaufnahme breiten Raum eingenommen haben. Etwas anderes könnte nur dann gelten, wenn an einem oder mehreren der Hauptverhandlungstage die Beweisaufnahme ausschließlich den eingestellten Taten gegolten hätte.[70]

46b Enthält der Einstellungsbeschluss im Falle der **teilweisen Einstellung** des Verfahrens **keine Kostenentscheidung**, erfasst die im späteren Urteil getroffene Kostenentscheidung ausschließlich die Kosten, welche durch die Verfahrensteile angefallen sind, die nach der Einstellung noch Gegenstand des Urteils waren.[71] Deshalb sind diejenigen Kosten, die allein durch den im Wege der Einstellung nach § 154 Abs. 2 StPO erledigten Verfahrensteil veranlasst waren, nicht von der Kostenentscheidung im Urteil erfasst und können dem Verurteilten nicht in Rechnung gestellt werden; insoweit fehlt es an der Grundlage für den Kostenansatz.[72] Eine im Einstellungsbeschluss unterbliebene Kostenentscheidung kann auch nicht nachgeholt werden.[73] Nur wenn der Einstellungsbeschluss unmittelbar vor dem Urteil verkündet wird, können Einstellungsbeschluss und Urteil als Teile einer einheitlichen Endentscheidung angesehen werden und es liegt eine Kostenentscheidung für das gesamte Verfahren vor.[74]

47 Wird das Verfahren gegen einen **Mitangeklagten** auf Kosten der Staatskasse eingestellt, schuldet der kostenpflichtig verurteilte andere Angeklagte sämtliche Verfahrenskosten, soweit diese nicht ausschließlich dem früheren Mitangeklagten zugerechnet werden können. Insbesondere verringert sich die Kostenschuld des Verurteilten nicht um einen fiktiv auf den früheren Mitangeklagten entfallenden Kopfteil, weil dieser im Falle seiner Verurteilung gesamtschuldnerisch mitgehaftet hätte.[75]

48 e) **Kostenauferlegung auf einen Dritten.** Werden in einer Strafsache Kosten einzelner Verfahrensteile einem Dritten auferlegt (zB einem Zeugen die durch sein Ausbleiben verursachte Kosten), werden diese Kosten vom Verurteilten nicht geschuldet. Das gilt auch dann, wenn dies weder im Urteilstenor noch in den Urteilsgründen zum Ausdruck gebracht wird.[76] Werden diese Kosten von dem Dritten nicht gezahlt, haftet der Verurteilte hierfür nicht subsidiär.[77]

49 f) **Kosten der Rückgewinnungshilfe.** Gemäß § 73 Abs. 1 S. 2 StGB scheidet die Anordnung von Verfall oder von Wertersatz aus, soweit dadurch die Durchsetzung der dem Verletzten aus der Tat erwachsenen Ansprüche gefährdet würde. Soweit ein Angeklagter zB Vorteile aus einer von ihm begangenen Steuerhinterziehung erlangt hat, ist der Steuerfiskus Verletzter iSd § 73 Abs. 1 S. 2 StGB und der Verfall ausgeschlossen.[78] In diesem Fall sollen durch die in § 111 b Abs. 5 StPO geregelte **Rückgewinnungshilfe** die an sich dem Verfall unterliegenden Gegenstände und das dem Verfall unterliegende Vermögen zugunsten des Verletzten durch die Strafverfolgungsbehörden sichergestellt werden. Nach §§ 111 b Abs. 5, 111 d StPO kann der **dingliche Arrest** angeordnet werden, um die dem Verletzten erwachsenen zivilrechtlichen Ansprüche zu sichern.

50 Fallen im Rahmen der Durchführung der Rückgewinnungshilfe zB durch Beschlagnahme und eine anschließende Notveräußerung gem. § 111 l StPO Auslagen an, gehören diese zu den vom rechtskräftig Verurteilten zu tragenden Kosten des Strafverfahrens iSv § 464 a Abs. 1 StPO. Es gibt keine gesetzliche Grundlage dafür, mit diesen Kosten den Begünstigten der Rückgewinnungsmaßnahme (Verletzten) zu belasten.[79]

Wird im strafrechtlichen Ermittlungsverfahren eine **Sicherungshypothek** im Grundbuch eingetragen, können die Gerichtskosten hierfür während des laufenden Strafverfahrens nicht gem. § 27 Nr. 4 GNotKG vom Angeklagten erhoben werden, sondern erst nach bzw im Fall seiner rechtskräftigen Verurteilung.[80]

51 g) **Gebühr Nr. 1812 KV bei Beschwerde gegen Kostenfestsetzungsbeschluss.** Hat der Freigesprochene seinen Anspruch auf Erstattung notwendiger Auslagen an seinen Verteidiger abgetreten und ist deshalb die Kostenfestsetzung für den Verteidiger vorgenommen und ist dieser statt des Freigesprochenen als erstattungsberechtigter Gläubiger im Rubrum des Kostenfestsetzungsbeschlusses aufgeführt worden,[81] ist die Gebühr Nr. 1812 KV dem Verteidiger in Rechnung zu stellen (→ Vorbem. 3.6 KV Rn 1 ff).

69 OLG Brandenburg 30.1.1997 – 2 Ws 154/96, juris. **70** OLG Köln 4.1.2013 – III-2 Ws 859/12, 2 Ws 859/12, juris. **71** Vgl BGH NStZ-RR 2012, 159 = StraFo 2012, 207; OLG Celle NJW 2013, 486. **72** BGH NStZ-RR 2012, 159 = StraFo 2012, 207; OLG Celle NJW 2013, 486; LG Krefeld NStZ-RR 2012, 32. **73** BGH NStZ-RR 2012, 159 = StraFo 2012, 207. **74** BGH NStZ-RR 2012, 159 = StraFo 2012, 207; BGH StV 2001, 437; OLG Celle NJW 2013, 486; LG Krefeld NStZ-RR 2012, 32. **75** LG Dresden NStZ-RR 2012, 327. **76** OLG Düsseldorf NStZ-RR 1998, 253; OLG Celle AnwBl 1988, 655. **77** OLG Düsseldorf NStZ-RR 1998, 253. **78** Vgl hierzu auch KG StRR 2009, 157 = RVGreport 2008, 429. **79** Vgl OLG Düsseldorf StV 2003, 550; OLG Köln StV 2005, 491 = Rpfleger 2004, 735; LG Bonn StraFo 2010, 380; *Meyer-Goßner*, § 111 b StPO Rn 16; KK-StPO/*Nack*, § 111 b Rn 21. **80** OLG Köln StV 2005, 491 = Rpfleger 2004, 735; OLG Düsseldorf StV 2003, 550. **81** So OLG Düsseldorf StRR 2010, 276; OLG Koblenz Rpfleger 1974, 403 = MDR 1974, 1038; LG Düsseldorf AGS 2007, 34; LG Duisburg (1. StrK) JurBüro 2006, 373; *Meyer/Goßner*, StPO, § 464 b Rn 2; KK-StPO/*Gieg*, § 464 b Rn 3; Löwe/Rosenberg/*Hilger*, StPO, § 464 b Rn 5; Burhoff/*Volpert*, RVG Straf- und Bußgeldsachen, § 43 Rn 46; Gerold/Schmidt/*Burhoff*, § 43 Rn 30; iE wohl auch KG RVGreport 2006, 71; OLG Düsseldorf JurBüro 2006, 260 = JMBl. NRW 2006, 126; abl. OLG Saarbrücken StV 2000, 433 = AGS 2000, 203 = JurBüro 1999, 592; LG Duisburg AGS 2007, 57 = StRR 2007, 79.

11. Bußgeldsachen. § 27 regelt eine **Kostenhaftung kraft Gesetzes** für den Fall, dass der Betroffene im gerichtlichen Verfahren nach dem OWiG den Einspruch gegen den Bußgeldbescheid zurücknimmt. Der Betroffene schuldet dann gem. § 27 kraft Gesetzes die im gerichtlichen Verfahren bis zur Rücknahme des Einspruchs bzw bis zum Eintritt der Rechtskraft des Bußgeldbescheids angefallenen Kosten. Einer gerichtlichen Kostenentscheidung bedarf es hierfür damit nicht.[82] **52**

§ 27 ist erforderlich, weil die nach Rücknahme des Einspruchs gegen den Bußgeldbescheid rechtskräftig werdende Kostenentscheidung der Bußgeldbehörde nur für die Kosten des Bußgeldverfahrens vor der Verwaltungsbehörde gilt und bei Rücknahme des Bußgeldbescheids keine gerichtliche Kostenentscheidung ergeht, die eine Kostenhaftung nach Nr. 1 auslöst.[83] Auf die Erl. zu § 27 wird verwiesen. **53**

12. Verhältnis zwischen § 22 Abs. 1 und § 29 Nr. 1. Das Verhältnis zwischen der Haftung als Antragsteller der Instanz gem. § 22 Abs. 1 und der Haftung als Entscheidungsschuldner gem. Nr. 1 ist in § 31 Abs. 2 geregelt. Dort werden für die Staatskasse verbindlich die **Reihenfolge** und die Voraussetzung der Inanspruchnahme festgelegt, wenn Entscheidungs- oder auch Übernahmeschuldnerhaftung (Nr. 1 und 2: **Erstschuldner**) und Haftung nach anderen Bestimmungen (**Zweitschuldner**) zusammentreffen.[84] Vorrangig ist der **Erstschuldner** gem. Nr. 1 in Anspruch zu nehmen. Auf die in § 31 Abs. 2 geregelte Reihenfolge der Inanspruchnahme mehrerer Kostenschuldner kommt es erst an, wenn eine Kostenentscheidung getroffen ist[85] oder eine Kostenübernahmeerklärung vorliegt. Zweitschuldner sind alle Kostenschuldner, die nicht Erstschuldner sind, also auch die Kostenschuldner aus Nr. 3 und 4.[86] Siehe dazu ausf. → § 31 Rn 39 ff. **54**

III. Übernahmeschuldner (Nr. 2)

1. Kostenübernahmeerklärung. a) Allgemeines. Für die Kosten haftet nach Nr. 2 als Erstschuldner (§ 31 Abs. 2) auch derjenige, der sie in einer vor Gericht abgegebenen oder dem Gericht mitgeteilten Erklärung übernimmt. Auch der Übernahmeschuldner nach Nr. 2 ist wie der Entscheidungsschuldner nach Nr. 1 gem. § 31 Abs. 2 **vorrangig** als **Erstschuldner** in Anspruch zu nehmen. Die Übernahmeerklärung schafft rechtsbegründend eine **selbständige Verbindlichkeit** gegenüber der Staatskasse.[87] **55**

b) Einseitige empfangsbedürftige Erklärung. Die zur Kostenhaftung nach Nr. 2 führende **Übernahmeerklärung** kann in allen nach dem GKG abzurechnenden Verfahren abgegeben werden, also auch in Strafsachen.[88] Es handelt es sich um eine **einseitige Erklärung**, die dem Gericht zugehen muss. Eine Annahmeerklärung ist nicht erforderlich.[89] **56**

Da die Übernahmeerklärung mit Zugang beim Gericht wirksam wird, kann sie danach als **Prozesshandlung** nicht mehr widerrufen werden. Auch eine Anfechtung wegen Irrtum oder Täuschung ist ausgeschlossen.[90] Die Übernahmeerklärung kann zu jedem Zeitpunkt abgegeben werden. **57**

c) Form und Frist der Übernahmeerklärung. Die Übernahmeerklärung kann schriftlich oder durch Erklärung zu Protokoll der Geschäftsstelle erfolgen. Nach dem Wortlaut ist eine vor Gericht abgegebene oder dem Gericht mitgeteilte Erklärung erforderlich. Eine dem Gericht zugegangene Mitteilung der Kostenübernahme steht einer direkten Übernahmeerklärung gleich. Die Mitteilung gegenüber dem Gericht muss aber mit dem Willen des Übernehmenden erfolgt sein.[91] Deshalb muss sie durch den Übernehmenden selbst oder durch eine von diesem beauftragte Person dem Gericht gegenüber erklärt oder dem Gericht übermittelt worden sein. Gelangt die Übernahmeerklärung ohne den Willen des Erklärenden zum Gericht, entsteht keine Haftung nach Nr. 2. In der Übernahmeerklärung muss der Wille zur Übernahme der Kosten **unmissverständlich** zum Ausdruck kommen.[92] Eine unter einer **Bedingung** abgegebene Übernahmeerklärung wird erst mit deren Eintritt wirksam. **58**

Die Übernahmeerklärung unterliegt **keiner Frist**. Sie ist auch noch nach Beendigung des Rechtsstreits möglich.[93] Es können auch künftig erst entstehende Kosten übernommen werden. Gerichtskosten eines bereits rechtskräftig abgeschlossenen Verfahrensteils sind nur erfasst, wenn sie ausdrücklich in die Erklärung aufgenommen werden[94] oder es hierfür ausreichende Anhaltspunkte gibt.[95] **59**

---

82 LG Zweibrücken MDR 1995, 1076 = zfs 1995, 349; LG Darmstadt MDR 1998, 309; Burhoff/*Gieg*, Handbuch für das straßenverkehrsrechtliche OWi-Verfahren, 3. Aufl., Stichwort „Einspruch, Rücknahme und Verzicht" Rn 727; Göhler/*Seitz*, OWiG, 15. Aufl., § 67 Rn 40 a. **83** Burhoff/*Gieg*, Handbuch für das straßenverkehrsrechtliche OWi-Verfahren, 3. Aufl., Stichwort „Einspruch, Rücknahme und Verzicht" Rn 727. **84** OLG Düsseldorf NJW-RR 1997, 1295 = JurBüro 1998, 149. **85** OLG Karlsruhe NJW-RR 2010, 499 = RVGreport 2011, 39. **86** *Meyer*, GKG § 31 Rn 16. **87** *Oestreich/Hellstab/Trenkle*, GKG § 29 Rn 28; vgl auch BVerfG MDR 2000, 1157 = NJW 2000, 3271. **88** LG Zweibrücken JurBüro 1983, 1857 = Rpfleger 1983, 369; *Meyer*, JurBüro 1992, 4. **89** *Oestreich/Hellstab/Trenkle*, GKG § 29 Rn 28; Binz/Dörndorfer/*Dörndorfer*, GKG § 29 Rn 5. **90** OLG Düsseldorf NJW-RR 1997, 826 = JurBüro 1997, 374. **91** LG Halle (Saale) 7.8.2012 – 4 O 58/12, juris. **92** *Meyer*, GKG § 29 Rn 16. **93** *Oestreich/Hellstab/Trenkle*, GKG § 29 Rn 28. **94** OLG Frankfurt JurBüro 1980, 451; OLG München MDR 1982, 760; OLG Stuttgart MDR 1989, 1108. **95** OLG Düsseldorf BRAGOreport 2003, 225.

60   **d) Erklärender. aa) Übernahmeerklärung durch eine PKH-Partei.** Gemäß § 122 Abs. 1 Nr. 1 Buchst. a ZPO bewirkt die Bewilligung der PKH, dass die Staatskasse die rückständigen und die entstehenden Gerichtskosten und Gerichtsvollzieherkosten nur nach den Bestimmungen, die das Gericht trifft (§ 120 Abs. 1 ZPO), gegen die Partei geltend machen kann. Bei Bewilligung von PKH ohne Zahlungsbestimmungen ist danach die Geltendmachung von Gerichtskosten gegen die PKH-Partei **als Erstschuldnerin** gem. Nr. 2 ausgeschlossen.

61   § 31 Abs. 3 S. 1 erlaubt allerdings die Inanspruchnahme des Zweitschuldners (§§ 22 ff), wenn die PKH-Partei nach Nr. 2 aufgrund einer Übernahmeerklärung als Erstschuldnerin haftet. Beruht die Erstschuldner-haftung der PKH-Partei auf einer vor Gericht abgegebenen oder dem Gericht mitgeteilten Erklärung oder auf einem vor Gericht abgeschlossenen oder dem Gericht mitgeteilten Vergleich und schuldet sie die Kosten deshalb als Übernahmeschuldnerin gem. Nr. 2, gilt Abs. 3 nach hM nicht und es kann der Zweitschuldner in Anspruch genommen werden (dazu → § 31 Rn 78 ff; zur Ausnahme nach § 31 Abs. 4 → § 31 Rn 92 ff).[96]

62   Aus § 31 Abs. 3 kann aber nicht geschlossen werden, dass die PKH-Partei im Falle der Übernahme der Gerichtskosten zB in einem Vergleich den **Verzicht** auf den Schutz aus § 122 Abs. 1 Nr. 1 Buchst. a ZPO erklärt und deshalb auch als **Erstschuldnerin** für die Gerichtskosten gem. Nr. 2 in Anspruch genommen werden darf. Die PKH-Partei, die Gerichtskosten in einem Vergleich übernimmt und damit gem. Nr. 2 zur Erstschuldnerin wird, schuldet als solche wegen § 122 Abs. 1 Nr. 1 Buchst. a ZPO keine Gerichtskosten bzw schuldet diese allenfalls in Höhe der vom Gericht angeordneten Raten. § 31 Abs. 3 verbietet die Inanspruchnahme anderer Kostenschuldner **als Zweitschuldner**, gestattet aber nicht die Inanspruchnahme der in einem Vergleich die Kosten übernehmenden PKH-Partei **als Erstschuldnerin** gem. Nr. 2.[97] Die Wirkungen der Bewilligung von PKH ohne Zahlungsbestimmung gem. § 122 Abs. 1 Nr. 1 Buchst. a ZPO können nicht durch eine unzulässige Auslegung von § 31 Abs. 3 wieder beseitigt werden.[98] Hierfür spricht, dass § 13 Abs. 3 S. 2 Hs 2 JVEG für den Fall der besonderen Vergütung nach § 13 JVEG ausdrücklich anordnet, dass die PKH-Partei einen Vorschuss zu zahlen hat und § 122 Abs. 1 Nr. 1 Buchst. a ZPO insoweit nicht anzuwenden ist. Denn der Betrag nach § 13 Abs. 3 JVEG ist freiwillig zu zahlen und kann deshalb anders als die Gerichtskosten im Übrigen nicht zwangsweise beigetrieben werden.

63   Die **Gegenauffassung**, die eine Inanspruchnahme bei einer Kostenübernahme im Vergleich für gerechtfertigt hält,[99] berücksichtigt schon nicht, dass die Parteien durch die Ausgestaltung des Kostenrechts durch zahl-reiche Gebührenermäßigungstatbestände (vgl zB Nr. 1211 KV) dazu angehalten werden, sich nicht allein in der Hauptsache, sondern auch hinsichtlich der Kostentragung zu einigen.[100]

64   **bb) Prozessbevollmächtigter.** Gibt der Prozess- oder Verfahrensbevollmächtigte eine Übernahmeerklärung ab, haftet er hierdurch nach Nr. 2 als Erstschuldner für die Gerichtskosten. Eine Übernahmeerklärung iSv Nr. 2 ist dabei die Erklärung des Prozessbevollmächtigten, dass er sich für die Kosten „stark macht".[101] Auch eingeschränkte Übernahmeerklärungen sind denkbar. Sagt sich der Prozessbevollmächtigte für einen Auslagenvorschuss stark, beschränkt sich die Haftung nur auf die Höhe des Vorschusses.[102]

65   Der Prozess- oder Verfahrensbevollmächtigte wird aber nicht zum Kostenschuldner nach Nr. 2, wenn er le-diglich um Übersendung der Kostenrechnung bzw um Anforderung der Kosten von ihm bittet, er lediglich

---

96 BVerfG NJW 1999, 3186 = JurBüro 1999, 540; BGH NJW 2004, 366 = AGS 2004, 59; OLG Naumburg NJW-RR 2015, 1210 = AGS 2015, 470; OLG Celle 13.4.2012 – 10 UF 153/11, juris; OLG Rostock 6.6.2011 – 10 UF 118/09, juris; OLG Zweibrücken MDR 2010, 595; OLG Düsseldorf 28.7.2011 – I-10 W 85/11; OLG Düsseldorf 17.2.2011 – II-10 WF 32/10; OLG Düsseldorf AGkompakt 2010, 57; OLG Saarbrücken AGS 2009, 596; OLG Düsseldorf 24.6.2008 – 10 W 52/08; OLG Frankfurt JurBüro 2012, 154 = AGS 2012, 184; OLG Frankfurt NJW 2011, 2147; OLG Koblenz FamRZ 2008, 1204 = AGS 2008, 195; OLG Düsseldorf JurBüro 2007, 153; OLG Koblenz MDR 2004, 472; OLG Düsseldorf OLGR 2004, 218; OLG Düsseldorf 29.4.2003 – 10 WF 03/03, NRWE; KG AGS 2002, 16; OLG Hamm AGS 2002, 186; OLG Düsseldorf Rpfleger 2001, 87 = AnwBl 2001, 308; aA OLG Frankfurt NJW 2000, 1120; OLG Hamm Rpfleger 2000, 553. **97** OLG Naumburg NJW-RR 2015, 1210 = AGS 2015, 470; VGH Hessen 27.7.2015 – 6 E 251/15, juris; OLG Frankfurt 27.10.2014 – 18 W 181/14, juris; OLG Naumburg NJW-RR 2014, 189 = AGS 2013, 481; KG AGS 2012, 287 = JurBüro 2012, 432; OLG Düssel-dorf 19.3.2013 – I-10 W 23/13, juris; OLG Düsseldorf 18.12.2012 – I-10 W 139/12, juris; OLG Celle AGS 2012, 343 = Rpfleger 2012, 551; OLG Stuttgart FamRZ 2011, 1893 = NJW-RR 2011, 1437; OLG Schleswig 11.7.2005 – 15 WF 202/05, juris; OLG Frankfurt 24.11.2011 – 3 U 298/10, juris; OLG Frankfurt JurBüro 2012, 154 = AGS 2012, 184; OLG Rostock JurBüro 2010, 147; OLG Köln JurBüro 1992, 101; aA OLG Frankfurt RVGreport 2013, 247, es sei denn, dem Prozessgegner ist auch ratenfreie PKH bewilligt; OLG Frankfurt NJW-RR 2012, 318; OLG Frankfurt NJW 2011, 2147 = AGS 2011, 543, aber aufgegeben OLG Frankfurt 27.10.2014 – 18 W 181/14, juris; OLG Frankfurt AGS 2011, 545; OLG Frankfurt 25.9.2008 – 14 W 85/08, juris, weil in Abs. 3 die Wertung des Gesetzgebers zum Ausdruck komme, dass PKH nur Entscheidungsschuldner iSv § 29 Nr. 1 vor der Tragung von Gerichtskosten schütze. **98** KG AGS 2012, 287 = RVGreport 2013, 246. **99** OLG Frank-furt RVGreport 2013, 247, es sei denn, dem Prozessgegner ist auch ratenfreie PKH bewilligt; OLG Frankfurt NJW-RR 2012, 318; OLG Frankfurt NJW 2011, 2147 = AGS 2011, 543; OLG Frankfurt AGS 2011, 545; OLG Frankfurt 25.9.2008 – 14 W 85/08, juris, weil in Abs. 3 die Wertung des Gesetzgebers zum Ausdruck komme, dass PKH nur Entscheidungsschuldner iSv § 29 Nr. 1 vor der Tragung von Gerichtskosten schütze. **100** OLG Düsseldorf JurBüro 2012, 431. **101** OLG Düsseldorf JurBüro 1991, 382; OLG Düsseldorf NJW-RR 1997, 826 f; Binz/Dörndorfer/*Dörndorfer*, § 29 GKG Rn 5; *Hartmann*, KostG, § 29 GKG Rn 14. **102** OLG Düsseldorf NJW-RR 1997, 826; OLG Düsseldorf MDR 1991, 161.

Zahlungen des Mandanten weiterleitet oder wenn er erklärt, „die Haftung für den eingereichten Antrag" übernehmen zu wollen, hiermit aber nur eine Sicherheitsleistung nach §§ 108, 110 ZPO gemeint hat.[103]

cc) Rechtsschutzversicherung. Wenn eine Rechtsschutzversicherung eine **Deckungszusage** erteilt hat, kann 66 diese als Übernahmeerklärung für die Kosten zu verstehen sein, die der Versicherungsnehmer schuldet.[104] Die bloße Zahlung von Kosten durch die Rechtsschutzversicherung ohne Kostenübernahmeerklärung macht sie nicht zum Kostenschuldner nach Nr. 2.[105]

dd) Dritte. Gerichtskosten können auch von am Verfahren nicht beteiligten Dritten übernommen werden. 67 Bleibt nach schriftlicher Anhörung der Betroffenen unklar, ob ein am Prozess nicht beteiligter Dritter die Übernahme von Prozesskosten erklärt hat, so ist er als Kostenschuldner nicht heranzuziehen, solange ein Erstschuldner (Nr. 1, 2) für diese Kosten in Anspruch genommen werden kann und ein weiterer Aufklärungsaufwand in keinem Verhältnis zu dem in Rede stehenden Kostenbetrag stünde.[106]

ee) Gebühren- oder kostenbefreite Partei. Übernimmt eine kosten- oder gebührenbefreite Partei entsprechend Nr. 2 die Gerichtskosten, sind Gerichtskosten nicht zu erheben und bereits erhobene Kosten sind zurückzuzahlen.[107] Siehe dazu → § 2 Rn 45 ff. 68

2. Gerichtlicher Vergleich oder dem Gericht mitgeteilter Vergleich. a) Gerichtlicher und außergerichtlicher 69 **Vergleich.** Werden Kosten in einem vor Gericht abgeschlossenen (**gerichtlicher Vergleich**) oder dem Gericht mitgeteilten Vergleich (**außergerichtlicher Vergleich**) übernommen, tritt die Kostenhaftung nach Nr. 2 ein. Ein Beschlussvergleich nach § 278 Abs. 6 ZPO reicht aus. Der außergerichtliche Vergleich führt allerdings nur dann zur Haftung nach Nr. 2, wenn er dem Gericht mit Wissen und Willen der Beteiligten mitgeteilt wird (→ Rn 58).[108]

Der Vergleich muss nicht notwendig vor dem Prozessgericht und schon gar nicht in demselben Rechtsstreit 70 abgeschlossen worden sein; er kann auch in einem anderen Verfahren oder vor einem anderen Gericht zustande gekommen sein.[109]

Auf die Feststellung, ob tatsächlich ein Vergleich iSv § 779 BGB abgeschlossen worden ist, kommt es im Ergebnis nicht an. Wenn es sich nicht um einen Vergleich handelt, liegt jedenfalls eine Übernahmeerklärung vor.

b) Wirksamkeit des Vergleichs. Für die Haftung für die Gerichtskosten gegenüber der Staatskasse kommt 71 es – anders als für das Kostenfestsetzungsverfahren gem. §§ 103 ff ZPO – nicht darauf an, ob der Vergleich ein zur Zwangsvollstreckung geeigneter Titel iSv § 794 ZPO ist. Auch die **materiellrechtliche Wirksamkeit** des Vergleichs ist für die Kostenhaftung nach Nr. 2 nicht zu prüfen.[110] Nur wenn gerichtlich festgestellt ist, dass der Vergleich unwirksam oder nichtig ist, entfaltet die darin enthaltene Übernahme keine Wirkung mit der Folge, dass keine Haftung nach Nr. 2 besteht.[111]

Wird ein Vergleich angefochten, ist über die **Wirksamkeit der Anfechtung** weder im Kostenansatzverfahren 72 gem. § 19 noch im Erinnerungsverfahren gem. § 66 zu entscheiden. Wird die Nichtigkeit eines gerichtlichen Vergleichs wegen einer Anfechtung geltend gemacht, ist vielmehr der Rechtsstreit fortzuführen.[112]

Die Haftung als Übernehmer gem. Nr. 2 bleibt bestehen, wenn der Vergleich nachträglich geändert wird. 73 Die prozessuale Wirkung des Vergleichs kann auch durch übereinstimmende Verzichtserklärung der Beteiligten nicht aufgehoben werden.[113]

Wird ein Vergleich unter **Widerrufsvorbehalt** abgeschlossen, kann die Übernahmehaftung erst ausgenutzt 74 werden, wenn die Widerrufsfrist ohne Widerruf abgelaufen ist.[114]

c) Fehlende Kostenregelung. Die Haftung als Übernehmer nach Nr. 2 tritt auch ein, wenn der Vergleich keine Kostenregelung enthält. Denn in diesem Fall sind sowohl die **Kosten des Vergleichs** als auch die Kosten des durch den Vergleich erledigten **Rechtsstreits** gem. § 98 ZPO (vgl auch § 160 VwGO) als gegeneinander aufgehoben anzusehen. Gemäß § 92 Abs. 1 S. 2 ZPO ist dann davon auszugehen, dass jede Partei die Hälfte der Gerichtskosten übernommen hat.[115] Das stellt Nr. 2 Hs 2 im Übrigen ausdrücklich klar. Das gilt auch dann, wenn dem Gericht ein außergerichtlicher Vergleich ohne Kostenregelung mitgeteilt wird. 75

Erfasst sind sämtliche Gerichtskosten, auch an mittellose Personen gezahlte Reiseentschädigungen 76 (Nr. 9008 KV).[116] Nach § 59 RVG auf die Staatskasse übergegangene Ansprüche der im Wege der PKH bei-

---

103 FG BW KostRsp. GKG § 54 Nr. 26. **104** Binz/Dörndorfer/*Dörndorfer*, § 29 GKG Rn 5; *Meyer*, GKG § 29 Rn 16. **105** OLG Stuttgart JurBüro 1985, 426 = Rpfleger 1985, 169. **106** OLG Frankfurt 6.12.1988 – 5 U 98/88, juris. **107** Vgl OLG Brandenburg 18.10.2012 – 6 W 161/12, juris; LG Halle (Saale) 7.8.2012 – 4 O 58/12, juris. **108** Binz/Dörndorfer/*Dörndorfer*, § 29 GKG Rn 6. **109** *Meyer*, GKG § 29 Rn 18. **110** *Hartmann*, KostG, § 29 GKG Rn 18. **111** Binz/Dörndorfer/*Dörndorfer*, § 29 GKG Rn 6. **112** OLG Brandenburg 19.9.2008 – 6 W 92/08, juris. **113** BGH NJW 1964, 1524. **114** *Oestreich/Hellstab/Trenkle*, § 29 GKG Rn 32. **115** LG Koblenz 3.12.2003 – 6 T 129/02, NJW-RR 2004, 1510 (Ls.). **116** OLG Zweibrücken JurBüro 1983, 1855; aA OLG Schleswig SchlHA 1991, 222.

geordneten Rechtsanwälte der Parteien gehören zu den außergerichtlichen Kosten, die von jeder Partei selbst zu tragen sind.

77 **d) Vergleich durch eine PKH-Partei.** Auf die Erl. in → Rn 60 ff wird verwiesen.

78 **3. Umfang der Haftung.** Der Umfang der abgegebenen Übernahmeerklärung entscheidet über den Umfang der Haftung für die Kosten. Wenn die Kosten des Verfahrens/Rechtsstreits übernommen werden, sind regelmäßig sämtliche Gerichtskosten erfasst. Für die Verzögerungsgebühr (§ 38, Nr. 1901, 5601, 6600, 7601 und 8700 KV) ist eine ausdrückliche Erklärung erforderlich.

79 Wird im Hauptsacheverfahren wegen vorläufiger Einstellung der Zwangsvollstreckung ein Vergleich unter Vereinbarung der gegenseitigen Kostenaufhebung geschlossen, gilt die Regelung auch die Kosten des Beschwerdeverfahrens ab.[117]

IV. Erstschuldner (Nr. 1 und Nr. 2)

80 Gemäß § 31 Abs. 2 haftet derjenige,
- dem durch gerichtliche oder staatsanwaltschaftliche Entscheidung die Kosten des Verfahrens auferlegt sind oder
- wer sie durch eine vor Gericht abgegebene oder dem Gericht mitgeteilte Erklärung oder in einem vor Gericht abgeschlossenen oder dem Gericht mitgeteilten Vergleich übernommen hat,

als **Erstschuldner.** Das bedeutet, dass die Staatskasse zunächst den Erstschuldner in Anspruch zu nehmen hat. Die Inanspruchnahme des nach anderen Haftungstatbeständen (§§ 22 ff) nachrangig haftenden **Zweitschuldners** kommt nur in Betracht, wenn eine Zwangsvollstreckung in das bewegliche Vermögen des Erstschuldners erfolglos geblieben ist oder aussichtslos erscheint (→ § 31 Rn 10, 46 ff). Der Erstschuldner kann sich nicht darauf berufen, dass es die Staatskasse versäumt hat, vom Antragsschuldner notwendige Vorschüsse anzufordern.[118]

81 Das Verhältnis zwischen Erst- und Zweitschuldner ist in § 31 geregelt. Auf die Erl. zu § 31 wird verwiesen.

V. Kostenhaftung nach gesetzlichen Bestimmungen (Nr. 3)

82 **1. Gesetzliche Haftung. a) Grundsätze.** Weiterer Kostenschuldner ist nach Nr. 3 auch derjenige, der **für einen anderen kraft Gesetzes haftet.** Hierbei kommt es nicht darauf an, ob die gesetzlich bestimmte Haftung auf privat- oder öffentlich-rechtlichen Vorschriften beruht.[119] Die Haftung muss sich aus einer gesetzlichen Vorschrift ergeben und **unmittelbar** einem Dritten gegenüber bestehen.[120] Eine nur mittelbare Haftung gegenüber der Staatskasse wie die unterhaltsrechtliche Prozesskostenvorschusspflicht oder die bloße Bestimmung von schuldrechtlichen Pflichten reicht für eine Haftung nach Nr. 3 nicht.[121]

83 Besteht nur ein (privatrechtliches) **Vertragsverhältnis,** kann daraus keine Haftung nach Nr. 3 abgeleitet werden. Auch eine im Innenverhältnis bestehende Ausgleichspflicht führt nicht zur Kostenhaftung nach Nr. 3. Auch die vertragliche Übernahme der Kostenhaftung löst keine Kostenhaftung nach Nr. 3, sondern allenfalls nach Nr. 2 aus.

84 **b) Einzelfälle. aa) Bürgschaft.** Gemäß § 765 Abs. 1 BGB verpflichtet sich der Bürge durch den **Bürgschaftsvertrag** gegenüber dem Gläubiger eines Dritten, für die Erfüllung der Verbindlichkeit des Dritten einzustehen. Der Bürge haftet somit nicht aufgrund einer gesetzlichen Bestimmung, sondern nur vertraglich. Er ist damit kein Kostenschuldner nach Nr. 3.

85 **bb) Ehegatten.** Leben Ehegatten im gesetzlichen Güterstand der **Zugewinngemeinschaft,** haftet der eine Ehegatte nicht nach Nr. 3 für die Gerichtskosten des anderen Ehegatten. Es besteht keine wechselseitige Haftung für Prozesskosten.[122] Auch eine im Innenverhältnis bestehende Verpflichtung zur Kostentragung (zB § 1360 a BGB), die Prozesskostenvorschusspflicht nach § 1360 a Abs. 4 BGB oder vertragliche Regelungen zwischen den Ehegatten begründen keine unmittelbare Haftung gegenüber der Staatskasse iSv Nr. 3.[123]

86 Gemäß § 1437 Abs. 2 BGB haftet der Ehegatte, der das Gesamtgut allein verwaltet, für die Verbindlichkeiten des anderen Ehegatten, die Gesamtgutsverbindlichkeiten sind, auch persönlich als Gesamtschuldner. Gemäß § 1438 Abs. 2 BGB haftet darüber hinaus für die Kosten eines Rechtsstreits das Gesamtgut auch dann, wenn das Urteil dem Gesamtgut gegenüber nicht wirksam ist. Bei der **Gütergemeinschaft** haftet der das Gesamtgut **allein verwaltende Ehegatte** somit persönlich für die Gerichtskostenschuld des anderen Ehe-

117 OLG Köln AGS 2003, 557. **118** KG MDR 2004, 143. **119** Binz/Dörndorfer/*Dörndorfer*, § 29 GKG Rn 7; *Meyer*, GKG § 29 Rn 23. **120** Binz/Dörndorfer/*Dörndorfer*, § 29 GKG Rn 7; *Meyer*, GKG § 29 Rn 23. **121** *Hartmann*, KostG, § 29 GKG Rn 21; Binz/Dörndorfer/*Dörndorfer*, § 29 GKG Rn 7. **122** Binz/Dörndorfer/*Dörndorfer*, § 29 GKG Rn 8. **123** BGH NJW 1954, 349 f.

gatten (§§ 1437 Abs. 2, 1438 Abs. 2 BGB).[124] Wenn die Ehegatten das Gesamtgut **gemeinsam verwalten**, haftet jeder Ehegatte für die Gerichtskosten als Gesamtschuldner (§§ 1459 Abs. 2, 1460 Abs. 2 BGB).[125]

cc) Eltern. Die gesetzliche Vertretungsbefugnis der Eltern gem. §§ 1626, 1629 BGB führt nicht zu einer unmittelbaren Haftung der Eltern für die Gerichtskosten der Kinder nach Nr. 3. Dabei kommt es auch nicht auf im Innenverhältnis bestehende Ansprüche (Unterhalt, Prozesskostenvorschuss) an.[126]

dd) Erbe. Für die Kosten eigener Prozessführung haftet der Erbe unmittelbar als Kostenschuldner.[127] Die Haftung der Erben gem. § 1967 BGB für die **Nachlassverbindlichkeiten** erfasst auch eine etwaige Gerichtskostenschuld des Erblassers.[128] Die Erben haften deshalb nach Nr. 3. Zu den Nachlassverbindlichkeiten gehören dabei auch die Gerichtskosten für ein vom **Testamentsvollstrecker** für den Nachlass geführtes Verfahren. Insoweit tritt Haftung der Erben nach Nr. 3 ein, vgl auch § 2206 Abs. 1 S. 1 BGB.[129]

Ist der Kostenschuldner vor der Aufstellung des Kostenansatzes (§ 19) verstorben, ist es Aufgabe des Kostenbeamten festzustellen, wer als Erbe für die Kostenschuld des Erblassers in Anspruch zu nehmen ist. Verstirbt der Kostenschuldner nach Aufstellung der Kostenrechnung und Veranlassung der Einziehung derselben (§ 25 KostVfg), ist die Feststellung der Erben dagegen Aufgabe der für die Vollstreckung von Justizkostenforderungen zuständigen Stelle (Vollstreckungsbehörde, § 4 Abs. 3 KostVfg).

Gemäß § 1382 BGB haftet der Käufer von dem Abschluss des Erbschaftskaufs an den Nachlassgläubigern, unbeschadet der Fortdauer der Haftung des Verkäufers. Dies gilt auch von den Verbindlichkeiten, zu deren Erfüllung der Käufer dem Verkäufer gegenüber nach den §§ 2378, 2379 BGB nicht verpflichtet ist. Im Falle des **Erbschaftskaufs** haften die Käufer gem. §§ 2382, 2383 BGB gegenüber der Staatskasse vom Abschluss des Kaufvertrages an nach Nr. 3.[130]

Die PKH-Bewilligung erlischt ex nunc mit dem Tod der PKH-Partei.[131] Für davor entstandene Gerichtskosten haften auch die Erben nicht, weil die PKH-Bewilligung die Geltendmachung von Gerichtskosten ausschließt (§ 122 Abs. 1 Nr. 1 Buchst. a ZPO). Das gilt auch im Falle der Wiederaufnahme des Verfahrens durch den Erben für die vor dem Tod des Erblassers angefallenen Kosten. Die Wirkungen des § 122 ZPO entfallen also nicht rückwirkend.[132] Von dem Erben können deshalb die durch den Erblasser verursachten Gerichtskosten nur in dem Umfang der gegen den Erblasser angeordneten PKH-Zahlungen angefordert werden. Bei PKH ohne Zahlungsbestimmungen können bis zum Tode des Erblassers entstandene Gerichtskosten nicht vom Erben eingezogen werden.[133]

Im Falle der **Aufnahme des Verfahrens** durch den Erben haftet dieser für die ab Aufnahme des Verfahrens entstehenden Kosten. Ob das auch für die **Verfahrensgebühr** gilt, ist allerdings umstritten. Die Befürworter begründen das damit, dass die Verfahrensgebühr eine Pauschgebühr ist (→ Nr. 1210 KV Rn 4), die durch jede gerichtliche Handlung (zB Verhandlung, Beweisaufnahme, Entscheidung) erneut entsteht.[134] Dagegen spricht allerdings, dass die Verfahrensgebühr erstmals mit der Klageeinreichung entsteht (→ Nr. 1210 KV Rn 11) und fällig wird (§ 6). Damit war sie zum maßgebenden Zeitpunkt ihrer ersten Entstehung von den Wirkungen der PKH-Bewilligung gem. § 122 Abs. 1 Nr. 1 Buchst. a ZPO umfasst und kann deshalb von den Erben nicht gefordert werden.[135]

Die Kosten für einen noch während der Prozessführung durch den Erblasser zugezogenen Zeugen oder Sachverständigen können von den Erben nicht eingefordert werden.[136] Allerdings gilt das nur für die jeweilige Zuziehung. Sofern der Erblasser nach Aufnahme des Rechtsstreits durch die Erben mit einem Ergänzungsgutachten beauftragt wird oder er sein Gutachten mündlich erläutern soll, liegt eine neue Zuziehung iSd § 2 JVEG vor. Der Erbe haftet dann für die Kosten.[137]

Der Erbe haftet grds. mit seinem gesamten Vermögen für die Kosten. Er kann aber seine Haftung auf den Nachlass beschränken (§§ 1970 ff, 1975 ff, 2014 ff BGB). Die Haftungsbeschränkung wird nicht von Amts wegen berücksichtigt. Sie muss im Beitreibungsverfahren nach der JBeitrO eingewandt werden.[138]

ee) Gesellschaft bürgerlichen Rechts. Die Gesellschafter einer GbR haften nach Nr. 3 neben der Gesellschaft für die der GbR im Rahmen eines Rechtsstreits auferlegten Gerichtskosten unmittelbar selbst.[139]

87

88

89

90

91

92

93

94

124 Binz/Dörndorfer/*Dörndorfer*, § 29 GKG Rn 8; *Hartmann*, KostG, § 29 GKG Rn 26. **125** *Hartmann*, KostG, § 29 GKG Rn 26. **126** Binz/Dörndorfer/*Dörndorfer*, § 29 GKG Rn 8. **127** OLG München JurBüro 1994, 112. **128** Vgl OLG München JurBüro 1994, 112. **129** OLG Celle 8.5.2002 – 22 U 71/98, juris = OLGR Celle 2002, 292; OLG Schleswig JurBüro 1984, 1699. **130** *Meyer*, GKG § 29 Rn 24. **131** OLG Koblenz NJW-RR 2013, 717 = JurBüro 2013, 213. **132** OLG Koblenz NJW-RR 2013, 717 = JurBüro 2013, 213; OLG Köln OLGR 1999, 168. **133** OLG Koblenz NJW-RR 2013, 717 = JurBüro 2013, 213; KG JurBüro 1986, 894; OLG Köln OLGR 1999, 168; OLG Düsseldorf MDR 1999, 830. **134** OLG Schleswig JurBüro 1996, 204; OLG Düsseldorf Rpfleger 1988, 42 = JurBüro 1988, 201; *Fischer*, Rpfleger 2003, 637; so wohl auch BVerwG NJW 1960, 1973; aA OLG Koblenz NJW-RR 2013, 717 = JurBüro 2013, 213. **135** Im Ergebnis auch OLG Koblenz NJW-RR 2013, 717 = JurBüro 2013, 213. **136** OLG Düsseldorf Rpfleger 1988, 42 = JurBüro 1988, 201. **137** OLG Celle JurBüro 2005, 550. **138** OLG München JurBüro 1994, 112. **139** BGH 24.11.2011 – I ZR 170/09, juris; OLG Brandenburg 7.5.2009 – 6 W 203/08, juris.

Diese Kostenschuldnerstellung tritt dabei ohne gesonderte gerichtliche Entscheidung kraft Gesetzes ein.[140] Der Gesellschafter bürgerlichen Rechts haftet für die Verbindlichkeiten der Gesellschaft persönlich.[141]

95 **ff) Gesellschafter einer oHG oder KG.** Gemäß §§ 128, 161 Abs. 2 HGB haften die Gesellschafter für die Verbindlichkeiten der Gesellschaft den Gläubigern als Gesamtschuldner persönlich. Diese persönliche Haftung ist als Haftung iSv Nr. 3 anzusehen.[142]

96 **gg) GmbH vor Eintragung (Vor-GmbH).** Ist vor der Eintragung einer GmbH im Handelsregister im Namen der Gesellschaft gehandelt worden, so haften die Handelnden gem. § 11 Abs. 2 GmbHG persönlich und solidarisch. Diese gesetzlich festgelegte Haftung unterfällt Nr. 3.

97 **hh) Handelsgeschäft.** Eine Haftung nach Nr. 3 kann für den Übernehmer eines Handelsgeschäfts unter den in § 25 HGB aufgeführten Voraussetzungen eintreten. Das gilt auch bei Fortführung eines Handelsgeschäfts durch den Erben gem. § 27 HGB oder beim Eintritt in eine Handelsgeschäft als persönlich haftender Gesellschafter oder als Kommanditist, § 28 HGB.

98 **ii) Verein.** Gemäß § 54 BGB finden auf nicht rechtsfähige Vereine die Vorschriften über die Gesellschaft Anwendung. Aus einem Rechtsgeschäft, das im Namen eines solchen Vereins einem Dritten gegenüber vorgenommen wird, haftet der Handelnde persönlich. Der Vorstand eines Vereins haftet allerdings nicht für eine Gerichtskostenschuld des Vereins, weil diese nicht durch ein Rechtsgeschäft, sondern eine Prozesshandlung entstanden ist.[143]

99 **jj) Versicherungen.** Die **Rechtsschutzversicherung** haftet nicht nach Nr. 3, weil eine Zahlungspflicht nur aufgrund des privatrechtlichen Versicherungsvertrags gegenüber dem Versicherungsnehmer besteht.[144] Der gesetzliche Forderungsübergang gem. § 86 VVG ändert daran nichts.[145]

100 **2. Inanspruchnahme durch die Staatskasse.** Die Haftung nach Nr. 3 tritt kraft Gesetzes ein. Eine gerichtliche Feststellung ist nicht erforderlich.[146] Der Schuldner nach Nr. 3 kann deshalb durch die Staatskasse unmittelbar in Anspruch genommen werden. Die kraft Gesetzes bestehende Haftung eines Dritten kann nicht zum Nachteil der Staatskasse durch Vertrag abgeändert oder ausgeschlossen werden.

101 Für die Feststellung des Schuldners nach Nr. 3 ist der Kostenbeamte zuständig (§ 7 Abs. 1 KostVfg).[147] Dieser kann Akten und Auskünfte anfordern oder den Schuldner mündlich oder schriftlich anhören. Bloße Mutmaßungen genügen jedoch nicht.[148]

102 **3. Auswirkung von Prozesskostenhilfe.** Der für einen anderen haftende Kostenschuldner nach Nr. 3 hat Kosten nur in dem Umfang zu zahlen, wie sie auch von dem anderen Kostenschuldner einzuziehen wären. Können Gerichtskosten aufgrund der Bewilligung von PKH nicht gefordert werden, erstreckt sich die Wirkung des § 122 Abs. 1 Nr. 1 Buchst. a ZPO auch auf den Dritten[149]

103 **4. Erinnerung des Dritten.** Der nach Nr. 3 in Anspruch genommene Kostenschuldner kann seine Inanspruchnahme mit der Erinnerung gem. § 66 anfechten.[150] Er kann darüber hinaus alle anderen Einwendungen und Einreden geltend machen (zB Verjährung, unrichtige Sachbehandlung oder falsche Berechnung von Gebühren und Auslagen).

VI. Vollstreckungsschuldner und notwendige Zwangsvollstreckungskosten (Nr. 4)

104 **1. Anwendungsbereich.** Weiterer Kostenschuldner ist nach Nr. 4 der Vollstreckungsschuldner für die notwendigen Kosten der **Zwangsvollstreckung**. Die Kostenhaftung nach Nr. 4 erstreckt sich deshalb auf die in Teil 2 KV (Nr. 2110 ff KV geregelten Gebühren)[151] sowie die in diesen Verfahren entstandenen Auslagen nach Teil 9 KV. Für andere in den Bereich des Vollstreckungs- oder Arrestgerichts fallende Verfahren oder Vollstreckungsmaßnahmen (zB Arrestverfahren) gilt Nr. 4 nicht.[152]

105 **2. Haftungsmerkmale.** Kostenschuldner nach Nr. 4 ist der Vollstreckungsschuldner. Das ist derjenige, gegen den sich die Vollstreckungsmaßnahme richtet. Die Haftung nach Nr. 4 tritt kraft Gesetzes ein, so dass insoweit keine gerichtliche Entscheidung erforderlich ist. Die Haftung nach Nr. 4 führt zu einer **unmittelbaren Haftung** gegenüber der Staatskasse. Der Vollstreckungsschuldner kann auch dann in Anspruch genommen werden, wenn dem Gläubiger **Gebühren- oder Kostenfreiheit** zusteht (vgl § 2 Abs. 5, der nur die Kosten-

---

140 BGH 24.11.2011 – I ZR 170/09, juris; OLG Brandenburg 7.5.2009 – 6 W 203/08, juris. **141** BGH 24.11.2011 – I ZR 170/09, juris; BGH NJW 2001, 1056 = JurBüro 2001, 319. **142** OLG Brandenburg 7.5.2009 – 6 W 203/08, juris. **143** BVerwG JurBüro 1999, 598; aA VGH BW JurBüro 1999, 205 = DÖV 1999, 37, wenn der Vorstand die Prozessvollmacht unterschrieben hat. **144** OLG Brandenburg AGS 2012, 603 = JurBüro 2013, 155. **145** OLG Brandenburg AGS 2012, 603 = JurBüro 2013, 155. **146** OLG Schleswig SchlHA 1984, 167. **147** BGH MDR 2016, 302 = AGS 2016, 176. **148** *Oestreich/Hellstab/Trenkle*, GKG § 29 Rn 42. **149** KG JurBüro 1986, 894. **150** BGH 24.11.2011 – I ZR 170/09, juris; OLG Brandenburg 7.5.2009 – 6 W 203/08, juris. **151** *Oestreich/Hellstab/Trenkle*, GKG § 29 Rn 64; AG Strausberg 4.9.2007 – 3 K 746/03, juris (für die Kosten des Zwangsversteigerungsverfahrens). **152** *Meyer*, GKG § 29 Rn 42.

schuldner nach Nr. 1 oder 2 erwähnt)[153] oder ihm PKH bewilligt wurde.[154] § 31 Abs. 3, 4 gilt für den Schuldner nach Nr. 4 nicht.

Der Schuldner nach Nr. 4 ist **kein Erstschuldner**. Denn er wird in § 31 Abs. 2 nicht erwähnt (→ § 31 Rn 39). Die durch § 31 Abs. 2 vorgeschriebene Reihenfolge der Inanspruchnahme gilt deshalb nicht. Auch die Regelung des § 26 Abs. 3, 4 findet keine Anwendung. Das bedeutet, dass der Kostenbeamte die gem. § 31 Abs. 1 bestehende gesamtschuldnerische Haftung der Kostenschuldner nach § 22 Abs. 1 (Antragsteller) und nach § 24 Nr. 4[155] ohne Beachtung von § 31 Abs. 2 ausnutzen darf. **106**

3. Notwendige Kosten. Nach Nr. 4 werden nur **notwendige Zwangsvollstreckungskosten** geschuldet. Hierbei sind die Grundsätze bzw der Rechtsgedanke des § 788 ZPO anzuwenden, zumal Nr. 4 Ausfluss der Regelung in § 788 ZPO ist.[156] Sind Kosten durch nicht notwendige Zwangsvollstreckungsmaßnahmen veranlasst worden, scheidet die Haftung nach Nr. 4 aus. Notwendigkeit liegt vor, wenn der Gläubiger bei verständiger Würdigung der Sachlage die Maßnahme zur Durchsetzung seines titulierten Anspruchs objektiv für erforderlich halten durfte.[157] Hierbei ist auf den Zeitpunkt der Antragstellung abzustellen. **107**

Kostenhaftung nach Nr. 4 besteht nicht, wenn ein Antrag auf Erlass einer Vollstreckungsmaßnahme abgelehnt wird. Der Schuldner haftet nicht für Kosten, die durch Vollstreckungsmaßnahmen gegen andere Gesamtschuldner entstehen.[158] Die Frage, ob Zwangsvollstreckungskosten erforderlich sind, ist ggf im **Erinnerungsverfahren gem. § 66** zu klären. **108**

4. Erstattungsanspruch des Schuldners. Gemäß § 788 Abs. 3 ZPO sind dem Vollstreckungsschuldner Vollstreckungskosten zu erstatten, wenn der der Zwangsvollstreckung zugrunde liegende Titel aufgehoben wird. Die Aufhebung des Titels führt deshalb zum Erlöschen der Haftung nach Nr. 4, wenn der Titel oder die Maßnahme rückwirkend aufgehoben wird.[159] **109**

§ 30 Erlöschen der Zahlungspflicht

[1]Die durch gerichtliche oder staatsanwaltschaftliche Entscheidung begründete Verpflichtung zur Zahlung von Kosten erlischt, soweit die Entscheidung durch eine andere gerichtliche Entscheidung aufgehoben oder abgeändert wird. [2]Soweit die Verpflichtung zur Zahlung von Kosten nur auf der aufgehobenen oder abgeänderten Entscheidung beruht hat, werden bereits gezahlte Kosten zurückerstattet.

I. Allgemeines

1. Regelungsgehalt. Die als **Ausnahme** zu § 29 Nr. 1 **eng auszulegende**[1] Vorschrift regelt, welchen Einfluss die Aufhebung oder Abänderung der gerichtlichen Kostenentscheidung auf die sich aus § 29 Nr. 1 ergebende Zahlungspflicht des Entscheidungsschuldners hat. Nach S. 1 erlischt die auf § 29 Nr. 1 beruhende Zahlungspflicht gegenüber der Staatskasse mit der gerichtlichen Aufhebung bzw Abänderung dieser Entscheidung. Satz 2 stellt ergänzend zu Satz 1 klar, dass in diesem Fall eine Erstattung bereits gezahlter Kosten zu erfolgen hat.[2] Die Zahlungspflicht gegenüber der Staatskasse soll somit nicht auf eine aufgehobene oder abgeänderte Kostenentscheidung gestützt werden können. Allerdings soll § 30 auch verhindern, dass die Parteien über einen bereits entstandenen Kostenanspruch und die durch gerichtliche Kostenentscheidung begründete öffentlich-rechtliche Kostenverpflichtung zu Lasten der Staatskasse verfügen können.[3] Die Kostentragungspflicht soll vielmehr der Disposition der Parteien entzogen sein.[4] **1**

§ 30 zeigt, dass die Haftung des Kostenschuldners gegenüber der Staatskasse von der prozessualen Kostenerstattungspflicht zwischen den Parteien nach §§ 91 ff ZPO und dem Kostenfestsetzungsverfahren nach §§ 103 ff ZPO zu unterscheiden ist.[5] Das kann dazu führen, dass sich die Anforderung der Gerichtskosten durch die Staatskasse nach einer durch einen Vergleich prozessual aufgehobenen Kostenentscheidung richtet. Nur im Verhältnis der Parteien untereinander (§§ 103 ff ZPO) sind die Gerichtskosten nach dem Vergleich zu verteilen. **1a**

2. Anwendungsbereich. a) Haftung als Entscheidungsschuldner. § 30 gilt nur, wenn die Zahlungspflicht gegenüber der Staatskasse (vgl § 29 Nr. 1) auf einer gerichtlichen oder staatsanwaltschaftlichen Kostenent- **2**

153 LG Osnabrück JurBüro 2012, 319. **154** *Meyer*, GKG § 29 Rn 38. **155** Vgl LG Osnabrück JurBüro 2012, 319. **156** OLG Hamm JurBüro 1974, 64; OLG Köln JurBüro 1986, 900; AG Strausberg 4.9.2007 – 3 K 746/03, juris. **157** BGH MDR 2003, 1381; OLG Köln Rpfleger 1986, 240; LG Wuppertal AGS 1999, 139 = JurBüro 1997, 548. **158** LG Lübeck JurBüro 1992, 58. **159** *Oestreich/Hellstab/Trenkle*, GKG § 29 Rn 69. **1** OLG Dresden OLG-NL 2001, 168. **2** OLG Hamm OLGR 2001, 252. **3** OLG Koblenz AGS 2004, 233 = FamRZ 2014, 1798; OLG Brandenburg FamRZ 2011, 1323; OLG Dresden OLG-NL 2001, 168; OLG Schleswig JurBüro 1992, 403 = SchlHA 1993, 27; OLG Oldenburg NdsRpfl 1989, 295; OLG Hamm OLGR 2001, 252; *Scheffer*, Rpfleger 2008, 13. **4** OLG Dresden OLG-NL 2001, 168; OLG Schleswig JurBüro 1992, 403 = SchlHA 1993, 27. **5** OLG Düsseldorf 18.6.2010 – I-4 W 22/10, juris.

scheidung beruht, somit die Haftung als **Entscheidungsschuldner** betroffen ist. Allerdings wird § 30 auch bei der Haftung für die notwendigen Zwangsvollstreckungskosten (vgl § 29 Nr. 4) angewandt werden müssen. Denn die Aufhebung der der Zwangsvollstreckung zugrunde liegenden Entscheidung hebt letztlich auch eine auf gerichtlicher Entscheidung beruhende Kostenpflicht auf.[6]

3 § 30 findet dagegen keine Anwendung, wenn der aufgehobenen oder abgeänderten Zahlungspflicht eine Kostenübernahmeerklärung iSv § 29 Nr. 2 zugrunde liegt oder Kostenhaftung kraft Gesetzes (vgl § 29 Nr. 3) besteht. Ebenfalls kein Fall des § 30 liegt vor, wenn neben den Entscheidungsschuldner nach § 29 Nr. 1 andere Kostenschuldner (zB nach § 29 Nr. 2) hinzutreten.

4 **Beispiel (Aufhebung einer Kostenregelung im Vergleich):** Die Parteien vereinbaren in einem Widerrufsvergleich die hälftige Aufteilung der Gerichtskosten. Nach Widerruf werden in der gerichtlichen Entscheidung die Gerichtskosten dem Beklagten auferlegt.

§ 30 ist nicht anzuwenden, weil die abgeänderte Zahlungspflicht nicht auf einer gerichtlichen Entscheidung (§ 29 Nr. 1), sondern auf einem Vergleich beruht (§ 29 Nr. 2).

5 **b) Übergangsanspruch, § 59 RVG.** § 30 gilt nur für die vom GKG erfassten (§ 1 Abs. 1 S. 1) und im Kostenverzeichnis aufgeführten Gebühren und Auslagen (Gerichtskosten). Der auf die Staatskasse übergegangene und wie Gerichtskosten einzuziehende Anspruch des im Wege der PKH beigeordneten Rechtsanwalts (vgl § 59 RVG) wird daher nicht erfasst.[7] Dem Übergangsanspruch gem. § 59 RVG liegen außergerichtliche Kosten, insb. Rechtsanwaltskosten, und keine Gerichtskosten zugrunde.[8] Für den Übergangsanspruch gem. § 59 RVG kann deshalb nicht auf § 30 zurückgegriffen werden. Dieser richtet sich nach der Kostenregelung im Vergleich.[9]

II. Erlöschen der Haftung als Entscheidungsschuldner (S. 1)

6 **1. Gerichtliche oder staatsanwaltschaftliche Entscheidung.** Die durch gerichtliche oder staatsanwaltschaftliche Entscheidung begründete Verpflichtung zur Zahlung von Kosten erlischt nach dem eindeutigen Wortlaut von S. 1 nur, soweit die Entscheidung „durch eine andere gerichtliche Entscheidung aufgehoben oder abgeändert wird".[10] Das Erlöschen der Zahlungspflicht nach § 30 setzt somit stets eine **abändernde gerichtliche Entscheidung** voraus, die in derselben,[11] in einer höheren Instanz oder auch im Wiederaufnahmeverfahren (§§ 578 ff ZPO) ergehen kann.

7 Die Zahlungspflicht aus der früheren Entscheidung erlischt bereits mit dem Erlass der späteren Entscheidung (Verkündung oder Veranlassung der Zustellung). Die Rechtskraft oder vorläufige Vollstreckbarkeit der aufhebenden oder abändernden Entscheidung ist nicht Voraussetzung für das Erlöschen der Zahlungspflicht aus der früheren Entscheidung (zu den Besonderheiten bei PKH aber → Rn 18 ff).

8 **2. Folge des Erlöschens der Zahlungspflicht.** Das Erlöschen der Zahlungspflicht bedeutet, dass die aus der früheren Entscheidung (vgl § 29 Nr. 1) geschuldeten und **noch nicht gezahlten** Kosten nicht mehr von dem bisherigen Entscheidungsschuldner gefordert werden können. Auch wenn der frühere Entscheidungsschuldner noch nach anderen Bestimmungen haftet (§§ 17, 18, 22 und 28), muss gleichwohl wegen § 31 Abs. 2 S. 1 zunächst der neue Entscheidungsschuldner in Anspruch genommen werden (so auch § 30 Abs. 1 S. 2, 3 KostVfg). Sind die Kosten aber bereits **gezahlt**, muss ggf Zurückerstattung folgen (vgl S. 2; → Rn 23 ff). Der Erstattung steht aber ggf die Haftung des früheren Entscheidungsschuldners nach anderen Haftungsbestimmungen entgegen (→ Rn 23 ff).

9 **3. Vergleich, Einigung. a) Kostenrecht weicht vom Prozessrecht ab.** Regeln die Parteien in einem **Vergleich** oder in einer **Einigung** die Kostentragungspflicht abweichend von der (früheren) gerichtlichen Kostenentscheidung, bleibt die durch die Entscheidung begründete Kostentragungspflicht **für die bis dahin angefallenen Kosten** bestehen (vgl § 29 Nr. 1).[12] Der Vergleich, der einer gerichtlichen Entscheidung nachfolgt, kann zwar die Ansprüche aus der Entscheidung aufheben, sie also in zivilprozessualer Sicht beseitigen. Aus kostenrechtlicher Sicht erlischt die Kostenhaftung des sich aus der Entscheidung ergebenden Entscheidungs-

---

6 *Meyer*, GKG § 30 Rn 1. **7** OLG Düsseldorf Rpfleger 2001, 87 = AnwBl 2001, 308. **8** OLG Düsseldorf Rpfleger 2011, 446. **9** *Hansens*, Anm. zu OLG Hamm RVGreport 2014, 483. **10** Vgl u.a. BGH NJW-RR 2001, 285; OLG Hamm zfs 2015, 46 = RVGreport 2014, 483; OLG Düsseldorf 18.6.2010 – I-4 W 22/10, juris. **11** OLG Hamm zfs 2015, 46 = RVGreport 2014, 483; OLG Koblenz AGS 2014, 233 = FamRZ 2014, 1798; OLG Nürnberg NJW-RR 2004, 1007 = MDR 2004, 417; OLG Braunschweig OLGR 1999, 215; AG Koblenz FamRZ 2009, 1617. **12** BGH NJW-RR 2001, 285; OLG Hamm zfs 2015, 46 = RVGreport 2014, 483; OLG Koblenz AGS 2014, 233 = FamRZ 2014, 1798; OLG Düsseldorf 20.12.2011 – I-10 W 137/11; OLG Düsseldorf Rpfleger 2011, 446; OLG Brandenburg FamRZ 2011, 1323; OLG Düsseldorf 18.6.2010 – I-4 W 22/10; OLG Naumburg AGS 2008, 407 = JurBüro 2008, 325; OLG Brandenburg AGS 2008, 616; OLG Düsseldorf 25.1.2007 – I-10 W 2/07, juris und NRWE; OLG Nürnberg NJW-RR 2004, 1007 = MDR 2004, 417; OLG Karlsruhe NJW-RR 2001, 1365 = AGS 2002, 212; OLG Düsseldorf Rpfleger 2001, 87 = AnwBl 2001, 308; OLG Dresden OLG-NL 2001, 168; OLG Braunschweig OLGR 1999, 184 und 215; OLG Schleswig JurBüro 1992, 403 = SchlHA 1993, 27; OLG Oldenburg NdsRpfl 1989, 295; LG Osnabrück JurBüro 1993, 483; AG Bad Segeberg NJW-RR 2014, 894.

schuldners aber nicht.[13] Der Gesetzgeber hat bewusst nur auf abändernde oder aufhebende Entscheidungen abgestellt, um die Kostentragungspflicht der Disposition der Parteien zu entziehen und Vergleichen von Parteien zu Lasten der Staatskasse vorzubeugen.[14] Die eindeutige Regelung in § 30 kann weder von den Parteien noch vom Gericht abgeändert werden.[15]

b) Gesamtschuldner. Allerdings kann durch die abweichende Kostenregelung im Vergleich neben den weiter haftenden Entscheidungsschuldner (§ 29 Nr. 1) zusätzlich der Übernahmeschuldner treten (§ 29 Nr. 2).[16] Dadurch tritt gesamtschuldnerische Haftung ein.[17] **9a**

c) Betroffene Vergleiche. Unerheblich ist, ob der Vergleich in derselben oder in einer höheren Instanz abgeschlossen wird (→ Rn 10 f).[18] § 30 gilt deshalb auch für in **derselben Instanz** geschlossene Vergleiche,[19] insb. dann, wenn nach **Einspruch** gegen ein **Versäumnisurteil** ein Vergleich geschlossen wird.[20] Auch ein gem. § 278 Abs. 6 ZPO gerichtlich festgestellter Vergleich (**Beschlussvergleich**) beseitigt die Haftung aus der vorher ergangenen gerichtlichen Entscheidung nicht.[21] Die sich aus dem Vergleich ergebende Kostenhaftung kann aber ausnahmsweise dann die frühere Entscheidungsschuldnerhaftung und die Regelung in § 30 verdrängen, wenn einem Beteiligten PKH bewilligt ist (→ Rn 18 ff) oder eine Partei kosten- bzw gebührenbefreit ist (→ Rn 21 f). **9b**

d) Vergleich in derselben Instanz

Beispiel (Versäumnisurteil und Vergleich in derselben Instanz): In der ersten Instanz werden dem Beklagten durch Versäumnisurteil die Kosten auferlegt. Nach Einspruch (§ 338 ZPO) schließen die Parteien einen Vergleich, in dem sie jeweils die Hälfte der Gerichtskosten übernehmen. **10**

Die durch das **Versäumnisurteil** begründete Zahlungspflicht des Beklagten nach § 29 Nr. 1 wird durch die Kostenregelung im Vergleich nicht aufgehoben oder abgeändert.[22] Die Staatskasse darf den Beklagten daher weiterhin für die erstinstanzlichen Gerichtskosten in Anspruch nehmen. Einen deshalb aufgrund der im Vergleich zwischen den Parteien getroffenen Kostenvereinbarung zu viel gezahlten Betrag kann der Beklagte im Kostenfestsetzungsverfahren (vgl §§ 103 ff ZPO) gegen den Kläger geltend machen.[23] Eine Ermäßigung der 3,0-Verfahrensgebühr Nr. 1210 KV auf eine 1,0-Verfahrensgebühr Nr. 1211 KV ist aufgrund des dem Vergleich vorausgegangenen Versäumnisurteils nicht eingetreten (→ Nr. 1210 KV Rn 18; vgl aber auch die entspr. Erl. zu Nr. 1211 KV), so dass eine Kostenerstattung durch den Kostenbeamten ausscheidet. Für die Ausgleichung der Gerichtskosten ist daher nur der Rechtspfleger im Kostenfestsetzungsverfahren zuständig.

Unklar ist, ob die durch die Entscheidung begründete Kostentragungspflicht nur für die bis zum Versäumnisurteil entstandenen oder darüber hinaus auch für die nach dem Versäumnisurteil bis zum Vergleichsabschluss angefallenen Kosten gilt. **10a**

Beispiel (Versäumnisurteil und Vergleich in derselben Instanz, Entstehung von Kosten erst nach dem Versäumnisurteil): In der ersten Instanz werden dem Beklagten durch Versäumnisurteil die Kosten auferlegt. Nach Einspruch (§ 338 ZPO) schließen die Parteien einen Vergleich, in dem sie jeweils die Hälfte der Gerichtskosten übernehmen. Nach dem Versäumnisurteil sind noch Auslagen für einen Sachverständigen iHv 1.000 € angefallen. **10b**

Die Verfahrensgebühr Nr. 1210 KV ist mit Einreichung der Klage entstanden und fällig geworden, § 6 Abs. 1 Nr. 1. Die Kostenentscheidung im Versäumnisurteil gilt wegen § 30 S. 1 ohne Weiteres für die Verfahrensgebühr. Die Auslagen für den Sachverständigen (Nr. 9005 KV) sind erst nach dem Versäumnisurteil entstanden und gem. § 9 Abs. 2 Nr. 2 mit dem Abschluss des Vergleichs fällig geworden. Wird davon ausgegangen, dass sich die durch das Versäumnisurteil begründete Verpflichtung zur Zahlung von Kosten (§ 29 Nr. 1) nur auf die bis dahin entstandene und fällig gewordene Verfahrensgebühr Nr. 1210 KV erstrecken kann, wären die Auslagen für den Sachverständigen nach der im Vergleich getroffenen Kostenregelung anzufordern.

e) Vergleich in höherer Instanz

Beispiel (Vergleich in höherer Instanz): In der ersten Instanz werden dem Beklagten vom Gericht die Kosten auferlegt. Im Berufungsverfahren schließen die Parteien einen Vergleich, in dem sie jeweils die Hälfte der Gerichtskosten übernehmen. **11**

---

13 BGH NJW-RR 2001, 285; *Scheffer*, Rpfleger 2008, 13. **14** OLG Koblenz AGS 2014, 233 = FamRZ 2014, 1798; OLG Brandenburg FamRZ 2011, 1323; OLG Dresden OLG-NL 2001, 168; OLG Schleswig JurBüro 1992, 403 = SchlHA 1993, 27; OLG Oldenburg NdsRpfl 1989, 295. **15** OLG Düsseldorf 20.12.2011 – I-10 W 137/11. **16** OLG Düsseldorf 20.12.2011 – I-10 W 137/11; OLG Düsseldorf 18.6.2010 – I-4 W 22/10, juris; OLG Düsseldorf 25.1.2007 – I-10 W 2/07, juris und NRWE. **17** OLG Düsseldorf 18.6.2010 – I-4 W 22/10, juris. **18** OLG Dresden OLG-NL 2001, 168; OLG Düsseldorf 18.6.2010 – I-4 W 22/10, juris. **19** OLG Nürnberg NJW-RR 2004, 1007 = MDR 2004, 417. **20** OLG Hamm zfs 2015, 46 = RVGreport 2014, 483; OLG Koblenz AGS 2014, 233 = FamRZ 2014, 1798; OLG Braunschweig OLGR 1999, 215; AG Koblenz FamRZ 2009, 1617. **21** OLG Düsseldorf 18.6.2010 – I-4 W 22/10, juris. **22** OLG Hamm zfs 2015, 46 = RVGreport 2014, 483; OLG Koblenz AGS 2014, 233 = FamRZ 2014, 1798; OLG Braunschweig OLGR 1999, 215. **23** OLG Nürnberg NJW-RR 2004, 1007 = MDR 2004, 417.

Die durch die erstinstanzliche gerichtliche Entscheidung begründete Zahlungspflicht des Beklagten nach § 29 Nr. 1 wird durch die Kostenregelung in dem im Berufungsverfahren geschlossenen Vergleich nicht aufgehoben oder abgeändert.[24] Die Staatskasse darf den Beklagten daher weiterhin für die erstinstanzlichen Gerichtskosten in Anspruch nehmen. Einen deshalb aufgrund der im Vergleich zwischen den Parteien getroffenen Kostenvereinbarung zu viel gezahlten Betrag kann der Beklagte im Kostenfestsetzungsverfahren (vgl §§ 103 ff ZPO) gegen den Kläger geltend machen.[25] Für die Ausgleichung der Gerichtskosten ist der Rechtspfleger im **Kostenfestsetzungsverfahren** zuständig.

11a f) **Vergleich ohne Kostenregelung.** Treffen die Parteien keine Kostenregelung im Vergleich und überlassen die Kostenentscheidung dem Gericht, kann diese Kostenentscheidung die vorher zB im Versäumnisurteil ergangene Kostenentscheidung aufheben oder abändern.

12 **4. Rücknahme der Klage im Zivilprozess. a) Kein Kostenbeschluss.** Wird die Klage im Zivilprozess zurückgenommen, ist das Verfahren als nicht anhängig geworden anzusehen (vgl § 269 Abs. 3 S. 1 ZPO) und eine bereits ergangene, noch nicht rechtskräftige Entscheidung wird wirkungslos, ohne dass es der ausdrücklichen Aufhebung bedarf. Die sich aus § 269 Abs. 3 S. 2 ZPO ergebende Verpflichtung des Klägers zur Kostentragung ist auf Antrag durch **deklaratorischen Kostenbeschluss**[26] festzustellen (§ 269 Abs. 4 ZPO). Der Kostenbeschluss nach § 269 Abs. 4 ZPO ist nicht zwingend erforderlich. Ergeht daher **kein Kostenbeschluss** (vgl § 269 Abs. 4 ZPO), erlischt die Entscheidungsschuldnerhaftung aus der früheren Entscheidung nicht. Denn diese wird nicht durch eine andere gerichtliche Entscheidung iSv § 30, sondern durch die Rücknahme der Klage und die damit (vgl § 269 Abs. 3 S. 2 ZPO) verbundene gesetzliche Kostenfolge aufgehoben.[27] Gegen eine analoge Anwendung von S. 1 auf den Fall der Rücknahme der Klage ohne Kostenbeschluss sprechen sowohl der eindeutige Wortlaut der Bestimmung als auch die Überlegung, dass eine Kostenvorschrift möglichst einfach und unkompliziert angewandt und ihre Auslegung nicht mit schwierigen Rechtsfragen belastet werden sollte.[28]

13 b) **Kostenbeschluss.** Ergeht nach der Rücknahme der Klage ein Kostenbeschluss (vgl § 269 Abs. 3 S. 1 und 2, Abs. 4 ZPO), liegt eine andere gerichtliche Entscheidung iSv § 30 vor, die die zuvor ergangene gerichtliche Kostenentscheidung aufhebt oder abändert.[29] Unerheblich ist, dass die gesetzliche Kostenfolge hier lediglich deklaratorisch klargestellt wird.[30] Das gilt natürlich erst recht, wenn ein Kostenbeschluss (vgl §§ 269 Abs. 3 S. 3, 269 Abs. 4 ZPO) ergeht, weil hier eine echte Kostengrundentscheidung vorliegt. § 30 ist daher sowohl bei einem auf § 269 Abs. 3 S. 1 und 2 ZPO als auch bei einem auf § 269 Abs. 3 S. 3 ZPO beruhenden Kostenbeschluss (vgl § 269 Abs. 4 ZPO) anwendbar.[31]

14 c) **Rücknahme nach Vergleich.** Soweit die Parteien in einem gerichtlichen Vergleich die Rücknahme der Klage und die Kostentragung vereinbaren, beseitigt dieser Vergleich nach S. 1 die frühere Entscheidungsschuldnerhaftung nicht (auch → Rn 9 ff). Erfolgt die Rücknahme der Klage in Erfüllung eines zwischen den Parteien geschlossenen außergerichtlichen Vergleichs, bleibt die durch eine vorherige gerichtliche Entscheidung begründete Haftung ebenfalls bestehen. Denn ansonsten könnte die Regelung in S. 1 dadurch umgangen werden, dass die Parteien in einem Vergleich die Rücknahme der Klage vereinbaren.[32] Ergeht hier jedoch anschließend ein Kostenbeschluss nach § 269 Abs. 4 ZPO, liegt eine andere gerichtliche Entscheidung iSv S. 1 vor (→ Rn 12 f).

15 **5. Erledigungserklärung.** Wird eine erstinstanzliche Entscheidung dadurch wirkungslos, dass die Parteien die Sache im Berufungsverfahren für erledigt erklären, bleibt die durch die erstinstanzliche Entscheidung begründete Entscheidungsschuldnerhaftung bestehen, wenn es aufgrund der Erledigungserklärung nicht zu einer neuen gerichtlichen Kostenentscheidung (§ 91 a ZPO) kommt.[33] Eine entsprechende Anwendung von S. 1 im Falle des Verzichts der Parteien auf die Kostenentscheidung[34] kommt nicht in Betracht.

16 **6. Besonderheiten bei Prozesskostenhilfe.** Bei Bewilligung von PKH stellt sich die Frage, ob die Bestimmungen über die PKH in §§ 114 ff ZPO der Regelung in S. 1 vorgehen, wenn die Parteien in derselben oder in einer höheren Instanz einen Vergleich schließen, der die zuvor ergangene gerichtliche Kostenentscheidung aufhebt oder abändert. Zwar kann ein Vergleich die gerichtliche Kostenentscheidung weder aufheben noch abändern (→ Rn 9 ff). Bei PKH ist jedoch zu berücksichtigen, dass die Gerichtskosten von dem Gegner der

---

24 OLG Düsseldorf 20.12.2011 – I-10 W 137/11; OLG Brandenburg JurBüro 2008, 325 = AGS 2008, 407; OLG Düsseldorf 25.1.2007 – I-10 W 2/07, juris und NRWE; OLG Dresden OLG-NL 2001, 168; OLG Braunschweig OLGR 1999, 184; OLG Oldenburg NdsRpfl 1989, 295. **25** OLG Nürnberg NJW-RR 2004, 1007 = MDR 2004, 417. **26** Zöller/*Greger*, ZPO, § 269 Rn 17, 19. **27** OLG Düsseldorf JurBüro 1974, 354; OLG Düsseldorf JurBüro 1970, 792; Binz/*Dörndorfer/Dörndorfer*, § 30 GKG Rn 2; *Meyer*, GKG § 30 Rn 5; vgl auch OLG Hamm OLGR 2001, 252 (zur Erledigung nach § 91 a ZPO); aA *Oestreich/Hellstab/Trenkle*, FamGKG § 25 Rn 4. **28** *Scheffer*, Rpfleger 2008, 13, 16. **29** OLG Düsseldorf JurBüro 1974, 354; Binz/*Dörndorfer/Dörndorfer*, § 30 GKG Rn 2; *Meyer*, GKG § 30 Rn 5; Zöller/*Greger*, ZPO, § 269 Rn 19. **30** AA *Hartmann*, KostG, § 30 GKG Rn 2: § 25 gilt hier ebenfalls nicht. **31** *Scheffer*, Rpfleger 2008, 13, 16; aA *Hartmann*, KostG, § 30 GKG Rn 2. **32** OLG Schleswig JurBüro 1992, 403 = SchlHA 1993, 27. **33** OLG Hamm OLGR 2001, 252; *Scheffer*, Rpfleger 2008, 13. **34** BGH NJW-RR 2006, 929.

PKH-Partei gem. § 125 Abs. 1 ZPO erst eingezogen werden können, wenn er rechtskräftig in die Prozesskosten verurteilt ist.

Zur Rechtskraft der zuvor ergangenen Kostengrundentscheidung kann es jedoch aufgrund des Vergleichsschlusses nicht mehr kommen, so dass die Kostenentscheidung nicht mehr Grundlage für die Inanspruchnahme des Gegners sein kann. Maßgebend für die Anforderung der Gerichtskosten ist daher in diesem Fall die Kostenregelung im Vergleich (s. aber § 31 Abs. 3 und → § 31 Rn 69 ff).[35] Das gilt bei einem Vergleichsabschluss in einer höheren Instanz aber nur, wenn dem Kostenschuldner in der ersten Instanz PKH bewilligt worden war. Ohne PKH in der ersten Instanz gilt § 30.[36] **16a**

Bei PKH ist vor dem Hintergrund der Regelung in § 2 Abs. 5 zu berücksichtigen, dass § 30 nicht dazu führen darf, dass die PKH-Partei über das Kostenfestsetzungsverfahren (§§ 103 ff ZPO) an die obsiegende Partei von der Staatskasse erhobene Gerichtskosten erstatten muss (dazu → Rn 17, 19).[37] Diese Überlegungen gelten sowohl bei PKH ohne als auch mit Zahlungsbestimmung. **16b**

Beispiel (Gegner der PKH-Partei ist Entscheidungsschuldner): In der der ersten Instanz werden dem Beklagten vom Gericht die Kosten auferlegt. Dem Kläger ist PKH bewilligt. Im Berufungsverfahren schließen die Parteien einen Vergleich, in dem sie jeweils die Hälfte der Gerichtskosten übernehmen. **17**

Nach S. 1 ändert der im Berufungsverfahren geschlossene Vergleich die erstinstanzliche Kostenentscheidung nicht bzw hebt sie nicht auf. Würden dem Beklagten aber deshalb aufgrund der erstinstanzlichen Kostenentscheidung gem. §§ 29 Nr. 1, 30 S. 1 alle erstinstanzlichen Gerichtskosten in Rechnung gestellt, könnte er den aufgrund der im Vergleich getroffenen Kostenvereinbarung im Innenverhältnis zu viel gezahlten Betrag gem. § 123 ZPO im Kostenfestsetzungsverfahren (§§ 103 ff ZPO) gegen den Kläger geltend machen. Der Kläger müsste daher auf diesem Weg Gerichtskosten zahlen, von deren Zahlung er eigentlich gem. § 122 Abs. 1 Nr. 1 Buchst. a ZPO befreit ist und die vom Beklagten wegen § 125 Abs. 1 ZPO nicht eingezogen werden dürfen. Deshalb sind dem Beklagten vor dem Hintergrund der Regelung in § 2 Abs. 5 bei Kosten- und Gebührenfreiheit nicht alle, sondern nur die hälftigen Gerichtskosten in Rechnung zu stellen (→ § 2 Rn 57 ff). Eine Anforderung aller Gerichtskosten scheidet insb. auch deshalb aus, weil die gerichtliche erstinstanzliche Kostenentscheidung nicht in Rechtskraft erwachsen ist. Wegen der § 30 S. 1 vorgehenden Regelung in § 125 Abs. 1 ZPO darf vom Beklagten nach der Kostenregelung im Vergleich lediglich die Hälfte der Gerichtskosten angefordert werden.[38]

Beispiel (PKH-Partei ist Entscheidungsschuldner): In der ersten Instanz werden dem Kläger, dem PKH bewilligt ist, vom Gericht die Kosten auferlegt. Im Berufungsverfahren **18**

a) legt das Berufungsgericht den Parteien die Kosten des Verfahrens je zur Hälfte auf;
-b) schließen die Parteien einen Vergleich, in dem sie jeweils die Hälfte der Gerichtskosten übernehmen.

Zu a) Die Kostenentscheidung des Berufungsgerichts hebt die erstinstanzliche Kostenentscheidung gem. S. 1 auf. Dem Beklagten ist die Hälfte der Gerichtskosten in Rechnung zu stellen. Vom Kläger können gem. § 122 Abs. 1 Nr. 1 Buchst. a ZPO keine Kosten erhoben werden.

Zu b) Bei Anwendung von S. 1 schuldet der Kläger sämtliche Gerichtskosten, die aber gem. § 122 Abs. 1 Nr. 1 Buchst. a ZPO nicht geltend gemacht werden können. Anders als bei Buchst. a können somit nur aufgrund des Vergleichsschlusses überhaupt keine Gerichtskosten erhoben werden. Die Frage, ob überhaupt Gerichtskosten zu erheben sind, wird aber hier nicht davon abhängig gemacht werden können, ob in der Berufungsinstanz eine gerichtliche Entscheidung ergeht oder ein Vergleich geschlossen wird. Deshalb kann der Beklagte für die Hälfte der Gerichtskosten in Anspruch genommen werden.[39] Die Kostentragungspflicht ist auch hier der Disposition der Parteien entzogen, um Vergleichen von Parteien zu Lasten der Staatskasse vorzubeugen (→ Rn 9).[40]

Daher gilt für das **Zusammenspiel von § 30 GKG und § 125 ZPO** Folgendes: **18a**

1. Der Kläger hat PKH, der Beklagte hat keine PKH, die Kosten werden im Urteil dem Beklagten auferlegt, in der Rechtsmittelinstanz wird ein Vergleich mit Kostenquotelung geschlossen: Maßgeblich ist die Kostenquotelung, weil die Kostenentscheidung nicht rechtskräftig geworden ist.
2. Der Kläger hat keine PKH, der Beklagter hat PKH, die Kosten werden durch Urteil dem Kläger auferlegt, in der Rechtsmittelinstanz wird ein Vergleich mit Kostenquotelung geschlossen: Maßgeblich ist die Kostenquotelung, weil die Kostenentscheidung nicht rechtskräftig geworden ist.

35 OLG Koblenz AGS 2014, 233 = FamRZ 2014, 1798; OLG Brandenburg FamRZ 2011, 1323; OLG Brandenburg AGS 2008, 616; OLG Braunschweig OLGR 2001, 46; OLG Braunschweig OLGR 1999, 215; *Meyer*, GKG § 30 Rn 7; *Oestreich/Hellstab/Trenkle*, GKG § 30 Rn 4. **36** OLG Düsseldorf 20.12.2011 – I-10 W 137/11. **37** OLG Brandenburg FamRZ 2011, 1323; OLG Brandenburg AGS 2008, 616; *Scheffer*, Rpfleger 2008, 13. **38** OLG Brandenburg FamRZ 2011, 1323; OLG Brandenburg AGS 2008, 616; OLG Braunschweig OLGR 2001, 46; OLG Braunschweig OLGR 1999, 215; *Meyer*, GKG § 30 Rn 7; aA OLG Oldenburg NdsRpfl 1989, 295; *Oestreich/Hellstab/Trenkle*, GKG § 30 Rn 4. **39** OLG Brandenburg AGS 2008, 616; OLG Braunschweig OLGR 2001, 46; OLG Braunschweig OLGR 1999, 215. **40** OLG Brandenburg FamRZ 2011, 1323; OLG Dresden OLG-NL 2001, 168; OLG Schleswig JurBüro 1992, 403 = SchlHA 1993, 27; OLG Oldenburg NdsRpfl 1989, 295.

3. Der Kläger und der Beklagte haben PKH, die Kosten werden durch Urteil dem Kläger auferlegt, in der Rechtsmittelinstanz wird ein Vergleich mit Kostenquotelung geschlossen: Maßgeblich ist die Kostenquotelung, weil die Kostenentscheidung nicht rechtskräftig geworden ist.[41]

4. Der Kläger und der Beklagter haben PKH, die Kosten werden durch Urteil dem Beklagten auferlegt, in der Rechtsmittelinstanz wird ein Vergleich mit Kostenquotelung geschlossen: Maßgeblich ist die Kostenquotelung, weil die Kostenentscheidung nicht rechtskräftig geworden ist.[42]

19 **7. Besonderheiten bei Kosten- und Gebührenfreiheit, § 2 Abs. 5.** Nach S. 1 erlischt die durch eine gerichtliche oder staatsanwaltschaftliche Entscheidung (vgl § 29 Nr. 1) begründete Verpflichtung zur Zahlung von Kosten nur, soweit die Entscheidung durch eine andere gerichtliche Entscheidung aufgehoben oder abgeändert wird. Deswegen ist zB eine in einem Vergleich enthaltene abweichende Vereinbarung der Parteien über die Kostentragung unbeachtlich und lässt die zuvor ergangene Kostenentscheidung unberührt (→ Rn 9 ff). Dies gilt allerdings nicht im Falle der vorrangigen **Sonderregelung des § 2 Abs. 5.** Hier wird die sich aus S. 1 ergebende Verpflichtung zur Kostenzahlung wirkungslos.[43] Denn sonst müsste die befreite Partei entgegen § 2 im Kostenfestsetzungsverfahren uU Gerichtskosten erstatten.

20 **Beispiel:** Dem nicht befreiten Beklagten werden in der ersten Instanz vom Gericht die Kosten auferlegt. Im Berufungsverfahren vereinbaren die Parteien in einem Vergleich gegenseitige Kostenaufhebung.

Ohne Beteiligung der befreiten Partei am Verfahren müsste der Beklagte die Gerichtskosten der ersten Instanz wegen S. 1 in voller Höhe tragen. Da aber die befreite Partei in dem zweitinstanzlichen Vergleich die Hälfte der Kosten übernommen hat, kann der nicht befreiten Partei wegen der vorrangigen Sonderregelung in § 2 Abs. 5 nur die andere Hälfte der Gerichtskosten in Rechnung gestellt werden. Würden sämtliche Gerichtskosten vom Beklagten gefordert, würde die Hälfte entsprechend der Kostenregelung im Vergleich auf die Kostenschuld der befreiten Partei verrechnet, so dass dieser insoweit einem Gerichtskostenerstattungsanspruch ausgesetzt wäre (→ § 2 Rn 41 ff).

III. Erstattung bereits gezahlter Kosten (S. 2)

21 Beruht die Haftung für die Gerichtskosten nur auf der durch eine andere Entscheidung aufgehobenen oder abgeänderten Entscheidung (§ 29 Nr. 1), muss die Staatskasse bereits vom Entscheidungsschuldner **gezahlte Gerichtskosten** zurückerstatten (vgl S. 2). Haftet der frühere Entscheidungsschuldner auch nach §§ 17, 18, 22 oder 28, erfolgt keine Erstattung, sondern in Höhe der Haftung Verrechnung auf die Kostenschuld der anderen Partei.[44] Eine Erstattung erfolgt somit nur dann, wenn nach Aufhebung der Entscheidung und Erlöschen der Haftung als Entscheidungsschuldner keine Haftung nach anderen Vorschriften mehr vorliegt (vgl auch § 30 Abs. 1, 2 KostVfg).

22 **Beispiel (Zweitschuldnerhaftung):** In der ersten Instanz trägt der Kläger gem. § 29 Nr. 1 die Gerichtskosten. Mit Einreichung der Klage hatte er 500 € vorab eingezahlt (§ 12 Abs. 1). Im Berufungsverfahren legt das Gericht dem Beklagten die Kosten auf.

Die Entscheidung des Berufungsgerichts hebt zwar die Kostenentscheidung der ersten Instanz auf. § 30 gilt aber nicht, weil die Zahlungspflicht nicht nur auf der aufgehobenen Entscheidung beruht. Es erfolgt keine Erstattung der eingezahlten 500 € an den Kläger, weil er hierfür als Antragsteller haftet (vgl § 22 Abs. 1 S. 1). Die vom Kläger gezahlten 500 € werden vielmehr auf die Kostenschuld des Beklagten verrechnet, weil der Kläger hierfür gem. § 22 Abs. 1 haftet (vgl auch § 30 Abs. 1 KostVfg). Den verrechneten Betrag kann der Kläger im Kostenfestsetzungsverfahren (vgl §§ 103 ff ZPO) gegen den Beklagten festsetzen lassen.

23 **Beispiel (Nur Entscheidungsschuldnerhaftung):** In der ersten Instanz trägt der Beklagte die Gerichtskosten iHv insgesamt 1.000 €. Mit Einreichung der Klage hatte der Kläger 600 € vorab eingezahlt (§ 12 Abs. 1 S. 1). Die restlichen 400 € hat der Beklagte aufgrund der Schlusskostenrechnung gezahlt. Aufgrund der vom Beklagten gegen die Entscheidung eingelegten Berufung hebt das Gericht die erstinstanzliche Entscheidung auf und legt dem Kläger die Kosten auf.

Die Entscheidung des Berufungsgerichts hebt die Kostenentscheidung der ersten Instanz auf. Wenn der Beklagte für die Kosten der ersten Instanz nur als Entscheidungsschuldner (vgl § 29 Nr. 1) haftet, sind ihm die gezahlten 400 € zu erstatten (vgl S. 2). Der Beklagte haftet zwar für die Gerichtskosten der Berufung als Antragsteller (vgl § 22 Abs. 1 S. 1). Eine Verrechnung des in der ersten Instanz gezahlten Betrags iHv 400 € auf die Entscheidungsschuldnerhaftung des Klägers (§ 29 Nr. 1) für das Berufungsverfahren kommt aber nicht in Betracht. Denn nach § 31 Abs. 2 S. 1 kann der Beklagte für die Berufungskosten erst dann als Zweitschuldner in Anspruch genommen werden, wenn die Zwangsvollstreckung in das bewegliche Vermögen des Klägers erfolglos geblieben ist oder aussichtslos erscheint (→ § 31 Rn 46 ff).

---

41 Zöller/*Geimer*, ZPO, § 125 Rn 10. **42** Zöller/*Geimer*, ZPO, § 125 Rn 10. **43** OLG Brandenburg FamRZ 2011, 1323; OLG Brandenburg NJ 2008, 317; OLG Schleswig JurBüro 1981, 403 = SchlHA 1981, 71; LG Düsseldorf KostRsp. GKG § 2 Nr. 18; LG Berlin JurBüro 1963, 799. **44** OLG Karlsruhe NJW-RR 2001, 1365 = AGS 2002, 212.

§ 31 Mehrere Kostenschuldner

(1) Mehrere Kostenschuldner haften als Gesamtschuldner.

(2) [1]Soweit ein Kostenschuldner aufgrund von § 29 Nummer 1 oder 2 (Erstschuldner) haftet, soll die Haftung eines anderen Kostenschuldners nur geltend gemacht werden, wenn eine Zwangsvollstreckung in das bewegliche Vermögen des ersteren erfolglos geblieben ist oder aussichtslos erscheint. [2]Zahlungen des Erstschuldners mindern seine Haftung aufgrund anderer Vorschriften dieses Gesetzes auch dann in voller Höhe, wenn sich seine Haftung nur auf einen Teilbetrag bezieht.

(3) [1]Soweit einem Kostenschuldner, der aufgrund von § 29 Nummer 1 haftet (Entscheidungsschuldner), Prozesskostenhilfe bewilligt worden ist, darf die Haftung eines anderen Kostenschuldners nicht geltend gemacht werden; von diesem bereits erhobene Kosten sind zurückzuzahlen, soweit es sich nicht um eine Zahlung nach § 13 Absatz 1 und 3 des Justizvergütungs- und -entschädigungsgesetzes handelt und die Partei, der die Prozesskostenhilfe bewilligt worden ist, der besonderen Vergütung zugestimmt hat. [2]Die Haftung eines anderen Kostenschuldners darf auch nicht geltend gemacht werden, soweit dem Entscheidungsschuldner ein Betrag für die Reise zum Ort einer Verhandlung, Vernehmung oder Untersuchung und für die Rückreise gewährt worden ist.

(4) Absatz 3 ist entsprechend anzuwenden, soweit der Kostenschuldner aufgrund des § 29 Nummer 2 haftet, wenn

1. der Kostenschuldner die Kosten in einem vor Gericht abgeschlossenen oder gegenüber dem Gericht angenommenen Vergleich übernommen hat,
2. der Vergleich einschließlich der Verteilung der Kosten von dem Gericht vorgeschlagen worden ist und
3. das Gericht in seinem Vergleichsvorschlag ausdrücklich festgestellt hat, dass die Kostenregelung der sonst zu erwartenden Kostenentscheidung entspricht.

I. Allgemeines

1 **1. Regelungsgehalt.** Inhaltlich entsprechende Vorschriften finden sich für Familiensachen (§ 111 FamFG) in § 26 FamGKG und für Verfahren der freiwilligen Gerichtsbarkeit in § 33 GNotKG. Abs. 4 ist durch das 2. KostRMoG[1] mWz 1.8.2013 angefügt worden.

2 Die Vorschrift regelt das Verhältnis von **verschiedenen Kostenschuldnern untereinander**, die für **dieselben Kosten** (§ 1 Abs. 1 S. 1: Gebühren und Auslagen nach Teil 9 KV) aus demselben Haftungsgrund oder auch aus verschiedenen gesetzlichen Haftungsgründen (s. §§ 17, 18, 22 ff) zahlungspflichtig sind (näher → Rn 7 ff, 21 ff; zur Haftung bei quotenmäßiger Kostenverteilung → Rn 35 ff). Während **Abs. 1** klarstellt, dass die mehreren Kostenschuldner als Gesamtschuldner haften, legt **Abs. 2** die Reihenfolge und die Voraussetzung der Inanspruchnahme fest, wenn Entscheidungs- oder Übernahmeschuldnerhaftung (§ 29 Nr. 1 und 2) besteht. Hierbei wird zwischen dem zunächst in Anspruch zu nehmenden Erstschuldner und dem nachrangig haftenden Zweitschuldner unterschieden. **Abs. 3** schließt die Inanspruchnahme des Zweitschuldners aus, wenn dem als Entscheidungsschuldner (§ 29 Nr. 1) haftenden Erstschuldner PKH bewilligt bzw ein Betrag für die Reise zum Ort einer Verhandlung, Anhörung oder Untersuchung und für die Rückreise gewährt worden ist.

3 Unter den in **Abs. 4** genannten Voraussetzungen kann auch bei Abschluss eines Vergleichs, in dem die PKH-Partei Kosten übernommen hat und sie deshalb gem. § 29 Nr. 2 als Erstschuldnerin haftet, in entsprechender Anwendung von Abs. 3 die Inanspruchnahme des Zweitschuldners ausgeschlossen sein.

4 **2. Geltungsbereich. a) Alle Verfahren.** § 31 gilt grds. für **alle Verfahren** iSv § 1. In Straf- und Bußgeldsachen sind Abs. 2–4 nicht anwendbar, weil es keine Erst- und Zweitschuldner gibt.

5 **b) Verhältnis zu § 32 (Streitgenossen).** § 31 erfasst die Fälle, in denen mehrere Kostenschuldner auf **verschiedenen Parteiseiten** (Kläger und Beklagter, Antragsteller und Antragsgegner) vorhanden sind.[2]

6 Sind mehrere Kostenschuldner in **derselben Parteirolle** vorhanden (zB mehrere Kläger/Antragsteller oder mehrere Beklagte/Antragsgegner) und besteht **Streitgenossenschaft** (§§ 59 ff ZPO), bestimmt § 32 in Ergänzung zu Abs. 1, dass die Streitgenossen ebenfalls gesamtschuldnerisch für dieselben Kosten haften (→ § 32 Rn 3 ff).[3] Abs. 2 und 3 gelten hier nicht (→ Rn 40).[4]

II. Haftung als Gesamtschuldner (Abs. 1)

7 **1. Auswirkung der Gesamtschuldnerhaftung.** Es muss sich um Kosten **desselben Verfahrens** und **desselben Rechtszugs** handeln. Es besteht keine Gesamtschuldnerhaftung, wenn eine Partei zB für die Kosten der ersten und die andere Partei für die Kosten der Berufungsinstanz haftet. Die Gesamtschuldnerhaftung für die Gerichtskosten richtet sich nach den allgemeinen Regeln in §§ 421 ff BGB. Im Falle der gesamtschuldnerischen Haftung für die Kosten darf die Staatskasse dieselben Kosten daher gem. § 421 BGB nach ihrem Belieben von jedem der Schuldner ganz oder zum Teil, insgesamt aber nur einmal fordern.[5] Allerdings hat die Staatskasse hierbei die durch Abs. 2 und 3 für den Fall der Erst- und Zweitschuldnerhaftung und die durch § 8 Abs. 4 KostVfg bestehenden Beschränkungen zu beachten (→ Rn 12 ff, 39 und 54 ff).[6]

8 Jeder Schuldner haftet der Staatskasse für den gesamten Kostenbetrag. Bei Zahlung durch einen Kostenschuldner werden gem. § 422 Abs. 1 BGB im Umfang der Zahlung auch die übrigen Schuldner von ihrer Zahlungspflicht gegenüber der Staatskasse befreit. Für den zahlenden Gesamtschuldner kann sich gem. § 426 BGB ein Ausgleichsanspruch gegen die anderen Kostenschuldner ergeben.[7] Eine **Kostenfestsetzung** der nach dem Innenverhältnis zu viel gezahlten Gerichtskosten gegen die anderen Kostenschuldner (s. §§ 103 ff ZPO) scheidet aber mangels Kostenentscheidung aus. Der Ausgleichsanspruch ist daher im Klageweg zu verfolgen.[8] **Erst- und Zweitschuldner** (Abs. 2) haften zwar ebenfalls als Gesamtschuldner (→ Rn 24). Ein gem. §§ 103 ff ZPO festsetzbarer Anspruch ergibt sich aber dann, wenn eine Zahlung des als Zweitschuldner gem. § 22 Abs. 1 haftenden Antragstellers des Verfahrens auf die Kostenschuld des Erst-

1 Vom 23.7.2013 (BGBl. I 2586). **2** BFH 12.12.2008 – IV E 1/08, juris; FG Hamburg 20.12.2014 – 3 KO 242/14, juris. **3** BT-Drucks 16/6308, S. 304; vgl BFH 12.12.2008 – IV E 1/08, juris; OLG Düsseldorf Rpfleger 1986, 156 = JurBüro 1986, 895. **4** BFH 12.12.2008 – IV E 1/08, juris; FG Hamburg 20.12.2014 – 3 KO 242/14, juris. **5** OVG NRW AGS 2000, 55; KG AGS 2002, 259 = MDR 2002, 1276. **6** BGH MDR 2016, 241; BVerwG 20.4.2011 – 8 KSt 1/11 (8 B 83/10), juris; BFH 12.12.1996 – VII E 8/96, juris; KG AGS 2002, 259 = MDR 2002, 1276; OLG München AGS 2000, 114 und 136 = NJW-RR 2000, 1744; FG Bremen 15.12.1997 – 297232 Ko 2, juris; FG Nürnberg 29.7.1991 – VI 37/91, juris; OLG Koblenz Rpfleger 1988, 384; so auch OLG Koblenz JurBüro 2006, 323 (zu § 33 und § 466 StPO). **7** LG Marburg MDR 2010, 716. **8** OLG Frankfurt JurBüro 2001, 37 = AGS 2001, 130; OLG Koblenz Rpfleger 1990, 36 = JurBüro 1990, 386.

schuldners (§ 29 Nr. 1 oder 2) verrechnet worden ist (→ Rn 42). Auch ein Entscheidungsschuldner (§ 29 Nr. 1) sowie ein Übernahmeschuldner (§ 29 Nr. 2) haften nach Abs. 1 gesamtschuldnerisch.[9]

2. Reihenfolge der Inanspruchnahme. a) Erst- und Zweitschuldner gem. Abs. 2 und 3. Die freie Entschei- **9** dung der Staatskasse (§ 421 BGB) zur Wahl des Kostenschuldners bei gesamtschuldnerischer Haftung wird gesetzlich durch Abs. 2 und 3 eingeschränkt.

Haftet ein Kostenschuldner aufgrund von § 29 Nr. 1 (Entscheidungsschuldner) oder § 29 Nr. 2 (Übernah- **10** meschuldner) als sog. **Erstschuldner**, schreibt **Abs. 2** vor, dass die Staatskasse zunächst den Erstschuldner in Anspruch zu nehmen hat. Die Inanspruchnahme des nach anderen Haftungstatbeständen nachrangig haftenden **Zweitschuldners** kommt hier nur in Betracht, wenn eine Zwangsvollstreckung in das bewegliche Vermögen des Erstschuldners erfolglos geblieben ist oder aussichtslos erscheint (so auch § 8 Abs. 1 KostVfg; näher → Rn 46 ff).

Abs. 3 schließt die Inanspruchnahme des Zweitschuldners aus, wenn dem als Entscheidungsschuldner (§ 29 **11** Nr. 1) haftenden Erstschuldner PKH bewilligt bzw ein Betrag für die Reise zum Ort einer Verhandlung, Anhörung oder Untersuchung und für die Rückreise gewährt worden ist (so auch § 8 Abs. 2 KostVfg). Wegen Einzelheiten zu Abs. 2 und 3 → Rn 39 ff, 69 ff. In den in Abs. 4 aufgeführten Fällen ist auch bei vergleichsweiser Übernahme von Kosten Abs. 3 entsprechend anzuwenden.

b) Sonstige Fälle. Liegt keiner der in Abs. 2 und 3 geregelten Fälle vor (Erst- und Zweitschuldnerhaftung, **12** zB mehrere Kostenschuldner in derselben Parteirolle), enthalten die §§ 7 Abs. 2, 8 Abs. 4 KostVfg den Kostenbeamten im Regelfall bindende behördeninterne Verwaltungsbestimmungen für die Inanspruchnahme der Gesamtschuldner.[10] Diese Bestimmungen steuern das „Belieben" der Staatskasse und binden das Ermessen bei der Auswahl des Schuldners.[11] Eine beliebige Inanspruchnahme eines von mehreren Gesamtschuldnern durch die Staatskasse erscheint angesichts der Regelung in § 8 Abs. 4 KostVfg willkürlich und widerspricht der sich aus dem Gleichheitsgrundsatz ergebenden Ermessensbindung der Verwaltung und wird dem Gebot der Gleichbehandlung mehrerer Kostenschuldner nicht gerecht.[12] Der Kostenbeamte bestimmt gem. § 8 Abs. 4 S. 1 KostVfg nach pflichtmäßigem Ermessen, ob der geschuldete Betrag von einem Kostenschuldner ganz oder von mehreren nach Kopfteilen angefordert werden soll.[13]

Bei der vom Kostenbeamten nach pflichtgemäßen Ermessen zu treffenden Entscheidung, ob der geschuldete **13** Betrag von einem Kostenschuldner ganz oder von mehreren nach Kopfteilen angefordert werden soll (§ 8 Abs. 4 S. 1 KostVfg), kann gem. § 8 Abs. 4 S. 2 Nr. 1–5 KostVfg insbesondere berücksichtigt werden,

1. welcher Kostenschuldner die Kosten im Verhältnis zu den übrigen endgültig zu tragen hat,
2. welcher Verwaltungsaufwand durch die Inanspruchnahme nach Kopfteilen entsteht,
3. ob bei einer Verteilung nach Kopfteilen Kleinbeträge oder unter der Vollstreckungsgrenze liegende Beträge anzusetzen wären,
4. ob die Kostenschuldner in Haushaltsgemeinschaft leben,
5. ob anzunehmen ist, dass einer der Gesamtschuldner nicht zur Zahlung oder nur zu Teilzahlungen in der Lage ist.

Die sich aus dem Gleichheitsgrundsatz ergebende Ermessensbindung der Verwaltung gilt grds. auch für die **14** Beachtung der **kopfteiligen Inanspruchnahme** mehrerer als **Erstschuldner** haftender Kostenschuldner. Es kann hier dem Gebot der Gleichbehandlung entsprechen, alle Gesamtschuldner im Regelfall gleichmäßig und nicht nur einen in Anspruch zu nehmen und diesen hierdurch auf die Geltendmachung des Ausgleichsanspruchs im Innenverhältnis zu verweisen (hierzu → Rn 8).[14] Von der kopfteiligen Anforderung ist im Rahmen der Ausübung des pflichtgemäßen Ermessens gem. § 8 Abs. 4 S. 2 Nr. 5 KostVfg bspw dann abzusehen, wenn anzunehmen ist, dass einer der Gesamtschuldner zur Zahlung überhaupt nicht oder nur in

9 OLG Düsseldorf 18.6.2010 – I-4 W 22/10, nv; OLG Düsseldorf 25.1.2007 – I-10 W 2/07, juris; OLG Düsseldorf 26.1.2006 – I-10 W 2/06, juris; BVerwG 13.1.1983 – 8 B 267/81, juris; OLG München Rpfleger 1982, 239 = JurBüro 1982, 884. **10** BGH MDR 2016, 241; BVerwG 20.4.2011 – 8 KSt 1/11 (8 B 83/10), juris; BFH 12.12.1996 – VII E 8/96, juris; OLG Düsseldorf 29.1.2009 – I-10 W 1404/08, juris; KG AGS 2002, 259 = MDR 2002, 1276; OLG München NJW-RR 2000, 1744 = AGS 2000, 114 und 136; offengelassen BGH AGS 2001, 20; aA OLG Koblenz AGS 2000, 13 = NJW-RR 2000, 71; OVG Münster AGS 2000, 55 f m. abl. Anm. *Hellstab*. **11** BVerwG 20.4.2011 – 8 KSt 1/11 (8 B 83/10), juris; BFH 12.12.1996 – VII E 8/96, juris; OLG München AGS 2000, 114 u. 136 = NJW-RR 2000, 1744; FG Hamburg 20.12.2014 – 3 KO 242/14, juris; FG Bremen 15.12.1997 – 297232Ko 2, juris; OLG Koblenz Rpfleger 1988, 384; aA OLG Koblenz AGS 2000, 13 = NJW-RR 2000, 71; OVG Münster AGS 2000, 55 f m. abl. Anm. *Hellstab*. **12** BFH 12.12.1996 – VII E 8/96, juris; KG AGS 2002, 259 = MDR 2002, 1276; OLG Koblenz Rpfleger 1988, 384. **13** BGH MDR 2016, 241; vgl zur Darlegung des Ermessens: FG Saarbrücken OLGR 1997, 207. **14** So noch unter Geltung des § 8 Abs. 3 KostVfg aF: KG AGS 2002, 259 = MDR 2002, 1276; OLG München NJW-RR 2000, 1744 = AGS 2000, 114 und 136; OLG Koblenz Rpfleger 1988, 384; OLG Hamm 18.1.2007 – 23 W 154/06, juris; aA OVG NRW AGS 2000, 55; OLG Düsseldorf AGS 2004, 302 = JurBüro 2004, 605.

Teilbeträgen in der Lage wäre.[15] Dann sind die gesamten Kosten zunächst nur von den Übrigen anzufordern, um einen Ausfall der Staatskasse zu vermeiden.

15 Nach Auffassung des OLG München[16] konnte die Staatskasse früher auch dann nicht entgegen § 8 Abs. 3 S. 2 Nr. 3 KostVfg aF von einem Gesamtschuldner die gesamten Gerichtskosten verlangen, wenn eine kopfteilige Aufteilung auf die Gesamtschuldner zu derart kleinen Beträgen führte, dass nach den einschlägigen Verwaltungsbestimmungen zur Anforderung von **Kleinbeträgen**[17] von der Rechnungsstellung abzusehen war. Dagegen sprach aber, dass der Kostenbeamte nach § 8 Abs. 3 S. 2 KostVfg aF die Kosten nur dann kopfteilig anfordern sollte, soweit die Sicherheit der Staatskasse keine andere Art der Inanspruchnahme geboten erscheinen ließ. Diese Formulierung rechtfertigte es, von einer kopfteiligen Anforderung abzusehen, weil die Gebühr von der Staatskasse dann insgesamt nicht eingezogen werden konnte.[18] § 8 Abs. 4 S. 2 Nr. 3 KostVfg erlaubt es dem Kostenbeamten seit dem 1.4.2014 ausdrücklich, bei der Inanspruchnahme der Gesamtschuldner zu berücksichtigen, ob bei einer Verteilung nach Kopfteilen Kleinbeträge oder unter der Vollstreckungsgrenze liegende Beträge anzusetzen wären.

16 Haften mehrere **Veranlassungsschuldner** (zB § 22 Abs. 1) als Gesamtschuldner, ist es nicht ermessensfehlerhaft, wenn der Kostenbeamte die Kosten nicht kopfteilig, sondern von einem der Schuldner die Kosten anfordert, die entstanden wären, wenn nur seine Anträge den Streitgegenstand gebildet hätten.[19]

17 Der Kostenbeamte handelt idR **ermessensfehlerhaft**, wenn er die durch § 8 Abs. 4 KostVfg bei der Ermessensausübung zu beachtenden Regelungen nicht beachtet, zB wenn er einem Kostenschuldner alle Kosten in Rechnung stellt, obwohl in der Kostenentscheidung eine Kostenaufteilung angeordnet worden ist, § 8 Abs. 4 S. 2 Nr. 1 KostVfg.[20]

18 Hat ein Mitschuldner seinen Wohnsitz im **Ausland**, kann von einer Berücksichtigung dieses Kostenschuldners bei der kopfteiligen Inanspruchnahme abgesehen werden, wenn bzw weil erhöhter Verwaltungsaufwand durch die Inanspruchnahme nach Kopfteilen entsteht (§ 8 Abs. 4 S. 2 Nr. 2 KostVfg).[21] Denn eine Vollstreckung nach der JBeitrO im Inland ist hier idR ausgeschlossen. Im Ausland kann die Kostenforderung nicht vollstreckt werden, weil sie keine Entscheidung iSv Art. 38 EuGVVO („Brüssel I-VO")[22] bzw Art. 39 EuGVVO („Brüssel Ia-VO") ist.[23] Hiervon sind nur die in einem Mitgliedstaat ergangenen **Entscheidungen** erfasst, die in diesem Staat vollstreckbar sind. Die Vollstreckung der Kostenforderung müsste nach § 67 ZRHO erfolgen.[24]

19 Auch wenn einer der Kostengesamtschuldner zur Zahlung nicht in der Lage ist, kann dieser bei der (kopfteiligen) Anforderung der Kosten unberücksichtigt bleiben.[25] Das ist zB der Fall, wenn von gesamtschuldnerisch nach § 29 Nr. 1 (erste Instanz) und § 29 Nr. 2 (zweite Instanz) haftenden Schuldnern einem Schuldner PKH ohne Ratenzahlungen bewilligt worden ist.

20 Lässt der Kostenbeamte § 8 Abs. 4 KostVfg bei der Inanspruchnahme außer Acht bzw entspricht die Inanspruchnahme nicht pflichtgemäßem Ermessen iSv § 8 Abs. 4 KostVfg, kann dies mit der **Erinnerung** gem. § 66 angefochten werden.[26] Das Gericht bindet die Regelung in der KostVfg allerdings nicht (→ § 19 Rn 2).[27]

21 **3. Einzelfälle. a) Gesamtschuldnerische Haftung.** Mehrere gesamtschuldnerisch haftende Kostenschuldner iSv Abs. 1 sind vorhanden, wenn mehrere Personen für **dieselben Kosten desselben Verfahrens**[28] und **desselben Rechtszugs** aus **demselben Haftungsgrund**[29] oder aus **verschiedenen Haftungsgründen** zahlungspflichtig sind. Darauf, ob die Parteien auf derselben oder auf verschiedenen Seiten stehen, kommt es nicht an.[30] Des-

---

15 BFH 12.12.1996 – VII E 8/96, juris; VGH Baden-Württemberg 15.10.1984 – 10 S 345/84, juris; FG Hamburg 20.12.2014 – 3 KO 242/14, juris. **16** OLG München AGS 2000, 114 u. 136 = NJW-RR 2000, 1744. **17** Vgl zB für NRW: AV d. JM v. 17.7.2000 (5661 - I B. 9) idF v. 8.6.2004 (Behandlung von kleinen Kostenbeträgen; Beträge von weniger als 7,50 €). **18** Vgl BGH AGS 2001, 20: Von der kopfteiligen Anforderung kann bei Sitz eines der beiden Streitgenossen im Ausland abgesehen werden. **19** KGReport Berlin 1994, 71. **20** OLG Düsseldorf JurBüro 1994, 500; vgl auch OLG Saarbrücken OLGR 1997, 207. **21** BGH AGS 2001, 20. **22** Verordnung (EG) Nr. 44/2001 des Rates vom 22. Dezember 2000 über die gerichtliche Zuständigkeit und die Anerkennung und Vollstreckung von Entscheidungen in Zivil- und Handelssachen (ABl. EG Nr. L 12 v. 16.1.2001, S. 1, ber. ABl. EG Nr. L 307 v. 24.11.2001, S. 28), zul. geänd. d. Verordnung (EU) Nr. 566/2013 vom 18. Juni 2013 (ABl. EU Nr. L 167 v. 19.6.2013, S. 29) (EuGVVO bzw „Brüssel I-VO"), ersetzt durch die am 10.1.2015 in Kraft getretene Verordnung (EU) Nr. 1215/1212 des Europäischen Parlaments und des Rates vom 12. Dezember 2012 über die gerichtliche Zuständigkeit und die Anerkennung und Vollstreckung von Entscheidungen in Zivil- und Handelssachen (Neufassung) (ABl. EU L 351 v. 20.12.2012, S. 1 mit späteren Änderungen) („Brüssel Ia-VO"). **23** BGH AGS 2001, 20 (zu Art. 38 EuGVVO bzw Brüssel I-VO). **24** Vgl OLG Düsseldorf 13.2.2007 – II-10 WF 25/06, juris. **25** OLG Bremen OLGR 2008, 185. **26** Noch zu § 8 Abs. 3 KostVfg aF: BVerwG 20.4.2011 – 8 KSt 1/11 (8 B 83/10), juris; KG AGS 2002, 259 = MDR 2002, 1276; OLG München AGS 2000, 114 u. 136 = NJW-RR 2000, 1744; OLG Frankfurt JurBüro 2001, 37 = AGS 2001, 130; OLG Düsseldorf JurBüro 1994, 500; OLG Koblenz JurBüro 1988, 1684; OLG Karlsruhe JurBüro 1981, 414; offengelassen BGH AGS 2001, 20. **27** BGH 13.4.2011 – 5 StR 406/09, juris; OLG Düsseldorf 29.1.2009 – I-10 W 1404/08, juris; OLG Koblenz MDR 2005, 1079. **28** OLG Hamburg OLGR 1997, 218. **29** Binz/Dörndorfer/*Dörndorfer*, § 31 GKG Rn 2. **30** OLG Karlsruhe JurBüro 1995, 43; *Meyer*, GKG § 22 Rn 15; *Meyer*, GKG § 31 Rn 2; vgl auch OLG Düsseldorf 26.1.2006 – I-10 W 2/06, juris; BVerwG 13.1.1983 – 8 B 267/81, juris; OLG München Rpfleger 1982, 239 = JurBüro 1982, 884; aA *Oestreich/Hellstab/Trenkle*, FamGKG § 26 Rn 1 f.

halb besteht Gesamtschuldnerhaftung nach Abs. 1, wenn mehrere Erstschuldner (s. dazu Abs. 2) nach § 29 Nr. 1 und/oder § 29 Nr. 2 vorhanden sind.[31] Nur wenn die Parteien Streitgenossen sind, ergibt sich die Gesamthaftung aus § 32.

Gesamthaftung nach Abs. 1 liegt zB vor, wenn 22

■ mehrere Kläger vorhanden sind, die nach § 22 Abs. 1 haften;[32]

■ mehrere Parteien denselben Zeugen benennen und deshalb für die hierdurch angefallenen Kosten nach §§ 17, 18 haften;[33]

■ der Beklagte für die durch ihn veranlassten Verteidigungsmaßnahmen (Zeuge, Sachverständiger) gem. §§ 17, 18 zahlungspflichtig wird. Denn der Kläger des Verfahrens haftet gem. § 22 Abs. 1 ebenfalls für diese Kosten.[34]

Gesamtschuldnerische Haftung für dieselben Kosten (→ Rn 2) besteht darüber hinaus zB auch in folgenden 23 Fällen:

b) **Antragsteller und Entscheidungs-/Übernahmeschuldner.** Der nach § 22 Abs. 1 haftende **Antragsteller** 24 (Kläger) des Verfahrens (Zweitschuldner) sowie der **Entscheidungs- oder Übernahmeschuldner** gem. § 29 Nr. 1 und 2 (Erstschuldner) haften gem. Abs. 1 in Höhe der Kostenquote des Erstschuldners als Gesamtschuldner.[35] Allerdings sind hinsichtlich ihrer Inanspruchnahme Abs. 2 und 3 zu beachten (→ Rn 9 ff). Zur Haftung bei Kostenverteilung nach **Bruchteilen** → Rn 35 ff.

c) **Vergleichsgebühr.** Die am Abschluss eines **Vergleichs** beteiligten Parteien/Beteiligten schulden die nach 25 Nr. 1900, 5600 und 7600 KV anfallende Vergleichsgebühr gem. §§ 22 Abs. 2, 31 Abs. 1 als Gesamtschuldner (→ § 22 Rn 96),[36] und zwar unabhängig davon, ob im Vergleich eine andere Kostentragungspflicht vereinbart worden ist.[37] Eine etwaige Kostenübernahmeerklärung einer Partei/eines Beteiligten im Vergleich führt zusätzlich zur Erstschuldnerhaftung nach § 29 Nr. 2, so dass Abs. 2 zu beachten ist (→ Rn 39 ff).[38]

d) **Klage und Widerklage. aa) Derselbe Streitgegenstand.** Betreffen **Klage und Widerklage denselben Streit-** 26 **gegenstand**, findet eine Zusammenrechnung der Werte von Klage und Widerklage gem. § 45 Abs. 1 S. 1 und 3 nicht statt, sondern es ist nur der Wert des höheren Anspruchs für die Gebührenberechnung maßgebend. Gesamtschuldnerhaftung besteht im Umfang der Deckung der Verfahrensgegenstände von Klage und Widerklage.

Beispiel 1 (Deckung der Streitgegenstände): Die Klage (Wert: 5.000 €) und die Widerklage (Wert: 5.000 €) betref- 27 fen denselben Gegenstand.

Die gem. § 45 Abs. 1 S. 1 und 3 nur nach einem Verfahrenswert von 5.000 € anfallende 3,0-Verfahrensgebühr Nr. 1210 KV über 438 € schulden Kläger und Beklagter gem. Abs. 1 als Gesamtschuldner.

Beispiel 2 (Teilweise Deckung der Streitgegenstände): Die Klage (Wert: 7.000 €) und die Widerklage (Wert: 28 5.000 €) betreffen denselben Gegenstand.

Gemäß § 45 Abs. 1 S. 1 und 3 entsteht die 3,0-Verfahrensgebühr Nr. 1210 KV zwar nach dem höheren Wert iHv 7.000 € mit 552 €. Kläger und Beklagter haften gem. Abs. 1 als Gesamtschuldner aber nur für eine nach einem Wert iHv 5.000 € berechnete Verfahrensgebühr iHv 438363 €. Für die Differenz iHv 114 € (552 € – 438 €) haftet nur der Kläger.

Beispiel 3 (Auslagenhaftung): Zur Klage werden sowohl vom Kläger als auch vom Beklagten benannte Zeuge A 29 (Entschädigung: 100 €) und der nur vom Beklagten benannte Zeuge B (Entschädigung: 50 €) vernommen. Zur Widerklage wird der vom Beklagten benannte Zeuge C (Entschädigung: 80 €) vernommen.

Gesamtschuldnerische Haftung besteht für den Zeugen A und den Zeugen B iHv insgesamt 150 €:

– Haftung für A: Kläger gem. §§ 17 Abs. 1, 18, 22 Abs. 1; Beklagter gem. §§ 17 Abs. 1, 18.

– Haftung für B: Kläger gem. § 22 Abs. 1; Beklagter gem. §§ 17 Abs. 1, 18.

– Haftung für C: nur Beklagter gem. §§ 17 Abs. 1, 18, 22 Abs. 1.

bb) **Verschiedener Streitgegenstand.** Betreffen Klage und Widerklage **verschiedene Streitgegenstände**, er- 30 folgt gem. § 45 Abs. 1 S. 1 und 3 Zusammenrechnung der Werte der Gegenstände. Kläger und Beklagter (Widerklage) haften als Antragsteller der Instanz gem. § 22 Abs. 1 jeweils für eine nach dem Wert der jeweiligen Klage berechnete Verfahrensgebühr sowie für die durch das Verfahren über die jeweilige Klage entstandenen Auslagen. Zur Berechnung der Gebühr(en) wird zunächst auf die Erl. in → Nr. 1210 KV

---

31 OLG Düsseldorf 18.6.2010 – I-4 W 22/10, nv; OLG Düsseldorf 25.1.2007 – I-10 W 2/07, juris; OLG Düsseldorf 26.1.2006 – I-10 W 2/06, juris; BVerwG 13.1.1983 – 8 B 267/81, juris; OLG München Rpfleger 1982, 239 = JurBüro 1982, 884. **32** OLG Bremen OLGR 2008, 185; KG MDR 2007, 986; OLG Karlsruhe JurBüro 1995, 43; OLG Koblenz Rpfleger 1988, 384; Binz/Dörndorfer/*Dörndorfer*, § 22 GKG Rn 7. **33** OLG München NJW 1975, 2027. **34** OLG Karlsruhe NJW-RR 2010, 499 = RVGreport 2011, 39; OLG Düsseldorf 28.5.2002 – 10 W 47/02, juris. **35** OLG Dresden FamRZ 2010, 753 = JurBüro 2010, 148. **36** OLG Düsseldorf JurBüro 1995, 429; Binz/Dörndorfer/*Dörndorfer*, § 22 GKG Rn 11; *Hartmann*, KostG, § 22 GKG Rn 19. **37** *Meyer*, GKG § 22 Rn 30; *Hartmann*, KostG, § 22 GKG Rn 19. **38** *Meyer*, GKG § 22 Rn 30.

Rn 40 ff verwiesen, zur Abhängigmachung auf → § 12 Rn 45 ff. Zur gesamtschuldnerischen Haftung von Kläger und Widerkläger vgl die Erl. in → § 22 Rn 67 ff.

31   **e) Klage und Widerklage betreffenden denselben Streitgegenstand.** Auf die Erl. in → Rn 26–29 wird insoweit verwiesen.

32   **f) Wechselseitige Rechtsmittel.** Legen sowohl der Kläger als auch der Beklagte wechselseitig Rechtsmittel gegen dieselbe Entscheidung ein und betreffen die wechselseitigen Rechtsmittel denselben Gegenstand, ist für die Verfahrensgebühr Nr. 1220 KV gem. § 45 Abs. 2, Abs. 1 S. 1 und 3 keine Wertzusammenrechnung der Rechtsmittel vorzunehmen. Gegebenenfalls ist nur der Wert des höheren Rechtsmittels maßgebend. Allerdings haften beide Rechtsmittelführer gesamtschuldnerisch für die Verfahrensgebühr, §§ 22 Abs. 1, 31 Abs. 1. Zur Berechnung der Gebühr(en) wird auf → Nr. 1220 KV Rn 20 ff und zur Haftung auf → § 22 Rn 60 ff verwiesen (auch → Rn 26 ff).

33   **g) Streitiges Verfahren nach Mahnverfahren.** Beantragen im Mahnverfahren sowohl der Antragsteller als auch der Antragsgegner die Durchführung des streitigen Verfahrens, haften sie gem. Abs. 1 als Gesamtschuldner für die darin anfallenden Kosten. Das gilt auch, wenn der Antragsteller den Abgabeantrag im Mahnbescheidsantrag gestellt, jedoch noch nicht die gem. § 12 Abs. 3 S. 3, 4 GKG vorauszahlungspflichtige Verfahrensgebühr Nr. 1210 KV gezahlt hat (→ § 12 Rn 55 und Nr. 1210 KV Rn 63) und der Antragsgegner seinerseits den Abgabeantrag stellt, auf den ohne vorherige Zahlung der Verfahrensgebühr Nr. 1210 KV (→ Nr. 1210 KV Rn 64 und § 12 Rn 57) die Sache an das Prozessgericht abgegeben wird.[39] Vgl auch → § 22 Rn 48 ff.

34   **h) Zwangsvollstreckung.** Gesamtschuldnerisch haften auch der Vollstreckungsgläubiger als Antragsteller gem. § 22 Abs. 1 S. 1 sowie der Schuldner für die Kosten der Vollstreckung.

35   **4. Keine gesamtschuldnerische Haftung. a) Bruchteilshaftung.** Sind die Gerichtskosten unter den Parteien nach Quoten oder nach Bruchteilen aufgeteilt worden, besteht eine gesamtschuldnerische Haftung nur insoweit, als eine Partei auch aus einem anderen Rechtsgrund für die Kosten haftet.[40] Denn Bruchteilsschuldner haften nicht auf den ganzen Betrag und dieselben Kosten (→ Rn 2), sondern nur mit den jeweiligen Bruchteilen.

36   **Beispiel:** Der Kläger übernimmt im Vergleich 1/3 und die beiden Beklagten übernehmen 2/3 der Kosten.

Die Kosten schulden gem. § 29 Nr. 2 (Erstschuldner) der Kläger zu 1/3-Anteil und die beiden Beklagten zu 2/3-Anteil, insoweit ggf als Gesamtschuldner gem. § 32 (→ Rn 5 und die Erl. zu § 32). Zusätzlich haftet der Kläger gem. § 22 Abs. 1 S. 1 für alle Kosten als Zweitschuldner. Hinsichtlich des die beiden Beklagten treffenden 2/3-Anteils haftet der Kläger nach Abs. 1 gesamtschuldnerisch mit den Beklagten.[41]

37   **b) Verzögerung des Verfahrens.** Die Gebühr nach § 38, Nr. 1901, 5601, 6600, 7601 und 8700 KV wegen **Verzögerung des Verfahrens** schuldet nur die Partei/der Beteiligte, der/dem sie vom Gericht auferlegt worden ist. Gesamtschuldnerische Haftung der nach anderen Bestimmungen haftenden Parteien/Beteiligten (zB §§ 22, 29) für diese Gebühr besteht daher nicht.[42]

38   **c) Dokumenten- und Aktenversendungspauschale, § 28 Abs. 1 S. 2, Abs. 2.** Ebenfalls nicht von § 31 erfasst ist die Dokumenten- und die Aktenversendungspauschale in den Fällen des § 28 Abs. 1 S. 2, Abs. 2. Denn diese schuldet **nur** die Partei/der Beteiligte, die/der die Beifügung der erforderlichen Mehrfertigungen unterlassen bzw die Aktenversendung beantragt hat.[43] Auf die Erl. zu § 28 Abs. 1, 2 wird verwiesen.

III. Erst- und Zweitschuldnerhaftung nach Abs. 2

39   **1. Erst- und Zweitschuldner (Abs. 2 S. 1).** Zwar geht auch Abs. 2 S. 1 von Gesamtschuldnerhaftung aus, die es der Staatskasse grds. erlaubt, dieselben Kosten gem. § 421 BGB nach ihrem Belieben von jedem der Schuldner ganz oder zum Teil, insgesamt aber nur einmal zu fordern (→ Rn 7). Abs. 2 S. 1 schränkt diesen Grundsatz jedoch ein und legt für die Staatskasse verbindlich die **Reihenfolge** und die Voraussetzung der Inanspruchnahme fest, wenn Entscheidungs- oder Übernahmeschuldnerhaftung (§ 29 Nr. 1 und 2: Erstschuldnerhaftung) und Haftung nach anderen Bestimmungen (Zweitschuldner) zusammentreffen.[44] Abs. 2 unterscheidet dabei zwischen dem zunächst in Anspruch zu nehmenden **Erstschuldner** und dem nachrangig haftenden **Zweitschuldner**. Erstschuldner sind nur der nach § 29 Nr. 1 haftende **Entscheidungsschuldner** sowie der nach § 29 Nr. 2 zahlungspflichtige **Übernahmeschuldner**. Auf die in Abs. 2 geregelte Reihenfolge der Inanspruchnahme mehrerer Kostenschuldner kommt es damit erst an, wenn eine Kostenentscheidung getroffen ist[45] oder eine Kostenübernahmeerklärung vorliegt. Die in Abs. 2 nicht genannten Kostenschuld-

---

39 OLG Karlsruhe JurBüro 1995, 42; vgl auch OLG Hamm NJW-RR 2003, 357. **40** OLG Karlsruhe NJW-RR 2001, 1365 = AGS 2002, 212; *Meyer*, GKG § 31 Rn 3. **41** OLG Düsseldorf 29.4.2003 – 10 WF 03/03, juris; *Meyer*, GKG § 31 Rn 3. **42** *Meyer*, GKG § 31 Rn 6. **43** *Meyer*, GKG § 31 Rn 1. **44** OLG Düsseldorf NJW-RR 1997, 1295 = JurBüro 1998, 149. **45** BGH MDR 2016, 302; OLG Karlsruhe NJW-RR 2010, 499 = RVGreport 2011, 39.

ner nach § 29 Nr. 3 und 4 sind keine Erstschuldner, so dass Abs. 2 insoweit nicht gilt. Die **Zweitschuldner-haftung** kann sich aus §§ 17 Abs. 1 S. 1, 18 und 22 Abs. 1 ergeben. Zweitschuldner sind damit alle Kostenschuldner, die nicht Erstschuldner sind, also auch die Kostenschuldner aus § 29 Nr. 3 und 4.[46]

2. Mehrere Erstschuldner und mehrere Zweitschuldner. Mehrere nach § 29 Nr. 1 oder 2 haftende Erst- **40** schuldner haften als Gesamtschuldner (zur gesamtschuldnerischen Haftung von Streitgenossen → Rn 5 f sowie die Erl. zu § 32.[47] Die Inanspruchnahme richtet sich hier nicht nach Abs. 2 S. 1, sondern nach den allgemeinen Regeln (→ Rn 7 ff). Keiner der mehreren Erstschuldner kann daher verlangen, dass auf der Grundlage der in Abs. 2 geregelten Reihenfolge zunächst ein anderer Kostenschuldner in Anspruch genommen werden muss.[48] Denn Abs. 2 gilt nicht im Verhältnis mehrerer Erstschuldner zueinander.[49] Abs. 2 gilt auch dann nicht, wenn einem von zwei gesamtschuldnerisch haftenden Erstschuldnern PKH bewilligt worden ist. Hier kann von der Staatskasse der andere Erstschuldner in Anspruch genommen werden, ohne dass dieser sich auf Abs. 2 berufen könnte.[50] Der Erstschuldner, dem PKH gewährt ist, wird nicht vor einer Inanspruchnahme durch einen Ausgleichsanspruch gem. § 426 Abs. 1 BGB des nicht PKH-berechtigten anderen Erstschuldners geschützt (→ Rn 7).[51]

Diese Erl. gelten entsprechend für die gesamtschuldnerische Haftung mehrerer Zweitschuldner.[52] Abs. 2 gilt **41** somit nicht im Verhältnis mehrerer Erst- oder Zweitschuldner zueinander.[53]

3. Noch ausstehende Gerichtskosten. Abs. 2 S. 1 betrifft nur die Anforderung solcher Gerichtskosten bei **42** dem als Erstschuldner haftenden Entscheidungs- oder Übernahmeschuldner (§ 29 Nr. 1 und 2), die zum Zeitpunkt der Entstehung der Erstschuldnerhaftung **noch nicht gezahlt** sind und daher noch ausstehen.[54] Hat der als Zweitschuldner haftende Antragsteller des Verfahrens (§ 22 Abs. 1 S. 1) zur Erfüllung seiner Kostenschuld aber bereits die Kosten gezahlt, bleiben diese von der vorrangigen Erstschuldnerhaftung der/des anderen Parte/Beteiligten nach § 29 Nr. 1 oder 2 unberührt. Eine Rückzahlungspflicht der Staatskasse besteht – anders als in den Fällen der §§ 2 Abs. 5, 30 S. 2 und 31 Abs. 3 S. 1 Hs 2 – daher nicht.[55] Die auf die Kostenschuld des Erstschuldners verrechnete Zahlung des Antragstellers kann dieser im Kostenfestsetzungsverfahren gem. §§ 103 ff ZPO gegen den Erstschuldner geltend machen.[56]

Die vorstehenden Ausführungen gelten aber dann nicht, wenn dem als Erstschuldner haftenden Entschei- **43** dungsschuldner PKH bewilligt ist (Abs. 3; → Rn 69 ff) bzw bei Abschluss eines Vergleichs die Voraussetzungen des Abs. 4 vorliegen (→ Rn 92 ff).

Beispiel 1 (Vollstädig gezahlte Kosten): Der Kläger hat die gem. § 12 Abs. 1 S. 1 vorauszahlungspflichtige Ver- **44** fahrensgebühr Nr. 1210 KV iHv 500 € eingezahlt. Die Kosten des Verfahrens werden dem Beklagten auferlegt.

Aufgrund der Antragstellerhaftung des Klägers (§ 22 Abs. 1 S. 1) wird dessen Zahlung auf die gem. § 29 Nr. 1 bestehende Kostenschuld des Beklagten verrechnet. Eine Geltendmachung der Kosten iHv 500 € beim Beklagten durch die Gerichtskasse bzw die zuständige Vollstreckungsbehörde erfolgt nicht und eine Schlusskostenrechnung ist deshalb gem. § 26 Abs. 9 S. 1 KostVfg nicht erforderlich. Der Kläger kann den auf die Kostenschuld des Beklagten verrechneten Betrag über 500 € im Kostenfestsetzungsverfahren gegen den Beklagten geltend machen.

Beispiel 2 (Teilweise gezahlte Kosten): Der Kläger hat die vorauszahlungspflichtige Verfahrensgebühr Nr. 1210 **45** KV iHv 300 € eingezahlt. Der Sachverständige erhält für das eingeholte Gutachten eine Vergütung iHv 1.000 €. Der Kläger hat hierfür 800 € Vorschuss eingezahlt. Die Kosten des Verfahrens werden Kläger und Beklagtem je zur Hälfte auferlegt.

Der Kostenbeamte gleicht die insgesamt angefallenen Gerichtskosten iHv 1.300 € wie folgt aus:

I. Kläger: 1/2	650,00 €
abzgl. gezahlter	– 1.100,00 €
Überschuss	450,00 €

Der Überschuss iHv 450 € darf aufgrund der Zweitschuldnerhaftung des Klägers (§§ 17 Abs. 1, 18, 22 Abs. 1 S. 1) auf die Kostenschuld des Beklagten verrechnet werden.

---

46 *Meyer*, GKG § 31 Rn 16; Binz/Dörndorfer/*Dörndorfer*, § 31 GKG Rn 3. **47** OLG Düsseldorf 18.6.2010 – I-4 W 22/10, nv; OLG Düsseldorf 25.1.2007 – I-10 W 2/07, juris; OLG Düsseldorf 26.1.2006 – I-10 W 2/06, juris; BVerwG 13.1.1983 – 8 B 267/81, juris; OLG München Rpfleger 1982, 239 = JurBüro 1982, 884. **48** OLG Düsseldorf FamRZ 2009, 1617 = JurBüro 2009, 372; *Meyer*, GKG § 31 Rn 15. **49** OLG Düsseldorf 18.6.2010 – I-4 W 22/10, juris; OLG Düsseldorf FamRZ 2009, 1617 = JurBüro 2009, 372; BFH 12.12.2008 – IV E 1/08, juris; FG Hamburg 20.12.2014 – 3 KO 242/14, juris. **50** OLG Düsseldorf FamRZ 2009, 1617 = JurBüro 2009, 372; OLG Düsseldorf 25.1.2007 – I-10 W 2/07, juris; aA OLG Naumburg 3.8.2011 – 2 W 77/10, juris. **51** OLG Düsseldorf FamRZ 2009, 1617 = JurBüro 2009, 372; OLG Frankfurt Rpfleger 1989, 40. **52** OLG Düsseldorf 2.4.2009 – I-10 W 23/09, juris; OLG Düsseldorf OLGR 2002, 277; *Meyer*, GKG § 31 Rn 17. **53** OLG Düsseldorf FamRZ 2009, 1617 = JurBüro 2009, 372. **54** BGH MDR 2016, 302; BGH JurBüro 1989, 1569 = NJW-RR 1989, 1277; BGH JurBüro 1982, 50; OLG Düsseldorf NJW-RR 1997, 1295 = JurBüro 1998, 149; OLG Düsseldorf JMBl. NRW 1996, 262; OLG Hamm JurBüro 1992, 809 = Rpfleger 1992, 206; OLG Koblenz JurBüro 1991, 954; OLG Koblenz Rpfleger 1980, 444. **55** BGH JurBüro 1989, 1569 = Rpfleger 1989, 376; OLG Düsseldorf NJW-RR 1997, 1295 = JurBüro 1998, 149; OLG Düsseldorf JMBl NW 1996, 262; OLG Köln MDR 1993, 807 = JurBüro 1994, 35. **56** BGH JurBüro 1989, 1569 = Rpfleger 1989, 376; OLG Dresden 2.10.2008 – 20 WF 561/08, juris.

II. Beklagter: 1/2	650,00 €
abzgl. Überschuss des Klägers	– 450,00 €
Rest	200,00 €

Der offene Restbetrag iHv 200 € ist gem. Abs. 2 S. 1 zunächst gegen den Beklagten als Erstschuldner geltend zu machen. Nur unter den in Abs. 2 S. 1 genannten Voraussetzungen kann sich die Staatskasse insoweit an den Kläger als Zweitschuldner halten. Der Kläger kann den auf die Kostenschuld des Beklagten verrechneten Betrag über 450 € im Kostenfestsetzungsverfahren gegen den Beklagten geltend machen.

46   **4. Inanspruchnahme des Zweitschuldners. a) Erfolglose oder aussichtslose Zwangsvollstreckung. aa) Sollvorschrift.** Die Haftung des Zweitschuldners **soll** nach Abs. 2 S. 1 nur geltend gemacht werden, wenn eine Zwangsvollstreckung in das **bewegliche Vermögen** des Erstschuldners erfolglos geblieben ist oder aussichtslos erscheint. **Unbewegliches Vermögen** bleibt daher unberücksichtigt.[57] Umstritten ist, ob im Rahmen von Abs. 2 auch auf eine ggf eintrittspflichtige Rechtsschutz- oder Haftpflichtversicherung abzustellen ist.[58] Die Formulierung „soll" ist im Sinne einer **Rechtspflicht** oder Amtspflicht zu verstehen.[59] Die Inanspruchnahme des Zweitschuldners ist erst dann zulässig, wenn die in Abs. 2 S. 1 aufgeführten Voraussetzungen vorliegen[60] und vom Kostenbeamten durch eigene Prüfung festgestellt worden sind.[61] Die Vorschrift ist für den Kostenbeamten bindend.[62]

47   **bb) Erfolglose Zwangsvollstreckung.** Für die Erfolglosigkeit der Zwangsvollstreckung reicht **ein** fruchtloser Vollstreckungsversuch durch den Vollstreckungsbeamten/Gerichtsvollzieher bzw durch das Vollstreckungsgericht in das bewegliche Vermögen (körperliche Sachen, Forderungen u.Ä.) des Erstschuldners aus.[63] Mehrere Vollstreckungsversuche können nicht verlangt werden.[64] Teilt der Gerichtsvollzieher daher nach einem fruchtlosen Vollstreckungsversuch mit, dass Anhaltspunkte für eine pfändbare Forderung des Erstschuldners bestehen, muss die Staatskasse vor der Inanspruchnahme des Zweitschuldners nach dem Wortlaut von Abs. 2 S. 1 nicht noch die Forderungspfändung betreiben.[65] Denn Voraussetzung für eine Inanspruchnahme des Zweitschuldners ist nur *eine* erfolglose oder aussichtslos erscheinende Zwangsvollstreckung in das bewegliche Vermögen des Erstschuldners.[66]

48   **cc) Aussichtslose Zwangsvollstreckung. (1) Prüfungsumfang.** Für die Prüfung der Erfolgsaussichten einer Zwangsvollstreckung sind sämtliche im Einzelfall maßgeblichen Umstände zu prüfen und zu würdigen. Die Aussichtslosigkeit muss nicht feststehen, vielmehr genügt es, wenn mit einer **gewissen Wahrscheinlichkeit** zu vermuten ist, dass eine Vollstreckung in das bewegliche Vermögen nicht zu einem Erfolg führen wird.[67] Es genügt die Wahrscheinlichkeit, dass mit einer raschen und sicheren Verwirklichung des Anspruchs der Gerichtskasse bzw der zuständigen Vollstreckungsbehörde gegen den Kostenschuldner nicht zu rechnen ist.[68]

49   Die Inanspruchnahme des Zweitschuldners ist erst dann zulässig, wenn die in Abs. 2 S. 1 aufgeführten Voraussetzungen vom Kostenbeamten durch eigene Prüfung festgestellt worden sind. Eine bloße Mitteilung der Gerichtskasse bzw der zuständigen Vollstreckungsbehörde, dass eine Zwangsvollstreckung in das **bewegliche Vermögen** des Erstschuldners erfolglos geblieben ist oder aussichtslos erscheint, reicht nicht aus. Der Kostenbeamte muss den Eintritt dieser Voraussetzungen durch Einsicht in die Akten der Gerichtskasse bzw der zuständigen Vollstreckungsbehörde oder durch gezielte Nachfrage bei dieser Stelle selbst überprüfen.[69]

50   **(2) Einzelfälle. (a)** Bei Abgabe der **eidesstattlichen Versicherung** gem. §§ 897, 900 ff ZPO aF (bis 31.12.2012) konnte die Zwangsvollstreckung als aussichtslos erscheinend angesehen werden.[70] Die Abgabe der eidesstattlichen Versicherung war aber nicht Voraussetzung für die Feststellung der Aussichtslosigkeit,[71] allerdings kam einer zeitnahen Abgabe eine Indizwirkung zu.[72] Eine ein halbes Jahr alte eidesstattliche Versicherung war dabei jedenfalls noch als zeitnah anzusehen.[73] Der Abgabe der **Vermögensauskunft** gem. § 802 c ZPO (ab 1.1.2013) kommt im Hinblick auf eine aussichtslose Zwangsvollstreckung keine Indizwirkung mehr zu, da diese anders als die eidesstattliche Versicherung keinen fruchtlosen Vollstreckungsversuch mehr voraussetzt.

51   **(b)** Der Bezug von **Sozialhilfe bzw Hartz IV-Leistungen** lässt den Schluss zu, dass die Zwangsvollstreckung in das bewegliche Vermögen aussichtslos erscheint.[74]

52   **(c)** Auch die **Rückgabe des Vollstreckungsauftrags** durch den Vollziehungsbeamten bzw Gerichtsvollzieher mit dem Bemerken, dass der Erstschuldner amtsbekannt unpfändbar ist, reicht aus.[75]

57 OLG Düsseldorf OLGR 2002, 277. **58** Bejahend: OLG Koblenz 12.4.2010 – 5 W 171/10; *Meyer*, GKG § 31 Rn 25. Verneinend: LG Düsseldorf 4.1.2006 – 22 S 124/03, nv. **59** OLG Karlsruhe 12.1.2016 – 5 WF 176/15, juris. **60** OLG Düsseldorf OLGR 2002, 277. **61** OLG Celle AGS 2014, 133 = RVGreport 2014, 83. **62** OLG Karlsruhe 12.1.2016 – 5 WF 176/15, juris; OLG Stuttgart JurBüro 2001, 597. **63** OLG Celle 7.6.2012 – 2 W 149/12, juris; KG MDR 2003, 1320; OLG Koblenz MDR 2000, 976 = JurBüro 2000, 542; OLG Oldenburg JurBüro 1992, 810. **64** KG MDR 2003, 1320; OLG Koblenz MDR 2000, 976 = JurBüro 2000, 542. **65** *Meyer*, GKG § 31 Rn 23; *Oestreich/Hellstab/Trenkle*, FamGKG § 26 Rn 12. **66** KG MDR 2003, 1320; OLG Koblenz MDR 2000, 976 = JurBüro 2000, 542; OLG Oldenburg JurBüro 1992, 810. **67** OLG Düsseldorf OLGR 2002, 277. **68** KG RVGreport 2005, 436. **69** OLG Celle AGS 2014, 133 = RVGreport 2014, 83. **70** LG Marburg MDR 2010, 716. **71** OLG Koblenz MDR 2000, 976 = JurBüro 2000, 542. **72** OLG Düsseldorf OLGR 2002, 277. **73** LG Düsseldorf 4.1.2006 – 22 S 124/03, nv. **74** OLG Düsseldorf OLGR 2002, 277. **75** OLG Karlsruhe 12.1.2016 – 5 WF 176/15, juris.

(d) Ist der **Aufenthaltsort** des Erstschuldners **unbekannt** oder von der Gerichtskasse **nicht** zu **ermitteln**, kommt eine Inanspruchnahme des Zweitschuldners in Betracht, wenn keine beweglichen Vermögensgegenstände vorhanden sind bzw Anhaltspunkte für zugriffsfähige Vermögensgegenstände nicht vorliegen.[76] Ergeben sich Anhaltspunkte für die neue Anschrift des Erstschuldners, muss diesen vor der Inanspruchnahme des Zweitschuldners nachgegangen werden.[77]   53

(e) **Prozesskostenhilfe und aussichtslose Zwangsvollstreckung.** Aussichtslos erscheint die Zwangsvollstreckung auch dann, wenn dem Erstschuldner **Prozesskostenhilfe** mit oder ohne Ratenzahlung bewilligt worden ist. Denn wegen § 122 Abs. 1 Nr. 1 Buchst. a ZPO darf die Staatskasse aufgrund der Bewilligung von PKH keine Gerichtskosten fordern. Allerdings ist stets zu berücksichtigen, dass bei der Haftung der PKH-Partei als Entscheidungsschuldner (§ 29 Nr. 1) die Inanspruchnahme des Zweitschuldners ohnehin nach Abs. 3, bei der Haftung der PKH-Partei aufgrund Vergleichs als Übernahmeschuldner (§ 29 Nr. 2; → Rn 92 ff) ggf nach Abs. 4 ausgeschlossen ist.   54

Bei PKH wird aber nicht nur auf eine tatsächliche, sondern auch auf eine rechtliche Unmöglichkeit abgestellt. Die wohl **hM** stellt die rechtliche Aussichtslosigkeit der tatsächlichen Aussichtslosigkeit gleich und hält deshalb Abs. 2 für einschlägig.[78] Für die Gleichstellung spricht zwar, dass aufgrund der zur PKH-Bewilligung führenden wirtschaftlichen Situation eine Zwangsvollstreckung im Ergebnis tatsächlich aussichtslos iSv Abs. 2 wäre.[79]   55

Gegen die Gleichstellung der PKH-Bewilligung mit der tatsächlichen Aussichtslosigkeit der Zwangsvollstreckung im Rahmen von Abs. 2 sprechen aber insb. die Auswirkungen auf den Lauf der **Verjährungsfrist**. Denn wenn die rechtliche Unmöglichkeit der Geltendmachung beim PKH-Erstschuldner (§ 122 Abs. 1 Nr. 1 Buchst. a ZPO) mit der tatsächlichen Aussichtslosigkeit/Erfolglosigkeit der Zwangsvollstreckung gleichgestellt wird, würde auch der Lauf der Verjährungsfrist für Erst- und Zweitschuldner zeitgleich beginnen (vgl dazu die Erl. zu § 5). Diese Problematik ergibt sich nicht, wenn sowohl bei der Inanspruchnahme des Zweitschuldners nach Abs. 2 als auch bei der Verjährung nach § 5 auf die tatsächliche Erfolglosigkeit/Aussichtslosigkeit abgestellt wird. Zum Lauf der Verjährungsfrist für den Zweitschuldner → Rn 91.   56

Wird der **hM** gefolgt, erscheint eine Zwangsvollstreckung gegen die als Erstschuldnerin haftenden PKH-Partei aber dann nicht aussichtslos, wenn dieser in dem Verfahren zB durch gerichtlichen Vergleich eine Zahlung zugesprochen worden ist.[80] Zwar kann die Staatskasse auch dann keine Zwangsvollstreckungsmaßnahmen gegen die PKH-Erstschuldnerin einleiten, weil dies wegen § 122 Abs. 1 Nr. 1 Buchst. a ZPO ausgeschlossen ist.[81] Vor einer Inanspruchnahme des Zweitschuldners sind dann aber weitere Ermittlungen erforderlich. Eine Inanspruchnahme des Zweitschuldners kommt insoweit richtigerweise erst dann in Betracht, wenn die durch das Verfahren zugesprochene Zahlung zu einer Nachzahlungsverpflichtung des Erstschuldners gem. § 120 Abs. 4 ZPO geführt hat und diese nicht erfüllt worden ist.[82] Auch wenn die PKH des Erstschuldners gem. § 29 Nr. 1 entsprechend § 124 Nr. 2 ZPO (absichtlich oder aus grober Nachlässigkeit unrichtige Angaben über die persönlichen oder wirtschaftlichen Verhältnisse; keine Erklärung nach § 120 a Abs. 1 S. 3 ZPO nicht oder ungenügend abgegeben) widerrufen bzw die PKH aufgehoben worden ist, kann eine Inanspruchnahme des Zweitschuldners in Betracht kommen[83] (vgl aber → Rn 73).[84]   57

(f) Als aussichtslos soll die Zwangsvollstreckung in das bewegliche Vermögen auch dann gelten, wenn über das Vermögen des Erstschuldners das **Insolvenzverfahren** eröffnet worden ist.[85] Wenn allerdings die Gerichtskosten Masseschulden iSv §§ 53, 55 InsO sind und deshalb deren Begleichung zu erwarten ist, dürfte der Zweitschuldner noch nicht in Anspruch genommen werden können.[86] Aussichtslosigkeit kann insb. auch dann bejaht werden, wenn ein Antrag auf Eröffnung des Insolvenzverfahrens gestellt oder wenn der Insolvenzantrag mangels Masse abgewiesen worden ist.[87]   58

(g) Aussichtslos erscheint die Zwangsvollstreckung in das bewegliche Vermögen des Entscheidungsschuldners, wenn wegen seines Todes nur noch eine Vollstreckung in das bewegliche Vermögen des Erben in Be-   59

---

76 LG Berlin JurBüro 1984, 1701. **77** Vgl OLG Karlsruhe 12.1.2016 – 5 WF 176/15, juris. **78** Vgl OLG Oldenburg JurBüro 2013, 648; OLG Düsseldorf 28.7.2011 – I-10 W 85/11; OLG Dresden FamRZ 2010, 753 = JurBüro 2010, 148; OLG Düsseldorf AGkompakt 2010, 57; OLG Düsseldorf OLGR 2004, 218; OLG Düsseldorf OLGR 2002, 277; OLG Düsseldorf 29.4.2003 – 10 WF 03/03, juris; *Meyer*, GKG § 31 Rn 28; *Oestreich/Hellstab/Trenkle*, FamGKG § 26 Rn 16. Dafür: OLG Düsseldorf FamRZ 2009, 1617 = JurBüro 2009, 372; dagegen: OLG Karlsruhe 12.1.2016 – 5 WF 176/15, juris; OLG Naumburg 3.8.2011 – 2 W 77/10, juris. **79** Vgl OLG Düsseldorf FamRZ 2009, 1617 = JurBüro 2009, 372. **80** OLG Oldenburg JurBüro 2013, 648; OLG Düsseldorf 28.7.2011 – I-10 W 85/11; OLG Dresden FamRZ 2010, 753 = JurBüro 2010, 148; *Meyer*, GKG § 31 Rn 28. **81** Missverständlich insoweit OLG Dresden FamRZ 2010, 753 = JurBüro 2010, 148; *Meyer*, GKG § 31 Rn 28. **82** Vgl OLG Düsseldorf 28.7.2011 – I-10 W 85/11; OLG Dresden FamRZ 2010, 753 = JurBüro 2010, 148; *Meyer*, GKG § 31 Rn 28. **83** LG Marburg MDR 2010, 716; LG Saarbrücken 20.7.2009 – 5 T 172/08, juris. **84** BVerfG 23.5.2012 – 1 BvR 2096/09, juris. **85** LG Koblenz JurBüro 2006, 651. **86** *Oestreich/Hellstab/Trenkle*, FamGKG § 26 Rn 14; vgl auch OLG Karlsruhe NJW-RR 2010, 499 = RVGreport 2011, 39. **87** OLG Karlsruhe 12.1.2016 – 5 WF 176/15, juris; OLG München Rpfleger 1986, 1701 = MDR 1986, 684.

tracht kommt und die Nachlassabteilung des AG mitgeteilt hat, dass sechs Ausschlagungen vorliegen und weitere Nachlassvorgänge nicht vorhanden sein.[88]

60 **dd) Rechtsmittel gegen die Inanspruchnahme als Zweitschuldner, § 66.** Wehrt sich der Zweitschuldner mit der **Erinnerung** gem. § 66 gegen seine Inanspruchnahme, ist maßgeblicher Zeitpunkt für die Beurteilung der Aussichtslosigkeit der Zwangsvollstreckung allein der Zeitpunkt der Entscheidung über das Rechtsmittel des Zweitschuldners und nicht der Zeitpunkt der Erstellung des Kostenansatzes.[89] Gegen die Inanspruchnahme als Zweitschuldner kann nicht der Einwand der **unrichtigen Sachbehandlung** (§ 21) mit der Begründung erhoben werden, dass der Kostenansatz gegen den Erstschuldner ohne Grund verzögert worden ist und dadurch dessen Haftung nicht mehr realisiert werden konnte.[90]

61 **b) Inanspruchnahme aller Erstschuldner.** Sind mehrere Erstschuldner vorhanden (→ Rn 40), darf der Zweitschuldner erst dann in Anspruch genommen werden, wenn eine Zwangsvollstreckung in das bewegliche Vermögen **aller** Erstschuldner erfolglos geblieben ist oder aussichtslos erscheint. Es genügt nicht, dass die Staatskasse nur gegen einen bzw einige von mehreren Erstschuldnern erfolglos vorgegangen ist.[91] Ist einem der Erstschuldner PKH bewilligt worden und erscheint bei dem anderen Erstschuldner eine Zwangsvollstreckung in das bewegliche Vermögen aussichtslos bzw ist diese erfolglos geblieben, ist umstritten, ob die Zweitschuldnerhaftung ausgenutzt werden darf (dazu ausf. → Rn 40, 54 ff und das Beispiel → Rn 88).[92]

62 **c) Erstschuldner im Ausland.** Aussichtslosigkeit liegt nicht allein deshalb vor, weil die Zwangsvollstreckung im Ausland erfolgen müsste.[93] Allerdings ist Sinn und Zweck der Zwangsvollstreckung in das bewegliche Vermögen die rasche Befriedigung des Gläubigers. Eine Zwangsvollstreckung im Ausland ist daher dann als aussichtslos anzusehen, wenn sie in dem betreffenden Staat lange Zeit in Anspruch nehmen würde oder wenn sie mit unverhältnismäßig hohen Kosten verbunden wäre.[94] Diese Grundsätze finden sich auch in der Verwaltungsbestimmung des § 8 Abs. 1 S. 2, 3 KostVfg wieder, der allerdings nur behördeninterne Bindung zukommt (→ § 19 Rn 2).[95]

63 Die Einziehung der angesetzten Gerichtskosten erfolgt im Inland im Verwaltungszwangsverfahren nach der Justizbeitreibungsordnung. Im Ausland ist eine Vollstreckung einer Gerichtskostenrechnung als Akt der Justizverwaltung (→ § 19 Rn 3) nicht ohne Weiteres möglich. In Europa wird die Vollstreckung von Gerichtskostenrechnungen nicht von den in den Verordnungen der Europäischen Gemeinschaft oder zwischenstaatlichen Vereinbarungen vorgesehenen Vollstreckungserleichterungen[96] erfasst, sondern muss nach § 43 Rechtshilfeordnung für Zivilsachen (ZRHO) erfolgen. Allerdings erfordert auch dieses Verfahren in der Praxis einen erheblichen zeitlichen und finanziellen Aufwand. Es erscheint daher regelmäßig als unverhältnismäßig, die Gerichtskasse auf einen mit erheblichem zeitlichen und finanziellen Aufwand verbundenen Vollstreckungsversuch im Ausland zu verweisen, bevor der Zweitschuldner in Anspruch genommen werden darf.[97]

64 Vor Heranziehung des Zweitschuldners ist es der Gerichtskasse aber zuzumuten, die Kostenrechnung an den im Ausland wohnenden Erstschuldner zu versenden und ihn zur Zahlung in angemessener, ausreichend großzügig bemessener Frist aufzufordern.[98] Erfolgt nach **zweimaliger** Übersendung der Kostenrechnung mittels einfachen Briefes weder ein Briefrücklauf noch eine Zahlung durch den im Ausland wohnenden Erstschuldner, kann regelmäßig angenommen werden, dass die Zahlungsaufforderung dem Erstschuldner zugegangen ist, dieser aber die Gerichtskosten nicht zahlen wird, mithin eine zwangsweise Beitreibung im Ausland erfolgen müsste. Auch wenn die mehrfach übersandte Zahlungsaufforderung zurückkommt, weil der Erstschuldner unter den jeweiligen Zustelladressen nicht wohnhaft bzw ermittelbar ist und sich auch keine sonstigen Anhaltspunkte für den tatsächlichen Aufenthaltsort des Erstschuldners ergeben, sind der Gerichtskasse weitere Ermittlungen nicht mehr zuzumuten. Die Staatskasse muss aber den **Nachweis** führen können, dass sie die Kostenrechnung nebst Zahlungsaufforderung dem Kostenschuldner zweimal zugesandt

88 OLG Brandenburg FamRZ 2004, 384. **89** OLG Düsseldorf 29.4.2003 – 10 WF 03/03, juris. **90** KGReport Berlin 2005, 27. **91** OLG Naumburg 3.8.2011 – 2 W 77/10, juris; OLG Koblenz OLGR 2007, 728; OLG Düsseldorf 26.1.2006 – I-10 W 2 und 3/06, JurBüro 2006, 323 (nur Ls.); OLG Stuttgart JurBüro 2001, 597. **92** OLG Düsseldorf FamRZ 2009, 1617 = JurBüro 2009, 372; OLG Düsseldorf 25.1.2007 – I-10 W 2/07, juris; aA OLG Naumburg 3.8.2011 – 2 W 77/10, juris. **93** VGH Baden-Württemberg NJW 2002, 1516; FG Düsseldorf JurBüro 2012, 318. **94** FG Düsseldorf JurBüro 2012, 318; OLG Düsseldorf 29.1.2009 – I-10 W 104/08, juris = OLGR 2009, 367; OLG Düsseldorf OLGR 2007, 637 = JurBüro 2008, 43; OLG Düsseldorf JurBüro 1994, 111. **95** BGH 13.4.2011 – 5 StR 406/09, juris; OLG Düsseldorf 29.1.2009 – I-10 W 1404/08, juris; OLG Koblenz MDR 2005, 1079; FG Düsseldorf 14.11.2011 – 15 Ko 827/11 KG, juris. **96** Vgl Verordnung (EG) Nr. 44/2001 und Nr. 805/2004 des Übereinkommens der Europäischen Gemeinschaft über die gerichtliche Zuständigkeit und die Vollstreckung gerichtlicher Entscheidungen in Zivil- und Handelssachen (EuGVÜ). **97** OLG Düsseldorf OLGR 2007, 637 = JurBüro 2008, 43; OLG Düsseldorf 11.9.2007 – I-10 W 70/07, nv. **98** FG Düsseldorf JurBüro 2012, 318; OLG Düsseldorf 29.1.2009 – I-10 W 104/08, juris = OLGR 2009, 367; OLG Düsseldorf OLGR 2007, 637 = JurBüro 2008, 43; OLG Düsseldorf 11.9.2007 – I-10 W 70/07, nv; KG MDR 2005, 1079.

hat.[99] Eine per E-Mail an den ausländischen Kostenschuldner übersandte Zahlungsaufforderung reicht hierfür jedoch nicht aus.[100]

Verlaufen die Zahlungsaufforderungen ergebnislos, ist ein Ersuchen an die deutsche Auslandsvertretung, **65** die freiwillige Zahlung des im Ausland wohnenden Schuldners auf gütliche Weise zu vermitteln (§ 43 Abs. 1 S. 2 Alt. 1 ZRHO), wegen des Aufwands nicht zumutbar.[101]

5. Fortdauer der Vorschusspflicht, § 18 S. 2. Bei Fortdauer der Vorschusspflicht gem. § 18 S. 1 (→ § 18 **66** Rn 7 f) gilt Abs. 2 gem. § 18 S. 2 entsprechend. Hat daher der nach § 18 Vorschusspflichtige noch **keine Vorschusszahlung** geleistet (→ Rn 42 ff), soll der Vorschusspflichtige nach einer Kostenentscheidung oder einer Kostenübernahme nur noch in Anspruch genommen werden, wenn eine Zwangsvollstreckung in das bewegliche Vermögen des gem. § 29 Nr. 1 oder 2 haftenden Erstschuldners erfolglos geblieben ist oder aussichtslos erscheint. Deshalb haftet die nach § 18 vorschusspflichtige Partei nach Kostenentscheidung oder Kostenübernahme für den nicht gezahlten Betrag nur noch als **Zweitschuldner** (→ § 18 Rn 8 ff).

6. Zweitschuldnerhaftung bei Haftung für Teilbetrag (Abs. 2 S. 2). Abs. 2 S. 2 stellt klar, dass eine Zweit- **67** schuldnerhaftung nur für den Betrag besteht, um den die Antragstellerhaftung die Entscheidungshaftung übersteigt. Eine Unterscheidung nach den Gegenständen, auf die sich die Antragstellerhaftung bezieht, erfolgt daher nicht.[102] Danach kann eine **Zweitschuldnerhaftung** nach folgender **Formel** ermittelt werden:[103]

Antragstellerhaftung
abzgl. Erstschuldnerhaftung (§ 29 Nr. 1 oder 2)
= Zweitschuldnerhaftung

Beispiel: Der Kläger macht einen Zahlungsanspruch über 10.000 € geltend. Einige Zeit später reicht der Beklagte **68** Widerklage über 5.000 € ein. Klage und Widerklage betreffen verschiedene Gegenstände (§ 45 Abs. 1 S. 1 und 3). Von den Kosten des Verfahrens trägt der Kläger 3/4 und der Beklagte 1/4.

Der Kostenbeamte erstellt folgende Kostenrechnungen:

I. Kostenrechnung I nach Eingang der Klage

3,0-Verfahrensgebühr, Nr. 1210 KV (Wert: 10.000 €)	723,00 €

Die Gebühr iHv 723 € wird gem. § 12 Abs. 1 S. 1 mit Kostennachricht vom Kläger eingezogen.

II. Kostenrechnung II nach Eingang der Widerklage

3,0-Verfahrensgebühr, Nr. 1210 KV (Wert: 15.000 €)	879,00 €
abzgl. vom Kläger in Kostenrechnung I gezahlter	– 723,00 €
Rest	156,00 €

Der Rest iHv 156 € wird gegen den Beklagten zum Soll gestellt.

III. Kostenrechnung III, Schlusskostenrechnung

Von den gesamten Kosten iHv 879 € schuldet	
1. der Kläger 3/4 mit	659,25 €
abzgl. von ihm in Kostenrechnung I gezahlter	– 723,00 €
Überschuss	63,75 €
2. der Beklagte 1/4 mit	219,75 €
abzgl. Sollstellung Kostenrechnung II gezahlter	– 156,00 €
Rest	63,75 €

Der Kläger haftet gem. § 22 Abs. 1 S. 1 als Antragsteller der Instanz für eine nach dem Wert seiner Klage (10.000 €) berechnete Verfahrensgebühr iHv 723 €. Hiervon ist seine Entscheidungsschuldnerhaftung gem. § 29 Nr. 1 iHv 659,25 € abzuziehen, so dass sich noch eine restliche Antragstellerhaftung über 63,75 € ergibt. Der Überschuss des Klägers iHv 63,75 € darf daher beim Beklagten verrechnet werden. Der Kläger kann insoweit die Kostenfestsetzung gem. §§ 103 ff ZPO gegen den Beklagten betreiben.

IV. Auswirkung von Prozesskostenhilfe (Abs. 3 S. 1)

1. Keine Inanspruchnahme des Zweitschuldners und der PKH-Partei als Erstschuldner. a) Geltung auch für **69** **bereits gezahlte Kosten.** Abs. 3 gilt – im Gegensatz zu Abs. 2 (→ Rn 42) – auch für **bereits** vom Zweitschuldner **gezahlte Kosten.** Sind die Gerichtskosten vom Zweitschuldner bereits im Laufe des Verfahrens gezahlt worden, darf im Falle der Haftung der PKH-Partei als Erstschuldnerin gem. § 29 Nr. 1 (oder als

99 OLG Düsseldorf 29.1.2009 – I-10 W 104/08, juris = OLGR 2009, 367; OLG Düsseldorf OLGR 2007, 637 = JurBüro 2008, 43; OLG Düsseldorf 11.9.2007 – I-10 W 70/07, nv; KG MDR 2005, 1079; OLG Naumburg OLGR 2003, 334. **100** KG MDR 2005, 1079. **101** OLG Düsseldorf 29.1.2009 – I-10 W 104/08, juris = OLGR 2009, 367; einschr. VGH Baden-Württemberg NJW 2002, 1516. **102** BT-Drucks 15/1971, S. 153. **103** Vgl *Oestreich/Hellstab/Trenkle*, § 22 GKG Rn 22.

Übernahmeschuldnerin gem. § 29 Nr. 2, s. Abs. 4) diese Haftung nicht durch Verrechnung des gezahlten Betrags auf die Kostenschuld der PKH-Partei ausgenutzt werden. Vielmehr muss dann Erstattung erfolgen. Hierbei kommt es nicht darauf an, ob dem Erstschuldner PKH mit oder ohne Zahlungsbestimmungen bewilligt worden ist.[104]

70 **b) Kostenübernahme durch PKH-Partei führt nicht zu deren Erstschuldnerhaftung.** Aus Abs. 3, der grds. nur in den Fällen des § 29 Nr. 1, in den Fällen des § 29 Nr. 2 nur unter den in Abs. 4 aufgeführten Voraussetzungen gilt (→ Rn 78 und 92 ff), kann im Übrigen nicht geschlossen werden, dass die PKH-Partei im Falle der Übernahme der Gerichtskosten in einem Vergleich auf den Schutz aus § 122 Abs. 1 Nr. 1 Buchst. a ZPO verzichtet und deshalb auch als **Erstschuldnerin** für die Gerichtskosten gem. § 29 Nr. 2 in Anspruch genommen werden darf. Die PKH-Partei, die Gerichtskosten in einem Vergleich übernimmt und damit gem. § 29 Nr. 2 zur Erstschuldnerin wird, schuldet als solche wegen § 122 Abs. 1 Nr. 1 Buchst. a ZPO keine Gerichtskosten bzw. schuldet diese allenfalls in Höhe der vom Gericht angeordneten Raten. Abs. 3 verbietet die Inanspruchnahme anderer Kostenschuldner als Zweitschuldner, gestattet aber nicht die Inanspruchnahme der in einem Vergleich die Kosten übernehmenden PKH-Partei als Erstschuldnerin gem. § 29 Nr. 2.[105] Hierfür spricht, dass § 13 Abs. 3 S. 2 Hs 2 JVEG für den Fall der besonderen Vergütung nach § 13 JVEG ausdrücklich anordnet, dass die PKH-Partei einen Vorschuss zu zahlen hat und § 122 Abs. 1 Nr. 1 Buchst. a ZPO insoweit nicht anzuwenden ist.

71 **2. Rückzahlungspflicht der Staatskasse.** Die Regelung in Abs. 3 S. 1 soll verhindern, dass die PKH-Partei, von der die Staatskasse keine Gerichtskosten fordern darf § 122 Abs. 1 Nr. 1 Buchst. a ZPO), vom Zweitschuldner im Kostenfestsetzungsverfahren (§§ 103 ff ZPO) für verrechnete Gerichtskostenzahlungen in Anspruch genommen werden kann (s. § 123 ZPO). Deshalb ordnet **Abs. 3 S. 1 Hs 2** folgerichtig an, dass vom Zweitschuldner bereits erhobene Kosten **zurückzuzahlen** sind. Dieser durch das 1. KostRMoG mWz 1.7.2004 erstmals eingeführten[106] gesetzlichen Regelung liegt eine Entscheidung des BVerfG[107] zugrunde, das es zur Gleichstellung aller PKH-Parteien unabhängig von ihrer prozessualen Stellung für geboten hält, dass der Haftungsausschluss für den Zweitschuldner auch auf schon gezahlte Gerichtskostenvorschüsse erstreckt wird.[108]

72 **Beispiel:** Der Kläger hat die gem. § 12 Abs. 1 S. 1 vorauszahlungspflichtige Verfahrensgebühr Nr. 1210 KV iHv 500 € eingezahlt. Dem Beklagten werden nach Bewilligung von PKH die Kosten des Verfahrens auferlegt.

Die Gerichtskosten iHv 500 € schuldet gem. § 29 Nr. 1 der Beklagte als Entscheidungsschuldner. Die Geltendmachung der Gerichtskosten ist aber durch § 122 Abs. 1 Nr. 1 Buchst. a) ZPO ausgeschlossen. Zwar erlaubt die Antragstellerhaftung des Klägers (§ 22 Abs. 1 S. 1) die Verrechnung der von diesem geleisteten Zahlung über 500 € auf die gem. § 29 Nr. 1 bestehende Kostenschuld des Beklagten. Diese Verrechnung würde aber dazu führen, dass der Kläger den auf die Kostenschuld des Beklagten verrechneten Betrag über 500 € im Kostenfestsetzungsverfahren gem. §§ 103 ff ZPO gegen den Beklagten geltend machen könnte. Auf diesem Weg müsste der Beklagte trotz PKH Gerichtskosten zahlen. Um das zu vermeiden, ordnet Abs. 3 S. 1 die Erstattung der vom Kläger gezahlten 500 € an.

73 **3. Keine Rückzahlung. a) Besondere Sachverständigenvergütung.** Die Verpflichtung zur Rückzahlung entfällt aber, wenn es sich um die Zahlung einer besonderen Sachverständigenvergütung nach § 13 Abs. 1 und 3 JVEG handelt und die Partei, der PKH bewilligt worden ist, der besonderen Vergütung zugestimmt hat. Das gilt jedoch nicht, wenn nicht die PKH-Partei, sondern für diese das Gericht der besonderen Vergütung zugestimmt hat (§ 13 Abs. 4 JVEG).[109]

74 **b) Aufhebung der PKH.** Eine Rückzahlungspflicht der Staatskasse entfällt auch, wenn dem Erstschuldner die PKH entsprechend § 124 Abs. 1 Nr. 2 ZPO (absichtlich oder aus grober Nachlässigkeit unrichtige Angaben über die persönlichen oder wirtschaftlichen Verhältnisse; keine Erklärung nach § 120 a Abs. 1 S. 3 ZPO nicht oder ungenügend abgegeben) widerrufen bzw die PKH aufgehoben worden ist.[110]

104 OLG Stuttgart FamRZ 2011, 1324 = RVGreport 2011, 147; OLG München Rpfleger 2001, 49; OLG Dresden JurBüro 2001, 483 = MDR 2001, 1073. **105** OLG Naumburg NJW-RR 2015, 1210 = AGS 2015, 470; HessVGH NVwZ-RR 2015, 918; KG AGS 2012, 287 = JurBüro 2012, 432; OLG Bamberg AGS 2014, 449 = RVGreport 2014, 446 = NJW-RR 2015, 127; OLG Frankfurt 27.10.2014 – 18 W 181/14, juris; OLG Hamburg 24.7.2012 – 4 W 64/12, juris; OLG Düsseldorf 19.3.2013 – I-10 W 23/13, juris; OLG Düsseldorf 18.12.2012 – I-10 W 139/12, juris; OLG Celle AGS 2012, 343 = Rpfleger 2012, 551; OLG Stuttgart MDR 2011, 1076 = NJW-RR 2011, 1437; OLG Frankfurt 24.11.2011 – 3 U 298/10, juris; OLG Frankfurt JurBüro 2012, 154 = AGS 2012, 184; OLG Rostock JurBüro 2010, 147; OLG Köln JurBüro 1992, 101; aA OLG Frankfurt RVGreport 2013, 247 (es sei denn, dem Prozessgegner ist auch ratenfreie PKH bewilligt); OLG Frankfurt NJW-RR 2012, 318; OLG Frankfurt NJW 2011, 2147 = AGS 2011, 543, aber aufgegeben OLG Frankfurt 27.10.2014 – 18 W 181/14, juris; OLG Frankfurt AGS 2011, 545; OLG Frankfurt 25.9.2008 – 14 W 85/08, juris (weil in Abs. 3 die Wertung des Gesetzgebers zum Ausdruck komme, dass PKH nur Entscheidungsschuldner iSv § 29 Nr. 1 vor der Tragung von Gerichtskosten schütze). **106** BT-Drucks 15/1971, S. 180. **107** BVerfG NJW 1999, 3186 = JurBüro 1999, 540. **108** Vgl zur früheren Rechtslage zB KGReport Berlin 2001, 256; OLG Jena OLG-NL 1999, 240; OLG Düsseldorf FamRZ 1999, 1681. **109** *Meyer*, GKG § 31 Rn 29. **110** LG Marburg MDR 2010, 716; LG Saarbrücken 20.7.2009 – 5 T 172/08, juris.

In Fällen, in denen im Zeitpunkt einer auslagen- und kostenauslösenden richterlichen Anordnung PKH be- 75
willigt war, diese aber nachträglich gem. § 124 ZPO aufgehoben wurde, ist Abs. 3 S. 1 Hs 1 aber nach Rspr
des BVerfG verfassungskonform dahin auszulegen, dass er auch dann einen Rückgriff auf den Zweitschuldner verbietet.[111] Die in Abs. 3 S. 1 geregelte Freistellung des Zweitschuldners gilt in verfassungskonformer
Auslegung dieser Bestimmungen auch dann fort, wenn die PKH gem. § 124 ZPO nachträglich aufgehoben
wird. Das gilt nach den Feststellungen des BVerfG jedenfalls dann, wenn der Zweitschuldner dann Sachverständigenkosten zahlen müsste, die die Forderung des Antragstellers um ein Vielfaches übersteigen und die
in einem Verfahren ohne PKH über einen Vorschuss auf diese Kosten abgesichert gewesen wären.

Beispiel: A macht gegen B eine Forderung iHv 350 € geltend. Auf Antrag von B wird ein Sachverständigengutach- 76
ten eingeholt, das Kosten iHv 1.292 € auslöst. Weil B PKH bewilligt ist, wird insoweit kein Vorschuss erhoben.
Das Gericht gibt dem Antrag von A statt und legt B die Kosten auf. Weil B die ein Jahr später geforderte Erklärung gem. § 120 a ZPO nicht abgibt, wird die VKH gem. § 124 Abs. 1 Nr. 2 ZPO aufgehoben und werden gegen
B die Sachverständigenkosten über 1.292 € zum Soll gestellt. Da die Zwangsvollstreckung wegen dieses Betrags
gegen B erfolglos verläuft, wird A als Zweitschuldner in Anspruch genommen.

Nach der Feststellung des BVerfG hat es bei dieser Konstellation die erstschuldnerisch haftende PKH-Partei in der
Hand, durch die verweigerte Mitwirkung im Überprüfungsverfahren gem. § 120 a ZPO die Aufhebung ihrer PKH
und damit die Inanspruchnahme des Zweitschuldners (A) herbeizuführen. Denn Abs. 3 verhindert diese Inanspruchnahme nach Aufhebung der PKH nicht mehr. Deshalb ist in Fällen, in denen im Zeitpunkt einer auslagen-
und kostenauslösenden richterlichen Anordnung PKH bewilligt war, diese aber nachträglich gem. § 124 ZPO aufgehoben wurde, Abs. 3 S. 1 Hs 1 verfassungskonform dahin auszulegen, dass er auch dann einen Rückgriff auf
den Zweitschuldner verbietet.

Die obergerichtliche Rspr sieht dieses Ergebnis allerdings kritisch und verweist auf die vom BVerfG[112] ent- 77
schiedene besondere Fallkonstellation. Dort sei ausschlaggebend gewesen, dass der Zugang zu den Gerichten erschwert werde, wenn die Sachverständigenkosten die geltend gemachte Klageforderung um ein Mehrfaches übersteigen. Außerdem habe es der Zweitschuldner in dem vom BVerfG entschiedenen Fall nicht in
der Hand gehabt, das Verfahren iSv Nr. 1211 KV durch Klagerücknahme, Anerkenntnis oder Vergleich zu
beenden. Die generelle Auslegung von Abs. 3 S. 1, dass auch bei nachträglicher Aufhebung der PKH des
Erstschuldners gem. § 124 ZPO eine Inanspruchnahme des Zweitschuldners ausscheidet, ist vor diesem
Hintergrund deshalb nicht geboten.[113] Denn Abs. 3 S. 1 soll nicht den Zweitschuldner, sondern den Erstschuldner schützen, der mit PKH prozessiert.[114] Abs. 3 S. 1 gilt damit nur, solange die PKH-Bewilligung
nicht aufgehoben worden ist.[115]

4. Keine Anwendung auf Übernahmeschuldner (§ 29 Nr. 2). Das in Abs. 3 geregelte Verbot der Inanspruch- 78
nahme des Zweitschuldners bei Bewilligung von PKH für den Erstschuldner gilt nur dann, wenn dieser
gem. § 29 Nr. 1 als Entscheidungsschuldner haftet. Beruht die Erstschuldnerhaftung der PKH-Partei aber
auf einer vor Gericht abgegebenen oder dem Gericht mitgeteilten Erklärung oder auf einem vor Gericht abgeschlossenen oder dem Gericht mitgeteilten Vergleich und schuldet sie die Kosten deshalb als Übernahmeschuldnerin gem. § 29 Nr. 2, gilt Abs. 3 nach hM nicht und es kann der Zweitschuldner in Anspruch genommen werden.[116] Das gilt im Übrigen auch für die Haftung nach § 29 Nr. 3 und 4. Die Regelung des
Abs. 3 ist auch dann nicht anzuwenden, wenn die Parteien keine Kostenregelung im Vergleich treffen. Denn
wegen § 29 Nr. 2 werden sie als Übernahmeschuldner behandelt.[117]

Die in Abs. 3 S. 1 vorgenommene Beschränkung auf den Entscheidungsschuldner (§ 29 Nr. 1) ist gerechtfer- 79
tigt, um Vereinbarungen zwischen den Parteien über die Verpflichtung zur Tragung von Gerichtskosten zu

---

111 BVerfG 23.5.2012 – 1 BvR 2096/09, juris. **112** BVerfG 23.5.2012 – 1 BvR 2096/09, juris. **113** OLG Karlsruhe 12.1.2016 –
5 WF 176/15, juris; OLG Celle AGS 2015, 333 = NJW 2015, 3670. **114** OLG Karlsruhe 12.1.2016 – 5 WF 176/15, juris; OLG
Düsseldorf MDR 1989, 365. **115** OLG Celle AGS 2015, 333 = NJW 2015, 3670. **116** BVerfG NJW 1999, 3186 = JurBüro
1999, 540; BGH NJW 2004, 366 = AGS 2004, 59; OLG Naumburg NJW-RR 2015, 1210 = AGS 2015, 470; OLG Naumburg
NJW-RR 2014, 189 = AGS 2013, 481; OLG Celle AGS 2014, 233 = FamRZ 2014, 1798; OLG Naumburg AGS 2013, 481 =
NJW-RR 2014, 189; OLG Celle 13.4.2012 – 10 UF 153/11, juris; OLG Rostock 6.6.2011 – 10 UF 118/09, juris; OLG Zwei-
brücken MDR 2010, 595; OLG Düsseldorf 28.7.2011 – I-10 W 85/11; OLG Düsseldorf Rpfleger 2011, 446; OLG Düsseldorf
AGkompakt 2010, 57; OLG Saarbrücken AGS 2009, 596; OLG Düsseldorf 24.6.2008 – 10 W 52/08; OLG Frankfurt JurBüro
2012, 154 = AGS 2012, 184; OLG Frankfurt NJW 2011, 2147; OLG Koblenz FamRZ 2008, 1204 = AGS 2008, 195; OLG
Düsseldorf JurBüro 2007, 153; OLG Koblenz MDR 2004, 472; OLG Düsseldorf OLGR 2004, 218; OLG Düsseldorf 29.4.2003
– 10 WF 03/03, juris; KG AGS 2002, 16; OLG Hamm NJW-RR 2002, 1150; OLG Hamm AGS 2002, 186; OLG Düsseldorf
Rpfleger 2001, 87 = AnwBl 2001, 308; aA OLG Frankfurt NJW 2000, 1120; OLG Hamm Rpfleger 2000, 553. **117** BVerfG
NJW 1999, 3186 = JurBüro 1999, 540; BGH NJW 2004, 366 = AGS 2004, 59; OLG Hamm NJW-RR 2011, 1436; OLG
Frankfurt NJW 2012, 2049, 2050; OLG Hamm BeckRS 2012, 13713; aA OLG Zweibrücken 1.3.2010 – 5 UF 147/08, juris:
Abs. 3 S. 1 findet ausnahmsweise dann Anwendung, wenn es sich um einen von dem Gericht selbst vorgeschlagenen Vergleich
handelt und in einem Gerichtsprotokoll zum Ausdruck gebracht wurde, dass das Ergebnis der vergleichsweisen Regelung der
Sach- und Rechtslage entspricht.

Lasten der Landeskasse zu verhindern.[118] Auch wenn die zwischen den Parteien getroffene Kostenregelung der Rechtslage entspricht, ist eine erweiternde Anwendung von Abs. 3 S. 1 auf den Übernahmeschuldner ausgeschlossen, weil diese Prüfung durch den Kostenbeamten nicht anzustellen ist.[119] Die Nichterwähnung des Übernahmeschuldners nach § 29 Nr. 2 in Abs. 3 S. 1 beruht auf einer vom Gesetzgeber bewusst getroffenen Entscheidung, so dass nicht von einer planwidrigen, durch Analogieschluss zu beseitigenden Regelungslücke gesprochen werden kann.[120] Das wird schon dadurch deutlich, dass der Gesetzgeber im Gegensatz zu Abs. 3 S. 1 in Abs. 2 S. 1 unter Nennung der Haftungsnormen ausdrücklich auf den Entscheidungs- (§ 29 Nr. 1) und den Übernahmeschuldner (§ 29 Nr. 2) abstellt.[121] Die Parteien können dieses Ergebnis zum einen dadurch vermeiden, indem sie den Vergleich auf die Hauptsache beschränken und die Kostenentscheidung dem Gericht überlassen.[122] Dann ist die Partei, der PKH bewilligt ist, **Entscheidungsschuldnerin** und nicht Übernahmeschuldnerin, weil sich die Kostenschuld aus der gerichtlichen Entscheidung und nicht aus dem Vergleich ergibt. Zum anderen kann sich auch bei Abschluss eines Vergleichs unter den in Abs. 4[123] genannten Voraussetzungen eine entsprechende Anwendung von Abs. 3 ergeben.[124]

80 Das BVerfG hat die wortgetreue Anwendung von Abs. 3 nur auf Entscheidungsschuldner gem. § 29 Nr. 1 als verfassungsgemäß angesehen.[125] Teilweise wurde auch schon vor Einfügung des Abs. 4 durch das 2. KostRMoG[126] zum 1.8.2013 mit beachtlichen Argumenten die Auffassung vertreten, dass eine Manipulationsgefahr zu Lasten der Staatskasse (→ Rn 79) bei Vergleichen nicht besteht, wenn der Vergleich auf einem Vorschlag des Gerichts beruht und im Protokoll zum Ausdruck gebracht wird, dass das Ergebnis des Vergleichs der Sach- und Rechtslage entspricht.[127] Auch bei der Haftung der PKH-Partei nach § 29 Nr. 2 wurde in diesen Fällen trotz des entgegenstehenden Wortlauts Abs. 3 für anwendbar gehalten mit der Folge, dass eine Zweitschuldnerhaftung nicht ausgenutzt werden darf und bereits gezahlte Beträge zu erstatten sind.[128] Diese Überlegungen sind vom Gesetzgeber in Abs. 4 aufgegriffen worden (→ Rn 92 ff).

81 **5. Kostenfestsetzung.** Da bei Haftung der PKH-Partei als Übernahmeschuldnerin gem. § 29 Nr. 2 die Geltendmachung der Haftung des Zweitschuldners zulässig ist, kann dieser den seine etwaige Erstschuldnerhaftung übersteigenden, bereits geleisteten und auf die Kostenschuld der PKH-Partei verrechneten Betrag im Kostenfestsetzungsverfahren geltend machen.[129]

82 **Beispiel (Inanspruchnahme des Zweitschuldners):** Der Kläger hat die gem. § 12 Abs. 1 S. 1 vorauszahlungspflichtige Verfahrensgebühr Nr. 1210 KV iHv 500 € eingezahlt. Dem Beklagten wird PKH bewilligt. Im Vergleich vereinbaren die Parteien gegenseitige Kostenaufhebung.

Die Gerichtskosten iHv 500 € schulden gem. § 29 Nr. 2 Kläger und Beklagter als Übernahmeschuldner gem. § 29 Nr. 2 je zur Hälfte mit 250 €. Die Geltendmachung der Gerichtskostenhälfte durch die Staatskasse beim Beklagten ist durch § 122 Abs. 1 Nr. 1 Buchst. a ZPO ausgeschlossen. Die Antragstellerhaftung des Klägers (§ 22 Abs. 1 S. 1) erlaubt aber die Verrechnung der von diesem geleisteten Zahlung über 500 € auf die gem. § 29 Nr. 2 bestehende Kostenschuld des Beklagten iHv 250 €. Der Kläger kann diesen Betrag im Kostenfestsetzungsverfahren gem. §§ 103 ff ZPO gegen den Beklagten geltend machen.

83 **6. Reichweite von Abs. 3.** Aus der Verwendung des Wortes „soweit" in Abs. 3 S. 1 ergibt sich, dass bei Anwendung der Bestimmung zu berücksichtigen ist, worauf sich die Bewilligung der PKH erstreckt. Daher gilt

---

118 OLG Naumburg NJW-RR 2015, 1210 = AGS 2015, 470; OLG Naumburg AGS 2013, 481 = NJW-RR 2014, 189; OLG Saarbrücken AGS 2009, 596; OLG Düsseldorf OLGR 2004, 218; KG AGS 2002, 16. **119** Vgl hierzu OLG Düsseldorf 17.2.2011 – II-10 WF 32/10; OLG Koblenz MDR 2008, 473 = AGS 2008, 195; OLG Koblenz MDR 2004, 472; OLG Düsseldorf 29.4.2003 – 10 WF 03/03, juris; KG AGS 2002, 16; OLG Düsseldorf Rpfleger 2001, 87 = AnwBl 2001, 308; aA OLG Frankfurt OLGR 2000, 21; *Vesper*, NJW 2002, 3225; *D. Meyer*, JurBüro 2003, 242 und 542; *Meyer*, GKG § 31 Rn 31. **120** OLG Naumburg AGS 2013, 481 = NJW-RR 2014, 189; OLG Zweibrücken MDR 2010, 595; OLG Rostock 6.6.2011 – 10 UF 118/09, juris; OLG Düsseldorf 17.2.2011 – II-10 WF 32/10. **121** BGH NJW 2004, 366 = FamRZ 2004, 178; OLG Zweibrücken MDR 2010, 595; OLG Koblenz MDR 2004, 472; aA *Schneider*, MDR 1999, 1090. **122** OLG Naumburg AGS 2013, 481 = NJW-RR 2014, 189; OLG Koblenz 10.5.2012 – 13 UF 792/10, juris; OLG Düsseldorf 17.2.2011 – II-10 WF 32/10; vgl dazu *Schneider*, NJW-Spezial 2010, 219; *Wiese*, NJW 2012, 3126, 3129; *Schneider/Thiel*, AGS 2013, 159 f. **123** Angefügt durch das 2. KostRMoG v. 23.7.2013 (BGBl. I 2586) mWz 1.8.2013. **124** Vgl OLG Naumburg NJW-RR 2015, 1210 = AGS 2015, 470. **125** BVerfG NJW 1999, 3186 = JurBüro 1999, 540; so auch BGH NJW 2004, 366 = AGS 2004, 59; OLG Rostock 6.6.2011 – 10 UF 118/09, juris; OLG Saarbrücken AGS 2009, 596; OLG Hamm AGS 2002, 186; OLG Düsseldorf OLGR 2001, 78. **126** Vom 23.7.2013 (BGBl. I 2586). **127** OLG Zweibrücken 1.3.2010 – 5 UF 147/08, juris; OLG Frankfurt FamRZ 2002, 1417; OLG Frankfurt 5.7.2001 – 5 UF 223/99, JMBl HE 2001, 581; OLG Frankfurt NJW 2000, 1120; OLG Oldenburg JurBüro 1988, 344; anders aber OLG Zweibrücken MDR 2010, 595; OLG Hamburg 24.7.2012 – 4 W 64/12, juris. **128** So OLG Zweibrücken 1.3.2010 – 5 UF 147/08, juris; bereits zum GKG aF: OLG Frankfurt MDR 2000, 479; OLG Hamm Rpfleger 2000, 553; aA OLG Zweibrücken MDR 2010, 595; OLG Düsseldorf OLGR 2004, 218; OLG Hamm AGS 2002, 185. **129** BGH NJW 2004, 366 = AGS 2004, 59; OLG Naumburg NJW-RR 2015, 1210 = AGS 2015, 470; OLG Zweibrücken MDR 2010, 595; OLG Düsseldorf 17.2.2011 – II-10 WF 32/10; OLG Düsseldorf AGkompakt 2010, 57; OLG Koblenz MDR 2008, 473 = AGS 2008, 195; OLG Düsseldorf JurBüro 2007, 153; OLG Koblenz MDR 2004, 472; KG AGS 2002, 16; OLG Düsseldorf Rpfleger 2001, 87 = AnwBl 2001, 308; OLG Karlsruhe NJW 2000, 1121 = JurBüro 2000, 28; OLG Koblenz NJW 2000, 1122 = MDR 2000, 113; OLG Bamberg JurBüro 2000, 88; OLG Nürnberg JurBüro 2000, 88; aA OLG Frankfurt OLGR 2000, 21.

Abs. 3 S. 1 nur für die Kostenforderung aus der Instanz, für die dem Erstschuldner PKH bewilligt worden ist § 119 ZPO).[130] Ist dem als Entscheidungsschuldner haftenden Erstschuldner PKH umfassend und ohne Einschränkung bewilligt worden, darf die Haftung des Zweitschuldners nicht geltend gemacht werden und es müssen bereits erhobene Kosten vollständig zurückgezahlt werden. Ist dem Erstschuldner aber nur für einen Teil des Gegenstands PKH bewilligt worden (Teil-PKH), ergibt sich keine umfassende Rückzahlungsverpflichtung der Staatskasse.[131] Denn hierdurch würde das Risiko mangelnder Zahlungsfähigkeit des Erstschuldners auf die Staatskasse verlagert. Hinsichtlich des von der PKH nicht erfassten Teils des Streitgegenstands kann vielmehr die Zweitschuldnerhaftung geltend gemacht werden bzw es ist keine Rückzahlung vorzunehmen und es kann der Zweitschuldner die auf die Kostenschuld des Erstschuldners verrechnete Zahlung im Kostenfestsetzungsverfahren geltend machen.[132]

Beispiel (Gebührenberechnung bei teilweiser PKH des Beklagten): Der Kläger klagt insgesamt 11.000 € gegen den Beklagten ein und zahlt eine daraus berechnete 3,0-Verfahrensgebühr iHv 801 € (§ 12 Abs. 1 S. 1). Das Gericht bewilligt dem Beklagten PKH nur zur Verteidigung gegen einen Teil der Klageforderung iHv 6.000 €. Die Kosten des Rechtsstreits werden dem Kläger zu 73 % und dem Beklagten zu 27 % auferlegt. **84**

Die außerhalb der PKH angefallene Verfahrensgebühr berechnet sich wie folgt:

3,0-Verfahrensgebühr, Nr. 1210 KV (Wert: 11.000 €; Gesamtstreitwert)	801,00 €
abzgl. 3,0-Verfahrensgebühr, Nr. 1210 KV (Wert: 6.000 €; PKH)	– 495,00 €
Differenz	306,00 €
Der Kläger schuldet gem. § 29 Nr. 1: 73 %	584,73 €
Er hat gezahlt	– 801,00 €
Überschuss	216,27 €
Der Beklagte schuldet gem. § 29 Nr. 1: 27 % von 306 € (nicht von PKH erfasst)	82,62 €
Darauf darf gem. § 22 Abs. 1 der Überschuss des Klägers verrechnet werden	– 216,27 €

Dem Kläger sind 133,65 € zu erstatten.

§ 31 Abs. 3 steht der Verrechnung des Überschusses des Klägers nicht entgegen, weil die Verrechnung auf den Gebührenteil erfolgt, für den dem Beklagten keine PKH bewilligt worden ist.

Zur **Berechnung der Gebühren** bei teilweiser PKH → § 14 Rn 17 ff und → Nr. 1210 KV Rn 24 ff. **85**

7. Mehrere Erstschuldner und Prozesskostenhilfe. Ist einem von zwei gesamtschuldnerisch haftenden Erst- **86** schuldnern PKH bewilligt worden, stehen einer Inanspruchnahme des/der Erstschuldner/s, dem keine PKH bewilligt ist, Abs. 2 und 3 nicht entgegen (dazu auch → Rn 40).[133] Abs. 3 ist auch nicht etwa aus verfassungsrechtlichen Gründen auf das Verhältnis mehrerer Erstschuldner entsprechend anzuwenden.[134] Der Erstschuldner, dem PKH gewährt ist, wird nicht vor einer Inanspruchnahme durch einen Ausgleichsanspruch gem. § 426 Abs. 1 BGB des nicht PKH-berechtigten anderen Erstschuldners geschützt (→ Rn 7).[135]

Im Falle der Bewilligung von PKH nur für eine von mehreren gem. § 29 Nr. 1 als Erstschuldnern haftenden **87** Parteien kann nach Auffassung des OLG Düsseldorf der **Zweitschuldner** in Anspruch genommen werden, wenn eine Zwangsvollstreckung gegen den Erstschuldner, dem keine PKH bewilligt ist, erfolglos geblieben ist bzw aussichtslos erscheint.[136] Anderer Auffassung ist das OLG Naumburg, das eine Inanspruchnahme des Zweitschuldners für ausgeschlossen hält und davon ausgeht, dass vom Kläger (Zweitschuldner) eingezahlte Kosten nicht auf die Kostenschuld der Beklagten (Erstschuldner) zu verrechnen, sondern an den Kläger zu erstatten sind.[137]

Beispiel: Der Kläger haftet für die Kosten gem. § 22 Abs. 1 S. 1 als Zweitschuldner. Der Beklagten zu 1. ist PKH **88** bewilligt worden, dem Beklagten zu 2. hingegen nicht. Die Kosten sind den Beklagten auferlegt worden.

Die Beklagten haften gem. § 29 Nr. 1 als Erstschuldner (Entscheidungsschuldner), und zwar wegen Abs. 1 als Gesamtschuldner (zur Reihenfolge der Inanspruchnahme → Rn 12 ff). Der Beklagten zu 1. können aufgrund der PKH-Bewilligung keine Kosten in Rechnung gestellt werden. Von dem Beklagten zu 2. können daher alle offenen Gerichtskosten gefordert werden. Die Erfüllung der beiden in Abs. 2 genannten Voraussetzungen ist keine Voraussetzung für die Inanspruchnahme eines weiteren Erstschuldners. Denn Abs. 2 gilt nicht für das Verhältnis mehrerer Erstschuldner zueinander.[138]

130 *Meyer*, GKG § 31 Rn 34. **131** OLG Koblenz FamRZ 2007, 1758 = AGS 2007, 641. **132** OLG Koblenz FamRZ 2007, 1758 = AGS 2007, 641. **133** OLG Düsseldorf FamRZ 2009, 1617 = JurBüro 2009, 372; OLG Düsseldorf 25.1.2007 – I-10 W 2/07, juris; OLG Frankfurt 26.2.1988 – 5 WF 300/87, juris; aA OLG Celle AGS 2013, 130 = MDR 2013, 495; OLG Dresden AGS 2013, 192 = NJW-RR 2013, 189. **134** OLG Düsseldorf FamRZ 2009, 1617 = JurBüro 2009, 372; BFH 12.12.2008 – IV E 1/08, juris; FG Hamburg 20.12.2014 – 3 KO 242/14, juris; aA OLG Celle AGS 2013, 130 = MDR 2013, 495. **135** OLG Düsseldorf FamRZ 2009, 1617 = JurBüro 2009, 372; OLG Frankfurt Rpfleger 1989, 449; aA OLG Celle AGS 2013, 130 = MDR 2013, 495; OLG Dresden AGS 2013, 192 = NJW-RR 2013, 189. **136** OLG Düsseldorf FamRZ 2009, 1617 = JurBüro 2009, 372; BFH 12.12.2008 – IV E 1/08, juris. **137** OLG Naumburg 3.8.2011 – 2 W 77/10, juris. **138** OLG Düsseldorf FamRZ 2009, 1617 = JurBüro 2009, 372.

Erscheint die Zwangsvollstreckung in das bewegliche Vermögen des Beklagten zu 2. (ohne PKH) aussichtslos bzw ist sie erfolglos geblieben, ist umstritten, ob der Kläger sogleich als Zweitschuldner in Anspruch genommen werden kann.[139]

V. Gewährung eines Reisekostenbeitrags (Abs. 3 S. 2)

89   Die Ausführungen in → Rn 69 ff gelten entsprechend, wenn dem Entscheidungsschuldner (§ 29 Nr. 1) keine PKH, sondern ein Beitrag für die Reise zum Ort einer Verhandlung, Anhörung oder Untersuchung und für die Rückreise gewährt worden ist. Der Zweitschuldner soll von der Haftung für Auslagen entlastet werden, die dadurch entstanden sind, dass einem mittellosen Entscheidungsschuldner Beträge für die aufgeführten Reisen entstanden sind. Die Regelung in Abs. 3 S. 2 ist erforderlich, weil die Bewilligung von PKH nicht die notwendigen Reisekosten der Parteien umfasst. Zudem würde der Zweitschuldner auch hier auf einen regelmäßig nicht realisierbaren Erstattungsanspruch gegen den Erstschuldner verwiesen, was ebenso unbillig wäre wie im Fall der Bewilligung von PKH für den Erstschuldner.[140]

90   Die Gewährung eines Reisekostenbeitrags ist **bundeseinheitlich** in den Bestimmungen über die „Gewährung von Reiseentschädigungen an mittellose Personen und Vorschusszahlungen für Reiseentschädigungen an Zeuginnen, Zeugen, Sachverständige, Dolmetscherinnen, Dolmetscher, Übersetzerinnen und Übersetzer, ehrenamtliche Richterinnen, ehrenamtliche Richter und Dritte" geregelt.[141] Die Bundesländer haben hierzu (teilweise) Ergänzungsbestimmungen erlassen. Nach der Verwaltungsbestimmung können mittellosen Parteien, Beschuldigten oder anderen Beteiligten auf Antrag Mittel für die Reise zum Ort einer Verhandlung, Vernehmung oder Untersuchung und für die Rückreise gewährt werden. Hierauf soll in der Ladung oder in anderer geeigneter Weise hingewiesen werden. Die gewährten Mittel gehören zu den Kosten des Verfahrens (vgl Nr. 9007 Nr. 2 KV). Als **mittellos** im Sinne dieser Bestimmung sind Personen anzusehen, die nicht in der Lage sind, die Kosten der Reise aus eigenen Mitteln zu bestreiten. Die Vorschriften über die Bewilligung von PKH bleiben unberührt.

VI. Verjährung beim Zweitschuldner

91   Die Verjährung der Kostenforderung beim Zweitschuldner richtet sich nach § 5. Gegenüber einem Zweitschuldner beginnt die Verjährungsfrist dabei erst, wenn die in Abs. 2 aufgestellten Voraussetzungen für seine Inanspruchnahme (zB erfolgloser Vollstreckungsversuch oder Kenntnis der Staatskasse von der Aussichtslosigkeit der Vollstreckung) erstmals vorliegen. Die Verjährungsfrist beginnt insoweit somit nicht bereits mit dem Schluss des Jahres, in dem das Verfahren beendet worden ist, sondern erst mit Eintritt der Voraussetzungen für die Zweitschuldnerinanspruchnahme.[142] Diesen Zeitpunkt muss der Kostenbeamte ggf ermitteln.[143] Es wird iÜ auf die Erl. zu § 5 verwiesen (auch → Rn 55 ff).

VII. Abschluss eines gerichtlich vorgeschlagenen Vergleichs (Abs. 4)

92   **1. Normzweck. a) Erweiterung von Abs. 3.** Nach dem durch das 2. KostRMoG[144] zum 1.8.2013 neu angefügten Abs. 4 ist **Abs. 3 entsprechend anzuwenden,** soweit der Kostenschuldner aufgrund des § 29 Nr. 2 (Kostenübernahme) haftet, wenn

- der Kostenschuldner die Kosten in einem vor Gericht abgeschlossenen oder gegenüber dem Gericht angenommenen Vergleich übernommen hat (**Nr. 1**),
- der Vergleich einschließlich der Verteilung der Kosten von dem Gericht vorgeschlagen worden ist (**Nr. 2**) *und*
- das Gericht in seinem Vergleichsvorschlag ausdrücklich festgestellt hat, dass die Kostenregelung der sonst zu erwartenden Kostenentscheidung entspricht (**Nr. 3**).

Die Voraussetzungen müssen **kumulativ** erfüllt sein.[145]

93   Die auf den Entscheidungsschuldner (§ 29 Nr. 1) beschränkte Regelung des Abs. 3 erschwert einer Partei, der PKH bewilligt ist, den Abschluss eines gerichtlichen Vergleichs ganz erheblich. Denn Abs. 3 befreit nur den Entscheidungsschuldner (§ 29 Nr. 1), nicht aber den Übernahmeschuldner (§ 29 Nr. 2) von Gerichtskosten. Übernimmt daher die PKH-Partei Kosten in einem Vergleich und wird dadurch gem. § 29 Nr. 2 zur Erstschuldnerin, darf die Zweitschuldnerhaftung (§ 22) der anderen Partei ausgenutzt werden, so dass diese die PKH-Partei wegen der verrechneten Gerichtskosten im Kostenfestsetzungsverfahren (§ 123 ZPO) in An-

---

139 OLG Düsseldorf FamRZ 2009, 1617 = JurBüro 2009, 372; aA OLG Naumburg 3.8.2011 – 2 W 77/10, juris. **140** BT-Drucks 12/6962, S. 66. **141** BT-Drucks 12/6962, S. 66; vgl zB für Nordrhein-Westfalen: AV des JM v. 26.5.2006 (5670 - Z. 14), JMBl. NRW S. 145; für Brandenburg: AV der Ministerin der Justiz v. 23.5.2006 (5600 - II. 14). **142** OLG Celle 7.6.2012 – 2 W 149/12, juris; OLG Düsseldorf 2.2.2010 – I-10 W 129/09, BeckRS 2010, 04544. **143** OLG Celle 7.6.2012 – 2 W 149/12, juris. **144** Vom 23.7.2013 (BGBl. I 2586). **145** Vgl OLG Naumburg NJW-RR 2015, 1210 = AGS 2015, 470.

spruch nehmen darf (→ Rn 78 ff). Wenn die Voraussetzungen zum Abschluss eines Vergleichs vorliegen, muss die PKH-Partei vor diesem Hintergrund (Abs. 3) entweder in Kauf nehmen, dass ihr durch die Kostenübernahme im Vergleich insoweit der Schutz vor Zahlung von Gerichtskosten verloren geht, oder sie muss die Kostenregelung im Vergleich ausdrücklich ausklammern und insoweit auf gerichtlicher Entscheidung bestehen. Denn diese führt dazu, dass sie nach § 29 Nr. 1 haftet und deshalb über Abs. 3 vor einer späteren Inanspruchnahme durch den Zweitschuldner geschützt ist.

b) Keine Gebührenermäßigung bei Vergleich ohne Kostenregelung. Allerdings führt die gerichtliche Entscheidung über die Kosten dazu, dass auch die gegnerische Partei, der keine PKH bewilligt ist, durch den Vergleich nicht in den Genuss der Gebührenermäßigung kommt und dessen Vergleichsbereitschaft hierdurch eingeschränkt ist.[146] Denn die Gebührenermäßigung durch Abschluss eines Vergleichs setzt voraus, dass der Vergleich auch die Kosten einschließt und die Entscheidung darüber nicht dem Gericht überlassen bleibt.[147] **94**

Eine Gebührenermäßigung soll hier allerdings dann eintreten können, wenn die Parteien bei Abschluss eines Vergleichs dem Gericht zwar die Kostenentscheidung überlassen, im Anschluss an die verkündete Kostengrundentscheidung aber auf Rechtsmittel verzichten. Denn dann muss der Beschluss nicht begründet werden mit der Folge, dass sich die Gerichtsgebühren in analoger Anwendung von Nr. 1211 Nr. 2 KV ermäßigen sollen.[148] **95**

c) Erleichterung für das Gericht. Abs. 3 erschwert es schließlich auch dem Gericht, ein Verfahren auf der Grundlage eines gerichtlichen Vergleichsvorschlags zum Abschluss zu bringen. Der durch das 2. KostRMoG[149] zum 1.8.2013 angefügte Abs. 4 soll deshalb die Vergleichsbereitschaft auch bei bewilligter PKH stärken. **96**

d) Finanzielle Auswirkungen. Nach Auffassung des Gesetzgebers sollte sich die Belastung der Staatskasse durch die neue Regelung in Grenzen halten, weil die Wirkungen denjenigen entsprechen, die im Fall einer Streitentscheidung ohnehin eintreten würden. Im Übrigen sei davon auszugehen, dass mögliche Mindereinnahmen (Gebührenermäßigung, zB nach Nr. Nr. 1211 Nr. 2 KV) durch eine Entlastung der Gerichte ausgeglichen werde. **97**

2. Entsprechende Anwendung von Abs. 3. a) Voraussetzungen von Abs. 4 sind erfüllt. Ist dem gem. § 29 Nr. 1 aufgrund einer gerichtlichen Entscheidung (Kostenauferlegung) haftenden Erstschuldner (Abs. 2) PKH (mit oder ohne Zahlungsbestimmungen) bewilligt worden, bedeutet das gem. Abs. 3 S. 1, dass insb. der Antragsteller der Instanz nicht als Zweitschuldner (§ 22 Abs. 1 S. 1) für die Gerichtskosten in Anspruch genommen werden darf. Von diesem bereits eingezahlte Kosten sind ihm von der Staatskasse wieder zu erstatten. Die Regelung in Abs. 3 S. 1 soll verhindern, dass die gem. § 29 Nr. 1 als Entscheidungsschuldnerin haftende PKH-Partei, von der die Staatskasse keine Gerichtskosten fordern darf (§ 122 Abs. 1 Nr. 1 Buchst. a ZPO), vom Zweitschuldner (Antragsteller der Instanz) im Kostenfestsetzungsverfahren (§§ 103 ff ZPO) für verrechnete Gerichtskostenzahlungen in Anspruch genommen werden kann (§ 123 ZPO; → Rn 71). **98**

Das in Abs. 3 geregelte Verbot der Inanspruchnahme des Zweitschuldners bei Bewilligung von PKH für den Erstschuldner gilt nur dann, wenn dieser gem. § 29 Nr. 1 als Entscheidungsschuldner haftet. Beruht die Erstschuldnerhaftung der PKH-Partei aber auf einer vor Gericht abgegebenen oder dem Gericht mitgeteilten Erklärung oder auf einem vor Gericht abgeschlossenen oder dem Gericht mitgeteilten Vergleich und schuldet sie die Kosten deshalb als Übernahmeschuldnerin gem. § 29 Nr. 2, gilt Abs. 3 nach hM nicht und es kann der Zweitschuldner in Anspruch genommen werden (→ Rn 78).[150] **99**

Dieses Ergebnis ist schon vor Anfügung des Abs. 4 kritisiert worden, weil eine Manipulationsgefahr zu Lasten der Staatskasse bei Vergleichen nicht bestehe, wenn der Vergleich auf einem Vorschlag des Gerichts beruhe und im Protokoll zum Ausdruck gebracht werde, dass das Ergebnis des Vergleichs der Sach- und Rechtslage entspreche.[151] Ein mögliches Missbrauchspotential durch den neuen Abs. 4 schätzt der Gesetzgeber als sehr gering ein, weil ein eigener Spielraum der Parteien für die Kostenverteilung nicht besteht. **100**

---

146 BT-Drucks 17/11471 (neu), S. 244, 251. **147** OLG Karlsruhe JurBüro 2001, 315; OLG München MDR 1996, 424; OLG Hamburg OLGR 1996, 320 = MDR 1997, 103; LG Köln 3.9.2012 – 10 T 29/12, juris. **148** Vgl zu einer entsprechenden Anwendbarkeit der Nr. 1211 Nr. 2 KV aF bzw nF (Rechtsmittelverzicht, 1. Instanz): OLG München JurBüro 2003, 650; OLG Hamburg BeckRS 2010, 6865; OLG Düsseldorf BeckRS 2005, 2589; vgl zu einer entsprechenden Anwendung der Nr. 1223 KV GKG (Begründungsverzicht, 2. Instanz): OLG Celle NJW-RR 2011, 1293; aA OLG Oldenburg AGS 2012, 528 = JurBüro 2012, 486; wohl auch BGH NJW 2006, 3498 Rn 11, allerdings ohne nähere Begründung. **149** Vom 23.7.2013 (BGBl. I 2586). **150** Vgl zB BGH NJW 2004, 366 = AGS 2004, 59; OLG Naumburg NJW-RR 2015, 1210 = AGS 2015, 470; OLG Zweibrücken MDR 2010, 595; OLG Saarbrücken AGS 2009, 596; OLG Frankfurt JurBüro 2012, 154 = FuR 2012, 149; OLG Frankfurt NJW 2011, 2147; aA OLG Frankfurt NJW 2000, 1120; OLG Hamm Rpfleger 2000, 553. **151** OLG Zweibrücken 1.3.2010 – 5 UF 147/08, juris; anders aber OLG Zweibrücken MDR 2010, 595; vgl auch OLG Hamm NJW-RR 2012, 1150.

Denn jede Abweichung von dem Vorschlag des Gerichts (Abs. 4 Nr. 2) würde die Schutzwirkung der vorgeschlagenen Vorschrift für die PKH-Partei entfallen lassen.[152]

101 Beispiel 1 (Voraussetzungen des Abs. 4 sind erfüllt): Der Kläger hat die gem. § 12 Abs. 1 S. 1 vorauszahlungspflichtige 3,0-Verfahrensgebühr Nr. 1210 KV iHv 600 € eingezahlt. Dem Beklagten werden nach Bewilligung von PKH die Kosten auferlegt. In dem vom Gericht vorgeschlagenen Vergleich gem. § 278 Abs. 6 ZPO vereinbaren die Parteien die vom Gericht vorgeschlagene gegenseitige Kostenaufhebung, dh, jede Partei trägt die Hälfte der Gerichtskosten. Das Gericht hat in seinem Vergleichsvorschlag ausdrücklich festgestellt, dass die gegenseitige Kostenaufhebung der sonst zu erwartenden Kostenentscheidung entspricht.

Es ist eine 1,0-Verfahrensgebühr Nr. 1211 KV iHv 200 € angefallen, die jede der beiden Parteien zur Hälfte mit 100 € schuldet (zur Inanspruchnahme des Beklagten, dem PKH bewilligt ist, aufgrund der Übernahme der Kosten → Rn 70).

102 Weil hier im Beispielsfall die **kumulativen** Voraussetzungen des Abs. 4 erfüllt sind (Nr. 1: Kostenübernahme in einem gegenüber dem Gericht angenommenen Vergleich gem. § 278 Abs. 6 ZPO; Nr. 2: der Vergleich einschließlich der Kostenverteilung entspricht dem Vorschlag des Gerichts; Nr. 3: ausdrückliche Feststellung des Gerichts im Vergleichsvorschlag, dass die Kostenverteilung der sonst zu erwartenden Kostenentscheidung entspricht), gilt Abs. 3 entsprechend.[153] Das bedeutet, dass die Zahlung des Klägers nicht auf die Kostenschuld des Beklagten verrechnet wird, sondern dem Kläger 500 € erstattet werden (600 € Zahlung abzgl. eigene Kostenschuld iHv 100 €). Ein im Verfahren gem. § 278 Abs. 6 ZPO abgeschlossener Vergleich ist einem Vergleichsabschluss vor Gericht gleichzusetzen. Das gilt auch dann, wenn die Parteien dem Gericht einen schriftlichen Vergleichsvorschlag unterbreiten und das Gericht diesen billigt, ausdrücklich als eigenen übernimmt und Inhalt und Zustandekommen des Vergleichs durch Beschluss feststellt.[154]

103 Beispiel 2 (Ausdrückliche gerichtliche Feststellung zur Kostenverteilung fehlt): Wie Beispiel 1 (→ Rn 101). In dem vom Gericht vorgeschlagenen Vergleich gem. § 278 Abs. 6 ZPO vereinbaren die Parteien die vom Gericht vorgeschlagene gegenseitige Kostenaufhebung, dh, jede Partei trägt die Hälfte der Gerichtskosten. Das Gericht hat in seinem Vergleichsvorschlag allerdings nicht ausdrücklich festgestellt, dass die gegenseitige Kostenaufhebung der sonst zu erwartenden Kostenentscheidung entspricht.

104 Die Voraussetzungen des Abs. 4 sind hier im Beispielsfall nicht erfüllt. Denn das Gericht hat es im Vergleichsvorschlag unterlassen, ausdrücklich festzustellen, dass die Kostenverteilung der sonst zu erwartenden Kostenentscheidung entspricht (Abs. 4 Nr. 3).[155] Aufgrund der klaren gesetzlichen Regelung ist es auch unerheblich, wenn anderweitig festgestellt werden kann, dass die Kostenverteilung letztlich dem Vorschlag des Gerichts folgt.[156] Eine nachträgliche Feststellung durch das Gericht reicht nicht aus. Auch eine nachträgliche Genehmigung des Vergleichs durch das Gericht führt nicht dazu, dass die Haftung der PKH-Partei entfällt.[157]

105 Das bedeutet, dass die Zahlung des Klägers auf die Kostenschuld des Beklagten verrechnet wird und dem Kläger nur 400 € erstattet werden (600 € Zahlung abzgl. eigene Kostenschuld 100 € abzgl. Verrechnung 100 € auf die Kostenschuld des Beklagten). Der Beklagte muss dem Kläger also ggf in der Kostenfestsetzung gem. §§ 103 ff, 123 ZPO verauslagte Gerichtskosten iHv 100 € erstatten, weil Abs. 3 nicht entsprechend anzuwenden ist.

106 Die Formulierung von Abs. 4 lässt daher für die **Praxis** Probleme befürchten. Sinnvoller wäre es ggf gewesen, zur Vereinfachung für die Praxis auf die Regelung in Abs. 4 Nr. 3 zu verzichten. Denn es kann unterstellt werden, dass das Gericht bei der vorgeschlagenen Verteilung der Kosten ohnehin darauf achtet, dass die Kostenverteilung dem Sach- und Streitstand entspricht.

107 Beispiel 3 (Vergleich einschließlich Kostenverteilung entspricht nicht dem gerichtlichen Vorschlag): Wie Beispiel 1 (→ Rn 101). Das Gericht schlägt einen Vergleich mit gegenseitiger Kostenaufhebung vor. Das Gericht weist in seinem Vergleichsvorschlag ausdrücklich darauf hin, dass die gegenseitige Kostenaufhebung der sonst zu erwartenden Kostenentscheidung entspricht. Die Parteien schließen den Vergleich vor Gericht ab, allerdings tragen der Kläger 45 % und der Beklagte 55 % der Kosten.

108 Die Voraussetzungen des Abs. 4 sind hier im Beispielsfall nicht erfüllt. Denn die Kostenverteilung im Vergleich entspricht nicht dem Vergleichsvorschlag des Gerichts. Das bedeutet, dass die Zahlung des Klägers auf die Kostenschuld des Beklagten verrechnet wird und der Beklagte dem Antragsteller in der Kostenfestsetzung gem. §§ 103 ff, 123 ZPO ggf verauslagte Gerichtskosten erstatten muss.

---

152 BT-Drucks 17/11471, S. 377. **153** Vgl OLG Naumburg NJW-RR 2015, 1210 = AGS 2015, 470; AG Bad Segeberg NJW-RR 2014, 1214. **154** OLG Naumburg NJW-RR 2015, 1210 = AGS 2015, 470; *Dölling*, MDR 2013, 1009; *Schneider/Thiel*, Das neue Gebührenrecht für Rechtsanwälte, 2. Aufl., § 4 Rn 17 f. **155** OLG Naumburg NJW-RR 2015, 1210 = AGS 2015, 470; OLG Bamberg AGS 2014, 449 = RVGreport 2014, 446. **156** OLG Bamberg AGS 2014, 449 = RVGreport 2014, 446. **157** OLG Bamberg AGS 2014, 449 = RVGreport 2014, 446; *Schneider/Thiel*, 2. Aufl., Das neue Gebührenrecht für Rechtsanwälte, § 4 Rn 19.

b) **Vergleichsvorschlag des Gerichts: Haftungsrisiko für den Rechtsanwalt.** Der prozessbevollmächtigte   **109**
Rechtsanwalt muss zur Schadensvermeidung für den Mandanten darauf achten, dass das Gericht in seinem
Vergleichsvorschlag ausdrücklich feststellt bzw darauf hinweist, dass die Kostenregelung der sonst zu er-
wartenden Kostenentscheidung entspricht (Abs. 4 Nr. 3). Fehlt diese Feststellung, findet Abs. 3 keine ent-
sprechende Anwendung und auf die Kostenschuld der PKH-Partei dürfen Zahlungen der Gegenseite ver-
rechnet werden, die zu einer Kostenerstattungspflicht der PKH-Partei führen können. Eine Begründung des
Gerichts, aus welchem Grund davon ausgegangen wird, dass die Kostenregelung der sonst zu erwartenden
Kostenentscheidung entspricht, dürfte aber nicht erforderlich sein.

c) **Vergleichsprotokollierung.** Damit die Einhaltung der Voraussetzungen des Abs. 4, insb. des Abs. 4 Nr. 3,   **110**
dokumentiert ist, empfiehlt es sich, im **Terminsprotokoll** bei Abschluss eines Vergleichs festzuhalten, dass
der Vergleich auf Vorschlag des Gerichts abgeschlossen wird und dass das Gericht in seinem Vergleichsvorschlag zu der Kostenregelung festgestellt hat, dass sie der sonst zu erwartenden Kostenentscheidung entspricht. Der wörtlichen Wiedergabe des Vergleichsvorschlags bedarf es nicht.[158]

§ 32 Haftung von Streitgenossen und Beigeladenen

(1) [1]Streitgenossen haften als Gesamtschuldner, wenn die Kosten nicht durch gerichtliche Entscheidung unter sie verteilt sind. [2]Soweit einen Streitgenossen nur Teile des Streitgegenstands betreffen, beschränkt sich
seine Haftung als Gesamtschuldner auf den Betrag, der entstanden wäre, wenn das Verfahren nur diese Teile betroffen hätte.

(2) Absatz 1 gilt auch für mehrere Beigeladene, denen Kosten auferlegt worden sind.

I. Allgemeines

§ 32 regelt die Kostenhaftung von **Streitgenossen** (§§ 59 ff ZPO) und **Beigeladenen** (§ 65 VwGO und § 60   **1**
FGO) gegenüber der Staatskasse und ergänzt insoweit § 31.[1] Auch nach § 31 Abs. 1 haften mehrere Kostenschuldner als Gesamtschuldner. Im Gegensatz zu § 31, der die Haftung mehrerer Kostenschuldner auf
verschiedenen Parteiseiten (Kläger und Beklagter) betrifft, gilt § 32 aber für Streitgenossen und Beigeladene,
also mehrere Kostenschuldner in **derselben Parteirolle** (zB mehrere Kläger oder mehrere Beklagte; zum Verhältnis von § 31 und § 32 → § 31 Rn 5 f).[2]

§ 32 gilt für **alle Verfahren**, die gem. § 1 nach dem GKG abzurechnen sind.[3] In **Strafsachen** sind allerdings   **2**
vorrangig die für die Kostenhaftung mehrerer Verurteilter geltenden Regelungen in Vorbem. 3 Abs. 6 S. 1
KV, § 33 und §§ 466, 471 Abs. 4 StPO zu beachten. In **Bußgeldsachen** sind Vorbem. 4.1 Abs. 1 S. 1 KV,
§ 33 und § 46 Abs. 1 OWiG iVm § 466 StPO leges speciales zu § 33.

Die gesamtschuldnerische Haftung von Streitgenossen gilt grds. für alle Haftungen nach §§ 22 ff. Eine Aus-   **3**
nahme gilt nach Abs. 1 S. 1 nur für Entscheidungsschuldner (§ 29 Nr. 1, bei Kostenverteilung durch gerichtliche Entscheidung).[4]

§ 32 regelt, **wie gehaftet** wird. §§ 22 ff hingegen bestimmen die **Person des Haftenden.**[5] § 32 regelt damit   **4**
keinen eigenständigen Haftungsgrund.[6]

II. Haftung als Gesamtschuldner (Abs. 1 S. 1)

1. **Streitgenossen.** § 32 erfasst alle Fälle der Streitgenossenschaft (subjektive Klagehäufung) nach den   **5**
§§ 59 ff ZPO. Unerheblich ist, ob es sich um Streitgenossen auf Kläger- oder auf Beklagtenseite (aktive bzw
passive Streitgenossenschaft) oder um eine **einfache** (§§ 59, 60 ZPO) oder eine **notwendige** (§ 62 ZPO)
Streitgenossenschaft handelt.[7] Auch eine erst infolge **Prozessverbindung** entstehende Streitgenossenschaft
fällt unter § 32 und führt deshalb zur gesamtschuldnerischen Haftung der Streitgenossen.[8] Ebenfalls erfasst
werden die **streitgenössische Nebenintervention** gem. §§ 67, 69 ZPO[9] sowie die Streitgenossenschaft in **ver-
waltungs- und finanzgerichtlichen Verfahren** (§§ 64 und 159 VwGO bzw §§ 59 und 135 Abs. 5 FGO).[10]

2. **Haftende Personen.** a) **Antragstellerhaftung gem. § 22.** § 32 regelt, **wie gehaftet** wird. Die Vorschriften   **6**
der §§ 22 ff bestimmen, **wer haftet.**[11] § 32 gilt grds. für alle Haftungsbestimmungen des GKG (§§ 22 ff).

---

158 HK-FamGKG/*Fölsch,* Vor Hauptabschnitt 4 KV Rn 37; aA *Wiese,* NJW 2012, 3126, 3128. **1** Binz/Dörndorfer/*Dörndorfer,*
§ 32 GKG Rn 1. **2** BFH 12.12.2008 – IV E 1/08, juris; OLG Düsseldorf Rpfleger 1986, 156 = JurBüro 1986, 895. **3** *Meyer,*
GKG § 32 Rn 1. **4** OLG Hamm AGS 2001, 237. **5** OLG Bamberg JurBüro 1992, 684 = FamRZ 1993, 588. **6** OLG Bamberg
JurBüro 1992, 684 = FamRZ 1993, 588. **7** *Hartmann,* KostG, § 32 GKG Rn 3. **8** *Hartmann,* KostG, § 32 GKG Rn 3. **9** Binz/
Dörndorfer/*Dörndorfer,* § 32 GKG Rn 2. **10** *Meyer,* GKG § 32 Rn 2; vgl BFH 17.7.2014 – II R 40/12, juris; FG Hamburg
20.12.2014 – 3 KO 242/14, juris. **11** OLG Bamberg JurBüro 1992, 684 = FamRZ 1993, 588.

Reichen Streitgenossen (zB Gesamtgläubiger) eine Zahlungsklage ein, haften sie gem. §§ 22 Abs. 1, 32 grds. als Gesamtschuldner für die 3,0-Verfahrensgebühr Nr. 1210 KV.[12] Allerdings gilt das wegen Abs. 1 S. 2 nur für den Streitgegenstand, an dem sie gemeinsam beteiligt sind (→ Rn 24 ff).

7 **Beispiel:** Die Gesamtgläubiger A und B reichen Klage auf Zahlung von 5.000 € ein. – A und B haften als Antragsteller der Instanz für die nach einem Wert iHv 5.000 € entstandene Verfahrensgebühr Nr. 1210 KV als Gesamtschuldner, die der Kostenbeamte gem. § 8 Abs. 4 S. 1 KostVfg kopfteilig von ihnen anfordern wird.

8 **b) Haftung als Erstschuldner gem. § 29 Nr. 1 und 2.** § 32 ist anwendbar, wenn die Streitgenossen als Erstschuldner gem. § 29 Nr. 1 oder 2 (vgl § 31 Abs. 2) haften. Bei der Haftung als **Entscheidungsschuldner** gem. § 29 Nr. 1 ist zu berücksichtigen, ob das Gericht die Kosten unter den Streitgenossen verteilt hat (→ Rn 19 ff).

9 **Übernehmen** Streitgenossen Kosten, schulden sie die Kosten gem. §§ 29 Nr. 2, 32 im Zweifel ebenfalls als Gesamtschuldner.[13] Die Haftung bestimmt sich nach der **Übernahmeerklärung** und deren Auslegung.[14] Im Zweifel wird eine Übernahmeerklärung dahin auszulegen sein, dass jeder Streitgenosse keine über den Umfang seiner Beteiligung am Streitgegenstand hinausgehende Kostenhaftung übernehmen will, Abs. 1 S. 2 (→ Rn 24 ff).[15] Allerdings ist es auch möglich, dass ein Streitgenosse Kosten übernimmt, die den Betrag der Kosten übersteigen, für die er entsprechend seiner Beteiligung am Streitgegenstand haftet.[16]

10 **3. Inanspruchnahme durch die Staatskasse. a) Regelung des § 8 Abs. 4 KostVfg.** Bei gesamtschuldnerischer Haftung kann jeder Schuldner vom Gläubiger in voller Höhe für die Forderung herangezogen werden. Denn gem. § 421 BGB kann der Gläubiger die Leistung nach seinem Belieben von jedem der Gesamtschuldner ganz oder zu einem Teil fordern. Die gesamtschuldnerische **Haftung** ordnet § 32 für Streitgenossen auch **gegenüber der Staatskasse als Kostengläubigerin** an. Das GKG regelt aber nicht, wie die gesamtschuldnerische Haftung von Streitgenossen durch die Staatskasse auszunutzen ist bzw wie die **Inanspruchnahme** der Streitgenossen zu erfolgen hat. Insbesondere ist gesetzlich nicht geregelt, dass die Staatskasse bei der Inanspruchnahme der Streitgenossen eine **bestimmte Reihenfolge** einzuhalten oder ein **bestimmtes Beteiligungsverhältnis** zu beachten hat.[17]

11 Die Staatskasse bzw der Kostenbeamte kann aber bei der Inanspruchnahme der Streitgenossen die im Innenverhältnis bindende Verwaltungsvorschrift des § 8 **Abs. 4 KostVfg** nicht unberücksichtigt lassen.[18] Diese Bestimmung steuert das „Belieben" der Staatskasse und bindet das Ermessen bei der Auswahl des Schuldners.[19] Eine beliebige Inanspruchnahme eines von mehreren Gesamtschuldnern durch die Staatskasse trotz der Regelung in § 8 Abs. 4 KostVfg erscheint willkürlich und widerspricht der sich aus dem Gleichheitsgrundsatz ergebenden Ermessensbindung der Verwaltung und wird dem Gebot der Gleichbehandlung mehrerer Kostenschuldner nicht gerecht.[20]

12 Deshalb bestimmt der Kostenbeamte nach pflichtgemäßem Ermessen, ob der geschuldete Betrag von einem Kostenschuldner ganz oder von mehreren nach Kopfteilen angefordert werden soll (§ 8 **Abs. 4 S. 1 KostVfg**). Dabei kann gem. § 8 Abs. 4 S. 2 Nr. 1–5 KostVfg insbesondere berücksichtigt werden,

1. welcher Kostenschuldner die Kosten im Verhältnis zu den übrigen endgültig zu tragen hat,
2. welcher Verwaltungsaufwand durch die Inanspruchnahme nach Kopfteilen entsteht,
3. ob bei einer Verteilung nach Kopfteilen Kleinbeträge oder unter der Vollstreckungsgrenze liegende Beträge anzusetzen wären,
4. ob die Kostenschuldner in Haushaltsgemeinschaft leben,
5. ob anzunehmen ist, dass einer der Gesamtschuldner nicht zur Zahlung oder nur zu Teilzahlungen in der Lage ist.

13 Das bedeutet, dass der Kostenbeamte die Kosten vorrangig von dem/den als **Entscheidungs- oder Übernahmeschuldner/n** gem. § 29 Nr. 1 und 2 haftenden Streitgenossen anzufordern hat. Denn dieser hat die Kosten im Verhältnis zu den übrigen endgültig zu tragen. Mehrere nach § 29 Nr. 1 oder 2 haftende Streitgenossen sind gem. Abs. 1 S. 1 wiederum Gesamtschuldner, für deren Inanspruchnahme § 8 Abs. 4 KostVfg zu beachten ist.

12 OLG Hamm AGS 2001, 237. **13** OLG Frankfurt 5.2.2001 – 1 WF 283/00, juris; *Meyer*, GKG § 32 Rn 7; *Hartmann*, KostG, § 32 GKG Rn 6. **14** *Meyer*, GKG § 32 Rn 7; *Oestreich/Hellstab/Trenkle*, GKG § 32 Rn 18. **15** *Oestreich/Hellstab/Trenkle*, GKG § 32 Rn 18. **16** *Meyer*, GKG § 32 Rn 7. **17** KG AGS 2002, 259 = MDR 2002, 1276; BFH 17.7.2014 – II R 40/12, juris; FG Hamburg 20.12.2014 – 3 KO 242/14, juris. **18** BVerwG 20.4.2011 – 8 KSt 1/11 (8 B 83/10), juris; BFH 12.12.1996 – VII E 8/96, juris; KG AGS 2002, 259 = MDR 2002, 1276; OLG München AGS 2000, 114 u. 136 = NJW-RR 2000, 1744; FG Hamburg 20.12.2014 – 3 KO 242/14, juris; FG Bremen 15.12.1997 – 297232 Ko 2, juris; FG Nürnberg 29.7.1991 – VI 37/91, juris; OLG Koblenz Rpfleger 1988, 384; Binz/Dörndorfer/*Dörndorfer*, § 32 GKG Rn 2 (Haftung nach Kopfteilen); so auch OLG Koblenz JurBüro 2006, 323 (zu § 33 u. § 466 StPO). **19** BVerwG 20.4.2011 – 8 KSt 1/11 (8 B 83/10), juris; BFH 12.12.1996 – VII E 8/96, juris; OLG München AGS 2000, 114 u. 136 = NJW-RR 2000, 1744; FG Hamburg 20.12.2014 – 3 KO 242/14, juris; FG Bremen 15.12.1997 – 297232Ko 2, juris; OLG Koblenz Rpfleger 1988, 384; aA OLG Koblenz AGS 2000, 13 = NJW-RR 2000, 71; OVG Münster AGS 2000, 55 f m. abl. Anm. *Hellstab*. **20** BFH 12.12.1996 – VII E 8/96, juris; KG AGS 2002, 259 = MDR 2002, 1276; OLG Koblenz Rpfleger 1988, 384.

Anhaltspunkte für das Innenverhältnis der Streitgenossen können sich bei unterschiedlicher Beteiligung der Streitgenossen am Streitgegenstand ergeben (Abs. 1 S. 2; s. dazu → Rn 24 ff, insb. → Rn 30 Beispiel 3).

b) Kopfteilige Anforderung. Sind die Kosten nicht durch gerichtliche Entscheidung unter den Streitgenossen   **14** verteilt, bestimmt der Kostenbeamte nach pflichtgemäßem Ermessen, ob der geschuldete Betrag von einem Kostenschuldner ganz oder von mehreren **nach Kopfteilen** angefordert werden soll, § 8 Abs. 4 S. 1 KostVfg (→ Rn 12).[21] Der Kostenbeamte muss das Innenverhältnis der Streitgenossen nicht kennen oder gar ermitteln.[22] Von der kopfteiligen Anforderung ist im Rahmen der Ausübung des pflichtgemäßen Ermessens gem. § 8 Abs. 4 S. 2 Nr. 5 KostVfg bspw dann abzusehen, wenn anzunehmen ist, dass einer der Gesamtschuldner zur Zahlung überhaupt nicht oder nur in Teilbeträgen in der Lage wäre.[23] Dann sind die gesamten Kosten zunächst nur von den Übrigen anzufordern, um einen Ausfall der Staatskasse zu vermeiden.

c) Absehen von der kopfteiligen Anforderung. aa) Kleinbeträge. Nach Auffassung des OLG München[24]   **15** konnte die Staatskasse früher auch dann nicht entgegen § 8 Abs. 3 S. 2 Nr. 3 KostVfg aF von einem Gesamtschuldner die gesamten Gerichtskosten verlangen, wenn eine kopfteilige Aufteilung auf die Gesamtschuldner zu derart kleinen Beträgen führte, dass nach den einschlägigen Verwaltungsbestimmungen zur Anforderung von **Kleinbeträgen**[25] von der Rechnungsstellung abzusehen war. Dagegen sprach aber, dass der Kostenbeamte nach § 8 Abs. 3 S. 2 KostVfg aF die Kosten nur dann kopfteilig anfordern sollte, soweit die Sicherheit der Staatskasse keine andere Art der Inanspruchnahme geboten erscheinen ließ. Diese Formulierung rechtfertigte es, von einer kopfteiligen Anforderung abzusehen, weil die Gebühr von der Staatskasse dann insgesamt nicht eingezogen werden konnte.[26] § 8 Abs. 4 S. 2 Nr. 3 KostVfg erlaubt es dem Kostenbeamten seit dem 1.4.2014 ausdrücklich, bei der Inanspruchnahme der Gesamtschuldner zu berücksichtigen, ob bei einer Verteilung nach Kopfteilen Kleinbeträge oder unter der Vollstreckungsgrenze liegende Beträge anzusetzen wären.

Beispiel: Von der in dem gerichtlichen Verfahren angefallenen Gebühr iHv 100,00 € entfällt auf jeden der   **16** 20 Streitgenossen bei kopfteiliger Anforderung ein unter der Kleinbetragsgrenze iHv 7,50 € liegender Betrag iHv je 5,00 €.

Das rechtfertigt es, gem. § 8 Abs. 4 S. 2 Nr. 3 KostVfg von einer kopfteiligen Anforderung abzusehen, weil die Gebühr von der Staatskasse dann nicht eingezogen werden kann. Wird das anders gesehen, können die Beträge von den Streitgenossen nur gefordert werden, wenn die Kleinbetragsgrenze nicht als Regelung zugunsten des Kostenschuldners anzusehen ist und die Regelung die Staatskasse auch nicht grds. daran hindert, Kleinbeträge anzufordern.[27]

bb) Ausländischer Streitgenosse. Die Sicherheit der Staatskasse lässt auch dann eine andere Art der Inanspruchnahme als die kopfteilige Anforderung der Kosten von den Streitgenossen geboten erscheinen, wenn   **17** einer der Streitgenossen seinen Wohnsitz oder Sitz im **Ausland** hat.[28] Denn eine Vollstreckung nach der JBeitrO im Inland ist hier idR ausgeschlossen. Im Ausland kann die Kostenforderung nicht vollstreckt werden, weil sie keine Entscheidung iSv Art. 38 EuGVVO („Brüssel I-VO")[29] bzw Art. 39 EuGVVO („Brüssel Ia-VO") ist.[30] Hiervon sind nur die in einem Mitgliedstaat ergangenen **Entscheidungen** erfasst, die in diesem Staat vollstreckbar sind. Die Vollstreckung der Kostenforderung müsste nach § 67 ZRHO erfolgen.[31]

cc) Massenverfahren. Auch in Massenverfahren (zB nach § 60 a FGO), in denen wegen der Vielzahl von   **18** Beteiligten eine problemlose Anforderung bzw Vollstreckung der Kosten nicht gewährleistet ist, kann die Sicherheit der Staatskasse ausnahmsweise eine andere Art der Inanspruchnahme als nach Kopfteilen geboten erscheinen lassen.[32] Allerdings muss der Kostenbeamte im Rahmen seiner Ermessensausübung begründen können, aus welchem Grund er von allen Streitgenossen nur einen bestimmten Streitgenossen in An-

---

[21] BVerwG 20.4.2011 – 8 KSt 1/11 (8 B 83/10), juris; KG AGS 2002, 259 = MDR 2002, 1276; OLG München AGS 2000, 114 u. 136 = NJW-RR 2000, 1744; OLG Hamm 26.3.2003 – 23 W 34-38/03, juris (Tz 5); FG Nürnberg 29.7.1991 – VI 37/91, juris; OLG Koblenz Rpfleger 1988, 384; VGH Baden-Württemberg 15.10.1984 – 10 S 345/84, juris; aA OLG Koblenz AGS 2000, 13 = NJW-RR 2000, 71; OVG Münster AGS 2000, 55 f m. abl. Anm. *Hellstab.* [22] BVerwG 20.4.2011 – 8 KSt 1/11 (8 B 83/10), juris. [23] BFH 12.12.1996 – VII E 8/96, juris; VGH Baden-Württemberg 15.10.1984 – 10 S 345/84, juris; FG Hamburg 20.12.2014 – 3 KO 242/14, juris. [24] OLG München AGS 2000, 114 u. 136 = NJW-RR 2000, 1744. [25] Vgl zB für NRW: AV d. JM v. 17.7.2000 (5661 - I B. 9) idF v. 8.6.2004 (Behandlung von kleinen Kostenbeträgen; Beträge von weniger als 7,50 €). [26] Vgl BGH AGS 2001, 20: Von der kopfteiligen Anforderung kann bei Sitz eines der beiden Streitgenossen im Ausland abgesehen werden. [27] Vgl OLG München AGS 2000, 114 u. 136 = NJW-RR 2000, 1744. [28] BGH AGS 2001, 20; *Oestreich/Hellstab/Trenkle,* GKG § 32 Rn 18. [29] Verordnung (EG) Nr. 44/2001 des Rates vom 22. Dezember 2000 über die gerichtliche Zuständigkeit und die Anerkennung und Vollstreckung von Entscheidungen in Zivil- und Handelssachen (ABl. EG Nr. L 12 v. 16.1.2001, S. 1, ber. ABl. EG Nr. L 307 v. 24.11.2001, S. 28), zul. geänd. d. Verordnung (EU) Nr. 566/2013 vom 18. Juni 2013 (ABl. EU Nr. L 167 v. 19.6.2013, S. 29) (EuGVVO bzw „Brüssel I-VO"), ersetzt durch die am 10.1.2015 in Kraft getretene Verordnung (EU) Nr. 1215/1212 des Europäischen Parlaments und des Rates vom 12. Dezember 2012 über die gerichtliche Zuständigkeit und die Anerkennung und Vollstreckung von Entscheidungen in Zivil- und Handelssachen (Neufassung) (ABl. EU L 351 v. 20.12.2012, S. 1 mit späteren Änderungen) („Brüssel Ia-VO"). [30] BGH AGS 2001, 20 (zu Art. 38 EuGVVO bzw Brüssel I-VO). [31] Vgl OLG Düsseldorf 13.2.2007 – II-10 WF 25/06, juris. [32] Vgl BFH 12.12.1996 – VII E 8/96, juris (bei 385 Kostenschuldnern).

spruch genommen hat.[33] Gemäß **§ 8 Abs. 4 S. 2 Nr. 2 KostVfg** darf der Kostenbeamte nämlich berücksichtigen, welcher Verwaltungsaufwand durch die Inanspruchnahme nach Kopfteilen entsteht.

18a   **dd) Ehegatten.** Bei der Frage, ob kopfteilig anzufordern ist, kann gem. **§ 8 Abs. 4 S. 2 Nr. 4 KostVfg** berücksichtigt werden, ob die Kostenschuldner zB als Eheleute in Haushaltsgemeinschaft leben.[34] Hier kann es angebracht sein, die Kostenrechnung insgesamt an die Ehegatten zu richten.

19   **4. Kostenverteilung durch gerichtliche Entscheidung. a) Kostenverteilung.** Die gesamtschuldnerische Haftung der Streitgenossen nach Abs. 1 S. 1 tritt nur dann ein, wenn durch die gerichtliche Kostenentscheidung die Kosten nicht unter den Streitgenossen verteilt werden (Haftung als Entscheidungsschuldner gem. § 29 Nr. 1).[35] Dabei reicht es nicht aus, dass überhaupt irgendeine gerichtliche Kostenentscheidung vorliegt, vielmehr muss diese Entscheidung eine Kostenverteilung enthalten.[36] Eine Verteilung der Kostenpflicht durch gerichtliche Kostenentscheidung kann deshalb veranlasst sein, weil eine unterschiedliche Beteiligung der Streitgenossen am Streitgegenstand besteht (§ 100 Abs. 2 ZPO) oder ein Streitgenosse ein besonderes Angriffs- oder Verteidigungsmittel geltend gemacht hat (§ 100 Abs. 3 ZPO).[37]

20   Eine Kostenverteilung iSv Abs. 1 S. 1 iVm § 29 Nr. 1 liegt nur vor, wenn das Gericht die Kosten gem. § 100 **Abs. 2** oder § 100 **Abs. 3** ZPO verteilt hat.[38] § 100 **Abs. 1** ZPO betrifft keine Kostenverteilung iSv Abs. 1 S. 1. Die durch § 100 **Abs. 1** ZPO angeordnete **kopfteilige Haftung** für die **Kostenerstattung**, wenn der unterliegende Teil aus mehreren Personen besteht, tritt **kraft Gesetzes** ein und bedarf **keiner ausdrücklichen Entscheidung** des Gerichts.[39] Außerdem betrifft § 100 Abs. 1 ZPO nur das Erstattungsverhältnis der Prozessparteien untereinander, nicht aber das Verhältnis der für die Gerichtskosten haftenden Streitgenossen gegenüber der Staatskasse.[40] Auch wenn das Gericht ausdrücklich anordnet, dass die Streitgenossen entsprechend § 100 Abs. 1 ZPO nach Kopfteilen haften, ändert das deshalb nichts daran, dass die Streitgenossen für die von ihnen nach §§ 22 ff geschuldeten Gerichtskosten gegenüber der Staatskasse gem. § 32 gesamtschuldnerisch haften.[41] § 100 **Abs. 4** ZPO ist ebenfalls nicht als Kostenverteilung iSv Abs. 1. S. 1 anzusehen, weil die Bestimmung ausdrücklich nur die Kostenerstattung zwischen den Parteien betrifft.[42]

21   **b) Zweitschuldnerhaftung.** Werden die Kosten unter den Streitgenossen vom Gericht verteilt, ändert das nichts an einer etwaigen gesamtschuldnerischen Antragstellerhaftung der Streitgenossen gem. §§ 22, 31 Abs. 1. Allerdings gilt für die Ausnutzung dieser Antragstellerhaftung insoweit dann Abs. 2 (Zweitschuldnerhaftung).[43]

22   **5. Inanspruchnahme durch die Staatskasse bei Beteiligung kostenbefreiter Streitgenossen.** Zu der Frage, wie sich die Beteiligung von kosten- oder gebührenbefreiten und nicht befreiten Streitgenossen auf deren Inanspruchnahme durch die Staatskasse auswirkt, wird auf die Erl. in → § 2 Rn 57 ff verwiesen.

23   **6. Anfechtung der Inanspruchnahme durch die Staatskasse.** Geht der Kostenbeamte bei der Anforderung der Kosten von den Gesamtschuldnern nicht nach § 8 Abs. 4 KostVfg vor, kann das mit der **Erinnerung gem. § 66** gerügt werden (→ § 66 Rn 16).[44]

III. Einen Streitgenossen betreffen nur Teile des Streitgegenstands (Abs. 1 S. 2)

24   Soweit einen Streitgenossen nur **Teile** des Streitgegenstands betreffen, beschränkt sich seine Haftung als Gesamtschuldner auf den Betrag, der entstanden wäre, wenn das Verfahren nur diese Teile betroffen hätte (Abs. 1 S. 2). Der Streitgenosse haftet dann nur bis zu demjenigen Betrag, der entstanden wäre, wenn das Verfahren nur diese Teile betroffen hätte[45] bzw wenn er den Rechtsstreit allein geführt hätte.[46] Dies gilt auch dann, wenn das Gericht eine Kostenverteilung vorgenommen hat.[47]

25   Sind die Streitgenossen am **gesamten** Streitgegenstand beteiligt, haften sie als Gesamtschuldner für den gesamten Kostenbetrag.

26   **Beispiel 1:** Die Gesamtgläubiger A und B reichen Klage auf Zahlung von 5.000 € ein.

A und B haften als Antragsteller der Instanz für die nach einem Wert iHv 5.000 € entstandene Verfahrensgebühr Nr. 1210 KV iHv 438 € als Gesamtschuldner.

---

33 BFH 12.12.1996 – VII E 8/96, juris. **34** FG Hamburg 20.12.2014 – 3 KO 242/14, juris. **35** Binz/Dörndorfer/*Dörndorfer*, § 32 GKG Rn 2. **36** *Hartmann*, KostG, § 32 GKG Rn 4. **37** Binz/Dörndorfer/*Dörndorfer*, § 32 GKG Rn 2. **38** *Meyer*, GKG § 32 GKG Rn 5; *Oestreich/Hellstab/Trenkle*, GKG § 32 Rn 11; *Hartmann*, KostG, § 32 GKG Rn 7; aA OLG Bamberg JurBüro 1992, 684 = FamRZ 1993, 588. **39** *Zöller/Herget*, ZPO, § 100 Rn 3; vgl auch OLG Brandenburg AGS 2009, 49; KGR Berlin 2008, 486; OLG Köln AGS 2006, 619. **40** OLG Koblenz AGS 2000, 13 = NJW-RR 2000, 71; *Oestreich/Hellstab/Trenkle*, GKG § 32 Rn 11. **41** *Meyer*, GKG § 32 Rn 5; *Oestreich/Hellstab/Trenkle*, GKG § 32 Rn 11; *Hartmann*, KostG, § 32 GKG Rn 4; aA OLG Bamberg JurBüro 1992, 684 = FamRZ 1993, 588. **42** *Oestreich/Hellstab/Trenkle*, GKG § 32 Rn 14 f. **43** *Hartmann*, KostG, § 32 GKG Rn 5. **44** BVerwG 20.4.2011 – 8 KSt 1/11 (8 B 83/10), juris; BFH 12.12.1996 – VII E 8/96, juris; KG AGS 2002, 259 = MDR 2002, 1276; OLG Koblenz Rpfleger 1988, 384; OLG Karlsruhe JurBüro 1981, 414; offengelassen BGH AGS 2001, 20. **45** FG Bremen 15.12.1997 – 297232 Ko 2, juris; Binz/Dörndorfer/*Dörndorfer*, GKG § 32 Rn 2; *Hartmann*, KostG, § 32 GKG Rn 10; *Oestreich/Hellstab/Trenkle*, GKG § 32 Rn 5. **46** OVG Münster AGS 2000, 55. **47** *Hartmann*, KostG, § 32 GKG Rn 10.

Der Kostenbeamte fordert gem. § 8 Abs. 4 KostVfg kopfteilig sowohl von A als auch von B einen Betrag iHv 219 € ein. Zahlt B seine Hälfte iHv 219 € nicht, kann hierfür A als mithaftender Gesamtschuldner in Anspruch genommen werden.

Ist ein Streitgenosse am gesamten Streitwert, der andere Streitgenossen aber nur an einem Teil davon beteiligt, beschränkt sich dessen gesamtschuldnerische Haftung auf den Betrag der Kosten, der entstanden wäre, wenn das Verfahren nur diesen geringeren Teil betroffen hätte. **27**

Beispiel 2: A und B reichen Klage auf Zahlung von 5.000 € ein. A ist hieran in voller Höhe, B dagegen nur **28** iHv 1.000 € beteiligt.

Es ist eine 3,0-Verfahrensgebühr Nr. 1210 KV nach einem Streitwert iHv 5.000 € mit 438 € entstanden, die der Kostenbeamte dem § 12 Abs. 1 im Wege der Abhängigmachung einfordert.

A und B haften gem. § 32 als Gesamtschuldner nur für eine nach einem Wert iHv 1.000 € berechnete Verfahrensgebühr iHv 159 €. Deshalb kann B bei kopfteiliger Inanspruchnahme nicht die Hälfte der nach dem Streitwert iHv 5.000 € anfallenden Gebühr iHv 438 € mit 219 €, sondern höchstens ein Betrag iHv 159 € in Rechnung gestellt werden.

Für den überschießenden Betrag – Differenz iHv 279 € zu der nach einem Wert iHv 5.000 € berechneten Gebühr iHv 438 € – haftet A allein.[48]

Wird B nur kopfteilig für den von ihm gesamtschuldnerisch geschuldeten Betrag iHv 159 € mit 79,50 € in Anspruch genommen, können von ihm weitere 79,50 € gefordert werden, wenn A den von ihm geforderten Betrag iHv 358,50 € (438 € – 79,50 € von B) nicht zahlt.

Betreffen jeden Streitgenossen jeweils nur Teile des gesamten Streitgegenstands, beschränkt sich die gesamt- **29** schuldnerische Haftung auf den Betrag, der entstanden wäre, wenn das Verfahren nur diese Teile betroffen hätte.

Beispiel 3: A und B reichen Klage auf Zahlung von insgesamt 5.000 € ein. Die Forderung von A beträgt 2.000 €, **30** die Forderung von B 3.000 €.

Es ist eine 3,0-Verfahrensgebühr Nr. 1210 KV nach einem Streitwert iHv 5.000 € entstanden (§ 48 Abs. 1, § 5 ZPO)	438,00 €
A haftet gem. § 22 Abs. 1 für eine Gebühr nach einem Wert iHv 2.000 €	267,00 €
B haftet gem. § 22 Abs. 1 für eine Gebühr nach einem Wert iHv 3.000 €	324,00 €
Summe	591,00 €
abzgl. Gebühr nach Wert iHv 5.000 €	– 438,00 €
Degressionsvorteil[49]	153,00 €

Der Kostenbeamte fordert gem. § 8 Abs. 4 KostVfg kopfteilig sowohl von A als auch von B einen Betrag iHv 219 € ein. Zahlt A seine Hälfte iHv 219 € nicht, kann B als mithaftender Gesamtschuldner für einen Betrag iHv 105 € (324 € – 219 €) in Anspruch genommen werden. Zahlt B seine Hälfte iHv 219 € nicht, kann A als mithaftender Gesamtschuldner für einen Betrag iHv 48 € (267 € – 219 €) in Anspruch genommen werden.

Der Kostenbeamte kann anstelle der kopfteiligen Anforderung iHv je 219 € in Ausübung seines pflichtgemäßen Ermessens auch eine Inanspruchnahme im Verhältnis der Einzelgebühren oder der Einzelwerte vornehmen, insb. wenn davon ausgegangen wird, dass das dem Innenverhältnis der Streitgenossen eher entspricht.[50]

I. Anforderung im Verhältnis der Einzelgebühren
A: 438 € x 267 : 591,00 € = 197,88 €
B: 438 € x 324 : 591,00 € = 240,12 €

II. Anforderung im Verhältnis der Einzelwerte
A: 438 € x 2.000 € : 5.000 € = 175,20 €
B: 438 € x 3.000 € : 5.000 € = 262,80 €

Zahlt zB A die von ihm im Verhältnis der Einzelwerte angeforderte Gebühr iHv 175,20 € nicht, kann von B als mithaftendem Gesamtschuldner ein Betrag iHv 61,20 € (324,00 € eigene Haftung – 262,80 € eigene Inanspruchnahme) gefordert werden.

IV. Mehrere Beigeladene (Abs. 2)

Gemäß § 65 VwGO kann das Gericht, solange das Verfahren noch nicht rechtskräftig abgeschlossen oder **31** in höherer Instanz anhängig ist, von Amts wegen oder auf Antrag andere, deren rechtliche Interessen durch die Entscheidung berührt werden, beiladen. Nach § 60 Abs. 1 S. 1 FGO kann das Finanzgericht von Amts wegen oder auf Antrag andere beiladen, deren rechtliche Interessen nach den Steuergesetzen durch die Ent-

---

48 So auch *Oestreich/Hellstab/Trenkle*, GKG § 32 Rn 5. **49** Vgl OLG Bremen JurBüro 1991, 953. **50** Vgl *Oestreich/Hellstab/Trenkle*, GKG § 32 Rn 5.

scheidung berührt werden, insbesondere solche, die nach den Steuergesetzen neben dem Steuerpflichtigen haften.

32 Mehrere Beigeladene haften nach Abs. 2 iVm Abs. 1 S. 1 als Gesamtschuldner, wenn die Kosten nicht durch gerichtliche Entscheidung unter sie verteilt sind. Soweit einen Beigeladenen nur Teile des Streitgegenstands betreffen, beschränkt sich seine Haftung als Gesamtschuldner nach Abs. 2 iVm Abs. 1 S. 2 auf den Betrag, der entstanden wäre, wenn das Verfahren nur diese Teile betroffen hätte.

33 Zur Haftung der Beigeladenen als Antragsteller der Instanz nach § 22 Abs. 1 S. 1 → § 22 Rn 31 ff.

§ 33 Verpflichtung zur Zahlung von Kosten in besonderen Fällen

Die nach den §§ 53 bis 55, 177, 209 und 269 der Insolvenzordnung sowie den §§ 466 und 471 Absatz 4 der Strafprozessordnung begründete Verpflichtung zur Zahlung von Kosten besteht auch gegenüber der Staatskasse.

I. Allgemeines

1 § 33 ordnet an, dass die in §§ 53–55, 177, 209 und 269 InsO sowie in §§ 466 und 471 Abs. 4 StPO begründete Verpflichtung zur Zahlung von Kosten auch im Verhältnis zur Staatskasse besteht. Das bedeutet, dass die Staatskasse die sich aus diesen Bestimmungen ergebenden Zahlungspflichtigen unmittelbar als **Kostenschuldner iSd GKG** in Anspruch nehmen kann. § 33 gilt nur für die abschließend aufgeführten Bestimmungen der InsO und der StPO. Eine Ausdehnung auf andere dort nicht genannte Bestimmungen ist ausgeschlossen. Die Feststellung der Auslagen und die Entscheidung darüber, ob und in welchem Umfang gesamtschuldnerische Haftung bzw Mithaftung besteht oder nicht, erfolgt durch den Kostenbeamten im **Kostenansatzverfahren** (§ 19). Seine Inanspruchnahme nach § 33 kann der in Anspruch genommene Kostenschuldner mit der **Erinnerung** gem. § 66 anfechten.

II. Insolvenzverfahren

2 Nach § 53 InsO sind aus der **Insolvenzmasse** (§ 35 InsO) die Kosten des Insolvenzverfahrens (§ 54 InsO) und die sonstigen Masseverbindlichkeiten (§ 55 InsO) vorweg zu berichten. **§ 209 InsO** regelt, in welcher Rangfolge die Masseverbindlichkeiten vom Insolvenzverwalter zu befriedigen sind. Die Kosten des Insolvenzverfahrens (Massekosten, § 54 InsO) haben Vorrang vor den Masseverbindlichkeiten. Kosten des Insolvenzverfahrens sind gem. § 54 Nr. 1 InsO insb. die **Gerichtskosten für das Insolvenzverfahren**. Hierzu gehören insb. die Gebühren Nr. 2310, 2311 KV, Nr. 2320–2322 KV, Nr. 2330–2332 KV und Nr. 2360 KV und die Auslagen Nr. 9000 ff KV. Diese Gerichtskosten kann die Staatskasse gem. § 33 beim Insolvenzverwalter geltend machen.[1]

3 Masseverbindlichkeiten sind nach § 55 InsO u.a. weiter die Verbindlichkeiten, die durch Handlungen des Insolvenzverwalters oder in anderer Weise durch die Verwaltung, Verwertung und Verteilung der Insolvenzmasse begründet werden, ohne zu den Kosten des Insolvenzverfahrens zu gehören. Handlungen iSv § 55 InsO sind Prozesse des Insolvenzverwalters, die dieser begonnen oder aufgenommen hat. Die vom Insolvenzverwalter gem. §§ 22, 29 GKG geschuldeten Gerichtskosten dieser Prozesse kann die Staatskasse als Massenanspruch vorweg aus der Insolvenzmasse verlangen.[2]

4 Nach **§ 177 Abs. 1 InsO** sind im Prüfungstermin auch die Forderungen zu prüfen, die nach dem Ablauf der Anmeldefrist angemeldet worden sind. Widerspricht jedoch der Insolvenzverwalter oder ein Insolvenzgläubiger dieser Prüfung oder wird eine Forderung erst nach dem Prüfungstermin angemeldet, so hat das Insolvenzgericht auf **Kosten des Säumigen** entweder einen besonderen Prüfungstermin zu bestimmen oder die Prüfung im schriftlichen Verfahren anzuordnen. Zahlungspflichtig für die Gebühr Nr. 2340 KV sowie etwaige Auslagen, allerdings nach der Anm. zu Nr. 9004 KV ohne Bekanntmachungskosten, ist nach § 33, § 177 Abs. 1 InsO der **säumige Gläubiger**.

5 Hat das Gericht nach **§ 177 Abs. 2 InsO** nachrangige Gläubiger nach § 174 Abs. 3 InsO zur Anmeldung ihrer Forderungen aufgefordert und läuft die für diese Anmeldung gesetzte Frist später als eine Woche vor dem Prüfungstermin ab, so ist auf **Kosten der Insolvenzmasse** entweder ein besonderer Prüfungstermin zu bestimmen oder die Prüfung im schriftlichen Verfahren anzuordnen. Zahlungspflichtig für die durch den besonderen Prüfungstermin oder das schriftliche Prüfungsverfahren anfallende Gebühr Nr. 2340 KV sowie

---

[1] BGH NJW-RR 2005, 356 = NZI 2005, 33; *Oestreich/Hellstab/Trenkle*, GKG § 33 Rn 7 ff. **2** *Oestreich/Hellstab/Trenkle*, GKG § 33 Rn 10.

etwaige Auslagen, allerdings nach der Anm. zu Nr. 9004 KV ohne Bekanntmachungskosten, ist nach § 33, § 177 Abs. 1 InsO die **Insolvenzmasse.**

Nach **§ 269 InsO** trägt die Kosten der Überwachung der Erfüllung des Insolvenzplans der **Schuldner.** Im   6
Falle des § 260 Abs. 3 InsO trägt die **Übernahmegesellschaft** die durch ihre Überwachung entstehenden Kosten. Diese Kostenhaftung gilt gem. § 33 auch gegenüber der Staatskasse.

III. Strafverfahren

1. Gesamtschuldnerische Haftung gem. § 466 S. 1 StPO. a) Voraussetzungen. Werden Mitangeklagte in   7
einem **gemeinsamen Verfahren** wegen **derselben Tat** iSd § 264 StPO verurteilt, haften sie gem. § 33, § 466 S. 1 StPO grds. für alle tatbezogenen **Auslagen** als **Gesamtschuldner** (§§ 421, 426 BGB).[3] Ob zu einem früheren Zeitpunkt getrennte Verfahren geführt worden sind, ist unerheblich. Entscheidend ist allein die gerichtliche Eröffnung eines gemeinsamen Verfahrens.[4] Für die gesamtschuldnerische Auslagenhaftung nach § 466 StPO ist es nicht erforderlich, dass die Verurteilung im **selben Urteil** oder in **demselben Rechtszug** erfolgt ist.[5] Die gesamtschuldnerische Haftung tritt auch **ohne ausdrückliche Anordnung** im Urteil ein.[6] Eine Verurteilung iSv § 466 StPO liegt vor, wenn das Urteil eine Schuldfeststellung trifft und deswegen irgendwelche Unrechtsfolgen festsetzt.[7]

§ 33, § 466 StPO gilt nur für **erstinstanzliche Auslagen iSv Teil 9 KV.** Für Auslagen der weiteren Instanzen   8
gilt § 473 StPO.[8] Für die **Gerichtsgebühr** gilt Vorbem. 3.1 Abs. 6 KV. Danach ist die Gebühr nach Maßgabe der gegen jeden Angeklagten rechtskräftig erkannten Strafe zu erheben, wenn die Strafsache mehrere Angeschuldigte betrifft. Für **notwendige Auslagen** (§ 464 a Abs. 2 StPO) gilt § 466 StPO ebenfalls nicht.

b) Anforderung der Auslagen. Ob und in welchem Umfang der Kostenbeamte die Auslagen von den Verur-   9
teilten einfordert, steht nach § 8 Abs. 4 KostVfg in seinem pflichtgemäßen Ermessen.[9] Daher kann die Anforderung zB nach **Kopfteilen** erfolgen (vgl auch § 8 Abs. 4 S. 1 Alt. 2 KostVfg).[10] Bei gesamtschuldnerischer Auslagenhaftung erfolgt eine Inanspruchnahme für vorbehaltene und bei anderen Schuldnern erfolglos angeforderte Kopfteile dabei nicht als **Zweitschuldner** iSv § 31 Abs. 2, sondern als **Mitschuldner/Erstschuldner** gem. § 29 Nr. 1.[11] Sowohl im Falle der kopfteiligen Inanspruchnahme aller Mitverurteilter als auch dann, wenn der Kostenbeamte nicht alle der gesamtschuldnerisch haftenden Mitverurteilten für Auslagenbeträge in Anspruch nimmt, sollte vom Kostenbeamten durch Aufnahme eines **Nachforderungsvorbehalts** (§ 20) in den Kostenansatz sichergestellt werden, dass der Eintritt des **Nachforderungsverbots** verhindert wird (→ § 21 Rn 12 f).[12] Zur Anforderung an den Inhalt der Kostenrechnung im Falle der anteiligen Inanspruchnahme von Mitverurteilten s. → § 19 Rn 10.[13]

Beispiel: A, B und C sind wegen Diebstahls, B darüber hinaus noch wegen eines anderen Delikts angeklagt. Zum   10
Diebstahl werden drei Zeugen vernommen, die insgesamt 300 € erhalten. Wegen des anderen Delikts wird ein Sachverständiger vernommen, der eine Vergütung iHv 1.000 € erhält. Es erfolgt wegen aller Delikte kostenpflichtige Verurteilung.

– Gemäß § 33, § 466 S. 1 StPO besteht gesamtschuldnerische Haftung von A, B und C für die Zeugenauslagen iHv 300 €.
– Gemäß § 8 Abs. 4 KostVfg erfolgt grds. kopfteilige Anforderung mit je 100 € (1/3); es besteht wechselseitige Mitschuldnerhaftung (= Erstschuldner), keine Zweitschuldnerhaftung, für deren Ausnutzung § 31 Abs. 2 gelten würde.
– Bei A, B und C ist gem. § 24 Abs. 2 S. 2 KostVfg jeweils ein eindeutiger Vorbehalt über die Möglichkeit einer Inanspruchnahme für weitere 200 € aufzunehmen.
– Die Sachverständigenkosten über 1.000 € trägt B allein.

Zahlt ein Verurteilter Kosten für einen Mitverurteilten, so kann sein Ausgleichsanspruch (§§ 421, 426   11
BGB) nicht im Wege des **Kostenfestsetzungsverfahrens** (§§ 103 ff ZPO) festgestellt werden. Ein Streit über die Ausgleichspflicht unter Mitverurteilten muss vielmehr im Zivilprozess ausgetragen werden.[14]

c) Dieselbe Tat iSv § 466 S. 1 StPO. Dieselbe Tat iSv § 466 S. 1 StPO ist in einem weiteren Sinne zu verste-   12
hen. Entscheidend ist, dass mehrere Verurteilte für Auslagen nur insoweit als Gesamtschuldner haften, als diese Auslagen dieselbe Tat im prozessualen Sinne, also den gesamten der Anklage insoweit zugrunde lie-

3 OLG Koblenz JurBüro 2006, 323; OLG Koblenz NStZ-RR 2002, 160 = StraFo 2002, 246; OLG Karlsruhe Justiz 2006, 13 = StV 2006, 34. **4** OLG Koblenz NStZ-RR 2002, 160 = StraFo 2002, 246. **5** OLG Karlsruhe Justiz 2006, 13 = StV 2006, 34; *Oestreich/Hellstab/Trenkle,* GKG Vorbem. 3.1 KV Rn 78; *Meyer-Goßner,* StPO, § 466 Rn 1. **6** *Meyer-Goßner,* StPO, § 466 Rn 1. **7** BGHSt 14, 391; *Meyer-Goßner,* StPO, § 465 Rn 2. **8** *Meyer-Goßner,* StPO, § 466 Rn 2; *Löwe/Rosenberg/Hilger,* StPO, 26. Aufl., § 466 Rn 1. **9** Vgl *Meyer-Goßner,* StPO, § 466 Rn 2; LG Dresden NStZ-RR 2012, 327. **10** OLG Karlsruhe Justiz 2006, 13 = StV 2006, 34; OLG Koblenz JurBüro 2006, 323; LG Dresden NStZ-RR 2012, 327. **11** OLG Koblenz 30.1.2006 – 1 Ws 21/06, JurBüro 2006, 323 (Ls.); OLG Koblenz NStZ-RR 2005, 254. **12** So auch *Oestreich/Hellstab/Trenkle,* GKG Vorbem. 3.1 KV Rn 85. **13** Siehe auch OLG Celle StraFo 2014, 262 = NStZ-RR 2014, 264 = RVGreport 2014, 326. **14** OLG Koblenz Rpfleger 1990, 36 = JurBüro 1990, 386.

genden historischen Lebensvorgang, betreffen. Die Mitwirkung an einem – prozessual – selbständigen Einzelakt im Rahmen eines zusammenhängenden Gesamtgeschehens genügt dafür nicht.[15]

13 Der Begriff „dieselbe Tat" geht über die Teilnahmeformen der §§ 25 ff StGB hinaus, verlangt aber einen inneren und äußeren Zusammenhang und setzt innerhalb eines geschichtlichen Vorgangs ein Mitwirken in derselben Richtung voraus.[16] Die Teilnahme als **Anstifter, Gehilfe** sowie die **Mittäter-** und **Nebentäterschaft** reichen zur Bejahung derselben Tat aus. Bei Diebstahl und Hehlerei, Vorteilsannahme und Bestechlichkeit sowie Vorteilsgewährung und Bestechung, bei Begünstigung und Strafvereitelung sowie bei Beteiligung mehrerer an einer Schlägerei liegt dieselbe Tat vor. Bei Körperverletzung und unterlassener Hilfeleistung sowie Meineid und Prozessbetrug handelt es sich dagegen um verschiedene Taten.[17] Die Mitwirkung an einem in den Fortsetzungszusammenhang fallenden Teilakt des von dem Mitverurteilten begangenen Verbrechens führt keine Tatidentität iSv § 466 StPO herbei, so dass eine über den Einzelakt hinausgehende Mithaftung für Auslagen nicht begründet wird.[18]

14 **2. Ausnahmen von der gesamtschuldnerischen Haftung, § 466 S. 2 StPO. Ausgenommen** von der gesamtschuldnerischen Haftung sind die in § 466 S. 2 StPO aufgeführten Kosten.[19] Zu diesen Kosten gehören:

- die **Pflichtverteidigerkosten** (vgl Nr. 9007 KV), auch die Kosten mehrerer für einen Angeklagten bestellter Verteidiger;
- **Dolmetscherkosten** (vgl Nr. 9005 KV); gesamtschuldnerische Haftung kann insoweit aber bestehen, wenn derselbe Dolmetscher zur Verständigung mit mehreren Verurteilten zugezogen war;[20] **Übersetzerkosten** dürften ebenfalls erfasst sein;[21]
- Kosten der **Strafvollstreckung**;
- Kosten der einstweiligen Unterbringung oder der Untersuchungshaft (Nr. 9011 KV, § 73);
- durch **Untersuchungshandlungen** (§§ 20, 162, 168 b StPO) ausschließlich gegen einen Mitangeklagten angefallene Auslagen iSv Teil 9 KV (zB Kosten einer **Blutentnahme oder Blutuntersuchung**; → Nr. 9005 KV Rn 30 ff). Untersuchungshandlungen sind Handlungen der Strafverfolgungsorgane, die der Aufklärung des Sachverhalts, der Auffindung von Beweismitteln oder der Sicherung des Fortgangs des Verfahrens dienen. Sie sind ausschließlich gegen einen Mitverurteilten gerichtet, wenn sie gerade im Hinblick auf besondere Umstände in seiner Person oder Besonderheiten seiner Einlassung vorgenommen wurden. Beispiele: Auslagen durch einzelne Beweiserhebungen (§ 201 StPO); Auslagen durch eine umfangreiche Beweisaufnahme, die nur wegen der Einlassung des anderen Mitangeklagten erforderlich war; Auslagen zu Beweiserhebungen zu einem Teilakt einer Dauerstraftat, an dem nur ein Mitangeklagter beteiligt war; Auslagen durch Maßnahmen gem. §§ 81, 81 a, 81 b, 81 e StPO sowie § 73 JGG gegen andere Mitangeklagte.[22]

15 Die gesamtschuldnerische Haftung erstreckt sich nicht auf Auslagen, die wegen weiterer selbständiger Taten entstanden sind, an welchen ein Verurteilter **nicht beteiligt** war und gegen den insoweit auch keine Ermittlungen geführt worden sind.[23] Frühere Beschuldigte, die nicht verurteilt worden sind (Freispruch), die vor der Entstehung von Auslagen aus dem Verfahren ausgeschieden sind oder gegen die nach Abtrennung (im Ermittlungsverfahren) gesonderte Verfahren geführt wurden, sind keine Gesamtschuldner iSv § 466 StPO.[24]

16 **Beispiel 1 (Freispruch):** A, B und C sind wegen Diebstahls, B darüber hinaus noch wegen eines anderen Delikts angeklagt. Zum Diebstahl werden drei Zeugen vernommen, die insgesamt 300 € erhalten. Wegen des anderen Delikts wird ein Sachverständiger vernommen, der eine Vergütung iHv 1.000 € erhält. B wird freigesprochen, A und C werden verurteilt.

- Gemäß § 33, § 466 S. 1 StPO besteht gesamtschuldnerische Haftung von A und C für die Zeugenauslagen über 300 € (B ist freigesprochen).
- Gemäß § 8 Abs. 4 KostVfg erfolgt grds. kopfteilige Anforderung mit je 150 € (1/2); Mitschuldnerhaftung von A und C; bei A und C ist gem. § 24 Abs. 2 S. 2 KostVfg jeweils ein eindeutiger Vorbehalt über die Möglichkeit einer Inanspruchnahme für weitere 150 € aufzunehmen.
- Die Sachverständigenkosten trägt aufgrund Freispruchs von B die Staatskasse.

---

15 OLG Karlsruhe Justiz 2006, 13 = StV 2006, 34. **16** BGH NJW 1951, 324; *Oestreich/Hellstab/Trenkle*, GKG Vorbem. 3.1 KV Rn 81. **17** *Meyer-Goßner*, StPO, § 466 Rn 1; Löwe/Rosenberg/*Hilger*, StPO, 26. Aufl., § 466 Rn 1. **18** OLG Düsseldorf JurBüro 1989, 846. **19** OLG Koblenz 30.1.2006 – 1 Ws 21/06, JurBüro 2006, 323 (Ls.); OLG Koblenz NStZ-RR 2002, 160 = StraFo 2002, 246; OLG Karlsruhe Justiz 2006, 13 = StV 2006, 34. **20** Löwe/Rosenberg/*Hilger*, StPO, 26. Aufl., § 466 Rn 14; *Mümmler*, JurBüro 1976, 643. **21** Wohl auch Löwe/Rosenberg/*Hilger*, StPO, 26. Aufl., § 466 Rn 14. **22** Löwe/Rosenberg/*Hilger*, StPO, 26. Aufl., § 466 Rn 17. **23** OLG Karlsruhe Justiz 2006, 13 = StV 2006, 34; LG Bonn StraFo 2004, 255. **24** OLG Koblenz 30.1.2006 – 1 Ws 21/06, JurBüro 2006, 323 (Ls.).

Beispiel 2 (Einzelne Untersuchungshandlung): A und B werden wegen einer Verkehrsstraftat angeklagt. A ist eine   17
Blutprobe entnommen worden (Kosten 50 €). Es wird ein Gutachten zur Klärung des Unfallhergangs eingeholt
(Kosten 500 €). A und B werden verurteilt.
- Gemäß § 33, § 466 S. 1 StPO besteht gesamtschuldnerische Haftung von A und B für 500 € Sachverständigen-
  kosten.
- Gemäß § 8 Abs. 4 KostVfg erfolgt kopfteilige Anforderung iHv je 250 € (1/2).
- Die Blutentnahmekosten über 50 € trägt A allein, § 466 S. 2 StPO: Es handelt sich insoweit um eine aus-
  schließlich gegen ihn gerichtete Untersuchungshandlung.

Beispiel 3 (Verfahrensverbindung; einzelne Untersuchungshandlung): Gegen A und B werden getrennte Ermitt-   18
lungsverfahren wegen Handels mit BtM geführt. In den getrennten Verfahren sind Sachverständigenkosten über
7.000 € für ein DNA-Spurengutachten und über 3.000 € für ein BtM-Wirkstoffgutachten eingeholt worden. Aus
den Gutachten ergibt sich, dass die Gutachten beide Angeklagten betreffen. Die Verfahren werden vom Gericht
verbunden. A wird anklagegemäß verurteilt. Im Verfahren gegen B werden anschließend weitere Zeugen vernommen, die 200 € erhalten. Auch B wird dann wegen BtM-Handel verurteilt.
- Gemäß § 33, § 466 S. 1 StPO besteht gesamtschuldnerische Haftung von A und B für die Sachverständigenkosten. Es lagen zwar zunächst getrennte Verfahren vor, die dann aber verbunden wurden. Die Sachverständigenkosten betreffen zudem beide Angeklagten. Die Verurteilungen zu unterschiedlichen Zeitpunkten stehen der
  Gesamthaftung nicht entgegen.
- Gemäß § 8 Abs. 4 KostVfg erfolgt kopfteilige Anforderung der Sachverständigenkosten (1/2).
- Die Zeugenauslagen trägt B allein, da sie nach dem Ausscheiden von A aus dem Verfahren entstanden sind.

3. Beteiligung von Jugendlichen, § 74 JGG. Umstritten ist, wie zu verfahren ist, wenn mehrere Angeklagte   19
(Jugendliche und Erwachsene) in einem gemeinsamen Verfahren wegen derselben Tat verurteilt worden
sind und bei einem oder mehreren Jugendlichen von der Auferlegung der Kosten gem. § 74 JGG abgesehen
worden ist. Werden mehrere Angeklagte wegen derselben Tat verurteilt und ist bei einem oder mehreren
von ihnen nach § 74 JGG von der Auferlegung der Kosten abgesehen worden, tritt bei dem erwachsenen
Verurteilten wegen der gemeinsamen Auslagen keine Gesamtschuldnerhaftung ein, er haftet nur für den auf
ihn entfallenden Anteil nach Kopfteilen.[25] Der nicht von § 74 JGG begünstigte erwachsene Mitverurteilte
trägt damit nicht wie ein Alleinschuldner nach § 465 Abs. 1 StPO die gesamten mithaftfähigen gerichtlichen
Auslagen, sondern nur den nach Kopfteilen auf ihn entfallenden Anteil. Der Auslagenanteil des gem. § 74
JGG endgültig freigestellten Jugendlichen ist damit nicht zu erheben,[26] schon um den Jugendlichen vor
einem etwaigen Rückgriff des Erwachsenen (§ 426 BGB) zu schützen.[27]

Beispiel: A, B (Erwachsene) und C (Jugendlicher) sind wegen Diebstahls, B darüber hinaus noch wegen eines an-   20
deren Delikts angeklagt. Zum Diebstahl werden drei Zeugen vernommen, die insgesamt 300 € erhalten. Wegen
des anderen Delikts wird ein Sachverständiger vernommen, der eine Vergütung iHv 1.000 € erhält. B wird freigesprochen, A und C werden verurteilt. Wegen C wird gem. § 74 JGG von der Auferlegung von Kosten abgesehen.
- Gemäß § 33, § 466 S. 1 StPO besteht zwar gesamtschuldnerische Haftung von A und C für 300 €.
- Gemäß § 8 Abs. 4 KostVfg erfolgt kopfteilige Anforderung iHv 150 € (1/2) nur von A; der auf C entfallende
  1/2 Anteil bleibt sowohl von A als auch von C (§ 74 JGG) unerhoben. 150 € trägt die Landeskasse. Es besteht
  keine Mitschuldnerhaftung.
- Die Sachverständigenkosten trägt aufgrund Freispruchs von B die Staatskasse.

4. § 471 Abs. 4 StPO (Privatklage, Nebenklage). Nach § 471 Abs. 4 S. 1 StPO haften mehrere **Privatkläger**   21
als Gesamtschuldner. Diese gesamtschuldnerische Haftung gilt gem. § 33 auch gegenüber der Staatskasse
(→ Rn 7 ff). Für **Nebenkläger** findet nach § 472 Abs. 4 ZPO nur § 471 Abs. 4 S. 2 StPO entsprechende Anwendung.

---

25 OLG Koblenz NStZ-RR 1999, 160 = StV 1999, 665; LG Dresden NStZ-RR 2012, 327. **26** *Oestreich/Hellstab/Trenkle*,
GKG Vorbem. 3.1 KV Rn 84. **27** LG Dresden NStZ-RR 2012, 327.

Abschnitt 6
Gebührenvorschriften

§ 34 Wertgebühren

(1) [1]Wenn sich die Gebühren nach dem Streitwert richten, beträgt die Gebühr bei einem Streitwert bis 500 Euro 35 Euro. [2]Die Gebühr erhöht sich bei einem

Streitwert bis ... Euro	für jeden angefangenen Betrag von weiteren ... Euro	um ... Euro
2.000	500	18
10.000	1.000	19
25.000	3.000	26
50.000	5.000	35
200.000	15.000	120
500.000	30.000	179
über 500.000	50.000	180

[3]Eine Gebührentabelle für Streitwerte bis 500.000 Euro ist diesem Gesetz als Anlage 2 beigefügt.

(2) Der Mindestbetrag einer Gebühr ist 15 Euro.

I. Allgemeines

1 Gemäß § 3 Abs. 1 richten sich die Gebühren, soweit nichts anderes bestimmt ist, nach dem Wert des Streitgegenstands (Streitwert). Die Abhängigkeit der Höhe der Gebührenbeträge vom Streitwert ist verfassungsgemäß.[1] Zur Berechnung des Streitwerts → § 3 Rn 8 ff.

II. Anwendungsbereich

2 Die Vorschrift gilt für alle wertabhängigen Verfahrensgebühren.

3 Sie gilt auch für die wertabhängigen Entscheidungsgebühren, da sich auch diese Gebühren nach dem Streitwert richten. Hier kann es allerdings gem. § 36 Abs. 1 ggf nur auf einen Teilwert ankommen, wenn nicht über den gesamten Streitgegenstand entschieden wird.

4 § 34 gilt ferner auch für die vom Gericht zu bestimmende Verzögerungsgebühr nach § 38, die sich ebenfalls nach dem Streitwert oder ggf gem. § 36 Abs. 1 nach einem Teil des Streitwerts berechnet.

5 Die besondere Gebühr bei Abschluss eines gerichtlichen Vergleichs (Nr. 1900, 5600, 7600 KV) richtet sich zwar nicht nach dem Streitwert. Für sie ist vielmehr der Vergleichs(mehr)wert maßgebend, also der Wert der (mit-)verglichenen nicht anhängigen Gegenstände. Auch wenn diese Gebühr damit dem Wortlaut nach nicht von § 34 erfasst wird, ist diese Vorschrift doch entsprechend anzuwenden, so dass sich die Vergleichsgebühr ebenfalls nach den Beträgen des § 34 richtet, allerdings nicht aus dem Streitwert des Verfahrens, sondern aus dem (Streit-)Wert des Mehrvergleichs (hierzu insb. → Nr. 1900 KV Rn 24 ff).

III. Höhe der Gebühren (Abs. 1)

6 Die Höhe der wertabhängigen Gebühren ergibt sich aus Abs. 1. Die Ausgangsgebühr bis zu einem Streitwert von 500 € beträgt 35 € (§ 34 Abs. 1 S. 1 GKG). Sie erhöht sich entsprechend den Wertstufen des Abs. 1 S. 2 in gestaffelten Gebührensprüngen. Ergänzend nimmt Abs. 1 S. 3 auf die als Anlage 2 zu diesem Gesetz (GKG) beigefügte Tabelle für Streitwerte bis 500.000 € Bezug.

7 Die Vorschrift des § 34 regelt die Beträge einer vollen Gebühr, also einer 1,0-Gebühr. Soweit andere Gebühren anzusetzen sind, ist der jeweilige Gebührenbetrag zu ermitteln, indem die volle Gebühr mit dem jeweiligen im Kostenverzeichnis vorgesehenen Dezimalsatz multipliziert wird.

8 Eine Aufrundung auf volle Dezimalbeträge ist – im Gegensatz zu früheren Fassungen des GKG – nicht vorgesehen. Da sich bei den im Kostenverzeichnis vorgesehenen Gebührensätzen immer glatte Cent-Beträge ergeben, ist auch eine **Auf- oder Abrundungsvorschrift**, wie zB in § 2 Abs. 2 RVG, nicht erforderlich.

---

1 BVerfG NJW 2007, 2032 = Rpfleger 2007, 427 (zum Mahnverfahren).

IV. Mindestbetrag einer Gebühr (Abs. 2)

1. Gebühren nach dem Wert des Verfahrens. Nach Abs. 2 beträgt der **Mindestbetrag** einer Gebühr 15 €. 9
Mit dieser Regelung soll vermieden werden, dass Gebühren anfallen, die den Aufwand ihrer Erhebung
nicht decken. Dieser Mindestbetrag gilt für alle Wertgebühren, die sich nach dem Streitwert richten, unabhängig davon, ob es sich um eine Verfahrens-, Entscheidungs- oder Verzögerungsgebühr handelt. Er gilt
auch für die Vergleichsgebühren.

Voraussetzung des Mindestbetrags nach Abs. 2 ist allerdings, dass überhaupt eine Gebühr angefallen ist. 10
Folglich gilt der Mindestbetrag nicht für Verfahren, in denen das Kostenverzeichnis keine Gebühren vorsieht. Ebenso wenig gilt Abs. 2 für einen Beteiligten, der nach § 2 Kostenfreiheit genießt. Daher ist der häufig auch verwandte Begriff „Mindestgebühr" unzutreffend und irreführend.

Da eine volle Gebühr nach der geringsten Wertstufe bereits 35 € beträgt, kommt die Anhebung auf den 11
Mindestbetrag nur bei 0,25- und 0,3-Gebühren in Betracht und auch dort nur bei den untersten Wertstufen.

Zum Teil sieht das Kostenverzeichnis **besondere Mindestgebühren** vor, die der Regelung des Abs. 2 vorge- 12
hen. So werden zB im **Mahnverfahren** mindestens 32 € erhoben (Nr. 1100 KV) bzw mindestens 26 €
(Nr. 8100 KV), im Verfahren auf Antrag eines Gläubigers auf Eröffnung des Insolvenzverfahrens mindestens 150 € (Nr. 2311 KV) usw.

2. Vergleichsgebühr. Auch für die Vergleichsgebühr dürfte der Mindestbetrag nach Abs. 2 maßgeblich sein. 13
Der Wortlaut erfasst diese Gebühr zwar nicht, da es sich nicht um eine Gebühr handelt, die sich nach dem
Streitwert richtet, sondern nach dem Wert des Vergleichs. Vom Sinn und Zweck des Mindestbetrags her,
minimale Rechnungsbeträge zu vermeiden, ist diese Auslegung allerdings nicht zwingend, da eine Vergleichsgebühr nie allein erhoben wird, sondern immer neben einer Verfahrensgebühr.

3. Sonstige Gebühren; Auslagen. Für Festgebühren gilt Abs. 2 nicht, abgesehen davon, dass diese Gebühren 14
nach der derzeitigen Fassung des Kostenverzeichnisses sämtlich oberhalb von 15 € gelegen sind. Ebenso
wenig gilt Abs. 2 für sonstige Gebühren. Der Mindestbetrag gilt ebenfalls nicht für Auslagen.[2]

V. Höchstbetrag einer Gebühr

Ein ausdrücklicher Höchstbetrag ist im Gesetz nicht vorgesehen. Da der Streitwert jedoch höchstens 15
30 Mio. € betragen kann (§ 39 Abs. 2), ergeben sich somit faktische Höchstbeträge,[3] bei einer vollen Gebühr also 109.736 €.

§ 35 Einmalige Erhebung der Gebühren

Die Gebühr für das Verfahren im Allgemeinen und die Gebühr für eine Entscheidung werden in jedem
Rechtszug hinsichtlich eines jeden Teils des Streitgegenstands nur einmal erhoben.

I. Allgemeines

§ 35 enthält zwei Grundsätze für die Berechnung von Verfahrens- und Entscheidungsgebühren. In demsel- 1
ben Verfahren

- in demselben Rechtszug werden die Verfahrens- und Entscheidungsgebühren hinsichtlich jedes Teils des
Streitgegenstands nur einmal erhoben; das ergibt sich unmittelbar aus § 35;
- in verschiedenen Rechtszügen werden die Gebühren jeweils gesondert erhoben; das folgt im Umkehrschluss aus § 35.

Die Vorschrift des § 35 soll der Klarstellung dienen, um ungerechtfertigte Gebührenverdoppelungen zu ver- 2
meiden. An sich ist die Vorschrift überflüssig, da Verfahrensgebühren – wie der Begriff bereits zum Ausdruck bringt – für das (gesamte) Verfahren erhoben werden und es daher zu Verdoppelungen nicht kommen kann. Auch mehrere Gebühren auslösende Entscheidungen in demselben Verfahren sind nach der derzeitigen Fassung des GKG an sich nicht möglich.

II. Anwendungsbereich

1. Verfahrens- und Entscheidungsgebühren. Nach dem ausdrücklichen Wortlaut gilt der **Grundsatz der** 3
Einmaligkeit der Gebühren nur für Verfahrens- und Entscheidungsgebühren. **Verfahrensgebühren** sind solche, die für das Verfahren erhoben werden (zB Nr. 1100, 1210, 1220 KV). **Entscheidungsgebühren** sind sol-

---

2 Binz/Dörndorfer/*Zimmermann*, § 34 GKG Rn 2. **3** Binz/Dörndorfer/*Zimmermann*, § 34 GKG Rn 2.

che Gebühren, die nur für eine Entscheidung erhoben werden, nicht aber auch für das Verfahren. Entscheidungsgebühren kennt das GKG nur in Teil 2 KV (zB Nr. 2210, 2220, 2230 KV).

4 **2. Sonstige Gebühren; Auslagen.** Für andere Gebühren als Verfahrens- und Entscheidungsgebühren gilt § 35 nicht. Die Vorschrift gilt insb. **nicht** für die **Verzögerungsgebühr** nach § 38.[1] Diese Gebühr kann daher mehrmals verhängt werden (→ § 38 Rn 15).

5 Die Vorschrift des § 35 gilt dem Wortlaut nach auch nicht für die **Vergleichsgebühren** der Nr. 1900, 5600, 7600 KV. Es handelt sich insoweit weder um eine Verfahrens- noch um eine Entscheidungsgebühr, so dass diese Gebühr nach dem eindeutigen Wortlaut des § 35 nicht darunter fällt. Hier ist allerdings entweder die Vorschrift des § 35 oder die des § 36 Abs. 3 analog anzuwenden (→ Nr. 1900 KV Rn 21).

6 **Beispiel:** In einem Rechtsstreit über rückständige Mieten wird im ersten Termin ein Vergleich über den nicht anhängigen Räumungsanspruch geschlossen (Wert: 12.000 €) und in einem späteren Termin ein Vergleich über die Zahlung und die nicht anhängigen Nebenkostennachzahlungen (Wert: 3.000 €).

Abzurechnen ist entweder von vornherein nur eine Gebühr aus dem Gesamtwert der Vergleiche (§ 39 Abs. 1), also

0,25-Vergleichsgebühr, Nr. 1900 KV (Wert: 15.000 €)	73,25 €

oder es sind gesonderte Gebühren aus den Werten der einzelnen Vergleiche zu erheben, dann aber nach § 36 Abs. 3 zu kürzen:

0,25-Vergleichsgebühr, Nr. 1900 KV (Wert: 12.000 €)	66,75 €
0,25-Vergleichsgebühr, Nr. 1900 KV (Wert: 3.000 €)	27,00 €
analog § 36 Abs. 3 nicht mehr als 0,25 aus 15.000 €	73,25 €

7 Keine Anwendung findet § 35 auf **Auslagen.**

III. Einmaligkeit der Gebühren

8 **1. Grundsatz.** Der Grundsatz der Einmaligkeit der Gebühren gilt nur in demselben Verfahren und demselben Rechtszug. Dort werden Verfahrens- und Entscheidungsgebühren nur einmal erhoben. Ergänzt wird dieser Grundsatz durch § 36 Abs. 2 und 3. Fallen in demselben Verfahren und demselben Rechtszug aus einzelnen Wertteilen gesonderte Verfahrens- und/oder Entscheidungsgebühren an, darf nicht mehr abgerechnet werden als eine Verfahrens- oder Entscheidungsgebühr aus dem Gesamtwert (§ 36 Abs. 2; → § 36 Rn 19 ff). Werden aus einzelnen Wertteilen unterschiedliche Gebührensätze derselben Gebühr in demselben Verfahren und demselben Rechtszug berechnet, darf ebenfalls nicht mehr angesetzt werden als eine Gebühr aus dem höchsten Gebührensatz nach dem Gesamtwert (§ 36 Abs. 3; → § 36 Rn 24 ff). Im Umkehrschluss daraus folgt, dass in verschiedenen Verfahren die Gebühren jeweils gesondert unabhängig voneinander erhoben werden. Allerdings gibt es hierzu Ausnahmen (→ Rn 10).

9 Ebenso folgt im Umkehrschluss aus Abs. 1, dass die Gebühren **in jedem Rechtszug gesondert** erhoben werden. Dieser Grundsatz gilt ausnahmslos. Davon zu unterscheiden ist die Möglichkeit, nach § 21 anzuordnen, dass die Kosten eines Rechtszugs nicht erhoben werden, etwa weil dieser Rechtszug nur durch eine unrichtige Sachbehandlung der Vorinstanz verursacht worden ist. Siehe auch § 4 Abs. 2.

10 **2. Ausnahmen.** Soweit das GKG Ausnahmen vorsieht, können Gebühren auch **mehrmals** entstehen. So ordnet zB Vorbem. 1.4 KV an, dass in einem Arrest- oder einstweiligen Verfügungsverfahren und dem nachfolgenden Abänderungsverfahren die Gebühr für das Verfahren im Allgemeinen gesondert zu erheben ist (vergleichbare Vorschriften finden sich in Vorbem. 5.2, Vorbem. 6.2, Vorbem. 7.2, Vorbem. 8.3 KV).

IV. Einzelfälle A–Z

11 ▪ **Abänderung einer einstweiligen Anordnung.** Die Gebühren werden gesondert erhoben (Vorbem. 5.2, Vorbem. 6.2, Vorbem. 7.2, Vorbem. 8.3 KV).

12 ▪ **Abänderung eines Arrestbeschlusses oder einer einstweiligen Verfügung.** Die Gebühren werden gesondert erhoben (Vorbem. 1.4 KV).

13 ▪ **Abgabe.** Wird ein Verfahren abgegeben, so wird dadurch kein neues Verfahren iSd GKG eröffnet. Es bleibt bei dem bisherigen Verfahren. Die Gebühren werden nur einmal erhoben (analog § 4).

14 ▪ **Antragsänderung.** Auch eine Antragsänderung begründet kein neues Verfahren. Soweit die Änderung des Antrags zu einem höheren Streitwert führt, ist lediglich die sich daraus ergebende Gebührendifferenz nachzufordern.

15 ▪ **Antragserweiterung.** Die Erweiterung eines Antrags findet in demselben Verfahren statt und löst daher keine zusätzlichen Gebühren aus. Die Erweiterung führt lediglich dazu, dass sich ein höherer Verfahrenswert ergibt und sich die bisher angefallene Gebühr entsprechend erhöht.

---

1 Binz/Dörndorfer/*Zimmermann*, § 35 GKG Rn 1.

■ **Antragsrücknahme.** Wird ein Antrag zurückgenommen und später wieder neu eingereicht, liegen verschiedene Verfahren vor. Die Gebühren sind jeweils gesondert zu erheben. 16

■ **Arrest und Abänderung.** Die Gebühren werden gesondert erhoben (Vorbem. 1.4 KV). 17

■ **Einstweilige Verfügung und Abänderung.** Die Gebühren werden gesondert erhoben (Vorbem. 1.4 KV). 18

■ **Fortsetzung des Verfahrens nach einem Prozessvergleich.** Wird ein Prozessvergleich angefochten oder beruft sich ein Beteiligter auf die Unwirksamkeit des Vergleichs, so wird darüber in demselben Verfahren entschieden. Soweit das Gericht von der Unwirksamkeit des Vergleichs ausgeht, wird das Verfahren fortgesetzt. Zusätzliche Gebühren entstehen nicht. Soweit sich infolge einer Werterhöhung im weiteren Verfahren ein höherer Streitwert ergibt, kann lediglich ein Mehrwert nachgefordert werden. 19

■ **Haupt- und Hilfsantrag.** Auch bei Haupt- und Hilfsantrag liegt nur ein Verfahren vor, so dass die Gebühren nur einmal erhoben werden. Wird über den Hilfsantrag entschieden, erhöht sich allerdings der Verfahrenswert (§ 45 Abs. 1 S. 2), es sei denn, es ist derselbe Verfahrensgegenstand betroffen (§ 45 Abs. 1 S. 3), so dass sich dann die bisher angefallene Gebühr entsprechend erhöht. 20

■ **Klage und Widerklage.** Eine Widerklage führt nicht zu einem neuen Verfahren, sondern erweitert lediglich den Gegenstand des bisherigen Verfahrens. Die Gebühren werden nur einmal erhoben, allerdings aus den zusammengerechneten Werten (§ 45 Abs. 1 S. 1), es sei denn, es ist derselbe Verfahrensgegenstand betroffen (§ 45 Abs. 1 S. 3) oder das Gesetz enthält Ausnahmevorschriften wie zB für das Privatklageverfahren (Vorbem. 3.3 KV). 21

■ **Klageänderung.** Siehe „Antragsänderung" (→ Rn 14). 22

■ **Klageerweiterung.** Siehe „Antragserweiterung" (→ Rn 15). 23

■ **Klagerücknahme.** Siehe „Antragsrücknahme" (→ Rn 16). 24

■ **Mehrfacher Antrag (Mehrfacheinreichung).** Wird ein Antrag mehrfach eingereicht, so löst jeder Antrag grds. jeweils ein eigenes Verfahren aus, in dem die Gebühren gesondert anfallen;[2] vgl dazu auch → Nr. 1210 KV Rn 12 ff. Nur dann, wenn es für das Gericht ersichtlich ist, dass beide Anträge dasselbe Verfahren betreffen, fällt nur eine Gebühr an bzw dürfen weitere Gebühren nicht erhoben werden (s. § 20). 25

■ **Mehrere Abänderungen in Eilverfahren.** Die Gebühren werden nur einmal erhoben (Vorbem. 1.4, Vorbem. 5.2, Vorbem. 6.2, Vorbem. 7.2, Vorbem. 8.3 KV). 26

■ **Nachverfahren.** Das Verfahren bis zum Erlass eines Vorbehaltsurteils und das Nachverfahren bzw das ordentliche Verfahren nach Abstandnahme stellen nach dem GKG (anders als bei den Rechtsanwaltsgebühren, § 17 Nr. 5 RVG) ein Verfahren dar, so dass die Gebühren nur einmal erhoben werden. Soweit sich im Nachverfahren oder im ordentlichen Verfahren ein höherer Streitwert ergibt, kann eine Gebührendifferenz nachgefordert werden. 27

■ **Nichtzulassungsbeschwerde.** Wird die Beschwerde gegen die Zulassung einer Revision zurückgewiesen oder verworfen, fallen hierfür gesonderte Gerichtsgebühren an. War die Nichtzulassungsbeschwerde dagegen erfolgreich, werden für sie keine gesonderten Gebühren erhoben, sondern lediglich die Gebühren für das Revisionsverfahren. Problematisch ist der Fall, dass die Nichtzulassungsbeschwerde nur teilweise Erfolg hat. Nach der Rspr sollen dann aus dem Wert der erfolglosen Beschwerde die Gebühren für dieses Verfahren erhoben werden und aus dem Wert der Zulassung die Gebühren des Revisionsverfahrens.[3] Das führt zu dem unbilligen Ergebnis, dass die gesondert zu erhebenden Gebühren höher ausfallen können als eine Gebühr aus dem Gesamtwert. Zutreffend ist hier § 36 Abs. 2 und 3 entsprechend anzuwenden, so dass nur eine Gebühr aus dem Gesamtwert nach dem höchsten Gebührensatz abgerechnet werden darf. 27a

■ **Stufenklage.** Verfahren über Stufenklagen sind ein Verfahren. Die Gebühren entstehen nur einmal, und zwar aus dem Wert der höchsten Stufe (s. § 44). 28

■ **Trennung von Verfahren.** Wird aus einem Verfahren ein Teil abgetrennt und als gesondertes Verfahren fortgeführt, liegen ab dann zwei verschiedene Verfahren im gebührenrechtlichen Sinne vor, so dass die Gebühren in beiden Verfahren gesondert erhoben werden. Im Zweifel wird sich aus dem ursprünglichen Verfahren dann ein Gerichtskostenüberschuss ergeben. Dieser ist dann auf das abgetrennte Verfahren anzurechnen. Siehe dazu auch → Nr. 1210 KV Rn 50 ff. 29

■ **Verbindung von Verfahren.** Werden mehrere Verfahren miteinander verbunden, so liegt ab dem Zeitpunkt der Verbindung nur ein Verfahren vor. Die in dem führenden Verfahren zu erhebende Gebühr erhöht sich dann infolge der Erhöhung des Streitwerts (s. dazu auch → Nr. 1210 KV Rn 46 ff). Allerdings muss die Gebühr, die in dem hinzuverbundenen Verfahren zuvor bereits angesetzt worden ist, angerechnet werden. 30

---

2 OLG Düsseldorf AGS 2000, 58 = JurBüro 1999, 485; aA OLG München AGS 2001, 280 = JurBüro 2001, 536. **3** BGH AGS 2016, 119 = NJW 2016, 1248 = NJW-RR 2016, 189; BFH 13.4.2016 – X E 5/16.

31 ■ **Verweisung.** Wird ein Verfahren verwiesen, so wird dadurch kein neues Verfahren iSd Kostenrechts eröffnet. Es bleibt bei dem bisherigen Verfahren. Die Gebühren werden nur einmal erhoben (§ 4). Das gilt auch dann, wenn aus einer anderen Gerichtsbarkeit verwiesen worden ist. Siehe dazu auch → Nr. 1210 KV Rn 45.

32 ■ **Zurückverweisung.** Im Falle der Zurückverweisung gilt das Verfahren vor und nach Zurückverweisung (im Gegensatz zu den Rechtsanwaltsgebühren, s. § 21 Abs. 1 RVG) als ein Verfahren. Die Gebühren werden nicht erneut ausgelöst (§ 37). Lediglich dann, wenn sich der Streitwert erhöht, kann eine Differenz nachgefordert werden.

§ 36 Teile des Streitgegenstands

(1) Für Handlungen, die einen Teil des Streitgegenstands betreffen, sind die Gebühren nur nach dem Wert dieses Teils zu berechnen.

(2) Sind von einzelnen Wertteilen in demselben Rechtszug für gleiche Handlungen Gebühren zu berechnen, darf nicht mehr erhoben werden, als wenn die Gebühr von dem Gesamtbetrag der Wertteile zu berechnen wäre.

(3) Sind für Teile des Gegenstands verschiedene Gebührensätze anzuwenden, sind die Gebühren für die Teile gesondert zu berechnen; die aus dem Gesamtbetrag der Wertteile nach dem höchsten Gebührensatz berechnete Gebühr darf jedoch nicht überschritten werden.

I. Allgemeines

1 Die Vorschrift des § 36 betrifft die Fälle, in denen entweder nur Teile des Streitgegenstands betroffen sind oder in denen sich aus verschiedenen Teilen des Streitgegenstands gleiche oder unterschiedliche Gebührensätze der gleichen Gebühr berechnen.

2 **Abs. 1** regelt den Fall, dass Gebühren nur hinsichtlich eines Teils des Streitgegenstands ausgelöst werden. Dann soll sich die Gebühr auch nur nach dem Wert dieses Teils richten.

3 **Abs. 2** wiederum betrifft den Fall, dass von verschiedenen Teilen des Streitgegenstands in demselben Rechtszug für gleiche Handlungen gesonderte Gebühren zu erheben sind. In diesem Fall darf insgesamt nicht mehr als eine Gebühr aus dem Gesamtwert erhoben werden.

4 **Abs. 3** wiederum betrifft den Fall, dass in demselben Rechtszug für verschiedene Teile des Gegenstands unterschiedliche Gebührensätze anzuwenden sind. Hier sind – im Gegensatz zu Abs. 2 – die Gebühren aus den Teilen zunächst gesondert zu berechnen. Insgesamt darf an Gebühren jedoch nicht mehr erhoben werden als eine Gebühr aus dem Gesamtwert nach dem höchsten Gebührensatz. Die Bedeutung dieser Vorschrift ist gering, da es nur wenige Fälle mit unterschiedlichen Gebührensätzen gleichartiger Gebühren gibt.

II. Anwendungsbereich

5 Die Vorschrift des § 36 gilt nur für **Wertgebühren**, nicht auch für sonstige Gebühren. Wie sich aus der Überschrift zu § 36 ableiten lässt, gilt die Vorschrift unmittelbar nur für solche Wertgebühren, die sich nach dem **Streitgegenstand** oder nach einem Teil des Streitgegenstands berechnen. Die Vorschrift findet daher unmittelbar nur Anwendung auf Verfahrensgebühren, Entscheidungsgebühren sowie die Verzögerungsgebühr (§ 38).

6 Nach dem Wortlaut ist die Vorschrift **nicht** anwendbar auf die **Vergleichsgebühr** (Nr. 1900 KV). Hinsichtlich der Abs. 1 und 3 kommen entsprechende Anwendungsfälle bei der Vergleichsgebühr ohnehin nicht in Betracht. Lediglich Anwendungsfälle des Abs. 2 sind bei der Vergleichsgebühr denkbar; hier wird Abs. 2 analog anzuwenden sein (→ Rn 33).

7 Darüber hinaus ist Abs. 3 im Verhältnis von Verfahrensgebühr und Vergleichsgebühr anzuwenden (s. Anm. S. 2 zu Nr. 1900, Anm. S. 2 zu Nr. 5600, Anm. S. 2 zu Nr. 7600 KV).

III. Begriffe

8 Die Vorschrift des § 36 knüpft an den **Streitgegenstand** an. Zum Begriff des Streitgegenstands → § 3 Rn 8 ff.

9 Im Folgenden verwendet das Gesetz die Begriffe „**Teile des Streitgegenstands**", „**Wertteile**" oder „**Teile des Gegenstands**". Gemeint ist damit jeweils das Gleiche: Soweit Gebühren nur nach einem abgrenzbaren Teil des gesamten Streitwerts anfallen, sind die Gebühren auch nur nach dem Wert dieses Teils zu erheben.

IV. Gebühren nach Teilwerten (Abs. 1)

1. Anwendungsbereich. Nach Abs. 1 werden Gebühren für Handlungen, die nur einen Teil des gesamten 10
Verfahrens betreffen, auch nur nach dem Wert dieses Teils berechnet. Diese Vorschrift hat zurzeit einen sehr
geringen Anwendungsbereich. Da die Wertgebühren grds. für das gesamte Verfahren einheitlich erhoben
werden, kommt in diesen Fällen die Anwendung des Abs. 1 nicht in Betracht.

Die Vorschrift des Abs. 1 ist nur dort anwendbar, wo es nach dem Kostenverzeichnis dazu kommen kann, 11
dass sich eine Gebühr lediglich aus einem Teil des Streitgegenstands berechnet.

2. Entscheidungsgebühr. Anwendungsfall des Abs. 1 sind zum einen die Fälle, in denen eine Gebühr nur für 12
den Fall einer Entscheidung erhoben wird. Soweit nach Rücknahme, Erledigung o.Ä. nur noch über einen
Teil des Streitgegenstands entschieden wird, fällt diese Gebühr auch nur aus dem betreffenden Teilwert an.

3. Gebührenerhebung nur für Zurückweisung eines Antrags. Ein weiterer Anwendungsfall des Abs. 1 be- 13
trifft diejenigen Verfahrensgebühren, die nur für die Zurückweisung eines Antrags erhoben werden. Ein
solcher Fall ist zB gegeben, wenn ein Antrag auf Zulassung einer Sprungrevision nur teilweise zurückgewiesen wird. Dann berechnet sich die Gebühr der Nr. 1240, 1241 KV nur aus dem Teilwert der Zurückweisung. Gleiches gilt bei einer Nichtzulassungsbeschwerde (Nr. 1242, 1243 KV). Auch in Strafvollzugssachen
werden bestimmte Gebühren der Nr. 3810 ff KV nur bei Zurückweisung oder Verwerfung erhoben.

4. Gebührenermäßigung. Ein weiterer Anwendungsfall des Abs. 1 betrifft diejenigen Fälle, in denen sich 14
Verfahrensgebühren auch teilweise ermäßigen können. Das ist zB bei teilweiser Rücknahme einer Sprungrevision der Fall. Soweit der Antrag auf Zulassung der Sprungrevision zurückgewiesen wird, wird aus diesem
Teilwert die 1,5-Gebühr der Nr. 1240 KV erhoben; soweit der Antrag zuvor zurückgenommen wird, wird
aus dem Teilwert nur eine 1,0-Gebühr erhoben. Insgesamt darf dann nicht mehr erhoben werden als 1,5
aus dem Gesamtwert.

5. Gebührenerhöhung. Gleiches gilt, wenn sich eine Gebühr aus einem Teilwert erhöhen kann, wie zB in 15
Arrest- und einstweiligen Verfügungsverfahren (s. Beispiel → Rn 30).

6. Verzögerungsgebühr. Darüber hinaus kommt die Anwendung des Abs. 1 bei der Verzögerungsgebühr 16
(§ 38) in Betracht. Auch diese berechnet sich nach dem Streitwert. Sie muss sich aber nicht notwendigerweise nach dem vollen Wert richten. Hier kommen auch Teilwerte in Betracht, wenn die Verzögerung nur
einen wertmäßig erfassbaren Teil des Verfahrens betrifft (→ § 38 Rn 15).

7. Klage und Widerklage; Haupt- und Hilfsantrag. Soweit *Zimmermann*[1] Abs. 1 auch auf die Fälle von 17
Klage und Widerklage oder Haupt- und Hilfsantrag mit unterschiedlichen Verfahrensgegenständen anwenden will, ist dies unzutreffend. Für Klage und Widerklage werden nicht jeweils gesonderte Verfahrensgebühren erhoben, die dann nach Abs. 2 zu „deckeln" wären. Vielmehr wird aus dem Gesamtwert von Klage
und Widerklage (§ 39 Abs. 1 S. 1) oder Haupt- und Hilfsantrag (§ 39 Abs. 1 S. 2) die Verfahrensgebühr
einheitlich erhoben (→ § 35 Rn 20 f; zur Klage und Widerklage s. auch → Nr. 1210 KV Rn 40 ff). *Zimmermann* verwechselt hier die Kostenhaftung mit dem Kostenansatz.

V. Gleiche Handlungen aus einzelnen Wertteilen (Abs. 2)

1. Verfahrensgebühr. Werden in demselben Rechtszug für gleiche Handlungen aus einzelnen Wertteilen je- 18
weils gesonderte Gebühren erhoben, dann darf insgesamt nicht mehr erhoben werden als eine Gebühr aus
dem Gesamtbetrag der einzelnen Wertteile. Diese Regelung hat praktisch keinen Anwendungsbereich.

Soweit *Zimmermann*[2] hierunter die Fälle von Klage und Klageerweiterung subsumieren will, ist dies 19
unzutreffend. Wird eine Klage eingereicht und diese später erweitert, dann entsteht aus dem Erweiterungsbe-
trag nicht eine weitere Verfahrensgebühr, die dann nach Abs. 2 zu „deckeln" wäre. Vielmehr entsteht eine
einheitliche Verfahrensgebühr aus dem Gesamtwert (§ 39 Abs. 1). Die ursprüngliche Verfahrensgebühr erhöht
sich lediglich. Auch die Fälle von Klage und Widerklage oder Haupt- und Hilfsantrag gehören nicht hierhin.[3]

2. Verzögerungsgebühr. Unklar ist die Anwendung des Abs. 2 auf Verzögerungsgebühren. Verzögerungsge- 20
bühren werden nach dem Wert des Verfahrens erhoben. Da jedoch jede einzelne Verzögerung eine eigene
Handlung ist, dürften schon die Tatbestandsvoraussetzungen des Abs. 2 nicht gegeben sein, wenn mehrere
Verzögerungsgebühren verhängt werden, so dass diese dann auch gesondert entstehen. Lediglich dann,
wenn für dieselbe Verzögerungshandlung (denkbar bei Unterlassungen) mehrfach eine Gebühr verhängt
wird, käme Abs. 2 zur Anwendung. Siehe hierzu näher → Nr. 1901 KV Rn 3.

3. Entsprechende Anwendung des Abs. 2 auf die Vergleichsgebühr. Da § 36 ausweislich seiner Überschrift 21
lediglich für „Teile des Streitgegenstands" anwendbar ist, greift diese Vorschrift dem Wortlaut nach nicht

---

1 Binz/Dörndorfer/*Zimmermann*, § 36 GKG Rn 3. **2** Binz/Dörndorfer/*Zimmermann*, § 36 GKG Rn 4. **3** So aber Binz/Dörndor-
fer/*Zimmermann*, § 36 GKG Rn 4.

für mehrere Vergleichsgebühren (Nr. 1900, 5600, 7600 KV). Diese entstehen nämlich nicht nach dem Wert des Streitgegenstands, sondern nach dem Wert des Vergleichsgegenstands, soweit er nicht bereits durch den Streitwert erfasst ist. Nach der wortgenauen Anwendung des § 36 würden also bei mehreren Vergleichen mehrere Vergleichsgebühren aus den jeweiligen Werten der (Teil-)Vergleiche anfallen.

22 Aus der Begründung des Gesetzgebers ergibt sich nicht, dass diese Ungleichbehandlung zwischen Verfahrens- und Vergleichsgebühren gewollt war. Die gleichliegende Interessenlage spricht vielmehr dafür, Abs. 2 analog anzuwenden und bei mehreren Teilvergleichen insgesamt nur eine 0,25-Gebühr aus dem Gesamtwert zu erheben. Siehe dazu → Nr. 1900 KV Rn 21, 27.

VI. Unterschiedliche Gebührensätze für Teile des Streitgegenstands (Abs. 3)

23 **1. Anwendungsbereich.** Fallen für Teile des Streitgegenstands unterschiedliche Gebührensätze an, so sind die Gebühren zunächst gem. Abs. 3 **Hs 1** aus dem Teilwert zu berechnen. Dies entspricht der Regel des Abs. 1. Nach Abs. 3 **Hs 2** darf die Summe der einzelnen Gebühren jedoch nicht eine Gebühr aus dem höchsten Gebührensatz nach dem Gesamtbetrag der Wertteile (§§ 39 Abs. 1, 45 Abs. 1, 2) übersteigen. Die Summe der Einzelgebühren wird also nach Abs. 3 „gedeckelt".

24 **2. Prüfungsschritte.** Sind die vorgenannten Anwendungsfälle des Abs. 3 gegeben (→ Rn 23), dann ist in vier Schritten vorzugehen:

25 **Schritt 1:** Zunächst einmal sind aus den entsprechenden Teilwerten die jeweiligen Gebühren zu ermitteln.

26 **Schritt 2:** Die nach Schritt 1 ermittelten Einzelgebühren sind anschließend zusammenzurechnen.

27 **Schritt 3:** Nunmehr ist eine Kontrollberechnung anzustellen. Es ist zu berechnen, welche Gebühr nach dem höchsten der einzelnen Gebührensätze aus dem Gesamtwert aller Verfahrensgegenstände (§§ 33 Abs. 1, 38, 39, 44 Abs. 2, 52) angefallen wäre.

28 **Schritt 4:** Abschließend ist eine Vergleichsbetrachtung anzustellen:

- Liegt das Ergebnis der Kontrollberechnung (Schritt 3) über dem nach Schritt 2 ermittelten Gesamtbetrag oder sind beide Werte gleich, dann bleibt der nach Schritt 2 ermittelte Gesamtbetrag maßgebend.
- Liegt der nach Schritt 3 gefundene Kontrollbetrag dagegen unter dem Gesamtbetrag nach Schritt 2, dann ist dieser zu kürzen bzw. zu „deckeln" auf den nach Schritt 3 ermittelten Kontrollbetrag.

29 **Beispiel:** In einem einstweiligen Verfügungsverfahren werden zwei Unterlassungsanträge (Streitwert jeweils 10.000 €) gestellt. In der mündlichen Verhandlung wird ein Antrag zurückgenommen. Über den anderen Antrag wird durch Urteil entschieden.

Schritt 1: Aus dem Wert des zurückgenommenen Antrags ist eine 1,5-Gebühr nach Nr. 1410 KV angefallen. Aus dem Wert des anderen Antrags ist eine 3,0-Gebühr entstanden (Nr. 1412 KV).

1,5-Gebühr, Nr. 1410 KV (Wert: 10.000 €)	361,50 €
3,0-Gebühr, Nr. 1412 KV (Wert: 10.000 €)	723,00 €
Schritt 2: Zusammen ergeben sich damit Gerichtsgebühren iHv	1.084,50 €
Schritt 3: Eine Gebühr aus dem Gesamtwert (20.000 €) nach dem höchsten Satz (3,0) würde sich belaufen auf	1.035,00 €
Schritt 4: Da die Gebühr nach Schritt 3 niedriger ist als die Summe der Gebühren nach Schritt 2, wird das Gebührenaufkommen folglich begrenzt, und zwar auf	1.035,00 €

30 Unzutreffend wäre es allerdings, hier von vornherein nur eine Gebühr nach dem höchsten Satz aus dem Gesamtbetrag abzurechnen. Die Höhe der Einzelgebühren hat weiterhin Bedeutung, nämlich für die Kostenhaftung (§§ 22 ff). Daher sollten diese Teilgebühren nach den Teilwerten in der Rechnung auch gesondert ausgewiesen werden.

31 **Beispiel:** Im vorigen Beispiel (→ Rn 29) sollte die Rechnung daher wie folgt aussehen:

1,5-Gebühr, Nr. 1410 KV (Wert: 10.000 €)	361,50 €
3,0-Gebühr, Nr. 1412 KV (Wert: 10.000 €)	723,00 €
gem. § 36 Abs. 3 nicht mehr als	1.035,00 €

VII. Entsprechende Anwendung des Abs. 3 auf die Vergleichsgebühr

32 Unklar war nach der früheren Fassung des GKG, ob Abs. 3 analog auf das Verhältnis von Verfahrens- und Vergleichsgebühr anzuwenden sei, also ob im Falle eines Vergleichs über weitergehende Ansprüche die Summe von Verfahrens- und Vergleichsgebühr nicht höher liegen darf als eine Verfahrensgebühr aus dem Gesamtwert von Verfahren und Vergleich. Dem Wortlaut nach war dies nicht der Fall, da Abs. 3 nur von verschiedenen Gebührensätzen spricht und von derselben Gebühr ausgeht. Zum Teil hatte sich die Rspr

strikt am Wortlaut orientiert.[4] Zum Teil war Abs. 3 analog angewandt worden.[5] Mit dem 2. KostRMoG ist durch die Verweisung in den Nr. 1900, 5600, 7600 KV die Anwendung des Abs. 3 jetzt gesetzlich geregelt.

§37 Zurückverweisung

Wird eine Sache zur anderweitigen Verhandlung an das Gericht des unteren Rechtszugs zurückverwiesen, bildet das weitere Verfahren mit dem früheren Verfahren vor diesem Gericht im Sinne des §35 einen Rechtszug.

I. Allgemeines

Die Vorschrift regelt den Umfang des Rechtszugs im Falle der Zurückverweisung eines Verfahrens durch ein Rechtsmittelgericht an das Gericht eines unteren Rechtszugs. Das Verfahren vor und nach Zurückverweisung bleibt auch in diesem Fall – im Gegensatz zu den Anwaltsgebühren (§ 21 Abs. 1 RVG) – nur ein Rechtszug im kostenrechtlichen Sinn, so dass die Gebühren nach § 37 nur einmal anfallen. Dies entspricht der vergleichbaren Rechtslage bei Verweisung und Abgabe. Im Rechtsmittelverfahren werden die Gebühren dagegen gesondert erhoben. **1**

Von der Zurückverweisung nach § 37 zu unterscheiden sind: **2**

- die **einfache Verweisung** durch ein Rechtsmittelgericht an ein anderes (noch nicht mit der Sache befasstes) erstinstanzliches Gericht (sog. **Diagonalverweisung**). Dieser Fall ist in § 4 Abs. 1, 2. Alt. geregelt (→ § 4 Rn 18);
- die **bloße Rückgabe der Akten** durch das Rechtsmittelgericht an das Gericht der Vorinstanz zur weiteren Entscheidung über noch dort anhängig gebliebene Gegenstände, etwa die Fortsetzung des Betragsverfahrens nach Bestätigung des Grundurteils. Dieser Fall ist im Gesetz nicht ausdrücklich geregelt. Eine solche Regelung wäre auch überflüssig, da es sich von selbst versteht, dass die bloße Fortsetzung eines noch nicht beendeten Verfahrens kein neues Verfahren einleiten kann;
- die **Verweisung oder Abgabe an ein Gericht des gleichen Rechtszugs** (**Horizontalverweisung**). In diesem Fall gilt wiederum § 4 (→ § 4 Rn 7 ff).

II. Zurückverweisung

1. Anwendungsbereich. a) Zurückverweisung. Die Vorschrift des Abs. 1 betrifft die Fälle, in denen das Rechtsmittelgericht eine Entscheidung des Ausgangsgerichts (erstinstanzliches Gericht oder auch Berufungs- oder Beschwerdegericht) ganz oder teilweise aufhebt und die Sache an die Vorinstanz zurückgibt, so dass sich im Rahmen der Aufhebung dort die Notwendigkeit einer erneuten Entscheidung ergibt. Es sind dies insb. die Fälle der **3**

- Zurückverweisung durch ein Berufungsgericht an das erstinstanzliche Gericht;
- Zurückverweisung durch ein Beschwerdegericht an das erstinstanzliche Gericht;
- Zurückverweisung durch ein Revisionsgericht an das Berufungsgericht oder – soweit nach der jeweiligen Verfahrensordnung möglich – an das erstinstanzliche Gericht;
- Zurückverweisung durch ein Rechtsbeschwerdegericht an das Beschwerdegericht oder – soweit nach der jeweiligen Verfahrensordnung möglich – an das erstinstanzliche Gericht.

Ebenso gehört hierzu der Fall, dass die Entscheidung eines Gerichts vom Bundesverfassungsgericht oder einem Landesverfassungsgericht aufgehoben und die Sache zur erneuten Entscheidung zurückverwiesen wird.[1] **4**

Unerheblich ist dabei, ob an denselben Spruchkörper des Vordergerichts oder an einen anderen Spruchkörper verwiesen wird (zB § 563 Abs. 1 S. 2 ZPO). Wird dagegen an ein anderes Gericht verwiesen, gilt § 4 (→ § 4 Rn 18). **5**

Wird die Entscheidung nach Zurückverweisung wiederum aufgehoben und die Sache nochmals zurückverwiesen, so ist § 37 auch auf das weitere zurückverwiesene Verfahren anzuwenden. Auch dann entstehen die Gebühren nur einmal. **6**

b) Bloße Rückgabe der Akten. Aus dem Wortbestandteil „Zurück-"[Verweisung] folgt, dass der Verfahrensgegenstand des weiteren Verfahrens vor dem erstinstanzlichen Gericht mit dem des Rechtsmittelverfahrens identisch sein muss. Aus der Aufhebung der Entscheidung durch das Rechtsmittelgericht muss sich die Notwendigkeit einer erneuten Entscheidung ergeben. Das Gesetz spricht insoweit von der Notwendigkeit **7**

---

4 OLG München AGS 2009, 491 = JurBüro 2009, 491. **5** OLG Köln AGS 2010, 337 m. Anm. *Thiel* = NJW-RR 2010, 1512 = RVGreport 2010, 439. **1** OLG Hamburg MDR 2004, 474.

der „anderweitigen Verhandlung" vor dem Vordergericht. Daher liegt keine Zurückverweisung iSd § 37 vor, soweit das weitere Verfahren vor dem Ausgangsgericht einen anderen Gegenstand betrifft als das Rechtsmittelverfahren, wenn sich also die Fortsetzung des Ausgangsverfahrens aus anderen Gründen als der Entscheidung des Rechtsmittelgerichts ergibt. Es sind dies zB folgende Fälle:

8 **Fall 1:** Das Rechtsmittelgericht bestätigt ein Urteil zum Grund (zB § 304 ZPO) oder ändert dieses ab, so dass das Ausgangsgericht nunmehr zur Höhe entscheiden muss.

9 **Beispiel:** In einer Haftpflichtsache erlässt das LG ein Grundurteil, in dem es die hälftige Haftung des Beklagten dem Grunde nach feststellt. Dieser legt dagegen Berufung ein, die erfolglos bleibt, so dass anschließend das Verfahren vor dem LG zur Höhe fortgesetzt wird. – Lösung: Es liegt keine Zurückverweisung iSd § 37 vor, sondern eine einfache Fortsetzung des Verfahrens.

10 **Fall 2:** Das Rechtsmittelgericht bestätigt oder ändert ein anderweitiges Teilurteil (§ 301 ZPO) ab, so dass das Ausgangsgericht über den dort verbliebenen Verfahrensgegenstand nunmehr entscheiden muss. Ein solcher Fall kann insb. bei Stufenanträgen in Betracht kommen.

11 **Beispiel 1:** Das LG hatte den Antragsgegner auf eine Stufenklage hin zur Auskunft verurteilt. Die dagegen gerichtete Berufung wurde als unbegründet zurückgewiesen. Das LG verhandelt nunmehr nach Bezifferung des Leistungsantrags zur Höhe. – Lösung: Es liegt keine Zurückverweisung vor, da sich das LG nicht mehr mit dem Auskunftsantrag zu befassen hat. Das Verfahren wird lediglich fortgesetzt.

12 **Beispiel 2:** Das LG hatte den Beklagten auf eine Stufenklage hin teilweise verurteilt, Auskunft zu erteilen und im Übrigen den Auskunftsanspruch zurückgewiesen. Die dagegen gerichtete Berufung hatte Erfolg, so dass der Beklagte vom OLG zu weitergehender Auskunft verurteilt wurde. Nach Erteilung der Auskünfte verhandelt das LG über den nunmehr bezifferten Zahlungsantrag. – Lösung: Auch hier liegt keine Zurückverweisung vor, da sich das LG nicht mehr mit dem Auskunftsantrag zu befassen hat, sondern das Verfahren lediglich in zweiter Stufe fortsetzt.

13 **Fall 3:** Ein Vorbehaltsurteil (§ 599 ZPO) wird vom Rechtsmittelgericht bestätigt oder abgeändert. Das Ausgangsgericht führt nunmehr das Nachverfahren durch.

14 **Beispiel:** Das LG hatte den Beklagten im Urkundenverfahren zur Zahlung verpflichtet.

    a) Die dagegen gerichtete Berufung wurde als unbegründet zurückgewiesen.

    b) Auf die Berufung hin wurde das Vorbehaltsurteil abgeändert.

    Hiernach wird gem. § 600 ZPO das Nachverfahren durchgeführt.

    Lösung: Auch hier liegt keine Zurückverweisung vor, weil sich das Gericht nicht mehr mit dem Urkundenverfahren zu befassen hat, sondern sogleich mit dem Nachverfahren beginnt.

15 In all diesen Fällen liegt lediglich eine Rückgabe der Akten vor, um das vor dem Ausgangsgericht noch anhängige Verfahren fortzusetzen. Eine ausdrückliche Regelung zu diesen Fällen fehlt im Gesetz. Einer solchen Regelung bedarf es auch nicht. Es versteht sich von selbst, dass die bloße Fortsetzung eines erstinstanzlich ausgesetzten, unterbrochenen oder ruhenden Verfahrens kein neues Verfahren einleiten kann.

16 **c) Verweisung an ein anderes erstinstanzliches Gericht.** Ebenso wenig gilt § 37, wenn von einem Rechtsmittelgericht das Verfahren an ein erstinstanzliches Gericht verwiesen wird, das mit der Sache noch nicht befasst war. Dann handelt es sich nur um eine einfache Verweisung, nicht um eine Zurückverweisung. In einem solchen Fall gilt nicht § 37, sondern § 4, wenn an ein Gericht verwiesen wird, auf das das GKG anzuwenden ist (→ § 4 Rn 5).

17 **Beispiel:** Vor dem AG wird ein Verfahren anhängig gemacht. Das AG weist auf seine Unzuständigkeit hin. Der Kläger stellt jedoch keinen Verweisungsantrag, so dass die Klage als unzulässig abgewiesen wird. Im Berufungsverfahren stellt der Antragsteller erstmals hilfsweise den Antrag auf Verweisung, so dass nunmehr das OLG die Sache an das zuständige erstinstanzliche LG verweist.

    Lösung: In diesem Fall fehlt es an einer „Zurück"-Verweisung nach § 37, da das empfangende LG mit der Sache noch gar nicht befasst war. Es liegt eine einfache Verweisung nach § 4 Abs. 1 vor. Die Rechtsfolge ist allerdings dieselbe: Das Verfahren vor und nach Zurückverweisung stellt nur ein Verfahren dar, in dem Gebühren nach § 37 nur einmal erhoben werden können.[2] Lediglich im Rechtsmittelverfahren fallen die Gebühren gesondert an.

18 Wird an ein Gericht einer anderen Gerichtsbarkeit verwiesen, gilt die entsprechende Vorschrift des dortigen Kostengesetzes (zB bei einer Verweisung an das FamG: § 6 FamGKG).

19 Wird dagegen bloß an einen anderen Spruchkörper des Vorgerichts verwiesen, liegt ein Fall des § 37 vor.

20 **2. Auswirkungen der Zurückverweisung.** Wird ein Verfahren vom Rechtsmittelgericht zurückverwiesen, so bilden das Verfahren vor Zurückverweisung und das weitere Verfahren nach Zurückverweisung ein Verfah-

---

[2] Anders dagegen bei den Rechtsanwaltsgebühren. Hier liegt nach § 20 S. 2 RVG eine neue gebührenrechtliche Angelegenheit vor.

ren iSd Kostenrechts.[3] Dabei ist es unerheblich, wie viel Zeit zwischen Beendigung der Ausgangsinstanz und der Zurückverweisung vergangen sind; eine dem § 15 Abs. 5 S. 2 RVG vergleichbare Regelung (Frist von zwei Kalenderjahren) kennt das GKG nicht.

Dass das Verfahren vor Zurückverweisung und das weitere Verfahren nach Zurückverweisung nur ein Verfahren bilden, hat zur Folge, dass die Gebühren insgesamt nur einmal erhoben werden dürfen. **21**

Daraus folgt jedoch nicht, dass im Verfahren nach Zurückverweisung keine weiteren Kosten ausgelöst werden können. Abgesehen davon, dass im Verfahren nach Zurückverweisung neue **Auslagentatbestände** nach Teil 9 KV verwirklicht werden können, ist auch eine eventuelle **Werterhöhung** zu berücksichtigen. Werden im Verfahren nach Zurückverweisung weitere Gegenstände eingeführt, etwa durch eine Klageerweiterung, eine Widerklage, eine Hilfsaufrechnung o.Ä., gelten die §§ 39 und 45. Die Werte sämtlicher Gegenstände im Verfahren vor und nach Zurückverweisung werden zusammengerechnet. **22**

Dagegen ändert sich nicht der **Zeitpunkt der Wertberechnung** nach § 40. Daher bleiben bloße **Wertveränderungen** unberücksichtigt. Abzustellen ist gem. § 40 auf den Zeitpunkt der ersten Antragseinreichung. **23**

Beispiel: Der Kläger verlangt von dem Beklagten die Herausgabe eines Grundstücks, das bei Einreichung des ursprünglichen Antrags einen Verkehrswert von 100.000 € hatte. Nach Zurückverweisung hat das Grundstück zwischenzeitlich einen Wert von 120.000 €. – Lösung: Der Wert zum Zeitpunkt der Klageeinreichung (§ 40) bleibt maßgebend. **24**

Weil es sich bei dem Verfahren vor und nach Zurückverweisung um einen einzigen Rechtszug handelt, ist auch eine **Gebührenermäßigung** (zB nach Nr. 1211 KV) **ausgeschlossen.** Da bereits im Verfahren vor Zurückverweisung ein Urteil ergangen ist, hindert dies eine spätere Ermäßigung der Gerichtsgebühren;[4] s. dazu die jeweiligen Anmerkungen zu den Ermäßigungstatbeständen im Kostenverzeichnis. In Betracht kommt hier allenfalls nach § 21 eine **teilweise Nichterhebung der Gebühren wegen unrichtiger Sachbehandlung,** wenn das Urteil des Ausgangsgerichts, das die Gebührenermäßigung verhindert, nicht hätte ergehen dürfen. **25**

Bedeutung hat die Verfahrenseinheit auch für **Übergangsfälle.** Das zum Zeitpunkt des Ausgangsverfahrens maßgebliche Kostenrecht bleibt auch im Verfahren nach Zurückverweisung anwendbar. Dies gilt nach § 71 für die Fälle, in denen sich das GKG zwischenzeitlich geändert hat (→ § 71 Rn 45). **26**

3. Die Gebühren im Rechtsmittelverfahren. Auf die Gebühren im Rechtsmittelverfahren hat Abs. 1 keinen Einfluss. Im Rechtsmittelverfahren entstehen die Gebühren gesondert (arg. e § 35). Wird gegen die Entscheidung im Verfahren nach Zurückverweisung erneut ein Rechtsmittel eingelegt, so entstehen die Gebühren in weiteren Rechtsmittelverfahren gesondert.[5] **27**

§ 38 Verzögerung des Rechtsstreits

[1]Wird außer im Fall des § 335 der Zivilprozessordnung durch Verschulden des Klägers, des Beklagten oder eines Vertreters die Vertagung einer mündlichen Verhandlung oder die Anberaumung eines neuen Termins zur mündlichen Verhandlung nötig oder ist die Erledigung des Rechtsstreits durch nachträgliches Vorbringen von Angriffs- oder Verteidigungsmitteln, Beweismitteln oder Beweiseinreden, die früher vorgebracht werden konnten, verzögert worden, kann das Gericht dem Kläger oder dem Beklagten von Amts wegen eine besondere Gebühr mit einem Gebührensatz von 1,0 auferlegen. [2]Die Gebühr kann bis auf einen Gebührensatz von 0,3 ermäßigt werden. [3]Dem Kläger, dem Beklagten oder dem Vertreter stehen gleich der Nebenintervenient, der Beigeladene, der Vertreter des Bundesinteresses beim Bundesverwaltungsgericht und der Vertreter des öffentlichen Interesses sowie ihre Vertreter.

I. Allgemeines

Die Auferlegung einer Verzögerungsgebühr soll **schuldhaftes verfahrensrechtliches Fehlverhalten** ahnden.[1] **1**
Bei ordnungsgemäßem Prozessverhalten wird sie nicht ausgelöst.[2] Sie soll den Mehraufwand des Gerichts abgelten, der aufgrund Fehlverhaltens einer Partei oder eines Vertreters ausgelöst wird.[3]

II. Anwendungsbereich

Anwendbar ist die Vorschrift in allen Streitigkeiten betreffend Verfahren vor den ordentlichen Gerichten **2** (§ 1 Abs. 1) sowie den Gerichten der Verwaltungs-, Finanz-, Sozial- und Arbeitsgerichtsbarkeit (§ 1 Abs. 2) und in den in § 1 Abs. 3 genannten Verfahren. Auch in **Arrest- und einstweiligen Anordnungs- und Verfü-**

3 Anders dagegen bei den Rechtsanwaltsgebühren. Hier liegt nach § 21 Abs. 1 RVG eine neue gebührenrechtliche Angelegenheit vor. **4** OLG Nürnberg MDR 2003, 416. **5** OLG Köln Rpfleger 1963, 362. **1** VerfGH Sachsen 27.9.2010 – Vf. 46-IV-10. **2** OLG Düsseldorf NJW-RR 1996, 1348 = FamRZ 1997, 20. **3** LAG Köln 18.10.2007 – 7 Ta 87/07.

gungsverfahren kann eine Verzögerungsgebühr verhängt werden. In Familiensachen ist die Vorschrift unanwendbar; insoweit gilt die gleich lautende Vorschrift des § 32 FamGKG.

III. Entstehen der Verzögerungsgebühr

3 **1. Personenkreis (S. 3).** Eine Verzögerungsgebühr kann ausgelöst werden durch das Verhalten des Klägers oder des Beklagten; eines Vertreters des Klägers oder Beklagten; des Nebenintervenienten; des Beigeladenen; des Vertreters des Bundesinteresses beim Bundesverwaltungsgericht; des Vertreters des öffentlichen Interesses; und des Vertreters des Vertreters des Bundesinteresses und des öffentlichen Interesses.

4 **2. Adressat der Verzögerungsgebühr.** Die Verzögerungsgebühr ist aber immer nur der Partei, die auch minderjährig sein kann, aufzuerlegen, dh dem Kläger oder dem Beklagten.

5 Einem **Prozessbevollmächtigten**, einem Verkehrsanwalt oder einem Terminsvertreter kann dagegen eine Verzögerungsgebühr nicht auferlegt werden.[4] Die Verzögerungsgebühr kann auch **mehreren** Parteien auferlegt werden. Die Auferlegung einer Verzögerungsgebühr hat Strafcharakter hat, so dass sie auch dann gegen Parteien festzusetzen ist, wenn der Rechtsstreit nach § 2 kostenfrei oder den Parteien Prozesskostenhilfe bewilligt worden ist.

6 **3. Verzögerung (S. 1). a) Überblick.** Voraussetzung für die Verhängung einer Verzögerungsgebühr ist, dass durch das schuldhafte Verhalten eines in der Vorschrift genannten Prozessbeteiligten

- die **Vertagung einer mündlichen Verhandlung** erforderlich wird,
- die **Anberaumung eines neuen Termins zur mündlichen Verhandlung** nötig wird oder
- die **Erledigung des Verfahrens** verzögert worden ist und zwar durch nachträgliches Vorbringen von Angriffs- oder Verteidigungsmitteln, Beweismitteln oder Beweiseinreden, die zu einem früheren Zeitpunkt hätten vorgebracht werden können.

7 **b) Vertagung einer mündlichen Verhandlung oder Anberaumung eines neuen Termins.** Die Vertagung oder die Anberaumung eines neuen Termins setzt voraus, dass der Termin bereits begonnen hat. Dass er anberaumt worden war und auf Antrag verlegt wird, ist nicht ausreichend zur Erfüllung des Tatbestands. Ein Verlegungsantrag, zurückzuführen aufgrund kurzfristig vor dem Verhandlungstermin erteilter gerichtlicher Hinweise und damit einhergehender Verlegung des Gerichtstermins, reicht nicht aus.[5] Auch eine Klage- oder Antragserweiterung, Klage- oder Antragsänderung oder eine Widerklage/ein Widerantrag kurz vor dem anberaumten Verhandlungstermin löst eine Verzögerungsgebühr nicht aus, weil prozessrechtlich zulässiges Vorgehen nicht sanktioniert werden darf.[6] Aus diesem Grunde erfüllt – entgegen OLG Celle,[7] LAG Hessen[8] und OLG Düsseldorf[9] – auch nicht jede **Flucht in die Säumnis** den Tatbestand der Vorschrift.[10]

8 **c) Verzögerung der Erledigung des Verfahrens.** Die Erledigung des Rechtsstreits muss verzögert worden sein durch nachträgliches Vorbringen von Angriffs- oder Verteidigungsmitteln, Beweismitteln oder Beweiseinreden, die früher hätten vorgebracht werden können.

9 Nachträgliches Vorbringen sollte über die Vorschrift grds. nicht geahndet werden, weil die Präklusionsvorschriften bereits sanktionsrechtlichen Charakter haben und insoweit eine sachlich nicht gerechtfertigte „Doppelbestrafung" eintreten würde.[11] Unwesentliche Verzögerungen dürfen sich ebenfalls nicht auswirken.[12] Die Begriffe „**nachträgliches Vorbringen von Angriffs- oder Verteidigungsmitteln, Beweismitteln oder Beweiseinreden**" entsprechen den Tatbestandsmerkmalen des Präklusionsrechts (§§ 282, 296 ZPO). Angriffs- und Verteidigungsmittel sind Behauptungen, Bestreiten, Einwendungen, Einreden, Beweisanträge und Beweiseinreden.

10 Rechtsausführungen sowie der Angriff selbst, also Klageänderung, Klageerweiterung, Erledigungserklärung und die Verteidigung dagegen, zB durch Widerklage, Vertagung oder Fristverlängerung, sind keine Angriffs- und Verteidigungsmittel.[13] Eine Verzögerungsgebühr darf daher nicht verhängt werden, wenn zwar Verzögerung eintritt, der Prozessbeteiligte sich aber ordnungsgemäß verhalten hat.[14]

11 **4. Schuldhaftes Verhalten.** Das zu sanktionierende Prozessverhalten muss schuldhaft sein. **Fahrlässigkeit** setzt entsprechend § 276 Abs. 2 BGB voraus das Außerachtlassen der im Verfahren gebotenen Sorgfalt oder – wie es in § 282 Abs. 1 ZPO heißt – das Gebot einer der Verfahrenslage entsprechenden sorgfältigen und auf Förderung des Verfahrens bedachten Verfahrensführung. **Beispiele für Verschulden:** Verspätete Einreichung von Schriftsätzen;[15] Verzug bei der Zahlung des Auslagenvorschusses für Zeugen (§ 379 ZPO);

4 *Meyer*, GKG § 38 Rn 21. **5** OLG Naumburg BauR 2012, 1838. **6** AA AG Schöneberg 15.3.2012 – 106 C 314/11. **7** OLG Celle AGS 2007, 637 = RVGreport 2007, 438. **8** HessLAG AGS 2010, 245 = RVGreport 2009, 478. **9** OLG Düsseldorf 12.2.2015 – I-6 W 1/15, 6 W 1/15. **10** OLG Hamm NJW-RR 1995, 1406; Binz/Dörndorfer/*Zimmermann*, GKG § 38 Rn 6. **11** LAG LSA AnwBl 2001, 444; OLG Celle JurBüro 1955, 375. **12** *Sachs*, GG, 4. Aufl. 2007, Art. 20 Rn 145 ff. **13** AA AG Schöneberg 15.3.2012 – 106 C 314/11 (zu § 38 GKG). **14** VerfGH Sachsen 27.9.2010 – Vf. 46-IV-10. **15** OLG Koblenz NJW 1975, 395.

Nichteinhaltung eines mit dem Sachverständigen abgesprochenen Besichtigungstermins;[16] offensichtlich unbegründete Befangenheitsablehnung, die insb. dann vorliegt, wenn die Gründe für die Ablehnung bereits seit Monaten bekannt und erstmals kurz vor der mündlichen Verhandlung vorgebracht werden.[17] Eine Verzögerungsabsicht ist nicht erforderlich.[18]

Liegen die Voraussetzungen des § 335 ZPO vor, ist die Vorschrift unanwendbar, weil das Gericht schuldhaft Verzögerungen herbeigeführt hat. **12**

5. Kausalität. Zwischen dem schuldhaften Verhalten und der Verzögerung des Rechtsstreits muss ein **Kausalzusammenhang** bestehen und **einzige Ursache** für die Verzögerung sein.[19] Eine Verursachung der Verzögerung auch durch das Gericht steht der Anwendung der Vorschrift entgegen.[20] **13**

6. Ermessen. Die Verhängung einer Verzögerungsgebühr steht im **pflichtgemäßen Ermessen des Gerichts.** Den Prozessbeteiligten muss rechtliches Gehör gewährt werden. Die Ermessensausübung ist im Beschwerdeverfahren (§ 69) überprüfbar. Ermessensfehlerhaft ist zB die Auferlegung einer Verzögerungsgebühr, wenn das Gericht seinerseits nicht die gebotene Möglichkeit genutzt hat, eine Verzögerung zu verhindern. **14**

7. Die Entscheidung. Zu entscheiden ist durch **Beschluss** (arg. e § 69). Eine Verzögerungsgebühr kann mehrmals auferlegt werden, wenn ein Prozessbeteiligter wiederholt schuldhaft Verzögerungen verursacht hat. Betrifft die Verzögerung nur Teile des Verfahrens, ist die Gebühr auf diesen Teil zu beschränken (§ 36 Abs. 1). Der Beschluss ist zu **begründen.**[21] Das OLG Hamm[22] verlangt sogar, aus den Beschlussgründen müsse sich ergeben, dass das Gericht alle Möglichkeiten ausgeschöpft habe, um eine Verzögerung zu verhindern. **15**

8. Schuldner der Gebühr. Gebührenschuldner sind ausschließlich der Kläger oder der Beklagte. **16**

IV. Höhe der Gebühr (S. 1 und 2)

Nach S. 1 beträgt die Verzögerungsgebühr idR **1,0.** Sie bemisst sich nach dem gem. § 63 Abs. 2 festzusetzenden Streitwert der Hauptsache bzw nach einem Teilwert (→ § 36 Rn 11 ff), wenn nur ein Teil des Streitgegenstands betroffen ist. Die Gebühr kann auf einen Satz von bis zu **0,3 ermäßigt** werden (S. 2). Ein geringerer Satz als 0,3 scheidet aus. Die Ermäßigung der Gebühr steht im Ermessen des Gerichts.[23] **17**

Ob sich aus § 36 Abs. 2 eine Begrenzung für die Höhe der **Verzögerungsgebühr** herleiten lässt, ist zweifelhaft, weil jede Verzögerung eine eigene Handlung darstellt und deshalb die Tatbestandsvoraussetzungen des § 36 Abs. 2 nicht erfüllt sind, wenn mehrere Verzögerungsgebühren verhängt werden. Wenn allerdings für dieselbe Verzögerungshandlung mehrfach eine Verzögerungsgebühr verhängt wird, kann Abs. 2 zur Anwendung kommen. Siehe hierzu auch → § 36 Rn 21 und → Nr. 1901 KV Rn 3. **18**

V. Rechtsmittel

Gegen den Beschluss über die Auferlegung einer Verzögerungsgebühr findet die Beschwerde (§ 69 S. 1) statt, wenn der Wert des Beschwerdegegenstands 200 € übersteigt oder die Beschwerde wegen der grundsätzlichen Bedeutung zugelassen worden ist. Gegen eine vom **OLG** oder dem BGH verhängte Verzögerungsgebühr ist die Beschwerde ausgeschlossen (§ 69 S. 2 iVm § 66 Abs. 3). Eine Rechtsbeschwerde ist ebenfalls nicht möglich, da das GKG eine solche nicht vorsieht. **19**

Abschnitt 7
Wertvorschriften

Unterabschnitt 1
Allgemeine Wertvorschriften

§ 39 Grundsatz

(1) In demselben Verfahren und in demselben Rechtszug werden die Werte mehrerer Streitgegenstände zusammengerechnet, soweit nichts anderes bestimmt ist.

(2) Der Streitwert beträgt höchstens 30 Millionen Euro, soweit kein niedrigerer Höchstwert bestimmt ist.

---

16 LG Flensburg JurBüro 1996, 44. **17** OLG Düsseldorf MDR 1984, 857; LG Kleve 7.4.2015 – 4 O 212/13; OLG Düsseldorf 21.5.2015 – I-6 W 46/15, 6 W 46/15. **18** OLG Düsseldorf 12.2.2015 – I- 6 W 1/15, 6 W 1/15. **19** OLG München NJW-RR 2001, 71. **20** OLG Düsseldorf NJW-RR 1999, 859; OLG Düsseldorf NJW-RR 1995, 638 = MDR 1995, 752. **21** *E. Schneider*, JurBüro 1976, 15. **22** OLG Hamm NJW 1971, 1662. **23** OLG Düsseldorf 12.2.2015 – I- 6 W 1/15, 6 W 1/15.

I. Allgemeines

1   Die Vorschrift enthält keine selbständigen Regelungen zum Streitwert, sondern beinhaltet in **Abs. 1** lediglich eine **Berechnungsregel** für den Fall, dass ein Verfahren mehrere Gegenstände betrifft, und in **Abs. 2** eine allgemeine **Begrenzungsregel** für den Höchstwert eines Verfahrens.

2   Nach Abs. 1 sind die Werte mehrerer Streitgegenstände in demselben Verfahren und in demselben Rechtszug zusammenzurechnen, sofern nichts anderes bestimmt ist. Die Zusammenrechnung nach Abs. 1 ist danach ausgeschlossen, soweit vorrangige Sondervorschriften

- eine andere Art der Zusammenrechnung regeln oder
- eine Zusammenrechnung ausschließen.

3   Abs. 2 wiederum regelt den Höchstwert eines Verfahrens. Die Begrenzung gilt immer, sofern das GKG nicht an anderer Stelle bereits geringere Höchstwerte vorschreibt.

II. Zusammenrechnung (Abs. 1)

4   **1. Geltungsbereich.** Abs. 1 gilt nur für Gebühren, die sich nach dem Streitwert richten, also für Verfahrensgebühren, Entscheidungsgebühren und auch für die Verzögerungsgebühr (§ 38), da sich auch diese nach dem Streitwert bemisst. Die Vorschrift hat dagegen keine Bedeutung für Festgebühren und Jahresgebühren.

5   Dem Wortlaut nach ist Abs. 1 **nicht** auf die **Vergleichsgebühr** (Nr. 1900, 5600, 7600 KV) anwendbar, da diese sich nicht nach dem Wert des Streitgegenstands richtet, sondern nach dem Wert des Vergleichsgegenstands. Hier wird man die Vorschrift des Abs. 1 jedoch analog anwenden müssen, so dass sich die Vergleichsgebühr aus dem Gesamtwert sämtlicher verglichener nicht anhängiger Gegenstände berechnet, soweit die verglichenen Gegenstände nicht schon durch die Verfahrensgebühr erfasst sind (→ Nr. 1900 KV Rn 14 ff).

6   **2. Vorrangige Sonderregelungen.** Die Zusammenrechnung nach Abs. 1 gilt nicht, soweit das Gesetz speziellere Regelungen enthält, die dieser Vorschrift vorgehen. Dabei kann es sich um Modifizierungen handeln oder auch um Additionsverbote.

7   **a) Besondere Vorschriften für die Zusammenrechnung.** Eine Sonderregelung enthält § 45 Abs. 1 und 3. Nach dieser Vorschrift werden die Streitwerte von **Klage und Widerklage** grds. zusammengerechnet (§ 45 Abs. 1). Dies entspricht Abs. 1. Betreffen Klage und Widerklage allerdings denselben Gegenstand, wird nicht addiert; es gilt dann nur der höhere Wert (§ 45 Abs. 1 S. 3; → § 45 Rn 14 ff).

8   Auch für **Haupt- und Hilfsantrag** ist Abweichendes vorgesehen (§ 45 Abs. 1 S. 2 und 3, Abs. 4). Die Werte werden nur addiert, soweit eine Entscheidung über den Hilfsantrag ergeht (§ 45 Abs. 1 S. 2) oder ein Vergleich darüber geschlossen wird (§ 45 Abs. 4). Soweit allerdings Haupt- und Hilfsantrag denselben Gegenstand betreffen, wird nicht addiert; es gilt dann nur der höhere Wert (§ 45 Abs. 1 S. 3; → § 45 Rn 10 f).

9   Für **wechselseitig eingelegte Rechtsmittel** gilt § 45 Abs. 2. Deren Werte sind zusammenzurechnen (iVm § 45 Abs. 1), es sei denn, sie betreffen denselben Verfahrensgegenstand. Dann gilt wiederum nur der höhere Wert (iVm § 45 Abs. 1 S. 3; → § 45 Rn 21 f).

10   Eine weitere vorrangige Regelung findet sich in § 45 Abs. 3 und 4 für die **Hilfsaufrechnung mit einer bestrittenen Gegenforderung.** Im Falle einer streitigen Hilfsaufrechnung erhöht sich der Streitwert um den Wert der Gegenforderung, soweit eine der Rechtskraft fähige Entscheidung über sie ergeht (§ 45 Abs. 3) oder soweit ein Vergleich geschlossen wird und im Falle einer Entscheidung über die Gegenforderung diese in Rechtskraft erwachsen wäre (§ 45 Abs. 4; → § 45 Rn 24 ff).

11   **b) Additionsverbote.** Ein Additionsverbot findet sich in § 48 Abs. 3. Danach sind die Werte eines **nichtvermögensrechtlichen Anspruchs** und eines **aus ihm hergeleiteten vermögensrechtlichen Anspruchs** nicht zu addieren. Es gilt vielmehr nur der höhere der beiden Werte. Dies wird in aller Regel der vermögensrechtliche Anspruch sein. Ein solcher Fall ist zB dann gegeben, wenn Unterlassung und ein aus der Verletzung resultierendes Schmerzensgeld verlangt werden.[1] Siehe dazu auch → § 48 Rn 20.

12   Eine weitere Ausnahme findet sich in § 44 für den Fall einer **Stufenklage.** Es gilt nur der höhere Wert (→ § 44 Rn 3 ff).

13   Für Früchte, Nutzungen, Zinsen oder Kosten, die als **Nebenforderung** neben dem Hauptgegenstand des Verfahrens betroffen sind, ist in § 43 Abs. 1 ein weiteres Additionsverbot vorgesehen. Die Werte dieser Nebenforderungen werden, wenn sie neben der Hauptforderung geltend gemacht sind, nicht berücksichtigt (→ § 43 Rn 22 f).

---

1 OLG Köln VersR 1994, 875.

Darüber hinaus gilt ein allgemeines ungeschriebenes Additionsverbot, nämlich soweit zwischen mehreren 14 Verfahrensgegenständen **wirtschaftliche Identität** besteht. So wird zB der Wert eines Zwischenfeststellungsantrags nicht dem Wert des Hauptantrags hinzugerechnet, soweit die Anträge sich decken.

3. Zusammenrechnung. a) Grundsatz. Zusammenrechnung iSd Abs. 1 bedeutet, dass die Werte der einzel- 15 nen Streitgegenstände zunächst zu ermitteln und dann zu addieren sind. Zweckmäßig ist es, bei der Streitwertfestsetzung die Werte der einzelnen Gegenstände gesondert auszuweisen, zumindest in den Gründen anzugeben, damit Klarheit besteht, wie sich der Gesamtwert berechnet.

Die Werte mehrerer Gegenstände sind auch dann zusammenzurechnen, wenn sie **nacheinander** in das Ver- 16 fahren eingeführt worden sind. Die Zusammenrechnung nach Abs. 1 setzt nicht voraus, dass die Streitgegenstände zeitgleich anhängig sind oder waren. Solche Fälle kommen insb. bei **Klageänderungen** vor. Soweit sich die Streitgegenstände verändern, sind für den Verfahrenswert sämtliche während des Verfahrens anhängigen Gegenstände zusammenzurechnen.[2]

Beispiel: Eingeklagt werden die Mieten (jeweils 300 €) für die Monate Januar, Februar und März. Im Laufe des 17 Verfahrens bemerkt der Kläger, dass die Monate Januar und Februar bereits vor Einreichung des Antrags gezahlt waren. Er nimmt daraufhin seinen Antrag insoweit zurück, erweitert ihn aber gleichzeitig um die zwischenzeitlich rückständig gewordenen Beträge für April und Mai.

Obwohl sich der Antrag selbst nicht ändert – geltend gemacht werden nach wie vor 900 € –, beläuft sich der Streitwert auf die Summe sämtlicher im Verlauf des Verfahrens geltend gemachten Mieten (Januar bis Mai), also auf 1.500 €.

Eine Addition nach Abs. 1 ist auch dann vorzunehmen, wenn der Kläger im Wege der Klageänderung den 18 Klaggrund für einen Zahlungsanspruch auswechselt, wenn der ursprüngliche und der neue Streitgegenstand nicht wirtschaftlich identisch sind (Darlehensforderung statt Wohnraummiete).[3]

b) Analoge Anwendung auf Vergleichsgebühr. Wie bei § 36 stellt sich auch hier die Frage, ob § 39 auf die 19 Vergleichsgebühr Nr. 1900, 5600, 7600 KV anzuwenden ist. Zu Einzelheiten → Nr. 1900 KV Rn 34.

III. Höchstwert (Abs. 2)

1. Grundsatz. Nach Abs. 2 beträgt der Höchstwert eines Verfahrens 30 Mio. €, soweit kein niedrigerer 20 Höchstwert bestimmt ist. Diese Höchstgrenze gilt auch in Insolvenzverfahren.[4]

Soweit einem Verfahren mehrere Gegenstände zugrunde liegen, gilt der Höchstwert sowohl für jeden ein- 21 zelnen Gegenstand als auch für den Gesamtwert des Verfahrens.

Beispiel: Eingeklagt ist eine Forderung iHv 35 Mio. €. Es wird eine Widerklage über 1 Mio. € erhoben. – Lösung: 22 Sowohl der Wert der Klage wird auf 30 Mio. € begrenzt als auch der Gesamtwert des Verfahrens.

2. Anwendung auf die Vergleichsgebühr. Auch für die Vergleichsgebühr Nr. 1900, 5600, 7600 KV ist der 23 Höchstbetrag nach Abs. 2 anzuwenden. Der Wortlaut des Abs. 2 erfasst diese Gebühr zwar nicht, da es sich nicht um eine Gebühr handelt, die sich nach dem Streitwert richtet, sondern nach dem Wert des Vergleichs, also dem Wert nicht anhängiger Gegenstände. Diese Orientierung an der Verfahrensgebühr legt es jedoch nahe, die Begrenzung auch auf die Vergleichsgebühr anzuwenden. Dies entspricht dem Sinn und Zweck der Vorschrift, die Kosten nach oben zu begrenzen.

Beispiel: Die Beteiligten schließen einen Vergleich auch über eine nicht anhängige Forderung mit einem Mehrwert 24 von 60 Mio. €. – Lösung: Die 0,25-Vergleichsgebühr (Nr. 1900 KV) berechnet sich ebenfalls – vorbehaltlich einer Kürzung nach § 36 Abs. 3 – nur nach dem Höchstwert des Abs. 2 von 30 Mio. €.

3. Ausnahmen. Anderweitige Bestimmungen, also niedrigere Höchstwerte, finden sich zB in folgenden Fäl- 25 len:

- § 48 Abs. 1 S. 2: Streitigkeiten nach dem Unterlassungsklagegesetz: 250.000 €;
- § 48 Abs. 2 S. 2: nichtvermögensrechtliche Streitigkeiten: 1 Mio. €;
- § 52 Abs. 4 Nr. 2: Streitigkeiten nach dem Krankenhausfinanzierungsgesetz: 2.500.000 €;
- § 52 Abs. 4 Nr. 3: Verfahren nach dem Vermögensgesetz vor den Verwaltungsgerichten: 500.000 €.

Eine weitere – allerdings unbezifferte – Begrenzung enthält § 43 Abs. 2 und 3. Danach beläuft sich der 26 Höchstwert des Streitgegenstands für Früchte, Nutzungen, Zinsen oder Kosten, die ohne den Hauptgegen-

2 OLG Koblenz AGS 2007, 151 = WuM 2006, 45 = MietRB 2006, 268; OLG Hamm OLGR 2007, 324; KG AGS 2008, 188; OLG Celle AGS 2008, 466 = NJW-Spezial 2008, 668; OLG Celle AGS 2015, 453 = MDR 2015, 912; aA OLG Dresden OLGR 2007, 470 = JurBüro 2007, 315; OLG Frankfurt AGS 2009, 247 = NJW-RR 2009, 1078; OLG Schleswig SchlHA 2012, 263 u. 351 = RVG prof. 2012, 92; OLG Düsseldorf AGS 2011, 86 = JurBüro 2010, 648; OLG Stuttgart MDR 2012, 314; OLG Nürnberg 27.9.2010 – 8 W 1685/10. **3** OLG Celle AGS 2008, 466 = NJW-Spezial 2008, 668. **4** BGH 26.10.2006 – IX ZB 245/05; OLG Frankfurt AGS 2015, 87 = ZInsO 2014, 959 = ZIP 2014, 1238; OLG Frankfurt ZInsO 2014, 1869.

stand betroffen sind, auf den Wert des Hauptgegenstands, selbst wenn der Wert der Kosten, Nutzungen, Zinsen oder Früchte höher liegt.

27 Eine gleichlautende Regelung enthält § 43 Abs. 3 für die Kosten des Verfahrens.

IV. Mindestwert

28 Ausnahmsweise sieht das Gesetz auch Mindestwerte vor, so zB in § 52 Abs. 4 Nr. 1 für Verfahren vor den Finanzgerichten iHv 1.500 €.

V. Bedeutung für die Anwaltsgebühren

29 Die Vorschrift des Abs. 1 gilt auch für die Berechnung des Gegenstandswerts der anwaltlichen Vergütung. Abs. 1 ist über § 23 Abs. 1 S. 1 RVG im gerichtlichen Verfahren unmittelbar anwendbar und für außergerichtliche Tätigkeiten nach § 23 Abs. 1 S. 3 RVG entsprechend.

30 Auch der Höchstwert nach Abs. 2 ist für die Anwaltsgebühren maßgebend (§ 23 Abs. 1, 3 RVG), wobei sich bei mehreren Auftraggebern und mehreren Gegenständen der Wert noch bis zu 100 Mio. € erhöhen kann (§§ 23 Abs. 1 S. 4, 22 Abs. 2 RVG).

§ 40 Zeitpunkt der Wertberechnung

Für die Wertberechnung ist der Zeitpunkt der den jeweiligen Streitgegenstand betreffenden Antragstellung maßgebend, die den Rechtszug einleitet.

I. Allgemeines

1 Die Vorschrift ergänzt die im Gesetz enthaltenen Wertvorschriften und bestimmt, zu welchem **Zeitpunkt** die Ermittlung des Streitwerts vorzunehmen ist. Abzustellen ist auf den jeweiligen Zeitpunkt der jeweiligen Antragstellung, die den Rechtszug einleitet. Dabei ist für **jede Instanz** ein eigener Zeitpunkt maßgebend. Zweck dieser Regelungen ist es, eine Vereinfachung der Wertberechnung zu erreichen.

2 **Werterhöhende oder -mindernde Umstände** nach der ersten Antragstellung bleiben bei unverändertem Verfahrensgegenstand unberücksichtigt. Dadurch wird eine laufende Neuberechnung des Streitwerts und eine damit verbundene Neuberechnung der Gebühren vermieden.

3 Davon zu unterscheiden ist der Fall, dass sich der **Streitgegenstand im Laufe des Verfahrens ändert**, etwa infolge einer Klage- oder Antragsänderung oder -erweiterung oder infolge von Gegenanträgen (zB Widerklage). Insoweit sind Wertveränderungen beachtlich. Dabei ist hinsichtlich der hinzukommenden Streitgegenstände wiederum nach § 40 auf den Zeitpunkt abzustellen, zu dem sie in das Verfahren eingeführt worden sind.

4 Eine **nachträgliche Reduzierung der Anträge** ist dagegen für den Streitwert unerheblich, da eine einmal angefallene Gerichtsgebühr nachträglich nicht mehr – auch nicht teilweise – entfallen kann; sie kann sich allenfalls im Gebührensatz ermäßigen.

II. Anwendungsbereich

5 **1. Anwendbare Verfahren.** Die Vorschrift des § 40 gilt nur für solche Verfahren, in denen sich die Gerichtsgebühren nach dem Streitwert berechnen (§ 3 Abs. 1). Sie ist auch in Rechtsmittelverfahren anzuwenden, wobei in § 47 ergänzende Regelungen enthalten sind.

6 **2. Nicht anwendbare Verfahren.** Keine Anwendung findet § 40 in Verfahren, in denen sich die Gerichtsgebühren nicht nach dem Wert berechnen, insb. in Verfahren der Vollstreckung und Zwangsvollstreckung (Teil 2 KV) sowie in Beschwerde- und Rechtsbeschwerdeverfahren, in denen Festgebühren erhoben werden. Solche Gebühren berechnen sich unabhängig von einem Bewertungszeitpunkt.

7 Der Wert solcher Verfahren, in denen Festgebühren erhoben werden, kann lediglich für die Anwaltsgebühren von Bedeutung sein, also für den Gegenstandswert der anwaltlichen Tätigkeit (§ 2 Abs. 1 RVG). Dieser Wert richtet sich aber nicht nach den Vorschriften des GKG. Vielmehr enthält das RVG insoweit gesonderte Wertvorschriften. Eine dem § 40 vergleichbare Vorschrift kennt das RVG nicht. Die Wertfestsetzung für die Anwaltsgebühren erfolgt in diesem Fall nicht nach § 63, sondern ist im Verfahren nach § 33 RVG auf Antrag eines Beteiligten vorzunehmen.

III. Die Bewertung

1. Überblick. Maßgebend ist der Zeitpunkt der den jeweiligen Rechtszug einleitenden ersten Antragstel- 8
lung. Abzustellen ist dabei auf den Eingang der Klage- oder Antragsschrift bzw Rechtsmittelschrift oder
einer sonstigen Antragstellung (zB Mahnantrag) bei Gericht. Es kommt **nicht** auf die **Zustellung** an.

Werden im Verlaufe des Verfahrens **mehrere Anträge** oder **widerstreitende Anträge** gestellt, gilt für jeden 9
Antrag der Wert zu dem Zeitpunkt, zu dem er in das Verfahren eingebracht worden ist, idR also zum Zeitpunkt seiner Anhängigkeit. Soweit die weiteren Anträge denselben Gegenstand betreffen, werden die Werte
allerdings nicht addiert; es gilt vielmehr nach § 45 Abs. 1 S. 3 der höhere Wert.

2. Einzelfälle A–Z

- **Abgabe.** Wird ein Verfahren an ein anderes Gericht abgegeben, so bleibt der Zeitpunkt des Antragsein- 10
gangs beim abgebenden Gericht auch für das weitere Verfahren vor dem Empfangsgericht maßgebend.

- **Antragsänderung.** Wird ein Antrag im Verlaufe des Verfahrens geändert, etwa wenn von einem Feststel- 11
lungsantrag zum Leistungsantrag übergegangen wird, so ist auf den jeweiligen Zeitpunkt der Antragstellung abzustellen. Ob die Werte der einzelnen Anträge ganz oder teilweise zu addieren sind oder ob
nur der höhere der Werte gilt, hängt davon ab, ob und inwieweit die Anträge wirtschaftlich identisch
sind. Anders verhält es sich allerdings dann, wenn die Antragsänderung unzulässig ist, da dann der geänderte Antrag nicht Verfahrensgegenstand wird (s. „Schluss der mündlichen Verhandlung", → Rn 27).

- **Antragserweiterung.** Wird ein Antrag später im Verlaufe des Verfahrens erweitert, so ist für die vom 12
ursprünglichen Antrag erfassten Gegenstände der Zeitpunkt der Antragseinreichung maßgebend. Für
die Gegenstände, die mit der Erweiterung zusätzlich geltend gemacht werden, ist dagegen der Eingang
der Antragserweiterung maßgebend. Hier können sich bei wiederkehrenden Leistungen Probleme bei
der Berechnung der fälligen Beträge ergeben, wenn im Laufe des Verfahrens rückwirkend höhere laufende Beträge geltend gemacht werden. Nach zutreffender Ansicht ist für die Antragserweiterung hinsichtlich der zukünftigen und fälligen Beträge auf den Zeitpunkt der jeweiligen Antragserweiterung abzustellen.[1]

- **Arrest.** Auch für ein Verfahren über einen Antrag auf Erlass eines Arrests gilt § 40, so dass auf die An- 13
tragstellung abzustellen ist. Das gilt auch für die Bewertungsfrage des § 53, also inwieweit dem Arrest
gegenüber einem entsprechenden Hauptsacheverfahren eine geringere Bedeutung zukommt. Diese Erwartung ist aus der Sicht des Antragstellers zum Zeitpunkt der Antragstellung zu beurteilen.

- **Beschlussanfechtungsklagte nach § 46 WEG.** Wird innerhalb der Zweimonatsfrist des § 46 Abs. 1 S. 2 13a
WEG zunächst eine Beschlussanfechtungsklage erhoben, diese dann aber innerhalb der weiteren Zweimonatsfrist dahin beschränkt, dass der betreffende Beschluss nur zu einem oder mehreren bestimmten
Tagesordnungspunkten angefochten werde, soll sich der Streitwert des gesamten Verfahrens nur nach
dem Wert dieses Antrags richten.[2] Dies dürfte jedoch unzutreffend sein. Maßgebend ist der Antragseingang, so dass der volle Wert maßgebend ist. Eine entsprechende Anwendung des § 47 kommt hier nicht
in Betracht, da es sich nicht um ein Rechtsmittel handelt.[3]

- **Beschwerde.** Siehe „Rechtsmittel" (→ Rn 26). 14

- **Darlehenswiderruf, Streit über.** Wird nach einem Widerruf der auf Abschluss eines Darlehensvertrags 14a
gerichteten Erklärung Klage auf Feststellung der Unwirksamkeit des Darlehensvertrags erhoben, so
richtet sich der Streitwert nach der Rspr des BGH nach den bisher erbrachten Darlehensraten, die der
Darlehensnehmer nach §§ 346 ff BGB zurückerstattet verlangen kann.[4] Soweit man auf die Darlehensraten bis zum Widerruf abstellt, ergibt sich kein Bewertungsproblem. Soweit man jedoch auch auf die
nach Widerruf gezahlten Raten abstellt, dürften jedenfalls nur die bis zur Klageerhebung gezahlten Raten maßgebend sein.[5]

- **Einstweilige Verfügung.** Auch für ein Verfahren über einen Antrag auf Erlass einer einstweiligen Verfü- 15
gung gilt § 40, so dass auf die Antragstellung abzustellen ist. Das gilt auch für die Bewertungsfrage des
§ 53, also ob der einstweiligen Verfügung gegenüber einem entsprechenden Hauptsacheverfahren eine
geringere Bedeutung zukommt. Diese Erwartung ist aus der Sicht des Antragstellers zum Zeitpunkt der
Antragstellung zu beurteilen.

---

1 S. zum vergleichbaren Problem in Familiensachen bei nachträglicher Erhöhung des geforderten Unterhalts: OLG Köln 2004,
32 m. Anm. *N. Schneider* = FamRB 2004, 45 m. Anm. *N. Schneider* = AGS 2004, 32 = FamRZ 2004, 1226; OLG Brandenburg
AGS 2015, 432 = FamRZ 2015, 431; aA OLG Karlsruhe AGS 2016, 130 = NJW-RR 2016, 189. **2** LG Braunschweig AGS
2014, 341 = MietRB 2014, 329. **3** *Greiner* in Anm. zu LG Braunschweig AGS 2014, 341. **4** BGH AGS 2016, 182 = MDR
2016, 480. **5** KG 4.5.2016 – 26 W 18/16.

Wird ein **beschränkter Widerspruch** eingelegt, so richtet sich der Wert des weiteren Verfahrens nach dem Umfang des Widerspruchs. Insoweit ist eine gesonderte Wertfestsetzung erforderlich, da die Gerichtsgebühr für das Anordnungsverfahren und das Widerspruchsverfahren unterschiedlich hoch angesetzt wird (Nr. 1410 ff KV).

16 ■ **Erneute Antragstellung nach Antragsrücknahme.** Wird ein Antrag zurückgenommen und in derselben Instanz später erneut eingereicht, dürfte auf den Zeitpunkt der Einreichung des ursprünglichen Antrags abzustellen sein. Auch wenn hier – im Gegensatz zur vergleichbaren Vorschrift des § 34 FamGKG – nicht auf die „erste" Antragstellung" abgestellt wird, dürfte Entsprechendes gelten, da bereits der erste Antrag die Instanz eingeleitet hat und die Gerichtsgebühr aus diesem Wert nicht erneut entsteht.

Beispiel: Der Beklagte erhebt Widerklage und nimmt sie wieder zurück. Später erhebt er die Widerklage erneut. – Lösung: Abzustellen ist auf den Zeitpunkt der ersten Widerklage.

Anders verhält es sich dagegen, wenn die Ansprüche in einem anderen Verfahren erneut geltend gemacht werden.

Beispiel: Der Kläger nimmt seine Klage zurück und erhebt sie später erneut. – Lösung: Jetzt liegen zwei Verfahren vor, so dass jedes Verfahren nach seinem Zeitpunkt der Klageeinreichung zu bewerten ist.

17 ■ **Hilfsantrag.** Bei einem Hilfsantrag ist nicht auf den Zeitpunkt der bedingten Antragstellung abzustellen, sondern auf den Zeitpunkt des Bedingungseintritts, da der Antrag erst zu diesem Zeitpunkt wirksam wird. Bedingung ist idR die Abweisung des Hauptantrags bzw bei einem unechten Hilfsantrag die Stattgabe des Hauptantrags. Dem entspricht die Regelung des § 39 Abs. 1 S. 2, wonach der Wert des Hilfsantrags nur berücksichtigt wird, wenn und soweit über ihn auch entschieden wird.

18 ■ **Hilfsaufrechnung.** Die Hilfsaufrechnung beinhaltet keinen Antrag. Es handelt sich vielmehr um einen materiellrechtlichen Einwand, der allerdings nach § 39 Abs. 3, 4 zu einer Erhöhung des Streitwerts führen kann. Abzustellen ist auf den Zeitpunkt, zu dem der Eventualfall eintritt.

19 ■ **Klageänderung.** Siehe „Antragsänderung" (→ Rn 11).

20 ■ **Klageerweiterung.** Siehe „Antragserweiterung" (→ Rn 12).

21 ■ **Mahnverfahren.**

(1) Maßgebend ist der mit dem Mahnantrag geltend gemachte Betrag.

(2) Kommt es **nach Widerspruch zum streitigen Verfahren** (§§ 694, 696 ZPO), gilt wiederum § 40. Abzustellen ist auf den Wert des Abgabeantrags, da dieser das streitige Verfahren einleitet. Der Wert des streitigen Verfahrens kann daher auch hinter dem Wert des Mahnverfahrens zurückbleiben, wenn nur eine Teilabgabe beantragt wird. Zu Einzelheiten → Nr. 1210 KV Rn 74.

Nachträgliche Antragsrücknahmen nach Abgabe sind unbeachtlich, da sich der Wert für die Gerichtsgebühren insoweit nicht ermäßigen kann. Lediglich für die Anwaltsgebühren kann eine nachträgliche Reduzierung von Bedeutung sein.

Zu berücksichtigen sind allerdings nachträgliche Antragserweiterungen. Der Wert des streitigen Verfahrens muss daher nicht mit dem Wert des Mahnverfahrens übereinstimmen.

(3) Wird das **streitige Verfahren durch einen Einspruch** eingeleitet (§ 700 Abs. 2 ZPO), wird die Streitsache mit Erhebung des Einspruchs rechtshängig, so dass im Umfang des Einspruchs auf diesen Zeitpunkt abzustellen ist. Nachträgliche Beschränkungen des Einspruchs führen nicht zu einer Wertreduzierung für die Gerichtsgebühren. Lediglich für die Anwaltsgebühren kann eine nachträgliche Reduzierung von Bedeutung sein. Nachträgliche Antragserweiterungen sind allerdings zu beachten (→ Rn 12).

22 ■ **Mündliche Verhandlung, Antrag zu Protokoll.** Wird ein Antrag erstmals in der mündlichen Verhandlung zu Protokoll erklärt, ist dieser Zeitpunkt für die Bewertung maßgebend.

23 ■ **Prozesskostenhilfeprüfungsverfahren.**

(1) Im Prozesskostenhilfeprüfungsverfahren werden keine Gerichtsgebühren erhoben, so dass sich hier die Fragen der Bewertung und des Bewertungszeitpunkts nicht stellen.

(2) Lediglich für die Anwaltsgebühren ist der Wert von Bedeutung. Hier richtet sich der Wert nach § 23 a RVG. Maßgebend ist der Wert der Hauptsache. Insoweit ist also hypothetisch zu fragen, welchen Wert die Hauptsache gehabt hätte bzw haben würde, wenn sie mit den entsprechenden Anträgen anhängig gemacht worden wäre. Die Bewertung richtet sich dann nach den Vorschriften des GKG, wobei inzidenter auch auf den Bewertungszeitpunkt des § 40 abzustellen ist, also auf den Zeitpunkt der hypothetischen Antragstellung zur Hauptsache.

(3) Der Wert des Prozesskostenhilfeprüfungsverfahrens für die Anwaltsgebühren kann von dem späteren Wert des Hauptsacheverfahrens abweichen, nämlich dann, wenn Prozesskostenhilfe nur teilweise bewilligt wird und das Hauptsacheverfahren nur im Umfang der Bewilligung durchgeführt wird.

(4) Die Wertfestsetzung für das Prozesskostenhilfeprüfungsverfahren erfolgt nicht nach dem GKG, sondern nach § 33 RVG nur auf Antrag eines Beteiligten.

■ **Rechtsantragsstelle.** Soweit der das Verfahren einleitende Antrag zu Protokoll der Rechtsantragsstelle erklärt wird, kommt es auf den Zeitpunkt der dortigen Antragstellung an.   24

■ **Rechtsbeschwerde.** Siehe „Rechtsmittel" (→ Rn 26).   25

■ **Rechtsmittel.**   26

(1) **Rechtsmittel.** Auch in Rechtsmittelverfahren gilt § 40 („in dem jeweiligen Rechtszug"), so dass auf den Zeitpunkt der Einreichung des Rechtsmittels abzustellen ist. Hier ergibt sich allerdings insoweit eine Besonderheit, als sich der Wert nach dem Antrag richtet (§ 40 Abs. 1 S. 1), der idR erst später gestellt wird. Das ändert aber nichts daran, dass für die Bewertung auf den Zeitpunkt der Einreichung des Rechtsmittels abzustellen ist, allerdings ggf beschränkt durch den Antrag. Wertveränderungen zwischen Rechtsmitteleinlegung und Rechtsmittelantrag bleiben daher außer Betracht.[6]

Aufgrund dieses gesonderten Bewertungszeitpunkts für jede Rechtsmittelinstanz kann sich bei gleichbleibendem Gegenstand im Rechtsmittelverfahren ein anderer Wert ergeben als in der Vorinstanz.

Ein höherer Wert aufgrund der Neubewertung in der Rechtsmittelinstanz ist allerdings im Ergebnis unbeachtlich, da nach § 47 Abs. 2 der Streitwert im Rechtsmittelverfahren durch den erstinstanzlichen Streitwert beschränkt wird. Ein Gegenstand kann daher im Rechtsmittelverfahren nicht höher bewertet werden als in der Vorinstanz. Damit wird allerdings kein abweichender Bewertungszeitpunkt geschaffen; vielmehr stellt der erstinstanzliche Streitwert lediglich eine Höchstgrenze dar.

Ergibt sich dagegen in der Rechtsmittelinstanz ein geringerer Wert, ist dieser maßgebend.

Beispiel: Bei Klageeinreichung beläuft sich der Verkehrswert der herauszugebenden Wertpapiere auf 15.000 €, so dass der Streitwert auf 15.000 € festgesetzt wird. Bei Einreichung der Berufung beläuft sich der Wert der Wertpapiere auf

a) 21.000 €,
b) 10.000 €.

Im Fall a) würde sich jetzt ein Streitwert iHv 21.000 € ergeben. Wegen § 47 Abs. 2 darf jedoch kein höherer Wert als 15.000 € festgesetzt werden.

Im Fall b) ergibt sich jetzt lediglich ein Wert iHv 10.000 €, so dass der Streitwert für das Berufungsverfahren auch nur auf diesen Betrag festgesetzt werden darf.

(2) **Anschlussrechtsmittel.** Für den Wert eines Anschlussrechtsmittels kommt es auf den Zeitpunkt dessen Einreichung an, nicht auf den Zeitpunkt der Einreichung des Hauptrechtsmittels.

(3) **Wechselseitige Rechtsmittel.** Werden wechselseitige Rechtsmittel eingelegt, ist jedes Rechtsmittel nach den vorstehenden Grundsätzen zu bewerten. Soweit die Rechtsmittel denselben Gegenstand betreffen, gilt allerdings gem. § 39 Abs. 2 nur der höhere Wert.

■ **Schluss der mündlichen Verhandlung, nachträglich gestellter Antrag.** Wird ein Antrag nach Schluss der mündlichen Verhandlung gestellt, so ist er nicht zu bewerten, wenn der Antrag als unzulässig zurückgewiesen wird.[7] Das gilt auch im Fall einer unzulässigen Antragsänderung. Ist die Antragsänderung unzulässig, dann wird der geänderte Antrag gerade nicht Verfahrensgegenstand und darf daher beim Wert auch nicht berücksichtigt werden.[8] Anders dagegen, wenn der Antrag vor Schluss der mündlichen Verhandlung eingereicht, aber nicht mehr zugestellt wird.[9]   27

■ **Selbständiges Beweisverfahren.** Im selbständigen Beweisverfahren ist auf den Eingang des Beweisantrags abzustellen, da es sich um ein eigenständiges Verfahren handelt, das eine gesonderte Gerichtsgebühr auslöst (Nr. 1610 KV). Werden im Laufe des Verfahrens weitergehende Anträge oder Gegenanträge gestellt, so kommt es für die Bewertung dieser Anträge auf den Zeitpunkt ihrer ersten Antragstellung an.   28

Kommt es nach Abschluss des Beweisverfahrens zum Hauptsacheverfahren, so ist für das Hauptsacheverfahren auf den Eingang des Hauptsacheantrags abzustellen und nicht auf den Eingang des Beweisantrags, da es sich um einen eigenen Rechtszug handelt. Es können sich daher unterschiedliche Bewertungen ergeben.

■ **Stufenklage.** Im Falle einer Stufenklage werden sofort sämtliche Stufen anhängig, so dass für die Werte sämtlicher Stufen auf den Zeitpunkt der Antragseinreichung abzustellen ist. Der Zeitpunkt der späteren Bezifferung einer zunächst unbezifferten Leistungsstufe ist grds. irrelevant (ausf. → § 45 Rn 3 ff, 10).   29

---

6 BGH AGS 2013, 524 = FamRZ 2013, 1971 (zur vergleichbaren Regelung des § 47 FamGKG). **7** OLG Karlsruhe AGS 2007, 579 m. Anm. *E. Schneider* = OLGR 2007, 592. **8** OLG Celle AGS 2012, 192 = JurBüro 2011, 483. **9** OLG Düsseldorf AGS 2009, 127 m. Anm. *E. Schneider* = OLGR 2009, 338.

Der bei Einreichung zu schätzende Wert bleibt auch dann maßgebend, wenn der später bezifferte Leistungsantrag hinter der anfänglich geäußerten Begehrensvorstellung zurückbleibt.[10] Es liegt dann eine Klagerücknahme oder eine Hauptsacheerledigung vor, die für die Gerichtsgebühren keine Bedeutung hat. Lediglich für den Anwalt können sich hier Stufenwerte ergeben (→ § 45 Rn 11 ff).

Der Streitwert der mit der Zustellung insgesamt rechtshängig gewordenen Stufenklage verringert sich – unabhängig von der Fassung des späteren Zahlungsantrags – auch nicht durch nach Anhängigkeit auf den Anspruch erfolgte Zahlungen.[11] Auch hier liegt entweder eine Klagerücknahme oder eine Hauptsacheerledigung vor, die jedoch für die Gerichtsgebühren keine Bedeutung hat, sondern allenfalls für die Anwaltsgebühren.

Beispiel: Der Pflichtteilsberechtigte verlangt im Wege der Stufenklage Auskunft und Zahlung eines noch zu beziffernden Pflichtteilsanspruchs. Der Erbe leistet daraufhin eine Zahlung iHv 30.000 €. Später beziffert der Kläger seinen Zahlungsantrag auf (restliche) 20.000 €. – Lösung: Der Streitwert beträgt 50.000 €. In Höhe von 30.000 € liegt eine Erledigung der Hauptsache vor.

30 ▪ **Trennung von Verfahren.** Eine Verfahrenstrennung hat keinen Einfluss auf den Bewertungszeitpunkt. Es bleibt für sämtliche getrennte Verfahren bei dem ursprünglichen Zeitpunkt des (gemeinsamen) Antragseingangs. Eine neue Bewertung zum Zeitpunkt der Trennung findet nicht statt.

31 ▪ **Verbindung von Verfahren.** Werden mehrere Verfahren verbunden, hat dies auf den Bewertungszeitpunkt keinen Einfluss. Für jedes der verbundenen Verfahren bleibt der ursprüngliche Zeitpunkt der getrennten ersten Antragstellung maßgebend.

32 ▪ **Vergleich.** Wird ein Vergleich mit einem Mehrwert geschlossen, entsteht eine Gerichtsgebühr nach Nr. 1900, 5600, 6600 KV. Der Vergleich über Mehrwerte setzt aber keinen Antrag voraus. Hier wird man auf den Zeitpunkt des Vergleichsabschlusses abstellen müssen (hierzu → Rn 39 f).

33 ▪ **Verweisung.** Wird ein Verfahren verwiesen, bleibt der ursprüngliche Bewertungszeitpunkt der Einreichung des verfahrenseinleitenden Antrags maßgebend. Dieser ist auch für die durch das Empfangsgericht nach § 63 vorzunehmende Wertfestsetzung maßgebend.

34 ▪ **Widerklage.** Bei einer Widerklage kommt es auf den Eingang der Widerklage an. Soweit die Widerklage denselben Gegenstand iSd § 45 Abs. 1 S. 3 betrifft wie der Antrag, wird allerdings nicht zusammengerechnet (→ § 45 Rn 4 ff). Jedoch kann der Wert der Widerklage höher sein.

Beispiel: Der Mieter erhebt im August negative Feststellungsklage, dass er ab Juni keine Miete mehr schulde. Der Vermieter erhebt im Oktober Widerklage auf Zahlung der Miete ab Juni. – Lösung: Der Wert der Klage beläuft sich auf (42 zukünftige + 2 fällige Mieten); der Wert der Widerklage beträgt (42 zukünftige + 5 fällige Mieten). Da der Streitgegenstand derselbe ist, gilt der höhere Wert der Widerklage.

35 ▪ **Zurückverweisung.** Wird eine Entscheidung durch das Rechtsmittelgericht aufgehoben und die Sache zur erneuten Entscheidung zurückverwiesen, bildet das Verfahren nach Zurückverweisung mit dem Verfahren vor Zurückverweisung einen Rechtszug (§ 37). Daher kommt es nach S. 1 auf den Zeitpunkt der früheren Antragstellung an (→ § 37 Rn 23).

36 **3. Bewertung.** Die Bewertung zum maßgeblichen Zeitpunkt folgt nach den Wertvorschriften des GKG bzw denen der ZPO (§ 48 Abs. 1 S. 1 GKG).

IV. Hilfsaufrechnung

37 Verteidigt sich ein Beteiligter im Verfahren mit einer streitigen Hilfsaufrechnung, so führt dies nur dann zur Werterhöhung, soweit über die zur Hilfsaufrechnung gestellte Forderung entschieden wird oder die Beteiligten darüber einen Vergleich schließen (§ 45 Abs. 3 u. 4). Einen Antrag iSd Satzes 1 gibt es hier nicht. Zutreffend wird man hier bei der Bewertung auf den Zeitpunkt der Entscheidung abzustellen haben. Letztlich dürfte diese Frage aber nicht entscheidend sein, da es hier stets um Geldforderungen geht und sich im Zeitpunkt der Aufrechnungserklärung kaum ein anderer Wert ergeben wird als zum Zeitpunkt der Entscheidung.

Maßgebend ist aber immer nur der Wert der Hilfsaufrechnung, die in Rechtskraft erwächst.

38 **Beispiel:** Der Kläger verlangt Zahlung iHv 12.000 €. Der Beklagte rechnet hilfsweise mit einer streitigen Gegenforderung iHv 8.000 € auf. Das Gericht geht von einer begründeten Gegenforderung iHv 6.000 € aus. – Lösung: Der Wert des Verfahrens erhöht sich nur um 6.000 €, weil nur insoweit eine der Rechtskraft fähige Entscheidung über die Hilfsaufrechnung ergeht. Die weitergehende Hilfsaufrechnung bleibt außer Ansatz.

---

10 OLG Frankfurt AGS 2013, 137; OLG Celle AGS 2012, 192 = JurBüro 2011, 483. **11** OLG Celle AGS 2012, 192 = JurBüro 2011, 483.

V. Vergleich

Schließen die Beteiligten einen Vergleich über **anhängige Gegenstände**, so bedarf es keiner Bewertung, weil **39** dafür keine gesonderten Gebühren erhoben werden.

Schließen die Beteiligten dagegen einen Vergleich über **nicht anhängige Gegenstände**, so löst dies eine weite- **40** re Gebühr nach Nr. 1900, 5600, 6600 KV aus. Einen Zeitpunkt der Antragstellung gibt es hier aber nicht. Abzustellen sein dürfte daher hier analog S. 2 auf den Zeitpunkt der Fälligkeit der Gebühr (§ 9 Abs. 1 Nr. 2), also auf den Zeitpunkt des Vergleichsschlusses.

VI. Bedeutung für die Anwaltsgebühren

Die Vorschrift des § 40 ist grds. auch für die Anwaltsgebühren von Bedeutung, da die gerichtliche Wertfest- **41** setzung nach §§ 23 Abs. 1 S. 1, 32 Abs. 1 RVG auch für den Gegenstandswert der anwaltlichen Gebühren maßgebend ist. Bedenklich erscheint allerdings, ob S. 2 auch ohne Weiteres auf die Anwaltsgebühren zu übertragen ist, da die Anwaltsgebühren – im Gegensatz zu den Gerichtsgebühren – mit der ersten Tätigkeit des Anwalts ausgelöst werden, also bereits vor Verfahrensbeginn entstehen. Eventuelle Verringerungen des Werts können die einmal entstandenen Anwaltsgebühren im Nachhinein nicht teilweise entfallen lassen. Hier können sich daher Abweichungen ergeben, über die im Verfahren nach § 33 RVG auf Antrag zu entscheiden ist.

§ 41 Miet-, Pacht- und ähnliche Nutzungsverhältnisse

(1) [1]Ist das Bestehen oder die Dauer eines Miet-, Pacht- oder ähnlichen Nutzungsverhältnisses streitig, ist der Betrag des auf die streitige Zeit entfallenden Entgelts und, wenn das einjährige Entgelt geringer ist, dieser Betrag für die Wertberechnung maßgebend. [2]Das Entgelt nach Satz 1 umfasst neben dem Nettogrundentgelt Nebenkosten dann, wenn diese als Pauschale vereinbart sind und nicht gesondert abgerechnet werden.

(2) [1]Wird wegen Beendigung eines Miet-, Pacht- oder ähnlichen Nutzungsverhältnisses die Räumung eines Grundstücks, Gebäudes oder Gebäudeteils verlangt, ist ohne Rücksicht darauf, ob über das Bestehen des Nutzungsverhältnisses Streit besteht, das für die Dauer eines Jahres zu zahlende Entgelt maßgebend, wenn sich nicht nach Absatz 1 ein geringerer Streitwert ergibt. [2]Wird die Räumung oder Herausgabe auch aus einem anderen Rechtsgrund verlangt, ist der Wert der Nutzung eines Jahres maßgebend.

(3) Werden der Anspruch auf Räumung von Wohnraum und der Anspruch nach den §§ 574 bis 574 b des Bürgerlichen Gesetzbuchs auf Fortsetzung des Mietverhältnisses über diesen Wohnraum in demselben Prozess verhandelt, werden die Werte nicht zusammengerechnet.

(4) Bei Ansprüchen nach den §§ 574 bis 574 b des Bürgerlichen Gesetzbuchs ist auch für die Rechtsmittelinstanz der für den ersten Rechtszug maßgebende Wert zugrunde zu legen, sofern nicht die Beschwer geringer ist.

(5) [1]Bei Ansprüchen auf Erhöhung der Miete für Wohnraum ist der Jahresbetrag der zusätzlich geforderten Miete, bei Ansprüchen des Mieters auf Durchführung von Instandsetzungsmaßnahmen der Jahresbetrag einer angemessenen Mietminderung und bei Ansprüchen des Vermieters auf Duldung einer Durchführung von Modernisierungs- oder Erhaltungsmaßnahmen der Jahresbetrag einer möglichen Mieterhöhung, in Ermangelung dessen einer sonst möglichen Mietminderung durch den Mieter maßgebend. [2]Endet das Mietverhältnis vor Ablauf eines Jahres, ist ein entsprechend niedrigerer Betrag maßgebend.

I. Allgemeines

1   **1. Streitigkeit zwischen Vertragsparteien.** § 41 begrenzt den **Gebührenstreitwert** für bestimmte Streitigkeiten innerhalb von Miet-, Pacht- und ähnlichen Nutzungsverhältnissen aus sozialpolitischen Erwägungen.[1] Kostentreibende Streitwerte, die den Zugang zu den Gerichten erschweren könnten, sollen vermieden werden.[2] Dem ist durch eine weite Auslegung seines Anwendungsbereichs Rechnung zu tragen.[3] Bei einer Mehrzahl von **Klagegründen** (materiellrechtliche Anspruchsgrundlagen) muss nur einer unter § 41 fallen.[4] Erforderlich ist immer eine **Streitigkeit zwischen den Vertragsparteien,** daher werden Streitigkeiten innerhalb von Vermieter- oder Mietergemeinschaften oder zwischen Dritten und einer Vertragspartei nicht erfasst.[5] Eine analoge Anwendung scheidet insoweit aus.[6]

2   Zuständigkeitsstreitwert und Beschwer bestimmen sich ausschließlich nach §§ 3 ff ZPO.[7]

3   **2. Miet-, Pacht- oder ähnliches Nutzungsverhältnis.** Erfasst werden auf **entgeltliche Gebrauchsgewährung** gerichtete Verträge, einschließlich Untermiet- und Unterpachtverhältnisse[8] sowie Jagdpachtverhältnisse,[9] ohne dass es einer Unterscheidung zwischen Miete und Pacht bedarf.[10] Unter **ähnliche Nutzungsverhältnisse** fallen solche, die einen miet- oder pachtähnlichen Charakter aufweisen, ohne unmittelbar von §§ 535, 581 BGB erfasst zu werden. Hierzu zählen etwa die entgeltliche Nutzung vor Kaufvertragsabschluss oder Eigentumsübertragung[11] und Dauerwohn- und Nutzungsrechte nach § 1093 BGB oder § 31 WEG.[12]

4   Gegenüber Miete und Pacht **wesensverschiedene Nutzungsverhältnisse** sind dagegen nach § 48 GKG iVm §§ 3 ff ZPO zu bewerten, insb. wenn es an einer zeitbezogenen Nutzung, periodischen Struktur oder einem Entgelt fehlt. Im Einzelfall kann eine Wertbegrenzung entsprechend § 41 GKG,[13] § 9 ZPO[14] oder in kombinierter Anwendung[15] geboten sein. Wesensverschieden sind zB:

- ein dem (potenziellen) Käufer in einem (beabsichtigten) **Kaufvertrag** eingeräumtes entgeltliches Nutzungsrecht,[16]
- ein infolge **Ehe, Partnerschaft oder Lebensgemeinschaft** eingeräumtes unentgeltliches Nutzungsrecht,[17]
- ein **unentgeltliches Dauerwohnrecht,**[18]
- das **Nießbrauchsrecht.**[19]

5   Bei **gemischten Verträgen** ist für die Anwendung maßgeblich, ob das wesentliche Vertragsmerkmal in der entgeltlichen Gebrauchsgewährung liegt,[20] es sei denn, die Streitigkeit beschränkt sich ohnehin auf den mietrechtlichen Teil der Vertragsleistung.

6   **3. Entgelt.** Maßgebend ist das nach dem Klagevortrag **vertraglich vereinbarte Entgelt**[21] nebst einer etwaig anfallenden Mehrwertsteuer.[22] Stellt der Kläger den Bestand eines Mietverhältnisses in Abrede, bestimmt sich die Wertberechnung nach den Angaben der beklagten Partei zur Pacht- oder Miethöhe.[23] Hinzuzurechnen sind weiter vereinbarte laufende Neben- und Betriebskosten, soweit diese **als Pauschale vereinbart** sind und **nicht gesondert abgerechnet** werden **(Abs. 1 S. 2).**[24] Führt eine Staffelmietvereinbarung innerhalb der streitigen Zeit zu unterschiedlichen Jahresbeträgen, dann ist für die Entgeltberechnung der durchschnittliche Jahresbetrag anzusetzen.[25] Zahlungen für die Unterhaltung oder Instandsetzung der Mietsache,[26] Maßnahmen der Wertverbesserung[27] oder den Erwerb von Einrichtungsgegenständen vom Vermieter oder Vormieter[28] bleiben unberücksichtigt.

7   Bemisst sich der Streitwert gem. **Abs. 2 S. 2** nach dem **Wert der Nutzung** eines Jahres, entspricht dieser regelmäßig dem für diesen Zeitraum vertraglich vereinbarten Nutzungsentgelt,[29] bei unbekanntem Untermietzins kann auf den Hauptmietzins abgestellt werden.[30]

1 OLG Düsseldorf FGPRax 2000, 189. **2** BGH MDR 1995, 530. **3** OLG Köln FamRZ 2001, 239; aA OLG Düsseldorf MDR 2001, 354. **4** BGH NJW-RR 2006, 16. **5** BGH LM ZPO § 8 Nr. 6; OLG Brandenburg 19.3.2012 – 1 (Z) Sa 2/12; *Meyer,* JurBüro 2010, 184. **6** KG WuM 1992, 323; aA OLG Frankfurt NZM 2004, 159; OLG Hamburg NJW 1965, 2406. **7** BGH AGS 2007, 428 (Räumung); BGH WuM 2007, 32 (Mieterhöhung); BGH MDR 2006, 980 (Bestand des Mietverhältnisses); BGH NZM 2004, 295 (Mängelbeseitigung). **8** BGH MDR 1952, 666; OLG Celle NZM 2000, 190. **9** OLG Celle NZM 2000, 190. **10** BGH MDR 2005, 204. **11** OLG Düsseldorf JurBüro 1988, 373; OLG Köln AnwBl 1981, 500. **12** KG JurBüro 1966, 964; OLG Braunschweig OLGR 1989, 231. **13** OLG Dresden 2.4.2003 – 11 W 408/03; OLG Naumburg AGS 2001, 159. **14** OLG Frankfurt 12.5.2006 – 19 W 16/06, juris. **15** Schneider/Herget/*Kurpat,* Streitwert-Kommentar, Rn 3743. **16** OLG Hamm NZM 2012, 53; OLG Nürnberg MDR 2004, 966; aA OLG Schleswig OLGR 1998, 424. **17** OLG Frankfurt OLGR 2009, 930; OLG Braunschweig NZM 2008, 423; aA OLG Köln MDR 1999, 637; OLG Jena MDR 1998, 63. **18** BGH 20.10.2005 – V ZR 73/05, juris; OLG Koblenz NJW-RR 2014, 197; OLG Braunschweig AGS 2008, 299 (Bewertung in Anlehnung an § 24 KostO); OLG Dresden 2.4.2003 – 11 W 408/03, juris; OLG Schleswig SchlHA 2012, 104 (Bewertung gem. § 3 ZPO unter Berücksichtigung von § 41 GKG); OLG Frankfurt 12.5.2006 – 19 W 16/06, juris (Bewertung gem. § 9 ZPO analog). **19** OLG Zweibrücken JurBüro 1987, 265. **20** BGH WuM 1996, 1064 (zu § 8 ZPO); OLG Köln ZMR 2007, 114; OLG Karlsruhe NJW-RR 1988, 401. **21** BGH WM 1996, 1064. **22** BGH ZMR 2006, 190; OLG Düsseldorf JurBüro 2011, 645. **23** BGH WuM 2014, 353. **24** BGH NZM 2007, 935. **25** BGH WuM 2008, 50. **26** BGH ZMR 1993, 326; OLG Köln MDR 1996, 859. **27** BGH WuM 2014, 219. **28** OLG Dresden ZMR 1997, 527. **29** OLG Bamberg JurBüro 1992, 625. **30** OLG Celle RVG prof. 2013, 3; OLG Frankfurt ZMR 2012, 204.

4. Streitige Zeit. Hierbei handelt es sich um die Zeitspanne, hinsichtlich derer zwischen den Parteien Unei- 8
nigkeit über das Bestehen bzw Nichtbestehen des Vertragsverhältnisses besteht. Für den Gebührenstreitwert
ist sie nur von Bedeutung, soweit sie **weniger als ein Jahr** beträgt (**Abs. 1 S. 1**).

Die streitige Zeit bestimmt sich nach dem Vortrag beider Parteien, bei Unklarheiten nach dem Zeitraum 9
zwischen Klageerhebung und dem Zeitpunkt der nächstmöglichen ordentlichen Kündigung.[31]

Wird Räumung (auch) aus einem anderen Rechtsgrund (zB § 985 BGB) begehrt, dann bemisst sich der 10
Streitwert allein nach dem Wert der Nutzung eines Jahres (**Abs. 2 S. 2**).[32] Wird auf Feststellung der Wirksamkeit einer vor Rechtshängigkeit liegenden Kündigung oder auf künftige Räumung geklagt, bestimmt
sich der **Beginn** der streitigen Zeit nach dem Zeitpunkt der streitigen Kündigung.[33] Für das **Ende** ist abzustellen

- bei vereinbarter Dauer oder akzeptierter Kündigung: auf das Ende der unstreitigen Laufzeit;[34] die bloße
  Möglichkeit einer nicht fristgerechten Räumung ist unerheblich;[35]
- bei unbestimmter Laufzeit: auf den Zeitpunkt der nächstmöglichen ordentlichen Kündigung für den
  sich auf eine längere Laufzeit berufenden Vertragspartner;[36] und
- bei einer Berufung auf Schutzrechte gegenüber unstreitiger Kündigung: nach dem auf den daraus aus
  Sicht des Nutzungsberechtigten resultierenden Beendigungszeitpunkt.[37]

II. Streit über Bestehen oder Dauer (Abs. 1)

1. Allgemeines. Erfasst werden Streitigkeiten über das **Bestehen**, den **Fortbestand** oder die **Dauer** eines 11
Miet-, Pacht- oder ähnlichen Nutzungsverhältnisses betreffend eine bewegliche oder unbewegliche Sache.
Die **Klageart** (Feststellungs-, Leistungs- oder Gestaltungsklage) ist für die Bewertung unerheblich. Der für
die positive Feststellungsklage ansonsten übliche prozentuale Abschlag entfällt, da deren Eigenart (Klärung
eines Rechtsverhältnisses) bereits im Wertmaßstab des Abs. 1 berücksichtigt wird.[38] Der Streit um die **Räumung** eines Grundstücks, Gebäude oder eines Teils davon wird von Abs. 2 als speziellere Norm erfasst.

Da Abs. 1 nur den **Streit** über ein Miet-, Pacht- oder ähnliches Nutzungsverhältnis erfordert, muss dessen 12
Anwendbarkeit auf Grundlage des **Vortrags beider Parteien** beurteilt werden. Ausreichend ist, dass sich der
Beklagte gegenüber der Klageforderung auf Rechte aus einem (von ihm behaupteten) Miet-, Pacht- oder
ähnlichen Nutzungsverhältnis beruft[39] oder ein Nutzungsrecht aus einem entsprechenden Vertragsverhältnis zwischen dem Vermieter und einem Dritten (Mieter) ableitet.[40] Streit besteht auch dann, wenn dieser
sich nur aus dem Sachvortrag des Klägers ergibt und der Beklagte sich weder verteidigt noch zur Sache vorträgt oder im Termin erscheint.[41]

Außerhalb des Anwendungsbereichs von Abs. 1 liegen dagegen Streitigkeiten über Rechte und Pflichten *aus* 13
einem unstreitig bestehenden Miet-, Pacht- oder ähnlichem Nutzungsverhältnis.[42] Deren Bewertung richtet
sich nach § 48 GKG iVm §§ 3 ff ZPO.

2. Einzelfälle A–Z. Zu den von Abs. 1 **nicht erfassten Streitigkeiten** zählen etwa: 14

- **Antenne.** Siehe „Rundfunk und Fernsehen" (→ Rn 32). 15
- **Beheizung.** Klage auf Instandsetzung bemisst sich nach dem Jahresbetrag der möglichen Mietminde- 16
  rung (Abs. 5). Angesichts der dortigen pauschalierten Erfassung von Instandsetzungsansprüchen erfolgt
  bei nur periodisch auftretenden Mängeln (zB Heizungsmängel) keine Beschränkung auf einen unterjäh-
  rigen Zeitraum (zB Heizperiode).
- **Beseitigung.** Siehe „Räumungsaufwand" (→ Rn 30). 17
- **Besichtigung.** Bewertung der Klage auf Duldung nach deren Zweck. Dient sie der Weitervermietung 18
  oder Veräußerung, dann Bruchteil (1/10) der 3,5fachen Jahresmiete (§ 9 ZPO) bzw des beabsichtigten
  Kaufpreises.[43]
- **Besitzstörung.** Wertbestimmung nach dem Interesse an der Beseitigung der vorhandenen oder Verhinde- 19
  rung weiterer Störung (§ 48 GKG iVm § 3 ZPO), bei der Wohnraummiete begrenzt auf den Jahresbe-
  trag.[44]
- **Betriebskosten.** Anspruch auf Erhöhung bemisst sich nach dem Jahresbetrag der zusätzlich verlangten 20
  Vorauszahlung (Abs. 5 S. 1).[45] Wird auf Abrechnung geklagt, ist ein Bruchteil der vom Kläger erwarte-

---

31 BGH AGS 2006, 160 (zu § 8 ZPO); OLG Düsseldorf MDR 2006, 1079; OLG Frankfurt AGS 2002, 39. **32** OLG Celle GE
2013, 546; KG MDR 2013, 560. **33** OLG Bamberg JurBüro 1991, 1126. **34** BGH BGHR 2003, 757. **35** OLG GuT 2007, 35.
36 BGH BGHR 2003, 757. **37** BGH WuM 2005, 350. **38** BGH NJW-RR 2009, 156; BGH 2006, 15; OLG Brandenburg NZM
2009, 190; OLG Frankfurt NZM 2009, 334; aA OLG Jena JurBüro 2008, 534. **39** BGH NJW 1967, 2263; OLG Köln GuT
2003, 64; OLG Bamberg JurBüro 1992, 624. **40** OLG Karlsruhe MDR 2004, 906 (Ehepartner). **41** OLG Karlsruhe MDR
2004, 906; OLG Stuttgart JurBüro 1995, 486. **42** KG AGS 2011, 1521. **43** AG Dorsten WuM 1979, 155. **44** BGH KostRsp.
ZPO § 3 Nr. 1133; OLG Düsseldorf MDR 2012, 1187; OLG Frankfurt NZM 2008, 823. **45** LG Bonn WuM 1989, 435.

ten Überzahlung anzusetzen.[46] Das gilt in gleicher Weise für das Verlangen nach Einsicht in die Abrechnungsbelege.[47]

21 ■ **Energie- und Wasserversorgung.** Bewertung nach Jahresbetrag der Minderung, wenn das Klagebegehren auf (Wieder-)Herstellung gerichtet ist.[48] Wird (zB vom Versorgungsunternehmen) auf Duldung der Unterbrechung geklagt, ist der Halbjahresbetrag der Vorauszahlungen anzusetzen.[49]

22 ■ **Gebrauchsüberlassung.** Klage gegen den Vermieter ist nach Abs. 1, gegen Dritte dagegen nach § 48 GKG iVm § 6 ZPO zu bewerten.[50]

23 ■ **Konkurrenzfreiheit.** Klage des Mieters auf Unterlassung der Vermietung an einen Konkurrenten bemisst sich nach der anderenfalls drohenden Gewinneinbuße.[51]

24 ■ **Kündigung.** Streit über die Wirksamkeit ist nach Abs. 1 zu bewerten,[52] die Klage auf Verpflichtung zur Kündigung eines störenden Mitmieters nach dem Jahresbetrag der möglichen Minderung.[53] Dass ein (sofortiges) Räumungsverlangen auf eine Mehrzahl von Kündigungen gestützt wird, rechtfertigt keine Werterhöhung.[54] Gilt in gleicher Weise für den Streit über die Feststellung, dass ein Mietverhältnis auch durch mehrere Kündigungen nicht beendet worden ist.[55] Die Klage auf Zustimmung zur gemeinsamen Kündigung ist nach dem Interesse an der Beendigung und damit idR nach der Jahresmiete zu bewerten.[56]

25 ■ **Miete.** Bei Klage auf Zahlung rückständiger Miete ist gem. § 3 ZPO der Zahlbetrag anzusetzen,[57] auch wenn nur das zugrunde liegende Mietverhältnis im Streit steht.[58]

26 ■ **Mietsicherheit.** Klagen auf ordnungsgemäße Anlage der Sicherheit oder Auskunft über deren Anlage sind entsprechend dem Interesse an der Sicherung (Verlustrisiko) zu bewerten, idR mit einem Bruchteil des Anlagebetrags.[59] Anlagezinsen erhöhen den Streitwert.[60]

27 ■ **Nebenräume.** Streit um Einbeziehung in den Mietvertrag bemisst sich nach dem Nutzwert der Räume.

28 ■ **Nutzungsentschädigung.** Klage auf künftige Nutzungsentschädigung ist nach § 3 ZPO unter Berücksichtigung der voraussichtlichen Dauer bis zur Räumung zu bemessen.[61] Eine gegenüber der Prognose vorzeitige Räumung beeinflusst den Streitwert wegen § 4 ZPO nicht.[62]

29 ■ **Parabolantenne.** Siehe „Rundfunk und Fernsehen" (→ Rn 32).

30 ■ **Räumungsaufwand.** Klage auf Beseitigung von Einrichtungen oder Gegenständen bemisst sich im Zweifel nach den Beseitigungskosten. Wird zugleich auf Räumung geklagt, erfolgt keine Werterhöhung, wenn die Beseitigung – wie bei beweglichen Sachen – über § 885 ZPO schon mit dem Räumungstitel durchgesetzt werden kann.[63] Bedarf es dagegen eines gesonderten Titels, erhöht sich der Streitwert.[64]

31 ■ **Räumungsfrist.** Der Wert des isolierten Beschluss- und Beschwerdeverfahrens richtet sich nach dem Interesse am Räumungsaufschub bzw vorzeitigen Rückerhalt der Mietsache.[65]

32 ■ **Rundfunk und Fernsehen.** Klage auf Zustimmung zur Errichtung einer Parabolantenne ist nach dem Informationsinteresse zu bewerten,[66] das auf Beseitigung einer vorhandenen Antenne gerichtete Verlangen nach dem Interesse an der Wiederherstellung des ursprünglichen Zustands.[67]

33 ■ **Schönheitsreparaturen.** Klage des Vermieters auf Vornahme oder Feststellung der Wirksamkeit ihrer Überwälzung auf den Mieter ist nach dem Erhaltungsinteresse zu bewerten, bei der Feststellungsklage abzüglich 20 %. Eine negative Feststellungsklage des Mieters ist nach dem mit der Vornahme verbundenen Aufwand zu bemessen.

34 ■ **Tierhaltung.** Für den Wert der Klage auf Duldung oder Erlaubniserteilung durch den Vermieter ist auf das Interesse an der Tierhaltung,[68] für die Klage auf Unterlassung oder Beseitigung auf das Werterhaltungsinteresse des Vermieters[69] abzustellen. Streitwert und Beschwer entsprechen einander regelmäßig nicht.[70]

35 ■ **Untervermietung.** Streit um Erteilung der Erlaubnis zur Untervermietung ist über § 9 ZPO nach dem 3,5fachen Jahresbetrag des voraussichtlichen Untermietzinses zu bewerten.[71] Anzusetzen ist die Jahres-

---

46 AG Witten NZM 2003, 851 (1/3). **47** LG Köln MDR 1997, 894 (1/5–1/10). **48** LG Hamburg JurBüro 1994, 116. **49** OLG Frankfurt MDR 2012, 684; OLG Hamburg NZM 2011, 792; OLG Oldenburg NZM 2010, 135; OLG Schleswig NJW-RR 2010, 14; OLG München MDR 2011, 1267; OLG Hamburg ZMR 2008, 891 (Jahresbetrag). **50** BGH AGS 2014, 67; WuM 2008, 296. **51** BGH NJW 2006, 3060; aA OLG Düsseldorf JurBüro 1994, 243 (zzgl Mietminderung). **52** BGH MDR 2000, 79. **53** BGH 2.11.2005 – XII ZR 137/05, juris. **54** KG MDR 2012, 455; OLG Stuttgart JurBüro 2012, 303; OLG Brandenburg ZMR 2008, 361; OLG München NJW-RR 2002, 521. **55** KG MDR 2012, 455. **56** KG NJW-RR 1992, 1490. **57** BGH MDR 2005, 1101; BGH 16.1.1985 – VIII ZR 112/84. **58** BGH AGS 2014, 67; NZM 2002, 736. **59** AG Neumünster WuM 1996, 632. **60** OLG Frankfurt 17.2.2014 – 2 W 5/14. **61** OLG Sachsen-Anhalt NZM 2013, 237; OLG Stuttgart MDR 2011, 198. **62** OLG Düsseldorf AGS 2012, 144; KG GE 2011, 1616. **63** OLG Düsseldorf AGS 2008, 1255. **64** BGH MDR 2012, 1117; KG MDR 2013, 430; aA BGH NJW-RR 2000, 1739. **65** OLG Stuttgart NJW-RR 2007, 15. **66** LG Arnsberg WuM 2001, 577; LG Köln WuM 2001, 235. **67** BGH MDR 2006, 1374; LG Bonn WuM 1993, 468. **68** LG Berlin NZM 2001, 41. **69** LG München NZM 2002, 820. **70** BGH MDR 2008, 134. **71** AA KG JurBüro 2006, 258 (Jahresbetrag).

miete des Hauptmieters bei Räumungsklage des Vermieters gegen Untermieter,[72] bei nur anteiliger Nutzung mit einem verhältnismäßigen Teil[73] und zuzüglich eines Zuschlags für Abnutzung und Verwaltungsaufwand bei Klage gegen den Hauptmieter[74] und der Jahresbetrag der Untermiete bei Klage des Hauptmieters gegen den Untermieter.

■ **Vertragsabschluss.** Darauf gerichtete Klage ist gem. § 3 ZPO nach dem Interesse am Vertragsabschluss 36 und nicht nach § 41 zu bewerten. Entscheidend ist die beabsichtigte Laufzeit, jedoch begrenzt auf den 3,5fachen Jahresbetrag ohne Betriebskostenvorauszahlungen.[75]

■ **Vorschuss für Mängelbeseitigung.** Klagt der Mieter auf einen Vorschuss zur Mängelbeseitigung, dann 37 ist der Klagebetrag wertbestimmend; für eine analoge Anwendung von Abs. 5 S. 1 ist kein Raum.[76]

III. Räumung (Abs. 2)

Hier sind **drei Fallgestaltungen** auseinander zu halten: Das Räumungsverlangen wird 38

■ **allein** auf die Beendigung eines Nutzungsverhältnisses,
■ **daneben** auf einen anderen Rechtsgrund oder
■ **ausschließlich** auf einen anderen Rechtsgrund gestützt.

Abs. 2 erfasst unmittelbar nur die beiden erstgenannten Konstellationen und erklärt den Jahresbetrag des 39 vereinbarten Entgelts (Abs. 2 S. 1) bzw den Wert der Nutzung eines Jahres (Abs. 2 S. 2) für maßgeblich.[77] Die Beträge entsprechen im Regelfall einander.[78] Wird die Räumung auch aus einem anderen Rechtsgrund (zB § 985 BGB) verlangt, erfolgt die Wertermittlung ebenfalls allein nach dem Jahresbetrag und nicht nach der zwischen den Parteien streitigen Zeit.[79] Richtet sich die Räumungsklage des Vermieters gegen den Untermieter, ist die nach dem Hauptmietverhältnis zu zahlende Miete wertbestimmend.[80]

Wird Räumung dagegen allein aus einem **anderen Rechtsgrund** (zB Eigentum, Besitz, ungerechtfertigte Bereicherung) verlangt, hängt die Bewertung davon ab, ob sich der Beklagte auf ein zum Besitz berechtigendes (Unter-)Miet-, Pacht- oder ähnliches Nutzungsverhältnis beruft.[81] Nur dann rechtfertigt es der soziale Schutzgedanke, Abs. 2 entsprechend anzuwenden.[82] Ist dagegen unstreitig, dass ein solches Nutzungsverhältnis nicht besteht, richtet sich der Streitwert gem. § 48 GKG iVm § 6 ZPO nach dem Verkehrswert der Immobilie.[83] Das gilt in gleicher Weise, wenn der Einwand eines bestehenden Nutzungsverhältnisses aus materiellrechtlichen Gründen (zB § 863 BGB) unberücksichtigt bleiben muss.[84] Verteidigt sich der Beklagte nur hinsichtlich eines Teils des herauszugebenden Grundstücks mit einem vertraglichen Nutzungsrecht, dann ist der Streitwert anteilig nach dem Nutzungsentgelt und dem Verkehrswert zu ermitteln.[85] Der bei Fortsetzung des (behaupteten) Mietverhältnisses dem Kläger drohende wirtschaftliche Schaden bleibt außer Ansatz.[86]

Wird neben der Räumung auf **Beseitigung von eingebrachten Gegenständen**, Bepflanzungen und Aufbauten 41 geklagt, ist für eine Werterhöhung kein Raum, wenn die Vollstreckung keinen gesonderten Titel erfordert. Anderenfalls ist das Beseitigungsverlangen nach § 48 GKG iVm § 3 ZPO gesondert zu bewerten.[87]

IV. Räumung und Fortsetzung (Abs. 3, 4)

1. Verhandlung in erster Instanz (Abs. 3). Bedeutet die Auflösung des Mietverhältnisses für den Mieter eine 42 nicht zu rechtfertigende Härte, kann dieser dem Räumungsbegehren widersprechen und eine Fortsetzung des Mietverhältnisses verlangen, §§ 574 ff BGB. Der Gebührenstreitwert bestimmt sich allein nach dem Räumungsverlangen, eine Zusammenrechnung mit dem Wert des Fortsetzungsverlangens findet nicht statt (Abs. 3). Das gilt auch dann, wenn der Mieter seinen Fortsetzungsanspruch nicht einredeweise, sondern im Wege der Widerklage geltend macht. Der Streitwert entspricht stets dem Jahresbetrag des vereinbarten Entgelts, denn mit dem (unbefristeten) Fortsetzungsverlangen steht mehr als die etwaig unter einem Jahr liegende streitige Zeit zur Entscheidung.[88]

2. Rechtsmittelstreitwert (Abs. 4). Der Rechtsmittelstreitwert bemisst sich grds. nach dem Wert der ersten 43 Instanz, soweit nicht die Beschwer geringer ist. Dies ist etwa der Fall bei einem Rechtsmittel des Vermieters gegen eine Fortsetzung des Mietverhältnisses um weniger als ein Jahr.

---

72 KG MDR 2013, 560; KG KGR 2005, 58. **73** KG 26.11.2012 – 8 W 77/12, juris. **74** BGH NJW-RR 1997, 648. **75** OLG Saarbrücken AGS 2010, 195. **76** LG Berlin GE 2012, 1381. **77** OLG Celle RVG prof. 2013, 3. **78** OLG Bamberg JurBüro 1992, 625. **79** OLG Celle GE 2013, 546; KG MDR 2013, 560. **80** KG MDR 2013, 560. **81** OLG Düsseldorf OLGR 2009, 341; OLG Karlsruhe MDR 2004, 906; OLG Koblenz MDR 2013, 1069. **82** BGH NJW 1967, 2263; OLG Köln GuT 2003, 64; OLG Hamburg WuM 1995, 197. **83** OLG Brandenburg JurBüro 1992, 625; KG JurBüro 1978, 892. **84** OLG Celle OLGR 2009, 1024. **85** OLG Nürnberg MDR 2012, 1024. **86** OLG Stuttgart JurBüro 2012, 303. **87** KG 19.11.2012 – 8 W 80/12, juris; OLG Düsseldorf AGS 2008, 403; iE BGH WuM 2005, 525 (Beschwer); aA BGH NJW-RR 2000, 1739. **88** *Hartmann*, KostG, § 41 GKG Rn 32; aA LG Itzehoe KostRsp. GKG § 16 Nr. 5 m. abl. Anm. *Lappe*.

V. Mieterhöhung, Mängel und Modernisierung (Abs. 5)

44   **1. Erhöhung der Wohnungsmiete (Abs. 5 S. 1 Hs 1).** Abs. 5 erfasst die auf Zustimmung, dh auf Abgabe einer Willenserklärung gerichtete **Leistungsklage.** Der Gebührenstreitwert für derartige Klagen bestimmt sich nach dem Jahresbetrag des **streitigen Erhöhungsbetrags.** Abzustellen ist auf die Differenz zwischen der bei Einreichung geltenden und der nach dem Klageantrag verlangten Miete bzw Betriebskostenpauschale. Das gilt auch dann, wenn bei der Fassung des Klageantrags eine teilweise Zustimmung des Mieters versehentlich unberücksichtigt geblieben ist.[89] Wird Klage auf weitere Erhöhungsverlangen gestützt, bleibt es bei einem Jahresbetrag.[90] Eine bei Klageeinreichung verbleibende Vertragslaufzeit von weniger als einem Jahr führt zur anteiligen Kürzung.

45   Eine **vorzeitige Beendigung** des Mietverhältnisses während des Prozesses hat auf den Streitwert keinen Einfluss, denn maßgeblich sind die Verhältnisse bei Klageeinreichung (§ 40). In gleicher Weise sind Ansprüche auf Zahlung einer nach §§ 557 a, 557 b BGB geschuldeten Staffel- oder Indexmiete und auf Erhöhung der Betriebskostenpauschale (§ 560 BGB) zu bewerten.[91]

46   Eine entsprechende Anwendung von Abs. 5 auf Klagen betreffend Miet- oder Pachtzinserhöhung für **Geschäftsräume** scheidet aus, vielmehr ist nach § 48 Abs. 1 GKG iVm §§ 3, 9 ZPO zu bewerten.[92] Das gilt in gleicher Weise für Klagen auf Erhöhung des **Erbbauzinses.**[93]

47   Am Jahresbetrag der zusätzlich geforderten Miete orientiert sich auch der Wert, wenn die Wirksamkeit einer Mieterhöhung Gegenstand einer **Feststellungsklage** ist.[94] Entsprechend den allgemeinen Regeln ist ein Abschlag von 20 % der Erhöhungsdifferenz vorzunehmen, wenn die Feststellung begehrt wird, dass Mieterhöhung wirksam oder der Mieter künftig zur Zahlung einer erhöhten Miete verpflichtet ist.[95] Ungekürzt nach Abs. 5 ist dagegen die Klage zu bewerten, mit der die Unwirksamkeit einer Mieterhöhung oder die fehlende Verpflichtung zur erhöhten Mietzahlung festgestellt werden soll.[96]

48   Werden im Laufe des Rechtsstreits darüber hinaus **rückständige Erhöhungsbeträge** eingeklagt, ist zu unterscheiden: Die Klage auf Zustimmung zur Mieterhöhung und die Zahlungsklage sind wirtschaftlich identisch, dh, eine Werterhöhung scheidet aus, soweit nicht mehr als der Jahresbetrag der Mietdifferenz eingeklagt wird. Wird neben der Feststellung, dass der Mieter zur Zahlung einer erhöhten Miete verpflichtet ist, auf Zahlung der bei Klageeinreichung bereits aufgelaufenen Rückstände geklagt, ist zu addieren (§ 42 Abs. 3). Wechselt der Kläger während des Rechtsstreits bzgl der nach Klageeinreichung fälligen Erhöhungsdifferenzen von der Feststellungsklage zur Leistungsklage, dann entfällt insoweit der Feststellungsabschlag von 20 %.[97] Der Wert einer Klage auf zukünftige Zahlung der Mietdifferenz bemisst sich gem. § 48 Abs. 1 GKG iVm § 9 ZPO nach dem 3,5fachen Jahresbetrag der Mietdifferenz und nicht nach dem Jahresbetrag gem. Abs. 5.[98] Denn der **Zahlungsanspruch aus der Mieterhöhung** ist mit dem gebührenrechtlich allein privilegierten Anspruch auf Zustimmung zur Mieterhöhung nicht identisch.

49   **2. Mängel und Instandsetzung (Abs. 5 S. 1 Hs 2).** Das Interesse des auf Instandsetzung klagenden Mieters ist auf Wiederherstellung des uneingeschränkten Nutzungswerts der gemieteten Räume gerichtet. Es findet seine Entsprechung in der bei Fortdauer der Gebrauchsbeeinträchtigung angemessenen Mietminderung, begrenzt auf den Jahresbetrag, soweit nicht im Einzelfall ein kürzerer Zeitraum anzusetzen ist.[99] Die jeweils angemessene Minderung ist anhand des klägerischen Vortrags zu ermitteln. Bezugspunkt ist die Grundmiete mit allen Nebenkosten.[100] Die Vorschrift gilt in gleicher Weise für **Geschäftsräume.**[101] Vom Vermieter eingeklagte Mietrückstände, die auf denselben Mängeln beruhen, werden wegen wirtschaftlicher Identität nicht addiert.[102] Maßgebend ist der höhere Wert.

50   Demgegenüber bleibt für Klagen auf **rückständige Mietzahlung** oder auf Zahlung eines **Vorschusses** zur Mängelbeseitigung[103] der Klagebetrag maßgebend. Wird wegen einer Mietminderung auf **zukünftige Mietzahlung** geklagt, bestimmt sich der Wert gem. §§ 3, 9 ZPO nach dem 42fachen Minderungsbetrag.[104] Das gilt ebenso für die auf **Feststellung** gerichtete Klage des Mieters, dass er aufgrund von Mängeln der Mietsache zur Minderung berechtigt ist.[105]

---

89 LG Wuppertal WuM 1993, 478. **90** LG Berlin NZM 2013, 233; WuM 2012, 511. **91** LG Bonn WuM 1989, 435; LG Hamburg WuM 1989, 435. **92** BGH MDR 2007, 202 (Konkurrenzverbot); KG KGR 2004, 499; OLG Brandenburg JurBüro 1996, 193. **93** BGH NJW-RR 2012, 1041. **94** KG MDR 2012, 1219. **95** BGH JurBüro 2004, 207. **96** KG MDR 2014, 1309; NJW-RR 2013, 262. **97** LG Hildesheim NdsRpfl 1965, 137. **98** AA LG Köln JurBüro 1999, 305. **99** So schon vor der GKG-Novelle v. 5.5.2004 OLG Schleswig SchlHA 1991, 202. **100** OLG München MDR 2013, 1435. **101** BGH NJW-RR 2006, 378; OLG Düsseldorf JurBüro 2007, 426; aA *Hartmann*, KostG, § 41 GKG Rn 36. **102** KG 4.8.2011 – 8 W 48/11; OLG Hamburg OLGR 2009, 707. **103** LG Berlin GE 2012, 1381. **104** LG Berlin AGS 2003, 464. **105** BGH MDR 2005, 519; KG 6.6.2016 – 12 W 19/16 – jedoch bei möglicher Mängelbeseitigung auf den Jahresbetrag als voraussichtlichen Mängelbeseitigungszeitraum abstellend; OLG Karlsruhe MDR 2014, 247; aA KG WuM 2014, 155 (aufgehoben mit KG 30.5.016 – 8 W 13716); OLG Brandenburg ZMR 2009, 909; OLG Hamburg NJOZ 2010, 492; OLG Saarbrücken GE 2013, 943 (Jahresbetrag, § 41 Abs. 5 analog).

3. Modernisierung und Erhaltung (Abs. 5 S. 1). Wird Duldung von Modernisierungs- oder Erhaltungsmaß- 51
nahmen für Wohnraum begehrt, dann bestimmt sich der Streitwert nach dem Jahresbetrag der bei einer
Modernisierung möglichen Mieterhöhung bzw der ohne Erhaltungsmaßnahmen möglichen Mietminderung. Die Bewertung erfolgt auf Grundlage des klägerischen Vorbringens. Bei einem kürzeren Zeitraum ist
ein entsprechend niedriger Betrag anzusetzen. Das gilt in gleicher Weise für **Geschäftsräume.**[106]

VI. Vergleich

Wertbestimmend ist nicht, *worauf* sich die Parteien geeinigt haben, sondern **worüber.**[107] **Ausgleichszahlun-** 52
gen und **Umzugsbeihilfen** zur vorzeitigen Räumung bleiben neben dem Wert der Räumungsklage unberücksichtigt.[108] Werden dagegen (streitige) Schadensersatzansprüche mitgeregelt[109] oder wird der Anspruch auf
Gewährung einer **Räumungsfrist** abgegolten,[110] dann erhöht sich der Vergleichswert um den Wert dieser
Ansprüche. Wird anlässlich einer Zahlungsklage das außergerichtlich streitige Mietverhältnis einvernehmlich beendet, bestimmt sich die Werterhöhung nach Abs. 1.[111] Einigen sich die Parteien anlässlich einer Kla-
ge auf Zustimmung zur **Mieterhöhung** zugleich auf Zahlung rückständiger Differenzbeträge, kommt deren
Berücksichtigung nur in Betracht, wenn die Zahlungsverpflichtung über den nach Abs. 5 einzusetzenden
Wert hinausgeht.[112]

§ 42 Wiederkehrende Leistungen

(1) [1]Bei Ansprüchen auf wiederkehrende Leistungen aus einem öffentlich-rechtlichen Dienst- oder Amtsverhältnis, einer Dienstpflicht oder einer Tätigkeit, die anstelle einer gesetzlichen Dienstpflicht geleistet werden
kann, bei Ansprüchen von Arbeitnehmern auf wiederkehrende Leistungen sowie in Verfahren vor Gerichten
der Sozialgerichtsbarkeit, in denen Ansprüche auf wiederkehrende Leistungen dem Grunde oder der Höhe
nach geltend gemacht oder abgewehrt werden, ist der dreifache Jahresbetrag der wiederkehrenden Leistungen maßgebend, wenn nicht der Gesamtbetrag der geforderten Leistungen geringer ist. [2]Ist im Verfahren
vor den Gerichten der Verwaltungs- und Sozialgerichtsbarkeit die Höhe des Jahresbetrags nicht nach dem
Antrag des Klägers bestimmt oder nach diesem Antrag mit vertretbarem Aufwand bestimmbar, ist der
Streitwert nach § 52 Absatz 1 und 2 zu bestimmen.

(2) [1]Für die Wertberechnung bei Rechtsstreitigkeiten vor den Gerichten für Arbeitssachen über das Bestehen, das Nichtbestehen oder die Kündigung eines Arbeitsverhältnisses ist höchstens der Betrag des für die
Dauer eines Vierteljahres zu leistenden Arbeitsentgelts maßgebend; eine Abfindung wird nicht hinzugerechnet. [2]Bei Rechtsstreitigkeiten über Eingruppierungen ist der Wert des dreijährigen Unterschiedsbetrags zur
begehrten Vergütung maßgebend, sofern nicht der Gesamtbetrag der geforderten Leistungen geringer ist.

(3) [1]Die bei Einreichung der Klage fälligen Beträge werden dem Streitwert hinzugerechnet; dies gilt nicht in
Rechtsstreitigkeiten vor den Gerichten für Arbeitssachen. [2]Der Einreichung der Klage steht die Einreichung
eines Antrags auf Bewilligung der Prozesskostenhilfe gleich, wenn die Klage alsbald nach Mitteilung der
Entscheidung über den Antrag oder über eine alsbald eingelegte Beschwerde eingereicht wird.

---

106 BGH NJW-RR 2006, 378. **107** BGH NJW 1964, 1523; OLG Düsseldorf NJW-RR 2008, 1697; OLG Köln JurBüro 1996,
476. **108** OLG Düsseldorf NZM 2010, 177; OLG Hamm NZM 2012, 535; OLG Stuttgart JurBüro 2012, 303. **109** LG Köln
BRAGOreport 2001, 108; unklar KG Berlin AGS 2005, 354. **110** LG Köln AGS 2003, 35. **111** OLG Düsseldorf JurBüro 2008,
594. **112** OLG Dresden 18.7.2006 – 10 W 816/06, juris.

I. Allgemeines

1 § 42 regelt als Sondervorschrift für den **Gebührenstreitwert** die Bewertung von Ansprüchen auf wiederkehrende Leistungen.[1] Die mit der Vorschrift verbundene Wertbegrenzung für Gerichts- und Anwaltsgebühren, Letztere über § 23 RVG,[2] beruht auf sozialpolitischen Erwägungen,[3] denen jedoch im Hinblick auf die Änderung des § 9 ZPO keine erhebliche Bedeutung mehr zukommt. Erfasst werden Ansprüche, die auf einem **einheitlichen Rechtsverhältnis** beruhen und **in bestimmten zeitlichen Abständen regelmäßig wiederkehrend fällig werden.**[4]

2 Der Streitwert für Zuständigkeit und die Zulässigkeit des Rechtsmittels (Beschwer) richtet sich dagegen nach § 9 ZPO.

3 Durch das 2. KostRMoG wurde § 42 aF mWz 1.8.2013 dahin gehend geändert, dass Abs. 1 (aF) aufgehoben wurde (→ Rn 4 ff) und die Absätze 2–4 (aF) zu den Absätzen 1–3 (nF) wurden. Eine Rechtsänderung ist mit der Übernahme der Abs. 2–4 (aF) in die Abs. 1–3 (nF) aber nicht verbunden.

II. Geldrente wegen Tötung oder Verletzung (Abs. 1 aF)

4 **1. Allgemeines.** Die bis zum 2. KostRMoG in § 42 enthaltene Sondervorschrift für die Bewertung von **Geldrenten wegen Tötung oder Verletzung** (Abs. 1 aF) wird im Hinblick auf **Altverfahren** für diese Kommentarauflage noch kommentiert. Zur Streichung des Abs. 1 (aF) hat sich der Gesetzgeber entschlossen, weil mit § 9 ZPO in der seit dem 1.3.1993 geltenden Fassung (3,5facher Jahresbetrag) nunmehr eine gegenüber dem vorhergehenden Recht (§ 9 ZPO aF: 12,5facher bzw 25facher Jahresbetrag) angemessene Bewertungsnorm für die betroffenen Ersatzansprüche zur Verfügung steht. Rentenansprüche sind seitdem also ohne Rücksicht darauf, ob sie auf unerlaubte Handlung oder aber auf vertragliche Grundlage gestützt werden, einheitlich nach § 9 ZPO zu bewerten, also auf der Grundlage des 3,5-fachen Jahreswerts der Geldrente.

§ 42 Wiederkehrende Leistungen [Fassung bis 31.7.2013]

(1) [1]Wird wegen der Tötung eines Menschen oder wegen der Verletzung des Körpers oder der Gesundheit eines Menschen Schadensersatz durch Entrichtung einer Geldrente verlangt, ist der fünffache Betrag des einjährigen Bezugs maßgebend, wenn nicht der Gesamtbetrag der geforderten Leistungen geringer ist. [2]Dies gilt nicht bei Ansprüchen aus einem Vertrag, der auf Leistung einer solchen Rente gerichtet ist.

(2)–(4) ...

5 **2. Anwendungsbereich.** Erfasst werden Schadensersatzansprüche auf gesetzlicher (zB § 823 Abs. 1 iVm § 843 BGB, § 823 Abs. 2 iVm § 845 BGB oder §§ 10 ff StVG) und vertraglicher Grundlage (zB § 280 BGB).[5] Folgt der Anspruch auf wiederkehrende Leistung **unmittelbar** aus einer **vertraglichen Vereinbarung**, findet Abs. 1 S. 1 aF keine Anwendung (Abs. 1 S. 2). Der Wert bestimmt sich in diesem Fall über § 48 Abs. 1 vielmehr nach §§ 3, 9 ZPO. Wird die Klage sowohl auf Gesetz (zB unerlaubte Handlung) als auch auf Vertrag gestützt, soll die Bewertung über § 48 Abs. 1 nach § 9 ZPO erfolgen.[6] Dem dürfte zumindest seit der Neufassung von § 9 ZPO zuzustimmen sein. Abs. 1 aF gilt auch für die Klage des Zessionars.

3. Einzelfälle A–Z

6 ■ **Anwaltsregress.** Inanspruchnahme wegen einer infolge mangelhafter Prozessführung verlorenen Forderung iSv Abs. 1 aF wird nicht erfasst.[7]

7 ■ **Beförderungsvertrag.** In Betracht kommen Schadensersatzansprüche aus positiver Vertragsverletzung.[8]

8 ■ **Behandlungsvertrag.** Grds. denkbar, aber keine Anwendung von Abs. 1 aF auf eine Klage auf Rentenzahlung wegen fehlgeschlagener Sterilisation.[9]

9 ■ **Versicherungsvertrag.** Klage des Versicherungsnehmers auf Freistellung von Schadensersatzansprüchen des Geschädigten (Rente) wird von Abs. 1 aF nicht erfasst.[10] Gleichwohl kann dessen Bewertungsmaßstab über § 3 ZPO berücksichtigt werden, da der Deckungsprozess nicht höher bewertet werden sollte als die Schadensersatzklage des Geschädigten.[11]

---

1 OLG Hamm FamRZ 1988, 402. **2** Krit. *Enders*, JurBüro 2012, 393. **3** OLG Brandenburg MDR 2003, 335. **4** Binz/Dörndorfer/*Dörndorfer*, § 42 GKG Rn 1. **5** BGH VersR 1979, 86; *Meyer*, GKG § 42 Rn 5. **6** BGH JurBüro 1953, 304; OLG Schleswig SchlHA 1950, 92 – jeweils zu § 9 ZPO aF. **7** BGH MDR 1979, 302. **8** BGH VersR 1979, 76 (Bahnbeförderung). **9** BGH NJW 1981, 1318. **10** BGH NJW 1982, 1399. **11** OLG Nürnberg JurBüro 1970, 305.

4. Wertberechnung. Der Streitwert bestimmt sich nach dem fünffachen Jahresbetrag, soweit nicht der gel- **10** tend gemachte Gesamtbetrag geringer ist. Die Berechnung erfolgt nach dem Wert des bei Klageeinreichung (**Anhängigkeit**) fälligen Einzelanspruchs. Bei gleichzeitiger Beantragung von **Prozesskostenhilfe** ist entscheidend, ob insoweit nur eine bedingte Klageerhebung vorliegt, da hier eine dem Abs. 3 S. 2 (Abs. 4 S. 2 aF) vergleichbare Regelung fehlt.[12] Ergeben sich unterschiedlich hohe Jahresbeträge, sind die fünf höchsten heranzuziehen.[13]

Die Bewertung der **Feststellungsklage** folgt den allgemeinen Regeln.[14] Wird neben der Rentenzahlung auf **11** Feststellung einer weitergehenden Schadensersatzpflicht geklagt, sind die jeweiligen Werte zusammenzurechnen. Eine vergleichsweise Abgeltung von Rentenansprüchen über den Fünfjahresbetrag führt nicht zu einer Erhöhung des Gegenstandswerts,[15] denn der Wert des Vergleichs richtet sich nicht nach der danach übernommenen Verpflichtung, sondern nach dem Wert des damit erledigten Streits.[16]

III. Ansprüche auf wiederkehrende Leistungen aus einem öffentlich-rechtlichen Dienst- oder Amtsverhältnis (Abs. 1 S. 1, 1. Var.)

1. Verhältnis zu § 52 Abs. 1, 2 (Abs. 1 S. 2). Für die Streitwertfestsetzung geltend gemachter Ansprüche auf **12** wiederkehrende Leistungen aus einem öffentlich-rechtlichen Dienst- oder Amtsverhältnis ist der 3-fache Jahresbetrag der wiederkehrenden Leistungen maßgebend, wenn nicht der Gesamtbetrag der geforderten Leistungen geringer ist. Aus dem im Abs. 1 S. 2 normierten Vorbehalt einer Bestimmung des Streitwerts nach § 52 Abs. 1 und 2 ergibt sich, dass die Streitwertfestsetzung nach Abs. 1 S. 1, 1. Var. nur dann in Betracht kommt, wenn die Höhe des Jahresbetrags nicht nach dem Antrag des Klägers bestimmt oder nach diesem Antrag mit vertretbarem Aufwand bestimmbar ist. Dies wird regelmäßig der Fall sein, so dass für Verwaltungsstreitsachen im Rahmen der Geltendmachung von Ansprüchen auf wiederkehrende Leistungen nach Abs. 1 S. 1, 1. Var. – ebenso wie für Ansprüche auf wiederkehrende Leistungen aufgrund einer Dienstpflicht oder einer Tätigkeit, die anstelle einer gesetzlichen Dienstpflicht geleistet werden kann (Abs. 1 S. 1, 2. Var.) – eine Streitwertfestsetzung nach § 52 Abs. 1, 2 ausscheiden wird.

2. Öffentlich-rechtliche Dienst- oder Amtsverhältnisse bei öffentlich-rechtlichen Dienstherren iSv § 2 Nr. 1, 13 2 BeamtStG. Öffentlich-rechtliche Dienst- oder Amtsverhältnisse bei **öffentlich-rechtlichen Dienstherren**, dh bei Ländern, Gemeinden und Gemeindeverbänden sowie sonstigen Körperschaften, Anstalten und Stiftungen des öffentlichen Rechts (§ 2 Nr. 1 BeamtStG), die Dienstherrenfähigkeit im Zeitpunkt des Inkrafttretens des BeamtStG (1.4.2009 gem. § 63 Abs. 3 S. 1 BeamtStG) besitzen oder denen die Dienstherrenfähigkeit durch Landesgesetz oder aufgrund eines Landesgesetzes verliehen wird (§ 2 Nr. 2 BeamtStG),[17] bestehen für

- aktive Lebenszeitbeamte (§ 4 Abs. 1 S. 1 iVm § 3 Abs. 2 BeamtStG),
- aktive Beamte auf Zeit (§ 4 Abs. 2 Buchst. a und b iVm § 6 BeamtStG) (→ § 52 Rn 76 ff),[18]
- Ehrenbeamte zur unentgeltlichen Wahrnehmung von Aufgaben iSv § 3 Abs. 2 Nr. 1 und 2 BeamtStG (§ 5 BeamtStG),[19]

---

12 OLG Brandenburg MDR 2007, 1262. **13** BGH VersR 1976, 988; BGH Rpfleger 1953, 575. **14** BGH NZM 2004, 423; OLG Dresden JurBüro 2004, 141. **15** OLG Köln 14.1.2013 – 5 W 40/12, juris; aA Binz/Dörndorfer/*Dörndorfer*, 2. Aufl. 2009, § 42 GKG Rn 12; *Hartmann*, KostG, § 42 GKG Rn 23; *Meyer*, GKG § 42 Rn 4. **16** Schneider/Herget/*N. Schneider*, Streitwert-Kommentar, „Rente" Rn 4818. **17** Infolge der Föderalismusreform I durch das 52. Gesetz zur Änderung des Grundgesetzes v. 28.8.2006 (BGBl. I 2034) und der damit verbundenen Aufhebung der Rahmengesetzgebung des Bundes (Art. 75 GG aF) sind die Gesetzgebungskompetenzen für Landes- und Kommunalbeamte ausschließlich auf die Länder übergegangen. Dem Bund steht neben der ausschließlichen Gesetzgebungskompetenz für die Bundesbeamten die konkurrierende Gesetzgebungskompetenz gem. Art. 74 Abs. 1 Nr. 27 GG für die Statusrechte und -pflichten der Beamten der Länder, Gemeinden und anderer Körperschaften des öffentlichen Rechts sowie der Richter in den Ländern mit Ausnahme der Laufbahnen, Besoldung und Versorgung zu, von der der Bund durch Erlass des „Gesetzes zur Regelung des Statusrechts der Beamtinnen und Beamten in den Ländern" (Beamtenstatusgesetz – BeamtStG) v. 17.6.2008 (BGBl. I 1010) mit Zustimmung des Bundesrates (Art. 74 Abs. 2 GG) Gebrauch gemacht hat (vgl *Wieland/Seulen*, in: Eiding/Hofmann-Hoeppel, VerwR, § 51 Rn 3 f). **18** Beamte auf Zeit – als kommunale Wahlbeamte – in den Gemeinden sind die ersten Bürgermeister der kreisfreien Gemeinden und Großen Kreisstädte (mit der Amtsbezeichnung Oberbürgermeister), in kreisangehörigen Gemeinden, die eine bestimmte Gemeindegrößenklasse (idR 5.000 Einwohner) überschreiten, sowie in Gemeinden unter 5.000 Einwohner, für die vor der Bürgermeisterwahl durch Satzung bestimmt wurde, dass der erste Bürgermeister Beamter auf Zeit sein solle, des Weiteren die in Gemeinden mit mehr als 10.000 Einwohnern auf idR 6 Jahre wählbaren berufsmäßigen Gemeinderatsmitglieder (Referenten/Dezernenten). **19** Ehrenbeamte – als kommunale Wahlbeamte – in den Kommunen der Bundesländer sind regelmäßig die ersten und weiteren Bürgermeister kreisangehöriger Gemeinden bis zu einer bestimmten Größenklasse, es sei denn, die Gemeinde hat zu einem bestimmten Zeitpunkt vor der Bürgermeisterwahl durch Satzung bestimmt, dass der erste Bürgermeister Beamter auf Zeit sein solle; in kreisangehörigen Gemeinden der nächst höheren Größenklasse – idR zwischen 5.000 und 10.000 Einwohnern – ist der erste Bürgermeister Ehrenbeamter, wenn dies der Gemeinderat ebenfalls vor einer Bürgermeisterwahl durch Satzung bestimmt (vgl etwa Art. 34 Abs. 2 BayGO).

- Hochschullehrer sowie hauptberufliche Leiter und Mitglieder von Leitungsgremien an Hochschulen,[20]
- Berufsrichter (§ 3 DRiG),[21]
- Ruhestandsbeamte infolge
  - Erreichens der gesetzlichen Altersgrenze,[22]
  - einstweiliger Ruhestandsversetzung wegen dauernder (prognostischer) Dienstunfähigkeit,[23]
- reaktivierte Beamte, dh jene Beamte, die nach erfolgter Versetzung in den Ruhestand wegen dauernder (prognostischer) Dienstunfähigkeit, aber Wiederherstellung der Dienstfähigkeit eine erneute Berufung in das Beamtenverhältnis beantragt haben oder aber durch den Dienstherrn erneut in das Beamtenverhältnis berufen wurden (§ 29 Abs. 1 und 2 BeamtStG).[24]

14 **3. Öffentlich-rechtliche Dienst- oder Amtsverhältnisse des Bundes.** Öffentlich-rechtliche Dienst- oder Amtsverhältnisse bestehen beim **Bund**, bei bundesunmittelbaren Körperschaften, Anstalten und Stiftungen des öffentlichen Rechts für

- aktive Lebenszeitbeamte (§ 6 Abs. 1 S. 1 iVm § 5 Nr. 1, 2 BBG),
- aktive Beamte auf Zeit zur befristeten Wahrung von Aufgaben nach § 5 BBG (§ 6 Abs. 2 S. 1 BBG),
- Ehrenbeamte zur unentgeltlichen Wahrnehmung von Aufgaben iSv § 3 Abs. 2 Nr. 1 und 2 BeamtStG (§ 5 BeamtStG),
- Berufsrichter (§ 3 DRiG),
- Berufssoldaten (§ 1 Abs. 2 S. 1 iVm § 37 Abs. 1 SG),
- Ruhestandsbeamte infolge
  - Erreichens der gesetzlichen Altersgrenze (§ 51 BBG),
  - einstweiliger Ruhestandsversetzung wegen dauernder (prognostischer) Dienstunfähigkeit (§ 44 BBG),
- reaktivierte Beamte, dh jene Beamte, die nach erfolgter Versetzung in den Ruhestand wegen dauernder (prognostischer) Dienstunfähigkeit, aber Wiederherstellung der Dienstfähigkeit eine erneute Berufung in das Beamtenverhältnis beantragt haben oder aber durch den Dienstherrn erneut in das Beamtenverhältnis berufen wurden (§ 46 BBG),
- Berufssoldaten im Ruhestand infolge
  - Erreichens der gesetzlichen Altersgrenze (§ 44 Abs. 1 S. 1, Abs. 5 iVm § 45 Abs. 1 Nr. 1, 2 SG),
  - Versetzung in den Ruhestand aufgrund Erreichens der besonderen Altersgrenzen (§ 44 Abs. 2 S. 1, Abs. 5 iVm § 45 Abs. 2–5 SG),
  - einstweiliger Ruhestandsversetzung wegen dauernder (prognostischer) Dienstunfähigkeit (§ 44 Abs. 3, 4 SG),
- reaktivierte Berufssoldaten, dh frühere Berufssoldaten, die wegen Erreichens der Altersgrenze in den Ruhestand getreten sind oder versetzt wurden, sofern die Wiederverwendung unter Berücksichtigung der persönlichen, insb. häuslichen, beruflichen oder wirtschaftlichen Verhältnisse zumutbar ist und seit Eintritt oder Versetzung in den Ruhestand noch keine 5 Jahre vergangen sind (§ 51 Abs. 1, 3 iVm § 44 Abs. 1 S. 6 SG).

---

20 Analog § 132 BBG für den Bereich der Hochschulen des Bundes wird das hauptberufliche wissenschaftliche und leitende Personal der Hochschulen der Länder nach den Landeshochschulgesetzen bei erstmaliger Berufung in das Professorenverhältnis für 6 Jahre zu Beamten auf Zeit mit der Maßgabe ernannt, dass das Zeitbeamtenverhältnis nach einer Mindestdauer in ein Lebenszeitbeamtenverhältnis umgewandelt werden kann, wenn das durch die Hochschule zuvor durchgeführte Bewertungsverfahren mit positivem Ergebnis geendet hat; nur unter bestimmten Voraussetzungen ist die sofortige Begründung eines Beamtenverhältnisses auf Lebenszeit möglich. **21** Nach den Richtergesetzen der Bundesländer gelten für die Rechtsverhältnisse der Richter die Vorschriften für Beamte entsprechend, soweit das Deutsche Richtergesetz und das Richtergesetz des jeweiligen Bundeslandes nichts anderes bestimmen (vgl Art. 2 Abs. 1 Bay. Richtergesetz idF von § 8 G v. 20.12.2011, GVBl. S. 689). **22** Altersgrenze für den gesetzlichen Ruhestandseintritt der Laufbahnbeamten der Länder, der Gemeinden, der Gemeindeverbände und der sonstigen unter der Aufsicht des Staates stehenden Körperschaften, Anstalten und Stiftungen des öffentlichen Rechts ist nach den Beamtengesetzen der Länder das Ende des Monats, in dem Beamte das 67. Lebensjahr vollenden, wobei für Lehrkräfte an öffentlichen Schulen regelmäßig als Altersgrenze das Ende des Schulhalbjahres gilt, in dem sie das 67. Lebensjahr vollenden (vgl etwa Art. 62 BayBG). **23** Analog § 26 Abs. 1 S. 1 und 2 BeamtStG bestimmen die Beamtengesetze der Bundesländer Voraussetzungen und Verfahren für Ruhestandsversetzungen wegen (prognostischer) Dienstunfähigkeit (vgl Art. 65 Abs. 1 BayBG). **24** Die Reaktivierung von zu einem früheren Zeitpunkt wegen prognostischer Dienstunfähigkeit in den einstweiligen Ruhestand versetzter Beamter nach Wiedererlangung der Dienstfähigkeit ist in § 29 BeamtStG nach hM hins. der materiellrechtlichen Voraussetzungen abschließend geregelt mit der Folge, dass für abweichendes Landesrecht kein Raum ist, abgesehen von den ausdrücklichen Vorbehalten zur Bestimmung der Antragsfrist (§ 29 Abs. 1 BeamtStG) und zur Regelung der ärztlichen Versorgung (§ 29 Abs. 5 BeamtStG) sowie der getroffenen Verfahrensregelungen; vgl *Plog/Wiedow/Lemhöfer*, BBG (Bd. 1), § 29 BeamtStG Rn 10.

IV. Ansprüche auf wiederkehrende Leistungen aus einer Dienstpflicht oder einer anstelle einer gesetzlichen Dienstpflicht geleisteten Tätigkeit (Abs. 1 S. 1, 2. Var.)

Die öffentlich-rechtlichen Dienstverhältnisse aufgrund einer Dienstpflicht spielen allerdings für Soldaten aufgrund allgemeiner Wehrpflicht (§ 1 Abs. 1 S. 1 SG iVm § 1 WPflG) ebenso wie die öffentlich-rechtlichen Dienstverhältnisse von im Zivildienst tätigen anerkannten Kriegsdienstverweigerern seit den gesetzlichen Änderungen der Jahre 2011/2012[25] deshalb keine Rolle mehr, weil

15

- die §§ 3–53 WPflG gem. § 2 WPflG im Spannungs- oder Verteidigungsfall, dh im Übrigen nur dann gelten, soweit dies in Abschnitt 7 des Wehrpflichtgesetzes bestimmt ist, wobei Abschnitt 7 – die §§ 54 ff WPflG – den freiwilligen Wehrdienst betrifft, der gem. § 54 Abs. 1 S. 2 WPflG aus 6 Monaten freiwilligem Wehrdienst als Probezeit und bis zu 17 Monaten anschließendem freiwilligen zusätzlichen Wehrdienst besteht;
- gem. § 83 Abs. 2 ZDG Einberufungsbescheide zu einem nach dem 30.6.2011 beginnenden Zivildienst aufgrund des Inkrafttretens des Gesetzes zur Einführung eines Bundesfreiwilligendienstes zu widerrufen waren mit der Folge, dass Zivildienstleistende, die zu einem über den 30.6.2011 hinausgehenden Zivildienst einberufen worden waren, auf Antrag mit Ablauf dieses Tages (§ 83 Abs. 3 ZDG) oder bei nicht erfolgender Antragstellung spätestens mit Ablauf des 31.12.2011 zu entlassen waren (§ 83 Abs. 4 S. 1 ZDG).

V. Ansprüche auf wiederkehrende Leistungen (Besoldung, Versorgung)

Ansprüche auf Besoldung als wiederkehrende Leistung können geltend gemacht werden

16

- von aktiven Lebenszeitbeamten und Beamten auf Zeit des Bundes sowie bundesunmittelbarer Körperschaften, Anstalten und Stiftungen des öffentlichen Rechts, von Berufsrichtern des Bundes, Berufssoldaten und Soldaten auf Zeit (§ 1 Abs. 1 Nr. 1–3, § 2 Abs. 1, § 3 Abs. 1 S. 1 BBesG),
- von aktiven Lebenszeitbeamten sowie Beamten auf Zeit der Länder, Gemeinden und Gemeindeverbände sowie sonstiger Körperschaften, Anstalten und Stiftungen des öffentlichen Rechts nach den Besoldungsgesetzen der Länder.[26]

Dem **Besoldungsanspruch** unterfallen sowohl

17

- die Gewährung von Dienstbezügen (Grundgehalt, Leistungsbezüge für Professoren sowie hauptberufliche Leiter und Mitglieder von Leitungsgremien an Hochschulen, Familienzuschlag, Zulagen, Vergütungen, Auslandsbesoldung (§ 1 Abs. 2 Nr. 1–6 BBesG) als auch
- Anwärterbezüge, jährliche Sonderzahlungen und vermögenswirksame Leistungen als „sonstige Bezüge" (§ 1 Abs. 3 BBesG).[27]

Die den Beamten des Bundes sowie bundesunmittelbarer Körperschaften, Anstalten und Stiftungen des öffentlichen Rechts sowie Berufsrichtern des Bundes zustehenden **Versorgungsbezüge** umfassen folgende Positionen:

18

- Ruhegehalt (§ 2 Nr. 1 iVm §§ 4 ff BeamtVG),
- Unterhaltsbeitrag für entlassene Beamte auf Lebenszeit oder auf Probe (§ 2 Nr. 1 iVm § 15 BeamtVG),
- Hinterbliebenenversorgung (§ 2 Nr. 2 iVm §§ 16 ff BeamtVG),
- Bezüge bei Verschollenheit (§ 2 Nr. 3 iVm § 29 BeamtVG),
- Unfallfürsorge für den Beamten bzw dessen Hinterbliebene aufgrund erfolgter Anerkennung eines Dienstunfalls iSd § 31 BeamtVG (§ 2 Nr. 4 iVm § 30 Abs. 2 S. 1 Nr. 1–8, §§ 32–43 a BeamtVG),
- Übergangsgeld für nicht auf eigenen Antrag entlassene Beamte mit Dienstbezügen oder für nicht auf eigenen Antrag entlassene politische Beamte (§ 2 Nr. 5 iVm §§ 47, 47 a BeamtVG),
- Ausgleich bei besonderen Altersgrenzen für Beamte des Vollzugsdienstes, des Einsatzdienstes der Feuerwehr und Beamte im Flugverkehrskontrolldienst (§ 2 Nr. 6 iVm § 48 BeamtVG),
- Erhöhungsbetrag gem. § 14 Abs. 4 S. 3 Hs 1 BeamtVG (§ 2 Nr. 7 BeamtVG) für Ruhestandsbeamte und deren Witwen zusätzlich zur Mindestversorgung iHv 65 % der jeweils ruhegehaltsfähigen Dienstbezüge aus Endstufe der Besoldungsgruppe A 4 (§ 14 Abs. 4 S. 2 BeamtVG),

---

25 Gesetz über die Rechtsstellung der Soldaten (SoldatenG – SG) idF der Bek. v. 30.5.2005 (BGBl. I 1482), zul. geänd. d. Art. 8 G v. 28.8.2013 (BGBl. I 3386); Wehrpflichtgesetz idF der Bek. v. 15.8.2011 (BGBl. I 1730), zul. geänd. d. Art. 2 Abs. 8 G v. 3.5.2013 (BGBl. I 1084); Gesetz über den Zivildienst der Kriegsdienstverweigerer (Zivildienst G – ZDG) idF der Bek. v. 17.5.2005 (BGBl. I 1346), zul. geänd. d. Art. 4 G v. 15.7.2013 (BGBl. I 2416). **26** Infolge der Föderalismusreform I (vgl Fn 17) verfügen die Länder für ihre Beamten, die Beamten der Gemeinden und anderer Körperschaften des öffentlichen Rechts sowie für die Richter über die Gesetzgebungskompetenz u.a. hins. Besoldung und Versorgung; ungeachtet dessen unterscheiden sich Besoldungs- und Versorgungsansprüche von Beamten des Bundes von jenen der Länder, Gemeinden sowie anderer Körperschaften des öffentlichen Rechts dem Grundsatze nach nicht. **27** Vgl hierzu *Wieland/Seulen*, Beamtenrecht, in: Eiding/Hofmann-Hoeppel, VerwR, § 51 Rn 66 ff.

- Unterschiedsbetrag nach § 50 Abs. 1 S. 2, 3 BeamtVG (§ 2 Nr. 8 BeamtVG) zwischen Stufe 1 und der nach Besoldungsrecht in Betracht kommenden Stufe des Familienzuschlags,
- Leistungen nach §§ 50 a–50 e BeamtVG (§ 2 Nr. 9 BeamtVG), dh Kindererziehungszuschlag (§ 50 a BeamtVG), Kindererziehungsergänzungszuschlag (§ 50 b BeamtVG), Kinderzuschlag zum Witwengeld (§ 50 c BeamtVG), Pflege- und Kinderpflegeergänzungszuschlag (§ 50 d BeamtVG) sowie vorübergehende Gewährung von Leistungen entsprechend §§ 50 a, 50 b und 50 d BeamtVG für vor Erreichen der Regelaltersgrenze nach § 51 Abs. 1, 2 BBG in den Ruhestand tretende Versorgungsempfänger,
- Ausgleichsbetrag nach § 50 Abs. 3 BeamtVG (§ 2 Nr. 10 BeamtVG) als für das erste Kind gem. § 66 Abs. 1 EStG zu zahlender Betrag zum Waisengeld bei Erfüllung der Voraussetzungen des § 32 Abs. 1–5 EStG,
- Anpassungszuschlag nach § 69 b Abs. 2 S. 5 BeamtVG (§ 2 Nr. 11 BeamtVG) für Versorgungsempfänger, die am 30.6.1997 einen Anpassungszuschlag gem. § 71 BeamtVG in der an diesem Tag geltenden Fassung bezogen haben,
- Einmalzahlung nach Abschnitt XI (§ 2 Nr. 12 BeamtVG), dh nach den Maßgaben der §§ 70 und 71 BeamtVG.

VI. Ausschluss der Streitwertfestsetzung aufgrund Nichtgeltendmachung „wiederkehrender Leistungen" (Abs. 1 S. 2, 1. Alt.)

19 Werden aus einem öffentlich-rechtlichen Dienst- oder Amtsverhältnis, einer Dienstpflicht oder einer Tätigkeit, die an Stelle einer gesetzlichen Dienstpflicht geleistet werden kann, Ansprüche geltend gemacht, die nicht auf „wiederkehrende Leistungen" gerichtet sind, und ist darüber hinaus der Antrag bzgl der Höhe beziffert, ist Abs. 1 S. 1 ebenso unanwendbar wie die in Abs. 1 S. 2, 1. Alt. GKG bestimmte Maßgabe einer Streitwertbestimmung nach § 52 Abs. 1 und 2 GKG. Mit anderen Worten: Da es sich um eine nach dem Antrag des Klägers bezifferte Geldleistung bzw einen hierauf gerichteten Verwaltungsakt handelt, ist die Höhe der bezifferten Geldleistung gem. § 52 Abs. 3 maßgebend (→ § 52 Rn 31 ff).

20 Relevante Konstellationen sind in diesem Zusammenhang u.a. folgende:

- **Rückforderung rechtsgrundlos erhaltener Dienstbezüge** gem. § 12 Abs. 2 BBesG bzw **überzahlter Versorgungsbezüge** gem. § 52 Abs. 2 BeamtVG, die ihrerseits auf Vorschriften der ungerechtfertigten Bereicherung nach den §§ 818–820, 822 BGB mit der Maßgabe verweisen, dass der Kenntnis des Mangels des rechtlichen Grundes der Zahlung gleichsteht, wenn der Mangel so offensichtlich war, dass der Empfänger ihn hätte erkennen müssen (§ 12 Abs. 2 S. 2 BBesG bzw § 52 Abs. 2 S. 2 BeamtVG);[28]
- klageweise Geltendmachung des beamtenrechtlichen **Beihilfenanspruchs** in Krankheits-, Pflege- und Geburtsfällen auf der Grundlage der Verordnung über Beihilfe in Krankheits-, Pflege und Geburtsfällen[29] bzw der nach der Föderalismusreform I erlassenen Beihilfevorschriften der Bundesländer oder aber aufgrund des beamtenrechtlichen Fürsorgeprinzips (§ 80 BBG)[30] sowie von Reisekosten;[31]
- klageweise Geltendmachung der Verpflichtung des Dienstherrn, den **krankheitsbedingt nicht in Natur eingebrachten Erholungsurlaub** wegen Ausscheidens aus dem aktiven Dienst, geleistete Zuvielarbeit ab

---

28 Vgl BVerwG 26.4.2012 – 2 C 15/10, EzKommR Nr. 1400.1466 (teilweises Absehen von Rückforderung bei behördlicher Verantwortung für erfolgte Überzahlung); VG Würzburg 23.8.2011 – W 1 K 10.1176, EzKommR Nr. 1400.1355; VG Minden 17.1.2013 – 4 K 3074/10, EzKommR Nr. 1400.1540 (Geltendmachung überzahlten Ausgleichsbetrags nach vorzeitiger Ruhestandsversetzung über öffentlich-rechtlichen Erstattungsanspruch); VG Hannover 26.1.2015 – 13 A 10974/14, EzKommR Nr. 1400.1909 (Schadensersatz wegen überzahlter Dienstbezüge aufgrund Verletzung der Mitteilungspflicht bzgl familiärer Veränderungen gem. § 48 BeamtStG); vgl des Weiteren *Wieland/Seulen*, Beamtenrecht, in: Eiding/Hofmann-Hoeppel, VerwR, § 51 Rn 62 ff. **29** Vom 13.2.2009 (BGBl. I 326). Aus der nahezu unüberschaubaren Fülle gerichtlicher Entscheidungen vgl in neuerer Zeit etwa: BayVGH 10.8.2015 – 14 B 14.766, EzKommR Nr. 1400.2006 (Rechtmäßigkeit der Beschränkung der Beihilfefähigkeit von Medizinprodukten gem. § 22 Abs. 1 S. 2 BHV aF); HessVGH 25.7.2012 – 1 A 2253/11, IÖD 2012, 224 = EzKommR Nr. 1400.1492 (Vereinbarkeit der Ausschlussfrist für Beihilfeanträge mit höherrangigem Recht); OVG Münster 22.8.2012 – 1 A 1204/10, EzKommR Nr. 1400.1498 (Voraussetzungen der Beihilfegewährung für grenzüberschreitende Krankenhausbehandlung); VG Düsseldorf 29.6.2012 – 13 K 5859/11, IÖD 2012, 247 = EzKommR Nr. 1400.1489 (Beihilfeanspruch kraft Fürsorgepflicht bei Verbleib von weniger als 30 % der Bezüge im Falle vollstationärer Pflege); OVG Lüneburg 8.7.2013 – 5 LA 106/13, IÖD 2013, 201 = EzKommR Nr. 1400.1643 (keine Verpflichtung ergänzender Beihilfeleistung bei gekürzten Versorgungsbezügen aufgrund Versorgungsausgleichs); VG Düsseldorf 29.6.2012 – 13 K 5859/11, EzKommR Nr. 1400.1489 (Beihilfeanspruch kraft Fürsorgepflicht bei Verbleib von weniger als 30 % der Bezüge im Fall vollstationärer Pflege). **30** Vgl *Wieland/Seulen*, Beamtenrecht, in: Eiding/Hofmann-Hoeppel, VerwR, § 51 Rn 69 ff. **31** Vgl hierzu BVerwG 26.6.2014 – 5 C 28/13, EzKommR Nr. 1400.1780; 26.6.2014 – 5 C 29/13, EzKommR Nr. 1400.1781 (keine Dienstreise bei Fahndungsfahrten der (Autobahn-)Polizei); 17.11.2008 – 2 B 73/08, EzKommR Nr. 1400.965; 24.4.2008 – 2 C 14/07, NVwZ 2008, 1126 = EzKommR Nr. 1400.932 (Wohnung als Ort des Antritts und der Beendigung einer Dienstreise bei Telearbeitsplatz); BayVGH 3.6.2008 – 14 B 06.1279, EzKommR Nr. 1400.938 (Wahlrecht des Beamten bzgl Wohnung als Ausgangs- und Endpunkt von Dienstreisen bei Nichtbeeinträchtigung dienstlicher Belange).

1.1.2006 kraft unionsrechtlichen Staatshaftungsanspruchs sowie für angesparte Pflichtstunden finanziell **abzugelten**.[32]

VII. Ansprüche von Arbeitnehmern auf wiederkehrende Leistungen (Abs. 1 S. 1, 3. Var.)

§ 42 normiert und begrenzt den Streitwert in bestimmten arbeitsgerichtlichen Verfahren. Er bildet eine Sondervorschrift zu § 48 und geht diesem vor (vgl § 48 Abs. 1 S. 1 aE). 21

Abs. 1 S. 1, 3. Var. betrifft den Streitwert für **wiederkehrende Leistungen**. In Arbeitssachen sind wiederkehrende Leistungen zB Leistungen aus der betrieblichen Altersversorgung. 22

Bei Ansprüchen von Arbeitnehmern auf wiederkehrende Leistungen ist der **dreifache Jahresbetrag** der wiederkehrenden Leistungen maßgebend, wenn nicht der Gesamtbetrag der geforderten Leistung geringer ist. 23

Abs. 1 S. 1, 3. Var. wird ergänzt durch das **Additionsverbot** bei Klageeinreichung fälliger Leistungen in **Abs. 3 S. 1 Hs 2**. Bei Klageeinreichung fällige Beträge werden also nicht hinzugerechnet. Dies gilt auch, wenn ausschließlich Rückstände eingeklagt werden.[33] Anwendungsfälle sind Leistungen aus der betrieblichen Altersversorgung.[34] 24

Eine ausführliche **alphabetische Auflistung** von Streit- und Gegenstandswerten in Arbeitssachen in Urteils- und Beschlussverfahren findet sich als Anhang 2 zu § 48 GKG; darauf wird an dieser Stelle verwiesen. 25

VIII. Verfahren vor Gerichten der Sozialgerichtsbarkeit, in denen Ansprüche auf wiederkehrende Leistungen dem Grunde oder der Höhe nach geltend gemacht oder abgewehrt werden (Abs. 1 S. 1, 4. Var., S. 2)

Abs. 1 S. 1, 4. Var. regelt die Wertermittlung bei Streitigkeiten in Verfahren vor den Gerichten der Sozialgerichtsbarkeit, in denen Ansprüche auf wiederkehrende Leistungen dem Grunde oder der Höhe nach geltend gemacht oder abgewehrt werden. Begrifflich sind unter „**wiederkehrende Leistungen**" die Ansprüche zu fassen, die auf einem **einheitlichen Rechtsverhältnis** beruhen und **in bestimmten zeitlichen Abständen regelmäßig wiederkehrend fällig** werden.[35] Für die Verfahren vor den Gerichten der Sozialgerichtsbarkeit betrifft dies insb. Rechtssachen mit **Sozialversicherungsbeitragsforderungen**, in denen Ansprüche – primär gegenüber Arbeitgebern – auf wiederkehrende Leistungen dem Grunde oder der Höhe nach geltend gemacht oder abgewehrt werden, und weitere Bereiche speziell im Rahmen **analoger Anwendung**. 26

In **Beitragssachen** (**Gesamtsozialversicherungsbeitrag nach SGB IV** zur Kranken-, Renten-, Arbeitslosen- und Pflegeversicherung) gilt insoweit, wenn nicht der Gesamtbetrag der – vom Arbeitgeber – geforderten Leistungen geringer ist, dass das im Dreijahreszeitraum zu erwartende Beitragsaufkommen zur Sozialversicherung berücksichtigt wird. Nach Sinn und Zweck soll die Norm den Anspruch der Betroffenen auf die vereinbarte Vergütung bei Fortbestehen des Dienst- bzw Arbeitsverhältnisses oder auf andere wiederkehrende Leistungen wahren. Dieselbe Interessenlage bejaht die Rspr bei wiederkehrenden Ansprüchen auf Beiträge zur Sozialversicherung aus einem Beschäftigungsverhältnis. Insoweit wird dann – da der Fall nicht in Abs. 1 S. 1, 4. Var. erwähnt wird – die analoge Anwendung dieser Vorschrift zutreffend vertreten.[36] 27

Als weiterer Fall der analogen Anwendung dieser Vorschrift berücksichtigt die sozialgerichtliche Rspr die Festsetzung eines **Festbetrags für Medizinprodukte**, den die gesetzlichen Krankenkassen an Arzneimittelhersteller zu zahlen haben. Begründet wird dies mit der vergleichbaren Interessenlage. Die Möglichkeit der Erzielung von Einnahmen in einer bestimmten Höhe auf längere Dauer ist insoweit in gleicher Weise für Medikamentenhersteller streitwertbestimmend wie für die in Abs. 1 S. 1 genannten Bediensteten, Arbeitnehmer 28

---

32 Zur Problematik der Vereinbarkeit einzelstaatlicher Rechtsvorschriften über das Erlöschen von Ansprüchen auf bezahlten Jahresurlaub mit Ablauf des Bezugszeitraums, eines im nationalen Recht bestimmten Übertragungszeitraums im Falle von Krankschreibung bzw Dienstunfähigkeit bis zur Beendigung des Arbeits-/Dienstverhältnisses sowie der Verpflichtung des Dienstherrn auf finanzielle Abgeltung des krankheitsbedingt infolge Ausscheidens aus dem aktiven Beamtenverhältnis nicht in Natur eingebrachten Jahresurlaubs vgl EuGH 20.1.2009 – Rs. C-350/06, C-520/06, Slg. 2009, I-179; EuGH 22.11.2011 – Rs. C-214/10, EzKommR Nr. 1400.1394; EuGH 3.5.2012 – Rs. C-337/10, IÖD 2012, 155 = EzKommR Nr. 1400.1454; BVerwG 31.3.2013 – 2 C 10/12, BayVBl. 2013, 478 = EzKommR Nr. 1400.1550; OVG Berlin-Brandenburg 16.10.2013 – 4 B 51/09, EzKommR Nr. 1400.1686; OVG Koblenz 30.3.2010 – 2 A 11321/09, IÖD 2010, 168 = EzKommR Nr. 1400.1138 (abl.); OVG Münster 22.8.2012 – 1 A 2122/10, IÖD 2012, 259 = EzKommR Nr. 1400.1499; VG Düsseldorf 31.1.2014 – 13 K 2412/13, EzKommR Nr. 1400.1720; 25.6.2010 – 13 K 5458/09, IÖD 2010, 204 = EzKommR Nr. 1400.1192; VG Berlin 27.5.2010 – 5 K 175/09, IÖD 2010, 159 = EzKommR Nr. 1400.1702; VG Frankfurt a.M. 25.6.2010 – 9 K 836/10.F, IÖD 2010, 240 = EzKommR Nr. 1400.1193 (jew. bejahend hins. des europarechtlich gewährleisteten Mindesturlaubs von 4 Wochen bzw 20 Arbeitstagen); zur Abgeltung von aus tatsächlichen Gründen nicht ausgleichbaren Vorgriffs- bzw Pflichtstunden an Lehrern vgl BVerwG 10.10.2013 – 2 B 61/13 (2 C 41/13), EzKommR Nr. 1400.1683 sowie VG Gießen 20.11.2013 – 5 K 52/13GI, EzKommR Nr. 1400.1862. **33** BAG NZA 2003, 456. **34** BAG NZA 2003, 456. **35** Binz/Dörndorfer/*Dörndorfer*, § 42 GKG Rn 1. **36** LSG Bln-Bbg 23.2.2010 – L 22 R 963/09 B, juris (Rn 15).

etc. für den Wert ihrer Dienst-/Beschäftigungsverhältnisse.[37] Die Norm soll nämlich den Anspruch der Betroffenen auf die vereinbarte Vergütung bei Fortbestehen des Dienst- bzw Arbeitsverhältnisses wahren, entsprechend bei Medikamentenherstellern den Festbetrag für die Dauer des Vertragsverhältnisses sichern.

29   Ebenfalls wird in Streitigkeiten über die Genehmigung zur Erbringung und Abrechnung bestimmter **ärztlicher Leistungen** auch die zeitliche Pauschalisierung des wirtschaftlichen Interesses am Gebrauch der Genehmigung mit längstens drei Jahren angenommen. Die Rspr hat diese Begrenzung ausdrücklich auf die entsprechende Zeitvorgabe (vgl bereits Abs. 3 S. 1 aF) gestützt.[38]

29a   In Abgrenzung dazu gilt bei **unfallversicherungsrechtlichen Streitigkeiten** betr. einen **Veranlagungsbescheid** im Hinblick auf das Merkmal der wiederkehrenden Leistungen nach obergerichtlicher Rspr Folgendes: Als Streitwert ist der konkret für ein Jahr streitige Betrag zu ermitteln und dieser dann mit maximal dem Faktor 3 zu vervielfachen, wenn die wirtschaftliche Bedeutung für den Verpflichteten (Arbeitgeber) wegen der Auswirkungen auf spätere Beitragsjahre höher ist. Hingegen ist der einfache Auffangstreitwert von 5.000 € zugrunde zu legen, wenn der konkrete Betrag nicht zu ermitteln ist. Der vom LSG Rheinland-Pfalz herausgegebene Streitwertkatalog für die Sozialgerichtsbarkeit 2012 hat sich dieser Auffassung angeschlossen (zum Abdruck s. „Anhang 3 zu § 52 GKG: Streitwertkatalog für die Sozialgerichtsbarkeit").[39]

Dafür spricht mit der insoweit überzeugenden neueren Rspr, dass zum einen Abs. 1 bei Streitigkeiten betreffend Ansprüche auf wiederkehrende Leistungen für den Streitwert den dreifachen Jahresbetrag für maßgebend erklärt, wenn nicht der Gesamtbetrag der geforderten Leistungen geringer ist. Umgekehrt enthält § 52 Abs. 2 keine Anhaltspunkte, die eine Verdreifachung des Auffangstreitwerts rechtfertigen würden, und auch Abs. 1 S. 2 verweist bei Verfahren betreffend Ansprüche auf wiederkehrende Leistungen, bei denen die Höhe des Jahresbetrags nicht nach dem Antrag des Klägers bestimmt oder nach diesem Antrag mit vertretbarem Aufwand bestimmbar ist, auf § 52 Abs. 1 und 2. Weiter ist zu berücksichtigen, dass eine Verdreifachung unverhältnismäßig wäre in Fällen, in denen – wie in dem vorliegenden – die Auswirkungen des Rechtsstreits auf die Beiträge in drei Jahren erheblich geringer als der dreifache Auffangstreitwert sind. Demnach ist als Streitwert in Streitigkeiten über Veranlagungsbescheide in der gesetzlichen Unfallversicherung festzusetzen die tatsächliche bzw zu erwartende streitige Beitragslast für die ersten drei Umlagejahre, sofern der Gefahrtarif keine kürzere Laufzeit hat. Ist dieser Wert nicht oder nicht mit vertretbarem Aufwand festzustellen, ist auf den Auffangstreitwert iHv 5.000 € nach § 52 Abs. 2 zurückzugreifen.[40]

30   Die aus sich selbst heraus verständliche Regelung in **Abs. 1 S. 2** ist so anzuwenden, dass in Verfahren vor den Gerichten der Verwaltungs-/Sozialgerichtsbarkeit bei unbestimmten Zahlungsanträgen – unabhängig davon, ob die Höhe des Jahresbetrags überhaupt nicht bestimmt wurde oder nicht mit vertretbarem Aufwand bestimmbar ist – der Streitwert nach § 52 Abs. 1 und 2 zu ermitteln ist.[41] Siehe näher → Rn 12, 19.

IX. Bestandsschutzstreitigkeiten, Eingruppierungsstreitigkeiten (Abs. 2)

31   Abs. 2 S. 1 ist die zentrale Norm für die Wertbestimmung bei Bestandsschutzstreitigkeiten. Abs. 2 S. 2 legt den Streitwert für Eingruppierungsstreitigkeiten fest.

32   Für die Wertberechnung bei Rechtsstreitigkeiten vor den Gerichten für Arbeitssachen (Arbeits- und Landesarbeitsgerichten sowie dem Bundesarbeitsgericht, vgl § 1 ArbGG) über das **Bestehen, das Nichtbestehen oder die Kündigung eines Arbeitsverhältnisses** ist höchstens der Betrag des für die Dauer eines Vierteljahres zu leistenden Arbeitsentgelts maßgebend; eine Abfindung wird nicht hinzugerechnet (**Abs. 2 S. 1**). Die Vorschrift gilt für sämtliche **Bestandsschutzstreitigkeiten** vor den Gerichten für Arbeitssachen.

33   Die Norm begrenzt aus sozialpolitischen Erwägungen den Streitwert und damit die Kosten des gerichtlichen Verfahrens. Der Gesetzgeber zwingt zur Meidung der Folge der Wirksamkeit einer ausgesprochenen Kündigung zur Klageeinreichung innerhalb der dreiwöchigen Frist gem. §§ 4, 7 KSchG. Abs. 2 S. 1 dient demgegenüber der Kostenschonung.[42]

34   Abs. 2 S. 1 ist eine **Ausnahmevorschrift**, die den Streitwert bei Bestandsschutzstreitigkeiten begrenzt. Aufgrund dieses Ausnahmecharakters ist die Vorschrift nicht auf andere Bereiche übertragbar, wenngleich dies häufig geschieht. Unzulässig ist es etwa, die Zahlungsklage, die zusammen mit der Kündigungsschutzklage erhoben wurde, auf das Vierteljahresentgelt zu deckeln.

35   Bei Rechtsstreitigkeiten über **Eingruppierungen** ist der Wert des dreijährigen Unterschiedsbetrags zur begehrten Vergütung maßgebend, sofern nicht der Gesamtbetrag der geforderten Leistungen geringer ist (**Abs. 2 S. 2**).

---

37 So ausdr. BSG, SozR 4-1920 § 52. Nr. 2; ebenso LSG Bln-Bbg 22.5.2008 – L 24 KR 1227/05, juris (Rn 238–240). **38** BSG 1.9.2005 – B 6 KA 41/04 R. **39** BayLSG 22.12.2014 – L 2 U 318/13, NZS 2015, 758. **40** BayLSG 22.12.2014 – L 2 U 318/13, juris (Rn 10). **41** Ebenso Binz/Dörndorfer/*Dörndorfer*, § 42 GKG Rn 15. **42** Natter/Gross/*Pfitzer/Augenschein*, ArbGG 2013, § 12 Rn 81.

Eine ausführliche **alphabetische Auflistung** von Streit- und Gegenstandswerten in Arbeitssachen in Urteils- und Beschlussverfahren findet sich als Anhang 2 zu § 48 GKG; darauf wird an dieser Stelle verwiesen. 36

X. Rückstände (Abs. 3)

1. Grundsatz der Werterhöhung. Bei Klageeinreichung bereits fällige Beträge erhöhen den Streitwert 37 (Abs. 3 S. 1 Hs 1), soweit nicht eine arbeitsgerichtliche Streitigkeit betroffen ist (Abs. 3 S. 1 Hs 2). Ab Einreichung auflaufende Beträge bleiben unberücksichtigt. Die Erhöhung ist nicht auf den nach Abs. 1 und 2 errechneten Wert begrenzt.[43] Von der Werterhöhung ausgeschlossen sind aber Rechtsstreitigkeiten vor den Gerichten für Arbeitssachen (Abs. 3 S. 1 Hs 2).[44]

2. Zeitpunkt der Berechnung. Entscheidend ist die Fälligkeit bei Einreichung (**Anhängigkeit**) der auf Verurteilung zur wiederkehrenden Leistung gerichteten Klage.[45] Zahlungen nach Anhängigkeit beeinflussen den Wert nicht.[46] Der Klageeinreichung steht die Stellung eines Antrags auf Gewährung von **Prozesskostenhilfe** grds. gleich, wenn die Klage zeitnah („alsbald") nach dessen Bescheidung oder eine hiergegen eingelegte Beschwerde eingereicht wird.[47] Der Gesetzeswortlaut ist hinsichtlich des Zeitmoments an § 696 Abs. 3 ZPO angelehnt und soll Raum für Einigungsbemühungen geben.[48] Danach muss die Einreichung ohne schuldhafte Verzögerung, idR also innerhalb von zwei Wochen, erfolgen.[49]

3. Einzelfälle A–Z

- **Abänderungsklage.** Bei Einreichung fällige Differenzbeträge sind zu addieren.[50] 39
- **Ausländischer Titel.** Im Verfahren der Vollstreckbarerklärung (§§ 722 f ZPO) sind nur Rückstände bis 40 zur Klageeinreichung oder im Titel gesondert ausgeworfene Beträge bei dem für die Anwaltsgebühren maßgeblichen Gegenstandswert werterhöhend zu berücksichtigen. Nach Erlass des Urteils fällige Beträge bleiben außer Ansatz.[51] Für die Gerichtsgebühren gilt Nr. 1510 KV GKG (Festwert: 240 €).
- **Außergerichtliche Einigung.** Hier sind alle bis zum Abschluss des Vergleichs fälligen Beträge als Rückstand werterhöhend anzusetzen.[52] 41
- **Einstweilige Verfügung.** Der bei Antragseinreichung bestehende Rückstand ist hinzuzurechnen. Gleiches 42 gilt für die Wertfestsetzung im Hauptsacheverfahren hinsichtlich der bis zur Klageeinreichung fälligen Beträge.[53]
- **Klageänderung.** Die bei einem Wechsel von der Feststellungsklage zur Leistungsklage (§ 264 ZPO) fälli- 43 gen Beträge sind als Rückstand werterhöhend zu berücksichtigen.[54]
- **Klageerhöhung.** Die Anwendbarkeit von Abs. 3 auf eine Klageerweiterung (§ 264 ZPO) ist streitig. 44 Nach zutreffender Ansicht sind die zwischen Einreichung der Klage und deren Erhöhung fälligen Differenzbeträge streitwerterhöhend.[55]
- **Mietsachen.** Bei Klagen auf Zahlung zukünftiger Miete, Pacht oder Nutzungsentschädigung findet 45 Abs. 3 analoge Anwendung.[56]
- **Negative Feststellungsklage.** Berühmt sich der Gegner bei Klageeinreichung bereits fälliger Ansprüche, 46 erhöhen diese den Streitwert.[57]
- **Parteiwechsel.** Bei den bis zu einem Wechsel des Klägers bzw Beklagten aufgelaufenen Beträgen handelt 47 es sich – diesem gegenüber – um Rückstände iSd Abs. 3.[58]
- **Schmerzensgeld.** Bei Änderung der Klage von unbeziffertem Schmerzensgeld auf Zahlung einer Schmer- 48 zensgeldrente sind bis dahin aufgelaufene Beträge kein Rückstand iSd Abs. 3.[59]
- **Stufenklage.** Abs. 3 gilt auch für die Stufenklage, da der unbezifferte Leistungsantrag bereits mit Einrei- 49 chung anhängig wird.[60]

---

43 OLG Frankfurt JurBüro 2005, 97 (zu § 767 ZPO). **44** Krit. *Lappe*, NJW 2004, 2409, 2411. **45** OLG Brandenburg MDR 2007, 1262; OLG Naumburg FamRZ 2007, 2086; OLG Saarbrücken FamRZ 2009, 1172. **46** OLG Karlsruhe JurBüro 2011, 529. **47** OLG Bamberg FamRZ 2001, 779. **48** So BT-Drucks 12/6962, S. 62. **49** BGH NJW 2009, 1214. **50** Schneider/Herget/ *N. Schneider*, Streitwert-Kommentar, „Rente" Rn 4795; aA wohl OLG Karlsruhe NJW-RR 2016, 189 (zu § 42 Abs. 5 S. 1 GKG aF). **51** BGH MDR 2009, 173. **52** OLG Nürnberg AGS 2002, 232. **53** Vgl OLG Frankfurt FamRZ 1989, 296. **54** OLG Karlsruhe JurBüro 2015, 193 – auch zur Berechnung; OLG Düsseldorf MDR 1957, 686; Binz/Dörndorfer/*Dörndorfer*, § 42 GKG Rn 11. **55** OLG Celle FamRZ 2009, 74; OLG Karlsruhe FamRZ 1986, 195; OLG Köln FamRZ 2004, 1226; *Schneider*, MDR 1991, 198; aA BGH MDR 1958, 758 (BEG-Ansprüche); OLG Brandenburg MDR 2003, 335; OLG Hamburg MDR 1983, 1032; OLG Karlsruhe NJW-RR 2016, 189; OLG Karlsruhe JurBüro 2015, 193; OLG Nürnberg JurBüro 2008, 33; OLG Saarbrücken JurBüro 1990, 97. **56** BGH MDR 2004, 1437. **57** OLG Hamm JurBüro 1988, 778; OLG Köln FamRZ 2001, 1386; aA OLG Karlsruhe FamRZ 1997, 39. **58** AA OLG Karlsruhe NJW-RR 1999, 582 (keine Streitgegenstandsänderung; aber es gibt keinen vom subjektbezogenen Prozessrechtsverhältnis unabhängigen Streitgegenstand). **59** OLG Zweibrücken JurBüro 1978, 1550. **60** BGH NJW-RR 1995, 513; OLG Brandenburg FamRZ 2007, 55; OLG Bremen AGS 2013, 583; OLG Saarbrücken FamRZ 2009, 1172.

§ 43 Nebenforderungen

(1) Sind außer dem Hauptanspruch auch Früchte, Nutzungen, Zinsen oder Kosten als Nebenforderungen betroffen, wird der Wert der Nebenforderungen nicht berücksichtigt.

(2) Sind Früchte, Nutzungen, Zinsen oder Kosten als Nebenforderungen ohne den Hauptanspruch betroffen, ist der Wert der Nebenforderungen maßgebend, soweit er den Wert des Hauptanspruchs nicht übersteigt.

(3) Sind die Kosten des Rechtsstreits ohne den Hauptanspruch betroffen, ist der Betrag der Kosten maßgebend, soweit er den Wert des Hauptanspruchs nicht übersteigt.

I. Allgemeines

1 Die Vorschrift regelt in Abs. 1 und 2, inwieweit Nebenforderungen beim Streitwert zu berücksichtigen sind. Abs. 3 wiederum regelt den Streitwert, wenn nur die Kosten des Rechtsstreits betroffen sind. Die Bewertung der Nebenforderungen oder der Kosten selbst ist nicht in § 43 geregelt; ihre Bewertung folgt aus den sonstigen Wertvorschriften, notfalls aus § 48 Abs. 1 S. 1 GKG iVm § 3 ZPO.

2 In **Abs. 1** ist ein **Additionsverbot** enthalten. Danach werden die Werte von Nebenforderungen nicht berücksichtigt, also dem Wert der Hauptsache nicht hinzugerechnet, soweit die Gebühren bereits aus der Hauptforderung angefallen sind.

3 **Abs. 2** enthält eine **Wertbegrenzung**. Soweit Gebühren lediglich aus dem Wert der Nebenforderungen anfallen, wird ihr Wert auf den Wert der Hauptforderung begrenzt.

4 **Abs. 3** wiederum betrifft den Fall, dass **Kosten des Verfahrens** – also keine Nebenforderung iSd Abs. 1 und 2 – ohne den Hauptanspruch betroffen sind. Auch hier enthält das Gesetz lediglich eine Wertbegrenzung.

5 Kein Fall des § 43 liegt vor, wenn Früchte, Nutzungen, Zinsen oder Kosten selbständig geltend gemacht werden (etwa im Wege einer isolierten Klage auf Zinsen oder materiellrechtlicher Kostenerstattung). Der Wert der Früchte, Nutzungen, Zinsen oder Kosten ist dann vielmehr wie eine gewöhnliche Hauptforderung zu bewerten. Eine Begrenzung auf den Wert der dazugehörigen Hauptforderung – wie nach Abs. 2 – ist dann nicht vorzunehmen (→ Rn 40 ff).

II. Nebenforderung (Abs. 1 und 2)

6 **1. Regelungsbereich und Definition.** Die Abs. 1 und 2 gelten nicht für alle Nebenforderungen, sondern nur für **Früchte, Nutzungen, Zinsen und Kosten**. Sonstige Nebenforderungen sind daher mit dem vollen Wert anzusetzen und dem Wert der Hauptsache hinzuzurechnen.

7 Anwendbar sind die Abs. 1 und 2 nur dann, wenn die dort aufgezählten Ansprüche **als Nebenforderung** beansprucht werden. Soweit sie als Hauptforderung geltend gemacht werden, gilt ihr voller Wert.

8 Entgegen eines weit verbreiteten Irrtums kommt es dabei nicht auf den Antrag an. Ein Kläger oder anderweitiger Antragsteller kann nicht durch die Gestaltung oder Formulierung seines Antrags bestimmen, ob eine Forderung als Haupt- oder Nebenforderung zu gelten habe und als solche zu bewerten sei. So wird zB eine Zinsforderung nicht dadurch zur Hauptforderung, dass die Zinsen kapitalisiert und als beziffert Zahlbetrag geltend gemacht werden.[1] Werden vorgerichtliche Kosten als Schadensersatz mit geltend gemacht, kommt es nicht darauf an, ob insoweit ein gesonderter Antrag formuliert wird oder ob der Betrag der vorgerichtlich entstandenen Kosten der Hauptforderung zugeschlagen wird. Entscheidend ist ausschließlich die **materielle Rechtslage, nicht** die **Antragstellung.**

---

1 BGH NJW-RR 1995, 706.

Nach der allgemeingültigen **Definition** sind Nebenforderungen solche Forderungen, die in Abhängigkeit zur **9** Hauptforderung stehen. Ihr Bestand muss also rechtlich bedingt von der Existenz der Hauptforderung sein.

2. Früchte. Der Begriff „Früchte" ist in § 99 Abs. 1 BGB definiert und erfasst die Erzeugnisse einer Sache **10** und deren sonstige bestimmungsgemäße Ausbeute, welche aus der Sache ihrer Bestimmung gemäß gewonnen wird. Nach § 99 Abs. 2 BGB gehören hierzu auch die bestimmungsgemäßen Erträge eines Rechts. Hinzu kommen nach § 99 Abs. 3 BGB auch die Erträge einer Sache oder eines Rechts infolge eines Rechtsverhältnisses.

3. Nutzungen. Der Begriff „Nutzungen" ist in § 100 BGB definiert und erfasst die Früchte einer Sache oder **11** eines Rechts sowie die Vorteile, welche der Gebrauch der Sache oder des Rechts gewährt.

4. Zinsen. Zinsen sind das Entgelt für eine Kapitalüberlassung.[2] Dazu gehört auch die „Kapitalüberlas- **12** sung" durch Vorenthaltung seitens des Schuldners. Hauptanwendungsfälle sind **Fälligkeitszinsen, Verzugszinsen** sowie **Prozesszinsen** nach § 291 BGB. Zinsen wegen entgangenen Gewinns aus einer Alternativanlage sind ebenfalls eine Nebenforderung.[3]

Reduziert sich eine verzinsliche Forderung durch eine oder mehrere Teilzahlungen, ohne dass eine Tilgungs- **13** bestimmung zur Hauptsache getroffen worden ist, dann gilt § 367 Abs. 1 BGB. Die Teilzahlungen sind zunächst auf die Zinsen zu verrechnen, so dass ein entsprechend höherer Anteil der Hauptforderung übrig bleibt.

Beispiel: Der Gläubiger fordert einen Betrag iHv 40.000 €. Er setzt den Schuldner in Verzug und beansprucht ab **14** dem 1.1. des Jahres eine Verzinsung iHv 5 %. Der Schuldner zahlt am 1.5. des Jahres einen Teilbetrag iHv 20.000 €. Der Gläubiger klagt daraufhin auf Zahlung eines Betrags iHv 40.000 € nebst Zinsen hieraus iHv 5 % seit dem 1.1. des Jahres abzüglich am 1.5. gezahlter 20.000 €.

Bis zum 1.5. des Jahres waren Zinsen angefallen iHv 663,01 €. Zum 1.5. belief sich die Gesamtforderung somit auf 40.663,01 €. Abzüglich der Teilzahlung verbleibt somit eine restliche Hauptforderung iHv 20.663,01 € nebst weiterer Zinsen. Der Streitwert ist somit auf 20.663,01 € festzusetzen.

Abwandlung: Wie vorangegangenes Beispiel; der Schuldner zahlt am 1.5. des Jahres einen Teilbetrag **15** iHv 20.000 € ausdrücklich auf die Hauptforderung. Der Gläubiger klagt daraufhin auf Zahlung eines Betrags iHv 20.000 € nebst Zinsen iHv 5 % seit dem 1.1. des Jahres zuzüglich der aus den gezahlten 20.000 € bis dato aufgelaufenen Zinsen.

Der Streitwert beläuft sich zum einen auf 20.000 €; die daraus aufgelaufenen und weiter anfallenden Zinsen werden nach Abs. 1 nicht berücksichtigt. Die aus den gezahlten 20.000 € angefallenen Zinsen sind dagegen zu bewerten (→ Rn 27). Sie stehen nicht in Abhängigkeit zur eingeklagten Hauptforderung und sind daher selbst Hauptforderung.

5. Kosten. Zu den Kosten zählen sämtliche Kostenpositionen, die in Abhängigkeit zur Hauptsache stehen, **16** insb. vorgerichtliche Anwaltskosten oder anderweitige vorgerichtliche Kosten, die zur Durchsetzung oder Ermittlung des Anspruchs aufzuwenden waren. Nicht zu den Kosten gehören die Kosten des Rechtsstreits; hierfür enthält Abs. 3 eine gesonderte Regelung.

III. Bewertung der Nebenforderungen

1. Überblick. Der Wert einer Nebenforderung selbst ist nicht in § 43 geregelt. Die Vorschrift des § 43 geht **17** vielmehr davon aus, dass die Bewertung nach den allgemeinen Vorschriften erfolgt. Soweit keine besonderen Regelungen greifen, gilt § 48 Abs. 1 S. 1 GKG iVm § 3 ZPO.

2. Früchte. Früchte werden idR als Geldforderung geltend gemacht, so dass nach § 48 Abs. 1 S. 1 GKG **18** iVm § 3 ZPO deren Wert gilt. Werden sie als wiederkehrende Leistungen geltend gemacht, greift die Verweisung auf § 9 ZPO.

3. Nutzungen. Auch Nutzungen sind idR Geldforderungen und daher nach § 48 Abs. 1 S. 1 GKG iVm § 3 **19** ZPO zu bewerten, ggf auch nach § 9 ZPO im Falle der Geltendmachung als wiederkehrende Leistungen.

4. Zinsen. Zinsen sind Geldforderungen. Soweit sie kapitalisiert und beziffert geltend gemacht werden, gilt **20** § 48 Abs. 1 S. 1 GKG iVm § 3 ZPO. Werden künftige Zinsen gefordert, also Zinsen nach Antragseinreichung oder ab Rechtshängigkeit, ist ihr Wert nach § 48 Abs. 1 S. 1 GKG iVm § 3 ZPO zu schätzen. Die Bewertung ist hier umstritten;[4] der BGH geht von einem Jahr aus.[5] Werden fällige und künftige Zinsen gefordert, sind sämtliche fällige Zinsen zu berücksichtigen sowie die künftigen Zinsen, deren Wert zu schätzen ist.

---

2 BGH NJW 1998, 2060 = WM 1998, 1293 = MDR 1998, 857. **3** OLG Frankfurt AGS 2014 = MDR 2014, 858. **4** S. ausf. *Schneider/Herget*, Streitwert-Kommentar, Rn 6407 ff (6435). **5** BGH NJW 1981, 2360 = JurBüro 1981, 1490 = Rpfleger 1981, 396.

21 **5. Kosten.** Kosten sind stets Geldforderungen und daher nach § 48 Abs. 1 S. 1 GKG iVm § 3 ZPO zu bewerten. Das gilt auch dann, wenn die Freistellung von Kosten verlangt wird.

IV. Gesamtbewertung

22 Nach Abs. 1 bleibt der Wert einer Nebenforderung außer Ansatz, soweit sie neben dem Hauptanspruch geltend gemacht wird. Erforderlich ist also, dass ein **Abhängigkeitsverhältnis zur Hauptforderung** gegeben ist. Die Nebenforderung muss von der konkret geltend gemachten Hauptforderung abhängig sein.

23 Ist für bestimmte gebührenauslösende Handlungen eine **Nebenforderung ohne den Hauptanspruch** betroffen, so gilt insoweit der Wert der Nebenforderung. Da Gebühren aus dem Hauptanspruch nicht entstehen, kann das Additionsverbot des Abs. 1 nicht greifen. Der Wert der Nebenforderung ist allerdings nach Abs. 2 auf den Wert der Hauptforderung begrenzt (→ Rn 40).

24 Wird **ausschließlich** eine **Nebenforderung** geltend gemacht, also im Wege eines isolierten Verfahrens, dann gilt der volle Wert der Nebenforderung.

25 **Beispiel 1:** Der Gläubiger hatte vom Schuldner Zahlung einer Geldforderung nebst Zinsen verlangt. Der Schuldner zahlt die Hauptforderung, nicht aber die Zinsen, die nunmehr selbständig eingeklagt werden.

Der volle Wert der Zinsen (§ 48 Abs. 1 S. 1 GKG iVm § 3 ZPO) ist maßgebend. Die Beschränkung des Abs. 2 greift nicht.

26 **Beispiel 2:** Nach Zahlung der Forderung werden noch die vorgerichtlich entstandenen Anwaltskosten eingeklagt. Auch jetzt sind die Anwaltskosten Hauptforderung und damit in voller Höhe zu bewerten (§ 48 Abs. 1 S. 1 GKG iVm § 3 ZPO). Auch hier greift die Beschränkung des Abs. 2 nicht.

27 Sofern Nebenforderungen aus der Gesamthauptforderung oder einer Mehrzahl von Hauptforderungen geltend gemacht werden, aber nur noch ein Teil der Gesamthauptforderung bzw ein Teil der Hauptforderungen Gegenstand des gerichtlichen Verfahrens ist, muss differenziert werden:

- Soweit die Nebenforderungen auf die anhängige bzw noch anhängige Forderung entfallen, bleiben sie bei der Wertberechnung außer Ansatz.
- Soweit die Hauptforderung nicht (mehr) anhängig ist, fehlt es an einem Abhängigkeitsverhältnis, so dass die Nebenforderungen insoweit werterhöhend zu berücksichtigen sind.[6]

28 **Beispiel:** Der Gläubiger verlangt außergerichtlich einen Betrag iHv 50.000 € nebst Zinsen. Der Schuldner zahlt 20.000 € auf die Hauptforderung. Nunmehr erhebt der Gläubiger Klage und beantragt, den Schuldner zu verurteilen, 20.000 € zu zahlen nebst der gesamten Zinsen aus 50.000 €.

Soweit die Zinsen auf die vorgerichtlich bereits gezahlten 20.000 € entfallen, fehlt es an einer Abhängigkeit zur Hauptforderung, so dass diese Zinsen selbst zur Hauptforderung werden. Soweit die Zinsen aus den im Verfahren beantragten 30.000 € hergeleitet werden, sind sie Nebenforderungen und beim Wert nicht zu berücksichtigen.

29 Gleiches gilt bei **vorgerichtlichen Anwaltskosten**, wobei hier strittig ist, wie diese zu bewerten sind. Nach zutreffender Auffassung ergibt sich der Mehrwert aus dem Wert der Kosten, die ausschließlich aus dem erledigten Gegenstand angefallen wären. Zu fragen ist also: Welche Kosten wären außergerichtlich angefallen, wenn der Anwalt nur mit den vorgerichtlich erledigten beauftragt worden wäre?

30 **Beispiel:** Der Gläubiger beauftragt den Anwalt, seinen Schuldner außergerichtlich aufzufordern, 12.000 € zu zahlen. Der Anwalt rechnet außergerichtlich daraufhin wie folgt ab:

1. 1,3-Geschäftsgebühr, Nr. 2300 VV RVG (Wert: 12.000 €)		785,20 €
2. Postentgeltpauschale, Nr. 7002 VV RVG		20,00 €
Zwischensumme	805,20 €	
3. 19 % Umsatzsteuer, Nr. 7008 VV RVG		152,99 €
Gesamt		**958,19 €**

Der Schuldner zahlt freiwillig 7.500 €. Wegen der weiteren 4.500 € wird Klage eingereicht. Gleichzeitig werden die 958,19 € als Verzugsschaden mit geltend gemacht.

Der Wert des gerichtlichen Verfahrens beläuft sich zum einen auf 4.500 € (restliche Forderung). Die mit geltend gemachten Anwaltskosten aus 12.000 € sind Hauptforderung, soweit sie auf die vorgerichtlich erledigten 7.500 € entfallen, und im Übrigen sind sie Nebenforderung, nämlich soweit sie auf die eingeklagten 4.500 € entfallen.

31 Nach **zutreffender Auffassung** ist der Mehrwert der Kosten nach dem Wert der Gebühren aus dem erledigten Wert zu rechnen. Danach würde sich im Beispiel der zusätzliche Wert auf eine 1,3-Geschäftsgebühr aus 7.500 € nebst Auslagen belaufen:

---

[6] BGH AGS 2008, 187 = FamRZ 2008, 684 = JurBüro 2008, 202; BGH AGS 2009, 344 = FamRZ 2009, 867; BGH AGS 2011, 140 = JurBüro 2011, 260.

1. 1,3-Geschäftsgebühr, Nr. 2300 VV RVG (Wert: aus 7.500 €)		592,80 €
2. Postentgeltpauschale, Nr. 7002 VV RVG		20,00 €
Zwischensumme	612,80 €	
3. 19 % Umsatzsteuer, Nr. 7008 VV RVG		116,43 €
Gesamt		**729,23 €**

32

Der Streitwert beläuft sich somit auf:

Zahlungsantrag	4.500,00 €
Kosten	729,23 €
Gesamt	**5.229,23 €**

Zum Teil wird die Auffassung vertreten, die entstandenen Kosten seien nach Streitwertanteilen zu **quoteln**. Damit wären (958,19 € : [7.500 € + 12.000 €] x 12.000 € =) 598,86 € als weitere Hauptforderung hinzuzurechnen. **33**

Das **KG** wiederum[7] will einen Differenzbetrag ansetzen. Es würde wie folgt rechnen: **34**

Die Anwaltskosten aus 12.000 € belaufen sich (s.o.) auf 958,19 € **35**

Davon bleiben als Nebenforderung gem. Abs. 1 unberücksichtigt aus den anhängigen Gegenständen (4.500 €):

1. 1,3-Geschäftsgebühr, Nr. 2300 VV RVG (Wert: 4.500 €)		393,90 €
2. Postentgeltpauschale, Nr. 7002 VV RVG		20,00 €
Zwischensumme	413,90 €	
3. 19 % Umsatzsteuer, Nr. 7008 VV RVG		78,64 €
Gesamt		**492,54 €**

Es verbleibt somit ein Differenzbetrag iHv (958,19 € – 492,54 € =) 465,65 €, der als Hauptforderung werterhöhend zu berücksichtigen wäre.

Dass sowohl die Quotelung als auch die Berechnung des KG falsch sind, zeigt sich schon an folgender Abwandlung: **36**

Abwandlung: Zunächst werden nur die Anwaltskosten aus den vorgerichtlich erledigten Unterhaltsforderungen geltend gemacht, also die Kosten aus 7.500 €. Da es sich um eine isolierte Hauptforderung handelt, gilt der volle Wert, also 729,23 €. Später wird der Antrag erweitert und es werden auch weitere 4.500 € geltend gemacht sowie die weiteren Kosten. **37**

Durch die Erweiterung des Antrags kann sich der Wert des Anspruchs auf Ersatz der vorgerichtlichen Kosten aus den erledigten 7.200 € nicht nachträglich reduzieren. Das aber wäre die Konsequenz der Auffassung des KG. Eine Antragserweiterung kann jedoch nicht zur Streitwertreduzierung führen. Daher sind die Auffassungen zur Quotelung sowie die Entscheidung des KG abzulehnen.

Erst recht sind Kosten zu berücksichtigen, wenn sie aus einer anderen Hauptforderung geltend gemacht werden.[8] **38**

Beispiel: Eingeklagt werden die Miete Februar sowie Zinsen aus der verspätet gezahlten Januarmiete. **39**

Die Werte von Miete und Zinsen werden addiert, da die Zinsen nicht in Abhängigkeit zur Mietforderung stehen.

V. Nebenforderung ohne Hauptanspruch (Abs. 2)

Sind Nebenforderungen im Verfahren als solche neben der Hauptforderung geltend gemacht worden, kann es dazu kommen, dass bestimmte Gebühren nur aus dem Wert der Nebenforderungen, also ohne die Hauptforderung, anfallen. In diesem Fall gilt zwar der Wert der Nebenforderungen. Ihr Wert wird dann aber begrenzt auf den Wert der Hauptforderung. Da in den meisten Fällen die Gebühren nur für das Verfahren im Allgemeinen insgesamt erhoben werden, tritt innerhalb der Instanz ein solcher Fall selten auf – anders dagegen bei den Anwaltsgebühren (→ Rn 51 ff). Instanzübergreifend kommen solche Fälle häufiger vor. **40**

Beispiel 1: Das Gericht hat einen Arrest erlassen. Dagegen wird Widerspruch eingelegt, allerdings beschränkt auf die Zinsen. **41**

Für das Anordnungsverfahren gilt der Wert der Hauptforderung ohne Zinsen; für das Widerspruchsverfahren gilt nur der Wert der Zinsen, beschränkt auf den Wert der Hauptsache.

Beispiel 2: Im Mahnverfahren wird eine Forderung nebst Zinsen geltend gemacht. Das streitige Verfahren wird nur wegen der Zinsen durchgeführt. **42**

Der Streitwert für die Gebühr des Mahnverfahrens berechnet sich nach dem Wert der Hauptforderung ohne Zinsen. Die Zinsen werden nicht hinzugerechnet.

---

7 KG MDR 2009, 522 = DAR 2009, 294. **8** OLG Frankfurt AGS 2010, 301.

Die Gebühr für das streitige Verfahren berechnet sich dagegen nur nach dem Wert der Zinsen, begrenzt auf den Wert der Hauptforderung.

43 **Beispiel 3:** Geltend gemacht wird eine Forderung iHv 700 € nebst vorgerichtlicher Kosten iHv 1.000 €. Der Wert des Verfahrens beläuft sich auf 700 €. Nach Abs. 1 werden die Kosten als Nebenforderung nicht hinzugerechnet.

Wird eine Berufung nur gegen die Kosten geführt, würde sich der Wert des Verfahrens jetzt auf den Wert der Kosten, also auf 1.000 €, belaufen. Dieser Wert würde jedoch nach Abs. 2 auf den Wert der Hauptforderung begrenzt. Dieselbe Rechtsfolge ergäbe sich im Übrigen auch aus § 47 Abs. 2.

VI. Kosten des Rechtsstreits

44 Kosten des Rechtsstreits, also die Kosten, die im Verfahren entstanden sind und über die später im Festsetzungsverfahren nach den §§ 103 ff ZPO zu entscheiden ist, sind **keine Nebenforderungen iSd § 43**. Sie sind gar nicht Streitgegenstand des Rechtsstreits und werden daher ohnehin nicht berücksichtigt. Je nach Verfahrenskonstellation kann es jedoch vorkommen, dass die Kosten des Verfahrens ohne den Hauptgegenstand betroffen sind. In diesem Fall bilden die Kosten den Wert des Streitgegenstands. Das Kostenaufkommen ist zu schätzen und letztlich nach § 48 Abs. 1 S. 1 GKG iVm § 3 ZPO zu bewerten. Der Wert darf allerdings nicht höher angesetzt werden als der Wert des Hauptgegenstands (Abs. 3).

45 Auch hier ergeben sich – im Gegensatz zu den Anwaltsgebühren (→ Rn 51 ff) – kaum Anwendungsfälle, da die Verfahrensgebühr für das Verfahren im Allgemeinen erhoben wird. Anwendungsfälle sind derzeit zB denkbar in einstweiligen Verfügungs- oder Arrestverfahren.

46 **Beispiel:** Das Gericht hat eine einstweilige Verfügung erlassen. Dagegen wird Widerspruch eingelegt, allerdings beschränkt auf die Kosten des Verfahrens.

Für das Anordnungsverfahren gilt der Wert der Hauptsache; für das Widerspruchsverfahren ist der Wert der im Anordnungsverfahren angefallenen Kosten (Anwalt und Gericht) maßgebend, begrenzt wiederum auf den Wert der Hauptsache.

VII. Wertfestsetzung

47 Da nach dem Wert einer Nebenforderung grds keine gesonderten Gerichtsgebühren anfallen, bedarf es insoweit keiner Wertfestsetzung nach § 63 Abs. 2. Nur dann, wenn aus dem Wert der Zinsen oder Kosten gesonderte Gebühren anfallen, ist auch insoweit nach § 63 Abs. 2 ein Wert festzusetzen.

48 **Beispiel 1:** Das Gericht hat eine einstweilige Verfügung erlassen. Dagegen wird Widerspruch eingelegt, allerdings beschränkt auf die Kosten des Verfahrens.

Für die Gerichtsgebühr des Anordnungsverfahrens und für die des Widerspruchsverfahrens ist jeweils ein gesonderter Wert festzusetzen.

49 **Beispiel 2:** Die Parteien erklären schriftsätzlich den Rechtsstreit in der Hauptsache übereinstimmend für erledigt. Es wird hiernach über die Kosten des Verfahrens mündlich verhandelt und durch Beschluss entschieden. Dagegen wird Beschwerde eingelegt.

Der Wert des Verfahrens ist auf den Wert der Hauptsache festzusetzen. Eine weitere Wertfestsetzung nach § 63 Abs. 2 hat zu unterbleiben. Aus den Kosten sind erstinstanzliche keine Gerichtsgebühren angefallen, so dass eine Wertfestsetzung insoweit unzulässig ist. Auch im Beschwerdeverfahren hat eine Wertfestsetzung nach § 63 zu unterbleiben, da keine wertabhängige Gebühr erhoben wird, sondern eine Festgebühr (Nr. 1810 KV).

50 Anders verhält es sich dagegen bei den Anwaltsgebühren. Hier ist ggf eine gesonderte Wertfestsetzung auf Antrag nach § 33 RVG vorzunehmen (→ Rn 57).

VIII. Bedeutung für die Anwaltsgebühren

51 Hinsichtlich der Anwaltsgebühren kann der Wert einer Nebenforderung Bedeutung haben, da hier ein differenzierteres Gebührensystem vorgegeben ist. Für die Verfahrensgebühr dürften Nebenforderungen grds. keine Rolle spielen, da diese idR bereits aus der Hauptsache anfallen.

52 Für die Terminsgebühr (Nr. 3104 VV RVG) oder die Einigungsgebühr (Nr. 1000 VV RVG) kann es dagegen auf den Wert einer Nebenforderung ankommen, etwa wenn nach Rücknahme oder anderweitiger Erledigung der Hauptforderung jetzt nur noch über eine Nebenforderung verhandelt wird oder die Beteiligten eine Einigung über eine Nebenforderung schließen.

53 **Beispiel:** Geltend gemacht wird eine Forderung iHv 20.000 € nebst Zinsen. Vor der mündlichen Verhandlung werden die 20.000 € gezahlt. Das Verfahren wird insoweit in der Hauptsache übereinstimmend für erledigt erklärt. Nunmehr wird über die Zinsen verhandelt.

Die Verfahrensgebühr (Nr. 3100 VV RVG) entsteht aus 20.000 € (Abs. 1), die Terminsgebühr (Nr. 3104 VV RVG) aus dem Wert der Zinsen (Abs. 2).

Abwandlung 1: In der mündlichen Verhandlung erkennt der Antragsgegner die 20.000 € an. Über die Zinsen   54
wird ein Vergleich geschlossen.

Jetzt entstehen Verfahrensgebühr (Nr. 3100 VV RVG) und Terminsgebühr (Nr. 3104 VV RVG) aus 20.000 €
(Abs. 1), die Einigungsgebühr (Nr. 1000, 1003 VV RVG) entsteht nur aus dem Wert der Zinsen (Abs. 2).

Abwandlung 2: Hauptforderung und Zinsen werden gezahlt. Daraufhin wird vor der mündlichen Verhandlung   55
das Verfahren insgesamt in der Hauptsache übereinstimmend für erledigt erklärt. Im Termin werden wechselseitige Kostenanträge gestellt.

Die Verfahrensgebühr (Nr. 3100 VV RVG) entsteht aus 20.000 € (Abs. 1), die Terminsgebühr (Nr. 3104 VV RVG)
entsteht nur aus dem Wert der Kosten (Abs. 3).

Beispiel: Im Termin zur mündlichen Verhandlung weist das Gericht darauf hin, dass der Antrag iHv 10.000 €   56
Hauptforderung schlüssig sei, nicht jedoch der Zinsantrag (Gegenstandswert: 500 €). Nach Erörterung wird der
Zinsantrag zurückgenommen. Der Antragsteller beantragt den Erlass eines Versäumnisurteils, das antragsgemäß
ergeht.

Aus dem Wert der Hauptforderung entstehen die Verfahrensgebühr sowie die 0,5-Terminsgebühr nach Nr. 3104,
3105 VV RVG. Aus dem Wert der Zinsen entsteht unter Berücksichtigung des § 15 Abs. 3 RVG eine 1,2-Termins-
gebühr nach Nr. 3104 VV RVG.[9]

1. 1,3-Verfahrensgebühr, Nr. 3100 VV RVG (Wert: 10.000 €)	725,40 €
2. 1,2-Terminsgebühr, Nr. 3104 VV RVG (Wert: 500 €)	54,00 €
3. 0,5-Terminsgebühr, Nr. 3104, 3105 VV RVG (Wert: 10.000 €)	279,00 €
(die Begrenzung des § 15 Abs. 3 RVG wird nicht erreicht)	
4. Postentgeltpauschale, Nr. 7002 VV RVG	20,00 €
Zwischensumme 1.078,40 €	
5. 19 % Umsatzsteuer, Nr. 7008 VV RVG	204,90 €
Gesamt	**1.283,30 €**

Ist ein solcher Fall gegeben, in dem sich bestimmte Anwaltsgebühren nach dem Wert einer Nebenforderung   57
oder nach dem Wert der Kosten des Verfahrens berechnen, dann muss das Gericht auf Antrag für die Anwaltsgebühren einen Gegenstandswert nach § 33 Abs. 1 RVG für die Nebenforderungen festsetzen.

IX. Mehrvergleich über Nebenforderungen

Schließen die Beteiligten einen Vergleich über die Hauptsache und beziehen sie darin auch weitergehende   58
Forderungen, die nicht anhängig sind, mit ein und wären diese Forderungen, wenn sie im Verfahren geltend
gemacht worden wären, Nebenforderungen iSd Abs. 1, dann fällt daraus zwar eine 0,25-Vergleichsgebühr
nach Nr. 1900, 5600, 7600 KV an und zwar aus dem nach Abs. 2 begrenzten Wert. Insgesamt darf jedoch nicht
mehr erhoben werden als eine Gebühr nach dem höchsten Gebührensatz aus dem Gesamtwert (§ 36 Abs. 3),
wobei der Gesamtwert wiederum unter Berücksichtigung des Additionsverbots nach Abs. 1 zu ermitteln ist.

Beispiel: Eingeklagt sind 10.000 € Hauptforderung ohne Zinsen. Im Termin wird ein Vergleich auch über die   59
nicht anhängigen Zinsen im Werte von 1.500 € geschlossen. Zu rechnen ist wie folgt:

1. 1,0-Gebühr, Nr. 1210, 1211 Nr. 3 KV (Wert: 10.000 €)	241,00 €
2. 0,25-Vergleichsgebühr, Nr. 1900 KV (Wert: 1.500 €)	17,75 €
gem. § 36 Abs. 3 nicht mehr als 1,0 aus 10.000 €	241,00 €

§ 44 Stufenklage

Wird mit der Klage auf Rechnungslegung oder auf Vorlegung eines Vermögensverzeichnisses oder auf Abgabe einer eidesstattlichen Versicherung die Klage auf Herausgabe desjenigen verbunden, was der Beklagte
aus dem zugrunde liegenden Rechtsverhältnis schuldet, ist für die Wertberechnung nur einer der verbundenen Ansprüche, und zwar der höhere, maßgebend.

I. Allgemeines

Die Stufenklage (§ 254 ZPO) ist ein Sonderfall der **objektiven Klagehäufung**,[1] jedoch keine Eventualklage-   1
häufung iSd § 45 Abs. 2.[2] Da das Verlangen nach Auskunft (Rechnungslegung oder Vorlage eines Vermögensverzeichnisses) und die Versicherung an Eides statt nur der Vorbereitung des bei Klageeinreichung noch
unbestimmten Leistungsantrags dienen, findet – abweichend von § 39 – keine Addition der Einzelwerte

---

9 OLG Köln AGS 2006, 224 = RVGreport 2006, 104. **1** BGH NJW 2003, 2748; OLG Naumburg NJW-RR 2008, 317.
2 Hk-ZPO/*Saenger*, § 254 Rn 1.

statt. Wertbestimmend ist allein der höhere Anspruch, wenn auch mit Klageeinreichung sämtliche Stufenanträge rechtshängig werden.[3] Für den **Gebührenstreitwert** gilt allein § 44, insb. ist § 36 nicht einschlägig.[4] Für den **Gegenstandswert** der anwaltlichen Tätigkeit (§ 33 RVG) ist es wegen der sukzessiven Antragstellung notwendig, Stufenstreitwerte zu bilden. **Zuständigkeitsstreitwert** und **Beschwer** bemessen sich ausschließlich nach §§ 3 ff ZPO (vgl Anhang 1 zu § 48 GKG: § 3 ZPO Rn 208).

II. Anwendungsbereich

2 Für eine Stufenklage bedarf es der Verbindung mindestens eines vorbereitenden Anspruchs mit einem nach Art und Umfang unbestimmten Leistungsbegehren.[5] Diese Verbindung kann auch nachträglich erfolgen, etwa durch Klageerweiterung oder Übergang von Auskunft (nach außergerichtlicher Erteilung) auf eine bestimmte Leistung.[6] Wird dagegen nur auf Auskunft und deren eidesstattliche Versicherung geklagt, gelangt § 39 und nicht § 44 zur Anwendung.[7] Das gilt auch für die **Verbindung einer Teilforderung** (zB bekannter Leistungssockel) mit einer Stufenklage im Übrigen.[8] Über den Wortlaut hinaus kommt als vorbereitender Anspruch auch ein **Antrag auf Wertermittlung** in Betracht.[9] Ferner ist eine Verbindung der vorbereitenden Anträge mit einem (unbestimmten) Feststellungs- oder Gestaltungsantrag möglich.[10] Auf eine **Antragstellung nach § 255 ZPO** findet § 44 dagegen keine Anwendung. § 44 setzt keine Entscheidung über den Leistungsantrag voraus, bleibt also anwendbar auch bei einer Klagerücknahme,[11] einem Vergleich[12] oder einer Erledigung des Leistungsantrags.[13]

III. Wertberechnung

3 **1. Grundsätze.** Der für die Wertberechnung allein maßgebliche „**höhere Anspruch**" ist regelmäßig der (erwartete) Leistungsanspruch,[14] da Auskunft und Versicherung nur dessen Vorbereitung dienen. Wertbestimmend ist die Vorstellung, die sich der Kläger – ausweislich seines Klagevortrags – bei Einreichung der Klage vom Umfang des Leistungsanspruchs gemacht hat.[15] Das gilt auch, wenn über den Leistungsantrag nicht entschieden wird (sog. **steckengebliebene Stufenklage**).[16] Auf den Wert des Auskunftsantrags kann hier nicht abgestellt werden.[17] Das folgt schon aus der (vorherigen) Rechtshängigkeit des unbedingt gestellten Leistungsantrags, für kostenrechtliche Billigkeitserwägungen besteht keine Notwendigkeit.[18] Bei einer Verbindung der Stufenanträge mit einer Klage auf Zahlung eines bereits feststehenden Leistungsumfangs (sog. **Sockelklage**) ist gem. § 39 ZPO zu addieren.[19] Keine Zusammenrechnung erfolgt bei Stufenklage und Zwischenfeststellungsklage über ein für die Leistungsstufe präjudizielles Rechtsverhältnis.[20] Wird bereits bei Klageeinreichung angekündigt, auf der Leistungsebene nur einen Teilanspruch geltend machen zu wollen, dann kann der Wert des weiterhin nach dem Gesamtleistungsinteresse zu bemessenden Auskunftsanspruchs über dem des Leistungsanspruchs liegen.[21]

4 Wegen der stufenweisen Antragstellung sind für den **Gegenstandswert** der anwaltlichen Tätigkeit (§§ 15 Abs. 3, 33 Abs. 1 RVG) die Einzelwerte von Bedeutung. Hier kann es wegen der bei Termins- und Einigungsgebühr zeitlich abweichenden Gebührenentstehung zu differierenden Bewertungen kommen (→ Rn 11 ff).

5 **2. Auskunft (1. Stufe).** Der Wert des auf Rechnungslegung (§ 259 Abs. 1 BGB), Vorlage eines Vermögensverzeichnisses (§ 260 Abs. 1 BGB) oder anderweitige Auskunft (zB §§ 666, 716, 740 Abs. 2 BGB), Einsicht (zB §§ 118, 166, 87 c Abs. 4 HGB) oder Buchauszug (§ 87 c Abs. 2 HGB) gerichteten Stufenantrags ist nach § 48 GKG iVm § 3 ZPO zu ermitteln. Maßgeblich ist das klägerische Interesse, die für die Konkretisierung des Leistungsantrags erforderlichen **Informationen** zu erlangen. Der Wert des Auskunftsantrags entspricht daher einem regelmäßig **zwischen 1/10 und 1/4 liegenden Bruchteil** vom Wert des Leistungsantrags.[22] Im Einzelfall ist entscheidend, in welchem Umfang die Durchsetzbarkeit von der Auskunftserteilung abhängt. Das kann eine Annäherung an den Hauptsachewert rechtfertigen.[23]

3 BGH NJW-RR 1995, 513; OLG Oldenburg NJW-RR 2004, 1303. **4** OLG Thüringen 7.3.2014 – 1 W 83/14. **5** OLG Schleswig NJW-RR 2012, 1020. **6** OLG Hamm EzFamR aktuell 2003, 91; OLG München FamRZ 1995, 678; OLG Stuttgart OLGR 1999, 293. **7** OLG Schleswig NJW-RR 2012, 1020. **8** KG JurBüro 1973, 754. **9** BGH NJW 2001, 833. **10** BGH MDR 1985, 195; OLG Frankfurt FamRZ 1987, 175. **11** KG KGR 2000, 252. **12** OLG Düsseldorf JurBüro 1995; OLG Zweibrücken JurBüro 1994, 746. **13** KG MDR 2008, 45. **14** KG JurBüro 2006, 594; OLG Saarbrücken 9.9.2009 – 9 WF 89/99, juris; zum Sonderfall der angekündigten Teilleistungs-Stufenklage vgl OLG Stuttgart MDR 2013, 242. **15** BGH 12.10.2011 – XII ZB 127/11, juris; OLG Frankfurt RVG prof. 2013, 2. **16** OLG Celle FamRZ 2009, 452; OLG Düsseldorf 20.9.2011 – 24 W 83/11, juris; OLG Frankfurt RVG prof. 2013, 2; OLG Hamm FamFR 2013, 331; OLG Köln 25.1.2013 – 4 WF 151/12, juris; OLG Stuttgart AGS 2012, 33; OLG Saarbrücken ZErb 2012, 213; OLG Sachsen-Anhalt 6.7.2012 – 12 W 32/11, juris; OLG Schleswig 26.8.2014 – 3 W 72/14, juris. **17** AA OLG Dresden MDR 1997, 691; OLG Stuttgart FamRZ 2005, 1765; OLG Zweibrücken JurBüro 2000, 251. **18** Ausf. Schneider/Herget/*Kurpat*, Streitwert-Kommentar, Rn 5055 ff. **19** BGH NJW-RR 2003, 68. **20** LG Düsseldorf 21.3.214 – 7 O 132/13 (zur Pflichtteilsstufenklage). **21** OLG Stuttgart 14.12.2012 – 5 W 45/12, juris. **22** BGH NJW-RR 2012, 130; BGHReport 2002, 951; KG FamRZ 2007, 69; OLG München MDR 2006, 1134; OLG Saarbrücken FamRZ 2013, 320. **23** BGH MDR 1964, 840.

3. Abgabe der eidesstattliche Versicherung (2. Stufe). Hierfür bedarf es der begründeten Besorgnis, dass die 6
im oder außerhalb des Prozesses erteilte Auskunft nicht mit der nötigen Sorgfalt erstellt worden ist (§§ 259
Abs. 2, 260 Abs. 2, 2006, 2028, 2057 BGB). Wertbestimmend ist gem. § 48 GKG iVm § 3 ZPO das **Interesse des Klägers** an einer **zutreffenden Auskunft**.[24] Es geht nur noch um die Differenz zwischen dem von dem
Beklagten mit der Auskunft eingeräumten und dem vom Kläger bei Klageeinreichung geschätzten Leistungsumfang.[25] Der von dem Beklagten eingeräumte Leistungsumfang bedarf keiner Bestätigung mehr. Auf
den Hauptsachewert kann daher nicht mehr abgestellt werden.[26] Die Differenz zum erwarteten Leistungsumfang ist mit einem Bruchteil in Ansatz zu bringen, der ohne anderweitige Anhaltspunkte dem der Bewertung des Auskunftsverlangens entspricht.[27]

4. Leistung (3. Stufe). Der auf „Herausgabe" gerichtete Hauptantrag erfasst alle Formen der Leistung, wie 7
etwa Zahlung, Besitzverschaffung oder Übertragung von Rechten.[28] Auch ein (anfänglich) unbestimmter
Feststellungs- oder Gestaltungsantrag ist denkbar.[29]

Die Bewertung des Leistungsantrags folgt den allgemeinen Regeln (§§ 3 ff ZPO). Dabei ist auf den Zeit- 8
punkt der Anhängigkeit abzustellen, § 40.[30] Entscheidend sind die **Erwartungen des Klägers** vom Umfang
des Leistungsanspruchs **bei Klageeinreichung.** Es bedarf folglich einer **Schätzung.** Maßgeblich ist, welche
Leistung der Kläger nach seinem Klagevortrag objektiv zu erwarten hat.[31] Bloße Wunschvorstellungen bleiben unberücksichtigt.[32] Bleibt der voraussichtliche Leistungsumfang vollständig unklar, können zur Wertermittlung der Inhalt der nachfolgenden Auskunft[33] und die klägerische Streitwertangabe (§ 61) herangezogen werden.[34] Geht es auf der dritten Stufe um Feststellung, ist zudem ein prozentualer Abschlag (20 %)
vorzunehmen.

Erweist sich die Erwartung des Klägers nach dem Inhalt der nachfolgenden Auskunft als **unzutreffend**, ist 9
in **zweifacher Hinsicht** zu unterscheiden:

Kommt es aus prozessualen Gründen nicht mehr zu einer Bezifferung des Leistungsantrags (zB aufgrund 10
Klagerücknahme, Einigung oder Erledigung), dann bleibt die anfängliche Schätzung wertbestimmend, arg.
§ 40 (→ Rn 3). Bei einer von der anfänglichen Schätzung abweichenden Bezifferung sind wiederum zwei
Konstellationen denkbar: Der Kläger übertrifft die Schätzung mit seinem Leistungsantrag; dann bemisst
sich der Verfahrenswert ab Antragstellung und damit für die Gerichtsgebühren insgesamt nach dem erhöhten Betrag.[35] Fällt der bezifferte Leistungsantrag dagegen hinter die Schätzung zurück, dann verbleibt es bei
dem anfänglichen (geschätzten) Wert.[36] Das gilt auch dann, wenn hierfür im Laufe des Rechtsstreits geleistete Teilzahlungen ursächlich sind.[37] Der ihm drohenden Kostenlast kann der Kläger dadurch begegnen,
dass er die Klage um einen Feststellungsantrag erweitert, wonach dem Beklagten insoweit aus materiell-
rechtlichen Gründen (zB § 286 BGB) die Pflicht zur Kostentragung trifft.[38]

IV. Anwaltsgebühren

1. Verfahrensgebühr. Die Verfahrensgebühr (Nr. 3100 VV RVG) berechnet sich gem. § 23 Abs. 1 RVG nach 11
dem für die Gerichtsgebühr maßgeblichen Wert, dh in der Regel nach dem Wert des unbezifferten Leistungsanspruchs,[39] es sei denn, der nachfolgend bezifferte Leistungsantrag liegt darüber.

2. Terminsgebühr. Dagegen richtet sich die Terminsgebühr (Nr. 3104 VV RVG) nach dem Wert der Verfah- 12
rensstufe, über die (jeweils) verhandelt wird. Maßgeblich ist hier der jeweils gestellte Antrag bzw der Gegenstand der auf der jeweiligen Stufe geführten Erörterung.[40] Bei der Abrechnung der auf mehreren Stufen
entstandenen Terminsgebühr ist § 15 Abs. 3 RVG zu beachten. Wird die Stufenklage bereits nach Verhandlung auf der ersten Stufe (Auskunft) insgesamt abgewiesen, dann richtet sich die Terminsgebühr allein nach
dem Wert des Auskunftsbegehrens.[41] Werden auf der ersten Stufe fehlerhaft sämtliche Stufenanträge ge-

24 BGH KostRsp. ZPO § 3 Nr. 113. 25 BGH KostRsp. ZPO § 3 Nr. 113; OLG Saarbrücken FamRZ 2013, 320; OLG Bamberg
FamRZ 1997, 40; OLG Stuttgart MDR 2007, 1037. 26 AA OLG Bremen OLGR 2000, 162; OLG München OLGR 1995,
131. 27 BGH MDR 1992, 302; aA HK-FamGKG/N. *Schneider*, § 38 Rn 19 (idR 50 %). 28 BGH NJW 2003, 2748. 29 BGH
MDR 1985, 195 (Abänderungsstufenklage); OLG Frankfurt FamRZ 1987, 175 (negative Feststellungsklage). 30 OLG Brandenburg FamRZ 2007, 71; OLG Koblenz OLGR 2008, 490. 31 BGH 4.2.2015 – III ZR 62/14, juris; MDR 2012, 875; OLG Köln
AGS 2005, 451. 32 BGH MDR 2012, 875; OLG Köln 17.2.2014 – 19 W 43/13, juris; OLG Düsseldorf JurBüro 1986, 1685.
33 OLG Celle OLGR 2005, 9; aA OLG Köln 17.2.2014 – 19 W 43/13, juris (Erkenntnisse bei Verfahrensende bedeutungslos).
34 OLG Bremen OLGR 1998, 192. 35 KG JurBüro 2006, 594; aA für die anwaltlichen Gebühren: OLG München MDR 2006,
1134 (Rückwirkung auf den Verfahrensbeginn). 36 KG JurBüro 2006, 594; OLG Celle MDR 2003, 55; OLG Hamm FamRZ
2004, 1664; OLG Köln AGS 2005, 451; OLG Nürnberg FamRZ 2004, 962; OLG München MDR 2006, 1134; OLG Rostock
JurBüro 2008, 490; aA OLG Frankfurt MDR 1987, 508 (bezifferter Betrag). 37 OLG Sachsen-Anhalt 6.7.2012 – 12 W 32/11,
juris; OLG Celle JurBüro 2011, 483 (zu § 38 FamGKG). 38 BGH NJW 1994, 2895; OLG Düsseldorf OLGR 2000, 189; ausf.
HK-ZPO/*Saenger*, § 254 Rn 24. 39 OLG Düsseldorf OLGR 1998, 1062; OLG Frankfurt OLGR 1994, 36; OLG Köln OLGR
2003, 207. 40 OLG Frankfurt AGS 2013, 137; OLG Stuttgart RVG prof. 2013, 2; OLG Saarbrücken ZErb 2012, 213.
41 OLG Koblenz MDR 2014, 243; KG AGS 2002, 147; OLG Köln OLGR 2004, 18; OLG Stuttgart OLGR 2008, 312; OLGR
2008, 72; aA KG MDR 2008, 45; HK-FamGKG/N. *Schneider*, § 38 Rn 44.

stellt, aber (zutreffend) durch Teilurteil nur über die erste Stufe entschieden, dann bestimmt sich der Wert allein nach dem Auskunftsbegehren.[42] Geht der mündlichen Verhandlung eine **Güteverhandlung** (§ 278 Abs. 2 ZPO) voraus, in der neben dem Auskunfts- auch das Leistungsbegehren erörtert wird, bestimmt sich der Gegenstandswert der Terminsgebühr nach dem Leistungsantrag.[43]

13 **3. Einigungsgebühr.** Der Gegenstandswert der Einigungsgebühr (Nr. 1000, 1003 VV RVG) bestimmt sich grds. nach dem Wert der von der Einigung erfassten streitigen Ansprüche. Es ist daher entscheidend, worüber sich die Parteien geeinigt haben, dh welche Ansprüche der Stufenklage abschließend erledigt werden. Regeln die Parteien im (Teil-)Vergleich allein das Auskunftsbegehren, ist auf einen Bruchteil des nach § 44 zu bestimmenden Hauptsachewerts abzustellen.[44] Wird weitergehend eine Einigung über den geltend gemachten Leistungsanspruch erzielt, ist allein der nach § 44 zu bestimmende Hauptsachewert wertbestimmend. Erfolgt der Vergleichsschluss erst nach Bezifferung des Leistungsbegehrens (dritte Stufe), ist dieser Wert und nicht der eingangs nach § 40 geschätzte Hauptsachewert maßgebend.

§ 45 Klage und Widerklage, Hilfsanspruch, wechselseitige Rechtsmittel, Aufrechnung

(1) [1]In einer Klage und in einer Widerklage geltend gemachte Ansprüche, die nicht in getrennten Prozessen verhandelt werden, werden zusammengerechnet. [2]Ein hilfsweise geltend gemachter Anspruch wird mit dem Hauptanspruch zusammengerechnet, soweit eine Entscheidung über ihn ergeht. [3]Betreffen die Ansprüche im Fall des Satzes 1 oder 2 denselben Gegenstand, ist nur der Wert des höheren Anspruchs maßgebend.

(2) Für wechselseitig eingelegte Rechtsmittel, die nicht in getrennten Prozessen verhandelt werden, ist Absatz 1 Satz 1 und 3 entsprechend anzuwenden.

(3) Macht der Beklagte hilfsweise die Aufrechnung mit einer bestrittenen Gegenforderung geltend, erhöht sich der Streitwert um den Wert der Gegenforderung, soweit eine der Rechtskraft fähige Entscheidung über sie ergeht.

(4) Bei einer Erledigung des Rechtsstreits durch Vergleich sind die Absätze 1 bis 3 entsprechend anzuwenden.

I. Normzweck

1 § 45 regelt vorrangig bestimmte Fälle der **Mehrzahl von Gegenständen** innerhalb eines Verfahrens. Einerseits wird der Grundsatz, dass die Werte mehrerer Streitgegenstände zusammenzurechnen sind (§ 39), auf Klage und Widerklage (Abs. 1 S. 1) sowie wechselseitige Rechtsmittel (Abs. 2) erweitert. Andererseits wird eine Werterhöhung bei hilfsweiser Geltendmachung von Ansprüchen (Abs. 1 S. 2), einschließlich der streitigen Hilfsaufrechnung (Abs. 3), davon abhängig gemacht, dass diese in der Sache entschieden oder verglichen (Abs. 4) werden. Dabei scheidet eine Werterhöhung aus, wenn im Falle der Widerklage, Hilfsantragsstellung und wechselseitiger Rechtsmittel beide Ansprüche denselben Gegenstand betreffen (Abs. 1 S. 3).

2 Der Regelung im Ganzen liegt das Ziel einer **gerechteren Kostenverteilung** zugrunde, ohne zwischen **vermögensrechtlichen und nichtvermögensrechtlichen Ansprüchen** zu unterscheiden.

3 Auf den Zuständigkeitsstreitwert ist § 45 nicht anwendbar; dieser bemisst sich nach § 5 ZPO.

II. Widerklage (Abs. 1 S. 1)

4 **1. Allgemeines.** Die Widerklage ist der Gegenangriff des Beklagten im laufenden Verfahren. Sie setzt eine bei Einreichung noch rechtshängige Klage voraus und begründet ein weiteres Prozessrechtsverhältnis, das zunächst einer eigenständigen streitwertrechtlichen Bewertung nach § 48 bedarf.

5 Abs. 1 regelt ausschließlich, ob und in welchem Umfang die **Widerklage** zusammen mit der Klage zu einer Werterhöhung führt. Maßgeblicher Zeitpunkt für die Bewertung ist gem. § 40 der Zeitpunkt der **Einreichung** der Widerklage, soweit es daran fehlt, der Zeitpunkt der **Antragstellung** in der mündlichen Verhandlung (§ 261 ZPO).

6 In gleicher Weise ist zu bewerten, wenn es infolge der **Verbindung** zuvor wechselseitig erhobener Klageverfahren (§ 147 ZPO) zu einer Klage und Widerklage entsprechenden Prozesslage kommt. Jedoch berechnen sich bei einer Prozessverbindung bereits entstandene Gebühren nach den bisherigen Einzelwerten, ebenso

---

42 OLG Düsseldorf NJW 1961, 2021; OLG Hamm JurBüro 1997, 139; aA OLG Düsseldorf NJW 1964, 2164. **43** OLG Hamburg MDR 2004, 417. **44** LAG Düsseldorf 19.12.2001 – 7 Ta 425/01, juris.

wie im Falle der **Trennung** von Klage und Widerlage (§ 145 Abs. 2 ZPO) die danach entstehenden Gebühren.[1]

2. Hilfswiderklage. Einen Sonderfall stellt die Hilfswiderklage dar, die abhängig vom Erfolg der Klage erhoben und allgemein für zulässig erachtet wird.[2] Dass die Erhebung einer Klage an sich nicht vollständig unter eine **innerprozessuale Bedingung** gestellt werden kann,[3] steht der Zulässigkeit nicht entgegen, da die Hilfswiderklage an den Ausgang eines bereits bestehenden Prozessrechtsverhältnisses anknüpft. Fehlt es am Bedingungseintritt, weil bereits die Klage abgewiesen[4] oder das Schicksal der Klageforderung unter **Missachtung des Eventualverhältnisses** offengelassen wird,[5] scheidet eine Werterhöhung nach § 45 aus. 7

Ob für die Bewertung der Hilfswiderklage Abs. 1 S. 1 oder (unmittelbar oder entsprechend) Abs. 1 S. 2 iVm Abs. 3 zur Anwendung gelangt, ist streitig. Einerseits wird die Hilfswiderklage der Widerklageerhebung (Abs. 1 S. 1) gleichgestellt und eine Werterhöhung bereits mit Eintritt des Eventualfalls bejaht.[6] Andererseits wird die Hilfswiderklage einem Hilfsantrag entsprechend (Abs. 1 S. 2) behandelt und eine Werterhöhung nur bei einer **Bescheidung der Hilfswiderklage** bejaht,[7] wobei zT – folgend der Kontroverse über die Bewertung des Hilfsantrags (→ Rn 12) – eine der **Rechtskraft fähige Entscheidung** gefordert wird.[8] Der erstgenannten Ansicht ist zuzustimmen.[9] § 45 unterscheidet zwischen Klage und (prozessualem) Anspruch. Maßgeblich für die Werterhöhung ist nicht die Bescheidung des mit der Hilfswiderklage verfolgten Anspruchs, sondern die Unbedingtheit seiner (wider-)klageweisen Geltendmachung zum Zeitpunkt der Entscheidung über die Klageforderung. Für eine Gleichbehandlung mit dem Hilfsanspruch fehlt es zudem an einem Hauptanspruch des Beklagten,[10] denn der Klageabweisungsantrag ist kein Sachantrag, jedenfalls nicht im engeren Sinne.[11] 8

Scheidet eine Erhöhung des Gebührenstreitwerts aus, kommt auch eine Werterhöhung für den **Gegenstandswert der Anwaltsgebühren** nicht in Betracht.[12] 9

III. Hilfsanspruch (Abs. 1 S. 2)

1. Allgemeines. Ein Hilfsantrag ist das abhängig vom Misserfolg eines Hauptantrags (Eventualverhältnis) geltend gemachte Klagebegehren. Es ist zu unterscheiden vom bloßen **Hilfsvorbringen** (Hilfsbegründung), mit dem der Kläger seine Klage auf eine weitere rechtliche Anspruchsgrundlage oder eine Sachverhaltsvariante innerhalb desselben Streitgegenstands stützt.[13] Für Unterlassungsbegehren aufgrund der Verletzung einer Mehrzahl von Schutzrechten gelten Besonderheiten.[14] Eine Werterhöhung kommt nur in Betracht, wenn über beide Ansprüche – Haupt- und Hilfsanspruch – entschieden wird und diese nicht denselben Gegenstand betreffen, Abs. 1 S. 3.[15] 10

Auf den **unechten Hilfsantrag**, zB die Antragstellung nach §§ 255, 259 ZPO (Herausgabe, Fristsetzung und hilfsweise Schadensersatz),[16] findet Abs. 1 keine Anwendung. Dieser wird in der Annahme der Stattgabe des Hauptantrags gestellt und teilt dessen Erfolg bzw Misserfolg.[17] Hier sind die Einzelwerte gem. § 39 zu addieren, soweit nicht – was regelmäßig zutrifft – mit beiden Anträgen wirtschaftlich betrachtet derselbe Erfolg angestrebt wird (vgl hierzu Anhang 1 zu § 48 GKG: § 5 ZPO Rn 278) und deshalb nur der höhere Wert maßgeblich ist.[18] 11

2. Entscheidung über den Hilfsantrag. Eine Werterhöhung nach Abs. 1 S. 2 kommt nur in Betracht, wenn über den Hilfsanspruch in der Sache entschieden wird. Wird also bereits dem Hauptantrag stattgegeben, dann fehlt es am Bedingungseintritt und der Hilfsantrag bleibt unbeschieden. Auch eine **Missachtung des Eventualverhältnisses** rechtfertigt keine Werterhöhung.[19] Entscheidet das Gericht nach Abweisung des Hauptantrags über den Hilfsantrag, dann kommt es für eine Wertaddition darauf an, ob eine der Rechtskraft fähige Entscheidung über den Hilfsantrag vorliegt.[20] Das ist nicht der Fall, wenn die **Zulässigkeit des Hilfsanspruchs** verneint wird, etwa weil die allgemeinen Sachurteilsvoraussetzungen fehlen[21] oder der 12

---

1 KG Rpfleger 1973, 441. **2** BGH NJW-RR 1999, 1736 (Aufrechnungseinwand); BGH NJW 1996, 2306 (uneigentliche Hilfswiderklage); BGH NJW 1956, 1478. **3** BGH NJW 1995, 1353. **4** OLG Köln JurBüro 1990, 123. **5** BGH MDR 1974, 36. **6** OLG Düsseldorf AGS 2012, 417; OLG Stuttgart AGS 2012, 417; OLG Brandenburg JurBüro 2003, 85. **7** BGH NJW 1973, 98; OLG Bamberg JurBüro 1994, 112. **8** *Hartmann*, KostG, § 45 GKG Rn 33 in Widerspruch zu Rn 4. **9** Offenlassend OLG Rostock JurBüro 2012, 589. **10** AA HK-FamGKG/*N. Schneider*, § 39 Rn 20 (Hauptantrag des Klägers ausreichs). **11** Vgl BGH NJW 1970, 9; OLG Karlsruhe MDR 1993, 1246; Hk-ZPO/*Saenger*, § 297 Rn 4. **12** BGH MDR 2009, 54; abl. *Bischof*, AGS 2009, 317 u. 586. **13** BGH MDR 2003, 716; OLG Köln NJW-RR 2012, 615; Thomas/Putzo/*Reichold*, ZPO, § 260 Rn 10. **14** BGH GRUR 2011, 1043; OLG Frankfurt GRUR-RR 2012, 367. **15** BGH NJW-RR 2003, 713. **16** Vgl OLG Köln OLGR 1999, 100. **17** LAG Nürnberg 16.12.2004 – 4 Ta 255/04; aA LAG 8.9.2009 – 19 W 23/09, juris; LAG Niedersachen ArbuR 2009, 227; LAG Düsseldorf 5.12.2009 – 6 Ta 583/06, juris; LAG Sachsen-Anhalt ArbR 2013, 305. **18** KG 8.9.2009 – 19 W 23/09, juris. **19** BGH NJW-RR 1999, 1157. **20** OLG Brandenburg OLGR 1998, 70; OLG Frankfurt NJW-RR 1996, 1063. **21** OLG Brandenburg OLGR 1998, 70.

Hilfsantrag über eine nicht zugelassene nachträgliche Klagenhäufung in den Rechtsstreit eingeführt worden ist.[22] Eine Beschränkung des Werts auf die Höhe des Hauptantrags findet nicht statt.[23]

13 **3. Rechtsmittel.** Für die Ermittlung der Beschwer sind die Werte des Hauptantrags und der abschlägig beschiedenen Hilfsanträge zu addieren, soweit diese wirtschaftlich betrachtet nicht denselben Gegenstand betreffen.[24]

IV. Identität des Gegenstands (Abs. 1 S. 3)

14 **1. Allgemeines.** Eine Zusammenrechnung der Einzelwerte von Klage und Widerklage bzw Haupt- und Hilfsanspruch scheidet aus, wenn die damit geltend gemachten Ansprüche „denselben Gegenstand" betreffen. Wertbestimmend ist dann allein der höhere Anspruch.

15 Der **Gegenstandsbegriff** in § 45 entspricht nicht dem des **Streitgegenstands** im Sinne des Prozessrechts.[25] Identität liegt nach hM vor, wenn die mit Klage und Widerklage bzw mit Haupt- und Hilfsantrag verfolgten Ansprüche einander in der Weise ausschließen, dass die Anerkennung des einen Anspruchs notwendigerweise die Aberkennung des anderen zur Folge hat. Kann dagegen beiden stattgegeben werden, ist von verschiedenen Gegenständen auszugehen.[26]

16 Dieser auf der **Abgrenzungsformel des RG**[27] beruhende Ansatz ist nicht geeignet, sämtliche Konstellationen angemessen zu bewerten.[28] So ist auch bei einem materiellrechtlichen Gleichlauf nicht ausgeschlossen, dass **zeit-, inhaber- oder gesamtbetragsbezogene unterschiedliche Vermögenspositionen** betroffen sind.[29] Abzustellen ist daher auf das im jeweiligen Anspruch zum Ausdruck kommende wirtschaftliche Interesse[30] und eine Wertaddition ist dort vorzunehmen, wo durch das Nebeneinander der Ansprüche „eine wirtschaftliche Werthäufung entsteht".[31]

17 **2. Einzelfälle der Identität.** Eine Addition der Werte scheidet insb. aus, wenn die Ansprüche auf denselben **körperlichen Gegenstand** gerichtet sind oder den Bestand bzw die Erfüllung derselben vertraglichen oder gesetzlichen **Leistungspflicht** zum Gegenstand haben. Eine Sonderregelung gilt für die Klage auf Räumung und Widerklage auf Fortsetzung des Mietverhältnisses, § 41 Abs. 3.

18 Identische Gegenstände liegen zB vor bei:
- wechselseitigem Verlangen nach Freigabe eines hinterlegten Betrags;[32]
- Klage auf Feststellung der Gültigkeit eines Kaufvertrags und auf Herausgabe der Kaufsache;[33]
- Klage auf Leistung und auf Feststellung des Annahmeverzugs;[34]
- Klage auf Stellung einer Sicherheit (zB § 648 a BGB) und Zahlung des zu sichernden Betrags;[35]
- Klage auf Unterlassung ehrverletzender Behauptungen und Widerklage auf Unterlassung von ausschließlich der Rechtsverfolgung dienenden Vorbringen des Klägers;[36]
- Klage auf Zustimmung zur Eintragung einer Hypothek und Widerklage auf Löschung der Vormerkung für diese;[37]
- Klage auf Duldung der Zwangsvollstreckung aus einer Hypothek und Widerklage auf Löschung derselben;[38]
- Räumungsverlangen des Vermieters und Fortsetzungsverlangen des Mieters.[39]

19 **3. Einzelfälle der fehlenden Identität.** Von einer Verschiedenheit der Gegenstände ist auszugehen, wenn **zeit-, inhaber- oder gesamtbetragsbezogen** voneinander abweichende Ansprüche geltend gemacht werden. Gleiches gilt für wechselseitige vertragliche, aber nicht in einem Gegenseitigkeitsverhältnis stehende Ansprüche. Hier sind die Einzelwerte zusammenzurechnen, etwa bei:
- einer Klage auf Mietzahlung und Einwand der Minderung und Widerklage auf Rückzahlung früherer Mieten;[40]
- wechselseitiger Klage auf Schadensersatz aus demselben Unfall;[41]

22 OLG Düsseldorf Rpfleger 1982, 161; OLG Nürnberg MDR 1980, 238; OLG München OLGR 1997, 153; aA OLG München OLGR 1997, 153. **23** OLG Saarbrücken OLGR 2008, 748. **24** BGH NJW-RR 1994, 701. **25** BGH AGS 2012, 30; OLG Köln NJW-RR 2012, 615. **26** BGH 11.3.2014 – VIII ZR 261/12, juris; AGS 2012, 30; NJW-RR 2005, 506; MDR 2003, 716; OLG Hamm AGS 2012, 439; OLG Köln NJW-RR 2012, 615. **27** RGZ 154, 164. **28** Ebenso OLG Bamberg JurBüro 2011, 368; OLG Düsseldorf JurBüro 2009, 85 (für „Teilansprüche aus demselben Rechtsverhältnis"). **29** Ausf. Schneider/Herget/*Kurpat*, Streitwert-Kommentar, Rn 3305 ff; vgl auch OLG Frankfurt 3.5.2011 – 3 W 23/11, juris. **30** Ebenso KG Berlin 1.3.2007 – 8 W 66/06, juris; OLG Karlsruhe MDR 1988, 1067; OLG Köln JurBüro 1990, 241; krit. auch OLG Bamberg JurBüro 2011, 368. **31** Insoweit zutr. BGH NJW-RR 2005, 506; OLG München NJW-RR 2013, 441. **32** OLG Düsseldorf JurBüro 1984, 1668; KG Rpfleger 1962, 120. **33** KG Rpfleger 1962, 120. **34** OLG Düsseldorf MDR 2009, 57; OLG Sachsen-Anhalt NJW-RR 2012, 1213; aA OLG Bremen OLGR 2007, 625; offenlassend BGH NJW-RR 1989, 826. **35** OLG Brandenburg IBR 2012, 1265; OLG Stuttgart MDR 2013, 741. **36** OLG Bamberg JurBüro 2011, 368. **37** OLG Nürnberg 1968, 543. **38** OLG Hamm AGS 2012, 439; aA OLG Celle OLGR 2000, 271. **39** OLG München JurBüro 1989, 852. **40** OLG Düsseldorf AGS 2009, 42; LG Berlin KostRsp. GKG § 19 Nr. 134 (Schadensersatz). **41** Schneider/Herget/*Kurpat*, Streitwert-Kommentar, Rn 3312.

- wechselseitigem Verlangen nach Abänderung eines Vollstreckungstitels;[42]
- einer Klage auf Herausgabe eines (unter Berufung auf ein Unternehmerpfandrecht einbehaltenen) Pkw und Widerklage auf Werklohnzahlung;[43]
- einer Klage auf Zahlung der vereinbarten Vergütung und Widerklage auf Schadensersatz;[44]
- der Klage auf restliche Vergütung und Widerklage auf Rückzahlung bereits geleisteter Anzahlungen;[45]
- wenn mit der Widerklage allein die Kosten der vorgerichtlichen Rechtsverfolgung geltend gemacht werden.[46]

4. Rechtsmittelverfahren. Die Ermittlung der Beschwer erfolgt für den Kläger und den Beklagten gesondert. Wird die Klage unter Stattgabe der Widerklage abgewiesen oder unter Abweisung der Widerklage zugesprochen und betreffen beide nicht denselben Gegenstand, dann sind die Einzelwert zu addieren. § 5 Hs 2 ZPO steht dem nach nahezu einhelliger Auffassung nicht entgegen.[47] **20**

V. Wechselseitige Rechtsmittel (Abs. 2)

1. Derselbe Rechtsstreit. Abs. 2 erfasst nur Rechtsmittel, die von beiden Parteien gegen dasselbe Urteil eingelegt worden sind und nicht in getrennten Prozessen verhandelt werden. Unerheblich ist, ob die Rechtsmitteleinlegung selbständig oder im Wege der Anschließung erfolgt.[48] Die mit der Rücknahme oder Nichtannahme des selbständigen Rechtsmittels verbundene Wirkungslosigkeit des Anschlussrechtsmittels steht der Zusammenrechnung nicht entgegen.[49] Für ein gemeinsames Verhandeln muss jedoch ein zulässiges Rechtsmittel zu einem noch anhängigen zulässigen Rechtsmittel hinzutreten.[50] Nacheinander eingelegte Rechtsmittel einer Partei, etwa gegen mehrere Teilurteile oder gegen ein Grund- und nachfolgendes Betragsurteil, sind dagegen immer gesondert zu bewerten.[51] **21**

Allgemeine Bewertungsregeln werden von Abs. 2 nicht verdrängt, dh, bei einem Rechtsmittel des Beklagten gegen Verurteilung bzgl der Hauptforderung und des Klägers gegen die Abweisung der Nebenforderung bleiben die Zinsen unberücksichtigt, arg. § 43 Abs. 1.[52] Die bei unterschiedlichem Schicksal von Klage und Widerklage durch Kläger und Beklagten jeweils eingelegten Rechtsmittel sind entsprechend Abs. 1 zu addieren. **22**

2. Nicht derselbe Gegenstand. Die wechselseitigen Rechtsmittel dürfen nicht denselben Gegenstand betreffen. Es gilt der auch für Hilfsanspruch und Widerklage maßgebliche Gegenstandsbegriff.[53] Rechtsmittel des Klägers und eines Beklagten bei unterschiedlichem Ausgang einer gegen mehrere Streitgenossen gerichteten Klage sind, soweit keine gesamtschuldnerische Inanspruchnahme vorliegt,[54] zusammenzurechnen. **23**

VI. Haupt- und Hilfsaufrechnung (Abs. 3)

1. Allgemeines. Nach der allein für den Gebührenstreitwert maßgeblichen Vorschrift erfolgt eine Werterhöhung nur, soweit über eine **hilfsweise** zur Aufrechnung gestellte und **bestrittene** Gegenforderung eine **der Rechtskraft fähige** Entscheidung ergeht (Abs. 3) oder diese Gegenstand eines Prozessvergleichs ist (Abs. 4). Mangels Rechtshängigkeit – diese setzt gem. § 261 Abs. 1 ZPO Klageerhebung voraus[55] – beeinflusst die Geltendmachung der Aufrechnung den Zuständigkeitsstreitwert nicht. **24**

2. Aufrechnung mit bestrittener Gegenforderung. Aufrechnung ist die wechselseitige Tilgung zweier sich gegenüberstehender gleichartiger Ansprüche. Sie ist zu unterscheiden der **Verrechnung** – hier werden infolge einer vertraglich vereinbarten Saldierung Einzelforderungen zu unselbständigen Rechnungsposten – und von der **Anrechnung,** bei der unselbständige Rechnungsposten von einem Anspruch in Abzug gebracht werden. In beiden Fällen scheidet eine Werterhöhung grds. aus.[56] **25**

Nicht der Wortlaut entscheidet, ob in dem Verteidigungsverhalten eine Aufrechnung liegt. Die Aufrechnung mit einer **unbestrittenen Gegenforderung** vermag niemals eine Werterhöhung auszulösen.[57] **26**

Zur **Verrechnung** zählen die Kontokorrentabrede (§ 355 HGB) und die Zuordnung von Zahlungen auf unterschiedliche Vergütungsansprüche. Von einer **Anrechnung** ist auszugehen, wenn der Beklagte sich mit Überzahlungen auf Abschlagsrechnungen verteidigt,[58] eine Schlussrechnungsforderung unter Hinweis auf Vorschusszahlungen kürzt[59] oder den Umfang der Bereicherung nach der Saldotheorie berechnet.[60] **27**

---

42 OLG Köln JurBüro 1990, 241 (Zugewinnausgleich). **43** OLG Hamm Rpfleger 1990, 40. **44** BGHZ 43, 33; aA BGH JurBüro 2004, 378. **45** BGH 11.3.2014 – 261/12, juris. **46** BGH 17.2.2009 – VI ZB 60/07, juris; OLG Rostock 29.5.2012 – 1 W 84/10, juris. **47** BGH MDR 1995, 198; OLG Oldenburg NJW-RR 1993, 827; aA OLG Düsseldorf NJW 1992, 3246. **48** OLG Celle MDR 2013, 1243; BFHE 120, 160. **49** BGHZ 72, 340. **50** BAG NJW 1960, 1173. **51** OLG Hamm JurBüro 1955, 441. **52** OLG Koblenz AGS 2007, 260. **53** BGH NJW-RR 2003, 712; OLG Köln 3.8.2011 – 11 U 99/10, juris. **54** BGHZ 7, 152. **55** BGH NJW-RR 2004, 1000. **56** OLG Stuttgart JurBüro 2012, 363. **57** BGH AGS 2004, 249. **58** KG JurBüro 2000, 419; OLG Düsseldorf IBR 2005, 525. **59** RGZ 141, 259. **60** BGH NJW 1998, 1951.

28 Verteidigt sich der Beklagte mit **gewährleistungsrechtlichen Gegenansprüchen**, ist zu unterscheiden:[61] keine Werterhöhung, wenn gegenüber dem Vergütungsverlangen Freistellung[62] oder gegenüber der Kaufpreisklage Minderung[63] beansprucht wird. Das gilt in gleicher Weise, wenn wechselseitige Ansprüche im Zuge der Rückabwicklung nach einem Rücktritt saldiert werden.[64] Von einer Aufrechnung[65] und einer Werterhöhung soll dagegen auszugehen sein, wenn der Beklagte sich gegenüber der Vergütungsklage hilfsweise mit einem Anspruch auf Schadensersatz wegen (teilweiser) Nichterfüllung verteidigt,[66] soweit sich die Hauptverteidigung nicht auf den Einwand fehlender Fälligkeit beschränkt.[67] In diesen Fällen wird jedoch ohnehin regelmäßig eine die Zusammenrechnung ausschließende wirtschaftliche Identität vorliegen.[68] Dagegen scheidet eine werterhöhende Hilfsaufrechnung aus, wenn sich der Beklagte mit einer Forderung verteidigt, die durch Verrechnung bereits im Saldo enthalten ist.[69]

29 **3. Geltendmachung im Prozess.** Für eine Werterhöhung stellt Abs. 3 nicht auf die Aufrechnungserklärung, sondern auf die Geltendmachung der damit verbundenen Rechtsfolge (§ 389 BGB) ab. Diese geht mit der Aufrechnung im Prozess (§ 145 ZPO) einher, kann aber auch in der Berufung auf eine **außerprozessual erklärte Aufrechnung** liegen. Die Vorschrift erfasst die Aufrechnung durch den (Wider-)Beklagten ebenso wie eine der negativen Feststellungsklage[70] oder der Vollstreckungsgegenklage[71] zugrunde liegende Aufrechnung durch den Kläger.

30 Bei einem **Wechsel von der Hilfs- zur Hauptaufrechnung** sind sowohl die nachfolgend entstehenden Gebühren als auch die zuvor angefallenen Gebühren[72] allein nach dem Wert der Klageforderung zu berechnen. Für eine Anwendung von Abs. 3 fehlt es an einer Entscheidung über eine – hilfsweise – zur Aufrechnung gestellte Forderung.[73]

31 **4. Eventualverhältnis.** Für die Wertberechnung ist maßgebend, ob der Beklagte die Gegenforderung der Klageforderung ohne anderweitige Verteidigung oder nur für den Fall des Scheiterns seiner vorrangig erhobenen Einwendungen gegenüberstellt. Ob von einer **Hilfsaufrechnung** auszugehen ist, bestimmt sich nach dem **sachlichen Gehalt der Rechtsverteidigung**.[74] Beschränkt sich der Streit auf den Bestand der Gegenforderung (Hauptaufrechnung), dann ist für eine Werterhöhung kein Raum.[75] Daher soll eine Erhöhung gleichfalls ausscheiden, wenn sich der Auftraggeber gegenüber der Vergütungsklage des Auftragnehmers allein mit der fehlenden Fälligkeit verteidigt und hilfsweise die Aufrechnung mit Mängelansprüchen erklärt.[76]

32 Die primäre Aufrechnung mit einer die **Klageforderung übersteigenden Gegenforderung** enthält keine Hilfsaufrechnung hinsichtlich des überschießenden Teils.[77] Verteidigt der Beklagte sich dagegen mit mehreren, die Klageforderung jeweils übersteigenden Gegenforderungen, liegt eine **Hauptaufrechnung** nur hinsichtlich der ersten Gegenforderung vor. Mit den weiteren Gegenforderungen wird nur für den Fall, dass die Klageforderung nicht bereits durch die erste Aufrechnung erloschen ist, die Aufrechnung erklärt.[78]

33 Erhebt der Beklagte neben der Aufrechnung allein **prozessuale Einwendungen**, etwa die Rüge der Zuständigkeit, Prozessvollmacht, der Wahrung der Rechtsmittelfrist oder sonstiger Sachurteilsvoraussetzungen, steht das der Einordnung als Hauptaufrechnung nicht entgegen.[79] Auch hier beschränkt sich der Streit materiellrechtlich auf die Gegenforderung.

34 **5. Rechtskraftfähige Entscheidung.** Erforderlich ist eine der Rechtskraft fähige Entscheidung über die Gegenforderung unabhängig davon, ob die Aufrechnung von den Parteien außerhalb oder innerhalb des Prozesses erklärt worden ist.[80] Aufrechnungserklärungen nicht am Rechtsstreit beteiligter Dritter bleiben streitwertrechtlich ohne Folgen, da die Rechtskraft der Entscheidung (§ 322 ZPO) allein zwischen den Parteien wirkt.[81] Nur eine Entscheidung über den materiellrechtlichen Bestand der Gegenforderung führt zur Werterhöhung. Abzustellen ist allein auf die – möglicherweise unzutreffende – rechtliche Beurteilung durch das Gericht. Wird danach die zur Aufrechnung gestellte Gegenforderung (fehlerhaft) als bloße Einwendung behandelt, dann fehlt es an einer Entscheidung über die Gegenforderung.[82]

61 Ausf. Schneider/Herget/*Kurpat*, Streitwert-Kommentar, Rn 1268 ff. 62 BGH MDR 2009, 1251; MDR 1986, 131. 63 LG Bayreuth JurBüro 1989, 1601. 64 BGH MDR 1994, 907. 65 BGH MDR 2005, 1344; aA BGH BauR 2001, 1928. 66 BGH MDR 2005, 1344; OLG Brandenburg 5.2.2014 – 11 W 52/13, juris; OLG Düsseldorf BauR 2010, 937; OLG Hamm NJW-RR 2006, 456; aA BGH BauR 2001, 1928; OLG Oldenburg NJW-RR 2003, 1079. 67 BGH NJW-RR 2005, 506; OLG Hamm NZBau 2011, 495. 68 KG 15.8.2014 – 21 W 23/14, BeckRS 2014, 17067; OLG Brandenburg 5.2.2014 – 11 W 52/13, juris; OLG Düsseldorf BauR 2010, 937. 69 OLG Stuttgart JurBüro 2012, 363. 70 BGH MDR 1992, 611. 71 BGH MDR 1995, 407. 72 OLG Hamm AGS 2003, 127; OLG Karlsruhe NJW-RR 1999, 223; aA OLG Dresden MDR 1999, 119. 73 OLG Stuttgart NJW 2011, 540; ausf. Schneider/Herget/*Kurpat*, Streitwert-Kommentar, Rn 1328 ff. 74 OLG Köln JurBüro 1995, 645. 75 BGH NJW-RR 1999, 1736. 76 OLG Hamm NZBau 2011, 495. 77 BGH MDR 1995, 407; NJW 1972, 257. 78 BGH MDR 1992, 307; OLG Düsseldorf BauR 2010, 937; OLG Frankfurt 17.2.2014 – 2 W 5/14, juris. 79 OLG Karlsruhe MDR 1998, 1249; Thomas/Putzo/*Hüßtege*, ZPO, § 3 Rn 19; aA für die Rüge der internationalen Zuständigkeit OLG Frankfurt JurBüro 1985, 1677. 80 OLG Stuttgart NJW-RR 1989, 841. 81 BGH NJW 1973, 146; aA Zöller/*Herget*, ZPO, § 3 Rn 16 „Aufrechnung" (entsprechende Anwendung von § 45 Abs. 3 bei Geltendmachung der Aufrechnung des Schuldners durch den beklagten Bürgen). 82 BGH AGS 2011, 344.

Daran fehlt es, wenn der Beklagte, der eine Hilfsaufrechnung schriftsätzlich angekündigt hat, in der mündlichen Verhandlung die Klageforderung anerkennt, so dass **Anerkenntnisurteil** ergeht.[83] Ebenso liegt es, wenn gegen den Beklagten aufgrund seiner Säumnis ein **Versäumnisurteil** ergeht.[84] In beiden Fällen steht die Gegenforderung mangels Geltendmachung in der mündlichen Verhandlung nicht (mehr) zur Entscheidung.[85] **35**

Auch bei **Vorbehaltsurteilen** gem. §§ 302, 599 ZPO ist für eine Werterhöhung kein Raum, da diese Urteile nicht materieller Rechtskraft fähig sind.[86] Das gilt iE auch für Urteile, in denen unter **Missachtung des Eventualverhältnisses** über die nur hilfsweise zur Aufrechnung gestellte Gegenforderung entschieden wird.[87] **36**

Eine der Rechtskraft fähige Entscheidung über die Gegenforderung ist ferner zu verneinen, wenn die Aufrechnung aus prozessualen Gründen unberücksichtigt bleibt.[88] So liegt es bei einer **Zurückweisung des Aufrechnungseinwands** wegen Verspätung gem. § 296 ZPO[89] oder aufgrund unzureichender Individualisierung der Gegenforderung.[90] Das gilt in gleicher Weise, wenn eine Prüfung der Gegenforderung aus materiellrechtlichen Gründen unterbleibt, etwa weil es an einer Gleichartigkeit der Forderungen fehlt[91] oder dem Aufrechnungseinwand ein vertragliches oder gesetzliches Aufrechnungsverbot entgegensteht.[92] Anders liegt dagegen, wenn die Aufrechnungserklärung materiellrechtlich ohne Erfolg bleibt, weil die **Gegenseitigkeit** der Gegenforderung verneint wird[93] oder es an einem schlüssigen **Sachvortrag zur Gegenforderung** fehlt, etwa weil dieser für unsubstantiiert erachtet wird[94] oder wegen Verspätung (§ 296 ZPO) unberücksichtigt bleibt.[95] **37**

Eine abweichende, dh ohne Befassung mit der Aufrechnungsforderung ergehende Entscheidung des Rechtsmittelgerichts hat keine Auswirkungen auf den Streitwert der Ausgangsinstanz, denn nach Abs. 3 setzt die Werterhöhung nur eine der Rechtskraft *fähige* Entscheidung voraus.[96] Umgekehrt erhöht sich der Streitwert des Rechtsmittelverfahrens nicht allein deshalb, nur weil die Vorinstanz über den hilfsweise zur Aufrechnung gestellten Anspruch entschieden hat.[97] **38**

6. Umfang der Rechtskrafterstreckung. Der Streitwert erhöht sich infolge der Hilfsaufrechnung nur im Umfang der Rechtskrafterstreckung, Abs. 3. Gemäß **§ 322 Abs. 2 ZPO** ist die Entscheidung über den Bestand der Gegenforderung nur bis zur Höhe des Betrags der Rechtskraft fähig, für den die Aufrechnung geltend gemacht worden ist. Eine Werterhöhung ist daher grds. nur im Umfang der zur Entscheidung gestellten und vom Gericht (ohne Aufrechnung) für begründet erachteten Klageforderung möglich.[98] Zum Zeitpunkt der Tilgungswirkung für die Klageforderung bereits aufgelaufene **Zinsen** erhöhen den Umfang der Rechtskraft.[99] Im Falle der **teilweisen Klagerücknahme** oder **Erledigung** bestimmt sich die Rechtskraftgrenze nach der verbleibenden Klageforderung. **39**

Bei einer **Mehrheit von Gegenforderungen** hängt die Reichweite der Rechtskrafterstreckung davon ab, in welcher Höhe die Klageforderung vor der jeweiligen Hilfsaufrechnung begründet gewesen ist.[100] **40**

Beispiel: Gegenüber einer Klageforderung von 3.000 € wird hilfsweise die Aufrechnung mit drei (bestrittenen) Gegenforderungen iHv jeweils 3.000 € erklärt. Erweisen sich die Klageforderung als begründet und sämtliche Gegenforderungen als unbegründet, dann wird über alle Forderungen in vollem Umfang rechtskraftfähig entschieden. Der Streitwert beläuft sich auf 12.000 €, denn bei jeder Aufrechnungslage steht die Klageforderung noch zu 3.000 € offen. Ist die Klage hingegen bereits ohne Aufrechnung nur zur Hälfte begründet, dann ist die Rechtskrafterstreckung für jede Gegenforderung auf 1.500 € begrenzt. Erweisen sich sämtliche Gegenforderungen als unbegründet, dann beläuft sich der Streitwert auf 7.500 €. Beruht die Klageabweisung bei zunächst begründeter Klageforderung dagegen darauf, dass sich die Gegenforderungen jeweils iHv 1.000 € als begründet erwiesen haben, darf nicht übersehen werden, dass der zweiten und dritten Aufrechnung eine durch die vorherige Aufrechnung im Umfang ihrer Begründetheit geminderte Klageforderung gegenübersteht. Der Streitwert beläuft sich daher auf 9.000 € (3.000 € + 3.000 € + 2.000 € + 1.000 €). **41**

7. Sonderfälle. Eine Werterhöhung nach Abs. 3 ist geboten, wenn der Kläger seine **negative Feststellungsklage** hilfsweise auf eine von ihm erklärte Aufrechnung stützt.[101] Das gilt in gleicher Weise für die **Vollstreckungsabwehrklage**.[102] Der für die Wertermittlung maßgebliche Umfang der Rechtskraft bestimmt sich **42**

83 Im Ergebnis zutr. OLG Hamm AGS 2001, 111. **84** KG JurBüro 2008, 652; OLG Köln MDR 1971, 311; aA *Hartmann*, KostG, § 45 GKG Rn 46. **85** Ausf. Schneider/Herget/*Kurpat*, Streitwert-Kommentar, Rn 1301 ff. **86** BGH NJW 2009, 231; OLG Hamburg OLGR 2001, 20; OLG München JurBüro 1989, 137. **87** BGH NJW-RR 1999, 1157; OLG Oldenburg OLGR 1998, 268. **88** BGH AGS 2011, 139; NJW 2001, 3616. **89** OLG Hamm OLGR 1999, 178. **90** BGH BGHReport ZPO § 546 Abs. 2 Beschwer Nr. 15; OLG Köln JurBüro 1995, 645. **91** OLG Dresden JurBüro 2003, 475. **92** BGH MDR 2001, 1256; OLG Düsseldorf WuM 1997, 428; OLG Oldenburg MDR 1984, 239. **93** OLG Düsseldorf MDR 1996, 1299; OLG Nürnberg BauR 2001, 961. **94** BGH MDR 1994, 612. **95** OLG Frankfurt MDR 1984, 239; OLG Koblenz JurBüro 2002, 197. **96** OLG Frankfurt MDR 2001, 776. **97** OLG Stuttgart AGS 2006, 33. **98** OLG Düsseldorf NJW-RR 1994, 1279. **99** OLG Rostock 28.1.2010 – 3 U 113/09, juris. **100** BGH NJW 1992, 912. **101** BGH MDR 1992, 611. **102** BGH MDR 1995, 407; OLG Köln OLGR 2004, 14; FamRZ 1992, 1461.

auch nach Übergang zum **Feststellungsantrag infolge Insolvenzeröffnung** (§ 179 InsO) nach dem ursprünglichen Leistungsantrag.[103]

43   **8. Rechtsmittel und Beschwer.** Das Rechtsmittel des **Klägers** ist allein nach der Differenz zwischen Klageantrag und Hauptsachetenor zu bewerten. Dass die Abweisung der Klage auf einer Haupt- oder Hilfsaufrechnung beruht, ist für ihn ohne Bedeutung. Für eine Werterhöhung um den Betrag der Gegenforderung ist kein Raum.[104]

44   Demgegenüber ist für den **Beklagten** entscheidend, ob er mit der Entscheidung auch seine Gegenforderung verliert. Wird er ohne Berücksichtigung des Aufrechnungseinwands verurteilt, ist für den Wert seines Rechtsmittels allein der Urteilsbetrag wertbestimmend. Ebenso findet keine Werterhöhung statt, wenn sich der Beklagte ausschließlich mit einer Hauptaufrechnung verteidigt und unterliegt. Da er die Entstehung der Klageforderung nicht bestreitet, beschränkt sich seine Beschwer in der (zusätzlichen) Aberkennung der Gegenforderung.[105] Bestreitet der Beklagte die Klageforderung und erklärt hilfsweise die Aufrechnung, dann ist er bei Klagestattgabe doppelt beschwert. Gleiches gilt bei Klageabweisung allein aufgrund der Hilfsaufrechnung. In beiden Fällen verliert er hinsichtlich des Klagebetrags und seiner Gegenforderung.[106] Beschränkt der Beklagte sein Rechtsmittel darauf, dass ihm die hilfsweise zur Aufrechnung gestellte Gegenforderung (ohne Tilgung der Klageforderung) aberkannt worden ist, ist allein diese, begrenzt durch den Urteilsbetrag, wertbestimmend.[107]

45   Bei einer **Verwerfung des Rechtsmittels** gem. §§ 522 Abs. 1, 552 Abs. 1 ZPO kommt eine Erhöhung des Rechtsmittelstreitwerts nicht in Betracht. Es fehlt an einer der Rechtskraft fähigen Entscheidung des Rechtsmittelgerichts über die Gegenforderung.[108] Das gilt ebenso bei einer **Rücknahme des Rechtsmittels** durch den Beklagten, der vorinstanzlich die Hilfsaufrechnung erklärt hat.[109] Die gegenteilige Ansicht des BGH[110] vermag nicht zu überzeugen, insb. kann die fehlende Entscheidung nicht durch einen Rückgriff auf die Entscheidung des Ausgangsgerichts ersetzt werden.[111]

VII. Vergleich (Abs. 4)

46   **1. Gerichtsgebühren.** Endet der Rechtsstreit mit einem Vergleich – gemeint ist allein der vor einem Gericht geschlossene **(Prozess-)Vergleich**[112] –, dann bestimmt sich der Gebührenstreitwert unter entsprechender Anwendung der Absätze 1–3. An die Stelle der gerichtlichen Entscheidung tritt der Abschluss des Vergleichs.[113] Das gilt zunächst für die einvernehmliche Regelung von **Klage und Hilfswiderklage** sowie **Haupt- und Hilfsantrag** unabhängig vom Bedingungseintritt.[114]

47   Im Falle der **Hilfsaufrechnung** ist entscheidend, ob der Vergleich die hilfsweise zur Aufrechnung gestellte und bestrittene Gegenforderung endgültig regelt, dh eine abschließende Einigung über deren Bestehen oder Nichtbestehen getroffen worden ist.[115] Die entsprechende Anwendung führt für die **gerichtliche Verfahrensgebühr** nicht zur Aufhebung der Wertgrenze des § 322 ZPO. Bestimmend für den Umfang der Werterhöhung bleibt also die Klageforderung. Jede einzelne Gegenforderung ist daher (nur) bis zur Höhe der Klageforderung werterhöhend zu berücksichtigen.[116] Die abweichende Ansicht[117] vermag nicht zu erklären, warum der Wert der gerichtlichen Tätigkeit bei einer einvernehmlichen Beendigung höher liegen soll als bei einer streitigen Entscheidung. Zumal die mit dem Abschluss des Vergleichs verbundene Tätigkeit, soweit sie den Wert des Verfahrens übersteigende Gegenstände betrifft (sog. **Mehrwert des Vergleichs**), von Nr. 1900 KV erfasst wird.

48   Wird der Vergleich im **Rechtsmittelverfahren** geschlossen, dann bestimmt sich der Wert nach dem Wert des Rechtsmittels.

49   **2. Anwaltsgebühren.** Der für die Gerichtsgebühren unter Beachtung der Wertgrenze des § 322 Abs. 2 ZPO ermittelte Streitwert ist nur für die anwaltliche Verfahrensgebühr maßgeblich, § 23 RVG. Allein die anwaltliche Befassung mit der hilfsweise zur Aufrechnung gestellten Gegenforderung rechtfertigt keinen höheren

103 OLG Schleswig SchlHA 1981, 189. **104** BGH 7.2.1980 – III ZR 172/79, juris. **105** BGH WuM 2004, 492; NJW-RR 1999, 173. **106** BGH 25.9.1996 – VI ZR 102/96, BGHReport ZPO § 546 Abs. 2 Beschwer Nr. 15; BGH NJW 1973, 148. **107** BGH JurBüro 2010, 85. **108** KG JurBüro 2010; OLG Düsseldorf OLGR 1996, 236. **109** KG JurBüro 2010, 85; OLG Brandenburg 7.2.2006 – 13 U 135/05, juris; OLG Düsseldorf MDR 2000, 1457; OLG Jena MDR 2002, 480; OLG Stuttgart NJW-RR 2005, 507. **110** BGH MDR 1979, 133; JurBüro 1979, 358; zust. OLG Schleswig AGS 2014, 337; OLG Frankfurt OLGR 1999, 121. **111** OLG Köln 20.12.2012 – 19 W 48/12, juris; ausf. Schneider/Herget/*Kurpat*, Streitwert-Kommentar, Rn 1364 ff. **112** OLG Karlsruhe 5.11.2012 – 14 W 55712, juris; OLG Hamm AGS 2004, 27. **113** OLG Düsseldorf MDR 2006, 297; aA noch OLG Köln NJW-RR 1996, 1278. **114** OLG Düsseldorf JurBüro 2010, 423; MDR 2006, 297; OLG München 30.3.2009 – 1 W 977/09, juris. **115** LG Bayreuth JurBüro 1980, 1219. **116** OLG Bamberg JurBüro 1983, 105; OLG Celle BauR 2011, 886; OLG Düsseldorf JurBüro 2010, 423; OLG München MDR 1998, 680; OLG Köln AGS 1995, 17; aA OLG Frankfurt 17.3.2011 – 10 W 8/11, juris (Begrenzung der Werterhöhung bei mehrfacher Aufrechnung insgesamt auf das Doppelte der Klageforderung). **117** OLG München (15. ZS) AnwBl 1988, 247; OLG Saarbrücken OLGR 2008, 364.

Verfahrenswert.[118] Termin- und Einigungsgebühr bestimmen sich dagegen unter Berücksichtigung des vollen Werts der zur Aufrechnung gestellten Gegenforderung, da Abs. 3 nur für den Verfahrenswert gilt.[119]

§ 46 (weggefallen)

§ 47 Rechtsmittelverfahren

(1) [1]Im Rechtsmittelverfahren bestimmt sich der Streitwert nach den Anträgen des Rechtsmittelführers. [2]Endet das Verfahren, ohne dass solche Anträge eingereicht werden, oder werden, wenn eine Frist für die Rechtsmittelbegründung vorgeschrieben ist, innerhalb dieser Frist Rechtsmittelanträge nicht eingereicht, ist die Beschwer maßgebend.

(2) [1]Der Streitwert ist durch den Wert des Streitgegenstands des ersten Rechtszugs begrenzt. [2]Das gilt nicht, soweit der Streitgegenstand erweitert wird.

(3) Im Verfahren über den Antrag auf Zulassung des Rechtsmittels und im Verfahren über die Beschwerde gegen die Nichtzulassung des Rechtsmittels ist Streitwert der für das Rechtsmittelverfahren maßgebende Wert.

I. Allgemeines

Die Vorschrift des § 47 regelt in **Abs. 1 und 2** die Wertfestsetzung in **Rechtsmittelverfahren**. Grundsätzlich   **1**
bemisst sich der Wert eines Rechtsmittelverfahrens nach den Anträgen des Rechtsmittelführers (Abs. 1 S. 1). Wird ein Rechtsmittelantrag nicht oder nicht innerhalb der Begründungsfrist eingereicht, ist auf den Wert der Beschwer abzustellen (Abs. 1 S. 2). Dies gilt auch bei rechtsmissbräuchlich beschränkten Rechtsmittelanträgen (→ Rn 16 ff).

Die Bewertung der Anträge oder der Beschwer im Rechtsmittelverfahren folgt nach den Wertvorschriften   **2**
des GKG bzw der ZPO (§ 48 Abs. 1 S. 1). Abzustellen ist dabei gem. § 40 S. 1 auf den Zeitpunkt der die Instanz einleitenden Antragstellung. Damit ist allerdings nicht der Zeitpunkt der Einreichung des Rechtsmittelantrags und seiner Begründung gemeint, sondern der **Zeitpunkt der Einreichung des Rechtsmittels**, da mit Einreichung des Rechtsmittels die neue Instanz eingeleitet wird und nachträgliche Veränderungen nach Einleitung der Instanz unbeachtlich sein sollen. Abgesehen davon gäbe es dann gar keinen Zeitpunkt für die Berechnung der Beschwer, wenn kein Antrag gestellt wird.

Die Besonderheit, dass der konkrete Antrag, inwieweit die Entscheidung der Vorinstanz angegriffen werden   **3**
soll, idR erst später gestellt wird, ändert aber nichts daran, dass für die Bewertung auf den Zeitpunkt der Einreichung des Rechtsmittels abzustellen ist, allerdings ggf beschränkt durch den Antrag. **Wertveränderungen** zwischen Rechtsmitteleinlegung und Rechtsmittelantrag bleiben jedoch außer Betracht.

Abzustellen ist also auf den Zeitpunkt, zu dem das Rechtsmittel bei Gericht eingeht. Es kommt nicht auf   **4**
die Zustellung an. Wert- oder Antragsreduzierungen zwischen Einreichung und Zustellung sind daher irrelevant.

Zu berücksichtigen ist ferner, dass der Wert eines Rechtsmittelverfahrens nach Abs. 2 S. 1 auf den Wert des   **5**
ersten Rechtszugs beschränkt ist, es sei denn, der Verfahrensgegenstand wird im Rechtsmittelverfahren erweitert (Abs. 2 S. 2). Dann kann der Wert auch höher sein (→ Rn 40 f).

---

118 BGH MDR 2009, 54. **119** OLG Bamberg JurBüro 1983, 106; OLG Köln JurBüro 1994, 496; Karlsruhe Justiz 1985, 139; OLG München AGS 2000, 10; aA (ohne Begr.) OLG Celle NdsRpfl 2007, 69.

6   In **Abs. 3** ist eine besondere Regelung für die Verfahren auf **Zulassung eines Rechtsmittels** vorgesehen, was sich daraus erklärt, dass diese Verfahren keine Rechtsmittelverfahren sind, sondern deren Zulässigkeitsvoraussetzung erst herbeiführen sollen. Daher ist eine gesonderte Bewertungsvorschrift erforderlich. Siehe → Rn 47.

7   Darüber hinaus erklärt Abs. 3 die Bewertung nach den Abs. 1 und 2 in Verfahren über **Beschwerden gegen die Nichtzulassung eines Rechtsmittels** für entsprechend anwendbar. Dies dient der Klarstellung, weil solche Beschwerden sich nicht gegen die Hauptsache richten und daher ein geringer Streitwert angenommen werden könnte. Siehe → Rn 48.

II. Rechtsmittelverfahren (Abs. 1, 2)

8   **1. Anwendungsbereich.** Die Vorschriften der Abs. 1 und 2 gelten für **sämtliche Rechtsmittelverfahren im Anwendungsbereich des** § 1, also für Berufungen, Revisionen, Beschwerden und Rechtsbeschwerden einschließlich der **Sprungrechtsmittel**, sofern sich die Gebühren nach dem Streitwert richten. Die Vorschrift gilt insoweit auch für **Anschlussrechtsmittel**.

9   Nach überwiegender Auffassung soll die Vorschrift auch für **Erinnerungsverfahren, Gegenvorstellung und Gehörsrüge** gelten.[1] Dies dürfte unzutreffend sein, da es sich insoweit nicht um Rechtsmittelverfahren handelt.

   ▪   Für Erinnerungen und Gegenvorstellungen ist die Frage nach dem Wert ohnehin unerheblich, da diese Verfahren keine Gerichtsgebühren auslösen. Soweit eine Wertfestsetzung für die Anwaltsgebühren nach § 33 RVG erforderlich ist, enthält § 23 Abs. 2 RVG für den Wert der anwaltlichen Tätigkeit eine besondere Wertvorschrift.

   ▪   Eine erfolglose Gehörsrüge wiederum löst zwar eine Gerichtsgebühr aus, diese richtet sich aber nicht nach dem Wert. Es sind vielmehr Festgebühren vorgesehen, so dass sich die Frage nach dem Streitwert auch hier nicht stellen kann. Soweit eine Wertfestsetzung für die Anwaltsgebühren nach § 33 RVG für die Gebühren nach den Nr. 3330, 3331 VV RVG erforderlich ist, enthält § 23 Abs. 2 S. 3 RVG für den Wert der anwaltlichen Tätigkeit eine besondere Wertvorschrift.

10   Obwohl es sich nicht um ein Rechtsmittelverfahren handelt, ist § 47 auch im **Verfahren auf Zulassung eines Rechtsmittels** entsprechend anwendbar, wie sich aus der ausdrücklichen Bezugnahme in Abs. 3 ergibt.

11   Ergänzt wird die Vorschrift des § 47 durch § 45 **Abs. 2.** Danach sind die Werte **wechselseitig eingelegter Rechtsmittel**, die in demselben Verfahren verhandelt werden, grds. zusammenzurechnen (→ Rn 25 f).

12   **2. Rechtsmittelantrag, hilfsweise Beschwer (Abs. 1 S. 1 und 2).** Maßgebend ist nach Abs. 1 S. 1 der Rechtsmittelantrag und bei dessen Fehlen nach Abs. 1 S. 2 die Beschwer.

13   Wird ein Antrag gestellt, geht er aber nicht innerhalb der ggf verlängerten Begründungsfrist bei Gericht ein, so gilt nach Abs. 2 S. 2, Alt. 2 ebenfalls die Beschwer. Wird allerdings erfolgreich ein Antrag auf Wiedereinsetzung in den vorherigen Stand gestellt, heilt dies die Fristversäumung, so dass dann auf den wirksam nachgeholten Antrag abzustellen ist.

14   Auf die Zulässigkeit oder Begründetheit der im Rechtsmittelverfahren gestellten Anträge kommt es nicht an, wobei allerdings die Unzulässigkeit oder Unbegründetheit ein Indiz für eine missbräuchliche Antragsbeschränkung sein kann (→ Rn 16).

15   Die Höhe der Beschwer ergibt sich aus dem Umfang der Verurteilung. Wird kein Antrag gestellt, so ist die Entscheidung der Vorinstanz im gesamten Umfang zu berücksichtigten. Siehe → Rn 30 ff.

16   **3. Rechtsmissbräuchlich begrenzter Rechtsmittelantrag.** Die Vorschrift des Abs. 1 S. 2 wird analog angewandt, wenn der Rechtsmittelführer rechtsmissbräuchlich einen geringen Rechtsmittelantrag stellt, um seiner Kostenpflicht zu entgehen.[2]

17   **Beispiel:** Der Beklagte ist zur Zahlung von 20.000 € verurteilt worden. Er legt Berufung ein. Im Laufe der Begründungsfrist erkennt er, dass die Berufung aussichtslos ist. Würde er die Berufung ohne vorherigen Antrag zurücknehmen, wäre der volle Wert der Beschwer, also 20.000 €, anzusetzen (Abs. 2 S. 2, Alt. 1). Um Kosten zu sparen, beantragt der Kläger daher ohne weitere Begründung, das erstinstanzliche Urteil dahin gehend abzuändern, dass er lediglich 19.000 € zahlen müsse, und nimmt sodann die Berufung zurück.

   Bei formaler Betrachtung wäre nach Abs. 1 S. 1 der Wert des Rechtsmittelantrags maßgebend, so dass sich der Wert des Berufungsverfahrens lediglich auf 1.000 € belaufen würde. Dies wird jedoch als rechtsmissbräuchlich angesehen, so dass in diesem Fall analog Abs. 2 S. 2 auf den vollen Wert der Beschwer zurückgegriffen wird.

---

1 *Hartmann*, KostG, § 47 GKG Rn 2; Binz/Dörndorfer/*Dörndorfer*, § 47 GKG Rn 1. **2** OLG Koblenz AGS 2005, 162 = FamRZ 2005, 1767.

Ob und wann ein ermäßigter Rechtsmittelantrag rechtsmissbräuchlich ist, muss im Einzelfall ermittelt werden. Ein Anhaltspunkt dafür ist regelmäßig, dass sich die Beschränkung materiellrechtlich gar nicht erklären lässt oder wenn der ermäßigte Antrag sogar unterhalb der Zulässigkeitsgrenze des jeweiligen Rechtsmittelverfahrens liegt und das Rechtsmittel auch nicht zugelassen war.[3] **18**

Eine rechtsmissbräuchliche Beschränkung hat das OLG Köln[4] auch in dem Fall angenommen, dass Antrag und Begründung unmittelbar vor Ablauf der Frist (23.40 Uhr des letzten Tages) per Fax bei Gericht eingehen und das Rechtsmittel unmittelbar danach (11.00 Uhr am Folgetag) ohne weitere Ausführungen wieder zurückgenommen wird. **19**

Soweit mehrere Verfahrensgegenstände betroffen sind, darf aus der rechtsmissbräuchlichen Reduzierung eines Antrags allerdings nicht zwingend gefolgert werden, dass die Beschränkung für alle Anträge rechtsmissbräuchlich und damit der Wert der Gesamtbeschwer anzusetzen sei. Hier ist vielmehr zu differenzieren. **20**

Beispiel: Der Mieter ist zur Räumung des Objekts verurteilt worden sowie zur Zahlung von Schadensersatz iHv 5.000 €. Er legt Berufung ein. Sodann beantragt er ohne weitere Begründung, das Urteil des AG abzuändern, soweit er zu mehr als 4.000 € Schadensersatz verurteilt worden ist, und nimmt anschließend die Berufung zurück. **21**

Geht man davon aus, dass die Beschränkung rechtsmissbräuchlich ist, darf in diesem Fall aber nur ein Wert iHv 5.000 € angenommen werden. Die rechtsmissbräuchliche Beschränkung der Anfechtung auf einen Teil des Zahlungsantrags lässt nicht darauf schließen, dass die Beschränkung auf den Zahlungsantrag generell rechtsmissbräuchlich ist. Es können durchaus Gründe gegeben sein, sich gegen die Räumung nicht zu wehren, sondern nur gegen den Schadensersatz. Daher ist analog Abs. 1 S. 2 nicht der volle Wert der Beschwer maßgebend, sondern nur der Wert der Beschwer hinsichtlich des missbräuchlich beschränkten Antrags auf Schadensersatz.[5]

4. Die Bewertung. a) Rechtsmittelantrag (Abs. 1 S. 1). Die Bewertung des Rechtsmittels entsprechend dem Antrag oder der Beschwer folgt nach den allgemeinen Wertvorschriften. Abzustellen ist nach § 40 dabei nicht auf den Zeitpunkt der Einreichung des Rechtsmittelantrags, sondern auf den **Zeitpunkt der Einreichung des Rechtsmittels**, der früher gelegen sein kann. Zu beachten ist allerdings ggf eine Begrenzung nach Abs. 2 (→ Rn 37). **22**

Aufgrund des neuen Bewertungszeitpunkts kann es auch zu einem geringeren Wert kommen als in erster Instanz. **23**

Beispiel: Der Kläger verlangt vom Beklagten die Übertragung von Wertpapieren (Kurswert bei Einreichung der Klage 20.000 €). Die Klage wird abgewiesen. Dagegen legt der Kläger Berufung ein. Der Kurswert der Wertpapiere beträgt zum Zeitpunkt der Einreichung des Berufungsantrags nur noch 10.000 €. **24**

Da der Verkehrswert der Wertpapiere bei Einreichung der Berufung nur noch 10.000 € betrug, ist auch dieser Wert noch festzusetzen (§ 47 Abs. 1 S. 1 iVm § 40 Abs. 1 S. 1).

Die Werte **wechselseitiger Rechtsmittelanträge** sind grds. zusammenzurechnen (§ 45 Abs. 2). **25**

Beispiel: Der Kläger verlangt vom Beklagten Schadensersatz iHv 10.000 €. Das Gericht verurteilt den Beklagten zur Zahlung von 7.500 €. Der Kläger legt Berufung ein, mit der er eine Abänderung der Verurteilung auf 9.000 € erstrebt. Der Beklagte legt Berufung ein und verfolgt seinen Klageabweisungsantrag weiter. **26**

Der Wert der Berufung des Klägers beträgt 1.500 €; der Wert der Berufung des Beklagen beträgt 7.500 €. Beide Werte sind nach § 39 Abs. 2 zusammenzurechnen, so dass sich für die Berufungsinstanz ein Wert von 9.000 € ergibt.

Eine Addition unterbleibt allerdings nach § 45 Abs. 2, soweit beiden Rechtsmitteln derselbe Verfahrensgegenstand zugrunde liegt. Siehe hierzu → § 45 Rn 21 ff. **27**

Eine Addition unterbleibt ferner nach § 45 Abs. 1 S. 3 iVm S. 2, wenn einerseits der Kläger Berufung gegen die Zurückweisung seines Hauptantrags einlegt und andererseits der Beklagte gegen die Stattgabe des Hilfsantrags und das Gericht auf die Berufung des Klägers bereits dem Hauptantrag stattgibt, so dass es über die Berufung gegen die Stattgabe des Hilfsantrags nicht mehr entscheidet. Zu Einzelheiten → § 45 Rn 10 ff. **28**

Gleiches gilt im Falle einer **streitigen Hilfsaufrechnung**. Auch hier sind wechselseitige Berufungen nur zusammenzurechnen, wenn das Berufungsgericht über die Hilfsaufrechnung entscheidet (§ 45 Abs. 3) oder wenn darüber ein Vergleich geschlossen wird (§ 45 Abs. 4). Zu Einzelheiten → § 45 Rn 24 ff. **29**

b) Beschwer (Abs. 1 S. 2). Soweit auf die Beschwer abzustellen ist, ergibt sich diese aus einem Vergleich der Anträge des Rechtsmittelführers im vorangegangenen Rechtszug und dem dort erzielten Ergebnis. In Zivilsachen ergibt sich die Berechnung aus den §§ 3 ff ZPO. **30**

War der Berufungsführer in erster Instanz zT aufgrund eines Anerkenntnisses und im Übrigen streitig verurteilt worden, so entspricht der Streitwert des Berufungsverfahren dem vollen Wert seiner Verurteilung, **31**

---

3 *Hartmann*, KostG, § 47 GKG Rn 4.   **4** OLG Köln AGS 2012, 531 m. Anm. *Hachenberg-Trompetter*.   **5** OLG Koblenz AGS 2005, 162 = FamRZ 2005, 1767.

wenn die Berufung ohne Begründung und Antragstellung zurückgenommen wird,[6] da auch ein Anerkenntnisurteil eine Beschwer enthält und angefochten werden kann, etwa mit der Begründung, das Gericht habe zu Unrecht ein Anerkenntnis angenommen.

32   Die Beschwer muss nicht dem Verfahrenswert der Vorinstanz entsprechen. Dies gilt insb. bei der Verpflichtung zu einer Auskunft. Die Rspr nimmt als Beschwer nicht den Wert des Auskunftsanspruchs an, sondern orientiert sich am Interesse des Berufungsführers, die Auskunft nicht erteilen zu müssen. Sofern nicht ein besonderes Geheimhaltungsinteresse des Berufungsführers zu erkennen ist, wird auf den Aufwand und die Kosten abgestellt, die für den zur Auskunft Verpflichteten durch die Erteilung der geforderten Auskünfte entsteht.[7] Dieser Wert ist in aller Regel niedriger als der Wert des Auskunftsanspruchs (→ § 44 Rn 5).

33   Soweit die Beschwer höher liegt als der Streitwert der Vorinstanz, ist der Wert des Rechtsmittelverfahrens nach Abs. 2 zu begrenzen (→ Rn 37).

34   Auch bei der Beschwer sind die Werte wechselseitiger Rechtsmittel zusammenzurechnen, es sei denn, es liegt derselbe Verfahrensgegenstand zugrunde (§ 45 Abs. 2).

35   **Beispiel:** Auf die Klage iHv 20.000 € hat das LG den Beklagten zur Zahlung von 15.000 € verurteilt. Sowohl Kläger als auch Beklagter legen Berufung ein und nehmen diese jeweils ohne Begründung wieder zurück.

Die Beschwer des Klägers beläuft sich auf 5.000 €, die des Beklagten auf 15.000 €. Der Streitwert beläuft sich damit im Berufungsverfahren auf 20.000 €.

36   Ist ein Rechtsmittel mangels Beschwer unzulässig und sind keine Rechtsmittelanträge gestellt worden, so ist der Streitwert zu **schätzen**. Der Wert der Vorinstanz bildet dabei die Obergrenze.[8]

37   **5. Begrenzung (Abs. 2). a) Grundsatz (Abs. 2 S. 1).** Nach Abs. 2 S. 1 wird der Wert im Rechtsmittelverfahren durch den Wert des Verfahrensgegenstands des ersten Rechtszuges begrenzt. Der Wert des Rechtsmittelverfahrens kann also bei gleich bleibendem Verfahrensgegenstand nie höher sein als der der Vorinstanz.

38   **Werterhöhungen,** die nach Abs. 2 S. 1 unbeachtlich sind, können sich zB durch **Kursschwankungen** oder Schwankungen des Verkehrswerts ergeben. Solche Erhöhungen sind – im Gegensatz zu Wertermäßigungen (→ Rn 23 f) – unerheblich. Zwar kommt es für die Bewertung des Rechtsmittelantrags nach § 40 auf den Zeitpunkt der Antragstellung, also auf den Rechtsmittelantrag, an. Begrenzt wird die Bewertung aber durch die Verhältnisse zum Zeitpunkt der erstinstanzlichen Antragstellung.

39   **Beispiel:** Der Kläger verlangt vom Beklagten die Übertragung von Wertpapieren (Kurswert bei Einreichung 20.000 €). Die Klage wird abgewiesen. Dagegen legt der Kläger Berufung ein. Der Kurswert der Wertpapiere beträgt zum Zeitpunkt der Einreichung des Berufungsantrags zwischenzeitlich 30.000 €.

Nach Abs. 1 iVm § 40 Abs. 1 S. 1 wäre der Streitwert für die Berufungsinstanz an sich auf 30.000 € festzusetzen, da der Verkehrswert bei Einleitung der Berufungsinstanz zwischenzeitlich auf diesen Betrag angestiegen war. Der Wert darf jedoch nicht höher angenommen werden als in ersten Instanz, so dass der Streitwert auf 20.000 € festzusetzen ist.

40   **b) Hinzukommen weiterer Gegenstände (Abs. 2 S. 2).** Wird im Rechtsmittelverfahren der Streitgegenstand erweitert, etwa durch eine Klageerweiterung, sind die Werte der hinzugekommenen Gegenstände hinzuzurechnen (Abs. 2 S. 2).[9]

41   **Beispiel:** Erstinstanzlich verlangt der Kläger 4.000 € Schadensersatz aus einem Verkehrsunfall. Der Beklagte wird antragsgemäß verurteilt und legt Berufung ein. Der Kläger erweitert daraufhin seine Klage um weitere 600 € Nutzungsausfall.

Der Wert der ersten Instanz beläuft sich auf 4.000 €. Der Wert des Berufungsverfahrens beläuft sich auf 4.600 €.

42   Eine Erhöhung des Streitwerts kommt auch in den Fällen in Betracht, in denen nicht der Klageantrag erweitert wird, sondern sich der Verfahrenswert durch einen Widerklageantrag oder einen sonstigen Gegenantrag erweitert. Auch dann sind die Werte der hinzukommenden Gegenstände hinzuzurechnen (Abs. 2 S. 2).

43   **Beispiel:** Der Vermieter klagt auf Ersatz von Renovierungskosten iHv 3.000 €. Gegen die Abweisung der Klage legt er Berufung ein und verfolgt seinen Klageantrag weiter. Der Beklagte erhebt nunmehr Widerklage auf Rückzahlung der Mietkaution iHv 1.500 €.

Der Wert der ersten Instanz beläuft sich auf 3.000 €. Der Wert des Berufungsverfahrens erhöht sich gem. § 45 Abs. 1 S. 1 um den Wert der Widerklage, so dass sich ein Streitwert iHv insgesamt 4.500 € ergibt.

44   Gleiches gilt, wenn im Rechtsmittelverfahren über einen erstinstanzlich nicht beschiedenen Hilfsantrag (§ 45 Abs. 1 S. 2) oder eine erstinstanzlich nicht beschiedene streitige Hilfsaufrechnung entschieden (§ 45 Abs. 3) oder ein Vergleich darüber geschlossen wird (§ 45 Abs. 4).

---

6 KG AGS 2011, 244 = RVGreport 2011, 268 (zu § 47 GKG). **7** Zuletzt BGH FamRZ 2009, 594 = FF 2009, 132; BGH AGS 2008, 464 = WuM 2008, 160. **8** *Meyer*, GKG § 47 Rn 9. **9** OLG Nürnberg FamRZ 2002, 684.

Beispiel: Der auf Zahlung von 10.000 € in Anspruch genommene Beklagte beantragt Klageabweisung und erklärt 45 hilfsweise die Aufrechnung mit einer streitigen Gegenforderung iHv 8.000 €. Das Gericht weist den Antrag ab, weil es den Anspruch des Klägers als nicht begründet ansieht. Im Berufungsverfahren schließen die Parteien einen Vergleich über Klage- und Aufrechnungsforderung.

Der Wert der ersten Instanz bemisst sich nur nach dem Wert der Klageforderung, da über die Hilfsaufrechnung nicht entschieden worden ist (s. § 45 Abs. 3). Im Berufungsverfahren erhöht sich der Streitwert gem. § 45 Abs. 3, 4 um den Wert der Hilfsaufrechnungsforderung. Er beträgt somit 18.000 €.

Zu einem höheren Wert als dem des Rechtsmittelantrags kann es auch im Falle einer **Stufenklage** kommen. 46 Hat das erstinstanzliche dem Auskunftsantrag stattgegeben und wird hiergegen Berufung eingelegt, so kann das Berufungsgericht die Stufenklage insgesamt abweisen. In diesem Fall bemisst sich der Streitwert des Berufungsverfahrens nach dem Gesamtwert der Stufenklage.[10]

III. Verfahren auf Zulassung eines Rechtsmittels (Abs. 3)

Ein Verfahren auf Zulassung eines Rechtsmittels ist kein Rechtsmittelverfahren. Die Zulassung soll erst die 47 Voraussetzungen für die Zulässigkeit dieses Rechtsmittels schaffen. Daher greifen die Vorschriften der Abs. 1 und 2 hier nicht unmittelbar. Insoweit enthält Abs. 3 eine gesonderte Regelung, die auf die entsprechende Anwendung der Abs. 1 und 2 verweist.

IV. Beschwerde gegen die Nichtzulassung eines Rechtsmittels (Abs. 3)

Ein Verfahren über eine Beschwerde gegen die Nichtzulassung eines Rechtsmittels ist ein Rechtsmittel, des- 48 sen Bewertung sich nach Abs. 1 und 2 richten müsste. Insoweit wäre allerdings unklar, ob der Hauptsachewert anzusetzen wäre oder nur ein Bruchteil, weil sich die Beschwerde nur gegen die Nichtzulassung richtet und damit die Hauptsache noch nicht betroffen ist. Um hier Klarheit zu schaffen, ordnet Abs. 3 an, dass nach Abs. 1 und 2 auf den Wert der Hauptsache abzustellen ist, soweit die Zulassung des Rechtsmittels beantragt wird.

V. Bedeutung für die Anwaltsgebühren

Die Vorschrift des § 47 gilt auch für die Anwaltsgebühren (§ 23 Abs. 1 S. 1 RVG). Das gilt sowohl für die 49 Rechtsmittelverfahren also auch für die Verfahren auf Zulassung bzw die Beschwerde gegen die Nichtzulassung eines Rechtsmittels (Abs. 3). Die Festsetzung des Gerichts ist insoweit für die Anwaltsgebühren bindend (§ 32 Abs. 1 RVG).

Zu beachten ist allerdings, dass die Bindungswirkung nur insoweit greift, als sich die Gegenstände der an- 50 waltlichen Tätigkeit mit denen des Gerichts decken. Abweichungen können sich insb. ergeben, wenn der Rechtsmittelauftrag ursprünglich weitergehend war.

Beispiel: Die Klage des Klägers auf Zahlung von 10.000 € ist abgewiesen worden. Der Kläger beauftragt darauf- 51 hin seinen Anwalt, in vollem Umfang Berufung einzulegen. Der Anwalt rät dazu, die Berufung auf einen Betrag iHv 8.000 € zu beschränken, was dann auch geschieht. Das Gericht setzt den Streitwert gem. Abs. 1 auf 8.000 € fest.

Soweit die Berufung durchgeführt worden ist, bindet die Streitwertfestsetzung auch den Anwalt. Da er aber ursprünglich einen Auftrag zu umfänglicher Berufung hatte, kann er seine Gebühren auch aus dem Mehrwert von 2.000 € abrechnen. Insoweit erhält er allerdings wegen der vorzeitigen Beendigung insoweit nur eine 1,1-Verfahrensgebühr nach Nr. 3101 Nr. 1 VV, wobei die Begrenzung nach § 15 Abs. 3 RVG zu beachten ist.

Unterabschnitt 2
Besondere Wertvorschriften

§ 48 Bürgerliche Rechtsstreitigkeiten

(1) ¹In bürgerlichen Rechtsstreitigkeiten richten sich die Gebühren nach den für die Zuständigkeit des Prozessgerichts oder die Zulässigkeit des Rechtsmittels geltenden Vorschriften über den Wert des Streitgegenstands, soweit nichts anderes bestimmt ist. ²In Rechtsstreitigkeiten aufgrund des Unterlassungsklagengesetzes darf der Streitwert 250.000 Euro nicht übersteigen.

(2) ¹In nichtvermögensrechtlichen Streitigkeiten ist der Streitwert unter Berücksichtigung aller Umstände des Einzelfalls, insbesondere des Umfangs und der Bedeutung der Sache und der Vermögens- und Einkom-

---

10 BGH NJW-RR 1992, 1021.

mensverhältnisse der Parteien, nach Ermessen zu bestimmen. [2]Der Wert darf nicht über eine Million Euro angenommen werden.

(3) Ist mit einem nichtvermögensrechtlichen Anspruch ein aus ihm hergeleiteter vermögensrechtlicher Anspruch verbunden, ist nur ein Anspruch, und zwar der höhere, maßgebend.

I. Allgemeines

1   Es gibt eine Vielzahl von Streitwertarten. Zu unterscheiden sind zunächst der **Zuständigkeitsstreitwert** (§ 2 iVm §§ 3–9 ZPO) und der **Gebührenstreitwert** (§ 3 iVm §§ 39–60). Der für die Gerichtsgebühren maßgebliche Wert des Streitgegenstands bestimmt über § 23 RVG zugleich den **Gegenstandswert** der anwaltlichen Gebühren. Daneben sind für die Verfahrensführung der **Bagatellstreitwert** (§ 495 a ZPO) und für die Zwangsvollstreckung der **Verurteilungswert** (§§ 708 Nr. 11, 866 Abs. 3 ZPO) maßgeblich. Hinzu treten die mit dem Urteil verbundene (formelle und materielle) **Beschwer** sowie der für die Zulässigkeit des Rechtsmittels und den **Rechtsmittelstreitwert** maßgebliche Beschwerdegegenstand (§ 511 Abs. 2 Nr. 1 ZPO). Der weitgehende Gleichlauf der jeweiligen Bewertungsmaßstäbe dient u.a. der Voraussehbarkeit und Begrenzung des mit der Rechtsverfolgung verbundenen Kostenrisikos.

2   Bei der Ermittlung des Gebührenstreitwerts ist nach § 48 zwischen **vermögensrechtlichen** (**Abs. 1**) und **nichtvermögensrechtlichen Streitigkeiten** (**Abs. 2**) zu unterscheiden. Während vermögensrechtliche Streitigkeiten regelmäßig nach den für den Zuständigkeitsstreitwert (§§ 3 ff ZPO) maßgeblichen Vorschriften zu bewerten sind, ist der Wert nichtvermögensrechtlicher Streitigkeiten unter Berücksichtigung aller Umstände des Einzelfalls nach Ermessen zu bestimmen.

3   Für die **Abgrenzung** wie auch für die Bewertung des geltend gemachten prozessualen Anspruchs ist allein der **Klagevortrag** maßgeblich. Das Vorbringen des Beklagten, insb. die Rechtsnatur von ihm erhobener Einwendungen, bleibt bei der Bewertung – von Ausnahmen abgesehen (zB § 41) – unberücksichtigt. Eine Bindung an die Wertangabe der Parteien besteht nicht, eine Berücksichtigung als **Indiz** für die Wertermittlung ist möglich.[1]

II. Anwendungsbereich

4   Zu den **bürgerlichen Rechtsstreitigkeiten** zählen die nach der ZPO vor den ordentlichen Gerichten zu führenden Verfahren (vgl § 1 Abs. 1 S. 1 Nr. 1). Damit gelangen die §§ 48 ff weder auf die familienrechtlichen Verfahren – hier gilt das FamGKG – noch auf die arbeits-, sozial- oder verwaltungsgerichtliche Verfahren zur Anwendung – dort gilt § 52. Auch führt die Verweisung auf die ZPO innerhalb anderweitiger Verfahrensordnungen nicht zu einer Wertberechnung nach den §§ 48 ff.[2]

III. Vermögensrechtliche Streitigkeiten (Abs. 1)

5   **1. Bewertungsgrundsätze.** Der für vermögensrechtliche Streitigkeiten maßgebliche **Wert des Streitgegenstands** (Streitwert) (§ 3) richtet sich – vorbehaltlich der in den §§ 39 ff enthaltenen Sondervorschriften – nach den für die sachliche Zuständigkeit und die Beschwer maßgeblichen Vorschriften. Der im GKG nicht definierte **Streitgegenstand** entspricht demjenigen der ZPO und setzt sich nach dem sog. **zweigliedrigen Streitgegenstandsbegriff**[3] aus dem Klageantrag und dem hierfür vorgebrachten Lebenssachverhalt zusammen. Wertbestimmend ist daher das im Klageantrag und -sachverhalt zum Ausdruck kommende **klägerische Interesse**.

6   Für die Bewertung ist bei der **Leistungs- und Gestaltungsklage** auf die begehrte **Rechtsfolge** und bei der **Feststellungsklage** auf das **festzustellende Rechtsverhältnis** abzustellen. Dem Streitgegenstand zugrunde liegende (präjudizielle) Rechtsverhältnisse beeinflussen den Wert nur dann, wenn sie über eine (**Zwischen-)Feststellungsklage** selbst Gegenstand des Rechtsstreits sind.

7   **Ohne Bedeutung** für die Wertermittlung sind Motivation, ein besonderes Liebhaberinteresse, die vorgebrachten Klagegründe (Anspruchsgrundlagen) oder ein weitergehendes wirtschaftliches Interesse. Auch bedarf es für die Bewertung keiner Unterscheidung danach, ob der Kläger ein eigenes Recht geltend macht oder im Wege der (gesetzlichen oder gewillkürten) Prozessstandschaft ein fremdes Recht einklagt.

8   **2. Vermögensrechtlicher Anspruch.** Hierzu zählt jeder Anspruch, der zumindest mittelbar wirtschaftlichen Interessen dient. Das gilt insb. für die auf Geld oder eine geldwerte Leistung gerichteten Ansprüche und zwar unabhängig davon, ob sie auf vermögensrechtlichen oder nichtvermögensrechtlichen Rechtsverhältnissen beruhen. Für die Abgrenzung von den nichtvermögensrechtlichen Ansprüchen ist allein auf den Vor-

---

1 BGH MDR 2012, 1429; OLG Düsseldorf NJW 2011, 2979. **2** OLG München MDR 1987, 856. **3** BGH WM 2006, 1877; NJW 2003, 2317.

trag des Klägers abzustellen.[4] Maßgeblich ist nicht der Rechtsgrund, sondern die geltend gemachte Rechtsfolge.[5]

Zu den **vermögensrechtlichen** Ansprüchen gehören zB: 9

■ **Auskunft** – wenn sie der Bestimmung einer geldwerten Leistung dient;[6]
■ **Besichtigung** – soweit der Abwehr von Gefahren oder der wirtschaftlichen Verwertung (Weitervermietung bzw -veräußerung) dienend;[7]
■ **Duldung** – entscheidend ist der Gegenstand der Duldungsverpflichtung, daher vermögensrechtlich bei Duldung der Einstellung der Energieversorgung;
■ **kreditgefährdende Äußerungen** – das auf Unterlassung gerichtete Klagebegehren dient der Abwendung finanzieller Nachteile;[8]
■ **Schmerzensgeld** – auch wenn es aufgrund einer Ehrverletzung verlangt wird;[9]
■ **Verein** – bei Streit über Mitgliedschaft in einer gewerblichen Interessen dienenden Vereinigung;[10]
■ **Wettbewerbsverletzung** – Klage auf Unterlassung dient der Sicherung eigener Gewinninteressen des Klägers;[11]
■ **Zeugnis** – etwa bei der Klage auf dessen Erteilung nach § 73 HGB;
■ **Zwischenstreit** – zB über die Befangenheit eines Richters oder Sachverständigen,[12] das Zeugnisverweigerungsrecht eines Zeugen[13] oder die Duldungspflichten Dritter (zB §§ 142, 144 ZPO).

3. Verweisung (Abs. 1 S. 1). Soweit keine **Sondervorschriften** greifen – wie etwa für die Anspruchshäufung 10 (§ 39), mietrechtliche Streitigkeiten (§ 41), wiederkehrende Leistungen (§ 42), Nebenforderungen (§ 43), die Stufenklage (§ 44) sowie den Hilfsanspruch, die Widerklage, wechselseitige Rechtsmittel und die Hilfsaufrechnung (alle § 45) –, entspricht der **Gebührenstreitwert** dem **Zuständigkeitsstreitwert**. Dessen gesonderte Festsetzung ist über § 62 für den Gebührenstreitwert verbindlich.

4. Rechtsstreitigkeiten nach dem UKlaG (Abs. 1 S. 2). In Rechtsstreitigkeiten aufgrund des UKlaG darf der 11 Streitwert den Höchstwert von 250.000 € nicht überschreiten. Wertbestimmend ist hier das Interesse der Allgemeinheit an der Beseitigung der Klausel. Zur Vermeidung unangemessener Kostenrisiken für die Verbraucherschutzverbände erfolgt hier eine frühzeitige Deckelung.[14]

IV. Nichtvermögensrechtliche Streitigkeiten (Abs. 2)

1. Bewertungsgrundsätze. Die Bewertung nichtvermögensrechtlicher Streitigkeiten hat nach pflichtgemä- 12 ßem Ermessen unter Berücksichtigung **sämtlicher Umstände des Einzelfalles** zu erfolgen, insb. des Umfangs und der Bedeutung der Sache sowie der Einkommens- und Vermögensverhältnisse der Parteien.[15] Die Aufzählung der in Abs. 2 genannten Aspekte ist nicht abschließend („insbesondere"). Jeder einzelne in einem sachgemäßen Bezug zum Gebührenanfall stehende Umstand kann streitwerterhöhend oder -reduzierend wirken.[16]

Der Wert liegt mindestens bei 500 € (§ 34 Abs. 1) und darf 1.000.000 € nicht überschreiten (Abs. 2 S. 2). 13 Mehrere nichtvermögensrechtliche Ansprüche sind zusammenzurechnen, § 39.

2. Nichtvermögensrechtlicher Anspruch. Darunter fallen alle Ansprüche, die nicht auf Geld oder geldwerte 14 Leistung gerichtet sind, nicht in einen Anspruch auf Geld umwandelbar sind und auf Verhältnissen beruhen, mit denen kein Vermögenswert verbunden ist.[17] Für die Einordnung ist allein der Vortrag des Klägers maßgeblich.[18]

Zu den **nichtvermögensrechtlichen** Ansprüchen zählen beispielsweise: 15

■ **Belästigung** – etwa durch Nachstellen, Telefonanrufe,[19] E-Mail oder Werbung;[20]
■ **Ehrverletzung** – bei Klage auf Unterlassung, Widerruf und Gegendarstellung;[21]
■ **Hausverbot** – etwa wenn gegen dessen Erteilung geklagt wird;[22]
■ **Herausgabe privater Unterlagen** – zB von Lichtbildern, einem Tagebuch oder anderweitigen privaten Aufzeichnungen;
■ **Persönlichkeitsrechtverletzung** – etwa durch Beeinträchtigung des Namensrechts oder Rechts am eigenen Bild;[23]

---

4 BGH JZ 1982, 512. **5** LAG München JurBüro 2004, 85. **6** BGH NJW 1982, 1651. **7** BGH NJW 1982, 1765. **8** OLG Frankfurt KostRsp. GKG aF § 18 Nr. 5. **9** OLG Köln VersR 1994, 875. **10** OLG Frankfurt JurBüro 2003, 644. **11** KG NJW-RR 1991, 41. **12** BGH AGS 2004, 159; OLG Brandenburg 23.4.2010 – 1 W 7710, juris; OLG Koblenz NJW-RR 1998, 1222; OLG München MDR 2010, 1012; aA OLG Köln MDR 1976, 322; OLG Oldenburg OLGR 1994, 341; OLG Saarbrücken OLGR 2007, 430. **13** AA BayObLG FamRZ 1986, 1237. **14** BGH NJW-RR 2003, 1694. **15** OLG Düsseldorf JurBüro 1995, 252; OLG Hamm MDR 2013, 999. **16** OLG München JurBüro 1998, 350. **17** RGZ 144, 149; LAG München JurBüro 2004, 85. **18** BGH JZ 1982, 512. **19** BGH NJW 1985, 809. **20** OLG Hamm MDR 2013, 999. **21** BGH NJW 2000, 656; 1996, 999. **22** LG Frankfurt 22.6.2010 – 12 O 17/10, juris. **23** BGH NJW 1996, 1000.

■ **Vereinsausschluss** – soweit dieser keine vermögensrechtlichen Folgen hat und nur den sozialen Achtungsanspruch betrifft.[24]

16 **3. Umfang der Sache.** Maßstab ist der übliche Umfang **gleichartiger Verfahren**[25] sowie der bei ordnungsgemäßer Bearbeitung verbundene **Aufwand für das Gericht.** Besondere tatsächliche oder rechtliche Schwierigkeiten des Falls, eine umfangreiche Beweisaufnahme,[26] die Anwendung ausländischen Rechts[27] oder eine besondere Dauer des Verfahrens[28] sind werterhöhend in Ansatz zu bringen. Dagegen rechtfertigt eine vorzeitige Beendigung, etwa durch frühzeitige Rücknahme[29] oder Anerkenntnis der Klage, keine (nachträgliche) Wertminderung. Der Aufwand der Parteien und ihrer Prozessbevollmächtigten bleibt unberücksichtigt,[30] denn das GKG regelt den für die gerichtliche Tätigkeit maßgeblichen Wert. Dass dieser Wert trotz seiner Bedeutung für den Gegenstandswert (§ 23 RVG) Inhalt und Umfang der anwaltlichen Tätigkeit nicht notwendigerweise zutreffend abbildet, ist keine Besonderheit des § 48 (vgl etwa die Kontroverse um eine Werterhöhung bei nicht beschiedener Hilfsaufrechnung).[31]

17 **4. Bedeutung der Sache.** Entscheidend sind die tatsächlichen, wirtschaftlichen und rechtlichen Folgen der Streitentscheidung für die Parteien, nicht für die Öffentlichkeit.[32] Dies kann sich bei einem Vergleich aus dessen Inhalt (zB Höhe einer Abfindung) ergeben. Eine Werterhöhung kommt ferner bei einem **Musterprozess**[33] oder einer herausragenden **gesellschaftlichen Stellung** einer Partei[34] in Betracht. Rechtsmissbrauch oder sachfremde Erwägungen für die Prozessführung rechtfertigen keine Werterhöhung. § 48 hat keinen Sanktionscharakter.

18 **5. Vermögens- und Einkommensverhältnisse der Parteien.** Es ist auf die Verhältnisse bei Einleitung des Rechtsstreits abzustellen, § 40.[35] In Ansatz zu bringen sind etwaiges **Anlagevermögen, Grundvermögen** und **Betriebsvermögen.** Maßgeblich ist der jeweilige Verkehrswert.[36] Belastungen (Verbindlichkeiten, Grundpfandrechte) sind in Abzug zu bringen.[37] Der ermittelte Betrag (Reinvermögen) ist um **Freibeträge** von 60.000 € je Ehegatten und 30.000 € je Kind zu kürzen.[38] 5 % des sich danach ergebenden Betrags sind streitwerterhöhend in Ansatz zu bringen.[39] Dass alle Umstände des Einzelfalls zu berücksichtigen sind, steht einem pauschalierten Ansatz von Einzelumständen nicht entgegen.[40] Auch bei unterschiedlichen Verhältnissen der Parteien ist ein **einheitlicher Wert** festzusetzen.

19 Die **Einkommensverhältnisse** bestimmen sich nach den **Einkünften** aus selbständiger und nichtselbständiger Berufstätigkeit (Lohn, Gehalt, Besoldung), einschließlich zusätzlicher Bezügebestandteile (zB Mietzuschuss, Dienstwagen, Urlaubsgeld, Weihnachtsgeld oder 13. Monatsgehalt)[41] sowie Kranken-, Arbeitslosengeld- und Rentenzahlungen.[42] Die Bewilligung von **Prozesskostenhilfe** allein zwingt nicht zur Wertreduzierung.[43]

V. Verbindung verschiedenartiger Ansprüche (Abs. 3)

20 Bei einer Häufung **gleichartiger** Ansprüchen sind deren Einzelwerte, soweit keine wirtschaftliche Identität vorliegt, zu addieren, § 39. Ob ein Anspruch aus dem anderen hergeleitet werden kann, ist hier ohne Bedeutung. Die an sich auch für die Verbindung **verschiedenartiger** Ansprüche gebotene Zusammenrechnung scheidet nach Abs. 3 aus, wenn ein vermögensrechtlicher Anspruch aus einem nichtvermögensrechtlichen Anspruch abgeleitet wird.[44] Wertbestimmend ist dann der höhere der beiden Ansprüche. Auf die Zulässigkeit der Verbindung kommt es nicht an.

---

24 OLG Koblenz JurBüro 1990, 1034; OLG Köln MDR 1984, 153; KG Rpfleger 1969, 442. **25** OLG Koblenz 1999, 475. **26** OLG Nürnberg JurBüro 1975, 1620. **27** BayObLG NJW-RR 1999, 1375; OLG Zweibrücken JurBüro 1984, 899. **28** OLG Hamm JurBüro 1976, 800. **29** OLG Hamburg JurBüro 1994, 492. **30** OLG Oldenburg FamRZ 2009, 1173; OLG Dresden FamRZ 2003, 1677; OLG Zweibrücken JurBüro 1979, 1864; aA Binz/Dörndorfer/*Dörndorfer*, § 48 GKG Rn 10. **31** BGH MDR 2009, 54. **32** OLG Köln JurBüro 1989, 577; OLG Schleswig JurBüro 2002, 316. **33** *Hartmann*, KostG, § 48 GKG Rn 27. **34** KG NJW 1969, 1305. **35** OLG Dresden JurBüro 2003, 140; OLG Koblenz JurBüro 2003, 474. **36** OLG Köln JurBüro 2003, 475; OLG Nürnberg JurBüro 1989, 1723. **37** OLG München JurBüro 1980, 894. **38** OLG Koblenz FamRZ 2003, 475; aA OLG Nürnberg FamRZ 1996, 194 (35.000 € bzw 12.500 €). **39** OLG Koblenz FamRZ 2003, 475; OLG Karlsruhe JurBüro 1999, 421; aA OLG Düsseldorf FamRZ 1994, 250 (10 %). **40** AA *Hartmann*, KostG, § 48 GKG Rn 29. **41** KG NJW 1976, 900. **42** OLG Bremen FamRZ 2004, 961; aA OLG Celle FamRZ 2003, 1677. **43** OLG Hamburg AGS 2001, 203; OLG Schleswig FamRZ 2006, 52; OLG Stuttgart FamRZ 2000, 1518; vgl auch BVerfG AGS 2006, 352 (zur Verfassungswidrigkeit einer Festsetzung auf den Mindestwert allein aufgrund der Bewilligung beiderseitiger ratenfreier Prozesskostenhilfe). **44** OLG Hamm VersR 2008, 1236 (zugleich verneinend für ein Zusammentreffen von Unterlassungs- und Schmerzensgeldanspruch aus einer unerlaubten Handlung).

Anhang 1 zu § 48 GKG: Streitwert nach §§ 3–9 ZPO

§ 3 ZPO Wertfestsetzung nach freiem Ermessen

Der Wert wird von dem Gericht nach freiem Ermessen festgesetzt; es kann eine beantragte Beweisaufnahme sowie von Amts wegen die Einnahme des Augenscheins und die Begutachtung durch Sachverständige anordnen.

I. Allgemeines

Zu unterscheiden ist der für die sachliche Zuständigkeit des Prozessgerichts (§§ 23, 71 GVG), für die Zulässigkeit eines Rechtsmittels (§ 511 Abs. 2 Nr. 1 ZPO, § 544 ZPO, § 26 Nr. 8 EGZPO) und für die gerichtlichen und anwaltlichen Gebühren (§ 48 GKG, § 23 RVG) maßgebliche Streitwert. Für die Ermittlung des Gebührenstreitwerts gilt § 3 ZPO nur **subsidiär**. 1

II. Wertfestsetzung

1. Ermessen. Nur ob eine Wertfestsetzung erfolgt, steht im freien Ermessen des Gerichts. Die Bewertung selbst hat nach pflichtgemäßem Ermessen zu erfolgen. Maßgeblich ist das **klägerische Interesse**, wie es im Klageantrag seinen Ausdruck findet. Art und Umfang der Verteidigung durch den Beklagten bleiben demgegenüber unberücksichtigt. 2

2. Verfahren. Eine gesonderte Festsetzung des Zuständigkeitsstreitwerts ist weder erforderlich noch zweckmäßig, da diese nicht isoliert, sondern nur (mittelbar) über die Hauptsacheentscheidung angefochten werden kann.[1] Die innerhalb einer Entscheidung über die Zulässigkeit der Klage oder des Rechtsmittels vorgenommene Wertbestimmung bindet das Gericht bei der Festsetzung des Gebührenstreitwerts, § 62 GKG. Diese darf sich nicht in Widerspruch zur verfahrensrechtlichen Mindestgrenze stellen.[2] 3

3. Zeitpunkt. Maßgeblich sind grds. die Verhältnisse bei **Klageeinreichung** (§ 4 ZPO). Bei prozessualen Hilfsansprüchen (zB Fristsetzung und Schadensersatz) kann eine abweichende, auf den Zeitpunkt des Bedingungseintritts abstellende Bewertung geboten sein (s. § 5 ZPO). 4

III. Einzelfälle A–Z

Abänderungsklage. Der Wert bestimmt sich gem. § 9 ZPO nach dem 3,5fachen Jahreswert der Differenz zwischen tituliertem und angestrebter Verpflichtung (OLG Hamburg FamRZ 1982, 322; OLG Nürnberg FamRZ 2009, 1620). Bei gleichzeitiger Klage auf Erstattung überzahlter Beträge ist zu addieren, da nicht wirtschaftlich identisch (aA OLG Köln FamRZ 2010, 1933). Ebenso bei wechselseitigem Verlangen nach Abänderung. 5

Abberufung. Siehe „Gesellschaft" (→ Rn 117). 6

Abfindungsvergleich. Die Bemessung richtet sich nach dem Wert der mit dem Vergleich geregelten streitigen Ansprüche und nicht nach dem Vergleichsbetrag (OLG Stuttgart JurBüro 2009, 596). Siehe auch „Vergleich" (→ Rn 230). 7

Abgabe einer Willenserklärung. Maßgebend ist die mit der Klage angestrebte Rechtsänderung bzw der vermögensrechtliche Erfolg (OLG München ZfIR 2008, 727). Fehlen besondere Bewertungsregeln, ist nach § 3 ZPO zu schätzen (OLG Koblenz MDR 2002, 39). 8

Ablehnung eines Richters/Schiedsrichters. Ablehnungsverfahren ist Teil des Hauptsacheverfahrens und keine nichtvermögensrechtliche Streitigkeit (BGH AGS 2004, 159; aA OLG Köln Rpfleger 1987, 166), maßgebend ist der Hauptsachewert (BGH MDR 2007, 669; NJW 1968, 796; OLG Bremen MDR 2011, 1134; aA OLG Frankfurt 27.5.2011 – 19 W 24/11, juris: 50 %). Differenzierungen nach der Anzahl der abgelehnten Richter (OLG Rostock OLGR 2006, 586) oder dem betroffenen Anspruch (BGH NJW 1968, 796; OLG Brandenburg NJW-RR 2000, 1092; OLG Frankfurt JurBüro 2006, 370) überzeugen nicht, da es keine partielle Befangenheit gibt. 9

Ablehnung eines Sachverständigen. Auch hier liegt keine nichtvermögensrechtliche Streitigkeit vor. Bewertung gem. § 3 ZPO nach einem Bruchteil des Hauptsachewerts (BGH AGS 2004, 159; OLG Naumburg BauR 2012, 843; OLG München MDR 2010, 1012; aA OLG Koblenz NJW-RR 1998, 1222: Wert der Hauptsache), idR 1/3 (OLG Düsseldorf BauR 2009, 552; OLG München MDR 2010, 1012), denn der Sachverständige entscheidet den Rechtsstreit nicht. Beschränkt sich das Beweisthema auf einzelne Streitgegenstände oder Teile des prozessualen Anspruchs, muss die Bruchteilsbewertung an deren Wert anknüpfen. 10

---

1 OLG Koblenz MDR 2004, 709. **2** OLG München MDR 1988, 973.

11 **Abmahnung.** Klage gegen mietrechtliche Abmahnung bemisst sich nach dem Interesse, das beanstandete Verhalten fortsetzen zu können (AG Köln WuM 1999, 237).

12 **Abnahme der Kaufsache.** Wertbestimmend ist das Interesse, vom Besitz befreit zu werden, zB wegen des Gefahrübergangs oder ersparter Lagerkosten, dann auch eigener Wert bei gleichzeitiger Klage auf Kaufpreiszahlung (BGH KostRsp. ZPO § 3 Nr. 499; AG Osnabrück JurBüro 2001, 144; Schneider/Herget/*Monschau*, Rn 958). Bei der Abnahme von Bier geht es dagegen um die Erfüllung einer vertraglichen Hauptpflicht. Die Beschwer des zur Abnahme verurteilten Beklagten bemisst sich nach dem damit verbundenen Aufwand (vgl LG Saarbücken 14.5.2013 – 13 S 171712, juris).

13 **Abnahme der Werkleistung.** Als Fälligkeitsvoraussetzung bei zugleich erhobener Werklohnklage mit dieser wirtschaftlich identisch und damit ohne hinzuzurechnenden Wert, anderenfalls regelmäßig maximal 10 % des Hauptsachewerts (AG Osnabrück JurBüro 1960, 166).

14 **Abrechnung.** Der Wert bemisst sich nach dem wirtschaftlichen Interesse an der Rechnungslegung, etwa bei Vorauszahlungen nach dem erwarteten Rückzahlungsanspruch. Dagegen richtet sich die Beschwer des verurteilten Beklagten allein nach dem mit der Abrechnung verbundenen Aufwand. Siehe auch „Auskunft" (→ Rn 39); siehe auch „Rechnungslegung" (→ Rn 181).

15 **Abschluss eines Vertrages.** Siehe „Vertragsabschluss" (→ Rn 233).

16 **Absonderungsrecht.** Bemessung nach dem Wert der abzusondernden Sache (§ 6 ZPO), denn es geht um deren Besitz.

17 **Abtretung.** Maßgebend ist gem. § 6 ZPO der Betrag der abzutretenden Forderung, des betroffenen Grundpfandrechts oder anderer Rechte (BGH NJW-RR 1997, 1562), soweit keine abweichenden Bewertungsvorschriften zur Anwendung gelangen, etwa bei wiederkehrenden Leistungen (dann § 9 ZPO). Ist die Werthaltigkeit zweifelhaft, kann ein Abschlag vorzunehmen sein (OLG Karlsruhe AGS 2006, 511).

18 **Abwehranspruch.** Der Wert einer Klage auf Unterlassung oder Beseitigung einer Störung (§§ 823, 906, 1004 BGB) richtet sich nach der mit der Störung verbundenen (wirtschaftlichen) Beeinträchtigung bzw Wertminderung für das betroffene Grundstück.

19 **Akkreditiv.** Der Anspruch auf Erteilung und Übertragung eines Akkreditiv (§ 780 BGB) ist nach dessen Betrag zu bewerten (BGH MDR 1992, 616).

20 **Aktien.** Siehe „Wertpapiere" (→ Rn 244).

21 **Allgemeine Geschäftsbedingungen (AGB).** Für den Anspruch auf einen Entwurf von Allgemeinen Geschäftsbedingungen ist auf die wirtschaftliche Bedeutung für die Geschäftstätigkeit des Auftraggebers abzustellen. Streitigkeiten der Vertragsparteien über Klauseln bemessen sich nach dem jeweiligen Interesse des Feststellungsklägers an der (Un-)Wirksamkeit der Klausel und im Einzelfall für den ganzen Geschäftszweig (Schneider/Herget/*Noethen*, Rn 974). Der Gebührenstreitwert für Klagen nach § 1 UKlaG – die Zuständigkeit ist streitwertunabhängig nach § 6 Abs. 1 UKlaG geregelt – richtet sich gem. § 3 ZPO ausschließlich nach dem Interesse der Allgemeinheit an der Beseitigung (BGH 6.3.2013 – IV ZR 211/11, juris; NJW-RR 2003, 1694). Ohne besondere Umstände ist ein Regelwert je Klausel von 1.500 €–2.500 € anzusetzen (BGH 6.3.2013 – IV ZR 211/11, juris; NJW-RR 2007, 497; LG München I WuM 1997, 613; vgl Schneider/Herget/*Noethen*, Rn 982). Die Streitwertbegünstigung nach § 5 UKlaG, § 12 Abs. 4 UWG bleibt zu beachten.

22 **Altenteil.** Streitigkeiten über ein Wohnrecht sind nach § 3 ZPO zu bewerten. Eine dingliche Sicherung bemisst sich nach dem Wert der zu sichernden Forderung, § 6 ZPO. Ist diese auf Erbringung wiederkehrender Leistungen gerichtet, bestimmt sich der Wert nach § 9 ZPO, soweit nicht auf vertraglich oder gesetzlich geschuldeten Unterhalt gezahlt wird, dann gilt für den Gebührenstreitwert § 51 Abs. 1 FamGKG.

23 **Anerkenntnis.** Die Klage aus einem abstraktem Anerkenntnis (§ 780 BGB) oder Schuldversprechen (§ 781 BGB) bemisst sich nach dem Forderungsbetrag einschließlich darin etwaig enthaltener Zinsen (OLG Koblenz JurBüro 1999, 97). Bezieht sich das Anerkenntnis auf den prozessualen Anspruch (§ 307 ZPO), bleibt der Gebührenstreitwert bis zur Verkündung des Anerkenntnisurteils unverändert (OLG Düsseldorf JurBüro 1987, 396; OLG Nürnberg MDR 2005, 120). Teilanerkenntnisurteil reduziert den Wert für die nachfolgend entstehenden Gebühren. Die Beschwer des Beklagten richtet sich ungeachtet der freiwilligen Unterwerfung nach der titulierten Hauptforderung (BGH MDR 2013, 865).

24 **Anfechtung.** Die Anfechtung eines Vertrages richtet sich nach dem Wert der belastenden Hauptleistung. Die Anfechtung nach dem AnfG und der InsO sind nach dem Rückgewährinteresse des Klägers zu bemessen.

25 **Anfechtungsklage.** Siehe „Gesellschaft" (→ Rn 117).

26 **Anmeldung zum Handelsregister.** Das auf Mitwirkung an der Anmeldung (einer Änderung) zum Handelsregister gerichtete Klagebegehren ist nach dem Eintragungsinteresse des Klägers zu bewerten. Entscheidend sind die Umstände des Einzelfalls, also ob die einzutragende Tatsache streitig und der Eintragung deklara-

torische oder konstitutive Bedeutung zukommt (BGH 14.10.1987 – IVa ZR 84/87, juris; OLG Stuttgart DStR 2013, 1138). Regelmäßig ist 1/10–1/4 des Werts der betroffenen Rechtsposition anzusetzen (OLG Bamberg JurBüro 1984, 756: Änderung der Firma). Ist diese Gegenstand eines weiteren Klageantrags, findet keine Zusammenrechnung statt (LG Nürnberg JurBüro 1964, 829).

Annahmeverzug. Wird auf Feststellung geklagt, ist das Interesse, die Gegenleistung bei der Zwangsvollstreckung nicht anbieten zu müssen (§ 756 ZPO), mithin der damit verbundene Aufwand, wertbestimmend. Wird zugleich auf Leistung geklagt, sind die Einzelwerte nicht zu addieren (BGH MDR 2010, 1087; KG AGS 2009, 81; OLG Düsseldorf JurBüro 2009, 33; offen BGH FamRZ 2007, 1314).   27

Anspruchsmehrheit. Siehe § 5 ZPO; siehe § 39 GKG.   28

Anwaltsbeiordnung. Entsprechender Antrag gem. § 78 b ZPO ist – entsprechend der Regelung für die anwaltliche Beiordnung anlässlich der Gewährung von Prozesskostenhilfe (§ 23 a RVG) – regelmäßig nach dem Wert der Hauptsache zu bewerten (OLG Zweibrücken JurBüro 1977, 1001; Schneider/Herget/ *N. Schneider*, Rn 4328 c; aA OLG München MDR 2002, 724: 1/3 des Hauptsachewerts).   29

Arrest. Die Bewertung (§ 53 GKG) richtet sich nach dem Interesse des Antragstellers an der Sicherung des Hauptanspruchs und liegt damit idR unter dessen Wert. Üblich ist eine Bruchteilsbewertung zwischen 1/3 und 1/2 (OLG Stuttgart JurBüro 2015, 132; OLG Dresden AGS 2007, 259; OLG Hamm AGS 2008, 341; OLG Brandenburg JurBüro 2001, 94). Eine mit der Anordnung faktisch verbundene Befriedigung (KG KGR 1997, 240; OLG Frankfurt RVGreport 2004, 278) oder inhaltliche Vorwegnahme der Hauptsache (OLG Brandenburg JurBüro 2001, 93) rechtfertigt eine höhere Bewertung. Das Gleiche gilt bei einem Arrest gegen das vollständige Inlandsvermögen eines im Ausland wohnenden Antragsgegners (OLG Dresden AGS 2007, 259; OLG Koblenz JurBüro 1992, 191). Der Wert des Widerspruchs- und Aufhebungsverfahrens entspricht idR dem des Anordnungsverfahrens (OLG Köln VersR 1973, 1032), es sei denn, der Widerspruch beschränkt sich auf die Kostenregelung (OLG Hamburg MDR 1996, 102). Die Kostenpauschale erhöht den Streitwert nicht, § 4 ZPO. Der Gegenstandswert des Vollziehungsverfahrens (§§ 18 Abs. 1 Nr. 2, 25 Abs. 1 RVG) kann den Wert des Anordnungsverfahrens nicht überschreiten (KG KGR 2000, 182; OLG Karlsruhe OLGR 1999, 330).   30

Aufgebotsverfahren. Es handelt sich um eine vermögensrechtliche Streitigkeit. Der Wert des seit dem 1.9.2009 vom FamFG (§§ 460 ff FamFG) erfassten Verfahrens richtet sich nach § 36 Abs. 1 GNotKG. Wertbestimmend ist auch dort das Interesse des Antragstellers.   31

Aufhebung einer Gemeinschaft. Siehe „Gemeinschaft" (→ Rn 111).   32

Auflassung. Es ist zwischen Erteilung und Vollzug einer Auflassung zu unterscheiden. Für die Klage auf (Rück-)Auflassung ist auf den Verkehrswert des Grundstücks abzustellen. Zu dessen Ermittlung und zur Berücksichtigung von Lasten (BGH NJW-RR 2001, 518) s. § 6 ZPO. Das gilt auch dann, wenn die Beklagte die Auflassung nur wegen einer geringwertigen Gegenforderung verweigert (OLG Hamm MDR 2005, 16; OLG Köln MDR 2005, 298; OLG München OLGR 1994, 264; OLG Stuttgart JurBüro 2002, 424; aA KG NJW-RR 2003, 787; OLG Köln OLGR 2004, 28; OLG Nürnberg MDR 2011, 514; OLG München IMR 2011, 125; OLG Stuttgart MDR 2009, 1353). Anlass und Umfang der Verteidigung sind für die Wertbestimmung grds. ohne Bedeutung. Gegenstand der Klage ist nicht die Feststellung, dass Gegenrechte des Beklagten nicht bestehen, sondern dessen Verpflichtung zur Eigentumsverschaffung. Auch die Bewertung der Kaufpreisklage richtet sich nicht danach, ob der Käufer deren Zahlung allein wegen einer ausstehenden geringfügigen Mängelbeseitigung verweigert. In gleicher Weise ist die Klage innerhalb einer Erbengemeinschaft auf Zustimmung zur Auflassung an einen Dritten zu bewerten (BGH NJW 1956, 1071). Dagegen bemisst sich Klage innerhalb einer Bruchteilsgemeinschaft auf Auflassung an das klagende Mitglied nach dem Anteil des beklagten Mitglieds (KG MDR 2008, 1417). Verweigert der Beklagte unter Hinweis auf Gegenansprüche nur die Mitwirkung am Vollzug der Auflassung, ist nach § 3 ZPO zu bewerten und der Umfang der Gegenforderung zu berücksichtigen (BGH NJW 2002, 684; BauR 2008, 400; OLG Karlsruhe JurBüro 2006, 145).   33

Auflassungsvormerkung. Die Bewertung einer auf Eintragung bzw Löschung gerichteten Klage erfolgt gem. § 3 ZPO nach dem Sicherungsinteresse (Eintragung) bzw Verfügungsinteresse (Löschung) des Klägers. In der Regel ist eine am Verkehrswert orientierte Bruchteilsbewertung sachgerecht (BGH 16.7.1997 – IV ZR 114/97, juris: 1/4; OLG Frankfurt OLGR 1997, 177: 1/10–1/2), soweit nicht unmittelbar ein vollumfänglicher Rechtsverlust droht (OLG Bamberg JurBüro 1976, 1094) oder der durch die Vormerkung gesicherte (und zu löschende) Anspruch unstreitig nicht mehr besteht (OLG Frankfurt OLGR 2008, 321: 2/10).   34

Auflösung einer Gesellschaft. Die Klage auf Auflösung, zB für die GmbH gem. § 61 GmbHG, ist ebenso wie die Klage auf Feststellung der (Un-)Wirksamkeit der Auflösung bzw des (fehlenden) Fortbestandes der Gesellschaft nach § 3 ZPO zu bewerten. Wertbestimmend ist das Interesse der klagenden Partei an der Auflösung bzw der Klärung der mit der Auflösung zusammenhängenden Rechtsfolgen (OLG Köln JurBüro   35

1982, 1719). Regelmäßig wird eine am Verkehrswert des Geschäftsanteils des Klägers ausgerichtete (Bruchteils-)Bewertung geboten sein, soweit nicht weitergehende Folgen (drohende Haftungserweiterung) im Raum stehen.

36   **Aufrechnung.** Der Zuständigkeitsstreitwert bemisst sich mangels Rechtshängigkeit der Gegenforderung allein nach der Klage. Für den Gebühren- und Rechtsmittelstreitwert gilt allein § 45 GKG.

37   **Auseinandersetzung.** Siehe „Gesellschaft" (→ Rn 117).

38   **Ausgleichsanspruch.** Der Wert der bezifferten Zahlungsklage des Handelsvertreters bestimmt sich nach dem eingeklagten Betrag. Die Verbindung eines Auskunftsbegehrens mit einem unbezifferten Zahlungsverlangen wird als Stufenklage nach § 44 GKG bewertet. Maßgebend ist der höchste Einzelanspruch und damit grds. der Leistungsanspruch (zu den Einzelheiten s. § 44 GKG).

39   **Auskunft.** Für den Wert des Auskunftsbegehrens ist nach § 3 ZPO das klägerische Interesse an der Auskunft maßgebend. Als vorbereitender Anspruch orientiert sich sein Wert am Wert des zu beziffernden Hauptanspruchs (OLG Düsseldorf OLGR 1998, 23). Maßgebend sind die diesbezüglichen Erwartungen des Klägers, bei völliger Ungewissheit ist zu schätzen. Wertangaben des Klägers nach § 61 GKG haben indizielle Bedeutung (OLG Bamberg JurBüro 1989, 1307). Hiervon ausgehend ist im Regelfall eine Bruchteilsbewertung geboten. Die Höhe im Einzelfall bestimmt sich danach, in welchem Umfang der Kläger mangels eigener Kenntnis auf die Auskunft angewiesen ist (BGH BGHReport 2002, 951). Der Inhalt der später erteilten Auskunft hat auf die Bewertung keinen Einfluss. Entscheidend sind die Verhältnisse bei Klageeinreichung, § 4 ZPO, § 40 GKG (OLG München MDR 2006, 1134).

In der Praxis überwiegen Ansätze zwischen 1/10 und 1/4 (BGH BGHReport 2002, 951; MDR 1997, 504; OLG München MDR 2006, 1134; OLG Saarbrücken 9.9.2009 – 9 WF 89/09, juris; OLG Rostock JurBüro 2008, 265). In Sonderfällen kann eine Annäherung an den Hauptsachewert geboten sein (BGH MDR 1964, 840). Ein unstreitiger Teil des Hauptanspruchs bleibt bei der Berechnung unberücksichtigt (OLG Hamm FamRZ 2007, 163).

In gleicher Weise ist die Beschwer des unterliegenden Klägers zu ermitteln. Die des unterliegenden Beklagten bemisst sich dagegen allein nach dem mit der Auskunftserteilung verbundenen Aufwand (BGH MDR 2015, 536; MDR 2009, 929; 1994, 518). Dieser kann nach Maßgabe der Regelungen des JVEG geschätzt werden (BGH NJW-RR 2012, 880; FamRZ 2010, 891). Das Interesse des Beklagten, eine Verurteilung in der Hauptsache abzuwenden, bleibt unberücksichtigt (BGH WPM 1992, 289). Ein gesondertes Geheimhaltungsinteresse führt nur in Ausnahmefällen zu einer Erhöhung der Beschwer (BGH MDR 2010, 766; GuT 2009, 329).

40   **Auslandswährung.** Maßgeblich ist gem. § 40 GKG der Umrechnungsbetrag bei Klageeinreichung, spätere Kursänderungen bleiben unberücksichtigt (OLG Düsseldorf NJW-RR 2000, 1594; SächsOVG 7.8.2014 – 5 E 28/14; unzutr. KG NJW-RR 2000, 215: Rechtshängigkeit). Für das Rechtsmittelverfahren ist der Tag des Eingangs der Rechtsmittelschrift maßgeblich (BGH JurBüro 2010, 201).

41   **Ausscheiden/Ausschließung eines Gesellschafters.** Siehe „Gesellschaft" (→ Rn 117).

42   **Aussetzung des Verfahrens.** Nicht der Hauptsachewert ist maßgeblich, sondern das Interesse des Antragstellers an der Aussetzung (BGH BGHZ 22, 283; OLG Dresden FamRZ 2004, 34). Dieses kann im Regelfall mit 1/5 des Hauptsachewerts beziffert werden (OLG Koblenz MDR 2006, 289; OLG München AG 2011, 177; OLG Nürnberg AGS 2013, 418; aA OLG Jena OLGR 2002, 192: 1/10). Das Interesse an einer vorherigen Sachverhaltsklärung im Strafverfahren kann einen höheren Ansatz rechtfertigen (OLG Nürnberg KostRsp. ZPO § 3 Nr. 129).

43   **Aussonderung.** Eine hierauf gerichtete Klage (§§ 47, 53 InsO) ist gem. § 6 ZPO nach der Höhe der Forderung gegen den Gemeinschuldner bzw nach dem geringen Wert des auszusondernden Gegenstands zu bewerten (BGH NJW-RR 1988, 690; OLG Frankfurt ZIP 2010, 437).

44   **Auswechselung des Streitgegenstands.** Siehe „Klageänderung" (→ Rn 141).

45   **Bauhandwerkersicherungshypothek.** Maßgebend ist immer das Sicherungsinteresse des Klägers, § 3 ZPO. Bei Klage auf Löschung bei unstreitig erfüllter Forderung 20 % des Hauptsachewerts (OLG Rostock OLGR 2009, 969). Klage auf Eintragung ist nach dem Wert der zu sichernden Forderung ohne Kosten (§ 43 GKG) zu bewerten (OLG Düsseldorf MDR 2009, 322; OLG Stuttgart MDR 2013, 741). Bruchteilsbewertung zwischen 1/4–1/3 bei Eintragung einer Vormerkung (OLG Köln 25.11.2011 – 11 U 128/11: 1/3 bei einstw. Vfg.; OLG Bamberg JurBüro 1975, 940; OLG Bremen JurBüro 1982, 1052; OLG Düsseldorf JurBüro 1975, 649; abw. OLG Saarbrücken JurBüro 1987, 1218: mit Kostenpauschale).

46   **Baulandsache.** Der Antrag auf Verpflichtung zur Einleitung eines Enteignungsverfahrens ist ebenso wie die Klage auf Aufhebung des Enteignungsbeschlusses entsprechend § 6 ZPO nach dem objektiven Verkehrswert zu bewerten (BGH NJW 2000, 80). Dieser ist auf der Grundlage des klägerischen Vortrags oder durch

Einholung eines Wertgutachtens (§ 64 GKG) zu ermitteln (Schneider/Herget/*Noethen*, Rn 1516; aA OLG Bremen JurBüro 1975, 764: Wertfestsetzung der Enteignungsbehörde). Der Streit über die Einbeziehung eines Grundstücks in das Umlegungsverfahren ist in gleicher Weise zu bewerten (aA OLG Thüringen 6.8.2010 – Bl W 344/10: 20 %). Eine Bruchteilsbewertung von 1/5 des Verkehrswerts der einzuziehenden Fläche ist dagegen geboten, wenn die Einleitung eines Umlegungsverfahrens, der Umlegungsplan selbst und die Zuweisung einer Ersatzfläche statt Geldentschädigung angefochten oder die Zuweisung einer anderen Ersatzfläche verlangt wird (BGH 27.1.2012 – III ZR 119/10, juris; BGHZ 51, 341; OLG Karlsruhe JurBüro 2006, 538). Der Streit über die Rechtmäßigkeit einer vorzeitigen Besitzeinweisung wird ebenfalls mit 1/5 des Grundstückswerts bewertet (BGH NJW 1973, 1299; OLG Sachsen-Anhalt 29.11.2012 – 2 U 63/12, juris).

Bedingter Anspruch. Im Falle der aufschiebenden Bedingung bestimmt sich der Wert gem. § 3 ZPO nach der Wahrscheinlichkeit, dass die Voraussetzungen für die Entstehung des Anspruchs eintreten (BGH MDR 1982, 36). Bei der Geltendmachung eines auflösend bedingten Anspruchs kann die konkrete Gefahr des Bedingungseintritts einen Abschlag vom vollen Wert rechtfertigen.   **47**

Befreiung von einer Verbindlichkeit. Maßgeblich ist der Wert der benannten Verpflichtung (BGH MDR 1995, 196; OLG Rostock JurBüro 2009, 197); ein Bruchteil dessen, wenn eine künftige Inanspruchnahme nicht zu erwarten ist (BGH NJW-RR 2012, 60). Keine Verdopplung bei Freistellung von persönlicher und dinglicher Haftung (BGH BGHReport 2005, 317; KG JurBüro 1968, 466). Kosten des Anspruchs (zB eines Vorprozesses) sind hinzuzurechnen (BGH VersR 1976, 477; OLG Bremen JurBüro 2003, 82; OLG Hamburg JurBüro 2003, 82; aA OLG Hamburg OLGR 2008, 183). Auf die Verpflichtung angefallene und anfallende Zinsen bleiben dagegen unberücksichtigt (BGH MDR 1961, 48; aA *Görmer*, JurBüro 2010, 68). Die Verpflichtung zur Freistellung von Zinsen setzt eine solche hinsichtlich der Hauptschuld voraus. Diese Abhängigkeit entspricht der § 4 ZPO, § 43 GKG zugrunde liegenden Wertung.   **48**

Beiordnung. Siehe „Anwaltsbeiordnung" (→ Rn 29).   **49**

Belästigung. Die auf Unterlassung und Beseitigung gerichtete Rechtsverfolgung ist idR eine nichtvermögensrechtliche Streitigkeit (§ 48 Abs. 2 GKG). Die Bewertung hat unter Berücksichtigung aller Umstände des Einzelfalls zu erfolgen. Das widerstreitet der Annahme, dass trennungsbedingte Nachstellungen regelmäßig keine Bewertung über 5.000 € erlauben (so aber OLG Köln NJW-RR 2002, 1723).   **50**

Bereicherung. Geht es um die Herausgabe von Sachen, ist nach § 6 ZPO zu bewerten, ansonsten nach § 3 ZPO.   **51**

Berichtigung einer Entscheidung. Maßgebend ist das Interesse des Antragstellers an der Änderung der Entscheidung. Ausgangspunkt ist daher der Gegenstand der Berichtigung und die damit verbundenen Auswirkungen auf die Vollstreckbarkeit der Entscheidung (OLG Bamberg JurBüro 2013, 318). Wird eine Korrektur des Ausspruchs in der Hauptsache begehrt, bestimmt die Differenz den Wert (OLG Bamberg FamRZ 2000, 900), soweit nicht erst dadurch die Vollstreckbarkeit hergestellt wird (OLG Frankfurt JurBüro 1980, 1893: Hauptsachewert). Änderungen der Kostenentscheidung sind nach dem Umfang der anderweitig oder zusätzlich verteilten Kosten zu beziffern (BGH MDR 2008, 1292; OLG Jena MDR 2009, 1066). Fehler der Vollstreckbarkeitsentscheidung zum Wegfall der Vollstreckbarkeit können zum vollen Wertansatz führen. Berichtigungen des Tatbestands rechtfertigen allenfalls einen Ansatz von 1/10 des Hauptsachewerts (BFH BFH/NV 2006, 565).   **52**

Berichtigung des Grundbuchs. Die darauf gerichtete Klage ist gem. § 3 ZPO nach dem Interesse des Klägers zu bewerten (OLG Köln JurBüro 2014, 537). Maßgebend ist der Wert der Rechtsposition, deren Eintragung bzw Beseitigung der Kläger mit der Berichtigung anstrebt (BGH MDR 1958, 676; KG MDR 2001, 56; OLG Brandenburg NJ 2007, 369). Dabei ist zu berücksichtigen, ob die Berichtigung der materiellrechtlichen Klärung oder nur der formalen Umsetzung einer unstreitigen Rechtslage dienen soll (KG MDR 2001, 56; OLG Zweibrücken JurBüro 1987, 265). Dient die Berichtigung der Beseitigung von Grunddienstbarkeiten, ist die mit ihnen verbundene Wertminderung anzusetzen (OLG Rostock OLGR 2001, 527).   **53**

Berufung. Wertbestimmend ist das Interesse des Rechtsmittelführers an der Abänderung. Der Wert entspricht grds. der Beschwer, soweit nicht der innerhalb der Begründungsfrist gestellte Antrag (Wert des Beschwerdegegenstands) dahinter zurückbleibt, § 47 Abs. 1 S. 1 GKG. Die für den Kläger maßgebliche formelle Beschwer bestimmt sich nach der Differenz zwischen Klageantrag und Sachentscheidung, die für den Beklagten maßgebliche materielle Beschwer nach den mit der Klagestattgabe einhergehenden (vermögensrechtlichen) Nachteilen (BGH MDR 2013, 1376). Eine reduzierte Antragstellung des Rechtsmittelführers bleibt unberücksichtigt, wenn sie offensichtlich nicht auf die Durchführung des Rechtsmittels gerichtet ist (BGH MDR 2008, 1360; BGHZ 70, 365). Fehlt es an einem Antrag, bleibt es bei dem Wert der Beschwer, § 47 Abs. 1 S. 2 GKG. Richtet sich die Berufung gegen die Verurteilung zur Zug-um-Zug-Leistung, ist deren   **54**

Wert maßgeblich (BGH JurBüro 1982, 377). Gleiches gilt für die Berufung des Beklagten, dessen Gegenrecht unberücksichtigt geblieben ist (BGH AGS 2005, 19). Eine mangels Beschwer unzulässige Berufung ist nach dem für die Rechtsmitteleinlegung erforderlichen Mindestwert zu bemessen (OLG Frankfurt MDR 1984, 502; aA HK-ZPO/*Bendtsen*, § 3 Rn 15 „Berufung"). Bei wechselseitig eingelegten Rechtsmitteln bestimmt sich der Gebührenstreitwert nach § 45 Abs. 2 GKG.

55 **Beschwerde.** Eine Wertfestsetzung ist nur erforderlich, soweit keine Festgebühren anfallen. Dann ist nicht der Hauptsachewert, sondern das Interesse an der Aufhebung oder Abänderung der angegriffenen Entscheidung maßgebend, § 47 Abs. 1 GKG. Die Rechtsbeschwerde gegen die Verwerfung der Berufung richtet sich nach deren Wert (BGH NJW-RR 1998, 354). Die Nichtzulassungsbeschwerde richtet sich nach dem Wert des Rechtsmittelverfahrens, § 47 Abs. 3 GKG.

56 **Beseitigung.** Das hierauf gerichtete Verlangen ist nach dem Interesse an der Wiederherstellung des vorherigen Zustands zu bewerten. Maßgeblich sind die mit der Störung einhergehenden wirtschaftlichen Nachteile. Der mit der Beseitigung verbundene Aufwand ist zu berücksichtigen, auch nicht zusätzlich (BGH MDR 2006, 1374). Dieser allein ist wertbestimmend für die Beschwer des zur Beseitigung verurteilten Beklagten (BGH NJW-RR 2015, 337; NJW-RR 2009, 549) und kann den Gebührenstreitwert übersteigen (BGH MDR 2006, 1374). Dagegen Addition der Einzelwerte bei Klage auf Beseitigung vorhandener und Unterlassung künftiger Beeinträchtigungen (BGH GE 2012, 1314).

57 **Besichtigung.** Für die Bewertung ist gem. § 3 ZPO auf den Zweck der Besichtigung abzustellen (OLG Bamberg JurBüro 1987, 427). Bei Wohnungsbesichtigung kann eine entsprechende Anwendung von § 41 GKG in Betracht kommen (ausf. *Lützenkirchen*, NJW 2007, 2152). Die Beschwer des zur Besichtigung verurteilen Beklagten richtet sich nach dem Zeit- und Kostenaufwand (BGH MDR 2010, 765; FamRZ 1999, 647).

58 **Besitz.** Über § 48 GKG ist grds. nach § 6 ZPO zu bewerten, soweit nicht Sondervorschriften (zB § 41 GKG) greifen. Der danach für die **Besitzeinräumung** maßgebliche objektive Verkehrswert gelangt jedoch nicht in allen Fällen zur Anwendung, etwa weil der Besitz wegen einer geringwertigen Gegenforderung gleichsam als Pfand einbehalten wird (s. § 6 ZPO). Geht es um den Besitz an einer Urkunde, richtet sich die Bewertung nach § 6 ZPO, wenn die Urkunde den Wert des Rechts unmittelbar verkörpert (BGH AGS 2002, 230), ansonsten über § 3 ZPO nach dem Interesse an der Innehabung der Urkunde (OLG Düsseldorf AGS 2012, 190). Das Verlangen nach Duldung der Wegnahme steht der Herausgabe gleich (BGH NJW 1991, 3221). Geht es um Mitbesitz, ist ein entsprechender Bruchteil anzusetzen. Das Vorgehen gegen eine Besitzstörung ist dagegen gem. § 3 ZPO nach dem Interesse an deren Beseitigung zu bewerten (OLG Frankfurt NJW-RR 2008, 534).

59 **Besitzstörung/-entziehung.** Wertbestimmend ist das Interesse an der Wiederherstellung des vorherigen Zustands (OLG MDR 2012, 1187). Es entspricht den mit der Störung einhergehenden wirtschaftlichen Nachteilen (OLG Düsseldorf MDR 2012, 1187 für Gewerberäume). Der mit der Behebung der Störung verbundene Aufwand ist nicht zu berücksichtigen, auch nicht zusätzlich (BGH MDR 2006, 1374). Dieser allein ist wertbestimmend für die Beschwer des zur Beseitigung verurteilten Beklagten (BGH GE 2009, 514; NJW-RR 2009, 549) und kann den Gebührenstreitwert übersteigen (BGH MDR 2006, 1374). Geht es um die Wiedereinräumung des Besitzes oder Herausgabe, dann gilt § 6 ZPO.

60 **Bestimmung der Zuständigkeit.** Die bei Rücknahme oder Zurückweisung eines Bestimmungsantrags anfallenden Gebühren (vgl BGH MDR 1987, 735; OLG Karlsruhe MDR 2008, 473; aA OLG Köln AGS 2008, 114: nicht bei bereits laufendem Hauptsacheverfahren) berechnen sich nach einem Bruchteil des Hauptsachewerts (OLG Koblenz NJW-RR 2007, 425: 1/10; OLG Hamm NJW-RR 2013, 1341 und OLG Karlsruhe MDR 2008, 473: 1/5; BayObLG IBR 2002, 584: 1/4).

61 **Betriebskostenabrechnung.** Siehe § 41 GKG.

62 **Beweisaufnahme.** Maßgeblich ist der Wert des Klageantrags (Streitgegenstands), für dessen Entscheidung es der Beweiserhebung bedarf. Bei einer Klagehäufung (§ 260 ZPO) kommen Einzelwerte in Betracht, § 36 Abs. 1 GKG.

63 **Beweissicherung.** Siehe „Selbständiges Beweisverfahren" (→ Rn 201).

64 **Bezugsberechtigung/-verpflichtung.** Der Streit hierüber bestimmt sich gem. § 3 ZPO nicht nach dem Umsatz, sondern nach dem bei Durchführung des Vertrages zu erwartenden Gewinn (OLG Bamberg JurBüro 19845, 441; aA OLG Saarbrücken JurBüro 1978, 1718).

65 **Buchauszug/-einsicht.** Siehe „Auskunft" (→ Rn 39).

66 **Bürgschaft.** Maßgeblich für die Bewertung ist die im Streit befindliche Verpflichtung. Zahlungsklagen sind nach dem Klagebetrag zu bewerten, bei Regressklagen einschließlich Zinsen und Kosten. Klagen auf Bestellung einer Bürgschaft, Feststellung und Freistellung von der Bürgschaftsverpflichtung bemessen sich nach der zu sichernden Hauptforderung (BGH BauR 1993, 541; KG KGR 2002, 28). Wird auf Herausgabe der

Bürgschaftsurkunde geklagt, ist das Herausgabeinteresse maßgeblich. Dient die Herausgabe der Vermeidung einer Inanspruchnahme aus der Bürgschaft, kann der volle Wert anzusetzen sein (BGH WuM 2006, 215). Geht es nur um die Vermeidung von Avalzinsen oder um die Verhinderung einer missbräuchlichen Nutzung einer Urkunde (BGH BauR 1994, 541), ist eine an den Kosten bzw an der Hauptforderung orientierte Bruchteilsbewertung geboten.

Darlehen. Die Klage auf Abschluss, Auszahlung oder Rückzahlung eines Darlehens ist gem. § 6 ZPO nach **67** dem Darlehensbetrag zu bewerten (BGH NJW 1959, 1493). Das soll auch gelten, wenn vom Darlehensnehmer auf Feststellung einer vom Darlehensgeber ausgesprochenen Kündigung geklagt wird oder die Parteien darüber streiten, ob die Rückzahlung sofort fällig ist (BGH MDR 1997, 591; aA Schneider/Herget/*Noethen*, Rn 1766). Wird nach Widerruf auf Feststellung geklagt, dass sich das Darlehensvertragsverhältnis in ein Rückgewährschuldverhältnis gewandelt habe, sollen die bis zur Klageeinreichung erbrachten Zins- und Tilgungsleistungen ohne Abschlag wertbestimmend sein (BGH MDR 2016, 480). Wird zugleich Freigabe von Sicherheiten verlangt, dann ist wegen wirtschaftlicher Identität der höhere Einzelanspruch maßgebend (BGH 21.12.2010 – XI ZR 157/10; 23.2.2010 – XI ZR 219/09; MDR 2006, 1257; OLG München 8.2.2016 – 5 W 187/16; unzutr. BGH 4.3.2016 – XI ZR 39/15). Zinsen, Kosten und Kreditgebühren bleiben grds. unberücksichtigt, § 43 Abs. 1 GKG (BGH NJW-RR 2000, 1015; OLG Karlsruhe OLGR 2005, 353; aA OLG München JurBüro 1976, 237).

Dauerschuldverhältnis. Der Gebührenstreitwert richtet sich über § 48 GKG nach § 3 ZPO, soweit nicht bei **68** Miet- und Pachtverhältnissen die Vorschrift des § 41 GKG oder bei wiederkehrenden Leistungen § 42 Abs. 1 GKG anzuwenden ist.

Deliktshaftung. Die Feststellung, dass Zahlung aufgrund einer unerlaubten Handlung geschuldet wird (und **69** deswegen nicht der Restschuldbefreiung oder Pfändungsbeschränkungen unterliegt), führt neben dem Leistungsantrag nicht zur Werterhöhung (BGH NJW-RR 2013, 1022; OLG München NZI 2015, 192). Die isolierte Geltendmachung ist mit einem Bruchteil der Hauptforderung zu bewerten (BGH ZIP 2009, 2172: 1/4; OLG Dresden MDR 2008, 50: 1/20).

Dienstbarkeit. Der Wert einer Streitigkeit über eine beschränkt persönlich Dienstbarkeit ist nach § 3 ZPO **70** und der über eine Grunddienstbarkeit nach § 7 ZPO zu ermitteln (BGH KostRsp. ZPO § 3 Nr. 814).

Dienstverhältnis. Streitigkeiten über den Bestand privatrechtlicher dauernder Dienstverhältnisse (zB Anstel- **71** lungsverhältnis des GmbH-Geschäftsführers) und über die Verpflichtung zur Vergütung sind über § 48 GKG iVm § 3 ZPO entsprechend § 42 Abs. 1 GKG zu bewerten (BGH NJW-RR 1986, 676). Dagegen keine entsprechende Anwendung von § 42 Abs. 2 GKG (BGH NJW-RR 2006, 213).

Dingliche Sicherung. Maßgebend ist der Betrag der zu sichernden Forderung (§ 6 ZPO). **72**

Drittschuldnerklage. Der Streitwert entspricht dem Umfang der Inanspruchnahme des Drittschuldners. **73** Streitwertprivilegierungen für die übergegangene Forderung wirken fort (OLG Köln MDR 1991, 899).

Drittwiderspruchsklage. Der Wert richtet sich nach der Höhe der Forderung des Pfandgläubigers ohne Zin- **74** sen und Kosten. Hat die gepfändete Sache einen geringen Wert, ist dieser maßgebend (BGH FamRZ 1991, 547; WM 1983, 246). Mehrfache Pfändungen eines Gläubigers führen nicht zu einer Werterhöhung, Pfändungen mehrerer Gläubiger in denselben Gegenstand sind bis zur Höhe seines Werts zu addieren (OLG München JurBüro 1989, 848). Auch die Bewertung der sog. unechten Drittwiderspruchsklage richtet sich nach § 3 ZPO (OLG Koblenz FamRZ 2004, 333).

Duldung. Der Streitwert einer hierauf gerichteten Klage richtet sich nach dem Gegenstand der Duldung. **75** Für die Duldung von Handlungen ist gem. § 3 ZPO auf das Interesse an deren Vornahme abzustellen (BGH NVwZ-RR 2008, 742). Bei einem Streit über ein Notwegrecht ist die Wertsteigerung für das klägerische Grundstück und für die Beschwer des Beklagten die Wertminderung des von der Benutzung betroffenen Grundstücks maßgebend (BGH MDR 2014, 461). Die Duldung der Wegnahme entspricht der Herausgabe und ist nach § 6 ZPO zu bewerten (BGH MDR 1992, 196). Das gilt auch für die Klage auf Duldung der Zwangsvollstreckung; hier ist der Wert der zu vollstreckenden Forderung einschließlich Zinsen und Kosten maßgebend (BGH NJW-RR 1999, 1080). Zur Duldung der Einstellung der Energieversorgung siehe „Energieversorgung" (→ Rn 89). Die Beschwer des unterliegenden Klägers bemisst sich nach dessen Interesse an der Vornahme der Handlung (BGH NVwZ-RR 2008, 742) und des zur Duldung Verurteilten nach der mit der Duldung verbundenen wirtschaftlichen Einbuße (BGH MDR 2010, 765; ZfIR 2003, 265).

Durchsuchung. Deren Anordnung (§ 758 a ZPO) dient nur dazu, dem Gläubiger Kenntnis von pfändbaren **76** Gegenständen in der Wohnung des Schuldners zu verschaffen. Der Gegenstandswert ist daher mit einem Bruchteil der zu vollstreckenden Forderung zu bemessen (OLG Köln MDR 1988, 329: 1/2).

Ehesache. Siehe § 43 FamGKG. **77**

78   **Ehrverletzende Handlungen.** Als regelmäßig nichtvermögensrechtliche Streitigkeit bestimmt sich der Streitwert nach § 48 Abs. 2 GKG (OLG Saarbrücken 13.8.2010 – 5 W 198/10, juris). Mangels anderweitiger Anhaltspunkte kommen eine Orientierung an § 52 Abs. 2 GKG, § 23 Abs. 3 RVG (OLG Köln JurBüro 2012, 656) und die Wertangabe des Klägers bei Verfahrenseinleitung in Betracht (OLG Celle 25.10.2012 – 13 U 156/12). Sind dagegen (auch) wirtschaftliche Belange des Klägers berührt, zB aufgrund kreditschädigender Äußerungen, dann ist nach § 3 ZPO zu bewerten (BGH NJW-RR 1990, 1270). Mehrere im Zusammenhang stehende Ehrverletzungen sind auch dann mit einem Wert zu erfassen, wenn sie Gegenstand mehrerer Klageanträge sind (OLG Frankfurt OLGR 1999, 296). Klagen auf Unterlassung und Widerruf sind zu addieren. Die Verbindung eines Unterlassungs- mit einem Beseitigungsverlangen rechtfertigt dagegen keine Werterhöhung, da beide auf Vermeidung künftiger Beeinträchtigung gerichtet sind (OLG Karlsruhe JurBüro 2009, 430).

79   **Eidesstattliche Versicherung.** Der Gegenstandswert der anwaltlichen Tätigkeit für die Abnahme der eidesstattlichen Versicherung nach §§ 803, 836, 883 ZPO richtet sich nach dem Betrag (Hauptforderung, Zinsen und Kosten), der aus dem Vollstreckungstitel noch offen ist, höchstens auf 1.500 € (§ 25 Abs. 1 Nr. 4 RVG). In welchem Umfang die Vollstreckung betrieben wird, ist für die Berechnung unerheblich. Für die Abgabe der eidesstattlichen Versicherung im Rahmen einer Stufenklage ist gem. § 48 GKG iVm § 3 ZPO das Interesse des Klägers an einer zutreffenden Auskunft wertbestimmend. Die Differenz zwischen dem mit der Auskunft eingeräumten und dem vom Kläger bei Klageeinreichung geschätzten Leistungsumfang ist mit einem Bruchteil in Ansatz zu bringen (BGH MDR 2013, 50; MDR 1992, 302; OLG Stuttgart MDR 2007, 1037). Dies gilt zugleich für die Beschwer des unterliegenden Klägers (OLG Rostock NJW-RR 2013, 1015), während für die des Beklagten auf den Aufwand zur Abgabe abzustellen ist (BGH NJW-RR 2013, 1033; OLG Koblenz MDR 2015, 355).

80   **Eigentum.** Grundsätzlich gilt § 6 ZPO. Danach sind Klagen auf Eigentumsübertragung, Feststellung der Eigentumslage (KG MDR 1979, 152: ohne Abschlag) oder Herausgabe einer Sache nach dem objektiven Verkehrswert der Sache (BGH NJW-RR 2001, 518) zu bewerten. Weicht der wirtschaftliche Wert des Streits davon erheblich ab (Streit über Restkaufpreis bei Auflassungsklage), wird von einem Teil der Obergerichte eine Anwendung von § 3 ZPO befürwortet (OLG Hamm BauR 2013, 995; OLG Nürnberg MDR 2011, 514; OLG Stuttgart MDR 2009, 1353). Bei Veräußerungs- und Verfügungsbeschränkungen ist eine an der Verlustgefahr orientierte Bruchteilsbewertung sachgerecht. Die Vorschriften für die Räumung und Herausgabe von Miet- und Pachtsachen (§ 41 GKG) gehen vor. Beruht das Eigentum des Klägers auf einem entsprechenden Vorbehalt (§ 449 BGB), sind bereits erfolgte Kaufpreiszahlungen nicht vom Verkehrswert abzuziehen (OLG Frankfurt NJW 1970, 334).

81   **Eigentumsstörung.** Siehe „Besitzstörung/-entziehung" (→ Rn 59).

82   **Einrede/Einwendung.** Materiellrechtliche Einreden sind – mit Ausnahme der Hilfsaufrechnung (§ 45 GKG) – für den Streitwert grds. ohne Bedeutung (BGH MDR 2005, 345; MDR 2004, 829). Auch die Einrede des nicht erfüllten Vertrages mit nachfolgender Zug-um-Zug-Verurteilung führt nicht zu einer Werterhöhung im Umfang der Gegenleistung (BGH FamRZ 2005, 265). Einreden prozessualer Art sind eigenständig zu bewerten, wenn sie einen Zwischenstreit auslösen, wie etwa die Bestimmung der gerichtlichen Zuständigkeit (BGH MDR 2006, 286 – Rechtsweg; OLG Koblenz MDR 2008, 473 – Gerichtsstandsbestimmung), die Aussetzung des Verfahrens (OLG Hamburg OLGR 2002, 180) oder der Streit über die Prozessfähigkeit einer Partei (OLG Düsseldorf MDR 1972, 1022 – Hauptsachewert). Je nach Auswirkung auf den Verfahrensausgang ist der Hauptsachewert oder ein Bruchteil anzusetzen.

83   **Einstweilige Anordnung.** In Zivilsachen (zB §§ 570 Abs. 3, 769, 770, 771 ZPO) praktisch ohne Bedeutung, soweit nicht ausnahmsweise darüber mündlich verhandelt wird oder eine isolierte anwaltliche Tätigkeit vorliegt. Dann ist über § 3 ZPO eine Bruchteilsbewertung geboten (BGH MDR 1991, 1204). In Familiensachen richtet sich der Wert nach den Wertvorschriften des FamGKG (§§ 43–52 sowie § 41 iVm §§ 35, 36 und 42 FamGKG).

84   **Einstweilige Einstellung der Zwangsvollstreckung.** Die allein für die anwaltlichen Gebühren maßgebliche Wertfestsetzung bestimmt sich nach einem Bruchteil der titulierten Hauptforderung, da die vorläufige Einstellung die generelle Vollstreckbarkeit des Titels nicht berührt (vgl BGH NJW 1991, 2280; OLG Köln BRAGOreport 2002, 143).

85   **Einstweilige Verfügung.** Über § 53 Abs. 1 GKG ist gem. § 3 ZPO das Interesse des Antragstellers an der Sicherung seines Anspruchs wertbestimmend. Soweit nicht (faktisch) eine Vorwegnahme der Hauptsache oder eine Leistungsverfügung angestrebt wird (OLG Celle AGS 2008, 189; OLG Koblenz MDR 2009, 1075; OLG Stuttgart MDR 2011, 1316), ist regelmäßig eine Bruchteilsbewertung (1/3–1/2) geboten (OLG Brandenburg MDR 2007, 1225; OLG Rostock OLGR 2006, 1004; OLG Schleswig NJW 2014, 1342; aA KG KGR 2005, 208: 2/3). Bei einem Vergleich von Verfügungs- und Hauptsacheantrag in einem der Ver-

fahren ist wegen wirtschaftlicher Identität nur der höhere Wert maßgebend (OLG Frankfurt JurBüro 1981, 918; aA OLG Koblenz MDR 2008, 1068; OLG Stuttgart JurBüro 1996, 137).

Eintragungsbewilligung. Wertbestimmend ist der dem Bewilligungsverlangen zugrunde liegende materielle   86
Anspruch.

Einwendung. Siehe „Einrede/Einwendung" (→ Rn 82).   87

Einwilligung. Da nicht Herausgabe, sondern Zustimmung zur Herausgabe verlangt wird, gilt zwar § 3   88
ZPO. Dennoch ist der Bewertungsmaßstab des § 6 Abs. 1 ZPO zu berücksichtigen und der objektive Verkehrswert der freizugebenden Gegenstände oder Beträge anzusetzen (OLG Nürnberg OLGR 2003, 79; aA KG JurBüro1978, 427 – § 6 ZPO unmittelbar). Aufgelaufene Zinsen sind Bestandteil des Hinterlegungsbetrags, § 4 ZPO gilt nicht (BGH NJW 1967, 930). Grund und Umfang der Weigerung des Beklagten sind für die Wertermittlung unerheblich (aA OLG Nürnberg OLGR 2003, 79). Siehe auch „Hinterlegung" (→ Rn 130).

Energieversorgung. Für die Klage auf Wiederherstellung ist das Interesse an der Versorgung wertbestim-   89
mend (OLG Brandenburg VersorgW 2012, 320). Maßgebend ist die wirtschaftliche Einbuße der Gebrauchstauglichkeit, bei Klage gegen den Vermieter ist auf den Jahresbetrag der Mietminderung abzustellen (LG Hamburg JurBüro 1994, 116). Die Duldung der Einstellung, auch mittelbar über die Duldung der Wegnahme von Mess- und Regeleinrichtungen, bemisst sich nach dem Halbjahresbetrag der vereinbarten Vorauszahlungen (OLG Celle NJW-RR 2012, 937; OLG Düsseldorf MDR 2013, 809; OLG Frankfurt MDR 2012, 684; OLG Koblenz 2012, 996; aA OLG Hamburg ZMR 2008, 891; OLG Köln ZMR 2006, 208; OLG München MDR 2011, 1267 – Jahresbetrag) bzw nach der üblichen Vergütung des für diesen Zeitraum zu erwartenden Energieverbrauchs. Die Unterbrechung auslösende Zahlungsrückstände bleiben idR unberücksichtigt (OLG Oldenburg MDR 2009, 1407; OLG Saarbrücken NJOZ 2011, 1254).

Enteignung. Siehe „Baulandsache" (→ Rn 46).   90

Entlastung des Geschäftsführers. Siehe „Gesellschaft" (→ Rn 117).   91

Erbbaurecht. Der Streit über die Einräumung oder den Bestand des Erbbaurechts bemisst sich nach § 3   92
ZPO (OLG München WuM 1995, 193; OLG Düsseldorf JurBüro 1995, 485) und errechnet sich aus dem kapitalisierten Erbbauzins und dem Gebäudewert (OLG Nürnberg JurBüro 1992, 52). Der Heimfallanspruch ist nach § 6 ZPO (OLG Frankfurt JurBüro 1985, 278) und die Klage auf Erhöhung des Erbbauzinses nach § 9 ZPO (3,5facher Jahresdifferenzbetrag) zu bewerten (OLG Celle 26.3.2014 – 4 U 6/14; OLG München JurBüro 1977, 1002).

Erbrechtlicher Anspruch. Streitigkeiten unter Miterben sind grds. nach § 3 ZPO zu bewerten, dabei bleibt   93
der unstreitige Anteil des klagenden Miterben außer Betracht (BGH NJW 1975, 1415; AGS 2012, 30 zur Beschwer). Klagen gegen einen am Nachlass nicht beteiligten Dritten sind ohne Kürzung nach dem Klagegegenstand zu bewerten, auch wenn der allein klagende Miterben nur anteilig von der Mehrung des Nachlasses profitiert (OLG Schleswig JurBüro 1994, 26). Bei einem Streit über die Erbberechtigung bleibt der Wert einer unstreitigen Pflichtteilsberechtigung außer Ansatz (BGH NJW 1975, 1415). Eine Klage auf Erbauseinandersetzung bemisst sich dann nach dem Erbteil des Beklagten, wenn der Kläger das ganze Erbe beansprucht (OLG Celle OLGR 2001, 142). Maßgebend für den Wert einer Erbunwürdigkeitsklage ist der Wert des Anteils des von der Klage betroffenen Miterben am Nachlass, nicht die vom Kläger angestrebte Besserstellung (BGH NJW 1970, 197; OLG Frankfurt FamRZ 2011, 1177; OLG Koblenz MDR 1997, 693; aA *Hartmann*, KostG, Anh I § 48 GKG (§ 3 ZPO) Rn 42). Die Klage auf Herausgabe eines Erbscheins ist nach dem Interesse des Klägers zu bewerten, eine Gefährdung des von ihm beanspruchten Nachlasses zu vermeiden (BGH KostRsp. ZPO § 3 Nr. 176). Der Streit über die Erteilung eines Nachlassverzeichnisses bestimmt sich nach dem Auskunftsinteresse des Klägers und damit nach einem Bruchteil des von ihm erwarteten Nachlasswerts (KG JurBüro 1973, 151).

Erfüllung. Siehe „Vertragserfüllung" (→ Rn 234).   94

Ergänzung einer Entscheidung. Maßgebend ist das Interesse des Antragstellers an der Ergänzung. Ausgangspunkt ist daher der Gegenstand der Ergänzung und die damit verbundenen Auswirkungen auf die   95
Vollstreckbarkeit der Entscheidung. Die Aufnahme des Ausspruchs zur vorläufigen Vollstreckbarkeit ist mit 1/5 des Hauptsachewerts anzusetzen (OLG Saarbrücken JurBüro 1989, 522). Eine Ergänzung der Kostenentscheidung um die Kosten der Streithilfe ist nach den Kosten des Streithelfers zu bemessen (OLG Jena MDR 2009, 1066). Die Ergänzung um eine Räumungsfrist ist nach dem in der Frist anfallenden Nutzungsentgelt zu bewerten. Die Aufnahme der Entscheidung über die Zulassung der Berufung bzw Revision bemisst sich nach der Beschwer der antragstellenden Partei.

Erledigung der Hauptsache. Erklären die Parteien den Rechtsstreit **übereinstimmend** für erledigt, entfällt   96
die Rechtshängigkeit der Hauptsache und der Streitwert bemisst sich nach den bis dahin angefallenen Prozesskosten (BGH MDR 1989, 523).

Bei einer **übereinstimmenden Teilerledigung** ist zu unterscheiden: Bezieht sich diese auf einen Teil der Hauptforderung nebst zugehöriger Zinsen, dann bestimmt sich der Wert nach der verbleibenden Hauptforderung, arg. § 43 Abs. 1 GKG (BGH MDR 2013, 671 – Beschwer; OLG Karlsruhe NJW-RR 2013, 444; OLG Köln MDR 2014, 562). Erfasst die Erledigung nur die Hauptforderung, diese aber vollständig, dann werden noch offene Zinsansprüche zur Hauptforderung (BGH NJW-RR 1991, 1211). Erklären die Parteien einen Teil der Hauptforderung, nicht aber den zugehörigen Zinsanspruch für erledigt, dann wird der Zinsanspruch zur Hauptforderung. Der Wert errechnet sich hier aus dem nicht erledigten Teil der Hauptforderung zuzüglich des vorgenannten Zinsanspruchs (BGH MDR 2012, 738; 2008, 404). Die auf den erledigten Teil entfallenen Prozesskosten bleiben in jedem Fall unberücksichtigt (BGH NJW-RR 1995, 1089; aA OLG Koblenz AGS 1997, 118).

Bleibt die Erledigungserklärung des Klägers **einseitig**, liegt darin der Antrag auf Feststellung, dass der Rechtsstreit in der Hauptsache erledigt ist (BGH MDR 2002, 413). Wertbestimmend ist das Interesse des Klägers an der Abwendung der trotz Erledigung fortdauernden Rechtsbeeinträchtigung (Fortsetzungsfeststellungsinteresse). Dies bereits ab Abgabe der Erledigungserklärung (OLG MDR 2014, 562). Dieses Interesse beschränkt sich zwar regelmäßig, aber nicht notwendigerweise auf Erstattung eigener und Abwendung fremder Kosten (ausf. Schneider/Herget/*Kurpat*, Rn 2191 ff).

Der Wert der geänderten Klage entspricht dann der Summe der bis zur Erledigungserklärung entstandenen Kosten, begrenzt durch den bisherigen Hauptsachewert (BGH 29.1.2015 – V ZA 23/14; MDR 2015, 51; MDR1989, 523; aA OLG Brandenburg 24.5.2007 – 6 W 63/07, juris; OLG Schleswig OLGR 2005, 527: Hauptsachewert; OLG Brandenburg AGS 2001, 205: 50 % des Hauptsachewerts). Bei der Verbreitung ehrverletzender Äußerungen (BGH NJW-RR 1996, 1210), der Gefahr zukünftig gleichartiger Rechtsverletzungen (OLG Thüringen OLG-NL 2002, 18) und einer beabsichtigten weitergehenden Rechtsverfolgung (OLG Nürnberg OLGR 2002, 245) kann der Ansatz des Hauptsachewerts in Betracht kommen. Im Falle der einseitigen Teilerledigung sind der Wert der verbleibenden Hauptsache und der für den erledigten Teil zu ermittelnde Wert zu addieren. Kommt es auf das Kosteninteresse an, sind die Kosten nach der Quotenmethode zu ermitteln (OLG Hamm JurBüro 2005, 598; ausf. Schneider/Herget/*Kurpat*, Rn 2215; aA BGH 9.11.2009 – I ZR 33/08, juris; NJW-RR 2005, 1728).

97   **Ermessensantrag.** Siehe „Schmerzensgeld" (→ Rn 197).

98   **Ersatzvornahme.** Für das Verfahren auf Ermächtigung zur Ersatzvornahme und Verurteilung zur Vorauszahlung (§ 887 ZPO) ist auf den Wert der zu erzwingenden Handlung abzustellen. Angesichts dieses Erfüllungsinteresses scheidet eine Bruchteilsbewertung regelmäßig aus (OLG Rostock JurBüro 2009, 105; OLG Köln AGS 2005, 262).

99   **Eventualantrag.** Siehe „Hilfsantrag" (→ Rn 127).

100   **Eventualwiderklage.** Siehe „Hilfswiderklage" (→ Rn 129).

101   **Fälligkeit.** Streit darüber bestimmt den Wert bei der negativen Feststellungsklage und Vollstreckungsabwehrklage. Wertbestimmend ist hier das Interesse an der Verzögerung (BGH KostRsp. ZPO § 3 Nr. 130; OLG Bamberg JurBüro 1982, 1245). Dagegen bleibt der Einwand fehlender Fälligkeit auf den Wert der Leistungsklage ohne Einfluss, denn der Kläger begehrt eine umfassende Entscheidung über die Handlungspflicht (OLG Hamburg MDR 1972, 335; aA Schneider/Herget/*N. Schneider*, Rn 2267).

102   **Feststellungsklage.** Maßgebend ist der Wert des von der Feststellung (positiv oder negativ) erfassten Rechts oder Rechtsverhältnisses. Als Vorstufe einer daraus resultierenden Leistungsklage kann die **positive Feststellungsklage** deren Wert nicht erreichen. Regelmäßig bedarf es noch des Nachweises der Anspruchshöhe, immer fehlt es an einer vollstreckungsfähigen Entscheidung. Daher ist ein Abschlag gegenüber dem Wert einer entsprechenden Leistungsklage geboten. Dieser liegt idR bei 20 % (BGH NZBau 2012, 566; JurBüro 2009, 89; MDR 1991, 526). Die Erwartung, dass der Beklagte dem Leistungsbegehren bereits aufgrund des Feststellungsurteils nachkommt, steht einem Abschlag nicht entgegen (BGH MDR 2008, 829). Dagegen ist ein höherer Abschlag vorzunehmen, wenn zweifelhaft ist, ob es zu einem Schadenseintritt kommt oder ein Leistungsurteil tatsächlich durchsetzbar ist. Greifen privilegierende Wertvorschriften (zB § 41 GKG), scheidet ein (zusätzlicher) Abschlag regelmäßig aus (BGH JurBüro 2009, 89; aA OLG Jena AGS 2009, 187). Bei **Zusammentreffen mit einer Leistungsklage** ist deren Wert herauszurechnen, wenn die Feststellung das gesamte anspruchsbegründende Rechtsverhältnis erfasst (BGH NJW-RR 1992, 698; OLG Oldenburg 29.3.2010 – 5 W 16/10, juris).

Demgegenüber ist die **negative Feststellungsklage** ohne Abschlag nach dem Wert des geleugneten Rechts oder Rechtsverhältnisses zu bewerten (BGH FamRZ 2007, 464). Die Rechtskraft einer stattgebenden Entscheidung steht der Erhebung einer auf dem behaupteten Recht oder Rechtsverhältnis beruhenden Leistungsklage in vollem Umfang entgegen. Abseitige Berühmungen können einen reduzierten Ansatz rechtfertigen (OLG Dresden JurBüro 2004, 141; OLG Düsseldorf MDR 2003, 236). Im gewerblichen Rechtsschutz ist auf das Unterlassungsinteresse des Feststellungsbeklagten abzustellen (KG JurBüro 2009, 194; aA BGH WuM 2004, 352; OLG Hamm OLGR 2003, 248: Abwehrinteresse des Klägers).

Firma. Siehe „Namensrecht" (→ Rn 159). 103

Forderung. Wird diese beziffert, ist die Summenangabe maßgebend (BGH GRUR 2009, 1100). Ein weiter- 104 gehendes wirtschaftliches Interesse bleibt ebenso unberücksichtigt wie die Bedeutung präjudizieller Rechts- verhältnisse oder das Verteidigungsverhalten des Beklagten (OLG Bamberg JurBüro 1979, 874, 1681). Un- bezifferte Zahlungsanträge (zB im Rahmen der Stufenklage) sind nach der Erwartung des Klägers bei Kla- geeinreichung und im Falle der Schmerzensgeldklage nach dem auf Grundlage des Klagevorbringens ange- messenen Betrag zu bewerten. Die zusätzlich zur Leistung begehrte Feststellung zum Rechtsgrund einer For- derung (zB aus unerlaubter Handlung) rechtfertigt wegen wirtschaftlicher Identität keine Werterhöhung (BGH NJW-RR 2013, 1022; OLG München NZI 2015, 192). Bei isolierter Geltendmachung ist eine Bruchteilsbewertung geboten (BGH Schadenpraxis 2010, 29: 1/4; OLG Dresden MDR 2008, 50: 1/20).

Freigabe. Das auf Abgabe einer entsprechenden Willenserklärung gerichtete Klagebegehren ist nach dem 105 damit verbundenen vermögensrechtlichen Erfolg zu bewerten. Bei einer Freigabe eines Guthabens oder Geldbetrags ist der volle Betrag einschließlich aufgelaufener Zinsen maßgeblich (BGH 14.12.2012 – V ZR 179/11; MDR 1967, 280; OLG Nürnberg OLGR 2003, 79). Die Verbindung mit einem überschießenden Zahlungsantrag führt nicht zur Werterhöhung (OLG Frankfurt OLGR 1994, 96). Beschränkt sich der Streit auf die Fälligkeit des im Übrigen unstreitigen Freigabeverlangens oder auf Gegenansprüche des Be- klagten, dann ist eine wirtschaftliche Betrachtungsweise geboten und ein geringer Wert anzusetzen (OLG Nürnberg OLGR 2003, 79).

Freistellung. Siehe „Befreiung von einer Verbindlichkeit" (→ Rn 48). 106

Fristsetzung. Der im Zusammenhang mit einem Schadensersatzbegehren gestellte Antrag auf Fristsetzung 107 (§ 283 BGB, §§ 255, 259, 510 b ZPO) ist – isoliert betrachtet – mit einem Bruchteil des Schadensersatzbe- trags zu bewerten (LG Karlsruhe MDR 1987, 60), rechtfertigt aber unabhängig davon, ob über den Hilfs- antrag entschieden wird, keine Werterhöhung (Schneider/Herget/*Kurpat*, Rn 2488; aA KG 8.9.2009 – 19 W 23/09, juris).

Gegendarstellung. Streit über dahingehende Verpflichtung ist nichtvermögensrechtlicher Art und nach § 48 108 Abs. 2 GKG zu bewerten (BGH MDR 1963, 42).

Gegenleistung. Sie bleibt bei der Bewertung, auch bei einem Antrag auf Zug-um-Zug-Verurteilung, grds. 109 unberücksichtigt (BGH FamRZ 2005, 265; MDR 1999, 1022). Ob das auch gilt, wenn sich der Streit bei ansonsten unstreitiger Klageforderung auf die Gegenleistung beschränkt, ist streitig (abl. OLG Hamm BauR 2013, 995; bejahend OLG Brandenburg NZM 2011, 135; s. Schneider/Herget/*Noethen*, Rn 2509 ff mwN). Die Beschwer des verurteilten Beklagten beschränkt sich dagegen nach einhelliger Ansicht auf den Wert der Gegenleistung, begrenzt durch den Wert der Klageanspruchs (BGH NJW-RR 2004, 714; MDR 1991, 794).

Gehörsrüge. Für den Wert des Rügeverfahrens ist die sich aus der angegriffenen Entscheidung ergebende 110 Beschwer des Rügeführers maßgeblich, soweit dieser seine Rüge nicht auf einen abgrenzbaren Teil des Streitgegenstands oder die Kosten beschränkt (vgl auch OLG Naumburg OLGR 2005, 929).

Gemeinschaft. Für die Klage auf Aufhebung einer Gemeinschaft ist das Interesse des Klägers an der Vertei- 111 lung und an dem von ihm begehrten Anteil wertbestimmend (BGH 22.6.2009 – II ZR 163/08; KG MDR 2008, 1417; aA OLG Brandenburg JurBüro 1998, 421). Der Streit über die Zulässigkeit einer Teilungsver- steigerung ist ebenfalls nach § 3 ZPO zu bewerten und zwar nach dem Interesse, eine Versteigerung unter Wert zu verhindern (BGH FamRZ 1991, 547). Nicht der volle Anteilswert (so OLG Saarbrücken JurBüro 1989, 1598), sondern die hierauf bezogene Einbuße im Falle einer Verschleuderung ist maßgeblich (Schnei- der/Herget/*Monschau*, Rn 1146 f).

Genossenschaft. Anfechtungsklage gem. § 51 GenG ist nach dem Interesse des klagenden Genossen, die mit 112 dem Beschluss verbundenen Folgen abzuwenden, zu bewerten. Die Interessen der Genossenschaft an der Aufrechterhaltung des Beschlusses können mitberücksichtigt werden, arg. Rechtsgedanke des § 247 Abs. 1 AktG (BGH NJW-RR 1999, 1485; OLG Naumburg JurBüro 1999, 310). Der Wert wird durch den Wert seines Anteils begrenzt. Dieser ist allein maßgeblich, wenn über die Wirksamkeit des Ausschlusses eines Ge- nossen gestritten wird.

Gerichtlicher Vergleich. Siehe „Vergleich" (→ Rn 230). 113

Gerichtsstandsbestimmung. Wertbestimmend ist das Interesse des Antragstellers, die Antragsgegner vor 114 demselben Gericht verklagen zu können. Da dies nur die Art und Weise der Rechtsverfolgung betrifft, ist ein Bruchteil des Hauptsachewerts anzusetzen (BayObLG IBR 2002, 584: 1/4; OLG Karlsruhe MDR 2008, 473: 1/5; OLG Koblenz NJW 2006, 3723: 1/10).

115 **Gesamtschuldner.** Zeitgleiche Inanspruchnahme rechtfertigt bei vermögensrechtlicher Inanspruchnahme keine Addition der Einzelansprüche. Es liegt wirtschaftliche Identität vor (BGH MDR 2004, 406). Dagegen ist bei nichtvermögensrechtlichen Ansprüchen (zB Auskunft, Unterlassung ehrverletzender Äußerungen) zusammenzurechnen, da hier kumulativ Erfüllung verlangt werden kann (BGH AGS 2008, 327). Die Regelung von Ausgleichsansprüchen der Gesamtschuldner in einem Vergleich mit dem Gläubiger stellt für diesen keinen Mehrwert dar (OLG Frankfurt NJW-RR 2009, 1079).

116 **Geschäftsbedingungen.** Siehe „Allgemeine Geschäftsbedingungen (AGB)" (→ Rn 21).

117 **Gesellschaft.** Gesellschaftsbezogene Streitigkeiten sind – vorbehaltlich im Einzelfall anwendbarer Sondervorschriften – idR nach § 3 ZPO zu bewerten. Für aktienrechtliche Beschlussmängelklagen sind gem. §§ 247, 249 AktG die Umstände des Einzelfalls maßgeblich, insb. die mit der Nichtigkeit verbundenen gesellschaftsrechtlichen und wirtschaftlichen Auswirkungen für den klagenden Aktionär, die übrigen Aktionäre und die Gesellschaft. Das gilt in gleicher Weise für das Freigabeverfahren nach § 246 a AktG. Nach § 247 Abs. 2 AktG kann die wirtschaftliche Lage einer Partei wertmindernd berücksichtigt werden (BGH MDR 1993, 184). Angriffe gegen verschiedene Beschlüsse sind zu addieren (OLG Frankfurt WPM 1984, 855), mehrere Gründe zur Anfechtung eines Beschluss dagegen nicht (BGH ZIP 1994, 1355). § 247 AktG findet auf Beschlussmängelstreitigkeiten der GmbH (BGH NJW-RR 1999, 1485) und der Genossenschaft (OLG Schleswig NZG 2009, 434) entsprechende Anwendung, nicht dagegen auf solche der zweigliedrigen KG (BGH NJW-RR 2002, 823) oder eines Vereins (BGH MDR 1993, 183). Einstweiliger Rechtsschutz gegen den Vollzug des angefochtenen Beschlusses ist über § 53 GKG mit einem Bruchteil der Beschlussmängelklage zu bewerten.

Die Abberufung von Organmitgliedern oder Geschäftsführern ist nach dem Interesse an der fortdauernden Ausübung der Lenkungs- und Leitungsmacht bzw deren Vermeidung zu bewerten (BGH NJW-RR 1995, 1502; MDR 2009, 815 – GmbH). Für den klagenden, nicht an der Gesellschaft beteiligten Geschäftsführer ist auf dessen Vergütung abzustellen (BGH WM 2015, 380). Geht es zugleich um die Beendigung des Anstellungsverhältnisses, dann gilt § 9 ZPO (BGH GmbHR 1994, 244 – Beschwer).

Bei Streit über die Auflösung der Gesellschaft ist auf den zu erwartenden Anteil am Auseinandersetzungsguthaben und eine anderenfalls drohende Haftungserweiterung abzustellen (OLG Köln DB 1988, 281). Der Ausschluss eines Gesellschafters ist ebenso wie die Einziehung seiner Geschäftsanteile nach deren Verkehrswert zu bestimmen (BGH 24.6.2014 – II ZR 29/13; NZG 2009, 518; OLG Rostock OLGR 2009, 97). Die Bewertung des Klagezulassungsverfahrens (§ 148 AktG) ist nach dem vom Kläger befürchteten Schaden der Gesellschaft zu bewerten (LG München I NZG 2007, 477).

118 **Gewerblicher Rechtsschutz.** Erfasst werden im Wesentlichen Ansprüche aus dem Wettbewerbsrecht, Patentrecht, Markenrecht, Gebrauchsmusterrecht und Designrecht. Die Zuständigkeit für diesbezügliche Ansprüche ist weitgehend wertunabhängig geregelt (s. etwa § 13 UWG, § 143 Abs. 1 PatG, § 24 b Abs. 9 GebrMG, § 140 MarkenG, § 52 Abs. 1 DesignG). Der Gebührenstreitwert ist im Anwendungsbereich des § 51 Abs. 1 GKG – wie auch im Übrigen über § 48 GKG, § 3 ZPO – nach billigem Ermessen festzusetzen (BGH MDR 2014, 184). Wertbestimmend ist das Interesse des klagenden Mitbewerbers oder Verbands, nicht dagegen die der Allgemeinheit an der Unterlassung (BGH WRP 2013, 491; OLG Frankfurt GRUR-RR 2004, 344). Die Annahme von Regelstreitwerten ist mit dieser Vorgabe nicht zu vereinbaren (BGH WRP 2015, 454; OLG Nürnberg JurBüro 2007, 364; aA OLG Schleswig OLGR 2008, 628). Zu berücksichtigen sind insb. die Gefährlichkeit der Verletzungshandlung (OLG Hamburg WRP 2009, 1305; OLG Karlsruhe JurBüro 2011, 421; OLG Schleswig OLGR 2008, 628) und die wirtschaftliche, idR über den Umsatz zu ermittelnde Stellung des Klägers (OLG Zweibrücken JurBüro 2001, 418), nicht dagegen präventive Erwägungen (OLG Celle MDR 2012, 727). Die Stellung des Beklagten ist nur insofern von Bedeutung, als darüber auf die möglichen Umsatzeinbußen des Klägers geschlossen werden kann (OLG Karlsruhe WRP 1981, 407). Räumt dieser den Verstoß ein, kann seine Unterlassungserklärung wertmindernd berücksichtigt werden (OLG Frankfurt MarkenR 2015, 14).

Das Interesse des klagenden Verbands entspricht dem Interesse eines gewichtigen Mitbewerbers (§ 8 Abs. 3 Nr. 2 UWG) bzw dem der Verbraucher (§ 8 Abs. 3 Nr. 3 UWG) (BGH MDR 1998, 1237). Zu beachten ist die in § 48 Abs. 1 S. 2 GKG enthaltene Wertgrenze für Streitigkeiten nach dem UKlaG sowie die Möglichkeit einer Streitwertbegünstigung nach § 51 Abs. 2 GKG oder § 12 Abs. 4 UWG. Letztere kommt insb. bei Klagen eines Verbraucherschutzverbandes in Betracht (BGH MDR 2011, 680). Im einstweiligen Rechtsschutz ist – wie auch sonst – eine am Hauptsachewert orientierte Bruchteilsbewertung geboten (OLG Schleswig OLGR 2008, 628; aA OLG Jena MD 2010, 318: voller Wert).

119 **Grundbuchberichtigung.** Siehe „Berichtigung des Grundbuchs" (→ Rn 53).

120 **Grundstück.** Siehe „Auflassung" (→ Rn 33); siehe „Eigentum" (→ Rn 80).

Grundurteil. Der Wert des Verfahrens wird nicht dadurch gemindert, dass nur über den Anspruchsgrund 121
entschieden worden ist (OLG München 12.12.2006 – 1 U 4336/06, juris). Auch die Beschwer entspricht
bei Abweisung und Stattgabe dem Wert des bezifferten Anspruchs (BGH WM 2006, 429).

Haftungsbeschränkung des Erben. Sie hat auf den Wert der Zahlungsklage keinen Einfluss. Beschränkt sich 122
das Rechtsmittel des Beklagten auf die Aufnahme des Vorbehalts der Erbenhaftung (§§ 780, 781 ZPO,
§§ 1975 ff BGB), bestimmt sich der Rechtsmittelstreitwert nach dem Umfang der damit gegenüber der Verurteilung angestrebten Beschränkung (OLG Bamberg KostRsp. ZPO § 3 Nr. 140).

Handelsregisteranmeldung. Siehe „Anmeldung zum Handelsregister" (→ Rn 26). 123

Handelsvertreter. Bei einer Stufenklage auf rückständige Provision nach Auskunftserteilung ist ein zugleich 124
geltend gemachter Ausgleichsanspruch (§ 89 b HGB) zu addieren (LG Bayreuth JurBüro 1977, 1747). Steht
die Wirksamkeit einer Vertragskündigung im Streit, dann ist das Interesse des Klägers an der Fortdauer
bzw der Beendigung des Vertragsverhältnisses wertbestimmend (OLG Bamberg JurBüro 1991, 1693; OLG
Köln OLGR 2001, 373). Bei mehrfacher Kündigung sind die sich nicht überschneidenden Zeiträume zusammenzurechnen (OLG Köln OLGR 1996, 128). Eine auf Unterlassung der Verwendung ihm aufgrund
seiner bisherigen Tätigkeit bekannten Kundendaten gerichtete Klage bemisst sich nach den vom Kläger befürchteten Geschäftseinbußen, die Beschwer des unterliegenden Handelsvertreters nach der damit verbundenen Einschränkung seiner wirtschaftlichen Betätigungsfreiheit (BGH NJW-RR 2014, 110).

Hauptversammlung. Siehe „Gesellschaft" (→ Rn 117). 125

Herausgabe. Der Streitwert bemisst sich nach dem objektiven Verkehrswert, dh nach dem bei einer Veräu- 126
ßerung auf dem freien Markt erzielbaren Verkaufserlös (BGH NJW-RR 2001, 518; MDR 1992, 83) zum
Zeitpunkt der Klage- bzw Rechtsmitteleinreichung (§ 4 ZPO). Einen brauchbaren Anhalt gibt der von den
Parteien vereinbarte Kaufpreis (OLG Köln MDR 2005, 299; OLG München MDR 1997, 599). Bei prak-
tisch unveräußerlichen Gegenständen ist auf den Mindeststreitwert (bis 300 €) abzustellen (OLG Köln
ZMR 1974, 143). Ein besonderes Affektionsinteresse bleibt unberücksichtigt. Zu den Einzelheiten s. § 6
ZPO. Die Herausgabe von Wertpapieren bemisst sich nach deren Kurswert bei Klageeinreichung, die von
Beweisurkunden nach dem klägerischen Interesse an deren Besitz (OLG Düsseldorf JurBüro 2011, 199), dh
nach ihrer wirtschaftlichen Bedeutung zur Beweisführung.

Hilfsantrag. Für den Zuständigkeitsstreitwert ist auf den bei Klageeinreichung höheren Wert von Haupt- 127
oder Hilfsantrag abzustellen. Gebührenstreitwert und Beschwer bemessen sich dagegen nach § 45 GKG.
Hiernach sind die Einzelwerte zu addieren, wenn eine Entscheidung über den Haupt- und Hilfsantrag ergeht und beide nicht denselben Gegenstand betreffen, § 45 Abs. 1 S. 3 GKG (BGH NJW-RR 2003, 713).
Das gilt für jede Instanz gesondert (OLG Rostock JurBüro 2012, 589). Eine Missachtung des Eventualverhältnisses rechtfertigt keine Werterhöhung (BGH NJW-RR 1999, 1157). Entscheidet das Gericht nach Abweisung des Hauptantrags über den Hilfsantrag, dann kommt es für eine Wertaddition darauf an, ob eine
der Rechtskraft fähige Entscheidung über den Hilfsantrag vorliegt (OLG Brandenburg OLGR 1998, 70;
OLG Frankfurt NJW-RR 1996, 1063), also nicht einer Zurückweisung des Hilfsantrags als unzulässig. Zu
den Einzelheiten s. § 45 GKG.

Der **unechte Hilfsantrag**, zB die Antragstellung nach §§ 255, 259 ZPO (Herausgabe, Fristsetzung und hilfsweise Schadensersatz), wird von § 3 bzw § 5 ZPO nicht erfasst. Dieser wird in der Annahme der Stattgabe
des Hauptantrags gestellt und teilt dessen Erfolg bzw Misserfolg (LAG Nürnberg 16.12.2004 – 4 Ta
255/04, juris; aA KG 8.9.2009 – 19 W 23/09, juris; LAG Hamburg JurBüro 2012, 26).

Hilfsaufrechnung. Für den Gebühren- und Rechtsmittelstreitwert gilt allein § 45 GKG (→ GKG § 45 128
Rn 24 ff).

Hilfswiderklage. Für den Gebühren- und Rechtsmittelstreitwert gilt allein § 45 GKG (→ GKG § 45 129
Rn 7 ff).

Hinterlegung. Die Klage auf Vornahme der Hinterlegung bemisst sich nach dem Sicherungsinteresse des 130
Klägers. Dieses entspricht einem Bruchteil des Werts der zu hinterlegenden Sache. Insolvenz- oder Verlustrisiko kann den vollen Wertansatz rechtfertigen (BGH MDR 1967, 202). Streit über die Freigabe eines hinterlegten Betrags ist nach § 6 ZPO zu bewerten. Mit welcher Begründung die Freigabe verweigert wird, ist
unerheblich (aA OLG Nürnberg OLGR 2003, 79).

Hypothek. Streit über Bestellung und Abtretung bemisst sich nach dem Nennbetrag der Forderung, § 6 131
ZPO (OLG Celle MDR 1977, 935). Eine Bruchteilsbewertung ist geboten, wenn die gesicherte Forderung
unstreitig nicht mehr valutiert (OLG Rostock OLGR 2009, 969: 1/5). Das Interesse an der Rangverbesse-
rung ist maßgeblich bei einem Streit über die Eintragung an bestimmter Rangstelle. Die auf Eintragung
einer Sicherungshypothek gerichtete Klage bemisst sich nach dem Sicherungsinteresse und damit nach der
Gefährdung des zu sichernden Anspruchs.

132 **Immissionen.** Klage auf Unterlassung bemisst sich nach der Wertminderung des betroffenen Grundstücks bei fortdauernder Immission (BGH GE 2012, 683; NJW 2006, 2639). Der mit der Vermeidung verbundene Aufwand des Beklagten ist nur für dessen Beschwer maßgeblich.

133 **Informationserzwingungsverfahren.** Dessen Geschäftswert bestimmt sich gem. § 132 AktG, § 51 b GmbHG nach § 36 Abs. 2 GNotKG. Der Regelwert von 5.000 € ist bei Beteiligung mehrerer Gesellschafter oder bei einer Vielzahl von Auskunftsanträgen angemessen, bis maximal 1.000.000 € (§ 36 Abs. 2 GNotKG) zu erhöhen (BayObLG JurBüro 2001, 254; NJW 2000, 1201), nicht aber durch bloße Multiplikation mit der Zahl der Antragsteller oder Fragen (aA OLG Frankfurt DB 1992, 1920).

134 **Inkassokosten.** Als Nebenforderung nicht streitwerterhöhend, § 4 ZPO.

135 **Insolvenzrecht.** Die auf Anmeldung einer Forderung zur Tabelle gerichtete Klage (§ 180 InsO) bemisst sich gem. § 182 InsO nach dem aus der Verteilung zu erwartenden Betrag (BGH NZI 2002, 549; NJW-RR 1988, 444). Der Antrag auf Feststellung des Anspruchsgrundes (unerlaubte Handlung) zur Vermeidung der Restschuldbefreiung ist mit einem Bruchteil der Forderung zu bewerten (BGH MDR 2009, 594; OLG Celle NZI 2007, 473; aA OLG Karlsruhe JurBüro 2007, 648). Neben dem Zahlungsantrag erfolgt keine Werterhöhung. Wird der Prozess nach Insolvenzeröffnung und Aussetzung fortgesetzt, dann ist der Streitwert für das weitere Verfahren unter Beachtung der Insolvenzquote zu bestimmen (OLG Koblenz JurBüro 2010, 201).

136 **Internet.** Klagen auf Unterlassung wettbewerbswidriger Werbung (OLG Celle MMR 2008, 172; OLG Schleswig OLGR 2008, 628) oder auf Löschung negativer Bewertungen auf Verkaufsportalen (OLG Oldenburg NJW-RR 2006, 1204) sind nach dem klägerische Interesse an der Vermeidung der mit dem beanstandeten Inhalt verbundenen negativen wirtschaftlichen Auswirkungen zu bewerten. Für Klagen auf Entfernung ehrverletzender Äußerungen, der Namensnennung in Bewertungsportalen wie StudiVZ oder spickmich.de sind (entsprechend § 48 Abs. 2 GKG) alle Umstände des Einzelfalles, insb. das Ausmaß der Verbreitung, wertbestimmend (OLG Köln NJW-RR 2008, 203). Die Beschwer des unterliegenden Beklagten orientiert sich an dem mit der Erfüllung einhergehenden Aufwand (BGH MDR 2013, 1360).

137 **Kapitalanleger-Musterverfahren.** Die erstinstanzliche Zuständigkeit des Oberlandesgerichts ist wertunabhängig (§ 4 KapMuG). Der Gebührenstreitwert der Anmeldung eines Anspruchs im Musterverfahren (§ 10 Abs. 2 KapMuG) und das Rechtsbeschwerdeverfahren (§ 20 KapMuG) bestimmen sich nach § 51 a GKG (s. dort). Der Gegenstandswert für die anwaltliche Tätigkeit ist auf 30 Mio. € begrenzt (BGH NZG 2014, 1946; ZIP 2012, 117). Wird der Anwalt für mehrere Auftraggeber tätig, bestimmt er sich nach der Summe der nach § 23 b RVG zu bestimmenden persönlichen Streitwerte (BGH MDR 2016, 254). Der Wert einer Beschwerde gegen die Aussetzung nach § 8 Abs. 1 KapMuG entspricht dem Wert der Hauptsache (BGH 8.9.2009 – XI ZB 4/09).

138 **Kartellsache.** Der Wert bestimmt sich nach § 3 ZPO (§ 50 GKG) und richtet sich nach dem wirtschaftlichen Interesse des Beschwerdeführers an der Abänderung der angegriffenen Entscheidung (OLG Stuttgart WuV 1981, 873).

139 **Kindschaftssachen.** Zum Begriff s. § 131 FamFG. Zum Gebührenstreitwert s. §§ 36, 42–46 FamGKG.

140 **Klage und Widerklage.** Der Zuständigkeitsstreitwert bestimmt sich nach dem höheren Anspruch, § 5 Hs 2 ZPO. Das gilt auch für die Hilfswiderklage bereits ab Klageeinreichung, nicht erst ab Bedingungseintritt. Für die Beschwer des hinsichtlich Klage und Widerklage unterliegenden Beklagten sind die Einzelwerte zu addieren, da § 5 Hs 2 ZPO nach nahezu einhelliger Auffassung nicht zur Anwendung gelangt (BGH MDR 1995, 198; OLG Oldenburg NJW-RR 1993, 827; aA OLG Düsseldorf NJW 1992, 3246). Der Gebührenstreitwert bestimmt sich nach § 45 Abs. 1 GKG (s. dort).

141 **Klageänderung.** Für den Zuständigkeitsstreitwert ist allein der höhere Anspruch maßgeblich und kann über § 506 ZPO eine Verweisung an das Landgericht rechtfertigen. Für den Gebührenstreitwert ist entscheidend, ob der neue Anspruch mit dem bisherigen wirtschaftlich betrachtet identisch ist. Ist das der Fall, dann bleibt es beim bisherigen Wert. Der Austausch wirtschaftlich nicht identischer Ansprüche erfordert eine Addition der Einzelwerte für die Gebühren, die die gerichtliche und anwaltliche Tätigkeit vor und nach der Klageänderung einheitlich erfassen (OLG Celle 9.6.2015 – 2 W 132/15; OLG Hamm AGS 2007, 516; OLG Koblenz AGS 2007, 151; LAG Baden-Württemberg 3.11.2014 – 5 Ta 125/14; aA OLG Dresden JurBüro 2007, 315; OLG Düsseldorf 16.8.2010 – 1 W 9/09; OLG Frankfurt NJW-RR 2009, 1078; OLG Schleswig SchlHA 2012, 263; OLG Stuttgart 20.12.2011 – 4 W 74/11). Keine Zusammenrechnung bei unzulässiger Klageänderung (OLG Bamberg MDR 2013, 624).

142 **Klageerweiterung.** Sie führt zur Werterhöhung ab Einreichung (§ 4 ZPO).

143 **Klagehäufung.** Mehrere prozessuale Ansprüche (Streitgegenstände) innerhalb einer Klage (§ 260 ZPO) werden zusammengerechnet, § 5 Hs 1 ZPO. Das gilt nicht, wenn sie wirtschaftlich betrachtet identisch sind, etwa die gesamtschuldnerische Inanspruchnahme zweier Beklagter (zu den Einzelheiten s. § 5 ZPO).

Klagerücknahme. Sie ist für den Zuständigkeitsstreitwert ohne Bedeutung, arg. § 261 ZPO. Bei Streit über 144
die Wirksamkeit entspricht der Gebührenstreitwert dem der Hauptsache. Ist allein die Kostenfolge (§ 269
Abs. 3 ZPO) streitig, dann bestimmt sich der Wert nach den bis zur Rücknahme angefallenen gerichtlichen
und außergerichtlichen Kosten (KG AGS 2008, 23; OLG Düsseldorf NJW-RR 2005, 1231). Die Feststellung der fehlenden Anhängigkeit ist nach dem klägerischen Interesse und idR mit 1/10 des Hauptsachewerts zu bemessen (*E. Schneider*, JurBüro 1970, 897).

Kosten. Bleiben als außergerichtliche bei der Wertermittlung unberücksichtigt, wenn sie als Nebenforde- 145
rung eingeklagt werden, § 4 ZPO (s. dort). Als Kosten des Rechtsstreits bestimmt die Summe aller bis zur
Rücknahme, Erledigungserklärung oder gerichtlichen Entscheidung angefallenen gerichtlichen und außergerichtlichen Kosten (ohne die Kosten des Beschwerdeverfahrens) den Wert des Kostenrechtsmittels (RGZ
50, 368).

Kostenfestsetzung. Wertunabhängige Zuständigkeit des Rechtspflegers. Der Gegenstandswert für die an- 146
waltliche Tätigkeit sowohl im Erinnerungs- als auch im Beschwerdeverfahren sowie Rechtsbeschwerdeverfahren richtet sich nach dem Wert der aberkannten bzw zuerkannten angemeldeten Kosten.

Kraftloserklärung. Siehe „Aufgebotsverfahren" (→ Rn 31). 147

Künftige Leistung. Maßgebend ist der Wert des Klageanspruchs, soweit nicht allein die Fälligkeit streitig ist. 148
Es erfolgt keine Abzinsung (BGH BGHReport ZPO § 2; aA KG JurBüro 1989, 1299).

Lagerkosten. Sind Bestandteil der Hauptforderung, daher keine Anwendung von § 4 ZPO, § 43 GKG. 149

Leistungsklage. Die Bewertung richtet sich nach dem Gegenstand der Klage, dh bei Zahlung nach dem Be- 150
trag (OLG Brandenburg OLGR 2008, 172), bei Zahlung laufender Beiträge abhängig von der Dauer nach
§ 9 ZPO oder § 3 ZPO (OLG Hamm MDR 2013, 342), bei Herausgabe nach dem Wert der Sache (§ 6
ZPO), bei Abgabe einer Willenserklärung nach der damit verbundenen Rechtsänderung (OLG München
ZfIR 2008, 727) bzw den damit verbundenen wirtschaftlichen Folgen (OLG Koblenz MDR 2002, 39).

Leistungsmodalitäten. Bei einem Streit allein über Zeit, Art oder Ort der Erfüllung bestimmt sich der Wert 151
nach dem klägerischen Interesse an der begehrten Erfüllungsweise (BGH MDR 1982, 36). Wird zugleich
über die Hauptleistung gestritten, dann keine Zusammenrechnung (LAG Frankfurt 2.8.2013 – 1 Ta
125/13).

Löschungsbewilligung. Der Streit über die Bewilligung der Löschung einer Grundschuld oder Hypothek ist 152
nicht allein nach dem Nennwert der Belastung, sondern unter Berücksichtigung der wirtschaftlichen Interessen zu bewerten. Anzusetzen ist idR die noch offene (streitige) Forderung nebst einem Aufschlag von
20 % des Nominalbetrags (OLG München GWR 2016, 98; OLG Stuttgart MDR 2010, 778; OLG Nürnberg MDR 2009, 217; OLG Celle MDR 2005, 1196; OLG Frankfurt OLGR 2004, 348; aA BGH 4.3.2016
– XI ZR 39/15: Nennbetrag ohne Zinsen und Kosten; KG AGS 2002, 177; OLG Saarbrücken AGS 2002,
1200). Für die Löschung eines Nießbrauchrechts ist das klägerische Interesse maßgebend und damit idR
der Jahresreingewinn (OLG Celle OLGR 1999, 330).

Mahnverfahren. Für die Wertberechnung ist gem. § 4 ZPO auf den Eingang der Akten beim Prozessgericht 153
abzustellen (KG MDR 2002, 1147; OLG Hamm JurBüro 2002, 89). Maßgeblich ist immer der Umfang der
Abgabe, bei Teilwiderspruch bzw -einspruch daher der verbleibende streitige Teil der Mahnbescheidsforde-
rung. Hat der Beklagte seinen Widerspruch bzw Einspruch auf die Kostenentscheidung beschränkt, dann
werden diese im Streitverfahren zur Hauptsache und bestimmen den Wert (OLG Koblenz JurBüro 1995,
323).

Mehrheit von Ansprüchen. Siehe „Klagehäufung" (→ Rn 143). 154

Mietverhältnis. Streitigkeiten aus einem Wohnraummietverhältnis fallen wertunabhängig in die Zuständig- 155
keit des Amtsgerichts, § 23 Nr. 2 Buchst. a GVG. Bei gemischten Mietverhältnissen (Wohn- und Gewerbe-
miete) ist für die Abgrenzung die überwiegende Nutzungsart maßgebend (OLG Köln ZMR 2007, 114).
Streitigkeiten aus sonstigen Miet-, Pacht- und Nutzungsverhältnisse sind, wenn sie den Bestand oder die
Dauer des Vertragsverhältnisses betreffen, nach § 8 ZPO zu bewerten (s. dort). Maßgebend ist hier das auf
die streitige Zeit entfallende Nutzungsentgelt, höchsten dessen 25facher Jahresbetrag. Der Wert von Auseinandersetzungen über die sich aus dem Vertrag ergebenden Rechten und Pflichten ist, soweit nicht eine
Leistung wiederkehrender Art (§ 9 ZPO) betroffen ist, nach § 3 oder § 6 ZPO zu ermitteln (zu den Einzelheiten s. § 41 GKG). Das gilt grds. für Streitigkeiten zwischen Vermietern oder Mietern (BGH RdL 1955,
49) sowie zwischen einer Mietvertragspartei und einem Dritten (BGH 24.2.2000 – III ZR 270/99, juris).
Der Gebührenstreitwert wird vorrangig nach § 41 GKG ermittelt (s. dort). Für die Bestimmung der Beschwer können die Bewertungsgrundsätze des § 41 GKG nicht herangezogen werden (BVerfG AnwBl 1996,
643; BGH AGS 2014, 279; JurBüro 2004, 207).

Miterbe. Siehe „Erbrechtlicher Anspruch" (→ Rn 93). 156

157 **Nachlassverzeichnis.** Siehe „Erbrechtlicher Anspruch" (→ Rn 93).

158 **Nachverfahren.** Siehe „Urkunden-, Wechsel- und Scheckprozess" (→ Rn 221).

159 **Namensrecht.** Namensrechtliche Streitigkeiten vermögensrechtlicher Art, etwa wenn der Gebrauch einer Firma oder die Ausbeutung eines bekannten Namens zu Werbezwecken beanstandet wird, sind gem. § 3 ZPO nach dem klägerischen Interesse zu bewerten. Ist die Streitigkeit dagegen nichtvermögensrechtlicher Art, dann sind bei der Bewertung auch des Zuständigkeitsstreitwerts alle Umstände des Einzelfalls zu beachten (arg. § 48 Abs. 2 GKG).

160 **Nebenforderung.** Werden Früchte, Nutzungen, Zinsen oder Kosten als Nebenforderungen eingeklagt, dann bleiben sie bei der Bewertung unberücksichtigt, § 4 ZPO, § 43 GKG. Als Hauptforderung (infolge isolierter Geltendmachung) unterliegen sie der Bewertung nach allgemeinen Regeln, insb. findet keine Begrenzung auf die Höhe der (früheren) Hauptforderung statt. Zu den Einzelheiten s. § 4 ZPO und § 43 GKG.

161 **Nebenintervention.** Sie hat auf den Zuständigkeitsstreitwert keine Auswirkungen (OLG Rostock BauR 2015, 313). Gleiches gilt für den gerichtlichen Gebührenstreitwert (OLG Rostock JurBüro 2015, 83). Der Zwischenstreit ist nach dem Interesse des Streithelfers an seiner Zulassung zu bewerten (BGH JurBüro 1953, 305; OLG München AnwBl 1985, 646). Das gilt in gleicher Weise bei einer Beteiligung des Streithelfers am Rechtsstreit. Sein Interesse entspricht dem Wert nach der – nach seinem Vortrag – drohenden Einwirkung der Sachentscheidung auf seine vermögensrechtlichen Verhältnisse (OLG Karlsruhe NJW-RR 2013, 533; OLG Köln MDR 2004, 1025; OLG Nürnberg MDR 2006, 1318; OLG Rostock MDR 2015, 83), begrenzt auf den Wert der Hauptsache (OLG München NJW-RR 1998, 420) und ohne weiteren prozentualen Abschlag (OLG Frankfurt IBR 2009, 305; OLG Rostock 21.10.2009 – 3 W 50/08, juris; aA OLG Nürnberg MDR 2006, 1318).

162 **Nichtigkeitsklage.** Siehe „Gesellschaft" (→ Rn 117).

163 **Nichtvermögensrechtliche Streitigkeit.** Der Zuständigkeitsstreitwert ist nach § 3 ZPO – unter Berücksichtigung der Bewertungsgrundsätze von § 48 Abs. 2 GKG (Schneider/Herget/*Noethen*, Rn 4315; zu den Einzelheiten s. § 48 GKG) – zu ermitteln. Wie beim Gebührenstreitwert sind sämtliche Umstände des Einzelfalls zu berücksichtigen, insb. Umfang und Bedeutung der Sache sowie Einkommens- und Vermögensverhältnisse der Parteien. Der Wert liegt mindestens bei 500 € (§ 34 Abs. 1 GKG) und darf 1.000.000 € nicht überschreiten (§ 48 Abs. 2 S. 2 GKG).

164 **Nießbrauch.** Der Streit über die Einräumung eines Nießbrauchs bemisst sich nach § 3 ZPO (BGH MDR 1988, 403; OLG Celle OLGR 1999, 330; aA OLG Schleswig SchlHA 1961: § 9 ZPO). Das gilt über § 48 Abs. 1 GKG auch für den Gebührenstreitwert, soweit nicht § 41 GKG vorgeht (s. § 41 GKG). In gleicher Weise ist das Verlangen nach Löschung zu bewerten (OLG Frankfurt JurBüro 1962, 422; OLG Nürnberg Rpfleger 1963, 217). Für den Wert ist der jährliche Reinertrag (Rohertrag abzüglich öffentlicher Lasten und Kosten der Erhaltung) zu ermitteln und entsprechend § 52 GNotKG zu vervielfachen (OLG Zweibrücken JurBüro 1987, 265).

165 **Notweg.** Der Streit über die Einräumung eines Notwegrechts ist nach § 7 ZPO (§ 48 Abs. 1 GKG) zu bewerten (OLG Jena OLGR 1999, 196; OLG Köln JurBüro 1991, 1386). Wertbestimmend ist die Wertsteigerung für das klägerische Grundstück und für die Beschwer des Beklagten die Wertminderung des von der Benutzung betroffenen Grundstücks (BGH MDR 2014, 461). Hierfür kann nicht auf die mit der Anlage und Unterhaltung des Notweges verbundenen Kosten abgestellt werden (BGH MDR 2014, 461; aA OLG Köln JurBüro 2011, 262; OLG Rostock GE 2013, 1002).

166 **Nutzungen.** Siehe „Nebenforderung" (→ Rn 160).

167 **Nutzungsverhältnis.** Siehe „Mietverhältnis" (→ Rn 155).

168 **Öffentliche Zustellung.** Siehe „Zustellung (öffentliche)" (→ Rn 257).

169 **Ordnungs-/Zwangsmittel.** Das auf Verhängung eines **Zwangsgeldes** (§ 888 ZPO) gerichtete – vom Wert der Hauptsache unabhängige – Festsetzungsinteresse (§§ 802, 888 ZPO) bemisst sich nach dem Wert der zu erzwingenden Handlung. Die der Festsetzung vorausgehende Androhung löst keine eigenen Gebühren aus. Der Gegenstandswert für die anwaltlichen Gebühren entspricht idR einem Bruchteil der Hauptsache, da mit der Anordnung nicht notwendigerweise eine Erfüllung einhergeht (BayObLG NJW-RR 2002, 1381; aA OLG Rostock OLGR 2009, 75 und OLG Saarbrücken 30.5.2007 – 1 U 652/03: Hauptsachewert; OLG Celle MDR 2014, 1170: Höhe des Zwangsgeldes).

Das gilt auch für die Verhängung eines **Ordnungsgeldes** (§ 890 ZPO), wenngleich hier unterschiedliche Ansätze vertreten werden (KG AGS 2005, 304; OLG Celle JurBüro 2009, 441: Bruchteil; OLG Hamm 8.5.2014 – 4 W 81/13; OLG Köln AGS 2005, 262: Hauptsachewert; OLG Frankfurt OLGR 2004, 121; OLG München NJWE-WettbR 2000, 147: nach den Umständen des Einzelfalls).

Die Beschwerde gegen die Verhängung eines Ordnungsgeld und Zwangsmittels bestimmt sich nach dem Interesse des Beschwerdeführers, die geschuldete Handlung nicht vornehmen zu müssen (OLG Braunschweig JurBüro 1977, 1148; OLG Frankfurt OLGR 1996, 238). Der Festsetzungsbetrag ist nur von Bedeutung, wenn allein die Höhe des Zwangs-/Ordnungsgeldes angegriffen wird (OLG Celle OLGR 2003, 294).

Pachtverhältnis. Für den Zuständigkeitswert und die Beschwer gelten die §§ 3 ff, insb. §§ 8 und 9 ZPO **170** (BGH MDR 2005, 228). In gleicher Weise ist der Gebührenstreitwert zu ermitteln, es sei denn, § 41 GKG ist einschlägig (s. dort). Siehe ferner „Mietverhältnis" (→ Rn 155).

Persönlichkeitsrecht. Siehe „Nichtvermögensrechtliche Streitigkeit" (→ Rn 163). **171**

Pfandrecht. Für Streitigkeiten um ein Pfandrecht gilt § 6 ZPO (s. dort). Das gilt insb. für den Streit über **172** den Bestand, die Freistellung, vorzugsweise Befriedigung nach § 805 ZPO und Herausgabe des Pfandes. Rangstreitigkeiten sind nach § 3 ZPO zu bewerten.

Pflichtteilsanspruch. Siehe „Erbrechtlicher Anspruch" (→ Rn 93). **173**

Prozesskostenhilfe. Hier entstehen wertbezogene Gebühren nur auf anwaltlicher Seite, wobei die Gebühren **174** des Prozesskostenhilfeverfahrens in denen für das Hauptsacheverfahren aufgehen (iE BGH AGS 2008, 435). Der Antrag auf Bewilligung (§ 118 ZPO) oder nur auf Beiordnung und das Aufhebungsverfahren nach § 124 Nr. 1 ZPO richten sich nach dem Wert der Hauptsache. Im Aufhebungsverfahren nach § 124 Nr. 2–4 ZPO folgt der Gegenstandswert dem Interesse, nicht mit den bislang entstandenen Kosten belastet zu werden (ausf. Schneider/Herget/N. *Schneider*, Rn 4524 ff). Für den Wert des Abänderungsverfahrens (§ 120 Abs. 4 ZPO) ist der Mehr- oder Minderbetrag der noch zu zahlenden Raten anzusetzen. Im Beschwerdeverfahren wegen Versagung der Prozesskostenhilfe oder wegen unterlassener Beiordnung ist der Hauptsachewert maßgebend (BGH MDR 2010, 1350 – Beiordnung; OLG Stuttgart AGS 2010, 545 – Prozesskostenhilfe).

Prozesstrennung/-verbindung. Die Wertänderung, dh Addition der oder Aufspaltung in Einzelwerte, hat **175** auf bereits entstandene Gebühren keinen Einfluss (BGH NJW 2000, 217 – Trennung; OLG Stuttgart AG 2002, 296 – Verbindung).

Prozessvergleich. Siehe „Vergleich" (→ Rn 230). **176**

Prozessvoraussetzungen. Ein hierüber geführter Zwischenstreit ist entsprechend dem Wert der Hauptsache **177** zu bewerten (BGH VersR 1991, 122; OLG Zweibrücken NJW 1995, 538).

Ratenzahlung. Die Einigung auf ratenweise Rückführung einer bereits durch Teilurteil entschiedenen For- **178** derung betrifft nur die Fälligkeit bzw Vollstreckbarkeit einer Forderung und ist daher mit einem Bruchteil zu bewerten (OLG Jena MDR 2006, 1436: 1/3; KG KGR 2004, 446: 1/10).

Räumung/Räumungsfrist. Siehe „Mietverhältnis" (→ Rn 155). **179**

Reallast. Streitigkeiten sind, da die Entrichtung wiederkehrender Leistungen betreffend, nach § 9 ZPO zu **180** bewerten (OLG Frankfurt MDR 1982, 411). Keine Zusammenrechnung der Werte einer auf Rentenzahlung und Eintragung einer diese sichernden Reallast gerichteten Klage (OLG Celle 26.3.2014 – 4 U 6/14).

Rechnungslegung. Wertbestimmend ist das Interesse des Klägers, mit der Rechnungslegung einen ihm zu- **181** stehenden Leistungsanspruch dem Umfang nach bestimmen zu können. Die Bewertung hat daher auf die objektiv nachvollziehbaren Leistungserwartungen des Klägers bei Klageeinreichung abzustellen. Aufgrund des nur vorbereitenden Charakters der Rechnungslegung ist eine Bruchteilsbewertung geboten. Diese liegt regelmäßig zwischen 1/10 und 1/2, je nachdem, in welchem Umfang die Durchsetzbarkeit des Leistungsanspruchs von der Rechnungslegung abhängig ist (BGH KostRsp. ZPO § 3 Nr. 613). Wird die Klage auf Rechnungslegung mit einem noch unbestimmten Leistungsantrag (Stufenklage, § 254 ZPO) verbunden, dann ist für den Zuständigkeits- und Gebührenstreitwert stets der höhere Anspruch und damit regelmäßig der Leistungsanspruch maßgeblich. Siehe auch „Stufenklage" (→ Rn 208). Siehe ferner § 44 GKG.

Rechtsanwaltskosten. Soweit sie als vorgerichtliche Kosten der Anrechnung auf die im Prozess anfallenden **182** außergerichtlichen Kosten unterliegen, handelt es sich um Nebenforderung gem. § 4 ZPO, § 43 GKG (BGH NJW-RR 2008, 374). Anders liegt es dagegen, wenn es im Prozess, zB infolge vorprozessualer Erfüllung des Hauptanspruchs, an einer korrespondierenden Hauptforderung fehlt (BGH AGS 2009, 344). Zur Berechnung des streitwertrelevanten Kostenanteils ist auf den Wert der nicht eingeklagten Ansprüche abzustellen (ausf. Schneider/Herget/N. *Schneider*, Rn 5958; vgl auch BGH MDR 2008, 351).

Rechtsmittel. Siehe „Berufung" (→ Rn 54); siehe „Beschwerde" (→ Rn 55); siehe „Revision" (→ Rn 188). **183**

Rechtsschutzversicherung. Bei bezifferter Klage auf Deckungsschutz ist der Klagebetrag maßgeblich. Wird **184** dagegen auf Feststellung geklagt, dann sind die voraussichtlichen Kosten der beabsichtigten Rechtsverfolgung oder -verteidigung (einer Instanz) auf Grundlage des für den beabsichtigten Rechtsstreit maßgeblichen Streitwert (unter Beachtung einer Deckungshöchstsumme) zu ermitteln und um den Feststellungsabschlag zu kürzen (OLG Hamm VersR 1984, 257). Der Streit über das Bestehen einer Versicherung bemisst sich

nach der 3,5fachen Jahresprämie zzgl der Schadenssumme behaupteter Versicherungsfälle (BGH 26.10.2011 – IV ZR 14/10).

185 **Rechtsweg.** Die Beschwerde gegen eine Rechtswegentscheidung des angerufenen Gerichts wird ganz überwiegend nach einem Bruchteil des Hauptsachewerts (BGH NJW 2008, 3572; MDR 2006, 530: 1/5–1/3; OLG Stuttgart OLGR 2009, 910: 175; OLG Düsseldorf FamRZ 2012 475: 1/4; OLG Köln OLGR 1997, 228: 1/2), in Einzelfällen mit dem vollen Hauptsachewert bewertet (BGH NVwZ-RR 2008, 742; OLG Köln OLGR 1993, 140).

186 **Rente.** Die Bemessung erfolgt nach § 9 ZPO (s. dort), für den Gebührenstreitwert weitgehend nach dem vorrangigen § 42 GKG (s. dort). Das Versterben des Rentenberechtigten im Laufe des Prozesses hat auf die Bewertung keinen Einfluss, arg. § 4 ZPO, § 40 GKG (OLG Saarbücken KostRsp. ZPO § 4 Nr. 15).

187 **Restitutionsklage.** Maßgeblich ist, in welchem Umfang der Restitutionskläger eine Beseitigung des angefochtenen Urteils und welche anderweitige Entscheidung er in der Hauptsache begehrt, § 588 Abs. 1 Nr. 2 ZPO. Daher ist nur bei Fortsetzung mit dem Ziel der Klageabweisung bei zuvor stattgebendem oder bei Klagestattgabe bei zuvor abweisendem Urteil der Streitwert des abgeschlossenen Verfahrens wertbestimmend (BGH AnwBl 1978, 260).

188 **Revision.** Wertabhängig ist hier allein die Nichtzulassungsbeschwerde (§ 26 Nr. 8 EGZPO). Wertbestimmend ist das Interesse des Rechtsmittelführers an der Abänderung. Der Wert entspricht grds. der Beschwer, es sei denn, der innerhalb der Begründungsfrist gestellte Antrag (Wert des Beschwerdegegenstands) bleibt dahinter zurück, § 47 Abs. 1 S. 1 GKG. Die für den Kläger maßgebliche formelle Beschwer bestimmt sich nach der Differenz zwischen Klageantrag und Sachentscheidung, die für den Beklagten maßgebliche materielle Beschwer nach den mit der Klagestattgabe einhergehenden (vermögensrechtlichen) Nachteilen. Eine reduzierte Antragstellung des Rechtsmittelführers bleibt unberücksichtigt, wenn sie offensichtlich nicht auf die Durchführung des Rechtsmittels gerichtet ist (BGH MDR 2008, 1360; BGHZ 70, 365). Fehlt es an einem Antrag, bleibt es bei dem Wert der Beschwer, § 47 Abs. 1 S. 2 GKG. Eine mangels Beschwer unzulässige Revision ist nach dem für die Rechtsmitteleinlegung erforderlichen Mindestwert zu bemessen (OLG Frankfurt MDR 1984, 502; aA OLG Bamberg JurBüro 1986, 1220).

189 **Richterablehnung.** Siehe „Ablehnung eines Richters/Schiedsrichters" (→ Rn 9).

190 **Rücktritt.** Klage auf Feststellung seiner Wirksamkeit bestimmt sich nach dem Wert der vertraglichen Leistung, von der der Kläger aufgrund der Rückabwicklung freigestellt (OLG Karlsruhe JurBüro 2012, 252; OLG Frankfurt NJW-RR 2000, 587) bzw deren Rückerhalt er begehrt (OLG Celle AnwBl 1984, 448; aA OLG Braunschweig KostRsp. ZPO § 3 Nr. 617: Saldo der mit Vertragsdurchführung verbundenen Vor- und Nachteile; OLG Oldenburg MDR 1996, 101: Wert des Vertragsverhältnisses). Die auf Feststellung der Unwirksamkeit des Rücktritts gerichtete Klage bemisst sich dagegen nach dem Interesse am Fortbestand des Vertragsverhältnisses und damit nach dem Wert der Hauptleistung (OLG Hamburg ZUM 2008, 66).

191 **Sachurteilsvoraussetzungen.** Für den Zwischenstreit hierüber ist grds. der Wert der Hauptsache maßgebend, da bei deren Fehlen eine Klageabweisung droht. Dies gilt für den Einwand anderweitiger Rechtshängigkeit ebenso wie für die sachliche und örtliche Zuständigkeit (OLG Düsseldorf Rpfleger 1972, 463) oder fehlende Kostensicherheit nach § 110 ZPO (BGH BGHReport 2002, 951).

192 **Sachverständigenablehnung.** Siehe „Ablehnung eines Sachverständigen" (→ Rn 10).

193 **Schadensersatz.** Klage auf Feststellung der weitergehenden Schadensersatzpflicht bemisst sich nach den bei Klageeinreichung erwartbaren Folgeschäden.

194 **Scheidungssache.** Während die Zuständigkeit wertunabhängig geregelt ist (§ 23 a Abs. 1 Nr. 1 GVG), bemisst sich der Gebührenverfahrenswert nach § 43 Abs. 1 FamGKG (s. dort) unter Berücksichtigung aller Umstände des Einzelfalls, insb. nach dem Umfang und der Bedeutung der Sache sowie den Einkommens- und Vermögensverhältnissen der Parteien.

195 **Schiedsrichterablehnung.** Siehe „Ablehnung eines Richters/Schiedsrichters" (→ Rn 9).

196 **Schiedsrichterliches Verfahren.** Der Streit über die Bildung und Zusammensetzung des Schiedsgerichts (§§ 1034 ff ZPO) ist – entsprechend der Bewertung der Ablehnung eines Schiedsrichters (BGH MDR 2007, 66; OLG Düsseldorf MDR 2008, 1060) – nach dem Hauptsachewert zu bewerten (OLG München MDR 206, 1308; aA OLG Frankfurt 21.6.2013 – 26 SchH 3/13: betr. Zulässigkeit; OLGR 2004, 121; OLG Köln SchiedsVZ 2012, 222 und OLG München SchiedsVZ 2012, 111: 1/3). Der Wert des Verfahrens selbst richtet sich nach dem Interesse des Antragstellers und folgt insoweit den allgemeinen Regeln. Für den Streit über eine gerichtliche Aufhebung des Schiedsspruchs (§ 1059 ZPO) ist die Differenz zwischen dem ursprünglichen Sachantrag (bzw Abweisungsantrag) und dem Schiedsspruch maßgeblich (vgl Schneider/Herget/*Noethen*, Rn 4919). Das Verfahren über die Vollstreckbarerklärung (§ 1060 ZPO) ist nach dem Inhalt des Schiedsspruchs (ohne Zinsen und Kosten) zu bewerten (OLG Düsseldorf JurBüro 1975, 647).

Schmerzensgeld. Bei bezifferter Geltendmachung bestimmt sich der Wert nach dem Klagebetrag. Anderenfalls ist der nach dem Sachvortrag des Klägers aus Sicht des Gerichts angemessene Betrag maßgebend, soweit nicht der Kläger einen höheren Mindestbetrag fordert (KG 15.3.2010 – 12 W 9/10; OLG Koblenz 20.1.2004 – 12 W 35/04, juris; OLG Saarbrücken 26.11.2009 – 4 W 343/09; OLG Sachsen-Anhalt 16.4.2013 – 10 W 20/13).   197

Schufa-Eintragung. Maßgebend ist das klägerische Interesse an der Berichtigung, Beseitigung oder am Widerruf der kredithinderlichen Eintragungen. Abzustellen ist auf das Interesse an der (gefährdeten) Kreditgewährung sowie die mit deren Ausbleiben etwaig verbundenen weitergehenden Nachteile (BGH 12.4.2016 – VI ZB 75/14; OLG Brandenburg NJ 2008, 83). Fehlen sichere Bewertungsumstände, kann ein Wert von 10.000 € angesetzt werden (OLG Brandenburg NJ 2008, 83; OLG Düsseldorf MDR 2007, 836; OLG München MMR 2011, 209). Die Beschwer des unterliegenden Kreditinstituts (etc.) liegt in dem Aufwand an Zeit und Kosten zur Erfüllung des titulierten Anspruchs (BGH 12.4.2016 – VI ZB 75/14).   198

Schuldanerkenntnis. Siehe „Anerkenntnis" (→ Rn 23).   199

Schuldbefreiung. Siehe „Befreiung von einer Verbindlichkeit" (→ Rn 48).   200

Selbständiges Beweisverfahren. Anzusetzen ist der Wert des bei Antragstellung beabsichtigten Hauptsacheverfahrens (BGH MDR 2005, 162; OLG Koblenz 28.10.2014 – 3 W 553/14). Wird der Wert durch den Umfang des Mangel- oder Schadensbeseitigungsaufwands bestimmt, dann ist hierfür der nach Beweisaufnahme zutreffende Wert anzusetzen. Über- oder Unterbewertung des Antragstellers stehen dem nicht entgegen, eine darauf beruhende vorläufige Wertfestsetzung ist zu korrigieren (OLG Celle MDR 2014, 1344; OLG Karlsruhe NJW-RR 2011, 22; OLG München BauR 2004, 707). Bestätigen sich in der Beweisaufnahme die behaupteten Mängel bzw Schäden nur zum Teil, dann ist zum tatsächlich erforderlichen Beseitigungsaufwand der Betrag hinzuzurechnen, der schätzungsweise hilfsweise nach den Angaben des Antragstellers für die Behebung der nicht feststellbaren Mängel bzw Schäden erforderlich gewesen wäre (OLG Celle BauR 2008, 1188; OLG Düsseldorf AGS 2009, 240; OLG Koblenz JurBüro 2012, 79).   201

Sicherheitsleistung. Der Streit über die Notwendigkeit einer Prozesskostensicherheit (§ 110 ZPO) bemisst sich nach dem Hauptsachewert (BGH VersR 1991, 122; OLG Zweibrücken NJW 1995, 538). Vorabentscheidungen über die Sicherheitsleistung im Rahmen der vorläufigen Zwangsvollstreckung (§ 718 ZPO) sind idR mit einem Bruchteil des Werts der Hauptsache zu bewerten, da es nur um eine vorläufige Sicherung vor einer aus Sicht des Antragstellers unberechtigten Vollstreckung geht (Schneider/Herget/*Noethen*, Rn 4956).   202

Sicherungshypothek. Siehe „Hypothek" (→ Rn 131).   203

Sicherungsübereignung. Streit über die Wirksamkeit oder Rückübereignung ist entsprechend den Regeln zum Pfandrecht (§ 6 ZPO) zu bewerten (OLG Düsseldorf OLGR 1994, 27; aA OLG Naumburg JurBüro 2011, 29).   204

Sorgerecht. Während die Zuständigkeit wertunabhängig geregelt ist (§ 23 a Abs. 1 Nr. 1 GVG), bemisst sich der Gebührenverfahrenswert nach § 45 Abs. 1 und 3 FamGKG (s. dort).   205

Streitgenossenschaft. Bei einer Mehrzahl von prozessualen Ansprüchen durch Inanspruchnahme von mehreren Klägern und/oder gegen mehrere Beklagte oder infolge Verbindung zuvor selbständiger Prozesse (subjektive Klagehäufung) ist grds. zu addieren, § 5 Hs 1 ZPO, § 39 GKG. Hiervon ausgenommen sind sowohl beim Zuständigkeits- als auch beim Gebührenstreitwert wirtschaftlich identische Ansprüche, arg. § 45 Abs. 1 S. 3 GKG. Hier ist allein der höhere Wert maßgebend (BGH MDR 2001, 648). Von einem Gegenstand auszugehen ist insb. bei der Geltendmachung durch Gesamtgläubiger oder gegen Gesamtschuldner (BGH MDR 1987, 570; OLG Karlsruhe JurBüro 2009, 430; ausf. Schneider/Herget/*Kurpat*, Rn 5014 ff).   206

Streithilfe. Siehe „Nebenintervention" (→ Rn 161).   207

Stufenklage. Es handelt sich um einen Sonderfall der objektiven Klagehäufung (§ 260 ZPO). Die demnach gem. § 5 Hs 1 ZPO gebotene Addition hat – entgegen der überwiegenden Auffassung (OLG Brandenburg MDR 2002, 536; OLG Düsseldorf OLGR 1992, 294) – auch für den Zuständigkeitsstreitwert zu unterbleiben, da die Einzelansprüche (Auskunft, Versicherung, Leistung) wirtschaftlich betrachtet auf denselben Gegenstand gerichtet sind (ausf. Schneider/Herget/*Kurpat*, Rn 5037 ff). Der Gebührenstreitwert bestimmt sich nach § 44 GKG (s. dort).   208

Für die Ermittlung der Beschwer ist zwischen der Bescheidung des Auskunfts-, Versicherungs- und Leistungsanspruchs zu differenzieren. Während sich die Beschwer des Klägers nach seinem Auskunfts- bzw Leistungsinteresse bestimmt (BGH AGS 2013, 178; MDR 2013, 50; MDR 2011, 1438), ist für den Beklagten auf den mit der Auskunft und Versicherung verbundenen Zeit- und Kostenaufwand abzustellen (BGH NZG 2013, 1258; ZEV 2012, 270). Dieser kann in Anlehnung an den Höchststundensatz nach § 22 JVEG berechnet werden (BGH AGS 2013, 178). Soweit zur Auskunftserteilung die Hinzuziehung Dritter (zB

Rechtsanwälte) erforderlich ist, sind die damit verbundenen Kosten hinzuzurechnen (BGH NZG 2013, 1258). Ein auf der Seite des Beklagten vorhandenes Geheimhaltungsinteresse ist nur ausnahmsweise zu berücksichtigen (BGH FamRZ 2012, 216; MDR 2010, 998; GuT 2009, 329). Wird die Stufenklage bereits auf der Auskunftsstufe wegen fehlender Leistungsansprüche vollumfänglich abgewiesen, dann bemisst sich die Beschwer des Klägers nach dem vollen Wert des Leistungsstufe (BGH MDR 2002, 107).

209 **Teilklage.** Der Streitwert bemisst sich – unabhängig von der Zulässigkeit der Antragstellung (OLG Hamm OLGZ 1987, 336; KG Rpfleger 1962, 154) – allein nach dem Klageantrag. Eine präjudizielle Wirkung der Sachentscheidung für das zugrunde liegende weitergehende Rechtsverhältnis, zB eines Sukzessivlieferungsvertrages, rechtfertigt keine Werterhöhung. Dagegen sind bei einer Verbindung des Teilleistungsantrags mit einem Feststellungsantrag betreffend den weitergehenden Anspruch die Einzelwerte zu addieren. Im Falle einer vom Kläger zugleich erhobenen Zwischenfeststellungsklage scheidet eine Zusammenrechnung der wirtschaftlich auf dasselbe Ziel gerichteten Ansprüche aus. Vielmehr ist der Wert des Feststellungsantrags um 20 % des Leistungsantrags (überschießender Leistungsteil) zu erhöhen (OLG Oldenburg 29.3.2010 – 5 W 16/10, juris).

210 **Telefax-/Telefonwerbung.** Klage auf Unterlassung derselben bemisst sich nach § 3 ZPO (§ 48 Abs. 1 GKG).

211 **Testament.** Siehe „Erbrechtlicher Anspruch" (→ Rn 93).

212 **Testamentsvollstreckung.** Streit über die Wirksamkeit der Anordnung und die Fortdauer der Testamentsvollstreckung ist vermögensrechtlicher Natur und nach § 3 ZPO (§ 48 Abs. 1 GKG) zu bewerten. Für die Klage der Erben ist auf die für die mit der Testamentsvollstreckung verbundene Verfügungs- und Verwaltungsbeschränkung abzustellen und ein Bruchteil des Nachlasswerts anzusetzen (OLG Schleswig JurBüro 1965, 152: idR weniger als 1/2). Stehen die Befugnisse des Testamentsvollstreckers im Streit, ist eine auf den Nachlass bezogene Bruchteilsbewertung von 1/10 geboten (BGH FamRZ 2004, 863). Die Feststellungsklage des Testamentsvollstreckers ist nach der ihm zustehenden Vergütung (max. dreieinhalbfacher Jahresbetrag, § 9 ZPO) zu bemessen (OLG Zweibrücken Rpfleger 1967, 2).

213 **Trennung.** Siehe „Prozesstrennung/-verbindung" (→ Rn 175).

214 **Überbau.** Die Klage auf Unterlassung eines drohenden oder auf Beseitigung eines vorhandenen Überbaus ist gem. § 3 ZPO (§ 48 Abs. 1 GKG) nach der mit dem Überbau verbundenen Wertminderung des betroffenen Grundstücks zu bemessen (BGH 16.11.2006 – V ZR 97/06). Für eine entsprechende Anwendung von § 7 ZPO ist kein Raum (BGH NJW 1994, 735; MDR 1986, 663).

215 **Übereignung.** Siehe „Eigentum" (→ Rn 80).

216 **Übergabe einer Sache.** Siehe „Herausgabe" (→ Rn 126).

217 **Unbezifferter Antrag.** Siehe „Schmerzensgeld" (→ Rn 197).

218 **Unerlaubte Handlung.** Wird zur Vermeidung der Restschuldbefreiung im Falle der Privatinsolvenz auf Feststellung des Rechtsgrundes der Forderung geklagt, ist ein Bruchteil der Hauptforderung anzusetzen (BGH Schadenpraxis 2010, 29: 1/4; OLG Dresden MDR 2008, 50: 1/20). Bei einer zugleich auf Leistung erhobenen Klage scheidet eine Addition der Einzelwerte wegen wirtschaftlicher Identität aus (BGH NJW-RR 2013, 1022; OLG München NZI 2015, 192).

219 **Unlauterer Wettbewerb.** Siehe „Gewerblicher Rechtsschutz" (→ Rn 118).

220 **Unterlassung.** Wertbestimmend ist idR das klägerische Interesse an der Vermeidung der mit einer Vornahme verbundenen Nachteile. Sind diese nichtvermögensrechtlicher Art, ist nach § 48 Abs. 2 GKG unter Berücksichtigung sämtlicher Umstände des Einzelfalls zu bewerten (BGH 30.11.2004 – VI ZR 65/04, juris). Bei der Verbindung von Ansprüchen unterschiedlicher Art ist nur der höhere maßgebend, § 48 Abs. 4 GKG.

221 **Urkunden-, Wechsel- und Scheckprozess.** Es gelten die allgemeinen Regeln, dh der Klagebetrag bestimmt den Wert. Dagegen bleiben Zinsen, Kosten und Provisionen im Scheck- und Wechselprozess gem. § 4 Abs. 2 ZPO unberücksichtigt.

222 **Urteilsberichtigung.** Siehe „Berichtigung einer Entscheidung" (→ Rn 52).

223 **Urteilsergänzung.** Siehe „Ergänzung einer Entscheidung" (→ Rn 95).

224 **Veräußerungsverbot.** Der Antrag auf Erlass eines Veräußerungsverbots bemisst sich nicht nach den wirtschaftlichen Absichten des Antragstellers (OLG Koblenz JurBüro 1994, 738), sondern gem. § 6 ZPO (§ 48 Abs. 1 GKG) nach dem Verkehrswert der betroffenen Sache (OLG Köln JurBüro 1980, 244).

225 **Verbindlichkeit, Befreiung von.** Siehe „Befreiung von einer Verbindlichkeit" (→ Rn 48).

226 **Verbindung.** Siehe „Prozesstrennung/-verbindung" (→ Rn 175).

227 **Verein.** Maßgeblich für die Bewertung ist nicht die Einordnung der Vereinstätigkeit (wirtschaftlich oder nicht wirtschaftlich), sondern der geltend gemachte Anspruch. Für dessen Bewertung ist zwischen vermö-

gensrechtlicher und nichtvermögensrechtlicher Streitigkeit (siehe „Nichtvermögensrechtliche Streitigkeit", → Rn 163) zu unterscheiden. Der Streit über die Wirksamkeit eines Vereinsausschlusses oder über die Zugehörigkeit zu einem Verein bemisst sich nach den wirtschaftlichen Auswirkungen, sofern es sich nicht um einen Idealverein handelt (OLG Koblenz JurBüro 1990, 1034; OLG Köln MDR 1984, 153).

Verfahrensruhe. Streit über die Aufnahme nach Anordnung der Verfahrensruhe ist mit einem Bruchteil des Hauptsachewerts zu bewerten (OLG Köln MDR 1996, 417: 1/5).   **228**

Verfügungsbeschränkung. Siehe „Veräußerungsverbot" (→ Rn 224).   **229**

Vergleich. Der Prozessvergleich hat Bedeutung nur für die gerichtlichen und anwaltlichen Gebühren (Nr. 1900 KV GKG bzw Nr. 1000, 1003 VV RVG). Der Wert des Vergleichs bestimmt sich allein danach, worüber – und nicht worauf – die Parteien sich verglichen haben (OLG Karlsruhe 31.3.2015 – 12 W 7/15). Dient der Vergleich der Beilegung des Rechtsstreits, dann entspricht sein Wert dem Wert der Klageanträge (BGH NJW 1964, 1523; KG KGR 2004, 310; OLG Düsseldorf NJW-RR 2008, 1697; OLG Köln AGS 2007, 322). Von ihm erfasste Hilfsanträge, Hilfswiderklagen oder Hilfsaufrechnungen sind nach Maßgabe von § 45 Abs. 4 GKG zu bewerten (s. dort). Der Vergleich über nichtrechtshängige Ansprüche führt im Umfang deren – nach allgemeinen Regeln zu ermittelnden – Einzelwerts zu einem Mehrwert des Vergleichs (OLG Düsseldorf AGS 2009, 496; OLG Köln 11.9.2006 – 7 U 60/03, juris). Die Einbeziehung unstreitiger Ansprüche rechtfertigt regelmäßig nur eine Bruchteilsbewertung (ausf. Schneider/Herget/*Kurpat*, Rn 5491 ff).   **230**

Werden mit dem Vergleich allein die Kosten des Rechtsstreits geregelt, dann bemisst sich der Wert nach der Summe aller bis dahin entstandenen gerichtlichen und außergerichtlichen Kosten. Der Streit über die Wirksamkeit des Prozessvergleichs entspricht nicht dem Wert des ursprünglichen Klageantrags (so aber BGH MDR 2013, 1436; RVGreport 2007, 158; aA OLG Frankfurt NJW-RR 2004, 1296), sondern der Differenz zwischen dem Sachantrag des „Fortsetzungsklägers" im bisherigen Verfahren und der mit dem Vergleich übernommenen Verpflichtung (zutr. daher LAG Berlin-Brandenburg RVGreport 2009, 438; OLG Naumburg OLGR 2005, 288). Bei Fortführung des Prozesses nach Anfechtung des Vergleichs ist der Klagewert maßgebend (BGH RVGreport 2014, 322; MDR 2013, 1436).

Verkehrswert. Siehe „Herausgabe" (→ Rn 126).   **231**

Versicherungsschutz. Auf einmalige Zahlung gerichtete Klagen bemessen sich nach dem Klagebetrag. Bei Klagen auf fortlaufende Zahlungen gelangt § 9 ZPO zur Anwendung. Auf den Bestand eines Versicherungsverhältnisses gerichtete Feststellungsklagen sind unter Beachtung der Eigenart der Versicherung zu bewerten. Bei der Krankenversicherung ist entsprechend § 9 ZPO auf die dreieinhalbfache Jahresprämie abzustellen (BGH MDR 2012, 26; NJW-RR 2008, 1664; MDR 2000, 850). Erhobene Ansprüche aufgrund behaupteter Versicherungsfälle sind hinzuzurechnen (BGH MDR 2012, 26). Für die Krankenhaustagegeld-Versicherung ist der voraussichtliche Leistungszeitraum maßgeblich (OLG Karlsruhe AGS 2006, 453).   **232**

Vertragsabschluss. Maßgebend ist das Interesse des Klägers am Zustandekommen des Vertrages (OLG Düsseldorf MDR 2010, 715). Der Streitwert entspricht regelmäßig dem Wert der dem Beklagten obliegenden Hauptleistung abzüglich eines Feststellungsabschlags von 20 %. Bei Dauerschuldverhältnissen ist § 9 ZPO zu beachten (OLG Saarbrücken AGS 2010, 195). Bei Miet- und Pachtverträgen ist für den Gebührenstreitwert entsprechend § 41 GKG auf den Jahresbetrag abzustellen.   **233**

Vertragserfüllung. Wird auf Leistung aus einem Vertrag geklagt und besteht Streit über deren Erfüllung, dann bestimmt der Klagegegenstand den Wert. Die auf Feststellung der Erfüllung gerichtete Klage ist als negative Feststellungsklage ohne Abschlag zu bewerten. Bei einem Streit über die Art und Weise der Erfüllung ist gem. § 3 ZPO das Interesse des Klägers an der begehrten Vertragserfüllung zu schätzen (BGH MDR 1982, 36), begrenzt durch den Wert der (noch offenen) Vertragsleistung zum Zeitpunkt der Klageerhebung (OLG Celle NdsRpfl 1962, 111). Bei fortdauernden Leistungen ist bei entsprechender Laufzeit des Stammrechts nach § 9 ZPO, im Übrigen nach § 3 ZPO zu bewerten (OLG Hamm 17.8.2012 – 20 W 29/12).   **234**

Verwahrung. Siehe „Herausgabe" (→ Rn 126).   **235**

Verweisung. Siehe „Zuständigkeit" (→ Rn 256).   **236**

Vollstreckbarkeitserklärung eines Urteils. Betrifft diese das Urteil eines ausländischen Gerichts (§ 722 ZPO), ist der Wert der titulierten Hauptforderung maßgebend (OLG Köln OLGR 1994, 236). Das gilt in gleicher Weise für die Vollstreckbarerklärung eines Anwaltsvergleichs (OLG Oldenburg MDR 2012, 868). Die vorläufige Vollstreckbarerklärung nach §§ 537, 558 ZPO ist für den Gegenstandswert der anwaltlichen Tätigkeit mit einem Bruchteil des Hauptsachewerts anzusetzen (OLG Frankfurt OLGR 1996, 48).   **237**

Vollstreckungsabwehrklage. Während die Zuständigkeit wertunabhängig geregelt ist (§ 767 Abs. 1 ZPO), richtet sich der Gebührenstreitwert nach dem Umfang, in dem die Zwangsvollstreckung aus dem angegrif-   **238**

fenen Vollstreckungstitel ausgeschlossen werden soll. Der Gebührenstreitwert bestimmt sich daher nach dem Wert des titulierten Anspruchs. Dabei bleiben die Zinsen und Kosten, auch die des Vorprozesses, unberücksichtigt (BGH MDR 2006, 1064). Die Werthaltigkeit der Forderung ist für die Bemessung ohne Bedeutung, dh, eine Vermögenslosigkeit des Forderungsschuldners rechtfertigt keinen Wertabschlag (BGH MDR 2015, 115; NJW-RR 1988, 444). Soll die Vollstreckung nur zeitweilig verhindert werden, ist das klägerische Interesse am Vollstreckungsaufschub wertbestimmend.

239 **Vollstreckungsklausel.** Der aufgrund der auch hier wertunabhängig geregelten Zuständigkeit (§§ 731, 768 ZPO) allein zu bestimmende Gebührenstreitwert bestimmt sich für die Klage auf Klauselerteilung (§ 731 ZPO) wie auch der Klauselgegenklage (§ 768 ZPO) nach dem Wert des titulierten Anspruchs (BGH MDR 2011, 1069). Die Bewertung folgt den Grundsätzen zur Vollstreckungsabwehrklage (→ Rn 238) mit der Maßgabe, dass idR nur eine zeitweilige Verhinderung der Vollstreckung im Raum steht (OLG Köln MDR 1980, 852).

240 **Vollstreckungsschaden.** Der dem Vollstreckungsschuldner infolge einer unberechtigten vorläufigen Vollstreckung zustehende Schadensersatzanspruch (§ 717 Abs. 2 ZPO) ist unabhängig von der Art und Weise seiner Geltendmachung (Inzidentantrag, Widerklage oder eigenständige Klage) zu bewerten. Maßgebend ist immer die Höhe des geforderten Schadensersatzes ohne Zinsen und Kosten (BGHZ 38, 237). Dabei ist zu beachten, dass Inzidentantrag und Widerklage – bis zur Höhe der vorläufig vollstreckten Hauptforderung – wirtschaftlich betrachtet denselben Gegenstand betreffen und daher keine Werterhöhung rechtfertigen. Das gilt freilich nicht für einen etwaig weitergehenden Vollstreckungsschaden.

241 **Vollstreckungsschutz.** Siehe „Einstweilige Einstellung der Zwangsvollstreckung" (→ Rn 84).

242 **Vorläufige Vollstreckbarkeit.** Siehe „Vollstreckbarkeitserklärung eines Urteils" (→ Rn 237).

243 **Vormerkung.** Maßgebend ist der Wert des zu sichernden Rechts, wobei aufgrund der vorläufigen Sicherung regelmäßig nur eine Bruchteilsbewertung in Betracht kommt. Siehe auch „Auflassungsvormerkung" (→ Rn 34).

244 **Wertpapiere.** Die auf Herausgabe gerichtete Klage ist gem. § 6 ZPO nach dem Wert des verkörperten Rechts zu bewerten (BGH FamRZ 1992, 162).

245 **Widerklage.** Für die Bestimmung des Zuständigkeitsstreitwerts dürfen die Werte von Klage und Widerklage nicht addiert werden, § 5 Hs 2 ZPO. Die Beschwer ist für den Kläger und den Beklagten gesondert zu ermitteln. Wird die Klage unter Stattgabe der Widerklage abgewiesen oder unter Abweisung der Widerklage zugesprochen und betreffen beide nicht denselben Gegenstand, dann sind die Einzelwerte zu addieren. § 5 Hs 2 ZPO steht dem nach nahezu einhelliger Auffassung nicht entgegen (BGH MDR 1995, 198; OLG Oldenburg NJW-RR 1993, 827; aA OLG Düsseldorf NJW 1992, 3246). Der Gebührenstreitwert bemisst sich nach § 45 GKG (s. dort).

246 **Widerruf.** Siehe „Ehrverletzende Handlungen" (→ Rn 78).

247 **Wiederaufnahmeklage.** Siehe „Restitutionsklage" (→ Rn 187).

248 **Wiederkehrende Leistung.** Die Ermittlung des Zuständigkeitsstreitwerts erfolgt nach § 9 ZPO (s. dort). Maßgebend ist der dreieinhalbfache Jahreswert der Bezüge, soweit nicht bei bestimmter Dauer der Gesamtbetrag der Bezüge geringer ist. Vom Umfang her feststehende Ansprüche, deren Fälligkeit nach Abruf oder Zeitabschnitten bemessen ist (zB Sukzessivlieferungsvertrag oder ratierliche Vergütung), sind dagegen nach § 3 ZPO zu bewerten.

249 **Willenserklärung.** Siehe „Abgabe einer Willenserklärung" (→ Rn 8).

250 **Wohnrecht.** Siehe „Altenteil" (→ Rn 22).

251 **Wohnungseigentum.** Während die Zuständigkeit für Streitigkeiten innerhalb der Wohnungseigentümergemeinschaft wertunabhängig geregelt ist (§ 23 Nr. 2 Buchst. c GVG), bestimmt sich der Gebührenstreitwert für bezifferte Ansprüche nach § 3 ZPO, § 48 Abs. 1 GKG und für unbezifferte Klagen nach § 49 a GKG (s. dort).

252 **Zeugnisverweigerungsrecht.** Für die Bewertung des Zwischenstreits (s. auch „Zwischenstreit", → Rn 260) ist das Interesse der beweisführenden Partei maßgebend, mit der Zeugenvernehmung den Ausgang des Rechtsstreits positiv zu beeinflussen. Soweit die Sachentscheidung nicht ausschließlich von der Verwertung des betroffenen Beweismittels abhängt, kommt eine Gleichsetzung mit dem Hauptsachewert idR nicht in Betracht (BGH KostRsp. ZPO § 3 Nr. 1034; OLG Frankfurt NotBZ 2004, 480).

253 **Zinsen.** Siehe „Nebenforderung" (→ Rn 160).

254 **Zug-um-Zug-Leistung.** Siehe „Gegenleistung" (→ Rn 109).

255 **Zurückbehaltungsrecht.** Hat auf den Streitwert keinen Einfluss (BGH FamRZ 2005, 265; NJW-RR 1996, 829).

Zuständigkeit. Zum Streit über den Rechtsweg sowie über die sachliche und örtliche Zuständigkeit siehe   256
„Rechtsweg" (→ Rn 185) bzw „Sachurteilsvoraussetzungen" (→ Rn 191). Zur Bewertung des Verfahrens
zur Gerichtsstandsbestimmung nach § 36 Abs. 1 Nr. 3 ZPO siehe „Gerichtsstandsbestimmung" (→
Rn 114).

Zustellung (öffentliche). Der Wert des Beschwerdeverfahrens bei Versagung der öffentlichen Zustellung be-   257
misst sich, da nur über die Notwendigkeit weiterer Ermittlungen gestritten wird, nach einem Bruchteil des
Hauptsachewerts (OLG Braunschweig NJW-RR 2008, 1523: 1/10; OLG Naumburg 15.5.2001 – 14 W
58/01, juris: 1/5; aA OLG Frankfurt OLGR 2004, 327; OLG Stuttgart MDR 2002, 353: voller Wert).

Zwangsvollstreckung. Während die Zuständigkeit wertunabhängig geregelt ist (§ 802 ZPO), bestimmt sich   258
der Gegenstandswert für die anwaltliche Tätigkeit – die Gerichtsgebühren berechnen sich nach Festgebühren (Nr. 2110 ff KV GKG) – nach dem Interesse des Vollstreckungsgläubigers. Maßgeblich ist bei der Vollstreckung von Geldforderungen der Forderungsbetrag nebst Zinsen und Kosten, von Ansprüchen auf Herausgabe von Gegenständen idR deren Verkehrswert, von Ansprüchen auf Vornahme einer Handlung, auf
Duldung oder Unterlassung das Interesse des Vollstreckungsgläubigers an der Vornahme, Duldung oder
Unterlassung, § 25 RVG (s. dort).

Zwischenfeststellungsklage. Die Bewertung folgt den Grundsätzen zur Feststellungsklage (siehe „Feststel-   259
lungsklage" → Rn 102) und bestimmt sich nach dem Wert des festzustellenden Rechtsverhältnisses, abzüglich eines Abschlags von 20 % für die positive Zwischenfeststellklage (BGH NJW-RR 1991, 509). Ihr Wert
geht über den bereits erhobenen prozessualen Anspruch hinaus, wenn noch anderweitige Ansprüche in Betracht kommen (LG München I JurBüro 2009, 430). Für den Zuständigkeits- und Gebührenstreitwert ist
jeweils der höhere Wert maßgebend, da beide Ansprüche wirtschaftlich betrachtet denselben Gegenstand
betreffen. Die Erhebung der Zwischenfeststellungsklage kann daher zum Wegfall der amtsgerichtlichen Zuständigkeit führen (§ 506 ZPO).

Zwischenstreit. Soweit im Einzelfall für die anwaltliche Tätigkeit eine Wertfestsetzung erforderlich ist, rich-   260
tet sich diese nicht schematisch nach dem Hauptsachewert oder einem Bruchteil davon, sondern nach dem
Interesse desjenigen, der den Zwischenstreit führt. Einzelheiten finden sich bei den Streitfragen. Siehe daher
„Ablehnung eines Richters/Schiedsrichters" (→ Rn 9); „Ablehnung eines Sachverständigen" (→ Rn 10);
„Rechtsweg" (→ Rn 185); „Zeugnisverweigerungsrecht" (→ Rn 252); „Zuständigkeit" (→ Rn 256).

§ 4 ZPO Wertberechnung; Nebenforderungen

(1) Für die Wertberechnung ist der Zeitpunkt der Einreichung der Klage, in der Rechtsmittelinstanz der
Zeitpunkt der Einlegung des Rechtsmittels, bei der Verurteilung der Zeitpunkt des Schlusses der mündlichen Verhandlung, auf die das Urteil ergeht, entscheidend; Früchte, Nutzungen, Zinsen und Kosten bleiben
unberücksichtigt, wenn sie als Nebenforderungen geltend gemacht werden.

(2) Bei Ansprüchen aus Wechseln im Sinne des Wechselgesetzes sind Zinsen, Kosten und Provision, die außer der Wechselsumme gefordert werden, als Nebenforderungen anzusehen.

I. Allgemeines

Die den Zuständigkeitsstreitwert betreffende Vorschrift regelt die für die Wertberechnung maßgeblichen   261
Zeitpunkte und die Behandlung von Nebenforderungen. Für den Gebührenstreitwert sind die §§ 40, 43
und 47 GKG vorrangig.

II. Zeitpunkt der Wertberechnung (§ 4 Abs. 1 Hs 1 ZPO)

1. Erstinstanzliches Verfahren. Bedeutung hat die Vorschrift des § 4 ZPO zunächst für die Bestimmung der   262
sachlichen Zuständigkeit (§§ 23, 71 GVG) und die Zulässigkeit des amtsgerichtlichen Bagatellverfahrens
(§ 495 a ZPO). Abzustellen ist auf den Tag des Eingangs der Klage- oder Antragsschrift bei Gericht bzw bei
erstmaliger Antragstellung im Termin (§ 297 ZPO) auf deren Zeitpunkt. Das gilt in gleicher Weise für die
Klageerweiterung (§§ 260, 264 Nr. 2 und 3 ZPO), Klageänderung (§ 263 ZPO), Zwischenfeststellungsklage
(§ 256 Abs. 2 ZPO) und Widerklage (§ 33 ZPO).

Geht dem Rechtsstreit ein **Mahnverfahren** voraus, dann richtet sich die Bewertung nach dem Zeitpunkt des   263
Eingangs der Akten bei dem Prozessgericht, arg. § 696 Abs. 1 S. 4 ZPO,[3] auch wenn diese nicht alsbald

---

3 KG MDR 2002, 1147; OLG Rostock MDR 2002, 665.

nach Widerspruchseinlegung erfolgt.[4] Demgemäß bleibt eine erst nach Abgabe erfolgte Antragsbeschränkung (zB infolge Teilzahlungen des Schuldners) ohne Auswirkung auf den Streitwert.[5]

264 Nachfolgende Wertänderungen bei gleichbleibendem Streitgegenstand (zB die Wertsteigerung eines herauszugebenden Gemäldes) bleiben immer unberücksichtigt. Antragsänderungen in gem. § 283 ZPO nachgelassenen oder gem. § 296 a ZPO nachgereichten Schriftsätzen bleiben wirkungslos.[6] Eine Trennung (§ 145 ZPO) oder Verbindung (§ 147 ZPO) von Verfahren hat auf den Zuständigkeitsstreitwert keine Auswirkungen.

265 **2. Rechtsmittelverfahren.** Die Vorschrift ist weiter bedeutsam für die Zulässigkeit der Berufung (§ 511 Abs. 2 Nr. 1 ZPO) und der Nichtzulassungsbeschwerde (§ 543 Abs. 1 Nr. 2 ZPO iVm § 26 Nr. 8 EGZPO). Maßgeblich ist der Zeitpunkt des Eingangs der Rechtsmittelschrift (§§ 519, 549 ZPO). Das gilt auch, wenn diese noch keinen Antrag enthält und erst die nachfolgende Begründungsschrift eine Bewertung erlaubt,[7] denn die fehlende Beschränkung hindert einen Eintritt der Rechtskraft.

266 **3. Verurteilung.** Soweit Wertvorschriften auf den Erlass eines Urteils abstellen, richtet sich die Bewertung nach dem Zeitpunkt des Schlusses der mündlichen Verhandlung. Im schriftlichen Verfahren (§ 128 Abs. 2 ZPO) ist der Zeitpunkt maßgeblich, bis zu dem Schriftsätze eingereicht werden können.

III. Nebenforderungen (§ 4 Abs. 1 Hs 2 ZPO)

267 **1. Allgemeines.** Nebenforderungen sind aus der Hauptforderung abgeleitete prozessuale Ansprüche, die zusammen mit der Hauptforderung geltend gemacht werden. Die **Art der Antragstellung**, also ob die Nebenforderung gesondert ausgewiesen, insb. als Betrag ausgerechnet ist,[8] oder zusammen mit der Hauptforderung in einem Klagebetrag geltend gemacht wird,[9] ist für die Einordnung unerheblich. Bei der Wertermittlung ist allein die **Hauptforderung** zu berücksichtigen, soweit nicht die Nebenforderung materiellrechtlich, zB durch ein **abstraktes Schuldanerkenntnis**[10] oder einen **Kontokorrentsaldo**, in einer (neuen) Hauptforderung aufgegangen ist oder einen unselbstständigen **Rechnungsposten** eines Schadensersatzanspruchs darstellt.

268 Dagegen richtet sich der Streitwert nach der Nebenforderung, wenn diese – etwa wegen vorprozessualer **Erfüllung des Hauptanspruchs** – von Beginn an isoliert eingeklagt wird.[11] Das gilt in gleicher Weise für Nebenforderungen, die aus einem Hauptanspruch abgeleitet werden, der nur zum Teil Gegenstand des Prozesses ist. Hier errechnet sich der Streitwert aus dem Wert der anhängigen Hauptforderung und der auf den nicht anhängigen Teil des Hauptanspruchs entfallenden Nebenforderung.[12] Im **Rechtsmittelverfahren** bestimmen die Nebenforderungen den Streitwert, wenn sich das Rechtsmittel auf die im angegriffenen Urteil enthaltene Stattgabe oder Abweisung beschränkt.[13]

269 **2. Früchte, Nutzungen, Zinsen.** Zu den **Früchten einer Sache** zählen deren natürliche Erzeugnisse oder Ausbeute sowie die Erträge aus einem die Sache betreffenden Rechtsverhältnis (zB Pacht), § 99 Abs. 1, 3 BGB. Die **Früchte eines Rechts** bestehen in den Erträgen, die das Recht seiner Bestimmung entsprechend gewährt (zB Lizenzgebühren), § 99 Abs. 2 BGB.

270 Zu den **Nutzungen** gehören die vorgenannten Früchte sowie Vorteile, die mit dem Gebrauch der Sache oder des Rechts verbunden sind, § 100 BGB.

271 **Zinsen** sind das vom Schuldner für die Überlassung von Kapital zu entrichtende Entgelt.[14] Abhängig vom Bestand einer zugleich eingeklagten Hauptforderung erhöhen sie den Streitwert nicht. Auch als Bestandteil eines Schadens (zB **Zinsverluste** infolge fehlerhafter Anlageberatung oder **Verzugszinsen**) sind sie von der Hauptforderung abhängig und damit bei der Wertermittlung nicht zu berücksichtigen.[15] Gleiches gilt für Zinsen, auf die der **Bürge** zusammen mit der Hauptforderung in Anspruch genommen wird.[16] Werterhöhend sind dagegen **Zinsen aus einer Mietsicherheit** (Kaution), welche die Sicherheit erhöhen und damit Teil des Kautionsguthabens werden,[17] **Hinterlegungszinsen**,[18] Zinsen auf ein **Sparguthaben** oder Zinsen für eine Darlehensaufnahme zum Zwecke einer **Ersatzbeschaffung** durch den Geschädigten. Ist die Klage auf **Befreiung von einer Verbindlichkeit** gerichtet, dann bleiben auf die Hauptschuld angefallene und anfallende Zin-

4 KG MDR 1998, 618; ausf. Schneider/Herget/*Kurpat*, Rn 3610; aA OLG Köln MDR 1985, 618 (nach außen erkennbare Aufnahme der gerichtlichen Tätigkeit); Musielak/Voit/*Voit*, § 696 ZPO Rn 4 (Zustellung der Anspruchsbegründung). **5** OLG Hamm OLGR 2001, 297. **6** BGH MDR 2009, 824. **7** AA OLG Düsseldorf NJW 1971, 147 (Zeitpunkt ist Eingang der Begründung). **8** BGH MDR 1998, 857. **9** BGH VersR 1999, 378; NJW-RR 1995, 706. **10** OLG Koblenz JurBüro 1999, 197. **11** BGH FamRZ 2009, 867; NJW 2008, 999; NJW 1999, 2060. **12** BGH MDR 2013, 1316 (Zinsen); OLG Celle JurBüro 2010, 88 (kapitalisierte Zinsen). **13** BGH 11.1.2011 – VIII ZB 62/10, juris. **14** BGH NJW 1998, 2060. **15** BGH 29.1.2015 – III ZR 41/14; 10.12.2014 – IV ZR 116714; MDR 2013, 1504; 2012, 865; aA BGH KostRsp. ZPO § 4 Nr. 74; OLG Stuttgart NJW-RR 2011, 714; OLG Frankfurt 28.9.2013 – 4 W 421/13; MDR 2014, 858; NJW 2014, 1213. **16** BGH MDR 1958, 765. **17** OLG Frankfurt 17.2.2014 – 2 W 5714; LG Hamburg NJWE-MietR 1997, 199; LG Köln ZMR 1996, 145. **18** OLG Köln JurBüro 1980, 281.

sen unberücksichtigt,[19] denn die Verpflichtung zur Freistellung von Zinsen setzt eine solche hinsichtlich der Hauptschuld voraus.

3. Kosten. Hierzu zählen sämtliche mit der Rechtsverfolgung anfallenden **gerichtlichen, außergerichtlichen** 272 **und vorgerichtlichen** Kosten, etwa das vorprozessuale Mahnschreiben, das zur Schadensfeststellung eingeholte Privatgutachten oder der vor Klagezustellung zu zahlende Gerichtskostenvorschuss.

Kosten bleiben neben der Hauptforderung bei der Wertermittlung grds. unberücksichtigt. Denn der materi- 273 ellrechtliche Kostenerstattungsanspruch ist vom Bestehen der Hauptforderung abhängig.[20] Sind die Kosten allerdings Bestandteil eines als Hauptforderung streitgegenständlichen Schadensersatzanspruchs, dann erhöhen sie den Wert.[21] Hierzu zählt jedoch nicht der neben der Hauptforderung geltend gemachte Anspruch auf Ersatz des **Verzugsschadens**.[22]

Ist vor oder neben dem Rechtsstreit ein **selbstständiges Beweisverfahren** geführt worden, dann sind dessen 274 Kosten Bestandteil der Kosten des Rechtsstreits[23] und folglich auch bei einer Bezifferung nicht werterhöhend zu berücksichtigen.[24] **Vorprozessuale Anwaltskosten** erhöhen den Streitwert nur, wenn die korrespondierende Hauptforderung nicht Gegenstand des Rechtsstreits ist,[25] zB bei im Wege der Widerklage allein geltend gemachten vorgerichtlichen Anwaltskosten.[26] Wird auf die Befreiung von einer Verbindlichkeit geklagt, dann sind die mit der Abwendung gegenüber dem Gläubiger entstandenen **Kosten eines Vorprozesses** hinzuzurechnen.[27] In dem gegen den Haftpflichtversicherer geführten **Deckungsprozess** sind festgesetzte Kosten des Vorprozesses hinzuzurechnen, nicht aber die Kosten der Zwangsvollstreckung.[28]

IV. Ansprüche aus Wechseln (§ 4 Abs. 2 ZPO)

Die Vorschrift des Abs. 2 gilt entsprechend für Ansprüche aus **Schecks**. Als Nebenforderung unberücksich- 275 tigt bleiben alle Ansprüche aus Art. 45 ScheckG und Art. 48 WechselG. Das gilt nicht für den Regress, hier sind Wechselunkosten und Diskontspesen neben der Wechselsumme unselbstständiger Teil der Hauptforderung.[29] Bei Aufnahme von Zinsen und Kosten aus Grundgeschäft in die Scheck- oder Wechselforderung ist dagegen deren Betrag maßgeblich.

§ 5 ZPO Mehrere Ansprüche

Mehrere in einer Klage geltend gemachte Ansprüche werden zusammengerechnet; dies gilt nicht für den Gegenstand der Klage und der Widerklage.

I. Anwendungsbereich

Die für den **Zuständigkeitsstreitwert** einschlägige Vorschrift regelt die **Mehrheit prozessualer Ansprüche** 276 (Streitgegenstände) unabhängig vom Zeitpunkt ihrer Entstehung (anfängliche und nachträgliche Anspruchshäufung), der Anzahl der Streitgegenstände oder Beteiligten (objektive und subjektive Klagehäufung) und der Angriffsrichtung (Klage und Widerklage). Deren Einzelwerte sind – von der Widerklage abgesehen (Hs 2) – grds. zu addieren, auch bei einer Mehrheit nichtvermögensrechtlicher Ansprüche[30] oder beim Zusammentreffen von **vermögens- und nichtvermögensrechtlichen Ansprüchen**.[31] Die durch eine **Prozessverbindung** (§ 147 ZPO) entstehende Anspruchsmehrheit hat auf den Zuständigkeitsstreitwert keinen Einfluss, arg. §§ 4, 261 Abs. 3 Nr. 2 ZPO.[32]

Nicht erfasst werden Fälle der **rechtlichen Identität**, dh die bloße Häufung von Klagegründen (materiell- 277 rechtlichen Anspruchsgrundlagen, zB Herausgabe nach §§ 546 und 985 BGB) oder ein auf Haupt- und Hilfsvorbringen (zB Schadensersatz aufgrund unerlaubter Handlung und darauf bezogenem deklaratorischem Schuldanerkenntnis) gestütztes Klagebegehren. Der Streitwert bestimmt sich hier ohne Addition nach der werthöheren anwendbaren Bewertungsvorschrift.[33]

Eine Zusammenrechnung scheidet ferner in Fällen der **wirtschaftlichen Identität** aus, dh wenn mehrere pro- 278 zessuale Ansprüche (zB die Inanspruchnahme einer Mehrzahl von Beklagten als Gesamtschuldner) wirtschaftlich betrachtet denselben Gegenstand betreffen. Dafür ist entscheidend, ob von den Streitgegenstän-

---

19 BGH MDR 1961, 48; aA *Görmer*, JurBüro 2010, 68. **20** BGH 4.4.2012 – IV ZB 19/11, juris; NJW 2010, 681. **21** BGH MDR 2007, 852 (Sachverständigenkosten); BGH NJW-RR 2008, 898 (Kostenpauschale); OLG Karlsruhe AGS 2012, 420. **22** OLG Rostock NJOZ 2012, 2176; OLG Hamburg JurBüro 1994, 364. **23** BGH MDR 2006, 1075. **24** OLG Frankfurt 25.5.2009 – 1 W 43/09. **25** BGH 23.1.2008 – IV ZB 8/07, BeckRS 2008, 03504; OLG Rostock NJOZ 2012, 2176. **26** OLG Rostock NJOZ 2012, 2176. **27** BGH VersR 1976, 477; OLG Bremen JurBüro 2003, 82; OLG Hamburg JurBüro 2003, 82; aA OLG Hamburg JurBüro 2008, 183. **28** BGH 24.6.2015 – IV ZR 248/14 (Pfändungs- und Überweisungsbeschluss). **29** KG OLGE 21, 63; aA *Meyer*, GKG, § 4 ZPO Rn 44. **30** OLG München MDR 1993, 286. **31** OLG Hamm JurBüro 1951, 21. **32** MüKo-ZPO/*Wöstmann*, § 5 Rn 25. **33** BGH MDR 2003, 716; NJW 1985, 840.

den zeit-, inhaber- oder gesamtbetragsbezogene unterschiedliche Vermögenspositionen erfasst werden.[34] Abzustellen ist daher auf das im jeweiligen Anspruch zum Ausdruck kommende wirtschaftliche Interesse.[35] Wertaddition ist dort vorzunehmen, wo durch das Nebeneinander der prozessualen Ansprüche „eine wirtschaftliche Werthäufung entsteht",[36] insb. bei wechselseitigen Teilansprüchen aus demselben Rechtsverhältnis.[37]

279   Der **Gebührenstreitwert** bestimmt sich nach § 39 GKG; ein Rückgriff auf § 5 ZPO nicht mehr erforderlich.[38]

II. Einzelfälle

280   **Ausgenommen** von der Zusammenrechnung sind: **Haupt- und** echter **Hilfsantrag**,[39] die mit der **Stufenklage** verfolgten Einzelansprüche,[40] der Wechsel von einem Streitgegenstand zu einem anderen (**Klageänderung**), die Verteidigung mit einer Aufrechnung[41] sowie das Aufeinandertreffen von **Klage und Widerklage** (Hs 2), hier ist jeweils der höherwertige Klageantrag wertbestimmend.

281   In gleicher Weise problematisch,[42] dh idR keine Addition rechtfertigend, ist die Geltendmachung eines Leistungsantrags zusammen mit einem Anspruch auf Sicherung des Leistungsinteresses (zB Klage auf Zahlung von Werklohn und Eintragung einer Bauhandwerkersicherungshypothek),[43] auf Feststellung des zugrunde liegenden Rechtsverhältnisses[44] oder die Durchsetzung des Leistungsinteresses vor- oder nachbereitenden Anträgen (zB Klage auf Rückzahlung des Kaufpreises und Feststellung des Annahmeverzuges hinsichtlich der Rücknahme der Kaufsache).[45] Zur Hauptforderung hinzutretende **Nebenforderungen** bleiben ebenfalls unberücksichtigt, § 4 ZPO.

III. Rechtsmittel

282   Die Ermittlung der Beschwer bei einer Entscheidung über Klage und Widerklage richtet sich bei Stattgabe der einen und Abweisung der anderen Klage nach § 45 Abs. 1 GKG; Hs 2 findet entgegen dem Wortlaut des § 2 ZPO keine Anwendung.[46] Ebenfalls nach Maßgabe von § 45 GKG, hier dessen Abs. 3, ist die materielle Beschwer des Beklagten zu berechnen, wenn der Klage trotz Hilfsaufrechnung stattgegeben wird.[47]

§ 6 ZPO Besitz; Sicherstellung; Pfandrecht

[1]Der Wert wird bestimmt: durch den Wert einer Sache, wenn es auf deren Besitz, und durch den Betrag einer Forderung, wenn es auf deren Sicherstellung oder ein Pfandrecht ankommt. [2]Hat der Gegenstand des Pfandrechts einen geringeren Wert, so ist dieser maßgebend.

I. Allgemeines

283   **1. Anwendungsbereich.** Die Vorschrift regelt den für die Zuständigkeit und die Zulässigkeit des Rechtsmittels maßgeblichen Streitwert für Streitigkeiten über den Besitz und das Eigentum,[48] Forderungen und Pfandrechte. Sie findet über § 48 GKG entsprechende Anwendung auf den **Gebührenstreitwert**.[49] Auf die Anfechtung innerhalb und außerhalb des **Insolvenzverfahrens** ist § 6 entsprechend anwendbar.[50]

284   **2. Abgrenzung von § 6 ZPO zu § 3 ZPO (Einzelfälle A–Z).** Im Einzelfall ist die Abgrenzung zu § 3 ZPO schwierig. Problematisch ist die Anwendbarkeit des § 6 ZPO insb. in folgenden Konstellationen:

285   **Abnahme der Kaufsache.** Wert bemisst sich nach § 3 ZPO.

286   **Arrest/einstweilige Verfügung.** Hier gilt § 3 ZPO. Der Gebührenstreitwert bestimmt sich nach § 53 GKG.[51]

287   **Auflassung.** Anwendbar bei Klage auf Erteilung.[52] Klagen auf Zustimmung zum Vollzug[53] oder auf Entgegennahme und Eintragung einer Vormerkung[54] bemessen sich dagegen nach § 3 ZPO.

---

34 Ausf. Schneider/Herget/*Kurpat*, Rn 3307 ff sowie Rn 3662 ff. **35** Ebenso KG Berlin 1.3.2007 – 8 W 66/06, juris; OLG Karlsruhe MDR 1988, 1067; OLG Köln JurBüro 1990, 241; krit. auch OLG Bamberg JurBüro 2011, 368. **36** Insoweit zutr. BGH NJW-RR 2005, 506. **37** BGH MDR 2104, 627. **38** Zöller/*Herget*, ZPO, § 5 Rn 1. **39** OLG Rostock OLGR 2008, 170; zum uneigentlichen Hilfsantrag vgl OLG Koblenz 8.9.2009 – 19 W 23/09, juris. **40** Stein/Jonas/*Roth*, ZPO, § 5 Rn 20; MüKo-ZPO/*Wöstmann*, § 5 Rn 20; ausf. Schneider/Herget/*Kurpat*, Rn 5035 ff; aA OLG Brandenburg MDR 2002, 536; OLG Düsseldorf OLGR 1992, 294. **41** OLG Karlsruhe MDR 1999, 438. **42** Vgl ausf. Schneider/Herget/*Kurpat*, Rn 3662 ff. **43** KG BauR 1998, 829; OLG Brandenburg IBR 2012, 1265; OLG Dresden JurBüro 2014, 584; OLG Stuttgart MDR 2013, 741; aA OLG Hamburg OLGR 2001, 217. **44** OLG Oldenburg 29.3.2010 – 5 W 16/10, juris. **45** OLG Brandenburg 21.2.2007 – 4 U 121/06, juris; KG Berlin KGR 2005, 526. **46** BGH MDR 1995, 198; OLG Oldenburg NJW-RR 1993, 827; aA OLG Düsseldorf NJW 1992, 3246. **47** BGH 25.9.1996 – VI ZR 102/96, juris; BGH NJW 1973, 148; zur Hauptaufrechnung vgl BGH WuM 2004, 492 (keine Werterhöhung). **48** AllgM; KG MDR 1970, 152. **49** OLG Köln VersR 1982, 50. **50** BGH JurBüro 2008, 369; KTS 1982, 449. **51** OLG Köln VersR 1976, 740. **52** BGH NJW-RR 2001, 518; OLG Köln MDR 2005, 298; aA OLG Köln NJW 2002, 684 (§ 3 ZPO). **53** BGH MDR 2002, 295. **54** OLG Bremen AnwBl 1976, 441.

Besitz. Anwendbar auf alle Arten von Besitz. Erfasst werden Streitigkeiten über die Entziehung und Einräumung sowie die Verpflichtung zur Verschaffung des Besitzes (Lieferung). Klagen auf Abnahme oder Rücknahme sind dagegen nach § 3 ZPO zu bewerten.   288

Besitzstörung. Anwendbar ist § 3 ZPO.[55]   289

Beweisurkunden. Deren Wert bestimmt sich gem. § 3 ZPO nach dem Interesse des Klägers an der Beweisführung und damit regelmäßig nach dem Wert des zu beweisenden Rechts.[56]   290

Duldung der Wegnahme eingebauter Sachen: § 6 ZPO anwendbar.[57]   291

Eigentum. § 6 ZPO anwendbar bei Klagen auf Feststellung, Übertragung oder Einräumung von Sicherungs- und Vorbehaltseigentum.   292

Einwilligung in die Herausgabe. Eine darauf gerichtete Klage bestimmt sich gem. § 6 ZPO nach dem Wert der herauszugebenden Sache.[58]   293

Erbschein. Die Herausgabeklage ist nach dem Interesse des Klägers zu bewerten, eine Gefährdung des von ihm beanspruchten Nachlasses zu vermeiden.[59]   294

Herausgabe. § 6 ZPO anwendbar, soweit nicht ein Streit über den Bestand eines Miet- oder Pachtverhältnisses zugrunde liegt. Dann gilt für den Zuständigkeitsstreitwert § 8 ZPO und für den Gebührenstreitwert § 41 GKG. Dagegen gilt § 6 ZPO bei einem Herausgabeverlangen nach Beendigung einer nichtehelichen Lebensgemeinschaft.[60]   295

Hinterlegung. § 6 ZPO anwendbar, wenn auf Freigabe geklagt wird.[61]   296

Kraftfahrzeugbrief und -schlüssel. Hier ist nicht der Sachwert der herauszugebenden Gegenstände, sondern das Interesse des Klägers an der Verfügungsgewalt über Brief bzw das Sicherungsinteresse maßgeblich (§ 3 ZPO).   297

Lieferung. Eine hierauf gerichtete Klage bemisst sich nach § 6 ZPO.[62]   298

Löschung. Soweit die Löschung eine Vormerkung, einen Widerspruch und eine Verfügungsbeschränkung betrifft, erfolgt die Bewertung gem. § 3 ZPO in Höhe eines Bruchteils des Grundstückswerts, je nach Beeinträchtigung der wirtschaftlichen Bewegungsfreiheit.

Mitbesitz. § 6 ZPO anwendbar, soweit nicht Miet- oder Pachtsache betroffen, dann § 8 ZPO.   299

Rückabwicklung. § 6 ZPO anwendbar bei Herausgabe wegen Rücktritts vom Vertrag,[63] wegen Nichterfüllung[64] oder Nichtigkeit des Vertrages.[65]   300

Schlüssel. § 6 ZPO anwendbar, da (Mit-)Besitz an der Sache repräsentierend.[66]   301

Urkunde. § 6 ZPO gelangt nur auf echte Wertpapiere zur Anwendung, ansonsten Bemessung gem. § 3 ZPO nach der Funktion der Urkunde (Legitimation, Beweisführung).[67]   302

Vorlegung. Nach § 3 ZPO ist zu bewerten, wenn es nur um eine zeitweilige Übergabe einer Sache für Zwecke der Besichtigung oder Überprüfung geht.   303

II. Besitz und Eigentum (§ 6 S. 1 ZPO)

1. Wert einer Sache. Der Streitwert bestimmt sich nach dem objektiven **Verkehrswert**.[68] Das ist der bei einer Veräußerung auf dem freien Markt erzielbare **Verkaufserlös**. Entscheidend sind die Verhältnisse bei Klage- bzw Rechtsmitteleinreichung, § 4 ZPO.[69] Dass die Sache der Art nach rasch an Wert verliert, rechtfertigt keinen Abschlag.[70] Bei am Markt praktisch **unveräußerlichen Gegenständen** kann der Ansatz des Mindeststreitwerts (bis 500 €) geboten sein.[71] Ein von den Parteien **vereinbarter Kaufpreis** ist für die Ermittlung des Verkehrswerts von indizieller Bedeutung.[72] Ein besonderes **Affektionsinteresse** bleibt unberücksichtigt. Hat der herauszugebende Gegenstand auch keinen Materialwert, dann ist gem. § 3 ZPO auf das Verfügungsinteresse des Klägers (zB etwaiges Geheimhaltungsinteresse) abzustellen.   304

Uneinigkeit besteht darüber, ob der nach vorstehender Maßgabe ermittelte Wert im Zuge einer **wirtschaftlicher Betrachtungsweise** auf die dem Streit zugrunde liegenden Interessen zurückzuführen ist, zB bei Verweigerung der Herausgabe unter Berufung auf Zurückbehaltungsrecht wegen geringfügiger Gegenansprüche.[73]   305

55 OLG Zweibrücken KostRsp. ZPO § 6 Nr. 100. **56** OLG Stuttgart MDR 1980, 658 (Bürgschaftsurkunde). **57** BGH NJW 1991, 3221; KG Rpfleger 1971, 227. **58** KG JurBüro 1978, 427. **59** BGH KostRsp. ZPO § 3 Nr. 176. **60** OLG Brandenburg NZM 2011, 135. **61** KG AnwBl 1978, 107. **62** OLG Nürnberg MDR 1969, 1020. **63** OLG Nürnberg JurBüro 2004, 377. **64** OLG Schleswig Rpfleger 1980, 293. **65** *Hartmann*, KostG, Anh I 48 GKG (§ 6 ZPO) Rn 3; aA OLG Schleswig JurBüro 1998, 421 (§ 3 ZPO). **66** LAG Kiel JurBüro 2007, 258. **67** BGH FamRZ 1992, 169 (Urteilsausfertigung); OLG Bremen Rpfleger 1985, 77; OLG Köln NJW-RR 1997, 381. **68** BGH NJW-RR 2001, 518; MDR 1992, 83. **69** BGH NJW-RR 2004, 1365; *Zöller/Herget*, ZPO, § 4 Rn 4. **70** AA OLG Hamm MDR 1999, 444. **71** OLG Köln ZMR 1974, 141. **72** OLG Köln MDR 2005, 299; OLG München MDR 1997, 599; ähnl. *Hartmann*, KostG, Anh I § 48 GKG (§ 6 ZPO) Rn 4 (Anscheinsbeweis). **73** Verneinend: OLG Nürnberg MDR 1995, 966; OLG München NJW-RR 1998, 142; bejahend: BVerfG NJW-RR 2000, 946; OLG Oldenburg MDR 1998, 1406.

Gegenleistungen sind für die Bewertung grds. unbeachtlich,[74] auch wenn der Streit sich hierauf beschränkt.[75] Etwas anderes gilt bei Verurteilung für die Ermittlung der Beschwer.[76] Der Verkehrswert bleibt auch bei einer **Leistungsverweigerung** maßgeblich, insb. erfolgt keine Reduzierung auf den Wert der allein streitigen Einwendung oder Gegenforderung[77] wird doch dem Kläger der Besitz an der Sache gerade vorenthalten. Der vermeintliche Gegenanspruch kann – auch widerklagend – über eine negative Feststellungsklage bzw Leistungsklage mit einem dann geringen finanziellen Aufwand einer gerichtlichen Prüfung zugeführt werden.

306   **2. Bewegliche Sachen. Edelmetalle** sind nach dem Ankaufskurs zu bewerten.[78] Der Wert eines **Schlüssels** bestimmt sich danach, ob dessen Herausgabe dazu dient, dem Kläger den Besitz an der verschließbaren Sache zu beschaffen,[79] anderenfalls ist der Herstellungswert anzusetzen.[80] **Wertpapiere:** Echte Wertpapiere (Inhaber- und Orderpariere) sind nach dem Wert des verbrieften Rechts in Ansatz zu bringen,[81] börsenfähige Papiere nach dem Ankaufswert zum Zeitpunkt der Klageeinreichung. Bei **eingebauten Sachen** ist eine etwaige Wertminderung durch deren Ausbau zu berücksichtigen.[82]

307   **3. Unbewegliche Sachen.** Maßgeblich ist auch hier der mögliche **Verkaufserlös**, nicht der Einheits- oder der Versicherungswert.[83] Ertragswert, Buchwert und Bebauungsaufwand sind nur Anhaltspunkte für die Wertermittlung.[84] Die wirtschaftliche Nutzung beeinträchtigende **Belastungen**, zB Wegerechte,[85] Erbbaurechte[86] oder Nießbrauch,[87] sind wertmindernd in Ansatz zu bringen. Das gilt nicht für die nur den Kaufpreis, nicht aber den Wert der Sache mindernde **Lasten und Schulden**, wie Hypotheken und Grundschulden, da diese unter Anrechnung auf den Kaufpreis übertragen werden.[88] Baurechtswidrig errichtete Gebäude sind wertmindernd zu berücksichtigen.[89] Betrifft der Streit nur den **Teil eines Grundstücks**, so ist dessen Wert nach dem Verhältnis zur Gesamtfläche zu bestimmen.[90]

III. Forderung (§ 6 S. 1 ZPO)

308   Vorbehaltlich einer Bewertung nach §§ 8, 9 ZPO ist auf den **Nennwert** abzustellen, wenn die Forderung selbst im Streit steht ist.[91] Das gilt in gleicher Weise bei der Sicherstellung der Forderung. Der Wert einer Forderung in **ausländischer Währung** bestimmt sich nach dem Umrechnungskurs bei Klageeinreichung.[92] Bei **unbezifferten Klageanträgen** (zB Schmerzensgeld) ist der Betrag anzusetzen, der sich auf Grundlage des klägerischen Vorbringens bei Klageeinreichung ergeben würde.[93] Einer Beschränkung des Klageantrags auf einen Teil einer Forderung ist Rechnung zu tragen. Rechtsgrund und Mittel der Sicherstellung sowie eine zusätzliche anderweitige Sicherung des Klägers haben auf den Wert keinen Einfluss. Auch ist es nicht erforderlich, dass der Klagebetrag dem wirtschaftlichen Interesse des Klägers oder dem Verteidigungsverhalten des Beklagten entspricht.

309   Steht allein der **Rechtsgrund der Forderung** im Streit, zB bei einer Klage auf Feststellung, dass die eine zur Insolvenztabelle angemeldete Forderung auf einer vorsätzlichen unerlaubten Handlung beruht, ist dagegen nach § 3 ZPO zu bewerten.[94] Wird gleichzeitig auf **Leistung und Sicherstellung** der Leistung geklagt, scheidet eine Zusammenrechnung der Einzelwerte wegen wirtschaftlicher Identität der jeweiligen Rechtsschutzziele regelmäßig aus.[95] Das gilt in gleicher Weise bei einer Klage auf **Leistung und Feststellung** zum Leistungsgrund sowie der Verbindung des Leistungsanspruchs mit **vorbereitenden, unterstützenden oder nachbereitenden Zusatzanträgen**.[96]

IV. Pfandrecht (§ 6 S. 1 und 2 ZPO)

310   Maßgeblich ist der Wert der Forderung, soweit nicht der Wert des Gegenstands des Pfandrechts, dh die Pfandsache, dahinter zurückbleibt.[97] Dies gilt für alle Pfandrechte, dh gesetzlich, vertraglich und Pfändungspfandrechte. Erfasst werden Streitigkeiten über den Bestand, die Aufhebung und das Erlöschen eines Pfandrechts. Die **Wertgrenze des S. 2** setzt ein bestehendes Pfandrecht voraus. Der Streit über die Verpflich-

---

74 BGH FamRZ 2005, 265; OLG Düsseldorf MDR 1999, 628. **75** KG NJW-RR 2003, 787. **76** BGH BB 1991, 937; OLG Düsseldorf MDR 1999, 628. **77** OLG Hamm MDR 2002, 1458; OLG Köln MDR 2005, 298; OLG München OLGR 1994, 264; offen lassend BGH MDR 2002, 295; aA KG NJW-RR 2003, 787; OLG Karlsruhe JurBüro 2006, 145; OLG Köln OLGR 2004, 28; OLG Stuttgart MDR 2009, 1353; Zöller/*Herget*, ZPO, § 6 Rn 1. **78** BGH NJW-RR 1991, 1210. **79** LG Halle MDR 1994, 208. **80** OLG Düsseldorf OLGR 1993, 79. **81** BGH NJW 1989, 2755. **82** BGH NJW 1991, 3222; KG Rpfleger 1971, 227. **83** BGH MDR 1992, 83. **84** OLG Dresden JurBüro 2003, 475; OLG München ZAP EN-Nr. 356/95. **85** BGH JurBüro 1958, 387. **86** OLG Bamberg JurBüro 1992, 629. **87** BGH NJW-RR 2001, 518; OLG Zweibrücken OLGR 1997, 324. **88** BGH NJW-RR 2001, 518; KG MDR 2001, 56; aA OLG Köln KostRsp. ZPO § 6 Nr. 83. **89** OLG Bamberg JurBüro 1983, 918. **90** OLG Saarbrücken 4.9.2003 – 7 W 167/03, juris. **91** BGH GRUR 2009, 1100. **92** OLG Frankfurt MDR 1991, 164. **93** BGH NJW 1996, 886; KG 15.3.2010 – 12 W 9/10; OLG Saarbrücken 26.11.2009 – 4 W 343/09; OLG Sachsen-Anhalt 16.4.2013 – 10 W 20/13. **94** BGH Schadenspraxis 2010, 29; OLG Dresden MDR 2008, 50. **95** BGH NJW-RR 2013, 1022; OLG München NZI 2015, 192; OLG Koblenz OLGR 2003, 256. **96** Ausf. Schneider/Herget/*Kurpat*, Rn 3667 ff. **97** OLG Frankfurt MDR 2003, 356.

NK-GK/*Kurpat*

tung zur Bestellung bemisst sich nach dem Wert der zu sichernden Forderung.[98] Der Wert der Pfandsache wird durch **Vorpfändungen** nicht berührt.[99]

Uneinigkeit besteht darüber, ob der Streit betreffend die **Löschung von Grundschuld, Hypothek oder Siche-**   311
rungshypothek nach dem eingetragenen Nennbetrag[100] oder auf Grundlage einer wirtschaftlichen Betrachtungsweise nach dem Umfang der Valutierung und dem Interesse des Klägers an der Löschung[101] zu bewerten ist.

§ 7 ZPO Grunddienstbarkeit

Der Wert einer Grunddienstbarkeit wird durch den Wert, den sie für das herrschende Grundstück hat, und
wenn der Betrag, um den sich der Wert des dienenden Grundstücks durch die Dienstbarkeit mindert, größer ist, durch diesen Betrag bestimmt.

I. Allgemeines

§ 7 ZPO betrifft Streitigkeiten über die Beziehung von Grundstücken und findet daher nur auf **Grund-**   312
dienstbarkeiten iSv §§ 1018 ff BGB Anwendung. **Reallasten** oder **persönliche Dienstbarkeiten** sind demgegenüber nach § 3 ZPO zu bewerten.[102] Das gilt auch für den Streit über grundstücksbezogene schuldrechtliche Verpflichtungen.[103] Die Beschwer bemisst sich nach den allgemeinen Regeln, nicht nach § 7 ZPO.

II. Grunddienstbarkeit

Erfasst werden Streitigkeiten über Einräumung, Bestand, Beseitigung oder Umfang[104] einer Grunddienst-   313
barkeit. Ebenfalls nach § 7 ZPO zu bewerten ist die Abwehr von Störungen, sei es infolge oder bei Ausübung der Dienstbarkeit.[105] Entsprechend anwendbar ist § 7 ZPO auf Nachbarrechtsbeschränkungen gem.
§§ 906 ff BGB, die ähnlich wie eine Dienstbarkeit wirken,[106] wie zB das **Notwegrecht** oder **Licht- und Fens-**
terrecht,[107] nicht aber bei Beseitigung eines **Überbaus.**[108] Der Streit über die Vergütung einer unstreitig ein-
zuräumenden Grunddienstbarkeit bemisst sich dagegen nach § 9 ZPO.

III. Wertberechnung

Die Wertberechnung ist durch den Vergleich des Werts für das herrschende Grundstück mit dem Minder-   314
wert für das dienende Grundstück vorzunehmen. Die Wertermittlung erfolgt durch Schätzung, § 3 ZPO.[109]
Der Streitwert bemisst sich nach dem höheren Wert. Die Kosten der Beseitigung einer auf dem Grundstück
aus Sicht des Klägers unerlaubt errichteten Anlage bleiben bei der Wertermittlung unberücksichtigt.[110]

§ 8 ZPO Pacht- oder Mietverhältnis

Ist das Bestehen oder die Dauer eines Pacht- oder Mietverhältnisses streitig, so ist der Betrag der auf die
gesamte streitige Zeit entfallenden Pacht oder Miete und, wenn der 25fache Betrag des einjährigen Entgelts
geringer ist, dieser Betrag für die Wertberechnung entscheidend.

I. Allgemeines

Die Vorschrift des § 8 ZPO betrifft allein den **Zuständigkeitsstreitwert** und geht den §§ 3, 6 ZPO[111] und   315
§ 7 ZPO vor. Der **Gebührenstreitwert** für Streitigkeiten über den Bestand oder die Dauer eines Pacht- oder
Mietverhältnisses über bewegliche und unbewegliche Sachen richtet sich nach § 41 Abs. 1 GKG, die **Be-**
schwer wiederum nach § 8 ZPO.[112] Wegen der weitgehenden Übereinstimmung in den tatbestandlichen
Voraussetzungen mit § 41 Abs. 1 GKG wird für die Einzelheiten auf die dortige Kommentierung Bezug genommen.

---

98 OLG München Rpfleger 1959, 74.   **99** BGH NJW 1952, 1355; *Hartmann,* KostG, Anh I § 48 GKG (§ 6 ZPO) Rn 11.
100 OLG Düsseldorf MDR 1999, 506; OLG Saarbrücken MDR 2001, 897. **101** BGH WPM 2010 1476 (40 %); OLG Koblenz
JurBüro 2009, 430 (Valutierung); OLG Stuttgart MDR 2010, 778 (20 %). **102** OLG Nürnberg JurBüro 1967, 829. **103** OLG
Frankfurt OLGR 2009, 887. **104** Schneider/Herget/*Noethen,* Rn 2861. **105** Zöller/*Herget,* ZPO, § 7 Rn 3; aA Musielak/Voit/
Heinrich, § 7 Rn 5. **106** AA BGH NJW 1994, 735. **107** BGH MDR 2014, 461; OLG Jena MDR 1999, 196; aA OLG Köln
JurBüro 1991, 1386. **108** BGH NJW-RR 1986, 737, aA Zöller/*Herget,* ZPO, § 7 Rn 6 (wenn der Beklagte sein Recht zum Über-
bau aus einer streitigen Grunddienstbarkeit herleitet). **109** BGH MDR 2014, 461; 2004, 296. **110** AA *Hartmann,* KostG, Anh I
§ 48 GKG (§ 7 ZPO) Rn 4. **111** BGH NJW-RR 1994, 256. **112** BGH NZM 2005, 677; NJW-RR 2000, 1739.

316 Streitigkeiten über die sich aus dem Vertrag ergebenden Rechte und Pflichten sind, soweit nicht eine Leistung wiederkehrender Art (§ 9 ZPO) betroffen ist, nach § 3 ZPO oder § 6 ZPO zu ermitteln. Das gilt grds. für Streitigkeiten zwischen Vermietern oder Mietern[113] sowie zwischen einer Mietvertragspartei und einem Dritten.[114]

II. Miet- oder Pachtverhältnis

317 In Abweichung zu § 41 Abs. 2 GKG ist § 8 ZPO auf Miet- und Pachtverträge über **unbewegliche und bewegliche Sachen** anwendbar, auch Streitigkeiten betreffend Leasingverträge. Erfasst werden allein Streitigkeiten über Bestand oder Dauer eines auf entgeltliche Gebrauchsüberlassung gerichteten Vertragsverhältnisses.[115] Für die Anwendung auf **gemischte Vertragsverhältnisse** ist entscheidend, ob die entgeltliche Gebrauchsüberlassung das prägende Vertragsmerkmal darstellt.[116] Das ist bei Krankenhausbehandlungsverträgen oder Pflegeheimverträgen wegen der dort im Vordergrund stehenden dienstvertraglichen Leistungen regelmäßig zu verneinen.[117] § 8 ZPO gilt ferner nicht für nur **ähnliche** oder gar **wesensverschiedene Nutzungsverhältnisse**, wie zB den Nießbrauch,[118] den Streit über das unentgeltliche Nutzungsrecht des Käufers[119] oder die Nutzung der Ehewohnung durch nur einen Ehegatten.[120] Hier ist nach § 3 ZPO bzw bei dem Verlangen nach Räumung und Herausgabe gem. § 6 ZPO zu bewerten.

III. Streit über Bestehen oder Dauer

318 Streit im Sinne der Vorschrift besteht bereits dann, wenn sich der Beklagte auf ein angebliches Miet- oder Pachtverhältnis beruft.[121] Klagen auf **Abschluss eines Miet- oder Pachtvertrages** oder Streitigkeiten über die sich aus dem **Vertragsinhalt** ergebenden Handlungs- oder Unterlassungspflichten sind dagegen nach allgemeinen Regeln zu bewerten;[122] die Klage auf künftige Mietzahlung daher nach § 9 ZPO.[123] Das gilt in gleicher Weise für den Streit **innerhalb einer Mieter- oder Vermietergemeinschaft**.[124]

IV. Wertberechnung

319 **1. Allgemeines.** Wertbestimmend ist der auf die gesamte streitige Zeit entfallende Miet- oder Pachtzins, dh der für die Gebrauchsüberlassung geschuldete und nicht allein der als eigentliche Miete oder Pacht vereinbarte Betrag.[125] Bei **wechselnder Höhe** ist der Wert durch Addition der jeweiligen, nicht durch Multiplikation des höchsten oder durchschnittlichen Jahresbetrags zu ermitteln.[126] Dabei ist der Ansatz des in der streitigen Zeit anfallenden Entgelts auf das **25Fache des Jahresbetrags** begrenzt, S. 2. Es erfolgt kein Abschlag für **Feststellungsklagen**.[127]

320 **2. Streitige Zeit.** Der **Beginn** richtet sich nach dem Vortrag in der Klageschrift, regelmäßig nach dem Zeitpunkt einer streitigen Kündigung oder des Verlangens nach Abschluss oder Verlängerung eines Nutzungsverhältnisses[128] und fällt frühestens auf den Zeitpunkt der Klagezustellung.[129]

321 Für das **Ende** ist abzustellen: bei **vereinbarter Vertragsdauer oder unstreitig wirksamer Kündigung** auf die unstreitige Laufzeit,[130] bei **unbestimmter Laufzeit** auf die früheste Kündigungsmöglichkeit für den sich auf eine längere Laufzeit berufenden Vertragspartner,[131] bei **Berufung auf Schutzrechte** gegenüber unstreitiger Kündigung nach dem daraus nach Ansicht des Nutzungsberechtigten resultierenden Beendigungszeitpunkt[132] und bei einer wegen Berufung auf einen zeitlich unbefristeten Kündigungsausschluss oder ein Vertragsverhältnis auf Lebenszeit **ungewissen Beendigung** in entsprechender Anwendung von § 9 ZPO nach dem 3,5Fachen des Jahresnutzungsentgelts.[133]

322 **3. Miete oder Pacht.** Zur Miete zählt nur die Gegenleistung für die Gebrauchsüberlassung, dies auch, soweit als Einmalleistung (Baukostenzuschuss) oder Naturalleistungen (Übernahme der Instandsetzung) geschuldet.[134] Es greifen die für § 41 GKG geltenden Erwägungen zur Entgelthöhe; auf die dortige Kommentierung wird verwiesen (→ GKG § 41 Rn 6 f). Außer Ansatz bleiben freiwillige Leistungen,[135] die laufenden Betriebskosten (§ 556 BGB) sowie vertragliche Nebenpflichten, zB Wiederherstellung des vertragsgemäßen Zustands bei Räumung,[136] oder damit verbundene Kosten.[137] Stellt der Kläger den Bestand eines Mietver-

---

113 BGH RdL 1955, 49. **114** BGH 24.2.2000 – III ZR 270/99. **115** BGH AGS 2005, 19. **116** BGH WuM 1996, 1064; OLG Köln ZMR 2007, 114. **117** BGH MDR 1995, 530. **118** Vgl BGH AGS 2005, 19; BayObLG JurBüro 1995, 27. **119** OLG Nürnberg MDR 2004, 966 (zu § 41 GKG). **120** OLG Braunschweig NZM 2008, 423; OLG Frankfurt AGS 2009, 499 (zu § 41 GKG). **121** BGH AGS 2005, 19; BGHReport 2003, 757. **122** BGH AGS 2014, 67 (Klage auf Zahlung rückständiger Miete nach § 3 ZPO). **123** BGH JurBüro 2004, 378. **124** BGH RdL 1955, 49. **125** BGH MietR 1996, 55. **126** AA *Hartmann*, KostG, Anh I § 48 GKG (§ 8 ZPO) Rn 5 (höchster Jahresbetrag). **127** BGH NZM 2009, 51; 2005, 944. **128** BGH NJW-RR 2006, 16 (zu § 41 GKG); BGH MDR 1992, 913. **129** BGH WuM 2007, 328; BGH 24.7.2005 – XII ZR 67/03, MietPrax-AK § 8 Nr. 6. **130** BGH BGHReport 2003, 757. **131** BGH AGS 2006, 190; BGHReport 2003, 757. **132** BGH WuM 2005, 350. **133** BGH 13.5.2014 – VIII ZR 366/13 (betr. lebenslanges Nutzungsrecht); MDR 2009, 277. **134** BGH WuM 2014, 219. **135** BGH NJW-RR 2000, 1739. **136** BGH BGHReport ZPO § 8 Räumungsklage Nr. 7; BGH MDR 94, 100 (zu Entfernung von Bäumen). **137** BGH WuM 2014, 219.

hältnisses in Abrede, bestimmt sich die Wertberechnung nach den Angaben der beklagten Partei zur Pacht- oder Miethöhe.[138]

§ 9 ZPO Wiederkehrende Nutzungen oder Leistungen

[1]Der Wert des Rechts auf wiederkehrende Nutzungen oder Leistungen wird nach dem dreieinhalbfachen Wert des einjährigen Bezuges berechnet. [2]Bei bestimmter Dauer des Bezugsrechts ist der Gesamtbetrag der künftigen Bezüge maßgebend, wenn er der geringere ist.

I. Allgemeines

§ 9 ZPO findet grds. nur für die Bestimmung der sachlichen Zuständigkeit und der Beschwer Anwendung.[139] Dabei ist die Klageart für die Bewertung nicht entscheidend. Erfasst werden Ansprüche, die auf einem einheitlichen Rechtsverhältnis beruhen und wiederkehrend fällig werden. Für den **Gebührenstreitwert** gilt vorrangig § 42 GKG.[140] Dessen Anwendungsbereich ist infolge der Streichung von § 42 Abs. 1 GKG aF durch das **2. KostRMoG** deutlich reduziert worden. Ansprüche auf **Zahlung einer Geldrente** wegen der Tötung eines Menschen oder wegen der Verletzung des Körpers oder der Gesundheit eines Menschen (§§ 618 Abs. 3, 843, 844, 845 BGB) fallen nunmehr ausschließlich unter § 9 ZPO. Sind gebührenrechtliche Regelungen nicht einschlägig, bleibt § 9 ZPO über § 48 Abs. 1 GKG anwendbar, etwa wenn auf künftige Mietzahlung oder Feststellung, zur weiteren Mietzahlung nicht verpflichtet zu sein, geklagt wird.[141]   **323**

II. Recht auf wiederkehrende Nutzungen oder Leistungen

Wiederkehrend sind Leistungen (§ 241 BGB) und Nutzungen (§ 100 BGB), die als einheitliche Folge eines Rechtsverhältnisses in bestimmten zeitlichen Abständen zumindest gelegentlich fällig werden. Davon abzugrenzen sind einmalige, nur vorübergehend wiederkehrende und ununterbrochen fortdauernde Leistungen. Für die Anwendung von § 9 ZPO muss das **Stammrecht** selbst Streitgegenstand sein.   **324**

Von § 9 ZPO **erfasst** werden zB der Streit über laufende Dienst,- Renten- oder Versorgungsbezüge, Leibrenten- und Altenteilszahlungen[142] sowie über Renten aufgrund unerlaubter Handlung, über die Fortdauer einer Berufsunfähigkeitszusatzversicherung,[143] eines Krankenversicherungsvertrages[144] oder eines Krankenhaustagegeldvertrages,[145] über die Zustimmung zur Mieterhöhung[146] oder die Überbau- und Notwegrente sowie die Verpflichtung zur Stromabnahme nach dem StromeinspeiseG.[147]   **325**

Nicht erfasst wird der Anspruch auf Ersatz des Verzugsschadens, auch wenn er sich aus wiederkehrend anfallenden Einzelbeträgen (Zinsen) errechnet,[148] ferner nicht die im Zuge der Stundung übernommene Ratenzahlungsverpflichtung[149] Wird auf Freistellung von einer wiederkehrenden Verbindlichkeit gegenüber einem Dritten geklagt, gelangt § 9 ZPO über § 3 ZPO nur mittelbar zur Anwendung.[150] Klagen auf rückständige oder einzelne Leistungen sind dagegen grds. nach § 3 ZPO zu bewerten.   **326**

III. Wertberechnung

Maßgeblich ist der dreieinhalbfache Wert des einjährigen Bezugs, soweit sich nicht bei bestimmter Dauer ein geringerer Gesamtbetrag der künftigen Bezüge ergibt. **Ungewisse Dauer** ist unbestimmte Dauer,[151] vorausgesetzt, diese kann dreieinhalb Jahre erreichen.[152] Für die Berechnung entscheidend sind die Verhältnisse bei Klageeinreichung, arg. § 4 ZPO. Sind die Bezüge nicht in Geld zu entrichten (zB Dienstleistung), ist der Wert der vereinbarten Leistung zu schätzen. Fallen über die Laufzeit **unterschiedlich hohe Jahresbeträge** an, bestimmt sich der Regelwert nach dem höchsten Jahresbetrag,[153] vorausgesetzt, diese erstrecken sich wenigstens über den streitigen Zeitraum. Bei bestimmter Dauer des Bezugsrechts ist zu addieren, wenn das Bezugsrecht dreieinhalb Jahre dauern kann.   **327**

Der volle Wert des Bezugsrechts bleibt auch dann maßgeblich, wenn das in vollem Umfang geltend gemachte Recht nur **zum Teil streitig** ist. Dagegen ist der nach § 9 ZPO zu ermittelnde Wert nur anteilig zu berücksichtigen, wenn der Klageantrag auf den streitigen Teil beschränkt wird.   **328**

---

138 BGH WuM 2014, 353. **139** BGH MDR 2004, 1182. **140** BGH NJW-RR 1996, 676. **141** BGH NZM 2004, 423. **142** BGH NJW 1981, 2466; OLG München JurBüro 1977 1003; OLG Frankfurt Rpfleger 1982, 157. **143** OLG Frankfurt 28.10.2011 – 14 W 84/11, juris. **144** BGH NVersZ 2002, 21. **145** BGH MDR 2000, 850. **146** LG Mainz WuM 2012, 507. **147** OLG Schleswig SchlHA 99, 54. **148** OLG Düsseldorf JurBüro 1993, 166. **149** KG MDR 2010, 47. **150** BGH NJW 1974, 2128. **151** OLG Frankfurt MDR 2009, 255; Thomas/Putzo/*Hüßtege*, § 9 ZPO Rn 4. **152** *Janizewski*, JurBüro 2003, 455. **153** BGH MDR 1966, 321.

329 Wird nicht auf Leistung, sondern auf **Feststellung** geklagt, dass eine Verpflichtung zur wiederkehrenden Leistung besteht, dann ist der übliche 20 %ige Abschlag vorzunehmen.[154] Die Wertgrenze des § 9 ZPO gilt auch für die negative Feststellungsklage.[155]

330 Neben der Feststellung bereits fällige **Rückstände** sind – entsprechend der Regelung für den Gebührenstreitwert in § 42 Abs. 3 GKG (§ 42 Abs. 4 GKG aF) – auch für den Zuständigkeitsstreitwert hinzuzurechnen.[156] Das gilt in gleicher Weise für die **negative Feststellungsklage**.[157] Etwaige Rückstände errechnen sich auch im Falle der Stufenklage (§ 44 GKG) nach der Leistungserwartung des Klägers bei Klageeinreichung (Anhängigkeit) und nicht nach der späteren Bezifferung des Leistungsantrags.[158]

Anhang 2 zu § 48 GKG: Streit- und Gegenstandswerte in Arbeitssachen; Streitwertkatalog für die Arbeitsgerichtsbarkeit

I. Grundlagen der Wertbestimmung in Arbeitssachen

1 **1. Begriffe.** Die Gerichtsgebühren richten sich nach dem Wert des Streitgegenstands (**Streitwert**), soweit nicht ein anderes bestimmt ist, § 3 Abs. 1 GKG. Die Rechtsanwaltsgebühren werden, soweit nicht durch das RVG ein anderes bestimmt ist, nach dem Wert berechnet, den der Gegenstand der anwaltlichen Tätigkeit hat (**Gegenstandswert**), § 2 Abs. 1 RVG. Angesprochen ist damit jeweils der für die Gebührenbemessung maßgebliche Wert (**Gebührenstreit-** bzw **Gebührengegenstandswert**).

2 Dies ist nicht zu verwechseln mit dem **Rechtsmittelstreitwert**, also dem Wert zur Ermittlung der für die Zulässigkeit eines Rechtsmittels erforderlichen Beschwer (Berufungsstreitwert des § 64 Abs. 2 Buchst. b ArbGG von 600,01 €). Ohne Bedeutung ist dagegen der **Zuständigkeitsstreitwert**, da die Arbeitsgerichtsbarkeit keine gespaltene sachliche Zuständigkeit vergleichbar der Zivilgerichtsbarkeit (§§ 23 Nr. 1, 71 Abs. 1 GVG) kennt, sondern wertunabhängig stets das Arbeitsgericht erstinstanzlich zuständig ist. Gemäß § 46 Abs. 2 ArbGG, § 2 ZPO sind für die Ermittlung des Rechtsmittelstreitwerts die §§ 3–9 ZPO (und nicht die Vorschriften des GKG) heranzuziehen.[1]

3 Das Arbeitsgericht setzt den Wert des Streitgegenstands im Urteil fest (§ 61 Abs. 1 ArbGG). Diese Festsetzung hat ausschließlich Bedeutung für den Rechtsmittelstreitwert,[2] da der Grundsatz des § 61 S. 1 GKG, dass der Gebührenstreitwert dem Rechtsmittelstreitwert entspricht, nicht im arbeitsgerichtlichen Verfahren gilt, § 62 S. 2 GKG.

4 Die Festsetzung des Werts für die Berechnung der Gerichtsgebühren erfolgt durch **Beschluss** im Verfahren nach § 63 Abs. 2 GKG, für die der Rechtsanwaltsgebühren nach § 32 RVG iVm § 63 GKG bzw § 33 RVG.

---

154 BGH VersR 1968, 278; vgl aber auch BGH NVersZ 2002, 22 (ohne Abschlag). 155 BGH 4.4.2005 – II ZR 192/04, juris; KG MDR 2010, 47; OLG Dresden NJ 2007, 37; aA OLG Frankfurt MDR 2009, 353. 156 BGH NJW-RR 2005, 938; MDR 2004, 1437; BGHZ 2, 74. 157 OLG Hamm JurBüro 1988, 878; aA OLG Karlsruhe FamRZ 1997, 39. 158 OLG Düsseldorf JurBüro 1984, 612; OLG Hamburg JurBüro 1990, 1336. 1 BAG NZA-RR 2009, 555. 2 Zur Bindung des Berufungsgerichts an den im Urteil festgesetzten Streitwert bei der Ermittlung des Beschwerdewerts s. BAG NZA 1994, 1054.

Hierfür hat der **Urteilsstreitwert** des § 61 Abs. 1 ArbGG **keinerlei Bindungswirkung.**[3] Die Werte können daher auseinanderfallen.[4] Dies ist insb. der Fall, wenn die in der letzten mündlichen Verhandlung (dies ist der maßgebliche Zeitpunkt für die Wertbemessung des Rechtsmittelstreitwerts nach § 61 Abs. 1 ArbGG) gestellten Anträge, zB wegen Teilklagerücknahme oder Teilvergleich, hinter den schriftsätzlich angekündigten Anträgen zurückbleiben.

Die **Berechnung** der Höhe des Streitwerts für die Ermittlung der Gerichtsgebühren erfolgt anhand der §§ 39 ff GKG, die für die Ermittlung des Gegenstandswerts der Rechtsanwaltsgebühren nach §§ 22, 23 RVG. 5

2. Streitwertfestsetzung des Gebührenstreitwerts für die Gerichtskosten nach § 63 GKG. a) Bemessungskriterien. Die Kriterien der Bemessung des Werts für die Gerichtskosten richten sich nach §§ **39 ff GKG,** insb. **§ 48 GKG iVm §§ 3 ff ZPO.** Für die Klage auf Feststellung einer Insolvenzforderung gilt die Sondervorschrift des § 182 InsO.[5] 6

Gemäß § 48 GKG ist zu differenzieren, ob ein vermögensrechtlicher oder ein nichtvermögensrechtlicher Anspruch zu bemessen ist. Ein Anspruch ist **vermögensrechtlicher** Natur, wenn er auf einem auf Geld oder Geldeswert gerichteten Rechtsverhältnis beruht.[6] **Nichtvermögensrechtliche** Ansprüche sind daher im arbeitsgerichtlichen Urteilsverfahren kaum denkbar.[7] Auch eine Zeugnisklage, eine Klage gegen Abmahnung und eine Klage auf Erteilung von Arbeitspapieren beinhalten vermögensrechtliche Ansprüche. 7

Bei **vermögensrechtlichen** Ansprüchen gelten gem. § 48 Abs. 1 S. 1 GKG vorrangig §§ 39–47 GKG, im Übrigen §§ 3 ff ZPO. Im arbeitsgerichtlichen Verfahren ist relevant: Bei Nebenforderungen verdrängt § 43 GKG § 4 Abs. 1 Hs 2 ZPO, bei einer Mehrheit von Streitgegenständen ersetzt § 39 GKG § 5 ZPO, bei Klage und Widerklage verdrängt § 45 GKG den § 5 ZPO und bei wiederkehrenden Leistungen einschließlich Bestandsschutzstreitigkeiten gilt § 42 GKG anstelle von § 9 ZPO. Greift keine Sonderregelung, ist der Wert vom Gericht nach freiem Ermessen festzusetzen (§ 3 ZPO). Maßgeblich ist dann allein das wirtschaftliche Interesse des Klägers an dem verfolgten Anspruch.[8] Ein Rückgriff auf Vorschriften außerhalb des GKG (einschließlich der gem. § 48 Abs. 1 S. 1 GKG anwendbaren §§ 3 ff ZPO) ist zwar nicht möglich, gleichwohl kann in § 23 Abs. 3 RVG ein unverbindlicher Orientierungsrahmen[9] gesehen werden. Häufig wird bei der Bemessung nicht in Geldbeträgen bezifferbarer Leistungsklagen (zB Zeugnis) auf das Bruttomonatsgehalt bzw einen Teil oder ein Vielfaches hiervon abgestellt. 8

Bei **nichtvermögensrechtlichen** Ansprüchen ist der Streitwert durch das Gericht unter Berücksichtigung aller Umstände des Einzelfalls, insb. des Umfangs und der Bedeutung der Sache und der Vermögens- und Einkommensverhältnisse der Parteien, nach Ermessen zu bestimmen (§ 48 Abs. 2 S. 1 GKG). Es ist hier also deutlich mehr zu berücksichtigen als das bloße Klägerinteresse. 9

Maßgeblicher Zeitpunkt ist gem. § 40 GKG der der Antragstellung, die den Rechtszug einleitet. Mit anderen Worten: Unabhängig davon, ob die schriftsätzlich angekündigten Anträge gestellt, nachträglich geändert oder ganz oder teilweise zurückgenommen werden, sind alle schriftsätzlich angekündigten Anträge für den Streitwert zu berücksichtigen und daher gem. § 39 GKG zu addieren.[10] Es ist nicht erforderlich, dass die Anträge gleichzeitig rechtshängig waren.[11] Daher darf auch keine Wertfestsetzung bezogen auf bestimmte Zeit- oder Verfahrensabschnitte erfolgen.[12] 10

Eine Ausnahme vom Grundsatz der Addition ist aber dann vorzunehmen, wenn und soweit mit der Klage wirtschaftlich (teil-)identische Streitgegenstände geltend gemacht werden,[13] was zB der Fall ist, wenn neben einer Kündigungsschutzklage auch Zahlungsansprüche für die Zeit nach Ablauf der Kündigungsfrist geltend gemacht werden. 11

b) Bedeutung des „Streitwertkatalogs für die Arbeitsgerichtsbarkeit" in der Praxis. Auf Initiative der Präsidentinnen und Präsidenten der Landesarbeitsgerichte wurde im **Mai 2012** eine Streitwertkommission mit dem Ziel der Vereinheitlichung der Streitwertrechtsprechung eingesetzt. Insgesamt neun von achtzehn LAG-Bezirke entsandten Mitglieder in die Kommission. Diese hat einen „**Streitwertkatalog für die Arbeitsgerichtsbarkeit**" erarbeitet, der in NZA 2013, 809–815 mit Erläuterungen veröffentlicht wurde. Der Katalog ist – selbstverständlich – angesichts des Grundsatzes der richterlichen Unabhängigkeit nur eine **Empfehlung.** Die Kommission selbst erhob für ihn keinen Anspruch auf Vollständigkeit und betrachtet ihn als „Angebot für alle mit Wertfestsetzung in der Arbeitsgerichtsbarkeit Befassten".[14] 12

---

3 Zur Vorgängernorm bereits LAG BW JurBüro 1991, 668. **4** LAG BW 14.5.2012 – 5 Ta 52/12, juris. **5** Natter/Gross/*Pfitzer/Augenschein,* ArbGG, 2. Aufl. 2013, § 12 Rn 57. **6** Musielak/Voit/*Heinrich,* ZPO, 13. Aufl. 2016, § 3 Rn 12. **7** Natter/Gross/*Pfitzer/Augenschein,* ArbGG, 2. Aufl. 2013, § 12 Rn 71. **8** Musielak/Voit/*Heinrich,* ZPO, 13. Aufl. 2016, § 3 Rn 2. **9** Natter/Gross/*Pfitzer/Augenschein,* ArbGG, 2. Aufl. 2013, § 12 Rn 70. **10** Natter/Gross/*Pfitzer/Augenschein,* ArbGG, 2. Aufl. 2013, § 12 Rn 62; *Natter,* NZA 2004, 686, 688. **11** *Schneider,* AnwBl 2007, 773 zur parallelen Thematik der Wertbemessung bei den Anwaltsgebühren. **12** Natter/Gross/*Pfitzer/Augenschein,* ArbGG, 2. Aufl. 2013, § 12 Rn 77; aA ThürLAG 5.3.2003 – 8 Ta 9/2003, juris; *Natter,* NZA 2004, 686, 688. **13** Natter/Gross/*Pfitzer/Augenschein,* ArbGG, 2. Aufl. 2013, § 12 Rn 79. **14** NZA 2013, 809–815.

In etwas geänderter Zusammensetzung, nun unter Beteiligung von Richterinnen und Richtern aus zehn LAG-Bezirken, wurde der Streitwertkatalog am **9.7.2014** in geringfügig **überarbeiteter Fassung** ("Streitwertkatalog 2014") herausgegeben und in NZA 2014, 745 ff veröffentlicht. Diese Fassung ist erneut überarbeitet worden; die derzeit aktuell vorliegende Fassung datiert vom **5.4.2016** ("**Streitwertkatalog 2016**"); abgedruckt → Rn 165.

Ausdrücklich wird darauf hingewiesen, dass es sich bei dem Streitwertkatalog um ein "Angebot auf dem Weg zu einer möglichst einheitlichen Wertrechtsprechung in Deutschland" handle, wobei dieser "jedoch **keine Verbindlichkeit**" beanspruche.[15]

Die Bundesrechtsanwaltskammer hat zu den beiden ersten Fassungen erhebliche Bedenken geäußert und insb. darauf hingewiesen, dass die Praxis dazu führen könne, dass dem Streitwertkatalog "faktische Wirkung"[16] zukäme.

Ob und, falls ja, in welchem Umfang sich die Landesarbeitsgerichte der Empfehlung anschließen werden, bleibt abzuwarten.[17] Das LAG Nürnberg[18] entschied, der Streitwertkatalog sei ein "Leitfaden, an dem sich die Streitwertfestsetzung regelmäßig orientieren kann und sollte". Das LAG Hamburg[19] betonte demgegenüber die Unverbindlichkeit des Streitwertkatalogs und sah (bei Nr. I.22.1.) sogar einen Widerspruch zu gesetzlichen Regelungen. Anwendung fand der Streitwertkatalog durch das LAG Sachsen-Anhalt[20] und das LAG Hessen.[21] Das LAG München[22] verfolgt eine eigenständige Streitwert-Rechtsprechung, ohne sich mit dem Streitwertkatalog auseinanderzusetzen. Das LAG Sachsen,[23] das LAG Köln[24] und das LAG Hamm[25] wandten ihn teils an, teils nicht.[26] Das LAG Baden-Württemberg dagegen folgte teils dem Streitwertkatalog nicht,[27] teils schon.[28] Das LAG Hamburg berücksichtigte den Streitwertkatalog wiederholt nicht,[29] erwähnte in einer Entscheidung dessen Existenz noch nicht einmal.[30] Auch das LAG Schleswig-Holstein[31] folgte dem Streitwertkatalog nicht; es wies zudem darauf hin, dass das Gericht stets eine Ermessensentscheidung zu treffen habe, weshalb der bloße Hinweis auf den Streitwertkatalog unzureichend sei.[32]

Hinweis: In dem nachfolgenden Streitwert-/Gegenstandswert-ABC (in Urteilsverfahren → Rn 57 ff; in Beschlussverfahren → Rn 125 ff) ist die jeweilige Empfehlung des Streitwertkatalogs, soweit er zum einschlägigen Stichwort eine solche enthält, jeweils am Ende des Stichworts dargestellt (ausgewiesen mit "SWK").

Der Streitwertkatalog – **überarbeitete Fassung 5. April 2016** – ist im Anschluss an das Streitwert-/Gegenstandswert-ABC abgedruckt (→ Rn 165).

13   **c) Verfahren der Wertfestsetzung. aa) Ausgangsverfahren (§ 63 Abs. 2 GKG).** Sachlich zuständig ist das Prozessgericht (§ 63 Abs. 2 S. 1 GKG), funktional der Vorsitzende, nicht die Kammer (§ 53 Abs. 1 S. 1 ArbGG).[33]

14   Die Entscheidung ergeht durch Beschluss, der zu begründen ist.[34] Vor diesem sind alle Beteiligten formlos zu hören.[35] In zeitlicher Hinsicht kann der Beschluss ergehen, sobald eine Entscheidung über den gesamten Streitgegenstand ergeht oder das Verfahren sich anderweitig erledigt (§ 63 Abs. 2 S. 1 GKG).[36]

15   Erforderlich ist ein Antrag eines Beteiligten (einer Partei) oder der Staatskasse, es sei denn, das Gericht hält die Festsetzung für **angemessen** (§ 63 Abs. 2 S. 2 GKG). Angemessenheit wird angenommen, wenn die Streitwertfestsetzung kompliziert oder komplex ist.[37]

16   Die **Antragsfrist** beträgt entsprechend § 63 Abs. 3 S. 2 GKG sechs Monate und beginnt mit Rechtskraft der Hauptsache oder der anderweitigen Erledigung des Verfahrens.[38]

17   Die Entscheidung wirkt **für und gegen alle Beteiligten** und ist auch für die Gebührenberechnung des Rechtsanwalts maßgeblich (sofern diese den Regeln des § 63 Abs. 2 GKG folgt; → Rn 31 ff).[39]

18   Bindend ist der Beschluss nur für die jeweilige Instanz.[40]

19   **bb) Rechtsmittel. Statthaft** gegen die Wertfestsetzung nach § 63 Abs. 2 GKG ist das Rechtsmittel der Beschwerde nach § 68 GKG.

---

15 NZA 2014, 745–749. **16** BRAK-Stellungnahme Nr. 20/2013 und Nr. 5/2016. **17** Krit. hierzu *Teubel*, jurisPR-ArbR 44/2013, Nr. 6. **18** LAG Nürnberg 21.6.2013 – 7 Ta 41/13. **19** LAG Hmb NZA-RR 2016, 210. **20** LAG LSA 26.8.2013 – 1 Ta 40/13. **21** HessLAG 16.8.2013 – 1 Ta 209/13; HessLAG BeckRS 2015, 70625. **22** LAG München 23.6.2015 – 3 Ta 170/15, juris. **23** SächsLAG 28.10.2013 – 4 Ta 172/13 (2); SächsLAG BeckRS 2015, 66577. **24** LAG Köln BeckRS 2015, 65692. **25** LAG Hamm BeckRS 2015, 65686. **26** LAG Hamm BeckRS 2014, 72577; LAG Köln BeckRS 2014, 74419; LAG Köln BeckRS 2015, 65282. **27** LAG BW 26.8.2013 – 5 Ta 94/13 und 8.1.2014 – 5 Ta 184/13. **28** LAG BW BeckRS 2015, 66465. **29** LAG Hmb NZA-RR 2016, 210; LAG Hmb BeckRS 2014, 70008. **30** LAG Hmb NZA-RR 2016, 159. **31** LAG SchlH BeckRS 2014, 66601. **32** LAG SchlH BeckRS 2014, 71227. **33** ErfK/*Koch*, ArbGG, § 12 Rn 10; *Meier/Becker*, Streitwerte im Arbeitsrecht, 3. Aufl. 2012, Rn 11. **34** ErfK/*Koch*, ArbGG, § 12 Rn 10. **35** ErfK/*Koch*, ArbGG, § 12 Rn 10. **36** AA *Meier/Becker*, Streitwerte im Arbeitsrecht, Rn 23 (in jedem Stadium des Verfahrens). **37** *Natter*, NZA 2004, 686, 688; *Meier/Becker*, Streitwerte im Arbeitsrecht, Rn 17. **38** *Meier/Becker*, Streitwerte im Arbeitsrecht, Rn 23. **39** *Natter*, NZA 2004, 686, 688; *Hartmann*, KostG, § 63 GKG Rn 33. **40** *Meier/Becker*, Streitwerte im Arbeitsrecht, Rn 37.

Gegenstand der Beschwerde ist idR der Wertfestsetzungsbeschluss. Wird durch einen Abhilfebeschluss auf   **20**
die Beschwer eines anderen Beteiligten hin der ursprüngliche Beschluss geändert, kann hiergegen die hierdurch beschwerte Partei Beschwerde einlegen.[41] Sie ist beim Ausgangsgericht (nicht beim Beschwerdegericht) einzulegen. Es ist ein konkreter Antrag zu stellen, zumindest aber muss erkennbar werden, in welche
Höhe die Abänderung begehrt wird.[42]

Die **Beschwerdefrist** beträgt **sechs Monate** und beginnt mit Rechtskraft der Hauptsache bzw anderweitiger   **21**
Erledigung des Verfahrens, im Fall der Bekanntgabe des Festsetzungsbeschlusses später als einen Monat vor
Ablauf dieser Frist binnen eines Monats nach Bekanntgabe (§§ 68 Abs. 1 S. 3, 63 Abs. 3 S. 2 GKG).

Gemäß § 9 Abs. 5 ArbGG ist der Wertfestsetzungsbeschluss entgegen der hM[43] mit einer **Rechtsmittelbeleh-**   **22**
rung zu versehen, anderenfalls kann der Beschluss binnen Jahresfrist angefochten werden.

Im Verfahren nach § 68 GKG gilt das Verbot der **reformatio in peius** (Verschlechterungsverbot) nicht (→   **23**
Rn 44), die Festsetzung kann auch zu Lasten des Beschwerdeführers geändert werden.

Die Zulässigkeit der Beschwerde verlangt das Vorliegen einer **Beschwer** des Beschwerdeführers.[44]   **24**

Die Beschwerde setzt das Vorliegen eines **Mindestbeschwerdewerts** von 200,01 € (§ 68 Abs. 1 S. 1 GKG)   **25**
oder die Zulassung wegen grundsätzlicher Bedeutung der zur Entscheidung stehenden Frage durch das Ausgangsgericht (§ 68 Abs. 1 S. 2 GKG) voraus. Der Beschwerdewert wird ermittelt durch die Differenz der
sich aufgrund der begehrten abweichenden Wertfestsetzung ergebenden Gebühren einschließlich Mehrwertsteuer zu denen, die sich aus der tatsächlich erfolgten Wertfestsetzung errechnen.

Das Ausgangsgericht hat im Rahmen der Abhilfemöglichkeit Zulässigkeit und Begründetheit der Beschwer-   **26**
de zu prüfen (§§ 68 Abs. 1 S. 5, 66 Abs. 3 S. 1 GKG).[45]

Im Rahmen der Begründetheit hat nach zutreffender Auffassung das Landesarbeitsgericht die Entscheidung   **27**
des Erstgerichts **vollumfänglich** zu prüfen.[46] Es ist **nicht** darauf beschränkt, die Ausgangsentscheidung **nur**
auf **Ermessensfehler** (Ermessensnichtgebrauch, Ermessensfehlgebrauch, Ermessensmissbrauch) zu prüfen,
ohne eine eigene Ermessensentscheidung zu treffen.[47]

Das Beschwerdegericht (Landesarbeitsgericht) entscheidet abschließend. Es entscheidet ohne ehrenamtliche   **28**
Richter (§§ 68 Abs. 2 S. 6, 66 Abs. 6 S. 3 GKG).

Eine **weitere Beschwerde** (vom LAG an das BAG) gibt es nicht (§§ 68 Abs. 1 S. 5, 66 Abs. 3 S. 3 GKG).   **29**

Das Verfahren über die Beschwerde ist **gebührenfrei**.[48] **Kosten** werden **nicht erstattet** (§ 68 Abs. 3 GKG).   **30**

3. Festsetzung des Gegenstandswerts für die Rechtsanwaltskosten nach § 32 RVG iVm § 63 GKG sowie   **31**
nach § 33 RVG. a) Abgrenzung. Die gesetzlichen Vorgaben lauten: Wird der für die Gerichtsgebühren
maßgebende Wert gerichtlich festgesetzt, gilt § 32 RVG. Berechnen sich die Gebühren nicht nach dem für
die Gerichtsgebühren maßgebenden Wert oder fehlt es an einem solchen, gilt § 33 RVG.

Die **Abgrenzung** der beiden Verfahren der Wertfestsetzung ist **umstritten.** Die Unterscheidung hat vor allem   **32**
Bedeutung für die Frage des jeweiligen Rechtsmittels, da diese sich teilweise erheblich unterscheiden, insb.
bei der Frist und der Frage der reformatio in peius, aber auch für die Frage der Kostenpflicht des Rechtsmittels (→ Rn 30, 41 ff, 44, 50 ff, 55 f). Dabei ist nicht entscheidend, in welchem Verfahren das Gericht den
Wert festsetzt hat, sondern welches Verfahren das zutreffende gewesen ist bzw wäre.[49]

Noch einhellig wird § 33 RVG als subsidiär gegenüber § 32 RVG angesehen.[50] Streitig ist aber die Abgren-   **33**
zung dahingehend, ob § 33 RVG nur dann gilt, wenn Verfahrensnormen für das Verfahren **generell** keine
gerichtliche Gebührenerhebung vorsehen oder schon dann, wenn im **konkreten** Fall – weil kein kostenaus-
lösender Tatbestand erfüllt ist – keine gerichtliche Gebührenerhebung erfolgt.

Nach der erstgenannten Ansicht gilt § 33 RVG in Urteilsverfahren nur in Prozesskostenhilfesachen sowie in   **34**
allen Beschlussverfahren.[51] Diese Ansicht nimmt auch für den Fall des Vergleichsschlusses, der zur vollständigen Erledigung des Verfahrens führt, die Geltung von § 32 RVG an, da es nicht an einem Wert für die

---

41 *Schwab/Maatje,* NZA 2011, 769, 772.   **42** LAG Hmb ArbuR 2010, 84 (zur vergleichbaren Thematik bei § 33 RVG).
43 BeckOK ArbGG/*Clemens,* § 9 Rn 9; Natter/Gross/*Pfitzer/Augenschein,* ArbGG, 2. Aufl. 2013, § 12 Rn 110.   **44** *Hartmann,*
KostG, § 68 GKG Rn 5.   **45** *Schwab/Maatje,* NZA 2011, 769, 771.   **46** LAG Hmb 30.6.2005 – 8 Ta 5/05, juris; LAG Nds
NZA 1985, 260; LAG RhPf LAGE § 12 ArbGG 1979 Streitwert Nr. 88; LAG Köln NZA-RR 2006, 434.   **47** So aber LAG
München ArbRB 2011, 176; LAG München 17.9.2010 – 10 Ta 592/09, juris; LAG München AGS 2010, 148 f; LAG Nürnberg
JurBüro 2011, 258 f; LAG Nürnberg AE 2010, 64 f; LAG Köln NZA-RR 2003, 555; LAG SchlH 17.2.1998 – 3 Ta 34, 98,
juris; LAG Berlin 21.5.1979 – 2 Ta 18/79, juris; LAG BW 28.9.2009 – 5 Ta 87/89, juris.   **48** *Schwab/Maatje,* NZA 2011, 769,
771; aA Erfk/*Koch,* ArbGG, § 12 Rn 11, jedoch unter unzutreffender Bezugnahme auf LAG Köln JurBüro 2010, 478 (die Entscheidung handelt von einer Beschwerde nach § 33 Abs. 3 RVG).   **49** LAG Hamm 30.6.2006 – 6 Ta 136/06, juris.   **50** LAG
Köln 25.9.2009 – 13 Ta 309/09, juris; LAG Hamm 30.6.2006 – 6 Ta 136/06, juris; LAG Düsseldorf 5.12.2006 – 6 Ta 583/06,
juris.   **51** LAG BW 4.4.2005 – 3 Ta 44/05, juris; LAG Nürnberg AE 2010, 64 f; LAG Düsseldorf 5.12.2006 – 6 Ta 583/06, juris;
LAG Hamm 30.6.2006 – 6 Ta 136/06, juris; LAG SchlH AnwBl 2002, 186.

Festsetzung fehle, sondern gem. Nr. 8210 Anm. Abs. 1 KV GKG nur Gebühren nicht erhoben werden.[52] Dies gelte auch beim Mehrvergleich.[53]

35   Nach der zweitgenannten Ansicht gilt § 33 RVG in allen Fällen, in denen es nicht zu einer gerichtlichen Gebührenerhebung kommt, also nicht nur in Beschlussverfahren und Prozesskostenhilfesachen in Urteils-verfahren, sondern immer dann, wenn im konkreten Fall keine Gebühr anfällt und daher auch kein Streit-wert festgesetzt wird, zB infolge Klagerücknahme,[54] eines das gesamte Verfahren erledigenden Vergleichs-schlusses[55] oder wenn sich die Werte für die Berechnung der Gerichts- und Rechtsanwaltskosten nicht de-cken, insb. beim Abschluss eines Mehrvergleichs.[56]

36   Beide Ansichten reklamieren letztlich den Gesetzeswortlaut für sich. Für den besonders praxisrelevanten Fall des **Mehrvergleichs** folge die Anwendung des § 33 RVG schon aus dessen Gebührenfreiheit (das ar-beitsgerichtliche Verfahren kennt keine dem Zivilverfahren entstammende, der Nr. 1900 KV GKG entspre-chende Regelung).[57] Hiergegen wird eingewandt, dass es sich gleichwohl um ein Verfahren handle, bei dem sich die Gebühren nach dem Streitwert richteten.[58]

37   Im Ergebnis überzeugt nur die zweitgenannte Ansicht. Denn: Die Gebührenbemessung im Verfahren nach § 32 RVG erfolgt schlicht durch Übernahme des Werts für die Bemessung der Gerichtskosten, § 32 Abs. 1 RVG. Dies führt aber immer dann zu Ungereimtheiten, wenn infolge ganz oder teilweiser Erledigung des Streitgegenstands Gerichtskosten nicht festzusetzen oder aus einem niedrigeren Wert zu bemessen sind, als er für die Rechtsanwaltsgebühren maßgeblich ist. Die erstgenannte Ansicht erzielt nur zutreffende Ergeb-nisse, in dem sie auch bei fehlender Notwendigkeit mangels Erhebung von Gerichtskosten gleichwohl eine (daher fiktive)[59] Wertfestsetzung vornimmt, bei während des Verfahrens sich ändernden Anträgen sogar eine Wertfestsetzung nach Zeitabschnitten.[60] Außerdem wäre unbillig, wenn bei einer Mandatsbeendigung der Rechtsanwalt wegen § 63 Abs. 2 S. 1 GKG erst auf den Verfahrensabschluss der Hauptsache warten müsste anstelle unmittelbar nach Mandatsbeendigung seine fällige (s. § 8 Abs. 1 S. 1 RVG) Vergütung an-hand eines gerichtlich festgesetzten Gegenstandswerts berechnen zu können (§ 33 Abs. 2 S. 1 RVG). Der Weg über § 32 RVG überzeugt daher nicht, § 33 RVG bringt die insgesamt klareren Lösungen.

Hinweis: Der Rechtsanwalt muss sich leider damit abfinden, dass die Abgrenzung dieser so folgenreichen Frage in der Praxis schlicht regional unterschiedlich nach dem jeweils maßgeblichen LAG-Bezirk erfolgt.

38   Bei der Auslegung des gestellten Antrags auf Streit- oder Gegenstandswertfestsetzung wird von der Rspr immerhin angenommen, dass der Rechtsanwalt „den nach der Sachlage richtigen Antrag stellen"[61] stellen wollte und damit den, den das jeweilige Landesarbeitsgericht für richtig hält.

39   **b) Festsetzung des Gegenstandswerts für die Rechtsanwaltskosten nach § 32 RVG iVm § 63 GKG. aa) Be-messungskriterien.** Die Wertbemessung gem. **§ 32 RVG iVm § 63 GKG** entspricht gem. § 32 Abs. 1 RVG dem für die Gerichtsgebühren maßgeblichen Wert (→ Rn 6 ff), der damit auch für die Berechnung der Rechtsanwaltsgebühren zugrunde zu legen ist.

40   **bb) Verfahren der Wertfestsetzung. (1) Ausgangsverfahren.** Das Verfahren richtet sich nach den zu § 63 GKG dargestellten Grundsätzen (→ Rn 13 ff), jedoch ist antragsberechtigt auch der **Rechtsanwalt im eige-nen Namen** (§ 32 Abs. 2 GKG).

41   **(2) Rechtsmittel.** Das Verfahren der **Beschwerde** richtet sich nach den zu § 68 GKG dargestellten Grund-sätzen (→ Rn 19 ff). Hervorzuheben ist ergänzend:

42   **Beschwerdeberechtigt** sind die jeweilige Partei und der diese vertretende Rechtsanwalt im eigenen Namen.[62] Die erforderliche **Beschwer** kann sich für die Partei nur aus einer zu hohen, für den Rechtsanwalt nur aus einer zu niedrigen Wertfestsetzung ergeben.[63] Eine Beschwerde „namens und im Auftrag" der Partei gegen die zu niedrige Wertfestsetzung ist daher unzulässig.[64] Eine ausdrücklich „namens und im Auftrag der Rechtsschutzversicherung" eingelegte Beschwerde ist mangels Beschwerdebefugnis derselben unstatthaft.[65]

43   Der erforderliche **Beschwerdewert** wird ermittelt durch die Differenz der sich aufgrund der begehrten ab-weichenden Wertfestsetzung ergebenden Gebühren einschließlich Mehrwertsteuer zu denen, die sich aus der tatsächlich erfolgten Wertfestsetzung errechnen. Bei Prozesskostenhilfegewährung gilt dies nur einge-schränkt. Ist Prozesskostenhilfe ohne Raten bewilligt worden, darf die Berechnung des Beschwerdewerts nur anhand der niedrigen Prozesskostenhilfegebühren vorgenommen werden; erfolgte die Bewilligung ge-

---

52 LAG Düsseldorf 5.12.2006 – 6 Ta 583/06, juris; LAG BW 4.4.2005 – 3 Ta 44/05, juris; ebenso noch unter Geltung der BRAGO LAG SchlH AnwBl 2002, 186; ThürLAG 5.3.2003 – 8 Ta 9/2003, juris. **53** LAG Düsseldorf 5.12.2006 – 6 Ta 583/06, juris; LAG Nürnberg AE 2010, 64 f. **54** LAG RhPf 4.6.2012 – 1 Ta 104/12, juris. **55** LAG München AGS 2010, 148 f; LAG SchlH 15.12.2011 – 6 Ta 198/11; LAG RhPf 4.6.2012 – 1 Ta 104/12, juris. **56** LAG BW BeckRS 2016, 65268; LAG Köln 25.9.2009 – 13 Ta 302/09, juris. **57** LAG Köln 25.9.2009 – 13 Ta 302/09, juris. **58** LAG BW 21.2.2006, 3 Ta 23/06, juris. **59** ThürLAG 5.3.2003 – 8 Ta 9/2003, juris. **60** ThürLAG 5.3.2003 – 8 Ta 9/2003, juris. **61** LAG RhPf 18.2.2005 – 10 Ta 39/05, juris. **62** *Schwab/Maatje*, NZA 2011, 769, 772. **63** *Schwab/Maatje*, NZA 2011, 769, 772. **64** *Schwab/Maatje*, NZA 2011, 769, 772. **65** LAG München AGS 2010, 148 f.

gen Raten, so sind wegen des Anspruchs auf die weitere Vergütung nach § 50 RVG die Regelgebühren maßgeblich.[66]

Das Verbot der **reformatio in peius** (Verschlechterungsverbot) gilt hier (→ Rn 23) – anders als bei § 33 RVG   **44** (→ Rn 55) – nicht.[67]

c) Festsetzung des Gegenstandswerts für die Rechtsanwaltsgebühren nach § 33 GKG. aa) Bemessungskrite-   **45** **rien.** Die Bemessung der Gebühr erfolgt gem. **§ 23 Abs. 3 RVG.** Bei dessen Anwendung ist zwischen vermögensrechtlichen und nichtvermögensrechtlichen Streitgegenständen zu differenzieren. Zur Abgrenzung wird zunächst auf die Erl. in → Rn 7 ff verwiesen.

Bei **vermögensrechtlichen** Streitigkeiten ist zunächst zu prüfen, ob der Wert „sonst" feststeht (die Verwei-   **46** sung auf die Vorschriften des GNotKG ist nicht von Relevanz).[68] Dies ist bei in Geld bezifferten Anträgen der Fall. Anderenfalls ist der Wert nach billigem Ermessen zu bestimmen. Fehlen Anhaltspunkte hierfür, ist als Hilfswert der Betrag von 5.000 € heranzuziehen.

Bei **nichtvermögensrechtlichen** Streitigkeiten ist grds. von dem Ausgangs- oder Anknüpfungswert[69] von   **47** 5.000 € auszugehen, nach Lage des Falls niedriger oder höher, nicht jedoch höher als 500.000 €. In Beschlussverfahren ist idR vom Vorliegen einer nichtvermögensrechtlichen Angelegenheit auszugehen, da es dem Betriebsrat – auch wenn es im Ergebnis um finanzielle Aspekte gehen mag – bei der Ausübung von Mitbestimmungsrechten um ideelle Interessen geht.[70]

bb) Verfahren der Wertfestsetzung. (1) Ausgangsverfahren (§ 33 Abs. 1, 2, 7–9 S. 1 RVG). Antragsberech-   **48** **tigt** sind gem. § 33 Abs. 2 S. 2 RVG der Rechtsanwalt, sein Auftraggeber, ein erstattungspflichtiger Gegner und in den Fällen des § 45 RVG (Vergütung bei Prozesskostenhilfe) die Staatskasse. Eine **Antragsfrist** kennt das Gesetz – anders als bei § 63 Abs. 3 S. 2 GKG (s. 16) – **nicht,** allerdings gelten die allgemeinen Grundsätze über die Verwirkung.[71] Sachlich **zuständig** ist das Gericht der Instanz des jeweiligen Rechtsstreits, funktional zuständig ist der Vorsitzende alleine (§ 53 Abs. 1 S. 1 ArbGG).

Die Entscheidung erfolgt durch Beschluss (§ 33 Abs. 1 RVG), vor dessen Erlass diejenigen, die hierdurch   **49** betroffen sind, angehört werden müssen. Der Beschluss ist zu begründen.[72] Der Beschluss **wirkt nur für und gegen den jeweiligen Rechtsanwalt und die von ihm vertretene Partei,**[73] nicht dagegen für und gegen die Gegenpartei bzw deren Rechtsanwalt. Im Beschlussverfahren wirkt die Entscheidung auch für und gegen den Arbeitgeber, da dieser zu Kostentragung verpflichtet ist.[74]

(2) Rechtsmittel (§ 33 Abs. 3–8, 9 S. 2 RVG). Die **Beschwerde nach § 33 Abs. 3 S. 1 RVG** ist statthaft gegen   **50** einen Beschluss nach § 33 Abs. 1 RVG. Sie ist schriftlich oder zur Niederschrift beim Ausgangsgericht zu erheben (§ 33 Abs. 7 RVG). Es ist ein konkreter Antrag zu stellen, zumindest aber muss erkennbar werden, in welcher Höhe die Abänderung begehrt wird.[75] Die **Beschwerdefrist** beträgt zwei Wochen und beginnt mit Zustellung der Entscheidung (§ 33 Abs. 3 S. 3 RVG). Gemäß § 9 Abs. 5 ArbGG ist der Wertfestsetzungsbeschluss mit einer **Rechtsmittelbelehrung** zu versehen, anderenfalls kann der Beschluss binnen Jahresfrist[76] angefochten werden.

Es bedarf der **Beschwer.** Dies ist möglich sowohl bei dem Rechtsanwalt als auch seinem Auftraggeber. Im   **51** Beschlussverfahren ist außer dem Rechtsanwalt nur der Arbeitgeber beschwerdeberechtigt, nicht aber der Betriebsrat, da Letzterer nicht für die Anwaltskosten aufkommen muss.[77]

Der erforderliche **Beschwerdewert** beträgt 200,01 €, wenn nicht die Beschwerde durch das Ausgangsgericht   **52** wegen grundsätzlicher Bedeutung der Rechtssache zugelassen worden ist (§ 33 Abs. 3 S. 1 RVG).

Das Ausgangsgericht hat im Rahmen der Abhilfemöglichkeit Zulässigkeit und Begründetheit der Beschwer-   **53** de zu prüfen (§ 33 Abs. 4 S. 1 RVG).[78] Es ist dabei **nicht auf Ermessensfehler beschränkt,** sondern prüft die Wertfestsetzung ihrem ganzen Umfang nach (→ Rn 27).

Das Beschwerdegericht (Landesarbeitsgericht) entscheidet abschließend. Es entscheidet ohne ehrenamtliche   **54** Richter (§ 33 Abs. 8 S. 3 RVG).

Es gilt das **Verbot der reformatio in peius,** dh die erstinstanzliche Entscheidung darf nicht zu Lasten des   **55** Beschwerdeführers geändert werden.[79] Dies folgt aus dem allgemeinen prozessualen Grundsatz – wie er in § 528 S. 2 ZPO seinen Ausdruck findet –, dass ein Rechtsmittelführer in der Beschwerdeentscheidung nicht

---

66 *Schwab/Maatje*, NZA 2011, 769, 772 f.   **67** LAG BW 4.4.2005 – 3 Ta 44/05, juris; LAG Hamm 30.6.2006 – 6 Ta 136/06, juris; LAG Düsseldorf 5.12.2006 – 6 Ta 583/06, juris.   **68** Natter/Gross/*Pfitzer/Augenschein*, ArbGG, 2. Aufl. 2013, § 12 Rn 107.   **69** BAG 7.10.2001 – 7 ABR 42/99, juris.   **70** Natter/Gross/*Pfitzer/Augenschein*, ArbGG, 2. Aufl. 2013, § 12 Rn 108. **71** BVerwG 20.10.2005 – 8 B 81/04, juris.   **72** *Meier/Becker*, Streitwerte im Arbeitsrecht, Rn 31.   **73** *Natter*, NZA 2004, 686, 689; *Meier/Becker*, Streitwerte im Arbeitsrecht, Rn 31.   **74** LAG München DB 1983, 2044.   **75** LAG Hmb ArbuR 2010, 84. **76** LAG RhPf 4.6.2012 – 1 Ta 104/12, juris.   **77** *Schwab/Maatje*, NZA 2011, 769, 772.   **78** *Schwab/Maatje*, NZA 2011, 769, 771.   **79** LAG Hmb 30.6.2005 – 8 Ta 5/05, juris; LAG München JurBüro 1987, 858; LAG Köln 25.9.2009 – 13 Ta 302/09, juris.

schlechter gestellt werden darf als in der Ausgangsentscheidung, wenn nichts Abweichendes geregelt ist. Eine solche Ausnahme regelt § 63 Abs. 3 S. 1 GKG: Eine Abänderung ist nach § 63 Abs. 3 S. 1 GKG – auch von Amts wegen – nach unten wie nach oben zulässig. Eine vergleichbare Regelung findet sich in § 33 RVG nicht. Eine entsprechende Anwendung kommt mangels Vergleichbarkeit der Fallgestaltungen nicht in Betracht.[80]

56   Die erfolglose Beschwerde ist (anders als die nach § 68 GKG) **kostenpflichtig**, wie sich aus der unterschiedlichen Fassung von § 68 Abs. 8 S. 1 GKG einerseits und § 33 Abs. 9 RVG („über den Antrag") andererseits ergibt.[81] Die Gebühr beträgt 50 € (Nr. 8614 KV GKG).[82] Im Beschlussverfahren ist zu Lasten des Arbeitgebers wegen des Rechtsgedankens des § 2 a ArbGG iVm § 2 Abs. 2 GKG keine Gebühr zu erheben.[83] **Kosten** werden **nicht erstattet** (§ 33 Abs. 9 S. 2 RVG).

II. Streitwert-ABC in Urteilsverfahren

Hinweis: Zur Anwendbarkeit und Bedeutung des „**Streitwertkatalogs für die Arbeitsgerichtsbarkeit**" in der Praxis siehe die Ausführungen in → Rn 12. In der nachfolgenden alphabetischen Aufstellung ist die jeweilige Empfehlung des **Streitwertkatalogs – überarbeitete Fassung 5. April 2016** [im Folgenden „SWK"] –, soweit er zum einschlägigen Stichwort eine solche enthält, jeweils am Ende des Stichworts angeführt.

57   **Abfindung**
–   Abfindung **im Zusammenhang** mit einer Bestandsschutzklage (Kündigungsschutzklage gem. § 4 KSchG, Entfristungsklage gem. § 17 TzBfG, allgemeine Feststellungsklage gem. § 256 ZPO) erhöht den Streitwert nicht (vgl § 42 Abs. 2 S. 1 Hs 2 GKG);[84]
–   auch der **Auflösungsantrag** gem. §§ 9, 10 KSchG wird nicht gesondert bewertet;[85]
–   aber: wenn Berufung nur wegen der Höhe der Abfindung eingelegt wird, so ist
    –   der streitige Betrag maßgeblich, der jedoch wiederum der Deckelung des § 42 Abs. 2 GKG unterliegt[86]
    –   2/3 des Werts des Feststellungsantrags erster Instanz zugrunde zu legen;[87]
–   Abfindung **unabhängig** von einer Bestandsschutzklage (zB Sozialplan gem. § 112 Abs. 1 S. 2, 3 BetrVG[88] oder Nachteilsausgleich gem. § 113 BetrVG)[89] ist in Höhe des Nennbetrags der begehrten Abfindung zu bewerten, ebenso bei Klage auf Zahlung einer in einem Aufhebungsvertrag vereinbarten Abfindung.[90]
–   Die Vereinbarung einer Abfindungszahlung als solche ist nicht streitwerterhöhend. Ein Auflösungsantrag ist im Hinblick auf § 42 Abs. 2 S. 1 Hs 2 GKG nicht zu bewerten; dies gilt auch, wenn in einem solchen Fall eine Auflösung in einem Vergleich vereinbart wird (→ SWK I. Nr. 1 Abs. 3 Hs 1).[91] Beim Nachteilsausgleich (§ 113 BetrVG) ist der Zahlungsbetrag zu bewerten (→ SWK I. Nr. 1 Abs. 3 Hs 2).[92]

58   **Abgeltungsklausel.** Siehe „Vergleich, Mehrvergleich" (→ Rn 110).

59   **Abmahnung, eine**
–   Klage auf Entfernung einer Abmahnung aus der Personalakte:
    –   ein Bruttomonatsgehalt[93]
    –   1/2 Bruttomonatsgehalt[94]
    –   2 Bruttomonatsgehälter[95]
–   Klage auf Widerruf einer Abmahnung neben Entfernungsklage:
    –   2 Bruttomonatsgehälter[96]
    –   der zweite Antrag ist mit 1/2 Monatsgehalt zu bewerten[97]
    –   insgesamt nur 1 Bruttomonatsgehalt.[98]
–   Eine Abmahnung wird – unabhängig von der Anzahl und der Art der Vorwürfe – mit 1 Monatsvergütung bewertet (→ SWK I. Nr. 2.1).[99]

---

80 LAG Hmb 30.6.2005 – 8 Ta 5/05, juris; LAG Köln 25.9.2009 – 13 Ta 302/09, juris. **81** LAG Hmb 30.6.2005 – 8 Ta 5/05, juris; LAG Köln JurBüro 2010, 478 f. **82** LAG Hamm 2.7.2012 – 13 Ta 234/12, juris. **83** LAG RhPf 5.10.2011 – 1 Ta 182/11, juris. **84** LAG Nürnberg NZA-RR 2006, 44; LAG BW 14.5.2012 – 5 Ta 52/12, juris. **85** LAG München NZA-RR 2002, 493; LAG Nürnberg NZA-RR 2006, 44; LAG BW LAGE § 9 KSchG Nr. 37; LAG Hmb 1.4.2011 – 5 Ta 8/11, juris; LAG Hmb LAGE § 12 ArbGG 1979 Streitwert Nr. 130; SächsLAG 9.6.2005 – 4 Ta 390/04, juris; aA LAG Berlin MDR 2000, 526 (1 Bruttomonatsgehalt); LAG Saarl 4.9.1997 – 2 Sa 107/05, juris (die Hälfte des Werts des Kündigungsschutzantrags). **86** Natter/Gross/*Pfitzer/Augenschein*, ArbGG, 2. Aufl. 2013, § 12 Rn 87. **87** LAG Hamm NZA 1990, 328 (Ls.). **88** LAG München AE 2007, 276; LAG Köln NZA-RR 2008, 380; LAG BW 14.5.2012 – 5 Ta 52/12, juris; LAG SchlH 26.10.2009 – 5 Ta 176/09, juris. **89** LAG Düsseldorf 8.5.2007 – 6 Ta 99/07, juris. **90** LAG RhPf NZA-RR 2015, 440. **91** Zum Streitwertkatalog s. Rn 165. **92** Zum Streitwertkatalog s. Rn 165. **93** LAG Frankfurt/Main NZA-RR 2000, 438; LAG Hmb LAGE § 12 ArbGG 1979 Streitwert Nr. 94; LAG Köln LAGE BRAGO § 8 Nr. 56; LAG Nürnberg NZA 1993, 430; LAG SchlH LAGE § 12 ArbGG 1979 Streitwert Nr. 103. **94** LAG SchlH NZA-RR 2001, 496. **95** LAG Düsseldorf JurBüro 1989, 954. **96** ArbG Düsseldorf AnwBl 1998, 111. **97** LAG SchlH NZA-RR 2001, 496. **98** LAG München 8.11.2006 – 11 Ta 340/06, juris; LAG SchlH NZA-RR 2001, 496. **99** Zum Streitwertkatalog s. Rn 165.

Abmahnung, mehrere   60

– jede Abmahnung ist mit einem Bruttomonatsgehalt zu bewerten;[100]
– die erste mit einem, die weiteren mit je einem Drittel Monatsgehalt;[101]
– bei Abmahnungen in engem zeitlichem Zusammenhang[102] sind die ersten beiden mit je einem, die weiteren mit je 1/3 Monatsgehalt zu bewerten;[103]
– bei Abmahnungen in engem zeitlichem Zusammenhang ist die erste mit einem, die weiteren sind gar nicht gesondert zu bewerten;[104]
– insgesamt mit höchstens 2/3 des Vierteljahresverdienstes iSv § 42 Abs. 2 GKG;[105]
– maximal Vierteljahresentgelt (→ SWK I. Nr. 2.2).[106]

Abrechnung, Klage auf Erteilung einer   61

– 10 % der begehrten Vergütung;[107]
– reine Abrechnung, ggf auch kumulativ mit einer Vergütungsklage: 5 % der Vergütung für den geltend gemachten Abrechnungszeitraum (→ SWK I. Nr. 3).[108]

Altersteilzeit   62

– Beginn der Freistellungsphase: 36fache Monatsdifferenz (§ 42 Abs. 1 GKG), gedeckelt auf den (vollen) Vierteljahresverdienst (entsprechend § 42 Abs. 2 GKG);[109]
– Verpflichtung zum Abschluss: 36fache Monatsdifferenz (§ 42 Abs. 1 GKG), gedeckelt auf den (vollen) Vierteljahresverdienst (entsprechend § 42 Abs. 2 GKG);[110]
– 36fache Monatsdifferenz, max. die Vergütung für ein Vierteljahr (→ SWK I. Nr. 5).[111]

Änderungskündigung   63

– **Nimmt** der Arbeitnehmer die Änderung der Arbeitsbedingungen **nicht unter Vorbehalt iSv § 2 KSchG an**, handelt es sich wirtschaftlich um einen Rechtsstreit, in dem die Beendigung des Arbeitsverhältnisses im Streit steht. In diesem Fall gelten die Ausführungen zur Kündigungsschutzklage (→ Rn 100 ff).[112] Daran ändert der Prüfungsmaßstab des Gerichts[113] nichts.
– **Nimmt** der Arbeitnehmer die Änderung der Arbeitsbedingungen **unter dem Vorbehalt iSv § 2 KSchG an**,

–   ist bei Änderungen **mit Auswirkung auf die Vergütung** auf deren 36fache Monatsdifferenz (§ 42 Abs. 1 GKG),[114] gedeckelt[115] auf den (vollen) Vierteljahresverdienst (entsprechend § 42 Abs. 2 GKG), abzustellen.
–   ist bei Änderungen **ohne Vergütungsauswirkungen** (zB Arbeitsort, Arbeitsinhalte) gem. § 48 Abs. 1 GKG iVm § 3 ZPO der Wert des Arbeitnehmers am Erhalt der bestehenden Arbeitsbedingungen zu schätzen, wobei regelmäßig von einem Bruttomonatsgehalt auszugehen ist.[116]
–   nach Streitwertkatalog (→ SWK I. Nr. 4)

–   1 Monatsvergütung bis zu einem Vierteljahresentgelt je nach dem Grad der Vertragsänderung (→ SWK I. Nr. 4.1)
–   Bei Änderungskündigungen mit Vergütungsänderung oder sonstigen messbaren wirtschaftlichen Nachteilen: 3-fache Jahresdifferenz, mindestens 1 Monatsvergütung, höchstens die Vergütung für ein Vierteljahr (→ SWK I. Nr. 4.2).

Anfechtung. Siehe „Arbeitsvertrag, Anfechtung" (→ Rn 67); siehe „Aufhebungsvertrag" (→ Rn 69).   64

Annahmeverzug. Siehe „Vergütung" (→ Rn 111) bzw „Zahlungsklage" (→ Rn 120).   65

– Wird mit einem Kündigungsschutzverfahren kumulativ – auch in getrennten Verfahren – Annahmeverzugsvergütung geltend gemacht, bei der die Vergütung ausschließlich vom Fortbestand des Arbeitsverhältnisses aufgrund der streitgegenständlichen Kündigung abhängt, so besteht für die ersten 3 Monate nach dem Beendigungszeitpunkt eine wirtschaftliche Identität zwischen Kündigungsschutzverfahren

---

100 LAG Hmb LAGE § 12 ArbGG 1979 Streitwert Nr. 94; LAG Nürnberg NZA 1993, 430; HessLAG NZA-RR 2000, 438; LAG Köln LAGE § 8 BRAGO Nr. 56; LAG Berlin MDR 2003, 1021. **101** LAG RhPf 8.12.2011 – 1 Ta 250/11, juris. **102** Innerhalb sechs Monate, HessLAG NZA RR 2000, 438; innerhalb drei Monate, LAG Düsseldorf NZA-RR 1996, 391 (Ls.). **103** LAG Köln LAGE BRAGO § 8 Nr. 56. **104** LAG RhPf 8.12.2011 – 1 Ta 250/11, juris. **105** LAG München 8.1.2010 – 10 Ta 349/08, juris; LAG Hamm NZA-RR 2007, 349. **106** Zum Streitwertkatalog s. Rn 165. **107** LAG Köln 21.1.2002 – 5 Ta 22/02, juris. **108** Zum Streitwertkatalog s. Rn 165. **109** LAG Köln 25.7.2003 – 6 Ta 183/03, juris. **110** LAG Köln AGS 2009, 291; LAG Berlin 26.9.2005 – 17 Ta (Kost) 6059/05, juris. **111** Zum Streitwertkatalog s. Rn 165. **112** LAG München LAGE § 12 ArbGG 1979 Streitwert Nr. 26. **113** Prüfungsmaßstab ist auch hier die soziale Rechtfertigung der Änderung der Arbeitsbedingungen (nicht der Beendigungskündigung), s. BAG AP KSchG 1919 § 2 Nr. 81. **114** BAG DB 1989, 1880; LAG München LAGE § 12 ArbGG 1979 Streitwert Nr. 26; aA LAG SchlH 18.1.1994 – 6 Ta 132/93, juris (dreimonatige Vergütungsdifferenz, aber Berücksichtigung immaterieller Interessen – Prestige, Rehabilitation – möglich). **115** BAG NZA 1989, 1880; LAG München LAGE § 12 ArbGG 1979 Streitwert Nr. 26; LAG BW NZA-RR 2010, 47; LAG Köln NZA-RR 2006, 47. **116** HessLAG JurBüro 1999, 475.

und Annahmeverzug. Dieser Zeitraum wird nur einmal bewertet. Der höhere Wert ist maßgeblich. (→ SWK I. Nr. 6)[117]

66 **Arbeitspapiere** (zB Bescheinigung nach § 312 SGB III, Lohnsteuerkarte, Kopie der elektronischen Lohnsteuerbescheinigung, Abrechnung)
   – Herausgabe:[118] pro Papier 250 €,[119] 300 €,[120] 100–500 € je nach Papier;[121]
   – Handelt es sich hierbei nur um reine Bescheinigungen, zB hinsichtlich sozialversicherungsrechtlicher Vorgänge, Urlaub oder Lohnsteuer: pro Arbeitspapier 10 % einer Monatsvergütung (→ SWK I. Nr. 7.1).[122]
   – siehe auch „Zeugnis" (→ Rn 121–123).

67 **Arbeitsvertrag, Anfechtung**
   – Vierteljahresbezug (§ 42 Abs. 2 S. 1 GKG);[123]
   – wie Kündigungsschutzklage (→ SWK I. Nr. 11).[124]

68 **Arbeitsvertrag, Streit um Anspruch auf Begründung**
   – Bewertung wie Kündigungsschutzklage[125] (→ Rn 100 ff), dh Vierteljahresvergütung ohne Abschläge.[126]

69 **Aufhebungsvertrag**
   – Abschluss: Vierteljahresentgelt[127] (zur Berechnung → Rn 100);
   – Anfechtung: Vierteljahresentgelt[128] (zur Berechnung → Rn 100);
   – wie Kündigungsschutzklage (→ SWK I. Nr. 11).[129]

70 **Auflösungsantrag** (§§ 9, 10 KSchG). Siehe „Abfindung" (→ Rn 57).

71 **Ausgleichsklausel.** Siehe „Vergleich, Mehrvergleich" (→ Rn 110).

72 **Auskunftsklage**, einschließlich Herausgabe von Belegen
   – wirtschaftliche Interessenlage der Parteien, Bedeutung, Umfang und Schwierigkeit der Sache sowie Berührung finanzieller Ansprüche durch das Verfahren;[130] Abschlag gegenüber der durch die Auskunft vorbereiteten Leistungsklage (Bewertung mit 1/10–1/2 des Werts der – hypothetischen – Leistungsklage).[131]
   – für leistungsabhängige Vergütung (zB Provision oder Bonus) (→ SWK I. Nr. 10[132]):
      – 10–50 % der zu erwartenden Vergütung, je nach Bedeutung für den Arbeitnehmer im Einzelfall, orientiert am wirtschaftlichen Interesse zur Erlangung der begehrten Leistung;
      – Eidesstattliche Versicherung: 10 % der Vergütung;
      – Zahlung: volle Vergütung.

73 **Aussetzung des Verfahrens**
   – bei § 148 ZPO: 20 % des Streitwerts der Hauptsache;[133]
   – bei § 97 Abs. 5 ArbGG: 1/3 des Streitwerts der Hauptsache.[134]

74 **Befristung.** Siehe „Entfristungsklage" (→ Rn 87).

75 **Behördliche Zustimmung zur Kündigung.** Siehe „Zustimmungsantrag zur Kündigung, Integrationsamt" (→ Rn 124).

76 **Berufsausbildungsverhältnis, Bestand**
   – wie Arbeitsverhältnis[135] (→ Rn 100 ff).

77 **Beschäftigungsanspruch, allgemeiner B. während des Arbeitsverhältnisses**
   – 1 Bruttomonatsgehalt,[136] wenn nicht ein besonderes Interesse an der Beschäftigung besteht;[137]
   – 2 Bruttomonatsgehälter;[138]
   – 1 Monatsvergütung (→ SWK I. Nr. 12).[139]

78 **Beschäftigungsanspruch, allgemeiner Weiterbeschäftigungsanspruch nach Ablauf der Kündigungsfrist und Weiterbeschäftigungsanspruch nach § 102 Abs. 5 BetrVG.** Siehe „Weiterbeschäftigung" (→ Rn 116).

---

117 Zum Streitwertkatalog s. Rn 165. 118 Hinweis: Für den Berichtigungsantrag der Arbeitspapiere ist nicht der Rechtsweg zur Arbeitsgerichtsbarkeit, sondern zur Sozial- bzw Finanzgerichtsbarkeit eröffnet, vgl BAG NZA 2005, 1429 bzw NZA 2003, 877. 119 SächsLAG MDR 2001, 960. 120 LAG RhPf 29.1.2007 – 1 Ta 11/07, juris. 121 HessLAG NZA-RR 2003, 660. 122 Zum Streitwertkatalog s. Rn 165. 123 *Vienken*, in: Hümmerich/Lücke/Mauer, Formularbuch Arbeitsrecht, 8. Aufl., Kap. 8 Rn 195. 124 Zum Streitwertkatalog s. Rn 165. 125 LAG SchlH 13.7.2001 – 3 Sa 60/01, juris. 126 AA LAG SchlH 13.7.2001 – 3 Sa 60/01, juris (1 Monatsgehalt). 127 BAG NZA 2000, 1246. 128 ArbG Hannover NZA-RR 2002, 582–584. 129 Zum Streitwertkatalog s. Rn 165. 130 LAG RhPf NZA-RR 2008, 324 (Ls.): dort 8.000 € für Belege und 2.000 € für Auskunft. 131 LAG RhPf 1.3.2010 – 1 Ta 29/10, juris. 132 Zum Streitwertkatalog s. Rn 165. 133 LAG Nürnberg NZA-RR 2003, 602; SächsLAG AE 2009, 291. 134 LAG Nds 16.3.2007 – 3 Ta 76/07, juris. 135 BAG AP Nr. 7 zu § 12 ArbGG 1979. 136 LAG München AE 2010, 62. 137 LAG Berlin MDR 2004, 598. 138 LAG Köln 24.5.2004 – 2 Ta 194/04, juris. 139 Zum Streitwertkatalog s. Rn 165.

Betriebliche Altersversorgung. Siehe „Wiederkehrende Leistungen" (→ Rn 119).   79

Betriebsübergang   80

– Bewertung grundsätzlich wie Kündigung (→ Rn 100 ff);
– subjektive Klagehäufung durch Bestandsschutzklage gegen alten Betriebsinhaber und Betriebserwerber: zwei Streitgegenstände;[140]
– grundsätzlich wie Kündigungsschutzklage, keine Erhöhung nur wegen subjektiver Klagehäufung (→ SWK I. Nr. 13).[141]

Dienstwagen, Anspruch des Arbeitnehmers auf Zurverfügungstellung   81

– Höhe der ersparten eigenen Aufwendungen des Arbeitnehmers durch die Überlassung[142]

Dienstwagen, Herausgabeanspruch des Arbeitgebers   82

– Fahrzeugwert[143]

Direktionsrecht   83

– 1 Bruttomonatsgehalt;[144]
– 2 Bruttomonatsgehälter, wenn das Direktionsrecht durch Sondervorschriften (zB § 81 Abs. 4 SGB IX) eingeschränkt ist;[145]
– siehe auch „Versetzung" (→ Rn 113).
– In der Regel 1 Monatsvergütung (→ SWK I. Nr. 14).[146]

Eingruppierung   84

– Wert des dreijährigen Unterschiedsbetrags zur begehrten Vergütung, sofern nicht der Gesamtbetrag der geforderten Leistung geringer ist (§ 42 Abs. 3 S. 2 GKG), auch wenn im Wege der Feststellungsklage geltend gemacht.[147]

Einstweiliger Rechtsschutz   85

– 1/3 des Werts der Hauptsache bis zu deren vollem Wert, je nachdem, inwieweit die Hauptsache praktisch mit erledigt wird.[148]
– Bei Vorwegnahme der Hauptsache: 100 % des allgemeinen Werts (→ SWK I. Nr. 16.1).[149]
– Einstweilige Regelung: Je nach Einzelfall, idR Abschlag bis zu 50 % des Hauptsachestreitwerts (→ SWK I. Nr. 16.2).[150]

Elternzeit, Verlängerung oder Verkürzung   86

– 1 Monatsgehalt[151]

Entfristungsklage   87

– Vierteljahresentgelt des § 42 Abs. 3 GKG[152] (zur Berechnung → Rn 100);
– kein Abschlag bei kurzdauernden Arbeitsverhältnissen;[153]
– wie Kündigungsschutzklage (→ SWK I. Nr. 19).[154]

Feststellungsklage, allgemeine. Siehe „Kündigungsschutzklage, allgemeiner Feststellungsantrag („Schleppnetzantrag")" (→ Rn 102).   88

Feststellungsklage, allgemeine (Beendigung durch Aufhebungsvertrag)   89

– Es gelten dieselben Grundsätze wie bei einer Kündigungsschutzklage.[155]

Feststellungsklage, negative   90

– kein Abschlag gegenüber der Leistungsklage[156]

Freistellung, Vereinbarung in einem Vergleich. Siehe „Vergleich, Mehrvergleich" (→ Rn 110).   91

Handelsvertreter   92

– Bestandsstreit mit geringverdienendem Handelsvertreter iSv § 5 Abs. 3 ArbGG: § 42 Abs. 3 GKG anwendbar;[157]
– Bestandsstreit bei streitiger Arbeitnehmereigenschaft: § 42 Abs. 3 GKG anwendbar.[158]

---

140 LAG Köln ARST 1994, 57 (Ls.); LAG Berlin AR-Blattei ES 160.13 Nr. 258.   **141** Zum Streitwertkatalog s. Rn 165. **142** LAG Köln MDR 1994, 843.   **143** LAG Düsseldorf 6.3.2003 – 17 Ta 42/03, juris.   **144** LAG RhPf 8.12.2011 – 1 Ta 231/11, juris; LAG BW 28.9.2009 – 5 Ta 87/09, juris; LAG SchlH 23.9.2009 – 5 Ta 157/09, juris; LAG Nürnberg ARST 1995, 142 (Ls.).   **145** LAG RhPf 8.12.2011 – 1 Ta 231/11, juris.   **146** Zum Streitwertkatalog s. Rn 165.   **147** Im öffentlichen Dienst: LAG Berlin 16.9.2002 – 17 Ta (Kost) 6093/02, juris; in der Privatwirtschaft: LAG Düsseldorf LAGE § 42 GKG Nr. 8.   **148** *Mayer*, in: Mayer/Kroiß, RVG, Anh I Rn 16.   **149** Zum Streitwertkatalog s. Rn 165.   **150** Zum Streitwertkatalog s. Rn 165.   **151** ArbG Frankfurt/Main 22.4.2010 – 20 Ga 78/10 (allerdings für den Urteilsstreitwert).   **152** LAG Köln 6.1.2010 – 8 Ta 210/09, juris. **153** SächsLAG ArbRB 2011, 271.   **154** Zum Streitwertkatalog s. Rn 165.   **155** Natter/Gross/*Pfitzer/Augenschein*, ArbGG, 2. Aufl. 2013, § 12 Rn 72.   **156** LAG München NZA-RR 2007, 382.   **157** LAG Nürnberg NZA-RR 2001, 53 f.   **158** LAG Nürnberg NZA-RR 2001, 53 f.

93 Herausgabeanspruch, allgemein

– Gemäß § 48 Abs. 1 GKG, § 6 ZPO ist der Wert der Sache (Verkehrswert) nur maßgeblich, wenn es auf deren Besitz ankommt. Dies ist der Fall bei Klagen auf Herausgabe von Gegenständen um ihrer selbst willen (zB Dienstwagen).[159] Sonst gilt § 3 ZPO (zB bei Schlüssel Wert der gesamten Schließanlage).[160]

94 Hilfsantrag

– **Echter** Hilfsantrag (Antrag, der für den Fall des Unterliegens im Hauptantrag gestellt wird) ist nur zu berücksichtigen, wenn über ihn entschieden wird (§ 45 Abs. 1. S. 2 GKG) oder die Sache durch Vergleich erledigt wird (§ 45 Abs. 4 GKG).
– **Unechte** Hilfsanträge (zB Annahmeverzugslohn für den Fall des Obsiegens mit dem Kündigungsschutzantrag; Weiterbeschäftigungsantrag für den Fall des Obsiegens mit der Kündigungsschutzklage)
  – erhöhen den Streitwert stets,[161] da für sie § 45 Abs. 1 S. 2, Abs. 4 GKG nicht gilt;
  – erhöhen den Streitwert nicht.[162]
– Bei wirtschaftlicher Identität ist der höhere Wert maßgeblich (§ 45 Abs. 3 GKG).[163]

95 Insolvenz, Klage auf Feststellung einer Forderung zur Insolvenztabelle

– zu erwartende Befriedigungsquote[164]

96 Klageänderung, subjektive

– keine Streitwertänderung bei Klageumstellung auf Klage gegen Insolvenzverwalter statt Gemeinschuldner[165]

97 Klagehäufung, objektive

– Bzgl Hilfsanträge siehe „Hilfsantrag" (→ Rn 94);
– **Vergütungs- neben Feststellungsklage** (§ 4 KSchG, § 17 TzBfG, § 256 Abs. 1 ZPO): Werden Vergütungsansprüche für die Zeit nach Ablauf der Kündigungsfrist geltend gemacht, ist der höhere der beiden Werte maßgeblich, wobei die Zahlungsklage nicht durch § 42 Abs. 2 GKG gedeckt wird;[166] werden Vergütungsansprüche bis Ablauf der Kündigungsfrist geltend gemacht, sind die Werte zu addieren, da keine wirtschaftliche Identität vorliegt.[167] Wird mit einem Kündigungsschutzverfahren kumulativ – auch in getrennten Verfahren – Annahmeverzugsvergütung geltend gemacht, bei der die Vergütung ausschließlich vom Fortbestand des Arbeitsverhältnisses aufgrund der streitgegenständlichen Kündigung abhängt, so besteht für die ersten drei Monate nach dem Beendigungszeitpunkt eine wirtschaftliche Identität zwischen Kündigungsschutzverfahren und Annahmeverzug. Dieser Zeitraum wird nur einmal bewertet (→ SWK I. Nr. 20).[168]
– **Weiterbeschäftigungsanspruch** (allg. Weiterbeschäftigungsanspruch und W. nach § 102 Abs. 5 BetrVG) **neben Feststellungsklage:** Addition;[169]
– **Beschäftigungs- und Weiterbeschäftigungsklage:** Addition;[170]
– **Kündigungsschutzklage neben Klage auf Abfindung** (zur Frage deren Berücksichtigungsfähigkeit → Rn 57): Addition;[171]
– **Kündigungsschutzklage neben Wiedereinstellungsanspruch** (zur Frage dessen Berücksichtigungsfähigkeit → Rn 118): keine Addition; der höhere Wert ist maßgeblich;[172]
– **Klage auf Zeugniserteilung und** (nach Erfüllung des Erteilungsanspruchs Änderung auf) **-berichtigung:** Addition der beiden Streitwerte.[173]

98 Klagehäufung, subjektive

– auf Klägerseite: alle Werte sind zu addieren (§ 39 GKG);[174]
– auf Beklagtenseite: Addition auch bei wirtschaftlicher Identität (Beispiel: Klage gegen Betriebsveräußerer und Betriebserwerber wegen einer Kündigung oder eines Zahlungsanspruchs).[175]

99 Kündigung. Siehe „Kündigungsschutzklage" (→ Rn 100 ff).

---

159 LAG Düsseldorf 6.3.2003 – 17 Ta 42/03, juris. **160** LAG SchlH AE 2007, 275. **161** LAG Nürnberg AGS 2008, 359; LAG Hmb 12.8.2011 – 4 Ta 17/11, juris; SächsLAG NZA-RR 1997, 150. **162** BAG NZA 2014, 1359; LAG SchlH 11.1.2010 – 3 Ta 196/09, juris und LAG Hamm 19.3.2011 – 6 Ta 113/11, juris. **163** LAG BW 14.5.2012 – 5 Ta 52/12, juris. **164** LAG Berlin NZA-RR 2002, 157; LAG Hamm ZInsO 2001, 1072. **165** LAG BW 17.11.2009 – 5 Ta 126/09, juris. **166** LAG BW 17.11.2009 – 5 Ta 130/09, juris; LAG RhPf 21.7.2008 – 1 Ta 123/08, juris; LAG Nürnberg 2.2.2011 – 4 Ta 189/10, juris; aA LAG Nürnberg AE 2008, 153 und LAG RhPf 20.1.2009 – 1 Ta 1/09, juris: insgesamt vier Bruttomonatsgehälter. **167** LAG Brem FA 2005, 356. **168** Zum Streitwertkatalog s. Rn 165. **169** LAG Köln NZA-RR 2008, 380; LAG Nürnberg 2.2.2011 – 4 Ta 189/10, juris. **170** LAG München AE 2010, 62. **171** LAG München AE 2007, 276; LAG SchlH 26.10.2009 – 5 Ta 176/09, juris; LAG Hmb LAGE § 12 ArbGG 1979 Streitwert Nr. 131; aA LAG BW 14.5.2012 – 5 Ta 52/12, juris und LAG BW 4.2.2004 – 3 Ta 7/04, juris (höherer Wert maßgeblich). **172** LAG BW 28.1.2005 – 3 Ta 5/05, juris. **173** Daher 4 Bruttomonatsgehälter, wenn diesbezüglich über Zwischen- und Endzeugnis gestritten wird, vgl ArbG München ArbRB 2009, 299. **174** Natter/Gross/*Pfitzer*, ArbGG, 2. Aufl. 2013, § 12 Rn 80. **175** LAG Köln ARST 1994, 57 (Ls.).

Kündigungsschutzklage, allgemein   100

a) Gemäß §§ 48 Abs. 1, 42 Abs. 1 S. 1 GKG ist das wirtschaftliche Interesse an der begehrten Feststellung maßgeblich. Dies ist gedeckt gem. § 42 Abs. 2 S. 1 Hs 1 GKG auf höchstens den Betrag des für die Dauer eines Vierteljahres zu leistenden Arbeitsentgelts.

b) Nach zutreffender[176] und jetzt auch vom BAG[177] geteilten Auffassung ist auch dann auf die Vierteljahresvergütung als Grenze abzustellen, wenn das Arbeitsverhältnis erst **von kurzer Dauer** war. Nach aA[178] seien Arbeitsverhältnisse, die im Zeitpunkt des Zugangs der Kündigung bis sechs Monaten bestanden haben, mit nur einem Bruttomonatsentgelt, von sechs bis zu zwölf Monaten von zwei Bruttomonatsentgelten und erst bei über einem Jahr andauernden Arbeitsverhältnissen mit drei Bruttomonatsgehältern zu bewerten. Diese Ansicht verkennt, dass es im Streitwertrecht allein auf das hinter dem Klageantrag gerichtete wirtschaftliche Interesse ankommt.[179]

Eine geringere als die Vierteljahresvergütung kommt daher nur in Betracht, wenn der Bestand des Arbeitsverhältnisses **für eine kürzere Zeit als ein Vierteljahr** geltend gemacht wird,[180] zB nur die Nichteinhaltung der Kündigungsfrist um einen Monat gerügt wird.

Dies gilt auch nach Auffassung der Streitwertkommission (→ SWK I. Nr. 19).[181]

c) Die **Vierteljahresvergütung** wird wie folgt ermittelt: Maßgeblich ist die **Bruttovergütung** eines Vierteljahres bei unterstelltem Fortbestand des Arbeitsverhältnisses.[182] Eine Nettolohnvereinbarung ist auf den Bruttolohn hochzurechnen.[183]

Dabei ist der sich an den streitigen Beendigungszeitpunkt anschließende Zeitraum maßgeblich.[184] Unerheblich ist, ob wegen längerer Erkrankung keine Entgeltzahlungspflicht mehr bestanden hätte.[185] Bei einer Kündigung während der Elternzeit kommt es auf den sich an die Elternzeit anschließenden Zeitraum an.[186]

Gemäß §§ 48 Abs. 1, 42 Abs. 1 S. 1 GKG ist für die Bemessung des wirtschaftlichen Interesses die Vergütung für drei Jahre maßgeblich. Das Interesse des Klägers ist objektiv nicht nur auf das nächste Vierteljahr, sondern auf unbegrenzte Weiterarbeit gerichtet. Die Dreijahresvergütung ist zwar gem. **§ 42 Abs. 2 S. 1 Hs 1 GKG** auf die Vergütung eines Vierteljahres gedeckt. Normzweck der Deckelung ist die Kostenschonung der Prozessparteien, die die Dreijahresvergütung auf 1/12 derselben reduziert, nicht aber vom Zufall des tatsächlich möglichen Erwerbs im auf den (vermeintlichen) Beendigungszeitpunkt folgenden Quartal abhängig macht. Bezüge, die zu einem bestimmten Stichtag anfallen (**Weihnachtsgeld, Urlaubsgeld**), sind daher unabhängig davon, ob dieser Stichtag in das Vierteljahr fällt, mit 1/4 zu berücksichtigen.[187] Die Auffassung,[188] es käme insoweit darauf an, ob bei vorzeitiger Beendigung des Arbeitsverhältnisses ein (zumindest anteiliger) Anspruch bestünde, verkennt die bloße Deckelungsfunktion des § 43 Abs. 2 S. 1 Hs 1 GKG auf 1/12 der Dreijahresvergütung. Anderenfalls hinge es vom Zufall des Stichtags ab, wie der Wert zu berechnen wäre. Allerdings muss im Grundsatz ein Anspruch auf die Zahlung bestehen, was bei (echten) freiwilligen Leistungen nicht der Fall ist.[189]

d) **Zuschläge und Zulagen** sind zu berücksichtigen.[190]

e) **Provisionen** und sonstige **variable Vergütungsbestandteile** sind zu schätzen, dabei kann der Durchschnittswert des Vorjahres zugrunde gelegt werden.[191]

f) Keine Berücksichtigung finden **aufwandsabhängige Vergütungsbestandteile**,[192] wie zB Fahrtkostenerstattung.

g) Bei **Sachbezügen** (zB private Pkw-Nutzung, Dienstwohnung, Kost, Deputate) kommt es auf deren wirtschaftlichen Wert an. Der Rückgriff auf steuerliche Pauschalierungen ist zulässig.[193]

---

176 LAG München MDR 1986, 698; LAG Nds AE 2010, 116; LAG BW 24.6.2009 – 5 Ta 15/09, juris; Germelmann u.a./*Germelmann*, ArbGG, § 12 Rn 103; *Meier/Becker*, Streitwerte in Arbeitsrecht, Rn 179. **177** BAG AP Nr. 1 zu § 42 GKG 1975 (dass das BAG so zu verstehen ist, wird von LAG RhPf 16.1.2012 – 1 Ta 273/11, juris, bezweifelt, jedoch angesichts des eindeutigen Wortlauts ohne nachvollziehbaren Grund); anders noch BAG NZA 1985, 369. **178** LAG RhPf 16.1.2012 – 1 Ta 273/11, juris; ähnl. LAG Köln 2.4.2012 – 2 Ta 113/12, juris: Orientierung an Annahmeverzugsrisiko bei Arbeitsverhältnissen bis zu sechs Monaten Dauer. **179** Germelmann u.a./*Germelmann*, ArbGG, § 12 Rn 103. **180** LAG München AMBl BY 1986, C29–C30; LAG Köln 22.5.2009 – 4 Ta 124/09, juris. **181** Zum Streitwertkatalog s. Rn 165. **182** Germelmann u.a./*Germelmann*, ArbGG, § 12 Rn 104. **183** LAG Düsseldorf LAGE § 12 ArbGG 1979 Streitwert Nr. 89; aA LAG BW 4.10.2002 – 3 Ta 89/02, juris; Germelmann u.a./*Germelmann*, ArbGG, § 12 Rn 105. **184** BAG AP Nr. 20 zu § 12 ArbGG 1953. **185** Natter/Gross/*Pfitzer/Augenschein*, ArbGG, 2. Aufl. 2013, § 12 Rn 73. **186** LAG Köln MDR 1999, 1449 (zum Erziehungsurlaub). **187** LAG Köln NZA-RR 1996, 392. **188** Natter/Gross/*Pfitzer/Augenschein*, ArbGG, 2. Aufl. 2013, § 12 Rn 73. **189** LAG Köln NZA-RR 1996, 392; LAG Berlin 16.10.1985 – 2 Ta 97/85 (Kost), (Ls.), juris. **190** Einschr. Natter/Gross/*Pfitzer/Augenschein*, ArbGG, 2. Aufl. 2013, § 12 Rn 76: nur, wenn auch bei vorzeitigem Ausscheiden ein Anspruch hierauf besteht. **191** LAG BW 28.2.2009 – 5 Ta 87/09, juris. **192** Natter/Gross/*Pfitzer/Augenschein*, ArbGG, 2. Aufl. 2013, § 12 Rn 73. **193** LAG RhPf 8.5.2008 – 1 Ta 49/08, juris.

101 Kündigungsschutzklage, mehrere Kündigungen in demselben Verfahren
- a) **Identischer Kündigungssachverhalt, außerordentliche und hilfsweise ordentliche Kündigung:**
  - ein Vierteljahresverdienst (keine Addition)[194]
  - max. die Vergütung für ein Vierteljahr, unabhängig davon, ob sie in einem oder in mehreren Schreiben erklärt werden (→ SWK I. Nr. 20.1)[195]
- b) **Identischer Kündigungssachverhalt, mehrere außerordentliche oder ordentliche Kündigungen:**
  - ein Vierteljahresverdienst (keine Addition)[196]
- c) **Nicht identischer Kündigungssachverhalt, mehrere ordentliche Kündigungen (oder sonstige Beendigungstatbestände):**
  - für jede Kündigung jeweils ein Vierteljahresverdienst[197]
  - Vierteljahresverdienst für die erste Kündigung, jede weitere Kündigung in Höhe der Differenz der Beendigungszeitpunkte, pro weitere Kündigung höchstens das Vierteljahresverdienst[198]
  - Vierteljahresverdienst dann insgesamt als Höchstwert, wenn zwischen den Kündigungen zeitlich kein längerer Abstand besteht[199]
  - nur der Vierteljahresverdienst insgesamt als Höchstwert[200]
  - 4 Monatsgehälter bei unterschiedlichen Beendigungstatbeständen (Kündigung und Befristung) zum gleichen Endtermin: 4 Monatsgehälter;[201] insg. 3 Gehälter[202]
  - Folgekündigungen *ohne Veränderung* des Beendigungszeitpunkts: keine Erhöhung
  - Folgekündigungen *mit Veränderung* des Beendigungszeitpunkts: in der Regel (Ausnahme: zB Trotzkündigung/en) die Entgeltdifferenz zwischen den verschiedenen Beendigungszeitpunkten, maximal jedoch die Vergütung für ein Vierteljahr für jede Folgekündigung (→ SWK I. Nr. 20.3 Abs. 1).[203]
- d) **Nicht identischer Kündigungssachverhalt, zunächst außerordentliche und später ordentliche Kündigung:**
  - 4 Bruttomonatsgehälter[204]
- e) **Nicht identischer Kündigungssachverhalt, zunächst ordentliche und später außerordentliche Kündigung:**
  - Insgesamt nur Vierteljahresverdienst, wenn außerordentliche Kündigung innerhalb von drei Monaten erfolgt.[205]
- f) **Mehrere Kündigungen in verschiedenen Verfahren:**
  - Jedes Verfahren wird gesondert und ohne Anrechnung des anderen bewertet.[206] Bei der Bemessung des Gegenstandswerts eines Kündigungsschutzverfahrens nach § 42 Abs. 2 S. 1 GKG bleibt außer Betracht, ob die Parteien noch weitere Kündigungsschutzprozesse führen. Für eine Anrechnung fehlt es an einer Rechtsgrundlage;[207]
  - insg. nur 4 Gehälter;[208]

102 Kündigungsschutzklage, allgemeiner Feststellungsantrag („Schleppnetzantrag")
- Keine gesonderte Bewertung des allgemeinen Feststellungsantrags nach § 256 Abs. 1 ZPO.[209]
- Keine Bewertung (→ SWK I. Nr. 17.2).[210]

103 Nachteilsausgleich. Siehe „Abfindung". (→ Rn 57).

104 Nachweis, Klage auf Erteilung iSd NachwG
- 1/3 Monatseinkommen;[211]
- 10 % einer Monatsvergütung (→ SWK I. Nr. 7.2).[212]

105 Personalakte, Einsicht
- Maßgeblich ist das damit verfolgte Ziel: bei vermögensrechtlichen Streitigkeiten 10–15 % der Hauptsache, bei nichtvermögensrechtlichen Streitigkeiten 80 % des Hilfsstreitwerts gem. § 23 Abs. 3 RVG.[213]

194 LAG München 2.5.2006 – 7 Ta 138/06, juris; LAG Nürnberg 1.3.2010 – 4 Ta 171/09, juris. **195** Zum Streitwertkatalog s. Rn 165. **196** LAG RhPf NZA-RR 2012, 442; LAG Nürnberg 1.3.2010 – 4 Ta 171/09, juris. **197** LAG Nürnberg AGS 2005, 407. **198** LAG BW BeckRS 2015, 66465; LAG München AE 2007, 276; LAG München JurBüro 1990, 40; LAG Berlin 27.1.2012 – 6 Sa 2062/11, juris; LAG Köln NZA-RR 2008, 380; LAG RhPf 6.6.2007 – 1 Ta 105/07, juris. **199** LAG München NZA-RR 2000, 661 (knapp 3 Monate); LAG Nürnberg NZA 1992, 617 (5 Tage). **200** LAG München 8.1.2010 – 10 Ta 349/08; LAG BW 21.2.2006 – 3 Ta 23/06, juris; LAG Nürnberg 22.11.2010 – 4 Ta 31/10, juris. **201** LAG RhPf NZA-RR 2012, 442; LAG Köln 21.9.2011 – 2 Ta 268/11, juris. **202** LAG Nürnberg AR-Blattei-ES 160.13 Nr. 248. **203** Zum Streitwertkatalog s. Rn 165. **204** LAG München 2.5.2006 – 7 Ta 138/06, juris. **205** LAG München NZA-RR 2000, 661. **206** BAG AP Nr. 1 zu § 42 GKG 1975. **207** BAG AP Nr. 1 zu § 42 GKG 1975. **208** HessLAG 19.10.2011 – 2 Ta 220/11, juris. **209** LAG BW BeckRS 2015, 66465; LAG München NZA-RR 2002, 657; LAG Köln NZA-RR 2008, 380; LAG Hamm NZA-RR 2003, 321; aA HessLAG 7.1.2005 – 15 Ta 688/04, juris (1 Bruttomonatsgehalt). **210** Zum Streitwertkatalog s. Rn 165. **211** LAG BW 18.12.2009 – 5 Ta 131/09, juris. **212** Zum Streitwertkatalog s. Rn 165. **213** *Meier/Becker*, Streitwerte in Arbeitsrecht, Rn 112 f.

Rechtsweg, Zwischenstreit 106
- 1/3 des Hauptsachestreitwerts[214]

Teilzeit, Aufstockung der Arbeitszeit 107
- 36fache Vergütungsdifferenz zwischen bisheriger und am Maßstab des Teilzeitverlangens ermittelter hypothetischer neuer Vergütung, begrenzt auf den Vierteiljahresverdienst des § 42 Abs. 2 GKG.[215]

Teilzeit, Reduzierung der Arbeitszeit 108
- 36fache Differenz der Monatsvergütung zwischen bisheriger und am Maßstab des Teilzeitverlangens ermittelter hypothetischer neuer Vergütung, begrenzt auf den Vierteiljahresverdienst des § 42 Abs. 2 GKG;[216]
- Vierteljahresverdienst;[217]
- Bemessung der im Einzelfall gewonnenen Freizeit;[218]
- Regelwert des § 23 Abs. 3 S. 2 RVG;[219]
- bei wirtschaftlicher Messbarkeit: 36fache Monatsdifferenz, max. die Vergütung für ein Vierteljahr; ohne wirtschaftliche Messbarkeit: Bewertung wie eine Änderungskündigung ohne Vergütungsänderung (→ SWK I. Nr. 5).[220]

Urlaub, Streit um Lage 109
- Regelwert des § 23 Abs. 3 RVG (derzeit 5.000 €);[221]
- auf die Urlaubszeit entfallende Vergütung.[222]

Vergleich, Mehrvergleich 110
a) Zu bewerten sind **alle** durch den Vergleich erledigten Streitigkeiten, auch solche, die als Hilfsanträge eingebracht waren (§ 45 Abs. 4 GKG).[223] Diese bilden die Grundlage des Vergleichsstreitwerts.
b) Den (Verfahrens-)Streitwert erhöhend – mit der Folge eines Vergleichsmehrwerts – sind **nur** solche Gegenstände, die nicht in diesem Rechtsstreit anhängig und zwischen den Parteien **streitig** sind.[224]
c) Den Vergleichsstreitwert bilden zwar die Ansprüche, über die man sich geeinigt hat, und nicht diejenigen, auf die man sich geeinigt hat.[225] Anknüpfungspunkt für die Frage des Streitigseins ist aber nicht die einzelne vertragliche Regelung, sondern das Gesamtpaket. Nach aA[226] ergibt sich der Wert eines Vergleichs aus dem Wert der rechtshängigen und nicht rechtshängigen Ansprüche, die erledigt werden, nicht aus dem Wert dessen, was die Parteien durch den Vergleich erlangen oder welche Leistungen sie zum Zwecke der Erledigung der Streitpunkte übernehmen. Richtigerweise aber sind nur solche Gegenstände nicht werterhöhend, die nicht Gegenstand des Vergleichs im Sinne eines Bestandteils sind, ohne den der Vergleich nicht abgeschlossen worden wäre. § 779 BGB wie auch Nr. 1000 VV RVG verlangen die Mitwirkung beim Abschluss eines Vertrags, durch den der Streit oder die Ungewissheit über ein Rechtsverhältnis beseitigt wird. Weder gefordert ist die Beseitigung mehrerer Streitigkeiten durch Vertrag noch, dass zur Beseitigung dieses Streits keine Ansprüche neu begründet werden dürften. Wenn also die Beseitigung des Streits über eine Kündigung durch einen Vertrag mit **mehreren Regelungen** beseitigt wird, die **miteinander stehen und fallen sollen**, so sind **all** diese Regelungen zu bewerten, unabhängig davon, ob und inwieweit sich hierzu schon ein Streit abgezeichnet hat. Voraussetzung der Berücksichtigung im Vergleichsmehrwert ist daher (nur), dass (auch) durch die fraglichen Regelungen der Streit oder die Ungewissheit der Parteien über ein Rechtsverhältnis beseitigt wird.[227] Nach Auffassung der Streitwertkommission[228] soll dagegen ein Vergleichsmehrwert nur anfallen, wenn durch den Vergleichsschluss ein weiterer Rechtsstreit und/oder außergerichtlicher Streit erledigt und/oder die Ungewissheit über ein Rechtsverhältnis beseitigt wird.
d) Wird zB in einem Kündigungsschutzrechtsstreit die Erteilung eines **Zeugnisses** durch Vergleich deklaratorisch festgehalten, erhöht dies den Streitwert nicht.[229] Etwas anderes gilt, wenn die Parteien sich auf eine konkrete Bewertung oder bestimmte Inhalte einigen – ein Monatsgehalt.[230] Teilweise wird das sog. **Titulierungsinteresse** bewertet. Damit gemeint ist der Wert, sich die Kosten und Mühen eines Rechtsstreits zu ersparen. Zugrunde gelegt wird häufig ein Prozentsatz bis zu 25 % des Streitwerts.[231] M.E. ist dies unzutreffend. Wenn der Anspruch zwischen den Parteien im oben beschriebenen Sinne streitig ist,

---

214 LAG Nürnberg LAGE § 2 ArbGG 1979 Nr. 39. **215** LAG Berlin NZA-RR 2004, 493. **216** LAG Nürnberg NZA-RR 2004, 103; LAG Hmb LAGE Nr. 4 zu § 8 TzBfG; LAG Berlin LAGE Nr. 13 zu § 3 ZPO; HessLAG LAGE Nr. 15 zu § 3 ZPO; LAG Nds NZA-RR 2002, 550. **217** LAG BW JurBüro 2009, 533. **218** LAG BW JurBüro 2008, 250 (20.000 € für die mit der Arbeitszeit verbundene Möglichkeit des Besuchs eines Abendgymnasiums). **219** LAG RhPf MDR 2006, 57 f. **220** Zum Streitwertkatalog s. Rn 165. **221** LAG Köln LAGE § 8 BRAGO Nr. 16. **222** LAG Brem LAGE § 23 RVG Nr. 13. **223** LAG Köln ArbRB 2006, 334 f. **224** LAG RhPf AGS 2007, 634. **225** *Hartmann*, KostG, Nr. 1900 KV GKG Rn 7. **226** LAG Köln 28.2.2011 – 10 Ta 27/11, juris. **227** LAG SchlH 12.11.2010 – 5 Ta 168/10, juris. **228** NZA 2014, 745–749. **229** LAG RhPf AGS 2007, 634; aA LAG Nürnberg AR-Blattei ES 160.13 Nr. 265 (300 €). **230** LAG RhPf 13.7.2009 – 1 Ta 174/09, juris; LAG Köln AR-Blattei ES 160.13 Nr. 199. **231** SächsLAG 7.7.2009 – 4 Ta 59/09 (2), juris.

ist der volle Wert zugrunde zu legen, wenn nicht, gar kein Wert. Nach Auffassung der Streitwertkommission liegt das Titulierungsinteresse bei 20 % des streitigen Anspruchs, allerdings sei ein Zeugnis mit inhaltlichen Festlegungen mit einem Monatsgehalt zu bewerten (→ SWK I. Nr. 22.2).[232]

e) Nicht streitwerterhöhend soll die **Begründung eines neuen Arbeitsverhältnisses** beim selben Arbeitgeber durch Vergleich in einem Rechtsstreit über die Wirksamkeit einer Kündigung wegen wirtschaftlicher Identität (§ 42 Abs. 2 S. 1 GKG) sein;[233] zu berücksichtigen ist aber die Begründung eines Arbeitsverhältnisses bei einem Dritten mit einem weiteren Vierteljahresverdienst.[234]

f) Die **Aufhebung des ungekündigten Arbeitsverhältnisses** durch Vergleich ist mit dem Vierteljahresverdienst streitwerterhöhend zu bewerten,[235] jedenfalls, wenn dies arbeitgeberseitig schon konkret beabsichtigt ist.[236]

g) **Freistellungsvereinbarung in einem Vergleich:**
   – ein Monatsgehalt;[237]
   – 25 % des zu bezahlenden Entgelts der Freistellungszeit;[238]
   – 100 % des zu bezahlenden Entgelts der Freistellungszeit;[239]
   – 10 % des zu bezahlenden Entgelts der Freistellungszeit;[240]
   – gar keine Werterhöhung;[241]
   – 25 % der Vergütung für den Zeitraum, der zu einer tatsächlichen Freistellung durch den Vergleich führt, maximal jedoch eine Monatsvergütung. Die Freistellung wird somit rein zukunftsbezogen ab dem Zeitpunkt des Vergleichsabschlusses berechnet und nicht etwa rückwirkend für Zeiträume vor dem Vergleichsabschluss, selbst wenn der Arbeitnehmer (insb. wegen der Kündigung) bereits vor dem Vergleichsabschluss freigestellt gewesen sein sollte (→ SWK I. Nr. 22.1, Beispiel 22.1.4).[242]

h) **Hinausschieben der Kündigungsfrist** über den Kündigungstermin:
   – keine Erhöhung,[243] es sei denn, hierdurch wird außer den Vergütungsansprüchen für diese Zeit ein weiterer finanzieller Vorteil begründet;[244]

i) **Abfindung** (zur grundsätzlichen Berücksichtigungsfähigkeit → Rn 57): wenn grundsätzlich berücksichtigungsfähig: streitwerterhöhend;[245]

j) **Einseitiges vorzeitiges Lösungsrecht des Arbeitnehmers:**
   – keine Erhöhung, wenn dieses durch Erhöhung der Abfindung kompensiert wird,[246] anderenfalls 1 Monatsgehalt;[247]
   – 1/2 Monatsgehalt pro Monat der vorzeitigen Lösungsmöglichkeit;[248]
   – 3/4 Monatsgehalt bei einer Ankündigungsfrist von 1 Woche;[249]

k) **Abgeltungsklausel:**
   – kein gesonderter Wert, wenn nicht spezielle über den Streitgegenstand hinausgehende Ansprüche abgegolten werden sollen, die konkret fassbar sind.[250]

111 **Vergütung.** Siehe „Zahlungsklage" (→ Rn 120).

112 **Verschwiegenheitsverpflichtung mit Strafklausel:** ist zu berücksichtigen.[251]

113 **Versetzung**
   – ohne Auswirkung auf die Vergütung: 1 Bruttomonatsgehalt[252] (siehe „Direktionsrecht", → Rn 83);
   – mit Vergütungsänderung verbunden: dreifacher Jahresbetrag der Veränderung, begrenzt auf den Vierteljahresbezug entsprechend § 42 Abs. 2 GKG.[253]

114 **Vertragsstrafe**
   – Höhe des Betrags.[254]

115 **Vierteljahresvergütung** (§ 42 Abs. 2 S. 1 GKG). Siehe „Kündigungsschutzklage, allgemein" (→ Rn 100).

---

232 Zum Streitwertkatalog s. Rn 165. **233** BAG NZA 1996, 1175. **234** LAG RhPf 13.8.2010 – 1 Ta 139/10, juris. **235** LAG Köln NZA-RR 2010, 433; LAG RhPf 8.12.2011 – 1 Ta 231/11, juris; aA LAG Nürnberg ARST 1995, 142 (Ls.). **236** LAG RhPf 29.6.2011 – 1 Ta 117/11, juris (für den Fall eines bereits eingeleiteten Zustimmungsverfahrens beim Integrationsamt). **237** LAG München AE 2006, 66; LAG Hmb NZA-RR 2016, 210; LAG RhPf 7.12.2011 – 7 Ta 31/11, juris. **238** LAG München ArBRB 2011, 176; LAG SchlH 12.11.2010 – 5 Ta 168/10, juris. **239** LAG Köln AR-Blattei ES 160.13 Nr. 199. **240** LAG RhPf JurBüro 2009, 139 f. **241** LAG Nürnberg NZA-RR 2004, 261; SächsLAG AE 2010, 268; LAG Köln 28.2.2011 – 10 Ta 22/11, juris. **242** Zum Streitwertkatalog s. Rn 165. **243** LAG RhPf JurBüro 2009, 139 f. **244** HessLAG 5.9.2005 – 15 Ta 280/05, juris (für Erreichen der Unverfallbarkeit der betrieblichen Altersversorgung). **245** AA LAG RhPf 16.5.2010 – 1 Ta 81/12, juris (nur, falls hierüber außergerichtlich oder gerichtlich Streit bestand oder Verzug mit der Zahlung gegeben war). **246** LAG Hmb 7.12.2011 – 7 Ta 31/11, juris. **247** LAG Saarl 22.11.2011 – 2 Ta 42/11, juris. **248** LAG Hamm LAGE § 12 ArbGG 1979 Streitwert Nr. 21. **249** LAG Nürnberg AE 2010, 64 f. **250** LAG RhPf 10.10.2011 – 1 Ta 179/11, juris; HessLAG NZA-RR 2003, 660 f. **251** LAG Saarl 22.11.2011 – 2 Ta 40/11, juris (für den Fall der Rückzahlungspflicht einer Abfindung). **252** LAG Nürnberg ARST 1995, 142 (Ls.). **253** SächsLAG LAGE § 12 ArbGG 1979 Streitwert Nr. 109. **254** LAG München 17.9.2010 – 10 Ta 592/09, juris.

Weiterbeschäftigung (allg. Weiterbeschäftigungsanspruch und Weiterbeschäftigungsanspruch gem. § 102 Abs. 5 BetrVG)   116
- 1 Monatsgehalt;[255]
- der „für den Fall des Obsiegens" gestellte Weiterbeschäftigungsantrag ist stets – auch bei Nichtentscheidung hierüber wegen Unterliegens – mit einem Monatsgehalt zu bewerten;[256]
- bei Geltendmachung des Beschäftigungsanspruchs während des Arbeitsverhältnisses und des Weiterbeschäftigungsanspruchs nach Ablauf der Kündigungsfrist werden die beiden Werte addiert;[257]
- 1 Monatsvergütung (→ SWK I. Nr. 23).[258]

Wettbewerbsverbot   117
- Streit um Wirksamkeit: Höhe der Karenzentschädigung,[259] jedenfalls bei Fehlen sonstiger Anhaltspunkte;[260]
- Unterlassung von Wettbewerbstätigkeit: wirtschaftliches Interesse des Arbeitgebers an der Einhaltung (potentieller Schaden),[261] bei fehlenden Anhaltspunkten Karenzentschädigung,[262] bei Feststellungsantrag Abschlag von 20 %;[263]
- Zahlungsanspruch des Arbeitnehmers: Höhe der Karenzentschädigung.[264]

Wiedereinstellungsanspruch   118
- Jahresbezug;[265]
- Vierteljahresverdienst;[266]
- kein eigener Wert;[267]
- Vergütung für ein Vierteljahr (→ SWK I. Nr. 24).[268]

Wiederkehrende Leistungen   119
- Leistungen: eingeklagter Betrag, höchstens dreifacher Jahresbetrag der Leistungen, auch wenn ausschließlich rückständige Leistungen eingeklagt werden (§ 42 Abs. 1 S. 1, Abs. 3 S. 1 GKG);[269]
- Feststellung des Bestehens:
  - wie Leistungsklage, kein Abschlag;[270]
  - 20 % Abschlag gegenüber Leistungsklage.[271]

Zahlungsklage   120
- Es gilt der Nennwert des eingeklagten Anspruchs.[272]

Zeugnis, einfaches, Erteilung und Berichtigung   121
- 500 €;[273]
- 10 % einer Monatsvergütung (→ SWK I. Nr. 25.1).[274]

Zeugnis, qualifiziertes, Erteilung   122
- Zwischenzeugnis: 1/2[275] bis 1[276] Bruttomonatsgehalt;
- Endzeugnis: 1 Bruttomonatsgehalt;[277]
- 1 Monatsvergütung, und zwar unabhängig von Art und Inhalt eines Berichtigungsverlangens, auch bei kurzem Arbeitsverhältnis (→ SWK I. Nr. 25.2).[278]

Zeugnis, qualifiziertes, Änderung/Berichtigung   123
- Zwischenzeugnis:
  - 1 Bruttomonatsgehalt;[279]
  - 1 Monatsvergütung (→ SWK I. Nr. 25.3 Satz 1).[280] Wird ein Zwischen- und ein Endzeugnis (kumulativ oder hilfsweise) im Verfahren verlangt: insgesamt 1 Monatsvergütung (→ SWK I. Nr. 25.3 Satz 2);[281]

---

255 LAG München AE 2010, 62; LAG Köln NZA-RR 2008, 380; LAG RhPf 20.1.2009 – 1 Ta 1/09, juris; SächsLAG 8.11.2010 – 4 Ta 211/10, juris; LAG BW 27.4.2010 – 5 Ta 63/10, juris. **256** LAG Nürnberg AGS 2008, 359 mit dem zutreffenden Hinweis, § 45 Abs. 1 S. 2 GKG gelte nicht für unechte Hilfsanträge; aA LAG BW 27.4.2010 – 5 Ta 63/10, juris. **257** LAG München AE 2010, 62. **258** Zum Streitwertkatalog s. Rn 165. **259** LAG Köln AE 2008, 154. **260** LAG SchlH 31.5.2012 – 6 Ta 86/12, juris. **261** LAG Nürnberg MDR 1999, 1410. **262** LAG München 17.9.2010 – 10 Ta 592/09, juris. **263** LAG München 17.9.2010 – 10 Ta 592/09, juris. **264** Meier/Becker, Streitwerte im Arbeitsrecht, Rn 218. **265** LAG BW 28.1.2005 – 3 Ta 5/05, juris. **266** LAG Düsseldorf 8.4.2008 – 6 Ta 167/08, juris. **267** LAG Saarl 4.9.2007 – 2 Sa 107/05. **268** Zum Streitwertkatalog s. Rn 165. **269** BAG NZA 2003, 456. **270** BAG BeckRS 2015, 72270. **271** BAG AP Nr. 6 zu § 3 ZPO. **272** LAG RhPf 27.7.2011 – 1 Ta 141/11, juris. **273** HessLAG NZA-RR 2003, 660 f. **274** Zum Streitwertkatalog s. Rn 165. **275** LAG Köln AE 2007, 374 (Ls.). **276** LAG BW JurBüro 2009, 537; ArbG München ArbRB 2009, 299. **277** LAG München NZA-RR 2000, 661 f; LAG RhPf AE 2007, 373. **278** Zum Streitwertkatalog s. Rn 165. **279** LAG Düsseldorf LAGE § 3 ZPO Nr. 10. **280** Zum Streitwertkatalog s. Rn 165. **281** Zum Streitwertkatalog s. Rn 165.

– Endzeugnis:
  – 1 Bruttomonatsgehalt;[282]
  – 1 Monatsvergütung, und zwar unabhängig von Art und Inhalt eines Berichtigungsverlangens, auch bei kurzem Arbeitsverhältnis (→ SWK I. Nr. 25.2).[283]

124 Zustimmungsantrag zur Kündigung, Integrationsamt
– Regelwert des § 52 Abs. 2 GKG (5.000 €)[284]

124a Zwangsvollstreckung
– Gläubigerinteresse, dh Wert der Hauptsache[285]

III. Gegenstandswert-ABC in Beschlussverfahren

Hinweis: Zur Anwendbarkeit und Bedeutung des „Streitwertkatalogs für die Arbeitsgerichtsbarkeit" in der Praxis siehe die Ausführungen in → Rn 12. In der nachfolgenden alphabetischen Aufstellung ist die jeweilige Empfehlung des **Streitwertkatalogs – überarbeitete Fassung 5. April 2016** [im Folgenden „SWK"] –, soweit er zum einschlägigen Stichwort eine solche enthält, jeweils am Ende des Stichworts angeführt.

125 Auskunftsanspruch des Betriebsrats
– Hilfswert § 23 Abs. 3 RVG.[286]
– Grundsätzlich Hilfswert des § 23 Abs. 3 S. 2 RVG; abhängig vom Gegenstand des Mitbestimmungsrechts und der Bedeutung des Einzelfalls sowie des Aufwands kann eine Herauf- oder Herabsetzung des Werts erfolgen (→ SWK II. Nr. 9.1).[287]

126 Berufsausbildungsverhältnis, Auflösungsantrag des Arbeitgebers nach § 78 a Abs. 4 Nr. 2 BetrVG
– 3 Bruttomonatsgehälter[288]

127 Berufsausbildungsverhältnis, Weiterbeschäftigung eines Funktionsträgers nach § 78 a Abs. 4 Nr. 1 BetrVG
– 2 Bruttomonatsgehälter[289]

127a Betriebsänderung
– siehe „Einigungsstelle, Einsetzungsverfahren nach § 100 ArbGG" (→ Rn 142)
– siehe „Unterlassung, § 23 Abs. 3 BetrVG" (→ Rn 160)
– Hilfswert nach § 23 Abs. 3 S. 2 RVG, ggf unter Berücksichtigung der Umstände des Einzelfalls Erhöhung oder Abschlag (→ SWK II. Nr. 1.1)[290]

128 Betriebsbegriff
– 1,5facher Regelwert für die erste Stufe des § 9 BetrVG zzgl 1facher Regelwert für jede weitere Stufe;[291]
– Regelwert des § 23 Abs. 3 RVG multipliziert mit der jeweils maßgeblichen Stufe des § 9 BetrVG und der dort genannten Anzahl an Betriebsratsmitgliedern.[292]
– Grundsätzlich Hilfswert nach § 23 Abs. 3 S. 2 RVG, ggf wird unter Berücksichtigung der Umstände des Einzelfalls eine Erhöhung bzw ein Abschlag in Betracht kommen.[293]

129 Betriebsrat, Auflösung
– 1,5facher Regelwert für die erste Stufe des § 9 BetrVG zzgl 1facher Regelwert für jede weitere Stufe[294]

130 Betriebsratsbüro, Zurverfügungstellung
– Regelwert des § 23 Abs. 3 RVG[295]

131 Betriebsratsmitglied, Ausschluss
– 2 Monatsgehälter[296]

132 Betriebsratsmitglied, Freistellung
– für Schulung: Regelwert des § 23 Abs. 3 RVG (derzeit 5.000 €) für eine Woche, bei kürzeren Schulungen entsprechend weniger;[297]
– Freistellung von der Arbeitspflicht im Einzelfall (§ 37 Abs. 2 und 3 BetrVG): aufzuwendende Arbeitsvergütung für die Dauer der Freistellung; zusätzliche Freistellung (§ 38 BetrVG): grundsätzlich doppelter Hilfswert nach § 23 Abs. 3 S. 2 RVG, abhängig von Bedeutung des Einzelfalls sowie des Aufwands kann Herauf- oder Herabsetzung erfolgen (→ SWK II. Nr. 8.2).[298]

282 LAG München ARST 1988, 60. **283** Zum Streitwertkatalog s. Rn 165. **284** BayVGH AGS 2010, 349; zur Vorgängernorm BVerwG MDR 1993, 584. **285** HessLAG NZA-RR 2014, 496. **286** LAG Hamm 23.1.2006 – 13 TaBV 176/05, juris. **287** Zum Streitwertkatalog s. Rn 165. **288** LAG Hmb NZA-RR 2007, 154. **289** LAG Köln NZA-RR 2006, 434. **290** Zum Streitwertkatalog s. Rn 165. **291** LAG Hamm 1.3.2006 – 10 Ta 21/06, juris; LAG Köln NZA-RR 2008, 541. **292** LAG Brem LAGE § 8 BRAGO Nr. 43. **293** Zum Streitwertkatalog s. Rn 165. **294** LAG Hamm 6.3.2009 – 13 Ta 846/08, juris. **295** ArbG Stralsund JurBüro 2001, 594. **296** LAG Düsseldorf LAGE § 8 BRAGO Nr. 41. **297** LAG SchlH 21.8.2002 – 4 Ta 112/02, juris. **298** Zum Streitwertkatalog s. Rn 165.

Betriebsratswahl, Abbruch 133

- Wie Anfechtung (→ Rn 134), kein Abschlag trotz einstweiligen Verfügungsverfahrens;[299]
- 1/2 Wert der Wahlanfechtung (→ SWK II. Nr. 2.2).[300]

Betriebsratswahl, Anfechtung 134

- 2facher Regelwert (zzt. 10.000 €) für die erste Stufe des § 9 BetrVG zzgl 0,5facher Regelwert (zzt. 2.500 €) für jede weitere Stufe;[301] bei Antrag auf Feststellung der Nichtigkeit 3facher Regelwert als Regelwert;[302]
- 1,5facher Regelwert für die erste Stufe des § 9 BetrVG zzgl 0,25facher Regelwert für jede weitere Stufe;[303]
- 1,5facher Regelwert für die erste Stufe des § 9 BetrVG zzgl 1facher Regelwert für jede weitere Stufe;[304]
- ausgehend vom doppelten Hilfswert nach § 23 Abs. 3 S. RVG, Steigerung nach der Staffel gem. § 9 BetrVG mit jeweils 1/2 Hilfswert (→ SWK II. Nr. 2.3).[305]

Betriebsratswahl, Nichtigkeit. Siehe „Betriebsratswahl, Anfechtung" (→ Rn 134). 135

Betriebsratswahl, Wahlvorstand 136

- Bei Streit um Personen: Regelwert des § 23 Abs. 3 RVG (derzeit 5.000 €);[306]
- Hilfswert nach § 23 Abs. 3 S. 2 RVG; wenn zusätzlicher Streit über die Größe des Wahlvorstandes bzw Einzelpersonen: grundsätzlich Erhöhung jeweils um 1/2 Hilfswert nach § 23 Abs. 3 S. 2 RVG (→ SWK II. Nr. 2.1).[307]

Betriebsvereinbarung, Durchführung 137

- In Ermangelung besonderer Umstände Regelwert des § 23 Abs. 3 RVG;[308]
- Ausgehend vom Hilfswert nach § 23 Abs. 3 S. 2 RVG wird ggf unter Berücksichtigung der Umstände des Einzelfalls, zB Inhalt und Bedeutung der Regelungsfrage, eine Erhöhung bzw ein Abschlag vorgenommen (→ SWK II. Nr. 3);[309]
- Einhaltung und Reichweite einer Betriebsvereinbarung: Vielfaches des Werts des § 23 Abs. 3 RVG je nach Beschäftigtenzahl multipliziert mit den Stufe gemäß Staffel des § 9 BetrVG.[310]

Betriebsvereinbarung, Wirksamkeit 138

- Nachwirkung: abhängig von Betriebsgröße, jeweils Regelwert des § 23 Abs. 3 RVG pro Stufe des § 9 BetrVG;[311]
- Zuständigkeit für Abschluss (in Abgrenzung zum Gesamt- oder Konzernbetriebsrat): Regelwert des § 23 Abs. 3 RVG zzgl 500 € pro beteiligtem Konzern-, Gesamt- und örtlichem Betriebsrat;[312]
- bei wiederkehrenden Leistungen dreifacher Jahresbetrag analog § 42 Abs. 2 S. 1 GKG für 1 Arbeitnehmer, 2–20 Arbeitnehmer 25 %, 21–50 Arbeitnehmer 12,5 %, 51–100 Arbeitnehmer 10 %, jeweils abzgl. 20 %.[313]

Betriebsversammlung 139

- Antrag auf Untersagung: doppelter Hilfswert des § 23 Abs. 3 RVG;[314]
- Antrag auf Feststellung der Zulässigkeit durch Betriebsrat: einfacher Hilfswert des § 23 Abs. 3 RVG.[315]

Einigungsstelle, Abberufung des Vorsitzenden 140

- Hilfswert des § 23 Abs. 3 RVG[316]

Einigungsstelle, Anfechtung eines Spruchs 141

- Wo ein objektiver Wert festgestellt werden kann, kommt es in erster Linie auf die Feststellung dieses Werts an. Für das arbeitsgerichtliche Beschlussverfahren folgt hieraus, dass die wirtschaftliche Bedeutung des jeweiligen Streitgegenstands vielfach im Vordergrund der Bewertung stehen muss.[317] Dies ist das mit der Anfechtung verfolgte (wirtschaftliche) Interesse.[318] Die Wertfestsetzung nach billigem Er-

299 LAG BW 17.6.2009 – 5 TaBVGa 1/09, juris; aA LAG SchlH 5.9.2002 – 2 Ta 93/02, juris. **300** Zum Streitwertkatalog s. Rn 165. **301** BAG 17.10.2001 – 7 ABR 42/99, juris; LAG Hamm 2.7.2012 – 13 Ta 234/12, juris; LAG Köln 14.10.2010 – 7 Ta 249/10, juris; LAG BW 22.9.2008 – 3 Ta 182/08, juris; LAG Brem 16.2.2007 – 3 Ta 4/07, juris; LAG Düsseldorf 25.2.2004 – 17 Ta 65/04 und 24.11.2010 – 2 Ta 656/10, juris; LAG Hmb 30.6.2011 – 8 Ta 11/11, juris; LAG Hmb 9.10.2003 – 4 Ta 12/03, juris. **302** LAG Hmb 9.10.2003 – 4 Ta 12/03, juris. **303** LAG München 13.9.2007 – 6 Ta 376/06, juris; SächsLAG AE 2007, 370. **304** LAG Hamm NZA-RR 2005, 435 (aufgegeben durch LAG Hamm 2.7.2012 – 13 Ta 234/12, juris; LAG BW 17.6.2009 – 5 TaBVGa 1/09, juris. **305** Zum Streitwertkatalog s. Rn 165. **306** LAG Köln NZA-RR 2006, 383. **307** Zum Streitwertkatalog s. Rn 165. **308** LAG RhPf 22.7.2009 – 1 Ta 173/09, juris. **309** Zum Streitwertkatalog s. Rn 165. **310** LAG Hmb NZA-RR 2016, 159. **311** LAG Hamm NZA-RR 2006, 154. **312** LAG Düsseldorf 12.1.2009 – 6 Ta 580/08, juris. **313** LAG Hamm NZA-RR 2006, 595–597. **314** LAG Düsseldorf 2.11.2004 – 17 Ta 625/04, juris. **315** ThürLAG 27.7.1999 – 8 Ta 82/99, juris. **316** LAG Düsseldorf 5.3.2001 – 7 Ta 61/01, juris. **317** LAG Hamm 22.8.2005 – 10 TaBV 5/05, juris (für eine Prämienregelung). **318** LAG München JurBüro 1987, 858; LAG Hamm 22.8.2005 – 10 TaBV 5/05, juris.

messen kommt im Anwendungsbereich des § 23 Abs. 3 RVG erst hinter allen sonstigen Bewertungsfaktoren zum Zuge.[319]

– Ausgehend vom Hilfswert nach § 23 Abs. 3 S. 2 RVG wird ggf unter Berücksichtigung der Umstände des Einzelfalls, zB Inhalt und Bedeutung der Regelungsfrage, eine Erhöhung bzw ein Abschlag vorgenommen (→ SWK II. Nr. 5).[320]

– Zur Anfechtung eines Sozialplans → Rn 157.

142 **Einigungsstelle, Einsetzungsverfahren nach § 100 ArbGG bei Streit um**[321]

– **Zuständigkeit:** Regelwert des § 23 Abs. 3 RVG (derzeit 5.000 €);[322] die wirtschaftliche Bedeutung der einzurichtenden Einigungsstelle ist ohne Belang;[323] 1/2 des Regelwerts;[324] 1/6 des Regelwerts;[325]

– **Vorsitzenden:** Regelwert des § 23 Abs. 3 RVG (derzeit 5.000 €);[326] 1/2 des Regelwerts;[327] 1/6 des Regelwerts;[328]

– **Anzahl der Beisitzer:** 1/2 des Regelwerts;[329] 1/6 des Regelwerts;[330]

– **Zuständigkeit und Besetzung:** Werte sind zu addieren.[331]

– **Offensichtliche Unzuständigkeit:** höchstens Hilfswert nach § 23 Abs. 3 S. 2 RVG (→ SWK II. Nr. 4.1). **Person des Vorsitzenden:** grundsätzlich 1/4 Hilfswert nach § 23 Abs. 3 S. 2 RVG (→ SWK II. Nr. 4.2). **Anzahl der Beisitzer:** grundsätzlich insgesamt 1/4 Hilfswert nach § 23 Abs. 3 S. 2 RVG (→ SWK II. Nr. 4.3).[332]

143 **Einstweilige Verfügung**

– bei Vorwegnahme der Hauptsache 100 % des allgemeinen Werts (→ SWK II. Nr. 7.1);[333]

– bei einstweiliger Regelung: je nach Einzelfall, idR Abschlag 50 % des Hauptsachestreitwerts (→ SWK II. Nr. 7.2).[334]

144 **Feststellungsklage, negative**

– kein Abschlag[335]

145 **Gewerkschaft, Tariffähigkeit**

– 450.000 €[336]

146 **Hilfsanträge**

– Sind stets zu berücksichtigen, auch wenn keine Entscheidung über sie ergeht, da § 45 Abs. 1 S. 2 GKG keine Anwendung findet.[337]

147 **Konzernbetriebsrat, Bildung und Streit über die Zusammensetzung**

– entsprechend der Staffel des § 9 BetrVG wie bei Anfechtung einer Betriebsratswahl (→ Rn 134),[338] mindestens dreifacher Ausgangswert des § 23 Abs. 3 RVG.[339]

148 **Personelle Einzelmaßnahme, Antrag nach § 100 BetrVG**

– Regelwert des § 23 Abs. 3 RVG;[340]

– 1/2 Regelwert.[341]

149 **Personelle Einzelmaßnahme, Antrag nach § 101 BetrVG**

– Regelwert des § 23 Abs. 3 RVG;[342]

– 1/2 Regelwert.[343]

150 **Personelle Einzelmaßnahme, mehrere Arbeitnehmer**

– Erhöhung des Ausgangswerts für jede weitere Maßnahme um

– 1/3 dieses Werts;[344]

– 10 %;[345]

– für den 1 Arbeitnehmer Ausgangswert zzgl jeweils für 2–20 Arbeitnehmer 25 %, 21–50 Arbeitnehmer 12,5 % und 51–100 Arbeitnehmer 10 %.[346]

---

319 LAG Hamm 22.8.2005 – 10 TaBV 5/05, juris. **320** Zum Streitwertkatalog s. Rn 165. **321** Unabhängig vom Streitgegenstand stets Regelwert: LAG Köln BeckRS 2014, 74419. **322** LAG Hmb 17.6.2011 – 8 Ta 13/11, juris; LAG Köln 3.6.2009 – 4 Ta 167/09, juris; LAG München DB 1993, 2604 (Ls.); LAG Hamm 9.6.2008 – 10 Ta 279/08, juris. **323** LAG Hamm 19.12.2005 – 10 TaBV 174/05, juris. **324** SächsLAG 20.12.1999 – 4 Ta 321/99, juris. **325** LAG SchlH NZA-RR 1995, 307. **326** LAG München 5.8.1982 – 7 TaBV 92/82, juris. **327** LAG Hamm 13.8.2008 – 13 Ta 444/08, juris. **328** LAG SchlH NZA-RR 1995, 307. **329** LAG Hamm 13.8.2008 – 13 Ta 444/08, juris. **330** LAG SchlH NZA-RR 1995, 307. **331** LAG Hamm 13.8.2008 – 13 Ta 444/08, juris; aA LAG Köln 22.9.2008 – 7 Ta 188/08, juris (nur einfacher Regelwert). **332** Zum Streitwertkatalog s. Rn 165. **333** Zum Streitwertkatalog s. Rn 165. **334** Zum Streitwertkatalog s. Rn 165. **335** LAG München NZA-RR 2007, 382. **336** LAG Köln 27.8.2009 – 9 Ta 270/09, juris. **337** LAG Nürnberg MDR 2005, 120; LAG Berlin-Brandenburg 28.3.2008 – 17 Ta Kost 6027/08, juris; ähnl. LAG Köln 2.2.2009 – 7 Ta 364/08, juris. **338** LAG Köln NZA-RR 2006, 269 f. **339** LAG Hmb 7.1.2009 – 4 Ta 22/09, juris. **340** LAG Hmb 11.1.2010 – 4 Ta 18/09, juris. **341** LAG Brem NZA-RR 2001, 591 f; LAG Berlin NZA-RR 2003, 383 f. **342** LAG Nürnberg NZA-RR 2006, 491; SächsLAG 9.11.2005 – 1 Ta 282/05, juris. **343** LAG SchlH 30.8.2006 – 1 Ta 71/06, juris. **344** LAG Nürnberg 27.7.2006 – 4 Ta 100/06, juris. **345** LAG BW 5.3.2010 – 5 Ta 39/10, juris. **346** LAG Hamm 30.11.2009 – 10 Ta 601/09, juris.

Personelle Einzelmaßnahme, Zustimmungsersetzung nach § 99 Abs. 4 BetrVG   151
– Regelwert des § 23 Abs. 3 RVG (derzeit 5.000 €)[347] bei Einstellung,[348] bei Versetzung,[349] bei Eingruppierung,[350] bei Umgruppierung;[351]
– orientiert am Wert für das entsprechende individualrechtliche Verfahren[352] (bei Einstellung[353] und Versetzung bis zu dreifaches Bruttomonatsgehalt, bei Ein-[354] und Umgruppierung 36fache Vergütungsdifferenz).

Personelle Einzelmaßnahmen nach §§ 99, 100, 101 BetrVG nach Streitwertkatalog (→ SWK II. Nr. 13)[355]   152
– **Grundsätzliches:** Es handelt sich um nichtvermögensrechtliche Angelegenheiten; entscheidend sind die Aspekte des Einzelfalls, zB die Dauer und Bedeutung der Maßnahme und die wirtschaftlichen Auswirkungen, die zur Erhöhung oder Verminderung des Werts führen können (SWK II. Nr. 13.1).
– **Einstellung:** Als Anhaltspunkte für die Bewertung können dienen: der Hilfswert von § 23 Abs. 3 S. 2 RVG (SWK II. Nr. 13.2.1) *oder* die Regelung von § 42 Abs. 2 S. 1 GKG, wobei eine Orientierung am 2fachen Monatsverdienst des Arbeitnehmers sachgerecht erscheint (SWK II. Nr. 13.2.2).
– **Eingruppierung/Umgruppierung:** Die Grundsätze zur Einstellung (s.o.) gelten unter Berücksichtigung des Einzelfalls auch bei diesem Mitbestimmungsrecht, wobei die Orientierung an § 42 Abs. 2 S. 2 GKG vorzunehmen ist. Bei der 36fachen Monatsdifferenz erfolgt ein Abschlag iHv 25 % wegen der nur beschränkten Rechtskraftwirkung des Beschlussverfahrens für den fraglichen Arbeitnehmer (SWK II. Nr. 13.3).
– **Versetzung:** Je nach Bedeutung der Maßnahme Hilfswert oder Bruchteil davon *bzw* 1 bis 2 Monatsgehälter, angelehnt an die für eine Versetzung im Urteilsverfahren genannten Grundsätze (SWK II. Nr. 13.4).
– Das Verfahren nach § 100 BetrVG wird mit dem 1/2 Wert des Verfahrens nach § 99 Abs. 4 BetrVG bewertet (→ SWK II. Nr. 13.5).
– Das Verfahren nach § 101 BetrVG wird als eigenständiges Verfahren wie das Verfahren nach § 99 Abs. 4 BetrVG bewertet (→ SWK II. Nr. 13.6 Abs. 1). Als kumulativer Antrag in einem Verfahren mit dem 1/2 Wert des Verfahrens nach § 99 Abs. 4 bzw § 100 BetrVG (→ SWK II. Nr. 13.6 Abs. 2).
– Bei **Massenverfahren** (objektive Antragshäufung) mit wesentlich gleichem Sachverhalt, insb. bei einer einheitlichen unternehmerischen Maßnahme und parallelen Zustimmungsverweigerungsgründen und/oder vergleichbaren Eingruppierungsmerkmalen, erfolgt – ausgehend von vorgenannten Grundsätzen – ein linearer Anstieg des Gesamtwerts, wobei als Anhaltspunkt folgende Staffelung für eine Erhöhung angewendet wird (→ SWK II. Nr. 13.7):
    – beim **2. bis einschließlich 20.** parallel gelagerten Fall wird für jeden Arbeitnehmer der für den Einzelfall ermittelte Ausgangswert mit 25 % bewertet,
    – beim **21. bis einschließlich 50.** parallel gelagerten Fall wird für jeden Arbeitnehmer der für den Einzelfall ermittelte Ausgangswert mit 12,5 % bewertet,
    – **ab dem 51.** parallel gelagerten Fall wird für jeden Arbeitnehmer der Ausgangswert mit 10 % bewertet.

Dies gilt unabhängig davon, ob die Verfahren in einem oder verschiedenen Beschlussverfahren geführt werden, ggf hat eine Quotelung auf die einzelnen Verfahren zu erfolgen.

Sachmittelausstattung   153
– Regelwert des § 23 Abs. 3 GRVG;[356]
– damit verbundene Kosten für den Arbeitgeber;[357]
– Vermögensrechtliche Streitigkeit: Entscheidend ist die Höhe der angefallenen Kosten/des Werts der Aufwendungen; bei dauernden Kosten, zB Mietzinszahlungen: max. 36 Monatsaufwendungen (→ SWK II. Nr. 14.1).[358]

Sachverständige, Streit über Hinzuziehung   154
– damit verbundene Kosten für den Arbeitgeber;[359]
– Nichtvermögensrechtliche Streitigkeit: Es ist vom Hilfswert nach § 23 Abs. 3 S. 2 RVG auszugehen, einzelfallabhängig kann eine Herauf- oder Herabsetzung erfolgen (→ SWK II. Nr. 9.2).[360]

---

347 LAG München 19.12.1978 – 8 TaBV 39/77, juris (zu § 8 Abs. 2 BRAGO). **348** LAG Brem NZA-RR 2001, 591 f; LAG Berlin NZA-RR 2003, 383 f. **349** LAG München NZA 1994, 47 (zu § 8 Abs. 2 BRAGO). **350** LAG SchlH AGS 2004, 346. **351** LAG BW 28.9.2009 – 5 Ta 68/09, juris. **352** LAG Hamm EzAÜG RVG Nr. 1. **353** LAG Hmb NZA-RR 2007, 441 f und LAG Hmb 11.1.2010 – 4 Ta 18/09, juris: 2fache Bruttomonatsvergütung; LAG Hamm 30.11.2009 – 10 Ta 601/09, juris und LAG Hamm EzAÜG RVG Nr. 1: 3fache Bruttomonatsvergütung bei unbefristeter Einstellung. **354** LAG Saarl 31.3.2011 – 2 Ta 11/11, juris (mit einem Abschlag von 20 %). **355** Zum Streitwertkatalog s. Rn 165. **356** LAG BW 4.7.2000 – 3 Ta 41/00, juris. **357** LAG Hamm 16.7.2007 – 13 Ta 232/07, juris. **358** Zum Streitwertkatalog s. Rn 165. **359** LAG Hamm NZA-RR 2002, 472 f. **360** Zum Streitwertkatalog s. Rn 165.

155 **Schulung**
- Vermögensrechtliche Streitigkeit: Höhe der Schulungskosten inklusive Fahrtkosten (→ SWK II. Nr. 14.2)[361]
- siehe „Betriebsratsmitglied, Freistellung" (→ Rn 132).

156 **Soziale Angelegenheiten iSv § 87 Abs. 1 BetrVG**
- siehe „Betriebsvereinbarung, Durchführung" (→ Rn 137);
- siehe „Unterlassung, § 23 Abs. 3 BetrVG" (→ Rn 160);
- Streit über das Bestehen eines Mitbestimmungsrechts: grundsätzlich Hilfswert des § 23 Abs. 3 S. 2 RVG, abhängig vom Gegenstand des Mitbestimmungsrechts und der Bedeutung des Einzelfalls (organisatorische und wirtschaftliche Auswirkungen, Anzahl der betroffenen Arbeitnehmer u.a.) kann eine Herauf- oder Herabsetzung des Werts ohne Staffelung erfolgen (→ SWK II. Nr. 10).[362]

157 **Sozialplan, Anfechtung**
- **wegen Unterdotierung:** Differenz zwischen dem tatsächlich beschlossenen Volumen und dem Volumen, das der Betriebsrat als äußerstenfalls akzeptabel beziffert hat, ist nicht allein ausschlaggebend, da Betriebsrat im Verhandlungswege nicht (immer) das benennt, was sein letztes Wort ist. Daher Schätzung gem. § 23 Abs. 3 S. 2 RVG einschließlich Deckelung auf 500.000 €;[363] aA das streitige Leistungsvolumen;[364]
- **wegen Überdotierung:** Differenz zwischen dem tatsächlich beschlossenen Volumen und dem Volumen, das der Arbeitgeber als äußerstenfalls akzeptabel beziffert hat.[365]
- Macht der Arbeitgeber eine **Überdotierung** geltend, dann entspricht der Wert des Verfahrens der vollen Differenz zwischen dem festgesetzten Volumen und der von ihm als angemessen erachteten Dotierung (→ SWK II. Nr. 6.1).
- Beruft sich der anfechtende Betriebsrat nur auf eine **Unterdotierung**, dann finden die Grundsätze von § 23 Abs. 3 S. 2 RVG Anwendung (→ SWK II. Nr. 6.2).[366]

158 **Statusverfahren bzgl leitender Angestellter**
- Regelwert des § 23 Abs. 3 RVG[367]

159 **Unterlassung, allgemein**
- mitbestimmungswidriger Maßnahmen des Arbeitgebers (insb. bei Verstößen gegen § 87 Abs. 1 BetrVG): Regelwert des § 23 Abs. 3 RVG (derzeit 5.000 €);[368]
- des Ausspruchs von Kündigungen bei Betriebsänderung gem. § 111 BetrVG:
  - LAG Hamm:[369] Regelwert des § 23 Abs. 3 RVG (derzeit 5.000 €) für die ersten 6 Arbeitnehmer, pro Arbeitnehmer jeweils 666 €;
  - LAG Hamburg[370] und LAG Berlin:[371] doppelter Hilfswert des § 23 Abs. 3 RVG, bei Hinausschieben der Kündigungsfrist dreifacher Hilfswert für jede Stufe der § 17 Abs. 1 KSchG/§ 112 a BetrVG;
  - Wie Eingruppierung (→ SWK II. Nr. 1.2).[372]
- Festsetzung entsprechend dem Wert des streitigen Mitbestimmungs- oder Mitwirkungsrechts (→ SWK II. Nr. 15).[373]

160 **Unterlassung, § 23 Abs. 3 BetrVG**
- Regelwert des § 23 Abs. 3 RVG (derzeit 5.000 €),[374] bei besonders hartnäckigen Verstößen dreifacher Regelwert.[375]
- Festsetzung entsprechend dem Wert des streitigen Mitbestimmungs- oder Mitwirkungsrechts (→ SWK II. Nr. 15).[376]

161 **Wirtschaftliche Angelegenheiten.** Siehe „Unterlassung, allgemein" (→ Rn 159).

162 **Zuordnungsverfahren nach § 18 Abs. 2 BetrVG.** Siehe „Betriebsbegriff" (→ Rn 128).

---

361 Zum Streitwertkatalog s. Rn 165. **362** Zum Streitwertkatalog s. Rn 165. **363** BAG AP Nr. 2 zu § 8 BRAGO. **364** LAG Düsseldorf LAGE § 8 BRAGO Nr. 25; LAG Hmb 24.7.2003 – 4 TaBV 1/02, juris. **365** BAG NZA 2005, 70 f. **366** Zum Streitwertkatalog s. Rn 165. **367** LAG Hmb 29.11.2011 – 2 Ta 19/11, juris; LAG Hamm 28.11.2011 – 10 Ta 627/11, juris. **368** LAG Hamm NZA-RR 2006, 96 f (Anordnung eines Rauchverbots unter Missachtung des Mitbestimmungsrechts des Betriebsrats); LAG Hamm 2.2.2009 – 10 Ta 801/08, juris (Anordnung von Überstunden und Samstagsarbeit ohne Beachtung des Mitbestimmungsrechts des Betriebsrats). **369** LAG Hamm 25.6.2010 – 10 Ta 163/10, juris. **370** LAG Hmb 22.5.2008 – 7 Ta 5/08, juris. **371** LAG Berlin 24.3.2003 – 17 Ta 6080/03, juris. **372** Zum Streitwertkatalog s. Rn 165. **373** Zum Streitwertkatalog s. Rn 165. **374** SächsLAG 9.11.2005 – 1 Ta 282/05, juris. **375** LAG Köln NZA-RR 2007, 152 (18 Verstöße gegen Betriebsvereinbarung betr. Arbeitszeit nach § 87 Abs. 1 Nr. 2 BetrVG in drei Monaten). **376** Zum Streitwertkatalog s. Rn 165.

Zuständigkeiten (Kompetenzabgrenzung BR/GBR/KBR)   163

– Ausgehend vom Hilfswert nach § 23 Abs. 3 S. 2 RVG kann unter Berücksichtigung der Umstände des Einzelfalls eine Erhöhung bzw ein Abschlag in Betracht kommen (→ SWK II. Nr. 16.1).[377]

Zustimmungsersetzung nach § 103 Abs. 2 BetrVG   164

– Vierteljahresentgelt entsprechend § 42 Abs. 3 GKG;[378]
– 2 Bruttomonatsgehälter;[379]
– Regelwert des § 23 Abs. 3 RVG (derzeit 5.000 €);[380]
– Vergütung des betroffenen Arbeitnehmers für ein Vierteljahr (→ SWK II. Nr. 17).[381]

IV. Streitwertkatalog für die Arbeitsgerichtsbarkeit (Abdruck)

Streitwertkatalog für die Arbeitsgerichtsbarkeit   165
überarbeitete Fassung 5. April 2016

VORBEMERKUNG

Auf der Basis der ersten Fassung eines einheitlichen Streitwertkatalogs für die Arbeitsgerichtsbarkeit aus dem Jahre 2013 hat die Streitwertkommission unter Auswertung der Stellungnahmen und Vorschläge aus der Anwaltschaft, von Seiten der Gewerkschaften und der Arbeitgeberverbände, von Seiten der Versicherungswirtschaft und aus der Richterschaft eine überarbeitete Fassung des Streitwertkatalogs erstellt. Auch künftig soll der Streitwertkatalog weiter entwickelt werden.

Der Streitwertkatalog kann selbstverständlich nur praktisch wichtige Fallkonstellationen aufgreifen, ebenso selbstverständlich sind die darin enthaltenen Bewertungsvorschläge zugeschnitten auf die entsprechenden typischen Fallkonstellationen. Die Aussagen des Katalogs sind verfahrensbezogen zu sehen und gelten nicht verfahrensübergreifend.

Trotz dieser Einschränkungen versteht sich der Streitwertkatalog als Angebot auf dem Weg zu einer möglichst einheitlichen Wertrechtsprechung in Deutschland, im Interesse der Rechtssicherheit und Rechtsklarheit für alle Beteiligten. Er beansprucht jedoch keine Verbindlichkeit.

I. URTEILSVERFAHREN

Nr.	Gegenstand
1.	**Abfindung und Auflösungsantrag, tarifliche Abfindung, Sozialplanabfindung, Nachteilsausgleich**
	Wird im Kündigungsrechtsstreit eine gerichtliche Auflösung des Arbeitsverhältnisses beantragt (§§ 9, 10 KSchG; § 13 Abs. 1 S. 3–5, Abs. 2 KSchG; § 14 Abs. 2 S. 2 KSchG), führt dies nicht zu einer Werterhöhung.
	Wird in der Rechtsmittelinstanz isoliert über die Auflösung gestritten, gilt § 42 Abs. 2 S. 1 GKG; wird isoliert über die Abfindungshöhe gestritten, ist maßgebend der streitige Differenzbetrag, höchstens jedoch das Vierteljahresentgelt.
	Eine im Vergleich vereinbarte Abfindung in entsprechender Anwendung der §§ 9, 10 KSchG ist nicht streitwerterhöhend; Vereinbarungen über andere Abfindungen oder einen Nachteilsausgleich im Vergleich können hingegen zu einer Werterhöhung führen.
	Wird hingegen über eine Sozialplanabfindung, über eine tarifliche Abfindung oder über einen Fall des Nachteilsausgleichs nach § 113 Abs. 1 BetrVG gestritten, richtet sich der Wert nach dem streitigen Betrag. Ggf. ist das zum Hilfsantrag (siehe I. Nr. 18) Ausgeführte zu beachten.
2.	**Abmahnung**
2.1	Der Streit über eine Abmahnung wird – unabhängig von der Anzahl und der Art der darin enthaltenen Vorwürfe und unabhängig von dem Ziel der Klage (Entfernung, vollständige Entfernung, ersatzlose Entfernung, Zurücknahme/Widerruf, Feststellung der Unwirksamkeit) – mit 1 Monatsvergütung bewertet.

---

377 Zum Streitwertkatalog s. Rn 165.   **378** LAG Nürnberg JurBüro 2001, 595; LAG BW NZA-RR 2010, 102.   **379** LAG SchlH NZA-RR 2007, 541.   **380** LAG BW 10.12.2004 – 3 Ta 196/04, juris (aufgegeben durch LAG BW NZA-RR 2010, 102). **381** Zum Streitwertkatalog s. Rn 165.

Nr.	Gegenstand
2.2	Mehrere in einem Verfahren angegriffene Abmahnungen werden mit maximal dem Vierteljahresentgelt bewertet.
3.	**Abrechnung**
	Reine Abrechnung nach § 108 GewO, gegebenenfalls auch kumulativ mit einer Vergütungsklage: 5 % der Vergütung für den geltend gemachten Abrechnungszeitraum.
4.	**Änderungskündigung – bei Annahme unter Vorbehalt – und sonstiger Streit über den Inhalt des Arbeitsverhältnisses:**
4.1	1 Monatsvergütung bis zu einem Vierteljahresentgelt je nach dem Grad der Vertragsänderung.
4.2	Bei Änderungskündigungen mit Vergütungsänderung oder sonstigen messbaren wirtschaftlichen Nachteilen: 3-fache Jahresdifferenz, mindestens 1 Monatsvergütung, höchstens die Vergütung für ein Vierteljahr.
5.	**Altersteilzeitbegehren**
	Bewertung entsprechend I. Nr. 4.
6.	**Annahmeverzug**
	Wird in einer Bestandsstreitigkeit im Wege der Klagehäufung Annahmeverzugsvergütung geltend gemacht, bei der die Vergütung vom streitigen Fortbestand des Arbeitsverhältnisses abhängt, so besteht nach dem Beendigungszeitpunkt eine wirtschaftliche Identität zwischen Bestandsstreit und Annahmeverzug. Nach § 45 Abs. 1 S. 3 GKG findet keine Wertaddition statt. Der höhere Wert ist maßgeblich.
7.	**Arbeitspapiere**
7.1	Handelt es sich hierbei nur um reine Bescheinigungen z.B. hinsichtlich sozialversicherungsrechtlicher Vorgänge, Urlaub oder Lohnsteuer: pro Arbeitspapier 10 % einer Monatsvergütung.
7.2	Nachweis nach dem Nachweisgesetz: 10 % einer Monatsvergütung.
8.	**Arbeitszeitveränderung**
	Bewertung entsprechend I. Nr. 4.
9.	**Auflösungsantrag ach dem KSchG**
	Dazu wird auf I. Nr. 1 verwiesen.
10.	**Auskunft/Rechnungslegung/Stufenklage** **(für leistungsabhängige Vergütung z.B. Provision oder Bonus):**
10.1	**Auskunft (isoliert):** von 10 % bis 50 % der zu erwartenden Vergütung, je nach Bedeutung der Auskunft für die klagende Partei im Hinblick auf die Durchsetzung des Zahlungsanspruchs.
10.2	**Eidesstattliche Versicherung (isoliert):** 10 % der Vergütung.
10.3	**Zahlung:** Nennbetrag (ggf. nach der geäußerten Erwartung der klagenden Partei, unter Berücksichtigung von § 44 GKG).
11.	**Befristung, sonstige Beendigungstatbestände**
	Für den Streit über die Wirksamkeit einer Befristungsabrede, einer auflösenden Bedingung, einer Anfechtung des Arbeitsvertrags, einer Eigenkündigung und eines Auflösungs- oder Aufhebungsvertrags gelten die Bewertungsgrundsätze der I. Nrn. 19 und 20 sowie der Nr. 17.

Nr.	Gegenstand
12.	Beschäftigungsanspruch
	1 Monatsvergütung.
13.	Betriebsübergang
	Bestandsschutzklage gegen Veräußerer und Feststellungs- bzw. Bestandsschutzklage gegen Erwerber: allein Bewertung der Beendigungstatbestände nach I. Nrn. 11, 19 und 20, keine Erhöhung nur wegen subjektiver Klagehäufung (also z.B. bei Klage gegen eine Kündigung des Veräußerers und Feststellungsklage gegen Erwerber im selben Verfahren: Vergütung für ein Vierteljahr). Bestandsschutzklage gegen Veräußerer und Beschäftigungsklage/Weiterbeschäftigungsklage gegen Erwerber: Bewertung nach I. Nrn. 11, 12, 19 und 20, keine Erhöhung allein wegen subjektiver Klagehäufung (also z.B. bei Klage gegen eine Kündigung des Veräußerers und Beschäftigungsklage gegen Erwerber im selben Verfahren): 4 Monatsvergütungen. Alleiniger Streit in Rechtsmittelinstanz über Bestand Arbeitsverhältnis mit Betriebserwerber: Vergütung für ein Vierteljahr.
14.	Direktionsrecht – Versetzung
	Von in der Regel 1 Monatsvergütung bis zu einem Vierteljahresentgelt, abhängig vom Grad der Belastungen aus der Änderung der Arbeitsbedingungen für die klagende Partei.
15.	Einstellungsanspruch/Wiedereinstellungsanspruch
	Die Vergütung für ein Vierteljahr; ggf. unter Berücksichtigung von I. Nr. 18.
16.	Einstweilige Verfügung
16.1	Bei Vorwegnahme der Hauptsache: 100 % des allgemeinen Wertes.
16.2	Einstweilige Regelung: Je nach Einzelfall, i.d.R. 50 % des Hauptsachestreitwerts.
17.	Feststellungsantrag, allgemeiner (Schleppnetzantrag):
17.1	Allgemeiner Feststellungsantrag isoliert: höchstens Vergütung für ein Vierteljahr.
17.2	Allgemeiner Feststellungsantrag neben punktuellen Bestandsschutzanträgen (Schleppnetzantrag): keine zusätzliche Bewertung (arg. § 42 Abs. 2 S. 1 GKG).
18.	Hilfsantrag
	Auch uneigentlicher/unechter Hilfsantrag: Es gilt § 45 Abs. 1 S. 2 und 3 GKG.
19.	Kündigung (eine)
	Die Vergütung für ein Vierteljahr, es sei denn, unter Auslegung des Klageantrags und der Klagebegründung ist nur ein Fortbestand des Arbeitsverhältnisses von unter 3 Monaten im Streit (dann entsprechend geringerer Wert).
20.	Kündigungen (mehrere):
20.1	Außerordentliche Kündigung, die hilfsweise als ordentliche erklärt wird (einschließlich Umdeutung nach § 140 BGB): höchstens die Vergütung für ein Vierteljahr, unabhängig davon, ob sie in einem oder in mehreren Schreiben erklärt werden.
20.2	Mehrere Kündigungen ohne Veränderung des Beendigungszeitpunktes: keine Erhöhung.

Nr.	Gegenstand
20.3	Folgekündigungen mit Veränderung des Beendigungszeitpunktes: Für jede Folgekündigung die Entgeltdifferenz zwischen den verschiedenen Beendigungszeitpunkten, maximal jedoch die Vergütung für ein Vierteljahr für jede Folgekündigung. Die erste Kündigung – bewertet nach den Grundsätzen der I. Nr. 19 – ist stets die mit dem frühesten Beendigungszeitpunkt, auch wenn sie später ausgesprochen und später angegriffen wird. Die Grundsätze des Absatzes 1 gelten jeweils für die betreffende Instanz. Fallen Klagen gegen einzelne Kündigungen im Laufe des Verfahrens in einer Instanz weg, gelten die Grundsätze des ersten Absatzes ab diesem Zeitpunkt für die in dieser Instanz verbleibenden Kündigungen.
21.	**Rechnungslegung:** siehe Auskunft (I. Nr. 10.)
22.	**Vergleichsmehrwert**
22.1	Ein Vergleichsmehrwert fällt nur an, wenn durch den Vergleichsabschluss ein weiterer Rechtsstreit und/oder außergerichtlicher Streit erledigt und/oder die Ungewissheit über ein Rechtsverhältnis beseitigt werden. Der Wert des Vergleichs erhöht sich nicht um den Wert dessen, was die Parteien durch den Vergleich erlangen oder wozu sie sich verpflichten. Beispiele: 22.1.1 Die Veränderung des Beendigungszeitpunkts führt (auch bei Verknüpfung mit einer Erhöhung des Abfindungsbetrages – Turbo- oder Sprinterklausel) nicht zu einem Vergleichsmehrwert. 22.1.2 Wird im Rahmen eines Abmahnungsrechtsstreits oder des Streits über eine Versetzung die Beendigung des Arbeitsverhältnisses vereinbart, ist dies zusätzlich nach I. Nr. 19 zu bewerten. 22.1.3 Typischer Weise wird das Merkmal der „Ungewissheit" insbesondere bei Vereinbarung eines Arbeitszeugnisses mit inhaltlichen Festlegungen zum Leistungs- und Führungsverhalten in einem Rechtsstreit über eine auf Verhaltens- oder Leistungsmängel gestützte Kündigung gegeben sein; dies ist zusätzlich nach I. Nr. 25 zu bewerten. 22.1.4 Nur wenn eine Partei sich eines Anspruchs auf oder eines Rechts zur Freistellung berühmt hat, wird die Freistellungsvereinbarung mit bis zu 1 Monatsvergütung (unter Anrechnung des Werts einer Beschäftigungs- oder Weiterbeschäftigungsklage) bewertet. Die Freistellung wird nur zukunftsbezogen ab dem Zeitpunkt des Vergleichsabschlusses berücksichtigt, etwaige Zeiten einer Freistellung zuvor spielen keine Rolle. 22.1.5 Ausgleichsklauseln erhöhen den Vergleichswert nur, wenn durch sie ein streitiger oder ungewisser Anspruch erledigt wird.
22.2	Ist ein Anspruch unstreitig und gewiss, aber seine Durchsetzung ungewiss, wird das Titulierungsinteresse mit 20 % des Wertes des Anspruches bewertet.
23.	**Weiterbeschäftigungsantrag incl. Anspruch nach § 102 Abs. 5 BetrVG**
	1 Monatsvergütung.
24.	**Wiedereinstellungsanspruch:** siehe Einstellungsanspruch (I. Nr. 15.)
25.	**Zeugnis**
25.1	Erteilung oder Berichtigung eines einfachen Zeugnisses: 10 % einer Monatsvergütung.
25.2	Erteilung oder Berichtigung eines qualifizierten Zeugnisses: 1 Monatsvergütung, und zwar unabhängig von Art und Inhalt eines Berichtigungsverlangens, auch bei kurzem Arbeitsverhältnis.
25.3	Zwischenzeugnis: Bewertung wie I. Nr. 25.2. Wird ein Zwischen- und ein Endzeugnis (kumulativ oder hilfsweise) im Verfahren verlangt: Insgesamt 1 Monatsvergütung.

II. BESCHLUSSVERFAHREN

Nr.	Verfahrensgegenstand
1.	**Betriebsänderung/Personalabbau**
1.1	Realisierung des Verhandlungsanspruchs: Ausgehend vom Hilfswert nach § 23 Abs. 3 S. 2 RVG wird gegebenenfalls unter Berücksichtigung der Umstände des Einzelfalles, z.B. Inhalt und Bedeutung der Regelungsfrage, eine Erhöhung bzw. ein Abschlag vorgenommen.
1.2	Unterlassung der Durchführung einer Betriebsänderung: Ausgehend von II Nr. 1.1 erfolgt eine Erhöhung nach der Staffelung von II. Nr. 13.7.
2.	**Betriebsratswahl**
2.1	Bestellung des Wahlvorstands: Ausgehend vom Hilfswert des § 23 Abs. 3 S. 2 RVG kann abhängig vom Gegenstand des Mitbestimmungsrechts und der Bedeutung des Einzelfalls sowie des Aufwands eine Herauf- oder Herabsetzung erfolgen; bei zusätzlichem Streit über die Größe des Wahlvorstandes bzw. Einzelpersonen: Erhöhung jeweils um 1/2 Hilfswert nach § 23 Abs. 3 S. 2 RVG.
2.2	Maßnahmen innerhalb des Wahlverfahrens (incl. einstweilige Verfügungen) z.B.: Abbruch der Wahl: 1/2 Wert der Wahlanfechtung (siehe II. Nr. 2.3). Zurverfügungstellung von Unterlagen (auch Herausgabe der Wählerlisten): 1/2 Hilfswert von § 23 Abs. 3 S. 2 RVG.
2.3	Wahlanfechtung (incl. Prüfung der Nichtigkeit der Wahl): ausgehend vom doppelten Hilfswert nach § 23 Abs. 3 S. 2 RVG, Steigerung nach der Staffel gemäß § 9 BetrVG mit jeweils 1/2 Hilfswert.
3.	**Betriebsvereinbarung**
	Ausgehend vom Hilfswert nach § 23 Abs. 3 S. 2 RVG wird gegebenenfalls unter Berücksichtigung der Umstände des Einzelfalles, z.B. Inhalt und Bedeutung der Regelungsfrage, eine Erhöhung bzw. ein Abschlag vorgenommen.
4.	**Einigungsstelle, Einsetzung nach § 100 ArbGG** bei Streit um:
4.1	Offensichtliche Unzuständigkeit: Höchstens Hilfswert nach § 23 Abs. 3 S. 2 RVG.
4.2	Person des Vorsitzenden: Grundsätzlich 1/4 Hilfswert nach § 23 Abs. 3 S. 2 RVG.
4.3	Anzahl der Beisitzer: Grundsätzlich insgesamt 1/4 Hilfswert nach § 23 Abs. 3 S. 2 RVG.
5.	**Einigungsstelle, Anfechtung des Spruchs**
	Ausgehend vom Hilfswert nach § 23 Abs. 3 S. 2 RVG wird gegebenenfalls unter Berücksichtigung der Umstände des Einzelfalls, z.B. Inhalt und Bedeutung der Regelungsfrage, eine Erhöhung bzw. ein Abschlag vorgenommen.
6.	**Einigungsstelle, Anfechtung des Spruchs über Sozialplan**
6.1	Macht der Arbeitgeber eine Überdotierung geltend, dann entspricht der Wert des Verfahrens der vollen Differenz zwischen dem festgesetzten Volumen und der von ihm als angemessen erachteten Dotierung.
6.2	Beruft sich der anfechtende Betriebsrat nur auf eine Unterdotierung, dann finden die Grundsätze von § 23 Abs. 3 S. 2 RVG Anwendung.
7.	**Einstweilige Verfügung**
7.1	Bei Vorwegnahme der Hauptsache: 100 % des allgemeinen Wertes.
7.2	Einstweilige Regelung: Je nach Einzelfall, i.d.R. 50 % des Hauptsachestreitwerts.

Nr.	Verfahrensgegenstand
8.	**Freistellung eines Betriebsratsmitglieds**
8.1	Freistellung von der Arbeitspflicht im Einzelfall (§ 37 Abs. 2 und 3 BetrVG): Bewertung nach § 23 Abs. 3 S. 2 RVG, abhängig von Anlass und Dauer der Freistellung kann eine Herauf- oder Herabsetzung des Wertes erfolgen.
8.2	Zusätzliche Freistellung (§ 38 BetrVG): Ausgehend vom doppelten Hilfswert des § 23 Abs. 3 S. 2 RVG kann abhängig von der Bedeutung des Einzelfalls sowie des Aufwands eine Herauf- oder Herabsetzung erfolgen.
9.	**Informations- und Beratungsansprüche**
9.1	Ausgehend vom Hilfswert des § 23 Abs. 3 S. 2 RVG kann abhängig vom Gegenstand des Mitbestimmungsrechts und der Bedeutung des Einzelfalls sowie des Aufwands eine Herauf- oder Herabsetzung des Wertes erfolgen.
9.2	Sachverständige/Auskunftsperson: Nichtvermögensrechtliche Streitigkeit: Es ist vom Hilfswert nach § 23 Abs. 3 S. 2 RVG auszugehen, einzelfallabhängig kann eine Herauf- oder Herabsetzung erfolgen.
10.	**Mitbestimmung in sozialen Angelegenheiten**
	Streit über das Bestehen eines Mitbestimmungsrechts: Ausgehend vom Hilfswert des § 23 Abs. 3 S. 2 RVG kann abhängig vom Gegenstand des Mitbestimmungsrechts und der Bedeutung des Einzelfalls (organisatorische und wirtschaftliche Auswirkungen, Anzahl der betroffenen Arbeitnehmer u.a.) eine Herauf- oder Herabsetzung des Wertes ohne Staffelung erfolgen.
11.	**Mitbestimmung in wirtschaftlichen Angelegenheiten**
	Siehe II. Nr. 1.
12.	**Nichtigkeit einer Betriebsratswahl**
	Siehe Betriebsratswahl (II. Nr. 2.3).
13.	**Personelle Einzelmaßnahmen nach §§ 99, 100, 101 BetrVG**
13.1	**Grundsätzliches:** Es handelt sich um nichtvermögensrechtliche Angelegenheiten; entscheidend sind die Aspekte des Einzelfalles, z.B. die Dauer und Bedeutung der Maßnahme und die wirtschaftlichen Auswirkungen, die zur Erhöhung oder Verminderung des Wertes führen können.
13.2	**Einstellung:** Als Anhaltspunkte für die Bewertung können dienen:
13.2.1	der Hilfswert von § 23 Abs. 3 S. 2 RVG **oder**
13.2.2	die Regelung von § 42 Abs. 2 S. 1 GKG, wobei eine Orientierung am 2-fachen Monatsverdienst des Arbeitnehmers sachgerecht erscheint.
13.3	**Eingruppierung/Umgruppierung:** Die Grundsätze zu II. Nr. 13.1 und 13.2 gelten unter Berücksichtigung des Einzelfalles auch bei diesem Mitbestimmungsrecht, wobei bei der Wertung gemäß II. Nr. 13.2.2 die Orientierung an § 42 Abs. 2 S. 2 GKG vorzunehmen ist. Bei der 36-fachen Monatsdifferenz erfolgt ein Abschlag i.H.v. 25 % wegen der nur beschränkten Rechtskraftwirkung des Beschlussverfahrens für den fraglichen Arbeitnehmer.
13.4	**Versetzung** Je nach Bedeutung der Maßnahme Hilfswert (bei Vorgehensweise nach II. Nr. 13.2.1) oder Bruchteil davon **bzw.** (bei Vorgehensweise nach II Nr. 13.2.2) 1 bis 2 Monatsgehälter, angelehnt an die für eine Versetzung im Urteilsverfahren genannten Grundsätze.

Nr.	Verfahrensgegenstand
13.5	Das Verfahren nach § 100 BetrVG wird mit dem 1/2 Wert des Verfahrens nach § 99 Abs. 4 BetrVG bewertet.
13.6	Das Verfahren nach § 101 BetrVG wird als eigenständiges Verfahren wie das Verfahren nach § 99 Abs. 4 BetrVG bzw. nach § 100 BetrVG bewertet. Als kumulativer Antrag in einem Verfahren mit 1/2 Wert des Verfahrens nach § 99 Abs. 4 bzw. 100 BetrVG.
13.7	Bei **Massenverfahren** (objektive Antragshäufung) mit wesentlich gleichem Sachverhalt, insbesondere bei einer einheitlichen unternehmerischen Maßnahme und parallelen Zustimmungsverweigerungsgründen und/oder vergleichbaren Eingruppierungsmerkmalen, erfolgt – ausgehend von vorgenannten Grundsätzen – ein linearer Anstieg des Gesamtwertes, wobei als Anhaltspunkt folgende Staffelung für eine Erhöhung angewendet wird: – beim **2. bis einschließlich 20.** parallel gelagerten Fall wird für jeden Arbeitnehmer der für den Einzelfall ermittelte Ausgangswert mit 25 % bewertet, – beim **21. bis einschließlich 50.** parallel gelagerten Fall wird für jeden Arbeitnehmer der für den Einzelfall ermittelte Ausgangswert mit 12,5 % bewertet, – **ab dem 51.** parallel gelagerten Fall wird für jeden Arbeitnehmer der Ausgangswert mit 10 % bewertet.
14.	**Sachmittel – Kostenerstattung nach § 40 BetrVG**
14.1	Vermögensrechtliche Streitigkeit: Entscheidend ist die Höhe der angefallenen Kosten/des Wertes der Aufwendungen; bei dauernden Kosten, z.B. Mietzinszahlungen: Max. 36 Monatsaufwendungen.
14.2	Schulungskosten: Vermögensrechtliche Streitigkeit: Entscheidend ist die Höhe der Schulungskosten, inklusive Fahrtkosten.
15.	**Unterlassungsanspruch**
	Sowohl für den allgemeinen Unterlassungsanspruch als auch den Anspruch nach § 23 Abs. 3 BetrVG: Festsetzung entsprechend dem Wert des streitigen Mitbestimmungs- oder Mitwirkungsrechts.
16.	**Zuständigkeitsstreitigkeiten/Kompetenzabgrenzung**
16.1	Abgrenzung Zuständigkeit Betriebsratsgremien: Ausgehend vom Hilfswert nach § 23 Abs. 3 S. 2 RVG kann unter Berücksichtigung der Umstände des Einzelfalles eine Erhöhung bzw. ein Abschlag in Betracht kommen.
16.2	Abgrenzung Betrieb / gemeinsamer Betrieb / Betriebsteil: Ausgehend vom Hilfswert nach § 23 Abs. 3 S. 2 RVG kann unter Berücksichtigung der Umstände des Einzelfalles eine Erhöhung bzw. ein Abschlag in Betracht kommen.
17.	**Zustimmungsersetzungsantrag (§ 103 BetrVG)**
	Vergütung des betroffenen Arbeitnehmers für ein Vierteljahr (wegen der Rechtskraftwirkung).

Allgemeiner Hinweis: Personenbezogene Bezeichnungen beziehen sich auf beide Geschlechter. Zur besseren Lesbarkeit wird im Text nur die männliche Form verwendet.

§ 49 (weggefallen)

§ 49 a Wohnungseigentumssachen

(1) [1]Der Streitwert ist auf 50 Prozent des Interesses der Parteien und aller Beigeladener an der Entscheidung festzusetzen. [2]Er darf das Interesse des Klägers und der auf seiner Seite Beigetretenen an der Entscheidung nicht unterschreiten und das Fünffache des Wertes ihres Interesses nicht überschreiten. [3]Der Wert darf in keinem Fall den Verkehrswert des Wohnungseigentums des Klägers und der auf seiner Seite Beigetretenen übersteigen.

(2) [1]Richtet sich eine Klage gegen einzelne Wohnungseigentümer, darf der Streitwert das Fünffache des Wertes ihres Interesses sowie des Interesses der auf ihrer Seite Beigetretenen nicht übersteigen. [2]Absatz 1 Satz 3 gilt entsprechend.

§ 43 WEG Zuständigkeit

Das Gericht, in dessen Bezirk das Grundstück liegt, ist ausschließlich zuständig für

1. Streitigkeiten über die sich aus der Gemeinschaft der Wohnungseigentümer und aus der Verwaltung des gemeinschaftlichen Eigentums ergebenden Rechte und Pflichten der Wohnungseigentümer untereinander;
2. Streitigkeiten über die Rechte und Pflichten zwischen der Gemeinschaft der Wohnungseigentümer und Wohnungseigentümern;
3. Streitigkeiten über die Rechte und Pflichten des Verwalters bei der Verwaltung des gemeinschaftlichen Eigentums;
4. Streitigkeiten über die Gültigkeit von Beschlüssen der Wohnungseigentümer;
5. Klagen Dritter, die sich gegen die Gemeinschaft der Wohnungseigentümer oder gegen Wohnungseigentümer richten und sich auf das gemeinschaftliche Eigentum, seine Verwaltung oder das Sondereigentum beziehen;
6. Mahnverfahren, wenn die Gemeinschaft der Wohnungseigentümer Antragstellerin ist. Insoweit ist § 689 Abs. 2 der Zivilprozessordnung nicht anzuwenden.

I. Allgemeines

1. Grundlegendes. § 49 a regelt den Streitwert in Wohnungseigentumssachen.[1] Die Prüfung des Streitwerts **1** erfolgt mehrstufig. Nach der Feststellung des Ausgangsstreitwerts (Abs. 1 S. 1) ist zu prüfen, ob der Ausgangsstreitwert den Mindeststreitwert unterschreitet (Abs. 1 S. 2). Alsdann ist zu ermitteln, ob der Ausgangsstreitwert die Höchstwerte überschreitet (Abs. 1 S. 2, 3, Abs. 2 S. 1, 2). § 49 a enthält eine Abkehr von dem ansonsten bei der Streitwertbemessung geltenden Angreiferinteresseprinzip. Das in § 49 a enthaltene Streitwertprivileg dient der Einhaltung der verfassungsrechtlich gebotenen Justizgewährungspflicht.

Die Handhabung der Vorschrift gestaltet sich schwierig, weil es der Bewertung verschiedener Interessen **2** und des Vergleichs der festgestellten Werte bedarf. Abs. 2 ist missglückt; in der veröffentlichten Rspr wird Abs. 2 nicht erörtert.

Die Streitwertvorschrift hat ihre **Praxisrelevanz** vor allem bei **Beschlussanfechtungsklagen** iSv § 46 WEG. **3**

§ 49 a ist mit der WEG-Reform 2007 (→ Rn 5 f) am 1.7.2007 in Kraft getreten. Für Übergangsfälle gelten **4** § 71 GKG bzw § 62 WEG. Die Vorschrift ist seit der WEG-Reform nicht geändert worden.

2. WEG-Reform 2007. Die Vorschrift des § 49 a über den Streitwert in Wohnungseigentumssachen ist im **5** Rahmen der sog. WEG-Reform 2007[2] in das GKG eingefügt worden. Die WEG-Reform überführte die Wohnungseigentumssachen zu bürgerlichen Rechtsstreitigkeiten und unterstellte sie der ZPO mit einigen Sonderregelungen in den §§ 43–50 WEG. Hintergrund war, dass es sich bei den Wohnungseigentumssachen um rein privatrechtliche Streitigkeiten handelt und es keinen Grund dafür gibt, diese Angelegenheiten dem FamFG (vormals FGG) mit dem Amtsermittlungsgrundsatz (§ 26 FamFG) zu unterstellen.[3]

Durch die Erstreckung der ZPO-Vorschriften auf die Wohnungseigentumssachen richten sich die Gerichts- **6** gebühren nach dem GKG und nicht mehr nach dem GNotKG (vormals KostO). Aus Gründen der Systemgerechtigkeit und zur Vereinfachung des Kostenrechts ist dann mit der WEG-Reform die Streitwertvorschrift aus § 48 Abs. 3 WEG aF[4] herausgenommen und in neuer Fassung in § 49 a GKG eingefügt worden.

3. Entstehungsgeschichte des § 49 a. Die Auslegung des § 49 a nach dem Willen des Gesetzgebers erfordert **7** Kenntnisse über die Abläufe des Gesetzgebungsverfahrens. Denn zum einen gingen der Gesetz gewordenen Fassung unterschiedliche Vorschläge im Gesetzgebungsverfahren voraus. Zum anderen ergab sich während des Gesetzgebungsverfahrens aus einer Entscheidung des BGH über die Teilrechtsfähigkeit einer Wohnungseigentümergemeinschaft[5] ein weiterer erheblicher Änderungsbedarf gegenüber den ursprünglich im Regierungsentwurf vorgesehenen Änderungsvorschlägen.

Einigkeit bestand bei den verschiedenen Vorschlägen zur Regelung des Streitwerts in Wohnungseigentums- **8** sachen, dass in Abkehr von dem Angreiferinteresseprinzip der Streitwert nach dem **Interesse aller Beteiligten** des Rechtsstreits auszurichten ist (→ Rn 10) und dass zur einfachgesetzlichen Umsetzung der aus dem Rechtsstaatsprinzip folgenden Justizgewährungspflicht (→ Rn 11 ff) Streitwerthöchstgrenzen einzurichten sind.

Ein Referentenentwurf des BMJ vom 7.10.2004 enthielt den Vorschlag, die neue Streitwertvorschrift in **9** § 49 a GKG-RefE vorzusehen. Demgegenüber schlug die Bundesregierung in ihrem Regierungsentwurf vor, die Streitwertvorschrift in § 50 WEG-RegE einzuführen.[6] In einem Abs. 1 war die „eigentliche" Regelung des Streitwerts enthalten. Abs. 2 sah nach dem Vorbild von § 247 AktG und § 144 PatG eine einseitige Streitwertherabsetzung für die Klägerseite vor. Abs. 3 enthielt eine entsprechende Streitwertherabsetzung für einzelne Wohnungseigentümer auf Beklagtenseite. In seiner Stellungnahme schlug der Bundesrat hingegen vor, die Streitwertvorschrift in § 49 a GKG-BRatE vorzusehen. Der Vorschlag des Bundesrats stimmt im Wesentlichen inhaltlich mit der Gesetzesfassung des § 49 a Abs. 1 überein.[7] Die Bundesregierung regte in ihrer Gegenäußerung eine überarbeitete Formulierung des Bundesratsentwurfs an und ergänzte ihren Vorschlag um einen Abs. 2.[8] In dieser Fassung wurde der Entwurf für § 49 a Abs. 1, 2 von dem Rechtsausschuss des Bundestages[9] befürwortet und dann schließlich Gesetz.

4. Kernanliegen des § 49 a. a) Normativer Streitwert (Abs. 1 S. 1). Grundsätzlich bemisst sich ein Streit- **10** wert allein nach dem Interesse der angreifenden, zumeist klagenden Partei („**Angreiferinteresseprinzip**").[10] Der Grund hierfür ist, dass der Angreifer den Streitgegenstand bestimmt und sich die Wertberechnung an

---

1 Vgl zu § 49 a auch: *Steiner*, NZM 2014, 505; *Lehmann-Richter*, ZWE 2010, 389; *Slomian*, ZMR 2010, 745; *Drasdo*, NJW-Spezial 2009, 753; *Einsiedler*, ZMR 2008, 765; *Elzer*, NZM 2008, 432; *Abramenko*, AGS 2007, 281; *Briesemeister*, NZM 2007, 345. **2** Gesetz zur Änderung des Wohnungseigentumsgesetzes und anderer Gesetze v. 26.3.2007 (BGBl. I 370). **3** Vgl BT-Drucks 16/887, S. 12. **4** § 48 Abs. 3 WEG aF lautete: „Der Richter setzt den Geschäftswert nach dem Interesse der Beteiligten an der Entscheidung von Amts wegen fest. Der Geschäftswert ist niedriger festzusetzen, wenn die nach Satz 1 berechneten Kosten des Verfahrens zu dem Interesse eines Beteiligten nicht in einem angemessenen Verhältnis stehen." **5** Vgl BGH NJW 2005, 2061. **6** Vgl hierzu BT-Drucks 16/887, S. 8 (Text) u. S. 41 f (Begründung). **7** Vgl hierzu BT-Drucks 16/887, S. 53–55. **8** Vgl hierzu BT-Drucks 16/887, S. 76 f. **9** Vgl hierzu BT-Drucks 16/3843, S. 29. **10** Vgl *Schumann*, NJW 1982, 1257, 1258: kein Grundprinzip, sondern nur ein Auffangprinzip.

dem Streitgegenstand orientiert.[11] Demgegenüber haben normative Streitwerte das Ziel, für ihren jeweiligen Bereich eine ausschließliche Bewertung nach den Interessen des Angreifers auszuschalten.[12] Einen solchen normativen Streitwert enthält § 49 a. Denn wie schon bei § 48 Abs. 3 WEG aF ist Ausgangspunkt der Streitwertbemessung in Wohnungseigentumssachen das **gesamte Interesse aller am Rechtsstreit Beteiligten**. Für § 49 a konnte im Unterschied zu anderen bürgerlichen Rechtsstreitigkeiten nicht allein das Interesse der klagenden Partei an der Entscheidung maßgebend sein.[13] Denn die Rechtskraft eines Urteils in Wohnungseigentumssachen erstreckt sich nicht allein auf die Parteien des Rechtsstreits, sondern nach § 48 Abs. 3 WEG in den Fällen des § 43 Nr. 1, 3, 4 WEG auch auf alle in diesem Rechtsstreit Beigeladenen.[14] Das Interesse der klagenden Partei ist lediglich insoweit noch maßgebend, als dass dieses Interesse die Mindestgrenze eines nach Abs. 1 zu bestimmenden Streitwerts ist. Dies vermeidet eine Besserstellung einer klagenden Partei in Wohnungseigentumssachen gegenüber einer klagenden Partei in einer anderweitigen bürgerlichen Rechtsstreitigkeit.[15]

11   **b) Streitwertgrenzen zur Justizgewährungspflicht.** § 49 a dient der **einfachgesetzlichen Umsetzung** der aus dem Rechtsstaatsprinzip folgenden Justizgewährungspflicht.[16] Mit der **Justizgewährungspflicht** ist es **nicht vereinbar**, den Rechtsuchenden durch die Vorschriften über die Gerichts- und Rechtsanwaltsgebühren oder deren Handhabung mit einem **Kostenrisiko** zu belasten, das **außer Verhältnis** zu seinem Interesse an dem Verfahren steht und die Anrufung des Gerichts bei vernünftiger Abwägung als wirtschaftlich nicht mehr sinnvoll erscheinen lässt.[17] Das einzelne Interesse der klagenden Partei kann – gerade bei größeren Wohnungseigentümergemeinschaften – deutlich weniger als 50 % des Interesses aller Beteiligten betragen.[18]

12   Zur Umsetzung der Justizgewährungspflicht und zur Sicherstellung eines nicht außer Verhältnis stehenden Kostenrisikos ist in § 49 a vorgesehen:

- Bemessung des Ausgangsstreitwerts auf 50 % des Gesamtinteresses (Abs. 1 S. 1);
- Streitwerthöchstgrenze auf das Fünffache des Interesses des Klägers und der auf seiner Seite Beigetretenen (Abs. 1 S. 2);[19]
- absolute Streitwerthöchstgrenze auf den Verkehrswert des Wohnungseigentums des Klägers und der auf seiner Seite Beigetretenen (Abs. 1 S. 3);
- Streitwerthöchstgrenze auf das Fünffache des Interesses des Beklagten und der auf seiner Seite Beigetretenen bei Klagen gegen einzelne Wohnungseigentümer (Abs. 2 S. 1);
- absolute Streitwerthöchstgrenze auf den Verkehrswert des Wohnungseigentums des Beklagten und der auf seiner Seite Beigetretenen bei Klagen gegen einzelne Wohnungseigentümer (Abs. 2 S. 2).

13   Nach Auffassung der Bundesregierung bedurfte es einer Umsetzung des Justizgewährungsanspruchs auch in den Fällen, in denen sich die Klage gegen einzelne Wohnungseigentümer richtet.[20] Mit Abs. 2 werde sichergestellt, dass der Justizgewährungsanspruch auch im Fall einer Rechtsverteidigung gewährleistet werde.[21] Abs. 1 wurde insoweit als nicht ausreichend angesehen, weil er sich auf die Rechtsverfolgung beschränke.[22] Ob indes Abs. 2 auf der Grundlage der Rspr des BVerfG[23] verfassungsrechtlich zwingend geboten war, mag zweifelhaft sein.

14   Die Umsetzung der Justizgewährungspflicht in § 49 a erfolgt insgesamt ausschließlich bei der Bestimmung des für alle Beteiligten geltenden Streitwerts. Die Möglichkeit einer zusätzlichen einseitigen Streitwertherabsetzung ist im Unterschied zum Regierungsentwurf in § 49 a nicht vorgesehen. Auch Abs. 2 bezweckt nicht die nur einseitige Streitwertherabsetzung. Dies vermeidet eine zusätzliche Erschwerung in der Handhabung des § 49 a.[24]

15   Alle der Justizgewährungspflicht dienenden Streitwerthöchstgrenzen aus § 49 a haben für die Beteiligten des Rechtsstreits den Vorteil, dass sie keine Gerichts- und Rechtsanwaltsgebühren nach einem höheren Streit-

---

11 *Schumann*, NJW 1982, 1257, 1260. **12** *Schumann*, NJW 1982, 1257, 1258. **13** BT-Drucks 16/887, S. 41 (BReg zu § 50 WEG-E); BT-Drucks 16/887, S. 54 (Stellungnahme BRat); Binz/Dörndorfer/*Dörndorfer*, § 49 a GKG Rn 3; Bamberger/Roth/*Scheel*, BeckOK-BGB, Ed. 35 (Stand: 1.5.2015), § 49 WEG Rn 13. **14** BT-Drucks 16/887, S. 41 (BReg zu § 50 WEG-E); BT-Drucks 16/887, S. 54 (Stellungnahme BRat); Binz/Dörndorfer/*Dörndorfer*, § 49 a GKG Rn 3; Bamberger/Roth/*Scheel*, BeckOK-BGB, Ed. 35 (Stand: 1.5.2015), § 49 WEG Rn 13. **15** BT-Drucks 16/887, S. 41 (BReg zu § 50 WEG-E); BT-Drucks 16/887, S. 54 (Stellungnahme BRat); Bamberger/Roth/*Scheel*, BeckOK-BGB, Ed. 35 (Stand: 1.5.2015), § 49 WEG Rn 15. **16** BT-Drucks 16/887, S. 53 f (Stellungnahme BRat); BT-Drucks 16/887, S. 76 (Gegenäußerung BReg); vgl auch BT-Drucks 16/887, S. 41 (BReg zu § 50 WEG-E). So auch: Binz/Dörndorfer/*Dörndorfer*, § 49 a GKG Rn 1; Schneider/Herget/*Monschau*, Streitwert-Kommentar, Rn 6262; MüKo-BGB/*Engelhardt*, 6. Aufl. 2013, § 43 WEG Rn 21; Bamberger/Roth/*Scheel*, BeckOK-BGB, Ed. 35 (Stand: 1.5.2015), § 49 WEG Rn 13. **17** BVerfG NJW 1992, 1673; dem folgend: BT-Drucks 16/887, S. 53 (Stellungnahme BRat); vgl auch BT-Drucks 16/887, S. 41 (BReg zu § 50 WEG-E). **18** BT-Drucks 16/887, S. 53 (Stellungnahme BRat); vgl auch BT-Drucks 16/887, S. 41 (BReg zu § 50 WEG-E). **19** *Elzer*, NZM 2008, 432, 434 meint, dass die Deckelung dort leerläuft, wo eine Unterscheidung des Interesses des Klägers und der Interessen aller Wohnungseigentümer nicht möglich sei. *Elzer* zieht deshalb eine Herabsetzung analog § 48 Abs. 3 WEG aF in Betracht. **20** BT-Drucks 16/887, S. 76 (Gegenäußerung BReg). **21** BT-Drucks 16/887, S. 76 (Gegenäußerung BReg). **22** BT-Drucks 16/887, S. 76 (Gegenäußerung BReg). **23** Vgl BVerfG NJW 1992, 1673. **24** BT-Drucks 16/887, S. 54 (Stellungnahme BRat).

wert zu tragen haben. Dies gilt unabhängig davon, ob die Streitwerthöchstgrenzen im Hinblick auf eine Rechtsverfolgung (Abs. 1 S. 2, 3) oder auf eine Rechtsverteidigung (Abs. 2 S. 1, 2) eingerichtet sind. Denn auch für einen Beklagten ist es von Vorteil, wenn die Gebühren aufgrund der Streitwerthöchstgrenze nach dem Fünffachen des Interesses des Klägers und der auf seiner Seite Beigetretenen begrenzt sind. Ebenso ist es für einen Kläger von Vorteil, wenn die Gebühren aufgrund der Streitwerthöchstgrenze nach dem Fünffachen des Interesses des Beklagten und der auf seiner Seite Beigetretenen begrenzt sind.

c) Streitwerthöchstgrenzen als Verstoß gegen die Berufsfreiheit der Rechtsanwälte? Die (normativen) Streitwerthöchstgrenzen in Abs. 1 S. 2, 3 und Abs. 2 S. 1, 2 berühren die grundrechtliche Berufs(-ausübungs-)freiheit der Rechtsanwälte. Die berufliche Tätigkeit der Rechtsanwälte ist dadurch gekennzeichnet, dass sie in ein gesetzliches Vergütungssystem eingebunden ist, das vertragliche Vereinbarungen über die Höhe der anwaltlichen Vergütung teilweise entbehrlich macht.[25] Streitwertgrenzen ändern dann aber dieses Vergütungssystem in der Weise ab, dass ab einer bestimmten Kappungsgrenze Rechtsanwälte niedrigere Gebühren hinnehmen müssen oder ansonsten auf eine Vergütungsvereinbarung angewiesen sind, wenn sie eine über den festgeschriebenen gesetzlichen Gebühren liegende Vergütung erzielen wollen.[26] **16**

Gleichwohl enthält § 49 a keinen verfassungswidrigen Eingriff in die Berufsfreiheit der Rechtsanwälte. Insofern treffen die Erwägungen des BVerfG[27] zu § 22 Abs. 2 bzw § 23 Abs. 1 S. 1 RVG iVm § 39 Abs. 2 GKG, wonach die Kappungsgrenzen weder gegen die Berufsfreiheit eines Rechtsanwalts aus Art. 12 Abs. 1 GG noch gegen den Gleichheitssatz aus Art. 3 Abs. 1 GG verstoßen, in entsprechender Weise im Zusammenhang mit § 49 a zu. So hindern die Streitwerthöchstgrenzen einen Rechtsanwalt nicht, dass er zur Erzielung einer höheren als der dispositiven gesetzlichen Vergütung eine Vergütungsvereinbarung trifft. Weiterhin entspricht es dem Verhältnismäßigkeitsgrundsatz, wenn im Interesse einer effektiven Justizgewährung bei hohen Streitwerten das Entstehen unverhältnismäßig hoher Gebühren vermieden wird. **17**

Um in Wohnungseigentumssachen den Abschluss von Vergütungsvereinbarungen mit Rechtsanwälten zu erleichtern,[28] wurde mit der WEG-Reform eingeführt, dass der **Verwalter berechtigt** ist, mit einem Rechtsanwalt zu vereinbaren, dass sich die Gebühren nach einem höheren als dem gesetzlichen Streitwert, **höchstens** nach einem gem. Abs. 1 S. 1 bestimmten Streitwert, bemessen, und zwar **18**

- im Namen aller Wohnungseigentümer und mit Wirkung für und gegen sie wegen eines Rechtsstreits gem. § 43 Nr. 1, 4 oder 5 WEG (§ 27 Abs. 2 Nr. 4 WEG) oder
- im Namen der Gemeinschaft der Wohnungseigentümer und mit Wirkung für und gegen sie wegen eines Rechtsstreits nach § 43 Nr. 2 oder 5 WEG (§ 27 Abs. 3 Nr. 6 WEG).

Um wiederum durch die Regelungen in § 27 Abs. 2 Nr. 4, Abs. 3 Nr. 6 WEG eine Aushöhlung des Justizgewährungsanspruchs des einzelnen Wohnungseigentümers zu vermeiden,[29] ist in § 16 Abs. 8 WEG geregelt, dass die Kosten eines Rechtsstreits (§ 43 WEG) nur dann zu den **Kosten der Verwaltung** iSv § 16 Abs. 2 WEG gehören, wenn es sich um **Mehrkosten** gegenüber der gesetzlichen Vergütung eines Rechtsanwalts aufgrund einer Vergütungsvereinbarung (§ 27 Abs. 2 Nr. 3, Abs. 3 Nr. 6 WEG) handelt. **19**

II. Anwendungsbereich

1. Gebührenstreitwert für alle Streitigkeiten und Verfahren in Wohnungseigentumssachen. a) Gebührenstreitwert. § 49 a bestimmt den Streitwert für die **Gerichtsgebühren** in Wohnungseigentumssachen. Die Gerichtsgebühren richten sich demgemäß nach einem Streitwert. Die Höhe der Gebühren ergibt sich dann aus der Gebührentabelle (vgl § 34 und Anlage 2). **20**

Über § 23 Abs. 1 S. 1 RVG findet § 49 a auch für die gesetzlichen **Rechtsanwaltsgebühren** Anwendung. **21**

Der Gebührenstreitwert ist auch für Verteilung der Kosten im Rechtsstreit bedeutsam. Denn der Maßstab für die Feststellung des Teilunterliegens bestimmt sich bei der **Kostengrundentscheidung nach § 92 ZPO** nach dem Gebührenstreitwert.[30] Dies beruht darauf, dass die zu verteilenden Kosten nach dem Gebührenstreitwert zu berechnen sind und nicht nach den Wertvorschriften einer Verfahrensordnung (zB §§ 3–9 ZPO). **22**

Nur in Ausnahmefällen ist nicht auf die Gebührenstreitwertvorschriften zurückzugreifen, zB: **23**

- Zuvielforderung einer Nebenforderung; hier ist ein fiktiver Streitwert aus der Addition von Haupt- und Nebenforderung zu bilden.[31]

---

25 BVerfG NJW 2007, 2098. **26** BVerfG NJW 2007, 2098. **27** BVerfG NJW 2007, 2098. **28** Vgl BT-Drucks 16/887, S. 76 (Gegenäußerung BReg). **29** So BT-Drucks 16/887, S. 77 (Gegenäußerung BReg). **30** Musielak/Voit/*Flockenhaus*, ZPO, § 92 Rn 4. **31** Vgl BGH NJW 1988, 2173.

■ Normativer Streitwert führt zu einer unbilligen Kostenverteilung, weil der normative Streitwert nicht den wirtschaftlichen Wert angemessen abbildet („Verteilungsgerechtigkeit").[32]

24 **b) Wohnungseigentumssachen.** § 49 a regelt – wie sich aus der Überschrift der Vorschrift ergibt – den Streitwert in Wohnungseigentumssachen. § 49 a definiert den **Begriff** der Wohnungseigentumssachen nicht. Auch § 1 WEG bestimmt den Begriff der Wohnungseigentumssachen nicht näher. Anknüpfungspunkt kann § **43 WEG** sein, der eine ausschließliche örtliche Zuständigkeit des Prozessgerichts in den dort aufgeführten Streitigkeiten und Verfahren regelt. Aufgeführt sind:

■ Streitigkeiten über die sich aus der Gemeinschaft und aus der Verwaltung des gemeinschaftlichen Eigentums ergebenden Rechte und Pflichten der Wohnungseigentümer untereinander (Nr. 1);

■ Streitigkeiten über die Rechte und Pflichten zwischen der Gemeinschaft der Wohnungseigentümer und Wohnungseigentümern (Nr. 2);

■ Streitigkeiten über die Rechte und Pflichten des Verwalters bei der Verwaltung des gemeinschaftlichen Eigentums (Nr. 3);

■ Streitigkeiten über die Gültigkeit von Beschlüssen der Wohnungseigentümer (Nr. 4);

■ Klagen Dritter, die sich gegen die Gemeinschaft der Wohnungseigentümer oder gegen Wohnungseigentümer richten und sich auf das gemeinschaftliche Eigentum, seine Verwaltung oder das Sondereigentum beziehen (Nr. 5);

■ Mahnverfahren, wenn die Gemeinschaft der Wohnungseigentümer Antragstellerin ist (Nr. 6).

25 Unter die Wohnungseigentumssachen fallen jedenfalls die sog. **Binnenstreitigkeiten nach § 43 Nr. 1–4 WEG**.[33] Auch Mahnverfahren iSv § 43 Nr. 6 WEG gehören hierzu (→ Rn 29).[34]

26 Umstritten ist indes, ob in § 49 a auch die sog. **Drittklagen iSv § 43 Nr. 5 WEG** einbezogen sind[35] oder nicht.[36] Teilweise wird vertreten, dass das Streitwertprivileg (Streitwerthöchstgrenzen) aus § 49 a Ausnahmecharakter habe und lediglich auf die Binnenstreitigkeiten nach § 43 Nr. 1–4 WEG anzuwenden sei.[37] Dieser Auffassung ist entgegenzutreten. Die Überschrift des § 49 a mit „Wohnungseigentumssachen" lässt keine Differenzierung dergestalt erkennen, dass bestimmte Wohnungseigentumssachen iSv § 43 WEG nicht erfasst sein sollen.[38] Auch der Gesetzgeber verstand bei der WEG-Reform 2007 den Begriff der Wohnungseigentumssachen als solche iSv § 43 WEG. Bei der Überführung der Vorschrift über die ausschließliche örtliche Zuständigkeit bei den Drittklagen von § 29 b ZPO aF in § 43 Nr. 5 WEG führte der Gesetzgeber an, dass es vorzugswürdig erscheine, die ausschließliche örtliche Zuständigkeit des Gerichts, in dessen Bezirk das Grundstück liege, „für alle Wohnungseigentumssachen in nur einer Vorschrift zu konzentrieren".[39] Korrespondierend zu dem Verständnis, dass § 49 a auch Drittklagen iSv § 43 Nr. 5 WEG umfasst, ist der Verwalter nach § 27 Abs. 2 Nr. 4, Abs. 3 Nr. 6 WEG auch bei derartigen Drittklagen berechtigt, für Wohnungseigentümer und die Wohnungseigentümergemeinschaft Vergütungsvereinbarungen mit Rechtsanwälten zu treffen, die der Höhe nach auf den Streitwert nach § 49 a Abs. 1 S. 1 begrenzt sind (→ Rn 18).[40] Anhand des § 62 Abs. 2 WEG wird zudem deutlich, dass der Gesetzgeber eine Differenzierung innerhalb der Wohnungseigentumssachen unter Verwendung der einzelnen Nummern aus § 43 WEG vornahm. So wurde in § 62 Abs. 2 WEG der Ausschluss der Nichtzulassungsbeschwerde zum BGH lediglich für die Wohnungseigentumssachen nach § 43 Nr. 1–4 WEG bestimmt.

Die von der Regelung des § 49 a betroffenen Drittkläger werden jedenfalls durch § 49 a nicht benachteiligt, wenn der Streitwert des § 49 a geringer ist als ein sich ohne Anwendung von § 49 a ergebender Streitwert. Denn ein geringerer Streitwert führt auch für die klagende Partei zu einem geringeren Kostenrisiko und bei Unterliegen im Rechtsstreit zu einer geringeren Kostenlast. Soweit andererseits vertreten wird, es sei kein Grund erkennbar, weshalb Drittkläger durch einen sich aus § 49 a ergebenden geringeren Streitwert zu bevorteilen sind,[41] kann diesem Argument gegenübergestellt werden, dass es sich hierbei um eine nicht zu ver-

---

32 Vgl im Falle der Befristung von Unterhalt (§ 1578 b BGB) durch Rückgriff auf § 9 ZPO statt der Anwendung von § 51 FamGKG: OLG Nürnberg NJW-RR 2000, 598; OLG Brandenburg FamRZ 2007, 67; vgl des Weiteren im Falle des § 42 Abs. 3 GKG (vormals Abs. 4) LAG Hessen BeckRS 2011, 69411. **33** Binz/Dörndorfer/*Dörndorfer*, § 49 a GKG Rn 1; Schneider/Herget/*Monschau*, Streitwert-Kommentar, Rn 6237; *Bärmann/Pick*, 19. Aufl. 2010, § 43 WEG Rn 34; Bamberger/Roth/*Scheel*, BeckOK-BGB, Ed. 35 (Stand: 1.5.2015), § 49 WEG Rn 14. **34** AA Schneider/Herget/*Monschau*, Streitwert-Kommentar, Rn 6248; *Bärmann/Pick*, 19. Aufl. 2010, § 43 WEG Rn 34; Bamberger/Roth/*Scheel*, BeckOK-BGB, Ed. 35 (Stand: 1.5.2015), § 49 WEG Rn 14. **35** So Schneider/Herget/*Monschau*, Streitwert-Kommentar, Rn 6238; Bamberger/Roth/*Scheel*, BeckOK-BGB, Ed. 35 (Stand: 1.5.2015), § 49 WEG Rn 14; *Abramenko*, AGS 2007, 281. **36** So Binz/Dörndorfer/*Dörndorfer*, § 49 a GKG Rn 1; *Bärmann/Pick*, 19. Aufl. 2010, § 43 WEG Rn 34; *Briesemeister*, NZM 2007, 345, 347; *Einsiedler*, ZMR 2008, 765, 770. **37** Binz/Dörndorfer/*Dörndorfer*, § 49 a GKG Rn 1; *Bärmann/Pick*, 19. Aufl. 2010, § 43 WEG Rn 34. **38** *Briesemeister*, NZM 2007, 345, 346 behauptet hingegen, der Gesetzgeber habe eine Klarstellung dergestalt, dass Drittklagen iSv § 43 Nr. 5 WEG nicht erfasst sein sollen, „vergessen". **39** Vgl BT-Drucks 16/3843, S. 27. **40** Schneider/Herget/*Monschau*, Streitwert-Kommentar, Rn 6238; *Abramenko*, AGS 2007, 281. **41** So *Einsiedler*, ZMR 2008, 765, 770 f; krit. auch *Briesemeister*, NZM 2007, 345, 347.

meidende Auswirkung aus der zugunsten der beklagten Wohnungseigentümer erfolgten Umsetzung des Justizgewährungsanspruchs handelt.

c) Verfahrensarten. § 49 a gilt für alle Klagearten. Sie gilt insb. auch bei **bezifferten Zahlungsklagen.**[42] Indes wird vertreten, dass sich bei bezifferten Klagen in Wohnungseigentumssachen der Streitwert allein nach § 48 GKG iVm § 3 ZPO (und nicht bzw nicht zusätzlich nach § 49 a) richte.[43] Maßgeblich sei allein die Höhe der geltend gemachten Forderung, nicht ein bestimmtes individuelles Interesse der Beteiligten.[44] Dieser Auffassung liegt auch zugrunde, dass im Gesetzgebungsverfahren vorgeschlagen wurde, bezifferte Geldforderungen (ausdrücklich) aus dem Anwendungsbereich von § 49 a auszunehmen,[45] und die Bundesregierung diesem Vorschlag mit der Erwägung entgegengetreten ist, dass bereits aus § 48 GKG iVm § 3 ZPO folge, dass § 49 a bezifferte Geldforderungen nicht erfasse.[46] Dem ist zu widersprechen. § 49 a gilt seiner Überschrift nach für alle Wohnungseigentumssachen. Die Vorschrift enthält keine Einschränkung hinsichtlich bezifferter Zahlungsklagen. Die praktischen Auswirkungen der unterschiedlichen Auffassungen sind ohnehin marginal. Denn die Anwendung von § 49 a bei bezifferten Zahlungsklagen führt in aller Regel zur identischen Streitwertbestimmung. Denn nach Abs. 1 S. 2 soll der Streitwert das Interesse der klagenden Partei nicht unterschreiten. Das Interesse der klagenden Partei ist nun gerade die bezifferte Geldforderung. 27

Beispiel: Die Wohnungseigentümergemeinschaft klagt gegen einen Wohnungseigentümer 4.000 € ein. Nach § 48 GKG iVm § 3 ZPO ergibt sich ein Streitwert von 4.000 €. Auch in Anwendung von § 49 a würde sich kein geringerer Streitwert als 4.000 € ergeben. Denn das Interesse der klagenden Wohnungseigentümergemeinschaft darf nach Abs. 1 S. 2 nicht unterschritten werden. Ihr Interesse ist mit 4.000 € zu bemessen. 28

Auf der Grundlage des Verständnisses, dass § 49 a bei bezifferten Zahlungsklagen zur Anwendung kommt, ist die Regelung auch für das **Mahnverfahren** anwendbar. 29

Die Bestimmung des Streitwerts in § 49 a ist auch für den **einstweiligen Rechtsschutz** relevant. Über § 49 a ist zunächst der Wert des zu sichernden Rechts zu ermitteln. Dieser Wert ist dann wegen der regelmäßig geringeren Bedeutung des einstweiligen Rechtsschutzes gegenüber der Hauptsache zu ermäßigen. Vorgeschlagen wird in aller Regel eine Ermäßigung auf 1/3 bis 1/2 (→ Rn 162). 30

§ 49 a kommt auch im **Rechtsmittelzug** zur Anwendung. Allerdings ist hier zusätzlich § 47 zu beachten. Nach § 47 Abs. 1 S. 1 bestimmt sich der Streitwert nach den Anträgen des Rechtsmittelführers. In der Kombination beider Vorschriften bedeutet dies, dass der Ausgangsstreitwert im Rechtsmittelzug an Abs. 1 S. 1 auszurichten ist und dass bei dem Mindestwert nach Abs. 1 S. 2 und den Höchstwerten aus Abs. 1 S. 2, 3 auf das Interesse des Rechtsmittelführers abzustellen ist. Allerdings ist nach § 47 Abs. 2 S. 1 der Streitwert im Rechtsmittelzug grds. durch den Wert des Streitgegenstands des ersten Rechtszugs begrenzt. 31

2. Abgrenzung. a) Zuständigkeits- und Verfahrensstreitwert. Die §§ 1–11 ZPO regeln die **sachliche Zuständigkeit** und die **Wertvorschriften.** Die Wertvorschriften der §§ 2–9 ZPO gelten insb. für die Bestimmung der sachlichen Zuständigkeit des Eingangsgerichts (**Zuständigkeitsstreitwert**). In Wohnungseigentumssachen ist regelmäßig die Ermittlung eines Zuständigkeitsstreitwerts für die Abgrenzung zwischen Amtsgericht und Landgericht (§§ 23, 71 GVG) nicht erforderlich, weil die Amtsgerichte gem. § 23 Nr. 2 Buchst. c GVG in den Streitigkeiten nach § 43 Nr. 1–4 und 6 WEG ausschließlich sachlich zuständig sind. Lediglich bei den sog. Drittklagen nach § 43 Nr. 5 WEG ist die Bestimmung des Zuständigkeitsstreitwerts erforderlich. Eine ausschließliche sachliche Zuständigkeit besteht für diese Verfahren nicht. Die für diese Verfahren erforderliche Zuständigkeitswertbestimmung darf sich nur an den §§ 3–9 ZPO, nicht aber an § 49 ausrichten. 32

Die §§ 2–9 ZPO sind weiterhin für die Ermittlung des **Bagatellstreitwerts** (§ 495 a ZPO), des **Verurteilungsstreitwerts** (§§ 708 Nr. 11, 709 ZPO) und des Streitwerts für die **Landesschlichtung** (§ 15 a Abs. 1 Nr. 1 EGZPO) zu beachten. Dagegen bestimmt sich der Maßstab für die Feststellung des Teilunterliegens bei der Kostengrundentscheidung nach § 92 ZPO nach dem Gebührenstreitwert (→ Rn 22 f). 33

b) Rechtsmittelstreitwert. Die §§ 2–9 ZPO gelten schließlich auch für die Feststellung der **Zulässigkeit des Rechtsmittels,** sofern es einen Wert des Beschwerdegegenstands in einer bestimmten Höhe voraussetzt (vgl § 511 Abs. 2 Nr. 1 ZPO, § 567 Abs. 2 ZPO; § 26 Nr. 8 EGZPO). 34

Der Wert des Beschwerdegegenstands ist **abzugrenzen** von dem Wert der Beschwer. Bei der Beschwer handelt es sich um den rechtlichen Nachteil, der sich aus dem Umfang ergibt, in dem das Rechtsschutzbegehren einer Partei hinter der gerichtlichen Entscheidung zurückbleibt.[47] 35

42 *Einsiedler*, ZMR 2008, 765, 766 f; *Abramenko*, AGS 2007, 281, 282. **43** Binz/Dörndorfer/*Dörndorfer*, § 49 a GKG Rn 3; Schneider/Herget/*Monschau*, Streitwert-Kommentar, Rn 6250; *Bärmann/Pick*, 19. Aufl. 2010, § 43 WEG Rn 35; Bamberger/Roth/*Scheel*, BeckOK-BGB, Ed. 35 (Stand: 1.5.2015), § 49 WEG Rn 14; *Briesemeister*, NZM 2007, 345, 347. **44** Schneider/Herget/*Monschau*, Streitwert-Kommentar, Rn 6250. **45** Vgl BT-Drucks 16/887, S. 53 (Stellungnahme BRat). **46** Vgl BT-Drucks 16/886, S. 76 (Gegenäußerung BReg). **47** Musielak/Voit/*Ball*, ZPO, Vorbem. zu §§ 511 ff Rn 20.

36 Der Wert des Beschwerdegegenstandes eines Rechtsmittels bestimmt sich nach dem Interesse des Rechtsmittelführers an der Änderung der angefochtenen Entscheidung. Der Beschwerdegegenstand ist der Teil der Beschwer, dessen Beseitigung das Rechtsmittel erstrebt.[48] Sein Wert wird durch den Umfang bestimmt, in dem sich Beschwer und Rechtsmittelantrag decken.[49]

37 Eine Berufungssumme muss 600 € übersteigen (§ 511 Abs. 2 Nr. 1 ZPO), in Kostensachen muss der Beschwerdewert mehr als 200 € betragen (§ 567 Abs. 2 ZPO). Mit der Nichtzulassungsbeschwerde muss die geltend gemachte Beschwer 20.000 € übersteigen (§ 26 Nr. 8 EGZPO).

38 Ein **Rückgriff auf** § 49 a für die Ermittlung des Werts des Beschwerdegegenstandes ist **nicht statthaft**, weil die Vorschrift nur den Gebührenstreitwert regelt und das Kostenrecht nicht das Verfahrensrecht näher ausformt.

39 **Hinweis:** Bei der Würdigung veröffentlichter Rspr ist deshalb darauf zu achten, ob sich die Ausführungen auf den Wert eines Beschwerdegegenstands für die Zulässigkeit eines Rechtsmittels (§§ 3 ff ZPO) oder auf die Festlegung eines Gebührenstreitwerts (§ 49 a) beziehen.

III. Regelungsgehalt

40 **1. Überblick.** Abs. 1 S. 1 bestimmt für die Wohnungseigentumssachen den „**Ausgangsstreitwert**". Maßgebend ist das **Interesse der Parteien und aller Beigeladenen an der Entscheidung**. 50 % dieses Interesses ergeben dann den **Ausgangsstreitwert**.

41 Für den Streitwert in Wohnungseigentumssachen ist in Abs. 1 S. 2 ein Mindeststreitwert und sind in Abs. 1 S. 2, 3 und Abs. 2 Höchststreitwerte festgelegt. Die Streitwertfestsetzung darf den Mindeststreitwert nicht unterschreiten und die Höchststreitwerte nicht überschreiten.

42 Insofern ist der in Abs. 1 S. 1 bestimmte Ausgangsstreitwert **mit dem Mindeststreitwert und den Höchststreitwerten abzugleichen:**

- Liegt der Ausgangsstreitwert über dem Mindeststreitwert und unter den Höchststreitwerten, ist der Ausgangsstreitwert als Streitwert in der Wohnungseigentumssache festzusetzen.
- Liegt der Ausgangsstreitwert unterhalb des Mindeststreitwerts, ist der Mindeststreitwert als Streitwert in der Wohnungseigentumssache festzusetzen.
- Liegt der Ausgangsstreitwert oberhalb eines oder mehrerer Höchststreitwerte, ist der geringste Höchststreitwert als Streitwert in der Wohnungseigentumssache festzusetzen.

43 Nach Abs. 1 S. 2 darf der Ausgangsstreitwert den „**Mindeststreitwert**" nicht unterschreiten. Der Mindeststreitwert ergibt sich aus dem Interesse des Klägers und der auf seiner Seite Beigetretenen an der Entscheidung. Ist also der Ausgangsstreitwert geringer als der Mindeststreitwert, ist der Mindeststreitwert als Streitwert der Wohnungseigentumssache festzusetzen.

44 Weiterhin darf der Ausgangsstreitwert nach Abs. 1 S. 2 den „**Höchststreitwert**" nicht überschreiten. Der Höchststreitwert des Abs. 1 S. 2 berechnet sich aus dem Fünffachen des Werts des Interesses des Klägers und der auf seiner Seite Beigetretenen an der Entscheidung. Ist der Ausgangsstreitwert höher als der Höchststreitwert, ist der Höchststreitwert als Streitwert der Wohnungseigentumssache festzusetzen.

In keinem Fall darf der Ausgangsstreitwert den Verkehrswert des Wohnungseigentums des Klägers und der auf seiner Seite Beigetretenen übersteigen. Abs. 1 S. 3 regelt insoweit den „**absoluten Höchststreitwert**". Die Begrenzung durch den absoluten Höchststreitwert ist vorrangig gegenüber dem Mindest- und Höchststreitwert aus Abs. 1 S. 2. Ist der Ausgangsstreitwert höher als der absolute Höchststreitwert, ist der absolute Höchststreitwert als Streitwert der Wohnungseigentumssache festzusetzen.

45 Richtet sich eine **Klage gegen einzelne Wohnungseigentümer**, kommt es bei der Streitwertbemessung **zusätzlich** auf **Abs. 2** an. Die Vorschrift enthält zwei weitere Höchststreitwerte, die den Justizgewährungsanspruch im Falle der Rechtsverteidigung der einzelnen Wohnungseigentümer gewährleisten sollen (→ Rn 13).

46 Auch bei Klagen gegen einzelne Wohnungseigentümer gilt Abs. 1, zumal Abs. 2 nicht den Streitwert selbst, sondern nur Obergrenzen regelt. Es ist also zunächst der Ausgangsstreitwert zu ermitteln (→ Rn 40) und sodann zu prüfen, ob der Ausgangsstreitwert die Grenzen des Mindeststreitwerts aus Abs. 1 S. 2 (→ Rn 43) und der Höchststreitwerte aus Abs. 1 S. 2, 3 (→ Rn 44) einhält.

47 Der Ausgangsstreitwert darf im Weiteren auch nicht den „**Höchststreitwert**" aus Abs. 2 S. 1 übersteigen. Der Höchststreitwert aus Abs. 2 S. 1 ergibt sich aus dem Fünffachen des Interesses der beklagten einzelnen Wohnungseigentümer und der auf ihrer Seite Beigetretenen. Ist der Ausgangsstreitwert höher als dieser Höchststreitwert, ist der Höchststreitwert als Streitwert der Wohnungseigentumssache festzusetzen.

---

[48] Musielak/Voit/*Ball*, ZPO, § 511 Rn 18. [49] Musielak/Voit/*Ball*, ZPO, § 511 Rn 18.

In keinem Fall darf der Ausgangsstreitwert den „**absoluten Höchststreitwert**" aus Abs. 2 S. 2 überschreiten. 48
Bei dem absoluten Höchststreitwert aus Abs. 2 S. 2 handelt es sich um den Verkehrswert des Wohnungseigentums der beklagten einzelnen Wohnungseigentümer und der auf ihrer Seite Beigetretenen. Ist der Ausgangsstreitwert höher als dieser absolute Höchststreitwert, ist der absolute Höchststreitwert als Streitwert der Wohnungseigentumssache festzusetzen.

Abschließend ist dann, wenn die Ausgangs-, Mindest- und Höchststreitwerte aus Abs. 1 (und ggf Abs. 2) 49
ermittelt sind, der Ausgangsstreitwert (Abs. 1 S. 1) mit dem Mindeststreitwert (Abs. 1 S. 2) und den Höchststreitwerten (Abs. 1 S. 2, 3, Abs. 2) zu **vergleichen**. Innerhalb des Bereichs des Mindeststreitwerts und des geringsten Höchststreitwerts ist der Streitwert in der Höhe des Ausgangsstreitwerts maßgebend. Liegt der Ausgangsstreitwert unterhalb des Mindeststreitwerts, ist der Streitwert in der Höhe des Mindeststreitwerts festzusetzen. Überschreitet der Ausgangsstreitwert einen oder mehrere Höchststreitwerte, ist der Streitwert nach dem geringsten Höchststreitwert festzusetzen. Bei mehreren nebeneinander zur Anwendung kommenden Höchststreitwerten kommt es deshalb auf den geringsten von allen Höchststreitwerten an, weil nur dann jeder Höchststreitwert eingehalten wird, wenn der Streitwert auch den geringsten Höchststreitwert nicht überschreitet.

Die **Streitwertfestsetzung** setzt damit die Ermittlung eines Ausgangsstreitwerts, eines Mindeststreitwerts 50
und der Höchststreitwerte und den Vergleich zwischen den Werten voraus. Der Beschluss über die Streitwertfestsetzung muss in seiner **Begründung** entsprechende Ausführungen hierzu enthalten.

▶ **Formulierungsbeispiel: Streitwertbeschluss zu § 49 a GKG** 51

Amtsgericht Kiel

In dem Rechtsstreit …

hat das Amtsgericht Kiel

durch den Richter am Amtsgericht …

am …

beschlossen:

Der Streitwert wird auf 4.000 € festgesetzt.

Gründe:

Die Entscheidung über die Festsetzung des Streitwerts beruht auf § 49 a GKG.

Nach dieser Vorschrift ist der Streitwert auf 50 % des Interesses der Parteien und aller Beigeladener an der Entscheidung festzusetzen. Der Streitwert darf das Interesse des Klägers nicht unterschreiten und das Fünffache des Werts ihres Interesses nicht überschreiten. In keinem Fall darf der Streitwert den Verkehrswert des Wohnungseigentums des Klägers und der auf seiner Seite Beigetretenen überschreiten. Weiterhin darf bei Klagen gegen einzelne Wohnungseigentümer der Streitwert das Fünffache des Werts ihres Interesses sowie des Interesses der auf ihrer Seite Beigetretenen nicht überschreiten. In keinem Fall darf der Streitwert den Verkehrswert des Wohnungseigentums des Beklagten und der auf seiner Seite Beigetretenen übersteigen.

Der **Ausgangsstreitwert** nach Abs. 1 S. 1 beträgt 2.000 €. Nach der Rspr des BGH NJW 2012, 1884 ist bei der Festsetzung des Streitwerts einer auf die Abberufung des Verwalters gerichteten Verpflichtungsklage im Regelfall das Gesamtinteresse nach der in der restlichen Vertragslaufzeit anfallenden Verwaltervergütung zu bemessen. Entsprechendes gilt, wenn der Verwalter eine Klage auf Anfechtung eines Beschlusses der Eigentümerversammlung über seine Entlassung erhebt. Die in der restlichen Vertragslaufzeit anfallende Vergütung des Verwalters beträgt 4.000 €. Hiervon sind 50 % 2.000 €.

Der **Mindeststreitwert** liegt indes bei 4.000 €. Bei einer von dem Verwalter erhobenen, gegen seine Entlassung gerichteten Klage ist das Interesse des klagenden Verwalters (Mindeststreitwert, Abs. 1 S. 2) nach der in der restlichen Vertragslaufzeit anfallenden Verwaltervergütung zu bemessen (LG Düsseldorf BeckRS 2010, 21918). Diese liegt bei 4.000 €. Weil der Mindeststreitwert nach Abs. 1 S. 2 nicht unterschritten werden darf, ist der Streitwert nicht nach dem Ausgangsstreitwert von 2.000 €, sondern in Höhe des Mindeststreitwerts von 4.000 € festzusetzen.

Der **Höchststreitwert** nach Abs. 1 S. 2 wird nicht überschritten, weil das einfache klägerische Interesse nach Abs. 1 S. 2 unterhalb des Fünffachen des klägerischen Interesses liegt.

Abs. 1 S. 3 kommt nicht zur Anwendung, weil der klagende Verwalter nicht Wohnungseigentümer ist.

Auch die **Höchstwerte aus Abs. 2** werden nicht überstiegen.

Das Interesse der beklagten Wohnungseigentümer ist in Höhe der in der restlichen Vertragslaufzeit entfallenden Verwaltervergütung zu bemessen. Das Fünffache von 4.000 € beträgt 20.000 €. Der sich aus Abs. 1 S. 2 ergebende Wert von 4.000 € übersteigt diesen Höchstwert nicht.

Der Wert von 4.000 € übersteigt auch nicht den Verkehrswert des Wohnungseigentums der verklagten Wohnungseigentümer. Das Gericht schätzt den Verkehrswert auf 300.000 €.

... (Rechtsbehelfsbelehrung)

(Unterschrift des Richters) ◄

52 ▶ **Prüfungsreihenfolge: Streitwertermittlung nach § 49 a GKG**

Zu ermitteln sind zunächst der Ausgangsstreitwert, der Mindeststreitwert und die Höchststreitwerte. Sodann ist der Ausgangsstreitwert mit dem Mindeststreitwert, der nicht unterschritten werden darf, und den Höchststreitwerten, die nicht überschritten werden dürfen, zu vergleichen.

1. Ausgangsstreitwert (Abs. 1 S. 1)
   = 50 % des Interesses der Parteien und aller Beigeladener
2. Mindeststreitwert (Abs. 1 S. 2)
   = Wert des Interesses des Klägers und der auf seiner Seite Beigetretenen
3. Höchststreitwert (Abs. 1 S. 2)
   = das Fünffache des Werts des Interesses des Klägers und der auf seiner Seite Beigetretenen
4. Absoluter Höchststreitwert (Abs. 1 S. 3)
   = Verkehrswert des Wohnungseigentums des Klägers und der auf seiner Seite Beigetretenen
5. Klage gegen einzelne Wohnungseigentümer (Abs. 2)
   Die Höchststreitwerte aus Abs. 2 sind bei Klagen gegen einzelne Wohnungseigentümer zusätzlich zur Ermittlung des Streitwerts nach Abs. 1 zu berücksichtigen.
   a) Höchststreitwert (§ 49 a Abs. 2 S. 1)
      = das Fünffache des Werts des Interesses der beklagten einzelnen Wohnungseigentümer und der auf ihrer Seite Beigetretenen
   b) Absoluter Höchststreitwert (§ 49 a Abs. 2 S. 2)
      = Verkehrswert des Wohnungseigentums der beklagten einzelnen Wohnungseigentümer und der auf ihrer Seite Beigetretenen
6. Festsetzung des Streitwerts
   – Ausgangsstreitwert ist maßgebend, wenn dieser Wert zwischen dem Mindeststreitwert und dem geringsten Höchststreitwert liegt;
   – Mindeststreitwert ist maßgebend, wenn der Ausgangsstreitwert diesen Wert unterschreitet;
   – geringster Höchststreitwert ist maßgebend, wenn der Ausgangsstreitwert diesen Wert überschreitet. ◄

53 **2. Ausgangsstreitwert (Abs. 1 S. 1).** Nach Abs. 1 S. 1 ist der Streitwert in Wohnungseigentumssachen grds. auf 50 % des Interesses der Parteien und aller Beigeladener an der Entscheidung festzusetzen. Der nach dieser Maßgabe errechnete Wert stellt den „Ausgangsstreitwert" dar.

54 **a) Interesse der Parteien und aller Beigeladener.** Im Grundsatz bemisst sich ein Streitwert nach dem Interesse einer klagenden (angreifenden) Partei. Sie bestimmt nämlich durch ihren Antrag und die dazugehörige Begründung den Streitgegenstand („Angreiferinteresseprinzip"). Hiervon kehrt Abs. 1 S. 1 ab. In Wohnungseigentumssachen kommt es auf das Interesse aller am dem Rechtsstreit Beteiligten an (→ Rn 10).[50] Hintergrund dieser Regelung ist, dass sich die Rechtskraft eines Urteils in Wohnungseigentumssachen nicht allein auf die Parteien des Rechtsstreits, sondern nach § 48 Abs. 3 WEG in den Fällen des § 43 Nr. 1, 3, 4 WEG auch auf alle in diesem Rechtsstreit Beigeladenen erstreckt (→ Rn 10).[51]

55 Im Einzelnen kommt es nach § 49 a Abs. 1 S. 1 auf das Interesse der Parteien sowie der Beigeladenen an der Entscheidung an.

56 **Parteien** des Rechtsstreits sind die klagende und die beklagte Partei.

57 **Beigeladene** sind diejenigen Wohnungseigentümer bzw der Verwalter, die das Gericht zur Gewährung rechtlichen Gehörs an dem Rechtsstreit beteiligt hat.[52] Die Beiladung ist in § 48 WEG geregelt. Die Vorschrift gibt vor, unter welchen Voraussetzungen Wohnungseigentümer bzw der Verwalter von dem Gericht beizuladen sind. Sind Wohnungseigentümer oder der Verwalter nicht beigeladen, ist ihr Interesse auch nicht wertbestimmend für den Ausgangsstreitwert.[53] Denn Abs. 1 S. 1 erwähnt die Beigeladenen und nicht die Beizuladenden. Die streitwertmäßige Berücksichtigung Beizuladender statt Beigeladener ist auch deshalb nicht angezeigt, weil sich die Rechtskraftwirkung eines Urteils nach § 48 Abs. 3 WEG nur auf die Beigeladenen, nicht aber auf die Beizuladenden erstreckt.

50 BT-Drucks 16/887, S. 41 (BReg zu § 50 WEG-E); BT-Drucks 16/887, S. 54 (Stellungnahme BRat); Binz/Dörndorfer/*Dörndorfer*, § 49 a GKG Rn 3; Bamberger/Roth/*Scheel*, BeckOK-BGB, Ed. 35 (Stand: 1.5.2015), § 49 WEG Rn 13. **51** BT-Drucks 16/887, S. 41 (BReg zu § 50 WEG-E); BT-Drucks 16/887, S. 54 (Stellungnahme BRat); Binz/Dörndorfer/*Dörndorfer*, § 49 a GKG Rn 3; Bamberger/Roth/*Scheel*, BeckOK-BGB, Ed. 35 (Stand: 1.5.2015), § 49 WEG Rn 13. **52** Zur Beiladung in Wohnungseigentumssachen vgl *Schlecht/Skauradszun*, NZM 2013, 57; dagegen wohl nicht zutreffend LG Stuttgart BeckRS 2013, 3099. **53** *Einsiedler*, ZMR 2008, 765, 766.

Ist ein **Beigeladener** auf Seiten einer Partei **beigetreten**, ist sein Interesse für den Ausgangsstreitwert weiter- 58
hin zu berücksichtigen, weil die Beiladung ihre Wirkungen durch den Beitritt nicht verliert. Es verbleibt bei
der Rechtskraftwirkung aus § 48 Abs. 3 WEG, auch wenn die Interventionswirkung aus § 68 ZPO hinzutritt.

Indessen erwähnt Abs. 1 S. 1 nicht, dass für die Bemessung des Ausgangsstreitwerts auch das Interesse eines 59
solchen **Beigetretenen** einzubeziehen wäre, der **nicht** von dem Gericht **beigeladen** worden ist. Die Konstellation eines nicht beigeladenen Beigetretenen ist denkbar, etwa wenn das Gericht einen Wohnungseigentümer
oder den Verwalter entgegen § 48 WEG nicht beigeladen hat, dieser aber dennoch, weil er auf anderem Wege von dem Rechtsstreit erfahren hat, dem Rechtsstreit beitritt. Die Zulässigkeit eines Beitritts hängt jedenfalls nicht von einer Beiladung ab. Der Beitritt führt zu der Interventionswirkung des § 66 ZPO. Eine
Rechtskraftwirkung, wie sie sich über § 48 Abs. 3 WEG auf die Beigeladenen erstreckt, ist mit dem Beitritt
allein aber nicht verbunden. Wegen der fehlenden Rechtskraftwirkung eines Beitritts ohne Beiladung ist die
in Abs. 1 S. 1 unterbliebene Einbeziehung der Interessen eines nicht beigeladenen Beigetretenen zutreffend.
Denn Grundlage für die Regelung aus Abs. 1 S. 1 ist, dass allein das Interesse derjenigen für den Ausgangsstreitwert maßgebend sein soll, für und gegen die die Rechtskraft eines Urteils wirkt (→ Rn 10). Dieser Beurteilung steht nicht entgegen, dass der Mindeststreitwert und die Höchststreitwerte u.a. an den Interessen
von Beigetretenen ausgerichtet sind, ohne dass insoweit nach einer erfolgten oder nicht erfolgten Beiladung
differenziert wurde. Denn die Abs. 1 S. 2, 3 und Abs. 2 verfolgen andere Regelungszwecke als Abs. 1 S. 1
(→ Rn 11 ff).

b) **Bewertung des Interesses.** Abs. 1 S. 1 enthält **keine eigenen Regelungen** dazu, 60

■   nach welchen inhaltlichen Kriterien die Bewertung der Interessen der Parteien und aller Beigeladener
     stattzufinden hat;
■   ob das Gericht den Streitwert nach freiem Ermessen im Wege der Schätzung bestimmen kann und des-
     halb eine exakte Ermittlung der tatsächlichen Grundlagen der Wertberechnung idR nicht erforderlich
     ist;
■   ob und wie die jeweiligen Einzelinteressen im Verhältnis zueinander zu gewichten sind bzw ob und in-
     wieweit sie aufzuaddieren sind;
■   ob bei gleichgerichteten Interessen (zB bei mehreren Klägern und/oder auf ihrer Seite Beigetretenen bzw
     mehreren Beklagten und/oder auf ihrer Seite Beigetretenen) eine Zusammenrechnung der Einzelwerte
     unterbleibt.

Eine grundsätzliche und vollständige Klärung dieser Gesichtspunkte hat vor allem in der Rspr bisher noch 61
nicht stattgefunden. Auch hieran zeigt sich, dass § 49 a in der Rechtspraxis noch nicht „angekommen" ist.
M.E. wird zu erwägen sein, ob – soweit § 49 a keine eigenen Regelungen enthält – zum einen auf die allgemeinen Wertvorschriften (§§ 39–47) und zum anderen auf § 48 GKG iVm §§ 3 ff ZPO zurückzugreifen ist.

Für die **Kriterien zur Bewertung der Interessen** der Beteiligten des Wohnungseigentumsverfahrens können 62
die zu § 48 Abs. 1 GKG iVm § 3 ZPO geltenden Grundsätze herangezogen werden. § 48 GKG iVm § 3
ZPO sind die im Verhältnis zu Abs. 1 S. 1 allgemeineren Normen. § 48 GKG iVm § 3 ZPO gilt für bürgerliche Rechtsstreitigkeiten, zu denen auch die Wohnungseigentumssachen gehören.

Hinweis Zu achten ist auf die Vorgabe des Abs. 1 S. 1, dass es nicht nur auf das Interesse der klagenden
Partei („Angreiferinteresseprinzip"), sondern auf **50 %** des Interesses **aller** Parteien und **aller** Beigeladenen
ankommt (→ Rn 40).

Das **Interesse** ist nach **objektiven Maßstäben** zu bestimmen. Es ist der Wert zu ermitteln, den der Gegen- 63
stand unter den besonderen Verhältnissen des Einzelfalls[54] für jedermann besitzt. Maßgebend ist das **wirtschaftliche** Interesse. Dabei ist grds. nur auf den unmittelbaren Gegenstand der Entscheidung abzustellen.
Der tatsächliche oder rechtliche Einfluss der Entscheidung auf andere Rechtsverhältnisse bleibt außer Betracht ebenso wie ein möglicher wirtschaftlicher Nutzen bzw Gewinn, der aus einer Prozessentscheidung
erreichbar ist. In Bezug auf den konkret festgesetzten Streitwert besteht ein **Beurteilungsspielraum** des Gerichts. Ein in Wohnungseigentumssachen anwendbarer Auffangstreitwert besteht nicht.[55]

Beispiel: Der Wohnungseigentümer hat einen Beschluss über die Genehmigung der Jahresabrechnung umfassend 64
angefochten. Die Jahresabrechnung weist Kosten iHv 100.000 € aus. Den klagenden Wohnungseigentümer trifft
eine Kostenlast von 20.000 € und die anderen acht Wohnungseigentümer jeweils iHv 10.000 €. Wie hoch ist das
Gesamtinteresse der an dem Rechtsstreit Beteiligten?

---

54 Vgl in diesem Zusammenhang die Einzelfallabwägungen zB bei BVerfG NJW 1992, 1673, 1674 und OLG Hamburg FGPrax
2001, 59 (beide noch zu § 48 Abs. 3 WEG aF).   **55** AA *Einsiedler*, ZMR 2008, 765, 768: § 30 Abs. 2 S. 1 KostO (neu: § 36
Abs. 3 GNotKG) analog.

Lösung: Das Interesse der an dem Rechtsstreit Beteiligten ist nicht in Höhe der in der Jahresabrechnung ausgewiesenen 100.000 € festzusetzen. Denn die Wohngeldzahlungen sind regelmäßig bereits gezahlt und finden ihre Grundlage abseits von dem Beschluss über die Genehmigung der Jahresabrechnung auch im Wirtschaftsplan.[56] Es bleiben also auch bei durchgreifenden Beanstandungen stets erhebliche Ausgaben der Eigentümergemeinschaft bestehen, so dass die Beanstandungen allenfalls zu einer Verminderung der Lasten und Kosten, nicht aber zu deren völligem Wegfall führen können.[57] Das Interesse aller Beteiligten ist deshalb nur darauf gerichtet, das Wirtschaftsjahr abzuschließen und die Nachzahlungsbeträge sowie Guthaben festzulegen. Nach der sog. Hamburger Formel (hierzu und zu anderen Auffassungen → Rn 170) ist das Gesamtinteresse aus dem Einzelinteresse des anfechtenden Wohnungseigentümers sowie einem Bruchteil von 25 % des unter Abzug des Einzelinteresses des Klägers verbleibenden Gesamtvolumens der Jahresabrechnung zu bestimmen. Das Einzelinteresse des Klägers beträgt 20.000 €. 25 % des restlichen Gesamtvolumens sind ebenfalls 20.000 €. Der Ausgangsstreitwert ist dann 50 % von 40.000 €, also 20.000 €. Der Mindeststreitwert nach Abs. 1 S. 2 bestimmt sich nach dem klägerischen Interesse und beträgt ebenfalls 20.000 €.

65 Auch der gerichtliche **Umfang der Prüfung der Streitwertfestsetzung** einer Wohnungseigentumssache ergibt sich über § 48 Abs. 1 GKG iVm § 3 ZPO. Dem Gericht ist für das Verfahren über die Festsetzung eines Streitwerts ein **freies Ermessen** eingeräumt. Hierdurch ist das Gericht bei der **Ermittlung der tatsächlichen Grundlagen** freier gestellt. Dem Gericht ist insb. auch die Möglichkeit der **Schätzung** gegeben. Angaben von Verfahrensbeteiligten zum Streitwert bzw zum Wert des Interesses können Anhaltspunkte für die Wertbemessung sein; das Gericht ist an die Angaben aber nicht gebunden. Dem Gericht steht es frei, von einer Beweisaufnahme selbst dann abzusehen, wenn die Parteien diese übereinstimmend beantragen. Im Falle einer Beweisaufnahme ist das Gericht nicht gehalten, sich auf die sog. Strengbeweismittel der ZPO zu beschränken, weil eine solche Vorgabe für die Streitwertfestsetzung im GKG nicht enthalten ist. Zulässig ist damit auch eine Glaubhaftmachung, insb. eine eidesstattliche oder anwaltliche Versicherung.

66 Für die **Gewichtung oder Zusammenrechnung der Interessen** der Parteien und aller Beigeladener macht Abs. 1 S. 1 keine inhaltlichen Vorgaben. In der Regel kann sich anbieten, dass die Einzelinteressen unter Berücksichtigung des Einzelfalls, vor allem der **Bedeutung und des Umfangs der Sache**, zu **addieren** sind.[58]

67 Eine **Addition verbietet** sich aber ggf dann, wenn die Interessen entweder **wirtschaftlich identisch** sind oder **denselben Gegenstand** betreffen. Dies entspricht den Rechtsgedanken aus §§ 39, 45. Ein Additionsverbot steht der Maßgabe des Abs. 1 S. 1, alle Interessen in die Bewertung einzubeziehen, nicht entgegen. Denn das Additionsverbot ist Bestandteil der Bewertung. Die Werte der Interessen von Streitgenossen sind damit nicht zusammenzurechnen, wenn die Interessen wirtschaftlich identisch sind.[59] Bei der Bewertung des Klageantrags und des gegenläufigen Klageabweisungsantrags ist die praktische Handhabung des Abs. 1 S. 1 unterschiedlich: Wird eine bezifferte Klage erhoben, wird eine Addition der Werte des Klageantrags und des Klageabweisungsantrags nicht angenommen, weil die gegensätzlichen Anträge denselben Gegenstand betreffen.[60] Wird eine Klage auf Unterlassung oder Beseitigung (zB bzgl einer Parabolantenne) gestellt, wird eine Zusammenrechnung der unterschiedlich zu bestimmenden Einzelinteressen befürwortet.[61]

68 Im Einzelfall ist in **Abweichung** zu diesem Additionsverbot aber bei wirtschaftlicher Identität oder demselben Gegenstand eine andere Gewichtung vertretbar, auch gerade weil Abs. 1 S. 1 ausdrücklich die Interessen aller Parteien und aller Beigeladener benennt.

69 Eine andere Gewichtung bei wirtschaftlicher Identität oder Nämlichkeit des Streitgegenstands wird von der Rspr insb. bei **Beschlussanfechtungsklagen** praktiziert. Denn in der Rspr ist anerkannt, dass bei der umfänglichen Anfechtung eines Beschlusses der Wert des Beschlussgegenstands den Interessen der Beteiligten des Rechtsstreits an der Aufrechterhaltung bzw Ungültigerklärung entspricht. Diese Bewertung ist aber nur dann möglich, wenn alle Einzelinteressen unabhängig von einer wirtschaftlichen Identität oder Nämlichkeit des Streitgegenstands zusammengerechnet werden. Denn bei allen anfechtenden Klägern ist das Interesse auf vollständige Ungültigkeitserklärung und bei den übrigen Wohnungseigentümern auf die Aufrechterhaltung des angefochtenen Beschlusses gerichtet, auch wenn das Einzelinteresse einer jeden Partei nur nach dem Anteil der für sie anfallenden Kosten zu bewerten ist.

70 **Beispiel:** Es wird von drei Wohnungseigentümern der Beschluss über eine Sonderumlage von 100.000 € angefochten. Die Kläger haben einen jeweiligen Anteil von 10.000 € zu tragen. Die übrigen sieben Wohnungseigentümer

---

56 *Einsiedler*, ZMR 2008, 765, 769. **57** LG Hamburg BeckRS 2009, 7082. **58** Vgl auch *Hartmann*, KostG, § 49 a GKG Rn 4: Man muss die Interessen der beiden Parteien und aller nach § 48 Abs. 1 WEG Beigeladenen addieren; Binz/Dörndorfer/*Dörndorfer*, § 49 a GKG Rn 3 spricht von der „Wertaddition"; OLG Celle BeckRS 2011, 3336: Das Interesse jeder einzelnen Partei ist zu ermitteln und zu addieren; vgl auch BVerfG NJW 1992, 1673, 1674 (zu § 48 Abs. 3 WEG aF): Aus der gesetzlichen Regelung folgt nicht zwingend, dass das Interesse der Beteiligten durch Addition der Einzelinteressen zu ermitteln ist. **59** BGH NJW-RR 2004, 638 (zu § 26 EGZPO). **60** So iE *Einsiedler*, ZMR 2008, 765, 767 f. **61** Vgl *Lehmann-Richter*, ZWE 2010, 389, 393.

NK-GK/*Fölsch*

haben ebenfalls jeweils einen Anteil von 10.000 € zu übernehmen. Mit welcher Höhe ist das Gesamtinteresse der Beteiligten zu bewerten?

Lösung: Obwohl die Interessen der Kläger gleichgerichtet auf die Ungültigerklärung des Beschlusses und die Interessen der übrigen Wohnungseigentümer auf die Aufrechterhaltung des Beschlusses gerichtet sind, ist auf der Grundlage der Rechtsprechungspraxis das Interesse jeder einzelnen Partei zu addieren und das Gesamtinteresse mit 10 x 10.000 € = 100.000 € zu bewerten. Würde hingegen hier eine Zusammenrechnung ausscheiden, soweit die Interessen wirtschaftlich identisch sind oder die Nämlichkeit des Streitgegenstands gegeben ist, würde das Gesamtinteresse nur mit 10.000 € zu bewerten sein.

Anders liegt es demgegenüber, wenn ein Beschluss über die **Jahresabrechnung** von mehreren Wohnungsei- 71
gentümern insgesamt angefochten wird und das Gesamtinteresse nach der sog. Hamburger Formel (Einzelinteresse des Klägers zzgl 25 % des unter Abzug des Einzelinteresses des Klägers verbleibenden Interesses; → Rn 170) bestimmt wird.[62] Für die Streitwertberechnung erfolgt keine Addition der Werte der Einzelinteressen der Kläger, sondern es ist – bei abweichender Höhe des jeweiligen Einzelinteresses der Kläger – das höchste Einzelinteresse maßgebend.[63] Denn das Gesamtinteresse erhöht sich nicht dadurch, dass mehrere Wohnungseigentümer den Beschluss über die Jahresabrechnung angefochten haben.[64]

Indes gibt es auch Fälle, in denen das **Interesse nicht teilbar** ist. So hat der BGH hinsichtlich der Beschluss- 72
anfechtungsklage gegen die Entlastung des Verwalters erklärt, dass das Interesse der Wohnungseigentümer an der vertrauensvollen Zusammenarbeit mit der Verwaltung der Wohnungseigentümergemeinschaft nicht teilbar sei und bei allen Wohnungseigentümern dasselbe sei (→ Rn 163).[65]

Haben **mehrere Anträge** wirtschaftlich dasselbe Ziel, kommt eine Addition der Werte nicht in Betracht.[66] 73
Der Streitwert richtet sich dann nach dem Antrag mit dem höchsten Wert. Wird ein Negativbeschluss angefochten und gleichzeitig die Verpflichtung der Wohnungseigentümer zur Vornahme der abgelehnten Maßnahme verlangt, so handelt es sich um einen einheitlichen Lebenssachverhalt, der eine Zusammenrechnung der Streitwerte für die Anträge nicht rechtfertigt.[67] Denn § 39 GKG über die Wertaddition greift nicht, wenn die verfolgten Ansprüche wirtschaftlich identisch sind.[68]

c) 50 % des Interesses. Der Ausgangsstreitwert ist lediglich auf **50 % des Gesamtinteresses** begrenzt. Der 74
Gesetzgeber hielt diese Begrenzung bei der WEG-Reform 2007 angesichts der höheren Gerichtsgebühren im GKG statt in der KostO (jetzt: GNotKG) und des damit verbundenen höheren Kostenrisikos für angemessen.[69]

3. Mindeststreitwert (Abs. 1 S. 2). Nach Abs. 1 S. 2 darf der Streitwert des Klägers und der auf seiner Seite 75
Beigetretenen nicht unterschritten werden. Hierbei handelt es sich um einen **Mindeststreitwert**. Hintergrund der Regelung ist die Vermeidung einer Besserstellung einer klagenden Partei in einer Wohnungseigentumssache gegenüber einer klagenden Partei in einer sonstigen bürgerlichen Rechtsstreitigkeit (→ Rn 10).[70]

Im Einzelnen kommt es nach Abs. 1 S. 2 auf das Interesse des Klägers sowie der auf seiner Seite Beigetrete- 76
nen an.

Nach § 48 Abs. 2 S. 2 WEG können Beigeladene der einen oder anderen Partei zu deren Unterstützung 77
beitreten. Die Notwendigkeit einer **Beiladung** ergibt sich aus § 48 Abs. 1 WEG. Die Beiladung ist indes keine Voraussetzung für einen zulässigen Beitritt. Die **Voraussetzungen und Rechtsfolgen** eines **Beitritts** ergeben sich aus §§ 66 ff ZPO. Nach § 66 Abs. 1 ZPO kann derjenige, der ein rechtliches Interesse daran hat, dass in einem zwischen anderen Personen anhängigen Rechtsstreit die eine Partei obsiege, dieser Partei zum Zwecke ihrer Unterstützung beitreten. Mit dem Beitritt ist eine sog. **Interventionswirkung** verbunden, die in § 68 ZPO bestimmt ist. Sie bindet das Gericht des Folgeprozesses an die Entscheidung des Vorprozesses im Verhältnis des Beigetretenen zu der von ihm unterstützten Hauptpartei des Vorprozesses. Der Beigetretene wird im Verhältnis zu der Hauptpartei nicht mit der Behauptung gehört, dass der Vorprozess unrichtig entschieden sei. Die Interventionswirkung entfällt nur dann, wenn der Beigetretene erfolgreich die Einrede mangelnder Prozessführung durch die Hauptpartei geltend machen kann. Die Interventionswirkung ist klar von einer Rechtskraftwirkung zu unterscheiden.

Die Berücksichtigung des Interesses der auf Seiten des Klägers Beigetretenen bei dem Streitwert setzt nicht 78
voraus, dass die Beigetretenen vor oder nach ihrem Beitritt auch **beigeladen** wurden. Eine derartige Einschränkung ist dem Abs. 1 S. 2 auch nicht zu entnehmen. Im Unterschied zu Abs. 1 S. 1 (→ Rn 59) ist das Interesse des nicht beigeladenen Beigetretenen einzubeziehen, weil die Einbeziehung auch der Interessen ei-

---

62 LG Hamburg ZMR 2011, 160. **63** LG Hamburg ZMR 2011, 160. **64** LG Hamburg ZMR 2011, 160. **65** Vgl BGH NJW-RR 2011, 1026, 1027. **66** ZB auch LG München I NZM 2009, 625; LG Nürnberg-Fürth NJOZ 2011, 655. **67** OLG Celle BeckRS 2010, 4944. **68** OLG Celle BeckRS 2010, 4944; vgl auch BGH NJW-RR 2004, 638 (zu § 26 EGZPO bei Streitgenossen). **69** Vgl BT-Drucks 16/887, S. 41. **70** BT-Drucks 16/887, S. 41 (BReg zu § 50 WEG-E); BT-Drucks 16/887, S. 54 (Stellungnahme BRat); Bamberger/Roth/*Scheel*, BeckOK-BGB, Ed. 35 (Stand: 1.5.2015), § 49 WEG Rn 15.

nes nicht beigeladenen Beigetretenen dem Zweck des Abs. 1 S. 2 auf Vermeidung einer Besserstellung der „Klägerseite" dient.

79 **Abs. 1 S. 2 regelt hinsichtlich des Mindeststreitwerts nicht,**

- nach welchen inhaltlichen Kriterien die Bewertung der Interessen des Klägers und der auf seiner Seite Beigetretenen stattzufinden hat;
- ob das Gericht den Streitwert nach freiem Ermessen im Wege der Schätzung bestimmen kann und deshalb eine exakte Ermittlung der tatsächlichen Grundlagen der Wertberechnung idR nicht erforderlich ist;
- ob bei gleichgerichteten Interessen eine Addition der Einzelwerte unterbleibt.

80 Für die inhaltlichen Kriterien zur Bewertung der Interessen des Klägers und der auf seiner Seite Beigetretenen kann – wie schon bei Abs. 1 S. 1 (→ Rn 61–64) – auf die zu § 48 GKG iVm § 3 ZPO entwickelten Grundsätze zurückgegriffen werden.

81 Auch der **gerichtliche Umfang der Prüfung** bei der Bestimmung des Mindeststreitwerts ergibt sich – wie schon bei Abs. 1 S. 1 (→ Rn 65) – aus § 48 GKG iVm § 3 ZPO mit der Folge, dass dem Gericht ein freies Ermessen eingeräumt ist und die Möglichkeit einer Schätzung besteht.

82 Für die **Gewichtung oder Zusammenrechnung** der Interessen des Klägers und der auf seiner Seite Beigetretenen macht Abs. 1 S. 2 keine inhaltlichen Vorgaben. In der Regel kann sich anbieten, dass die Einzelinteressen unter Berücksichtigung des Einzelfalls, vor allem der **Bedeutung und des Umfangs der Sache,** zu **addieren** sind.

83 Eine **Addition verbietet** sich aber ggf dann, wenn die Interessen entweder **wirtschaftlich identisch** sind oder **denselben Gegenstand** betreffen. Dies entspricht den Rechtsgedanken aus §§ 39, 45. Ein Additionsverbot steht der Maßgabe des Abs. 1 S. 2, alle Interessen des Klägers und der auf seiner Seite Beigetretenen in die Bewertung einzubeziehen, nicht entgegen. Denn das Additionsverbot ist Bestandteil der Bewertung. Die Werte der Interessen von Streitgenossen sind damit nicht zusammenzurechnen, wenn die Interessen wirtschaftlich identisch sind.[71]

84 Im Einzelfall ist in **Abweichung** zu diesem Additionsverbot aber bei wirtschaftlicher Identität oder demselben Gegenstand eine andere Gewichtung vertretbar, auch gerade, weil Abs. 1 S. 2 nebeneinander ausdrücklich die Interessen des Klägers und der auf seiner Seite Beigetretenen benennt.

85 Indes gibt es auch Fälle, in denen das **Interesse nicht teilbar** ist. So hat der BGH hinsichtlich der Beschlussanfechtungsklage gegen die Entlastung des Verwalters erklärt, dass das Interesse der Wohnungseigentümer an der vertrauensvollen Zusammenarbeit mit der Verwaltung der Wohnungseigentümergemeinschaft nicht teilbar sei und bei allen Wohnungseigentümern dasselbe sei (→ Rn 163).[72]

86 Haben **mehrere Anträge** wirtschaftlich dasselbe Ziel, kommt eine Addition der Werte nicht in Betracht.[73] Der Streitwert richtet sich dann nach dem Antrag mit dem höchsten Wert. Wird ein Negativbeschluss angefochten und gleichzeitig die Verpflichtung der Wohnungseigentümer zur Vornahme der abgelehnten Maßnahme verlangt, so handelt es sich um einen einheitlichen Lebenssachverhalt, der eine Zusammenrechnung der Streitwerte für die Anträge nicht rechtfertigt.[74] Denn § 39 über die Wertaddition greift nicht, wenn die verfolgten Ansprüche wirtschaftlich identisch sind.[75]

87 Der Ausgangsstreitwert aus Abs. 1 S. 1 darf den Mindeststreitwert **nicht unterschreiten.** Beide Werte sind also miteinander zu vergleichen. Überschreitet der Ausgangsstreitwert den Mindeststreitwert, verbleibt es für die weitere Prüfung bei dem Ausgangsstreitwert. Unterschreitet der Ausgangsstreitwert den Mindeststreitwert, ist die weitere Prüfung mit dem Mindeststreitwert fortzusetzen.

88 **Beispiel:** Die Wohnungseigentümergemeinschaft verlangt klageweise Wohngeld von einem Wohnungseigentümer iHv 3.000 €. Wie hoch ist der Streitwert?

Lösung: Der Ausgangsstreitwert beträgt 50 % des Gesamtinteresses, das sich aus dem Interesse an der Zahlung und an der Nichtzahlung zusammensetzt. 50 % von 3.000 € ergeben 1.500 €.

Das klägerische Interesse bestimmt den Mindeststreitwert und ergibt entsprechend des Zahlungsantrags 3.000 €. Da der Ausgangsstreitwert den Mindeststreitwert unterschreitet, dies aber nach Abs. 1 S. 2 nicht zulässig ist, ist der Streitwert in Höhe des Mindeststreitwerts von 3.000 € festzusetzen.

89 **4. Höchststreitwert (Abs. 1 S. 2).** Abs. 1 S. 2 regelt einen Höchststreitwert. Höher als dieser Wert darf der Streitwert nicht festgesetzt werden. Der Höchststreitwert iSv Abs. 1 S. 2 ist das Fünffache des Werts des Interesses des Klägers und der auf seiner Seite Beigetretenen, mithin das **Fünffache des Mindeststreitwerts iSv**

---

71 BGH NJW-RR 2004, 638 (zu § 26 EGZPO). **72** Vgl BGH NJW-RR 2011, 1026, 1027. **73** ZB auch LG München I NZM 2009, 625; LG Nürnberg-Fürth NJOZ 2011, 655. **74** OLG Celle BeckRS 2010, 4944. **75** OLG Celle BeckRS 2010, 4944; vgl auch BGH NJW-RR 2004, 638 (zu § 26 EGZPO bei Streitgenossen).

Abs. 1 S. 2. Der Höchststreitwert setzt die Justizgewährungspflicht um (→ Rn 11–15).[76] Der Höchststreitwert vermeidet, dass ein Kläger mit einem Kostenrisiko belastet wird, das außer Verhältnis zu seinem Interesse an dem Verfahren steht.[77] Denn einzelne Interesse des Klägers kann gerade bei größeren Wohnungseigentümergemeinschaften deutlich geringer sei als der Ausgangsstreitwert (= 50 % des Interesses der Parteien und aller Beigeladener).[78]

Im Einzelnen kommt es nach Abs. 1 S. 2 auf das Interesse des Klägers sowie der auf seiner Seite Beigetretenen an. Zum **Beitritt** → Rn 77.　　　　　　　　　　　　　　　　　　　　　　　　　**90**

Die Berücksichtigung des Interesses der auf Seiten des Klägers Beigetretenen setzt nicht voraus, dass die Beigetretenen vor oder nach ihrem Beitritt auch **beigeladen** wurden. Eine derartige Einschränkung ist dem Abs. 1 S. 2 auch nicht zu entnehmen. Im Unterschied zu Abs. 1 S. 1 (→ Rn 59) ist das Interesse des nicht beigeladenen Beigetretenen einzubeziehen, weil auch dem nicht beigeladenen Beigetretenen gegenüber die Justizgewährung zu gewährleisten ist.　　　　　　　　　　　　　　　　　　　　　**91**

Abs. 1 S. 2 **regelt hinsichtlich des Höchststreitwerts nicht,**　　　　　　　　　　　　　　**92**

- nach welchen inhaltlichen Kriterien die Bewertung der Interessen des Klägers und der auf seiner Seite Beigetretenen stattzufinden hat;
- ob das Gericht den Streitwert nach freiem Ermessen im Wege der Schätzung bestimmen kann und deshalb eine exakte Ermittlung der tatsächlichen Grundlagen der Wertberechnung idR nicht erforderlich ist;
- ob bei gleichgerichteten Interessen eine Zusammenrechnung der Einzelwerte unterbleibt.

Für die inhaltlichen Kriterien zur Bewertung der Interessen des Klägers und der auf seiner Seite Beigetretenen kann – wie schon bei Abs. 1 S. 1 (→ Rn 61–64) – auf die zu § 48 GKG iVm § 3 ZPO entwickelten Grundsätze zurückgegriffen werden.　　　　　　　　　　　　　　　　　　　　　　**93**

Auch der **gerichtliche Umfang der Prüfung** bei der Bestimmung des Mindeststreitwerts ergibt sich – wie schon bei Abs. 1 S. 1 (→ Rn 65) – aus § 48 GKG iVm § 3 ZPO mit der Folge, dass dem Gericht ein freies Ermessen eingeräumt ist und die Möglichkeit einer Schätzung besteht.　　　　　　　　　**94**

Für die **Gewichtung oder Zusammenrechnung** der Interessen des Klägers und der auf seiner Seite Beigetretenen macht Abs. 1 S. 2 keine inhaltlichen Vorgaben. In der Regel kann sich anbieten, dass die Einzelinteressen unter Berücksichtigung des Einzelfalls, vor allem der **Bedeutung und des Umfangs der Sache,** zu addieren sind.[79]　　　　　　　　　　　　　　　　　　　　　　　　　　　　　**95**

Eine **Addition verbietet** sich aber ggf dann, wenn die Interessen entweder **wirtschaftlich identisch** oder **denselben Gegenstand** betreffen. Dies entspricht den Rechtsgedanken aus §§ 39, 45. Ein Additionsverbot steht der Maßgabe des Abs. 1 S. 2, alle Interessen des Klägers und der auf seiner Seite Beigetretenen in die Bewertung einzubeziehen, nicht entgegen. Denn das Additionsverbot ist Bestandteil der Bewertung. Die Werte der Interessen von Streitgenossen sind grds. nicht zusammenzurechnen, weil die Interessen wirtschaftlich identisch sind.[80] Wird zB ein Beschluss über die Jahresabrechnung von mehreren Wohnungseigentümern insgesamt angefochten, erfolgt für die Bestimmung des Höchststreitwerts keine Addition der Einzelwerte, sondern es ist – bei abweichender Höhe des jeweiligen Einzelinteresses der Kläger – das höchste Einzelinteresse für die Bestimmung des Höchststreitwerts maßgebend.[81]　　　　　　　　　　　　　　　**96**

Im Einzelfall ist in **Abweichung** zu diesem Additionsverbot aber bei **wirtschaftlicher Identität** oder **demselben Gegenstand** eine andere Gewichtung vertretbar, auch gerade, weil Abs. 1 S. 2 ausdrücklich die Interessen des Klägers und der auf seiner Seite Beigetretenen benennt.　　　　　　　　　　　　　　　**97**

Sind die Streitgegenstände nicht wirtschaftlich identisch und ist auch ansonsten eine Nämlichkeit nicht gegeben, kommt eine **Zusammenrechnung der Einzelwerte** zur Bestimmung des Höchststreitwerts in Betracht. Hiergegen kann aber sprechen, dass der **Justizgewährungsanspruch** jedem einzelnen Wohnungseigentümer zusteht und sich der Höchststreitwert zur Umsetzung der Justizgewährungspflicht jedem Einzelnen gegenüber nur an dessen Interessen und nur an seinem Wohnungseigentum orientiert. Ansonsten könnte in Betracht kommen, dass der einzelne klagende Wohnungseigentümer mit einem Kostenrisiko belastet wird, das nur deshalb außer Verhältnis zu seinem Interesse an den Verfahren steht, weil von ihm nicht verfolgte Inter-　　　　　　　　　　　　　　　　**98**

---

76 Vgl dazu BT-Drucks 16/887, S. 53 f (Stellungnahme BRat); BT-Drucks 16/887, S. 76 (Gegenäußerung BRat); vgl auch BT-Drucks 16/887, S. 41 (BReg zu § 50 WEG-E). So auch: Binz/Dörndorfer/*Dörndorfer,* § 49 a GKG Rn 1; Schneider/Herget/*Monschau,* Streitwert-Kommentar, Rn 6262; MüKo-BGB/*Engelhardt,* 6. Aufl. 2012, § 43 WEG Rn 21; Bamberger/Roth/*Scheel,* BeckOK-BGB, Ed. 35 (Stand: 1.5.2015), § 49 WEG Rn 13. **77** Vgl dazu BT-Drucks 16/887, S. 53 (Stellungnahme BRat); BT-Drucks 16/887, S. 41 (BReg); vgl auch BVerfG NJW 1992, 1673. **78** BT-Drucks 16/887, S. 53 (Stellungnahme BRat); vgl BT-Drucks 16/887, S. 41 (BReg zu § 50 WEG-E). **79** So auch *Hartmann,* KostG, § 49 a GKG Rn 4: Man muss die Interessen der beiden Parteien und der nach § 48 Abs. 1 WEG Beigeladenen addieren; auch Binz/Dörndorfer/*Dörndorfer,* § 49 a GKG Rn 3 spricht von der „Wertaddition"; vgl auch OLG Celle BeckRS 2011, 3336. **80** BGH NJW-RR 2004, 638 (zu § 26 EGZPO). **81** Vgl LG Hamburg ZMR 2011, 160.

essen den Höchststreitwert erhöhen. Dennoch ist eine Zusammenrechnung der Einzelwerte zur Bestimmung des Höchststreitwerts zu befürworten. Denn besteht die Klägerseite aus mehreren Klägern, trägt der einzelne Kläger das Kostenrisiko nicht allein. Vielmehr tragen die Kläger das Kostenrisiko im Außenverhältnis zum Prozessgegner gemeinsam, idR entweder als Gesamtschuldner (vgl § 100 Abs. 4 ZPO) oder nach Kopfteilen (vgl § 100 Abs. 1 ZPO). Im Innenverhältnis richtet sich die Kostenverteilung zwischen kostenpflichtigen Wohnungseigentümern nach Miteigentumsanteilen[82] oder nach dem Umfang der Beteiligung an dem Rechtsstreit. Soweit es eines Gerichtsgebührenvorschusses bedarf (vgl § 12 Abs. 1), ergibt sich die Kostenverteilung zwischen den vorschusspflichtigen Wohnungseigentümern ebenfalls anhand der Miteigentumsanteile oder des Umfangs der Beteiligung an dem Rechtsstreit.

99 Indes gibt es auch Fälle, in denen das **Interesse nicht teilbar** ist. So hat der BGH hinsichtlich der Beschlussanfechtungsklage gegen die Entlastung des Verwalters erklärt, dass das Interesse der Wohnungseigentümer an der vertrauensvollen Zusammenarbeit mit der Verwaltung der Wohnungseigentümergemeinschaft nicht teilbar sei und bei allen Wohnungseigentümern dasselbe sei (→ Rn 163).[83]

100 Haben **mehrere Anträge** wirtschaftlich dasselbe Ziel, kommt eine Addition der Werte nicht in Betracht.[84] Der Streitwert richtet sich dann nach dem Antrag mit dem höchsten Wert. Wird ein Negativbeschluss angefochten und gleichzeitig die Verpflichtung der Wohnungseigentümer zur Vornahme der abgelehnten Maßnahme verlangt, so handelt es sich um einen einheitlichen Lebenssachverhalt, der eine Zusammenrechnung der Streitwerte für die Anträge nicht rechtfertigt.[85] Denn § 39 über die Wertaddition greift nicht, wenn die verfolgten Ansprüche wirtschaftlich identisch sind.[86]

101 Der Höchststreitwert ergibt sich dann abschließend aus dem **Fünffachen** des Interesses des Klägers und der auf seiner Seite Beigetretenen. Die pauschale Begrenzung auf das Fünffache begründet der Gesetzgeber der WEG-Reform 2007 mit der bestehenden Praxis einiger OLGs zu § 48 Abs. 3 WEG aF.[87]

102 Der Ausgangsstreitwert aus Abs. 1 S. 1 darf den Höchststreitwert nicht überschreiten. Beide Werte sind also miteinander zu **vergleichen**. Überschreitet der Ausgangsstreitwert den Höchststreitwert, ist die weitere Prüfung mit dem Höchststreitwert fortzusetzen. Ist der Ausgangsstreitwert niedriger als der Mindeststreitwert, ist offensichtlich, dass der Höchststreitwert nicht überschritten wird, da der Höchststreitwert ja das Fünffache des Mindeststreitwerts ist, so dass die weitere Prüfung anhand des Mindeststreitwerts stattzufinden hat. Unterschreitet ein über dem Mindeststreitwert liegender Ausgangsstreitwert den Höchststreitwert, verbleibt es für die weitere Prüfung bei dem Ausgangsstreitwert.

103 **Beispiel:** Der Wohnungseigentümer hat einen Beschluss über die Genehmigung der Jahresabrechnung umfassend angefochten. Die Jahresabrechnung weist Kosten iHv 100.000 € aus. Den klagenden Wohnungseigentümer trifft eine Kostenlast von 10.000 € und die anderen neun Wohnungseigentümer jeweils iHv 10.000 €. Der Verkehrswert jeder einzelnen Wohnung liegt jedenfalls über 20.000 €. Wie hoch ist der sich aus Abs. 1 ergebende Streitwert? Lösung: Das Gesamtinteresse beträgt nach der Hamburger Formel (→ Rn 170) 10.000 € (klägerisches Interesse) zzgl. 22.500 € (25 % des restlichen Gesamtvolumens von 90.000 €), also zusammen 32.500 €. Der Ausgangsstreitwert nach Abs. 1 S. 1 ist hiervon 50 %, also 16.250 €. Der Mindeststreitwert nach Abs. 1 S. 2 (klägerisches Interesse) sind 10.000 €. Das Fünffache des klägerischen Interesses sind 50.000 €. Dies ist der Höchststreitwert aus Abs. 1 S. 2. Der Ausgangsstreitwert von 16.250 € übersteigt den Höchststreitwert aus Abs. 1 S. 2 nicht. Er übersteigt auch nicht die Verkehrswerte aus Abs. 1 S. 3, so dass der Streitwert in Höhe des Ausgangsstreitwerts von 16.250 € festzusetzen ist.

104 **5. Absoluter Höchststreitwert (Abs. 1 S. 3).** Abs. 1 S. 3 bestimmt, dass der Streitwert in keinem Fall den **Verkehrswert des Wohnungseigentums** des Klägers und der auf seiner Seite Beigetretenen überschreiten darf. Wegen des Wortlauts „in keinem Fall" handelt es sich bei diesem Wert um den absoluten Höchststreitwert. Hintergrund dieser Regelung ist die Umsetzung der Justizgewährungspflicht (→ Rn 11–15),[88] so dass vermieden wird, dass ein Kläger mit einem Kostenrisiko belastet wird, das außer Verhältnis zu seinem Interesse an dem Verfahren steht.[89]

105 Im Einzelnen kommt es auf das Wohnungseigentum des Klägers sowie der auf seiner Seite Beigetretenen an. Zum **Beitritt** → Rn 77. Zur Einbeziehung auch des **nicht beigeladenen Beigetretenen** → Rn 91.

---

82 Vgl vor der WEG-Reform 2007: BGH NJW 2007, 1869. **83** Vgl BGH NJW-RR 2011, 1026, 1027. **84** ZB auch LG München I NZM 2009, 625; LG Nürnberg-Fürth NJOZ 2011, 655. **85** OLG Celle BeckRS 2010, 4944. **86** OLG Celle BeckRS 2010, 4944; vgl auch BGH NJW-RR 2004, 638 (zu § 26 EGZPO bei Streitgenossen). **87** Vgl BT-Drucks 16/887, S. 42 unter Verweis auf OLG Hamm NZM 2001, 549. **88** Vgl dazu BT-Drucks 16/887, S. 53 f (Stellungnahme BRat); BT-Drucks 16/887, S. 76 (Gegenäußerung BReg); vgl auch BT-Drucks 16/887, S. 41 (BReg zu § 50 WEG-E). So auch: Binz/Dörndorfer/*Dörndorfer*, § 49 a GKG Rn 1; Schneider/Herget/*Monschau*, Streitwert-Kommentar, Rn 6262; MüKo-BGB/*Engelhardt*, 6. Aufl. 2012, § 43 WEG Rn 21; Bamberger/Roth/*Scheel*, BeckOK-BGB, Ed. 35 (Stand: 1.5.2015), § 49 WEG Rn 13. **89** Vgl dazu BT-Drucks 16/887, S. 53 (Stellungnahme BRat); BT-Drucks 16/887, S. 41 (BReg zu § 50 WEG-E); vgl auch BVerfG NJW 1992, 1673.

NK-GK/*Fölsch*

Abs. 1 S. 3 definiert den Begriff des Verkehrswerts nicht. Indes kann auf die allgemeingültige Definition zurückgegriffen werden: Anerkannt ist, dass der **Verkehrswert** der Betrag ist, der sich bei einer Veräußerung der Sache erzielen lässt.[90] Belastungen sind nicht wertmindernd zu berücksichtigen.[91] 106

Aus Abs. 1 S. 3 ergibt sich nicht, ob das Gericht den Streitwert nach freiem Ermessen im Wege der Schätzung bestimmen kann oder ob es zu einer exakten Ermittlung der tatsächlichen Grundlagen der Wertberechnung der Einholung eines Wertgutachtens bedarf. Wie schon bei Abs. 1 S. 1, 2 (→ Rn 65) liegt es auch bei der Prüfung des absoluten Höchststreitwerts so, dass dem Gericht über § 48 GKG iVm § 3 ZPO ein freies Ermessen eingeräumt ist und die Möglichkeit der Schätzung besteht.[92] Der Einholung eines Wertgutachtens bedarf es dann in aller Regel nicht. 107

Im Fall **mehrerer Kläger** und/oder auf Klägerseite **Beigetretener** ist fraglich, ob 108

- die einzelnen Verkehrswerte zusammenzurechnen sind oder
- nur der Wert eines Wohnungseigentums, und zwar desjenigen mit dem geringsten Verkehrswert, maßgeblich ist.[93]

Für die letztgenannte Auffassung spricht, dass der Justizgewährungsanspruch jedem einzelnen Wohnungseigentümer zusteht und sich der absolute Höchststreitwert zur Umsetzung der Justizgewährungspflicht jedem Einzelnen gegenüber nur an dessen Interessen und nur an seinem Wohnungseigentum orientiert. Ansonsten könnte in Betracht kommen, dass der einzelne klagende Wohnungseigentümer mit einem Kostenrisiko belastet wird, das nur deshalb außer Verhältnis zu seinem Interesse an der Verfahren steht, weil ihm nicht gehörendes Wohnungseigentum den Höchststreitwert erhöht. 109

Dennoch ist eine Zusammenrechnung der einzelnen Verkehrswerte zu befürworten. Denn besteht die Klägerseite aus mehreren Klägern, trägt der einzelne Kläger das Kostenrisiko nicht allein. Vielmehr tragen die Kläger das Kostenrisiko im Außenverhältnis zum Prozessgegner gemeinsam, idR entweder als Gesamtschuldner (vgl § 100 Abs. 4 ZPO) oder nach Kopfteilen (vgl § 100 Abs. 1 ZPO). Im Innenverhältnis richtet sich die Kostenverteilung zwischen kostenpflichtigen Wohnungseigentümern dann nach Miteigentumsanteilen[94] oder nach dem Umfang der Beteiligung an dem Rechtsstreit. Soweit es eines Gerichtsgebührenvorschusses bedarf (vgl § 12 Abs. 1), ergibt sich die Kostenverteilung zwischen den vorschusspflichtigen Wohnungseigentümern ebenfalls anhand der Miteigentumsanteile oder ihrer Beteiligung an dem Rechtsstreit. Besteht die Klägerseite auch aus auf dieser Seite Beigetretenen, tragen die Beigetretenen zwar im Außenverhältnis gegenüber dem Prozessgegner idR zwar kein Kostenrisiko. Jedoch sind sie im Innenverhältnis gemeinsam mit dem Kläger an der Kostenverteilung zu beteiligen. 110

Beispiel: Der Ausgangsstreitwert beträgt 200.000 €. Der Mindeststreitwert beträgt ebenfalls 200.000 €. Die drei klagenden Wohnungseigentümer haben Wohnungseigentum mit jeweils einem Verkehrswert von 90.000 €. Die Höchststreitwerte aus Abs. 1 S. 2 und Abs. 2 werden nicht überstiegen. Wie hoch ist der Streitwert? 111

Lösung: Die Beantwortung hängt von der Frage ab, ob die Einzelwerte der Verkehrswerte zur Bestimmung des absoluten Höchststreitwerts aus Abs. 1 S. 3 zusammenzurechnen sind oder nicht. Ist eine Zusammenrechnung erlaubt, beträgt der absolute Höchststreitwert 270.000 €. Dann liegt der Ausgangsstreitwert unterhalb dieses absoluten Höchststreitwerts und der Streitwert ist in Höhe des Ausgangsstreitwerts festzusetzen. Ist dagegen eine Zusammenrechnung nicht möglich, ergibt sich der absolute Höchststreitwert aus dem geringsten Verkehrswert und beträgt 90.000 €. Da dieser Wert nicht überschritten werden darf, der Ausgangsstreitwert aber darüber liegt, ist der Streitwert nach Abs. 1 S. 3 iHv 90.000 € festzusetzen.

Der absolute Höchststreitwert greift allerdings dann nicht, wenn auf Klägerseite ein Wohnungseigentum nicht vorhanden ist, wie zB bei der teilrechtsfähigen Wohnungseigentümergemeinschaft oder dem Verwalter.[95] 112

Der Ausgangsstreitwert aus Abs. 1 S. 1 darf den absoluten Höchststreitwert nicht überschreiten. Beide Werte sind also miteinander zu **vergleichen.** Überschreitet der Ausgangsstreitwert den absoluten Höchststreitwert, ist die weitere Prüfung mit dem absoluten Höchststreitwert fortzusetzen. Unterschreitet der Ausgangsstreitwert den absoluten Höchststreitwert, verbleibt es für die weitere Prüfung bei dem Ausgangsstreitwert, der im Übrigen dann an den Grenzen von Abs. 1 S. 2 zu messen ist. 113

Als **Konfliktfall** zwischen Abs. 1 S. 2 und S. 3 ist denkbar, dass der absolute Höchststreitwert geringer als der Mindeststreitwert ist. Der Konfliktfall ist so zu lösen, dass **S. 3 Vorrang vor S. 2** gebührt.[96] Dies sichert, dass der Justizgewährungsanspruch auch in diesem Fall umgesetzt wird. Dies rechtfertigt dann zugleich, dass in dieser Konstellation der Kläger in einer Wohnungseigentumssache gegenüber anderen ZPO-Verfah- 114

---

90 Vgl BGH NJW-RR 1991, 1210 (zu § 6 ZPO). **91** Vgl BGH NJW-RR 2011, 518 (zu § 6 ZPO). **92** So iE auch *Einsiedler*, ZMR 2008, 765, 766. **93** So LG Frankfurt BeckRS 2015, 8122; *Einsiedler*, ZMR 2008, 765, 766. **94** Vgl vor der WEG-Reform 2007: BGH NJW 2007, 1869. **95** *Einsiedler*, ZMR 2008, 765, 766. **96** So ist wohl auch *Einsiedler*, ZMR 2008, 765, 766 zu verstehen.

ren bessergestellt ist, wenn der Streitwert unterhalb seines Interesses festgesetzt wird. Zudem ergibt auch der Wortlaut des S. 3, dass der absolute Höchststreitwert in keinem Fall, also auch nicht bei einem höheren Mindeststreitwert, überschritten werden darf.

115   **6. Klage gegen einzelne Wohnungseigentümer (Abs. 2). a) Überblick.** Richtet sich eine **Klage gegen einzelne Wohnungseigentümer**, kommt es bei der Streitwertbemessung **zusätzlich** auf Abs. 2 an (zur Anwendbarkeit des § 49 a in diesen Fällen → Rn 119). Die Vorschrift enthält zwei weitere Höchststreitwerte, die nach Auffassung der Bundesregierung[97] den Justizgewährungsanspruch im Falle der Rechtsverteidigung der einzelnen Wohnungseigentümer gewährleisten soll (→ Rn 13).

116   **b) Anwendungsbereich.** Abs. 2 setzt voraus, dass sich die Klage gegen einzelne Wohnungseigentümer richtet. Damit kommen Obergrenzen nicht zur Anwendung, wenn sich die Klage in der Wohnungseigentumssache gegen die teilrechtsfähige Wohnungseigentümergemeinschaft oder gegen den Verwalter richtet. Richtet sich die Klage gegen Dritte, liegt ohnehin keine Wohnungseigentumssache iSv § 43 WEG vor.

117   Umstritten ist, ob Abs. 2 nur dann anwendbar ist, wenn nicht alle Wohnungseigentümer an dem Rechtsstreit beteiligt sind. So wird vertreten, dass Abs. 2 nur die Fälle erfasst, in denen eine Klage gegen einen oder mehrere Wohnungseigentümer, aber eben nicht gegen alle (mit Ausnahme des Klägers) gerichtet ist.[98] Dies wird aus dem Wortlaut des Abs. 2 S. 1 („einzelne") gefolgert. Nach anderer Ansicht kommt Abs. 2 auch dann zur Anwendung, wenn alle Wohnungseigentümer (ggf mit Ausnahme des Klägers) Beklagte in dem Rechtsstreit sind.[99] Hierzu wird angeführt, dass das Wort „einzelne" nur zusätzlich betont, dass nicht die Wohnungseigentümer in ihrer Gesamtheit als teilrechtsfähige Wohnungseigentümergemeinschaft gemeint seien. Die Konfliktlage zu Abs. 1 sei bei Anwendung der Auslegungsgrundsätze lösbar.

118   **Hinweis:** Trifft die zuletzt genannte Auffassung zu, kommt **Abs. 2** bei jeder **Beschlussanfechtungsklage** zur Anwendung. Denn die Beschlussanfechtungsklage von Wohnungseigentümern hat sich nach § 46 Abs. 1 S. 1 WEG gegen die übrigen Wohnungseigentümer und nicht gegen die Wohnungseigentümergemeinschaft zu richten. Indes ist in der Rspr zu beobachten, dass die Streitwertfestsetzungen bei Beschlussanfechtungsklagen regelmäßig keine Ausführungen zu Abs. 2 enthalten.

119   Auch bei Klagen gegen einzelne Wohnungseigentümer kommt die gesamte Vorschrift des Abs. 1 zur Anwendung. Der Streitwert ergibt sich nicht allein aus Abs. 2. Denn Abs. 2 regelt keinen Streitwert, sondern gibt nur Obergrenzen vor. Abs. 2 schließt zudem nicht aus, die Streitwertgrenzen aus Abs. 1 S. 2, 3 anzuwenden (zur Lösung entsprechender Konfliktfälle → Rn 132–135).[100] Denn die Regelungszwecke des Abs. 1 S. 2, 3 sind auch bei Klagen gegen einzelne Wohnungseigentümer umzusetzen. Es ist also zunächst der Ausgangsstreitwert zu ermitteln (→ Rn 53 ff). Sodann ist zu prüfen, ob der Ausgangsstreitwert die Grenzen des Mindeststreitwerts aus Abs. 1 S. 2 (→ Rn 75 ff) und der Höchststreitwerte aus Abs. 1 S. 2, 3 (→ Rn 89 ff, 104 ff) einhält.

120   **Beispiel:** In der Eigentümerversammlung wird beschlossen, dass der Wohnungseigentümer B, der ohne Beschluss der Eigentümerversammlung eine Parabolantenne angebracht hat, auf Beseitigung dieser Parabolantenne verklagt werden soll. Die in Betracht kommenden Verkehrswerte liegen jeweils bei 100.000 €. Wie hoch ist der Streitwert?

Lösung: Das Interesse der klagenden Beseitigungsgläubiger besteht in der Vermeidung der Fortdauer des Wertverlusts der Wohnungsanlage, das hier auf 800 € geschätzt werden soll. Demgegenüber liegt das Interesse des beklagten Wohnungseigentümers in Höhe der Beseitigungskosten, das mit 200 € angegeben wird, und dem Empfangsinteresse ansonsten nicht erreichbarer Fernsehsender, das auf 600 € geschätzt werden soll.

Das Gesamtinteresse beträgt demnach 1.600 €; hiervon ergeben 50 % den Ausgangsstreitwert, mithin 800 €. Der Mindeststreitwert (klägerisches Interesse, vgl Abs. 1 S. 2) beträgt 800 €. Dieser Wert wird durch den Ausgangsstreitwert nicht unterschritten. Der Höchststreitwert (vgl Abs. 1 S. 2) von fünf Mal 800 € wird nicht überschritten. Nach Abs. 2 S. 1 darf der Streitwert weiterhin das Fünffache des Interesses des Beklagten nicht übersteigen. Das Interesse des Beklagten beträgt 200 € und 600 €, zusammen 800 €. Der Ausgangsstreitwert von 800 € übersteigt den Höchststreitwert, nämlich das Fünffache von 800 € (= 4.000 €), nicht. Die Verkehrswerte aus Abs. 1 S. 3 und Abs. 2 S. 2 werden nicht überschritten. Der Streitwert ist auf 800 € festzusetzen.

121   **c) Höchststreitwert (Abs. 2 S. 1).** Abs. 2 S. 1 bestimmt einen (weiteren) Höchststreitwert. Höher als dieser Wert darf der Streitwert nicht festgesetzt werden. Der Höchststreitwert iSv Abs. 2 S. 1 ist das Fünffache des Werts des Interesses der beklagten und der auf ihrer Seite beigetretenen einzelnen Wohnungseigentümer. Der Höchststreitwert setzt nach der Begründung der Bundesregierung[101] die Justizgewährungspflicht auch im Falle der Rechtsverteidigung um (→ Rn 13). Der Höchststreitwert vermeidet, dass die beklagten und die

---

97 Vgl BT-Drucks 16/887, S. 76 (Gegenäußerung BReg). **98** So Schneider/Herget/*Monschau*, Streitwert-Kommentar, Rn 6266; Bamberger/Roth/*Scheel*, BeckOK-BGB, Ed. 35 (Stand: 1.5.2015), § 49 WEG Rn 14. **99** So *Einsiedler*, ZMR 2008, 765, 767. **100** AA *Einsiedler*, ZMR 2008, 765, 767: Abs. 2 ist lex specialis zu Abs. 1 S. 2, 3; so wohl auch Bamberger/Roth/*Scheel*, BeckOK-BGB, Ed. 35 (Stand: 1.5.2015), § 49 WEG Rn 16. **101** Vgl BT-Drucks 16/887, S. 76 (Gegenäußerung BReg).

auf ihrer Seite beigetretenen einzelnen Wohnungseigentümer mit einem Kostenrisiko belastet werden, das außer Verhältnis zu ihrem Interesse an dem Verfahren steht.

Im Einzelnen kommt es nach Abs. 2 S. 1 auf das Interesse des beklagten einzelnen Wohnungseigentümers 122 sowie der auf seiner Seite beigetretenen einzelnen Wohnungseigentümer an.

Zum **Beitritt** → Rn 77. 123

Zur Einbeziehung auch des **nicht beigeladenen Beigetretenen** → Rn 91. 124

Abs. 2 S. 1 **regelt hinsichtlich des Höchststreitwerts nicht,** 125

■ nach welchen inhaltlichen Kriterien die Bewertung der Interessen des Beklagten und der auf seiner Seite Beigetretenen stattzufinden hat;

■ ob das Gericht den Streitwert nach freiem Ermessen im Wege der Schätzung bestimmen kann und deshalb eine exakte Ermittlung der tatsächlichen Grundlagen der Wertberechnung idR nicht erforderlich ist;

■ ob bei gleichgerichteten Interessen eine Zusammenrechnung der Einzelwerte unterbleibt.

Für die inhaltlichen Kriterien zur Bewertung der Interessen des Beklagten und der auf seiner Seite Beigetre- 126 tenen kann – wie schon bei Abs. 1 S. 1 (→ Rn 61–64) – auf die zu § 48 GKG iVm § 3 ZPO entwickelten Grundsätze zurückgegriffen werden.

Hinweis: Zu achten ist bei der Anwendung dieser Grundsätze darauf, dass das Interesse der **Beklagtenseite** 127 zu bewerten ist.

Auch der gerichtliche Umfang der Prüfung bei der Bestimmung des Mindeststreitwerts ergibt sich – wie 128 schon bei Abs. 1 S. 1 (→ Rn 65) – aus § 48 GKG iVm § 3 ZPO mit der Folge, dass dem Gericht ein freies Ermessen eingeräumt ist und die Möglichkeit einer Schätzung besteht.

Zur Zusammenrechnung von Einzelwerten zur Bestimmung des Höchststreitwerts s. die Erl. zum Höchst- 129 streitwert nach Abs. 1 S. 2 (→ Rn 95–100), die in entsprechender Weise auch für Abs. 2 S. 1 gilt.

Der Höchststreitwert ergibt sich dann abschließend aus dem **Fünffachen** des Interesses des Beklagten und 130 der auf seiner Seite Beigetretenen. Die pauschale Begrenzung auf das Fünffache begründet der Gesetzgeber der WEG-Reform 2007 mit der bestehenden Praxis einiger OLGs zu § 48 Abs. 3 WEG aF.[102]

Der Ausgangsstreitwert aus Abs. 1 S. 1 darf den Höchststreitwert nicht überschreiten. Beide Werte sind also 131 miteinander zu **vergleichen.** Überschreitet der Ausgangsstreitwert den Höchststreitwert, ist die weitere Prüfung mit dem Höchststreitwert fortzusetzen. Unterschreitet der Ausgangsstreitwert den Höchststreitwert, verbleibt es für die weitere Prüfung bei dem Ausgangsstreitwert.

Als **Konfliktfall** ist vorstellbar, dass der Mindeststreitwert nach Abs. 1 S. 2 höher als der Höchststreitwert 132 aus Abs. 2 S. 1 ist. Der Konfliktfall ist so zu lösen, dass der **Obergrenze aus Abs. 2 S. 1 Vorrang vor der Mindestgrenze aus Abs. 1 S. 2** gebührt. Dies sichert, dass der nach Ansicht der Bundesregierung[103] ebenso im Falle der Rechtsverteidigung bestehende Justizgewährungsanspruch auch in diesem Fall umgesetzt wird. Das rechtfertigt dann zugleich, dass in dieser Konstellation der Kläger in einer Wohnungseigentumssache gegenüber anderen ZPO-Verfahren bessergestellt ist, wenn der Streitwert unterhalb seines Interesses festgesetzt wird.

Beispiel: Der Ausgangsstreitwert nach Abs. 1 S. 1 beträgt 1.000 €. Der Mindeststreitwert aus Abs. 1 S. 2 beträgt 133 3.000 €. Der Höchststreitwert aus Abs. 2 S. 1 liegt bei 2.000 €.

Lösung: Der Streitwert beträgt 2.000 €. Der Höchststreitwert aus Abs. 2 S. 1 hat Vorrang vor dem Mindeststreitwert aus Abs. 1 S. 2. Der Ausgangsstreitwert liegt ohnehin unterhalb des hier relevanten Mindest- und Höchststreitwerts.

Als **weiterer Konfliktfall** kommt in Betracht, dass Abs. 1 S. 2 und Abs. 2 S. 1 jeweils Höchststreitwerte vor- 134 geben, die sich einerseits nach dem Fünffachen des Werts des Interesses auf Klägerseite und andererseits nach dem Fünffachen des Werts des Interesses auf Beklagtenseite richten. Maßgeblich ist dann der geringere von beiden Höchststreitwerten. Denn dadurch wird dem Justizgewährungsanspruch aller Beteiligten Genüge getan, weil dann für keinen der Beteiligten das Kostenrisiko außer Verhältnis zu seinem Interesse steht. Nach anderer Auffassung wird indes stets dem Abs. 2 S. 1 als der spezielleren Vorschrift gegenüber dem Abs. 1 S. 2 Vorrang eingeräumt.[104] Dieser Auffassung steht jedoch entgegen, dass es der gleichzeitigen Anwendung des Höchststreitwerts aus Abs. 1 S. 2 bedarf, weil der Justizgewährungsanspruch auch für die Rechtsverfolgung durch die Klägerseite umzusetzen ist.

Beispiel: Der über dem Mindeststreitwert liegende Ausgangsstreitwert beträgt 4.000 €. Der Höchststreitwert aus 135 Abs. 1 S. 2 beträgt 3.000 €. Der Höchststreitwert aus Abs. 2 S. 1 beträgt 6.000 €. Wie hoch ist der Streitwert?

---

102 Vgl BT-Drucks 16/887, S. 42 unter Verweis auf OLG Hamm NZM 2001, 549. **103** BT-Drucks 16/887, S. 76 (Gegenäußerung BReg). **104** So *Einsiedler*, ZMR 2008, 765, 767.

Lösung: Der Streitwert ist auf 3.000 € festzusetzen. Der Streitwert darf alle Höchststreitwerte nicht übersteigen, auch den geringsten der Höchststreitwerte nicht. Der geringste von beiden Höchststreitwerten liegt bei 3.000 €. Da der Ausgangsstreitwert höher ist, ist der Streitwert auf 3.000 € festzusetzen.

136   **d) Absoluter Höchststreitwert (Abs. 2 S. 2).** Abs. 2 S. 2 bestimmt, dass der Streitwert in keinem Fall den Verkehrswert des Wohnungseigentums der beklagten und auf ihrer Seite beigetretenen einzelnen Wohnungseigentümer überschreiten darf. Wegen des Wortlauts aus Abs. 2 S. 2 iVm Abs. 1 S. 3 („in keinem Fall") handelt es sich bei diesem Wert um einen (weiteren) absoluten Höchststreitwert.

137   Die Regelung soll nach dem Willen der Bundesregierung[105] die Umsetzung der Justizgewährungspflicht auch auf Seiten der Rechtsverteidigung sicherstellen (→ Rn 13). Mit ihr soll also vermieden werden, dass einzelne Wohnungseigentümer bei ihrer Rechtsverteidigung mit einem Kostenrisiko belastet werden, das das außer Verhältnis zu ihrem Interesse an dem Verfahren steht.

138   Im Einzelnen kommt es auf das Wohnungseigentum des beklagten einzelnen Wohnungseigentümers sowie der auf seiner Seite beigetretenen einzelnen Wohnungseigentümer an.

139   Zum **Beitritt** → Rn 77.

140   Zur Einbeziehung auch des **nicht beigeladenen Beigetretenen** → Rn 91.

141   Zum **Verkehrswert** → Rn 106.

142   Zur **Schätzung** des Streitwerts und zur Entbehrlichkeit eines Wertgutachtens → Rn 107.

143   Zur **Zusammenrechnung** der einzelnen Verkehrswerte, wenn mehrere einzelne beklagte und/oder auf ihrer Seite beigetretene einzelne Wohnungseigentümer am Rechtsstreit beteiligt sind, gelten die Ausführungen in → Rn 108–110 entsprechend.

144   Der Ausgangsstreitwert aus Abs. 1 S. 1 darf den absoluten Höchststreitwert des Abs. 2 S. 2 nicht überschreiten. Beide Werte sind also miteinander zu **vergleichen.** Überschreitet der Ausgangsstreitwert den absoluten Höchststreitwert, ist die weitere Prüfung mit dem absoluten Höchststreitwert fortzusetzen. Unterschreitet der Ausgangsstreitwert den absoluten Höchststreitwert, verbleibt es für die weitere Prüfung bei dem Ausgangsstreitwert, der im Übrigen dann an den Grenzen von Abs. 1 S. 2 und Abs. 2 S. 1 zu messen ist.

145   Als **Konfliktfall** zwischen Abs. 2 S. 2 und Abs. 1 S. 2 ist denkbar, dass der absolute Höchststreitwert geringer als der Mindeststreitwert ist. Der Konfliktfall ist so zu lösen, dass **Abs. 2 S. 2 Vorrang vor Abs. 1 S. 2** gebührt. Dies sichert, dass der nach Ansicht der Bundesregierung[106] ebenso im Falle der Rechtsverteidigung bestehende Justizgewährungsanspruch auch in diesem Fall umgesetzt wird. Dies rechtfertigt dann zugleich, dass in dieser Konstellation der Kläger in einer Wohnungseigentumssache gegenüber anderen ZPO-Verfahren bessergestellt ist, wenn der Streitwert unterhalb seines Interesses festgesetzt wird. Zudem ergibt auch der Wortlaut des Abs. 2 S. 2, dass der absolute Höchststreitwert in keinem Fall, also auch nicht bei einem höheren Mindeststreitwert, überschritten werden darf.

146   **Beispiel:** Der Ausgangsstreitwert nach Abs. 1 S. 1 beträgt 50.000 €. Der Mindeststreitwert aus Abs. 1 S. 2 beträgt 200.000 €. Der Höchststreitwert aus Abs. 2 S. 2 liegt bei 90.000 €. Wie hoch ist der Streitwert?

Lösung: Der Streitwert beträgt 90.000 €. Der absolute Höchststreitwert aus Abs. 2 S. 2 hat Vorrang vor dem Mindeststreitwert aus Abs. 1 S. 2. Der Ausgangsstreitwert liegt ohnehin unterhalb des hier relevanten Mindest- und Höchststreitwerts.

147   Als **weiterer Konfliktfall** kommt in Betracht, dass Abs. 1 S. 3 und Abs. 2 S. 2 jeweils absolute Höchststreitwerte vorgeben, die sich einerseits nach dem Wert des Wohnungseigentums der Klägerseite und andererseits nach dem Wert des Wohnungseigentums der Beklagtenseite richten. Maßgeblich ist dann der Wert desjenigen Wohnungseigentums, das den geringsten Verkehrswert hat. Mit diesem Lösungsvorschlag ist dem Justizgewährungsanspruch aller Beteiligten Genüge getan, weil dann für keinen der Beteiligten das Kostenrisiko außer Verhältnis zu seinem Interesse steht. Nach anderer Auffassung wird indes stets dem Abs. 2 S. 2 als der spezielleren Vorschrift gegenüber dem Abs. 1 S. 3 Vorrang eingeräumt.[107] Dieser Auffassung steht jedoch entgegen, dass es der gleichzeitigen Anwendung des absoluten Höchststreitwerts aus Abs. 1 S. 3 bedarf, weil der Justizgewährungsanspruch auch für die Rechtsverfolgung durch die Klägerseite umzusetzen ist.

148   **Beispiel:** Der über dem Mindeststreitwert liegende Ausgangsstreitwert beträgt 100.000 €. Der Höchststreitwert aus Abs. 1 S. 3 beträgt 80.000 €. Der Höchststreitwert aus Abs. 2 S. 2 beträgt 90.000 €. Wie hoch ist der Streitwert?

---

105 BT-Drucks 16/887, S. 76 (Gegenäußerung BReg).   **106** BT-Drucks 16/887, S. 76 (Gegenäußerung BReg).   **107** So *Einsiedler*, ZMR 2008, 765, 767.

Lösung: Der Streitwert ist auf 80.000 € festzusetzen. Der Streitwert darf alle absoluten Höchststreitwerte nicht übersteigen, auch den geringsten der absoluten Höchststreitwerte nicht. Der geringste von beiden Höchststreitwerten liegt bei 80.000 €. Da der Ausgangsstreitwert höher ist, ist der Streitwert auf 80.000 € festzusetzen.

IV. Einzelfälle A–Z

Die nachfolgend zu § 49 a aufgeführten Einzelfälle geben Anhaltspunkte, in welcher Höhe die verschiedenen Interessen und Verkehrswerte bestimmt werden können. In der Beschreibung der Einzelfälle wird deutlich gemacht, auf welchen der Werte sie sich beziehen (Ausgangs-, Mindest- bzw Höchststreitwerte). Die Darstellung orientiert sich an der zu § 49 a ergangenen Rspr. Gerichtliche Entscheidungen, die sich auf § 48 WEG aF oder auf § 511 ZPO, finden Erwähnung, soweit sie auch für § 49 a herangezogen werden können.   149

- **Abberufung des Verwalters:** Bei der Festsetzung des Streitwerts einer auf die Abberufung des Verwalters gerichteten Klage ist im Regelfall das Gesamtinteresse nach der in der restlichen Vertragslaufzeit anfallenden Verwaltervergütung zu bemessen,[108] so dass der Ausgangsstreitwert 50 % dieses Interesses beträgt.   150

  Das Interesse des klagenden Wohnungseigentümers richtet sich nach seinem Anteil der in der restlichen Vertragslaufzeit anfallenden Verwaltervergütung.[109] Der Anteil des Klägers ergibt sich aus dem Kostenverteilungsschlüssel und im Zweifel aus seinem Miteigentumsanteil.[110] Bei einem Streit um die vorzeitige Abberufung des Verwalters geht es dem Kläger im Wesentlichen um dessen Person und nicht um die Vergütung. Die Vergütung kann nur ein Hilfsmittel sein, um das Interesse an der Entscheidung einzuschätzen. Wird das Gesamtinteresse der Beteiligten anhand der einfachen restlichen Vergütung bestimmt, spricht nichts dafür, ausschließlich den Anteil des Klägers zu vervielfachen.[111] Demnach ist das klägerische Interesse weder auf 10 % des gesamten restlichen Honorars[112] noch auf das Zweifache[113] oder Dreifache[114] des nach Miteigentumsanteilen ermittelten Anteils des Klägers an der Verwaltervergütung zu bemessen noch mangels besonderer Anhaltspunkte auf 1.000 €[115] zu schätzen.

  Für den Streitwert macht es keinen Unterschied, ob es sich bei der auf die Entlassung gerichteten Klage von Wohnungseigentümern um eine Beschlussanfechtungsklage oder um eine Verpflichtungsklage handelt, weil die Interessenlage identisch ist. Auch bei einer aus beiden Anträgen bestehende Klage kommt eine Zusammenrechnung von Einzelwerten nicht in Betracht, weil ebenso das wirtschaftliche Ziel identisch ist.

  Bei einer von dem Verwalter erhobenen, gegen seine Entlassung gerichteten Klage ist das Interesse des klagenden Verwalters (Mindeststreitwert, Abs. 1 S. 2) nach der in der restlichen Vertragslaufzeit anfallenden Verwaltervergütung zu bemessen.[116]

- **Abmahnung:** Eine der Entziehung vorausgehende Abmahnung ist mit 1/3 des Werts eines Entziehungsbeschlusses (dh 33 % von 20 % des Verkehrswerts) anzusetzen.[117]   151

- **Anfechtung Beschluss:** Siehe → bei den jeweiligen Anfechtungsgegenständen.   152

- **Antenne:** Siehe „Parabolantenne" (→ Rn 177).   153

- **Auskunft:** Das Interesse des die Auskunft begehrenden Wohnungseigentümers macht wertmäßig einen Bruchteil des Hauptinteresses (Leistungsanspruch) aus.[118] Das Hauptinteresse ist ggf zu schätzen. Für die Bemessung des Auskunftsinteresses ist entscheidend, wie hoch der Kenntnisstand des Wohnungseigentümers wegen der die Leistungsklage begründenden Tatsachen ist. Je geringer der Kenntnisstand ist, desto höher ist das Auskunftsinteresse zu bewerten. Üblicherweise werden 1/4 bis 1/10 zugrunde gelegt.[119] Das Interesse des Auskunftsschuldners ist dagegen das Abwehrinteresse, eine Auskunft nicht erteilen zu müssen.[120] Dies ergibt sich aus dem zur Erfüllung einer Auskunft erforderlichen Aufwand an Zeit und Kosten sowie nach einem ggf zu berücksichtigenden Geheimhaltungsinteresse.[121]   154

- **Bestellung des Verwalters, Anfechtung:** Siehe „Abberufung des Verwalters" (→ Rn 150).   155

---

108 BGH NJW 2012, 1884 (zur Verpflichtungsklage); vgl auch schon OLG München NJW-RR 2009, 1615; LG Nürnberg-Fürth NJOZ 2011, 655. **109** BGH NJW 2012, 1884; vgl auch schon OLG München NJW-RR 2009, 1615. **110** BGH NJW 2012, 1884. **111** BGH NJW 2012, 1884. **112** So aber noch: OLG Celle NJW 2010, 1154; LG München I NZM 2009, 625; LG Nürnberg-Fürth BeckRS 2010, 7223 (auch zur Kündigung eines Hausmeistervertrages). **113** So aber noch LG Karlsruhe BeckRS 2010, 15200. **114** So aber noch OLG Schleswig NJW-RR 2012, 529. **115** So aber noch KG BeckRS 2011, 25671. **116** Vgl OLG Koblenz BeckRS 2013, 14499; LG Düsseldorf BeckRS 2010, 21918. **117** Vgl auch LG Bremen WuM 1999, 599. **118** Vgl BGH NJW 1997, 1016 (zu § 3 ZPO). **119** BGH NJW 1997, 1016 (zu § 511 ZPO). **120** Vgl BGH NJW 1995, 664 (zu § 511 ZPO). **121** BGH NJW 1995, 664 (zu § 511 ZPO).

156 ■ **Beschluss, Formfehler:** Siehe „Formfehler bei Beschlussfassung" (→ Rn 166).

157 ■ **Beschlussanfechtungsklage:** Siehe → bei den jeweiligen Anfechtungsgegenständen.

158 ■ **Beseitigungsansprüche:** Siehe → bei „Unterlassungsansprüche" (→ Rn 182).

159 ■ **Blankettanfechtung:** Bei einer Blankettanfechtung sämtlicher Beschlüsse aus einer Eigentümerversammlung ist der volle Wert aller Beschlüsse maßgebend. Der Streitwert des gesamten Rechtsstreits reduziert sich auch nicht dadurch, dass der Beschlussanfechtungsantrag erst durch die Begründung der Beschlussanfechtungsklage innerhalb der Begründungsfrist des § 46 Abs. 1 S. 2 WEG beschränkt wird.[122] Dies gilt auch dann, wenn vor Ablauf der Beschlussanfechtungsfrist eine Niederschrift über die Eigentümerversammlung noch nicht gefertigt und die Beschluss-Sammlung (vgl § 24 Abs. 7, 8 WEG) noch nicht vervollständigt ist.[123] Beruht die umfassende Anfechtung auf einer – in Bezug auf die Anfechtungsfrist des § 46 Abs. 1 S. 2 WEG – verspäteten Fertigstellung der Niederschrift, ist eine Kostenentscheidung im Urteil zu Lasten des Verwalters nach § 49 Abs. 2 WEG zu erwägen.

160 ■ **Eigentümerliste:** Das Interesse des die Bekanntgabe der vollständigen Eigentümerliste fordernden Wohnungseigentümers bemisst sich nach einem Bruchteil des Streitwerts des Verfahrens, für das der Wohnungseigentümer die Liste benötigt.[124]

161 ■ **Einsicht in Verwaltungsunterlagen:** Siehe „Auskunft" (→ Rn 154).

162 ■ **Einstweiliger Rechtsschutz:** Weil mit dem einstweiligen Rechtsschutz eine nur vorläufige Entscheidung zur Sicherung der Rechte erstrebt wird, ist der Gebührenstreitwert nur mit einem Anteil eines Hauptsachestreitwerts zu bemessen. Regelmäßig kommt ein Bruchteil von 1/3 bis 1/2 in Betracht. Nimmt der einstweilige Rechtsschutz die Hauptsache vorweg oder ersetzt sie diese, so kann der Streitwert des einstweiligen Rechtsschutzes bis zum Streitwert der Hauptsache angehoben werden.

163 ■ **Entlastung des Verwalters:** Das Interesse an der Entlastung oder Nichtentlastung des Verwalters bestimmt sich nach den möglichen Ansprüchen gegen diesen und nach dem Wert, den die mit der Entlastung verbundene Bekräftigung der vertrauensvollen Zusammenarbeit der Wohnungseigentümer mit der Verwaltung hat.[125] Das Interesse der Wohnungseigentümer an der vertrauensvollen Zusammenarbeit ist mit 1.000 € zu bewerten, wenn besondere Anhaltspunkte für einen höheren Wert fehlen.[126] Das Interesse der Wohnungseigentümer an der vertrauensvollen Zusammenarbeit mit dem Verwalter der Wohnungseigentümergemeinschaft ist nicht teilbar und bei allen Wohnungseigentümern dasselbe.[127] Das bedeutet, dass der Ausgangsstreitwert nach Abs. 1 S. 1 bei einer Beschlussanfechtungsklage gegen die Entlastung 50 % von 1.000 € beträgt und der Mindeststreitwert nach dem Interesse des Klägers 1.000 € ergibt, so dass der Streitwert auf den Mindeststreitwert auf 1.000 € festzusetzen ist; der Wert etwaiger Ersatzansprüche ist entsprechend hinzuzusetzen.

164 ■ **Entziehung:** Bei einer Entziehungsklage richtet sich das Interesse der Beteiligten nach dem Verkehrswert des zu entziehenden (veräußernden) Wohnungs- oder Teileigentums.[128] Der Ausgangsstreitwert ist 50 % dieses Interesses. Auch das Interesse eines Klägers an der Entziehung des Wohnungseigentums bestimmt sich nach dem Wert des zu entziehenden (veräußernden) Wohnungs- oder Teileigentums.[129] Insofern ist der Streitwert der Entziehungsklage in Höhe dieses Mindeststreitwerts nach Abs. 1 S. 2 festzusetzen.[130]

165 ■ **Entziehungsbeschluss, Anfechtung:** Wird ein Entziehungsbeschluss (§ 18 Abs. 1, 3 WEG) angefochten, soll der Streitwert nach Abs. 1 grds. mit 20 % des Verkehrswerts bemessen werden können.[131] Der volle Verkehrswert ist auch für das Interesse des anfechtenden Klägers nicht anzusetzen, weil der Eigentümerbeschluss nach § 18 Abs. 3 WEG das Entziehungsverfahren erst in Gang bringt und lediglich eine Prozessvoraussetzung für diese Klage darstellt.[132]

166 ■ **Formfehler bei Beschlussfassung:** Werden im Rahmen der Anfechtung eines Beschlusses allein formelle Mängel gerügt, rechtfertigt dies nicht, von einer geringeren Wertigkeit der Interessen auszugehen.[133] Zwar wird angeführt, dass beim Erfolg einer auf einen formellen Mangel gestützten Anfechtung eines Eigentümerbeschlusses damit gerechnet werden muss, dass derselbe Beschluss unter Vermeidung des

---

[122] LG München I BeckRS 2015, 2806; *Greiner*, AGS 2014, 441; aA LG Braunschweig AGS 2014, 341 m. zust. Anm. *Schneider*. [123] LG Dessau-Roßlau NJOZ 2009, 4546; LG Hamburg BeckRS 2010, 29672; vgl hingegen LG Braunschweig AGS 2014, 341. [124] LG Erfurt NZM 2000, 519. [125] BGH NJW-RR 2011, 1026, 1027 (zu § 511 ZPO); BGH BeckRS 2016, 7676 (zu § 511 ZPO). [126] BGH NJW-RR 2011, 1026, 1027 (zu § 511 ZPO); BGH BeckRS 2016, 7676 (zu § 511 ZPO). [127] BGH NJW-RR 2011, 1026, 1027 (zu § 511 ZPO). [128] BGH NJW-RR 2014, 452; OLG Köln NZM 2011, 553; BGH NJW 2006, 3428 (zu § 48 Abs. 3 WEG aF). [129] BGH NJW-RR 2014, 452; OLG Köln NZM 2011, 553; BGH NJW 2006, 3428 (zu § 48 Abs. 3 WEG aF). [130] BGH NJW-RR 2014, 452; OLG Köln NZM 2011, 553; BGH NJW 2006, 3428 (zu § 48 Abs. 3 WEG aF). [131] BGH BeckRS 2011, 20721, Rn 14; OLG Rostock BeckRS 2009, 3037 (zu § 48 Abs. 3 WEG aF). [132] OLG Rostock BeckRS 2009, 3037 (zu § 48 Abs. 3 WEG aF). [133] LG Hamburg ZMR 2011, 409; aA LG Dessau-Roßlau BeckRS 2009, 10482.

NK-GK/*Fölsch*

Verfahrensmangels gefasst wird, weil der Eigentümerbeschluss nach seinem Inhalt nicht in Frage gestellt wurde und daher die Beschlussanfechtung in aller Regel nur eine zeitliche Verzögerung bewirkt.[134] Jedoch beinhaltet auch eine auf materielle Gründe gestützte Anfechtung eines Beschlusses einer Eigentümerversammlung nebst rechtskräftiger Ungültigerklärung keine Sperrwirkung für eine erneute Befassung der Eigentümerversammlung.[135]

- **Geldanspruch:** Siehe „Zahlungsanspruch" (→ Rn 195).   167
- **Hausmeister:** Bei einer Klage wegen Beendigung einer Hausmeistertätigkeit gelten die Ausführungen   168
  zur Abberufung des Verwalters (→ Rn 150) in entsprechender Weise.
- **Instandhaltung/Instandsetzung:** Die Ausführungen zur Sanierungsmaßnahme (→ Rn 178) gelten ent-   169
  sprechend.
- **Jahresabrechnung:** Wird die Genehmigung einer Jahresabrechnung angefochten, soll der Streitwert   170
  nach der sog. **Hamburger Formel** zu bestimmen sein. Danach setzt sich der Streitwert aus dem Einzelinteresse des Klägers zzgl eines Bruchteils von 25 % des unter Abzug des Einzelinteresses des Klägers verbleibenden Gesamtinteresses zusammen.[136] Dies folge daraus, dass auch bei durchgreifenden Beanstandungen stets erhebliche Ausgaben der Eigentümergemeinschaft bestehen bleiben, so dass die Beanstandungen allenfalls zu einer Verminderung der Lasten und Kosten, nicht aber zu deren völligem Wegfall führen können.[137] Das Gesamtinteresse ergebe sich nicht nur aus dem Nachzahlungsbetrag, sondern aus den insgesamt abgerechneten Beträgen, wenn ein Kläger den gesamten Beschluss über die Genehmigung der Jahresabrechnung anficht, auch wenn er sich nicht gegen die Gesamtkosten, sondern nur dagegen wendet, an einigen Kostenpositionen beteiligt zu werden.[138] Für den Ausgangsstreitwert nach Abs. 1 S. 1 ist dann ein Abschlag von 50 % vorzunehmen.[139] Nach aA bemisst sich das Gesamtinteresse nach der Summe der abgerechneten Kosten; der Ausgangsstreitwert nach Abs. 1 S. 1 ist dann hiervon 50 %.[140] Nach einer weiteren Auffassung ist nur ein Bruchteil von 50 % der Summe der abgerechneten Kosten als Ausgangsstreitwert anzusetzen, nämlich 20 % bis 25 %.[141]

Bei der Anfechtung des Beschlusses über die Genehmigung der Jahresabrechnung bestimmt sich das **Einzelinteresse des Klägers** nach seinem persönlichen wirtschaftlichen Interesse.[142] Bei einer einschränkungslosen Anfechtung des Beschlusses über die Jahresabrechnung ist für die Bewertung des klägerischen Interesses der Anteil des Klägers an dem Gesamtergebnis maßgeblich.[143] Das Interesse des Klägers entspricht demgegenüber nicht dem Ausgangsstreitwert gem. Abs. 1 S. 1 nach dem Gesamtinteresse aller Beteiligten.[144]

Wird eine Jahresabrechnung nur hinsichtlich einzelner Kostenpositionen angefochten, muss sich die Streitwertfestsetzung an diesen Kostenpositionen, nicht aber an der gesamten Jahresabrechnung orientieren.[145] Das ist etwa dann der Fall, wenn der Kläger geltend macht, der Rücklage fehlten Beträge, sei es, weil sie nicht eingezogen sind, sei es, weil sie falsch zugeordnet wurden.[146] Maßgeblich wäre auch dann nicht der Gesamtfehlbetrag, sondern nur der Anteil des Klägers an diesem Fehlbetrag.[147]

Bei Anfechtung nur einzelner Kostenpositionen entspricht das Einzelinteresse des Klägers der streitigen Kostenposition in der Einzelabrechnung und bildet die Untergrenze für den Streitwert.[148] Das Interesse ist mit dem Nennwert, mit dem diese Kostenposition in der Einzelabrechnung des Klägers aufgeführt ist, anzusetzen.[149]

Die Anwendung pauschaler Prozentsätze auf die Einzelabrechnung zur Bestimmung des Einzelinteresses soll möglich sein.[150]

---

134 Vgl LG Hamburg ZMR 2011, 409. **135** LG Hamburg ZMR 2011, 409. **136** OLG Hamburg BeckRS 2010, 27132; LG Hamburg BeckRS 2009, 7082; LG Hamburg BeckRS 2010, 2892; LG Hamburg BeckRS 2010, 29672; LG Hamburg ZMR 2011, 160; LG Hamburg ZMR 2011, 409 = BeckRS 2011, 267; LG Hamburg BeckRS 2011, 1211; so auch OLG Koblenz BeckRS 2012, 2556; OLG Düsseldorf BeckRS 2014, 22903; vgl auch OLG Düsseldorf BeckRS 2014, 22420: Ansatz von 20 % im Zuge der Hamburger Formel ausreichend, wenn Umfang der Jahresabrechnung nicht im Streit ist. **137** LG Hamburg BeckRS 2009, 7082. **138** LG Hamburg BeckRS 2010, 27132. **139** Vgl OLG Hamburg BeckRS 2010, 27132; LG Hamburg BeckRS 2009, 7082; LG Hamburg BeckRS 2010, 2892; LG Hamburg ZMR 2011, 160; LG Hamburg ZMR 2011, 409 = BeckRS 2011, 267. **140** KG NZM 2014, 756; OLG Bamberg ZMR 2010, 887; LG München I BeckRS 2015, 2806; LG Rostock ZMR 2013, 365; LG Berlin BeckRS 2012, 5814; LG Braunschweig BeckRS 2011, 16510; wohl auch OLG Köln NJW 2007, 1759. **141** OLG Stuttgart BeckRS 2012, 2011; OLG Frankfurt BeckRS 2014, 18554 (zum Wirtschaftsplan); OLG Frankfurt BeckRS 2015, 239; LG Nürnberg-Fürth BeckRS 2008, 12665; LG Dortmund BeckRS 2010, 26111; LG Nürnberg-Fürth NJOZ 2011, 655; LG Stuttgart BeckRS 2011, 25647; LG Itzehoe BeckRS 2011, 25737. **142** BGH NJW-RR 2012, 1103 zu § 511 ZPO mit Ausführungen dazu, dass die Jahresrechnung über die ihr zugedachte Kontrollfunktion keine ideellen Zwecke habe. **143** BGH NJW-RR 2012, 1103 (zu § 511 ZPO). **144** BGH NJW-RR 2012, 1103 (zu § 511 ZPO). **145** OLG Saarbrücken NZM 2010, 408; vgl auch BGH NJW-RR 2012, 1103 (zu § 511 ZPO); LG Saarbrücken NZM 2009, 323. **146** BGH NJW-RR 2012, 1103 (zu § 511 ZPO). **148** BGH NJW-RR 2012, 1492, Rn 17. **149** BGH NJW-RR 2015, 1492, Rn 11 (zu § 511 ZPO). **150** Vgl OLG Koblenz BeckRS 2012; 2556; LG Itzehoe BeckRS 2011 25737; LG Nürnberg-Fürth NJOZ 2011, 655.

171 ▪ **Jahresabrechnung, Erstellung:** Das Einzelinteresse des die Erstellung der Jahresabrechnung begehrenden Wohnungseigentümers macht wertmäßig einen Bruchteil des Hauptinteresses aus.[151] Das Hauptinteresse ist ggf zu schätzen. Anknüpfungspunkt dürfte nicht das bereits gezahlte Wohngeld sein,[152] sondern eher die zu erwartende Differenz zwischen Abrechnungsbetrag und gezahltem Wohngeld. Das Erstellungsinteresse macht hiervon einen Bruchteil aus. Das Interesse des die Erstellung der Jahresabrechnung schuldenden Verwalters ist dagegen das Abwehrinteresse, eine Jahresabrechnung nicht erteilen zu müssen.[153] Dies ergibt sich aus dem zur Erfüllung einer Auskunft erforderlichen Aufwand an Zeit und Kosten sowie nach einem ggf zu berücksichtigenden Geheimhaltungsinteresse.[154] Aus der Addition dieser Interessen ergibt sich das Gesamtinteresse iSv Abs. 1 S. 1. Nach aA ergibt sich das Gesamtinteresse aus dem Wert der gesamten Jahresabrechnung, weil mit einer Klage auf Erstellung der Jahresabrechnung die Durchsetzung der ordnungsgemäßen Verwaltung begehrt werde und es ein Einzelinteresse an der Erstellung der Abrechnung nicht gebe.[155] Dieser Auffassung steht indes entgegen, dass der Jahresabrechnung letztlich nur eine Kontrollfunktion zugedacht ist.[156] Nach noch aA soll für das Interesse aller Parteien darauf abgestellt werden, welche Kosten für die Erstellung einer Jahresabrechnung voraussichtlich entstehen werden.[157]

172 ▪ **Kostenverteilungsschlüssel:** Wird im Klagewege eine Änderung des Kostenverteilungsschlüssels verfolgt (zB vom Maßstab Miteigentumsanteile auf den Maßstab Wohn- und Nutzfläche), so richtet sich das Interesse aller Beteiligten nach dem durch die Änderungen entstehenden zusätzlichen Be- oder Entlastungen.[158] Dabei ist der Rechtsgedanke des § 9 ZPO (iVm § 48 Abs. 1 GKG) entsprechend anzuwenden.

173 ▪ **Lastschriftverfahren:** Für den Streitwert der Anfechtung eines Eigentümerbeschlusses, durch den die Wohnungseigentümer zur Teilnahme am Lastschriftverfahren verpflichtet werden, ist zum einen das Interesse der Gesamtheit der Wohnungseigentümer am rechtzeitigen Eingang und an der vereinfachten Überwachung der Wohngeldzahlungen maßgebend.[159] Zum anderen ist das Interesse des anfechtenden Wohnungseigentümers zu berücksichtigen, dass er nicht mehr frei entscheiden kann, ob und wann er die Zahlungen leistet und dass die Gefahr unberechtigter Abbuchungen besteht.[160] Für den Mindeststreitwert kommt es dann allein auf das Interesse des anfechtenden Wohnungseigentümers an.

174 ▪ **Negativbeschluss:** Die isolierte Anfechtung eines Negativbeschlusses bemisst sich nach dem vollen Wert der abgelehnten Maßnahme.[161] Nach aA ist gegenüber dem Streitwert einer Klage auf Anordnung der Maßnahme ein Abschlag von 50 % geboten.[162] Denn die isolierte Ungültigerklärung der Ablehnung eines Beschlussantrags (Negativbeschluss) bleibe in ihrer Rechtskraftwirkung hinter einem die abgelehnte Maßnahme anordnenden Urteil zurück.[163] Wird ein Negativbeschluss angefochten und gleichzeitig die Verpflichtung der Wohnungseigentümer zur Vornahme der abgelehnten Maßnahme verlangt, so handelt es sich um einen einheitlichen Lebenssachverhalt, der eine Zusammenrechnung der Streitwerte für die Anträge nicht rechtfertigt.[164] Denn § 39 über die Wertaddition greift nicht, wenn die verfolgten Ansprüche wirtschaftlich identisch sind.[165] Der Streitwert richtet sich dann nach dem höheren Wert des Anfechtungsantrags bzw Verpflichtungsantrags.

175 ▪ **Nutzung:** Bei der Anfechtung eines Beschlusses über die Nutzung von Speicher und Keller als Wohnraum ist ein Nutzungsinteresse nicht gleichzusetzen mit dem Differenzbetrag des Kaufpreises zwischen Wohnräumen und bloßen Nebenräumen.[166] Vielmehr ist für denjenigen Wohnungseigentümer, der die bloßen Nebenräume als Wohnungsräume nutzen will, auf das laufende tatsächliche Nutzungsinteresse abzustellen.[167]

176 ▪ **Optik:** Verlangt ein Wohnungseigentümer die Beseitigung einer baulichen Veränderung wegen einer nachteiligen Änderung des optischen Gesamteindrucks der Wohnungsanlage, bestimmt sich das klägerische Interesse anhand des sich aus der Veränderung der Optik ergebenden Nachteils für die Wohnungsanlage und bestimmt sich das Interesse des Beklagten aus den Kosten der Beseitigung.

---

151 Vgl BGH NJW 1997, 1016 (zu § 3 ZPO zur Auskunft). **152** So aber OLG Frankfurt NJW-RR 2010, 72. **153** Vgl BGH NJW 1995, 664 (zu § 511 ZPO zur Auskunft). **154** Vgl BGH NJW 1995, 664 (zu § 511 ZPO zur Auskunft). **155** So *Drasdo*, NJW-Spezial 2009, 753. **156** Vgl BGH NJW-RR 2012, 1103 (zu § 511 ZPO). **157** LG Koblenz AGS 2014, 413. **158** OLG Celle NZM 2010, 409. **159** Vgl hierzu auch BayObLG WuM 1997, 459. **160** Vgl hierzu auch BayObLG WuM 1997, 459. **161** In diesem Sinne geht auch der BGH NZM 2012, 838 und BeckRS 2013, 11873 bei § 511 ZPO für einen Negativbeschluss von dem vollen Nennbetrag und nicht nur einem Bruchteil der Forderung aus. Während der BGH NZM 2012, 838 die Rechtsmittelbeschwer allein nach dem eigenen vermögenswerten Anteil des Rechtsmittelklägers (hier: klagender und anfechtender Wohnungseigentümer) bemisst, meint BGH BeckRS 2013, 11873, dass das konkrete wirtschaftliche Interesse der Rechtsmittelkläger (hier: die beklagten übrigen Wohnungseigentümer) im Grundsatz keine Rolle spiele. **162** OLG Köln BeckRS 2010, 13530. **163** OLG Köln BeckRS 2010, 13530. **164** OLG Celle BeckRS 2010, 4944. **165** OLG Celle BeckRS 2010, 4944; vgl auch BGH NJW-RR 2004, 638 (zu § 26 EGZPO bei Streitgenossen). **166** BayObLG NZM 2001, 150 (zu § 48 Abs. 3 WEG aF). **167** BayObLG NZM 2001, 150 (zu § 48 Abs. 3 WEG aF).

■ **Parabolantenne:**[168] Wird ein Beschluss der Eigentümerversammlung auf Beseitigung einer an der Fassa- **177**
de befestigten Parabolantenne angefochten, richtet sich das Interesse des sich gegen die Beseitigung
wehrenden und den Beschluss anfechtenden Wohnungseigentümers an den Beseitigungskosten und dem
Empfangsinteresse. Das Empfangsinteresse lässt sich unter Berücksichtigung des Einzelfalls auf 600 €
bis 1.000 € schätzen. Für das Interesse der übrigen Wohnungseigentümer kommt es auf den Wertverlust
der Wohnungsanlage an, den sie durch den Anbau der Parabolantenne erlitten hat. Die Interessen zu-
sammengesetzt ergeben das Gesamtinteresse nach Abs. 1 S. 1. Der Ausgangsstreitwert ist 50 % dieses
Gesamtinteresses.

Wird ein Negativbeschluss über das Anbringen einer Parabolantenne angefochten, ergibt sich das Gesamtinteresse aus dem Empfangsinteresse des die Anbringung begehrenden Wohnungseigentümers und
aus dem Interesse der übrigen Wohnungseigentümer an der Verhinderung eines Wertverlusts. Die Kosten einer Anbringung bleiben unberücksichtigt, weil der Kläger kein Interesse an einer Zahlung von
Kosten hat und die Beklagten nicht an diesen Kosten beteiligt sind.

■ **Sanierungsmaßnahme:** Bei einer Anfechtung eines Beschlusses über eine Sanierungsmaßnahme setzt sich **178**
Gesamtinteresse aus dem Einzelinteresse des anfechtenden Wohnungseigentümers, den auf ihn anfallenden Anteil der Sanierungskosten nicht zahlen zu müssen, und dem Interesse der übrigen Wohnungseigentümer an der Aufrechterhaltung des Beschlusses zusammen.[169] Ausgangspunkt für die Bewertung
des Gesamtinteresses kann der Betrag für die beschlossene Maßnahme aufzuwendenden Kosten
oder eines Bruchteils hiervon sein.[170] Abzustellen ist aber auf die Umstände des Einzelfalls.[171] Das Interesse der übrigen Wohnungseigentümer richtet sich nach den Auswirkungen der Sanierungsmaßnahme auf den Nutzwert der Wohnanlage.[172] Weiterhin muss auch berücksichtigt werden, ob die Durchführung der Sanierung zur Substanzerhaltung ungewöhnlich dringend ist und ob die Sanierungsmaßnahmen durch den Rechtsstreit mit der Folge entsprechender Kostensteigerung erheblich verzögert wurden.[173] Der Ausgangsstreitwert nach Abs. 1 S. 1 ist 50 % dieses Interesses.

Wird beanstandet, dass eine als notwendig anerkannte Reparatur mit **zu hohem Kostenaufwand** durchgeführt werden soll, obwohl sie auch mit geringerem Aufwand durchgeführt werden könnte, so bestimmt sich das Interesse nicht nach dem Gesamtvolumen der beschlossenen Maßnahme, sondern nach
der Differenz der beiden in Betracht kommenden Maßnahmen.[174] Diese ist als konkrete Einzelbean-
standung grds. in voller Höhe anzusetzen.[175]

■ **Sonderumlage:** Der Betrag der Sonderumlage bestimmt das Interesse. Wertbestimmend kann auch der **179**
Grund für die Sonderumlage sein.

■ **Teilanfechtung:** Wendet sich ein Kläger gegen bestimmte Einzelpositionen eines Beschlusses und nicht **180**
gegen den Beschluss als Ganzes, sind für die Bewertung der Interessen nur die Werte dieser einzelnen
Positionen, nicht dagegen der Wert des Gesamtbeschlusses maßgebend.[176] Unerheblich soll sein, ob der
Beschluss teilbar ist oder nur als Ganzes angefochten werden kann.[177]

■ **Umlageschlüssel:** Siehe „Kostenverteilungsschlüssel" (→ Rn 172). **181**

■ **Unterlassungsansprüche:** Bei Unterlassungsansprüchen und Beseitigungsansprüchen richtet sich der **182**
Ausgangsstreitwert sowohl nach dem Interesse des Klägers an der Unterlassung bzw Beseitigung des beanstandeten Verhaltens als auch am Abwehrinteresse des Beklagten. Das Interesse des Klägers richtet
sich nach seinem Interesse an der Verhinderung bzw Beseitigung der Beeinträchtigung. Das Interesse
des Beklagten richtet sich nach den Kosten für Maßnahmen der Verhinderung bzw Beseitigung.

Verlangt ein Wohnungseigentümer die Beseitigung einer baulichen Veränderung wegen einer nachteiligen Änderung des optischen Gesamteindrucks der Wohnungsanlage, bestimmt sich das klägerische Interesse anhand des sich aus der Veränderung der Optik ergebenden Nachteils für die Wohnungsanlage
und bestimmt sich das Interesse des Beklagten aus den Kosten der Beseitigung. Wird in einer Wohnungsanlage in einer Wohnung Prostitution ausgeübt, so wird dadurch der Miet- und Wohnwert der
gesamten Wohnungsanlage, also auch entfernter Wohnungen, gemindert.[178]

---

168 Vgl ausf. *Lehmann-Richter*, ZWE 2010, 389. **169** Vgl OLG Hamburg FGPrax 2001, 59 (zu § 48 Abs. 3 WEG aF). **170** Vgl
OLG Hamburg FGPrax 2001, 59 (zu § 48 Abs. 3 WEG aF); BayObLG NZM 2002, 623 (zu § 48 Abs. 3 WEG aF); vgl auch LG
Hamburg BeckRS 2012, 24857. **171** OLG Hamburg FGPrax 2001, 59 (zu § 48 Abs. 3 WEG aF). **172** Vgl OLG Hamburg
BeckRS 2004, 4302 (zu § 48 Abs. 3 WEG aF); OLG Hamburg BeckRS 2004, 30336753 (zu § 48 Abs. 3 WEG aF). **173** OLG
Hamburg FGPrax 2001, 59 (zu § 48 Abs. 3 WEG aF). **174** BayObLG WuM 1998, 313. **175** BayObLG WuM 1998, 313.
176 OLG Celle BeckRS 2011, 3336. **177** Vgl OLG Celle BeckRS 2011, 3336. **178** OLG Karlsruhe NJW-RR 2000, 89 (zu § 48
Abs. 3 WEG aF): Wertminderung von 500 DM je Wohnung. Das Abwehrinteresse der Beklagte soll sich aus der Differenz zwi-
schen tatsächlicher Jahresmiete und der höheren Jahresmiete bei Gestattung der Prostitution in der Wohnung ergeben.

183 ■ **Veräußerung, Zustimmung:** Siehe „Zustimmung zur Veräußerung" (→ Rn 196).

184 ■ **Veräußerungsverlangen:** Siehe „Entziehungsbeschluss, Anfechtung" (→ Rn 165).

185 ■ **Verfahrensfehler bei Beschlussfassung:** Siehe „Formfehler bei Beschlussfassung" (→ Rn 166).

186 ■ **Verwalter:** Siehe → bei den einzelnen Tätigkeiten.

187 ■ **Verwalter, Schadensersatz:** Ficht ein Wohnungseigentümer den Beschluss der Eigentümerversammlung, mit dem es abgelehnt worden ist, Schadensersatzansprüche gegen den Verwalter zu verfolgen, an, bemisst sich sein Interesse allein nach seinem individuellen vermögenswerten Interesse an der Geltendmachung von Schadensersatzforderungen.[179]

188 ■ **Verwalterabberufung:** Siehe „Abberufung des Verwalters" (→ Rn 150).

189 ■ **Verwalterbestellung, Anfechtung:** Siehe „Abberufung des Verwalters" (→ Rn 150).

190 ■ **Verwalterentlastung:** Siehe „Entlastung des Verwalters" (→ Rn 163).

191 ■ **Verwalterwiederwahl:** Siehe „Abberufung des Verwalters" (→ Rn 150).

192 ■ **Verwaltungsunterlagen:** Siehe „Auskunft" (→ Rn 154).

193 ■ **Wiederwahl des Verwalters, Anfechtung:** Siehe „Abberufung des Verwalters" (→ Rn 150).

194 ■ **Wirtschaftsplan:** Die Ausführungen zur Jahresabrechnung gelten entsprechend. Enthält der Wirtschaftsplan eine Fortgeltungsklausel für künftige Wirtschaftsjahre, soll § 9 ZPO (iVm § 48 GKG) zur Anwendung kommen.[180]

195 ■ **Zahlungsanspruch:** § 49 a ist anwendbar (→ Rn 27). Der Mindeststreitwert aus Abs. 1 S. 2 bestimmt sich nach der Höhe der Geldforderung. In der Höhe dieses Mindeststreitwerts ist dann der Streitwert der Zahlungsklage festzusetzen, es sei denn, ein Höchststreitwert aus Abs. 1, 2 unterschreitet den Mindeststreitwert.

     Ficht ein Wohnungseigentümer den Beschluss der Eigentümerversammlung, durch den Zahlungsansprüche gegen die Wohnungseigentümergemeinschaft abgelehnt worden sind, an, bemisst sich das Interesse der übrigen Wohnungseigentümer nach ihren individuellen vermögenswerten Interessen an der Ablehnung der Forderung.[181]

196 ■ **Zustimmung zur Veräußerung:** Das Interesse des Klägers auf Zustimmung zur Veräußerung von Wohn- oder Teileigentum ist idR nur mit einem Bruchteil (10–20 %) des Kaufpreises zu bemessen.[182] Denn das Zustimmungserfordernis ist kein absolutes Veräußerungshindernis.[183] Nach aA ist der volle Kaufpreis anzusetzen.[184]

197 ■ **Zweitbeschluss:** Wird ein den Erstbeschluss abändernder Zweitbeschluss angefochten, entspricht das Gesamtinteresse dem Gesamtinteresse zum Erstbeschluss.

V. Weitere praktische Hinweise

198   **1. Vorauszahlungspflicht und Fristwahrung bei Beschlussanfechtungsklagen.** Eine Beschlussanfechtungsklage muss nach § 46 Abs. 1 S. 2 WEG binnen eines Monats erhoben, dh zugestellt (§ 253 Abs. 1 ZPO) sein. Für die Wahrung dieser Anfechtungsfrist genügt nach § 167 ZPO der rechtzeitige Eingang der Klage bei Gericht, wenn die Zustellung **„demnächst"** erfolgt. Nach dem seit der WEG-Reform 2007 auch für Wohnungseigentumssachen geltenden § 12 Abs. 1 soll eine Klage aber erst nach der **Vorauszahlung des Gerichtsgebührenvorschusses** zugestellt werden. Zur Wahrung der Wirkung aus § 167 ZPO hinsichtlich der Anfechtungsfrist (§ 46 Abs. 1 S. 2 WEG) ist es nun nicht geboten, dass der Beschlussanfechtungskläger bereits mit Klageeinreichung einen Gebührenvorschuss einzahlt.[185] Reicht der Kläger die Klage ohne Vorschusszahlung ein, gereichen ihm nur solche Verzögerungen zum Nachteil, die in seinem eigenen Bereich entstanden und daher von ihm zu vertreten sind, weil er keinen Einfluss auf den Zustellungsbetrieb des Gerichts hat. Verzögert der Kläger die Vorschusszahlung, kann die Klage nicht mehr als „demnächst" zugestellt angesehen werden. Dabei werden aber Fristen für die **Vorschusszahlung nach Gebührenanforderung idR** noch als hin-

---

179 Der BGH NZM 2012, 838 und BeckRS 2013, 11873 geht bei § 511 ZPO für einen Negativbeschluss von dem vollen Nennbetrag und nicht nur einem Bruchteil der Forderung aus. Während aber BGH NZM 2012, 838 die Rechtsmittelbeschwer allein nach dem eigenen vermögenswerten Anteil des Rechtsmittelklägers (hier: klagenden und anfechtenden Wohnungseigentümer) bemisst, meint BGH BeckRS 2013, 11873, dass das konkrete wirtschaftliche Interesse der Rechtsmittelkläger (hier: die beklagten übrigen Wohnungseigentümer) im Grundsatz keine Rolle spiele. **180** *Slomian*, ZMR 2010, 745, 746. **181** Der BGH NZM 2012, 838 und BeckRS 2013, 11873 geht bei § 511 ZPO für einen Negativbeschluss von dem vollen Nennbetrag und nicht nur einem Bruchteil der Forderung aus. Während aber BGH NZM 2012, 838 die Rechtsmittelbeschwer allein nach dem eigenen vermögenswerten Anteil des Rechtsmittelklägers (hier: klagenden und anfechtenden Wohnungseigentümer) bemisst, meint BGH BeckRS 2013, 11873, dass das konkrete wirtschaftliche Interesse der Rechtsmittelkläger (hier: die beklagten übrigen Wohnungseigentümer) im Grundsatz keine Rolle spiele. **182** OLG Celle NZM 2011, 814; OLG Frankfurt NZM 2009, 624 (zu § 48 Abs. 3 WEG aF). **183** OLG Celle NZM 2011, 814; OLG Frankfurt NZM 2009, 624 (zu § 48 Abs. 3 WEG aF). **184** So OLG München NZM 2014, 589; OLG Hamm BeckRS 2015, 7629. **185** Vgl BGH NJW 1993, 2811.

nehmbar angesehen, die sich um **zwei Wochen bewegen oder geringfügig darüber** liegen.[186] Dabei ist bei der Berechnung der noch hinnehmbaren Verzögerung von 14 Tagen nicht auf die Zeitspanne zwischen der Aufforderung zur Einzahlung der Gerichtskosten und deren Eingang bei der Gerichtskasse, sondern darauf abzustellen, um wie viele Tage sich der für die Zustellung der Klage ohnehin erforderliche Zeitraum infolge der Nachlässigkeit des Klägers verzögert hat.[187] Von dem Beschlussanfechtungskläger zu vertretende Verzögerungen vor Ablauf der Anfechtungsfrist bleiben außer Betracht.[188] Wurde der Kostenvorschuss verfahrenswidrig (vgl §26 Abs. 6 KostVfg) nicht über den Prozessbevollmächtigten des Beschlussanfechtungsklägers, sondern bei dem Beschlussanfechtungskläger selbst angefordert, ist die damit einhergehende – der Partei nicht zuzurechnende – Verzögerung im Allgemeinen mit drei Werktagen zu veranschlagen.[189] Auch von einem auf die Wahrung seiner prozessualen Obliegenheiten bedachten Beschlussanfechtungskläger kann nicht verlangt werden, an Wochenend- und Feiertagen sowie am Heiligabend und Silvester für die Einzahlung des Kostenvorschusses Sorge zu tragen.[190] Die bloße Weiterleitung der Vorschussanforderung an den Rechtsschutzversicherer reicht nicht, um eine weitergehende zeitliche Verzögerung als hinnehmbar zu erachten.[191] Bleibt die gerichtliche Vorschussanforderung allerdings aus, darf der Kläger nicht länger als eine angemessene Zeit untätig bleiben.[192] Er muss die gerichtliche Berechnung und Anforderung des Vorschusses zumindest in Erinnerung bringen.[193] Ausreichend ist ein Tätigwerden jedenfalls vor Ablauf von drei Wochen nach Einreichung der Klage bzw innerhalb von drei Wochen nach Ablauf der durch die Klage zu wahrenden Frist.[194] Die Darlegungslast für die Einhaltung der Anfechtungsfrist trägt grds. der Kläger.[195]

2. Kostenentscheidung zu Lasten der beklagten übrigen Wohnungseigentümer bei Beschlussanfechtungsklagen. Wird auf eine Beschlussanfechtungsklage nach §46 WEG der angefochtene Beschluss für ungültig erklärt, wird diskutiert, auf welche Weise die Kostenentscheidung zu Lasten der beklagten übrigen Wohnungseigentümer zu ergehen hat. Vorgeschlagen wird, dass den beklagten übrigen Wohnungseigentümern die Kosten des Rechtsstreits – also die außergerichtlichen Kosten des Beschlussanfechtungsklägers sowie die Gerichtskosten – **199**

- nach Kopfteilen gem. §100 Abs. 1 ZPO,[196]
- entsprechend der Haftungsregelung aus §10 Abs. 8, §16 Abs. 2 WEG[197]
- als Gesamtschuldner entsprechend §100 Abs. 4 ZPO[198]

aufzuerlegen sind.

Hintergrund ist, dass es als nicht zumutbar für einen Beschlussanfechtungskläger angesehen wird, Kostenfestsetzungsbeschlüsse gegen jeden einzelnen beklagten Wohnungseigentümer durchzusetzen.[199] So würde es sich aber verhalten, wenn sich die Kostentragungspflicht nach Kopfteilen oder nach Miteigentumsanteilen richten würde. Als praktikabel wird deshalb angesehen, dass die beklagten Wohnungseigentümer die Kostenlast als Gesamtschuldner tragen.[200] Allerdings setzt §100 Abs. 4 ZPO für eine Pflicht zur Kostentragung als Gesamtschuldner voraus, dass die Beklagten in der Hauptsache als Gesamtschuldner verurteilt werden. So liegt es bei der Beschlussanfechtungsklage als Gestaltungsklage aber nicht. Eine gesamtschuldnerische Haftung der beklagten Wohnungseigentümer ist bei einem Streit über die Gültigkeit von Beschlüssen schon nach der Natur des Streitgegenstands ausgeschlossen.[201] Eine Kostenlast nach Miteigentumsanteilen kommt nicht in Betracht, weil §10 Abs. 8, §16 Abs. 2 WEG keine prozessrechtlichen Kostenvorschriften sind. Deshalb muss es bei einer **Kostenlast der beklagten Wohnungseigentümer nach Kopfteilen** verbleiben. **200**

Bei der Kostenentscheidung nach §100 Abs. 1 ZPO hat der Kostentenor zu lauten: **201**

▶ Die Beklagten tragen die Kosten des Rechtsstreits. ◀

Der Kostentenor kann auch um den jeweiligen Anteil für den einzelnen Beklagten ergänzt werden, zB bei zehn unterliegenden Beklagten: **202**

▶ Die Beklagten tragen die Kosten des Rechtsstreits zu je 10 %. ◀

---

[186] BGH NJW 2016, 568; BGH NJW 2015, 2666; BGH NJW 2009, 999; BGH NJW 1986, 1347. [187] BGH BeckRS 2015, 13055. [188] Vgl BGH NJW 1995, 2230 zur Verjährungsfrist. [189] Vgl BGH BeckRS 2015, 13055 in entsprechender Weise zur KostVfg aF, nach der der Vorschuss bei dem Beschlussanfechtungskläger, nicht aber über dessen Prozessbevollmächtigten anzufordern war. [190] BGH BeckRS 2015, 13055. [191] LG München I NJW-RR 2011, 1384. [192] BGH NJW 2016, 568. [193] BGH NJW 2016, 568. [194] BGH NJW 2016, 568; vgl auch BGH NJW-RR 1992, 470. [195] BGH NJW 2009, 999. [196] *Bärmann/Wenzel*, 12. Aufl. 2013, §46 WEG Rn 91; *Bärmann/Pick*, 19. Aufl. 2010, §46 WEG Rn 7; *Niedenführ*, NJW 2008, 1768, 1771; *Schmid*, NZM 2008, 385, 386. [197] AG Kerpen BeckRS 2011, 5137: einschränkende Auslegung des §100 Abs. 1 ZPO nach Maßgabe der Miteigentumsanteile; vgl auch AG Berlin-Lichtenberg BeckRS 2012, 11378: Berücksichtigung von Miteigentumsanteilen über §100 Abs. 2 ZPO. [198] AG Dortmund NJW 2008, 1089; *Wolicki*, NZM 2008, 717, 719 f. [199] Vgl AG Dortmund NJW 2008, 1089. [200] Vgl AG Dortmund NJW 2008, 1089. [201] *Schmid*, NZM 2008, 385, 386.

203 Im Innenverhältnis zwischen den kostenpflichtigen beklagten Wohnungseigentümern richtet sich dann die Verteilung nach Miteigentumsanteilen.[202] Dies folgt nicht unmittelbar aus § 16 Abs. 2 WEG, sondern entspricht dem in § 16 Abs. 2 WEG zum Ausdruck kommenden natürlichen Ausgleichsmaßstab unter Wohnungseigentümern.[203] Demgegenüber kommt ein Ausgleich über das Verwaltungsvermögen und über die Jahresabrechnung nicht in Betracht.[204] Den Ausgleich müssen die betroffenen Wohnungseigentümer untereinander selbst vornehmen.[205]

204 **3. Kostenentscheidung nach § 49 Abs. 2 WEG zu Lasten des Verwalters.** Nach § 49 Abs. 2 WEG können dem Verwalter Prozesskosten auferlegt werden, soweit die **Tätigkeit des Gerichts** durch ihn **veranlasst** wurde und ihn ein **grobes Verschulden** trifft, auch wenn er nicht Partei des Rechtsstreits ist.

205 Leitgedanke dieser Vorschrift ist, einen gesonderten Rechtsstreit gegen den Verwalter auf **materiellrechtliche Prozesskostenerstattung** zu vermeiden. Die **kostenrechtliche Einbeziehung Dritter** ist in der ZPO die Ausnahme. Grundsätzlich bestehen prozessuale Kostenerstattungsansprüche nur zwischen den Parteien des Rechtsstreits, wie es sich schon aus dem Wortlaut von § 91 Abs. 1 ZPO ergibt. Ausnahmen hierzu ergeben sich u.a. aus §§ 101, 380, 409 ZPO oder aus einer analogen Anwendung des § 91 ZPO nach dem Veranlasserprinzip.[206] Indes fehlt es an einer Kostenvorschrift über prozessuale Kostenstattungsansprüche im Falle von Streitverkündung oder Beiladung oder Veranlassung eines Rechtsstreits durch Dritte. In der VwGO bspw ist die kostenrechtliche Einbeziehung Beigeladener nach § 154 Abs. 3, § 162 Abs. 3 VwGO möglich. Die Vorschrift des § 49 Abs. 2 WEG hat indes ihre Grundlage in der Vorgängervorschrift zu § 81 Abs. 4 FamFG. Im Gegensatz zu § 49 Abs. 2 WEG hat § 81 Abs. 4 FamFG kaum eine praktische Relevanz.

206 § 49 Abs. 2 WEG ist nur anwendbar, wenn der **Verwalter nicht Partei** ist,[207] weil ansonsten dem Verwalter als Partei ohnehin die Kosten des Rechtsstreits nach §§ 91 ff ZPO auferlegt werden können. Die Beiladung des Verwalters ist keine Voraussetzung für eine Kostenentscheidung nach § 49 Abs. 2 WEG. Allerdings ist unabdingbare Verfahrensvoraussetzung, dass dem Verwalter vor einer Kostenentscheidung **rechtliches Gehör** gewährt wurde. Zur Gewährung rechtlichen Gehörs gehört es, dass dem Verwalter alle Tatsachen und ggf Beweisergebnisse mitgeteilt werden, auf die die Kostenentscheidung nach § 49 Abs. 2 WEG gestützt werden könnte. Da die Kostenentscheidung im Urteil auf der Grundlage einer mündlichen Verhandlung ergeht (vgl § 128 Abs. 1 ZPO), muss der Verwalter zu der mündlichen Verhandlung geladen werden.

207 **Hinweis:** Wird dem Verwalter vor einer Kostenentscheidung nach § 49 Abs. 2 WEG rechtliches Gehör gewährt, so kann sich der Verwalter nicht durch einen der anwaltlichen Prozessbevollmächtigten der Parteien vertreten lassen. Denn dann würde der anwaltliche Prozessbevollmächtigte widerstreitende Interessen iSv § 43 Abs. 4 BRAO vertreten. Schließlich haben sowohl die Parteien als auch der Verwalter – unabhängig davon, welche Partei in der Hauptsache obsiegt und unterliegt – ein gegensätzliches Interesse jedenfalls daran, nicht die Kosten des Rechtsstreits tragen zu müssen.

208 Die Voraussetzungen einer **grob schuldhaften Veranlassung** eines gerichtlichen Rechtsstreits durch einen Verwalter wird in der neueren Rspr bspw in folgenden Fällen angenommen:

- Der Verwalter hält bei Einberufung der Wohnungseigentümerversammlung die Formalien nicht strikt ein.[208]
- Eine Beschlussfassung ist nicht von der Tagesordnung gedeckt, weil die Tagesordnung den Beschlussgegenstand unbestimmt bezeichnet.[209] Wird ein Beschlussantrag erst im Laufe der Wohnungseigentümerversammlung formuliert und zur Beschlussfassung gestellt, bedarf es zumindest eines zu protokollierenden Hinweises des Verwalters auf mögliche Anfechtungsrisiken bei der Abstimmung über einen solchen Beschluss.[210]
- Ein Beschluss ist erkennbar nichtig bzw erkennbar anfechtbar und der Verwalter weist hierauf vor Beschlussfassung nicht hin.[211]
- Der Verwalter verkündet das Zustandekommen eines Beschlusses, obwohl die vertraglich oder gesetzlich vorgesehenen qualifizierten Mehrheiten nicht erreicht wurden.[212]
- Der Verwalter versendet das Versammlungsprotokoll so spät, dass ein Wohnungseigentümer aus Gründen der Fristwahrung ungeprüft eine Beschlussanfechtungsklage erheben muss.[213]
- Der Verwalter ermöglicht dem Beschlussanfechtungskläger nicht vor Ablauf der Anfechtungsfrist die Einsichtnahme in die der angefochtenen Jahresabrechnung zugrunde liegenden Unterlagen.[214]

202 *Schmid*, NZM 2008, 385, 386; vgl vor WEG-Reform 2007: BGH NJW 2007, 1869. **203** Vgl BGH NJW 2007, 1869. **204** *Schmid*, NZM 2008, 385, 386. **205** *Schmid*, NZM 2008, 385, 386. **206** MüKo-ZPO/*Schulz*, § 91 Rn 19. **207** BT-Drucks 16/887, S. 41 (BReg); aA Palandt/*Bassenge*, 75. Aufl. 2016, § 49 WEG Rn 4. **208** AG Hamburg-Wandsbek BeckRS 2015, 2815. **209** LG Nürnberg-Fürth BeckRS 2011, 5030; LG Düsseldorf BeckRS 2015, 3789. **210** LG Nürnberg-Fürth BeckRS 2011, 5030; vgl auch LG Düsseldorf BeckRS 2015, 3789. **211** LG Dresden BeckRS 2013, 213; vgl auch AG Hamburg BeckRS 2012, 15112: Beschlussvorlage mit elementaren Fehlern. **212** AG Neuss BeckRS 2008, 4631. **213** LG Hamburg BeckRS 2010, 29630. **214** AG Kassel BeckRS 2011, 12932.

- Die von dem Verwalter erstellte Jahresabrechnung wird wegen formeller oder inhaltlicher Fehler für ungültig erklärt.[215]
- Der Verwalter erkennt nicht, dass ein Beschluss der Gemeinschaftsordnung widerspricht und nicht mehr in die Beschlusskompetenz der Wohnungseigentümerversammlung fällt.[216]
- Der Verwalter erkennt nicht, dass eine Teileigentümergemeinschaft keine Beschlusskompetenz für die Neuberechnung und Neuverteilung der Reparaturkostenrücklage der Gesamt-WEG hat.[217]

Demgegenüber handelt sich zB **nicht** um eine **grob schuldhafte Veranlassung** eines Rechtsstreits in folgenden Fällen: **209**

- Der Verwalter weist mehrfach darauf hin, dass ein Antrag über eine bauliche Veränderung eines allstimmigen Beschlusses bedürfe, er anderenfalls der Anfechtung unterliege; der Verwalter stellt einen dann erfolgten Mehrheitsbeschluss dennoch als wirksam fest.[218]
- Der Verwalter geht fehlerhafterweise davon aus, zur Erhebung einer Klage nach § 1004 BGB für die Wohnungseigentümergemeinschaft – statt für einzelne Wohnungseigentümer – ermächtigt worden zu sein.[219]
- Der Verwalter hatte möglicherweise Anlass dafür gesetzt, dass die beklagten Wohnungseigentümer im Beschlussanfechtungsverfahren einen eigenen Prozessbevollmächtigten beauftragt haben.[220]

Rechtsfolge des § 49 Abs. 2 WEG ist, dass es im Ermessen des Gerichts steht, dem Verwalter Prozesskosten **210** aufzuerlegen. Aus dieser Rechtsfolge und der prozessökonomischen Rechtsnatur der Norm wird in der Rspr entnommen, dass eine Kostenentscheidung nach § 49 Abs. 2 WEG nur dann getroffen werden sollte, wenn die Voraussetzungen des Abs. 2 ohne besondere Schwierigkeiten, insb. ohne Beweisaufnahme, festgestellt werden können.[221]

Hinweis: Werden dem Verwalter die Kosten des Rechtsstreits nach § 49 Abs. 2 WEG auferlegt, so kann **211** diese Entscheidung in Rechtskraft erwachsen.[222] Hat das Gericht von einer Kostenentscheidung nach § 49 Abs. 2 WEG bewusst oder unbewusst abgesehen, ist damit ein (materiellrechtlicher) Kostenerstattungsanspruch der Wohnungseigentümer nicht rechtskräftig aberkannt.[223] Letzteres ergibt sich schon daraus, dass § 49 Abs. 2 WEG eine Ermessensvorschrift ist und dass das Gericht trotz Vorliegens der Tatbestandsvoraussetzungen des § 49 Abs. 2 WEG von einer Kostenlast des Verwalters absehen kann.

Ist eine Kostenentscheidung zu Lasten des Verwalters nach § 49 Abs. 2 WEG ergangen, ist diese Entschei- **212** dung für den Verwalter mit der **sofortigen Beschwerde isoliert anfechtbar**. Trifft die sofortige Beschwerde mit einer Berufung zusammen, wird u.a. vorgeschlagen, das Beschwerdeverfahren bis zur Beendigung des Berufungsverfahrens auszusetzen[224] oder im Berufungsurteil über die Beschwerde mitzuentscheiden.[225] Erlässt das Berufungsgericht eine Kostenentscheidung nach § 49 Abs. 2 WEG, steht dem Verwalter nur die Rechtsbeschwerde über § 574 ZPO offen.[226] Hingegen ist eine Kostenentscheidung nicht mit der sofortigen Beschwerde anfechtbar, wenn das Gericht bewusst oder unbewusst davon abgesehen hat, die Kosten dem Verwalter nach § 49 Abs. 2 WEG aufzuerlegen.[227] Insoweit greift die Sperre des § 99 Abs. 1 ZPO, weil den Parteien des Rechtsstreits – im Gegensatz zum Verwalter – eine von der Hauptsache eigenständige und unabhängige Beschwer fehlt.

Hinweis: Gelangt das Gericht nach Anhörung des Verwalters zu der Erkenntnis, dass keine Entscheidung **213** nach § 49 Abs. 2 WEG ergeht und verteilt das Gericht die Kosten des Rechtsstreits zwischen den Parteien, so folgt aus dieser Kostenentscheidung kein eigener prozessualer Kostenerstattungsanspruch des Verwalters. Denn verteilt werden nur die Kosten der Parteien. Die §§ 91 ff ZPO enthalten keine Maßgabe für einen prozessualen Kostenerstattungsanspruch eines Verwalters oder eines Beigeladenen. Anders ist die Rechtslage zB im Verwaltungsprozess für Aufwendungen eines Beigeladenen in § 162 Abs. 3 VwGO.[228]

4. Kostenfestsetzung einer Sondervergütung des Verwalters für die Bearbeitung von Gerichtsverfahren. Ein **214** Verwalter kann sich im Verwaltervertrag für konkrete Leistungen eine Zusatzvergütung versprechen lassen. So ist bspw eine **Sondervergütung für die Bearbeitung von Gerichtsverfahren** möglich. Die zusätzlich vergütete Tätigkeit des Verwalters muss allerdings über den Tätigkeitskatalog des § 27 WEG hinausgehen, weil letztgenannte Tätigkeiten bereits mit der Grundvergütung abgegolten sind.

Ob eine solche Zusatzvergütung in dem **Kostenfestsetzungsverfahren** eines WEG-Binnenrechtsstreits zu be- **215** rücksichtigen ist, ist **umstritten**.[229] Seit der WEG-Reform ist die Kostenfestsetzung in die formal-strengen

215 LG Dessau-Roßlau BeckRS 2010, 1636. **216** AG Nürtingen BeckRS 2013, 2778. **217** AG Regensburg BeckRS 2010, 9489. **218** LG Karlsruhe NJW-RR 2012, 462. **219** LG Berlin BeckRS 2015, 1681. **220** LG München I BeckRS 2016, 11151. **221** Vgl LG Berlin NJW 2009, 2544; LG München I NJOZ 2010, 2361; LG Hamburg BeckRS 2010, 29630. **222** AA BGH NZM 2010, 768. **223** BGH NZM 2010, 768. **224** So *Dötsch*, NZM 2011, 97. **225** So LG München I NZM 2009, 868. **226** OLG Köln NJW 2011, 1890; str. **227** BGH NZM 2010, 748; str. **228** Vgl dazu BVerwG BeckRS 1987, 31253437. **229** Vgl hierzu BGH NJW 2012, 1152; LG Stuttgart BeckRS 2009, 8644; LG Nürnberg-Fürth BeckRS 2010, 8689; LG Köln BeckRS 2011, 25283; *Elzer*, NZM 2014, 695.

§§ 91, 104 ZPO überführt, was – anders als zuvor – eine großzügige Berücksichtigung materiellrechtlicher Kostenerstattungsansprüche nicht mehr zulässt.[230] Indes ist nicht von vornherein auszuschließen, dass Sondervergütungen für einen Verwalter notwendige Kosten iSv § 91 ZPO sind, also ein prozessualer Kostenerstattungsanspruch in Betracht kommt. Nach § 91 Abs. 1 S. 1 ZPO hat die unterliegende Partei die Kosten des Rechtsstreits zu tragen, insb. die dem Gegner erwachsenen Kosten zu erstatten, soweit sie zur zweckentsprechenden Rechtsverfolgung oder Rechtsverteidigung notwendig waren. Die Betrachtung ist dann danach zu differenzieren, wer im WEG-Binnenrechtsstreit obsiegende Partei ist.

216 Sind **Wohnungseigentümer als obsiegende Partei** an dem Rechtsstreit beteiligt, so gehört die Sondervergütung für den Verwalter nicht zu den notwendigen Kosten iSv § 91 Abs. 1 S. 1 ZPO. Die dem „Gegner erwachsenen Kosten" sind im Regelfall nur solche Aufwendungen, welche die Partei persönlich getätigt hat.[231] Schuldner der Sondervergütung ist aber nur die Wohnungseigentümergemeinschaft als teilrechtsfähigem Rechtssubjekt.[232] Denn ein Verwaltervertrag wird grds. zwischen dem Verwalter und der Wohnungseigentümergemeinschaft als teilrechtsfähigem Rechtssubjekt geschlossen. Die Wohnungseigentümer sind dagegen keine Vergütungsschuldner der Sondervergütung. Sie tätigen hierauf keine unmittelbar eigenen Aufwendungen, auch wenn sie nach § 10 Abs. 8 WEG für Verbindlichkeiten haften bzw nach § 16 WEG Lasten und Kosten tragen. Ein anderes kann sich nur dann ergeben, wenn der Verwalter mit den einzelnen Wohnungseigentümern eine Sondervergütung gesondert vereinbart hat.[233]

Mit dem Ergebnis, dass den Wohnungseigentümern keine Kosten des Verwalters „erwachsen", stehen allerdings Entscheidungen des BGH[234] nicht in Einklang, die er in Kostenfestsetzungsverfahren zu Rechtsstreiten über Beschlussanfechtungsklagen getroffen hat. So hat der BGH[235] zum einen Unterrichtungskosten des Verwalters als erstattungsfähig zugunsten der obsiegenden Wohnungseigentümer angesehen, soweit der Verwalter nach § 27 Abs. 1 Nr. 7 WEG verpflichtet ist, die Wohnungseigentümer darüber zu unterrichten, dass ein Rechtsstreit gem. § 43 WEG anhängig ist und der Verwalter nach § 45 Abs. 1 WEG nicht zustellungsbevollmächtigt ist, weil er als Gegner der Wohnungseigentümer an dem Verfahren beteiligt ist, oder wenn aufgrund des Streitgegenstands die Gefahr besteht, er werde die Wohnungseigentümer nicht sachgerecht unterrichten. Zum anderen hat der BGH[236] Kosten des Zeitaufwands, den der Verwalter für die Wahrnehmung von Gerichtsterminen für die Wohnungseigentümer aufgewandt hat, als erstattungsfähig zugunsten der obsiegenden Wohnungseigentümer angesehen.

217 Ist der **Verwalter als obsiegende Partei** an dem Rechtsstreit beteiligt,[237] so gehört die Sondervergütung für den WEG-Verwalter nicht zu den notwendigen Kosten iSv § 91 Abs. 1 S. 1 ZPO. Ihm „erwachsen" keine Kosten im Sinne eines Nachteils.[238] Der Verwalter ist nicht Schuldner seines eigenen Sondervergütungsanspruchs und tätigt hierauf auch keine Aufwendungen. Ein Erstattungsanspruch des Verwalters als obsiegende Partei kann sich indes auf die Entschädigung der durch die notwendige Wahrnehmung von Terminen oder notwendigen Reisen entstandene Zeitversäumnis richten (vgl § 91 Abs. 1 S. 2 ZPO). Die Vorschrift verweist für die Höhe der Entschädigung auf das JVEG (insb. §§ 19 ff; Verdienstausfall regelmäßig höchstens 21 € brutto je Stunde).

218 Anders liegt es, wenn die **Wohnungseigentümergemeinschaft obsiegende Partei** ist. Tritt der Verwalter in Vertretung für die Wohnungseigentümergemeinschaft in dem Rechtsstreit auf, erwachsen der Wohnungseigentümergemeinschaft eigene Kosten, wenn sie Aufwendungen auf die Sondervergütung tätigt. In dieser Konstellation bedarf es der Einzelfallprüfung, ob es sich bei der Sondervergütung um **notwendige Kosten** des Rechtsstreits handelt.

219 Um **notwendige Kosten** handelt es sich nur, wenn sie **zur Rechtswahrung erforderlich und geeignet erscheinen**.[239] Bei dieser Prüfung können sich bzgl des Anspruchs der WEG auf Erstattung der an den Verwalter aufgewandten Sondervergütung u.a. folgende Fragen stellen:

- Ist der Verwalter im gerichtlichen Verfahren innerhalb rechtlicher Grenzen tätig (vgl insb. § 27 WEG, § 79 ZPO)?
- Handelt der Verwalter im gerichtlichen Verfahren für die Wohnungseigentümergemeinschaft als Vertreter oder als Organ? Wäre der Verwalter lediglich Organ der Wohnungseigentümergemeinschaft, könnte der Verwalter ggf kostenerstattungsrechtlich lediglich wie ein Geschäftsführer einer GmbH zu bewerten

230 Vgl vor der WEG-Reform 2007 zB KG NJW-RR 1989, 329. **231** MüKo-ZPO/*Schulz*, § 104 ZPO Rn 26. **232** BGH NJW 2012, 1152; OLG Hamm NZM 2006, 632. **233** Vgl indes BGH NZM 2015, 135, Rn 15: § 27 Abs. 2 Nr. 2 WEG begründet ein gesetzliches Geschäftsbesorgungsverhältnis zwischen Verwalter und verklagten Wohnungseigentümern. **234** Vgl BGH NJW 2009, 2135. **235** Vgl BGH NJW 2009, 2135, Rn 13–18. **236** Vgl BGH NJW 2014, 3247, Rn 6–10. **237** Vgl zu der Konstellation, dass der Verwalter als Prozessstandschafter für die Wohnungseigentümergemeinschaft obsiegt: BGH NJW 2012, 1152. Zur fehlenden Prozessführungsbefugnis des Verwalters als Prozessstandschafter seit Anerkennung der Teilrechtsfähigkeit der Wohnungseigentümergemeinschaft vgl BGH NJW 2011, 1361. **238** BGH NJW 2012, 1152. **239** Vgl zB Musielak/Voit/*Flockenhaus*, ZPO, § 91 Rn 8.

sein, was bedeutet, dass die Entschädigung für eine Zeitversäumnis (des Verwalters) nur im Umfang des § 91 Abs. 1 S. 2 ZPO möglich ist.[240]

- Beschränkt sich die Tätigkeit des Verwalters auf den Empfang von Zustellungen und die Weiterleitung an die Wohnungseigentümergemeinschaft oder hat der Verwalter die Wohnungseigentümergemeinschaft in dem gesamten Rechtsstreit vertreten? Oder fand die Bearbeitung des gerichtlichen Verfahrens durch den Verwalter ausschließlich außergerichtlich statt (dann ggf doch keine Kosten des „Rechtsstreits")?
- Hat (zusätzlich) eine anwaltliche Vertretung stattgefunden? Wenn ja, ist es erforderlich, wenn Verwalter und Rechtsanwalt die Wohnungseigentümergemeinschaft gemeinsam vertreten?
- Ist die Höhe der vereinbarten Vergütung angemessen?[241] Möglicherweise ist hierbei – kostenerstattungsrechtlich – zu bewerten, ob eine Sondervergütung einer ordnungsgemäßen Verwaltung entspricht, unabhängig davon, ob im konkreten Fall entsprechende Eigentümerbeschlüsse unanfechtbar sind.[242]

5. Zuständiges Streitwertbeschwerdegericht bei Zentralisierung nach § 72 Abs. 2 GVG. Nach § 68 Abs. 2 S. 5 iVm § 66 Abs. 3 S. 2 entscheidet über die Beschwerde gegen die Festsetzung des Streitwerts das nächsthöhere Gericht. Als Beschwerdegericht ist demnach unabhängig vom Instanzenzug der Hauptsache das allgemein dem erkennenden Gericht übergeordnete Gericht anzusehen.[243]   220

Beispiel: Das Amtsgericht Lübeck setzt den Streitwert fest. – Über die Beschwerde gegen die Streitwertbeschwerde entscheidet das Landgericht Lübeck als Beschwerdegericht, welches das allgemein dem Amtsgericht Lübeck übergeordnete Gericht ist.   221

§ 72 Abs. 2 S. 1 GVG bestimmt nun, dass in den Streitigkeiten nach § 43 Nr. 1–4 und 6 WEG das für den Sitz des Oberlandesgerichts zuständige Landgericht gemeinsames Berufungs- und Beschwerdegericht für den Bezirk des Oberlandesgerichts ist, in dem das Amtsgericht seinen Sitz hat. Weiterhin sieht § 72 Abs. 2 S. 2 GVG vor, dass anstelle dieses Landgerichts ein anderes Landgericht im Bezirk des Oberlandesgerichts bestimmt werden kann.[244]   222

§ 72 Abs. 2 GVG **verändert** indes **nicht die Zuständigkeit** des Beschwerdegerichts für die Streitwertbeschwerde aus § 68 Abs. 2 S. 5 iVm § 66 Abs. 3 S. 2.   223

Hiergegen wird indessen vorgebracht, dass die Einführung des § 66 Abs. 3 S. 2 durch das KostRMoG vom 5.5.2004[245] die örtliche Zuständigkeit unberührt lasse.[246] Der Zweck der Einheitlichkeit der Rspr, die vom KostRMoG 2004 gewollt werde und dem auch die Konzentration von WEG-Sachen nach § 72 Abs. 2 GVG diene, werde konterkariert, wenn man annähme, dass § 66 Abs. 3 S. 2 eine Zersplitterung der örtlichen Zuständigkeit auf alle Landgerichte eines Oberlandesgerichtsbezirks bewirke.[247] Für diese Auffassung spricht sicherlich der Sachzusammenhang zwischen Hauptsache und Streitwert (in Wohnungseigentumssachen).[248]   224

Dennoch ist dieser Auffassung nicht zuzustimmen, weil sie der Systematik des KostRMoG 2004 widerspricht. Das KostRMoG 2004 legte sich dahin gehend fest, dass die Vorschriften über die Erinnerung und Beschwerde in Kostensachen von den Verfahrensvorschriften der Hauptsache vollständig abgekoppelt sind und eigenständige Regelungen enthalten.[249] An dieser Festlegung hält auch das 2. KostRMoG[250] fest. So haben gem. § 1 Abs. 5 GKG die Vorschriften des GKG über die Erinnerung und Beschwerde Vorrang vor den Verfahrensvorschriften der Hauptsache.[251] Dem Ziel, das Beschwerdeverfahren in Kostensachen unabhängig von der Hauptsache auszugestalten, liefe es zuwider, wenn es gerade doch auf die Hauptsache betreffende spezielle Zuständigkeitsvorschriften ankommen soll. Die Bezeichnung des nächsthöheren Gerichts in § 66 Abs. 3 S. 2 umfasst auch die örtliche Zuständigkeit, weil ansonsten das allgemein dem erkennenden Gericht nächsthöhere Gericht gar nicht konkret bestimmbar wäre. Soweit das KostRMoG 2004 das Ziel der Einheitlichkeit der Rspr ausgibt, betrifft dies ausschließlich die Familiensachen (vgl jetzt: § 57 Abs. 3 FamGKG).[252]   225

---

240 Vgl zum Geschäftsführer einer GmbH BGH NJW 2009, 1001. **241** Vgl hierzu auch die Grundsätze der Rspr zu Detektivkosten oder Privatgutachterkosten, zB BGH 2007, 1532. **242** Vgl auch BGH NJW 2012, 1152; vgl grds. zur Sondervergütung für die Bearbeitung eines gerichtlichen Verfahrens: Bärmann/*Merle*, 11. Aufl. 2010, § 26 WEG Rn 145 f; *Gottschalg*, NZM 2009, 217, 221; *Pießkalla/Reichart*, NZM 2009, 728, 730; BGH NJW 1993, 1924. **243** BT-Drucks 15/1971, S. 157. **244** ZB § 1 der LVO zur Bestimmung des Landgerichts Itzehoe als gemeinsames Berufungs- und Beschwerdegericht für die Streitigkeiten nach § 43 Nr. 1 bis 4 und 6 des Wohnungseigentumsgesetzes und zur Änderung der Justizermächtigungsübertragungsverordnung v. 11.7.2007 (GOVBl. S.-H. 2007, S. 340). **245** BGBl. 2004 I 718. **246** LG Kiel 30.6.2011 – 7 T 31/11. **247** LG Kiel 30.6.2011 – 7 T 31/11. **248** Vgl zudem §§ 62 Abs. 1, 63 Abs. 3. **249** Vgl dazu BT-Drucks 15/1971, S. 156 f; *Fölsch*, Rpfleger 2004, 385. **250** BGBl. 2013 I 2586. **251** In der Gesetzesbegründung zum 2. KostRMoG geht der Gesetzgeber allerdings davon aus, dass im Übrigen die Verfahrensvorschriften der Hauptsache gelten würden (vgl BT-Drucks 17/11471 (neu), S. 154 zu § 1 Abs. 6 GNotKG). Dieser Ansicht steht entgegen, dass es an einer entsprechenden Verweisungsvorschrift im GKG fehlt. **252** § 66 Abs. 3 S. 2 GKG aF betraf neben den Familiensachen auch die Fälle des § 119 Abs. 1 Nr. 1 Buchst. b, c und Abs. 3 GVG aF (Auslandsberührung bzw Angelegenheiten kraft Bestimmung durch Landesgesetz). Art. 18 des FGG-Reformgesetzes v. 17.12.2008 (BGBl. I 2585, 2693) hob diese Fälle auf.

226   Beispiel: Das Amtsgericht Lübeck setzt den Streitwert in einer Wohnungseigentumssache nach § 43 Nr. 1–4 oder 6 WEG fest. Hiergegen richtet sich eine Streitwertbeschwerde.

Das Landgericht Lübeck kommt als Beschwerdegericht in Betracht, weil es das allgemein dem Amtsgericht Lübeck übergeordnete Gericht ist. Demgegenüber ist das Landgericht Itzehoe, das ebenfalls im Bezirk des Oberlandesgerichts Schleswig liegt, nach § 72 Abs. 2 S. 2 GVG iVm § 1 der LVO S.-H.[253] gemeinsames Berufungs- und Beschwerdegericht für den Bezirk des Oberlandesgerichts Schleswig. Das Landgericht Itzehoe kommt als Beschwerdegericht in Betracht, wenn diese Regelung das allgemein dem Amtsgericht Lübeck übergeordnete Gericht festlegt.

§ 50 Bestimmte Beschwerdeverfahren

(1) [1]In folgenden Verfahren bestimmt sich der Wert nach § 3 der Zivilprozessordnung:

1. über Beschwerden gegen Verfügungen der Kartellbehörden und über Rechtsbeschwerden (§§ 63 und 74 des Gesetzes gegen Wettbewerbsbeschränkungen),

2. über Beschwerden gegen Entscheidungen der Regulierungsbehörde und über Rechtsbeschwerden (§§ 75 und 86 des Energiewirtschaftsgesetzes oder § 35 Absatz 3 und 4 des Kohlendioxid-Speicherungsgesetzes),

3. über Beschwerden gegen Verfügungen der Bundesanstalt für Finanzdienstleistungsaufsicht (§ 48 des Wertpapiererwerbs- und Übernahmegesetzes und § 37 u Absatz 1 des Wertpapierhandelsgesetzes) und

4. über Beschwerden gegen Entscheidungen der zuständigen Behörde und über Rechtsbeschwerden (§§ 13 und 24 des EG-Verbraucherschutzdurchsetzungsgesetzes).

[2]Im Verfahren über Beschwerden eines Beigeladenen (§ 54 Absatz 2 Nummer 3 des Gesetzes gegen Wettbewerbsbeschränkungen, § 79 Absatz 1 Nummer 3 des Energiewirtschaftsgesetzes und § 16 Nummer 3 des EG-Verbraucherschutzdurchsetzungsgesetzes) ist der Streitwert unter Berücksichtigung der sich für den Beigeladenen ergebenden Bedeutung der Sache nach Ermessen zu bestimmen.

(2) Im Verfahren über die Beschwerde gegen die Entscheidung der Vergabekammer (§ 171 des Gesetzes gegen Wettbewerbsbeschränkungen) einschließlich des Verfahrens über den Antrag nach § 169 Absatz 2 Satz 5 und 6, Absatz 4 Satz 2, § 173 Absatz 1 Satz 3 und nach § 176 des Gesetzes gegen Wettbewerbsbeschränkungen beträgt der Streitwert 5 Prozent der Bruttoauftragssumme.

I. Allgemeines

1   § 50 enthält Streitwertbestimmungen für bestimmte Beschwerde- und Rechtsbeschwerdeverfahren in den dort genannten Fällen.[1]

II. Streitwert in den Beschwerdeverfahren iSv Abs. 1 S. 1

2   In den in Abs. 1 S. 1 Nr. 1–4 genannten Beschwerdeverfahren ist der **Streitwert nach § 3 ZPO** zu bestimmen.

3   Der Wert wird nach freiem, aber billigen Ermessen des Gerichts festgesetzt. Maßgebend ist das Interesse des Beschwerdeführers an der Änderung der angefochtenen Entscheidung bzw Verfügung.[2]

4   **1. Beschwerde und Rechtsbeschwerde nach §§ 63, 74 GWB (Nr. 1).** Nach § 63 Abs. 1 S. 1 GWB ist gegen Verfügungen der Kartellbehörde die Beschwerde zulässig. Über die Beschwerde entscheidet ausschließlich das für den Sitz der Kartellbehörde zuständige OLG, in den Fällen der §§ 35–42 GWB ausschließlich das für den Sitz des Bundeskartellamts zuständige OLG, und zwar auch dann, wenn sich die Beschwerde gegen eine Verfügung des Bundesministeriums richtet (§ 63 Abs. 4 S. 1 GWB). Gegen Beschlüsse des OLG findet die Rechtsbeschwerde zum Bundesgerichtshof statt (§ 74 Abs. 1 GWB).

---

253 LVO zur Bestimmung des Landgerichts Itzehoe als gemeinsames Berufungs- und Beschwerdegericht für die Streitigkeiten nach § 43 Nr. 1 bis 4 und 6 des Wohnungseigentumsgesetzes und zur Änderung der Justizermächtigungsübertragungsverordnung v. 11.7.2007 (GOVBl. S.-H. 2007, S. 340). **1** Die Regelung wurde als § 12 a durch das Vergaberechtsänderungsgesetz (BGBl. 1998 I, S. 2512) eingeführt und durch das KostRMoG 2004 (BGBl. 2004 I, S. 718) dann in § 50 übernommen. Die Vorschrift wurde mehrfach geändert und in ihrem Anwendungsbereich für verschiedene Beschwerde- und Rechtsbeschwerdeverfahren erweitert (BGBl. 2001 I, S. 623; 2001 I, S. 751; 2001 I, S. 3822; 2002 I, S. 1495; 2005 I, S. 1954; 2005 I, S. 1970; 2006 I, S. 3367; 2012 I, 1726). Seine jetzige Überschrift hat § 50 durch das 2. Justizmodernisierungsgesetz (BGBl. 2006 I, S. 3416) erhalten. Das 2. KostRMoG (BGBl. 2013 I, S. 2586; vgl auch BT-Drucks 17/11471 (neu), S. 245) vollzog in Abs. 2 sowie in der Gebührenvorschrift kostenrechtlich verfahrensrechtliche Änderungen aus dem Gesetz zur Modernisierung des Vergaberechts nach. Das Vergaberechtsmodernisierungsgesetz v. 17.2.2016 (BGBl. I 203) hat in § 50 Abs. 2 Folgeänderungen vorgenommen. **2** BGH BeckRS 2009, 20171, Rn 54; BGH BeckRS 2011, 7707, Rn 2; BGH BeckRS 2012, 15859, Rn 2.

Im Beschwerdeverfahren nach § 63 GWB entstehen gem. **Vorbem. 1.2.2 Nr. 1 KV** die Gebühren Nr. 1220 ff 5
KV, insb. also die Verfahrensgebühr Nr. 1220 KV mit einem Satz von 4,0. Im Rechtsbeschwerdeverfahren fallen ausweislich der Überschrift zu Teil 1 Abschnitt 3 KV die Gebühren Nr. 1230 ff KV an, also insb. die Verfahrensgebühr Nr. 1230 KV mit einem Satz von 5,0. Im Fall der Verwerfung oder Zurückweisung der Beschwerde gegen die Nichtzulassung der Rechtsbeschwerde entsteht die Gebühr Nr. 1242 KV.

2. Beschwerde und Rechtsbeschwerde nach §§ 75, 86 EnWG (Nr. 2). Nach § 75 Abs. 1 S. 1 EnWG ist ge- 6
gen Entscheidungen der Regulierungsbehörde die Beschwerde zulässig. Über die Beschwerde entscheidet ausschließlich das für den Sitz der Regulierungsbehörde zuständige OLG, in den Fällen des § 51 ausschließlich das für den Sitz der Bundesnetzagentur zuständige OLG, und zwar auch dann, wenn sich die Beschwerde gegen eine Verfügung des Bundesministeriums richtet (§ 75 Abs. 4 S. 1 EnWG). Gegen Beschlüsse des OLG findet die Rechtsbeschwerde zum Bundesgerichtshof statt (§ 86 Abs. 1 EnWG).

Das wirtschaftliche Interesse des Rechtsmittelführers bemisst sich nach der Differenz zwischen den nach 7
Auffassung des Rechtsmittelführers anzusetzenden Erlösobergrenzen und den von der Regulierungsbehörde festgesetzten Erlösobergrenzen[3] bzw nach der Differenz der nach Auffassung des Rechtsmittelführers zu berücksichtigen Netzkosten und den von der Bundesnetzagentur anerkannten Netzkosten.[4]

Im Beschwerdeverfahren nach § 75 EnWG entstehen gem. **Vorbem. 1.2.2 Nr. 4 KV** die Gebühren 8
Nr. 1220 ff KV, insb. also die Verfahrensgebühr Nr. 1220 KV mit einem Satz von 4,0. Im Rechtsbeschwerdeverfahren fallen ausweislich der Überschrift zu Teil 1 Abschnitt 3 KV die Gebühren Nr. 1230 ff KV an, also insb. die Verfahrensgebühr Nr. 1230 KV mit einem Satz von 5,0. Im Fall der Verwerfung oder Zurückweisung der Beschwerde gegen die Nichtzulassung der Rechtsbeschwerde entsteht die Gebühr Nr. 1242 KV.

3. Beschwerde und Rechtsbeschwerde nach § 35 Abs. 3, 4 KSpG (Nr. 2). Nach § 35 Abs. 3 KSpG ist gegen 9
Entscheidungen der Bundesnetzagentur die Beschwerde zulässig. Über die Beschwerde entscheidet ausschließlich das für den Sitz der Bundesnetzagentur zuständige Oberlandesgericht. Gegen die Beschlüsse des OLG findet die Rechtsbeschwerde zum Bundesgerichtshof statt (§ 35 Abs. 4 KSpG).

Im Beschwerdeverfahren nach § 35 Abs. 3 KSpG entstehen gem. **Vorbem. 1.2.2 Nr. 6 KV** die Gebühren 10
Nr. 1220 ff KV, insb. also die Verfahrensgebühr Nr. 1220 KV mit einem Satz von 4,0. Im Rechtsbeschwerdeverfahren fallen ausweislich der Überschrift zu Teil 1 Abschnitt 3 KV die Gebühren Nr. 1230 ff KV an, also insb. die Verfahrensgebühr Nr. 1230 KV mit einem Satz von 5,0. Im Fall der Verwerfung oder Zurückweisung der Beschwerde gegen die Nichtzulassung der Rechtsbeschwerde entsteht die Gebühr Nr. 1242 KV.

4. Beschwerde nach § 48 WpÜG (Nr. 3). Nach § 48 Abs. 1 WpÜG ist gegen Verfügungen der Bundesan- 11
stalt für Finanzdienstleistungsaufsicht nach dem WpÜG die Beschwerde zulässig. Über die Beschwerde entscheidet ausschließlich das für den Sitz der Bundesanstalt in Frankfurt zuständige OLG (§ 48 Abs. 4 WpÜG). Eine Rechtsbeschwerde gegen die Entscheidung des OLG ist nicht gegeben. Will das OLG von der Entscheidung eines OLG (zB anderer Senat des OLG) oder des BGH abweichen, legt das OLG die Sache dem BGH vor, der anstelle des OLG entscheidet (§ 56 Abs. 6 WpÜG).

Im Beschwerdeverfahren nach § 48 WpÜG entstehen gem. **Vorbem. 1.2.2 Nr. 2 KV** die Gebühren 12
Nr. 1220 ff KV, insb. also die Verfahrensgebühr Nr. 1220 KV mit einem Satz von 4,0.

Im Verfahren auf Wiederherstellung oder Anordnung der aufschiebenden Wirkung von Widerspruch oder 13
Beschwerde nach § 50 Abs. 3–5 WpÜG entsteht die Verfahrensgebühr Nr. 1632 KV mit einem Satz von 0,5.

5. Beschwerde nach § 37 u WpHG (Nr. 3). Nach § 37 u Abs. 1 WpHG gegen Verfügungen der Bundesan- 14
stalt für Finanzdienstleistungsaufsicht nach dem WpHG ist die Beschwerde zulässig. Über die Beschwerde entscheidet ausschließlich das für den Sitz der Bundesanstalt in Frankfurt zuständige OLG (§ 37 u Abs. 2 WpHG iVm § 48 Abs. 4 WpÜG). Eine Rechtsbeschwerde gegen die Entscheidung des OLG ist nicht gegeben. Will das OLG von der Entscheidung eines OLG (zB anderer Senat des OLG) oder des BGH abweichen, legt das OLG die Sache dem BGH vor, der anstelle des OLG entscheidet (§ 37 u Abs. 2 WpHG iVm § 56 Abs. 6 WpÜG).

Im Beschwerdeverfahren nach § 37 u Abs. 1 WpHG entstehen gem. **Vorbem. 1.2.2 Nr. 3 KV** die Gebühren 15
Nr. 1200 ff KV, insb. also die Verfahrensgebühr Nr. 1220 KV mit einem Satz von 4,0.

Im Verfahren auf Wiederherstellung oder Anordnung der aufschiebenden Wirkung von Widerspruch oder 16
Beschwerde nach § 37 u Abs. 2 WpHG iVm § 50 Abs. 3–5 WpÜG entsteht die Verfahrensgebühr Nr. 1632 KV mit einem Satz von 0,5.

6. Beschwerde und Rechtsbeschwerde nach §§ 13, 24 VSchDG (Nr. 4). Nach § 13 Abs. 1 S. 1 VSchDG ist 17
in den dort genannten Fällen gegen Entscheidungen der zuständigen Behörden die Beschwerde zulässig. Über die Beschwerde entscheidet ausschließlich das für den Sitz der Behörde zuständige LG (§ 13 Abs. 4

---

3 BGH BeckRS 2011, 7707, Rn 2. **4** BGH BeckRS 2009, 20171, Rn 54.

S. 1 VSchDG). Gegen die in der Hauptsache erlassenen Beschlüsse der LG ist die Rechtsbeschwerde zum BGH zulässig (§ 24 Abs. 1 VSchDG).

18   Im Beschwerdeverfahren nach § 13 VSchDG entstehen gem. **Vorbem. 1.2.2 Nr. 5 KV** die Gebühren Nr. 1220 ff KV, insb. also die Verfahrensgebühr Nr. 1220 KV mit einem Satz von 4,0. Im Rechtsbeschwerdeverfahren fallen ausweislich der Überschrift zu Teil 1 Abschnitt 3 KV die Gebühren Nr. 1230 ff KV an, also insb. die Verfahrensgebühr Nr. 1230 KV mit einem Satz von 5,0. Im Fall der Verwerfung oder Zurückweisung der Beschwerde gegen die Nichtzulassung der Rechtsbeschwerde entsteht die Gebühr Nr. 1242 KV.

III. Streitwert in Verfahren über Beschwerden eines Beigeladenen iSv Abs. 1 S. 2

19   Wird die Beschwerde von einem Beigeladenen nach

- § 54 Abs. 2 Nr. 3 GWB,
- § 79 Abs. 1 Nr. 3 EnWG oder
- § 16 Nr. 3 VSchDG

eingelegt, ist dessen Interesse maßgebend. Hierbei ist die sich für den Beigeladenen ergebende Bedeutung der Sache zu berücksichtigen.

IV. Streitwert in Beschwerdeverfahren iSv Abs. 2

20   Abs. 2 enthält die Streitwertregelung für Verfahren

- über die sofortige Beschwerde gegen die Entscheidung der Vergabekammer (§ 171 GWB),
- über den Antrag auf Anordnung der aufschiebenden Wirkung der sofortigen Beschwerde (§ 173 Abs. 1 S. 3 GWB),
- über den Antrag auf Wiederherstellung des Verbots des Zuschlags (§ 169 Abs. 2 S. 5 und 6, Abs. 4 S. 2 GWB) und
- über einen Antrag auf Vorabentscheidung über den Zuschlag (§ 176 GWB).

21   Als Beschwerdegericht entscheidet das für den Sitz der Vergabekammer zuständige **OLG** durch einen Vergabesenat (§ 171 Abs. 3 GWB). Die Entscheidung des OLG ist unanfechtbar. Es besteht aber eine Pflicht zur Vorlage an den BGH im Falle einer Divergenz (§ 179 Abs. 2 GWB).

22   Der Streitwert beträgt stets **5 % der Bruttoauftragssumme.** Diese Regelung vereinfacht die Streitwertfestsetzung, weil die Höhe der Gewinnermittlung nur schwer zu ermitteln wäre und weil das Gericht auf die Angaben der Beteiligten angewiesen wäre.[5]

23   Die Bewertung ist einheitlich für alle genannten (→ Rn 20) Verfahren. So ist zB auch das Verfahren auf Anordnung der aufschiebenden Wirkung nicht etwa nur mit einem Bruchteil des Werts des Beschwerdeverfahrens zu beurteilen.[6] Die Vorschrift ist analog im vergaberechtlich unterschwelligen (einstweiligen) Zivilrechtsschutz anwendbar.[7]

24   Der in Abs. 2 bestimmte Wert ist über § 23 Abs. 1 S. 1 RVG auch für den Gegenstandswert der **Rechtsanwaltsgebühren** maßgebend. Im Nachprüfungsverfahren vor der Vergabekammer richtet sich der Gegenstandswert über § 23 Abs. 1 S. 3 RVG ebenfalls nach Abs. 2.[8]

25   **Auftragssumme** ist der objektive Wert desjenigen Auftrags, den der Auftraggeber materiell (zu) vergeben hat.[9] Der Begriff der Auftragssumme ist bei denjenigen vergaberechtlichen Nachprüfungsverfahren, die sich auf ein förmliches Vergabeverfahren beziehen und denen ein konkretes Angebot des Antragstellers im Vergabeverfahren zugrunde liegt, auf die geprüfte Auftragssumme desjenigen Angebots des Antragstellers zu beziehen, welches eine Zuschlagschance haben soll.[10] Steht also die Auftragssumme noch nicht fest, kann hilfsweise die **Angebotssumme** angesetzt werden.[11] Auftragssumme iSv Abs. 2 ist aber nicht der Auftragswert (vgl hierzu § 3 VgV) und ist auch nicht der Schwellenwert (vgl hierzu nunmehr in § 106 GWB).[12] Liegen konkrete Angebote noch nicht vor, mag eine Schätzung des Streitwerts anhand des Auftragswerts (vgl hierzu § 3 VgV) zu erwägen sein.[13]

---

5 BT-Drucks 13/9340, S. 23. **6** So auch OLG Brandenburg BeckRS 2010, 9512. **7** OLG Stuttgart BeckRS 2010, 23482. AA OLG Schleswig BeckRS 2010, 14430; OLG Düsseldorf BeckRS 2010, 2050: § 53 GKG iVm § 3 ZPO. **8** So auch: OLG Stuttgart NZBau 2000, 599; OLG Jena JurBüro 2002, 434; BayObLG JurBüro 2002, 144; BayObLG 2002, 362; BayObLG NZBau 2003, 694; OLG Naumburg JurBüro 2004, 86, 87; OLG München BeckRS 2005, 10917; OLG Rostock JurBüro 2006, 369; vgl weiterhin *Kaiser*, NZBau 2002, 315. **9** OLG Naumburg JurBüro 2004, 86, 87. **10** OLG Naumburg JurBüro 2004, 86, 87. **11** BGH JurBüro 2014, 417; BayObLG JurBüro 2002, 362; BayObLG NZBau 2003, 694; OLG München BeckRS 2005, 10917; OLG Rostock JurBüro 2006, 369; OLG Düsseldorf NJOZ 2006, 1465; OLG Düsseldorf NJOZ 2008, 3921. **12** BayObLG NZBau 2003, 694 mwN auch zu gegenteiligen Auffassungen. **13** Befürwortend: OLG Jena JurBüro 2002, 434, 435.

Das KostRMoG 2004[14] hat klargestellt, dass Ausgangsgröße der **Bruttobetrag** der Auftragssumme ist. 26
Auch der Wert einer von der Ausschreibung geförderten Erfüllungsbürgschaft kann ein Indiz sein.[15] Zur
Auftragssumme gehören auch die Beträge, die durch ein der Vergabestelle vorbehaltenes Optionsrecht ausgelöst werden können.[16] Ist Ziel des Nachprüfungsantrags, dass die Gesamtleistung losweise oder mit
einem anderen Loszuschnitt vergeben wird, bemisst sich der Gegenstandswert nach dem Wert der Teilleistung, an deren Erbringung der Antragsteller interessiert ist.[17] Will der Antragsteller im Nachprüfungsverfahren mit der begehrten Nichtigerklärung eines im Wege der De-facto-Vergabe geschlossenen Vertrages
auch erreichen, dass der Gesamtgegenstand dieses Vertrages in einem künftigen Vergabeverfahren losweise
vergeben wird, bestimmt sich die für den Streitwert maßgebliche Auftragssumme nach dem Wert der Lose,
an deren Erbringung der Antragsteller interessiert ist.[18]

Läuft ein zu vergebender Auftrag mit einer **festen Laufzeit**, ist die volle Vergütung für die gesamte Laufzeit 27
der Streitwertbemessung zugrunde zu legen.[19] Eine Deckelung des Streitwerts auf den 48-fachen Monatsbetrag durch eine entsprechende Anwendung von § 4 Abs. 1 S. 4 VOL/A oder § 3 VgV ist mit dem Wortlaut
des Abs. 2 nicht vereinbar.[20] Besteht eine Option für eine Vertragsverlängerung, ist diese Option bei der
Streitwertfestsetzung zu berücksichtigen, weil auch die nur potentielle Möglichkeit der Verlängerung der
Zeitspanne, in der der Auftragnehmer die vertragsgemäßen Leistungen weiter erbringen kann, einen wirtschaftlichen Wert darstellt, der dem Ausschreibungsgegenstand innewohnt und das Interesse der Bieter am
Auftrag mitbestimmt.[21] Dieser Wert ist mit 5 % der im optional möglichen Zeitraum anfallenden Vergütung abzüglich eines der Ungewissheit der Vertragsverlängerung Rechnung tragenden Abschlags von regelmäßig 50 % zu bemessen.[22]

Ist bei einem zu vergebenden Auftrag über eine Dienstleistung eine **Laufzeit nicht** bestimmt, bietet sich indes eine Anlehnung an § 3 Abs. 3 Nr. 2 VgV an,[23] weil es aufgrund der unbestimmten Leistungszeit keine
feststehende Auftragssumme gibt.

Gemäß Vorbem. 1.2.2 Nr. 1 KV fallen in den Verfahren über die sofortige Beschwerde gegen Entscheidun- 28
gen der Vergabekammer (§ 171 GWB) die Gebühren Nr. 1220 ff KV an, also insb. eine 4,0-Verfahrensge-
bühr nach Nr. 1220 KV.

In den Verfahren auf Wiederherstellung des Verbots des Zuschlags (§ 169 Abs. 2 S. 5 und 6, Abs. 4 S. 2 29
GWB), auf Anordnung der aufschiebenden Wirkung der sofortigen Beschwerde (§ 173 Abs. 1 S. 3 GWB)
bzw auf Vorabentscheidung über den Zuschlag (§ 176 GWB) entsteht eine 3,0-Verfahrensgebühr nach
Nr. 1630 KV, die sich im Falle der Rücknahme auf 1,0 ermäßigen kann (Nr. 1631 KV).

V. Begünstigende Streitwertherabsetzung

1. Allgemeines. Vorschriften für eine Streitwertherabsetzung zugunsten einer wirtschaftlich schwachen Par- 30
tei bestehen in § 89 a GWB und § 105 EnWG. Die Vorschriften über eine (einseitige) Streitwertherabsetzung sind in aller Regel bei den Verfahrensgesetzen eingeordnet, nicht bei den Kostengesetzen, weil sie auch
Regelungen zur Kostenerstattung enthalten. § 50 enthält – anders als § 51 Abs. 5 – keinen Verweis auf die
Vorschriften über die begünstigende Streitwertherabsetzung.

2. Streitwertanpassung gem. § 89 a GWB

a) Allgemeines

§ 89 a GWB Streitwertanpassung

(1) [1]Macht in einer Rechtsstreitigkeit, in der ein Anspruch nach § 33 oder § 34 a geltend gemacht wird, eine Partei
glaubhaft, dass die Belastung mit den Prozesskosten nach dem vollen Streitwert ihre wirtschaftliche Lage erheblich
gefährden würde, so kann das Gericht auf ihren Antrag anordnen, dass die Verpflichtung dieser Partei zur Zahlung von Gerichtskosten sich nach einem ihrer Wirtschaftslage angepassten Teil des Streitwerts bemisst. [2]Das Gericht kann die Anordnung davon abhängig machen, dass die Partei glaubhaft macht, dass die von ihr zu tragenden
Kosten des Rechtsstreits weder unmittelbar noch mittelbar von einem Dritten übernommen werden. [3]Die Anordnung hat zur Folge, dass die begünstigte Partei die Gebühren ihres Rechtsanwalts ebenfalls nur nach diesem Teil
des Streitwerts zu entrichten hat. [4]Soweit ihr Kosten des Rechtsstreits auferlegt werden oder soweit sie diese übernimmt, hat sie die von dem Gegner entrichteten Gerichtsgebühren und die Gebühren seines Rechtsanwalts nur

---

14 BGBl. 2004 I, S. 718; vgl auch BT-Drucks 15/1971, S. 155 f. **15** OLG Jena JurBüro 2002, 434, 435; vgl hierzu auch OLG
Naumburg JurBüro 2004, 86, 87. **16** KG BeckRS 2010, 3784; OLG München BeckRS 2005, 10917. **17** OLG Koblenz BeckRS
2012, 11713. **18** BGH NZBau 2011, 629; OLG Brandenburg NZBau 2003, 688. **19** BGH JurBüro 2014, 417; OLG Naumburg JurBüro 2004, 86, 88; OLG Brandenburg BeckRS 2010, 9512; aA OLG Stuttgart NZBau 2000, 599; OLG München VergabeR 2013, 946. **20** BGH JurBüro 2014, 417; OLG Naumburg JurBüro 2004, 86, 88; OLG Brandenburg BeckRS 2010,
9512; aA OLG Stuttgart NZBau 2000, 599; OLG München VergabeR 2013, 946. **21** BGH JurBüro 2014, 417. **22** BGH
JurBüro 2014, 417. **23** BGH NZBau 2011, 629; vgl auch OLG Celle NZBau 2001, 111; OLG Jena JurBüro 2002, 434, 435.

nach dem Teil des Streitwerts zu erstatten. [5]Soweit die außergerichtlichen Kosten dem Gegner auferlegt oder von ihm übernommen werden, kann der Rechtsanwalt der begünstigten Partei seine Gebühren von dem Gegner nach dem für diesen geltenden Streitwert beitreiben.

(2) [1]Der Antrag nach Absatz 1 kann vor der Geschäftsstelle des Gerichts zur Niederschrift erklärt werden. [2]Er ist vor der Verhandlung zur Hauptsache anzubringen. [3]Danach ist er nur zulässig, wenn der angenommene oder festgesetzte Streitwert später durch das Gericht heraufgesetzt wird. [4]Vor der Entscheidung über den Antrag ist der Gegner zu hören.

31 Die Vorschrift des § 89 a GWB enthält eine **einseitig begünstigende Streitwertherabsetzung**, wie sie bereits in § 23 b UWG aF und vielen anderen wirtschaftsrechtlichen Gesetzen (vgl die Beispiele bei → Rn 30 und → § 51 Rn 11) vorgesehen ist. Damit hat das Gericht eine Möglichkeit, das **Kostenrisiko** für die Betroffenen zu **verringern**, ohne dass von dem **Grundprinzip der Unterliegenshaftung** abgewichen werden müsste. Die Möglichkeit der Streitwertherabsetzung begünstigt diejenige Partei, für die die Belastung mit Prozesskosten nach dem vollen Streitwert eine erhebliche Gefährdung ihrer wirtschaftlichen Lage bedeuten würde. Eine solche Regelung ist verfassungsgemäß.[24] § 89 a GWB ist durch das Siebte Gesetz zur Änderung des Gesetzes gegen Wettbewerbsbeschränkungen eingefügt worden.[25]

32 Die begünstigende Streitwertherabsetzung unterscheidet sich grds. von der Prozesskostenhilfe. Beide Maßnahmen schließen sich nicht gegenseitig aus.[26]

33 **b) Anwendungsbereich.** Die Streitwertherabsetzung kommt nur bei bürgerlichen Rechtsstreitigkeiten iSv § 87 GWB in Betracht (vgl Überschrift zum 4. Abschnitt des 3. Teils des GWB), und zwar nur bei solchen, in denen Ansprüche nach § 33 GWB (Beseitigung, Unterlassung, Schadensersatz) oder nach § 34 a GWB (Vorteilsabschöpfung) geltend gemacht werden (vgl § 89 a Abs. 1 S. 1 GWB). Auf die Klageart kommt es nicht an. Die Streitwertherabsetzung ist in jeder Instanz möglich. Auch der einstweilige Rechtsschutz ist erfasst.

34 **c) Voraussetzungen.** Die Partei muss eine **erhebliche Gefährdung ihrer wirtschaftlichen Lage** bei einer Belastung mit den Prozesskosten nach dem vollen Streitwert **glaubhaft** gemacht haben (§ 89 a Abs. 1 GWB).

35 Das Erfordernis der erheblichen Gefährdung der wirtschaftlichen Lage ist einerseits weniger streng als die wirtschaftlichen Voraussetzungen für die Bewilligung von Prozesskostenhilfe.[27] Andererseits knüpft die Bestimmung an eine **erhebliche Gefährdung** an und verlangt damit ein gesteigertes Maß an Gefährdung.[28] Gerade auch mit Rücksicht auf die Interessen der Gegenpartei verbietet sich eine großzügige Handhabung der Vorschrift über die begünstigende Streitwertherabsetzung.[29] Kann die antragstellende Partei einen Kredit aufnehmen, wird ihre wirtschaftliche Lage in aller Regel nicht gefährdet sein.[30] Obwohl die Voraussetzungen der Rechtsinstitute Prozesskostenhilfe und Streitwertherabsetzung grds. unterschiedlich sind, wird bei der Berechnung dessen, was der antragstellenden Partei als Kostenrisiko zuzumuten ist, eine Orientierung an denjenigen Grundsätzen möglich sein, nach denen ausgerechnet wird, welche Beträge ein um Prozesskostenhilfe Nachsuchender tragen muss.[31] Der Betrag, den ein Prozesskostenhilfeempfänger nach seinen wirtschaftlichen Verhältnissen selbst tragen muss, darf auch durch eine Anordnung über eine Streitwertherabsetzung nicht unterschritten werden.[32]

36 Der wirtschaftlichen Lage der antragenden Partei sind die Kosten des Rechtsstreits, die der Antragsteller im Falle des Unterliegens nach § 91 ZPO zu tragen hätte, gegenüber zu stellen.[33] Kosten nachfolgender Instanzen sind nicht zu berücksichtigen (zur Wirkung der Streitwertherabsetzung nur für eine Instanz → Rn 40).[34]

37 Für die begünstigende Streitwertherabsetzung sind die **Aussichten auf Erfolg** der Rechtsverfolgung oder der Rechtsverteidigung **ohne Bedeutung**.[35] Ausgeschlossen ist eine Streitwertbegünstigung aber dann, wenn sich das Verhalten der antragstellenden Partei als rechtsmissbräuchlich darstellen würde.[36]

38 **d) Rechtsfolgen und Wirkungen.** Bei der Bemessung der begünstigenden Streitwertherabsetzung ist zu berücksichtigen, dass der antragenden Partei ein gewisses Kostenrisiko, das in angemessenem Verhältnis zum normalen Risiko, dem erhöhten Risiko der Gegenpartei und ihren Vermögensverhältnissen steht, verbleiben

---

24 BVerfG NJW-RR 1991, 1134 (zu § 23 UWG aF); vgl auch BPatG GRUR-RR 2012, 125 (zu § 144 PatG). **25** BGBl. 2005 I, S. 1954. **26** Heidel/*Heidel*, AktR/KapitalmarktR, 4. Aufl. 2014, § 247 AktG Rn 5; *Fezer*, MarkenR, 4. Aufl. 2009, § 142 MarkenG Rn 3; Hüffer/*Koch*, AktG, 11. Aufl. 2014, § 247 Rn 16. **27** OLG Düsseldorf BeckRS 2008, 3310 (zu § 144 PatG). **28** OLG Düsseldorf BeckRS 2008, 3310 (zu § 144 PatG). **29** OLG Düsseldorf BeckRS 2008, 3310 (zu § 144 PatG). **30** OLG Düsseldorf BeckRS 2008, 3310 (zu § 144 PatG). **31** OLG Düsseldorf BeckRS 2008, 3310 (zu § 144 PatG). **32** OLG Düsseldorf BeckRS 2008, 3310 (zu § 144 PatG). **33** Vgl MüKo-AktG/*Hüffer*, 3. Aufl. 2011, § 247 AktG Rn 22. **34** Vgl MüKo-AktG/*Hüffer*, 3. Aufl. 2011, § 247 AktG Rn 22. **35** BGH BeckRS 2010, 20933 (zu § 144 PatG). **36** BGH NJW-RR 1992, 484 (zu § 247 AktG); BGH BeckRS 2010, 20933 (zu § 144 PatG).

soll.[37] Die Streitwertherabsetzung **bezweckt** nämlich allein eine **Anpassung des Kostenrisikos an die wirtschaftlichen Verhältnisse**.[38]

Die **Wirkungen** der begünstigenden Streitwertherabsetzung des § 89 a Abs. 1 GWB sind im Einzelnen: **39**

- Der Begünstigte muss nur die nach dem verringerten Streitwert bemessenen Gerichtsgebühren an die Staatskasse zahlen (S. 1).
- Der Begünstigte hat Gebühren seines Rechtsanwalts nur nach dem verringerten Streitwert zu entrichten (S. 3).
- Sind dem Begünstigten Kosten des Rechtsstreits auferlegt oder hat er diese übernommen, hat er dem Gegner von ihm verauslagte Gerichtskosten und die Kosten dessen Rechtsanwalts nur nach dem verringerten Streitwert zu erstatten (S. 4).
- Sind dem Gegner des Begünstigten Kosten des Rechtsstreits auferlegt, kann der Rechtsanwalt des Begünstigten seine Gebühren nach dem für den Gegner geltenden Streitwert beitreiben (S. 5).[39]

Die begünstigende Streitwertherabsetzung berührt **nicht** **40**

- die Auslagenpflicht,[40]
- im Fall der Bewilligung von Prozesskostenhilfe die Höhe der aus der Staatskasse zu entrichtenden Rechtsanwaltsgebühren, die sich stattdessen nach dem vollen Streitwert bestimmen,[41]
- die zu treffende Kostengrundentscheidung,
- die Bemessung des Werts der Beschwer oder des Beschwerdegegenstands.

Die Anordnung wirkt **einseitig** nur für die antragende Partei. Sie besteht nur für die jeweilige Instanz, in der der Antrag gestellt ist.[42]

e) **Verfahren.** § 89 a Abs. 2 GWB regelt das Verfahren für den Antrag auf Streitwertanpassung. Es besteht **41** **kein Anwaltszwang**; der Antrag kann zur Niederschrift der Geschäftsstelle erklärt werden. Dem Gegner der antragenden Partei ist rechtliches Gehör zu gewähren.

Der Antrag ist grds. **vor** der Verhandlung zur Hauptsache zu stellen. Eine spätere Antragstellung ist nur **42** zulässig, wenn das Gericht den Streitwert nach Beginn der Verhandlung zur Hauptsache heraufgesetzt wird. Eine analoge Anwendung des § 89 a Abs. 2 S. 3 GWB kann dann in Betracht kommen, wenn sich nach der ersten mündlichen Verhandlung die wirtschaftliche Lage der Partei entscheidend verschlechtert. Lehnt die Hausbank auf dem Ergebnis einer mündlichen Gerichtsverhandlung einen weiteren Kredit zu Lasten einer Partei mit ohnehin schlechten Vermögensverhältnissen ab, begründet dies keine entscheidende Verschlechterung.[43] Ein Antrag wird aber dann als zulässig erachtet, wenn die antragende Partei erst später erfährt, dass sie mehr Kosten zu entrichten hat, als sie vor der Antragstellung zur Hauptsache mit gutem Grund annehmen durfte. So kann auch noch nach Verkündung eines Urteils der Antrag als zulässig angesehen werden, wenn erst danach erstmalig der Streitwert festgesetzt wird.[44]

Die begünstigende Streitwertherabsetzung erfolgt durch **gerichtliche Anordnung** (§ 89 Abs. 1 S. 1 GWB). **43** Die Anordnung kann davon abhängig gemacht werden, dass dem Begünstigten keine unmittelbare oder mittelbare Kostenerstattung durch einen Dritten zusteht (§ 89 a Abs. 1 S. 2 GWB).

Die Entscheidung steht im **pflichtgemäßen Ermessen** des Gerichts. **44**

f) **Rechtsmittel.** Es wird die Auffassung vertreten, dass gegen den Beschluss des Gerichts über die begünsti- **45** gende Streitwertherabsetzung die Beschwerde nach § 68 GKG gegeben sein.[45] Ob dies mit Blick darauf, dass die Vorschriften über die begünstigende Streitwertherabsetzung gerade nicht im GKG enthalten sind, zutreffend sein kann, erscheint fraglich. Es dürfte eher das Rechtsmittel nach den Verfahrensgesetzen in Betracht kommen.[46]

Wird die Streitwertherabsetzung zurückgewiesen, ist die antragende Partei beschwert. Wird die Streit- **46** wertherabsetzung angeordnet, liegt die Beschwer bei dem die antragende Partei vertretenden Rechtsanwalt, dem Prozessgegner und der Staatskasse.

37 BGH BeckRS 2009, 25824; BGH BeckRS 2010, 20770 (zu § 144 PatG). **38** Zur Berechnungsmethode in Markenstreitsachen vgl *Fezer*, MarkenR, 4. Aufl. 2009, § 142 MarkenG Rn 15 f. **39** Zum Kostenerstattungsanspruch des Rechtsanwalts im Fall einer Kostenquotelung vgl BPatG GRUR-RR 2012, 132 (zu § 144 PatG). **40** OLG München GRUR 1960, 79 (zu § 53 PatG aF). **41** BGH GRUR 1953, 250. **42** BGH NJW-RR 1993, 222 (zu § 247 AktG); OLG Karlsruhe GRUR 1962, 586 (zu § 53 PatG aF); Immenga/Mestmäcker/*K. Schmidt*, Wettbewerbsrecht, 5. Aufl. 2014, § 89 a GWB Rn 16; *Fezer*, MarkenR, 4. Aufl. 2009, § 142 MarkenG Rn 17; Ingerl/Rohnke, MarkenG, 3. Aufl. 2010, § 142 MarkenG Rn 36; aA Heidel/*Heidel*, AktR/KapitalmarktR, 4. Aufl. 2014, § 247 AktG Rn 16; *Hartmann*, KostG, § 51 GKG Anh. (§ 144 PatG) Rn 18. **43** OLG Düsseldorf GRUR 1985, 219 (zu § 144 PatG). **44** BGH GRUR 1953, 284 (zu § 53 PatG aF); BPatG GRUR 1982, 363 (zu § 144 PatG). **45** Heidel/*Heidel*, AktR/KapitalmarktR, Aufl. 2011, § 247 AktG Rn 14, 19; *Mes*, PatG/GebrMG, 4. Aufl. 2015, § 144 PatG Rn 14; *Fezer*, MarkenR, 4. Aufl. 2009, § 142 MarkenG Rn 17; MüKo-AktG/*Hüffer*, 3. Aufl. 2011, § 247 AktG Rn 31; wohl auch *Hartmann*, KostG, § 51 GKG Anh. (§ 144 PatG) Rn 14; aA Immenga/Mestmäcker/*K. Schmidt*, Wettbewerbsrecht, 5. Aufl. 2014, § 89 a GWB Rn 18. **46** So auch Immenga/Mestmäcker/*K. Schmidt*, Wettbewerbsrecht, 5. Aufl. 2014, § 89 a GWB Rn 18.

3. Streitwertanpassung gem. § 105 EnWG

a) Allgemeines

§ 105 EnWG Streitwertanpassung

(1) [1]Macht in einer Rechtsstreitigkeit, in der ein Anspruch nach dem § 32 geltend gemacht wird, eine Partei glaubhaft, dass die Belastung mit den Prozesskosten nach dem vollen Streitwert ihre wirtschaftliche Lage erheblich gefährden würde, so kann das Gericht auf ihren Antrag anordnen, dass die Verpflichtung dieser Partei zur Zahlung von Gerichtskosten sich nach einem ihrer Wirtschaftslage angepassten Teil des Streitwerts bemisst. [2]Das Gericht kann die Anordnung davon abhängig machen, dass die Partei glaubhaft macht, dass die von ihr zu tragenden Kosten des Rechtsstreits weder unmittelbar noch mittelbar von einem Dritten übernommen werden. [3]Die Anordnung hat zur Folge, dass die begünstigte Partei die Gebühren ihres Rechtsanwalts ebenfalls nur nach diesem Teil des Streitwerts zu entrichten hat. [4]Soweit ihr Kosten des Rechtsstreits auferlegt werden oder soweit sie diese übernimmt, hat sie die von dem Gegner entrichteten Gerichtsgebühren und die Gebühren seines Rechtsanwalts nur nach dem Teil des Streitwerts zu erstatten. [5]Soweit die außergerichtlichen Kosten dem Gegner auferlegt oder von ihm übernommen werden, kann der Rechtsanwalt der begünstigten Partei seine Gebühren von dem Gegner nach dem für diesen geltenden Streitwert beitreiben.

(2) [1]Der Antrag nach Absatz 1 kann vor der Geschäftsstelle des Gerichts zur Niederschrift erklärt werden. [2]Er ist vor der Verhandlung zur Hauptsache anzubringen. [3]Danach ist er nur zulässig, wenn der angenommene oder festgesetzte Streitwert später durch das Gericht heraufgesetzt wird. [4]Vor der Entscheidung über den Antrag ist der Gegner zu hören.

47   Die Vorschrift des § 105 EnWG enthält eine **einseitig begünstigende Streitwertherabsetzung**, wie sie bereits in § 23 b UWG aF und vielen anderen wirtschaftsrechtlichen Gesetzen (vgl die Beispiele bei → Rn 30 und → § 51 Rn 11) vorgesehen ist. Damit hat das Gericht eine Möglichkeit, das **Kostenrisiko** für die Betroffenen zu **verringern**, ohne dass von dem **Grundprinzip der Unterliegenshaftung** abgewichen werden müsste. Die Möglichkeit der Streitwertherabsetzung begünstigt diejenige Partei, für die die Belastung mit Prozesskosten nach dem vollen Streitwert eine erhebliche Gefährdung ihrer wirtschaftlichen Lage bedeuten würde. Eine solche Regelung ist verfassungsgemäß.[47] § 105 EnWG ist durch das Zweite Gesetz zur Neuregelung des Energiewirtschaftsrechts eingeführt worden.[48]

48   **b) Anwendungsbereich.** Die Streitwertherabsetzung kommt nur bei bürgerlichen Rechtsstreitigkeiten iSv § 102 EnWG in Betracht (vgl Überschrift zum 6. Abschnitt des 8. Teils des EnWG), und zwar nur bei solchen, in denen Ansprüche nach § 32 EnWG (Beseitigung, Unterlassung, Schadensersatz) geltend gemacht werden (vgl § 105 Abs. 1 S. 1 EnWG). Auf die Klageart kommt es nicht an. Die Streitwertherabsetzung ist in jeder Instanz möglich. Auch der einstweilige Rechtsschutz ist erfasst.

49   **c) Voraussetzungen; Rechtsfolgen und Wirkungen; Verfahren; Rechtsmittel.** Die Erl. zur wortlautgleichen Vorschrift des § 89 a GWB gelten – abgesehen vom Anwendungsbereich nach § 89 a Abs. 1 S. 1 GWB – entsprechend (daher → Rn 34 ff).

§ 51 Gewerblicher Rechtsschutz

(1) In Rechtsmittelverfahren des gewerblichen Rechtsschutzes (§ 1 Absatz 1 Satz 1 Nummer 14) und in Verfahren über Ansprüche nach dem Patentgesetz, dem Gebrauchsmustergesetz, dem Markengesetz, dem Designgesetz, dem Halbleiterschutzgesetz und dem Sortenschutzgesetz ist der Wert nach billigem Ermessen zu bestimmen.

(2) In Verfahren über Ansprüche nach dem Gesetz gegen den unlauteren Wettbewerb ist, soweit nichts anderes bestimmt ist, der Streitwert nach der sich aus dem Antrag des Klägers für ihn ergebenden Bedeutung der Sache nach Ermessen zu bestimmen.

(3) [1]Ist die Bedeutung der Sache für den Beklagten erheblich geringer zu bewerten als der nach Absatz 2 ermittelte Streitwert, ist dieser angemessen zu mindern. [2]Bietet der Sach- und Streitstand für die Bestimmung des Streitwerts hinsichtlich des Beseitigungs- oder Unterlassungsanspruchs keine genügenden Anhaltspunkte, ist insoweit ein Streitwert von 1.000 Euro anzunehmen, auch wenn diese Ansprüche nebeneinander geltend gemacht werden.

(4) Im Verfahren des einstweiligen Rechtsschutzes ist der sich aus den Absätzen 2 und 3 ergebende Wert in der Regel unter Berücksichtigung der geringeren Bedeutung gegenüber der Hauptsache zu ermäßigen.

---

47 BVerfG NJW-RR 1991, 1134 (zu § 23 UWG aF); vgl auch BPatG GRUR-RR 2012, 125 (zu § 144 PatG). **48** BGBl. 2005 I, S. 1970.

(5) Die Vorschriften über die Anordnung der Streitwertbegünstigung (§ 12 Absatz 4 des Gesetzes gegen den unlauteren Wettbewerb, § 144 des Patentgesetzes, § 26 des Gebrauchsmustergesetzes, § 142 des Markengesetzes, § 54 des Designgesetzes sind anzuwenden.

I. Allgemeines

§ 51 enthält in **Abs. 1–4** die Streitwerte im sog. gewerblichen Rechtsschutz.[1] Der Begriff des gewerblichen Rechtsschutzes ist in der Überschrift des § 51 in einem weiteren Sinne zu verstehen. Er umfasst alle in Abs. 1–4 erwähnten Verfahren. Dagegen ist der in Abs. 1 iVm § 1 Abs. 1 S. 1 Nr. 14 genannte gewerbliche Rechtsschutz in einem engeren Sinne gemeint und bezieht sich nur auf die dort aufgezählten Verfahren. **1**

Der **gewerbliche Rechtsschutz im weiteren Sinne der Überschrift des § 51** umfasst: **2**

- Rechtsmittelverfahren des gewerblichen Rechtsschutzes iSv § 1 Abs. 1 S. 1 Nr. 14, dh Rechtsmittelverfahren nach dem PatG, GebrMG, MarkenG, DesignG, HalblSchG und SortSchG (Abs. 1),
- Verfahren über Ansprüche nach dem PatG, GebrMG, MarkenG, DesignG, HalblSchG und SortSchG (Abs. 1),
- Verfahren über Ansprüche nach dem UWG (Abs. 2–4).

Des Weiteren bestimmt **Abs. 5**, dass die Vorschriften über die **begünstigende Streitwertherabsetzung** in § 144 PatG, § 26 GebrMG, § 142 MarkenG, § 54 DesignG und § 12 Abs. 4, 5 UWG anzuwenden sind (dazu → Rn 50 ff), um effektiven Rechtsschutz auch zugunsten einer wirtschaftlich schwachen Partei zu gewähren. **3**

II. Streitwert in Streitsachen und in Rechtsmittelverfahren des gewerblichen Rechtsschutzes vor dem BGH im engeren Sinne (Abs. 1)

1. Allgemeines. Abs. 1 regelt den Streitwert **4**

- in Verfahren über Ansprüche („Streitsachen"[2]) nach dem PatG, GebrMG, MarkenG, DesignG, HalblSchG und SortSchG und
- Rechtsmittelverfahren des gewerblichen Rechtsschutzes vor dem BGH im engeren Sinne von § 1 Abs. 1 S. 1 Nr. 14 (PatG, GebrMG, MarkenG, DesignG, HalblSchG und SortSchG).

Der Streitwert ist in diesen Verfahren nach **billigem Ermessen** zu bestimmen.

---

1 Die Vorschrift des § 51 wurde als § 12 b durch das 2. PatÄndG (BGBl. 1998 I, S. 1827) eingeführt. Sie wurde durch das Geschmacksmusterreformgesetz (BGBl. 2004 I, S. 390) angepasst und durch das KostRMoG 2004 (BGBl. 2004 I, S. 718) dann in § 51 unter Veränderung der Überschrift übernommen. Durch das Gesetz gegen unseriöse Geschäftspraktiken (BGBl. 2013 I, S. 3714) wurden insb. in den Abs. 2–4 Regelungen für den Streitwert in Verfahren über Ansprüche nach dem UWG neu eingefügt. Die Überschrift wurde ebenfalls neu gefasst. Im Zuge der Modernisierung des Geschmacksmustergesetzes wurde in § 51 die Änderung von „Geschmacksmustergesetz" in „Designgesetz" redaktionell übernommen (BGBl. 2013 I, 3799; 2014 I, S. 890). **2** Vgl BT-Drucks 17/13057, Begründung, B, Zu Art. 10 (GKG), Zu Nr. 3 (§ 51 GKG), Zu Absatz 1.

5 **2. Verfahren. a) Streitsachen nach dem PatG, GebrMG, MarkenG, DesignG, HalblSchG und Sort-SchG.** Abs. 1 erfasst die Verfahren über Ansprüche nach dem

- Patentgesetz (PatG),
- Gebrauchsmustergesetz (GebrMG),
- Markengesetz (MarkenG),
- Designgesetz (DesignG),
- Halbleiterschutzgesetz (HalblSchG) und
- Sortenschutzgesetz (SortSchG).

Diese Verfahren werden auch als „**Streitsachen**" bezeichnet.[3]

6 Regelungen zu **Streitsachen** enthalten:

- **§§ 143–145 PatG.** Patentstreitsachen sind nach § 143 Abs. 1 PatG alle Klagen, durch die ein Anspruch aus einem der im PatG geregelten Rechtsverhältnisse geltend gemacht wird. Der Begriff ist weit auszulegen.[4] Patentstreitsachen sind u.a. alle Patentverletzungsansprüche nach §§ 139 ff PatG.[5] Für die Streitigkeiten sind die Zivilkammern der Landgerichte ausschließlich zuständig (§ 143 Abs. 1 PatG).
- **§ 27 GebrMG.** Gebrauchsmusterstreitsachen sind nach § 27 Abs. 1 GebrMG alle Klagen, durch die ein Anspruch aus einem im GebrMG geregelten Rechtsverhältnis geltend gemacht wird. Für die Streitigkeiten sind die Zivilkammern der Landgerichte ausschließlich zuständig (§ 27 Abs. 1 GebrMG).
- **§ 140 MarkenG.** Kennzeichenstreitsachen sind nach § 140 Abs. 1 alle Klagen, durch die ein Anspruch aus einem im MarkenG geregelten Rechtsverhältnis geltend gemacht wird. Zu den Klagen im Sinne dieser Bestimmung zählen auch Verfahren der einstweiligen Verfügung.[6] Für die Streitigkeiten sind die Landgerichte ausschließlich zuständig (§ 140 Abs. 1 MarkenG).
- **§ 52 DesignG.** Designstreitsachen sind nach § 52 Abs. 1 DesignG alle Klagen, durch die ein Anspruch aus einem im DesignG geregelten Rechtsverhältnis geltend gemacht wird. Für die Streitigkeiten sind die Landgerichte – mit Ausnahme der Feststellung oder Erklärung der Nichtigkeit nach § 33 DesignG – ausschließlich zuständig (§ 52 Abs. 1 DesignG). Die Landgerichte sind gem. § 63 Abs. 1 DesignG auch für Gemeinschaftsgeschmacksmusterstreitsachen ausschließlich zuständig.
- **§ 11 Abs. 2 HalblSchG iVm § 27 GebrMG.** § 11 Abs. 2 HalblSchG erklärt § 27 GebrMG für entsprechend anwendbar. Auf die dortigen Ausführungen wird verwiesen.
- **§ 38 SortSchG.** Sortenschutzstreitsachen sind nach § 38 Abs. 1 SortSchG alle Klagen, durch ein Anspruch aus einem im SortSchG geregelten Rechtsverhältnis geltend gemacht wird. Für die Streitigkeiten sind die Landgerichte ausschließlich zuständig (§ 38 Abs. 1 SortSchG).

7 Zu diesen Streitsachen gehören auch die diesbezüglichen **Rechtsmittelverfahren**.

8 **b) Rechtsmittelverfahren des gewerblichen Rechtsschutzes vor dem BGH iSv § 1 Abs. 1 S. 1 Nr. 14.** Für die Definition der **Rechtsmittelverfahren des gewerblichen Rechtsschutzes** nimmt Abs. 1 Bezug auf § 1 Abs. 1 S. 1 Nr. 14. Nach dieser Vorschrift sind Rechtsmittelverfahren des gewerblichen Rechtsschutzes solche **vor dem BGH**

- nach dem **PatG**: Rechtsbeschwerde (§§ 100 ff PatG); Berufung (§§ 110 ff PatG); Beschwerde (§ 122 PatG);
- nach dem **GebrMG**: Rechtsbeschwerde (§ 18 Abs. 4 GebrMG);
- nach dem **MarkenG**: Rechtsbeschwerde (§§ 83 ff bzw § 133 MarkenG);
- nach dem **DesignG**: Rechtsbeschwerde (§ 23 Abs. 5 DesignG);
- nach dem **HalblSchG**: Rechtsbeschwerde (§ 4 Abs. 4 HalblSchG);
- nach dem **SortSchG**: Rechtsbeschwerde (§ 35 SortSchG).

9 Die **Rechtsmittelverfahren** in den Streitsachen unterfallen dagegen nicht dieser Definition des § 1 Abs. 1 S. 1 Nr. 14, auch nicht diejenigen vor dem BGH. Sie sind aber von der Definition der Streitsachen bereits mitumfasst (→ Rn 7).

10 **3. Streitwert. a) Interesse des Klägers maßgebend; Unterlassungserklärung.** In allen von Abs. 1 umfassten Verfahren ist der Streitwert nach **billigem Ermessen** zu bestimmen.

11 In den Streitsachen ist das **Interesse des Klägers** maßgeblich.[7]

Bei einem **Unterlassungsbegehren** ist entscheidend, mit welchen Beeinträchtigungen ein Kläger bei einer Fortsetzung des beanstandeten rechtsverletzenden Verhaltens rechnen muss.[8] Ausschlaggebend ist also das

---

3 Vgl BT-Drucks 17/13057, Begründung, B, Zu Art. 10 (GKG), Zu Nr. 3 (§ 51 GKG), Zu Absatz 1. **4** BGH GRUR 2011, 662. **5** Vgl zB OLG Düsseldorf BeckRS 2010, 22212 (zu § 140 b PatG). **6** BGH GRUR 2012, 756; OLG Stuttgart GRUR-RR 2009, 79. **7** OLG Zweibrücken GRUR-RR 2001, 285; OLG Düsseldorf NJW 2011, 2979. **8** OLG Düsseldorf NJW 2011, 2979.

wirtschaftliche Interesse an der Abwehr der mit weiteren Verstößen verbundenen Nachteile.[9] Von Bedeutung ist die bei Klageerhebung noch gegebene Restlaufzeit des Klagepatents.[10] Zu berücksichtigen sind die wirtschaftlichen Verhältnisse des Klägers, also etwa dessen Größe, Marktstellung, Wirtschaftskraft, Umsatz.[11] Dies gibt Aufschluss über den voraussichtlich drohenden Schaden.[12] Weiterhin hängt der Streitwert von der Gefährlichkeit der beanstandeten Rechtsverletzung für den weiteren Vertrieb ab.[13] Hier kommt es auf Art, Ausmaß und Schädlichkeit der Verletzungshandlung sowie die Intensität der Begehungs- oder Wiederholungsgefahr an.[14]

b) Patentnichtigkeitsverfahren. Im Patentnichtigkeitsverfahren ist der Streitwert nach dem **Interesse der Allgemeinheit** an der Vernichtung des angegriffenen Patents zu bestimmen.[15] Er entspricht im Allgemeinen dem gemeinen Wert des Patents bei Erhebung der Klage bzw bei Einlegung der Berufung zzgl. des Betrags der bis dahin entstandenen Schadensersatzforderungen.[16] Nachträgliche Entwicklungen lassen die zu Beginn des Verfahrens zu treffenden Wertungen (vgl § 40) über den Streitwert grds. unberührt.[17] **12**

Ist die Höhe des Schadens wegen der Verletzung des Patents streitig und hierüber noch keine gerichtliche Entscheidung ergangen, entspricht es regelmäßig billigem Ermessen, den bezifferten Betrag der Schadensersatzforderung in voller Höhe in die Wertbestimmung einzustellen.[18] Bestehen keine solchen oder anderweitigen Anhaltspunkte, beziffert regelmäßig der Streitwert im Verletzungsverfahren das Interesse des Nichtigkeitsklägers an der erstrebten Vernichtung des Streitwertpatents, mit der der Patentverletzungsklage die Grundlage entzogen werden soll.[19] Damit ist aber der idR über das Interesse des Nichtigkeitsklägers hinausgehende gemeine Wert des Patents noch nicht in seiner Gesamtheit erfasst; insb. ist noch nicht der Eigennutzung des Streitpatents durch den Patentinhaber Rechnung getragen.[20] Diese ist regelmäßig mit einem Zuschlag von 25 % auf den ermittelten Streitwert zu berücksichtigen.[21]

Eine Aufteilung des Streitwerts unter mehreren Klägern ist nicht zulässig, weil der Wert des Patents für jeden Kläger gleich hoch ist.[22]

c) Markenrechtliches Widerspruchsrechtsbeschwerdeverfahren. Dort ist für die Festsetzung des Gegenstandswerts das wirtschaftliche Interesse des Markeninhabers an der Aufrechterhaltung seiner Marke maßgeblich. Dieses Interesse bemisst sich im Regelfall mit 50.000 Euro.[23] Auf das Interesse des Inhabers der Widerspruchsmarke an der Löschung des prioritätsjüngeren Zeichens oder der gewerblichen Bedeutung der Widerspruchsmarke kommt es nicht an.[24] Es ist deshalb auch ohne Bedeutung, ob die Widersprechende über eine Vielzahl von Marken verfügt.[25] **13**

d) Übereinstimmende Streitwertangaben im erstinstanzlichen Verfahren. Machen Parteien im erstinstanzlichen Verfahren übereinstimmende Angaben zum Streitwert des Patentverletzungsverfahrens, sind diese Angaben ein widerlegbares Indiz für den wirtschaftlichen Wert des Klagebegehrens.[26] Das Gericht ist an die Angaben aber nicht gebunden. Solchen Angaben kommt jedoch, wenn sie nicht offensichtlich unzutreffend sind, erhebliches Gewicht zu, insb. wenn sie im erstinstanzlichen Verfahren und damit zu einem Zeitpunkt, in dem die spätere Kostentragungspflicht noch offen ist, abgegeben werden.[27] Von Angaben, die zu diesem Zeitpunkt gemacht werden, ist größere Objektivität zu erwarten als von einer späteren Einschätzung, die erfolgt, wenn die Kostentragungspflicht bereits feststeht.[28] **14**

III. Streitwert in Verfahren über Ansprüche nach dem UWG (Abs. 2–4)

1. Allgemeines. Die Abs. 2–4 enthalten eigenständige Streitwertregelungen für Verfahren über Ansprüche nach dem UWG. Die Abs. 2 und 3 betreffen das Hauptsacheverfahren, Abs. 4 zusätzlich das Verfahren im einstweiligen Rechtsschutz. **15**

2. Anwendungsbereich der Abs. 2–4. a) Gebührenstreitwert. Die Abs. 2–4 bestimmen den Streitwert für die **Gerichtsgebühren** in den Verfahren über Ansprüche nach dem UWG. Die Gerichtsgebühren richten sich **16**

---

9 OLG Düsseldorf NJW 2011, 2979. **10** OLG Düsseldorf NJW 2011, 2979. **11** OLG Zweibrücken GRUR-RR 2001, 285; OLG Düsseldorf NJW 2011, 2979. **12** OLG Düsseldorf NJW 2011, 2979. **13** OLG Zweibrücken GRUR-RR 2001, 285. **14** OLG Düsseldorf NJW 2011, 2979. **15** BGH NJW 1957, 144; BGH GRUR 2007, 175; BGH GRUR 2009, 1100; BGH GRUR 2011, 757; BGH BeckRS 2014, 21518; BPatG BeckRS 2013, 17891; BPatG BeckRS 2014, 10008. **16** BGH NJW 1957, 144; BGH GRUR 2007, 175; BGH GRUR 2009, 1100; BGH GRUR 2011, 757; BGH JurBüro 2014, 25; BGH BeckRS 2014, 21518; BPatG BeckRS 2013, 17891; BPatG BeckRS 2014, 10008; vgl auch BPatG BeckRS 2012, 2768: Frage der Wirksamkeit des Patents muss entscheidungserheblich sein. **17** Vgl BPatG BeckRS 2014, 10008. **18** BGH GRUR 2009, 1100; BGH GRUR 2011, 757; BPatG BeckRS 2014, 10008. **19** BGH GRUR 2011, 757; BGH BeckRS 2014, 21518; BPatG BeckRS 2014, 10008. **20** BGH GRUR 2011, 757; BPatG BeckRS 2014, 10008. **21** BGH GRUR 2011, 757; BPatG BeckRS 2014, 10008. **22** BGH JurBüro 2014, 25; vgl auch BPatG BeckRS 2013, 17891: Der Streitwert richtet sich grds. nicht nach der Anzahl der Kläger und dem den Beklagten im Falle eines Unterliegens entstehenden Kosten. **23** BGH GRUR 2006, 704. Zum Streit über den Gegenstandswert eines markenrechtlichen Widerspruchsbeschwerdeverfahrens, für den § 51 nicht gilt, vgl etwa BPatG BeckRS 2012, 18657 mwN; BPatG BeckRS 2015, 1379 mwN. **24** BGH GRUR 2006, 704. **25** BGH GRUR 2006, 704. **26** BGH JurBüro 2013, 142. **27** BGH JurBüro 2013, 142. **28** BGH JurBüro 2013, 142.

demgemäß nach einem Streitwert. Die Höhe der Gebühren ergibt sich dann aus der Gebührentabelle (vgl § 34 mit Anlage 2).

17 Über § 23 Abs. 1 S. 1 RVG finden die Abs. 2–4 auch für die gesetzlichen **Rechtsanwaltsgebühren** Anwendung.

18 Der Gebührenstreitwert ist zudem für die **Verteilung der Kosten im Rechtsstreit** bedeutsam. Denn der Maßstab für die Feststellung des Teilunterliegens bestimmt sich bei der **Kostengrundentscheidung nach § 92 ZPO** nach dem Gebührenstreitwert.[29] Dies beruht darauf, dass die zu verteilenden Kosten nach dem Gebührenstreitwert zu berechnen sind und nicht nach den Wertvorschriften einer Verfahrensordnung (zB §§ 3–9 ZPO).

19 Nur in Ausnahmefällen ist für die Kostengrundentscheidung nicht auf die Gebührenstreitwertvorschriften zurückzugreifen, zB:

■ Zuvielforderung einer Nebenforderung; hier ist ein fiktiver Streitwert aus der Addition von Haupt- und Nebenforderung zu bilden.[30]

■ Normativer Streitwert führt zu einer unbilligen Kostenverteilung, weil der normative Streitwert nicht den wirtschaftlichen Wert angemessen abbildet („Verteilungsgerechtigkeit").[31]

20 Dagegen regeln die Abs. 2–4 weder die Wertvorschriften für die Bestimmung der sachlichen Zuständigkeit des Gerichts noch für die Feststellung der Rechtsmittelbeschwer. Hierfür ist ausschließlich auf die §§ 1–11 ZPO zurückzugreifen.

21 **b) Verfahren über Ansprüche nach dem UWG.** Die Streitwertvorschrift ist für Verfahren über Ansprüche nach dem UWG anzuwenden. Dies sind zum einen solche Verfahren, bei denen sich die materielle Anspruchsgrundlage unmittelbar aus dem UWG ergibt. Zum anderen können es aber auch solche Verfahren sein, bei denen sich zwar die materielle Anspruchsgrundlage nicht aus dem UWG ergibt, der entscheidungserhebliche Schwerpunkt des Rechtsstreits aber eine Vorschrift nach dem UWG betrifft.

22 **3. Streitwert. a) Allgemeines.** Abs. 2 legt den Grundsatz fest, dass sich der Streitwert nach dem Klägerinteresse bemisst, und zwar nach der sich **aus dem Antrag des Klägers für ihn ergebenden Bedeutung der Sache.** Abs. 3 S. 1 bestimmt, dass der sich aus Abs. 2 ergebende Streitwert **angemessen** zu **mindern** ist, wenn die Bedeutung der Sache für den Beklagten erheblich geringer ist. Abs. 3 S. 2 enthält zudem einen Auffangstreitwert iHv 1.000 €.

23 Grundsätzlich bemisst sich ein Streitwert allein nach dem Interesse der angreifenden, zumeist klagenden, Partei („**Angreiferinteresseprinzip**").[32] Der Grund hierfür ist, dass der Angreifer den Streitgegenstand bestimmt und sich die Wertberechnung an dem Streitgegenstand orientiert.[33] Demgegenüber haben normative Streitwerte das Ziel, für ihren jeweiligen Bereich eine ausschließliche Bewertung nach den Interessen des Angreifers auszuschalten.[34] Einen solchen **normativen Streitwert** enthält **Abs. 3.** Die Vorschrift hat zum Zweck, den finanziellen Anreiz für wettbewerbsrechtliche Abmahnung deutlich zu verringern.[35]

24 Zur Notwendigkeit einer solchen Wertvorschrift führte der Gesetzgeber aus:[36]

„In den Absätzen 2 und 3 soll eine eigenständige Wertvorschrift für Verfahren über Ansprüche nach dem Gesetz gegen den unlauteren Wettbewerb eingeführt werden. Diese Wertregelung ist gemäß § 23 Absatz 1 RVG auch für die Berechnung der Anwaltsgebühren maßgebend. In vielen lauterkeitsrechtlichen Streitigkeiten werden von abmahnenden Rechtsanwälten Gegenstandswerte festgelegt, die zu Gebühren führen, die von den Abgemahnten als ungerecht hoch empfunden werden und diese teilweise empfindlich treffen. Bisher erfolgt die Festsetzung des Streitwerts nach § 48 Absatz 1 Satz 1 GKG, § 3 ZPO, § 12 Absatz 4 UWG. Im Verfahren des einstweiligen Rechtsschutzes ergibt sich die Anwendbarkeit von § 3 ZPO aus § 53 Absatz 1 Nummer 1 GKG.

Das in § 3 ZPO vorgesehene „freie Ermessen" lässt dabei einen großen Gestaltungsspielraum bei der Festsetzung der Werte. Die Ermittlung der Gegenstands- bzw. Streitwerte bei Unterlassungsansprüchen in nichtvermögensrechtlichen Streitigkeiten ist grundsätzlich schwierig. Dies gilt umso mehr bei Wettbewerbsverstößen, bei denen ein wirtschaftlicher Nachteil eines Mitbewerbers meist nicht messbar ist.

Mit der vorgeschlagenen eigenständigen Wertvorschrift im Gerichtskostengesetz werden strengere Maßstäbe an die Festsetzung des Streitwerts im konkreten Fall gelegt. (...)

---

29 Musielak/Voit/*Flockenhaus*, ZPO, § 92 Rn 4. **30** Vgl BGH NJW 1988, 2173. **31** Vgl im Falle der Befristung von Unterhalt (§ 1578 b BGB) durch Rückgriff auf § 9 ZPO statt der Anwendung von § 51 FamGKG: OLG Nürnberg NJW-RR 2000, 598; OLG Brandenburg FamRZ 2007, 67; vgl des Weiteren im Falle des § 42 Abs. 3 GKG (vormals Abs. 4) LAG Hessen BeckRS 2011, 69411. **32** Vgl *Schumann*, NJW 1982, 1257, 1258: kein Grundprinzip, sondern nur ein Auffangprinzip. **33** *Schumann*, NJW 1982, 1257, 1260. **34** *Schumann*, NJW 1982, 1257, 1258. **35** Vgl BT-Drucks 17/13057, S. 14. **36** Vgl BT-Drucks 17/13057, S. 30 f.

Es ist davon auszugehen, dass die Neuregelung in der Praxis in vielen Fällen zu einer deutlichen Herabsetzung der Streit- und Gegenstandswerte führen wird. Dadurch wird der finanzielle Anreiz für Abmahnungen verringert, der der Hauptgrund für die bestehenden Missstände in diesem Bereich ist."

Abs. 4 enthält eine gesetzliche Niederlegung der ständigen Rspr zum Streitwert im einstweiligen Rechtsschutz. **25**

b) Grundsatz: Bedeutung der Sache nach dem Antrag des Klägers (Abs. 2). Der Streitwert bestimmt sich **26** nach der Bedeutung der Sache, wie sie sich aus dem Antrag des Klägers für ihn ergibt. Die **Bedeutung der Sache** entspricht dem Interesse des Klägers an der erstrebten Entscheidung, das in der übrigen Zivilgerichtsbarkeit gemeinhin als maßgebend für den Streitwert angesehen wird.[37] Die Bedeutung der Sache ist **objektiv**, nicht subjektiv zu verstehen.[38] Durch das Abstellen auf die Bedeutung der Sache gemäß dem klägerischen Antrag soll verhindert werden, dass bei der Festsetzung des Streitwerts Umstände einfließen, die über das konkrete Klagebegehren hinausgehen.[39] Eine gewisse Flexibilität bei der Ermittlung des Streitwerts wird dadurch gewahrt, dass dieser wie in § 3 ZPO nach Ermessen zu bestimmen ist.[40] Nicht vereinbar mit der Ermessensausübung aus Abs. 2 ist dagegen die Festsetzung eines Regelstreitwerts.[41]

c) Ausnahme: Wertminderung bei erheblich geringerer Bedeutung der Sache für den Beklagten **27** **(Abs. 3).** Hat die Sache **für den Beklagten erheblich geringere Bedeutung** als für den Kläger, ist dies wertmindernd zu berücksichtigen. Durch Abs. 3 S. 1 wird ein Interessensausgleich möglich, wenn die Bedeutung der Sache für den Kläger und den Beklagten deutlich variiert.[42] Die Bedeutung der Sache für den Beklagten soll einen Rückschluss auf die Verletzungsintensität und die Gefährdung des Klägers zulassen und soll als Bewertungsfaktor einer eventuell davon abweichenden höheren Bedeutung auf Klägerseite regulierend gegenübergestellt werden.[43] Im Rahmen der Ermessensausübung ist aus den unterschiedlichen Bewertungen der konkrete Streitwert zu ermitteln.[44]

Nach Abs. 3 S. 2 ist ein Streitwert von 1.000 € anzunehmen, wenn der Sach- und Streitstand keine genügenden Anhaltspunkte für eine Bestimmung des Streitwerts bietet. Hierbei handelt es sich nicht um einen **28** Regelstreitwert,[45] sondern um einen Auffangstreitwert.[46] Die Festsetzung des Auffangstreitwerts ist also nur dann zulässig, solange und soweit eine individuelle, konkrete Bemessung des Streitwerts wegen Fehlens konkreter Anhaltspunkte nicht möglich ist (so → § 52 Rn 19 zur dortigen Vorschrift). Der **Auffangwert** ist als starre Größe einer Differenzierung nach oben oder nach unten je nach Lage des Falles nicht zugänglich.[47]

Nach der Gesetzesbegründung[48] kommt der Auffangstreitwert von 1.000 € insb. in den Fällen zur Anwendung, in denen ein Verstoß gegen Marktverhaltensregeln iSd § 4 Nr. 11 UWG außerhalb des Gesetzes gegen den unlauteren Wettbewerb vorliegt, die Verzerrung des Wettbewerbs aber eher unwahrscheinlich ist, da sich ein vernünftiger Verbraucher oder sonstiger Marktteilnehmer durch den Verstoß in seiner Entscheidung über den Kauf einer Ware oder die Inanspruchnahme einer Dienstleistung nicht beeinflussen lassen wird.

Demgegenüber wird in der Rspr vertreten, dass die Gesetzesbegründung zu kurz greife, weil in den Fällen, in denen sich Marktteilnehmer durch den Verstoß in seiner Entscheidung über den Kauf einer Ware nicht beeinflussen lassen werde, regelmäßig mangels geschäftlicher Relevanz bereits der Verbotstatbestand des § 1 UWG nicht erfüllt sei.[49] Der Anwendungsbereich des Abs. 3 S. 2 sei dann gegeben, wenn es sich vom Unrechtsgehalt her um einen geringfügigen Wettbewerbsverstoß durch einen Kleinunternehmer handele (zB geringfügige Verletzung von Informationspflichten iSv § 5 a UWG oder der PAngV).[50]

d) Einstweiliger Rechtsschutz (Abs. 4). Die Vorschrift des Abs. 4 regelt ausdrücklich, dass im Verfahren des **29** einstweiligen Rechtsschutzes im Vergleich zum Hauptsacheverfahren grds. **niedrigere Werte** gelten. Die Regelung ist so ausgestaltet, dass sie grds. unter Berücksichtigung der geringeren Bedeutung gegenüber der Hauptsache eine Ermäßigung des Wertes vorschreibt, in begründeten Einzelfällen aber auch eine Annäherung an den Wert der Hauptsache zulässt. Weil mit dem einstweiligen Rechtsschutz eine nur vorläufige Entscheidung zur Sicherung der Rechte erstrebt wird, ist der Gebührenstreitwert nur mit einem Anteil eines Hauptsachestreitwerts zu bemessen. Regelmäßig kommt ein Bruchteil von 1/3 bis 1/2 in Betracht. Nimmt der einstweilige Rechtsschutz die Hauptsache vorweg oder ersetzt sie diese, so kann der Streitwert des einstweiligen Rechtsschutzes bis zum Streitwert der Hauptsache angehoben werden.

---

37 BT-Drucks 17/13057, S. 30. **38** BT-Drucks 17/13057, S. 30. **39** BT-Drucks 17/13057, S. 30. **40** Vgl BT-Drucks 17/13057, S. 30. **41** BGH BeckRS 2015, 3109. **42** BT-Drucks 17/13057, S. 30. **43** BT-Drucks 17/13057, S. 30. **44** BT-Drucks 17/13057, S. 30. **45** BGH BeckRS 2015, 3109. **46** Vgl auch BT-Drucks 17/13057, S. 30 f. **47** BT-Drucks 17/13057, S. 30 f. **48** BT-Drucks 17/13057, S. 31. **49** Vgl OLG Stuttgart BeckRS 2014, 4929; OLG Dresden BeckRS 2015, 2674; OLG Dresden BeckRS 2015, 2675; offengelassen von OLG Celle BeckRS 2014, 16513. **50** Vgl OLG Stuttgart BeckRS 2014, 4929; OLG Celle BeckRS 2014, 16513; OLG Zweibrücken NJW-RR 2014, 1535; OLG Dresden BeckRS 2015, 2674; OLG Dresden BeckRS 2015, 2675.

IV. Begünstigende Streitwertherabsetzung (Abs. 5)

30   **1. Allgemeines.** Abs. 5 enthält – anders als § 50 (→ § 50 Rn 30) – einen ausdrücklichen Verweis auf die Vorschriften über die begünstigende Streitwertherabsetzung. Vorschriften über eine begünstigende Streitwertherabsetzung bestehen im Bereich des gewerblichen Rechtsschutzes in § 144 PatG, § 26 GebrMG, § 142 MarkenG und § 54 DesignG sowie im Bereich der lauterkeitsrechtlichen Streitigkeiten in § 12 Abs. 4, 5 UWG.

Vorschriften über eine (einseitige) Streitwertherabsetzung sind in aller Regel bei den Verfahrensgesetzen eingeordnet, nicht bei den Kostengesetzen, weil sie auch Regelungen zur Kostenerstattung enthalten.

Die Vorschriften sind – abgesehen von ihrem jeweiligen Anwendungsbereich – wortlautgleich. Sie sind in zwei oder drei Absätze aufgegliedert, ohne dass mit der unterschiedlichen Struktur inhaltliche Änderungen verbunden wären.

2. Streitwertherabsetzung gem. § 144 PatG

a) Allgemeines

31   **§ 144 PatG [Herabsetzung des Streitwerts]**

(1) [1]Macht in einer Patentstreitsache eine Partei glaubhaft, daß die Belastung mit den Prozeßkosten nach dem vollen Streitwert ihre wirtschaftliche Lage erheblich gefährden würde, so kann das Gericht auf ihren Antrag anordnen, daß die Verpflichtung dieser Partei zur Zahlung von Gerichtskosten sich nach einem ihrer Wirtschaftslage angepaßten Teil des Streitwerts bemißt. [2]Die Anordnung hat zur Folge, daß die begünstigte Partei die Gebühren ihres Rechtsanwalts ebenfalls nur nach diesem Teil des Streitwerts zu entrichten hat. [3]Soweit ihr Kosten des Rechtsstreits auferlegt werden oder soweit sie diese übernimmt, hat sie die von dem Gegner entrichteten Gerichtsgebühren und die Gebühren seines Rechtsanwalts nur nach dem Teil des Streitwerts zu erstatten. [4]Soweit die außergerichtlichen Kosten dem Gegner auferlegt oder von ihm übernommen werden, kann der Rechtsanwalt der begünstigten Partei seine Gebühren von dem Gegner nach dem für diesen geltenden Streitwert beitreiben.

(2) [1]Der Antrag nach Absatz 1 kann vor der Geschäftsstelle des Gerichts zur Niederschrift erklärt werden. [2]Er ist vor der Verhandlung zur Hauptsache anzubringen. [3]Danach ist er nur zulässig, wenn der angenommene oder festgesetzte Streitwert später durch das Gericht heraufgesetzt wird. [4]Vor der Entscheidung über den Antrag ist der Gegner zu hören.

32   Die Vorschrift des § 144 PatG enthält eine **einseitig begünstigende Streitwertherabsetzung**, wie sie bereits in § 23 b UWG aF und vielen anderen wirtschaftsrechtlichen Gesetzen (vgl die Beispiele in → Rn 30) vorgesehen ist. Damit hat das Gericht eine Möglichkeit, das **Kostenrisiko** für die Betroffenen zu **verringern**, ohne dass von dem **Grundprinzip der Unterliegenshaftung** abgewichen werden müsste. Die Möglichkeit der Streitwertherabsetzung begünstigt diejenige Partei, für die die Belastung mit Prozesskosten nach dem vollen Streitwert eine erhebliche Gefährdung ihrer wirtschaftlichen Lage bedeuten würde. Eine solche Regelung ist verfassungsgemäß.[51]

33   Die begünstigende Streitwertherabsetzung unterscheidet sich grds. von der Prozesskostenhilfe. Beide Maßnahmen schließen sich nicht gegenseitig aus.[52]

34   **b) Anwendungsbereich.** Die Streitwertherabsetzung kommt nur bei bürgerlichen Rechtsstreitigkeiten iSv § 143 PatG in Betracht (vgl Überschrift zum 10. Abschnitt des PatG iVm § 144 Abs. 1 S. 1 PatG). Auf die Klageart kommt es nicht an. Die Streitwertherabsetzung ist in jeder Instanz möglich. Auch der einstweilige Rechtsschutz ist erfasst.

35   § 144 PatG ist entsprechend anzuwenden im Rechtsbeschwerdeverfahren (§ 102 Abs. 2 PatG), im Nichtigkeitsverfahren erster Instanz (§ 2 Abs. 2 S. 5 PatKostG), im Nichtigkeitsberufungsverfahren (§ 121 Abs. 1 PatG) und in arbeitnehmererfinderrechtlichen Rechtsstreitigkeiten (§ 39 Abs. 1 S. 2 ArbNEG).

36   **c) Voraussetzungen.** Die Partei muss eine **erhebliche Gefährdung ihrer wirtschaftlichen Lage** bei einer Belastung mit den Prozesskosten nach dem vollen Streitwert **glaubhaft** gemacht haben (§ 144 Abs. 1 PatG).

37   Das Erfordernis der erheblichen Gefährdung der wirtschaftlichen Lage ist einerseits weniger streng als die wirtschaftlichen Voraussetzungen für die Bewilligung von Prozesskostenhilfe.[53] Andererseits knüpft die Bestimmung an eine **erhebliche Gefährdung** an und verlangt damit ein gesteigertes Maß an Gefährdung.[54] Gerade auch mit Rücksicht auf die Interessen der Gegenpartei verbietet sich eine großzügige Handhabung der Vorschrift über die begünstigende Streitwertherabsetzung.[55]

---

51 BVerfG NJW-RR 1991, 1134 (zu § 23 UWG aF); vgl auch BPatG GRUR-RR 2012, 125 (zu § 144 PatG); BPatG BeckRS 2013, 17891. **52** Heidel/*Heidel*, AktR/KapitalmarktR, 4. Aufl. 2014, § 247 AktG Rn 5; *Fezer*, MarkenR, 4. Aufl. 2009, § 142 MarkenG Rn 3; Hüffer/*Koch*, AktG, 11. Aufl. 2014, § 247 Rn 16. **53** BPatG BeckRS 2013, 17891; OLG Düsseldorf BeckRS 2008, 3310 (zu § 144 PatG). **54** OLG Düsseldorf BeckRS 2008, 3310 (zu § 144 PatG). **55** OLG Düsseldorf BeckRS 2008, 3310 (zu § 144 PatG).

Kann die antragstellende Partei einen Kredit aufnehmen, wird ihre wirtschaftliche Lage in aller Regel nicht gefährdet sein.[56] Ein nicht aktiv am Wirtschaftsleben beteiligtes Unternehmen, das nicht über nennenswerte Vermögensgegenstände verfügt, wird in seiner wirtschaftlichen Lage nicht zusätzlich iSv § 144 PatG gefährdet, wenn es mit einer Prozesskostenforderung belastet wird, die angesichts seiner Vermögenssituation ohnehin nicht beitreibbar ist.[57] Wenn ein Patentinhaber beim Abschluss einer Vereinbarung über die Finanzierung von Prozesskosten eine Vertragsgestaltung wählt, die ihm und dem finanzierenden Dritten alle mit dem Rechtsstreit verbundenen Chancen sichert, das Kostenrisiko eines Nichtigkeitsverfahrens wirtschaftlich aber der Gegenseite auferlegt, ist es idR nicht angemessen, ihn von diesem Kostenrisiko durch eine Kostenbegünstigung gem. § 144 PatG noch weitergehend zu entlasten.[58]

Obwohl die Voraussetzungen beider Rechtsinstitute Prozesskostenhilfe und Streitwertherabsetzung grds. unterschiedlich sind, wird bei der Berechnung dessen, was der antragstellenden Partei als Kostenrisiko zuzumuten ist, eine Orientierung an denjenigen Grundsätzen möglich sein, nach denen ausgerechnet wird, welche Beträge ein um Prozesskostenhilfe Nachsuchender tragen muss.[59] Der Betrag, den ein Prozesskostenhilfeempfänger nach seinen wirtschaftlichen Verhältnissen selbst tragen muss, darf auch durch eine Anordnung über eine Streitwertherabsetzung nicht unterschritten werden.[60]

Der wirtschaftlichen Lage der antragenden Partei sind die Kosten des Rechtsstreits, die der Antragsteller im **38** Falle des Unterliegens nach § 91 ZPO zu tragen hätte, gegenüberzustellen.[61] Kosten nachfolgender Instanzen sind nicht zu berücksichtigen (zur Wirkung der Streitwertherabsetzung nur für eine Instanz → Rn 24).

Für die begünstigende Streitwertherabsetzung sind die **Aussichten auf Erfolg** der Rechtsverfolgung oder der **39** Rechtsverteidigung **ohne Bedeutung**.[62] Ausgeschlossen ist eine Streitwertbegünstigung aber dann, wenn sich das Verhalten der antragstellenden Partei als rechtsmissbräuchlich darstellen würde.[63]

d) Rechtsfolgen und Wirkungen. Bei der Bemessung der begünstigenden Streitwertherabsetzung ist zu be- **40** rücksichtigen, dass der antragenden Partei ein gewisses Kostenrisiko, das in angemessenem Verhältnis zum normalen Risiko, dem erhöhten Risiko der Gegenpartei und ihren Vermögensverhältnissen steht, verbleiben soll.[64] Die Streitwertherabsetzung **bezweckt** nämlich allein eine **Anpassung des Kostenrisikos an die wirtschaftlichen Verhältnisse**.[65]

Die **Wirkungen** der begünstigenden Streitwertherabsetzung des § 144 Abs. 1 PatG sind im Einzelnen: **41**

■ Der Begünstigte muss nur die nach dem verringerten Streitwert bemessenen Gerichtsgebühren an die Staatskasse zahlen (S. 1).
■ Der Begünstigte hat Gebühren seines Rechtsanwalts nur nach dem verringerten Streitwert zu entrichten (S. 2).
■ Sind dem Begünstigten Kosten des Rechtsstreits auferlegt oder hat er diese übernommen, hat er dem Gegner von ihm verauslagte Gerichtskosten und die Kosten dessen Rechtsanwalts nur nach dem verringerten Streitwert zu erstatten (S. 3).
■ Sind dem Gegner des Begünstigten Kosten des Rechtsstreits auferlegt, kann der Rechtsanwalt des Begünstigten seine Gebühren nach dem für den Gegner geltenden Streitwert beitreiben (S. 4).[66]

Die begünstigende Streitwertherabsetzung berührt **nicht** **42**

■ die Auslagenpflicht,[67]
■ im Fall der Bewilligung von Prozesskostenhilfe die Höhe der aus der Staatskasse zu entrichtenden Rechtsanwaltsgebühren, die sich stattdessen nach dem vollen Streitwert bestimmen,[68]
■ die zu treffende Kostengrundentscheidung,
■ die Bemessung des Werts der Beschwer oder des Beschwerdegegenstands.

Die Anordnung wirkt **einseitig** nur für die antragende Partei. Sie besteht nur für die jeweilige Instanz, in der **43** der Antrag gestellt ist.[69]

---

56 OLG Düsseldorf BeckRS 2008, 3310 (zu § 144 PatG). **57** BGH BeckRS 2013, 16058. **58** BGH BeckRS 2013, 16058. **59** OLG Düsseldorf BeckRS 2008, 3310 (zu § 144 PatG). **60** OLG Düsseldorf BeckRS 2008, 3310 (zu § 144 PatG). **61** Vgl MüKo-AktG/*Hüffer*, 3. Aufl. 2011, § 247 AktG Rn 22. **62** BGH BeckRS 2010, 20933 (zu § 144 PatG). **63** BGH NJW-RR 1992, 484 (zu § 247 AktG); BGH BeckRS 2010, 20933 (zu § 144 PatG). **64** BGH BeckRS 2009, 25824; BGH BeckRS 2010, 20770 (zu § 144 PatG). **65** Zur Berechnungsmethode in Markenstreitsachen vgl *Fezer*, MarkenR, 4. Aufl. 2009, § 142 MarkenG Rn 15 f. **66** Zum Kostenerstattungsanspruch des Rechtsanwalts im Fall einer Kostenquotelung vgl BPatG GRUR 2012, 132. **67** OLG München GRUR 1960, 79 (zu § 53 PatG aF). **68** BGH GRUR 1953, 250. **69** BGH NJW-RR 1993, 222 (zu § 247 AktG); OLG Karlsruhe GRUR 1962, 586 (zu § 53 PatG aF); Immenga/Mestmäcker/*K. Schmidt*, Wettbewerbsrecht, 5. Aufl. 2014, § 89 a GWB Rn 16; *Fezer*, MarkenR, 4. Aufl. 2009, § 142 MarkenG Rn 11; *Ingerl/Rohnke*, MarkenG, 3. Aufl. 2010, § 142 Rn 36; aA Heidel/*Heidel*, AktR/KapitalmarktR, 4. Aufl. 2014, § 247 AktG Rn 16; *Hartmann*, KostG, § 51 GKG Anh. (§ 144 PatG) Rn 18.

44   e) **Verfahren.** § 144 Abs. 2 PatG regelt das Verfahren für den Antrag auf Streitwertanpassung. Es besteht **kein Anwaltszwang**; der Antrag kann zur Niederschrift der Geschäftsstelle erklärt werden. Dem Gegner der antragenden Partei ist rechtliches Gehör zu gewähren.

45   Der Antrag ist grds. **vor** der Verhandlung zur Hauptsache zu stellen. Eine spätere Antragstellung ist nur zulässig, wenn das Gericht den Streitwert nach Beginn der Verhandlung zur Hauptsache heraufgesetzt wird. Eine analoge Anwendung des § 144 Abs. 2 S. 3 PatG kann dann in Betracht kommen, wenn sich nach der ersten mündlichen Verhandlung die wirtschaftliche Lage der Partei entscheidend verschlechtert. Lehnt die Hausbank auf dem Ergebnis einer mündlichen Gerichtsverhandlung einen weiteren Kredit zu Lasten einer Partei mit ohnehin schlechten Vermögensverhältnissen ab, begründet dies keine entscheidende Verschlechterung.[70] Ein Antrag wird aber dann als zulässig erachtet, wenn die antragende Partei erst später erfährt, dass sie mehr Kosten zu entrichten hat, als sie vor der Antragstellung zur Hauptsache mit gutem Grund annehmen durfte. So kann auch noch nach Verkündung eines Urteils der Antrag als zulässig angesehen werden, wenn erst danach erstmalig der Streitwert festgesetzt wird.[71]

46   Die begünstigende Streitwertherabsetzung erfolgt durch **gerichtliche Anordnung** (§ 144 Abs. 1 S. 1 GWB).

47   Die Entscheidung steht im **pflichtgemäßen Ermessen** des Gerichts.

48   f) **Rechtsmittel.** Es wird die Auffassung vertreten, dass gegen den Beschluss des Gerichts über die begünstigende Streitwertherabsetzung die Beschwerde nach § 68 GKG gegeben sein.[72] Ob dies mit Blick darauf, dass die Vorschriften über die begünstigende Streitwertherabsetzung gerade nicht im GKG enthalten sind, zutreffend sein kann, erscheint fraglich. Es dürfte eher das Rechtsmittel nach den Verfahrensgesetzen in Betracht kommen.[73]

49   Wird die Streitwertherabsetzung zurückgewiesen, ist die antragende Partei beschwert. Wird die Streitwertherabsetzung angeordnet, liegt die Beschwer bei dem die antragende Partei vertretenden Rechtsanwalt, dem Prozessgegner und der Staatskasse.

3. Streitwertanpassung gem. § 26 GebrMG, § 142 MarkenG, § 54 DesignG

50   § 26 GebrMG [Herabsetzung des Streitwerts][74]

(1) [1]Macht in bürgerlichen Rechtsstreitigkeiten, in denen durch Klage ein Anspruch aus einem der in diesem Gesetz geregelten Rechtsverhältnisse geltend gemacht wird, eine Partei glaubhaft, daß die Belastung mit den Prozeßkosten nach dem vollen Streitwert ihre wirtschaftliche Lage erheblich gefährden würde, so kann das Gericht auf ihren Antrag anordnen, daß die Verpflichtung dieser Partei zur Zahlung von Gerichtskosten sich nach einem ihrer Wirtschaftslage angepaßten Teil des Streitwerts bemißt. [2]Die Anordnung hat zur Folge, daß die begünstigte Partei die Gebühren ihres Rechtsanwalts ebenfalls nur nach diesem Teil des Streitwerts zu entrichten hat. [3]Soweit ihr Kosten des Rechtsstreits auferlegt werden oder soweit sie diese übernimmt, hat sie die von dem Gegner entrichteten Gerichtsgebühren und die Gebühren seines Rechtsanwalts nur nach dem Teil des Streitwerts zu erstatten. [4]Soweit die außergerichtlichen Kosten dem Gegner auferlegt oder von ihm übernommen werden, kann der Rechtsanwalt der begünstigten Partei seine Gebühren von dem Gegner nach dem für diesen geltenden Streitwert beitreiben.

(2) [1]Der Antrag nach Absatz 1 kann vor der Geschäftsstelle des Gerichts zur Niederschrift erklärt werden. [2]Er ist vor der Verhandlung zur Hauptsache anzubringen. [3]Danach ist er nur zulässig, wenn der angenommene oder festgesetzte Streitwert später durch das Gericht heraufgesetzt wird. [4]Vor der Entscheidung über den Antrag ist der Gegner zu hören.

51   § 142 MarkenG Streitwertbegünstigung

(1) Macht in bürgerlichen Rechtsstreitigkeiten, in denen durch Klage ein Anspruch aus einem der in diesem Gesetz geregelten Rechtsverhältnisse geltend gemacht wird, eine Partei glaubhaft, daß die Belastung mit den Prozeßkosten nach dem vollen Streitwert ihre wirtschaftliche Lage erheblich gefährden würde, so kann das Gericht auf ihren Antrag anordnen, daß die Verpflichtung dieser Partei zur Zahlung von Gerichtskosten sich nach einem ihrer Wirtschaftslage angepaßten Teil des Streitwerts bemißt.

(2) [1]Die Anordnung nach Absatz 1 hat zur Folge, daß die begünstigte Partei die Gebühren ihres Rechtsanwalts ebenfalls nur nach diesem Teil des Streitwerts zu entrichten hat. [2]Soweit ihr Kosten des Rechtsstreits auferlegt werden oder soweit sie diese übernimmt, hat sie die von dem Gegner entrichteten Gerichtsgebühren und die Gebühren seines Rechtsanwalts nur nach dem Teil des Streitwerts zu erstatten. [3]Soweit die außergerichtlichen Kosten dem

---

70 OLG Düsseldorf GRUR 1985, 219 (zu § 144 PatG). **71** BGH GRUR 1953, 284 (zu § 53 PatG aF); BPatG GRUR 1982, 363 (zu § 144 PatG). **72** Heidel/*Heidel*, AktR/KapitalmarktR, 4. Aufl. 2014, § 247 AktG Rn 14, 19; *Mes*, PatG/GebrMG, 4. Aufl. 2015, § 144 PatG Rn 14; *Fezer*, MarkenR, 4. Aufl. 2009, § 142 MarkenG Rn 17; MüKo-AktG/*Hüffer*, 3. Aufl. 2011, § 247 AktG Rn 31; wohl auch *Hartmann*, KostG, § 51 GKG Anh. (§ 144 PatG) Rn 14; aA Immenga/Mestmäcker/*K. Schmidt*, Wettbewerbsrecht, 5. Aufl. 2014, § 89 a GWB Rn 18. **73** So auch Immenga/Mestmäcker/*K. Schmidt*, Wettbewerbsrecht, 5. Aufl. 2014, § 89 a GWB Rn 18. **74** Die Vorschrift ist in Angelegenheiten des HalblSchG entsprechend anzuwenden (§ 11 Abs. 2 HalblSchG).

Gegner auferlegt oder von ihm übernommen werden, kann der Rechtsanwalt der begünstigten Partei seine Gebühren von dem Gegner nach dem für diesen geltenden Streitwert beitreiben.

(3) [1]Der Antrag nach Absatz 1 kann vor der Geschäftsstelle des Gerichts zur Niederschrift erklärt werden. [2]Er ist vor der Verhandlung zur Hauptsache zu stellen. [3]Danach ist er nur zulässig, wenn der angenommene oder festgesetzte Streitwert später durch das Gericht heraufgesetzt wird. [4]Vor der Entscheidung über den Antrag ist der Gegner zu hören.

§ 54 DesignG Streitwertbegünstigung   52

(1) Macht in bürgerlichen Rechtsstreitigkeiten, in denen durch Klage ein Anspruch aus einem der in diesem Gesetz geregelten Rechtsverhältnisse geltend gemacht wird, eine Partei glaubhaft, dass die Belastung mit den Prozesskosten nach dem vollen Streitwert ihre wirtschaftliche Lage erheblich gefährden würde, so kann das Gericht auf ihren Antrag anordnen, dass die Verpflichtung dieser Partei zur Zahlung von Gerichtskosten sich nach einem ihrer Wirtschaftslage angepaßten Teil des Streitwerts bemisst.

(2) [1]Die Anordnung nach Absatz 1 hat zur Folge, dass die begünstigte Partei die Gebühren ihres Rechtsanwalts ebenfalls nur nach diesem Teil des Streitwerts zu entrichten hat. [2]Soweit ihr Kosten des Rechtsstreits auferlegt werden oder soweit sie diese übernimmt, hat sie von dem Gegner entrichtete Gerichtsgebühren und die Gebühren seines Rechtsanwalts nur nach dem Teil des Streitwerts zu erstatten. [3]Soweit die außergerichtlichen Kosten dem Gegner auferlegt oder von ihm übernommen werden, kann der Rechtsanwalt der begünstigten Partei seine Gebühren von dem Gegner nach dem für diesen geltenden Streitwert beitreiben.

(3) [1]Der Antrag nach Absatz 1 kann vor der Geschäftsstelle des Gerichts zur Niederschrift erklärt werden. [2]Er ist vor der Verhandlung zur Hauptsache zu stellen. [3]Danach ist er nur zulässig, wenn der angenommene oder festgesetzte Streitwert später durch das Gericht heraufgesetzt wird. [4]Vor der Entscheidung über den Antrag ist der Gegner zu hören.

V. Streitwertherabsetzung gem. § 247 AktG

§ 247 AktG Streitwert   53

(1) [1]Den Streitwert bestimmt das Prozeßgericht unter Berücksichtigung aller Umstände des einzelnen Falles, insbesondere der Bedeutung der Sache für die Parteien, nach billigem Ermessen. [2]Er darf jedoch ein Zehntel des Grundkapitals oder, wenn dieses Zehntel mehr als 500.000 Euro beträgt, 500.000 Euro nur insoweit übersteigen, als die Bedeutung der Sache für den Kläger höher zu bewerten ist.

(2) [1]Macht eine Partei glaubhaft, daß die Belastung mit den Prozeßkosten nach dem gemäß Absatz 1 bestimmten Streitwert ihre wirtschaftliche Lage erheblich gefährden würde, so kann das Prozeßgericht auf ihren Antrag anordnen, daß ihre Verpflichtung zur Zahlung von Gerichtskosten sich nach einem ihrer Wirtschaftslage angepaßten Teil des Streitwerts bemißt. [2]Die Anordnung hat zur Folge, daß die begünstigte Partei die Gebühren ihres Rechtsanwalts ebenfalls nur nach diesem Teil des Streitwerts zu entrichten hat. [3]Soweit ihr Kosten des Rechtsstreits auferlegt werden oder soweit sie diese übernimmt, hat sie die von dem Gegner entrichteten Gerichtsgebühren und die Gebühren seines Rechtsanwalts nur nach dem Teil des Streitwerts zu erstatten. [4]Soweit die außergerichtlichen Kosten dem Gegner auferlegt oder von ihm übernommen werden, kann der Rechtsanwalt der begünstigten Partei seine Gebühren von dem Gegner nach dem für diesen geltenden Streitwert beitreiben.

(3) [1]Der Antrag nach Absatz 2 kann vor der Geschäftsstelle des Prozeßgerichts zur Niederschrift erklärt werden. [2]Er ist vor der Verhandlung zur Hauptsache anzubringen. [3]Später ist er nur zulässig, wenn der angenommene oder festgesetzte Streitwert durch das Prozeßgericht heraufgesetzt wird. [4]Vor der Entscheidung über den Antrag ist der Gegner zu hören.

VI. Streitwertminderung gem. § 12 UWG

§ 12 UWG Anspruchsdurchsetzung, Veröffentlichungsbefugnis, Streitwertminderung   54

(1)–(3) ...

(4) [1]Macht eine Partei in Rechtsstreitigkeiten, in denen durch Klage ein Anspruch aus einem der in diesem Gesetz geregelten Rechtsverhältnisse geltend gemacht wird, glaubhaft, dass die Belastung mit den Prozesskosten nach dem vollen Streitwert ihre wirtschaftliche Lage erheblich gefährden würde, so kann das Gericht auf ihren Antrag anordnen, dass die Verpflichtung dieser Partei zur Zahlung von Gerichtskosten sich nach einem ihrer Wirtschaftslage angepassten Teil des Streitwerts bemisst. [2]Die Anordnung hat zur Folge, dass

1. die begünstigte Partei die Gebühren ihres Rechtsanwalts ebenfalls nur nach diesem Teil des Streitwerts zu entrichten hat,

2. die begünstigte Partei, soweit ihr Kosten des Rechtsstreits auferlegt werden oder soweit sie diese übernimmt, die von dem Gegner entrichteten Gerichtsgebühren und die Gebühren seines Rechtsanwalts nur nach dem Teil des Streitwerts zu erstatten hat und

3. der Rechtsanwalt der begünstigten Partei, soweit die außergerichtlichen Kosten dem Gegner auferlegt oder von ihm übernommen werden, seine Gebühren von dem Gegner nach dem für diesen geltenden Streitwert beitreiben kann.

(5) [1]Der Antrag nach Absatz 4 kann vor der Geschäftsstelle des Gerichts zur Niederschrift erklärt werden. [2]Er ist vor der Verhandlung zur Hauptsache anzubringen. [3]Danach ist er nur zulässig, wenn der angenommene oder festgesetzte Streitwert später durch das Gericht heraufgesetzt wird. [4]Vor der Entscheidung über den Antrag ist der Gegner zu hören.

§ 51a Verfahren nach dem Kapitalanleger-Musterverfahrensgesetz

(1) Für die Anmeldung eines Anspruchs zum Musterverfahren (§ 10 Absatz 2 des Kapitalanleger-Musterverfahrensgesetzes) bestimmt sich der Wert nach der Höhe des Anspruchs.

(2) Im Rechtsbeschwerdeverfahren ist bei der Bestimmung des Streitwerts von der Summe der in sämtlichen nach § 8 des Kapitalanleger-Musterverfahrensgesetzes ausgesetzten Verfahren geltend gemachten Ansprüche auszugehen, soweit diese von den Feststellungszielen des Musterverfahrens betroffen sind.

(3) Der Musterkläger und die Beigeladenen schulden im Rechtsbeschwerdeverfahren Gerichtsgebühren jeweils nur nach dem Wert, der sich aus den von ihnen im Ausgangsverfahren geltend gemachten Ansprüchen, die von den Feststellungszielen des Musterverfahrens betroffen sind, ergibt.

(4) Die Musterbeklagten schulden im Rechtsbeschwerdeverfahren Gerichtsgebühren jeweils nur nach dem Wert, der sich aus den gegen sie im Ausgangsverfahren geltend gemachten Ansprüchen, die von den Feststellungszielen des Musterverfahrens betroffen sind, ergibt.

I. Allgemeines

1   § 51a[1] enthält keine Streitwertregelung für das erstinstanzliche Musterverfahren vor dem OLG, weil insoweit keine Gerichtsgebühren entstehen.

2   Abs. 1 bestimmt lediglich den Streitwert für die Anmeldung eines Anspruchs im Musterverfahren. Abs. 2 regelt den Streitwert für das Rechtsbeschwerdeverfahren nach § 20 KapMuG. Abs. 3 und 4 begrenzen die Kostenhaftung in Rechtsbeschwerdesachen für den Musterkläger und der auf seiner Seite Beigeladenen sowie für den Musterbeklagten sowie der auf seiner Seite Beigeladenen gegenüber der Staatskasse („persönlicher Streitwert").

II. Erstinstanzliches Musterverfahren

3   Für das erstinstanzliche Musterverfahren vor dem OLG entstehen keine gesonderten Gerichtsgebühren. Deshalb bedarf es auch keiner Streitwertregelung. Das erstinstanzliche Musterverfahren gilt als Teil des erstinstanzlichen Prozessverfahrens (vgl Vorbem. 1.2.1 KV). Die im erstinstanzlichen Musterverfahren entstandenen Auslagen werden über die Auslagenvorschrift Nr. 9018 KV anteilig auf die zugrunde liegenden Prozessverfahren verteilt.

4   Auf Antrag (§ 33 Abs. 1 RVG) ist für die **anwaltliche Tätigkeit** ein **Gegenstandswert** nach § 23b RVG festzusetzen. Dabei bestimmt sich der Gegenstandswert der anwaltlichen Tätigkeit im Musterverfahren nach der Höhe des von dem Auftraggeber oder gegen diesen im Prozessverfahren geltend gemachten Anspruchs, soweit dieser Gegenstand des Musterverfahrens ist. Der Rechtsanwalt verdient für seine Tätigkeit im Musterverfahren die Gebühren Nr. 3100 ff VV RVG. Denn bei dem Musterverfahren handelt es sich um eine Zivilsache in erster Instanz. Allerdings bilden nach § 16 Nr. 13 RVG das Prozessverfahren (= Ausgangsverfahren) und das Musterverfahren dieselbe Angelegenheit. Der Rechtsanwalt erhält daher lediglich diejenigen Gebühren, die ihm nicht schon aus dem Prozessverfahren zustehen.

5   Für das erstinstanzliche Musterverfahren kann das OLG auf Antrag des Rechtsanwalts, der den Musterkläger vertritt, eine **besondere Gebühr nach § 41a RVG** bewilligen.[2] Die Gebühr zzgl Umsatzsteuer ist aus der Staatskasse zu zahlen (§ 41a Abs. 4 RVG). Dieser Betrag wird zu einer Auslage des Musterverfahrens (vgl Nr. 9007 KV), die über Nr. 9018 KV anteilig auf die einzelnen Prozessverfahren verteilt wird.

---

1 Die Vorschrift wurde eingefügt durch das Gesetz zur Einführung von Kapitalanleger-Musterverfahren v. 16.8.2005 (BGBl. I 2437), vgl aus dem Gesetzgebungsverfahren BT-Drucks 15/5091 und BT-Drucks 15/5695. Das Gesetz zur Reform des Kapitalanleger-Musterverfahrensgesetzes und zur Änderung anderer Vorschriften v. 19.10.2012 (BGBl. I 2182) ergänzte § 51a um den jetzigen Abs. 1 und fasste die schon bestehenden Absätze in den Abs. 2–4 zur Klarstellung neu, vgl aus dem Gesetzgebungsverfahren BT-Drucks 17/8799 und BT-Drucks 17/10160; vgl hierzu auch *Hartmann*, JurBüro 2012, 563. **2** Vgl hierzu näher *Fölsch*, NJW 2013, 507.

III. Streitwert für die Anmeldung eines Anspruchs im Musterverfahren (Abs. 1)

Abs. 1 enthält die Streitwertregelung für die Gebühr Nr. 1902 KV für die **Anmeldung** eines Anspruchs im **6** Musterverfahren nach § 10 Abs. 2 KapMuG. Der Streitwert ist der Wert der zugrunde liegenden Forderung, der auch Gegenstand einer etwaigen Klage sein würde. Die Gebühr Nr. 1902 KV hat einen Gebührensatz von 0,5. Die Gebühr ist auf die Gebühr Nr. 1210 für eine später erhobene Klage wegen derselben Forderung anzurechnen (vgl Anm. Abs. 2 zu Nr. 1210 KV).

Nach § 10 Abs. 2 S. 1 KapMuG kann ein Anspruch zu einem vor dem OLG anhängigen Musterverfahren **7** angemeldet werden. Die Anmeldung ist nicht zulässig, wenn wegen desselben Gegenstands bereits Klage erhoben wurde (§ 10 Abs. 2 S. 2 KapMuG). Die Anmeldung hat schriftlich binnen einer Frist von 6 Monaten seit Bekanntmachung zu erfolgen (§ 10 Abs. 2 S. 1 KapMuG). Für die Anmeldung besteht Anwaltszwang (§ 10 Abs. 2 S. 3 KapMuG). Der notwendige Inhalt einer Anmeldung ergibt sich aus § 10 Abs. 3 KapMuG. Die Anmeldung ist den darin bezeichneten Musterbeklagten zuzustellen (§ 10 Abs. 4 KapMuG).

Die Anmelder sind **nicht Beteiligte des Musterverfahrens**.[3] Auch erstrecken sich die Wirkungen eines Mus- **8** terentscheids nicht auf die Anmelder.[4] Die Anmeldung ist dementsprechend auch nicht zu bescheiden. Jedoch ist den Anmeldern der Musterentscheid (§ 16 Abs. 1 S. 2 KapMuG) und die Entscheidung über eine hiergegen gerichtete Rechtsbeschwerde (§ 20 Abs. 5 S. 1 KapMuG) zuzustellen, wobei jeweils die Zustellung durch eine öffentliche Bekanntmachung ersetzt werden kann (§ 16 Abs. 1 S. 3, § 20 Abs. 5 S. 2 KapMuG).

Die Anmeldung einer Forderung zum Musterverfahren bewirkt indes die **Hemmung der Verjährung** bis **9** zum Abschluss des Musterverfahrens (§ 204 Abs. 1 Nr. 6 a, Abs. 3 BGB). Der Anmelder, der die Forderung angemeldet hat, kann das Musterverfahren abwarten und dann die Geltendmachung seines Anspruchs fortsetzen. Wenn auch der Anmelder weder an dem Musterverfahren noch an einem Musterentscheid oder Vergleich partizipiert, so kommt ihm gleichwohl die **faktische Wirkung** eines Musterentscheids oder Vergleichs zugute.[5] Die Hemmung der Verjährung setzt voraus, dass die Anforderungen an die Anmeldung aus § 10 Abs. 2, 3 KapMuG eingehalten wurden. Die Voraussetzungen einer zur Hemmung der Verjährung führenden Anmeldung werden nicht im Musterverfahren, sondern erst in einem etwaigen nachfolgenden Rechtsstreit über den geltend gemachten Anspruch des Anmelders geprüft.

Über § 23 Abs. 1 RVG gilt der Streitwert auch für die **anwaltlichen Gebühren**. Für die Anmeldung erhält **10** der Rechtsanwalt die Gebühr Nr. 3338 VV RVG mit einem Gebührensatz von 0,8. Für die Einigungsgebühr ist bestimmt, dass die Anmeldung des Anspruchs der Anhängigkeit eines gerichtlichen Verfahrens gleichsteht (Anm. Abs. 1 S. 2 zu Nr. 1003 VV RVG).

IV. Streitwert im Rechtsbeschwerdeverfahren (Abs. 2)

Abs. 2 regelt die Bemessung des für die Gerichtsgebühren maßgeblichen Streitwerts im **Rechtsbeschwerde- 11 verfahren nach § 20 KapMuG**. Danach ist bei der Bestimmung des Streitwerts von der Summe der sämtlichen nach § 8 KapMuG ausgesetzten Prozessverfahren geltend gemachten Ansprüche auszugehen, soweit diese Gegenstand des Musterverfahrens sind.

Dabei kommt es – abweichend von der Regelung des § 47 GKG – nicht nur auf den Antrag des Rechtsbe- **12** schwerdeführers an. Vielmehr sind bei der Streitwertbemessung nicht nur die **Ansprüche des Musterklägers und des Musterbeklagten** zu berücksichtigen, sondern auch die **Ansprüche der Beigeladenen**, die zwar dem Rechtsbeschwerdeverfahren nicht beigetreten sind, ihre Klage aber nicht innerhalb der Zweiwochenfrist zurückgenommen haben.[6]

Grundsätzlich bemisst sich ein Streitwert allein nach dem Interesse der angreifenden, zumeist klagenden, **13** Partei („Angreiferinteresseprinzip").[7] Der Grund hierfür ist, dass der Angreifer den Streitgegenstand bestimmt und sich die Wertberechnung an dem Streitgegenstand orientiert.[8] Dies gilt entsprechend im Rechtsmittelverfahren (vgl hierzu § 47). Demgegenüber haben normative Streitwerte das Ziel, für ihren jeweiligen Bereich eine ausschließliche Bewertung nach den Interessen des Angreifers auszuschalten.[9] Einen solchen **normativen Streitwert** enthält Abs. 2 für das Rechtsbeschwerdeverfahren nach § 20 KapMuG. Hintergrund ist, dass der Musterentscheid, gegen den sich die Rechtsbeschwerde nach § 20 KapMuG richtet, gegen alle Beteiligten des Musterverfahrens wirkt, also gegen Musterkläger, Musterbeklagten und die Beigeladenen (zum Begriff der Beteiligten vgl § 9 Abs. 1 KapMuG), auch wenn sie dem Rechtsbeschwerdeverfahren nicht beigetreten sind. Das Interesse des einzelnen Beteiligten ist lediglich noch insoweit maßgebend, als es über Abs. 3, 4 die Haftung für die Gerichtskosten begrenzt.

---

3 BT-Drucks 17/10160, S. 25 f. **4** BT-Drucks 17/10160, S. 25. **5** So auch *v. Bernuth/Kremer*, NZG 2012, 890, 891. **6** BGH NJW-RR 2012, 491; BT-Drucks 15/5091, S. 35. **7** Vgl *Schumann*, NJW 1982, 1257, 1258: kein Grundprinzip, sondern nur ein Auffangprinzip. **8** *Schumann*, NJW 1982, 1257, 1260. **9** *Schumann*, NJW 1982, 1257, 1258.

14 Für andere **Rechtsbeschwerden nach** § 574 ZPO gilt Abs. 2 **nicht,** auch wenn die Rechtsbeschwerden im Zusammenhang mit Entscheidungen zum KapMuG stehen. Zwar bezeichnet Abs. 2 – anders als die Gebühr Nr. 1821 KV – nicht explizit die Rechtsbeschwerde nach § 20 KapMuG. Allerdings bezieht sich die Gesetzesbegründung[10] allein auf die Rechtsbeschwerde gegen einen vorliegenden Musterentscheid, nicht auf andere Rechtsbeschwerden. Zudem bezeichnet die Überschrift in § 51 a Verfahren nach dem KapMuG. Rechtsbeschwerden, die zwar das KapMuG betreffen, aber allein auf § 574 ZPO beruhen, sind keine solchen Verfahren nach dem KapMuG. Für diese anderen Rechtsbeschwerden nach § 574 ZPO gilt § 47. Der Streitwert richtet sich dann nach dem Antrag des Rechtsbeschwerdeführers.

15 Die gesetzlichen **Rechtsanwaltsgebühren im Rechtsbeschwerdeverfahren** nach § 20 KapMuG richten sich nach dem Wert des im Prozessverfahren geltend gemachten Anspruchs, soweit dieser Gegenstand des Rechtsbeschwerdeverfahrens ist.[11] Nach Auffassung des Gesetzgebers beruht dies auf § 23 Abs. 1 S. 1 RVG iVm § 47 GKG.[12] Dem steht allerdings entgegen, dass im Rechtsbeschwerdeverfahren für den Streitwert der Gerichtsgebühren nicht § 47 GKG, sondern Abs. 2 gilt (→ Rn 12–14). Tragfähiger ist dürfte deshalb wohl sein, die Begründung auf einer analogen Anwendung des § 23 b RVG zu stützen. Einer unmittelbaren Anwendung des § 23 b RVG steht entgegen, dass sich die Vorschrift nach ihrem Wortlaut nur auf das Musterverfahren bezieht.[13]

Für die anwaltliche Tätigkeit im Rechtsbeschwerdeverfahren nach § 20 KapMuG entstehen über Vorbem. 3.2.2 Nr. 1 Buchst. b VV RVG die für das Revisionsverfahren geltenden Gebühren der Nr. 3208 VV RVG (2,3-Verfahrensgebühr) und Nr. 3210 VV RVG (1,5-Terminsgebühr).

16 Der Gebührenstreitwert aus Abs. 2 ist auch für Verteilung der Kosten im Rechtsbeschwerdeverfahren nach § 20 KapMuG bedeutsam. Denn der Maßstab für die Feststellung des Teilunterliegens bestimmt sich bei der **Kostengrundscheidung** nach dem Gebührenstreitwert.[14] Dies beruht darauf, dass die zu verteilenden Kosten nach dem Gebührenstreitwert zu berechnen sind. Begrenzungen des Kostenerstattungsanspruchs nach § 26 Abs. 5 KapMuG oder der Gerichtsgebühren nach Abs. 3, 4 haben beim Erlass der Kostengrundscheidung unberücksichtigt zu bleiben.[15]

V. Umfang der Kostenhaftung für Gerichtsgebühren im Rechtsbeschwerdeverfahren (Abs. 3, 4)

17 Durch **Abs. 3** wird zum Schutz des Musterklägers und der auf seiner Seite Beigeladenen eine Obergrenze eingezogen, die bewirkt, dass diese Beteiligten für Gerichtsgebühren maximal in der Höhe in Anspruch genommen werden können, die sich aus ihrem „persönlichen Streitwert" ergibt.[16] Sie haften für Gerichtsgebühren des Rechtsbeschwerdeverfahrens nach den ihnen jeweils zurechenbaren Teilen des Gesamtstreitwerts. Diese Teile bestimmen sich nach der Höhe der von ihnen im Hauptsacheverfahren geltend gemachten Ansprüche, soweit diese Gegenstand des Musterverfahrens sind.[17] Die nach dem persönlichen Streitwert errechnete Obergrenze ist nicht anhand der in der Kostengrundscheidung ausgewiesenen Quoten zu kürzen.[18] Fehlt es an einer Kostengrundscheidung, können der Musterkläger und die auf seiner Seite Beigeladenen als Antragsteller (§ 22 Abs. 1 S. 1, Abs. 4 S. 2) für die Gerichtsgebühren des Rechtsbeschwerdeverfahrens nach dem KapMuG in der Höhe in Anspruch genommen werden, die sich aus ihrem nach § 51 a Abs. 3 zu bemessenden persönlichen Streitwert ergibt.[19] Ob sich im Falle einer zu ihren Lasten ausfallenden Kostengrundscheidung als Entscheidungsschuldner (§ 29 Nr. 1) ein geringerer Betrag errechnen würde, spielt keine Rolle.[20]

18 Eine entsprechende Regelung besteht für den Musterbeklagten in **Abs. 4.** Der dem Musterbeklagten zurechenbare Teil des Gesamtstreitwerts bestimmt sich nach der Höhe der gegen ihn im Hauptsacheverfahren geltend gemachten Ansprüche, soweit diese Gegenstand des Musterverfahrens sind.

19 Bei den Regelungen handelt es sich nicht um eine Streitwertherabsetzung, sondern um eine Begrenzung der Gerichtsgebührenhaftung.[21] Die **Haftungsbegrenzung** erfasst die im **Rechtsbeschwerdeverfahren entstehende Gerichtsgebühr,** nicht jedoch die Auslagen. Die Erstattung der Kosten des Rechtsbeschwerdeverfahrens unter den Beteiligten regelt § 26 KapMuG.[22]

---

10 Vgl BT-Drucks 15/5091, S. 35. **11** BT-Drucks 15/5091, S. 38. **12** Vgl BT-Drucks 15/5091, S. 38; so auch BGH NJW-RR 2012, 491, 497. **13** Heidel/*Gängel/Huth/Gansel,* AktR/KapitalmarktR, 4. Aufl. 2014, § 26 KapMuG, Rn 10 befürworten eine unmittelbare Anwendung des § 23 b RVG (§ 23 a RVG aF) iVm § 47 GKG für eine anwaltliche Tätigkeit in Rechtsbeschwerdeverfahren. **14** Vgl Musielak/Voit/*Flockenhaus,* ZPO, § 92 Rn 4. **15** Vgl BGH NJW-RR 2012, 491, 497. **16** BGH MDR 2013, 306; BGH BeckRS 2015, 10101; BGH BeckRS 2016, 2371. **17** Vgl BT-Drucks 15/5091, S. 35, wonach auch auf die persönliche Beschwer im Rechtsbeschwerdeverfahren abzustellen ist; BGH MDR 2013, 306; BGH BeckRS 2013, 19856; BGH BeckRS 2016, 2371. **18** BGH MDR 2013, 306; vgl auch BGH BeckRS 2016, 2371. **19** BGH BeckRS 2016, 2371. **20** BGH BeckRS 2016, 2371. **21** BGH BeckRS 2016, 2371. **22** Vgl zu § 26 KapMuG bzw zum im Regelungskonzept identischen § 19 KapMuG aF: BT-Drucks 15/5091, S. 32 f; BT-Drucks 15/5695, S. 25; BT-Drucks 17/8799, S. 27; BT-Drucks 17/10160, S. 27.

Hintergrund der Regelungen in Abs. 3 und 4 ist, dass das wirtschaftliche Interesse eines Musterklägers bzw   20
der Beigeladenen bzw des Musterbeklagten im Musterverfahren nie höher als im Hauptsacheprozess sein
kann.[23] Das Kostenrisiko der Beteiligten soll durch die Vorschriften in Abs. 3 und 4 begrenzt werden.[24] Die
Regelung trägt dazu bei, Prozesskostenhilfeverfahren zu vermeiden, die im Fall einer unbegrenzten Gebüh-
renhaftung in größerer Zahl zu erwarten wären.[25] Dass aufgrund der Haftungsbegrenzung insgesamt nur
ein Teil der für das Rechtsbeschwerdeverfahren anfallenden Gerichtsgebühren gedeckt werden kann, hat
der Gesetzgeber mit der Beschränkung auf das wirtschaftliche Interesse der am Rechtsbeschwerdeverfahren
Beteiligten bewusst hingenommen.[26]

Abs. 3 und 4 wurden einer Regelung nachgebildet, wie sie bspw § 247 AktG, § 144 PatG und § 26   21
GebrMG vorsehen.[27] In den dort genannten Fällen erfolgt jedoch eine Reduzierung des Streitwerts nicht
kraft Gesetzes, sondern auf Antrag durch das Prozessgericht, wenn eine Partei glaubhaft macht, dass die
Belastung mit den Prozesskosten nach dem vollen Streitwert ihre wirtschaftliche Lage erheblich gefährden
würde.[28] Eine solche Einzelfallentscheidung ist im Rechtsbeschwerdeverfahren nach § 20 KapMuG entbehrlich.[29] Denn das wirtschaftliche Interesse der einzelnen Beteiligten ist exakt begrenzt und kann daher in
allen Anwendungsfällen als „persönlicher Streitwert" herangezogen werden.[30]

§ 52 Verfahren vor Gerichten der Verwaltungs-, Finanz- und Sozialgerichtsbarkeit

(1) In Verfahren vor den Gerichten der Verwaltungs-, Finanz- und Sozialgerichtsbarkeit ist, soweit nichts
anderes bestimmt ist, der Streitwert nach der sich aus dem Antrag des Klägers für ihn ergebenden Bedeutung der Sache nach Ermessen zu bestimmen.

(2) Bietet der Sach- und Streitstand für die Bestimmung des Streitwerts keine genügenden Anhaltspunkte,
ist ein Streitwert von 5.000 Euro anzunehmen.

(3) [1]Betrifft der Antrag des Klägers eine bezifferte Geldleistung oder einen hierauf bezogenen Verwaltungsakt, ist deren Höhe maßgebend. [2]Hat der Antrag des Klägers offensichtlich absehbare Auswirkungen auf
künftige Geldleistungen oder auf noch zu erlassende, auf derartige Geldleistungen bezogene Verwaltungsakte, ist die Höhe des sich aus Satz 1 ergebenden Streitwerts um den Betrag der offensichtlich absehbaren zukünftigen Auswirkungen für den Kläger anzuheben, wobei die Summe das Dreifache des Werts nach Satz 1
nicht übersteigen darf. [3]In Verfahren in Kindergeldangelegenheiten vor den Gerichten der Finanzgerichtsbarkeit ist § 42 Absatz 1 Satz 1 und Absatz 3 entsprechend anzuwenden; an die Stelle des dreifachen Jahresbetrags tritt der einfache Jahresbetrag.

(4) In Verfahren

1. vor den Gerichten der Finanzgerichtsbarkeit, mit Ausnahme der Verfahren nach § 155 Satz 2 der Fi-
    nanzgerichtsordnung und der Verfahren in Kindergeldangelegenheiten, darf der Streitwert nicht unter
    1.500 Euro,

2. vor den Gerichten der Sozialgerichtsbarkeit und bei Rechtsstreitigkeiten nach dem Krankenhausfinan-
    zierungsgesetz nicht über 2.500.000 Euro und

3. vor den Gerichten der Verwaltungsgerichtsbarkeit über Ansprüche nach dem Vermögensgesetz nicht
    über 500.000 Euro

angenommen werden.

(5) Solange in Verfahren vor den Gerichten der Finanzgerichtsbarkeit der Wert nicht festgesetzt ist und sich
der nach den Absätzen 3 und 4 Nummer 1 maßgebende Wert auch nicht unmittelbar aus den gerichtlichen
Verfahrensakten ergibt, sind die Gebühren vorläufig nach dem in Absatz 4 Nummer 1 bestimmten Mindestwert zu bemessen.

(6) [1]In Verfahren, die die Begründung, die Umwandlung, das Bestehen, das Nichtbestehen oder die Beendigung eines besoldeten öffentlich-rechtlichen Dienst- oder Amtsverhältnisses betreffen, ist Streitwert

1. die Summe der für ein Kalenderjahr zu zahlenden Bezüge mit Ausnahme nicht ruhegehaltsfähiger Zula-
    gen, wenn Gegenstand des Verfahrens ein Dienst- oder Amtsverhältnis auf Lebenszeit ist,

2. im Übrigen die Hälfte der für ein Kalenderjahr zu zahlenden Bezüge mit Ausnahme nicht ruhegehalts-
    fähiger Zulagen.

---

23 BT-Drucks 15/5091, S. 35; BGH BeckRS 2015, 10101; BGH BeckRS 2016, 2371. **24** Vgl BGH MDR 2013, 76; BGH
BeckRS 2016, 2371. **25** BT-Drucks 15/5091, S. 35. **26** Vgl BT-Drucks 15/5091, S. 35; BGH BeckRS 2015, 10101; BGH
BeckRS 2016, 2371. **27** BT-Drucks 15/5091, S. 35. **28** BT-Drucks 15/5091, S. 35. **29** BT-Drucks 15/5091, S. 35. **30** BT-
Drucks 15/5091, S. 35.

²Maßgebend für die Berechnung ist das laufende Kalenderjahr. ³Bezügebestandteile, die vom Familienstand oder von Unterhaltsverpflichtungen abhängig sind, bleiben außer Betracht. ⁴Betrifft das Verfahren die Verleihung eines anderen Amts oder den Zeitpunkt einer Versetzung in den Ruhestand, ist Streitwert die Hälfte des sich nach den Sätzen 1 bis 3 ergebenden Betrags.

(7) Ist mit einem in Verfahren nach Absatz 6 verfolgten Klagebegehren ein aus ihm hergeleiteter vermögensrechtlicher Anspruch verbunden, ist nur ein Klagebegehren, und zwar das wertmäßig höhere, maßgebend.

(8) Dem Kläger steht gleich, wer sonst das Verfahren des ersten Rechtszugs beantragt hat.

I. Allgemeines

§ 52 betrifft die Streitwertbestimmung in verwaltungs-, finanz- und sozialgerichtlichen Verfahren. **1**

II. Verfahren vor den Gerichten der Verwaltungsgerichtsbarkeit

1. Bestimmung des Streitwerts nach (pflichtgemäßem) Ermessen anhand der Bedeutung der Sache **2** **(Abs. 1). a) Systematik.** Gemäß Abs. 1 ist der Streitwert nach der sich aus dem Antrag des Klägers für ihn ergebenden Bedeutung der Sache nach Ermessen zu bestimmen, „soweit nichts anderes bestimmt ist". Soweit also „Sondervorschriften" für die Streitwertfestsetzung existent sind, gehen diese § 52 vor.

Dies betrifft nicht nur wiederkehrende Leistungen aus öffentlich-rechtlichen Dienst- oder Amtsverhältnissen, einer Dienstpflicht oder einer an Stelle einer gesetzlichen Dienstpflicht geleisteten Tätigkeit iSv § 42 **3** Abs. 1 S. 1, sondern auch die Streitwertfestsetzung in gerichtlichen Verfahren nach dem **Asylgesetz** (AsylG) und dem **Vermögenszuordnungsgesetz** (VZOG):

Gemäß § 30 Abs. 1 S. 1 RVG beträgt der Gegenstandswert in Klageverfahren, die die **Asylanerkennung** ein- **4** schließlich die Feststellung der Voraussetzungen nach § 60 Abs. 1 AufenthG und die Feststellung von Abschiebungshindernissen betreffen, 5.000 €, in Verfahren des vorläufigen Rechtsschutzes wegen aufenthaltsbeendender Maßnahmen nach dem AsylG 2.500 €. Sind mehrere natürliche Personen an demselben Verfahren beteiligt, erhöht sich der Wert für jede weitere Person im Klageverfahren um 1.000 € und in Verfahren des vorläufigen Rechtsschutzes um 500 € (§ 30 Abs. 1 S. 2 RVG). Die Streitwertfestsetzung ist in diesem Zusammenhang ausschließlich relevant für die **Anwaltsgebühren**, da gem. § 83 b AsylG Gerichtskosten (Gebühren und Auslagen) in Streitigkeiten nach dem AsylG nicht erhoben werden.[1]

Streitigkeiten über die Feststellung der **Zuordnung von ehemals volkseigenem Vermögen** in der früheren **5** DDR unterliegen hinsichtlich der Streitwertfestsetzung der Maßgabe des § 6 Abs. 3 S. 2 VZOG,[2] wonach der Gegenstandswert unabhängig von der Zahl und dem Wert der jeweils betroffenen Vermögensgegenstände 5.000 € beträgt und dies auch dann gilt, wenn der Antrag eine bezifferte Geldleistung zum Gegenstand hat.[3]

b) Differenzierung der „Bedeutung der Sache" nach Klagearten. Die für die Streitwertbestimmung geltende **6** – mit dem Grundgesetz vereinbare[4] – Maßgabe des Abs. 1, wonach die **„Bedeutung der Sache"** ausschlaggebend ist, zu bestimmen nach dem Antrag des Klägers oder sonstigen Antragstellers (Abs. 8), nicht jedoch des Beigeladenen, ist identisch mit dem – rechtlich relevanten – Interesse an der begehrten Entscheidung.[5] Unabhängig von dem hierbei zum Ansatz gelangenden Interessenbegriff ist dabei nach der Systematik der Klagearten zu unterscheiden, da das Obsiegen unterschiedliche rechtliche Tragweite je nach Klageart entfaltet.[6] Eindeutige Anhaltspunkte hierfür ergeben sich aus Abs. 3 S. 1, wonach die Höhe der mit dem Antrag des Klägers bezifferten Geldleistung für die Streitwertfestsetzung maßgeblich ist.

Für **Anfechtungsklagen** iSv § 42 Abs. 1 VwGO ergibt sich der Streitwert zwanglos aus dem Betrag, der **7** durch den angegriffenen Verwaltungsakt vom Adressaten gefordert wird:

---

1 Vgl hierzu *Hartmann*, KostG, § 30 RVG Rn 1 ff. **2** Gesetz über die Feststellung der Zuordnung von ehemals volkseigenem Vermögen v. 22.3.1991 idF von Art. 3 G v. 3.7.2009 (BGBl. I 1688). **3** *Hartmann*, KostG, Anhang I A zu § 52 GKG Rn 5; davon sind Klagen auf Restitution gem. § 1 Abs. 2 VermG zu unterscheiden, bzgl derer Streitwertfestsetzung gem. §§ 47 Abs. 1, 3, 52 Abs. 1 GKG erfolgt; vgl BVerwG 20.7.2015 – 8 B 4/15; VG Gera 4.12.2014 – 6 K 922/12 Ge. **4** BVerfG (1. Kammer des 1. Senats) 26.3.1999 – 1 BvR 1431/90, NVwZ 1999, 1104 f (zu § 13 Abs. 1 S. 1 GKG) unter Verweis auf BVerfG 9.5.1989 – 1 BvL 35/86, BVerfGE 80, 103, 108 und BVerfG 12.2.1992 – 1 BvL 1/89, BVerfGE 85, 337, 346 sowie BVerwG 1.3.1993 – 4 B 188/92, NVwZ-RR 1993, 331 f. **5** *Hartmann*, KostG, § 52 GKG Rn 11; vgl BayVGH 6.7.2015 – 9 C 15.1202, EzKommR Nr. 1500.3480; VG Ansbach 20.11.2014 – AN 3 K 14.00661. **6** *Hartmann*, KostG, § 52 GKG Rn 14.

- Besondere Relevanz hat dies im **Erschließungsbeitragsrecht** nach den §§ 123 ff BauGB sowie im Rahmen des Vollzugs des kommunalen Abgabenrechts hinsichtlich der Erhebung von **Straßenausbaubeiträgen** sowie der Geltendmachung von Beiträgen für die erstmalige Herstellung oder aber Erneuerung/ Verbesserung **leitungsgebundener Einrichtungen** der Daseinsvorsorge/(Wasser-/Abwasserentsorgung).[7]
- Weitere Relevanz ergibt sich bei der Vollstreckung aus rechtlichen Titeln, soweit der Staat – Bund, Länder, Gebietskörperschaften, Körperschaften und Anstalten des öffentlichen Rechts – als Vollstreckungsgläubiger nach den Maßgaben des VwVG bzw der landesrechtlichen Vollstreckungsgesetze tätig werden.[8]
- Ein dritter, „klassischer" Anwendungsbereich ist die – ebenfalls im Rahmen des Verwaltungszwangs erfolgende – „Einziehung" angedrohter und festgesetzter **Zwangsgelder** zur Durchsetzung von durch Verwaltungsakt gebotener, durch den Pflichtigen nicht bzw nicht fristgerecht erfüllter nicht vertretbarer Handlungen.[9]

8 Im Rahmen der **Verpflichtungsklage** gem. § 42 Abs. 2 VwGO ist zwischen der auf die Erteilung eines beantragten Verwaltungsakts gerichteten **Versagungsgegenklage** einerseits und der bloßen **Verbescheidungsklage** andererseits zu unterscheiden:

- Im Falle der **Versagungsgegenklage** entspricht der Streitwert dem Interesse des Klägers am Erlass des beantragten, aber nicht erlassenen Verwaltungsakts.[10]
- Demgegenüber ist der Streitwert bei einer sog. **Verbescheidungsklage** idR niedriger, mindestens jedoch auf die Hälfte des Werts einer entsprechenden Verpflichtungsklage, anzusetzen (Ziff. 1.4 Streitwertkatalog 2013). Diese Konstellation wird vornehmlich dann relevant, wenn es um den Erlass eines im pflichtgemäßen Ermessen der Behörde stehenden Verwaltungsakts geht, die Klage also auf Verpflichtung der Behörde zur erneuten Verbescheidung des gestellten Antrags unter Beachtung der Rechtsauffassung des Gerichts (bei gleichzeitiger Aufhebung des ergangenen abweisenden Verwaltungsakts) lautet (§ 113 Abs. 5 S. 2 VwGO).

9 Der Streitwert der **allgemeinen Leistungsklage** – gerichtet auf die Tätigkeit eines staatlichen Hoheitsträgers, die nicht Verwaltungsakt ist – ergibt sich regelmäßig aus dem Wert der geltend gemachten „Leistung", wobei anerkanntermaßen auf die Grundsätze für die Wertfestsetzung nach den Maßgaben der ZPO zurück zu greifen ist.

10 Für die Streitwertfestsetzung für die **allgemeine Feststellungsklage** iSd § 43 VwGO war nach bisher hM regelmäßig im Verhältnis zur Wertfestsetzung nach Verpflichtungs- wie allgemeinen Leistungsklagen ein **„Abschlag"** gerechtfertigt. Dieser gelangte nur dann nicht zum Ansatz, wenn der angestrebte Erfolg einem – vollstreckbaren – Titel in Verpflichtungs- und allgemeinen Leistungssachen gleichkam, was insb. dann der Fall war, wenn Beklagter ein Hoheitsträger ist, da bei diesen Konstellationen wegen der grundgesetzlich verankerten (Art. 20 Abs. 3 GG) Bindung an Gesetz und Recht nach hM der Subsidiaritätsgrundsatz des

---

7 Vgl hierzu *Eiding*, Erschließungsbeitragsrecht, in: Eiding/Hofmann-Hoeppel, VerwR, § 34; *ders.*, Straßenausbaubeitragsrecht, aaO, § 35; *ders.*, Anschlussbeitragsrecht, aaO, § 36. **8** Vgl *Herrlein*, Vollstreckung aus rechtlichen Titeln, in: Eiding/Hofmann-Hoeppel, VerwR, § 14 Rn 34 ff. **9** Androhung und Festsetzung von Zwangsgeld dienen dazu, den Pflichtigen zur Vornahme einer Handlung, einer Duldung oder einer Unterlassung für den Fall anzuhalten, dass der Pflichtige dem nicht, nicht vollständig oder nicht zur gehörigen Zeit nachgekommen ist; Voraussetzung für Androhung und Festsetzung von Zwangsgeld ist, dass eine nicht vertretbare Handlung inmitten liegt (vgl § 11 Abs. 1 S. 1 VwVG); bei vertretbaren Handlungen kann Zwangsgeld nur verhängt werden, wenn eine Ersatzvornahme untunlich ist, insb. deshalb, weil der Pflichtige außerstande ist, die Kosten zu tragen, die aus der Ausführung durch einen Dritten entstehen (§ 11 Abs. 1 S. 2 VwVG). Die Höhe des Zwangsgelds ist in den Verwaltungsvollstreckungsgesetzen der Bundesländer zT unterschiedlich geregelt. Androhung und Festsetzung des Zwangsgelds können auf zweierlei Arten erfolgen: zum einen in Verbindung mit dem Verwaltungsakt, der ein besonderes Tun bzw ein Unterlassen gebietet (Grundverfügung), zum anderen durch nachgängigen selbständigen Leistungsbescheid oder aber – im Falle der zulässigen wiederholten Androhung und Festsetzung – durch weiteren Leistungsbescheid. Diesen unterschiedlichen Konstellationen wird durch Ziff. 1.7 des Streitwertkatalogs 2013 dadurch Rechnung getragen, dass der Betrag des angedrohten und festgesetzten Zwangsgelds dann für die Streitwertfestsetzung außer Betracht bleibt, wenn Androhung und Festsetzung des Zwangsgelds in Verbindung mit der Grundverfügung ergehen (Ziff. 1.7.2 S. 1); ist die Höhe des angedrohten Zwangsgelds bzw des für die Ersatzvornahme zu entrichtenden Vorschusses ausnahmsweise höher als der für die Grundverfügung selbst zu bemessende Streitwert, ist der höhere Wert festzusetzen (Ziff. 1.7.2 S. 2). Ist Streitgegenstand der das Zwangsgeld oder die geschätzten Kosten der Ersatzvornahme selbständig festsetzende Leistungsbescheid (selbständiges Vollstreckungsverfahren), entspricht der Streitwert der Höhe des festgesetzten Zwangsgelds oder der geschätzten Kosten der Ersatzvornahme (Ziff. 1.7.1 S. 1, 1. Hs.); im Übrigen beträgt der Streitwert 1/4 des Streitwerts der Hauptsache (Ziff. 1.7.1 S. 1, 2. Hs.). Bei erfolgter Anordnung von Zwangsmitteln ist die Hälfte des Betrags nach Ziff. 1.7.1 S. 1 anzusetzen (Ziff. 1.7.1 S. 3). **10** *Hartmann*, KostG, § 52 GKG Rn 15; vgl OVG Koblenz 5.11.2014 – 8 E 10972, EzKommR Nr. 1500.3125 (Streitwertfestsetzung analog Nr. 9.6 Streitwertkatalog 2013 für Klage auf Erteilung der sanierungsrechtlichen Genehmigung für Gebäudeabriss).

§ 43 Abs. 2 VwGO nicht greift.[11] Gemäß Ziff. 1.3 Streitwertkatalog 2013 sind jedoch Feststellungs- wie Fortsetzungsfeststellungsklagen idR ebenso zu bewerten wie auf das vergleichbare Ziel gerichtete Anfechtungs- und Verpflichtungsklagen, so dass ein „Abschlag" nicht mehr gerechtfertigt ist.

Auch bei **Fortsetzungsfeststellungsklagen** gem. § 113 Abs. 1 S. 4 VwGO – dh im Falle der „Umstellung" des [11] ursprünglich gestellten Anfechtungsantrags auf die Feststellung der Rechtswidrigkeit des angegriffenen Verwaltungsakts oder aber im Verpflichtungsfalle auf Feststellung der Rechtswidrigkeit der erfolgten Ablehnung des beantragten Erlasses eines Verwaltungsakts infolge Eintritts eines erledigenden Ereignisses[12] – war unter Umständen ein prozentualer **„Abschlag"** im Rahmen der Streitwertfestsetzung gerechtfertigt, wobei der Streitwert durch den Wert des mit der ursprünglichen Anfechtungsklage geltend gemachten Anspruchs auf Aufhebung des angegriffenen Verwaltungsakts begrenzt wurde.[13] Nunmehr „gilt" auch hier die Maßgabe von Ziff. 1.3 Streitwertkatalog 2013.

c) Streitwertbewertung nach der sich aus dem Antrag des Klägers für ihn ergebenden „Bedeutung der Sa- [12] che". Für den Kläger ist die „Bedeutung der Sache" regelmäßig identisch mit den ökonomischen Auswirkungen im Obsiegensfalle.[14] Abzustellen ist dabei auf den „Wert", den die Streitsache bei objektiver Beurteilung für den Kläger hat, nicht jedoch die subjektive Bedeutung, die der Kläger der Streitsache beimisst (Affektionsinteresse). Bezüglich der ökonomischen Auswirkungen ist darüber hinaus das Zeitmoment zu berücksichtigen: Dies ergibt sich ungeachtet der Tatsache, dass § 42 Abs. 1 dem Wortlaut nach lediglich öffentlich-rechtliche Dienst- oder Amtsverhältnisse bzw Ansprüche aus einer Dienstpflicht oder einer an Stelle einer gesetzlichen Dienstpflicht geleisteten Tätigkeit in Bezug nimmt, aus Sinn und Zweck der dort getroffenen Regelung, die generell auf wiederkehrende Leistungen aus einem öffentlich-rechtlichen Rechtsverhältnis anwendbar ist,[15] selbst wenn es sich nicht um identische wiederkehrende Leistungen handelt. Betreffen die wirtschaftlichen Auswirkungen daher einen längeren Zeitraum – etwa bei einer streitigen Gewerbe- oder Berufszulassung, einer Streitigkeit über die Erteilung der ärztlichen Approbation oder aber die Zulassung zur Rechtsanwaltschaft bzw den Widerruf der Zulassung[16] –, so wird der auf einen Jahreszeitraum bezogene wirtschaftliche Wert der „Bedeutung der Sache" nicht gerecht.

d) Festsetzung nach (pflichtgemäßem) Ermessen. Obwohl Abs. 1 davon spricht, dass der Streitwert nach [13] „Ermessen" zu bestimmen sei, kann unter der Rücksicht des Art. 20 Abs. 3 GG kein vernünftiger Zweifel daran bestehen, dass es sich ausschließlich um **pflichtgemäßes Ermessen** zu handeln hat.[17]

Ungeachtet dessen sind auch im Rahmen der Handhabung pflichtgemäßen Ermessens Schematisierungen [14] bzw Pauschalierungen rechtsstaatlich unbedenklich. Aus dem Rechtsstaatsprinzip des Art. 20 Abs. 3 GG folgt jedoch, dass Streitwerte nicht derart unangemessen hoch festgesetzt werden dürfen mit der Folge, dass dem Kläger übermäßig hohe Hürden für die gerichtliche Klärung errichtet werden.[18] Demgegenüber ist eine Berücksichtigung einer besonderen wirtschaftlichen oder aber sozialen Lage des Klägers mit dem Ziel, zu einer für den Kläger „tragbaren" Streitwertfestsetzung zu gelangen, weder geboten noch zulässig, so dass die Gewährung sog. **Sozialrabatte** im Rahmen der Streitwertfestsetzung nicht in Betracht kommt.[19] Streitwertobergrenzen ergeben sich lediglich gem. Abs. 4 Nr. 2 für Rechtsstreitigkeiten nach dem Krankenhausfi-

---

11 Gemäß § 43 Abs. 2 S. 1 VwGO kann die Feststellung des Bestehens oder Nichtbestehens eines Rechtsverhältnisses nicht begehrt werden, soweit der Kläger seine Rechte durch Gestaltungs- oder Leistungsklage verfolgen kann oder hätte verfolgen können. Nach hM gilt dieser Grundsatz der Subsidiarität der Feststellungsklage insb. nach der Rspr des BVerwG (25.4.1996 – 3 C 8/95, BayVBl 1997, 90; vgl auch BayVGH 24.5.2012 – 12 B 10.2741; VG Ansbach 25.8.2015 – AN 1 K 15.00797, EzKommR Nr. 1400.2010) dann nicht, wenn Beklagter eine juristische Person des öffentlichen Rechts ist, da ungeachtet der nicht gegebenen Vollstreckungsfähigkeit eines Feststellungsurteils aufgrund des Rechtsstaatsprinzips des Art. 20 Abs. 3 GG davon auszugehen sei, dass sich ein Hoheitsträger entsprechend den Maßgaben eines Feststellungsurteils verhält (aA *Kopp/Schenke*, VwGO, § 43 Rn 28). **12** Erledigende Ereignisse iSd § 113 Abs. 1 S. 4 VwGO, die zur Umstellung bzw Abänderung der ursprünglich erhobenen (Anfechtungs-/Verpflichtungs-)Klage für den Fall führen, dass der Kläger ein berechtigtes Interesse an der Feststellung hat, ergeben sich aus nach Anhängigkeit der Klage eintretenden Veränderungen der Sach- oder Rechtslage (vgl *Kopp/Schenke*, VwGO, § 113 Rn 96 ff), wobei § 113 Abs. 1 S. 4 VwGO jenseits des Normwortlauts auch zur Anwendung gelangt, wenn die Erledigung eines Verwaltungsakts bereits vor Klageerhebung eingetreten ist; relevant wird dies vornehmlich für Verwaltungsakte im Bereich des Polizei- und Versammlungsrechts; vgl hierzu *Hofmann-Hoeppel*, Versammlungsrecht, in: Eiding/Hofmann-Hoeppel, VerwR, § 63 Rn 32, 52, 59, 65 und 75 ff; *Ruder*, Polizei- und Ordnungsrecht, aaO, § 62 Rn 15; *Heitsch*, Klageverfahren, aaO, § 8 Rn 111 ff. **13** BVerwG 22.9.1988 – 2 C 68.85, DÖD 1989, 199 = ZBR 1989, 177; BVerwG 14.10.1988 – 4 C 58.84; HessVGH 12.6.1991 – 1 UE 2797/86, DÖV 1992, 588 = PersV 1993, 281; VG Frankfurt 16.4.1986 – III/3-E 27/82 (zu §§ 13 Abs. 1 S. 1, 14 Abs. 1 GKG): regelmäßige Festsetzung des Streitwerts für eine Fortsetzungsfeststellungsklage auf die Hälfte des Streitwerts für eine Anfechtungs- oder Verpflichtungsklage. **14** *Hartmann*, KostG, § 52 GKG Rn 12. **15** *Hartmann*, KostG, § 52 GKG Rn 13. **16** Für die ärztliche Approbation vgl BSG AnwBl 1982, 30. **17** Die bei *Hartmann*, KostG, § 52 GKG Rn 17 in Bezug genommenen Entscheidungen – OVG Münster 11.7.2011 – 13 E 600/11, NJW 2011, 2824; OVG Bremen 22.7.2010 – 2 S 132/10, NVwZ-RR 2010, 823 f – geben nichts Substanzielles für die Handhabung pflichtgemäßen Ermessens her, da sie schwerpunktmäßig die Frage betreffen, ob im jeweiligen Ausgangsfall der Festsetzung des Auffangwerts iHv 5.000 € gem. § 52 Abs. 2 GKG rechtmäßigerweise erfolgte (in beiden Fällen verneint). **18** BVerfG NJW 1997, 311. **19** *Hartmann*, KostG, § 52 GKG Rn 18 unter Verweis auf die abweichenden Auffassungen von BWVGH NVwZ-RR 1990, 385 und OVG Münster GewArch. 1976, 381.

nanzierungsgesetz (2.500.000 €) sowie gem. Abs. 4 Nr. 3 für Ansprüche nach dem Vermögensgesetz (500.000 €).

15 e) **Relevanz des Streitwertkatalogs 2013.** Den Zielen einer einheitlichen Streitwertfestsetzung in der Verwaltungsgerichtsbarkeit wie einer vorausschauenden Berechenbarkeit für den jeweiligen Kläger diente der erstmals im Jahre 1989 auf der Grundlage einer durch die Präsidenten der Oberverwaltungsgerichte und Verwaltungsgerichtshöfe erfolgten Anregung veröffentlichte „Entwurf eines Streitwertkatalogs für die Verwaltungsgerichtsbarkeit",[20] der nunmehr idF der am 31.5., 1.6.2012 und 18.7.2013 beschlossenen Änderungen („**Streitwertkatalog 2013**") vorliegt.

16 Der Streitwertkatalog enthält zwar keine normativen Festsetzungen,[21] sondern lediglich – in Gestalt von **Richtwerten – Empfehlungen für die verwaltungsgerichtliche Praxis,**[22] die den dort für die unterschiedlichen öffentlich-rechtlichen Rechtsgebiete versammelten „Richtwerten" aus Gründen der Praktikabilität einerseits, der Rechtssicherheit sowohl der Rechtssuchenden als auch der Gerichte andererseits regelmäßig folgt. Die in der Lit. erhobenen Bedenken, wonach der „Bedeutung der Sache" nicht gerecht würden

- der Grundsatz, eine Streitigkeit um das Bestehen eines auf Lebenszeit oder eines auf längere unbestimmte Zeit angelegten Rechtsverhältnisses mit dem Jahresbetrag des Nutzens zu bewerten, zB im Gewerbe- und Berufsrecht,[23]
- die für einzelne Rechtsverhältnisse in speziell aufgeführten Sachbereichen erfolgte Orientierung an dem hälftigen Auffangwert von 5.000 €,[24]

haben jedenfalls in der verwaltungsgerichtlichen Praxis bisher keinen ersichtlichen Niederschlag gefunden.

17 Darüber hinaus hat der Streitwertkatalog im Hinblick darauf, dass er sowohl für die Gerichts- als auch für die Anwaltsgebühren von Bedeutung ist, im Vergleich zu den Maßgaben des Vergütungsverzeichnisses des RVG für die Streitigkeiten vor der **Sozialgerichtsbarkeit** den Vorteil, dass für den Fall des beabsichtigten Ansatzes von Anwaltsgebühren jenseits der Mittelgebühr die Notwendigkeit entfällt, die besonderen Umstände des Einzelfalls darzutun, aus denen sich die Berechtigung ergibt, die jeweilige Rahmengebühr voll auszuschöpfen.

18 2. **Festsetzung des „Auffangstreitwerts" (Abs. 2). a) Anwendbarkeit bei nicht möglicher individueller Bemessung des Streitwerts.** Bieten „Sach- und Streitstand" für die Bestimmung des Streitwerts keine „genügenden Anhaltspunkte", gebietet Abs. 2 die „Annahme" eines Streitwerts von 5.000 €. Hierbei handelt es sich um den sog. **Auffangstreitwert,** von dem in der verwaltungsgerichtlichen Praxis in „ausufernder Weise" Gebrauch gemacht wird ungeachtet der Tatsache, dass nach hM

- Abs. 2 keineswegs der „bequemen Umgehung" der Streitwertbestimmungen nach Abs. 1, 3 ff dienen darf,[25]
- andererseits eine Beweiserhebung zur Ermittlung der nach Abs. 1 maßgeblichen Merkmale, also der „Bedeutung der Sache" nach dem Antrag des Klägers, nicht stattzufinden hat bzw nicht stattfinden darf.[26]

19 Ungeachtet der Tatsache, dass die für den Kläger bzw Antragsteller gem. § 61 S. 1 bestehende Verpflichtung, den nicht in einer bestimmten Geldsumme bestehenden Streitwert schriftlich oder zur Protokoll der Geschäftsstelle anzugeben, gleichzeitig auch dem Rechtsanspruch auf gerichtliches Gehör gem. Art. 103 Abs. 1 GG zu subsumieren ist,[27] lehrt die Erfahrung, dass die in Jahrzehnten eingeübte verwaltungsgerichtliche Praxis der Streitwertfestsetzung nach Abs. 2 – insb. im Hinblick auf die Maßgaben des Streitwertkatalogs 2013 – zu einer Festsetzung des Auffangstreitwerts neigt, obwohl der **„Sach- und Streitstand"** für die Bestimmung des Streitwerts sehr wohl **„genügende Anhaltspunkte"** bietet und in der Rspr des BVerfG geklärt ist, dass sich aus Abs. 2 nicht etwa ein „Regelwert" für eine Vielzahl von verwaltungsgerichtlichen

---

20 NJW 1989, 1042; zur weiteren Entwicklung vgl *Hartmann*, Anhang I B zu § 52 GKG Rn 1 ff. **21** BVerfG NVwZ-RR 1994, 107; BayVGH 11.7.2003 – 25 C 03.1464, BayVBl 2004, 28 = NVwZ-RR 2004, 158 unter ausdrücklichem Hinweis darauf, der Streitwertkatalog sei keine Norm und könne daher weder wie eine gesetzliche Gebührentabelle angewendet noch durch Auslegung nach weiteren Untergruppen oder Bruchteilen ausdifferenziert werden, da es sich lediglich um eine „Handreichung für die Praxis" handle, die den Sachverstand erfahrener Richter darstelle und mitteile, welche Beträge von den Verfassern für gewisse Sachverhalte zum damaligen Zeitpunkt als „gute Praxis" der Verwaltungsgerichte angesehen wurden. An der Aufgabe des Gerichts, im jeweiligen Einzelfall das Gesetz anzuwenden und das ihm eingeräumte Ermessen auszuüben, ändere die Existenz des Streitwertkatalogs nichts. **22** OVG Münster 18.1.2011 – 8 E 23/11, NZV 2011, 271 f = VRS 120, Nr. 71 unter Hinweis darauf, der Streitwertkatalog 2004 enthalte Empfehlungen, denen keine normative Verbindlichkeit zukommt, und er vielmehr eine „Handreichung für die Praxis", jedoch keine „anwendbare oder auslegungsfähige Rechtsnorm" mit der Folge darstelle, dass sich an der Aufgabe des Gerichts, im jeweiligen Einzelfall das Gesetz anzuwenden und das ihm eingeräumte Ermessen auszuüben, durch die Existenz des Streitwertkatalogs nichts ändere; OVG Lüneburg NVwZ-RR 2009, 405; BVerfG (1. Kammer des 2. Senats) 24.8.1993 – 2 BvR 1858/92, DVBl 1994, 41. **23** *Hartmann*, KostG, Anhang I B zu § 52 GKG Rn 3. **24** Etwa für das Friedhofsrecht *Geiger*, BayVBl 1997, 108. **25** *Hartmann*, KostG, § 52 GKG Rn 20. **26** OVG Greifswald NJW 2008, 2936. **27** Vgl hierzu *Hartmann*, KostG, § 52 GKG Rn 20 sowie *Schulze-Fielitz*, in: Dreier, Grundgesetz, Kommentar, Bd. 3 (Art. 83–146), 2. Aufl. 2008, Art. 103 I Rn 20 ff.

Streitigkeiten ergibt,[28] Abs. 2 also einen „fiktiven Streitwert" – iSd Bezeichnung als „Auffangstreitwert" –, also einen hilfsweisen „Ausnahmewert" normiert.[29] Normzweck des Abs. 2 ist also, dass die Streitwertfestsetzung auf 5.000 € nur dann rechtlich zulässig ist, soweit und solange eine individuelle Bemessung wegen Fehlens „hinreichender Anhaltspunkte" nicht möglich ist.[30]

Die daraus resultierenden Konsequenzen, wonach die Streitwertfestsetzung gem. Abs. 1 **Vorrang** für den Fall genießt, dass der „Sach- und Streitstand" für die Bestimmung des Streitwerts „genügende Anhaltspunkte" bietet, so dass nach der Grundregel des Abs. 1 die Festsetzung eines entsprechend – höheren oder aber auch niedrigeren – Streitwerts geboten ist,[31] wird in aller Regel dann nicht gezogen, wenn es um die – beantragte – Festsetzung eines den Auffangstreitwert von 5.000 € übersteigenden Streitwerts geht. **20**

b) Problematische Konstellationen für die Anwendung des Abs. 2. aa) Allgemeines. Ehe auf die nach dem Streitwertkatalog 2013 für ausgewählte Rechtsbereiche erfolgten Maßgaben einer Anwendung des Abs. 2 einzugehen ist, sollen im Folgenden besonders problematische Konstellationen erörtert werden, für die nach hM eine Streitwertfestsetzung gem. Abs. 2 erfolgt, obwohl der „Sach- und Streitstand" regelmäßig hinreichende Anhaltspunkte dafür ergibt, dass eine Streitwertfestsetzung nach Abs. 2 von Rechts wegen auszuscheiden hätte, gleichwohl durch die hM in gefestigter Rspr bejaht wird. **21**

bb) Streitigkeiten über die Rechtmäßigkeit einer dienstlichen Beurteilung. Gemäß Ziff. 10.5 des Streitwertkatalogs 2013 ist im **Beamtenrecht** für verwaltungsgerichtliche Streitigkeiten über die **Rechtmäßigkeit einer dienstlichen Beurteilung** der Auffangwert als Streitwert festzusetzen. Dies entspricht gefestigter Rspr der Instanzgerichte, wird aber dem „Sach- und Streitstand" unter besonderer Berücksichtigung der sich aus dem Antrag des Klägers für ihn ergebenden „Bedeutung der Sache" iSd Abs. 1 regelmäßig nicht gerecht, was sich aus nachfolgenden Erwägungen ergibt: **22**

(1) Nach gefestigter Rspr des BVerwG[32] entbehrt die dienstliche Beurteilung – sowohl in der Form der periodischen (Regel-)Beurteilung als auch als sog. Anlassbeurteilung – mangels unmittelbarer Außenwirkung der VA-Qualität iSd § 35 S. 1 VwVfG mit der Folge, dass Rechtsbehelfe gegen eine dienstliche Beurteilung zunächst durch die Erhebung von Einwendungen erfolgen, über die der Dienstherr zu entscheiden hat; die hierüber getroffene Entscheidung stellt nach der Rspr einen Verwaltungsakt dar, der – ungeachtet der nach Landesrecht bestehenden Regelungen über die Entbehrlichkeit des Widerspruchsverfahrens[33] – der Widerspruchserhebung zugänglich ist. Im Falle anwaltlicher Vertretung gelten Tätigkeit im Rahmen der Erhebung von Einwendungen und Durchführung des Widerspruchsverfahrens als eine einheitliche Verfahrensstation mit der Folge, dass hierfür ausschließlich die Geschäftsgebühr nach Nr. 2300 VV RVG (1,3) abrechnungsmäßig in Betracht kommt. Nach forensischer Erfahrung wird das Widerspruchsverfahren in der deutlich überwiegenden Zahl aller Fallkonstellationen ergebnislos durchgeführt, so dass erst die im Anschluss durchzuführende Verbescheidungsklage zur Aufhebung der dienstlichen Beurteilung in der Form des Widerspruchsbescheids unter Verpflichtung des Dienstherrn zur erneuten dienstlichen Beurteilung des Beamten unter Beachtung der Rechtsauffassung des Gerichts führt. **23**

---

28 BVerfG AnwBl 1975, 438; BVerfG NJW 1989, 3233. **29** BWVGH NVwZ-RR 2004, 619; *Hartmann*, KostG, § 52 GKG Rn 21 unter Verweis auf *Noll*, NJW 1976, 221. **30** BWVGH BWVPR 1976, 202. **31** BVerwG NVwZ-RR 1996, 237; OVG Hamburg NVwZ-RR 2009, 405; aA BayVGH NVwZ-RR 1991, 391; OVG Schleswig NordÖR 2000, 372; vgl *Geiger*, BayVBl 1997, 108; *Hartmann*, KostG, § 52 GKG Rn 22. **32** BVerwG 9.11.1967 – II C 107.64, BVerwGE 28, 191 ff; BVerwG 13.11.1975 – II C 16.72, BVerwGE 49, 351. Aus der neueren Rspr zu den Anforderungen an die Rechtmäßigkeit dienstlicher Beurteilungen vgl: BVerfG (1. Kammer des 2. Senats) 7.3.2013 – 2 BvR 2582/12, NVwZ-RR 2013, 626 (Geltung von Art. 33 Abs. 2 GG auch bei sog. Topfwirtschaft); BayVGH 14.8.2015 – 3 CE 15.993, EzKommR Nr. 1400.2008; BayVGH 28.10.2013 – 3 CE 13.1518 (Gleichwertigkeit von Anlass- und periodischer Beurteilung); OVG Bautzen 11.6.2015 – 2 B 277/14, EzKommR Nr. 1400.1949 (Beförderungsamt als Maßstab für Anlassbeurteilung); OVG Koblenz 12.8.2015 – 2 B 10664/15, EzKommR Nr. 1400.2007 (Relevanz fehlerhafter dienstlicher Beurteilung im Konkurrenteneilverfahren); OVG Lüneburg 29.7.2015 – 5 ME 107/15, EzKommR Nr. 1400.1997 (Irrelevanz unterbliebener Mitarbeitergespräche für Rechtmäßigkeit einer dienstlichen Beurteilung); OVG Greifswald 11.7.2013 – 2 M 123/13, EzKommR Nr. 1400.1649; OVG Münster 27.6.2013 – 6 A 63/12, EzKommR Nr. 1400.1637; VG Aachen 21.7.2015 – 1 L 425/15, EzKommR Nr. 1400.1988 (Vorrang dienstlicher Beurteilungen vor strukturierten Auswahlgesprächen für Bewerberauswahl); VG Berlin 4.8.2015 – 7 L 525/15, EzKommR Nr. 1400.2005 (Statusamt als Maßstab dienstlicher Beurteilung); VG Düsseldorf 20.2.2013 – 13 L 2274/12, EzKommR Nr. 1400.1562 (Herabstufung des Gesamturteils nach erfolgter Versetzung); VG Gelsenkirchen 15.1.2013 – 12 L 1513/12, EzKommR Nr. 1400.1534 (fiktive Fortschreibung beurlaubter Beamter); VG München 17.6.2013 – M 5 E 13.1715, EzKommR Nr. 1400.1626; VG München 3.7.2013 – M 5 E 13.833, EzKommR Nr. 1400.1641 (Anlassbeurteilung bei nicht mehr aktueller Regelbeurteilung); VG Würzburg 3.7.2015 – W 1 E 15.353, EzKommR Nr. 1400.1972 (keine Erhöhung des Durchschnittswerts wesentlicher Beurteilungskriterien kraft Schwerbehinderteneigenschaft); im Rahmen zu treffender Auswahlentscheidung über einen Beförderungsdienstposten unter mehreren Bewerbern ist nach hM auf die im gleichen Statusamt für sich zumindest überschneidende Beurteilungszeiträume erstellte Regelbeurteilungen abzustellen (sog. Bewerbungsverfahrensanspruch); vgl *Wieland/Seulen*, Beamtenrecht, in: Eiding/Hofmann-Hoeppel, VerwR, § 51 Rn 18 ff sowie VG Düsseldorf 27.7.2015 – 2 L 2141/15, EzKommR Nr. 1400.1995 (kein Bewerbungsverfahrensanspruch bei reiner Dienstpostenkonkurrenz); VG Düsseldorf 29.6.2015 – 13 L 1131/15, EzKommR Nr. 1400.1962 (kein Ausschluss der Vergleichbarkeit dienstlicher Beurteilungen durch unterschiedlich lange Beurteilungszeiträume). **33** Vgl *Hofmann-Hoeppel*, Widerspruchsverfahren, in: Eiding/Hofmann-Hoeppel, VerwR, § 5 Rn 25.

24 (2) Vor dem Hintergrund, dass sich der Zugang zu öffentlichen Ämtern sowie deren Übertragung gem. Art. 33 Abs. 2 GG nach Eignung, Befähigung und fachlicher Leistung richten, bestimmen die Laufbahnverordnungen des Bundes und der Bundesländer,[34] dass fachliche Leistung, Eignung und Befähigung der Beamten periodisch zu beurteilen sind; dienstliche Beurteilungen sind ein **Personalbewirtschaftungsinstrument**, das dem Dienstherrn ermöglichen soll, sich regelmäßig einen Überblick über das Leistungspotenzial der Beamten zu verschaffen, so dass dienstliche Beurteilungen dadurch zur wesentlichsten Grundlage von Auswahlentscheidungen über die dienstliche Verwendung und das berufliche Fortkommen der Beamten sowie der Verwirklichung des im Grundgesetz niedergelegten Eignungsgrundsatzes werden. Andererseits besteht der Zweck einer dienstlichen Beurteilung darin, den Beamten zu einer bestmöglichen Entfaltung seiner Kräfte im beruflichen Bereich anzuspornen, so dass dienstliche Beurteilungen gleichzeitig als **Personalführungsinstrument** dazu dienen, dem einzelnen Beamten regelmäßig vor Augen zu führen, welches Leistungs-, Befähigungs- und Eignungsbild die Vorgesetzten innerhalb des Beurteilungszeitraums von ihm gewonnen haben. Die dienstliche Beurteilung hat daher die fachliche Leistung des Beamten in Bezug auf seine Funktion und im Vergleich zu anderen Beamten derselben Besoldungsgruppe seiner Laufbahn objektiv darzustellen und von dessen Eignung und Befähigung ein zutreffendes Bild zu geben;[35] Kriterien für die Beurteilung der **fachlichen Leistung** sind Arbeitserfolg, praktische Arbeitsweise und für Beamte, die bereits Vorgesetzte sind, deren Führungsverhalten;[36] die **Eignung** ist nach den geistigen Anlagen und der physischen wie psychischen Belastbarkeit, die **Befähigung** nach den beruflichen Fachkenntnissen und dem sonstigen fachlichen Können zu beurteilen.[37] Die periodische Beurteilung ist mit einer detaillierten Aussage zur **Verwendungseignung** abzuschließen, wobei für Beamte, die für den Aufstieg geeignet erscheinen, ein entsprechender Vermerk aufzunehmen ist.[38]

25 (3) Diese Maßgaben in den Laufbahnverordnungen der Bundesländer werden durch die – regelmäßig durch das zuständige Landesministerium erlassenen – **materiellen Beurteilungsrichtlinien** konkretisiert.[39] Den Vor-

---

34 Verordnung über die Laufbahnen der Bundesbeamtinnen und Bundesbeamten (Bundeslaufbahnverordnung – BLV) idF v. 12.2.2009 (BGBl. I 284), zul. geänd. d. Art. 3 G v. 11.8.2014 (BGBl. I 1346); Verordnung der Landesregierung über die dienstliche Beurteilung der Beamten (Beurteilungsverordnung) v. 6.6.1983 (BWGBl., S. 209) idF G v.9.11.2010 (BWGBl., S. 793); Gesetz über die Leistungslaufbahn und die Fachlaufbahnen der bayerischen Beamten und Beamtinnen (Leistungslaufbahngesetz – LlbG) v. 5.8.2010 (GVBl., S. 410, 571), zul. geänd. d. Art. 12 G v. 17.12.2014 (GVBl S. 511); Verordnung über die Laufbahnen der Beamten des Landes Brandenburg v. 16.9.2009 (GVBl. II, S. 62); Gesetz über die Laufbahnen der Beamtinnen und Beamten (Laufbahngesetz – LfbG) v. 21.6.2011 (BerlGVBl S. 266), zul. geänd. d. Art. 4 G v. 7.2.2014 (BerlGVBl S. 39); Verordnung über die Laufbahnen der hamburgischen Beamtinnen und Beamten v. 22.12.2009 (HmbGVBl., S. 511); Hessische Laufbahnverordnung v. 17.2.2014 (GVBl. S. 118), geänd. d. Art. 7 G v. 24.3.2015 (GVBl. S. 118); Landesverordnung über die Laufbahnen der Beamtinnen und Beamten in Mecklenburg-Vorpommern (Allgemeine Laufbahnverordnung – ALVO M-V) v. 29.9.2010 (GVOBl., S. 565, 611), zul. geänd. d. VO v. 16.6.2014 (GVOBl. S. 297); Niedersächsische Laufbahnverordnung v. 19.5.2010 (GVBl., S. 221), zul. geänd. d. Art. 8 G v. 16.12.2014 (GVBl. S. 475); Verordnung über die Laufbahnen der Beamtinnen und Beamten im Lande Nordrhein-Westfalen v. 28.1.2014 (GV.NRW. S. 22, ber. S. 203); Laufbahnverordnung des Landes Rheinland-Pfalz v. 19.11.2010 (GVBl. S. 444), zul. geänd. d. Art. 10 G v. 15.6.2015 (GVBl. S. 90); Verordnung über die Laufbahnen der Beamtinnen und Beamten im Saarland (Saarländische Laufbahnverordnung – SLVO) v. 27.9.2011 (ABl. I, S. 312), geänd. d. VO v. 14.1.2015 (ABl. I S. 134); Landesverordnung über die Laufbahnen der Beamtinnen und Beamten in Schleswig-Holstein (Allgemeine Laufbahnverordnung – ALVO S-H) v. 19.5.2009 (GVOBl., S. 236), zul. geänd. d. Art. 8 VO v. 16.3.2015 (GVOBl. S. 96); Thüringer Gesetz über die Laufbahnen der Beamten (Thüringer Laufbahngesetz – ThürLaufbG) v. 12.8.2014 (GVBl. 2014, 472, 498). **35** Vgl etwa § 61 Abs. 2 BayLlBV; zur erforderlichen Aktualität dienstlicher Beurteilungen s. die Nachweise in Fn 41. **36** Vgl § 61 Abs. 3 S. 1 BayLlBV. **37** Vgl § 61 Abs. 3 S. 2 BayLlBV. **38** Vgl § 61 Abs. 4 S. 1 und 2 BayLlBV. **39** Allgemeine Verwaltungsvorschrift zur Bundeslaufbahnverordnung v. 19.7.2013 (GMBl., S. 848); Richtlinien für die Beamten und Beamtinnen der Zollverwaltung und der Bundesmonopolverwaltung für Branntwein (BRZV) v. 1.6.2012; Dienstliche Beurteilung des Zivilpersonals im nachgeordneten Bereich des Bundesministeriums der Verteidigung (Beurteilungsbestimmungen – BeurtBest BMVg), zentrale Dienstvorschrift A-1340/83 iVm Durchführung der Beurteilung (ZIV), zentrale Dienstvorschrift A-1340/79, jeweils in der ab 1.1.2015 geltenden Fassung; Richtlinie für die dienstliche Beurteilung von Beamtinnen und Beamten, Richterinnen und Richtern sowie dem höheren Dienst vergleichbaren Beschäftigten im Bundesministerium der Justiz (Stand: 1.5.2013), abgedruckt jeweils bei *Schnellenbach/Bodanowitz*, Die dienstliche Beurteilung der Beamten und der Richter, Reg. IV (Verwaltungsrichtlinien), A IV 1 a–1 e; Gemeinsame Verwaltungsvorschrift aller Ministerien über die dienstliche Beurteilung der Beamtinnen und Beamten des Landes (Beurteilungsrichtlinien – BRL) v. 30.4.2015 (BWGABl., S. 178) iVm Verwaltungsvorschrift des Innenministeriums, des Ministeriums für ländlichen Raum und Verbraucherschutz, des Sozialministeriums, des Umweltministeriums und des Ministeriums für Verkehr und Infrastruktur zur Durchführung der Beurteilungsrichtlinien (VwV-BRL) v. 17.11.2005 idF der VwV v. 29.8.2012 (BW GABl., S. 785); Beurteilungsrichtlinie des Landes Baden-Württemberg für Richter und Staatsanwälte v. 15.10.2008 idF d. VwV v. 24.6.2014 (Die Justiz, S. 173); Verwaltungsvorschriften zum Beamtenrecht (VV-BeamtR) gem. Bek. BayStMdF v. 13.7.2009 idF d. Bek. v. 24.4.2014 (StAnz Nr. 19); Teilhaberichtlinien – Inklusion behinderter Angehöriger des öffentlichen Dienstes in Bayern (TeilR) gem. Bek. BayStMdF v. 19.11.2012 (FMBl., S. 605); Ausführungsvorschriften über die dienstliche Beurteilung der Beamten des Verwaltungsdienstes (Beurteilungsrichtlinien – AV BVVD) v. 25.5.2010 (Berl. ABl. S. 910); Verwaltungsvorschrift des Ministeriums des Innern über die dienstliche Beurteilung der Beamtinnen und Beamten im Landesdienst (Beurteilungsrichtlinie – BeurtVV) v. 16.11.2010 idF v. 15.8.2013 (Abl. Bbg, S. 2436); Rundschreiben des Ministeriums des Innern v. 4.2.2011 zur Verwaltungsvorschrift über die dienstliche Beurteilung der Beamten im Landesdienst (BeurtVV); Richtlinien für die Einstellung, Beschäftigung und begleitende Hilfe Schwerbehinderter und diesen gleichgestellter behinderter Menschen in der Landesverwaltung des Landes Brandenburg (Schwerbehindertenrichtlinien – SchwbRL) v. 6.4.2005 (Abl. Bbg, S. 530); Richtlinien über die dienstliche Beurteilung der Beamtinnen und Beamten der Laufbah-

gaben sowohl der Vorschriften der Laufbahnverordnung als auch der sie konkretisierenden materiellen Beurteilungsrichtlinien entsprechenden dienstlichen Beurteilungen kommt daher im Rahmen der Auswahlentscheidung über eingegangene Bewerbungen auf ausgeschriebene Beförderungsdienstposten entscheidende Bedeutung zu, da es gefestigter Rspr des BVerfG[40] zu Art. 33 Abs. 2 GG entspricht, dass öffentliche Ämter nach Maßgabe des „**Bestenauslesegrundsatzes**" zu besetzen sind. Durch Art. 33 Abs. 2 GG erfasste Auswahlentscheidungen können dabei nur auf Gesichtspunkte gestützt werden, die unmittelbar Eignung, Befähigung und fachliche Leistung der Bewerber betreffen. Hierüber erfolgende Feststellungen sind in erster Linie auf aktuelle dienstliche Beurteilungen zu stützen,[41] wobei auch zurückliegenden Beurteilungen Erkenntniswert zukommt.[42] Sind **mehrere Bewerber** anhand ihrer aktuellen dienstlichen Beurteilungen als im Wesentlichen **gleich einzustufen**, kann der Dienstherr auf bestimmte Kriterien im Hinblick auf den zu besetzenden Dienstposten besonderen Wert legen und somit auf einzelne Gesichtspunkte abstellen – dienstliche Erfahrung, Verwendungsbreite, Leistungsentwicklung –, wie sie sich aus dem Vergleich der aktuellen mit den früheren Beurteilungen ergibt.[43] Dabei unterliegt die Entscheidung des Dienstherrn, welches Gewicht er einzelnen Gesichtspunkten beimisst, nur eingeschränkter gerichtlicher Nachprüfung.[44]

(4) **Fazit:** Vor diesem Hintergrund erscheint es schlechterdings nicht gerechtfertigt, bei Streitigkeiten über **26** die Rechtmäßigkeit einer dienstlichen Beurteilung lediglich den Auffangstreitwert iSv Abs. 2 anzusetzen, zumal sich im Hinblick auf die jeweilige dienstliche Beurteilung als wesentliche Grundlage für das berufliche Fortkommen des Beamten im Hinblick auf seine Bewerbung auf ausgeschriebene Beförderungsdienstposten „**genügende Anhaltspunkte**" iSd Abs. 2 für eine Bestimmung des Streitwerts – nämlich aus einem Vergleich des im Zeitpunkt der Erstellung der dienstlichen Beurteilung durch den Beamten innegehabten Dienstpostens mit dem „nächsten" Beförderungsdienstposten – in besoldungsmäßiger Hinsicht ergeben.

---

nen des allgemeinen Verwaltungsdienstes v. 15.7.2008 (Brem. Abl., S. 505); Richtlinien über die Beurteilung der Beschäftigten der Freien und Hansestadt Hamburg (BeurtRL-FHH) v. 22.3.2013; Richtlinie für die dienstliche Beurteilung der Beamtinnen und Beamten des Landes Hessen idF v. 30.4.2007 (Hess. StAnz., S. 998); Richtlinien über die dienstliche Beurteilung der Beamtinnen und Beamten sowie der Tarifbeschäftigten der Landesverwaltung gem. Bek. v. 23.9.2013 (MV ABl., S. 706); Dienstliche Beurteilung der Richterinnen und Richter, Staatsanwältinnen und Staatsanwälte v. 24.10.2011 (MV ABl., S. 906); Dienstliche Beurteilung der Beschäftigten im unmittelbaren Landesdienst, Anlage 1 zum Beschluss der Landesregierung v. 6.9.2011 (Nds MBl., S. 616); Dienstliche Beurteilung der Richterinnen und Richter, Staatsanwältinnen und Staatsanwälte v. 4.2.2015 (NdsRpfl., S. 77); Richtlinien für die dienstliche Beurteilung zur Vorbereitung von Personalmaßnahmen, insbesondere Beförderungsentscheidungen v. 19.11.2010 (NRW MBl., S. 847) idF v. 27.3.2012 (NRW MBl., S. 498); Richtlinien für die Beurteilung und Beförderung der Beamtinnen und Beamten der Finanzverwaltung des Landes Nordrhein-Westfalen (BuBR 2011) v. 1.7.2011 idF v. 19.1.2015; Allgemeine Verfügung des Justizministeriums betr. dienstliche Beurteilungen der Richterinnen und Richter und der Staatsanwältinnen und Staatsanwälte v. 2.5.2005 (JMBl. NRW, S. 121); Verwaltungsvorschrift des Ministeriums der Innern, für Sport und Infrastruktur zur Beurteilung der Beamtinnen und Beamten ohne den Bereich der Polizei, der Aufsichts- und Dienstleistungsdirektion und der Struktur- und Genehmigungsdirektionen v. 22.7.2013 (RP MBl., S. 146); Verwaltungsvorschrift des Ministeriums der Justiz zur dienstlichen Beurteilung v. 4.6.2007 idF v. 23.11.2012 (RP JMBl., S. 456); Richtlinie über die dienstliche Beurteilung der Beamtinnen und Beamten im [saarländischen] Geschäftsbereich des Ministeriums für Inneres und Sport v. 19.9.2013; Allgemeine Verfügung des [saarländischen] Ministeriums der Justiz – Dienstliche Beurteilung der Richter, Richterinnen, Staatsanwälte und Staatsanwältinnen v. 10.3.2014; Verwaltungsvorschrift des Sächsischen Staatsministeriums des Innern über die dienstliche Beurteilung der Beamten und Beschäftigten im Geschäftsbereich des Sächsischen Staatsministeriums des Innern v. 22.5.2012 (Sächs ABl., S. 669); Verwaltungsvorschrift des Sächsischen Staatsministeriums der Justiz und für Europa über die dienstliche Beurteilung der Richter und Staatsanwälte einschl. der Anforderungsprofile für Eingang- und Beförderungsämter (VwV Beurteilung Richter und Staatsanwälte) v. 9.4.2013 idF v. 27.10.2014 (SächsJMBl., S. 94); Beurteilungsrichtlinien für den Polizeivollzugsdienst des Landes Sachsen-Anhalt (BRL-PVD) v. 22.9.2011; Allgemeine Verfügung des Ministeriums für Justiz und Gleichstellung des Landes Sachsen-Anhalt betr. Beurteilungsrichtlinien v. 23.1.2007 idF v. 11.4.2013 (JMBl. LSA, S. 81); Beurteilung der Beschäftigten des Landes Schleswig-Holstein v. 27.3.2009 idF v. 9.4.2009; Allgemeine Verfügung des Ministeriums für Justiz, Arbeit und Europa des Landes Schleswig-Holstein v. 27.2.2003 idF v. 26.6.2013 betr. Beurteilung der Richterinnen und Richter des Landes Schleswig-Holstein (SchlHA, S. 62); Verwaltungsvorschrift zu § 53 Abs. 7 der Thüringer Laufbahnverordnung – Beurteilungsrichtlinien – v. 3.12.2001 (ThürStAnz, S. 2803). **40** Vgl BVerfG (1. Kammer des 2. Senats) 26.11.2010 – 2 BvR 2435/10, NVwZ 2011, 746 f; BVerfG 11.5.2011 – 2 BvR 764/11, NVwZ 2011, 1191; BVerfG 25.11.2011 – 2 BvR 2305/11, IÖD 2012, 26 = NVwZ 2012, 368 ff; BVerwG 25.8.1988 – 2 C 51/86, BVerwGE 80, 123 ff; BayVGH 19.1.2000 – 3 CE 99.3309, BayVBl 2001, 214; BayVGH 8.3.2010 – 3 CE 09.3208; BayVGH 29.4.2015 – 3 ZB 12.1801, EzKommR 1400.1939 (Anspruch auf Bereitstellung höher bewerteter Planstelle nur in eng begrenzten Ausnahmefällen. **41** Die Rspr zur erforderlichen Aktualität dienstlicher Beurteilungen im Rahmen einer zu treffenden Auswahlentscheidung differiert erheblich: Während HessVGH (Beschl. v. 19.9.2000 – 1 TG 2902/00, NVwZ-RR 2002, 255 = ZBR 2001, 413) und OVG Schleswig (Beschl. v. 7.6.1999 – 3 M 18/99, NVwZ-RR 1999, 652) die Grenze bei einem Jahr setzen, lassen BWVGH (Beschl. v. 16.6.2003 – 4 S 905/03, IÖD 2003, 237 f = NVwZ-RR 2004, 120), OVG Koblenz (Beschl. v. 23.5.2007 – 10 B 10318/07, RiA 2008, 31) und OVG Münster (Beschl. v. 19.9.2001 – 1 B 704/01, NVwZ-RR 2002, 594; Beschl. v. 15.5.2002, DÖD 2003, 167) maximal den Regelbeurteilungszeitraum von 3 Jahren gelten. Der BayVGH hat sich dieser Rspr zunächst angeschlossen (Beschl. v. 5.11.2007 – 3 CE 07.2821; Beschl. v. 24.4.2009 – 3 CE 08.3152) und diese im Beschluss v. 8.3.2010 (3 CE 09.3208) dahin präzisiert, dass die Aktualität von dienstlichen Beurteilungen nach Ablauf des Regelbeurteilungszeitraums zu verneinen sei. **42** BVerwG 19.12.2002 – 2 C 31/01, BayVBl 2003, 533; BVerwG 27.2.2003 – 2 C 16/02, BayVBl 2003, 693. **43** Vgl BVerwG 4.11.2010 – 2 C 16/09; BVerwG 27.9.2011 – 2 VR 3/11; BayVGH 11.5.2009 – 3 CE 09.596; VG Würzburg 12.3.2012 – W 1 E 12.14. **44** BVerwG 25.10.2011 – 2 VR 4/11.

27   **cc) Konkurrentenklage.** Der Auffangstreitwert iSd Abs. 2 kann entgegen der bisher hM auch nicht im Rahmen einer Konkurrentenklage zum Ansatz gelangen[45] (→ § 53 Rn 49 m. Fn 69).

28   **dd) Handhabung des Streitwertkatalogs für die Verwaltungsgerichtsbarkeit.** Bedenken ausgesetzt ist schließlich die **Handhabung des Streitwertkatalogs 2013**, soweit für unterschiedliche Konstellationen in ausgewählten Bereichen des Besonderen Verwaltungsrechts der Auffangstreitwert iSd Abs. 2 **„empfohlen"** wird für

- Streitigkeiten über Aufenthaltstitel, Ausweisung und Ausstellung eines Passes bzw Passersatzes im Ausländerrecht (Ziff. 8.1, 8.2 und 8.4),
- Verfahrensanordnung, Abfindung und „sonstige Entscheidungen" im Recht der Flurbereinigung bzw Bodenordnung (Ziff. 13.1, 13.2.2, 13.2.3), soweit ein „abweichendes wirtschaftliches Interesse" nicht festgestellt werden kann (Ziff. 13.2.2, 13.2.3),
- Geltendmachung von Grabnutzungsrechten/Umbettung im Friedhofsrecht (Ziff. 15.1, 15.2),
- Anerkennung der Hochschulreife/Zulassung zum Studium/Immatrikulation/Exmatrikulation (Ziff. 18.1) bzw Zwischenprüfung (Ziff. 18.3) und Hochschulwahlen (Ziff. 18.12),
- Jägerprüfung (Ziff. 20.4),
- Pflegeerlaubnis im Kinder- und Jugendhilferecht (Ziff. 21.6),
- Änderung des Familien- oder Vornamens bzw Namensfeststellung im Namensrecht (Ziff. 28.1, 28.2),
- Obdachloseneinweisung bzw Streit um erkennungsdienstliche Maßnahmen und kriminalpolizeiliche Unterlagen im Polizei- und Ordnungsrecht (Ziff. 35.3, 35.5),
- Errichtung, Zusammenlegung, Schließung einer Schule/Schulpflicht, Einweisung in Sonderschule, Entlassung aus der Schule, Aufnahme in eine bestimmte Schule oder Schulform, Versetzung, Zeugnis/Reifeprüfung (Ziff. 38.1, 38.3–38.6),
- Anfechtung eines Versammlungsverbots/Auskunftsverlangen/Auflage im Versammlungsrecht (Ziff. 45.2–45.4),
- Fahrerlaubnis für die Klassen A, B BE, C1, C1E, D1, D1E, Verbot des Fahrens erlaubnisfreier Fahrzeuge sowie für Verkehrsregelnde Anordnung im Verkehrsrecht (Ziff. 46.1, 46.3, 46.5, 46.7, 46.14, 46.15).

29   Nicht nachvollziehbar ist des Weiteren, weshalb bspw Streitigkeiten bzgl des **Passes** oder Passersatzes im **Ausländerrecht** (Ziff. 8.4) – insoweit übereinstimmend mit Streitigkeiten über die Ausstellung bzw Verweigerung des Personalausweises oder Reisepasses (Ziff. 30.1) – mit dem vollen Auffangwert, hingegen die Streitigkeit über die **Abschiebung** oder aber isolierte Abschiebungsandrohung im Ausländerrecht (Ziff. 8.3) – als unzweifelhaft deutlich einschneidendere Maßnahme – nur mit dem hälftigen Auffangwert anzusetzen ist.

30   Eine „Zwischenstellung" hinsichtlich der Anwendungsbereiche von Abs. 1 und Abs. 2 nehmen die Konstellationen ein, für die in verschiedenen Bereichen des Besonderen Verwaltungsrechts der **Auffangwert als „Untergrenze"** im Streitwertkatalog angegeben wird. Dies gilt etwa

- für das Immissionsschutzrecht im Falle der Klage des Errichters/Betreibers auf Erteilung einer immissionsschutzrechtlichen Genehmigung oder Teilgenehmigung (Ziff. 19.1.1), auf Erteilung eines immissionsschutzrechtlichen Vorbescheids (Ziff. 19.1.4) sowie eines Standortvorbescheids (Ziff. 19.1.5) bzw im Falle der Klage gegen eine Betriebsstilllegung bzw -untersagung (Ziff. 19.1.6),
- im Lebensmittel-/Arzneimittelrecht für „sonstige Maßnahmen" (Ziff. 25.2),
- im Polizei- und Ordnungsrecht für Klagen gegen polizei- und ordnungsrechtliche Verfügungen bzw Anordnungen polizeilicher Sicherstellung bzw Durchführung eines Normenkontrollverfahrens (gegen sicherheitsrechtliche Verordnung) gem. Ziff. 35.1, 35.6,
- behördliche Aufforderung der Zuführung von Wohnräumen zu Wohnzwecken im Bereich des Wohnraumrechts (Ziff. 56.6.3).

31   **3. Maßgeblichkeit bezifferter Geldleistung für Streitwertfestsetzung (Abs. 3). a) Verhältnis von Abs. 3 S. 1 zu Abs. 1.** Die Maßgabe des Abs. 3 S. 1, wonach die Höhe einer „bezifferten Geldleistung" dann für die Streitwertfestsetzung maßgebend ist, wenn der Antrag des Klägers eine solche bezifferte Geldleistung oder aber einen hierauf gerichteten Verwaltungsakt betrifft, heißt nichts anderes, als dass die sich aus dem Antrag des Klägers für ihn ergebende „Bedeutung der Sache" iSd Abs. 1 identisch ist mit der Höhe der bezifferten Geldleistung iSv Abs. 3 S. 1.[46] Mit anderen Worten: Weitere Erwägungen zur „Bedeutung der Sache" iSd Abs. 1 sind im Falle einer bezifferten Geldleistung nicht anzustellen, da die Höhe der Geldleistung maßgeblich ist, ohne dass es auf die (weitere) „Bedeutung der Sache" ankommt.[47] Wie bei Abs. 1 auch (→ Rn 14) scheidet eine Ermäßigung aus sozialen Gründen (sog. **Sozialrabatt**) aus.

---

45 *Hartmann*, KostG, § 52 GKG, Anhang I B, Rn 19 unter Verweis auf BayVGH NVwZ-RR 2000, 332.   **46** *Hartmann*, KostG, § 52 GKG Rn 24.   **47** OVG Lüneburg NVwZ-RR 2010, 40; HessVGH MDR 1996, 321; OVG Greifswald Rpfleger 2010, 80.

b) Relevanz für allgemeine Leistungs-, Anfechtungs- und Verpflichtungsklagen. Abs. 3 S. 1 ist anwendbar 32 auf

- allgemeine Leistungsklagen,
- Anfechtungsklagen (§ 42 Abs. 1 VwGO),
- Verpflichtungsklagen in Form der Versagungsgegenklage sowie der Verbescheidungsklage (§ 42 Abs. 2 VwGO).

Im Bereich der **allgemeinen Leistungsklage** kommt eine Streitwertfestsetzung gem. Abs. 3 S. 1 in Betracht 33 für Klagen des Dienstherrn gegen den Beamten wegen der Erstattung von Beihilfeleistungen infolge eines strafrechtlich relevanten Angriffs des Beamten auf einen Beihilfeberechtigten,[48] im Bereich der **Anfechtungsklage** die Rückforderung von staatlichen Zuwendungen nach erfolgtem Zuwendungsbescheid gem. § 49 a VwVfG bei nachträglicher Feststellung der von Anfang an nicht gegebenen Fördervoraussetzungen oder aber erfolgter Zweckverfehlung,[49] im Bereich der **Verpflichtungsklage** die Geltendmachung von Sozialhilfe gemäß SGB XII,[50] einer Rückforderung von Beamtenbezügen gem. § 12 BBesG[51] oder aber im Rahmen der klageweisen Geltendmachung einer beantragten, aber versagten Beihilfegewährung,[52] des Weiteren im Falle der isolierten Androhung und Festsetzung eines Zwangsgelds (→ Rn 7 m. Nachw. in Fn 9).

48 Werden Beamte, Versorgungsberechtigte oder deren Angehörige körperlich verletzt oder getötet, so geht ein gesetzlicher Schadensersatzanspruch, der diesen Personen infolge der Körperverletzung oder der Tötung gegen Dritte zusteht, insoweit auf den Dienstherrn über, als dieser während einer auf der Körperverletzung beruhenden Aufhebung der Dienstfähigkeit oder infolge der Körperverletzung oder der Tötung zur Gewährung von Leistungen verpflichtet ist; dies gilt auch für den Fall, dass eine Versorgungskasse zur Gewährung der Versorgung verpflichtet ist; in ähnlicher Weise kann der Dienstherr dann, wenn Beihilfeberechtigten gegen einen Leistungserbringer ein Anspruch auf Rückerstattung oder Schadensersatz aufgrund einer unrichtigen Abrechnung zusteht, durch schriftliche Anzeige gegenüber dem Leistungserbringer oder aber der Abrechnungsstelle bewirken, dass der Anspruch insoweit auf den Dienstherrn übergeht, als dieser auf Antrag des Beihilfeberechtigten zu hohe Beihilfeleistungen erbracht hat; vgl hierzu Art. 14 BayBG idF v. 29.7.2008 (GVBl., S. 500). **49** Staatliche Zuwendungen zur Förderung wasserwirtschaftlicher oder abwassertechnischer Vorhaben kommunaler Gebietskörperschaften werden nach vorgängiger Prüfung durch das örtlich zuständige Wasserwirtschaftsamt durch Zuwendungs- sowie sog. Schlussbescheid festgesetzt, verbunden mit einem Nachprüfungsvorbehalt und der Maßgabe gänzlichen oder teilweisen Erlöschens dieser Bescheide für den Fall, dass sich nach Durchführung der staatlichen Rechnungsprüfung herausstellt, dass die Fördervoraussetzungen ganz oder zum Teil zum Zeitpunkt der Festsetzung der Zuwendungen nicht vorgelegen haben. Dies hat zur Folge, dass durch weiteren Bescheid das gänzliche oder teilweise Erlöschen der ursprünglich erlassenen Zuwendungs-/Schlussbescheide festgestellt, die Zuwendung gemäß geprüften Verwendungsnachweisen entsprechend niedriger festgesetzt und die Differenz als Erstattungs-/Rückforderungsbetrag gem. § 49 a Abs. 1 VwVfG bestimmt wird. Einer Rücknahme des Schlussbescheides gem. § 48 VwVfG oder eines Widerrufs gem. § 49 VwVfG bedarf es deshalb nicht, weil gem. § 49 a Abs. 1 VwVfG bereits erbrachte Leistungen auch dann zu erstatten sind, soweit ein Verwaltungsakt mit Wirkung für die Vergangenheit infolge Eintritts einer auflösenden Bedingung unwirksam geworden ist. Dies hat zur Konsequenz, dass sich die betroffene Gebietskörperschaft dem Grundsatze nach nicht auf Vertrauensschutz berufen kann, da nach der Rspr des BVerwG ein solcher im Verhältnis einer Behörde zur anderen Behörde ausgeschlossen ist (vgl BVerwG 29.5.1980 – 5 C 11/78, BVerwGE 60, 208, 211; BayVGH BayVBl 2002, 80); im Übrigen sieht § 49 a Abs. 1 S. 1 VwVfG Vertrauensschutzgesichtspunkte ebenso wenig vor wie die Eröffnung eines Ermessensspielraums, da der Rückerstattungsanspruch aufgrund des Eintritts einer auflösenden Bedingung zwingend vorgesehen ist. Die Voraussetzungen für durch Bescheid gem. § 49 a Abs. 1 S. 1 VwVfG geltend zu machende Rückforderungen sind nur dann nicht erfüllt, wenn keine tatsächlichen Änderungen gemäß geprüften Verwendungsnachweisen gegeben sind, sondern nur eine nachträglich geäußerte und von der Verwaltungspraxis der Förderbehörde abweichende Auffassung des jeweiligen Rechnungsprüfungsamts zu einer anderen Beurteilung führt (vgl VG Regensburg 26.1.2009 – RO 8 K 08.790, Bayer. Gemeindetag 2009, 253); für den Fall der im Verwaltungsgerichtsprozess erklärten Aufrechnung mit Gegenansprüchen der kommunalen Gebietskörperschaft aus Amtspflichtverletzung gem. § 839 BGB iVm Art. 34 S. 1 GG wegen behaupteter fehlerhafter Belehrung oder mangelhafter Aufklärung hinsichtlich der Fördervoraussetzungen durch das Wasserwirtschaftsamt ist zu beachten, dass über eine solche rechtswegfremde Aufrechnung (§ 17 Abs. 2 S. 2 GVG iVm Art. 34 S. 3 GG) im Verwaltungsrechtsweg nur dann entschieden werden kann, wenn der behauptete Amtshaftungsanspruch rechtskräftig festgestellt oder unbestritten ist; vgl hierzu BayVGH 11.2.2011 – 4 ZB 09.3145, EzKommR Nr. 1700.530; LG Ansbach 27.11.2013 – 2 O 634/12 öff, EzKommR Nr. 1700.551; VG Bayreuth 14.3.2011 – B 3 K 09.639, 09.751, EzKommR Nr. 1700.534; LG Nürnberg-Fürth 14.11.2012 – 12 O 9996/11, EzKommR Nr. 1700.547. Ist dies – wie regelmäßig – nicht der Fall, so kommt nach der Rspr des BVerwG nur eine Aussetzung des Verwaltungsgerichtsprozesses unter Fristsetzung für die Geltendmachung des Amtshaftungsanspruchs beim örtlich und sachlich zuständigen Landgericht oder aber bei Spruchreife Abänderung des vorinstanzlichen Urteils in ein Vorbehaltsurteil gem. § 173 VwGO iVm § 302 ZPO in Betracht, wobei der Aussetzung analog § 94 VwGO nur das Nachverfahren über die Aufrechnung unterliegt (vgl BVerwG 12.2.1987 – 3 B 22/86, BVerwGE 77, 19 = BayVBl 1987, 439 = NJW 1987, 2530; BVerwG 7.10.1998 – 3 B 68/97, BayVBl 1999, 280 f = DVBl 1999, 472 f = NJW 1999, 160 f; BayVGH 27.7.2009 – 4 ZB 07.1132; zur Förderfähigkeit von Maßnahmen nach dem GVFG vgl BayVGH 25.3.2013 – 4 ZB 11.1345, EzKommR Nr. 1700.549. **50** Vgl *Hartmann*, KostG, § 52 GKG Rn 25 unter Verweis auf OVG Bremen JB 2002, 80. **51** Die durch den Dienstherrn erfolgende Rückforderung zu viel gezahlter Beamtenbezüge richtet sich gem. § 12 Abs. 2 S. 1 BBesG nach den Vorschriften des BGB über die Herausgabe einer ungerechtfertigten Bereicherung, also nach den §§ 818 ff BGB, wobei der Kenntnis des Mangels des rechtlichen Grundes der Zahlung gleichsteht, wenn der Mangel so offensichtlich war, dass der Empfänger ihn hätte erkennen müssen (§ 12 Abs. 2 S. 2 BBesG). Von der Rückforderung kann gem. § 12 Abs. 2 S. 3 BBesG aus Billigkeitsgründen mit Zustimmung der obersten Dienstbehörde oder der von ihr bestimmten Stelle ganz oder teilweise abgesehen werden. **52** Voraussetzung für die Gewährung beantragter Beihilfe für Beamte, Versorgungsempfänger und deren Angehörige ist nach den Beihilfevorschriften des Bundes wie der Länder die sog. Beihilfefähigkeit von stationären wie ambulanten ärztlichen Leistungen sowie verordneter Medikamente, die ihrerseits voraussetzt, dass die medizinische Notwendigkeit anerkannt wird und die Beihilfefähigkeit nicht ausdrücklich ausgeschlossen ist. Das Vorliegen einer

34   **c) Festsetzung wegen offensichtlich absehbarer Auswirkungen auf zukünftige Geldleistungen oder auf noch zu erlassende, auf derartige Geldleistungen bezogene Verwaltungsakte (Abs. 3 S. 2).** Abs. 3 S. 2 ist durch das 2. KostRMoG neu aufgenommen worden. Den bei einer Streitwertfestsetzung im Rahmen von Streitigkeiten bzgl einer bezifferten Geldleistung oder eines hierauf bezogenen Verwaltungsakts iSd Abs. 3 S. 1 für den Fall bestehenden Unsicherheiten, dass sich die „Bedeutung der Sache" iSv Abs. 1 wegen der für die Zukunft sich ergebenden Auswirkungen nicht auf den Betrag der bezifferten Geldleistung beschränkt, wird durch die Neufassung von Abs. 3 dadurch begegnet, dass dann, wenn der Antrag des Klägers „offensichtlich absehbare Auswirkungen" auf künftige Geldleistungen oder auf noch zu erlassende, auf derartige Geldleistungen bezogene Verwaltungsakte hat, die Höhe des sich aus Abs. 3 S. 1 ergebenden Streitwerts um den Betrag der „offensichtlich absehbaren zukünftigen Auswirkungen" für den Kläger anzuheben ist, die sich hieraus ergebende Summe jedoch das Dreifache des Werts nach Abs. 3 S. 1 nicht übersteigen darf (Abs. 3 S. 2). Diese Formulierung geht auf die Beschlussempfehlung und den Bericht des Rechtsausschusses vom 15.5.2013 zurück.[53]

35   Diese gegenüber der ursprünglichen Formulierung im Gesetzentwurf der Bundesregierung (Abs. 3 S. 2 und 3),[54] wonach der – ebenfalls auf das Dreifache des Werts gem. Abs. 3 S. 1 beschränkte – wegen der „Bedeutung für die Zukunft" zu erhöhende Streitwert anzusetzen war, Gesetz gewordene Fassung wurde aus „Sicht der Finanzgerichtsbarkeit" als nicht geeignet erachtet, die Finanzgerichte von der personal- und kostenintensiven Kostenrechtsprechung zu entlasten, so dass durch den (federführenden) Rechtsausschuss, Finanz-, Wirtschaftsausschuss und den Ausschuss für Innere Angelegenheiten für die 901. Sitzung des Bundesrates vom 12.10.2012 gemäß Drucks. 517/1/12 vom 2.10.2012 unter Nr. 67 empfohlen worden war, die nunmehrige Fassung zu wählen, da die nach der ursprünglichen Fassung gemäß RegE Abs. 3 S. 2 als relevant zu beachtende „Bedeutung für die Zukunft" zusätzliches Konfliktpotential berge und zu entsprechendem Mehraufwand führen werde.

36   Für Verwaltungsstreitsachen ergibt sich die Bedeutung etwa für die Konstellationen, in denen es um die Befreiung von **Rundfunkgebühren** bzw des Rundfunkbeitrags,[55] von **Studiengebühren**[56] bzw um die klageweise Geltendmachung eines **Stundungsbegehrens**[57] ging bzw geht.

37   **4. Streitwertbegrenzung bei Ansprüchen nach dem Vermögensgesetz (Abs. 4 Nr. 3).** Die in Abs. 4 Nr. 3 bestimmte Maßgabe, dass vor den Gerichten der Verwaltungsgerichtsbarkeit über Ansprüche nach dem Vermögensgesetz (VermG) der Streitwert nicht über 500.000 € angenommen werden darf, ist nicht zu verwechseln mit der Sondervorschrift des § 6 Abs. 3 S. 2 VZOG (→ Rn 5 m. Fn 3).

   5. Streitwertfestsetzung für Streitigkeiten über Begründung, Umwandlung, Bestehen, Nichtbestehen oder Beendigung eines besoldeten öffentlich-rechtlichen Dienst- oder Amtsverhältnisses (Abs. 6 S. 1 Nr. 1, 2, S. 2). a) Vergleich mit Abs. 5 S. 1 Nr. 1 und 2 aF. *Red. Anm.:* Der frühere Absatz 5 wurde mWz 16.7.2014 zum jetzigen Absatz 6.[58] Die mit „aF" ausgewiesene Regelung des (früheren) Absatzes 5 meint also die Fassung des Absatzes 5 *vor* der Änderung durch das 2. KostRMoG.

38   Die einschneidenste Veränderung durch das 2. KostRMoG betrifft die Streitwertfestsetzung für Verfahren, bei denen es um die Begründung, die Umwandlung, das Bestehen, das Nichtbestehen oder aber die Beendigung eines besoldeten öffentlich-rechtlichen Dienst- oder Amtsverhältnisses geht, soweit es sich um ein **Dienst- oder Beamtenverhältnis auf Lebenszeit** handelt. Hierfür war gem. Abs. 5 S. 1 Nr. 1 aF der 13-fache Betrag des

---

Krankheit ist daher notwendige, aber nicht hinreichende Voraussetzung für die Beihilfefähigkeit eines zu ihrer Behandlung verordneten Medikaments (vgl etwa § 18 S. 1 BayBhV). Nach der Rspr stellen (gesetzliche wie private) Krankenversicherung und Beihilfe grundverschiedene Sicherungssysteme mit der Folge dar, dass Beihilfe nur aus besonderem Anlass zu einem bestimmten Zweck den Teil der durch Krankheit verursachten Aufwendungen ergänzend und annähernd zu decken hat, den eine dem Beamten zumutbare Versicherung regelmäßig nicht gewährt (vgl BVerwG 17.12.1981 – 2 C 24/81, Buchholz 238.911 Nr. 13; BVerwG 18.9.1985 – 2 C 47/84, ZBR 1986, 162; BVerwG 25.6.1987 – 2 N 1/86, BVerwGE 77, 345 = DÖD 1987, 261 = NVwZ 1987, 1083). Dies hat zur Folge, dass die beamtenrechtliche Fürsorgepflicht nicht eine lückenlose Erstattung jeglicher Aufwendungen gebietet, da die Beihilfe lediglich sicherzustellen hat, dass der Beamte nicht mit erheblichen Krankheitskosten belastet bleibt, die für ihn unanwendbar sind und denen er sich nicht entziehen kann. Die Beihilfevorschriften stellen daher eine grds. abschließende Konkretisierung der beamtenrechtlichen Fürsorgepflicht mit der Folge dar, dass ein Rückgriff auf die beamtenrechtliche Generalklausel nur dann in Betracht kommt, wenn der Ausschluss der Beihilfe für die in Rede stehenden Medikamente oder ärztlichen Behandlungen die Fürsorgepflicht in ihrem „Wesenskern" verletzte. Ein großer Teil der beihilferechtlichen Streitigkeiten betrifft die erfolgten Ausschlüsse der Beihilfefähigkeit für Mittel, die geeignet sind, Güter des täglichen Bedarfs zu ersetzen (vgl hierzu OVG Lüneburg 9.9.2008 – 5 LA 329/06; OVG Münster 16.12.2008 – 6 A 4509/05, IÖD 2009, 76; BVerwG 25.1.1995 – 2 B 5/95). **53** BT-Drucks 17/13537, S. 225. Der Rechtsausschuss folgt mit dieser Regelungsempfehlung einem Vorschlag des Bundesrates, dem die Bundesregierung zugestimmt hat. **54** BT-Drucks 17/11471 (neu), S. 97 (zu Art. 3 Nr. 18 Buchst. a). **55** Auf der Grundlage des Rundfunkgebührenstaatsvertrages v. 29.6.2011 als Art. 1 des Rundfunkänderungsstaatsvertrages (RStV) v. 15./21.12.2010. **56** Vgl *Hartmann*, KostG, § 52 GKG Rn 25 unter Verweis auf BWVGH NVwZ-RR 2009, 622 (3,5-facher Jahreswert). **57** Vgl *Hartmann*, KostG, § 52 GKG Rn 25 unter Verweis auf OVG Münster NVwZ-RR 2000, 732 (3-facher Jahresbetrag). **58** Durch Art. 7 Buchst. c des Gesetzes zur Durchführung der Verordnung (EU) Nr. 1215/2012 sowie zur Änderung sonstiger Vorschriften v. 8.7.2014 (BGBl. I 890, 893).

Endgrundgehalts zzgl ruhegehaltsfähiger Zulagen anzusetzen. In Übereinstimmung hiermit bestimmte Ziff. 10.1 des Streitwertkatalogs 2004 für den sog. **großen Gesamtstatus** ebenfalls das 13-fache Endgrundgehalt (zzgl ruhegehaltsfähiger Zulagen), wobei der „große Gesamtstatus" zur Anwendung kam für

- bestehende oder angestrebte besoldete öffentlich-rechtliche Dienst- oder Amtsverhältnisse auf Lebenszeit,
- Beendigung eines solchen öffentlich-rechtlichen Dienst- oder Amtsverhältnisses durch einstweilige Ruhestandsversetzung infolge prognostischer Dienstunfähigkeit (§ 26 Abs. 1 S. 1 und 2 BeamtStG) bei nicht bestehender anderweitiger Verwendbarkeit (§ 26 Abs. 2 BeamtStG) und nicht gegebener Möglichkeit der Zuweisung einer nicht amtsangemessenen Tätigkeit (§ 26 Abs. 3 BeamtStG),[59]
- durch den Beamten beantragte oder aber durch den Dienstherrn erfolgende Reaktivierung eines in den einstweiligen Ruhestand wegen prognostischer Dienstunfähigkeit versetzten Beamten infolge Wiedererlangung der Dienstfähigkeit.[60]

Ausgeschlossen von der Anwendbarkeit des **Abs. 5 S. 1 Nr. 1 aF** waren und sind aufgrund des ausschließlichen Normbezugs auf Lebenszeitverhältnisse die **Streitigkeiten von Ehren-, Widerrufs- und Probezeitbeamten.**[61] **39**

Nach der nunmehr geltenden Fassung von **Abs. 6 S. 1 Nr. 1** iVm S. 2 und 3 ist Streitwert bei einem Dienst- oder Amtsverhältnis auf Lebenszeit die **Summe der für ein Kalenderjahr zu zahlenden Bezüge** mit Ausnahme nicht ruhegehaltsfähiger Zulagen. **40**

b) **Auswirkungen für die Praxis der Streitwertfestsetzung.** Ergab sich gem. Abs. 5 S. 1 Nr. 1 aF die Notwendigkeit, die ruhegehaltsfähigen Zulagen zu ermitteln, um sie zum 13-fachen Betrag des Endgrundgehalts zu addieren, ist es nunmehr erforderlich, von der Summe der für ein Kalenderjahr zu zahlenden Bezüge die **nicht ruhegehaltsfähigen Zulagen** zu ermitteln und anschließend zu subtrahieren. Dies gebietet nach wie vor, hinsichtlich der jeweiligen **Zulagenarten** zu **differenzieren.** **41**

Relevant ist die Unterscheidung nach **42**

- **Zulagen für bestimmte Leistungen**, also Erschwernis- und Gefahrenzulagen für besondere Belastungen und Gefährdungen während der Dienstausübung;[62]
- **verhaltensabhängigen Zulagen** in Form von Leistungsprämien für besonders herausragende Leistungen in der Vergangenheit bzw Leistungszulagen aufgrund positiver Leistungsprognose für die Zukunft;[63]
- **leistungsunabhängigen Zulagen**, also insb. „Weihnachts-/Urlaubsgeld" als Einmalzahlungen.[64]

Zur Ermittlung des Endgrundgehalts – insoweit identisch mit dem Rechtsbegriff des Grundgehalts iSv § 27 BBesG, bestehend bei stufenabhängiger Besoldung der Besoldungsgruppen A 2 bis A 16, R 1 und R 2, berechnet aus der im Zeitpunkt aktuell maßgebenden Stufe – sowie der nicht ruhegehaltsfähigen Zulagen ist wie folgt zu differenzieren: **43**

- Das **Endgrundgehalt** iSv § 27 BBesG ergibt sich regelmäßig aus der aktuellen behördlichen Bezügemitteilung.
- Hinsichtlich der **Zulagen** können sich Unterschiede je nachdem ergeben, ob es sich um Bundes- oder aber Landesbeamte (einschließlich der Beamten/Beamtinnen der Gemeinden, Gemeindeverbände und der staatlichen Aufsicht unterstehenden Körperschaften, Anstalten und Stiftungen des öffentlichen Rechts) handelt: Nach den Maßgaben des Bundesbesoldungsgesetzes erhält den **Familienzuschlag** der Stufe 1 (sog. **Verheiratetenzuschlag**) neben dem verheirateten Beamten auch der geschiedene Beamte,

---

59 Die durch § 26 Abs. 1 BeamtStG erfolgte Legaldefinition der (prognostischen) Dienstunfähigkeit, der „anderweitigen Verwendung" gem. § 26 Abs. 2 BeamtStG und der Voraussetzung der Übertragung einer geringerwertigen Tätigkeit im Bereich desselben Dienstherrn zur Vermeidung der Versetzung in den Ruhestand gem. § 26 Abs. 3 BeamtStG sind grds. abschließend, so dass Raum für das Landesrecht nur hinsichtlich der Fristbestimmung iSv § 26 Abs. 1 S. 2 BeamtStG sowie für Sonderregelungen für bestimmte Gruppen von Beamtinnen und Beamten gem. § 26 Abs. 1 S. 4 BeamtStG bleibt; vgl iÜ *Hartmann*, KostG, § 52 GKG Rn 30 unter Verweis auf BVerfG NVwZ-RR 2009, 823 und BVerwG NVwZ-RR 2010, 127. **60** Vgl *Hartmann*, KostG, § 52 GKG Rn 30 unter Verweis auf OVG Lüneburg NVwZ-RR 2010, 943. **61** Ehrenbeamte sind zum einen in der Gruppe der kommunalen Wahlbeamten die nicht berufsmäßigen ersten (und weiteren) Bürgermeister kreisangehöriger Gemeinden, stellvertretenden Landräte und (stellvertretenden) Bezirkstagspräsidenten, zum anderen Ehrenbeamte zur unentgeltlichen Wahrnehmung von Aufgaben iSv § 3 Abs. 2 Nr. 1 und 2 BeamtStG; das vor der Lebenszeitverbeamtung zu durchlaufende Beamtenverhältnis auf Probe (§ 6 Abs. 3 BBG) setzt die durch Ablegung der Laufbahnprüfung erlangte Laufbahnbefähigung voraus (§ 7 Abs. 1 S. 1 BLV); das Beamtenverhältnis auf Widerruf dient zum einen der Ableistung eines dem Eintritt in eine Laufbahn vorgeschalteten Vorbereitungsdienstes, zum anderen kann es zur befristeten Wahrnehmung von Aufgaben nach § 5 BBG begründet werden (§ 6 Abs. 4 BBG); vgl hierzu *Wieland/Seulen*, Beamtenrecht, in: Eiding/Hofmann-Hoeppel, VerwR, § 51 Rn 8 ff. **62** Vgl die Nachw. in Fn 67–70. **63** Die Gewährung von verhaltensabhängigen Zulagen als Leistungsprämien erfolgt im Bereich des Bundes auf der Grundlage der gem. § 42 a Abs. 1 BBesG erlassenen Leistungsprämien- und -zulagenverordnung (LPZV) v. 1.7.1997 (BGBl. I 1598) idF von Art. 1 des Dritten Gesetzes für moderne Dienstleistungen am Arbeitsmarkt v. 23.12.2003 (BGBl. I 2848, 2894); vgl hierzu *Plog/Wiedow*, BBG, Bd. 3 (BBesG), § 42 a Anm. 5. **64** Vgl *Wieland/Seulen*, Beamtenrecht, in: Eiding/Hofmann-Hoeppel, VerwR, § 51 Rn 66 ff.

wenn er aus der Ehe zum Unterhalt verpflichtet ist, soweit der sonst alleinstehende Beamte andere Personen (Kinder, pflegebedürftige Angehörige) aus gesetzlicher oder sittlicher Verpflichtung in seine Wohnung aufgenommen hat und diesen Unterhalt gewährt, unter den Voraussetzungen des § 40 Abs. 1 Nr. 4 BBesG; ist der Ehegatte im öffentlichen Dienst tätig, so steht der Zuschlag jedem nur zur Hälfte zu (§ 40 Abs. 4 BBesG); demgegenüber wird der Familienzuschlag der Stufe 1 nach den Besoldungsgesetzen der Bundesländer in das Endgrundgehalt einbezogen, also nicht separat ausgewiesen.

- Der sog. **Kinderzuschlag** als höhere Stufe des Familienzuschlags rechnet bei der Ermittlung des Endgrundgehalts (wie der ruhegehaltsfähigen Dienstbezüge) nicht mit.

- Sonstige Dienstbezüge (iSv § 5 Abs. 1 S. 1 Nr. 3 BeamtVG) zählen dann zu den ruhegehaltsfähigen Zulagen, wenn es sich um **Amtszulagen** (iSv § 42 Abs. 1 BBesG) handelt, was etwa für die als „Zwischenstufe" zwischen zwei Besoldungsgruppen einschließlich der als Amtszulage ausgestaltete Zulage zur Besoldungsgruppe A 9 (A 9 Z) gilt (§ 42 Abs. 2 BBesG); die Ruhegehaltsfähigkeit ist für andere Stellenzulagen in aller Regel zu verneinen.[65]

44   Hinsichtlich der **Zulagen für bestimmte Leistungen** sind vornehmlich jene hervorzuheben, die nach der **Erschwerniszulagenverordnung** (EZulV) in Betracht kommen; Rechtsgrundlage hierfür war für Bundesbeamte wie Beamte der Bundesländer bis 31.12.2010 die Erschwerniszulagenverordnung (EZulV) der Bundesregierung, die gem. Art. 125 a Abs. 1 S. 1 GG in den Ländern in der bis zum 31.8.2006 geltenden Fassung bis 31.12.2010 fortgalt. Da nach Inkrafttreten der geänderten Fassung von Art. 74 Abs. 1 Nr. 27 GG am 1.9.2006 sich die konkurrierende Gesetzgebung des Bundes (Art. 72 Abs. 1 GG) nicht mehr auf Regelungen zur Besoldung und Versorgung der Beamten der Länder erstreckte, sondern in den Bereich der Landesgesetzgebung fiel, haben die Bundesländer nach dem 31.12.2010 von dieser Gesetzgebungsbefugnis durch den Erlass eigener Erschwerniszulagenverordnungen Gebrauch gemacht.[66] In Betracht kommt in diesem Zusammenhang vornehmlich die Gewährung von

- **Polizeizulagen an Steuerfahndungshelfer** (gem. Nr. 9 der Vorbemerkungen zu den Bundesbesoldungsordnungen A und B) unter der Voraussetzung, dass die Gruppe der Fahndungshelfer im jeweiligen Zuständigkeitsbereich nach der für sie maßgeblichen Verwaltungspraxis mit der Zulage abzugeltenden besonderen Belastungen ebenso unterliegt wie die Steuerfahndungsprüfer, denen sie zuarbeitet, wobei unerheblich ist, ob der einzelne Beamte den vom Zulagentatbestand erfassten Erschwernissen ausgesetzt ist;[67]

- höherer **Erschwerniszulage für Angehörige eines Mobilen Einsatzkommandos** des Bundeskriminalamts oder einer **Observationseinheit des Zollfahndungsdienstes** im Vergleich zu Angehörigen eines Mobilen Einsatzkommandos der Bundespolizei aufgrund des unterschiedlichen Gewichts der Gefährdungen und Belastungen, die sich aus den unterschiedlichen Aufgabenbereichen und Einsatzbedingungen der Einheiten typischerweise ergeben;[68]

- **Wechselschichtzulage insb. für Polizeivollzugsbeamte** gem. § 20 Abs. 5 S. 3 Buchst. b EZulV unabhängig davon, ob der Wechselschichtdienst auch in der Nachtzeit zwischen 20.00 Uhr und 6.00 Uhr geleistet wird.[69]

45   Außerhalb des Geltungsbereichs der Erschwerniszulagenverordnung ist von Relevanz die Gewährung

- einer **Verwendungszulage** an Beamte, denen die Aufgaben eines unbesetzten höherwertigen Amtes vertretungsweise übertragen wird (§ 46 Abs. 1 S. 1 BBesG) auch für den Fall, dass die Übertragung auf Dauer angelegt ist,[70]

- eines sog. **Mindestzuschlags zu den Dienstbezügen** eines begrenzt dienstfähigen Beamten.[71]

46   Verhaltensabhängige Zulagen, also **Leistungsprämien** für besonders herausragende Leistungen in der Vergangenheit bzw Leistungszulagen aufgrund positiver Leistungsprognose für die Zukunft, sind im Gegensatz zu leistungsunabhängigen Zulagen nicht ruhegehaltsfähig.

---

65 Vgl *Wieland/Seulen*, Beamtenversorgungsrecht, in: Eiding/Hofmann-Hoeppel, VerwR, § 53 Rn 10 ff. **66** Vgl etwa die Verordnung der Landesregierung über die Gewährung von Erschwerniszulagen in Baden-Württemberg (Erschwerniszulagenverordnung Baden-Württemberg – EZulVO BW), in Kraft seit 1.1.2011. **67** BVerwG 22.2.2011 – 2 B 72/10, EzKommR Nr. 1400.1278 (Polizeizulage für Steuerfahndungshelfer). **68** BVerwG 3.6.2011 – 2 B 13.11, EzKommR Nr. 1400.1340 (erhöhte Erschwerniszulage für Angehörige eines mobilen Einsatzkommandos des BKA oder einer Observationseinheit des Zollfahndungsdienstes). **69** Vgl BWVGH 31.3.2011 – 4 S 2003/10, EzKommR Nr. 1400.1302; VG Stuttgart 15.7.2010 – 4 K 4658/09, EzKommR Nr. 1400.1199 (Schichtzulage gem. § 20 Abs. 5 S. 3 Buchst. b BWEZulV); VG Stuttgart 31.3.2011 – 1 K 4371/09, EzKommR Nr. 1400.1303 (keine Erschwerniszulage gem. § 19 BWEZulV für einem mobilen Einsatz- oder Spezialeinsatzkommando nicht angehörenden Polizeivollzugsbeamten ungeachtet erfolgter Ausbildung und Verwendung für Amoklagen). **70** Vgl BVerwG 28.4.2011 – 2 C 30/09, EzKommR Nr. 1400.1312 (zur Zulagengewährung gem. § 46 Abs. 1 S. 1 BBesG auch bei einer auf Dauer angelegten Übertragung von Aufgaben eines unbesetzten höherwertigen Amtes). **71** Vgl OVG Lüneburg 1.11.2011 – 5 LC 207/10, IÖD 2012, 11 = EzKommR Nr. 1400.1391 (zur verfassungswidrigen Minderbemessung des Mindestzuschlags zu Dienstbezügen bei begrenzter Dienstfähigkeit durch Festsetzung eines Betrags von 180 € gemäß Niedersächsischer Verordnung über die Gewährung eines Zuschlags zu den Dienstbezügen bei begrenzter Dienstfähigkeit v. 14.10.2008).

c) Dienst- oder Amtsverhältnisse auf Lebenszeit (Abs. 6 S. 1 Nr. 1). aa) Persönlicher Geltungsbereich. Öf- 47
fentlich-rechtliche Dienst- oder Amtsverhältnisse auf Lebenszeit bei Diensttherrn iSv § 2 Nr. 1, 2 BeamtStG,
dh bei Ländern, Gemeinden und Gemeindeverbänden (§ 2 Nr. 1 BeamtStG) sowie sonstigen Körperschaften, Anstalten und Stiftungen des öffentlichen Rechts (§ 2 Nr. 2 BeamtStG), die Diensttherrenfähigkeit im
Zeitpunkt des Inkrafttretens des BeamtStG (1.4.2009 gem. § 63 Abs. 3 S. 1 BeamtStG) besitzen oder denen
die Diensttherrenfähigkeit durch Landesgesetz oder aufgrund eines Landesgesetzes verliehen wird, sowie
beim Bund bestehen ausschließlich für (→ § 42 Rn 13 ff)

- aktive Lebenszeitbeamte (§ 4 Abs. 1 S. 1 iVm § 3 Abs. 2 BeamtStG),
- Hochschullehrer sowie hauptberufliche Leiter und Mitglieder von Leitungsgremien an Hochschulen,
- Berufsrichter (§ 3 DRiG).

Die Streitwertfestsetzung gem. Abs. 6 S. 1 Nr. 1 erfasst ausweislich des Wortlauts die Begründung, Umwandlung, das Bestehen bzw Nichtbestehen oder aber die Beendigung eines besoldeten öffentlich-rechtlichen Dienst- oder Amtsverhältnisses. Hinsichtlich dieser Tatbestandsmerkmale gilt Folgendes:

bb) Begründung eines besoldeten öffentlich-rechtlichen Dienst-/Amtsverhältnisses auf Lebenszeit. Ein Be- 48
amtenverhältnis wird für Bundes- wie Landesbeamte generell durch den Formalakt der Ernennung begründet (§ 10 Abs. 1 Nr. 1 BBG bzw § 8 BeamtStG), erfolgend durch die Aushändigung einer Ernennungsurkunde (§ 10 Abs. 2 S. 1 BBG), die den Anforderungen des § 10 Abs. 2 S. 2 Nr. 1 BBG genügt, also für Dienst-
oder Amtsverhältnisse auf Lebenszeit in der Ernennungsurkunde die ausdrückliche Formulierung „auf Lebenszeit" enthalten muss.[72]

Daraus folgt gleichzeitig, dass die Ernennung zum Beamten **„auf Probe"** als Vorstadium vor der Verbeam- 49
tung auf Lebenszeit (§ 6 Abs. 3 BBG) oder aber zum Beamten auf Widerruf – zur Ableistung eines dem Eintritt in eine Laufbahn vorgeschalteten Vorbereitungsdienstes oder aber zum Zweck der befristeten Übertragung der Aufgaben nach § 5 BBG (§ 6 Abs. 4 BBG) – nicht die Begründung eines öffentlich-rechtlichen
Dienst- oder Amtsverhältnisses auf Lebenszeit zum Gegenstand hat und somit aus dem Geltungsbereich des
Abs. 6 S. 1 Nr. 1 ausscheidet.[73]

Da der Beamte auf Lebenszeit der dem Berufsbeamtentum entsprechende **Regeltyp des Beamten** ist (§ 6 50
Abs. 1 S. 2 BBG),[74] sind die Voraussetzungen einer Ernennung auf Lebenszeit in § 11 Abs. 1 BBG dahin
normiert, dass

- zum einen die in § 7 BBG bezeichneten Voraussetzungen erfüllt sind (§ 11 Abs. 1 S. 1 Nr. 1 BBG) und
- zum anderen sich der Beamte in einer Probezeit in vollem Umfang bewährt hat (§ 11 Abs. 1 S. 1 Nr. 1,
  Abs. 1 S. 2–5 BBG).

Während die Voraussetzungen nach § 7 BBG hinsichtlich der Anforderungen an die personellen Grundvo- 51
raussetzungen inhaltlich § 7 BBG aF entsprechen[75] –

- Deutscher iSd Art. 116 GG oder aber Staatsangehörigkeit eines anderen Mitgliedstaates der Europäischen Union, eines anderen Vertragsstaates des Abkommens über den Europäischen Wirtschaftsraum
  oder eines Drittstaates, dem die Bundesrepublik Deutschland und die Europäische Union vertraglich
  einen entsprechenden Anspruch auf Anerkennung der Berufsqualifikationen eingeräumt haben (§ 7
  Abs. 1 Nr. 1 Buchst. a–c BBG),
- Gewähr des jederzeitigen Eintretens für die freiheitliche demokratische Grundordnung iSd Grundgeset-
  zes (§ 7 Abs. 1 Nr. 2 BBG),
- Besitz der für die entsprechende Laufbahn vorgeschriebenen Vorbildung (§ 7 Abs. 1 Nr. 3 Buchst. a
  BBG) oder Erwerb der erforderlichen Befähigung durch Lebens- und Berufserfahrung (§ 7 Abs. 1 Nr. 3
  Buchst. b BBG) –,

zeichnet sich die Neufassung von § 11 Abs. 1 Nr. 2, S. 2 und 3 BBG dadurch aus, dass die Anforderungen
an eine Bewährung in der Probezeit deutlich verschärft wurden, was durch die Forderung der Bewährung
„in vollem Umfang" und der „Anlegung eines strengen Maßstabs" zum Ausdruck kommt.[76]

Ein Verfahren **„betrifft"** auch dann die Begründung eines Beamtenverhältnisses auf Lebenszeit iSd Abs. 6 52
S. 1 Nr. 1, wenn der Diensttherr die **Feststellung** trifft, der **Beamte** habe sich **während der Probezeit nicht in**
vollem Umfange iSd § 11 Abs. 1 S. 1 Nr. 2 iVm S. 2 BBG mit der Folge **bewährt**, dass der Diensttherr die
Entlassung aus dem (Probe-)Beamtenverhältnis wegen fehlender Bewährung gem. § 34 Abs. 1 Nr. 2 BBG
verfügt, soweit sich die mangelnde Bewährung auf die Kriterien **„Befähigung"**, **„fachliche Leistung"** und

---

72 Vgl *Wieland/Seulen*, Beamtenrecht, in: Eiding/Hofmann-Hoeppel, VerwR, § 51 Rn 10. **73** Vgl *Wieland/Seulen*, Beamtenrecht,
in: Eiding/Hofmann-Hoeppel, VerwR, § 51 Rn 8. **74** BVerfG 30.7.2003 – 2 BvR 2116/01, DÖD 2003, 293; BVerwG 2.3.2000
– 2 C 1/99, BVerwGE 110, 363, 366; vgl *Plog/Wiedow*, BBG (Bd. 1), § 11 BBG Rn 6 mwN. **75** Vgl *Plog/Wiedow*, BBG (Bd. 1),
§ 7 BBG Rn 1. **76** Vgl *Plog/Wiedow*, BBG (Bd. 1), § 11 BBG Rn 13.

„Eignung"[77] – mit Ausnahme der gesundheitlichen Eignung (→ Rn 53) – iSd Art. 33 Abs. 2 GG bezieht, da zwar in Gestalt der Entlassungsverfügung nach § 34 Abs. 1 S. 1 Nr. 2 BBG eine „Beendigung" des Probezeitbeamtenverhältnisses inmitten liegt, das kein „Dienst- oder Amtsverhältnis auf Lebenszeit" ist, der von der Entlassungsverfügung betroffene Probezeitbeamte aber gleichzeitig einen Rechtsanspruch auf Umwandlung des Beamtenverhältnisses auf Probe in ein solches auf Lebenszeit gem. § 11 Abs. 2 S. 1 BBG mit der Begründung geltend machen kann, die beamtenrechtlichen Voraussetzungen seien erfüllt.[78]

53   Ist die mangelnde Bewährung iSv § 11 Abs. 1 S. 1 Nr. 2 BBG ausschließlich auf die **mangelnde gesundheitliche Eignung** zurückzuführen und demzufolge gem. § 34 Abs. 1 S. 2, 1. Alt. BBG eine „anderweitige Verwendung" zu prüfen, geht es also um eine Verlängerung der Mindestprobezeit von 3 Jahren (§ 11 Abs. 1 S. 3 BBG), so ist Abs. 6 S. 1 Nr. 1 nicht einschlägig, da das Probezeit-, nicht aber ein Lebenszeitbeamtenverhältnis „betroffen" ist.

54   Abs. 6 S. 1 ist auch einschlägig für den Fall, dass der in den einstweiligen Ruhestand versetzte Beamte (§§ 44, 54 BBG) erneut in das Beamtenverhältnis auf Lebenszeit berufen, also **reaktiviert** werden soll (§ 57 BBG), da der einstweilige Ruhestand gem. § 58 Abs. 1 BBG bei erneuter Berufung in das Beamtenverhältnis auf Lebenszeit endet. Klagt der durch Bescheid des Dienstherrn (VA iSv § 35 S. 1 VwVfG) reaktivierte Ruhestandsbeamte gegen die verfügte Verleihung eines Amtes mit mindestens demselben Endgrundgehalt im Dienstbereich seines früheren Dienstherrn, so betreffen Widerspruch (§ 126 Abs. 2 BBG, entsprechend § 126 Abs. 3 Nr. 1 BRRG) und Anfechtungsklage (§ 42 Abs. 1 VwGO iVm § 40 Abs. 1 VwGO, § 126 Abs. 1 BBG) die beabsichtigte erneute Überführung in das Lebenszeitbeamtenverhältnis.[79]

55   Nämliches gilt, wenn der **Inhaber eines Amtes mit leitender Funktion** iSd § 24 Abs. 5 S. 1 BBG nach erfolgreichem Abschluss der (Mindest-)Probezeit von 2 Jahren (§ 24 Abs. 3 S. 2, 2. Alt. BB) klageweise die **Übertragung des Amtes auf Dauer im Beamtenverhältnis auf Lebenszeit** (§ 24 Abs. 4 S. 1 BBG) geltend macht, da streitgegenständlich das angestrebte Lebenszeitbeamtenverhältnis unter Zugrundelegung der „Soll-Vorschrift" des § 24 Abs. 4 S. 1 BBG ist.[80]

56   **cc) Umwandlung eines besoldeten öffentlich-rechtlichen Dienst- oder Amtsverhältnisses auf Lebenszeit.** Gemäß § 10 Abs. 1 Nr. 2 iVm Abs. 2 Nr. 2 BBG bedarf es einer Ernennung auch zur **Umwandlung** des Beamtenverhältnisses in ein solches „anderer Art". Dies setzt u.a. voraus, dass im Zeitpunkt der Ernennung bereits ein Beamtenverhältnis zu dem betreffenden Dienstherrn besteht.[81] **Klassischer Anwendungsfall** ist die Übertragung eines Amtes mit leitender Funktion iSd § 24 Abs. 5 BBG, also Ämter der Besoldungsgruppen B 6 bis B 9 in obersten Bundesbehörden sowie der der Besoldungsordnung B angehörenden Ämter der Leiterinnen und Leiter der übrigen Bundesbehörden sowie der bundesunmittelbaren Körperschaften, Anstalten und Stiftungen des öffentlichen Rechts (§ 24 Abs. 5 S. 1 BBG) mit Ausnahme des Amtes der Direktorin und des Direktors beim Bundesverfassungsgericht sowie die den Funktionen der stellvertretenden Direktorin und des stellvertretenen Direktors des Bundesrates zugeordneten Ämter (§ 24 Abs. 5 S. 2 BBG).

57   Abs. 6 S. 1 Nr. 1 ist bei Übertragung von Führungsämtern mit leitender Funktion ungeachtet der Tatsache, dass die Übertragung „zunächst" im Beamtenverhältnis auf Probe erfolgt (§ 24 Abs. 1 S. 1 BBG), deshalb einschlägig, weil in ein Amt mit leitender Funktion nur berufen werden darf, wer sich in einem Beamtenverhältnis auf Lebenszeit befindet (§ 24 Abs. 2 S. 1 Nr. 1 BBG) und in dieses Amt auch als Beamter auf Lebenszeit berufen werden könnte (§ 24 Abs. 2 S. 1 Nr. 2 BBG). Aus der in § 24 Abs. 2 S. 2 BBG erfolgten Regelung, wonach mit der Ernennung gem. § 10 Abs. 1 Nr. 2 iVm Abs. 2 Nr. 2 BBG für die Dauer der Probezeit

---

77 Vgl hierzu BVerwG 25.7.2013 – 2 C 12/11; BVerwG 30.10.2013 – 2 C 16/12; BayVGH 31.7.2015 – 3 ZB 12.1613, EzKommR Nr. 1400.2002; VG München 22.5.2012 – M 5 K 11.2487; VG Würzburg 21.8.2014 – W 1 E 14.733, EzKommR Nr. 1400.1838 (kein Beurteilungsspielraum des Dienstherrn bzgl gesundheitlicher Eignung). **78** Zu den Anforderungen an eine „mangelnde Bewährung" iSv § 34 Abs. 1 S. 1 Nr. 2 iVm § 11 Abs. 1 S. 1 Nr. 2 BBG vgl *Plog/Wiedow*, BBG (Bd. 1), § 34 BBG Rn 16 ff sowie aus der neueren Rspr: BVerwG 18.7.2001 – 2 A 5/00, ZBR 2002, 184; BayVGH 11.1.2013 – 3 CS 12.766, EzKommR Nr. 1400.1532 (begrenzte Überprüfbarkeit der Bewährung); BayVGH 8.4.2013 – 3 CS 13.289, EzKommR Nr. 1400.1588 (Anforderungen an Begründung gem. § 80 Abs. 3 VwGO bei Anordnung gem. § 80 Abs. 2 S. 1 Nr. 4 VwGO bzgl verfügter Entlassung); OVG Münster 6.2.2013 – 6 B 1207/12, EzKommR Nr. 1400.1555 (Entscheidung über Bewährung nach Ablauf der Probezeit ohne schuldhafte Verzögerung); VG Bayreuth 8.3.2013 – B 5 K 11.848, EzKommR Nr. 1400.1579 (Vereinbarkeit von § 28 BeamtStG mit Art. 33 Abs. 5 GG); VG München 6.2.2013 – M 5 K 12.4223, EzKommR Nr. 1400.1556 (Entscheidung über Probezeitbewährung als Akt wertender Erkenntnis); VG München 21.3.2013 – M 5 S 13.551, EzKommR Nr. 1400.1583 (Funktion beamtenrechtlicher Probezeit); VG München 25.3.2013 – M 5 S 12.6472, EzKommR Nr. 1400.1584 (§ 10 S. 1 BeamtStG als absolute Ermessensschranke); VG München 24.6.2013 – M 5 S 13.2475, EzKommR Nr. 1400.1633 (Anforderungen an Begründung gem. § 80 Abs. 3 VwGO bei Anordnung gem. § 80 Abs. 2 S. 1 Nr. 4 VwGO bzgl verfügter Entlassung); VG Neustadt/Weinstraße 4.2.2013 – 1 L 1088/12.NW, EzKommR Nr. 1400.1553 (Vorrang der Probezeitverlängerung vor Entlassung); VG Würzburg 21.4.2015 – W 1 K 15/14, EzKommR Nr. 1400.1935 (kein Schluss von unter Alkoholeinfluss erfolgter Beleidigung eines Bürgers mit Migrationshintergrund auf fremdenfeindliche Gesinnung und damit mangelnde Bewährung). **79** Vgl OVG Lüneburg NVwZ-RR 2010, 943; vgl hierzu VG Ansbach 17.7.2013 – AN 1 E 13.2.01110, EzKommR Nr. 1400.1652 (§ 29 Abs. 5 S. 1, 2. Hs. BeamtStG als Rechtsgrundlage für Anordnung amtsärztlicher Untersuchung). **80** Vgl *Plog/Wiedow*, BBG (Bd. 1), § 24 Rn 24 f. **81** Vgl *Plog/Wiedow*, BBG (Bd. 1), § 10 Rn 26.

die Rechte und Pflichten aus dem zuletzt im Beamtenverhältnis auf Lebenszeit übertragenen Amt mit Ausnahme der Pflicht zur Verschwiegenheit und des Verbots der Annahme von Belohnungen, Geschenken und sonstigen Vorteilen „ruhen", ergibt sich, dass das mit der Ernennung begründete Beamtenverhältnis auf Probe (§ 6 Abs. 3 S. 2 BBG) zusätzlich zu dem weiterhin fortbestehenden Beamtenverhältnis auf Lebenszeit begründet, Letzteres also durch das neue Beamtenverhältnis auf Probe „überlagert" wird.[82]

Die – umgekehrte – Konstellation nach § 11 Abs. 2 S. 1 BBG, wonach ein Beamtenverhältnis auf Probe spätestens nach 5 Jahren in ein solches auf Lebenszeit „umzuwandeln" ist, betrifft zwar ebenfalls eine „Umwandlung", hat aber nicht bereits ein besoldetes öffentlich-rechtliches Dienst- oder Amtsverhältnis auf Lebenszeit zum Gegenstand. Vielmehr ist dieses auf dessen Begründung gerichtet, unterfällt damit also bereits dem Tatbestandsmerkmal „Begründung" iSv Abs. 6 S. 1 Nr. 1. **58**

Dem Terminus „Umwandlung" unterfällt auch nicht die Überführung eines **Ehrenbeamten** – zur unentgeltlichen Wahrnehmung von Aufgaben nach § 5 BBG (§ 6 Abs. 5 S. 1 BBG) – in ein anderes Beamtenverhältnis ungeachtet der gem. § 133 Abs. 1 BBG erfolgten Anordnung der grundsätzlichen Geltung der Vorschriften des BBG, da ein Ehrenbeamtenverhältnis gem. § 6 Abs. 5 S. 2 BBG nicht in ein Beamtenverhältnis anderer Art, ein solches auch nicht in ein Ehrenbeamtenverhältnis umgewandelt werden kann. Soll der Inhaber eines Ehrenbeamtenverhältnisses in ein Berufsbeamtenverhältnis überführt werden, bedarf es der Entlassung aus dem Ehrenbeamtenverhältnis und der Neubegründung eines Beamtenverhältnisses der „anderen Art". Aus § 6 Abs. 5 S. 2 BBG folgt darüber hinaus das Verbot, ein Beamtenverhältnis auf Widerruf (§ 6 Abs. 4 Nr. 1, 2 BBG), auf Probe (§ 6 Abs. 3 Nr. 1 und 2 BBG), auf Zeit (§ 6 Abs. 2 BBG) oder auf Lebenszeit (§ 6 Abs. 1 BBG) in ein Beamtenverhältnis als Ehrenbeamter „umzuwandeln". **59**

dd) Bestehen/Nichtbestehen eines besoldeten öffentlich-rechtlichen Dienst- oder Amtsverhältnisses auf Lebenszeit. Der durch die vorbezeichneten Termini gekennzeichnete Anwendungsbereich wird in verwaltungsgerichtlichen Klageverfahren regelmäßig identisch sein, da in den Konstellationen der Nichtigkeit (§ 13 BBG) oder aber der erfolgenden Rücknahme (§ 14 BBG) einer Ernennung **60**

- die durch den Dienstherrn erfolgende Feststellung des Vorliegens von Nichtigkeitsgründen gem. § 13 Abs. 1 Nr. 1–3 Buchst. b BBG und des Nichtvorliegens von Wirksamkeitsgründen iSd § 13 Abs. 2 Nr. 1–3 BBG mit der Konsequenz eines nicht zur Entstehung gelangten Beamtenverhältnisses,
- die durch den Dienstherrn bei Vorliegen der Tatbestände nach § 14 Abs. 1 Nr. 1–3 BBG verpflichtend bzw gem. § 14 Abs. 2 BBG als „Soll-Bestimmung" normierte Rücknahme der Ernennung, die die rückwirkende Aufhebung des durch rechtswidrige Ernennung begründeten Beamtenverhältnisses zur Folge hat,

der von Feststellung der Nichtigkeit der Ernennung oder aber einer Rücknahme der Ernennung betroffene Kläger nach seinem Klagebegehren die „Feststellung" des (Fort-)Bestehens des Beamtenverhältnisses auf Lebenszeit verfolgt.

Bezüglich des **Bestehens/Nichtbestehens** eines besoldeten öffentlich-rechtlichen Dienst- oder Amtsverhältnisses auf Lebenszeit infolge **Nichtigkeit der Ernennung gem. § 13 BBG** – der als lex specialis für den Bereich der beamtenrechtlichen Ernennung die Anwendbarkeit von § 44 VwVfG ausschließt[83] – ist nach folgenden **Konstellationen** zu unterscheiden: **61**

- **Verfehlung** der gem. § 10 Abs. 2 BBG vorgeschriebenen, über die allgemeinen Anforderungen an Inhalt und Bekanntgabe eines Verwaltungsakts hinausgehenden **beamtenrechtlichen Formerfordernisse** (§ 13 Abs. 1 Nr. 1 BBG),[84] wobei die „Heilungsmöglichkeiten" von Mängeln iSd § 13 Abs. 2 Nr. 1 BBG zu beachten sind;
- **sachliche Unzuständigkeit der Ernennungsbehörde** (§ 13 Abs. 1 Nr. 2 iVm § 12 Abs. 1 BBG) unter Beachtung der Heilungsmöglichkeit durch schriftliche Bestätigung der sachlich zuständigen Behörde (§ 13 Abs. 2 Nr. 2 BBG);[85] der erfolgten Bezugnahme in § 13 Abs. 1 Nr. 2 BBG auf die „sachlich unzuständige" Behörde ist zu entnehmen, dass die Ernennung durch eine örtlich unzuständige Behörde die Rechtswirksamkeit der Ernennung nicht berührt;
- **fehlende Eigenschaft als Deutscher oder EU-Bürger** (§ 13 Abs. 1 Nr. 3 Buchst. a iVm § 7 Abs. 1 Nr. 1, Abs. 3 BBG)[86] unter Berücksichtigung der nachträglichen Zulassung einer Ausnahme nach § 7 Abs. 3 BBG (§ 13 Abs. 2 Nr. 3 BBG);
- **Unfähigkeit zur Bekleidung öffentlicher Ämter** gem. § 13 Abs. 1 Nr. 3 Buchst. b BBG infolge strafgerichtlicher rechtskräftiger Verurteilung wegen eines Verbrechens zu einer Freiheitsstrafe von mindestens einem Jahr (§ 45 Abs. 1 StGB) oder aber ausdrücklicher Aberkennung der Amtsfähigkeit im Falle einer

---

82 Vgl *Plog/Wiedow*, BBG (Bd. 1), § 24 Rn 20 unter Verweis auf die Begr. des RegE, BT-Drucks 13/3994, S. 31. **83** Vgl *Plog/Wiedow*, BBG (Bd. 1), § 13 Rn 4 mwN. **84** Vgl *Plog/Wiedow*, BBG (Bd. 1), § 13 Rn 7 ff. **85** Vgl *Plog/Wiedow*, BBG (Bd. 1), § 13 Rn 10 ff und 24 ff. **86** Vgl *Plog/Wiedow*, BBG (Bd. 1), § 13 Rn 14 ff.

Verurteilung zu einer Freiheitsstrafe unter einem Jahr gem. § 45 Abs. 2 StGB zB in den Fällen des § 92 a StGB (Friedens-, Hochverrat, Rechtsstaatsgefährdung), § 101 StGB (vorsätzlicher Landesverrat oder Gefährdung der äußeren Sicherheit), § 102 Abs. 2 StGB (Angriff gegen Organe und Vertreter ausländischer Staaten) bzw § 358 StGB (Straftaten im Amt).[87]

62 Liegt einer der vorbezeichneten Nichtigkeitsgründe vor, ohne dass die Heilungstatbestände nach § 13 Abs. 2 Nr. 1–3 BBG in Betracht kommen, so ist die Ernennung kraft Gesetzes mit der Folge nichtig, dass der Ernannte die Rechtsstellung, die durch die Ernennung begründet werden sollte, nicht erlangt hat, die Ernennung also **von Anfang an unwirksam** ist (§ 43 Abs. 3 VwVfG). Erweist sich also die erfolgte Umwandlung eines Beamtenverhältnisses auf Probe in ein Beamtenverhältnis auf Lebenszeit (§ 11 Abs. 2 BBG) nach § 10 Abs. 1 Nr. 1–3 BBG als nichtig, ist der Beamte im Beamtenverhältnis auf Probe verblieben; Nämliches gilt für die gem. § 13 Abs. 1 Nr. 1–3 BBG nichtige Beförderung durch Verleihung eines anderen Amtes mit anderem Endgrundgehalt und anderer Amtsbezeichnung (§ 10 Abs. 1 Nr. 3 BBG), da § 13 BBG nach hM für alle in § 10 Abs. 1 BBG aufgeführten Fälle der Ernennung unabhängig von deren rechtswirksamen Zustandekommen nach den Erfordernissen des § 10 Abs. 2 BBG gilt.[88] Von § 13 BBG wird daher auch erfasst die durch Verwaltungsakt[89] vorzunehmende Versetzung als auf Dauer angelegte Übertragung eines anderen Amtes bei einer anderen Dienststelle bei demselben oder einem anderen Dienstherrn (§ 28 Abs. 1 BBG).[90]

63 Dem **Anwendungsbereich von § 13 BBG** unterfallen demgegenüber **nicht:**

- **Entlassung aus dem Beamtenverhältnis entweder kraft Gesetzes** (§ 30 Nr. 1 iVm § 31 BBG), **aus zwingenden Gründen** (§ 30 Nr. 1 iVm § 32 BBG), **auf Verlangen** (§ 30 Nr. 1 iVm § 33 BBG), **wegen Verlusts der Beamtenrechte** (§ 30 Nr. 2 iVm § 41 BBG) aufgrund rechtskräftiger strafgerichtlicher Verurteilung nach den Maßgaben des § 41 Abs. 1 S. 1 Nr. 1 und 2 BBG, Aberkennung der Fähigkeit zur Wahrnehmung öffentlicher Ämter oder aber Verwirkung von Grundrechten nach Art. 18 GG durch Entscheidung des BVerfG (§ 41 Abs. 1 S. 2 BBG);
- **Eintritt oder Versetzung in den Ruhestand** (§ 30 Nr. 4 BBG), dh wegen Erreichens der Regelaltersgrenze von 67 Jahren bzw einer gesetzlich bestimmten besonderen Altersgrenze (§ 51 Abs. 1 BBG) oder aber vorzeitiger Ruhestandsversetzung wegen prognostischer Dienstunfähigkeit (§ 44 Abs. 1 BBG) bei nicht möglicher anderweitiger Verwendung (§ 44 Abs. 2, 3 BBG) bzw nicht gegebener Zumutbarkeit eines Amtes derselben Laufbahn mit geringerem Endgrundgehalt nach erfolgtem Erwerb der Befähigung für eine neue Laufbahn (§ 44 Abs. 4 BBG);
- **Übertragung eines höheren statusrechtlichen Amtes**, dh eines Amtes in höherer oder aber gleicher Besoldungsgruppe mit Amtszulage unter Beibehaltung der gleichen Amtsbezeichnung, da diese zwar gem. § 2 Abs. 8 S. 2 BLV laufbahnrechtlich eine Beförderung, statusrechtlich aber keinen Ernennungsfall nach § 60 Abs. 1 BBG darstellt.[91]

Für das Statusrecht der Beamten der Länder, Gemeinden und Gemeindeverbände sowie der sonstigen der Aufsicht eines Landes unterstehenden Körperschaften, Anstalten und Stiftungen des öffentlichen Rechts (§ 1 BeamtStG) ist die in § 11 BeamtStG getroffene Regelung inhaltsgleich, sieht man von dem weiteren Nichtigkeitsgrund einer Unwirksamkeit der der Ernennung zugrunde liegenden Wahl ab (§ 11 Abs. 1 Nr. 3 Buchst. c BeamtStG).

64 Mit Wirkung für die Vergangenheit durch **Rücknahmebescheid als Verwaltungsakt** (§ 14 Abs. 3 S. 2 BBG) ist eine Ernennung zurückzunehmen,

- wenn die Ernennung durch Zwang, arglistige Täuschung oder Bestechung herbeigeführt wurde (§ 14 Abs. 1 Nr. 1 BBG), dh insb. das Treffen unrichtiger – auch infolge Unvollständigkeit unrichtiger – Angaben zur Beantwortung gestellter Fragen, durch Verschweigen wahrer und bekannter Tatsachen, dadurch kausal bestimmte Hervorrufung eines Irrtums bei dem an der Ernennung maßgeblich beteiligten Amtsträger der Ernennungsbehörde mit der Konsequenz, dass die Behörde ohne die als arglistige Täuschung des zu Ernennenden von der Ernennung zum damaligen Zeitpunkt abgesehen hätte;[92]

---

87 Vgl *Plog/Wiedow*, BBG (Bd. 1), § 13 Rn 17 ff und 29 ff.   **88** Vgl *Plog/Wiedow*, BBG (Bd. 1), § 13 Rn 5 und 33.   **89** Vgl *Plog/Wiedow*, BBG (Bd. 1), § 28 Rn 16.   **90** Vgl *Plog/Wiedow*, BBG (Bd. 1), § 28 Rn 10 und 34 sowie § 13 Rn 5 a.   **91** Vgl *Plog/Wiedow*, BBG (Bd. 1), § 13 Rn 5 a.   **92** Vgl *Plog/Wiedow*, BBG (Bd. 1), § 14 Rn 11, 16; vgl hierzu OVG Münster 30.4.2015 – 6 A 1622/14, EzKommR Nr. 1400.1941 (Rücknahme der Ernennung zum Universitätsprofessor wegen Verschweigens eines Ermittlungsverfahrens im Ausland); VG Cottbus 10.1.2013 – 5 K 322/12, EzKommR Nr. 1400.1530 (Ursächlichkeit einer Täuschung für Ernennung); VG Münster 5.7.2013 – 4 K 1511/12, EzKommR Nr. 1400.1642 (keine Täuschung durch unterlassenen Hinweis auf nicht bestandene zweite Staatsprüfung in anderem Bundesland); VG Wiesbaden 4.9.2014 – 3 L 1272/13.WI, EzKommR Nr. 1400.1845 (Rücknahme der Ernennung eines Professors im Beamtenverhältnis auf Probe wegen arglistiger Täuschung).

■ bei Berufungsunwürdigkeit wegen einer dem Dienstherrn nicht bekannten rechtskräftigen Verurteilung der ernannten Person wegen einer Straftat (§ 14 Abs. 1 Nr. 2 BBG) unter besonderer Berücksichtigung der Rechtswirkungen der Tilgungsvorschriften des BZRG (§ 53) sowie der Ausnahmevorschrift des § 52 Abs. 1 Nr. 4 BZRG;[93]

■ bei Mangel der ausnahmsweise erforderlichen deutschen Staatsangehörigkeit bei EU-Bürgern (§ 14 Abs. 1 Nr. 3 BBG).[94]

Die „Soll-Rücknahme" einer erfolgten beamtenrechtlichen Ernennung beschränkt sich gem. § 14 Abs. 2 **65** BBG darauf, dass dem Dienstherrn nicht bekannt war, dass gegen die ernannte Person in einem Disziplinarverfahren auf Entfernung aus dem Beamtenverhältnis oder auf Aberkennung des Ruhegehalts erkannt worden war (§ 14 Abs. 2 S. 1 BBG) oder aber eine Entscheidung gegen einen Beamten der Europäischen Union oder eines Staates nach § 7 Abs. 1 Nr. 1 BBG ergangen ist (§ 14 Abs. 2 S. 2 BBG).[95]

Anders als in den Fällen des § 14 Abs. 1 Nr. 1–3 BBG ist die Rücknahme der erfolgten Ernennung keine **66** zwingende Rechtsfolge, sondern stellt nur den Regelfall dar, so dass besondere Fallgestaltungen zu Gunsten des Betroffenen berücksichtigt werden können.

Die für das Statusrecht der Beamten der Länder, Gemeinden und Gemeindeverbände sowie der sonstigen der **67** Aufsicht eines Landes unterstehenden Körperschaften, Anstalten und Stiftungen des öffentlichen Rechts (§ 1 BeamtStG) geltenden Konstellationen nach § 12 Abs. 1, 2 BeamtStG entsprechen mit der Ausnahme den Vorschriften des § 14 Abs. 1 und 2 BBG, dass die Verpflichtung zur Rücknahme der erfolgten Ernennung auch dann gilt, wenn eine durch Landesrecht vorgeschriebene Mitwirkung einer unabhängigen Stelle oder einer Aufsichtsbehörde unterblieben ist und nicht nachgeholt wurde (§ 12 Abs. 1 Nr. 4 BeamtStG). Regelungen über das Verfahren (einschließlich der in § 14 Abs. 3 S. 1 BBG normierten Ausschlussfrist von 6 Monaten nach Kenntniserlangung) sowie über die Folgen der Rücknahme (§ 15 BBG) sind in § 12 BeamtStG nicht enthalten mit der Folge, dass dies der Regelung durch das jeweilige Landesrecht überantwortet ist.

ee) Beendigung eines besoldeten öffentlich-rechtlichen Dienst- oder Amtsverhältnisses auf Lebenszeit. Rele- **68** vant sind in diesem Zusammenhang die **Beendigungsgründe** eines Beamtenverhältnisses infolge

■ **Entlassung** (§ 30 Nr. 1 iVm §§ 31–33, 35 S. 1 Nr. 2 BBG),
■ **Verlusts der Beamtenrechte** (§ 30 Nr. 2 iVm § 41 BBG),
■ **Entfernung aus dem Beamtenverhältnis nach dem Bundesdisziplinargesetz** (§ 30 Nr. 3 BBG iVm § 10 Abs. 1 BDG),
■ **Ruhestandseintritt aufgrund Erreichens der Ruhestandsregelaltersgrenze** (§ 30 Nr. 4 iVm § 51 Abs. 1 BBG),
■ **Ruhestandsversetzung wegen Dienstunfähigkeit** (§ 30 Nr. 4 iVm §§ 44 ff BBG), **auf Antrag** (§ 30 Nr. 4 iVm § 52 Abs. 1 und 2 BBG), von politischen Beamten nach § 30 Nr. 4 iVm § 54 BBG oder **infolge organisatorischer Veränderungen** (§ 30 Nr. 4 iVm § 55 BBG).

Zu unterscheiden sind folgende relevante Konstellationen: **69**

■ **Entlassung kraft Gesetzes** wegen nicht mehr Vorliegens der Voraussetzungen des § 7 Abs. 1 Nr. 1 BBG und nicht erfolgender nachträglicher Zulassung einer Ausnahme gem. § 7 Abs. 3 BBG (§ 31 Abs. 1 Nr. 1 BBG);
■ **Übertritt in ein öffentlich-rechtliches Dienst- oder Amtsverhältnis zu einem anderen Dienstherrn** oder zu einer Einrichtung ohne Dienstherrenfähigkeit nach deutschem Recht oder aber Ernennung zum Berufssoldaten, Soldaten auf Zeit (§ 31 Abs. 1 S. 2 BBG);
■ **Entlassung aus zwingenden Gründen** bei Verweigerung des Diensteides oder eines an dessen Stelle vorgeschriebenen Gelöbnisses (§ 32 Abs. 1 Nr. 1 BBG), Nichtversetzungsmöglichkeit in den Ruhestand oder einstweiligen Ruhestand wegen Nichterfüllung der versorgungsrechtlichen Wartezeit (§ 32 Abs. 1 Nr. 2 BBG) oder aber Innehabung eines Amts zur Zeit der Ernennung, das kraft Gesetzes mit dem Mandat eines Mitglieds des Deutschen Bundestages oder des Europäischen Parlaments unvereinbar ist und nicht innerhalb der von der obersten Dienstbehörde gesetzten angemessenen Frist niedergelegt wird (§ 32 Abs. 1 Nr. 3 BBG);
■ **Kann-Entlassung** für den Fall, dass der Beamte in den Fällen des § 7 Abs. 2 BBG die Eigenschaft als Deutscher iSv Art. 116 GG verliert (§ 32 Abs. 2 BBG);
■ **Entlassung auf eigenen schriftlichen Antrag** zu jedem beliebigen Zeitpunkt (§ 33 Abs. 2 S. 1, 2 BBG) mit der Möglichkeit der Rücknahme innerhalb von 2 Wochen nach Zugang des schriftlichen Entlassungsantrags bei der zuständigen Behörde bzw mit deren Zustimmung auch nach Ablauf der Zweiwochenfrist (§ 33 Abs. 1 S. 2 BBG);
■ **Entlassung von Beamten in Führungsämtern auf Probe** mit Beendigung des Beamtenverhältnisses auf Lebenszeit (§ 35 S. 1 Nr. 2 BBG);

93 Vgl *Plog/Wiedow*, BBG (Bd. 1), § 14 Rn 23 ff, 27 und 28. **94** Vgl *Plog/Wiedow*, BBG (Bd. 1), § 14 Rn 30. **95** Vgl *Plog/ Wiedow*, BBG (Bd. 1), § 14 Rn 31 ff.

- **Entlassung wegen Verlusts der Beamtenrechte** infolge Verurteilung im ordentlichen Strafverfahren wegen einer vorsätzlichen Tat zu einer Freiheitsstrafe von mindestens einem Jahr (§ 41 Abs. 1 Nr. 1 BBG), zu einer Freiheitsstrafe von mindestens 6 Monaten wegen einer vorsätzlichen Tat, die nach den Vorschriften über Friedensverrat (§§ 80, 80 a StGB), Hochverrat (§§ 81 ff StGB), Gefährdung des demokratischen Rechtsstaates (§§ 84 ff StGB), Landesverrat und Gefährdung der äußeren Sicherheit (§§ 93 ff StGB) oder aber wegen Bestechlichkeit (§ 323 StGB) in Bezug auf das Hauptamt zu einer Freiheitsstrafe von mindestens 6 Monaten (§ 41 Abs. 1 S. 1 Nr. 2 BBG), der erfolgten Aberkennung der Fähigkeit zur Wahrnehmung öffentlicher Ämter in Fällen der Verurteilung zu einer Freiheitsstrafe von mindestens einem Jahr wegen eines Verbrechens (§ 12 StGB) kraft Gesetzes (§ 45 Abs. 1 StGB), im Falle spezialgesetzlicher Normierung durch gesonderten Ausspruch des Strafgerichts (§ 45 Abs. 2 StGB) oder aber wegen Verwirkung eines Grundrechts nach Art. 18 GG infolge Entscheidung des BVerfG (§ 41 Abs. 1 S. 2 BBG);
- **Entfernung aus dem Beamtenverhältnis nach Maßgaben des BDG,** dh bei rechtskräftiger Erkennung des Disziplinargerichts auf Entfernung aus dem Beamtenverhältnis (§ 5 Abs. 1 Nr. 5 iVm § 10 Abs. 1 S. 1 BDG) mit der Wirkung einer Erstreckung auf alle Ämter, die der Beamte bei Eintritt der Unanfechtbarkeit des Disziplinarurteils inne hat (§ 10 Abs. 4 BDG);
- **Ruhestandseintritt infolge Erreichens der Regelaltersgrenze** mit Vollendung des 67. Lebensjahres (§ 51 Abs. 1 S. 1 und 2 BBG) bei nicht erfolgendem Hinausschieben der Altersgrenze auf Antrag des Beamten und Bejahung des dienstlichen Interesses (§ 53 Abs. 1 BBG) bzw auf Anordnung der obersten Dienstbehörde für den Fall, dass die Fortführung der Dienstgeschäfte durch einen bestimmten Beamten das Hinausschieben des Ruhestandseintritts erfordert (§ 53 Abs. 2 BBG);
- **Ruhestandsversetzung infolge (prognostischer) Dienstunfähigkeit**[96] gem. § 44 Abs. 1 S. 1 und 2 BBG bei nicht anderweitiger Verwendbarkeit durch Übertragung eines anderen Amtes auch einer anderen Laufbahn (§ 44 Abs. 1 S. 3, Abs. 2 BBG), Übertragung einer geringerwertigen Tätigkeit unter Beibehaltung des übertragenen Amtes (§ 44 Abs. 3 BBG) und einer Rückversetzung in das als vorletztes innegehabte statusrechtliche Amt, dh Versetzung in ein Amt einer neuen Laufbahn mit geringerem Endgrundgehalt nach Erwerb der Befähigung für die neue Laufbahn (§ 44 Abs. 4 BBG);

[96] Zu differenzieren ist zwischen aktueller und prognostischer Dienstunfähigkeit. Nur Letztere berechtigt nach entsprechender amtsärztlicher Prognose (§ 44 Abs. 6 BBG) zur Ruhestandsversetzung. Anhaltspunkte liefert zunächst die in § 44 Abs. 1 S. 2 BBG erfolgte Legaldefinition, wonach als dienstunfähig „auch" angesehen werden kann, wer infolge Erkrankung innerhalb von 6 Monaten mehr als 3 Monate keinen Dienst getan hat und keine Aussicht besteht, dass innerhalb weiterer 6 Monate die Dienstfähigkeit wieder voll hergestellt wird. Die bei bestehenden Zweifeln über die Dienstfähigkeit gem. § 44 Abs. 6 BBG bestehende Möglichkeit einer Anordnung amtsärztlicher Untersuchung bzw Beobachtung ist nach der Rspr des BVerwG kein Verwaltungsakt, erfordert aber tatsächliche Feststellungen, die die Dienstunfähigkeit als naheliegend erscheinen lassen (vgl BVerwG 26.4.2012 – 2 C 17.10, EzKommR Nr. 1400.1467; BVerwG 13.7.1999 – 1 D 81/97, NVwZ-RR 2000, 174 = EzKommR Nr. 1400.157; BayVGH 12.12.2012 – 3 CE 12.2121, EzKommR Nr. 1400.1519; BayVGH 28.1.2013 – 3 CE 12.1883, EzKommR Nr. 1400.1545; BayVGH 16.3.2009 – 3 CS 08.3414; BayVGH 9.9.2005 – 3 CS 05.1883; OVG Koblenz 22.5.2013 – 2 A 11083/12, EzKommR Nr. 1400.1617 (Bejahung eines Anordnungsanspruchs gem. § 123 Abs. 1 VwGO sowie der Voraussetzungen des § 44 a S. 2 VwGO trotz Verneinung der VA-Qualität und Nichtvollstreckbarkeit der Untersuchungsanordnung). Die Verweigerung angeordneter amtsärztlicher Untersuchung ist bzgl eines Ruhestandsbeamten ein Indiz für die Dienstfähigkeit (BVerwG 19.6.2000 – 1 DB 13.00, BVerwGE 111, 246), bzgl eines aktiven Beamten Indiz für dessen Dienstunfähigkeit (vgl OVG Bln-Bbg 10.6.2015 – 4 S 6/15, EzKommR Nr. 1400.1948; OVG Koblenz 6.4.2010 – 2 A 10095/10, IÖD 2010, 156 = EzKommR Nr. 1400.1140; OVG Münster 3.8.2015 – 6 A 684/14, EzKommR Nr. 1400.2003). Der Begriff der prognostischen Dienstunfähigkeit knüpft nicht an den innegehabten Dienstposten, also das Amt im konkret-funktionellen Sinne an, sondern an das Amt im abstrakt-funktionellen Sinne an. Die materielle Beweislast für die Dienstfähigkeit des ruhestandsversetzten Beamten obliegt dem Dienstherrn (vgl OVG Lüneburg 1.3.2013 – 5 LB 79/11, EzKommR Nr. 1400.1569; 3.8.2012 – 5 LB 234/10, IÖD 2012, 276 = EzKommR Nr. 1400.1494). Dieser trägt auch die Verantwortung zur Feststellung der Dienstunfähigkeit (BVerwG 6.3.2012 – 2 A 5.10, IÖD 2012, 122 = EzKommR Nr. 1400.1434; BVerwG 5.6.2014 – 2 C 22/13, NVwZ 2014, 1319; OVG Münster 26.9.2014 – 6 A 2006/13, EzKommR Nr. 1400.1860). Die in § 44 Abs. 1 S. 3 BBG (entsprechend § 26 Abs. 1 S. 3 BeamtStG) getroffene Regelung, wonach in den Ruhestand nicht versetzt wird, wer „anderweitig verwendbar ist", ist Ausdruck des Grundsatzes „Weiterverwendung vor Versorgung" mit der Folge, dass ein dienstunfähiger Beamter nur dann aus dem aktiven Dienst ausscheiden soll, wenn er dort nicht mehr eingesetzt werden kann. Da § 44 Abs. 2 BBG (entsprechend § 26 Abs. 2 BeamtStG) an die Dienstunfähigkeit nach § 44 Abs. 1 S. 1 und 2 BBG (entsprechend § 26 Abs. 1 S. 1 und 2 BeamtStG) anknüpft, kann anderweitige Verwendung nur die Übertragung von Funktionsämtern (Amt im abstrakt- sowie im konkret-funktionellen Sinne) bedeuten, die nicht dem bisherigen statusrechtlichen Amt des dienstunfähigen Beamten zugeordnet sind. Steht demzufolge ein diesem Amt entsprechender anderer Dienstposten bei der Beschäftigungsbehörde zur Verfügung, fehlt es an der Dienstunfähigkeit (vgl BVerwG 26.3.2009 – 2 C 73/08, NVwZ 2009, 1311 = IÖD 2010, 2; OVG Münster 16.8.2012 – 1 A 1878/11, IÖD 2012, 218 = EzKommR Nr. 1400.1497; OVG Münster 2.7.2009 – 6 A 3712/06, IÖD 2009, 263 = EzKommR Nr. 1400.1064; VG Würzburg 23.2.2010 – W 1 K 09.379, EzKommR Nr. 1400.1115); zur „Suchpflicht" des Dienstherrn bzgl anderweitiger Verwendung iSv § 26 Abs. 1 S. 3, Abs. 2, 3 BeamtStG vgl BayVGH 31.7.2015 – 3 ZB 12.1613, EzKommR Nr. 1400.2002; BayVGH 2.10.2014 – 3 ZB 12.1740, EzKommR Nr. 1400.1865; OVG Lüneburg 1.7.2013 – 5 ME 109/13, DÖD 2013, 231, DÖV 2013, 740 = EzKommR Nr. 1400.1639 (vor Entlassung eines Probebeamten aus organisatorischen Gründen); OVG Magdeburg 20.12.2012 – 1 M 121/12, DÖV 2013, 319 = LKV 2013, 190 = EzKommR Nr. 1400.1526; VG Aachen 24.7.2015 – 1 K 1826/14, EzKommR Nr. 1400.1993; VG Aachen 10.7.2015 – 1 K 1376/14, EzKommR Nr. 1400.1978; VG Ansbach 21.7.2015 – AN 1 K 14.01597, EzKommR Nr. 1400.1989; VG Magdeburg 5.3.2013 – 5 A 16/12, EzKommR Nr. 1400.1574.

- **Ruhestandsversetzung auf eigenen Antrag** bei Vollendung des 62. Lebensjahres und Vorliegen der Schwerbehinderteneigenschaft iSv § 2 Abs. 2 SGB IX (§ 52 Abs. 1 Nr. 1 und 2 BBG) oder aber bereits bei Vollendung des 60. Lebensjahres, Vorliegen der Schwerbehinderteneigenschaft iSv § 2 Abs. 2 SGB IX und Geburt vor dem 1.1.1952 (§ 52 Abs. 2 S. 1 BBG);
- **einstweilige Ruhestandsversetzung der politischen Beamten** iSv § 54 Abs. 1 Nr. 1–5, 7–11 BBG;
- **einstweilige Ruhestandsversetzung im Falle der Auflösung** oder einer **wesentlichen Änderung des Aufbaus** oder der **Aufgaben einer Behörde** oder der Verschmelzung von Behörden bei Beamten der Besoldungsgruppe B nach den Voraussetzungen des § 55 S. 1 BBG.

6. Streitwertfestsetzung „in sonstigen Fällen" (Abs. 6 S. 1 Nr. 2). a) Grundsatz. „Sonstige Fälle" iSd Abs. 6 **70** S. 1 Nr. 2 sind Statusstreitigkeiten von Beamten über Begründung, Umwandlung, Bestehen, Nichtbestehen oder Beendigung eines besoldeten öffentlich-rechtlichen Dienst- oder Amtsverhältnisses, das **kein Lebenszeitbeamtenverhältnis** ist.

Relevant sind in diesem Zusammenhang Statusstreitigkeiten von **71**

- Beamten auf Probe zur späteren Verwendung auf Lebenszeit (§ 6 Abs. 3 Nr. 1 BBG) oder zur Übertragung eines Amtes mit leitender Funktion (§ 6 Abs. 3 Nr. 2 iVm § 24 BBG);
- Beamten auf Widerruf zur Ableistung eines Vorbereitungsdienstes (§ 6 Abs. 4 Nr. 1 BBG) oder zur vorübergehenden Wahrnehmung hoheitsrechtlicher Aufgaben (§ 6 Abs. 4 Nr. 2 iVm § 5 Nr. 1 BBG) oder aber von Aufgaben, die zur Sicherung des Staates oder des öffentlichen Lebens nicht ausschließlich Personen übertragen werden dürfen, die in einem privatrechtlichen Arbeitsverhältnis stehen (§ 6 Abs. 4 Nr. 2 iVm § 5 Nr. 2 BBG);
- Ehrenbeamten zur unentgeltlichen Wahrnehmung von Aufgaben nach § 5 BBG (§ 6 Abs. 5 S. 1 BBG).

b) Statusverfahren im Beamtenverhältnis auf Probe. „Klassische" Anwendungsfälle des Abs. 6 S. 1 Nr. 2 in **72** Beamtenverhältnissen auf Probe sind folgende Streitverfahren:

- **Verlängerung der Probezeit jenseits der Mindestdauer von 3 Jahren** (§ 11 Abs. 1 S. 3 BBG) im Falle der Nichtfeststellung der Bewährung in vollem Umfang (§ 11 Abs. 1 S. 1 Nr. 2 BBG) während der Probezeit hinsichtlich der **gesundheitlichen Eignung**;
- **Verlängerung der maximalen Umwandlungsfrist in ein Lebenszeitbeamtenverhältnis von 5 Jahren** (§ 11 Abs. 2 S. 1 BBG) um die Zeit, um die sich die Probezeit wegen Elternzeit oder einer Beurlaubung unter Wegfall der Besoldung verlängert (§ 11 Abs. 2 S. 2 BBG), wobei es von Rechts wegen unerheblich ist, ob die Beurlaubung auch oder überwiegend öffentlichen Belangen oder dienstlichen Interessen diente und deshalb die Zeit gewährten Urlaubs nach § 29 Abs. 2 BLV auf die laufbahnrechtliche Probezeit angerechnet oder aber gem. § 6 Abs. 1 Nr. 5 BeamtVG als ruhegehaltsfähige Dienstzeit berücksichtigt wird, darüber hinaus eine Verlängerung der Probezeit gem. § 11 Abs. 2 S. 2 BBG nicht eintritt bei teilweiser Weiterzahlung von Dienstbezügen während gewährter Beurlaubung (§ 13 Abs. 2 Sonderurlaubsverordnung) sowie bei Teilzeitbeschäftigung (§§ 91, 92, 90 Abs. 3 BBG) sowie Teilzeitbeschäftigung mit weniger als der Hälfte der regelmäßigen Arbeitszeit (§ 92 Abs. 1 Nr. 1, § 90 Abs. 3 Nr. 1 BBG),[97] einem Hinausschieben der maximalen Frist von 5 Jahren für die Umwandlung in ein Beamtenverhältnis auf Lebenszeit (§ 11 Abs. 2 S. 1 BBG) analog der Maßgabe des § 11 Abs. 2 S. 2 BBG in den Fällen, in denen nicht nur die Besoldung, sondern darüber hinaus sämtliche Rechte und Pflichten aus dem Beamtenverhältnis auf Probe für die Dauer der Mitgliedschaft zum Deutschen Bundestag (§ 5 AbgG) oder aber während der Dauer eines Amtsverhältnisses als Bundesminister (§ 18 Bundesministergesetz) ruhten (vgl § 7 Abs. 4 AbgG für die laufbahnrechtliche Probezeit);[98]
- **Verkürzung der regelmäßigen Probezeit von 2 Jahren** (§ 24 Abs. 1 S. 2 BBG) für die Übertragung eines **Amtes mit leitender Funktion** im Beamtenverhältnis auf Probe bzw über das gänzliche Absehen von einer Probezeit bei Beurlaubungen im dienstlichen Interesse (§ 24 Abs. 1 S. 7 BBG);
- **Entlassung kraft Gesetzes durch Feststellung der obersten Dienstbehörde** (§ 31 Abs. 2 S. 1 BBG), sofern die Voraussetzungen des § 7 Abs. 1 Nr. 1 BBG nicht mehr vorliegen und eine Ausnahme nach § 7 Abs. 3 BBG nachträglich nicht zugelassen wurde (§ 30 Nr. 1 iVm § 31 Abs. 1 Nr. 1 BBG), bei Übertritt in ein öffentlichrechtliches Dienst- oder Amtsverhältnis zu einem anderen Dienstherrn oder zu einer Einrichtung ohne Dienstherrnfähigkeit nach deutschem Recht (§ 30 Nr. 1 iVm § 31 Abs. 1 Nr. 2, 1. Alt. BBG) oder Ernennung zum Berufssoldaten oder aber Soldaten auf Zeit (§ 30 S. 1 iVm § 31 Abs. 1 Nr. 2 S. 1, 2. Alt. BBG);
- **Entlassung aus zwingenden Gründen** wegen Verweigerung des Diensteids oder eines an dessen Stelle vorgeschriebenen Gelöbnisses (§ 30 Nr. 1 iVm § 32 Abs. 1 Nr. 1 BBG), Nichtversetzungsfähigkeit in den Ruhestand oder einstweiligen Ruhestand wegen Nichterfüllung der versorgungsrechtlichen Wartezeit (§ 30 Nr. 1 iVm § 32 Abs. 1 Nr. 2 BBG), nicht erfolgender Niederlegung eines Mandats als Mitglied des

---

[97] Vgl *Plog/Wiedow*, BBG (Bd. 1), § 11 Rn 22. [98] Vgl *Plog/Wiedow*, BBG (Bd. 1), § 11 Rn 23.

Deutschen Bundestages oder des Europäischen Parlaments innerhalb der von der obersten Dienstbehörde gesetzten angemessenen Frist für den Fall, dass das Amt kraft Gesetzes mit den vorbezeichneten Mandaten unvereinbar ist (§ 30 Nr. 1 iVm § 32 Abs. 1 Nr. 3 BBG);

■ **Kann-Entlassung für den Fall des Verlusts der Eigenschaft als Deutscher** iSv Art. 116 GG in den Fällen des § 7 Abs. 2 BBG (§ 30 Nr. 1 iVm § 32 Abs. 2 BBG);

■ **Entlassung auf eigenen schriftlichen Antrag** (§ 30 Nr. 1 iVm § 33 Abs. 1 S. 1 BBG) „jederzeit" (§ 33 Abs. 2 S. 1 BBG) unter Berücksichtigung der Rücknahmemöglichkeit innerhalb von 2 Wochen nach Zugang bei der zuständigen Behörde, mit deren Zustimmung auch nach Ablauf der Zweiwochenfrist, solange die Entlassungsverfügung noch nicht zugegangen ist (§ 33 Abs. 1 S. 2 BBG);

■ **Entlassung nach den Tatbeständen des § 34 Abs. 1 Nr. 1–4 BBG,** dh

– Verhalten, das im Beamtenverhältnis auf Lebenszeit mindestens eine Kürzung der Dienstbezüge zur Folge hätte (§ 34 Abs. 1 S. 1 Nr. 1 BBG iVm § 5 Nr. 1, § 8 BDG);[99]

– **fehlende Bewährung** iSv **§ 11 Abs. 1 S. 1 Nr. 2 BBG** (§ 34 Abs. 1 S. 1 Nr. 2 BBG) im Hinblick auf die verfassungsrechtlichen Kriterien Eignung, Befähigung und fachliche Leistung iSv Art. 33 Abs. 2 GG[100] unter Berücksichtigung der Maßgabe des § 34 Abs. 1 S. 2 BBG, wonach bei allein mangelnder gesundheitlicher Eignung eine anderweitige Verwendung entsprechend zu prüfen ist;

– **Dienstunfähigkeit,** ohne dass eine Versetzung in den Ruhestand erfolgte (§ 34 Abs. 1 S. 1 Nr. 3 BBG), ebenfalls unter Berücksichtigung von § 34 S. 2 BBG hinsichtlich einer anderweitigen Verwendung;[101]

– **Auflösung, Verschmelzung oder wesentliche Änderung des Aufbaus** oder der **Aufgaben der Beschäftigungsbehörde** (§ 34 Abs. 1 S. 1 Nr. 4 BBG);[102]

– **Einhaltung der Entlassungsfristen** unter Zugrundelegung der maßgeblichen Beschäftigungszeit (§ 34 Abs. 2 S. 2 BBG) gem. § 34 Abs. 2 Nr. 1 und 2 BBG unter Berücksichtigung der Nichteinhaltung einer Frist im Falle der Entlassung gem. § 34 Abs. 1 S. 1 Nr. 1 BBG (§ 34 Abs. 3 S. 1 BBG).

73 Im Zusammenhang mit der Entlassung nach den Tatbeständen des **§ 34 Abs. 1 S. 1 Nr. 1–4 BBG** treten Statusstreitigkeiten idR auch auf bzgl

■ beantragter, aber **nicht durchgeführter erforderlicher Mitwirkung des Personalrats** (§ 78 Abs. 1 Nr. 4, Abs. 2 BPersVG) – mit Ausnahme der politischen Beamten iSd § 54 BBG und Beamten ab Besoldungsgruppe A 16 BBesO – oder aber nicht erfolgter Anhörung bei Vorliegen des Entlassungsgrundes nach § 34 Abs. 1 S. 1 Nr. 1 BBG (unabhängig vom Antrag des Betroffenen: § 79 Abs. 3 BPersVG) bzw **nicht erfolgender rechtzeitiger und umfassender Unterrichtung und Anhörung der Schwerbehindertenvertretung** nach erfolgloser Einschaltung von Schwerbehindertenvertretung, Personalrat und Integrationsamt mit entsprechender Durchführung eines Präventionsgesprächs (§ 84 SGB IX)[103] für den Fall, dass der Beamte auf Probe Schwerbehinderter iSd Schwerbehindertenrechts oder einem Schwerbehinderten gleichgestellt ist (§ 2 Abs. 2, 3, § 68 SGB IX);

■ unzutreffender **Berechnung des Erreichens der für Lebenszeitbeamte geltenden Altersgrenze** in den Fällen des § 34 Abs. 4 BBG ungeachtet der Tatsache, dass die Mitteilung über eine Entlassung kraft Gesetzes infolge Erreichens der Altersgrenze nur deklaratorische Wirkung hat und als solche mangels unmittelbarer Rechtswirkung nicht anfechtbar ist.[104]

74 Statusklagen von Beamten im Probeverhältnis kommen darüber hinaus in Betracht in Fällen der Entlassungstatbestände von **Beamten in Führungsämtern auf Probe** (§ 6 Abs. 3 Nr. 2 BBG) nach § 35 S. 1 Nr. 1–5 BBG sowie von **politischen Beamten auf Probe** gem. § 36 BBG:

■ Die Entlassungstatbestände nach § 35 S. 1 Nr. 1–5 BBG treten **neben** jene nach §§ 31–33 BBG, da diese gem. § 35 S. 2 BBG „unberührt" bleiben. Relevant für die verpflichtende Entlassung aus dem Beamtenverhältnis sind: Ablauf der Probezeit nach § 24 Abs. 1 BBG (§ 35 S. 1 Nr. 1 BBG); die Beendigung des Beamtenverhältnisses auf Lebenszeit (§ 35 S. 1 Nr. 2 BBG), womit der grundsätzlichen Anknüpfung des Probezeitbeamtenverhältnisses in diesem Falle an das bereits bestehende Beamtenverhältnis auf Lebens-

---

99 Vgl *Plog/Wiedow*, BBG (Bd. 1), § 34 Rn 9 ff. **100** Vgl *Plog/Wiedow*, BBG (Bd. 1), § 34 Rn 16 ff. **101** Vgl *Plog/Wiedow*, BBG (Bd. 1), § 34 Rn 27 ff. **102** Vgl *Plog/Wiedow*, BBG (Bd. 1), § 34 Rn 30. **103** Vgl *Plog/Wiedow*, BBG (Bd. 1), § 34 Rn 36 ff; vgl hierzu BVerwG 17.8.1998 – 2 B 61/98; BVerwG 25.10.1989 – 2 B 115/89 (Irrelevanz fehlender Beteiligung gem. § 25 Abs. 2 SchwbG aF); aA BVerwG 7.4.2011 – 2 B 79/10; BVerwG 15.2.1990 – 1 WB 36/88; BWVGH 10.9.2013 – 4 S 547/12, EzKommR Nr. 1400.1665 (Unterlassen gebotener Beteiligung der Schwerbehindertenvertretung gem. § 81 Abs. 1 S. 4 SGB IX als Benachteiligung iSv § 7 Abs. 1 AGG); OVG Magdeburg 19.6.2013 – 1 M 56/13, EzKommR Nr. 1400.1629; OVG Münster 7.1.2013 – 6 A 2371/11, DÖV 2013, 440 = NVwZ-RR 2013, 479; OVG Münster 3.2.2015 – 6 A 371/12, EzKommR Nr. 1400.1912; BVerwG 5.6.2014 – 2 C 22/13, NVwZ 2014, 1319; BayVGH 10.7.2015 – 3 C 15.1015, EzKommR Nr. 1400.1977; OVG Saarlouis 1.7.2015 – 1 B 54/15, EzKommR Nr. 1400.1968; VG Berlin 18.8.2008 – 7 A 92/07; VG Bremen 24.2.2015 – 6 K 952/11, EzKommR Nr. 1400.1921; VG Bayreuth 8.3.2013 – B 5 K 11.848, EzKommR Nr. 1400.1579 (Nichtberücksichtigung betrieblichen Eingliederungsmanagements gem. § 84 Abs. 2 SGB IX im Verfahren gem. § 26 BeamtStG). **104** Vgl *Plog/Wiedow*, BBG (Bd. 1), § 34 Rn 45.

zeit Rechnung getragen wird;[105] die Versetzung zu einem anderen Dienstherrn (§ 35 S. 1 Nr. 3 BBG); die Festsetzung mindestens einer Kürzung der Dienstbezüge als Disziplinarmaßnahme (§ 35 S. 1 Nr. 4 BBG iVm §§ 5 Abs. 1 Nr. 3, 8 BDG); sowie bei ausschließlichem Bestehen eines Probebeamtenverhältnisses am Ende des Monats, in dem der Probezeitbeamte die im Beamtenverhältnis auf Lebenszeit geltende Altersgrenze erreicht (§ 35 S. 1 Nr. 5 BBG);

■ **politische Beamte** iSd § 54 BBG, die noch im Beamtenverhältnis auf Probe befindlich sind, können gem. § 36 BBG „jederzeit" entlassen werden, womit der Rückgriff auf die allgemeinen Entlassungsgründe des § 34 Abs. 1 BBG nicht erforderlich, allerdings auch nicht ausgeschlossen ist.[106]

Während Statusklagen von Beamten auf Probe im Falle des Verlusts der Beamtenrechte nach den Tatbeständen des § 41 Abs. 1 S. 1 Nr. 1 und 2 sowie § 41 Abs. 1 S. 2 BBG ebenfalls in Betracht kommen, sind Statusklagen nach § 44 BBG – **Ruhestandsversetzung wegen Dienstunfähigkeit** – ausgeschlossen, da die §§ 44 ff BBG nur für Lebenszeitbeamte Anwendung finden.

c) Statusklagen von Beamten auf Widerruf. In Betracht kommen für Widerrufsbeamte iSd § 6 Abs. 4 Nr. 1   75
und 2 BBG vornehmlich Statusklagen über das Vorliegen der allgemeinen Voraussetzung für die Berufung in das Beamtenverhältnis hinsichtlich

■ der Gewähr, jederzeit für die freiheitliche demokratische Grundordnung iSd Grundgesetzes einzutreten (§ 7 Abs. 1 Nr. 2 BBG);

■ des Vorliegens eines auch im Rahmen der „jederzeit" möglichen Entlassung (§ 37 Abs. 1 S. 1 BBG) ohne Einhaltung einer Frist (§ 37 Abs. 1 S. 2 BBG) erforderlichen **sachlichen Grundes** entweder aus der in der Person des Widerrufsbeamten liegenden Umständen (unzureichende fachliche Leistungen, fehlende gesundheitliche Eignung, Verstoß gegen Dienstpflichten) oder aber wegen in der Sphäre des Dienstherrn liegender Umstände (Umbildung der Körperschaft oder Anstalt des öffentlichen Rechts, Bedarfsreduzierung infolge Organisationsänderung bei nicht mehr gegebenen Aufgaben);[107]

■ **Nichtbeachtung der Entlassungsschranke gem. § 37 Abs. 2 S. 1 BBG,** wonach Widerrufsbeamten und Beamten auf Widerruf im Vorbereitungsdienst Gelegenheit gegeben werden soll, den Vorbereitungsdienst abzuleisten und die erforderliche (Laufbahn-)Prüfung abzulegen mit der Folge, dass der Dienstherr nur in besonders gelagerten Ausnahmefällen sein Ermessen iSd Entlassung vor Ableistung des Vorbereitungsdienstes und Ablegung der Prüfung ausüben darf;[108]

■ **nicht erfolgte Mitwirkung des Personalrats** trotz Antrags des Beamten (§ 78 Abs. 1 Nr. 4, Abs. 2 BPersVG) infolge nicht durchgeführter Anhörung (§ 79 Abs. 3 BPersVG) bzw nicht erfolgter rechtzeitiger und umfassender **Unterrichtung sowie Anhörung der Schwerbehindertenvertretung** nach erfolgloser Einschaltung von Schwerbehindertenvertretung, Personalrat und Integrationsamt zur Durchführung eines Präventionsgesprächs iSv § 84 SGB IX[109] unter Beachtung der Tatsache, dass bei Nichtanmeldung zur Laufbahnprüfung nach Abschluss des Vorbereitungsdienstes die Ermessenseinschränkung nach § 37 Abs. 2 S. 1 BBG nach hM nicht greift;[110]

■ **Beendigung des Beamtenverhältnisses** auf Widerruf **kraft Gesetzes** infolge Bekanntgabe des **Bestehens oder endgültigen Nichtbestehens der Laufbahnprüfung** (§ 37 Abs. 2 S. 2 Nr. 1 BBG) oder aber des **endgültigen Nichtbestehens einer vorgeschriebenen Zwischenprüfung** (§ 37 Abs. 2 S. 2 Nr. 2 BBG).

In den Fällen des § 37 Abs. 2 S. 2 Nr. 1 und 2 BBG ist Folgendes zu beachten: 76

■ Die „Bekanntgabe" als schriftliche Mitteilung über die kraft Gesetzes eintretende Entlassung aus dem Beamtenverhältnis auf Widerruf (§ 37 Abs. 2 S. 2 Nr. 1 und 2 BBG) knüpft ausschließlich an den tatsächlichen Abschluss des Vorbereitungsdienstes und des Prüfungsverfahrens an, ist folglich nicht vom rechtlichen Bestand der dem Widerrufsbeamten mitgeteilten Prüfungsentscheidung abhängig und damit unabhängig vom Ausgang des durch den Widerrufsbeamten angestrengten Klageverfahrens gegen das Prüfungsergebnis.[111]

■ Im Falle der „Bekanntgabe" sind Feststellungswiderspruch (§ 126 Abs. 2 BBG) und Feststellungsklage ebenso wie Widerspruch und Leistungsklage auf Weiterbeschäftigung sowie Zahlung der Bezüge unge-

---

105 *Plog/Wiedow,* BBG (Bd. 1), § 35 Rn 4.   **106** *Plog/Wiedow,* BBG (Bd. 1), § 36 Rn 5; vgl hierzu VG Berlin 20.2.2015 – 28 K 254/13, EzKommR Nr. 1400.1917.   **107** *Plog/Wiedow,* BBG (Bd. 1), § 37 Rn 7 f mwN; vgl hierzu BayVGH 13.11.2014 – 3 CS 14.1864, EzKommR Nr. 1400.1884; BayVGH 9.7.2013 – 3 CS 13.302, EzKommR Nr. 1400.1645; OVG Münster 16.9.2015 – 6 E 819/15, EzKommR Nr. 1400.2016; OVG Münster 5.6.2015 – 6 B 326/15, EzKommR Nr. 1400.1947; VG Aachen 30.4.2015 – 1 K 2241/14, EzKommR Nr. 1400.1942; VG Ansbach 28.8.2013 – AN 1 E 13.01075, EzKommR Nr. 1400.1660; VG Ansbach 17.9.2013 – AN 1 S 13.01539, EzKommR Nr. 1400.1671; VG Würzburg 28.8.2013 – W 1 E 13.713, EzKommR Nr. 1400.1662 (Anforderungen an gesundheitliche Eignung).   **108** *Plog/Wiedow,* BBG (Bd. 1), § 37 Rn 11–13 mwN.   **109** *Plog/Wiedow,* BBG (Bd. 1), § 37 Rn 16 und § 34 Rn 38.   **110** *Plog/Wiedow,* BBG (Bd. 1), § 37 Rn 14.   **111** *Plog/Wiedow,* BBG (Bd. 1), § 37 Rn 23 mwN; vgl VG Bremen 13.2.2015 – 6 V 2078/14, EzKommR Nr. 1400.1916.

achtet der Tatsache möglich, dass ein die Entlassung „verfügender" Verwaltungsakt iSd § 35 S. 1 VwVfG deshalb nicht ergeht, weil die Entlassung kraft Gesetzes eintritt.[112]

77 **d) Statusklagen von Ehrenbeamten. aa) Ehrenbeamte des Bundes.** Ehrenbeamte – zur unentgeltlichen Wahrnehmung von Aufgaben nach § 5 Nr. 1, 2 BBG – sind ungeachtet der Tatsache, dass für sie gem. § 133 Abs. 1, 1. Hs BBG die Vorschriften des BBG mit der Maßgabe gelten, dass

- Ehrenbeamte nach Erreichen der Regelaltersgrenze verabschiedet werden können (§ 133 Abs. 1 Nr. 1 S. 1 BBG) bzw zu verabschieden sind, wenn die sonstigen Voraussetzungen für die Versetzung eines Beamten in den Ruhestand gegeben sind (§ 133 Abs. 1 Nr. 1 S. 2 BBG),
- die §§ 28, 53 Abs. 2, 72, 76, 87, 88, 97–101 und 104 BBG nicht anzuwenden sind, wobei dies zusätzlich für § 7 Abs. 1 Nr. 1 BBG (Honorarkonsulbeamte) gilt (§ 133 Abs. 1 Nr. 2 BBG),

keine Berufsbeamte. Sie erhalten daher keine Besoldung und erwerben keine Versorgungsansprüche mit Ausnahme der Unfallfürsorge nach § 68 BeamtVG (§ 133 Abs. 2 BBG).[113]
Im Bereich des Bundes handelt es sich vornehmlich um Honorarkonsuln.[114]

78 **bb) Ehrenbeamte der Länder, Gemeinden und Gemeindeverbände.** Für den Bereich der Länder, Gemeinden und Gemeindeverbände sowie der sonstigen der Aufsicht eines Landes unterstehenden Körperschaften, Anstalten und Stiftungen des öffentlichen Rechts (§ 1 BeamtStG) bestimmt § 5 Abs. 1 BeamtStG – übereinstimmend mit § 6 Abs. 5 S. 1 BBG –, dass das Ehrenbeamtenverhältnis der unentgeltlichen Wahrnehmung von Aufgaben iSd § 3 Abs. 2 BeamtStG – entsprechend § 5 BBG – dient. Im Gegensatz zur Maßgabe nach § 133 Abs. 1, 1. Hs BBG, wonach für Ehrenbeamte die Vorschriften des BBG dem Grundsatze nach gelten, eröffnet § 5 Abs. 2 BeamtStG die Möglichkeit, die Rechtsverhältnisse des Ehrenbeamten durch Landesrecht abweichend von den für Beamte allgemein geltenden Vorschriften zu regeln, soweit es deren besondere Rechtsstellung erfordert.

79 Konstitutiv hierfür ist die in den Kommunalgesetzen der Bundesländer erfolgte Differenzierung nach kommunalen Ehrenbeamten einerseits und kommunalen Beamten auf Zeit andererseits:

- **Ehrenbeamte** sind regelmäßig die ersten und weiteren Bürgermeister kreisangehöriger Gemeinden bis zu einer bestimmten Größenklasse, es sei denn, die Gemeinde hat zu einem bestimmten Zeitpunkt vor der Bürgermeisterwahl durch Satzung bestimmt, dass der erste Bürgermeister Beamter auf Zeit sein solle;[115] für kreisangehörige Gemeinden der nächst höheren Größenklasse – idR zwischen 5.000 und max. 10.000 Einwohnern – ist der erste Bürgermeister Ehrenbeamter, wenn dies der Gemeinderat ebenfalls vor einer Bürgermeisterwahl durch Satzung bestimmt.[116]
- **Beamte auf Zeit** sind demgegenüber die ersten Bürgermeister in kreisfreien Gemeinden und großen Kreisstädten (mit der Amtsbezeichnung Oberbürgermeister),[117] in kreisangehörigen Gemeinden, die eine bestimmte Gemeindegrößenklasse (idR 5.000 Einwohner) überschreiten,[118] sowie in Gemeinden unter 5.000 Einwohner, für die vor der Bürgermeisterwahl durch Satzung bestimmt wurde, dass der erste Bürgermeister Beamter auf Zeit sein solle.[119]
- **Beamte auf Zeit** sind des Weiteren die in Gemeinden mit mehr als 10.000 Einwohnern auf idR 6 Jahre wählbaren berufsmäßigen Gemeinderatsmitglieder (Referenten/Dezernenten),[120] die in den Sitzungen des Gemeinderats und seiner Ausschüsse in Angelegenheiten ihres Aufgabengebiets beratende Stimme haben.

80 Die Differenzierung nach Ehrenbeamten einerseits und Beamten auf Zeit andererseits findet sich auch auf der zweiten kommunalen Ebene der Landkreise: Der gewählte **Landrat** ist **Beamter auf Zeit**,[121] seine **Stellvertreter** hingegen **Ehrenbeamte**.[122] Soweit die dritte kommunale Ebene der sog. „höheren Kommunalverbände"[123] gebietskörperschaftlich konstituiert ist – wie etwa die bayerischen Bezirke (Art. 1 BayBezO) und die rheinland-pfälzischen Bezirksverbände (§ 1 Abs. 1 S. 1 RhPf BezO) –, sind deren Repräsentanten wie ihre Stellvertreter – **Bezirkstagspräsident, stellvertretender Bezirkstagspräsident** – ausnahmslos **Ehrenbeamte**.[124]

81 Ungeachtet der erfolgten Differenzierung nach Ehren- oder aber Beamtenverhältnis auf Zeit handelt es sich bei ersten und weiteren Bürgermeistern, bei Landräten und ihren gewählten Stellvertretern, bei Bezirkstagspräsidenten und ihren gewählten Stellvertretern sowie bei den berufsmäßigen Gemeinderatsmitgliedern um

---

112 *Plog/Wiedow*, BBG (Bd. 1), § 37 Rn 33; vgl BayVGH 27.7.2009 – 3 CE 09.734, EzKommR Nr. 1400.1043; VG München 6.3.2009 – M 5 E 08.6182, EzKommR Nr. 1400.1015. **113** Vgl *Plog/Wiedow*, BBG (Bd. 1), § 6 Rn 32, § 133 Rn 2 ff. **114** § 20 KonsularG v. 11.9.1974 (BGBl. I 2317). **115** Vgl etwa Art. 34 Abs. 2 S. 2 BayGO. **116** Vgl Art. 34 Abs. 2 S. 1 BayGO. **117** Vgl Art. 34 Abs. 1 S. 2 BayGO. **118** Vgl Art. 34 Abs. 1 S. 3 BayGO. **119** Vgl Art. 34 Abs. 1 S. 1 BayGO. **120** Vgl Art. 40 Abs. 1 S. 1, 41 Abs. 1 S. 1 BayGO iVm Art. 12–14 BayKWBG. **121** Vgl Art. 31 S. 1, 2. Hs BayLKrO. **122** Vgl Art. 32 Abs. 1 S. 2 BayLKrO. **123** Siehe hierzu umfassend *Bovenschulte, A.*, Gemeindeverbände als Organisationsformen kommunaler Selbstverwaltung (= Kommunalrecht – Kommunalverwaltung, Bd. 32), 2000, S. 393 ff. **124** Vgl etwa Art. 30 Abs. 2 S. 1 BayBezO.

kommunale Wahlbeamte,[125] deren Rechtsstellung durch das jeweilige Landesgesetz über kommunale Wahlbeamte bestimmt wird. Für Ehrenbeamte gilt, dass diese

- lediglich einen Anspruch auf angemessene „Entschädigung" sowie jährliche Sonderzahlung mit Ausnahme des Erhöhungsbetrags,[126]
- für die Zeit nach ihrem Ausscheiden aus dem Ehrenbeamtenverhältnis unter bestimmten Voraussetzungen einen Anspruch auf den sog. **Pflichtehrensold** oder aber „Kann-Ehrensold"[127]

haben. Statusklagen kommunaler Ehrenbeamter beziehen sich daher mit der Folge einer Anwendbarkeit von Abs. 6 S. 1 Nr. 2 regelmäßig auf **Streitigkeiten über die Wirksamkeit der Satzungen von Gemeinden**

- bis zu 5.000 Einwohnern mit der Maßgabe der Stellung des ersten Bürgermeisters als Beamter auf Zeit für den Fall, dass zugleich die Feststellung des Ehrenbeamtenverhältnisses geltend gemacht wird;
- der Gemeindegrößenklasse von 5.000 bis 10.000 Einwohnern im Falle satzungsmäßiger Bestimmung der Funktion des ersten Bürgermeisters als Ehrenbeamter.

e) Statusklagen von Beamten auf Zeit. Beamte auf Zeit sind neben den kommunalen Wahlbeamten – erste **82** Bürgermeister kreisangehöriger Gemeinden sowie jener, die diese Stellung kraft gemeindlicher Satzung inne haben, Oberbürgermeister der Großen Kreisstädte, Landräte und berufsmäßige Gemeinderatsmitglieder (→ Rn 79 ff) – die **hauptberuflich tätigen wissenschaftlichen Mitarbeiter von Hochschulen sowie deren leitendes Personal:**

Bei erstmaliger Berufung in das Professorenverhältnis wird gem. § 132 Abs. 1 S. 1 BBG im Regelfalle (§ 132 **83** Abs. 1 S. 2 BBG) ein Beamtenverhältnis auf Zeit für 6 Jahre begründet, wobei für Juniorprofessoren ein Zeitraum von 3 Jahren (§ 132 Abs. 2 S. 1 BBG) mit einer Verlängerung um 3 weitere Jahre gilt (§ 132 Abs. 2 S. 2 BBG).

Wissenschaftliche Mitarbeiter mit befristeter Beschäftigung werden ebenfalls für die Dauer von 3 Jahren zu **84** Beamten auf Zeit (§ 132 Abs. 3 S. 1 BBG) mit einmaliger Verlängerung um weitere 3 Jahre (§ 132 Abs. 3 S. 2 BBG) ernannt.

Ein Beamtenverhältnis auf Zeit ist auch für beamtete Leiter und beamtete hauptberufliche Mitglieder von **85** Leitungsgremien der Hochschulen zu begründen (§ 132 Abs. 8 S. 1 BBG).

7. Verleihung eines anderen Amtes (Abs. 6 S. 4, 1. Alt.). a) Kleiner Gesamtstatus (Ziff. 10.2 Streitwertkatalog **86** **2004/2013).** Die Hälfte des sich nach Abs. 6 S. 1–3 ergebenden Betrags ist als Streitwert dann festzusetzen, wenn das Verfahren die **Verleihung eines anderen Amts** betrifft. Abgesehen von der gem. Abs. 6 S. 2 und 3 angeordneten Zugrundelegung der für ein Kalenderjahr zu zahlenden Bezüge mit Ausnahme nicht ruhegehaltsfähiger Zulagen und der von Familienstand oder Unterhaltsverpflichtungen abhängigen Bezügebestandteile verbleibt es daher nach der in Abs. 5 S. 2, 1. Alt. aF normierten Rechtslage, wonach Streitwert die Hälfte des sich nach Abs. 5 S. 1 Nr. 1 und 2 aF ergebenden Betrags war. Die in Ziff. 10.2 des Streitwertkatalogs 2004/2013 unter dem Rubrum **„Kleiner Gesamtstatus"** u.a. genannten Konstellationen –

- Verleihung eines anderen Amtes,
- Zahlung einer Amtszulage,
- Verlängerung der Probezeit –

verdanken sich der Tatsache, dass die Rspr bereits unter Geltung von Abs. 5 S. 2 aF das Tatbestandsmerkmal „Verleihung eines anderen Amtes" erweiternd ausgelegt hatte, so dass Abs. 5 S. 2 aF nicht nur angewandt wurde auf

- Verleihung eines anderen Amtes mit anderem Endgrundgehalt und anderer Amtsbezeichnung (§ 10 Abs. 1 Nr. 3 BBG), also auf die **Beförderung,**[128]
- Verleihung eines anderen Amtes mit anderer Amtsbezeichnung beim Wechsel der Laufbahngruppe (§ 10 Abs. 1 Nr. 4 BBG),
- Geltendmachung der Rechtswidrigkeit einer unterbliebenen oder aber verspäteten Beförderung[129] bei erfolgter Anerkennung des (Fortsetzungs-)Feststellungsinteresses wegen beabsichtigter Geltendmachung von Schadensersatzansprüchen aus Amtspflichtverletzung gem. Art. 34 S. 1 GG iVm § 839 BGB.

---

125 Vgl Art. 1 Nr. 1–4 BayKWBG; zur Zurücknahme der Ernennung eines ehrenamtlichen Bürgermeisters wegen arglistiger Täuschung über seine Vermögensverhältnisse (iSv § 12 Abs. 1 Nr. 1 BeamtStG, § 12 Abs. 1 Nr. 1 BBG) vgl VG Greifswald 18.6.2015 – 6 A 5/13, EzKommR Nr. 1400.1954. **126** Vgl Art. 134 Abs. 1 KWBG aF, Art. 53 Abs. 1 S. 1 BayKWBG nF bzw Art. 55 BayKWBG nF (v. 24.7.2012, GVBl., S. 366). **127** Vgl Art. 138 Abs. 1 BayKWBG aF bzw Art. 59 Abs. 1, 2 KWBG nF sowie VG Würzburg 17.7.2012 – W 1 K 11.840, EzKommR Nr. 1400.1478. **128** OVG Lüneburg NVwZ-RR 2007, 828; BWVGH NVwZ-RR 2010, 943; OVG Münster NVwZ-RR 2010, 296. **129** BVerwG 18.4.2002 – 2 C 19/01, NVwZ-RR 2002, 620; BVerwG 3.12.1998 – 2 C 22/97, NVwZ 1999, 542; BayVGH 17.1.2014 – 3 ZB 11.2522; BayVGH 28.7.2014 – 3 ZB 13.1642, EzKommR Nr. 1400.1818; OVG Bautzen NVwZ-RR 2011, 584.

87   Handelte es sich um Streitigkeiten im vorbezeichneten Sinne aus einem **Lebenszeitbeamtenverhältnis**, so war bereits nach alter Rechtslage **Streitwert** die **Hälfte des Betrags nach Abs. 5 S. 1 Nr. 1 aF**, während „in sonstigen Fällen" iSd Abs. 5 S. 1 Nr. 2 aF die Hälfte des sich nach Abs. 5 S. 1 Nr. 2 aF ergebenden Betrags zugrunde zu legen war. Dabei verbleibt es – unabhängig von der geänderten textlichen Fassung in Abs. 6 S. 1 Nr. 2 – „im Übrigen" statt der in Abs. 5 S. 1 Nr. 2 aF enthaltenen Formulierung „in sonstigen Fällen" – auch nach der Neufassung des Abs. 6 S. 4 durch das 2. KostRMoG.

88   **b) Streitwertfestsetzung bei Konkurrentenklagen.** Nach wie vor **umstritten** ist die Streitwertfestsetzung in den Fällen der beamtenrechtlichen **Konkurrentenklage** (→ Rn 25 mwN in Fn 41), in denen die Mehrzahl der Oberverwaltungsgerichte[130] bisher – zu Recht – eine Streitwertfestsetzung nach Abs. 5 S. 2 aF vornahm. Diese Art der Streitwertfestsetzung ergibt sich daraus, dass ein beamtenrechtliches Konkurrentenstreitverhältnis zwingend voraussetzt, dass es um die Geltendmachung des beantragten, aber durch den Dienstherrn unterbliebenen Anspruchs auf Besetzung eines ausgeschriebenen Dienstpostens geht, der für den Kläger/Antragsteller gem. § 123 VwGO einen **Beförderungsdienstposten** darstellen, demzufolge die **Grundsätze der Bestenauslese** nach Art. 33 Abs. 2 GG zur Anwendung gelangen müssen, wobei dies auch bei nicht erfolgter Differenzierung zwischen Beförderungsbewerbern einerseits, Versetzungs- und Umsetzungsbewerbern andererseits gilt,[131] so dass es bei der Konkurrentenklage zumindest nichtvermögensrechtlich unmittelbar um das **erstrebte Beförderungsamt** geht.

89   Richtigerweise war – und ist – daher in diesen Fällen bei Lebenszeitbeamten die Hälfte des sich gem. Abs. 6 S. 1 Nr. 1, bei Nicht-Lebenszeitbeamten die Hälfte des sich nach Abs. 6 S. 1 Nr. 2 ergebenden Betrags als Streitwert anzusetzen, **nicht** jedoch der **Auffangstreitwert iSv Abs. 2** – dies ungeachtet der Tatsache, dass die textliche Fassung von Abs. 5 S. 1 Nr. 2 aF („in sonstigen Fällen") von der nunmehrigen Fassung von Abs. 6 S. 1 Nr. 2 („im Übrigen") abweicht. Nicht nachvollziehbar ist die in diesem Zusammenhang vertretene Auffassung, eine weitere Halbierung sei bei einer Streitigkeit um die Aufnahme in den Kreis der Beförderungsbewerber gerechtfertigt.[132]

90   Der Ansatz des **Auffangstreitwerts gem. Abs. 2** ist allenfalls dann gerechtfertigt, wenn es um die Geltendmachung eines Anspruchs auf Fortführung eines abgebrochenen Stellenbesetzungsverfahrens mit der Konsequenz eines generellen Widerrufs noch offener Ausschreibungen geht.[133]

91   **8. Zeitpunkt einer Versetzung in den Ruhestand (Abs. 6 S. 4, 2. Alt.).** Die Hälfte des sich nach Abs. 6 S. 1–3 ergebenden Betrags ist des Weiteren Streitwert für den Fall, dass es um den Zeitpunkt einer Versetzung in den Ruhestand geht. Insoweit stimmt auch die Neufassung durch das 2. KostRMoG mit der Maßgabe des Abs. 5 S. 2 aF überein, sieht man von der erfolgten Neubestimmung der Ermittlung der zugrunde zu legenden Bezüge und ihrer Bestandteile nach Abs. 6 S. 1–3 ab, so dass sich insoweit an der Rechtslage unter Zugrundelegung der hierzu bisher ergangenen Rspr[134] sowie der Maßgabe der Ziff. 10.2 des Streitwertkatalogs 2004/2013 nichts geändert hat, nachdem bereits das BVerwG seine ursprüngliche Rspr dahin gehend umgestellt hatte, wonach die Halbierung des Streitwerts nach Abs. 5 S. 2 aF ausschließlich für Verfahren zum Ansatz komme, in denen es um den Zeitpunkt der Ruhestandsversetzung geht, folglich Abs. 6 S. 1 Nr. 1 zum Ansatz kommt, wenn die Ruhestandsversetzung als solche streitig ist (Ziff. 10.1 Streitwertkatalog 2004/2013).

92   **9. Streitwertfestsetzung gem. Abs. 7. a) Grundsatz.** Nach der Vorschrift des Abs. 7 ist dann, wenn mit einem in Verfahren gem. Abs. 6 verfolgten Klagebegehren, dh mit einer statusrechtlichen Klage, ein aus ihm

---

130 OVG Lüneburg NVwZ-RR 2007, 638; HessVGH NVwZ-RR 2006, 656; OVG Frankfurt/Oder NVwZ-RR 2003, 606; vgl hierzu *Hartmann*, KostG, § 52 GKG Rn 31. **131** Vgl BayVGH 24.4.2009 – 3 CE 08.3152; BVerwG 25.11.2004 – 2 C 17/03, ZBR 2005, 244; VG Würzburg 14.9.2009 – W 1 E 09.783, EzKommR Nr. 1400.1048. **132** So OVG Greifswald NVwZ-RR 2002, 156. **133** Zu den Anforderungen an den Abbruch eines Stellenbesetzungsverfahrens aus „sachlichen Gründen" vgl BVerfG 28.11.2011 – 2 BvR 1181/11, EzKommR Nr. 1400.1406; BVerfG 12.7.2011 – 1 BvR 1616/11, EzKommR Nr. 1400.1356; BVerwG 26.1.2012 – 2 A 7/09, EzKommR Nr. 1400.1425; BVerwG 31.3.2011 – 2 A 2/09, IÖD 2011, 170 = EzKommR Nr. 1400.1324; BVerwG 22.7.1999 – 2 C 14/98; BVerwG 25.4.1996 – 2 C 21/95; BayVGH 7.1.2013 – 3 CE 12.1828, EzKommR Nr. 1400.1516; BayVGH 18.6.2012 – 3 CE 12.675, EzKommR Nr. 1400.1461; BayVGH 8.7.2011 – 3 CE 11.859; BayVGH 18.2.2011 – 3 CE 10.2443; OVG Bautzen 14.5.2004 – 3 BS 265/03; OVG Bremen 4.5.2011 – 2 B 71/11; HessVGH 10.7.2013 – 1 A 1084/13.Z; OVG Koblenz 1.7.2015 – 2 B 10497/15 und 2 B 10498/15, EzKommR Nr. 1400.1966 und 1967 (Wahlrecht zwischen erneuter Stellenausschreibung und Fortsetzung fehlerhaften Auswahlverfahrens ab dem Verfahrensfehler zu dessen Behebung); OVG Lüneburg 30.9.2010 – 5 ME 169/10, IÖD 2010, 276 = EzKommR Nr. 1400.1229; OVG Lüneburg 14.9.2006 – 5 ME 219/06; OVG Münster 31.5.2010 – 6 B 448/10, IÖD 2010, 149 = EzKommR Nr. 1400.1167; VG Frankfurt a.M. 28.1.2013 – 9 L 753/13.F, EzKommR Nr. 1400.1546; VG Gelsenkirchen 22.2.2011 – 1 L 1415/10, IÖD 2011, 79 = EzKommR Nr. 1400.1279; VG Würzburg 3.7.2015 – W 1 E 15.353, EzKommR Nr. 1400.1972; VG Würzburg 24.7.2012 – W 1 E 12.464, EzKommR Nr. 1400.1462. **134** Das BVerwG hatte im Beschluss v. 15.12.1994 (2 B 143.94, NVwZ-RR 1995, 361) noch dahin erkannt, dass eine Halbierung des Streitwerts nach § 52 Abs. 6 S. 2 GKG für alle Streitigkeiten vorzunehmen sei, in denen es um die Ruhestandsversetzung gehe; durch Beschluss v. 27.11.2008 (2 B 32.08) sowie durch Urteile v. 26.3.2009 (2 C 73/08, BVerwGE 133, 297) und v. 30.7.2009 (2 B 30/09, NVwZ-RR 2009, 823) erfolgte eine Änderung dahin gehend, dass die Streitwertbemessung nach § 52 Abs. 6 S. 1 Nr. 1 GKG für den Fall zu erfolgen habe, dass die Rechtmäßigkeit der Ruhestandsversetzung als solche streitig sei; vgl auch OVG Lüneburg NVwZ-RR 2010, 296.

hergeleiteter vermögensrechtlicher Anspruch verbunden ist, nur das wertmäßig höhere Klagebegehren „maßgebend". Daraus folgt ein Mehrfaches:

- Zum einen verbietet sich die Zugrundelegung mehrerer Klagebegehren,
- zum anderen ist eine Addition der sich aus dem statusrechtlichen Verfahren sowie aus der Geltendmachung eines hieraus abgeleiteten vermögensrechtlichen Anspruchs ergebenden Streitwerte unzulässig.[135]

Maßgeblich ist also nur der **wertmäßig höhere Anspruch** für die Streitwertfestsetzung. 93

b) Fallkonstellationen. Relevant sind in diesem Zusammenhang u.a. folgende Konstellationen: 94

- **Statusklage eines Probezeitbeamten** wegen Nichtübernahme in das Lebenszeitbeamtenverhältnis wegen normierter Höchstaltersgrenzen, verbunden mit der Geltendmachung eines vermögensrechtlichen Anspruchs auf **Nachzahlung der Differenz der Bezüge wegen verspäteter Beförderung;**[136]
- **Statusklagen ehemaliger Bundesbeamter der Deutschen Bundespost** gem. Art. 143 b Abs. 3 S. 1 GG iVm der **Geltendmachung von Sonderzahlungen gem. § 10 Abs. 1 PostPersRG;**[137]
- **Statusklage eines Probezeitbeamten** wegen Entlassung nach Ablauf der Statusdienstzeit infolge Dienstvergehens, verbunden mit der **Geltendmachung nachzuzahlender Dienstbezüge;**[138]
- **Statusklage eines Ruhestandsbeamten** im Hinblick auf § 5 Abs. 3 S. 1 BeamtVG, verbunden mit der Geltendmachung vermögensrechtlicher Ansprüche auf **Nachzahlung** der Differenz zwischen den sich aus dem zuletzt innegehabten Amt und den im Versorgungsbescheid zugrunde gelegten Amt ergebenden Versorgungsbezüge;[139]
- **Statusklage wegen vorzeitiger Ruhestandsversetzung** infolge prognostischer Dienstunfähigkeit oder Geltendmachung der Verletzung des Grundsatzes „Weiterverwendung vor Versorgung" (§ 26 Abs. 1 S. 3, Abs. 2 BeamtStG), verbunden mit der Geltendmachung eines vermögensrechtlichen Anspruchs auf **Nachzahlung der Differenz zwischen Ruhestands- und Dienstbezügen.**[140]

10. Streitwertfestsetzung in anderen beamtenrechtlichen Streitigkeiten. a) Grundsatz. Für beamtenrechtli- 95 che Streitigkeiten, die dem **Anwendungsbereich von Abs. 6 nicht** unterfallen, verbleibt es bei den allgemeinen Streitwertfestsetzungsregeln gem. § 42 Abs. 1 S. 2, 1. Alt. iVm § 52 Abs. 1 und 2 einerseits, § 52 Abs. 3 S. 1–3 andererseits.[141]

Zu unterscheiden sind im Wesentlichen folgende drei Konstellationen:

- Streitwertfestsetzung gem. § 42 Abs. 1 S. 2, 1. Alt. iVm § 52 Abs. 1, dh nach der sich aus dem Antrag des Klägers für ihn ergebenden „Bedeutung der Sache nach Ermessen";
- Streitwertfestsetzung gem. § 42 Abs. 1 S. 2, 1. Alt. iVm § 52 Abs. 2, dh Ansatz des Auffangstreitwerts iHv 5.000 €;
- Streitwertfestsetzung gem. § 52 Abs. 3 angesichts bezifferter Geldleistung bzw eines hierauf bezogenen Verwaltungsakts.

b) Streitwertfestsetzung gem. § 42 Abs. 1 S. 2, 1. Alt. iVm § 52 Abs. 1 nach „Bedeutung der Sache". Die 96 Maßgabe des § 42 Abs. 1 S. 2, 1. Alt., wonach der Streitwert nach § 52 Abs. 1 und 2 zu bestimmen ist, sofern die Höhe des Jahresbetrags nicht nach dem Antrag des Klägers bestimmt oder nach dessen Antrag mit vertretbarem Aufwand bestimmbar ist, steht im Zusammenhang mit § 42 Abs. 1 S. 1, also mit **Ansprüchen auf wiederkehrende Leistungen** aus einem öffentlich-rechtlichen Dienst- oder Amtsverhältnis, einer Dienstpflicht oder einer Tätigkeit, die an Stelle einer gesetzlichen Dienstpflicht geleistet werden kann.

---

135 Vgl *Hartmann*, KostG, § 52 GKG Rn 32; zu den Voraussetzungen für die Addition der Werte mehrerer Streitgegenstände gem. § 39 Abs. 1 GKG vgl BVerwG 22.9.1981 – 1 C 23/81, DÖV 1982, 410. **136** Zur Vereinbarkeit von Höchstaltersgrenzen im Beamtenrecht vgl EuGH 21.7.2011 – C 159/10, 160/10, EzKommR Nr. 1400.1353; EuGH 12.1.2010 – C 229/08, NVwZ 2010, 244 = EzKommR Nr. 1400.1111; BVerwG 29.6.2015 – 2 B 53/14, EzKommR Nr. 1400.1959 (keine Höchstaltersgrenze für Vorbereitungsdienst bei beabsichtigter Tätigkeit im Privatschuldienst); BVerwG 19.2.2009 – 2 C 18/07, NVwZ 2009, 840 = EzKommR Nr. 1400.1014; BVerwG 24.9.2009 – 2 C 31/08, EzKommR Nr. 1400.1959 (Altersgrenzen für Einstellung); OVG Koblenz 10.8.2007 – 2 A 10294/07, IÖD 2008, 27 = EzKommR Nr. 1400.860; OVG Münster 30.5.2008 – 6 A 1996/07, IÖD 2008, 242 = EzKommR Nr. 1400.937; OVG Münster 27.7.2010 – 6 A 3302/08, IÖD 2010, 242 = EzKommR Nr. 1400.1204; VG Bremen 25.8.2015 – 6 K 203/15, EzKommR Nr. 1400.2011; VG Koblenz 1.9.2009 – 6 K 1357/08.KO, EzKommR Nr. 1400.1076 (für Lebenszeitverbeamtung); HessVGH 28.9.2009 – 1 B 2487/09, EzKommR Nr. 1400.1083; OVG Koblenz 25.2.2011 – 2 A 11201/10, IÖD 2011, 96 = EzKommR Nr. 1400.1283; VG Frankfurt a.M. 16.5.2013 – 9 L 1393/13.F, EzKommR Nr. 1400.1613; VG Frankfurt a.M. 29.3.2010, 9 K 3854/09.F, EzKommR Nr. 1400.1137; 6.8.2009 – 9 L 1887/09, IÖD 2009, 218 = EzKommR Nr. 1400.1045; VG Karlsruhe 28.7.2010 – 4 K 1239/10, EzKommR Nr. 1400.1206. **137** Vgl BVerfG 17.1.2012 – 2 BvL 4/09, IÖD 2012, 74 = EzKommR Nr. 1400.1414. **138** Vgl VG Meiningen 21.11.2011 – 1 E 565/10 MeS, IÖD 2012, 35 = EzKommR Nr. 1400.1401. **139** Vgl BVerfG 20.3.2007 – 2 BvL 11/04, IÖD 2007, 125 = NVwZ 2007, 679; BayVGH 2.8.2011 – 3 BV 10.1804, EzKommR Nr. 1400.1361 (Bejahung eines Anspruchs auf Wiederaufgreifen des Verfahrens); BWVGH 24.10.2011 – 4 S 1790/10, IÖD 2012, 11 = EzKommR Nr. 1400.1389 (Verneinung eines Anspruchs auf Wiederaufgreifen); VG Würzburg 22.11.2011 – W 1 K 11.529, EzKommR Nr. 1400.1403. **140** Vgl BVerwG 26.3.2009 – 2 C 73/08, EzKommR Nr. 1400.1020; OVG Münster 2.7.2009, IÖD 2009, 263 = EzKommR Nr. 1400.1064; VG Würzburg 23.2.2010 – W 1 K 09.379, EzKommR Nr. 1400.1115. **141** So im Prinzip bereits nach der Rechtslage gem. § 52 GKG aF, vgl *Hartmann*, KostG, § 52 GKG Rn 33.

Rechtsfolge aus § 42 Abs. 2 S. 1 ist daher die Maßgeblichkeit des 3-fachen Jahresbetrags der wiederkehrenden Leistungen, sofern nicht der Gesamtbetrag der geforderten Leistungen geringer ist.

Mit anderen Worten: Die Streitwertfestsetzung auf den 3-fachen Jahresbetrag der wiederkehrenden Leistungen gem. § 42 Abs. 1 S. 1, 1. Alt. hat **Vorrang** vor der Streitwertfestsetzung nach § 42 Abs. 1 S. 2 iVm § 52 Abs. 1 und 2.

Dieser Vorrang wird durch Ziff. 10.4 des Streitwertkatalogs 2004/2013 für **Teilstatusstreitigkeiten** insoweit missachtet, als der 2-fache Jahresbetrag der Differenz zwischen innegehabtem und erstrebtem Teilstatus auch zugrunde zu legen ist für

- Streitigkeiten um höhere Versorgung, Besoldung oder Zulagen sowie
- Ansprüche auf Unfallausgleich, Unfallruhegehalt, Unterhaltsbeitrag und Hinterbliebenenversorgung.

97 Bei den vorbezeichneten Streitigkeiten handelt es sich um Ansprüche auf wiederkehrende Leistungen aus einem öffentlich-rechtlichen Dienst- oder Amtsverhältnis, einer Dienstpflicht oder einer Tätigkeit, die an Stelle einer gesetzlichen Dienstpflicht geleistet werden kann, so dass die Streitwertfestsetzung nach § 42 Abs. 1 S. 1 zu erfolgen hat, da die Höhe des Jahresbetrags nach dem Antrag des Klägers regelmäßig bestimmt oder aber „mit vertretbarem Aufwand" bestimmbar ist. Daraus folgt, dass die **Streitwertfestsetzung nach § 42 Abs. 1 S. 2, 1. Alt. iVm § 52 Abs. 1** für die unter Ziff. 10.4 des Streitwertkatalogs 2004/2013 bestimmten Teilstatusklagen **nur** Anwendung finden kann, wenn es geht um

- die **Berücksichtigung von Vordienstzeiten**, dh der als ruhegehaltsfähigen Dienstzeit iSd § 6 BeamtVG zu berücksichtigenden Zeiten gem. §§ 7–13 BeamtVG;[142]
- die **Besoldungsdienstaltersfestsetzung** unter besonderer Berücksichtigung fiktiver Vorverlegung des Diensteintritts um berücksichtigungsfähige Zeiten für die Stufenfestlegung zur Bemessung des Grundgehalts nach den §§ 27 ff BBesG bzw entsprechenden landesrechtlichen Vorschriften (vgl etwa Art. 30, 31 BayBesG).[143]

Dies gilt auch für die in Ziff. 10.8 und 10.9 Streitwertkatalog 2013 in Bezug genommenen Streitigkeiten wegen Anerkennung eines **Dienstunfalls** iSv § 31 Abs. 1 S. 1 BeamtVG bzw der weiteren Dienstunfalltatbestände nach § 31 Abs. 1 S. 2 Nr. 1–3 BeamtVG (Dienstreisen/Teilnahme an dienstlichen Veranstaltungen/Nebentätigkeiten im öffentlichen Dienst), im Rahmen eines **Wegeunfalls** iSv § 31 Abs. 2 BeamtVG) oder einer nach Art der dienstlichen Verrichtung eingetretenen **Berufskrankheit** gem. § 31 Abs. 3 BeamtVG iVm § 9 Abs. 1 SGB VII iVm der Berufskrankheiten-Verordnung (BKV) vom 31.10.1997 sowie wegen **Urlaubsbewilligung**.[144]

98 Für **alle anderen Konstellationen**, in denen es um die Geltendmachung höherer Dienst-, Besoldungsbezüge oder aber Zulagen einerseits, die Geltendmachung rückwirkender Nachzahlung der Besoldungsdifferenz zu den Bezügen eines Vollzeit beschäftigten Beamten aufgrund rechtswidriger Anordnung von Teilzeit,[145] die rückwirkende Gewährung des Familienzuschlags[146] oder aber von Hinterbliebenenversorgung bzw Beihilfe

---

142 Vgl hierzu EuGH 18.6.2009 – C 88/08, NVwZ 2009, 1089 = EzKommR Nr. 1400.1037 (kein Ausschluss der Berücksichtigung von vor dem 18. Lebensjahr liegenden Dienstzeiten bei Festlegung von Dienstaltersstufen aufgrund Richtlinie 2000/78/EG des Rates v. 27.11.2000); BVerwG 24.9.2009 – 2 C 63/08, IÖD 2010, 35 = EzKommR Nr. 1400.1094 (Verbot der Nichtberücksichtigung von Vordienstzeiten bei eigenfinanzierten Versorgungsleistungen); HessVGH 18.7.2009 – 1 A 826/09.Z, IÖD 2010, 35 = EzKommR Nr. 1400.1091; OVG Lüneburg 9.12.2008 – 5 LC 204/07, EzKommR Nr. 1400.996 (Berücksichtigung von in einem Mitgliedstaat der EU abgeleisteten Wehrdienst gem. § 9 Abs. 1 Nr. 1 BeamtVG); VG Düsseldorf 28.3.2014 – 23 K 1278/11, EzKommR Nr. 1400.1730. 143 Zur Nichtberücksichtigung von Zeiten der Zugehörigkeit zu den Grenztruppen der DDR vgl BVerwG 19.4.2004 – 2 C 5/03, DÖV 2004, 887 = EzKommR Nr. 1400.436; zur Vereinbarkeit von § 27 Abs. 2 BBesG iVm den Grundgehaltssätzen nach Anlage IV für Besoldungsgruppe A 14 mit Art. 3 Abs. 1 GG vgl den Vorlagebeschluss BWVGH v. 24.9.2002 – 4 S 634/00, EzKommR Nr. 1400.312; zur Vereinbarkeit der Besoldung nach Dienstaltersstufen mit Art. 21 der Charta der Grundrechte der Europäischen Union und Art. 2, 6 Abs. 1 der Richtlinie 2000/78 v. 27.11.2000 vgl EuGH 8.9.2011 – Rs. C-297/10; BAG 10.11.2011 – 6 AZR 481/09 (zu § 27 BAT aF); OVG Bautzen 27.2.2012 – 2 A 126/11, DÖD 2012, 137 = IÖD 2012, 99. 144 Vgl hierzu *Plog/Wiedow*, BBG (Bd. 2), § 31 BeamtVG Rn 30–92 zu § 31 Abs. 1 S. 1 BeamtVG, Rn 93–117 zu § 31 Abs. 1 S. 2 Nr. 1–3 BeamtVG, Rn 118–177 zu § 31 Abs. 2 BeamtVG, Rn 178–196 zu § 31 Abs. 3 BeamtVG iVm § 9 Abs. 1 SGB VII iVm BKV. 145 Vgl BVerwG 17.6.2010 – 2 C 86/08, IÖD 2010, 194 = EzKommR Nr. 1400.1170; demgegenüber Streitwertfestsetzung gem. Ziff. 10.4 des Streitwertkatalogs 2004 bei Klage auf Aufhebung gewährter Teilzeitbeschäftigung und Rückkehr zur Vollzeitbeschäftigung: OVG Münster 31.5.2011 – 6 E 424/11, IÖD 2011, 168 = EzKommR Nr. 1400.1339. 146 Vgl BVerfG 6.5.2008 – 2 BvR 1830/06, IÖD 2008, 165 = EzKommR Nr. 1400.923 (kein Verheiratetenzuschlag bei eingetragener Lebenspartnerschaft); VG Frankfurt a.M. 15.10.2009 – 9 K 1676/10.F, IÖD 2011, 20 = EzKommR Nr. 1400.1241 (rückwirkende Gewährung des Familienzuschlags für Angehörige einer eingetragenen Lebenspartnerschaft).

für Angehörige einer eingetragenen Lebenspartnerschaft,[147] des Weiteren um die Geltendmachung von Unfallfürsorge iSv § 30 Abs. 2 S. 1 Nr. 1–8 BeamtVG geht, hat die Streitwertfestsetzung nach dem 3-fachen Jahresbetrag gem. § 42 Abs. 1 S. 1, nicht jedoch gem. § 42 Abs. 1 S. 2, 1. Alt. iVm § 52 Abs. 1 zu erfolgen. Die diesbezügliche unter Ziff. 10.4 des Streitwertkatalogs 2004/2013 erfolgte Einreihung ist daher weder sachgemäß noch rechtmäßig.

c) Streitwertfestsetzung gem. § 42 Abs. 1 S. 2, 1. Alt. iVm § 52 Abs. 2 (Auffangstreitwert). aa) Allgemeines. Der Ansatz des Auffangstreitwerts setzt gem. Abs. 2 voraus, dass der Sach- und Streitstand für die Bestimmung des Streitwerts keine „genügenden Anhaltspunkte" bietet. Relevant wird dies vornehmlich hinsichtlich der – im Streitwertkatalog 2004 nicht in Bezug genommenen – beamtenrechtlichen Maßnahmen der Versetzung, Umsetzung, Abordnung und Zuweisung einerseits, der – in Ziff. 10.5 des Streitwertkatalogs 2004/2013 erwähnten – dienstlichen Beurteilung andererseits.

bb) Versetzung. Versetzung ist die auf Dauer angelegte Übertragung eines anderen Amtes bei einer anderen Dienststelle desselben oder eines anderen Dienstherrn (§ 28 Abs. 1 BBG), die auf Antrag des Beamten oder aus dienstlichen Gründen ohne dessen Zustimmung zulässig ist, wenn das Amt mit mindestens demselben Endgrundgehalt verbunden ist wie das bisherige Amt und die Tätigkeit aufgrund der Vorbildung oder Berufsausbildung zumutbar ist (§ 28 Abs. 2 BBG), ohne die Zustimmung des Beamten des Weiteren bei Auflösung oder wesentlichen Änderung des Aufbaus oder der Aufgaben einer Behörde oder aber der Verschmelzung von Behörden (§ 28 Abs. 3 BBG), wobei dienstliche Belange im Rahmen der über einen Versetzungsantrag zu treffenden pflichtgemäßen Ermessensentscheidung grds. Vorrang genießen.[148]

cc) Umsetzung. Demgegenüber ist die Umsetzung die Übertragung eines anderen Amtes im konkret-funktionellen Sinne, ohne dass das Amt im statusrechtlichen und im abstrakt-funktionellen Sinne berührt würde oder aber sich die Beschäftigungsbehörde ändert, also kein Verwaltungsakt. Die Umsetzung betrifft daher entweder die Wahrnehmung eines anderen konkreten Aufgabenbereichs (Dienstposten im konkret-funktionellen Sinne) oder aber den Teilentzug von Aufgaben (durch Änderung der Geschäftsordnung).[149] Entscheidend für die Umsetzung ist daher u.a., dass weder ein Wechsel des Dienstherrn noch ein Wechsel der Dienststelle eintritt; maßgeblich hierfür ist der Behördenaufbau.[150]

Findet die Zuweisung eines anderen Amts im konkret-funktionellen Sinne nicht „innerhalb" der Dienststelle statt, handelt es sich demgegenüber um eine **Abordnung**, die im Übrigen der Zustimmung der Personalvertretung bedarf.[151]

Angesichts der erfolgten Überführung der Eisenbahnen des Bundes (Art. 87 e Abs. 3 S. 1 GG) sowie des Postwesens und der Telekommunikation (Art. 87 f Abs. 2 S. 1 GG) in Privatrechtsform sind Umsetzungen im Bereich der **Deutschen Bahn AG** und ihrer Tochtergesellschaften einerseits[152] und der **Deutschen Telekom AG** und ihrer Tochtergesellschaften andererseits[153] von besonderer Relevanz.

dd) Abordnung. Erfolgt demgegenüber die vorübergehende Übertragung einer dem Amt des Beamten entsprechenden Tätigkeit bei einer anderen Dienststelle desselben oder eines anderen Dienstherrn unter Beibehaltung der Zugehörigkeit zur bisherigen Dienststelle, so liegt eine Abordnung in mitten (§ 27 Abs. 1 S. 1 BBG), die ganz oder teilweise erfolgen kann (§ 27 Abs. 1 S. 2 BBG).

99

100

101

102

103

104

147 Vgl EGMR 21.9.2010 – 66686/09, NVwZ 2011, 31 = EzKommR Nr. 1400.1225 (keine Hinterbliebenenrente für überlebenden Partner einer gleichgeschlechtlichen Lebenspartnerschaft gem. §§ 515-1 ff. Code Civil aufgrund Art. 14 EMRK); EuGH 1.4.2008 – C 267/06, NVwZ 2008, 537 = EzKommR Nr. 1400.918 (Gleichstellungsgebot bei Hinterbliebenenversorgung); BVerfG 11.6.2010 – 1 BvR 170/06, EzKommR Nr. 1400.1169 (keine Verpflichtung des Gesetzgebers zur rückwirkenden Neuregelung selbst bei Annahme der Verfassungswidrigkeit eines Ausschlusses der Hinterbliebenenrente bei eingetragener Lebenspartnerschaft); BVerfG 7.7.2009 – 1 BvR 1167/07, EzKommR Nr. 1400.1065 (Verfassungswidrigkeit des Ausschlusses eingetragener Lebenspartnerschaften im Bereich der betrieblichen Hinterbliebenenversorgung für Arbeitnehmer des öffentlichen Dienstes); BVerwG 28.10.2010 – 2 C 47/09, EzKommR Nr. 1400.1242 (Anspruch auf Hinterbliebenenversorgung). **148** Vgl BayVGH 29.11.2010 – 3 CE 09.2758, EzKommR Nr. 1400.1112; VG Würzburg 22.10.2009 – W 1 E 09.987, EzKommR Nr. 1400.1098; VG Würzburg 13.4.2010 – W 1 K 09.834, EzKommR Nr. 1400.1145. **149** Vgl BVerwG 22.5.1980 – 2 C 30/78; BVerwG 28.11.1991 – 2 C 41/89; BayVGH 27.8.2014 – 3 ZB 14.454, EzKommR Nr. 1400.1840; BayVGH 25.11.2010 – 3 CE 10.1806, EzKommR Nr. 1400.1238; VG Würzburg 2.7.2010 – W 1 E 10.545, EzKommR Nr. 1400.1175; VG Würzburg 19.7.2011 – W 1 K 10.1340, EzKommR Nr. 1400.1352. **150** Vgl BVerwG 4.7.2014 – 2 B 33/14, EzKommR Nr. 1400.1791; BVerwG 28.11.1991 – 2 C 41/89; BVerwG 31.5.1990 – 2 C 16/89; BVerwG 26.11.1987 – 2 C 53/86; BVerwG 24.1.1985 – 2 C 4/83; BayVGH 26.2.2015 – 3 ZB 14.499, EzKommR Nr. 1400.1923; BayVGH 25.11.2010 – 3 CE 10.1806, EzKommR Nr. 1400.1238; BayVGH 3.4.2003 – 3 CE 03.21; OVG Bautzen 9.11.2010 – 2 B 263/10; OVG Lüneburg 15.3.2007 – 5 ME 295/06; VG Düsseldorf 14.12.2010 – 2 K 6821/09; VG München 21.1.2014 – M 5 K 13.2407; VG Würzburg 2.7.2010 – W 1 E 10.545, EzKommR Nr. 1400.1175. **151** Vgl OVG Münster 1.7.2014 – 6 B 689/14, EzKommR Nr. 1400.1787; OVG Saarlouis 2.6.2004 – 1 W 13/04, IÖD 2004, 178 = EzKommR Nr. 1400.479; VG Würzburg 3.5.2011 – W 1 K 10.10008, EzKommR Nr. 1400.1315. **152** OVG Hamburg 27.8.2004 – 1 Bs 271/04, IÖD 2004, 267 = EzKommR Nr. 1400.497. **153** BWVGH 27.4.2006 – 4 S 491/06, IÖD 2007, 41 = EzKommR Nr. 1400.721; HessVGH 6.3.2008 – 1 B 166/08, IÖD 2009, 16 = EzKommR Nr. 1400.968.

105   **ee) Zuweisung.** Die Zuweisung ist dadurch gekennzeichnet, dass Beamten vorübergehend ganz oder teilweise eine ihrem Amt entsprechende Tätigkeit bei einer öffentlichen Einrichtung ohne Dienstherrenfähigkeit im dienstlichen oder öffentlichen Interesse (§ 29 Abs. 1 S. 1 Nr. 1 BBG) oder bei einer anderen Einrichtung im erforderlichen öffentlichen Interesse (§ 29 Abs. 1 S. 1 Nr. 2 BBG) zugewiesen wird, wobei die Rechtsstellung des Beamten unberührt bleibt (§ 29 Abs. 3 BBG). Letzteres beinhaltet den fortbestehenden Anspruch auf sog. amtsangemessene Beschäftigung, wiederum vornehmlich relevant im Falle der Zuweisung von dem konkret-funktionellen Amt nicht entsprechenden (Teil-)Aufgaben im Bereich der „Nachfolgeunternehmen" der ehemaligen Deutschen Bundesbahn bzw Bundespost.[154]

106   **ff) Dienstliche Beurteilung.** Die für Streitigkeiten über die Rechtmäßigkeit einer dienstlichen Beurteilung durch die hM unter Bezugnahme auf Ziff. 10.5 des Streitwertkatalogs 2004 regelmäßig erfolgende Festsetzung des Auffangstreitwerts wird dem „Sach- und Streitstand" unter besonderer Berücksichtigung der sich aus dem Antrag des Klägers für ihn ergebenden „Bedeutung der Sache" iSv Abs. 1 nicht gerecht und ist daher abzulehnen (→ Rn 22 ff).

III. Verfahren vor den Gerichten der Finanzgerichtsbarkeit

107   **1. Überblick. a) Streitwertbestimmung nach Abs. 1.** Grundsätzlich ist der Streitwert nach der sich aus dem **Antrag des Klägers** für ihn ergebenden Bedeutung der Sache nach Ermessen des Gerichts zu bestimmen (Abs. 1). Auch bei einem Musterprozess entscheidet nur der Klägerantrag über den Streitwert.[155]

108   Die Streitwertbestimmung hat nach **pflichtgemäßem Ermessen** des Gerichts zu erfolgen. Bei der Beurteilung der Bedeutung der Sache für den Kläger besteht insofern ein gerichtlicher Beurteilungsspielraum. Allerdings darf der Wert nicht unangemessen hoch angesetzt werden.[156]

109   **b) Prüfungsschema des § 52 in finanzgerichtlichen Verfahren.** Die Prüfung des § 52 erfolgt in finanzgerichtlichen Verfahren zweistufig:

110   Auf der ersten Stufe ist der Streitwert nach den Abs. 1–3 zu ermitteln. Dabei sind drei Schritte zu durchlaufen, wobei der zweite bzw der dritte Schritt nur dann notwendig ist, wenn die vorherigen noch keine Streitwertbestimmung ermöglicht haben: Im ersten Schritt ist Abs. 3 S. 1 zu prüfen und dann zusätzlich auch Abs. 3 S. 2 iVm Abs. 1. Im zweiten Schritt ist dann Abs. 1 und schließlich im dritten Schritt Abs. 2 zu prüfen.

111   Auf der zweiten Stufe ist der so ermittelte Streitwert mit dem Mindeststreitwert nach Abs. 4 abzugleichen, und der höhere Wert ist dann der maßgebliche Streitwert.

112   ▶ **Prüfungsschema:**

     I.   Streitwertermittlung nach Absätzen 1–3
         1.   Streitwert nach Absatz 3 Satz 1
         2.   Zusätzlich dann Streitwert nach Absatz 3 Satz 2. Der höhere Wert ist maßgeblich.
             Sofern Absatz 3 tatbestandlich nicht anwendbar ist, Fortsetzung der Prüfung:
         3.   Streitwert nach Absatz 1
             Sofern Absatz 1 nicht einschlägig ist, Fortsetzung der Prüfung:
         4.   Streitwert nach Absatz 2
     II.   Abgleich des so ermittelten Streitwerts mit dem Mindeststreitwert nach Absatz 4 ◀

113   **2. Festsetzung des „Auffangstreitwerts" (Abs. 2).** Nach Abs. 2 ist ein sog. Auffangstreitwert anzusetzen, wenn sich keine genügenden Anhaltspunkte für die Bedeutung des Finanzrechtsstreits für den Kläger gem. Abs. 1 ergeben. Der Wert nach Abs. 2 ist insofern ein subsidiärer **Ausnahmewert** im Sinne eines **fiktiven Streitwerts**, auf den nur beim Fehlen konkreter Anhaltspunkte für eine Bewertung nach Abs. 1 abgestellt werden darf.[157] Dies wird freilich recht selten der Fall sein, da für die Bestimmung der Bedeutung der Sache das gesamte Vorbringen der Beteiligten maßgeblich ist, mithin auch die Akten des Beklagten herangezogen werden müssen.[158]

114   In der Regel wird der Auffangstreitwert bspw bei unzulässigen Klagen[159] und bei Klagen auf Akteneinsicht[160] herangezogen.

115   Von der Höhe her beträgt der Auffangstreitwert an sich 5.000 €. Er handelt sich aber insofern nicht um eine starre Festlegung, sondern der Betrag kann vielmehr entsprechend Abs. 1 erhöht oder vermindert werden.[161]

---

154 Vgl BVerwG 3.5.2005 – 2 C 11/04, DÖV 2005, 738 = EzKommR Nr. 1400.576; BVerwG 18.9.2008 – 2 C 26/05, EzKommR Nr. 1400.957; BVerwG 18.9.2008 – 2 C 3/07, 8/07, EzKommR Nr. 1400.958; BVerwG 18.9.2008 – 2 C 8/07, IÖD 2009, 62 = EzKommR Nr. 1400.978; BVerwG 18.9.2008 – 2 C 126/07, EzKommR Nr. 1400.979; OVG Brandenburg 4.7.2011 – 6 S 17/11, IÖD 2011, 203 = EzKommR Nr. 1400.1349. **155** BFH BStBl. II 1976, 685. **156** BVerfG NJW 1997, 311. **157** VGH Mannheim NVwZ-RR 2004, 619. **158** BFH/NV 1993, 680; FG BW EFG 2007, 224. **159** BFH/NV 1998, 487. **160** FG Saarland 1.9.2010 – 2 K 1614/09, juris. **161** BFH/NV 1996, 575; BFH/NV 1996, 575.

3. Maßgeblichkeit bezifferter Geldleistung für die Streitwertfestsetzung (Abs. 3). a) Bezifferte Geldleistung 116
(Abs. 3 S. 1). Nach Abs. 3 S. 1 ist, wenn der Antrag des Klägers eine bezifferte Geldleistung oder einen hierauf bezogenen Verwaltungsakt betrifft, deren Höhe maßgebend. Dementsprechend ist etwa bei der Einkommensteuer ausschließlich der Steuerbetrag maßgeblich, um den unmittelbar gestritten wird, also der Unterschiedsbetrag zwischen der festgesetzten (behauptet zu hohen) und der begehrten Steuer.[162] Bei Haftungsbescheiden ist für die Festsetzung des Streitwerts die im Haftungsbescheid in der Fassung der Einspruchsentscheidung festgestellte Haftungssumme maßgeblich, wenn ein Haftungsschuldner die Aufhebung eines Haftungsbescheids erreichen will.[163]

b) Offensichtlich absehbare Auswirkungen auf künftige Geldleistungen oder derartige Verwaltungsakte (Abs. 3 117
S. 2). Nach Abs. 3 S. ist bei der Streitwertermittlung nach Abs. 3 S. 1 eine zusätzliche Prüfung erforderlich: Hat der Antrag des Klägers offensichtlich absehbare Auswirkungen auf künftige Geldleistungen oder auf noch zu erlassende, auf derartige Geldleistungen bezogene Verwaltungsakte, ist die Höhe des sich aus Abs. 3 S. 1 ergebenden Streitwerts um den Betrag der offensichtlich absehbaren zukünftigen Auswirkungen für den Kläger anzuheben. Dabei darf aber insgesamt das **Dreifache des Werts nach Abs. 3 S. 1 nicht überschritten** werden. Eine Reduzierung des Streitwerts nach Abs. 3 S. 1 ist im Übrigen ausgeschlossen.

Nach der bisherigen BFH-Rspr mussten mittelbare Auswirkungen auf Veranlagungszeiträume, die dem 118
Streitjahr vor- oder nachgelagert waren, für die Streitwertbemessung regelmäßig unberücksichtigt bleiben, auch wenn sie beabsichtigt waren, so dass ausschließlich der Steuerbetrag maßgeblich war, um den unmittelbar gestritten wurde; künftige Auswirkungen der Entscheidung waren weder ein- noch gegenzurechnen.[164] Diese Rspr ist durch die Regelung in S. 2 für zukünftige Auswirkungen gegenstandslos geworden.

Voraussetzung für die Streitwerterhöhung ist zunächst in **personaler Hinsicht**, dass die Auswirkungen auf 119
künftige Geldleistungen oder auf noch zu erlassende, auf derartige Geldleistungen bezogene Verwaltungsakte **den Kläger** betreffen müssen. Aktualisieren sich die Auswirkungen **bei dritten Personen**, ist eine Streitwerterhöhung ausgeschlossen.

In **zeitlicher Hinsicht** muss es sich um Auswirkungen bei künftigen Geldleistungen oder auf noch zu erlas- 120
sende, auf derartige Geldleistungen bezogene Verwaltungsakte handeln. Freilich sind alle Geldleistungen, die nach der Streitwertfestsetzung von der Steuerbehörde angefordert werden, oder alle Verwaltungsakte, die erst nach der Streitwertfestsetzung erlassen werden, von diesem Standpunkt aus gesehen zukünftig, selbst wenn sie einen bereits vergangenen Zeitraum betreffen. Tatsächlich ist der zeitliche Bezugspunkt daher das **Streitjahr des Klageverfahrens**, also das Jahr, für das die strittige Steuer zu entrichten ist. Berücksichtigungsfähig sind dann nur Auswirkungen in diesem aktuellen Streitjahr und den zukünftigen Streitjahren, nicht aber in bereits vergangenen Streitjahren.

Dritte Voraussetzung ist sodann, dass die Auswirkungen **absehbar** sein müssen. Das bedeutet, dass die Aus- 121
wirkungen in einem hinreichend nahen zeitlichen Abstand zum aktuellen Streitjahr stehen müssen, weil sonst eine bloße Schätzung „ins Blaue hinein" vorläge; mehr als drei Jahre in die Zukunft zu blicken dürfte daher ausgeschlossen sein. Absehbar sein bedeutet außerdem, dass von einem Eintritt dieser Auswirkungen bei normalem Verlauf der Dinge ausgegangen werden können muss. Greifen die in den Blick genommenen Auswirkungen dagegen erst ein, wenn der Kläger bspw bestimmte Handlungen vornehmen muss – was aber im freien Belieben des Klägers steht –, sind sie gerade nicht absehbar.

Vierte Voraussetzung ist, dass die Auswirkungen **offensichtlich** sein müssen. Zweck der Normierung dieses 122
– die Anwendung des Abs. 3 S. 2 stark begrenzenden – Tatbestandsmerkmals ist, Streitigkeiten hinsichtlich des Kostenansatzes möglichst weitgehend zu reduzieren.[165] Offensichtlich sind die Auswirkungen nur, wenn sie für jedermann klar erkennbar sind und sich unmittelbar ohne größeren Prüfungs- und Berechnungsaufwand aus den Akten ergeben. Das bedeutet, dass nur bei einem typischen Kausalverlauf und leicht verifizierbaren Grundannahmen von einer Offensichtlichkeit ausgegangen werden kann.

Fünfte Voraussetzung ist schließlich, dass die Auswirkungen auf den **Antrag des Klägers** zurückzuführen 123
sein müssen („Hat der Antrag des Klägers … Auswirkungen …"). Geprüft werden muss also, welche Folgen ein Erfolg der Klage hätte; nur die Folgen bzw Auswirkungen, die sich aus einem Erfolg der Klage ergeben, dürfen streitwerterhöhend berücksichtigt werden. Auswirkungen, die sich bei einem Misserfolg der Klage einstellen, bleiben demgegenüber außer Betracht.

Die **Berechnung** selbst ist gesetzlich nicht näher vorgegeben. Anzusetzen ist nach dem Normwortlaut der 124
Betrag der Auswirkungen. Gemeint sind damit die steuerlichen Auswirkungen, also insb. die zu entrichtende Steuer oder bei einem Feststellungsbescheid etwa der festgestellte Gewinn. Freilich lässt sich eine zukünftige steuerliche Auswirkung angesichts der Vielzahl an Variablen, die in eine Steuerberechnung eingehen,

---

162 BFH/NV 2012, 1167, 1168. **163** BFH/NV 2011, 1721. **164** BFH/NV 2012, 1318. **165** BR-Drucks 517/12-51.

kaum belastbar berechnen. Eine **Schätzung** des Betrags ist daher unumgänglich. Diese Schätzung darf freilich nicht dazu führen, dass das im Interesse der weitgehenden Streitvermeidung geschaffene Kriterium der Offensichtlichkeit konterkariert wird, indem sich die Kostenstreitigkeiten auf die Sachgerechtigkeit der Schätzung verlagern. Im Zweifel ist daher zugunsten des Klägers ein praktisch unstreitiger Mindestbetrag anzusetzen. Im Übrigen können natürlich die Steuerbescheide der Folgejahre herangezogen werden, wenn das Verfahren entsprechend lange dauert.

125   Die Regelung des Abs. 3 S. 2 ist insgesamt nicht vollständig durchdacht. **Entgegen dem Wortlaut** kommt eine Streitwerterhöhung dann nicht in Betracht, wenn ausschließlich um eine zeitliche Zuordnung eines steuerlich relevanten Sachverhalts, also etwa um eine Verschiebung des Ansatzes von Einkünften, gestritten wird. Dies zeigt exemplarisch die BFH-Entscheidung vom 28.3.2012.[166] Dort wurde darum gestritten, ob bestimmte Einkünfte aus Kapitalvermögen in den Streitjahren oder erst im darauf folgenden Jahr anzusetzen sind. Nach Abs. 3 S. 2 müssten die Auswirkungen für das Folgejahr streitwerterhöhend berücksichtigt werden, weil bei einem Erfolg der Klage, mithin keiner Berücksichtigung der Einkünfte in den Streitjahren, die Berücksichtigung der Einkünfte im Folgejahr schon nach dem Klägervortrag zwingend ist. Andererseits ermittelt sich der Streitwert nach Abs. 3 S. 1 aus den im Streit befindlichen höheren Steuern für die Streitjahre. Dann aber zusätzlich noch die potentiellen Auswirkungen für das Folgejahr zu berücksichtigen, ist verfehlt, weil dann im Hinblick auf das für den Streitwert maßgebliche klägerische Interesse so getan würde, als ob es dem Kläger darum ginge, in keinem Jahr, auch im Folgejahr nicht, die Einkünfte anzusetzen. Tatsächlich geht es dem Kläger in den Fällen des Streits um die zeitliche Zuordnung aber nur darum, die Einkünfte nur in den Streitjahren nicht heranzuziehen. Eine Berücksichtigung der steuerlichen Auswirkung im Folgejahr würde demgegenüber bedeuten, dass der Kläger auch in jenem Jahr den steuerlichen Ansatz angreifen würde, was aber gerade nicht beabsichtigt ist. In Fällen, in denen also nicht um einen steuerlich relevanten Sachverhalt als solchem gestritten wird, sondern nur um die Frage der zeitlichen Zuordnung, muss also eine Streitwerterhöhung nach Abs. 3 S. 2 unterbleiben. Aus demselben Grund kommt auch eine Anwendung des Abs. 3 S. 2 bei Streitigkeiten um Vorauszahlungen generell nicht in Betracht.[167]

126   **Entgegen dem Wortlaut** kommt eine Streitwerterhöhung nach Abs. 3 S. 2 außerdem nicht in dem Umfang in Betracht, in dem die steuerlichen Auswirkungen auch bei einem Misserfolg der Klage Platz greifen würden. Denn Abs. 3 S. 2 erlaubt es nicht, generell die steuerlichen Auswirkungen einer Klage für die Streitwertbemessung in den Blick zu nehmen. Wird also etwa darum gestritten, ob bestimmte Einkünfte im Streitjahr solche aus Kapitalvermögen oder aber Gewinneinkünfte sind, was entsprechende offensichtliche Auswirkungen auf die Veranlagung der Folgejahre hat, kommt ein pauschaler Ansatz der steuerlichen Auswirkungen eines Erfolgs der Klage – etwa der Steuerbetrag bei einem Ansatz als Einkünfte aus Kapitalvermögen – nicht in Betracht. Gegenzurechnen sind vielmehr die steuerlichen Auswirkungen eines Misserfolgs der Klage, also etwa die steuerliche Auswirkung bei einem Ansatz von Gewinneinkünften. Nur der verbleibende Differenzbetrag zugunsten des Klägers ist als steuerliche Auswirkung anzusetzen, weil letztlich nur hierin der Erfolg der Klage auch in den Folgejahren liegt.

127   **c) Verfahren in Kindergeldangelegenheiten (Abs. 3 S. 3).** Nach Abs. 3 S. 3 ist in Verfahren in Kindergeldangelegenheiten[168] § 42 Abs. 1 S. 1 und Abs. 3 entsprechend anzuwenden. Allerdings ist nur der einfache Jahresbetrag der wiederkehrenden Leistungen maßgebend, wenn nicht der Gesamtbetrag der geforderten Leistungen geringer ist; der in § 42 Abs. 1 S. 1 nämlich an sich vorgesehene dreifache Jahresbetrag ist durch Abs. 3 S. 3 Hs 2 durch den einfachen Jahresbetrag ersetzt worden.[169] Die bei Einreichung der Klage fälligen Beträge werden dem Streitwert allerdings hinzugerechnet. Der Streitwert in Kindergeldangelegenheiten ist also sowohl zukunftsbezogen (Jahresbetrag) als auch vergangenheitsbezogen (bereits fällige Beträge) zu bestimmen, sofern nicht der explizit und abschließend geforderte Gesamtbetrag niedriger ist.

128   **4. Mindeststreitwert in finanzgerichtlichen Verfahren (Abs. 4 Nr. 1). a) Allgemeines.** Abs. 4 Nr. 1 regelt den sog. Mindeststreitwert im finanzgerichtlichen Verfahren. Der **Mindeststreitwert** ist derjenige Betrag, der unabhängig von der Streitwertbestimmung nach den Abs. 1–3 in jedem Fall anzusetzen ist, selbst wenn sich aus den Abs. 1–3 ein niedrigerer Streitwert ergeben würde.

129   Der Mindeststreitwert ist **nicht zu verwechseln** mit dem **Auffangstreitwert nach Abs. 2** (→ Rn 113 ff). Freilich bedeutet das nicht, dass Abs. 4 Nr. 1 nur in den Fällen der Streitwertbestimmung nach Abs. 1 und Abs. 3 zum Zuge kommen kann. Zwar liegt der Auffangstreitwert betragsmäßig über dem Mindeststreitwert;[170] der Auffangstreitwert kann aber entsprechend Abs. 1 vermindert werden,[171] so dass es möglich ist, dass der Auffangstreitwert betragsmäßig unter dem Mindeststreitwert liegt.

---

166 BFH/NV 2012, 1318. **167** FG Hamburg 19.3.2015 – 3 K 157/14. **168** FG BW EFG 2015, 955. **169** NdsFG 27.11.2014 – 13 K 231/14, juris. **170** S.a. FG LSA EFG 2012, 1312, 1313. **171** BFH/NV 1996, 575; BFH/NV 1996, 575.

b) Ansatz eines Mindeststreitwerts. Gemäß Abs. 4 Nr. 1 darf in Verfahren vor den Gerichten der Finanzge- **130**
richtsbarkeit der Streitwert nicht unter 1.500 € (Mindeststreitwert) angenommen werden. Der BFH hat bereits mehrfach entschieden, dass dieser Mindeststreitwert – allerdings bezogen noch auf einen Mindeststreitwert von 1.000 € – keine verfassungsrechtlich unzulässige Zugangsbeschränkung zu den Finanzgerichten bewirkt und daher keinen durchgreifenden verfassungsrechtlichen Bedenken begegnet.[172] Auch wenn
das klägerische Interesse betragsmäßig deutlich unter dem Mindeststreitwert liegt, ist dieser der Streitwertberechnung zugrunde zu legen; verfassungsrechtlich ist das unbedenklich.[173] Der Mindeststreitwert ist im
Übrigen gesetzlich fixiert, ein niedrigerer Betrag kann nicht zugrunde gelegt werden.[174]

c) Ausnahmen vom Mindeststreitwert. Der Mindeststreitwert ist nicht anzusetzen in Verfahren nach § 155 **131**
S. 2 FGO und in Verfahren in Kindergeldangelegenheiten. § 155 S. 2 FGO betrifft Entschädigungsverfahren
nach § 198 GVG bei **überlangen Gerichtsverfahren,** für die der Bundesfinanzhof ausschließlich zuständig ist
(§ 155 S. 2 FGO iVm § 201 Abs. 1 GVG). Für Verfahren in **Kindergeldangelegenheiten** soll ausweislich der
Gesetzesbegründung aus sozialpolitischen Gründen kein Mindeststreitwert mehr, wie er bisher angesetzt
wurde,[175] zur Anwendung kommen.[176]

5. Vorläufige Streitwertbemessung (Abs. 5). Solange der Wert noch nicht festgesetzt ist und sich der nach **132**
den Absätzen 3 und 4 Nr. 1 maßgebende Wert auch nicht unmittelbar aus den gerichtlichen Verfahrensakten ergibt, sind die Gebühren vorläufig nach dem in Abs. 4 Nr. 1 bestimmten Mindestwert zu bemessen
(Abs. 5). Der Mindeststreitwert kommt also zumindest vorläufig dann zur Anwendung, wenn eine Streitwertbemessung unmittelbar aus den gerichtlichen Verfahrensakten nicht möglich ist. Dabei bedeutet der
Verweis auf Abs. 4 Nr. 1, dass die dort vorgesehene Ausnahme vom Mindeststreitwert vorläufig solange
nicht Platz greift, wie sich nicht aus den gerichtlichen Verfahrensakten unmittelbar ein niedrigerer Streitwert als der Mindeststreitwert ergibt.

6. Verfahrenseinleitung in sonstigen Fällen (Abs. 8). Dem Kläger steht nach Abs. 8 gleich, wer sonst das **133**
Verfahren des ersten Rechtszugs eingeleitet hat. Das betrifft insb. die Fälle der Antragstellung außerhalb eines Klageverfahrens, etwa bei der einstweiligen Anordnung nach § 114 FGO noch vor Klageerhebung oder
beim selbständigen Beweisverfahren vor Klageerhebung.

IV. Verfahren vor den Gerichten der Sozialgerichtsbarkeit

1. Anwendungsbereich. § 52 regelt die Streitwertberechnung für Gerichtsgebühren u.a. in der Sozialge- **134**
richtsbarkeit. In den Anwendungsbereich des § 52 fallen Verfahren nach dem SGG, soweit dort weder Kläger noch Beklagter dem in § 183 SGG genannten Personenkreis angehören. Ist dagegen ein Versicherter,
Leistungsempfänger einschließlich Hinterbliebenenleistungsempfänger oder ein Behinderter in dieser jeweiligen Eigenschaft Kläger oder Beklagter, gelten für die Kostenerhebung in dem jeweiligen Rechtszug ausschließlich die Bestimmungen des SGG, insb. die Pauschgebührenregelung der §§ 183, 184 SGG (vgl auch
§ 1 Abs. 2 Nr. 3 GKG iVm § 197 a SGG).[177] Mithin gilt grds. entweder das System für kostenrechtlich privilegierte Beteiligte (§ 183 S. 1, §§ 184–195 SGG) oder das System für die sonstigen Beteiligten (§ 197 a
SGG; GKG; §§ 154–162 VwGO). Ist bei einem Streit mit einheitlichem Streitgegenstand in einer Instanz
ein kostenrechtlich Privilegierter Hauptbeteiligter (Kläger oder Beklagter), greift – auch bei subjektiver Klagehäufung mit einem nicht Kostenprivilegierten – die Regelung für Kostenprivilegierte ein.[178] Besteht dagegen in Fällen objektiver Klagehäufung (§ 56 SGG) hinsichtlich des einen Streitgegenstands keine Kostenprivilegierung, wohl aber hinsichtlich des anderen, besteht kein Grund, zur Kostenprivilegierung für beide
Streitgegenstände zu gelangen, obwohl eine Trennung möglich ist.[179] Vielmehr ist bei der Kostenentscheidung zwischen den Streitgegenständen zu differenzieren.[180]

**2. Bestimmung des Streitwerts anhand der Bedeutung der Sache (Abs. 1); Auffangstreitwert (Abs. 2); bezif- 135
ferte Geldleistung (Abs. 3).** Nach Abs. 1 ist der Streitwert aus der aus dem Antrag des Klägers für ihn ergebenden Bedeutung der Sache nach Ermessen zu bestimmen. Die „Bedeutung der Sache" ergibt sich aus dem
Interesse des Klägers an der erstrebten Entscheidung. Maßgeblich ist hierbei der Wert, den die Sache bei
objektiver Beurteilung für den Kläger hat.[181] In den Gesetzesmaterialen zur Neufassung des § 52 durch das
2. KostRMoG[182] wird klargestellt, dass die Höhe der Streitwerte in der Finanz- und Verwaltungsgerichtsbarkeit insb. von den Ländern als zu niedrig kritisiert wurden. Damit werden die hier – bezogen auf das

172 BFH/NV 2013, 399, 400; BFH/NV 2013, 81. **173** FG BW EFG 2013, 550, 552. **174** FG Düsseldorf 19.3.2013 – 14 Ko
333/13 GK, juris. **175** Etwa ThürFG EFG 2008, 1491. **176** BT-Drucks 17/11471 (neu), S. 246; FG Münster EFG 2014, 586.
177 Binz/Dörndorfer/*Dörndorfer*, § 52 GKG Rn 1und zu § 197 a SGG Rn 4. **178** BSG 29.5.2006 – B 2 U 391/05 B; ebenso LSG
Bln-Bbg 24.2.2014 – L 1 KR 271/13, juris (Rn 32). **179** BSG 26.9.2009 – B 1 KR 1/06, SozR 4-2500 § 31 Nr. 5 unter Hinweis
auf *Hauck*, in: Zeihe, SGG, Stand 1.5.2006, § 197 a Rn 4. **180** So auch LSG Baden-Württemberg 30.3.2012 – L 4 R 2043/10
BSG mit Bezug auf BSG 26.7.2006 – B 3 KR 6/06 B. **181** BSG SozR 3-1930 § 8 Nr. 2. **182** BT-Drucks 17/11471 (neu), S. 245.

Sozialgerichtsverfahren – nicht weiter zu vertiefenden Änderungen für die Finanzgerichtsbarkeit hinsichtlich der Streitwertbemessung begründet.

136 Der Streitwert wird nach **billigem Ermessen** bestimmt, er darf geschätzt und pauschaliert werden.[183] Bei der **Anfechtungsklage** (§ 54 Abs. 1 S. 1 Var. 1 SGG) ist das Interesse am Wegfall des Verwaltungsakts maßgebend, bei der **Verpflichtungsklage** iSd § 54 Abs. 1 S. 1 Var. 3 SGG das Interesse am Verwaltungsakt. In der Regel bestimmen allein die wirtschaftlichen Auswirkungen des Obsiegens den Streitwert, also der Vermögenswert, den der Kläger im Falle seines vollständigen Obsiegens erzielt hätte.

137 Die Bestimmung des Streitwerts nach Ermessen entfällt gem. Abs. 3 S. 1, wenn der Antrag des Klägers eine bezifferte Geldleistung oder einen hierauf gerichteten Verwaltungsakt betrifft; dann ist deren Höhe maßgeblich (→ Rn 31, 110, 116). Die Möglichkeit, den Streitwert auch oberhalb des bezifferten Geldbetrags anzusetzen, bleibt im Interesse der leichteren Anwendbarkeit eingeschränkt.[184]

138 Soweit eine **bezifferte Geldleistung** oder ein **hierauf gerichteter Verwaltungsakt** begehrt wird, ist nach der aus sich selbst heraus verständlichen Vorschrift des **Abs. 3 S. 1** dieser Betrag maßgeblich. Die **Höchstsumme** beläuft sich auf den fiktiven Auffangwert von 2.500.000 € (**Abs. 4 Nr. 2**).[185] Bei fehlenden Anhaltspunkten für eine Bestimmung des Streitwerts ist vom gesetzlichen **Regelstreitwert von 5.000 €** auszugehen (**Abs. 2**), bei mehreren Beklagten/Antragsgegnern eventuell auch von einem Mehrfachen des Regelwerts.[186]

139 Die mit dem 2. KostRMoG eingefügte Regelung des **Abs. 3 S. 2**[187] soll der Forderung der Länder nachkommen und Zweierlei bewirken: Zum einen bestimmt sie, dass die Höhe des sich aus Abs. 3 S. 1 ergebenden Streitwerts um den Betrag der offensichtlich absehbaren zukünftigen Auswirkungen für den Kläger anzuheben ist, wenn der Antrag des Klägers offensichtlich absehbare Auswirkungen auf **künftige** Geldleistungen oder auf noch zu erlassende, auf derartige Geldleistungen bezogene Verwaltungsakte hat. Zum anderen darf in beiden Fällen die Summe das Dreifache des Werts nach Abs. 3 S. 1 nicht übersteigen (Abs. 3 S. 2 aE). Zur Entwicklung dieser Neuregelung im Zuge des 2. KostRMoG → Rn 34 f. Zur inhaltlichen Ausgestaltung und zu den Voraussetzungen der Streitwerterhöhung ausf. → Rn 119 ff. Zur Kritik an dieser Regelung → Rn 125 f.

140 Im Übrigen bleibt es nach den Gesetzesmotiven des 2. KostRMoG[188] dabei, dass für die Verfahren der Sozialgerichtsbarkeit, soweit nichts anderes bestimmt ist, der Streitwert nach der sich aus dem Antrag des Klägers für ihn ergebenden Bedeutung der Sache nach Ermessen zu bestimmen ist. Bietet der Sach- und Streitstand für die Bestimmung des Streitwerts keine genügenden Anhaltspunkte, ist nach Abs. 2 ein Streitwert von 5.000 € anzunehmen. Hat die Klage einen bezifferten Geldbetrag oder einen hierauf gerichteten Verwaltungsakt zum Gegenstand, wird nach Abs. 3 der Streitwert durch die Höhe dieses Geldbetrags bestimmt.

141 3. Weitere Beteiligte (Abs. 8). Für **weitere Beteiligte** ist vorwiegend das Interesse des Klägers maßgebend; das gilt namentlich für **Beigeladene**.[189] Der Gegenstandswert wird iÜ grds. einheitlich für alle Beteiligten festgesetzt; hierbei werden die Interessen des Beigeladenen prinzipiell nicht berücksichtigt.[190] Dem Kläger steht zudem bereits kraft gesetzlicher Anordnung gleich, wer sonst das Verfahren des ersten Rechtszugs beantragt hat (**Abs. 8**).[191] Im Einzelfall können es aber Besonderheiten notwendig machen, zB für einen Beigeladenen einen gesonderten Gegenstandswert zuzulassen,[192] der aber logisch-konsequenterweise nicht höher sein kann als der für den Kläger.[193]

142 4. Verfahren der Streitwertfestsetzung. Verfahrensrechtlich obliegt die Festsetzung des Streitwerts dem erkennenden Gericht (in der Sozialgerichtsbarkeit: SG, LSG bzw BSG). Sie erfolgt durch Urteil oder besonderen Beschluss (§ 63 Abs. 1 S. 1 oder Abs. 2 S. 1). Auf den **jeweiligen Rechtszug** wird abgestellt, weil ein im Klage- oder Berufungsverfahren Beigeladener ein Rechtsmittel einlegen und damit Partei des zweit- oder drittinstanzlichen Verfahrens werden kann. Handelt es sich bei ihr um eine kostenrechtlich begünstigte Person, zB einen Versicherten, finden im Verfahren vor dem Berufungs- bzw Revisionsgericht das GKG und die VwGO keine Anwendung.[194] Entsprechendes gilt bei Rechtsmitteln mehrerer Beteiligter gegen dasselbe Urteil.[195]

143 Der Beschluss gem. § 63 Abs. 1, 2 ist, soweit er beschwerdefähig ist, zu begründen. Die Beschwerde ist nach § 68 Abs. 1 zulässig, wenn der Beschwerdewert 200 € übersteigt oder bei Zulassung wegen grundsätzlicher Bedeutung. Die Beschwerdefrist beträgt 6 Monate seit Rechtskraft der Entscheidung in der Hauptsache oder anderweitiger Erledigung (§ 68 Abs. 1 S. 3 iVm § 63 Abs. 3 S. 2).[196]

183 Jansen/*Straßfeld*, SGG, 4. Aufl. 2012, § 197a Rn 45. **184** BT-Drucks 17/13537, S. 12. **185** Krit. dazu *Wolff*, NZS 2003, 633 f. **186** Vgl im Einzelnen zur Streitwertfestsetzung *Straßfeld*, SGb 2008, 80. **187** BT-Drucks 17/13537, S. 184, 267. **188** BT-Drucks 17/11471 (neu), S. 245. **189** LSG Hamburg Breith. 87, 170. **190** Vgl BSG SozR 3-1930 § 8 Nr. 3. **191** Jansen/*Straßfeld*, SGG, 4. Aufl. 2012, § 197a Rn 45. **192** Vgl BSG SozR 3-1930 § 8 Nr. 2. **193** BSG SozR 3-1930 § 8 Nr. 1; ebenso *Meyer-Ladewig/Keller/Leitherer*, SGG, 10. Aufl. 2012, § 197 Rn 7 f. **194** BSG NZS 2007, 111. **195** Vgl auch Binz/Dörndorfer/*Dörndorfer*, GKG, § 197a SGG Rn 4. **196** Vgl *Meyer-Ladewig/Keller/Leitherer*, SGG, 10. Aufl. 2012, § 197a Rn 5.

5. **Streitwertkatalog für die Sozialgerichtsbarkeit.** Für die **sozialgerichtliche Praxis** lassen sich dem „Streit-   144
wertkatalog für die Sozialgerichtsbarkeit" in bestimmten Fallkonstellationen Werte entnehmen, die einer
ersten Orientierung zu dienen bestimmt sind, ohne dabei bindenden Charakter entfalten zu können.[197] Die sog.
Empfehlungen sind **Vorschläge ohne verbindliche Wirkung** für die Gerichte der Sozialgerichtsbarkeit.[198] Mit
dieser Rspr ist festzuhalten, dass die für den Katalog verantwortlichen Präsidenten/-innen der Landessozialgerichte aus Rechtsgründen nicht als befugt angesehen werden können, den Spruchkörpern „Empfehlungen"
zu geben. Danach hat der Streitwertkatalog aber zumindest informativen Charakter. Siehe im Weiteren den im
Anhang 3 zu § 52 GKG abgedruckten „Streitwertkatalog für die Sozialgerichtsbarkeit, 4. Auflage 2012".

Ergänzend zur Streitwertermittlung neben dem „Streitwertkatalog für die Sozialgerichtsbarkeit" ist die   145
Darstellung von *Straßfeld*, SGb 2008, 80 ff sowie SGb 2008, 119 ff, 191 ff mit Materialien zum Streitwertkatalog als **Alternativ-Ansatz** zum damaligen Streitwert-Rechtszustand zu nennen.

Für praktisch häufig bedeutsame Fragen des Gegenstandswerts in **vertragsärztlichen Streitigkeiten** gilt Ver-   146
gleichbares zu den Aufsätzen von *Wenner/Bernard*, NZS 2001, 57 ff, NZS 2003, 568 ff und NZS 2006,
1 ff. Zu Fragen der Streitwertbestimmung in **unfallversicherungsrechtlichen Verfahren** (Streitigkeiten nach
dem SGB VII) empfiehlt sich der Aufsatz von *Becker/Spellbrink*, NZS 2012, 283 ff.

Anhang 1 zu § 52 GKG: Streitwertkatalog für die Verwaltungsgerichtsbarkeit

Streitwertkatalog 2013

Streitwertkatalog für die Verwaltungsgerichtsbarkeit
in der Fassung der am 31.05./01.06.2012 und am 18. Juli 2013 beschlossenen Änderungen

[Stand: 30.6.2016]

Vorbemerkungen

1. Seit der Bekanntgabe im Juli 2004 (NVwZ 2004, 1327; DVBl. 2004, 1525; JurBüro 2005, 7) ist der
   Streitwertkatalog 2004 für die Verwaltungsgerichtsbarkeit unverändert geblieben. Die Präsidentinnen
   und Präsidenten des Bundesverwaltungsgerichts und der Oberverwaltungsgerichte bzw. der Verwaltungsgerichtshöfe haben die Streitwertkommission reaktiviert und gebeten zu prüfen, ob der Streitwertkatalog zu ergänzen oder vorgeschlagene Werte auf Grund neuerer Erkenntnisse anzupassen sind.
2. Wie schon bei der Erstellung der Streitwertkataloge 1996 und 2004 orientiert sich die Kommission
   grundsätzlich an der im Wege einer Umfrage erhobenen Rechtsprechung des Bundesverwaltungsgerichts und an der Streitwertpraxis der Oberverwaltungsgerichte bzw. Verwaltungsgerichtshöfe. Die
   Kommission hat in ihre Überlegungen auch Anregungen der Bundesrechtsanwaltskammer und des
   Deutschen Anwaltsvereins einbezogen. Ferner wurden die sich aus dem 2. Kostenrechtsmodernisierungsgesetz (vgl. BGBl. 2013, I 2586) ergebenden Änderungen des § 52 Abs. 3 GKG berücksichtigt. Soweit unter den Nrn. 5301, 5400 und 5502 des Kostenverzeichnisses zu § 3 GKG eine Festgebühr vorgeschrieben ist, sieht die Kommission davon ab, Streitwerte für Zwischenverfahren vorzuschlagen.
3. Mit dem Katalog werden – soweit nicht auf gesetzliche Bestimmungen hingewiesen wird – Empfehlungen ausgesprochen, denen das Gericht bei der Festsetzung des Streitwertes bzw. des Wertes der anwaltlichen Tätigkeit (§ 33 Abs. 1 RVG) aus eigenem Ermessen folgt oder nicht.

Streitwertkatalog

1.	Allgemeines
1.1	Klage-/Antragshäufung, Vergleich
1.1.1	Werden mehrere Anträge mit selbstständiger Bedeutung gestellt, so werden die Werte addiert, wenn die Streitgegenstände jeweils einen selbstständigen wirtschaftlichen Wert oder einen selbstständigen materiellen Gehalt haben (vgl. § 39 GKG).

197 *Becker/Spellbrink*, NZS 2012, 283. **198** LSG NRW 27.7.2010 – L 11 B 16/09 KA ER; vgl auch LSG LSA 10.1.2011 – L 10 KR 71/10 B.

1.1.2	Wird in einen Vergleich ein weiterer Gegenstand einbezogen, so ist dafür zusätzlich ein gesonderter Vergleichswert festzusetzen (§ 45 Abs. 4 i.V.m. Abs. 1 GKG, Nr. 5600 KV – Anlage 1 zu § 3 Abs. 2 GKG).
1.1.3	Klagen mehrere Kläger gemeinschaftlich, sind die Werte der einzelnen Klagen zu addieren, es sei denn, sie begehren oder bekämpfen eine Maßnahme als Rechtsgemeinschaft.
1.1.4	Für Hilfsanträge gilt § 45 Abs. 1 S. 2 und 3 GKG.
1.2	**Verbandsklagen:** Maßgeblich sind die Auswirkungen der begehrten Entscheidung auf die vertretenen Interessen, in der Regel: 15.000 €–30.000 €
1.3	**Feststellungsklagen und Fortsetzungsfeststellungsklagen** sind in der Regel ebenso zu bewerten wie eine auf das vergleichbare Ziel gerichtete Anfechtungs- bzw. Verpflichtungsklage.
1.4	Wird lediglich **Bescheidung** beantragt, so kann der Streitwert einen Bruchteil, mindestens jedoch ½ des Wertes der entsprechenden Verpflichtungsklage betragen.
1.5	In Verfahren des **vorläufigen Rechtsschutzes** beträgt der Streitwert in der Regel ½, in den Fällen des § 80 Abs. 2 Satz 1 Nr. 1 VwGO und bei sonstigen auf bezifferte Geldleistungen gerichteten Verwaltungsakten 1/4 des für das Hauptsacheverfahren anzunehmenden Streitwertes. In Verfahren des vorläufigen Rechtsschutzes, die die Entscheidung in der Sache ganz oder zum Teil vorwegnehmen, kann der Streitwert bis zur Höhe des für das Hauptsacheverfahren anzunehmenden Streitwerts angehoben werden.
1.6	Betrifft der Antrag des Klägers eine **bezifferte Geldleistung** oder einen hierauf gerichteten Verwaltungsakt, kann mit Blick auf ein in der Zukunft liegendes wirtschaftliches Interesse des Klägers der Streitwert bis zum Dreifachen des bezifferten Betrages erhöht werden (§ 52 Abs. 3 S. 2 GKG).
1.7	**Vollstreckung**
1.7.1	In selbstständigen Vollstreckungsverfahren entspricht der Streitwert der Höhe des festgesetzten Zwangsgeldes oder der geschätzten Kosten der Ersatzvornahme, im Übrigen beträgt er 1/4 des Streitwertes der Hauptsache. Bei der Androhung von Zwangsmitteln ist die Hälfte des sich nach Satz 1 ergebenden Betrages festzusetzen.
1.7.2	Wird in dem angefochtenen Bescheid neben einer Grundverfügung zugleich ein Zwangsgeld oder die Ersatzvornahme angedroht, so bleibt dies für die Streitwertfestsetzung grundsätzlich außer Betracht. Soweit die Höhe des angedrohten Zwangsgeldes bzw. des für die Ersatzvornahme zu entrichtenden Vorschusses höher ist als der für die Grundverfügung selbst zu bemessende Streitwert, ist dieser höhere Wert festzusetzen.
2.	**Abfallentsorgung**	**Es gelten grundsätzlich die nachstehend aufgeführten Werte. Soweit diese die Bedeutung der Genehmigung, des Vorbescheides oder der Anfechtung einer belastenden Maßnahme für den Kläger nicht angemessen erfassen, gilt stattdessen das geschätzte wirtschaftliche Interesse bzw. der Jahresnutzwert.**
2.1	**Klage des Errichters/Betreibers**	
2.1.1	auf Zulassung einer Anlage oder Anlagenänderung	2,5 % der Investitionssumme
2.1.2	gegen Nebenbestimmung	Betrag der Mehrkosten
2.1.3	gegen Untersagung des Betriebs	1 % der Investitionssumme
2.1.4	gegen sonstige Ordnungsverfügung	Betrag der Aufwendungen

2.1.5	gegen Mitbenutzungsanordnung	Anteil der Betriebskosten (einschl. Abschreibung) für Dauer der Mitbenutzung
2.2	**Klage eines drittbetroffenen Privaten**	
2.2.1	wegen Eigentumsbeeinträchtigung	Betrag der Wertminderung des Grundstücks, regelmäßig 50 % des geschätzten Verkehrswertes
2.2.2	wegen sonstiger Beeinträchtigungen	15.000 €
2.2.3	gegen Vorbereitungsarbeiten	7.500 €
2.3	**Klage einer drittbetroffenen Gemeinde**	60.000 €
2.4	**Klage des Abfallbesitzers**	
2.4.1	Beseitigungsanordnung	20 € je m³ Abfall
2.4.2	Untersagungsverfügung	20.000 €
3.	**Abgabenrecht**	
3.1	Abgabe	Betrag der streitigen Abgabe (§ 52 Abs. 3 GKG); bei wiederkehrenden Leistungen: dreifacher Jahresbetrag, sofern nicht die voraussichtliche Belastungsdauer geringer ist.
3.2	Stundung	6 v.H. des Hauptsachewertes je Jahr (§ 238 AO)
3.3	Normenkontrollverfahren	mindestens Auffangwert
4.	**Arzneimittelrecht**	siehe Lebensmittelrecht
5.	**Asylrecht**	siehe § 30 RVG
6.	**Atomrecht**	
6.1	**Klage des Errichters/Betreibers**	
6.1.1	auf Genehmigung oder Teilgenehmigung oder Planfeststellung einer Anlage, §§ 7, 9 b AtG	2,5 % der Investitionssumme
6.1.2	auf Aufbewahrungsgenehmigung, § 6 AtG	1 % der für die Aufbewahrung(-sanlage) getätigten Investitionssumme
6.1.3	gegen Nebenbestimmung	Betrag der Mehrkosten
6.1.4	auf Vorbescheid nach § 7 a AtG	1 % der Investitionssumme für die beantragten Maßnahmen
6.1.5	auf Standortvorbescheid	1 % der Gesamtinvestitionssumme
6.1.6	gegen Einstellung des Betriebes	wirtschaftlicher Verlust infolge Betriebseinstellung
6.2	**Klage eines drittbetroffenen Privaten**	wie Abfallentsorgung Nr. 2.2.
6.3	**Klage einer drittbetroffenen Gemeinde**	60.000 €
7.	**Ausbildungsförderung**	
7.1	Klage auf bezifferte Leistung	geforderter Betrag (§ 52 Abs. 3 GKG)
7.2	Klage auf Erhöhung der Förderung	Differenzbetrag im Bewilligungszeitraum

7.3	Klage auf Verpflichtung zur Leistung in gesetzlicher Höhe	gesetzlicher Bedarfssatz für den streitigen Bewilligungszeitraum
7.4	Klage auf Änderung der Leistungsform	½ des bewilligten Förderbetrages
7.5	Klage auf Vorabentscheidung	gesetzlicher Bedarfssatz im ersten Bewilligungszeitraum
8.	**Ausländerrecht**	
8.1	Aufenthaltstitel	Auffangwert pro Person; keine Erhöhung durch eventuell beigefügte Abschiebungsandrohung
8.2	Ausweisung	Auffangwert pro Person; keine Erhöhung durch eventuell beigefügte Abschiebungsandrohung
8.3	Abschiebung, isolierte Abschiebungsandrohung	½ Auffangwert pro Person
8.4	Pass/Passersatz	Auffangwert pro Person
9.	**Bau- und Raumordnungsrecht**	**Es gelten grundsätzlich die nachstehend aufgeführten Werte. Soweit diese die Bedeutung der Genehmigung, des Vorbescheides oder der Anfechtung einer belastenden Maßnahme für den Kläger nicht angemessen erfassen, gilt stattdessen das geschätzte wirtschaftliche Interesse bzw. der Jahresnutzwert.**
9.1	**Klage auf Erteilung einer Baugenehmigung für**	
9.1.1	**Wohngebäude**	
9.1.1.1	Einfamilienhaus	20.000 €
9.1.1.2	Doppelhaus	25.000 €
9.1.1.3	Mehrfamilienhaus	10.000 € je Wohnung
9.1.2	**Gewerbliche und sonstige Bauten**	
9.1.2.1	Einzelhandelsbetrieb	150 €/m² Verkaufsfläche
9.1.2.2	Spielhalle	600 €/m² Nutzfläche (ohne Nebenräume)
9.1.2.3	**Werbeanlagen**	
9.1.2.3.1	großflächige Werbetafel	5.000 €
9.1.2.3.2	Wechselwerbeanlage	250 €/m²
9.1.2.4	Imbissstand	6.000 €
9.1.2.5	Windkraftanlagen, soweit nicht 19.1.2	10 % der geschätzten Herstellungskosten
9.1.2.6	sonstige Anlagen	je nach Einzelfall: Bruchteil der geschätzten Rohbaukosten oder Bodenwertsteigerung
9.2	**Erteilung eines Bauvorbescheides**	Bruchteil des Streitwerts für eine Baugenehmigung, sofern nicht Anhaltspunkte für eine Bodenwertsteigerung bestehen

9.3	Abrissgenehmigung	wirtschaftliches Interesse am dahinterstehenden Vorhaben
9.4	Bauverbot, Stilllegung, Nutzungsverbot, Räumungsgebot	Höhe des Schadens oder der Aufwendungen (geschätzt)
9.5	Beseitigungsanordnung	Zeitwert der zu beseitigenden Substanz plus Abrisskosten (20–30 €/m³ umbauten Raumes)
9.6	**Vorkaufsrecht**	
9.6.1	Anfechtung des Käufers	25 % des Kaufpreises
9.6.2	Anfechtung des Verkäufers	Preisdifferenz, mindestens Auffangwert
9.7	**Klage eines Drittbetroffenen**	
9.7.1	Nachbar	7.500 €–15.000 €, soweit nicht ein höherer wirtschaftlicher Schaden feststellbar
9.7.2	Nachbargemeinde	30.000 €
9.8	**Normenkontrollverfahren**	
9.8.1	Privatperson gegen Bebauungsplan oder Flächennutzungsplan	7.500 €–60.000 €
9.8.2	Privatperson gegen Raumordnungsplan	30.000 €–60.000 €
9.8.3	Nachbargemeinde gegen Bebauungsplan, Flächennutzungsplan oder Raumordnungsplan	60.000 €
9.8.4	Normenkontrolle gegen Veränderungssperre	½ der Werte zu 9.8.1 und 9.8.3
9.9	**Genehmigung eines Flächennutzungsplanes**	mindestens 10.000 €
9.10	**Ersetzung des Einvernehmens der Gemeinde**	15.000 €
10.	**Beamtenrecht**	
10.1	(Großer) Gesamtstatus: Begründung, Umwandlung, Bestehen, Nichtbestehen, Beendigung eines Beamtenverhältnisses, Versetzung in den Ruhestand	§ 52 Abs. 5 S. 1 Nr. 1, 2, S. 2, 3 GKG
10.2	(Kleiner) Gesamtstatus: Verleihung eines anderen Amtes, Streit um den Zeitpunkt der Versetzung in den Ruhestand, Schadensersatz wegen verspäteter Beförderung, Zahlung einer Amtszulage, Verlängerung der Probezeit	§ 52 Abs. 5 S. 4 i.V.m. S. 1–3 GKG: Hälfte von 10.1
10.3	Neubescheidung eines Beförderungsbegehrens	Hälfte des sich aus § 52 Abs. 5 S. 4 GKG ergebenden Betrages (1/4 von 10.1)
10.4	Teilstatus: Streit um Umfang/Teilzeitbeschäftigung, um Übergang von Teilzeit auf Vollzeit, höhere Versorgung, Besoldung oder Zulagen sowie Berücksichtigung von Vordienstzeiten bei Versorgung, Zeiten für BDA, Unfallausgleich, Unfallruhegehalt, Unterhaltsbeitrag, Hinterbliebenenversorgung	2-facher Jahresbetrag der Differenz zwischen innegehabtem und erstrebtem Teilstatus bzw. des erstrebten Unfallausgleichs etc.

10.5	dienstliche Beurteilung	Auffangwert
10.6	Streit um Nebentätigkeit	Gesamtbetrag der Einkünfte aus der Nebentätigkeit, höchstens Jahresbetrag
10.7	Gewährung von Trennungsgeld	Gesamtbetrag des Trennungsgeldes, höchstens Jahresbetrag
10.8	Anerkennung eines Dienstunfalles	Auffangwert
10.9	Bewilligung von Urlaub	Auffangwert
11.	**Bergrecht**	**Es gelten grundsätzlich die nachstehend aufgeführten Werte. Soweit diese die Bedeutung der Genehmigung, des Vorbescheides oder der Anfechtung einer belastenden Maßnahme für den Kläger nicht angemessen erfassen, gilt stattdessen das geschätzte wirtschaftliche Interesse bzw. der Jahresnutzwert.**
11.1	**Klage des Unternehmers**	
11.1.1	auf Planfeststellung eines Rahmenbetriebsplans	2,5 % der Investitionssumme
11.1.2	auf Zulassung eines Rahmenbetriebsplans	1 % der Investitionssumme
11.1.3	auf Zulassung eines Sonder- und Hauptbetriebsplans	2,5 % der Investitionssumme
11.1.4	gegen belastende Nebenbestimmungen	Betrag der Mehrkosten
11.2	**Klage eines drittbetroffenen Privaten**	wie Abfallentsorgung Nr. 2.2
11.3	**Klage einer drittbetroffenen Gemeinde**	60.000 €
12.	**Denkmalschutzrecht**	
12.1	Feststellung der Denkmaleigenschaft, denkmalschutzrechtliche Anordnungen, Bescheinigungen	wirtschaftlicher Wert, sonst Auffangwert
12.2	Abrissgenehmigung	wie 9.3
12.3	Vorkaufsrecht	wie Nr. 9.6
13.	**Flurbereinigung/Bodenordnung**	
13.1	**Anordnung des Verfahrens**	Auffangwert
13.2	**Entscheidungen im Verfahren**	
13.2.1	Wertermittlung	Auswirkungen der Differenz zwischen festgestellter und gewünschter Wertverhältniszahl
13.2.2	Abfindung	Auffangwert, es sei denn, abweichendes wirtschaftliches Interesse kann festgestellt werden
13.2.3	sonstige Entscheidungen	Auffangwert, es sei denn, abweichendes wirtschaftliches Interesse kann festgestellt werden
14.	**Freie Berufe (Recht der freien Berufe)**	
14.1	Berufsberechtigung, Eintragung, Löschung	Jahresbetrag des erzielten oder erwarteten Gewinns, mindestens 15.000 €

14.2	Mitgliedschaft in einem berufsständischen Versorgungswerk, Befreiung	dreifacher Jahresbetrag des Beitrages
14.3	Rentenanspruch	dreifacher Jahresbetrag der Rente
15.	**Friedhofsrecht**	
15.1	Grabnutzungsrechte	Auffangwert
15.2	Umbettung	Auffangwert
15.3	Grabmalgestaltung	½ Auffangwert
15.4	Gewerbliche Betätigung auf Friedhöfen	Betrag des erzielten oder erwarteten Jahresgewinns, mindestens 15.000 €
16.	**Gesundheitsverwaltungsrecht**	
16.1	Approbation	Jahresbetrag des erzielten oder erwarteten Verdienstes, mindestens 30.000 €
16.2	Facharzt-, Zusatzbezeichnung	15.000 €
16.3	Erlaubnis nach § 10 BÄO	20.000 €
16.4	Notdienst	Auffangwert
16.5	Beteiligung am Rettungsdienst	15.000 € pro Fahrzeug
17.	**Gewerberecht**	s. Wirtschaftsverwaltungsrecht, Nr. 54
18.	**Hochschulrecht, Recht der Führung akademischer Grade**	
18.1	Anerkennung der Hochschulreife, Zulassung zum Studium, Immatrikulation, Exmatrikulation	Auffangwert
18.2	Zulassung zu einzelnen Lehrveranstaltungen bzw. Modulen	½ Auffangwert
18.3	Zwischenprüfung	Auffangwert
18.4	Bachelor	10.000 €
18.5	Diplomprüfung, Graduierung, Nachgraduierung, Master	15.000 €
18.6	Leistungsnachweis	½ Auffangwert
18.7	Promotion, Entziehung des Doktorgrades	15.000 €
18.8	Nostrifikation	15.000 €
18.9	Habilitation	20.000 €
18.10	Lehrauftrag	Auffangwert
18.11	Ausstattung eines Instituts/Lehrstuhls	10 % des Wertes der streitigen Mehrausstattung, mindestens 7.500 €
18.12	Hochschulwahlen	Auffangwert
19.	**Immissionsschutzrecht**	**Es gelten grundsätzlich die nachstehend aufgeführten Werte. Soweit diese die Bedeutung der Genehmigung, des Vorbescheides oder der Anfechtung einer belastenden Maßnahme für den Kläger nicht angemessen er-**

		fassen, gilt stattdessen das geschätzte wirtschaftliche Interesse bzw. der Jahresnutzwert.
19.1	**Klage des Errichters/Betreibers**	
19.1.1	auf Genehmigung oder Teilgenehmigung oder Planfeststellung einer Anlage	2,5 % der Investitionssumme, mindestens Auffangwert
19.1.2	auf Genehmigung von Windkraftanlagen	10 % der geschätzten Herstellungskosten
19.1.3	gegen Nebenbestimmung	Betrag der Mehrkosten
19.1.4	auf Vorbescheid	50 % des Wertes zu 19.1.1 bzw. 19.1.2, mindestens Auffangwert
19.1.5	auf Standortvorbescheid	50 % des Wertes zu 19.1.1 bzw. 19.1.2, mindestens Auffangwert
19.1.6	gegen Stilllegung, Betriebsuntersagung	50 % des Wertes zu 19.1.1 bzw. 19.1.2; soweit nicht feststellbar: entgangener Gewinn, mindestens Auffangwert
19.1.7	gegen sonstige Anordnungen im Einzelfall	Betrag der Aufwendungen
19.2	**Klage eines drittbetroffenen Privaten**	s. Abfallentsorgung Nr. 2.2
19.3	**Klage einer drittbetroffenen Gemeinde**	60.000 €
20.	**Jagdrecht**	
20.1	Bestand und Abgrenzung von Jagdbezirken	10.000 €
20.2	Verpachtung von Jagdbezirken	Jahresjagdpacht
20.3	Erteilung/Entzug des Jagdscheins	8.000 €
20.4	Jägerprüfung	Auffangwert
21.	**Kinder- und Jugendhilferecht**	
21.1	laufende Leistungen	Wert der streitigen Leistung, höchstens Jahresbetrag
21.2	einmalige Leistungen, Kostenerstattung, Aufwendungsersatz, Kostenersatz	Wert der streitigen Leistung
21.3	Überleitung von Ansprüchen	höchstens Jahresbetrag
21.4	Heranziehung zur Kostentragung	höchstens Jahresbetrag
21.5	Erteilung der Erlaubnis § 45 SGB VIII	Jahresgewinn aus dem Betrieb, mindestens 15.000 €
21.6	Pflegeerlaubnis	Auffangwert
22.	**Kommunalrecht**	
22.1	**Kommunalwahl**	
22.1.1	Anfechtung durch Bürger	Auffangwert
22.1.2	Anfechtung durch Partei, Wählergemeinschaft	mindestens 15.000 €
22.1.3	Anfechtung durch Wahlbewerber	mindestens 7.500 €
22.2	**Sitzungs- und Ordnungsmaßnahmen**	Auffangwert

22.3	Benutzung/Schließung einer Gemeindeeinrichtung	wirtschaftliches Interesse, sonst Auffangwert
22.4	Anschluss- und Benutzungszwang	Ersparte Anschlusskosten, mindestens 5.000 €
22.5	Kommunalaufsicht	15.000 €
22.6	Bürgerbegehren	15.000 €
22.7	Kommunalverfassungsstreit	10.000 €
23.	**Krankenhausrecht**	
23.1	Aufnahme in den Krankenhausbedarfsplan	50.000 €
23.2	Planbettenstreit	500 € pro Bett
23.3	Festsetzung von Pflegesätzen	streitiger Anteil des Pflegesatzes x Bettenzahl x Belegungsgrad
24.	**Land- und Forstwirtschaft**	
24.1	Festsetzung einer Referenzmenge	streitige Referenzmenge x 0,10 €/kg
24.2	Zuteilung der zahlenmäßigen Obergrenze prämienberechtigter Tiere	Jahresmehrbetrag
25.	**Lebensmittel-/Arzneimittelrecht**	
25.1	Einfuhr-, Verkaufsverbot (Verbot, bestimmte Erzeugnisse eines Betriebs in Verkehr zu bringen), Vernichtungsauflage	Verkaufswert der betroffenen Waren (Jahresbetrag der erwarteten wirtschaftlichen Auswirkungen/Gewinnerwartung)
25.2	sonstige Maßnahmen	Jahresbetrag der erwarteten wirtschaftlichen Auswirkung, sonst Auffangwert
26.	**Erlaubnis für Luftfahrtpersonal**	
26.1	Privatflugzeugführer	10.000 €
26.2	Berufsflugzeugführer	Jahresbetrag des erzielten oder erwarteten Verdienstes, mindestens 20.000 €
26.3	Verkehrsflugzeugführer	Jahresbetrag des erzielten oder erwarteten Verdienstes, mindestens 30.000 €
26.4	sonstige Erlaubnisse für Luftfahrtpersonal	Jahresbetrag des erzielten oder erwarteten Verdienstes, mindestens 7.500 €
26.5	sonstige Erlaubnisse nach dem Luftsicherheitsgesetz	Auffangwert
27.	**Mutterschutzrecht**	
27.1	Zustimmung zur Kündigung	Auffangwert
27.2	Zulässigkeitserklärung gemäß § 18 BEEG	Auffangwert
28.	**Namensrecht**	
28.1	Änderung des Familiennamens oder Vornamens	Auffangwert
28.2	Namensfeststellung	Auffangwert

29.	**Naturschutzrecht**	Es gelten grundsätzlich die nachstehend aufgeführten Werte. Soweit diese die Bedeutung der Genehmigung oder der Anfechtung einer belastenden Maßnahme für den Kläger nicht angemessen erfassen, gilt stattdessen das geschätzte wirtschaftliche Interesse bzw. der Jahresnutzwert.
29.1	Klage auf Erteilung einer Fällgenehmigung	Auffangwert
29.2	Normenkontrolle gegen Schutzgebietsausweisung	wie Bebauungsplan (Nr. 9.8)
30.	**Passrecht**	
30.1	Personalausweis, Reisepass	Auffangwert
31.	**Personalvertretungsrecht**	Auffangwert
32.	**Personenbeförderungsrecht**	vgl. Verkehrswirtschaftsrecht
33.	**Pflegegeld**	Wert der streitigen Leistung, höchstens Jahresbetrag
33 a.	**Pflegezeitrecht**	
33 a.1	Zustimmung der obersten Landesbehörde nach § 5 Abs. 2 PflegeZG	Auffangwert
34.	**Planfeststellungsrecht**	Es gelten grundsätzlich die nachstehend aufgeführten Werte. Soweit diese die Bedeutung der Genehmigung, des Vorbescheides oder der Anfechtung einer belastenden Maßnahme für den Kläger nicht angemessen erfassen, gilt stattdessen das geschätzte wirtschaftliche Interesse bzw. der Jahresnutzwert.
34.1	**Klage des Errichters/Betreibers**	
34.1.1	auf Planfeststellung einer Anlage oder Änderung des Planfeststellungsbeschlusses	2,5 % der Investitionssumme
34.1.2	gegen Nebenbestimmung	Betrag der Mehrkosten
34.2	**Klage eines drittbetroffenen Privaten**	wie Abfallentsorgung Nr. 2.2
34.2.1	wegen Eigentumsbeeinträchtigung – soweit nicht einer der Pauschalierungsvorschläge 34.2.1.1 bis 34.2.3 greift:	Betrag der Wertminderung des Grundstücks, höchstens 50 % des geschätzten Verkehrswerts
34.2.1.1	Beeinträchtigung eines Eigenheimgrundstücks oder einer Eigentumswohnung	15.000 €
34.2.1.2	Beeinträchtigung eines Mehrfamilienhauses	Wohnungszahl x 15.000 €, höchstens 60.000 € bei Klägeridentität
34.2.2	Beeinträchtigung eines Gewerbebetriebes	60.000 €
34.2.3	Beeinträchtigung eines Landwirtschaftsbetriebes	Haupterwerb 60.000 €, Nebenerwerb 30.000 €
34.2.4	Dauerhafte Inanspruchnahme landwirtschaftlicher Flächen	0,50 €/m²

34.2.5	wegen sonstiger Beeinträchtigungen, soweit nicht einer der Pauschalierungsvorschläge greift.	15.000 €
34.2.6	gegen Vorbereitungsarbeiten	7.500 €
34.2.7	gegen nachträgliche Anordnung von Schutzauflagen	5.000 € je betroffenem Grundstück
34.3	**Klage einer in ihrem Selbstverwaltungsrecht betroffenen Gemeinde**	60.000 €
34.4	**Verbandsklage eines Naturschutzvereins oder einer anderen NRO**	Auswirkungen der begehrten Entscheidung auf die vertretenen Interessen; in der Regel 15.000 €–30.000 €
35.	**Polizei- und Ordnungsrecht**	
35.1	polizei- und ordnungsrechtliche Verfügung, polizeiliche Sicherstellung	wirtschaftliches Interesse, sonst Auffangwert
35.2	Anordnung gegen Tierhalter	Auffangwert; sofern die Anordnung einer Gewerbeuntersagung gleichkommt, wie Nr. 54.2.1
35.3	Obdachloseneinweisung	Auffangwert
35.4	Wohnungsverweisung	½ Auffangwert
35.5	Streit um erkennungsdienstliche Maßnahmen und kriminalpolizeiliche Unterlagen	Auffangwert
35.6	Normenkontrolle	wirtschaftliches Interesse, sonst Auffangwert
36.	**Prüfungsrecht**	
36.1	noch nicht den Berufszugang eröffnende (Staats-)Prüfung, Einzelleistungen, deren Nichtbestehen zur Beendigung des Studiums führen	7.500 €
36.2	den Berufszugang eröffnende abschließende (Staats-)Prüfung, abschließende ärztliche oder pharmazeutische Prüfung	Jahresbetrag des erzielten oder erwarteten Verdienstes, mindestens 15.000 €
36.3	sonstige berufseröffnende Prüfungen	Jahresbetrag des erzielten oder erwarteten Verdienstes, mindestens 15.000 €
36.4	sonstige Prüfungen	Auffangwert
37.	**Rundfunkrecht**	
37.1	Hörfunkkonzession	200.000 €
37.2	Fernsehkonzession	350.000 €
37.3	Kanalbelegung	wie Hörfunk-/Fernsehkonzession
37.4	Einräumung von Sendezeit	15.000 €, bei bundesweit ausgestrahltem Programm: 500.000 €
38.	**Schulrecht**	
38.1	Errichtung, Zusammenlegung, Schließung einer Schule (Klage der Eltern bzw. Schüler)	Auffangwert

38.2	Genehmigung zum Betrieb einer Ersatzschule	30.000 €
38.3	Schulpflicht, Einweisung in eine Sonderschule, Entlassung aus der Schule	Auffangwert
38.4	Aufnahme in eine bestimmte Schule oder Schulform	Auffangwert
38.5	Versetzung, Zeugnis	Auffangwert
38.6	Reifeprüfung	Auffangwert
39.	**Schwerbehindertenrecht**	
39.1	Zustimmung des Integrationsamtes	Auffangwert
40.	**Soldatenrecht**	
40.1	Berufssoldaten	wie Beamte auf Lebenszeit
40.2	Soldaten auf Zeit	wie Beamte auf Probe
41.	**Sozialhilfe/Kriegsopferfürsorge**	siehe Streitwertkatalog i.d.F. v. Jan. 1996 (NVwZ 1996, 562; DVBl 1996, 605)
42.	**Staatsangehörigkeitsrecht**	
42.1	Einbürgerung	doppelter Auffangwert pro Person
42.2	Feststellung der Staatsangehörigkeit	doppelter Auffangwert pro Person
43.	**Straßen- und Wegerecht (ohne Planfeststellung) Straßenreinigung**	
43.1	Sondernutzung	zu erwartender Gewinn bis zur Grenze des Jahresbetrags, mindestens 500 €
43.2	Sondernutzungsgebühr	siehe Abgabenrecht
43.3	Widmung, Einziehung	wirtschaftliches Interesse, mindestens 7.500 €
43.4	Anfechtung einer Umstufung zur Vermeidung der Straßenbaulast	dreifacher Jahreswert des Erhaltungs- und Unterhaltungsaufwandes
43.5	Straßenreinigungspflicht	Auffangwert
44.	**Subventionsrecht**	
44.1	**Vergabe einer Subvention**	
44.1.1	Leistungsklage	streitiger Betrag (§ 52 Abs. 3 GKG)
44.1.2	Konkurrentenklage	50 % des Subventionsbetrages
44.2	**Bescheinigung als Voraussetzung für eine Subvention**	75 % der zu erwartenden Subvention
44.3	**Zinsloses oder zinsermäßigtes Darlehen**	Zinsersparnis, im Zweifel pauschaliert: zinsloses Darlehen 25 %, zinsermäßigtes Darlehen 10 % des Darlehensbetrages
45.	**Vereins- und Versammlungsrecht**	
45.1	**Vereinsverbot**	
45.1.1	durch oberste Landesbehörde	15.000 €
45.1.2	durch oberste Bundesbehörde	30.000 €

45.2	Anfechtung eines Verbots durch einzelne Mitglieder	Auffangwert je Kläger
45.3	Auskunftsverlangen	Auffangwert
45.4	Versammlungsverbot, Auflage	½ Auffangwert
46.	**Verkehrsrecht**	
46.1	Fahrerlaubnis Klasse A	Auffangwert
46.2	Fahrerlaubnis Klasse A M, A 1, A 2	½ Auffangwert
46.3	Fahrerlaubnis Klasse B, BE	Auffangwert
46.4	Fahrerlaubnis Klasse C, CE	1 ½ Auffangwert
46.5	Fahrerlaubnis Klasse C 1, C1E	Auffangwert
46.6	Fahrerlaubnis Klasse D, DE	1 ½ Auffangwert
46.7	Fahrerlaubnis Klasse D 1, D1E	Auffangwert
46.8	Fahrerlaubnis Klasse L	½ Auffangwert
46.9	Fahrerlaubnis Klasse T	½ Auffangwert
46.10	Fahrerlaubnis zur Fahrgastbeförderung	2-facher Auffangwert
46.11	Fahrtenbuchauflage	400 € je Monat
46.12	Teilnahme an Aufbauseminar	½ Auffangwert
46.13	Verlängerung der Probezeit	½ Auffangwert
46.14	Verbot des Fahrens erlaubnisfreier Fahrzeuge	Auffangwert
46.15	Verkehrsregelnde Anordnung	Auffangwert
46.16	Sicherstellung, Stilllegung eines Kraftfahrzeugs	½ Auffangwert
47.	**Verkehrswirtschaftsrecht**	**Es gelten grundsätzlich die nachstehend aufgeführten Werte. Soweit diese die Bedeutung der Genehmigung oder der Anfechtung einer belastenden Maßnahme für den Kläger nicht angemessen erfassen, gilt stattdessen das geschätzte wirtschaftliche Interesse bzw. der Jahresnutzwert.**
47.1	Güterfernverkehrsgenehmigung, Gemeinschaftslizenz für EG Ausland, grenzüberschreitender Verkehr	30.000 €
47.2	Bezirksverkehrsgenehmigung	20.000 €
47.3	Nahverkehrsgenehmigung	15.000 €
47.4	Taxigenehmigung	15.000 €
47.5	Mietwagengenehmigung	10.000 €
47.6	Linienverkehr mit Omnibussen	20.000 € je Linie
47.7	Gelegenheitsverkehr mit Omnibussen	20.000 €

48.	**Vermögensrecht**	
48.1	**Rückübertragung**	
48.1.1	Grundstück	aktueller Verkehrswert; klagen einzelne Mitglieder einer Erbengemeinschaft auf Leistung an die Erbengemeinschaft, so ist das wirtschaftliche Interesse nach dem Erbanteil zu bemessen.
48.1.2	Unternehmen	aktueller Verkehrswert
48.1.3	sonstige Vermögensgegenstände	wirtschaftlicher Wert
48.2	**Besitzeinweisung**	30 % des aktuellen Verkehrswerts
48.3	**Investitionsvorrangbescheid**	30 % des aktuellen Verkehrswerts
48.4	**Einräumung eines Vorkaufsrechts**	50 % des aktuellen Verkehrswerts
49.	**Vertriebenen- und Flüchtlingsrecht**	
49.1	Erteilung oder Entziehung eines Vertriebenenausweises	Auffangwert
49.2	Erteilung oder Rücknahme eines Aufnahmebescheides/einer Bescheinigung nach § 15 BVFG	Auffangwert
50.	**Waffenrecht**	
50.1	**Waffenschein**	7.500 €
50.2	**Waffenbesitzkarte**	Auffangwert zzgl. 750 € je weitere Waffe
50.3	Munitionserwerbsberechtigung	1.500 €
50.4	Waffenhandelserlaubnis	s. Gewerbeerlaubnis Nr. 54.2.1
51.	**Wasserrecht (ohne Planfeststellung)**	
51.1	Erlaubnis, Bewilligung	wirtschaftlicher Wert
51.2	Anlagen an und in Gewässern	
51.2.1	gewerbliche Nutzung	Jahresgewinn, mindestens Auffangwert
51.2.2	nichtgewerbliche Nutzung	Auffangwert
51.2.3	Steganlagen incl. ein Bootsliegeplatz	Auffangwert zzgl. 750 € für jeden weiteren Liegeplatz
52.	**Wehrdienst**	
52.1	Anerkennung als Kriegsdienstverweigerer	Auffangwert
52.2	Wehrübung	Auffangwert
53.	**Weinrecht**	
53.1	Veränderung der Rebfläche	1,50 €/m² Rebfläche
53.2	Genehmigung zur Vermarktung oder Verarbeitung von nicht verkehrsfähigem Wein	2 €/Liter

54.	**Wirtschaftsverwaltungsrecht**	
54.1	**Gewerbeerlaubnis, Gaststättenkonzession**	Jahresbetrag des erzielten oder erwarteten Gewinns, mindestens 15.000 €
54.2	Gewerbeuntersagung	
54.2.1	ausgeübtes Gewerbe	Jahresbetrag des erzielten oder erwarteten Gewinns, mindestens 15.000 €
54.2.2	erweiterte Gewerbeuntersagung	Erhöhung um 5.000 €
54.3	Handwerksrecht	
54.3.1	Eintragung/Löschung in der Handwerksrolle	Jahresbetrag des erzielten oder erwarteten Gewinns, mindestens 15.000 €
54.3.2	Meisterprüfung	15.000 €
54.3.3	Gesellenprüfung	7.500 €
54.4	Sperrzeitregelung	Jahresbetrag des erzielten oder erwarteten zusätzlichen Gewinns, mindestens 7.500 €
54.5	Zulassung zu einem Markt	erwarteter Gewinn, mindestens 300 € pro Tag
55.	**Wohngeldrecht**	
55.1	Miet- oder Lastenzuschuss	streitiger Zuschuss, höchstens Jahresbetrag
56.	**Wohnraumrecht**	
56.1	**Anerkennung als steuerbegünstigte Wohnung**	Gesamtbetrag der Steuerersparnis
56.2	**Bewilligung öffentlicher Mittel**	Zuschussbetrag zzzgl. 10 % der Darlehenssumme
56.3	**Erteilung einer Wohnberechtigungsbescheinigung**	Auffangwert
56.4	**Fehlbelegungsabgabe**	streitiger Betrag, höchstens dreifacher Jahresbetrag
56.5	**Freistellung von der Wohnungsbindung**	Auffangwert je Wohnung
56.6	**Zweckentfremdung**	
56.6.1	Erlaubnis mit Ausgleichszahlung	Jahresbetrag der Ausgleichszahlung, bei laufender Zahlung: Jahresbetrag
56.6.2	Erlaubnis ohne Ausgleichszahlung	Auffangwert
56.6.3	Aufforderung, Wohnräume wieder Wohnzwecken zuzuführen	Falls eine wirtschaftlich günstigere Nutzung stattfindet: Jahresbetrag des Interesses, sonst Auffangwert je Wohnung
56.7	**Wohnungsaufsichtliche Anordnung**	veranschlagte Kosten der geforderten Maßnahmen

Anhang 2 zu § 52 GKG: Streitwertkatalog für die Finanzgerichtsbarkeit

Einleitung

I. Bedeutung des Streitwerts

1 Die Bestimmung des Streitwerts dient primär dazu, eine Bemessungsgrundlage für die Gerichtsgebühren sowie für die Gebühren der Verfahrensbevollmächtigten zu schaffen, weil diese Gebühren nicht in absoluten Beträgen festgelegt sind, sondern relativ zur finanziellen Bedeutung der Streitsache für die Parteien entsprechend höher oder niedriger sind. Sekundär entscheidet der Streitwert über das Prozessverfahren als solches, weil das Finanzgericht gem. § 94 a FGO sein Verfahren nach billigem Ermessen bestimmen kann, wenn der Streitwert bei einer Klage, die eine Geldleistung oder einen hierauf gerichteten Verwaltungsakt betrifft, 500 € nicht übersteigt.[1] Zu beachten ist insofern allerdings, dass sich der nach § 52 Abs. 4 GKG anzusetzende (Mindest-)Streitwert von 1.500 € nur auf den Kostenansatz bezieht und für die Anwendung des § 94 a FGO ohne Bedeutung ist; insofern läuft die Streitwertfestsetzung für Gebührenzwecke einerseits und für die Anwendung des § 94 a FGO andererseits nicht synchron.[2]

II. Funktion des Streitwertkatalogs

2 Der Streitwertkatalog dient der Vereinheitlichung der Streitwertfestlegung der Finanzgerichte, damit dieselbe Rechtsstreitigkeit vor verschiedenen Finanzgerichten nicht unterschiedlich „teuer" ist und damit der Zugang zu den Finanzgerichten mit Blick auf die Kostenfolge unterschiedlichen Hürden unterliegt. Dabei ist im Interesse der Rechtssicherheit und der Gleichbehandlung eine weitgehende Pauschalierung und Schematisierung für gleichartige Streitigkeiten zulässig und geboten.[3]

3 Der Streitwertkatalog stellt aber nur eine Empfehlung dar; er beansprucht keine Verbindlichkeit und kann diese im Hinblick auf die richterliche Unabhängigkeit auch nicht beanspruchen. Der Bundesfinanzhof[4] und die Finanzgerichte[5] weichen dementsprechend im Einzelfall vom Streitwertkatalog ab.

III. Systematische Übersicht

4 Der Streitwertkatalog ist in drei Teile untergliedert, nämlich erstens die „Vorbemerkungen:", zweitens der Teil „A. Allgemeines:" und drittens der Teil „B. Besondere Wertansätze".

5 Der Abschnitt „Vorbemerkungen" enthält allgemeine Ausführungen zum Zweck und zur Bedeutung des Streitwertkatalogs, andererseits aber keine Ausführungen zu einzelnen Streitwertfragen. Der darauf folgende Abschnitt „A. Allgemeines" stellt sodann im ersten Unterpunkt die gesetzlichen Grundlagen der Streitwertbestimmung dar und in den anschließenden zwölf Unterpunkten einzelne Stichworte zur Streitwertbestimmung. Dabei werden diese Stichworte im dritten Abschnitt „B. Besondere Wertansätze" wieder aufgegriffen und dann auf den Abschnitt A zurückverwiesen, allerdings mit Ausnahme der beiden Stichworte „Verfahren vor dem Gerichtshof" und „Erledigung". Der Zweck dieser Systematik erschließt sich nicht.

IV. Auffangstreitwert und Mindeststreitwert

6 Der Streitwertkatalog gebraucht an verschiedenen Stellen die Termini „Auffangstreitwert" und „Mindeststreitwert". Es handelt sich dabei um Begriffe, die in § 52 Abs. 2 und 4 GKG definiert sind.

7 Nach § 52 Abs. 2 GKG ist ein sog. **Auffangstreitwert** anzusetzen, wenn sich keine genügenden Anhaltspunkte für die Bedeutung des Finanzrechtsstreits für den Kläger gem. § 52 Abs. 1 GKG ergeben. Der Wert nach § 52 Abs. 2 GKG ist insofern ein subsidiärer Ausnahmewert im Sinne eines fiktiven Streitwerts, auf den nur beim Fehlen konkreter Anhaltspunkte für eine Bewertung nach § 52 Abs. 1 GKG abgestellt werden darf.[6] Von der Höhe her beträgt der Auffangstreitwert an sich 5.000 €. Es handelt sich dabei aber nicht um eine starre Festlegung, sondern der Betrag kann entsprechend § 52 Abs. 1 GKG erhöht oder vermindert werden.[7]

8 § 52 Abs. 4 Nr. 1 GKG regelt demgegenüber den sog. **Mindeststreitwert** im finanzgerichtlichen Verfahren. Der Mindeststreitwert ist derjenige Betrag, der unabhängig von der Streitwertbestimmung nach den Absätzen 1 bis 3 in jedem Fall anzusetzen ist, selbst wenn sich aus den Absätzen 1 bis 3 ein niedrigerer Streitwert ergeben würde. Von der Höhe her beträgt der Mindeststreitwert 1.500 €. Das 2. KostRMoG[8] hat den Mindeststreitwert von 1.000 € auf 1.500 € erhöht.

---

1 S. FG Münster EFG 2012, 390. **2** BFH/NV 2008, 1696. **3** BFH BStBl. II 2006, 333; FG Baden-Württemberg EFG 2012, 1189 f. **4** BFH/NV 2011, 1723 f. **5** Niedersächsisches FG EFG 2012, 551; Sächsisches Finanzgericht 30.5.2011 – 3 Ko 489/11. **6** VGH Mannheim NVwZ-RR 2004, 619. **7** BFH/NV 1996, 575; BFH/NV 1996, 575. **8** BGBl. I 2013 S. 2586.

Der Mindeststreitwert darf nicht mit dem Auffangstreitwert nach § 52 Abs. 2 GKG verwechselt werden. **9** Zwar liegt der Auffangstreitwert im Ausgangspunkt betragsmäßig über dem Mindeststreitwert;[9] der Auffangstreitwert kann aber entsprechend § 52 Abs. 1 GKG vermindert werden,[10] so dass es möglich ist, dass der Auffangstreitwert betragsmäßig unter dem Mindeststreitwert liegen könnte – dann greift aber wiederum § 52 Abs. 4 GKG ein.

V. Einzelaspekte des Allgemeinen Teils

1. Einstweiliger Rechtsschutz. Die FGO kennt drei verschiedene Verfahren des vorläufigen Rechtsschutzes, **10** und zwar

- einstweilige Anordnungen nach § 114 FGO,
- Anträge auf Aussetzung der Vollziehung nach § 69 Abs. 3 FGO und
- Anträge auf Wiederherstellung der hemmenden Wirkung der Klage nach § 69 Abs. 5 FGO.

§ 69 Abs. 3 FGO betrifft Anträge auf Aussetzung der Vollziehung, während § 69 Abs. 5 FGO Anträge auf **11** Wiederherstellung der hemmenden Wirkung der Klage regelt.[11] § 53 Abs. 2 Nr. 1 GKG regelt dann den Streitwert im Verfahren des einstweiligen Rechtsschutzes gem. § 114 FGO, während § 53 Abs. 2 Nr. 3 GKG den Streitwert im Verfahren des einstweiligen Rechtsschutzes gem. § 69 Abs. 3 und 5 FGO regelt.

Nach dem Streitwertkatalog für die Finanzgerichtsbarkeit ist der Streitwert im **Anordnungsverfahren nach** **12** **§ 114 FGO** idR mit 1/3 des Hauptsachestreitwerts zu bemessen.[12] Bei der vorläufigen Regelung von Zahlungsverpflichtungen bzw der einstweiligen Einstellung (und Rückgängigmachung) von Vollstreckungsmaßnahmen ist der Streitwert allerdings nur mit 10 % des Werts der (ggf virtuellen)[13] Hauptsache entsprechend den Grundsätzen zur Aussetzung der Vollziehung anzunehmen.[14] Ist also etwa die einstweilige Anordnung auf die Unterbindung der Durchsetzung einer Steuerforderung im Wege der Vollstreckung gerichtet und wird hierdurch nur die Durchführung der Vollstreckung hinausgeschoben, ist der Gegenstandswert – ebenso wie in den Fällen der Aussetzung der Vollziehung – mit 10 % der Forderungsbeträge zu bemessen, die Anlass der Vollstreckung waren.[15] Soll andererseits durch die einstweilige Anordnung ein endgültiger Zustand erreicht werden, ist der Streitwert bis zur vollen Höhe des Werts der (ggf virtuellen)[16] Hauptsache anzuheben.[17] Die Regelung über den Mindeststreitwert gem. § 52 Abs. 4 GKG findet dagegen keine Anwendung. Der (eindeutige) Wortlaut des § 53 Abs. 2 GKG, der nur auf § 52 Abs. 1 und 2 GKG verweist, schließt es aus, auf den Mindeststreitwert des § 52 Abs. 4 GKG zurückzugreifen.[18]

In **Verfahren des einstweiligen Rechtsschutzes gem. § 69 Abs. 3, 5 FGO** bestimmt sich der Streitwert grds. **13** nach dem Antrag und der sich aus dem Antrag ergebenden Bedeutung der Sache für den Antragsteller, wobei dem Finanzgericht insofern ein Ermessen zukommt.[19] Von der Höhe her beträgt der Streitwert regelmäßig 10 % des Betrags, für den die Aussetzung der Vollziehung beantragt wird.[20] Der in der Rspr der Finanzgerichte vereinzelt vertretenen Ansicht, der Streitwert sei in Anlehnung an die Praxis der Verwaltungsgerichte mit 25 % des auszusetzenden Betrags zu bemessen,[21] hat sich der BFH nicht angeschlossen; unter den Senaten des BFH war auf eine entsprechende Anfrage hin keine Mehrheit für eine Anhebung des Streitwerts im AdV-Verfahren zu erzielen.[22] Fehlen geeignete Schätzungsgrundlagen und bietet der bisherige Sach- und Streitstand keine genügenden Anhaltspunkte dafür, um die Bedeutung der Sache nach dem gestellten Antrag zu beurteilen, ist der Streitwert gem. § 52 Abs. 2 GKG nach dem Auffangstreitwert zu bestimmen.[23] Der Auffangstreitwert darf im Übrigen nicht verwechselt werden mit dem Mindeststreitwert nach § 52 Abs. 4 GKG. § 52 Abs. 4 GKG ist nicht anwendbar. Der (eindeutige) Wortlaut des § 53 Abs. 2 GKG, der nur auf § 52 Abs. 1 und 2 GKG verweist, schließt es aus, im finanzgerichtlichen AdV-Verfahren auf den Mindeststreitwert des § 52 Abs. 4 GKG zurückzugreifen.[24]

2. Verbindung von Verfahren. Nach dem Streitwertkatalog hat ein Verbindungsbeschluss keine Auswirkun- **14** gen auf die Höhe der vor der Verbindung der Verfahren jeweils bereits entstandenen Verfahrensgebühr; diese bemisst sich jeweils allein nach dem für das jeweilige Klageverfahren zu bildenden (Einzel-)Streitwert. Die Streitfrage, ob die zivilrechtliche Judikatur zur stillschweigenden Verfahrensverbindung allein durch ge-

---

9 S.a. FG Sachsen-Anhalt EFG 2012, 1312, 1313. **10** BFH/NV 1996, 575; BFH/NV 1996, 575. **11** S. etwa FG Niedersachsen 22.7.2003 – 6 V 636/02, nv; FG Niedersachsen EFG 2002, 929; FG Hamburg EFG 2000, 1143; FG Brandenburg 25.7.1997 – 2 V 1240/97, nv. **12** S. auch FG Mecklenburg-Vorpommern 18.1.2012 – 2 V 3/12, juris; FG Köln EFG 2002, 224. **13** FG Hamburg 27.12.2000 – V 253/00, juris. **14** BFH/NV 1997, 699; FG Hamburg EFG 1997, 495. **15** Sächsisches Finanzgericht 30.5.2011 – 3 Ko 489/11, juris. **16** FG Hamburg 27.12.2000 – V 253/00, juris. **17** Schleswig-Holsteinisches FG EFG 2007, 1621; FG Hamburg 15.7.2003 – II 47/03, juris; FG Münster EFG 1999, 971. **18** FG Mecklenburg-Vorpommern 18.1.2012 – 2 V 3/12, juris; FG Köln EFG 2007, 793; BFHE 220, 22 zum finanzgerichtlichen AdV-Verfahren. **19** FG Hamburg 20.7.2012 – 4 V 13/12, nv. **20** BFH BStBl. II 2001, 498; BFH/NV 2011, 1721. **21** Zuletzt mit ausführlicher Begründung FG Düsseldorf 14.11.2011 – 11 V 1531/11 A(E,L,G,U,H(L)), juris. **22** BFH DStRE 2012, 252–254. **23** FG Köln 11.7.2012 – 2 V 1565/12, juris; Schleswig-Holsteinisches Finanzgericht 10.1.2011 – 5 V 206/10, juris; FG Baden-Württemberg EFG 2006, 1860. **24** BFH BFHE 220, 22.

meinsame Terminierung und Verhandlung auf das finanzgerichtliche Verfahren übertragen werden kann,[25] ist deshalb ohne Bedeutung.

15 Auch eine Verbindung von **mehreren Nichtzulassungsbeschwerdeverfahren** ändert nichts daran, dass die Kosten für jedes einzelne Verfahren nach Maßgabe des jeweiligen Streitwerts zu berechnen sind. Denn für die Wertberechnung ist gem. § 40 GKG der Zeitpunkt der den jeweiligen Streitgegenstand betreffenden Antragstellung maßgebend, die den Rechtszug einleitet. Eine erst nach Einleitung des Beschwerdeverfahrens vorgenommene Verbindung der Verfahren führt daher nicht zu der Gebührendegression, die einträte, wenn die Streitwerttabelle des § 34 GKG erst auf den addierten Gesamtstreitwert der verbundenen Verfahren angewendet würde.[26]

16 Nach § 39 Abs. 1 GKG werden im Übrigen in demselben Verfahren und in demselben Rechtszug die Werte mehrerer Streitgegenstände zusammengerechnet, soweit nichts anderes bestimmt ist. Bei einem **parallel geführten Nichtzulassungsbeschwerdeverfahren und AdV-Verfahren** sind demzufolge die Streitwerte nicht zusammenzuzählen, weil es sich nicht um denselben Rechtszug handelt. Kostenrechtlich ist nämlich als „Rechtszug" jeder Verfahrensabschnitt anzusehen, der besondere Kosten verursacht; das AdV-Verfahren gehört insofern aber gerade nicht zum selben Rechtszug wie das Nichtzulassungsbeschwerdeverfahren.[27]

17 **3. Verfahren vor dem EuGH.** Nach Art. 19 EUV, Art. 251 AEUV ist die korrekte Bezeichnung für den EuGH nicht mehr „der Gerichtshof der Europäischen Gemeinschaften", sondern lediglich „der Gerichtshof" (der Europäischen Union).

18 **4. Entschädigungsverfahren.** Schließlich ist am 3.12.2011 das Gesetz über den Rechtsschutz bei überlangen Gerichtsverfahren und strafrechtlichen Ermittlungsverfahren in Kraft getreten.[28] Es sieht einen Entschädigungsanspruch bei **überlanger Dauer von Gerichtsverfahren** vor. Im finanzgerichtlichen Verfahren wurde es durch § 155 S. 2 FGO iVm § 198 GVG umgesetzt. Der Streitwert bestimmt sich hier im Wesentlichen nach dem Entschädigungsbetrag, den der Kläger verlangt. Stellt der Kläger keinen Antrag und macht er auch keine sonstigen Angaben zum Streitwert, kann von der Regelentschädigung nach § 198 Abs. 2 GVG (1.200 € für jedes Jahr der Verzögerung) ausgegangen werden.[29]

Streitwertkatalog für die Finanzgerichtsbarkeit[1, 2]

Vorbemerkungen

Der Streitwertkatalog enthält eine Zusammenstellung der finanzgerichtlichen Rechtsprechung zur Streitwertfestsetzung. Er versteht sich vor dem Hintergrund der seit dem 1.1.2002 ausgeschlossenen Streitwertbeschwerde[3] an den Bundesfinanzhof als Beitrag zur Vereinheitlichung und Vorhersehbarkeit der Streitwertfestsetzung und folgt mit dieser Intention den bereits für die Verwaltungsgerichtsbarkeit[4] und Sozialgerichtsbarkeit[5] vorliegenden Streitwertkatalogen.

Der Streitwertkatalog erhebt weder Anspruch auf Vollständigkeit noch auf Verbindlichkeit. Mit den in diesem Katalog angegebenen Werten werden – soweit diese nicht auf gesetzlichen Bestimmungen beruhen – lediglich Empfehlungen ausgesprochen. Die verbindliche Festsetzung des im Einzelfall zutreffenden Streitwertes obliegt allein dem zuständigen Gericht.

Entsprechend dem Grundgedanken des Katalogs sind in der Regel Richtwerte und keine Rahmenwerte angegeben worden.

Der Streitwertkatalog will zugleich einen Beitrag zur gerichtsbarkeitsübergreifenden Vereinheitlichung der Streitwertrechtsprechung leisten. Die empfohlenen Richtwerte orientieren sich deshalb, soweit nicht Besonderheiten des finanzgerichtlichen Verfahrens entgegenstehen, an dem Streitwertkatalog für die Verwaltungsgerichtsbarkeit.

Der Streitwertkatalog wird in regelmäßigen Zeitabständen aktualisiert und fortgeschrieben.[6]

---

25 FG Sachsen-Anhalt EFG 2011, 375. **26** BFH 13.9.2012 – X E 5/12. **27** BFH/NV 2012, 55. **28** BGBl. I 2011 S. 2302. Zur zeitlichen Anwendbarkeit OLG Celle 24.10.2012 – 23 SchH 5/12; OLG Karlsruhe 2.8.2012 – 23 SchH 5/12 EntV; OLG Celle 9.5.2012 – 23 SchH 6/12. **29** BFH/NV 2013, 953. **1** Beschlossen auf der Arbeitstagung der Präsidenten der Finanzgerichte der Bundesrepublik Deutschland am 15. und 16. Juni 2009 in Hannover. **2** *Redaktioneller Hinweis:* Aufgrund der im Text angebrachten Anmerkungen („*Anm.*") stimmt die Fußnotennummerierung ab dieser Fußnote nicht mehr mit dem Originaldokument des Streitwertkatalogs überein. **3** Vgl § 25 Abs. 3 S. 1 Hs 1 iVm § 5 Abs. 2 S. 3 GKG 2002 bzw § 68 Abs. 1 S. 5 iVm § 66 Abs. 3 S. 3 GKG 2004 (BGBl. I 2004 S. 718). **4** Veröffentlicht u.a. auf den Internetseiten des Bundesverwaltungsgerichts: www.bverwg.de. **5** Veröffentlicht u.a. auf den Internetseiten des Landessozialgerichts Rheinland-Pfalz: www.mjv.rlp.de. **6** Letzte Überarbeitung: Dezember 2015.

A. Allgemeines

Der Streitwert ist Bemessungsgrundlage für die Gerichtsgebühren sowie für die Gebühren der bevollmächtigten Rechtsanwälte, Steuerberater und anderer Prozessbevollmächtigter, die geschäftsmäßige Hilfe in Steuersachen leisten. Darüber hinaus hat der Streitwert Bedeutung im Rahmen des § 94 a FGO,[7] wonach das Gericht sein Verfahren nach billigem Ermessen bestimmen kann, wenn der Streitwert bei einer Klage, die eine Geldleistung oder einen hierauf gerichteten Verwaltungsakt betrifft, 500,– EUR nicht übersteigt.

1. Gesetzliche Grundlagen

Soweit gesetzlich nichts anderes bestimmt ist, ist in Verfahren vor den Gerichten der Finanzgerichtsbarkeit der Streitwert nach der sich aus dem Antrag des Klägers für ihn ergebenden Bedeutung der Sache nach Ermessen zu bestimmen (§ 52 Abs. 1 GKG[8]).

Betrifft der Antrag des Klägers eine bezifferte Geldleistung oder einen hierauf gerichteten Verwaltungsakt, so ist deren Höhe maßgebend (§ 52 Abs. 3 Satz 1 GKG). Für Klageeingänge ab dem 1.8.2013: Ergibt sich wegen der Bedeutung für die Zukunft ein höherer Wert, ist dieser maßgebend. Dabei darf das Dreifache des Werts nach Satz 1 bzw. in Kindergeldangelegenheiten – ab dem 16.7.2014 – der einfache Jahresbetrag nicht überschritten werden (§ 52 Abs. 3 Sätze 2 und 3 GKG).

Der Streitwert in Verfahren vor den Gerichten der Finanzgerichtsbarkeit darf gemäß § 52 Abs. 4 GKG 1.500 EUR (bzw. 1.000 EUR für Verfahren, die bereits vor dem 1.8.2013 anhängig waren) nicht unterschreiten (sog. Mindeststreitwert). Für Kindergeldangelegenheiten (gilt auch für Verfahren betreffend Kostenentscheidungen in Kindergeldangelegenheiten gemäß § 77 EStG), die ab dem 1.8.2013 eingehen, kommt ein Mindeststreitwert nicht mehr zur Anwendung.

Bietet der Sach- und Streitstand für die Bestimmung des Streitwerts keine genügenden Anhaltspunkte, so ist als sog. Auffangstreitwert ein Streitwert von 5.000 EUR anzunehmen (§ 52 Abs. 2 GKG).

Diese Grundsätze gelten – mit Ausnahme des Mindeststreitwertes[9] – auch für Verfahren des vorläufigen Rechtsschutzes (§ 53 Abs. 2 GKG).

Die Vorauszahlung von Gerichtsgebühren ist, solange der Wert nicht festgesetzt ist und sich auch nicht unmittelbar aus den gerichtlichen Verfahrensakten ergibt, vorläufig nach dem Mindestwert (sog. Mindeststreitwert) zu bemessen (§ 52 Abs. 5 GKG).

2. Objektive Klagehäufung

Werden in einer Klage mehrere selbständige Klagebegehren (§ 43 FGO) zusammen verfolgt, sind die Beträge[10] der einzelnen Begehren – ohne Berücksichtigung des Mindeststreitwerts für einzelne Klagebegehren[11] – zu einem Gesamtstreitwert zu addieren (§ 39 Abs. 1 GKG),[12] sofern sie nicht gemäß § 45 Abs. 1 Satz 3 GKG denselben Gegenstand betreffen.[13]

Betrifft ein Rechtsstreit Bescheide für zwei Streitjahre und hat der Streitfall offensichtlich absehbare Auswirkungen für nachfolgende Streitjahre, so ist die in § 52 Abs. 3 S. 2 GKG vorgesehene Erhöhung des Streitwerts auf das Dreifach des durchschnittlichen Streitwerts für die anhängigen beiden Streitjahre begrenzt.[14]

3. Subjektive Klagehäufung

Die subjektive Klagehäufung führt zu keiner Erhöhung des Streitwertes, wenn und soweit die verfolgten Klagebegehren wirtschaftlich identisch sind.[15]

---

7 Finanzgerichtsordnung (FGO) in der Fassung der Bekanntmachung vom 28. März 2001 (BGBl. I S. 442, 2262 (2002 I S. 679)), zuletzt geändert durch Art. 172 der Verordnung vom 31.8.2015 (BGBl. I S. 1474). **8** Neufassung des Gerichtskostengesetz (GKG) vom 27.2.2014, zuletzt geändert durch Art. 12 des Gesetzes vom 29.6.2015 (BGBl. I 1332). **9** BFH, Beschluss vom 14.12.2007, IX E 17/07, BFHE 220, 22 = BStBl. II 2008, 199 = BFH/NV 2008, 307. **10** Ohne Berücksichtigung etwaiger Minus-Vorzeichen, FG Baden-Württemberg, Beschluss vom 20.5.2015, 13 KO 280/15, EFG 2015, 1388. **11** Nieders. FG, Beschluss vom 17.3.2015, 15 K 196/11, EFG 2015, 1023; FG Köln, Beschluss vom 19.11.2007, 10 Ko 257, 58/07, EFG 2008, 332. **12** BFH, Beschluss vom 10.10.2006, VIII B 177/05, BFHE 214, 208 = BStBl. II 2007, 54 = BFH/NV 2007, 155; Beschluss vom 26.9.2006, X S 4/06, BFHE 214, 201 = BStBl. II 2007, 55 = BFH/NV 2007, 151. **13** FG Baden-Württemberg, Beschluss vom 31.10.2014, 8 KO 488/14, juris. **14** BFH, Beschluss vom 17.8.2015, XI S 1/15, StuB 2015, 806. **15** BFH, Beschluss vom 26.9.2006, X S 4/06, BFHE 214, 201 = BStBl. II 2007, 55 = BFH/NV 2007, 151.

4. Nebenforderungen

Sind Nebenforderungen (z.B. Zinsen) neben der Hauptforderung streitig, werden sie bei der Streitwertberechnung nicht berücksichtigt (§ 43 Abs. 1 GKG); ist die streitgegenständliche Nebenforderung aber durch einen gesonderten Bescheid festgesetzt worden, gilt § 43 Abs. 2 GKG.

Sind Nebenforderungen ohne den Hauptanspruch streitig, bemisst sich der Streitwert nach dem Wert der Nebenforderungen, soweit er den Wert der Hauptforderung nicht übersteigt (§ 43 Abs. 2 GKG).

Sind allein die Kosten des Rechtsstreits ohne den Hauptanspruch betroffen, ist der Betrag der Kosten maßgebend, soweit er den Wert des Hauptanspruchs nicht übersteigt (§ 43 Abs. 3 GKG).

5. Verbindung von Verfahren

Seit dem 1.7.2004 wird das gesamte Verfahren vor den Finanzgerichten durch eine pauschale Verfahrensgebühr abgegolten. Ein Verbindungsbeschluss hat deshalb keine Auswirkungen auf die Höhe der vor der Verbindung der Verfahren jeweils bereits entstandenen Verfahrensgebühr; diese bemisst sich jeweils allein nach dem für das jeweilige Klageverfahren zu bildenden (Einzel-)Streitwert. Ein Gesamtstreitwert ist lediglich für die gegebenenfalls nach einer Verbindung nach dem Rechtsanwaltsvergütungsgesetz (RVG)[16] entstandenen Gebühren zu bilden.

6. Trennung von Verfahren

Werden mehrere in einem Verfahren zusammengefasste Klagegegenstände getrennt, so ist für jedes einzelne Verfahren rückwirkend zum Zeitpunkt der Klageerhebung ein Streitwert anzusetzen.[17]

7. Hilfsanträge

Hilfsanträge wirken sich nur streitwerterhöhend aus, wenn das Gericht über sie entscheidet (§ 45 Abs. 1 Satz 2 GKG). Umfasst der Hilfsantrag (teilweise) denselben Gegenstand, ist nur der Wert des weitergehenden Antrags maßgebend (§ 45 Abs. 1 Satz 3 GKG).[18]

8. Aussetzung der Vollziehung

In Verfahren auf Aussetzung der Vollziehung ist der Streitwert mit 10 % des Betrags zu bemessen, dessen Aussetzung begehrt wird.[19] Vereinzelt[20] wird für eine Erhöhung auf 25 % des Hauptsachestreitwertes eingetreten. Die Regelung über den Mindeststreitwert (§ 52 Abs. 4 GKG) findet keine Anwendung.[21]

9. Einstweilige Anordnung

Der Streitwert einer einstweiligen Anordnung, die darauf gerichtet ist, einen zeitlichen Aufschub der Zahlungsverpflichtung oder die vorläufige Einstellung der Zwangsvollstreckung zu erreichen, ist entsprechend den Grundsätzen zur Aussetzung der Vollziehung (s.o. Ziff. 8) zu bestimmen.

Soll durch die einstweilige Anordnung ein endgültiger Zustand erreicht werden, ist der Streitwert der Hauptsache anzusetzen. Ist als Wert der Hauptsache der Auffangstreitwert (§ 52 Abs. 2 GKG) anzusetzen, gilt dieser Wert auch für das Antragsverfahren. Im Fall einer beschränkten Geltungsdauer der Anordnung ist der Streitwert angemessen auf 1/3[22] bis zu 10 %[23] zu reduzieren. Die Regelung über den Mindeststreitwert (§ 52 Abs. 4 GKG) findet keine Anwendung.

10. Verfahren vor dem Gerichtshof der Europäischen Gemeinschaften

Das Vorabentscheidungsverfahren vor dem EuGH beeinflusst den Streitwert nicht.

---

[16] Gesetz über die Vergütung der Rechtsanwältinnen und Rechtsanwälte (Rechtsanwaltsvergütungsgesetz – RVG) vom 5. Mai 2004 (BGBl. I 718, 788), zuletzt geändert durch Art. 5 des Gesetzes vom 17.7.2015 (BGBl. I S. 1332). [17] BFH, Beschluss vom 22.9.2008, II E 14/07, juris. [18] BFH, Beschluss vom 3.8.2005, I E 3/05, BFH/NV 2005, 2228; Beschluss vom 23.9.2003, IX E 10/03, BFH/NV 2004, 77. [19] BFH, Beschluss vom 6.9.2012, VII E 12/12, BFH/NV 2013, 211; Beschluss vom 17.11.2011, IV S 15/10, BFHE 235, 122 = BStBl. II 2012, 246; Beschluss vom 4.5.2011, VII S 61/11, BFH/NV 2011, 1721; Beschluss vom 14.12.2007, IX E 17/07, BFHE 220, 22 = BStBl. II 2008, 199 = BFH/NV 2008). [20] Sächsisches FG, Beschluss vom 8.7.2014, 6 Ko 948/14 juris; FG Hamburg, Beschluss vom 2.6.2014, 3 KO 110/14, EFG 2014, 1817; Beschluss vom 31.10.2007, IV 169/05, EFG 2008, 488; FG Münster, Beschluss vom 30.1.2007, 11 V 4418/05 AO, EFG 2007, 1109. [21] BFH, Beschluss vom 29.11.2012, IV E 7/12, BFH/NV 2013, 403; Beschluss vom 18.10.2012, IV S 17/12, BFH/NV 2012, 248; Beschluss vom 29.2.2012, IV E 1/12, BFH/NV 2012, 1153; Beschluss vom 26.9.2011, VIII E 2/11, BFH/NV 2012, 444; Beschluss vom 14.12.2007, IX E 17/07, BFHE 220, 22 = BStBl. II 2008, 199 = BFH/NV 2008, 307. [22] BFH, Beschluss vom 14.10.1998, I B 82/98, BFH/NV 199, 352; FG Köln, Beschluss vom 16.11.2001, 10 Ko 6021/01, EFG 2002, 224. [23] BFH, Beschluss vom 15.4.1997, VII E 2/97, BFH/NV 1997, 699; BFH Beschluss vom 22.8.1995, VII B 153/95 u.a., BFHE 178, 15, BStBl II 1995, 645.

11. Erledigung der Hauptsache

Übereinstimmende Erledigungserklärungen der Beteiligten lassen den ursprünglichen Streitwert unverändert.

12. Gesonderte und einheitliche Feststellung von Besteuerungsgrundlagen

a) Allgemeine Grundsätze

Im Verfahren der gesonderten und einheitlichen Gewinnfeststellung bemisst sich der Streitwert nach der typisierten einkommensteuerlichen Bedeutung für die Gesellschafter, die grundsätzlich mit 25 % des streitigen Gewinns oder Verlustes zu bemessen ist, sofern die Feststellung des laufenden, nicht tarifbegünstigten Gewinns streitig ist. Die tatsächlichen einkommensteuerrechtlichen Auswirkungen bei den einzelnen Gesellschaftern werden grundsätzlich nicht ermittelt.[24]

Der Ansatz eines höheren Prozentsatzes kommt in Betracht, wenn ohne besondere Ermittlungen im Gewinnfeststellungsverfahren erkennbar ist, dass der Pauschalsatz von 25 % den tatsächlichen einkommensteuerlichen Auswirkungen nicht gerecht wird.[25] Die Obergrenze des Pauschalsatzes[26] orientiert sich an dem für das Streitjahr geltenden Höchststeuersatz wie folgt: Veranlagungszeitraum 2000 und älter: 50 %, Veranlagungszeitraum 2001 bis 2003: 45 %, Veranlagungszeitraum 2004: 42 %, Veranlagungszeitraum ab 2005: 40 %. Nach § 35 EStG begünstigte gewerbliche Einkünfte führen zu einem weiteren pauschalen Abschlag in Höhe von 5 %.[27]

Abweichend von den vorstehend beschriebenen Grundsätzen sind vor allem folgende Sonderfälle zu berücksichtigen:

b) Tarifbegünstigter Veräußerungsgewinn

Der Streitwert ist im Regelfall mit 15 % des streitigen Betrags anzusetzen, der bei sehr hohen Veräußerungsgewinnen aber angemessen auf bis zu 25 % angehoben werden kann.[28] Ist nur die Behandlung eines unstreitig entstandenen Gewinns als tarifbegünstigter Veräußerungsgewinn streitig (sog. Fünftelregelung), ist der Streitwert in der Regel mit einem Betrag von 10 % anzusetzen, der auf bis zu 20 % angehoben werden kann, wenn Anhaltspunkte dafür bestehen, dass die Feststellungsbeteiligten die Tarifbegünstigung des § 34 Abs. 3 EStG beanspruchen können.[29]

c) Aufhebung eines Gewinnfeststellungsbescheides

Es gelten die unter a) beschriebenen Grundsätze einschließlich der ab dem Veranlagungszeitraum 2001 zu berücksichtigenden Obergrenzen. Beschränkt sich der Streit auf die gemeinschaftliche Einkünfteerzielung oder formelle Mängel, ist der Streitwert mit 10 % des festgestellten Gewinns anzusetzen.

d) Verluste bzw. Verlustanteile bei Abschreibungsgesellschaften oder Bauherrengemeinschaften

50 % des streitigen Verlustbetrags;[30] ab Veranlagungszeitraum 2001 sind die oben unter a) aufgelisteten Obergrenzen zu beachten.

e) Einkünfteverteilung

Bei Streit nur über die Einkünfteverteilung: 25 % der laufenden bzw. 15 % der tarifbegünstigten Einkünfte;[31] bei zusammen veranlagten Ehegatten sind 10 % der laufenden bzw. 5 % der tarifbegünstigten Einkünfte anzusetzen.[32]

---

24 BFH, Beschluss vom 29.11.2012, IV E 7/12, BFH/NV 2013, 403; Beschluss vom 18.10.2012, IV S 17/12, BFH/NV 2012, 248; Beschluss vom 29.2.2012, IV E 1/12, BFH/NV 2012, 1153; Beschluss vom 4.9.2008, I E 5/08, BFH/NV 2008, 2041; Beschluss vom 10.10.2006, VIII B 177/05, BFHE 214, 208 = BStBl. II 2007, 54 = BFH/NV 2007, 155. 25 BFH, Beschluss vom 22.1.2015, IV S 17/14, juris; BFH, Beschluss vom 31.7.2014, IV E 2/14, BFH/NV 2014, 1766; BFH, Beschluss vom 10.10.2006, VIII B 177/05, BFHE 214, 208 = BStBl. II 2007, 54 = BFH/NV 2007, 155. 26 Zum Teil wird in diesen Fällen auch der Mittelwert des Einkommensteuertarifs aus Grund- und Splittingtabelle angesetzt. 27 Beschluss vom 10.10.2006, VIII B 177/05, BFHE 214, 208 = BStBl. II 2007, 54 = BFH/NV 2007, 155. 28 BFH, Beschluss vom 17.11.2011, IV S 15/10, BFHE 235, 122 = BFH/NV 2012, 246; Beschluss vom 14.2.2007, IV E 3/06, BFH/NV 2007, 1155. 29 BFH, Beschluss vom 17.11.2011, IV S 15/10, BFHE 235, 122 = BFH/NV 2012, 246. 30 BFH, Beschluss vom 11.5.2007, IX E 12/07, BFH/NV 2007, 1528; Beschluss vom 22.1.2001, IV S 10/00, BFH/NV 2001, 806. 31 BFH, Beschluss vom 6.9.2001, VIII S 6/01, BFH/NV 2002, 207. 32 BFH, Beschluss vom 12.8.1987, IV E 3/87, BFH/NV 1988, 657.

f) Einkünftequalifizierung

25 % der im Wege der Umqualifizierung begehrten Freibeträge oder Freigrenzen. Ergeben sich aus der begehrten Umqualifizierung keine einkommensteuerrechtlichen Auswirkungen, beträgt der Streitwert 1 % der umzuqualifizierenden Einkünfte.

13. Gesonderte Feststellung von Besteuerungsgrundlagen

Maßgeblich für die Streitwertbestimmung bei der gesonderten Gewinnfeststellung sind grundsätzlich die konkreten einkommensteuerlichen Auswirkungen.[33] Sind die tatsächlichen Auswirkungen nicht zu ermitteln, ist der Streitwert grundsätzlich (s. insoweit auch Ziffer 12 Buchst. a) 2. Absatz) mit 25 % des streitigen Betrags der Einkünfte anzusetzen.[34]

B. Besondere Wertansätze

Abgabe einer eidesstattlichen Versicherung	50 % der rückständigen Steuerbeträge, jedoch nicht mehr als 500.000,– EUR[35]
Abrechnungsbescheid	– Höhe des streitigen Steueranspruchs – Erteilung eines Abrechnungsbescheides als solchen: Auffangstreitwert
Akteneinsicht	Auffangstreitwert *Anm.:* Die Regelung wurde bestätigt durch Beschluss des FG Saarlandes.[36]
Anhörungsrüge	Gerichtsgebühr beträgt streitwertunabhängig 60 EUR, sofern die Rüge in vollem Umfang verworfen oder zurückgewiesen wird
Arrestanordnung	50 % der Arrestsumme[37]
Aufrechnung	– bei Streit um den Bestand bzw. die Höhe der zur Aufrechnung gestellten Gegenforderung: streitige Gegenforderung[38] – bei Streit nur um die Zulässigkeit der Aufrechnung: 10 % der zur Aufrechnung gestellten Steuerforderung[39]
Ausfuhrerstattung	– Ausfuhrnachweis: Auffangstreitwert – Fristverlängerung hinsichtlich des Nachweises der Erfüllung der Einfuhrzollförmlichkeiten: Auffangstreitwert – Gewährung: beantragter Erstattungsbetrag – Rückforderung: streitiger Rückforderungsbetrag – Sanktion: streitiger Sanktionsbetrag – Vorfinanzierung bzw. Vorauszahlung: beantragter Vorfinanzierungs- bzw. Vorauszahlungsbetrag ohne Berücksichtigung der Sicherheitsleistung
Auskunftsbegehren	Auffangstreitwert, sofern das konkrete Interesse des Klägers an der Auskunftserteilung nicht bestimmbar ist[40]
Aussetzung des Verfahrens	Bestimmung des Streitwerts nach allgemeinen Grundsätzen
Aussetzung der Vollziehung	s. A) 8 *Anm.:* Die Rspr ist unverändert uneinheitlich. Der BFH hält am 10%-Wert fest;[41] die Finanzgerichte folgen dem nur teilweise.[42]

---

33 BFH, Beschluss vom 21.11.2005, III E 2/05, BFH/NV 2006, 585; Beschluss vom 10.6.1999, IV E 2/99, BFH/NV 1999, 1608. **34** Streitwertkatalog präzisiert gemäß Nieders. FG, Beschluss vom 17.3.2015, 15 K 196/11, EFG 2015, 1023. **35** BFH, Beschluss vom 23.10.2003, VII E 14/03, BFH/NV 2004, 351. **36** FG Saarland, EFG 2011, 271. **37** BFH, Beschluss vom 12.3.1985, VII R 150/81, BFH/NV 1986, 782. **38** BFH, Beschluss vom 29.1.1991, VII E 6/90, BFHE 163, 195 = BStBl. II 1991, 467. **39** BFH, Beschluss vom 31.8.1995, VII R 58/94, BStBl. II 1996, 55 = HFR 1996, 3. **40** BFH, Urteil vom 11.7.1986, III R 25/85, BFH/NV 1987, 99. **41** BFH/NV 2013, 211. **42** S. Sächsisches FG, Beschluss vom 21.1.2015, 8 Ko 1625/14 einerseits und Sächsisches FG, Beschluss vom 8.7.2014, 6 Ko 948/14 andererseits.

Aussetzungszinsen	s. A) 4
Außenprüfung	**Anfechtung der Prüfungsanordnung oder einzelner Prüfungsmaßnahmen: 50 % der mutmaßlich zu erwartenden Mehrsteuern;[43] bei Fehlen geeigneter Schätzungsgrundlagen Auffangstreitwert[44]** *Anm.:* Beim Streit über die Rechtmäßigkeit einer Prüfungsanordnung ist der Streitwert regelmäßig mit 50 % der mutmaßlich zu erwartenden Mehrsteuern anzusetzen.[45] Sind infolge einer Außenprüfung Mehrsteuern bereits festgesetzt, beträgt der Streitwert im Verfahren wegen der Prüfungsanordnung 50 % dieser Mehrsteuern, unabhängig von deren künftigem Bestand.[46] Ist die Außenprüfung bis zur Entscheidung über den Rechtsstreit nicht durchgeführt worden, sind die zu erwartenden Mehrsteuern aus den aufgrund der Außenprüfung geänderten Steuerfestsetzungen im Einzelfall zu schätzen.[47] Ist eine Schätzung hinsichtlich der zu erwartenden Mehrsteuern nicht möglich, ist der Auffangstreitwert von 5.000 € nach § 52 Abs. 2 GKG anzusetzen.[48]
Beiladung	**Eine Beiladung wirkt sich auf den Streitwert des Verfahrens nicht aus; auch wird für den Beigeladenen grundsätzlich kein gesonderter Streitwert festgesetzt.**
Bescheidungsklage	**50 % des für eine Verpflichtungsklage anzusetzenden Wertes[49]** *Anm.:* Die Regelung wurde bestätigt durch einen Beschluss des FG Mecklenburg-Vorpommern.[50]
Bewertungsgesetz	– **Grundbesitzbewertung für die Erbschaft- oder Schenkungsteuer: 10 %, 20 % bzw. 25 % der Wertdifferenz bei Grundstückswerten ≤ 512.000 EUR, ≤ 12.783.000 EUR bzw. > 12.783.000 EUR[51]** – **Einheitswertbescheid: 80 v.T. (bis 1997: 60 v.T.) des streitigen Wertunterschieds[52]** *Anm.:* Ausgangswert für die Streitwertfestlegung ist der vom Finanzamt festgestellte Grundstückswert(-anteil). Dieser ist maßgeblich für die Bestimmung des heranzuziehenden Prozentsatzes. Anschließend ist die vom Kläger begehrte Wertdifferenz zwischen dem vom Finanzamt festgestellten Grundstückswert und dem vom Kläger für richtig erachteten Grundstückswert zu ermitteln. Hierauf ist dann der Prozentsatz anzuwenden, und der dadurch ermittelte Betrag ergibt den Streitwert.[53] Beim Erwerb mehrerer Grundstücke sind die Staffelsätze jeweils auf das einzelne Grundstück bzw auf die einzelne wirtschaftliche Einheit zu beziehen.[54] Bei einem Miteigentumsanteil an einem Grundstück ist nur der Wert des Miteigentumsanteils für die Zuordnung zu den Ausgangswerten relevant. Der Wert des gesamten Grundstücks, aus dem der festgestellte Grundstückswert des erworbenen Miteigentumsanteils abgeleitet wurde, spielt dagegen keine Rolle, weil er sich auf die festzusetzende Erbschaft- oder Schenkungsteuer nicht auswirkt.[55]

---

43 BFH, Beschluss vom 20.5.2014, X E 1/14, BFH/NV 2014, 1387, BFH, Beschluss vom 11.1.2011, VI E 11/10, BFH/NV 2011, 629; Beschluss vom 29.7.2009, VIII E 4/09, BFH/NV 2009, 1823. **44** BFH, Beschluss vom 11.1.2011, VI E 11/10, BFH/NV 2011, 629; Beschluss vom 11.6.2004, IV B 167/02, BFH/NV 2004, 1657. **45** BFH/NV 2009, 1823; FG Sachsen-Anhalt, EFG 2012, 1312. **46** BFH/NV 2009, 1823; FG Sachsen-Anhalt, EFG 2012, 1312. **47** BFH/NV 2011, 629. **48** BFH/NV 2011, 629; FK Köln, EFG 2012, 2264. **49** BFH, Beschluss vom 1.12.2000, II E 2, 3, 4, 5/00, juris. **50** FG Mecklenburg-Vorpommern vom 2.2.2012 – 1 K 58/11, nv. **51** BFH, Beschluss vom 19.2.2009, II E 1/09, BFHE 224, 21 = BStBl. II 2009, 446; Beschluss vom 11.1.2006, II E 3/05, BFHE 211, 422 = BStBl. II 2006, 333 = BFH/NV 2006, 685; Beschluss vom 22.8.2007, II E 9/07, BFH/NV 2007, 2319. **52** BFH, Beschluss vom 3.1.2000, II E 6/99, BFH/NV 2000, 852; Hessisches FG, Beschluss vom 15.10.2004, 3 K 1128/01, EFG 2005, 567. **53** FG Hamburg AGS 2010, 405, 406. **54** FG Hessen 10.11.2008 – 3 K 1639/08, nv. **55** BFH/NV 2009, 1138 f.

	Bei Streitigkeiten über die Grundstücksart ist der Streitwert statt an der hierbei fehlenden Differenz der Grundstückswerte an der Differenz zwischen dem festgestellten Grundstückswert und demjenigen Wert auszurichten, mit dem das Grundstück in die Bemessungsgrundlage der Steuer eingeht. Hierauf sind sodann die pauschalen, aber gestaffelten Sätze je nach der Höhe des festgestellten Grundstückswerts anzuwenden. Dabei ist typisierend anzunehmen, dass der Freibetrag gem. § 13 a ErbStG zur Hälfte auf das streitbefangene Grundstück entfällt.[56]
Duldungsbescheid	Höhe der zugrunde liegenden Forderung, maximal aber Wert des Vollstreckungsgegenstandes[57]
Eigenheimzulage	Wert der Eigenheimzulage über den gesamten streitigen Förderzeitraum[58] *Anm.:* Streitwert bei einem Rechtsstreit wegen der Eigenheimzulage ist der streitige Gesamtwert des Förderzeitraums.[59] Beantragt der Kläger, die Aufhebung eines Bewilligungsbescheides wiederum aufzuheben, kommt es darauf an, für welchen Zeitraum in dem konkreten Bescheid die Eigenheimzulage bewilligt wurde.[60]
Einfuhrumsatzsteuer	streitiger Einfuhrumsatzsteuerbetrag; dies gilt auch, wenn der Steuerpflichtige zum vollen Vorsteuerabzug berechtigt ist
Einkommensteuer	– Differenz zwischen dem festgesetzten und dem begehrten Steuerbetrag; sog. Folgesteuern, die nicht ebenfalls ausdrücklich angefochten sind, bleiben außer Betracht – Verlustfeststellung (§ 10 d EStG): 10 % des streitigen Verlustes, sofern die steuerlichen Auswirkungen nicht bestimmbar sind,[61] eine ggf. mitangefochtene ESt-Festsetzung auf Null erhöht den Streitwert des Verfahrens nicht[62] *Anm.:* Für die Bemessung des Streitwerts ist ausschließlich der Steuerbetrag maßgeblich, um den unmittelbar gestritten wird, also der Unterschiedsbetrag zwischen der festgesetzten (behauptet zu hohen) und der begehrten Steuer.[63] Sog. Folgesteuern bleiben außer Betracht, sofern sie nicht ausdrücklich und mit eigenen Gründen mitangefochten sind. Das 2. KostRMoG hat allerdings in § 52 Abs. 3 GKG den neuen Satz 2 eingefügt. Danach ist bei einer bezifferten Geldleistung als Antragsgegenstand auch zu berücksichtigen, ob der Antrag des Klägers offensichtlich absehbare Auswirkungen auf künftige Geldleistungen oder auf noch zu erlassende, auf derartige Geldleistungen bezogene Verwaltungsakte hat, wenn sich daraus ein höherer Wert ergibt. In diesem Fall ist die Höhe des sich aus § 52 Abs. 3 S. 1 GKG ergebenden Streitwerts um den Betrag der offensichtlich absehbaren zukünftigen Auswirkungen für den Kläger anzuheben. Dabei darf aber insgesamt das Dreifache des Werts nach § 52 Abs. 3 S. 1 GKG nicht überschritten werden (s. § 52 Abs. 3 S. 2 aE GKG).
Einspruchsentscheidung	– Klage auf Erlass einer Einspruchsentscheidung: Auffangstreitwert, maximal Höhe der streitigen Steuerforderung – isolierte Anfechtung einer Einspruchsentscheidung: Wert des der Einspruchsentscheidung zugrunde liegenden Verwaltungsaktes

---

56 BFH DStRE 2009, 630, 631. **57** BFH, Beschluss vom 29.6.2006, VII E 13/05, BFH/NV 2006, 2100. **58** BFH, Beschluss vom 23.12.2010, X E 8/10, BFH/NV 2011, 449; Beschluss vom 13.6.2008, IX E 4/08, BFH/NV 2008, 1516; Beschluss vom 4.11.2004, III E 1/04, juris. **59** BFH/NV 2011, 449. **60** BFH/NV 2011, 449. **61** BFH, Beschluss vom 31.3.2008, IX E 1/08, BFH/NV 2008, 1336; Beschluss vom 26.1.2006, VIII E 6/05, BFH/NV 2006, 1112. **62** FG Köln, Beschluss vom 23.7.2015, 10 Ko 297/15, StE 20015, 585. **63** BFH/NV 2012, 1167, 1168.

	Anm.: Der Streitwert einer Klage, mit der die Aufhebung einer Einspruchsentscheidung begehrt wird, bemisst sich nach dem Unterschied zwischen der zuletzt festgesetzten Steuer und der im Einspruchsverfahren begehrten Steuerfestsetzung.[64]
Einstweilige Anordnung	s. A) 9
Energiesteuer	– **Abgabe: streitiger Abgabenbetrag** – **Erlaubnis zur steuerfreien Verwendung von Energieerzeugnissen: Durchschnittlicher jährlicher Nutzen der Vergünstigung, teilweise werden die bei Einreichung der Klage bereits fälligen Beträge hinzugerechnet** – **Rücknahme einer Erlaubnis zur steuerfreien Verwendung von Energieerzeugnissen: Auffangstreitwert** – **Vergütung: Betrag der streitigen Vergütung**
Entschädigungsklage[65]	***Anm.:*** Der Streitwert bei der Entschädigungsklage nach § 198 GVG bestimmt sich in erster Linie nach dem Entschädigungsbetrag, den der Kläger verlangt. Stellt der Kläger keinen Antrag und macht er auch keine sonstigen Angaben zum Streitwert, kann von der Regelentschädigung nach § 198 Abs. 2 GVG (1.200 € für jedes Jahr der Verzögerung) ausgegangen werden.[66]
Erlass	begehrter Erlassbetrag
Erledigung[67]	*s. A) 11*
Erzwingungsgeld	angedrohter bzw. festgesetzter Betrag
Fälligkeit einer Steuerforderung	10 % der Steuerforderung, sofern diese nach Grund und Höhe unstreitig ist
fehlende Bezeichnung des Klagebegehrens (§ 65 FGO)	grundsätzlich Auffangstreitwert, höchstens jedoch Höhe der festgesetzten Steuer; regelmäßig wird der Wert nicht je Verfahren, sondern je Streitgegenstand angesetzt ***Anm.:*** Lehnt der Kläger die Stellung eines Sachantrags ab und stellt er lediglich einen Vertagungsantrag, ist der Streitwert mit 5.000 € zu bemessen.[68] Sind die Besteuerungsgrundlagen wegen Nichtabgabe von Steuererklärungen geschätzt worden und ist gegen die Steuerbescheide geklagt worden, ohne die Steuererklärungen vorzulegen, so ist das Klagebegehren mit dem Antrag, die angefochtenen Bescheide zu ändern und die tatsächlichen Besteuerungsgrundlagen zugrunde zu legen, nicht ausreichend bezeichnet; in diesem Fall ist der Auffangstreitwert zugrunde zu legen.[69]
Feststellungsbescheid	– **einheitliche u. gesonderte Feststellung: s. A) 12** – **gesonderte Feststellung: s. A) 13** ***Anm.:*** Nach stRspr des BFH ist im Verfahren der einheitlichen Gewinnfeststellung der Streitwert nach der typisierten einkommensteuerlichen Auswirkung zu schätzen. Dabei ist im Sinne einer Verfahrensvereinfachung anzunehmen, dass diese Auswirkung idR 25 % des streitigen Gewinns ausmacht. Dieser Satz ist allerdings keine feste Größe. Ausnahmsweise kommt der Ansatz eines höheren Prozentsatzes in Betracht, wenn ohne besondere Ermittlungen im Gewinnfeststellungsverfahren erkennbar ist, dass der Pauschalsatz der tatsächlichen einkommensteuerlichen Auswirkung nicht gerecht wird. Daher

64 BFH/NV 2010, 903. **65** Hinweis: Das Stichwort ist im Abschnitt „B. Besondere Wertansätze" des Streitwertkatalogs nicht enthalten. **66** BFH/NV 2013, 953. **67** Hinweis: Das Stichwort ist im Abschnitt „B. Besondere Wertansätze" des Streitwertkatalogs nicht enthalten. **68** BFH/NV 2010, 1476. **69** FG Mecklenburg-Vorpommern 18.6.2012 – 2 K 54/12, nv.

	ist der Satz von 25 % bei höheren Gewinn- bzw Verlustanteilen wegen der infolge des progressiven Einkommensteuertarifs zu erwartenden höheren einkommensteuerlichen Auswirkung angemessen zu erhöhen.[70]
	Im Übrigen bemisst sich der Streitwert auch für Streitjahre nach Einführung der Gewerbesteueranrechnung idR auf 25 % des streitigen Gewinnbetrags oder Verlustbetrags.[71]
	Ist allerdings allein die Einkunftsart der erwirtschafteten Erträge streitig, kann der Streitwert ausnahmsweise mit 1 % der festgestellten Gewinne ermittelt werden, wenn sicher ist, dass die Umqualifizierung keine (weiteren) einkommensteuerrechtlichen Auswirkungen bei den Gesellschaftern haben wird.[72]
	In Fällen negativer Feststellungsbescheide ist ein Streitwert von 10 % des streitigen Betrags anzusetzen.[73]
	Abweichend von Ziffer 13. des Streitwertkatalogs ist nach Auffassung des NdsFG der Streitwert nicht „mit 25 % des festgestellten Betrages", sondern – wie auch bei der gesonderten und einheitlichen Feststellung von Besteuerungsgrundlagen nach § 180 Abs. 1 Nr. 2 a AO – in der Höhe der zwischen den Beteiligten streitigen Einkünfte anzusetzen.[74]
Feststellungsklage[75]	***Anm.:*** Der Streitwert einer Feststellungsklage beträgt regelmäßig 10 % des Werts des streitigen Rechtsverhältnisses.[76] Unter Umständen kommt aber eine Erhöhung auf bis zu 50 % in Betracht.[77]
Fortsetzungsfeststellungsklage	**wie eine auf das gleiche Ziel gerichtete Anfechtungs- bzw. Verpflichtungsklage**[78]
Freistellungsbescheinigung	– **nach § 44 a Abs. 5 EStG: das Dreifache des auf Seiten des Steuerpflichtigen ohne die Bescheinigung eintretenden Zinsverlusts** – **nach § 48 b Abs. 1 EStG: 10 % der Abzugssteuer** – **nach § 50 d Abs. 2 EStG: die aufgrund der Freistellungsbescheinigung zu erwartende Steuerersparnis**
Gemeinnützigkeit	**Bei Streit um die Anerkennung der Körperschaft als gemeinnützig: Auffangstreitwert pro Streitjahr und Steuerart, sofern die festgesetzte Steuer nicht höher ist** ***Anm.:*** Zielt die Klage vorrangig darauf ab, weiterhin steuerbegünstigte Spenden erlangen zu können, bestimmt sich die Bedeutung der Sache gem. § 52 Abs. 1 GKG nach den künftigen jährlichen Spendeneinnahmen. Dies gilt jedoch nur für den jeweils letzten begehrten Freistellungsbescheid, weil nur diesem Bedeutung für die Ausstellung künftiger Zuwendungsbescheinigungen zukommt. Bezieht die Klage sich auf mehrere Streitjahre, für welche die Körperschaftsteuer jeweils mit 0 € festgesetzt worden ist, ist für die übrigen Streitjahre regelmäßig lediglich der Auffangstreitwert anzusetzen.[79]
Gewerbesteuer	– **Gewerbesteuerbescheid: Differenz zwischen festgesetzter und begehrter Steuer** – **Verlustfeststellung (§ 10 a GewStG): 10 % des streitigen Verlusts, sofern sich die konkreten Auswirkungen auf die GewSt in Folgejahren im Zeitpunkt der Erhebung des Rechtsmittels nicht feststellen lassen**[80]

---

70 BFH/NV 2012, 1153. 71 BFH/NV 2012, 444. 72 BFH/NV 2012, 444. 73 FG Köln EFG 2012, 2237. 74 Niedersächsisches FG EFG 2015, 1023, 1024. 75 Hinweis: Das Stichwort ist im Abschnitt „B. Besondere Wertansätze" des Streitwertkatalogs nicht enthalten. 76 BFH/NV 2006, 1686. 77 FG Hessen 24.8.2010 – 6 K 2069/09. 78 A.A. BFH, Beschluss vom 29.6.2006, VII E 13/05, BFH/NV 2006, 2100; Beschluss vom 20.10.2005, III S 20/05, BFHE 211, 267 = BStBl. II 2006, 77. 79 FG Münster 6.1.2012 – 9 K 2649/10, nv. 80 BFH, Beschluss vom 13.5.2013, I E 4/13, BFH/NV 2013, 1449; BFH, Beschluss vom 28.12.2009, IV E 1/09, BFH/NV 2010, 666.

NK-GK/*Luber*

	– Gewerbesteuermessbescheid: gewerbesteuerliche Auswirkungen ausgedrückt durch die Differenz zwischen festgesetztem und begehrtem Steuermessbetrag multipliziert mit dem für das jeweilige Jahr geltenden Hebesatz – Gewerbesteuerzerlegungsbescheid: konkrete steuerliche Auswirkungen *Anm.:* Die Regelung zum Gewerbesteuermessbescheid wurde durch den BFH bestätigt.[81] Der Streitwert einer Klage gegen einen Bescheid zur Feststellung des vortragsfähigen Gewerbeverlusts wird unabhängig vom Hebesatz mit 10 % des streitigen Verlusts bemessen.[82]
Grunderwerbsteuer	Differenz zwischen festgesetzter und begehrter Steuer
Grundsteuer	das 6-fache der auf den streitigen Messbetrag entfallenden Jahressteuer
Haftungsbescheid	grundsätzlich streitige Haftungssumme;[83] bei gleichzeitiger Anfechtung des Leistungsgebotes wird teilweise für einen Zuschlag von 10 % eingetreten *Anm.:* Will ein Haftungsschuldner die Aufhebung eines Haftungsbescheids erreichen, ist für die Festsetzung des Streitwerts die im Haftungsbescheid in der Fassung der Einspruchsentscheidung festgestellte Haftungssumme maßgeblich.[84] Wird ein Gesellschafter einer GbR für rückständige Steuern der GbR als Haftungsschuldner in Anspruch genommen, bemisst sich der Streitwert nach der mit dem Haftungsbescheid geltend gemachten Haftungssumme, so dass es auf den Umfang der Beteiligung am Kapital der GbR nicht ankommt.[85]
Hilfsanträge	s. A) 7 *Anm.:* Gemäß § 45 Abs. 1 S. 2 GKG wird ein hilfsweise geltend gemachter Anspruch mit dem Hauptanspruch zusammengerechnet, soweit eine Entscheidung über ihn ergeht. Betreffen Haupt- und Hilfsantrag denselben Gegenstand, so ist nach § 45 Abs. 1 S. 3 GKG jedoch nur der Wert des höheren Anspruchs maßgebend. Betreffen Haupt- und Hilfsantrag denselben Gegenstand, wird das vom Kläger mit der Klage verfolgte finanzielle Interesse bereits vollständig durch den Hauptantrag abgedeckt, so dass der Hilfsantrag daneben keine eigenständige werterhöhende Bedeutung hat.[86]
Hinterziehungszinsen	s. A) 4
Insolvenzantrag	Antrag auf Rücknahme des Insolvenzantrags: 50 % der Abgabenrückstände, jedoch nicht mehr als EUR 500.000[87]
Insolvenzverfahren	Aufnahme des durch die Eröffnung des Insolvenzverfahrens unterbrochenen Rechtsstreits durch den Insolvenzverwalter: Für das Verfahren ab Aufnahme des Rechtsstreits bestimmt sich der Streitwert nach dem Betrag, der bei der Verteilung der Insolvenzmasse für die noch unerfüllte Steuerforderung zu erwarten ist. Für die bis zur Aufnahme des Rechtsstreits durch den Insolvenzverwalter entstandenen Kosten bleibt der ursprüngliche Streitwert maßgebend.

81 BFH/NV 2012, 60, juris. **82** BFH/NV 2010, 666, juris; FG Düsseldorf, EFG 2009, 1596. **83** BFH, Beschluss vom 4.5.2011, VII S 60/10, BFH/NV 2011, 1721; Beschluss vom 19.5.2004, VII B 184/03, BFH/NV 2004, 1413. **84** BFH/NV 2011, 1721. **85** BFH/NV 2009, 1276. **86** FG Berlin-Brandenburg, EFG 2012, 550. **87** FG Düsseldorf, Beschluss vom 5.5.2008, 8 Ko 249/08 GK, EFG 2008, 642; anders noch FG Saarland, Beschluss vom 2.6.2004, 1 K 437/02, juris; im Fall einer Kapitalgesellschaft nimmt FG Sachsen-Anhalt einen Mindestwert von EUR 50.000 an, Beschluss vom 15.5.2013, 3 K 1339/12, EFG 2013, 1697.

	Anm.: Der Streitwert eines wegen Insolvenz unterbrochenen und wiedereröffneten Verfahrens ist auf den Betrag beschränkt, der bei der Verteilung der Insolvenzmasse für die noch unerfüllte Forderung zu erwarten ist.[88]
Kindergeld	– Festsetzung, Auszahlung oder Aufhebung: Summe der Kindergeldbeträge ab streitigem Zeitpunkt bis zum Monat der Bekanntgabe der Einspruchsentscheidung;[89] für die Zeit vom 1.8.2013 bis 15.7.2014 ggf. höherer Wert wegen Bedeutung für die Zukunft (§ 52 Abs. 3 Satz 2 GKG a.F.); ob ab 16.7.2014 gemäß § 52 Abs. 3 Satz 3 n.F. neben dem konkret streitigen Betrag noch ein Jahresbetrag wegen einer „offensichtlich absehbaren Auswirkung auf zukünftige Geldleistungen" hinzuzurechnen ist, ist höchstrichterlich noch nicht abschließend geklärt[90] – Rückforderung Kindergeld: streitiger Rückforderungsbetrag – Verlangen auf Erstattung der Vorverfahrenskosten nach § 77 EStG: Betrag der geltend gemachten tatsächlichen Kosten[91] ***Anm.:*** Das 2. KostRMoG hat die Regelung zum Mindeststreitwert in § 52 Abs. 4 GKG dergestalt geändert, dass Kindergeldangelegenheiten nunmehr vom Mindeststreitwert ausgenommen sind. Für Verfahren in Kindergeldangelegenheiten soll ausweislich der Gesetzesbegründung aus sozialpolitischen Gründen kein Mindeststreitwert mehr, wie er bisher angesetzt wurde,[92] zur Anwendung kommen.[93]
Kirchensteuer	Streitiger Kirchensteuerbetrag, sofern die Kirchensteuer nach Grund oder Höhe gesondert angegriffen wird; s. A) 4.

Körperschaftsteuer	– Grundsatz: Unterschied zwischen festgesetzter und erstrebter Steuer.[94]
	– verdeckte Gewinnausschüttung: Bruchteil des streitigen Ausschüttungsbetrags, Erhöhungen oder Minderungen nach § 27 KStG a.F. bleiben außer Ansatz:
	  – bis 1993: 9/16,
	  – 1994 bis 2000/2001: 3/7
	  – 2001/2002 bis 2007: 25 %
	  – ab 2008: 15 %
	– gesonderte Feststellung nach § 47 Abs. 1 KStG a.F.: 10 % des geltend gemachten Unterschiedsbetrags;[95] wird zugleich der KSt-Bescheid angefochten, ohne dass spezifische Einwendungen betr. das verwendbare Eigenkapital erhoben werden, so kann der Streitwert für die Feststellung mit 500 EUR[96] bemessen werden
	– gesonderte Feststellung nach § 47 Abs. 2 KStG a.F.: 10 % der streitigen Feststellung
	– § 27 KStG n.F.: 10 % des streitigen Einlagebetrags
	– § 36 KStG n.F.: 10 % des streitigen Erhöhungs- bzw. Herabsetzungsbetrags
	– § 37 KStG n.F.: Höhe des streitigen Körperschaftsteuerguthabens bzw. 1/6 der streitigen Gewinnausschüttung
	– § 38 KStG n.F.: 3/7 (ab 2008: 3/100) des streitigen Erhöhungsbetrags bzw. der streitigen Leistungen
	– Verlustfeststellung: 10 % des streitigen Erhöhungsbetrags, sofern die steuerlichen Auswirkungen nicht hinreichend bestimmbar sind

---

88 FG Münster, EFG 2011, 371; FG Düsseldorf, EFG 2009, 1852. **89** Geänderte Rechtsprechung, s. BFH, Beschluss vom 2.10.2014, III S 2/14, BFHE 247, 119, BStBl II 2015, 37; BFH, Beschluss vom 18.11.2014, V S 13/14, BFH/NV 2015, 346. **90** Offengelassen von BFH, Beschluss vom 2.10.2014, III S 2/14, BFHE 247, 119, BStBl II 2015, 37; dagegen FG Köln, Beschluss vom 23.7.2015, 10 Ko 890/15, juris. **91** S. FG Münster, Beschluss vom 23.12.2013, 4 KO 4071/13 GK, EFG 2014, 586. **92** Etwa Thüringer FG EFG 2008, 1491. **93** BT-Drucks 17/11471 (neu), S. 246. **94** BFH, Beschluss vom 22.9.2008, II E 14/07, juris. **95** BFH, Beschluss vom 1.12.2004, I E 3/04, BFH/NV 2005, 572; Beschluss vom 12.8.1996, I R 20/95, BFH/NV 1997, 136. **96** 500 EUR sind der Tabelleneingangswert der Wertgebührenvorschrift § 34 Abs. 1 GKG.

	Anm.: Bei der Feststellung steuerlicher Verlustabzüge hängt die Bedeutung für den Kläger davon ab, inwieweit er die Verluste in der Form von Verlustrück- oder -vorträgen tatsächlich nutzen kann. Im Unterschied zur Situation unter Geltung des körperschaftsteuerrechtlichen Anrechnungsverfahrens[97] sind die Auswirkungen von Verlustvorträgen zur Körperschaftsteuer unter dem Halbeinkünfteverfahren hinreichend genau zu bestimmen; sie hängen nur von der Höhe der zu versteuernden Gewinne der Folgejahre und dem jeweils geltenden Steuersatz ab. Ein Rückgriff auf eine pauschale Schätzung ist daher nicht erforderlich.[98]
Kraftfahrzeugsteuer	– bei unbefristeter Steuerfestsetzung: der bez. des Entrichtungszeitraumes streitige Steuerbetrag[99] – bei befristeter Steuerfestsetzung: der bez. des konkreten Zeitabschnitts streitige Steuerbetrag[100]
Lohnsteuer	– Eintragung eines Freibetrags auf der Lohnsteuerkarte: Unterschiedsbetrag im Ermäßigungszeitraum zwischen Lohnsteuer, die ohne Gewährung des beantragten Freibetrags zu zahlen ist, und der Lohnsteuer, die bei Gewährung des beantragten Freibetrags zu zahlen ist – Durchführung Lohnsteuerjahresausgleich: Wert der beantragten Erstattung
Lohnsteuer-Hilfeverein	– Eintragung in das Verzeichnis der Lohnsteuerhilfevereine: Auffangstreitwert – Streit über die Person eines Leiter der Beratungsstelle: Auffangstreitwert[101] – Widerruf einer Anerkennung: 50.000 EUR[102]
Milchquote	Gewährung einer höheren Referenzmenge: Abgabenbetrag, der für die streitige Referenzmenge für einen zwölfmonatigen Entrichtungszeitraum zu zahlen wäre[103] *Anm.:* Im Verfahren wegen der Zuteilung einer Milchquote ist der Streitwert mit 0,10 € je Kilogramm umstrittener Milchquote anzunehmen.[104]
Nebenforderungen	s. A) 4 *Anm.:* Nach § 43 Abs. 1 GKG wird der Wert der Nebenforderungen nicht berücksichtigt, sofern außer dem Hauptanspruch auch Früchte, Nutzungen, Zinsen oder Kosten als Nebenforderungen betroffen sind. Etwas anderes gilt jedoch dann, wenn die Zinsen nicht als Nebenforderung betroffen sind, sondern den Hauptanspruch erhöhen. Das ist im Verfahren vor den Finanzgerichten der Fall, wenn der Kläger die Zinsfestsetzung mit eigenständigen Angriffsmitteln in Frage gestellt und wenn das FG darüber in der Hauptsache entschieden hat.[105]
Nichtigkeit eines Verwaltungsaktes	Feststellung der Nichtigkeit: wie bei einer entsprechenden Anfechtungsklage[106]

97 Vgl dazu Senatsbeschluss v. 18.5.1983 – I R 263/82, BFHE 138, 409, BStBl. II 1983, 602. **98** BFH/NV 2009, 1446. **99** BFH, Beschluss vom 4.10.2005, VII S 41/05, BFH/NV 2006, 319; Beschluss vom 21.12.1999, VII R 71/98, BFH/NV 2000, 598. **100** BFH, Beschluss vom 4.10.2005, VII S 41/05, BFH/NV 2006, 319; Beschluss vom 21.12.1999, VII R 71/98, BFH/NV 2000, 598. **101** BFH, Beschluss vom 3.4.1995, VII B 116/94, BFH/NV 1995, 921. **102** BFH, Beschluss vom 22.3.2011, VII R 49/09, BFH/NV 2011, 1164. **103** BFH, Beschluss vom 4.2.1992, VII E 10/91, BFH/NV 1992, 621. **104** BFH/NV 2010, 2307. **105** BFH 17.8.2012 – VIII S 15/12, juris. **106** BFH, Beschluss vom 29.6.2006, VII E 13/05, BFH/NV 2006, 2100; Beschluss vom 3.4.2002, V E 1/02, BFH/NV 2002, 949.

Objektive Klagehäufung	s. A) 2 *Anm.:* Von der objektiven Klagehäufung ist das sog. sukzessive Begehren zu unterscheiden, bei dem mehrere Beträge nacheinander in Streit stehen; hier sind die Einzelbeträge zu addieren.[107]
Richterablehnung	keine Beeinflussung des Streitwerts
Ruhen des Verfahrens	Bestimmung des Streitwerts nach allgemeinen Grundsätzen
Säumniszuschlag	s. A) 4.
Schätzungsbescheid	Antrag auf Aufhebung ohne nähere Begründung oder unbezifferter Antrag auf Herabsetzung: wie „fehlende Bezeichnung des Klagebegehrens"
Selbständiges Beweisverfahren[108]	*Anm.:* Der Streitwert eines selbständigen Beweisverfahrens gem. § 82 FGO iVm §§ 485 ff ZPO entspricht dem Wert des Hauptsacheverfahrens.[109]
Solidaritätszuschlag	Streitiger Solidaritätszuschlag, sofern dessen Festsetzung nach Grund oder Höhe ausdrücklich angefochten wird; s. A) 4.
Steuerberater	– Bestehen der Steuerberaterprüfung: pauschal 25.000 EUR;[110] bei Rechtsanwälten bzw. Fachanwälten für Steuerrecht Reduzierung auf 50 % bzw. 25 %[111] – prüfungsfreie Bestellung als Steuerberater: pauschal 25.000 EUR[112] – Widerruf der Bestellung eines Steuerberaters: pauschal 50.000 EUR; ggf. Reduzierung entspr. 1. Spiegelstrich[113] – Zulassung zur Prüfung: Auffangstreitwert *Anm.:* Nach der Rspr des BFH beträgt der Streitwert im Verfahren wegen der Bestellung oder des Widerrufs der Bestellung eines Steuerberaters grds. 50.000 €.[114] Demgegenüber stehen das FG Niedersachsen und das FG Köln auf dem Standpunkt, dass nach der Rspr des BFH vom 10.4.2003 und vom 4.7.2006 bei allen Streitigkeiten, in denen es um den Zugang zum Beruf des Steuerberaters geht, nach Maßgabe der Einkommensverhältnisse dieser Berufsgruppe grds. ein Streitwert von 25.000 € anzusetzen ist.[115] Ist zum Zeitpunkt des Eingangs der Klage die Zulassung zur mündlichen Prüfung bzw. das Bestehen des schriftlichen Teils der Steuerberaterprüfung streitig, ist der Streitwert des Verfahrens mit 25.000 € anzusetzen. Ein niedrigerer Streitwertansatz kommt nur dann in Betracht, wenn im Einzelfall besondere Anhaltspunkte dafür vorliegen, dass das finanzielle Interesse am Erfolg der Prüfung geringer anzusetzen ist, zB weil der Beruf aufgrund einer Behinderung nicht in der ansonsten üblichen umfangreichen Art und Weise ausgeübt werden kann.[116] Für die Frage der Zulassung zur Steuerberaterprüfung geht das FG Thüringen vom Auffangstreitwert aus.[117]

---

107 FG Hamburg, EFG 2010, 1736. **108** Hinweis: Das Stichwort ist im Abschnitt „B. Besondere Wertansätze" des Streitwertkatalogs nicht enthalten. **109** BFH/NV 1998, 736. **110** BFH, Beschluss vom 18.11.2003, VII B 299/02, BFH/NV 2004, 515. **111** FG Hamburg, Beschluss vom 2.9.2004, V 12/02, EFG 2005, 312. **112** BFH, Beschluss vom 10.4.2003, VII S 9/03, BFH/NV 2003, 1082. **113** BFH, Beschluss vom 20.6.2011, VII E 11/11, BFH/NV 2011, 1723; Beschluss vom 10.12.2009, VII R 39/07, BFH/NV 2010, 661; Beschluss vom 15.5.2006, VII E 15/05, BFH/NV 2006, 1678; Beschluss vom 27.10.2005, VII E 9/05, BFH/NV 2006, 344. **114** BFH/NV 2011, 1723; BFH/NV 2010, 661. **115** FG Niedersachsen, EFG 2012, 551; FG Köln, DStRE 2012, 1424. **116** FG Sachsen 14.9.2011 – 2 K 74/09, nv. **117** FG Thüringen, EFG 2011, 1741.

Steuerberatungsgesellschaft	– Anerkennung bzw. Rücknahme oder Widerruf der Anerkennung: pauschal 50.000 EUR (ggf. 100.000 EUR bei Rücknahme oder Widerruf der Anerkennung großer Gesellschaften)[118] – Genehmigung nach § 50 Abs. 3 StBerG: pauschal 50.000 EUR *Anm.:* Für den Widerruf der Anerkennung einer Steuerberatungsgesellschaft hat der BFH mit Blick auf die Bedeutung einer solchen Verfügung, welche der Gesellschaft die Möglichkeit nimmt, die von ihr aufgebaute Organisation weiterhin zur Erzielung von Einkünften aus der steuerlichen Beratung zu nutzen, entschieden, dass der Streitwert grds. mit 50.000 € anzunehmen ist.[119] Gleiches gilt für die Erteilung der Anerkennung.[120] Allerdings ist der Wert der Anerkennung einer Steuerberatungsgesellschaft unterschiedlich hoch, je nachdem, ob es sich um eine „große" Gesellschaft oder eine solche mit einer nur beschränkten Mitarbeiterzahl, einem beschränkten Apparat und einem kleinen Mandantenstamm handelt. Deshalb hält es der BFH für gerechtfertigt, bei einer „großen" Steuerberatungsgesellschaft den grundsätzlichen Streitwert zu verdoppeln, mithin auf 100.000 € anzusetzen.[121]
Steuererklärung	– Streit über die Verpflichtung zur Abgabe: Auffangstreitwert – Übersendung von Erklärungsvordrucken: Auffangstreitwert – Verlängerung der Abgabefrist: Auffangstreitwert
Stromsteuer	s. Energiesteuer
Stundung	10 % des Steuerbetrags, dessen Stundung begehrt wird
subjektive Klagehäufung	s. A) 3
Tabaksteuer	– Anfechtung Abgabenbescheid: streitiger Abgabenbetrag – Steuerzeichen: Differenz zwischen der Steuer für beantragten und der Steuer für die zugewiesenen Steuerzeichen
Trennung von Verfahren	s. A) 6 *Anm.:* Für ein abgetrenntes Verfahren ist ein eigener Streitwert rückwirkend auf den Zeitpunkt der Verfahrenseinleitung festzusetzen.[122]
Umsatzsteuer	Differenz zwischen festgesetzter und erstrebter Steuer
Untätigkeitsklage	sofern die Klage nur auf das Tätigwerden der Behörde gerichtet ist: 10 % des streitigen Steuerbetrags[123]
Untersagung der Hilfeleistung in Steuersachen	Höhe der Einkünfte, die der von der Untersagungsverfügung Betroffene in dem der Untersagungsverfügung vorangegangenen Kalenderjahr aus der untersagten Tätigkeit erzielt hat[124]
unzulässige Klage	grds. keine Unterschiede bei der Streitwertberechnung zwischen Unzulässigkeit und Unbegründetheit der Klage, s. aber auch „fehlende Bezeichnung des Klagebegehrens"
Verbindung von Verfahren	s. A) 5
verbindliche Auskunft	Differenz zwischen dem Steuerbetrag, der aufgrund der von dem Antragsteller vorgetragenen Rechtsauffassung entstehen würde, und dem Steuerbetrag, der sich bei einer von der Finanzbehörde vertretenen entgegengesetzten Rechtsauffassung ergeben würde; steuerliche Auswirkungen, die sich mittelbar ergeben können, die jedoch nicht selbst

---

118 BFH, Beschluss vom 10.12.2009, VII R 39/07, BFH/NV 2010, 661. **119** BFH/NV 2011, 1164. **120** BFH/NV 2010, 661.
121 BFH/NV 2010, 661. **122** BFH 22.9.2008 – II E 14/07, juris. **123** FG Rheinland-Pfalz, Beschluss vom 16.4.2015, 6 Ko 1093/15, EFG 2015, 1229. **124** Std. Rechtsprechung, zuletzt BFH, Beschluss vom 9.12.2005, VI B 324/04, BFH/NV 2006, 764.

	zum Gegenstand des Antrags auf verbindliche Auskunft gemacht worden sind, werden bei der Bemessung der Auskunftsgebühr nicht berücksichtigt[125]
verdeckte Gewinnausschüttung	s. Körperschaftsteuer
Verfahren vor dem Gerichtshof der Europäischen Gemeinschaften[126]	*Anm.:* s. A) 10 Nach Art. 19 EUV, Art. 251 AEUV ist die korrekte Bezeichnung für den EuGH nicht mehr „der Gerichtshof der Europäischen Gemeinschaften", sondern lediglich „der Gerichtshof" (der Europäischen Union).
Vermögensteuer	das 3-fache des strittigen Jahresbetrages[127]
Vollstreckungsverfahren	– grundsätzlich Höhe der zu vollstreckenden Forderung, sofern der Wert der gepfändeten Forderung nicht niedriger ist – Antrag nach § 152 FGO: Höhe der zu vollstreckenden Forderung – Antrag nach § 258 AO: 10 % des streitigen Beitreibungsbetrags – Zwangsgeldfestsetzung: Höhe des festgesetzten Zwangsgeldes – Zwangsgeldandrohung: 50 % des angedrohten Zwangsgeldes *Anm.:* In Streitigkeiten über die Rechtmäßigkeit einer Forderungspfändung ist der Streitwert im Allgemeinen nach dem Betrag zu bemessen, zu dessen Beitreibung die Pfändung ausgebracht worden ist, also nach der Höhe der zu vollstreckenden Forderung.[128] Etwas anderes gilt nur, wenn die Vollstreckung hinsichtlich dieser Forderung nicht zum vollen Erfolg führt und sich der Wert der gepfändeten Forderung als niedriger erweist. In diesem Fall ist der Streitwert lediglich nach dem tatsächlichen finanziellen Erfolg der Pfändungsverfügung zu bemessen.[129]
Vorbehalt der Nachprüfung	bei isoliertem Streit über die Nichtaufhebung eines Vorbehalts nach Außenprüfung:[130] Auffangstreitwert; ebenso wenn es um die Beifügung des Vorbehalts geht, sofern das Begehren nicht auf eine spätere Herabsetzung einer festgesetzten Steuer zielt, dann wie bei Aussetzung der Vollziehung (s.o. unter A.8.)
Vorlage eines Vermögensverzeichnisses einschließlich der Abgabe der eidesstattlichen Versicherung; ab 1.1.2013: Vermögensauskunft des Vollstreckungsschuldners	50 % der rückständigen Steuerbeträge, jedoch nicht mehr als 500.000,– EUR
Vorläufige Veranlagung	bei isoliertem Streit über die Beifügung des Vorläufigkeitsvermerks als solchem: wenn das Begehren auf eine spätere Herabsetzung einer festgesetzten Steuer zielt: wie Aussetzung der Vollziehung (s.o. unter A.8.),[131] ansonsten: Auffangstreitwert[132]
Wiederaufnahmeverfahren[133]	*Anm.:* Der Streitwert des Wiederaufnahmeverfahrens gem. § 134 FGO iVm § 579 Abs. 1 ZPO entspricht regelmäßig dem Streitwert des Verfahrens, dessen Wiederaufnahme begehrt wird.[134]

---

125 BFH, Urteil vom 22.4.2015, IV R 13/12, DStR 2015, 2327. **126** Hinweis: Das Stichwort ist im Abschnitt „B. Besondere Wertansätze" des Streitwertkatalogs nicht enthalten. **127** BFH, Beschluss vom 3.3.1988, IV R 231/85, BFH/NV 1990, 49. **128** BFH/NV 1998, 879. **129** BFH/NV 2011, 1721; BFH/NV 1998, 879. **130** BFH, Beschluss vom 18.10.1984, V B 37/84, juris. **131** FG Nürnberg, Beschluss vom 25.5.1993, VI 51/93, juris. **132** BFH, Beschluss vom 23.11.1994, II R 54/90, BFHE 113, 345, BStBl II 1975, 38; FG Sachsen-Anhalt, Beschluss vom 12.7.2011, 2 KO 225/11, EFG 2012, 549. **133** Hinweis: Das Stichwort ist im Abschnitt „B. Besondere Wertansätze" des Streitwertkatalogs nicht enthalten. **134** BFH/NV 1987, 598.

Zolltarifauskunft	**Auffangstreitwert**
	Anm.: Nach stRspr des BFH ist der Wert eines Verfahrens wegen einer verbindlichen Zolltarifauskunft (vZTA) mit dem Auffangwert anzusetzen.[135] Dies gilt für den Wert einer Klage wegen einer verbindlichen Ursprungsauskunft (vUA) entsprechend.[136]
Zusammenveranlagung nach vorangegangener getrennter Veranlagung	**Differenz zwischen der im Wege der getrennten Veranlagung festgesetzten Einkommensteuer und dem auf den Kläger entfallenden Anteil an der im Wege der Zusammenveranlagung festzusetzenden Einkommensteuer**
Zwangsgeld	s. Vollstreckungsverfahren
Zwischenurteil[137]	*Anm.:* Der Streitwert eines Zwischenurteils, das über den Steueranspruch im Ganzen befindet, entspricht dem Streitwert des Endurteils.[138]

Anhang 3 zu § 52 GKG: Streitwertkatalog für die Sozialgerichtsbarkeit

Einleitung

I. Bedeutung des Streitwerts

Für die dem GKG in der sozialgerichtlichen Praxis unterfallenden Streitsachen wird – vergleichbar mit allgemeinen Streitwertübersichten anderer Gerichtszweige – ebenfalls ein mehrfach aktualisierter Streitwertkatalog geführt. Dem beim Landessozialgericht Rheinland-Pfalz für die bundesdeutsche Sozialgerichtsbarkeit seit 2006 erstellten bzw überarbeiteten **Streitwertkatalog für die Sozialgerichtsbarkeit, 4. Aufl. 2012** [Stand: Mai 2012] lassen sich in bestimmten Fallkonstellationen Werte entnehmen, die einer ersten Orientierung dienen. Die Bestimmung des Streitwerts dient im GKG dazu, eine Bemessungsgrundlage für die Gerichtsgebühren zu schaffen, weil diese Gebühren nicht in absoluten Beträgen festgelegt sind, sondern relativ zur finanziellen Bedeutung der Streitsache für die Parteien entsprechend höher oder niedriger sind. **1**

II. Funktion des Streitwertkatalogs

Der Streitwertkatalog dient der **Vereinheitlichung der Streitwertfestlegung** der Sozialgerichte. Er gilt nur als eine **Empfehlung**. Er beansprucht keine Verbindlichkeit und kann dies im Hinblick auf die richterliche Unabhängigkeit auch nicht. Rechtsprechung und Literatur bestätigen, dass es sich um **Vorschläge ohne verbindliche Wirkung** für die Gerichte der Sozialgerichtsbarkeit handelt.[1] Dies wird bereits in der Vorbemerkung A.4 zum Streitwertkatalog in der jeweils aktuellen Fassung betont, zugleich wird aber auch ausgeführt, dass der Streitwertkatalog eine „Empfehlung auf der Grundlage der Rechtsprechung der Gerichte der Sozialgerichtsbarkeit unter Berücksichtigung der einschlägigen Rechtsliteratur" ist. Als so verstandene Sammlung von **„Empfehlungen"** einer Vielzahl von Einzelfallentscheidungen kommt dem Streitwertkatalog ein erkennbar informativer Charakter zu. **2**

Redaktioneller Hinweis: Der nachfolgend abgedruckte Streitwertkatalog ist mit erläuternden Anmerkungen (abgekürzt als *„Anm."*) versehen. Eingearbeitet ist darin auch der „Alternative Streitwertkatalog" (→ Rn 8); dieser wird mit *„Alternativ-SK"* ausgewiesen.

In praktischer Hinsicht sei für häufige Fragen des **Gegenstandswerts in vertragsärztlichen Streitigkeiten** auf verschiedene Überblicks-Aufsätze hingewiesen.[2] Ergänzend haben dort benannte Entscheidungen auch Eingang in die dritte bzw vierte Aktualisierung des Streitwertkatalogs (2009 bzw 2012) gefunden. **3**

III. Systematische Übersicht

Der Streitwertkatalog ist in drei Teile untergliedert, und zwar in „A. Vorbemerkungen", „B. Allgemeines; Verfahrensrecht" sowie „C. Streitwertkatalog" mit den fachgebietsspezifischen Wertansätzen. **4**

---

135 BFH/NV 2011, 270. **136** BFH/NV 2011, 270. **137** Hinweis: Das Stichwort ist im Abschnitt „B. Besondere Wertansätze" des Streitwertkatalogs nicht enthalten. **138** BFH/NV 2006, 2291. **1** *Becker/Spellbrink*, NZS 2012, 283; ebenso LSG NRW 27.7.2010 – L 11 B 16/09 KA ER mwN; vgl auch LSG Sachsen-Anhalt 10.1.2011 – L 10 KR 71/10 B. **2** *Wenner/Bernard*, NZS 2001, 57 ff, NZS 2003, 568 ff und NZS 2006, 1 ff.

5 Der Abschnitt „**A. Vorbemerkungen**" enthält allgemeine Ausführungen zum Zweck und zur Bedeutung des Streitwertkatalogs und erste allgemeine Ausführungen zu einzelnen Streitwertfragen, etwa beim Auffangwert, bei der Berücksichtigung von Nebenforderungen und dergleichen.

6 Der darauf folgende Abschnitt „**B. Allgemeines; Verfahrensrecht**" stellt sodann in Unterpunkt Ziff. 1. („Grundsätzliches") die gesetzlichen Grundlagen der Gerichtsgebührenfreiheit bzw Gerichtskostenpflicht im SGG nach den §§ 183, 197 a SGG zutreffend im Regel-Ausnahmeverhältnis dar. Faktisch sind deutlich über 90 % der Verfahren aufgrund sozialpolitischer Grundsatzentscheidungen des Gesetzgebers für Versicherte, Behinderte, Hinterbliebene etc. **gerichtskostenfrei**. Nur für die nicht privilegierten, unter 10 % aller SG-Verfahren liegenden Prozesse mit Arbeitgebern, Vertragsärzten und weiteren nicht besonders sozial schutzbedürftig anerkannten Beteiligten stellt sich in der Praxis aufgrund der Verweisung in § 197 a SGG auf das GKG die Problematik auch der Streitwertbestimmung. Die weiteren Unterpunkte Ziff. 2.–31. behandeln dann Einzelfragen des Sozialgerichtsverfahrens einschließlich der Klagen, Rechtsmittel und des einstweiligen Rechtsschutzes.

7 Der dritte Abschnitt „**C. Streitwertkatalog**" gibt schließlich in zehn Unterabschnitten (I.–X.) die wichtigsten streitwertbezogenen Themen aus den einzelnen Sozialrechtsgebieten wieder. Allerdings erscheint die dahinter stehende Systematik zT zweifelhaft. Kennzeichnend dafür ist, dass zB gesetzliche Regelungen etwa aus dem Recht der Krankenversicherung (SGB V) auf verschiedene, nicht einheitlich nacheinander abgehandelte Unterabschnitte zu Beginn, in der Mitte und am Ende des Teils C. aufgeteilt nach Streitwertaspekten dargestellt werden.

IV. Der „Alternative Streitwertkatalog"

8 Für die Praxis ist – u.a. vor dem Hintergrund der vorerwähnten systematischen Bedenken (→ Rn 7) – zur Streitwertermittlung als Alternativansatz neben dem „Streitwertkatalog" noch die Darstellung von *Elisabeth Straßfeld*[3] aus dem Jahr 2008 zu nennen. Ausgehend von den Bedürfnissen der richterlichen Rechtsanwendung vornehmlich der Instanzgerichte wird darin ein alternativer Streitwertkatalog entwickelt, der sich auf die Streitwertfestsetzung konzentriert und sich insb. in seinem Aufbau im Wesentlichen an der Gliederungsstruktur des SGG bzw namentlich an der des Sozialgesetzbuches mit seinen zwölf Büchern, speziell vom SGB II bis SGB XII, orientiert.[4] Zum SGG ist dieser Alternativ-SK weiterhin durchgängig instruktiv, während allein schon durch Zeitablauf seit 2008 gegenüber dem damaligen Streitwert-Rechtszustand der heutige „Teil C. Streitwertkatalog" im „offiziellen" Streitwertkatalog mit dem Rechtsstand Mai 2012 mit zT ausführlicherer und zeitnäherer Wiedergabe der sozialgerichtlichen Spruchpraxis zu favorisieren ist.

Redaktioneller Hinweis: Im nachfolgend abgedruckten Streitwertkatalog ist der „Alternative Streitwertkatalog" eingearbeitet und mit „*Alternativ-SK*" ausgewiesen.

V. Auffangstreitwert, Mindeststreitwert, Höchststreitwert

9 Der Streitwertkatalog gebraucht an verschiedenen Stellen, u.a. gleich zu Beginn in Teil „A. Vorbemerkungen", den Begriff „Auffangstreitwert". Diese wird in § 52 Abs. 2 GKG legaldefiniert. Nach § 52 Abs. 2 GKG ist ein sog. **Auffangstreitwert** anzusetzen, wenn der Sach- und Streitstand keine genügenden Anhaltspunkte für die Bestimmung des Streitwerts bietet. Der Wert nach § 52 Abs. 2 GKG ist insofern ein subsidiärer Ausnahmewert im Sinne eines fiktiven Streitwerts, auf den nur beim Fehlen konkreter Anhaltspunkte für eine Bewertung nach § 52 Abs. 1 GKG abgestellt werden darf.[5] Von der Höhe her beträgt der Auffangstreitwert an sich 5.000 €. Ein Abschlag davon ist im begrifflichen Anwendungsbereich des § 52 Abs. 2 GKG – also soweit sich explizit keine konkreten Anhaltspunkte für eine Bewertung nach § 52 Abs. 1 GKG finden – in SGG-Verfahren nicht vorgesehen.[6]

10 Anders als in den Verfahren vor den Gerichten der Finanzgerichtsbarkeit nach § 52 Abs. 4 Nr. 1 GKG, für die regelmäßig ein Streitwert von nicht unter 1.500 € vorgesehen ist, kennt das GKG keine bezifferte Regelung zum **Mindeststreitwert** für Verfahren vor den Gerichten der Sozialgerichtsbarkeit. Vielmehr ist umgekehrt in den Fällen des § 52 Abs. 4 Nr. 2 GKG – Verfahren vor den Gerichten der Sozialgerichtsbarkeit sowie bei Rechtsstreitigkeiten nach dem Krankenhausfinanzierungsgesetz – eine **Begrenzung „nach oben"** auf einen Betrag von nicht über 2.500.000 € geregelt. Darüber hinaus bestimmt § 52 Abs. 3 S. 2 GKG die Voraussetzungen für eine **Anhebung des Streitwerts** auch für den Bereich der Sozialgerichtsbarkeit.[7]

---

3 Vorsitzende Richterin am Landessozialgericht Nordrhein-Westfalen. **4** *Straßfeld*, SGb 2008, 80 ff, 119, 191 ff, jew. mwN. **5** BSG 29.11.2011 – B 2 U 27/10 R mwN. **6** BSG 14.5.2012 – B 8 SO 78/11 B mwN. **7** Ausf. dazu, insb. für den Bereich des SGB V, *Wiegand*, KrV 2014, 137–144.

Streitwertkatalog für die Sozialgerichtsbarkeit
Streitwertkatalog
4. Aufl. 2012
[Stand: Mai 2012]

Überarbeitung des von der Konferenz der Präsidentinnen und Präsidenten der Landessozialgerichte am 16. Mai 2006 auf Vorschlag des Landessozialgerichts Rheinland-Pfalz beschlossenen Streitwertkatalogs 2006

A. Vorbemerkungen

1. Der Streitwert (Wert des Streitgegenstandes; § 3 des Gerichtskostengesetzes – GKG –) ist auch in den Verfahren vor den Gerichten der Sozialgerichtsbarkeit maßgebend für die Höhe der gerichtlichen Kosten (Gebühren und Auslagen). Kosten werden nur in den Verfahren erhoben, in denen § 197 a des Sozialgerichtsgesetzes (SGG) anzuwenden ist (§ 1 Abs. 1 Nr. 4 des GKG).

2. Für die Festsetzung der Höhe des Streitwerts gilt grundsätzlich:

   a) Der Streitwert ist nach der sich aus dem Antrag des Klägers für ihn ergebenden Bedeutung der Sache nach Ermessen zu bestimmen (§ 52 Abs. 1 GKG).

   b) Bietet der Sach- und Streitstand für die Bestimmung des Streitwerts keine genügenden Anhaltspunkte, ist ein Streitwert von 5.000 Euro anzunehmen (§ 52 Abs. 2 GKG: Regelstreitwert [BSG, 20.10.2004 – B 6 KA 15/04 R –; 1.2.2005 – B 6 KA 70/04 B –; 15.1.2009 – B 3 KS 5/08 B –]; auch: Auffangwert bzw. Auffangstreitwert [BSG, 28.2.2006 – B 2 U 31/05 R –; 9.5.2006 – B 2 U 34/05 R –; 29.11.2011 – B 2 U 27/10 R; LSG Schleswig-Holstein, 14.3.2006 – L 4 KA 3/04 –; Hartmann, Kostengesetze, 42. Aufl., § 52 GKG Rdnr. 20] oder Regelwert [BSG, 28.11.2007 – B 6 KA 26/07 R –; 15.1.2008 – B 12 KR 69/07 B –]). Ein Abschlag von diesem Auffangstreitwert ist nach der gesetzlichen Regelung nicht möglich (BSG, 21.7.2010 – B 7 AL 60/10 B –; 14.5.2012 – B 8 SO 78/11 B –), eine Rechtsgrundlage für eine Vervielfältigung des Auffangstreitwerts ist nicht gegeben (BSG, 8.12.2009 – B 12 R 7/09 R; 5.3.2010 – B 12 R 8/09 R –); vgl. zu § 86 b SGG B 11.1.

   c) Betrifft der Antrag des Klägers eine bezifferte Geldleistung oder einen hierauf gerichteten Verwaltungsakt, ist deren Höhe maßgebend (§ 52 Abs. 3 GKG). Für die Ansetzung des Streitwerts ist der Urkundsbeamte der Geschäftsstelle zuständig (Hartmann, Kostengesetze, 42. Aufl., § 63 GKG Rdnrn. 2–4).

   d) In Verfahren des einstweiligen Rechtsschutzes nach § 86 b SGG bestimmt sich der Streitwert nach § 52 Abs. 1 und 2 GKG (§ 53 Abs. 3 Nr. 4 GKG).

   e) Werden Ansprüche auf wiederkehrende Leistungen dem Grunde oder der Höhe nach geltend gemacht oder abgewehrt, ist der dreifache Jahresbetrag der wiederkehrenden Leistungen maßgebend, wenn nicht der Gesamtbetrag der geforderten Leistungen geringer ist (§ 42 Abs. 1 GKG).

   Ist die Höhe des Jahresbetrags nicht nach dem Antrag des Klägers bestimmt oder nach diesem Antrag mit vertretbarem Aufwand bestimmbar, ist der Streitwert nach § 52 Abs. 1 und 2 GKG zu bestimmen (§ 42 Abs. 3 Satz 2 GKG).

   f) Sind außer dem Hauptanspruch noch Nebenforderungen (z.B. Zinsen, Kosten) betroffen, wird der Wert der Nebenforderungen nicht berücksichtigt (§ 43 Abs. 1 GKG).

   Sind Nebenforderungen ohne den Hauptanspruch betroffen, ist der Wert der Nebenforderungen maßgebend, soweit er den Wert des Hauptanspruchs nicht übersteigt (§ 43 Abs. 2 GKG). Diese Begrenzung auf die Höhe der Hauptforderung gilt nicht, wenn die Hauptforderung von vornherein nicht rechtshängig war oder erledigt ist und nur die Nebenforderung streitig ist (Zinsen, BSG, 8.9.2009 – B 1 KR 8/09 R –).

   Sind die Kosten des Rechtsstreits ohne den Hauptanspruch betroffen, ist der Betrag der Kosten maßgebend, soweit er den Wert des Hauptanspruchs nicht übersteigt (§ 43 Abs. 3 GKG).

   g) Für die Wertberechnung ist der Zeitpunkt der den jeweiligen Streitgegenstand betreffenden Antragstellung maßgebend, die den Rechtszug einleitet (§ 40 GKG). Dies ist der Zeitpunkt der Klageerhebung bzw. der Einlegung des Rechtsmittels (LSG Nordrhein-Westfalen, 14.9.2011 – L 2 U 298/11 B –). Nach teilweiser Erledigung des Rechtsstreits ist eine gestaffelte Streitwertfestsetzung (vgl. auch B. 6.) vorzunehmen; das Rechtsschutzinteresse bei anwaltlicher Vertretung ergibt sich aus § 32 RVG (Hartmann, Kostengesetze, 42. Aufl., § 52 GKG Rdn. 16; LSG Rheinland-Pfalz, 13.3.2007 – L 5 B

373/06 KNK –; LSG Nordrhein-Westfalen, 20.5.2008 – L 16 B 87/07 KR –; 3.7.2008 – L 16 B 31/08 KR –; Bayerisches LSG, 14.9.2011 – L 2 U 298/11 B –).

3. Der Streitwert ist sogleich mit der Einreichung der Klage-, Antrags- oder Rechtsmittelschrift oder mit der Abgabe der entsprechenden Erklärung zu Protokoll ohne Anhörung der Beteiligten vorläufig festzusetzen, wenn Gegenstand des Verfahrens nicht eine bestimmte Geldsumme in Euro ist oder gesetzlich kein fester Wert bestimmt ist (§ 63 Abs. 1 Satz 1 GKG). Ein Beschwerderecht gegen die vorläufige Streitwertfestsetzung ist nicht gegeben (LSG Rheinland-Pfalz, 21.12.2006 – L 5 B 350/06 KA –; LSG Baden-Württemberg, 3.12.2007 – L 5 KA 3492/07 W-B –; 29.3.2009 – L 11 R 882/11 B –; auch nicht aus § 32 Abs. 2 RVG: LSG Schleswig-Holstein, 9.7.2012 – L 4 SF 80/11 B SG –); auch eine Überprüfung im Rahmen der Beschwerde gegen den Kostenansatz (§ 66 Abs. 2 GKG) kommt nicht in Betracht (Thüringer LSG, 16.2.2007 – L 6 B 141/06 SF –).

Spätestens nach Abschluss des Verfahrens ist der Streitwert endgültig festzusetzen (§ 63 Abs. 2 GKG). Ein Antrag ist nicht notwendig, kann aber (vgl. § 32 Abs. 2 RVG durch Rechtsanwalt), gestellt werden. Die Festsetzung ist erst nach Beendigung der Rechtshängigkeit zulässig (Bayerisches LSG, 4.7.2006 – L 5 B 160/06 KR –); ein verfrüht ergangener endgültiger Festsetzungsbeschluss ist aufzuheben (Thüringer LSG, 10.12.2010 – L 6 KR 972/10 B –; beim Ruhen des Verfahrens und statistischer Erledigung: Sächsisches LSG, 19.3.2012 – L 3 AS 897/11 B –); vgl. zur Nachholung einer unterbliebenen Streitwertfestsetzung durch das Rechtsmittelgericht B. 16.2.

Diese Festsetzungen sind auch für die Gebühren des Rechtsanwalts maßgebend (§ 32 Abs. 1, § 3 Abs. 1 Satz 2 RVG).

4. Der Streitwertkatalog soll dazu beitragen, die Maßstäbe der Festsetzung des Streitwerts zu vereinheitlichen und die Entscheidungen der Gerichte vorhersehbar zu machen. Er erhebt keinen Anspruch auf Vollständigkeit.

Der Streitwertkatalog ist eine Empfehlung auf der Grundlage der Rechtsprechung der Gerichte der Sozialgerichtsbarkeit unter Berücksichtigung der einschlägigen Rechtsliteratur. Die Empfehlungen sind Vorschläge ohne verbindliche Wirkung für die Gerichte der Sozialgerichtsbarkeit (vgl. LSG Nordrhein-Westfalen, 17.12.2009 – L 11 B 7/09 KA –; LSG Sachsen-Anhalt, 10.1.2011 – L 10 KR 71/10 B –).

5. Der Streitwertkatalog wird in regelmäßigen Zeitabständen aktualisiert und fortgeschrieben werden. Zuständig hierfür ist das Landessozialgericht Rheinland-Pfalz.

B. Allgemeines; Verfahrensrecht

1.	Grundsätzliches
1.1	Ein Streitwert nach dem GKG ist nicht festzusetzen, wenn keine streitwertabhängigen Gerichtsgebühren anfallen <vgl. § 63 Abs. 1 Satz 1 GKG> (BSG, 1.9.2009 – B 1 KR 1/09 D –; 11.9.2009 – B 1 KR 3/09 D –; 7.9.2010 – B 1 KR 1/10 D –; vgl. auch B. 13.1 und 26.1). Die Gebührentatbestände des GKG sind für Verfahren nach dem SGG abschließend und lassen eine analoge Anwendung nicht zu (BVerfG, 20.4.2010 – 1 BvR 1670/09 –). Auf Antrag eines Rechtsanwalts (§ 33 RVG) ist jedoch zum Zwecke der anwaltlichen Gebührenfestsetzung eine Festsetzung des Streitwerts vorzunehmen (BSG, 1.9.2009 – B 1 KR 1/09 D –; 26.10.2010 – B 8 AY 1/09 R –; 16.1.2012 – B 11 SF 1/10 R –).
1.2	Für die Anwendung des § 197 a SGG ist auf die Stellung eines Beteiligten im jeweiligen Rechtszug abzustellen. Ein Kostenprivilegierter hat auch dann keine Gerichtskosten zu tragen, wenn er in seiner ursprünglichen Rolle als Beigeladener in einem Prozess zwischen Nichtprivilegierten Rechtsmittel einlegt. Diese Kostenprivilegierung erstreckt sich dann auch auf einen nicht privilegierten Rechtsmittelführer (BSG, 13.4.2006 – B 12 KR 21/05 B –; 29.5.2006 – B 2 U 391/05 B –; 29.11.2011 – B 2 U 27/10 R –; 24.5.2012 – B 9 V 2/11 R –); vgl. auch B. 5.5.
1.3	Versicherter gem. § 183 Satz 1 SGG ist – unabhängig vom Ausgang des Verfahrens – jeder Beteiligte, über dessen Status als Versicherter gestritten wird. Auch wenn der Beteiligte die vom Versicherungsträger behauptete Versicherteneigenschaft bestreitet, gilt der insoweit allgemeine Rechtsgedanke des § 183 Satz 3 SGG (BSG, 5.10.2006 – B 10 LW 5/05 R –; 27.10.2009 – B 1 KR 12/09 R –); vgl. auch C. IV. 9.1, VI. 1.1, IX. 4.2.

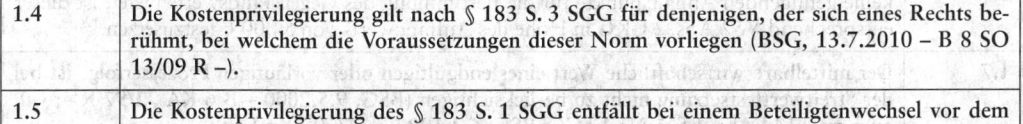

1.4	Die Kostenprivilegierung gilt nach § 183 S. 3 SGG für denjenigen, der sich eines Rechts berühmt, bei welchem die Voraussetzungen dieser Norm vorliegen (BSG, 13.7.2010 – B 8 SO 13/09 R –).
1.5	Die Kostenprivilegierung des § 183 S. 1 SGG entfällt bei einem Beteiligtenwechsel vor dem Beginn des Rechtszuges; vgl. auch § 183 Satz 2 SGG (BSG, 3.8.2006 – B 3 KR 24/05 R –).
1.6	Für die Festsetzung des Streitwerts ist die sich aus dem Antrag des Klägers für ihn ergebende Bedeutung der Sache maßgebend, d.h. in der Regel das wirtschaftliche Interesse an der erstrebten Entscheidung (§ 52 Abs. 1 GKG; BSG, 5.10.1999 – B 6 KA 24/98 R –), maßgebend ist der weitestgehende Antrag (LSG Sachsen-Anhalt, 26.4.2012 – L 4 P 1/10 B –); keine Erhöhung im Hinblick auf das wirtschaftliche Interesse eines Beigeladenen (BSG, 12.12.1996 – 1 RR 5/90 –). *Alternativ-SK:* Wenn im Wege der **objektiven Klagehäufung** neben einer Leistungsklage eine Feststellungsklage, die ein Element des Zahlungsanspruchs betrifft, erhoben wird, tritt eine Streitwerterhöhung nicht ein (BSG 7.12.2006 – B 3 KR 5/06 R; LSG NRW 28.2.2006 – L 2 (13) 20/05 KN KR; 22.5.2006 – L 5 B 38/05 KR).[8] *Alternativ-SK zu § 45 Abs. 1 GKG:* Addition des Streitwertes allgemein bei Klage und Widerklage; Ausnahme: § 45 Abs. 1 S. 3 GKG: keine Addition der Streitwerte, sondern nur Berücksichtigung des Streitwertes des höheren Anspruchs, wenn die Ansprüche denselben Streitgegenstand betreffen.[9] *Anm.:* Maßstab der **Auslegung von Prozesserklärungen und Anträgen bei Gericht** ist der Empfängerhorizont eines verständigen Beteiligten (vgl BSG 12.12.2013 – B 4 AS 17/13, NZS 2014, 276), wobei der Grundsatz einer rechtsschutzgewährenden Auslegung zu berücksichtigen ist (BFH 29.11.1995 – X B 328/94). Verbleiben Zweifel, ist von einem umfassenden Rechtsschutzbegehren auszugehen (BSG 1.3.2011 – B 1 KR 10/10 R), um dem Grundrecht aus Art. 19 Abs. 4 S. 1 GG auf wirksamen und möglichst lückenlosen richterlichen Rechtsschutz gegen Akte der öffentlichen Gewalt sowie dem damit verbundenen Gebot der Effektivität des Rechtsschutzes gerecht zu werden (vgl BVerfG 30.4.2003 – 1 PBvU 1/02, BVerfGE 107, 395 = NJW 2003, 1924; ebenso BayLSG 15.10.2015 – L 15 SF 281/15, juris Rn 11 m. zust. Bespr. *Schütz*, jurisPR-SozR 7/2016 v. 31.3.2016, Anm. 4). Die **Verzinsung eines Rentennachzahlungsbetrags** ist bei der Streitwertfestsetzung im Rahmen einer (kombinierten Anfechtungs-)Leistungsklage (auf Rentenzahlung) nach § 43 Abs. 1 GKG außer Betracht zu lassen. Die Richtigkeit dieser Berechnungsweise ergibt sich – neben den allgemeinen Streitwertregeln der ZPO – nach der Rspr auch aus dem eindeutigen Wortlaut des § 43 Abs. 1 GKG: „Sind außer dem Hauptanspruch auch Früchte, Nutzungen, Zinsen oder Kosten als Nebenforderungen betroffen, wird der Wert der Nebenforderung nicht berücksichtigt." Der Anspruch auf Verzinsung einer im Klageverfahren erstrittenen Rentennachzahlung nach § 44 SGB I ist eine solche Nebenforderung, die vom Hauptanspruch (dem mit der Klage geltend gemachten Anspruch auf Regelaltersrente) rechtlich abhängig war. Nur soweit die Nebenforderung selbst zur Hauptforderung wird, ist nach § 43 Abs. 2 GKG deren Wert für die Streitwertfestsetzung maßgebend, soweit er den Wert des Hauptanspruchs nicht übersteigt (LSG NRW 13.4.2012 – L 14 R 1148/11 B, juris Rn 4 mwN). Der Streitwert nach § 52 Abs. 1 GKG bei einer **Erbengemeinschaft** orientiert sich im Übrigen nicht am (individuellen) Bruchteil, dh dem Erbteil eines Miterben, sondern am Gesamtwert der begehrten Leistung für die Erbengemeinschaft, unabhängig von der speziellen Sonderrechtsnachfolge unter den Voraussetzungen des § 56 SGB I. Denn nach § 2039 BGB ist nur die Leistung an alle Miterben gemeinsam geltend zu machen, auch bei teilbaren Leistungen. Deshalb kann ein Miterbe auch bei Geldforderungen nicht die Leistung an sich in Höhe seines Erbteils verlangen, weil ansonsten das Erbauseinandersetzungsverfahren unterlaufen würde.[10] Dementsprechend lautet der Antrag eines Miterben als Kläger auch auf Zahlung der gesamten Forderung „an die Erbengemeinschaft".[11] Zur Bezifferung des Werts eines **Widerspruchsverfahrens** ist das Begehren des den Widerspruch einlegenden Beteiligten entscheidend. Soweit das zum Ausdruck gebrachte Begehren

---

8 *Straßfeld*, SGb 2008, 80 ff, 119 (120 f). **9** *Straßfeld*, SGb 2008, 80 ff, 119 (120 f). **10** *Schütte*, in: jurisPK-BGB, 7. Aufl. 2014, § 2039 Rn 8; Palandt/*Weidlich*, § 2039 BGB Rn 8. **11** BSG 25.2.2015 – B 3 P 15/14 B, juris Rn 25.

	keine genügenden Anhaltspunkte für die Bestimmung des Gegenstandswerts bietet, ist dieser entsprechend § 52 Abs. 2 GKG in Höhe des Auffangwerts von 5.000 € festzusetzen.[12]
1.7	Der mittelbare wirtschaftliche Wert eines endgültigen oder vorläufigen Prozesserfolgs ist bei der Streitwertfestsetzung nicht zu berücksichtigen (BSG, 9.5.2000 – B 6 KA 72/97 R –; vgl. auch zu § 144 Abs. 1 S. 1 Nr. 1 SGG: BSG, 6.2.1997 – 14/10 BKg 14/96 –).
1.8	Bei Musterverfahren sind die wirtschaftlichen Folgewirkungen für andere Klageansprüche nicht zu berücksichtigen (BSG, 25.9.1997 – 6 RKa 65/91 –; 24.9.2008 – B 12 R 10/07 R –).
1.9	Eine Streitwertfestsetzung darf auch im Urteil erfolgen (BSG, vgl. z.B. 22.9.2009 – B 2 U 32/08 R –; 22.6.2010 – B 1 A 1/09 R –; 1.7.2010 – B 11 AL 6/09 R –; 9.11.2011 – B 12 KR 3/10 R –; 22.3.2012 – B 8 SO 2/11 R –; LSG Rheinland-Pfalz, 23.3.2009 – L 1 AL 25/09 B –; Hartmann, Kostengesetze, 42. Aufl., § 63 GKG Rdnr. 26; a.A.: LSG Berlin-Brandenburg, 12.11.2008 – L 9 KR 119/08 –; 30.6.2010 – L 9 KR 42/09 –).
1.10	Die Höhe des Streitwerts unterliegt nicht der Dispositionsfreiheit der Beteiligten (arg. § 61, § 63 Abs. 1 Satz 1, Abs. 2 Satz 1 GKG).
2.	**Feststellungsklage**
	Der Streitwert ist grundsätzlich niedriger als der Streitwert der Leistungsklage (Bayerisches LSG, 15.7.2005 – L 3 B 154/05 KA). Bei einer Feststellungsklage, die mit einer Leistungsklage gleichwertig ist, bemisst sich der Streitwert nach dem Betrag, den der Kläger letztlich erstrebt. Ein Abzug ist nicht vorzunehmen (BSG, 5.10.1999 – B 6 Ka 24/98 R –). Regelstreitwert, wenn Anhaltspunkte für eine anderweitige Festsetzung fehlen (BSG, 15.1.2009 – B 3 KS 5/08 B –); vgl. zur Fortsetzungsfeststellungsklage B. 8.
	Alternativ-SK: Der Streitwert der Feststellungsklage ist in der Regel geringer als der Streitwert der Anfechtungs- oder Verpflichtungsklage; 1/2 der gewährten bzw. begehrten Leistung (BSG 13.5.1980, 7 RAr 2/78). Bei einer negativen Feststellungsklage, die auf Ausschluss einer künftigen Leistung gerichtet ist, entspricht der Streitwert dem der Leistungsklage (LSG Thüringen 19.7.2005 – L 6 KR 770/03).[13]
	Alternativ-SK ergänzend zur Verpflichtungsklage: Interesse des Klägers am begehrten Verwaltungsakt bei bezifferbarer Leistung, Streitwert nach § 52 Abs. 3 GKG.[14]
3.	**Bescheidungsklage**
3.1	Bei Verpflichtungs-Neubescheidungen beträgt der Wert des Streitgegenstandes drei Viertel bis zur Hälfte des Streitwerts der „Hauptsache" (Hälfte: LSG Baden-Württemberg, 23.5.1996 – L 5 Ka 653/96 W-A –; drei Viertel: LSG Schleswig-Holstein, 22.9.2003 – L 6 SF 22/03 SG –).
3.2	Bei Anfechtungs-Neubescheidungen ist der mit dem Verwaltungsakt angeforderte Betrag in voller Höhe als Streitwert zugrunde zu legen (BSG, 16.7.2008 – B 6 KA 57/07 R –); vgl. C. X.15.2.
	Alternativ-SK: Der Wert des Streitgegenstandes beträgt drei Viertel bis zur Hälfte des Streitwerts der „Hauptsache" (Hälfte: SG Stuttgart, 30.12.1999 – S 10 KA 6840/99 W-A –; drei Viertel: LSG Niedersachsen-Bremen, 31.1.2000 – L 5 B 197/98 KA –, LSG Schleswig-Holstein, 22.9.2003 – L 6 SF 22/03 SG –).[15]
	Isolierte Anfechtungsklage[16]
	Alternativ-SK: Wert des Wegfalls des angefochtenen Bescheides bei bezifferbarer Leistung, Streitwert nach § 52 Abs. 3 GKG.[17]
	Anm.: Nach § 197 a Abs. 1 S. 1 Hs 1 SGG iVm § 52 Abs. 1 GKG ist in Verfahren vor den Gerichten der Sozialgerichtsbarkeit der Streitwert, soweit nichts anderes bestimmt ist, nach der sich aus dem Antrag des Klägers für ihn ergebenden Bedeutung der Sache nach Ermessen zu bestimmen. Die Bedeutung entspricht idR dem Interesse an der erstrebten Entscheidung

---

12 BSG 25.3.2015 – B 6 KA 48/14 B, juris Rn 21. **13** *Straßfeld*, SGb 2008, 80 ff, 119 (120 f). **14** *Straßfeld*, SGb 2008, 80 ff, 119 (120 f). **15** *Straßfeld*, SGb 2008, 80 ff, 119 (120 f). **16** Hinweis: Dieses Stichwort ist im „Streitwertkatalog" nicht enthalten. **17** *Straßfeld*, SGb 2008, 80 ff, 119 (120 f).

und ihren Auswirkungen. Betrifft der Antrag des Klägers eine bezifferte Geldleistung oder einen hierauf gerichteten Verwaltungsakt, ist deren Höhe maßgebend (§ 52 Abs. 3 GKG), ohne dass es auf die Bedeutung der Sache ankommt.

Die streitige **Feststellung der jährlichen Künstlersozialabgabe** sowie die **Bestimmung monatlicher Vorauszahlungen** sind im Wege der **Anfechtungsklage** vom (potentiellen) Beitragsschuldner anzugreifen. Streitgegenstand ist letztlich nur die von der Beklagten durch Bescheid erhobene Künstlersozialabgabe, so dass im Falle eines Erfolgs lediglich der angefochtene Verwaltungsakt aufzuheben ist. Die Anfechtungsklage, mit der die Aufhebung dieses Bescheids geltend gemacht wurde, betrifft damit einen auf eine **bezifferte Geldleistung gerichteten Verwaltungsakt iSd § 52 Abs. 3 GKG**. Auf die Bedeutung oder das wirtschaftliche Interesse (§ 52 Abs. 1 GKG) ist damit nach Maßgabe der o.g. Grundsätze nicht mehr abzustellen; § 52 Abs. 3 GKG ist insofern lex specialis. Angesichts dessen sind in Konstellationen der vorliegenden Art nicht die auf § 52 Abs. 1 GKG beruhenden Grundsätze der Streitwertbemessung bei Klagen gegen die dem Grunde nach festgestellte Abgabepflicht anzuwenden.[18]

	Herausgabeklage (= allgemeine Leistungsklage) *Anm.*: Rechtsgrundlage für die Streitwertfestsetzung sind bei einer Herausgabeklage (= allgemeine Leistungsklage) ebenfalls § 197 a Abs. 1 S. 1 Hs 1 SGG, §§ 63 Abs. 2, 52 Abs. 1 GKG. Es gilt nicht die Auffangvorschrift des § 52 Abs. 2 GKG, sondern § 52 Abs. 1 GKG für die Bestimmung der Bedeutung des Herausgabeanspruchs. Dieser war im Einzelfall eher ein Auskunftsanspruch. Das dahinter stehende wirtschaftliche Interesse auf Herausgabe des (eines; jeden) **Rentenbescheids** zielt erkennbar darauf, möglichst schnell über Beginn und Höhe einer bewilligten Rente in Kenntnis gesetzt zu werden, um über bestimmte gepfändete und zur Einziehung überwiesene Rentenansprüche zu verfügen.[19]
4.	**Untätigkeitsklage**
4.1	Der Wert des Streitgegenstandes beträgt unter Berücksichtigung der wirtschaftlichen Bedeutung der Verzögerung 10 bis 25 v.H. des Streitwerts der „Hauptsache" (LSG Rheinland-Pfalz, 11.8.1994 – L 3 Sb 19/94 –; Bayerisches LSG, 9.1.1997 – L 12 B 185/95 Ka –), evtl. ein Drittel der „Hauptsache" (SG Berlin, 11.3.2009 – S 47 SO 2743/08 –) bzw. Auffangstreitwert (LSG Berlin-Brandenburg, 13.2.2012 – L 24 KA 22/11 B –). *Anm.*: Bei Untätigkeitsklagen im Anwendungsbereich des § 197 a SGG ist der Hauptsache-Streitwert zu bestimmen und sodann von diesem ein Anteil von 10–25 % anzusetzen, denn der Untätigkeitsklage iSd § 88 SGG kommt nicht die volle Bedeutung der Hauptsache zu.[20]
5.	**Klage-/Antragshäufung**
5.1	Richtet sich eine Klage gegen mehrere Beklagte, so ist der Streitwert auf ein Mehrfaches des wirtschaftlichen Wertes für den Kläger (§ 39 Abs. 1 GKG; BSG, 8.4.2005 – B 6 KA 60/04 B –), hilfsweise auf ein Mehrfaches des Regelstreitwertes festzusetzen.
5.2	Ein hilfsweise geltend gemachter Anspruch wird mit dem Hauptanspruch zusammengerechnet, soweit über ihn entschieden wird (§ 45 Abs. 1 S. 2 GKG). Betreffen die Ansprüche denselben Gegenstand, ist nur der Wert des höheren Anspruchs maßgebend (§ 45 Abs. 1 S. 3 GKG).
5.3	Bei subjektiver Klagehäufung kommt es nicht auf die Anzahl der Prozessrechtsverhältnisse, sondern darauf an, ob mehrere unterschiedliche Streitgegenstände vorliegen (BSG, 14.9.2006 – B 6 KA 24/06 B –; 19.9.2006 – B 6 KA 30/06 B –).
5.4	Ist bei teilbarem Streitgegenstand nur ein Teil kostenprivilegiert, so ist bei der Kostenentscheidung nach den Streitgegenständen zu differenzieren. Dies gilt sowohl bei einer objektiven Klagehäufung als auch bei einer Eventualklagehäufung (BSG, 26.7.2006 – B 3 KR 6/06 B –; 26.9.2006 – B 1 KR 1/06 R –; LSG Baden-Württemberg, 30.3.2012 – L 4 R 2043/10 –).

---

18 LSG NRW 18.10.2012 – L 5 KR 194/12 B. **19** LSG NRW 27.4.2012 – L 18 KN 242/11 B. **20** BayLSG 9.10.2014 – L 5 R 604/14 B, juris Rn 7, 8 = NZS 2015, 198.

5.5	Ist bei unteilbarem Streitgegenstand ein kostenrechtlich Privilegierter Hauptbeteiligter, gilt für die jeweilige Instanz einheitlich die Regelung für Kostenprivilegierte. Dies gilt auch bei subjektiver Klagehäufung mit einem nicht Kostenprivilegierten (BSG, 29.5.2006 – B 2 U 391/05 B –; 26.7.2006 – B 3 KR 6/06 B –; 26.9.2006 – B 1 KR 1/06 R –; 30.7.2008 – B 5a/5 R 30/07 R –; 24.9.2008 – B 12 R 10/07 R –) und unabhängig davon, ob die Klagen von Anfang an gemeinsam erhoben oder erst nach einem gerichtlichen Verbindungsbeschluss in einem Verfahren geführt werden (Bayerisches LSG, 2.3.2010 – L 5 R 109/10 B –). *Anm.:* Soweit ein Versicherungsträger über die Feststellung von Versicherungspflicht gesonderte Bescheide gegenüber dem Arbeitgeber und dem Arbeitnehmer erlässt, liegt ein einheitlicher Streitgegenstand und damit allein eine subjektive, keine objektive Klagehäufung vor. Entgegen LSG Rheinland-Pfalz v. 11.12.2013 – L 6 R 152/12 B und LSG Baden-Württemberg v. 30.3.2012 – L 4 R 2043/12 bejaht das LSG Berlin-Brandenburg v. 24.2.2014 – L 1 KR 271/13, juris Rn 32 dies überzeugend damit, dass jeweils durch inhaltlich identischen Bescheid an die Betroffenen entschieden wird und nach allgemeinen Regeln dann zu Recht ein Fall der notwendigen Beiladung gem. § 75 Abs. 2 SGG vorliegt. Bei solcherart subjektiver Klagehäufung und einem einheitlichen Streitgegenstand ist die Anwendung des GKG und der VwGO jedoch zutreffend schon dann ausgeschlossen, wenn nur einer der Kläger – hier der Beschäftigte – prinzipiell zu den in § 183 SGG genannten Personen gehört.[21]
6.	**Klageänderung**
6.1	Eine Streitwertaddition ist nicht vorzunehmen, sondern ggfs. eine zeitlich gestaffelte Festsetzung (OLG Düsseldorf, 16.8.2010 – I-24 W 9/10 – auch zum Streitstand); vgl. auch A. 2. g).
7.	**Gerichtlicher Vergleich**
7.1	Wenn Einigung auch über nicht streitgegenständliche Ansprüche oder Rechtsverhältnisse: abweichend von § 40 GKG Zusammenrechnung aller Streitgegenstände (OVG Rheinland-Pfalz, 8.7.2011 – 10 B 10684/11 –; LSG Rheinland-Pfalz, 25.8.2011 – L 5 KA 38/11 B –).
8.	**Fortsetzungsfeststellungsklage (§ 131 Abs. 1 Satz 3 SGG)**
8.1	Die Hälfte des Streitwerts (BSG, 10.3.2010 – B 3 KR 26/08 R –; LSG Nordrhein-Westfalen, 16.4.2010 – L 1 B 16/09 AL –); vgl. zur Feststellungsklage B. 2.
9.	**Verbindung mehrerer Rechtsstreitigkeiten (§ 113 SGG)**
9.1	Bis zur Verbindung gesonderte Festsetzung für jedes Verfahren, danach gem. § 39 Abs. 1 GKG Zusammenrechnung (BSG, 23.3.2010 – B 8 SO 2/09 R –).
10.	**Beigeladene**
10.1	Für Beigeladene ist grundsätzlich der Antrag des Klägers maßgebend. Eine gesonderte Streitwertfestsetzung <niedriger, wenn kein eigenes Interesse am Ausgang des Rechtsstreits> ist zulässig (BSG, 19.2.1996 – 6 RKa 40/93 –). Der Streitwert darf jedoch nicht höher als der für die Hauptbeteiligten festgesetzt werden (BSG, 25.11.1992 – 1 RR 1/91 –); vgl. auch B. 1.2.
11.	**Einstweilige Anordnung; vgl. auch A.2.d)**
11.1	Der Streitwert beträgt ein Viertel bis zur Hälfte des Streitwerts der Hauptsache je nach deren wirtschaftlicher Bedeutung. Bei Vorwegnahme der Hauptsache ist in der Regel der volle Streitwert festzusetzen. Voller Auffangstreitwert in Verfahren nach § 86 b SGG (§§ 53 Abs. 2 Nr. 4, 52 Abs. 2 GKG; Sächsisches LSG, 24.2.2010 – L 1 P 1/10 B ER –; LSG Berlin-Brandenburg, 29.3.2010 – L 27 P 14/10 B ER –; LSG Sachsen-Anhalt, 11.8.2011 – L 4 P 8/11 B ER –; LSG Niedersachsen-Bremen, 12.8.2011 – L 15 P 2/11 B ER –).
11.2	Bei Verfahren nach § 86 a Abs. 2 und § 86 b Abs. 1 S. 1 Nr. 2 SGG: ein Viertel des Hauptsachestreitwertes (BSG, 29.8.2011 – B 6 KA 18/11 R –; LSG Baden-Württemberg, 14.2.2007

---

21 BSG 26.7.2006 – B 3 KR 6/06 B, juris Rn 11.

– L 5 KR 2854/06 W-A –; 13.2.2012 – L 13 R 4441/11 B –; LSG Berlin-Brandenburg, 2.3.2012 – L 2 U 164/11 B ER –).

Alternativ-SK: Der Streitwert bestimmt sich nach dem Interesse des Antragstellers am Erlass einer einstweiligen Anordnung oder dem Aufschub der Vollziehung (§§ 53 Abs. 3 Nr. 4, 52 Abs. 1 und Abs. 2 GKG). In der Regel wird der Streitwert geringer als der Wert des Hauptsacheverfahrens sein (1/2 bis 1/4 des Streitwertes der Hauptsache.[22] Es kann jedoch im Einzelfall der **Wert der Hauptsache** angesetzt werden, wenn bis zum Abschluss des Hauptverfahrens **irreversible wirtschaftliche Einbußen** eintreten würden.[23]

Anm.: Gibt der Sach- und Streitstand nicht genügend Anhaltspunkte, um den Streitwert nach Maßgabe des § 52 Abs. 1 GKG festzusetzen, so ist auf den Auffangstreitwert von 5.000 € abzustellen (§ 52 Abs. 2 GKG). Ein Abschlag wegen des einstweiligen Charakters des Verfahrens ist nicht gerechtfertigt (**Gedanke der Vorwegnahme der Hauptsache**). Denn für den Zeitraum der Gültigkeit eines Notfalldienstplans (1.2.2011–31.1.2012) hatte das einstweilige Rechtsschutzverfahren **faktisch endgültigen Charakter**.[24]

Soweit zur **Höhe einer überzuleitenden Forderung** keinerlei Angaben vorliegen, ist vom Auffangstreitwert auszugehen, der in Verfahren des vorläufigen Rechtsschutzes zu halbieren ist.[25]

Für die Festsetzung des Streitwerts bei einer **Klage auf Auskunft** ist die Hälfte des Werts nach § 52 Abs. 2 GKG angemessen, weil die Auskunftspflicht – hier bei sozialhilferechtlich relevanten Unterhaltsleistungen an Mitglieder der Haushaltsgemeinschaft iSv § 117 Abs. 1 S. 3 SGB XII – nur die Vorstufe einer etwaigen Unterhaltspflicht des Auskunftspflichtigen darstellt. Da im **Verfahren des einstweiligen Rechtsschutzes** der Streitwert regelmäßig geringer als im Hauptsacheverfahren bewertet wird, hielt das LSG NRW in einem solchen Fall des sozialhilferechtlichen Auskunftsanspruchs in einem Eilverfahren den Streitwert von 1.250 € für das Beschwerdeverfahren für angemessen.[26]

Der Streitwert für Verfahren auf einstweiligen Rechtsschutz nach § 86 b SGG bestimmt sich nach GKG nach der Bedeutung der Sache. Die Bedeutung eines Verfahrens auf Anordnung der aufschiebenden Wirkung gegen einen **Beitragsbescheid** nach § 86 b Abs. 1 S. 1 Nr. 2 SGG liegt für den Antragsteller darin, abweichend vom Regelfall der sofortigen Vollziehung (§ 86 a Abs. 2 Nr. 1 SGG) für einen beschränkten Zeitraum, nämlich die Zeit zwischen Bekanntgabe und Bestandskraft des Bescheids, keine Zahlungen erbringen zu müssen. Sie beläuft sich daher nur auf einen Bruchteil der mit dem Beitragsbescheid geltend gemachten Forderung, nach LSG NRW in Ausübung des durch § 52 Abs. 1 GKG eingeräumten Ermessens in stRspr auf ein Viertel der Beitragsforderung (einschließlich Säumniszuschläge).[27] Diese Erwägungen gelten auch dann, wenn eine sofortige Vollziehung des Beitragsbescheids zu einer **Existenzgefährdung des Antragstellers** führen würde. Denn auch in einem solchen Fall richtet sich das wirtschaftliche Interesse eines Antrags auf Anordnung der aufschiebenden Wirkung gegen die Verpflichtung zur sofortigen Zahlung. Dementsprechend kann dieser Antrag nach dem Rechtsgedanken des § 86 a Abs. 3 S. 2 SGG im Einzelfall darauf gestützt werden, dass die Vollziehung des Bescheids für den Adressaten eine unbillige, nicht durch überwiegende öffentliche Interessen gebotene Härte zur Folge hätte.[28]

Der Streitwert für das Verfahren des einstweiligen Rechtsschutzes, mit dem die Anordnung der aufschiebenden Wirkung des **Widerspruchs gegen einen Bescheid, der die Zahlung eines Säumniszuschlags** auferlegte, nach § 86 b Abs. 1 Nr. 2 SGG begehrt worden ist, bestimmt sich gem. §§ 53 Abs. 2 Nr. 4, 52 Abs. 1 GKG nach der sich aus einem Antrag für den Antragsteller ergebenden Bedeutung der Sache nach Ermessen. Nach dem Streitwertkatalog 2009 (NZS 2009, 427 ff, 429 unter Ziff. 7.2) und der Rechtsprechung des LSG Baden-Württemberg und der weiteren Landessozialgerichte gilt, dass der mit dem Antragsverfahren begehrte Zahlungsaufschub bis zur gerichtlichen Klärung der Forderung unter wirtschaftlicher Be-

---

22 *Straßfeld*, SGb 2008, 80 ff (82), SGb 2008, 119 (121) mwN. **23** *Straßfeld* SGb 2008, 80 ff (82) mwN. **24** LSG NRW 14.8.2012 – L 11 KA 40/12 B ER, juris Rn 4 mwN. **25** Sächsisches LSG 11.6.2012 – L 7 SO 22/10 B ER mit Hinweis auf die Vorauflage des Streitwertkatalogs 2009, Teil B Ziffer 7.1, Teil C Ziffer VII. 4., NZS 2009, 429, 491. **26** LSG NRW 7.3. 2013 – L 9 SO 13/13 B ER, juris Rn 30. **27** BayLSG 13.8.2012 – L 5 R 595/12 B ER, juris; HessLSG 23.4.2012 – L 1 KR 95/12 B ER, juris; LSG Hamburg 16.4.2012 – L 3 R 19/12 B ER, juris; LSG Sachsen-Anhalt 11.5.2011 – L 3 R 209/10 B ER, juris. **28** LSG NRW 29.10.2012 – L 8 R 817/12 B; LSG NRW 3.7.2012 – L 8 R 837/11 B ER.

trachtung lediglich mit einem Viertel der Forderung angesetzt werden kann,[29] soweit nicht noch ein geringerer Wert gerechtfertigt ist.[30]

12.	**Gegenvorstellung; Änderung der Feststellung von Amts wegen oder auf Antrag eines Beteiligten (§ 63 Abs. 3 GKG)**
12.1	Gegen unanfechtbare Streitwertbeschlüsse ist die Gegenvorstellung statthaft. Die Einlegung muss innerhalb eines Monats erfolgen (BSG, 8.9.1997 – 3 RK 27/95 –).
12.2	Auch im Gegenvorstellungsverfahren ist eine Kostenentscheidung zu treffen (BSG, 28.7.2005 – B 13 RJ 178/05 B –) und der Streitwert festzusetzen (LSG Nordrhein-Westfalen, 27.1.2009 – L 16 B 24/08 R –).
13.	**Rechtswegbeschwerde**
13.1	Im Verfahren über eine Rechtswegbeschwerde ist eine Kostenentscheidung zu treffen, da § 17 b Abs. 2 GVG hier keine Anwendung findet (BSG, 29.9.1994 – 3 BS 2/93 –; 9.2.2006 – B 3 SF 1/05 R –; 1.4.2009 – B 14 SF 1/08 R –). Keine Streitwertfestsetzung notwendig, wenn die Beschwerde verworfen oder zurückgewiesen wird, da sich dann die Gerichtsgebühr nicht nach einem Streitwert richtet, sondern eine Festgebühr gem. Nr. 7504 Anl. 1 zum GKG anfällt (BSG, 26.10.2010, B 8 AY 1/09 R –; 3.8.2011 – B 11 SF 1/10 R –; 4.4.2012 – B 12 SF 1/10 R –; vgl. auch B. 1.1 und 26.1); a.A.: Festsetzung eines Streitwerts, im Regelfall ein Fünftel, höchstens bis zu einem Drittel des Hauptsachewerts (BSG, 6.9.2007 – B 3 SF 1/07 R –; 22.4.2008 – B 1 SF 1/08 R –; 6.10.2008 – B 3 SF 2/08 R –). *Anm.:* Für das nur die Rechtswegfrage betreffende Beschwerdeverfahren erscheint es dem 11. Senat des BSG angemessen, als Gegenstandswert ein Fünftel des Hauptsachewerts festzusetzen.[31]
14.	**Nichtzulassungsbeschwerde**
14.1	Der Streitwert bemisst sich gemäß § 47 Absatz 3 GKG nach dem Streitwert des Rechtsmittelverfahrens (BSG, 12.9.2006 – B 6 KA 70/05 B –; 25.7.2011 – B 12 KR 114/10 B –).
15.	**Beschwerde gegen Festsetzung des Streitwerts**
15.1	Möglich auch wenn Streitwertfestsetzung im Urteil erfolgt ist (vgl. B. 1.9.), da darin Beschluss zu sehen (Meyer-Ladewig, SGG, 10. Aufl., § 197 a Rdnr. 5). Das Gericht ist an keine Anträge gebunden. Es gilt auch nicht das Verschlechterungsverbot (BSG, 5.10.2006 – B 10 LW 5/05 R –; vgl. auch B.1.10).
15.2	Vor der Entscheidung über die Beschwerde hat das SG nach §§ 68 Abs. 1 S. 5, 66 Abs. 3 S. 1 GKG über die Abhilfe zu entscheiden (LSG Rheinland-Pfalz, 27.4.2009 – L 5 B 451/08 KA –), ein Aktenvermerk ist ausreichend (OVG Nordrhein-Westfalen, 30.11.2010 – 13 E 1221/10 –).
15.3	Der Rechtsanwalt kann aus eigenem Recht eine Streitwertbeschwerde erheben (§ 32 Abs. 2 RVG; LSG Nordrhein-Westfalen, 24.2.2006 – L 10 B 21/05 KA –); dies gilt nicht bei einer vorläufigen Festsetzung des Streitwerts (LSG Rheinland-Pfalz, 21.12.2006 – L 5 B 350/06 KA –; LSG Baden-Württemberg, 3.12.2007 – L 5 KA 3492/07 W-B –); vgl. auch A.3.
15.4	Durch eine zu niedrige Streitwertfestsetzung kann ein nicht kostenpflichtiger – obsiegender – Beteiligter beschwert sein, wenn er mit seinem Rechtsanwalt eine höhere Honorarvereinbarung (Streitwertvereinbarung) getroffen hat und die Streitwertfestsetzung zu einer geringeren Kostenerstattung durch den Kostenpflichtigen führt; einer eigenen Streitwertbeschwerde des Bevollmächtigten gem. § 33 Abs. 3 RVG dürfte das Rechtsschutzbedürfnis fehlen (OVG Lüneburg, 24.5.2011 – 10 OA 32/11 – mwN; OLG Frankfurt, 8.5.2012 – 1 W 26/12 –).

---

29 LSG BW 13.2.2012 – L 13 R 4441/11 B, juris Rn 3. **30** So ausdrücklicher Hinweis auf *Straßfeld*, SGb 2008, 119 (121 f) mwN. **31** BSG SozR 4-1720 § 17 a Nr. 3 Rn 14; BSG SozR 4-1500 § 51 Nr. 4 Rn 85; BSG 16.1.2012 – B 11 SF 1/10 R, juris Rn 5.

15.5	Über Beschwerden gegen die Festsetzung des Streitwerts entscheidet aufgrund der Spezialzuweisung des § 68 Abs. 1 Satz 5 iVm § 66 Abs. 6 Satz 1 GKG allein der Berichterstatter (Sächsisches LSG, 9.6.2008 – L 1 B 351/07 KR –; LSG Baden-Württemberg, 16.12.2008 – L 10 R 5747/08 W-B –; LSG Nordrhein-Westfalen, 1.4.2009 – L 10 B 42/08 P –; Hessisches LSG, 31.5.2010 – L 1 KR 352/09 B – mwN; LSG Thüringen, 10.12.2010 – L 6 KR 972/10 B –; a.A.: immer der Senat, LSG Rheinland-Pfalz, 27.4.2009 – L 5 B 451/08 KA –; LSG Nordrhein-Westfalen, 17.12.2009 – L 11 B 7/09 KA –; 2.5.2012 – L 19 AS 521/12 B –; LSG Berlin-Brandenburg, 5.3.2012 – L 27 P 80/10 B –, bzw. der Berichterstatter nur im vorbereitenden Verfahren <§ 155 Abs. 2 Nr. 4 SGG> oder im Einverständnis der Beteiligten <§ 155 Abs. 3 SGG>, LSG Rheinland-Pfalz, 16.2.2009 – L 6 B 365/08 R –), wobei die Möglichkeit der Übertragung auf den Senat (§ 66 Abs. 6 Satz 2 GKG) besteht. *Anm.:* Die Meinung der Landessozialgerichte zu einer aus § 66 Abs. 6 S. 1 GKG herrührenden Befugnis des Berichterstatters, als Einzelrichter über Beschwerden zu entscheiden, war „gefestigt, aber uneinheitlich". Die Streitfrage hat der Gesetzgeber zwischenzeitlich im Sinne der bejahenden LSG-Rspr geklärt. Durch das 2. KostRMoG wurde § 1 GKG um einen Absatz 5 ergänzt, nach dem die Vorschriften dieses Gesetzes über die Erinnerung und die Beschwerde den Regelungen der für das zugrunde liegende Verfahren geltenden Verfahrensvorschriften vorgehen. Ausweislich der Gesetzesbegründung (vgl BT-Drucks 17/11471 (neu), S. 243) soll damit auch geklärt werden, dass der Einzelrichter in den kostenrechtlichen Erinnerungs- und Beschwerdeverfahren auch dann zuständig ist, wenn eine Einzelrichterentscheidung institutionell nicht vorgesehen ist.[32]
15.6	Die Ablehnung einer Streitwertfestsetzung stellt einen beschwerdefähigen Beschluss dar (LSG Nordrhein-Westfalen, 23.7.2007 – L 1 B 18/07 AL –; Hartmann, Kostengesetze, 42. Aufl., § 63 GKG Rdnr. 26).
15.7	Eine unselbstständige Anschlussbeschwerde entsprechend § 567 Abs. 3 ZPO ist zulässig (Hessisches LSG, 31.5.2010 – L 1 KR 352/09 B –; LSG Sachsen-Anhalt, 26.4.2012 – L 4 P 1/10 B –).
15.8	Das Verfahren ist gebührenfrei (§ 68 Abs. 3 Satz 1 GKG). Außergerichtliche Kosten sind nicht zu erstatten (§ 68 Abs. 3 Satz 2 GKG). Beides gilt auch bei einer unstatthaften Beschwerde (LSG Baden-Württemberg, 29.3.2009 – L 11 R 882/11 B –; zum Streitstand vgl. OLG Frankfurt, 5.3.2012 – 1 W 15/12 –), bei einer unzulässigen Beschwerde ist dies unstreitig (vgl. Schneider, NJW, 2011, 2628, 2630).
16.	**Abänderung des Streitwerts durch das Rechtsmittelgericht**
16.1	Für den Wert des Streitgegenstands des ersten Rechtszuges ist gemäß § 47 Absatz 2 GKG nicht der in erster Instanz festgesetzte, sondern der objektiv angemessene Streitwert maßgeblich. Die Abänderung der erstinstanzlichen Streitwertfestsetzung steht gemäß § 63 Absatz 3 Satz 1 GKG im Ermessen des Rechtsmittelgerichts (BSG, 19.9.2006 – B 6 KA 30/06 B –). Dies gilt auch bei unzulässigen Beschwerden (BSG, 10.6.2010 – B 2 U 4/10 B –). *Anm.:* Im Rahmen der Entscheidung über eine Streitwertbeschwerde gilt der Grundsatz des Verbots der reformatio in peius wegen § 63 Abs. 3 GKG für die Streitwertfestsetzung nicht.[33] Das Rechtsmittelgericht ist selbst bei einer unzulässigen Beschwerde nicht gehindert, den Streitwert gem. § 63 GKG von Amts wegen abzuändern.[34]
16.2	Eine unterbliebene Streitwertfestsetzung kann vom Rechtsmittelgericht jedenfalls bei betragsmäßig von vornherein feststehendem und offensichtlich gleich gebliebenem Streitwert in erweiternder Auslegung des § 63 Absatz 3 Satz 1 GKG nachgeholt werden (BSG, 5.10.2006 – B 10 LW 5/05 R –).

---

32 Vgl dazu auch *Straßfeld*, SGb 2013, 562; ThürLSG 12.8.2014 – L 6 R 210/14 B ER, juris Rn 11 = FD-RVG 2015, 36547. **33** LSG NRW 24.3.2011 – L 8 R 1107/10 B, juris Rn 12; OLG Düsseldorf 19.5.2009 – I-24 W 13/09, juris Rn 6; BayVGH 20.3.2013 – 9 C 13.325; OVG Sachsen 2.9.2013 – 3 E 62/13, DÖV 2013, 996; LSG NRW 24.6.2015 – L 9 SO 408/14 B, juris Rn 19 mwN. **34** BayLSG 30.4.2015 – L 7 AS 640/13 B, NZS 2015, 639.

17.	Verjährung
17.1	Es gilt keine Verjährung für den Antrag auf Festsetzung des Streitwertes (BSG, 15.2.2001 – 6 RKa 20/83 –). Nach § 63 Absätze 1 und 2 GKG ist der Streitwert von Amts wegen festzusetzen.
18.	**Widerspruchsverfahren**
18.1	Zurückweisung des Bevollmächtigten im Widerspruchsverfahren (§ 13 Abs. 5 SGB X); Klage des Bevollmächtigten: Höhe des Gebührenanspruchs des Bevollmächtigten für die begehrte Vertretung (LSG Baden-Württemberg, 3.1.2007 – L 13 AL 4889/05 W-B –); geht das Interesse dahin, in anderen ähnlich gelagerten Fällen eine Vertretungsbefugnis zu haben: Auffangstreitwert (LSG Baden-Württemberg, 24.3.2010 – L 13 AL 4744/07 –).
18.2	Erstattung der Aufwendungen nach § 63 SGB X: Differenz zwischen den geforderten und den erstatteten Kosten (BSG, 5.10.2006 – B 10 LW 5/05 R –; 9.4.2008 – B 6 KA 3/07 B –).
18.3	Eine gesonderte Festsetzung des Gegenstandswerts durch die Verwaltung ist im Gesetz nicht vorgesehen und damit unzulässig (lediglich Berechnungsfaktor). Die Gerichte haben im Rahmen der Prüfung der Höhe der Kostenerstattung den Gegenstandswert eigenständig zu bestimmen (BSG, 9.4.2008 – B 6 KA 3/07 B –; LSG Berlin-Brandenburg, 10.9.2010 – L 7 KA 121/09 –).
19.	**Stufenklage**
19.1	Für die Wertberechnung ist nur einer der verbundenen Ansprüche, und zwar der höhere, maßgebend (§ 44 GKG). Dies gilt aber nur, wenn in einer Instanz über beide Ansprüche entschieden wird. Wird nur über einen Anspruch entschieden, ist der Streitwert nur anhand dieses Anspruchs zu bemessen (BSG, 28.2.2007 – B 3 KR 12/06 R –; LSG Nordrhein-Westfalen, 21.3.2012 – L 11 KR 628/11 B –); vgl. auch B. 28. zur Auskunftsklage. *Anm.:* Bestätigt von LSG NRW 24.3.2015 – L 1 KR 482/14 B, juris Rn 30 ff (33) mwN.
20.	**Streitwert in Rechtsmittelverfahren**
20.1	Im Rechtsmittelverfahren bestimmt sich der Streitwert nach den Anträgen des Rechtsmittelführers (§ 47 Abs. 1 Satz 1 GKG), nur ausnahmsweise nach der Beschwer (§ 47 Abs. 1 Satz 2 GKG). Es bleibt dann bei der Streitwertberechnung nach § 52 GKG entsprechend der Bedeutung der Sache für den Kläger, wenn der Streitgegenstand unverändert geblieben ist und der Beklagte als Rechtsmittelführer nach wie vor die Abweisung der Klage beantragt (BSG, 28.2.2007 – B 3 KR 12/06 R –, 12.6.2008 – B 3 P 2/07 R –).
20.2	Anschlussberufung, Anschlussbeschwerde, Anschlussrevision: Addition der Streitwerte, wenn unterschiedliche Streitgegenstände <vgl. § 45 Abs. 1 Satz 1, Abs. 2 GKG> (LSG Berlin, 30.1.2004 – L 15 B 41/00 KR ER –; Hessisches LSG, 29.4.2009 – L 4 KA 76/08 –; LSG Nordrhein-Westfalen, 16.3.2011 – L 11 KA 96/10 B ER –; BSG, 17.2.2009 – B 2 U 38/06 R –). *Alternativ-SK:* Im Rechtsmittelverfahren bestimmt sich der Streitwert nach dem Antrag des Rechtsmittelführers, wobei der Streitwert durch den Wert des Streitgegenstands der ersten Instanz begrenzt ist (§ 47 Abs. 2 GKG). Maßgebend ist nicht der vom unterinstanzlichen Gericht festgesetzte Streitwert, sondern der, der als objektiv angemessen angesehen wird (BSG 19.9.2006 – B 6 KA 30/06 B; BSG 28.2.2007 – B 3 KR 12/06 R). Falls der Streitgegenstand im Rechtsmittelverfahren erweitert wird, gilt die Begrenzung auf den erstinstanzlichen Streitwert nicht (§ 7 Abs. 2 S. 2 GKG). Endet ein Rechtsmittelverfahren, ohne dass ein Rechtsmittelantrag eingereicht wird, oder wird, wenn eine Frist für die Rechtsmittelbegründung vorgeschrieben ist, innerhalb dieser Frist der Rechtsmittelantrag nicht eingereicht, ist die Beschwer maßgebend (LSG Berlin-Brandenburg, Urteil v. 28.9.2006, L 24 KR 1137/05). *Anm.:* Streitwertänderung im Rechtsmittelzug unter Berücksichtigung von Widerklagen: Die Streitwerte aus der Klage (388,79 €) und der Widerklage (300,00 €) waren zusammenzurechnen, obwohl die Widerklage erstinstanzlich nur für den Fall der Abweisung der Klage – also als Eventualwiderklage – erhoben worden ist. Obgleich es zweitinstanzlich nicht zu dieser prozessualen Bedingung gekommen ist, weil die Klage erfolgreich war, musste der erken-

nende Senat im Revisionsverfahren auch über die Widerklage entscheiden, weil diese uneingeschränkter Streitgegenstand der Revision war, nachdem das SG über die Eventualwiderklage – nach seiner Rechtsauffassung folgerichtig – materiell entschieden hatte, die Beteiligten im Revisionsverfahren widerstreitende Anträge zur Widerklage gestellt haben und der Ausspruch des SG über die Verurteilung der Klägerin zur Zahlung der Aufwandspauschale nebst Zinsen nach dem Erfolg der Klage beseitigt werden musste.

Alternativ-SK zu § 45 Abs. 1 GKG: Addition des Streitwertes allgemein bei **Klage und Widerklage im Ausgangsverfahren.** Ausnahme: § 45 Abs. 1 S. 3 GKG: keine Addition der Streitwerte, sondern nur Berücksichtigung des Streitwertes des höheren Anspruchs – wohl entsprechend auch für den Rechtsmittelzug –, wenn die Ansprüche denselben Streitgegenstand betreffen.[35]

21.	**Zurückverweisung**
21.1	Bei Zurückverweisung ist eine Festsetzung des Streitwerts vorzunehmen (BSG, 13.12.2005 – B 4 RA 28/05 R –; 10.5.2007 – B 10 KR 1/05 R –).
22.	**Nichterhebung von Kosten wegen unrichtiger Sachbehandlung (§ 21 GKG)**
22.1	Soweit Kosten zu Unrecht erhoben wurden, ist die Erinnerung gegen den Kostenansatz gem. § 66 GKG möglich (BSG, 29.12.2011 – B 13 SF 3/11 S –); zu einem Verfahren der Urteilsberichtigung: BSG, 6.3.2012 – B 1 KR 43/11 B –).
23.	**Ablehnung eines Sachverständigen wegen Besorgnis der Befangenheit (§ 118 Abs. 1 Satz 1 SGG)**
23.1	Ein Drittel des Streitwerts der Hauptsache (LSG Nordrhein-Westfalen, 4.6.2007 – L 1 B 7/07 AL –).
24.	**Ablehnung von Gerichtspersonen (§ 60 SGG); unzulässige Beschwerde (§ 172 Abs. 2 SGG)**
24.1	10 v. H. des Streitwerts der Hauptsache (Hartmann, Kostengesetze, 42. Aufl., GKG Anh II § 52 Rdnr. 2; LSG Rheinland-Pfalz, 14.5.2012 – L 7 KA 26/12 B –).
25.	**Befundbericht; Klage des Arztes auf höhere Vergütung (JVEG)**
25.1	Höhe der streitigen Vergütung (BSG, 2.10.2008 – B 9 SB 7/07 R –).
26.	**Anhörungsrüge (§ 178 a SGG)**
26.1	Einer Streitwertfestsetzung bedarf es nicht, da sich die Gerichtsgebühr unmittelbar aus Nr. 7400 der Anlage 1 des GKG ergibt (BSG, 8.11.2006 – B 2 U 5/06 C –; 14.12.2011 – B 6 KA 7/11 C –).
27.	**Verfahren auf Gewährung von Akteneinsicht**
27.1	Auffangstreitwert (Bayerisches LSG, 16.11.2011 – L 2 U 414/11 B –).
28.	**Auskunftsklage**
28.1	Wirtschaftliches Interesse an der Auskunft, im Regelfall niedriger als der Wert des Leistungsanspruchs; ein Zehntel des voraussichtlichen Leistungsanspruchs, wenn die fraglichen Verhältnisse schon fast bekannt sind, kann auch deutlich höher liegen und fast den Wert des Zahlungsanspruchs erreichen, etwa wenn der Kläger einen Zahlungsanspruch ohne die Auskunft voraussichtlich nicht erreichen kann (BSG, 28.2.2007 – B 3 KR 12/06 R –; ein Viertel des mutmaßlichen Zahlungsanspruchs, LSG Niedersachsen-Bremen, 22.4.2009 – L 1 KR 60/09 B –; 25.6.2009 – L 4 KR 168/09 B –; beim Begehren auf Herausgabe eines Rentenbescheides <hier eher Auskunftsanspruch> LSG Nordrhein-Westfalen, 27.4.2012 – L 18 KN 242/11 B –); vgl. auch C. IV. 19., C. VII. 3. und C. VIII. 5. sowie zur Stufenklage B. 19.

---

35 *Straßfeld*, SGb 2008, 80 ff, 119 (120 f).

29.	**Gerichtliches Vollstreckungsverfahren nach § 201 SGG**
29.1	Höhe des zur Festsetzung beantragten Zwangsgeldes, nicht der Wert des Verfahrensgegenstands im vorausgegangenen Gerichtsverfahren (LSG Berlin-Brandenburg, 12.12.2006 – L 7 B 124/03 KA –; SG Berlin, 4.3.2009 – S 164 SF 194/09 E –).
29.2	Bei Androhung: die Hälfte des beantragten Zwangsgeldes (LSG Berlin-Brandenburg, 12.12.2006 – L 7 B 124/03 KA –; SG Berlin, 4.3.2009 – S 164 SF 194/09 E –). *Alternativ*-SK: Streitwert bemisst sich nach dem Erzwingungsinteresse an den vom Gesetzgeber im Vollstreckungsrecht zur Verfügung gestellten Erzwingungsmöglichkeiten (LSG Berlin-Brandenburg 12.12.2006, L 7 B 124/03 KA).[36]
30.	**Dienstaufsichtsbeschwerde**
30.1	Anspruch auf Bescheidung einer Dienstaufsichtsbeschwerde: Regelstreitwert (LSG Berlin-Brandenburg, 27.4.2009 – L 18 AL 100/09 B ER –).
31.	**Hausverbot**
31.1	Auffangstreitwert (LSG Rheinland-Pfalz, 10.9.2009 – L 5 KA 38/09 B ER –). **Anm.:** Überhaupt keine Festsetzung eines Streitwerts nach § 63 Abs. 2 S. 1 GKG mehr, weil sich die Gerichtsgebühr nicht nach einem Streitwert richtet. Für erfolglose (Rechtsweg-)Beschwerden als Verfahren über nicht besonders aufgeführte Beschwerden, die nicht nach anderen Vorschriften gebührenfrei sind, wird nach Nr. 7504 KV GKG vielmehr eine Festgebühr von 50 € erhoben, wenn die Beschwerde verworfen oder zurückgewiesen wird (Hinweis auf BVerwG v. 18.5.2010 – 1 B 1/10 – zu Nr. 5502 KV GKG).[37]

C. Streitwertkatalog

I.	**Arbeitsförderungsrecht**	
1.	Arbeitsgenehmigung (Arbeitserlaubnis, Arbeitsberechtigung) (§ 284 SGB III)	
1.1	Erteilung	Wirtschaftliches Interesse des Unternehmers; bei normalem Geschäftsbetrieb erzielbarer Unternehmensgewinn (Hessisches LSG, 31.8.1998 – L 6 AL 1106/97 ER –; LSG Nordrhein-Westfalen, 16.4.2010 – L 1 B 16/09 AL –).
1.2	Gebühr für die Erteilung	
2.	Arbeitnehmerüberlassung	Höhe der Gebühr (BSG, 13.12.2000 – B 7 AL 58/99 R –).
2.1	Erteilung der Erlaubnis (§ 2 AÜG)	Unmittelbares wirtschaftliches Interesse; bei fehlenden Anhaltspunkten für die wirtschaftliche Bedeutung Auffangwert (LSG Baden-Württemberg, 11.3.2011 – L 13 AL 3438/10 ER-B –).
2.2	Rücknahme, Widerruf der Erlaubnis (§ 4, § 5 AÜG)	Unmittelbarer wirtschaftlicher „Schaden" (LSG Niedersachsen-Bremen, 6.5.2003 – L 8 AL 336/02 ER –) bzw. bei normalem Geschäftsbetrieb erzielbarer Unternehmensgewinn (Bayerisches LSG, 13.12.2006 – L 9 B 823/06 AL ER –), hilfsweise Regelstreitwert (LSG Niedersachsen-Bremen, 21.1.2003 – L 8 B 158/03 AL –).

---

36 *Straßfeld*, SGb 2008, 80 ff, 119 (120 f).   **37** BSG 26.10.2010 – B 8 AY 1/09 R, juris Rn 13 mwN.

NK-GK/*Schäfer*

2.3	Auflage (§ 2 AÜG)	Regelstreitwert bei Klage des Arbeitnehmers und fehlenden Anhaltspunkten für das wirtschaftliche Interesse (SG Koblenz, 5.9.2006 – S 9 ER 102/06 AL –).
3.	Zulassung von Trägern und Maßnahmen (§§ 84, 85 SGB III idF bis 31.3.2012, §§ 176 ff. SGB III, § 184 SGB III iVm AZAV)	Keine Kostenprivilegierung (Hessisches LSG, 28.4.2009 – L 7 AL 118/08 B ER –); Regelstreitwert je begehrte Maßnahme für drei Jahre <§ 42 Abs. 2 GKG> (BSG, 16.1.2012 – B 11 SF 1/10 R –) bzw. Hälfte des Streitwerts für die Genehmigung einer Ersatzschule: 15.000 € (Nr. 38.2 Streitwertkatalog Verwaltungsgerichtsbarkeit; LSG Baden-Württemberg, 4.4.2005 – L 13 AL 219/05 W-A –).
4.	Eingliederungszuschüsse (§§ 217 ff. SGB III idF bis 31.3.2012, §§ 88 ff. SGB III)	Keine Streitwertfestsetzung, da gerichtskostenfrei nach § 183 SGG <Leistungsempfänger> (BSG, 22.9.2004 – B 11 AL 33/03 R –).
5.	Lohnkostenzuschuss nach den Richtlinien zur Durchführung des Sofortprogramms zum Abbau der Jugendarbeitslosigkeit	Keine Streitwertfestsetzung, da gerichtskostenfrei nach § 183 SGG <Leistungsempfänger> (BSG, 1.7.2010 – B 11 AL 1/09 R –).
6.	Erstattungspflicht des Arbeitgebers (§ 147 a SGB III idF bis zum 31.3.2012)	
6.1	Grundlagenbescheid	Regelstreitwert (BSG, 22.3.2001 – B 11 AL 91/00 R –; 4.9.2001 – B 7 AL 6/01 R –).
6.2	Abrechnungsbescheid	Höhe der Erstattungsforderung (BSG, 3.3.1998 – 11 RAr 103/96 –).
7.	Kurzarbeitergeld, Klagen des Arbeitnehmers oder der Betriebsvertretung (§§ 169 ff. SGB III idF bis zum 31.3.2012, §§ 95 ff. SGB III)	Keine Streitwertfestsetzung, da gerichtskostenfrei nach § 183 SGG <Prozessstandschafter für Arbeitnehmer> (BSG, 21.7.2009 – B 7 AL 3/08 R –; LSG Nordrhein-Westfalen, 2.2.2006 – L 9 AL 76/05 –).
8.	Vermittlungsgutschein (§ 421 g SGB III idF bis 31.3.2012, § 45 Abs. 4 ff. SGB III)	
8.1	Ausstellung des Vermittlungsgutscheins	Wert des Gutscheins.
8.2	Ablehnung der Auszahlung der Vermittlungsvergütung	Der Vermittler ist kein Leistungsempfänger im Sinne des § 183 SGG (BSG, 6.4.2006 – B 7 a AL 56/05 R –); Wert des Gutscheins (BSG, 21.2.2008 – B 11 a AL 91/07 B –) bzw. 1.000 € als Teilbetrag der ersten oder zweiten Rate (LSG Sachsen, 16.2.2005 – L 3 B 64/04 AL –; 20.7.2005 – L 3 AL 132/04 –); vgl. auch C. VIII. 2.
9.	Umlagen: Winterbeschäftigungs-Umlage (§§ 354 ff. SGB III); Insolvenzgeldumlage (§§ 358 ff. SGB III)	
9.1	Grundlagenbescheid	Regelstreitwert.
9.2	Festsetzung der Umlagenhöhe	Dreifacher Jahresbetrag der Umlage (BSG, 20.6.1995 – 10 RAr 7/94 –); bei auf einen Teilbetrag beschränkter Anfechtung: dieser Teilbetrag (BSG, 22.2.2012 – B 11 AL 4/11 R –).

10.	Anzeigepflichtige Entlassungen (§§ 17 ff. KSchG); Klage eines Arbeitnehmers gegen den Bescheid der Bundesagentur	Der Arbeitnehmer ist kein Versicherter im Sinne des § 183 SGG; Regelstreitwert (LSG Baden-Württemberg, 8.1.2007 – L 9 AL 3242/06 AK-A –).
11.	Insolvenzgeld	
11.1	Übertragung des Anspruchs auf Arbeitsentgelt auf einen Dritten vor Antragstellung (§ 188 Abs. 1 SGB III idF bis zum 31.3.2012, § 170 SGB III)	Dritter ist Leistungsempfänger im Sinne des § 183 SGG; kein Fall der Rechtsnachfolge nach § 183 S. 2 SGG, da Anspruchsübergang kraft Gesetzes (BSG, 5.12.2006 – B 11 a AL 19/05 R –)
11.2	Abtretung (§ 398 BGB) des Insolvenzgeldanspruchs an einen Dritten	Die Kostenprivilegierung gilt nicht, auch dann nicht, wenn der ursprünglich Leistungsberechtigte als gewillkürter Prozessstandschafter auftritt, da der Anspruch des Rechtsnachfolgers eines Leistungsempfängers – kein Fall des § 183 S. 2 SGG – geltend gemacht wird (BSG, 4.6.2007 – B 11 a AL 153/06 B –; 1.7.2010 – B 11 AL 6/09 R –).
12.	Berichtigung einer Arbeitsbescheinigung (§ 312 SGB III)	Regelstreitwert ohne Abschlag (BSG, 21.7.2010 – B 7 AL 60/10 B –); a.A.: ein Zehntel des Arbeitsentgelts, dessen zusätzliche Bescheinigung begehrt wird (SG Hamburg, 27.4.2006 – S 60 AL 2074/04 –) oder ein Zehntel des mittelbar verfolgten Begehrens (<Verhinderung einer Sperrzeit> LSG Rheinland-Pfalz, 23.3.2009 – L 1 AL 25/09 B –; <Leistungsanspruch> 14.2.2011 – L 1 AL 6/11 B –).
13.	Erstattung von Leistungen nach §§ 4 und 12 Altersteilzeitgesetz – ATG –; Klage des Arbeitgebers	Keine Streitwertfestsetzung, da gerichtskostenfrei nach § 183 SGG <Leistungsempfänger> (BSG, 21.3.2007 – B 11 a AL 9/06 R –; 23.2.2011 – B 11 AL 14/10 R –).
14.	Anordnung einer Außenprüfung nach §§ 304 Abs. 1 Nr. 2, 305 Abs. 1 S. 1 SGB III idF bis zum 31.7.2004	Regelstreitwert (BSG, 1.3.2011 – B 7 AL 2/10 R –).
15.	Erprobung von Projekten der aktiven Arbeitsförderung nach § 421 h SGB III idF bis zum 31.3.2012	Regelstreitwert, wenn kein Zahlungsbegehren (LSG Baden-Württemberg, 23.8.2011 – L 13 AL 350/11 –).
16.	Abzweigung (§ 48 Abs. 1 S. 1 SGB I)	Keine Kostenprivilegierung (BSG, 8.7.2009 – B 11 AL 30/08 R –); vgl. auch C. VIII. 7.
II.	**Aufsichtsrecht**	
1.	Genehmigung zur Errichtung oder Erweiterung einer Krankenkasse (§§ 147 ff., §§ 157 ff. SGB V, §§ 87 ff. SGB IV)	Bedeutung der Sache: – bei bis zu 1.000 betroffenen Pflichtmitgliedern 20-facher, – bei bis zu 5.000 Pflichtmitgliedern 30-facher Regelstreitwert (BSG, 12.12.1996 – 1 RR 5/90 –).
2.	Vereinigung von Krankenkassen (§ 171 a SGB V)	Höchststreitwert (LSG Schleswig-Holstein, 8.9.2011 – L 5 KR 24/10 KL –).
3.	Genehmigung zur Ermäßigung der Beiträge einer Krankenkasse (§ 220 Abs. 3 SGB V a.F.)	Dreifacher Regelstreitwert (LSG Baden-Württemberg, 9.2.2005 – L 1 A 5378/04 W-B –); bei Erwartung eines

		konkreten Mitgliederzuwachses wie C.II.1 (LSG Schleswig-Holstein, 4.3.2004 – L 1 B 23/04 KR ER –).
4.	Genehmigung einer Satzung oder Satzungsänderung (§ 34 Abs. 1 SGB IV)	
4.1	Verlegung des Sitzes einer Krankenkasse (§ 195 SGB V iVm Satzung)	Regelstreitwert (LSG Berlin-Brandenburg, 9.9.2005 – L 24 B 1038/05 KR ER –).
4.2	Genehmigung einer Satzung oder Satzungsänderung	Bei einer bundesweit zuständigen Krankenkasse (§ 195 Abs. 1 SGB V) zehnfacher Regelstreitwert (BSG, 19.9.2007 – B 1 A 4/06 R –) bzw. 500.000.- € (BSG, 22.6.2010 – B 1 A 1/09 R –; 8.11.2011 – B 1 A 1/11 R –).
5.	Aufsichtsverfügung (§§ 89, 90 SGB IV)	– Zehnfacher Regelstreitwert, wenn erhebliche Schadensersatzforderungen befürchtet werden (BSG, 14.2.2007 – B 1 A 3/06 R –: Veröffentlichung der Vergütung eines Vorstandsmitglieds gem. § 35 Abs. 6 Satz 2 SGB IV). – Höchststreitwert nach § 52 Abs. 4 GKG bei Streit über die Rechtmäßigkeit einer Festgeldanlage von 100 Mio. € (BSG, 3.3.2009 – B 1 A 1/08 R –) sowie über eine Weisung gegenüber der Bundesagentur für Arbeit zur Begleichung von Abrechnungen (BSG, 7.12.2010 – B 11 AL 74/10 B –).
6.	Prüfungsverfügung (§§ 304 ff. SGB III aF, § 107 SGB IV aF; § 18 h Abs. 3 bis 8 SGB IV iVm dem Schwarzarbeitsbekämpfungsgesetz)	Auffangstreitwert (BSG, 28.8.2007 – B 7/7 a AL 16/06 R –).
III.	**Beitragsrecht**	
1.	Gesamtsozialversicherungsbeitrag (§ 28 d, § 28 e SGB IV)	Höhe der Forderung (BSG, 1.6.2006 – B 12 KR 34/05 B –). *Anm.:* Bei einem auf Feststellung der Versicherungsfreiheit gerichteten Verfahren ist auf den Auffangstreitwert abzustellen. Für eine Bestimmung des Streitwerts in hiervon abweichender Höhe nach der wirtschaftlichen Bedeutung fehlen hinreichende Anhaltspunkte.[38] Ein Rückgriff auf die mögliche Höhe eines Erstattungsanspruchs scheidet bereits deshalb aus, weil dieser nicht unmittelbar Streitgegenstand eines auf Feststellung der Versicherungsfreiheit gerichteten Verfahrens gewesen ist. Auf die vom Arbeitgeber gezahlten Beiträge kann nicht abgestellt werden, da ein Erstattungsanspruch regelmäßig aus den unterschiedlichsten Gründen geringer ausfällt als die vom Arbeitgeber geleisteten Beiträge. Zudem kann es nicht Aufgabe eines Statusfeststellungsverfahrens sein, Ermittlungen im Hinblick auf die mögliche Höhe eines Erstattungsanspruchs anzustellen.[39] Zustimmend zur Festsetzung des Streitwerts im Streit um die Feststellung der Gesamtsozialversicherungspflicht: Wird über die Versicherungspflicht, nicht aber über eine

---

[38] Hinweis auf BSG 5.3.2010 – B 12 R 8/09 R, juris. [39] ThürLSG 25.7.2012 – L6 KR 655/09, juris Rn 7.

		Beitragsnachforderung in bestimmter Höhe gestritten, wird lediglich der Auffangstreitwert iHv 5.000 € zugrunde gelegt. Dieser Streitwert gilt bei einem Rechtsmittelzug für beide Instanzen, soweit eine Klägerin als Versicherte nach § 183 SGG sogar (gerichts-)kostenfrei ist.[40]
2.	Säumniszuschlag (§ 24 SGB IV)	
2.1	Von der Hauptforderung getrennte Erhebung	Höhe der Forderung (BSG, 29.11.2007 – B 13 R 48/06 R –).
2.2	Erhebung zusammen mit der Hauptforderung	Bei der Höhe des Streitwerts zu berücksichtigen, da nicht zu den Nebenforderungen (§ 43 Abs. 1 GKG) gehörend (BSG, 10.6.2010 – B 2 U 4/10 B –). *Anm.:* Säumniszuschläge, die gleichzeitig mit der Beitragsforderung vom Versicherungsträger geltend gemacht werden, sind bei der Bemessung des Streitwerts hinzuzurechnen.[41]
3.	Künstlersozialversicherung (KSVG)	
3.1	Erfassungsbescheid gegenüber einem Unternehmer nach §§ 23 ff. KSVG	Festgesetzte oder voraussichtlich anfallende Beträge bei einem Zeitraum von unter drei Jahren, ansonsten der zu erwartende Betrag der Abgabe in den ersten drei Jahren (BSG, 30.5.2006 – B 3 KR 7/06 R –); kein Abzug wegen eines evtl. anschließenden Streits über die Beitragshöhe (BSG, 18.9.2008 – B 3 KS 1/08 R –); bei gesondertem Abgabebescheid ohne Entgeltforderung Regelstreitwert (BSG, 21.6.2012 – B 3 KS 2/11 R –).
3.2	Abgabebescheid gegenüber einem Unternehmer	Höhe der festgesetzten Künstlersozialabgabe (BSG, 1.10.2009 – B 3 KS 4/08 R –). Keine Erhöhung nach § 42 Abs. 2 Satz 1 GKG (wiederkehrende Leistungen), da jahresbezogene einmalige Leistung (BSG, 7.12.2006 – B 3 KR 2/06 R –).
3.3	Erfassungs- und Abgabebescheid	Obwohl zwei Streitgegenstände allein Höhe der Abgabe (für drei Jahre), da einheitliches Begehren auf Vermeidung der Abgabepflicht (BSG, 25.11.2010 – B 3 KS 1/10 R –).
4.	Erstattung von Beiträgen (§ 26 SGB IV)	Keine Streitwertfestsetzung, da gerichtskostenfrei nach § 183 SGG: Der kostenrechtliche Status richtet sich nach dem Status, der nach der ursprünglichen Annahme das Versicherungsverhältnis begründet hatte (BSG, 12.12.2007 – B 12 AL 1/06 R –).
5.	Verpflichtung des Arbeitgebers zur Erteilung einer Ermächtigung zum Einzug des Gesamtsozialversicherungsbeitrags (§ 28 a Abs. 7 Satz 2 SGB IV)	Auffangstreitwert, da keine Beitragsforderung, sondern die Art und Weise der Beitragszahlung streitig ist (BSG, 8.12.2008 – B 12 R 38/07 B –).
6.	Erlass von Beitragsansprüchen (§ 76 Abs. 3 S. 3 Nr. 3 SGB IV)	Höhe der Beitragsforderung sowie von etwaigen Vollstreckungskosten und Säumniszuschlägen (Bayerisches LSG, 9.3.2010 – L 2 U 328/09 B –).

40 LSG BW 30.3.2012 – L 4 R 2043/10, juris Rn 44; LSG Bln-Bbg 24.10.2014 – L 1 KR 391/14 B, juris Rn 3 mwN. **41** LSG NRW 3.9.2009 – L 8 B 12/09 R m. ausf. Nachw.; inzwischen auch BSG 10.6.2010 – B 2 U 4/10 B, juris Rn 14 ff.

IV.	Krankenversicherung	
1.	Leistungsaushilfe durch den Arbeitgeber bei Beschäftigung im Ausland (§ 17 SGB V)	Sowohl bei Klage des Mitglieds bzw. des Familienangehörigen als auch des Arbeitgebers gerichtskostenfrei nach § 183 SGG <Leistungsempfänger> (BSG, 28.9.2010 – B 1 KR 2/10 R –).
2.	Zuschuss zu ambulanten Hospizdiensten (§ 39 a Abs. 2 SGB V)	Gerichtskostenfrei nach § 183 SGG <Träger ist Leistungsempfänger> (BSG, 17.2.2010 – B 1 KR 15/09 R –).
3.	Erstattung von Arbeitgeberaufwendungen bei Entgeltfortzahlung (§§ 1, 9 des Aufwendungsausgleichsgesetzes – AAG –; bis 31.12.2005: § 10 LFZG)	Gerichtskostenfrei nach § 183 SGG <Arbeitgeber sind Versicherte> (BSG, 20.12.2005 – B 1 KR 5/05 B –; 27.10.2009 – B 1 KR 12/09 R –; 13.12.2011 – B 1 KR 7/11 R – und B 1 KR 3/11 R –).
4.	Werbemaßnahmen	
4.1	Wettbewerb zwischen Krankenkassen	Regelstreitwert, da wirtschaftliches Interesse nicht zu beziffern (LSG Rheinland-Pfalz, 3.5.2005 – L 1 ER 11/05 KR –, 14.6.2006 – L 5 ER 57/06 KR –, 21.6.2007 – L 5 ER 158/07 KR –, 13.12.2007 – L 5 ER 289/07 KR –; LSG Saarland, 21.6.2006 – L 2 B 5/06 KR –, LSG Schleswig-Holstein, 26.9.2007 – L 5 B 522/07 KR ER –; LSG Hamburg, 18.9.2008 – L 1 B 139 und 149/08 ER KR –; Thüringer LSG, 23.12.2009 – L 6 KR 331/09 ER –).
4.2	Werbemaßnahmen einer Apotheke	Regelstreitwert (LSG Rheinland-Pfalz, 4.6.2009 – L 5 KR 57/09 B ER –).
5.	Informationspflicht nach § 73 Abs. 8 S. 1 SGB V	Auffangstreitwert (SG Osnabrück, 27.12.2011 – S 13 KR 377/11 ER –).
6.	Hausarztzentrierte Versorgung (§ 73 b SGB V)	
6.1	Benennung einer Schiedsperson (§ 73 b Abs. 4 a SGB V)	Auffangstreitwert (Bayerisches LSG, 22.2.2010 – L 12 KA 4/10 B ER –; LSG Niedersachsen-Bremen, 22.9.2010 – L 3 KA 68/10 B ER –; LSG Nordrhein-Westfalen, 11.10.2010 – L 11 KA 61/10 B ER –; LSG Sachsen-Anhalt, 25.11.2010 – L 9 KA 2/10 ER KL –; LSG Berlin-Brandenburg, 17.1.2011 – L 7 KA 66/10 B ER –).
6.2	Klage gegen den Schiedsspruch	Regelstreitwert je streitigem Abrechnungsquartal (LSG Niedersachsen-Bremen, 3.11.2011 – L 3 KA 104/10 B ER –).
6.3	Kündigung eines Vertrages über die hausarztzentrierte Versorgung	Höchststreitwert (Bayerisches LSG, 15.4.2011 – L 12 KA 2/11 B ER –).
7.	Unterlassungsanspruch eines Leistungserbringers gegenüber der Krankenkasse	
7.1	Überprüfung der Voraussetzungen einer spezialisierten ambulanten Palliativversorgung (§ 37 b SGB V) durch Einholung eines Gutachtens bei einem Wettbewerber eines Leistungserbringers	Auffangstreitwert für jeden Hauptantrag (Sächsisches LSG, 17.6.2010 – L 1 KR 78/09 B ER –).

7.2	Unterlassen der Behauptung, eine Zulassung liege nicht vor	Auffangstreitwert (LSG Nordrhein-Westfalen, 9.10.2006 – L 16 B 52/06 KR ER –).
7.3	Unterlassen von Äußerungen, bei Krankentransporten (§ 60 Abs. 2 S. 1 Nr. 3 SGB V) bestehe eine Vorabgenehmigungspflicht	Auffangstreitwert für jeden Hauptantrag (SG Berlin, 2.9.2011 – S 81 KR 372/11 –).
8.	Sonderkündigungsrecht der Mitglieder (§ 175 Abs. 4 Satz 5 SGB V), Feststellungsbegehren zwischen Krankenkassen	Wirtschaftliche Bedeutung der Sache: wie bei C.II.1.; Auffangstreitwert bei nur einem betroffenen Mitglied (BSG, 13.6.2007 – B 12 KR 19/06 R –; 26.10.2010 – B 12 KR 96/09 B –) oder bei einem fünfmonatigen Zeitraum (BSG, 9.11.2011 – B 12 KR 3/10 R –).
9.	Feststellung der Versicherungspflicht durch die Einzugsstelle (Krankenkasse; § 28 h SGB IV) (§ 25 Abs. 1 Satz 1 SGB III, § 5 Abs. 1 Nr. 1 SGB V, § 1 Satz 1 Nr. 1 SGB VI, § 20 Abs. 1 Satz 2 Nr. 1 SGB XI)	
9.1	Klage des Arbeitnehmers	Keine Streitwertfestsetzung, da gerichtskostenfrei nach § 183 SGG; vgl. B.1.3.
9.2	Klage des Arbeitgebers	– Bei noch bestehendem Beschäftigungsverhältnis Höhe der Beiträge für drei Jahre (LSG Baden-Württemberg, 16.12.2008 – L 10 R 5747/08 W-B –). – Wird nicht über eine Beitragsforderung in bestimmter Höhe (ansonsten Höhe der Arbeitgeberbeiträge, LSG Nordrhein-Westfalen, 6.3.2012 – L 16 KR 444/11 B –) gestritten, regelmäßig Auffangstreitwert (BSG, 24.9.2008 – B 12 R 10/07 R – und B 12 KR 27/07 R –); Auffangstreitwert auch bei längeren streitigen Zeiträumen, da das Gesetz keine Grundlage für die Vervielfältigung des Auffangstreitwerts bietet (BSG, 8.12.2009 – B 12 R 7/09 R –); a.A.: bei Streit für ein „ganzes Erwerbsleben" (mehr als 15 Jahre) das Doppelte, bei mehr als 30 Jahren das Dreifache des Auffangstreitwerts (LSG Berlin-Brandenburg, 12.11.2008 – L 9 KR 119/08); vgl. auch C. VI. 2.2.
9.3	Klage eines Versicherungsträgers gegen die Einzugsstelle	Regelmäßig Auffangstreitwert (LSG Berlin-Brandenburg, 13.3.2009 – L 1 KR 555/07 –), bei Streit für ein „ganzes Erwerbsleben" vgl. C.IV.9.2.
10.	Krankenhäuser und Rehabilitationseinrichtungen (§§ 107 ff., 115 ff. SGB V)	
10.1	Zulassung von Krankenhäusern und Rehabilitationseinrichtungen (§§ 108 ff. SGB V)	– Überschuss aus den Gesamteinnahmen und den Betriebsausgaben <Gewinn> innerhalb von drei Jahren; Vergleichsberechnung anhand bestehender Einrichtungen gleicher Art und Größe möglich (BSG, 10.11.2005 – B 3 KR 36/05 B –); bei fehlendem Zahlenmaterial Höchststreitwert (BSG, 11.11.2003 – B 3 KR 8/03 B –); vgl. auch C. X. 16.5. – Bei gemeinnützigen Einrichtungen ohne Gewinnerzielungsabsicht je Quartal 4.000 € (LSG Berlin-Brandenburg, 23.8.2007 – L 7 B 9/07 KA –).

10.2	Begehren der Einrichtung auf Zuweisung von Versicherten	Wie 10.1 (Bayerisches LSG, 7.5.2010 – L 14 R 72/10 B ER –).
10.3	Vergütung von Krankenhausbehandlungen (§ 109 Abs. 4 Satz 3 SGB V iVm dem Krankenhausbehandlungsvertrag nach § 112 Abs. 2 Nr. 1 SGB V)	Höhe der Vergütung. *Anm.*: Auch zeitlich differenziert, je nach Umfang etwaiger Teilzahlungen (vgl LSG Sachsen-Anhalt 18.3.2013 – L 4 KR 104/12 B, juris Rn 16; LSG NRW 3.7 2008 – L 16 B 31/08 KR, juris).
10.4	Unterlassung von Mitteilungen gegenüber Versicherten	Auffangstreitwert (Sächsisches LSG, 2.3.2011 – L 1 KR 177/10 B ER –).
10.5	Bestimmung zur ambulanten Behandlung im Krankenhaus (§ 116 b Abs. 2 SGB V); defensive Konkurrentenklage	Umsatzeinbuße im Drei-Jahres-Zeitraum, evtl. Auffangstreitwert je Quartal für drei Jahre (BSG, 29.9.2011 – B 1 KR 1/11 R –; 15.3.2012 – B 3 KR 13/11 R –; Sächsisches LSG, 3.6.2010 – L 1 KR 94/10 B ER –; vgl. auch C. X. 6.3 und 16.8.
11.	Versorgung mit Heilmitteln (§§ 124, 125 SGB V)	
11.1	Zulassung zur Heilmittelabgabe	Auffangstreitwert (BSG, 12.8.2010 – B 3 KR 9/09 R –; 7.10.2010 – B 3 KR 12/09 R –).
11.2	Widerruf der Zulassung (§ 124 Abs. 6 SGB V)	Dreifacher Jahresgewinn (LSG Baden-Württemberg, 7.10.2010 – L 11 KR 4173/10 ER-B –).
11.3	Feststellung des Inhalts eines Rahmenvertrags (§ 125 Abs. 2 SGB V)	Höchststreitwert (BSG, 27.10.2009-B 1 KR 4/09 R –).
12.	Versorgung mit Hilfsmitteln (§§ 126 ff. SGB V); Hilfsmittelverzeichnis (§ 139 SGB V)	
12.1	Zulassung (§ 126 SGB V idF bis zum 31.3.2007)	Überschuss aus den Gesamteinnahmen und den Betriebsausgaben innerhalb von drei Jahren; Vergleichs-Berechnung anhand bestehender Praxen gleicher Art und Größe möglich; Abschlag, wenn sich der Anspruch auf einen Zeitraum von weniger als drei Jahren bezieht (BSG, 10.11.2005 – B 3 KR 36/05 B –).
12.2	Widerruf der Zulassung zur Abgabe von Hilfsmitteln (§ 126 Abs. 4 SGB V idF bis zum 31.3.2007)	Fünf Prozent der Bruttoauftragssumme entsprechend § 50 Abs. 2 GKG; bei weit in die Zukunft hineinragenden Genehmigungen für drei Jahre (LSG Baden-Württemberg, 10.10.2006 – L 5 KR 897/06 W-A –).
12.3	Abschluss eines Versorgungsvertrages (§ 127 Abs. 2 SGB V)	Fünf Prozent des erzielbaren Umsatzes entsprechend § 50 Abs. 2 GKG (BSG, 10.3.2010 – B 3 KR 26/08 R –).
12.4	Beitritt zu einem Versorgungsvertrag (§ 127 Abs. 2 a SGB V)	Fünf Prozent des erzielbaren Umsatzes entsprechend § 50 Abs. 2 GKG für drei Jahre (Sächsisches LSG, 1.12.2010 – L 1 KR 99/10 B ER –; LSG Berlin-Brandenburg, 20.2.2012 – L 9 KR 389/11 B ER; 15.3.2012 – L 1 KR 18/12 B ER –).
12.5	Kündigung des Versorgungsvertrages (§ 127 SGB V)	(Durchschnittlicher) Jahresumsatz für drei Jahre, bei fehlenden Anhaltspunkten Regelstreitwert (Thüringer LSG, 22.8.2008 – L 6 KR 324/08 ER –; Sächsisches LSG, 29.4.2008 – L 1 B 207/08 KR-ER –; Hessisches LSG, 31.5.2010 – L 1 KR 352/09 B –).

12.6	Aufnahme in das Hilfsmittelverzeichnis (§ 139 SGB V)	(Doppelter) Auffangstreitwert (BSG, 15.3.2012 – B 3 KR 6/11 R –).
12.7	Klage des Herstellers gegen das Hilfsmittelverzeichnis	– Änderung einer Produktgruppe: Fünf Prozent des durchschnittlichen Jahresumsatzes in einem Zeitraum von zwei Jahren (LSG Baden-Württemberg, 17.10.2005 – L 5 KR 2351/05 W-A –). – Streichung einer Produktuntergruppe: Gewinn in einem Zeitraum von fünf Jahren (LSG Baden-Württemberg, 15.6.2005 – L 11 KR 1158/05 W-A –), hilfsweise mehrfacher Regelstreitwert.
13.	Versorgung mit Haushaltshilfe (§§ 38, 132 SGB V) bzw. häuslicher Krankenpflege (§§ 37, 132 a SGB V)	
13.1	Abschluss einer Vergütungsvereinbarung (§ 132 Abs. 1 SGB V)	Kalkulierter Mehrumsatz für drei Jahre (LSG Baden-Württemberg, 10.7.2007 – L 11 KR 6157/06 –).
13.2	Feststellung der Eignung für die Leitung eines ambulanten Krankenpflegedienstes (§ 132 a Abs. 2 SGB V)	Zu schätzender Betrag der künftigen verminderten Einkünfte für drei Jahre (BSG, 7.12.2006 – B 3 KR 5/06 R –).
13.3	Kündigung des Versorgungsvertrags (§ 132 a Abs. 2 SGB V)	Gewinn für drei <§ 42 Abs. 2 GKG> Jahre (LSG Rheinland-Pfalz, 14.7.2009 – L 5 KR 19/09 B ER –); vgl. auch C. V. 3.
13.4	Schiedsspruch (§ 132 a Abs. 2 S. 6 SGB V)	Regelstreitwert (BSG, 25.11.2010 – B 3 KR 1/10 R –).
14.	Krankentransportleistungen (§ 133 SGB V)	
14.1	Abschluss einer Vergütungsvereinbarung	Dreifacher Betrag der zu erwartenden Einnahmen (LSG Berlin-Brandenburg, 27.11.2003 – L 4 B 75/03 KR ER –), hilfsweise dreifacher Regelstreitwert. *Anm.:* Vergütungsregelungen für Leistungserbringer einschließlich Zulassung zum Krankentransportdienst: regelmäßig der dreifache Jahresbeitrag der Einnahmen, mit Beschränkung des Streitwerts im einstweiligen Rechtsschutz auf ein Drittel des üblichen Streitwerts (vgl SchlHLSG 6.3.2015 – L 5 KR 206/14 B ER, juris Rn 49 f mwN).
14.2	Vergütungsanspruch	Höhe der Vergütung (BSG, 13.12.2011 – B 1 KR 9/11 R –).
15.	Richtlinien und Beschlüsse zur Qualitätssicherung (§ 137 SGB V)	
15.1	Richtlinie zur Qualitätssicherung der Versorgung von früh- und Neugeborenen (QNeuRL), § 137 Abs. 3 S. 1 Nr. 2 SGB V	Umsatz- bzw. Gewinneinbußen, hilfsweise <mehrfacher> Auffangstreitwert (LSG Berlin-Brandenburg, 26.1.2011 – L 7 KA 79/10 LK ER –; SG Braunschweig, 11.4.2011 – S 40 KR 11/07 –).
16.	Zulassung strukturierter Behandlungsprogramme (§§ 137 g, 137 f SGB V)	Wirtschaftliche Bedeutung, evtl. Höchststreitwert (BSG, 21.6.2011 – B 1 KR 14/10 R – und B 1 KR 21/10 R –).

17.	Klage eines Beschäftigten gegen den Arbeitgeber auf Gewährung eines Beitragszuschusses (§ 257 SGB V)	Gerichtskostenfrei nach § 183 SGG <Versicherter> (Hessisches LSG, 18.11.2010 – L 1 KR 97/09 –).
18.	Arzneimittelabrechnung im Datenträgeraustauschverfahren (§ 300 SGB V)	Voraussichtliche Kosten der Umstellung des Abrechnungsverfahrens (LSG Nordrhein-Westfalen, 6.10.2005 – L 16 KR 232/04).
19.	Herausgabe von medizinischen Unterlagen an den MdK (§ 275 SGB V); Auskunftsanspruch	Stufenklage (§ 44 GKG); vgl. auch B. 19. Ist nur der Herausgabe- bzw. Auskunftsanspruch Streitgegenstand, ein Zehntel des voraussichtlichen Leistungsanspruchs, wenn die fraglichen Verhältnisse schon fast bekannt sind, kann aber auch deutlich höher liegen (Ein Drittel des Zahlungsanspruchs, Sächsisches LSG, 25.4.2008 – L 1 B 198/08 KR-ER –) und fast den Wert des Zahlungsanspruchs erreichen (BSG, 28.2.2007 – B 3 KR 12/06 R –); vgl. auch B. 28.
20.	Begehren eines Patienten gegenüber einem Arzt auf Benennung eines weiterbehandelnden Arztes	Keine Gerichtskostenfreiheit, wenn das Begehren nicht als Versicherter, sondern als Patient erhoben wird, Auffangstreitwert (LSG Nordrhein-Westfalen, 13.5.2008 – L 16 B 3/08 SF –).
21.	Antrag auf richterliche Gestattung der Durchsuchung der Wohnung (§ 66 Abs. 3 Satz 1 SGB X iVm dem Landesverwaltungsvollstreckungsgesetz Rheinland-Pfalz)	Zwar Kostenentscheidung nach § 197 a SGG hinsichtlich der außergerichtlichen Kosten zu treffen, da jedoch kein Gebührentatbestand nach dem GKG verwirklicht ist, keine Entscheidung über Gerichtskosten (LSG Rheinland-Pfalz, 26.11.2007 – L 5 B 403/07 KR –); vgl. B. 1.1.
22.	Festsetzung eines Festbetrags für Arzneimittel (§ 35 Abs. 3 SGB V)	
22.1	Klage des Arzneimittelherstellers	Der zu erwartende Gewinn/Verlust für drei Jahre; bei Schätzung ein Fünftel des zu erwartenden Umsatzes im Dreijahreszeitraum (LSG Berlin-Brandenburg, 22.5.2008 – L 24 KR 1227/05 –); evtl. Höchststreitwert (BSG, 1.3.2011 – B 1 KR 13/10 R –).
22.2	Klage des Versicherten	Gerichtskostenfrei nach § 183 SGG (BSG, 1.3.2011 – B 1 KR 10/10 R –).
23.	Arzneimittelversorgungsvertrag (§ 129 SGB V)	Bei Streit über die Lieferungs- und Abrechnungsbefugnis: streitiger Umsatz, evtl. Höchststreitwert (LSG Sachsen-Anhalt, 30.6.2010 – L 10 KR 38/10 B ER –).
24.	Ausgleich nach der Risikostruktur- Ausgleichsverordnung (§ 17 Abs. 3 a)	Höhe des Ausgleichs bis zum Höchststreitwert (BSG, 2.9.2009 – B 12 KR 4/08 R –).
25.	Vergabestreitigkeiten (§§ 116 Abs. 1, 118 Abs. 1 Satz 3 GWB)	
25.1	Sofortige Beschwerde (§ 116 Abs. 1 GWB)	Keine Festsetzung eines Streitwerts nach dem GKG, da Gerichtsgebühren nicht anfallen <vgl. § 63 Abs. 1 Satz 1 GKG und B. 1.1>, jedoch auf Antrag eines Rechtsanwalts (§ 33 RVG) zum Zwecke der anwaltlichen Gebührenfestsetzung (BSG, 1.09.2009 – B 1 KR 1/09 D –; 1.09.2009 – B 1 KR 3/09 D –; 7.09.2010 – B 1 KR 1/10 D –); dann fünf Prozent der Bruttoauftragssumme (§ 50 Abs. 2 GKG); evtl. Schätzung des Auftragswerts <§ 3 ZPO>

		(LSG Mecklenburg-Vorpommern, 11.8.2009 – L 6 B 17/09 –; 24.8.2009 – L 6 B 172/09 –).
V.	**Pflegeversicherung**	
1.	Zulassung zur Pflege durch Versorgungsvertrag (§ 72 SGB XI)	Der voraussichtliche Jahresgewinn aus drei Jahren, wenn die Zulassung für mindestens drei Jahre streitig ist (BSG, 12.6.2008 – B 3 P 2/07 R –; Bayerisches LSG, 13.12.2010 – L 2 P 47/09 B –).
2.	Verantwortliche Pflegefachkraft (§ 71 Abs. 2 Nr. 1, Abs. 3 SGB XI)	
2.1	Feststellungsklage hinsichtlich der Anforderungen	Bei angestrebter Zusammenlegung von Heim- und Pflegedienstleitung: dreifacher Jahresbetrag für die Beschäftigung einer zusätzlichen verantwortlichen Pflegefachkraft (BSG, 22.4.2009 – B 3 P 14/07 R –).
2.2	Klage auf Anerkennung als verantwortliche Pflegefachkraft	Regelstreitwert (BSG, 18.5.2011 – B 3 P 5/10 R –).
3.	Kündigung des Versorgungsvertrages eines Pflegedienstes (§ 74 SGB XI)	Auf Grund der gravierenden finanziellen Folgen einer Zulassungsentziehung der dreifache Jahresumsatz (BSG, 12.6.2008 – B 3 P 2/07 R –; Bayerisches LSG, 12.10.2011 – L 2 P 41/10 B ER –) bzw. erzielbare Einnahmen für drei Jahre (Hessisches LSG, 26.9.2005 – L 14 P 1300/00 –; LSG Berlin-Brandenburg, 31.8.2006 – L 24 B 31/06 P ER); a.A.: dreifacher Jahresgewinn in Anlehnung an § 42 Abs. 2 GKG (LSG Rheinland-Pfalz, 2.2.2011 – L 5 P 51/10 B –); vgl. auch C. IV. 13.3.
4.	Klage auf Zustimmung zur gesonderten Berechnung von Aufwendungen der Pflegeeinrichtung (§ 82 Abs. 3 SGB XI)	Der dreifache Jahresbetrag der wiederkehrenden Leistungen (§ 42 Abs. 2 GKG) je Pflegetag und Heimbewohner unter Berücksichtigung des Auslastungsgrades (LSG Sachsen-Anhalt, 16.3.2011 – L 4 P 12/07 –; nachfolgend BSG, 8.9.2011 – B 3 P 2/11 R –).
5.	Schiedsspruch zur Vergütung von Pflegeleistungen (§ 85 Abs. 5 SGB XI)	
5.1	Ambulante Pflegeleistungen (§§ 89 Abs. 3 S. 4, 85 Abs. 5 SGB XI)	Regelstreitwert (BSG, 29.1.2009 – B 3 P 8/07 R –; 17.12.2009 – B 3 P 3/08 R –).
5.2	Stationäre Pflegeleistungen (§§ 84 Abs. 4, 87 S. 3, 87 b Abs. 1 S. 1, 85 Abs. 5 SGB XI)	Wirtschaftliche Bedeutung: Differenz zwischen der geforderten Vergütung/dem Angebot der Pflegekassen und dem Schiedsspruch sowie dessen Auswirkungen auf das wirtschaftliche Ergebnis im vom Schiedsspruch umfassten Zeitraum (BSG, 29.1.2009 – B 3 P 9/07 R –; 29.1.2009 – B 3 P 6/08 R –: ohne Abschlag wegen des Begehrens auf Neubescheidung; LSG Nordrhein-Westfalen, 21.1.2009 – L 10 B 20/08 P –; 1.4.2009 – L 10 B 42/08 P –).

6.	Pflegesatzvereinbarung; Auskunftsklage zur Vorbereitung einer Zahlungsklage (§§ 82 ff. SGB XI)	Grad der Abhängigkeit der Durchsetzbarkeit der Ansprüche von der Auskunft idR ein Fünftel des Zahlungsanspruches (LSG Schleswig-Holstein, 14.10.2005 – L 3 P 4/05 –); vgl. auch B. 28.
7.	Ergebnisse von Qualitätsprüfungen (§ 115 SGB XI)	
7.1	Veröffentlichung eines Pflegetransparenzberichtes (§ 115 Abs. 1 a SGB XI)	Voller Auffangstreitwert auch im Verfahren nach § 86 b SGG (§§ 53 Abs. 2 Nr. 4, 52 Abs. 2 GKG; Sächsisches LSG, 24.2.2010 – L 1 P 1/10 B ER –; LSG Berlin-Brandenburg, 29.3.2010 – L 27 P 14/10 B ER –; LSG Sachsen-Anhalt, 11.8.2011 – L 4 P 8/11 B ER –; LSG Niedersachsen-Bremen, 12.8.2011 – L 15 P 2/11 B ER –).
		Anm.: Zur Festsetzung des Streitwerts im Hinblick auf die subjektive Bedeutung der Veröffentlichung eines sog. Transparenzberichts (§ 115 Abs. 1 a SGB XI – „PflegeTÜV") für die Beteiligten hält es das LSG NRW im Rahmen der Schätzung gem. § 52 Abs. 1 GKG (nach billigem Ermessen) – in Änderung seiner Spruchpraxis – für angemessen, den Streitwert mit 25.000 € festzusetzen. Auch in Maßnahmenbescheiden bildet der 10. Senat des LSG NRW Maßnahmekomplexe, die er im Rahmen der Schätzung orientiert am Auffangstreitwert (§ 52 Abs. 1, 2 GKG) mit jeweils 5.000 € bewertet (zur Höhe des Streitwerts bei Maßnahmebescheiden vgl LSG NRW 26.5.2010 – L 10 P 41/09 P; vgl iÜ nachfolgend C. V. 7.2 [Maßnahmebescheid nach § 115 Abs. 2 SGB XI]. Die Auswirkungen eines veröffentlichten Transparenzberichts stehen denen festgestellter und kurzfristig behebbarer Qualitätsmängel nicht nach, sondern der veröffentlichte Transparenzbericht gibt die Bewertung jedenfalls bis zur nächsten Wiederholungsprüfung/Regelprüfung und Berücksichtigung neuerer Ergebnisse (§ 115 Abs. 1 a S. 4 SGB XI) für einen Zeitraum von regelmäßig etwa einem Jahr (§ 114 Abs. 2 SGB XI) wieder, dies auch, wenn die festgestellten Mängel bereits beseitigt worden sind. Dem ist Rechnung zu tragen. Eine Reduzierung des Streitwerts im Anordnungsverfahren hält der Senat nicht für geboten, wenn – wie hier – kein Hauptsacheverfahren anhängig gemacht ist und dem **Anordnungsverfahren** – dies ist in der Praxis überwiegend der Fall – **quasi** die **abschließende Wirkung eines Hauptsacheverfahrens** zukommt. Im Ergebnis strebt die Antragstellerin auch die Vorwegnahme der Hauptsache an; zudem haben auch Landesverbände der Pflegekassen in den Fällen, in denen ihnen im Anordnungsverfahren die Veröffentlichung des Transparenzberichts untersagt worden ist, bisher regelmäßig nicht den Antrag gem. § 202 SGG iVm § 926 Abs. 1 ZPO gestellt. Insoweit hält das LSG NRW im Eilrechtsschutzverfahren den auch im Hauptsacheverfahren festzusetzenden Streitwert für sachgerecht.[42]
7.2	Maßnahmenbescheid nach § 115 Abs. 2 SGB XI	Auffangstreitwert, auch wenn mehrere Maßnahmen festgelegt wurden (SG Hildesheim, 29.7.2009 – S 51 P 41/09 ER –; van der Ploeg, NZS 2011, 212 unter Bezug auf

---

[42] LSG NRW 2.5.2012 – L 10 P 5/12 B ER, juris Rn 28; zust. LSG Bln-Bbg NZS 2014, 910.

		LSG Niedersachsen-Bremen, 21.1.2010 – L 15 P 69/09 B –); a.A.: Multiplikation des Auffangstreitwerts mit der Anzahl der Maßnahmen (LSG Berlin-Brandenburg, 4.6.2009 – L 27 B 105/08 P –; 7.7.2010 – L 27 P 12/10 B –) bzw. der Maßnahmekomplexe (LSG Nordrhein-Westfalen, 7.3.2012 – L 10 P 133/11 B –). *Anm.:* Bemerkenswert zum Streitwert bei Verfahren gegen sog. Maßnahmenbescheide wegen Sanktionen aufgrund Verletzung von pflegebezogenen Qualitätsrichtlinien ist, dass der Wert selbst bei einer subjektiven Klagehäufung auf der Beklagtenseite (regelmäßig/häufig der jeweilige Landesverband mit mehreren Pflegekassen) nicht zu erhöhen ist. Bei Klagen von Streitgenossen oder deren Inanspruchnahme findet keine Wertaddition statt, wenn die verfolgten Ansprüche im Streitfall wirtschaftlich identisch sind.[43]
8.	Private Pflegeversicherung	Für Versicherte gilt die Kostenprivilegierung des § 183 SGG (BSG, 12.2.2004 – B 12 P 2/03 R –; 19.4.2007 – B 3 P 6/06 R –); § 183 Satz 1 SGG ist entsprechend anzuwenden bei dem Übergang von Ansprüchen im Wege der Gesamtrechtsnachfolge auf den Ehegatten (BSG, 28.9.2006 – B 3 P 3/05 R –).
VI.	**Rentenversicherung**	
1.	Betriebsprüfung, Feststellung der Versicherungspflicht (§ 28 p SGB IV)	
1.1	Klage des Arbeitnehmers	Keine Streitwertfestsetzung, da gerichtskostenfrei nach § 183 SGG; vgl. B.1.3
1.2	Klage des Arbeitgebers	Höhe der Beiträge, vgl. C. IV. 9.2.
2.	Anfrageverfahren (§ 7 a SGB IV)	
2.1	Klage des Arbeitnehmers	Keine Streitwertfestsetzung, da gerichtskostenfrei nach § 183 SGG.
2.2	Klage des Arbeitgebers	Umfang der zu erwartenden Beitragspflicht in Höhe von 20 % der Arbeitgeberbeiträge für einen Zeitraum von drei Jahren, bei Nichtanwendung des § 28 g SGB IV für den Arbeitgeber 40 %; bei fehlenden Schätzungsgrundlagen Rückgriff auf die Bezugsgröße des § 18 SGB IV (LSG Nordrhein-Westfalen, 6.11.2007 – L 16 B 3/07 R –, Sächsisches LSG, 9.6.2008 – L 1 B 351/07 KR –, auch zum Streitstand und zu anderen Berechnungen; a.A.: Gesamtsozialversicherungsbeiträge für drei Jahre <Bayerisches LSG, 4.3.2011 – L 5 R 647/10 B –; 12.9.2011 – L 5 KR 122/10 B –>); bei besonderen Umständen <erkennbar überdurchschnittlicher Arbeitsverdienst> Erhöhung auf bis zu 20 % der Beitragsbemessungsgrenze (SG Hildesheim, 20.7.2010 – S 14 R 78/10 –); bei geringfügig Beschäftigten/Tätigen 20 % (3.000 €) oder 40 % (6.000 €) des dreifachen Auffangstreitwerts (LSG Nordrhein-Westfalen a.a.O.); beim Fehlen jeglicher Anhalts-

---

[43] LSG NRW 7.3.2012 – L 10 P 133/11 B, NZS 2012, 506 f (zum Streitwert bei Verfahren gegen sog. Maßnahmebescheide wegen Sanktionen aufgrund Verletzung pflegebezogener Qualitätsrichtlinien); zur Abgrenzung dazu auch noch LSG Bln-Bbg 18.9.2014 – L 27 P 46/14 B, NZS 2014, 910.

NK-GK/*Schäfer*

punkte Regelstreitwert (BSG, 11.3.2009 – B 12 R 11/07 R –), eine Rechtsgrundlage für eine Vervielfältigung des Regelstreitwerts angesichts des streitigen Zeitraums besteht nicht (BSG, 5.3.2010 – B 12 R 8/09 R –); vgl. auch C. IV. 9.2.

Anm.: Die Festsetzung des Auffangstreitwerts nach § 52 Abs. 2 GKG in Statusverfahren gem. § 7 a SGB IV entspricht einer weitgehend einheitlichen Rspr vieler LSG (vgl LSG Baden-Württemberg 17.7.2014 – L 11 R 2546/14 B, juris Rn 7 = FD-RVG 2015, 368527 m. zust. ausf. Bespr. *Reyels*, juris-PR SozR 20/2015 v. 1.10.2015, Anm. 6; LSG NRW 7.1.2013 – L 8 R 740/12 B, juris; ThürLSG 25.7.2012 – L 6 KR 655/09, juris) sowie der Rspr des BSG (BSG 8.12.2008 – B 12 R 37/07 B und 5.3.2010 – B 12 R 8/09 R, juris); abweichend noch BayLSG 9.2.2015 – L 16 R 278/14 B, juris Rn 17 und 11.3.2015 – L 16 R 1229/13 B, juris Rn 15.

Bei einer Feststellungsklage, dass die vom Rentenversicherungsträger geltend gemachten Gesamtsozialversicherungsbeiträge in einer konkret benannten Höhe einschließlich Säumniszuschlägen nicht bestehen: Wert des Streitgegenstands nach der Höhe der konkreten Beitragsforderung, unabhängig davon, ob die erhobene Feststellungsklage zulässig oder unzulässig ist (ThürLSG 18.2.2015 – L 6 R 808/14 B, juris Rn 7).

3.	Klage des Rentenversicherungsträgers gegen ein Geldinstitut auf Rücküberweisung von Rentenleistungen (§ 118 Abs. 3 Satz 2 SGB VI)	Höhe des Betrags (vgl. z.B. BSG, 5.2.2009 – B 13 R 87/08 R –).
4.	Befreiung von der Versicherungspflicht	Keine Streitwertfestsetzung, da gerichtskostenfrei nach § 183 SGG (LSG Rheinland-Pfalz, 21.12.2004 – L 5 LW 13/04 –; LSG Hamburg, 28.6.2005 – L 3 B 138/05 R –); vgl. auch B.1.3.
VII.	**Sozialhilfe**	
1.	Abschluss von Vereinbarungen mit Einrichtungen (§§ 75 ff. SGB XII)	Gewinn bzw. Mindereinnahmen (LSG Baden-Württemberg, 13.7.2006 – L 7 SO 1902/06 ER-B –) innerhalb von drei Jahren, wenn kein kürzerer Zeitraum streitig ist. Maßgebend sind die Pflegeplätze, die mit Personen belegt sind, für die der Sozialhilfeträger eintrittspflichtig ist (LSG für das Saarland, 4.12.2008 – L 11 B 8/08 SO –).
2.	Entscheidungen der Schiedsstelle (§ 80 SGB XII)	Differenz der begehrten zu der festgelegten Vergütung im Vergütungszeitraum (Hessisches LSG, 25.2.2011 – L 7 SO 237/10 KL –).
3.	Erteilung einer Auskunft über die Einkommens- und Vermögensverhältnisse (§ 117 SGB XII)	Auffangstreitwert ohne Abschlag, da § 52 Abs. 2 GKG dies nicht vorsieht (BSG, 14.5.2012 – B 8 SO 78/11 B –); a.A.: Hälfte des Regelstreitwerts (LSG Baden-Württemberg, 29.8.2007 – L 2 SO 1979/07 W-B –; SG Gelsenkirchen, 26.2.2008 – S 8 SO 21/08 –; SG Aachen, 17.12.2009 – S 20 SO 86/09 ER –; LSG Nordrhein-Westfalen, 1.9.2010 – L 12 SO 61/09 –; 7.5.2012 – L 20 SO 32/12 –); vgl. aber auch C. VIII. 5. und B. 28. *Anm.:* Beim Streit über die Zulässigkeit eines Auskunftsersuchens des Sozialhilfeträgers nach § 117 SGB XII zur

		Beurteilung von Unterhaltsansprüchen bemisst sich der Wert des Streitgegenstands nach dem Auffangstreitwert und ist demnach mit 5.000 € festzusetzen (LSG Berlin-Brandenburg 30.1.2015 – L 23 SO 149/14 B, juris Rn 4 mwN).
4.	Anspruchsübergang nach dem Tod des Leistungsberechtigten (§ 19 Abs. 6 SGB XII)	Es gilt die Kostenprivilegierung des § 183 SGG für den, der dieses Recht geltend macht (BSG, 1.9.2008 – B 8 SO 12/08 B –; 13.7.2010 – B 8 SO 13/09 R –; 2.2.2012 – B 8 SO 15/10 R –).
5.	Erstattungsanspruch des Nothelfers (§ 25 SGB XII)	Kostenprivilegierung (§ 183 SGG), da Fortwirkung des ursprünglichen Sozialhilfeanspruchs des Leistungsberechtigten (BSG, 11.6.2008 – B 8 SO 45/07 B –; 19.5.2009 – B 8 SO 4/08 R –).
6.	Heranziehung zu einem Kostenbeitrag gem. § 92 Abs. 1 S. 2 SGB XII und § 92 a SGB XII	
6.1	Gegenüber dem Leistungsberechtigten	Kostenprivilegierung (§ 183 SGG)
6.2	Gegenüber den anderen in § 19 Abs. 3 SGB XII (§ 92 Abs. 1 SGB XII) oder § 92 a Abs. 1 SGB XII genannten Personen	Kostenprivilegierung in entsprechender Anwendung des § 183 SGG (SG Braunschweig, 4.3.2011 – S 32 SO 208/08 –; Meyer-Ladewig, SGG, 10. Aufl., § 183 Rdnr. 7 a).
7.	Überleitung von Ansprüchen (§ 93 SGB XII); Überleitungsbescheid	– Klage des Schuldners gegen die Überleitung: Weniger als die Höhe der übergeleiteten Forderung; wenn das Bestehen des Anspruchs streitig ist, die Hälfte (LSG Baden-Württemberg, 18.7.2008 – L 7 SO 1336/08 W-A, L 7 SO 3383/08 AK-A –), evtl. Auffangstreitwert (Sächsisches LSG, 11.6.2012 – L 7 SO 22/10 B ER –; a.A.: Höhe der übergeleiteten Forderung: Bayerisches LSG, 22.6.2009 – L 18 SO 56/09 B –). *Anm:* Bei Überleitung (Übergang von Ansprüchen) nach § 93 SGB XII wegen der Vorbereitung einer Herstellung des Nachrangs der Sozialhilfe ist allein der Auffangstreitwert maßgebend (LSG NRW 24.6.2015 – L 9 SO 408/14 B, juris Rn 14–20 mit Bezug auf LSG NRW 23.2.2015 – L 20 SO 23/15 B, juris). – Klage des Sozialhilfeempfängers: Kein Kostenfreiheit nach § 183 SGG und im Regelfall Auffangstreitwert; nur dann die Höhe des übergeleiteten Anspruchs, wenn dieser nicht streitig ist (LSG Nordrhein-Westfalen, 9.1.2007 – L 20 B 137/06 SO –).
8.	Kostenersatz durch Erben (§ 102 SGB XII)	Keine Kostenprivilegierung (BSG, 23.3.2010 – B 8 SO 2/09 R –).
9.	Erstattungsstreitigkeiten zwischen Sozialhilfeträgern	Keine Kostenprivilegierung, § 197 a Abs. 3 SGG gilt (BSG, 13.7.2010 – B 8 SO 10/10 R –).
10.	Beteiligung von Trägern der Sozialhilfe	– Die Träger der Sozialhilfe sind in allen Streitigkeiten, die nicht Erstattungsstreitigkeiten sind (§ 197 a Abs. 3 SGG), von den Gerichtskosten nach § 64 Abs. 3 Satz 2 SGB X befreit. Die Kostenentscheidung ist nach § 197 a SGG zu treffen (LSG Nordrhein-Westfalen, 19.3.2009 – L 9 SO 9/07 –). Aus § 197 a Abs. 3 SGG lässt sich eine weitergehendere Kostenbefreiung

		für einen Sozialhilfeempfänger oder einen Dritten nicht herleiten (LSG Nordrhein-Westfalen, 9.1.2007 – L 20 B 137/06 SO –; LSG Baden-Württemberg, 22.11.2007 – L 7 SO 5195/06 –; Meyer-Ladewig, SGG, 10. Aufl., § 197 a Rdnrn. 2 a und 2 b; Groth, SGb 2007, 536, 537).
		– Ein Land als Träger der Sozialhilfe ist von Gerichtskosten auch dann befreit, wenn es an Erstattungsstreitigkeiten mit anderen Leistungsträgern beteiligt ist (§ 2 Abs. 1 Satz 1 GKG; Groth, SGb 2007, 536, 537 f.).
		Anm.: Zustimmung zum Streitwertkatalog 2009 und 2012 Teil C. VII. 10, wonach von Bundesländern auch als örtlichen Trägern der Sozialhilfe nach dem Wortlaut des § 197 a Abs. 1 SGG Kosten nach den Vorschriften des GKG erhoben werden (Hinweis auf Groth, SGb 2007, 536). Bei § 197 a Abs. 3 SGG handelt es sich nämlich nicht um eine kostenrechtliche Sondervorschrift, die eine Befreiung von Kosten gewährt. Diese Norm beinhaltet vielmehr eine Ausnahmeregelung von der Vorschrift des § 64 Abs. 3 S. 2 SGB X, die die Träger der Sozialhilfe grds. von den Gerichtskosten freistellt, und begründet eine **Kostenpflicht in Erstattungsstreitigkeiten zwischen Sozialleistungsträgern**. Denn in Erstattungsstreitigkeiten zwischen Sozialleistungsträgern ist nach den Gesetzesmaterialien keine Rechtfertigung für eine Kostenbefreiung in Verfahren vor dem Sozialgericht im Vergleich zu sonstigen Erstattungsstreitigkeiten ersichtlich (vgl BT-Drucks 15/3867, S. 3 zu Art. 1 Nr. 14 a).[44]
VIII.	**Grundsicherung für Arbeitsuchende**	
1.	Abschluss einer Vereinbarung zur Schaffung von Arbeitsgelegenheiten (§§ 16 d, 17 Abs. 2 SGB II)	Keine Kostenprivilegierung, da institutionelle Förderung begehrt (SG Hamburg, 27.4.2010 – S 59 AS 113/08 –; LSG Nordrhein-Westfalen, 2.5.2012 – L 19 AS 521/12 B –); a.A.: Gleichstellung mit einem Leistungsempfänger nach § 183 SGG <vgl. C. I. 4> (LSG Berlin-Brandenburg, 18.3.2008 – L 29 B 1675/07 AS –).
2.	Vermittlungsgutschein (§ 16 SGB II, § 421 g SGB III idF bis 31.3.2012, § 45 Abs. 4 ff. SGB III)	Der Vermittler ist kein Leistungsempfänger im Sinne des § 183 SGG (BSG, 16.2.2012 – B 4 AS 77/11 R –); vgl. auch C. I. 8.2.
3.	Übergang von Ansprüchen (§ 33 SGB II)	Bei Klage eines Dritten auf Durchführung des Verfahrens gegen den Schuldner bzw. auf Information, der Auffangstreitwert (Bayerisches LSG, 23.4.2007 – L 11 B 818/06 AS ER –).
		Anm.: Bei dem Wert aus der Differenz von 83,38 € monatlich in der Höhe der Kosten der Unterkunft (§ 22 SGB II) mit Streit um die Zusicherung der Kostenübernahme für eine andere Wohnung bei Umzug – und dem regelmäßigen Bewilligungszeitraum von sechs Monaten – ist der Verfahrens-Gesamtwert und zugleich Beschwerdewert von max. 500,28 € (83,38 € x 6) zu ermitteln. Dieser Betrag entspricht dem Erfolg, der mit der Zusicherung angestrebt wird (§ 53 Abs. 2 Nr. 4 GKG iVm § 3 ZPO).

---

44 SchlHLSG 3.9.2012 – L 5 SF 79/12 B KO, juris Rn 12; vgl auch ThürLSG 18.3.2015 – L 6 SF 71/15 B, juris Rn 8.

		Da damit der Wert der Beschwerde unter 750,00 € liegt, war die Beschwerde im einstweiligen Rechtsschutz in der Hauptsache nicht zulässig (§ 172 Abs. 2 SGG). Gleiches gilt dann auch für Entscheidungen über den **Prozesskostenhilfeantrag** im Rahmen derartiger Verfahren. In einem solchen Fall folgt auch keine Zulässigkeit der Beschwerde aus einer rechtlichen **falschen Rechtsmittelbelehrung** des Sozialgerichts. Eine unzutreffende Rechtsmittelbelehrung kann ein Rechtsmittel, das gesetzlich ausgeschlossen ist, nicht eröffnen (Leitherer, in: Meyer-Ladewig/Keller/Leitherer, SGG, 11. Aufl., Vor § 143 Rn 14 b; BSG 20.5.2003 – B 1 KR 25/01 R, juris).[45]
4.	Erbenhaftung (§ 35 SGB II)	Keine Kostenprivilegierung, vgl. C. VII. 8. (SG Berlin, 24.5.2011 – S 149 AS 21300/08 –).
5.	Erteilung einer Auskunft über die Einkommens- und Vermögensverhältnisse (§ 60 SGB II)	**Auffangstreitwert <ohne Abschlag>** (BSG, 24.2.2011 – B 14 AS 87/09 R –; LSG Baden-Württemberg, 27.9.2011 – L 13 AS 4950/10 –); a.A.: die Hälfte des Auffangstreitwerts (vgl. C. VII. 3, LSG Nordrhein-Westfalen, 29.1.2007 – L 1 AS 12/06 –; SG Hildesheim, 26.2.2010 – S 26 AS 1017/07 –; SG Karlsruhe, 25.8.2011 – S 8 AS 5502/10 – <Bezugnahme auf den Streitwertkatalog der Verwaltungsgerichtsbarkeit> LSG Sachsen-Anhalt, 12.3.2012 – L 5 AS 177/10 B –); vgl. auch B. 28.
6.	Beteiligung von Trägern der Grundsicherung für Arbeitsuchende	Keine Befreiung von den Gerichtskosten nach § 197 a SGG; § 64 Abs. 3 Satz 2 SGB X bewirkt nur eine Befreiung von den Pauschgebühren (Groth, SGb 2007, 536); vgl. auch C. VII. 10.
7.	Abzweigung (§ 48 Abs. 1 S. 1 SGB I)	Keine Kostenprivilegierung (BSG, 17.3.2009 – B 14 AS 34/07 R –); vgl. auch C. I. 16.
IX.	**Unfallversicherung**	Vgl. allgemein: Becker/Spellbrink, NZS 2012, 283 ff.
1.	Anfechtung der Wahl der Vertreterversammlung (§ 46, § 57 SGB IV)	Regelstreitwert (LSG Baden-Württemberg, 6.8.2004 – L 7 U 3170/04 W-A –); vgl. auch C.X.14.
2.	Beitragsforderung (§ 150, § 168 SGB VII); Gefahrtarif, Gefahrklassen (§§ 157 ff. SGB VII)	
2.1	Veranlagungsbescheid bei noch bestehender Mitgliedschaft	– Bei Streit um die Veranlagung dem Grunde nach: Die im Zeitpunkt der Antragstellung (§ 40 GKG) bezifferbare Beitragslast (BSG, 8.9.2009 – B 2 U 113/09 B –). – Bei Streit um die Höhe der Veranlagung: Grundsätzlich das Dreifache des Differenzbetrages zwischen dem geforderten und dem bei einem Erfolg der Klage zu erwartenden Jahresbeitrag; bei Nichtfeststellbarkeit der erstrebten Beitragsersparnis: einfacher Auffangstreitwert (Becker/Spellbrink, NZS 2012, 283 ff.). *Anm.:* Beitragslast der ersten drei Umlagejahre, sofern der Gefahrtarif keine kürzere Laufzeit hat; bei Feststellungs-Schwierigkeiten: Auffangstreitwert von

[45] SchlHLSG 28.2.2012 – L 6 AS 145/11 B PKH, juris Rn 18 f.

		5.000 €, § 52 Abs. 2 GKG (vgl BayLSG 20.7.2015 – L 2 U 318/15, NZS 2015, 758).
2.2	Veranlagungsbescheid bei beendeter Mitgliedschaft	Höhe der Beitragsforderung (BSG, 17.5.2011 – B 2 U 18/10 R –).
2.3	Beitragsbescheid	Höhe der Forderung (BSG, 22.9.2009 – B 2 U 32/08 R –; B 2 U 2/08 R –); vgl. auch C.IX.4.2
3.	Mitgliedschaft bei Berufsgenossenschaft (§§ 121 ff., § 136 SGB VII); Zuständigkeitsstreit	Dreifacher Jahresbeitrag des Unfallversicherungsträgers, gegen dessen Zuständigkeit sich der Kläger wendet, bei Nichtfeststellbarkeit der erstrebten Beitragsersparnis: einfacher Auffangstreitwert (Becker/Spellbrink, NZS 2012, 283 ff.; BSG, 31.1.2012 – B 2 U 3/11 R –).
4.	Versicherungspflicht als Unternehmer (§ 2 SGB VII)	
4.1	Feststellung der (Mit-)Unternehmereigenschaft eines Beigeladenen; Klage des Unternehmers	Auffangstreitwert (BSG, 5.2.2008 – B 2 U 3/07 R –).
4.2	Gleichzeitiger Streit um Versicherungspflicht und Beitragspflicht	Höhe der Beiträge, hilfsweise der einfache Auffangstreitwert; keine Kostenprivilegierung, da nicht nur der Status als Versicherter maßgebend ist, sondern sich der Kläger auch gegen die Erhebung von Beiträgen gegenüber ihm als Unternehmer wendet (BSG, 5.3.2008 – B 2 U 353/07 B –; 18.1.2011 – B 2 U 16/10 R –; 19.4.2012 – B 2 U 348/11 B –; Köhler SGb 2008, 76 ff. mwN; LSG Berlin-Brandenburg, 5.11.2008 – L 3 B 1007/05 U –; LSG Niedersachsen-Bremen, 4.8.2010 – L 3 B 32/08 U –); a.A.: Wegen der Identität des beitragspflichtigen Unternehmers mit dem Versicherten gerichtskostenfrei nach § 183 SGG (LSG Sachsen, 2.5.2005 – L 2 B 236/04 U/LW/ER –; 22.11.2005 – L 2 B 206/05 U –; LSG Baden-Württemberg, 4.5.2005 – L 2 U 5059/04 ER-B –; Bayerisches LSG, 29.6.2005 – L 1/3 U 291/04 –; vgl. auch B.1.3).
5.	Beschränkung der Haftung gegenüber Versicherten, ihren Angehörigen und Hinterbliebenen (§§ 104 ff. SGB VII)	
5.1	Klage des in der Haftung beschränkten Unternehmers auf Feststellung eines Versicherungsfalles (§§ 109, 108, 104 SGB VII)	Auffangstreitwert (BSG, 26.6.2007 – B 2 U 35/06 R –; 29.11.2011 – B 2 U 27/10 R –).
5.2	Feststellung des Umfangs der von dem Unfallversicherungsträger dem Versicherten erbrachten Leistungen gegenüber dem Dritten	Höhe der Leistungen (BSG, 31.1.2012 – B 2 U 12/11 R –).

Anm. zu IX. Unfallversicherung: Vorschlag von *Becker/Spellbrink*, NZS 2012, 283 ff (286) mwN, die Streitwerte für bestimmte **unfallversicherungsrechtliche Streitigkeiten** – tabellarisch bereits neu gegliedert – wie folgt auszugestalten:

Zu: Streitwertkatalog, Teil C. IX. Unfallversicherung

1.	Anfechtung der Wahl der Vertreterversammlung (§ 46 SGB IV, § 57 SGB IV)	Auffangstreitwert
2.	Beitragsforderung (§ 150 SGB VII, § 168 SGB VII) Gefahrtarif, Gefahrklassen	
2.1	Veranlagungsbescheid	Tatsächliche bzw. zu erwartende Beitragslast für die ersten drei Umlagejahre, sofern der Gefahrtarif keine kürzere Laufzeit hat; bei Nichtfeststellbarkeit der erstrebten Beitragsersparnis: Auffangstreitwert. *Anm.:* Jetzt *Becker/Spellbrink*, NZS 2012, 283 ff ausdrücklich zustimmend: BayLSG 20.7.2015 – L 2 U 318/13, juris Rn 10 = NZS 2015, 758.
2.2	Beitragsbescheid	Höhe der konkreten Forderung; wenn die Bedeutung für den Kläger höher einzuschätzen ist, maximal der dreifache Jahresbeitrag
3.	Mitgliedschaft bei Berufsgenossenschaft (§§ 121 ff., 136 SGB VII); Zuständigkeitsstreit	Dreifacher Jahresbeitrag des Unfallversicherungsträgers, gegen dessen Zuständigkeit sich der Kläger wendet; bei Nichtfeststellbarkeit der erstrebten Beitragsersparnis: Auffangstreitwert
4.	Versicherungspflicht als Unternehmer (§ 2 SGB VII)	
4.1	Feststellung der (Mit-)Unternehmereigenschaft eines Beigeladenen; Klage des Unternehmers	Tatsächliche bzw. zu erwartende Beitragslast; wenn die Bedeutung für den Kläger höher einzuschätzen ist, dann maximal der dreifache Jahresbeitrag; bei Nichtfeststellbarkeit: einfacher Auffangstreitwert
4.2	gleichzeitiger Streit um Versicherungspflicht und Beitragspflicht	Tatsächliche bzw. zu erwartende Beitragslast; wenn die Bedeutung für den Kläger höher einzuschätzen ist, dann maximal der dreifache Jahresbeitrag; bei Nichtfeststellbarkeit: einfacher Auffangstreitwert
5.	Feststellung des Versicherungsfalls von in der Haftung beschränkten Personen (§§ 108, 109 SGB VII)	Auffangstreitwert

X.	**Vertragsarztrecht**	
1.	Genehmigung zur Erbringung und Abrechnung von Leistungen außerhalb der Zulassung (§ 72 Abs. 2, § 82 Abs. 1 S. 1 SGB V iVm den Verträgen; u.a. §§ 73 Abs. 1 S. 5, 121 a, 135 Abs. 2 SGB V)	erzielbare Einkünfte für einen Dreijahreszeitraum (LSG Nordrhein-Westfalen, 4.1.2012 – L 11 KA 140/10 B –), hilfsweise Regelstreitwert (BSG, 26.2.1996 – 6 RKa 20/95 –). Wenn eine Voraussetzung für die Erteilung der Genehmigung <Bestehen eines Kolloquiums> Gegenstand ist: Regelstreitwert (Bayerisches LSG, 23.12.2010 – L 12 KA 110/10 B).
2.	Anstellung eines Arztes in der Vertragsarztpraxis <Entlastungsassistent> (§ 95 Abs. 9, § 115, § 98 Abs. 2 Nr. 13 iVm der Zulassungsverordnung)	Wie bei C.X.16.5; zusätzliche Einnahmen aus der Tätigkeit des Assistenten für drei Jahre, es sei denn, die Genehmigung bezieht sich auf einen kürzeren Zeitraum. Abzuziehen sind die durchschnittlichen Praxiskosten und das zu zahlende Gehalt des Assistenten (BSG, 27.11.2006 – B 6 KA 38/06 B –); evtl. Auffangstreitwert

		(LSG Niedersachsen-Bremen, 26.5.2010 – L 3 KA 69/09 –).
3.	Belegarzt (§ 121 SGB V, Vertrag nach § 82 Abs. 1 SGB V)	Wie bei C.X.16.5 (SG Marburg, 22.3.2007 – S 12 KA 80/07 ER –; Hessisches LSG, 2.3.2007 – L 4 KA 5/07 ER –: im einstweiligen Rechtsschutz durchschnittliche Zeitdauer eines erstinstanzlichen Klageverfahrens im Vertragsarztrecht; Wenner/Bernard, NZS 2006, 1, 4; vgl. auch C. X. 16.2).
4.	Budgetierungsmaßnahmen (§ 87 Abs. 1 S. 1 SGB V, einheitlicher Bewertungsmaßstab)	
4.1	Budgeterweiterung	Differenz der Fallpunktzahl im streitigen Zeitraum, hilfsweise für zwei Jahre; dabei ist der Punktwert des letzten vor Klageerhebung abgerechneten Quartals zugrunde zu legen (LSG Sachsen, 23.10.2002 – L 1 B 66/02 KA –; LSG Baden-Württemberg, 22.9.1998 – L 5 KA 2660/98 W-B –).
4.2	Budgetüberschreitung	Höhe der Honorarkürzung.
4.3	Budgetfreistellung	Regelstreitwert.
4.4	Fallzahlzuwachsbegrenzung (§ 85 Abs. 4 SGB V, Honorarverteilungsmaßstab)	Höhe der Honorarkürzung. Im einstweiligen Rechtsschutzverfahren der prognostizierte Gewinn für ein Kalenderjahr (LSG Berlin-Brandenburg, 27.1.2012 – L 7 KA 87/11 B ER –); vgl. auch C. X. 16.2.
5.	Disziplinarmaßnahmen (§ 81 Abs. 5 SGB V iVm der Disziplinarordnung)	
5.1	Verwarnung, Verweis, Geldbuße	Regelstreitwert zuzüglich des Betrages der Geldbuße (BSG, 1.2.2005 – B 6 KA 70/04 B –) und einer festgesetzten Verwaltungsgebühr (SG Marburg, 2.2.2011 – S 12 KA 902/09 –).
5.2	Anordnung des Ruhens der Zulassung	Mutmaßlicher Umsatz im Ruhenszeitraum abzüglich der Praxiskosten, Zuschlag von 25 Prozent wegen der Folgewirkungen (u.a. „Abwandern" von Patienten) (Bayerisches LSG, 23.6.1993 – L 12 B 163/92 Ka –).
5.3	Berichtigung eines Sitzungsprotokolls des Disziplinarausschusses	Auffangstreitwert (LSG Niedersachsen-Bremen, 9.11.2011 – L 3 KA 105/08 –).
6.	Ermächtigung (§ 98 Abs. 2 Nr. 11 SGB V iVm der Zulassungsverordnung)	
6.1	persönliche Ermächtigung von Krankenhausärzten zur Teilnahme an der vertragsärztlichen Versorgung (§ 116 SGB V)	– erzielbare Einnahmen abzüglich der Praxiskosten und Abgaben an das Krankenhaus im streitige Zeitraum (BSG, 6.9.1993 – 6 RKa 25/91 –) – bei Streit über Inhalt bzw. Umfang der erteilten Ermächtigung: Regelstreitwert.
6.2	Ermächtigung ärztlich geleiteter Einrichtungen (§§ 117 bis 120 SGB V)	Bruttoeinnahmen im streitigen Zeitraum abzüglich der Einnahmen aus erteilten oder zu Unrecht nicht erteilten Ermächtigungen, bei fehlenden Anhaltspunkten über die Einnahmen: pauschaler Abzug von 50 v.H. (BSG,

		21.12.1995 – 6 RKa 7/92 –); bei fehlenden Anhaltspunkten zu dem Umsatz: Regelstreitwert pro Quartal für zwei Jahre <übliche Ermächtigungsfrist> (LSG Niedersachsen-Bremen, 9.12.2009 – L 3 KA 29/08 –) bzw. Schätzung <hier 10.000 € pro Monat bei vorläufiger Regelung> (LSG Nordrhein-Westfalen, 27.5.2009 – L 11 KA 2/09 ER –).
6.3	Konkurrentenklage gegen Ermächtigung	Im Einzelfall zu schätzender Anteil der Umsatzeinbuße der von der Ermächtigung betroffenen Leistungen abzüglich der Praxiskosten (BSG, 24.2.1997 – 6 BKa 54/95 –) für drei Jahre, wenn nicht kürzerer Zeitraum streitig; bei fehlenden Anhaltspunkten für die konkreten Auswirkungen der Ermächtigung für jedes Quartal des Dreijahreszeitraums der Regelwert (BSG, 7.12.2006 – B 6 KA 42/06 R –); vgl. auch C.X.16.8.
6.4.	Ermächtigung zur Teilnahme an der vertragspsychotherapeutischen Versorgung	Geschätzter Jahresgewinn für den streitigen – im Regelfall zweijährige – Zeitraum (BSG, 19.7.2006 – B 6 KA 33/05 B –).
7.	Gemeinschaftspraxis (§ 98 Abs. 2 Nr. 13 a SGB V iVm der Zulassungsverordnung)	
7.1	Genehmigung	Schätzung anhand der Einkommensverhältnisse und der Schwierigkeit der Angelegenheit (BSG, 6.1.1984 – 6 RKa 7/81 –); evtl. dreifacher Auffangstreitwert (LSG Berlin-Brandenburg, 10.9.2010 – L 7 KA 121/09 –).
7.2	Anordnung der Auflösung	Regelstreitwert (Hessisches LSG, 6.1.2003 – L 7 KA 1116/02 ER –).
7.3	Vergütungsanspruch	Keine Berechnung von Einzelstreitwerten, da Gesellschaft bürgerlichen Rechts (BSG, 20.10.2004 – B 6 KA 15/04 R –).
7.4	Genehmigung der Verlegung des Vertragsarztsitzes durch den Praxispartner; Klage des verbleibenden Praxispartners	Dreifacher Regelstreitwert (entspr. C.X.16.10: vgl. BSG, 14.3.2002 – B 6 KA 60/00 B –).
8.	Gesamtvergütung, Klage der KÄV/KZÄV gegen die Krankenkasse (§ 85 Abs. 1, 2 SGB V)	Höhe des Zahlungsanspruchs.
9.	Verlangen der Herausgabe von Krankenunterlagen eines Arztes zur Prüfung eines Schadensregresses	Bei geringem in Betracht kommenden Schadensregressbetrag: Hälfte des Regelstreitwertes (LSG Baden-Württemberg, 25.6.1997 – L 5 Ka 855/97 W-A –); vgl. aber A. 2. b).
10.	Honorarstreitigkeiten (§ 85 Abs. 4 ff. SGB V)	
10.1	Honoraransprüche oder Honorarberichtigung	– Höhe des geltend gemachten Honorars oder der vorgenommenen Honorarberichtigung (BSG, 6.11.1996 – 6 RKa 19/95 –; LSG Nordrhein-Westfalen, 18.4.2006 – L 10 B 1/06 KA –; 5.7.2006 – L 10 B 8/06 KA –) bei Zugrundelegung eines durchschnittlichen oder geschätzten Punktwertes (Wenner/Bernard, NZS, 2001, 57, 61).

		– bei fehlenden Umsatzzahlen: der angestrebte, d.h. innerhalb der nächsten Zeit nach objektiven Gesichtspunkten zu erzielende Umsatz abzgl. des Praxiskostenanteils, dabei kann auf die von der Kassenärztlichen Bundesvereinigung veröffentlichten Umsatzzahlen zurückgegriffen werden (LSG Nordrhein-Westfalen, 25.6.2008 – L 11 B 16/07 KA ER –).
		Anm.: Eilrechtsschutz zu vertragsärztlichem Honorarrechtsstreit: keine endgültige Zuweisung der geltend gemachten Forderung; daher Interesse des Antragstellers maßgebend, für die Dauer des Hauptsacheverfahrens über das einbehaltene Honorar verfügen zu können; im Einzelfall wirtschaftlich durch den Zeitfaktor Länge des Verfahrens und Zinsinteresse für eine etwaige Zwischenfinanzierung bestimmt (LSG NRW 15.4.2015 – L 11 KA 107/14 B, juris Rn 9–11 mwN).
10.2	Einheitlicher Bewertungsmaßstab (EBM) (§ 87 Abs. 1 S. 1 SGB V)	Bei Abwertung von Leistungspositionen: Höhe der Honorareinbuße (BSG, 15.11.1996 – 6 RKa 49/95 –; 6.2.1997 – 6 RKa 48/95 –); wenn nicht konkretisierbar: Regelstreitwert (BSG, 10.5.2004 – B 6 KA 129/03 B –).
10.3	Abrechenbarkeit einer Gebührennummer (§ 87 Abs. 1 S. 1 SGB iVm EBM)	Wert der Leistung für ein Jahr (vgl. C.X.10.4.2).
10.4	Honorarverteilungsmaßstäbe (HVM) (§ 85 Abs. 4 SGB V)	
10.4.1	Zuordnung zum Honorarfonds der Fachärzte	Höhe der Nachvergütung der streitigen Quartale (LSG Sachsen, 27.1.2005 – L 1 KA 6/04 –).
10.4.2	Zuordnung zu anderer Arztgruppe (EBM)	Nachvergütungsbetrag eines Quartals mal vier (ein Jahr; BSG, 20.10.2004 – B 6 KA 15/04 R –).
10.4.3	Festsetzung eines Basisvolumens	Honorarverlust für vier Quartale (LSG Rheinland-Pfalz, 22.6.2009 – L 5 KA 26/09 B –), evtl. der vierfache Auffangstreitwert (ein Jahr; LSG Rheinland-Pfalz, 10.12.2007 – L 5 B 342/07 KA –).
10.5	Praxiskosten	Kein Abzug vom Streitwert (Wenner/Bernard, NZS 2001, 57, 61).
10.6	Fallpunktzahlmenge (§ 85 Abs. 4 ff. SGB V)	Differenz der abgerechneten und der maximal zustehenden Punkte (BSG, 5.5.2000 – B 6 KA 71/97 –; 9.5.2000 – B 6 KA 72/97 R –).
10.7	Zusätzliches Honorar bei „fachfremder" Behandlung (Überweisungsverbot; zulassungsrelevante Entscheidung) (§ 73 SGB V)	Erzielbare Einnahmen für drei Jahr unter Abzug der Praxiskosten; bei einem Überweisungsverbot unter Abzug der erzielbaren Einnahmen aus dem „Verkauf" an andere Vertragsärzte (BSG, 3.3.1997 – 6 RKa 21/95 –).
10.8	(unzulässige) vorbeugende Unterlassungsklage gegen Honorarbescheid	Regelstreitwert (LSG Niedersachsen-Bremen, 7.10.2005 – L 3 KA 139/05 ER –).
10.9	Feststellung der Befugnis zur Erbringung und Abrechnung einer Leistung	Höhe des begehrten zusätzlichen Honorars ohne Minderung im Hinblick auf das Feststellungsbegehren (SG Dresden, 14.3.2012 – S 18 KR 237/11 ER –); vgl. auch B. 2.1.

10.10	Vorlage einer Lebensbescheinigung als Voraussetzung zur Teilnahme an der erweiterten Honorarverteilung	Regelstreitwert (SG Marburg, 20.7.2011 – S 12 KA 446/10 –).
10.11	Einstweilige Anordnung	Vgl. C. X. 16.2.; Umsatz für ein Jahr (LSG Nordrhein-Westfalen, 19.7.2010 – L 11 KA 20/10 B –).
11.	Schiedswesen, Schiedsamt (§ 89 SGB V)	
11.1	Klage gegen Anberaumung eines Termins und Ladung zu einer Sitzung des Schiedsamts	Auffangstreitwert (LSG Hamburg, 20.11.2008 – L 2 KA 25/08 KL ER –).
11.2	Beanstandungsverfügung	Bei Ersetzung eines Gesamtvertrages zur Gesamtvergütung (§§ 82, 85 SGB V): Wert der Gesamtvergütung (Hessisches LSG, 29.9.2010 – L 4 KA 54/09 KL –).
11.3	Verhinderung einer Honorarverteilung durch Schiedsspruch (Weitergeltung der früheren günstigeren Honorarverteilung)	50.000 € (LSG Niedersachsen-Bremen, 22.12.2004 – L 3 KA 368/04 ER –).
11.4	Begehren eines neuen Vertrags bzw. Schiedsspruchs	Ist das Klagebegehren auf einen neuen Vertrag bestimmten Inhalts gerichtet, Differenz zwischen dem Ergebnis der Schiedsamtsentscheidung und dem geltend gemachten Betrag. Zielt das Begehren auf einen neuen Schiedsspruch mit ungewissem Inhalt, wie bei einem Neubescheidungsantrag, die Hälfte des optimal erlangbaren Betrags. Nur wenn finanziell nicht messbare Grundsatzfragen streitig sind, Regelwert (BSG, 28.1.2009 – B 6 KA 38/08 B –). *Anm.:* Bei Eilverfahren gegen Schiedsspruch: keine Reduzierung, soweit Hauptsachevorwegnahme (LSG Rheinland-Pfalz 21.7.2014 – L 7 KA 12/14 B ER, juris Rn 2).
12.	Notdienst (§ 75 Abs. 1 S. 2 SGB V iVm der Satzungsregelung der KÄV/KZÄV, § 81 SGB V)	
12.1	Abberufung als Vorsitzender der Notdienstkommission	Regelstreitwert (LSG Sachsen, 15.7.2002 – L 1 B 12/02 KA –).
12.2	Befreiung vom Bereitschaftsdienst (Notfalldienst)	Regelstreitwert (LSG Schleswig-Holstein, 25.2.2005 – L 4 B 32/04 KA ER –; LSG Hessen, 25.2.2005 – L 6/7 B 99/04 KA –; LSG Niedersachsen-Bremen, 25.8.2005 – L 3 KA 74/05 ER –; Sächsisches LSG, 14.12.2011 – L 1 KA 25/10 –).
12.3	Eingliederung von Fachärzten in den allgemeinen Notdienst	Regelstreitwert (SG Dresden, 10.2.2005 – S 11 KA 260/04 –).
12.4	Klage auf Teilnahme am Notdienst	zusätzliche Honorarsumme im Quartal für zwei Jahre (LSG Niedersachsen-Bremen, 11.8.2005 – L 3 KA 78/05 ER –). *Anm.:* für drei Jahre (LSG NRW 27.8.2014 – L 11 KA 27/14 B, juris Rn 5), wenn Antragsteller ärztlichen Notfalldienst verrichten will.

12.5	Vertretung für den Notfalldienst	Kosten der Vertretung (LSG Rheinland-Pfalz, 29.8.1977 – L 6 Ka 5/76 –).
13.	Praxisübernahme	
13.1	Praxiskauf	Kaufpreis (LSG Berlin, 23.9.1997 – L 7 Ka-SE 27/97 –).
13.2	Antrag auf zusätzliche Zulassung bei angestrebtem Praxiskauf	Siehe Erstzulassung (vgl. C.X.16.5), da Zulassungsstreit (LSG Baden-Württemberg, 27.8.1999 – L 5 KA 1576/99 W-B –).
14.	Wahlanfechtung (§ 80, § 81 Abs. 1 Nr. 2 SGB V iVm der Wahlordnung)	Regelstreitwert; mehrfacher Regelstreitwert (§ 39 Abs. 1 GKG), wenn die Besetzung mehrerer Positionen angefochten wird, für die jeweils gesonderte Wahlhandlunge vorgesehen sind. Die Zahl der die Wahlanfechtungen betreibenden Kläger ist ohne Bedeutung (BSG, 14.9.2006 – B 6 KA 24/06 B –; 19.9.2006 – B 6 KA 30/06 B –); vgl. B. 5.3.
15.	Wirtschaftlichkeitsprüfung (§ 106 SGB V)	
15.1	Beratung (§ 106 Abs. 1 a SGB V)	Ein Viertel des Regelstreitwertes (Bayerisches LSG, 7.9.1998 – L 12 B 350/97 KA –).
15.2	Bescheidungsantrag bei Honorarkürzung oder Regress	Höhe des Kürzungs- oder des Regressbetrages ohne Abschlag (BSG, 23.2.2005 – B 6 KA 72/03 R –; BSG, 16.7.2008 – B 6 KA 57/07 R –; 13.10.2010 – B 6 KA 2/10 B –; a.A.: die Hälfte, Hessisches LSG, 27.6.2007 – L 4 B 152/07 KA –); dies gilt auch bei einer Klage der Krankenkasse gegen die Ablehnung eines Regresses; keine Herabsetzung, wenn auch Versicherte anderer Kassen betroffen sind, mit Ausnahme einer Einzelfallprüfung (LSG Rheinland-Pfalz, 24.8.2006 – L 5 KA 201/06 KA –).
15.3	Honorarkürzung oder Regress	– Höhe des Kürzungs- oder des Regressbetrages (BSG, 15.6.1998 – 6 RKa 40/96 –; 17.6.2009 – B 6 KA 6/09 B –; 13.10.2010 – B 6 KA 2/10 B –). – wenn nur eingeschränkte Anfechtung in nicht quantifizierbarem Umfang: Hälfte der Differenz zwischen dem zuerkannten und dem abgerechneten Honorar (LSG Niedersachsen-Bremen, 19.8.2003 – L 3 B 38/03 KA –).
15.4	Regress bei Richtgrößenprüfung; Klage einer Krankenkasse	Gesamtbetrag der Honorarkürzung, da die Überwachung der Wirtschaftlichkeit von übergreifendem Interesse für alle Krankenkassen und Verbände ist (LSG Rheinland-Pfalz, 24.8.2006 – L 5 B 201/06 KA –); a.A.: Höhe des auf die Krankenkasse entfallenden Regressanteils (LSG Berlin-Brandenburg, 3.4.2008 – L 7 B 18/08 KA –).
15.5	Auszahlung des Honorars; einstweilige Anordnung	Das wirtschaftliche Interesse bemisst sich nach der Länge des Hauptsacheverfahrens und dem Zinsinteresse (LSG Nordrhein-Westfalen, 7.11.2011 – L 11 KA 110/11 B –).
15.6	Feststellung/Anordnung der aufschiebenden Wirkung einer Klage gegen einen Regress	Keine Vorwegnahme der Hauptsache, daher ein Viertel des Streitwerts der Hauptsache, vgl. B. 11.1 (LSG Rheinland-Pfalz, 19.4.2012 – L 7 KA 70/11 B –).

16.	Zulassungsverfahren von Ärzten, Zahnärzten und Psychotherapeuten (§ 95 SGB V iVm den Zulassungsverordnungen nach § 98 SGB V)	
16.1	Eintragung in das Arztregister als Vorstufe der Zulassung (§§ 95 a, 95 c SGB V)	– bei faktischer Vorwegnahme der Zulassung: Höhe der Einnahmen wie bei C.X.16.5. – im übrigen: Höhe der Einnahmen in dem streitigen Zeitraum der Weiterbildung (BSG, 21.3.1997 – 6 RKa 29/95 –).
16.2	Einstweilige Anordnung	– Höhe der Einnahmen (wie bei C.X.16.5) während der voraussichtlichen Verfahrensdauer von einem Jahr ohne Abschlag (Wenner/Bernard, NZS 2001, 57, 59; 2003, 568, 571; 2006, 1, 3 f.; LSG Hamburg, 8.3.2011 – L 1 KA 22/11 B ER –; LSG Berlin-Brandenburg, 11.1.2012 – L 7 KA 91/11 B –; abweichend: je Instanz <Hauptsache> ein Jahr, Bayerisches LSG, 25.4.2005 – L 12 B 203/04 KA –; LSG Nordrhein-Westfalen, 17.1.2011 – L 11 KA 87/10 B ER –).
16.3	Anordnung der sofortigen Vollziehung eines Zulassungsbeschlusses	Voraussichtliche Honorareinnahmen im Zeitraum zwischen dem Zulassungsbeschluss bis zur gerichtlichen Entscheidung (SG Marburg, 10.11.2011 – S 12 KA 790/11 ER –).
16.4	Entziehung der Zulassung	Wie bei C.X.16.5, wobei auf die konkret erzielten Umsätze zurückgegriffen werden kann (BSG 7.4.2000 – B 6 KA 61/99 B –; 25.9.2005 – B 6 KA 69/04 B –), evtl. Regelstreitwert für 12 Quartale (LSG Baden-Württemberg, 20.10.2010 – L 5 KA 2155/09 –); bei einem Laborarzt ist das gesamte Honorar bestehend aus dem Leistungsanteil und den Analysesachkosten zu berücksichtigen (LSG Nordrhein-Westfalen, 10.12.2007 – L 10 B 39/06 KA –).
16.5	Erstzulassung	– Höhe der bundesdurchschnittlichen Umsätze der Arztgruppe (in den neuen Bundesländern: Durchschnitt dieser Länder) abzüglich des durchschnittlichen Praxiskostenanteils in einem Zeitraum von drei Jahren (BSG, 1.9.2005 – B 6 KA 41/04 R –; 12.10.2005 – B 6 KA 47/04 B –) – bei fehlenden Daten bzgl Umsätzen und Praxiskostenanteilen: Rückgriff auf durchschnittliche Werte aller Arztgruppen (BSG, 12.10.2005 – B 6 KA 47/04 B –) – bei fehlenden Daten bzgl Praxiskostenanteilen: Rückgriff auf einen „pauschal gegriffenen Kostensatz" von 50 v.H. (BSG, 12.10.2005 – B 6 Ka 47/04 B –) – Unterschreiten des „Berechnungszeitraums" von drei Jahren möglich, wenn kürzere Tätigkeit zu erwarten ist (BSG, 28.1.2000 – B 6 KA 22/99 R –) – in einem atypischen Fall, in welchem die durchschnittlichen Umsätze der Arztgruppe dem wirtschaftlichen Interesse des Arztes nicht annähernd entsprechen, ist für jedes Quartal des Dreijahreszeitraums der Regelwert ohne Abzug von Praxiskosten

		anzusetzen (BSG, 12.9.2006 – B 6 KA 70/05 B –; LSG Rheinland-Pfalz, 22.6.2010 – L 5 KA 25/10 B ER –).
16.6	Erteilung einer weiteren Zulassung	Mehreinnahmen innerhalb eines Zeitraumes von drei Jahren (BSG, 11.11.2005 – B 6 KA 12/05 B –).
16.7	Erhalt von zwei vollen Versorgungsaufträgen durch Verlegung eines Teils der ärztlichen Tätigkeit an einen anderen Ort	Auffangstreitwert (BSG, 9.2.2011 – B 6 KA 44/10 B –).
16.8	Konkurrentenklage gegen Zulassung	Wie bei C.X16.5; bei einem offenen Ausgang des Auswahlverfahrens jedoch nur 1/3 des vollen Zulassungsinteresses (LSG Schleswig-Holstein, 28.6.2007 – L 4 B 269/06 KA ER –; wenn Interesse nicht zu beziffern: 60.000 € <Auffangstreitwert für 12 Quartale>, BSG, 29.6.2011 – B 6 KA 4/11 B –; LSG Nordrhein-Westfalen, 16.3.2011 – L 11 KA 96/10 B ER –); a.A. bei Praxisübernahme: Durchschnittsumsatz in der Arztgruppe ohne Abzug von Praxiskosten (Wenner/Bernard, NZS 2001, 57, 60). *Anm.:* Differenzierend: Der Streitwert einer offensiven Konkurrentenklage, die sich auf eine neue Auswahlentscheidung nach § 103 Abs. 4 S. 4 SGB V richtet, beläuft sich auf die Hälfte des „vollen Zulassungsinteresses" (LSG Hamburg 20.3.2015 – L 5 KA 54/14 B, juris Rn 7). Abweichung von SchlHLSG 28.6.2007 – L 4 B 269/06 KA ER, NZS 2008, 390.
16.9	Nebenbestimmungen zu einer Zulassung (Bedingung)	Wie bei C.X.16.5.
16.10	Verlegung des Arztsitzes	Dreifacher Regelstreitwert (Wenner/Bernard, NZS 2001, 57, 60).
16.11	Weiterführung von Behandlungen nach Versagung der Zulassung zur vertragspsychotherapeutischen Versorgung	Zu erwartendes Honorar (BSG, 8.4.2005 – B 6 KA 52/04 B –).
16.12	Zweigpraxis	Dreifacher Regelstreitwert (Wenner/Bernard, NZS 2003, 568, 572; Hessisches LSG, 13.11.2007 – L 4 KA 57/07 ER –; LSG Rheinland-Pfalz, 11.6.2010 – L 5 KA 61/09 B –); a.A.: 60.000 € <Auffangstreitwert für 12 Quartale>, jedoch auch Berücksichtigung des angebotenen Zeitkontingentes sowie von Art und Umfang der ärztlichen Leistungen (LSG Nordrhein-Westfalen, 17.12.2009 – L 11 B 7/09 KA –; 16.3.2011 – L 11 KA 96/10 B ER –).
16.13	Erteilung einer Nebentätigkeitsgenehmigung als Konsiliararzt	Voraussichtliche Honorareinnahmen für drei Jahre abzüglich der Betriebskosten (LSG Nordrhein-Westfalen, 24.2.2006 – L 10 B 21/05 KA –). *Anm.:* Bei Anfechtung der persönlichen Ermächtigung von Krankenhausärzten zur Teilnahme an der vertragsärztlichen Versorgung durch eine Gemeinschaftspraxis zweier Strahlenfachärzte als sog. **defensives Konkurrentenbegehren** bemisst sich der Gegenstandswert nicht nach den Einnahmen des ermächtigten Krankenhausarztes, sondern anhand des im Einzelfall zu schätzenden Anteils der Umsatzeinbuße der von der Ermächtigung

betroffenen vertragsärztlichen Leistungen (Hinweis bereits auf Streitwertkatalog 2009, Ziff. IX.6.3, NZS 2009, 493/494 mwN). Dabei wird in Anlehnung an die Regelung in § 42 Abs. 3 S. 1 GKG auf einen Zeitraum von zwei Jahren abgestellt – nach dem Umfang der erteilten Ermächtigung in zeitlicher Hinsicht (BSG 7.12.2006 – B 6 KA 42/06 R, juris). Bei Ermangelung näherer Anhaltspunkte für die konkreten Auswirkungen der erteilten Ermächtigung auf die Umsatzsituation der im Umfeld des Krankenhausarztes tätigen Vertragsärzte ist quartalsweise auf den Regelstreitwert von 5.000 € abzustellen (BSG, a.a.O.).

Im Übrigen ist die Berechnung des Gegenstandswerts durch den beklagten Berufungsausschuss der Kassenärztlichen Vereinigung **ohne Bindungswirkung für die Sozialgerichte**. Hierzu ist in der Rspr des BSG geklärt, dass die im Rahmen eines Kostenfestsetzungsbeschlusses seitens der (Selbst-)Verwaltung vorgenommene Bestimmung des Gegenstandswerts lediglich einen Berechnungsfaktor für die Höhe des jeweiligen Kostenerstattungsanspruchs darstellt. Daher sind die Sozialgerichte befugt, bei der Prüfung für die Berechtigung einer höheren Kostenerstattung als bislang bewilligt den zugrunde zu legenden Gegenstandswert eigenhändig anhand der gesetzlichen Bestimmungen aus dem GKG festzulegen; dabei ist ein Kläger jedoch aus Rechtssicherheitsgründen im Rahmen des prozessualen Verböserungsverbots vor einer im Ergebnis niedrigeren Kostenerstattung geschützt (BSG 9.4.2008 – B 6 KA 3/07 B, juris).[46]

17.	Medizinisches Versorgungszentrum (§ 95 SGB V)	
17.1	Genehmigung zur Anstellung eines Arztes (§ 95 Abs. 2 Satz 7 SGB V)	In Anlehnung an C. X. 16.5: Regelstreitwert pro Quartal für drei Jahre (LSG Rheinland-Pfalz, 12.7.2011 – L 5 KA 19/11 B ER –).
17.2	Zulassung	Wie 17.1: SG Karlsruhe, 17.12.2010 – S 1 KA 575/10 –).
17.3	Nachbesetzung einer Arztstelle (§ 103 Abs. 4 a Satz 3 SGB V)	Höhe des mit dem Arzt vereinbarten Gehalts im streitigen Zeitraum (LSG Baden-Württemberg, 8.12.2010 – L 5 KA 3673/10 ER-B –).
17.4	Entziehung der Zulassung (§ 95 Abs. 6 SGB V)	In Anlehnung an C. X. 16.2: Honorarumsätze eines Jahres abzüglich der Praxiskosten (SG Berlin, 20.11.2009 – S 83 KA 673/09 ER –; LSG Berlin-Brandenburg, 9.2.2010 – L 7 KA 169/09 B ER –).
17.5.	Befreiung vom Bereitschaftsdienst (Notfalldienst)	In Anlehnung an C. X. 12.2: Auffangstreitwert (Sächsisches LSG, 14.12.2011 – L 1 KA 25/10 –).
17.6	Kosten für die Teilnahme an einer erweiterten Honorarverteilung	Durchschnittliche Kosten je beschäftigtem Arzt für drei Jahre (SG Marburg, 10.7.2009 – S 12 KA 646/08 –).

---

46 LSG Niedersachsen-Bremen 17.10.2012 – L 3 KA 21/12.

18.	Praxisübernahme (§ 103 Abs. 4 SGB V)	
18.1	Begehren auf Durchführung des Ausschreibungsverfahrens	Regelwert für zwölf Quartale, da Ähnlichkeit mit einer Zulassungsstreitigkeit (BSG, 28.11.2007 – B 6 KA 26/07 R –).
18.2	Anordnung der sofortigen Vollziehung eines Zulassungsbeschlusses	Honorarumsätze abzüglich der Praxiskosten für die (voraussichtliche) Dauer des Widerspruchsverfahrens (SG Marburg, 25.11.2011 – S 12 KA 797/11 ER –).
19.	Substitutionsbehandlung	
19.1	Anordnung der KÄV auf Beendigung der Substitutionsbehandlung eines Versicherten durch einen Vertragsarzt („Substitutionsrichtlinie", §§ 92 Abs. 1 Satz 2 Nr. 5, 135 SGB V)	Auffangstreitwert; auf den Umfang einer erst beabsichtigten Honorarrückforderung kann nicht abgestellt werden (Hessisches LSG 11.3.2009 – L 4 KA 59/07 –).
19.2	Ankündigung einer Qualitätsprüfung, Aufforderung zur Vorlage von Behandlungsdokumentationen (§ 136 Abs. 2 SGB V, Qualitätsprüfungs-Richtlinie Vertragsärztliche Versorgung)	Auffangstreitwert (LSG Berlin-Brandenburg, 28.6.2011 – L 7 KA 50/11 B ER –).
20.	Richtlinien des Gemeinsamen Bundesausschusses (§ 92 SGB V)	
20.1	Arzneimittel-RL	Bei Antrag auf Unterlassung einer bestimmten Interpretation durch den GBA: erwartete Gewinneinbuße für ein Jahr (LSG Berlin-Brandenburg, 27.8.2010 – L 7 KA 11/10 KL ER –).

§ 53 Einstweiliger Rechtsschutz und Verfahren nach § 148 Absatz 1 und 2 des Aktiengesetzes

(1) In folgenden Verfahren bestimmt sich der Wert nach § 3 der Zivilprozessordnung:
1. über einen Antrag auf Anordnung, Abänderung oder Aufhebung eines Arrests oder einer einstweiligen Verfügung, soweit nichts anderes bestimmt ist,
2. über den Antrag auf Zulassung der Vollziehung einer vorläufigen oder sichernden Maßnahme des Schiedsgerichts,
3. auf Aufhebung oder Abänderung einer Entscheidung auf Zulassung der Vollziehung (§ 1041 der Zivilprozessordnung) und
4. nach § 148 Absatz 1 und 2 des Aktiengesetzes; er darf jedoch ein Zehntel des Grundkapitals oder Stammkapitals des übertragenden oder formwechselnden Rechtsträgers oder, falls der übertragende oder formwechselnde Rechtsträger ein Grundkapital oder Stammkapital nicht hat, ein Zehntel des Vermögens dieses Rechtsträgers, höchstens jedoch 500.000 Euro, nur insoweit übersteigen, als die Bedeutung der Sache für die Parteien höher zu bewerten ist.

(2) In folgenden Verfahren bestimmt sich der Wert nach § 52 Absatz 1 und 2:
1. über einen Antrag auf Erlass, Abänderung oder Aufhebung einer einstweiligen Anordnung nach § 123 der Verwaltungsgerichtsordnung oder § 114 der Finanzgerichtsordnung,
2. nach § 47 Absatz 6, § 80 Absatz 5 bis 8, § 80 a Absatz 3 oder § 80 b Absatz 2 und 3 der Verwaltungsgerichtsordnung,
3. nach § 69 Absatz 3, 5 der Finanzgerichtsordnung,
4. nach § 86 b des Sozialgerichtsgesetzes und
5. nach § 50 Absatz 3 bis 5 des Wertpapiererwerbs- und Übernahmegesetzes.

Geplante Fassung ab 18.1.2017 (gem. EuKoPfVODG, BT-Drucks 18/7560):[1]

§ 53 Einstweiliger Rechtsschutz und Verfahren nach § 148 Absatz 1 und 2 des Aktiengesetzes

(1) In folgenden Verfahren bestimmt sich der Wert nach § 3 der Zivilprozessordnung:

1. *über die Anordnung eines Arrests, zur Erwirkung eines Europäischen Beschlusses zur vorläufigen Konten-pfändung, wenn keine Festgebühren bestimmt sind, und auf Erlass einer einstweiligen Verfügung sowie im Verfahren über die Aufhebung, den Widerruf oder die Abänderung der genannten Entscheidungen,*

2.–4. (unverändert)

(2) (unverändert)

---

[1] *Kursive Hervorhebung:* Geplante Änderung durch Art. 9 Nr. 2 des Entwurfs eines Gesetzes zur Durchführung der Verordnung (EU) Nr. 655/2014 sowie zur Änderung sonstiger zivilprozessualer Vorschriften (EuKoPfVODG), BT-Drucks 18/7560, S. 17. Geplantes Inkrafttreten dieser Änderung: 18.1.2017 (s. Art. 14 Abs. 1 ÄndG). Siehe dazu Rn 2, 6, 9 a.

I. Allgemeines

1. Kontur von § 53. Die Vorschrift regelt die Maßstäbe der Streitwertbestimmung bei Vorliegen einer der **1** enumerativ aufgeführten, inhaltlich recht unterschiedlich erscheinenden Verfahrensarten.

Zuoberst behandelt die Norm in Abs. 1 die Streitwertermittlung bei Maßnahmen im Rahmen zivilprozess- **2** rechtlichen **einstweiligen Rechtsschutzes** nach den §§ 916 ff ZPO (Nr. 1) und – nach zu erwartendem Abschluss der bundesdeutschen Durchführungsgesetzgebung[2] – im Rahmen der **vorläufigen Kontenpfändung** nach der Verordnung (EU) Nr. 655/2014 (Europäische Kontenpfändungsverordnung – EuKoPfVO). Sie umfasst daneben Vorschriften zur Wertermittlung strukturell dem einstweiligen Rechtsschutz vergleichbarer zivilrechtlicher Verfahren, die sämtlich das Ziel summarischer Anspruchssicherung haben, sei es im Rahmen schiedsrichterlicher Streitentscheidung (Nr. 2 und 3) oder bei Sonderverfahren nach dem Aktienrecht.

In Abs. 2 ist eine Wertermittlungsvorschrift für Verfahren nach nichtzivilrechtlichen Verfahrensordnungen **3** sowie nach dem Wertpapiererwerbs- und Übernahmegesetz (WpÜG) erlassen.

2. Funktion von § 53. Die Grundsatzvorschrift für die Streitwertermittlung – § 48 Abs. 1 – verweist hin- **4** sichtlich der Streitwertbestimmung zunächst auf die allgemeinen zivilverfahrensrechtlichen Vorschriften, mit deren Hilfe die sachliche Zuständigkeit bestimmt wird, also auf die §§ 3 ff ZPO. § 48 Abs. 1 aE stellt freilich klar ("soweit nichts anderes bestimmt ist"), dass ausdrücklich im Gesetz niedergelegte Sondervorschriften **Vorrang vor dieser Grundsatzvorschrift** haben, die die Ermittlung des Gebührenstreitwerts in besonderer Weise ausgestalten.[3] Zu diesen **Sonderregeln** gehört § 53.

Hinsichtlich der **Ermittlung des Streitwerts** verweist Abs. 1 wiederum auf § 3 ZPO und damit auf die zivil- **5** verfahrensrechtliche Auffangnorm zur Ermittlung des Zuständigkeitsstreitwerts,[4] die dem Gericht eine Streitwertfestsetzung nach freiem Ermessen aufträgt.

Da es insoweit keine besonderen Vorschriften gibt, gilt die Norm wegen § 1 Abs. 2 Nr. 4 ArbGG auch für einstweiligen Rechtsschutz und schiedsrichterliche Entscheidung in **arbeitsrechtlichen Streitigkeiten.**[5]

II. Streitwertermittlung bei Arrest und einstweiliger Verfügung (Abs. 1 Nr. 1)

1. Anwendbarkeit. Die Wertbestimmung in den in Abs. 1 Nr. 1 genannten Fällen, also bei einem Antrag auf **6** Anordnung, Abänderung oder Aufhebung eines **Arrests** oder einer **einstweiligen Verfügung** – mit Abschluss der bundesdeutschen Durchführungsgesetzgebung wird auch der **Beschluss zur vorläufigen Kontenpfändung** nach der Verordnung (EU) Nr. 655/2014[6] unter diese Ziffer fallen[7] – bestimmt sich nach § 3 ZPO, "soweit nichts anderes bestimmt ist". Eine eigenständige Wertregelung für Verfahren des einstweiligen Rechtsschutzes als insoweit "anderweitige Bestimmung" befindet sich in § 51 **Abs. 4**. Die Vorschrift des § 51, der die Streitwerte im sog. gewerblichen Rechtsschutz regelt, wurde mit Wirkung zum 9.10.2013 durch das Gesetz gegen unseriöse Geschäftspraktiken vom 1.10.2013[8] eingeführt und macht insoweit eine Einschränkung der allgemeinen Wertbestimmung des Abs. 1 Nr. 1 für Verfahren über einen Antrag auf Anordnung, Abänderung oder Aufhebung einer einstweiligen Verfügung erforderlich,[9] so dass Abs. 1 Nr. 1 um die entsprechende Einschränkung durch vorgenanntes Gesetz ergänzt wurde.

2. Streitgegenstand im Eilverfahren. a) Nach § 3 Hs 1 ZPO liegt die Wertbestimmung in den in Abs. 1 Nr. 1 **7** genannten Fällen, also bei einem Antrag auf **Anordnung, Abänderung oder Aufhebung eines Arrests oder einer einstweiligen Verfügung,** in freiem Ermessen des Gerichts. Dieses hat damit wegen § 40, der als Zeitpunkt der Wertermittlung die entsprechende Antragstellung anordnet, den Streitgegenstand im Verfahren des einstweiligen Rechtsschutzes auf der Grundlage des gestellten Antrags zu bewerten.

Dabei ist zu berücksichtigen, dass es sich bei **Arrest** und **einstweiliger Verfügung** um zwei grds. voneinander **8** **verschiedene Verfahrensarten** handelt, die sich im Falle eines Falles als Möglichkeit der Sicherung ein und desselben Anspruchs sogar ausschließen.[10] Auch wenn sie im 8. Buch der ZPO geregelt sind, sind weder Arrest noch einstweilige Verfügung inhaltlich dem Zwangsvollstreckungsrecht zugehörig, vielmehr stellen sie **summarische Verfahren zur Sicherung eines Anspruchs** dar.[11]

b) Was **Streitgegenstand im Verfahren des einstweiligen Rechtsschutzes** ist, ist nicht völlig einheitlich ge- **9** klärt. Einigkeit besteht jedoch darin, dass der Streitgegenstand des Hauptsacheverfahrens nicht durch An-

---

2 Entwurf eines Gesetzes zur Durchführung der Verordnung (EU) Nr. 655/2014 sowie zur Änderung sonstiger zivilprozessualer Vorschriften (EuKoPfVODG), BT-Drucks. 18/7560 v. 17.2.2016. **3** Binz/Dörndorfer/*Dörndorfer*, § 48 GKG Rn 2. **4** Hk-ZPO/ *Bendtsen*, § 3 ZPO Rn 1. **5** *Hartmann*, KostG, § 53 GKG Rn 5. **6** Verordnung (EU) Nr. 655/2014 des Europäischen Parlaments und des Rates vom 15. Mai 2014 zur Einführung eines Verfahrens für einen Europäischen Beschluss zur vorläufigen Kontenpfändung im Hinblick auf die Erleichterung der grenzüberschreitenden Eintreibung von Forderungen in Zivil- und Handelssachen (Europäische Kontenpfändungsverordnung – EuKoPfVO) (ABl. L 189 v. 27.6.2014, S. 59). **7** Art. 9 Nr. 2 des Entwurfs eines Gesetzes zur Durchführung der Verordnung (EU) Nr. 655/2014 sowie zur Änderung sonstiger zivilprozessualer Vorschriften (EuKoPfVODG), BT-Drucks 18/7560, S. 17. **8** BGBl. 2013 I 3714. **9** BT-Drucks 17/13057, S. 31. **10** Thomas/Putzo/*Seiler*, ZPO, Vorbem. § 916 Rn 8. **11** Thomas/Putzo/*Seiler*, ZPO, Vorbem. § 916 Rn 1.

träge auf einstweiligen Rechtsschutz anhängig wird[12] und damit auch nicht über Abs. 1 Nr. 1 iVm § 3 ZPO zur Wertbestimmung hinsichtlich des Streitgegenstands herangezogen werden kann, weswegen der Gesetzgeber auch die Wertermittlung nach freiem Ermessen angeordnet hat. Streitgegenstand im Verfahren des einstweiligen Rechtsschutzes ist vielmehr der Anspruch auf prozessuale **Sicherung der gegenwärtigen oder zukünftigen Stellung des Anspruchstellers im Hauptsacheverfahren**.[13] Insoweit ist dieses **Sicherungsinteresse** durch das Gericht bei pflichtgemäßer Ermessensausübung zu bewerten.

9a   Für die **vorläufige Kontenpfändung** nach VO (EU) Nr. 655/2014 (EuKoPfVO) wird letztlich das Entsprechende gelten.

10   c) Dieser Zusammenhang lässt deutlich werden, warum das GKG in Abs. 1 nicht auf § 48 Abs. 2 S. 1 Bezug nimmt, sondern auf § 3 ZPO, da es auf den vermögensrechtlichen oder nichtvermögensrechtlichen Charakter des in der Hauptsache anhängig zu machenden Streitgegenstands nicht ankommt, da dieser für die Streitwertbestimmung in Verfahren des einstweiligen Rechtsschutzes nicht unmittelbar herangezogen werden kann. Umgekehrt beziehen sich die verschiedenen Verfahren des einstweiligen Rechtsschutzes (und hier gerade auch die vorläufige Kontenpfändung auf der Grundlage europäischen Zivilverfahrensrechts) in **untergeordnet-dienender Funktion auf den Streitgegenstand in der Hauptsache**,[14] hinsichtlich dessen die Möglichkeit einer Sicherung mit hoheitlichen Mitteln gerade Ziel und damit letztlich Gegenstand im Verfahren des einstweiligen Rechtsschutzes ist.[15]

11   d) Grundlage für die **Eingrenzung des Sicherungsinteresses** ist der **gestellte Antrag** oder – soweit ein bestimmter Antrag nicht gestellt wurde – eine insoweit erfolgte Bestimmung seitens des Gerichts.[16]

12   Vor dem Hintergrund des in entsprechender Weise eingegrenzten Streitgegenstands hat das Gericht wegen des Verweises in Abs. 1 den Gebührenstreitwert in Verfahren des einstweiligen Rechtsschutzes nach der Grundregel für den Zuständigkeitsstreitwert in § 3 ZPO zu ermitteln, indem es die **wesentlichen Aspekte und Charakteristika** des im Hauptsacheverfahren anhängig zu machenden oder bereits anhängig gemachten Streitgegenstands pflichtgemäß bewertet und abwägt.[17] Ohne Berücksichtigung bei der Streitwertermittlung bleiben artikulierte oder mutmaßliche Interessen des Antragsgegners,[18] da diese den Streitgegenstand als solchen nicht zu bestimmen vermögen; dieser bestimmt sich ausschließlich auf der Grundlage des gestellten Antrags und des dort mitgeteilten Lebenssachverhalts;[19] insoweit gilt für den Streitgegenstand im Verfahren des einstweiligen Rechtsschutzes strukturell nichts anderes als für denjenigen in der Hauptsache.

13   **3. Wertberechnung im Einzelnen.** a) Der Streitwert in der Hauptsache bestimmt wegen des auf ihn bezogenen Sicherungsinteresses mittelbar den Streitwert im Verfahren des einstweiligen Rechtsschutzes. Üblicherweise wird hierbei zur Streitwertbestimmung ein wertmäßiger Bruchteil des anzunehmenden oder festgesetzten Hauptsachestreitwerts als **Ausgangspunkt für die Streitwertermittlung** im Verfahren des einstweiligen Rechtsschutzes angesetzt werden. In der überwiegenden Anzahl der Fälle wird man dabei von etwa **einem Drittel bis der Hälfte des Werts** des Streitgegenstands in der Hauptsache ausgehen dürfen,[20] um das Sicherungsinteresse am Hauptsachegegenstand angemessen wertmäßig einzustufen.

14   b) Die Wertermittlung des Streitgegenstands in den Verfahren des einstweiligen Rechtsschutzes ist dabei freilich **nicht lediglich schematisch** durchzuführen,[21] kann also nicht einfach an den zuvor genannten Anteilsverhältnissen hinsichtlich der Hauptsache (→ Rn 13) orientiert werden. Dabei kann es sich bestenfalls um Richtzahlen handeln, die sich in langfristig geübter Praxis als plausibel erwiesen haben. Das über den Verweis in Abs. 1 durch § 3 ZPO eingeräumte Ermessen ist im konkreten Fall tatsächlich auszuüben, das Sicherungsinteresse hinsichtlich des möglichen oder bereits anhängigen Hauptsachestreitgegenstands ist im Einzelfall zu bewerten und einzuordnen.

15   c) Vor diesem Hintergrund ist es ohne Weiteres denkbar, möglich und nötig, dass **geringere Verhältniswerte als ein Drittel bis die Hälfte** des Streitwerts in der Hauptsache anzusetzen sein werden.

16   So können wegen geringeren Sicherungsinteresses schon Quoten zwischen 12 % und 15 % des Hauptsachestreitwerts eine ermessensfehlerfreie Bewertung des Streitwerts darstellen, was namentlich im einstweiligen Rechtsschutz hinsichtlich Streitgegenständen in der Hauptsache, die dem **Recht des geistigen Eigentums** und dem **gewerblichen Rechtsschutz** entstammen,[22] denkbar ist.[23] Diese Position ist nicht ohne Kritik ge-

12 MüKo-ZPO/*Drescher*, Vor §§ 916 ff Rn 12; Hk-ZPO/*Kemper*, Vor §§ 916–945 ZPO Rn 1. **13** OLG München OLGZ 1988, 230 ff; MüKo-ZPO/*Drescher*, Vor §§ 916 ff Rn 12. **14** MüKo-ZPO/*Drescher*, Vor §§ 916 ff Rn 12. **15** Thomas/Putzo/*Seiler*, ZPO, Vorbem. § 916 Rn 2; MüKo-ZPO/*Drescher*, Vor §§ 916 ff Rn 12. **16** OLG Stuttgart NJW 1969, 1721; Thomas/Putzo/*Seiler*, ZPO, Vorbem. § 916 Rn 2. **17** LG Frankfurt a. M. JurBüro 1995, 487; Binz/Dörndorfer/*Dörndorfer*, § 48 GKG Rn 3. **18** LG Bonn NZM 2008, 664; OLG Köln JurBüro 1980, 244; *Hartmann*, KostG, § 53 GKG Rn 2. **19** Hk-ZPO/*Saenger*, Einführung Rn 99 ff. **20** OLG Koblenz NZM 2009, 55; OLG Brandenburg JurBüro 2001, 94; OLG Oldenburg NJW-RR 1996, 946; OLG Frankfurt a. M. JurBüro 1995, 487; OLG Bamberg JurBüro 1991, 1690; Binz/Dörndorfer/*Dörndorfer*, § 53 GKG Rn 3; *Hartmann*, KostG, § 53 GKG Rn 2. **21** OLG Köln MDR 1995, 1140; OLG Frankfurt a. M. JurBüro 1995, 487. **22** Instruktiv OLG Braunschweig GRUR-RR 2012, 93. **23** OLG Köln GRUR 1988, 726.

blieben,[24] wobei sich diese Kritik namentlich auf die Unklarheit der bei einer derart niedrigen Streitwertansetzung herabgezogenen Kriterien bezog. Soweit eine Streitwertermittlung im Eilverfahren jedoch auf der Grundlage der zuvor referierten Kriterien (→ Rn 13) zustande gekommen ist, ist dagegen nichts zu bemerken.

d) Freilich sind Streitgegenstände im einstweiligen Rechtsschutz denkbar, deren Wert wegen eines höheren Sicherungsinteresses ohne Weiteres **über der Hälfte des Werts des Hauptsachestreitgegenstands** anzusetzen sein werden. Denkbar können Bewertungen sein, die bei drei Vierteln des Hauptsachewerts zu stehen kommen.[25]

Denkbar ist es aber auch, dass der Wert des Streitgegenstands in der Hauptsache **beinahe oder gänzlich vollständig erreicht** wird. Dies wird zumeist dann der Fall sein, wenn das Verfahren des vorläufigen Rechtsschutzes das Klagebegehren bereits soweit entscheidet bzw entscheiden muss, um dem Sicherungsinteresse angemessen Rechnung zu tragen, dass die Entscheidung hinsichtlich der Hauptsache weitgehend vorweggenommen wird oder diese sogar gänzlich entfallen kann (etwa durch Antragsrücknahme nach entsprechend entschiedenem Eilverfahren), konkret mithin eine **endgültige Entscheidung im Gewand des einstweiligen Rechtsschutzes** ergeht.[26] Dies wird nicht zuletzt dort der Fall sein, wo es in der Hauptsache um vermögensrechtliche Ansprüche geht, bei denen der Antragsteller nicht ohne das Erleiden eines unverhältnismäßig hohen, vielleicht auch irreparablen Nachteils auf die Entscheidung in der Hauptsache zu warten vermag. Dies können Fälle des Erlasses einer **Unterlassungsverfügung im gewerblichen Rechtsschutz** sein,[27] wobei der Rechtsgedanke der Lizenzanalogie Kriterium bei der Wertbestimmung sein kann.[28] Bei den **Leistungsschutzrechten** stellen sich umgekehrt freilich häufig Fragen nach der wertmäßigen Einstufung der im Eilverfahren vorweggenommenen Hauptsache selbst. Im Falle sog. „**Filesharingportale**" und „**Internettauschbörsen**"[29] ist deutlich zu differenzieren, in welchem Umfang die fraglichen Dateien rechtsverletzend verbreitet worden sind: Ist nur eine einzelne Datei, ein einzelner Musiktitel etwa, verbreitet worden, können 3.000 € ein angemessener Wertansatz sein;[30] ist ein ganzes, aus mehreren Titeln bestehendes Album verbreitet worden, dürfte der Streitwert in der Hauptsache wohl eher bei 10.000 € liegen,[31] was für die Wertbestimmung im Eilverfahren als durchaus wesentlicher Gesichtspunkt bei der Ermessensausübung maßgeblich ist.

Ebenso wird die Hauptsache weitgehend vorweggenommen mit der Folge eines Wertansatzes, der nahe an 100 % des Werts der Hauptsache zu liegen kommt, in den Fällen, in denen im Verfahren des einstweiligen Rechtsschutzes eine **Leistungsverfügung**[32] getroffen wird,[33] was namentlich bei Ansprüchen auf wiederkehrende Leistungen der Fall sein kann, die der Sicherung der Lebensgrundlage dienen.[34]

In der Sache faktisch endgültige Entscheidungen liegen häufig auch in **sachenrechtlichen Konstellationen** vor, mit der Folge, dass auch hier im einstweiligen Rechtsschutz von Streitwerten ausgegangen werden kann, die bis zu 100 % des Hauptsachestreitwerts ausmachen. Dies ist etwa dann der Fall, wenn im Eilverfahren die Herausgabe einer Sache begehrt wird, wegen verbotener Eigenmacht etwa[35] oder durch Vindikation,[36] selbst bei Herausgabe an einen Sequester,[37] oder wenn im einstweiligen Rechtsschutz die Eintragung eines Widerspruchs in das Grundbuch beantragt wird.[38]

e) Auch wenn das Verfahren des einstweiligen Rechtsschutzes einen eigenen Streitgegenstand betrifft, so wird man doch grds. davon ausgehen können und müssen, dass der **Wert des Streitgegenstands in der Hauptsache** den Streitwert im Eilverfahren **nach oben hin begrenzt**. Es ist schwerlich denkbar, dass der Wert der Sicherung des Hauptsachegegenstands schwerer wiegt als diese Hauptsache selbst.[39]

f) Sofern der Rechtsstreit in der Hauptsache **keine Ansprüche vermögensrechtlicher Natur** zum Gegenstand hat, wird der Hauptsachestreitwert nach § 48 Abs. 2 durch das Gericht nach dessen Ermessen zu bewerten sein. Die Ermittlung des Streitwerts im darauf bezogenen Eilverfahren erfolgt gleichwohl wiederum auf der Grundlage von Abs. 1 Nr. 1, da Streitgegenstand auch hier das Sicherungsinteresse (→ Rn 9) an der nichtvermögensrechtlich konturierten Hauptsache ist. In derartigen Fällen wird das Gericht mithin in zweifacher Weise Ermessen zu betätigen haben: einmal zur Bewertung des nichtvermögensrechtlichen Streitgegenstands in der Hauptsache und zum anderen wegen des Sicherungsinteresses im Verfahren des einstweiligen

17

18

19

20

21

22

---

24 Urteilsanmerkung von *Ahrens*, GRUR 1988, 726 ff; dazu auch *Hartmann*, KostG, § 53 GKG Rn 2. 25 OLG Koblenz JurBüro 2006, 537. 26 OLG Rostock GRUR-RR 2009, 39; *Hartmann*, KostG, § 53 GKG Rn 3; Binz/Dörndorfer/*Dörndorfer*, § 53 GKG Rn 3. 27 OLG Celle GRUR-RR 2013, 360; OLG Frankfurt JurBüro 1981, 605. 28 OLG Braunschweig GRUR-RR 2012, 93. 29 OLG Düsseldorf ZUM-RD 2013, 638. 30 OLG Köln 17.11.2011 – 6 W 234/11, BeckRS 2012, 02571. 31 OLG Köln 14.3.2011 – 6 W 44/11, juris. 32 Thomas/Putzo/*Seiler*, ZPO, § 940 Rn 6. 33 OLG Brandenburg 2001, 94. 34 OLG Hamm JurBüro 1979, 875. 35 OLG Düsseldorf MDR 2011, 216. 36 OLG Koblenz JurBüro 2009, 429. 37 OLG Bamberg JurBüro 1975, 793. 38 OLG Bamberg JurBüro 1978, 1552. 39 OLG Köln FamRZ 2001, 432.

Rechtsschutzes. Hier werden es dann namentlich die Schwierigkeit der Entscheidung in der Hauptsache sein und deren Aufwand, die die Wertbestimmung im Eilverfahren leiten können.[40]

23 g) Durchaus verwandt zum Vorgehen bei Ansprüchen nichtvermögensrechtlicher Natur ist die Streitwertermittlung im Eilverfahren, wenn in der Hauptsache ein Anspruch auf **wiederkehrende Leistungen** geltend gemacht wird. In der Hauptsache wird der Streitwert dann über § 42 ermittelt, bei Miet- und Pachtverhältnissen sowie diesen vergleichbaren Rechtsverhältnissen nach § 43. An den nach diesen Normen ermittelten Hauptsachestreitwert wird man sich im Rahmen der auch hier erforderlichen Ausübung pflichtgemäßen Ermessens nach Abs. 1 Nr. 1 iVm § 3 ZPO bei der Wertbestimmung im Verfahren des einstweiligen Rechtsschutzes unter Berücksichtigung der zuvor ausgeführten Grundsätze orientieren können und eine Quote des Streitwerts in der Hauptsache für den Streitwert im Eilverfahren ansetzen.

24 Dabei ist die Relevanz der **wiederkehrenden Leistung** für den Empfänger in die Abwägung mit einzustellen, so dass Fälle denkbar sind, in denen der Streitwert nahe an 100 % des Werts des Streitgegenstands in der Hauptsache heranreicht.[41] Auch wenn Ansprüche auf Unterhalt grds. Ansprüche auf wiederkehrende Leistungen sind, so fallen unter die Wertermittlungsvorschrift des Abs. 1 Nr. 1 nurmehr Maßnahmen des einstweiligen Rechtsschutzes wegen **vertraglicher Unterhaltsansprüche**; hinsichtlich gesetzlicher Unterhaltsansprüche sind die familienverfahrensrechtlichen Wertermittlungsvorschriften spezieller.[42]

25 h) Besondere Umstände liegen bei einer **Kontosperrung** vor, die zumeist im Wege einer Vollstreckungsmaßnahme erfolgen wird. Gegen eine solche Sperrung kann sich der Kontoinhaber mit gerichtlichen Eilmaßnahmen wenden. Die Streitwertbestimmung ist hier – wie in den sonstigen Fällen auch – im Wege sachgerechter Ermessensausübung durchzuführen. Maßgeblich ist das Interesse des antragstellenden Kontoinhabers an der Aufhebung der Kontosperre. Dabei ist zu berücksichtigen, dass durch die Zurückweisung von Aufträgen zu Zahlungsdiensten wegen der Kontosperre neben dem erforderlichen Aufwand für die Rekonstruktion unterbliebener Dienstleistungen sowie für die Korrespondenz mit Schuldnern und Gläubigern auch eine Beeinträchtigung des persönlichen Rufs in Form der Kreditwürdigkeit in Betracht kommen kann.[43]

26 Die anzusetzenden Streitwerte dürften insoweit bei gewerblich oder selbständig beruflich tätigen Kontoinhabern regelmäßig über 10.000 €[44] liegen. Im Falle einer Eilmaßnahme gegen die Kontosperrung einer im Verdacht der Verfassungsfeindlichkeit stehenden Partei war freilich ein Streitwert von 60.000 € Gegenstand der Überlegungen.[45] Die Spannbreite der genannten Zahlen macht die Notwendigkeit einer ermessensfehlerfreien Abwägung im Einzelfall zu deutlich.

27 i) Hinsichtlich der **Aufhebung einer Maßnahme des einstweiligen Rechtsschutzes** (Abs. 1 Nr. 1 Alt. 3) gilt der Grundsatz, dass sich der Streitwert des Aufhebungsverfahrens von dem des Anordnungsverfahrens leiten lässt.[46] Dies gilt freilich nur, soweit tatsächlich über die Aufhebung der konkreten Maßnahme des einstweiligen Rechtsschutzes gestritten wird,[47] mit der Folge, dass die vorstehend genannten Grundsätze hier entsprechend zur Anwendung kommen.

28 Anders liegt der Fall dann, wenn sich die Maßnahme des einstweiligen Rechtsschutzes nach übereinstimmender Meinung der Parteien materiell erledigt hat und lediglich formell noch angezeigt wird, etwa weil die kraftlos gewordene Arresthypothek im Grundbuch nicht gelöscht wurde. In diesem Fall ist eine quotenmäßige Abschichtung vom Streitwert des Anordnungsverfahrens vorzunehmen.[48] Ein Ansatz von einem Drittel bis einem Viertel des Hauptsachestreitwerts kann hier sachgerecht sein.[49]

29 Auf die konkret gewählte Verfahrensart kommt es in diesem Zusammenhang nicht an. Denkbar ist insoweit das eigentliche Aufhebungsverfahren nach § 927 ZPO, eine Aufhebung über § 928 Abs. 2 ZPO, ebenso aber auch eine sonstige Klage auf Abgabe einer Löschungsbewilligung.[50] Auch für Maßnahmen, die auf der Grundlage von § 942 Abs. 2 ZPO erlassen werden oder nach § 942 Abs. 3 ZPO aufgehoben werden, können die soeben genannten Grundlinien Anwendung finden.

30 j) Legt der Antragsgegner **Widerspruch** gegen eine erlassene Maßnahme des einstweiligen Rechtsschutzes nach § 924 ZPO ein, so bestimmt sich der Streitwert auch hier grds. nach dem Streitgegenstand, wie er sich aus dem gestellten Antrag ergibt.

---

40 LG Saarbrücken JurBüro 1995, 26; LG Darmstadt JurBüro 1976, 1090; Binz/Dörndorfer/Dörndorfer, § 53 GKG Rn 4; Hartmann, KostG, § 53 GKG Rn 4. **41** So etwa für Unterhalt nach altem Recht OLG Nürnberg JurBüro 1997, 196; KG Berlin MDR 1988, 154. **42** Hartmann, KostG, § 53 GKG Rn 9. **43** OLG Jena 30.6.2011 – 5 W 593/10, BeckRS 2011, 18053. **44** OLG Hamm OLGReport 2009, 32. **45** OLG Dresden NJW 2002, 757. **46** OLG Saarbrücken 4.3.2010 – 5 W 12/10, BeckRS 2010, 11777; OLG Bamberg JurBüro 1974, 1150; OLG München JurBüro 1963, 357; OLG Frankfurt JurBüro 1969, 343. **47** RGZ 20, 380. **48** OLG München JurBüro 1963, 357; OLG Frankfurt JurBüro 1969, 343; OLG Bamberg JurBüro 1974, 1150; OLG Celle Rpfleger 1969, 96. **49** KG Berlin JurBüro 2002, 479. **50** OLG Köln MDR 1977, 495.

Anderes gilt nur beim reinen **Kostenwiderspruch**. In diesem Fall wird der Streitwert im Widerspruchsver- 31
fahren allein vom Kosteninteresse des Widerspruchsführers bestimmt.[51]

4. Allgemeine Grundsätze der Wertberechnung und Abs. 1. Insgesamt gelten auch bei der Wertermittlung 32
im Verfahren des einstweiligen Rechtsschutzes die **allgemeinen Grundsätze der Wertberechnung nach
§§ 39 ff**:

a) Addition mehrerer Ansprüche. Mehrere gleichzeitig geltend gemachte Ansprüche sind in ihrem Wert zu 33
addieren, § 39 Abs. 1. Dies gilt auch dann, wenn unterschiedliche Maßnahmen im Verfahren des einstweiligen Rechtsschutzes beantragt werden, wie etwa parallel gestellte Anträge auf Arrest und einstweilige Verfügung. Dies ist insoweit konsequent, als in diesem Fall zur Sicherung des Streitgegenstands in der Hauptsache zwei unterschiedliche Sicherungsziele bestehen. Kommt es zu einem Vergleich im Verfahren hinsichtlich
der Maßnahme des einstweiligen Rechtsschutzes und wird dabei die Hauptsache mitverglichen, findet
ebenso eine Zusammenrechnung der Gebührenstreitwerte statt.[52]

Etwas anderes gilt freilich dort, wo zwei unterschiedliche Sicherungsmittel beantragt werden, die einander 34
ausschließen, wie etwa Antrag auf persönlichen sowie dinglichen Arrest nebeneinander.[53]

b) Nebenforderungen. Nebenforderungen bleiben wegen § 43 Abs. 1 bei der Wertbestimmung grds. ohne 35
Beachtung, soweit nicht ein Fall von § 43 Abs. 2 oder 3 vorliegt. Damit bleiben namentlich **Kosten** oder
Zinsen, gerade auch wenn sie als Pauschalbetrag angesetzt werden, ohne Berücksichtigung bei der Streitwertberechnung.[54] Abweichende Ansichten[55] sind mit dem Wortlaut von § 43 Abs. 1 schwerlich in Übereinstimmung zu bringen. Zinsen als Nebenforderung sind bei der Streitwertermittlung im Eilverfahren freilich dann zu berücksichtigen, wenn ein erheblicher Rückstand bei der Leistung dieser Nebenforderung seinerseits ein Interesse an einstweiliger Sicherung auszulösen imstande ist.[56]

III. Streitwertermittlung bei Vollzug von Eilmaßnahmen im schiedsrichterlichem Verfahren (Abs. 1 Nr. 2 und 3)

1. Geltungsumfang. Die Vorschrift des Abs. 1 trifft Streitwertberechnungsvorschriften nicht nur für den 36
Fall, dass bei einem staatlichen deutschen Gericht eine Maßnahme des einstweiligen Rechtsschutzes beantragt wird, sondern Abs. 1 Nr. 2 und 3 behandeln auch die Bestimmung des Werts eines Streitgegenstands
im **Eilverfahren vor Schiedsgerichten**. Die Aufteilung des Regelungsgehalts auf zwei Nummern ist dabei etwas ungewöhnlich, beziehen sich beide doch im Kern auf § 1041 ZPO. Dieser gilt im Rahmen der
§§ 1025 ff ZPO, also wenn ein **echtes schiedsrichterliches Verfahren**[57] stattfindet, in dessen Rahmen eine
Eilentscheidung beantragt wird, und wenn dieses echte Schiedsgerichtsverfahren hinsichtlich des einstweiligen Rechtsschutzes (und zumeist auch drüber hinaus) nach den dafür vorgesehenen Regeln der ZPO, nach
§ 1041 ZPO also, abläuft und nicht nach Eigenregeln auf der Grundlage der Schiedsvereinbarung oder
nach in letztere einbezogene autonome Regelwerke für Schiedsverfahren.[58]

2. Gebührenauslösende Momente. a) Für den Fall seiner Einschlägigkeit sieht § 1041 ZPO ein zweigliedri- 37
ges Verfahren vor:[59] Zunächst wird das Schiedsgericht die Maßnahme einstweiligen Rechtsschutzes antragsgemäß anordnen oder ablehnen (§ 1041 Abs. 1 ZPO). Für den Fall der Anordnung wird das nach
§ 1062 ZPO zuständige Oberlandesgericht auf Antrag einer Partei die Vollziehung dieser Eilmaßnahme anordnen (§ 1041 Abs. 2 ZPO) oder – wiederum auf Antrag – eine bereits in Vollzug gesetzte Maßnahme abändern oder gänzlich aufheben. Allein auf diesen zweiten Verfahrensschritt – auf die Mitwirkung des Oberlandesgerichts am schiedsrichterlich angeordneten Eilverfahren also –, bezieht sich Abs. 1 Nr. 2 und 3. Der
Gebührenstreitwert für den **mitwirkenden Verfahrensschritt des staatlichen Gerichts** ist über den Verweis
des Abs. 1 nach § 3 ZPO zu bestimmen, das staatliche Gericht muss den Wert des Interesses an der Vollziehung der Eilentscheidung bzw deren Änderung oder Aufhebung bewerten und das gesetzlich eingeräumte
Ermessen ausüben.

Wie schon bei den Maßnahmen des einstweiligen Rechtsschutzes im regulären Verfahren nach der ZPO 38
(Abs. 1 Nr. 1; → Rn 7 ff) ist auch hier von einer **mittelbaren Vorprägungswirkung des Werts des Streitgegenstands in der Hauptsache** auszugehen und nach den vorgenannten Grundsätzen (→ Rn 13 ff) ein qualifizierter Bruchteil davon als Streitwert im Rahmen der Vollzugserklärung oder der Abänderung oder Aufhebung
festzusetzen.

51 OLG Frankfurt JurBüro 1990, 1210; OLG Hamburg MDR 1996, 102. **52** OLG Hamburg MDR 1991, 904 f. Zwar hins. der
Bildung des Gegenstandswerts zur Berechnung von Anwaltsgebühren, der Struktur nach auch auf die Ermittlung des Gebühren-
streitwerts übertragbar: OLG München JurBüro 1993, 673. **53** Binz/Dörndorfer/*Dörndorfer*, § 53 GKG Rn 4. **54** KG Berlin
Rpfleger, 1962, 121; OLG Bamberg JurBüro 1978, 1549; aA – unter artikulierten Bedenken – OLG Köln MDR 1962, 60.
Meyer, GKG § 53 Rn 8; Binz/Dörndorfer/*Dörndorfer*, § 53 GKG Rn 4. **55** *Hartmann*, KostG, § 53 GKG Rn 7. **56** KG Berlin
NJW 1965, 1029. **57** MüKo-ZPO/*Münch*, Vor § 1025 Rn 3; Thomas/Putzo/*Reichold*, ZPO, Vorbem. §§ 1029 ff Rn 1 f.
58 Thomas/Putzo/*Reichold*, ZPO, Vorbem. §§ 1029 ff Rn 1 f. **59** Thomas/Putzo/*Reichold*, ZPO, § 1041 Rn 3.

39 b) Die Wertbestimmung hinsichtlich der schiedsrichterlichen Anordnung von Eilmaßnahmen (erste Verfahrensstufe) richtet sich nach der konkret getroffenen Schiedsvereinbarung und ist auf deren Grundlage zu bestimmen.

IV. Streitwertermittlung bei Verfahren nach § 148 AktG (Abs. 1 Nr. 4)

40 **1. Anwendungsbereich.** Die Vorschrift betrifft das Klagezulassungsverfahren nach § 148 Abs. 1 und 2 AktG. Danach können Aktionäre, die (ggf zusammen mit anderen Aktionären) 1 % des Grundkapitals oder einen anteiligen Betrag von 100.000 € halten, die Zulassung beantragen, Ersatzansprüche der Gesellschaft gegen ihre Verwaltungsmitglieder (§ 147 Abs. 1 AktG) im Namen der Gesellschaft klageweise geltend zu machen. Es handelt sich um einen Fall der gesetzlichen Prozessstandschaft.

41 **2. Wertberechnung.** Der Wert des Klagezulassungsverfahrens bestimmt sich nach § 3 ZPO. Dabei ist zu beachten, dass das Interesse des Antragstellers auf eine Geltendmachung zugunsten der Gesellschaft gerichtet ist. Ein geringeres Eigeninteresse des Prozessstandschafters bleibt – wie auch sonst – unberücksichtigt. Der Wert des Zulassungsverfahrens entspricht daher dem angenommenen Wert des Hauptprozesses.[60] Maßgebend ist der nach dem Vortrag des Klägers denkbare Schaden der Gesellschaft.[61] Der danach ermittelte Wert wird gem. Hs 2 begrenzt auf 10 % des Grund- oder Stammkapitals, höchstens jedoch 500.000 €, soweit nicht ausnahmsweise die Bedeutung der Sache für die Parteien einen höheren Wertansatz rechtfertigt (Abs. 1 Nr. 4 Hs 2).

42 Dass mit dem Zulassungsverfahren eine gerichtliche Geltendmachung der Ersatzansprüche erst ermöglicht werden soll, rechtfertigt keinen Abschlag.[62] Da eine Zulassung voraussetzt, dass die Gesellschaft zuvor erfolglos zur Klageerhebung aufgefordert worden ist (§ 148 Abs. 1 Nr. 2 AktG), droht mit der Nichtzulassung der Klage praktisch ein Verzicht der Gesellschaft auf ihr zustehende Ersatzansprüche.

V. Streitwertermittlung bei Erlass, Abänderung oder Aufhebung einer einstweiligen Anordnung nach § 123 VwGO (Abs. 2 Nr. 1, 1. Alt.)

43 **1. Allgemeines.** Gemäß Abs. 2 Nr. 1, 1. Alt. bestimmt sich der Wert in Verfahren über einen Antrag auf Erlass, Abänderung oder Aufhebung einer einstweiligen Anordnung nach § 123 VwGO nach § 52 Abs. 1 und 2. Damit ist klargestellt, dass für diese Verfahren dem Grundsatz nach die Streitwertfestsetzung nach der sich aus dem Antrag des Klägers für ihn ergebenden Bedeutung der Sache unter Handhabung pflichtgemäßen Ermessens zu erfolgen hat, die Festsetzung des Auffangstreitwerts iHv 5.000 € gem. § 52 Abs. 2 somit nachrangig ist.[63]

44 **2. Erlass, Abänderung oder Aufhebung einer einstweiligen Anordnung gem. § 123 VwGO. a) Sicherungsanordnung, § 123 Abs. 1 S. 1 VwGO.** Die gem. § 123 Abs. 1 S. 1 VwGO eröffnete sog. Sicherungsanordnung setzt voraus, dass die Gefahr besteht, durch eine Veränderung des bestehenden Zustands werde die Verwirklichung eines Rechts des Antragstellers vereitelt oder wesentlich erschwert. Rechtsschutzanträge nach § 123 Abs. 1 S. 1 VwGO dienen also der **Sicherung des Status quo** mit der Folge, dass nur bestandsschützende Maßnahmen – insb. zur Gewährleistung von Unterlassungsansprüchen – in Betracht kommen, etwa auf Unterlassung

- ehrverletzender oder geschäftsschädigender Äußerungen im Wege behördlicher Verlautbarungen,
- der Durchführung behördlicher Maßnahmen (zB angeordnete Abschiebung eines Asylbewerbers, Vollzug eines Gemeinderatsbeschlusses vor der Entscheidung über die Zulässigkeit eines eingereichten Bürgerbegehrens),
- der Ernennung eines Konkurrenten im beamtenrechtlichen Konkurrentenstreitverfahren bei Geltendmachung der Verletzung des Bewerbungsverfahrensanspruchs nach den Kriterien des Art. 33 Abs. 2 GG.[64]

45 Aufgrund der durch die Landesbauordnungen erfolgten „Vereinfachung" des Baugenehmigungsverfahrens mit der Folge, dass die Vorschriften der Landesbauordnung nicht zum Prüfprogramm gehören, sind Anträge gem. § 123 Abs. 1 VwGO auch statthaft, wenn es um die Rüge von Verstößen gegen im vereinfachten Genehmigungsverfahren nicht geprüfte Vorschriften des Bauordnungsrechts – insb. hinsichtlich der Einhaltung von Abstandsflächen – geht, da in diesen Fällen die einstweilige Rechtsschutzgewährung gem. § 80 a Abs. 3 iVm § 80 Abs. 5 S. 1 VwGO deshalb ausscheidet, weil über die Vorschriften des Bauordnungsrechts

60 Ebenso MüKo-AktG/*Schröer*, § 148 Rn 87; unzutr. daher *Meilicke/Heidel*, DB 2004, 1479. **61** LG München I AG 2007, 458. **62** So auch MüKo-AktG/*Schröer*, § 148 Rn 87. **63** *Hartmann*, KostG, § 53 GKG Rn 15. **64** Vgl *Kopp/Schenke*, VwGO, § 123 Rn 7; nach der Rspr insb. des BayVGH (16.4.2013 – 6 C 13.284) ist der Regelstreitwert des § 52 Abs. 2 GKG in Übereinstimmung mit Ziff. 1.5 S. 2 Streitwertkatalog 2013 nicht zu halbieren (vgl VG Würzburg 16.7.2015 – W 1 E 15.314, EzKommR Nr. 1400.1982).

im vereinfachten Baugenehmigungsverfahren nicht befunden wurde, es sei denn, der Bauherr hätte entsprechende Abweichungen beantragt.[65]

b) Regelungsanordnung, § 123 Abs. 1 S. 2 VwGO. Die Regelungsanordnung gem. § 123 Abs. 1 S. 2 VwGO 46 eröffnet die **Regelung eines vorläufigen Zustands** in Bezug auf ein streitiges Rechtsverhältnis, wenn sie – vor allem bei dauernden Rechtsverhältnissen – zur Abwendung wesentlicher Nachteile, zur Verhinderung drohender Gewalt oder aus anderen Gründen nötig erscheint. Hauptanwendungsfälle sind die vorläufige Begründung oder Erweiterung einer dem Antragsteller zustehenden und durch ihn glaubhaft zu machenden (§ 123 Abs. 3 VwGO iVm § 920 Abs. 2 ZPO) materiell-rechtlichen Rechtsposition u.a. im Hinblick auf eine

- Verpflichtung zur vorläufigen Zulassung zu einer Prüfung oder aber zum Studium,[66]
- Verpflichtung zur Neubescheidung eines gestellten, aber abgelehnten Antrags mit vorläufiger Wirkung auch dann, wenn es sich nicht um einen gebundenen Verwaltungsakt, sondern um eine zu treffende Ermessensentscheidung handelt,[67]
- Erteilung einer beantragten, aber versagten vorläufigen Genehmigung,
- Verpflichtung zur Erbringung beantragter, aber abgelehnter vorläufiger Leistungen insb. auf Geldzahlung.[68]

Die in Konkretisierung von Abs. 2 Nr. 1 erfolgte Maßgabe nach Ziff. 1.5 S. 1, 1. Hs. Streitwertkatalog 47 2004/2013, wonach der Streitwert in Verfahren des vorläufigen Rechtsschutzes idR die Hälfte des für das Hauptsacheverfahren anzunehmenden Streitwerts beträgt, korrespondiert mit dem für Verfahren gem. § 123 Abs. 1 VwGO anerkannten **Verbot der Vorwegnahme der Hauptsacheentscheidung** mit der Folge, dass dem Antragsteller gem. § 123 Abs. 1 VwGO nicht das gewährt werden kann und darf, was er ausschließlich in einem Hauptsacheprozess erreichen könnte. Maßstab hierfür ist die Frage, ob mit dem Antrag gem. § 123 Abs. 1 VwGO eine gerichtliche Entscheidung begehrt wird, die hinsichtlich ihrer rechtlichen Folgen oder tatsächlichen Auswirkungen auch nach einer Hauptsacheentscheidung nicht mehr rückgängig gemacht werden könnte. Dies gilt nicht nur bei zeitlich gebundenen Verwaltungsentscheidungen in der Hauptsache – etwa hinsichtlich der vorläufigen Eintragung in die Wählerliste, der Überlassung von Räumen für eine bestimmte Veranstaltung einer Partei oder Studentenvereinigung oder einer zeitlich befristeten Erlaubnis für eine gewerberechtliche Tätigkeit –, sondern vornehmlich in den Fällen, in denen eine öffentlich-rechtliche Gestattung nach erfolgter oder aber „drohender" behördlicher Versagung im Wege des einstweiligen Rechtsschutzes zu erteilen beantragt wird.[69] Ist ein Antrag gem. § 123 Abs. 1 VwGO daher auf die Verpflichtung einer Behörde gerichtet, eine beantragte behördliche Gestattung (zB bauaufsichtliche Genehmigung, wasserrechtliche Bewilligung oder Erlaubnis, Planfeststellungsbeschluss, Plangenehmigung) zu erteilen, so steht das Verbot der Vorwegnahme der Hauptsache idR entgegen.[70]

c) Kumulative einstweilige Rechtsschutzgewährung. Ungeachtet des in § 123 Abs. 5 VwGO statuierten 48 grundsätzlichen Vorrangs einstweiliger Rechtsschutzgewährung nach §§ 80, 80a VwGO ist hinsichtlich bestimmter Konstellationen **kumulativer Rechtsschutz** – also sowohl gem. §§ 80, 80a VwGO als auch gem. § 123 Abs. 1 VwGO – dann geboten, wenn sich das Rechtsschutzziel nur durch eine kombinierte Anwendung beider Rechtsschutzformen erreichen lässt. Hauptanwendungsfälle sind **Konkurrentenverhältnisse im Beamtenrecht** einerseits und die **Zulassung zu öffentlichen Einrichtungen** andererseits:[71]

Im Falle der Mitteilung des Dienstherrn an den Beamten, der sich um einen ausgeschriebenen **Beförde-** 49 **rungsdienstposten** beworben hat, wonach seine Bewerbung deshalb nicht habe berücksichtigt werden kön-

65 Vgl BVerwG 16.10.1997 – 4 B 244/96, NVwZ 1998, 58; BayVGH 23.4.2014 – 9 CS 14.222, EzKommR Nr. 1500.2840; BayVGH 17.3.2014 – 15 CS 13.2648; BayVGH 21.1.2013 – 9 CE 12.918, EzKommR Nr. 1500.2214; OVG Bln-Bbg 18.9.2013 – 2 S 60/13, EzKommR Nr. 1500.2570; OVG Bremen 24.7.2013 – 1 B 118/13, EzKommR Nr. 1500.2499; OVG Koblenz 2.7.2013 – 1 B 10480/13, EzKommR Nr. 1500.2464; VG Ansbach 10.10.2014 – AN 3E 14.01417, EzKommR Nr. 1500.3084; VG Augsburg 19.5.2014 – Au 5 S 14.570, EzKommR Nr. 1500.2872; VG München 11.11.2015 – M 8 SN 15.3892; VG München 11.2.2015 – M 8 SN 14.4430, EzKommR Nr. 1500.3306; VG Würzburg 16.7.2013 – W 4 K 13.44, EzKommR Nr. 1500.2483; VG Würzburg 16.7.2013 – W 4 K 13.201, EzKommR Nr. 1500.2484. **66** Vgl *Hofmann-Hoeppel*, Einstweilige Anordnungen gem. § 123 VwGO, in: Eiding/Hofmann-Hoeppel, VerwR, § 12 Rn 39; *ders.*, Hochschulzulassungsrecht, in: aaO, § 56 Rn 4, 10, 12, 14, 17, 20, 23, 30, 32, 59, 63, 68, 71, 85; *ders.*, Prüfungsrecht, in: aaO, § 57 Rn 28, 30, 37, 60 ff. **67** Vgl *Kopp/Schenke*, VwGO, § 123 Rn 12. **68** Vgl *Kopp/Schenke*, VwGO, § 123 Rn 8 mwN; *Hofmann-Hoeppel*, Einstweilige Anordnungen gem. § 123 VwGO, in: Eiding/Hofmann-Hoeppel, VerwR, § 12 Rn 22 ff. **69** Vgl *Hofmann-Hoeppel*, Einstweilige Anordnungen gem. § 123 VwGO, in: Eiding/Hofmann-Hoeppel, VerwR, § 12 Rn 15. **70** Vgl *Hofmann-Hoeppel*, Einstweilige Anordnungen gem. § 123 VwGO, in: Eiding/Hofmann-Hoeppel, VerwR, § 12 Rn 16; so scheidet etwa die Erteilung einer beantragten, aber abgelehnten Baugenehmigung im Verfahren gem. § 123 Abs. 1 BauGB aus, vgl VG Frankfurt a. M. 5.11.2012 – 8 L 3970/12.F, EzKommR Nr. 1500.2097. **71** Vgl *Hofmann-Hoeppel*, Einstweilige Anordnungen gem. § 123 VwGO, in: Eiding/Hofmann-Hoeppel, VerwR, § 12 Rn 7 ff; in den Fällen des § 212 a Abs. 1 BauGB ist daher bei erfolgter Ablehnung des Antrags des Nachbarn auf Anordnung der aufschiebenden Wirkung der Klage gegen eine erteilte Baugenehmigung (§ 80 a Abs. 3 iVm § 80 Abs. 5 S. 1 VwGO) für einen Antrag auf Verpflichtung der Bauaufsichtsbehörde zur vorläufigen Einstellung der Bauarbeiten gem. § 123 Abs. 1 VwGO kein Raum, vgl OVG Saarlouis 20.9.2013 – 2 B 339/13, EzKommR Nr. 1500.2571.

nen, weil ein Konkurrent im Rahmen der vorzunehmenden Bestenauslese nach den Grundsätzen des Art. 33 Abs. 2 GG vorzugswürdig sei, wäre gerichtlicher Eilrechtsschutz gem. §§ 80 Abs. 5 S. 1, 80 a Abs. 3 VwGO insoweit gegeben, als der Dienstherr aufgrund der durch den unterlegenen Beamten erfolgten Widerspruchseinlegung gegen die behördliche Mitteilung, die nach ständiger Rspr einen anfechtbaren Verwaltungsakt iSd § 35 S. 1 VwVfG darstellt,[72] zur Anordnung sofortiger Vollziehung gem. § 80 Abs. 2 S. 1 Nr. 4 VwGO in der Lage wäre, sodann der unterlegene Bewerber durch erfolgreichen Antrag gem. §§ 80 Abs. 5 S. 1, 80 a Abs. 3 VwGO den Sofortvollzug der Dienstpostenvergabe an den Konkurrenten verhindern könnte. Das darüber hinaus gehende Rechtsschutzziel – Nichtbesetzung des ausgeschriebenen Dienstpostens, solange nicht über die Bewerbung des Antragstellers auf diesen Dienstposten bestandskräftig unter Beachtung der Rechtsauffassung des Gerichts entschieden ist –, kann der unterlegene Bewerber jedoch nur mit einer Regelungsanordnung iSv § 123 Abs. 1 S. 2 VwGO erreichen, zumal ein dem Begehren gem. § 80 Abs. 5 S. 1 iVm § 80 a Abs. 3 VwGO stattgebender Beschluss gem. § 168 Abs. 1 Nr. 4 VwGO nicht vollstreckungsfähig ist.[73]

50 Die vorbezeichneten Grundsätze gelten auch für das „Konkurrentenverhältnis" im Falle der abschlägigen Verbescheidung des durch Schausteller gestellten Antrags auf **Zulassung zu einem behördlich festgesetzten Jahrmarkt oder Volksfest** mit der Begründung nicht handgehabten pflichtgemäßen Ermessens im Rahmen der Bewerberauswahl (§ 70 Abs. 3 GewO iVm Art. 3 Abs. 1, 12 Abs. 1 S. 2 GG) – dies ungeachtet der unterschiedlich beantworteten Frage, ob die Verpflichtung der öffentlichen Verwaltung, einen Rechtsschutzsuchenden unter Beachtung der Rechtsauffassung des Gerichts neu oder erstmals zu verbescheiden, Gegenstand einer einstweiligen Anordnung nach § 123 VwGO sein kann.[74] Dabei ist die Anwendung der für das beamtenrechtliche Konkurrentenstreitverfahren entwickelten Grundsätze – Notwendigkeit der Widerspruchs-/Klageeinlegung gegen den den Konkurrenten zulassenden Bescheid durch den unterlegenen Bewerber, Hauptsacheklage auf Verpflichtung, über den eigenen Zulassungsantrag unter Beachtung der Rechtsauffassung des Gerichts zu entscheiden – umstritten, soweit es um Konstellationen geht, in denen feststeht, die **„Kapazität"** der für die Veranstaltung des Jahrmarkts oder Volksfests zur Verfügung stehenden Plätze sei erschöpft.[75]

51 **d) Relevanz der Ausnahmetatbestände vom Verbot der Vorwegnahme der Hauptsache.** Von maßgeblicher Bedeutung für die Festsetzung des Streitwerts gem. Abs. 2 Nr. 1 iVm § 52 Abs. 1, 2 in Fällen des einstweiligen Rechtsschutzes nach § 123 Abs. 1 VwGO sind die nach der Rspr angesichts des Gebots effektiven Rechtsschutzes (Art. 19 Abs. 4 GG) anerkannten **Ausnahmetatbestände vom Verbot der Vorwegnahme der Hauptsache,** wenn

---

72 Vgl BVerwG 25.8.1988 – 2 C 62/85, BVerwGE 80, 127, 130; nach wohl hM bedarf die sog. Negativmitteilung keiner Begründung iSd § 39 VwVfG (so OVG Koblenz 18.9.2006 – 2 B 10840/06, NVwZ 2007, 109 = EzKommR Nr. 1400.741); selbst bei Annahme eines Begründungserfordernisses wäre Heilbarkeit gem. § 45 Abs. 1 Nr. 2, Abs. 2 VwVfG eröffnet; vgl VG Düsseldorf 20.2.2013 – 13 L 2274/12, EzKommR Nr. 1400.1562. 73 Vgl *Hofmann-Hoeppel,* Einstweilige Anordnungen gem. § 123 VwGO, in: Eiding/Hofmann-Hoeppel, VerwR, § 12 Rn 10; nach inzwischen hM bemisst sich der Streitwert in beamtenrechtlichen Konkurrenteneilverfahren nach § 52 Abs. 6 S. 1 Nr. 1, S. 4 GKG, dh nach der Hälfte der für ein Kalenderjahr zu zahlenden Bezüge; vgl BVerwG 19.12.2014 – 2 VR 1/14, IÖD 2015, 38; BVerwG 22.11.2012 – 2 VR 5/12, BVerwGE 145, 112; OVG Koblenz 2.9.2015 – 2 B 10765/15, EzKommR Nr. 1400.2013; OVG Koblenz 23.12.2013 – 2 B 11209/13, IÖD 2014, 42; OVG Lüneburg 25.8.2014 – 5 ME 116/14; VG Koblenz 20.7.2015 – 5 L 400/15.KO. 74 Vgl BVerwG 16.8.1978 – 1 WB 112/78, BVerwGE 68, 110, 112; BayVGH 28.7.2015 – 22 ZB 14.1261, 14.1262; BayVGH 23.6.2015 – 22 ZB 14.2797, 14.2798; BayVGH 12.8.2013 – 22 CE 13.970, EzKommR Nr. 2574.106; BayVGH 6.5.2013 – 22 CE 13.913 EzKommR Nr. 2574.105; VG Ansbach 26.8.2014 – AN 4 K 14.01058, EzKommR Nr. 2574.117; VG Augsburg 31.5.2013 – Au 5 E 13.786, EzKommR Nr. 2574.98; VG Regensburg 2.10.2014 – RO 5 K 14.640, EzKommR Nr. 2574.118; VG Regensburg 17.4.2014 – RO 5 K 13.772, EzKommR Nr. 2574.112; VG Regensburg 21.8.2013 – RO 5 E 13.1402, EzKommR Nr. 2574.108. 75 Die Frage der Zulässigkeit einer „isolierten" Verpflichtungsklage auf Jahrmarktzulassung bei erschöpfter Platzkapazität (sog. Konkurrentenverdrängungsklage) und damit auch der Zulassung eines korrespondierenden Antrags gem. § 123 Abs. 1 S. 2 VwGO für den Fall, dass der nicht zum Zuge gekommene Bewerber als Hauptsachekläger bzw Antragsteller von einer Anfechtungsklage, die auf Aufhebung eines oder mehrerer bevorzugter Konkurrenten abzielt, bewusst abgesehen hat, ist umstritten. Die wohl durch die hM (BVerwG 25.6.1997 – 4 CE 97.1222; BayVGH 11.9.1981 – 4 CE 81 A 1921; BayVGH 12.7.2010 – 4 CE 10.1535, EzKommR Nr. 2574.90; OVG Koblenz DVBl 1997, 962; OVG Lüneburg 17.11.2009 – 7 ME 116/09; OVG Magdeburg NVwZ 1996, 815; VG Ansbach 26.8.2014 – AN 4 K 14.00386, EzKommR Nr. 2574.117; VG Regensburg 18.3.2010 – RO 5 K 09.295, EzKommR Nr. 2574.88; VG Regensburg 9.6.2010 – RN 5 E 10.560, EzKommR Nr. 2574.89) vertretene Auffassung der Notwendigkeit einer „Flankierung" der im Hauptsacheverfahren zu betreibenden Verpflichtungsklage auf Zulassung bzw auf erneute Verbescheidung des gestellten Zulassungsantrags unter Beachtung der Rechtsauffassung des Gerichts durch eine gegen die Zulassung von Konkurrenten zu erhebende Anfechtungsklage als Zulässigkeitsvoraussetzung eines Antrags gem. § 123 Abs. 1 S. 2 VwGO bei „erschöpfter Platzkapazität" dürfte mit den Maßgaben des Beschlusses des BVerfG (2. Kammer des 1. Senats) v. 15.8.2002 (1 BvR 1790/00) nicht vereinbar sein, da zu Recht darauf hingewiesen wird, die Verbescheidung von vorerst erfolgreichen Mitbewerbern oder aber der Abschluss von Mietverträgen mit diesen sei weder ein rechtliches noch faktisches Hindernis, das die Gewährung einstweiligen Rechtsschutzes für einen zu Unrecht übergangenen Bewerber verunmöglichte, dass die Marktanbieter es in der Hand hätten, durch die Regelung entsprechender Widerrufsvorbehalte oder die Vereinbarung entsprechender Kündigungsklauseln für diese Konstellation Vorsorge zu tragen (vgl BVerfG NVwZ 2004, 718; OVG Koblenz DVBl 1997, 962; OVG Magdeburg NVwZ 1996, 815).

- die Entscheidung in der Hauptsache mit hoher Wahrscheinlich zu spät käme, insb. unzumutbare Verzögerungen des Rechtsschutzes in der Hauptsache zu besorgen sind;[76]
- die dem Antragsteller drohenden Nachteile irreparabel sind, insb. weil existenzielle Belange auf dem Spiele stehen[77] oder aber der Antragsteller infolge unterbliebener öffentlich-rechtlicher Leistungen unmittelbar wirtschaftliche Not oder aber eine Gefährdung seiner Gesundheit zu gewärtigen hat;[78]
- eine gegenteilige Entscheidung im Hauptsacheverfahren aufgrund der Bejahung der Erfolgsaussichten in der Hauptsache mit hoher Wahrscheinlichkeit ausgeschlossen erscheint;[79]
- aufgrund der Bedeutung des Rechtsschutzbegehrens im Hinblick auf die Verwirklichung grundrechtsgeschützter Positionen der Erlass der beantragten einstweiligen Anordnung als unabweisbar ebenso erscheint wie hinsichtlich der Erlangung einer berufsbezogenen öffentlich-rechtlichen Gestattung, wie zB hinsichtlich der Zulassung privater Anbieter bzw politischer Parteien zu öffentlichen Einrichtungen.[80]

In den Fällen, in denen nach vorbezeichneten Grundsätzen das Verbot der Vorwegnahme der Hauptsache nicht zur Anwendung zu bringen ist, also die gem. § 123 Abs. 1 VwGO beantragte und ergehende Entscheidung das Ergebnis der Hauptsacheklage ganz oder zum überwiegenden Teil vorwegnimmt, ist daher in Übereinstimmung mit Ziff. 1.5 S. 2 Streitwertkatalog 2004/2013 der Hauptsachestreitwert auch im einstweiligen Rechtsschutzverfahren gem. § 123 Abs. 1 VwGO nach Abs. 2 Nr. 1 iVm § 52 Abs. 1 anzusetzen,[81] da bereits die begehrte **Eilanordnung „vollendete Tatsachen"** schafft, etwa bei **52**

- Einräumung einer Sendezeit für politische Parteien in Wahlkampfzeiten,
- unbefristeter Zuweisung eines Studienplatzes,
- unbefristeter Zuweisung eines Standplatzes auf einem zugelassenen Volksfest oder Jahrmarkt.

Kommt die „Bedeutung" des vorläufigen Rechtsschutzverfahrens dem Hauptsacheverfahren nicht gleich, scheidet daher im Rahmen der Streitwertfestsetzung nach Abs. 2 Nr. 1 iVm § 52 Abs. 1 der Ansatz des Streitwerts für das Hauptsacheverfahren aus. In diesen Fällen wird idR in Übereinstimmung mit Ziff. 1.5 S. 1 Streitwertkatalog 2004/2013 der hälftige Wert der Hauptsache als Streitwert bestimmt;[82] die Auffassung, eine Streitwertfestsetzung mit nicht weniger als 33,3 % des Werts der Hauptsache sei „in der Regel" angemessen,[83] ist als nicht sachgerecht abzulehnen, sofern dies „in der Regel" gelten soll. **53**

VI. Streitwertermittlung bei Erlass, Abänderung oder Aufhebung einer einstweiligen Anordnung nach § 114 FGO (Abs. 2 Nr. 1, 2. Alt.)

Nach Abs. 2 Nr. 1, 2. Alt. bestimmt sich der Streitwert im Verfahren des einstweiligen Rechtsschutzes gem. § 114 FGO nach § 52 Abs. 1 und 2. Das bedeutet, dass der Streitwert nach der sich aus dem Antrag des Antragstellers für diesen ergebenden Bedeutung der Sache nach Ermessen durch das Gericht zu bestimmen ist.[84] Nur falls der Sach- und Streitstand für die Bestimmung des Streitwerts keine genügenden Anhaltspunkte bietet, ist ein Streitwert von 5.000 € anzunehmen.[85] **54**

Nach dem Streitwertkatalog für die Finanzgerichtsbarkeit[86] (abgedr. als Anhang 2 zu § 52 GKG) ist der Streitwert im Anordnungsverfahren idR mit 1/3 des Hauptsachestreitwerts zu bemessen.[87] Bei der vorläufigen Regelung von Zahlungsverpflichtungen bzw der einstweiligen Einstellung (und Rückgängigmachung) von Vollstreckungsmaßnahmen ist der Streitwert allerdings nur mit 10 v.H. des Werts der (ggf virtuellen)[88] Hauptsache entsprechend den Grundsätzen zur Aussetzung der Vollziehung anzunehmen.[89] Soll andererseits durch die einstweilige Anordnung ein endgültiger Zustand erreicht werden, ist der Streitwert bis zur vollen Höhe des Werts der (ggf virtuellen)[90] Hauptsache anzuheben.[91] **55**

Ist als Wert der Hauptsache der Auffangstreitwert nach § 52 Abs. 2 anzusetzen, gilt dieser Wert auch für das Antragsverfahren. Er kann aber herabgesetzt werden. **56**

76 BVerfG NVwZ-RR 2002, 161. **77** HessVGH NVwZ-RR 1993, 146 sowie NVwZ-RR 1996, 325. **78** BVerwG DVBl 1991, 1213. **79** BayVGH BayVBl 2001, 500; OVG Lüneburg NdsVBl 2000, 195. **80** Bzgl des Zulassungsanspruchs zu Volksfesten s. BayVGH 15.3.2004 – 22 B 03.1362, BayVBl 2004, 494 = EzKommR Nr. 2510.161; HessVGH 26.3.2004 – 8 TG 721/04, DÖV 2004, 625 = EzKommR Nr. 2510.162; OVG Lüneburg 18.7.2002 – 7 LB 3835/01, NVwZ 2003, 531 = EzKommR Nr. 2510.156; BVerfG (2. Kammer des 1. Senats) 15.8.2002 – 1 BvR 1790/00, BayVBl 2002, 303 = EzKommR Nr. 2510.159; bzgl des Zugangs zu Weihnachtsmärkten s. VG Chemnitz 28.6.1995 – 4 K 2345/94, DÖV 1996, 216 = EzKommR Nr. 2510.127; bzgl des Zugangsanspruchs politischer Parteien zu öffentlichen Einrichtungen kraft des Parteienprivilegs aus Art. 21 Abs. 1 GG iVm § 5 PartG s. OVG Bautzen 12.4.2001 – 3 Bs 10/01, DÖV 2002, 528 = NVwZ 2002, 615. **81** *Hartmann*, KostG, § 53 GKG Rn 16. **82** *Hartmann*, KostG, § 53 GKG Rn 17 unter Verweis auf OVG Hamburg JB 2006, 201; BWVGH BWVPr 1976, 278. **83** OVG Lüneburg NVwZ-RR 2007, 638. **84** FG Hamburg EFG 2008, 1667. **85** FG Nürnberg DStRE 2008, 1147 (zur Erteilung einer Umsatzsteuernummer); FG Saarland EFG 2005, 1803 (zur Erteilung einer Freistellungsbescheinigung). **86** Beschlossen auf der Arbeitstagung der Präsidenten der Finanzgerichte der Bundesrepublik Deutschland am 15. und 16. Juni 2009 in Hannover; Stand der letzten Überarbeitung: 31.12.2014. **87** FG Mecklenburg-Vorpommern 18.1.2012 – 2 V 3/12, juris; FG Köln EFG 2002, 224. **88** FG Hamburg 27.12.2000 – V 253/00, juris. **89** BFH/NV 1997, 699; FG Hamburg EFG 1997, 495. **90** FG Hamburg 27.12.2000 – V 253/00, juris. **91** SchlHFG EFG 2007, 1621; FG Hamburg 15.7.2003 – II 47/03, juris; FG Münster EFG 1999, 971.

57   Die Regelung über den Mindeststreitwert gem. § 52 Abs. 4 findet dagegen keine Anwendung. Der (eindeutige) Wortlaut des Abs. 2 Einleitungssatz, der nur auf § 52 Abs. 1 und 2 verweist, schließt es aus, auf den Mindeststreitwert des § 52 Abs. 4 zurückzugreifen.[92]

58   § 52 Abs. 8 ist dagegen wegen des Rückbezugs auf das Wort „Kläger" in § 52 Abs. 1 anwendbar. Die Vorschrift greift vor allem in den Fällen der Durchführung eines Verfahrens des einstweiligen Rechtsschutzes noch vor Klageerhebung Platz.

VII. Streitwertermittlung in einstweiligen Normenkontrollverfahren nach § 47 Abs. 6 VwGO (Abs. 2 Nr. 2, 1. Alt.)

59   Gemäß Abs. 2 Nr. 2, 1. Alt. bestimmt sich der Wert in einstweiligen Normenkontrollantragsverfahren gem. § 47 Abs. 6 VwGO nach § 52 Abs. 1 und 2. Damit ist klargestellt, dass für diese Verfahren dem Grundsatz nach die Streitwertfestsetzung nach der sich aus dem Antrag des Klägers für ihn ergebenden Bedeutung der Sache unter Handhabung pflichtgemäßen Ermessens zu erfolgen hat, die Festsetzung des Auffangstreitwerts iHv 5.000 € gem. § 52 Abs. 2 somit nachrangig ist. In der Regel erfolgt ungeachtet der gem. Ziff. 9.8.1 Streitwertkatalog 2013 für das durch Privatpersonen betriebene Hauptsacheverfahren gem. § 47 Abs. 1 VwGO eröffneten Spreizung des Streitwerts von 7.500 € bis 60.000 € eine Streitwertfestsetzung auf 20.000 €, somit für das einstweilige Normenkontrollverfahren auf 10.000 €.[93]

60   Gemäß § 47 Abs. 6 VwGO kann das Normenkontrollgericht – OVG bzw VGH – auf Antrag eine einstweilige Anordnung erlassen, wenn dies zur Abwehr schwerer Nachteile oder aus anderen wichtigen Gründen dringend geboten ist, betreffend die Gültigkeit von

- Satzungen, die nach den Vorschriften des BauGB erlassen worden sind, also insb. von Bebauungsplänen oder von Flächennutzungsplänen mit der Darstellung von Konzentrationszonen isv § 35 Abs. 3 S. 3 BauGB, sowie von Rechtsverordnungen aufgrund des § 246 Abs. 2 BauGB (§ 47 Abs. 1 Nr. 1 VwGO),
- anderen im Range unter dem Landesgesetz stehenden Rechtsvorschriften, sofern das Landesrecht dies bestimmt (§ 47 Abs. 1 Nr. 2 VwGO).

61   Nach hM gelten für Anträge auf Erlass einstweiliger Anordnungen gem. § 47 Abs. 6 VwGO die zu § 32 BVerfGG entwickelten Grundsätze.[94] Dies bedeutet, dass die Entscheidung im Rahmen von § 47 Abs. 6 VwGO auf der Grundlage einer Interessenabwägung unter Anlegung eines strengen Maßstabs ergeht, bei der die Erfolgsaussichten in der Hauptsache zu berücksichtigen sind, soweit sie sich hinreichend sicher absehen lassen. Hat also im Rahmen der gebotenen summarischen Prüfung ein Normenkontrollantrag in der Hauptsache offensichtlich Erfolg, würde im Allgemeinen der Erlass einer einstweiligen Anordnung aus „wichtigen Gründen" iSd § 47 Abs. 6 VwGO geboten sein. Diese Gründe müssen allerdings derart „gewichtig" sein, dass das Ergehen der einstweiligen Anordnung „unabweisbar" erscheint.[95]

62   Da Anträge gem. § 47 Abs. 6 VwGO auf die Aussetzung des – gänzlichen oder teilweisen – Vollzugs der Antragsgegenstände gem. § 47 Abs. 1 Nr. 1 und 2 VwGO – **Bebauungsplan gem. § 10 BauGB, Veränderungssperre gem. § 14 BauGB, Innenbereichssatzungen** gem. § 34 Abs. 4 S. 1 Nr. 1–3 iVm § 34 Abs. 4 S. 2 BauGB, **Außenbereichssatzung** gem. § 35 Abs. 6 S. 1, 2, 4 Nr. 1–3 BauGB, Darstellung von sog. **Konzentrationszonen im Flächennutzungsplan** gem. § 35 Abs. 3 S. 3 BauGB[96] – oder aber von anderen im Rang unter dem Landesgesetz stehenden Rechtsvorschriften bei entsprechender Bestimmung durch das Landesrecht[97] – gerichtet sind, also eine **Vorwegnahme der Hauptsache** damit **nicht** verbunden ist, ist im Verfahren gem.

---

92 FG Mecklenburg-Vorpommern 18.1.2012 – 2 V 3/12, juris; FG Köln EFG 2007, 793; BFHE 220, 22 (zum finanzgerichtlichen AdV-Verfahren). **93** *Hartmann*, KostG, § 53 GKG Rn 15. **94** Vgl *Kopp/Schenke*, VwGO, § 47 Rn 148 mwN. **95** Vgl BayVGH 30.10.2014 – 1 NE 14.1548, EzKommR Nr. 1500.3115; BayVGH 30.8.2013 – 15 NE 13.1692, EzKommR Nr. 1500.2553; BayVGH 30.9.2013 – 9 NE 13.1734, EzKommR Nr. 1500.2576; HessVGH 5.2.2015 – 4 B 1756/14.N; OVG Lüneburg 22.1.2013 – 12 MN 290/12, EzKommR Nr. 1500.2217; OVG Münster 10.4.2015 – 2 B 177/15.NE, EzKommR Nr. 1500.3391; OVG Saarlouis 27.4.2015 – 2 B 39/15, EzKommR Nr. 1500.3413; OVG Saarlouis 11.10.2012 – 2 B 272/12, NVwZ-RR 2013, 15 = EzKommR Nr. 1500.2039; nach Abschluss eines ergänzenden Verfahrens gem. § 214 Abs. 4 BauGB verliert ein Beschluss gem. § 47 Abs. 6 VwGO, durch den ein Bebauungsplan außer Vollzug gesetzt wurde, seine Wirkung: vgl BayVGH 19.3.2012 – 1 NE 12.259, ZfBR 2012, 576; OVG Lüneburg 24.6.2015 – 1 MN 39/15, EzKommR Nr. 1500.3459. Damit hat das OVG Lüneburg seine bisherige gegenteilige Auffassung ausdrücklich aufgegeben (vgl noch OVG Lüneburg 2.8.2001 – 1 MN 1194/01, BauR 2001, 432 = NVwZ-RR 2002, 700; 18.7.1997 – 1 M 3210/97, BauR 1997, 814 = NVwZ-RR 1998, 421). **96** Vgl *Heitsch*, Normenkontrollverfahren, in: Eiding/Hofmann-Hoeppel, VerwR, § 13 Rn 10; zur neueren Rspr vgl die Nachweise in Fn 1–18 zu Vorbem. 5.1 KV GKG. **97** Vgl § 4 BWAGVwGO, § 4 Abs. 1 BbgVwGG, Art. 7 BremAGVwGO, § 11 HessAGVwGO, § 13 GOrgG M-V, § 7 NdsVwGG, § 16 SaarAGVwGO, § 14 SächsVerfAG, § 10 AGVwGO LSA, § 5 SchlHAGVwGO, § 4 ThAGVwGO; relevant für durch Landesbehörden und andere Rechtsträger des Landesrechts aufgrund bundesrechtlicher Ermächtigung erlassene Rechtsverordnungen, ländereinheitliche, aufgrund entsprechender Vereinbarung ergangene Rechtsverordnungen, Satzungen juristischer Personen des Landesrechts, Berufsordnungen „verkammerter" Berufe, örtliche Bauvorschriften nach Landesbauordnung, für verbindlich erklärte Abfallentsorgungspläne, Landesentwicklungs- und Regionalpläne, Geschäftsordnungen kommunaler Vertretungskörperschaften sowie Geschäftsverteilungspläne der Verwaltungsgerichtsbarkeit; vgl hierzu die Nachweise in Fn 26–35 zu Vorbem. 5.1 KV GKG.

§ 47 Abs. 6 VwGO die Hälfte der in Ziff. 9.8.1, 9.8.3, 9.8.4 des Streitwertkatalogs 2013 vorgesehenen Beträge als Streitwert anzusetzen.

VIII. Streitwertermittlung in Verfahren nach § 80 Abs. 5–8, § 80 a Abs. 3 oder § 80 b Abs. 2 und 3 VwGO (Abs. 2 Nr. 2, 2. und 3. Alt.)

1. Grundsatz. Abs. 2 Nr. 2 betrifft – außer dem einstweiligen Normenkontrollverfahren gem. § 47 Abs. 6 **63** VwGO (→ Rn 59 ff) – zwei weitere Konstellationen:

■ den vorläufigen gerichtlichen Rechtsschutz (Eilrechtsschutz) gem. § 80 Abs. 5–8 iVm Abs. 3 VwGO,[98]

■ Anträge auf Fortdauer der aufschiebenden Wirkung von Widerspruch und Anfechtungsklage gem. § 80 b Abs. 2 und 3 iVm § 80 Abs. 5–8, § 80 a VwGO im Hinblick auf die Maßgabe des § 80 b Abs. 1 VwGO über die Beendigung der aufschiebenden Wirkung von Widerspruch und Anfechtungsklage.

Nicht erfasst vom Geltungsbereich des Abs. 2 Nr. 2 ist daher die „Streitwertfestsetzung" im **Verfahren des** **64** **außergerichtlichen vorläufigen Rechtsschutzes** gem. § 80 Abs. 4 und 6 VwGO.[99] Dies erklärt sich zunächst daraus, dass eine „Streitwertfestsetzung" im behördlichen vorläufigen Rechtsschutzverfahren kraft unmittelbarer Anwendung des GKG ausscheidet. Ungeachtet dessen orientieren sich Ausgangs- wie Widerspruchsbehörden hinsichtlich der zu treffenden Entscheidung über die Notwendigkeit der Hinzuziehung eines Bevollmächtigten (§ 80 Abs. 2 S. 3, Abs. 3 S. 2 VwVfG) nicht nur an den Kostenregeln der §§ 154 ff VwGO, sondern auch an den Maßgaben des GKG.

2. Abgrenzung der Anwendungsbereiche von § 80 Abs. 5–8 VwGO und § 80 a Abs. 3 VwGO. Im Rahmen **65** des vorläufigen gerichtlichen Rechtsschutzes gem. § 80 Abs. 5–8 VwGO ist – in Abgrenzung zu § 80 a Abs. 3 VwGO – zunächst eine Differenzierung zwischen adressatgerichteten Verwaltungsakten einerseits – dann § 80 Abs. 5–8 VwGO – und Verwaltungsakten mit Doppelwirkung andererseits – dann § 80 a VwGO – erforderlich.

a) Adressatgerichete Verwaltungsakte. Hinsichtlich adressatgerichteter Verwaltungsakte kommt in Betracht: **66**

■ die **Anordnung der aufschiebenden Wirkung** in den Fällen des § 80 Abs. 2 S. 1 Nr. 1–3 VwGO, dh
– bei Anforderung öffentlicher Abgaben und Kosten (§ 80 Abs. 2 S. 1 Nr. 1 iVm Abs. 6 VwGO),[100]
– bei unaufschiebbaren Maßnahmen von Polizeivollzugsbeamten (§ 80 Abs. 2 S. 1 Nr. 2 VwGO[101]),
– in anderen durch Bundes- oder Landesgesetz geregelten Fällen (§ 80 Abs. 2 S. 1 Nr. 3 VwGO), insb. gem. § 20 Abs. 5 S. 1 AEG, § 17 Abs. 6 a S. 1 FStrG, § 29 Abs. 6 S. 2 PBefG, § 5 Abs. 2 S. 1 VerkPBG, § 212 a BauGB – soweit sich der Adressat selbst nicht gegen selbständig anfechtbare Nebenbestimmungen wendet, somit unmittelbar gegen den gestattenden Verwaltungsakt vorgeht – und § 126 Abs. 3 Nr. 3 BRRG iVm § 54 Abs. 4 BeamtStG über den Ausschluss der aufschiebenden Wirkung von Rechtsmitteln,

■ die **Wiederherstellung der aufschiebenden Wirkung** für Konstellationen des § 80 Abs. 2 S. 1 Nr. 4 VwGO wegen erfolgter Anordnung der sofortigen Vollziehung aufgrund des öffentlichen Interesses (§ 80 Abs. 2 S. 1 Nr. 4, 1. Alt. VwGO) oder aber aufgrund des überwiegenden Interesses eines Beteiligten (§ 80 Abs. 2 S. 1 Nr. 4, 2. Alt. VwGO).[102]

---

98 Vgl *Hofmann-Hoeppel*, Vorläufiger gerichtlicher Rechtsschutz, in: Eiding/Hofmann-Hoeppel, VerwR, § 11 Rn 34 ff. **99** Vgl *Hofmann-Hoeppel*, Außergerichtlicher vorläufiger Rechtsschutz, in: Eiding/Hofmann-Hoeppel, VerwR, § 6. **100** Vgl *Hofmann-Hoeppel*, Vorläufiger gerichtlicher Rechtsschutz, in: Eiding/Hofmann-Hoeppel, VerwR, § 11 Rn 29 ff; bzgl der Anforderung öffentlicher Abgaben und Kosten iSv § 80 Abs. 2 S. 1 Nr. 1 VwGO drohen nach hM wegen deren Rückzahlbarkeit nebst Verzinsung (§ 236 AO iVm den jeweiligen Paragraphen der Kommunalabgabengesetze der Bundesländer) idR keine irreparable Verhältnisse, so dass es daher gerechtfertigt ist, die aufschiebende Wirkung eines Rechtsbehelfs nur anzuordnen, wenn entweder die erhobenen Einwände oder sonst bei summarischer Prüfung offensichtliche Fehler ernstliche Zweifel an der Rechtmäßigkeit des Abgabenbescheids begründen – es sei denn, die Vollziehung hätte ausnahmsweise eine unbillige, nicht durch überwiegende öffentliche Interessen gebotene Härte zur Folge. Stehen die Rechtsgrundlagen eines Abgabenbescheids in Streit, müssen diese bei summarischer Prüfung offensichtlich unwirksam sein, um antragsgemäß die aufschiebende Wirkung anzuordnen. Aufwändige Tatsachenfeststellungen sowie die Beantwortung schwieriger, noch nicht geklärter Rechtsfragen sind grds. dem Hauptsacheverfahren vorbehalten; vgl OVG Bautzen 23.10.2012 – 5 B 287/12. **101** Vgl *Hofmann-Hoeppel*, Vorläufiger gerichtlicher Rechtsschutz, in: Eiding/Hofmann-Hoeppel, VerwR, § 11 Rn 38. **102** Vgl *Hofmann-Hoeppel*, Vorläufiger gerichtlicher Rechtsschutz, in: Eiding/Hofmann-Hoeppel, VerwR, § 11 Rn 46 ff.

66a Häufigster Anwendungsfall ist der Antrag auf Anordnung der aufschiebenden Wirkung gem. § 80 Abs. 5 S. 1, 3 VwGO für Konstellationen nach § 80 Abs. 2 S. 1 Nr. 1 VwGO, dh bei Heranziehung zu

- Erschließungsbeiträgen,[103]
- Straßenausbaubeiträgen nach den Kommunalabgabengesetzen der Länder iVm der gemeindlichen Straßenausbaubeitragssatzung,[104]
- Herstellungs- (bzw Anschluss-)/Verbesserungsbeiträgen für die Wasserversorgung nach den Kommunalabgabengesetzen der Länder iVm der Herstellungs-/Anschluss-/Verbesserungsbeitragssatzung,[105]

---

103 Vgl *Eiding*, Erschließungsbeitragsrecht, in: Eiding/Hofmann-Hoeppel, VerwR, § 34 sowie BVerwG 12.11.2014 – 9 C 7/13, EzKommR Nr. 1500.3139 (Vorrang einer Klarstellungssatzung gem. § 34 Abs. 4 S. 1 Nr. 1 BauGB vor satzungsrechtlicher Tiefenbegrenzung); BVerwG 12.11.2014 – 9 C 4/13, EzKommR Nr. 1500.3138 (Voraussetzungen für Nichtheranziehung eines „gefangenen" Hinterliegergrundstücks); BayVGH 22.7.2015 – 6 ZB 13.2386, EzKommR Nr. 1500.3496 (Abgrenzung von § 128 Abs. 1 S. 1 Nr. 1 und 2 BauGB); BayVGH 2.7.2015 – 6 B 13.1386, EzKommR Nr. 1500.3472 (Absehbarkeit endgültiger Herstellung kraft Grundbucheintrags); BayVGH 23.4.2015 – 6 BV 14.1621, EzKommR Nr. 1500.3407 (Zuständigkeit des Gemeinderats für planersetzende Zustimmung gem. § 125 Abs. 2 BauGB); BayVGH 11.3.2015 – 6 BV 14.280, EzKommR Nr. 1500.3359 (Beitragsfähigkeit einer Lärmschutzwand für vorhandenes Baugebiet); BayVGH 3.3.2015 – 6 ZB 13.2092, EzKommR Nr. 1500.3342 (Irrelevanz privater Grünfläche für Erschließungswirkung); BayVGH 23.2.2015 – 6 ZB 13.978 (Aufwandsermittlung und -verteilung gem. § 130 Abs. 2 S. 1 BauGB); BayVGH 27.1.2015 – 6 ZB 13.1128, EzKommR Nr. 1500.3266 (Funktionswechsel historischer Straße iSv § 242 Abs. 1 BauGB); OVG Bautzen 16.12.2014 – 5 A 625/13, EzKommR Nr. 1500.3218 (wirtschaftliche Einheit mehrerer Buchgrundstücke); OVG Bautzen 16.12.2014 5 A 624/13 EzKommR Nr. 1500.3217 (Erschließungseinheit); OVG Bln-Bbg 26.2.2015 – 5 B 20/14, EzKommR Nr. 1500.3335 (Irrelevanz von Sekundär-/Doppelerschließung); OVG Bln-Bbg 26.2.2015 – 5 B 8/14, EzKommR Nr. 1500.3334 (Vollgeschossmaßstab); OVG Bln-Bbg 5.12.2014 – 5 N 1/14 (Beitragspflicht einer Grundstücksverwertungsgesellschaft); HessVGH 11.8.2015 – 5 A 441/14.Z, EzKommR Nr. 1500.3515 (Ablösungsvereinbarung); OVG Lüneburg 13.2.2015 – 9 LA 73/13, EzKommR Nr. 1500.3313 (Privatweg keine Erschließungsanlage); VG Ansbach 5.3.2015 – AN 3 K 13.01480, EzKommR Nr. 1500.3350; VG Ansbach 22.1.2015 – AN 3 K 14.00075, EzKommR Nr. 1500.3261; VG Augsburg 19.3.2015 Au 2 K 14.1729, EzKommR Nr. 1500.3373; VG Augsburg 22.1.2015 – Au 2 K 14.1739, EzKommR Nr. 1500.3262; VG Berlin 28.1.2015 – 13 K 290/12, EzKommR Nr. 1500.3275; VG Potsdam 13.2.2015 – 12 K 683/13, EzKommR Nr. 1500.3314; VG Stuttgart 19.6.2015 – 2 K 1880/12, EzKommR Nr. 1500.3451.   **104** Vgl *Eiding*, Straßenausbaubeitragsrecht, in: Eiding/Hofmann-Hoeppel, VerwR, § 35 sowie BVerfG 25.6.2014 – 1 BvR 668/10, 2104/10, EzKommR Nr. 2595.609 (Verfassungsmäßigkeit wiederkehrender Beiträge gem. § 10 a KAG RhPf); BVerwG 30.6.2014 – 9 B 13/14, EzKommR Nr. 2595.610 (§ 16 LStrG LSA); BayVGH 19.1.2015 – 6 ZB 13.1548, EzKommR Nr. 2595.620 (historische Straße iSv § 242 Abs. 1 BauGB); BayVGH 18.12.2014 – 6 B 14.447, EzKommR Nr. 2595.619 (Beiträge im festgesetzten Sanierungsgebiet); BayVGH 13.8.2014 – 6 ZB 12.1119, EzKommR Nr. 2595.614 (funktionale Aufteilung der Straßenfläche als Verbesserung); BayVGH 31.7.2014 – 6 ZB 13.2270, EzKommR Nr. 2595.613 (Abschnittsbildung); BayVGH 4.6.2014 – 6 CS 14.716, EzKommR Nr. 2595.603 (Kostenschätzung bei Vorauszahlung); OVG Bln-Bbg 5.6.2014 – 5 B 1/14, EzKommR Nr. 2595.606 (Verjährung spendenfinanzierter Verbesserung); HessVGH 10.6.2014 – 5 A 337/13, EzKommR Nr. 2595.607 (Abrechnung Land-Gemeinde als Unternehmerrechnung); OVG Koblenz 30.6.2015 – 6 A 11016/14, EzKommR Nr. 1500.3468 (kein wiederkehrender Beitrag im festgesetzten Sanierungsgebiet); OVG Koblenz 10.12.2014 – 6 A 10853/14, KStZ 2015, 75 = EzKommR Nr. 2595.618 (Aufteilung des Gebiets einer Gemeinde unter 100.000 Einwohnern); OVG Lüneburg 23.2.2015 – 9 LC 177/13, EzKommR Nr. 2595.623 (Selbständigkeit unbefahrbarer Wohn-/Fußwege); OVG Lüneburg 2.2.2015 – 9 LB 132/12, EzKommR Nr. 2595.621 (Klärwerkgrundstück); VG Augsburg 10.4.2014 – Au 2 K 13.1116, EzKommR Nr. 2595.595; VG Augsburg 10.4.2014 – Au 2 K 13.878, EzKommR Nr. 2595.594; VG Augsburg 10.4.2014 – Au 2 K 13.875, EzKommR Nr. 2595.593; VG Bayreuth 14.5.2014 – B 4 K 13.371, EzKommR Nr. 2595.605; VG Bayreuth 16.4.2014 – B 4 K 13.293, EzKommR Nr. 2595.597; VG Düsseldorf 6.2.2015 – 17 K 8660/13, EzKommR Nr. 2595.622; VG Greifswald 2.4.2015 – 3 A 196/14, EzKommR Nr. 2595.624; VG Greifswald 5.2.2015 – 3 A 169/14, EzKommR Nr. 1500.3293; VG Koblenz 9.6.2015 – 4 K 166/15.KO, EzKommR Nr. 2595.625; VG Koblenz 30.9.2014 – 4 K 590/14.KO, EzKommR Nr. 2595.615; VG Potsdam 11.4.2014 – 12 K 988/11, EzKommR Nr. 2595.596; VG Wiesbaden 27.8.2015 – 1 K 97/13; VG Würzburg 22.10.2015 – W 3 K 14.1010; VG Würzburg 24.7.2014 – W 3 K 13.307, EzKommR Nr. 2595.612.   **105** Vgl *Eiding*, Anschlussbeitragsrecht, in: Eiding/Hofmann-Hoeppel, VerwR, § 36 sowie EuGH 8.5.2014 – C 161/13, EuZW 2014, 562 = EzKommR Nr. 2530.329 (Fristenlauf für Nachprüfungsverfahren); BGH 20.5.2015 – VIII ZR 136/14, NVwZ-RR 2015, 722 = EzKommR Nr. 2530.358; BayVGH 5.8.2015 – 20 ZB 15.1390, EzKommR Nr. 2530.362 (keine Anlaufhemmung der Festsetzungsverjährung bei Verletzung satzungsbestimmter Mitwirkungspflicht); BayVGH 23.3.2015 – 20 ZB 14.2712, EzKommR Nr. 2530.352 (Unerheblichkeit entstandenen Aufwands sowie technischer Beschaffenheit für Beitragserhebung); BayVGH 2.2.2015 – 20 ZB 14.1978, EzKommR Nr. 2530.341 (Wahlfreiheit zwischen Eigen- und Fremdwasserversorgung); BayVGH 9.12.2014 – 20 CS 14.2399, EzKommR Nr. 2530.339 (Globalkalkulation für Verbesserungsbeitrag); OVG Bln-Bbg 28.4.2015 – 9 S 3.15, 9 S 4.15, EzKommR Nr. 2530.346 (wirtschaftlicher Grundstücksbegriff); OVG Bln-Bbg 8.4.2015 – 9 S 35/14 – 38/14, EzKommR Nr. 2530.344 (Wirksamkeit eines Abgabenverzichts gem. § 246 a Abs. 1 S. 1 Nr. 11 BauGB); OLG Brandenburg 17.11.2015 – 2 U 36/14, EzKommR Nr. 2530.368 (Vereinbarkeit verbrauchsunabhängiger Grundpreises unter Berücksichtigung lediglich der Anzahl der Wohneinheiten mit § 315 BGB bei zivilrechtlicher Tarifgestaltung); OLG Brandenburg 7.10.2015 – 7 U 94/14, EzKommR Nr. 2530.366 (Anwendung der Grundsätze der Kostendeckung, Äquivalenz und Gleichbehandlung des kommunalen Abgabenrechts auf zivilrechtliche Tarifgestaltung); OVG Greifswald 21.4.2015 – 1 K 46/11, NVwZ-RR 2015, 909 = EzKommR Nr. 2530.353 (kombinierter Grundflächen-/Vollgeschossmaßstab, satzungsmäßige Widerlegung der einer Tiefenbegrenzungsregelung innewohnenden Vermutung der Grenze von Innen-/Außenbereich); OVG Münster 26.2.2014 – 15 A 2048/13, DÖV 2014, 713 = EzKommR Nr. 2530.326 (wirtschaftliche Einheit im Außenbereich); VG Ansbach 15.7.2014 – AN 1 K 13.00753, EzKommR Nr. 2530.336; VG Cottbus 15.7.2015 – 6 L 78/15, EzKommR Nr. 2530.350; VG Cottbus 22.6.2015 – K 853/14, EzKommR Nr. 2530.349; VG Cottbus 28.5.2015 – K 735/13, EzKommR Nr. 2530.347; VG München 23.6.2014 – M 10 S 14.1002, EzKommR Nr. 2530.334; VG Potsdam 10.6.2015 – 8 K 1288/12, EzKommR Nr. 2530.348; VG Würzburg 24.4.2015 – W 2 S 15.231, EzKommR Nr. 2530.345.

■ Herstellungs- (bzw Anschluss-)/Verbesserungsbeiträgen für die Entwässerungsanlage nach den Kommunalabgabengesetzen der Länder iVm der Herstellungs-/Anschluss-/Verbesserungsbeitragssatzung.[106]

Die gem. § 80 Abs. 5 S. 3 VwGO bestehende Befugnis, auf Antrag bereits im Verfahren zur Gewährung **67** vorläufigen Rechtsschutzes die Vollzugsfolgen von gerichtlich gem. § 80 Abs. 5 S. 1 VwGO bzgl des Vollzugs „ausgesetzter" Verwaltungsakte vorläufig ganz oder teilweise zu beseitigen bzw deren vorläufige Beseitigung anzuordnen, stellt sich als **Folgenbeseitigungsanspruch** dar. In erweiternder Auslegung des Wortlauts von § 80 Abs. 5 S. 3 VwGO werden nach hM hiervon auch folgende Konstellationen erfasst:

■ **Rückgängigmachung erfolgter Vollziehungshandlungen** bzw ihrer unmittelbarer Folgen (zB Herausgabe beschlagnahmter Gegenstände, Rückgabe eines einbehaltenen Führerscheins, Rückzahlung zwangsweise eingezogener Geldbeträge);[107]

■ **Fälle faktischer Vollziehung**, dh dann, wenn Behörden oder aber durch den Grundverwaltungsakt begünstigte Dritte bereits Vollzugsmaßnahmen getroffen haben oder zu treffen drohen, ohne dass die Voraussetzungen sofortiger Vollziehung gem. § 80 Abs. 2 VwGO gegeben waren bzw sind;[108]

■ **Vollstreckungsmaßnahmen nach den Verwaltungsvollstreckungsgesetzen** der Länder oder aber des Bundes, denen selbst Verwaltungsaktqualität zukommt;[109]

■ **Handlungen**, durch die der Adressat den Maßgaben des Grundverwaltungsakts **unter dem Druck drohender Vollzugsmaßnahmen** nachgekommen ist, da diese nach hM der Behörde ebenso zuzurechnen sind wie die Fälle, in denen durch den Verwaltungsakt begünstigte Dritte von der Gestattungswirkung des Grundverwaltungsakts Gebrauch gemacht haben.[110]

b) **Verwaltungsakte mit Doppel-/Drittwirkung.** aa) Von der Vollziehbarkeit adressatgerichteter Verwal- **68** tungsakte zu unterscheiden sind Anträge auf Anordnung der sofortigen Vollziehbarkeit bzw Aussetzung der Vollziehung von Verwaltungsakten mit Doppelwirkung gem. § 80 a Abs. 3 iVm § 80 Abs. 5–8 VwGO. Hiervon erfasst werden Konstellationen gem. § 80 Abs. 2 S. 1 Nr. 3 VwGO insoweit, als Dritte gegen einen

---

106 Vgl BVerfG (2. Kammer des 1. Senats) 3.11.2015 – 1 BvR 1766/15, 1783/15, 1815/15, BB 2016, 1 = EzKommR Nr. 2540.812; BVerfG 2.11.2015 – 1 BvR 1530/15, 1531/15, DÖV 2016, 264 = EzKommR Nr. 2540.811 (unzulässige Verfassungsbeschwerde eines von öffentlicher Hand gehaltenen bzw beherrschten Energieversorgungsunternehmens oder aber einer kommunalen Wohnungsbaugesellschaft gegen die Heranziehung zu Schmutzwasseranschlussbeiträgen; BVerfG 12.11.2015 – 1 BvR 2961/14, 3051/14, LKV 2016, 25 = EzKommR Nr. 2540.813 (Verletzung von Art. 2 Abs. 1 iVm Art. 20 Abs. 3 GG durch rückwirkende Erhebung von Abwasseranschlussbeiträgen gem. § 8 Abs. 7 S. 2 KAG BB v. 17.12.2003); BVerwG 15.4.2015 – 9 C 19/14, EzKommR Nr. 2540.784 (Heranziehung von „Altanschließern" 18 Jahre nach Wiedervereinigung); BayVGH 10.8.2015 – 20 ZB 15.217, EzKommR Nr. 2540.792 (Herstellungsbeitragssatzung mit erhöhten Beiträgen als Voraussetzung für Erhebung von Verbesserungsbeiträgen); BayVGH 4.8.2015 – 20 ZB 15.1082, EzKommR Nr. 2540.791 (keine Unwirksamkeit einer Herstellungsbeitragssatzung infolge Fertigstellung von Verbesserungsmaßnahmen); BayVGH 9.6.2015 – 20 B 15.200, EzKommR Nr. 2540.785 (Herstellungsbeitrag für Dachgeschoss); BayVGH 30.3.2015 – 20 CS 15.00088, EzKommR Nr. 2540.783 (keine Prüfung von Kalkulationsrügen im einstweiligen Rechtsschutzverfahren); OVG Bln-Bbg 14.7.2015 – 9 S 44/14, EzKommR Nr. 2540.789 (Verfassungsmäßigkeit der §§ 12 a Abs. 3 a, 19 Abs. 1 KAG Bbg); OVG Bln-Bbg 11.2.2016 – 9 B 43.15 (9 B 35/12) bzw 9 B 1.16, EzKommR Nr. 2540.821 bzw EzKommR Nr. 2540.822 (keine Heranziehung zu Schmutzwasseranschlussbeitrag nach stattgebender Verfassungsbeschwerde zu § 8 Abs. 7 S. 2 KAG BB v. 17.12.2003); OVG Bln-Bbg 12.2.2015 – 9 S 9/14, EzKommR Nr. 2540.776 (Einmaligkeit der Beitragserhebung); OVG Bln-Bbg 29.9.2014 – 9 N 18/14, EzKommR Nr. 2540.765 (Abzug gebührenfinanzierter Kosten vom beitragsfähigen Aufwand); OVG Bautzen 26.6.2015 – 5 A 706/13, EzKommR Nr. 2540.788 (Erlöschen eines Abwasserbeitrags als öffentliche Last); OVG Greifswald 30.4.2014 – 1 L 80/12, EzKommR Nr. 2540.754 (qualifizierte Tiefenbegrenzung); OVG Magdeburg 26.8.2014 – 4 L 81/14, EzKommR Nr. 2540.762 (Säumniszuschläge); OVG Münster 23.7.2014 – 9 A 169/12, EzKommR Nr. 2540.760 (gesamtschuldnerische Haftung von Eigentümer und Erbbauberechtigten); OVG Weimar 17.11.2015 – 4 KO 252/12, EzKommR Nr. 2540.814 (keine Notwendigkeit der Zuordnung des Aufwands für Schmutzwasserbeseitigung zu Geschossflächen und für Niederschlagswasserbeseitigung zu Grundstücksflächen); OVG Weimar 10.1.2014 – 4 EO 677/11, EzKommR Nr. 2540.742 (kombinierter Flächen-Vollgeschoss-Maßstab); VG Ansbach 27.1.2015 – AN 1 K 14.01149, EzKommR Nr. 2540.795 (Eintritt der Vorteilslage 23 Jahre vor Erlass des Beitragsbescheids kein Hinderungsgrund für Beitragserhebung gem. Art. 19 Abs. 2 BayKAG nF); VG Bayreuth 21.5.2015 – B 4 S 15.281, EzKommR Nr. 2540.803 (Einbeziehung von Gebäuden ohne Anschlussbedarf bei Bildung eines angemessenen Umgriffs zur Bestimmung beitragspflichtiger Grundstücksflächen im Außenbereich); VG Bayreuth 18.2.2015 – B 4 K 14.435, EzKommR Nr. 2540.778; VG Bayreuth 18.2.2015 – B 4 K 13.217, EzKommR Nr. 2540.777; VG Cottbus 22.6.2015 – 6 K 1665/14, EzKommR Nr. 2540.787; VG Cottbus 23.2.2015 – 6 L 273/14, EzKommR Nr. 2540.780; VG Cottbus 19.2.2015 – 6 K 1002/12, EzKommR Nr. 2540.779; VG Cottbus 10.2.2015 – 6 K 756/14, EzKommR Nr. 2540.775; VG Düsseldorf 25.2.2014 – 5 K 5809/13, EzKommR Nr. 2540.748; VG Frankfurt/Oder 12.6.2015 – 5 K 815/12, EzKommR Nr. 2540.786; VG Greifswald 11.11.2014 – 1 L 55/10, EzKommR Nr. 2540.767; VG Halle 16.12.2015 – 4 A 4/15, EzKommR Nr. 2540.820 (Anwendbarkeit von § 51 VwVfG im kommunalen Abgabenrecht); VG Halle 16.7.2015 – 4 A 47/13, EzKommR Nr. 2540.790; VG Köln 11.3.2014 – 14 K 5505/12, EzKommR Nr. 2540.750; VG Magdeburg 26.3.2015 – 9 A 253/14, EzKommR Nr. 2540.782; VG Potsdam 29.9.2015 – 8 L 1205/14, EzKommR Nr. 2540.809 (keine echte und damit unzulässige Rückwirkung durch § 8 Abs. 7 S. 2 KAG BB v. 17.12.2003); VG Potsdam 25.6.2014 – 8 K 515/12, EzKommR Nr. 2540.758; VG Schwerin 22.4.2014 – 4 A 1518/13, EzKommR Nr. 2540.757; VG Würzburg 29.4.2015 – W 2 K 13.424, EzKommR Nr. 2540.801 (Herstellungsbeitragssatzung mit erhöhten Beitragssätzen für Neuanschließer als Voraussetzung für Verbesserungsbeitragserhebung); VG Würzburg 29.4.2015 – W 2 K 13.1220, EzKommR Nr. 2540.802 (keine Anlaufhemmung der Festsetzungsverjährung bei Verstoß gegen Mitwirkungspflicht durch Beitragsschuldner); VG Würzburg 18.3.2015 – W 2 S 15/79, EzKommR Nr. 2540.781. **107** Vgl die Beispiele bei *Kopp/Schenke*, § 80 Rn 177. **108** Vgl *Kopp/Schenke*, VwGO, § 80 Rn 181. **109** Vgl *Kopp/Schenke*, VwGO, § 80 Rn 171. **110** Vgl *Kopp/Schenke*, VwGO, § 80 Rn 179.

adressatgerichteten Verwaltungsakt mit einem Rechtsbehelf vorgehen, dessen aufschiebende Wirkung durch Bundes- bzw Landesgesetz ausgeschlossen ist. „Paradefall" ist der Antrag des Grundstücksnachbarn auf Anordnung der aufschiebenden Wirkung des Widerspruchs bzw der Klage gegen einen Baugenehmigungsbescheid aufgrund des kraft Bundesgesetzes nicht eintretenden Suspensiveffekts (§ 80 Abs. 2 S. 1 Nr. 3 VwGO iVm § 212 a Abs. 1 BauGB).

69   **Verwaltungsakte mit Doppelwirkung** liegen nach der in § 80 a Abs. 1, 2 VwGO normierten Legaldefinition dann vor, wenn der Verwaltungsakt an einen anderen gerichtet ist und diesen begünstigt (§ 80 a Abs. 1 VwGO) oder aber die einen Dritten begünstigende Wirkung durch einen adressatgerichteten belastenden Verwaltungsakt eintritt (§ 80 a Abs. 2 VwGO). Insoweit ist der Begriff „Doppelwirkung" identisch mit dem Terminus der „**Drittwirkung**".[111]

70   bb) Gemäß § 80 a Abs. 3 S. 1 VwGO, wonach das Gericht auf Antrag Maßnahmen nach § 80 a Abs. 1, 2 VwGO ändern oder aufheben oder aber solche Maßnahmen treffen kann, erhält das Gericht die – ebenso Ausgangs- wie Widerspruchsbehörde zustehende – Befugnis, auf Antrag des

- Begünstigten gem. § 80 Abs. 2 S. 1 Nr. 4 VwGO die sofortige Vollziehung anzuordnen (§ 80 a Abs. 1 Nr. 1 VwGO) oder
- Dritten gem. § 80 Abs. 4 VwGO die Vollziehung auszusetzen und einstweilige Maßnahmen zur Sicherung der Rechte des Dritten zu treffen (§ 80 a Abs. 1 Nr. 2 VwGO).

71   cc) § 80 a Abs. 3 S. 1, 2. Alt. iVm § 80 a Abs. 1 Nr. 1 VwGO betrifft die Konstellation, dass der durch einen an ihn gerichteten Verwaltungsakt Begünstigte nach erfolgter Einlegung eines Rechtsbehelfs durch einen Dritten gem. § 80 Abs. 2 S. 1 Nr. 4 VwGO die Anordnung der sofortigen Vollziehung beantragt, dies unter der Voraussetzung, dass der durch einen Dritten eingelegte Rechtsbehelf aufschiebende Wirkung entfaltet. Ist dies nicht der Fall – wie etwa bei einem baurechtlichen Nachbarrechtsbehelf gegen die erteilte Baugenehmigung gem. § 212 a BauGB –, so bedarf es eines Antrags gem. § 80 a Abs. 3 S. 1, 2. Alt. iVm § 80 a Abs. 1 Nr. 1 VwGO nicht.[112]

72   Die Befugnis der Anordnung sofortiger Vollziehung auf Antrag des Dritten gem. § 80 a Abs. 3 S. 1, Abs. 2 iVm § 80 Abs. 2 S. 1 Nr. 4 VwGO ist dadurch gekennzeichnet, dass ein Betroffener gegen einen an ihn gerichteten belastenden Verwaltungsakt, der einen Dritten begünstigt, Rechtsbehelfe erhoben hat. „Klassische" Konstellation ist der Antrag auf Anordnung sofortiger Vollziehung einer **baurechtlichen Nutzungsuntersagungsverfügung** durch den Grundstücksnachbarn gem. § 80 a Abs. 3 S. 1, Abs. 2 iVm § 80 Abs. 2 S. 1 Nr. 4 VwGO, wenn der betroffene Grundstückseigentümer (Bauherr) gegen die Nutzungsuntersagungsverfügung Widerspruch oder aber Anfechtungsklage erhoben hat.[113]

73   dd) Der Antrag auf Aussetzung der Vollziehung durch einen Dritten gem. § 80 a Abs. 3 S. 1, Abs. 1 Nr. 2 iVm § 80 Abs. 5 S. 1 VwGO wird relevant in den Fallgestaltungen, in denen die durch einen Dritten erhobene Anfechtungsklage gegen den einen anderen begünstigenden Verwaltungsakt in erster Instanz Erfolg hat, das Urteil aber infolge Stellung eines Antrags auf Zulassung der Berufung aus den Gründen des § 124 Abs. 2 Nr. 1–3 VwGO nicht rechtskräftig wird, der in erster Instanz erfolgreiche Dritte also während des Laufs des Antragszulassungsberufungsverfahrens weiteren bzw gravierenderen Beeinträchtigungen seiner Rechtspositionen ausgesetzt ist.[114]

74   ee) Anträge gem. § 80 b Abs. 2, Abs. 3 iVm § 80 Abs. 5–8, § 80 a VwGO auf Fortdauer der aufschiebenden Wirkung kommen dann in Betracht, wenn die aufschiebende Wirkung von Widerspruch und Anfechtungsklage gem. § 80 b Abs. 1 S. 1, 1. Hs VwGO mit der Unanfechtbarkeit des gegen die abweisende Entscheidung gegebenen Rechtsmittels drei Monate nach Ablauf der gesetzlichen Begründungsfrist endet.[115]

74a   c) **Anträge gem. § 80 Abs. 7 VwGO.** § 80 Abs. 7 VwGO regelt die Änderung oder Aufhebung von Beschlüssen gem. § 80 Abs. 5 (iVm § 80 a Abs. 3) VwGO

- jederzeit von Amts wegen (§ 80 Abs. 7 S. 1 VwGO),
- auf Antrag jedes Beteiligten wegen veränderter oder im ursprünglichen Verfahren ohne Verschulden nicht geltend gemachter Umstände (§ 80 Abs. 7 S. 2 VwGO).

---

111 Vgl *Kopp/Schenke*, VwGO, § 80 a Rn 2.   **112** Vgl *Hofmann-Hoeppel*, Vorläufiger gerichtlicher Rechtsschutz, in: Eiding/ Hofmann-Hoeppel, VerwR, § 11 Rn 64 f.   **113** Vgl *Hofmann-Hoeppel*, Vorläufiger gerichtlicher Rechtsschutz, in: Eiding/ Hofmann-Hoeppel, VerwR, § 11 Rn 67 ff.   **114** Vgl *Hofmann-Hoeppel*, Vorläufiger gerichtlicher Rechtsschutz, in: Eiding/ Hofmann-Hoeppel, VerwR, § 11 Rn 69 ff.   **115** Vgl *Hofmann-Hoeppel*, Vorläufiger gerichtlicher Rechtsschutz, in: Eiding/ Hofmann-Hoeppel, VerwR, § 11 Rn 13 ff.

Unterabschnitt 2 | Besondere Wertvorschriften §53 GKG **1**

Die nicht an zeitliche Grenzen gebundene[116] („jederzeit") und durch ein anhängiges Beschwerdeverfahren beim OVG/VGH nicht ausgeschlossene Abänderung bzw Aufhebung[117] von Amts wegen stellt ein eigenständiges und damit neues Verfahren dar. Im Gegensatz zum Verfahren gem. § 80 Abs. 7 S. 1 VwGO steht den Beteiligten unter den Voraussetzungen des § 80 Abs. 7 S. 2 VwGO ein Rechtsanspruch auf Änderung bzw Aufhebung ungeachtet der Beschwerdemöglichkeit zu.[118] Hauptanwendungsfall ist neben einer Änderung der für die ergangene Entscheidung maßgeblichen Sach- und/oder Rechtslage[119] der Vortrag von im ursprünglichen Verfahren ohne Verschulden[120] nicht geltend gemachter, für den Betroffenen günstiger Umstände, aber auch ein im Erstverfahren beachtlicher Tatsachenirrtum des Gerichts oder eine nachträglich eingetretene Änderung der höchstrichterlichen Rechtsprechung. § 80 Abs. 7 VwGO ist auch im Verfahren des einstweiligen Rechtsschutzes gem. § 123 VwGO sowie gem. § 47 Abs. 6 VwGO anwendbar.[121]

3. Maßgaben für die Streitwertfestsetzung. Für die vorbezeichneten Verfahren iSd Abs. 2 Nr. 2 gilt infolge 75
der Verweisung auf die Streitwertbestimmung nach § 52 Abs. 1 und 2 ebenso der grundsätzliche **Vorrang**
der Bestimmung des Streitwerts nach der sich aus dem Antrag des Klägers für ihn ergebenden Bedeutung
der Sache nach Ermessen (§ 52 Abs. 1) vor der „Annahme" des Auffangstreitwerts von 5.000 € gem. § 52
Abs. 2. Wie im einstweiligen Rechtsschutzverfahren gem. § 123 Abs. 1 VwGO ist auch hier zu unterscheiden, ob

- auf die in Ziff. 1.5 S. 1, 1. Hs. Streitwertkatalog 2013 anzunehmende „Regel" einer Streitwertfestsetzung auf die Hälfte des Streitwerts im Hauptsacheverfahren abzustellen oder
- infolge der Vorwegnahme der Entscheidung in der Sache durch das Verfahren des vorläufigen Rechtsschutzes eine „Anhebung" des Streitwerts bis zur Höhe des für das Hauptsacheverfahren anzunehmenden Streitwerts vorzunehmen bzw geboten ist (Ziff. 1.5 S. 2 Streitwertkatalog 2013).

Eine – auch prozessualiter zulässige – **Vorwegnahme der Hauptsache** tritt insb. ein bei Anträgen gem. § 80 76
Abs. 5 S. 1 VwGO auf Wiederherstellung der aufschiebenden Wirkung des Hauptsacherechtsmittels gegen

- **Versammlungsverbote** mit der Begründung, es handle sich um eine Kulturdarbietung und daher keine Versammlung iSv Art. 8 Abs. 1 GG;[122]
- **behördliche Auflagen** im Zusammenhang mit Versammlungen und Aufzügen gem. § 15 Abs. 1 VersG zB hinsichtlich Erfassungs- und Meldepflichten des Versammlungsleiters[123] oder bzgl der Anordnung polizeilicher Durchsuchung potenzieller Teilnehmer im Versammlungsvorfeld;[124]
- die **Abschiebung eines Ausländers**, der sich in der Bundesrepublik eine wirtschaftliche Existenz geschaffen hat.[125]

Nicht nachvollziehbar ist die Auffassung, bei Vorliegen der Voraussetzungen von Ziff. 1.5 S. 2 Streitwertka- 77
talog 2013 sei bei „Annäherung" des Werts des vorläufigen Verfahrens an denjenigen der Hauptsache eine
Streitwertfestsetzung mit 75 % des Werts der Hauptsache sachgemäß.[126]

Liegen die Voraussetzungen von Ziff. 1.5 S. 2 Streitwertkatalog 2013 nicht vor, hat die Streitwertfestset- 78
zung auf die Hälfte des Hauptsachestreitwerts (gem. Ziff. 1.5 S. 1, 1. Hs. Streitwertkatalog 2013) zu erfolgen, nicht jedoch „grundsätzlich" auf etwa 33,3 % des Werts der Hauptsache.[127]

Die in der Rspr vor Erlass des Streitwertkatalogs 2004 bzgl Anträgen auf Anordnung der aufschiebenden 79
Wirkung der gegen Verwaltungsakte erhobenen Rechtsmittel, bei denen es um die Anforderung öffentlicher
Abgaben und Kosten iSd § 80 Abs. 2 S. 1 Nr. 1 VwGO geht, vertretene Auffassung, man könne „unter Um-

---

116 Vgl *Kopp/Schenke*, VwGO, § 80 Rn 190. **117** Im Falle der Aufhebung des gem. § 80 Abs. 5 (iVm § 80 a Abs. 3 S. 1) VwGO ergangenen und der Beschwerde gem. § 146 VwGO unterzogenen Beschlusses tritt Erledigung der Hauptsache ein; unabhängig von § 80 Abs. 7 S. 2 VwGO sind Erst- wie Beschwerdeinstanz bei Änderungen der Gesetzeslage zur Aufhebung von Amts wegen in der Lage; vgl BWVGH 11.3.2015 – 8 S 492/15, EzKommR Nr. 1500.3361 (Aufhebung eines die aufschiebende Wirkung des Widerspruchs gegen eine erteilte Baugenehmigung für eine Asylbewerberunterkunft im Gewerbegebiet anordnenden Beschlusses aufgrund Inkrafttretens von § 246 Abs. 10 BauGB von Amts wegen). **118** *Kopp/Schenke*, VwGO, § 80 Rn 196. **119** Im Falle des Ergehens eines Änderungsbescheids als „veränderter Umstand" kann gem. § 80 Abs. 7 S. 2 VwGO eine rückwirkende Änderung, dh ex tunc, zu ihrem ursprünglich gem. § 80 Abs. 5 S. 1 VwGO ergangenen Beschluss erfolgen; vgl BWVGH 18.12.1989 – 11 S 3283/89; VG Weimar 3.2.2015 – 3 E 15/15 We; *Schoch*, in: Schoch/Schneider/Bier, VwGO, § 80 Rn 591; *Kopp/Schenke*, VwGO, § 80 Rn 202; *Funke-Kaiser*, in: Bader u.a., VwGO, § 80 Rn 137; aA *Puttler*, in: Sodan/Ziekow, VwGO, § 80 Rn 186; *Külpmann*, in: Finkelnburg/Dombert/Külpmann, Vorläufiger Rechtsschutz im Verwaltungsstreitverfahren, Rn 1193. **120** Hierfür gelten die zu § 60 Abs. 1 VwGO entwickelten Maßstäbe insb. über die Zurechnung des Verschuldens von Bevollmächtigten; vgl *Kopp/Schenke*, VwGO, § 80 Rn 196, § 60 Rn 20 ff. **121** Vgl OVG Koblenz 1.7.2015 – 2 B 10498/15, EzKommR Nr. 1400.1967 (§ 123 Abs. 1 VwGO); BVerwG 16.9.2015 – 4 VR 2/15 (4 BN 36/15), EzKommR Nr. 1500.3564 (§ 47 Abs. 6 VwGO); vgl hierzu *Ziekow*, in: Sodan/Ziekow, VwGO, § 47 Rn 409; *Dombert*, in: Finkelnburg/Dombert/Külpmann, Vorläufiger Rechtsschutz im Verwaltungsstreitverfahren, Rn 623. **122** Vgl *Hofmann-Hoeppel*, Versammlungsrecht, in: Eiding/Hofmann-Hoeppel, VerwR, § 63 Rn 12 ff. **123** Vgl *Hofmann-Hoeppel*, Versammlungsrecht, in: Eiding/Hofmann-Hoeppel, VerwR, § 63 Rn 32. **124** Vgl *Hofmann-Hoeppel*, Versammlungsrecht, in: Eiding/Hofmann-Hoeppel, VerwR, § 63 Rn 19. **125** Vgl *Hartmann*, KostG, § 53 GKG Rn 23 mwN. **126** Vgl *Hartmann*, KostG, § 53 GKG Rn 24 unter Verweis auf OVG Koblenz NJW 1977, 1356. **127** OVG Hamburg HmbJVBl 1989, 45; OVG Münster MDR 1984, 344; aA BayVGH BayVBl 1990, 189 und BayVBl 1990, 221 (33,3 % des Hauptsachebetrags).

NK-GK/*Hofmann-Hoeppel/Kreutz/Kurpat/Luber/Schäfer/Thiel* 515

ständen" nur 10 % des streitigen Betrags als Streitwert annehmen,[128] ist angesichts der in Ziff. 1.5 S. 1, 2. Hs Streitwertkatalog 2013 erfolgten „Regelung" obsolet, da in den Fällen des § 80 Abs. 2 S. 1 Nr. 1 VwGO und bei sonstigen auf bezifferte Geldleistungen gerichteten Verwaltungsakten ein Viertel des für das Hauptsacheverfahren anzunehmenden Streitwerts festzusetzen ist.

IX. Streitwertermittlung in Verfahren nach § 69 Abs. 3, 5 FGO (Abs. 2 Nr. 3)

80 Nach Abs. 2 Nr. 3 bestimmt sich der Streitwert im Verfahren des einstweiligen Rechtsschutzes gem. § 69 Abs. 3, 5 FGO nach § 52 Abs. 1 und 2. § 69 Abs. 3 FGO betrifft Anträge auf Aussetzung der Vollziehung, während § 69 Abs. 5 FGO Anträge auf Wiederherstellung der hemmenden Wirkung der Klage regelt.[129]

81 Der Streitwert ist grds. nach dem Antrag und der sich aus ihm ergebenden Bedeutung der Sache für den Antragsteller zu bestimmen, wobei dem Finanzgericht insofern ein Ermessen zukommt.[130]

82 Von der Höhe her beträgt der Streitwert regelmäßig 10 v.H. des Betrags, für den die Aussetzung der Vollziehung beantragt wird.[131] Der in der Rspr der Finanzgerichte vereinzelt vertretenen Ansicht, der Streitwert sei in Anlehnung an die Praxis der Verwaltungsgerichte mit 25 v.H. des auszusetzenden Betrags zu bemessen,[132] hat sich der BFH nicht angeschlossen; unter den Senaten des BFH war auf eine entsprechende Anfrage hin keine Mehrheit für eine Anhebung des Streitwerts im AdV-Verfahren zu erzielen.[133]

83 Fehlen geeignete Schätzungsgrundlagen und bietet der bisherige Sach- und Streitstand keine genügenden Anhaltspunkte dafür, um die Bedeutung der Sache nach dem gestellten Antrag zu beurteilen, ist der Streitwert gem. § 52 Abs. 2 nach dem **Auffangstreitwert** zu bestimmen.[134]

84 Der Auffangstreitwert darf im Übrigen nicht verwechselt werden mit dem Mindeststreitwert nach § 52 Abs. 4. Die Vorschrift des § 52 Abs. 4 ist nicht anwendbar. Der (eindeutige) Wortlaut des Abs. 2 Nr. 3, der nur auf § 52 Abs. 1 und 2 verweist, schließt es aus, im finanzgerichtlichen AdV-Verfahren auf den Mindeststreitwert des § 52 Abs. 4 zurückzugreifen.[135]

X. Streitwertermittlung in Verfahren nach § 86 b SGG (Abs. 2 Nr. 4)

85 **1. Anwendungsbereich.** In SGG-Sachen ist auch das einstweilige Rechtsschutzverfahren iSd §§ 86 a, 86 b SGG nach Maßgabe der §§ 183 ff SGG grds, also für kostenprivilegierte Beteiligte (Versicherte, Leistungsempfänger, Behinderte usw), gerichtskostenfrei. Zu beachten ist aber § 197 a SGG. Nach dessen Abs. 1 finden die §§ 184–195 SGG keine Anwendung, wenn in einem Rechtszug weder der Kläger noch der Beklagte zu den in § 183 SGG genannten Personen gehört. In diesen Verfahren haben die Beteiligten auch im einstweiligen Rechtsschutzverfahren je nach Prozesserfolg Gerichtskosten nach Maßgabe der §§ 154–162 VwGO analog (mit Ausnahme des § 161 Abs. 2 VwGO für den Fall der Klagerücknahme) zu tragen. Der **unterliegende Teil** trägt also auch insofern die Kosten des Verfahrens (§ 154 Abs. 1 VwGO). Bei **teilweisem Obsiegen** werden die Kosten gegeneinander aufgehoben oder verhältnismäßig geteilt (§ 155 Abs. 1 VwGO). Für den Fall der **Antragsrücknahme** ist keine Kostengrundentscheidung zu treffen; derjenige, der den Antrag zurücknimmt, trägt die Kosten (§ 155 Abs. 2 VwGO).[136]

86 **2. Maßgaben für die Streitwertfestsetzung.** Maßgeblich für die Festsetzung des **Streitwerts** bei einstweiligen Rechtsschutzverfahren ist das Interesse am Erlass der einstweiligen Anordnung oder dem Aufschub der Vollziehung. In der Regel wird der Streitwert geringer als der Wert des Hauptsacheverfahrens veranschlagt. Begründet wird dies damit, dass der einstweilige Rechtsschutz nur für die Dauer des gerichtlichen Verfahrens Auswirkungen hat und idR die Hauptsache nicht vorwegnimmt bzw prozessual dies auch nicht soll.[137] Die Verweisung in Abs. 2 Nr. 4 auf § 52 Abs. 1 und 2 ist mithin nicht zwingend dahin auszulegen ist, dass in allen Verfahren nach § 86 b SGG, in denen der Sach- und Streitstand keine genügenden Anhaltspunkte für die Bestimmung des Streitwerts bietet, der volle Auffangstreitwert von 5.000 € anzusetzen ist. Weder der Wortlaut der gesetzlichen Bestimmungen noch die (unverbindlichen) Empfehlungen des Streitwertkatalogs für die Sozialgerichtsbarkeit zwingen zu einer solchen Auslegung.[138] Vielmehr ist auch im Rahmen der Verweisung des Abs. 2 Nr. 4 auf § 52 Abs. 1 und 2 der Streitwert vorrangig nach der sich aus dem Antrag des Klägers (bzw Antragstellers) für ihn ergebenden Bedeutung der Sache nach Ermessen zu bestimmen. Wenn sich aus dem Antrag ergibt, dass die Gewährung einstweiligen Rechtsschutzes für den Antragsteller

128 Vgl die Nachw. bei *Hartmann*, KostG, § 53 GKG Rn 25. **129** S. etwa NdsFG 22.7.2003 – 6 V 636/02, nv; NdsFG EFG 2002, 929; FG Hamburg EFG 2000, 1143; FG Brandenburg 25.7.1997 – 2 V 1240/97, nv. **130** FG Hamburg 20.7.2012 – 4 V 13/12, nv. **131** BFH BStBl. II 2001, 498; BFH/NV 2011, 1721. **132** Zuletzt mit ausf. Begr. FG Düsseldorf 14.11.2011 – 11 V 1531/11 A(E,L,G,U,H(L)), juris; differenzierend nach der Schwierigkeit der zu klärenden Rechtsfragen FG Hamburg EFG 2014, 1817. **133** BFH DStRE 2012, 252–254. **134** FG Köln 11.7.2012 – 2 V 1565/12, juris; SchlHFG 10.1.2011 – 5 V 206/10, juris; FG BW EFG 2006, 1860. **135** BFHE 220, 22. **136** BeckOK-SozR/*Krodel*, 12.2012, § 86 b SGG Rn 170 a. **137** Vgl Jansen/*Straßfeld*, SGG, 3. Aufl. 2012, § 197 a Rn 49. **138** Vgl auch Binz/Dörndorfer/*Dörndorfer*, § 53 GKG Rn 7 mwN.

eine geringere Bedeutung als die Hauptsache hat, ist dies mit zutreffender Rspr auch im Rahmen des Auffangstreitwerts zu berücksichtigen.[139]

Als Streitwert für ein einstweiliges Rechtsschutzverfahren wird ein Viertel bis zur Hälfte des Streitwerts der **87** Hauptsache als angemessen angesehen.[140] Bei Regelungsanordnungen nach § 86 b Abs. 2 SGG beträgt der Wert ein Viertel bis zur Hälfte des Streitwerts der Hauptsache je nach deren wirtschaftlicher Bedeutung.

Bei **Vorwegnahme der Hauptsache** ist idR der volle Wert festzusetzen. Das heißt, der Streitwert kann dem- **88** jenigen des Hauptsachverfahrens entsprechen, wenn die begehrte Maßnahme in ihrer Wirkung Tatsachen schafft, die den Hauptsachegegenstand voll umfasst, also vollendete Tatsachen schafft bzw das Hauptverfahren ersetzt.[141] Das soll auch für veröffentlichte **Transparenzberichte betreffend Pflegeeinrichtungen** gem. § 115 Abs. 1 a S. 4 SGB XI gelten, da insoweit dem Anordnungsverfahren in der Praxis quasi die abschließende Wirkung eines Hauptsacheverfahrens zukommt. Das heißt, wegen dieser überwiegenden Vorwegnahme der Hauptsache im Eilrechtsschutzverfahren ist der im Hauptsacheverfahren festzusetzende Streitwert sachgerecht.[142] Ebenfalls kann der Wert der Hauptsache angesetzt werden, wenn bis zum Abschluss des Hauptverfahrens **irreversible wirtschaftliche Einbußen** eintreten.[143]

Bei **Beitragsstreitigkeiten** insb. von **Arbeitgebern** in Verfahren nach § 86 a Abs. 2 Nr. 1 SGG wird ein Viertel **89** des Hauptsachestreitwerts zur Wertbemessung vorgeschlagen.

Für **Zulassungsverfahren von Ärzten**, Zahnärzten und Psychotherapeuten (§ 95 SGB V iVm der Zulas- **90** sungsverordnung nach § 98 SGB V) nennt der Streitwertkatalog für die Sozialgerichtsbarkeit (abgedr. als Anhang 3 zu § 52 GKG) die Höhe der Einnahmen während der voraussichtlichen Verfahrensdauer von einem Jahr ohne Abschlag als Anhaltspunkt. Soweit nicht der Regelsatz zugrunde gelegt wird, können besondere Umstände des Einzelfalls, insb. die Bedeutung des Eilantrags für den Betroffenen, berücksichtigt werden. Vertiefend zum Gegenstandswert in **vertragsärztlichen Streitigkeiten** s. auch *Wenner/Bernard*, NZS 2001, 57 ff, NZS 2003, 568 ff und NZS 2006, 1 ff.

Bei fehlenden Anhaltspunkten ist im Rahmen des Abs. 2 Nr. 4 im Übrigen generell von einem Bruchteil des **91** Auffangwerts von 5.000 € (§ 52 Abs. 2) auszugehen,[144] allerdings aber auch nur dann, wenn die Bedeutung der Sache nicht beziffert, dh weder berechnet noch geschätzt werden kann.[145]

XI. Streitwertermittlung in Verfahren nach § 50 Abs. 3–5 WpÜG (Abs. 2 Nr. 5)

1. Anwendungsbereich. Abs. 2 gilt ausschließlich für Verfahren, die einstweiligen Rechtsschutz betreffen. **92** Es handelt sich um eine **spezialgesetzliche** Regelung über die Bestimmung des Gebührenstreitwerts für die in Abs. 2 enumerativ aufgezählten Eilverfahren. Abs. 2 Nr. 5 regelt den Gebührenstreitwert für Verfahren nach § 50 Abs. 3–5 WpÜG.

2. Allgemeines. a) Anwendungsbereich des WpÜG. Das WpÜG ist anzuwenden auf Angebote zum Erwerb **93** von Wertpapieren, die von einer Zielgesellschaft ausgegeben wurden und zum Handel an einem organisierten Markt zugelassen sind (§ 1 Abs. 1 WpÜG). Das Gesetz regelt demnach die Pflichten eines Erwerbers von Anteilen an Gesellschaften, wenn dieser die Kontrolle über die Gesellschaft ausübt oder erlangen will. Es dient maßgeblich dem Schutz von Kleinaktionären oder Minderheitsaktionären vor wirtschaftlichen Nachteilen, indem es das Bekanntmachen von Übernahmeabsichten reglementiert.

Angebote iSd WpÜG sind freiwillige oder aufgrund einer Verpflichtung nach dem WpÜG erfolgende öf- **94** fentliche Kauf- oder Tauschangebote zum Erwerb von Wertpapieren einer Zielgesellschaft (§ 2 Abs. 1 WpÜG). **Wertpapiere** iSd WpÜG sind Aktien, mit diesen vergleichbare Wertpapiere und Zertifikate, die Aktien vertreten (§ 2 Abs. 2 Nr. 1 WpÜG), und andere Wertpapiere, die den Erwerb von Aktien, mit diesen vergleichbaren Wertpapieren oder Zertifikaten, die Aktien vertreten, zum Gegenstand haben (§ 2 Abs. 2 Nr. 2 WpÜG). **Zielgesellschaften** iSd WpÜG sind Aktiengesellschaften oder Kommanditgesellschaften auf Aktienbesitz im Inland (§ 2 Abs. 3 Nr. 1 WpÜG) sowie Gesellschaften mit Sitz in einem anderen Staat des Europäischen Wirtschaftsraums (§ 2 Abs. 3 Nr. 2 WpÜG).

b) Beteiligte im Verfahren nach dem WpÜG. Bieter iSd WpÜG sind natürliche oder juristische Personen **95** oder Personengesellschaften, die allein oder gemeinsam mit anderen Personen ein Angebot abgeben, ein solches Angebot beabsichtigen oder zur Abgabe eines solchen Angebots verpflichtet sind (§ 2 Abs. 4 WpÜG).

---

139 LSG RhPf 17.4.2014 – L 7 KA 6/14 B, juris (Rn 5 mwN). **140** Vgl ebenso BeckOK-SozR/*Krodel*, 12.2012, § 86 b SGG Rn 172 a mit Hinweis auf Ziff. 7.1 des Streitwertkatalogs für die Sozialgerichtsbarkeit (abgedr. als Anhang 3 zu § 52 GKG). **141** LSG RhPf 11.11.2004 – L 5 ER 75/04 KA, SGb 2005, 41; aA LSG Bln-Bbg 15.12.2005 – L 1 B 1050/05 KR ER. **142** LSG NRW 2.5.2012 – L 10 P 5/12 B ER, juris (Rn 28); aA BayLSG 19.12.2014 – L 2 P 74/14 B ER, juris (Rn 20). **143** LSG Niedersachsen-Bremen 5.1.2005 – L 3 KA 237/04 ER, MedR 2005, 179. **144** Ebenso BeckOK-SozR/*Krodel*, 12.2012, § 86 b SGG Rn 172 a. **145** VerfGH Berlin 23.1.2013 – VerfGH 37/11, juris (Rn 26); vgl insoweit auch SchlHLSG v. 19.6.2014 – L 5 KR 64/14 B ER, juris und v. 9.9.2013 – L 4 KA 293/12 B, juris mwN.

96   Die **Bundesanstalt für Finanzdienstleistungsaufsicht** (BaFin) übt die Aufsicht bei Angeboten nach den Vorschriften des WpÜG aus. Sie hat gem. § 4 Abs. 1 WpÜG im Rahmen der ihr zugewiesenen Aufgaben Missständen entgegenzuwirken, welche die ordnungsgemäße Durchführung des Verfahrens beeinträchtigen oder erhebliche Nachteile für den Wertpapiermarkt bewirken können.

97   **c) Befugnisse der Finanzdienstleistungsaufsicht.** Nach § 15 WpÜG ist die BaFin berechtigt, unter den Voraussetzungen des § 15 Abs. 1 Nr. 1–4, Abs. 2 WpÜG ein Angebot zu untersagen. Soweit die BaFin nach dem WpÜG Verfügungen zu Lasten des Antragstellers erlässt, sind deren Rechtmäßigkeit und Zweckmäßigkeit in einem Widerspruchsverfahren nachzuprüfen. Der Widerspruch gegen Maßnahmen der BaFin nach § 4 Abs. 1 S. 3, § 15 Abs. 1 oder 2, § 28 Abs. 1 oder § 40 Abs. 1 und 2 WpÜG hat **keine aufschiebende Wirkung**. Gegen Verfügungen der Bundesanstalt ist gem. § 48 Abs. 1 S. 1 WpÜG die Beschwerde statthaft; zuständig für die Beschwerde ist das für den Sitz der BaFin in Frankfurt am Main zuständige Oberlandesgericht (§ 48 Abs. 4 WpÜG).

98   Die Beschwerde gegen Verfügungen der BaFin hat allerdings dann **aufschiebende Wirkung**, soweit durch die angefochtene Verfügung der BaFin eine Befreiung nach § 10 Abs. 1 S. 3 oder nach § 37 Abs. 1 WpÜG iVm einer Rechtsverordnung nach § 37 Abs. 2 WpÜG oder eine Nichtberücksichtigung von Stimmrechtsanteilen nach § 36 WpÜG widerrufen wird.

99   Die BaFin ist aber gem. § 50 Abs. 1 WpÜG berechtigt, in den Fällen des § 49 WpÜG, also dann, wenn durch die angefochtene Verfügung eine

- Befreiung nach § 10 Abs. 1 S. 3 WpÜG,
- Befreiung nach § 37 Abs. 1 WpÜG,
- Nichtberücksichtigung von Stimmrechtsanteilen nach § 36 WpÜG widerrufen wird,

die sofortige Vollziehung der Verfügung anzuordnen, wenn dies im öffentlichen Interesse oder im überwiegenden Interesse eines Beteiligten geboten ist.

100 Die BaFin hat gem. § 50 Abs. 1 WpÜG das Recht, stets die **sofortige Vollziehung** ihrer Verfügung in den Fällen anzuordnen, in denen nach § 48 WpÜG die Beschwerde aufschiebende Wirkung hat. Sie bestimmt gleichzeitig die Voraussetzungen, unter denen eine solche Anordnung getroffen werden kann.

101 Das Recht wird – § 80 Abs. 2 S. 1 Nr. 4 VwGO vergleichbar – grds. nur dann zugebilligt, wenn die Anordnung im Einzelfall durch das öffentliche Interesse oder durch das überwiegende Interesse eines Beteiligten geboten ist.

102 Die sofortige Vollziehung darf zum einen nur angeordnet werden, wenn gerade wegen der Auswirkungen des Einzelfalls ein **besonderes öffentliches Interesse** an ihr besteht. Dies ist insb. dann gegeben, wenn ohne die sofortige Vollziehung **bedeutende Nachteile für die Marktintegrität durch Marktverzerrungen** infolge der zu erwartenden langen Dauer des Rechtsmittelverfahrens zu befürchten sind. Das öffentliche Interesse ist sodann gegen die Interessen des Verfügungsadressaten abzuwägen.

103 Vorweg kann die Anordnung der sofortigen Vollziehung von Verfügungen der BaFin auch durch die **überwiegenden Interessen eines Beteiligten** geboten sein. Regelmäßig wird das den sofortigen Vollzug rechtfertigende Interesse mit dem überwiegenden Interesse eines Beteiligten sich decken. Aber auch dann, wenn dies nicht der Fall ist, kann das überwiegende Interesse eines Beteiligten die Anordnung der sofortigen Vollziehung der behördlichen Verfügung rechtfertigen, wobei es sich hier stets um Einzelfallentscheidungen handelt.

104 Die BaFin hat bei ihrer Entscheidung stets zu berücksichtigen, dass eine Anordnung nach § 50 Abs. 1 WpÜG die Ausnahme von der Regel darstellt, dass Widerspruch und Beschwerde grds. aufschiebende Wirkung haben. Deshalb kann auch nicht jeder Nachteil, den ein Beteiligter erleidet, zur Anordnung der sofortigen Vollziehung führen; vielmehr wird sie nur durch erhebliche Nachteile gerechtfertigt, an deren Nachweis bzw Glaubhaftmachung die Rspr strenge Maßstäbe anlegt.

105 Nach § 50 Abs. 2 WpÜG kann die BaFin die sofortige Vollziehung schon **vor Einlegung der Beschwerde**, allerdings nur ex nunc, anordnen, denn die Anordnung der sofortigen Vollziehung bewirkt, dass die vorgesehene aufschiebende Wirkung der Beschwerde entweder gar nicht erst eintritt oder, wenn die sofortige Vollziehung erst nach Einlegung der Beschwerde angeordnet wird, ganz entfällt.

106 **d) Rechtsschutzmöglichkeiten des Bieters gegen die Verfügungen der Finanzdienstleistungsaufsicht.** Unter den Voraussetzungen des § 50 Abs. 3 WpÜG kann dann auf Antrag an das Beschwerdegericht die aufschiebende Wirkung von Widerspruch oder Beschwerde ganz oder teilweise angeordnet oder wiederhergestellt werden, wenn

- die Voraussetzungen für die Anordnung nach § 50 Abs. 1 WpÜG nicht vorgelegen haben oder weggefallen sind (Nr. 1),
- ernstliche Zweifel an der Rechtmäßigkeit der angefochtenen Verfügung bestehen (Nr. 2) oder

- die Vollziehung für den Betroffenen eine unbillige, nicht durch überwiegende öffentliche Interessen gebotene Härte zur Folge hätte (Nr. 3).

Nach § 50 Abs. 3–5 WpÜG kommen folgende **Anträge an das Beschwerdegericht** in Betracht: 107

- die aufschiebende Wirkung des Widerspruchs gegen die Verfügung der BaFin ganz oder teilweise anzuordnen;
- die aufschiebende Wirkung des Widerspruchs wiederherzustellen;
- die aufschiebende Wirkung der Beschwerde ganz oder teilweise anzuordnen;
- die aufschiebende Wirkung der Beschwerde wiederherzustellen;
- auf Abänderung der ablehnenden Entscheidung nach § 50 Abs. 3 WpÜG;
- auf Aufhebung des Beschlusses über die Zurückweisung eines Antrags nach § 50 Abs. 3 WpÜG.

Beschlüsse, die einem Antrag nach § 50 Abs. 3 WpÜG stattgeben, sind unanfechtbar (§ 50 Abs. 5 S. 2   108
WpÜG).

§ 50 Abs. 3–5 WpÜG ermöglicht, dass das Beschwerdegericht die aufschiebende Wirkung von Widerspruch   109
und Beschwerde anordnen oder wiederherstellen kann, wenn die BaFin zu Unrecht das öffentliche Interesse
oder das überwiegende Interesse eines Beteiligten bejaht hat oder ein solches Interesse nach Erlass der Anordnung entfallen ist. Dabei können auch ernstliche Zweifel an der Rechtmäßigkeit der mit der Beschwerde
angefochtenen Hauptsacheverfügung die Anordnung oder Wiederherstellung der aufschiebenden Wirkung
zur Folge haben.

e) Voraussetzungen für die Wiederherstellung oder die Anordnung der aufschiebenden Wirkung des Wider-   110
spruchs oder der Beschwerde. Das Beschwerdegericht hat die aufschiebende Wirkung der Beschwerde oder
des Widerspruchs herzustellen oder anzuordnen, wenn die Vollziehung für den Betroffenen eine unbillige,
nicht durch überwiegende öffentliche Interessen gebotene **Härte** zur Folge hätte. Beschwerden gegen andere
als die in § 49 genannten Verfügungen der BaFin haben grds. keine aufschiebende Wirkung. Soweit § 49
WpÜG die aufschiebende Wirkung bei Beschwerden gegen bestimmte Verfügungen anordnet, kann die
BaFin gem. § 50 Abs. 1 WpÜG die sofortige Vollziehung der Verfügung anordnen. In diesem Fall kann das
Beschwerdegericht auf Antrag die aufschiebende Wirkung von Widerspruch oder Beschwerde ganz oder
teilweise wiederherstellen.

Verfahren nach § 50 Abs. 3–5 WpÜG setzen einen durch einen Rechtsanwalt[146] zu stellenden Antrag und   111
die Glaubhaftmachung derjenigen Tatsachen voraus, auf die der Antragsteller seinen Antrag stützt (§ 294
ZPO).

Das Beschwerdegericht entscheidet durch zu begründenden Beschluss. Neben der Anordnung oder Wieder-   112
herstellung der aufschiebenden Wirkung kann das Beschwerdegericht auch die Aufhebung der Vollziehung
anordnen, soweit die Entscheidung im Zeitpunkt der Antragstellung bereits vollzogen war (§ 50 Abs. 4 S. 3
WpÜG).

Hat die BaFin selbst die sofortige Vollziehung ihrer Entscheidung angeordnet, war hieran (noch) keine Par-   113
tei beteiligt. Alle anderen einstweiligen Maßnahmen bedürfen eines Antrags, der wiederum aber ein Beschwerdeverfahren faktisch voraussetzt und eben dafür besteht expressis verbis **Anwaltszwang**. Das ist
auch nachvollziehbar, entscheidet doch in allen Beschwerdesachen das OLG Frankfurt am Main in Sonderzuständigkeit (→ Rn 97).

Eine negative Beeinflussung des Aktienkurses ist nach OLG Frankfurt[147] kein ausreichender Grund für die   114
Anordnung oder das Unterlassen einer einstweiligen Maßnahme. Die wirtschaftlichen Interessen der außenstehenden (meist Klein-)Aktionäre sind in jedem Fall bei einer etwaigen Verletzung der Veröffentlichungs-
bzw Angebotspflicht berührt, weil den Aktionären so die Chance genommen wird, nach einem etwaigen
Kontrollwechsel ihre Aktien noch zu einem angemessenen Preis zu veräußern. Die außenstehenden Aktionäre können deswegen ein genauso starkes Interesse daran haben, dass die Sanktion des § 59 WpÜG greift,
wie die Beschwerdeführer daran, dass sie nicht greift.

3. Gebührenstreitwert in Verfahren nach § 50 Abs. 3–5 WpÜG. a) Bewertung nach dem GKG. In Verfah-   115
ren nach § 50 Abs. 3–5 WpÜG bestimmt sich der Gebührenstreitwert nach § 52 Abs. 1 oder 2. Die Streitwertbemessung in Verfahren nach dem WpÜG richtet sich grds. nach dem GKG (§ 1 Abs. 1 S. Nr. 1 GKG),
soweit nichts anderes bestimmt ist. Anderweitige Bestimmungen für Verfahren nach dem WpÜG ergeben
sich bspw aus § 1 Abs. 2 Nr. 6 GNotKG, wonach Verfahren nach §§ 39 a und 39 b WpÜG auf der Grundlage des § 73 GNotKG und nicht nach § 52 Abs. 1 und Abs. 2 GKG zu bemessen sind. Soweit § 31 a RVG

---

146 OLG Frankfurt NZG 2011, 704 = ZIP 2011, 1387; *Ehricke/Ekkenga/Oechsler*, WpÜG, 2003, § 53 Rn 7; Haarmann/Schüp-pen/*Schweizer*, WpÜG, 3. Aufl. 2008, § 53 Rn 2; KölnKomm/*Pohlmann*, WpÜG, 2. Aufl. 2010, § 53 Rn 2. **147** OLG Frankfurt DB 2007, 1913 = BB 2007, 2060.

den Gegenstandswert für Ausschlussverfahren nach dem WpÜG bestimmt, so sind hiervon ausschließlich die Verfahren nach § 39 b WpÜG, nicht aber die in Abs. 2 Nr. 5 genannten Verfahren erfasst. Verfahren gem. § 50 Abs. 3–5 WpÜG sind deshalb allein in den Anwendungsbereich des GKG einbezogen und somit ausschließlich nach § 52 Abs. 1 oder 2 zu bemessen (vgl auch Nr. 1632 KV).

116 **b) Bemessung nach § 52 Abs. 1. aa) Wertbestimmung nach Antrag und Bedeutung für den Antragsteller nach billigem Ermessen.** Gemäß § 52 Abs. 1 bemisst sich der Gebührenstreitwert nach der sich aus dem Antrag des Antragstellers für ihn ergebenden Bedeutung der Sache. Die Wertbemessung nach § 52 Abs. 1 erfolgt nach billigem Ermessen unter Berücksichtigung des sich aus § 39 Abs. 2 ergebenden Höchstwerts von 30 Mio. €. Bei der Wertfestsetzung in den Verfahren nach § 50 Abs. 3–5 WpÜG ist die Bedeutung der Angelegenheit für das Unternehmen unter Einbeziehung der Bedeutung des Verfahrens für den Antragsteller nach freiem Ermessen zu bestimmen.[148] Es hat sich aber im Wesentlichen am eigenen Sachvortrag des Antragstellers oder Beschwerdeführers zu orientieren, es sei denn, dies würde zu einem unbillig zu niedrigen oder zu hohen Gebührenstreitwert führen.

117 **bb) Objektives Interesse des Antragstellers.** Maßgebend für die Streitwertbemessung im einstweiligen Rechtsschutzverfahren nach § 50 Abs. 3–5 WpÜG ist nach § 52 Abs. 1 die Bedeutung der Sache, so wie sie sich bei objektiver Betrachtungsweise für den Antragsteller auf der Grundlage seiner Anträge darstellt.[149] Es ist also nicht darauf abzustellen, welche Bedeutung die Angelegenheit für die Gegenseite oder weitere Beteiligte hat. Maßgeblich ist auch nicht, welche Anträge ggf weitere Beteiligte des Verfahrens stellen. Es kommt allein auf die Bedeutung der Sache für den Antragsteller zum Zeitpunkt der Einreichung des einstweiligen Rechtsschutzantrags an. Mittelbare Auswirkungen auf Dritte haben weder eine den Streitwert erhöhende noch eine entsprechend ermäßigende Wirkung.

118 **cc) Unzulässige Anträge.** Es kommt auch nicht darauf an, ob der Antrag grds. zulässig ist oder nicht. Auch ein unzulässiger Antrag nach § 50 Abs. 3–5 WpÜG ist zu bemessen und zwar nach den gleichen Grundsätzen, wie es im Rahmen eines zulässigen Antrags der Fall gewesen wäre.

119 **dd) Mehrere Anträge nach § 50 Abs. 3–5 WpÜG.** Werden mehrere unterschiedliche Anträge nach § 50 Abs. 3–5 WpÜG in verschiedenen Verfahren geltend gemacht, die nach Einreichung verbunden werden, so sind die jeweiligen Werte zu addieren.[150]

120 **ee) Umfang des Verfahrens.** Bei der Wertbemessung nach § 52 Abs. 1 hat der **Umfang** des Verfahrens **keinen Einfluss** auf die Wertbemessung. Dies ist einem Umkehrschluss aus § 48 Abs. 2 zu entnehmen, wonach in nichtvermögensrechtlichen Streitigkeiten der Streitwert unter Berücksichtigung aller Umstände des Einzelfalls, insb. des Umfangs und der Bedeutung der Sache und der Vermögens- und Einkommensverhältnisse der Parteien, nach Ermessen zu bestimmen ist. Die Tatsache, dass § 52 Abs. 1 lediglich von der Bedeutung der Sache und einem Ermessen ausgeht und dabei abweichend von § 48 Abs. 2 formuliert ist, rechtfertigt die Schlussfolgerung, dass Verfahren nach § 50 Abs. 3–5 WpÜG ausschließlich nach dem Antrag des Antragstellers unter Einbeziehung der **Bedeutung der Sache** für ihn nach Ermessen zu bemessen sind.

121 **ff) Konkretes objektives Interesse in Verfahren nach § 50 Abs. 3–5 WpÜG.** Das OLG Frankfurt hat das Interesse des Antragstellers an der Unterlassung der Bekanntmachung eines Fehlers im Konzernanlagebericht unter Zugrundelegung der Bedeutung der Angelegenheit für das Unternehmen mit 100.000 € bemessen.[151] Der Wertpapiersenat hat keine konkreten und nachvollziehbaren Ermessenskriterien für die Festlegung des Werts zum Gegenstand seiner Entscheidung gemacht, vielmehr bei der Wertbemessung gar nicht auf § 52 Abs. 1, sondern auf § 50 Abs. 1 S. 1 Nr. 3 GKG iVm § 3 ZPO abgestellt. Zwar regelt § 50 Abs. 1 S. 1 Nr. 3 gleichermaßen einen Wert für bestimmte Beschwerdeverfahren nach dem WpÜG, allerdings hatte der Senat einen Antrag auf Wiederherstellung der aufschiebenden Wirkung eines Widerspruchs zu beurteilen, so dass ein einstweiliges Rechtsschutzverfahren gem. § 50 Abs. 3 WpÜG und kein Beschwerdeverfahren in der Hauptsache zu bewerten war. Damit schied auch eine Wertfestsetzung nach § 50 Abs. 1 S. 1 Nr. 3 aus.

122 In einem einstweiligen Rechtsschutzverfahren gem. § 50 Abs. 3 WpÜG hatte das OLG Frankfurt den Streitwert auf 50.000 € festgesetzt, wobei streitgegenständlich ein Fehlerfeststellungsbescheid im Hinblick auf unvollständige Angaben zu den Gesamtbezügen des Alleinvorstands gewesen ist.[152]

123 Des Weiteren hat das OLG Frankfurt in einer Entscheidung über einen Antrag nach § 50 Abs. 3 S. 1 Nr. 3 WpÜG in einem Enforcementverfahren das Interesse des Antragstellers an der Wiederherstellung der aufstellenden Wirkung eines Widerspruchs gegen die Verfügung der BaFin zur Anordnung der Veröffentlichung von Art und Umfang der durchgeführten Prüfung, die zur Feststellung des Rechnungslegungsfehlers

---

[148] OLG Frankfurt BB 2007, 1913 = BB 2007, 2060; OLG Frankfurt DB 2009, 2773 = BB 2009, 111. [149] *Meyer*, GKG § 52 Rn 5. [150] OLG Frankfurt DB 2009, 2773 = ZIP 2009, 2440. [151] OLG Frankfurt DB 2009, 2773 = ZIP 2009, 2440. [152] OLG Frankfurt DB 2012, 1978 = NZG 2012, 996.

im Enforcementverfahren geführt hatte, mit 20.000 € bemessen. Größe und Außenwirkung der betroffenen Gesellschaften scheinen dabei ebenfalls eine Rolle gespielt zu haben.

gg) Ermäßigung wegen geringerer Bedeutung einstweiliger Rechtsschutzverfahren gegenüber Hauptsache- 124 verfahren. Einstweilige Rechtsschutzverfahren nach § 50 Abs. 3–5 WpÜG haben gegenüber einem Hauptsacheverfahren keine geringere, sondern eher **höhere Bedeutung**, weil sie sich inhaltlich regelmäßig schwieriger gestalten als Beschwerdeverfahren in der Hauptsache. Dies führt dazu, dass auch der Wert des Streitgegenstands in einstweiligen Rechtsschutzverfahren nach dem WpÜG regelmäßig höher zu bemessen ist, wobei es insoweit nicht auf den Umfang und die Schwierigkeit des Verfahrens, sondern allein auf das Interesse des Antragstellers, wie es sich aus seinem Antrag ergibt, ankommt.

Ein Ermäßigung des Gebührenstreitwerts, wie er bspw in einstweiligen Anordnungsverfahren nach § 41   125 FamGKG oder nach Ziff. 1.5 des Streitwertkatalogs für die Verwaltungsgerichtsbarkeit in einstweiligen Rechtsschutzverfahren möglich ist, kommt bei der Bewertung der Verfahren nach § 50 Abs. 3–5 WpÜG nach dem eindeutigen Wortlaut des § 52 Abs. 1 nicht in Betracht.

c) Bewertung nach dem Auffangwert. Nur soweit der Sach- und Streitstand für eine Bestimmung nach § 52   126 Abs. 1 keine genügenden Anhaltspunkte eröffnet, ist nach § 52 Abs. 2 vorzugehen. Danach ist der Wert des Verfahrens mit 5.000 € zu bemessen. Es ist aber vor Anwendung des § 52 Abs. 2 zunächst immer auszuschließen, dass keinerlei Anhaltspunkte für ein wie auch immer geartetes Interesse des Antragstellers am Streitgegenstand vorhanden sind. Ist § 52 Abs. 2 einschlägig, handelt es sich insoweit um einen starren, nicht mehr veränderbaren Auffangwert.[153] Es ist allerdings davon auszugehen, dass der Auffangwert für eine weitaus überwiegende Anzahl von Verfahren keine Rolle spielen wird, handelt es sich doch um idR wirtschaftlich für das betroffene Unternehmen weit reichende Auswirkungen, die mit der Einlegung eines Rechtsbehelfs bzw eines einstweiligen Antrags vermieden oder wenigstens abgemildert werden sollen.

Schließlich ist bei dem gesetzlich normierten Anwendungsbereich des WpÜG in aller Regel eine Aktienge-   127 sellschaft beteiligt, die eine nicht unerhebliche Finanzkraft und damit wirtschaftliche Bedeutung voraussetzt.

§ 53 a Sanierungs- und Reorganisationsverfahren nach dem Kreditinstitute-Reorganisationsgesetz

Die Gebühren im Sanierungs- und Reorganisationsverfahren werden nach der Bilanzsumme des letzten Jahresabschlusses vor der Stellung des Antrags auf Durchführung des Sanierungs- oder Reorganisationsverfahrens erhoben.

Bei der Vorschrift des § 53 a handelt es sich zusammen mit § 23 a (Kostenschuldner) und den Nr. 1650–   **1** 1653 KV um eine **vorrangige Spezialregelung** aufgrund des ebenfalls seit dem 1.1.2011 geltenden Kreditinstitute-Reorganisationsgesetzes (KredReorgG).[1] Maßgeblich ist die **Bilanz des letzten Jahresabschlusses** vor dem Tag der Einreichung des Antrags nach § 2 KredReorgG. Die **Bilanzsumme** entspricht § 267 Abs. 1 Nr. 1, Abs. 2 Nr. 1 HGB, der Jahresabschluss § 340 a Abs. 1 HGB. Mit der Festlegung dieses **Streitwerts** soll erreicht werden, dass sich die Höhe der Gebühren an der wirtschaftlichen Bedeutung des Kreditinstituts ausrichtet.[2]

§ 54 Zwangsversteigerung

(1) [1]Bei der Zwangsversteigerung von Grundstücken sind die Gebühren für das Verfahren im Allgemeinen und für die Abhaltung des Versteigerungstermins nach dem gemäß § 74 a Absatz 5 des Gesetzes über die Zwangsversteigerung und die Zwangsverwaltung festgesetzten Wert zu berechnen. [2]Ist ein solcher Wert nicht festgesetzt, ist der Einheitswert maßgebend. [3]Weicht der Gegenstand des Verfahrens vom Gegenstand der Einheitsbewertung wesentlich ab oder hat sich der Wert infolge bestimmter Umstände, die nach dem Feststellungszeitpunkt des Einheitswerts eingetreten sind, wesentlich verändert oder ist ein Einheitswert noch nicht festgestellt, ist der nach den Grundsätzen der Einheitsbewertung geschätzte Wert maßgebend. [4]Wird der Einheitswert nicht nachgewiesen, ist das Finanzamt um Auskunft über die Höhe des Einheitswerts zu ersuchen; § 30 der Abgabenordnung steht der Auskunft nicht entgegen.

---

153 Binz/Dörndorfer/*Dörndorfer*, § 52 GKG Rn 6. **1** Vom 9.12.2010 (BGBl. I 1900). **2** BT-Drucks 17/3024, S. 83; *Meyer*, GKG, § 53 a Rn 1.

(2) ¹Die Gebühr für die Erteilung des Zuschlags bestimmt sich nach dem Gebot ohne Zinsen, für das der Zuschlag erteilt ist, einschließlich des Werts der nach den Versteigerungsbedingungen bestehen bleibenden Rechte zuzüglich des Betrags, in dessen Höhe der Ersteher nach § 114 a des Gesetzes über die Zwangsversteigerung und die Zwangsverwaltung als aus dem Grundstück befriedigt gilt. ²Im Fall der Zwangsversteigerung zur Aufhebung einer Gemeinschaft vermindert sich der Wert nach Satz 1 um den Anteil des Erstehers an dem Gegenstand des Verfahrens; bei Gesamthandeigentum ist jeder Mitberechtigte wie ein Eigentümer nach dem Verhältnis seines Anteils anzusehen.

(3) ¹Die Gebühr für das Verteilungsverfahren bestimmt sich nach dem Gebot ohne Zinsen, für das der Zuschlag erteilt ist, einschließlich des Werts der nach den Versteigerungsbedingungen bestehen bleibenden Rechte. ²Der Erlös aus einer gesonderten Versteigerung oder sonstigen Verwertung (§ 65 des Gesetzes über die Zwangsversteigerung und die Zwangsverwaltung) wird hinzugerechnet.

(4) Sind mehrere Gegenstände betroffen, ist der Gesamtwert maßgebend.

(5) ¹Bei Zuschlägen an verschiedene Ersteher wird die Gebühr für die Erteilung des Zuschlags von jedem Ersteher nach dem Wert der auf ihn entfallenden Gegenstände erhoben. ²Eine Bietergemeinschaft gilt als ein Ersteher.

I. Allgemeines

1 **1. Anwendungsbereich.** § 54 regelt abschließend die Wertberechnung für sämtliche Wertgebühren, die in Verfahren zur Versteigerung von Grundstücken und grundstücksgleichen Rechten nach dem Gesetz über die Zwangsversteigerung und Zwangsverwaltung (ZVG) anfallen können. Das ZVG ist letztlich der ZPO zuzuordnen (vgl §§ 864 ff, 869 ZPO). Erfasst werden somit neben den echten Vollstreckungsverfahren zur Versteigerung von Grundstücken und grundstücksgleichen Rechten wie Miteigentumsanteile, Erbbaurechte, Sonder- und Teileigentum nach dem WEG auch die besonderen Verfahren des ZVG (§§ 172 ff ZVG), insb. die Verfahren zur Aufhebung einer Gemeinschaft, die sog. Teilungsversteigerung (§§ 180 ff ZVG).

2 **2. Regelungsgehalt.** Anders als zB im Erkenntnisverfahren sieht das GKG für Zwangsversteigerungsverfahren keine Pauschalgebühr für das gesamte Verfahren vor. Vielmehr werden Verfahrensgebühren lediglich für bestimmte Verfahrensabschnitte erhoben (s. die Erl. zu Nr. 2211 ff KV). Hinzu kommt eine Entscheidungsgebühr (vgl § 6 Abs. 2; Nr. 2214 KV), die jedoch nur im Falle der Erteilung des Zuschlags anfällt.

3 Die Gebühr für die Entscheidung über einen Anordnungs- oder Beitrittsantrag (Nr. 2210 KV) ist als Festgebühr ausgestaltet und bedarf somit hinsichtlich der Wertberechnung keiner Regelung.

4 Zunächst bestimmt **Abs. 1** die Wertberechnung hinsichtlich der Gebühren für das Verfahren im Allgemeinen (Nr. 2211 oder 2212 KV) und die Gebühr für die Abhaltung eines Versteigerungstermins (Nr. 2213 KV). Insoweit wird grds. auf den Verkehrswert des vom Zwangsversteigerungsverfahren erfassten Objekts (Grundstück, Miteigentumsanteil etc.) abgestellt, nur hilfsweise auf den Einheitswert.

5 Sodann regelt **Abs. 2** die Wertberechnung bzgl der Gebühr für die Erteilung des Zuschlags (Nr. 2214 KV) und berücksichtigt dabei die vom Ersteher letztlich insgesamt zu erbringende Gegenleistung unter Berücksichtigung der verschiedenen möglichen Fallgestaltungen.

6 Hinsichtlich der gesondert anfallenden Gebühr für das nach dem Zuschlag durchzuführende Verfahren betreffend die Verteilung des Erlöses (Nr. 2215 oder 2216 KV) regelt **Abs. 3** die Wertberechnung. Insoweit wird auf den zur Verteilung zur Verfügung stehenden Erlös nebst den bestehen bleibenden Rechten abgestellt.

Sofern mehrere Objekte (Grundstücke, Miteigentumsanteile etc.) von dem Verfahren betroffen sind, bestimmt **Abs. 4** das allgemeingültige Prinzip der Wertaddition und ergänzt damit die Bestimmungen der Abs. 1–3.   7

Letztlich ergibt sich aus **Abs. 5**, dass die Gebühr für die Erteilung des Zuschlags – naturgemäß mehrere Objekte betreffend – gesondert anfällt, sofern der Zuschlag an verschiedene Ersteher erfolgt ist.   8

II. Wert der Gebühren für das Zwangsversteigerungsverfahren – Nr. 2211–2213 KV (Abs. 1)

1. Verkehrswert, § 74 a Abs. 5 ZVG. In den nach dem ZVG durchzuführenden Zwangsversteigerungsverfahren hat das Gericht von Amts wegen gem. § 74 a Abs. 5 ZVG den Verkehrswert des zu versteigernden Objekts – zumeist unter Hinzuziehung eines Sachverständigen und nach Anhörung der Beteiligten – festzusetzen. Die Festsetzung erfolgt regelmäßig vor der Terminsbestimmung (vgl § 38 S. 1 ZVG).[1] Dabei handelt es sich jedoch nicht um eine im Hinblick auf die Gerichts- bzw Rechtsanwaltskosten vorzunehmende Festsetzung. Neben der Information über den Marktwert für evtl. Bietinteressenten kommt diesem Wert vielmehr für das Zwangsversteigerungsverfahren selbst vielfache und erhebliche Bedeutung (zB für die Höhe der Sicherheitsleistung gem. § 68 ZVG, die Zuschlagsentscheidung gem. §§ 74 a, 85 a ZVG, die fiktive Befriedigung gem. § 114 a ZVG oder eine Erlösverteilung gem. § 112 ZVG) zu.[2]   9

Der aufgrund der verfahrensrechtlichen Notwendigkeit einmal festgesetzte Wert wird sodann für die Gebührenberechnung lediglich übernommen. Ein festgesetzter Verkehrswert – ggf unter Berücksichtigung einer späteren Änderung (→ Rn 14) – ist für die Kostenberechnung bindend, sofern er für die jeweilige Gebühr maßgebend ist (→ Rn 12).[3]   10

Sofern verfahrensrechtlich eine Wertfestsetzung nicht mehr erforderlich ist, weil das Verfahren sich zuvor erledigt hat, kommt eine Festsetzung allein im Hinblick auf die Gebührenberechnung nicht mehr in Betracht. Die Vorschrift des § 63 ist aufgrund der **speziellen** Regelung des § 54 nicht anwendbar.[4]   11

Der Wert wird in einem Zwangsversteigerungsverfahren regelmäßig nur **einmal** und nicht für jeden Termin gesondert festgesetzt.[5] Neben dem Grundstück von der Versteigerung ebenfalls erfasste bewegliche Gegenstände (Zubehör etc., vgl §§ 20, 21, 55 Abs. 2, 90 Abs. 2 ZVG) werden bei der Wertfestsetzung ebenfalls berücksichtigt (§ 74 a Abs. 5 S. 2 ZVG) und sind somit im festgesetzten Wert bereits enthalten. Sofern diese Gegenstände vom Abgeltungsbereich der jeweiligen Gebühr jedoch nicht (mehr) erfasst werden, bleiben sie bei der Gebührenberechnung außer Betracht. Wird zB Zubehör vor dem Beginn des Versteigerungstermins freigegeben, ist dieser (Teil-)Wert für die Gebühr Nr. 2213 KV nicht zu berücksichtigen.[6]   12

Werden in einem gem. § 18 ZVG **verbundenen Verfahren mehrere Objekte** (Grundstücke, grundstücksgleiche Rechte etc.) versteigert, erfolgt dennoch eine gesonderte Wertfestsetzung für jedes Objekt.[7] Zur Wertaddition → Rn 16.   13

Die **Wertfestsetzung** kann – trotz formeller Rechtskraft – durch das Versteigerungsgericht **abgeändert** werden, sofern sich die maßgeblichen Umstände geändert haben. Dies kann sowohl zu einer Reduzierung (zB bei Unwetterschäden), aber auch zu einer Erhöhung des Werts (zB Wertsteigerung des Bodens; Sanierung, Fertigstellung des Gebäudes) führen.[8] Bei einer solchen geänderten Wertfestsetzung ist auch der jeweilige Abgeltungsbereich der einzelnen Gebühr zu beachten. Erfolgt zB die Reduzierung des Werts vor dem ersten oder einzigen Versteigerungstermin in diesem Verfahren, so kann die Gebühr Nr. 2213 KV nur nach dem reduzierten Wert berechnet werden. Auf die – bereits zuvor angefallene – Gebühr für das Verfahren Nr. 2211/2212 KV wird diese Reduzierung wegen des weitergehenden Abgeltungsbereichs keine Auswirkungen haben.[9] Sofern der Wert aufgrund eines Rechtsmittels abgeändert wird, kann naturgemäß nur dieser geänderte Wert berücksichtigt werden.   14

Der Verkehrswert kann nach der ausdrücklichen Regelung („... festgesetzten ...") nur für die Gebühren berücksichtigt werden, sofern eine **förmliche Festsetzung** durch das Versteigerungsgericht gem. § 74 a Abs. 5 ZVG auch tatsächlich erfolgt ist. Fehlt es an einer solchen förmlichen Festsetzung, kann der Verkehrswert demnach für die Gebührenberechnung auch dann nicht herangezogen werden, wenn das Gutachten des Sachverständigen bereits vorliegt.[10]   15

Wird bzgl **mehrerer Objekte** (Grundstücke, auch Miteigentumsanteile, grundstücksgleiche Rechte etc.) von Beginn an nur ein einheitliches Verfahren (§ 18 ZVG) durchgeführt, entsteht die Verfahrensgebühr Nr. 2211/2212 KV und auch die Terminsgebühr Nr. 2213 KV nur einheitlich aus dem Gesamtwert der Ob-   16

---

1 Vgl *Stöber*, ZVG, § 74 a Rn 7 ff. **2** *Stöber*, ZVG, § 74 a Rn 7 ff. **3** Binz/Dörndorfer/*Zimmermann*, GKG § 54 Rn 2. **4** *Oestreich/Hellstab/Trenkle*, GKG § 54 Rn 7. **5** *Stöber*, ZVG, § 74 a Rn 7 Anm. 7.13; *Böttcher*, ZVG, § 74 a Rn 27. **6** *Stöber*, ZVG, Einl. Rn 77 Anm. 7.5. **7** *Stöber*, ZVG, § 74 a Rn 7 Anm. 7.10; Dassler/Schiffhauer/*Hintzen*, ZVG, § 74 a Rn 36. **8** *Stöber*, ZVG, § 74 a Rn 7 Anm. 7.20; Dassler/Schiffhauer/*Hintzen*, ZVG, § 74 a Rn 61 ff; *Oestreich/Hellstab/Trenkle*, GKG § 54 Rn 6. **9** Vgl *Stöber*, ZVG, Einl. Rn 77 Anm. 77.7. **10** *Stöber*, ZVG, Einl. Rn 77 Anm. 77.7.

jekte (**Abs. 4**). Dies gilt auch dann, wenn für jedes Objekt ein gesonderter Einzelwert festgesetzt wurde, was zumindest bei unterschiedlichen Grundstücken im Hinblick auf das grds. vorgeschriebene Einzelausgebot (vgl § 63 Abs. 1 S. 1 ZVG) und auch eine mögliche spätere Trennung unverzichtbar erscheint.[11] Lediglich für Miteigentumsanteile desselben Grundstücks bedarf es keiner gesonderten Wertfestsetzung, da sich deren Einzelwert aus dem Anteil am Grundstück ergibt.[12]

17   Die Terminsgebühr Nr. 2213 KV fällt auch dann nur einheitlich nach dem Gesamtwert an, wenn hinsichtlich der mehreren Objekte in dem Verfahren verschiedene Termine abgehalten wurden.[13]

18   Wurde nicht für alle Objekte ein Verkehrswert förmlich festgesetzt – zB wegen teilweiser frühzeitiger Erledigung (→ Rn 11) –, ist der Gesamtwert (Abs. 4) aus der Summe der festgesetzten Verkehrswerte und der (übrigen) Einheitswerte zu ermitteln.

19   Der Ansatz einer einheitlichen Verfahrens- bzw Terminsgebühr aus dem Gesamtwert setzt naturgemäß voraus, dass der jeweilige Gebührentatbestand auch hinsichtlich **aller Objekte** erfüllt ist. Wird zB hinsichtlich einzelner Objekte kein Versteigerungstermin durchgeführt oder nur insoweit der Zuschlag gem. § 74 a ZVG oder § 85 a ZVG versagt (s. Anm. zu Nr. 2213 KV), so fällt die Gebühr Nr. 2213 KV nur hinsichtlich der (übrigen) Objekte an, für die ein Versteigerungstermin (ohne Zuschlagsversagung gem. § 74 a ZVG oder § 85 a ZVG) abgehalten wurde.[14] Ebenso sind gesonderte Verfahrensgebühren gem. Nr. 2211 KV und Nr. 2212 KV jeweils nur aus Teilen des Gesamtwertes anzusetzen, sofern bzgl nur einzelner Objekte das Verfahren ohne Terminsbestimmung beendet wurde.

20   **2. Einheitswert (Abs. 1 S. 2, 3). a) Kein Verkehrswert festgesetzt.** Sofern eine förmliche Festsetzung des Verkehrswerts – mangels verfahrensrechtlicher Notwendigkeit (→ Rn 11) – nicht erfolgte, ist der Einheitswert maßgebend. Ihm kommt somit lediglich **subsidiäre** Bedeutung zu. Ein Fall der fehlenden Verkehrswertfestsetzung wird wohl regelmäßig allenfalls die Verfahrensgebühr Nr. 2211/2212 KV betreffen können, da im Falle der Entstehung einer Terminsgebühr Nr. 2213 KV bereits zuvor eine Festsetzung des Verkehrswerts erfolgt sein wird (→ Rn 9).

21   Der Einheitswert dient (teilweise) als Bemessungsgrundlage für die steuerliche Bewertung von Grundbesitz und wird nach den Bestimmungen des Bewertungsgesetzes (§§ 19 ff iVm § 180 Abs. 1 Nr. 1 AO) von der Finanzverwaltung festgesetzt.

22   Maßgebend ist grds. der zum Zeitpunkt der Fälligkeit der Gebühr bereits festgestellte Einheitswert, so dass eine spätere abweichende Feststellung für die Gebührenberechnung unbeachtlich ist.[15]

23   **b) Abweichen vom Einheitswert (Abs. 1 S. 3).** Eine vom Einheitswert abweichende Bewertung durch das Gericht ist bei zwei Fallgestaltungen geboten und gerechtfertigt:

24   (1) Wenn der **Gegenstand des Zwangsversteigerungsverfahrens und der Einheitsbewertung nicht identisch** ist, weil zB bei der Einheitsbewertung berücksichtigtes Zubehör etc. nicht versteigert wird – auch der umgekehrte Fall ist naturgemäß denkbar – oder eine spätere Bebauung bei der Feststellung des Einheitswerts noch nicht berücksichtigt werden konnte.[16] Die Abweichung muss jedoch wesentlich unter Berücksichtigung des Verhältnisses der unterschiedlich betroffenen Gegenstände sein und kann sowohl zu einer Erhöhung als auch zur Reduzierung des festgestellten Einheitswerts führen.

Die aufgrund der Abweichung hinzu- bzw herauszurechnenden Gegenstände sind unter Heranziehung der für die Einheitsbewertung maßgebenden Bestimmungen (§§ 19 ff BewG) zu bewerten.[17] Der Verkehrswert darf somit insoweit nicht angesetzt werden. Im Regelfall wird es angemessen sein, den Einheitswert um den Anteil zu erhöhen oder reduzieren, der dem Anteil der nicht identischen Gegenstände am gesamten Objekt entspricht.

25   (2) Auch im Falle einer **wesentlichen Veränderung des Werts** aufgrund bestimmter Umstände, die nach dem Feststellungszeitpunkt des Einheitswerts eingetreten sind, ist ein Abweichen vom Einheitswert gerechtfertigt. Dazu gehören zB eine Veränderung der Bebauung, Schäden durch Unwetter, Brand pp. Auch diese Veränderungen müssen wesentlich sein und können ebenfalls sowohl zu einer Erhöhung als auch zu einer Reduzierung des Einheitswerts führen. Die allgemeine Steigerung des Werts von Grundbesitz stellt keinen bestimmten Umstand iSd Abs. 1 S. 3 dar.[18] Sie betrifft nicht speziell (nur) das zu bewertende Objekt.

26   **c) Nachweis des Einheitswerts (Abs. 1 S. 4).** Der Einheitswertbescheid wird im Regelfall nur dem Eigentümer vorliegen und ist daher zunächst von diesem anzufordern. Nur dann, wenn er auf diesem Wege nicht nachgewiesen werden kann, besteht ein Auskunftsrecht gegenüber der Finanzbehörde (Abs. 1 S. 4). Diese –

---

11 *Stöber*, ZVG, § 74 a Rn 7 Anm. 7.10. **12** *Stöber*, ZVG, § 74 a Rn 7 Anm. 7.10; *Böttcher*, ZVG, § 74 a Rn 30. **13** *Oestreich/Hellstab/Trenkle*, GKG § 54 Rn 12; *Stöber*, ZVG, Einl. Rn 78 Anm. 78.2. **14** *Stöber*, ZVG, Einl. Rn 78 Anm. 78.3; *Oestreich/Hellstab/Trenkle*, GKG § 54 Rn 12. **15** *Oestreich/Hellstab/Trenkle*, GKG § 54 Rn 11. **16** *Stöber*, ZVG, Einl. Rn 77 Anm. 77.8; *Oestreich/Hellstab/Trenkle*, GKG § 54 Rn 10. **17** *Stöber*, ZVG, Einl. Rn 77 Anm. 77.8. **18** *Oestreich/Hellstab/Trenkle*, GKG § 54 Rn 10.

das Steuergeheimnis einschränkende – Regelung rechtfertigt wohl nicht ein sofortiges Auskunftsersuchen an die Finanzbehörde ohne vorherige Beteiligung des Eigentümers.[19]

III. Wert der Gebühr für die Erteilung des Zuschlags – Nr. 2214 KV (Abs. 2)

1. Gebot des Meistbietenden zzgl. der bestehen bleibenden Rechte. a) Gesamte Gegenleistung des Erste- 27 **hers.** Hinsichtlich der – neben den Kosten des Verfahrens (§ 109 ZVG) – gesondert anfallenden Gebühr für die Erteilung des Zuschlags wird nicht auf den festgesetzten Verkehrswert abgestellt. Vielmehr ist insoweit ausschließlich die gesamte (wirtschaftliche) Gegenleistung des Erstehers für das durch den Zuschlag erworbene Eigentum (vgl § 90 ZVG) am versteigerten Objekt maßgebend. Der festgesetzte Verkehrswert ist insoweit unbeachtlich und stellt auch keine Höchstgrenze dar.

Diese Gegenleistung besteht einerseits in dem sog. Bargebot – tatsächlich ist eine Barzahlung seit 2007 28 nicht mehr vorgesehen (s. § 49 Abs. 3 ZVG) –, für das der Zuschlag erteilt wurde. Andererseits übernimmt der Ersteher die Rechte, die nach den Versteigerungsbedingungen (auf dem Grundstück) bestehen bleiben (vgl §§ 44, 52 ZVG). Ob solche vorhanden sind, bestimmt sich grds. nach dem Rang des bestbetreibenden Gläubigers (§ 44 ZVG) oder evtl. auch insoweit abweichenden Versteigerungsbedingungen (vgl § 59 ZVG).

b) Bargebot. Die Höhe des Bargebots, für das der Zuschlag erteilt wurde (§ 49 Abs. 1), ergibt sich aus dem 29 Zuschlagsbeschluss. Dabei muss es sich nicht zwingend um das höchste Gebot handeln, wenn zB höhere Gebote gem. §§ 70 Abs. 2, 71 Abs. 2, 72 Abs. 2 ZVG zurückgewiesen wurden.[20] Vom Ersteher ggf darauf zu zahlende Zinsen (§ 49 Abs. 2, 4) sind aufgrund der ausdrücklichen Regelung unbeachtlich und auch evtl. anfallende Hinterlegungszinsen werden nicht berücksichtigt.[21]

Ob das Gebot letztlich auch vom Ersteher tatsächlich an das Gericht gezahlt wird oder infolge Nichtzah- 30 lung eine Forderungsübertragung gem. §§ 118 ff ZVG (→ § 26 Rn 18) erfolgt, ist insoweit unbeachtlich. Auf die Wertberechnung hat es grds. ebenfalls keinen Einfluss, ob der Zuschlag dem Meistbietenden selbst oder einem Dritten (gem. § 81 Abs. 2 oder 3 ZVG) erteilt wurde (zur Haftung → § 26 Rn 37; zur Hinzurechnung gem. § 114 a ZVG → Rn 32 ff).

Sofern der Zuschlag durch das Beschwerdegericht erteilt wurde (§§ 100 ff ZVG), ist naturgemäß das darin 31 bestimmte Bargebot maßgebend.

c) Befriedigungswirkung gem. § 114 a ZVG. Der durch die Versteigerung erzielte Erlös steht als Surrogat 32 grds. dem (früheren) Eigentümer des Grundstücks zu und wird vom Versteigerungsgericht den Berechtigten in der bestehenden Rangfolge (§ 10 ZVG) zugeteilt. Die Verteilung des Erlöses erfolgt somit letztlich aus dem Vermögen des früheren Eigentümers.[22]

War der Ersteher zur Befriedigung aus dem Grundstück berechtigt (zB als Berechtigter eines auf dem 33 Grundstück lastenden Grundpfandrechts gem. § 1147 BGB, § 10 Abs. 1 Nr. 4 ZVG oder auch eines persönlichen Anspruchs gem. § 10 Abs. 1 Nr. 5 ZVG) und erreicht sein Bargebot zuzüglich des Kapitalbetrags der bestehen bleibenden Rechte nicht 7/10 des Verkehrswerts, so gilt er auch hinsichtlich des Differenzbetrags bis zu 7/10 des Verkehrswerts wegen seines Anspruchs als befriedigt, sofern er – anders als aus seinem niedrigeren tatsächlichen Gebot – bei einem Gesamtmeistgebot von 7/10 mit seinem Anspruch befriedigt worden wäre (§ 114 a S. 1 ZVG). Erlöschende Zwischenrechte, die bei seinem Gebot keine Zuteilung erhalten würden, bleiben dabei unberücksichtigt (§ 114 a S. 2 ZVG). Mit dieser Regelung soll verhindert werden, dass ein Ersteher das Eigentum am Grundstück für ein (relativ) geringes Gebot erlangt, seine gegen den Schuldner bestehende (ggf restliche) Forderung weiterhin jedoch ungeschmälert behält.[23]

Bei dieser Fallgestaltung wird der Ersteher so behandelt, als habe er – im Umfang der gesetzlich fingierten 34 Befriedigung auf seinen Anspruch – eine höhere Gegenleistung erbracht, als dies tatsächlich der Fall ist, die somit auch bei der Wertberechnung betreffend die Zuschlagsgebühr zu berücksichtigen ist.

Beispiel 1: Verkehrswert des Grundstücks (§ 74 a ZVG): 400.000 €; 7/10 somit 280.000 €. Kosten des Verfahrens 35 sowie Ansprüche gem. § 10 Abs. 1 Nr. 1–3 ZVG: 12.500 €.

G wurde der Zuschlag für ein Bargebot von 41.000 € erteilt. Es bleiben keine Rechte bestehen (§§ 52, 91 Abs. 1 ZVG). G stand ein (erstrangiges) Grundpfandrecht am Grundstück mit einem Gesamtanspruch (Kosten, Zinsen, Kapital) von 330.000 € zu.

Die Verteilung des Erlöses von 41.000 € erfolgt zunächst an die dem G vorgehenden Ansprüche von hier 12.500 € und G erhält sodann aufgrund seines erloschenen Grundpfandrechts den restlichen Erlös von 28.500 €, so dass er mit seinem restlichen Anspruch von 301.500 € (= 330.000 € – 28.500 €) ausfällt.

---

19 *Stöber*, ZVG, Einl. Rn 77 Anm. 77.10. **20** *Oestreich/Hellstab/Trenkle*, GKG § 54 Rn 14; *Hartmann*, KostG, § 54 GKG Rn 5. **21** *Stöber*, ZVG, Einl. Rn 79 Anm. 79.3; *Böttcher*, ZVG, § 58 Rn 4. **22** *Stöber*, ZVG, § 114 Rn 1 Anm. 1.4. **23** BGH NJW-RR 2004, 666; *Stöber*, ZVG, § 114 a Rn 2 Anm. 2.1; Dassler/Schiffhauer/*Hintzen*, ZVG, § 114 a Rn 1; *Böttcher*, ZVG, § 114 a Rn 1.

Bei einem Gebot iHv 7/10 = 280.000 € wäre der dann zusätzliche Erlös von 239.000 € (= 280.000 € – 41.000 €) an G zugeteilt worden, so dass er in dieser Höhe als (zusätzlich) befriedigt gilt. Die Zuschlagsgebühr ist somit nach einem Wert von 280.000 € (= 41.000 € + 239.000 €) zu berechnen.

36 **Beispiel 2:** Sachverhalt wie Beispiel 1, jedoch beträgt der Gesamtanspruch des G aus seinem Grundpfandrecht lediglich 234.000 €. Nach Zuteilung des tatsächlichen Erlöses von 41.000 € beträgt der Ausfall des G lediglich noch 205.500 € (= 234.000 € – 28.500 €), so dass die erweiterte Befriedigungswirkung gem. § 114 a ZVG nur noch in Höhe seines (geringeren) restlichen Anspruchs eintritt. Der Wert der Zuschlagsgebühr beträgt somit 246.500 € (= 41.000 € + 205.500 €).

37 Nach den Versteigerungsbedingungen bestehen bleibende Rechte (§§ 44, 52 ZVG) sind dem Gebot hinzuzurechnen (§ 114 a S. 1 ZVG) und verringern somit den Differenzbetrag bis zur 7/10 Grenze, in dessen Höhe maximal die Befriedigungswirkung eintreten kann.

38 Dem aus dem Grundstück berechtigten Ersteher vorgehende, jedoch erlöschende Rechte bleiben bei der Befriedigungswirkung außer Betracht, soweit sie bei der Verteilung des tatsächlichen Erlöses ausfallen (§ 114 a S. 2 ZVG).[24]

39 Aus dem Zuschlagsbeschluss ergibt sich diese erweiterte Befriedigungswirkung nicht, sondern kann allenfalls anhand der Berechnung des Anspruchs des Berechtigten im Teilungsplan hervorgehen (vgl § 114 ZVG). Wurde der Zuschlag aufgrund der Sonderregelung des § 85 a Abs. 3 ZVG erteilt, ist die dargestellte erweiterte Befriedigungswirkung regelmäßig gegeben, jedoch gem. § 114 a ZVG aufgrund eines fiktiven Gebots iHv 7/10 des Verkehrswerts zu berechnen.

40 Wurde dem Ersteher, dem selbst ein Anspruch auf Befriedigung an dem Grundstück zustand, der Zuschlag erst aufgrund einer Abtretung gem. § 81 Abs. 2 ZVG oder einer zunächst verdeckten Vertretung gem. § 81 Abs. 3 ZVG erteilt, tritt die erweiterte Befriedigungswirkung nach dem ausdrücklichen Wortlaut des § 114 a ZVG in jedem Fall ein, auch wenn dem Meistbietendem selbst kein Recht am Grundstück zustand.[25]

41 Diese Befriedigungswirkung tritt ebenfalls ein, sofern – bei der dargestellten Fallkonstellation – der Zuschlag einem Dritten erteilt wird, dem der Meistbietende sein Recht aus dem Meistgebot gem. § 81 Abs. 2 ZVG übertragen hat, auch wenn diesem Dritten selbst kein Anspruch auf Befriedigung aus dem Grundstück zustand.[26]

42 Sofern im Falle des § 81 Abs. 3 ZVG der Zuschlag an den – zunächst verdeckt – vertretenen Dritten erteilt wird, ist hinsichtlich der Befriedigungswirkung im Regelfall auf diesen als Ersteher abzustellen.[27]

43 **d) Bestehen bleibende Rechte.** Neben dem (zu zahlenden Gebot) sind auch die nach den Versteigerungsbedingungen bestehen bleibenden Rechte als weitere Gegenleistung des Erstehers (→ Rn 28) bei der Wertberechnung der Zuschlagsgebühr zu berücksichtigen.

44 Obwohl der Ersteher insoweit auch die Verpflichtungen hinsichtlich der Nebenleistungen, insb. der Zinsen übernimmt (vgl § 56 S. 2 ZVG), ist nur der (eingetragene) Kapitalbetrag zu berücksichtigen. **Gesamtgrundpfandrechte** sind mit dem vollen Kapitalbetrag zu berücksichtigen, auch wenn sich dadurch ggf ein den Verkehrswert überschreitender Gesamtwert ergibt (→ Rn 27).[28]

45 Ob es sich um **bedingte Rechte** und **Vormerkungen** (zur Sicherung eines Anspruchs auf Eintragung eines Rechts, nicht hingegen Löschungsvormerkungen) handelt, ist ebenso unbeachtlich wie die Person des Berechtigten der Rechte. Es ist auch für die Wertberechnung unerheblich, ob das Recht tatsächlich besteht oder später wegfällt. Dadurch ergäbe sich ggf eine Zuzahlungspflicht des Erstehers (vgl §§ 50, 51 ZVG), so dass seine Gegenleistung wirtschaftlich betrachtet unverändert bleibt.[29]

46 Bei **anderen Rechten als Grundpfandrechten** erscheint es gerechtfertigt und geboten, diese mit dem vom Versteigerungsgericht bei Feststellung der geringsten Gebots gem. § 51 Abs. 2 ZVG bestimmten Betrag zu berücksichtigen.[30] Dies entspricht der Bewertung derartiger Rechte zB auch im Rahmen der §§ 74 a, 85 a ZVG.[31] Der gem. § 51 Abs. 2 ZVG festgesetzte Wert stellt auf die Belastung für das Grundstück ab, deren Übernahme durch den Ersteher durch Hinzurechnung der bestehen bleibenden Rechte gerade berücksichtigt werden soll.[32]

---

24 Vgl Berechnungsbeispiele bei *Stöber*, ZVG, § 114 a Rn 2; *Böttcher*, ZVG, § 114 a Rn 11. **25** Dassler/Schiffhauer/*Hintzen*, ZVG, § 114 a Rn 20 f; *Böttcher*, ZVG, § 114 a Rn 6; teilw. aA *Stöber*, ZVG, § 114 a Rn 2 Anm. 2.7 f. **26** *Stöber*, ZVG, § 114 a Rn 2 Anm. 2.7; Dassler/Schiffhauer/*Hintzen*, ZVG, § 114 a Rn 21. **27** *Stöber*, ZVG, § 85 a Rn 7 Anm. 7.6; BGH NJW-RR 2005, 1359; Dassler/Schiffhauer/*Hintzen*, ZVG, § 114 a Rn 24; *Böttcher*, ZVG, § 114 a Rn 1 (auch für Wirkung gegenüber dem bietenden Strohmann). **28** *Stöber*, ZVG, Einl. Rn 79 Anm. 79.4. **29** *Oestreich/Hellstab/Trenkle*, GKG § 54 Rn 21. **30** *Stöber*, ZVG, Einl. Rn 79 Anm. 79.4; Dassler/Schiffhauer/*Hintzen*, ZVG, § 58 Rn 3; *Böttcher*, ZVG, § 58 Rn 4; *Oestreich/Hellstab/Trenkle*, GKG § 54 Rn 20. **31** *Stöber*, ZVG, § 74 a Rn 3 Anm. 3.2 mwN auch zur aA. **32** KG Rpfleger 2009, 532 (s. *Hintzen*, ZVG, § 58 Rn 3 Fn 3) betrifft ausdrücklich die Wertberechnung für die Eintragung des Erstehers im Grundbuch, nicht den Wert der Zuschlagsgebühr.

Rechte, die aufgrund einer **Vereinbarung zwischen Ersteher und dem Berechtigten** gem. § 91 Abs. 2 ZVG 47
bestehen bleiben, werden nicht hinzugerechnet.[33] Es handelt sich einerseits nicht um nach den Versteigerungsbedingungen bestehen bleibende Rechte und andererseits erhöht sich damit die (wirtschaftliche) Gegenleistung des Erstehers im Regelfall gerade nicht. Zumeist vermindert sich vielmehr dadurch der von ihm
zu zahlende Betrag (Bargebot) gem. § 91 Abs. 3 ZVG. Auf die Wertberechnung hat eine solche Vereinbarung somit keinerlei Einfluss.

Unabhängig vom Rang des bestbetreibenden Gläubigers (vgl §§ 44, 52 ZVG; → Rn 28) können Rechte auf- 48
grund **gesonderter gesetzlicher Regelungen** bestehen bleiben, insb. gem. § 52 Abs. 2 ZVG.[34] Auch die Hinzurechnung dieser Rechte erscheint geboten, da sie einerseits nach gesetzlichen Versteigerungsbedingen bestehen bleiben und die diesbezüglichen Verpflichtungen vom Ersteher (zusätzlich) übernommen werden
müssen.[35] Ob diese Rechte im Einzelfall letztlich tatsächlich Auswirkungen auf das konkrete Bargebot haben, wovon idR jedoch wohl ausgegangen werden kann, erscheint – wie auch bei den Rechten gem. § 52
Abs. 1 S. 1 ZVG – unerheblich.

Im Falle einer **besonderen Versteigerung** (einer Forderung oder einer beweglichen Sache) gem. § 65 ZVG ist 49
der diesbezügliche Erlös für den Wert der Zuschlagsgebühr nicht zu berücksichtigen, weil der Zuschlag hinsichtlich des Grundstücks diese Objekte gerade nicht erfasst.[36]

2. Zuschlag mehrerer Objekte (Abs. 4, 5). a) Zuschlag an einen Ersteher (Abs. 2, 4). Sofern das einheitli- 50
che Zwangsversteigerungsverfahren mehrere Objekte betrifft (§ 18 ZVG; → Rn 16), sind verschiedene Fallkonstellationen denkbar.

Erfolgt ein einheitlicher Zuschlag hinsichtlich aller (versteigerten) Objekte aufgrund eines Gesamtausgebots 51
(§ 63 Abs. 2 S. 1 ZVG) oder mehrerer Objekte aufgrund eines Gruppenausgebots (§ 63 Abs. 2 S. 2 ZVG),
so fällt insoweit lediglich eine einheitliche Zuschlagsgebühr an, die sich nach dem Bargebot und der Summe
der bestehen bleibenden Rechte entsprechend den dargestellten Regelungen berechnet (Abs. 2, 4). Dies gilt
auch, sofern die Objekte zwar auf der Grundlage von Einzelausgeboten (§ 63 Abs. 1 S. 1 ZVG) gesondert,
jedoch demselben Ersteher zugeschlagen werden. Als Wert ist dann die Summe der einzelnen Bargebote
nebst den bestehen bleibenden Rechte anzusetzen (Abs. 4). Ebenso ist im Falle der Zuschlagserteilung aufgrund von Gruppen- und Einzelausgeboten an denselben Ersteher zu verfahren.[37]

Eine **Bietergemeinschaft** (zB Eheleute – auch wenn sie das einheitliche Objekt zu Bruchteilen erwerben –, 52
GbR) gilt als ein Ersteher, so dass nur eine Zuschlagsgebühr anfällt.[38]

b) Zuschlag an verschiedene Ersteher (Abs. 2, 5 S. 1). Sofern die mehreren Objekte aufgrund von mehreren 53
Einzel- oder Gruppenausgeboten bzw Einzel- und Gruppenausgeboten verschiedenen Erstehern zugeschlagen werden, wird hinsichtlich jeden Erstehers eine gesonderte Gebühr erhoben, deren Wert sich (entsprechend den dargestellten Regelungen) nach dem jeweiligen Gebot nebst bestehen bleibender Rechte des von
ihm erworbenen Objekts – bei mehreren nach Wertaddition gem. Abs. 4 – berechnet (Abs. 5 S. 1).

3. Zuschlag in der Teilungsversteigerung (Abs. 2 S. 2). Das Verfahren zur Aufhebung der Gemeinschaft 54
(§§ 180 ff ZVG) dient letztlich lediglich der Vorbereitung der Auseinandersetzung der Gemeinschaft durch
Verwertung des (unteilbaren) Grundstücks. Diese Auseinandersetzung am nach Zuschlag vorhandenen Erlös erfolgt sodann durch die Gemeinschaft selbst, nicht das Versteigerungsgericht.[39]

Erfolgt die Zuschlagserteilung an ein Mitglied dieser Gemeinschaft, so bleibt sein (interner) Anteil an der 55
Gemeinschaft bei der Wertberechnung unberücksichtigt (**Abs. 2 S. 2**). Diese Regelung berücksichtigt, dass
dieser Ersteher – **rein wirtschaftlich betrachtet** – seinen bisherigen Anteil nicht erneut erwirbt und ist nur
auf diese Fallgestaltung anwendbar. Dabei ist es für die Wertberechnung unerheblich, ob es sich um eine
Bruchteils- oder eine Gesamthandsgemeinschaft handelt (Abs. 2 S. 2 letzter Hs).

War der Ersteher zB Miterbe zu einem 1/4 Anteil, so vermindert sich der Wert der Zuschlagsgebühr – Bar- 56
gebot nebst bestehen bleibender Rechte – um diesen 1/4 Anteil.[40] Sofern die Erbengemeinschaft nur an
einem Miteigentumsanteil besteht (zB 1/2 Anteil), ist im Falle der Versteigerung des gesamten Grundstücks
aufgrund des sog. großen Antragsrechts[41] nur eine verhältnismäßige Wertreduzierung – hier um einen 1/8
Anteil – (1/2 von 1/4) – vorzunehmen.

---

33 Stöber, ZVG, Einl. Rn 79 Anm. 79.3; Dassler/Schiffhauer/Hintzen, ZVG, § 58 Rn 3; Böttcher, ZVG, § 58 Rn 4; Oestreich/
Hellstab/Trenkle, GKG § 54 Rn 18; aA Meyer, GKG § 54 Rn 8. **34** Vgl Stöber, ZVG, § 52 Rn 4 ff; Dassler/Schiffhauer/Hintzen,
ZVG, § 52 Rn 8 ff; Böttcher, ZVG, § 52 Rn 12. **35** Oestreich/Hellstab/Trenkle, GKG § 54 Rn 19; aA Stöber, ZVG, Einl. Rn 79
Anm. 79.3, Rn 80 Anm. 80.3. **36** Stöber, ZVG, Einl. Rn 79 Anm. 79.3. **37** Oestreich/Hellstab/Trenkle, GKG § 54 Rn 22; Stöber, ZVG, Einl. Rn 79 Anm. 79.1. **38** Oestreich/Hellstab/Trenkle, GKG § 54 Rn 22; Stöber, ZVG, Einl. Rn 79 Anm. 79.1.
39 Stöber, ZVG, § 180 Rn 17 Anm. 17.4, Rn 18 Anm. 18.1.2; Dassler/Schiffhauer/Hintzen, ZVG, § 180 Rn 1; Böttcher, ZVG,
§ 180 Rn 1. **40** Oestreich/Hellstab/Trenkle, GKG § 54 Rn 24. **41** Stöber, ZVG, § 180 Rn 3 Anm. 3.7.

IV. Gebühr für das Verteilungsverfahren – Nr. 2215/2216 KV (Abs. 3, 4)

57 Nach der Erteilung des Zuschlags erfolgt die Verteilung des Erlöses auf der Grundlage des vom Versteigerungsgericht aufzustellenden Teilungsplans (§§ 113, 114 ff ZVG). Die Verteilung erfolgt im Regelfall durch das Gericht im Verteilungstermin (vgl § 105 ZVG), jedoch ist auch eine außergerichtlichen Verteilung möglich (§§ 143, 144 ZVG). Eine außergerichtliche Verteilung wirkt sich lediglich auf den Gebührensatz aus (s. Nr. 2216 KV), nicht jedoch auf die Wertberechnung.

58 Als Wert der – zu den Verfahrenskosten gem. § 109 ZVG gehörenden – Gebühr für das Verteilungsverfahren ist grds. – wie auch hinsichtlich der Gebühr für die Erteilung des Zuschlags – die gesamte (wirtschaftliche) Gegenleistung des Erstehers maßgebend. Es sind somit ebenfalls das sog. Bargebot – ohne Zinsen (→ Rn 29) – sowie die nach den Versteigerungsbedingungen bestehen bleibenden Rechte als Wert anzusetzen. Es gelten insoweit grds. die Ausführungen zu Abs. 2 (→ Rn 27 ff).

59 Auch hinsichtlich der Wertberechnung für die Gebühr für das Verteilungsverfahren ist es unerheblich, ob das Gebot letztlich auch vom Ersteher tatsächlich an das Gericht gezahlt wird oder gem. §§ 118 ff ZVG verfahren wird (→ Rn 30).[42] Das Verteilungsverfahren, insb. der Teilungsplan ist davon nicht betroffen, lediglich die Ausführung ändert sich in einem solchen Fall.

60 Da der Erlös aus einer gesonderten Versteigerung oder sonstigen Verwertung (§ 65 ZVG) ebenfalls der Verteilung unterliegt, ist dieser Wert hinsichtlich der Gebühr für das Verteilungsverfahren – im Gegensatz zur Gebühr für die Erteilung des Zuschlags (→ Rn 49) – zu berücksichtigen (**Abs. 3 S. 2**).

61 Im Verfahren zur **Aufhebung einer Gemeinschaft** (§§ 180 ff ZVG) reduziert sich der Wert der Gebühr für das Verteilungsverfahren – ebenfalls im Unterschied zur Gebühr für die Erteilung des Zuschlags (→ Rn 55) – auch dann nicht, wenn der Zuschlag an ein Mitglied dieser Gemeinschaft erteilt wurde. Insoweit wird dem Umstand Rechnung getragen, dass das gesamte Gebot der Verteilung unterliegt, unabhängig von einer evtl. bereits zuvor gegebenen wirtschaftlichen Beteiligung des Erstehers an der Gemeinschaft.[43]

62 Sofern in einem **verbundenen Verfahren mehrere Objekte** versteigert werden, ist für die einheitlich anfallende Gebühr für das Verteilungsverfahren die Summe der ggf mehreren Meistgebote als Wert anzusetzen (**Abs. 4**). Dies gilt unabhängig davon, ob die Objekte aufgrund eines Gesamtausgebots oder von Gruppen- und/oder Einzelausgeboten versteigert werden und auch dann, wenn die Verteilung gesondert – in unterschiedlichen Verteilungsterminen – durchgeführt wird.[44]

§ 55 Zwangsverwaltung

Die Gebühr für die Durchführung des Zwangsverwaltungsverfahrens bestimmt sich nach dem Gesamtwert der Einkünfte.

I. Allgemeines

1 Das ebenfalls zur Immobiliarvollstreckung (§§ 864 ff ZPO) gehörende Zwangsverwaltungsverfahren (§§ 146 ff ZVG) dient zwar naturgemäß ebenfalls der Befriedigung der Gläubiger des Schuldners. Diese erfolgt jedoch im Unterschied zum Zwangsversteigerungsverfahren nicht durch Verwertung des Grundstücks und anschließender Verteilung des Erlöses, sondern lediglich aus den Nutzungen und Erträgen dieses Grundstücks.[1] Das Zwangsverwaltungsverfahren wird wie auch das Zwangsversteigerungsverfahren auf Antrag angeordnet. Zugleich wird dann regelmäßig ein Zwangsverwalter bestellt (§§ 150 ff ZVG), der die Verwaltung des Grundstücks übernimmt und sodann auch die Erträge einzieht – im Einzelfall auch der Schuldner als Verwalter gem. § 150 b ZVG. Die Verteilung der Einnahmen erfolgt sodann gem. §§ 155 ff ZVG. Möglich ist auch – ebenfalls auf Antrag – die Fortführung eines ergebnislosen Zwangsversteigerungsverfahrens als Zwangsverwaltungsverfahren gem. § 77 Abs. 2 S. 2 ZVG.

2 Ebenso wie das Zwangsversteigerungsverfahren kann auch das Zwangsverwaltungsverfahren neben Grundstücken auch grundstücksgleiche Rechte wie Miteigentumsanteile, Erbbaurechte, Sonder- und Teileigentum nach dem Wohnungseigentumsgesetz betreffen.[2]

3 § 55 regelt abschließend die Wertberechnung hinsichtlich der für das Zwangsverwaltungsverfahren selbst anfallenden **Jahresgebühr Nr. 2221 KV**.

42 *Oestreich/Hellstab/Trenkle*, GKG § 54 Rn 26. 43 *Stöber*, ZVG, Einl. Rn 80 Anm. 80.3; *Oestreich/Hellstab/Trenkle*, GKG § 54 Rn 25. 44 *Stöber*, ZVG, Einl. Rn 80 Anm. 80.4; *Oestreich/Hellstab/Trenkle*, GKG § 54 Rn 29. 1 Vgl *Stöber*, ZVG, § 146 Rn 2; Dassler/Schiffhauer/*Engels*, ZVG, § 146 Rn 1; *Böttcher*, ZVG, § 146 Rn 3; *Oestreich/Hellstab/Trenkle*, GKG § 55 Rn 2. 2 *Stöber*, ZVG, § 146 Rn 3; Dassler/Schiffhauer/*Engels*, ZVG, § 146 Rn 3 ff.

Die Gebühr für die Entscheidung über einen Anordnungs- oder Beitrittsantrag (Nr. 2220 KV) ist als Festge- 4
bühr ausgestaltet und bedarf somit hinsichtlich der Wertberechnung keiner Regelung. Weitere Gebühren
fallen im Zwangsverwaltungsverfahren nicht an.

II. Einkünfte als Wert der Jahresgebühr Nr. 2221 KV

1. Einkünfte. Aufgrund der Zielsetzung des Zwangsverwaltungsverfahren – Befriedigung der Gläubiger aus 5
den Einkünften (→ Rn 1) – werden diese Einkünfte auch als Wert der Jahresgebühr herangezogen. Der
Wert des betroffenen Objekts hat für das Verfahren selbst und somit auch für die diesbezüglichen Gebühren keine Bedeutung.

Als **Einkünfte** sind die Bruttoerträge anzusehen, die der Verwalter aufgrund der Verwaltung des Grund- 6
stücks einzieht. Dabei wird es sich in erster Linie um Miet- und Pachtzahlungen handeln.[3] Ausgaben sind
nicht in Abzug zu bringen, unabhängig davon, ob es sich um öffentliche Lasten (zB Grundsteuern) oder
privatrechtliche Verbindlichkeiten (zB Tilgung-, Zinszahlungen für Hypotheken) handelt und auch dann
nicht, wenn sie für die Verwaltung des Objekts selbst anfallen. Auch die dem Zwangsverwalter oder einer
Aufsichtsperson (vgl § 150 c ZVG) zustehende Vergütung (vgl § 152 a ZVG) oder dem Schuldner zu belas-
sende Mittel (vgl §§ 149 Abs. 3, 150 e S. 2 ZVG) sind nicht abzuziehen.[4] Der vom Zwangsverwalter erzielte
Erlös aus ggf veräußerten Gegenständen gehört nicht zu den Einkünften des Objekts.[5]

Die **Höhe** der erzielten Einnahmen ergibt sich im Regelfall aus der **kalenderjährlichen** Rechnungslegung des 7
Verwalters (s. § 155 ZVG; § 14 Abs. 2 ZwVwV). Sofern die Abrechnung – mit Zustimmung des Gerichts
(§ 14 Abs. 2 S. 2 ZwVwV) – nach anderen Zeiträumen – zumeist dem jeweiligen Verwaltungsjahr – erfolgt,
ist der Wert der maßgeblichen Einkünfte für das gebührenpflichtige Kalenderjahr den mehreren Abrechnungen zu entnehmen, sofern der Verwalter nicht ohnehin dem Gericht diesen Wert für die Kostenberechnung darlegt.[6]

Bei der Wertberechnung sind nur die **tatsächlich vereinnahmten Einkünfte** zu berücksichtigen. So ist auch 8
für die dem im beschlagnahmten Objekt wohnenden Schuldner (vgl § 149 Abs. 1 ZVG) ihm überlassenen
Räume kein fiktiver Mietwert anzusetzen.[7]

Sofern das einzelne Zwangsverwaltungsverfahren lediglich einen **Bruchteil** (Miteigentumsanteil) eines 9
Grundstücks betrifft, kann lediglich der darauf entfallende Anteil der (Gesamt-)Einnahmen als Wert berücksichtigt werden.[8]

2. Zeitraum der Einkünfte. Maßgeblicher Zeitraum für die Berechnung der zu berücksichtigenden Ein- 10
künfte ist der Abgeltungsbereich der Gebühr, somit das jeweilige Kalenderjahr, in dem diese Einkünfte vereinnahmt werden. Da lediglich die tatsächlich erzielten Einkünfte bei der Wertberechnung zu berücksichtigen sind (→ Rn 7), ist der (ggf erheblich) frühere Zeitpunkt der Entstehung des diesbezüglichen Anspruchs
unerheblich.[9]

III. Mehrere Objekte

Das Zwangsverwaltungsverfahren kann wie auch das Zwangsversteigerungsverfahren mehrere Objekte 11
(Grundstücke, auch Miteigentumsanteile, grundstücksgleiche Rechte etc.) erfassen (§§ 18, 146 Abs. 1
ZVG). Wird von Beginn an nur ein einheitliches Verfahren bzgl der mehreren Objekte durchgeführt, ist für
die dann nur einheitliche Jahresgebühr Nr. 2221 KV die Summe der Einkünfte aller beschlagnahmten Objekte anzusetzen (vgl § 54 Abs. 4).[10]

§ 56 Zwangsversteigerung von Schiffen, Schiffsbauwerken, Luftfahrzeugen und grundstücksgleichen Rechten

Die §§ 54 und 55 gelten entsprechend für die Zwangsversteigerung von Schiffen, Schiffsbauwerken und
Luftfahrzeugen sowie für die Zwangsversteigerung und die Zwangsverwaltung von Rechten, die den Vorschriften der Zwangsvollstreckung in das unbewegliche Vermögen unterliegen, einschließlich der unbeweglichen Kuxe.

---

3 *Stöber*, ZVG, § 155 Rn 2 Anm. 2.2; Dassler/Schiffhauer/*Engels*, ZVG, § 155 Rn 4; *Böttcher*, ZVG, § 155 Rn 4; *Oestreich/Hell-
stab/Trenkle*, GKG § 55 Rn 6. **4** *Oestreich/Hellstab/Trenkle*, GKG § 55 Rn 7; *Hartmann*, KostG, § 55 GKG Rn 1. **5** *Stöber*,
ZVG, § 155 Rn 2 Anm. 2.2, Einl. Rn 86 Anm. 86.6; *Meyer*, GKG § 55 Rn 5. **6** Dassler/Schiffhauer/*Engels*, ZVG, § 146 Rn 1.
7 *Stöber*, ZVG, Einl. Rn 86 Anm. 86.6; *Oestreich/Hellstab/Trenkle*, GKG § 55 Rn 11. **8** *Stöber*, ZVG, Einl. Rn 86 Anm. 86.6.
9 *Stöber*, ZVG, Einl. Rn 86 Anm. 86.6. **10** *Stöber*, ZVG, Einl. Rn 86 Anm. 86.5; *Oestreich/Hellstab/Trenkle*, GKG § 55 Rn 11;
Hartmann, KostG, § 55 GKG Rn 1.

I. Allgemeines

1   Die Zwangsvollstreckung in ein eingetragenes **Schiff** oder in ein **Schiffsbauwerk**, das im Schiffsbauregister eingetragen ist oder in dieses Register eingetragen werden kann, erfolgt gem. § 870 a Abs. 1 ZPO durch Zwangsversteigerung (§§ 162–171 ZVG). Der Zwangsversteigerung unterliegen zudem **Luftfahrzeuge** (§ 99 Abs. 1 LuftFzgG; § 870 a ZPO; §§ 171 a–171 n ZVG). Die Zwangsverwaltung findet insoweit nicht statt. Die Zwangsvollstreckung in **grundstücksgleiche Rechte** (§ 870 ZPO; zB Erbbaurechte, Stockwerks- und Bergwerkseigentum, unbewegliche Kuxe [Anteile an einer bergrechtlichen Gewerkschaft] und Hochseekabel) erfolgt dagegen sowohl durch Zwangsversteigerung als auch durch Zwangsverwaltung. Die Gebühren in den von § 56 erfassten Fällen ergeben sich aus Nr. 2210 KV ff.

2   Bei **Wohnungs- und Teileigentum** nach dem WEG handelt es sich nicht um ein grundstücksgleiches Recht iSv § 56, sondern um besonders ausgestaltetes Miteigentum. Die Wertberechnung richtet sich deshalb unmittelbar nach §§ 54, 55.

3   Die Zwangsvollstreckung in einen **Schiffspart** (§ 858 ZPO; §§ 489 ff HGB: Miteigentumsanteil eines Mit-Reeders an der Reederei) erfolgt gem. §§ 858, 857, 829 ZPO durch Pfändungsbeschluss und Eintragung in das Schiffsregister. Das Verfahren auf Erlass des Pfändungsbeschlusses löst die Festgebühr Nr. 2111 KV aus; Nr. 2210 KV ff gelten insoweit nicht.

II. Gegenstandswert

4   **1. Zwangsversteigerung und Zwangsverwaltung.** Für die Wertberechnung bei der Zwangsversteigerung oder Zwangsverwaltung in Schiffe, Schiffsbauwerke und Luftfahrzeuge oder in die in § 56 genannten Berechtigungen (→ Rn 1) erklärt § 56 die §§ 54 und 55 für entsprechend anwendbar. Da bei Schiffen, Schiffsbauwerken und Luftfahrzeugen nur die Zwangsversteigerung möglich ist (→ Rn 1), ist insoweit lediglich § 54 anwendbar. Da bei grundstücksgleichen Rechten sowohl Zwangsversteigerung als auch Zwangsverwaltung möglich sind, gelten hier die §§ 54 und 55 entsprechend. Auf die Erl. zu § 54 und § 55 wird verwiesen.

5   **2. Besonderheiten bei Schiffen.** Nach § 169 a ZVG ist auf die Zwangsversteigerung eines **Seeschiffes** u.a. § 74 a ZVG (Festsetzung des Verkehrswerts) nicht anzuwenden. Auf den gem. § 74 a Abs. 5 ZVG festgesetzten **Verkehrswert**, auf den die §§ 56, 54 Abs. 1 S. 1 Bezug nehmen, kann hier deshalb nicht abgestellt werden. Auch ein **Einheitswert** (§ 54 Abs. 1 S. 2) ist hier nicht vorhanden. Maßgebend ist deshalb bei der Zwangsversteigerung von Seeschiffen die Wertangabe im Zwangsversteigerungsantrag (§ 61).[1] Gemäß § 63 Abs. 2 ist der Wert vom Gericht festzusetzen.

6   Bei der Zwangsversteigerung eines **Binnenschiffes** finden § 74 a Abs. 5 ZVG (Festsetzung des Schiffswerts) und §§ 56, 54 Abs. 1 gem. § 162 ZVG dagegen Anwendung. Das Gesetz über Vollstreckungsschutz für die Binnenschiffahrt (dort § 15: Festsetzung des Schiffswerts) ist mWv 15.12.2010 durch das Gesetz über die weitere Bereinigung von Bundesrecht vom 8.12.2010[2] aufgehoben worden.

7   **3. Auslagen.** Auslagen, die bei der Bewachung und Verwahrung eines Schiffes, eines Schiffsbauwerks oder eines Luftfahrzeugs (§§ 165, 170, 170 a, 171, 171 c, 171 g, 171 h ZVG, §§ 99 Abs. 2, § 106 Abs. 1 Nr. 1 LuftFzgG) entstehen, werden dem Kostenschuldner nach Nr. 9009 Nr. 4 KV (ggf iVm Nr. 9013 KV) in Rechnung gestellt. Die Vorschusserhebung richtet sich insoweit nach § 17 Abs. 3.

§ 57 Zwangsliquidation einer Bahneinheit

Bei der Zwangsliquidation einer Bahneinheit bestimmt sich die Gebühr für das Verfahren nach dem Gesamtwert der Bestandteile der Bahneinheit.

I. Allgemeines

1   **1. Begriffsbestimmung.** § 57 gilt für die Zwangsliquidation einer Bahneinheit, nicht für die insoweit auch mögliche Zwangsversteigerung oder Zwangsverwaltung.[1] Aus Art. 112 EGBGB ergibt sich, was unter einer **Bahneinheit** zu verstehen ist und nach welchen Vorschriften deren **Liquidation** erfolgt:

Die landesgesetzlichen Vorschriften über die Behandlung der einem Eisenbahn- oder Kleinbahnunternehmen gewidmeten Grundstücke und sonstiger Vermögensgegenstände als Einheit (**Bahneinheit**) bleiben unberührt. Eine Bahneinheit wird danach durch eine private Eisenbahn und die dem Bahnunternehmen ge-

---

1 *Binz/Dörndorfer/Petzold/Zimmermann*, § 56 GKG Rn 2. **2** BGBl. 2010 I 1864. **1** Vgl §§ 20 ff und §§ 40 ff des Gesetzes über die Bahneinheiten v. 19.8.1895 idF der Bek. v. 31.12.1971 – BahnEinhG SH 1971 (GVOBl. 1971, 182) (Schleswig-Holstein).

widmeten Vermögensgegenstände gebildet.[2] Ggf wird die Bahneinheit in ein besonderes Bahngrundbuch eingetragen.[3]

Die **Liquidation** einer Bahneinheit zum Zwecke der Befriedigung der Gläubiger, denen ein Recht auf abgesonderte Befriedigung aus den Bestandteilen der Bahneinheit zusteht, erfolgt nach landesgesetzlichen Vorschriften. Die Zwangsliquidation erfolgt, wenn die Betriebsgenehmigung erloschen ist.[4]

2. Verfahren bei der Zwangsliquidation. Nach § 3 Abs. 4 des Gesetzes über Maßnahmen zur Aufrechterhaltung des Betriebs von Bahnunternehmen des öffentlichen Verkehrs (BahnG) vom 7.3.1934[5] richtet sich die Vollstreckung in unbewegliche Gegenstände, die dem Betrieb eines Bahnunternehmens gewidmet sind, nach den landesgesetzlichen Vorschriften, die besondere Vorschriften über die Behandlung der einem Bahnunternehmen des öffentlichen Verkehrs gewidmeten Grundstücke und sonstiger Vermögensgegenstände als Bahneinheit enthalten. **2**

Die Zwangsliquidation einer Bahneinheit ist zB in Schleswig-Holstein in §§ 40 ff des Gesetzes über die Bahneinheiten vom 19.8.1895[6] geregelt: **3**

Zu dem Antrag ist jeder Bahnpfandgläubiger sowie der Bahneigentümer berechtigt. Der Beschluss über die Eröffnung der Zwangsliquidation ist öffentlich bekanntzumachen. Gleichzeitig mit der Eröffnung der Zwangsliquidation ernennt das Gericht einen Liquidator und beruft eine Versammlung der Bahnpfandgläubiger zur Bestellung eines Ausschusses von mindestens zwei Mitgliedern ein. Der Liquidator hat die Verwertung aller Bestandteile der Bahneinheit vorzunehmen. Die Zwangsverwaltung und Zwangsversteigerung von Grundstücken kann durch den Liquidator betrieben werden – dann entstehen insoweit die Gebühren nach Nr. 2210–2221 KV und es gelten §§ 54, 55 –, ohne dass er einen vollstreckbaren Schuldtitel erlangt hat. Zur Veräußerung von Grundstücken aus freier Hand bedarf der Liquidator der Genehmigung des Ausschusses der Bahnpfandgläubiger sowie der Zustimmung des Bahneigentümers oder Konkursverwalters.

Wird einem Unternehmer die Genehmigung zum Fortbetrieb des Bahnunternehmens erteilt, so kann der Liquidator mit Zustimmung des Ausschusses der Bahnpfandgläubiger sowie des Bahneigentümers oder Konkursverwalters die noch vorhandenen Bestandteile der Bahneinheit als Einheit nach den in § 16 bezeichneten Vorschriften veräußern. Sooft aus der Verwertung von Bestandteilen der Bahneinheit hinreichende bare Masse vorhanden ist, hat der Liquidator eine Verteilung vorzunehmen. Das Gericht hat die Einstellung der Zwangsliquidation zu beschließen, wenn die Bahnpfandgläubiger der Einstellung zustimmen.

II. Streitwert

1. Wertgebühren. Die Gebühren bei der Zwangsliquidation einer Bahneinheit berechnen sich nach Nr. 2230–2232 KV, in der Beschwerde und Rechtsbeschwerde nach Nr. 2240–2243 KV. § 57 gilt aber nur für die Verfahrensgebühren Nr. 2231 f, 2241 und 2243 KV. Denn für die Entscheidung über den Antrag auf Eröffnung der Zwangsliquidation fällt die in Nr. 2230 KV geregelte **Festgebühr** iHv 60 € an. Im Beschwerde- und Rechtsbeschwerdeverfahren entstehen insoweit ebenfalls Festgebühren (Nr. 2240 und 2242 KV); § 57 ist insoweit deshalb nicht einschlägig. **4**

2. Wertberechnung. Der Wert für die Gebühren Nr. 2231 f, 2241 und 2243 KV bestimmt sich nach dem Gesamtwert der Bestandteile der Bahneinheit. Maßgebend ist gem. § 40 der Verkehrswert zum Zeitpunkt des Beginns des Verfahrens. Verbindlichkeiten werden nicht abgezogen. Das bewegliche und das unbewegliche Vermögen sind zu berücksichtigen. Hierzu gehören (§ 3 des Gesetzes über die Bahneinheiten vom 19.8.1895):[7] **5**

- der Bahnkörper und die übrigen Grundstücke, welche dauernd, unmittelbar oder mittelbar, dem Bahnunternehmen gewidmet sind, mit den darauf errichteten Baulichkeiten, sowie die für das Bahnunternehmen dauernd eingeräumten Rechte an fremden Grundstücken;

- die von dem Bahnunternehmer angelegten, zum Betrieb und zur Verwaltung der Bahn erforderlichen Fonds, die Kassenbestände der laufenden Bahnverwaltung, die aus dem Betrieb des Bahnunternehmens unmittelbar erwachsenen Forderungen und die Ansprüche des Bahnunternehmers aus Zusicherungen Dritter, welche die Leistung von Zuschüssen für das Bahnunternehmen zum Gegenstande haben;

- die dem Bahnunternehmer gehörigen beweglichen körperlichen Sachen, welche zur Herstellung, Erhaltung oder Erneuerung der Bahn oder der Bahngebäude oder zum Betrieb des Bahnunternehmens die-

---

2 Vgl in Schleswig-Holstein: Gesetz über die Bahneinheiten v. 19.8.1895 idF der Bek. v. 31.12.1971 – BahnEinhG SH 1971 (GVOBl. 1971, 182); in Baden-Württemberg: Art. 1 des Gesetzes betreffend die Bahneinheiten v. 23.3.1906. **3** Vgl in Baden-Württemberg: § 35 des Landesgesetzes über die freiwillige Gerichtsbarkeit v. 12.2.1975 (GBl. S. 116, zul. geänd. d. G v. 29.7.2010 (GBl. S. 555) mWv 14.8.2010. **4** § 40 Abs. 1 des Gesetzes über die Bahneinheiten v. 19.8.1895 idF der Bek. v. 31.12.1971 – BahnEinhG SH 1971 (GVOBl. 1971, 182) (Schleswig-Holstein). **5** In der im BGBl. III, Gliederungsnummer 932-1, veröffentlichten bereinigten Fassung, zul. geänd. d. Art. 101 G v. 8.12.2010 (BGBl. I 1864). **6** IdF der Bek. v. 31.12.1971 – BahnEinhG SH 1971 (GVOBl. 1971, 182). **7** IdF der Bek. v. 31.12.1971 – BahnEinhG SH 1971 (GVOBl. 1971, 182).

nen. Dieselben gelten, einer Veräußerung ungeachtet, als Teile der Bahneinheit, solange sie sich auf den Bahngrundstücken befinden, rollendes Betriebsmaterial auch nach der Entfernung von den Bahngrundstücken, solange dasselbe mit Zeichen, welche nach den Verkehrsgebräuchen die Annahme rechtfertigen, dass es dem Eigentümer der Bahn gehöre, versehen und dem Bahnbetriebe nicht dauernd entzogen ist. Ist die Bahn bereits vor der Genehmigung zur Eröffnung des Betriebs auf der ganzen Bahnstrecke im Bahngrundbuch eingetragen, so gehören die nur zur ersten Herstellung der Bahn zu benutzenden Gerätschaften und Werkzeuge der Bahneinheit nicht an.

§ 58 Insolvenzverfahren

(1) [1]Die Gebühren für den Antrag auf Eröffnung des Insolvenzverfahrens und für die Durchführung des Insolvenzverfahrens werden nach dem Wert der Insolvenzmasse zur Zeit der Beendigung des Verfahrens erhoben. [2]Gegenstände, die zur abgesonderten Befriedigung dienen, werden nur in Höhe des für diese nicht erforderlichen Betrags angesetzt.

(2) Ist der Antrag auf Eröffnung des Insolvenzverfahrens von einem Gläubiger gestellt, wird die Gebühr für das Verfahren über den Antrag nach dem Betrag seiner Forderung, wenn jedoch der Wert der Insolvenzmasse geringer ist, nach diesem Wert erhoben.

(3) [1]Bei der Beschwerde des Schuldners oder des ausländischen Insolvenzverwalters gegen die Eröffnung des Insolvenzverfahrens oder gegen die Abweisung des Eröffnungsantrags mangels Masse gilt Absatz 1. [2]Bei der Beschwerde eines sonstigen Antragstellers gegen die Abweisung des Eröffnungsantrags gilt Absatz 2.

I. Systematik und Regelungszweck

1   Im Insolvenzverfahren fallen die Gebühren nach Nr. 2310–2364 KV an. Jedes Insolvenzverfahren ist isoliert zu bewerten, auch wenn das Gericht Verfahren mehrerer Schuldner durch denselben Beschluss eröffnet. Die Durchführungsgebühr und Eröffnungsgebühr berechnen sich nach der Insolvenzmasse[1] oder der geringeren Schuldenmasse, wobei die Einschränkung nach Abs. 2 zu berücksichtigen ist.

II. Regelberechnung (Abs. 1)

2   1. Insolvenzmasse (Abs. 1 S. 1). Für die Ermittlung der Eröffnungs- oder Durchführungsgebühr (Antrag des Schuldners: Nr. 2310 KV, Nr. 2320–2322 KV; Antrag des Gläubigers: Nr. 2330–2332 KV; Eröffnungsantrag eines Gläubigers: Nr. 2311 KV, Wert insoweit Abs. 2) ist der Wert der gesamten Insolvenzmasse zur Zeit der Beendigung des Verfahrens maßgeblich.[2] Die Insolvenzmasse ist das dem Schuldner zur Zeit der Verfahrenseröffnung gehörende und das während des Verfahrens erlangte Vermögen gem. § 35 InsO. Hierzu zählen auch die Fruchtziehung sowie Nutzungen und Zinsen.[3] Unerheblich ist, ob ein Vermögensgegenstand der Zwangsvollstreckung unterliegt. Nicht zur Insolvenzmasse gehören Gegenstände, die einem Aussonderungsrecht unterliegen.[4]

3   2. Absonderungsrechte (Abs. 1 S. 2). Gegenstände, die einer abgesonderten Befriedigung nach §§ 49–52 InsO unterliegen, müssen von der Masse abgezogen werden. Hierzu zählen bspw Pfandrechte in Höhe des zur Befriedigung des Gläubigers nötigen Betrags.[5] Nicht abzusetzen sind jedoch Massekosten und Masseschulden sowie vom Insolvenzverwalter freigegebene Gegenstände.

4   3. Werterhebung. Die zur Insolvenzmasse gehörenden oder die die Insolvenzmasse vermindernden Gegenstände und Rechte müssen nach ihrem objektiven Wert pflichtgemäß ermittelt und notfalls geschätzt werden,[6] wobei die Einschränkungen der §§ 4–9 ZPO nicht gelten. Basis der Schätzung des Insolvenzverwalters ist das ihm vorliegende Inventar. Besondere Beachtung gilt für den Fall einer Geschäftsfortführung durch den Insolvenzverwalter. Hierbei ist der Insolvenzmasse nur der Reinerlös zuzurechnen.[7]

5   4. Maßgeblicher Berechnungszeitpunkt. Der Zeitpunkt der Beendigung des Insolvenzverfahrens ist für die Berechnung der Insolvenzmasse und der Schuldenmasse maßgeblich.[8] Aufgrund der frühen Fälligkeit der

---

[1] Instruktiv zu der Frage, ob eine Höchstbetragsfestlegung in Abs. 1 aufgrund Analogie hineingelesen werden kann, *Nicht/Schildt*, Zur Frage der Kappung der Gebühren des Insolvenzgerichts, NZI 2013, 64; s. dazu *Grub*, Die Begrenzung der Gerichtskosten im Insolvenzverfahren auf einen Gegenstandswert von 30 Mio. € gem. § 39 Abs. 2 GKG, ZInsO 2013, 313. [2] OLG Düsseldorf ZIP 2010, 1912; LG Kassel Rpfleger 1999, 288; *Meyer*, GKG § 58 Rn 2. [3] OLG Düsseldorf ZIP 2010, 1912. [4] LG Wuppertal ZIP 2010, 1255. [5] LG Kassel Rpfleger 1999, 288; vgl auch *Meyer*, GKG § 58 Rn 5. [6] *Meyer-Stolte*, Rpfleger 1986, 110. [7] LG Wuppertal ZIP 2010, 1255. [8] LG Wuppertal ZIP 2010, 1255; *Meyer*, GKG § 58 Rn 6.

Gebühr nach § 6 muss eine vorläufige Berechnung vorgenommen und diese später möglicherweise korrigiert werden.

III. Insolvenzantrag des Gläubigers (Abs. 2)

Die Eröffnungsgebühr, die bei der Beantragung der Eröffnung des Insolvenzverfahrens durch den Gläubiger entsteht (Nr. 2311 KV), richtet sich nach folgenden Regeln: **6**

1. Forderungsbetrag. Die Eröffnungsgebühr berechnet sich nach dem Betrag der Forderung des Gläubigers, auf die der Antrag gestützt wird. Wird nur eine Teilforderung in Ansatz gebracht, bestimmt sich die Eröffnungsgebühr nur nach dieser. Bei weiterer Anmeldung der übrigen bzw weiteren Forderungen wird der sich daraus ergebende Gesamtbetrag zur Forderung iSv Abs. 2.[9] **7**

Keine Rolle im Rahmen der Bemessung der Forderung spielen Nebenforderungen, die Zurücknahme des Antrags, die Abweisung mangels Masse oder bestrittene angemeldete Forderungen. Der **Nennbetrag der Hauptforderung** ist alleine maßgeblich, auch wenn der Gläubiger einen geringeren Betrag angibt. **8**

2. Insolvenzmasse. Liegt die Insolvenzmasse unterhalb des wirklichen Nennbetrags der Forderung des Gläubigers, ist der Betrag der Insolvenzmasse ausschlaggebend. Die Zurücknahme des Antrags oder die Abweisung mangels Masse ändert an diesem Grundsatz nichts. In einem solchen Fall ist die Mindestgebühr nach Nr. 2311 KV anzunehmen.[10] **9**

IV. Beschwerde (Abs. 3)

1. Geltungsbereich. Die Beschwerde (Gebühren Nr. 2360–2364 KV) bezieht sich nur auf die in Abs. 3 genannten Fälle und gilt auch für die Wiederaufnahme des Verfahrens.[11] Abs. 3 gilt für jede Beschwerde gesondert, auch wenn sich mehrere Rechtsbehelfe gegen dieselbe Entscheidung richten. **10**

2. Beschwerden gegen einen Eröffnungsbeschluss (Abs. 3 S. 1 Alt. 1). Erhebt der Schuldner gegen die Eröffnung des Insolvenzverfahrens nach § 34 Abs. 2 InsO sofortige Beschwerde, ist wie folgt zu differenzieren: **11**

- Eröffnet das Gericht das Verfahren auf der Grundlage eines Antrags des **Schuldners**, entspricht der Streitwert für die sofortige Beschwerde gegen den Eröffnungsbeschluss dem Wert der Insolvenzmasse, § 35 InsO.

- Eröffnet das Gericht das Verfahren auf der Grundlage des Antrags eines **Gläubigers**, entspricht der Streitwert für die sofortige Beschwerde gegen den Eröffnungsbeschluss der Höhe der Forderung des Gläubigers ohne Nebenforderungen. Für den Fall, dass die Insolvenzmasse betragsmäßig geringer ist als die Forderung, ist der Betrag der Insolvenzmasse maßgebend, §§ 43, 58 Abs. 2.

3. Beschwerde des Schuldners gegen die Abweisung des Eröffnungsantrags mangels Masse (Abs. 3 S. 1 Alt. 2). Die sofortige Beschwerde des Schuldners gegen die Abweisung des Eröffnungsantrags mangels Masse richtet sich nach Abs. 1.[12] **12**

4. Beschwerde eines anderen Antragstellers gegen die Abweisung des Eröffnungsantrags mangels Masse (Abs. 3 S. 2). Die sofortige Beschwerde eines anderen Antragstellers gegen die Abweisung des Eröffnungsantrags mangels Masse richtet sich nach Abs. 2.[13] **13**

§ 59 Verteilungsverfahren nach der Schifffahrtsrechtlichen Verteilungsordnung

[1]Die Gebühren für den Antrag auf Eröffnung des Verteilungsverfahrens nach der Schifffahrtsrechtlichen Verteilungsordnung und für die Durchführung des Verteilungsverfahrens richten sich nach dem Betrag der festgesetzten Haftungssumme. [2]Ist diese höher als der Gesamtbetrag der Ansprüche, für deren Gläubiger das Recht auf Teilnahme an dem Verteilungsverfahren festgestellt wird, richten sich die Gebühren nach dem Gesamtbetrag der Ansprüche.

I. Allgemeines

§ 59 regelt die Wertberechnung im Verfahren über den Antrag auf Eröffnung des Verteilungsverfahrens nach dem Gesetz über das Verfahren bei der Errichtung und Verteilung eines Fonds zur Beschränkung der Haftung in der See- und Binnenschifffahrt (Schifffahrtsrechtliche Verteilungsordnung – SVertO).[1] Das **1**

---

9 LG Freiburg Rpfleger 1992, 312; *Meyer*, GKG § 58 Rn 9. **10** *Meyer-Stolte*, Rpfleger 1983, 332, 375. **11** OLG Köln ZIP 2000, 1901. **12** Vgl *Meyer*, GKG § 58 Rn 12. **13** *Meyer*, GKG § 58 Rn 15. **1** IdF der Bek. v. 23.3.1999 (BGBl. I 530; 2000 I 149), zul. geänd. d. Art. 3 G v. 5.7.2016 (BGBl. I 1578, 1579).

Schifffahrtsrechtliche Verteilungsverfahren ist dem Insolvenzverfahren bzw dem Verteilungsverfahren nach §§ 872 ff ZPO nachgebildet.

Neben § 59 regeln § 6 Abs. 1 Nr. 3 die Gebührenfälligkeit, § 13 die Vorauszahlungspflicht und § 25 den Kostenschuldner im Verteilungsverfahren nach der SVertO. Die Gebühren im Verteilungsverfahren nach der SVertO ergeben sich aus Nr. 2410–2441 KV, die Auslagen aus Teil 9 KV.

2   Nach § 1 SVertO kann zur Errichtung und Verteilung eines Fonds iSd Art. 11 des Übereinkommens von 1976 über die Beschränkung der Haftung für Seeforderungen[2] in der jeweils für die Bundesrepublik Deutschland geltenden Fassung (Haftungsbeschränkungsübereinkommen) oder iSd Art. V Abs. 3 des Haftungsübereinkommens von 1992[3] ein gerichtliches Verfahren (**Verteilungsverfahren**) eingeleitet werden. Nach § 5 Abs. 1 SVertO setzt das Gericht durch Beschluss die Summe fest, die zur Errichtung des Fonds einzuzahlen ist (**Haftungssumme**).

II. Streitwert

3   **1. Haftungssumme (S. 1).** Nach § 5 Abs. 1 SVertO setzt das Gericht durch Beschluss die Summe fest, die zur Errichtung des Fonds einzuzahlen ist (**Haftungssumme**). Die Gebühr für das Verfahren über den Antrag auf Eröffnung des Verteilungsverfahrens nach der SVertO nach Nr. 2410 KV sowie die Gebühr nach Nr. 2420 KV für die Durchführung des Verteilungsverfahrens berechnen sich nach **S. 1** grds. nach der vom Gericht nach § 5 Abs. 1 SVertO festgesetzten Haftungssumme (→ Rn 2). Wird die Haftungssumme im Erinnerungs- und Beschwerdeverfahren geändert (§ 5 Abs. 4 SVertO), ist der dort zuletzt festgestellte Betrag maßgebend. Die Haftungssumme ist auch maßgebend, wenn das Gericht gem. § 5 Abs. 2 SVertO zulässt, dass die Einzahlung der festgesetzten Haftungssumme ganz oder teilweise durch Sicherheitsleistung ersetzt wird. Wird gem. § 30 Abs. 2 SVertO eine erhöhte Haftungssumme festgesetzt, bildet diese den Streitwert.

4   **2. Ansprüche der Gläubiger (S. 2).** Nach § 18 SVertO werden die angemeldeten Ansprüche hinsichtlich ihres Betrags und hinsichtlich des Rechts ihrer Gläubiger auf Teilnahme an dem Verteilungsverfahren in einem allgemeinen Prüfungstermin einzeln erörtert. Gemäß § 19 Abs. 1 SVertO werden der Anspruch und das Recht eines Gläubigers auf Teilnahme an dem Verteilungsverfahren festgestellt, soweit im Prüfungstermin im Widerspruch weder von dem Gläubiger eines angemeldeten Anspruchs noch von dem Schuldner eines solchen Anspruchs noch von dem Sachwalter erhoben wird oder soweit ein erhobener Widerspruch beseitigt ist. Das Ergebnis trägt das Gericht gem. § 19 Abs. 2 S. 1 SVertO in die Tabelle ein. Die Haftungssumme nach S. 1 ist mit dem Gesamtbetrag der teilnahmeberechtigten Gläubiger nach §§ 18, 19 SVertO zu vergleichen. Ist die Haftungssumme höher als der Gesamtbetrag dieser Gläubigeransprüche, richten sich die Gebühren nach dem Gesamtbetrag der Ansprüche und nicht nach der Haftungssumme (S. 2).

5   **3. Festgebühren.** Für die Prüfung von Forderungen in einem besonderen Prüfungstermin (§ 11 SVertO) wird je Gläubiger nach Nr. 2430 KV eine **Festgebühr** iHv 20 € erhoben. Eine Wertberechnung nach § 59 ist insoweit nicht erforderlich.

6   § 59 gilt nur für die Gebühren nach Nr. 2410 (Antrag auf Eröffnung des Verteilungsverfahrens) und nach Nr. 2420 KV (Durchführung des Verteilungsverfahrens). Die im Beschwerde- oder Rechtsbeschwerdeverfahren anfallenden Gebühren nach Nr. 2440 und 2441 KV sind wertunabhängige Festgebühren.

§ 60 Gerichtliche Verfahren nach dem Strafvollzugsgesetz, auch in Verbindung mit § 92 des Jugendgerichtsgesetzes

Für die Bestimmung des Werts in gerichtlichen Verfahren nach dem Strafvollzugsgesetz, auch in Verbindung mit § 92 des Jugendgerichtsgesetzes, ist § 52 Absatz 1 bis 3 entsprechend anzuwenden; im Verfahren über den Antrag auf Aussetzung des Vollzugs einer Maßnahme der Vollzugsbehörde oder auf Erlass einer einstweiligen Anordnung gilt § 52 Absatz 1 und 2 entsprechend.

1   Die Vorschrift des § 60 regelt den Wert der Gerichtsgebühren in Verfahren nach dem StVollzG und dem JGG. Wertabhängige Gebühren können hier nach den Nr. 3810–3830 KV entstehen bei

- Zurückweisung eines Antrags auf gerichtliche Entscheidung (Nr. 3810 KV),
- Zurücknahme eines Antrags auf gerichtliche Entscheidung (Nr. 3811 KV),
- Verwerfung der Rechtsbeschwerde (Nr. 3820 KV),
- Rücknahme der Rechtsbeschwerde (Nr. 3821 KV),

---

2 BGBl. 1986 II 786, geänd. d. Protokoll v. 2.5.1996 (BGBl. 2000 II 790). **3** BGBl. 1994 II 1152.

- Zurückweisung eines Antrags auf Aussetzung des Vollzugs einer Maßnahme der Vollzugsbehörde oder eines Antrags auf Erlass einer einstweiligen Anordnung (Nr. 3830 KV).

In diesem Fall hat der Strafgefangene oder Jugendliche die Kosten des Verfahrens zu tragen, so dass es einer Wertfestsetzung bedarf. **2**

Ist das Verfahren für den Inhaftierten oder Jugendlichen erfolgreich ausgegangen und sind damit keine Gerichtsgebühren angefallen, dann hat eine Wertfestsetzung zu unterbleiben. Soweit ein Anwalt am Verfahren beteiligt ist, ist nach § 33 RVG auf Antrag für ihn ein Wert festzusetzen. **3**

Die **Höhe** des festzusetzenden Werts ergibt sich im gerichtlichen Verfahren aus der entsprechenden Anwendung des § 52 Abs. 1–3. Diese Vorschrift gilt entsprechend für Verfahren des einstweiligen Rechtsschutzes nach § 114 Abs. 2 StVollzG. **4**

Maßgebend ist hiernach die **Bedeutung der Sache**, die diese für den Antragsteller hat. Abzustellen ist darauf, was der Antragsteller mit seinem Antrag verfolgt und was er zur Begründung seines Ziels vorträgt.[1] Maßgebend ist nur die individuelle Bedeutung für den Inhaftierten bzw Jugendlichen. Eine grundsätzliche Bedeutung oder Folgewirkung für andere Fälle ist nicht zu berücksichtigen. **5**

Soweit Gegenstand eine bezifferte Geldleistung oder ein hierauf gerichteter Verwaltungsakt ist, ist nach § 52 Abs. 2 die **Höhe der Geldforderung** maßgebend. **6**

Bieten Sach- und Rechtslage keine genügenden Anhaltspunkte, dann ist der **Auffangwert** von 5.000 € anzusetzen (§ 52 Abs. 1 S. 2). Es handelt sich hierbei nicht um einen Regelwert, sondern lediglich um einen subsidiären Ausnahmewert.[2] **7**

Die **Wertfestsetzung** selbst erfolgt nicht im Verfahren nach § 63, sondern nach § 65. Hinsichtlich der Beschwerde gelten keine Besonderheiten; hier gilt § 68 unmittelbar. **8**

Unterabschnitt 3
Wertfestsetzung

§ 61 Angabe des Werts

[1]Bei jedem Antrag ist der Streitwert, sofern dieser nicht in einer bestimmten Geldsumme besteht, kein fester Wert bestimmt ist oder sich nicht aus früheren Anträgen ergibt, und nach Aufforderung auch der Wert eines Teils des Streitgegenstands schriftlich oder zu Protokoll der Geschäftsstelle anzugeben. [2]Die Angabe kann jederzeit berichtigt werden.

I. Allgemeines

Bei Einreichung einer jeden Klage oder eines sonstigen Antrags, mit dem ein neues Verfahren iSd Kostenrechts einleitet oder ein bereits anhängiges Verfahren erweitert wird, soll grds. der Verfahrenswert angegeben werden (S. 1). Die Wertangabe ist deshalb geboten, damit das Gericht die idR mit Antragseinreichung fälligen Gerichtsgebühren bzw deren Vorauszahlung (§§ 6 ff, 10 ff) berechnen und einfordern kann. Es handelt sich lediglich um eine **Ordnungsvorschrift**. Unmittelbare Sanktionen sind daher an die Verletzung der Obliegenheit zur Wertangabe nicht geknüpft. Insbesondere führt die Nichtangabe nicht zur Unzulässigkeit der Klage oder des Antrags. Mittelbar können sich allerdings Nachteile ergeben, wenn sich das Gericht infolge der unterlassenen Wertangabe veranlasst sieht, ein Sachverständigengutachten einzuholen (§ 64), oder wenn es nach § 63 Abs. 1 S. 1 einen zu hohen Wert ansetzt und der Antragsteller ggf Beschwerde gegen die Anordnung einer Vorauszahlung nach § 67 erheben muss. **1**

Besondere Bedeutung hat § 61, wenn sich der Wert nicht ohne weitere Angaben des Klägers oder Antragstellers nicht ermitteln lässt, wie bei einer **Stufenklage**, bei der auf den Wert der Leistungsstufe abzustellen ist (§ 44), ein bezifferter Antrag aber noch nicht gestellt ist und das Gericht häufig keine Kenntnis von den Betragsvorstellungen des Antragstellers hat. Gleiches gilt für **unbezifferte Schmerzensgeldklagen** oder **nichtvermögensrechtliche Angelegenheiten**. Auch bei Anträgen auf Erlass eines Arrests oder einstweiligen Verfügung ist eine Wertangabe geboten, da hier die Frage der Bedeutung (s. § 53) häufig nicht offensichtlich ist. **2**

Die die Pflicht zur Angabe des Werts besteht nach S. 1 Hs 1 **nicht**, wenn **3**
- der Gegenstand des Verfahrens in einer bestimmten Geldsumme besteht (1. Var.),
- ein Festwert vorgesehen ist (2. Var.) oder
- sich der Verfahrenswert bereits aus früheren Anträgen ergibt (3. Var.).

---

1 *Meyer*, GKG § 60 Rn 5. **2** OLG Karlsruhe RVGreport 2016, 232.

4   In S. 2 wiederum ist klargestellt, dass der Wertangabe **keine Bindungswirkung** zukommt. Die Angabe kann **jederzeit berichtigt** werden.

II. Anwendungsbereich

5   Die Vorschrift des § 61 gilt für sämtliche Verfahren, in denen **Gebühren nach dem Streitwert** (§ 3 Abs. 1) **erhoben** werden. Für Verfahren, in denen keine Gerichtsgebühren oder Festgebühren erhoben werden (zB Erinnerungsverfahren oder bestimmte Beschwerdeverfahren), ist die Angabe eines Werts nicht erforderlich. Daher ist eine Wertangabe zB im Verfahren auf Bewilligung von Prozesskostenhilfe (§§ 114 ff ZPO) nicht erforderlich.

6   Unerheblich ist, ob die nach dem Wert zu erhebenden Gebühren mit Klage- oder Antragseinreichung fällig werden oder vorauszahlbar sind. Die Obliegenheit zur Wertangabe besteht daher auch dann, wenn die Gebühren erst später erhoben werden. Auch eine Kostenfreiheit des Antragstellers nach § 2 macht die Wertangabe nicht entbehrlich.

7   Schließen die Beteiligten einen **Vergleich** über nicht anhängige Gegenstände, besteht dem Wortlaut nach keine Pflicht zur Wertangabe, da es sich bei dem Vergleich weder um einen Antrag handelt, noch sich die Vergleichsgebühr nach dem Streitwert richtet, sondern nach dem Vergleichswert. Ungeachtet dessen sollte auch hier der Wert angegeben werden.

III. Pflicht zur Angabe des Verfahrenswerts (S. 1)

8   **1. Grundsatz.** Die Verpflichtung zur Wertangabe besteht
- bei Einreichung des Antrags: Angabe des Streitwerts (S. 1 Hs 1),
- auf Aufforderung des Gerichts: Angabe von Teilwerten (S. 1 Hs 2),

wobei mehrere Ausnahmen vorgesehen sind, in denen die Wertangabe nicht erforderlich ist.

9   Die Verpflichtung zur Angabe des Werts betrifft nur den jeweiligen Kläger oder Antragsteller, nicht auch den Beklagten, Antragsgegner oder einen sonstigen Beteiligten, es sei denn, diese stellen eigene Gebühren auslösende Anträge, wie zB eine Widerklage.

10   **2. Antrag (S. 1 Hs 1).** Entgegen dem Wortlaut des S. 1 ist nicht jeder Antrag gemeint, sondern nur ein Antrag, der ein neues Verfahren einleitet oder den Gegenstand eines bereits anhängigen Verfahrens erweitert und der Wert abhängige Gerichtsgebühren auslöst.

11   Wertangaben sind daher auch bei einem Antrag auf Einleitung eines **selbständigen Beweisverfahrens** (§§ 485 ff ZPO) geboten, zumal hier nur Beweisanträge gestellt werden und das Gericht ohne weitere Angaben einen Wert nicht zuverlässig festsetzen kann.

12   § 61 gilt grds auch für **Rechtsmittel**. Hier wird allerdings idR die Ausnahme nach S. 1 Hs 1 greifen.

13   Auch bei **bedingten Anträgen** besteht eine Pflicht zur sofortigen Wertangabe, also insb. bei Hilfsanträgen, Hilfswiderklagen. Die Pflicht besteht nicht etwa erst mit Eintritt der Bedingung.

14   Werden **zugleich mehrere Anträge** gestellt (objektive Klagenhäufung, Stufenklage, Haupt- und Hilfsantrag), so ist für jeden Antrag der Wert gesondert anzugeben, da anderenfalls der Gesamtwert nicht zutreffend berechnet bzw überprüft werden kann.

15   **3. Teilwertangabe nach Aufforderung (S. 1 Hs 2).** Nach S. 1 Hs 2 besteht die Verpflichtung zur Wertangabe auch dann, wenn das Gericht dazu **auffordert**, allerdings nur für **Teilwerte**. Sofern für die Berechnung bestimmter Gebühren nur Teile des Streitgegenstands heranzuziehen sind (§ 36 Abs. 1), kann das Gericht Angaben zu dem betreffenden Wertteil verlangen. Die Bedeutung dieser Vorschrift ist gering, da Gebühren nach Teilwerten im Kostenverzeichnis nicht vorgesehen sind.

16   **4. Ausnahmen. a) Überblick.** Nach S. 1 Hs 1 sind drei Ausnahmen von der Pflicht zur Wertangabe vorgesehen, und zwar, wenn
- der Gegenstand des Verfahrens in einer bestimmten Geldsumme besteht (1. Var.),
- ein Festwert vorgesehen ist (2. Var.) oder
- sich der Verfahrenswert bereits aus früheren Anträgen ergibt (3. Var.).

17   Diese Ausnahmen beruhen darauf, dass der Wert für das Gericht ohne Weiteres ersichtlich und bestimmbar ist.

18   Dem Wortlaut nach ist nicht eindeutig, ob die Ausnahmetatbestände auch für die Verpflichtung zur Angabe von Teilwerten nach Aufforderung (S. 1 Hs 2) gelten. Dies dürfte wohl in entsprechender Auslegung der Vorschrift anzunehmen sein. Richtet sich zB eine Gebühr nur nach einem bestimmten Teil einer Geldforderung, so kann das Gericht ohne weitere Angaben den Wert für diese Teilgebühr festsetzen. Auf die Angaben

des Antragstellers ist das Gericht insoweit nicht angewiesen. Gleiches gilt, wenn für Teilwerte (etwa bestimmte Folgesachen im Verbund) Festgebühren gelten oder sich Teilwerte aus früheren Anträgen ergeben.

b) Bestimmte Geldsumme (1. Var.). Keine Pflicht zur Angabe des Werts besteht dann, wenn der Verfahrensgegenstand in einer bestimmten Geldsumme besteht. Gegenstand muss eine Geldsumme, also eine Geldforderung in- oder ausländischer Währung sein. Die Geldsumme muss nicht beziffert sein; sie muss nur bestimmt sein. Daher ist auch bei Ansprüchen auf Freistellung von einer bestimmten Zahlungsverpflichtung eine Wertangabe entbehrlich. Gleiches gilt für Feststellungsanträge betreffend eine bestimmte Zahlungspflicht. Anders verhält es sich dagegen bei Feststellungsanträgen, die eine unbestimmte Zahlungspflicht betreffen. Negative Feststellungsanträge sind nur dann auf eine bestimmte Geldsumme gerichtet, wenn die Forderung, deren Nichtbestehen festgestellt werden soll, bestimmt ist. Anderenfalls muss der Wert angegeben werden. 19

Keine bestimmte Geldforderung ist der zunächst unbeziffert gestellte Zahlungsantrag im Rahmen einer Stufenklage (§ 254 ZPO). Hier ist daher bei Einreichung eines Stufenantrags auch die Wertangabe zur Zahlungsstufe erforderlich. Der Wert richtet sich nach den Erwartungen des Antragstellers (→ § 44 Rn 8). Gleiches gilt bei unbezifferten Schmerzensgeldklagen. 20

c) Festwerte (2. Var.). Keine Pflicht zur Wertangabe besteht ferner dann, wenn im Gesetz Fest- oder Regelwerte vorgesehen sind. Unerheblich ist insoweit, dass die jeweiligen Wertvorschriften Ausnahmen vorsehen, wonach das Gericht von den Regelwerten abweichen kann, zumal solche Abweichungen ohnehin erst am Ende eines Verfahrens festzustellen sind. 21

d) Frühere Anträge (3. Var.). Des Weiteren bedarf es keiner Wertangabe, wenn sich die Höhe des Werts aus früheren Anträgen ergibt. Die früheren Anträge können aus demselben Verfahren oder aus anderen Verfahren stammen. 22

So bedarf es keiner Angabe, wenn in einem Verfahren eine Klage oder ein Antrag teilweise zurückgenommen worden ist und später erneut gestellt wird. Eine Wertangabe ist nur bei der erstmaligen Einreichung des Antrags erforderlich, bei der erneuten Einreichung bedarf es keiner Wertangabe mehr, es sei denn, die Bewertungsumstände hätten sich geändert. 23

Die Ausnahme nach S. 1 Hs 1, 2. Var. gilt zB auch dann, wenn eine Vollstreckungsabwehrklage nach § 767 ZPO eingereicht wird, da sich ihr Wert nach dem Wert der titulierten Forderung richtet, es sei denn, der Vollstreckungsabwehrantrag bezieht sich nur auf einen Teil der titulierten Forderung. Auch im Falle einer Restitutionsklage wird eine Wertangabe entbehrlich sein. 24

Auch bei Rechtsmitteln wird idR eine Wertangabe entbehrlich sein, wenn sich der Wert des Rechtsmittelverfahrens aus der vorinstanzlichen Wertfestsetzung ergibt. 25

IV. Angabe des Werts

1. Form. Die Angabe des Werts ist schriftlich oder zu Protokoll der Geschäftsstelle zu erklären. Es besteht kein Anwaltszwang, auch wenn für das Verfahren selbst Anwaltszwang besteht. Die Angabe kann auch konkludent erklärt werden, etwa durch Einzahlung der sich nach dem Wert ergebenden Gerichtsgebühren. 26

2. Inhalt. Nach dem Wortlaut des S. 1 genügt die Angabe des Werts. Erläuterungen des Werts und seiner Berechnung sind danach nicht erforderlich. Gleichwohl ist es ggf angebracht, die Umstände darzulegen, aus denen die Wertberechnung folgt. Anderenfalls ist das Gericht zur Prüfung der Angabe und zu ordnungsgemäßen Festsetzung nach § 63 Abs. 1 S. 1 nicht in der Lage. 27

3. Zeitpunkt. Die Erklärung soll grds. mit dem Antrag zusammen abgegeben werden. Es bestehen jedoch keine Bedenken, wenn die Erklärung zeitnah nachgereicht wird. Dies gilt insb. dann, wenn es um die Angabe von Teilwerten auf Aufforderung des Gerichts geht. 28

Wird die Wertangabe in der **Antragsschrift vergessen**, dann sollte das Gericht sofort darauf **hinweisen**. Anderenfalls ist, jedenfalls in zweifelhaften Bewertungsfällen, den Beteiligten anzukündigen, dass beabsichtigt sei, den Verfahrenswert in einer bestimmten Höhe festzusetzen. In diesem Fall muss innerhalb einer gesetzten Äußerungsfrist Stellung genommen werden; sonst wird ohne Berücksichtigung des Vorbringens des Beteiligten auf der Grundlage der Antragsschrift geschätzt.[1] § 63 Abs. 1 S. 1 erlaubt die vorläufige Festsetzung aber auch ohne Anhörung, also auch ohne vorhergehenden Hinweis an den Beteiligten. 29

4. Berichtigung der Wertangabe (S. 2). Nach S. 2 kann die Angabe jederzeit berichtigt werden. Der Antragsteller ist daher an eine einmal abgegebene Angabe **nicht gebunden**. Auch die Berichtigung kann wiederum schriftlich oder zu Protokoll der Geschäftsstelle erklärt werden. Auch hier besteht kein Anwaltszwang. 30

---

1 OLG Karlsruhe WRP 1974, 501.

V. Bedeutung und Wirkung der Wertangabe

31   Die Angabe des Werts hat in der Praxis nur geringe Bedeutung. Sie soll es dem Gericht lediglich ermöglichen, den Wert des Verfahren zutreffend festzusetzen (§ 63 Abs. 1 S. 1). Die Angabe des Werts ist für das Gericht **nicht bindend**. Es hat den Wert vielmehr **von Amts wegen** zutreffend festzusetzen und kann die Festsetzung jederzeit bei besserer Erkenntnis berichtigen (§ 63 Abs. 3 S. 1). Das Gericht kann dabei auch abweichend von der Wertangabe des Antragstellers festsetzen.

32   Allerdings kann der Wertangabe eine **indizielle Bedeutung** für die Bewertung des Verfahrensgegenstands beizumessen sein, da die Wertangabe eines Beteiligten zu den Umständen des Streitfalles gehört, die bei der Bewertung mit abzuwägen sein können.[2] Die Wertangabe darf sogar als **Auslegungsumstand** berücksichtigt werden, wenn festgestellt werden muss, was mit einem unklaren Antrag bezweckt ist.[3] Auch bei der Bestimmung des Verkehrswerts von herausverlangten Sachen sind die Wertangaben des Antragstellers für die Schätzung erheblich, meist sogar ausschlaggebend.[4] So hat der BGH entschieden, dass die auf der Wertangabe der Beteiligten beruhende Wertfestsetzung zwar nicht bindet, jedoch Indizwirkung hat, wenn sie nachträglich als fehlerhaft angegriffen wird, um die hinreichende Rechtsmittelbeschwer zu begründen.[5]

33   Mangels einer Bindungswirkung kann eine bei Antragseinreichung abgegebene Wertangabe weder eine Beschwerde gegen die Anordnung einer Vorauszahlung nach § 67 noch eine spätere Streitwertbeschwerde nach § 68 ausschließen.[6]

VI. Durchsetzung der Verpflichtung/Sanktionen

34   Bei der Pflicht zur Wertangabe handelt es sich um eine bloße Ordnungsvorschrift, an die keine unmittelbaren Sanktionen geknüpft sind. Insbesondere führt die Verletzung der Angabepflicht nicht zur Unzulässigkeit des Antrags. Auch hat das Gericht keine Möglichkeit, die Angabe zu erzwingen. Dem Antragsteller, der die gebotene Angabe unterlässt, droht lediglich, dass das Gericht den Wert durch einen Sachverständigen ermitteln lässt (§ 64 S. 1) und dadurch zusätzliche Kosten auf den Beteiligten zukommen, die er allein zu tragen hat (§ 64 S. 2).

§ 62 Wertfestsetzung für die Zuständigkeit des Prozessgerichts oder die Zulässigkeit des Rechtsmittels

[1]Ist der Streitwert für die Entscheidung über die Zuständigkeit des Prozessgerichts oder die Zulässigkeit des Rechtsmittels festgesetzt, ist die Festsetzung auch für die Berechnung der Gebühren maßgebend, soweit die Wertvorschriften dieses Gesetzes nicht von den Wertvorschriften des Verfahrensrechts abweichen. [2]Satz 1 gilt nicht in Verfahren vor den Gerichten für Arbeitssachen.

I. Entbehrlichkeit der Wertfestsetzung

1   Nach Beendigung des Verfahrens, also sobald eine Entscheidung über den gesamten Streitgegenstand ergangen ist oder sich das Verfahren anderweitig erledigt hat, muss das Gericht grds. den Streitwert endgültig festsetzen (§ 63 Abs. 2 S. 1).

2   Einer endgültigen Wertfestsetzung nach § 63 Abs. 2 bedarf es nicht, wenn das Gericht bereits einen Streitwert für die **Zuständigkeit des Gerichts** oder für die **Zulässigkeit eines Rechtsmittels** festgesetzt hat und dieser Wert nach § 62 auch für den Gebührenstreitwert gilt (S. 1).

3   **Beispiel:** In einem Verfahren auf Widerruf rufschädigender Äußerungen hat das LG den Zuständigkeitsstreitwert gem. § 3 ZPO auf 6.000 € festgesetzt. – Lösung: Dieser Wert gilt nach § 48 Abs. 1 S. 1 GKG iVm § 3 ZPO auch für die Gerichtsgebühren, so dass es einer Wertfestsetzung nach § 63 Abs. 2 nicht bedarf.

4   Ist ein Wert für die Zuständigkeit oder die Zulässigkeit eines Rechtsmittels bereits festgesetzt worden, gilt dieser aber nicht nach § 62 auch für den Gebührenstreitwert, so muss ein gesonderter Wert nach § 63 festgesetzt werden. Ein solcher Fall divergierender Werte ist zB in Mietsachen gegeben.

2 OLG Frankfurt JurBüro 1975, 367; OLG München WRP 1977, 277; OLG Düsseldorf WRP 1984, 609 = KostRsp. ZPO § 3 Nr. 722 m. Anm. *E. Schneider*; KG KostRsp. ZPO § 3 Nr. 977 m. Anm. *E. Schneider* = WRP 1989, 725; OLG Bamberg KostRsp. ZPO § 3 Nr. 978 = JurBüro 1989, 1307. **3** OLG Köln KostRsp. GKG § 23 Nr. 2; s. ferner BGH GRUR 1986, 93. **4** OLG Köln KostRsp. GKG § 23 Nr. 4. **5** KostRsp. ZPO § 6 Nr. 132 m. Anm. *E. Schneider* = NJW-RR 1991, 1210 = MDR 1992, 196. **6** OLG Koblenz WRP 1981, 333 = KostRsp. ZPO § 3 Nr. 531; Schneider/Herget/*Schneider*, Streitwert-Kommentar, Rn 248.

Beispiel: Der Vermieter hatte erstinstanzlich eine Mieterhöhung iHv 40 € monatlich geltend gemacht. Die Klage 5 ist abgewiesen worden. Er hat daraufhin Berufung eingelegt. Das Berufungsgericht hatte den Streitwert für die Zulässigkeit des Rechtsmittels gem. § 9 ZPO auf 42 x 40 € = 1.680 € festgesetzt.[1]
Lösung: Diese Wertfestsetzung ist für die Gerichtsgebühren nicht maßgebend, da § 48 Abs. 1 S. 1 nicht anwendbar ist. Vielmehr gilt hier die vorrangige Regelung des § 41 Abs. 5 S. 1, wonach der Jahresbetrag der geforderten Mieterhöhung maßgebend ist. Das Gericht muss also nach § 63 Abs. 2 den Wert für die Gerichtsgebühren gesondert auf 12 x 40 € = 480 € festsetzen.

Gegen die Wertfestsetzung selbst ist eine Beschwerde nicht gegeben. Weder greift die Beschwerde nach § 68 6 noch eine Beschwerde nach der jeweiligen Prozessordnung, die eine solche Beschwerde nicht kennt.

In **Verfahren vor den Gerichten für Arbeitssachen** ist § 62 nicht anzuwenden (**S. 2**). 7

II. Bindung an die Festsetzung des Zuständigkeitswerts

Zu beachten ist, dass die Bindungswirkung der Streitwertfestsetzung allerdings nur **in Höhe des Grenzwerts** 8 **für die Zuständigkeit** des erkennenden Eingangsgerichts besteht.[2]

Hat das AG den Streitwert für die Zuständigkeit sowie für das Verfahren auf über 5.000 € festgesetzt und 9 anschließend den Rechtsstreit auf Antrag des Klägers an das LG verwiesen, ist diese Wertfestsetzung gem. S. 1 iVm § 63 Abs. 2 nunmehr für die Berechnung der Gebühren maßgeblich und bindend.[3] Der Sinn dieser Vorschriften besteht darin, widersprechende Streitwertfestsetzungen zu vermeiden, wenn und soweit die Streitwertfestsetzung für die Zuständigkeit des Gerichts oder die Zulässigkeit des Rechtsmittels einerseits und für die Gebührenberechnung andererseits nach denselben Vorschriften zu erfolgen hat. Dadurch soll vermieden werden, dass in derselben Angelegenheit Gebühren nach einem höheren oder auch niedrigeren Wert als dem für die Zuständigkeit des Prozessgerichts bzw Zulässigkeit des Rechtsmittels maßgeblich erachteten Streitwert berechnet werden.[4]

Die Bindungswirkung der amtsgerichtlichen Streitwertfestsetzung besteht allerdings nur in Höhe des Grenz- 10 werts für die Zuständigkeit; eine Bezifferung des **verweisenden Gerichts** ist darüber hinaus nicht bindend, weil davon die Zuständigkeit nicht abhängt und das Gericht den Streitwert innerhalb der Frist des § 63 Abs. 3 S. 2 jederzeit von Amts wegen abändern kann (§ 63 Abs. 3 S. 1).

Beispiel: Das AG setzt den Streitwert auf 8.000 € fest und verweist die Sache an das LG. Das LG ist der Auffas- 11 sung, der Streitwert betrage nur 4.000 €. – Lösung: Das LG darf jetzt nicht den Wert auf 4.000 € festsetzen, da dies der Bindungswirkung der Verweisung widersprechen würde. Es ist andererseits auch nicht an den Wert von 8.000 € gebunden, sondern kann niedriger festsetzen. Den Wert von 5.000,01 € darf es jedoch nicht unterschreiten.

Hat das LG den Wert auf unter 5.000 € festgesetzt und an das AG verwiesen, dann ist das AG jedenfalls 12 insoweit gebunden, als es nicht über 5.000 € festsetzen darf.

Beispiel: Das LG setzt den Streitwert auf 4.000 € fest und verweist die Sache an das AG. Das AG ist der Auffas- 13 sung, der Streitwert betrage 8.000 €. – Lösung: Das AG darf jetzt nicht den Wert auf 8.000 € festsetzen, da dies wiederum der Bindungswirkung der Verweisung widersprechen würde. Es ist andererseits aber auch nicht an den Wert von 4.000 € gebunden, sondern kann höher festsetzen. Den Wert von 5.000 € darf es jedoch nicht überschreiten.

§ 63 Wertfestsetzung für die Gerichtsgebühren

(1) [1]Sind Gebühren, die sich nach dem Streitwert richten, mit der Einreichung der Klage-, Antrags-, Einspruchs- oder Rechtsmittelschrift oder mit der Abgabe der entsprechenden Erklärung zu Protokoll fällig, setzt das Gericht sogleich den Wert ohne Anhörung der Parteien durch Beschluss vorläufig fest, wenn Gegenstand des Verfahrens nicht eine bestimmte Geldsumme in Euro ist oder gesetzlich kein fester Wert bestimmt ist. [2]Einwendungen gegen die Höhe des festgesetzten Werts können nur im Verfahren über die Beschwerde gegen den Beschluss, durch den die Tätigkeit des Gerichts aufgrund dieses Gesetzes von der vorherigen Zahlung von Kosten abhängig gemacht wird, geltend gemacht werden. [3]Die Sätze 1 und 2 gelten nicht in Verfahren vor den Gerichten der Finanzgerichtsbarkeit.

(2) [1]Soweit eine Entscheidung nach § 62 Satz 1 nicht ergeht oder nicht bindet, setzt das Prozessgericht den Wert für die zu erhebenden Gebühren durch Beschluss fest, sobald eine Entscheidung über den gesamten Streitgegenstand ergeht oder sich das Verfahren anderweitig erledigt. [2]In Verfahren vor den Gerichten für

---

1 S. dazu BGH AGS 2003, 489 = JurBüro 2004, 207. **2** OLG Köln AGS 2009, 244 = JurBüro 2009, 314. **3** OLG Köln OLGR 2000, 78; OLG Dresden NJ 2008, 82 = OLGR 2008, 42; OLG Koblenz OLGR 2005, 602. **4** OLG Köln OLGR 2000, 78.

Arbeitssachen oder der Finanzgerichtsbarkeit gilt dies nur dann, wenn ein Beteiligter oder die Staatskasse die Festsetzung beantragt oder das Gericht sie für angemessen hält.

(3) [1]Die Festsetzung kann von Amts wegen geändert werden

1. von dem Gericht, das den Wert festgesetzt hat, und
2. von dem Rechtsmittelgericht, wenn das Verfahren wegen der Hauptsache oder wegen der Entscheidung über den Streitwert, den Kostenansatz oder die Kostenfestsetzung in der Rechtsmittelinstanz schwebt.

[2]Die Änderung ist nur innerhalb von sechs Monaten zulässig, nachdem die Entscheidung in der Hauptsache Rechtskraft erlangt oder das Verfahren sich anderweitig erledigt hat.

I. Allgemeines

1   **1. Grundsatz.** Nach § 3 Abs. 1 berechnen sich die Gerichtsgebühren grds. nach dem Wert des Streitgegenstands, dem **Streitwert**, bzw im Falle eines gerichtlichen Vergleichs über nicht anhängige Gegenstände nach dem **Vergleichsmehrwert** (Nr. 1900, 5600, 7600 KV), soweit nichts anderes bestimmt ist. Diese Werte hat das Gericht nach § 63 **von Amts wegen** festzusetzen, damit die hiernach zu berechnenden Gerichtsgebühren angesetzt werden können.

2   Die gerichtliche Wertfestsetzung gilt grds. auch für die Anwaltsgebühren (§ 32 Abs. 1 RVG), und zwar sowohl für den Anwalt als auch für dessen Auftraggeber (bzw im Falle der Bewilligung von Prozesskostenhilfe für die Landes- oder Bundeskasse) sowie für eine erstattungspflichtige Partei.

3   Soweit die gerichtliche Wertfestsetzung ausnahmsweise für die Anwaltsgebühren nicht bindend ist, weil sich die Anwaltsgebühren abweichend davon nach einem anderen Wert berechnen, steht den Beteiligten das Verfahren nach § 33 Abs. 1 RVG auf Festsetzung des Gegenstandswerts offen.

4   **2. Ausnahmen.** Abweichend von dem Grundsatz des § 3 Abs. 1 gibt es Verfahren, in denen **keine Gerichtsgebühren** erhoben werden, die also **gebührenfrei** sind, wie zB das Verfahren über die Prozesskostenhilfe einschließlich des Abschlusses eines Mehrvergleichs (Anm. zu Nr. 1900 KV) oder ein Verfahren über die Bewilligung einer Räumungsfrist nach den §§ 721, 794 a ZPO. Gebührenfrei sind auch das Streitwertfestsetzungsverfahren einschließlich der Beschwerde und weiterer Beschwerde (§ 68 Abs. 3 S. 1). Eine Wertfestsetzung ist in diesen Fällen von Amts wegen nicht zulässig. Eine Wertfestsetzung darf hier nur im Verfahren nach § 33 RVG auf Antrag erfolgen. Eine gleichwohl von Amts wegen erfolgte Festsetzung ist mangels Antrags gegenstandslos.[1]

5   **Anderweitige Bestimmungen** iSd § 3 Abs. 1, also Regelungen, die bestimmen, dass sich die Gerichtsgebühren **nicht nach dem Streitwert berechnen,** sieht das Gesetz in mehreren Fällen vor. So werden insb. in zahlreichen Beschwerdeverfahren wertunabhängige Festgebühren erhoben. In Strafsachen und Bußgeldsachen richten sich die Gebühren zT nach der Höhe der Verurteilung. Auch in diesem Fall ist eine gerichtliche Wertfestsetzung nach § 63 nicht zulässig, da die Voraussetzungen des Abs. 1 S. 1 nicht gegeben sind. Eine Wertfestsetzung wäre davon abgesehen auch unsinnig, da sich nach den festgesetzten Werten keine Gerichtsgebühren berechnen würden.

---

[1] OLG Karlsruhe MDR 2009, 587 = JurBüro 2009, 314 = AGS 2009, 401; LAG SchlH AGS 2012, 487; BayVGH AGS 2015, 131 = RVGreport 2015, 156.

II. Erforderlichkeit der Festsetzung

Voraussetzung für eine gerichtliche Wertfestsetzung nach § 63 ist, dass   6

- überhaupt Gerichtsgebühren nach dem Kostenverzeichnis erhoben werden *und*
- sich die zu erhebenden Gebühren nach dem Streitwert oder dem Vergleichs-(Mehr-)Wert richten.

Das Gericht muss daher vor einer amtswegigen Festsetzung stets prüfen, ob überhaupt Gerichtsgebühren   7
angefallen sind und ob sich diese nach dem Streitwert richten.

- Ist dies der Fall, dann muss grds. eine Wertfestsetzung nach § 63 vorgenommen werden.
- Ist dies nicht der Fall, dann darf das Gericht keinen Wert von Amts wegen nach § 63 festsetzen.[2] Eine
  Wertfestsetzung kommt dann allenfalls im Festsetzungsverfahren nach § 33 RVG in Betracht.

Eine dennoch nach § 63 getroffene Festsetzung ist gegenstandslos.   8

- Eine Bindungswirkung nach § 32 Abs. 1 RVG tritt nicht ein, da es keine wertabhängigen Gerichtsgebühren gibt und folglich auch keinen für diese maßgebenden Wert.
- Eine Bindungswirkung nach § 33 RVG scheidet aus, da eine von Amts wegen vorgenommene Wertfestsetzung gar nicht erkennen lässt, in welchem Verhältnis die Wertfestsetzung gelten soll und es zudem an
  dem erforderlichen Antrag fehlt.[3]

III. Wertangabe bei Einreichung der Klage oder eines sonstigen Antrags

Nach § 61 S. 1 ist bei Einreichung einer Klage oder eines anderweitigen verfahrenseinleitenden oder -erwei-   9
ternden Antrags, der Gerichtsgebühren auslöst, grds. der Streitwert anzugeben. Siehe hierzu die Erl. zu
§ 61.

IV. Abschätzung durch Sachverständigen

Das Gericht kann den Verfahrenswert nach § 48 Abs. 1 S. 1 GKG iVm § 3 ZPO durch einen Sachverständi-   10
gen abschätzen lassen, wenn dies erforderlich ist, wenn also das Gericht weder aus eigener Sachkunde noch
unter Mithilfe der Parteien in der Lage ist, den zutreffenden Wert zu ermitteln. Siehe hierzu die Erl. zu § 64.

V. Vorläufige Wertfestsetzung (Abs. 1 S. 1 und 2)

1. Erforderlichkeit einer vorläufigen Wertfestsetzung. a) Überblick. Nach Eingang der Klage, eines Rechts-   11
mittels oder eines sonstigen Antrags hat das Gericht den Streitwert **vorläufig festzusetzen** (Abs. 1 S. 1), sofern wertabhängige Gerichtsgebühren mit Einreichung des Klageantrags oder eines sonstigen Antrags fällig
werden.

Sinn und Zweck der vorläufigen Wertfestsetzung ist es, dem Kostenbeamten einen Wert vorzugeben, damit   12
hiernach die Gerichtsgebühren berechnet und erhoben werden können. Daher ist eine vorläufige Wertfestsetzung unzulässig, jedenfalls bedeutungslos, wenn keine Gebühren erhoben werden. Gleiches gilt, wenn
die Gebühren noch nicht fällig sind, da sich bis zur Fälligkeit noch Veränderungen ergeben können. Werden wertabhängige Gerichtsgebühren nicht bereits mit Einreichung fällig, dann ist erst bei späterer Fälligkeit festzusetzen.

Eine vorläufige Wertfestsetzung ist entbehrlich, wenn Gegenstand des Verfahrens eine bestimmte Geldsum-   13
me in Euro ist oder wenn das Gesetz einen Regel- oder Festwert vorsieht, was aber im GKG derzeit nicht
der Fall ist.

Wie der Name bereits sagt, ist der Wert nur **vorläufig** festzusetzen. Daher hat eine vorläufige Wertfestset-   14
zung nur eine eingeschränkte Bindungswirkung (→ Rn 32). Das Gericht muss daher später noch eine **endgültige** Wertfestsetzung treffen, selbst wenn sich der Wert nicht ändert.

Eine **Anhörung der Beteiligten** ist nicht erforderlich, da es sich nur um eine vorläufige Festsetzung handelt   15
und die Beteiligten insoweit grds. nicht in ihren Rechten betroffen sind. Abgesehen davon kann nach Abs. 3
Gegenvorstellung (→ Rn 33) oder nach § 67 (→ Rn 17) Beschwerde gegen die Anordnung einer Vorauszahlung erhoben werden.

Die vorläufige Wertfestsetzung ist **unanfechtbar**.[4] Einwendungen gegen die Höhe des festgesetzten Werts   16
können nur im Beschwerdeverfahren nach § 67 erhoben werden (**Abs. 1 S. 2**); s. hierzu die Erl. zu § 67.
Ansonsten sieht das GKG nur eine Anfechtung der endgültigen Wertfestsetzung vor (§ 68).

---

2 BayVGH AGS 2015, 131 = RVGreport 2015, 156. **3** OLG Karlsruhe MDR 2009, 587 = JurBüro 2009, 314 = AGS 2009,
401. **4** OLG Schleswig SchlHA 2012, 468 = NZS 2012, 879 = DÖV 2012, 820; OLG Jena MDR 2010, 1211; OLG Düsseldorf
AGS 2009, 455 = JurBüro 2009, 542; OVG NRW 27.8.2008 – 16 E 1126/08.

17 Möglich ist allerdings eine **Gegenvorstellung** gegen eine vorläufige Wertfestsetzung. Das Gericht ist von Amts wegen verpflichtet, den Streitwert zutreffend festzusetzen. Dies gilt auch für eine vorläufige Wertfestsetzung. Das Gericht ist daher verpflichtet, auf eine begründete Gegenvorstellung den Wert abzuändern, zumal die Frist des Abs. 3 S. 2 zu diesem Zeitpunkt nie abgelaufen sein kann.

18 **b) Vorläufige Festsetzung bei Antragseinreichung.** Eine vorläufige Wertfestsetzung setzt die **Fälligkeit** der Gerichtsgebühr voraus. Diese wiederum ergibt sich aus den §§ 6–9. Danach gilt Folgendes:

- Wird eine Gebühr mit Einreichung der Klage-, der Widerklage, der Antrags-, Einspruchs- oder Rechtsmittelschrift oder mit der Abgabe der entsprechenden Erklärung zu Protokoll fällig, muss das Gericht einen Wert vorläufig festsetzen.
- Soweit die Gebühr erst später fällig wird, ist eine vorläufige Wertfestsetzung mit Einreichung des Antrags etc. nicht erforderlich.

19 Im Rechtsmittelverfahren tritt zwar die Fälligkeit der Gebühr nach dem Gesetz bereits mit Einreichung des Rechtsmittels ein. Hier kommt eine Wertfestsetzung aber erst dann in Betracht, wenn die Rechtsmittelanträge gestellt worden sind oder das Rechtsmittel zurückgenommen worden ist, da vorher eine Ermittlung und Festsetzung des Werts gar nicht möglich ist (s. § 47 Abs. 1).

20 Ob eine **Vorauszahlungspflicht** besteht, ist für eine vorläufige Festsetzung nicht entscheidend. Es kommt nur auf die Fälligkeit an. Daher ist auch im selbständigen Beweisverfahren eine vorläufige Wertfestsetzung erforderlich, da die Gebühr der Nr. 1610 KV mit Antragseinreichung nach § 6 sofort fällig wird, auch wenn keine Vorauszahlungspflicht besteht.

21 **c) Vorläufige Festsetzung bei Fälligkeitseintritt vor Abschluss des Verfahrens.** Eine vorläufige Festsetzung ist – abgesehen von den Fällen der sofortigen Fälligkeit (→ Rn 18 ff) – geboten, wenn im Verlaufe des Verfahrens Fälligkeit eintritt (§ 9). Auch in den Verfahren, in denen die Gerichtsgebühren nicht bereits mit Antragstellung fällig werden, kann sich eine Fälligkeit vor Beendigung des Verfahrens ergeben, nämlich dann, wenn das Verfahren

- sechs Monate ruht,
- sechs Monate nicht betrieben worden ist,
- sechs Monate unterbrochen war,
- sechs Monate ausgesetzt war.

22 In diesen Fällen ist das Verfahren noch nicht erledigt, so dass eine endgültige Wertfestsetzung nach Abs. 2 ausscheidet. Möglich ist in diesen Fällen daher nur eine vorläufige Wertfestsetzung nach Abs. 1.

23 Keine Fälligkeit tritt ein bei **Teilentscheidungen**, da diese keine abschließende Kostenentscheidung enthalten und auch nicht das Verfahren insgesamt beenden oder erledigen. Teilwertfestsetzungen sind daher nicht zulässig.[5]

24 **2. Entbehrlichkeit der vorläufigen Festsetzung.** Eine vorläufige Streitwertfestsetzung ist **entbehrlich**, wenn Gegenstand des Verfahrens

- eine bestimmte Geldsumme in Euro ist (Abs. 1 S. 1 aE; → Rn 13) oder
- wenn das Gesetz einen Fest- oder Regelwert vorsieht, was nach der derzeitigen Fassung des GKG jedoch nicht vorgesehen ist.

25 Der Grund hierfür liegt darin, dass in diesen Fällen der Kostenbeamte die fällige Gebühr ohne Weiteres selbst berechnen und anfordern kann.

26 Auch wenn eine vorläufige Wertfestsetzung in diesen Fällen entbehrlich ist, kann das Gericht dennoch vorläufig einen Wert festsetzen. Das wiederum ist dann geboten, wenn sich bei Zahlungsansprüchen Bewertungsschwierigkeiten ergeben, etwa wenn die Zusammensetzung der Geldforderung im Hinblick auf § 43 Abs. 1 nicht ohne Weiteres ersichtlich ist oder wenn verschiedene Anträge oder Widerklageanträge gestellt werden und die Frage der Zusammenrechnung unklar ist.

27 **3. Verfahren.** Das Gericht setzt den vorläufigen Wert durch **Beschluss** fest (Abs. 1 S. 1). **Zuständig** für die vorläufige Wertfestsetzung ist der Richter bzw das Kollegium, das im Zeitpunkt der vorläufigen Wertfestsetzung in der Sache zuständig ist.

28 Die vorläufige Wertfestsetzung findet **ohne Anhörung der Beteiligten** statt (Abs. 1 S. 1). Das ist nicht zu beanstanden, denn der Kläger bzw der Antragsteller, den die Zahlungspflicht zunächst trifft (§ 22 Abs. 1 S. 1), hat die Möglichkeit, im Rahmen seines Antrags (s. § 61) zum vorläufigen Streitwert Stellung zu nehmen. Abgesehen davon kann auch die vorläufige Wertfestsetzung jederzeit abgeändert werden (Abs. 3). Zudem

---

5 OVG Magdeburg NJW 2009, 3115.

NK-GK/N. *Schneider*

besteht die Möglichkeit der Beschwerde gegen die Vorauszahlungsanordnung nach § 67, so dass der Kläger bzw der Antragsteller hinreichend geschützt ist.

Der Beschluss kann formlos mitgeteilt werden. Eine Zustellung ist nicht erforderlich.   29

4. Unanfechtbarkeit. Die vorläufige Wertfestsetzung ist unanfechtbar.[6] Die Beschwerde nach § 68 ist nur 30
gegen die endgültige Wertfestsetzung gegeben.

Einwendungen gegen die Höhe eines vorläufig festgesetzten Werts können daher nur im **Beschwerdeverfah-** 31
ren nach § 67 geltend gemacht werden (**Abs. 1 S. 2**). Ansonsten sieht das GKG nur die Anfechtung der endgültigen Wertfestsetzung vor (§ 68).

Die vorläufige Wertfestsetzung ist auch für den Anwalt über § 32 Abs. 2 RVG nicht anfechtbar.[7] Dies ist 32
auch zutreffend, weil durch eine vorläufige Wertfestsetzung für ihn keine Beschwer eintritt. Eine Abrechnung der Anwaltsgebühren ist zu diesem Zeitpunkt mangels Fälligkeit noch nicht möglich (s. §§ 8, 10
RVG). Hinsichtlich einer Vorschussanforderung (§ 9 RVG) wiederum ist der Anwalt an eine vorläufige
Wertfestsetzung nicht gebunden. Er kann auch Vorschüsse nach einem voraussichtlich höheren Wert anfordern.[8]

5. Gegenvorstellung. Möglich ist allerdings eine Gegenvorstellung gegen die vorläufige Streitwertfestset- 33
zung. Das Gericht ist von Amts wegen verpflichtet, den Streitwert zutreffend festzusetzen (Abs. 3 S. 1). Dies
gilt auch für eine vorläufige Wertfestsetzung. Das Gericht ist daher verpflichtet, auf eine begründete Gegenvorstellung den Wert abzuändern, zumal die Frist des Abs. 3 S. 2 zu diesem Zeitpunkt nie abgelaufen sein
kann.

VI. Endgültige Wertfestsetzung (Abs. 2)

1. Zeitpunkt der Wertfestsetzung. Nach Beendigung des Verfahrens, also   34
- sobald eine **Entscheidung über den gesamten Streitgegenstand** ergangen ist oder
- sich das **Verfahren anderweitig erledigt** hat,

muss das Gericht grds. den **Streitwert** endgültig festsetzen (Abs. 2 S. 1).

Eine Teil-Wertfestsetzung ist nicht vorgesehen. Daher ist nach einem Teilurteil folglich auch keine endgülti- 35
ge Wertfestsetzung nach Abs. 2 möglich.[9] Das gilt selbst dann, wenn durch ein Teilurteil ein Teil des Streitgegenstands endgültig aus dem Rechtsstreit ausscheidet, etwa im Falle eines Teilurteils gegen einen von
mehreren Beklagten. Eine Teilwertfestsetzung macht im Übrigen auch keinen Sinn, weil für das Verfahren
nur eine Gebühr insgesamt erhoben wird und keine Teilgebühren anfallen.

Ebenso muss das Gericht auch einen eventuellen **Vergleichs(mehr)wert** festsetzen, wenn ein Vergleich über 36
nicht anhängige Gegenstände geschlossen worden ist, da insoweit eine gesonderte Gerichtsgebühr nach
Nr. 1900 KV entsteht.

Einer **endgültigen** Wertfestsetzung bedarf es lediglich dann **nicht**, wenn   37
- das Gericht bereits
  - einen Streitwert für die Zuständigkeit des Gerichts oder
  - für die Zulässigkeit eines Rechtsmittels festgesetzt hat und
- dieser Wert nach § 62 auch für den Gebührenstreitwert gilt (Abs. 2).

Beispiel: In einem Verfahren auf Widerruf rufschädigender Äußerungen hat das LG den Zuständigkeitsstreitwert 38
gem. § 3 ZPO auf 6.000 € festgesetzt.

Dieser Wert gilt nach § 48 Abs. 1 S. 1 GKG iVm § 3 ZPO auch für die Gerichtsgebühren, so dass es einer Wertfestsetzung nach Abs. 2 nicht bedarf.

Ist ein Wert für die Zuständigkeit oder die Zulässigkeit eines Rechtsmittels bereits festgesetzt worden, gilt 39
dieser aber nicht nach § 62 auch für den Gebührenstreitwert, sondern es muss noch ein gesonderter Wert
nach § 63 festgesetzt werden.

Ein solcher Fall divergierender Werte ist zB in Mietsachen gegeben.   40

Beispiel: Der Vermieter hatte erstinstanzlich eine Mieterhöhung iHv 40 € monatlich geltend gemacht. Die Klage 41
ist abgewiesen worden. Er hat daraufhin Berufung eingelegt. Das Berufungsgericht hatte den Streitwert für die
Zulässigkeit des Rechtsmittels gem. § 9 ZPO auf 42 x 40 € = 1.680 € festgesetzt.[10]

---

6 OLG Jena MDR 2010, 1211; OLG Düsseldorf AGS 2009, 455 = JurBüro 2009, 542; OVG NRW 27.8.2008 – 16 E 1126/08.
7 OLG Köln OLGR 2009, 26; OLG Koblenz MDR 2008, 1368 = NJW-RR 2009, 499; OLG Dresden OLGR 2008, 593 =
ZMGR 2008, 285. **8** AnwK-RVG/N. *Schneider*, § 9 Rn 62. **9** OVG Magdeburg NJW 2009, 3115. **10** S. dazu BGH AGS 2003,
489 = JurBüro 2004, 207 = NZM 2004, 617.

Diese Wertfestsetzung ist für die Gerichtsgebühren nicht maßgebend, da § 48 Abs. 1 S. 1 nicht anwendbar ist. Vielmehr gilt hier die vorrangige Regelung des § 41 Abs. 5 S. 1, wonach der Jahresbetrag der geforderten Mieterhöhung maßgebend ist. Das Gericht muss also nach Abs. 2 den Wert für die Gerichtsgebühren gesondert auf 12 x 40 € = 480 € festsetzen.

42   **Beendet** ist das Verfahren, wenn

- eine die Instanz abschließende Entscheidung ergeht,
- die Klage oder ein sonstiger Antrag zurückgenommen wird,
- das Rechtsmittel zurückgenommen wird,
- die Hauptsache übereinstimmend für erledigt erklärt wird oder
- die Beteiligten einen Vergleich schließen.

43   Erforderlich ist, dass das **gesamte** Verfahren beendet wird. Ein Teilurteil, eine Teilrücknahme, eine teilweise Erledigung oder ein Teilvergleich reichen nicht, ebenso wenig die Rücknahme nur der Klage oder Widerklage oder eines von mehreren Rechtsmitteln, wenn im Übrigen das Verfahren noch anhängig bleibt.

44   **Erledigt** ist das Verfahren – abgesehen von den Fällen der Beendigung – auch dann, wenn es, ohne förmlich beendet worden zu sein, von den Beteiligten nicht mehr betrieben wird.

45   Eine Sonderstellung nimmt die Wertfestsetzung für eine **Verzögerungsgebühr** (Nr. 1901 KV) ein. Auch diese Gebühr wird nach dem Streitwert berechnet. Hier kann allerdings auch ein geringerer Wert in Betracht kommen, wenn die Verzögerung nur einen Teil des gesamten Verfahrensgegenstands betrifft. Der für die Gebühr geltende Wert ist zweckmäßigerweise in dem Beschluss, mit dem die Verzögerungsgebühr verhängt wird, gesondert festzusetzen.

46   **2. Form.** Die endgültige Wertfestsetzung ergeht durch **Beschluss** (Abs. 2 S. 1). Dieser Beschluss kann im Urteil als Nebenentscheidung enthalten sein. Das Gericht kann aber auch einen gesonderten Wertfestsetzungsbeschluss erlassen.

47   **Zuständig** für die endgültige Wertfestsetzung ist der Richter bzw das Kollegium, das in der Sache entschieden hat oder zum Zeitpunkt der Erledigung zur Entscheidung berufen gewesen wäre. Ist das Kollegium an sich zuständig, dürfte es allerdings möglich sein, dass es einem Einzelrichter die Sache überträgt, damit er dann die Streitwertfestsetzung vornimmt. Umgekehrt kann der Einzelrichter die Sache dem Kollegium übertragen, wenn die Sache grundsätzliche Bedeutung hat. Dieser Fall wird beim LG gegeben sein, wenn die Beschwerde wegen besonderer Bedeutung zugelassen werden soll.

48   Im Falle einer **Verweisung** oder einer **Abgabe** ist das Empfangsgericht zuständig, den Verfahrenswert festzusetzen. Soweit häufig ausgeführt wird, das Empfangsgericht setze auch den Wert des Verfahrens vor dem Ausgangsgericht fest, ist dies in der Sache nicht richtig, da es nur einen einzigen Verfahrenswert gibt und auch nur eine Gerichtsgebühr erhoben wird.

49   Soweit ein vorangegangenes **selbständiges Beweisverfahren** vor einem anderen Gericht stattgefunden hat als der nachfolgende Rechtsstreit, ist das Gericht des Beweisverfahrens für die Festsetzung des Werts für die Gebühr der Nr. 1610 KV zuständig und das Prozessgericht für die Festsetzung des Werts der Gebühr der Nr. 1210 KV.

50   Ist ein **Mahnverfahren** vorangegangen, so ist das Prozessgericht sowohl für die Festsetzung des Werts der Gebühr nach Nr. 1100 KV zuständig als auch für die Gebühr der Nr. 1210 KV.

51   Im Falle einer **Trennung** setzen die jeweiligen Gerichte, die nach der Trennung zuständig sind, für die getrennten Verfahren den jeweiligen Wert endgültig fest. Bei einer **Verbindung** mehrerer Verfahren geht die Zuständigkeit der Wertfestsetzung auf das Gericht des verbundenen Verfahrens für das gesamte Verfahren über.

52   **3. Inhalt der Entscheidung. a) Wertfestsetzung. aa) Überblick.** Im Beschlusstenor ist der Wert für die anfallenden Gerichtsgebühren anzugeben. In den meisten Fällen wird nur eine Gerichtsgebühr für das Verfahren im Allgemeinen erhoben, so dass auch nur ein Wert festzusetzen ist.

53   Setzt sich der Wert für die Gerichtsgebühren aus mehreren Teilwerten zusammen, so insb. bei einer objektiven Klagehäufung (§ 39 Abs. 1), bei Klage und Widerklage (§ 45 Abs. 1) oder beschiedenen Hilfsanträgen oder Hilfsaufrechnungen (§ 45 Abs. 2, 3), reicht es, den **Gesamtwert** festzusetzen, da auch in diesen Fällen nur eine Gerichtsgebühr erhoben wird. Die Angabe der Einzelwerte ist eine Frage der Begründung. Andererseits schadet es auch nicht, die Einzelwerte im Beschlusstenor auszuweisen.

54   Der Wertfestsetzungsbeschluss ist grds. – zumindest stichwortartig – zu **begründen**. Eine Begründung kann unterbleiben, wenn der Wert offensichtlich ist, etwa bei einer bezifferten Geldforderung. Eine Begründung ist auch bei übereinstimmendem Rechtsmittelverzicht der Beteiligten entbehrlich, nicht jedoch bei einer im Einverständnis der Beteiligten getroffenen Festsetzung.

bb) Mehrere Wertfestsetzungen. Soweit ausnahmsweise einmal **mehrere Gerichtsgebühren** anfallen, ist für 55 jede Gerichtsgebühr der maßgebende Wert festzusetzen.

Das gilt zB, wenn ein **Mahnverfahren** vorausgegangen ist, da es hier zu abweichenden Werten kommen 56 kann.

Beispiel: Im Mahnverfahren werden 5.000 € geltend gemacht. Der Anspruch wird jedoch nur iHv 4.000 € be- 57 gründet. Darüber wird dann auch entschieden.

Da im Mahnverfahren eine gesonderte Gebühr anfällt (Nr. 1100 KV) und diese sich nach einem höheren Wert be- rechnet als die Gebühr für das streitige Verfahren (Nr. 1210 KV), müssen der Wert für das Mahnverfahren und der Wert für das streitige Verfahren gesondert festgesetzt werden.

Gleiches gilt, wenn zwar nur **eine Gebühr** anfällt, diese sich jedoch **nach unterschiedlichen Sätzen berech-** 58 **net.** Ein solcher Fall kann zB in **Arrest- und einstweiligen Verfügungsverfahren** anfallen, wenn sich die Ver- fahrensgebühr der Nr. 1410 KV teilweise nach Nr. 1412 KV erhöht.

Beispiel: Es wird eine einstweilige Verfügung wegen zweier angeblicher Wettbewerbsverstöße beantragt und erlas- 59 sen. Wegen eines Wettbewerbsverstoßes legt der Antragsgegner Widerspruch ein, so dass es zur mündlichen Ver- handlung und einer Entscheidung durch Urteil kommt.

Das Gericht muss zum einen die Gebühr für das (gesamte) Verfahren festsetzen, da hieraus die 1,5-Gebühr nach Nr. 1410 KV entsteht. Darüber hinaus muss es den Wert des Verfahrensgegenstands festsetzen, soweit über ihn durch Urteil entschieden worden ist, da sich insoweit die 1,5-Gebühr der Nr. 1410 KV auf 3,0 erhöht hat. Eine gestaffelte Wertfestsetzung nach Zeitabschnitten wäre untunlich, da sich daraus nicht ergibt, für welche Gebühr welcher Wert gelten soll.

Mehrere Wertfestsetzungen sind auch dann vorzunehmen, wenn neben der Gebühr für das Verfahren im 60 Allgemeinen eine **Vergleichsgebühr** nach Nr. 1900 KV erhoben wird.

Beispiel: In einem Rechtsstreit haben die Parteien einen Vergleich auch über eine gerichtlich nicht anhängige For- 61 derung geschlossen.

Das Gericht muss jetzt zwei Werte festsetzen: Zum einen muss es einen Wert für das Verfahren festsetzen, da sich hiernach die Gebühr für das Verfahren nach Nr. 1210, 1211 KV berechnet, und eine weitere Gebühr für den Mehrwert des Vergleichs, da hieraus eine 0,25-Gebühr nach Nr. 1900 KV entstanden ist.

Häufig wird nur ein Wert für den „Vergleich" festgesetzt. Dies ist unzutreffend und führt zu Missverständ- 62 nissen. Die Gebühr nach Nr. 1900 KV entsteht nämlich nicht aus dem Vergleichswert, sondern nur aus dem Wert der Differenz zwischen Vergleichswert und Verfahrenswert. Die bloße Festsetzung des Vergleichswerts besagt nichts darüber, inwieweit ein Mehrwert vorliegt. Das Gericht sollte daher in seinem Beschluss aus- drücklich den **Vergleichsmehrwert** festsetzen.

Beispiel: Eingeklagt sind 10.000 €. Die Parteien schließen später einen Vergleich über nicht anhängige Gegenstän- 63 de. Das Gericht setzt den Wert des Vergleichs auf 20.000 € fest.

Diese Festsetzung ist für sich genommen nicht aussagekräftig:

– Mit ihr kann gemeint sein, dass der Mehrwert 20.000 € beträgt. Dann würde die Vergleichsgebühr der Nr. 1900 KV aus 20.000 € berechnet. Es ist nämlich nicht erforderlich, dass der Vergleich sich auch über an- hängige Gegenstände verhält.

– In den 20.000 € Vergleichswert können aber auch die anhängigen 10.000 € enthalten sein. Dann wäre die Ver- gleichsgebühr der Nr. 1900 KV nur aus 10.000 € zu berechnen.

– Möglich wäre aber auch, dass in den 20.000 € Vergleichswert 5.000 € anhängige Ansprüche enthalten sind und 15.000 € weitergehende Ansprüche. Dann würde sich die Vergleichsgebühr der Nr. 1900 KV aus dem Wert von 15.000 € berechnen.

Zweckmäßig ist es daher, ausdrücklich den **Vergleichsmehrwert** festzusetzen.

cc) Gestaffelte Wertfestsetzungen. Gestaffelte Wertfestsetzungen sind unzulässig, kommen in der Praxis 64 aber regelmäßig vor. Abgesehen davon, dass eine gesetzliche Grundlage für eine solche gestaffelte Wertfest- setzung fehlt, fragt es sich auch, wem eine solche gestaffelte Wertfestsetzung nutzen soll.

Nach dem ausdrücklichen Wortlaut des Abs. 2 S. 1 ist der „Wert für die zu erhebenden Gebühren festzuset- 65 zen". Der Kostenbeamte soll nämlich aufgrund des Streitwertbeschlusses ohne Weiteres in der Lage dazu sein, abzulesen, nach welcher Wertstufe er die im Verfahren angefallenen Gebühren anzusetzen hat. An den vom Gericht festgesetzten Streitwert ist er nämlich im Kostenansatzverfahren (§ 19) gebunden. Wie sich der Wert im Laufe des Verfahrens entwickelt oder verändert hat, ist für die Abrechnung der Gerichtsgebühren dagegen völlig unerheblich.

Gestaffelte Wertfestsetzungen nutzen niemandem, sondern führen – im Gegenteil – nur zu Unklarheiten 66 und Mehrarbeit. Dies mag an folgendem Beispiel verdeutlicht werden:

Beispiel: Das Gericht setzt im Urteil den Streitwert wie folgt fest: „Der Streitwert wird bis zum … auf 4.000 € 67 festgesetzt und ab dann auf 2.000 €."

Da eine einheitliche Gerichtsgebühr zu erheben ist (Nr. 1210 KV), muss jetzt der Kostenbeamte aus der gestaffelten Wertfestsetzung den Gesamtwert ermitteln, nach dem er die Gebühr Nr. 1210 KV bestimmt. Dies ist ihm aber ohne Weiteres nicht möglich. Es kommen nämlich drei Varianten in Betracht:

Variante 1: Ursprünglich war die Klage iHv 4.000 € erhoben worden. Später ist sie dann um 2.000 € zurückgenommen worden. – In diesem Fall beliefe sich der Streitwert des Verfahrens auf 4.000 €. Die Gerichtsgebühr wäre aus 4.000 € zu erheben.

Variante 2: Es liegt eine Klageänderung vor. An Stelle der ursprünglich eingeklagten 4.000 € ist mit den 2.000 € ein völlig neuer Streitgegenstand in das Verfahren eingeführt worden. – In diesem Fall sind die Werte der einzelnen Gegenstände nach § 39 Abs. 1 zu addieren. Es würde somit ein Wert von 6.000 € gelten, nach dem sich die Gerichtsgebühr berechnet.

Variante 3: Möglich ist aber auch noch, dass hier die Klage nur zum Teil, zB iHv 3.000 €, zurückgenommen worden ist und zum Teil (weitere 1.000 €) erweitert wurde. – In diesem Fall sind wiederum nach § 39 Abs. 1 die Werte sämtlicher einzelner Gegenstände zusammenzurechnen (→ Rn 39), so dass sich jetzt ein Wert von 5.000 € ergibt.

68   Das vorangegangene Beispiel belegt, dass eine gestaffelte Festsetzung wertlos ist, da sie keine Aussage über den Gesamtwert trifft, der aber nach § 39 Abs. 1 allein für die Gerichtsgebühren maßgebend ist. Der Kostenbeamte muss also bei einer solchen gestaffelten Wertfestsetzung, wenn er richtig festsetzen will, Rücksprache mit dem Richter nehmen, der nunmehr nochmals festsetzen muss, nämlich den Gesamtwert.

69   Der Urkundsbeamte könnte sich andererseits auch selbst die Arbeit machen, herauszufinden, wie die einzelnen Werte sich zueinander verhalten, also ob sie zusammenzurechnen sind, ob sie identisch sind oder ob sie teilidentisch sind. Dies ist aber nicht Aufgabe eines Urkundsbeamten. Insbesondere kann er unter Umständen rechtlich schwierige Fragen, zB ob der Klageänderung derselbe oder ein anderer Streitgegenstand zugrunde liegt, nicht entscheiden. Er darf dies auch nicht. Dies ist dem Richter vorbehalten.

70   Häufig wird zur Legitimation der gestaffelten Wertfestsetzung angeführt, diese habe zumindest Bedeutung für die Anwaltsgebühren. Auch dieses Argument greift nicht. Nach dem ausdrücklichen Wortlaut des Gesetzes hat das Gericht nach Abs. 2 nur den Wert für die Gerichtsgebühren festzusetzen. Eine Wertfestsetzung für die Anwaltsgebühren von Amts wegen sieht das Gesetz nicht vor. Das ist auch nicht erforderlich, weil nach § 32 Abs. 1 RVG insoweit bereits eine Bindungswirkung besteht. Der für die Gerichtsgebühren festgesetzte Wert gilt auch für die Anwaltsgebühren, soweit der Gegenstand der gerichtlichen und der anwaltlichen Tätigkeit derselbe ist. Eine gesonderte Wertfestsetzung von Amts wegen für die anwaltlichen Gebühren ist daher nicht nur unzulässig; sie würde zudem die Gefahr divergierender Entscheidungen mit sich bringen. Der Gegenstandswert für die anwaltliche Tätigkeit darf nur auf Antrag festgesetzt werden. So steht es ausdrücklich im Gesetz: § 33 Abs. 1 RVG. Bei diesem Verfahren handelt es sich um ein reines Antragsverfahren, für das zudem besondere Verfahrensvorschriften gelten.

71   Eine gestaffelte Wertfestsetzung kommt auch dann nicht in Betracht, wenn das Gesetz ausnahmsweise mehrere Gebühren (etwa bei Mahnverfahren und streitigem Verfahren) vorsieht bzw verschiedene Gebührensätze einer Gebühr (zB bei einstweiliger Verfügung mit Teilwiderspruch), so dass es zu sog. **Stufenstreitwerten** kommen kann. Dann müssten mehrere Werte festgesetzt werden, damit der Kostenbeamte die jeweiligen einzelnen Gebühren festsetzen und ansetzen kann. Auch hier ist jedoch eine Festsetzung nach Zeitabschnitten aus den vorgenannten Gründen unzutreffend, weil sie wiederum nicht ermöglicht, den Wert der jeweiligen Gebühr eindeutig zu bestimmen.

72   **Beispiel:** Nach vorherigem Mahnverfahren setzt das Gericht im Urteil den Streitwert wie folgt fest: „Der Streitwert wird bis zum … (Akteneingang bei Gericht) auf 3.000 € festgesetzt und ab dann auf 2.000 €."

Auch eine solche Festsetzung ist falsch. Zutreffend ist sie nur insoweit, als die Gebühr für das Mahnverfahren (Nr. 1100 KV) aus 3.000 € zu erheben ist. Hinsichtlich der weiteren Gebühr Nr. 1210 KV ist sie dagegen nicht nachvollziehbar.

War zB nur iHv 2.000 € Widerspruch eingelegt worden oder hatte der Antragsteller nur hinsichtlich eines Teilbetrags von 2.000 € die Abgabe beantragt, dann belief sich der Wert bereits ab Abgabeantrag – und nicht erst ab Akteneingang bei Gericht – nur noch auf 2.000 €.

War dagegen zunächst uneingeschränkte Abgabe beantragt und ist der Antrag dann erst nachträglich beschränkt bzw eingeschränkt begründet worden, dann bleibt der Wert von 3.000 € auch für die Gebühr der Nr. 1210 KV maßgebend, da es für den Anfall der Gebühr auf den Abgabeantrag ankommt.[11]

Schließlich kommt auch in Betracht, dass die Durchführung des streitigen Verfahrens nur wegen eines Teils beantragt worden war und der Antrag später erweitert worden ist. Wäre etwa die Abgabe nur wegen eines Betrags iHv 1.000 € beantragt und der Klageantrag um 2.000 € erweitert worden, dann würde sich zwar auch die Gebühr

---

11 *Hartmann*, KostG, Nr. 1210 KV GKG Rn 23.

der Nr. 1100 KV nach 2.000 € richten und die Gebühr der Nr. 1210 KV nach 3.000 €. Eine Anrechnung nach Anm. zu Nr. 1210 KV käme dann aber nur aus einem Wert von 1.000 € in Betracht. Daher sollte ggf auch noch ein Wert für die Gebührenanrechnung nach Anm. zu Nr. 1210 KV mit festgesetzt werden.

Zutreffend ist es folglich auch hier, die Werte für die jeweiligen Gebühren festzusetzen und nicht für irgendwelche Zeiträume, die für die Gerichtskosten irrelevant sind.

Ebenso sind gestaffelte Wertfestsetzungen für einzelne Anträge ohne Aussagekraft, wenn nicht zugleich der **73** Gesamtwert angegeben wird. Das betrifft insb. **Klage und Widerklage**. Die Festsetzung der einzelnen Werte von Klage und Widerklage ist nicht aufschlussreich, da diese noch nichts über den Gesamtwert aussagt. Die Werte von Klage und Widerklage können zu addieren sein (§ 45 Abs. 1 S. 1). Es kann auch sein, dass nur der höhere Wert gilt, nämlich, wenn derselbe Gegenstand zugrunde liegt (§ 45 Abs. 1 S. 3). Es kann auch teilweise zu addieren sein, wenn nur eine Teilidentität besteht. Daher bedarf es auch hier immer der Festsetzung des Gesamtwerts.

b) Zulassung der Beschwerde. Neben der Wertfestsetzung muss das Gericht auch darüber entscheiden, ob **74** es nach § 68 Abs. 1 S. 2 die Beschwerde wegen grundsätzlicher Bedeutung der zur Entscheidung stehenden Fragen zulässt, sofern eine Beschwerdemöglichkeit gegeben ist.

Erforderlich ist es nur, im Tenor eine (positive) Zulassungsentscheidung aufzunehmen. Soweit das Gericht **75** die Beschwerde nicht ausdrücklich zulässt, gilt dies als Nichtzulassung.

Eindeutiger ist es dagegen, auch in diesen Fällen im Tenor auszusprechen, dass die Beschwerde nicht zuge- **76** lassen wird, da dies der Klarheit dient und insb. zeigt, dass sich das Gericht auch Gedanken über die Zulassungsfrage gemacht hat, womit ggf überflüssige Berichtigungs- oder Ergänzungsanträge vermieden werden.

Eines **Zulassungsantrags** bedarf es **nicht**. Das Gericht muss von Amts wegen über die Frage der Zulassung **77** entscheiden. Dem „Antrag" einer Partei oder eines sonstigen Verfahrensbeteiligten kommt insoweit lediglich der Charakter einer Anregung zu.

Andererseits ist es häufig zweckmäßig, die Zulassung der Beschwerde zu beantragen. So kann es sinnvoll **78** sein, auf die grundsätzliche Bedeutung oder divergierende Rechtsprechung bereits im Wertfestsetzungsverfahren hinzuweisen und dazu vorzutragen, damit das Gericht sich Gedanken über die Zulassung macht. Eine **unterbliebene Zulassung** kann nämlich grds. nicht nachgeholt werden (→ Rn 68).

Eine Zulassung ist insb. dann geboten, wenn es sich um eine grundsätzliche Bewertungsfrage handelt, die in **79** einer Vielzahl von Fällen auftritt und deren Beantwortung noch nicht abschließend geklärt ist.

Darüber hinaus ist die Zulassung geboten, wenn das Gericht von der Rechtsprechung des Beschwerdege- **80** richts oder des Gerichts der weiteren Beschwerde abweichen will oder von Entscheidungen anderer Gerichte und eine grundsätzliche Entscheidung des zuständigen Beschwerdesenats noch nicht vorliegt.

c) Rechtsmittelbelehrung. Der Beschluss, in dem die Wertfestsetzung enthalten ist, muss eine Rechtsmittel- **81** belehrung enthalten (§ 5 b). Auch in Verfahren mit Anwaltszwang ist die Belehrung geboten, da die Partei sich im Wertfestsetzungsverfahren selbst vertreten kann und mit eigenen Rechten ausgestattet ist.

4. Bindung an die Festsetzung des Zuständigkeitswerts. Zu beachten ist, dass eine Bindungswirkung beste- **82** hen kann, wenn bereits der Streitwert für die Zuständigkeit des Gerichts festgesetzt ist. Die Bindungswirkung der Streitwertfestsetzung besteht allerdings nur in Höhe des Grenzwerts für die Zuständigkeit des erkennenden Eingangsgerichts.[12]

Hat das AG den Streitwert für die Zuständigkeit sowie für das Verfahren auf über 5.000 € festgesetzt und **83** anschließend den Rechtsstreit auf Antrag des Klägers an das LG verwiesen, ist diese Wertfestsetzung gem. §§ 62 S. 1, 63 Abs. 2 nunmehr für die Berechnung der Gebühren maßgeblich und bindend.[13] Der Sinn dieser Vorschriften besteht darin, widersprechende Streitwertfestsetzungen zu vermeiden, wenn und soweit die Streitwertfestsetzung für die Zuständigkeit des Gerichts oder die Zulässigkeit des Rechtsmittels einerseits und für die Gebührenberechnung andererseits nach denselben Vorschriften zu erfolgen hat. Dadurch soll vermieden werden, dass in derselben Angelegenheit Gebühren nach einem höheren oder auch niedrigeren Wert als dem für die Zuständigkeit bzw Zulässigkeit des Rechtsmittels maßgeblich erachteten Streitwerts berechnet werden.[14]

Die Bindungswirkung der amtsgerichtlichen Streitwertfestsetzung besteht allerdings nur in Höhe des Grenz- **84** werts für die Zuständigkeit; eine Bezifferung des verweisenden Gerichts ist darüber hinaus nicht bindend, weil davon die Zuständigkeit nicht abhängt.

Beispiel: Das AG setzt den Streitwert auf 8.000 € fest und verweist die Sache an das LG. Das LG ist der Auffas- **85** sung, der Streitwert betrage nur 4.000 €.

---

12 OLG Köln AGS 2009, 244 = ErbR 2009, 264 = JurBüro 2009, 314. **13** OLG Köln OLGR 2000, 78; OLG Dresden MDR 2008, 50 = NJ 2008, 82; OLG Koblenz OLGR 2005, 602. **14** OLG Köln OLGR 2000, 78.

Das LG darf jetzt nicht den Wert auf 4.000 € festsetzen, da dies der Bindungswirkung der Verweisung widersprechen würde. Es ist andererseits aber auch nicht an den Wert von 8.000 € gebunden, sondern kann niedriger festsetzen. Den Wert von 5.000,01 € darf es jedoch nicht unterschreiten.

86 Hat das LG den Wert auf unter 5.000 € festgesetzt und an das AG verwiesen, dann ist das AG jedenfalls insoweit gebunden, als es nicht über 5.000 € festsetzen darf.

87 **Beispiel:** Das LG setzt den Streitwert auf 4.000 € fest und verweist die Sache an das AG. Das AG ist der Auffassung, der Streitwert betrage 8.000 €.

Das AG darf jetzt nicht den Wert auf 8.000 € festsetzen, da dies wiederum der Bindungswirkung der Verweisung widersprechen würde. Es ist andererseits aber auch nicht an den Wert von 4.000 € gebunden, sondern kann höher festsetzen. Den Wert von 5.000 € darf es jedoch nicht überschreiten.

88 **5. Nachträgliche Abänderungsmöglichkeit (Abs. 3).** Die endgültige Wertfestsetzung kann vom Gericht nachträglich von Amts wegen abgeändert werden (Abs. 3). Zur Abänderung berechtigt ist immer das Gericht, das den Wert festgesetzt hat (Abs. 3 S. 1).

89 Darüber hinaus ist auch ein Rechtsmittelgericht berechtigt, den Wert abzuändern, wenn die Sache vor dem Rechtsmittelgericht anhängig ist (Abs. 3 S. 1). Daher kann zB

- das LG eine Festsetzung des AG,
- das OLG eine Festsetzung des AG und des LG und
- der BGH sowohl eine Festsetzung des AG, des LG als auch des OLG

abändern. Entsprechendes gilt in den anderen Gerichtsbarkeiten.

90 Eine Abänderung ist allerdings dann **ausgeschlossen**, wenn die eigene Wertfestsetzung zwischenzeitlich von einem Rechtsmittelgericht abgeändert worden ist. Dies gilt unabhängig davon, ob die Abänderung aufgrund einer Beschwerde nach §§ 67, 68 erfolgte oder gem. Abs. 3 von Amts wegen während der Anhängigkeit im Rechtsmittelverfahren. Daher kann

- ein AG den Wert nicht mehr abändern, wenn das LG, das OLG oder der BGH die Festsetzung abgeändert hat,
- das LG nicht mehr abändern, wenn das OLG oder der BGH die Festsetzung abgeändert hat, und
- das OLG nicht mehr abändern, wenn der BGH die Festsetzung abgeändert hat.

Entsprechendes gilt wiederum in den anderen Gerichtsbarkeiten.

91 Die Abänderungsmöglichkeit besteht grds. nur innerhalb der **Frist** des **Abs. 3 S. 2**, also innerhalb von **sechs Monaten**, nachdem die Entscheidung in der Hauptsache Rechtskraft erlangt oder sich das Verfahren anderweitig erledigt hat.

92 Die Frist **beginnt** im Falle eines Rechtsstreits mit rechtskräftigem Abschluss des Verfahrens oder anderweitiger Beendigung. Sie beginnt also im Falle

- einer **Endentscheidung** (Urteil oder Beschluss), sobald diese Entscheidung rechtskräftig geworden ist; wird nach Erlass der Entscheidung allerdings eine **Gehörsrüge** (§ 321 a ZPO u.a.) eingelegt, so beginnt die Sechs-Monats-Frist mit der Entscheidung über die Gehörsrüge;
- einer **Klage- oder Antragsrücknahme** mit Rücknahmeerklärung bzw Zustimmung, wenn diese erforderlich ist;
- einer **Rechtsmittelrücknahme** mit Rücknahmeerklärung bzw Zustimmung hierzu, wenn diese erforderlich ist;
- einer **übereinstimmend erklärten Hauptsacheerledigung** mit Abgabe der letzten erforderlichen Erledigungserklärung;
- eines **Vergleichsabschlusses** mit dessen Protokollierung oder im Fall des § 278 Abs. 6 ZPO mit Eingang der letzten Vergleichsannahmeerklärung.

93 Sofern die Hauptsache an ein Rechtsmittelgericht gelangt, kann – und muss – das Rechtsmittelgericht einen fehlerhaft festgesetzten Streitwert der Vorinstanz von Amts wegen abändern (Abs. 3 S. 1).

94 Eine solche Abänderung des Streitwerts ist unabhängig von der Entscheidung in der Hauptsache. Auch wenn das Rechtsmittelgericht das Rechtsmittel als unbegründet zurückweist, kann und muss es den Streitwert ggf abändern.

95 Der Streitwert kann auch dann geändert werden, wenn das **Rechtsmittel unzulässig** ist. Auch im Rahmen eines unzulässigen Rechtsmittels ist das Rechtsmittelgericht befasst. Es ist nämlich dafür zuständig, darüber zu entscheiden, ob das Rechtsmittel zulässig ist oder nicht. Im Zusammenhang mit dieser Entscheidung ist es dann auch befugt, den Streitwert zu ändern, da das Verfahren bei ihm anhängig ist.

96 Unklar ist, ob das Rechtsmittelgericht auch dann von Amts wegen den Wert abändern darf, wenn das **Rechtsmittel unstatthaft** ist. Gegen eine Berechtigung zur Abänderung spricht, dass ein gesetzlich nicht gegebenes Rechtsmittel in der Hauptsache auch nicht dazu führen darf, dass die Entscheidung in einem Ne-

benpunkt abgeändert wird. Andererseits ist das Rechtsmittelgericht dazu berufen, über die Frage der Statthaftigkeit des Rechtsmittels, die ja durchaus strittig sein kann, zu entscheiden.

Nicht verwechselt werden darf der Fall der Unzulässigkeit des Rechtsmittels mit der Frage, ob das Gericht auch auf eine unzulässige Streitwertbeschwerde berechtigt ist, den Wert abzuändern (→ § 68 Rn 111).   97

VII. Gegenvorstellung

Gegen die endgültige Streitwertfestsetzung des Gerichts kann immer eine Gegenvorstellung erhoben werden. Da der Streitwert von Amts wegen zutreffend festzusetzen und ggf von Amts wegen abzuändern ist (Abs. 3), muss das Gericht auf eine Gegenvorstellung hin seine Festsetzung oder die einer Vorinstanz (s. Abs. 3 S. 1) prüfen und, sofern die Gegenvorstellung begründet ist, abändern.   98

Die Gegenvorstellung ist allerdings **befristet**. Sie muss innerhalb der Sechsmonatsfrist des Abs. 3 S. 2 eingelegt werden, da das Gericht nur in diesem Zeitraum zur Abänderung berechtigt ist. Ist die Gegenvorstellung innerhalb dieser Frist erhoben worden, dann kann und muss das Gericht auch noch nach Ablauf der Sechsmonatsfrist seine Festsetzung ändern.[15]   99

Ist der Wert später als einen Monat vor Ablauf der Frist festgesetzt worden, kann noch innerhalb eines Monats nach Zustellung oder formloser Mitteilung Gegenvorstellung erhoben werden. Es kann hier nichts anderes gelten als für eine Beschwerde (§ 68 Abs. 1 S. 3). Im Falle der formlosen Mitteilung gilt der Beschluss als mit dem dritten Tage nach Aufgabe zur Post als zugestellt (§ 68 Abs. 1 S. 4).   100

Die Gegenvorstellung ist kein Rechtsmittel und führt daher – im Gegensatz zur Beschwerde – nicht zur Eröffnung einer weiteren Instanz, sondern wird von dem festsetzenden Gericht endgültig beschieden. Dafür löst eine Gegenvorstellung **keine gesonderten Kosten** aus, da sie zur Instanz gehört.   101

Die Gegenvorstellung ist auch dann zulässig, wenn eine Beschwerde möglich wäre. Sie ist **nicht subsidiär**.   102

VIII. Anhörungsrüge gem. § 69 a

Gegen die endgültige Streitwertfestsetzung des Gerichts kann unter den Voraussetzungen des § 69 a auch eine Anhörungsrüge erhoben werden. Siehe die Erl. zu § 69 a.   103

§ 64 Schätzung des Werts

[1]Wird eine Abschätzung durch Sachverständige erforderlich, ist in dem Beschluss, durch den der Wert festgesetzt wird (§ 63), über die Kosten der Abschätzung zu entscheiden. [2]Diese Kosten können ganz oder teilweise der Partei auferlegt werden, welche die Abschätzung durch Unterlassen der ihr obliegenden Wertangabe, durch unrichtige Angabe des Werts, durch unbegründetes Bestreiten des angegebenen Werts oder durch eine unbegründete Beschwerde veranlasst hat.

Das Gericht kann den Streitwert nach § 48 Abs. 1 S. 1 GKG iVm § 3 ZPO durch einen Sachverständigen abschätzen lassen, wenn dies erforderlich ist, wenn also das Gericht weder aus eigener Sachkunde noch unter Mithilfe der Parteien in der Lage ist, den zutreffenden Wert zu ermitteln. Die Sachverständigenschätzung ist **von Amts wegen** einzuholen; eines Antrags der Parteien bedarf es nicht. Zuständig ist der Richter bzw bei Zuständigkeit des Rechtspflegers dieser. Die Anordnung ergeht durch Beschluss. Einer vorherigen mündlichen Verhandlung bedarf es nicht.   1

Die **Kosten der Abschätzung**, also insb. die **Kosten des Sachverständigen** (Nr. 9005 KV iVm den Vorschriften des JVEG), trägt grds. die Staatskasse, da die Schätzung in ihrem Interesse erfolgt. Nur ausnahmsweise können die Kosten der Sachverständigenschätzung ganz oder teilweise einer Partei auferlegt werden (**S. 2**), nämlich dann, wenn die Abschätzung erforderlich ist, weil die Partei   2

- die ihr nach § 63 obliegende Wertangabe unterlassen,
- einen unrichtigen Wert angegeben oder
- durch ein unbegründetes Bestreiten des angegebenen Werts oder durch eine unbegründete Beschwerde eine solche Wertfestsetzung schuldhaft veranlasst hat.

Die Partei muss sich ein **Verschulden ihres Anwalts zurechnen** lassen. Auch in diesem Fall trifft die Kostenlast allerdings die Partei, nicht den Anwalt. Die Partei kann dann ggf beim Anwalt Regress nehmen.   3

15 OLG Köln AGS 2008, 406.

4   Die Entscheidung über die Kosten der Sachverständigenschätzung hat nach S. 1 in dem Beschluss zu erfolgen, mit dem der Wert festgesetzt wird. Ist dies unterblieben, kann ggf ein Berichtigungs- oder Ergänzungsbeschluss ergehen.

5   Die Entscheidung über die Kosten der Sachverständigenschätzung ist nach § 68 mit der **Beschwerde** anfechtbar. Soweit *Mayer*[1] und *Hartmann*[2] der Auffassung sind, die Anfechtung könne gem. § 99 ZPO nur zusammen mit der Hauptsache erfolgen, also zusammen mit der Anfechtung auch der Wertfestsetzung selbst, ist dies unzutreffend, weil es sich bei dem Wertfestsetzungsverfahren nicht um ein Verfahren nach der ZPO handelt, sondern um eines nach dem GKG, das eigenständige Verfahrensvorschriften enthält und einen Ausschluss der isolierten Anfechtung einer Kostenentscheidung nicht vorsieht.

6   Soweit sich die Partei nur gegen die **Höhe der angesetzten Kosten** der Schätzung wehren will, sind die Erinnerung und die Beschwerde gegen den Kostenansatz nach § 66 gegeben.

§ 65 Wertfestsetzung in gerichtlichen Verfahren nach dem Strafvollzugsgesetz, auch in Verbindung mit § 92 des Jugendgerichtsgesetzes

[1]In gerichtlichen Verfahren nach dem Strafvollzugsgesetz, auch in Verbindung mit § 92 des Jugendgerichtsgesetzes, ist der Wert von Amts wegen festzusetzen. [2]§ 63 Absatz 3 gilt entsprechend.

1   Für die Wertfestsetzung in gerichtlichen Verfahren nach dem StVollzG, auch iVm § 92 JGG, gilt für die Wertfestsetzung nicht § 63, sondern § 65. Der Wert ist immer von Amts wegen festzusetzen (S. 1). Eine Abänderung ist von Amts wegen innerhalb von sechs Monaten möglich, auch durch ein Rechtsmittelgericht (S. 2 iVm § 63 Abs. 3). Hinsichtlich der Beschwerde gelten keine Besonderheiten; hier gilt § 68 unmittelbar.

Abschnitt 8
Erinnerung und Beschwerde

§ 66 Erinnerung gegen den Kostenansatz, Beschwerde

(1) [1]Über Erinnerungen des Kostenschuldners und der Staatskasse gegen den Kostenansatz entscheidet das Gericht, bei dem die Kosten angesetzt sind. [2]Sind die Kosten bei der Staatsanwaltschaft angesetzt, ist das Gericht des ersten Rechtszugs zuständig. [3]War das Verfahren im ersten Rechtszug bei mehreren Gerichten anhängig, ist das Gericht, bei dem es zuletzt anhängig war, auch insoweit zuständig, als Kosten bei den anderen Gerichten angesetzt worden sind. [4]Soweit sich die Erinnerung gegen den Ansatz der Auslagen des erstinstanzlichen Musterverfahrens nach dem Kapitalanleger-Musterverfahrensgesetz richtet, entscheidet hierüber das für die Durchführung des Musterverfahrens zuständige Oberlandesgericht.

(2) [1]Gegen die Entscheidung über die Erinnerung findet die Beschwerde statt, wenn der Wert des Beschwerdegegenstands 200 Euro übersteigt. [2]Die Beschwerde ist auch zulässig, wenn sie das Gericht, das die angefochtene Entscheidung erlassen hat, wegen der grundsätzlichen Bedeutung der zur Entscheidung stehenden Frage in dem Beschluss zulässt.

(3) [1]Soweit das Gericht die Beschwerde für zulässig und begründet hält, hat es ihr abzuhelfen; im Übrigen ist die Beschwerde unverzüglich dem Beschwerdegericht vorzulegen. [2]Beschwerdegericht ist das nächsthöhere Gericht. [3]Eine Beschwerde an einen obersten Gerichtshof des Bundes findet nicht statt. [4]Das Beschwerdegericht ist an die Zulassung der Beschwerde gebunden; die Nichtzulassung ist unanfechtbar.

(4) [1]Die weitere Beschwerde ist nur zulässig, wenn das Landgericht als Beschwerdegericht entschieden und sie wegen der grundsätzlichen Bedeutung der zur Entscheidung stehenden Frage in dem Beschluss zugelassen hat. [2]Sie kann nur darauf gestützt werden, dass die Entscheidung auf einer Verletzung des Rechts beruht; die §§ 546 und 547 der Zivilprozessordnung gelten entsprechend. [3]Über die weitere Beschwerde entscheidet das Oberlandesgericht. [4]Absatz 3 Satz 1 und 4 gilt entsprechend.

(5) [1]Anträge und Erklärungen können ohne Mitwirkung eines Bevollmächtigten schriftlich eingereicht oder zu Protokoll der Geschäftsstelle abgegeben werden; § 129 a der Zivilprozessordnung gilt entsprechend. [2]Für die Bevollmächtigung gelten die Regelungen der für das zugrunde liegende Verfahren geltenden Verfahrensordnung entsprechend. [3]Die Erinnerung ist bei dem Gericht einzulegen, das für die Entscheidung über die Erinnerung zuständig ist. [4]Die Erinnerung kann auch bei der Staatsanwaltschaft eingelegt werden, wenn

---

1 Gerold/Schmidt/*Mayer*, § 32 Rn 111.   **2** *Hartmann*, KostG, § 64 GKG Rn 18.

die Kosten bei dieser angesetzt worden sind. [5]Die Beschwerde ist bei dem Gericht einzulegen, dessen Entscheidung angefochten wird.

(6) [1]Das Gericht entscheidet über die Erinnerung durch eines seiner Mitglieder als Einzelrichter; dies gilt auch für die Beschwerde, wenn die angefochtene Entscheidung von einem Einzelrichter oder einem Rechtspfleger erlassen wurde. [2]Der Einzelrichter überträgt das Verfahren der Kammer oder dem Senat, wenn die Sache besondere Schwierigkeiten tatsächlicher oder rechtlicher Art aufweist oder die Rechtssache grundsätzliche Bedeutung hat. [3]Das Gericht entscheidet jedoch immer ohne Mitwirkung ehrenamtlicher Richter. [4]Auf eine erfolgte oder unterlassene Übertragung kann ein Rechtsmittel nicht gestützt werden.

(7) [1]Erinnerung und Beschwerde haben keine aufschiebende Wirkung. [2]Das Gericht oder das Beschwerdegericht kann auf Antrag oder von Amts wegen die aufschiebende Wirkung ganz oder teilweise anordnen; ist nicht der Einzelrichter zur Entscheidung berufen, entscheidet der Vorsitzende des Gerichts.

(8) [1]Die Verfahren sind gebührenfrei. [2]Kosten werden nicht erstattet.

I. Allgemeines

1. Überblick. Die nach dem Kostenverzeichnis anfallenden Gerichtskosten werden nach den §§ 19 ff festgesetzt. Zuständig ist das Gericht des ersten Rechtszugs, bei dem das Verfahren zuletzt anhängig war, für die dort angefallenen Gebühren (§ 19 Abs. 1 S. 1 Nr. 1) und das jeweilige Rechtsmittelgericht für die im Rechtsmittelverfahren angefallenen Gebühren (§ 19 Abs. 1 S. 1 Nr. 2). Beides gilt auch dann, wenn die Kosten bei einem ersuchten Gericht entstanden sind (§ 19 Abs. 1 S. 2). Für Strafsachen und gerichtliche Verfahren nach dem OWiG gilt die besondere Regelung in § 19 Abs. 3, 4.

Gegen diesen **Kostenansatz** ist zunächst die **Erinnerung** nach Abs. 1 gegeben, die keine Mindestbeschwer voraussetzt. Zuständig zur Entscheidung ist das Gericht, das die Kosten angesetzt hat, bzw das in der betreffenden Instanz zuletzt befasste Gericht. Bei Kostenansätzen der Staatsanwaltschaft ist das Gericht des ersten Rechtszugs zuständig.

Dem Gericht steht eine **umfassende Prüfungskompetenz** hinsichtlich aller für den Kostenansatz wesentlichen Punkte zu. Es hat die Kostenrechnung sowohl unter kostenrechtlichen als auch tatsächlichen Gesichtspunkten ohne Bindung an die Auffassung des Kostenbeamten und der Staatskasse zu untersuchen.[1]

3   Gegen Entscheidungen über die Erinnerung ist die **Beschwerde** gegeben, wenn

■   der Beschwerdewert den Betrag von 200,00 € übersteigt (Abs. 2 S. 1), also mindestens 200,01 € beträgt, oder

■   die Beschwerde vom Erinnerungsgericht zugelassen worden ist; dann genügt jede Beschwer (Abs. 2 S. 2).

Das Verfahren über die Beschwerde ist in Abs. 3 geregelt. Eine weitere Beschwerde findet unter den in Abs. 4 genannten Voraussetzungen statt.

4   Entscheidungen des OLG, des FG, des LSG, des LAG sowie des OVG/VGH im Erinnerungsverfahren sind unanfechtbar (Abs. 3 S. 3).[2] Auch gegen Entscheidungen des BGH bzw von anderen obersten Bundesgerichten (Art. 95 GG) über eine Erinnerung ist eine Beschwerde nicht möglich (ausf. → Rn 66).

5   Sowohl Erinnerung als auch Beschwerde können schriftlich eingereicht oder zu Protokoll der Geschäftsstelle erklärt werden. Eine besondere **Form** ist nicht vorgesehen, insb. besteht **kein Anwaltszwang** (Abs. 5). Auch ist eine **Frist** nicht vorgesehen. Zur Einreichung als **elektronisches Dokument** → Rn 48 sowie → § 5 a Rn 10 ff, 91. Erinnerung und Beschwerde haben **keine aufschiebende Wirkung**; diese kann jedoch von Amts wegen oder auf Antrag angeordnet werden (Abs. 7).

6   Sowohl Erinnerungs- als auch Beschwerdeverfahren sind **gebührenfrei** (Abs. 8 S. 1; s. aber bei unstatthaften Beschwerden → Rn 124). Die Befreiung betrifft allerdings nur die Gerichtsgebühren (→ Rn 123 f); **Auslagen** werden ggf erhoben (→ Rn 125 f). **Anwaltsgebühren** können anfallen; diese richten sich dann nach den Nr. 3500 ff VV RVG (näher → Rn 128 f).

7   Eine **Kostenerstattung** in Erinnerungs- und Beschwerdeverfahren ist ausgeschlossen (Abs. 8 S. 2; → Rn 130). **Prozesskostenhilfe** kann für das Erinnerungs- und Beschwerdeverfahren nach § 66 nicht bewilligt werden.[3]

8   **2. Rechtsbehelfsbelehrung.** Nach dem durch das Gesetz zur Einführung einer Rechtsbehelfsbelehrung im Zivilprozess und zur Änderung anderer Vorschriften vom 11.12.2012[4] eingefügten § 5 b hat seit **1.1.2014** jede gem. § 66 getroffene **anfechtbare Entscheidung** eine **Belehrung** über den statthaften Rechtsbehelf (Beschwerde oder weitere Beschwerde) sowie über die Stelle, bei der dieser Rechtsbehelf einzulegen ist, über deren Sitz und über die einzuhaltende Form und Frist zu enthalten. Lässt daher zB das Landgericht die weitere Beschwerde gegen seine Beschwerdeentscheidung nicht zu (s. Abs. 4 S. 1), ist keine Rechtsbehelfsbelehrung erforderlich (→ Rn 116). Dasselbe gilt für die Erinnerungsentscheidung, wenn der Wert des Beschwerdegegenstands 200,00 € nicht übersteigt und das Erinnerungsgericht in diesem Fall die grundsätzliche Bedeutung der zur Entscheidung stehenden Frage verneint und die Beschwerde in seiner Entscheidung nicht zugelassen hat (Abs. 2 S. 2). Auf die Erl. zu § 5 b wird verwiesen.

II. Abgrenzung zu anderen Rechtsbehelfen und Rechtsmitteln

9   **1. Andere Erinnerungen und Beschwerden.** Abzugrenzen sind Erinnerung und Beschwerde gegen den Kostenansatz nach Abs. 1 und 2 von anderen Rechtsbehelfen und Rechtsmitteln, nämlich von

■   der **Beschwerde gegen die Anordnung einer Vorauszahlung** nach § 67; hier wird der Kostenansatz ggf inzidenter überprüft, soweit das Gericht seine weitere Tätigkeit von der Einzahlung der Kosten abhängig macht. Will sich die Partei gegen eine Vorauszahlung nur damit wehren, dass vorauszuzahlende Kosten unzutreffend angesetzt seien, kommt sowohl die Erinnerung bzw Beschwerde nach Abs. 1 und 2 in Betracht als auch die Beschwerde nach § 67 (zu Einzelheiten → § 67 Rn 5 ff, 14 ff);

■   der **Gegenvorstellung nach § 63** und der **Beschwerde nach § 68 gegen die Festsetzung des Streitwerts.** Soweit eine Partei lediglich geltend macht, der dem Kostenansatz zugrunde liegende Streitwert sei unzutreffend berechnet, kommt nur die Gegenvorstellung gegen die Festsetzung des Streitwerts (§ 63) oder die Beschwerde nach § 67 in Betracht. Der Kostenbeamte und das Gericht sind im Kostenansatzverfahren nicht berechtigt, von einem abweichenden Streitwert auszugehen, es sei denn, es kann nach § 63 Abs. 3 sogleich die Änderung der Wertfestsetzung selbst vornehmen;

■   der **Beschwerde gegen die Auferlegung einer Verzögerungsgebühr** (§ 69). Soweit allerdings gegen eine Verzögerungsgebühr lediglich geltend gemacht wird, dass diese falsch berechnet sei, dass also die Gebühr falsch angesetzt sei, sind wiederum Erinnerung und Beschwerde nach Abs. 1 und 2 gegeben;

---

1 BVerfG NJW 1970, 853; OLG Koblenz NStZ-RR 2010, 359. **2** OLG Köln 24.1.2011 – 2 Wx 18/11, juris. **3** OLG Celle 7.8.2012 – 1 Ws 293/12, juris; OLG Düsseldorf AGS 2012, 541 = JurBüro 2012, 534. **4** BGBl. 2012 I 2418.

- der **Erinnerung gegen den Kostenansatz des Gerichtsvollziehers** nach § 766 Abs. 2 ZPO, § 5 GvKostG; die Auslagen des Gerichtsvollziehers werden ggf über Nr. 9013 KV angefordert. Das Erinnerungsverfahren nach § 5 GvKostG richtet sich gem. § 5 Abs. 2 GvKostG nach § 66;
- dem **Festsetzungsverfahren** gem. § 4 JVEG (→ Rn 18 f);
- der **sofortigen Erinnerung** bzw **sofortigen Beschwerde gegen einen Kostenfestsetzungsbeschluss**, in dem **verauslagte Gerichtskosten** berücksichtigt werden (→ Rn 20);
- **Einwendungen gegen die zwangsweise Beitreibung** der Kosten durch die Gerichtskasse (§ 8 JBeitrO). Einwendungen, die den beizutreibenden Anspruch selbst, die Haftung für den Anspruch oder die Verpflichtung zur Duldung der Vollstreckung betreffen, sind vom Schuldner aber nach den Vorschriften über die Erinnerung gegen den Kostenansatz, also gem. § 66, gerichtlich geltend zu machen;[5] hierzu gehört auch der Einwand der beschränkten Erbenhaftung (Vollstreckungsgegenklage gem. § 8 Abs. 2 JBeitrO, §§ 767, 785 ZPO; → Rn 15);[6]
- **Einwendungen gegen die Aufrechnung der Gerichtskasse** mit Kostenforderungen aus anderen Verfahren, wenn dem Kostenschuldner ein Anspruch auf Erstattung eines Überschusses in einem Verfahren zusteht. Die Einwendungen sind gem. § 8 JBeitrO iVm § 66 geltend zu machen (→ § 17 Rn 23);[7]
- der **Drittwiderspruchsklage** gem. § 771 ZPO, wenn wegen der Kostenforderung in das Vermögen eines Dritten vollstreckt wird.

2. Übergangsansprüche gem. § 59 RVG. Ein auf die Staatskasse gem. § 59 RVG **übergegangener Anspruch** 10 gehört zwar nicht zu den im Kostenansatzverfahren anzusetzenden Gerichtskosten (→ § 19 Rn 15). Er ist deshalb in der Kostenrechnung gesondert aufzuführen.[8] Für die Entscheidung über eine gegen den Ansatz des Übergangsanspruchs gerichtete Erinnerung und über die Beschwerde gilt nach § 59 Abs. 2 S. 4 RVG der § 66 entsprechend.[9]

3. Kein Klageverfahren. Die Anfechtung des Kostenansatzes kann nur durch die Erinnerung gem. § 66 er- 11 folgen. Der **ordentliche Rechtsweg**, insb. eine Klageerhebung mit dem Ziel der Rückerstattung von nach Auffassung des Klägers zu Unrecht gezahlter Gerichtskosten, ist ausgeschlossen.[10]

III. Erinnerung (Abs. 1)

1. Überblick. Gegen Entscheidungen im Kostenansatzverfahren ist immer die Erinnerung nach Abs. 1 gege- 12 ben. Sie ist im Gegensatz zur Beschwerde nicht auf erstinstanzliche Entscheidungen beschränkt. Erinnerungen können auch gegen den Kostenansatz der Rechtsmittelgerichte erhoben werden.

Die Aufstellung des Kostenansatzes ist in § 19 geregelt. Der Kostenansatz besteht in der Aufstellung der 13 Kostenrechnung (§ 4 KostVfg), deren Inhalt in § 24 KostVfg geregelt ist (→ § 19 Rn 5 f). Eine Erinnerung vor Aufstellung bzw Zugang dieses Kostenansatzes ist ausgeschlossen.[11]

2. Gegenstand der Erinnerung. a) Ausgeschlossene Einwendungen. Gegenstand der Erinnerung ist der **Kos-** 14 **tenansatz** (§ 19), also die **Kostenrechnung**. Die Erinnerung kann sich sowohl gegen den Ansatz von Gerichtsgebühren als auch gegen den Ansatz von Auslagen richten. Die Erinnerung kann nur auf die **Verletzung des Kostenrechts**, also der Bestimmungen des GKG, gestützt werden.[12] Sie ist kein Mittel, das zugrunde liegende Hauptsacheverfahren nachträglich wieder aufzurollen.[13]

Für außerhalb des Kostenrechts begründete Einwendungen steht das Verfahren gem. § 66 nicht zur Verfü- 15 gung. Das Verfahren nach § 66 ist daher zB **ausgeschlossen** für die Einwendung,

- dem Rechtsanwalt keine Vollmacht zur Einleitung bzw Beantragung des Verfahrens erteilt zu haben (vollmachtloser Vertreter) und deshalb unzutreffend als Entscheidungsschuldner gem. § 29 Nr. 1 in Anspruch genommen worden zu sein. Hier wird eine außerhalb des GKG liegende Einwendung erhoben. Denn wenn das Gericht einer Partei die Kosten auferlegt hat, ist es von der Erteilung bzw dem Vorlie-

5 Vgl dazu BGH RVGreport 2009, 37. **6** OLG München JurBüro 1994, 112. **7** OLG Hamm AGS 2007, 151. **8** OLG Düsseldorf Rpfleger 2011, 446; OLG München AnwBl 1991, 167. **9** OLG Zweibrücken FamRZ 2008, 2140 = RVGreport 2008, 278; VG Berlin 7.3.2012 – 35 KE 5.12 (23 A 32.06), juris; AnwK-RVG/*Fölsch*, § 59 Rn 37 f. **10** BGH NJW 1984, 871; OLG Koblenz NStZ-RR 2010, 359; OLG Brandenburg RVGreport 2008, 236 = NJW 2007, 1470. **11** OLG Celle AGS 2009, 341 (zur Anfechtung der Mitteilung des Kostenbeamten, dass der eingezahlte Vorschuss verbraucht ist); OVG Mecklenburg-Vorpommern 17.4.2009 – 2 O 183/08, juris; vgl auch BVerwG 23.11.2009 – 2 KSt 2/09, juris (Rz 4) = RVGreport 2010, 240. **12** BGH RVGreport 2011, 399; BGH GRUR-RR 2011, 39; BGH RVGreport 2006, 77; BGH JurBüro 2008, 43; BFH 25.3.2014 – X E 2/14, juris; BFH RVGreport 2011, 40; BFH/NV 2012, 1622; BFH 2.8.2006 – VII E 20/05, juris; BFH/NV 2006, 92; BGH NJW 1992, 1458 = MDR 1992, 1458; OLG Dresden NStZ-RR 2013, 392; OVG Bautzen 14.5.2010 – F 7 D 17/07, juris; OLG Koblenz JurBüro 1993, 425; OLG München JurBüro 1994, 112. **13** BVerwG 30.9.2010 – 5 KSt 4/10, juris; OLG Hamm 11.9.2009 – 25 W 7/09, juris.

gen der Vollmacht ausgegangen. Diese Frage kann dann im Verfahren gem. § 66 nicht mehr überprüft werden (anders aber bei ausschließlicher Antragstellerhaftung nach § 22 Abs. 1 S. 1; → Rn 16);[14]

- dass die vom Gericht getroffene Kostengrundentscheidung unzutreffend ist[15] oder dass ein unzutreffender Kostenschuldner in der Kostengrundentscheidung bestimmt worden ist (§ 29 Nr. 1);[16]
- dass die zugrunde liegende Hauptsacheentscheidung verfassungsrechtlichen Bedenken unterliegt;[17]
- der Dürftigkeit des Nachlasses durch den Erben (§ 1990 BGB);[18]
- der beschränkten Erbenhaftung (§ 8 Abs. 2 JBeitrO; → Rn 9);[19]
- dass Prozesskostenhilfe zu Unrecht bewilligt worden ist;
- dass die vom Gericht gem. §§ 379, 402 und 492 Abs. 1 ZPO angeordnete Vorschusserhebung nicht hätte erfolgen dürfen (→ § 17 Rn 38; → § 67 Rn 4);[20]
- dass in einer Strafsache eine mit Kosten verbundene Ermittlungsmaßnahme nicht notwendig und zweckmäßig war;[21]
- dass die gegen den Willen des Verurteilten und zu Auslagen nach Nr. 9007 KV führende Pflichtverteidigerbestellung nicht notwendig oder unzweckmäßig war (→ Nr. 9007 KV Rn 7); es kann insoweit im Rahmen der Erinnerung aber unrichtige Sachbehandlung gerügt werden;[22]
- dass rechtshemmende oder rechtsvernichtende Umstände wie etwa eine Aufrechnung vorliegen, es sei denn, es wird mit einem unstrittigen oder rechtskräftig festgestellten Anspruch gegen die Kostenforderung aufgerechnet;[23]
- dass der gem. § 63 Abs. 1 vorläufig festgesetzte Streitwert unzutreffend ist; das kann nur im Rahmen von § 67 gerügt werden (→ Rn 9).[24]

16 **b) Zulässige Einwendungen.** Beanstandet bzw geltend gemacht werden kann daher zB insb.

- der Grund, die Art und die Höhe einzelner Ansätze in der Kostenrechnung (zB falsche Grundlage, falsche Berechnung, fehlende Entstehung einer Gebühr oder einer Auslage), auch von Auslagen (zu Auslagen nach Nr. 9005 KV → Rn 19);[25]
- die Höhe der nach § 55 RVG festgesetzten Vergütung eines gerichtlich beigeordneten oder bestellten Rechtsanwalts, die wegen Anspruchsübergangs gem. § 59 RVG oder nach Nr. 9007 KV in die Kostenrechnung eingestellt worden ist;[26]
- die fehlende Fälligkeit (§ 5) oder die Verletzung der Vorschuss- oder Vorauszahlungsvorschriften (§§ 10 ff);
- auf §§ 17, 18 gestützte Kostenvorschussanforderungen des Kostenbeamten (→ § 17 Rn 29);[27]
- die Verletzung der in § 14 geregelten Befreiung von der Vorauszahlungspflicht nach §§ 12 f;[28]
- die Inanspruchnahme eines unzutreffenden Kostenschuldners (§§ 22 ff);[29] hierzu gehört in **Strafsachen** auch die Frage, ob § 33 GKG und §§ 466, 471 Abs. 4 StPO vom Kostenbeamten bei Mitverurteilten beachtet worden sind: Nach § 466 S. 2 StPO besteht keine gesamtschuldnerische Haftung für Auslagen, die durch die Tätigkeit eines bestellten Verteidigers oder eines Dolmetschers und die durch die Vollstreckung, die einstweilige Unterbringung oder die Untersuchungshaft und die durch Untersuchungshandlungen, die ausschließlich gegen einen Mitangeklagten gerichtet waren, entstanden sind; nicht beanstandet werden kann aber, dass ein unzutreffender Kostenschuldner in der Kostengrundentscheidung bestimmt worden ist (§ 29 Nr. 1);[30]
- dass der Kostenbeamte in der Strafsache dem Verurteilten sämtliche im Verfahren angefallenen Auslagen in Rechnung gestellt hat, obwohl **Teilfreispruch** erfolgt und der Verurteilte deshalb unter Anwendung der **Differenztheorie** oder durch **Auslagenverteilung nach Bruchteilen** gem. § 464 d StPO von allen

---

14 BGH RVGreport 2011, 399; BGH MDR 1997, 198 = NJW-RR 1997, 510; KG RVGreport 2006, 320; BFH RVGreport 2011, 40 (für den umgekehrten Fall, dass dem Verfahrensbevollmächtigten als vollmachtlosem Vertreter die Kosten durch gerichtliche Entscheidung auferlegt worden sind); OLG Koblenz JurBüro 1993, 425. **15** BFH 13.9.2012 – X E 5/12, juris; BGH GRUR-RR 2011, 39; BGH NJW-RR 1998, 503; BGH JurBüro 2008, 43; BFH RVGreport 2011, 40; BGH NJW 1992, 1458 = MDR 1992, 1458; BFH RVGreport 2011, 40; OLG Brandenburg 19.7.2012 – 15 WF 146/12, juris; OVG Bautzen 14.5.2010 – F 7 D 17/07, juris. **16** BFH 13.9.2012 – X E 5/12, juris; BFH 20.8.2012 – I E 2/12, juris; BFH 5.8.2002 – IV E 1/02, juris; OLG Koblenz JurBüro 1993, 425. **17** OLG Hamm 11.9.2009 – 25 W 7/09, juris. **18** BGH FamRZ 2004, 441. **19** OLG München JurBüro 1994, 112. **20** BGH NJW-RR 2009, 1433; OLG Stuttgart Justiz 2011, 357 = NJW-Spezial 2011, 526; OLG Stuttgart Justiz 2009, 172; OLG Köln BauR 2009, 1336 = IBR 2009, 436; OLG Dresden JurBüro 2007, 212; OLG Düsseldorf 12.9.2006 – 10 W 87/06; OLG Düsseldorf OLGR 2004, 217 = AG 2004, 390; OLG Frankfurt MDR 2004, 1255 = AGS 2005, 408; OLG Hamm MDR 1999, 502. **21** OLG Celle 7.8.2012 – 1 Ws 293/12, juris. **22** OLG Dresden NStZ-RR 2013, 392; OLG Düsseldorf 22.2.1978 – V-9/77 (10), AnwBl 1978, 358. **23** BGH RVGreport 2009, 37; BVerwG RVGreport 2010, 240; BFH 2.8.2006 – VII E 20/05, juris; OLG Celle 7.8.2012 – 1 Ws 293/12, juris. **24** Vgl BayLSG 20.1.2015 – L 15 SF 279/14 E, juris. **25** Vgl auch OLG Brandenburg 19.2.2008 – 6 W 154/07, juris; BFH 2.8.2006 – VII E 20/05, juris; BFH/NV 2006, 92. **26** KG RVGreport 2010, 426 = JurBüro 2010, 590 = Rpfleger 2010, 701. **27** OLG Stuttgart Justiz 2011, 357 = NJW-Spezial 2011, 526; OLG Köln 6.10.2010 – I-17 W 168/10, juris. **28** OLG Düsseldorf JurBüro 2007, 432. **29** BFH 12.12.2008 – IV E 1/08, juris; BFH 5.8.2002 – IV E 1/02, juris; BGH MDR 1997, 198 = NJW-RR 1997, 510; OLG Brandenburg RVGreport 2008, 236 = NJW 2007, 1470. **30** BFH 5.8.2002 – IV E 1/02, juris; OLG Koblenz JurBüro 1993, 425.

Mehrauslagen freizustellen ist, die durch Taten veranlasst worden sind, die zum Freispruch geführt haben (s. die Erl. zu § 29);[31]

■ die Inanspruchnahme lediglich als Antragsteller gem. § 22 Abs. 1 S. 1, obwohl dem Prozessbevollmächtigten keine Vollmacht zur Einleitung des Verfahrens erteilt worden ist (aber → Rn 15: anders, wenn die Kosten bei vollmachtloser Vertretung der Partei oder dem vollmachtlosen Vertreter durch gerichtliche Entscheidung auferlegt worden sind);[32]

■ die falsche oder verfrühte Inanspruchnahme des Zweitschuldners (§ 31 Abs. 2, 3);[33]

■ die Nichtbeachtung der durch § 8 Abs. 3 S. 3 KostVfg aF vorgeschriebenen Reihenfolge bzw die Nichtbeachtung von § 8 Abs. 4 KostVfg bei der Inanspruchnahme von Gesamtschuldnern (dazu auch → § 32 Rn 3 ff);[34]

■ die unzutreffende Verrechnung von Zahlungen des Antragstellers auf die Kostenschuld des Erstschuldners;

■ die Verjährung der Kostenforderung (§ 8);

■ die Einforderung der Kosten trotz Eintritts des Nachforderungsverbots (§ 20);

■ die Nichterhebung von Kosten wegen unrichtiger Sachbehandlung (§ 21) durch den Kostenbeamten, soweit diese Frage nicht bereits ersichtlich im Rahmen der Kostenentscheidung geprüft worden ist;[35]

■ die Nichtbeachtung der Kosten- bzw Gebührenfreiheit (§ 2) sowie die Nichtberücksichtigung von § 2 Abs. 5;

■ Zugrundelegung eines zu hohen oder des nicht vom Gericht festgesetzten Streitwerts durch den Kostenbeamten;[36]

■ die Aufrechnung mit einer Gegenforderung gegen den Kostenansatz, aber nur, wenn die Gegenforderung anerkannt oder rechtskräftig festgestellt ist;[37]

■ die unterbliebene Angabe der angewendeten Bestimmungen des GKG in der Kostenrechnung (**Transparenzgebot**; → § 19 Rn 5);[38] hierzu gehören im Fall einer **Teilverurteilung**/eines **Teilfreispruchs** in Strafsachen die Angabe und kurze Bezeichnung der auf die Teilverurteilung entfallenden Kostenansätze und des abgesetzten Differenzbetrags.[39] Es muss auch erkennbar werden, inwieweit die in Ansatz gebrachten Kosten in einem unter § 464 a StPO fallenden Zusammenhang mit dem Strafverfahren des kostenpflichtig Verurteilten stehen;[40]

■ die Unzuständigkeit des Kostenbeamten, weil die Zuständigkeit des Kostenbeamten die Zuständigkeit des Erinnerungs- und Beschwerdegerichts begründet;

■ dass Bestimmungen der KostVfg nicht beachtet worden sind.[41] Zwar ist die KostVfg kein Gesetz, sondern lediglich eine Verwaltungsanordnung. Unmittelbare Rechtsansprüche ergeben sich für den Kostenschuldner hieraus nicht. Das Aufstellen verwaltungsinterner Vorschriften und ihre ständige Befolgung bewirken aber eine Selbstbindung der Behörde, die ihr Ermessen einschränkt und sie nach dem Gleichheitsgrundsatz (Art. 3 Abs. 1 GG) verpflichtet, im Einzelfall diese Vorschriften zu befolgen und bei der geübten Praxis zu bleiben. Eine abweichende Handhabung stellt sich deshalb als Ermessensfehler dar und kann die Verfügung rechtswidrig machen.[42]

Macht der Kostenschuldner gegen die zwangsweise **Beitreibung** der Kostenforderung durch die Gerichtskasse geltend, diese bereits bezahlt oder aufgerechnet zu haben bzw dass diese gestundet sei, ist dieser Ein- 16a

31 OLG Rostock StRR 2011, 120; OLG Köln StRR 2010, 437; OLG Hamm 5.5.2009 – 2 Ws 29/09, JurionRS 2009, 20288; OLG Dresden NStZ-RR 2003, 224; ausf. Burhoff/*Volpert*, Teil A: Gerichtskosten, Rn 1172 ff. **32** Vgl dazu auch BGH RVGreport 2011, 399; BGH MDR 1997, 198 = NJW-RR 1997, 510; KG RVGreport 2006, 40; BFH RVGreport 2011, 40. **33** BFH 29.4.2005 – VII E 2/05, juris. **34** BVerwG 20.4.2011 – 8 KSt 1/11 (8 B 83/10), juris; KG AGS 2002, 259 = MDR 2002, 1276; OLG München AGS 2000, 114 und 136 = NJW-RR 2000, 1744; offengelassen BGH AGS 2001, 20. **35** BSG 29.12.2011 – B 13 SF 3/11 S, juris; BGH JurBüro 2008, 43 = NStZ-RR 2008, 31 = StraFo 2008, 48; BGH NJW 2002, 3410; OLG Celle FamRZ 2011, 1325 = RVGreport 2011, 197; OLG Koblenz JurBüro 2010, 96; OLG Düsseldorf 17.11.2009 – I-10 W 123/09, juris; OLG Jena JurBüro 1999, 435; OVG Mecklenburg-Vorpommern 27.12.2005 – 3 M 37/05, juris. **36** BFH 2.8.2006 – VII E 20/05, juris; BFH/NV 2006, 92. **37** BGH RVGreport 2009, 37; BVerwG RVGreport 2010, 240. **38** BGH NJW 1992, 1458; OLG München NStZ-RR 2014, 63; OLG Schleswig SchlHA 2012, 111; OLG Koblenz Rpfleger 1988, 384; *Meyer*, GKG § 66 Rn 13; OLG Köln 24.1.2011 – 2 Wx 18/11, juris. **39** OLG Schleswig SchlHA 2012, 111. **40** Zu § 100 a StPO vgl OLG München NStZ-RR 2014, 63. **41** BFH 12.12.1996 – VII E 8/96, juris; BVerwG 20.4.2011 – 8 KSt 1/11 (8 B 83/10), juris; BVerwG 13.1.1983 – 8 B 267/81, juris; KG AGS 2002, 259 = MDR 2002, 1276; OLG Koblenz Rpfleger 1988, 384 und OLG Karlsruhe JurBüro 1981, 414 (je zur Beachtung von § 8 Abs. 3 KostVfg aF durch den Kostenbeamten); OLG Brandenburg RVGreport 2008, 38 = NJW 2007, 1470; aA HessVGH 1.3.2012 – 7 F 1027/11, juris (zur Nichtbeachtung von § 10 KostVfg aF); *Meyer*, GKG § 66 Rn 14; *Oestreich/Hellstab/Trenkle*, FamGKG § 66 Rn 56; offengelassen von BGH AGS 2001, 20. **42** OLG Koblenz Rpfleger 1988, 384; aA HessVGH 1.3.2012 – 7 F 1027/11, juris; vgl auch OLG Brandenburg RVGreport 2008, 38 = NJW 2007, 1470.

wand gem. § 8 Abs. 1 JBeitrO durch die Erinnerung geltend zu machen.[43] Das anschließende Verfahren richtet sich nach § 66.[44]

Im Erinnerungsverfahren kann ein Richter auch wegen Besorgnis der **Befangenheit** abgelehnt werden.[45]

17 **3. Rückzahlung an falschen Empfänger.** Mit der Erinnerung gem. § 66 kann auch beanstandet werden, dass die Rückzahlung eines Gerichtskostenüberschusses vom Kostenbeamten an den falschen Empfangsberechtigten erfolgt ist. Denn die Frage, an wen überschüssige Gerichtskosten zurückzuzahlen sind, ist in § **29 Abs. 4 KostVfg** geregelt.[46] Gemäß § 29 Abs. 4 S. 1 KostVfg ist bei Vertretung durch einen Prozess- oder Verfahrensbevollmächtigten (§ 81 ZPO, § 11 FamFG, § 113 Abs. 1 S. 2 FamFG) die Rückzahlung an diesen anzuordnen, es sei denn, die Partei oder der Beteiligte hat der Rückzahlung gegenüber dem Gericht ausdrücklich widersprochen. Stimmt der Bevollmächtigte in diesem Fall der Rückzahlung an die Partei oder den Beteiligten nicht zu, sind die Akten dem Prüfungsbeamten zur Entscheidung vorzulegen (§ 29 Abs. 4 S. 2 KostVfg).

17a Wird ein Gerichtskostenüberschuss an den falschen Empfangsberechtigten ausgezahlt, führt das nicht zur Erfüllung des Rückzahlungsanspruchs durch die Staatskasse (§ 362 BGB). Die Staatskasse muss daher sicherstellen, dass schuldbefreiend geleistet wird. Aus dem Klammerzusatz „(§ 81 ZPO, § 11 FamFG, § 113 Abs. 1 Satz 2 FamFG)" in § 29 Abs. 4 S. 1 KostVfg folgt deshalb, dass die Erstattung eines Überschusses an den Prozessbevollmächtigten eine wirksame Prozessvollmacht voraussetzt. Im Falle des Mandatsentzugs oder des Widerrufs der Prozessvollmacht durch die Partei darf deshalb keine Auszahlung mehr an den Prozessbevollmächtigten erfolgen. Auch wenn eine Partei den Gerichtskostenvorschuss selbst einzahlt (oder sich ergibt, dass sie die Gerichtskosten an den Rechtsanwalt zur Weiterleitung an die Gerichtskasse gezahlt hat), verlangt sie gegenüber der Gerichtskasse eine Auszahlung an sich selbst und untersagt sie ausdrücklich eine Auszahlung an ihren Prozessbevollmächtigten, liegt darin eine wirksame Beschränkung der Prozessvollmacht. Der Prozessbevollmächtigte ist dann nicht mehr zum Geldempfang berechtigt und die Erstattung muss an die Partei erfolgen.[47] Im Falle der Vertretung einer Partei durch einen Rechtsanwalt (§ 81 ZPO) kann die Rückzahlung an ihn also nur angeordnet werden, wenn keine Zweifel an seiner Bevollmächtigung oder am Fortbestand der Bevollmächtigung bestehen.

18 **4. Verhältnis zu § 4 JVEG.** Einwendungen gegen die Höhe eines nach dem JVEG berechneten Auslagenbetrags (Sachverständigenvergütung, Dolmetscher- oder Übersetzervergütung, Zeugenentschädigung, Nr. 9005 KV) können die **Parteien** (nur) nach § 66 erheben;[48] ein Antrags- oder Beschwerderecht nach § 4 JVEG steht ihnen nicht zu.[49]

19 Eine Entscheidung gem. § 4 JVEG wirkt dabei gem. § 4 Abs. 9 JVEG im Verhältnis der Staatskasse gegenüber dem Kostenschuldner **nicht** zu **dessen Lasten**, sondern nur im Verhältnis der Staatskasse gegenüber dem Zeugen, Dolmetscher, Übersetzer oder Sachverständigen.[50] Wird im Verfahren gem. § 4 JVEG daher eine **höhere JVEG-Vergütung** festgesetzt, führt diese höhere Festsetzung nicht automatisch zu einer höheren Kostenschuld. Denn die im Verfahren gem. § 4 JVEG getroffene Entscheidung entfaltet im Erinnerungsverfahren nach § 66 **keine Bindungswirkung.**[51] Es ist also durchaus möglich, dass zB die dem Sachverständigen aufgrund der gerichtlichen Entscheidung gem. § 4 JVEG auszuzahlende Vergütung höher ist als diejenige, die der Kostenschuldner aufgrund der im Erinnerungsverfahren gem. § 66 getroffenen Entscheidung der Staatskasse im Rahmen des Kostenansatzes zu zahlen hat.[52]

19a Wird im Verfahren gem. § 4 JVEG die Vergütung nach Nr. 9005 KV ermäßigt, ist der Kostenansatz vom Kostenbeamten entsprechend zu ermäßigen. **Zu Gunsten** des Kostenschuldners sind gerichtliche Entscheidungen gem. § 4 JVEG daher beim Kostenansatz stets zu beachten.[53] Kann ein nach der Festsetzung gem. § 4 JVEG zu viel gezahlter Betrag von der Staatskasse nicht zurückgefordert werden, kann der zu viel gezahlte Betrag dem Kostenschuldner nicht in Rechnung gestellt werden (→ Nr. 9005 KV Rn 7).

20 **5. Verhältnis zum Kostenfestsetzungsverfahren gem. §§ 103 ff ZPO. a) Verhältnis zwischen den Verfahren.** Das Kostenansatzverfahren gem. § 19 betrifft das Verhältnis des Schuldners der Gerichtskosten gegenüber der Staatskasse. Im Verfahren gem. § 66 getroffene Entscheidungen wirken daher nur in diesem Verhältnis. Dagegen findet das Kostenfestsetzungsverfahren gem. §§ 103 ff ZPO zwischen den Parteien des ge-

43 BGH NJW 1992, 1458 = MDR 1992, 1458. **44** BGH RVGreport 2009, 37; BGH 25.2.2003 – VII K 1/03, juris; BFH 30.1.2009 – II B 181/08, juris; FG Sachsen-Anhalt 29.3.2010 – 4 KO 255/10, juris; OVG Berlin-Brandenburg 21.12.2010 – OVG 1 K 114.10, juris. **45** BFH/NV 2010, 1105. **46** Vgl OLG Brandenburg RVGreport 2008, 38 = NJW 2007, 1470. **47** OLG Brandenburg RVGreport 2008, 38 = NJW 2007, 1470. **48** OLG Zweibrücken 10.7.2015 – 6 W 11/15, juris; OLG Köln JurBüro 2012, 33; OLG Brandenburg 19.2.2008 – 6 W 154/07, juris. **49** OLG Dresden JurBüro 2010, 96; OLG Brandenburg FamRZ 2007, 235. **50** BGH MDR 2011, 1376; OLG Köln 20.7.2011 – 17 W 129/11, juris; OLG Dresden JurBüro 2010, 96; OLG Koblenz FamRZ 2006, 634 = AGS 2006, 304. **51** BGH FamRZ 2011, 1937; OLG Brandenburg FamRZ 2007, 235; OLG Koblenz FamRZ 2006, 634 = AGS 2006, 304. **52** OLG Dresden JurBüro 2010, 96; OLG Naumburg JurBüro 2001, 374. **53** OLG Koblenz NJW-RR 2014, 1150 = JurBüro 2014, 495 = MDR 2014, 924; OLG Dresden JurBüro 2010, 96; Binz/Dörndorfer/*Binz*, § 4 JVEG Rn 19.

richtlichen Verfahrens statt. Im Rechtsmittelverfahren gegen einen Kostenfestsetzungsbeschluss getroffene Entscheidungen gelten daher nur zwischen den Parteien.[54] Allerdings hat die gerichtliche Entscheidung in diesen Verfahren Auswirkungen auf das jeweils andere Verfahren.[55] Eine gerichtliche Entscheidung im Erinnerungsverfahren gem. § 66 ist auch für ein nachfolgendes Kostenfestsetzungsverfahren **bindend**.[56]

b) Anfechtung des Kostenfestsetzungsbeschlusses. Im Kostenfestsetzungsverfahren kann der Erstattungs- 21 schuldner regelmäßig einwenden, dass die Gerichtskosten nicht notwendig (§ 91 Abs. 1 S. 1 ZPO) waren, weil der sie betreffende Kostenansatz überhöht ist.[57] Von der obsiegenden Partei verauslagte Gerichtskosten sind danach vom Gegner nur in Höhe der im Gesetz vorgesehenen Gebühren erstattungsfähig.

Ob ein Rechtsmittel gem. § 66 gegen den Kostenansatz oder ein Rechtsmittel gegen die im Kostenfestset- 21a zungsbeschluss festgesetzten Gerichtskosten eingelegt wird, hängt von dem mit dem Rechtsmittel **verfolgten Ziel** ab. Durch eine erfolgreiche Beschwerde gegen die im Kostenfestsetzungsbeschluss festgesetzten Gerichtskosten kann die in dem Kostenfestsetzungsbeschluss insoweit festgestellte Erstattungspflicht gegenüber dem Erstattungsgläubiger verringert werden. Im Erinnerungsverfahren gem. § 66 kann das nicht unmittelbar erreicht werden. Hier führt die Feststellung eines zu hohen Kostenansatzes im Regelfall nur dazu, dass der Einzahler der Gerichtskosten den zuviel gezahlten Betrag erstattet erhält.[58]

c) Rangverhältnis zwischen den Verfahren. Einwendungen gegen die in einem Kostenfestsetzungsbeschluss 22 mit festgesetzten Gerichtskosten (im Falle der Verrechnung der Zahlung einer Partei auf die Kostenschuld der anderen Partei) müssen von dem Erstattungsschuldner des Kostenfestsetzungsbeschlusses nicht zwingend im Verfahren gem. § 66 erfolgen. Das Verfahren gem. § 66 hat insoweit **grds. keinen Vorrang**.[59] Allerdings gilt das nach Auffassung des **BGH** nicht, wenn der Erstattungsschuldner des Kostenfestsetzungsbeschlusses nach den Vorschriften des GKG alleiniger Kostenschuldner der Gerichtskosten ist. Im Kostenfestsetzungsverfahren gem. §§ 103 ff ZPO können nach Auffassung des BGH Einwendungen gegen im Rahmen des Gerichtskostenansatzes berücksichtigte **JVEG-Vergütungen** dann nicht von der erstattungspflichtigen Partei vorgebracht werden, wenn sie **alleinige Kostenschuldnerin** nach §§ 22 ff ist und sie ihre Einwendungen deshalb im Verfahren nach § 66 vorbringen kann.[60]

Die obergerichtliche Rspr sieht das teilweise anders und geht von einer Beschwerdebefugnis im Kostenfestsetzungsverfahren hinsichtlich der Mitfestsetzung verauslagter Gerichtskosten auch dann aus, wenn der Beschwerdeführer nach § 66 erinnerungsberechtigt wäre.[61] Für diese Auffassung spricht insb., dass während eines Erinnerungsverfahrens gem. § 66 der zu Lasten des Erstattungspflichtigen ergangene Kostenfestsetzungsbeschluss rechtskräftig werden kann. Wird entsprechend der Rspr des BGH daher lediglich Erinnerung gegen den Gerichtskostenansatz eingelegt und wird der Kostenfestsetzungsbeschluss rechtskräftig, können die im Kostenfestsetzungsbeschluss festgesetzten Gerichtskosten später im Beschwerdeverfahren gegen den Kostenfestsetzungsbeschluss nicht mehr überprüft werden. Obsiegt die Partei im Verfahren gem. § 66, muss sie anschließend ggf auf Rückzahlung des im Rahmen der Zwangsvollstreckung aus dem Kostenfestsetzungsbeschluss gezahlten Betrags klagen.[62]

d) Aussetzung des Beschwerdeverfahrens gegen den Kostenfestsetzungsbeschluss. Aufgrund der verschiede- 23 nen Instanzenzüge im Erinnerungsverfahren gem. § 66 (s. Abs. 3 S. 3: das OLG entscheidet abschließend) und im Beschwerdeverfahren gegen einen Kostenfestsetzungsbeschluss (§ 11 Abs. 1 RPflG, §§ 104 Abs. 3, 567, 574 ZPO: Rechtsbeschwerde zum BGH) kann es hinsichtlich der Gerichtskosten zu divergierenden Entscheidungen kommen.[63]

Damit keine widersprüchlichen Entscheidungen im Verfahren gem. § 66 und im Rechtsmittelverfahren gegen die im Kostenfestsetzungsbeschluss festgesetzten Gerichtskosten ergehen, kann zumindest dann, wenn der Erstattungsschuldner die Überprüfung des Kostenansatzes in die Wege geleitet hat, dadurch verringert

---

54 OLG Karlsruhe JurBüro 2001, 315. **55** BGH NJW 2013, 2824 = AGS 2013, 433 = Rpfleger 2013, 651 = RVGreport 2013, 359; OLG Naumburg JurBüro 2001, 374; OLG Karlsruhe JurBüro 2001, 315. **56** OLG Celle JurBüro 2010, 206 = AGS 2010, 359; OLG Naumburg JurBüro 2001, 374. **57** BGH NJW 2013, 2824 = AGS 2013, 433 = Rpfleger 2013, 651 = RVGreport 2013, 359; OLG Düsseldorf Rpfleger 1985, 255; OLG Koblenz Rpfleger 1985, 333; OLG Dresden NJW-RR 2001, 861, 862; OLG Naumburg JurBüro 2001, 374; OLG Celle AGS 2010, 359; aA OLG München AnwBl 1990, 396; OLG Schleswig SchlHA 1995, 301. **58** BGH NJW 2013, 2824 = AGS 2013, 433 = Rpfleger 2013, 651 = RVGreport 2013, 359. **59** BGH NJW 2013, 2824 = AGS 2013, 433 = Rpfleger 2013, 651 = RVGreport 2013, 359. **60** BGH MDR 2011, 1376 = NJW-RR 2012, 311 = JurBüro 2012, 84 = RVGreport 2011, 471; BGH NJW 2013, 2824 = AGS 2013, 433 = Rpfleger 2013, 651 = RVGreport 2013, 359; so iE auch OLG München JurBüro 1990, 358 = AnwBl 1990, 396. **61** OLG Celle JurBüro 2010, 206 = AGS 2010, 359 = RVGreport 2010, 154; OLG Dresden NJW-RR 2001, 861 = MDR 2001, 476; OLG Naumburg JurBüro 2001, 374 (hier war der Erstattungspflichtige allerdings ebenfalls kein Kostenschuldner nach dem GKG und konnte seine Einwendungen deshalb nicht nach § 66 geltend machen); aA OLG Koblenz AGS 2002, 285; AG Bad Segeberg 24.11.2014 – 17 C 22/13, juris. **62** OLG Celle JurBüro 2010, 206 = AGS 2010, 359; OLG München JurBüro 1990, 358 = AnwBl 1990, 396. **63** OLG Celle JurBüro 2010, 206 = AGS 2010, 359.

werden, dass das Verfahren gem. § 148 ZPO bis zur Klärung der den Kostenansatz betreffenden Einwände ausgesetzt wird.[64]

24 **6. Zuständigkeit.** Zuständig zur Entscheidung über die Erinnerung ist nach **Abs. 1 S. 1** das Gericht, bei dem die Kosten angesetzt sind (s. § 19). Wird ein Kostenansatz der Staatsanwaltschaft (§ 19 Abs. 2) mit der Erinnerung angefochten, entscheidet das Gericht des ersten Rechtszugs.[65]

24a Das **Musterverfahren nach dem KapMuG** gilt nach Vorbem. 1.2.1 KV als Teil des ersten Rechtszugs des Prozessverfahrens. Die im erstinstanzlichen Prozessverfahren anfallende Gerichtsgebühr nach Nr. 1210 KV gilt das erstinstanzliche Musterverfahren ab, in dem damit keine gesonderten Gerichtsgebühren erhoben werden. Eine Erinnerung gem. § 66 kommt daher nur gegen den Ansatz der Auslagen des erstinstanzlichen Musterverfahrens nach dem KapMuG in Betracht (vgl Nr. 9018 KV und Anm. Abs. 2 zu Nr. 9004 KV: Auslagen für die Bekanntmachung eines Vorlagebeschlusses gem. § 6 Abs. 4 KapMuG; dazu → Nr. 9004 KV Rn 11 ff; → Nr. 9018 KV Rn 8). Über diese entscheidet gem. Abs. 1 S. 4 das für die Durchführung des Musterverfahrens zuständige Oberlandesgericht.[66] Auslagen für die Veröffentlichung des Musterfeststellungsantrags gem. § 3 Abs. 2 KapMuG sind keine Auslagen des Musterverfahrens, so dass über Erinnerungen gegen deren Ansatz nicht das Oberlandesgericht, sondern das Prozessgericht gem. § 66 Abs. 1 S. 1 entscheidet.[67]

25 War das Verfahren im ersten Rechtszug bei **verschiedenen Gerichten** anhängig, so ist das Gericht zuständig, bei dem die Sache zuletzt anhängig war (**Abs. 1 S. 3**). Dieses Gericht entscheidet dann im Rahmen der Erinnerung auch über diejenigen Kosten, die vor einem anderen Gericht angesetzt worden sind.

Beispiel 1: Der Kläger hatte vor dem örtlich unzuständigen Gericht Klage eingereicht. Die Sache wurde dann später an das örtlich zuständige Gericht verwiesen. – Das Empfangsgericht ist für die Erinnerung zuständig, auch soweit es um Kosten geht, die vor dem unzuständigen Gericht angefallen sind.

Beispiel 2: Nach Einreichung der Klage beim ArbG wird das Verfahren an das AG verwiesen. – Für die Entscheidung über die Erinnerung ist das AG zuständig.

26 **7. Erinnerungsberechtigte. a) Überblick.** Erinnerungsberechtigt sind sowohl der oder die **Kostenschuldner** als auch die **Staatskasse.**[68] Die Vertretung der Staatskasse richtet sich nach den jeweils einschlägigen Verwaltungsbestimmungen. In der Regel erfolgt die Vertretung durch den **Bezirksrevisor**. Auch die Erfüllung der Kostenschuld durch einen dem Kostenschuldner erstattungspflichtigen Dritten (zB durch eine Rechtsschutzversicherung) führt nicht zur Erinnerungsberechtigung.[69]

27 **b) Kostenschuldner.** Erinnerungsberechtigt ist jeder Kostenschuldner, der formal durch eine Kostenrechnung in Anspruch genommen wird.[70] Die Kostenrechnung muss daher bereits vorliegen, weil der Kostenansatz ein Justizverwaltungsakt ist (→ § 19 Rn 3), der den Kostenschuldner erst nach Bekanntgabe beeinträchtigt;[71] eine Erinnerung vor Bekanntgabe des Kostenansatzes kann allenfalls durch die Staatskasse eingelegt werden.[72] Eine Anfechtung des Kostenansatzes durch einen Kostenschuldner soll nach einer in der Rspr und im Schrifttum vertretenen Auffassung allerdings auch dann möglich sein, wenn die Kostenrechnung ihm zwar noch nicht, aber dem mit ihm gesamtschuldnerisch haftenden Kostenschuldner zugegangen ist.[73] Nach der Rspr des BGH steht die Befugnis, sich gegen den Kostenansatz zu wehren, aber nur demjenigen zu, der in der angegriffenen Kostenrechnung tatsächlich als Kostenschuldner ausgewählt und in Anspruch genommen worden ist.[74] An meiner in der Vorauflage vertreten gegenteiligen Auffassung halte ich vor diesem Hintergrund nicht mehr fest. Denn der Kostenschuldner kann mit der Erinnerung nur die Beseitigung einer durch den konkret angegriffenen Kostenansatz geschaffenen Beschwer erstreben.[75]

27a Es ist nicht erforderlich, dass der Kostenschuldner neben der Kostenrechnung noch eine besondere Zahlungsaufforderung erhält. Erinnerungsberechtigt ist auch der **Rechtsnachfolger** eines Kostenschuldners (zB Erbe), solange die Beschwer durch den Kostenansatz fortbesteht.[76]

64 BGH NJW 2013, 2824 = AGS 2013, 433 = Rpfleger 2013, 651 = RVGreport 2013, 359. **65** BGH NJW 2000, 1128 = JurBüro 2000, 542 = AGS 2000, 231. **66** OLG München Rpfleger 2014, 699 = AG 2014, 544. **67** OLG München Rpfleger 2014, 699 = AG 2014, 544. **68** Vgl dazu FG Hamburg Rpfleger 2012, 157. **69** Binz/Dörndorfer/*Dörndorfer*, § 57 FamFKG Rn 3; *Meyer*, GKG § 66 Rn 11; aA OLG Düsseldorf VersR 1983, 239; OLG Düsseldorf JurBüro 1983, 581; vgl hierzu auch BGH MDR 2011, 1376. **70** Vgl BGH MDR 2016, 302; OVG Mecklenburg-Vorpommern 17.4.2009 – 2 O 183/08, juris. **71** BSG 29.12.2011 – B 13 SF 3/11 S, juris; BGH NJW 2002, 3410; BGH NJW-RR 1997, 831; BVerwG NVwZ 2006, 479; OVG Mecklenburg-Vorpommern 17.4.2009 – 2 O 183/08, juris. **72** KG NJW-RR 2003, 1723 = JurBüro 2004, 325; Binz/Dörndorfer/*Zimmermann*, § 66 GKG Rn 18. **73** OLG München JurBüro 1990, 358 = AnwBl 1990, 396; OLG München Rpfleger 1982, 239 = JurBüro 1982, 884; *Meyer*, § 66 GKG Rn 9; *Hartmann*, KostG, § 66 GKG Rn 6; Binz/Dörndorfer/*Zimmermann*, § 66 GKG Rn 19; *Volpert*, in: NK-GK, 1. Aufl. 2014 (Voraufl.), § 66 GKG Rn 27; wohl auch OLG Jena 10.3.2008 – 1 Ws 35/08, juris. **74** BGH MDR 2016, 302; so auch OLG Düsseldorf Rpfleger 1985, 255 = JurBüro 1985, 1065; OLG Schleswig JurBüro1981, 403; OVG Mecklenburg-Vorpommern 17.4.2009 – 2 O 183/08, juris. **75** BGH MDR 2016, 302. **76** OLG Koblenz NJW-RR 2012, 891.

Erinnerungsberechtigt ist ferner derjenige, der tatsächlich gar nicht Kostenschuldner ist, der aber zu Un- **28** recht als Kostenschuldner in Anspruch genommen wird.[77] Ein Erinnerungsrecht wird insoweit mindestens nach § 8 JBeitrO zu bejahen sein.

Erinnerungsberechtigt ist auch ein **Zweitschuldner** (ausf. → § 31 Rn 45).[78] Ebenso ist erinnerungsberechtigt **29** eine Partei, der ratenfreie Prozesskostenhilfe bewilligt worden ist, soweit sie im Falle der Aufhebung oder Abänderung der Prozesskostenhilfe auf Zahlung der Gerichtskosten in Anspruch genommen wird. Auch der **Rechtsnachfolger** eines Kostenschuldners ist zur Erinnerung berechtigt.

Der Bevollmächtigte einer Partei (zB ein Rechtsanwalt) ist aus eigenem Recht nicht erinnerungsbefugt. Die **30** Prozessvollmacht für die Hauptsache umfasst aber im Regelfall die Befugnis, für den Mandanten/Kostenschuldner im Erinnerungsverfahren gem. § 66 tätig zu werden.

c) **Zahlung des Kostenbetrags.** Die Erinnerung ist auch nach Zahlung des Kostenbetrags zulässig.[79] Die Er- **31** innerungsbefugnis erlischt nicht dadurch, dass die Gerichtskosten vom Erinnerungsführer oder einem anderen Kostenschuldner bereits gezahlt sind.[80]

Beispiel: In einem Klageverfahren vergleichen sich die Parteien und vereinbaren, dass der Beklagte ein Viertel der **32** Kosten zu tragen hat. Der Kläger hatte die angefallene 3,0-Gebühr nach Nr. 1210 KV bereits vorausgezahlt.

Zwar besteht wegen der Zahlung des Klägers keine Zahlungspflicht des Beklagten gegenüber der Staatskasse mehr. Der Beklagte haftet jedoch im Rahmen der Kostenerstattung gegenüber dem Kläger, so dass er ein berechtigtes Interesse daran hat, dass die Kostenschuld, für die er nach dem Vergleich zu 25 % haftet, zutreffend festgesetzt wird.

d) **Staatskasse.** Auch die Staatskasse ist erinnerungsbefugt.[81] Sie kann sich sowohl gegen einen zu hohen[82] **33** (Benachteiligung des Kostenschuldners) als auch gegen einen zu niedrigen (Benachteiligung der Staatskasse) Kostenansatz wenden sowie dagegen, dass ein Kostenansatz unterblieben ist. Gegen eine gerichtliche Entscheidung gem. § 21 (Anordnung der Nichterhebung von Gerichtskosten wegen unrichtiger Sachbehandlung) kann die Staatskasse nach § 66 vorgehen (Beschwerde; → Rn 67). Einen zu hohen Kostenansatz kann auch der Vertreter der Staatskasse mit der Erinnerung beanstanden, weil er auf den richtigen Ansatz zu achten hat (§ 41 KostVfg) und Unrichtigkeiten zum Nachteil des Kostenschuldners (vgl dazu § 43 Abs. 1 KostVfg) festzustellen sind. Ferner wird dann ausgeschlossen, dass sich später noch etwaige Rückerstattungsansprüche des Kostenschuldners ergeben, die im Widerspruch zu einer ordnungsgemäßen Haushaltsführung stehen (→ Rn 46).[83]

Allerdings ist bei der Staatskasse zu berücksichtigen, dass dem Vertreter der Staatskasse (→ § 19 Rn 50 ff) **34** hinsichtlich des Kostenansatzes ein **Weisungsrecht gegenüber dem Kostenbeamten** zusteht. Deshalb kommt die Einlegung der Erinnerung durch die Staatskasse nur in Betracht, wenn es wegen der **grundsätzlichen Bedeutung der Sache** angezeigt erscheint, von einer Berichtigung im Verwaltungsweg abzusehen und eine gerichtliche Entscheidung herbeizuführen (§ 38 Abs. 1 KostVfg). Auch wenn dem Vertreter der Staatskasse eine Erinnerung des Kostenschuldners gegen den Kostenansatz nach Nichtabhilfe durch den Kostenbeamten vorgelegt wird (vgl §§ 28 Abs. 2, 38 Abs. 2 KostVfg), kommt bei der Feststellung von Unrichtigkeiten des bereits angefochtenen Kostenansatzes durch den Vertreter der Staatskasse keine Weisung an den Kostenbeamten zur Berichtigung des Ansatzes, sondern idR ebenfalls die Einlegung der Erinnerung zur Herbeiführung einer einheitlichen gerichtlichen Entscheidung über den richtigen Kostenansatz in Betracht.

8. **Beschwer. a) Überblick.** Erforderlich ist eine Beschwer. Eine bestimmte Beschwerdesumme bzw Erinne- **35** rungssumme – wie im Falle der Beschwerde nach Abs. 2 – muss dagegen nicht erreicht sein. Die Erinnerung ist auch nach Zahlung des Kostenbetrags zulässig.[84] Die Kostenrechnung muss bereits vorliegen bzw dem Kostenschuldner zugegangen sein, weil der Kostenansatz ein Justizverwaltungsakt ist (→ § 19 Rn 3), der den Kostenschuldner erst nach Bekanntgabe beeinträchtigt;[85] eine Erinnerung vor Bekanntgabe des Kostenansatzes kann allenfalls durch die Staatskasse eingelegt werden.[86]

Die Beschwer kann sich sowohl aus einem unzutreffenden Ansatz der Gebühren als auch aus einem unzu- **36** treffenden Ansatz von Auslagen ergeben (ausf. → Rn 14 f).

---

77 BFH 12.12.2008 – IV E 1/08, juris; VGH Mannheim JurBüro 1999, 205; OLG Brandenburg RVGreport 2008, 236 = NJW 2007, 1470; OLG Koblenz JurBüro 1993, 424. **78** Vgl zB OLG Düsseldorf OLGR 2009, 367 = AGS 2009, 249; OLG Düsseldorf JurBüro 2008, 43; OLG Düsseldorf OLGR 2008, 232 = JurBüro 2008, 210; KG MDR 2005, 1079; OLG Naumburg OLGR 2003, 334; LG Stendal Rpfleger 2005, 210. **79** OLG Köln 6.10.2010 – I-17 W 168/10, juris; OLG Koblenz RVG-B 2004, 107 = NJOZ 2004, 794. **80** OLG Köln 6.10.2010 – I-17 W 168/10, juris; OLG Koblenz RVG-B 2004, 107 = NJOZ 2004, 794; vgl auch OLG Dresden NJW-RR 2001, 861 = MDR 2011, 476. **81** Vgl zur Beteiligung der Staatskasse am Verfahren gem. § 66 ausf. FG Hamburg Rpfleger 2012, 157. **82** KG Rpfleger 1977, 227. **83** So auch *Oestreich/Hellstab/Trenkle*, GKG § 66 Rn 33. **84** OLG Köln 6.10.2010 – I-17 W 168/10, juris; OLG Koblenz RVG-B 2004, 107 = NJOZ 2004, 794. **85** BGH 29.12.2011 – B 13 SF 3/11 S, juris; BGH NJW 2002, 3410; BGH NJW-RR 1997, 831; BVerwG NVwZ 2006, 479; OLG München NStZ-RR 2014, 63; OVG Mecklenburg-Vorpommern 17.4.2009 – 2 O 183/08, juris. **86** KG NJW-RR 2003, 1723; Binz/Dörndorfer/*Zimmermann*, § 66 GKG Rn 18.

37 An einer Beschwer fehlt es dann, wenn der Erinnerungsführer geltend macht, die Gebühren seien nach einem unzutreffenden Wert angesetzt worden, wenn sich bei Ansatz des von ihm zugrunde gelegten Werts aber mangels Gebührensprungs kein anderer Kostenansatz ergeben würde.

38 Unzulässig ist die Erinnerung grds. auch dann, wenn zwar einzelne Kostenpositionen unzutreffend sind, das Gesamtergebnis aber richtig ist und dies nicht angegriffen wird. Anders dagegen, wenn sich aus der zutreffenden Zusammensetzung des Ergebnisses eine abweichende persönliche Kostenschuld ergeben kann.

39 Ebenso ist die Erinnerung unzulässig, wenn sich zwar höhere Einzelgebühren ergeben würden, wegen § 36 Abs. 3 aber insgesamt kein höheres Gebührenaufkommen, sofern nicht die Zusammensetzung der einzelnen Gebühren auf die Kostenschuldnerschaft Auswirkung hat.

40 Unzulässig ist die Erinnerung auch dann, wenn sich zwar ein abweichendes Kostenaufkommen ergeben würde, der Erinnerungsführer dafür aber nicht haften kann, wenn dieses nur den Gegner trifft.[87]

41 **Beispiel:** Im Verfahren schließen die Parteien einen Vergleich mit Mehrwert (Mehrvergleich), wonach jedoch der Kläger die gesamten Kosten des Verfahrens zu tragen hat. Das Gericht erhebt neben der Vergleichsgebühr (Nr. 1900 KV) eine 3,0-Gebühr für das Verfahren im Allgemeinen (Nr. 1210 KV) und verweigert eine Ermäßigung nach Nr. 1211 KV. Dagegen will der Beklagte Erinnerung einlegen.

Da der Beklagte nur die Vergleichsgebühr schuldet (§ 22 Abs. 1 S. 4), nicht jedoch die Verfahrensgebühr im Allgemeinen nach Nr. 1210 KV, ist er nicht beschwert. Seine Erinnerung wäre unzulässig.

42 Die Erinnerung kann auch mit dem Ziel eingelegt werden, die Nichterhebung der Gerichtskosten wegen unrichtiger Sachbehandlung zu erreichen, wenn sich also der Erinnerungsführer nicht gegen die Berechnung als solche richtet, sondern geltend machen will, die Voraussetzungen des § 21 lägen vor, so dass bestimmte Kosten nicht erhoben werden dürften (→ Rn 14 ff).[88] Die Inanspruchnahme als Zweitschuldner (→ § 31 Rn 28) ist ebenfalls mit der Erinnerung anfechtbar (→ § 31 Rn 45).[89]

43 Die Erinnerung kann sich auch gegen die Fälligkeit des Kostenansatzes richten. Macht der Erinnerungsführer geltend, dass die Rechnung als solche nicht zu beanstanden sei, die Kosten aber noch nicht fällig seien, kann dies ebenfalls mit der Erinnerung gerügt werden (→ Rn 14 ff). Auch ein Verstoß des Kostenbeamten gegen § 8 Abs. 4 KostVfg kann mit der Erinnerung gerügt werden (→ § 31 Rn 11).

44 Eine unzutreffende Wertfestsetzung (§ 63) kann mit der Erinnerung nicht gerügt werden (→ Rn 9). Gegebenenfalls ist das Erinnerungsverfahren auszusetzen, bis die Wertfestsetzung auf eine Gegenvorstellung (§ 63) oder eine Beschwerde (§ 68) hin überprüft worden ist.

45 **b) Beschwer einer Partei.** Eine Partei kann nur dadurch beschwert sein, dass die Gerichtskosten **zu hoch** oder völlig **zu Unrecht** angesetzt sind. Sie kann also nur eine Herabsetzungserinnerung einlegen. Eine Partei kann auch durch einen rechnerisch richtigen, aber noch **nicht fälligen** Ansatz beschwert sein.

46 **c) Beschwer der Staatskasse.** Die Staatskasse kann dagegen mit der Erinnerung geltend machen, dass die Gebühren zu gering bzw gar nicht oder zu hoch angesetzt worden sind. Es handelt sich insoweit nicht um eine Erinnerung zu Gunsten des Kostenschuldners, sondern um eine zu Gunsten der Staatskasse, die andernfalls mit einer Rückforderung bedroht wäre (→ Rn 33; → § 19 Rn 51).[90]

47 **9. Form.** Eine bestimmte Form ist für die Erinnerung nicht vorgeschrieben. Der **Begriff „Erinnerung"** muss nicht verwandt werden, eine falsche Bezeichnung ist unschädlich. Es muss sich aus der Eingabe nur ergeben, dass der Kostenansatz angegriffen werden soll. Daher reicht es aus, wenn die Erinnerung als Widerspruch bezeichnet worden ist.[91]

48 Die Erinnerung kann zu Protokoll der Geschäftsstelle erklärt oder schriftlich eingereicht werden (Abs. 5 S. 1 Hs 1).[92] § 129 a ZPO gilt entsprechend (Abs. 5 S. 1 Hs 2). Das bedeutet bspw, dass die Erinnerung gegen den Kostenansatz des Finanzgerichts zu Protokoll der Geschäftsstelle eines jeden Amtsgerichts eingelegt werden kann (§ 129 a ZPO). Die Geschäftsstelle hat die Beschwerde unverzüglich an das Finanzgericht weiterzuleiten. Die Schriftform erfordert gem. § 126 Abs. 1 BGB zwar die eigenhändige Unterzeichnung des Schriftstücks durch den Aussteller. Es reicht zur Erfüllung der durch Abs. 5 vorgeschriebenen Schriftform aber aus, wenn die Erinnerung per **Telefax** eingelegt wird[93] oder eine nur in Kopie wiedergegebene (**eingescannte**) Unterschrift enthält.[94] Der prozessrechtliche Begriff der „Schriftlichkeit" in Abs. 5 ist somit nicht vollständig identisch mit der durch § 126 Abs. 1 BGB vorgeschriebenen Schriftform.[95] Auch bei fehlender Unterschrift kann deshalb die Schriftform iSv Abs. 5 gewahrt sein, wenn feststeht, dass es sich bei dem

87 OLG Karlsruhe JurBüro 2001, 315. **88** BGH JurBüro 2008, 43 = NStZ-RR 2008, 31 = StraFo 2008, 48; OLG Düsseldorf JurBüro 1990, 1509; BayObLG JurBüro 1994, 394. **89** Vgl zB OLG Düsseldorf OLGR 2007, 637 = JurBüro 2008, 43; KG MDR 2005, 1079; OLG Naumburg OLGR 2003, 334; LG Stendal JurBüro 2005, 317. **90** LG Gießen DGVZ 1989, 184. **91** LG Schwerin 12.4.2010 – 2 S 121/09, juris. **92** OLG Hamm FGPrax 2013, 84 = RVGreport 2013, 120. **93** Vgl hierzu zB BGH NJW 2015, 1527 = MDR 2015, 533 = FamRZ 2015, 919; BGH NJW 2008, 2649. **94** BGH NJW 2015, 1209; BGH AGS 2015, 226 = RVGreport 2015, 169. **95** Vgl OLG Karlsruhe AGS 2014, 559 = MDR 2014, 986 = JurBüro 2014, 432.

Schriftstück nicht nur um einen Entwurf handelt, sondern von dem zweifelsfrei erkennbaren Absender die Erinnerung gewollt ist.[96]

Eine in einer **E-Mail** eingelegte Erinnerung entspricht nicht der durch Abs. 5 vorgeschriebenen Schriftform.[97] Die Einreichung einer Erinnerung durch E-Mail ist gem. § 5 a daher nur möglich, wenn in dem zugrunde liegenden Hauptsacheverfahren die Einreichung von Anträgen und Erklärungen der Parteien durch ein **elektronisches Dokument** gestattet ist.[98] Auf die Erl. in → § 5 a Rn 14 wird verwiesen.

Es besteht **kein Anwaltszwang**.[99] Das gilt auch dann, wenn nach den Regelungen der jeweiligen Verfahrens- oder Prozessordnung Vertretungszwang besteht.[100] Deshalb kann der Kostenschuldner auch persönlich ohne Zuziehung eines Anwalts Erinnerung gegen eine Kostenrechnung des **BFH**[101] oder eines **OVG**[102] einlegen. Die Prozessvollmacht für die Hauptsache umfasst aber im Regelfall die Befugnis, für den Mandanten/ Kostenschuldner im Erinnerungsverfahren gem. § 66 tätig zu werden. Wird der Rechtsanwalt erst im Erinnerungsverfahren tätig, kann Vorlage einer schriftlichen Vollmacht verlangt werden.[103]

10. Frist. Eine Frist für die Erinnerung ist nicht vorgesehen.[104] § 20 ist auf diese Rechtsbehelfe nicht analog 49 anwendbar.[105] Die Erinnerung kann daher auch noch eingelegt werden, nachdem die Kosten bereits gezahlt sind.[106] Ausgeschlossen ist die Erinnerung erst nach Eintritt der Verjährung sowie im Falle einer **Verwirkung**. Das Erinnerungsrecht des Kostenschuldners gegen den Kostenansatz kann verwirkt sein, wenn dieser es längere Zeit nicht geltend gemacht hat (**Zeitmoment**) und die Staatskasse sich darauf eingerichtet hat und sich nach dem gesamten Verhalten des Berechtigten auch darauf einrichten durfte (**Umstandsmoment**); s. hierzu auch → § 20 Rn 6.[107] Die Verwirkung ist vom LG Aurich[108] in einem Strafverfahren bejaht worden, in dem die Kostenrechnung im Jahr 1984 aufgestellt worden ist und der Kostenschuldner ab diesem Zeitpunkt bis ins Jahr 2012 Ratenzahlungen geleistet hat und anschließend die Rücknahme der Kostenrechnung geltend gemacht hat.

Für die Staatskasse wird man die Erinnerung auch dann als ausgeschlossen ansehen müssen, wenn die sich 50 bei einer erfolgreichen Erinnerung ergebenden höheren Kosten wegen Eintritts des Nachforderungsverbots gem. § 20 nicht mehr geltend gemacht werden können, vgl aber § 20 Abs. 1 S. 2.

11. Begründung. Eine Begründung der Erinnerung ist nicht erforderlich. Es muss nur das konkrete Rechts- 51 schutzziel des Erinnerungsführers ermittelt werden können. Die Einwendungen bzw Beanstandungen müssen erkennen lassen, welche Rechnungspositionen aus welchem Grund für übersetzt oder unzutreffend gehalten werden (→ Nr. 9005 KV Rn 22).[109]

12. Verfahren und Entscheidung. Zur Entscheidung über die Erinnerung ist zunächst der Kostenbeamte des 52 Gerichts, das den Kostenansatz aufgestellt hat, zuständig. Er hat zu prüfen, ob er der Erinnerung abhilft, und hat dabei den Parteien ggf **rechtliches Gehör** zu gewähren (§ 28 Abs. 2 KostVfg; → § 19 Rn 54). Bei einer Erinnerung des Kostenschuldners ist die Staatskasse als Erinnerungsgegnerin Verfahrensbeteiligte.[110]

Hält der Kostenbeamte die Erinnerung **insgesamt für zulässig und begründet**, hat er ihr abzuhelfen. Hält er 53 sie nur **teilweise für zulässig und begründet**, hat er ihr teilweise abzuhelfen. Der Kostenbeamte kann bzw muss im Rahmen der Abhilfeprüfung den Kostenansatz zum Nachteil des Kostenschuldners durch Aufnahme zusätzlicher Positionen oder durch Erhöhung bereits vorhandener Positionen abändern (kein Verschlechterungsverbot), vgl § 19 Abs. 5 S. 1 GKG und § 28 Abs. 2 KostVfg (→ § 19 Rn 39 ff).[111]

Hilft der Kostenbeamte der Erinnerung nicht oder nicht vollständig ab, hat er die Sache zunächst **dem Ver-** 54 **treter der Staatskasse vorzulegen** (Bezirksrevisor), vgl §§ 28 Abs. 2, 38 Abs. 2 KostVfg. Die Entscheidung des Kostenbeamten über die Nichtabhilfe ist zu unterschreiben, da nur so die eigenverantwortliche Abhilfeprüfung dokumentiert ist.[112] Der Vertreter der Staatskasse prüft bei Vorlage nach Nichtabhilfe durch den Kostenbeamten, ob der Kostenansatz im Verwaltungsweg zu ändern ist (§ 36 KostVfg; auch → § 19

96 OLG Karlsruhe AGS 2014, 559 = MDR 2014, 986 = JurBüro 2014, 432. **97** BGH AGS 2015, 226 = RVGreport 2015, 160; BGH NJW-RR 2015, 1209; OLG Hamm FGPrax 2013, 84 = RVGreport 2013, 120. **98** BGH AGS 2015, 226 = RVGreport 2015, 160; BGH NJW-RR 2009, 357 = MMR 2009, 99 = WM 2009, 331; BayVGH RVGreport 2008, 359 m. zust. Anm. *Hansens*; OLG Hamm FGPrax 2013, 84 = RVGreport 2013, 120; OLG Oldenburg NJW 2009, 357; OLG Schleswig SchlHA 2009, 244. **99** BFH JurBüro 2015, 373 = RVGreport 2015, 316; BFH 25.3.2014 – X E 2/14, juris; BFH 13.9.2012 – X E 5/12, juris; OVG Rheinland-Pfalz AGkompakt 2010, 59 = DÖV 2010, 572. **100** BFH 25.3.2014 – X E 2/14, juris (§ 62 Abs. 4 FGO); OVG Hamburg 4.10.2011 – 4 SO 82/11, juris (mwN). **101** BFH JurBüro 2015, 373 = RVGreport 2015, 316; BFH 25.3.2014 – X E 2/14, juris; BFH/NV 2012, 1618; BFH/NV 2012, 1622; BFH/NV 2012, 428. **102** OVG Bautzen NVwZ 2009, 1573. **103** BFH Rpfleger 1992, 365; *Oestreich/Hellstab/Trenkle*, GKG § 66 Rn 25. **104** OLG Koblenz NJW-RR 2012, 891; OVG Mecklenburg-Vorpommern 17.4.2009 – 2 O 183/08, juris. **105** OLG Zweibrücken 19.1.2014 – 7 W 1/14, juris. **106** OLG Köln 6.10.2010 – I 17 W 168/10, juris; OLG Koblenz RVG-B 2004, 107. **107** OLG Oldenburg NStZ 2006, 406; LG Aurich AGS 2013, 196; OLG München NJW-RR 2013, 1083 (noch zu § 14 KostO). **108** LG Aurich AGS 2013, 196. **109** BFH 25.3.2014 – X E 2/14, juris (substantiierte Einwendungen); OLG Düsseldorf 22.2.1978 – V-9/77 (10), AnwBl 1978, 358; vgl auch OLG Düsseldorf 24.6.1999 – 1 Ws 736/99, nv; KG NStZ-RR 2009, 190 = RVGreport 2009, 237; OLG Koblenz NStZ-RR 2010, 359; OLG Koblenz 21.1.2010 – 2 Ws 21/10. **110** FG Hamburg Rpfleger 2012, 157. **111** So auch Binz/Dörndorfer/*Zimmermann*, § 66 GKG Rn 28. **112** OLG Köln 11.10.2010 – 2 Wx 146/10, juris.

Rn 50 ff) oder ob Anlass besteht, für die Staatskasse ebenfalls Erinnerung einzulegen. Soweit der Erinnerung nicht abgeholfen wird, veranlasst er, dass die Akten unverzüglich dem Gericht vorgelegt werden (§ 38 Abs. 2 KostVfg). Das Gericht entscheidet über die Erinnerung abschließend.

55 Gemäß **Abs. 6 S. 1 Hs 1** entscheidet das Gericht über die Erinnerung durch eines seiner Mitglieder als Einzelrichter. Das gilt auch in Verfahren, in denen Entscheidungen des Einzelrichters in der anzuwendenden Verfahrensordnung nicht vorgesehen sind. Deshalb entscheidet zB in **Strafsachen** gem. Abs. 1 S. 2, Abs. 6 S. 1 auch beim **LG** oder beim **OLG** (als erstinstanzliches Gericht) der insoweit nicht vorgesehene **Einzelrichter** über die Erinnerung. Für die im kostenrechtlichen Erinnerungsverfahren zugelassene Entscheidung durch einen Einzelrichter war in der Rspr zwar teilweise gefordert worden, dass eine solche Entscheidung institutionell auch vorgesehen sein müsse. Weil in Strafsachen eine Entscheidung durch den Einzelrichter ausgeschlossen ist (§ 76 GVG), musste das Gericht nach dieser Auffassung trotz Abs. 6 in normaler Besetzung entscheiden.[113] Für die Zuständigkeit des Einzelrichters sprachen aber der klare Wortlaut von Abs. 6 und der Umstand, dass ansonsten wesentliche strukturelle Änderungen durch die Kostenrechtsmodernisierung I zum 1.7.2004 nicht umgesetzt würden. Aus dem klaren Wortlaut der Bestimmungen ergab sich ferner, dass der Gesetzgeber bei der Einführung des **Einzelrichterprinzips** gerade nicht zwischen den einzelnen Gerichtsbarkeiten unterschieden hat.[114] Durch den zum 1.8.2013 durch das 2. KostRMoG[115] eingefügten § 1 **Abs. 5** ist deshalb klargestellt worden, dass die Vorschriften des GKG über die Erinnerung und die Beschwerde den Regelungen der für das zugrunde liegende Verfahren geltenden Verfahrensvorschriften vorgehen. Die im GKG vorhandenen kostenrechtlichen Bestimmungen über den Spruchkörper sind damit die **spezielleren Vorschriften**, so dass dann auch bei Kollegialgerichten grds. der Einzelrichter entscheidet, es sei denn, die in Abs. 6 S. 2 genannte Ausnahme liegt vor.

Ist der angefochtene Kostenansatz vom **Rechtsmittelgericht** erstellt worden, entscheidet das Rechtsmittelgericht über die Erinnerung,[116] und zwar nach Abs. 6 S. 1 grds. der **Einzelrichter**. Er hat die Sache der Kammer oder dem Senat zu übertragen, wenn sie besondere Schwierigkeiten tatsächlicher oder rechtlicher Art aufweist oder die Rechtssache grundsätzliche Bedeutung hat (**Abs. 6 S. 2**).

56 Bislang wurde vertreten, dass beim **BGH** der **Senat** über die Erinnerung entscheidet (§ 139 GVG)[117] und die Einzelrichterregelung in Abs. 6 S. 1 nicht anwendbar sei.[118] Das wurde auch für den **BFH** angenommen.[119] Das BVerwG ist bislang hingegen davon ausgegangen, dass über die Erinnerung der Einzelrichter entscheidet.[120] Durch den durch das 2. KostRMoG eingefügten § 1 Abs. 5 ist nunmehr klargestellt, dass die in Abs. 6 S. 1 enthaltene Übertragung der Entscheidungszuständigkeit auf den Einzelrichter für alle Verfahrensordnungen **Vorrang** hat, vgl § 1 Abs. 5 (→ § 1 Rn 66 ff). Der Einzelrichter entscheidet damit auch dann über die Erinnerung, wenn eine Einzelrichterentscheidung institutionell (in der jeweiligen Verfahrensordnung) nicht vorgesehen ist.[121]

57 Bei **Rechtspflegergeschäften** (§ 3 RPflG) entscheidet gem. § 4 Abs. 1 RPflG der Rechtspfleger über die Erinnerung.[122] Die kostenauslösende Hauptsache bildet dabei das Geschäft.[123] Maßgebend ist dabei nicht die Einzelzuweisung zB durch § 31 RPflG, sondern die Zuständigkeit für das grds. zugrunde liegende Verfahren.[124] Hat der zur Entscheidung über die Erinnerung berufene Rechtspfleger den angefochtenen Kostenansatz als Kostenbeamter selbst aufgestellt, entscheidet der nach dem Geschäftsverteilungsplan zuständige Vertreter des Rechtspflegers über die Erinnerung.[125]

58 Über die Erinnerung des Kostenschuldners darf erst entschieden werden, wenn zuvor der Staatskasse **rechtliches Gehör** gewährt worden ist (Art. 103 GG). Denn bei einer Erinnerung des Kostenschuldners ist die Staatskasse als Erinnerungsgegnerin Verfahrensbeteiligte.[126] Diese Frage wird sich idR aber nur dann stellen, wenn der Kostenbeamte die Vorlagepflicht nach §§ 28 Abs. 2, 38 Abs. 2 KostVfg (→ Rn 54) nicht beachtet hat.

59 Das Gericht kann mündlich verhandeln, was in der Praxis aber nicht vorkommt.

---

113 Vgl zB BGH NStZ 2007, 663; BGH NJW-RR 2005, 584; OLG Düsseldorf JMBl. NW 2007, 139; LG Dresden AGS 2008, 120; LG Hildesheim StraFo 2005, 393. **114** OLG Düsseldorf Rpfleger 2009, 528 = JurBüro 2009, 255; KG StraFo 2009, 306; OLG Köln StraFo 2009, 349. **115** Vom 23.7.2013 (BGBl. I 2586). **116** OLG Düsseldorf OLGR 2008, 232 = JurBüro 2008, 210. **117** BGH RVGreport 2011, 399; BGH GRUR-RR 2011, 39; BGH JurBüro 2008, 43; BGH NStZ 2007, 663 (in Strafsachen); BGH NJW-RR 2006, 1003 = RVGreport 2007, 200 (für die Erinnerung gegen den Kostenansatz in Sachen des Richterdienstgerichts); BGH NJW-RR 2005, 584. **118** BGH NStZ 2007, 663 (in Strafsachen); BGH NJW-RR 2006, 1003 = RVGreport 2007, 200 (für die Erinnerung gegen den Kostenansatz in Sachen des Richterdienstgerichts); BGH NJW-RR 2005, 584. **119** BFH 29.9.2005 – IV E 5/05, juris. **120** BVerwG 19.11.2009 – 13 M 09.2782, juris; BVerwG NVwZ 2006, 479 = NJW 2006, 1450 (Ls.). **121** BT-Drucks 17/11471 (neu), S. 243; BGH MDR 2016, 241; BGH NJW 2015, 2194 = MDR 2015, 724; BFH 25.3.2014 – X E 2/14, juris. **122** OLG Köln StraFo 2009, 349; OLG Hamm Rpfleger 2001, 99; KG JurBüro 1987, 406; LG Koblenz NJW-RR 1998, 359; *Lappe*, Rpfleger 2005, 306; aA OLG Celle NdsRpfl 1974, 136; LG Koblenz Rpfleger 1984, 435; LG Berlin JurBüro 1977, 533. **123** OLG Köln StraFo 2009, 349; KG JurBüro 1987, 406. **124** OLG Köln StraFo 2009, 349 (Vollziehung eines Arrests in einer Strafsache). **125** LG Koblenz NJW-RR 1998, 359; BayObLG JurBüro 1994, 394. **126** FG Hamburg Rpfleger 2012, 157.

Der Richter hat mit der Entscheidung auch darüber zu befinden, ob er die Beschwerde **zulässt** (Abs. 2 S. 2; → Rn 79 f). Die Zulassung ist geboten, wenn die zur Entscheidung anstehende Frage grundsätzliche Bedeutung hat (Abs. 2 S. 2). **60**

Nach § 5 b hat jede gem. § 66 getroffene **anfechtbare Entscheidung** eine **Belehrung** über den statthaften Rechtsbehelf (Beschwerde oder weitere Beschwerde) sowie über die Stelle, bei der dieser Rechtsbehelf einzulegen ist, über deren Sitz und über die einzuhaltende Form und Frist zu enthalten. In der Erinnerungsentscheidung ist daher über die Beschwerde zu belehren. Das gilt allerdings nicht, wenn der Wert des Beschwerdegegenstands 200 € nicht übersteigt und wegen Verneinung der grundsätzlichen Bedeutung der zur Entscheidung stehenden Frage die Beschwerde nicht zugelassen worden ist. Auf die Erl. zu § 5 b wird verwiesen.

Soweit die Erinnerung begründet ist und das Gericht entsprechend entscheidet, ergeht **keine Anordnung über die Rückzahlung.** Diese hat dann der Kostenbeamte später selbst zu veranlassen. **61**

Die Entscheidung über die Erinnerung ist formlos mitzuteilen, da keine Frist ausgelöst wird. **62**

Dem Gericht steht eine **umfassende Prüfungskompetenz** hinsichtlich aller für den Kostenansatz wesentlichen Punkte zu. Es hat die Kostenrechnung sowohl unter kostenrechtlichen (→ Rn 14) als auch tatsächlichen Gesichtspunkten ohne Bindung an die Auffassung des Kostenbeamten und der Staatskasse zu untersuchen.[127] **63**

IV. Beschwerde (Abs. 2)

1. Überblick. Gegen die Entscheidung über die Erinnerung ist die **Beschwerde** gegeben, wenn **64**

- der Wert des Beschwerdegegenstands den Betrag von 200,00 € übersteigt, also mindestens 200,01 € beträgt, oder
- die Beschwerde in der Entscheidung über die Erinnerung zugelassen worden ist.

Für das Beschwerdeverfahren gelten die Erl. zur Erinnerung (→ Rn 12 ff) entsprechend.

Das gilt entsprechend, wenn der **Rechtspfleger** in den ihm übertragenen Geschäften über die Erinnerung entschieden hat (→ Rn 57). Wird die Mindestbeschwer iHv 200,01 € nicht erreicht und hat der Rechtspfleger die Beschwerde auch nicht zugelassen, ist gegen die Entscheidung des Rechtspflegers gem. § 11 Abs. 2 RPflG die Erinnerung gegeben, die innerhalb einer Frist von zwei Wochen einzulegen ist und über die der Richter abschließend entscheidet.[128] Eine Beschwerdezulassung durch den Richter gem. Abs. 2 S. 2 ist nicht mehr möglich. Gemäß § 5 b ist über das Recht zur Erinnerung nach § 11 Abs. 2 RPflG zu belehren.[129] **65**

Entscheidungen des **OLG** über eine Erinnerung sind nach Abs. 3 S. 3 unanfechtbar, weil eine Beschwerde an einen obersten Gerichtshof des Bundes (Art. 95 GG) nicht stattfindet.[130] Das gilt entsprechend für Entscheidungen der **Landesarbeitsgerichte** und der **Oberverwaltungsgerichte** bzw der **Verwaltungsgerichtshöfe**[131] sowie der **Finanzgerichte.**[132] Hieran ändert auch die Zulassung der Beschwerde nichts.[133] Ebenso sind Entscheidungen des **BGH** sowie der anderen obersten Gerichtshöfe des Bundes (Art. 95 GG) über eine Erinnerung nicht anfechtbar, weil es kein übergeordnetes Beschwerdegericht gibt.[134] Insoweit kommt lediglich eine Gehörsrüge (§ 69 a) oder eine Verfassungsbeschwerde in Betracht. Unbeschadet bleibt natürlich die Möglichkeit einer Berichtigung eines Fehlers oder einer Ergänzung, wenn das Gericht einen Beschwerdepunkt übergangen hat. **66**

Die Beschwerde kann der **bisherige Erinnerungsführer** einlegen, soweit seiner Erinnerung nicht stattgegeben worden ist. Die Beschwerde kann aber auch eine **andere Partei** einlegen, die sich jetzt durch die Entscheidung über die Erinnerung erstmals beschwert fühlt. **67**

Die Beschwerde kann auf **neue Tatsachen** gestützt werden. Eine zulässige Beschwerde kann auch auf Kostenpositionen erweitert werden, die nicht Gegenstand des Erinnerungsverfahrens waren. Die Erweiterung ist aber ausgeschlossen, wenn sie nur dazu dient, den erforderlichen Beschwerdewert und damit die Zulässigkeit der Beschwerde zu erreichen. Eine Anschlussbeschwerde ist möglich.[135] **68**

Entscheidungen über die **Nichterhebung von Kosten** gem. § 21 (unrichtige Sachbehandlung) sind mit der Beschwerde gem. § 66 anzufechten.[136] Auch die Staatskasse kann eine Entscheidung über die Nichterhe- **69**

127 BVerfG NJW 1970, 853; OLG Koblenz NStZ-RR 2010, 359. **128** *Meyer,* GKG § 66 Rn 25. **129** Vgl BT-Drucks 17104/90, S. 13 (zu § 232 ZPO). **130** BGH WuM 2012, 114; BGH AGS 2010, 195 = RVGreport 2010, 37; KG 16.7.2012 – 8 W 36/12, juris. **131** OVG Bautzen 14.5.2010 – F 7 D 17/07, juris; BayVGH 20.2.2012 – 11 C 12.335, juris. **132** BFH 1.4.2009 – II B 153/08, juris; BFH/NV 2002, 942 = BRAGOreport 2002, 192. **133** BGH WuM 2012, 114; BGH AGS 2010, 195 = RVGreport 2010, 37; BGH Schaden-Praxis 2010, 29. **134** BFH/NV 2010, 1105. **135** Vgl *Meyer,* GKG § 66 Rn 39. **136** OLG Düsseldorf 22.3.2011 – I-10 W 171/10; OLG Stuttgart 2.7.2008 – 8 W 259/08, juris (zu § 66 GKG); OLG München AGS 2002, 279 = FamRZ 2002, 254 (zu § 66 GKG).

bung von Kosten gem. § 21 mit der Beschwerde anfechten.[137] Entscheidungen des OLG (LAG, OVG/VGH, FG) gem. § 21 über die Nichterhebung der Gerichtskosten des Beschwerdeverfahrens sind nicht anfechtbar (Abs. 3 S. 3; → Rn 114).[138]

70   **2. Keine fiktive Rechtsmittelfähigkeit in der Hauptsache.** Eine Beschwerde gegen die Erinnerungsentscheidung über den Kostenansatz ist auch dann zulässig, wenn in der Hauptsache ein Rechtsmittel nicht gegeben ist, etwa weil die Berufungssumme nicht erreicht ist oder ein Rechtsmittel ohnehin nicht zulässig wäre. Das stellt der durch das 2. KostRMoG eingefügte § 1 Abs. 5 ausdrücklich klar (→ § 1 Rn 66 ff). Daher ist zB eine Beschwerde gegen die Erinnerungsentscheidung auch dann zulässig, wenn mangels Erreichens der erforderlichen Beschwer in der Hauptsache die Berufung nicht zulässig wäre.[139] Eine Einschränkung, wie sie zB in §§ 91 a Abs. 2, 99 Abs. 2 ZPO für Beschwerden gegen Kostenentscheidungen enthalten ist, sieht Abs. 2 für die Beschwerde gegen den Kostenansatz nicht vor.

71   Der Rechtsmittelzug hinsichtlich des Gerichtskostenansatzes kann daher weiter gehen als der Hauptsacherechtszug.[140]

72   **3. Beschwer. a) Grundsatz.** Auch dann, wenn die Beschwerde zugelassen ist, bedarf es einer Beschwer. Es gilt insoweit das Gleiche wie bei der Beschwer für eine Erinnerung (→ Rn 35 ff). Ein Kostenschuldner kann nur durch einen zu hohen oder noch nicht fälligen Kostenansatz beschwert sein, die Landeskasse dagegen sowohl durch einen zu hohen als auch durch einen zu niedrigen oder gänzlich unterbliebenen Ansatz (→ Rn 33, 46).

73   **b) Zulassungsfreie wertabhängige Beschwerde (Abs. 2 S. 1).** Unabhängig davon, ob in der Entscheidung über die Erinnerung die Beschwerde zugelassen wird (→ Rn 79 ff), ist sie immer statthaft, wenn der Wert des Beschwerdegegenstands den Betrag von 200,00 € übersteigt. Erforderlich ist in diesem Fall also eine **Mindestbeschwer von 200,01 €.**

74   Der Wert der Beschwer bemisst sich nach der Differenz der angesetzten Kosten der jeweiligen Instanz zu den Kosten, die nach Auffassung des Beschwerdeführers anzusetzen sind.

75   **Beispiel:** In einem Verfahren ist der Kostenschuldner der Auffassung, dass anstelle der durch den Kostenbeamten nach dem vom Gericht festgesetzten Wert iHv 2.000 € erhobenen 3,0-Verfahrensgebühr Nr. 1210 KV iHv 267 € lediglich eine 1,0-Verfahrensgebühr Nr. 1211 KV mit 89 € erhoben werden kann.

Der Beschwerdewert beträgt 178 € (267 € – 89 €), so dass Beschwerde gegen die Erinnerungsentscheidung nur erhoben werden kann, wenn die Beschwerde in der Erinnerungsentscheidung zugelassen wird.

76   Da der Kostenansatz für jede Instanz gesondert vorgenommen wird (§ 19 Abs. 1), ist auf die Kostendifferenz der **jeweiligen Instanz** abzustellen.

77   Legen **mehrere Parteien** gegen dieselbe Erinnerungsentscheidung Beschwerde ein, so ist für die Zulässigkeit der Beschwerde das Erreichen des Beschwerdewerts für jede Partei gesondert festzustellen. Die Beschwer errechnet sich nicht aus den zusammengerechneten Werten der Einzelbeschwerden. Die §§ 39 und 45 Abs. 2 gelten nur für die Berechnung der Gerichtsgebühren, nicht für die Berechnung einer Beschwer im Rahmen des § 66.

78   Aus Abs. 3 S. 1 ergibt sich, dass das Gericht bei einer **Teilabhilfe** die Beschwerde im Übrigen dem Beschwerdegericht vorzulegen hat. Über die restliche Beschwerde entscheidet somit das Beschwerdegericht. Auch wenn die Beschwer infolge einer Teilabhilfe unter die Mindestbeschwer von 200,01 € sinkt, ist die restliche Beschwerde dem Beschwerdegericht vorzulegen, ohne dass es dafür noch einer gesonderten Zulassung bedarf (→ Rn 102).[141] Das ergibt sich aus dem Wortlaut von Abs. 3 S. 1.[142] Über die Zulässigkeit der restlichen Beschwerde entscheidet damit stets das Beschwerdegericht.

79   **c) Zulassung der Beschwerde (Abs. 2 S. 2).** Ist in der Erinnerungsentscheidung die Beschwerde zugelassen worden, so ist sie unabhängig vom Wert des Beschwerdegegenstands (Abs. 2 S. 1) zulässig. Erforderlich ist allerdings, dass überhaupt eine Beschwer gegeben ist (→ Rn 35 ff).

80   Die Zulassung der Beschwerde muss **in dem Beschluss**, mit dem über die Erinnerung entschieden wird, ausgesprochen worden sein. Eine **nachträgliche Zulassung** ist grds. **nicht** möglich.[143]

---

137 OLG Düsseldorf 22.3.2011 – I-10 W 171/10; OLG Jena JurBüro 1999, 435; vgl auch OLG Stuttgart 2.7.2008 – 8 W 259/08, juris (zu § 66 GKG); OLG München AGS 2002, 279 = FamRZ 2002, 254 (zu § 66 GKG). **138** OLG Stuttgart 2.7.2008 – 8 W 259/08, juris (zu § 66 GKG); OLG München AGS 2002, 279 = FamRZ 2002, 254 (zu § 66 GKG); aA OLG Celle JurBüro 1992, 329; OLG Jena JurBüro 1999, 435 (noch zu § 5 GKG aF). **139** OLG Karlsruhe AGS 2012, 420; *Schneider/Thiel*, Das neue Gebührenrecht, 2. Aufl., § 4 Rn 5. **140** OLG Karlsruhe AGS 2012, 420. **141** So auch *Meyer*, GKG § 66 Rn 41; *Hartmann*, KostG, § 66 GKG Rn 41; aA Binz/Dörndorfer/*Dörndorfer*, § 57 FamGKG Rn 15; vgl hierzu auch OLG Düsseldorf JurBüro 1987, 1260; OLG Frankfurt a. M. Rpfleger 1988, 30. **142** S. dazu auch BT-Drucks 15/1971, S. 196 f. **143** BGH FamRZ 2004, 530 = NJW 2004, 779; OLG Hamm AGS 2015, 47 = NStZ-RR 2015, 64; OLG Karlsruhe AGS 2009, 551; KG RVGreport 2009, 139; KG RVGreport 2007, 299 = AGS 2007, 466 = Rpfleger 2007, 553; OLG Saarbrücken OLGR 2005, 513; LG Koblenz FamRZ 2005, 741.

Ist die Zulassung allerdings infolge eines Schreibfehlers oder einer sonstigen offenbaren Unrichtigkeit unterblieben, kann der Beschluss **berichtigt** werden (§ 319 ZPO).[144]   81

Hat das Gericht übersehen, über die Zulassung zu entscheiden, so muss eine **Ergänzung** des Beschlusses möglich sein (§ 320 ZPO), insb. dann, wenn die Zulassung ausdrücklich beantragt worden war, das Gericht aber diesen Antrag übergangen hat. In der Regel ist die Beschwerde als nicht zugelassen anzusehen, wenn die Erinnerungsentscheidung keine Zulassung der Beschwerde enthält.[145]   82

Ist das Gericht dagegen irrtümlich davon ausgegangen, die Beschwerde sei zulässig, es brauche sie nicht gesondert zuzulassen, kommt eine Abänderung oder nachträgliche Zulassung nicht in Betracht.   83

Möglich dürfte die nachträgliche Zulassung auf eine begründete **Gehörsrüge** hin sein, wenn also die Nichtzulassung der Beschwerde auf der Verletzung rechtlichen Gehörs beruht hatte.   84

Das Erinnerungsgericht ist im Übrigen nicht berechtigt, nachträglich die Beschwerde zuzulassen. Hat es in seiner Entscheidung über die Erinnerung die Beschwerde nicht zugelassen, dann kann es nicht – auch nicht auf eine Gegenvorstellung hin – die Beschwerde nachträglich zulassen.[146] Die Beschwerde wird dadurch nicht zulässig (→ Rn 80 ff).   85

An die **Zulassung** der Beschwerde ist das Beschwerdegericht **gebunden** (Abs. 3 S. 2 Hs 1), selbst wenn das Erinnerungsgericht die grundsätzliche Bedeutung (→ Rn 88) zu Unrecht bejaht hat.[147] Es muss sich allerdings um eine wirksame Zulassung handeln (→ Rn 80, 100). **Nicht gebunden** ist das Beschwerdegericht aber an die Zulassung einer Beschwerde durch das OLG/FG/OVG/LAG. Denn deren Erinnerungsentscheidungen sind wegen Abs. 3 S. 3 (Beschwerde an einen obersten Gerichtshof des Bundes) kraft Gesetzes einer Anfechtung entzogen. Die Zulassung kann nicht dazu führen, dass dadurch ein gesetzlich nicht vorgesehener Instanzenzug eröffnet wird.[148]   86

Die **Nichtzulassung** ist **unanfechtbar** (Abs. 3 S. 2 Hs 2). Es gibt keine Nichtzulassungsbeschwerde.[149]   87

Die Zulassung der Beschwerde setzt eine **grundsätzliche Bedeutung der zur Entscheidung stehenden Frage** voraus. Von grundsätzlicher Bedeutung sind Rechtsfragen, die sich nicht nur auf tatsächlichem Gebiet bewegen und deren Beantwortung über den konkreten Rechts- bzw Einzelfall hinaus für alle weiteren Fälle dieser Art entscheidungserheblich sein kann und die bisher obergerichtlich oder durch das zuständige Beschwerdegericht nicht geklärt sind.[150] Eine Rechtssache hat dann grundsätzliche Bedeutung, wenn sie eine entscheidungserhebliche, klärungsbedürftige und klärungsfähige Rechtsfrage aufwirft, die in einer unbestimmten Vielzahl von Fällen auftreten kann und deshalb das abstrakte Interesse der Allgemeinheit an der einheitlichen Entwicklung und Handhabung des Rechts berührt.[151]   88

4. Frist. Auch die Beschwerde ist nicht befristet.[152] Ausgeschlossen ist die Beschwerde erst nach Eintritt der Verjährung sowie im Falle einer **Verwirkung** (→ Rn 49).[153]   89

5. Form (Abs. 5). Die Beschwerde ist bei dem Gericht einzulegen, dessen Entscheidung angefochten wird (Abs. 5 S. 5). Die Einreichung beim Beschwerdegericht ist jedoch unschädlich, da keine Frist zu wahren ist. Wird die Beschwerde beim Beschwerdegericht eingereicht, muss es sie zur Durchführung des Abhilfeverfahrens an das Erinnerungsgericht abgeben.   90

Die Beschwerde kann **schriftlich eingereicht** oder zu **Protokoll der Geschäftsstelle** erklärt werden (Abs. 5 S. 1 Hs 1).[154] § 129 a ZPO gilt entsprechend (Abs. 5 S. 1 Hs 2). Das bedeutet bspw, dass die Beschwerde gegen die Erinnerungsentscheidung des Verwaltungsgerichts zu Protokoll der Geschäftsstelle eines jeden Amtsgerichts eingelegt werden kann (§ 129 a ZPO). Die Geschäftsstelle hat die Beschwerde unverzüglich an das Beschwerdegericht weiterzuleiten. Einer darüber hinausgehenden besonderen Form bedarf die Beschwerde nicht. Die Schriftform erfordert gem. § 126 Abs. 1 BGB zwar die eigenhändige Unterzeichnung des Schriftstücks durch den Aussteller. Es reicht zur Erfüllung der durch Abs. 5 vorgeschriebenen Schriftform aber aus, wenn die Beschwerde per **Telefax** eingelegt wird[155] oder eine nur in Kopie wiedergegebene (**eingescannte**) Unterschrift enthält.[156] Der prozessrechtliche Begriff der „Schriftlichkeit" in Abs. 5 ist somit nicht vollständig identisch mit der durch § 126 Abs. 1 BGB vorgeschriebenen Schriftform.[157] Auch bei fehlender Unterschrift kann deshalb die Schriftform iSv Abs. 5 gewahrt sein, wenn feststeht, dass es sich bei   91

---

144 OLG Karlsruhe AGS 2009, 551; KG RVGreport 2009, 139. **145** BGH FamRZ 2004, 530 = NJW 2004, 779; KG RVGreport 2009, 139; OLG Saarbrücken OLGR 2005, 513; OLG Saarbrücken NJW-RR 1999, 214; LG Koblenz FamRZ 2005, 741. **146** BGH FamRZ 2004, 530; OLG Saarbrücken OLGR 2005, 513; OLG Saarbrücken NJW-RR 1999, 214; LG Koblenz FamRZ 2005, 741. **147** OLG Celle 16.2.2016 – 2 W 32/16, juris. **148** BGH WuM 2012, 114; BGH AGS 2010, 195 = RVGreport 2010, 37; BGH Schaden-Praxis 2010, 29. **149** OLG Köln JurBüro 1997, 474. **150** *Schneider*, ZAP Fach 13, S. 1225. **151** Vgl BGH NJW 2003, 1943; OLG Celle 16.2.2016 – 2 W 32/16, juris. **152** OVG Mecklenburg-Vorpommern 17.4.2009 – 2 O 183/08, juris. **153** OLG Oldenburg NStZ 2006, 406; LG Aurich AGS 20013, 196. **154** OLG Hamm FGPrax 2013, 84 = RVGreport 2013, 120. **155** Vgl hierzu zB BGH NJW 2015, 1527 = MDR 2015, 533 = FamRZ 2015, 919; BGH NJW 2008, 2649. **156** BGH NJW 2015, 1209; BGH AGS 2015, 226 = RVGreport 2015, 169. **157** Vgl OLG Karlsruhe AGS 2014, 559 = MDR 2014, 986 = JurBüro 2014, 432.

dem Schriftstück nicht nur um einen Entwurf handelt, sondern von dem zweifelsfrei erkennbaren Absender die Beschwerde gewollt ist.[158]

Eine in einer **E-Mail** eingelegte Beschwerde entspricht nicht der durch Abs. 5 vorgeschriebenen Schriftform.[159] Eine Einreichung einer Beschwerde durch E-Mail ist gem. § 5 a daher nur möglich, wenn in dem zugrunde liegenden Hauptsacheverfahren die Einreichung von Anträgen und Erklärungen der Parteien durch ein **elektronisches Dokument** gestattet ist.[160] Auf die Erl. in → § 5 a Rn 14 wird verwiesen. Da die Beschwerde wie die Erinnerung unbefristet ist, kann die Einlegung aber in der durch Abs. 5 vorgeschriebenen Form nachgeholt werden.

Insbesondere unterliegt die Beschwerde nicht dem **Anwaltszwang**.[161] Das gilt auch dann, wenn nach den Regelungen der jeweiligen Verfahrens- oder Prozessordnung Vertretungszwang besteht.[162]

92   Die Bezeichnung als „Beschwerde" ist nicht erforderlich. Es muss sich aus der Eingabe nur ergeben, dass die Entscheidung über die Erinnerung angefochten werden soll.

93   Auch ein **Antrag** ist nicht erforderlich. Gleichwohl ist ein Antrag oder eine Begründung sachdienlich,[163] vor allem, weil andernfalls u.U. Schwierigkeiten bestehen, im Falle des Abs. 2 S. 1 den erforderlichen Beschwerdewert zu berechnen.

94   **6. Abhilfeverfahren (Abs. 3).** Das Erinnerungsgericht hat nach Eingang der Beschwerde zunächst zu prüfen, ob der Beschwerde ganz oder teilweise abzuhelfen ist (Abs. 3 S. 1). Es ist also insb. verpflichtet zu prüfen, ob die mit der Beschwerde vorgebrachten Einwendungen begründet sind und eine Abänderung des Kostenansatzes erfordern.

95   Im Verfahren der Beschwerde gegen den Kostenansatz gilt das **Verschlechterungsverbot** (reformatio in peius). Die Kostenrechnung wird vom Gericht nicht von Amts wegen vollständig überprüft, sondern nur im Hinblick auf die mit der Beschwerde angegriffenen Positionen. Das Gericht kann deshalb im Abhilfeverfahren den Kostenansatz nicht zu Lasten des Beschwerdeführers verändern.[164]

96   Das Erinnerungsgericht hat den Parteien, die durch einen abweichenden Kostenansatz betroffen sein können, **rechtliches Gehör** zu gewähren. Die Landeskasse ist also im Falle der Beschwerde eines Kostenschuldners zu unterrichten und der Kostenschuldner im Falle einer Beschwerde, mit der die Landeskasse eine Heraufsetzung des Kostenansatzes erreichen will. Zur Wahrung des rechtlichen Gehörs ist es zumindest erforderlich, dass die Beschwerde nebst Begründung zur Stellungnahme übermittelt wird.

97   Hinsichtlich der **Entscheidung** im Abhilfeverfahren bestehen folgende Möglichkeiten:

- Soweit das Erinnerungsgericht die Beschwerde für **zulässig und begründet** hält, hat er ihr abzuhelfen und die Kosten abweichend anzusetzen. Eine Vorlage an das Beschwerdegericht erübrigt sich dann.
- Sieht das Erinnerungsgericht keine Veranlassung, von seiner bisherigen Entscheidung Abstand zu nehmen, **hilft er der Beschwerde also nicht ab**, hat es die Sache umgehend dem Beschwerdegericht vorzulegen (Abs. 3 S. 1 Hs 2), das dann abschließend entscheidet. Das gilt auch dann, wenn das Erinnerungsgericht die Beschwerde für unzulässig hält. Es hat keine eigene Verwerfungskompetenz (→ Rn 78). Eine **Nichtabhilfeentscheidung** des Erinnerungsgerichts ist aber keine Verfahrensvoraussetzung für die Entscheidung des Beschwerdegerichts.[165]
- Soweit das Erinnerungsgericht der Beschwerde **teilweise abhilft**, hat es im Übrigen die Sache ebenfalls dem Beschwerdegericht vorzulegen. Auch wenn infolge der Abhilfe der Wert des Beschwerdegegenstands unter 200,01 € sinkt, muss es die Beschwerde vorlegen (Abs. 3 S. 1 Hs 2), da es keine eigene Verwerfungskompetenz hat. Zweckmäßig ist allerdings, dass das Erinnerungsgericht die Parteien auf die durch die Teilabhilfe eingetretene etwaige Unzulässigkeit der Beschwerde hinweist, so dass dem Beschwerdeführer die Gelegenheit gegeben wird, seine dann unzulässig gewordene Beschwerde zurückzunehmen.[166] Das Erinnerungsgericht kann die Beschwerde allerdings nicht als unzulässig verwerfen. Insoweit fehlt ihm die Kompetenz (→ Rn 78).

---

158 OLG Karlsruhe AGS 2014, 559 = MDR 2014, 986 = JurBüro 2014, 432. **159** BGH AGS 2015, 226 = RVGreport 2015, 160; BGH NJW-RR 2015, 1209; OLG Hamm FGPrax 2013, 84 = RVGreport 2013, 120. **160** BGH NJW-RR 2009, 357 = MMR 2009, 99 = WM 2009, 331; BayVGH RVGreport 2008, 359 m. zust. Anm. *Hansens*; OLG Hamm FGPrax 2013, 84 = RVGreport 2013, 120; OLG Oldenburg NJW 2009, 357; OLG Schleswig SchlHA 2009, 244. **161** BFH JurBüro 2015, 373 = RVGreport 2015, 316; BFH 25.3.2014 – X E 2/14, juris; BFH 13.9.2012 – X E 5/12, juris; OVG Hamburg 4.10.2011 – 4 So 82/11, juris; BayVGH 27.4.2010 – 15 C 10.383, juris; OVG Koblenz 26.3.2010 – 8 E 10417, AGkompakt 2010, 59 = DÖV 2010, 572; OVG Münster 11.5.2010 – 12 E 304/10, juris; OVG Münster 12.1.2010 – 12 E 1378/09, juris; OVG Bautzen NVwZ-RR 2010, 1000. **162** BFH JurBüro 2015, 373 = RVGreport 2015, 316; BFH 25.3.2014 – X E 2/14, juris (zu § 62 Abs. 4 FGO); OVG Hamburg 4.10.2011 – 4 SO 82/11, juris (mwN); OVG Münster 11.5.2010 – 12 E 304/10, juris. **163** Vgl BFH 25.3.2014 – X E 2/14, juris (substantiierte Einwendungen). **164** *Oestreich/Hellstab/Trenkle*, GKG § 66 Rn 71. **165** OLG Hamm 23.2.2010 – 3 Ws 301/09, 3 Ws 301/09. **166** Str; OLG Frankfurt Rpfleger 1988, 30; LG Düsseldorf JurBüro 1987, 1260.

Die Entscheidung über die Abhilfe bzw Nichtabhilfeentscheidung ist den Parteien **mitzuteilen**. Das gebietet **98** schon der Grundsatz des rechtlichen Gehörs, abgesehen davon, dass gegen eine Abhilfeentscheidung nunmehr eine andere Partei Beschwerde einlegen kann (→ Rn 67). Verstöße hiergegen können allerdings mit der Gehörsrüge nach § 69a kaum geltend gemacht werden, da das Beschwerdegericht zur Sache noch entscheidet und insoweit das rechtliche Gehör nachgeholt werden kann.

7. Verfahren vor dem Beschwerdegericht. a) Zuständigkeit. Zuständig für die Entscheidung über die Be- **99** schwerde ist immer das im Rechtszug nächsthöhere Gericht (Abs. 3 S. 2; auch → Rn 70 und → § 1 Rn 66 ff). Dieses entscheidet nach Abs. 6 S. 1 durch eines seiner Mitglieder als **Einzelrichter**, wenn die angefochtene Entscheidung von einem Einzelrichter erlassen worden ist.

Die Regelung in Abs. 6 S. 1 (Entscheidung durch Einzelrichter) gilt auch dann, wenn die jeweilige Verfahrensordnung hiervon abweichende Regelungen über die Erinnerung und die Beschwerde enthält. Dieser **Vorrang** ergibt sich aus § 1 Abs. 5. Durch den durch das 2. KostRMoG eingefügten § 1 Abs. 5 ist klargestellt, dass die in Abs. 6 S. 1 enthaltene Übertragung der Entscheidungszuständigkeit auf den Einzelrichter für alle Verfahrensordnungen Vorrang hat, vgl § 1 Abs. 5 (→ § 1 Rn 66 ff). Der Einzelrichter entscheidet damit auch dann über die Beschwerde, wenn eine Einzelrichterentscheidung institutionell (in der jeweiligen Verfahrensordnung) nicht vorgesehen ist.[167]

Hat das VG durch den Berichterstatter entschieden, entscheidet auch beim OVG der Berichterstatter als Einzelrichter.[168] Der Einzelrichter hat die Sache der Kammer oder dem Senat zu übertragen, wenn sie besondere Schwierigkeiten tatsächlicher oder rechtlicher Art aufweist oder die Rechtssache grundsätzliche Bedeutung hat (Abs. 6 S. 2). Ehrenamtliche Richter wirken an der Entscheidung nicht mit (Abs. 6 S. 3). Ohne Übertragungsbeschluss kann nur der Einzelrichter entscheiden.[169]

b) Prüfung der Zulässigkeit. Das Beschwerdegericht ist an eine Zulassung der Beschwerde (Abs. 3 S. 4) **100** durch das Erinnerungsgericht gebunden. Es hat allerdings zu prüfen, ob die Zulassung wirksam ist, insb., ob sie in dem angefochtenen Beschluss ausgesprochen worden ist. An unwirksame Zulassungen – etwa nachträgliche Zulassungen (→ Rn 80) – ist das Beschwerdegericht nicht gebunden (→ Rn 106).

Auch im Übrigen prüft das Beschwerdegericht die Zulässigkeit, insb. die Formalien in eigener Kompetenz. **101** Das Beschwerdegericht prüft auch, ob der erforderliche Beschwerdewert gegeben ist, wenn die Beschwerde nicht zugelassen ist. Den Beschwerdewert hat es ggf nach § 54 festzusetzen.

Ist der Wert des Beschwerdegegenstands infolge einer Teilabhilfe unter 200,01 € gesunken, so hat das Be- **102** schwerdegericht die Beschwerde – nach Hinweis (→ Rn 105) – als unzulässig zu verwerfen. Es hat keine Abänderungsmöglichkeit.

c) Fehlende Abhilfeentscheidung des Erinnerungsgerichts. Fehlt eine Abhilfeentscheidung des Erinnerungs- **103** gerichts, so liegt darin grds. ein Verfahrensmangel, der dazu führt, dass die Akten dem Erinnerungsgericht zurückzugeben sind, damit es zunächst über die Abhilfe entscheidet. Dies ist keine unnötige Förmelei. Sofern das Erinnerungsgericht abhilft, kommt eine Beschwerde nämlich nicht mehr in Betracht. Sofern der Beschwerdewert infolge einer Teilabhilfe unter den Beschwerdewert fällt, wird die Beschwerde ebenfalls unzulässig. Hierüber entscheidet das Beschwerdegericht.

d) Verfahren. Die Beschwerde gegen die Entscheidung über die Erinnerung ist keine Rechtsbeschwerde; das **104** Beschwerdegericht ist vielmehr eine weitere **Tatsacheninstanz**.

Das Beschwerdegericht hat den Parteien **rechtliches Gehör** zu gewähren. Gegebenenfalls hat das Gericht **105** **Hinweise** zu geben, etwa wenn es der Auffassung ist, dass die Beschwerde unzulässig sei.

e) Inhalt der Entscheidung. Ist die Beschwerde nicht statthaft oder unzulässig, so hat das Beschwerdege- **106** richt die Beschwerde zu verwerfen. Zur Rechtsbehelfsbelehrung gem. § 5b s. → Rn 114.

Soweit das Beschwerdegericht die von dem Erinnerungsgericht getroffene Erinnerungsentscheidung für zu- **107** treffend erachtet, weist es die Beschwerde zurück.

Hält das Beschwerdegericht die Beschwerde für begründet, gibt es ihr statt, indem es den Kostenansatz ab- **108** ändert.

Soweit das Beschwerdegericht die Beschwerde nur teilweise für begründet erachtet, gibt es ihr teilweise statt **109** und weist sie im Übrigen zurück.

Das Gericht kann auch ohne eigene Entscheidung die Sache an das Erinnerungsgericht zurückverweisen, **110** damit eine bislang versäumte Abhilfeentscheidung nachgeholt oder andere schwere Verfahrensfehler behoben werden. Eine Zurückverweisung ist insb. dann zulässig, wenn die angefochtene Entscheidung über die

---

167 BT-Drucks 17/11471, S. 376; BGH NJW 2015, 2194 = MDR 2015, 724; BFH 25.3.2014 – X E 2/14, juris. **168** Vgl dazu auch OVG Hamburg NVwZ-RR 2011, 303; OVG Münster 6.5.2009 – 18 E 480/09, juris; OVG Bautzen NVwZ-RR 2009, 744. **169** OLG Köln JurBüro 2012, 33.

Erinnerung keine Begründung enthält und es sich zudem um eine schwierige Sache handelt, erst recht, wenn noch erhebliche Verfahrensfehler hinzukommen.[170]

111   Das Beschwerdegericht ist an die Anträge der Parteien gebunden. Es gilt das **Verschlechterungsverbot** (reformatio in peius). Das Beschwerdegericht kann also nicht zum Nachteil des Beschwerdeführers entscheiden. Die Kostenrechnung wird vom Gericht nicht von Amts wegen vollständig überprüft, sondern nur im Hinblick auf die mit der Beschwerde angegriffenen Positionen. Das Gericht kann deshalb den Kostenansatz nicht zu Lasten des Beschwerdeführers verändern.[171] Allerdings kann auch nach Erlass der Beschwerdeentscheidung der Kostenansatz in von der Beschwerde nicht betroffenen Positionen zum Nachteil des Kostenschuldners geändert werden. Auch zusätzliche Positionen können nachgeschoben werden. Das gilt natürlich nur, soweit das Nachforderungsverbot (§ 20) sowie die Verjährung (nach Erhebung) nicht entgegenstehen.

112   Soweit das Beschwerdegericht die Beschwerde für begründet erachtet und es ihr abhilft, ergeht keine Anordnung über die Rückzahlung. Diese hat dann der Kostenbeamte später selbst zu veranlassen.

113   f) **Form der Entscheidung.** Das Beschwerdegericht entscheidet durch **Beschluss.** Er kann **formlos** mitgeteilt werden. Eine förmliche Zustellung ist nicht erforderlich.

114   g) **Rechtsmittel und Rechtsbehelfe.** Die Entscheidung des Beschwerdegerichts ist grds. **unanfechtbar** (Abs. 3 S. 3; → Rn 116).[172] Lediglich eine **Berichtigung** nach § 319 ZPO oder eine **Ergänzung** nach § 321 ZPO ist möglich. Ebenso kommt eine **Gehörsrüge** nach § 69 a in Betracht. Hat allerdings das **Landgericht** als Beschwerdegericht entschieden, kann **weitere Beschwerde** eingelegt werden, wenn diese wegen der grundsätzlichen Bedeutung der zur Entscheidung stehenden Frage in dem das Beschwerdeverfahren abschließenden Beschluss zugelassen worden ist (zur weiteren Beschwerde → Rn 116 ff).

Nach § 5 b hat jede gem. § 66 getroffene **anfechtbare Entscheidung** eine **Belehrung** über den statthaften Rechtsbehelf sowie über die Stelle, bei der dieser Rechtsbehelf einzulegen ist, über deren Sitz und über die einzuhaltende Form und Frist zu enthalten. Lässt das Landgericht die weitere Beschwerde gegen seine Beschwerdeentscheidung nicht zu (s. Abs. 4 S. 1), ist keine Rechtsbehelfsbelehrung erforderlich. Auf die Erl. zu § 5 b wird verwiesen.

V. Rechtskraft

115   Die Entscheidung über die Erinnerung, soweit eine Beschwerde nicht gegeben ist, und die Entscheidung über die Beschwerde erwachsen in Bestandskraft. Eine erneute Erinnerung oder Beschwerde ist im Umfang der vorangegangenen Entscheidung nicht statthaft.[173]

VI. Weitere Beschwerde, Rechtsbeschwerde (Abs. 4)

116   1. **Zulässigkeit.** Die Entscheidung des Beschwerdegerichts ist grds. **unanfechtbar** (Abs. 3 S. 3). Hat allerdings das **Landgericht als Beschwerdegericht** entschieden, kann **weitere Beschwerde** eingelegt werden, wenn diese wegen der grundsätzlichen Bedeutung der zur Entscheidung stehenden Frage in dem das Beschwerdeverfahren abschließenden Beschluss zugelassen worden ist (zur Zulassung → Rn 79 ff). Die Nichtzulassung der weiteren Beschwerde durch das LG ist nicht anfechtbar (Abs. 4 S. 4, Abs. 3 S. 4). Das OLG ist an die Zulassung gebunden. Eine weitere Beschwerde bzw eine **Rechtsbeschwerde** an den BGH ist auch dann ausgeschlossen, wenn das OLG als weiteres Beschwerdegericht die Rechtsbeschwerde ausdrücklich zulässt (→ Rn 86).[174] Die weitere Beschwerde kann nur darauf gestützt werden, dass die Beschwerdeentscheidung auf einer **Rechtsverletzung** beruht. Die revisionsrechtlichen Vorschriften der §§ 546 und 547 ZPO gelten entsprechend. Das OLG prüft die Beschwerdeentscheidung des LG deshalb nur auf Rechtsfehler nach.[175]

117   2. **Form.** Die weitere Beschwerde ist beim Landgericht einzulegen (Abs. 4 S. 4). **Anwaltszwang** besteht nicht (Abs. 5 S. 1; vgl auch → Rn 90 ff).

118   3. **Abhilfe.** Das **Abhilfeverfahren** richtet sich nach Abs. 3 S. 1 (Abs. 4 S. 4; → Rn 94 ff).

119   4. **Entscheidung.** Über die weitere Beschwerde entscheidet **abschließend** das OLG, weil eine (Rechts-)Beschwerde an den BGH nicht stattfindet (Abs. 4 S. 3, Abs. 3 S. 3). Das OLG entscheidet über die weitere Beschwerde nach Abs. 6 S. 1 durch den **Einzelrichter,** wenn die Beschwerdeentscheidung des LG von einem Einzelrichter stammt. Allerdings muss der Einzelrichter des LG die Sache wegen grundsätzlicher Bedeutung der Sache (Abs. 6 S. 2) der Kammer übertragen, wenn die weitere Beschwerde zugelassen werden soll. Die

---

170 OLG Köln StraFo 2009, 349 (bei Erinnerungsentscheidung durch den unzuständigen Rechtspfleger); OLG Koblenz 29.1.2007 – 14 W 37/07, juris; vgl OVG Berlin-Brandenburg 21.12.2010 – OVG 1 K 114.10, juris. **171** *Oestreich/Hellstab/ Trenkle*, GKG § 66 Rn 71. **172** BGH 16.9.2010 – III ZB 44/10, juris (zu § 66 GKG). **173** KG JurBüro 2007, 255; OLG München MDR 1983, 585. **174** BGH AGS 2013, 194 = RVGreport 2013, 245 = JurBüro 2013, 311; BGH WuM 2012, 114; BGH AGS 2010, 195 = RVGreport 2010, 37; BGH Schaden-Praxis 2010, 29; BGH RVGreport 2009, 38. **175** OLG Koblenz NStZ-RR 2010, 359.

Zulassung der weiteren Beschwerde durch den **Einzelrichter** beim LG ist damit praktisch ausgeschlossen. Unterbleibt eine Übertragung der Entscheidung auf die Kammer und entscheidet der Einzelrichter unter gleichzeitiger Zulassung der weiteren Beschwerde über die (Erst-)Beschwerde selbst, ist dieser Verstoß gegen das Verfassungsgebot des gesetzlichen Richters von dem OLG von Amts wegen zu beachten. Abs. 3 S. 4 steht nicht entgegen. Der Beschwerdebeschluss ist aufzuheben und die Sache an den zuständigen Einzelrichter des Beschwerdegerichts zur erneuten Entscheidung über die Beschwerde zur Übertragung der Entscheidung auf die Kammer zurückzuverweisen.[176] Auch ansonsten erlässt das OLG bei für begründet erachteten Beschwerden nicht zugleich die in der Sache erforderliche Entscheidung, sondern verweist die Sache zur erneuten Entscheidung an das LG zurück.[177]

Für die weitere Beschwerde gelten im Übrigen die Erl. zur Erinnerung (→ Rn 52 ff) und Beschwerde (→ Rn 106 ff) entsprechend.

Nach § 5 b hat jede gem. § 66 getroffene **anfechtbare Entscheidung** eine **Belehrung** über den statthaften Rechtsbehelf sowie über die Stelle, bei der dieser Rechtsbehelf einzulegen ist, über deren Sitz und über die einzuhaltende Form und Frist zu enthalten. Da Entscheidungen des OLG nicht anfechtbar sind, ist keine Rechtsbehelfsbelehrung erforderlich. Auf die Erl. zu § 5 b wird verwiesen.

VII. Verfassungsbeschwerde

Soweit eine Entscheidung über den Kostenansatz unanfechtbar ist, kann dagegen Verfassungsbeschwerde erhoben werden, wenn eine Grundrechtsverletzung vorliegt. **120**

VIII. Aufschiebende Wirkung von Erinnerung und Beschwerde (Abs. 7)

Erinnerung und **Beschwerde** haben keine aufschiebende Wirkung (Abs. 7 S. 1). Das Gericht oder das Beschwerdegericht kann jedoch auf Antrag oder von Amts wegen die aufschiebende Wirkung ganz oder teilweise nach pflichtgemäßem Ermessen[178] anordnen (Abs. 7 S. 2 Hs 1). Die Anordnung kann sowohl bei der Erinnerung als auch der Beschwerde erfolgen.[179] Ist nicht der Einzelrichter zur Entscheidung berufen (vgl Abs. 6), entscheidet der Vorsitzende des Gerichts (Abs. 7 S. 2 Hs 2). Gegen die Entscheidung des Gerichts über einen Antrag, die aufschiebende Wirkung der Erinnerung gegen den Kostenansatz anzuordnen, ist kein Rechtsmittel gegeben.[180] Bei Zurückweisung der Erinnerung kommt eine Anordnung der aufschiebenden Wirkung nicht in Betracht.[181] Auch wenn die Erinnerung gegen den Kostenansatz mit Beschluss vom gleichen Tag zurückgewiesen worden ist, kommt die Anordnung der aufschiebenden Wirkung nicht mehr in Frage.[182] **121**

Die Anordnung der aufschiebenden Wirkung der Erinnerung oder Beschwerde setzt voraus, dass die mit der Erinnerung bzw Beschwerde erhobenen Einwendungen sich gegen den Kostenansatz selbst richten, also die Verletzung des Kostenrechts geltend machen (→ Rn 14).[183] Voraussetzung für die Anordnung der aufschiebenden Wirkung ist, dass dem Kostenschuldner ohne diese Anordnung **unersetzbare Nachteile drohen** oder die Zahlung der Kostenrechnung aus anderen Gründen **unzumutbar** ist. Hierbei ist zu berücksichtigen, dass eine Befriedigung etwaiger Rückerstattungsansprüche durch die Staatskasse nach Aufhebung oder Abänderung eines Kostenansatzes im Erinnerungsverfahren nicht gefährdet ist. Mit dem bloßen Hinweis auf einen unzutreffenden Kostenansatz wird die Anordnung der aufschiebenden Wirkung nicht begründet werden können.[184] **122**

Nach der Rspr der **Verwaltungsgerichtsbarkeit** erfolgt die Anordnung der aufschiebenden Wirkung in entsprechender Anwendung des § 80 Abs. 4 S. 2 VwGO. Danach kommt die Anordnung der aufschiebenden Wirkung nur bei **ernstlichen Zweifeln an der Rechtmäßigkeit** der Kostenanforderung in Betracht.[185]

IX. Gebührenfreiheit (Abs. 8 S. 1)

1. Gerichtskosten. Im Erinnerungs- und Beschwerdeverfahren nach § 66 werden **keine Gerichtsgebühren** erhoben (Abs. 8 S. 1). Insbesondere die Vorschriften der Nr. 1812 KV, Nr. 5502 KV, Nr. 6502 KV, Nr. 7504 KV, die eine Festgebühr iHv 60 € bei Verwerfung oder Zurückverweisung einer sonstigen Beschwerde vorsehen, sind nicht anwendbar. **123**

---

176 KG MDR 2013, 114; OLG Koblenz NStZ-RR 2010, 359; OLG Köln AGS 2006, 247. 177 OLG Koblenz NStZ-RR 2010, 359. 178 OLG Köln MDR 2011, 564. 179 BayLSG RVGreport 2015, 397. 180 OLG Düsseldorf 18.12.2012 – I-10 W 96/12; OLG München MDR 1985, 333 = JurBüro 1985, 571. 181 BFH 20.6.2011 – VII E 11/11, juris; BFH 2.8.2006 – VII E 20/05, juris. 182 BayLSG RVGreport 2015, 397. 183 BFH/NV 2006, 342. 184 OLG Köln MDR 2011, 564. 185 OVG Sachsen 1.2.2012 – 4 A 866/10, juris; VG Trier 10.3.2009 – 5 K 378/08.TR, juris; so auch BayLSG 28.11.2011 – L 7 SF 395/11 E, juris.

Das gilt auch für die Verwerfung oder Zurückweisung einer **Anhörungsrüge nach** § 69 a, die gegen eine Entscheidung über eine Erinnerung gegen den Kostenansatz gem. § 66 eingelegt wurde. Denn das Ausgangsverfahren ist wegen Abs. 8 S. 1 gerichtsgebührenfrei, so dass auch die Anhörungsrüge keine Gerichtsgebühr auslöst.[186]

Dem Ansatz einer Gerichtsgebühr für die **Gehörsrüge** (zB nach Nr. 1700 KV oder Nr. 6400 KV) steht das Analogieverbot entgegen. Nach § 1 Abs. 1 dürfen Gerichtskosten nur in den ausdrücklich geregelten Fällen erhoben werden (→ § 1 Rn 4).[187] Für die Gehörsrüge gegen eine Entscheidung im Verfahren gem. § 66 ist im GKG keine Gebühr vorgesehen. Auch **Befangenheitsgesuche** und **Gegenvorstellung** lösen deshalb keine Gerichtsgebühren aus.[188]

124   Wird eine **nicht statthafte** Beschwerde eingelegt, etwa eine Beschwerde gegen eine nicht anfechtbare Entscheidung des OLG über eine Erinnerung (Abs. 3 S. 3) oder eine nicht gegebene Rechtsbeschwerde,[189] dann greift Abs. 8 S. 1 nicht; für das Verfahren werden Gebühren erhoben, weil kein von Abs. 8 erfasstes gebührenfreies Verfahren vorliegt.[190] Es entsteht dann für die Verwerfung bzw Zurückweisung eine Gebühr nach Nr. 1812 KV, Nr. 5502 KV, Nr. 6502 KV, Nr. 7504 KV iHv 60 €. Die Gebühr ist jedenfalls dann zu erheben, wenn das GKG eine Beschwerde schlechthin ausschließt (Abs. 3 S. 3). Ist die Beschwerde unstatthaft, weil zB der Beschwerdewert iHv 200,01 € nicht erreicht ist oder weil die Beschwerde nicht zugelassen worden ist, dürfte die Gebühr nicht in Betracht kommen.[191]

125   Abs. 8 S. 1 schließt ebenfalls nicht aus, dass **Auslagen** nach den Nr. 9000 ff KV erhoben werden, allerdings nur im Falle einer erfolglosen Erinnerung oder Beschwerde (Vorbem. 9 Abs. 1 KV). Daher kann zB die Erhebung von **Zustellungsauslagen** in Betracht kommen. Ist eine an sich **statthafte** (→ Rn 121) Beschwerde verworfen oder zurückgewiesen worden, sind etwa angefallene Zustellungsauslagen in voller Höhe zu erheben. Die Beschränkung aus der Anm. zu Nr. 9002 KV – Erhebung von Zustellungsauslagen erst bei mehr als 10 Zustellungen in einem Rechtszug – gilt nicht, weil daneben keine sich nach dem Verfahrenswert richtende Gebühr, sondern eine Festgebühr erhoben wird. Wird eine **nicht statthafte** Beschwerde (→ Rn 121) verworfen oder zurückgewiesen, entsteht die Gebühr Nr. 1812 KV iHv 60 € (→ Rn 121). Da es sich nicht um eine Wertgebühr, sondern eine Festgebühr handelt, sind auch hier die Zustellungsauslagen ab der ersten Zustellung zu erheben.

126   Darüber hinaus kann nach Nr. 9000 KV die **Dokumentenpauschale** angesetzt werden, wenn das Gericht für die Parteien auslagenpflichtige Dokumente/Abschriften/Ausfertigungen/Ausdrucke zu fertigen hat.

127   **Kostenschuldner** ist jeweils der Beschwerdeführer gem. § 22 Abs. 1 S. 1 als Antragsteller, weil er das Beschwerdeverfahren eingeleitet hat. Eine Kostenauferlegung entsprechend § 29 Nr. 1 wird wegen der durch Abs. 8 S. 2 ausgeschlossenen Kostenerstattung idR nicht erfolgen.[192]

128   **2. Anwaltsvergütung.** Nach Abs. 8 S. 1 ist lediglich der Ansatz von Gerichtsgebühren ausgeschlossen; Anwaltsgebühren können deshalb anfallen. Soweit sich eine Partei im Beschwerdeverfahren anwaltlich vertreten lässt, entsteht eine 0,5-Verfahrensgebühr nach Nr. 3500 VV RVG, die sich bei mehreren Auftraggebern gem. Nr. 1008 VV RVG um 0,3 je weiterer Auftraggeber erhöht, sofern der Gegenstand der anwaltlichen Tätigkeit derselbe ist. Hinzu kommen Auslagen und Umsatzsteuer nach Teil 7 VV RVG. Der Wert richtet sich im Beschwerdeverfahren nach § 23 Abs. 2 S. 1 und 2 RVG. Dieser Wert gilt auch im Erinnerungsverfahren (§ 23 Abs. 2 S. 3 RVG).

129   Zu beachten ist, dass für den Anwalt im Kostenansatzverfahren mehrere Erinnerungen einerseits und mehrere Beschwerden in demselben Beschwerderechtszug andererseits als eine Angelegenheit gelten (§ 16 Nr. 10 RVG).

X. Kostenerstattung (Abs. 8 S. 2)

130   Eine Kostenerstattung ist im Beschwerdeverfahren nach Abs. 8 S. 2 ausgeschlossen, so dass eine Kostenentscheidung nicht erforderlich ist.[193] Eine Wertfestsetzung ist deshalb ebenfalls nicht vorzunehmen.[194] Die mit der Beschwerde erfolgreiche Partei trägt also die ihr entstandenen Kosten, idR Anwaltskosten, selbst,

---

186 BFH/NV 2006, 956; OLG Celle MDR 2012, 1067; aA *Hartmann*, KostG, § 69 a Rn 49 (Anwendung von Nr. 1700 KV). **187** BGH NJW-RR 2006, 1003; BGH AGS 2007, 472 = FamRZ 2007, 1008; BSG NZBau 2010, 777; OLG Celle 5.7.2012 – 2 W 174/12, juris. **188** BFH/NV 2010, 1105. **189** BGH AGS 2013, 194 = RVGreport 2013, 245 = JurBüro 2013, 311. **190** BGH NJW 2014, 1597; BGH NJW 2003, 69 = BRAGOreport 2003, 163; BGH 14.6.2007 – V ZB 42/07, JurionRS 2007, 33711; BFH RVGreport 2010, 39; BFH/NV 2006, 103; BFH/NV 2010, 1105; BFH 30.1.2009 – II B 181/08, juris; BayVGH 20.2.2012 – 11 C 12.335, juris; OLG Celle AGS 2010, 453; OLG Rostock AGS 2011, 305 = JurBüro 2011, 208; OLG Hamm AnwBl 1994, 44; OLG Koblenz NJW-RR 2000, 1239; OLG Koblenz MDR 2004, 709; aA (zu § 68 Abs. 3) OLG Frankfurt a. M. NJW-RR 2012, 1022 = AGS 2012, 395; ThürLSG 24.2.2015 – L 6 SF 147/15 B, juris; LSG BW 29.3.2009 – L 11 R 882/11 B, juris. **191** Vgl dazu BayVGH 20.2.2012 – 11 C 12.335, juris. **192** OLG Zweibrücken OLGR 2007, 472 = JurBüro 2007, 372. **193** OLG Zweibrücken OLGR 2007, 472 = JurBüro 2007, 372. **194** OLG Zweibrücken OLGR 2007, 472 = JurBüro 2007, 372.

und zwar auch dann, wenn sie mit ihrer Beschwerde durchgedrungen ist oder wenn die gegnerische Beschwerde erfolglos war. Dieser Ausschluss gilt auch für Auslagen und hat seinen Grund darin, dass eine andere Partei verfahrensrechtlich betrachtet nicht „Gegner" ist.

Auch bei unstatthaften Beschwerden (→ Rn 124) gilt der Ausschluss der Kostenerstattung.[195]

XI. Auswirkungen einer Abänderung der Gerichtskostenrechnung auf die Kostenfestsetzung zwischen den Parteien

Werden auf eine Erinnerung oder Beschwerde hin die Gerichtskosten abweichend festgesetzt, so wird damit ein bereits ergangener Festsetzungsbeschluss unrichtig.   **131**

- Soweit sich aufgrund der neuen Festsetzung ein **weiterer Erstattungsanspruch** ergibt, kann dieser jederzeit zur Festsetzung angemeldet werden.[196]
- Soweit sich ein **geringerer Erstattungsanspruch** ergibt, kann in analoger Anwendung des § 107 Abs. 1 ZPO eine Abänderung der Kostenfestsetzung und ggf auch eine Rückfestsetzung beantragt werden. Der Antrag kann nur innerhalb eines Monats nach abgeänderter Wertfestsetzung eingereicht werden (§ 107 Abs. 2 ZPO). Nach Fristablauf sind nur noch materiellrechtliche Ansprüche (Bereicherungsrecht) möglich.

§ 67 Beschwerde gegen die Anordnung einer Vorauszahlung

(1) ¹Gegen den Beschluss, durch den die Tätigkeit des Gerichts nur aufgrund dieses Gesetzes von der vorherigen Zahlung von Kosten abhängig gemacht wird, und wegen der Höhe des in diesem Fall im Voraus zu zahlenden Betrags findet stets die Beschwerde statt. ²§ 66 Absatz 3 Satz 1 bis 3, Absatz 4, 5 Satz 1 und 5, Absatz 6 und 8 ist entsprechend anzuwenden. ³Soweit sich die Partei in dem Hauptsacheverfahren vor dem Gericht, dessen Entscheidung angefochten werden soll, durch einen Prozessbevollmächtigten vertreten lassen muss, gilt dies auch im Beschwerdeverfahren.

(2) Im Fall des § 17 Absatz 2 ist § 66 entsprechend anzuwenden.

I. Allgemeines

§ 10 legt fest, dass die Tätigkeit des Gerichts nur in dem von den Prozessordnungen und dem GKG zugelassenen Umfang von der Sicherstellung oder vorherigen Zahlung der Gerichtskosten abhängig gemacht werden darf (hierzu und zum Begriff der Abhängigmachung → § 10 Rn 1, 6). § 67 stellt eine Ergänzung zu § 10 dar und räumt dem Zahlungspflichtigen eine Beschwerdemöglichkeit gegen die vom Gericht angeordnete Vorauszahlungspflicht ein, wenn er diese für nicht gerechtfertigt oder übersetzt hält.[1] Im Verhältnis zum Hauptsacheverfahren bildet das in § 67 geregelte Beschwerdeverfahren ein selbständiges Zwischenverfahren. Die Bestimmung ist verfassungsgemäß.[2]   **1**

Die in § 67 verwendete Formulierung „**vorherige Zahlung**" umfasst sowohl den sich auf noch nicht fällige (§§ 6–9) Kosten beziehenden Kosten**vorschuss** (→ § 10 Rn 3) als auch die Vorauszahlung bereits fälliger Kosten.[3]   **2**

II. Beschwerde (Abs. 1 S. 1)

1. Anwendungsbereich von Abs. 1. Die Beschwerde nach Abs. 1 ist möglich, wenn das **Gericht** (Richter oder nach den Bestimmungen des RPflG der Rechtspfleger;[4] zur Abhängigmachung durch den Kostenbeamten nach § 1 KostVfg → Rn 14) seine Tätigkeit **nur** aufgrund der Bestimmungen des **GKG** („nur aufgrund dieses Gesetzes", Abs. 1 S. 1) von der vorherigen Kostenzahlung abhängig gemacht hat.[5] Die gerichtliche Anordnung der Vorauszahlung muss ihre Grundlage somit ausschließlich in den Bestimmungen des GKG haben. Abs. 1 ist daher nur anwendbar, wenn die Abhängigmachung auf den in §§ 12 ff zugelassenen Fällen beruht (zu § 12 → Rn 8; zu § 17 Abs. 1 S. 2 → Rn 12).[6]   **3**

2. Rechtsmittel bei Abhängigmachung nach anderen Gesetzen. Beruht die Abhängigmachung auf gesetzlichen Bestimmungen **außerhalb des GKG**, ist die Beschwerde nach Abs. 1 ausgeschlossen. Die Anfechtung der vom Gericht angeordneten Abhängigmachung ist dann nach der einschlägigen Prozessordnung vorzu-   **4**

---

195 BayVGH 20.2.2012 – 11 C 12.335, juris; NdsOVG NVwZ-RR 2007, 429. **196** Zur Nachliquidation vgl BGH AGS 2010, 580 = NJW 2011, 1367. **1** KG NJW-RR 2004, 864. **2** BVerfG NJW-RR 2000, 1738 (zu § 6 GKG idF bis 30.6.2004). **3** *Meyer*, GKG § 67 Rn 5. **4** Siehe dazu zB LG Düsseldorf 12.8.2008 – 25 T 542/08, juris (zur Abhängigmachung der Durchführung des Kostenfestsetzungsverfahrens von der vorherigen Zahlung der Zustellungsauslagen). **5** OLG Frankfurt 23.2.2012 – 17 W 5/12, juris; OLG Düsseldorf AGS 2009, 455 = JurBüro 2009, 542. **6** Vgl hierzu auch *Fölsch*, JurBüro 2002, 626.

nehmen, soweit diese ein Rechtsmittel gegen die Abhängigmachung zulässt.[7] Ordnet das Gericht zB gem. §§ 379, 402, 492 ZPO die Abhängigmachung der Ladung des Zeugen oder Sachverständigen von der vorherigen Zahlung eines hinreichenden Vorschusses an, ist diese Anordnung nicht anfechtbar; es kann allenfalls Gegenvorstellung erhoben werden (zum Verhältnis von §§ 379, 402 ZPO zu § 17 Abs. 1 s. → § 17 Rn 1, 26 ff).[8] Nur bei **bewilligter Prozesskostenhilfe** ist die nach §§ 379, 402 ZPO vorgenommene Abhängigmachung gem. § 127 ZPO anfechtbar (→ § 17 Rn 8 f).[9]

Wird im gerichtlichen Beschluss eine Grundlage für die Abhängigmachung außerhalb des GKG nicht angegeben bzw ist diese dem Beschluss nicht ohne jeden Zweifel positiv zu entnehmen, ist die Beschwerde nach § 67 eröffnet. Denn durch das bloße Offenlassen bzw durch das Fehlen der rechtlichen Grundlage für die Abhängigmachung ist die Entscheidung nicht der Überprüfung im Beschwerdeweg entzogen.[10]

5   **3. Abhängigmachung durch gerichtlichen Beschluss. a) Förmlicher Beschluss („Tätigkeit des Gerichts").** Die Beschwerde nach Abs. 1 ist nur möglich, wenn das **Gericht**[11]

-   durch förmlichen Beschluss (→ Rn 6)[12]
-   Abhängigmachung (→ Rn 7)

seiner Tätigkeit von der vorherigen Kostenzahlung anordnet. Mit **„Tätigkeit des Gerichts"** in Abs. 1 S. 1 ist die Tätigkeit des Richters oder des Rechtspflegers gemeint. Hat der **Rechtspfleger** in einer ihm nach dem RPflG übertragenen Sache oder im Kostenfestsetzungsverfahren gem. §§ 103 ff ZPO[13] die Vorauszahlung durch Beschluss angeordnet, ist gem. § 11 Abs. 1 RPflG das Rechtsmittel gegeben, das nach den allgemeinen verfahrensrechtlichen Vorschriften zulässig ist. Das Beschwerdeverfahren richtet sich daher auch hier nach Abs. 1.[14] Zur Tätigkeit des **Kostenbeamten** → Rn 14 f.

6   Die Überschrift des Beschlusses („Beschluss", „Verfügung") ist unerheblich. Daher kann auch eine richterliche Verfügung als Beschluss iSv Abs. 1 anzusehen sein.[15]

7   Ordnet das Gericht keine Abhängigmachung, sondern nur die Vorschusserhebung ohne Abhängigmachung an (→ § 10 Rn 3 ff), kann diese gerichtliche Entscheidung nur nach § 66 mit der Erinnerung angefochten werden (aber → Rn 4). Ohne Abhängigmachung scheidet die Anwendung von Abs. 1 aus und es ist für die Beschwerde dann auch das Erreichen des Beschwerdewerts über 200,01 € erforderlich (§ 66 Abs. 2).[16]

8   **b) Abhängigmachung nach §§ 12, 13.** Bei der Abhängigmachung der Klagezustellung von der vorherigen Zahlung der allgemeinen Verfahrensgebühr nach § 12 Abs. 1 S. 1 wird häufig kein gerichtlicher Beschluss über die Vorauszahlung bzw Abhängigmachung ergehen, weil der Kostenbeamte die Abhängigmachung entsprechend § 20 Abs. 2 KostVfg selbständig anordnet und die Kostenrechnung nebst Kostenanforderung (→ § 10 Rn 6 ff) fertigt. Deren Anfechtung richtet sich nach § 66 (→ Rn 9 ff, 14 ff; → § 12 Rn 15 ff). Ergeht aber ein gerichtlicher Beschluss über die Abhängigmachung, richtet sich die Anfechtung nach § 67.[17] Ordnet das Gericht unter Verneinung der in § 14 geregelten Ausnahmen die Abhängigmachung an, findet gem. Abs. 1 S. 1 nur die Beschwerde des **Klägers** statt.[18] Gegenstand des Beschwerdeverfahrens ist dann die Frage, ob das Gericht seine Tätigkeit zu Recht von der vorherigen Gebührenzahlung abhängig gemacht hat.[19] Der **Staatskasse** steht kein Beschwerderecht zu, wenn das Gericht die Voraussetzungen von § 14 bejaht und deshalb keine Vorauszahlung angeordnet hat (→ Rn 16; → § 14 Rn 7).

9   **c) Vorläufige Wertfestsetzung nach § 63 Abs. 1 S. 1.** Die vorläufige Wertfestsetzung gem. § 63 Abs. 1 S. 1 dient allein dazu, dem Kostenbeamten die Abhängigmachung zB der gem. § 6 Abs. 1 Nr. 1 mit Klageeinreichung fällig gewordenen Verfahrensgebühr Nr. 1210 KV nach § 12 Abs. 1 S. 1 zu ermöglichen. Eine An-

---

7 OLG Dresden JurBüro 2007, 212; OLG Düsseldorf OLGR 2004, 217 = AG 2004, 390; OLG Frankfurt MDR 2004, 1255 = AGS 2005, 408. **8** BGH NJW-RR 2009, 1433; OLG Stuttgart Justiz 2011, 357 = NJW-Spezial 2011, 526; OLG Stuttgart Justiz 2009, 172; OLG Köln BauR 2009, 1336 = IBR 2009, 436; OLG Dresden JurBüro 2007, 212; OLG Düsseldorf 12.9.2006 – 10 W 87/06; OLG Düsseldorf OLGR 2004, 217 = AG 2004, 390; OLG Frankfurt MDR 2004, 1255 = AGS 2005, 408; OLG Hamm MDR 1999, 502. **9** Zöller/*Greger*, ZPO, § 379 Rn 6. **10** OLG Hamm 19.7.2013 – II-2 WF 95/13, juris; OLG Celle JurBüro 2012, 433 = FamFR 2012, 276. **11** OLG Düsseldorf 5.11.2015 – I-6 U 55/14, 6 U 55/14, juris. **12** OLG Frankfurt 23.2.2012 – 17 W 5/12, juris; OLG Düsseldorf AGS 2009, 455 = JurBüro 2009, 542; *Meyer*, GKG § 67 Rn 7. **13** Vgl LG Düsseldorf 12.8.2008 – 25 T 542/08, juris. **14** *Meyer*, GKG § 67 Rn 7 (Erinnerung nach § 67 GKG). **15** OLG Rostock AGS 2011, 305 = JurBüro 2011, 208; OLG Frankfurt 13.8.2010 – 4 W 34/10, juris; OLG Düsseldorf AGS 2009, 455 = JurBüro 2009, 542; OLGR Dresden 2003, 568; OLG Brandenburg JurBüro 1998, 548 = NJW-RR 1999, 291. **16** LG Essen 27.10.2008 – 16 a T 145/08, juris; Binz/Dörndorfer/*Zimmermann*, § 16 FamGKG Rn 8; aA *Meyer*, GKG § 17 Rn 26. **17** Siehe dazu OLG Düsseldorf JurBüro 2007, 432. **18** OLG Düsseldorf JurBüro 2007, 432; OLG Naumburg JurBüro 2007, 250; KGReport Berlin 2007, 81; OLG München FamRZ 2003, 240; OLG Hamm JurBüro 1989, 1273 = AnwBl 1990, 46. **19** OLG Hamm JurBüro 1989, 1273; OLG München FamRZ 2003, 240; KGReport Berlin 2007, 81; *Meyer*, GKG § 14 Rn 13.

fechtung nur der vorläufigen Wertfestsetzung ist gem. § 63 Abs. 1 S. 2 ausgeschlossen,[20] weil das Gericht stets die Möglichkeit hat, diese auf Anregung einer Partei zu berichtigen.[21] Sie kommt nur in Betracht, wenn das Gericht gleichzeitig durch Beschluss die vorherige Gebührenzahlung angeordnet hat und deshalb die Beschwerde nach Abs. 1 eröffnet ist. Die vorläufige Wertfestsetzung kann daher nur zusammen mit der gerichtlichen Vorschussanordnung angefochten werden (s. die Erl. zu § 63).[22] Ob der Rechtsanwalt gem. § 32 Abs. 2 RVG aus eigenem Recht eine vorläufige Wertfestsetzung anfechten kann, ist umstritten, wird aber von der wohl hM verneint (s. hierzu auch die entspr. Erl. zu § 68).[23]

Beispiel 1 (Vorläufige Wertfestsetzung nach § 63 Abs. 1 S. 1): Nach Eingang der Klage legt der Kostenbeamte die **10** Sache dem Richter zur vorläufigen Festsetzung des Streitwerts vor. Der Richter setzt den Streitwert vorläufig auf 5.000 € fest und gibt die Sache dem Kostenbeamten zurück, der die gem. § 12 Abs. 1 S. 1 erforderliche Kostennachricht fertigt.

Die vom Gericht gem. § 63 Abs. 1 S. 1 vorgenommene vorläufige Wertfestsetzung stellt keinen Beschluss dar, durch den die Zustellung der Klage von der vorherigen Gebührenzahlung abhängig gemacht wird (§ 12 Abs. 1 S. 1). Eine Anfechtung nach Abs. 1 ist daher ausgeschlossen. Die vom Kostenbeamten nach der Wertfestsetzung selbständig vorgenommene Abhängigmachung (§ 20 Abs. 2 KostVfg) ist mit der Erinnerung nach § 66 anzufechten.[24]

Beispiel 2 (Vorläufige Wertfestsetzung nach § 63 Abs. 1 S. 1): Nach Eingang der Klage über eine Zahlungsforde- **11** rung iHv 10.000 € fertigt der Kostenbeamte gem. § 12 Abs. 1 S. 1 die erforderliche Kostennachricht.

Ist Gegenstand des Verfahrens eine bestimmte Geldsumme in Euro, erfolgt keine Wertfestsetzung gem. § 63 Abs. 1 S. 1. Der Kostenbeamte ordnet die Abhängigmachung nach § 20 Abs. 2 KostVfg selbständig an. Hiergegen ist die Erinnerung nach § 66 gegeben.[25]

d) Abhängigmachung nach § 17 Abs. 1 S. 2. Die Abhängigmachung der Vornahme einer gerichtlichen **12** Handlung von der Zahlung eines **Auslagenvorschusses** richtet sich nach § 17 Abs. 1 S. 2, soweit in der Prozessordnung keine vorrangigen Regelungen vorhanden sind (zB §§ 379, 402 ZPO; hierzu → Rn 4 und → § 17 Rn 32). Die Anforderung eines Vorschusses gem. §§ 379, 402, 492 ZPO ist nicht anfechtbar (→ Rn 4).[26] Die Abhängigmachung gem. § 17 Abs. 1 S. 2 erfolgt hier idR durch förmlichen Beschluss des Gerichts (→ Rn 5 f), so dass die Beschwerde nach Abs. 1 eröffnet ist. Der Kostenbeamte ist im Falle des § 17 Abs. 1 S. 2 verpflichtet, vor der Einforderung des Vorschusses die Entscheidung des Richters (Rechtspflegers) einzuholen (§ 20 Abs. 3 KostVfg).

e) Befreiung von der Abhängigmachung nach § 14. Wenn der Kostenbeamte erkennt, dass der Antragsteller **13** gem. § 14 die Erledigung der Sache ohne Vorauszahlung anstrebt, hat er die Sache dem Gericht zur Entscheidung vorzulegen. Ordnet das Gericht gleichwohl Abhängigmachung an, kann der Antragsteller hiergegen Beschwerde nach Abs. 1 einlegen (zum Rechtsmittelrecht der Staatskasse bei Befreiung von der Vorauszahlungspflicht → Rn 16).[27] Gegenstand des Beschwerdeverfahrens ist dann die Frage, ob das Gericht seine Tätigkeit zu Recht von der vorherigen Gebührenzahlung abhängig gemacht hat (→ § 14 Rn 7).[28]

4. Abhängigmachung und Vorschusserhebung durch den Kostenbeamten. Erfolgt die **Abhängigmachung** **14** durch den Kostenbeamten, ist hiergegen die Erinnerung/Beschwerde gem. § 66 gegeben (→ Rn 8 ff).[29] Für die Abhängigmachung nach § 17 Abs. 2 (Dokumenten- und Aktenversendungspauschale) ordnet **Abs. 2** die entsprechende Anwendung von § 66 ausdrücklich an.

20 OLG Saarbrücken FamFR 2011, 493 = AGkompakt 2011, 129; BayVGH 24.8.2011 – 14 C 11.1579, juris; OLG München 20.1.2011 – 1 W 43/11, juris; OLG Rostock AGS 2011, 305 = JurBüro 2011, 208; OLG Celle AGS 2010, 614 = FamRZ 2011, 134; OLG Düsseldorf AGS 2009, 455 = JurBüro 2009, 542; OLG Frankfurt AGS 2007, 256; OLG Köln RVGreport 2005, 159 = AGS 2005, 78; OLG Bremen MDR 2006, 418; OLG Brandenburg MDR 2000, 174; OLG Köln AGS 2000, 230; OLG Bamberg OLGR 2005, 207; KGReport Berlin 1995, 180; OLG Düsseldorf MDR 2008, 1120 = JurBüro 2008, 596; OLG Hamm FamRZ 2005, 1767 und AGS 2008, 358; OLG Stuttgart MDR 2007, 422. 21 *Meyer*, GKG § 68 Rn 3. 22 OLG Düsseldorf 5.11.2015 – I-6 U 55/14, 6 U 55/14, juris; KG NJW-RR 2004, 864; BayLSG 13.8.2014 – L 15 SF 67/14 E, juris; *Meyer*, GKG § 67 Rn 10. 23 Dafür: OLG Köln AGS 2005, 79; OLG Köln AGS 2000, 230; *Schneider*, MDR 2000, 380; AnwK-RVG/ *E. Schneider*, § 32 Rn 77 ff. Dagegen: OLG Saarbrücken FamFR 2011, 493 = AGkompakt 2011, 129; OLG Celle AGS 2010, 614 = FamRZ 2011, 134; OLG Köln JurBüro 2009, 26; OLG Frankfurt AGS 2007, 256; OLG Bamberg OLGR 2005, 207; OLG Hamm MDR 2005, 1767 = FamRZ 2005, 1767; *Meyer*, GKG § 67 Rn 10; *Schneider/Herget/N. Schneider*, Streitwert-Kommentar, Rn 434. 24 OLG Düsseldorf AGS 2009, 455 = JurBüro 2009, 542; OLG Stuttgart JurBüro 1986, 897. 25 OLG Düsseldorf AGS 2009, 455 = JurBüro 2009, 542; OLG Stuttgart JurBüro 1986, 897. 26 BGH NJW-RR 2009, 1433; OLG Stuttgart Justiz 2011, 357 = NJW-Spezial 2011, 526; OLG Stuttgart Justiz 2009, 172 = RVGreport 209, 200; OLG Köln BauR 2009, 1336 = IBR 2009, 436; OLG Dresden JurBüro 2007, 212; OLG Düsseldorf 12.9.2006 – 10 W 87/06; OLG Düsseldorf OLGR 2004, 217 = AG 2004, 390; OLG Frankfurt MDR 2004, 1255 = AGS 2005, 408; OLG Hamm MDR 1999, 502. 27 OLG Naumburg OLGR 2007, 250; KGReport Berlin 2007, 81; OLG München FamRZ 2003, 240; OLG Hamm JurBüro 1989, 1273 = AnwBl 1990, 46. 28 OLG Hamm JurBüro 1989, 1273 = AnwBl 1990, 46; OLG München FamRZ 2003, 240; KGReport Berlin 2007, 81; *Meyer*, GKG § 14 Rn 13. 29 OLG Stuttgart Justiz 2011, 357 = NJW-Spezial 2011, 526; OLG Köln 6.10.2010 – I-17 W 168/10, juris; OLG Düsseldorf AGS 2009, 455 = JurBüro 2009, 542; vgl auch OLG Frankfurt 23.2.2012 – 17 W 5/12, juris; OLG Frankfurt 13.8.2010 – 4 W 34/10, juris.

15 Die Abhängigmachung nach § 12 ordnet der Kostenbeamte gem. § 20 Abs. 2 KostVfg selbständig an und fertigt die Kostenrechnung nebst Kostenanforderung (→ § 10 Rn 6 ff). Die Anfechtung richtet sich nach § 66.

Auch die Erhebung von **Auslagenvorschüssen (ohne Abhängigmachung)** nach § 17 Abs. 1 S. 1 (auf Antrag) und § 17 Abs. 3 (von Amts wegen) kann der Kostenbeamte selbständig anordnen (§ 20 Abs. 2 KostVfg; hierzu → § 17 Rn 24 ff, 44). Die Vorschusserhebung durch den Kostenbeamten ist ebenfalls mit der Erinnerung gem. § 66 anzufechten.[30] Für die Beschwerde gegen die Erinnerungsentscheidung ist gem. § 66 Abs. 2 S. 1 das Erreichen des Beschwerdewerts iHv 200,01 € erforderlich. Wird der Auffassung gefolgt, dass §§ 379 und 402 ZPO *leges speciales* zu § 17 Abs. 1 S. 1 darstellen (→ § 17 Rn 26 ff, 32), ist die Anforderung eines Zeugen- oder Sachverständigenvorschusses durch das Gericht nicht anfechtbar; es ist allenfalls Gegenvorstellung möglich.[31]

16 **5. Kein Rechtsmittel der Staatskasse.** Der Staatskasse steht gegen die gerichtliche Entscheidung, durch die eine Abhängigmachung abgelehnt wird, kein Rechtsmittel zu. Macht das Gericht zB seine weitere Tätigkeit gem. § 14 Nr. 3 Buchst. b nicht von der vorherigen Gebührenzahlung abhängig (→ Rn 13), steht der **Staatskasse** hiergegen kein Rechtsmittel zu. Denn nach dem Wortlaut von Abs. 1 findet die Beschwerde nur dann statt, wenn das Gericht seine Tätigkeit von der vorherigen Kostenzahlung abhängig macht. Der Staatskasse steht zwar kein Anfechtungsrecht gegen die Entscheidung des Gerichts über die Vorauszahlung zu. Ordnet das Gericht aber nur die Vorauszahlung an und überlässt die Ermittlung der Höhe des Vorauszahlungsbetrags dem Kostenbeamten (→ Rn 20), kann dieser vom Vertreter der Staatskasse im Verwaltungswege zur Berichtigung seines Ansatzes angehalten werden (§ 36 KostVfg; vgl hierzu → § 19 Rn 50 ff).

III. Beschwerdeverfahren (Abs. 1 S. 2)

17 **1. Verfahren.** Die gem. Abs. 1 S. 2 iVm § 66 Abs. 5 S. 5 bei dem **Erstgericht** einzulegende Beschwerde nach Abs. 1 S. 1 ist **nicht fristgebunden**.[32] Das Erreichen eines **Beschwerdewerts** ist nicht erforderlich, weil Abs. 1 S. 2 nicht auf § 66 Abs. 2 verweist (zum **Anwaltszwang** → Rn 21 f).[33] **Beschwerdeberechtigt** ist nur die vorauszahlungspflichtige Partei, nicht aber der **Gegner** oder die **Staatskasse** (→ Rn 16). Eine **Anhörung** des Antragsgegners oder der Staatskasse ist nicht erforderlich.[34]

18 Das Gericht hilft der Beschwerde ab, soweit die Beschwerde für zulässig und begründet gehalten wird. Ansonsten ist die Beschwerde dem **nächsthöheren Gericht** vorzulegen (Abs. 1 S. 2 iVm § 66 Abs. 3 S. 1–3). Das nächsthöhere Gericht (Beschwerdegericht) entscheidet über die Beschwerde durch den Einzelrichter, der die Sache ggf der Kammer oder dem Senat überträgt (Abs. 1 S. 2 iVm § 66 Abs. 6). Hat in der ordentlichen Gerichtsbarkeit das Landgericht über die Beschwerde entschieden, ist gem. Abs. 1 S. 2 iVm § 66 Abs. 4 die **weitere Beschwerde** zulässig, wenn das **Landgericht** diese wegen der grundsätzlichen Bedeutung der zur Entscheidung stehenden Frage in dem Beschluss zugelassen hat. Die weitere Beschwerde ist gem. § 66 Abs. 5 S. 2 iVm § 66 Abs. 5 S. 5 beim Landgericht einzulegen. Über die weitere Beschwerde entscheidet nach Abs. 1 S. 2 iVm § 66 Abs. 4 S. 3 das OLG. Die vom OLG getroffene Entscheidung ist in jedem Fall unanfechtbar (Abs. 1 S. 2 iVm § 66 Abs. 3 S. 3).[35]

In dem **gerichtsgebührenfreien** Beschwerdeverfahren und dem gerichtsgebührenfreien Verfahren über die weitere Beschwerde findet **keine Kostenerstattung** statt (Abs. 1 S. 2 iVm § 66 Abs. 8). Da Abs. 1 S. 2 die Regelung des § 66 Abs. 7 (**aufschiebende Wirkung**) nicht in Bezug nimmt, ist die Vorauszahlung zwar bis zur Entscheidung über die Beschwerde bzw weitere Beschwerde nicht zu leisten.[36] Allerdings unterbleibt bis dahin auch die beantragte gerichtliche Handlung.[37]

19 **2. Einwendungen. a) Keine Vorauszahlungspflicht.** Mit der Beschwerde kann geltend gemacht werden, dass überhaupt **keine Vorauszahlungspflicht** besteht, also die Voraussetzungen der §§ 12, 13, 17 Abs. 1 S. 2 nicht vorliegen. Wird zB die Zustellung der Widerklage vom Gericht von der vorherigen Gebührenzahlung abhängig gemacht (s. § 12 Abs. 2 Nr. 1), kann dies mit der Beschwerde nach Abs. 1 beanstandet werden. Zur Beschwerdebegründung bei Ablehnung der Befreiung von der Abhängigmachung nach § 14 → Rn 13.[38]

20 **b) Höhe des vorauszuzahlenden Betrags.** Hat das Gericht den vorauszuzahlenden Betrag selbst festgesetzt, so kann eine Kostenrechnung unterbleiben, wenn das gerichtliche Schriftstück alle für die Bewirkung der Zahlung erforderlichen Angaben enthält (§ 26 Abs. 3 KostVfg). Die Beschwerde nach Abs. 1 kann sich des-

30 OLG Stuttgart Justiz 1984, 366; vgl auch OLG Bamberg FamRZ 2001, 1387 = NJW-RR 2001, 1578. **31** OLG Köln BauR 2009, 1336 = IBR 2009, 436; OLG Dresden JurBüro 2007, 212; OLG Düsseldorf OLGR 2004, 217 = AG 2004, 390; OLG Frankfurt MDR 2004, 1255 = AGS 2005, 408; OLG Hamm MDR 1999, 502. **32** OLG Celle RVGreport 2013, 285 = JurBüro 2012, 433; iE auch OLG Bamberg OLGR 2003, 207. **33** OLG Celle RVGreport 2013, 285 = JurBüro 2012, 433. **34** Binz/Dörndorfer/*Zimmermann*, § 67 GKG Rn 7. **35** OLGR Stuttgart 2009, 188 = RVGreport 2009, 200. **36** *Meyer*, GKG § 67 Rn 13. **37** Binz/Dörndorfer/*Zimmermann*, § 67 GKG Rn 5. **38** Vgl auch OLG Düsseldorf JurBüro 2007, 432.

halb auch gegen die **Höhe** des vom Gericht festgesetzten vorauszuzahlenden Betrags richten. Ordnet das Gericht aber die Vorauszahlung nur dem Grunde nach an und überlässt es die Ermittlung der Höhe des Vorauszahlungsbetrags dem Kostenbeamten, ist dessen Berechnung mit der Erinnerung gem. § 66 anzufechten.[39] Zur Anfechtung des der vorauszuzahlenden Gebühr (§ 12) zugrunde gelegten **vorläufigen Werts** (§ 63 Abs. 1 S. 1) s. → Rn 9 ff.

IV. Vertretung durch einen Rechtsanwalt (Abs. 1 S. 3)

Gilt für das Hauptsacheverfahren **Anwaltszwang**, kann auch die Beschwerde gegen die gerichtliche Anordnung einer Vorauszahlung nur durch einen Rechtsanwalt eingelegt werden. Zwar verweist Abs. 1 S. 2 auf § 66 Abs. 5 S. 1, wonach Anträge und Erklärungen ohne Mitwirkung eines Rechtsanwalts eingereicht werden können. Abs. 1 S. 3 enthält jedoch für die Beschwerde nach § 67 eine vorrangige Regelung. Allerdings beruht die Abhängigmachung der Klagezustellung in bürgerlichen Rechtsstreitigkeiten (§ 12 Abs. 1 S. 1) idR nur auf der Entscheidung des Kostenbeamten und nicht des Gerichts (→ Rn 8). Für die Erinnerung gegen die Entscheidung des Kostenbeamten (→ Rn 14 f) besteht kein Anwaltszwang (§ 66 Abs. 5 S. 1 iVm § 129 a Abs. 1 ZPO). 21

Ist keine anwaltliche Vertretung gesetzlich vorgeschrieben (zB in Verfahren vor dem Rechtspfleger, vgl § 13 RPflG), können die Parteien eine etwaige gerichtliche Vorauszahlungsanordnung gem. Abs. 1 selbst anfechten (Abs. 1 S. 3, § 66 Abs. 5 S. 1). 22

V. Vorauszahlung gem. § 17 Abs. 2 bei Aktenversendungs- und Dokumentenpauschale (Abs. 2)

Wird gem. § 17 Abs. 2 die Herstellung und Überlassung von Dokumenten auf Antrag (Nr. 9000 KV) sowie die Versendung von Akten (Nr. 9003 KV) von der vorherigen Zahlung eines die Auslagen deckenden Vorschusses abhängig gemacht, ist diese Maßnahme nach Abs. 2 mit der **Erinnerung gem. § 66** und nicht mit der Beschwerde nach Abs. 1 anzufechten. Da der nach Abs. 2 iVm § 66 Abs. 2 S. 1 erforderliche Beschwerdewert iHv 200,01 € idR nicht erreicht werden wird, hängt die Beschwerde von der Zulassung durch das Gericht in der Erinnerungsentscheidung ab (Abs. 2 iVm § 66 Abs. 2 S. 2). Siehe iÜ → § 17 Rn 39 ff. 23

Die Erhebung von Auslagenvorschüssen durch den Kostenbeamten nach § 17 Abs. 1 S. 1 und Abs. 3 ist ebenfalls mit der Erinnerung gem. § 66 anzufechten (→ Rn 15).[40] 24

§ 68 Beschwerde gegen die Festsetzung des Streitwerts

(1) [1]Gegen den Beschluss, durch den der Wert für die Gerichtsgebühren festgesetzt worden ist (§ 63 Absatz 2), findet die Beschwerde statt, wenn der Wert des Beschwerdegegenstands 200 Euro übersteigt. [2]Die Beschwerde findet auch statt, wenn sie das Gericht, das die angefochtene Entscheidung erlassen hat, wegen der grundsätzlichen Bedeutung der zur Entscheidung stehenden Frage in dem Beschluss zulässt. [3]Die Beschwerde ist nur zulässig, wenn sie innerhalb der in § 63 Absatz 3 Satz 2 bestimmten Frist eingelegt wird; ist der Streitwert später als einen Monat vor Ablauf dieser Frist festgesetzt worden, kann sie noch innerhalb eines Monats nach Zustellung oder formloser Mitteilung des Festsetzungsbeschlusses eingelegt werden. [4]Im Fall der formlosen Mitteilung gilt der Beschluss mit dem dritten Tage nach Aufgabe zur Post als bekannt gemacht. [5]§ 66 Absatz 3, 4, 5 Satz 1, 2 und 5 sowie Absatz 6 ist entsprechend anzuwenden. [6]Die weitere Beschwerde ist innerhalb eines Monats nach Zustellung der Entscheidung des Beschwerdegerichts einzulegen.

(2) [1]War der Beschwerdeführer ohne sein Verschulden verhindert, die Frist einzuhalten, ist ihm auf Antrag von dem Gericht, das über die Beschwerde zu entscheiden hat, Wiedereinsetzung in den vorigen Stand zu gewähren, wenn er die Beschwerde binnen zwei Wochen nach der Beseitigung des Hindernisses einlegt und die Tatsachen, welche die Wiedereinsetzung begründen, glaubhaft macht. [2]Ein Fehlen des Verschuldens wird vermutet, wenn eine Rechtsbehelfsbelehrung unterblieben oder fehlerhaft ist. [3]Nach Ablauf eines Jahres, von dem Ende der versäumten Frist an gerechnet, kann die Wiedereinsetzung nicht mehr beantragt werden. [4]Gegen die Ablehnung der Wiedereinsetzung findet die Beschwerde statt. [5]Sie ist nur zulässig, wenn sie innerhalb von zwei Wochen eingelegt wird. [6]Die Frist beginnt mit der Zustellung der Entscheidung. [7]§ 66 Absatz 3 Satz 1 bis 3, Absatz 5 Satz 1, 2 und 5 sowie Absatz 6 ist entsprechend anzuwenden.

(3) [1]Die Verfahren sind gebührenfrei. [2]Kosten werden nicht erstattet.

---

39 *Meyer*, GKG § 67 Rn 7. **40** OLG Stuttgart Justiz 1984, 366; vgl auch OLG Bamberg FamRZ 2001, 1387 = NJW-RR 2001, 1578.

I. Allgemeines

1 Gegen die **endgültige** Streitwertfestsetzung nach § 63 Abs. 2 ist die Beschwerde gem. § 68 gegeben. Eine vorläufige Wertfestsetzung ist unanfechtbar (→ Rn 4).

2 Die Beschwerde ist allerdings nicht nur gegen die endgültige Wertfestsetzung selbst gegeben, sondern auch gegen eine **unterlassene** Wertfestsetzung. Weigert sich das Gericht, eine endgültige Wertfestsetzung vorzunehmen, obwohl diese geboten ist, kann auch dagegen Beschwerde – sog. **Untätigkeitsbeschwerde** – eingelegt werden.

3 Gegen Beschwerdeentscheidungen des LG kommt darüber hinaus auch noch die **weitere Beschwerde** zum OLG in Betracht.

II. Anfechtbare Entscheidungen

4 **1. Festsetzung.** Anfechtbar ist nur eine endgültige Wertfestsetzung nach § 63 Abs. 2. Eine Beschwerde gegen eine vorläufige Wertfestsetzung nach § 63 Abs. 1 ist nicht zulässig (→ § 63 Rn 30 ff).

5 Anfechtbar sind – vorbehaltlich der Zulässigkeitsvoraussetzungen – **alle erstinstanzlichen Festsetzungen**, mit Ausnahme der Wertfestsetzungen eines FG[1] oder eines Obergerichts oder eines Bundesgerichts, wenn dies in besonderen Fällen als erstinstanzliches Gericht entschieden hat.

6 Darüber hinaus ist auch die Festsetzung eines **LG als Berufungs- oder Beschwerdegericht** anfechtbar.[2] Dies gilt sowohl für eine erstmalige Festsetzung des Werts für die Berufungs- oder Beschwerdeinstanz als auch für eine von Amts wegen (§ 63 Abs. 3 S. 1 Nr. 2) vorgenommene Abänderung der amtsgerichtlichen Festsetzung.

7 **Beispiel 1:** In einem Berufungsverfahren setzt das LG den Streitwert für das Berufungsverfahren fest. – Lösung: Eine Beschwerde zum OLG ist möglich.

8 **Beispiel 2:** Im Verfahren über eine Beschwerde im einstweiligen Verfügungsverfahren setzt das LG als Beschwerdegericht den Streitwert für das Beschwerdeverfahren fest. – Lösung: Auch hier ist eine Beschwerde zum OLG möglich.

9 **Beispiel 3:** Im Berufungsverfahren ändert das LG gem. § 63 Abs. 3 S. 1 Nr. 2 die erstinstanzliche Wertfestsetzung des AG ab. – Lösung: Gegen diese Abänderung der erstinstanzlichen Festsetzung ist ebenfalls die Beschwerde zum

---

[1] BFH 7.12.2004 – VII B 301/04. [2] OLG Köln OLGR 2009, 848 = AGS 2009, 604; OLG Düsseldorf OLGR 2007, 97 = MDR 2007, 605; OLG München OLGR 2009, 533 = ZflR 2009, 485; OLG Schleswig SchlHA 2010, 23 = OLGR 2009, 827 = MDR 2009, 1355; OLG Koblenz AGS 2013, 86 = MDR 2013, 299.

NK-GK/N. *Schneider*

OLG gegeben. Es handelt sich nicht um eine weitere Beschwerde, da die Abänderung der erstmaligen Festsetzung durch das LG angegriffen wird und nicht die Festsetzung des AG.

Die zweitinstanzliche Streitwertfestsetzung des LG kann selbst dann mit der Beschwerde zum OLG angefochten werden, wenn der Instanzenzug der Hauptsache wegen § 542 Abs. 2 S. 1 ZPO beim LG endet.[3] **10**

Eine Beschwerde gegen eine Wertfestsetzung eines Obergerichts (OLG, LAG, OVG/VGH, LSG) ist nie statthaft, da eine Beschwerde an einen obersten Gerichtshof des Bundes nach Abs. 1 S. 5 iVm § 66 Abs. 3 S. 3 ausgeschlossen ist. **11**

Eine Beschwerde gegen eine Wertfestsetzung eines Bundesgerichts wiederum kommt schon deshalb nicht in Betracht, weil es darüber kein Beschwerdegericht gibt. **12**

2. Unterlassene Festsetzung. Kommt das Gericht seiner Verpflichtung aus § 63 Abs. 2, den Streitwert nach Abschluss des Verfahrens festzusetzen, nicht nach oder verweigert es eine Festsetzung, kann gegen die Untätigkeit des Gerichts nach Abs. 1 Beschwerde eingelegt werden. Die Weigerung einer Festsetzung kommt einer Wertfestsetzung auf „Null" gleich. **13**

Hierzu gehört allerdings nicht der Fall, dass sich das Gericht auf eine **Bindung nach** § 62 beruft. In diesem Fall liegt in der Weigerung der Festsetzung konkludent eine „Festsetzung" auf den Zuständigkeitsstreitwert. Dieser Fall ist zu behandeln wie eine Wertfestsetzung, so dass die Beschwerde nach Abs. 1 gegeben ist. **14**

Eine besondere Begründung bei einer **Untätigkeitsbeschwerde** ist nicht erforderlich. Ebenso wenig ist eine Beschwer erforderlich, da nicht ein Festsetzungsbeschluss angefochten wird, sondern sich die Beschwerde gegen die Untätigkeit des Gerichts richtet. **15**

3. Nichtzulassung der Beschwerde. Die Nichtzulassung der Beschwerde oder der weiteren Beschwerde ist unanfechtbar (Abs. 1 S. 5 iVm § 66 Abs. 3 S. 4 Hs 2). **16**

III. Zuständigkeit

Zur Entscheidung über die Beschwerde ist das jeweilige Beschwerdegericht berufen. Zuständiges Beschwerdegericht ist nach Abs. 1 S. 5 iVm § 66 Abs. 3 S. 2 das nächsthöhere Gericht. Dies wiederum richtet sich nach dem GVG. **17**

Ungeachtet der Zuständigkeit des Beschwerdegerichts ist die Beschwerde immer beim Ausgangsgericht einzureichen (Abs. 1 S. 5 iVm § 66 Abs. 5 S. 5), da dieses zunächst zu prüfen hat, ob es der Beschwerde abhilft. **18**

Die Einreichung beim Beschwerdegericht ist nicht fristwahrend. Wird die Beschwerde beim Beschwerdegericht eingereicht, muss es sie an das Ausgangsgericht abgeben. Der dortige Eingangszeitpunkt ist dann maßgebend. **19**

Das Ausgangsgericht kann allerdings – auch wenn es über die Beschwerde nicht zu entscheiden hat – abhelfen. Soweit das Ausgangsgericht in vollem Umfang abhilft und sich das Beschwerdeverfahren damit erledigt, braucht es nicht mehr vorzulegen. Soweit das Ausgangsgericht der Beschwerde nicht vollständig abhilft, hat es sie dem Beschwerdegericht vorzulegen, das dann abschließend entscheidet. **20**

IV. Beschwerdeberechtigte

Beschwerdeberechtigt ist zunächst einmal jede **Partei**, also der Kläger (bzw der Antragsteller) und der Beklagte (bzw der Antragsgegner). Auch die Rechtsnachfolger einer Partei sind beschwerdeberechtigt, sofern die Gerichtskostenschuld auf sie übergegangen ist. Darüber hinaus sind aber auch alle **weiteren Personen** beschwerdeberechtigt, die derart am Verfahren beteiligt sind, dass sie für Gerichtsgebühren einstehen müssen oder dass ihnen Anwaltskosten entstanden sind, die sich nach dem vom Gericht festgesetzten Streitwert richten (§ 32 Abs. 1 RVG), also Streithelfer, Beigeladene, Nebenkläger bei Adhäsionsantrag, Betroffene eines Einziehungsverfahrens in Straf- und Bußgeldsachen etc. **21**

Beschwerdeberechtigt sind ferner die **Prozess- oder Verfahrensbevollmächtigten** selbst, soweit sich ihre Gebühren nach dem vom Gericht festgesetzten Streitwert richten (§ 32 Abs. 2 RVG). **22**

Auch die **Landes- und Bundeskasse** ist berechtigt, gegen die Festsetzung des Streitwerts Beschwerde zu erheben. Sie kann zum einen Heraufsetzungsbeschwerde erheben, wenn sie der Auffassung ist, die Gerichtskosten seien zu gering bemessen. Sie kann darüber hinaus Herabsetzungsbeschwerde erheben, wenn sie damit erreichen will, dass sie einem im Wege der Prozesskostenhilfe oder anderweitig beigeordneten Rechtsanwalt nur geringere Gebühren zahlen muss. **23**

Personen, die nur **mittelbar beteiligt** sind, die also als Dritte für Kosten des Rechtsstreits haften, sind nicht beschwerdeberechtigt. Daher ist insb. ein **Rechtsschutzversicherer** nicht beschwerdebefugt. Er kann ledig- **24**

---

3 OLG Koblenz AGS 2008, 302 = JurBüro 2008, 254.

lich seinen Versicherungsnehmer anweisen, dass dieser Beschwerde erhebt. Erzwingen kann er dies jedoch nicht.

V. Kein Verlust des Beschwerderechts durch Einverständnis mit der Festsetzung

25 Soweit sich eine Partei, ein sonstiger Beteiligter oder ein Verfahrensbevollmächtigter mit der Wertfestsetzung einverstanden erklärt hat, liegt darin noch **kein Verzicht auf sein Beschwerderecht**.[4] Ebenso wenig liegt darin ein Wegfall der Beschwer. Das folgt schon daraus, dass der gerichtliche Streitwert nicht zur Disposition der Beteiligten steht, sondern von Amts wegen stets richtig festzusetzen ist. Bei besserer Erkenntnis können die Beteiligten oder Verfahrensbevollmächtigten innerhalb der Frist des § 63 Abs. 3 S. 2 die Korrektur des Streitwerts, notfalls im Wege der Beschwerde, verlangen.

26 Der Zulässigkeit einer Streitwertbeschwerde steht auch nicht entgegen, dass sich die anwaltlich vertretene Partei in außergerichtlich geführten Vergleichsverhandlungen mit diesem Streitwert einverstanden erklärt hat und dieser Streitwert der Kostenquote des gerichtlich festgestellten Vergleichs zugrunde gelegt wurde. Auch dies lässt weder die Beschwer entfallen noch ist diesem Verhalten ein Rechtsmittelverzicht zu entnehmen.[5]

27 Anders verhalten dürfte es sich dagegen, wenn ein Prozessbevollmächtigter oder eine Partei ausdrücklich auf ihr Recht zur Erhebung einer Streitwertbeschwerde verzichtet hat.

VI. Zulässigkeit der Beschwerde

28 **1. Überblick.** Die Beschwerde gegen eine Wertfestsetzung ist nur zulässig,

- wenn der Wert des Beschwerdegegenstands den Betrag von 200 € übersteigt (**Abs. 1 S. 1**) oder
- die Beschwerde von dem Gericht, dessen Wertfestsetzung angegriffen werden soll, in seinem Beschluss, der die Wertfestsetzung enthält, zugelassen worden ist (**Abs. 1 S. 2**). Die Zulassung kann auch vom LG als Berufungs- oder Beschwerdegericht ausgesprochen werden, wenn es die erstinstanzliche Festsetzung von Amts wegen nach § 63 Abs. 3 S. 1 Nr. 2 abändert.

29 **2. Beschwer.** Voraussetzung ist sowohl bei der wertabhängigen als auch bei der zugelassenen Beschwerde, dass eine Beschwer gegeben ist.

30 Die **Beschwer einer Partei** setzt grds. voraus, dass sie zur Zahlung oder Erstattung von Anwalts- oder Gerichtskosten verpflichtet ist und sie einen geringeren Streitwert geltend macht, so dass sie im Falle einer Abänderung geringere Kosten treffen würde. Eventuelle Erstattungsansprüche gegen Dritte haben dabei außer Ansatz zu bleiben, da deren Realisierung ungewiss ist. Daher ist auch die voll kostenerstattungsberechtigte Partei durch eine zu hohe Streitwertfestsetzung beschwert.[6]

31 **Beispiel:** Die gesamten Kosten des Verfahrens sind dem Kläger auferlegt worden. – Lösung: Der Beklagte ist beschwert, da er nach dem festgesetzten Streitwert seinem Anwalt die Vergütung schuldet. Die Beschwer fällt nicht dadurch weg, dass er in derselben Höhe einen Erstattungsanspruch gegen den Kläger hat, da nicht feststeht, ob er seine Forderung dort wird realisieren können.

32 Eine Beschwer der Partei oder eines sonstigen Beteiligten kann nicht mit der Begründung verneint werden, dass ihr Prozesskostenhilfe bewilligt worden sei. Sie ist nämlich nicht von Erstattungsansprüchen Dritter befreit (§ 123 ZPO) und haftet im Falle einer späteren Anordnung von Raten- oder Einmalzahlungen oder bei Aufhebung der Prozesskostenhilfe auf die Gerichts- und Wahlanwaltskosten des eigenen Anwalts.

33 Nur ausnahmsweise kann eine Partei auch einmal durch einen zu geringen Wert beschwert sein, nämlich dann, wenn sie mit ihrem Anwalt eine wertunabhängige Vergütungsvereinbarung getroffen hat und bei einem höheren Streitwert einen höheren Erstattungsanspruch erzielen würde.[7] Zur Glaubhaftmachung ist in diesem Fall die Vergütungsvereinbarung vorzulegen.[8]

34 Eine **Beschwer der Landeskasse** kann sich zum einen durch einen zu hohen Streitwert ergeben, nämlich dann, wenn aufgrund dessen eine höhere Vergütung an die beigeordneten Anwälte auszuzahlen ist. Die Landeskasse kann auch durch einen zu geringen Wert beschwert sein, weil sie dann nur geringere Gerichtsgebühren einziehen kann.

35 Der **Anwalt** wiederum kann nur durch einen zu geringen Wert beschwert sein, da er dann seine Vergütung nur nach dem geringeren Wert abrechnen kann.

---

4 OLG Karlsruhe MDR 2010, 404 = JurBüro 2010, 200; OLG Celle JurBüro 2005, 429 = MDR 2005, 1137. **5** OLG Frankfurt AGS 2013, 337 = NJW 2013, 3381. **6** OLG Frankfurt AGS 2016, 194 = NJW-RR 2016, 763. **7** OLG Düsseldorf AGS 2006, 188 m. Anm. *N. Schneider* = MDR 2006, 297; OLG Celle 20.1.1992 – 1 Ws 321/91, JurBüro 1992, 761; VGH München NVwZ-RR 1997, 195 = BayVBl 1997, 188; VGH Mannheim NVwZ-RR 2002, 900; OVG Hessen DÖV 1976, 607; SächsOVG NJ 2004, 280 = SächsVGl 2004, 89; VGH Hessen ZMR 1977, 112; OVG Bautzen DÖV 2007, 172 = NJ 2006, 280; OLG Frankfurt AGkompakt 2010, 26. **8** OLG Stuttgart AGS 2014, 77 = NJW-Spezial 2014, 123.

Ist der Anwalt im Wege der Prozesskostenhilfe oder anderweitig beigeordnet worden, ist gleichwohl auf die **36** Differenz der **Wahlanwaltsgebühren** abzustellen,[9] da dem Anwalt insoweit ein weitergehender Anspruch gegen den Auftraggeber zusteht, der unter den Voraussetzungen des § 50 RVG ggf noch innerhalb der nächsten vier Jahre geltend gemacht werden kann. Abgesehen davon können sich auch Erstattungsansprüche gegen Dritte ergeben (§ 126 ZPO). Daher ist für ihn auch dann eine Beschwer gegeben, wenn die Höchstbeträge des § 49 RVG bereits erreicht sind.

Voraussetzung für alle Beteiligten ist stets, dass sich durch die Wertänderung auch eine **Veränderung der** **37** **daraus zu berechnenden Kosten** ergibt. Daher ist keine Beschwer gegeben, wenn lediglich eine Wertänderung innerhalb derselben Gebührenstufe begehrt wird.

Beispiel: Der Anwalt beantragt, den Streitwert von 55.000 € auf 65.000 € heraufzusetzen. – Lösung: Da die **38** Wertstufe von 50.000 € bis 65.000 € reicht, würde eine höhere Festsetzung keinen Einfluss auf die Vergütung haben, so dass eine Beschwerde unzulässig wäre.

Ebenso ist für die Landeskasse keine Beschwer gegeben, wenn sie eine Herabsetzung des Streitwerts ober- **39** halb der Grenze des § 49 RVG beantragt, da sie ohnehin nie mehr als die Höchstbeträge zahlen muss.

3. Zugelassene Beschwerde (Abs. 1 S. 2). a) Überblick. Die Beschwerde gegen die endgültige Wertfestset- **40** zung ist wertunabhängig zulässig, wenn sie

- von einem erstinstanzlichen Gericht in seinem Streitwertfestsetzungsbeschluss oder
- vom LG als Berufungs- oder Beschwerdegericht in seiner von Amts wegen ergangenen Abänderung des erstinstanzlichen Streitwerts (§ 63 Abs. 3 S. 1 Nr. 2)

zugelassen worden ist (Abs. 1 S. 2).

Das Beschwerdegericht ist an die Zulassung der Beschwerde **gebunden**, selbst wenn das Ausgangsgericht **41** oder das LG als Rechtsmittelgericht im Falle der amtswegigen Abänderung die grundsätzliche Bedeutung zu Unrecht bejaht hat (Abs. 1 S. 5 iVm § 66 Abs. 3 S. 4). Es muss sich allerdings um eine wirksame Zulassung handeln (→ Rn 42 ff).

b) Keine nachträgliche Zulassung. Die Zulassung der Beschwerde muss **in dem Beschluss**, der die Streit- **42** wertfestsetzung nach § 63 Abs. 2 enthält, ausgesprochen worden sein (Abs. 1 S. 2). Eine nachträgliche Zulassung der Beschwerde ist grds. nicht möglich; ebenso wenig eine Anfechtung der Nichtzulassung (Abs. 1 S. 5 iVm § 66 Abs. 3 S. 4 Hs 2).

Von einer nicht statthaften nachträglichen Zulassung zu unterscheiden ist eine zulässige Änderung der Aus- **43** gangsentscheidung infolge Berichtigung, Ergänzung oder Gehörsrüge. In diesem Fall liegt keine gesonderte nachträgliche Zulassung vor. Vielmehr wird die Zulassung nachträglich Bestandteil der Ausgangsentscheidung (→ Rn 45 ff).

An eine unzulässige nachträgliche Zulassung der Beschwerde ist das Beschwerdegericht nicht gebunden. **44** Die Bindungswirkung der Zulassung erstreckt sich nur auf eine zulässige und statthafte Beschwerdezulassung. Soweit also eine nachträgliche Zulassung erfolgt ist, muss das Beschwerdegericht im Rahmen der Zulässigkeit prüfen, ob hier ein Fall vorliegt, in dem die Zulassung „nachgeholt" werden durfte (→ Rn 45 ff).

c) Berichtigung. Analog § 319 ZPO kann ein fehlerhafter Beschluss jederzeit berichtigt werden. Beruht also **45** der fehlende Ausspruch über die Zulassung der Beschwerde auf einem Schreibfehler oder einer ähnlichen offenbaren Unrichtigkeit, kann dieser Fehler jederzeit analog § 319 ZPO berichtigt und die Zulassung ausgesprochen werden.[10] Das Versehen des Ausgangsgerichts muss sich aus dem Zusammenhang der Entscheidung selbst oder zumindest aus den Vorgängen bei der Beschlussfassung ergeben und auch für Dritte ohne Weiteres deutlich sein. Faktisch handelt es sich nicht um eine nachträgliche Entscheidung über die Zulassung, sondern nur um die **Korrektur eines Fehlers im ursprünglichen Beschluss.**

d) Ergänzung. Hat das Gericht übersehen, über die Zulassung zu entscheiden, so ist eine Ergänzung des **46** Beschlusses möglich, wenn die Entscheidung über die Zulassung übergangen worden ist (analog § 321 ZPO). Ein solcher Fall ist insb. dann gegeben, wenn die Zulassung ausdrücklich beantragt worden ist, das Gericht aber diesen „Antrag" übergangen hat.

Hat das Gericht die Beschwerde nicht zugelassen, weil es der Auffassung war, es bestehe kein Zulassungs- **47** grund, dann darf es die Zulassung jedoch nicht nachholen.

Hat das Ausgangsgericht dagegen übersehen, die Frage der Zulassung zu prüfen, weil es irrtümlich davon **48** ausgegangen ist, der Wert des Beschwerdegegenstands von über 200 € sei erreicht und die Beschwerde daher ohnehin zulässig, so dass sie nicht gesondert zugelassen werden müsse, kommt eine Abänderung oder

---

9 OLG Frankfurt AGS 2012, 347 = FamRZ 2012, 1970; OLG Celle FamRZ 2006, 1690 = FuR 2006, 423; unzutr. OLG Rostock 28.3.2011 – 3 W 52/11. **10** BGH AGS 2004, 480 = Rpfleger 2005, 51 = NJW 2005, 156.

nachträgliche Zulassung in Betracht. Nimmt das Beschwerdegericht einen Wert von unter 200,01 € an, dann muss es selbst die unterbliebene Entscheidung über die Zulassung der Beschwerde nachholen.[11]

49 **Beispiel:** In seinem Wertfestsetzungsbeschluss führt das AG aus, einer Zulassung der Beschwerde bedürfe es nicht, da sich die Gebührendifferenz zwischen dem festgesetzten und dem beantragten Streitwert auf mehr als 200 € belaufe. Tatsächlich liegt die Differenz unter 200 €. – Lösung: Das LG muss jetzt selbst darüber entscheiden, ob ein Zulassungsgrund besteht.

50 **e) Gehörsrüge.** Möglich ist die „nachträgliche" Zulassung auf eine begründete Gehörsrüge hin (§ 69 a), wenn also die Nichtzulassung der Beschwerde auf der Verletzung des rechtlichen Gehörs beruhte.

51 Hat das Gericht über die Nichtzulassung der Beschwerde unter Verletzung des Anspruchs auf rechtliches Gehör entschieden und wird gegen den Beschluss Gehörsrüge eingelegt (§ 69 a), so kann das Gericht seine Entscheidung abändern. Ein solcher Fall ist zB gegeben, wenn das Gericht den Beteiligten keine Gelegenheit gegeben hat, auf divergierende Rechtsprechung und damit eine zwingende Divergenzzulassung hinzuweisen.

52 **f) Abhilfeentscheidung.** Ändert das Gericht auf eine Gegenvorstellung hin seine ursprüngliche Wertfestsetzung ab, wozu es nach § 63 Abs. 3 S. 1 innerhalb der Frist des § 63 Abs. 3 S. 2 berechtigt ist, dann liegt ein neuer Festsetzungsbeschluss nach § 63 Abs. 2 vor, der jetzt auch wiederum eine Zulassung enthalten darf. Das gilt insb. dann, wenn sich aus der geänderten Rechtsauffassung des Gerichts jetzt erstmals der Zulassungsgrund ergibt.

53 Ein Verstoß gegen Abs. 1 S. 2 liegt nicht vor, weil Gegenstand der Anfechtung jetzt nicht der abgeänderte Ausgangsbeschluss ist, sondern der Abhilfebeschluss und dieser enthält die Zulassung, so dass die Voraussetzungen des Abs. 1 S. 2 gegeben sind.

54 **Beispiel:** Das Gericht hat den Streitwert festgesetzt. Eine Beschwerde kommt nicht in Betracht, da die Beschwer von mehr als 200 € nicht erreicht ist. Nunmehr wird Gegenvorstellung erhoben. Das Gericht ändert, wozu es nach § 63 Abs. 3 berechtigt ist, den Streitwert ab. – Lösung: Mit seiner Abänderungsentscheidung kann es die Beschwerde zulassen, wenn sich aus der Abänderung jetzt ein Zulassungsgrund ergibt, etwa weil die Abänderung in Divergenz zu anderweitiger Rechtsprechung steht.

55 **4. Zulassungsfreie Beschwerde (Abs. 1 S. 1). a) Überblick.** Ist die Beschwerde nicht zugelassen, so muss der Wert des Beschwerdegegenstands den Betrag von 200 € übersteigen, also **mindestens 200,01 €** betragen. Dabei kommt es nicht auf die Differenz zwischen dem begehrten und dem festgesetzten Streitwert an, sondern auf die Differenz der Kosten, die sich nach dem festgesetzten und dem begehrten Streitwert ergibt.

- Legt der Anwalt gem. § 32 Abs. 2 RVG die Beschwerde ein, so ist lediglich auf die Differenz seiner Vergütung nach dem festgesetzten und dem beantragten Wert abzustellen, nicht auf die Differenz zwischen dem festgesetzten und dem mit der Beschwerde angestrebten Streitwert.[12]

  Ist der Anwalt im Wege der Prozesskostenhilfe oder anderweitig beigeordnet worden, ist gleichwohl auf die Differenz der Wahlanwaltsgebühren abzustellen.

- Wird die Beschwerde im Namen einer Partei mit dem Ziel der Herabsetzung des Werts eingelegt, so ist
  - zunächst immer die Differenz der Gebühren, die die Partei ihrem Rechtsanwalt schuldet, nach dem festgesetzten und dem beantragten Wert zu berücksichtigen und darüber hinaus,
  - soweit die Partei als Kostenschuldner (auch Zweitschuldner) für die Gerichtskosten in Betracht kommt, auch die Differenz der Gerichtskosten zwischen den jeweiligen Werten und,
  - soweit die Partei auch noch zur Kostenerstattung an den Gegner verpflichtet ist, auch noch die Differenz des Erstattungsbetrags nach dem festgesetzten und dem begehrten Wert maßgebend.

- Wird die Beschwerde im Namen einer Partei mit dem Ziel der Heraufsetzung des Werts eingelegt (zur Zulässigkeit → Rn 33), so ist auf die Differenz der zu erstattenden Anwaltsvergütung nach dem festgesetzten und dem beantragten Wert abzustellen.

56 **b) Wert des Beschwerdegegenstands nach Teilabhilfe.** Wird der Beschwerde teilweise abgeholfen, so ist der verbleibende Wert des Beschwerdegegenstands zu ermitteln. Sinkt der Wert des Beschwerdegegenstands infolge der Teilabhilfe auf 200 € oder darunter, wird die Beschwerde unzulässig.[13] Eine Entscheidung des Beschwerdegerichts in der Sache kommt dann nicht mehr in Betracht. Die Entscheidung des Ausgangsgerichts ist vielmehr endgültig.

57 Allerdings darf das Ausgangsgericht die Beschwerde nicht selbst verwerfen. Ihm steht keine Verwerfungskompetenz zu. Die Sache ist auch in diesem Fall dem Beschwerdegericht vorzulegen, wenn die Beschwerde im Hinblick auf die Teilabhilfe und ihre damit eingetretene Unzulässigkeit nicht zurückgenommen wird.

---

11 BGH AGS 2010, 518 = FamRZ 2010, 1248. **12** OVG LSA AGS 2013, 427. **13** OLG Hamm JurBüro 1982, 582.

Das Beschwerdegericht hat dann nach Hinweis die Beschwerde als unzulässig zu verwerfen, sofern sie nicht zuvor zurückgenommen wird. 58

Das Beschwerdegericht darf in diesem Fall nicht über die Höhe des Streitwerts entscheiden. Es hat auch keine Kompetenz, gem. § 63 Abs. 1 S. 1 die Wertfestsetzung von Amts wegen abzuändern (→ Rn 111). 59

c) **Wert des Beschwerdegegenstands nach Teilrücknahme.** Wird die Beschwerde vor der Nichtabhilfeentscheidung teilweise zurückgenommen, so richtet sich der für die Zulässigkeit der Beschwerde maßgebende Wert des Beschwerdegegenstands nur nach dem verbleibenden Interesse des Beschwerdeführers. Die Beschwerde kann daher infolge der Teilrücknahme unzulässig werden, nämlich wenn dadurch der Wert des Beschwerdegegenstands auf unter 200,01 € sinkt. 60

Wird die Beschwerde dagegen erst nach der Nichtabhilfeentscheidung und Eingang der Akte beim Beschwerdegericht teilweise zurückgenommen, so bleibt eine bis dahin gegebene Zulässigkeit erhalten, selbst wenn dadurch der Wert des Beschwerdegegenstands auf unter 200,01 € sinkt. 61

VII. Beschwerdefrist (Abs. 1 S. 3, 4)

Die Beschwerde ist befristet. Sie muss innerhalb der Sechs-Monats-Frist des § 63 Abs. 3 S. 2 eingelegt werden (Abs. 1 S. 3 Hs 1). Zur Fristberechnung → § 63 Rn 91 ff. 62

Ist der Streitwert später als einen Monat vor Ablauf der Sechs-Monats-Frist festgesetzt oder abgeändert worden, kann noch innerhalb eines Monats nach Zustellung oder formloser Mitteilung der Wertfestsetzung Beschwerde eingelegt werden (Abs. 1 S. 3 Hs 2). Im Falle der formlosen Mitteilung gilt der Beschluss als mit dem dritten Tage nach Aufgabe zur Post als zugestellt (Abs. 1 S. 4). 63

In Anbetracht der nach Abs. 3 vorgesehenen Sechs-Monats-Frist ist eine zeitlich frühere Verwirkung des Beschwerderechts ausgeschlossen.[14] 64

VIII. Wiedereinsetzung in den vorigen Stand (Abs. 2)

Wird die Frist zur Einlegung der Streitwertbeschwerde versäumt, sei es also, dass die Beschwerde nicht innerhalb der Sechs-Monats-Frist des § 63 Abs. 3 S. 2 oder nicht innerhalb der Monatsfrist des Abs. 1 S. 3 erhoben worden ist, kann dem Beschwerdeführer vom Beschwerdegericht Wiedereinsetzung in den vorherigen Stand gewährt werden (Abs. 2). 65

Die Wiedereinsetzung wird nur auf **Antrag des Beschwerdeführers** gewährt. Eine Wiedereinsetzung von Amts wegen kommt nicht in Betracht. 66

Der Beschwerdeführer muss ohne sein Verschulden verhindert gewesen sein, die Frist einzuhalten. Das Verschulden eines Verfahrensbevollmächtigten ist dem Beteiligten zuzurechnen (Abs. 2 S. 7 iVm § 66 Abs. 5 S. 2). 67

Ein fehlendes Verschulden wird vermutet, wenn eine **Rechtsbehelfsbelehrung** unterblieben oder fehlerhaft ist (Abs. 2 S. 2). 68

Der Antrag auf Wiedereinsetzung ist **innerhalb von zwei Wochen** nach Beseitigung des Hindernisses zu stellen. Innerhalb derselben Frist muss auch die Beschwerde nachgeholt werden. Des Weiteren müssen innerhalb der Frist die Tatsachen, die die Wiedereinsetzung begründen sollen, glaubhaft gemacht werden (Abs. 2 S. 1). 69

Nach Ablauf eines Jahres seit Ende der versäumten Frist an ist ein Antrag auf Wiedereinsetzung unzulässig (Abs. 2 S. 3). 70

Zwar entscheidet über den Wiedereinsetzungsantrag das Beschwerdegericht; da die nachgeholte Beschwerde jedoch zwingend bei dem Gericht einzureichen ist, dessen Entscheidung angefochten wird (Abs. 2 S. 7 iVm § 66 Abs. 5 S. 5), gilt dies auch für den Wiedereinsetzungsantrag selbst (Abs. 2 S. 7 iVm § 66 Abs. 5 S. 1). 71

Über die Wiedereinsetzung entscheidet allein das Beschwerdegericht. Das Ausgangsgericht muss also, wenn es vom Ablauf der Beschwerdefrist ausgeht, ohne eigene Entscheidung die Sache dem Beschwerdegericht vorlegen. Eine Abhilfe durch das Ausgangsgericht ist zunächst nicht möglich. Es handelt sich insoweit um eine Frage der Zulässigkeit der Beschwerde, für die dem Ausgangsgericht keine Entscheidungskompetenz zusteht. 72

Gibt das Beschwerdegericht dem Wiedereinsetzungsantrag statt, hat es die Sache dem Ausgangsgericht zurückzugeben, das nunmehr über die Abhilfe zu entscheiden hat. 73

---

14 OLG Hamm JurBüro 1977, 73; OLG Hamburg MDR 1964, 931; OLG Frankfurt Rpfleger 1960, 255.

IX. Form

74   Die Beschwerde kann **schriftlich** oder zu **Protokoll der Geschäftsstelle** eingereicht werden (Abs. 1 S. 5 iVm § 66 Abs. 5 S. 1 Hs 1). § 129 a ZPO gilt entsprechend (Abs. 1 S. 5 iVm § 66 Abs. 5 S. 1 Hs 2). Einer darüber hinausgehenden besonderen Form bedarf die Beschwerde nicht. Der Begriff „Schriftlichkeit" ist nicht identisch mit dem Begriff der Schriftform des § 126 Abs. 1 BGB. Daher kann auch eine schriftliche Erklärung ohne Unterschrift ausreichen, wenn aufgrund bestimmter Umstände feststeht, dass es sich bei dem Schriftstück nicht um einen Entwurf handelt, sondern dass vom Absender eine prozessrechtliche Erklärung gewollt ist.[15]

75   Ein bestimmter **Antrag** ist nicht erforderlich, da das Gericht von Amts wegen zutreffend zu entscheiden hat (§ 63 Abs. 3). Gleichwohl ist ein Antrag oder eine Begründung sachdienlich, vor allem weil anderenfalls ggf Schwierigkeiten bestehen, im Falle des Abs. 1 S. 1 den erforderlichen Beschwerdewert zu berechnen.

76   Für das Beschwerdeverfahren besteht **kein Anwaltszwang**, und zwar auch dann nicht, wenn in dem zugrunde liegenden Verfahren Anwaltszwang besteht. Die Beschwerde gegen die Festsetzung des Streitwerts kann daher auch die Partei selbst einlegen.

X. Aufschiebende Wirkung, Einstellung der Zwangsvollstreckung

77   Eine Beschwerde gegen die Festsetzung des Streitwerts hat keine aufschiebende Wirkung.

78   Allerdings ist ein laufendes Kostenfestsetzungsverfahren auszusetzen, bis über den Streitwert abschließend entschieden worden ist.[16]

79   Eine einstweilige Einstellung der Zwangsvollstreckung ist nicht vorgesehen, da Abs. 1 S. 5 die Vorschrift des § 66 Abs. 7 von einer Verweisung ausnimmt.[17] Ungeachtet dessen kann die Gerichtskasse mit der Beitreibung der Kosten abwarten, bis über den Wert rechtskräftig entschieden ist. Sie ist dazu aber nicht verpflichtet.

XI. Abhilfeverfahren

80   Auf die Beschwerde hin hat das Ausgangsgericht zunächst zu prüfen, ob der Beschwerde abzuhelfen ist (Abs. 1 S. 5 iVm § 66 Abs. 3 S. 1).

81   Das weitere Verfahren richtet sich danach, ob und ggf in welchem Umfang abgeholfen wird:

- Soweit der Beschwerde **in vollem Umfang abgeholfen** wird, erübrigt sich die Vorlage an das Beschwerdegericht.
- Soweit der Beschwerde **nicht abgeholfen** wird, ist die Sache alsdann dem Beschwerdegericht vorzulegen, das hierüber entscheidet.
- Soweit der Beschwerde **teilweise abgeholfen** wird, ist zu differenzieren:
  - Bleibt die Beschwerde zulässig, weil
    - der verbleibende Beschwerdegegenstand den erforderlichen Betrag von 200 € immer noch übersteigt oder
    - die Beschwerde zugelassen worden war,

    ist sie dem Beschwerdegericht vorzulegen.
  - Ist die Beschwerde unzulässig geworden,
    - weil der verbleibende Beschwerdegegenstand den erforderlichen Betrag von 200 € nicht (mehr) übersteigt und
    - die Beschwerde auch nicht zugelassen worden ist,

    muss das Ausgangsgericht dem Beschwerdeführer die Möglichkeit geben, aufgrund der Teilabhilfe seine jetzt unzulässig gewordene Beschwerde zurückzunehmen. Wird die Beschwerde nicht zurückgenommen, muss die Sache dem Beschwerdegericht vorgelegt werden. Das Ausgangsgericht hat keine Verwerfungskompetenz.

82   Das Beschwerdegericht hat den Beteiligten **rechtliches Gehör** zu gewähren. Dazu gehört zumindest, dass die Beschwerde nebst Begründung den übrigen Verfahrensbeteiligten zur Stellungnahme übermittelt wird. Legt ein Verfahrensbevollmächtigter Heraufsetzungsbeschwerde ein, so ist die Beschwerde den Beteiligten unmittelbar zuzustellen und nicht deren Verfahrensbevollmächtigten, da insoweit gegenläufige Interessen bestehen und die Beteiligten unmittelbar mit eigenen Interessen am Verfahren beteiligt sind.

---

15 OLG Karlsruhe AGS 2014, 559 = JurBüro 2014, 432. **16** OLG Düsseldorf AGS 2010, 568; für das Vergütungsfestsetzungsverfahren nach § 11 RVG ist dies in § 11 Abs. 4 RVG ausdrücklich geregelt. **17** KG Rpfleger 1962, 121.

Im Verfahren der Streitwertbeschwerde gilt wegen des Grundsatzes der Streitwertwahrheit das **Verschlech-** 83
terungsverbot (reformatio in peius) **nicht**.[18] Das Gericht kann also auch im Abhilfeverfahren entgegen dem
Antrag des Beschwerdeführers festsetzen. Es kann auf eine Heraufsetzungsbeschwerde hin den Wert herabsetzen und auf eine Herabsetzungsbeschwerde hin den Wert heraufsetzen.

Die Entscheidung über die Nichtabhilfe ist zu begründen. Soweit die Beschwerde neues Vorbringen und 84
neue Argumente enthält, muss der Nichtabhilfebeschluss erkennen lassen, dass sich das Ausgangsgericht
damit auseinandergesetzt hat. Inhaltsleere Floskeln reichen dazu nicht aus.[19]

XII. Erneute Beschwerdemöglichkeit gegen Abhilfeentscheidung

Gegen die Abhilfeentscheidung kann wiederum Beschwerde oder auch Anschlussbeschwerde erhoben wer- 85
den.

Hilft das Ausgangsgericht der Beschwerde in vollem Umfang ab, kann nunmehr ein anderer Beteiligter 86
durch die Entscheidung erstmals beschwert sein, so dass er hiergegen jetzt Beschwerde einlegen kann. Das
gilt auch dann, wenn zwischenzeitlich die Sechs-Monats-Frist abgelaufen ist. Die neue Beschwerde muss
dann innerhalb eines weiteren Monats eingelegt werden (Abs. 1 S. 3 Hs 2).

Voraussetzung ist, dass der Wert des Beschwerdegegenstands mehr als 200 € beträgt. Entweder muss also 87
die Abhilfeentscheidung selbst einen Beschwerdegegenstand von mehr als 200 € geschaffen haben oder aus
dem Zusammenspiel von Ausgangsentscheidung und Abhilfe muss sich zusammen ein Wert des Beschwerdegegenstands von über 200 € ergeben.

Das Gericht kann in seiner Abhilfeentscheidung aber auch die Beschwerde zulassen (Abs. 1 S. 2), wenn die 88
Abhilfeentscheidung grundsätzliche Bedeutung hat oder von der Entscheidung anderer Gerichte abweicht.

Soweit das Gericht der Beschwerde teilweise abhilft und es die Sache wegen des nicht abgeholfenen Teils 89
dem Beschwerdegericht vorlegen muss, kann der durch die Teilabhilfe erstmals beschwerte Beteiligte Anschlussbeschwerde erheben. Eine Zulassung oder das Erreichen eines bestimmten Werts ist für die Anschlussbeschwerde nicht erforderlich.

XIII. Verfahren vor dem Beschwerdegericht

1. Zuständigkeit. Das Beschwerdegericht entscheidet nach Abs. 1 S. 5 iVm § 66 Abs. 6 S. 1 durch eines sei- 90
ner Mitglieder als Einzelrichter, wenn die angefochtene Entscheidung von einem Einzelrichter oder einem
Rechtspfleger erlassen wurde.

Der Einzelrichter überträgt das Verfahren der Kammer oder dem Senat, wenn die Sache besondere Schwie- 91
rigkeiten tatsächlicher oder rechtlicher Art aufweist oder die Rechtssache grundsätzliche Bedeutung hat
(Abs. 1 S. 5 iVm § 66 Abs. 6 S. 2).

Wird eine Entscheidung des LG angefochten und hatte die Kammer den Wert festgesetzt, dann ist beim 92
OLG der Senat zuständig. Eine Übertragung auf den Einzelrichter sieht das GKG – im Gegensatz zur ZPO
(§ 348 a ZPO) – nicht vor. Sie ist daher unzulässig.[20]

Ein Kollegium entscheidet immer ohne Mitwirkung ehrenamtlicher Richter (Abs. 1 S. 5 iVm § 66 Abs. 6 93
S. 3).

Auf eine erfolgte oder unterlassene Übertragung kann ein Rechtsmittel nicht gestützt werden (Abs. 1 S. 5 94
iVm § 66 Abs. 6 S. 4).

2. Bindungswirkung der Zulassung. Das Beschwerdegericht ist an eine Zulassung der Beschwerde durch 95
das Ausgangsgericht gebunden (Abs. 1 S. 5 iVm § 66 Abs. 3 S. 4).

Es hat allerdings zu prüfen, ob die Zulassung wirksam ist, insb. ob sie in dem angefochtenen Beschluss aus- 96
gesprochen worden ist. An unwirksame Zulassungen – etwa nachträgliche Zulassungen (→ Rn 42 ff) – ist
das Beschwerdegericht nicht gebunden.

3. Verfahren. Das Beschwerdegericht prüft zunächst die Zulässigkeit, insb. die Formalien und die Frist in 97
eigener Kompetenz.

Es prüft insb. auch, ob der erforderliche Beschwerdewert gegeben ist, wenn die Beschwerde nicht zugelas- 98
sen worden ist.

Hat das Ausgangsgericht ersichtlich einen Wert des Beschwerdegegenstands von über 200 € angenommen 99
und daher über die Zulassung der Beschwerde nicht entschieden, muss das Beschwerdegericht, wenn es den

---

18 Anders dagegen im Beschwerdeverfahren nach § 33 Abs. 3 RVG (s. § 33 RVG Rn 29). **19** LG Verden 24.6.2010 – 1 T 76/10;
OLG Saarbrücken 3.2.2010 – 9 WF 123/09; OLG Frankfurt MDR 2010, 344. **20** AA *Meyer*, GKG § 68 Rn 56.

erforderlichen Wert des Beschwerdegegenstands für nicht erreicht hält, die Sache dem Ausgangsgericht zurückgeben, damit dieses über die Frage der Zulassung im Wege der Beschlussergänzung entscheidet.[21]

100   Ist der Wert des Beschwerdegegenstands infolge einer Teilabhilfe unter 200,01 € gesunken, so hat das Beschwerdegericht die Beschwerde – nach Hinweis – als unzulässig zu verwerfen. Es hat keine Abänderungsmöglichkeit. Insbesondere gilt § 66 Abs. 3 S. 1 nicht, da diese Abänderungsmöglichkeit eine zulässige Beschwerde voraussetzt.

101   Auch das Beschwerdegericht hat den Beteiligten rechtliches Gehör zu gewähren. Verstöße hiergegen können mit der Gehörsrüge nach § 69 a geltend gemacht werden, wobei wegen der Möglichkeit der Gegenvorstellung der Gehörsrüge kaum Bedeutung zukommt (→ Rn 129).

102   **4. Entscheidung. a) Form.** Das Beschwerdegericht entscheidet durch **Beschluss**. Die Beschwerdeentscheidung kann formlos mitgeteilt werden. Eine förmliche Zustellung ist grds. nicht erforderlich.

103   Hat das Beschwerdegericht allerdings den Streitwert abweichend vom Ausgangsgericht festgesetzt und ist bereits ein Kostenfestsetzungsbeschluss auf der Grundlage der früheren Wertfestsetzung ergangen, dann ist eine Zustellung erforderlich, weil dadurch dann die Frist nach § 107 Abs. 2 ZPO ausgelöst wird.

104   Ebenso ist eine förmliche Zustellung erforderlich, wenn das LG als Beschwerdegericht die weitere Beschwerde zugelassen hat, da diese befristet ist (Abs. 1 S. 6).

105   **b) Rückgabe wegen fehlender oder mangelhafter Abhilfeentscheidung.** Fehlt eine Abhilfeentscheidung des Ausgangsgerichts, so liegt darin grds. ein Verfahrensmangel, der dazu führt, dass die Akten dem Ausgangsgericht zurückzugeben sind, damit es zunächst über die Abhilfe entscheidet. Dies ist keine unnötige Förmelei. Sofern das Ausgangsgericht abhilft, kommt eine Beschwerde nämlich nicht mehr in Betracht. Sofern der Beschwerdewert infolge einer Teilabhilfe unter den Beschwerdewert fällt, wäre die Beschwerde ebenfalls unzulässig.

106   Soweit der Abhilfebeschluss mangelhaft ist, etwa weil er sich mit den mit der Beschwerde vorgebrachten Gründen nicht auseinandersetzt, ist die Nichtabhilfeentscheidung aufzuheben und die Sache zur erneuten Entscheidung über die Abhilfe dem Ausgangsgericht zurückzugeben.

107   Zu beachten ist, dass in diesem Fall nur die Nichtabhilfeentscheidung aufzuheben ist, nicht auch die Ausgangsentscheidung über die Wertfestsetzung.

108   **c) Zurückverweisung.** Ist sogar die Ausgangsentscheidung mangelhaft, so kann das Beschwerdegericht auch die Festsetzung des Ausgangsgerichts selbst aufheben und die Sache zur erneuten Entscheidung über die endgültige Wertfestsetzung an das Ausgangsgericht zurückverweisen. Das ist zB der Fall, wenn weder der Wertfestsetzungsbeschluss noch die Nichtabhilfeentscheidung eine Begründung enthält.[22]

109   **d) Entscheidung in der Sache.** Entscheidet das Beschwerdegericht in der Sache, besteht keine Bindung an die Anträge der Beteiligten. Insoweit gilt § 63 Abs. 3 S. 1. Da auch das Rechtsmittelgericht den Streitwert innerhalb der Frist des § 63 Abs. 3 S. 2 jederzeit von Amts wegen abändern darf, ist es nicht an die Anträge der Beteiligten gebunden.

110   Insbesondere gilt hier **nicht** das **Verschlechterungsverbot** (reformatio in peius). Das Beschwerdegericht kann also auch zum Nachteil des Beschwerdeführers entscheiden und den Wert im Falle einer Heraufsetzungsbeschwerde herabsetzen oder im Falle einer Herabsetzungsbeschwerde heraufsetzen.

111   Zu einer Entscheidung in der Sache ist das Beschwerdegericht aber nur berufen, wenn die Beschwerde zulässig ist. Das OLG kann nicht von seinem Abänderungsrecht nach § 63 Abs. 3 Gebrauch machen, da dies eine zulässige Beschwerde voraussetzt.

112   **e) Zulassung der weiteren Beschwerde.** Hat das LG über die Streitwertbeschwerde entschieden, so muss es auch gleichzeitig darüber entscheiden, ob es die weitere Beschwerde zulässt. Nach Abs. 1 S. 5 iVm § 66 Abs. 4 ist die weitere Beschwerde zulässig, wenn das LG sie in seiner Beschwerdeentscheidung wegen der grundsätzlichen Bedeutung der zur Entscheidung stehenden Frage zugelassen hat.

113   Auch hier muss die Zulassung in der Entscheidung, also in der Beschwerdeentscheidung ausgesprochen werden. Eine nachträgliche Zulassung ist nicht möglich. In Betracht kommen allerdings Berichtigung, Ergänzung oder Nachholung aufgrund einer Gehörsrüge (→ Rn 45 ff).

114   **f) Anfechtung.** Soweit das **LG** als Beschwerdegericht entschieden hat, kommt gem. Abs. 1 S. 5 iVm § 66 Abs. 4 die **weitere Beschwerde** in Betracht, allerdings nur, wenn das LG diese auch zugelassen hat (→ Rn 119 f).

---

21 BGH AGS 2010, 518 = FamRZ 2010, 1248.   **22** OLG Jena FamRZ 2001, 780.

Eine Entscheidung eines Obergerichts als Beschwerdegericht ist unanfechtbar, da die weitere Beschwerde 115 nur gegen Entscheidungen des LG zulässig ist und im Übrigen ohnehin eine Beschwerde an einen obersten Gerichtshof des Bundes nicht stattfindet (Abs. 1 S. 5 iVm § 66 Abs. 3 S. 3).

Möglich ist allerdings, dass das Obergericht seine Entscheidung auf eine Gegenvorstellung in Anwendung 116 des § 63 Abs. 3 nachträglich ändert.

Darüber hinaus ist eine Berichtigung oder eine Ergänzung möglich. 117

Ebenso ist eine Gehörsrüge nach § 69 a möglich, die idR allerdings überflüssig ist, weil innerhalb der Frist 118 des § 66 Abs. 3 eine Gegenvorstellung in Betracht kommt, die zur Änderung der Wertfestsetzung führen kann.

XIV. Weitere Beschwerde

Eine weitere Beschwerde kommt nur gegen Beschwerdeentscheidungen des LG in Betracht (Abs. 1 S. 5 iVm 119 § 66 Abs. 4).

Die weitere Beschwerde ist nur zulässig, wenn das LG sie zugelassen hat. Die Nichtzulassung ist unanfecht- 120 bar (Abs. 1 S. 5 iVm § 66 Abs. 4 S. 4, Abs. 3 S. 4 Hs 2). Das OLG ist an die Zulassung der weiteren Be- schwerde gebunden (Abs. 1 S. 5 iVm § 66 Abs. 4 S. 4, Abs. 3 S. 4 Hs 1). Eine Mindestbeschwer ist für die weitere Beschwerde nicht erforderlich.

Die weitere Beschwerde kann nur darauf gestützt werden, dass die Entscheidung auf einer Verletzung des 121 Rechts beruht; die §§ 546 und 547 ZPO gelten entsprechend (Abs. 1 S. 5 iVm § 66 Abs. 4 S. 2).

Die weitere Beschwerde ist befristet. Sie muss **innerhalb eines Monats** nach Zustellung der Entscheidung 122 des Beschwerdegerichts eingelegt werden (Abs. 1 S. 6). Eine Wiedereinsetzung ist möglich (Abs. 2).

Im Übrigen entspricht das Verfahren dem der Erstbeschwerde (→ Rn 90 ff). Die weitere Beschwerde ist ein- 123 zulegen beim LG. Die Einlegung der weiteren Beschwerde beim OLG ist nicht fristwahrend.

Das LG hat die Zulässigkeitsvoraussetzungen der weiteren Beschwerde zu prüfen. Es kann der Beschwerde 124 **abhelfen.** Soweit es der Beschwerde nicht in vollem Umfang abhilft, hat es die Sache alsdann dem OLG zur Entscheidung vorzulegen.

Das OLG entscheidet durch den Senat, unabhängig davon, ob die angefochtene Entscheidung des LG von 125 einem Einzelrichter erlassen wurde. Die Vorschrift des Abs. 1 S. 5 iVm § 66 Abs. 6 gilt nur für die Erinne- rung und Beschwerde, nicht aber für die weitere Beschwerde.[23]

Der Einzelrichter kann das Verfahren der Kammer oder dem Senat übertragen, wenn die Sache besondere 126 Schwierigkeiten in tatsächlicher oder rechtlicher Art aufweist oder die Sache grundsätzliche Bedeutung hat (Abs. 1 S. 5 iVm § 66 Abs. 6). Das Gericht entscheidet jedoch immer ohne Mitwirkung ehrenamtlicher Richter (Abs. 1 S. 5 iVm § 66 Abs. 6 S. 3). Die weitere Beschwerde kann nicht darauf gestützt werden, dass das LG es unterlassen habe, die Sache der Kammer zu übertragen.

Das OLG entscheidet abschließend durch **Beschluss.** Eine Zustellung dieses Beschlusses ist grds. nicht erfor- 127 derlich. Eine Ausnahme besteht jedoch auch hier, wenn bereits die Kostenfestsetzung erfolgt ist, da dann durch die Zustellung des Beschlusses die Frist des § 107 Abs. 2 ZPO in Gang gesetzt wird.

XV. Rechtsbeschwerde

Eine Rechtsbeschwerde (§ 574 ZPO) ist nicht statthaft, da das GKG sie nicht vorsieht. Abgesehen davon ist 128 eine Beschwerde an einen obersten Gerichtshof des Bundes ohnehin ausgeschlossen (Abs. 1 S. 5 iVm § 66 Abs. 3 S. 3). Darauf hinzuweisen besteht Anlass, da dies vielen Beschwerdesenaten nicht bekannt ist und immer wieder die Zulassung einer Rechtsbeschwerde ausgesprochen wird, die es gar nicht gibt.[24]

XVI. Gehörsrüge, § 69 a

Nach § 69 a kann Gehörsrüge erhoben werden, soweit der Anspruch auf rechtliches Gehör übergangen 129 worden ist. Die Gehörsrüge nach § 69 a hat im Verfahren der Beschwerde oder weiteren Beschwerde gegen die Wertfestsetzung jedoch letztlich kaum Bedeutung, da das Gericht grds. jederzeit von Amts wegen und auf Gegenvorstellung hin innerhalb der Frist des § 63 Abs. 3 die Wertfestsetzung abändern kann. Es fehlt in diesen Fällen idR an der erforderlichen Rechtskraft. Bedeutung hat die Gehörsrüge, wenn die Zulassung übergangen worden ist (→ Rn 50).

---

23 OLG Düsseldorf JurBüro 2010, 426. **24** S. zuletzt KG JurBüro 2010, 593 = ZfIR 2010, 703 = AGS 2010, 550.

XVII. Kosten

130   **1. Festsetzungsverfahren.** Im Verfahren über die Wertfestsetzung werden keine Gerichtsgebühren erhoben; das Verfahren gehört mit zur Instanz. Hier können lediglich Auslagen anfallen, ggf durch Einholung eines Sachverständigengutachtens (§ 64 S. 2 iVm Nr. 9005 KV).

131   **2. Gegenvorstellung.** Die Gegenvorstellung gehört mit zur Instanz und löst keine gesonderte Gebühr aus, abgesehen davon, dass es hierfür gar keinen Gebührentatbestand gibt. Wohl können Auslagen erhoben werden.

132   **3. Beschwerdeverfahren (Abs. 3 S. 1).** Im Beschwerdeverfahren einschließlich des Verfahrens auf Wiedereinsetzung und der Gehörsrüge würden zwar nach § 1 Abs. 2 Gerichtsgebühren erhoben werden können; jedoch ordnet Abs. 3 S. 1 an, dass in diesen Beschwerdeverfahren keine Gerichtsgebühren anfallen.

133   Strittig ist allerdings, ob für unstatthafte Beschwerden Gebühren erhoben werden dürfen. Dies wird zum Teil bejaht,[25] zum Teil aber auch im Hinblick auf den klaren Wortlaut des Abs. 3 S. 1 abgelehnt.[26]

134   Auslagen können erhoben werden, allerdings nur, sofern die Beschwerde verworfen oder zurückgewiesen wird (Vorbem. 9 Abs. 1 KV).

135   **4. Rechtsbeschwerdeverfahren (Abs. 3 S. 1).** Im Rechtsbeschwerdeverfahren wird eine Festgebühr iHv 120 € nach Nr. 1826 KV erhoben, die sich im Falle der Rücknahme auf 60 € ermäßigt (Nr. 1827 KV). Der Ausschluss des § 68 Abs. 3 S. 1 greift nicht, da er sich nur auf die Beschwerden nach § 68 bezieht, nicht aber auf ein (unstatthaftes) Rechtsbeschwerdeverfahren.[27]

136   **5. Gehörsrüge, § 69 a.** Gerichtsgebühren löst eine Gehörsrüge nach § 69 a nicht aus, da das GKG hierfür keinen gesonderten Gebührentatbestand vorsieht. Die Tatbestände des Kostenverzeichnisses sind nicht anwendbar, da sie nicht für die Gehörsrüge nach § 69 a gelten, sondern nur für diejenigen nach der jeweiligen Verfahrensordnung und – abgesehen davon – nach Abs. 3 S. 1 in den Verfahren über die Wertfestsetzung keine Gebühren erhoben werden dürfen (→ Rn 132).

XVIII. Kostenerstattung (Abs. 3 S. 2)

137   Eine Kostenerstattung sieht das GKG nicht vor. Der in Abs. 3 S. 2 angeordnete Ausschluss der Kostenerstattung geht ins Leere. Daher werden insb. die in einem Beschwerdeverfahren angefallenen Anwaltskosten nicht erstattet. Diese hat vielmehr jeder Beteiligte selbst zu tragen. Das gilt auch für Auslagen.

138   Wird eine nicht statthafte Beschwerde oder Rechtsbeschwerde eingelegt, so wird aus den gleichen Gründen, aus denen der Ansatz einer Gerichtsgebühr vertreten wird (→ Rn 135), auch eine Kostenerstattung vertreten. Danach soll sich der Ausschluss der Kostenerstattung in Abs. 3 S. 2 nur auf die statthaften Verfahren nach § 68 erstrecken; im Übrigen sei eine Kostenerstattung möglich.[28] Dabei wird allerdings verkannt, dass das GKG gar keine Kostenerstattung vorsieht.

§ 69 Beschwerde gegen die Auferlegung einer Verzögerungsgebühr

[1]Gegen den Beschluss nach § 38 findet die Beschwerde statt, wenn der Wert des Beschwerdegegenstands 200 Euro übersteigt oder das Gericht, das die angefochtene Entscheidung erlassen hat, die Beschwerde wegen der grundsätzlichen Bedeutung in dem Beschluss der zur Entscheidung stehenden Frage zugelassen hat. [2]§ 66 Absatz 3, 4, 5 Satz 1, 2 und 5, Absatz 6 und 8 ist entsprechend anzuwenden.

I. Allgemeines

1   Nach § 38 kann das Gericht dem Kläger oder dem Beklagten eine Verzögerungsgebühr (Nr. 1901, 5601, 6600, 7601, 8700 KV) in Höhe einer Gebühr von 1,0–0,3 auferlegen. Die Entscheidung des Gerichts ergeht durch Beschluss. Gegen den Beschluss über die Auferlegung einer Verzögerungsgebühr findet die Beschwerde nach § 69 S. 1 statt.

2   Macht die Partei geltend, dass die Gebühr falsch berechnet worden sei, ist § 69 unanwendbar. In diesem Fall ist die Erinnerung oder die Beschwerde nach § 66 gegeben.

25 BGH 22.2.1989 – IVb ZB 2/89; OLG Stuttgart JurBüro 2007, 145 = AGS 2007, 200 = RVGreport 2007, 158 u. 2009, 36; BFH 7.12.2004 – VII B 301/04; OVG Lüneburg AGS 2014, 135 = NJW-Spezial 2014, 221. **26** OLG Koblenz JurBüro 2012, 662 = AGS 2013, 28; OVG NRW AGS 2016, 193 = JurBüro 2016, 197. **27** BGH 22.2.1989 – IVb ZB 2/89; OLG Koblenz NJW-RR 2000, 1239 = OLGR 2000, 400; OLG Koblenz NJW 2014, 1597 = AGS 2014, 232. **28** BGH AGS 2010, 195 = RVGreport 2010, 37; OLG Saarbrücken AGS 2011, 193 = NJW-Spezial 2011, 315; OLG Jena MDR 2010, 1211; OLG Celle 12.10.2010 – 4 W 143/10.

II. Statthaftigkeit der Beschwerde

Anfechtbar ist nur die Verhängung einer Verzögerungsgebühr durch das AG und das LG. Sofern das OLG   3
oder der BGH eine Verzögerungsgebühr verhängt haben, ist die Entscheidung unanfechtbar (S. 2 iVm § 66
Abs. 3). Beschwerde kann nur der Adressat der Verzögerungsgebühr erheben, dh der Kläger oder der Beklagte.

Hat das Gericht die Beschwerde nicht zugelassen, ist die Beschwerde nur statthaft, wenn der Wert des Be-   4
schwerdegegenstands 200 € übersteigt. Wendet der Beschwerdeführer sich also dagegen, dass ihm eine Verzögerungsgebühr auferlegt worden ist, muss die Gebühr einen Betrag von 200 € übersteigen. Soweit nur die
Höhe der Gebühr beanstandet wird, ist der Differenzbetrag zwischen festgesetzter und „erstrebter" Verzögerungsgebühr maßgebend. Die Beschwerde ist grds. zulässig, wenn das Gericht sie in dem Beschluss zugelassen hat. Eine Beschwerdefrist ist nicht geregelt.

III. Verfahren und Kosten

Die Beschwerde ist einzulegen bei dem Gericht, das die angefochtene Entscheidung erlassen hat (S. 2 iVm   5
§ 66 Abs. 5 S. 5). Anträge und Erklärungen können zu Protokoll der Geschäftsstelle abgegeben oder schriftlich eingereicht werden; § 129 a ZPO gilt entsprechend (S. 2 iVm § 66 Abs. 5 S. 1). Anwaltszwang besteht
nicht. Das Gericht kann abhelfen. Anderenfalls ist es verpflichtet, die Beschwerde unverzüglich dem nächsthöheren Gericht vorzulegen (S. 2 iVm § 66 Abs. 3 S. 1). Vor der Entscheidung über die Abhilfe der Beschwerde ist nicht zuzuwarten, bis die Begründung vorliegt, wenn die Partei nicht einen ungefähren Zeitraum angibt, innerhalb dessen die Begründung an das Gericht überlassen werde.[1]

Das Beschwerdeverfahren ist grds. **gebührenfrei** (S. 2 iVm § 66 Abs. 8 S. 1); es werden demnach keine Ge-   6
richtsgebühren erhoben. Auslagen können anfallen. Eine Kostenerstattung ist ausgeschlossen (S. 2 iVm § 66
Abs. 8 S. 2).

§ 69 a Abhilfe bei Verletzung des Anspruchs auf rechtliches Gehör

(1) Auf die Rüge eines durch die Entscheidung beschwerten Beteiligten ist das Verfahren fortzuführen,
wenn

1. ein Rechtsmittel oder ein anderer Rechtsbehelf gegen die Entscheidung nicht gegeben ist und
2. das Gericht den Anspruch dieses Beteiligten auf rechtliches Gehör in entscheidungserheblicher Weise
   verletzt hat.

(2) [1]Die Rüge ist innerhalb von zwei Wochen nach Kenntnis von der Verletzung des rechtlichen Gehörs zu
erheben; der Zeitpunkt der Kenntniserlangung ist glaubhaft zu machen. [2]Nach Ablauf eines Jahres seit Bekanntmachung der angegriffenen Entscheidung kann die Rüge nicht mehr erhoben werden. [3]Formlos mitgeteilte Entscheidungen gelten mit dem dritten Tage nach Aufgabe zur Post als bekannt gemacht. [4]Die Rüge
ist bei dem Gericht zu erheben, dessen Entscheidung angegriffen wird; § 66 Absatz 5 Satz 1 und 2 gilt entsprechend. [5]Die Rüge muss die angegriffene Entscheidung bezeichnen und das Vorliegen der in Absatz 1
Nummer 2 genannten Voraussetzungen darlegen.

(3) Den übrigen Beteiligten ist, soweit erforderlich, Gelegenheit zur Stellungnahme zu geben.

(4) [1]Das Gericht hat von Amts wegen zu prüfen, ob die Rüge an sich statthaft und ob sie in der gesetzlichen
Form und Frist erhoben ist. [2]Mangelt es an einem dieser Erfordernisse, so ist die Rüge als unzulässig zu
verwerfen. [3]Ist die Rüge unbegründet, weist das Gericht sie zurück. [4]Die Entscheidung ergeht durch unanfechtbaren Beschluss. [5]Der Beschluss soll kurz begründet werden.

(5) Ist die Rüge begründet, so hilft ihr das Gericht ab, indem es das Verfahren fortführt, soweit dies aufgrund der Rüge geboten ist.

(6) Kosten werden nicht erstattet.

I. Allgemeines und Anwendungsbereich

Die Vorschrift entspricht § 61 FamGKG, § 12 a RVG und § 84 GNotKG und betrifft diejenigen Fälle, in   1
denen in einem **Verfahren nach dem GKG** der Anspruch auf rechtliches Gehör verletzt worden ist. Wird in
der Hauptsache der materiellrechtliche Anspruch eines Beteiligten auf rechtliches Gehör verletzt, gilt § 69 a
nicht, sondern die entsprechende Vorschrift der jeweiligen Verfahrensordnung.

---

1 LG Kleve 24.4.2015 – 4 O 212/13.

2 § 69 a erfasst Gehörsverletzungen im: Verfahren über eine Erinnerung oder Beschwerde gegen den Kostenansatz nach § 66; Beschwerdeverfahren gegen die Anordnung einer Vorauszahlung (§ 67); Beschwerdeverfahren gegen die Festsetzung des Streitwerts (§ 68); Beschwerdeverfahren gegen die Auferlegung einer Verzögerungsgebühr (§ 69).

3 § 69 a bezieht sich in Abs. 1 Nr. 2 nur auf Gehörsverletzungen. Eine **analoge** Anwendung auf **sonstige Grundrechtsverletzungen** scheidet aus.[1] Das kostenrechtliche **Analogieverbot** verbietet eine analoge Heranziehung der Vorschrift. Bei anderen Grundrechtsverletzungen ist die Erhebung einer Verfassungsbeschwerde möglich (§ 90 Abs. 1 BVerfGG).

4 Die Anhörungsrüge ist nur gegen unanfechtbare Entscheidungen möglich, also gegen solche, die weder mit der Erinnerung noch mit der Beschwerde angefochten werden können (**Rechtsmittelausschluss**).

II. Verletzung rechtlichen Gehörs

5 **1. Allgemeines.** Mit § 69 a soll den Anforderungen des Art. 103 Abs. 1 GG Rechnung getragen werden, wonach vor Gericht jedermann Anspruch auf rechtliches Gehör hat. Der Anspruch auf Gewährung rechtlichen Gehörs besagt, dass jeder Beteiligte Gelegenheit haben muss, sich zumindest **einmal umfassend zur Sach- und Rechtslage zu äußern**.[2] Dafür, dass er diese Möglichkeit gehabt hat, ist das Gericht verantwortlich.[3] Es ist demnach die Pflicht des Gerichts, vor dem Erlass seiner Entscheidung zu prüfen, ob den Verfahrensbeteiligten das rechtliche Gehör umfassend gewährt worden ist.[4] Die Anhörungsrüge dient allerdings nicht dazu, die Richtigkeit der gerichtlichen Entscheidung zu überprüfen.[5]

6 **2. Einzelfälle und Umfang der Gehörsgewährung.** Ein Gericht verstößt zB gegen Art. 103 Abs. 1 GG, wenn es **ohne vorherigen Hinweis** auf einen rechtlichen Gesichtspunkt abstellt, mit dem auch ein gewissenhafter und kundiger Verfahrensbeteiligter selbst unter Berücksichtigung der Vielzahl vertretbarer Rechtsauffassungen nicht zu rechnen braucht.[6]

7 Unterlassene Hinweise, die nach § 139 ZPO geboten gewesen wären, können rechtliches Gehör verletzen. Bei Erteilung eines Hinweises muss Gelegenheit zur Stellungnahme gewährt werden. Eine jahrelang hingenommene Unterschrift darf nicht ohne Vorwarnung als ungenügend angesehen werden und ein Schriftsatz deshalb nicht unberücksichtigt bleiben.[7]

8 Eine Gehörsverletzung kann schon darin liegen, dass das Gericht sich nicht ausreichend Zeit nimmt, rechtzeitig eingegangene Schriftsätze zu prüfen.[8] Das gilt erst recht, wenn Schriftsätze überhaupt nicht berücksichtigt werden, mögen sie auch verspätet eingereicht worden sein.[9]

9 Der **Umfang** der gebotenen Gehörsgewährung entspricht dem Vorbringen der Beteiligten, also dem Tatsachenstoff und den Rechtsausführungen, über die das Gericht entscheiden soll.

10 Gerät ein Schriftsatz wegen Änderung des Aktenzeichens nicht in die richtigen Verfahrensakten und bleibt er deshalb unberücksichtigt, dann wird dadurch Art. 103 Abs. 1 GG verletzt.[10] Art. 103 Abs. 1 GG gibt den Beteiligten das Recht, sich vor Erlass einer gerichtlichen Entscheidung zu dem zugrunde liegenden Sachverhalt zu äußern. Das gilt auch für **Rechtsausführungen**, so dass die Beteiligten befugt sind, sich zur Rechtslage zu äußern.[11] Deshalb ist es eine Gehörsverletzung, wenn ein Gericht die Rechtsausführungen eines Beteiligten nicht zur Kenntnis nimmt oder bei seiner Entscheidung nicht berücksichtigt.[12]

11 **3. Verursachung durch das Gericht.** Für die Verletzung des Gehörsrechts kommt es auf die **Verursachung**, nicht auf ein Verschulden des Gerichts an.[13]

12 **4. Entscheidungserheblichkeit.** Voraussetzung einer begründeten Anhörungsrüge ist nach Abs. 1 Nr. 2, dass der Verstoß gegen Art. 103 Abs. 1 GG entscheidungserheblich ist. Gehörsverletzungen wirken sich im gerichtlichen Verfahren nur aus, wenn nicht ausgeschlossen werden kann, dass die Gehörsgewährung zu einer anderen, für den betroffenen Beteiligten günstigeren Entscheidung geführt hätte.[14]

III. Verfahrensrechtliche Voraussetzungen

13 **1. Begründung der erhobenen Rüge.** Es ist darzulegen, wodurch der Anspruch auf Gewährung rechtlichen Gehörs verletzt worden ist und dass sich diese Verletzung entscheidungserheblich ausgewirkt hat.[15]

14 **2. Kein Antragserfordernis.** Die Anhörungsrüge ist kein im Gesetz vorgesehenes Rechtsmittel. Der rügende Beteiligte muss daher keinen Antrag stellen, auch nicht die Fortsetzung des abgeschlossenen Verfahrens beantragen.

1 BGH NJW 2008, 2126, 2127. **2** BVerfGE 65, 234. **3** BVerfG NJW 1990, 2374. **4** BVerfGE 36, 88. **5** VG Minden 12.5.2015 – 10 L 926/14.A. **6** BVerfGE 84, 188; 86, 144. **7** BVerfGE 78, 123. **8** BVerfG NJW 1985, 2095. **9** BVerfGE 11, 220; 70, 218. **10** BVerfG Rpfleger 1995, 293. **11** BVerfGE 86, 144 = NJW-RR 1993, 764. **12** BVerfG NJW 1983, 383. **13** BVerfGE 11, 220; 61, 81. **14** BVerfGE 5, 10; 21, 137. **15** ThürLSG 12.6.2015 – L 6 SF 334/15 E; OVG NRW 28.4.2015 – 1 E 365/15.

NK-GK/*Thiel*

3. Zuständiges Gericht (Abs. 2 S. 4). Die Rüge ist bei dem Gericht zu erheben, dessen Entscheidung ange-griffen wird (Abs. 2 S. 4). 15

4. Rügefrist (Abs. 2 S. 1 und 2); Rechtsbehelfsbelehrung. Die Anhörungsrüge muss innerhalb von **zwei Wo-chen** nach Kenntnis von der Gehörsverletzung erhoben werden (**Abs. 2 S. 1 Hs 1**). Der Zeitpunkt der Kenntniserlangung ist glaubhaft zu machen (**Abs. 2 S. 1 Hs 2**). Nach Ablauf eines Jahres ist die Rüge ausge-schlossen (**Abs. 2 S. 2**). Die Einlegungsfrist ist keine Notfrist. Deshalb gibt es auch keine Wiedereinsetzung wegen Fristversäumung. Der betroffene Beteiligte kann jedoch darlegen, dass die anzugreifende Entschei-dung ihn zu einem späteren Zeitpunkt oder überhaupt nicht erreicht hat. 16

Auch im Kostenrecht ist zum 1.1.2014 eine **Rechtsbehelfsbelehrungspflicht** eingeführt worden,[16] ohne da-nach zu unterscheiden, ob eine anwaltliche Vertretung obligatorisch ist oder nicht. Ausgehend davon, dass es sich bei der Frist zur Erhebung der Anhörungsrüge begrifflich um einen Rechtsbehelf handeln dürfte,[17] wird das Gericht verpflichtet sein, über die Voraussetzungen des Abs. 2 zu belehren. 17

5. Stellungnahme der Beteiligten (Abs. 3). Im Rügeverfahren hat der Gegner einen Anspruch auf Gewäh-rung rechtlichen Gehörs (Abs. 3). Ihm muss Gelegenheit gegeben werden, sich zur Rügeschrift zu äußern.[18] 18

6. Prüfung der Rüge. Auf eine zulässige und begründete Rüge hin wird das Verfahren in die Lage zurück-versetzt, in der es sich vor der anzugreifenden Entscheidung befunden hat. Nach Heilung der Gehörsverlet-zung ist das Gericht berechtigt und verpflichtet, neu zu entscheiden. Ein Verschlechterungsverbot (reforma-tio in peius) besteht nicht.[19] 19

7. Verfassungsbeschwerde. Eine Verfassungsbeschwerde wegen Verletzung des Anspruchs auf rechtliches Gehör ist nur zulässig, wenn zuvor die Anhörungsrüge eingelegt worden ist. Wird sie zurückgewiesen, dann beginnt die Monatsfrist für die Einlegung der Verfassungsbeschwerde mit der Zustellung oder formlosen Mitteilung des Zurückweisungsbeschlusses zu laufen (§ 93 Abs. 1 S. 2, 3 BVerfGG). 20

8. Kosten; Kostenerstattung (Abs. 6). Das Gehörsrügeverfahren ist **gebührenfrei**. Das gilt auch dann, wenn die Rüge insgesamt zurückgewiesen oder verworfen wird. Ein Gebührentatbestand für Anhörungsrügen im Kostenrecht ist generell nicht geregelt.[20] Es ist insoweit auch nicht von einer Regelungslücke auszugehen. Der Gesetzgeber hat die Nr. 1800 KV FamGKG durch das 2. KostRMoG um Anhörungsrügeverfahren in Ehe- und Familienstreitsachen, die bis dahin gerichtsgebührenfrei gewesen sind,[21] ergänzt. Da er Verfahren nach § 69 a und auch die Anhörungsrügeverfahren nach den übrigen Kostengesetzen weiterhin unberück-sichtigt gelassen hat, ist ihm zu unterstellen, dass die Erhebung von Gerichtsgebühren im Anhörungsrüge-verfahren auch im Falle der Verwerfung oder Zurückweisung nicht gewollt ist. 21

IV. Anwaltsgebühren und Gegenstandswert

Das Verfahren gehört zum Rechtszug (§ 19 Abs. 1 S. 2 Nr. 5 Buchst. b). Der Rechtsanwalt erhält lediglich dann eine gesonderte Vergütung, wenn er ausschließlich im Gehörsrügeverfahren tätig ist. Diese richtet sich dann nach Nr. 3330 VV in Höhe der Verfahrensgebühr für das Verfahren, in dem die Rüge erhoben wird, höchstens 0,5. Der Gegenstandswert richtet sich nach § 23 Abs. 2 S. 3 iVm S. 1, 2. Das Gericht hat den Wert für das Gehörsrügeverfahren ggf. auf Antrag nach § 33 Abs. 1 festzusetzen. 22

Abschnitt 9
Schluss- und Übergangsvorschriften

§ 69 b Verordnungsermächtigung

[1]Die Landesregierungen werden ermächtigt, durch Rechtsverordnung zu bestimmen, dass die von den Ge-richten der Länder zu erhebenden Verfahrensgebühren über die in den Nummern 1211, 1411, 5111, 5113, 5211, 5221, 6111, 6211, 7111, 7113 und 8211 des Kostenverzeichnisses bestimmte Ermäßigung hinaus weiter ermäßigt werden oder entfallen, wenn das gesamte Verfahren nach einer Mediation oder nach einem anderen Verfahren der außergerichtlichen Konfliktbeilegung durch Zurücknahme der Klage oder des An-trags beendet wird und in der Klage- oder Antragsschrift mitgeteilt worden ist, dass eine Mediation oder ein anderes Verfahren der außergerichtlichen Konfliktbeilegung unternommen wird oder beabsichtigt ist, oder wenn das Gericht den Parteien die Durchführung einer Mediation oder eines anderen Verfahrens der

---

16 Gesetz zur Einführung einer Rechtsbehelfsbelehrung im Zivilprozess und zur Änderung anderer Vorschriften v. 5.12.2012 (BGBl. I 2418). **17** Musielak/*Borth*, § 44 FamFG Rn 4 ff. **18** BVerfG ZIP 1998, 1047; BVerfGE 64, 144; 89, 392. **19** BGH NJW-RR 2012, 977 = NZM 2012, 760. **20** OLG Düsseldorf AGS 2010, 194 = RVGreport 2010, 199; OLG Celle AGS 2012, 529 = RVGreport 2012, 474; BayVGH 4.11.2014 – 11 C 14.1481; LG Saarbrücken AGS 2016, 180 = JurBüro 2016, 302 = RVGreport 2016, 238. **21** OLG Köln AGS 2012, 530 = RVGreport 2013, 207.

außergerichtlichen Konfliktbeilegung vorgeschlagen hat. ²Satz 1 gilt entsprechend für die in den Rechtsmittelzügen von den Gerichten der Länder zu erhebenden Verfahrensgebühren; an die Stelle der Klage- oder Antragsschrift tritt der Schriftsatz, mit dem das Rechtsmittel eingelegt worden ist.

1   § 69 b ist mWv 26.7.2012 durch das Gesetz zur Förderung der Mediation und anderer Verfahren der außergerichtlichen Konfliktbeilegung vom 21.7.2012[1] in das GKG eingefügt worden. Dieses Gesetz dient der Umsetzung der Richtlinie 2008/52/EG des Europäischen Parlaments und des Rates vom 21. Mai 2008 über bestimmte Aspekte der Mediation in Zivil- und Handelssachen.[2] Durch § 69 b soll ein weiterer Beitrag zur Förderung der außergerichtlichen Mediation geleistet werden.

2   Die Landesregierungen sind in § 69 b ermächtigt worden, durch Rechtsverordnung die Gerichtskosten zu ermäßigen. Die von den Gerichten der Länder zu erhebenden Verfahrensgebühren können über die in den Nr. 1211, 1411, 5111, 5113, 5211, 5221, 6111, 6211, 7111, 7113 und 8211 des Kostenverzeichnisses bereits enthaltenen Ermäßigungen hinaus noch weiter gesenkt werden. Sie können sogar völlig entfallen. **Voraussetzungen** hierfür sind nach **S. 1:**

   ■   Das gesamte Verfahren wird nach einer Mediation oder nach einem anderen Verfahren der außergerichtlichen Konfliktbeilegung durch Zurücknahme der Klage, des Antrags oder des Rechtsmittels beendet und

   ■   in der Klage-, Antragsschrift oder Rechtsmittelschrift ist mitgeteilt worden, eine Mediation oder ein anderes Verfahren der außergerichtlichen Konfliktbeilegung werde unternommen oder sei beabsichtigt, oder

   ■   das Gericht hat den Parteien die Durchführung einer Mediation oder eines anderen Verfahrens der außergerichtlichen Konfliktbeilegung vorgeschlagen.

3   § 69 b sieht zwar vor, die in S. 1 genannten Verfahrensgebühren über die im Kostenverzeichnis für den Fall der Zurücknahme der Klage oder des Antrags vorgesehene Ermäßigung hinaus noch weiter zu ermäßigen, wenn das gesamte Verfahren nach einer Mediation oder nach einem anderen Verfahren der außergerichtlichen Konfliktbeilegung durch Zurücknahme der Klage oder des Antrags beendet wird. Allerdings ist hierfür eine **Rechtsverordnung der Landesregierung** erforderlich, die zB in Nordrhein-Westfalen (bislang) nicht vorhanden ist.

4   Für die Mediation oder ein anderes Verfahren der außergerichtlichen Konfliktbeilegung fällt **keine besondere Gerichtsgebühr** an. Vielmehr werden diese Verfahren durch die Verfahrensgebühr des Verfahrens abgegolten.

5   S. 2 bestimmt, dass die weitere Ermäßigung auch für die in den Rechtsmittelzügen von den Gerichten der Länder zu erhebenden Verfahrensgebühren durch Rechtsverordnung angeordnet werden kann.

§ 70 (weggefallen)

§ 70 a Bekanntmachung von Neufassungen

¹Das Bundesministerium der Justiz und für Verbraucherschutz kann nach Änderungen den Wortlaut des Gesetzes feststellen und als Neufassung im Bundesgesetzblatt bekannt machen. ²Die Bekanntmachung muss auf diese Vorschrift Bezug nehmen und angeben

1.   den Stichtag, zu dem der Wortlaut festgestellt wird,
2.   die Änderungen seit der letzten Veröffentlichung des vollständigen Wortlauts im Bundesgesetzblatt sowie
3.   das Inkrafttreten der Änderungen.

I. Allgemeines

1   § 70 a ist durch das **Gesetz zur Umsetzung der Dienstleistungsrichtlinie in der Justiz** und zur Änderung weiterer Vorschriften vom 22.12.2010[1] in das GKG eingefügt worden und am 28.12.2010 in Kraft getreten.[2] Eine gleichlautende Vorschrift ist auch in andere Kostengesetze eingefügt worden (vgl § 62 a FamGKG, § 59 b RVG). Das vorgenannte Gesetz enthält in den Art. 1, 2–5 und 8, 9–11 und 18 Änderungen der

---

1 BGBl. 2012 I 1577, 1581. **2** ABl. L 136 v. 24.5.2008, S. 3. **1** BGBl. 2010 I 2248, 2252. **2** Vgl Art. 19 des Gesetzes: Inkrafttreten am Tage nach der Verkündung (27.12.2010), BGBl. I 2248, 2254.

BRAO, des RDG, des EGInsO, der PatO, des StBerG, der ZPO, der VwGO, des SGG, des BVerfGG und der WiPrO, die teilweise der Umsetzung der Richtlinie 2006/123/EG des Europäischen Parlaments und des Rates vom 12. Dezember 2006 über Dienstleistungen im Binnenmarkt[3] dienen. Diese Richtlinie erforderte Rechtsanpassungen im Bereich der Justiz insb. in den Verfahren der Berufszulassung zu den rechtsberatenden Berufen.

Art. 12–16 des vorgenannten Gesetzes enthalten weitere Änderungen von Kostengesetzen. So sind u.a. klarstellende und redaktionelle Anpassungen vorgenommen worden, um aufgetretene Streitfragen zu den Gerichtskosten und Anwaltsgebühren im familienrechtlichen Verfahren zu lösen.[4] **2**

II. Regelungsgehalt

§ 70 a erlaubt es dem Bundesministerium der Justiz und für Verbraucherschutz, das GKG bei Bedarf in der neuen Fassung bekannt zu machen, um die Übersichtlichkeit der aktuellen Rechtslage weiter zu gewährleisten. Das hält der Gesetzgeber für erforderlich, weil der Wortlaut des GKG in der Vergangenheit mehrfach und in größerem Umfang geändert worden ist. § 70 a räumt dem Bundesministerium der Justiz und für Verbraucherschutz deshalb die allgemeine **Erlaubnis zur Bekanntmachung von Neufassungen** ein, da das GKG und die anderen Kostengesetze wegen ihrer Abhängigkeit von zahlreichen Verfahrensgesetzen einer häufigen Änderung unterliegen. Oft seien mehrere Änderungen gleichzeitig im Gesetzgebungsverfahren und es lasse sich nicht abschätzen, welches Gesetz als Letztes verabschiedet werde und somit den Anlass für eine Neubekanntmachungserlaubnis gebe.[5] **3**

Die erste Feststellung des Wortlauts des GKG auf der Grundlage des § 70 a ist als Neufassung vom 27.2.2014[6] bekannt gemacht worden. In der Neufassung sind insb. die Änderungen durch das 2. KostRMoG[7] berücksichtigt. **4**

§ 71 Übergangsvorschrift

(1) [1]In Rechtsstreitigkeiten, die vor dem Inkrafttreten einer Gesetzesänderung anhängig geworden sind, werden die Kosten nach bisherigem Recht erhoben. [2]Dies gilt nicht im Verfahren über ein Rechtsmittel, das nach dem Inkrafttreten einer Gesetzesänderung eingelegt worden ist. [3]Die Sätze 1 und 2 gelten auch, wenn Vorschriften geändert werden, auf die dieses Gesetz verweist.

(2) In Strafsachen, in gerichtlichen Verfahren nach dem Gesetz über Ordnungswidrigkeiten und nach dem Strafvollzugsgesetz, auch in Verbindung mit § 92 des Jugendgerichtsgesetzes, werden die Kosten nach dem bisherigen Recht erhoben, wenn die über die Kosten ergehende Entscheidung vor dem Inkrafttreten einer Gesetzesänderung rechtskräftig geworden ist.

(3) In Insolvenzverfahren, Verteilungsverfahren nach der Schifffahrtsrechtlichen Verteilungsordnung und Verfahren der Zwangsversteigerung und Zwangsverwaltung gilt das bisherige Recht für Kosten, die vor dem Inkrafttreten einer Gesetzesänderung fällig geworden sind.

I. Allgemeines

Die Vorschrift des § 71 regelt, welche Fassung dieses Gesetzes, also des GKG 2004, anzuwenden ist, wenn es im Verlauf eines Verfahrens zu Änderungen gekommen ist. Sie gilt auch dann, wenn Vorschriften geändert werden, auf die dieses Gesetz Bezug nimmt (Abs. 1 S. 3), also zB wenn die in Bezug genommenen Vorschriften der ZPO geändert werden. **1**

§ 71 regelt dagegen nicht, ob das GKG 2004 überhaupt anwendbar ist. Das beurteilt sich nach § 72, der vergleichbare Übergangsregelungen anlässlich des Inkrafttretens dieses Gesetzes enthält. **2**

Unterschieden wird in Übergangsfällen nach **3**

- Verfahren, die in **Abs. 1** geregelt sind,
- Strafsachen und gerichtlichen Verfahren nach dem OWiG und dem StVollzG, auch iVm § 92 JGG, die in **Abs. 2** geregelt sind, und
- Insolvenzverfahren, Verteilungsverfahren nach der SVertO und Verfahren der Zwangsversteigerung und Zwangsverwaltung, die wiederum in **Abs. 3** geregelt sind.

---

3 ABl. Nr. L 376 v. 27.12.2006, S. 36. **4** BT-Drucks 17/3356, S. 1. **5** BT-Drucks 17/3356, S. 20 f. **6** BGBl. 2014 I 154. **7** Vom 23.7.2013 (BGBl. I 2586).

II. Regelung nur für Kosten

4 Allen Regelungen der Abs. 1–3 ist gemeinsam, dass sie für sämtliche **Kosten** (s. § 1 Abs. 1 S. 1 aE) gelten, also nicht nur für Gebühren (Teil 1–8 KV), sondern auch für Auslagen (Teil 9 KV).

5 Soweit Gebühren nach dem Streitwert erhoben werden, gilt folglich auch der Wert, der zum maßgeblichen Beurteilungszeitpunkt galt. Das gilt nach Abs. 1 S. 3 auch dann, wenn sich der Streitwert aus einem anderen Gesetze ergibt, etwa der ZPO (§ 48 Abs. 1 S. 1).

6 Dagegen fehlt eine Übergangregelung für Verfahrensvorschriften, etwa für die Kostenansatz- und Wertfestsetzungsverfahren einschließlich der Erinnerungen und Beschwerden. Mangels einer Übergangsregelung wird man hier daher immer die Gesetzesfassung anzuwenden haben, die zum Zeitpunkt der Einleitung des Verfahrens gilt.

III. Verfahren nach Abs. 1

7 **1. Regelungsgehalt.** Die Übergangsvorschrift des Abs. 1 regelt die Anwendbarkeit des Kostenrechts in gerichtlichen Verfahren, soweit nicht Abs. 2 oder 3 anzuwenden sind. Grundsätzlich richten sich hier in demselben Verfahren sämtliche Kosten einheitlich nach demselben Recht (Abs. 1 S. 1). Eine Ausnahme besteht für Rechtsmittelverfahren. Diese können also nach einem anderen Recht zu beurteilen sein als die Vorinstanz (Abs. 1 S. 2); in sich kann sich das gesamte Rechtsmittelverfahren aber wiederum einheitlich nur nach einer Gesetzesfassung richten.

8 **2. Grundsatz (Abs. 1 S. 1).** Das Gesetz geht von dem ungeschriebenen **Grundsatz** aus, dass sich die Kosten nach dem Recht richten, das **zum Zeitpunkt der Abrechnung** gilt. Als **Ausnahme** hierzu regelt **Abs. 1 S. 1**, dass trotz einer zwischenzeitlichen Gesetzesänderung noch eine **frühere Gesetzesfassung** gilt. Vereinfacht lassen sich Regel und Ausnahme zu folgendem Grundsatz zusammenfassen: Maßgebend für das anzuwendende Gebührenrecht ist der Zeitpunkt der ersten Anhängigkeit des Verfahrens. Die Gesetzesfassung, die zu dem Zeitpunkt galt, zu dem das Verfahren anhängig gemacht wurde, bleibt auch für das weitere Verfahren maßgebend, selbst wenn es im Laufe des Verfahrens zu Gesetzesänderungen kommt. Das gilt auch dann, wenn Vorschriften geändert werden, auf die dieses Gesetz Bezug nimmt (Abs. 1 S. 3).

9 **3. Ausnahme: Rechtsmittelverfahren (Abs. 1 S. 2).** Eine Ausnahme vom Grundsatz des Abs. 1 S. 1 enthält die Regelung des Abs. 1 S. 2 für Rechtsmittelverfahren. Sofern sich ein Verfahren über mehrere Instanzen erstreckt, kann sich für jedes Rechtsmittelverfahren ein anderes Kostenrecht ergeben, wenn sich zwischenzeitlich eine Änderung des GKG oder eines in Bezug genommenen Gesetzes ergeben hat (Abs. 1 S. 3).

10 Die Vorschrift des Abs. 1 S. 2 ist sprachlich misslungen, weil sie nur regelt, dass Abs. 1 S. 1 nicht gilt, aber offen lässt, welche Gesetzesfassung anzuwenden ist. Gemeint ist Folgendes: Hat sich nach Anhängigkeit im Verlauf eines Verfahrens eine Gesetzesänderung ergeben, dann gilt

- im Rechtsmittelverfahren nicht mehr die ursprüngliche Gesetzesfassung, sondern die zum Zeitpunkt der Abrechnung geltende Fassung, wenn sich während des Rechtsmittelverfahrens nicht weitere Änderungen ergeben haben;
- in analoger Anwendung des Abs. 1 S. 1 das bei Einlegung des Rechtsmittels geltende Recht, wenn sich im Verlauf des Rechtsmittelverfahrens weitere Gesetzesänderungen ergeben haben.

11 Vereinfacht ausgedrückt: Abzustellen ist im Rechtsmittelverfahren auf den **Zeitpunkt**, in dem das **Rechtsmittel eingelegt** worden ist. Die Fassung des GKG, die zu diesem Zeitpunkt galt, bleibt für das gesamte Rechtsmittelverfahren anzuwenden. Maßgebend ist der erste Eingang der Rechtsmittelschrift bei Gericht (§ 40 Abs. 1 S. 1); die Zustellung ist unerheblich.

4. Einzelfälle A–Z

12 - **Abänderungsverfahren einstweilige Verfügung oder Arrest.** Wird die Aufhebung oder Abänderung einer einstweiligen Verfügung oder eines Arrests beantragt, so ist dies ein neues Verfahren iSd Abs. 1 S. 1 (Abs. 1 S. 2).[1] Siehe auch Vorbem. 1.4 S. 1 KV. Es gilt daher neues Recht, wenn die Änderung nach dem Stichtag beantragt worden ist.

13 - **Abgabe.** Das Verfahren vor dem abgebenden Gericht und dem Empfangsgericht bilden eine Einheit, so dass sich das Recht nicht ändert (§ 4).

14 - **Anfechtung eines gerichtlichen Vergleichs.** Das Verfahren vor und nach Anfechtung eines gerichtlichen Vergleichs ist ein einziges Verfahren, da über die Anfechtung im selben Verfahren entschieden wird. Es

[1] Für den Anwalt ist das Anordnungs- und Abänderungsverfahren dagegen eine Angelegenheit nach § 16 Nr. 5 RVG, so dass es für ihn beim alten Recht bleibt.

bleibt beim bisherigen Recht. Im Gegensatz zu den Anwaltsgebühren (§ 15 Abs. 5 S. 2 RVG) gilt dies auch dann, wenn die Anfechtung nach mehr als zwei Kalenderjahren erklärt wird.

- **Anschlussrechtsmittel.** Das Anschlussrechtsmittel leitet kein neues Verfahren ein. Abzustellen ist auf den Zeitpunkt der Einlegung des Hauptrechtsmittels, dessen Kosten sich nach Abs. 1 S. 2 bestimmen. **15**
- **Antragserweiterung.** Wird ein Antrag erweitert, löst dies kein neues Verfahren aus. Das bisherige Recht bleibt anwendbar. **16**
- **Arrestverfahren.** Das Arrestverfahren ist gegenüber der Hauptsache ein eigenständiges Verfahren. Es kommt auf die Einleitung des Arrestverfahrens an. Siehe auch „Abänderungsverfahren" (→ Rn 12); und „Aufhebungsverfahren" (→ Rn 18). **17**
- **Aufhebungsverfahren einstweilige Verfügung und Arrest.** Das Verfahren über die Aufhebung einer einstweiligen Verfügung oder eines Arrests ist ein eigenes Verfahren. Es gilt das Gleiche wie bei einem Abänderungsverfahren (→ Rn 12). **18**
- **Auslagen.** Die Übergangsvorschrift gilt für „Kosten" und damit auch für Auslagen (§ 1 Abs. 1 S. 1 aE). Soweit das bisherige Recht anzuwenden ist, richten sich die Auslagen nach den bisherigen Vorschriften des Gesetzes. **19**
- **Aussetzung.** Das Verfahren vor und nach Aussetzung ist ein Verfahren. Es bleibt bei der Gesetzesfassung, die zum Zeitpunkt der Verfahrenseinleitung galt. **20**
- **Berufung.** Ein Berufungsverfahren richtet sich nach dem Tag der Rechtsmitteleinlegung, unabhängig davon, welches Recht für die vorangegangene Instanz galt (Abs. 1 S. 2). **21**
- **Beschwerde.** Beschwerdeverfahren sind Rechtsmittelverfahren. Es gilt Abs. 2. Maßgebend ist der Tag der Beschwerdeeinlegung, unabhängig davon, welches Recht im Verfahren gilt, dessen Entscheidung angefochten wird. **22**
- **Einspruch.** Der Einspruch gegen ein Versäumnisurteil führt nicht zur Änderung des anzuwendenden Rechts. Kommt es zu einem Einspruch, ist das Verfahren nicht abgeschlossen, sondern wird fortgeführt; Abs. 1 S. 2 ist hierauf nicht anwendbar. Anders verhält es sich bei einem Einspruch gegen einen Vollstreckungsbescheid; siehe „Mahnverfahren" (→ Rn 29). **23**
- **Einstweilige Anordnungen in der Verwaltungs-, Finanz- und Sozialgerichtsbarkeit.** Es gilt hier das Gleiche wie bei einstweiligen Verfügungen, einschließlich der Abänderungsverfahren und Aufhebungsverfahren (→ Rn 18). **24**
- **Einstweilige Verfügung.** Eine einstweilige Verfügung, die nach dem jeweiligen Stichtag einer Gesetzesänderung eingeleitet wird, richtet sich nach neuem Kostenrecht. Siehe auch „Abänderungsverfahren" (→ Rn 12); und „Aufhebungsverfahren" (→ Rn 18). **25**
- **Erinnerung.** Da ein Erinnerungsverfahren keine Gerichtsgebühren auslöst, stellt sich hier allenfalls für die Auslagen die Frage der Anwendbarkeit neuen oder bisherigen Rechts. Maßgebend ist der Eingang der Erinnerung. **26**
- **Haupt- und Hilfsantrag.** Haupt- und Hilfsantrag betreffen dasselbe Verfahren. Es gilt einheitlich dasjenige Recht, das bei Einleitung des Verfahrens galt. **27**
- **Klageerweiterung.** Wird eine Klage erweitert, löst dies kein neues Verfahren aus. Das bisherige Recht des Hauptsacheverfahrens bleibt anwendbar. **28**
- **Mahnverfahren.** War vor einer Gesetzesänderung ein Mahnverfahren eingeleitet worden und wird nach der Gesetzesänderung beantragt, das streitige Verfahren durchzuführen, sei es nach Widerspruch oder auf Einspruch, dann richtet sich das streitige Verfahren nach neuem Recht, das Mahnverfahren nach altem Recht. **29**
- **Prozesskostenhilfeprüfungsverfahren.** Das Prozesskostenhilfeprüfungsverfahren selbst ist gebührenfrei. Eventuelle Auslagen richten sich nach bisherigem Recht, wenn das Prozesskostenhilfeprüfungsverfahren vor der jeweiligen Gesetzesänderung eingeleitet worden ist, im Übrigen nach neuem Recht. **30**
- Kommt es nach Durchführung des Prozesskostenhilfeprüfungsverfahrens zur Hauptsache, ist auf die Antragstellung im Hauptsacheverfahren abzustellen: **31**
  - Soweit zusammen mit dem Prozesskostenhilfeprüfungsantrag unbedingt der Hauptsacheantrag gestellt worden war, kommt es auf den Zeitpunkt der Einreichung dieses Antrags an.
  - Soweit zusammen mit dem Prozesskostenhilfeantrag lediglich der bedingte Antrag für das Hauptsacheverfahren gestellt worden war, kommt es auf den Tag der Bewilligung an, weil erst mit diesem Tag der Antrag wirksam wird.
- **Rechtsmittel.** Es gilt Abs. 1 S. 2. Maßgebend ist die Einlegung des Rechtsmittels, unabhängig davon, welches Recht in der vorangegangenen Instanz galt. **32**

33 ■ **Ruhen des Verfahrens.** Das Ruhen des Verfahrens führt nicht dazu, dass bei Fortsetzung ein neues Verfahren beginnt. Es bleibt auch nach Fortsetzung beim alten Recht, wenn zwischenzeitlich eine Gesetzesänderung eingetreten ist.

34 ■ **Stufenklage.** Wird im Wege der Stufenklage vorgegangen, so liegt ein einheitliches Verfahren vor. Es kommt auf den Zeitpunkt der Einreichung an. Wann welche Stufe beziffert worden ist und wann über welche Stufe verhandelt wurde, ist insoweit unerheblich.

35 ■ **Trennung.** Siehe „Verfahrenstrennung" (→ Rn 39).

36 ■ **Unterbrechung.** Die Unterbrechung eines Verfahrens führt nicht dazu, dass bei Fortsetzung ein neues Verfahren beginnt. Es bleibt auch nach Fortsetzung beim alten Recht, wenn zwischenzeitlich eine Gesetzesänderung eingetreten ist.

37 ■ **Urkundenverfahren.** Urkunden- und Nachverfahren sind ein einziges Verfahren, so dass es einheitlich beim bisherigen Recht bleibt, wenn das Verfahren vor der Gesetzesänderung eingeleitet worden ist.[2]

38 ■ **Verbindung.** Die Verbindung von Verfahren ist nicht geregelt. Bis zur Verbindung dürfte das jeweilige Recht anwendbar bleiben. Ab Verbindung dürfte es darauf ankommen, welches Verfahren führend ist. Dessen Recht bestimmt dann das weitere Verfahren.

39 ■ **Verfahrenstrennung.** Wird ein Verfahren getrennt, so bleibt es für sämtliche Verfahren beim bisherigen Recht. Die Abtrennung führt nicht zu einem neuen Verfahren, sondern nur zur Fortsetzung des alten Verfahrens in mehreren Teilen.

40 ■ **Versäumnisurteil.** Siehe „Einspruch" (→ Rn 23).

41 ■ **Verweisung.** Das Verfahren vor dem verweisenden Gericht und dem Empfangsgericht bilden eine Einheit, so dass sich das Recht nicht ändert (§ 4).

42 ■ **Vollstreckungsverfahren.** Jedes Vollstreckungsverfahren ist ein eigenes Verfahren. Das anzuwendende Recht beurteilt sich danach, wann das Vollstreckungsverfahren eingeleitet worden ist.

43 ■ **Widerklage.** Wird eine Widerklage erhoben, so eröffnet diese kein neues Verfahren. Es bleibt bei der Anwendung des Rechts, das für das Hauptverfahren gilt.

44 ■ **Zulassung eines Rechtsmittels.** Das Verfahren auf Zulassung eines Rechtsmittels richtet sich bereits nach Abs. 1 S. 2, da es zum Rechtsmittelzug gehört. Es ist daher neues Recht anzuwenden ist, wenn die Zulassung nach dem Stichtag einer Gesetzesänderung beantragt wurde.

45 ■ **Zurückverweisung.** Das Verfahren nach Zurückverweisung bildet mit dem Verfahren vor Zurückverweisung ein Verfahren, so dass sich das Recht nicht ändert (§ 37).

46 ■ **Zwangsvollstreckung.** Siehe „Vollstreckungsverfahren" (→ Rn 42).

IV. Strafsachen, Verfahren nach dem OWiG und dem StVollzG, auch iVm § 92 JGG (Abs. 2)

47 In Strafsachen, in gerichtlichen Verfahren nach dem OWiG und dem StVollzG, auch iVm § 92 JGG, wird in Abweichung des Grundsatzes nach Abs. 1 nicht auf die Einleitung des Verfahrens abgestellt, sondern auf den **Zeitpunkt der Rechtskraft der jeweiligen Kostenentscheidung.** Damit lässt sich hier – im Gegensatz zu den Verfahren nach Abs. 1 – nicht schon zu Beginn des Verfahrens sicher vorhersagen, welche Kosten anfallen. Dies ist hier erst im Nachhinein möglich. Andererseits hat diese Übergangsregelung zur Folge, dass sich das gesamte Verfahren über alle Instanzen hinweg nach demselben Recht richtet.

V. Insolvenzverfahren, Verteilungsverfahren nach der SVertO, Verfahren der Zwangsversteigerung und Zwangsverwaltung (Abs. 3)

48 Auch in Insolvenzverfahren, Verteilungsverfahren nach der SVertO und in Zwangsversteigerungs- und Zwangsverwaltungsverfahren gilt der Grundsatz des nach Abs. 1 nicht. Hier wird auf die **Fälligkeit der jeweiligen Kostenposition** abgestellt. Damit lässt sich auch hier – im Gegensatz zu den Verfahren nach Abs. 1 – nicht schon zu Beginn des Verfahrens sicher vorhersagen, welche Kosten anfallen. Dies ist erst im Nachhinein möglich. Im Gegensatz zu den Regelungen des Abs. 1 und 2 ist es hier möglich, dass sich im selben Verfahren die Kosten nach unterschiedlichem Recht richten.

VI. Bedeutung für die Anwaltsgebühren

49 Für die Anwaltsgebühren hat § 71 keine Bedeutung. Die Frage, welches Recht auf die Vergütung des Anwalts anzuwenden ist, ergibt sich aus der Übergangsregelung des § 60 RVG, der zwar vergleichbare Regelungen wie in Abs. 1 enthält. Allerdings gelten nach den §§ 16 ff RVG abweichende Vorschriften zum Um-

---

2 Für den Anwalt handelt es sich dagegen um verschiedene Angelegenheiten (§ 17 Nr. 5 RVG).

fang der gebührenrechtlichen Angelegenheit, so dass sich für die Abrechnung der anwaltlichen Gebühren gravierende Abweichungen ergeben können.

§ 72 Übergangsvorschrift aus Anlass des Inkrafttretens dieses Gesetzes

Das Gerichtskostengesetz in der Fassung der Bekanntmachung vom 15. Dezember 1975 (BGBl. I S. 3047), zuletzt geändert durch Artikel 2 Absatz 5 des Gesetzes vom 12. März 2004 (BGBl. I S. 390), und Verweisungen hierauf sind weiter anzuwenden

1. in Rechtsstreitigkeiten, die vor dem 1. Juli 2004 anhängig geworden sind; dies gilt nicht im Verfahren über ein Rechtsmittel, das nach dem 1. Juli 2004 eingelegt worden ist;
2. in Strafsachen, in gerichtlichen Verfahren nach dem Gesetz über Ordnungswidrigkeiten und nach dem Strafvollzugsgesetz, wenn die über die Kosten ergehende Entscheidung vor dem 1. Juli 2004 rechtskräftig geworden ist;
3. in Insolvenzverfahren, Verteilungsverfahren nach der Schifffahrtsrechtlichen Verteilungsordnung und Verfahren der Zwangsversteigerung und Zwangsverwaltung für Kosten, die vor dem 1. Juli 2004 fällig geworden sind.

Während § 71 regelt, wie bei Änderungen des zum 1.7.2004 in Kraft getretenen GKG 2004 vorzugehen ist, regelt § 72, wann noch die vorherige Fassung des GKG 1975 gilt. Praktische Bedeutung hat diese Vorschrift nicht mehr, nachdem zwischenzeitlich zehn Jahre seit Inkrafttreten des GKG 2004 vergangen sind. Soweit hier noch Übergangsfälle auftreten, wird auf die Kommentierung zu § 71 Bezug genommen. Es gelten insoweit dieselben Grundsätze. **1**

§ 73 Übergangsvorschrift für die Erhebung von Haftkosten

Bis zum Erlass landesrechtlicher Vorschriften über die Höhe des Haftkostenbeitrags, der von einem Gefangenen zu erheben ist, sind die Nummern 9010 und 9011 des Kostenverzeichnisses in der bis zum 27. Dezember 2010 geltenden Fassung anzuwenden.

I. Allgemeines

§ 73 ist – wie § 70 a – durch Art. 14 des **Gesetzes zur Umsetzung der Dienstleistungsrichtlinie in der Justiz und zur Änderung weiterer Vorschriften** vom 22.12.2010[1] in das GKG eingefügt worden. Die Vorschrift ist am 28.12.2010 in Kraft getreten.[2] Das vorgenannte Gesetz enthält in den Art. 1, 2–5 und 8, 9–11 und 18 Änderungen der BRAO, des RDG, des EGInsO, der PatO, des StBerG, der ZPO, der VwGO, des SGG, des BVerfGG und der WiPrO, die teilweise der Umsetzung der Richtlinie 2006/123/EG des Europäischen Parlaments und des Rates vom 12. Dezember 2006 über Dienstleistungen im Binnenmarkt[3] dienen. Diese Richtlinie erforderte Rechtsanpassungen im Bereich der Justiz insb. in den Verfahren der Berufszulassung zu den rechtsberatenden Berufen. **1**

Art. 12–16 des vorgenannten Gesetzes enthalten zudem insb. Änderungen des GKG, FamGKG und RVG. In diesen Gesetzen sind u.a. klarstellende und redaktionelle Anpassungen vorgenommen worden, um aufgetretene Streitfragen zu den Gerichtskosten und Anwaltsgebühren im familienrechtlichen Verfahren zu lösen.[4] **2**

II. Regelungsgehalt

Der zum 28.12.2010 in das GKG eingefügte § 73 steht im Zusammenhang mit den Auslagentatbeständen in Nr. 9010 und 9011 KV, die durch das Gesetz zur Umsetzung der Dienstleistungsrichtlinie in der Justiz und zur Änderung weiterer Vorschriften vom 22.12.2010 geändert worden sind. Nr. 9010 KV verweist in der bis zum 27.12.2010 geltenden Fassung für die Ermittlung und Erhebung der Kosten bzw Auslagen einer Zwangshaft (vgl hierzu die Erl. zu Nr. 9010 KV) auf die Höhe des Haftkostenbeitrags nach § 50 Abs. 2 und 3 StVollzG. Die Kosten einer sonstigen Haft (Ordnungshaft) werden nach Nr. 9011 KV in der bis zum 27.12.2010 geltenden Fassung nur dann als Auslagen erhoben, wenn sie nach § 50 Abs. 1 StVollzG zu erheben wären. **3**

---

1 BGBl. 2010 I 2248, 2252. 2 Vgl Art. 19 des Gesetzes: Inkrafttreten am Tage nach der Verkündung (27.12.2010), BGBl. I 2248, 2254. 3 ABl. Nr. L 376 v. 27.12.2006, S. 36. 4 BT-Drucks 17/3356, S. 1.

4   Aufgrund der geänderten Gesetzgebungskompetenz hielt der Gesetzgeber[5] eine Anpassung dieser Verweisungen auf § 50 StVollzG für erforderlich. Denn mit dem Inkrafttreten des Gesetzes zur Änderung des Grundgesetzes vom 28.8.2006[6] ist die Gesetzgebungskompetenz für den Strafvollzug auf die Länder übergegangen. Weil einige Bundesländer bereits von dieser Gesetzgebungskompetenz Gebrauch gemacht und § 50 StVollzG durch eigene Strafvollzugsgesetze ersetzt haben, war für die Höhe der zu erhebenden Auslagen bei Zwangs- und Ordnungshaft in Nr. 9010 und 9011 KV eine Verweisung auf die entsprechenden Bestimmungen des Landesrechts erforderlich. Sofern einzelne Länder noch keine den § 50 StVollzG ersetzende Vorschrift erlassen haben, richtet sich die Höhe der zu erhebenden Haftkosten gem. § 73 weiterhin nach Nr. 9010 und 9011 KV in der bis zum 27.12.2010 geltenden Fassung (Verweis auf § 50 Abs. 2 und 3 StVollzG).

5   Bisher sind **Strafvollzugsgesetze** zB in folgenden Ländern erlassen worden:
- **Baden-Württemberg:** Gesetzbuch über den Justizvollzug in Baden-Württemberg (Justizvollzugsgesetzbuch – JVollzGB) v. 10.11.2009;[7]
- **Bayern:** Gesetz über den Vollzug der Freiheitsstrafe, der Jugendstrafe und der Sicherungsverwahrung (Bayerisches Strafvollzugsgesetz – BayStVollzG) v. 10.12.2007;[8]
- **Hamburg:** Gesetz über den Vollzug der Freiheitsstrafe und der Sicherungsverwahrung (Hamburgisches Strafvollzugsgesetz – HmbStVollzG) v. 14.7.2009;[9]
- **Hessen:** Hessisches Gesetz über den Vollzug der Freiheitsstrafe und der Sicherungsverwahrung v. 28.6.2010;[10]
- **Niedersachsen:** Niedersächsisches Justizvollzugsgesetz – NJVollzG.[11]
- **Nordrhein-Westfalen:** Gesetz zur Regelung des Vollzuges der Freiheitsstrafe in Nordrhein-Westfalen (Strafvollzugsgesetz Nordrhein-Westfalen – StVollzG NRW) v. 13.1.2015.[12]

6   Die Erhebung von Haftkosten nach Nr. 9010, 9011 KV richtet sich in den **Ländern mit eigenen Strafvollzugsgesetzen** nach den landesrechtlichen Vorschriften über den Haftkostenbeitrag (Baden-Württemberg: §§ 9 bzw 33, 35 JVollzGB; Bayern: §§ 60, 63, 73 BayStVollzG; Hamburg: §§ 49, 58, 60 HmbStVollzG; Hessen: §§ 24, 43 HStVollzG; Niedersachen: § 50 NJVollzG). Diese Vorschriften haben wörtlich oder sinngemäß die Haftkostenregelung des § 50 StVollzG übernommen.

7   In **Nordrhein-Westfalen** wird gem. § 39 Abs. 4 StVollzG NRW der Haftkostenbeitrag in Höhe des Betrags erhoben, der nach § 17 Abs. 1 S. 1 Nr. 4 SGB IV durchschnittlich zur Bewertung der Sachbezüge festgesetzt ist. Das Justizministerium stellt den Betrag jährlich durch Bekanntmachung fest. Bei Selbstverpflegung entfallen die für die Verpflegung vorgesehenen Beträge. Für den Wert der Unterkunft ist die festgesetzte Belegungsfähigkeit maßgebend.

8   In den Bundesländern, in denen noch **kein eigenes Strafvollzugsgesetz** existiert, gilt als **Bundesgesetz** nach wie vor das Strafvollzugsgesetz (StVollzG) vom 16.3.1978.[13] Maßgebend für die Höhe des Haftkostenbeitrags im Rahmen von Nr. 9010, 9011 KV ist hier § 50 Abs. 2, 3 StVollzG.

5 Vgl Stellungnahme des Bundesrates, BT-Drucks 17/3356, S. 24 ff. **6** BGBl. 2006 I 2034. **7** GBl. 2009 S. 545. **8** GVBl. 2007 S. 866. **9** HmbGVBl. 2009 S. 257. **10** GVBl. I S. 185. **11** NdsGVBl. Nr. 41/2007, S. 720. **12** GV. NRW 2015, 75. **13** BGBl. 1978 I 581, 2088, zul. geänd. d. Art. 152 V v. 31.8.2015 (BGBl. I 1474, 1498).

Kostenverzeichnis

Gliederung

NK-GK

NK-GK

Teil 1
Zivilrechtliche Verfahren vor den ordentlichen Gerichten

Vorbemerkung zu Teil 1 KV

Teil 1 KV enthält die Gebührentatbestände für zivilrechtliche Verfahren vor den ordentlichen Gerichten. **1**
Ordentliche Gerichte sind die **Amtsgerichte**, die **Landgerichte**, die **Oberlandesgerichte** und der **Bundesgerichtshof** (§ 12 GVG). Nach § 13 GVG gehören zu den Zivilsachen die **bürgerlichen Rechtsstreitigkeiten**, die **Familiensachen** und die **Angelegenheiten der freiwilligen Gerichtsbarkeit**. Für die Gerichtskosten in Familiensachen gilt das FamGKG und für die Angelegenheiten der freiwilligen Gerichtsbarkeit das GNotKG. Bürgerliche Rechtsstreitigkeiten sind alle vor ein ordentliches Gericht gehörende Rechtssachen, auf die die ZPO Anwendung findet (§ 3 Abs. 1 EGZPO, § 1 ZPO, §§ 23, 71, 95, 118, 119 und 133 GVG).

Nr.	Gebührentatbestand	Gebühr oder Satz der Gebühr nach § 34 GKG
Vorbemerkung 1: Die Vorschriften dieses Teils gelten nicht für die in Teil 2 geregelten Verfahren.		

Vorbem. 1 KV stellt klar, dass die in Teil 1 KV enthaltenen Vorschriften für zivilrechtliche Verfahren vor **1**
den ordentlichen Gerichten nicht für die in Teil 2 KV geregelten Zwangsvollstreckungsverfahren nach der Zivilprozessordnung, Insolvenzverfahren und ähnliche Verfahren gelten (Nr. 2110 ff KV). Deshalb kann zB in Zwangsvollstreckungsverfahren keine Vergleichsgebühr nach Nr. 1900 KV erhoben werden.

Hauptabschnitt 1
Mahnverfahren

Nr.	Gebührentatbestand	Gebühr oder Satz der Gebühr nach § 34 GKG
1100	Verfahren über den Antrag auf Erlass eines Mahnbescheids oder eines Europäischen Zahlungsbefehls	0,5 – mindestens 32,00 €

I. Allgemeines

1. Regelungsgehalt. Für das Mahnverfahren (§§ 688 ff ZPO) wird nach Nr. 1100 KV eine 0,5-Verfahrens- **1**
gebühr erhoben. Es handelt sich damit um eine **Wertgebühr** (vgl § 3 Abs. 1; → § 1 Rn 9). Die Höhe der Gebühr wird nach Bestimmung des Streitwerts aus der **Tabelle zu § 34** abgelesen. Maßgebend für die Streitwertbemessung ist die **geltend gemachte Forderung**, was keinen verfassungsrechtlichen Bedenken begegnet. Übermäßig hohe Gebühren können nicht anfallen. Zum einen ist die Gebührentabelle so ausgestaltet, dass die Gebühren mit steigendem Streitwert nicht proportional höher ausfallen. Zum anderen hat der Gesetzgeber dem Umstand, dass es sich bei dem Erlass eines Mahnbescheids um eine Maßnahme handelt, die zwar u.a. der Vorbereitung der Erlangung eines Vollstreckungstitels dient, selbst aber noch keine derartigen Rechtswirkungen hat, hinsichtlich der Kosten dadurch Rechnung getragen, dass für den Erlass des Mahnbescheids nur eine halbe Gebühr anfällt, die nach Anm. Abs. 1 S. 1 Hs 2 zu Nr. 1210 KV noch dazu auf die Verfahrensgebühren bei Durchführung des streitigen Verfahrens angerechnet wird.[1] Geht das Mahnverfahren in das **streitige Prozessverfahren** über (§§ 696 Abs. 1, 700 Abs. 3 ZPO), entsteht die 3,0-Verfahrensgebühr Nr. 1210 KV, auf die die Gebühr Nr. 1100 KV ggf anzurechnen ist (Anm. Abs. 1 S. 1 Hs 2 zu Nr. 1210 KV; zu Einzelheiten → Nr. 1210 KV Rn 66 ff).

---

[1] BVerfG NJW 2007, 2032 = Rpfleger 2007, 427.

2   Mindestens wird ein Betrag iHv **32 €** erhoben. Die **Mindestgebühr** im Mahnverfahren ist durch das 2. KostRMoG[2] zum 1.8.2013 auf 32 € angehoben worden. Der in § 34 Abs. 2 festgelegte Mindestbetrag einer Gebühr iHv 15 € gilt also insoweit nicht. Der Mindestbetrag ist erforderlich, weil im Mahnverfahren häufig geringe Geldforderungen geltend gemacht werden, bei denen die Mindestgebühr kaum die anfallenden Zustellungskosten decken würde.[3] Ist im Mahnverfahren die Mindestgebühr iHv 32 € angefallen, wird diese und nicht die sich aus § 34 Abs. 2 ergebende allgemeine Mindestgebühr iHv 15 € auf die Verfahrensgebühr Nr. 1210 KV angerechnet.[4]

3   **2. Geltungsbereich. a) Nationales Mahnverfahren nach der ZPO.** Nr. 1100 KV gilt zunächst für das Mahnverfahren in bürgerlichen Rechtsstreitigkeiten nach §§ 688 ff ZPO. Erfasst wird von Nr. 1100 KV deshalb auch der Urkunden-, Wechsel- oder Scheckmahnbescheid nach § 703 a ZPO.

4   **b) Mahnverfahren in Familiensachen.** Nach § 113 Abs. 2 FamFG können in **Familienstreitsachen** (§ 112 FamFG) die Zahlung einer bestimmten Geldsumme betreffende Ansprüche (zB rückständige Unterhaltsbeträge, güterrechtliche Zahlungsansprüche) nach den **Vorschriften der ZPO** über das Mahnverfahren (§§ 688 ff ZPO) geltend gemacht werden. Die Gerichtskosten richten sich in diesen Fällen nach der ausdrücklichen Regelung in § 1 Abs. 1 S. 3 FamGKG und § 1 Abs. 1 S. 1 Nr. 1 nach dem **GKG**. Für das Verfahren über den Antrag auf Erlass eines Mahnbescheids in einer Familienstreitsache entsteht damit eine 0,5-Verfahrensgebühr Nr. 1100 KV (vgl auch → § 1 Rn 19).

5   **c) Europäischer Zahlungsbefehl.** Nach § 688 Abs. 4 S. 1 ZPO bleiben die Vorschriften der Verordnung (EG) Nr. 1896/2006 des Europäischen Parlaments und des Rates vom 12. Dezember 2006 zur Einführung eines **Europäischen Mahnverfahrens** (ABl. EU Nr. L 399 S. 1) unberührt.[5] Für die Durchführung dieses Mahnverfahrens gelten die §§ 1087–1096 ZPO (§ 688 Abs. 4 S. 2 ZPO). Gemäß § 1 Abs. 3 Nr. 2 findet das GKG auch für diese Mahnverfahren Anwendung. Für das Verfahren über den Antrag auf Erlass eines Europäischen Zahlungsbefehls entsteht ebenfalls die Verfahrensgebühr Nr. 1100 KV.

II. Verfahrensgebühr

6   **1. Abgeltungsbereich, Pauschgebühr.** Die 0,5-Verfahrensgebühr nach Nr. 1100 KV entsteht als **Pauschgebühr** für das Mahnverfahren (vgl auch → Nr. 1210 KV Rn 4 ff). Die Gebühr Nr. 1100 KV ist keine Akt- oder Entscheidungsgebühr.[6] Durch den Gebührensatz von **0,5** wird die gesamte Tätigkeit des Gerichts im Mahnverfahren vom Eingang des Antrags bis zum Abschluss des Mahnverfahrens abgegolten.[7] Abgegolten sind daher insb. der Erlass des Mahnbescheids wie auch des Vollstreckungsbescheids, eine etwaige Monierung des Antrags durch das Mahngericht, die Zustellung des Mahnbescheids, die Bearbeitung des Widerspruchs gegen den Mahnbescheid, der Erlass des Vollstreckungsbescheids und sämtliche mit der Abgabe des Mahnverfahrens an das Streitgericht nach Widerspruch oder Einspruch verbundenen Tätigkeiten. Auch der Erlass eines Kostenbeschlusses gem. § 91 a ZPO im Mahnverfahren[8] wird durch die Gebühr abgegolten.

7   Die als **Wertgebühr** (§ 34) ausgestaltete pauschale Verfahrensgebühr[9] ist im Mahnverfahren insgesamt nur einmal zu erheben (§ 35). Beantragen **mehrere Personen** den Mahnbescheid und/oder sind **mehrere Antragsgegner** vorhanden, entsteht die Verfahrensgebühr nur einmal (§ 35). Wird der Antrag auf Erlass des Mahnbescheids teilweise zurückgenommen, ist die Gebühr gleichwohl nach dem höheren Streitwert des ursprünglichen Antrags zu berechnen.

8   Die **Zustellungspauschale** nach Nr. 9002 KV wird durch die Verfahrensgebühr abgegolten. Nach Anm. S. 1 zu Nr. 9002 KV sind die Zustellungskosten für bis zu 10 Zustellungen pro Rechtszug durch die Verfahrensgebühr abgegolten. Liegen mehr als 10 Zustellungen vor, werden nur die 10 Zustellungen übersteigenden Zustellungen abgerechnet. Sind zB 12 Zustellungen im Mahnverfahren erfolgt, werden nur 2 Zustellungspauschalen iHv 7,00 € (2 x 3,50 €) in Rechnung gestellt (→ Nr. 9002 KV Rn 20).[10]

9   **2. Entstehung. a) Einreichung des Antrags.** Die Verfahrensgebühr Nr. 1100 KV entsteht mit der Einreichung des unbedingten (→ Nr. 1210 KV Rn 19 ff) Antrags bei Gericht (zur Abhängigmachung/Vorauszah-

---

2 Vom 23.7.2013 (BGBl. I 2586). **3** *Meyer*, GKG Nr. 1100 KV Rn 2. **4** *Hartmann*, KostG, Nr. 1210 KV GKG Rn 23; *Oestreich/ Hellstab/Trenkle*, GKG Nr. 1210 KV Rn 16. **5** Vgl Gesetz zur Verbesserung der grenzüberschreitenden Forderungsdurchsetzung und Zustellung (GrFordDuG) v. 30.10.2008 (BGBl. I 2122), in Kraft getreten am 12.12.2008. **6** LAG Düsseldorf AGS 1999, 188 = JurBüro 1999, 532. **7** LAG Düsseldorf AGS 1999, 188 = JurBüro 1999, 532; vgl auch BGH NJW 2013, 2824 = AGS 2013, 433 = Rpfleger 2013, 651 (zur Verfahrensgebühr Nr. 1210 KV). **8** Dazu Zöller/*Vollkommer*, ZPO, 31. Aufl., § 91 a Rn 58 „Mahnverfahren". **9** LAG Düsseldorf AGS 1999, 188 = JurBüro 1999, 532. **10** OLG Karlsruhe AGS 2011, 308 (zu einer vergleichbaren Berechnung in Nr. 7000 VV RVG).

lungspflicht s. § 12 Abs. 3, 4 S. 1; → § 12 Rn 51 ff).[11] Gleichzeitig tritt gem. § 6 Abs. 1 Nr. 1 auch die **Fälligkeit** (= Einforderbarkeit, Berechtigung zur Geltendmachung) ein. Der Antrag ist im **manuellen Verfahren** bei Gericht eingereicht, wenn er bei der Posteingangsstelle eingeht, zB postalisch oder per Telefax (→ Nr. 1210 KV Rn 11). Für die Entstehung bedarf es daher keiner weiteren gerichtlichen Handlungen.[12] Insbesondere die **Zustellung** des Mahnbescheids ist deshalb für die Entstehung der Verfahrensgebühr nicht erforderlich (→ Rn 13).[13] Bittet der Antragsteller nach Antragseinreichung, den Antrag vorerst nicht zu bearbeiten oder den Antrag nicht zuzustellen, ändert das nichts an der Entstehung und der Fälligkeit der Verfahrensgebühr.[14] Zur **doppelten Einreichung** des Antrags → Nr. 1210 KV Rn 12 ff.

b) Einreichung im automatisierten Mahnverfahren. Nach § 690 Abs. 3 ZPO kann der Antrag in einer nur   **10** maschinell lesbaren Form übermittelt werden, wenn diese dem Gericht für seine maschinelle Bearbeitung geeignet erscheint (vgl auch § 1088 ZPO für das Europäische Mahnverfahren). Wird der Antrag auf Erlass des Mahnbescheids von einem **Rechtsanwalt** oder einer registrierten Person nach § 10 Abs. 1 S. 1 Nr. 1 RDG gestellt, ist *nur* diese Form der Antragstellung zulässig. Der Antrag ist im automatisierten Mahnverfahren eingereicht und die Verfahrensgebühr entstanden, wenn der Antrag in einer der zugelassenen Formen[15] von der für den Empfang bestimmten Einrichtung des Gerichts vollständig und verständlich aufgezeichnet bzw gespeichert ist (→ § 5 a Rn 21 f).[16] Vgl iÜ → Rn 11.

c) Zulässigkeit des Antrags. Nach § 690 Abs. 2 ZPO ist der Antrag auf Erlass eines Mahnbescheids hand-   **11** schriftlich zu unterzeichnen. Im **automatisierten Mahnverfahren** bedarf es der handschriftlichen Unterzeichnung gem. § 690 Abs. 3 S. 3 ZPO nicht, wenn in anderer Weise gewährleistet ist, dass der Antrag nicht ohne den Willen des Antragstellers übermittelt wird. Die Einreichung eines **nicht unterschriebenen** Antrags löst im manuellen Mahnverfahren die Gebühr nicht aus.[17] Denn dann liegt nur ein **Entwurf** vor, der nicht erkennen lässt, ob er für den Rechtsverkehr bestimmt ist. Auch ein Stempelabdruck „gez. ...“ ersetzt die erforderliche Unterschrift nicht.[18] Zur im Mahnverfahren unzulässigen **Antragserweiterung** → Rn 20.

Für die Entstehung der Verfahrensgebühr kommt es weder auf die Zulässigkeit noch die Begründetheit des   **12** Antrags an.[19] Deshalb fällt die Gebühr zB auch an, wenn entgegen § 688 Abs. 1 ZPO keine bestimmte Geldsumme im Mahnantrag geltend gemacht wird oder das Mahnverfahren wegen § 688 Abs. 2 ZPO unstatthaft ist. Auch die Einreichung des Mahnbescheidsantrags bei einem **unzuständigen Gericht** löst die Verfahrensgebühr aus.[20] Im Falle der **Verweisung** an das zuständige Mahngericht fällt dort gem. § 4 Abs. 1 keine weitere Verfahrensgebühr Nr. 1100 KV an.

d) Erlass und Zustellung des Mahnbescheids. Erlass und Zustellung des Mahnbescheids (§ 693 ZPO) sind   **13** kostenrechtlich keine Entstehungsvoraussetzung für die Verfahrensgebühr. Der Erlass des Mahnbescheids ist keine Entstehungsvoraussetzung, weil die Gebühr Nr. 1100 KV keine Akt- bzw Entscheidungsgebühr ist. Das ergibt sich auch aus § 6 Abs. 1 Nr. 1. Denn danach wird die Verfahrensgebühr fällig mit der Einreichung des Antrags (→ Rn 9 ff). Die Zustellung ist somit **keine Fälligkeitsvoraussetzung** und kann damit auch **keine Entstehungsvoraussetzung** sein, weil die Fälligkeit (= Einforderbarkeit, Berechtigung zur Geltendmachung) nur gleichzeitig mit bzw nach der Entstehung der Gebühr eintreten kann. Daher können zB die Erklärungen, die Sache vorerst liegen zu lassen oder den Antrag nicht zuzustellen, den Anfall der Verfahrensgebühr nicht verhindern.[21] Auch wenn der Mahnbescheid dem Antragsgegner nicht zugestellt werden kann, hat das auf die entstandene Mahnverfahrensgebühr keinen Einfluss.

3. Wegfall oder Ermäßigung der Verfahrensgebühr. Die mit Einreichung des Antrags entstandene Verfah-   **14** rensgebühr Nr. 1100 KV kann nachträglich nicht mehr wegfallen. Spätere Ereignisse lassen die Gebühr unberührt. Auf die entstandene Gebühr wirkt es sich daher nicht aus, wenn der Antrag auf Erlass des Mahn-

11 Zur Verfahrensgebühr Nr. 1210 KV bei Klageeinreichung: BGH NJW 2013, 2824 = AGS 2013, 433 = Rpfleger 2013, 651; OLG Köln AGS 2011, 328 = RVGreport 2011, 397; OLG Stuttgart FamRZ 2011, 1324 = JurBüro 2011, 309; OLG Köln AGS 2009, 595 = RVGreport 2010, 317; OLG Brandenburg FamRZ 2007, 2000 = AGS 2008, 95; OLG Brandenburg OLGR 2006, 555 = RVGreport 2006, 319; OLG Düsseldorf JurBüro 1999, 485 = AGS 2000, 58; KG NJW-RR 1998, 1375 = AGS 1998, 154; OLG Schleswig AnwBl 1997, 288 = SchlHA 1996, 305; OLG Nürnberg MDR 2003, 835. **12** Zur Verfahrensgebühr Nr. 1210 KV: OLG Koblenz MDR 2011, 1135; OLG Koblenz FamRZ 1998, 312; OLG Düsseldorf JurBüro 1999, 485 = AGS 2000, 58. **13** Zur Verfahrensgebühr Nr. 1210 KV: OLG Köln AGS 2011, 328 = RVGreport 2011, 397; OLG Stuttgart FamRZ 2011, 1324 = JurBüro 2011, 309; OLG Celle AGS 2009, 341; KG NJW-RR 1998, 1375 = AGS 1998, 154; OLG Schleswig AnwBl 1997, 288 = SchlHA 1996, 305; OLG Koblenz JurBüro 1996, 44 = MDR 1995, 1269; OLG München MDR 1996, 1075. **14** Zur Verfahrensgebühr Nr. 1210 KV: OLG Düsseldorf JurBüro 1999, 485 = AGS 2000, 58; KG JurBüro 1998, 428 = NJW-RR 1998, 1375; OLG Schleswig AnwBl 1997, 288; OLG Koblenz JurBüro 1996, 44 = MDR 1995, 1269; OLG München MDR 1996, 1075. **15** Einzelheiten, zB Barcodeantrag, Dateiübertragung über das EGVP mit Signatur. **16** Vgl auch BGH FamRZ 2009, 319 = NJW-RR 2009, 307. **17** Zu Nr. 1210 KV: OLG Stuttgart FamRZ 2011, 1324 = JurBüro 2011, 309. **18** Zu Nr. 1210 KV: OLG Stuttgart FamRZ 2011, 1324 = JurBüro 2011, 309. **19** Zu Nr. 1210 KV: OLG Celle AGS 2009, 341; OLG Stuttgart FamRZ 2011, 1324 = JurBüro 2011, 309 = RVGreport 2011, 352 m. zust. Anm. *Hansens*. **20** *Wolff*, NJW 2003, 553; *Meyer*, KG 1100 KV Rn 3; aA *Fischer*, MDR 1994, 124; Binz/Dörndorfer/*Zimmermann*, Nr. 1100 KV GKG Rn 4. **21** Zu Nr. 1210 KV: OLG Düsseldorf JurBüro 1999, 485 = AGS 2000, 58; KG JurBüro 1998, 428 = NJW-RR 1998, 1375; OLG Schleswig AnwBl 1997, 288; OLG Koblenz JurBüro 1996, 44 = MDR 1995, 1269; OLG München MDR 1996, 1075.

bescheids oder des Vollstreckungsbescheids **zurückgewiesen** wird (§ 691 ZPO) oder wenn der Antrag auf Erlass des Mahnbescheids oder der Antrag auf Durchführung des streitigen Verfahrens nach Widerspruch **zurückgenommen** wird.[22] Sie ermäßigt sich auch nicht. Sie entsteht unabhängig vom Verfahrensausgang.[23] Eine Rückzahlung der Gebühr erfolgt daher nicht.

15 **4. Einmalige Entstehung der Verfahrensgebühr.** Gemäß § 35 darf die Verfahrensgebühr Nr. 1100 KV in jedem Mahnverfahren **nur einmal** erhoben werden (→ Rn 7). Ein Mahnverfahren gegen Gesamtschuldner löst die Gebühr daher nur einmal aus.

16 Wird ein Mahnbescheid gem. § 701 ZPO **wirkungslos** und wird deshalb erneut Mahnbescheid beantragt, entsteht für dieses neue Mahnverfahren die Verfahrensgebühr Nr. 1100 KV erneut. Das Gleiche gilt, wenn ein Mahnantrag zurückgenommen oder zurückgewiesen worden ist und anschließend erneut ein Antrag auf Erlass eines Mahnbescheids gestellt wird.

III. Anrechnung der Gebühr Nr. 1100 KV (Anm. Abs. 1 S. 1 Hs 2 zu Nr. 1210 KV)

17 Wird gegen den Mahnbescheid **Widerspruch** eingelegt, kommt es gem. § 696 Abs. 1 ZPO nur auf Antrag des Antragstellers oder des Antragsgegners zur Durchführung des streitigen Verfahrens vor dem Prozessgericht. Der Antrag auf Durchführung des streitigen Verfahrens kann vom Antragsteller bereits im Mahnbescheidsantrag gestellt werden (§ 696 Abs. 1 S. 1 ZPO). Erfolgt keine Widerspruchserhebung durch den Antragsgegner und ergeht deshalb **Vollstreckungsbescheid** (§ 699 ZPO), kann der Antragsgegner hiergegen **Einspruch** einlegen. Nach § 700 Abs. 3 S. 1 ZPO ist das Verfahren dann **von Amts wegen** an das Prozessgericht abzugeben.

Nach **Anm. Abs. 1 S. 1 Hs 1** zu Nr. 1210 KV entsteht die 3,0-Verfahrensgebühr nach Nr. 1210 KV des streitigen Verfahrens nicht schon mit Einlegung des Widerspruchs bzw Stellung des Abgabeantrags oder Einlegung des Einspruchs, sondern erst mit **Eingang der Akten** beim Prozessgericht.[24] Auf die im Prozessverfahren anfallende 3,0-Verfahrensgebühr Nr. 1210 KV ist die 0,5-Verfahrensgebühr Nr. 1100 KV des Mahnverfahrens nach **Anm. Abs. 1 S. 1 Hs 2** zu Nr. 1210 KV nach dem Wert des in das streitige Verfahren übergegangenen Streitgegenstands anzurechnen (ausf. → Nr. 1210 KV Rn 66 ff).

IV. Verbindung

18 Wird derselbe Anspruch gegen Gesamtschuldner in getrennten Mahnverfahren geltend gemacht, entsteht die Verfahrensgebühr Nr. 1100 KV mehrfach. Es liegt keine unrichtige Sachbehandlung iSv § 21 vor, wenn keine Verbindung erfolgt. Gesamtschuldner können grds. auch in getrennten Verfahren in Anspruch genommen werden.[25]

V. Weitere praktische Hinweise

19 **1. Streitwert.** Der im Mahnverfahren gem. § 35 nur einmal zu erhebenden pauschalen Verfahrensgebühr Nr. 1100 KV ist der höchste Streitwert des Mahnverfahrens zugrunde zu legen (→ Rn 8 ff). Teilweise Ermäßigungen des Streitwerts, zB durch die teilweise Rücknahme des Antrags, wirken sich daher auf den der Verfahrensgebühr zugrunde zu legenden Wert nicht aus.[26] Der Umfang des Widerspruchs, des Abgabeantrags sowie Klageerweiterungen, teilweise Klagerücknahmen und Widerklagen wirken sich auf den der Verfahrensgebühr Nr. 1100 KV zugrunde zu legenden Streitwert nicht aus.[27]

20 Für die Wertberechnung ist gem. § 40 der **Zeitpunkt** der die Instanz einleitenden Antragstellung maßgebend.[28] Streitwert ist damit der im Mahnbescheidsantrag verlangte Betrag. Für im Mahnbescheidsantrag neben der Hauptforderung geltend gemachte Nebenforderungen gilt § 43. Eine **Erweiterung des Mahnantrags** (vgl §§ 263 ff ZPO) ist unzulässig,[29] weil das Mahnverfahren kein eigenständiges Streitverfahren, sondern ein diesem nur vorgelagertes Verfahren zur vereinfachten und beschleunigten Erlangung eines Vollstreckungstitels ist.[30] Erfolgt gleichwohl eine Antragserweiterung, entsteht die Verfahrensgebühr nach dem zusammengerechneten Wert des Antrags und der Antragserweiterung (§ 39 Abs. 1; → Rn 11).

21 Nachdem im Mahnverfahren nur eine **bestimmte Geldsumme** in Euro bzw eine **bezifferte Geldforderung** geltend gemacht werden kann (§ 688 Abs. 1 ZPO, § 688 Abs. 4 ZPO iVm Art. 4 der Verordnung (EG) Nr. 1896/2006 des Europäischen Parlaments und des Rates vom 12. Dezember 2006 zur Einführung eines

---

22 LAG Düsseldorf AGS 1999, 188 = JurBüro 1999, 532. **23** Zu Nr. 1210 KV: KG NJW-RR 1998, 1375 = AGS 1998, 154; OLG Schleswig AnwBl 1997, 288 = SchlHA 1996, 305. **24** OLG Hamm JurBüro 2002, 89; KG JurBüro 2002, 86; OLG Rostock MDR 2002, 666. **25** LG Berlin 14.4.1993 – 82 T 642/92, juris. **26** LAG Düsseldorf AGS 1999, 188 = JurBüro 1999, 532; OLG Köln AGS 2011, 328 = RVGreport 2011, 397 (zur Gebühr Nr. 1210 KV); KG MDR 2008, 173; OLG München MDR 1997, 688 = NJW-RR 1997, 1159; LG Düsseldorf 12.5.2009 – 10 O 89/06, nv. **27** LAG Düsseldorf AGS 1999, 188 = JurBüro 1999, 532. **28** LAG Düsseldorf AGS 1999, 188 = JurBüro 1999, 532. **29** Zöller/Vollkommer, ZPO, 31. Aufl., Vor § 688 Rn 7. **30** BGH Rpfleger 1991, 389 = MDR 1991, 998.

Europäischen Mahnverfahrens), ergibt sich daraus der Streitwert für die Gebühr Nr. 1100 KV. Die Gebühr ist dann aus der Tabelle zu § 34 abzulesen. Es begegnet keinen verfassungsrechtlichen Bedenken, dass für den Streitwert der Gebühr auf den Betrag der geltend gemachten Forderung abgestellt wird (→ Rn 1).[31]

2. Fälligkeit. Die Verfahrensgebühr Nr. 1100 KV wird gem. § 6 Abs. 1 Nr. 1 mit der Einreichung des Antrags fällig (Fälligkeit = Einforderbarkeit, Berechtigung zur Geltendmachung). Entstehung und Fälligkeit fallen bei der Verfahrensgebühr Nr. 1110 KV zusammen.[32] Der Erlass des Mahnbescheids und/oder die Zustellung des Antrags ist nicht Fälligkeitsvoraussetzung (→ Rn 13).   **22**

3. Abhängigmachung/Vorauszahlungspflicht. Zur Abhängigmachung/Vorauszahlungspflicht → § 12 Rn 51 ff. Im **manuellen Mahnverfahren** gilt insoweit § 12 Abs. 3 S. 1 (→ § 12 Rn 51). Im **automatisierten Mahnverfahren** richtet sich die Vorauszahlung nach § 12 Abs. 3 S. 2 (→ § 12 Rn 51, 59 f). Für das Europäische Mahnverfahren (→ Rn 5) gilt gem. § 12 Abs. 4 S. 1 die Regelung des Abs. 3 S. 1 (→ § 12 Rn 65). Das gilt auch für den **Urkunden- und Wechselprozess.**   **23**

4. Kostenhaftung/Kostenschuldner. Kostenschuldner der Verfahrensgebühr ist nach § 22 Abs. 1 S. 1 derjenige, der den Mahnbescheid oder den Europäischen Zahlungsbefehl beantragt hat (**Antragsteller**). Mehrere Antragsteller haften für die Gebühr gem. § 31 Abs. 1 als **Gesamtschuldner.**   **24**

Bei einer Kostenentscheidung gem. § 269 Abs. 3 ZPO[33] kann sich auch eine **Entscheidungsschuldnerhaftung** gem. § 29 Nr. 1 für die Gebühr ergeben. Wird Vollstreckungsbescheid erlassen, haftet der Antragsgegner gem. § 29 Nr. 1, § 699 Abs. 3 ZPO (zur Haftung bei PKH → Rn 26).[34]

5. Zuständigkeit für den Kostenansatz. Die Verfahrensgebühr wird gem. § 19 Abs. 1 Nr. 1 bei dem Mahngericht angesetzt (s. iÜ die Erl. zu § 19). Funktionell zuständig ist nach den Verwaltungsbestimmungen der Bundesländer regelmäßig der Kostenbeamte des mittleren Justizdienstes.[35]   **25**

6. Prozesskostenhilfe. PKH kann auch im Mahnverfahren bzw im Europäischen Mahnverfahren bewilligt werden.[36] Die Verfahrensgebühr Nr. 1100 KV kann dann von der PKH-Partei gem. § 122 Abs. 1 Nr. 1 Buchst. a ZPO nicht bzw ggf nur ratenweise gefordert werden. Der Gegner schuldet die Verfahrensgebühr Nr. 1100 KV gem. § 29 Nr. 1 (→ Rn 23), wenn das Mahnverfahren rechtskräftig abgeschlossen ist (§ 125 Abs. 1 ZPO). Der Vollstreckungsbescheid ist der materiellen Rechtskraft fähig.[37] Bleibt der Vollstreckungsbescheid unangefochten, kann der Antragsgegner für die Mahnverfahrensgebühr in Anspruch genommen werden.[38]   **26**

7. Kostenfreiheit. Bei Kosten- und Gebührenfreiheit gem. § 2 (→ § 2 Rn 1) kann die Gebühr vom Antragsteller nicht erhoben werden. Werden dem Antragsgegner aber die Kosten des Mahnverfahrens auferlegt, ist die Gebühr gegen den Antragsgegner gem. § 29 Nr. 1 zum Soll zu stellen (→ Rn 22 f).   **27**

Hauptabschnitt 2
Prozessverfahren

Abschnitt 1
Erster Rechtszug

Hauptabschnitt 2 Abschnitt 1 KV (Nr. 1210–1215 KV) regelt die Gebühren in erstinstanzlichen zivilrechtlichen Prozessverfahren vor den ordentlichen Gerichten (→ Vor Teil 1 KV Rn 1). In diesen erstinstanzlichen Prozessverfahren entsteht grds. die 3,0-Verfahrensgebühr Nr. 1210 KV, die sich unter den in Nr. 1211 KV genannten Voraussetzungen auf eine 1,0-Gebühr ermäßigen kann. Nur für die erstinstanzlichen Verfahren vor dem OLG bzw dem BGH nach dem Gesetz über den Rechtsschutz bei überlangen Gerichtsverfahren und strafrechtlichen Ermittlungsverfahren (ÜVerfBesG) vom 24.11.2011[1] entstehen die Verfahrensgebühren nach Nr. 1212–1215 KV. Im Mahnverfahren fällt die 0,5-Verfahrensgebühr nach Nr. 1100 KV an.   **1**

31 BVerfG NJW 2007, 2032 = Rpfleger 2007, 427. **32** OLG Düsseldorf 13.12.2007 – I-10 W 183/07; *Meyer*, GKG § 6 Rn 2. **33** Vgl dazu BGH NJW 2005, 513 = Rpfleger 205, 201 = RVGreport 2005, 238; Zöller/*Vollkommer*, ZPO, 31. Aufl., § 91 a Rn 58 „Mahnverfahren" und § 690 Rn 24. **34** Vgl BGH NJW-RR 2009, 860 = Rpfleger 2009, 625 = RVGreport 209, 190. **35** Vgl für NRW: Geschäftsstellenordnung für die Gerichte und die Staatsanwaltschaften des Landes Nordrhein-Westfalen (GStO) AV d. JM v. 10.2.2006 (2325 - I. 8) idF v. 8.7.2015 (2325 - I. 8). **36** OLG Düsseldorf MDR 2008, 880; OLG München MDR 1997, 891. **37** BGH NJW 1987, 3256 = JurBüro 1988, 1401. **38** So auch Binz/Dörndorfer/*Zimmermann*, Nr. 1100 KV GKG Rn 7. **1** BGBl. 2011 I 2302.

Nr.	Gebührentatbestand	Gebühr oder Satz der Gebühr nach § 34 GKG
Vorbemerkung 1.2.1: Die Gebühren dieses Abschnitts entstehen nicht im Musterverfahren nach dem KapMuG; das erstinstanzliche Musterverfahren gilt als Teil des ersten Rechtszugs des Prozessverfahrens.		

1 Die in Abschnitt 1 („Erster Rechtszug") enthaltenen Gebühren (Nr. 1210–1215 KV) gelten **nicht** für das **Musterverfahren nach dem KapMuG**.[1] Das Musterverfahren ist Teil des erstinstanzlichen Prozessverfahrens. Die im erstinstanzlichen Prozessverfahren anfallende Gerichtsgebühr Nr. 1210 KV gilt das erstinstanzliche Musterverfahren ab, in dem damit keine gesonderten Gerichtsgebühren erhoben werden. Aus kostenrechtlicher Sicht gilt das erstinstanzliche Musterverfahren damit als Teil des ersten Rechtszugs der zugrunde liegenden Hauptsacheverfahren.[2]

Nur für die nachträgliche Anmeldung eines Anspruchs gem. § 10 Abs. 2 KapMuG zum nach § 10 Abs. 1 KapMuG bekannt gemachten Musterverfahren wird die Gebühr Nr. 1902 KV erhoben, die nach § 22 Abs. 4 S. 2 der Anmelder schuldet (Wert: § 51 a). Die Gebühr Nr. 1902 KV ist nach § 12 Abs. 1 S. 3 vorauszahlungspflichtig und wird nach Anm. Abs. 2 zu Nr. 1210 KV auf die Verfahrensgebühr Nr. 1210 KV angerechnet, soweit der Kläger wegen desselben Streitgegenstands einen Anspruch zum Musterverfahren angemeldet hat (→ Nr. 1210 KV Rn 83; → Nr. 1902 KV Rn 9).

2 Aufgrund der Regelung in Vorbem. 1.2.1 KV wird die Zustellungspauschale Nr. 9002 KV nach Anm. S. 2 zu Nr. 9002 KV im Musterverfahren nach dem KapMuG ohne die sich aus S. 1 der Anm. zu Nr. 9002 KV ergebende Beschränkung für sämtliche nach Nr. 9002 KV auslagenpflichtigen Zustellungen erhoben (→ Nr. 9002 KV Rn 24).

Unterabschnitt 1
Verfahren vor dem Amts- oder Landgericht

Nr.	Gebührentatbestand	Gebühr oder Satz der Gebühr nach § 34 GKG
1210	Verfahren im Allgemeinen	3,0
	(1) Soweit wegen desselben Streitgegenstands ein Mahnverfahren vorausgegangen ist, entsteht die Gebühr mit dem Eingang der Akten bei dem Gericht, an das der Rechtsstreit nach Erhebung des Widerspruchs oder Einlegung des Einspruchs abgegeben wird; in diesem Fall wird eine Gebühr 1100 nach dem Wert des Streitgegenstands angerechnet, der in das Prozessverfahren übergegangen ist. Satz 1 gilt entsprechend, wenn wegen desselben Streitgegenstands ein Europäisches Mahnverfahren vorausgegangen ist.	
	(2) Soweit der Kläger wegen desselben Streitgegenstands einen Anspruch zum Musterverfahren angemeldet hat (§ 10 Abs. 2 KapMuG), wird insoweit die Gebühr 1902 angerechnet.	

---

1 Gesetz zur Reform des Kapitalanleger-Musterverfahrensgesetzes und zur Änderung anderer Vorschriften v. 19.10.2012 (BGBl. I 2182); vgl aus dem Gesetzgebungsverfahren: BT-Drucks 17/8799; BT-Drucks 17/10160. **2** Vgl OLG München Rpfleger 2014, 699.

I. Allgemeines

1. Regelungsgehalt, Geltungsbereich. In erstinstanzlichen Prozessverfahren wird für das Verfahren die allgemeine Verfahrensgebühr Nr. 1210 KV mit einem Satz von 3,0 erhoben. Nr. 1210 KV enthält die Gerichtsgebühr für das erstinstanzliche Zivilprozessverfahren bzw Klageverfahren vor dem AG und dem LG. Erfasst sind damit zB **1**

- der Urkunden-, Scheck- und Wechselprozess,
- aktienrechtliche Anfechtungsklagen (§ 246 AktG),[1]
- Anfechtungsklagen in Wohnungseigentumssachen (§ 46 WEG),
- bürgerliche Rechtsstreitigkeiten nach § 87 GWB (→ § 1 Rn 32; s. aber für Beschwerden Vorbem. 1.2.2 KV),
- bürgerliche Rechtsstreitigkeiten nach § 66 WpÜG (→ § 1 Rn 33 f; s. aber für Beschwerden Vorbem. 1.2.2 KV),
- bürgerliche Rechtsstreitigkeiten nach § 102 EnWG (→ § 1 Rn 41; s. aber für Beschwerden Vorbem. 1.2.2 KV),[2]
- bürgerliche Rechtsstreitigkeiten nach § 50 ZKG (s. § 1 S. 1 Nr. 21).

Für das Verfahren vor den Kammern für **Baulandsachen** nach §§ 217 ff BauGB bestimmt § 221 Abs. 1 BauGB, dass für Anträge auf gerichtliche Entscheidung in Baulandsachen die bei Klagen in bürgerlichen Rechtsstreitigkeiten geltenden Vorschriften entsprechend anzuwenden sind. Für diese Klagen wird ebenfalls die Gebühr Nr. 1210 KV erhoben (→ § 1 Rn 18).

Im **Mahnverfahren** bis zum Eingang der Akten beim Streitgericht gilt Nr. 1100 KV (s. Anm. Abs. 1 S. 1 Hs 1 zu Nr. 1210 KV), im erstinstanzlichen Verfahren vor dem OLG nach dem Gesetz über den Rechtsschutz bei **überlangen Gerichtsverfahren und strafrechtlichen Ermittlungsverfahren** (ÜVerfBesG) vom 24.11.2011[3] gelten Nr. 1212–1215 KV. Für das **selbständige Beweisverfahren** gilt Nr. 1610 KV, für **Arreste** **2**

---

1 Vgl OLG Koblenz MDR 2005, 1017. 2 BGBl. 1970 I 3621. 3 BGBl. 2011 I 2302.

und einstweilige Verfügungen gelten Nr. 1410 ff KV. In **Familiensachen** (§ 111 FamFG) richten sich die Gerichtsgebühren nach dem FamGKG. Das Aufgebotsverfahren wird nach dem GNotKG abgerechnet (Nr. 15212 KV). Nr. 1210 KV ist nicht verfassungswidrig.[4] Das gilt auch für den Fall, dass ein **Einspruch** gegen einen Vollstreckungsbescheid als unzulässig verworfen wird und hierdurch eine 3,0-Verfahrensgebühr ausgelöst wird.[5]

3 **2. Europäisches Verfahren für geringfügige Forderungen.** Das GKG gilt nach § 1 Abs. 3 Nr. 1 auch für Verfahren nach der Verordnung (EG) Nr. 861/2007 des Europäischen Parlaments und des Rates vom 11. Juli 2007 zur Einführung eines **europäischen Verfahrens für geringfügige Forderungen** (ABl. EU Nr. L 199 S. 1). Das Verfahren richtet sich nach in der ZPO enthaltenen Vorschriften (vgl §§ 1097 ff ZPO), so dass die Einpassung des Verfahrens in das GKG vorzunehmen war. Für das europäische Verfahren für geringfügige Forderungen entsteht in der ersten Instanz die Verfahrensgebühr Nr. 1210 KV. Das ergibt sich bereits aus der ausdrücklichen Erwähnung im Ermäßigungstatbestand nach Nr. 1211 KV Nr. 1 Buchst. e KV. Das Verfahren wird kostenrechtlich damit wie ein normales erstinstanzliches Zivilprozessverfahren behandelt. Gründe für eine kostenrechtliche Privilegierung bestehen nicht.[6] Nach § 12 Abs. 2 Nr. 2 hängt die Klagezustellung in europäischen Verfahren für geringfügige Forderungen nicht von der vorherigen Zahlung der allgemeinen Verfahrensgebühr Nr. 1210 KV ab (zu weiteren Einzelheiten zur Vorauszahlungspflicht → § 12 Rn 66).

II. Verfahrensgebühr

4 **1. Abgeltungsbereich, Pauschgebühr.** Die 3,0-Verfahrensgebühr nach Nr. 1210 KV entsteht als **Pauschgebühr** für das Verfahren im Allgemeinen.[7] Sie wird daher nicht für besondere Handlungen einer Partei oder Tätigkeiten des Gerichts, sondern für den Ablauf des gesamten gerichtlichen Verfahrens nach dessen höchsten Wert erhoben. Deshalb erscheint es zutreffend, davon auszugehen, dass die Gebühr im Laufe der ersten Instanz immer wieder neu entsteht und so jeweils den höchsten Wert des Verfahrens berücksichtigt.[8] Zur Verweisung, Verbindung, Trennung und Klageänderung → Rn 45 ff.

5 Durch den Gebührensatz von **3,0** wird die gesamte Tätigkeit des Gerichts im erstinstanzlichen Verfahren vom Eingang der Klage bis zum Abschluss des Rechtszugs abgegolten. **Abgegolten** ist daher insb. die die Instanz abschließende gerichtliche Entscheidung. Auch das Versäumnisurteil sowie das Einspruchsverfahren gegen ein Versäumnisurteil sind abgegolten. Abgegolten ist aber auch der beim Gericht durch die Einreichung der Klage entstehende Aufwand, zB der Schriftverkehr mit den Parteien, die Bestimmung und Abhaltung von Terminen, die Überwachung von Fristen, alle Zwischen- und Nebenentscheidungen des Gerichts, Tätigkeiten im Hinblick auf eine beantragte PKH, die Festsetzung des Streitwerts (§ 63), der Kostenansatz (§ 19), die Festsetzung der Vergütung der im Wege der PKH beigeordneten Rechtsanwälte (§ 55 RVG) sowie die entsprechenden Rechtsmittelverfahren (s. §§ 68 Abs. 3 S. 1, 66 Abs. 8 S. 1, § 56 Abs. 2 S. 2 RVG). Die **Nebenintervention/Streitverkündung** löst keine weitere Verfahrensgebühr nach Nr. 1210 KV aus.

6 Abgegolten durch die Verfahrensgebühr sind auch **Vergleiche**, es sei denn, dass ein Vergleich über nicht gerichtlich anhängige Gegenstände geschlossen wird. Dann entsteht neben der allgemeinen Verfahrensgebühr – die sich hierdurch ggf nach Nr. 1211 KV auf eine 1,0-Verfahrensgebühr ermäßigt – als **besondere Gebühr** die Vergleichsgebühr nach Nr. 1900 KV (zur Frage der Entstehung der Vergleichsgebühr, wenn der Vergleichsgegenstand bereits Gegenstand eines anderen Verfahrens ist und dort insoweit eine Verfahrensgebühr angefallen ist, s. die Erl. zu Nr. 1900 KV).

7 Als weitere besondere Gebühr kann auch die **Verzögerungsgebühr** nach Nr. 1901 KV entstehen (§ 38).

8 Die als **Wertgebühr** (§ 34) ausgestaltete pauschale allgemeine Verfahrensgebühr Nr. 1210 KV ist in der ersten Instanz hinsichtlich eines jeden Teils des Streitgegenstands zu erheben, gem. § 35 aber nur einmal. Das bedeutet, dass die Verfahrensgebühr in der ersten Instanz für jeden Wertteil nur **einmal** erhoben werden darf. Wird ein **ruhendes Verfahren** wieder aufgenommen, liegt weiterhin dieselbe kostenrechtliche Instanz vor, in der die Verfahrensgebühr insgesamt nur einmal anfällt. Hierzu sind die Werte aller Verfahrensgegenstände gem. § 39 Abs. 1 zusammenzurechnen, sofern das nicht durch Additionsverbote verhindert wird (zB §§ 43 Abs. 1, 44, 45). § 36 Abs. 2 steht dem nicht entgegen (s. die Erl. zu § 36 und zu § 39). Ändert sich der Streitgegenstand daher zB durch teilweise Rücknahme der Klage, durch Erweiterung der Klage und Einreichung einer Widerklage, ist die Verfahrensgebühr einmal von dem zusammengerechneten höchsten Wert

---

4 Vgl BVerfG NJW 1999, 3550 = JurBüro 2000, 146; KG JurBüro 1998, 429 = NJW-RR 1998, 1375. **5** KG 23.5.1997 – 1 W 8834/95, juris. **6** BT-Drucks 16/8839, S. 31. **7** BGH NJW 2013, 2824 = AGS 2013, 433 = Rpfleger 2013, 651. **8** BVerwG NJW 1960, 1973; BGH NJW 2013, 2824 = AGS 2013, 433 = Rpfleger 2013, 651; KG AGS 2012, 531; KG 10.5.2010 – 1 W 443/09, juris; OLG Hamburg OLGR Hamburg 2006, 533; OLG Schleswig JurBüro 1996, 204 (für die Verfahrensgebühr im Berufungsverfahren); vgl auch OLG Stuttgart AGS 2015, 518 = MDR 2015, 1103 = RVGreport 2016, 80; abl. OLG Koblenz JurBüro 2013, 213 = NJW-RR 2013, 717.

der Streitgegenstände zu erheben (auch → Rn 36 ff).[9] **Teilweise Klagerücknahmen** vor oder nach Zustellung der Klage wirken sich weder auf die Höhe des Gebührensatzes (vgl Nr. 1121 KV) noch auf die Höhe des der Verfahrensgebühr zugrunde zu legenden Streitwerts aus.[10]

Beispiel: Rechtsanwalt R macht für seine Mandantin einen Zahlungsanspruch über 10.000 € geltend. Der Beklagte macht im Wege der nicht denselben Gegenstand betreffenden Widerklage einen Zahlungsanspruch über 5.000 € geltend. Die Klägerin erweitert ihre Klage um 20.000 €. Einige Zeit später nimmt sie die Klage um 5.000 € und die Erweiterung um 2.000 € zurück. **9**

Gemäß §§ 35, 39 Abs. 1 wird die Verfahrensgebühr nach den zusammengerechneten Werten der Streitgegenstände einmal erhoben:

Klage	10.000,00 €
Klageerweiterung	20.000,00 €
Widerklage	5.000,00 €
Summe	**35.000,00 €**

Es ist daher insgesamt eine 3,0-Verfahrensgebühr Nr. 1210 KV aus dem Gesamtwert iHv 35.000 € mit 1.323 € entstanden. Die teilweisen Rücknahmen der Klage- und der Klageerweiterung haben keinen Einfluss auf den der Verfahrensgebühr zugrunde zu legenden Wert. Sie führen auch nicht zur Gebührenermäßigung nach Nr. 1211 KV, weil sie nicht das gesamte Verfahren beendet haben.

Soweit in diesen Fällen die Auffassung vertreten wird, dass wegen § 36 Abs. 2 zunächst für die einzelnen Streitgegenstände einzelne Verfahrensgebühren anzusetzen sind, höchstens aber eine Gebühr aus dem Gesamtbetrag erhoben werden darf,[11] ergibt sich hier kein anderes Ergebnis:

3,0-Verfahrensgebühr, Nr. 1210 KV (10.000 € Antrag)	723,00 €
3,0-Verfahrensgebühr, Nr. 1210 KV (20.000 € Erweiterung)	1.035,00 €
3,0-Verfahrensgebühr, Nr. 1210 KV (5.000 € Widerklage)	438,00 €
Summe	**2.196,00 €**
3,0-Verfahrensgebühr, Nr. 1210 KV (Gesamtwert: 35.000 €)	1.323,00 €

Auslagen nach Teil 9 KV werden grds. nicht durch die allgemeine Verfahrensgebühr abgegolten. Hiervon ausgenommen ist aber die **Zustellungspauschale** nach Nr. 9002 KV. Nach der Anm. zu Nr. 9002 KV sind die Zustellungskosten für bis zu 10 Zustellungen pro Rechtszug durch die allgemeine Verfahrensgebühr abgegolten. Liegen mehr als 10 Zustellungen vor, werden nur die 10 Zustellungen übersteigenden Zustellungen abgerechnet. Sind zB 12 Zustellungen im Rechtszug erfolgt, werden nur 2 Zustellungspauschalen iHv 7,00 € (2 x 3,50 €) in Rechnung gestellt (→ Nr. 9002 KV Rn 20).[12] **10**

2. Entstehung. a) Einreichung der Klage. Die allgemeine Verfahrensgebühr der Nr. 1210 KV entsteht mit der (körperlichen) **Einreichung** der unbedingten (→ Rn 19 ff) Klage bei Gericht (zur Abhängigmachung/Vorauszahlungspflicht → § 12 Rn 21 ff).[13] Gleichzeitig tritt gem. § 6 Abs. 1 Nr. 1 auch die Fälligkeit (= Einforderbarkeit, Berechtigung zur Geltendmachung) ein. **11**

Die Klage ist bei Gericht eingereicht, wenn sie bei der Posteingangsstelle eingeht, zB postalisch oder per Telefax (zur elektronischen Einreichung des Antrags s. § 130 a ZPO; vgl auch die Erl. zu § 5 a).[14] Eine wirksame Einreichung per **Telefax** liegt vor, wenn die Klage die eigenhändige Unterschrift des postulationsfähigen Rechtsanwalts trägt.[15] Ausreichend ist aber auch die elektronische Übermittlung einer Textdatei mit eingescannter Unterschrift des Prozessbevollmächtigten (**Computer-Fax**).[16] Auch der Einwurf in den Nachtbriefkasten des Gerichts reicht aus.[17] Auf den Eingang bei der funktionell zuständigen Geschäftsstelle oder bei dem zuständigen Richter kommt es nicht an.[18] Für die Entstehung bedarf es daher keiner weiteren gerichtli-

---

9 Vgl OLG Naumburg JurBüro 2013, 26 = FamFR 2012, 447; OLG Köln AGS 2011, 328 = RVGreport 2011, 397; KG MDR 2008, 173; OLG Koblenz MDR 2005, 1017; OLG München MDR 1997, 688 = NJW-RR 1997, 1159; LG Düsseldorf 12.5.2009 – 10 O 89/06, nv; *Oestreich/Hellstab/Trenkle*, FamGKG Nr. 1220 KV Rn 33. **10** OLG Köln AGS 2011, 328 = RVGreport 2011, 397; OLG Koblenz MDR 2005, 1017. **11** *Oestreich/Hellstab/Trenkle*, GKG Nr. 1210 KV Rn 64 ff; Binz/Dörndorfer/*Zimmermann*, § 36 GKG Rn 4 f. **12** OLG Karlsruhe AGS 2011, 308 (zu einer vergleichbaren Berechnung in Nr. 7000 VV RVG). **13** OLG Stuttgart AGS 2015, 518 = MDR 2015, 1103 = RVGreport 2016, 80; OLG Koblenz AGS 2015, 332 = RVGreport 2015, 78 = JurBüro 2015, 95; OLG Koblenz JurBüro 2013, 213 = NJW-RR 2013, 717; OLG Celle AGS 2011, 574 = MDR 2012, 1378; OLG Köln AGS 2011, 328 = RVGreport 2011, 397; OLG Stuttgart FamRZ 2011, 1324 = JurBüro 2011, 309; OLG Köln AGS 2009, 595 = RVGreport 2010, 317; OLG Brandenburg FamRZ 2007, 2000 = AGS 2008, 95; OLG Brandenburg OLGR 2006, 555 = RVGreport 2006, 319; KG 4.11.2003 – 1 W 306/03, juris; OLG Düsseldorf JurBüro 1999, 485 = AGS 2000, 58; OLG München MDR 1999, 829 = JurBüro 1999, 484; KG NJW-RR 1998, 1375 = AGS 1998, 154; OLG Schleswig AnwBl 1997, 288 = SchlHA 1996, 305; OLG Nürnberg MDR 2003, 835. **14** OLG Celle AGS 2009, 341; OLG Brandenburg OLGR 2006, 555 = RVGreport 2006, 319; OLG Düsseldorf JurBüro 1999, 485 = AGS 2000, 58; KG NJW-RR 1998, 1375 = AGS 1998, 154. **15** BGH NJW-RR 1999, 1251; BGH NJW 1998, 3649; OLG Celle AGS 2012, 574 = MDR 2012, 1378. **16** BGH NJW 2001, 831; Gemeinsamer Senat der obersten Gerichtshöfe des Bundes 5.4.2000 – GmS-OGB 1/98, BGHZ 144, 160 = NJW 2000, 2340. **17** OLG Düsseldorf 18.1.2007 – I-10 W 107/06. **18** OLG Düsseldorf JurBüro 1999, 485 = AGS 2000, 58.

chen Handlungen.[19] Die Zustellung der Klage oder der Klageerweiterung ist für die Entstehung der Verfahrensgebühr nicht erforderlich (→ Rn 16).[20] Bittet der Kläger nach Klageeinreichung, die Klage vorerst nicht zu bearbeiten oder die Klage nicht zuzustellen, ändert das nichts an der Entstehung und der Fälligkeit der Verfahrensgebühr.[21] Etwas anderes soll nach Auffassung des OLG Celle aber dann gelten, wenn der Kläger mit einem noch vor Einreichung der Klageschrift bei Gericht eingegangenen Schriftsatz darum bittet, die versehentlich an das unzuständige Gericht adressierte und auf den Postweg gebrachte Klage nicht einzutragen.[22] Fraglich ist allerdings, ob dieser Schriftsatz den zur Entstehung der Verfahrensgebühr führenden tatsächlichen Vorgang der Einreichung hindert.

Zur Entstehung der Verfahrensgebühr bei **Stufenklagen** → Rn 44.

12   **b) Doppelte Einreichung der Klage. aa) Prüfung durch das Gericht.** Reicht der Prozessbevollmächtigte des Klägers dieselbe Klage versehentlich **zweimal** ein, ohne dass das Versehen für das Gericht offenkundig ist, entsteht die allgemeine Verfahrensgebühr für jede der beiden Klagen.[23] Das Gericht ist angesichts der Vielzahl von Verfahren nicht verpflichtet und auch nicht in der Lage zu prüfen, ob der in der Klageschrift dargestellte Sachverhalt bereits früher Gegenstand eines Verfahrens war.[24] Das gilt insb. dann, wenn das zweite Exemplar nicht als Kopie kenntlich gemacht worden ist oder angesichts der Druckqualität nicht zweifelsfrei als solche erkennbar war.[25] Auch der Umstand, dass einer Klage keine Anlagen beigefügt sind, muss nicht zwangsläufig einen Anhaltspunkt dafür bieten, dass die Klage dem Gericht bereits vorliegt.[26] Für das Gericht ist das Versehen idR dann nicht offenkundig, wenn die beiden Klagen zeitlich versetzt eingehen[27] oder sich diese inhaltlich teilweise unterscheiden[28] oder inhaltsgleiche Klagen von verschiedenen Anwälten derselben Sozietät unterschrieben und mit jeweils gesonderter Gerichtskostenstempelung bei Gericht eingehen. Zur Klageeinreichung ohne Bezugnahme oder Hinweis auf eine bereits erfolgte PKH-Bewilligung → Rn 20.

13   **bb) Einreichung durch Telefax.** Wird die Klage dem Gericht **vorab per Telefax** (→ Rn 11) übermittelt und geht das Original der Klage erst einige Zeit später ohne Hinweis auf die bereits per Telefax übermittelte Klage ein, kann ebenfalls der doppelte Ansatz der Verfahrensgebühr gerechtfertigt sein (vgl aber → Rn 14).[29] Das gilt entsprechend, wenn das Gericht eine Mehrfertigung der Klageschrift anfordert und diese weder das bereits vorhandene gerichtliche Aktenzeichen ausweist noch auf den bereits vorliegenden Schriftsatz hinweist.[30]

13a   **cc) Einreichung nach PKH-Bewilligung.** Wird von einer Partei eine Klage ohne Bezugnahme oder Hinweis auf die bereits erfolgte Bewilligung von PKH eingereicht, entsteht ebenfalls die Verfahrensgebühr, die trotz der anderweitig bewilligten PKH gezahlt werden muss, wenn keine unrichtige Sachbehandlung des Gerichts iSv § 21 vorliegt (→ Rn 20; → § 14 Rn 11 a).[31]

14   **dd) Eintragung von zwei Verfahren.** Legt das Gericht für das gleichzeitig eingegangene Original und die unterschriebene Durchschrift der Klage zwei verschiedene Verfahren an, kommt ein doppelter Ansatz der Verfahrensgebühr idR nicht in Betracht. Gegebenenfalls ist hier **Entscheidung nach § 21** (unrichtige Sachbehandlung) erforderlich. Eine unrichtige Sachbehandlung des Gerichts liegt auch vor, wenn der Prozessbevollmächtigte des Klägers auf telefonische Nachfrage vom Gericht die unzutreffende Auskunft erhält, dass sich ein Klageeingang nicht feststellen lasse und der Prozessbevollmächtigte die Klageschrift anschließend per Telefax übermittelt. Werden hier zwei Verfahren angelegt, ist ein doppelter Ansatz der Verfahrensgebühr Nr. 1210 KV nicht gerechtfertigt.[32] Bei der Entscheidung nach § 21 ist aber zu berücksichtigen, dass hierbei nur der Zeitraum nach Eingang der Klage bei Gericht betrachtet werden darf, weil sich erst ab diesem Zeitpunkt ein Gerichtsbediensteter mit dem Inhalt der Klage befassen kann[33] und der Gebührentatbestand kein gerichtliches Handeln voraussetzt,[34] so dass ein Fehlverhalten oder organisatorisches Versäumnis des Gerichts idR nicht vorliegen wird.[35]

---

19 OLG Koblenz MDR 2011, 1135; OLG Koblenz FamRZ 1998, 312; OLG Düsseldorf JurBüro 1999, 485 = AGS 2000, 58. **20** OLG Köln AGS 2011, 328 = RVGreport 2011, 397; OLG Stuttgart FamRZ 2011, 1324 = JurBüro 2011, 309; OLG Celle AGS 2009, 341; KG 4.11.2003 – 1 W 306/03, juris; KG NJW-RR 1998, 1375 = AGS 1998, 154; OLG Schleswig AnwBl 1997, 288 = SchlHA 1996, 305; OLG Koblenz JurBüro 1996, 44 = MDR 1995, 1269; OLG München MDR 1996, 1075. **21** OLG Düsseldorf JurBüro 1999, 485 = AGS 2000, 58; KG JurBüro 1998, 428 = NJW-RR 1998, 1375; OLG Schleswig AnwBl 1997, 288; OLG Koblenz JurBüro 1996, 44 = MDR 1995, 1269; OLG München MDR 1996, 1075. **22** OLG Celle AGS 2012, 574 = MDR 2012, 1378. **23** OLG Köln AGS 2009, 595 = RVGreport 2010, 317; OLG Düsseldorf JurBüro 1999, 485 = AGS 2000, 58; aA OLG München MDR 2001, 896. **24** OLG Köln AGS 2009, 595 = RVGreport 2010, 317. **25** OLG Köln AGS 2009, 595 = RVGreport 2010, 317. **26** OLG Köln AGS 2009, 595 = RVGreport 2010, 317. **27** OLG Köln AGS 2009, 595 = RVGreport 2010, 317. **28** OLG Brandenburg OLGR 2006, 555 = RVGreport 2006, 319. **29** OLG Brandenburg OLGR 2006, 555 = RVGreport 2006, 319 m. Anm. *Hansens*; zur ggf anfallenden Dokumentenpauschale s. *Hansens*, RVGreport 2007, 201. **30** Vgl aber OLG Koblenz MDR 2011, 1135; OLG München MDR 2011, 896. **31** OLG Koblenz AGS 2015, 332 = RVGreport 2015, 78 = JurBüro 2015, 95; OLG Koblenz MDR 2011, 1135 = JurBüro 2011, 538. **32** OLG Koblenz 17.10.2011 – 14 W 580/11, juris. **33** OLG Brandenburg OLGR 2006, 555 = RVGreport 2006, 319. **34** OLG Koblenz MDR 2011, 1135 = RVGreport 2011, 439. **35** OLG Koblenz MDR 2011, 1135 = RVGreport 2011, 439.

c) **Zulässigkeit der Klage.** Die Einreichung einer **nicht unterschriebenen** Klage löst die Gebühr nicht aus.[36]   15
Denn dann liegt nur ein **Entwurf** vor, der nicht erkennen lässt, ob er für den Rechtsverkehr bestimmt ist.
Auch ein Stempelabdruck „gez. …" ersetzt die erforderliche Unterschrift nicht.[37] Es ist für die Entstehung
der Verfahrensgebühr aber nicht erforderlich, dass die Klage von einem **Rechtsanwalt** unterschrieben ist.
Die allgemeine Verfahrensgebühr entsteht auch, wenn die Klage in Verfahren mit Anwaltszwang (§ 78
ZPO) nicht durch den postulationsfähigen Rechtsanwalt, sondern durch die Partei selbst eingereicht und
unterschrieben wird.[38] Teilweise wird vertreten, dass die Verfahrensgebühr in diesem Fall nur entsteht,
wenn die verfahrensrechtlich unwirksame Klage **sachlich behandelt** wird.[39] Eine sachliche Behandlung wird
aber stets stattfinden, weil das Gericht die Zulässigkeit der Klage prüft und anschließend entsprechende
Hinweise an den Kläger erteilt.[40]

Für die Entstehung der Verfahrensgebühr kommt es weder auf die Zulässigkeit noch die Begründetheit der
Klage an.[41]

d) **Zustellung der Klage.** Verfahrensrechtlich tritt durch die Einreichung die Einreichung die **Anhängigkeit** der Klage ein.   16
Die Zustellung der Klage bewirkt deren **Rechtshängigkeit** (§ 253 Abs. 1 ZPO).[42] Gemäß § 12 Abs. 1 S. 1
soll die Zustellung der Klage von der vorherigen Zahlung der 3,0-Verfahrensgebühr Nr. 1210 KV abhängig
gemacht werden (→ § 12 Rn 24 f; s. auch → Rn 92 f). Die die Rechtshängigkeit herbeiführende Zustellung
der Klage oder auch der Klageerweiterung ist kostenrechtlich aber nicht Entstehungsvoraussetzung für die
allgemeine Verfahrensgebühr.[43] Das ergibt sich aus § 6 Abs. 1 Nr. 1. Denn danach wird die allgemeine Verfahrensgebühr fällig mit der Klageeinreichung (→ Rn 11 ff). Die Zustellung ist somit **keine Fälligkeitsvoraussetzung** und kann damit auch **keine Entstehungsvoraussetzung** sein, weil die Fälligkeit (= Einforderbarkeit, Berechtigung zur Geltendmachung) nur gleichzeitig mit bzw nach der Entstehung der Gebühr eintreten kann. Daher können zB die Erklärungen, die Sache vorerst liegen zu lassen oder die Klage nicht zuzustellen, den Anfall der Verfahrensgebühr nicht verhindern.[44] Die Rücknahme der Klage vor deren Zustellung kann nur noch zur Ermäßigung auf eine 1,0-Gebühr nach Nr. 1211 KV, nicht aber zum vollständigen
Wegfall der Verfahrensgebühr führen (→ Rn 17).[45]

3. **Wegfall oder Ermäßigung der Verfahrensgebühr.** Die mit Klageeinreichung entstehende und gem. § 6   17
Abs. 1 Nr. 1 gleichzeitig fällig werdende 3,0-Verfahrensgebühr der Nr. 1210 KV **ermäßigt** sich unter den in
Nr. 1211 KV aufgeführten Voraussetzungen auf eine 1,0-Verfahrensgebühr. Nr. 1211 KV macht deutlich,
dass die einmal entstandene Verfahrensgebühr nachträglich nicht mehr wegfallen, sondern sich nur noch
ermäßigen kann (Ausnahme: unrichtige Sachbehandlung, § 21). Sie entsteht daher unabhängig vom Verfahrensausgang (arg. e Nr. 1211 KV).[46]

Ein **Versäumnisurteil** gegen den Kläger oder Beklagten führt nicht zur Gebührenermäßigung nach Nr. 1211   18
KV und verhindert diese im Falle der späteren Verwirklichung eines der in Nr. 1211 KV aufgeführten Ermäßigungstatbestände;[47] das ist verfassungsgemäß.[48] Das gilt auch bei einem Teil-Versäumnisurteil.[49] Siehe
iÜ die entsprechenden Erl. zu Nr. 1211 KV.

4. **Unbedingte Klage und Prozesskostenhilfe. a) Allgemeines.** Nur die Einreichung einer **unbedingten Klage**   19
lässt die allgemeine Verfahrensgebühr der Nr. 1210 KV erwachsen. Probleme können sich ergeben, wenn
gleichzeitig mit der Klage auch ein Antrag auf Bewilligung von PKH hierfür gestellt wird. Wird hier nicht

36 OLG Stuttgart FamRZ 2011, 1324 = JurBüro 2011, 309.   **37** OLG Stuttgart FamRZ 2011, 1324 = JurBüro 2011, 309.
38 OLG Celle AGS 2009, 341; OLG Düsseldorf 18.1.2007 – I-10 W 107/06; OLG Zweibrücken JurBüro 2007, 372 (für eine
mangels Postulationsfähigkeit unzulässige Berufung); Binz/Dörndorfer/*Zimmermann*, § 6 GKG Rn 5; *Hansens*, Anm. zu OLG
Stuttgart RVGreport 2011, 352 = FamRZ 2011, 1324 = JurBüro 2011, 309; BFHE 142, 411 = BB 1985, 985 (zur Einreichung
einer vom Erinnerungsführer persönlich unterzeichneten Nichtigkeitsklage ohne Beachtung des Vertretungszwangs).
39 *Oestreich/Hellstab/Trenkle*, GKG Nr. 1210 KV Rn 54: Entstehung nur, wenn ein prozessual unwirksamer Antrag sachlich behandelt wird.   **40** OLG Celle AGS 2009, 341.   **41** OLG Celle AGS 2009, 341; OLG Stuttgart FamRZ 2011, 1324 = JurBüro
2011, 309 = RVGreport 2011, 352 m. zust. Anm. *Hansens*.   **42** Zöller/*Philippi*, ZPO, § 253 Rn 4; s. auch § 113 Abs. 1 FamFG.
43 OLG Koblenz MDR 2011, 1135 = RVGreport 2011, 439; OLG Köln AGS 2011, 328 = RVGreport 2011, 397; OLG Stuttgart FamRZ 2011, 1324 = JurBüro 2011, 309; OLG Celle AGS 2009, 341; KG NJW-RR 1998, 1375 = AGS 1998, 154; OLG
Schleswig AnwBl 1997, 288 = SchlHA 1996, 305; OLG Düsseldorf JurBüro 1999, 485 = AGS 2000, 58; OLG München MDR
1997, 688 = NJW-RR 1997, 1159; OLG Koblenz JurBüro 1996, 44 = MDR 1995, 1269; OLG München MDR 1996, 1075.
44 OLG Düsseldorf JurBüro 1999, 485 = AGS 2000, 58; KG JurBüro 1998, 428 = NJW-RR 1998, 1375; OLG Schleswig
AnwBl 1997, 288; OLG Koblenz JurBüro 1996, 44 = MDR 1995, 1269; OLG München MDR 1996, 1075.   **45** OLG München
MDR 1996, 1075; KG JurBüro 1998, 428 = NJW-RR 1998, 1375; OLG Hamm MDR 1997, 206.   **46** OLG Koblenz MDR
2005, 1017; KG NJW-RR 1998, 1375 = AGS 1998, 154; OLG Schleswig AnwBl 1997, 288 = SchlHA 1996, 305.   **47** OLG
Hamm zfs 2015, 46 = RVGreport 2014, 483; OLG Celle 9.10.2012 – 2 W 255/12, juris; OLG München AGS 2006, 398 =
RVGreport 2006, 280; OLG Hamburg MDR 2000, 111; KG AGS 2012, 531 = FamRZ 2012, 1165; OLG Hamburg 19.5.2006
– 8 W 77/06, juris; KG RVGreport 2006, 75 = AGS 2006, 185 = MDR 2006, 596; OLG Nürnberg MDR 2003, 416; OLG
Düsseldorf JurBüro 2001, 316; KG NJW-RR 1999, 869; OLG Braunschweig OLGR 1999, 215; OLG Düsseldorf NJW-RR
1997, 638; OLG Hamburg MDR 1996, 1193; aA OLG Nürnberg MDR 1997, 400.   **48** BVerfG NJW 1999, 3550 = JurBüro
2000, 146; KG JurBüro 1999, 152.   **49** OLG Hamburg JurBüro 2001, 317.

deutlich zum Ausdruck gebracht, dass die Klageerhebung, die Klageerweiterung oder auch die Widerklage nur für den Fall der Bewilligung von PKH erfolgt, entsteht die allgemeine Verfahrensgebühr (zur **Vorauszahlungspflicht** bei PKH → § 14 Rn 11 ff).[50] Es sind nachfolgend dargestellte Konstellationen zu unterscheiden (→ Rn 20 ff).

20 **b) Nur PKH-Antrag.** Weist das Gericht den Antrag auf Bewilligung von PKH zurück, ergeben sich keine kostenrechtlichen Konsequenzen, wenn nur ein Antrag auf Bewilligung von PKH und kein Hauptsacheantrag gestellt worden ist. Denn es liegt dann nur das durch den Bewilligungsantrag eingeleitete gerichtsgebührenfreie Verfahren über die PKH vor.[51] Wird eine Klage ohne Bezugnahme oder Hinweis auf eine bereits erfolgte PKH-Bewilligung eingereicht und die Klage deshalb als eigenständige Klageschrift behandelt, fällt die Verfahrensgebühr Nr. 1210 KV an. Anlass zu einer Entscheidung gem. § 21 besteht dann idR nicht.[52] Allerdings wird der Kostenbeamte bei Aufstellung der Kostenrechnung prüfen müssen, ob eine Entscheidung gem. § 10 KostVfg in Betracht kommt (dazu auch → § 14 Rn 11 a).

21 **c) Gleichzeitiger Hauptsache- und PKH-Antrag.** Weist das Gericht den Antrag auf Bewilligung von PKH zurück, der gleichzeitig mit dem Hauptsacheantrag in einem gesonderten oder in einem hiermit verbundenen Schriftsatz eingereicht worden ist, entsteht die Verfahrensgebühr nicht, wenn der Hauptsacheantrag nur für den Fall der Bewilligung von PKH gestellt worden ist. Denn dann ist nur das gerichtsgebührenfreie Verfahren über die PKH, nicht aber das Hauptsacheverfahren anhängig geworden. Der Antragsteller muss aber klar und eindeutig erklärt haben, dass der Hauptsacheantrag nur unter der Voraussetzung der Bewilligung von PKH gestellt wird.[53] Die Voranstellung des Antrags auf PKH dürfte nicht ausreichen.[54] Für eine unbedingte Erhebung der Klage spricht auch der zusammen mit dem Antrag auf PKH gem. § 14 Nr. 3 Buchst. b gestellte Antrag auf Zustellung der Klageschrift (→ § 14 Rn 15).[55]

Wird der Hauptsacheantrag mit der Bitte um Anberaumung eines möglichst nahen Termins gestellt und am Ende der Klageschrift beantragt, dem Antragsteller PKH zu bewilligen, wird das idR nur dahin verstanden werden können, dass der Hauptsacheantrag und zugleich oder ferner ein Antrag auf PKH gestellt werden, die Hauptsache mithin unbedingt durchgeführt werden soll.[56] Für die Beurteilung, ob der Hauptsacheantrag bedingt oder unbedingt gestellt worden ist, kann auf den gesamten Inhalt der Antragsschrift zurückgegriffen werden. Die Behandlung des Hauptsacheantrags durch das Gericht ist dabei für die Entstehung und Fälligkeit der Verfahrensgebühr nicht von Bedeutung.[57]

22 Eine **bedingte Antragstellung** kann zB dann vorliegen, wenn

- in dem Schriftsatz die Antragstellung unter der Voraussetzung steht, dass PKH bewilligt wird;[58]
- nur von einer beabsichtigten Antragstellung in der Hauptsache die Rede ist;[59]
- dem Schriftsatz, mit dem PKH beantragt wird, eine als Entwurf bezeichnete und möglichst nicht unterschriebene Klage beigefügt ist;[60]
- gebeten wird, „vorab" über den Antrag auf PKH zu entscheiden.[61] Wird hier allerdings gebeten, die Klage zur Verjährungsunterbrechung zuzustellen oder die Zwangsvollstreckung einzustellen, können gewichtige Anhaltspunkte für eine unbedingte Antragstellung vorliegen (→ § 14 Rn 15).[62]

23 Weist das Gericht bei unbedingter Stellung des Antrags den Antrag auf Bewilligung von PKH zurück und verfolgt der Antragsteller den Antrag anschließend nicht weiter, wird dem Antragsteller nach den hierzu ergangenen Verwaltungsbestimmungen (s. § 26 Abs. 8 S. 3 KostVfg) nur eine 1,0-Verfahrensgebühr nach Nr. 1211 KV in Rechnung gestellt werden können (→ § 12 Rn 36 f).[63] Allerdings ist zu berücksichtigen, dass teilweise aufgrund des klaren Gesetzeswortlauts das stillschweigende Abfinden des Antragstellers mit

---

50 BGH NJW-RR 2000, 879; BGHZ 4, 328; OLG Brandenburg FamRZ 2007, 2000 = AGS 2008, 95; KG 4.11.2003 – 1 W 306/03, juris; OLG Koblenz FamRZ 1998, 312 = AnwBl 1999, 490; OLG Zweibrücken NJW-RR 2001, 1653 = AGS 2001, 208. **51** OLG Rostock 31.3.2008 – 1 W 22/08, juris. **52** OLG Koblenz AGS 2015, 332 = RVGreport 2015, 78 = JurBüro 2015, 95; OLG Koblenz MDR 2011, 1135 = RVGreport 2011, 439. **53** BGH NJW-RR 2000, 879; BGHZ 4, 328; OLG Brandenburg FamRZ 2007, 2000 = AGS 2008, 95; KG 4.11.2003 – 1 W 306/03, juris; OLG Koblenz FamRZ 1998, 312 = AnwBl 1999, 490; OLG Zweibrücken NJW-RR 2001, 1653 = AGS 2001, 208. **54** KG 4.11.2003 – 1 W 306/03, juris; OLG Köln FamRZ 1997, 375; OLG Zweibrücken NJW-RR 2001, 1653 = AGS 2001, 208. **55** OLG Köln OLGR 2008, 30. **56** OLG Düsseldorf 22.3.2011 – I-10 W 171/10. **57** OLG Rostock 31.3.2008 – 1 W 22/08, juris; OLG Düsseldorf 8.11.2005 – I-10 W 85/05, juris; OLG Köln JurBüro 2005, 546; aA OLG Stuttgart OLGR 2000, 279 = Justiz 2000, 300: Die verfahrensrechtliche Behandlung durch das Gericht ist auch kostenrechtlich maßgebend. **58** BGH FamRZ 1996, 1142; OLG Rostock 31.3.2008 – 1 W 22/08, juris; KG FamRZ 2008, 1646 = MDR 2008, 584 = JurBüro 2008, 323; OLG Brandenburg FamRZ 2007, 1999 = AGS 2008, 95; OLG Karlsruhe NJW-RR 1989, 512. **59** BGH NJW-RR 2000, 879; OLG Rostock 31.3.2008 – 1 W 22/08, juris; KG FamRZ 2008, 1646 = MDR 2008, 584 = JurBüro 2008, 323; OLG Zweibrücken NJW-RR 2001, 1653 = AGS 2001, 208. **60** BGH NJW-RR 2000, 879; OLG Rostock 31.3.2008 – 1 W 22/08, juris; OLG Brandenburg FamRZ 2007, 1999 = AGS 2008, 95. **61** BGH FamRZ 2005, 794; OLG Rostock 31.3.2008 – 1 W 22/08, juris; KG FamRZ 2008, 1646 = MDR 2008, 584 = JurBüro 2008, 323; OLG Brandenburg FamRZ 2007, 1999 = AGS 2008, 95; OLG Koblenz MDR 2004, 177; OLG Zweibrücken NJW-RR 2001, 1653 = AGS 2001, 208. **62** KG FamRZ 2008, 1646 = MDR 2008, 584 = JurBüro 2008, 323; KG RVGreport 2004, 158; vgl auch OLG Köln OLGR 2008, 30; OLG Celle OLGR 2003, 438 = NdsRpfl 2004, 45. **63** OLG Koblenz FamRZ 1998, 312 = AnwBl 1999, 490.

der Ablehnung seines Antrags auf Bewilligung von PKH nicht als Rücknahme des Antrags angesehen wird.[64] Wird nach Ablehnung der PKH erklärt, dass der Antrag nicht weiter verfolgt wird, liegt darin aber die Erklärung der Antragsrücknahme iSv Nr. 1211 KV.[65]

5. Auswirkung von teilweiser Prozesskostenhilfe. a) Auswirkung der teilweisen Bewilligung. Wird die be- **24** antragte PKH nur für einen Teil des Hauptsacheantrags bewilligt, ist wie folgt zu unterscheiden:

aa) Nur PKH-Antrag. Ist zunächst **nur** ein Antrag auf PKH gestellt worden und wird später der Hauptsa- **25** cheantrag nur im Umfang der Bewilligung verfolgt, ist keine vom Antragsteller außerhalb der PKH geschuldete Verfahrensgebühr entstanden. Wegen § 122 Abs. 1 Nr. 1 Buchst. a ZPO kann die Staatskasse die Verfahrensgebühr nur im Rahmen der vom Gericht in der Bewilligungsentscheidung getroffenen Bestimmungen geltend machen.

bb) PKH-Antrag und bedingter Hauptsacheantrag. Ist zusammen mit dem Antrag auf PKH ein **bedingter** **26** Hauptsacheantrag (→ Rn 22) gestellt worden und wird dieser nach Bewilligung nur in deren Grenzen weiterverfolgt, gelten die Erl. in → Rn 25. Im Zweifel ist die Stellung des Hauptsacheantrags nur in dem Umfang anzunehmen, in dem PKH bewilligt worden ist.[66]

cc) PKH-Antrag und unbedingter Hauptsacheantrag. Ist zusammen mit dem Antrag auf PKH ein **unbe-** **27** **dingter** Hauptsacheantrag (→ Rn 21) gestellt worden und wird dieser nach Bewilligung nur in deren Grenzen weiterverfolgt, gelten die Erl. in → Rn 25. Die Zustellung der von der PKH erfassten Klage kann nicht gem. § 12 Abs. 1 S. 1 von der Vorauszahlung einer nach dem gesamten ursprünglich gestellten Hauptsacheantrag berechneten Verfahrensgebühr abhängig gemacht werden. Dasselbe gilt, wenn von mehreren unbedingt gestellten Hauptsacheanträgen nur noch die verfolgt werden, für die PKH bewilligt ist.[67] Allerdings kann hinsichtlich des von der Bewilligung nicht erfassten Teils des Hauptsacheantrags die **Sollstellung** einer ermäßigten Verfahrensgebühr in Betracht kommen (s. aber § 10 KostVfg).[68]

dd) PKH-Antrag und Weiterverfolgung des Hauptsacheantrags in voller Höhe. Ist zusammen mit dem An- **28** trag auf PKH ein **bedingter** oder **unbedingter** Hauptsacheantrag gestellt worden und wird dieser nach teilweiser Bewilligung von PKH in vollem Umfang weiterverfolgt, ist die auf den von der PKH nicht erfassten Teil des Gegenstands entfallende Verfahrensgebühr vorauszuzahlen (zur Berechnung → Rn 31).[69]

b) Berechnung der Verfahrensgebühr. Wird PKH nur für einen Teil des Hauptsacheantrags bewilligt, ist **29** umstritten, auf welche Weise die auf den von der PKH nicht erfassten Teil des Gegenstands entfallende Verfahrensgebühr zu berechnen ist. Zutreffend ist, bei der Berechnung dieses Teils der Verfahrensgebühr den Parteien so zu stellen, als ob er das Verfahren von vornherein nur im Umfang der Bewilligung geführt hat. Die Partei schuldet daher nach hM nur die Differenz zwischen einer nach dem gesamten Streitwert und einer nach dem von der PKH erfassten Wert berechneten Gebühr.[70] Vorauszahlungspflichtig gem. § 14 Abs. 1 S. 1 ist daher die Differenz zwischen einer nach dem vollen Streitwert und dem von der PKH erfassten Teil des Streitwerts berechnete Gebühr.[71]

Beispiel (Gebührenberechnung bei teilweiser PKH): Der Kläger möchte gegen den Beklagten einen Zahlungsan- **30** spruch über 20.000 € geltend machen. Das Gericht bewilligt PKH nur für einen Teil iHv 15.000 €. Der Kläger reicht gleichwohl Klage über 20.000 € ein.

Die außerhalb der PKH angefallene Verfahrensgebühr berechnet sich wie folgt:

3,0-Verfahrensgebühr, Nr. 1210 KV (Wert: 20.000 €; Gesamtstreitwert)	1.035,00 €
abzgl. 3,0-Verfahrensgebühr, Nr. 1210 KV (Wert: 15.000 €; PKH)	– 879,00 €
Differenz	156,00 €

Wird diese Differenz nicht gem. § 12 Abs. 1 S. 1 vorausgezahlt, darf die Klage nur im Umfang der Bewilligung (15.000 €) zugestellt und Termin nur hinsichtlich dieses Teils bestimmt werden.[72]

Beispiel (Berechnung zur Konstellation in → Rn 27): Der Kläger macht gegen die Beklagte einen Zahlungsan- **31** spruch über 20.000 € geltend und beantragt hierfür PKH. Die Klageeinreichung ist nicht von der PKH-Bewilligung abhängig gemacht worden. Da das Gericht PKH nur für einen Teil iHv 15.000 € bewilligt, erhebt der Kläger Klage nur in diesem Umfang.

64 OLG Stuttgart OLGR 2000, 279 = Justiz 2000, 300. **65** OLG Köln FamRZ 1997, 375 = NJW-RR 1997, 637. **66** OLG Karlsruhe NJW-RR 1989, 512. **67** KGReport Berlin 2007, 81. **68** KGReport Berlin 2007, 81. **69** OLG München MDR 1997, 299; *Meyer*, GKG § 14 Rn 2; vgl auch KGReport Berlin 2007, 81. **70** BGHZ 13, 373 = NJW 1954, 1406; OLG Naumburg AGS 2015, 470 = NJW-RR 2015, 1210; OLG Celle NdsRpfl 2011, 44 = AGS 2011, 495; KGReport Berlin 2007, 81; OLG Koblenz FamRZ 2007, 1758 = AGS 2007, 641; OLG Schleswig MDR 2006, 176 = SchlHA 2006, 207; OLG Hamburg OLGR 1997, 342; OLG München MDR 1997, 299 = JurBüro 1997, 205; OLG Düsseldorf Rpfleger 2005, 268; KG JurBüro 1988, 728 = Rpfleger 1988, 204 – je für die Anwaltsvergütung. **71** Binz/Dörndorfer/*Dörndorfer*, § 15 FamGKG Rn 3. **72** Binz/Dörn-dorfer/*Zimmermann*, § 14 GKG Rn 5.

Die gegen den Kläger zum Soll zu stellende Verfahrensgebühr berechnet sich wie folgt:

1,0-Verfahrensgebühr, Nr. 1210 KV (Wert: 20.000 €; Gesamtstreitwert)	345,00 €
abzgl. 1,0-Verfahrensgebühr, Nr. 1210 KV (Wert: 15.000 €; PKH)	– 293,00 €
Differenz, die ggf zum Soll zu stellen ist	52,00 €

32 Nach der abzulehnenden **Gegenauffassung** ist bei teilweiser Bewilligung von PKH die Gebühr im Verhältnis der Streitwerte aufzuteilen.[73] Im Beispiel (→ Rn 31) ergibt sich dann ein Betrag iHv 258,74 € (1/4 der aus dem Gesamtwert iHv 20.000 € berechneten Verfahrensgebühr, also 1.035 € : 4). Die früher vom RG vertretene Auffassung, dass die Partei eine aus dem von der PKH nicht erfassten Wertteil berechnete Gebühr zu tragen hat, wird, soweit ersichtlich, nicht mehr vertreten.[74]

33 Im Falle einer teilweisen Bewilligung von PKH ist es allerdings für die **Auslagen** (Teil 9 KV) sachgemäß, diese durch Quotierung des von der PKH nicht erfassten Teils einerseits und des von der PKH erfassten Teils andererseits im Verhältnis zum Gesamtwert zu ermitteln[75] bzw die Parteien an den Auslagen im Verhältnis des Werts der PKH-Bewilligung zum Gesamtwert zu beteiligen.[76] Entfallen Auslagen ausschließlich auf den von der PKH nicht erfassten Teil, sind sie in voller Höhe zu erheben.

34 **c) Berechnung der Verfahrensgebühr und § 31 Abs. 3.** Überschüsse einer Partei dürfen auf die Kostenschuld der PKH-Partei insoweit verrechnet werden (§ 22 Abs. 1; → § 31 Rn 83 ff), als es um den von der PKH nicht erfassten Gebührenbetrag geht.[77]

35 **Beispiel (Gebührenberechnung bei teilweiser PKH des Beklagten):** Der Kläger klagt insgesamt 11.000 € gegen den Beklagten ein und zahlt eine daraus berechnete 3,0-Verfahrensgebühr iHv 801,00 € (§ 12 Abs. 1 S. 1). Das Gericht bewilligt dem Beklagten PKH nur zur Verteidigung gegen einen Teil der Klageforderung iHv 6.000 €. Die Kosten des Rechtsstreits werden dem Kläger zu 73 % und dem Beklagten zu 27 % auferlegt.

Die außerhalb der PKH angefallene Verfahrensgebühr berechnet sich wie folgt:

3,0-Verfahrensgebühr, Nr. 1210 KV (Wert: 11.000 €; Gesamtstreitwert)	801,00 €
abzgl. 3,0-Verfahrensgebühr, Nr. 1210 KV (Wert: 6.000 €; PKH)	– 495,00 €
Differenz	**306,00 €**
Der **Kläger** schuldet gem. § 29 Nr. 1: 73 %	584,73 €
Er hat gezahlt	– 801,00 €
Überschuss	216,27 €
Der **Beklagte** schuldet gem. § 29 Nr. 1: 27 % von 306 € (nicht von PKH erfasst)	82,62 €
Darauf darf gem. § 22 Abs. 1 der Überschuss des Klägers verrechnet werden	– 216,27 €

Dem Kläger sind 133,65 € zu erstatten.

§ 31 Abs. 3 steht der Verrechnung des Überschusses des Klägers nicht entgegen, weil die Verrechnung auf den Gebührenteil erfolgt, für den dem Beklagten keine PKH bewilligt worden ist.

36 **6. Einmalige Entstehung der Verfahrensgebühr.** Gemäß § 35 darf die Verfahrensgebühr Nr. 1210 KV hinsichtlich eines jeden Teils des Streitgegenstands der ersten Instanz **nur einmal** erhoben werden (→ Rn 8). Daher fällt die Verfahrensgebühr auch bei der **Klageerweiterung** und bei der **Widerklage** nur einmal nach den gem. § 39 Abs. 1 S. 1 zusammenzurechnenden Wertteilen an (→ Rn 37 ff bzw 40 ff).[78]

37 **a) Klageerweiterung.** Bei der Klageerweiterung fällt keine weitere aus dem Wert der erweiterten Klage, sondern wegen § 39 Abs. 1 eine aus dem Gesamtwert von Klage und Klageerweiterung berechnete einheitliche Verfahrensgebühr an. § 36 Abs. 2 (zunächst Einzelgebühren aus den Werten von Klage und Klageerweiterung, anschließend ggf Deckelung auf eine aus dem Gesamtwert berechnete Gebühr) gilt hier nicht.[79] Auf die Klageerweiterung entfällt daher nur die Gebührendifferenz zwischen der nach dem höheren Gesamtwert einerseits und dem niedrigeren Wert der Klage andererseits berechneten Verfahrensgebühr.[80] Von deren Zahlung hängt die Vornahme einer gerichtlichen Handlung ab (§ 12 Abs. 1 S. 2; s. → § 12 Rn 27 ff). Bleibt die Wertstufe in der Tabelle Anlage 2 zu § 34 nach Einreichung der Klageerweiterung unverändert, erhöht sich die Verfahrensgebühr durch die Klageerweiterung nicht. Bei einer Klageerweiterung **nach Schluss der mündlichen Verhandlung** fällt eine neue Verfahrensgebühr Nr. 1210 KV an, wenn die mündliche Verhandlung nicht wiedereröffnet wird. Wird das neue Verfahren nicht weiterbetrieben, ist allerdings wegen § 26 Abs. 8 S. 3 KostVfg nur eine 1,0-Verfahrensgebühr nach Nr. 1211 KV zu erheben.[81]

38 **Beispiel (Klageerweiterung in der ersten Instanz):** Der Kläger macht einen Zahlungsanspruch über 10.000 € geltend. Einige Zeit später wird die Klage um 5.000 € erweitert.

73 OLG Düsseldorf JurBüro 2000, 425; OLG München JurBüro 1988, 905; OLG Bamberg JurBüro 1988, 1682 m. zust. Anm. *Mümmler*. **74** RGZ 146, 78. **75** OLG Koblenz FamRZ 2007, 1758 = AGS 2007, 641; OLG Düsseldorf JurBüro 2000, 425. **76** OLG Schleswig MDR 2006, 176 = SchlHA 2006, 207. **77** OLG Koblenz FamRZ 2007, 1758 = AGS 2007, 641. **78** Vgl auch OLG München MDR 1997, 688 = NJW-RR 1997, 1159. **79** AA Binz/Dörndorfer/*Zimmermann*, § 36 GKG Rn 4 f; *Oestreich/Hellstab/Trenkle*, FamGKG Nr. 1220 KV Rn 31 ff, die aber auf die geringe praktische Bedeutung von § 30 Abs. 2 hinweisen. **80** OLG München AGS 1998, 9. **81** OLG München OLGR 2002, 446.

Der Kostenbeamte erstellt folgende Kostenrechnungen:

I. Kostenrechnung I nach Eingang der Klage

3,0-Verfahrensgebühr, Nr. 1210 KV (Wert: 10.000 €)	723,00 €

die gem. § 12 Abs. 1 S. 1 mit Kostennachricht vom Kläger eingezogen worden sind

II. Kostenrechnung II nach Eingang der Klageerweiterung

3,0-Verfahrensgebühr, Nr. 1210 KV (Wert: 15.000 €)	879,00 €
abzgl. vom Kläger mit Kostenrechnung I gezahlter	– 723,00 €
Differenz	156,00 €

Die Differenz iHv 156 € wird vom Kläger nach Eingang der Klageerweiterung mit Kostennachricht angefordert bzw zum Soll gestellt (→ § 12 Rn 27 ff).

Wird die auf die Erweiterung der Klage entfallende Differenz der Verfahrensgebühr im Laufe des Verfahrens erhoben (§ 14 Abs. 1 S. 2), sind gem. § 15 Abs. 2 S. 3 KostVfg mit der erhöhten Verfahrensgebühr auch die durch Vorschüsse nicht gedeckten **Auslagen** anzusetzen (→ § 14 Rn 53 f). **39**

b) Widerklage. Betreffen Klage und Widerklage **denselben Gegenstand**, wird die Verfahrensgebühr gem. § 45 Abs. 1 S. 1 und 3 nur einmal nach dem Wert des höheren Anspruchs erhoben. Ist die Klage höher, wird die Verfahrensgebühr nur nach dem Wert der Klage berechnet. Ansonsten ist für die Gebühr der Wert der Widerklage maßgebend. Betreffen Klage und Widerklage **verschiedene Gegenstände**, sind die Werte gem. § 45 Abs. 1 S. 1 und 3 zusammenzurechnen. **40**

Bei der Widerklage fällt keine weitere aus dem Wert der Widerklage, sondern wegen § 45 Abs. 1 S. 1 und 3 eine aus dem Gesamtwert von Klage und Widerklage berechnete **einheitliche Verfahrensgebühr** an.[82] § 36 Abs. 1 und 2 (zunächst Einzelgebühren aus den Werten von Klage und Widerklage, anschließend ggf Deckelung auf eine aus dem Gesamtwert berechnete Gebühr) gilt hier nicht.[83] Auf die Widerklage entfällt dann die Gebührendifferenz zwischen der nach dem höheren Gesamtwert einerseits und dem niedrigeren Wert der Klage andererseits berechneten Verfahrensgebühr. Die Einreichung der Widerklage führt zur Entstehung und Fälligkeit (§ 6 Abs. 1 Nr. 1) des auf die Widerklage entfallenden Teils der Verfahrensgebühr.[84] Der Kostenbeamte fordert die auf die Widerklage entfallende Verfahrensgebühr aber nicht wie bei der Klageerweiterung durch Kostennachricht, sondern stellt sie alsbald nach Einreichung der Widerklage zum Soll, vgl § 15 Abs. 1 KostVfg (→ § 12 Rn 45 ff).[85] **41**

Beispiel (Widerklage): Der Kläger macht einen Zahlungsanspruch über 10.000 € geltend. Einige Zeit später reicht der Beklagte Widerklage über 5.000 € ein. Klage und Widerklage betreffen verschiedene Gegenstände (§ 45 Abs. 1 S. 1 und 3). **42**

Der Kostenbeamte erstellt folgende Kostenrechnungen:

I. Kostenrechnung I nach Eingang der Klage

3,0-Verfahrensgebühr, Nr. 1210 KV (Wert: 10.000 €),	723,00 €

die gem. § 12 Abs. 1 S. 1 mit Kostennachricht vom Kläger eingezogen werden

II. Kostenrechnung II nach Eingang der Widerklage

3,0-Verfahrensgebühr, Nr. 1210 KV (Wert: 15.000 €)	879,00 €
abzgl. vom Kläger in Kostenrechnung I gezahlter	– 723,00 €
Rest, der gegen den Beklagten zum Soll gestellt wird	156,00 €

Kläger und Beklagter (Widerkläger) haften gem. § 22 Abs. 1 S. 1 jeweils als Antragsteller der Instanz für eine nach dem Wert ihrer Klagen berechneten Verfahrensgebühr.[86] Daher haftet der Kläger im Beispiel (→ Rn 40) für eine nach einem Wert iHv 10.000 € berechnete Verfahrensgebühr iHv 723 €, der Beklagte haftet für eine nach 5.000 € berechnete Verfahrensgebühr iHv 438 €. Zur gesamtschuldnerischen Haftung → § 31 Rn 21 ff. Die Staatskasse kann jedoch insgesamt nur die nach dem zusammengerechneten Wert angefallene Gebühr fordern. **43**

c) Stufenklage. Bei der Stufenklage (s. § 254 ZPO) ist für die Wertberechnung gem. § 38 nur einer der verbundenen Ansprüche (Auskunft oder Rechnungslegung, Vorlegung des Vermögensverzeichnisses oder Abgabe der eidesstattlichen Versicherung, Zahlung), und zwar der höhere, maßgebend.[87] Das wird idR der Zahlungs- bzw Leistungsantrag sein. Aufgrund des in § 44 enthaltenen **Additionsverbots** wird die Verfahrensgebühr somit zwar nicht nach den zusammengerechneten Werten der verbundenen Ansprüche berechnet. Alle verbundenen Ansprüche werden aber mit der Einreichung der Klage anhängig, so dass sich die mit **44**

82 *Meyer*, GKG § 45 Rn 15. **83** HK-FamGKG/*N. Schneider*, § 30 Rn 26; aA Binz/Dörndorfer/*Zimmermann*, § 36 GKG Rn 4 f; *Oestreich/Hellstab/Trenkle*, FamGKG Nr. 1220 KV Rn 31 ff, die aber auf die geringe praktische Bedeutung von § 30 Abs. 2 hinweisen. **84** Vgl OLG Koblenz MDR 2012, 1315; OLG Jena MDR 2008, 593; OLG München MDR 2003, 1077. **85** Vgl OLG Koblenz MDR 2012, 1315; OLG Jena MDR 2008, 593; OLG München MDR 2003, 1077. **86** OLG Düsseldorf JurBüro 2002, 83. **87** OLG Düsseldorf AGS 2008, 303.

der Einreichung entstehende Verfahrensgebühr als Pauschgebühr nach dem Wert des höheren Anspruchs richtet.[88] Das kann auch die noch unbezifferte Zahlungs- oder Leistungsstufe sein, deren Wert sich nach den Vorstellungen des Klägers vom Wert des Anspruchs bei der Einreichung der Klage richtet (§ 40).[89] Das gilt auch dann, wenn die Klage insgesamt schon in der ersten Stufe abgewiesen worden ist.[90]

45   **7. Verweisung.** Bei der Verweisung (§ 281 ZPO; s. auch § 4 Abs. 1) ist das frühere erstinstanzliche Verfahren als Teil des Verfahrens vor dem übernehmenden erstinstanzlichen Gericht zu behandeln. Es entsteht für das frühere Verfahren und das Verfahren vor dem übernehmenden Gericht nur die 3,0-Verfahrensgebühr nach Nr. 1210 KV (s. iÜ die Erl. zu § 4). Das gilt zB dann, wenn ein Arbeitsgericht ein Verfahren an ein erstinstanzliches ordentliches Gericht verweist. Allerdings macht das ordentliche Gericht seine weitere Tätigkeit von der Zahlung der Verfahrensgebühr Nr. 1210 KV abhängig, und zwar auch dann, wenn bereits vor dem Arbeitsgericht ein Verhandlungstermin stattgefunden hat.[91] Eine Trennung iSv § 145 ZPO mit einer neu entstehenden Verfahrensgebühr liegt aber vor, wenn das Verfahren bezüglich eines von mehreren Beklagten an das für diesen Beklagten örtlich zuständige Gericht verwiesen wird (→ Rn 50).[92]

46   **8. Verbindung von Verfahren. a) Kostenrechtliche Auswirkung.** Die Verbindung mehrerer Verfahren zu einem einheitlichen Verfahren (s. § 147 ZPO) hat keine rückwirkende Kraft und hat daher auf die bereits vorher angefallenen allgemeinen Verfahrensgebühren keinen Einfluss. Zwar gibt es ab Verbindung nur noch ein Verfahren mit einem Wert, der sich aus der Summe der Einzelwerte der verbundenen Verfahren zusammensetzt. Die vor der Verbindung aus den Einzelwerten bereits angefallenen Verfahrensgebühren bleiben aber bestehen und sind entsprechend anzusetzen.[93]

47   **Beispiel (Verbindung von zwei Verfahren):** Der Kläger macht in Verfahren A einen Zahlungsanspruch über 10.000 € und im Verfahren B einen Anspruch mit einem Wert iHv 5.000 € geltend. Das Gericht verbindet beide Verfahren und setzt den Streitwert anschließend auf 15.000 € fest.
Der Kostenbeamte erstellt folgende Kostenrechnungen:
I. Kostenrechnung im Verfahren A
3,0-Verfahrensgebühr, Nr. 1210 KV (Wert: 10.000 €)   723,00 €
die gem. § 12 Abs. 1 S. 1 ohne Sollstellung vom Kläger eingezogen worden sind.
II. Kostenrechnung im Verfahren B
3,0-Verfahrensgebühr, Nr. 1210 KV (Wert: 5.000 €)   438,00 €
die gem. § 12 Abs. 1 S. 1 ohne Sollstellung vom Kläger eingezogen worden sind.

48   **b) Wertfestsetzung bei Verbindung, § 63 Abs. 2.** Sind vor der Verbindung mehrere getrennte Verfahrensgebühren nach Nr. 1210 KV angefallen, ist diesen nicht der zusammengerechnete **Streitwert** der verbundenen Verfahren zugrunde zu legen, sondern jeweils der Streitwert, der für die Verfahren vor der Verbindung maßgebend war. Das muss auch bei der **Festsetzung des Streitwerts** berücksichtigt werden. Gemäß § 63 Abs. 2 S. 1 setzt das Prozessgericht den Wert für die zu erhebenden Gebühren durch Beschluss fest. Wenn mehrere Verfahrensgebühren anfallen, muss für diese der Streitwert jeweils gesondert festgesetzt werden. Erfolgt keine getrennte Wertfestsetzung, wird die Abrechnung der Verfahrensgebühren je nach den Einzelwerten der später verbundenen Verfahren trotz der Bindungswirkung der Streitwertfestsetzung aber nicht zu beanstanden sein. Denn der Gerichtskostenansatz muss richtig sein (vgl § 43 Abs. 1 S. 1 KostVfg: „Stellt der Prüfungsbeamte Unrichtigkeiten *zum Nachteil* der Staatskasse oder *eines Kostenschuldners* fest, ordnet er die Berichtigung des Kostenansatzes an.").

49   Zur Berechnung der Verfahrensgebühr Nr. 1210 KV bei Eingang mehrerer Akten des Mahngerichts beim Prozessgericht mit anschließender Verbindung durch das Prozessgericht → Rn 77 ff.

50   **9. Trennung von Verfahren. a) Kostenrechtliche Auswirkung.** Im Falle der Trennung mehrerer in einer Klage erhobenen Ansprüche in getrennte Prozesse (s. § 145 Abs. 1 ZPO) entstehen ab dem Zeitpunkt der Trennung jeweils gesonderte Verfahrensgebühren aus den Streitwerten der durch die Trennung entstehenden

88 OLG Jena 7.3.2014 – 1 W 83/14, juris; OLG Naumburg 20.6.2011 – 3 WF 157/11, juris. **89** Vgl BGH MDR 1992, 1091 = FamRZ 1993, 1189; OLG Jena 7.3.2014 – 1 W 83/14, juris; OLG Celle AGS 2009, 88; OLG Stuttgart AGS 2008, 632 (Erledigung der Hauptsache nach Auskunftserteilung); OLG Düsseldorf AGS 2008, 303; OLG Köln AGS 2005, 451; OLG Hamm AGS 2005, 452; OLG Schleswig JurBüro 2003, 80; aA (nur der Wert der Auskunftsstufe ist maßgebend): OLG Stuttgart AGS 2009, 86; OLG Stuttgart FamRZ 2005, 1765; OLG Stuttgart FamRZ 1990, 652; OLG Schleswig FamRZ 1997, 40; *Thalmann*, ZAP Fach 24, S. 275. **90** KG AGS 2008, 40. **91** OLG Brandenburg MDR 1998, 1119 = JurBüro 1998, 548; AG Elmshorn AGS 2010, 385 = MDR 2009, 1357 (Verweisung von der kostenfreien Sozialgerichtsbarkeit an die Zivilgerichtsbarkeit); aA *Meyer*, GKG § 12 Rn 3. **92** OLG München NJW-RR 1996, 1279 = JurBüro 1996, 546. **93** BGH NJW 2013, 2824 = AGS 2013, 433 = Rpfleger 2013, 651; BGH NJW-RR 2011, 618 = MDR 2011, 553; OLG Düsseldorf AGS 2009, 455; OLG Koblenz MDR 2005, 1017; OLG Hamm JurBüro 2005, 598; OLG Oldenburg JurBüro 2003, 322; OLG München MDR 1999, 829 = JurBüro 1999, 484; OLG München MDR 1997, 688.

Einzelverfahren.[94] Die Abtrennung kann auf Antrag oder von Amts wegen vorgenommen werden.[95] Für die Entstehung gesonderter Verfahrensgebühren ist es unerheblich, ob die Trennung auf Antrag oder von Amts wegen erfolgt ist.[96] Getrennte Gebühren entstehen daher auch, wenn keine Partei die Verfahrenstrennung beantragt hat oder wenn die Ansprüche bei der Geltendmachung in demselben Prozess wegen wirtschaftlicher Identität nicht gem. § 39 Abs. 1 zusammenzurechnen wären.[97] Das gilt auch, wenn das Verfahren bzgl eines von mehreren Beklagten an das für diesen Beklagten örtlich zuständige Gericht verwiesen wird (keine **Verweisung** iSv § 4; → Rn 45)[98] oder wenn Klage und Widerklage gem. § 145 Abs. 2 ZPO getrennt werden, weil kein rechtlicher Zusammenhang besteht.[99] Durch die Trennung werden deshalb idR Mehrbeträge fällig, die gegen den Kostenschuldner zum Soll zu stellen sind. **Vorauszahlungspflicht** gem. § 12 besteht nach der Trennung nicht mehr, weil die Klage bereits zugestellt ist.[100]

b) Unrichtige Sachbehandlung. Die Frage, ob die zu Mehrkosten führende Trennung zu Recht oder Un- **51** recht erfolgt ist, kann lediglich vom Gericht im Rahmen einer Entscheidung nach § 21 (unrichtige Sachbehandlung) bewertet werden.[101] Der Kostenbeamte hat im Rahmen der Erstellung des Kostenansatzes nicht zu prüfen, welche prozessualen Erwägungen des Gerichts zu der Trennung geführt haben und ob diese Erwägungen zutreffend sind.

c) Anrechnung des im Ursprungsverfahren gezahlten Betrags. Teilweise wird – ohne nähere Begründung – **52** die abzulehnende Auffassung vertreten, dass die vor der Trennung aus dem Gesamtwert entstandene und gem. § 12 Abs. 1 vor der Klagezustellung vorausgezahlte Verfahrensgebühr Nr. 1210 KV auf die nach der Trennung neu entstehenden Verfahrensgebühren im Verhältnis der Einzelwerte bzw der neu berechneten Einzelgebühren anteilig anzurechnen ist.[102] Insoweit muss aber unterschieden werden:

- **Verringert** sich der Streitwert des Ausgangsverfahrens **nicht**, verbleibt die im Ausgangsverfahren gem. § 12 Abs. 1 erfolgte Zahlung aber auch nach der Trennung an erster Stelle in diesem Verfahren. Denn sie ist durch Verrechnung auf die zunächst dort entstandene und fällige Verfahrensgebühr verbraucht.

- Nur wenn sich nach Verrechnung der Zahlung auf die im Ausgangsverfahren nach der Abtrennung entstehende(n) neue(n) (geringere/n) Verfahrensgebühr(en) nach dem/den dort ggf verringerten Streitwert(en) ein überschießender Betrag ergibt, ist dieser im Verhältnis der Einzelgebühren[103] oder im Verhältnis der Einzelstreitwerte auf die abgetrennten Verfahren zu verrechnen.[104]

Eine Verrechnung erfolgt damit nur, soweit im Ausgangsverfahren niedrigere Kosten anfielen, als für dieses **53** Verfahren ursprünglich eingezahlt worden ist.[105] Anstelle einer anteiligen Verrechnung der im Ursprungsverfahren erfolgten Zahlung können aber auch im ursprünglichen Verfahren freigewordene bezahlte Kosten für das abgetrennte Verfahren verwendet werden.[106]

Beispiel 1 (Trennung von Verfahren, Ermäßigung des Streitwerts des Ausgangsverfahrens und anteilige Verrech- **54** **nung):** Der Kläger macht in Verfahren A einen Zahlungsanspruch über 15.000 € gegen die drei Beklagten geltend. Der Kostenbeamte erstellt folgende Kostenrechnung:

I. Kostenrechnung

3,0-Verfahrensgebühr, Nr. 1210 KV (Wert: 15.000 €)   879,00 €
die gem. § 12 Abs. 1 S. 1 ohne Sollstellung vom Kläger eingezogen und gezahlt worden sind

Das Gericht trennt anschließend die gegen die Beklagten zu 2) und 3) geführten Verfahren ab, so dass insgesamt drei Verfahren vorliegen. Der Wert wird für jedes der drei Verfahren vom Gericht auf 5.000 € festgesetzt.

II. Berichtigte Kostenrechnung in dem Ursprungsverfahren

3,0-Verfahrensgebühr, Nr. 1210 KV (Wert: 5.000 €)   438,00 €

---

94 BGH AGS 2014, 498 = NJW-RR 2015, 189 = JurBüro 2015, 71 (zur Verfahrensgebühr Nr. 3100 VV RVG); OLG Düsseldorf 28.1.2016 – I-10 W 16/16, nv; OLG Bremen AGS 2013, 462; KG 10.5.2010 – 1 W 443/09, juris (auch zur Frage der unrichtigen Sachbehandlung gem. § 21 beim Trennungsbeschluss des Gerichts); OLG München AGS 2006, 398 = NJW-RR 2007, 287 = RVGreport 2006, 280; OLG Nürnberg OLGR 2005, 262; OLG München NJW-RR 1996, 1279 = JurBüro 1996, 546; OLGR Koblenz 2000, 420; LG Essen JurBüro 2012, 152; LG Dessau-Roßlau 15.12.2011 – 1 T 286/11, juris; vgl auch OLG Celle 1.9.2015 – 14 W 499/15, juris. **95** Zöller/*Greger*, ZPO, 30. Aufl., § 145 Rn 28. **96** OLG Koblenz OLGR 2000, 421. **97** KG 10.5.2010 – 1 W 443/09, juris. **98** OLG München NJW-RR 1996, 1279 = JurBüro 1996, 546; LG Dessau-Roßlau 15.12.2011 – 1 T 286/11, juris. **99** LG Dessau-Roßlau 15.12.2011 – 1 T 286/11, juris. **100** OLG Bremen AGS 2013, 462. **101** OLG Düsseldorf 28.1.2016 – I-10 W 16/16, nv; OLG Celle 1.9.2015 – 14 W 499/15, juris; OLG Nürnberg OLGR 2005, 262. **102** OLG Nürnberg OLGR 2005, 262; LG Essen JurBüro 2012, 152; LG Dessau-Roßlau 15.12.2011 – 1 T 286/11, juris; Binz/Dörndorfer/*Zimmermann*, Nr. 1210 KV GKG Rn 17 f; *Oestreich/Hellstab/Trenkle*, GKG Nr. 1210 KV Rn 69 ff. **103** So zB OLG Nürnberg OLGR 2005, 262. **104** BGH AGS 2014, 498 = NJW-RR 2015, 189 = JurBüro 2015, 71 (zur Anrechnung der Geschäftsgebühr Nr. 2300 VV RVG auf die Verfahrensgebühr Nr. 3100 VV RVG); KG 10.5.2010 – 1 W 443/09, juris; OLG München NJW-RR 1996, 1279 = JurBüro 1996, 546; HK-FamGKG/*N. Schneider*, § 6 Rn 31 f; *N. Schneider*, Anm. zu OLG Bremen AGS 2013, 462. **105** KG 10.5.2010 – 1 W 443/09, juris; OLG München NJW-RR 1996, 1279 = JurBüro 1996, 546. **106** So wohl KG 10.5.2010 – 1 W 443/09, juris; OLG München NJW-RR 1996, 1279 = JurBüro 1996, 546.

III. Kostenrechnung in dem neuen Verfahren A

3,0-Verfahrensgebühr, Nr. 1210 KV (Wert: 5.000 €)   438,00 €

IV. Kostenrechnung in dem neuen Verfahren B

3,0-Verfahrensgebühr, Nr. 1210 KV (Wert: 5.000 €)   438,00 €

Die im Ursprungsverfahren erfolgte Zahlung über 879 € ist in jedem Verfahren mit 293 € (879 €/15.000 € x 5.000 €) zu verrechnen, so dass in jedem Verfahren noch 145 € zum Soll zu stellen sind.

55   **Beispiel 2 (Trennung von Verfahren, Ermäßigung des Streitwerts des Ausgangsverfahrens und Verrechnung des Mehrbetrags aus dem Ursprungsverfahren):** Der Kläger macht in Verfahren A einen Zahlungsanspruch über 15.000 € gegen die drei Beklagten geltend.

Der Kostenbeamte erstellt folgende Kostenrechnung:

I. Kostenrechnung

3,0-Verfahrensgebühr, Nr. 1210 KV (Wert: 15.000 €)   879,00 €

die gem. § 12 Abs. 1 S. 1 ohne Sollstellung vom Kläger eingezogen und gezahlt worden sind

Das Gericht trennt anschließend die gegen die Beklagten zu 2) und 3) geführten Verfahren ab, so dass insgesamt drei Verfahren vorliegen. Der Wert wird für jedes der drei Verfahren vom Gericht auf 5.000 € festgesetzt.

II. Berichtigte Kostenrechnung in dem Ursprungsverfahren

3,0-Verfahrensgebühr, Nr. 1210 KV (Wert: 5.000 €)   438,00 €

abzgl. vom Kläger in Kostenrechnung I gezahlter   – 879,00 €

Überschuss   441,00 €

III. Kostenrechnung in dem neuen Verfahren A

3,0-Verfahrensgebühr, Nr. 1210 KV (Wert: 5.000 €)   438,00 €

abzgl. anteiliger Überschuss aus dem Ursprungsverfahren   – 220,50 €

Rest   217,50 €

IV. Kostenrechnung in dem neuen Verfahren B

3,0-Verfahrensgebühr, Nr. 1210 KV (Wert: 5.000 €)   438,00 €

abzgl. anteiliger Überschuss aus dem Ursprungsverfahren   – 220,50 €

Rest   217,50 €

Auf die beiden Kostenforderungen in den neuen Verfahren A und B ist der Überschuss aus dem Ursprungsverfahren über 441 € zu verrechnen,[107] und zwar im Verhältnis der Einzelstreitwerte mit je 220,50 € (441 €/10.000 € x 5.000 €).

56   Das gilt entsprechend im Falle der **Abtrennung der Widerklage** (§ 145 Abs. 2 ZPO). Die auf die Klage im Ausgangsverfahren gem. § 12 Abs. 1 vorausgezahlte Verfahrensgebühr ist nicht je zur Hälfte bzw anteilig auf die beiden neuen Verfahren,[108] sondern nach der Trennung auf die Verfahrensgebühr des die Klage betreffenden Einzelverfahrens zu verrechnen. Die im Ausgangsverfahren auf den Streitwert der Widerklage entfallende und auf die Sollstellung ggf gezahlte anteilige Verfahrensgebühr (→ Rn 40 ff) ist auf die Verfahrensgebühr des abgetrennten Widerklageverfahrens zu verrechnen.

57   **10. Klageänderung, § 263 ZPO.** Bei der Klageänderung iSv § 263 ZPO (zB Änderung des Streitgegenstands, Änderung in der Person der Prozessparteien, Wechsel der Verfahrensart[109]) wird der frühere Anspruch durch den neuen Anspruch ersetzt. Es bleibt deshalb in dem Rechtszug bei der einmalig Entstehung der Verfahrensgebühr; sie entsteht durch eine Klageänderung nicht erneut (§ 35).

58   Die Verfahrensgebühr Nr. 1210 KV ändert sich nur dann, wenn die Klageänderung zu einem höheren Streitwert führt.[110] Dann ist die Verfahrensgebühr wie bei der Klageerweiterung zu berechnen (→ Rn 37 ff). Zur Vorauszahlungspflicht → § 12 Rn 80 f.

III. Anrechnung nach Mahnverfahren (Anm. Abs. 1)

59   **1. Mahnverfahren.** Das Mahnverfahren findet gem. § 688 Abs. 1 ZPO für eine bestimmte Geldsumme betreffende Zahlungsansprüche statt. Gemäß § 688 Abs. 3 ZPO kann das Mahnverfahren auch nach der Verordnung (EG) Nr. 1896/2006 des Europäischen Parlaments und des Rates vom 12. Dezember 2006 zur Einführung eines **Europäischen Mahnverfahrens** (ABl. EU Nr. L 399 S. 1) betrieben werden (→ § 1 Rn 62 f; → § 12 Rn 65).[111]

---

107 So wohl KG 10.5.2010 – 1 W 443/09, juris; OLG München NJW-RR 1996, 1279 = JurBüro 1996, 546. **108** Vgl *Oestreich/Hellstab/Trenkle*, GKG, Nr. 1210 KV Rn 71; LG Dessau-Roßlau 15.12.2011 – 1 T 286/11, juris. **109** Vgl Zöller/*Greger*, ZPO, § 263 Rn 2 ff. **110** So auch Zöller/*Greger*, ZPO, § 263 Rn 32. **111** Vgl Gesetz zur Verbesserung der grenzüberschreitenden Forderungsdurchsetzung und Zustellung (GrFordDuG) v. 30.10.2008 (BGBl. I 2122), in Kraft getreten am 12.12.2008.

Ferner können in **Familienstreitsachen** (§ 112 FamFG) Zahlungsansprüche (zB rückständige Unterhaltsbe- 60
träge, güterrechtliche Zahlungsansprüche)[112] nach den Vorschriften der ZPO über das Mahnverfahren
(§§ 688 ff ZPO) geltend gemacht werden. Nach § 1 S. 3 FamGKG und § 1 Abs. 1 S. 1 Nr. 1 werden die
Gerichtskosten für das Mahnverfahren in Familiensachen nach dem GKG erhoben. Grund hierfür ist, dass
auch das Mahnverfahren in Familiensachen von den zentralen Mahngerichten erledigt werden soll, die hierfür dann keine besonderen Vordrucke für dieses Mahnverfahren vorhalten müssen.[113] Für das Verfahren
über den Antrag auf Erlass eines Mahnbescheids in einer Familienstreitsache entsteht damit eine 0,5-Ver-
fahrensgebühr nach Nr. 1100 KV.

2. Verfahrensgebühr nach vorausgegangenem Mahnverfahren. a) Nach Widerspruch gegen den Mahnbe- 61
scheid. aa) Entstehung der Verfahrensgebühr. Wird gegen den Mahnbescheid **Widerspruch** eingelegt,
kommt es gem. § 696 Abs. 1 ZPO nur auf Antrag des Antragstellers oder des Antragsgegners zur Durchführung des streitigen Verfahrens vor dem Prozessgericht.[114] Der Antrag auf Durchführung des streitigen
Verfahrens kann vom Antragsteller bereits im Mahnbescheidsantrag gestellt werden (§ 696 Abs. 1 S. 1
ZPO). Nach Anm. Abs. 1 S. 1 Hs 1 zu Nr. 1210 KV entsteht die 3,0-Verfahrensgebühr Nr. 1210 KV des
streitigen Verfahrens nicht schon mit Einlegung des Widerspruchs oder Stellung des Abgabeantrags (§ 696
Abs. 1 S. 1 ZPO), sondern erst mit **Eingang der Akten** beim Prozessgericht.[115] Diese bereits durch das
KostRMoG[116] zum 1.7.2004 in S. 1 der Anm. zu Nr. 1210 KV eingeführte ausdrückliche gesetzliche Regelung hat den bis dahin bestehenden Streit über den Zeitpunkt der Entstehung der Verfahrensgebühr beendet.[117] Zahlt der Antragsteller die Verfahrensgebühr Nr. 1210 KV nicht (→ Rn 63) oder nimmt er den Antrag auf Durchführung des Streitverfahrens vor der Abgabe oder der Antragsgegner seinen Widerspruch zurück, entsteht die Verfahrensgebühr Nr. 1210 KV aufgrund des fehlenden Akteneingangs beim Prozessgericht nicht (Anm. Abs. 1 S. 1 Hs 1 zu Nr. 1210 KV).[118]

bb) Fälligkeit. Nicht klar gesetzlich geregelt ist der Zeitpunkt der Fälligkeit der Verfahrensgebühr Nr. 1210 62
KV, wenn ein Mahnverfahren vorausgegangen ist. Denn nach dem Wortlaut von § 6 Abs. 1 Nr. 1 wird diese
Verfahrensgebühr bereits vor ihrer Entstehung (Akteneingang beim Prozessgericht, Anm. Abs. 1 S. 1 Hs 1
zu Nr. 1210 KV) mit der Stellung bzw Einreichung des Antrags auf Durchführung des streitigen Verfahrens
fällig. Da die Verfahrensgebühr jedoch nicht fällig werden kann, bevor sie entstanden ist, fallen Entstehung
und Fälligkeit der Verfahrensgebühr bei vorausgegangenem Mahnverfahren im Ergebnis mit dem **Eingang
der Akten** beim Prozessgericht zusammen.[119]

cc) Abhängigmachung/Kostenschuldner. Auf Antrag des **Antragstellers** des Mahnverfahrens soll das Mahn- 63
gericht die Sache gem. § 12 Abs. 3 S. 3, 4 erst dann an das Prozessgericht abgeben, wenn unter Anrechnung
der Mahnverfahrensgebühr (→ Rn 66 ff) die allgemeine Verfahrensgebühr Nr. 1210 KV vom Antragsteller
gezahlt worden ist (ausf. → § 12 Rn 52 ff). Im maschinellen Mahnverfahren ist gem. § 12 Abs. 3 S. 2 ggf
auch noch die Mahnverfahrensgebühr nach Nr. 1100 KV vorab einzuzahlen (→ § 12 Rn 51, 59 f). Beantragt der **Antragsgegner** des Mahnverfahrens Durchführung des streitigen Verfahrens, erfolgt die Abgabe
nach dem klaren Wortlaut von § 12 Abs. 3 S. 3, 4 ohne vorherige Zahlung der Verfahrensgebühr Nr. 1210
KV. Allerdings erfolgt Sollstellung gegen den Antragsgegner (ausf. → § 12 Rn 57; zur Haftung des Antragsgegners gem. § 22 Abs. 1 → § 22 Rn 48 ff). Zur Abhängigmachung, wenn **beide Parteien** den Abgabeantrag
gestellt haben, → § 12 Rn 58.

b) Nach Einspruch gegen den Vollstreckungsbescheid. aa) Entstehung der Verfahrensgebühr. Erfolgt keine 64
Widerspruchserhebung durch den Antragsgegner und ergeht deshalb Vollstreckungsbescheid (§ 699 ZPO),
kann der Antragsgegner hiergegen **Einspruch** einlegen. Nach § 700 Abs. 3 S. 1 ZPO ist das Verfahren dann
von Amts wegen an das Prozessgericht abzugeben. Auch hier entsteht die 3,0-Verfahrensgebühr des Streitverfahrens nach der Anm. Abs. 1 S. 1 Hs 1 zu Nr. 1210 KV mit dem **Akteneingang beim Prozessgericht** (→
Rn 61). Die Verfahrensgebühr schuldet gem. § 22 Abs. 1 S. 2 der Antragsteller des Mahnverfahrens als derjenige, der den Erlass des Vollstreckungsbescheids beantragt hat.

bb) Fälligkeit und Vorauszahlungspflicht. Beim Einspruch gegen den Vollstreckungsbescheid hängt die Ab- 65
gabe an das Prozessgericht nicht davon ab, dass die um die anzurechnende Mahnverfahrensgebühr verminderte Verfahrensgebühr Nr. 1210 KV eingezahlt ist (keine Abhängigmachung). Allerdings ist sie nach Akteneingang beim Prozessgericht zum Soll zu stellen (ausf. → § 12 Rn 61). Vorauszahlungspflicht kann sich

---

112 Vgl Keidel/*Weber*, § 113 FamFG Rn 8. **113** BT-Drucks 16/6308, S. 301. **114** BT-Drucks 16/6308, S. 223. **115** OLG Düsseldorf JurBüro 2002, 90; OLG Hamm JurBüro 2002, 89; KG JurBüro 2002, 86; OLG Rostock MDR 2002, 666. **116** BGBl. 2004
I 718. **117** Vgl zB KG JurBüro 2002, 86 = BRAGOreport 2001, 172 (Entstehung mit Akteneingang); aA OLG Düsseldorf NJW
1999, 2000 = AGS 1998, 107 (Entstehung mit Widerspruchseingang bzw Stellung des Streitantrags bereits im Mahnbescheid).
118 So auch *Oestreich/Hellstab/Trenkle*, FamGKG Nr. 1220 KV Rn 53. **119** Binz/Dörndorfer/*Zimmermann*, § 12 GKG Rn 18;
Oestreich/Hellstab/Trenkle, GKG § 12 Rn 19.

aber im Urkunden-, Scheck- oder Wechselmahnverfahren für das Nachverfahren gem. §§ 703 a Abs. 2 Nr. 4, 600 ZPO ergeben (→ § 12 Rn 62 f).

66 **3. Anrechnung der Mahnverfahrensgebühr (Anm. Abs. 1 S. 1 Hs 2). a) Identische Verfahrensgegenstände und Mindestgebühr.** Auf die 3,0-Verfahrensgebühr Nr. 1210 KV des Prozessverfahrens ist die 0,5-Verfahrensgebühr Nr. 1100 KV des Mahnverfahrens nach **Anm. Abs. 1 S. 1 Hs 2** zu Nr. 1210 KV nach dem Wert des in das streitige Verfahren übergegangenen Streitgegenstands anzurechnen.

67 Ist im Mahnverfahren die Mindestgebühr iHv 32 € entstanden, ist diese Mindestgebühr und nicht die sich aus § 34 Abs. 2 ergebende allgemeine Mindestgebühr iHv 15 € auf die Verfahrensgebühr Nr. 1210 KV anzurechnen.[120]

68 **Beispiel 1 (Identische Verfahrensgegenstände):** Es ergeht Mahnbescheid wegen eines Zahlungsanspruchs über 20.000 €. Nach Widerspruch des Antragsgegners wird das Verfahren aufgrund des vom Antragsteller gestellten Antrags vom Mahngericht an das Prozessgericht abgegeben.

Folgende Gerichtskostenrechnungen ergeben sich:

I. Kostenrechnung I (nach Eingang des Mahnbescheidsantrags)

0,5-Verfahrensgebühr, Nr. 1100 KV (Wert: 20.000 €)	172,50 €

Der Erlass des manuellen Mahnbescheids hängt gem. § 12 Abs. 3 S. 1 von der vorherigen Zahlung der Gebühr durch den Antragsteller ab. Im maschinell geführten Mahnverfahren wird die fällige Gebühr gegen den Antragsteller zum Soll gestellt und muss gem. § 12 Abs. 3 S. 2 vor Erlass des Vollstreckungsbescheids gezahlt sein.

II. Kostenrechnung II (nach Eingang des Widerspruchs und Streitantrags)

1. 0,5-Verfahrensgebühr, Nr. 1100 KV (Wert: 20.000 €)	172,50 €
2. 3,0-Verfahrensgebühr, Nr. 1210 KV (Wert: 20.000 €)	1.035,00 €
3. abzgl. nach Anm. Abs. 1 S. 1 Hs 2 zu Nr. 1210 KV anzurechnender 0,5-Verfahrensgebühr, Nr. 1100 KV (Wert: 20.000 €)	– 172,50 €
Verbleibende Verfahrensgebühr, Nr. 1210 KV	862,50 €
Summe zu 1. und 2.	1.035,00 €
abzgl. vom Kläger Kostenrechnung I gezahlter	– 172,50 €
Restbetrag	862,50 €

Bei der ersten Anrechnung handelt es sich um die durch die Anm. Abs. 1 S. 1 Hs 2 zu Nr. 1210 KV vorgeschriebene gebührenrechtliche Anrechnung, bei der zweiten Anrechnung um den Abzug einer tatsächlich geleisteten Zahlung.

69 Nach § 6 Abs. 1 Nr. 1 tritt nach Widerspruch die Fälligkeit der Verfahrensgebühr Nr. 1210 KV mit Eingang des Abgabeantrags ein. Allerdings entsteht die Verfahrensgebühr nach Anm. Abs. 1 S. 1 Hs 1 zu Nr. 1210 KV erst mit Akteneingang beim Prozessgericht (→ Rn 61). Da die Fälligkeit einer Gebühr nicht vor deren Entstehung liegen kann, wird die Verfahrensgebühr daher erst mit Akteneingang fällig (→ Rn 62).[121]

70 **b) Streitwert erhöht sich nach dem Mahnverfahren.** Erhöht sich nach Widerspruch gegen den Mahnbescheid oder nach Einspruch gegen den Vollstreckungsbescheid im anschließenden Verfahren vor dem Prozessgericht der Streitwert durch Erweiterung der Klage oder Erhebung einer Widerklage, die nicht denselben Streitgegenstand betrifft wie die Klage (§ 45 Abs. 1 S. 1 und 3), entsteht eine 3,0-Verfahrensgebühr Nr. 1210 KV nach den zusammengerechneten Werten (→ Rn 36 ff). Hierauf ist die 0,5-Mahnverfahrensgebühr Nr. 1100 KV nach dem vom Mahnverfahren ins Verfahren vor dem Prozessgericht übergegangenen geringeren Wert anzurechnen.

71 **Beispiel 2 (Streitwerterhöhung im Prozess):** Zunächst wie Beispiel 1 (→ Rn 68); im Verfahren vor dem Prozessgericht erfolgt Erweiterung des Antrags um 10.000 €.

Die Kostenrechnungen I und II (s. Beispiel 1, → Rn 68) bleiben unverändert. Zusätzlich ist folgende Kostenrechnung III aufzustellen:

III. Kostenrechnung III (nach Eingang der Klageerweiterung)

1. 0,5-Verfahrensgebühr, Nr. 1100 KV (Wert: 20.000 €)	172,50 €
2. 3,0-Verfahrensgebühr, Nr. 1210 KV (Wert: 30.000 €)	1.218,00 €
3. abzgl. nach Anm. Abs. 1 S. 1 Hs 2 zu Nr. 1210 KV anzurechnender Verfahrensgebühr, Nr. 1100 KV (Wert: 20.000 €)	– 172,50 €
Verbleibende Verfahrensgebühr, Nr. 1210 KV	1.045,50 €
Summe zu 1. und 2.	1.218,00 €
abzgl. vom Antragsteller Kostenrechnung I gezahlter	– 172,50 €
abzgl. vom Antragsteller Kostenrechnung II gezahlter	– 862,50 €
Restbetrag	183,00 €

120 *Hartmann*, KostG, Nr. 1210 KV GKG Rn 23; *Oestreich/Hellstab/Trenkle*, GKG Nr. 1210 KV Rn 16. **121** *Oestreich/Hellstab/Trenkle*, GKG Nr. 1210 KV Rn 28; *Liebheit*, NJW 2000, 2235, 2242.

Weitere gerichtliche Handlungen hängen gem. § 12 Abs. 1 S. 2 von der vorherigen Zahlung des Betrags iHv 183 € durch den Kläger (§ 22 Abs. 1 S. 1) ab (→ § 12 Rn 27 ff).

Der teilweise in der Praxis festzustellende Ansatz einer 2,5-Verfahrensgebühr (3,0 – 0,5) für das Streitver-   **72** fahren nach vorausgegangenem Mahnverfahren führt nur dann zu richtigen Ergebnissen, wenn für die Verfahrensgebühr Nr. 1210 KV sowie die anzurechnende Mahnverfahrensgebühr Nr. 1100 KV derselbe Streitwert maßgebend ist. Im Falle der Werterhöhung im Streitverfahren führt diese Berechnung zur Erhebung zu geringer Gebühren. Denn eine 2,5-Gebühr ist nicht aus dem Gesamtwert, sondern nur im Umfang der Gegenstandsidentität von Mahn- und Streitverfahren angefallen. Im Übrigen spricht gegen den Ansatz einer 2,5-Gebühr, dass hierbei entgegen der Regelung in der Anm. Abs. 1 S. 1 Hs 2 zu Nr. 1210 KV Gebührensätze und keine Gebührenbeträge aufeinander angerechnet werden.[122]

Beispiel 3 (Unzutreffender Ansatz einer 2,5-Gebühr): Sachverhalt wie Beispiel 2 (→ Rn 71). Die Kostenrechnun-   **73** gen I und II bleiben unverändert (vgl Beispiel 1, → Rn 71). Zusätzlich wird folgende Kostenrechnung III aufgestellt:

III. Kostenrechnung III (nach Eingang der Klageerweiterung)

1. 0,5-Verfahrensgebühr, Nr. 1100 KV (Wert: 20.000 €)	172,50 €
2. 2,5-Verfahrensgebühr, Nr. 1210 KV (Wert: 30.000 €)	+ 1.015,00 €
Summe zu 1. und 2.	1.187,50 €
abzgl. vom Antragsteller Kostenrechnung I gezahlter	− 172,50 €
abzgl. vom Antragsteller Kostenrechnung II gezahlter	− 862,50 €
Restbetrag	152,50 €

Aufgrund des Ansatzes einer 2,5-Verfahrensgebühr werden insgesamt lediglich 1.187,50 € statt 1.218 € (vgl Beispiel 2, → Rn 71) und damit 30,50 € zu wenig erhoben. Hätte der Antragsteller sogleich Klage über 30.000 € erhoben, wäre eine 3,0-Verfahrensgebühr Nr. 1210 KV iHv 1.218 € angefallen. Ein vorangegangenes Mahnverfahren darf nicht zu einer Verteuerung, aber auch nicht zu einer Verbilligung der Prozessführung führen.

c) Streitwert ermäßigt sich im Verfahren vor dem Prozessgericht. Erfolgt im anhängigen Verfahren vor dem   **74** Prozessgericht die teilweise Zurücknahme des Antrags, des Antrags auf Durchführung des Streitverfahrens, des Widerspruchs gegen den Mahnbescheid bzw des Einspruchs gegen den Vollstreckungsbescheid, führt dies nicht zu einer Verringerung der 3,0-Verfahrensgebühr Nr. 1210 KV (s. dazu Nr. 1221 KV: gesamte Verfahrensbeendigung erforderlich). Die durch die Rücknahme eintretende Ermäßigung des Streitwerts hat auf die Verfahrensgebühr keinen Einfluss, weil diese als Pauschgebühr nach dem höchsten im Verfahren anhängigen Streitwert erhoben wird (→ Rn 8 ff). Allerdings wird das Gericht die teilweise Rücknahme ggf bei der späteren Kostenentscheidung zu berücksichtigen haben.

d) Streitwert ermäßigt sich noch im Mahnverfahren. Ermäßigt sich der Streitwert noch im Mahnverfahren,   **75** zB weil der Antragsgegner eine Teilzahlung geleistet, im Übrigen Widerspruch gegen den Mahnbescheid eingelegt hat und deshalb nur teilweise Abgabeantrag gestellt wurde, entsteht mit Eingang der Akten beim Prozessgericht die Verfahrensgebühr Nr. 1210 KV nur nach dem verminderten Streitwert.[123] Hierauf ist die entstandene Mahnverfahrensgebühr Nr. 1100 KV nicht in voller Höhe, sondern nur nach dem Wert des Verfahrensgegenstands anzurechnen, der in das Verfahren vor dem Prozessgericht übergegangen ist, vgl Anm. Abs. 1 S. 1 Hs 2 zu Nr. 1210 KV.

Beispiel 4 (Streitwertermäßigung im Mahnverfahren): Es ergeht Mahnbescheid wegen eines Zahlungsanspruchs   **76** über 20.000 €. Nach Teil-Widerspruch über 10.000 € und Antrag des Antragstellers auf Durchführung des streitigen Verfahrens wird das Verfahren vom Mahngericht an das Prozessgericht abgegeben.

Die Kostenrechnung I (Beispiel 1, → Rn 68) bleibt unverändert. Nach Eingang des Teil-Widerspruchs ist folgende Gerichtskostenrechnung aufzustellen:

II. Kostenrechnung II (nach Eingang des Teil-Widerspruchs)

1. 0,5-Verfahrensgebühr, Nr. 1100 KV (Wert: 20.000 €)	172,50 €
2. 3,0-Verfahrensgebühr, Nr. 1210 KV (Wert: 10.000 €)	723,00 €
3. abzgl. nach Anm. Abs. 1 S. 1 Hs 2 zu Nr. 1210 KV anzurechnender Verfahrensgebühr, Nr. 1100 KV (Wert: 10.000 €)	− 120,50 €
Verbleibende Verfahrensgebühr, Nr. 1210 KV	602,00 €
Summe zu 1. und 2.	775,00 €
abzgl. vom Antragsteller Kostenrechnung I gezahlter	− 172,50 €
Restbetrag	602,50 €

4. Abgabe mehrerer Mahnverfahren. a) Abgabe mehrerer Mahnverfahren an dasselbe Prozessgericht. Le-   **77** gen mehrere Antragsgegner gegen die gegen sie in **verschiedenen Mahnverfahren** ergangenen mehreren

---

122 *Volpert*, RVGreport 2008, 361, 362. **123** OLG Dresden JurBüro 2004, 378.

Mahn- oder Vollstreckungsbescheide Widerspruch bzw Einspruch ein und werden die mehreren Verfahren erst nach Eingang der Akten **bei demselben Prozessgericht** miteinander verbunden, sind mehrere Mahnverfahrensgebühren nach Nr. 1100 KV und auch mehrere Verfahrensgebühren nach Nr. 1210 KV nach den jeweiligen Einzelwerten entstanden.[124] Denn die Verfahrensgebühr Nr. 1210 KV entsteht nach Anm. Abs. 1 S. 1 zu Nr. 1210 KV mit Akteingang beim Prozessgericht. Die **spätere Verbindung** hat keinen Einfluss auf die vorher angefallenen Gebühren (→ Rn 46 ff).[125] Auf jede der mit Akteneingang entstandenen Verfahrensgebühren Nr. 1210 KV ist nach Anm. Abs. 1 S. 1 zu Nr. 1210 KV die Mahnverfahrensgebühr Nr. 1100 KV nach dem jeweiligen Streitwert anzurechnen.[126] Dasselbe gilt, wenn gegen denselben Antragsgegner mehrere Mahnverfahren betrieben worden sind und diese erst nach Akteneingang beim Prozessgericht miteinander verbunden werden.

78   b) **Abgabe desselben Mahnverfahrens mit mehreren Antragsgegnern an dasselbe Prozessgericht.** Betrifft **dasselbe Mahnverfahren** mehrere Antragsgegner und erfolgt nach Widerspruch und Abgabeantrag bzw Einspruch Abgabe an das **gemeinsame Prozessgericht**, entsteht mit Akteneingang beim Prozessgericht nach Anm. Abs. 1 S. 1 zu Nr. 1210 KV eine 3,0-Verfahrensgebühr Nr. 1210 KV. Bei Überleitung in das Prozessverfahren bei einem gemeinsamen Prozessgericht tritt keine zur Entstehung getrennter Gebühren führende Prozesstrennung ein.[127] Das gilt auch dann, wenn durch einen Fehler bei der Übersendung der Mahnakten von dem Mahngericht an das Prozessgericht dort zwei Akten angelegt und zwei Aktenzeichen vergeben werden[128] oder die Akten zeitlich versetzt bei dem Prozessgericht eingehen.[129] Die ohne ersichtlichen Grund erfolgte Trennung in verschiedene Einzelverfahren ist als unrichtige Sachbehandlung iSv § 21 anzusehen.[130]

79   c) **Abgabe desselben Mahnverfahrens mit mehreren Antragsgegnern an verschiedene Prozessgerichte.** Wird das mehrere Antragsgegner betreffende **einheitliche Mahnverfahren** nach Widerspruch und Abgabeantrag bzw Einspruch an die für die mehreren Antragsgegner zuständigen **verschiedenen Prozessgerichte** abgegeben, entsteht mit Eingang der Akten bei den verschiedenen Prozessgerichten jeweils die Verfahrensgebühr Nr. 1210 KV. Durch die Abgabe an verschiedene Prozessgerichte tritt eine Prozesstrennung iSv § 145 Abs. 1 ZPO ein, die mit dem Akteneingang bei den Prozessgerichten jeweils zur Entstehung der Verfahrensgebühr Nr. 1210 KV nach dem jeweiligen Streitwert führt (→ Rn 50).[131]

80   Auf jede dieser Verfahrensgebühren ist nach Anm. Abs. 1 S. 1 zu Nr. 1210 KV eine Mahnverfahrensgebühr Nr. 1100 KV anzurechnen. Da aufgrund des einheitlichen Mahnverfahrens nur eine Mahnverfahrensgebühr Nr. 1100 KV entstanden ist, muss diese anteilig auf die mehreren Verfahrensgebühren Nr. 1210 KV angerechnet werden. Insoweit bietet sich eine Anrechnung der Mahnverfahrensgebühr im Verhältnis der Streitwerte der nach der Abgabe entstehenden Einzelverfahren an.[132] Hinsichtlich der Frage der Anrechnung der in dem einheitlichen Mahnverfahren entstandenen und gezahlten (vgl § 12 Abs. 3 S. 1 und 2) Mahnverfahrensgebühr Nr. 1100 KV haben die beteiligten Kostenbeamten § 5 Abs. 5 KostVfg zu beachten:

§ 5 KostVfg Zuständigkeit

(1)–(4) (…)

(5) [1]Geht ein Mahnverfahren gegen mehrere Antragsgegner nach Widerspruch oder Einspruch in getrennte Streitverfahren bei verschiedenen Gerichten über, übersendet das Mahngericht den übernehmenden Gerichten jeweils einen vollständigen Verfahrensausdruck samt Kostenrechnung. [2]Letztere muss Angaben darüber enthalten, ob die Kosten bereits angefordert (§§ 25 und 26) oder eingezahlt sind. [3]Bei nicht maschineller Bearbeitung hat der Kostenbeamte des abgebenden Gerichts den Kostenbeamten der übernehmenden Gerichte das Original oder eine beglaubigte Abschrift der Kostenrechnung zu übersenden und sie über das sonst von ihm Veranlasste zu unterrichten. [4]Zahlungsanzeigen und sonstige Zahlungsnachweise sind im Original oder in beglaubigter Ablichtung beizufügen.

(6) (…)

81   Jedenfalls bei dem Abgabeantrag des Antragstellers – insoweit erfolgt die Abgabe durch das Mahngericht an die Prozessgerichte gem. § 12 Abs. 3 S. 3 erst nach vorheriger Zahlung der mehreren Verfahrensgebühren Nr. 1210 KV – nimmt das Mahngericht die anteilige Anrechnung der Mahnverfahrensgebühr vor, die

---

124 OLG Oldenburg JurBüro 2003, 322. **125** BGH NJW 2013, 2824 = AGS 2013, 433 = Rpfleger 2013, 651; BGH NJW-RR 2011, 618 = MDR 2011, 553; OLG Düsseldorf AGS 2009, 455; OLG Koblenz MDR 2005, 1017; OLG Hamm JurBüro 2005, 598; OLG Oldenburg JurBüro 2003, 322; OLG München MDR 1999, 829 = JurBüro 1999, 484; OLG München MDR 1997, 688; OLG Koblenz OLGR 2007, 726 = JurBüro 2007, 368. **126** OLG Oldenburg JurBüro 2003, 322. **127** OLG Zweibrücken JurBüro 2007, 322; OLG München AGS 1999, 13 = MDR 1998, 738; LG Berlin JurBüro 1998, 30 = Rpfleger 1998, 40. **128** OLG Frankfurt 5.11.2008 – 12 W 97/08, juris; OLG Düsseldorf JurBüro 1998, 82 = JMBl NW 1997, 251; LG Berlin JurBüro 1998, 30 = Rpfleger 1998, 40. **129** OLG Zweibrücken JurBüro 2007, 322. **130** BGH NJW-RR 1997, 831; OLG München AGS 1999, 13 = MDR 1998, 738. **131** OLG Hamm JurBüro 1983, 893 = MDR 1983, 501. **132** So auch *Oestreich/Hellstab/Trenkle*, GKG Nr. 1210 KV Rn 15.

von den Prozessgerichten zu übernehmen ist. In anderen Fällen ist eine Verständigung der Kostenbeamten der beteiligten Gerichte erforderlich.

d) Streitwert. Entstehen aufgrund des Akteneingangs beim Prozessgericht mehrere Verfahrensgebühren 82 nach Nr. 1210 KV, ist diesen nicht der zusammengerechnete Streitwert der Verfahren zugrunde zu legen, sondern jeweils der Streitwert, der bei Eingang der Akten beim Prozessgericht für die Mahnverfahren maßgebend war. Das muss bei der **Festsetzung des Streitwerts** berücksichtigt werden. Gemäß § 63 Abs. 2 S. 1 setzt das Prozessgericht den Wert für die zu erhebenden Gebühren durch Beschluss fest. Wenn mehrere Verfahrensgebühren anfallen, muss für diese der Streitwert jeweils gesondert festgesetzt werden. Erfolgt keine getrennte Wertfestsetzung, wird die Abrechnung der Verfahrensgebühren je nach den Einzelwerten der beim Prozessgericht eingegangenen Mahnverfahren trotz der Bindungswirkung der Streitwertfestsetzung aber nicht zu beanstanden sein. Denn der Gerichtskostenansatz muss richtig sein (vgl § 43 Abs. 1 S. 1 KostVfg: „Stellt der Prüfungsbeamte Unrichtigkeiten *zum Nachteil* der Staatskasse oder *eines Kostenschuldners* fest, ordnet er die Berichtigung des Kostenansatzes an.").

IV. Anrechnung nach KapMuG (Anm. Abs. 2)

Nach Vorbem. 1.2.1 KV entsteht im Kapitalanleger-Musterverfahren nach dem KapMuG die Gebühr 83 Nr. 1210 KV nicht. Das Musterverfahren gilt als Teil des erstinstanzlichen Prozessverfahrens. Für die nachträgliche Anmeldung eines Anspruchs gem. § 10 Abs. 2 KapMuG zu dem nach § 10 Abs. 1 KapMuG bekannt gemachten Musterverfahren wird die Nr. 1902 KV erhoben, die gem. § 22 Abs. 4 S. 2 vom Anmelder geschuldet wird (Streitwert: § 51 a). Die Gebühr Nr. 1902 KV ist nach § 12 Abs. 1 S. 3 vorauszahlungspflichtig (→ § 12 Rn 35) und wird nach **Anm. Abs. 2** zu Nr. 1210 KV auf die Verfahrensgebühr Nr. 1210 KV angerechnet, soweit der Kläger wegen desselben Streitgegenstands einen Anspruch zum Musterverfahren angemeldet hat (zur Erstattung → Nr. 1902 KV Rn 12). Zur Durchführung der Anrechnung wird im Übrigen auf die Erl. zur Anrechnung der Mahnverfahrensgebühr Nr. 1100 KV verwiesen, die entsprechend gelten (→ Rn 59 ff). Anm. Abs. 2 ist für Musterverfahren einschlägig, die ab 1.11.2012 anhängig geworden sind. Die **Übergangsvorschrift** in § 71 gilt insoweit nicht.

V. Weitere praktische Hinweise

1. Streitwert. Der für jeden Rechtszug (§ 35) nur einmal zu erhebenden pauschalen Verfahrensgebühr 84 Nr. 1210 KV ist der höchste Streitwert der Instanz zugrunde zu legen (→ Rn 8 ff). Teilweise Ermäßigungen des Streitwerts, zB durch die teilweise Rücknahme der Klage, wirken sich daher auf den der Verfahrensgebühr zugrunde zu legenden Wert nicht aus.[133] Vollständige Rücknahmen können aber zu einer Ermäßigung der Verfahrensgebühr nach Nr. 1211 KV führen. Zur Entstehung und zum Wert der Verfahrensgebühr bei **Stufenklagen** → Rn 44.

Für die Wertberechnung ist gem. § 40 der **Zeitpunkt** der die Instanz einleitenden Antragstellung maßgebend. 85 Treten danach den Streitwert erhöhende oder mindernde Umstände ein, bleiben diese bei **unverändertem Streitgenstand** unberücksichtigt.[134] Ändert sich der Streitgegenstand aber zB durch Erweiterung der Klage oder durch eine Widerklage, ist für deren Bewertung auf den Zeitpunkt der Klageerweiterung bzw der Widerklage abzustellen (zum Mahnverfahren → Rn 70 ff). Gemäß §§ 39 Abs. 1, 45 Abs. 1 S. 1 und 3 erfolgt die Gebührenberechnung durch Zusammenrechnung der Werte der einzelnen Streitgegenstände (→ Rn 36 ff).

Da nach § 61 der Streitwert im Antrag anzugeben ist, kann diese Angabe des Klägers der Berechnung der 86 Verfahrensgebühr zugrunde gelegt werden, sofern sie nicht offenbar unrichtig ist (vgl § 26 Abs. 2 KostVfg). Auf die **Wertangabe in der Klage** kann zB zurückgegriffen werden, wenn eine vorläufige Wertfestsetzung des Gerichts nach § 63 Abs. 1 S. 1 nicht erfolgt. Steht zum Zeitpunkt der Fälligkeit der der Verfahrensgebühr zugrunde zu legende Wert noch nicht endgültig fest, so werden die Gebühren gem. § 15 Abs. 4 S. 1 KostVfg unter dem Vorbehalt späterer Berichtigung nach einer vorläufigen Wertannahme angesetzt. Auf rechtzeitige Berichtigung des Kostenansatzes ist wegen des Nachforderungsverbots (§ 20) zu achten (§ 15 Abs. 4 S. 2 Hs 1 KostVfg).

Ist Streitgegenstand nicht eine bestimmte Geldsumme in Euro, erfolgt nach Eingang der Klage, der Klageerweiterung 87 oder der Widerklage ohne Anhörung der Parteien gem. § 63 Abs. 1 S. 1 **vorläufige Wertfestsetzung** durch das **Gericht.** Denn in erstinstanzlichen Zivilsachen tritt die Fälligkeit der Verfahrensgebühr gem. § 6 Abs. 1 Nr. 1 mit der Klageeinreichung ein. Der Kostenbeamte legt die Sache dem Gericht in diesem

---

[133] OLG Köln AGS 2011, 328 = RVGreport 2011, 397; KG MDR 2008, 173; OLG München MDR 1997, 688 = NJW-RR 1997, 1159; LG Düsseldorf 12.5.2009 – 10 O 89/06, nv. [134] BGH NJW-RR 1998, 1452.

Fall ggf zur vorläufigen Wertfestsetzung vor. Die vorläufige Wertfestsetzung ist nur ausnahmsweise unter den Voraussetzungen des § 68 Abs. 1 S. 2 anfechtbar (s. die entspr. Erl. zu § 63 und zu § 68).

88 **2. Streitwertfestsetzung, § 63 Abs. 2.** Gemäß § 63 Abs. 2 S. 1 muss das Prozessgericht den Wert für die zu erhebenden Gebühren durch Beschluss festsetzen, sobald eine Entscheidung über den gesamten Streitgegenstand ergeht oder sich das Verfahren anderweitig erledigt. Mit den zu erhebenden Gebühren sind die Gerichtsgebühren gemeint. Die Wertfestsetzung für die Gerichtsgebühren gem. § 63 Abs. 2 ist aber gem. § 32 Abs. 1 RVG auch für die Anwaltsgebühren maßgebend.

89 Das Gericht muss zunächst feststellen, welche Gerichtsgebühren im Verfahren angefallen sind. Bei einem vorangegangenen Mahnverfahren müssen also der Wert für die Gebühr Nr. 1100 KV sowie der Wert für die Gebühr Nr. 1210 KV festgestellt werden. Hierbei muss berücksichtigt werden, dass die Gebühr Nr. 1210 KV bei einem vorausgegangenen Mahnverfahren mit Eingang der Akten beim Prozessgericht entsteht. Zu weiteren Einzelheiten → § 63 Rn 55 ff.

90 **3. Fälligkeit.** Die Verfahrensgebühr Nr. 1210 KV wird gem. § 6 Abs. 1 Nr. 1 mit der Einreichung der Klage fällig (Fälligkeit = Einforderbarkeit, Berechtigung zur Geltendmachung; zu Einzelheiten → § 6 Rn 1 ff). Der auf die Klageerweiterung bzw die Widerklage entfallende Teil der Verfahrensgebühr (→ Rn 36 ff bzw 40 ff) wird mit Einreichung der Erweiterung bzw der Widerklage fällig. Entstehung und Fälligkeit fallen bei der allgemeinen Verfahrensgebühr nach Nr. 1210 KV zusammen.[135] Die Zustellung der Klage ist nicht Fälligkeitsvoraussetzung (→ Rn 16). Zur Fälligkeit bei vorausgegangenem Mahnverfahren → Rn 62.

91 Gemäß § 15 Abs. 1 KostVfg setzt der Kostenbeamte die Gebühr alsbald nach Fälligkeit an. Wird die auf die Klageerweiterung oder die Widerklage entfallende Differenz der Verfahrensgebühr im Laufe des Verfahrens nach § 25 oder § 26 KostVfg angefordert, sind gem. § 15 Abs. 2 S. 3 KostVfg mit der erhöhten Verfahrensgebühr auch die durch Vorschüsse nicht gedeckten Auslagen anzusetzen (→ § 12 Rn 32 f).

92 **4. Abhängigmachung/Vorauszahlungspflicht.** Zur Abhängigmachung/Vorauszahlungspflicht vgl zunächst → § 10 Rn 6 ff und § 12 Rn 4. Die durch die Einreichung der **Klage** anfallende Verfahrensgebühr Nr. 1210 KV ist gem. § 12 Abs. 1 S. 1 vorauszahlungspflichtig. Die Zustellung der Klage soll von der vorherigen Zahlung abhängig gemacht werden (zu Einzelheiten → § 12 Rn 21 f). Das gilt auch für den **Urkunden- und Wechselprozess** (→ Rn 2 und § 12 Rn 18).

93 Auch bei der **Klageerweiterung** soll gem. § 12 Abs. 1 S. 2 vor Zahlung der hierauf entfallenden Verfahrensgebühr keine gerichtliche Handlung vorgenommen werden (näher → § 12 Rn 27 ff). Keine Vorwegleistungspflicht besteht bei **Widerklagen** (s. näher → § 12 Rn 45 ff). Zur Vorwegleistungspflicht in einem dem Prozessverfahren vorausgegangenen **Mahnverfahren** s. → Rn 60, 63 und 65 sowie § 12 Rn 51 ff. Zum **Rechtsmittelverfahren** gegen die Abhängigmachung → § 12 Rn 15 ff und § 67 Rn 3 ff. Zum Verfahren bei unterbliebener oder zu geringer Zahlung auf die mit Kostennachricht erhobene Verfahrensgebühr → § 12 Rn 36 ff. Zu Ausnahmen von der Abhängigmachung insb. bei **PKH** → § 14 Rn 9 ff.

94 **5. Kostenhaftung/Kostenschuldner.** Der Schuldner der Verfahrensgebühr wird nach § 22 Abs. 1 S. 1 (Antragsteller) oder nach § 29 ermittelt (Entscheidungs- oder Übernahmeschuldner). Zum Kostenschuldner bzw Zahlungspflichtigen bei der Abhängigmachung nach § 12 s. → § 12 Rn 12 ff.

95 **6. Zuständigkeit für den Kostenansatz.** Die Verfahrensgebühr wird gem. § 19 Abs. 1 Nr. 1 bei dem erstinstanzlichen Gericht angesetzt, bei dem das Verfahren anhängig ist oder zuletzt anhängig war (s. iÜ die Erl. zu § 19). Funktionell zuständig ist nach den Verwaltungsbestimmungen der Bundesländer regelmäßig der Kostenbeamte des mittleren Justizdienstes.[136]

Nr.	Gebührentatbestand	Gebühr oder Satz der Gebühr nach § 34 GKG

1211	Beendigung des gesamten Verfahrens durch
	1. Zurücknahme der Klage
	  a) vor dem Schluss der mündlichen Verhandlung,
	  b) in den Fällen des § 128 Abs. 2 ZPO vor dem Zeitpunkt, der dem Schluss der mündlichen Verhandlung entspricht,	

---

135 OLG Düsseldorf 13.12.2007 – I-10 W 183/07; *Meyer*, GKG § 6 Rn 2. **136** Vgl für Nordrhein-Westfalen: Geschäftsstellenordnung für die Gerichte und die Staatsanwaltschaften des Landes Nordrhein-Westfalen (GStO) AV d. JM v. 10.2.2006 (2325 - I. 8) idF v. 8.7.2015 (JMBl. NRW S. 62).

Nr.	Gebührentatbestand	Gebühr oder Satz der Gebühr nach § 34 GKG
	c) im Verfahren nach § 495 a ZPO, in dem eine mündliche Verhandlung nicht stattfindet, vor Ablauf des Tages, an dem eine Ladung zum Termin zur Verkündung des Urteils zugestellt oder das schriftliche Urteil der Geschäftsstelle übermittelt wird, d) im Fall des § 331 Abs. 3 ZPO vor Ablauf des Tages, an dem das Urteil der Geschäftsstelle übermittelt wird oder e) im europäischen Verfahren für geringfügige Forderungen, in dem eine mündliche Verhandlung nicht stattfindet, vor Ablauf des Tages, an dem das schriftliche Urteil der Geschäftsstelle übermittelt wird, wenn keine Entscheidung nach § 269 Abs. 3 Satz 3 ZPO über die Kosten ergeht oder die Entscheidung einer zuvor mitgeteilten Einigung der Parteien über die Kostentragung oder der Kostenübernahmeerklärung einer Partei folgt, 2. Anerkenntnisurteil, Verzichtsurteil oder Urteil, das nach § 313 a Abs. 2 ZPO keinen Tatbestand und keine Entscheidungsgründe enthält, oder nur deshalb Tatbestand und die Entscheidungsgründe enthält, weil zu erwarten ist, dass das Urteil im Ausland geltend gemacht wird (§ 313 a Abs. 4 Nr. 5 ZPO), 3. gerichtlichen Vergleich oder Beschluss nach § 23 Abs. 3 KapMuG oder 4. Erledigungserklärungen nach § 91 a ZPO, wenn keine Entscheidung über die Kosten ergeht oder die Entscheidung einer zuvor mitgeteilten Einigung der Parteien über die Kostentragung oder der Kostenübernahmeerklärung einer Partei folgt, es sei denn, dass bereits ein anderes als eines der in Nummer 2 genannten Urteile, eine Entscheidung über einen Antrag auf Erlass einer Sicherungsanordnung oder ein Musterentscheid nach dem KapMuG vorausgegangen ist: Die Gebühr 1210 ermäßigt sich auf .... Die Zurücknahme des Antrags auf Durchführung des streitigen Verfahrens, des Widerspruchs gegen den Mahnbescheid oder des Einspruchs gegen den Vollstreckungsbescheid stehen der Zurücknahme der Klage gleich. Die Vervollständigung eines ohne Tatbestand und Entscheidungsgründe hergestellten Urteils (§ 313 a Abs. 5 ZPO) steht der Ermäßigung nicht entgegen. Die Gebühr ermäßigt sich auch, wenn mehrere Ermäßigungstatbestände erfüllt sind.	1,0

I. Allgemeines

1 In zivilrechtlichen Klageverfahren vor den ordentlichen Gerichten entsteht im ersten Rechtszug für das **Verfahren im Allgemeinen** eine 3,0-Gebühr nach Nr. 1210 KV. Die Verfahrensgebühr wird gem. § 6 Abs. 1 S. 1 Nr. 1 mit Einreichung der Klage fällig. Gemäß § 12 Abs. 1 S. 1 hängt die Zustellung der Klage von der vorherigen Einzahlung dieser Gebühr ab.

2 Nach der **Ausnahmeregelung** in Nr. 1211 KV[1] ermäßigt sich die 3,0-Verfahrensgebühr Nr. 1210 KV im Nachhinein auf eine 1,0-Gebühr, wenn das Verfahren durch die in Nr. 1211 KV aufgeführten bestimmten privilegierten Tatbestände beendet wird. Der **Katalog der Ermäßigungstatbestände** in Nr. 1211 KV ist nicht beispielhaft, sondern **abschließend**.[2] Eine **analoge Anwendung** bzw **weite Auslegung** ist ausgeschlossen.[3]

3 Sinn und Zweck dieser Regelung ist es, den Beteiligten einen finanziellen Anreiz zu bieten, das Verfahren zu erledigen, ohne dass das Gericht eine Sachentscheidung treffen muss.[4] Das soll zur Entlastung der Gerichte beitragen.[5]

4 Erforderlich ist, dass das **gesamte Verfahren** durch die in Nr. 1211 KV genannten Tatbestände beendet wird. Es ist aber nicht erforderlich, dass sich das gesamte Verfahren durch denselben Ermäßigungstatbestand erledigt. Kombinationen sind möglich, solange sich nur das Verfahren insgesamt erledigt (Anm. S. 3).

1 OLG Köln AGS 2011, 328 = JurBüro 2011, 489; OLG Karlsruhe MDR 2006, 235. **2** BGH NJW 2013, 2824 = AGS 2013, 433; OLG Köln AGS 2011, 328 = JurBüro 2011, 489; KG AGS 2012, 531 = FamRZ 2012, 1165; KG 18.7.2006 – 1 W 328/04, juris; OLG Köln JMBl NW 2009, 254; OLG Oldenburg NJW-RR 1999, 942 = JurBüro 1999, 374; OLG Nürnberg MDR 1997, 400 = JurBüro 1997, 537; *Meyer*, GKG Nr. 1211 KV Rn 20. **3** BGH NJW 2013, 2824 = AGS 2013, 433; OLG Braunschweig AGS 2015, 400; OLG Stuttgart AGS 2015, 518 = MDR 2015, 1103 = RVGreport 2016, 80; OLG Oldenburg AGS 2012, 528 = JurBüro 2012, 486 = NJW-RR 2012, 1467; OLG Celle 9.10.2012 – 2 W 255/12, juris; OLG Köln AGS 2011, 328 = JurBüro 2011, 489; KG 18.7.2006 – 1 W 328/04, juris; OLG Oldenburg NJW-RR 1999, 942 = JurBüro 1999, 374; OLG Nürnberg MDR 1997, 400 = JurBüro 1997, 537; KG 23.5.2007 – 1 W 8834/95, juris. **4** Vgl BVerfG NJW 1999, 3550 = JurBüro 2000, 146; OLG München NJW 2015, 1765 = AGS 2015, 226 = JurBüro 2015, 491; OLG Celle 9.10.2012 – 2 W 255/12, juris; KG NJW-RR 2009, 1079 = AGS 2009, 407. **5** KG NJW-RR 2009, 1079 = AGS 2009, 407; HK-FamGKG/ *N. Schneider*, Nr. 1221 KV Rn 1.

II. Beendigung des gesamten Verfahrens

1. Umfassende Beendigung. Die in Nr. 1–4 aufgeführten privilegierten Tatbestände führen nur dann zu   5
einer Ermäßigung der Gerichtsgebühr, wenn dadurch das **gesamte Verfahren** beendet wird. Teilbeendigungen des Verfahrens, zB durch teilweise Klagerücknahmen vor oder nach Zustellung der Klage, führen nicht zu einer Gebührenermäßigung.[6] Das Verfahren muss bzgl **aller Anträge, aller Kläger** und **aller Beklagten** iSv Nr. 1211 KV beendet worden sein,[7] sich also durch einen oder durch mehrere (Anm. S. 3) der aufgeführten privilegierten Beendigungstatbestände insgesamt erledigen.[8] Das gilt allerdings im Falle der **Verbindung** von Verfahren nicht uneingeschränkt (→ Rn 13 ff).[9] Muss das Gericht sich auch nur mit einem noch so **geringen Teil** des Verfahrens befassen und insoweit eine **nicht privilegierte Entscheidung** treffen, greift die Gebührenermäßigung nicht.[10]

Die Ermäßigung tritt deshalb nicht ein, wenn das Gericht zB lediglich noch über **1 Cent**,[11] lediglich über   6
die **Zinsforderung**[12] bzw nur über einen unbedeutenden Teil des Verfahrensgegenstands zu entscheiden hat.[13] Zur Frage, ob eine vollständige Verfahrensbeendigung vorliegt, wenn das Gericht noch eine **Kostenentscheidung** treffen muss bzw dem Gericht bei einem der in Nr. 1–4 genannten Ermäßigungstatbestände die **Kostenentscheidung vorbehalten** bleibt, → Rn 43 ff, 82 f und 89 ff.

2. Einzelfälle. a) Alle Kläger und Beklagte. Das Verfahren muss für **alle Kläger** und **alle Beklagten** durch   7
die in Nr. 1211 KV genannten Ermäßigungstatbestände beendet sein.[14] Es reicht nicht aus, wenn zB nur einige, aber nicht alle Kläger die Klage zurücknehmen, der Kläger die Klage nur hinsichtlich eines von mehreren Beklagten zurücknimmt oder der Kläger und nur einer von mehreren beklagten Streitgenossen den Rechtsstreit durch Vergleich beenden.[15] Sind mehrere Kläger oder Beklagte vorhanden, die sich prozessual unterschiedlich verhalten, ist dies nicht beim Kostenansatz (§ 19), sondern bei der gerichtlichen Kostenentscheidung und der Haftung nach § 29 zu berücksichtigen.[16]

b) Klage und Klageerweiterung. Nur die vollständige Rücknahme einer Klageerweiterung ermäßigt die Verfahrensgebühr Nr. 1210 KV nicht, wenn die ursprüngliche Klage weiter rechtshängig ist. Denn die Rücknahme beendet dann nicht das gesamte Verfahren. Es kommt dabei nicht darauf an, dass die Rücknahme der Klageerweiterung zu einer Verringerung des Streitwerts führt.[17]   8

c) Klage und Widerklage. Eine Beendigung des gesamten Verfahrens liegt nicht vor, wenn sich zwar die   9
gesamte **Widerklage**, nicht aber die **gesamte Klage** durch die in Nr. 1211 KV genannten Tatbestände erledigt. Das gilt auch umgekehrt. Die Zusammenrechnung der Werte von Klage und Widerklage (§ 45 Abs. 1 S. 1, 3) führt kostenrechtlich zu einem einheitlichen Verfahren, so dass die Ansprüche nicht getrennt betrachtet werden können. Deshalb reicht zB die evtl. Erledigung der Widerklageforderung durch einen der in Nr. 1211 KV Ermäßigungstatbestände nicht aus, wenn nicht zugleich auch eine entsprechende gesamte Erledigung der Klage eingetreten ist.[18] Das gilt auch bei der **Drittwiderklage**.[19] Eine **anteilige Gebührenermäßigung** nach dem Wert der Klage oder Widerklage erfolgt damit nicht.[20]

d) Urkundsverfahren und Nachverfahren. Das Urkundsverfahren und das Nachverfahren (§§ 592 ff ZPO)   10
bilden **dieselbe kostenrechtliche Instanz** (§ 35).[21] Die Rücknahme der Klage erst im Nachverfahren oder einer erst im Nachverfahren erfolgten Klageerweiterung führt deshalb nicht zu einer Ermäßigung nach Nr. 1211 KV. Denn im Nachverfahren liegt bereits ein **Vorbehaltsurteil** vor, das nicht zu den privilegierten Urteilen iSv Nr. 2 gehört und damit die Gebührenermäßigung ausschließt.[22] Entsprechendes gilt, wenn andere Ermäßigungstatbestände erst im Nachverfahren und damit nach Erlass des Vorbehaltsurteils eintreten.

6 OLG Köln AGS 2011, 328 = JurBüro 2011, 489. **7** OLG Köln JMBl NW 2009, 254; KG NJW-RR 2009, 1079 = AGS 2009, 407; OLG Köln 20.7.2006 – 17 W 127/06, juris; OLG Hamburg 25.11.2010 – 4 W 269/10, juris. **8** OLG Düsseldorf AGS 2004, 392; OLG Dresden OLGR 1999, 204 = JurBüro 1998, 429. **9** Vgl OLG Hamburg 25.11.2010 – 4 W 269/10, juris. **10** OLG Köln AGS 2011, 328 = JurBüro 2011, 489; OLG Düsseldorf JurBüro 2001, 313. **11** Binz/Dörndorfer/Zimmermann, Nr. 1211 KV GKG Rn 3. **12** OLG Düsseldorf AGS 2004, 392; OLG Dresden OLGR 1999, 204 = JurBüro 1998, 429. **13** OLG Koblenz OLGR 2007, 879; OLG Köln NJW-RR 1998, 1293 = JurBüro 1998, 372. **14** KG 19.10.2011 – 5 W 220/11, juris; KG NJW-RR 2009, 1079 = AGS 2009, 407; OLG Köln 20.7.2006 – 17 W 127/06, juris; OLG Köln JMBl NW 2009, 254. **15** OLG Köln JMBl NW 2009, 254; KG 19.10.2011 – 5 W 220/11, juris; Binz/Dörndorfer/Zimmermann, Nr. 1211 KV GKG Rn 3; aA noch KG AGS 2002, 135 = MDR 2002, 727, aber aufgegeben durch KG NJW-RR 2009, 1079 = AGS 2009, 407 und KG 19.10.2011 – 5 W 220/11, juris. **16** OLG Köln JMBl NW 2009, 254; KG 19.10.2011 – 5 W 220/11, juris; aA noch KG AGS 2002, 135 = MDR 2002, 722 = BRAGOreport 2003, 19, aber aufgegeben durch KG NJW-RR 2009, 1079 = AGS 2009, 407 und KG 19.10.2011 – 5 W 220/11, juris. **17** OLG Düsseldorf 29.11.2011 – I-10 W 64/11, juris; OLG Stuttgart MDR 2002, 298; OLG München NJW-RR 1997, 1159 = MDR 1997, 688. **18** OLG Düsseldorf 22.3.2011 – I-10 W 173/10, nv; OLG Köln JMBl NW 2009, 254; OLG Schleswig MDR 2003, 176 = AGS 2003, 173; OLG Stuttgart MDR 2002, 298; Binz/Dörndorfer/Zimmermann, Nr. 1211 KV GKG Rn 3; Oestreich/Hellstab/Trenkle, GKG Nr. 1211 KV Rn 14 f. **19** OLG Düsseldorf 22.3.2011 – I-10 W 173/10, nv. **20** OLG Köln JMBl NW 2009, 254; OLG Köln 13.7.2006 – 17 W 121/06, juris; OLG Schleswig MDR 2003, 176; OLG Stuttgart MDR 2002, 298; Binz/Dörndorfer/Zimmermann, Nr. 1211 KV GKG Rn 3; aA KG AGS 2002, 135 = MDR 2002, 722. **21** OLG Düsseldorf 29.11.2011 – I-10 W 64/11, nv. **22** OLG Düsseldorf 29.11.2011 – I-10 W 64/11, nv.

11   Kommt es nach einem **Anerkenntnis-Vorbehaltsurteil** noch zum Nachverfahren, hat das Anerkenntnis-Vorbehaltsurteil nicht das gesamte Verfahren iSv Nr. 1211 KV beendet, so dass **keine Ermäßigung** erfolgt.[23] Denn das Urkundsverfahren bildet mit dem Nachverfahren insgesamt **denselben kostenrechtlichen Rechtszug.**[24] Siehe iÜ → Rn 55 und 115.

12   **e) Trennung von Verfahren.** Bei Trennung in mehrere Verfahren (→ Nr. 1210 KV Rn 50) ist für jedes einzelne Verfahren gesondert zu prüfen, ob die in Nr. 1211 KV genannten Ermäßigungstatbestände erfüllt werden.[25] Ist gegen zwei Beklagte ein Versäumnisurteil ergangen und werden die Verfahren anschließend getrennt, so fällt nach der Trennung in beiden Verfahren auch dann eine 3,0-Verfahrensgebühr Nr. 1210 KV an, die sich nicht ermäßigt, wenn die Klage im abgetrennten Verfahren zurückgenommen wird.[26]

13   **f) Verbindung von Verfahren. aa) Allgemeines.** Nr. 1211 KV sieht für die Verbindung von Verfahren keine Ermäßigung nach Nr. 1211 KV vor. Die Ermäßigungstatbestände sind dort abschließend genannt. Eine analoge Anwendung auf die Verfahrensverbindung scheidet aus.[27] Auch eine Prozessverbindung nach § 246 Abs. 3 S. 6 AktG führt nicht zu einer vorzeitigen Beendigung des Verfahrens iSv Nr. 1211 KV.[28]

13a   **bb) Gesamtbeendigung des verbundenen Verfahrens.** Werden mehrere Verfahren verbunden und wird das einheitliche verbundene Verfahren durch die in Nr. 1211 KV genannten Tatbestände für **alle Kläger, alle Beklagten** und **alle Streitgegenstände** insgesamt beendet, ermäßigen sich nach Nr. 1211 KV alle in den ursprünglich eigenständigen Verfahren entstandenen Verfahrensgebühren.[29] Denn wenn die Verbindung die vor der Verbindung angefallenen getrennten Gebühren Nr. 1210 KV unberührt lässt (→ Nr. 1210 KV Rn 46),[30] muss sich umgekehrt der Eintritt eines Ermäßigungstatbestands im verbundenen Verfahren auf alle in den ursprünglich eigenständigen Verfahren angefallenen getrennten Gebühren auswirken.[31] Das gilt auch, wenn eine Verbindung wie in § 246 Abs. 3 AktG gesetzlich zwingend vorgeschrieben ist.[32]

14   **cc) Beendigung des verbundenen Verfahrens nicht für alle Kläger.** Zwar muss das Verfahren bzgl **aller Anträge, aller Kläger** und **aller Beklagten** iSv Nr. 1211 KV beendet worden sein (→ Rn 5). Dieser Grundsatz gilt aber im Falle der Verbindung von Verfahren nicht, wenn in dem verbundenen Verfahren die in Nr. 1211 KV genannten Ermäßigungstatbestände **nicht für alle Kläger** des verbundenen Verfahrens eingreifen. Weil die Verbindung von Verfahren die vor der Verbindung angefallenen getrennten Verfahrensgebühren unberührt lässt, muss auch für die Frage, ob das gesamte Verfahren durch einen der in Nr. 1211 KV genannten Ermäßigungstatbestände beendet worden ist, nur auf das Verfahren vor der Verbindung abgestellt werden. Ansonsten wäre es dem einzelnen Kläger im Verfahren nach Verbindung verwehrt, durch sein prozessuales Verhalten die Ermäßigung der von ihm geschuldeten (→ § 22 Rn 65) eigenständigen Verfahrensgebühr Nr. 1210 KV für das Verfahren bis Verbindung herbeizuführen.[33]

15   Im Falle der Verfahrensverbindung ist daher im Rahmen von Nr. 1211 KV nicht auf das Gesamtverfahren nach der Verbindung, sondern auf das jeweilige Verfahren vor der Verbindung abzustellen. Maßgebend ist damit allein das vor der Verbindung begründete Prozessrechtsverhältnis, durch das die Verfahrensgebühr entstanden ist.[34]

16   **dd) Vorausgegangenes Urteil.** Ist in einem der später verbundenen mehreren Verfahren eine andere Entscheidung als eines der in Nummer 2 genannten Urteile vorausgegangen, hindert dieses Urteil nur die Gebührenermäßigung in diesem Verfahren, nicht aber in den übrigen verbundenen Verfahren.[35]

17   **3. Vorbehaltene Kostenentscheidung.** Zur Frage, ob eine dem Gericht vorbehaltene Kostenentscheidung den Eintritt der Gebührenermäßigung verhindert, weil nicht das gesamte Verfahren durch einen der in Nr. 1–4 genannten Ermäßigungstatbestände beendet worden ist, s. die Erl. in → Rn 43 ff, 82 f und 89 ff.

III. Die einzelnen Ermäßigungstatbestände

18   **1. Abschließende Aufzählung.** Der Katalog der Ermäßigungstatbestände in Nr. 1211 KV ist **abschließend.**[36] Eine **analoge Anwendung** der Ausnahmeregelungen in Nr. 1211 KV ist ausgeschlossen.[37] Deshalb kommt

---

23 OLG Jena 20.8.2012 – 9 W 381/12, juris. **24** OLG Düsseldorf 29.11.2011 – I-10 W 64/11, nv. **25** HK-FamGKG/N. *Schneider*, Nr. 1221 KV Rn 10. **26** OLG München AGS 2006, 398 = RVGreport 2006, 280. **27** BGH NJW 2013, 2824 = AGS 2013, 433. **28** BGH NJW 2013, 2824 = AGS 2013, 433. **29** OLG München NJW-RR 1999, 1232 = JurBüro 1999, 484. **30** BGH 14.5.2013 – II ZB 12/12, juris; BGH NJW-RR 2011, 618 = MDR 2011, 553; OLG Hamburg 25.11.2010 – 4 W 269/10, juris; OLG Düsseldorf AGS 2009, 455; OLG Koblenz MDR 2005, 1017; OLG Hamm JurBüro 2005, 598; OLG Oldenburg JurBüro 2003, 322; OLG München NJW-RR 1999, 1232 = JurBüro 1999, 484; OLG München MDR 1997, 688. **31** OLG Hamburg 25.11.2010 – 4 W 269/10, juris; OLG München NJW-RR 1999, 1232 = JurBüro 1999, 484. **32** OLG Hamburg 25.11.2010 – 4 W 269/10, juris. **33** OLG Hamburg 25.11.2010 – 4 W 269/10, juris. **34** OLG Hamburg 25.11.2010 – 4 W 269/10, juris. **35** OLG Karlsruhe AGS 2010, 192. **36** OLG Köln AGS 2011, 328 = JurBüro 2011, 489; OLG Köln JMBl NW 2009, 254; OLG Oldenburg NJW-RR 1999, 942 = *Meyer*, GKG Nr. 1211 KV Rn 20. **37** BGH NJW 2013, 2824 = AGS 2013, 433; OLG Celle 9.10.2012 – 2 W 255/12, juris; OLG Köln AGS 2011, 328 = JurBüro 2011, 489; KG 18.7.2006 – 1 W 328/04, juris; OLG Oldenburg NJW-RR 1999, 942 = JurBüro 1999, 374; OLG Nürnberg MDR 1997, 400 = JurBüro 1997, 537; KG 23.5.2007 – 1 W 8834/95, juris.

zB eine entsprechende Anwendung von Nr. 1211 KV auf die Verwerfung eines Einspruchs gegen einen Vollstreckungsbescheid als unzulässig nicht in Betracht.[38]

2. Zurücknahme der Klage (Nr. 1). a) Grundsätze. Für den Eintritt der Gebührenermäßigung muss das **19** Verfahren durch Zurücknahme der Klage **vollständig beendet** worden sein. **Teilweise Klagerücknahmen** reichen nicht aus,[39] es sei denn, dass eine **Kombination mit anderen Ermäßigungstatbeständen** vorliegt, Anm. S. 3. Voraussetzung für die Gebührenermäßigung ist ferner, dass keines der in Nr. 2 genannten Urteile, eine Sicherungsanordnung gem. § 283 a ZPO oder ein Musterentscheid nach dem KapMuG vorausgegangen sind und dass keine Kostenentscheidung gem. § 269 Abs. 3 S. 3 ZPO ergeht oder die Kostenentscheidung einer zuvor mitgeteilten Einigung der Parteien über die Kosten oder der Kostenübernahmeerklärung einer Partei folgt.

Es genügt auch weder die Rücknahme einer **Klageerweiterung** (→ Rn 8),[40] selbst wenn die Klage noch **20** nicht zugestellt war,[41] noch die Rücknahme einer **Widerklage** (→ Rn 9).[42] Die vollständige Zurücknahme der Klage reicht auch nicht, wenn bereits eine Widerklage erhoben ist und nach der Klagerücknahme anhängig bleibt (→ Rn 9). Das Verfahren muss für **alle Kläger, alle Beklagte** und **alle Gegenstände** durch die Rücknahme, ggf. in Kombination mit anderen Ermäßigungstatbeständen, beendet werden (→ Rn 5 ff).

b) Begriff der Klagerücknahme. aa) Kostenrechtliches Verständnis. Klagerücknahme iSv Nr. 1211 Nr. 1 KV **21** ist **nicht unbedingt zivilprozessual,** sondern **kostenrechtlich** zu verstehen.[43] Teilt der Kläger nach Einreichung der Klage, aber noch **vor deren Zustellung** mit, dass sich die Sache erledigt hat, oder nimmt er die zu diesem Zeitpunkt prozessual noch gar nicht erhobene Klage (vgl § 253 Abs. 1 ZPO) zurück, liegt kostenrechtlich eine Klagerücknahme iSv Nr. 1211 Nr. 1 KV vor. Denn die 3,0-Verfahrensgebühr Nr. 1210 KV ist bereits mit Einreichung der Klage bei Gericht entstanden und fällig geworden (→ Nr. 1210 KV Rn 11 ff).

Es reicht aus, wenn aus dem Verhalten des Klägers oder ggf des Beklagten (Widerklage) zweifelsfrei abgeleitet werden kann, dass der Prozess nicht weiterbetrieben werden soll und der Prozess dann auch tatsächlich **22** insgesamt beendet wird.[44] Ausreichend kann zB eine **einseitige Erledigungserklärung** sein[45] (zur übereinstimmenden Erledigungserklärung nach Nr. 4 → Rn 88 ff). Auch die Mitteilung des Klägers, dass der Beklagte die geltend gemachte Forderung vollständig gezahlt hat, kann als kostenrechtliche Klagerücknahme zu behandeln sein.[46] Entsprechendes gilt für die Bitte, von weiteren Maßnahmen abzusehen.[47]

bb) Nichtbetreiben des Verfahrens nach Zahlung der 3,0-Verfahrensgebühr. Unklar ist, ob eine vollständige Klagerücknahme iSv Nr. 1211 Nr. 1 KV zu unterstellen ist, wenn der Kläger nach Einzahlung einer 3,0- **23** Verfahrensgebühr Nr. 1210 KV den Prozess nicht weiterbetreibt (zB infolge **Unterbrechung, Aussetzung, Ruhen des Verfahrens**).[48] Diese Fragestellung tritt in der Praxis zB auch dann auf, wenn das Mahnverfahren nach Widerspruch gegen den Mahnbescheid an das Prozessgericht abgegeben wird, weil der Kläger – unter Anrechnung der Mahnverfahrensgebühr Nr. 1100 KV – die 3,0-Verfahrensgebühr Nr. 1210 KV für das Prozessverfahren vorab eingezahlt hat.[49] Wenn der Kläger anschließend nach Eingang der Akte beim Prozessgericht seinen Anspruch nicht begründet bzw das Verfahren nicht weiterbetreibt, seinen Antrag auf Durchführung des streitigen Verfahrens bzw die Klage aber nicht ausdrücklich zurücknimmt, kann der Kostenbeamte jedenfalls nicht ohne Weiteres frühestens nach **sechs Monaten** (vgl § 7 Abs. 3 AktO) eine vollständige Klagerücknahme unterstellen und 2,0-Gebühren an den Kläger erstatten.[50] Das **Nichtbetreiben des Verfahrens** wird allenfalls dann kostenrechtlich als Klagerücknahme gewertet werden können, wenn der Kostenbeamte in diesen Fällen zuvor beim Kläger nachfragt, ob sich das Verfahren erledigt hat, und den Kläger in diesem Schreiben gleichzeitig darauf hinweist, dass ohne Beantwortung des Schreibens keine Rückzahlung erfolge, weil dann davon ausgegangen werde, dass sich das Verfahren nicht erledigt habe.

cc) Verfahrensgebühr Nr. 1210 KV wird nicht gezahlt. Wird die gem. § 6 Abs. 1 S. 1 Nr. 1 mit Einreichung **24** der Klage fällig werdende und gem. § 12 Abs. 1 S. 1 vorauszuzahlende Verfahrensgebühr Nr. 1210 KV vom Kläger nicht vorausgezahlt, so wird diese Gebühr gem. § 26 Abs. 8 S. 3 KostVfg vom Kostenbeamten nur insoweit angesetzt, als sich der Kostenschuldner nicht durch Rücknahme der Klage von der Verpflichtung zur Zahlung befreien kann (s. insoweit → Rn 125 f).

---

38 KG 23.5.2007 – 1 W 8834/95, juris. **39** OLG Koblenz AnwBl 2003, 187; OLG Hamburg OLGR 1999, 408 = KostRsp. GKG KostVerz. Nr. 97; KGReport Berlin 1999, 279 = NJW-RR 2000, 215. **40** LG Frankenthal KostRsp. GKG KostVerz. Nr. 53. **41** OLG München OLGR 1997, 216 = NJW-RR 1997, 1159; OLG Hamm MDR 1997, 206. **42** OLG Frankfurt KostRsp. GKG KostVerz. Nr. 17; LG Frankenthal KostRsp. GKG KostVerz. Nr. 53. **43** Meyer, GKG Nr. 1211 KV Rn 28; Binz/Dörndorfer/*Zimmermann*, Nr. 1211 KV GKG Rn 4; *Hartmann*, KostG, Nr. 1211 KV GKG Rn 4. **44** OLG Düsseldorf AGS 2000, 57 = NJW-RR 2000, 362; OLG München NJW-RR 1997, 639; *Meyer*, GKG Nr. 1211 KV Rn 28. **45** *Meyer*, GKG Nr. 1211 KV Rn 27. **46** *Meyer*, GKG Nr. 1211 KV Rn 27. **47** OLG München MDR 1996, 1076. **48** Abl. OLG Zweibrücken JurBüro 2008, 95; *Meyer*, GKG Nr. 1211 KV Rn 28; Binz/Dörndorfer/*Zimmermann*, Nr. 1211 KV GKG Rn 4. **49** Vgl hierzu OLG Köln JurBüro 2015, 37. **50** Vgl zur Annahme der Verfahrensbeendigung in diesen Fällen: OLG Schleswig JurBüro 1994, 680; OLG Köln JurBüro 2015, 37; OLG Karlsruhe 25.9.2012 – 11 W 34/10, juris; OLG Nürnberg JurBüro 1981, 1230.

25 **c) Wirksame Rücknahme.** Eine Zurücknahme der Klage nach mündlicher Verhandlung setzt zu ihrer Wirksamkeit gem. § 269 Abs. 1 ZPO die Zustimmung des Beklagten voraus. Daher kommt eine Gebührenermäßigung nach Nr. 1 nur dann in Betracht, wenn die **Zustimmung des Beklagten erteilt** wird. Fehlt seine Zustimmung, ist die Zurücknahme unwirksam und führt nicht zu einer Gebührenermäßigung.[51]

26 **d) Zeitpunkt der Zurücknahme der Klage. aa) Grundsatz.** Die Zurücknahme der Klage ist **fristgebunden.** Je nach Art des Verfahrens ist der Zeitpunkt unterschiedlich zu bestimmen.

27 **bb) Schluss der mündlichen Verhandlung (Nr. 1 Buchst. a).** Will das Gericht aufgrund mündlicher Verhandlung entscheiden, muss die Zurücknahme der Klage **vor dem Schluss der mündlichen Verhandlung** erfolgen. In der Regel wird durch die Bestimmung des Verkündungstermins die mündliche Verhandlung geschlossen, § 136 Abs. 4 ZPO (§ 296 a ZPO).[52] Gemeint ist die **Reife für die Endentscheidung.**[53] Es gilt der Grundsatz der **Einheit der mündlichen Verhandlung.** Die Klage muss nicht schon im ersten Termin zurückgenommen worden sein. Entgegen dem Wortlaut kann sogar noch eine nach der mündlichen Verhandlung erklärte Rücknahme zur Gebührenermäßigung führen, nämlich dann, wenn nach Aktenlage feststeht, dass anderenfalls noch ein weiterer Termin hätte stattfinden müssen. Anhaltspunkte dafür, dass eine weitere mündliche Verhandlung hätte stattfinden müssen, ergeben sich zB dann, wenn im Verkündungstermin ein Beweisbeschluss verkündet worden wäre.[54] Das Gleiche gilt zB im Falle einer Verweisung, wenn vor dem zuständigen Gericht noch hätte verhandelt werden müssen.[55]

28 **Beispiel (Beweisaufnahme):** Das Gericht kündigt in der mündlichen Verhandlung an, einen Beweisbeschluss zu erlassen, und setzt einen Verkündungstermin fest. Bevor der Beweisbeschluss erlassen wird, nimmt der Kläger die Klage zurück. – Da nach Beweisaufnahme erneut hätte verhandelt werden müssen, führt die Zurücknahme hier zur Gebührenermäßigung.

29 Nach der **Gegenansicht**[56] kann der Kostenbeamte nicht beurteilen, ob in der Sache ein weiterer Termin stattgefunden hätte oder ob ein Urteil ergangen wäre. Daher komme eine Gebührenermäßigung nur dann in Betracht, wenn im Zeitpunkt der Rücknahme bereits festgestanden habe, dass das Verfahren weitergehen werde, etwa wenn ein Beweisbeschluss bereits erlassen war.

30 Diese Auffassung widerspricht dem Sinn und Zweck des Gesetzes. Im Falle der frühzeitigen Klagerücknahme würde der Kläger benachteiligt, während der Kläger übervorteilt würde, der dem Gericht weitere Arbeit verursacht, etwa dadurch, dass er den Erlass eines Beweisbeschlusses, die Verweisung und Verschickung der Akten abwartet, bis neuer Termin anberaumt ist.

31 Wird die Klage dagegen erst nach Schluss der mündlichen Verhandlung, auf die ein Urteil hätte ergehen sollen, zurückgenommen, so reicht dies für eine Gebührenermäßigung grds. nicht aus.[57] Nach Schluss der mündlichen Verhandlung kommt nur noch der Verzicht in Betracht. Der Umstand, dass das Gericht dem Kläger eine **Schriftsatzfrist** einräumt, führt zu keinem anderen Ergebnis. Der Gesetzgeber hat mit dem Schluss der mündlichen Verhandlung eine klare zeitliche Begrenzung festgelegt. Über diese eindeutige Regelung kann nicht mit der Überlegung hinweggegangen werden, dass die Einräumung einer **Überlegungsfrist** die Wirkung hat, dass eine innerhalb dieser Frist erfolgte Klagerücknahme als „in der mündlichen Verhandlung erfolgt" zu werten wäre. Dies wäre nur in dem in Nr. 1211 Nr. 1 Buchst. b KV ausdrücklich erwähnten Fall des schriftlichen Verfahrens möglich. Außerhalb des schriftlichen Verfahrens fehlt für eine solche Fiktion jede Grundlage.[58]

32 **Beispiel:** In der mündlichen Verhandlung weist das Gericht den Kläger auf die Unschlüssigkeit der Klage hin. Der Anwalt des Klägers will jedoch nicht ohne Rücksprache mit seinem Mandanten die Klage Antrag zurücknehmen und kündigt an, die Rücknahme ggf später zu erklären. Der Anwalt des Beklagten erklärt sich vorsorglich mit der Rücknahme einverstanden. – Wird jetzt innerhalb der Spruchfrist der Antrag zurückgenommen, führt dies nicht mehr zu einer Gebührenermäßigung.

33 Der Prozessbevollmächtigte des Klägers kann in solchen Fällen allerdings unter Hinweis auf die Rechtslage die **Wiedereröffnung der mündlichen Verhandlung** beantragen. Die Zurücknahme der Klage in einer nur zu diesem Zwecke wiedereröffneten mündlichen Verhandlung reicht aus, um die Gebührenermäßigung herbeizuführen. Das Gericht wird dem Antrag auf Wiedereröffnung in aller Regel auch stattgeben, da es dann kein Urteil mehr abzufassen braucht. Es reicht bereits aus, dass der Verkündungstermin im Hinblick auf eine angekündigte Klagerücknahme aufgehoben wird, da dann ohne erneute mündliche Verhandlung eine

---

51 Vgl OLG Koblenz AnwBl 2003, 187; Binz/Dörndorfer/*Zimmermann,* Nr. 1211 KV GKG Rn 4; *Meyer,* GKG Nr. 1211 KV Rn 28. **52** OLG Düsseldorf AGS 2000, 57 = NJW-RR 2000, 362. **53** OLG München MDR 2000, 787; Binz/Dörndorfer/*Zimmermann,* Nr. 1211 KV GKG Rn 5. **54** OLG Düsseldorf AGS 2000, 57 = NJW-RR 2000, 362; OLG München MDR 1997, 402. **55** OLG Düsseldorf OLGR 1996, 135 = NZA-RR 1996, 265 = zfs 1996, 352. **56** LG Frankfurt AGS 1999, 173 = MDR 1999, 1286 = NJW-RR 2000, 216. **57** OLG München MDR 1997, 402. **58** OLG München AGS 2000, 136 = JurBüro 2000, 425 (keine Schriftsatzfrist gem. § 283 ZPO); aA aber OLG Jena RVGreport 2016, 119 und LG Krefeld JurBüro 2015, 317 (für die Schriftsatzfrist gem. § 283 ZPO).

NK-GK/*Volpert*

Fortsetzung des Verfahrens nicht möglich gewesen wäre.[59] Das Gericht kann auch ins schriftliche Verfahren übergehen, so dass dort dann wiederum die privilegierte Rücknahme möglich ist (→ Rn 35 f).

Bei einer **begründeten Gehörsrüge** wird das Verfahren gem. **§ 321 a Abs. 5 ZPO** vom Gericht fortgeführt, 34 soweit dies aufgrund der Rüge geboten ist. Das Verfahren wird in die Lage zurückversetzt, in der es sich **vor dem Schluss der mündlichen Verhandlung** befand. Hier kann also noch eine nach Nr. 1 privilegierte Zurücknahme der Klage erfolgen.[60]

cc) Schriftliches Verfahren (Nr. 1 Buchst. b). Mit Zustimmung der Parteien, die nur bei einer wesentlichen 35 Änderung der Prozesslage widerruflich ist, kann das Gericht gem. § 128 Abs. 2 ZPO eine Entscheidung ohne mündliche Verhandlung treffen. Es bestimmt alsbald den Zeitpunkt, bis zu dem Schriftsätze eingereicht werden können, und den Termin zur Verkündung der Entscheidung. Eine Entscheidung ohne mündliche Verhandlung ist unzulässig, wenn seit der Zustimmung der Parteien mehr als drei Monate verstrichen sind.

Hat das Gericht das schriftliche Verfahren angeordnet, so muss die Klage **vor dem Zeitpunkt** zurückgenom- 36 men werden, **der dem Schluss der mündlichen Verhandlung entspricht** (§ 128 Abs. 2 S. 2 ZPO). Eine spätere Rücknahme wirkt nicht mehr gebührenermäßigend. Der Schluss der mündlichen Verhandlung wird dabei regelmäßig der Zeitpunkt sein, bis zu dem Schriftsätze eingereicht werden können.

dd) Bagatellverfahren gem. § 495 a ZPO (Nr. 1 Buchst. c). Das Gericht kann sein Verfahren gem. § 495 a 37 ZPO nach **billigem Ermessen** bestimmen, wenn der Streitwert 600 € nicht übersteigt. Auf Antrag muss mündlich verhandelt werden. Findet im Verfahren gem. § 495 a ZPO nach billigem Ermessen des Richters eine **mündliche Verhandlung nicht statt**, ermäßigt sich die Gebühr nach Nr. 1 Buchst. c, wenn die Klage zurückgenommen wird vor Ablauf des Tages,

- an dem eine Ladung zum Termin zur Verkündung des Urteils zugestellt oder
- das schriftliche Urteil der Geschäftsstelle übermittelt wird.

Es kommt also auf den **Zustellungszeitpunkt** (Zustellungsurkunde) bzw den Tag des Eingangs auf der zu- 38 ständigen Geschäftsstelle an. Diese Zeitpunkte kommen im Verfahren nach § 495 a ZPO dem Schluss der mündlichen Verhandlung am nächsten.[61] Die Übergabe des Diktats des Urteils reicht nicht.[62] Nr. 1 Buchst. c ist eine **subsidiäre Regelung** zu Nr. 1 Buchst. a und Nr. 1 Buchst. b.[63]

ee) Versäumnisurteil gem. § 331 Abs. 3 ZPO (Nr. 1 Buchst. d). Ist ein Versäumnisurteil gem. § 331 Abs. 3 39 ZPO im schriftlichen Vorverfahren (§ 276 ZPO) ergangen, muss die Klagerücknahme **vor Ablauf des Tages** bei Gericht eingehen, an dem das **unterschriebene Versäumnisurteil der (zuständigen) Geschäftsstelle übermittelt** wird. Maßgebend ist der Tag des Eingangs auf der Geschäftsstelle. Eine spätere Rücknahme wirkt nicht mehr gebührenermäßigend.

Nr. 1 Buchst. d gilt nur bei einem (schriftlichen) Versäumnisurteil gegen den Beklagten gem. § 331 Abs. 3 40 ZPO, nicht aber bei einem klageabweisenden Versäumnisurteil gem. § 330 ZPO.[64]

ff) Europäisches Verfahren für geringfügige Forderungen (Nr. 1 Buchst. e). Das Verfahren für Verfahren 41 nach der Verordnung (EG) Nr. 861/2007 des Europäischen Parlaments und des Rates vom 11. Juli 2007 zur Einführung eines **europäischen Verfahrens für geringfügige Forderungen** (ABl. EU Nr. L 199 S. 1). richtet sich nach in der ZPO enthaltenen Vorschriften (vgl §§ 1097 ff ZPO). Für das Verfahren entsteht in der ersten Instanz die Verfahrensgebühr Nr. 1210 KV (→ Nr. 1210 KV Rn 3).

Findet in dem Verfahren eine mündliche Verhandlung nicht statt, kann die Klage gebührenprivilegiert vor Ablauf des Tages zurückgenommen werden, an dem das schriftliche Urteil der Geschäftsstelle übermittelt wird. Die Situation ist mit der im Verfahren nach § 495 a ZPO vergleichbar.[65] Findet ausnahmsweise eine mündliche Verhandlung statt, gilt Nr. 1 Buchst. a.[66]

gg) Beendigung des Rechtsstreits durch Konfusion. Wird der Rechtsstreit durch Konfusion beendet, weil 42 eine Partei Alleinerbin ihres Prozessgegners geworden ist, endet das Verfahren wegen des Verbots des Insichprozesses in der Hauptsache.[67] Durch eine nachträgliche Klagerücknahme verringert sich die Gebühr nicht mehr, weil diese Erklärungen nach der tatsächlichen Verfahrensbeendigung durch Konfusion keine rechtliche Wirkung mehr entfalten können (→ Rn 103 a).[68]

e) Keine Kostenentscheidung gem. § 269 Abs. 3 S. 3 ZPO. Die Klagerücknahme wirkt aber nur dann ge- 43 bührenermäßigend, wenn keine Kostenentscheidung nach § 269 Abs. 3 S. 3 ZPO ergeht oder die Entscheidung einer zuvor mitgeteilten Einigung über die Kostentragung oder einer Kostenübernahmeerklärung folgt. Mit dieser Regelung soll verhindert werden, dass eine Gebührenermäßigung auch dann eintritt, wenn

---

59 OLG Düsseldorf AGS 2000, 57 = NJW-RR 2000, 362. **60** *N. Schneider*, NJW 2002, 1094. **61** OLG Karlsruhe MDR 2006, 235. **62** Binz/Dörndorfer/*Zimmermann*, Nr. 1211 KV GKG Rn 10. **63** OLG Karlsruhe MDR 2006, 235. **64** LG Koblenz NJW-RR 2004, 72. **65** BT-Drucks 16/8839, S. 32. **66** BT-Drucks 16/8839, S. 32. **67** Vgl BGH NJW-RR 2011, 488; OLG Stuttgart AGS 2015, 518 = RVGreport 2016, 80. **68** OLG Stuttgart AGS 2015, 518 = RVGreport 2016, 80.

sich das Gericht nach einer Klagerücknahme doch noch mit der Sache befassen muss, nämlich im Rahmen der Kostenentscheidung.

44 § 269 Abs. 3 S. 3 ZPO regelt die Kostenentscheidung, wenn der Anlass zur Einreichung der Klage vor Rechtshängigkeit weggefallen und die Klage daraufhin zurückgenommen wird. In diesem Fall bestimmt sich die Kostentragungspflicht unter Berücksichtigung des bisherigen **Sach- und Streitstandes nach billigem Ermessen.** Das gilt auch, wenn die Klage nicht zugestellt wurde. Bei der Kostenentscheidung gem. § 269 Abs. 3 S. 3, Abs. 4 ZPO muss sich das Gericht mit der Sache selbst befassen (Sach- und Streitstand), so dass die Gebührenermäßigung nicht eintritt.[69] Nr. 1211 Nr. 1 KV stellt nur darauf ab, ob eine Entscheidung nach § 269 Abs. 3 S. 3 ZPO **ergeht**; auf die **Zustellung** des Beschlusses kommt es kostenrechtlich nicht an.

45 Die Kostenentscheidung gem. § 269 Abs. 3 S. 2, Abs. 4 ZPO hindert die Gebührenermäßigung aufgrund Zurücknahme der Klage dagegen nicht. Danach ist **der Kläger verpflichtet**, im Falle der Klagerücknahme die Kosten des Rechtsstreits zu tragen, soweit nicht bereits rechtskräftig über sie erkannt ist oder sie dem Beklagten aus einem anderen Grund aufzuerlegen sind. Die Kostenentscheidung nach § 269 Abs. 3 S. 2 ZPO hat nur **deklaratorische** Bedeutung, weil die Kostentragungspflicht des Klägers hier gesetzlich angeordnet ist.[70]

46 **f) Kostenentscheidung folgt Einigung oder Kostenübernahmeerklärung.** Auf die Erl. in → Rn 95 ff und 98 ff wird insoweit verwiesen.

47 **g) Ermäßigung nach vorangegangenem Mahnverfahren (Anm. S. 1). aa) Überblick.** Ist dem Prozessverfahren ein Mahnverfahren vorangegangen, kommen drei weitere Ermäßigungstatbestände in Betracht, die in der Anm. S. 1 **der Klagerücknahme gleichgestellt** werden. Danach tritt die Ermäßigung auch dann ein, wenn

- der Antrag auf Durchführung des streitigen Verfahrens (§ 696 Abs. 1 ZPO) oder
- der Widerspruch gegen den Mahnbescheid (§ 697 Abs. 4 ZPO) oder
- der Einspruch gegen den Vollstreckungsbescheid (§§ 700, 346, 516 ZPO)

zurückgenommen wird. Auch in diesen Fällen braucht sich das Gericht mit der Sache nicht mehr zu befassen.

48 **bb) Gesamterledigung.** Erforderlich ist allerdings auch hier, dass sich das Verfahren insgesamt erledigt. **Teilrücknahmen** reichen daher nicht aus. Ebenso wenig reicht die Rücknahme aus, wenn sich das Verfahren zwischenzeitlich durch eine Klageerweiterung oder einen Widerklage erweitert hat. Dann muss hinsichtlich des Mehrbetrags ein weiterer Ermäßigungstatbestand hinzukommen (Anm. S. 3).

49 Nicht zu verwechseln ist eine Teilrücknahme mit der Rücknahme eines Teilantrags auf Durchführung des streitigen Verfahrens oder eines Teileinspruchs. Werden solche beschränkten Rechtsbehelfe (vollständig) zurückgenommen, tritt die Ermäßigung ein.

Beispiel: Im Mahnverfahren werden 10.000 € geltend gemacht. Der Antragsgegner legt Widerspruch nur iHv 4.000 € ein und nimmt diesen vor der mündlichen Verhandlung im streitigen Verfahren wieder zurück.

Im Mahnverfahren ist eine 0,5-Gebühr (Nr. 1100 KV) aus 10.000 € angefallen. Im streitigen Verfahren ist zunächst unter Anrechnung der 0,5-Gebühr (Anm. Abs. 1 zu Nr. 1210 KV) eine 3,0-Gebühr nach Nr. 1210 KV aus 4.000 € angefallen, die sich später nach Nr. 1211 KV auf eine 1,0-Gebühr ermäßigt hat (Anm. S. 1). Abzurechnen ist wie folgt:

I. Mahnverfahren

0,5-Gebühr, Nr. 1100 KV (Wert: 10.000 €)	120,50 €

II. Streitiges Verfahren

1,0-Gebühr, Nr. 1210, 1211 KV (Wert: 4.000 €)	127,00 €	
./. 0,5-Gebühr aus 4.000 €, Anm. Abs. 1 zu Nr. 1210 KV	– 63,50 €	
		63,50 €
Gesamt		**184,00 €**

50 **cc) Frist.** Die Rücknahme ist auch hier **fristgebunden**. Es gilt insoweit das Gleiche wie bei der Klagerücknahme (→ Rn 26 ff).

51 **h) Mehrfache Klageeinreichung.** Wird dieselbe Klage versehentlich **zweimal** eingereicht, wird die Klage dem Gericht **vorab per Telefax** übermittelt und geht das Original der Klage erst einige Zeit später ohne Hinweis auf die bereits per Telefax übermittelte Klage ein oder wird von einer Partei eine Klage ohne Bezugnahme oder Hinweis auf die bereits erfolgte Bewilligung von PKH eingereicht, entsteht in dem weiteren Verfahren jedenfalls eine 1,0-Verfahrensgebühr nach Nr. 1211 KV. Denn es ist davon auszugehen, dass das

---

[69] OLG Karlsruhe JurBüro 2007, 41 = MDR 2007, 482. [70] BGH NJW 2004, 223.

weitere Verfahren nicht weiterbetrieben und so kostengünstig wie möglich erledigt werden soll. Auf die Erl. in → Nr. 1210 KV Rn 12 ff wird verwiesen.

3. Bestimmte Urteile (Nr. 2). a) Anerkenntnisurteil. aa) Grundsätze. Wird das gesamte Verfahren, auch in   52
Kombination mit anderen in Nr. 1211 KV aufgeführten Ermäßigungstatbeständen (Anm. S. 3), durch ein Anerkenntnisurteil (§ 307 ZPO) beendet, erfolgt die Ermäßigung der Verfahrensgebühr auf 1,0, wenn kein anderes als eines der in Nummer 2 genannten Urteile, keine Entscheidung über einen Antrag auf Erlass einer Sicherungsanordnung oder kein Musterentscheid nach dem KapMuG vorausgegangen ist. Auch ein **schriftliches Anerkenntnisurteil** führt zur Ermäßigung.

Wird nur ein **Teil-Anerkenntnisurteil** erlassen und ergeht im Übrigen ein **Schlussurteil**, liegt keine Beendi-   53
gung des gesamten Verfahrens durch Anerkenntnisurteil vor.[71] Die Verfahrensgebühr ermäßigt sich deshalb nicht, wenn nicht alle Beklagten anerkennen und deshalb ein Teil-Anerkenntnisurteil und Teil-Schlussurteil ergeht. Der Umstand, dass nicht alle Beklagten anerkannt haben, ist vom Gericht bei der Kostenentscheidung zu berücksichtigen. Auch wenn ein Anerkenntnis einen Teil des Zinsanspruchs streitig lässt, tritt keine Ermäßigung ein, weil nur ein Teil-Anerkenntnisurteil ergeht.[72]

Es genügt nicht, wenn der Beklagte lediglich einen **Hilfsantrag** anerkennt und insoweit daraufhin ein Aner-   54
kenntnisurteil ergeht. Da das Gericht aufgrund des Eventualverhältnisses zuvor den Hauptantrag abweisen und damit in der Sache entscheiden muss, handelt es sich nur um ein Teilanerkenntnis, das keine Gebührenermäßigung auslöst.[73]

Ein im **Urkundenprozess** ergehendes **Anerkenntnis-Vorbehaltsurteil** ermäßigt die Verfahrensgebühr, wenn   55
es nicht zum Nachverfahren kommt (→ Rn 11).[74]

bb) Anerkenntnis unter Verwahrung gegen die Kostenlast. Erkennt der Beklagte den geltend gemachten   56
Anspruch „**unter Verwahrung gegen die Kostenlast**" an, will der Beklagte erreichen, dass dem Kläger die Kosten auferlegt werden. Gemäß § 93 ZPO fallen dem Kläger die Prozesskosten zur Last, wenn der Beklagte den Anspruch sofort anerkennt (**sofortiges Anerkenntnis**) und der Beklagte nicht durch sein Verhalten zur Erhebung der Klage Veranlassung gegeben hat. Obwohl das Anerkenntnisurteil gem. § 313 b ZPO kei-
nen Tatbestand und keine Entscheidungsgründe erfordert, muss die **Kostenentscheidung** begründet werden. Denn sie ist gem. § 99 Abs. 2 ZPO mit der **sofortigen Beschwerde** anfechtbar, wenn die Hauptsache durch eine auf Grund eines Anerkenntnisses ausgesprochene Verurteilung erledigt ist und der Streitwert der Hauptsache den in § 511 ZPO genannten Betrag übersteigt.

Ob die Gebührenermäßigung nach Nr. 2 eintritt, wenn ein Anerkenntnisurteil ergeht, die Pflicht zur Kos-   57
tentragung aber vom Beklagten nicht anerkannt worden ist, ist umstritten. Dafür, dass sich die Verfahrens-
gebühr auch in diesem Fall trotz der zu treffenden Kostenentscheidung nach Nr. 2 ermäßigt, spricht bereits der Wortlaut von Nr. 1211 Nr. 2 KV. Erforderlich ist eine Beendigung des gesamten Verfahrens durch Anerkenntnisurteil. Nr. 2 stellt damit nur auf die Entscheidung als solche, nicht aber auf den Inhalt der voraus-
gehenden prozessualen Erklärung ab.

Außerdem hat der Gesetzgeber bei der Klagerücknahme (Nr. 1) und der Erledigungserklärung (Nr. 4) aus-   58
drücklich angeordnet, dass die Ermäßigung nur eintritt, wenn keine Entscheidung über die Kosten ergeht oder die Kostenentscheidung einer zuvor mitgeteilten Einigung der Parteien über die Kostentragung oder der Kostenübernahmeerklärung einer Partei folgt. Im Umkehrschluss kommt es beim Anerkenntnisurteil eben nicht darauf an, ob das Gericht eine Kostenentscheidung zu treffen hat.

Für den Eintritt der Gebührenermäßigung spricht schließlich, dass das Gericht bei der Kostenentscheidung   59
im Falle des Anerkenntnisses gem. § 93 ZPO nur prüfen muss, ob ein sofortiges Anerkenntnis vorliegt und ob der Beklagte durch sein Verhalten zur Erhebung der Klage Veranlassung gegeben hat. Im Gegensatz da-
zu ist bei der Kostenentscheidung gem. § 269 Abs. 3 S. 3 ZPO im Falle der Klagerücknahme (Nr. 1) bzw. gem. § 91 a ZPO bei der Erledigungserklärung (Nr. 4) vom Gericht unter Berücksichtigung des bisherigen Sach- und Streitstandes nach billigem Ermessen zu entscheiden. Anders als bei dem Anerkenntnisurteil muss sich das Gericht hier also mit dem Prozessstoff beschäftigen, was es rechtfertigt, keine Gebührenermäßigung vorzusehen.

Auch im Falle eines Anerkenntnisurteils, wenn der Beklagte seine Kostentragungspflicht bestritten hat und   60
das Gericht deshalb über die Kosten entscheiden muss, tritt damit nach überwiegender Auffassung die Ge-

---

71 OLG Nürnberg MDR 1997, 400 = JurBüro 1997, 537; OLG Düsseldorf 16.12.2010 – I-10 W 129/10, nv. **72** OLG Düssel-
dorf AGS 2004, 392. **73** HK-FamGKG/*N. Schneider*, Nr. 1221 KV Rn 39. **74** OLG Jena 20.8.2012 – 9 W 381/12, juris; OLG Hamburg 8.6.2004 – 8 W 107/04, juris.

bührenermäßigung nach Nr. 1211 Nr. 2 KV ein.[75] Der Gesetzgeber hat iÜ weder das am 1.7.2004 in Kraft getretene **1. KostRMoG** noch das seit dem 1.8.2013 geltende **2. KostRMoG**[76] zum Anlass genommen, in Nr. 1211 Nr. 2 KV für das Anerkenntnisurteil eine entsprechende Klarstellung vorzunehmen. Das kann vor dem Hintergrund des dem Gesetzgebers bekannten Streits insb. in der obergerichtlichen Rspr nur so aufgefasst werden, dass der Wortlaut maßgebend ist.[77]

61   **cc) Kostenwiderspruch oder Kosteneinspruch im Mahnverfahren.** Der auf die Kosten **beschränkte Widerspruch** gegen einen Mahnbescheid oder Einspruch gegen einen Vollstreckungsbescheid ist einem Anerkenntnisurteil iSv Nr. 1211 Nr. 2 KV nicht gleichgestellt. Denn das Gericht entscheidet hier – anders als bei § 93 ZPO – nicht über einen prozessualen Kostenerstattungsanspruch. Der Antragsteller muss in diesen Fällen vielmehr im anschließenden streitigen Verfahren einen **materiellrechtlichen Kostenerstattungsanspruch** geltend machen. Damit wird die **Kostenforderung zur Hauptsache**, so dass das Gericht eine materiellrechtliche Sachentscheidung treffen muss. Eine Gebührenermäßigung kommt in dem Prozessverfahren nur in Betracht, wenn der **Kostenerstattungsanspruch iSv Nr. 1211 KV** insgesamt erledigt wird.[78]

62   **b) Verzichtsurteil.** Das Verzichtsurteil (§ 306 ZPO) ermäßigt die Verfahrensgebühr auf 1,0, wenn durch dieses Urteil allein oder in Kombination mit anderen Ermäßigungstatbeständen (Anm. S. 3) das gesamte Verfahren beendet worden ist und kein anderes als eines der in Nummer 2 genannten Urteile, keine Entscheidung über eine Sicherungsanordnung oder kein Musterbescheid nach dem KapMuG vorausgegangen sind. Die Ermäßigung tritt auch bei einem **schriftlichen Verzichtsurteil** ein.

63   **c) Urteil ohne Tatbestand und Entscheidungsgründe. aa) Urteil gem. § 313 a Abs. 2 ZPO (Stuhlurteil).** Wird das Urteil in dem Termin, in dem die mündliche Verhandlung geschlossen worden ist, verkündet, so bedarf es gem. § 313 a Abs. 2 ZPO des Tatbestands und der Entscheidungsgründe nicht, wenn beide Parteien auf Rechtsmittel gegen das Urteil verzichten. Ist das Urteil nur für eine Partei anfechtbar, so genügt es, wenn diese verzichtet.

64   Ergeht ein Urteil gem. **§ 313 a Abs. 2 ZPO** ohne Tatbestand und Entscheidungsgründe und wird durch dieses Urteil allein oder in Kombination mit anderen Ermäßigungstatbeständen (Anm. S. 3) das gesamte Verfahren beendet, ermäßigt sich die Verfahrensgebühr Nr. 1210 KV auf 1,0. Weitere Voraussetzung ist, dass kein anderes als eines der in Nummer 2 genannten Urteile, eine Entscheidung über eine Sicherungsanordnung oder ein Musterbescheid nach dem KapMuG vorausgegangen sind. Der Ermäßigungstatbestand soll den **Rechtsmittelverzicht** der Parteien durch eine kostenrechtliche Vergünstigung fördern.[79]

65   Das Urteil gem. § 313 a Abs. 2 ZPO muss nicht zwangsläufig am Ende der mündlichen Verhandlung, sondern kann auch nach einer Sitzungspause am Ende der Verhandlung verkündet werden. Die Ermäßigung nach Nr. 2 gilt auch hier.[80] Die Verkündung in einem **gesonderten Verkündungstermin** verhindert dagegen die Ermäßigung.[81]

66   Der Rechtsmittelverzicht kann gem. § 313 a Abs. 3 ZPO bereits **vor der Verkündung** des Urteils erfolgen;[82] er muss aber spätestens binnen **einer Woche nach dem Schluss der mündlichen Verhandlung** gegenüber dem Gericht erklärt sein. Die Gebührenermäßigung tritt auch bei dem nachträglich innerhalb der Wochenfrist erklärten Rechtsmittelverzicht ein. Denn § 313 a Abs. 2 ZPO schreibt nur die Verkündung des Urteils in dem Termin voraus, in dem die mündliche Verhandlung geschlossen worden ist. Der Zeitpunkt, bis zu dem der Rechtsmittelverzicht möglich ist, wird dagegen in § 313 a Abs. 3 ZPO geregelt. Wird zutreffend davon ausgegangen, dass das Urteil ohnehin nicht sogleich abgefasst wird bzw werden muss (vgl. § 315 Abs. 3 ZPO), tritt auch bei dem nachträglichen Rechtsmittelverzicht gem. § 313 a Abs. 3 ZPO der Entlastungseffekt für das Gericht ein.[83] Zweck der Frist in § 313 a Abs. 3 ZPO ist es nämlich, dem Gericht alsbald Gewissheit zu verschaffen, ob das Urteil mit Gründen abzusetzen ist, und zu vermeiden, dass ein begründetes Urteil durch späteren Rechtsmittelverzicht überflüssig wird (Schutzfrist für das Gericht).[84] Nach Auffas-

---

75 So auch OLG Hamm 29.4.2016 – I-25 W 52/16, nv; OLG Koblenz 29.3.2011 – 14 W 182/11, juris; OLG Stuttgart AGS 2009, 248 = OLGR Stuttgart 2009, 454; OLG Hamm JurBüro 2007, 151; OLG Rostock 23.2.2007 – 8 W 99/06, juris; OLG Naumburg JurBüro 2004, 324; OLG Köln FamRZ 2003, 1766 = OLGR Köln 2002, 471; OLG Dresden 6.9.2011 – 3 W 1117/01, juris; OLG Nürnberg NJW-RR 2003, 1511 = MDR 2003, 295; OLG Bremen JurBüro 2001, 373; OLG München NJW-RR 1998, 720 = MDR 1998, 242 = JurBüro 1998, 371; KG JurBüro 1997, 93; OLG Nürnberg MDR 1998, 371; LG Münster JurBüro 2007, 151; HK-FamGKG/*N. Schneider*, Nr. 1221 KV Rn 43; aA OLG Hamm AGS 2002, 183; OLG Hamburg MDR 2005, 1195; OLG Hamburg MDR 2000, 111; OLG Frankfurt/Main NJW-RR 2001, 717; OLG Karlsruhe MDR 1997, 399 = JurBüro 1997, 1096; Binz/Dörndorfer/*Zimmermann*, Nr. 1211 KV GKG Rn 24; *Oestreich/Hellstab/Trenkle*, GKG Nr. 1211 KV Rn 23; *Meyer*, GKG Nr. 1211 KV Rn 34; *Lappe*, NJW 1998, 1186; *Herget*, MDR 1995, 785 und 1097. **76** Vom 23.7.2013 (BGBl. I 2586). **77** Vgl KG 19.10.2011 – 5 W 220/11, juris; OLG Stuttgart AGS 2009, 248 = OLGR Stuttgart 2009, 454; OLG Koblenz 29.3.2011 – 14 W 182/11, juris. **78** HK-FamGKG/*N. Schneider*, Nr. 1221 KV Rn 42. **79** OLG München NJW 2015, 1765 = AGS 2015, 226 = JurBüro 2015, 491; *Meyer*, GKG Nr. 1211 KV Rn 35. **80** Binz/Dörndorfer/*Zimmermann*, Nr. 1211 KV Rn 27; *Hartmann*, KostG, Nr. 1211 KV GKG Rn 14. **81** *Hartmann*, KostG, Nr. 1211 KV GKG Rn 14. **82** OLG München NJW 2015, 1765 = AGS 2015, 226 = JurBüro 2015, 491. **83** Binz/Dörndorfer/*Zimmermann*, Nr. 1211 KV GKG Rn 27; abl. *Meyer*, GKG Nr. 1211 KV Rn 39. **84** Zöller/*Vollkommer*, ZPO, § 313 a Rn 6.

sung des OLG München[85] kommt es für die Gebührenermäßigung nur darauf an, dass das Urteil keinen Tatbestand und keine Entscheidungsgründe enthält. Auch Verzichtserklärungen nach Ablauf der Frist des § 313 a Abs. 3 ZPO reichen daher aus, weil auch dann eine – durch Nr. 1211 KV honorierte – Arbeitsersparnis des Gerichts nicht auszuschließen ist und der Kostenbeamte nicht im Einzelfall feststellen soll, ob diese konkret eingetreten ist.[86]

bb) Begründung trotz Rechtsmittelverzicht. Nimmt das Gericht Tatbestand und Entscheidungsgründe in das Urteil auf, obwohl die Parteien auf Rechtsmittel entsprechend § 313 a Abs. 2 ZPO verzichtet haben, tritt die Gebührenermäßigung nach Nr. 2 nicht ein.[87] Denn der Kostenansatz hat sich an äußerlichen, vom Kostenbeamten leicht bestimmbaren Kriterien auszurichten.[88] Die Prüfung, aus welchem Grund das Urteil trotz des Rechtsmittelverzichts Tatbestand und Entscheidungsgründe enthält, ist nicht anzustellen (Kostenrecht = Folgerecht).[89] Nr. 2 stellt auf das **Fehlen** von Tatbestand und Entscheidungsgründen ab, nicht aber auf das „**Fehlen-Dürfen**".[90]   **67**

Ob in diesen Fällen der Ansatz der 2,0-Differenzgebühren durch eine Entscheidung gem. § 21 (**unrichtige Sachbehandlung**) verhindert werden kann, ist umstritten.[91] Zutreffend ist es, die Voraussetzungen des § 21 zu verneinen. Unrichtige Sachbehandlung iSv § 21 liegt nur bei einem **offensichtlichen** und **schweren Fehler** in der gerichtlichen Sachbearbeitung vor, mithin bei einem **Verstoß gegen klare gesetzliche Regelungen**, der offen zu Tage tritt.[92] § 21 führt insb. nicht zu einer Überprüfung einer richterlichen Sachentscheidung und des dabei eingeschlagenen Verfahrens. Eine unrichtige Sachbehandlung iSv § 21 liegt vielmehr nur dann vor, wenn ein Richter Maßnahmen oder Entscheidungen trifft, die den breiten richterlichen Handlungs-, Bewertungs- und Entscheidungsspielraum verlassen.[93]   **68**

Um einen von § 21 erfassten Fall handelt es sich vor diesem Hintergrund nicht, wenn das Urteil trotz des Rechtsmittelverzichts der Parteien Tatbestand und Entscheidungsgründe enthält. Denn § 313 a Abs. 2 ZPO überlässt es dem **Ermessen des Gerichts**, ob im Falle des Rechtsmittelverzichts das Urteil ohne Tatbestand und Entscheidungsgründe ergeht.[94]   **69**

cc) Andere Urteile. Nur Urteile gem. § 313 a Abs. 2 ZPO ohne Tatbestand und Entscheidungsgründe führen zur Gebührenermäßigung. Ein gem. § 313 a Abs. 1 ZPO ergangenes Urteil fällt nicht unter den Ermäßigungstatbestand.[95] Denn auf das hier nicht vorhandene **Rechtsmittel** muss nicht verzichtet werden, sondern gem. § 313 a Abs. 1 S. 2 ZPO ggf. nur auf die **Entscheidungsgründe**.[96]   **70**

§ 313 a Abs. 2 ZPO gilt nicht für Versäumnis-, Anerkenntnis- und Verzichtsurteile, weil insoweit § 313 b ZPO eine Sonderregelung enthält. Das **Anerkenntnisurteil** sowie das **Verzichtsurteil** sind allerdings ohnehin von dem Ermäßigungstatbestand nach Nr. 2 erfasst. Bei einem **Versäumnisurteil** ermäßigt sich die Gebühr nicht, weil es in den Ermäßigungstatbeständen von Nr. 1211 KV nicht genannt ist (→ Rn 77 ff).   **71**

dd) Urteil mit Auslandsbezug (§ 313 a Abs. 4 Alt. 2, Abs. 5 ZPO; Anm. S. 2). § 313 a Abs. 2 ZPO ist gem. § 313 a Abs. 4 Alt. 2 ZPO nicht anzuwenden, wenn zu erwarten ist, dass das Urteil im **Ausland** geltend gemacht werden wird. Grund hierfür ist, dass in diesen Fällen das Urteil nach den Regelungen des Internationalen Rechtsverkehrs zu begründen ist. Gleichwohl sieht Nr. 2 auch in diesen Fällen die Gebührenermäßigung vor und stellt diese vollständig begründeten **Urteile mit Auslandsbezug** Urteilen nach § 313 a Abs. 2 ZPO ohne Tatbestand und Entscheidungsgründen gleich. Tatbestand und Entscheidungsgründe, die nur deshalb in das Urteil aufgenommen werden, weil zu erwarten ist, dass das Urteil im Ausland geltend gemacht wird, hindern die Ermäßigung also nicht.   **72**

Nr. 2 verweist im Klammerzusatz zwar auf § 313 a Abs. 4 Nr. 5 ZPO und nicht auf § 313 a Abs. 4 Alt. 2 ZPO. Insoweit liegt aber nur ein **Redaktionsversehen** des Gesetzgebers vor.[97] § 313 a Abs. 4 ZPO enthält seit der Neufassung durch Art. 29 Nr. 11 FGG-RG[98] keine Ziffern mehr.   **73**

Soll ein ohne Tatbestand und Entscheidungsgründe hergestelltes Urteil im Ausland geltend gemacht werden, gelten gem. § 313 a Abs. 5 ZPO die Vorschriften über die Vervollständigung von Versäumnis- und Anerkenntnisurteilen entsprechend. Anm. S. 2 stellt klar, dass die Vervollständigung eines zunächst ohne Tat-   **74**

---

85 OLG München NJW 2015, 1765 = AGS 2015, 226 = JurBüro 2015, 491. **86** OLG München NJW 2015, 1765 = AGS 2015, 226 = JurBüro 2015, 491. **87** OLG Brandenburg AGS 2007, 528 = JurBüro 2007, 536; OLG Köln AGS 2007, 529 = FamRZ 2007, 1759; *Meyer*, GKG Nr. 1211 KV Rn 35; *Binz/Dörndorfer/Zimmermann*, Nr. 1211 KV GKG Rn 27; *Hartmann*, KostG, Nr. 1211 KV GKG Rn 15. **88** Vgl OLG München NJW 2015, 1765 = AGS 2015, 226 = JurBüro 2015, 491. **89** So auch *Meyer*, GKG Nr. 1211 KV Rn 35. **90** *Hartmann*, KostG, Nr. 1211 KV GKG Rn 15. **91** Bejahend: OLG Köln AGS 2007, 529 = FamRZ 2007, 1759; *Binz/Dörndorfer/Zimmermann*, Nr. 1211 KV GKG Rn 27; aA OLG Brandenburg AGS 2007, 528 = JurBüro 2007, 536. **92** OLG Düsseldorf JurBüro 2010, 316. **93** Vgl dazu zB OLG München NJW-RR 2003, 1294. **94** *Musielak/Voit/Musielak*, ZPO, § 313 a Rn 8; *Zöller/Vollkommer*, ZPO, § 313 a Rn 6; *Meyer*, MDR 2008, 1009; *Stein/Jonas*, ZPO, § 313 a Rn 13. **95** *Meyer*, GKG Nr. 1211 KV Rn 35; *Binz/Dörndorfer/Zimmermann*, Nr. 1211 KV GKG Rn 28; *Hartmann*, KostG, Nr. 1211 KV GKG Rn 15; *Musielak/Voit/Musielak*, ZPO, § 313 a Rn 4, 10; *Zöller/Vollkommer*, ZPO, § 313 a Rn 16; *Roloff*, NZA 2007, 905. **96** *Musielak/Voit/Musielak*, ZPO, § 313 a Rn 4. **97** *Zöller/Vollkommer*, ZPO, § 313 a Rn 16. **98** Vom 17.12.2008 (BGBl. I 2586).

bestand und Entscheidungsgründe hergestellten Urteils die Gebührenermäßigung nicht verhindert, wenn Tatbestand und Entscheidungsgründe für die Geltendmachung im Ausland benötigt werden.

75   Nr. 2 (§ 313 a Abs. 4 Alt. 2 ZPO) erfasst daher die Fälle, in denen das Urteil wegen Auslandsbezugs **sogleich** mit Tatbestand und Entscheidungsgründen erstellt wird. Anm. S. 2 (§ 313 a Abs. 5 ZPO) regelt die **nachträgliche Ergänzung** eines Urteils mit Auslandsbezug um Tatbestand und Entscheidungsgründe

76   **ee) Nicht begründete Beschlüsse aufgrund Rechtsmittelverzichts.** Verzichten die Parteien im Anschluss an einen gerichtlichen Beschluss zB gem. § 91 a ZPO auf Rechtsmittel und wird der Beschluss deshalb in entsprechender Anwendung von § 313 a Abs. 2 ZPO nicht begründet,[99] soll Nr. 1211 Nr. 2 KV analog anzuwenden sein.[100] Abgesehen davon, dass Nr. 1211 KV als Ausnahmeregelung nicht analogiefähig ist (→ Rn 2, 18),[101] dürfte die entsprechende Anwendung von Nr. 1211 Nr. 2 KV auf nicht begründete Beschlüsse spätestens seit dem Inkrafttreten des **2. KostRMoG** zum 1.8.2013 ausgeschlossen sein. Denn der Gesetzgeber hat das 2. KostRMoG nicht zum Anlass genommen, in Nr. 1211 Nr. 2 KV für nicht begründete Beschlüsse eine entsprechende Klarstellung vorzunehmen. Das kann nur so aufgefasst werden, dass der Wortlaut maßgebend ist.[102]

77   **d) Versäumnisurteil.** Das Versäumnisurteil ist kein Urteil iSv Nr. 2, das zu einer Ermäßigung auf eine 1,0-Verfahrensgebühr führt. Bei Erlass eines Versäumnisurteils ist deshalb für das Verfahren eine 3,0-Gebühr Nr. 1210 KV zu erheben.[103] Es spielt für die Gebührenermäßigung keine Rolle, ob sich das Urteil **gegen den Kläger** (klageabweisendes Versäumnisurteil gem. § 330 ZPO) oder **gegen den Beklagten** (§ 331 ZPO) richtet.[104] Das ist verfassungsrechtlich nicht zu beanstanden.[105]

78   Die aufgrund des klaren Gesetzeswortlauts unzutreffende **Gegenauffassung** bejaht nur bei einem **Versäumnisurteil gegen den Kläger** die Entstehung der 3,0-Verfahrensgebühr, weil das Gericht hier – anders als bei einem Versäumnisurteil gegen den Beklagten – zuvor die Zulässigkeit und Schlüssigkeit der Klage prüfen und sich deshalb inhaltlich mit der Sache beschäftigen müsse.[106] Hierbei wird allerdings nicht berücksichtigt, dass auch das Versäumnisurteil gegen den Kläger regelmäßig nicht ohne Arbeitsaufwand des Gerichts ergehen kann, was der Gesetzgeberbei seiner pauschalierenden Regelung auch berücksichtigen durfte.[107]

79   Das BVerfG[108] hat insoweit zur früheren gleichlautenden Regelung in Nr. 1202 KV aF entschieden, dass bei der Prüfung der Frage, ob sich für die von dem Gesetzgeber getroffene Differenzierung zwischen den durch Nr. 1202 KV aF gebührenmäßig begünstigten Erledigungsarten einerseits und dem gebührenmäßig nicht begünstigten Versäumnisurteil andererseits sachliche Gründe finden lassen, nicht allein auf den mit dem jeweiligen Beendigungstatbestand verbundenen gerichtlichen Arbeitsaufwand abgestellt werden darf. Zu berücksichtigen sei hierbei aus verfassungsrechtlicher Sicht auch, inwiefern der Gesetzgeber die Befugnis hatte, mit der Regelung in Nr. 1211 KV in verfassungsrechtlich zulässiger Weise neben der Kostendeckung auch andere Zwecke zu verfolgen (Verhaltenssteuerung der Parteien).

80   Auch wenn ein Urteil, das nach § 313 a Abs. 2 ZPO keinen Tatbestand und keine Entscheidungsgründe enthält, nach Nr. 2 zu einer Gebührenermäßigung führt, kann das nicht auf das gem. § 313 b ZPO ebenfalls keinen Tatbestand und keine Entscheidungsgründe erfordernde Versäumnisurteil übertragen werden. Denn weil der Gesetzgeber ausdrücklich nur Urteile nach § 313 a ZPO nennt, ist eine Privilegierung für Versäumnisurteile (§ 313 b ZPO) ausdrücklich nicht gewollt.[109]

---

99 Vgl BGH NJW 2006, 3498, 3499. **100** So OLG Celle AGS 2012, 75 = RVGreport 2012, 275; OLG München NJW-RR 2003, 1656 = MDR 2003, 1443 = JurBüro 2003, 650; OLG Düsseldorf AGS 2005, 566; OLG Hamburg OLGR 2005, 454; LG Bonn MDR 2004, 476; vgl auch Binz/Dörndorfer/*Zimmermann*, Nr. 1211 KV GKG Rn 37; *Meyer*, GKG Nr. 1211 KV Rn 37; aA *Hartmann*, KostG, Nr. 1211 KV GKG Rn 15. **101** OLG Celle 9.10.2012 – 2 W 255/12, juris; OLG Köln AGS 2011, 328 = JurBüro 2011, 489; KG 18.7.2006 – 1 W 328/04, juris; OLG Oldenburg NJW-RR 1999, 942 = JurBüro 1999, 374; OLG Nürnberg MDR 1997, 400 = JurBüro 1997, 537. **102** OLG Braunschweig AGS 2015, 400; OLG Oldenburg AGS 2012, 528 = JurBüro 2012, 486; vgl KG 19.10.2011 – 5 W 220/11, juris; OLG Stuttgart AGS 2009, 248 = OLGR Stuttgart 2009, 454; OLG Koblenz 29.3.2011 – 14 W 182/11, juris. **103** OLG Hamm RVGreport 2014, 483; KG AGS 2012, 531 = FamRZ 2012, 1165 (zu Nr. 1221 KV FamGKG); KG 18.7.2006 – 1 W 328/04, juris; OLG Düsseldorf NJW-RR 1997, 638 = MDR 1997, 301; OLG Hamburg JurBüro 1996, 488 = MDR 1996, 1193; OLG München NJW-RR 2007, 287 = AGS 2006, 398; OLG Hamm 26.4.2001 – 23 W 95/01, juris; LG Magdeburg 14.11.2011 – 5 O 719/10, juris; krit. *N. Schneider*, NJW-Spezial 2015, 347. **104** KG AGS 2012, 531 = FamRZ 2012, 1165; KG 18.7.2006 – 1 W 328/04, juris; KG JurBüro 1999, 152; KG JurBüro 2006, 205 = RVGreport 2006, 75; OLG Köln 20.7.2006 – 17 W 127/06, juris; LG Osnabrück NdsRpfl 2006, 279; LG Bonn JurBüro 2001, 595; Binz/Dörndorfer/*Zimmermann*, Nr. 1211 KV GKG Rn 41; *Meyer*, GKG Nr. 1211 KV Rn 27; *Oestreich/Hellstab/Trenkle*, GKG Nr. 1211 KV Rn 7. **105** BVerfG NJW 1999, 3550 = JurBüro 2000, 146; KG NJW-RR 2009, 1079 = AGS 2009, 407; KG JurBüro 1999, 152; OLG Hamm 26.4.2001 – 23 W 95/01, juris. **106** Vgl LG Koblenz JurBüro 2004, 92; LG Köln JurBüro 2001, 260; AG Neuwied JurBüro 2003, 430; AG Siegburg JurBüro 2000, 424; wohl auch LG Magdeburg 14.11.2011 – 5 O 719/10, juris; HK-FamGKG/*Volpert*, Nr. 1221 KV Rn 59; *Hartmann*, KostG, Nr. 1211 KV GKG Rn 9; *N. Schneider*, NJW-Spezial 2015, 347. **107** BVerfG NJW 1999, 3550 = JurBüro 2000, 146; KG JurBüro 2006, 205 = RVGreport 2006, 75. **108** BVerfG NJW 1999, 3550 = JurBüro 2000, 146. **109** OLG Köln 20.7.2006 – 17 W 127/06, juris; aA *N. Schneider*, NJW-Spezial 2015, 347.

4. Gerichtlicher Vergleich (Nr. 3 Alt. 1). a) Grundsätze. Die Verfahrensgebühr ermäßigt sich auf eine 1,0-   **81**
Gebühr, wenn das Verfahren durch einen **gerichtlichen Vergleich** beendet wird. Es kann sich um einen im
Termin protokollierten Vergleich oder einen **Beschlussvergleich** nach § 278 Abs. 6 ZPO handeln. Auch hier
ist die vollständige Beendigung des gesamten Verfahrens hinsichtlich **aller Kläger** und **aller Beklagter** sowie
aller Anträge durch den gerichtlichen Vergleich – vorbehaltlich Anm. S. 3 – erforderlich. Die Gebührenermäßigung greift aber nicht, wenn das Verfahren zunächst zwar durch Vergleich abgeschlossen worden ist,
dann aber die Nichtigkeit des Vergleichs geltend gemacht und die Fortsetzung des Verfahrens beantragt
wird. Entsprechendes gilt, wenn der im Vergleich vereinbarte **Widerrufsvorbehalt** ausgenutzt wird.

b) Kostenregelung. Im Gegensatz zu den übrigen Ermäßigungstatbeständen setzt der Vergleich jedoch vor-   **82**
aus, dass die **Kostenentscheidung** nicht dem Gericht überlassen bleibt. Der gerichtliche Vergleich muss also
die Kosten des Verfahrens berücksichtigen. Betrifft der gerichtliche Vergleich nur die Hauptsache und bleibt
die Kostenentscheidung dem Gericht vorbehalten, ermäßigt sich die Verfahrensgebühr nicht.[110] Das gilt nur
dann nicht, wenn die Kostenentscheidung unter die in Nr. 1, 2 oder 4 genannten Ermäßigungstatbestände
fällt (Anm. S. 3).

Keine Ermäßigung erfolgt daher, wenn die Parteien im Hinblick auf den Vergleich das Verfahren in der   **83**
Hauptsache **für erledigt erklären** und um eine **Kostenentscheidung** nach § 91 a ZPO bitten. Das reicht für
eine Gebührenermäßigung grds. nicht aus, weil die übereinstimmende Erledigungserklärung nur unter den
in Nr. 4 genannten Voraussetzungen privilegiert ist.[111] Eine analoge Anwendung von Nr. 4 oder auch Nr. 2
auf den Vergleichsabschluss scheidet aus.[112] Zur Frage, ob hier eine Ermäßigung nach Nr. 2 in Betracht
kommt, wenn die Kostenentscheidung in der mündlichen Verhandlung verkündet wird und die Beteiligten
übereinstimmend auf Rechtsmittel verzichten, → Rn 63 ff.

c) Außergerichtlicher Vergleich. Ein außergerichtlicher Vergleich führt nicht zu einer Gebührenermäßigung,   **84**
auch wenn er dem Gericht mitgeteilt worden ist.[113] Etwas anderes kann aber dann gelten, wenn aufgrund
des außergerichtlichen Vergleichs einschließlich Kostenregelung eine Klagerücknahme (Nr. 1) oder Erledigungserklärungen (Nr. 4) erfolgen oder die zu treffende Kostenentscheidung dem zuvor mitgeteilten (**außergerichtlichen**) **Vergleich** der Parteien über die Kostentragung oder einer darin enthaltenen Kostenübernahmeerklärung einer Partei folgt oder wenn überhaupt keine Kostenentscheidung zu treffen ist.[114]

5. Beschluss nach § 23 Abs. 3 KapMuG (Nr. 3 Alt. 2). Der vom Prozessgericht im Anschluss an einen Ver-   **85**
gleich im Musterverfahren nach dem KapMuG zur Verfahrensbeendigung gem. § 23 Abs. 3 KapMuG erlassene Beschluss ist in Nr. 3 einem gerichtlichen Vergleich gleichgestellt und ermäßigt die Verfahrensgebühr
auf eine 1,0-Gebühr. Voraussetzung ist, dass der Beschluss – vorbehaltlich der Regelung in Anm. S. 3 – das
gesamte Verfahren beendet und kein anderes als eines der in Nummer 2 genannten Urteile oder ein Musterentscheid nach dem KapMuG (§ 16 KapMuG) vorausgegangen ist.

Der Beschluss nach § 23 Abs. 3 KapMuG ist durch das Kapitalanleger-Musterverfahrensgesetz[115] zum   **86**
1.11.2012 in Nr. 1211 Nr. 3 KV eingefügt worden. Grund hierfür ist, dass die Gesichtspunkte, die eine Gebührenermäßigung in anderen Verfahren bei Vergleichsschluss rechtfertigen, auch im Musterverfahren nach
dem KapMuG gelten.[116]

Die Ermäßigung tritt aber nicht ein, wenn das Verfahren auf Antrag des Klägers nach § 23 Abs. 4 KapMuG   **87**
wiedereröffnet wird, weil der Kläger die **Nichterfüllung des Vergleichs** geltend macht. Denn in diesem Fall
ist das Verfahren eben nicht durch den Beschluss nach § 23 Abs. 3 KapMuG beendet worden. Auch bei
einem gerichtlichen Vergleich greift die Gebührenermäßigung nicht, wenn das Verfahren zunächst durch
Vergleich abgeschlossen worden ist, dann aber die Nichtigkeit des Vergleichs geltend gemacht und die Fortsetzung des Verfahrens beantragt wird.[117]

6. Erledigung der Hauptsache (Nr. 4). a) Erledigungserklärungen. Der Ermäßigungstatbestand in Nr. 4   **88**
setzt zunächst Erledigungserklärungen gem. § 91 a ZPO voraus. Gemäß § 91 a ZPO erfolgen die Erledigungserklärungen durch die **Parteien** in der mündlichen Verhandlung, durch Einreichung eines Schriftsatzes

---

110 OLG Braunschweig AGS 2015, 400; OLG Oldenburg AGS 2012, 528 = JurBüro 2012, 486 = NJW-RR 2012, 1467; OLG
Celle AGS 2012, 75 = RVGreport 2012, 275; OLG Karlsruhe JurBüro 2001, 315; OLG München MDR 1996, 424; OLG Hamburg OLGR 1996, 320 = MDR 1997, 103; OLG Köln NJW-RR 1998, 1293 = JurBüro 1998, 372; LG Düsseldorf 4.2.2015 – 1
O 45/14, nv; LG Köln 3.9.2012 – 10 T 29/12, juris. **111** OLG Braunschweig AGS 2015, 400; OLG Oldenburg AGS 2012, 528
= JurBüro 2012, 486 = NJW-RR 2012, 1467; vgl dazu OLG Hamm 6.5.2011 – I-25 W 162/11, juris; KG 3.11.2010 – 26 W
42/10, juris. **112** OLG Braunschweig AGS 2015, 400; OLG Oldenburg AGS 2012, 528 = JurBüro 2012, 486 = NJW-RR 2012,
1467; LG Düsseldorf 4.2.2015 – 1 O 45/14, nv. **113** Binz/Dörndorfer/Zimmermann, Nr. 1211 KV GKG Rn 29 b; vgl OLG Oldenburg NJW-RR 1999, 942 = JurBüro 1999, 374; OLG Dresden 28.8.2001 – 3 W 1318/01, juris. **114** Vgl OLG Hamm
6.5.2011 – I-25 W 162/11, juris; KG 3.11.2010 – 26 W 42/10, juris; OLG München AGS 1998, 88 = JurBüro 1998, 373.
115 Vom 19.10.2012 (BGBl. I 2182). **116** BT-Drucks 17/8799, S. 28. **117** BT-Drucks 17/8799, S. 28.

oder zu Protokoll der Geschäftsstelle. **Einseitige Erledigungserklärungen** fallen nicht unter Nr. 4,[118] können aber ggf als **Klagerücknahme** iSv Nr. 1 anzusehen sein.

89   **b) Kostenentscheidung.** Haben die Parteien die Hauptsache für erledigt erklärt, muss das Gericht gem. § 91 a Abs. 1 ZPO noch über die Kosten **unter Berücksichtigung des bisherigen Sach- und Streitstandes** nach billigem Ermessen durch Beschluss entscheiden. Für eine Ermäßigung der Verfahrensgebühr Nr. 1210 KV auf eine 1,0-Gebühr ist es also erforderlich, dass auch hinsichtlich der Kosten noch ein Erledigungstatbestand hinzutritt, der zur Folge hat, dass sich das Gericht mit der Sache nicht zu befassen braucht.[119]

90   Wird noch eine Kostenentscheidung getroffen, muss das Gericht nach einer übereinstimmenden Erledigung der Hauptsache sich im Rahmen der Kostenentscheidung nach § 91 a ZPO doch wieder mit der Sach- und Rechtslage befassen. Eine Gebührenermäßigung tritt dann nicht ein. Das Gericht hat dann nämlich einen der Abfassung des Urteils vergleichbaren Arbeitsaufwand erbringen müssen, was einer Gebührenermäßigung entgegensteht.

91   Unschädlich ist es allerdings, wenn noch eine Kostenentscheidung über die Kosten der **Nebenintervention** zu treffen ist (§ 101 ZPO). Denn hier ist – anders als bei § 91 a ZPO – keine Auseinandersetzung mit dem Streitstoff erforderlich.[120]

92   Die Ermäßigung der Verfahrensgebühr setzt daher neben den Erledigungserklärungen voraus, dass

- **keine Kostenentscheidung** ergeht,
- die Entscheidung einer zuvor mitgeteilten **Einigung** der Parteien über die Kostentragung folgt oder
- die Entscheidung einer **Kostenübernahmeerklärung** einer Partei folgt.

93   In den beiden zuletzt Fällen (Nr. 4 Alt. 2 und 3) ist zwar eine gerichtliche Kostenentscheidung erforderlich. Allerdings hat diese nur **deklaratorischen Charakter**[121] und wiederholt lediglich das, was die Parteien untereinander (außergerichtlich) vereinbart und dem Gericht mitgeteilt und damit vorgegeben haben.

94   **c) Kostenentscheidung wird nicht getroffen.** Das Gericht muss keine Kostenentscheidung erlassen, wenn die Parteien auf eine Kostenentscheidung **verzichten**.[122] Für eine Kostenentscheidung ist auch kein Raum, wenn die Parteien mitgeteilt haben, **keine Kostenanträge** (zB aufgrund eines außergerichtlichen Vergleichs) stellen zu wollen.[123] In den Erklärungen, keine Kostenanträge stellen zu wollen, liegt zugleich der Antrag, eine Kostenentscheidung gem. §§ 91 ff ZPO nicht zu erlassen.[124]

95   **d) Kostenentscheidung folgt Einigung.** Folgt die Kostenentscheidung einer zuvor mitgeteilten Einigung der Parteien über die Kostentragung, tritt die Gebührenermäßigung ein.[125] Unerheblich ist dabei, ob es sich um eine **außergerichtliche** oder **gerichtliche Einigung** handelt.[126] Erforderlich ist aber, dass die Einigung über die Kosten dem Gericht **vor** (zuvor) dessen Kostenentscheidung mitgeteilt worden und damit aktenkundig geworden ist.[127] Denn sonst tritt die Entlastung des Gerichts, die durch Nr. 1211 Nr. 4 KV honoriert werden soll, nicht ein (→ Rn 90).

96   Die Kostenentscheidung **folgt** einer zuvor mitgeteilten Einigung der Parteien über die Kostentragung, wenn das Gericht die Einigung einfach bzw **uneingeschränkt** in seine Kostenentscheidung übernehmen kann.[128] Entscheidend ist daher, dass die Kostenentscheidung der Vereinbarung der Parteien **inhaltlich entspricht**[129] **bzw uneingeschränkt folgt**.[130] Dann reicht nämlich zur Begründung der Kostenentscheidung eine Bezugnahme auf die aktenkundig gemachte Einigung aus.[131] Erfolgt durch das Gericht eine weitergehende und durch die zuvor mitgeteilte Einigung nicht veranlasste begründete Kostenentscheidung, lässt das die Privilegierung aus Nr. 1211 Nr. 4 KV nicht entfallen.[132]

97   Der Begriff „folgt" in Nr. 4 ist damit **nicht allein zeitlich** aufzufassen.[133] Der Gesetzgeber weist in den Motiven zu Nr. 4 ausdrücklich darauf hin, dass die Ermäßigung bei Erledigungserklärungen nur eintreten soll, wenn das Gericht bei seiner Entscheidung einer zuvor von den Parteien mitgeteilten Einigung in der Kostenfrage uneingeschränkt folgt.[134]

98   **e) Kostenentscheidung folgt Übernahmeerklärung.** Folgt die gerichtliche Kostenentscheidung der Kostenübernahmeerklärung einer Partei, hat also diese Partei ihre **Bereitschaft zur Kostenübernahme** erklärt, tritt

---

118 *Hartmann*, KostG, Nr. 1211 KV GKG Rn 17; *Binz/Dörndorfer/Zimmermann*, Nr. 1211 KV GKG Rn 31. **119** Vgl BT-Drucks 15/1971, S. 159; OLG Düsseldorf 28.1.2014 – I-10 W 5/14, nv; OLG Bremen 7.3.2011 – 1 W 13/11, juris. **120** OLG München AGS 1998, 88 = JurBüro 1998, 373. **121** OLG Bremen 7.3.2011 – 1 W 13/11, juris. **122** Vgl OLG München AGS 1998, 88 = JurBüro 1998, 373; LG Mainz 2001, 260; vgl auch *Zöller/Vollkommer*, ZPO, § 91 a Rn 22. **123** KG 3.11.2010 – 26 W 42/10, juris; OLG München AGS 1998, 88 = JurBüro 1998, 373. **124** KG 3.11.2010 – 26 W 42/10, juris. **125** KG 3.11.2010 – 26 W 42/10, juris; OLG München AGS 1998, 88 = JurBüro 1998, 373. **126** *Binz/Dörndorfer/Zimmermann*, Nr. 1211 KV GKG Rn 35. **127** OLG Düsseldorf 28.1.2014 – I-10 W 5/14, nv; OLG Brandenburg NJW-RR 1999, 654 = MDR 1999, 188; *Binz/ Dörndorfer/Zimmermann*, Nr. 1211 KV GKG Rn 35. **128** Vgl OLG Hamm 6.5.2011 – I-25 W 162/11, juris; BAG NJW 2004, 533; BT-Drucks 15/1971, S. 160. **129** Vgl *Binz/Dörndorfer/Zimmermann*, Nr. 1211 KV GKG Rn 35. **130** OLG Hamm 6.5.2011 – I-25 W 162/11, juris. **131** OLG Hamm 6.5.2011 – I-25 W 162/11, juris. **132** OLG Düsseldorf 28.1.2014 – I-10 W 5/14, nv; OLG Hamm 6.5.2011 – I-25 W 162/11, juris. **133** So aber OLG Koblenz AGS 2012, 341. **134** BT-Drucks 15/1971, S. 160.

die Gebührenermäßigung ebenfalls ein. Hier liegt ein Anerkenntnis in der Kostenfrage vor, das den Begründungsaufwand des Gerichts entfallen lässt und deshalb die Privilegierung nach Nr. 1211 KV rechtfertigt.[135]

Eine die Gebührenermäßigung hindernde gerichtliche Kostenentscheidung ergeht dabei auch nicht, wenn eine Partei ihre Verpflichtung zur Zahlung der Kosten **durch deren Zahlung**[136] oder den **Kostenantrag** der anderen Partei **anerkennt**.[137] Auch hier hat die – nicht erforderliche – Kostenentscheidung lediglich deklaratorische Bedeutung.[138]   **99**

Wie bei der dem Gericht mitgeteilten Einigung über die Kostentragung gilt auch hier, dass die Kostenentscheidung der Kostenübernahmeerklärung einer Partei folgt, wenn die Entscheidung der Übernahmeerklärung **uneingeschränkt folgt**.[139] Dann reicht nämlich zur Begründung der Kostenentscheidung eine Bezugnahme auf die aktenkundige Übernahmeerklärung aus.[140]   **100**

Der Begriff „folgt" in Nr. 4 ist damit **nicht allein zeitlich** aufzufassen.[141] Der Gesetzgeber weist in den Motiven zu Nr. 4 ausdrücklich darauf hin, dass die Ermäßigung bei Erledigungserklärungen nur eintreten soll, wenn das Gericht bei seiner Entscheidung einer zuvor Kostenübernahmeerklärung uneingeschränkt folgt.[142]   **101**

f) Weitere Voraussetzungen. Weitere Voraussetzung für die Gebührenermäßigung ist natürlich, dass durch die Erledigungserklärungen – ggf in Kombination mit anderen Ermäßigungstatbeständen aus Nr. 1211 KV (Anm. S. 3) – das gesamte Verfahren beendet und ferner kein anderes als eines der in Nummer 2 genannten Urteile, eine Sicherungsanordnung gem. § 283 a ZPO oder ein Musterentscheid nach dem KapMuG (§ 16 KapMuG) vorausgegangen ist. Ausreichend ist es daher zB, wenn sich die Parteien nach übereinstimmender Erledigungserklärung über die Kosten des erledigten Rechtsstreits in einem gerichtlichen Vergleich einigen.[143]   **102**

g) Rechtsmittelverzicht der Parteien gegen Kostenentscheidung. Im Hinblick auf Nr. 1211 Nr. 2 Alt. 3 KV (Urteil nach § 313 a Abs. 2 ZPO) soll die Ermäßigung auch dann eintreten können, wenn die Parteien das Verfahren in der mündlichen Verhandlung in der Hauptsache übereinstimmend für erledigt erklären, das Gericht daraufhin noch in der mündlichen Verhandlung eine Kostenentscheidung verkündet und die Parteien sodann auf Rechtsmittel gegen diese Kostenentscheidung verzichten. Die hier erforderliche analoge Anwendung von Nr. 1211 Nr. 2 KV erscheint allerdings ausgeschlossen (→ Rn 76).   **103**

h) Beendigung durch Konfusion. Wird der Rechtsstreit durch Konfusion beendet, weil eine Partei Alleinerbin ihres Prozessgegners geworden ist, endet das Verfahren wegen des Verbots des Insichprozesses in der Hauptsache.[144] Eine Gebührenermäßigung in analoger Anwendung von Nr. 4 tritt nicht ein.[145] Auch durch eine nachträgliche Klagerücknahme oder Erledigungserklärung verringert sich die Gebühr nicht mehr, weil diese Erklärungen nach der tatsächlichen Verfahrensbeendigung durch Konfusion keine rechtliche Wirkung mehr entfalten können (→ Rn 42).[146]   **103a**

7. Keine vorausgegangene Entscheidung. a) Grundsätze. Nr. 1211 KV schließt eine Gebührenermäßigung nach Nr. 1–4 wieder aus, wenn   **104**

- bereits ein anderes als eines der in Nummer 2 aufgeführten Urteile,
- eine Entscheidung über einen Antrag auf Erlass einer Sicherungsanordnung oder
- ein Musterentscheid nach dem KapMuG

vorausgegangen ist.

Nur die abschließend und konkret bezeichneten Entscheidungen schließen ausnahmsweise die Ermäßigung aus.[147] Nr. 1211 KV differenziert dabei nicht nach Gegenstand und Art des Urteils.[148] Nr. 1211 KV erfordert eine praktisch handhabbare Auslegung und steht deshalb einer gesetzlich nicht geregelten Differenzierung nach Gegenstand und Art des Urteils entgegen.[149] Es kommt deshalb für den Ausschluss der Gebüh-   **105**

135 OLG Düsseldorf 28.1.2014 – I-10 W 5/14, nv; OLG Hamm 6.5.2011 – I-25 W 162/11, juris. **136** OLG Bremen 7.3.2011 – 1 W 13/11, juris; OLG München MDR 1996, 209; OLG Frankfurt JurBüro 1999, 94. **137** OLG München NJW-RR 2002, 216; Binz/Dörndorfer/*Zimmermann*, Nr. 1211 KV GKG Rn 36. **138** OLG Bremen 7.3.2011 – 1 W 13/11, juris. **139** OLG Hamm 6.5.2011 – I-25 W 162/11, juris; BT-Drucks 15/1971, S. 160. **140** OLG Düsseldorf 28.1.2014 – I-10 W 5/14, nv; OLG Hamm 6.5.2011 – I-25 W 162/11, juris. **141** So aber OLG Koblenz AGS 2012, 341. **142** BT-Drucks 15/1971, S. 160. **143** OLG München AGS 1998, 88 = JurBüro 1998, 373; OLG München MDR 1996, 209; OLG Hamburg MDR 1996, 970; OLG Nürnberg MDR 1997, 400; Binz/Dörndorfer/*Zimmermann*, Nr. 1211 KV GKG Rn 40. **144** Vgl BGH NJW-RR 2011, 488; OLG Stuttgart AGS 2015, 518 = MDR 2015, 1103 = RVGreport 2016, 80. **145** OLG Stuttgart AGS 2015, 518 = MDR 2015, 1103 = RVGreport 2016, 80. **146** OLG Stuttgart AGS 2015, 518 = MDR 2015, 1103 = RVGreport 2016, 80. **147** OLG Düsseldorf 28.6.2012 – I-10 W 51-54/12, juris; OLG Karlsruhe MDR 2007, 1104. **148** OLG Celle 9.10.2012 – 2 W 255/12, juris; OLG Düsseldorf 28.6.2012 – I-10 W 51-54/12, juris; OLG Karlsruhe MDR 2007, 1104; OLG Düsseldorf JurBüro 1999, 425 = MDR 1999, 764; OLG Koblenz AGS 2004, 489 = MDR 2005, 119; OLG Nürnberg MDR 1997, 400 = JurBüro 1997, 537; OLG Stuttgart NJW-RR 1996, 1535. **149** OLG Düsseldorf JurBüro 1999, 425 = MDR 1999, 764; OLG Koblenz AGS 2004, 489 = MDR 2005, 119; OLG Karlsruhe MDR 2007, 1104; OLG Koblenz AGS 2002, 115 und 183; OLG Nürnberg MDR 1997, 400 = JurBüro 1997, 537.

renermäßigung nicht darauf an, ob das vorausgegangene Urteil den **gesamten Streitgegenstand** oder nur einen **Teil** erledigt hat,[150] ob das Urteil den **Streitgegenstand der Hauptsache** oder nur einen völlig unbedeutenden Teil des Gesamtstreitgegenstandes betraf.[151]

106   **b) Ordnungsgemäßes Zustandekommen der vorausgegangenen Entscheidung.** Teilweise wird für den Ausschluss der Gebührenermäßigung gefordert, dass die vorausgegangene Entscheidung **ordnungsgemäß erlassen** worden ist. Fehlt es zB bei einem Versäumnisurteil im schriftlichen Verfahren an einer wirksamen Zustellung (§ 310 Abs. 3 ZPO), so soll das die spätere Gebührenermäßigung nicht verhindern.[152] Die Prüfung, ob die vorausgegangene Entscheidung ordnungsgemäß erlassen worden ist, ist von dem Kostenbeamten im Kostenansatzverfahren (§ 19) nicht vorzunehmen. Das Kostenansatzverfahren orientiert sich an formalen und äußerlich leicht feststellbaren Merkmalen. Die Prüfung des ordnungsgemäßen Zustandekommens einer gerichtlichen Entscheidung gehört nicht hierzu. Die Klärung solcher Fragen bleiben einer gerichtlichen Entscheidung gem. § 21 (unrichtige Sachbehandlung) vorbehalten, die durch die Erinnerung gegen den Kostenansatz gem. § 66 eingewandt werden kann.[153]

107   **c) Bestandskraft der vorausgegangenen Entscheidung.** Die Beantwortung der Frage, ob die Ermäßigung durch eine vorausgegangene Entscheidung ausgeschlossen ist, hängt nicht davon ab, ob die vorausgegangene Entscheidung prozessual Bestand hat oder nicht. Wird ein anderes als eines der in Nummer 2 genannten Urteile im Rechtsmittelverfahren aufgehoben, der Rechtsstreit an die vorherige Instanz **zurückverwiesen** und dort zB ein gerichtlicher Vergleich geschlossen, ermäßigt sich die Verfahrensgebühr aufgrund des vorausgegangenen Urteils nicht mehr.[154] Es kommt kostenrechtlich nicht darauf an, dass das vorausgegangene Urteil prozessual wirkungslos ist.[155] Das gilt auch in den Fällen der Klagerücknahme (Nr. 1), des Ergehens eines Urteils nach Nr. 2 sowie der Erledigungserklärung (Nr. 4) im Verfahren nach der Zurückverweisung.[156]

108   **d) „Anderes als eines der in Nummer 2 genannten Urteile". aa) Teilurteil.** Das Teilurteil (§ 301 ZPO) ist kein Urteil iSv Nr. 2 und hindert deshalb den Eintritt einer Gebührenermäßigung.[157] Erfasst sind auch ein Teil-Versäumnisurteil[158] und bei der **Stufenklage** ein Teilurteil[159] über den Hilfsanspruch auf Auskunftserteilung.[160]

109   **bb) Zwischenurteil.** Wenn einem der in Nr. 1211 KV aufgeführten Ermäßigungstatbeständen ein Zwischenurteil vorausgegangen ist, ermäßigt sich die Gebühr nicht. Denn das Zwischenurteil ist ein anderes als eines der in Nummer 2 genannten Urteile.[161] Es ist dabei insb. nicht zwischen **echten** (§ 303 ZPO) und **unechten Zwischenurteilen** (vgl § 71 Abs. 1, 2, § 135 Abs. 2, 3, § 142 Abs. 2, § 144 Abs. 2, §§ 372 a, 387, 402 ZPO) zu differenzieren[162] und es kommt nicht darauf an, ob das Zwischenurteil zu Recht ergangen ist.[163]

110   Eine Klagerücknahme nach einem Zwischenurteil auf Leistung von **Prozesskostensicherheit**, auch auf den Antrag eines Streithelfers, führt daher nicht zu einer Gebührenermäßigung.[164]

111   **cc) Grundurteil.** Das vorausgegangene Grundurteil (§ 304 ZPO) verhindert als nicht in Nr. 2 aufgeführtes Urteil die Ermäßigung der Verfahrensgebühr Nr. 1210 KV.[165]

112   **dd) Versäumnisurteil.** Da das Versäumnisurteil in Nr. 2 nicht genannt ist, tritt nach hM eine Ermäßigung bei einem vorausgegangenen Versäumnisurteil nicht ein.[166] Es ist daher insb. kein Raum für eine Ermäßigung, wenn ein Versäumnisurteil gem. § 331 Abs. 3 ZPO ergeht und im Einspruchsverfahren bzw Ein-

---

150 OLG Celle 9.10.2012 – 2 W 255/12, juris; OLG Hamburg 19.5.2006 – 8 W 77/06, juris; OLG Stuttgart NJW-RR 1996, 1535; OLG Koblenz AGS 2004, 489 = MDR 2005, 119. **151** OLG Celle 9.10.2012 – 2 W 255/12, juris; OLG Koblenz AGS 2002, 115 und 183; OLG Düsseldorf JurBüro 1999, 425 = MDR 1999, 764. **152** OLG Saarbrücken OLGR 1998, 296; HK-FamGKG/*N. Schneider*, Nr. 1221 KV Rn 15. **153** Vgl zB OLG Celle 9.10.2012 – 2 W 255/12, juris; OLG Koblenz 29.11.2011 – 14 W 698/11, juris. **154** OLG Celle 9.10.2012 – 2 W 255/12, juris. **155** OLG Nürnberg MDR 2003, 416. **156** OLG Celle 9.10.2012 – 2 W 255/12, juris; OLG Nürnberg MDR 2003, 416; Binz/Dörndorfer/*Zimmermann*, § 37 GKG Rn 2; *Meyer*, GKG § 38 Rn 2; aA *Hartmann*, KostG, § 37 GKG Rn 2. **157** OLG Jena 7.3.2014 – 1 W 83/14, juris; OLG Celle 9.10.2012 – 2 W 255/12, juris; OLG Saarbrücken 4.4.2008 – 2 W 64/08, juris; OLG Koblenz 20.4.2007 – 14 W 289/07, juris; OLG Karlsruhe AGS 2004, 492 = FamRZ 2004, 1663; OLG Koblenz 28.6.1996 – 14 W 309/96, juris; OLG Stuttgart NJW-RR 1996, 1535. **158** OLG Hamburg 19.5.2006 – 8 W 77/06, juris. **159** OLG Jena 7.3.2014 – 1 W 83/14, juris. **160** OLG Karlsruhe AGS 2004, 492 = FamRZ 2004, 1663. **161** OLG Düsseldorf 28.6.2012 – I-10 W 51-54/12, juris; OLG Düsseldorf JurBüro 1999, 425 = MDR 1999, 764 = NJW-RR 1999, 1231; OLG Koblenz AGS 2004, 489 = MDR 2005, 119; OLG Nürnberg MDR 2003, 416; LG Osnabrück AGS 2014, 516 = NJW-RR 2014, 1343 = JurBüro 2015, 95. **162** OLG Düsseldorf 28.6.2012 – I-10 W 51-54/12, juris; OLG Koblenz AGS 2004, 489 = MDR 2005, 119. **163** OLG Koblenz AGS 2004, 489 = MDR 2005, 119. **164** OLG Düsseldorf 28.6.2012 – I-10 W 51-54/12, juris; OLG Karlsruhe MDR 2004, 416; OLG Nürnberg MDR 2003, 416; aA OLG München MDR 2003, 115 = JurBüro 2003, 320 m. zust. Anm. *N. Schneider*; *Meyer*, GKG Nr. 1211 KV Rn 27. **165** OLG Saarbrücken 4.4.2008 – 2 W 64/08, juris. **166** OLG Hamm zfs 2015, 46 = RVGreport 2014, 483; OLG Celle 9.10.2012 – 2 W 255/12, juris; KG AGS 2012, 531 = FamRZ 2012, 1165; KG 18.7.2006 – 1 W 328/04, juris; OLG Hamburg 19.5.2006 – 8 W 77/06, juris; KG RVGreport 2006, 75 = JurBüro 2006, 205; OLG München AGS 2006, 398 = RVGreport 2006, 280; OLG Nürnberg MDR 2003, 416; OLG Hamburg MDR 2000, 111; OLG Düsseldorf JurBüro 2001, 313; OLG München MDR 1996, 968; vgl auch OLG Düsseldorf NJW-RR 1997, 638 = MDR 1997, 301; *Hansens*, RVGreport 2015, 50, 53.

spruchtermin die Klage zurückgenommen wird.[167] Auch wenn das Versäumnisurteil nur die Klage betraf, im anschließenden Einspruchsverfahren die Klage erweitert worden ist und anschließend ein gerichtlicher Vergleich unter Einbeziehung der Klage und der Klageerweiterung geschlossen worden ist, ist die Gebührenermäßigung ausgeschlossen.[168]

Ein **Teil-Versäumnisurteil** verhindert ebenfalls die Gebührenermäßigung.[169] Es spielt auch keine Rolle, ob 113
sich das Urteil **gegen den Kläger** oder **gegen den Beklagten** richtet (→ Rn 77).[170] Denn jedenfalls seit der geänderten Fassung von Nr. 1211 KV durch das am 1.7.2004 in Kraft getretene 1. KostRMoG wird nicht mehr nur auf ein „sonstiges vorausgegangenes Urteil", sondern „ein anderes als eines der in Nummer 2 genannten Urteile" abgestellt.[171]

Im Rahmen des Gerichtskostenansatzes (§ 19) ist im Übrigen nicht zu prüfen, ob das dem Vergleich voraus- 114
gegangene Versäumnisurteil in prozessual zulässiger Weise zustande gekommen ist. Im Rahmen von Nr. 1211 KV hat der Kostenbeamte nur festzustellen, *ob* ein Versäumnisurteil vorausgegangen ist. Das wirksame Zustandekommen des Versäumnisurteils ist im Rahmen des Kostenansatzes vom Kostenbeamten nicht zu prüfen. Denn der Gerichtskostenansatz hat sich an für den Kostenbeamten leicht feststellbaren Anhaltspunkten zu orientieren.

ee) **Vorbehaltsurteil.** Das vorausgegangene Vorbehaltsurteil (§§ 302, 599 ZPO) verhindert als nicht in Nr. 2 115
aufgeführtes Urteil die Ermäßigung der Verfahrensgebühr Nr. 1210 KV.[172] Ein im **Urkundenprozess** ergehendes **Anerkenntnis-Vorbehaltsurteil** ermäßigt die Verfahrensgebühr.[173] Das gilt auch dann, wenn dem Beklagten die Ausführung seiner Rechte im Nachverfahren vorbehalten wurde.[174] Kommt es nach dem Anerkenntnis-Vorbehaltsurteil aber zum Nachverfahren, hat das Anerkenntnis-Vorbehaltsurteil nicht das gesamte Verfahren iSv Nr. 1211 KV beendet, so dass **keine Ermäßigung** erfolgt.[175] Denn das Urkunds- und Nachverfahren bildet insgesamt **denselben kostenrechtlichen Rechtszug.**[176]

e) **Sicherungsanordnung gem. § 283 a ZPO.** Eine vorausgegangene Entscheidung über einen Antrag auf Er- 116
lass einer Sicherungsanordnung verhindert die Ermäßigung der Verfahrensgebühr Nr. 1210 KV nach Nr. 1211 KV. Die Regelung ist durch das Mietrechtsänderungsgesetz (MietRÄndG)[177] mWv 1.5.2013 in Nr. 1211 KV eingefügt worden. Die Sicherungsanordnung ist in § 283 a ZPO geregelt. Wenn eine Räumungsklage mit einer Zahlungsklage aus demselben Rechtsverhältnis verbunden wird, ordnet das Prozessgericht auf Antrag des Klägers an, dass der Beklagte wegen der Geldforderungen, die nach Rechtshängigkeit der Klage fällig geworden sind, Sicherheit zu leisten hat.

Durch die vorausgegangene Sicherungsanordnung gem. § 283 a ZPO wird die Ermäßigung der Verfahrens- 117
gebühr ausgeschlossen. Zwar hat das Gericht nach Erlass einer Sicherungsanordnung in der Hauptsache einen geringeren Aufwand.[178] Allerdings hat das Gericht bereits zuvor im Verfahren über den Erlass einer Sicherungsanordnung eine **sachliche Prüfung des Streitstoffs** vorgenommen.[179] Denn der Erlass der Sicherungsanordnung erfolgt nach § 283 a Abs. 1 S. 1 ZPO nur, soweit die mit einer Zahlungsklage aus demselben Rechtsverhältnis verbunden Räumungsklage **hohe Aussicht auf Erfolg** hat und die Anordnung nach **Abwägung der beiderseitigen Interessen** zur Abwendung besonderer Nachteile für den Kläger gerechtfertigt ist.

Das Verfahren über den Erlass einer Sicherungsanordnung gem. § 283 a ZPO bzw über deren Aufhebung 118
oder Änderung ist **kostenfrei**, weil es ähnlich wie ein Zwischenstreit angelegt ist. Vergleichbar sind insb. die Verfahren zur Prüfung der Erfolgsaussicht eines Antrags auf Gewährung von PKH und zur Prüfung von Anträgen betreffend die vorzeitige Vollstreckbarkeit von Entscheidungen mit oder ohne Sicherheitsleistung.[180]

Da die Sicherheitsanordnung auch im **Berufungsverfahren** und im Verfahren über die **Rechtsbeschwerde** 119
beantragt werden kann, enthalten Nr. 1222, 1223 und 1232 KV entsprechende Regelungen.

f) **Musterentscheid nach dem KapMuG.** Nach Vorbem. 1.2.1 KV entsteht im Kapitalanleger-Musterverfah- 120
ren nach dem KapMuG die Gebühr Nr. 1210 KV nicht. Denn das Musterverfahren gilt als Teil des erstinstanzlichen Prozessverfahrens. Ggf. entsteht die Gebühr Nr. 1902 KV, die nach **Anm. Abs. 2 zu Nr. 1210**

---

[167] OLG Celle 9.10.2012 – 2 W 255/12, juris; KG NJW-RR 2009, 1079 = AGS 2009, 407; OLG München MDR 1996, 968. [168] OLG Celle 9.10.2012 – 2 W 255/12, juris; OLG Düsseldorf JurBüro 2001, 313; OLG Hamburg MDR 1998, 623. [169] KG NJW-RR 2009, 1079 = AGS 2009, 407; OLG Hamburg 19.5.2006 – 8 W 77/06, juris. [170] Vgl KG AGS 2012, 531 = FamRZ 2012, 1165; KG 18.7.2006 – 1 W 328/04, juris; KG RVGreport 2006, 75 = JurBüro 2006, 205; LG Osnabrück NdsRpfl 2006, 279; LG Bonn JurBüro 2001, 595; Binz/Dörndorfer/*Zimmermann*, Nr. 1211 KV GKG Rn 19; *Meyer*, GKG Nr. 1211 KV Rn 27; *Oestreich/Hellstab/Trenkle*, GKG Nr. 1211 KV Rn 6 f; aA LG Koblenz JurBüro 2004, 92; AG Neuwied JurBüro 2003, 430; LG Köln JurBüro 2001, 260; AG Siegburg JurBüro 2000, 424; wohl auch LG Magdeburg 14.11.2011 – 5 O 719/10, juris. [171] KG RVGreport 2006, 75 = JurBüro 2006, 205. [172] OLG Düsseldorf 29.11.2011 – I-10 W 64/11, nv. [173] OLG Jena 20.8.2012 – 9 W 381/12, juris; OLG Hamburg 8.6.2004 – 8 W 107/04, juris. [174] OLG Hamburg 8.6.2004 – 8 W 107/04, juris. [175] OLG Jena 20.8.2012 – 9 W 381/12, juris. [176] OLG Düsseldorf 29.11.2011 – I-10 W 64/11, nv. [177] Vom 11.3.2013 (BGBl. I 434). [178] So BT-Drucks 17/10485, S. 35. [179] BT-Drucks 17/10485, S. 35. [180] BT-Drucks 17/10485, S. 35.

KV auf die Verfahrensgebühr Nr. 1210 KV des Prozessverfahrens angerechnet wird, soweit der Kläger wegen desselben Streitgegenstands einen Anspruch zum Musterverfahren angemeldet hat (s. die Erl zu Vorbem. 1.2.1 KV und Nr. 1902 KV).

121   Gemäß § 16 Abs. 1 S. 1 KapMuG erlässt das Oberlandesgericht im Musterverfahren nach dem KapMuG aufgrund mündlicher Verhandlung einen **Musterentscheid** (Beschluss). Obwohl im Musterverfahren die Gebühr Nr. 1210 KV nicht anfällt, verhindert ein vorausgegangener Musterentscheid nach dem KapMuG die Ermäßigung der Verfahrensgebühr Nr. 1210 KV des Prozessverfahrens.

IV. Mehrere Ermäßigungstatbestände (Anm. S. 3)

122   Nach Anm. S. 3 ermäßigt sich die Verfahrensgebühr nach Nr. 1211 KV auch dann auf eine 1,0-Gebühr, wenn mehrere der in Nr. 1–4 genannten Ermäßigungstatbestände erfüllt sind. Erfasst sind die Fälle, in denen zB für einen Teil des Streitgegenstands die Rücknahme der Klage (Nr. 1) und für den anderen Teil ein gerichtlicher Vergleich (Nr. 4) geschlossen wird. Entscheidend ist, dass durch die Kombination mehrerer Ermäßigungstatbestände das Verfahren hinsichtlich **aller Anträge**, **aller Kläger** und **aller Beklagten** iSv Nr. 1211 KV beendet worden ist.[181]

123   Unerheblich ist, ob die mehreren Ermäßigungstatbestände **gleichzeitig** oder **sukzessive** erfüllt werden.[182] Aus Anm. S. 3 folgt schließlich auch, dass bei mehreren Ermäßigungstatbeständen keine weitere Ermäßigung der 1,0-Gebühr erfolgt.[183]

V. Weitere praktische Hinweise

124   **1. Ermäßigungstatbestände außerhalb von Nr. 1211 KV.** Der mit Wirkung vom 26.7.2012 durch das Gesetz zur Förderung der Mediation und anderer Verfahren der außergerichtlichen Konfliktbeilegung[184] in das GKG eingefügte § 69 b enthält eine Ermächtigung für die Länder, durch Rechtsverordnung zu bestimmen, dass u.a. die Verfahrensgebühr Nr. 1210 KV über die in Nr. 1211 KV bestimmte Ermäßigung hinaus weiter ermäßigt wird oder ganz entfällt. Auf die Erl zu § 69 b wird insoweit verwiesen.

125   **2. Fehlende Vorwegleistung der Verfahrensgebühr Nr. 1210 KV.** Wird die gem. § 6 Abs. 1 S. 1 Nr. 1 mit Einreichung der Klage fällig werdende und gem. § 12 Abs. 1 S. 1 vorauszuzahlende Verfahrensgebühr Nr. 1210 KV vom Kläger nicht vorausgezahlt, so wird diese Gebühr gem. § 26 Abs. 8 S. 3 KostVfg vom Kostenbeamten nur insoweit angesetzt, als sich der Kostenschuldner nicht durch Rücknahme der Klage von der Verpflichtung zur Zahlung befreien kann. Weil die vollständige **Klagerücknahme** gem. Nr. 1211 Nr. 1 KV zu einer 1,0-Verfahrensgebühr führt, stellt der Kostenbeamte in diesem Fall die ermäßigte 1,0-Verfahrensgebühr gegen den Kostenschuldner zum Soll (zur Sollstellung → § 10 Rn 4), wenn feststeht, dass der Zahlungsaufforderung keine Folge geleistet wird.[185]

126   Erfolgt nach der Anforderung der 3,0-Verfahrensgebühr Nr. 1210 KV **ohne Sollstellung** (vgl § 26 KostVfg) **keine Zahlung**, muss der Kostenbeamte sicherstellen, dass die für diesen Fall durch § 26 Abs. 8 S. 3 KostVfg vorgeschriebene Sollstellung einer 1,0-Verfahrensgebühr erfolgt. Der Kostenbeamte muss deshalb bei Aufstellung der Kostenrechnung durch eine **Frist überwachen**, ob die Zahlung der Verfahrensgebühr Nr. 1210 KV erfolgt. Vor dem Hintergrund der Regelungen in § 9 Abs. 2 Nr. 3, 4 und § 7 Abs. 3 Buchst. e AktO kann insoweit eine Frist von **sechs Monaten** angemessen sein. Nach fruchtlosem Fristablauf (keine Zahlung) ist dann die Sollstellung zu veranlassen. Allerdings ist zu berücksichtigen, dass § 7 Abs. 3 Buchst. e AktO lediglich eine **Erledigungsfiktion** enthält.[186]

127   **3. Keine Vorwegleistung nach vorausgegangenem Mahnverfahren.** Zahlt der Kläger nach Widerspruch gegen den Mahnbescheid und Stellung des Antrags auf Durchführung des streitigen Verfahrens die Verfahrensgebühr Nr. 1210 KV nicht (→ § 12 Rn 55 ff), schuldet der Kläger nur die Mahnverfahrensgebühr Nr. 1100 KV. Denn wenn der Kläger seiner Zahlungspflicht nach § 12 Abs. 3 S. 3 nicht nachkommt, kann keine Abgabe erfolgen und die Gebühr nach Nr. 1210, 1211 KV mangels Akteneingangs bei Gericht nicht entstehen (→ § 12 Rn 52 ff und Nr. 1210 KV Rn 61).[187]

128   **4. Empfänger des Überschusses.** An wen der sich bei der Gebührenermäßigung nach Nr. 1211 KV ergebende Überschussbetrag (2,0-Gebühren) zurückzuzahlen ist, bestimmt für den Kostenbeamten die Regelung des § 29 Abs. 4, 5 KostVfg. Bei Vertretung durch einen **Prozessbevollmächtigten** (§ 81 ZPO) ist die Rückzahlung an diesen anzuordnen, es sei denn, die Partei hat der Rückzahlung gegenüber dem Gericht aus-

---

181 Vgl OLG Köln JMBl NW 2009, 254; KG NJW-RR 2009, 1079 = AGS 2009, 407; OLG Köln 20.7.2006 – 17 W 127/06, juris; OLG Hamburg 25.11.2010 – 4 W 269/10, juris; OLG Hamburg MDR 2001, 1261. **182** OLG Düsseldorf AGS 2005, 566. **183** Binz/Dörndorfer/*Zimmermann*, Nr. 1211 KV GKG Rn 40; *Hartmann*, KostG, Nr. 1211 KV GKG Rn 18. **184** Vom 21.7.2012 (BGBl. I 1577). **185** Binz/Dörndorfer/*Zimmermann*, § 12 GKG Rn 4. **186** Vgl OLG Karlsruhe 25.9.2012 – 11 W 34/10, juris. **187** *Oestreich/Hellstab/Trenkle*, GKG § 12 Rn 19.

drücklich widersprochen.[188] Stimmt der Prozessbevollmächtigte in diesem Fall der Rückzahlung an die Partei nicht zu, sind die Akten dem **Prüfungsbeamten** (§ 35 KostVfg) zur Entscheidung vorzulegen.

Bei der Rückzahlung bzw bei der Entscheidung des Prüfungsbeamten ist zu berücksichtigen, dass die Rück- **129** zahlungsbestimmungen der KostVfg mit dem **materiellen Recht** in Einklang stehen müssen.[189] Wird ein Überschuss daher nicht an den objektiv Erstattungsberechtigten zurückgezahlt, führt dies nicht zur Erfüllung des Rückzahlungsanspruchs der Partei gegen die Staatskasse.[190] Zahlt eine Partei die 3,0-Verfahrensgebühr Nr. 1210 KV selbst ein, verlangt sie gegenüber der Staatskasse eine Auszahlung an sich selbst und untersagt sie ausdrücklich eine Auszahlung an ihren Prozessbevollmächtigten, liegt darin eine wirksame Beschränkung der Prozessvollmacht. Der Prozessbevollmächtigte ist dann nicht mehr zum Geldempfang berechtigt.[191]

In **anderen Fällen** ist die Rückzahlung an einen Bevollmächtigten anzuordnen, wenn **130**

■ er eine Vollmacht seines Auftraggebers zu den Akten einreicht, die ihn allgemein zum Geldempfang oder zum Empfang der im Verfahren etwa zurückzuzahlenden Kosten ermächtigt, und wenn keine Zweifel bzgl der Gültigkeit der Vollmacht bestehen, oder

■ es sich bei dem Bevollmächtigten um einen Rechtsanwalt, Notar oder Rechtsbeistand handelt und dieser rechtzeitig vor Anordnung der Rückzahlung schriftlich erklärt, dass er die Kosten aus eigenen Mitteln bezahlt hat.

5. Verzinsung des Überschusses. Gemäß § 5 Abs. 4 wird der sich bei der Gebührenermäßigung ergebende **131** und ggf zurückzuzahlende Überschuss (2,0-Gebühren) **nicht verzinst.**

6. Verjährung des Erstattungsanspruchs. Gemäß § 5 Abs. 2 verjährt der Anspruch auf Rückerstattung von **132** Kosten (auch) im Falle von Nr. 1211 KV in vier Jahren nach Ablauf des Kalenderjahrs, in dem die Zahlung erfolgt ist.

7. Mehrkosten der Säumnis. Ein vorausgegangenes Versäumnisurteil verhindert als ein anderes als eines **133** der in Nummer 2 genannten Urteile den Eintritt der Gebührenermäßigung (→ Rn 112 ff). Wird nach einem Versäumnisurteil das gesamte Verfahren durch einen an sich privilegierten Tatbestand beendet, ermäßigt sich die Verfahrensgebühr daher nicht (→ Rn 112 ff).[192] Die Differenz zwischen der 3,0-Verfahrensgebühr Nr. 1210 KV sowie der sich nach Nr. 1211 KV ergebenden 1,0-Gebühr (2,0) gehört nicht zu den Kosten der Säumnis des Beklagten iSv § 344 ZPO.[193]

Beispiel: Gegen den im Verhandlungstermin nicht erschienenen Beklagten ergeht Versäumnisurteil. Nach Einspruch schließen die Parteien im Einspruchstermin einen gerichtlichen Vergleich. Die Mehrkosten der Säumnis übernimmt der Beklagte. **134**

Wäre kein Versäumnisurteil ergangen, hätte der gerichtliche Vergleich zur Ermäßigung der Verfahrensgebühr auf 1,0 geführt. Das Versäumnisurteil hat diese Ermäßigung als ein anderes als eines der in Nummer 2 genannten Urteile verhindert. **135**

Das Versäumnisurteil hat damit weder Mehrkosten **verursacht** noch eine Gebührenermäßigung **verhin-** **136** **dert.**[194] Denn die 3,0-Verfahrensgebühr Nr. 1210 KV ist bereits mit Klageeinreichung entstanden und fällig geworden.[195] Der Wegfall der Gebührenermäßigung beruht nicht auf der Säumnis des Beklagten, sondern darauf, dass der Kläger ein Versäumnisurteil beantragt hat.[196] Der Kläger hätte statt des Versäumnisurteils aber auch eine Vertagung beantragen und sich dadurch die Möglichkeit der Gebührenermäßigung durch gerichtlichen Vergleich erhalten können. Wenn er diese prozessuale Möglichkeit nicht ausschöpft, können die dadurch bedingten Mehrkosten nicht als Säumniskosten dem Beklagten aufgebürdet werden.[197]

8. Rechtsbehelfe und Rechtsmittel. Ist eine Partei der Auffassung, dass der Kostenbeamte eine Gebührener- **137** mäßigung unzutreffend vorgenommen oder zu Unrecht nicht berücksichtigt hat, ist gegen den entsprechenden Kostenansatz die Erinnerung und Beschwerde gem. § 66 gegeben.

---

188 Vgl OLG Brandenburg NJW 2007, 1470 = RVGreport 2008, 38. **189** OLG Brandenburg NJW 2007, 1470 = RVGreport 2008, 38. **190** OLG Brandenburg NJW 2007, 1470 = RVGreport 2008, 38. **191** OLG Brandenburg NJW 2007, 1470 = RVGreport 2008, 38. **192** OLG Hamm zfs 2015, 46 = RVGreport 2014, 483; OLG Celle 9.10.2012 – 2 W 255/12, juris; KG AGS 2012, 531 = FamRZ 2012, 1165; KG 18.7.2006 – 1 W 328/04, juris; OLG Hamburg 19.5.2006 – 8 W 77/06, juris; KG RVGreport 2006, 75 = JurBüro 2006, 205; OLG München AGS 2006, 398 = RVGreport 2006, 280; OLG Nürnberg MDR 2003, 416; OLG Hamburg MDR 2000, 111; OLG Düsseldorf JurBüro 2001, 313; OLG München MDR 1996, 968; vgl auch OLG Düsseldorf NJW-RR 1997, 638 = MDR 1997, 301; *Hansens*, RVGreport 2015, 50, 53. **193** OLG Koblenz AGS 2008, 97 = JurBüro 2008, 92; OLG Bremen OLGR 2005, 563; KG AGS 2002, 114; LAG Baden-Württemberg RVGreport 2008, 237; OLG München JurBüro 1997, 95; *Hansens*, RVGreport 2015, 50, 53; *N. Schneider*, AGkompakt 2013, 7; aA KG RVGreport 2006, 394; AG Hannover AGS 2010, 305 = JurBüro 2009, 487; *Zöller/Herget*, ZPO, § 344 Rn 4. **194** So aber *Zöller/Herget*, ZPO, § 344 Rn 4. **195** *Hansens*, RVGreport 2015, 50. **196** *Hansens*, RVGreport 2015, 50. **197** *N. Schneider*, AGkompakt 2013, 7.

Unterabschnitt 2
Verfahren vor dem Oberlandesgericht

Nr.	Gebührentatbestand	Gebühr oder Satz der Gebühr nach § 34 GKG
1212	Verfahren im Allgemeinen	4,0

1213	Beendigung des gesamten Verfahrens durch
	1. Zurücknahme der Klage
	   a) vor dem Schluss der mündlichen Verhandlung,
	   b) in den Fällen des § 128 Abs. 2 ZPO vor dem Zeitpunkt, der dem Schluss der mündlichen Verhandlung entspricht, oder
	   c) im Fall des § 331 Abs. 3 ZPO vor Ablauf des Tages, an dem das Urteil der Geschäftsstelle übermittelt wird,
	   wenn keine Entscheidung nach § 269 Abs. 3 Satz 3 ZPO über die Kosten ergeht oder die Entscheidung einer zuvor mitgeteilten Einigung der Parteien über die Kostentragung oder der Kostenübernahmeerklärung einer Partei folgt,
	2. Anerkenntnisurteil, Verzichtsurteil oder Urteil, das nach § 313 a Abs. 2 ZPO keinen Tatbestand und keine Entscheidungsgründe enthält,
	3. gerichtlichen Vergleich oder
	4. Erledigungserklärungen nach § 91 a ZPO, wenn keine Entscheidung über die Kosten ergeht oder die Entscheidung einer zuvor mitgeteilten Einigung der Parteien über die Kostentragung oder der Kostenübernahmeerklärung einer Partei folgt,
	es sei denn, dass bereits ein anderes als eines der in Nummer 2 genannten Urteile vorausgegangen ist:
	Die Gebühr 1212 ermäßigt sich auf ....
	Die Gebühr ermäßigt sich auch, wenn mehrere Ermäßigungstatbestände erfüllt sind.
		
		2,0

I. Allgemeines

1 Unterabschnitt 2 (Nr. 1212 und 1213 KV) ist mWv 3.12.2011 durch das Gesetz über den **Rechtsschutz bei überlangen Gerichtsverfahren und strafrechtlichen Ermittlungsverfahren** (ÜVerfBesG) vom 24.11.2011[1] in das GKG eingefügt worden. Mit diesem Gesetz hat der Gesetzgeber Ansprüche auf Entschädigung gesetzlich geregelt, die einem Verfahrensbeteiligten zustehen, wenn er infolge der unangemessenen Dauer des Verfahrens einen Nachteil erleidet (zur Entschädigungshöhe vgl § 198 GVG). Die Entschädigung ist vom **Land** zu zahlen, wenn die Verzögerung von einem Gericht des Landes verursacht worden ist, und vom **Bund**, wenn die Verzögerung von einem Bundesgericht verursacht wurde. Das gilt entsprechend bei Ermittlungsverfahren durch eine Staatsanwaltschaft oder Finanzbehörde. Nach § 201 Abs. 2 S. 1 GVG sind die Vorschriften der ZPO über das Verfahren vor den **Landgerichten im ersten Rechtszug** entsprechend anzuwenden.

2 In Verfahren wegen **überlanger Gerichtsverfahren und strafrechtlicher Ermittlungsverfahren** entstehen die im **Klageverfahren** üblichen Gebühren.[2] Unterabschnitt 2 regelt die Verfahrensgebühr (Nr. 1212, 1213 KV), die im **erstinstanzlichen Verfahren** vor dem **Oberlandesgericht** über den Rechtsschutz bei überlangen Gerichtsverfahren und strafrechtlichen Ermittlungsverfahren anfällt. Das Oberlandesgericht ist in der ersten Instanz zuständig, soweit sich die Entschädigungsklage gegen ein **Land** richtet (vgl § 201 Abs. 1 S. 1 GVG). Wegen der erstinstanzlichen Zuständigkeit des Oberlandesgerichts ist der Satz der Verfahrensgebühr wie im Berufungsverfahren (Nr. 1220 KV) auf 4,0 festgelegt worden.

3 Hinsichtlich der Gerichtsgebühren mussten für die erstinstanzlichen Verfahren neue Gebührentatbestände eingeführt werden. In der ordentlichen Gerichtsbarkeit gab es zwar bereits erstinstanzliche Verfahren vor dem OLG; hierfür waren aber spezielle Gerichtsgebühren vorgesehen (Nr. 1630 ff KV; Nr. 1640 ff KV), die

---

1 BGBl. 2011 I 2302. **2** BT-Drucks 17/3802, S. 29.

für die Verfahren nach dem Gesetz über den Rechtsschutz bei überlangen Gerichtsverfahren nicht passten.[3] Teil 1 Hauptabschnitt 2 Abschnitt 1 KV ist deshalb in drei Unterabschnitte aufgeteilt worden. Die Regelungen in Nr. 1210, 1211 KV stehen in Unterabschnitt 1 („Verfahren vor dem Amts- oder Landgericht"), während die Gebühren für das erstinstanzliche Verfahren vor dem OLG in den Unterabschnitt 2 („Verfahren vor dem Oberlandesgericht") eingefügt wurden.

Gegen die Entscheidung des OLG in Verfahren nach dem Gesetz über den Rechtsschutz bei überlangen Gerichtsverfahren und strafrechtlichen Ermittlungsverfahren findet gem. § 201 Abs. 2 S. 3 GVG die Revision nach Maßgabe des § 543 ZPO statt. Für das Revisionsverfahren gelten Nr. 1230–1232 KV.[4]   **4**

II. Verfahrensgebühr (Nr. 1212 KV)

Die Verfahrensgebühr nach Nr. 1212 KV entsteht als **Pauschgebühr** für das Verfahren im Allgemeinen. Sie   **5** wird daher nicht für besondere Handlungen eines Beteiligten oder Tätigkeiten des OLG, sondern für den Ablauf des gerichtlichen Verfahrens erhoben, der die Gebühr immer wieder neu erwachsen lässt.[5] Für die Verfahrensgebühr für das erstinstanzlichen Verfahren vor dem OLG kann iÜ auf die Erl. in → Nr. 1210 KV Rn 11 ff verwiesen werden.

III. Ermäßigung der Verfahrensgebühr (Nr. 1213 KV)

Für die Ermäßigung der Verfahrensgebühr nach Nr. 1213 KV[6] kann auf die Erl. zu Nr. 1211 KV verwiesen   **6** werden, die entsprechend gelten.

IV. Weitere praktische Hinweise

Es wird auf die Hinweise zur Verfahrensgebühr Nr. 1210 KV verwiesen, die entsprechend gelten (→   **7** Nr. 1210 KV Rn 84 ff). Im Übrigen sind die in → Rn 8 ff genannten Besonderheiten zu beachten.

Gemäß § 12 Abs. 1 ist die Verfahrensgebühr der **Nr. 1212 KV vorauszahlungspflichtig**. Denn auf das erstin- **8** stanzliche Verfahren vor dem OLG sind nach § 201 Abs. 2 S. 1 GVG die Vorschriften der ZPO über das Verfahren vor den **Landgerichten im ersten Rechtszug** entsprechend anzuwenden. Es handelt sich damit um ein von § 12 Abs. 1 erfasstes Verfahren nach der ZPO. § 12 a erklärt für die **Fachgerichtsbarkeiten** § 12 Abs. 1 für entsprechend anwendbar.[7] Die **Klagezustellung** ist deshalb gem. § 12 Abs. 1 S. 1 von der vorherigen Zahlung der 4,0-Verfahrensgebühr Nr. 1212 KV abhängig zu machen. Wird die Klage erweitert, soll gem. § 12 Abs. 1 S. 2 vor Zahlung des auf die **Klageerweiterung** entfallenden Gebührenbetrags (→ § 12 Rn 27 ff und Nr. 1210 KV Rn 37 ff) keine gerichtliche Handlung vorgenommen werden (→ § 12 Rn 30 f).

Werden dem Land (§ 201 Abs. 1 S. 1 GVG) die Kosten auferlegt oder übernimmt das Land die Kosten,   **9** können die Kosten wegen Kostenfreiheit gem. § 2 Abs. 1 S. 1 nicht gem. § 29 Nr. 1 oder 2 gegen das Land geltend gemacht werden.

Die im ersten Rechtszug vor dem OLG anfallende Verfahrensgebühr Nr. 1212, 1213 KV wird gem. § 19   **10** Abs. 1 Nr. 1 durch den Kostenbeamten bei dem OLG angesetzt.

Unterabschnitt 3
Verfahren vor dem Bundesgerichtshof

Nr.	Gebührentatbestand	Gebühr oder Satz der Gebühr nach § 34 GKG
1214	Verfahren im Allgemeinen	5,0

1215	Beendigung des gesamten Verfahrens durch
	1. Zurücknahme der Klage
	    a) vor dem Schluss der mündlichen Verhandlung,
	    b) in den Fällen des § 128 Abs. 2 ZPO vor dem Zeitpunkt, der dem Schluss der mündlichen Verhandlung entspricht, oder	

---

3 Vgl *N. Schneider*, RVGreport 2012, 82. **4** Vgl *N. Schneider*, RVGreport 2012, 82. **5** BVerfG NJW 1960, 1973; KG 10.5.2010 – 1 W 443/09, juris; OLG Schleswig JurBüro 1996, 204 (für die Verfahrensgebühr im Berufungsverfahren). **6** Vgl BFH RVGreport 2015, 436. **7** BT-Drucks 17/3802; *N. Schneider*, RVGreport 2012, 82.

Nr.	Gebührentatbestand	Gebühr oder Satz der Gebühr nach § 34 GKG
	c) im Fall des § 331 Abs. 3 ZPO vor Ablauf des Tages, an dem das Urteil der Geschäftsstelle übermittelt wird, wenn keine Entscheidung nach § 269 Abs. 3 Satz 3 ZPO über die Kosten ergeht oder die Entscheidung einer zuvor mitgeteilten Einigung der Parteien über die Kostentragung oder der Kostenübernahmeerklärung einer Partei folgt, 2. Anerkenntnisurteil, Verzichtsurteil oder Urteil, das nach § 313 a Abs. 2 ZPO keinen Tatbestand und keine Entscheidungsgründe enthält, 3. gerichtlichen Vergleich oder 4. Erledigungserklärungen nach § 91 a ZPO, wenn keine Entscheidung über die Kosten ergeht oder die Entscheidung einer zuvor mitgeteilten Einigung der Parteien über die Kostentragung oder der Kostenübernahmeerklärung einer Partei folgt, es sei denn, dass bereits ein anderes als eines der in Nummer 2 genannten Urteile vorausgegangen ist: Die Gebühr 1214 ermäßigt sich auf .... Die Gebühr ermäßigt sich auch, wenn mehrere Ermäßigungstatbestände erfüllt sind.	 3,0

I. Allgemeines

1 Unterabschnitt 3 (Nr. 1214 und 1215 KV) ist mWv 3.12.2011 durch das Gesetz über den **Rechtsschutz bei überlangen Gerichtsverfahren und strafrechtlichen Ermittlungsverfahren** (ÜVerfBesG) vom 24.11.2011[1] in das GKG eingefügt worden. Mit diesem Gesetz hat der Gesetzgeber Ansprüche auf Entschädigung gesetzlich geregelt, die einem Verfahrensbeteiligten zustehen, wenn er infolge der unangemessenen Dauer des Verfahrens einen Nachteil erleidet (zur Entschädigungshöhe vgl § 198 GVG). Die Entschädigung ist vom **Land** zu zahlen, wenn die Verzögerung von einem Gericht des Landes verursacht worden ist, und vom **Bund**, wenn die Verzögerung von einem Bundesgericht verursacht wurde. Das gilt entsprechend bei Ermittlungsverfahren durch eine Staatsanwaltschaft oder Finanzbehörde. Nach § 201 Abs. 2 S. 1 GVG sind die Vorschriften der ZPO über das Verfahren vor den **Landgerichten im ersten Rechtszug** entsprechend anzuwenden.

2 In Verfahren wegen **überlanger Gerichtsverfahren und strafrechtlicher Ermittlungsverfahren** entstehen die im **Klageverfahren** üblichen Gebühren.[2] Unterabschnitt 3 regelt die Verfahrensgebühr (Nr. 1214, 1215 KV), die im **erstinstanzlichen Verfahren** vor dem **Bundesgerichtshof** über den Rechtsschutz bei überlangen Gerichtsverfahren und strafrechtlichen Ermittlungsverfahren anfällt. Der Bundesgerichtshof ist zuständig, soweit sich die Entschädigungsklage gegen den **Bund** richtet (vgl § 201 Abs. 1 S. 2 GVG). Wegen der Zuständigkeit des Bundesgerichtshofs ist der Satz der Verfahrensgebühr wie im Revisionsverfahren (Nr. 1230 KV) auf 5,0 festgelegt worden.

3 Hinsichtlich der Gerichtsgebühren mussten für die erstinstanzlichen Verfahren neue Gebührentatbestände eingeführt werden. Teil 1 Hauptabschnitt 2 Abschnitt 1 KV ist deshalb in drei Unterabschnitte aufgeteilt worden. Die Regelungen in Nr. 1210, 1211 KV stehen in Unterabschnitt 1 („Verfahren vor dem Amts- oder Landgericht"), während die Gebühren für die erstinstanzlichen Verfahren vor dem BGH in Unterabschnitt 3 („Verfahren vor dem Bundesgerichtshof") eingefügt wurden.

II. Verfahrensgebühr (Nr. 1214 KV)

4 Die Verfahrensgebühr nach Nr. 1214 KV entsteht als **Pauschgebühr** für das Verfahren im Allgemeinen. Sie wird daher nicht für besondere Handlungen eines Beteiligten oder Tätigkeiten des BGH, sondern für den Ablauf des gerichtlichen Verfahrens erhoben, der die Gebühr immer wieder neu erwachsen lässt.[3] Für die Verfahrensgebühr für das erstinstanzlichen Verfahren vor dem BGH kann iÜ auf die Erl. in → Nr. 1210 KV Rn 11 ff verwiesen werden.

---

1 BGBl. 2011 I 2302. **2** BT-Drucks 17/3802, S. 29. **3** BVerfG NJW 1960, 1973; KG 10.5.2010 – 1 W 443/09, juris; OLG Schleswig JurBüro 1996, 204 (für die Verfahrensgebühr im Berufungsverfahren).

III. Ermäßigung der Verfahrensgebühr (Nr. 1215 KV)

Für die Ermäßigung der Verfahrensgebühr nach Nr. 1215 KV kann auf die Erl. zu Nr. 1211 KV verwiesen **5** werden, die entsprechend gelten.

IV. Weitere praktische Hinweise

Es wird auf die Hinweise zur Verfahrensgebühr Nr. 1210 KV verwiesen, die entsprechend gelten (→ **6** Nr. 1210 KV Rn 83 ff). Im Übrigen sind die in → Rn 7 ff genannten Besonderheiten zu beachten.

Gemäß § 12 Abs. 1 ist die Verfahrensgebühr der **Nr. 1214 KV vorauszahlungspflichtig.** Denn auf das erstin- **7** stanzliche Verfahren vor dem BGH sind nach § 201 Abs. 2 S. 1 GVG die Vorschriften der ZPO über das Verfahren vor den **Landgerichten im ersten Rechtszug** entsprechend anzuwenden. Es handelt sich damit um ein von § 12 Abs. 1 erfasstes Verfahren nach der ZPO. § 12 a erklärt für die **Fachgerichtsbarkeiten** § 12 Abs. 1 für entsprechend anwendbar.[4] Die **Klagezustellung** ist deshalb gem. § 12 Abs. 1 S. 1 von der vorherigen Zahlung der 5,0-Verfahrensgebühr Nr. 1214 KV abhängig zu machen. Wird die Klage erweitert, soll vor Zahlung des auf die **Klageerweiterung** entfallenden Gebührenbetrags (→ § 12 Rn 27 ff und Nr. 1210 KV Rn 37 ff) gem. § 12 Abs. 1 S. 2 keine gerichtliche Handlung vorgenommen werden (→ § 12 Rn 30 f).

Werden dem Bund (§ 201 Abs. 1 S. 2 GVG) die Kosten auferlegt oder übernimmt der Bund die Kosten, **8** können die Kosten wegen Kostenfreiheit gem. § 2 Abs. 1 S. 1 nicht gem. § 29 Nr. 1 oder 2 gegen den Bund geltend gemacht werden.

Die im ersten Rechtszug vor dem BGH anfallende Verfahrensgebühr Nr. 1214, 1215 KV wird gem. § 19 **9** Abs. 1 Nr. 1 durch den Kostenbeamten bei dem BGH angesetzt.

Abschnitt 2
Berufung und bestimmte Beschwerden

Nr.	Gebührentatbestand	Gebühr oder Satz der Gebühr nach § 34 GKG
Vorbemerkung 1.2.2: Dieser Abschnitt ist auf Beschwerdeverfahren nach 1. den §§ 63 und 171 GWB, 2. § 48 WpÜG, 3. § 37 u Abs. 1 WpHG, 4. § 75 EnWG, 5. § 13 VSchDG und 6. § 35 KSpG anzuwenden.		

I. Anwendungsbereich der Nr. 1220–1223 KV

Für **Berufungen** in bürgerlichen Rechtsstreitigkeiten sind die Gebühren Nr. 1220–1223 KV anzuwenden. **1**

Dies ergibt sich aus der Überschrift zu Teil 1 (Zivilrechtliche Verfahren vor den ordentlichen Gerichten), **2** Hauptabschnitt 2 (Prozessverfahren), Abschnitt 2 (Berufung und bestimmte Beschwerden).

Die Überschrift zu Abschnitt 2 iVm der **Vorbem. 1.2.2 KV**[1] bestimmt, dass die Gebühren Nr. 1220–1223 **3** KV auch für die in der Vorbem. genannten **Beschwerdeverfahren** anzuwenden sind.

II. Bestimmte Beschwerden iSd Vorbem. 1.2.2 KV

Vorbem. 1.2.2 KV stellt für die Gerichtsgebühren dem zivilprozessualen Berufungsverfahren folgende Be- **4** schwerdeverfahren gleich:

---

4 BT-Drucks 17/3802; *N. Schneider*, RVGreport 2012, 82. **1** Das KostRMoG 2004 (BGBl. 2004 I 718) hat die schon zuvor bestehende entsprechende Anwendbarkeit der Berufungsgebühren für bestimmte Beschwerdeverfahren in der Vorbem. 1.2.2 KV nachvollzogen und ist seitdem mehrfach verändert worden. Durch das FGG-RG (BGBl. 2008 I 2586) wurden die Gebührenvorschriften für die familienrechtlichen Beschwerde- und Berufungssachen in ein eigenständiges FamGKG überführt. Das 2. KostRMoG (BGBl. 2013 I 2586) hat lediglich in Nr. 3 eine redaktionelle Korrektur vorgenommen. Das Vergaberechtsmodernisierungsgesetz v. 17.2.2016 (BGBl. I 203) hat in der Vorbem. 1.2.2. Nr. 1 KV eine Folgeänderung vorgenommen.

5   **1. Beschwerde nach § 63 GWB (Nr. 1).** Nach § 63 Abs. 1 S. 1 GWB ist gegen Verfügungen der Kartellbehörde die Beschwerde zulässig. Über die Beschwerde entscheidet ausschließlich das für den Sitz der Kartellbehörde zuständige OLG, in den Fällen der §§ 35–42 GWB ausschließlich das für den Sitz des Bundeskartellamts zuständige OLG, und zwar auch dann, wenn sich die Beschwerde gegen eine Verfügung des Bundesministeriums richtet (§ 63 Abs. 4 S. 1 GWB).

6   **2. Beschwerde nach § 171 GWB (Nr. 1).** Nach § 171 Abs. 1 S. 1 GWB ist gegen Entscheidungen der Vergabekammer die sofortige Beschwerde zulässig. Über die sofortige Beschwerde entscheidet ausschließlich das für den Sitz der Vergabekammer zuständige OLG (§ 171 Abs. 3 S. 1 GWB).

7   **3. Beschwerde nach § 48 WpÜG (Nr. 2).** Nach § 48 Abs. 1 WpÜG ist gegen Verfügungen der Bundesanstalt für Finanzdienstleistungsaufsicht nach dem WpÜG die Beschwerde zulässig. Über die Beschwerde entscheidet ausschließlich das für den Sitz der Bundesanstalt in Frankfurt zuständige OLG (§ 48 Abs. 4 WpÜG).

8   **4. Beschwerde nach § 37 u WpHG (Nr. 3).** Nach § 37 u Abs. 1 WpHG ist gegen Verfügungen der Bundesanstalt für Finanzdienstleistungsaufsicht nach dem WpHG die Beschwerde zulässig. Über die Beschwerde entscheidet ausschließlich das für den Sitz der Bundesanstalt in Frankfurt zuständige OLG (§ 37 u Abs. 2 WpHG iVm § 48 Abs. 4 WpÜG).

9   **5. Beschwerde nach § 75 EnWG (Nr. 4).** Nach § 75 Abs. 1 S. 1 EnWG ist gegen Entscheidungen der Regulierungsbehörde die Beschwerde zulässig. Über die Beschwerde entscheidet ausschließlich das für den Sitz der Regulierungsbehörde zuständige OLG, in den Fällen des § 51 ausschließlich das für den Sitz der Bundesnetzagentur zuständige OLG, und zwar auch dann, wenn sich die Beschwerde gegen eine Verfügung des Bundesministeriums richtet (§ 75 Abs. 4 S. 1 EnWG).

10   **6. Beschwerde nach § 13 VSchDG (Nr. 5).** Nach § 13 Abs. 1 S. 1 VSchDG ist in den dort genannten Fällen gegen Entscheidungen der zuständigen Behörden die Beschwerde zulässig. Über die Beschwerde entscheidet ausschließlich das für den Sitz der Behörde zuständige LG (§ 13 Abs. 4 S. 1 VSchDG).

11   **7. Beschwerde nach § 35 KSpG (Nr. 6).** Nach § 35 Abs. 3 KSpG ist gegen Entscheidungen der Bundesnetzagentur die Beschwerde zulässig. Über die Beschwerde entscheidet ausschließlich das für den Sitz der Bundesnetzagentur zuständige OLG.

III. Streitwert für die bestimmten Beschwerden iSd Vorbem. 1.2.2 KV

12   § 50 Abs. 1 enthält die Streitwertregelung für die Beschwerde nach § 63 GWB, § 48 WpÜG, § 37 u Abs. 1 WpHG, § 75 EnWG, § 13 VSchDG und § 35 KSpG.

13   Der Wert bestimmt sich nach **§ 3 ZPO** (§ 50 Abs. 1 S. 1). Wird die Beschwerde von einem Beigeladenen nach § 54 Abs. 2 Nr. 3 GWB, § 79 Abs. 1 Nr. 3 EnWG, § 16 Nr. 3 VSchDG eingelegt, ist dessen Interesse maßgebend; hierbei ist die sich für den Beigeladenen ergebende Bedeutung der Sache zu berücksichtigen (§ 50 Abs. 1 S. 2). Zu weiteren Einzelheiten → § 50 Rn 3–19.

14   Für Beschwerdeverfahren nach **§ 171 GWB** ist der Streitwert in § 50 Abs. 2 geregelt. Der Streitwert beträgt **5 % der Bruttoauftragssumme.** Zu weiteren Einzelheiten → § 50 Rn 20–29.

Nr.	Gebührentatbestand	Gebühr oder Satz der Gebühr nach § 34 GKG
1220	Verfahren im Allgemeinen	4,0

I. Allgemeines

1   Im Berufungsverfahren entsteht die Verfahrensgebühr nach Nr. 1220 KV.[1] Es handelt sich um eine Wertgebühr. Sie fällt mit einem Gebührensatz von 4,0 an. Dieser Gebührensatz stellt ein angemessenes Verhältnis zu der Verfahrensgebühr Nr. 1210 KV (Satz: 3,0) für die erste Instanz her.[2]

2   Der Streitwert des Berufungsverfahrens ergibt sich idR aus § 47.

3   Ermäßigungstatbestände zu Nr. 1220 KV sind in den Nr. 1221–1223 KV vorgesehen.

---

1 Das KostRMoG 2004 (BGBl. 2004 I 718) hat das Pauschalgebührensystem auf das zivilprozessuale Berufungsverfahren erstreckt und die Nr. 1220–1223 KV als Verfahrensgebühr mit Ermäßigungstatbeständen überarbeitet. **2** BT-Drucks 15/1971, S. 160.

II. Gebührentatbestand

Nr. 1220 KV ist nur für Berufungsverfahren anzuwenden (zur Anwendbarkeit auf Beschwerdeverfahren → **4** Vorbem. 1.2.2 KV Rn 4 ff). Hierzu gehört auch die Anschlussberufung. Im einstweiligen Rechtsschutz gelten die Nr. 1420–1423 KV.

Für andere Rechtsbehelfe gilt Nr. 1220 KV dagegen nicht. Unter Nr. 1220 KV fallen daher bspw nicht Revi- **5** sion, Anschlussrevision, Erinnerung, sofortige Beschwerde, Rechtsbeschwerde, Widerspruch, Einspruch, Anhörungsrüge, Gegenvorstellung, Dienstaufsichtsbeschwerde.

Die **Berufung** findet nach § 511 Abs. 1 ZPO gegen die im ersten Rechtszug erlassenen Endurteile statt. **End- 6 urteile** im Sinne dieser Vorschrift sind Urteile, die den Rechtsstreit über den Streitgegenstand ganz oder teilweise erledigen. Hierzu gehören u.a.: Teilurteil (§ 301 ZPO), Ergänzungsurteil (§ 321 ZPO), Prozessurteil, Urteil über die Verwerfung des Einspruchs (§ 341 Abs. 1 S. 1 ZPO), Anerkenntnisurteil (§ 307 ZPO), Verzichtsurteil (§ 306 ZPO), zweites Versäumnisurteil (§ 345 ZPO). Nicht berufungsfähig ist dagegen zB das erste Versäumnisurteil, das dem Einspruch unterliegt (§§ 338, 514 Abs. 1 ZPO). Einige **Zwischenurteile** sind in Bezug auf die Anfechtbarkeit den Endurteilen gleichgestellt, zB Zwischenurteil, das die Zulässigkeit der Klage bejaht (§ 280 Abs. 2 ZPO), Zwischenurteil über die Zurückweisung des Wiedereinsetzungsantrags (§ 238 Abs. 2 ZPO), Grundurteil (§ 304 Abs. 2 ZPO), Vorbehaltsurteil (§ 304 Abs. 3 ZPO).

Nr. 1220 KV enthält eine **Verfahrensgebühr**. Sie **entsteht** mit dem Eingang der Berufung bei Gericht. Die **7** Gebühr fällt auch an, wenn die Berufung nur zur Fristwahrung eingelegt wird.[3] Auf die Zustellung der Berufung an den Berufungsgegner kommt es nicht an.[4] Auch eines Berufungsantrags bedarf es für die Entstehung der Gebühr nicht.

Bei der Gebühr handelt es sich um eine **Pauschgebühr** (§ 35), die das **gesamte Berufungsverfahren** abdeckt. **8** Dazu gehört auch eine mündliche Verhandlung oder eine Beweisaufnahme. Die Verfahrensgebühr entsteht für das Verfahren im Allgemeinen. Allein der Verfahrenslauf lässt die Gebühr immer wieder neu in der einmal entstandenen Höhe erwachsen.[5] Die Gebühr wird nicht für besondere Handlungen des Gerichts erhoben. Die Verfahrensgebühr gilt das Berufungsverfahren bis zum Abschluss ab, also einschließlich der verfahrensabschließenden Entscheidung des Berufungsgerichts.

Die Gebühr **Nr. 1900 KV** kann ggf neben der Gebühr Nr. 1220 KV zur Anwendung kommen, wenn die **9** Parteien einen **Vergleich** geschlossen haben und der Wert des Vergleichsgegenstands den Wert des Berufungsgegenstands übersteigt.

Wird im Rahmen des Berufungsverfahrens eine **erstinstanzliche Entscheidung** begehrt (zB Arrest oder einst- **10** weilige Verfügung, vgl § 943 ZPO), entsteht hierfür nicht die Gebühr Nr. 1220 KV, sondern die Gebühr Nr. 1410 KV, weil es hinsichtlich des begehrten einstweiligen Rechtsschutzes an einem zweitinstanzlichen Verfahren fehlt (→ Nr. 1420 KV Rn 3 f).[6]

Wird im Berufungsverfahren die **Klage erweitert** oder **Widerklage** erhoben, fällt auch insoweit die Gebühr **11** Nr. 1220 KV an, nicht dagegen die Verfahrensgebühr für ein erstinstanzliches Verfahren.[7]

Darauf, ob die Berufung zutreffend als solche bezeichnet ist, kommt es nicht an. Entscheidend ist, ob das **12** Gericht die Eingabe **als Berufung auslegt**.[8] Wird eine Eingabe durch eine unrichtige Sachbehandlung als Berufung eingeordnet, kann die Niederschlagung der Gebühr (§ 21) in Betracht kommen.

Die Gebühr fällt unabhängig davon an, ob die Berufung **statthaft** ist oder nicht. Die Gebühr entsteht auch, **13** wenn der Berufungsführer die Beschwerde bei einem unzuständigen Gericht einlegt oder die Berufungsfrist nicht einhält. Es spielt keine Rolle, ob ein Anwaltszwang (vgl § 78 Abs. 1 S. 1 ZPO) beachtet wurde. Die Gebühr entsteht also auch, wenn die Partei selbst und nicht durch einen Rechtsanwalt Berufung einlegt.[9] Jedoch soll die Berufung einer prozessunfähigen Person keine Gerichtsgebühren auslösen.[10] Auch soll die nicht unterschriebene Berufungsschrift keine Gerichtsgebühren auslösen.[11]

Der Ausgang des Berufungsverfahrens ist im Ausgangspunkt ohne Einfluss auf die Gebühr. Es kommt insb. **14** nicht darauf an, ob der Berufung stattgegeben oder ob sie verworfen bzw zurückgewiesen wird. Es ist auch ohne Bedeutung, ob die verfahrensabschließende Entscheidung auf eine mündliche Verhandlung durch Ur-

---

3 OLG Düsseldorf NJW-RR 1997, 1159. **4** OLG Schleswig SchlHA 1996, 305 (zu Nr. 1201 KV GKG aF); OLG München NJW-RR 1997, 1159 (zu Nr. 1201 KV GKG aF); KG NJW-RR 1998, 1375 (zu Nr. 1201 KV GKG aF); OLG Düsseldorf NJW-RR 1999, 1670 (zu Nr. 1201 KV GKG aF). **5** Vgl BVerwG NJW 1960, 1973 (zur Prozessgebühr für das Revisionsverfahren aF); OLG Schleswig JurBüro 1996, 204 (zur Verfahrensgebühr im Berufungsverfahren aF). **6** Binz/Dörndorfer/*Zimmermann*, Nr. 1220 KV GKG Rn 4; HK-FamGKG/*Volpert*, Nr. 1222 KV Rn 28 (zu Nr. 1222, 1420 FamGKG); aA *Hartmann*, KostG, Nr. 1220 KV GKG Rn 1; *Meyer*, GKG Nr. 1220 KV Rn 47. **7** Binz/Dörndorfer/*Zimmermann*, Nr. 1220 KV GKG Rn 5; HK-FamGKG/*Volpert*, Nr. 1222 KV Rn 28 (zu Nr. 1222 KV FamGKG). **8** OLG Hamm JurBüro 1972, 891; vgl auch zur Rechtsbeschwerde: BGH BeckRS 2011, 878; BGH BeckRS 2011, 879. **9** OLG Zweibrücken JurBüro 2007, 372. **10** So KG FGPrax 2007, 220; aA OLG Schleswig SchlHA 2005, 350. **11** Zweifelhaft; so aber zur Klageeinreichung LG Stuttgart NJW-RR 2011, 718.

teil oder ohne mündliche Verhandlung durch Beschluss ergeht. Bei einem Gebührensatz von 4,0 bleibt es also auch, wenn die Berufung durch Beschluss nach § 522 Abs. 2 ZPO zurückgewiesen wird. Dies ist verfassungsrechtlich unbedenklich,[12] weil auch ohne Durchführung einer mündlichen Verhandlung der Beschluss nach § 522 Abs. 2 ZPO dieselbe Prüfungsdichte und Entscheidungstiefe voraussetzt wie ein entsprechendes Berufungsurteil.

15 Endet das Berufungsverfahren aber durch einen der in Nr. 1221–1223 KV genannten **Ermäßigungsfall**, reduziert sich die Verfahrensgebühr von 4,0 auf 1,0 (Nr. 1221 KV) bzw 2,0 (Nr. 1222 KV) bzw 3,0 (Nr. 1223 KV).

III. Mehrere Berufungen

16 **1. Einmalige Entstehung der Verfahrensgebühr.** Werden mehrere Berufungen gegen dasselbe erstinstanzliche Urteil eingelegt, fällt die Gebühr Nr. 1220 KV nur einmal an (zum Streitwert des Berufungsverfahrens bei wechselseitigen Berufungen → Rn 20 ff). Dies gilt gleichermaßen,

- wenn eine Partei mehrfach dieselbe Berufung gegen die Entscheidung erhebt,
- wenn eine Partei Berufung und die andere Partei Anschlussberufung erheben oder
- wenn beide Parteien selbstständige Berufungen erheben.

17 Bei der mehrfachen Berufung durch eine Partei handelt es sich um ein einheitliches Rechtsmittel, über das einheitlich zu entscheiden ist.[13] Dies gilt auch dann, wenn die Berufungsschriften bei verschiedenen Gerichten eingereicht sind und nach Verweisung einem dieser Gerichte zur Entscheidung vorliegen.[14]

18 Werden durch unterschiedliche Parteien Berufungen erhoben, seien es selbstständige Berufungen oder Berufung und Anschlussberufung, wird durch beide Berufungen die Einheit des Rechtsstreits nicht berührt.[15] Über beide Berufungen ist einheitlich zu verhandeln und zu entscheiden.[16] Einer Verbindung nach § 147 ZPO bedarf es hierfür nicht.[17]

19 Es entsteht deshalb nur eine Verfahrensgebühr nach dem „Gesamt"-Streitwert (zum Streitwert im Berufungsverfahren im Allgemeinen → Rn 35 ff), weil die Wertgebühr Nr. 1220 KV als pauschale allgemeine Verfahrensgebühr ausgestaltet ist, die innerhalb eines Rechtszugs nur einmal erhoben werden darf (vgl § 35). Die Werte aller Berufungsgegenstände sind im Grundsatz zusammenzurechnen (vgl § 47 iVm § 39 Abs. 1).

20 **2. Streitwert bei wechselseitigen Berufungen.** Wird durch beide Parteien wechselseitig Berufung eingelegt, ist für die Bemessung des Streitwerts im Berufungsverfahren (zum Streitwert im Berufungsverfahren im Allgemeinen → Rn 35 ff) danach zu unterscheiden, ob die wechselseitigen Berufungen denselben Gegenstand oder verschiedene Gegenstände betreffen (§ 47 iVm § 45 Abs. 2, 1 S. 3).

21 **a) Derselbe Gegenstand.** Betreffen die wechselseitigen Berufungen denselben Gegenstand, ist nur der Wert des höheren Berufungsgegenstands maßgebend. Für die Gebühr Nr. 1220 KV haften beide Berufungsführer als **Gesamtschuldner** (§ 22 Abs. 1 S. 1, § 31 Abs. 1). Die Kosten können gegenüber demjenigen Berufungsführer erhoben werden, der als erster die Berufung eingelegt hat. Gegenüber dem nachfolgenden Berufungsführer werden die Gerichtsgebühren dann nicht noch einmal erhoben. Werden die Berufungen zeitgleich eingelegt, ist in Ausübung pflichtgemäßen Ermessens gegenüber beiden Berufungsführern jeweils nach Kopfteilen die Gebühr Nr. 1220 KV zu erheben (vgl § 8 Abs. 4 S. 1, 2).

22 **Beispiel 1 (Gebührenerhebung bei gleichzeitigen wechselseitigen Berufungen zu demselben Gegenstand):** K verklagt B und C zur gesamtschuldnerischen Zahlung von 20.000 €. Das erstinstanzliche Gericht verurteilt B und weist die Klage gegen C ab. Gegen das Urteil legen B und K Berufung ein. B strebt weiterhin die Klageabweisung an. K begehrt weiterhin die Verurteilung des C zur Zahlung. Im Zeitpunkt der Gebührenerhebung liegen beide Berufungen vor.

Es entsteht die Verfahrensgebühr Nr. 1220 KV mit einem Satz von 4,0 nach einem Streitwert von 20.000 €. Beide Berufungen betreffen denselben Gegenstand (§ 47 iVm § 45 Abs. 2, Abs. 1 S. 3). Die 4,0-Gebühr beträgt 1.380 €.

Beide Berufungsführer sind Antragstellerschuldner (§ 22 Abs. 1 S. 1) und haften für die Gebühr als Gesamtschuldner (§ 31). Die Berufungsgebühr Nr. 1220 KV ist gegenüber den beiden Berufungsführern nach Kopfteilen, dh je zur Hälfte, zu erheben.

23 **Beispiel 2 (Gebührenerhebung bei zeitlich versetzten wechselseitigen Berufungen zu demselben Gegenstand):** K verklagt B und C zur gesamtschuldnerischen Zahlung von 20.000 €. Das erstinstanzliche Gericht verurteilt B und weist die Klage gegen C ab. Gegen das Urteil legen B und K Berufung ein. B strebt weiterhin die Klageabweisung

---

12 Vgl auch KG NJW-RR 2004, 1223 (zu der 3,0-Gebühr Nr. 1226 KV GKG aF). **13** BGH NJW 1966, 1753; BGH NJW 1985, 2834; BGH NJW 1993, 269; BGH NJW 1996, 3141; BGH NJW 1996, 2659; BGH NJW-RR 2005, 780. **14** BGH NJW-RR 2005, 780. **15** Vgl MüKo-ZPO/*Rimmelspacher*, § 519 Rn 42. **16** Vgl MüKo-ZPO/*Rimmelspacher*, § 519 Rn 42. **17** Vgl MüKo-ZPO/*Rimmelspacher*, § 519 Rn 42.

an. K begehrt weiterhin die Verurteilung des C zur Zahlung. Im Zeitpunkt der Gebührenerhebung liegt nur die Berufung des K vor.

Es entsteht die Verfahrensgebühr Nr. 1220 KV mit einem Satz von 4,0 nach einem Streitwert von 20.000 €. Beide Berufungen betreffen denselben Gegenstand (§ 47 iVm § 45 Abs. 2, Abs. 1 S. 3). Die 4,0-Gebühr beträgt 1.380 €.

Beide Berufungsführer sind Antragstellerschuldner (§ 22 Abs. 1 S. 1) und haften für die Gebühr als Gesamtschuldner (§ 31). Die Berufungsgebühr Nr. 1220 KV ist von K in voller Höhe zu erheben. Denn im Zeitpunkt der Gebührenerhebung ist nicht bekannt, dass auch B noch die Berufung einlegen wird. Gegenüber B ist von dessen Antragstellerhaftung abzusehen, wenn K bereits die Gebühr zahlt oder dies in näherer Zeit zu erwarten ist.

b) Verschiedene Gegenstände. Betreffen die wechselseitigen Berufungen verschiedene Gegenstände, sind die **24** Werte der Berufungsgegenstände zu **addieren**. Jeder Berufungsführer haftet für die Gerichtsgebühr Nr. 1220 KV so, als ob er allein Berufung eingelegt hätte.

Beispiel 1 (Gebührenerhebung bei gleichzeitigen wechselseitigen Berufungen zu verschiedenen Gegenständen): K **25** verklagt B zur Zahlung von 20.000 €. Das erstinstanzliche Gericht verurteilt B zur Zahlung von 15.000 € und weist die Klage im Übrigen ab. Gegen das Urteil legen B und K Berufung ein. B strebt weiterhin die Klageabweisung an (Wert: 15.000 €). K begehrt weiterhin die Verurteilung des B zur vollständigen Zahlung (Wert: 5.000 €). Im Zeitpunkt der Gebührenerhebung liegen beide Berufungen bereits vor.

Es entsteht die Verfahrensgebühr Nr. 1220 KV mit einem Satz von 4,0 nach einem Streitwert von 20.000 €. Beide Berufungen betreffen verschiedene Gegenstände. Ihre Werte 15.000 € und 5.000 € sind deshalb zu addieren (§ 47 iVm § 45 Abs. 2, Abs. 1 S. 3). Die 4,0-Gebühr beträgt 1.380 €.

Beide Berufungsführer sind Antragstellerschuldner (§ 22 Abs. 1 S. 1) und haften für die Gebühr als Gesamtschuldner (§ 31) insoweit, als ob sie allein Berufung eingelegt hätten.

Es bestehen folgende Möglichkeiten zur Berechnung:

Möglichkeit 1: Die Verfahrensgebühr wird zwischen den Berufungsführern nach dem Verhältnis des Werts der jeweils eingelegten Berufung zum Streitwert des Berufungsverfahrens verteilt:

Verfahrensgebühr gesamt:	1.380,00 €
Anteil des K: 25 % (= 5.000 € zu 20.000 €)	345,00 €
Anteil des B: 75 % (= 15.000 € zu 20.000 €)	1.035,00 €

Möglichkeit 2: Die Verfahrensgebühr wird zwischen den Berufungsführern nach dem Verhältnis der Gebühr nach dem Wert der einzelnen Berufung zu der Addition aller einzeln berechneten Gebühren verteilt:

4,0-Gebühr Nr. 1220 KV für einzelne Berufung des K (Wert: 5.000 €):	584,00 €
4,0-Gebühr Nr. 1220 KV für einzelne Berufung des B (Wert: 15.000 €):	1.172,00 €
Summe der einzelnen Verfahrensgebühren K und B:	1.756,00 €
Verfahrensgebühr gesamt:	1.380,00 €
Anteil des K: 33 % (= 584 € zu 1.756 €)	455,40 €
Anteil des B: 67 % (= 1.172 € zu 1.756 €)	924,60 €

Beispiel 2 (Gebührenerhebung bei zeitlich versetzten wechselseitigen Berufungen zu verschiedenen Gegenständen): K verklagt B zur Zahlung von 20.000 €. Das erstinstanzliche Gericht verurteilt B zur Zahlung von 15.000 € **26** und weist die Klage im Übrigen ab. Gegen das Urteil legen B und K Berufung ein. B strebt weiterhin die Klageabweisung an (Wert: 15.000 €). K begehrt weiterhin die Verurteilung des B zur vollständigen Zahlung (Wert: 5.000 €). Es geht zunächst die Berufung des K, später die Berufung des B ein.

Es entsteht die Verfahrensgebühr Nr. 1220 KV mit einem Satz von 4,0 nach einem Streitwert von 20.000 €. Beide Berufungen betreffen verschiedene Gegenstände. Ihre Werte 15.000 € und 5.000 € sind deshalb zu addieren (§ 47 iVm § 45 Abs. 2, Abs. 1 S. 3). Die 4,0-Gebühr beträgt 1.380 €.

Beide Berufungsführer sind Antragstellerschuldner (§ 22 Abs. 1 S. 1) und haften für die Gebühr als Gesamtschuldner (§ 31) insoweit, als ob sie allein Berufung eingelegt hätten.

I. Gegenüber K ist zu erheben:

4,0-Gebühr Nr. 1220 KV (Wert: 5.000 €):	584,00 €

II. Gegenüber B ist zu erheben:

4,0-Gebühr Nr. 1220 KV (Wert: 20.000 €):	1.380,00 €
abzgl. von K gezahlter	584,00 €
Restbetrag	796,00 €

IV. Prozesskostenhilfeantrag und Berufung

1. Antrag auf Prozesskostenhilfe. Wird Prozesskostenhilfe für ein beabsichtigtes Berufungsverfahren beantragt, ist das Prozesskostenhilfeprüfungsverfahren gerichtsgebührenfrei. Die Gebühr Nr. 1220 KV entsteht **27** erst, wenn die Berufung eingelegt wird. Dies gilt auch im Fall der Bewilligung von Prozesskostenhilfe. Allerdings kann die Gebühr von der Staatskasse nicht gegenüber dem Berufungsführer, der die Prozesskostenhilfe erhalten hat, geltend gemacht werden.

28   **2. Berufung und Prozesskostenhilfeantrag gleichzeitig nebeneinander.** Werden gleichzeitig und nebeneinander Berufung eingelegt und ein Prozesskostenhilfeantrag gestellt, entsteht die Gebühr Nr. 1220 KV. Denn mit der Berufungseinlegung ist auch das Berufungsverfahren anhängig gemacht worden.

29   **3. Berufung unter der Bedingung der Bewilligung von Prozesskostenhilfe.** Die Verfahrensgebühr Nr. 1220 KV entsteht nicht für eine unter der Bedingung der Bewilligung von Prozesskostenhilfe eingelegte Berufung.

30   Die Einlegung der Berufung unter der Bedingung der Bewilligung von Prozesskostenhilfe ist unzulässig.[18] Denn Prozesshandlungen, die – wie die Berufung – unmittelbare Rechtswirkungen auslösen, können nicht unter eine Bedingung gestellt werden.[19] Das Berufungsverfahren ist dementsprechend **nicht anhängig**.[20]

     Hinweis: Ob die Einlegung der Berufung mit einem Prozesskostenhilfeantrag im Wege einer Bedingung verknüpft ist, ist eine Auslegungsfrage. Mit Rücksicht auf die schwerwiegenden Folgen einer bedingten und damit unzulässigen Einlegung der Berufung ist für die Annahme einer derartigen unzulässigen Bedingung eine ausdrückliche zweifelsfreie Erklärung erforderlich.[21] Im Einzelfall kommt es auf jedes Detail in dem Schriftsatz an.

31   Anhängig ist lediglich das Prozesskostenhilfegesuch, das gerichtsgebührenfrei ist. Bewilligt das Berufungsgericht Prozesskostenhilfe, ist zwar die Bedingung eingetreten. Dennoch wird die Berufung nicht anhängig, weil eine bedingte Berufung keine Rechtswirkungen auslöst.[22] Deshalb entsteht die Gebühr auch nicht mit der Bewilligung von Prozesskostenhilfe.[23] Zur Anhängigkeit der Berufung bedarf es der unbedingten Einlegung der Berufung, ggf iVm einem Wiedereinsetzungsantrag (§§ 233 ff ZPO). Erst dann fällt die Verfahrensgebühr an.

     Hinweis: Die Einlegung der Berufung unter der Bedingung von Prozesskostenhilfe ist unzulässig, löst aber keine Gerichtsgebühren aus.

     Es empfiehlt sich deshalb, den Antrag auf Prozesskostenhilfe und die Berufungseinlegung nicht miteinander zu verknüpfen. Stattdessen sollte zunächst nur Prozesskostenhilfe beantragt werden. Nach der Entscheidung über die Prozesskostenhilfe müsste die Berufung eingelegt und begründet werden, verbunden mit einem Antrag auf Wiedereinsetzung in versäumte Berufungseinlegungs- bzw Berufungsbegründungsfristen.

32   **4. Berufung mit der Erklärung, die Durchführung der Berufung hänge von der Bewilligung von Prozesskostenhilfe ab.** Wird die Einlegung der Berufung mit der Erklärung verbunden, die Durchführung der Berufung werde von der gleichzeitig beantragten Bewilligung von Prozesskostenhilfe abhängig gemacht und der Berufungsführer behalte sich lediglich für den Fall der Versagung der Prozesskostenhilfe die Zurücknahme des Rechtsmittels vor, so ist die Berufung zulässig.[24] Die Berufung ist dann ohne Bedingung eingelegt. Der Berufungsführer macht nämlich nicht die Einlegung der Berufung, sondern nur die weitere Durchführung der Berufung von dem Umfang der Bewilligung von Prozesskostenhilfe abhängig. Die Berufungseinlegung führt zur Anhängigkeit des Berufungsverfahrens.

33   In diesem Fall fällt die Gebühr Nr. 1220 KV mit der Einlegung der Berufung an. Die Erklärung, die weitere Durchführung der Berufung werde von dem Umfang der Bewilligung von Prozesskostenhilfe abhängig gemacht, steht der Gebühr nicht entgegen, weil sie bereits mit der Berufungseinlegung entstanden ist.

     Hinweis: Die Einlegung der Berufung verbunden mit der Erklärung, die weitere Durchführung der Berufung von dem Umfang der Bewilligung von Prozesskostenhilfe abhängig zu machen, ist zulässig, löst aber Gerichtsgebühren aus.

     Es empfiehlt sich deshalb, den Antrag auf Prozesskostenhilfe und die Berufungseinlegung nicht miteinander zu verknüpfen. Stattdessen sollte zunächst nur Prozesskostenhilfe beantragt werden. Nach der Entscheidung über die Prozesskostenhilfe müsste die Berufung eingelegt und begründet werden, verbunden mit einem Antrag auf Wiedereinsetzung in versäumte Berufungseinlegungs- bzw Berufungsbegründungsfristen.

---

18 Vgl zB BGH NJW-RR 2013, 509; BGH BeckRS 2012, 8781; BGH NJW 2008, 2855; BGH NJW-RR 2008, 878; BGH BeckRS 2008, 06127; BGH BeckRS 2007, 18051; BGH NJW-RR 2007, 1565; BGH NJW-RR 2007, 780; BGH NJW 2006, 693; BGH NJW-RR 2006, 140; BGH NJW-RR 2005, 1586; BGH FamRZ 2004, 1553; vgl auch *Fölsch*, NJW 2009, 2796; *Toussaint*, NJW 2014, 3209. **19** Vgl BGH NJW-RR 2003, 1558 (zur bedingten Klage). **20** Vgl BGH NJW-RR 2003, 1558 (zur bedingten Klage). **21** Vgl zB: BGH NJW-RR 2011, 491; BGH NJW-RR 2007, 1565; vgl auch *Fölsch*, NJW 2009, 2796; *Toussaint*, NJW 2014, 3209. **22** Vgl BGH NJW-RR 2003, 1558 (zur bedingten Klage). **23** So auch HK-FamGKG/*Volpert*, Nr. 1222 KV Rn 18 (zur Beschwerde nach § 58 FamFG); aA *Hartmann*, KostG, Nr. 1210 KV GKG Rn 13 (zur Klage); *Meyer*, GKG Nr. 1210 KV Rn 21 (zur Klage). **24** Vgl BGH NJW-RR 2007, 1565; BGH NJW-RR 2007, 780; BGH FamRZ 2004, 1553; vgl auch *Fölsch*, NJW 2009, 2796; *Toussaint*, NJW 2014, 3209.

V. Gebührenhöhe

Bei der Gebühr Nr. 1220 KV handelt es sich um eine **Wertgebühr**. Sie hat einen Gebührensatz von 4,0. Eine **34** Ermäßigung der Gebühr Nr. 1220 KV tritt nur unter den Voraussetzungen der Nr. 1221–1223 KV ein. Die Wertgebühr ist unabhängig davon, ob und in welcher Höhe Gebühren in der vorhergehenden Instanz entstanden waren.

VI. Streitwert für das Berufungsverfahren

Der **Streitwert** im Berufungsverfahren bestimmt sich **in der Regel** nach § 47. Danach bestimmt sich der **35** Wert nach dem Antrag des Berufungsführers (§ 47 Abs. 1 S. 1). Wenn aber noch kein Rechtsmittelantrag gestellt ist, ist die Beschwer maßgebend (§ 47 Abs. 1 S. 2). Der Streitwert wird durch den erstinstanzlichen Streitwert begrenzt (§ 47 Abs. 2 S. 1). Dies gilt nicht, soweit der Streitgegenstand erweitert wird (§ 47 Abs. 2 S. 2).

Wird ein Zwischenurteil über die Zulässigkeit der Klage angefochten, ist auf den Streitwert des vollen **36** Hauptsacheanspruchs abzustellen.[25] Nach aA ist ein Bruchteil des Hauptsachewerts maßgeblich.

Wird durch beide Parteien wechselseitig Berufung eingelegt, ist für die Bemessung des Streitwerts im Beru- **37** fungsverfahren danach zu unterscheiden, ob die wechselseitigen Berufungen denselben Gegenstand oder verschiedene Gegenstände betreffen (§ 47 iVm § 45 Abs. 2, Abs. 1 S. 3) (→ Rn 20 ff).

Eine Hilfsaufrechnung, über die in der Berufung nicht entschieden wird, erhöht den Streitwert in der Beru- **38** fungsinstanz nicht, auch wenn das erstinstanzliche Gericht über den hilfsweise zur Aufrechnung gestellten Anspruch entschieden hatte.[26] Ob nach § 45 Abs. 3 eine den Gebührenstreitwert erhöhende Hilfsaufrechnung vorliegt, ist für jede Instanz gesondert zu prüfen.[27]

VII. Weitere praktische Hinweise

1. Fälligkeit, Vorauszahlungspflicht. Die Gebühr Nr. 1220 KV wird gem. § 6 Abs. 1 Nr. 1 bereits mit der **39** **Einreichung der Berufungsschrift fällig**. Maßgeblich ist der Eingang bei Gericht, nicht erst der Eingang bei der zuständigen Geschäftsstelle. Eine Zustellung ist für die Fälligkeit der Gebühr nicht erforderlich.[28] Auch einer zusätzlichen prozessleitenden Verfügung bedarf es nicht.[29] Wird eine Berufung nur zum Zwecke der Fristwahrung[30] oder lediglich aus anwaltlicher Vorsicht[31] eingelegt, so ändert dies nichts an dem Eintritt der Fälligkeit der Gebühr.

Es kommt für die Fälligkeit der Gebühr **nicht** darauf an, ob auch eine **Berufungsbegründung** gegeben oder ob ein **Berufungsantrag** gestellt ist, auch wenn sich der Berufungsstreitwert im Grundsatz nach den Anträgen des Berufungsführers (vgl § 47 Abs. 1 S. 1) bestimmt. Allerdings wird vertreten, dass die Gebühr auch nicht fällig sein könne, weil regelmäßig die Gebühr für das Berufungsverfahrens ohne Berufungsantrag nicht berechnet werden könne.[32] Dieser Auffassung steht indes der klare Wortlaut des § 6 Abs. 1 Nr. 1 entgegen.

Enthält die Berufungsschrift **noch keinen Berufungsantrag**, ist es ausreichend, die fällige Gebühr erst dann **anzusetzen**, wenn die Berufungsbegründung eingeht oder die Berufungsbegründungsfrist verstrichen ist.[33] In der Praxis wird ein Berufungsantrag regelmäßig erst mit der Berufungsbegründung gestellt. Erst dann kann der Streitwert für das Berufungsverfahren konkret bestimmt werden und es lässt sich die Höhe der Gebühr zuverlässig berechnen. Durch einen Gebührenansatz erst nach Eingang der Berufungsbegründung auf der Grundlage eines feststehenden Streitwerts lassen sich Rückzahlungen von – auf unzutreffenden Streitwertannahmen berechneten – Gebührenbeträgen vermeiden. Allerdings wird vertreten, dass die Verfahrensgebühr zur Sicherung des Kostenanspruchs der Staatskasse grds. sobald wie möglich nach der Berufungseinlegung und dem Eintritt der Fälligkeit (vgl § 15 Abs. 1 KostVfg) und nicht erst regelmäßig nach Eingang der Berufungsbegründung mitsamt Berufungsantrag zu erheben sei (→ § 12 Rn 22 a).[34] Der Ansatz einer fälligen Gebühr könne nicht deshalb zurückgestellt werden, weil sich der zugrunde liegende Streitwert

---

[25] OLG Celle BeckRS 2012, 15699 mwN zu den gegenteiligen Auffassungen. **26** BGH BeckRS 2011, 1155; KG JurBüro 1985, 913; KG MDR 1990, 259; KG JurBüro 2010, 85; OLG Celle JurBüro 1985, 911; OLG Jena MDR 2002, 480; OLG Köln JurBüro 1990, 1337; OLG Schleswig JurBüro 1982, 1863; OLG Stuttgart NJW-RR 2005, 507; nach aA ausreichend, dass in der Vorinstanz eine der Rechtskraft fähige Entscheidung über die Hilfsaufrechnung ergangen ist: BGH NJW 1979, 1208 (Ls.) = JurBüro 1979, 41; BGH JurBüro 1979, 358. **27** KG JurBüro 2010, 85; str. **28** Vgl OLG Koblenz JurBüro 1996, 44 (zu Nr. 1201, 1202 KV GKG aF); OLG München MDR 1996, 1075 (zu Nr. 1201, 1202 KV iVm § 61 GKG aF). **29** Vgl OLG Koblenz FamRZ 1998, 312 (zu Nr. 1201, 1202 KV iVm § 61 GKG aF). **30** OLG Düsseldorf NJW-RR 1997, 1159 (zu Nr. 1220, 1221 KV iVm § 61 GKG aF). **31** OLG Köln BeckRS 2009, 29562. **32** So OLG Schleswig JurBüro 1981, 406 (zu Nr. 1020 KV iVm § 61 und § 14 GKG aF); OLG Hamburg JurBüro 1969, 752 (zu § 11 GKG aF). **33** Vgl auch Binz/Dörndorfer/*Zimmermann*, Nr. 1220 KV GKG Rn 11; s. auch den Fall des OLG Köln AGS 2014, 285. **34** Vgl auch HK-FamGKG/*Volpert*, Nr. 1222 KV Rn 36 (zu Nr. 1222 KV FamGKG).

noch nicht abschließend feststellen lasse (→ § 12 Rn 22 a). Vorläufige Wertfestsetzungen stünden einem Gebührenansatz nicht entgegen (→ § 12 Rn 22 a unter Verweis auf § 15 Abs. 4 S. 1 KostVfg). Anhand des angefochtenen Urteils lasse sich jedenfalls mit der Einlegung der Berufung die „vorläufige" Beschwer des Berufungsführers feststellen (→ § 12 Rn 22 a).

40 **Beispiel:** Der anwaltlich vertretene Beklagte wird erstinstanzlich zur Zahlung von 20.000 € verurteilt. Der Rechtsanwalt legt für den Beklagten zunächst Berufung ein. Durch gesonderten Schriftsatz begründet er die Berufung und beantragt, das erstinstanzliche Urteil iHv 10.000 € aufzuheben.

Die Berufungsgebühr Nr. 1220 KV ist mit Eingang der Berufung entstanden und auch fällig. In diesem Zeitpunkt steht aber noch nicht fest, in welchem Umfang der erstinstanzliche Beklagte (= Berufungskläger) das Urteil angreift. Erst aus der Berufungsbegründung ergibt sich der Berufungsantrag. Dieser ist dann für den Streitwert des Berufungsverfahrens maßgebend, nicht die Beschwer (vgl § 47 Abs. 1 S. 1, 2). Hätte der Kostenbeamte mit Eingang der Berufung eine 4,0-Gebühr auf einen Wert von 20.000 € angesetzt, müsste er seinen Kostenansatz mit Eingang der Berufungsbegründung berichtigen, und zwar auf eine 4,0-Gebühr nach einem Wert von 10.000 €. Entsprechend wäre die Kostenerhebung (Kostenrechnung) zu berichtigen. Dieser zusätzliche Arbeitsaufwand kann vermieden werden, indem der Eingang der Berufungsbegründung abgewartet wird.

41 Sollte binnen der Berufungsbegründungsfrist eine Begründung nicht eingehen, ist bei Ablauf der Frist die Gebühr Nr. 1220 KV nach dem Wert der Beschwer (§ 47 Abs. 1 S. 2) anzusetzen.

42 Das Gericht darf seine Verfahrenshandlungen **nicht** von einer **Vorauszahlung** der Gebühr abhängig machen (vgl § 12 Abs. 1).[35]

43 **2. Kostenschuldner.** Kostenschuldner der Gebühr Nr. 1220 KV ist
- der Berufungsführer (§ 22 Abs. 1 S. 1) und
- die Partei,
  - der durch gerichtliche Entscheidung die Kosten des Berufungsverfahrens auferlegt sind (§ 29 Nr. 1) bzw
  - die durch Erklärung oder in einem Vergleich die Kosten des Berufungsverfahrens übernommen hat (§ 29 Nr. 2).

44 Die Geltendmachung der Gebühr gegenüber mehreren in Betracht kommenden Schuldnern richtet sich nach § 31 (vgl auch § 8 KostVfg).

Nr.	Gebührentatbestand	Gebühr oder Satz der Gebühr nach § 34 GKG
1221	Beendigung des gesamten Verfahrens durch Zurücknahme des Rechtsmittels, der Klage oder des Antrags, bevor die Schrift zur Begründung des Rechtsmittels eingegangen ist: Die Gebühr 1220 ermäßigt sich auf .... Erledigungserklärungen nach § 91 a ZPO stehen der Zurücknahme gleich, wenn keine Entscheidung über die Kosten ergeht oder die Entscheidung einer zuvor mitgeteilten Einigung der Parteien über die Kostentragung oder der Kostenübernahmeerklärung einer Partei folgt.	1,0

I. Allgemeines

1 Nr. 1221 KV ist **Ermäßigungstatbestand** zu der Gebühr Nr. 1220 KV.[1] In dem Ermäßigungsfall der Nr. 1221 KV ist eine Reduzierung der Gebühr auf einen Gebührensatz von 1,0 vorgesehen.

2 Voraussetzung einer Ermäßigung sind die Rücknahme der Berufung, der Klage oder des Antrags bzw die Erledigungserklärungen nach § 91 a ZPO, noch bevor eine Schrift zur Begründung der Berufung bei Gericht eingegangen ist. Dieser Kostenanreiz soll eine Mehrarbeit der Berufungsgerichte vermeiden.

3 Weitere Ermäßigungstatbestände sind in Nr. 1222 und 1223 KV vorgesehen.

35 So auch OLG Köln AGS 2014, 285. **1** Das KostRMoG 2004 (BGBl. 2004 I 718) hat das Pauschalgebührensystem auf das zivilprozessuale Berufungsverfahren erstreckt und die Nr. 1220–1223 KV als Verfahrensgebühr mit Ermäßigungstatbeständen überarbeitet.

II. Regelungszweck

Zweck der Vorschrift ist es, Kostenanreize dafür zu setzen, dass dem Berufungsgericht durch ein aktives   4
Handeln der Parteien ein zeitaufwendiges Absetzen von Tatbestand und Entscheidungsgründen bei dem
schriftlichen Urteil bzw die Befassung mit der Sach- und Rechtslage zum Berufungsgegenstand erspart bleiben.

Damit sind Fälle gemeint, in den Parteierklärungen (hier: Rücknahme und Erledigungserklärungen nach
§ 91 a ZPO) bewirken, dass der Berufungsgegenstand nicht mehr anhängig ist und sich das Berufungsgericht auch in der Kostenentscheidung nicht mehr mit der Sach- und Rechtslage zum Berufungsgegenstand
auseinandersetzen muss.

III. Ermäßigungstatbestand

1. Allgemeines. Wird das Berufungsverfahren durch Zurücknahme der Berufung, der Klage oder des An-   5
trags bzw durch Erledigungserklärungen nach § 91 a ZPO beendet, ermäßigt sich nach Nr. 1221 KV die
Gebühr Nr. 1220 von einem Gebührensatz von 4,0 auf 1,0. Der Ermäßigungstatbestand Nr. 1221 KV betrifft die Rücknahme und Erledigungserklärungen nach § 91 a ZPO **vor Eingang der Berufungsbegründungsschrift**. Weitere Ermäßigungstatbestände mit geringfügigerem Umfang sind in Nr. 1222 und 1223 KV
vorgesehen.

2. Beendigung des Verfahrens ohne Entscheidung. Die Parteierklärungen müssen zu einer Beendigung des   6
„gesamten" Berufungsverfahrens führen. Teilrücknahme oder Teilerledigungserklärungen genügen nicht,
weil das Berufungsgericht weiterhin zu dem dann noch anhängig gebliebenen Berufungsgegenstand eine Berufungsentscheidung treffen muss.

Bei **wechselseitig**, von verschiedenen Parteien eingelegten Berufungen führt die Rücknahme einer der Beru-   7
fungen idR (Ausnahme: → Rn 8) nicht zur Gebührenermäßigung. Die Rücknahme beendet das Berufungsverfahren nämlich nur teilweise und nicht insgesamt. Über beide Berufungen ist einheitlich zu verhandeln
und zu entscheiden.[2] Einer Verbindung nach § 147 ZPO bedarf es hierfür nicht.[3] Durch die wechselseitigen
Berufungen, seien es selbstständige Berufungen oder Berufung und Anschlussberufung, wird die Einheit des
Rechtsstreits nicht berührt.[4]

Mit der Rücknahme der Berufung wird indes eine Anschlussberufung gegenstandslos (§ 524 Abs. 4 ZPO),   8
so dass in diesem Fall die Gebührenermäßigung eintritt. Die Rücknahme der Anschlussberufung beendet
das Berufungsverfahren dagegen noch nicht insgesamt.

Nr. 1221 KV legt für den Ermäßigungstatbestand fest, **auf welche Weise** die **Beendigung** des gesamten Ver-   9
fahrens zu erfolgen hat, nämlich

- durch die **Zurücknahme** oder
- durch **Erledigungserklärungen nach § 91 a ZPO**.

Anderweitige Parteierklärungen, zB ein Vergleich, führen jedenfalls nach dem Wortlaut der Vorschrift keine   10
Gebührenermäßigung herbei.[5] Stattdessen kommt für einen Vergleich lediglich die Ermäßigung nach
Nr. 1222 Nr. 3 KV in Betracht.

Wird hingegen das Berufungsverfahren durch eine das **Verfahren abschließende Entscheidung mit Tatbe-   11
stand und Entscheidungsgründen zum Berufungsgegenstand ganz oder teilweise beendet**, ist für eine Ermäßigung kein Raum. Demgegenüber stehen Zwischen- oder Nebenentscheidungen zum Berufungsgegenstand
(zB einstweilige Einstellung der Zwangsvollstreckung) der Ermäßigung nicht entgegen (zur Sicherungsanordnung gem. § 283 a ZPO aber → Nr. 1222 KV Rn 58 f und → Nr. 1223 KV Rn 21 f).

Bedarf es im Anschluss an die Parteierklärungen, die zur „Beendigung" des Berufungsverfahrens führen,   12
noch einer **Kostengrundentscheidung**, liegt mit der Kostenentscheidung zwar eine Entscheidung vor und
das Berufungsverfahren schließt damit nicht ohne Entscheidung. Bedarf es aber bei der Kostenentscheidung
keiner Auseinandersetzung mit der Sach- und Rechtslage zu dem nicht mehr anhängigen Berufungsgegenstand, ist in solchen Fällen die Ermäßigung gerechtfertigt. Diesem Verständnis entspricht die Gebührenvorschrift (→ Rn 4, 14, 22). Der Tatbestand sieht die Ermäßigung bei der Rücknahme vor, welche idR zur
Kostenlast des Berufungsführers führt. Die Anm. sieht die Ermäßigung bei übereinstimmenden Erledigungserklärungen vor, wenn die Kostenentscheidung auf einer Kostenübernahmeerklärung oder einer mitgeteilten Einigung beruht.

---

2 Vgl MüKo-ZPO/*Rimmelspacher*, § 519 Rn 42 für Berufungssachen. **3** Vgl MüKo-ZPO/*Rimmelspacher*, § 519 Rn 42 für Berufungssachen. **4** Vgl MüKo-ZPO/*Rimmelspacher*, § 519 Rn 42 für Berufungssachen; OLG München NJW-RR 2005, 1016.
5 Nach OLG Dresden MDR 2009, 1074 ist Nr. 1221 KV auch bei einem Vergleich in einem Mediationstermin anwendbar.

13   **3. Ermäßigung bei Rücknahme der Berufung.** Nach Nr. 1221 KV führt die rechtzeitige **Zurücknahme der Berufung** zur Ermäßigung der Gebühr.

14   Die Gebührenermäßigung bei einer rechtzeitigen Rücknahme der Berufung ist gerechtfertigt, auch wenn der Rücknahme noch eine **Kostenentscheidung nachfolgt**. Die Kostentragungspflicht beruht nämlich nach § 516 Abs. 3 S. 1 ZPO allein auf der Rücknahme der Berufung und erfordert in keiner Weise eine Auseinandersetzung mit der Sach- und Rechtslage zu dem nicht mehr anhängigen Berufungsgegenstand. Hinzu kommt, dass die Kostenlast bei Rücknahme der Berufung von Gesetzes wegen eintritt und die Kostenentscheidung nach § 516 Abs. 3 S. 1 ZPO nur deklaratorische Bedeutung hat. Die Ausführungen gelten entsprechend, wenn ein Antrag oder eine Klage zurückgenommen wird; die Kostenlast richtet sich dann regelmäßig nach § 269 Abs. 3 S. 2 ZPO.

15   Die **Rücknahme** der Berufung muss **wirksam** sein. Der Einwilligung des Berufungsgegners bedarf es nicht (vgl § 516 Abs. 1 ZPO). Dagegen ist im Falle der Rücknahme der Klage oder des Antrags die Einwilligung des Gegners geboten (vgl § 269 Abs. 1, 2 ZPO). Wirksam ist die Erklärung der Rücknahme der Berufung, des Antrags oder der Klage erst dann, wenn sie bei dem Berufungsgericht eingegangen ist.

16   Der Ermäßigungstatbestand bestimmt, bis zu welchem **Zeitpunkt** eine Verfahrensbeendigung im Fall der **Rücknahme** stattgefunden haben muss, damit eine Ermäßigung in Betracht kommt. Die Rücknahme muss erfolgt sein, **bevor die Berufungsbegründungsschrift bei Gericht eingegangen** ist. Für die Berufungsbegründung ist in § 520 Abs. 2 ZPO grds. eine Begründungsfrist von zwei Monaten vorgesehen. Erfolgt keine rechtzeitige Begründung, kann die Rücknahme mit der Folge der Ermäßigung nach Nr. 1221 KV noch so lange erfolgen, bis die Entscheidung des Berufungsgerichts über die Verwerfung der Berufung verkündet (idR Urteil) bzw der Geschäftsstelle übermittelt worden ist (Beschluss).

17   Eine Terminsanberaumung steht der Ermäßigung nach Nr. 1221 KV nicht entgegen.[6]

18   Ausreichend für die Rechtzeitigkeit ist, dass die Rücknahmeerklärung bei Gericht eingetroffen ist, nicht auch, dass sie dem zuständigen Richter oder der zuständigen Geschäftsstelle vorliegt.

19   **4. Ermäßigung bei Erledigungserklärungen nach § 91 a ZPO (Anm.).** Nach der **Anm.** zu Nr. 1221 KV stehen übereinstimmende Erledigungserklärungen nach § 91 a ZPO der Zurücknahme gleich, wenn keine Entscheidung über die Kosten ergeht oder wenn das Gericht die Kostenentscheidung auf der Grundlage einer zuvor mitgeteilten Einigung der Parteien über die Kostentragung oder auf der Grundlage einer Kostenübernahmeerklärung einer Partei trifft.

20   Übereinstimmende Erledigungserklärungen führen noch nicht zu einer Beendigung des gesamten Verfahrens. Sie beenden nur die Anhängigkeit des Berufungsgegenstands. Das Berufungsgericht muss nämlich von Amts wegen im Anschluss an die übereinstimmenden Erledigungserklärungen noch über die Kosten des Berufungsverfahrens entscheiden.[7] Dabei entscheidet das Gericht über die Kosten unter Berücksichtigung des bisherigen Sach- und Streitstands nach billigem Ermessen (§ 91 a Abs. 1 S. 1 ZPO). Der Beschluss ist zu begründen.[8]

21   Übereinstimmende Erledigungserklärungen bewirken damit noch nicht, einen der Abfassung eines Urteils vergleichbaren richterlichen Arbeitsaufwand entbehrlich werden zu lassen.[9] Denn dem Berufungsgericht bleiben die Abfassung eines Beschlusses mit Gründen sowie die Berücksichtigung der Sach- und Rechtslage zu dem nicht mehr anhängigen Berufungsgegenstand nicht erspart.

22   Der gerichtliche Aufwand entfällt aber dann, wenn das Gericht bei seiner Entscheidung einer zuvor von den Parteien mitgeteilten **Einigung über die Kostentragung** oder **der Kostenübernahmeerklärung einer Partei** in der Kostenfrage uneingeschränkt folgt. In diesen Fällen reicht zur Begründung der Entscheidung eine Bezugnahme auf die aktenkundig gemachte Einigung bzw Übernahmeerklärung aus.[10] Das Gericht muss sich zudem bei seiner Kostenentscheidung nicht mehr mit der Sach- und Rechtslage zu dem nicht mehr anhängigen Berufungsgegenstand auseinandersetzen.[11] Damit entspricht die Anm. zu Nr. 1221 KV dem Sinn und Zweck der Vorschrift, eine Ermäßigung zu ermöglichen, wenn dem Berufungsgericht das Absetzen eines Urteils mit Tatbestand und Entscheidungsgründen bzw eines Beschlusses mit Gründen sowie die Auseinandersetzung mit der Sach- und Rechtslage zum Berufungsgegenstand erspart bleibt (→ Rn 4).

IV. Gebührenhöhe

23   Nr. 1221 KV ermäßigt die Gebühren Nr. 1220 KV. Es handelt es sich auch hier um eine Wertgebühr. Der ermäßigte Gebührensatz beträgt 1,0. Weitere Ermäßigungstatbestände sind in Nr. 1222 und 1223 KV vor-

---

6 AA *Hartmann*, KostG, Nr. 1221 KV GKG Rn 4, dessen Auffassung möglicherweise noch auf einer früheren Fassung der Vorschrift beruht. **7** Vgl Musielak/Voit/*Flockenhaus*, ZPO, § 91 a Rn 17, 20. **8** OLG Schleswig NJW-RR 1998, 1371. **9** Vgl BT-Drucks 15/1971, S. 159 f (zu 1211 KV). **10** Vgl BT-Drucks 15/1971, S. 160 (zu Nr. 1211 KV). **11** Vgl BT-Drucks 15/1971, S. 159 f (zu 1211 KV).

gesehen. Die Wertgebühr ist unabhängig davon, ob und in welcher Höhe Gebühren in der vorhergehenden Instanz entstanden waren.

Der **Streitwert** im Berufungsverfahren bestimmt sich **in der Regel** nach § 47. Danach bestimmt sich der **24** Wert nach dem Antrag des Berufungsführers (§ 47 Abs. 1 S. 1). Wenn aber noch kein Rechtsmittelantrag gestellt ist, ist die Beschwer maßgebend (§ 47 Abs. 1 S. 2). Der Streitwert wird durch den erstinstanzlichen Streitwert begrenzt (§ 47 Abs. 2 S. 1).

Wenn ein Rechtsmittelantrag offensichtlich nicht auf die Durchführung des Rechtsmittels gerichtet ist, son- **25** dern allein auf die Begrenzung des Streitwerts nach § 47 Abs. 1 S. 2 abzielt, hat die Antragsbeschränkung bei der Streitwertberechnung außer Betracht zu bleiben.[12] Dies wird in der Regel nur aufgrund objektiver Umstände anzunehmen sein können.[13]

V. Weitere praktische Hinweise

1. Fälligkeit, Vorauszahlungspflicht. Die Verfahrensgebühr Nr. 1220 KV wird gem. § 6 Abs. 1 Nr. 1 bereits **26** mit der Einreichung der Berufungsschrift fällig. Die Ermäßigung nach Nr. 1221 KV tritt ein, sobald sich die Voraussetzungen des Ermäßigungstatbestands verwirklicht haben.

Das Berufungsgericht darf seine Verfahrenshandlungen nicht von einer Vorauszahlung der Gebühr abhän- **27** gig machen (vgl § 12 Abs. 1).[14]

2. Kostenschuldner. Kostenschuldner der ermäßigten Gebühr Nr. 1221 KV ist **28**

■ der Berufungsführer (§ 22 Abs. 1 S. 1) und
■ die Partei,
  – der durch gerichtliche Entscheidung die Kosten des Berufungsverfahrens auferlegt sind (§ 29 Nr. 1) bzw
  – die durch Erklärung oder in einem Vergleich die Kosten des Berufungsverfahrens übernommen hat (§ 29 Nr. 2).

Die Geltendmachung der Gebühr gegenüber mehreren in Betracht kommenden Schuldnern richtet sich **29** nach § 31 (vgl auch § 8 KostVfg).

Nr.	Gebührentatbestand	Gebühr oder Satz der Gebühr nach § 34 GKG

1222	Beendigung des gesamten Verfahrens, wenn nicht Nummer 1221 anzuwenden ist, durch
	1. Zurücknahme des Rechtsmittels, der Klage oder des Antrags
	  a) vor dem Schluss der mündlichen Verhandlung,
	  b) in den Fällen des § 128 Abs. 2 ZPO vor dem Zeitpunkt, der dem Schluss der mündlichen Verhandlung entspricht,
	2. Anerkenntnisurteil, Verzichtsurteil oder Urteil, das nach § 313 a Abs. 2 ZPO keinen Tatbestand und keine Entscheidungsgründe enthält,
	3. gerichtlichen Vergleich oder
	4 Erledigungserklärungen nach § 91 a ZPO, wenn keine Entscheidung über die Kosten ergeht oder die Entscheidung einer zuvor mitgeteilten Einigung der Parteien über die Kostentragung oder der Kostenübernahmeerklärung einer Partei folgt,
	es sei denn, dass bereits ein anderes als eines der in Nummer 2 genannten Urteile, eine Entscheidung über einen Antrag auf Erlass einer Sicherungsanordnung oder ein Beschluss in der Hauptsache vorausgegangen ist:
	Die Gebühr 1220 ermäßigt sich auf ....
	
	Die Gebühr ermäßigt sich auch, wenn mehrere Ermäßigungstatbestände erfüllt sind.
		2,0

---

12 BGH NJW 1978, 1263 (zu § 14 GKG aF); BGH NJW-RR 1998, 355 (zu § 14 GKG aF); OLG Schleswig JurBüro 2004, 140 (zu § 14 GKG aF); OLG Düsseldorf JurBüro 2001, 642 (zu § 14 GKG aF); OLG München JurBüro 1992, 252 (zu § 14 GKG aF); OLG Köln AGS 2012, 531 (zu § 47). **13** BGH NJW 1978, 1263 (zu § 14 GKG aF). **14** So auch OLG Köln AGS 2014, 285.

I. Allgemeines

1 Nr. 1222 KV ist **Ermäßigungstatbestand** zu der Gebühr Nr. 1220 KV.[1]

2 Voraussetzung einer Ermäßigung nach Nr. 1222 KV sind die rechtzeitige Rücknahme, bestimmte Urteile in abgekürzter Form, der gerichtliche Vergleich oder Erledigungserklärungen nach § 91 a ZPO.

3 In dem Ermäßigungsfall der Nr. 1222 KV ist eine Reduzierung der Gebühr auf einen Gebührensatz von 2,0 vorgesehen. Der Kostenanreiz soll eine Mehrarbeit der Berufungsgerichte vermeiden.

II. Regelungszweck

4 Zweck der Vorschrift ist es, Kostenanreize dafür zu setzen, dass dem Berufungsgericht
- durch ein aktives Handeln der Parteien[2]
- erspart bleibt
  - ein **zeitaufwendiges Absetzen** von Tatbestand und Entscheidungsgründen bei dem schriftlichen Urteil[3] oder
  - die Befassung **mit der Sach- und Rechtslage** zum Berufungsgegenstand.[4]

5 Damit sind Fälle gemeint, in den Parteierklärungen bewirken, dass ein Urteil in abgekürzter Form ergehen kann oder dass der Berufungsgegenstand nicht mehr anhängig ist und sich das Berufungsgericht auch in der Kostenentscheidung nicht mehr mit der Sach- und Rechtslage zum Berufungsgegenstand auseinandersetzen muss.

III. Ermäßigungstatbestand

6 **1. Allgemeines.** Wird das Berufungsverfahren durch einen der in Nr. 1–4 genannten Ermäßigungsfälle beendet, ermäßigt sich gem. Nr. 1222 KV die Gebühr Nr. 1220 KV von einem Gebührensatz von 4,0 auf 2,0. Der Katalog ist abschließend,[5] eine analoge Anwendung der Vorschrift ist damit aber nicht grds. ausgeschlossen (→ Rn 70 ff). Anderweitige Ermäßigungstatbestände sind in Nr. 1221 und 1223 KV vorgesehen.

7 Voraussetzungen der Ermäßigung sind:
- kein Vorrang der Nr. 1221 KV,
- Beendigung des gesamten Verfahrens
- durch einen Ermäßigungsfall Nr. 1–4 (alternativ: Anm. zu Nr. 1222 KV),

---

1 Das KostRMoG 2004 (BGBl. 2004 I 718) hat das Pauschalgebührensystem auf das zivilprozessuale Berufungsverfahren erstreckt und die Nr. 1220–1223 KV als Verfahrensgebühr mit Ermäßigungstatbeständen überarbeitet. Nr. 1222 KV ist zuletzt durch das Mietrechtsänderungsgesetz 2013 (BGBl. 2013 I 434) um den Ausschluss der Gebührenermäßigung im Fall der Entscheidung über einen Antrag auf Erlass einer Sicherungsanordnung nach § 283 a ZPO ergänzt worden. **2** Vgl BT-Drucks 12/6962, S. 70 (zu Nr. 1202 KV GKG aF); BGH NJW 2004, 2309, 2311 (zu Nr. 1211 KV GKG aF); OLG Düsseldorf NJW-RR 1997, 638, 639 (zu Nr. 1202 KV GKG aF); OLG München MDR 1996, 968 (zu Nr. 1202 KV GKG aF); OLG Hamburg MDR 1996, 1193 (zu Nr. 1202 KV GKG aF); KG BeckRS 2012, 4971 (zu Nr. 1220 KV FamGKG). **3** Vgl BT-Drucks 12/6962, S. 70 (zu Nr. 1202 KV GKG aF); BT-Drucks 14/4722, S. 139; BT-Drucks 15/1971, S. 159 f (zu Nr. 1211 KV GKG). **4** Vgl BT-Drucks 12/6962, S. 70 (zu Nr. 1202 KV GKG aF); BT-Drucks 15/1971, S. 159 f (zu Nr. 1211 KV GKG). **5** OLG Köln JurBüro 2011, 489.

- kein vorausgehendes Urteil außer eines der in Nr. 2 genannten bzw keine vorausgehende Entscheidung über eine Sicherungsanordnung nach § 283 a ZPO bzw kein vorausgehender Beschluss in der Hauptsache.

2. Kein Vorrang der Gebühr Nr. 1221 KV. Die Gebührenermäßigung nach Nr. 1222 KV kommt nur in Betracht, wenn nicht die Gebühr Nr. 1221 KV anzuwenden ist. Voraussetzung der Gebühr Nr. 1221 KV sind eine Rücknahme der Beschwerde, der Klage, des Antrags bzw übereinstimmende Erledigungserklärungen nach § 91 a ZPO, noch bevor eine Schrift zur Begründung der Berufung bei Gericht eingegangen ist (→ Nr. 1221 KV Rn 5). Die Ermäßigungsfälle **Nr. 1 und 4** betreffen deshalb den Zeitpunkt nach Eingang der Berufungsbegründungsschrift bei Gericht. Die Ermäßigungsfälle **Nr. 2 und 3** kommen unabhängig von einem Eingang der Berufungsbegründung bei Gericht zur Anwendung, wenn auch in aller Regel in der Praxis die Fälle Nr. 2 und 3 vor Eingang einer Berufungsbegründung nicht auftreten. **8**

3. Beendigung des gesamten Berufungsverfahrens. Die Ermäßigungsfälle Nr. 1–4 müssen zu einer Beendigung des „gesamten" Berufungsverfahrens führen. Bspw genügen eine Teilrücknahme, Teilerledigungserklärungen oder ein Teilvergleich nicht, weil das Berufungsgericht weiterhin zu dem dann noch anhängig gebliebenen Berufungsgegenstand eine Berufungsentscheidung treffen muss. **9**

Bei **wechselseitig eingelegten Berufungen** führt die Beendigung einer der Berufungen durch einen der Ermäßigungsfälle Nr. 1–4 in der Regel (Ausnahme: → Rn 11) nicht zur Gebührenermäßigung. Die Rücknahme beendet das Berufungsverfahren nämlich nur teilweise und nicht insgesamt. Über beide Berufungen ist einheitlich zu verhandeln und zu entscheiden.[6] Einer Verbindung nach § 147 ZPO bedarf es hierfür nicht.[7] Durch die wechselseitigen Berufungen, seien es selbstständige Berufungen oder Berufung und Anschlussberufung, wird die Einheit des Rechtsstreits nicht berührt.[8] **10**

Mit der Rücknahme der Berufung wird indes eine Anschlussberufung gegenstandslos (§ 524 Abs. 4 ZPO), so dass in diesem Fall die Gebührenermäßigung eintritt. Die Rücknahme der Anschlussberufung beendet das Berufungsverfahren dagegen noch nicht insgesamt. **11**

Nr. 1222 KV legt für den Ermäßigungstatbestand fest, **auf welche Weise** die **Beendigung** des gesamten Verfahrens zu erfolgen hat, nämlich durch **12**

- die Zurücknahme (nach Eingang der Berufungsbegründungsschrift) (Nr. 1),
- ein Anerkenntnisurteil (Nr. 2),
- ein Verzichtsurteil (Nr. 2),
- ein Urteil nach § 313 a Abs. 2 ZPO ohne Tatbestand und Entscheidungsgründe (Nr. 2),
- einen gerichtlichen Vergleich (Nr. 3) oder
- Erledigungserklärungen nach § 91 a ZPO (nach Eingang der Berufungsbegründungsschrift) (Nr. 4).

Wird hingegen das Berufungsverfahren durch eine das Verfahren abschließende **Entscheidung mit Tatbestand und Entscheidungsgründen zum Berufungsgegenstand ganz oder teilweise beendet**, ist für eine Ermäßigung kein Raum. Demgegenüber stehen Zwischen- oder Nebenentscheidungen zum Berufungsgegenstand (zB einstweilige Einstellung der Zwangsvollstreckung) der Ermäßigung nicht entgegen (Ausnahme: Entscheidung über den Erlass einer Sicherungsanordnung gem. § 283 a ZPO; → Rn 58 f). **13**

Bedarf es im Anschluss an die Parteierklärungen, die zur „Beendigung" des Berufungsverfahrens führen, noch einer **Kostengrundentscheidung**, liegt mit der Kostenentscheidung zwar eine Entscheidung vor und das Berufungsverfahren schließt damit nicht ohne Entscheidung. Bedarf es aber bei der Kostenentscheidung keiner Auseinandersetzung mit der Sach- und Rechtslage zu dem nicht mehr anhängigen Berufungsgegenstand, ist in solchen Fällen die Ermäßigung gerechtfertigt.[9] Diesem Verständnis entsprechen Nr. 1 und 4 der Gebührenvorschrift (→ Rn 16, 52). Der Tatbestand der Gebührenvorschrift sieht die Ermäßigung bei der Rücknahme, welche in aller Regel zur Kostenlast des Berufungsführers führt, und bei übereinstimmenden Erledigungserklärungen vor, wenn die Kostenentscheidung nach § 91 a ZPO auf einer Kostenübernahmeerklärung oder einer mitgeteilten Einigung beruht. **14**

4. Ermäßigungsfälle. a) Rücknahme (Nr. 1). aa) Grundlagen. Nach Nr. 1 der Nr. 1222 KV führt die rechtzeitige Zurücknahme der Berufung, der Klage oder des Antrags zur Ermäßigung der Gebühr. Die Ermäßigungstatbestände Nr. 1 und Nr. 1221 KV sind danach voneinander **abzugrenzen**, ob die Rücknahme vor oder nach der Berufungsbegründungsschrift bei Gericht eingegangen ist: Nr. 1 betrifft die Rücknahme **nach** Eingang der Berufungsbegründungsschrift. Erfolgt die Rücknahme, noch **bevor** die Berufungsbegründungsschrift eingegangen ist, richtet sie die Ermäßigung nach der weitergehenden Nr. 1221 KV. **15**

---

6 Vgl MüKo-ZPO/*Rimmelspacher*, § 519 Rn 42 für Berufungssachen. **7** Vgl MüKo-ZPO/*Rimmelspacher*, § 519 Rn 42 für Berufungssachen. **8** Vgl MüKo-ZPO/*Rimmelspacher*, § 519 Rn 42 für Berufungssachen; OLG München NJW-RR 2005, 1016. **9** Vgl BT-Drucks 15/1971, S. 159 f (zu Nr. 1211 KV GKG).

16 Die Gebührenermäßigung bei einer rechtzeitigen Rücknahme der Berufung ist gerechtfertigt, auch wenn der Rücknahme noch eine **Kostenentscheidung nachfolgt**. Die Kostentragungspflicht beruht nämlich nach § 516 Abs. 3 S. 1 ZPO allein auf der Rücknahme der Berufung und erfordert in keiner Weise eine Auseinandersetzung mit der Sach- und Rechtslage zu dem nicht mehr anhängigen Berufungsgegenstand. Hinzu kommt, dass die Kostenlast bei Rücknahme der Berufung von Gesetzes wegen eintritt und die Kostenentscheidung nach § 516 Abs. 3 S. 1 ZPO nur deklaratorische Bedeutung hat. Die Ausführungen gelten entsprechend, wenn ein Antrag oder eine Klage zurückgenommen wird; die Kostenlast richtet sich dann regelmäßig nach § 269 Abs. 3 S. 2 ZPO.[10]

17 Die Rücknahme der Berufung muss **wirksam** sein. Der Einwilligung des Berufungsgegners bedarf es nicht (vgl § 516 Abs. 1 ZPO). Dagegen ist im Falle der Rücknahme der Klage oder des Antrags die Einwilligung des Gegners geboten (vgl § 269 Abs. 1, 2 ZPO). Wirksam ist die Erklärung der Rücknahme der Berufung, des Antrags oder der Klage erst dann, wenn sie bei dem Berufungsgericht eingegangen ist.

18 **bb) Zeitpunkt der Rücknahmeerklärung.** Die Rücknahme muss **rechtzeitig** erfolgen. Hierzu benennt Nr. 1 der Nr. 1222 KV Zeitpunkte, bis zu denen eine Verfahrensbeendigung durch Rücknahme erfolgt sein muss. Nr. 1 ist aber nicht abschließend, weil sie nur auf die Fälle einer mündlichen Verhandlung oder eines der mündlichen Verhandlung nach § 128 Abs. 2 ZPO gleichgestellten schriftlichen Verfahrens abstellt. Diese Zeitpunkt werden aber nicht relevant, wenn das Berufungsgericht einen verfahrensabschließenden Beschluss nach § 522 Abs. 1, 2 ZPO, der ohne mündliche Verhandlung ergehen kann, beabsichtigt.

19 Nach Nr. 1 muss die Rücknahme erfolgt sein:

- vor dem **Schluss der mündlichen Verhandlung** (Buchst. a),
- in den Fällen des schriftlichen Verfahrens nach § **128 Abs. 2 ZPO** vor dem Zeitpunkt, der dem **Schluss der mündlichen Verhandlung entspricht** (Buchst. b).

20 **Schluss der mündlichen Verhandlung** ist der Zeitpunkt, auf den die verfahrensabschließende Endentscheidung ergeht.[11] Setzt sich die mündliche Verhandlung im Berufungsverfahren aus mehreren Terminen zusammen, erfolgt der Schluss der mündlichen Verhandlung erst im „letzten" Termin der mündlichen Verhandlung. Denn sämtliche Verhandlungstage bilden eine Einheit. Wird also auf einen Termin die Verhandlung vertagt oder ein Beweisbeschluss verkündet, liegt noch kein Schluss der mündlichen Verhandlung vor.

21 Der Schluss der mündlichen Verhandlung setzt eine entsprechende **Anordnung** des Berufungsgerichts voraus. Nach § 136 Abs. 4 ZPO wird die Verhandlung geschlossen, wenn nach Ansicht des Gerichts die Sache vollständig erörtert ist. Die Anordnung kann auch stillschweigend erfolgen, zB durch Bestimmung eines Termins zur Verkündung eines Urteils. Ggf ist aus der Aktenlage zu ermitteln, ob der Schluss der mündlichen Verhandlung angeordnet ist oder ein weiterer mündlicher Verhandlungstermin stattfinden muss.[12] So verhält es sich etwa auch, wenn am Ende des Verhandlungstermins ein Termin zur Verkündung einer Entscheidung bestimmt wird, ohne dass bei der Terminsanberaumung angekündigt wird, ob es sich um eine Endentscheidung handeln wird.[13] Die Darlegungslast für den Ermäßigungstatbestand trägt der Kostenschuldner.[14] Ggf wird der Kostenbeamte eine dienstliche Erklärung der Berufungsrichter einholen müssen.

22 Wird die mündliche Verhandlung wiedereröffnet (§ 156 ZPO), ist die mündliche Verhandlung nicht mehr geschlossen. Entsprechendes gilt, wenn der Verkündungstermin aufgehoben und ein neuer Verhandlungstermin anberaumt wird.[15] Auch die Aufhebung des Verkündungstermins allein kann ausreichen, den Schluss der mündlichen Verhandlung zu beseitigen. Das Gericht kann dann nämlich einen neuen Verkündungstermin nur nach Wiedereröffnung (§ 156 ZPO) der mündlichen Verhandlung bestimmen.[16]

23 Wird das Verfahren auf eine Anhörungsrüge nach § 321 a Abs. 5 ZPO fortgesetzt, ist zwar das Verfahren in den Stand vor dem Schluss der mündlichen Verhandlung zurückversetzt. Einer Ermäßigung steht dann aber entgegen, dass ein Urteil oder Beschluss in der Hauptsache vorausgegangen ist, wenn es sich nicht um ein Urteil iSv Nr. 2 handelt (→ Rn 60).

---

[10] Ausnahmefall: § 269 Abs. 3 S. 3 ZPO; in der Rechtsmittelinstanz aber nicht praxisrelevant. [11] OLG München NJW-RR 1997, 639 (zu Nr. 1202 KV GKG aF); OLG München MDR 2000, 787 (zu Nr. 1202 KV GKG aF); OLG München BeckRS 2015, 8993; aA OLG Frankfurt NJW-RR 2000, 216 (zu Nr. 1202 KV GKG aF). [12] OLG München NWR-RR 1997, 639 (zu Nr. 1202 KV GKG aF); OLG Düsseldorf NJW-RR 2000, 362 (zu Nr. 1202 KV GKG aF); OLG München MDR 2000, 787 (zu Nr. 1202 KV GKG aF); OLG München BeckRS 2015, 8993; aA OLG Frankfurt NJW-RR 2000, 216 (zu Nr. 1202 KV GKG aF). [13] OLG München NWR-RR 1997, 639 (zu Nr. 1202 KV GKG aF). [14] OLG München NWR-RR 1997, 639 (zu Nr. 1202 KV GKG aF); zweifelnd OLG Düsseldorf NJW-RR 2000, 362 (zu Nr. 1202 KV GKG aF). [15] OLG München NJW-RR 1997, 639 (zu Nr. 1202 KV GKG aF). [16] OLG Düsseldorf NJW-RR 2000, 362 (zu Nr. 1202 KV GKG aF); aA OLG München MDR 2000, 787 (zu Nr. 1202 KV GKG aF).

Auch wenn eine Rücknahme der Berufung nach dem Schluss der mündlichen Verhandlung bis zur Verkün-   24
dung des Urteils noch möglich ist (§ 516 Abs. 1 ZPO), führt sie nicht zu einer Gebührenermäßigung.[17] Die
gegenteilige Auffassung[18] setzt sich über den klaren Wortlaut der Nr. 1 hinweg. Angesichts dieses Wortlauts
bleibt für eine Gebührenermäßigung auch dann kein Raum, wenn dem Kläger seitens des Gerichts eine
Frist zur Klagerücknahme im Anschluss an den letzten Termin zur mündlichen Verhandlung gesetzt wird
und innerhalb dieser Frist die Klagerücknahme erfolgt.[19]

Nr. 1 benennt keinen Zeitpunkt, bis zu dem die Rücknahme erklärt sein muss, wenn das Berufungsgericht   25
eine **Entscheidung durch Beschluss (§ 522 Abs. 1, 2 ZPO) ohne mündliche Verhandlung beabsichtigt.** Dann
ist es ausreichend, wenn die Rücknahme zeitlich vor dem Existentwerden eines Beschlusses bei Gericht eingegangen ist. Dabei ist in Kauf zu nehmen, dass das Gericht ggf einen wesentlichen Teil der Arbeit bereits
erledigt hat.[20] Nach diesem Zeitpunkt beendet die Rücknahme nicht mehr das Berufungsverfahren und außerdem ist der Rücknahme dann bereits ein Beschluss in der Hauptsache vorausgegangen. Existent wird
ein Beschluss, der nicht verkündet wird, in dem Zeitpunkt, in dem er den internen Geschäftsbereich des Gerichts verlässt,[21] nicht schon, wenn er an die Geschäftsstelle zum Zwecke der Bekanntgabe gelangt ist. Auf
die Zustellung kommt es für die Existenz des Beschlusses nicht an; die Zustellung ist allein für die Wirksamkeit des Beschlusses relevant.[22]

Ausreichend für die Rechtzeitigkeit ist, dass die Rücknahmeerklärung bei Gericht eingetroffen ist, nicht   26
auch, dass sie dem zuständigen Richter oder der zuständigen Geschäftsstelle vorliegt.

b) Anerkenntnisurteil, Verzichtsurteil oder Urteil nach § 313 a Abs. 2 ZPO (Nr. 2). aa) Allgemeines. Eine   27
Ermäßigung tritt nach Nr. 2 der Nr. 1222 KV auch ein, wenn das Berufungsverfahren durch Anerkenntnisurteil, Verzichtsurteil oder ein Urteil nach § 313 a Abs. 2 ZPO („Rechtsmittelverzicht") beendet wird.

Den aufgeführten Urteilen ist gemeinsam, dass dem Berufungsgericht ein **zeitaufwendiges Absetzen** von   28
Tatbestand und Entscheidungsgründen bei dem schriftlichen Urteil **erspart** bleibt (vgl § 313 b Abs. 1 und
§ 313 a Abs. 2 ZPO). Bei dem Urteil nach § 313 a Abs. 2 ZPO muss sich das Berufungsgericht allerdings
mit der Sach- und Rechtslage befassen. Die Verfahrensvereinfachung durch ein **aktives Handeln** in der
Form des erklärten Rechtsmittelverzichts der Parteien rechtfertigt gleichwohl die Beibehaltung der Ermäßigung.

bb) Anerkenntnisurteil. Erkennt eine Partei den gegen sie geltend gemachten Anspruch an, ist sie nach   29
§ 307 S. 1 ZPO dem Anerkenntnis gemäß zu verteilen. Einer mündlichen Verhandlung bedarf es insoweit
nicht (§ 307 S. 2 ZPO). Das Anerkenntnis muss wirksam sein. Ein Anwaltszwang ist zu beachten. Das Anerkenntnis muss gegenüber dem Prozessgericht abgegeben werden.[23] Ein Anerkenntnis kann bis zum
rechtskräftigen Abschluss des Verfahrens erklärt werden.[24] Es kann innerhalb der Instanz auch noch nach
dem Schluss der mündlichen Verhandlung erklärt werden.[25] Bei einem **Anerkenntnisurteil,** das ohne mündliche Verhandlung ergeht, wird die Verkündung durch die Zustellung des Urteils ersetzt (§ 310 Abs. 3 S. 1
ZPO). Das Anerkenntnisurteil gilt in diesem Fall erst mit der Zustellung an alle Parteien als erlassen.[26] Ein
Anerkenntnisurteil bedarf nach § 313 b Abs. 1 S. 1 ZPO keines Tatbestands und keiner Entscheidungsgründe.

Die Ermäßigung tritt nur ein, wenn das **Anerkenntnisurteil vollständig auf dem Anerkenntnis beruht.** Muss   30
das Berufungsgericht zB über eine Nebenforderung noch streitig entscheiden, handelt es sich schon nicht
um ein Anerkenntnisurteil, sondern um ein Teilanerkenntnis- und Schlussurteil (= Anerkenntnis- und Endurteil). Das Berufungsgericht muss sich weiterhin noch (teilweise) mit der Sach- und Rechtslage zum Berufungsgegenstand auseinandersetzen und muss Tatbestand und Entscheidungsgründe bzw vergleichbare Be-
schlussgründe absetzen.

Wird das **Anerkenntnis unter „Protest gegen die Kostenlast"** erklärt, ergeht zwar ein Anerkenntnisurteil.   31
Das Gericht muss indes noch streitig über die Kostenlast entscheiden (vgl §§ 91, 93, 97 ZPO) und dies in
seiner Entscheidung begründen. Weil sich aber das Gericht noch mit dem Streitstoff auseinandersetzen
muss und das Anerkenntnis nicht zu einer vollständigen Entlastung des Gerichts führt, wird hieraus gefolgert, dass eine Ermäßigung nicht gerechtfertigt sei.[27] Jedoch steht eine streitige Entscheidung über die Kos-

---

[17] OLG Düsseldorf JurBüro 2008, 601; vgl auch LSG Bayern BeckRS 2016, 65958 (zu Nr. 7111 Nr. 1 Buchst. a KV nach Urteilsverkündung und vor schriftlicher Urteilsabfassung); wohl auch Binz/Dörndorfer/*Zimmermann*, Nr. 1222 KV GKG Rn 5.
[18] *Meyer*, GKG Nr. 1222 KV Rn 56.   [19] AA OLG Jena NJW 2016, 1600.   [20] BT-Drucks 12/6962, S. 70 (zu Nr. 1202 KV GKG
aF) für Fälle, in denen erstinstanzlich eine mündliche Verhandlung nicht stattfindet. Nr. 1202 KV GKG aF (jetzt: Nr. 1211 KV
GKG) stellt für Verfahren nach § 495 a oder § 331 Abs. 3 ZPO auf den Zeitpunkt der Übergabe des Urteils an die Geschäftsstel-
le ab.   [21] Musielak/Voit/*Musielak*, ZPO, § 329 Rn 7–10.   [22] Vgl Musielak/Voit/*Musielak*, ZPO, § 329 Rn 7–10.   [23] Vgl OLG
Brandenburg MDR 1999, 504.   [24] Vgl BGH NJW 2010, 783; *Kirschbaum*, NJOZ 2012, 681.   [25] Vgl BGH NJW 1993, 1717;
Kirschbaum, NJOZ 2012, 681.   [26] Vgl BGH NJW 1994, 3359 (zum Versäumnisurteil im schriftlichen Vorverfahren nach § 331
Abs. 3 ZPO).   [27] Vgl OLG Karlsruhe JurBüro 2001, 374 (zu Nr. 1202 KV GKG aF); OLG Hamburg JurBüro 2001, 317 (zu
Nr. 1202 KV GKG aF).

ten im Anerkenntnisurteil der Ermäßigung nicht entgegen.[28] Das Anerkenntnisurteil ist als Ermäßigungsfall in Nr. 2 benannt, ohne dass danach zu differenzieren ist, ob das Gericht noch streitig über die Kosten zu entscheiden hat. Die Ermäßigung tritt zudem bei einem Anerkenntnisurteil unabhängig davon ein, ob es Tatbestand und Entscheidungsgründe enthält. Insofern verhält es sich gerade anders als bei einem Urteil nach § 313 a ZPO. Bei dem Urteil nach § 313 a Abs. 2 ZPO setzt Nr. 2 voraus, dass das Urteil auch tatsächlich keinen Tatbestand und keine Entscheidungsgründe enthält.

32   **cc) Verzichtsurteil.** Verzichtet der Kläger bei einer mündlichen Verhandlung auf den geltend gemachten Anspruch, so ist er aufgrund des Verzichts mit der Klage abzuweisen, wenn der Beklagte dies beantragt. Der Verzicht muss wirksam sein. Ein Anwaltszwang ist deshalb zu beachten.[29] Der Verzicht kann auch nur in der mündlichen Verhandlung erklärt werden, nicht nur schriftsätzlich.[30] Ein **Verzichtsurteil** kann nur aufgrund mündlicher Verhandlung ergehen und muss verkündet werden. Das Verzichtsurteil bedarf nach § 313 b Abs. 1 S. 1 ZPO keines Tatbestands und keiner Entscheidungsgründe.

33   **dd) Urteil nach § 313 a Abs. 2 ZPO.** Nach Nr. 2 ist die Gebühr zu ermäßigen, wenn ein Urteil nach § 313 a Abs. 2 ZPO keinen Tatbestand und keine Entscheidungsgründe enthält.

Ein – streitiges – Urteil bedarf dann keines Tatbestands und keiner Entscheidungsgründe, wenn das Urteil in dem Termin, in dem die mündliche Verhandlung geschlossen worden ist, verkündet wird und die Parteien auf ein **Rechtsmittel** gegen das Urteil **verzichtet** haben (§ 313 a Abs. 2 S. 1 ZPO). Ist das Urteil nur für eine Partei anfechtbar, so genügt es, wenn diese verzichtet (§ 313 a Abs. 2 S. 2 ZPO).

34   Ein Urteil nach § 313 a Abs. 2 ZPO darf nur dann ergehen, wenn der Verzicht auf Rechtsmittel gegen die Entscheidung wirksam ist, dh, es muss insb. der Anwaltszwang beachtet werden. Der Verzicht kann bereits vor der Verkündung des Urteils erfolgen und muss spätestens binnen einer Woche nach Schluss der mündlichen Verhandlung erfolgt sein (§ 313 a Abs. 3 ZPO). Gehen Verzichtserklärungen erst nach der Frist des § 313 a Abs. 3 ZPO ein, bleibt das Gericht gleichwohl berechtigt, nach § 313 a Abs. 1 S. 2 ZPO zu verfahren.[31]

35   Weiterhin setzt ein Urteil nach § 313 a Abs. 2 ZPO voraus, dass das Urteil im Anschluss an den Termin, in dem die mündliche Verhandlung geschlossen wurde, verkündet worden ist (§ 313 Abs. 2 S. 1 ZPO), dh spätestens am Schluss der Sitzung (sog. **Stuhlurteil**). Denn zu diesem Zeitpunkt der Urteilsverkündung muss das (streitige) Urteil noch nicht in vollständig abgefasster Form vorliegen. Dies ergibt sich aus dem Umkehrschluss zu § 310 Abs. 2 ZPO. Die Vorschrift gibt nur für diejenigen Urteile, die nicht in dem Termin, in dem die mündliche Verhandlung geschlossen wird, sondern in einem gesondert anberaumten Termin verkündet werden, vor, dass sie bei der Verkündung in vollständig abgefasster Form vorliegen.

36   Enthält das Urteil keinen Tatbestand und keine Entscheidungsgründe, ist es für die Gebührenermäßigung der Nr. 2 indes unerheblich, ob der Rechtsmittelverzicht bis zum Schluss der mündlichen Verhandlung,[32] binnen einer Woche nach der mündlichen Verhandlung[33] oder danach[34] erklärt wurde. Auch kommt es nicht darauf an, in welchem Umfang durch die Verzichtserklärungen eine Arbeitsersparnis eingetreten ist.[35] Akzeptiert das Gericht verfahrensrechtlich eine – ggf verspätete – Verzichtserklärung und lässt es bei Abfassung des Urteils Tatbestand und Entscheidungsgründe weg, so ist es folgerichtig, dies auch gebührenrechtlich durchschlagen zu lassen.[36]

37   Enthält das Urteil trotz des Vorliegens der Voraussetzungen aus § 313 a ZPO dennoch Tatbestand und Entscheidungsgründe, kommt die Gebührenermäßigung nach Nr. 2 nicht in Betracht.[37] Denn der Ermäßigungstatbestand greift nur, wenn das Urteil **tatsächlich abgekürzt** ist.

38   Die Gebührenermäßigung der Nr. 2 kommt auch in Betracht, wenn das Berufungsgericht seine verfahrensabschließende Entscheidung nicht durch Urteil, sondern durch **Beschluss** trifft. Allerdings benennt Nr. 2 nur das Urteil nach § 313 a Abs. 2 ZPO. Da aber § 313 a ZPO entsprechend auf Beschlüsse anzuwenden ist,[38] spricht nichts dagegen, insoweit auch den Ermäßigungstatbestand entsprechend anzuwenden.

---

28 Vgl OLG Bremen JurBüro 2001, 373 (zu Nr. 1202 KV GKG aF); OLG Karlsruhe NJW-RR 1997, 703 (zu Nr. 1202 KV GKG aF); KG JurBüro 1997, 93 (zu Nr. 1202 KV GKG aF); OLG Koblenz JurBüro 2007, 151 (zu Nr. 1211 KV); OLG München NJW-RR 1998, 720 (zu Nr. 1202 KV GKG aF); OLG Naumburg JurBüro 2004, 324 (zu Nr. 1211 KV GKG aF); OLG Nürnberg NJW-RR 2003, 1511 (zu Nr. 1211 KV GKG aF); OLG Rostock JurBüro 2007, 323 (zu Nr. 1211 KV). **29** BGH BeckRS 2010, 27057; BGH NJW 1988, 210. **30** BGH BeckRS 2010, 27057; BGH NJW 1988, 210. **31** LAG Köln NZA 2006, 878 (Ls.) (zum Begründungsverzicht nach § 313 a Abs. 1 S. 2 ZPO). **32** So *Meyer,* GKG Nr. 1211 KV Rn 37. **33** So Binz/Dörndorfer/*Zimmermann,* Nr. 1211 KV GKG Rn 25. **34** So auch OLG München NJW 2015, 1765. **35** So auch OLG München NJW 2015, 1765; Binz/Dörndorfer/*Zimmermann,* Nr. 1211 KV GKG Rn 25; aA *Meyer,* GKG Nr. 1211 KV Rn 37. **36** OLG München NJW 2015, 1765. **37** OLG Brandenburg JurBüro 2007, 536: § 313 a Abs. 1, 2 ZPO stellt es dem Gericht frei, Tatbestand und Entscheidungsgründe wegzulassen; *Meyer,* MDR 2008, 1009; aA OLG Köln MDR 2007, 1458: unrichtige Sachbehandlung, weil das Gericht verpflichtet ist, nach § 313 a Abs. 2 ZPO zu verfahren. **38** Musielak/Voit/*Musielak,* ZPO, § 313 a Rn 2.

Wird die Berufung durch Beschluss nach § 522 Abs. 1 ZPO verworfen oder nach § 522 Abs. 2 ZPO[39] zu- **39**
rückgewiesen, so gelten die Ausführungen zum Berufungsurteil entsprechend (→ Rn 33–37). Die Voraussetzungen müssen gleichermaßen erfüllt sein, u.a. muss der Beschluss auch iSv § 313 a Abs. 2 ZPO verkündet
sein, was aber für Beschlüsse nach § 522 ZPO in der Praxis nicht der Regelfall ist.

Zur entsprechenden Anwendung der Nr. 2 der Nr. 1222 KV bei einem Kostenbeschluss nach § 91 a ZPO → **40**
Rn 70 ff.

In Nr. 2 ist das **Versäumnisurteil nicht aufgeführt**, auch wenn das Versäumnisurteil keinen Tatbestand und **41**
keine Entscheidungsgründe enthalten muss (vgl § 313 b Abs. 1 ZPO). Diese Verfahrensvereinfachung wird
aber gerade nicht durch ein aktives Handeln einer Partei hervorgerufen (→ Rn 56), welches dann auch
nicht mit einer Gebührenermäßigung privilegiert werden soll.[40] Die unterbliebene Privilegierung des Versäumnisurteils ist verfassungskonform.[41]

c) Ermäßigung bei gerichtlichem Vergleich (Nr. 3). Nach Nr. 3 der Nr. 1222 KV ermäßigt sich die Gerichts- **42**
gebühr auch bei einem gerichtlichen Vergleich.

Ein **gerichtlicher Vergleich** ist entweder der gerichtlich protokollierte Vergleich oder der schriftliche gericht- **43**
liche Vergleich nach § 278 Abs. 6 S. 1 ZPO. Bei dem schriftlichen gerichtlichen Vergleich hat das Berufungsgericht im Anschluss an die schriftsätzlichen Zustimmungserklärungen der Parteien den Inhalt des Vergleichs durch Beschluss festzustellen. Durch die Parteierklärungen zum Abschluss des gerichtlichen Vergleichs bleibt dem Berufungsgericht die Auseinandersetzung mit der Sach- und Rechtslage in einer abgesetzten schriftlichen Entscheidung mit Tatbestand und Entscheidungsgründen bzw vergleichbaren Beschlussgründen erspart.

Endet das Berufungsverfahren durch gerichtlichen Vergleich, in dem die **Verteilung der Kosten** zwischen **44**
den Parteien bestimmt wird oder in dem eine Kostenregelung nicht enthalten ist (vgl § 98 ZPO), bedarf es
zu den Kosten keiner gerichtlichen Entscheidung.

Enthält der Vergleich die Kostenregelung, dass das Gericht über die Verteilung der Kosten nach § 91 a **45**
Abs. 1 ZPO entscheiden möge, gelten die Ausführungen zur übereinstimmenden Erledigungserklärung entsprechend (→ Rn 48 ff). Die Anwendung der Nr. 3 ist hier nicht gerechtfertigt, weil dem Berufungsgericht
noch eine Kostenentscheidung nach § 91 a ZPO auferlegt ist, welche grds. auch die Sach- und Rechtslage
berücksichtigen muss.[42]

Ein **außergerichtlicher Vergleich** führt nicht zur Ermäßigung nach Nr. 3 der Nr. 1222 KV.[43] Wird der außer- **46**
gerichtliche Vergleich aber im Zuge übereinstimmender Erledigungserklärungen nach § 91 a ZPO in den
Rechtsstreit eingeführt, kann eine in dem außergerichtlichen Vergleich getroffene Kostenregelung über die
Kosten des Berufungsverfahrens eine Gebührenermäßigung nach Nr. 4 der Nr. 1222 KV rechtfertigen.

Keine Ermäßigung ist gegeben, wenn die Parteien einen Vergleich schließen, eine Partei dann die **Fortset-** **47**
zung des Rechtsstreits beantragt und das Berufungsgericht dann durch Urteil die Beendigung des Rechtsstreits durch den Vergleich feststellt.[44] Denn in diesem Fall führt nicht der Vergleich, sondern erst das Urteil
zur Beendigung des Berufungsverfahrens.

d) Ermäßigung bei Erledigungserklärungen nach § 91 a ZPO (Nr. 4). Nach Nr. 4 der Nr. 1222 KV führen **48**
übereinstimmende Erledigungserklärungen nach § 91 a zur Ermäßigung der Gebühr, wenn keine Entscheidung über die Kosten ergeht oder wenn das Gericht die Kostenentscheidung auf der Grundlage einer zuvor
mitgeteilten Einigung der Parteien über die Kostentragung oder auf der Grundlage einer Kostenübernahmeerklärung einer Partei trifft.

Nr. 1 und 4 KV betreffen deshalb den Zeitpunkt **nach Eingang der Berufungsbegründungsschrift** bei Ge- **49**
richt. Denn Voraussetzung der vorrangigen Nr. 1221 KV sind eine Rücknahme bzw übereinstimmende Erledigungserklärungen, noch bevor eine Schrift zur Begründung der Berufung bei Gericht eingegangen ist (→
Rn 8). Anders als Nr. 1 Buchst. a, b benennt **Nr. 4 keinen Zeitpunkt, bis zu dem die Erledigungserklärungen**
nach § 91 a ZPO vorliegen müssen, um eine Ermäßigung herbeiführen zu können. Die Erledigungserklärungen müssen aber wirksam zur Beendigung des Verfahrens führen (→ Rn 13). Ggf ist auch der frühere
Zeitpunkt der Nr. 1 Buchst. a, b entsprechend anzuwenden.

---

39 § 522 Abs. 2, 3 ZPO wurde durch das Gesetz zur Änderung des § 522 der Zivilprozessordnung v. 21.10.2011 (BGBl. I 2082)
geändert; vgl aus dem Gesetzgebungsverfahren: BT-Drucks 17/5334; BT-Drucks 17/6406. **40** Vgl BT-Drucks 12/6962, S. 70 (zu
Nr. 1202 KV GKG aF); BGH NJW 2004, 2309, 2311 (zu Nr. 12111 KV GKG aF); OLG Düsseldorf NJW-RR 1997, 638, 639
(zu Nr. 1202 KV GKG aF); OLG München MDR 1996, 968 (zu Nr. 1202 KV GKG aF); OLG Hamburg MDR 1996, 1193 (zu
Nr. 1202 KV GKG aF); KG BeckRS 2012, 4971 (zu Nr. 1220 KV FamGKG). **41** In der Entscheidung BVerfG NJW 1999, 3550
(zu Nr. 1201 KV GKG aF) wurden die Vorlagebeschlüsse des LG Tübingen JurBüro 1997, 650 und JurBüro 1999, 149 als unzulässig beschieden. **42** Vgl auch BAG NZA 2008, 783 (zu Vorbem. 8 KV). **43** OLG Frankfurt NJW-RR 2000, 216 (zu Nr. 1202
KV GKG aF). **44** Vgl LG Stuttgart JurBüro 2005, 656.

50 Übereinstimmende Erledigungserklärungen führen noch nicht zu einer Beendigung des gesamten Verfahrens. Sie beenden nur die Anhängigkeit des Berufungsgegenstands. Das Berufungsgericht muss nämlich von Amts wegen im Anschluss an die übereinstimmenden Erledigungserklärungen noch über die Kosten des Berufungsverfahrens entscheiden.[45] Dabei entscheidet das Gericht über die Kosten unter Berücksichtigung des bisherigen Sach- und Streitstands nach billigem Ermessen (§ 91 a Abs. 1 S. 1 ZPO). Der Beschluss ist zu begründen.[46]

51 Übereinstimmende Erledigungserklärungen bewirken damit noch nicht, einen der Abfassung eines Urteils vergleichbaren richterlichen Arbeitsaufwand entbehrlich werden zu lassen.[47] Denn dem Berufungsgericht bleiben die Abfassung eines Beschlusses mit Gründen sowie die Berücksichtigung der Sach- und Rechtslage zu dem nicht mehr anhängigen Berufungsgegenstand nicht erspart.

52 Der gerichtliche Aufwand entfällt aber dann, wenn das Gericht bei seiner Entscheidung einer zuvor von den Parteien mitgeteilten Einigung über die Kostentragung oder der Kostenübernahmeerklärung einer Partei in der Kostenfrage uneingeschränkt folgt. In diesen Fällen reicht zur Begründung der Entscheidung eine Bezugnahme auf die aktenkundig gemachte Einigung bzw Übernahmeerklärung aus.[48] Das Gericht muss sich zudem bei seiner Kostenentscheidung nicht mehr mit der Sach- und Rechtslage zu dem nicht mehr anhängigen Berufungsgegenstand auseinandersetzen.[49] Damit entspricht Nr. 4 zu Nr. 1222 KV dem Sinn und Zweck der Vorschrift, eine Ermäßigung zu ermöglichen, wenn dem Berufungsgericht das Absetzen eines Urteils mit Tatbestand und Entscheidungsgründen bzw eines Beschlusses mit Gründen sowie die Auseinandersetzung mit der Sach-und Rechtslage zum Berufungsgegenstand erspart bleiben.

53 **5. Keine entgegenstehende vorausgegangene Entscheidung. a) Allgemeines.** Die Gebührenermäßigung tritt **nicht** ein, wenn den Ermäßigungsfällen Nr. 1–4 bereits ein anderes als eines der in Nr. 2 genannten Urteile, eine Entscheidung über den Antrag auf Erlass einer Sicherungsanordnung oder ein Beschluss in der Hauptsache vorausgegangen ist. Wegen des bereits angefallenen Arbeitsaufwands ist eine kostenrechtliche Privilegierung nicht mehr gerechtfertigt.[50] Dieser Teil der Gebührenvorschrift ist zuletzt durch das Mietrechtsänderungsgesetz 2013[51] um die Entscheidung über den Antrag auf Erlass einer Sicherungsanordnung nach § 283 a ZPO ergänzt worden.

54 **b) Urteil.** Folgende in **Nr. 2** genannten **Urteile** stehen einer **Ermäßigung** nicht entgegen:

- Anerkenntnisurteil,
- Verzichtsurteil,
- Urteil, das nach § 313 a Abs. 2 ZPO keinen Tatbestand und keine Entscheidungsgründe enthält.

55 Den aufgeführten Urteilen ist gemeinsam, dass dem Berufungsgericht ein **zeitaufwendiges Absetzen** von Tatbestand und Entscheidungsgründen bei dem schriftlichen Urteil **erspart** bleibt (vgl § 313 b Abs. 1 und § 313 a Abs. 2 ZPO). Bei dem Urteil nach § 313 a Abs. 2 ZPO muss sich das Berufungsgericht allerdings mit der Sach- und Rechtslage befassen. Die Verfahrensvereinfachung durch ein **aktives Handeln** der Parteien rechtfertigt gleichwohl die Beibehaltung der Ermäßigung.

56 Demgegenüber ist insb. bei folgenden verfahrensabschließenden Entscheidungen eine **Ermäßigung nicht** mehr möglich:

- Versäumnisurteil,
- Berufungsurteil,
- Teilurteil (zB § 718 Abs. 1 ZPO; → Rn 57),
- Zwischenurteil.[52]

Abgesehen vom Versäumnisurteil (vgl § 313 b Abs. 1 ZPO) ist den aufgeführten Entscheidungen gemeinsam, dass das Berufungsgericht Tatbestand und Entscheidungsgründe bzw entsprechende Gründe absetzen muss. Ein eine Verfahrensvereinfachung herbeiführendes aktives Handeln der Parteien ist nicht vorhanden. Das Versäumnisurteil muss zwar keinen Tatbestand und keine Entscheidungsgründe enthalten. Gleichwohl steht ein vorangegangenes **Versäumnisurteil** einer Gebührenermäßigung entgegen. Denn diese Verfahrensvereinfachung wird nicht durch ein aktives Handeln einer Partei hervorgerufen, welches dann auch nicht

---

45 Vgl Musielak/Voit/*Flockenhaus*, ZPO, § 91 a Rn 17, 20.   **46** OLG Schleswig NJW-RR 1998, 1371.   **47** Vgl BT-Drucks 15/1971, S. 159 f (zu Nr. 1211 KV).   **48** Vgl BT-Drucks 15/1971, S. 160 (zu Nr. 1211 KV).   **49** Vgl BT-Drucks 15/1971, S. 159 f (zu Nr. 1211 KV).   **50** BT-Drucks 15/1971, S. 160 (zu Nr. 1223 KV); BT-Drucks 12/6962 (zu Nr. 1202 KV KG aF). **51** BGBl. 2013 I 434.   **52** Für ein Zwischenurteil über die Leistung von Prozesskostensicherheit: OLG Karlsruhe MDR 2007, 1104 (zu Nr. 1211 KV GKG aF); für ein Zwischenurteil über die Zulässigkeit eines Parteiwechsels: LG Osnabrück AGS 2014, 516; aA OLG München JurBüro 2003, 320 (zu Nr. 1202 KV GKG aF) m. zust. Anm. *Schneider*.

Beschluss in der Hauptsache nur ein solcher Beschluss gemeint war, der einem mit Entscheidungsgründen versehenen Urteil entspricht.[63]

Die **Ermäßigung** bleibt insb. auch dann möglich, wenn lediglich **Zwischen- oder Nebenentscheidungen** oder **sonstige Verfahrenshandlungen** vorausgegangen sind:

- Prozesskostenhilfebeschluss,
- Beweisbeschluss,
- Anberaumung eines Termins,
- Anordnungen nach § 273 ZPO,
- Hinweisbeschluss, auch Hinweisbeschluss nach § 522 ZPO,[64] weil ein Hinweisbeschluss noch kein Beschluss in der Hauptsache ist, sondern diesen erst vorbereitet,
- Durchführung der mündlichen Verhandlung,
- Durchführung der Beweisaufnahme.

Zur Ausnahme bei der Entscheidung über den Erlass einer Sicherungsanordnung nach § 283 a ZPO → Rn 58 f.

61 Demgegenüber ist insb. bei folgenden verfahrensabschließenden Entscheidungen eine **Ermäßigung nicht mehr möglich**:

- Verwerfungsbeschluss (§ 522 Abs. 1 ZPO),
- Zurückweisungsbeschluss (§ 522 Abs. 2 ZPO).[65]

62 **e) Weitere Einzelheiten.** Für die Ermäßigung kommt es nicht darauf an, welche Entscheidung in **erster Instanz** vorausgegangen ist. Das Verfahren erster Instanz ist durch die Gebühr Nr. 1210, 1211 KV abgegolten. Der Ermäßigungstatbestand Nr. 1222 KV zielt auf ein Parteiverhalten in der **Berufungsinstanz** ab, das zu einer Entlastung des Berufungsgerichts führt.

63 Wird eine der Gebührenermäßigung entgegenstehende Entscheidung des Berufungsgerichts **durch den BGH aufgehoben und die Sache zurückverwiesen**, steht diese Entscheidung einer Gebührenermäßigung auch weiterhin entgegen.[66] Zwar wird eingewandt, dass nach § 37 das weitere Verfahren mit dem früheren Verfahren einen Rechtszug bildet. Für die Frage einer Gebührenermäßigung kommt es aber nicht darauf an, ob die entgegenstehende Entscheidung rechtskräftig geworden ist oder nicht. Dies wird exemplarisch auch an dem Versäumnisurteil deutlich. Auch wenn im Berufungsverfahren zunächst ein Versäumnisurteil ergeht, hiergegen Einspruch erhoben wird und unter Aufhebung des Versäumnisurteils ein Urteil nach § 313 a Abs. 2 ZPO ergeht, steht das nicht rechtskräftige und aufgehobene Versäumnisurteil der Ermäßigung entgegen. Auch ist zu berücksichtigen, dass bei der vorausgegangenen und aufgehobenen Entscheidung des Berufungsgerichts ein Mehraufwand für das Absetzen von Tatbestand und Entscheidungsgründen nicht durch aktives Parteihandeln vermieden wurde.

64 **6. Mehrere Ermäßigungstatbestände nebeneinander (Anm.).** Nach der **Anm.** zu Nr. 1222 KV tritt die Ermäßigung auch ein, wenn **mehrere Ermäßigungstatbestände** nebeneinander gegeben sind. Hiermit sind solche Fälle gemeint, in denen

- die in Nr. 1222 Nr. 1–4 KV beschriebenen Ermäßigungsfälle jeweils teilweise gegeben sind bzw
- teilweise ein in Nr. 1222 KV beschriebener Ermäßigungsfall und teilweise ein in Nr. 1223 KV beschriebener Ermäßigungsfall eintritt.

65 Dies führt aber nur dann zur Ermäßigung, wenn die Ermäßigungsfälle zur Beendigung des **gesamten** Berufungsverfahrens geführt haben. Eine Kombination der Ermäßigungstatbestände aus Nr. 1221 KV und 1222 KV ist dagegen nicht möglich, weil eine entsprechende Anmerkung in Nr. 1221 KV nicht vorhanden ist.

66 Die verschiedenen Ermäßigungsfälle müssen nicht zeitgleich, sondern können auch zeitlich nacheinander eintreten.[67] Entscheidend bleibt auch hier, dass mit dem Eintritt des zeitlich nachfolgenden Ermäßigungsfalls das Berufungsverfahren – soweit noch anhängig – insgesamt beendet ist.

67 **Beispiel (Teilrücknahme und Anerkenntnisurteil im Übrigen):** Der Berufungsführer legt Berufung gegen das klageabweisende Urteil ein (Streitwert: 10.000 €). In der mündlichen Verhandlung erklärt der Berufungsführer die teilweise Rücknahme der Berufung. Im Übrigen erklärt der Berufungsgegner zu der Klageforderung das Anerkenntnis. Das Berufungsgericht verkündet ein Anerkenntnisurteil und stellt die Entscheidung ohne Tatbestand und Entscheidungsgründe nach § 313 b Abs. 1 ZPO zu.

---

63 Vgl BT-Drucks 15/1971, S. 160. **64** OLG Koblenz JurBüro 2007, 152. **65** OLG Brandenburg MDR 2009, 1363. **66** OLG Celle BeckRS 2012, 22324 (zu Nr. 1211 KV); OLG Nürnberg MDR 2003, 416 (zu Nr. 1211 KV GKG aF). AA *Hartmann*, KostG, Nr. 1222 KV GKG Rn 2; Binz/Dörndorfer/*Zimmermann*, Nr. 1222 KV GKG Rn 10; *Meyer*, GKG Nr. 1222 KV Rn 63. **67** OLG Hamburg MDR 2001, 1261 (zu Nr. 1202 KV GKG aF).

mit einer Gebührenermäßigung privilegiert werden soll.[53] Die fehlende Privilegierung des Versäumnisurteils ist verfassungskonform.[54]

Geht ein **Teilurteil über die vorläufige Vollstreckbarkeit** des erstinstanzlichen Urteils (§ 718 Abs. 1 ZPO)   **57** voraus, kommt eine Ermäßigung nicht in Betracht.[55] Im Verfahren nach § 718 Abs. 1 ZPO wird geprüft, ob die §§ 708 ff ZPO von dem erstinstanzlichen Gericht richtig bzw folgerichtig angewendet wurden.[56] Dabei findet eine Beurteilung der Hauptsache nicht statt, auch nicht eine Prüfung der Erfolgsaussichten.[57] Grundlage der Beurteilung ist vielmehr die Sachentscheidung des erstinstanzlichen Gerichts.[58] In dem Teilurteil wird entweder auf die Berufung das erstinstanzliche Urteil im Hinblick auf die Anordnung der vorläufigen Vollstreckbarkeit abgeändert oder insoweit die Berufung zurückgewiesen. Dieses Teilurteil nach § 718 Abs. 1 ZPO ist nicht in Nr. 2 als Ausnahme genannt. Dies ist in der Sache auch gerechtfertigt, weil das Teilurteil die Berufung teilweise abschließt[59] und das Absetzen von Tatbestand und Entscheidungsgründen bei dem Berufungsgericht einen Mehraufwand verursacht.

c) Entscheidung über einen Antrag auf Erlass einer Sicherungsanordnung gem. § 283 a ZPO. Entscheidet   **58** das Gericht über einen Antrag auf Erlass einer **Sicherungsanordnung nach § 283 a ZPO**, tritt eine Gebührenermäßigung nicht mehr ein.[60] Nach § 283 a Abs. 1 S. 1 ZPO kann das Gericht anordnen, dass ein Beklagter wegen solcher Geldforderungen, die nach Rechtshängigkeit der Klage fällig werden, Sicherheit zu leisten hat. Das Gericht bestimmt eine Frist, binnen derer der Beklagte die Sicherheitsleistung nachzuweisen hat (§ 283 a Abs. 2 ZPO).

Voraussetzungen einer solchen Sicherungsanordnung sind nach § 283 a Abs. 1 S. 1 ZPO:

- Antrag des Klägers auf Erlass einer Sicherungsanordnung;
- Räumungsklage;
- Zahlungsklage, die mit der Räumungsklage aus dem gleichen Rechtsverhältnis verbunden ist und mit der Geldforderungen, die nach Rechtshängigkeit der Klage fällig geworden sind, geltend gemacht werden;
- die Klage hat hohe Aussicht auf Erfolg;
- die Anordnung ist unter Abwägung der beiderseitigen Interessen zur Abwendung besonderer Nachteile für den Kläger gerechtfertigt. Diese Interessen sind glaubhaft zu machen (§ 283 a Abs. 1 Nr. 2 S. 2 ZPO).

Gegen die Entscheidung über die Sicherungsanordnung findet die sofortige Beschwerde statt (§ 283 Abs. 2 S. 3 ZPO).

Ausweislich der Gesetzesbegründung soll das Instrument der Sicherungsanordnung dazu dienen, den tatsächlichen Wert des Titels über die nach Rechtshängigkeit fällig werdenden und bis zum Urteil auflaufenden Forderungen nach deren Fälligkeit zu sichern.[61] Die Sicherungsanordnung nimmt eine Art Zwischenstellung zwischen dem Urteil und dem nur sichernden dinglichen Arrest (§§ 916 ff ZPO) ein.

Der Ausschluss der Gebührenermäßigung beruht auf der Erwägung, dass das Gericht im Verfahren über   **59** den Erlass der Sicherungsanordnung eine **sachliche Prüfung des Streitstoffs (auch zur Hauptsache)** vollzogen hat.[62] Für den Ausschluss der Gebührenermäßigung kommt es nicht darauf an, ob das Gericht dem Antrag auf Erlass einer Sicherungsanordnung stattgegeben oder ihn zurückgewiesen hat.

Bei der Entscheidung über den Erlass einer Sicherungsanordnung handelt es sich um eine Entscheidung in einem Nebenverfahren, nicht um einen Beschluss in der Hauptsache. Der Ausschluss der Gebührenermäßigung ist für andere Neben- oder Zwischenentscheidungen nicht entsprechend anwendbar, selbst wenn sie sich auch mit dem Streitstoff zur Hauptsache befassen, wie zB bei der Entscheidung über die Prozesskostenhilfe.

d) Beschluss in der Hauptsache. Ist ein Beschluss in der Hauptsache ergangen, tritt eine Gebührenermäßigung nicht mehr ein. Als **Beschluss in der Hauptsache** ist nur ein solcher Beschluss zu verstehen, der das   **60** **Berufungsverfahren** ganz oder teilweise **abschließt**. Denn aus der Gesetzesbegründung ergibt sich, dass als

53 Vgl BT-Drucks 12/6962, S. 70 (zu Nr. 1202 KV GKG aF); BGH NJW 2004, 2309, 2311 (zu Nr. 12111 KV GKG aF); OLG Düsseldorf NJW-RR 1997, 638, 639 (zu Nr. 1202 KV GKG aF); OLG München MDR 1996, 968 (zu Nr. 1202 KV GKG); OLG Hamburg MDR 1996, 1193 (zu Nr. 1202 KV GKG); KG BeckRS 2012, 4971 (zu Nr. 1220 KV FamGKG). **54** In der Entscheidung BVerfG NJW 1999, 3550 (zu Nr. 1201 KV GKG aF) wurden die Vorlagebeschlüsse des LG Tübingen JurBüro 1997, 650 und JurBüro 1999, 149 als unzulässig beschieden. **55** AA unter Berufung auf die Entscheidung des OLG München MDR 2003, 717, welche noch zu Nr. 1221 KV GKG aF erging: Binz/Dörndorfer/*Zimmermann*, Nr. 1222 KV GKG Rn 10. **56** KG NJW-RR 2009, 648. **57** KG NJW-RR 2009, 648. **58** KG NJW-RR 2009, 648. **59** Das OLG München MDR 2003, 717 führte zu Nr. 1221 KV GKG aF und § 718 ZPO indes aus: „Auch im vorliegenden Fall ist der Terminsbestimmung nicht zur Verhandlung über die Berufung erfolgt, sondern ausdrücklich zur Verhandlung über die von der Klägerin beantragte Vorabentscheidung über die vorläufige Vollstreckbarkeit des landgerichtlichen Urteils gem. § 718 Abs. 1 ZPO." **60** Ergänzung durch das Mietrechtsänderungsgesetz 2013 (BGBl. 2013 I 1185). **61** Vgl BT-Drucks 17/10485, S. 27. **62** Vgl BT-Drucks 17/10485, S. 35.

Die teilweise Berufungsrücknahme ist dem Berufungsurteil zeitlich vorausgegangen. Die Berufung ist im Gesamten durch den Ermäßigungsfall nach Nr. 1222 Nr. 1 Buchst. a und Nr. 2 KV beendet worden und rechtfertigt daher die Ermäßigung der Gebühr.

Treffen die Ermäßigungen nach Nr. 1222 und 1223 KV zusammen, führen sie zu unterschiedlichen Ermäßi-   68
gungen, nämlich auf Gebührensätze von 2,0 bzw auf 3,0. Auf den gesamten Berufungsgegenstand fallen für dessen Teile unterschiedliche Gebührensätze an. Dabei ist § 36 Abs. 3 zu beachten. Danach sind, wenn für Teile eines Gegenstands **verschiedene Gebührensätze** anzuwenden sind, die Gebühren für die Teile geson-dert zu berechnen. Die aus dem Gesamtbetrag der Wertteile nach dem höchsten Gebührensatz berechnete Gebühr darf jedoch nicht überschritten werden.

Beispiel (Unterschiedliche Gebührensätze): Der Berufungsführer legt Berufung ein (Streitwert: 10.000 €). In der   69
mündlichen Verhandlung erklärt der Berufungsführer iHv 3.000 € die Rücknahme der Berufung. Beide Parteien verzichten auf Entscheidungsgründe. Das Berufungsgericht verkündet sein Berufungsurteil und stellt die Entschei-dung ohne Tatbestand und Entscheidungsgründe nach § 313 a Abs. 1 S. 2 ZPO zu.

Nach dem Wert von 3.000 € ermäßigt sich die Gebühr nach Nr. 1222 Nr. 1 Buchst. a KV auf einen Satz von 2,0. Dies ergibt einen Betrag von 216 €. Nach dem Wert von 7.000 € ermäßigt sich die Gebühr nach Nr. 1223 KV auf einen Satz von 3,0. Dies ergibt einen Betrag von 552 €. Beide Beträge zusammen ergeben 768 €.

Nach § 36 Abs. 3 darf jedoch dieser Gesamtbetrag nicht den Betrag einer 3,0-Gebühr (höchster angesetzter Ge-bührensatz) auf 10.000 € (Gesamtwert) überschreiten. Eine 3,0-Gebühr auf 10.000 € ergibt 723 €. Demnach sind für das Berufungsverfahren 723 € und nicht 768 € anzusetzen, weil der nach § 36 Abs. 3 höchstens anzusetzende Betrag von 723 € nicht überschritten werden darf.

IV. Entsprechende Anwendung der Nr. 1222 Nr. 2 KV bei Beschluss des Berufungsgerichts nach § 91 a ZPO

Nr. 1222 Nr. 2 KV ist bei **Beschlüssen** entsprechend anzuwenden (→ Rn 38–40). Nr. 2 erwähnt nur das Ur-   70
teil nach § 313 b Abs. 2 ZPO. Da aber § 313 a Abs. 2 ZPO entsprechend auf Beschlüsse anzuwenden ist,[68] spricht nichts dagegen, insoweit auch den Ermäßigungstatbestand entsprechend anzuwenden. Das grds. im Kostenrecht zu beachtende Analogieverbot[69] kommt hierbei nicht zur Anwendung, weil sich die analoge Anwendung von Nr. 1222 KV GKG zugunsten der Parteien und nicht zu ihren Lasten auswirkt.

Ein Beschluss (§ 91 a ZPO) bedarf entsprechend § **313 a Abs. 2 ZPO** dann keiner Gründe, wenn   71

- die Parteien, für die die Entscheidung anfechtbar ist, rechtzeitig und wirksam auf ein Rechtsmittel ver-zichtet haben und
- der Beschluss in dem Termin, in dem die mündliche Verhandlung geschlossen worden ist, verkündet wird.

Demnach kommt eine Gebührenermäßigung **entsprechend Nr. 2** in Betracht, wenn die Parteien überein-   72
stimmende Erledigungserklärungen abgegeben haben, einen Begründungsverzicht erklärt haben und die **Kostenentscheidung des Berufungsgerichts** (§ 91 a ZPO) nach § 313 a Abs. 2 ZPO keine Gründe enthält.

Hinweis (Gebühren bei Beschluss nach § 91 a ZPO im Berufungsverfahren): Haben die Parteien den Rechtsstreit übereinstimmend für erledigt erklärt und entscheidet das Berufungsgericht über die Kosten des Rechtsstreits unter Angabe von Gründen, verbleibt es bei der Gebühr Nr. 1220 KV mit einem Gebühren-satz von 4,0.

Eine Ermäßigung nach Nr. 1222 Nr. 4 KV ist nur dann gegeben, wenn die Entscheidung einer zuvor mitge-teilten Einigung der Parteien über die Kostentragung oder der Kostenübernahmeerklärung einer Partei folgt.

Gleichermaßen (→ Rn 72) kommt die entsprechende Anwendung der Nr. 1222 Nr. 2 KV in Betracht, wenn   73
sich die Parteien zum Hauptgegenstand **verglichen** und hinsichtlich der Kosten in dem Vergleich **geregelt** haben, **dass das Gericht über die Kosten** des Rechtsstreits und des Vergleichs entsprechend § 91 a ZPO ent-**scheiden** möge, die Parteien einen Verzicht auf ein Rechtsmittel erklärt haben, die Kostenentscheidung des Berufungsgerichts (§ 91 a ZPO) verkündet wird und die schriftliche Entscheidung nach § 313 a Abs. 2 ZPO keine Gründe enthält.[70]

---

68 Musielak/Voit/*Musielak*, ZPO, § 313 a Rn 2. **69** Vgl nur BVerfG NJW 1996, 3146; s. auch BGH NJW-RR 2006, 1003; BGH NJW-RR 2007, 1148. **70** Vgl zu einer entsprechenden Anwendbarkeit der Nr. 1211 Nr. 2 KV aF bzw nF (Rechtsmittelver-zicht, 1. Instanz): OLG München JurBüro 2003, 650; OLG Hamburg BeckRS 2010, 6865; OLG Düsseldorf BeckRS 2005, 2589; vgl zu einer entsprechenden Anwendbarkeit der Nr. 8222 Nr. 2 KV (Rechtsmittelverzicht, 2. Instanz): LAG BW BeckRS 2016, 67045; vgl zu einer entsprechenden Anwendung der Nr. 1223 KV (Begründungsverzicht, 2. Instanz): OLG Celle NJW-RR 2011, 1293; aA OLG Oldenburg BeckRS 2012, 19145 (zu Nr. 1211, 1223 KV); OLG Braunschweig NJOZ 2016, 130 (zu Nr. 1211 KV); wohl auch BGH NJW 2006, 3498 (Rn 11), allerdings ohne nähere Begründung.

Hinweis (Verzicht auf eine Begründung der Kostenentscheidung nach § 91 a ZPO): Verzichten die Parteien nicht auf Rechtsmittel, sondern lediglich auf eine Begründung der Kostenentscheidung und ist die Kostenentscheidung unzweifelhaft nicht anfechtbar, besteht die Möglichkeit der Gebührenermäßigung entsprechend Nr. 1223 KV auf 3,0.[71] Es wirkt sich gebührenmäßig also unterschiedlich aus, ob ein Rechtsmittelverzicht oder ein Begründungsverzicht erklärt wird.

V. Gebührenhöhe

74   Nr. 1222 KV ermäßigt die Gebühr Nr. 1220 KV. Es handelt es sich auch hier um eine Wertgebühr. Der ermäßigte Gebührensatz beträgt 2,0. Anderweitige Ermäßigungstatbestände sind in Nr. 1221 und 1223 KV vorgesehen. Die Wertgebühr ist unabhängig davon, ob und in welcher Höhe Gebühren in der vorhergehenden Instanz entstanden waren.

75   Der **Streitwert** im Berufungsverfahren bestimmt sich **idR** nach § 47. Danach bestimmt sich der Wert nach dem Antrag des Berufungsführers (§ 47 Abs. 1 S. 1). Wenn aber noch kein Rechtsmittelantrag gestellt ist, ist die Beschwer maßgebend (§ 47 Abs. 1 S. 2). Der Streitwert wird durch den erstinstanzlichen Streitwert begrenzt (§ 47 Abs. 2 S. 1).

VI. Weitere praktische Hinweise

76   **1. Fälligkeit, Vorauszahlungspflicht.** Die Verfahrensgebühr Nr. 1220 KV wird gem. § 6 Abs. 1 Nr. 1 bereits mit der Einreichung der Berufungsschrift fällig. Die Ermäßigung nach Nr. 1222 KV tritt ein, sobald sich die Voraussetzungen des Ermäßigungstatbestands verwirklicht haben.

77   Das Berufungsgericht darf seine Verfahrenshandlungen nicht von einer Vorauszahlung der Gebühr abhängig machen (vgl § 12 Abs. 1).[72]

78   **2. Kostenschuldner.** Kostenschuldner der ermäßigten Gebühr Nr. 1222 KV ist

- der Berufungsführer (§ 22 Abs. 1 S. 1) und
- die Partei,
  - der durch gerichtliche Entscheidung die Kosten des Berufungsverfahrens auferlegt sind (§ 29 Nr. 1) bzw
  - die durch Erklärung oder in einem Vergleich die Kosten des Berufungsverfahrens übernommen hat (§ 29 Nr. 2).

79   Die Geltendmachung der Gebühr gegenüber mehreren in Betracht kommenden Schuldnern richtet sich nach § 31 (vgl auch § 8 KostVfg).

Nr.	Gebührentatbestand	Gebühr oder Satz der Gebühr nach § 34 GKG
1223	Beendigung des gesamten Verfahrens durch ein Urteil, das wegen eines Verzichts der Parteien nach § 313 a Abs. 1 Satz 2 ZPO keine schriftliche Begründung enthält, wenn nicht bereits ein anderes als eines der in Nummer 1222 Nr. 2 genannten Urteile, eine Entscheidung über einen Antrag auf Erlass einer Sicherungsanordnung oder ein Beschluss in der Hauptsache vorausgegangen ist: Die Gebühr 1220 ermäßigt sich auf .... Die Gebühr ermäßigt sich auch, wenn daneben Ermäßigungstatbestände nach Nummer 1222 erfüllt sind.	3,0

---

[71] OLG Celle NJW-RR 2011, 1293 (zu Nr. 1223 KV) (Begründungsverzicht, 2. Instanz); vgl zu einer entsprechenden Anwendbarkeit der Nr. 1211 Nr. 2 KV aF bzw nF (Rechtsmittelverzicht, 1. Instanz): OLG München JurBüro 2003, 650; OLG Hamburg BeckRS 2010, 6865; OLG Düsseldorf BeckRS 2005, 2589; vgl zu einer entsprechenden Anwendbarkeit der Nr. 8222 Nr. 2 KV aF (Rechtsmittelverzicht, 2. Instanz): LAG BW BeckRS 2016, 67045; aA OLG Oldenburg BeckRS 2012, 19145 (zu Nr. 1211, 1223 KV); OLG Braunschweig NJOZ 2016, 130 (zu Nr. 1211 KV); wohl auch BGH NJW 2006, 3498 (Rn 11), allerdings ohne nähere Begründung. [72] So auch OLG Köln AGS 2014, 285.

I. Allgemeines

Nr. 1223 KV ist ein Ermäßigungstatbestand zu der Gebühr Nr. 1220 KV.[1] Voraussetzung der Ermäßigung **1** ist, dass das Berufungsverfahren aufgrund eines Verzichts der Parteien durch ein Urteil des Gerichts nach § 313 a Abs. 1 S. 2 ZPO endet, es sei denn, dass ein anderes als in Nr. 1222 Nr. 2 KV genanntes Urteil oder ein Beschluss in der Hauptsache vorausgegangen ist. Der Gesetzgeber hat diese Gebührenbegünstigung wegen einer besonderen Bedeutung der Möglichkeit des § 313 a Abs. 1 S. 2 ZPO (**Verzicht auf die Entscheidungsgründe**) im Berufungsverfahren vorgesehen.[2] Dieser Kostenanreiz soll eine Mehrarbeit der Berufungsgerichte vermeiden.[3]

In dem Ermäßigungsfall der Nr. 1223 KV erfolgt eine Reduzierung der Gebühr auf einen Gebührensatz von **2** 3,0.

Weitere Ermäßigungstatbestände sind in Nr. 1221 und 1222 KV vorgesehen. **3**

II. Ermäßigungstatbestand

1. Allgemeines. Nach Nr. 1223 KV ermäßigt sich die Gebühr Nr. 1220 KV von 4,0 auf 3,0, wenn das **ge- 4 samte** Verfahren durch ein Urteil, das wegen eines Verzichts der Parteien nach § 313 a Abs. 1 S. 2 ZPO keine schriftliche Begründung enthält, endet. Die Ermäßigung tritt aber nicht ein, wenn bereits ein anderes als in Nr. 1222 Nr. 2 KV genanntes Urteil oder ein Beschluss in der Hauptsache vorausgegangen ist. Weitergehende Ermäßigungstatbestände sind in Nr. 1221, 1222 KV enthalten.

2. Urteil nach § 313 a Abs. 1 S. 2 ZPO aufgrund Begründungsverzichts der Parteien. Die Ermäßigung der **5** Nr. 1223 KV tritt bei Beendigung des Berufungsverfahrens durch ein Urteil nach § 313 a Abs. 1 S. 2 ZPO ein, das aufgrund des Verzichts der Parteien keine Entscheidungsgründe enthält.

Eine Begründung des Urteils kann nach § 313 a Abs. 1 2 ZPO dann unterbleiben, wenn die Parteien auf sie **6** verzichten oder wenn ihr wesentlicher Inhalt in das Protokoll aufgenommen worden ist. Die Gebührenermäßigung tritt aber nur im Fall des **Begründungsverzichts der Parteien** ein. Für ein Urteil ohne Begründung müssen nach § 313 a Abs. 1 S. 2 ZPO („In diesem Fall") weiterhin die Voraussetzungen des Abs. 1 S. 1 des § 313 a ZPO gegeben sein. Nach § 313 a Abs. 1 S. 1 ZPO bedarf es keines Tatbestands des Urteils, wenn gegen das Urteil **unzweifelhaft** ein **Rechtsmittel nicht** gegeben ist. Ein Rechtsmittel (Revision, Nichtzulassungsbeschwerde) gegen ein Berufungsurteil ist insb. dann unzweifelhaft nicht gegeben,

- wenn gegen das Berufungsurteil ein Rechtsmittel gesetzlich nicht vorgesehen ist,
- wenn die Parteien einen Rechtsmittelverzicht erklärt haben (vgl hierzu auch § 31 a Abs. 2 ZPO) oder
- wenn in dem Berufungsurteil die Revision nicht zugelassen ist (vgl § 543 Abs. 1 ZPO) und der Wert der Beschwer aus dem Berufungsurteil 20.000 € (vgl § 544 ZPO, § 26 Nr. 8 S. 1 EGZPO) ersichtlich nicht übersteigt.

Ein Urteil nach § 313 a Abs. 1 S. 2 ZPO darf nur dann ergehen, wenn der Verzicht auf die Begründung der **7** Entscheidung wirksam ist, dh, es muss insb. der Anwaltszwang beachtet werden. Der Verzicht kann bereits vor der Verkündung des Urteils erfolgen und muss spätestens binnen einer Woche nach Schluss der mündlichen Verhandlung erfolgt sein (§ 313 a Abs. 3 ZPO). Gehen Verzichtserklärungen erst nach der Frist des § 313 a Abs. 3 ZPO ein, bleibt das Gericht gleichwohl berechtigt, nach § 313 a Abs. 1 S. 2 ZPO zu verfahren.[4]

Enthält das Urteil trotz des Vorliegens der Voraussetzungen aus § 313 a ZPO dennoch eine Begründung, **8** kommt die Gebührenermäßigung nach Nr. 1223 KV nicht in Betracht.[5] Denn der Ermäßigungstatbestand greift nur, wenn das Urteil tatsächlich keine Begründung enthält.

Die Gebührenermäßigung kommt auch in Betracht, wenn das Berufungsgericht seine verfahrensab- **9** schließende Entscheidung nicht durch Urteil, sondern durch **Beschluss** trifft. Allerdings benennt Nr. 1223 KV nur das Urteil nach § 313 a Abs. 1 S. 2 ZPO. Da aber § 313 a ZPO entsprechend auf Beschlüsse anzuwenden ist,[6] spricht nichts dagegen, insoweit auch den Ermäßigungstatbestand entsprechend anzuwenden.

Wird die Berufung durch Beschluss nach § 522 Abs. 1 ZPO verworfen, kommt die Anwendung des § 313 a **10** Abs. 1 S. 2 ZPO nicht in Betracht. Denn nach § 522 Abs. 1 S. 4 ZPO iVm § 574 Abs. 1 S. 1 Nr. 1 ZPO ist

---

1 Das KostRMoG 2004 (BGBl. 2004 I 718) hat das Pauschalgebührensystem auf das zivilprozessuale Berufungsverfahren erstreckt und die Nr. 1220–1223 KV als Verfahrensgebühr mit Ermäßigungstatbeständen überarbeitet. Nr. 1223 KV ist zuletzt durch das Mietrechtsänderungsgesetz 2013 (BGBl. 2013 I 434) um den Ausschluss der Gebührenermäßigung im Fall der Entscheidung über einen Antrag auf Erlass einer Sicherungsanordnung nach § 283 a ZPO ergänzt worden. **2** Vgl BT-Drucks 15/1971, S. 160. **3** Vgl BT-Drucks 15/1971, S. 160. **4** LAG Köln NZA 2006, 878 (Ls.). **5** OLG Brandenburg JurBüro 2007, 536: § 313 a Abs. 1, 2 ZPO stellt es dem Gericht frei, Tatbestand und Entscheidungsgründe wegzulassen; *Meyer*, MDR 2008, 1009; aA OLG Köln MDR 2007, 1458: unrichtige Sachbehandlung, weil das Gericht verpflichtet ist, nach § 313 a Abs. 2 ZPO zu verfahren. **6** Musielak/Voit/*Musielak*, ZPO, § 313 a Rn 2.

gegen den Verwerfungsbeschluss stets die Rechtsbeschwerde statthaft, ohne dass es auf eine Zulassung der Rechtsbeschwerde ankommt. Das Fehlen eines Zulässigkeitsgrundes iSv § 574 Abs. 2 ZPO könnte das Berufungsgericht zwar feststellen, es wird aber niemals zweifelsfrei sein, dass der BGH als Rechtsbeschwerdegericht dieselbe Sichtweise hat.

11   Wird die Berufung durch Beschluss nach § 522 Abs. 2 ZPO zurückgewiesen, so gelten die Ausführungen zum Berufungsurteil entsprechend (→ Rn 6–8).

12   Zur entsprechenden Anwendung der Nr. 1223 KV bei einem Kostenbeschluss nach § 91 a ZPO → Rn 32 ff.

13   **3. Beendigung des gesamten Verfahrens.** Die Entscheidung des Berufungsgerichts durch ein Urteil (ohne Tatbestand) und Entscheidungsgründe nach § 313 a Abs. 1 S. 2 ZPO muss zur Beendigung des **gesamten** Verfahrens geführt haben. Nicht ausreichend ist, wenn sich der von den Parteien erklärte Verzicht nur auf einen Teil des Streitgegenstands bezieht oder das Berufungsgericht nur teilweise von einem Begründungsverzicht Gebrauch macht. Die Ermäßigung ist hier nicht gerechtfertigt, weil das Berufungsgericht seine Entscheidung (teilweise) mit einer schriftlichen Begründung versehen muss bzw hat.

14   Führt eine nur den Teil eines Streitgegenstands betreffende Verfahrensvereinfachung nicht zu einer Gebührenmäßigung, verbleibt es bei der vollen Gebühr für das gesamten Berufungsverfahren. Mangels vorhandener verschiedener Gebührensätze bedarf es deshalb auch keiner Beachtung des § 36 Abs. 3.

15   Zur Ermäßigung, wenn für die nicht von Nr. 1223 KV erfassten Teile des Streitgegenstands anderweitige Ermäßigungstatbestände nach Nr. 1222 KV eingetreten sind, → Rn 27 ff.

16   **4. Keine entgegenstehende vorausgegangene Entscheidung. a) Allgemeines.** Die Gebührenermäßigung tritt nicht ein, wenn der Entscheidung des Berufungsgerichts nach § 313 a Abs. 1 S. 2 ZPO bereits ein anderes als eines der in Nr. 1222 Nr. 2 KV genannten Urteile, eine Entscheidung über den Antrag auf Erlass einer Sicherungsanordnung oder ein Beschluss in der Hauptsache vorausgegangen ist. Wegen des bereits angefallenen Arbeitsaufwands ist eine kostenrechtliche Privilegierung nicht mehr gerechtfertigt.[7] Dieser Teil der Gebührenvorschrift ist zuletzt durch das Mietrechtsänderungsgesetz 2013[8] um die Entscheidung über den Antrag auf Erlass einer Sicherungsanordnung nach § 283 a ZPO ergänzt worden.

17   **b) Urteil.** Folgende in **Nr. 1222 Nr. 2 KV** genannte Urteile stehen einer **Ermäßigung** nicht entgegen:
- Anerkenntnisurteil,
- Verzichtsurteil,
- Urteil, das nach § 313 a Abs. 2 ZPO keinen Tatbestand und keine Entscheidungsgründe enthält.

18   Den aufgeführten Urteilen ist gemeinsam, dass dem Berufungsgericht ein **zeitaufwendiges** Absetzen von Tatbestand und Entscheidungsgründen bei dem schriftlichen Urteil **erspart** bleibt (vgl § 313 b Abs. 1 und § 313 a Abs. 2 ZPO). Bei dem Urteil nach § 313 a Abs. 2 ZPO muss sich das Berufungsgericht allerdings mit der Sach- und Rechtslage befassen. Die Verfahrensvereinfachung durch ein **aktives Handeln** der Parteien rechtfertigt gleichwohl die Beibehaltung der Ermäßigung.

19   Demgegenüber ist insb. bei folgenden verfahrensabschließenden Entscheidungen eine **Ermäßigung nicht** mehr möglich:
- Versäumnisurteil,
- Berufungsurteil,
- Teilurteil (zB § 718 Abs. 1 ZPO; → Rn 57),
- Zwischenurteil,[9]

Abgesehen vom Versäumnisurteil (vgl § 313 b Abs. 1 ZPO) ist den aufgeführten Entscheidungen gemeinsam, dass das Berufungsgericht Tatbestand und Entscheidungsgründe bzw entsprechende Gründe absetzen muss. Ein eine Verfahrensvereinfachung herbeiführendes aktives Handeln der Parteien ist nicht vorhanden. Das Versäumnisurteil muss zwar keinen Tatbestand und keine Entscheidungsgründe enthalten. Gleichwohl steht ein vorangegangenes **Versäumnisurteil** einer Gebührenermäßigung entgegen. Denn diese Verfahrensvereinfachung wird nicht durch ein aktives Handeln einer Partei hervorgerufen, welches dann auch nicht mit einer Gebührenermäßigung privilegiert werden soll.[10] Die fehlende Privilegierung des Versäumnisurteils ist verfassungskonform.[11]

---

7 BT-Drucks 15/1971, S. 160.   **8** BGBl. 2013 I 434.   **9** Für ein Zwischenurteil über die Leistung von Prozesskostensicherheit: OLG Karlsruhe MDR 2007, 1104 (zu Nr. 1211 KV GKG aF); für ein Zwischenurteil über die Zulässigkeit eines Parteiwechsels: LG Osnabrück AGS 2014, 516; aA OLG München JurBüro 2003, 320 (zu Nr. 1202 KV GKG aF) m. zust. Anm. *Schneider.* **10** Vgl BT-Drucks 12/6962, S. 70 (zu Nr. 1202 KV GKG aF); BGH NJW 2004, 2309, 2311 (zu Nr. 12111 KV GKG aF); OLG Düsseldorf NJW-RR 1997, 638, 639 (zu Nr. 1202 KV GKG aF); OLG München MDR 1996, 968 (zu Nr. 1202 KV GKG aF); OLG Hamburg MDR 1996, 1193 (zu Nr. 1202 KV GKG); KG BeckRS 2012, 4971 (zu Nr. 1220 KV FamGKG). **11** In der Entscheidung BVerfG NJW 1999, 3550 (zu Nr. 1201 KV GKG aF) wurden die Vorlagebeschlüsse des LG Tübingen JurBüro 1997, 650 und JurBüro 1999, 149 als unzulässig beschieden.

Geht ein **Teilurteil über die vorläufige Vollstreckbarkeit** des erstinstanzlichen Urteils (§ 718 Abs. 1 ZPO)   20
voraus, kommt eine Ermäßigung nicht in Betracht.[12] Im Verfahren nach § 718 Abs. 1 ZPO wird geprüft, ob
die §§ 708 ff ZPO von dem erstinstanzlichen Gericht richtig bzw folgerichtig angewendet wurden.[13] Dabei
findet eine Beurteilung der Hauptsache nicht statt, auch nicht eine Prüfung der Erfolgsaussichten.[14] Grundlage der Beurteilung ist vielmehr die Sachentscheidung des erstinstanzlichen Gerichts.[15] In dem Teilurteil
wird entweder auf die Berufung das erstinstanzliche Urteil im Hinblick auf die Anordnung der vorläufigen
Vollstreckbarkeit abgeändert oder insoweit die Berufung zurückgewiesen. Dieses Teilurteil nach § 718
Abs. 1 ZPO ist nicht in Nr. 1222 Nr. 2 KV als Ausnahme genannt. Dies ist in der Sache auch gerechtfertigt,
weil das Teilurteil die Berufung teilweise abschließt[16] und das Absetzen von Tatbestand und Entscheidungsgründen bei dem Berufungsgericht einen Mehraufwand verursacht.

c) Entscheidung über einen Antrag auf Erlass einer Sicherungsanordnung gem. § 283 a ZPO. Entscheidet   21
das Gericht über einen Antrag auf Erlass einer **Sicherungsanordnung nach § 283 a ZPO,** tritt eine Gebührenermäßigung nicht mehr ein.[17] Nach § 283 a Abs. 1 S. 1 ZPO kann das Gericht anordnen, dass ein Beklagter wegen solcher Geldforderungen, die nach Rechtshängigkeit der Klage fällig werden, Sicherheit zu
leisten hat. Das Gericht bestimmt eine Frist, binnen derer der Beklagte die Sicherheitsleistung nachzuweisen
hat (§ 283 a Abs. 2 ZPO).

Voraussetzungen einer solchen Sicherungsanordnung sind nach § 283 a Abs. 1 S. 1 ZPO:
- Antrag des Klägers auf Erlass einer Sicherungsanordnung;
- Räumungsklage;
- Zahlungsklage, die mit der Räumungsklage aus dem gleichen Rechtsverhältnis verbunden ist und mit
  der Geldforderungen, die nach Rechtshängigkeit der Klage fällig geworden sind, geltend gemacht werden;
- die Klage hat hohe Aussicht auf Erfolg;
- die Anordnung ist unter Abwägung der beiderseitigen Interessen zur Abwendung besonderer Nachteile
  für den Kläger gerechtfertigt. Diese Interessen sind glaubhaft zu machen (§ 283 a Abs. 1 Nr. 2 S. 2
  ZPO).

Gegen die Entscheidung über die Sicherungsanordnung findet die sofortige Beschwerde statt (§ 283 Abs. 2
S. 3 ZPO).

Ausweislich der Gesetzesbegründung soll das Instrument der Sicherungsanordnung dazu dienen, den tatsächlichen Wert des Titels über die nach Rechtshängigkeit fällig werdenden und bis zum Urteil auflaufenden Forderungen nach deren Fälligkeit zu sichern.[18] Die Sicherungsanordnung nimmt eine Art Zwischenstellung zwischen dem Urteil und dem nur sichernden dinglichen Arrest (§§ 916 ff ZPO) ein.

Der Ausschluss der Gebührenermäßigung beruht auf der Erwägung, dass das Gericht im Verfahren über   22
den Erlass der Sicherungsanordnung eine **sachliche Prüfung des Streitstoffs (auch zur Hauptsache) vollzogen** hat.[19] Für den Ausschluss der Gebührenermäßigung kommt es nicht darauf an, ob das Gericht dem
Antrag auf Erlass einer Sicherungsanordnung stattgegeben oder ihn zurückgewiesen hat.

Bei der Entscheidung über den Erlass einer Sicherungsanordnung handelt es sich um eine Entscheidung in
einem Nebenverfahren, nicht um einen Beschluss in der Hauptsache. Der Ausschluss der Gebührenermäßigung ist für andere Neben- oder Zwischenentscheidungen nicht entsprechend anwendbar, selbst wenn sie
sich auch mit dem Streitstoff zur Hauptsache befassen, wie zB bei der Entscheidung über die Prozesskostenhilfe.

d) Beschluss in der Hauptsache. Ist ein Beschluss in der Hauptsache ergangen, tritt eine Gebührenermäßi-   23
gung nicht mehr ein. Als **Beschluss in der Hauptsache** ist nur ein solcher Beschluss zu verstehen, der das
Berufungsverfahren ganz oder teilweise **abschließt.** Denn aus der Gesetzesbegründung ergibt sich, dass als
Beschluss in der Hauptsache nur ein solcher Beschluss gemeint war, der einem mit Entscheidungsgründen
versehenen Urteil entspricht.[20]

Die **Ermäßigung** bleibt insb. auch dann möglich, wenn lediglich **Zwischen- oder Nebenentscheidungen** oder
sonstige Verfahrenshandlungen vorausgegangen sind:

12 AA unter Berufung auf die Entscheidung des OLG München MDR 2003, 717, welche noch zu Nr. 1221 KV GKG aF erging:
Binz/Dörndorfer/*Zimmermann*, Nr. 1222 KV GKG Rn 10. **13** KG NJW-RR 2009, 648. **14** KG NJW-RR 2009, 648. **15** KG
NJW-RR 2009, 648. **16** Das OLG München MDR 2003, 717 führte zu Nr. 1221 KV GKG aF und § 718 ZPO indes aus:
„Auch im vorliegenden Fall ist die Terminsbestimmung nicht zur Verhandlung über die Berufung erfolgt, sondern ausdrücklich
zur Verhandlung über die von der Klägerin beantragte Vorabentscheidung über die vorläufige Vollstreckbarkeit des landgericht-
lichen Urteils gem. § 718 Abs. 1 ZPO." **17** Ergänzung durch das Mietrechtsänderungsgesetz 2013 (BGBl. 2013 I 1185). **18** Vgl
BT-Drucks 17/10485, S. 27. **19** Vgl BT-Drucks 17/10485, S. 35. **20** Vgl BT-Drucks 15/1971, S. 160.

- Prozesskostenhilfebeschluss,
- Beweisbeschluss,
- Anberaumung eines Termins,
- Anordnungen nach § 273 ZPO,
- Hinweisbeschluss, auch Hinweisbeschluss nach § 522 ZPO,[21] weil ein Hinweisbeschluss noch kein Beschluss in der Hauptsache ist, sondern diesen erst vorbereitet,
- Durchführung der mündlichen Verhandlung,
- Durchführung der Beweisaufnahme.

Zur Ausnahme bei der Entscheidung über den Erlass einer Sicherungsanordnung nach § 283 a ZPO → Rn 21 f.

24 Demgegenüber ist insb. bei folgenden verfahrensabschließenden Entscheidungen eine **Ermäßigung nicht mehr möglich:**

- Verwerfungsbeschluss (§ 522 Abs. 1 ZPO),
- Zurückweisungsbeschluss (§ 522 Abs. 2 ZPO).[22]

25 **e) Weitere Einzelheiten.** Für die Ermäßigung kommt es nicht darauf an, welche Entscheidung in **erster Instanz** vorausgegangen ist. Das Verfahren erster Instanz ist durch die Gebühr Nr. 1210, 1211 KV abgegolten. Der Ermäßigungstatbestand Nr. 1222 KV zielt auf ein Parteiverhalten in der **Berufungsinstanz** ab, das zu einer Entlastung des Berufungsgerichts führt.

26 Wird eine der Gebührenermäßigung entgegenstehende Entscheidung des Berufungsgerichts **durch den BGH aufgehoben und die Sache zurückverwiesen**, steht diese Entscheidung einer Gebührenermäßigung auch weiterhin entgegen.[23] Zwar wird eingewandt, dass nach § 37 das weitere Verfahren mit dem früheren Verfahren einen Rechtszug bildet. Für die Frage einer Gebührenermäßigung kommt es aber nicht darauf an, ob die entgegenstehende Entscheidung rechtskräftig geworden ist oder nicht. Dies wird exemplarisch auch an dem Versäumnisurteil deutlich. Auch wenn im Berufungsverfahren zunächst ein Versäumnisurteil ergeht, hiergegen Einspruch erhoben wird und unter Aufhebung des Versäumnisurteils ein Urteil nach § 313 a Abs. 2 ZPO ergeht, steht das nicht rechtskräftige und aufgehobene Versäumnisurteil der Ermäßigung entgegen. Auch ist zu berücksichtigen, dass bei der vorausgegangenen und aufgehobenen Entscheidung des Berufungsgerichts ein Mehraufwand für das Absetzen von Tatbestand und Entscheidungsgründen nicht durch aktives Parteihandeln vermieden wurde.

27 **5. Mehrere Ermäßigungstatbestände nebeneinander (Anm.).** Nach der **Anm.** zu Nr. 1223 KV tritt die Ermäßigung auch ein, wenn die Ermäßigungstatbestände Nr. 1222, 1223 KV nebeneinander gegeben sind. Hiermit sind solche Fälle gemeint, in denen teilweise ein in Nr. 1222 KV beschriebener Ermäßigungsfall und teilweise ein in Nr. 1223 KV beschriebener Ermäßigungsfall eintritt. Dies führt aber nur dann zur Ermäßigung, wenn die Ermäßigungsfälle zur Beendigung des gesamten Berufungsverfahrens geführt haben.

28 Die verschiedenen Ermäßigungsfälle aus Nr. 1222, 1223 KV müssen nicht zeitgleich, sondern können auch zeitlich nacheinander eintreten.[24] Entscheidend bleibt auch hier, dass mit dem Eintritt des zeitlich nachfolgenden Ermäßigungsfalls das Berufungsverfahren – soweit noch anhängig – insgesamt beendet ist.

29 **Beispiel (Teilrücknahme und Urteil nach § 313 a Abs. 1 S. 2 ZPO):** Der Berufungsführer legt Berufung ein (Streitwert: 10.000 €). In der mündlichen Verhandlung erklärt der Berufungsführer die teilweise Rücknahme der Berufung. Beide Parteien verzichten auf Entscheidungsgründe. Das Berufungsgericht verkündet seine Berufungsurteil und stellt die Entscheidung ohne Tatbestand und Entscheidungsgründe nach § 313 a Abs. 1 S. 2 ZPO zu.

Die teilweise Berufungsrücknahme ist dem Berufungsurteil zeitlich vorausgegangen. Die Berufung ist im Gesamten durch den Ermäßigungsfall nach Nr. 1222 Nr. 1 Buchst. a KV und Nr. 1223 KV beendet worden und rechtfertigt daher die Ermäßigung der Gebühr.

30 Treffen die Ermäßigungen nach Nr. 1222, 1223 KV zusammen, führen sie zu unterschiedlichen Ermäßigungen, nämlich auf Gebührensätze von 2,0 bzw auf 3,0. Auf den gesamten Berufungsgegenstand fallen für dessen Teile **unterschiedliche Gebührensätze** an. Dabei ist § 36 Abs. 3 zu beachten. Danach sind, wenn für Teile eines Gegenstands verschiedene Gebührensätze anzuwenden sind, die Gebühren für die Teile gesondert zu berechnen. Die aus dem Gesamtbetrag der Wertteile nach dem höchsten Gebührensatz berechnete Gebühr darf jedoch nicht überschritten werden.

31 **Beispiel (Unterschiedliche Gebührensätze):** Der Berufungsführer legt Berufung ein (Streitwert: 10.000 €). In der mündlichen Verhandlung erklärt der Berufungsführer iHv 3.000 € die Rücknahme der Berufung. Beide Parteien

---

21 OLG Koblenz JurBüro 2007, 152.   **22** OLG Brandenburg MDR 2009, 1363.   **23** OLG Celle 9.10.2012 – 2 W 255/12 (zu Nr. 1211 KV); OLG Nürnberg MDR 2003, 416 (zu Nr. 1211 KV GKG aF). AA *Hartmann*, KostG, Nr. 1222 KV GKG Rn 2; Binz/Dörndorfer/*Zimmermann*, Nr. 1222 KV GKG Rn 10; *Meyer*, GKG Nr. 1222 KV Rn 63.   **24** OLG Hamburg MDR 2001, 1261 (zu Nr. 1202 KV GKG aF).

verzichten auf Entscheidungsgründe. Das Berufungsgericht verkündet sein Berufungsurteil und stellt die Entscheidung ohne Tatbestand und Entscheidungsgründe nach § 313 a Abs. 1 S. 2 ZPO zu.

Nach dem Wert von 3.000 € ermäßigt sich die Gebühr nach Nr. 1222 Nr. 1 Buchst. a KV auf einen Satz von 2,0. Dies ergibt einen Betrag von 216 €. Nach dem Wert von 7.000 € ermäßigt sich die Gebühr nach Nr. 1223 KV auf einen Satz von 3,0. Dies ergibt einen Betrag von 552 €. Beide Beträge zusammen ergeben 768 €.

Nach § 36 Abs. 3 darf jedoch dieser Gesamtbetrag nicht den Betrag einer 3,0-Gebühr (höchster angesetzter Gebührensatz) auf 10.000 € (Gesamtwert) überscheiten. Eine 3,0-Gebühr auf 10.000 € ergibt 723 €. Demnach sind für das Berufungsverfahren 723 € und nicht 768 € anzusetzen, weil der nach § 36 Abs. 3 höchstens anzusetzende Betrag von 723 € nicht überschritten werden darf.

III. Entsprechende Anwendung der Nr. 1223 KV bei Beschluss des Berufungsgerichts nach § 91 a ZPO

Nr. 1223 KV ist bei **Beschlüssen** entsprechend anzuwenden (→ Rn 9–12). Nr. 1223 KV erwähnt nur das Urteil nach § 313 a Abs. 1 S. 2 ZPO. Da aber § 313 a ZPO entsprechend auf Beschlüsse anzuwenden ist,[25] spricht nichts dagegen, insoweit auch den Ermäßigungstatbestand entsprechend anzuwenden. Das grds. im Kostenrecht zu beachtende Analogieverbot[26] kommt hierbei nicht zur Anwendung, weil sich die analoge Anwendung von Nr. 1223 KV zugunsten der Parteien und nicht zu ihren Lasten auswirkt. **32**

Ein Beschluss (§ 91 a ZPO) bedarf entsprechend § 313 a Abs. 1 S. 2 ZPO dann keiner Gründe, wenn **33**

- ein Rechtsmittel unzweifelhaft nicht gegeben ist, was insb. der Fall ist, wenn das Berufungsgericht die Rechtsbeschwerde nach § 574 Abs. 1 S. 1 Nr. 2 ZPO nicht zugelassen hat und
- die Parteien rechtzeitig und wirksam auf eine Begründung verzichtet haben.

Demnach kommt eine Gebührenermäßigung entsprechend Nr. 1223 KV in Betracht, wenn die Parteien übereinstimmende Erledigungserklärungen abgegeben haben, einen Begründungsverzicht erklärt haben und die **Kostenentscheidung des Berufungsgerichts** (§ 91 a ZPO) nach § 313 a Abs. 1 S. 2 ZPO keine Gründe enthält. **34**

Hinweis (Gebühren bei Beschluss nach § 91 a ZPO im Berufungsverfahren): Haben die Parteien den Rechtsstreit übereinstimmend für erledigt erklärt und entscheidet das Berufungsgericht über die Kosten des Rechtsstreits unter Angabe von Gründen, verbleibt es bei der Gebühr von Nr. 1220 KV mit einem Gebührensatz von 4,0.

Eine Ermäßigung nach Nr. 1222 Nr. 4 KV ist nur dann gegeben, wenn die Entscheidung einer zuvor mitgeteilten Einigung der Parteien über die Kostentragung oder der Kostenübernahmeerklärung einer Partei folgt.

Gleichermaßen kommt die entsprechende Anwendung der Nr. 1223 KV in Betracht, wenn sich die Parteien zum Hauptgegenstand **verglichen** und hinsichtlich der Kosten in dem Vergleich **geregelt** haben, **dass das Gericht über die Kosten** des Rechtsstreits und des Vergleichs **entsprechend § 91 a ZPO entscheiden** möge, die Parteien einen Verzicht auf die Begründung erklärt haben und die Kostenentscheidung des Berufungsgerichts (§ 91 a ZPO) nach § 313 a Abs. 1 S. 2 ZPO keine Gründe enthält.[27] **35**

Hinweis (Weitergehende Gebührenermäßigung bei einer Kostenentscheidung nach § 91 a ZPO): Eine weitergehende Gebührenermäßigung auf einen Gebührensatz von 2,0 können die Parteien erzielen, wenn die Parteien einen Rechtsmittelverzicht erklären und die Kostenentscheidung (§ 91 a ZPO) deswegen keine Gründe enthält. Diese Ermäßigung ergibt sich aus der entsprechenden Anwendung von Nr. 1222 Nr. 2 KV.[28]

IV. Gebührenhöhe

Nr. 1223 KV ermäßigt die Gebühr Nr. 1220 KV. Es handelt es sich auch hier um eine Wertgebühr. Der ermäßigte Gebührensatz beträgt 3,0. Weitergehende Ermäßigungstatbestände sind in Nr. 1221 und 1222 KV **36**

---

25 Musielak/Voit/*Musielak*, ZPO, § 313 a Rn 2. **26** Vgl nur BVerfG NJW 1996, 3146; s. auch BGH NJW-RR 2006, 1003; BGH NJW-RR 2007, 1148. **27** OLG Celle NJW-RR 2011, 1293 (zu Nr. 1223 KV) (Begründungsverzicht, 2. Instanz); vgl zu einer entsprechenden Anwendbarkeit der Nr. 1211 Nr. 2 KV aF bzw nF (Rechtsmittelverzicht, 1. Instanz): OLG München JurBüro 2003, 650; OLG Hamburg BeckRS 2010, 6865; OLG Düsseldorf BeckRS 2005, 2589; vgl zu einer entsprechenden Anwendung der Nr. 8222 Nr. 2 KV (Rechtsmittelverzicht, 2. Instanz): LAG BW BeckRS 2016, 67045; aA OLG Oldenburg BeckRS 2012, 19145 (zu Nr. 1211, 1223 KV); OLG Braunschweig NJOZ 2016, 130 (zu Nr. 1211 KV); wohl auch BGH NJW 2006, 3498 (Rn 11), allerdings ohne nähere Begründung. **28** Vgl zu einer entsprechenden Anwendbarkeit der Nr. 1211 Nr. 2 KV aF bzw nF (Rechtsmittelverzicht, 1. Instanz): OLG München JurBüro 2003, 650; OLG Hamburg BeckRS 2010, 6865; OLG Düsseldorf BeckRS 2005, 2589; vgl zu einer entsprechenden Anwendbarkeit der Nr. 8222 Nr. 2 KV (Rechtsmittelverzicht, 2. Instanz): LAG BW BeckRS 2016, 67045; vgl zu einer entsprechenden Anwendung der Nr. 1223 KV (Begründungsverzicht, 2. Instanz): OLG Celle NJW-RR 2011, 1293; aA OLG Oldenburg BeckRS 2012, 19145 (zu Nr. 1211, 1223 KV); OLG Braunschweig NJOZ 2016, 130 (zu Nr. 1211 KV); wohl auch BGH NJW 2006, 3498 (Rn 11), allerdings ohne nähere Begründung.

vorgesehen. Die Wertgebühr ist unabhängig davon, ob und in welcher Höhe Gebühren in der vorhergehenden Instanz entstanden waren.

37 Der **Streitwert** im Berufungsverfahren bestimmt sich **in der Regel** nach § 47. Danach bestimmt sich der Wert nach dem Antrag des Berufungsführers (§ 47 Abs. 1 S. 1). Wenn aber noch kein Rechtsmittelantrag gestellt ist, ist die Beschwer maßgebend (§ 47 Abs. 1 S. 2). Der Streitwert wird durch den erstinstanzlichen Streitwert begrenzt (§ 47 Abs. 2 S. 1).

V. Weitere praktische Hinweise

38 **1. Fälligkeit, Vorauszahlungspflicht.** Die Verfahrensgebühr Nr. 1220 KV wird gem. § 6 Abs. 1 Nr. 1 bereits mit der Einreichung der Berufungsschrift fällig. Die Ermäßigung nach Nr. 1223 KV tritt ein, sobald sich die Voraussetzungen des Ermäßigungstatbestands verwirklicht haben.

39 Das Berufungsgericht darf seine Verfahrenshandlungen nicht von einer Vorauszahlung der Gebühr abhängig machen (vgl § 12 Abs. 1).[29]

40 **2. Kostenschuldner.** Kostenschuldner der ermäßigten Gebühr Nr. 1223 KV ist
- der Berufungsführer (§ 22 Abs. 1 S. 1) und
- die Partei,
    - der durch gerichtliche Entscheidung die Kosten des Berufungsverfahrens auferlegt sind (§ 29 Nr. 1) bzw
    - die durch Erklärung oder in einem Vergleich die Kosten des Berufungsverfahrens übernommen hat (§ 29 Nr. 2).

41 Die Geltendmachung der Gebühr gegenüber mehreren in Betracht kommenden Schuldnern richtet sich nach § 31 (vgl auch § 8 KostVfg).

Abschnitt 3
Revision, Rechtsbeschwerden
nach § 74 GWB, § 86 EnWG, § 35 KSpG und § 24 VSchDG

Nr.	Gebührentatbestand	Gebühr oder Satz der Gebühr nach § 34 GKG
1230	Verfahren im Allgemeinen	5,0
1231	Beendigung des gesamten Verfahrens durch Zurücknahme des Rechtsmittels, der Klage oder des Antrags, bevor die Schrift zur Begründung des Rechtsmittels bei Gericht eingegangen ist: Die Gebühr 1230 ermäßigt sich auf .... Erledigungserklärungen nach § 91 a ZPO stehen der Zurücknahme gleich, wenn keine Entscheidung über die Kosten ergeht oder die Entscheidung einer zuvor mitgeteilten Einigung der Parteien über die Kostentragung oder der Kostenübernahmeerklärung einer Partei folgt.	1,0

1232	Beendigung des gesamten Verfahrens, wenn nicht Nummer 1231 anzuwenden ist, durch
	1. Zurücknahme des Rechtsmittels, der Klage oder des Antrags
	    a) vor dem Schluss der mündlichen Verhandlung,
	    b) in den Fällen des § 128 Abs. 2 ZPO vor dem Zeitpunkt, der dem Schluss der mündlichen Verhandlung entspricht,
	2. Anerkenntnis- oder Verzichtsurteil,
	3. gerichtlichen Vergleich oder
	4. Erledigungserklärungen nach § 91 a ZPO, wenn keine Entscheidung über die Kosten ergeht oder die Entscheidung einer zuvor mitgeteilten Einigung der Parteien über die Kostentragung oder der Kostenübernahmeerklärung einer Partei folgt,	

---

29 So auch OLG Köln AGS 2014, 285.

Nr.	Gebührentatbestand	Gebühr oder Satz der Gebühr nach § 34 GKG
	es sei denn, dass bereits ein anderes als eines der in Nummer 2 genannten Urteile, eine Entscheidung über einen Antrag auf Erlass einer Sicherungsanordnung oder ein Beschluss in der Hauptsache vorausgegangen ist: Die Gebühr 1230 ermäßigt sich auf .... Die Gebühr ermäßigt sich auch, wenn mehrere Ermäßigungstatbestände erfüllt sind.	3,0

I. Allgemeines

Die Gebühren Nr. 1230–1232 KV gelten für Revisionen nach §§ 542 ff ZPO in zivilrechtlichen Verfahren vor den ordentlichen Gerichten und für Rechtsbeschwerden nach § 74 GWB, § 86 EnWG, § 35 KpSG und § 24 VSchDG.   1

II. Verfahrensgebühr Nr. 1230 KV

1. Höhe der Gebühr. Die Gebühr der Nr. 1230 KV entsteht mit einem Gebührensatz iHv 5,0. Es handelt sich um eine pauschale Verfahrensgebühr, die sämtliche Tätigkeiten des Gerichts abdeckt, soweit nicht ausdrücklich die Entstehung gesonderter Gebühren vorgesehen ist (zB Nr. 1900 KV).   2

2. Entstehung und Fälligkeit. Die Gebühr entsteht mit Eingang der Revisions- bzw Rechtsbeschwerdeschrift bei Gericht. Auch Fälligkeit tritt zu diesem Zeitpunkt ein (§ 6 Abs. 1). Unerheblich ist hingegen die Stellung konkreter Anträge oder der Eingang der Begründungsschrift,[1] so dass die Gebühr auch dann entsteht, wenn die Revision oder Rechtsbeschwerde lediglich zur Fristwahrung eingelegt wird.[2]   3

3. Wechselseitige Rechtsmittel. Werden Revision oder Rechtsbeschwerde wechselseitig eingelegt, entsteht die Gebühr nur einmal, wenn die Rechtsmittel in demselben Verfahren behandelt werden. Die Gebühr ist, wenn verschiedene Gegenstände betroffen sind, nach dem zusammengerechneten Werten zu berechnen (§ 45 Abs. 2).   4

4. Vorauszahlung und Vorschuss. Vorauszahlungspflicht nach § 12 Abs. 1 besteht nicht, da die Regelung nur für erstinstanzliche Verfahren gilt. Da Fälligkeit bereits mit Eingang der Rechtsmittelschrift eintritt, ist die 5,0-Gebühr bereits zu diesem Zeitpunkt anzufordern (§ 15 Abs. 1 KostVfg). Die Anforderung hat vom Rechtsmittelführer mit Sollstellung zu erfolgen (§ 22 Abs. 1). Aufgrund von § 47 Abs. 1, wonach sich der für die Gebührenberechnung maßgebliche Wert nach den gestellten Anträgen bestimmt, empfiehlt es sich auch hier, die Sollstellung solange zurückzustellen, bis die konkreten Anträge für die Revision bzw Rechtsbeschwerde bei Gericht eingehen. Damit kann unnötige Mehrarbeit des Gerichts vermieden werden, da in den Fällen, in denen die tatsächlichen Anträge hinter der Beschwer zurückbleiben, die eingezogenen Gebührenvorschüsse sofort zurückzuzahlen sind bzw Teillöschung der Sollstellung zu veranlassen ist. Gehen Anträge nicht ein, ist die Sollstellung spätestens nach Ablauf der Begründungsfrist zu veranlassen.[3] Die Frist beträgt für die Revision zwei Monate und beginnt mit der vollständigen Zustellung des angefochtenen Urteils (§ 551 Abs. 2 S. 2 ZPO).   5

Gehen **wechselseitige** Revisionen oder Rechtsbeschwerden ein, die denselben Gegenstand betreffen, besteht insoweit gesamtschuldnerische Haftung. Der Kostenbeamte hat unter Beachtung des § 8 Abs. 4 KostVfg zu entscheiden, ob die Gebühren von beiden Revisions- bzw Rechtsbeschwerdeführern nach Kopfteilen oder von einem allein anzufordern sind.   6

Für die Auslagen gelten §§ 17, 18 bzw § 379 ZPO.   7

III. Ermäßigungstatbestände nach Nr. 1231 KV

1. Ermäßigungstatbestände. Nach Nr. 1231 KV ermäßigt sich die Verfahrensgebühr Nr. 1230 KV auf einen 1,0-Gebührensatz, wenn die Revision, Rechtsbeschwerde, Klage oder der Antrag vor Eingang der Beschwerdebegründungsschrift bei Gericht zurückgenommen wird. Der **Rücknahme** steht die **Erledigungserklärung nach § 91 a ZPO** gleich (**Anm.**) (→ Rn 31). Bei der 5,0-Gebühr (Nr. 1230 KV) verbleibt es daher auch bei Beendigung durch Zurückweisungsbeschluss nach §§ 552 a, 561 ZPO.   8

Auf andere Erledigungstatbestände ist die Vorschrift nicht anwendbar, da die Regelung **abschließend** ist und aufgrund ihres Charakters als Ausnahmeregelung zu Nr. 1230 KV eng auszulegen ist.   9

---

1 LG Siegen JurBüro 1992, 744. **2** BGH FamRZ 1989, 958. **3** *Oestreich/Hellstab/Trenkle*, Streitwert GKG, Stichwort „Rechtsmittel“.

10 **2. Umfang.** Durch die Rücknahme oder die Hauptsacheerledigung muss das **gesamte Verfahren** beendet werden. Teilrücknahme oder Teilermäßigung genügen nicht und führen auch keine Teilermäßigung herbei. Der Begriff „Verfahren" meint Revisions- bzw Rechtsbeschwerdeverfahren, so dass die Ermäßigung auch eintritt, wenn sich das beendete Rechtsmittel nur auf einen Teil der Klage oder des Antrags bezieht.

11 **3. Begründung.** Für die Ermäßigung kommt es nur auf die Begründung, **nicht** auf den **Sachantrag** an, so dass nur der tatsächliche Eingang der Begründungsschrift beim Rechtsmittelgericht maßgeblich ist. Eine Ermäßigung ist deshalb auch dann ausgeschlossen, wenn die Begründung noch vor Ablauf der Begründungsfrist eingeht oder sogleich in der Rechtsmittelschrift erfolgt.

12 **4. Zurücknahme. a) Zeitpunkt.** Die Rücknahme des Rechtsmittels bzw von Klage oder Antrag muss bis zum Eingang der Begründungsschrift bei Gericht erfolgen. Erfolgt sie zu einem späteren Zeitpunkt, kann Ermäßigung nur noch nach Nr. 1232 KV eintreten.

13 **Beispiel 1:** Am 21.5. wird Revision eingelegt. Sie wird am 10.6. vollständig zurückgenommen. Eine Begründungsschrift ist noch nicht eingegangen.

Die Rücknahme ist rechtzeitig vor Eingang der Revisionsbegründung erfolgt. Die Gebühr ermäßigt sich auf einen 1,0-Gebührensatz (Nr. 1231 KV).

14 **Beispiel 2:** Am 15.9. wird Revision eingelegt. Die Revisionsbegründung geht am 20.10. bei Gericht ein. Am 30.11. wird die Revision vollständig zurückgenommen.

Die Rücknahme ist nach Eingang der Begründung verspätet erfolgt, so dass eine Ermäßigung nach Nr. 1231 KV nicht mehr eintreten kann. Eine Ermäßigung kann aber nach Nr. 1232 Nr. 1 KV eintreten, wenn die Rücknahme vor dem Schluss der mündlichen Verhandlung (Buchst. a) oder in den Fällen des § 128 Abs. 2 ZPO vor dem Zeitpunkt erfolgt, der dem Schluss der mündlichen Verhandlung entspricht (Buchst. b).

15 **b) Mehrere Revisionen.** Haben beide Parteien Revision eingelegt, genügt die rechtzeitige Rücknahme nur durch eine Partei nicht,[4] so dass auch die durch die andere Partei eingelegte Revision bis zum Eingang der Begründung zurückgenommen werden muss.

16 Ist unselbstständige Anschlussrevision eingelegt, die mit Rücknahme der Revision automatisch gegenstandslos wird (§ 554 Abs. 4 ZPO), bedarf es der ausdrücklichen Rücknahme der Anschlussbeschwerde jedoch nicht. Anders aber, wenn es sich um eine selbstständige Anschlussrevision handelt, die auch nach Rücknahme der Revision aufrechterhalten bleibt.

17 **c) Beschluss nach § 516 Abs. 3 ZPO.** Die Rücknahme der Revision hat nach § 516 Abs. 3 iVm § 565 ZPO den Verlust des Rechtsmittels und die Verpflichtung zur Tragung der Kosten zur Folge. Ein solcher Beschluss steht der Ermäßigung nicht entgegen.

18 **5. Erledigung der Hauptsache (Anm.).** Die Erledigung der Hauptsache steht der Zurücknahme gleich, wenn durch sie das gesamte Verfahren beendet wird. Ermäßigung tritt jedoch nur ein, wenn das Gericht keine Kostenentscheidung mehr trifft, es sei denn, dass sie einer zuvor mitgeteilten Einigung über die Kostentragung oder einer Kostenübernahmeerklärung folgt (Anm.).

IV. Ermäßigungstatbestände nach Nr. 1232 KV

19 **1. Allgemeines.** Nach Eingang der Begründungsschrift kann eine Ermäßigung nur noch nach Nr. 1232 KV eintreten, wenn das gesamte Verfahren beendet wird durch

- rechtzeitige Rücknahme der Revision oder Rechtsbeschwerde bzw der Klage oder des Antrags (Nr. 1),
- Anerkenntnis- oder Verzichtsurteil (Nr. 2),
- gerichtlichen Vergleich (Nr. 3) oder
- Erledigung der Hauptsache, ohne dass eine streitige Kostenentscheidung ergeht (Nr. 4).

20 Es handelt sich um eine Ausnahmeregelung zu Nr. 1230 KV, so dass die Vorschrift nicht über ihren Wortlaut hinaus anwendbar ist. Es handelt sich um eine **abschließende** Aufzählung von Ermäßigungstatbeständen.

21 **2. Vorausgegangene Endentscheidungen.** Ist ein Ermäßigungstatbestand nach Nr. 1232 KV erfüllt (→ Rn 19 f), ist die Ermäßigung gleichwohl ausgeschlossen, wenn bereits ein **anderes Urteil als ein Anerkenntnis- oder Verzichtsurteil** ergangen ist.

In den Fällen des § 74 GWB, § 86 EnWG, § 24 VSchDG oder § 35 KpSG darf noch kein Beschluss in der Hauptsache vorausgegangen sein, so dass Nebenentscheidungen eine Ermäßigung nicht verhindern.

Die Gebührenermäßigung ist außerdem ausgeschlossen, wenn den Ermäßigungsfällen Nr. 1–4 eine Entscheidung über den **Antrag auf Erlass einer Sicherungsanordnung** nach § 283 a ZPO vorausgegangen ist.

---

[4] OLG München FamRZ 2006, 53 – auf Berufung, aber auch auf Revision anwendbar.

NK-GK/*H. Schneider*

Der Ausschluss der Gebührenermäßigung beruht auf der Erwägung, dass das Gericht im Verfahren über den Erlass der Sicherungsanordnung nach § 283 a ZPO eine sachliche Prüfung des Streitstoffs (auch zur Hauptsache) vollzogen hat.[5] Dieser Ausschluss der Gebührenermäßigung wurde im Zuge des Mietrechtsänderungsgesetzes 2013[6] eingeführt. Zu den Voraussetzungen und dem Regelungszweck der Sicherungsanordnung gem. § 283 a ZPO ausf. → Nr. 1222 KV Rn 58 f.

3. Umfang. Durch die Rücknahme muss sich das gesamte Verfahren erledigen, wobei auf das jeweilige Revisionsverfahren abzustellen ist. **22**

4. Mehrere Tatbestände (Anm.). Ermäßigung tritt auch ein, wenn sich das gesamte Verfahren durch mehrere in Nr. 1232 KV genannte Ermäßigungstatbestände vollumfänglich erledigt (Anm.). **23**

5. Ermäßigungstatbestände im Einzelnen. a) Zurücknahme des Rechtsmittels, der Klage oder des Antrags (Nr. 1). Die Revision kann bis zur Verkündung des Revisionsurteils zurückgenommen werden (§ 516 Abs. 1 iVm § 565 ZPO). Um eine Ermäßigung herbeizuführen, muss die Rücknahme jedoch bis zum Schluss der mündlichen Verhandlung erfolgen (Nr. 1 Buchst. a). Handelt es sich um ein schriftliches Verfahren (§ 128 Abs. 2 ZPO), muss die Rücknahme vor dem Zeitpunkt erfolgen, der dem Schluss der mündlichen Verhandlung entspricht (Nr. 1 Buchst. b). **24**

b) Anerkenntnis- und Verzichtsurteil (Nr. 2). Nur der Erlass eines Anerkenntnis- oder Verzichtsurteils führt eine Ermäßigung herbei, andere Entscheidungen sind nicht erfasst. Bei der 5,0-Verfahrsgebühr (Nr. 1230 KV) verbleibt es daher auch bei Erlass eines Versäumnisurteils (§ 539 iVm § 565 ZPO) oder von Zurückweisungsbeschlüssen nach §§ 552 a, 561 ZPO. Wird jedoch lediglich auf die Unzulässigkeit des Rechtsmittels hingewiesen, ist die Ermäßigung nicht ausgeschlossen.[7] **25**

c) Gerichtlicher Vergleich (Nr. 3). Der gerichtliche Vergleich führt eine Ermäßigung herbei, wenn er wirksam abgeschlossen wird; bei Widerrufsvergleichen muss die Widerrufsfrist abgewartet werden. Ist eine gerichtliche Genehmigung erforderlich, zB bei Vergleichsabschluss durch einen Vormund, Pfleger oder Betreuer (§ 1822 Nr. 12 ggf iVm §§ 1915 Abs. 1, 1908 i Abs. 1 BGB), muss diese vorliegen. **26**

Haben die Parteien in dem Vergleich keine Kostenregelung getroffen, scheidet eine Ermäßigung aus, wenn das Gericht noch eine streitige Kostenentscheidung treffen muss, weil dann keine vollständige Verfahrensbeendigung, sondern nur eine Erledigung der Hauptsache vorliegt, so dass Nr. 4 gilt. **27**

Beispiel 1: Die Parteien schließen einen Vergleich, durch den sämtliche Streitgegenstände erledigt werden. Eine Kostenregelung wird nicht getroffen. – Es ist eine 1,0-Verfahrensgebühr nach Nr. 1232 Nr. 3 KV entstanden. **28**

Beispiel 2: Die Parteien schließen einen Vergleich, durch den sämtliche Streitgegenstände erledigt werden. Eine Kostenregelung wird nicht getroffen, so dass noch Entscheidung über die Kosten ergeht. – Es ist eine 5,0-Verfahrensgebühr nach Nr. 1230 KV anzusetzen. **29**

Ein gerichtlicher Vergleich iSd Nr. 3 liegt auch vor, wenn das Gericht dessen Zustandekommen nach § 278 Abs. 6 ZPO feststellt.[8] Ein **außergerichtlicher Vergleich** genügt nicht, auch wenn Mitteilung an das Gericht erfolgt.[9] Wird aber der Antrag anschließend zurückgenommen, tritt Ermäßigung nach Nr. 1 ein. **30**

d) Hauptsacheerledigung (Nr. 4). Wird die Hauptsacheerledigung wirksam erklärt bzw liegen die entsprechenden Erklärungen des Gegners vor, tritt Ermäßigung ein, wenn das Gericht eine Kostenentscheidung erlässt, die einer zuvor mitgeteilten Einigung über die Kostentragung oder einer Kostenübernahmeerklärung folgt. Ergibt eine streitige Kostenentscheidung, ist die Ermäßigung ausgeschlossen, unabhängig davon, ob die Kostenentscheidung mit oder ohne Begründung ergeht. Anderslautende, zu Nr. 1222 KV ergangene Rechtsprechung kann nicht analog herangezogen werden, weil – anders als dort – nach Nr. 1232 KV unbegründete Urteile nicht gebührenprivilegiert sind, sich die Anwendung über den Wortlaut der Norm hinaus verbietet und das Gericht nach billigem Ermessen nach Sach- und Streitstand über die Kosten entscheiden muss. **31**

---

5 Vgl BT-Drucks 17/10485, S. 35. **6** Gesetz über die energetische Modernisierung von vermietetem Wohnraum und über die vereinfachte Durchsetzung von Räumungstiteln (Mietrechtsänderungsgesetz – MietRÄndG) v. 11.3.2013 (BGBl. I 434); vgl aus dem Gesetzgebungsverfahren: BT-Drucks 17/10485; BT-Drucks 17/11894. Vgl ausf. *Flatow*, NJW 2013, 1185. **7** OLG Koblenz MDR 2007, 619 – auf die Revision anwendbar. **8** OLG Köln OLGR 2007, 194. **9** Binz/Dörndorfer/*Zimmermann*, GKG Nr. 1211 KV Rn 28.

Abschnitt 4
Zulassung der Sprungrevision, Beschwerde gegen die Nichtzulassung der Revision sowie der Rechtsbeschwerden nach § 74 GWB, § 86 EnWG, § 35 KSpG und § 24 VSchDG

Nr.	Gebührentatbestand	Gebühr oder Satz der Gebühr nach § 34 GKG
1240	Verfahren über die Zulassung der Sprungrevision: Soweit der Antrag abgelehnt wird	1,5
1241	Verfahren über die Zulassung der Sprungrevision: Soweit der Antrag zurückgenommen oder das Verfahren durch anderweitige Erledigung beendet wird .... <small>Die Gebühr entsteht nicht, soweit die Sprungrevision zugelassen wird.</small>	1,0

I. Allgemeines

1   Für das Verfahren wegen der Zulassung der Sprungrevision (§ 566 ZPO) entstehen Gebühren nach Nr. 1240, 1241 KV.

2   Eine Gebührenpflicht besteht jedoch nur, soweit der Antrag auf Zulassung
- abgelehnt (Nr. 1240 KV),
- zurückgenommen (Nr. 1241 Alt. 1 KV) oder
- das Zulassungsverfahren durch anderweitige Erledigung beendet wird (Nr. 1241 Alt. 2 KV).

3   Der Grund der Ablehnung ist unerheblich. Anderweitige Erledigung liegt zB vor bei Vergleichsabschluss oder Erledigung der Hauptsache.

II. Zulassung der Sprungrevision (Anm. zu Nr. 1241 KV)

4   Wird die Sprungrechtsrevision zugelassen, bleibt das Zulassungsverfahren gebührenfrei (Anm. zu Nr. 1241 KV). Das Verfahren ist als Revisionsverfahren fortzusetzen (§ 566 Abs. 7 S. 1 ZPO), für das die Gebühren Nr. 1230–1232 KV gelten, die mit Zulassung fällig werden (§ 6 Abs. 1 S. 2). Die gerichtlichen Auslagen des Zulassungsverfahrens sind als Teil der Kosten des Revisionsverfahrens zu behandeln.

III. Verfahrensgebühren Nr. 1240, 1241 KV

5   Obwohl die Entstehung der Gebühren an bestimmte Handlungen geknüpft ist, handelt es sich bei Nr. 1240, 1241 KV gleichwohl um **pauschale Verfahrensgebühren**, die sämtliche gerichtliche Handlungen abgelten. Da es wertabhängige Gebühren sind, gilt Anm. zu Nr. 9002 KV, so dass **Zustellungskosten** für die ersten zehn Zustellungen nicht zu erheben sind. Die Gebühren entstehen in Höhe eines 1,5- (Nr. 1240 KV) bzw 1,0-Gebührensatzes (Nr. 1241 KV).

IV. Teilerledigung

6   **1. Allgemeines.** Aus dem Wortlaut „soweit" folgt, dass beide Gebühren nur nach dem Wert der Gegenstände zu berechnen sind, für die eine Ablehnung (Nr. 1240 KV), Rücknahme oder sonstige Erledigung (Nr. 1241 KV) des Zulassungsverfahrens erfolgt. Es ist daher möglich, dass ein Verfahrensteil gebührenpflichtig ist, während der andere Teil wegen Zulassung gebührenfrei bleibt.

7   **2. Ansatz verschiedener Gebühren.** Bei Teilrücknahme oder -ablehnung entstehen für dasselbe Zulassungsverfahren, aber niemals für denselben Gegenstand, die Gebühren Nr. 1240, 1241 KV nebeneinander.

8   Kommen beide Gebühren mit unterschiedlichen Gebührensätzen zur Anwendung, ist § 36 Abs. 3 zu beachten. Danach darf bei dem Ansatz von Einzelgebühren höchstens der Gebührenbetrag eingezogen werden, der entstanden wäre, wenn eine 1,5-Gebühr nach dem Gesamtwert angesetzt worden wäre.

9   **Beispiel:** In einer Zivilsache wegen Zahlung von 15.000 € wird in vollem Umfang Antrag auf Zulassung der Sprungrechtsrevision gestellt. Hinsichtlich 5.000 € wird der Antrag zurückgenommen, wegen der verbleibenden 10.000 € wird der Antrag abgelehnt.

An Gerichtsgebühren sind entstanden:

1,5-Verfahrensgebühr, Nr. 1240 KV (Wert: 10.000 €)	361,50 €
1,0-Verfahrensgebühr, Nr. 1241 KV (Wert: 5.000 €)	146,00 €

Höchstens aber eine 1,5-Verfahrensgebühr nach einem Wert von 15.000 € = 439,50 €

V. Weitere praktische Hinweise

1. Fälligkeit. Die Gebühr der Nr. 1240 KV wird fällig mit Erlass der ablehnenden Entscheidung (§ 6 **10** Abs. 2). Für Nr. 1241 KV kann § 6 Abs. 2 nicht unmittelbar angewendet werden, weil dieser nur auf eine Entscheidung oder gerichtliche Handlung abstellt, folglich die Gebührentatbestände der Nr. 1241 KV nicht erfasst. Es ist daher § 9 Abs. 2 anzuwenden, weil es sich um eine Auffangvorschrift handelt, die eingreift, wenn sich aus § 6 keine Fälligkeitsregelung ergibt. Die Gebühr der Nr. 1241 KV wird daher mit Erlass einer Kostenentscheidung, dem Abschluss eines Vergleichs oder in den Fällen der Rücknahme ohne Entscheidung über die Kosten mit Eingang einer wirksamen Rücknahme fällig. Die Gebühren für das Revisionsverfahren werden im Falle der Zulassung der Sprungrechtsrevision gem. § 6 Abs. 1 S. 2 fällig mit der Zulassung.

2. Vorauszahlung und Vorschuss. Eine Vorschusspflicht besteht nicht, weil § 12 Abs. 1 nur für erstinstanz- **11** liche Verfahren gilt, nicht aber für das Zulassungsverfahren der Sprungrevision. Da die Gebühren nur bei Ablehnung, Rücknahme oder anderweitiger Erledigung entstehen, kommt auch eine Sollstellung der Gebühr nicht in Betracht. Für die Auslagen gelten §§ 17, 18 bzw § 379 ZPO.

3. Kostenschuldner. Für die Kosten haften der Antragsteller des Zulassungsantrags (§ 22 Abs. 1) sowie die **12** Kostenschuldner der §§ 28, 29.

4. Wert. Es gilt § 47 Abs. 3. Danach bemisst sich der Streitwert nach dem für das Rechtsmittelverfahren **13** maßgeblichen Wert.

Nr.	Gebührentatbestand	Gebühr oder Satz der Gebühr nach § 34 GKG
1242	Verfahren über die Beschwerde gegen die Nichtzulassung des Rechtsmittels: Soweit die Beschwerde verworfen oder zurückgewiesen wird	2,0
1243	Verfahren über die Beschwerde gegen die Nichtzulassung des Rechtsmittels: Soweit die Beschwerde zurückgenommen oder das Verfahren durch anderweitige Erledigung beendet wird .... Die Gebühr entsteht nicht, soweit der Beschwerde stattgegeben wird.	1,0

I. Allgemeines

Die Gebühren der Nr. 1242, 1243 KV sind zu erheben für die Verfahren über Beschwerden gegen die **1** Nichtzulassung der Revision und bestimmter Rechtsbeschwerden. Im Einzelnen sind erfasst die Nichtzulassungsbeschwerden nach § 544 ZPO, § 75 GWB, § 87 EnWG, § 35 Abs. 4 KSpG und § 25 VSchDG.

Die Verfahren sind jedoch nur dann gebührenpflichtig, soweit **2**

- die Beschwerde verworfen oder zurückgewiesen wird (Nr. 1242 KV),
- die Beschwerde zurückgenommen (Nr. 1243 Alt. 1 KV) oder
- das Beschwerdeverfahren durch anderweitige Erledigung beendet wird (Nr. 1243 Alt. 2 KV).

Der Grund der Ablehnung ist unerheblich. Anderweitige Erledigung liegt zB vor bei Vergleichsabschluss **3** oder Erledigung der Hauptsache.

Hingegen sind Nr. 1242, 1243 KV, auch analog, unanwendbar, wenn das Gericht nach § 544 Abs. 7 ZPO **4** entscheidet.[1]

II. Erfolgreiche Nichtzulassungsbeschwerde (Anm. zu Nr. 1243 KV)

Ist die Beschwerde erfolgreich, stellt die Anm. zu Nr. 1243 KV klar, dass eine Gebühr nicht entsteht. Das **5** Verfahren bleibt dann gebührenfrei. Wird der Beschwerde gegen die Nichtzulassung der Revision stattgegeben, ist das Verfahren als Revisionsverfahren fortzusetzen (§ 544 Abs. 6 S. 1 ZPO), für das Gebühren nach

---

[1] BGH MDR 2007, 917.

Nr. 1230–1232 KV entstehen. In den übrigen Fällen wird bei Zulassung der Rechtsbeschwerde mit Zustellung des BGH-Beschlusses der Lauf der Rechtsbeschwerdefrist in Lauf gesetzt (§ 75 Abs. 5 GWB, § 87 Abs. 5 EnWG, § 25 Abs. 5 VSchDG). Für das Beschwerdeverfahren entstehen Gebühren nach Nr. 1230–1232 KV.

6   Richtet sich die Nichtzulassungsbeschwerde gegen zwei Beschwerdegegner und wird die Beschwerde gegenüber einem von beiden zurückgenommen, während sie gegenüber dem anderen zur Zulassung der Revision führt, so sind Gebühren nach Nr. 1230 KV für das Revisions- und nach Nr. 1243 KV für das Zulassungsverfahren zu erheben.[2] Die beiden Einzelgebühren dürfen jedoch den Betrag übersteigen, der entstanden wäre, wenn die Gebühr der Nr. 1230 KV nach dem Gesamtwert angesetzt worden wäre (§ 36 Abs. 3).[3]

7   **Beispiel:** Es wird Nichtzulassungsbeschwerde erhoben. Sie richtet sich gegen zwei Beschwerdegegner A und B. Hinsichtlich A ist eine Forderung von 5.000 € und hinsichtlich B eine Forderung von 2.000 € betroffen. Die Nichtzulassungsbeschwerde gegen A wird zurückgenommen, für B führt sie zur Zulassung der Revision.

An Gerichtsgebühren sind zu erheben:

5,0-Verfahrensgebühr, Nr. 1230 KV (Wert: 2.000 €)	445,00 €
1,0-Verfahrensgebühr, Nr. 1243 KV (Wert: 5.000 €)	146,00 €
Gesamt	591,00 €

Höchstens aber eine 5,0-Gebühr nach 7.000 € = 920 €, so dass es beim Ansatz der Einzelgebühren bleibt.

III. Höhe und Wesen der Gebühr

8   Die Gebühren entstehen mit einem Gebührensatz von 2,0 (Nr. 1242 KV) bzw. 1,0 (Nr. 1243 KV). Es handelt sich um **pauschale Verfahrensgebühren**, auch wenn ihre Entstehung an die Vornahme einer bestimmten Handlung geknüpft ist. Mit den Gebühren werden sämtliche gerichtliche Handlungen abgegolten. Für die Zustellungskosten gilt Anm. zu Nr. 9002 KV, da es sich um Wertgebühren handelt.

IV. Teilerledigung

9   Eine Gebührenpflicht besteht nur für solche Gegenstände, die von der vorzunehmenden Handlung erfasst sind, was aus dem Wortlaut „soweit" folgt. Die Gebühren sind folglich nur nach dem Wert des verworfenen, zurückgewiesenen, zurückgenommenen oder erledigten Gegenstands zu berechnen (§ 36 Abs. 1). Das Verfahren kann somit teilweise gebührenpflichtig, teilweise gebührenfrei bleiben.

10   Wird die Beschwerde teilweise zurückgenommen und teilweise verworfen bzw zurückgewiesen, entstehen für dasselbe Zulassungsverfahren, aber niemals für denselben Gegenstand, die Gebühren Nr. 1242, 1243 KV nebeneinander.

11   Kommen beide Gebühren mit unterschiedlichen Gebührensätzen zur Anwendung, ist § 36 Abs. 3 zu beachten. Danach darf bei dem Ansatz von Einzelgebühren höchstens der Gebührenbetrag eingezogen werden, der entstanden wäre, wenn eine 2,0-Gebühr nach dem Gesamtwert angesetzt worden wäre.

V. Weitere praktische Hinweise

12   **1. Fälligkeit.** Fälligkeit tritt für Nr. 1242 KV mit Erlass der ablehnenden Entscheidung ein (§ 6 Abs. 2). Für Nr. 1243 KV gilt § 6 Abs. 2 nicht, weil dieser nur auf eine Entscheidung oder gerichtliche Handlung abstellt. Es ist somit § 9 Abs. 2 anzuwenden, weil es sich um eine Auffangvorschrift handelt, die eingreift, wenn sich aus § 6 keine Fälligkeitsregelung ergibt, so dass die Gebühr Nr. 1243 KV fällig wird mit Erlass einer Kostenentscheidung, dem Abschluss eines Vergleichs oder in den Fällen der Rücknahme ohne Entscheidung über die Kosten mit Eingang einer wirksamen Rücknahme.

13   Die Gebühren für das Revisionsverfahren werden in dem Fall der Zulassung fällig mit der Zulassung (§ 6 Abs. 1 S. 2).

14   **2. Vorauszahlung und Vorschuss.** Eine Vorschusspflicht besteht nicht, weil § 12 Abs. 1 nur für erstinstanzliche Verfahren, nicht aber für Beschwerdeverfahren gilt. Da die Gebühr nur bei Verwerfung, Zurückweisung, Rücknahme oder anderweitiger Erledigung entsteht, kommt auch eine Sollstellung der Gebühr nicht in Betracht. Für die Auslagen gelten §§ 17, 18 bzw § 379 ZPO.

15   **3. Kostenschuldner.** Für die Kosten haften der Antragsteller des Zulassungsantrags (§ 22 Abs. 1) sowie die Kostenschuldner der §§ 28, 29.

16   **4. Wert.** Es gilt § 47 Abs. 3. Danach bemisst sich der Streitwert nach dem für das Rechtsmittelverfahren maßgeblichen Wert.

---

2 BGH MDR 2007, 430.   **3** BGH MDR 2007, 430.

    NK-GK/*H. Schneider*

Abschnitt 5
Rechtsmittelverfahren des gewerblichen Rechtsschutzes vor dem Bundesgerichtshof

Vorbemerkung zu Nr. 1250 ff KV

Nach § 1 Abs. 1 S. 1 werden Kosten (Gebühren und Auslagen) für Verfahren vor den ordentlichen Gerichten nur nach dem GKG erhoben. Nach § 12 GVG wird die ordentliche Gerichtsbarkeit durch Amtsgerichte, Landgerichte, Oberlandesgerichte und durch den Bundesgerichtshof ausgeübt. Da diese Norm das Bundespatentgericht (BPatG) nicht nennt, gehört dieses nicht zu den ordentlichen Gerichten.[1] In den Nr. 1–21 des § 1 Abs. 1 S. 1 sind die Verfahren vor den ordentlichen Gerichten aufgeführt, in denen Kosten nur nach dem GKG erhoben werden. Zu diesen Verfahren gehören nach § 1 Abs. 1 S. 1 Nr. 14 die Rechtsmittelverfahren vor dem Bundesgerichtshof nach dem PatG, dem GebrMG, dem MarkenG, dem DesignG, dem HalblSchG und dem SortSchG (**Rechtsmittelverfahren des gewerblichen Rechtsschutzes**). Zu diesen Rechtsmittelverfahren vor dem BGH gehören einerseits **Berufungsverfahren** und andererseits **Beschwerdeverfahren** und **Rechtsbeschwerdeverfahren**. 1

Die Gebührenregelungen zum Berufungsverfahren sind hierbei in den **Nr. 1250–1252 KV** aufgeführt. Die Gebührenvorschriften zu Beschwerdeverfahren und Rechtsbeschwerdeverfahren finden sich in **Nr. 1253–1256 KV**. 2

Unterabschnitt 1
Berufungsverfahren

Nr.	Gebührentatbestand	Gebühr oder Satz der Gebühr nach § 34 GKG
1250	Verfahren im Allgemeinen	6,0
1251	Beendigung des gesamten Verfahrens durch Zurücknahme der Berufung oder der Klage, bevor die Schrift zur Begründung der Berufung bei Gericht eingegangen ist: Die Gebühr 1250 ermäßigt sich auf .... <small>Erledigungserklärungen nach § 91 a ZPO i.V.m. § 121 Abs. 2 Satz 2 PatG, § 20 GebrMG stehen der Zurücknahme gleich, wenn keine Entscheidung über die Kosten ergeht oder die Entscheidung einer zuvor mitgeteilten Einigung der Parteien über die Kostentragung oder der Kostenübernahmeerklärung einer Partei folgt.</small>	1,0
1252	Beendigung des gesamten Verfahrens, wenn nicht Nummer 1251 anzuwenden ist, durch 1. Zurücknahme der Berufung oder der Klage vor dem Schluss der mündlichen Verhandlung, 2. Anerkenntnis- oder Verzichtsurteil, 3. gerichtlichen Vergleich oder 4. Erledigungserklärungen nach § 91 a ZPO i.V.m. § 121 Abs. 2 Satz 2 PatG, § 20 GebrMG, wenn keine Entscheidung über die Kosten ergeht oder die Entscheidung einer zuvor mitgeteilten Einigung der Parteien über die Kostentragung oder der Kostenübernahmeerklärung einer Partei folgt, es sei denn, dass bereits ein anderes als eines der in Nummer 2 genannten Urteile vorausgegangen ist: Die Gebühr 1250 ermäßigt sich auf .... <small>Die Gebühr ermäßigt sich auch, wenn mehrere Ermäßigungstatbestände erfüllt sind.</small>	3,0

[1] BPatG GRUR 1992, 691.

I. Patentnichtigkeitsberufungsverfahren, §§ 110 ff PatG

1 **1. Allgemeines.** Bei dem vor dem BGH verhandelten Berufungsverfahren handelt es sich um das Patentnichtigkeitsberufungsverfahren nach §§ 110 ff PatG.

2 Nach § 110 Abs. 1 PatG findet gegen die Urteile der Nichtigkeitssenate des BPatG die Berufung an den BGH statt.

3 Die Berufung wird durch Einlegung der Berufungsschrift beim BGH eingelegt (§ 110 Abs. 2 PatG), wobei die Berufungsfrist einen Monat beträgt und mit der Zustellung des in vollständiger Form abgefassten Urteils, spätestens aber mit dem Ablauf von fünf Monaten nach der Verkündung des Urteils, beginnt (§ 110 Abs. 3 PatG). Der BGH entscheidet durch Urteil aufgrund mündlicher Verhandlung (§ 118 Abs. 1 S. 1 PatG). Weitere Regelungen zum Nichtigkeitsberufungsverfahren finden sich in den §§ 111–121 PatG.

4 Nach § 113 S. 1 PatG müssen sich die Parteien vor dem BGH durch einen Rechtsanwalt oder durch einen Patentanwalt als Bevollmächtigten vertreten lassen. Auch die Vertretung durch einen Rechtsanwalt und durch einen Patentanwalt ist zulässig.

5 Prozessuale Besonderheit ist, dass es sich bei dem Rechtsanwalt nach § 78 Abs. 1 S. 3 ZPO um einen **bei dem BGH zugelassenen Rechtsanwalt** handeln muss. Sofern daher eine Partei im Patentnichtigkeitsverfahren vor dem BPatG einen Rechtsanwalt beauftragt hat, ist dieser vor dem BGH selbst nicht prozessführungsbefugt. Er muss vielmehr einen vor dem BGH zugelassenen Rechtsanwalt beauftragen.

6 Im Gegensatz dazu ist jeder **Patentanwalt** zur Vertretung vor dem BGH prozessführungsbefugt. Entgegen der Situation bei Rechtsanwälten gibt es vor dem BGH keine dort besonders zugelassenen Patentanwälte. Aufgrund dieser prozessualen Regelungen ergibt sich die Besonderheit, dass Patentanwälte vor Land- und Oberlandesgerichten nur unter der Prozessführungsbefugnis eines Rechtsanwalts „mitwirken" dürfen, während sie vor dem Bundesgerichtshof – im Gegensatz zu den dort nicht zugelassenen Rechtsanwälten – alleine prozessführungsbefugt sind.[1]

7 **2. Verfahrensgebühr (Nr. 1250 KV) und Streitwert.** Nach Nr. 1250 KV beträgt der Gebührensatz der Verfahrensgebühr für das Patentnichtigkeitsberufungsverfahren 6,0.

8 Der **Streitwert** ist nach § 51 Abs. 1 nach billigem Ermessen zu bestimmen;[2] er wird im Regelfall in der ersten Instanz durch das BPatG festgelegt.[3] Hierbei ist Folgendes zu beachten:

9 Nach § 51 Abs. 1 setzt der zuständige Senat den Streitwert nach billigem Ermessen unter Berücksichtigung der Wertangabe des Klägers bzw Antragstellers und eventueller gerichtsbekannter Tatsachen fest. Eine endgültige Streitwertfestsetzung kann das BPatG in der das Verfahren beendenden Entscheidung treffen. Bis zu dieser Festsetzung können die Parteien zu dem nach § 63 Abs. 1 S. 1 vorläufig festgesetzten Streitwert Stellung nehmen. Hierbei besteht ein schutzwürdiges Geheimhaltungsinteresse an Aktenteilen, die sich auf die Festsetzung des Streitwerts beziehen, nur dann, wenn in einem Verfahren zur Streitwertfestsetzung von den Parteien Angaben zu betrieblichen Verhältnissen, zB internen Betriebserfahrungen, Betriebsergebnissen oder ähnlichen Aspekten, gemacht worden sind.[4]

10 Bei der Festsetzung des Streitwerts des Patentnichtigkeitsverfahrens ist grds. nicht das subjektive Interesse des Klägers entscheidend, sondern der **objektive Wert des Patents zum Zeitpunkt der Klageerhebung** (Marktpotential sowie Behinderungspotential[5]). Zu diesem Zeitpunkt sind daher der gemeine Wert des angegriffenen Patents sowie die bis zu diesem Zeitpunkt eventuell entstandenen Schadensersatzansprüche maßgeblich.[6]

11 Im Hinblick auf den **gemeinen Wert** des angegriffenen Patents bzw Gebrauchsmusters ist auf die Restlaufzeit abzustellen, die das streitgegenständliche Schutzrecht – gerechnet ab dem Zeitpunkt der Antragstellung – maximal noch haben kann.[7] Maßgeblich sind die Erträge, die mit dem streitgegenständlichen Schutzrecht während der Dauer dieser Restlaufzeit unter gewöhnlichen Umständen erzielt werden könnten. Erträge in diesem Sinne sind:

- **Eigennutzung des Schutzrechts:** Sofern eine Schadensersatzforderung und ein entsprechender Streitwert beziffert sind, wird die Eigennutzung mit einem Zuschlag von 25 % auf diesen Streitwert bemessen.[8]

---

1 Die Eintragung als „IP Attorney" im Register des Nationalen Amtes für Geistiges Eigentum der Republik Malta berechtigt nach BGH 12.2.2014 – X ZR 42/13 (PatG) – nicht dazu, vor dem BGH als Patentanwalt aufzutreten; ebenso BGH 12.2.2014 – X ZR 66/13. **2** Hierzu Benkard/*Hall/Nobbe*, PatG, 11. Aufl. 2015, § 84 PatG Rn 46 ff. **3** Hierzu zuletzt u.a. BPatG 1.12.2015 – 3 Ni 25/14 (EP); BPatG 21.10.2015 – 5 ZA (pat) 26/15. **4** BPatG 17.2.2016 – 4 ZA (pat) 1/16. **5** BPatG 1.12.2015 – 3 Ni 25/14 (EP). **6** BGH 28.7.2009 – X ZR 153/04 (Druckmaschinen-Temperierungssystem III); BPatG 14.11.2012 – 3 Ni 16/12; BPatG 27.6.2012 – 3 Ni 29/10. **7** Betreffend Gebrauchsmuster: BPatG 30.5.2012 – 35 W (pat) 11/10. **8** BGH 12.4.2001 – X ZR 28/09 (Nichtigkeitsstreitwert); vgl zur vorherigen Rspr BGH GRUR 1985, 511 (Stückgutverladeanlage).

- **Lizenzeinnahmen:** aus Zahlungen für die Nutzung der betroffenen Erfindung ab dem Zeitpunkt der Klageerhebung, wobei evtl. Teilbeträge für die Überlassung anderer Leistungen, zB Know-how, abzuziehen sind.[9]

Ist das Schutzrecht zum Zeitpunkt der Antragstellung bereits aus anderen Gründen (zB fehlende Zahlung der Aufrechterhaltungsgebühren) erloschen, können keine Erträge mit dem Schutzrecht mehr erzielt werden. Weder eine evtl. Eigennutzung noch evtl. Lizenzeinnahmen sind daher als Kriterium für die Wertfestlegung geeignet. Der Streitwert bemisst sich in dieser Konstellation ausnahmsweise nach dem Interesse des Klägers bzw Antragstellers, das er an der Abwehr seiner Inanspruchnahme aus dem – erloschenen – Schutzrecht hat.[10]   **12**

Zusätzlich zu diesem gemeinen Wert sind **Schadensersatzforderungen** bei der Streitwertfestsetzung zu berücksichtigen. Sofern parallel zu dem Nichtigkeits- bzw Löschungsverfahren ein Verletzungsverfahren bereits anhängig ist, ist der im Verletzungsverfahren genannte Streitwert ("Drohpotential") bei der Wertfestsetzung im Nichtigkeits- bzw Löschungsverfahren in voller Höhe anzusetzen.[11] Da der zuständige BPatG-Senat zum Zwecke der Wertfestsetzung eine konkrete Schadensermittlung nicht vorzunehmen hat, entspricht die im Verletzungsverfahren genannte Klagesumme mit der darin bezifferten Schadensersatzforderung der im Nichtigkeitsverfahren anzusetzenden Schadensersatzforderung.[12] Grundlage dieser Rspr ist, dass mit der erstrebten Vernichtung des Schutzrechts der Verletzungsklage die Grundlage entzogen werden soll, sodass von einem – betragsmäßig – mindestens entsprechenden Interesse des Klägers im Nichtigkeitsverfahren auszugehen ist.   **13**

Sofern kein paralleles Verletzungsverfahren anhängig ist, ist über die Höhe der Schadensersatzforderungen durch den Senat gem. § 287 ZPO zu entscheiden. Hierbei ist entsprechender Vortrag der Parteien zu berücksichtigen.   **14**

Falls ein Verletzungsverfahren anhängig ist und der Kläger den Streitwert des dortigen Verfahrens ohne konkrete Aufschlüsselung nach Teilstreitwerten für die Ansprüche auf Unterlassung, Auskunft, Rechnungslegung, Schadensersatz beziffert hat, darf nicht der gesamte Streitwert des Verletzungsverfahrens zur Bemessung herangezogen werden, sondern nur ein anteiliger Wert.[13]   **15**

Sofern mehrere Kläger gegen dasselbe Patent Nichtigkeitsklage erhoben haben, besteht die Möglichkeit der **Klageverbindung** gem. § 147 ZPO. Gebührenrechtlich wirkt sich eine solche Verbindung nicht aus, da ausschließlich auf den gemeinen Wert des angegriffenen Schutzrechts abgestellt wird, ohne dass es auf die Anzahl der Klagen ankommt.[14]

Im Übrigen findet sich eine parallele Regelung zu Nr. 1250 KV in Nr. 1220 KV; auf die dortige Erl. wird daher ergänzend verwiesen.   **16**

3. Gebührenermäßigung durch Zurücknahme der Berufung etc. (Nr. 1251 KV). Nach § 112 Abs. 2 S. 2 und 3 PatG ist die Berufung binnen einer Frist von drei Monaten, beginnend mit der Zustellung des in vollständiger Form abgefassten Urteils, spätestens mit Ablauf von fünf Monaten nach seiner Verkündung, zu begründen.   **17**

Endet das Verfahren vor dem BGH durch Zurücknahme der Berufung oder der Klage, bevor die Berufungsbegründung bei dem BGH innerhalb der vorgenannten Frist (ggf nach deren Verlängerung; s. hierzu § 112 Abs. 2 S. 4 und 5 PatG) eingegangen ist, ermäßigt sich der Wert der Verfahrensgebühr von 6,0 auf 1,0 (Nr. 1251 KV). Der Zurücknahme der Berufung oder der Klage stehen Erledigungserklärungen nach § 91 a ZPO iVm § 121 Abs. 2 S. 2 PatG gleich (Anm. zu Nr. 1251 KV); dies setzt jedoch voraus, dass keine Entscheidung über die Kosten ergeht oder die Entscheidung einer zuvor mitgeteilten Einigung der Parteien über die Kostentragung oder einer Kostenübernahmeerklärung einer Partei folgt.   **18**

Eine parallele Regelung zu Nr. 1251 KV findet sich in Nr. 1221 KV; auf die dortige Erl. wird ergänzend verwiesen.   **19**

4. Gebührenermäßigung durch sonstige Ereignisse (Nr. 1252 KV). Nach Nr. 1252 KV erfolgt eine Reduktion des Gebührensatzes der Verfahrensgebühr von 6,0 auf 3,0 unter den folgenden beiden (kumulativen) Voraussetzungen: **20**

---

9 BPatG 27, 61. **10** BGH Mitt 1991, 159 (Unterteilungsfahne) – betr. Gebrauchsmuster. **11** Nach BPatG 15.4.2014 – 4 Ni 24/12 (EP) – kann ausnahmsweise eine anderweitige Streitwertfestsetzung geboten sein, wenn bei Wertfestsetzung im Patentnichtigkeitsverfahren eine rechtsbeständige Entscheidung im Verletzungsstreitverfahren vorliegt, die eine Orientierung an dem durch die Erhebung der Verletzungsklage ursprünglich zum Ausdruck gekommenen Drohpotential des Streitpatents als unsachgemäß erscheinen lässt. **12** BGH 28.7.2009 – X ZR 153/04 (Druckmaschinen-Temperierungssystem III); BPatG 30.5.2012 – 35 W (pat) 11/10. **13** BPatGE 26, 208 – betr. Gebrauchsmuster. **14** BGH 11.2.2014 – X ZR 100/10; BPatG 21.10.2015 – 5 ZA (pat) 31/15 und 5 ZA (pat) 32/15; BPatG 21.10.2015 – 5 ZA (pat) 26/15. Ob im Hinblick auf die Berechnung der Anwaltsgebühren ein anderer (geringerer) Streitwert gerechtfertigt sein mag, zB weil eine Klägerin das Patent nur in geringerem Umfang angegriffen hat, ist für die Festsetzung der Gerichtsgebühren nicht maßgeblich: BGH 11.2.2014 – X ZR 100/10.

- Es ist weder eine Zurücknahme der Berufung oder der Klage oder eine Erledigungserklärung iSd Nr. 1251 KV erfolgt *und*
- von den in Nr. 1252 KV aufgelisteten Ermäßigungstatbeständen sind einer oder mehrere erfüllt.

21 Bei den in Nr. 1252 KV aufgeführten Ermäßigungstatbeständen handelt es sich um

- die Zurücknahme der Berufung oder der Klage vor dem Schluss der mündlichen Verhandlung (zur mündlichen Verhandlung vgl § 118 PatG[15]) (**Nr. 1**),
- ein Anerkenntnis- oder Verzichtsurteil (**Nr. 2**),
- einen gerichtlichen Vergleich (**Nr. 3**),
- eine Erledigungserklärung nach § 91 a ZPO iVm § 21 Abs. 2 S. 2 PatG, sofern keine Entscheidung über die Kosten ergeht oder die Entscheidung einer zuvor mitgeteilten Einigung der Parteien über die Kostentragung oder eine Kostenübernahmeerklärung einer Partei folgt (**Nr. 4**).

22 Eine Ermäßigung nach diesen Tatbeständen Nr. 1–4 kommt jedoch nicht in Betracht, sofern einem Ermäßigungstatbestand ein Urteil vorausgegangen ist, das kein Anerkenntnis- oder Verzichtsurteil darstellt. Hierbei kann es sich insb. um ein Versäumnis-, Grund-, Teil- oder Schlussurteil handeln. Da in diesen Urteilskonstellationen bereits eine gerichtlich begründete Entscheidung vorhanden ist (von dem Fall des Versäumnisurteils einmal abgesehen), ist für eine Ermäßigung der Gerichtsgebühren kein Raum.

23 Eine parallele Regelung zu Nr. 1252 KV findet sich in Nr. 1222 KV; auf die dortige Erl. kann daher ergänzend verwiesen werden.

24 **5. Erledigungserklärung (Nr. 1251, 1252 KV).** Sowohl Nr. 1251 KV als auch Nr. 1252 KV sehen jeweils eine Gebührenreduktion bei Vorliegen einer Erledigungserklärung nach § 91 a ZPO iVm § 121 Abs. 2 S. 2 PatG vor. Die Voraussetzungen, unter denen die Erledigungserklärung jeweils zu einer Gebührenermäßigung führt, sind identisch. Die zeitlichen Anknüpfungspunkte, zu denen die Erledigungserklärung jeweils vorliegt, sind jedoch verschieden; diese unterschiedlichen zeitlichen Anknüpfungspunkte rechtfertigen eine unterschiedliche Höhe in der Gebührenreduktion.

25 Nr. 1251 KV sieht vor, dass die Erledigungserklärung vor Eingang der Berufungsbegründungsschrift bei dem BGH vorliegen muss; nach Nr. 1252 KV kann die Erledigungserklärung zu einem späteren Zeitpunkt vorgelegt werden. Aufgrund dieses späteren Zeitpunkts folgt jedoch auch eine geringere Gebührenermäßigung von 6,0 auf lediglich 3,0.

II. Klage auf Erteilung einer Zwangslizenz an einem Gebrauchsmuster

26 Die Gebührentatbestände Nr. 1250–1252 KV sind jedoch nicht nur im Patentnichtigkeitsberufungsverfahren anwendbar. Sie finden weiterhin im **Gebrauchsmusterrecht** Anwendung, sofern eine Klage auf Erteilung einer Zwangslizenz an einem Gebrauchsmuster erhoben wird, § 20 GebrMG.

27 Für das **Zwangslizenzverfahren** im Gebrauchsmusterrecht ist in erster Instanz das BPatG zuständig. Gegen das Urteil des BPatG findet die Berufung an den BGH statt. Es handelt sich damit um ein Berufungsverfahren im gebrauchsmusterrechtlichen Zwangslizenzverfahren.[16]

28 Im Übrigen finden sich parallele Regelungen zu den Nr. 1250–1252 KV in Nr. 1220–1222 KV; auf die dortigen Erl. wird daher ergänzend verwiesen.

---

[15] Eingehend (zum Patentrecht): Benkard/*Hall/Nobbe*, PatG, 11. Aufl. 2015, § 118 PatG Rn 1 ff; Schulte/*Voit*, PatG, 9. Aufl. 2014, § 118 PatG Rn 1 ff. **16** Vgl zu Zwangslizenzverfahren im Gebrauchsmusterrecht: Benkard/*Rogge/Engel*, PatG, 11. Aufl. 2015, § 20 GebrMG Rn 1 ff.

Unterabschnitt 2
Beschwerdeverfahren und Rechtsbeschwerdeverfahren

Nr.	Gebührentatbestand	Gebühr oder Satz der Gebühr nach § 34 GKG
1253	Verfahren über die Beschwerde nach § 122 PatG oder § 20 GebrMG i.V.m. § 122 PatG gegen ein Urteil über den Erlass einer einstweiligen Verfügung in Zwangslizenzsachen	2,0
1254	Beendigung des gesamten Verfahrens durch Zurücknahme der Beschwerde, bevor die Schrift zur Begründung der Beschwerde bei Gericht eingegangen ist: Die Gebühr 1253 ermäßigt sich auf .... Erledigungserklärungen nach § 91 a ZPO i.V.m. § 121 Abs. 2 Satz 2 PatG, § 20 GebrMG stehen der Zurücknahme gleich, wenn keine Entscheidung über die Kosten ergeht oder die Entscheidung einer zuvor mitgeteilten Einigung der Parteien über die Kostentragung oder der Kostenübernahmeerklärung einer Partei folgt.	1,0
1255	Verfahren über die Rechtsbeschwerde	750,00 €
1256	Beendigung des gesamten Verfahrens durch Zurücknahme der Rechtsbeschwerde, bevor die Schrift zur Begründung der Rechtsbeschwerde bei Gericht eingegangen ist: Die Gebühr 1255 ermäßigt sich auf .... Erledigungserklärungen in entsprechender Anwendung des § 91 a ZPO stehen der Zurücknahme gleich, wenn keine Entscheidung über die Kosten ergeht oder die Entscheidung einer zuvor mitgeteilten Einigung der Parteien über die Kostentragung oder der Kostenübernahmeerklärung einer Partei folgt.	100,00 €

I. Allgemeines

Die Gebührentatbestände Nr. 1253–1256 KV differenzieren zwischen den Gebühren für Beschwerdeverfahren und solchen für Rechtsbeschwerdeverfahren. Hierbei regeln die Gebührentatbestände Nr. 1253, 1254 KV die Gebühren in Beschwerdeverfahren; in den Nr. 1255, 1256 KV sind die Gebührentatbestände für das Rechtsbeschwerdeverfahren geregelt. Das Beschwerdeverfahren und das Rechtsbeschwerdeverfahren unterscheiden sich maßgeblich darin, dass sich die Gebühren für Beschwerdeverfahren nach dem Streitwert richten, während im Rechtsbeschwerdeverfahren festgesetzte Gebühren vorgegeben sind, zB ein Festbetrag iHv 750 € für das Verfahren über die Rechtsbeschwerde (Nr. 1255 KV).   1

II. Beschwerdeverfahren (Nr. 1253, 1254 KV)

1. Verfahrensgebühr (Nr. 1253 KV). Nach § 122 Abs. 1 PatG ist gegen die Urteile der Nichtigkeitssenate des BPatG über den Erlass einstweiliger Verfügungen in Verfahren wegen der Erteilung von Zwangslizenzen (§§ 85, 85 a PatG[1]) die Beschwerde an den BGH zu erheben. Die Beschwerde ist binnen Monatsfrist nach Zustellung des in vollständiger Form abgefassten Urteils, spätestens mit dem Ablauf von fünf Monaten seit der Verkündung, einzulegen. Für dieses Beschwerdeverfahren ist ein Gebührenwert iHv 2,0 vorgesehen (Nr. 1253 KV). Der zugrunde liegende Streitwert ist gem. § 51 nach billigem Ermessen zu bestimmen, wobei im Regelfall auf die Festsetzungen der Vorinstanz Rückgriff genommen wird.   2

2. Gebührenermäßigung (Nr. 1254 KV). Die Beschwerde ist binnen einer Frist von drei Monaten, beginnend mit der Zustellung des in vollständiger Form abgefassten Urteils, spätestens mit Ablauf von fünf Monaten nach der Verkündung, zu begründen (§ 122 Abs. 4 iVm § 112 Abs. 2 S. 2 PatG). Sofern das Verfahren durch Zurücknahme der Beschwerde endet, bevor die Beschwerdebegründung beim BGH eingegangen ist, ermäßigt sich der Gebührenwert von 2,0 auf 1,0 (Nr. 1254 KV).   3

Der Zurücknahme der Beschwerde steht – wie bei Nr. 1252 KV – eine Erledigungserklärung nach § 91 a ZPO iVm § 121 Abs. 2 S. 2 PatG gleich.   4

---

1 Hierzu: Benkard/*Hall*/*Nobbe*, PatG, 11. Aufl. 2015, § 85 PatG Rn 1 ff; Schulte/*Voit*, PatG, 9. Aufl. 2014, § 85 PatG Rn 1 ff.

5   **3. Klage auf Erteilung einer Zwangslizenz an einem Gebrauchsmuster.** Die Nr. 1253, 1254 KV finden darüber hinaus im Gebrauchsmusterrecht Anwendung, sofern gegen ein Urteil des BPatG betreffend eine Zwangslizenz an einem Gebrauchsmuster Beschwerde eingelegt worden ist (§ 20 GebrMG iVm § 122 PatG).

6   **4. Marken- und Sortenschutzrecht.** Nach dem MarkenG gibt es keine Beschwerden, die beim BGH einzulegen sind. Nach § 66 Abs. 1 MarkenG findet gegen Beschlüsse der Markenstellen und Markenabteilung die Beschwerde an das BPatG statt. Gegen die Beschlüsse der Beschwerdesenate des BPatG, durch die über eine Beschwerde nach § 66 MarkenG entschieden wird, findet die Rechtsbeschwerde zum BGH statt, wenn die Rechtsbeschwerde zugelassen wurde, § 83 Abs. 1 S. 1 MarkenG; in den in § 83 Abs. 3 MarkenG genannten Konstellationen ist eine Zulassung der Rechtsbeschwerde nicht erforderlich.

7   Nach § 34 Abs. 1 SortSchG findet gegen die Beschlüsse der Widerspruchsausschüsse ebenfalls die Beschwerde an das BPatG statt. Gegen den Beschluss des BPatG findet die Rechtsbeschwerde an den BGH statt, wenn das BPatG diese in dem Beschluss zugelassen hat, § 35 Abs. 1 SortSchG.

8   Welche Gebühren für die jeweiligen Beschwerdeverfahren zu entrichten sind, ergibt sich aus dem Gebührenverzeichnis zu § 2 Abs. 1 PatKostG.

III. Rechtsbeschwerdeverfahren (Nr. 1255, 1256 KV)

9   **1. Allgemeines.** Sowohl das PatG, GebrMG, MarkenG, DesignG als auch das SortSchG sehen ferner das Rechtsmittel der Rechtsbeschwerde vor.

10   Nach § 100 Abs. 1 PatG findet gegen die Beschlüsse der Beschwerdesenate des BPatG, durch die über eine Beschwerde nach § 73 PatG oder über die Aufrechterhaltung oder den Widerruf eines Patents nach § 61 Abs. 2 PatG entschieden wird, die Rechtsbeschwerde an den BGH statt, wenn der Beschwerdesenat des BPatG die Rechtsbeschwerde per Beschluss zugelassen hat. Nach § 100 Abs. 2 PatG ist die Rechtsbeschwerde zuzulassen, wenn eine Rechtsfrage von grundsätzlicher Bedeutung zu entscheiden ist oder die Fortbildung des Rechts oder die Sicherung einer einheitlichen Rechtsprechung eine Entscheidung des BGH erfordert (sog. **zugelassene Rechtsbeschwerde**). In den in § 100 Abs. 3 PatG genannten Konstellationen muss die Rechtsbeschwerde nicht im Beschluss zugelassen werden, sie kann vielmehr in den dort genannten Fällen ohne Zulassung eingelegt werden (sog. **zulassungsfreie Rechtsbeschwerde**). Bei den in § 100 Abs. 3 PatG genannten Fallkonstellation handelt es sich um Verfahrensmängel. Sofern diese gerügt und ihr Vorhandensein festgestellt wird, muss die angefochtene Entscheidung aufgehoben werden.[2]

11   Ähnliche Regelungen finden sich in § 83 MarkenG, § 35 SortSchG, § 18 Abs. 4 GebrMG und § 23 Abs. 5 DesignG. § 83 MarkenG enthält hierbei die gleichen Regelungen wie § 100 PatG. Dies bedeutet, dass das MarkenG eigene Regelungen zur zugelassenen und zulassungsfreien Rechtsbeschwerde enthält (§ 83 Abs. 2, 3 MarkenG). Nach den Regelungen des GebrMG und DesignG finden die Regelungen des PatG zur zugelassenen und zulassungsfreien Rechtsbeschwerde analoge Anwendung. Eine zulassungsfreie Rechtsbeschwerde gibt es nach dem SortSchG nicht.

12   **2. Verfahrensgebühr (Nr. 1255 KV).** Für das Verfahren über die Rechtsbeschwerde ist nach Nr. 1255 KV eine Festgebühr iHv 750 € zu entrichten.

13   **3. Gebührenermäßigung (Nr. 1256 KV).** Nach § 102 Abs. 1 PatG ist die Rechtsbeschwerde innerhalb eines Monats nach Zustellung des Beschlusses des BPatG beim BGH schriftlich einzulegen. Sie ist zu begründen. Die Frist für die Begründung beträgt einen Monat und beginnt mit der Einlegung der Rechtsbeschwerde, sie kann von dem Vorsitzenden auf Antrag verlängert werden, § 102 Abs. 3 PatG. Parallele Regelungen finden sich in den übrigen Gesetzen, zB § 85 Abs. 3 MarkenG.

14   Sofern das Rechtsbeschwerdeverfahren durch Zurücknahme der Rechtsbeschwerde beendet ist, bevor die Beschwerdebegründung beim BGH eingegangen ist, ermäßigt sich die Festgebühr iHv 750 € auf 100 € (Nr. 1256 KV).

15   Auch im Verfahren der Rechtsbeschwerde steht eine Erledigungserklärung in entsprechender Anwendung des § 91 a ZPO der Zurücknahme der Rechtsbeschwerde gleich. Daher reduziert sich auch in diesem Fall die Verfahrensgebühr auf 100 €.

16   In Verfahren über die Beschwerde oder die Rechtsbeschwerde ist im Übrigen ein zu Nr. 1252 KV analoger Gebührentatbestand nicht vorhanden.

17   **4. Anwaltliche Gebühren.** Da im Rechtsbeschwerdeverfahren die an den BGH zu entrichtende Gebühr in Nr. 1255, 1256 KV festgelegt ist, bedarf es im Rechtsbeschwerdeverfahren – zumindest für die gerichtlichen

---

2 Vgl Benkard/*Fricke*, PatG, 11. Aufl. 2015, § 100 PatG Rn 23 ff; vgl Ströbele/Hacker/*Knoll*, MarkenG, 10. Aufl. 2012, § 83 Rn 32 ff.

Gebühren – keiner Streitwertfestsetzung. Eine solche Streitwertfestsetzung ist daher allenfalls für die Festlegung für die an den Verfahren beteiligten Rechts- und/oder Patentanwälte erforderlich.[3] Nach st. Rspr des BGH in den vergangenen Jahren wird ein Gegenstandswert von 50.000 € festgesetzt.[4] Die Festsetzung erfolgt hierbei im Regelfall ohne Begründung. Ob ein Antrag auf Festsetzung des Streitwerts gestellt werden muss, wird nicht einheitlich beantwortet.[5] Die BGH-Senate verfolgen insofern unterschiedliche Verfahrensweisen.[6] Im eigenen Interesse sollten die beteiligten Vertreter daher einen Antrag nach § 33 Abs. 1 RVG stellen, sofern mit der Sachentscheidung nicht zugleich eine Kostenentscheidung getroffen worden ist.

Hauptabschnitt 3
(weggefallen)

Hauptabschnitt 4
Arrest und einstweilige Verfügung[1]

Nr.	Gebührentatbestand	Gebühr oder Satz der Gebühr nach § 34 GKG
Vorbemerkung 1.4: Im Verfahren über den Antrag auf Anordnung eines Arrests oder einer einstweiligen Verfügung und im Verfahren über den Antrag auf Aufhebung oder Abänderung (§ 926 Abs. 2, §§ 927, 936 ZPO) werden die Gebühren jeweils gesondert erhoben. Im Fall des § 942 ZPO gilt das Verfahren vor dem Amtsgericht und dem Gericht der Hauptsache als ein Rechtsstreit.		

Geplante Fassung ab 18.1.2017 (gem. EuKoPfVODG, BT-Drucks 18/7560):[1]

Nr.	Gebührentatbestand	Gebühr oder Satz der Gebühr nach § 34 GKG
Vorbemerkung 1.4: (1) Im Verfahren zur Erwirkung eines Europäischen Beschlusses zur vorläufigen Kontenpfändung werden Gebühren nach diesem Hauptabschnitt nur im Fall des Artikels 5 Buchstabe a der Verordnung (EU) Nr. 655/2014 erhoben. In den Fällen des Artikels 5 Buchstabe b der Verordnung (EU) Nr. 655/2014 bestimmen sich die Gebühren nach Teil 2 Hauptabschnitt 1. (2) Im Verfahren auf Anordnung eines Arrests oder auf Erlass einer einstweiligen Verfügung sowie im Verfahren über die Aufhebung oder die Abänderung (§ 926 Abs. 2, §§ 927, 936 ZPO) werden die Gebühren jeweils gesondert erhoben. Im Fall des § 942 ZPO gilt das Verfahren vor dem Amtsgericht und dem Gericht der Hauptsache als ein Rechtsstreit. (3) Im Verfahren zur Erwirkung eines Europäischen Beschlusses zur vorläufigen Kontenpfändung sowie im Verfahren über den Widerruf oder die Abänderung werden die Gebühren jeweils gesondert erhoben.		

I. Allgemeines zur Regelungssystematik

Hauptabschnitt 4 KV (Nr. 1410–1431 KV) enthält die Vorschriften zur Gebührenhöhe bei jenen Verfahrensarten, für die § 53 Abs. 1 Nr. 1 die Streitwertermittlung normiert: Er behandelt die Fälle und Varianten der **Verfahren des einstweiligen Rechtsschutzes** nach §§ 916 ff ZPO, den **dinglichen oder persönlichen Arrest** (§§ 916 ff ZPO) sowie die **einstweilige Verfügung** (§§ 935 ff ZPO).   1

Die hier einbezogenen Verfahren insgesamt beziehen sich sämtlich und jeweils für sich auf einen eigenständigen Streitgegenstand, sind daher jeweils eigenständig und damit auch durch eigene Gebühren zu erfassen,

---

3 Vgl Ströbele/Hacker/*Knoll*, MarkenG, § 90 Rn 18.   **4** Benkard/*Fricke*, PatG, 11. Aufl. 2015, § 102 PatG Rn 12 m. Hinw. auf BGH GRUR 2006, 704 (zum Markenrecht). **5** Vgl *Schneider/Thiel*, NJW 2013, 25. **6** Nach Benkard/*Fricke*, PatG, 11. Aufl. 2015, § 102 PatG Rn 12, ist der X. Zivilsenat dazu übergegangen, eine Kostenentscheidung nur noch auf Antrag zu treffen. **1** Zur geplanten Änderung der Überschrift durch den Entwurf eines Gesetzes zur Durchführung der Verordnung (EU) Nr. 655/2014 sowie zur Änderung sonstiger zivilprozessualer Vorschriften (EuKoPfVODG), BT-Drucks 18/7560, S. 17, s. Rn 10. **1** Geplante Änderung von Vorbem. 1.4 KV durch Art. 9 Nr. 3 Buchst. c des Entwurfs eines Gesetzes zur Durchführung der Verordnung (EU) Nr. 655/2014 sowie zur Änderung sonstiger zivilprozessualer Vorschriften (EuKoPfVODG), BT-Drucks 18/7560, S. 17 f. Geplantes Inkrafttreten dieser Änderung: 18.1.2017 (s. Art. 14 Abs. 1 ÄndG). Siehe dazu näher Rn 8 ff.

die neben die Gebühren des Rechtsstreits in der Hauptsache treten, sofern und soweit dieser neben oder nach dem Eilverfahren anhängig gemacht wird.

2   Arrest und einstweilige Verfügung sind **eigenständige Verfahren**, die damit unabhängig voneinander gebührenmäßig zu erfassen und einzustufen sind (**S. 1**). Als Verfahren sind sie freilich völlig gleichwertig, weswegen sie im Gebührenrecht einheitlich behandelt werden.

3   Wird gegen einen befürchteten Antrag eine **Schutzschrift** bei Gericht eingereicht, so ist dies kein Vorgang, der den Gebührentatbestand der Nr. 1410 KV oder einen sonstigen Gebührentatbestand im Bereich des Hauptabschnitts 4 KV erfüllt, da insoweit regelmäßig kein Antrag auf einstweiligen Rechtsschutz gestellt wird, sondern allein einem von anderer Seite befürchteten Antrag präventiv begegnet werden soll.[2]

4   Schon bei der Streitwertermittlung des § 53 Abs. 1 Nr. 1 unterscheidet das Gesetz zwischen der **Anordnung** eines Arrests oder einer einstweiligen Verfügung und dessen bzw deren **Änderung** oder gänzlichen **Aufhebung**, die die Vorschrift jeweils als Alternative nennt. Für die Gebührenermittlung wird durch die Vorbem. 1.4 KV klargestellt, dass es sich hier um **verschiedene Akte eines Eilverfahrens** handelt, die **gebührenrechtlich getrennt** voneinander zu erfassen sind: die Anordnung eines Arrests oder einer einstweiligen Verfügung samt des Verfahrens, das bis hierhin geführt hat, einerseits und eine mögliche Abänderung oder Aufhebung samt zugehörigem Verfahren andererseits.

5   Der letzte Halbsatz des Satzes 1 der Vorbem. 1.4 KV nennt ausdrücklich Fälle der **Aufhebung** einer Maßnahme des einstweiligen Rechtsschutzes und stellt damit klar, dass der Gesetzgeber diese als – gegenüber der Anordnung der fraglichen Maßnahme – selbständige Verfahren ansieht, mit der Folge, dass für sie eine (nach der für die Anordnung) weitere Gebühr fällig wird.[3] Darunter fasst das Gesetz das Unterlassen der Klageerhebung in der Hauptsache nach erlassenem Arrestbefehl trotz Anordnung einer entsprechenden Frist durch das Gericht auf Antrag des Schuldners mit der Folge einer Aufhebung des Arrests durch Endurteil[4] (§ 926 Abs. 2 ZPO), die Aufhebung des Arrests wegen veränderter Umstände auf Antrag des Schuldners durch Endurteil (§ 927 ZPO), sowie die entsprechenden Aufhebungswege hinsichtlich einer einstweiligen Verfügung (§ 936 ZPO).[5]

6   In **S. 2** stellt die Vorbem. 1.4 KV schließlich klar, dass der Gesetzgeber das Dringlichkeitsverfahren vor dem Amtsgericht der **belegenen Sache** nach § 942 ZPO und ein sich anschließendes Verfahren hinsichtlich der Rechtmäßigkeit der insoweit getroffenen einstweiligen Verfügung vor dem in der Hauptsache zuständigen Gericht als Akte eines einheitlichen Verfahrens begreift, mit der Folge, dass kostenrechtlich insoweit nur ein einfacher Ansatz erfolgt und nicht etwa eine Erfassung als getrennte Verfahren mit mehrfacher Gebührenfolge.

II. Geltungsbereich und Sondervorschriften

7   Die Gebührenfestsetzung nach Hauptabschnitt 4 KV erfolgt allein für Maßnahmen des einstweiligen Rechtsschutzes im Rahmen eines **Zivilrechtsstreits vor den ordentlichen Gerichten**. Während § 53 Abs. 1 Nr. 1 prinzipiell für alle in § 1 genannten Verfahrensarten als Wertermittlungsvorschrift greift, enthält das Kostenrecht für Eilverfahren nach der VwGO in Nr. 5210 ff KV, nach der FGO in Nr. 6210 ff KV, nach dem SGG in Nr. 7210 ff KV, vor den Arbeitsgerichten in Nr. 8310 f KV und für Verfahren nach dem FamFG im FamGKG inklusive seiner Anlagen **Sondervorschriften**, die diesem Hauptabschnitt vorgehen. Für den Fall nachträglicher Begründung nach EuGVVO enthält Nr. 1510 KV eine besondere Gebührenvorschrift.[6]

III. Geplante Änderung durch das EuKoPfVODG ab 18.1.2017

8   Wenn die im Deutschen Bundestag beratene Durchführungsgesetzgebung beschlossen sein wird, wird auch der **Beschluss zur vorläufigen Kontenpfändung** nach der Verordnung (EU) Nr. 655/2014[7] (**EuKoPfVO**) von Hauptabschnitt 4 erfasst werden. Dann wird die Vorbem. 1.4 KV in drei Absätze aufgeteilt werden, von denen Abs. 1 S. 1 klarstellen wird, dass Hauptabschnitt 4 nur im Fall eines Antrags auf vorläufige Kontenpfändung nach **Art. 5 Buchst. a EuKoPfVO** Anwendung finden wird, wenn der Antrag also parallel zu einem Hauptsacheverfahren oder vorgreiflich dazu betrieben wird. In den Fällen des Art. 5 Buchst. b

---

2 Binz/Dörndorfer/*Zimmermann*, Nr. 1410 KV GKG Rn 12; *Hartmann*, KostG, Vorbem. 1.4.1, 1410 KV GKG Rn 5. **3** LG Berlin MDR 1989, 366; *Hartmann*, KostG, Vorbem. 1.4.1, 1410 KV GKG Rn 4. **4** Thomas/Putzo/*Seiler*, ZPO, § 926 Rn 9 ff. **5** Thomas/Putzo/*Seiler*, ZPO, § 936 Rn 6. **6** *Hartmann*, KostG, Vorbem. 1.4.1, 1410 KV GKG Rn 3. **7** Verordnung (EU) Nr. 655/2014 des Europäischen Parlaments und des Rates vom 15. Mai 2014 zur Einführung eines Verfahrens für einen Europäischen Beschluss zur vorläufigen Kontenpfändung im Hinblick auf die Erleichterung der grenzüberschreitenden Eintreibung von Forderungen in Zivil- und Handelssachen (Europäische Kontenpfändungsverordnung – EuKoPfVO) (ABl. L 189 v. 27.6.2014, S. 59).

EuKoPfVO hingegen bestimmen sich die Gebühren nach Teil 2 Hauptabschnitt 1 KV (s. Vorbem. 1.4 Abs. 1 S. 2 KV-E).

Im Verfahren nach der EuKoPfVO soll – wie im Arrestverfahren – die Gebühr Nr. 1410 KV mit einem Ge- **9** bührensatz von 1,5 anfallen. In dem neuen Abs. 3 der Vorbem. 1.4 KV soll bestimmt werden, dass im Verfahren zur Erwirkung eines Europäischen Beschlusses zur vorläufigen Kontenpfändung sowie im Verfahren über den Widerruf oder die Abänderung die Gebühren jeweils gesondert erhoben werden. Die Vorschrift orientiert sich an der Regelung für das Arrestverfahren in der derzeitigen Vorbem. 1.4 KV, wonach im Verfahren auf Anordnung eines Arrests sowie im Verfahren über die Aufhebung oder die Abänderung die Gebühren jeweils gesondert erhoben werden. Dadurch entstehen in den Fällen, in denen der Schuldner **Widerspruch** gegen einen Europäischen Beschluss zur vorläufigen Kontenpfändung einlegt, grds. insgesamt zwei Gebühren nach Nr. 1410 KV. In der Summe entspricht dies dem Gebührenaufkommen im Arrestverfahren in denjenigen Fällen, in denen eine mündliche Verhandlung stattfindet und durch Urteil entschieden wird (Nr. 1412 KV).[8]

Bedingt durch die Erweiterung des Anwendungsbereichs des Hauptabschnitts 4 wird die Überschrift zu **10** Teil 1 Hauptabschnitt 4 KV angepasst[9] und lautet dann wie folgt: „Arrest, Europäischer Beschluss zur vorläufigen Kontenpfändung und einstweilige Verfügung."

Abschnitt 1
Erster Rechtszug

Nr.	Gebührentatbestand	Gebühr oder Satz der Gebühr nach § 34 GKG
1410	Verfahren im Allgemeinen	1,5

I. Der Tatbestand des Eilverfahrens im Allgemeinen

Die Gebühr Nr. 1410 KV umfasst die in üblichen Bahnen verlaufenden Fälle der Anordnung eines dingli- **1** chen oder persönlichen Arrests (§§ 916 ff ZPO) oder einer einstweiligen Verfügung (§§ 935 ff ZPO). Sie entsteht, wenn das Gericht den beantragten Akt im Verfahren des einstweiligen Rechtsschutzes erlässt oder ablehnt und diese Entscheidung **ohne mündliche Verhandlung** (§ 128 Abs. 4 ZPO), durch **Beschluss des Gerichts** also,[1] erlässt. Auf die Möglichkeit des Erlasses durch Beschuss weisen § 922 Abs. 1 S. 1 ZPO aE für den Arrest sowie § 937 Abs. 2 ZPO für die einstweilige Verfügung ausdrücklich hin. Die entsprechende Vorschrift für die **vorläufige Kontenpfändung** findet sich in Art. 17 VO (EU) Nr. 655/2014 (EuKoPfVO). Wird der Arrest oder die einstweilige Verfügung durch Urteil, also durch Entscheidung des Gerichts nach mündlicher Verhandlung, angeordnet, ist Nr. 1412 KV einschlägig; § 922 ZPO ermöglicht dies für den Arrest, § 937 ZPO für die einstweilige Verfügung.

Die Gebühr Nr. 1410 KV ist für den Beschluss selbst auch dann anzusetzen, wenn der Gegner nach Erlass **2** des dem Arrestgesuch stattgebenden Beschlusses **Widerspruch** nach § 924 ZPO (bei Erlass einer einstweiligen Verfügung über § 936 ZPO anwendbar mit der Ausnahme des Verfahrens nach § 942 ZPO)[2] erhebt und das Gericht insoweit die mündliche Verhandlung über den Antrag nach Erlass des Beschlusses doch noch durchführt. Kommt es daraufhin zu einem Endurteil, ist Nr. 1412 KV betroffen.

Ist der Arrestbefehl ergangen, wodurch die Gebühr Nr. 1410 KV entstanden ist, die Hauptsache aber bis- **3** lang nicht anhängig und stellt der Schuldner Antrag auf **Anordnung einer Frist zur Klageerhebung** und erlässt das Gericht diese Anordnung, ist Nr. 1410 KV nicht betroffen. Da die Fristanordnung durch das Kostenverzeichnis nicht erfasst wird, bleibt dieser Vorgang wie ein späterhin möglicherweise erfolgender Fristnachlass ohne Kosten. Wird die Klage in der Hauptsache anhängig gemacht, sind die bislang angefallenen Gebühren für das erfolgte Eilverfahren, also zumindest die Gebühr nach Nr. 1410 KV, zu erheben, da das Verfahren des einstweiligen Rechtsschutzes selbständig gegenüber dem Verfahren in der Hauptsache ist. Wird die Hauptsache nicht anhängig gemacht, wird der Schuldner Aufhebung der einstweiligen Maßnahme nach § 926 Abs. 2 ZPO (bei der einstweiligen Verfügung iVm § 936 ZPO) beantragen, welche wegen des ausdrücklichen Wortlauts des § 926 Abs. 2 ZPO durch Endurteil zu erfolgen hat und damit die zusätzliche

---

8 Begr. RegE, BT-Drucks 18/7560, S. 49. **9** Begr. RegE, BT-Drucks 18/7560, S. 49. **1** Thomas/Putzo/*Reichold*, ZPO, Vorbem. § 300 Rn 2. **2** Thomas/Putzo/*Seiler*, ZPO, § 936 Rn 6.

Gebühr Nr. 1412 KV auslöst. Unterlässt der Gegner den Aufhebungsantrag, wird die Sache mithin von keiner von beiden Seiten weiterverfolgt, fällt eine weitere Gebühr nicht an.[3]

4   Wird nach Erlass des Arrests durch den Schuldner **Widerspruch wegen veränderter Umstände** nach § 927 ZPO eingelegt, ändert dies an der angefallenen Gebühr nach Nr. 1410 KV nichts (in der einstweiligen Verfügung iVm § 936 ZPO). Wird der Akt des einstweiligen Rechtsschutzes durch Endurteil (§ 927 Abs. 2 ZPO) bestätigt oder aufgehoben, wird die Gebühr aus Nr. 1412 KV zusätzlich fällig.[4]

II. Gebührenhöhe, Streitwert

5   Die Höhe der angefallenen Gebühr beträgt bei Nr. 1410 KV das Anderthalbfache einer Gebühr. Die Streitwertbestimmung erfolgt nach § 53 Abs. 1 Nr. 1 (ausf. → § 53 Rn 13 ff). Die Vorschrift des § 36 bleibt freilich anwendbar.[5]

6   Nr. 1411 KV und Nr. 1412 KV enthalten Tatbestände einer möglichen Gebührenermäßigung bzw Gebührenerhöhung. Eine Gebührenermäßigung in weiterem Umfang ist bei einem erfolgten Mediationsversuch denkbar (→ Nr. 1411 KV Rn 11).

III. Fälligkeit, Vorschuss, Kostenschuldner

7   Grundsätzlich wird die Gebühr ihrem Charakter als **Verfahrensgebühr** mit Stellung des Antrags auf Arrest oder einstweilige Verfügung bzw auf Änderung oder Aufhebung einer Maßnahme des Eilverfahrens **fällig**, § 6 Abs. 1 gilt auch insoweit ohne Weiteres. Durch § 15 Abs. 1 KostVfg hat der Kostenbeamte die Pflicht, die Verfahrensgebühr alsbald nach Fälligkeit anzusetzen; dies ist namentlich dann der Fall, wenn über die einstweilige Verfügung bzw den Arrest nicht ohne mündliche Verhandlung entschieden werden soll, die Gebühr ist deshalb vor der Entscheidung gegen den Antragsteller zum Soll zu stellen.

8   Nimmt der Antragsteller seinen Antrag auf Erlass eines Arrests oder einer einstweiligen Verfügung vor deren Erlass durch das Gericht wieder zurück, ändert das an der Fälligkeit der Gebühr nach Nr. 1410 KV grds. nichts, es tritt lediglich ein Ermäßigungstatbestand nach Nr. 1411 KV ein.[6]

9   Eine **Vorleistungspflicht** besteht in den Verfahren des einstweiligen Rechtsschutzes nicht, da der insoweit einschlägige § 12 Abs. 1 hier gerade nicht Anwendung findet (→ § 12 Rn 21).

10   Das Gericht trifft seine Kostenentscheidung grds. nach § 91 ZPO. **Kostenschuldner** ist auf der Grundlage des § 22 der Antragsteller, soweit nicht das Gericht dem Antragsgegner die Kosten auferlegt (§ 29 Nr. 1) und der Antragsteller den Arrestbefehl innerhalb der Frist des § 929 ZPO (für die einstweilige Verfügung iVm § 936 ZPO) hat zustellen lassen (mit der Folge, dass der Antragsteller zum Zweitschuldner nach § 31 Abs. 1 wird).

Nr.	Gebührentatbestand	Gebühr oder Satz der Gebühr nach § 34 GKG
1411	Beendigung des gesamten Verfahrens durch 1. Zurücknahme des Antrags vor dem Schluss der mündlichen Verhandlung, 2. Anerkenntnisurteil, Verzichtsurteil oder Urteil, das nach § 313 a Abs. 2 ZPO keinen Tatbestand und keine Entscheidungsgründe enthält, 3. gerichtlichen Vergleich oder 4. Erledigungserklärungen nach § 91 a ZPO, wenn keine Entscheidung über die Kosten ergeht oder die Entscheidung einer zuvor mitgeteilten Einigung der Parteien über die Kostentragung oder der Kostenübernahmeerklärung einer Partei folgt, es sei denn, dass bereits ein Beschluss nach § 922 Abs. 1, auch i.V.m. § 936 ZPO, oder ein anderes als eines der in Nummer 2 genannten Urteile vorausgegangen ist: Die Gebühr 1410 ermäßigt sich auf	1,0

---

3 Binz/Dörndorfer/*Zimmermann*, Nr. 1410 KV GKG Rn 11.   **4** Binz/Dörndorfer/*Zimmermann*, Nr. 1410 KV GKG Rn 10.   **5** *Hartmann*, KostG, Vorbem. 1.4.1, 1410 KV GKG Rn 9.   **6** Binz/Dörndorfer/*Zimmermann*, Nr. 1410 KV GKG Rn 9.

Nr.	Gebührentatbestand	Gebühr oder Satz der Gebühr nach § 34 GKG
	Die Vervollständigung eines ohne Tatbestand und Entscheidungsgründe hergestellten Urteils (§ 313 a Abs. 5 ZPO) steht der Ermäßigung nicht entgegen. Die Gebühr ermäßigt sich auch, wenn mehrere Ermäßigungstatbestände erfüllt sind.	

Geplante Fassung ab 18.1.2017 (gem. EuKoPfVODG, BT-Drucks 18/7560):[1]

Nr.	Gebührentatbestand	Gebühr oder Satz der Gebühr nach § 34 GKG

1411	Beendigung des gesamten Verfahrens durch
	1. *Zurücknahme des Antrags*
	   a) *vor dem Schluss der mündlichen Verhandlung oder*
	   b) *wenn eine mündliche Verhandlung nicht stattfindet, vor Ablauf des Tages, an dem der Beschluss der Geschäftsstelle übermittelt wird,*
	2.–4. (unverändert)
	Die Gebühr 1410 ermäßigt sich auf ....
	
	Die Vervollständigung eines ohne Tatbestand und Entscheidungsgründe hergestellten Urteils (§ 313 a Abs. 5 ZPO) steht der Ermäßigung nicht entgegen. Die Gebühr ermäßigt sich auch, wenn mehrere Ermäßigungstatbestände erfüllt sind.
		1,0

I. Allgemeines

Nr. 1411 KV regelt die Möglichkeit einer Gebührenermäßigung für Fälle, in denen das Verfahren des einstweiligen Rechtsschutzes in einer Weise **verkürzt und formal beendet** wird, die den Aufwand für das erkennende Gericht nachhaltig reduziert, weswegen die an sich durch Antragstellung (§ 6 Abs. 1) entstandene Gebühr Nr. 1410 KV zu Teilen nachgelassen wird. Die Gebühr Nr. 1411 KV ist der für Eilverfahren geschaffene Paralleltatbestand zu Nr. 1211 KV.[2] **1**

II. Beendigung des gesamten Eilverfahrens

Für die Gebührenermäßigung nach Nr. 1411 KV müssen folgende Umstände gegeben sein: **2**

1. Notwendigkeit vollständiger Beendigung. Grundvoraussetzung der Gebührenermäßigung ist die **tatsächliche und vollständige formale Beendigung** des anhängigen Verfahrens des einstweiligen Rechtsschutzes, wobei – sollte eine Mehrzahl von Anträgen gestellt sein – nicht notwendig eine einheitliche Beendigung erfolgen muss, sondern jeder Antrag für sich sachgerecht beendet werden kann, solange der im Verfahren des einstweiligen Rechtsschutzes anhängig gemachte Rechtsstreit insgesamt vollständig Beendigung findet. **3**

Anm. S. 2 zu Nr. 1411 KV stellt nachdrücklich klar, dass auch eine **kumulative Erledigung** des gesamten Rechtsstreits zur Ermäßigung führt.[3] Denkbar sind insoweit **Anerkenntnis, Verzicht, Antragsrücknahme** oder ein **Vergleich** sowie dann, wenn nach einem **Stuhlurteil** auf mögliche Rechtsmittel verzichtet worden ist (§ 313 a Abs. 2 ZPO).[4]

2. Unterbliebene Sachentscheidung. Weiterhin darf das Gericht **noch keine Sachentscheidung** im Verfahren des einstweiligen Rechtsschutzes getroffen haben. Der letzte Halbsatz von S. 1 der Nr. 1411 KV enthält den entsprechenden Hinweis, dass bereits ergangene Entscheidungen nach § 922 ZPO (für die einstweilige Verfügung iVm § 936 ZPO) die Ermäßigung hindern. Beschlüsse bzw Urteile des Gerichts, die den Arrest oder die einstweilige Verfügung anordnen bzw erlassen oder den Antrag auf Anordnung bzw Erlass zurückweisen, bewirken das Entstehen der vollen Gebühr aus Nr. 1410 KV (→ Nr. 1410 KV Rn 1 ff) und möglicher- **4**

---

1 Geplante Änderung durch Art. 9 Nr. 3 Buchst. d des Entwurfs eines Gesetzes zur Durchführung der Verordnung (EU) Nr. 655/2014 sowie zur Änderung sonstiger zivilprozessualer Vorschriften (EuKoPfVODG), BT-Drucks 18/7560, S. 18. Geplantes Inkrafttreten dieser Änderung: 18.1.2017 (s. Art. 14 Abs. 1 ÄndG). Siehe dazu auch Vorbem. 4.1 KV Rn 8 ff. **2** *Hartmann,* KostG, Nr. 1411, 1412 KV GKG Rn 1. **3** Binz/Dörndorfer/*Zimmermann,* Nr. 1411 KV GKG Rn 2. **4** Thomas/Putzo/*Reichold,* ZPO, § 313 a Rn 2 ff.

weise auch deren Erhöhung über Nr. 1412 KV (→ Nr. 1412 KV Rn 2 ff); eine Gebührenermäßigung über Nr. 1411 KV ist ab Erlass bzw Verkündung ausgeschlossen.[5]

Auch die Fortsetzung des Eilverfahrens nach Einspruch gegen ein gegen den Beklagten ergangenes Versäumnisurteil nach § 331 ZPO hindert die Gebührenermäßigung der Nr. 1411 KV; der Wortlaut des S. 1 ist insoweit eindeutig, da es sich dann um „ein anderes als ein in Nummer 2 genanntes Urteil" handelt.[6]

5 **3. Beendigungstatbestände.** Schließlich muss einer der in Nr. 1411 Nr. 1–4 KV genannten **Beendigungsumstände** verwirklicht worden sein.

6 **a) Antragsrücknahme (Nr. 1).** Der **Antrag** auf einstweiligen Rechtsschutz wird **zurückgenommen (Nr. 1).** Wird der Antrag nur teilweise oder nur einer von mehreren Anträgen zurückgenommen, muss hinsichtlich des verbleibenden, dann noch anhängigen Restes ein anderer Beendigungsgrund (nach Nr. 2, 3 oder 4) eintreten, um die Gebührenermäßigung nach Nr. 1411 KV zu erreichen. Maßgeblicher Zeitpunkt für die Rücknahme ist der **Schluss der mündlichen Verhandlung.** Soweit das Gericht durch Beschluss[7] entscheidet, kann die Gebührenermäßigung wegen des Zwecks von Nr. 1411 KV, vermiedenen Aufwand für das Gericht zu privilegieren, nur solange gewährt werden, als dieser Zweck noch erreichbar ist. Für diesen Fall wird der Gesetzgeber ausweislich der gegenwärtig im Deutschen Bundestag beratenen Änderungsgesetzgebung durch das **EuKoPfVODG** eine Klarstellung bei Nr. 1 vornehmen und durch die geplante **Nr. 1 Buchst. b** den Ablauf des Tages, an dem die Übermittlung des formulierten Beschlusses durch das Gericht an die Geschäftsstelle erfolgt, als maßgeblichen Zeitpunkt festsetzen,[8] da im **Verfahren nach der EuKoPfVO** eine mündliche Verhandlung nicht vorgeschrieben ist.[9]

7 Die **Rücknahme eines Widerspruchs** gegen eine im einstweiligen Rechtsschutz erlassene Entscheidung nach §§ 924 ff ZPO (ggf iVm § 936 ZPO) bewirkt keine Gebührenermäßigung mehr,[10] da der Zweck von Nr. 1411 KV, vermiedenen Aufwand zu privilegieren, nicht mehr erreicht werden kann, da zu diesem Zeitpunkt bereits eine Sachentscheidung des Gerichts ergangen ist.

8 **b) Anerkenntnis, Verzicht, Stuhlurteil (Nr. 2); gerichtlicher Vergleich (Nr. 3).** Das Verfahren des einstweiligen Rechtsschutzes wird beendet entweder einseitig durch **Anerkenntnis oder Verzicht (Nr. 2)** oder durch **Stuhlurteil bei vollständigem Rechtsmittelverzicht** nach § 313 a Abs. 2 ZPO (ebenfalls Nr. 2) oder durch einen **gerichtlichen Vergleich** aller Beteiligten (**Nr. 3**).

9 Im Falle eines Urteils in der Form des § 313 a Abs. 2 ZPO weist **Anm. S. 1** zu Nr. 1411 KV ausdrücklich darauf hin, dass ein im Wege des § 313 a Abs. 5 ZPO zur Geltendmachung im Ausland um Tatbestand und Entscheidungsgründe ergänztes Urteil die Gebührenermäßigung nach Nr. 1411 KV nicht hindert.

10 Beim **gerichtlichen Vergleich (Nr. 3)** hängt es letztlich davon ab, was in diesen einbezogen wird: Solange nur die im Eilverfahren anhängig gemachten Streitgegenstände verglichen werden, bleibt es bei Nr. 1410, 1411 KV. Werden weitere Streitgegenstände ganz oder teilweise zum Bestandteil des Vergleichs, so ist der Gebührentatbestand Nr. 1900 KV betroffen.[11]

11 **c) Erledigterklärung (Nr. 4).** Die Beteiligten erklären den Streitgegenstand **übereinstimmend für erledigt,** verzichten auf eine Kostenentscheidung, die wegen §§ 91 a Abs. 1, 308 Abs. 2 ZPO grds. zu treffen wäre, oder haben sich aber über die Verfahrenskosten geeinigt oder es wurde eine Kostenübernahmeerklärung abgegeben (**Nr. 4**). Der Hintergrund der Gebührenermäßigung liegt hier darin, dass das Gericht **keine eigene Kostenentscheidung** nach den in § 91 a ZPO genannten Kriterien treffen muss, also weder den Sach- und Streitstand im Zeitpunkt der Erledigterklärung feststellen muss noch diesen im Hinblick auf die Kostenverteilung zu bewerten hat. Konsequent ist insoweit, dass der Gesetzgeber, muss das Gericht die Kostenentscheidung nach § 91 a ZPO treffen, in Nr. 1412 KV einen Tatbestand der Gebührenerhöhung normiert hat. Eine Ermäßigung tritt hier nicht ein.[12]

III. Umfang der Ermäßigung

12 Das Vorliegen einer der Tatbestandsvarianten von Nr. 1411 KV führt dazu, dass sich die 1,5-Gebühr, die nach Nr. 1410 KV zu entrichten wäre, auf eine Gebühr mit dem Satz von 1,0 ermäßigt. Die Streitwertbestimmung erfolgt – wie bei Nr. 1410 KV (→ Nr. 1410 KV Rn 5) – auch hier nach § 53 Abs. 1 Nr. 1 (ausf. → § 53 Rn 13 ff).

---

5 OLG Köln MDR 2009, 1418 = AGS 2010, 99 = RVGreport 2010, 280. **6** Binz/Dörndorfer/*Zimmermann*, Nr. 1411 KV GKG Rn 4. **7** Thomas/Putzo/*Reichold*, ZPO, Vorbem. § 300 Rn 2. **8** Art. 9 Nr. 3 Buchst. d des Entwurfs eines Gesetzes zur Durchführung der Verordnung (EU) Nr. 655/2014 sowie zur Änderung sonstiger zivilprozessualer Vorschriften (EuKoPfVODG), BT-Drucks 18/7560, S. 18. **9** Vgl BT-Drucks 18/7560, S. 49. **10** OLG Köln MDR 2009, 1419 = AGS 2010, 99 = RVGreport 2010, 280; aA (allerdings noch zur Rechtslage vor Inkrafttreten des 1. KostRMoG zum 1.7.2004) OLG Hamburg MDR 2005, 418; OLG Koblenz MDR 1996, 425; OLG München NJW-RR 1998, 935; *Hartmann*, KostG, Nr. 1410, 1411 KV GKG Rn 1. **11** Binz/Dörndorfer/*Zimmermann*, Nr. 1411 KV GKG Rn 7. **12** OLG Hamburg MDR 2006, 1376.

Eine zusätzliche – derzeit nur theoretische – Möglichkeit der Gebührenermäßigung bietet § 69 b für den   13
Fall, dass der **Versuch einer Mediation** auf der Grundlage des Mediationsgesetzes[13] stattgefunden hat. Für
derartige Fälle werden die Landesregierungen der deutschen Bundesländer durch § 69 b ermächtigt, den
Umfang der Gebührensenkung zu erweitern. Von dieser Möglichkeit wurde bislang in keinem Bundesland
Gebrauch gemacht.

IV. Fälligkeit, Kostenschuldner

Die Ausführungen zu Nr. 1410 KV gelten entsprechend (→ Nr. 1410 KV Rn 7 ff). Ist die 1,5-Gebühr aus   14
Nr. 1410 KV bereits entrichtet, erfolgt eine Rückerstattung, andernfalls wird überhaupt nur eine 1,0-Ge-
bühr erhoben.

Nr.	Gebührentatbestand	Gebühr oder Satz der Gebühr nach § 34 GKG
1412	Es wird durch Urteil entschieden oder es ergeht ein Beschluss nach § 91 a oder § 269 Abs. 3 Satz 3 ZPO, wenn nicht Nummer 1411 erfüllt ist: Die Gebühr 1410 erhöht sich nach dem Wert des Streitgegenstands, auf den sich die Entscheidung bezieht, auf	3,0

I. Gebührenerhöhung durch Mehraufwand

Durch den Gebührentatbestand der Nr. 1412 KV soll **Mehraufwand** abgegolten werden, der für das Ge-   1
richt durch **besondere Verfahrenskonstellationen** entsteht. Hierfür sieht Nr. 1412 KV eine markante Erhöhung der allgemeinen Gebühr aus Nr. 1410 KV (1,5) auf einen Gebührensatz von 3,0 in **drei Fallkonstellationen** vor:

1. Entscheidung durch Urteil (S. 1 Alt. 1). Fallkonstellation 1: Das Gericht sieht sich veranlasst, die Ent-   2
scheidung über den beantragten Arrest oder die beantragte einstweilige Verfügung durch **Urteil** zu entscheiden (S. 1 Alt. 1), also auf der Grundlage einer mündlichen Verhandlung (§§ 300, 128 Abs. 1 ZPO sowie
Umkehrschluss aus § 128 Abs. 4 ZPO). Es gibt freilich Konstellationen, in denen das Gericht ohne vorausgehende mündliche Verhandlung ein Urteil spricht.[1] Dies kann dann der Fall sein, wenn die Parteien übereinstimmend ihre Zustimmung zu diesem Vorgehen erteilt haben (§ 128 Abs. 2 ZPO) oder wenn das Gericht lediglich über Kosten zu entscheiden hat (§ 128 Abs. 3 ZPO). Denkbar ist ein solches Vorgehen auch
im Rahmen eines Verfahrens nach billigem Ermessen vor Amtsgerichten (§ 495 a ZPO).

Maßgeblich für den Erhöhungstatbestand von Nr. 1412 KV ist – der Wortlaut von S. 1 Alt. 1 lässt hier kei-   3
nen Zweifel – der Umstand, dass das Gericht seine Entscheidung im Eilverfahren in der Form eines Urteils
verkündet; auf eine erfolgte oder unterbliebene mündliche Verhandlung zuvor kommt es insoweit nicht an.[2]

Nr. 1412 KV meint reguläre **Endurteile** und **Versäumnisurteile** im Verfahren des **einstweiligen Rechtsschut-**   4
zes; ein Anerkenntnisurteil, ein Verzichtsurteil oder ein Stuhlurteil bei vollständigem Rechtsmittelverzicht
nach § 313 a Abs. 2 ZPO ist nach Nr. 1411 Nr. 2 KV hinsichtlich der fälligen Gebühr ausdrücklich privilegiert (→ Nr. 1411 KV Rn 8), fällt also nicht unter Nr. 1412 KV. Ein End- oder Versäumnisurteil hinsichtlich
der **Hauptsache**, das wegen der unterschiedlichen Streitgegenstände vom Eilverfahren präzise zu unterscheiden ist (→ § 53 Rn 7 ff), fällt gebührenrechtlich unter Nr. 1210 ff KV.

2. Beschluss nach § 91 a ZPO (S. 1 Alt. 2). Fallkonstellation 2: Die Parteien erklären im Verfahren des   5
einstweiligen Rechtsschutzes **übereinstimmend Erledigung** (S. 1 Alt. 2).[3] Dann hat das Gericht unter Würdigung des bisher erzielten Sach- und Streitstands eine Kostenentscheidung auf der Grundlage von § 91 a
ZPO zu treffen. Sollten die Parteien sich hingegen über die Kostenverteilung geeinigt haben oder liegt eine
wirksame Kostenübernahmeerklärung vor, so dass die Kostenentscheidung nach Erledigterklärung hinfällig
wird, greift der Ermäßigungstatbestand von Nr. 1411 Nr. 4 KV (→ Nr. 1411 KV Rn 11); eine Gebührenerhöhung nach Nr. 1412 KV unterbleibt somit.

3. Kostenentscheidung nach § 269 Abs. 3 S. 3 ZPO (S. 1 Alt. 3). Fallkonstellation 3: Die Klage wird zwar   6
nach § 269 Abs. 1 ZPO durch den Kläger zurückgenommen, es besteht aber Anlass, abweichend von der

---

[13] Erlassen als Art. 1 des Gesetzes zur Förderung der Mediation und anderer Verfahren der außergerichtlichen Konfliktbeilegung v. 21.7.2012 (BGBl. I 1577). **1** Thomas/Putzo/*Reichold*, ZPO, Vorbem. § 300 Rn 2. **2** *Roloff*, NZA 2007, 910; *Hartmann*, KostG, Nr. 1411, 1412 KV GKG Rn 2. **3** OLG Hamburg MDR 2006, 1376.

regulären Kostentragungsregel des § 269 Abs. 3 S. 2 ZPO eine **Kostenentscheidung auf der Grundlage des § 269 Abs. 3 S. 3 ZPO** zu treffen (S. 1 Alt. 3), das Gericht hat insoweit den Sach- und Streitstand zu ermitteln und eine Ermessensentscheidung hinsichtlich der Kostentragung zu treffen. Dies kann freilich nur eintreten, wenn die Klagerücknahme vor Eintritt der Rechtshängigkeit erfolgt, wie der Wortlaut des § 269 Abs. 3 S. 3 ZPO deutlich werden lässt.[4] Der daraus resultierende Mehraufwand für das Gericht bei der Kostenermittlung soll über die Gebührenerhöhung nach Nr. 1412 KV abgegolten werden.

II. Umfang der Gebührenerhöhung, insb. Kostenwiderspruch

7   Sind die Tatbestandsvoraussetzungen von Nr. 1412 KV gegeben, erhöhen sich die anderthalb Gebühren, die nach Nr. 1410 KV zu entrichten wären, auf drei volle Gebühren. Die Streitwertbestimmung erfolgt – wie bei Nr. 1410 KV (→ Nr. 1410 KV Rn 5) – nach § 53 Abs. 1 Nr. 1 (ausf. → § 53 Rn 13 ff).

8   Zu beachten ist freilich **S. 2 Hs 2**, wonach die Gebührenerhöhung allein **insoweit** eintritt, als der Streitgegenstand, **auf den sich das den Mehraufwand verursachende Verfahren** bezieht, reicht („auf den sich die Entscheidung bezieht"). Diese Beschränkung meint im Wesentlichen den Fall, dass ein Beschluss im Eilverfahren ergeht, dagegen Widerspruch nach §§ 924 ff ZPO eingelegt wird, dieser sich jedoch allein auf die Kosten im Eilverfahren bezieht und die Eilentscheidung in der Sache selbst unangegriffen lässt. In diesen Fällen des reinen **Kostenwiderspruchs** berechnet sich die Gebührenerhöhung der Nr. 1412 KV allein aus dem **Kosteninteresse**, denn nur auf dieses bezieht sich das Widerspruchsverfahren.[5] Entsprechendes gilt für die **teilweise Rücknahme** des Antrags.[6]

9   Der Rechtsgedanke, der hinter Nr. 1412 S. 2 Hs 2 KV steht, ist derselbe, der die Regelung des § 36 prägt (s. dort). Ein unmittelbarer Rückgriff auf § 36, insb. auf § 36 Abs. 3, scheidet freilich aus,[7] da Nr. 1412 S. 2 Hs 2 KV für die betroffenen Fälle die konkretere Regelung enthält.

10   Nachfolgendes Beispiel mag die Zusammenhänge der Gebührenberechnung beim reinen Kostenwiderspruch im Kontext eines Eilverfahrens verdeutlichen:

11   **Beispiel:** Es ergeht eine einstweilige Verfügung mit einem Streitwert von 100.000 €. Der daraufhin eingelegte Widerspruch greift lediglich die diesbezügliche Kostenfestsetzung an. Über den Widerspruch wird durch Urteil entschieden (§§ 925, 936 ZPO), als Streitwert werden 8.000 € angesetzt.

Der Kostenbeamte wird in dieser Konstellation die Gebühren wie folgt berechnen:

a) 1,5-Verfahrensgebühren nach Nr. 1410 KV aus 100.000 € betreffs des eigentlichen Eilverfahrens

b) Erhöhung um 1,5-Verfahrensgebühren nach Nr. 1412 KV aus 8.000 € als Folge des eingelegten Kostenwiderspruchs. Der Wert von 8.000 € findet dabei in folgender Form Berücksichtigung: Einmal ist er Teil des für das Eilverfahren ursprünglich angesetzten Werts, auf dessen Grundlage die Gebühren aus Nr. 1410 KV berechnet werden. Weiterhin bildet er den Wert des durch den Kostenwiderspruch angegriffenen Teils der Eilentscheidung und insoweit verfügt Nr. 1412 KV die Erhöhung auf insgesamt 3,0-Gebühren, so dass hinsichtlich des Werts des im Widerspruch angegriffenen Teils weitere 1,5-Gebühren anzusetzen sind.

Eine Gebührenbegrenzung nach oben hin, wie sie § 36 Abs. 3 vorsieht, existiert im Tatbestand von Nr. 1412 S. 2 Hs 2 KV nicht, weswegen eine Vergleichsrechnung wie dort nicht vorzunehmen ist. Insoweit ist das Vorgehen etwas anders gelagert, als es § 36 Abs. 3 für strukturell ähnliche Fälle vorsähe.

III. Fälligkeit, Vorschuss, Kostenschuldner

12   Die Hinweise zu Nr. 1410 KV sind auch hier maßgeblich (→ Nr. 1410 KV Rn 7 ff). Ist die 1,5-Gebühr aus Nr. 1410 KV bereits abgeführt worden, erfolgt eine Nachforderung in Höhe zweier Gebühren, andernfalls werden unmittelbar drei volle Gebühren erhoben.

Abschnitt 2
Berufung

Nr.	Gebührentatbestand	Gebühr oder Satz der Gebühr nach § 34 GKG
1420	Verfahren im Allgemeinen	4,0

---

4 Thomas/Putzo/*Reichold*, ZPO, § 269 Rn 16. **5** OLG Hamburg MDR 2006, 1376; OLG München MDR 1997, 1067; Binz/Dörndorfer/*Zimmermann*, Nr. 1412 KV GKG Rn 6. **6** KG AGS 2009, 91 = RVGreport 2009, 118. **7** KG AGS 2009, 91 = RVGreport 2009, 118.

I. Berufung im Rahmen eines Eilverfahrens

Nr. 1420 KV regelt die Gebührenhöhe für Eilverfahren in der Form des (dinglichen oder persönlichen) Arrests (§§ 916 ff ZPO) oder in der Form der einstweiligen Verfügung (§§ 935 ff ZPO) in der **Berufung**. Grundsätzlich sind **zwei Wege** denkbar, die zu dieser Konstellation führen: **1**

- Einerseits kann das erstinstanzliche Gericht die Entscheidung über den Eilantrag im Wege des Urteils erlassen haben (§ 922 Abs. 1 S. 1 Alt. 1 ZPO) (über § 936 ZPO auch für die einstweilige Verfügung), welches nun durch das Rechtsmittel der Berufung angegriffen wird, oder

- bei einem Rechtsstreit in der Hauptsache, der in der Berufungsinstanz rechtshängig ist, ergibt sich ein Sicherungsbedürfnis hinsichtlich des Streitgegenstands, weswegen das Berufungsgericht (erstmalig) Maßnahmen des einstweiligen Rechtsschutzes anordnet.

Der Gebührentatbestand der Nr. 1420 KV greift dort ein, wo das Gericht den **Arrest oder** die **einstweilige** **2** **Verfügung durch Urteil** und nicht lediglich durch Beschluss anordnet und dieses Urteil angegriffen werden soll – dagegen ist das Rechtsmittel der Berufung nach § 511 ZPO statthaft (ein Widerspruch nach § 924 ZPO ist, wie § 924 Abs. 1 ZPO entsprechend klarstellt, nur gegen eine Anordnung in Form eines Beschlusses möglich), weswegen der Gebührentatbestand eingreift. Gegen ein in der Berufungsinstanz dann gesprochenes Urteil hinsichtlich des Streitgegenstands des Eilverfahrens ist das Rechtsmittel der Revision über § 542 Abs. 2 ZPO ausgeschlossen.

Wurde ein **erstinstanzliches Urteil in der Hauptsache** mit dem Rechtsmittel der Berufung angegriffen und **3** wird in diesem Stadium ein neuer Antrag auf Erlass eines Arrests oder einer einstweiligen Verfügung gestellt, so greift Nr. 1420 KV nicht, es ist vielmehr der Gebührentatbestand von Nr. 1410 KV gegeben. Nr. 1420 KV ist nur dort einschlägig, wo hinsichtlich eines im **Eilverfahren** rechtshängig gewordenen Streitgegenstands durch Urteil entschieden worden ist und dieses Urteil mittels Berufung angegriffen wird.[1]

Diese Einordnung ist nicht unumstritten, die Anwendung der recht hohen Gebühr der Nr. 1420 KV für in **4** der Berufungsinstanz neu gestellte Eilanträge wird durchaus vertreten.[2] Dabei wird jedoch der systematische Zusammenhang, in welchem Nr. 1420 KV steht, nicht ausreichend berücksichtigt. Der Gebührentatbestand erfordert nicht etwa, dass sich eine Berufungsinstanz mit Fragen einstweiliger Sicherung befassen müsse,[3] sondern es erfordert ausweislich der Überschrift zu Hauptabschnitt 4 KV („Arrest und einstweilige Verfügung") in Verbindung mit der Überschrift zu Abschnitt 2 („Berufung"), dass es im Verfahren des einstweiligen Rechtsschutzes die Einreichung einer Berufungsschrift gegeben hat, dass also ein erstinstanzliches Urteil über einen im Verfahren des einstweiligen Rechtsschutzes rechtshängig gewordenen Streitgegenstands mit der Berufung angegriffen wird. Ist freilich Berufung hinsichtlich eines Urteils in der Hauptsache eingelegt worden und wird nun Antrag auf einstweiligen Rechtsschutz gestellt, wird dadurch ein neuer Streitgegenstand anhängig, der von dem in der Berufungsinstanz rechtshängigen Streitgegenstand in der Hauptsache gänzlich verschieden ist, über den wegen § 919 ZPO (Arrest) bzw wegen § 937 Abs. 1 ZPO (einstweilige Verfügung) aber das Gericht der Hauptsache zu entscheiden hat und das ist in solchen Fällen, wie § 943 Abs. 1 Alt. 2 ZPO ausdrücklich klarstellt, das **Berufungsgericht**. Dieses übt aber hinsichtlich des neu im Eilverfahren anhängig gemachten Streitgegenstands die **Funktion eines Gerichts des ersten Rechtszugs** aus. Überdies löste die Einordnung derartiger Konstellationen bei Nr. 1420 KV die systematische Frage aus, warum der Gesetzgeber einen parallelen Tatbestand für das Rechtsmittel der Revision nicht geschaffen hat, denn einen solchen enthält das Kostenverzeichnis nicht. Ganz offensichtlich ging er aber davon aus, dass die Konstellation, die Nr. 1420 KV erfasst, nur beim Rechtsmittel der Berufung auftreten kann. Dies ist freilich nur bei der Berufung hinsichtlich eines im Eilverfahren ergangenen **Urteils** möglich, da § 542 Abs. 2 ZPO die Revision in derartigen Fällen gerade ausschließt. Folgte man der gegenteiligen Meinung, stellte sich die Frage, wie ein während der Revision neu gestellter Antrag auf einstweiligen Rechtsschutz gebührenrechtlich zu behandeln wäre – der Wortlaut von Nr. 1420 KV erfasst einen derartigen zwar seltenen, aber nicht ausgeschlossenen Fall jedenfalls nicht.

II. Gebührenhöhe

Die Verwirklichung des Gebührentatbestands aus Nr. 1420 KV löst Gebühren mit einem Gebührensatz von **5** 4,0 aus. Die Streitwertbestimmung erfolgt nach § 53 Abs. 1 Nr. 1 (ausf. → § 53 Rn 13 ff). Die Vorschrift des § 36 findet Anwendung.[4]

---

1 OLG München Rpfleger 1956, 30; Binz/Dörndorfer/*Zimmermann*, Nr. 1420 KV GKG Rn 2.   **2** *Hartmann*, KostG, Nr. 1420 KV GKG Rn 2 und *Meyer*, GKG Nr. 1420 KV Rn 100.   **3** So aber *Hartmann*, KostG, Nr. 1420 KV GKG Rn 2 und *Meyer*, GKG Nr. 1420 KV Rn 100.   **4** *Hartmann*, KostG, Vorbem. 1.4.1, 1410 KV GKG Rn 9.

III. Fälligkeit, Vorschuss, Kostenschuldner

6   Folge der Einreichung einer Berufungsschrift iSd § 519 Abs. 1 ZPO, deren Ziel iSd § 519 Abs. 2 Nr. 1 ZPO der Angriff auf ein im Verfahren des einstweiligen Rechtsschutzes ergangenes Urteil ist, ist die gegenüber dem Eilverfahren im ersten Rechtszug deutlich erhöhte Gebühr Nr. 1420 KV (4,0), für die es freilich in Nr. 1421 KV, Nr. 1422 KV und Nr. 1423 KV drei Ermäßigungsstufen gibt.

7   Nimmt der Berufungskläger die Berufung im Eilverfahren wieder zurück, bleibt die Gebühr nach Nr. 1420 KV **fällig**, es greift aber – je nach Zeitpunkt der Rücknahme – einer der Ermäßigungstatbestände aus Nr. 1421 KV oder Nr. 1422 Nr. 1 KV ein. Eine **Vorleistungspflicht** besteht beim Eilverfahren auch in der Berufungsinstanz nicht, wie sich dies auch für diesen Zusammenhang aus § 12 Abs. 1 ergibt (→ § 12 Rn 22). Der **Kostenschuldner** bestimmt sich auch in der Rechtsmittelinstanz nach §§ 22 und 29.

Nr.	Gebührentatbestand	Gebühr oder Satz der Gebühr nach § 34 GKG
1421	Beendigung des gesamten Verfahrens durch Zurücknahme der Berufung, des Antrags oder des Widerspruchs, bevor die Schrift zur Begründung der Berufung bei Gericht eingegangen ist: Die Gebühr 1420 ermäßigt sich auf .... Erledigungserklärungen nach § 91a ZPO stehen der Zurücknahme gleich, wenn keine Entscheidung über die Kosten ergeht oder die Entscheidung einer zuvor mitgeteilten Einigung der Parteien über die Kostentragung oder der Kostenübernahmeerklärung einer Partei folgt.	1,0

I. Umstände der Gebührenermäßigung

1   **1. Ermäßigungstatbestände.** Nr. 1421 KV erstreckt den für das Verfahren des einstweiligen Rechtsschutzes im ersten Rechtszug angeordneten Rechtsgedanken aus Nr. 1411 Nr. 1 und 4 KV (→ Nr. 1411 KV Rn 6 bzw 11) in das Gebührenrecht bei Eilverfahren, die die Berufungsinstanz erreicht haben (→ Nr. 1420 KV Rn 2). Entscheidend für die signifikante Gebührenermäßigung, die Nr. 1421 KV gegenüber der an sich fälligen Gebühr aus Nr. 1420 KV anordnet, ist wie bei Nr. 1411 KV auch der Umstand, dass durch einen der im Gebührentatbestand genannten Vorgänge das in der Berufungsinstanz rechtshängige **Verfahren zur Gänze beendet** wird.

Die Beendigung des Verfahrens muss für die deutliche Gebührenermäßigung nach dieser Nummer auf einem der folgenden Wege eintreten:

- Der Berufungskläger **nimmt** die **Berufung** als solche nach § 516 ZPO **zurück.**
- Das **Arrestgesuch** (§ 920 ZPO) oder der **Antrag auf Erlass einer einstweiligen Verfügung** (§§ 922, 936 ZPO), der zu einem Arresturteil oder zum Ausspruch einer einstweiligen Verfügung in Urteilsform geführt hat, wird **zurückgenommen.** Die Rücknahme ist nach dem Rechtsgedanken des § 269 ZPO möglich, solange der Streitgegenstand des entsprechenden Eilverfahrens rechtshängig ist. Nachdem aber für die Verwirklichung des Tatbestands von Nr. 1421 KV eine mündliche Verhandlung hinsichtlich dieses Gegenstands stattgefunden haben wird (anders kommt es nicht zu einem durch Berufung angreifbaren Urteil), ist wegen § 269 Abs. 1 ZPO e contrario die Einwilligung des Gegners erforderlich.
- Der Arrest oder die einstweilige Verfügung wird durch Beschluss angeordnet, gegen diesen Beschluss geht der Schuldner mit **Widerspruch** nach § 924 ZPO vor, über den wegen § 925 Abs. 1 ZPO durch Urteil zu entscheiden ist. Gegen dieses Urteil wird Berufung eingelegt, der Widerspruch wird jedoch zurückgenommen. Auch hier greift der Gedanke des § 269 ZPO.
- Alle Beteiligten **erklären übereinstimmend Erledigung**, verzichten auf eine Kostenentscheidung, haben sich auch über die Verfahrenskosten geeinigt oder es wurde die Kostenübernahme konkret erklärt.

2   **2. Maßgeblicher Zeitpunkt.** Wie der Wortlaut von Nr. 1421 KV deutlich macht, ist die Ermäßigung mit **Eingang der Berufungsbegründung** beim Berufungsgericht ausgeschlossen, die Verfahrensbeendigung muss also zwischen dem Zeitpunkt des Eingangs der Berufungsschrift nach § 519 ZPO bei Gericht und vor dem Eingang der zugehörigen Begründung iSd § 520 ZPO erfolgen. Erfolgt die Berufungsbegründung entsprechend § 520 Abs. 3 Alt. 1 ZPO bereits in der Berufungsschrift, kann allenfalls noch der Ermäßigungstatbestand von Nr. 1422 KV greifen.

II. Gebührenhöhe, Kostenschuldner

Mit Verwirklichung des Tatbestands von Nr. 1421 KV wird die Gebühr aus Nr. 1420 KV von 4,0 vollen   3
Gebühren auf eine volle Gebühr ermäßigt.

Die Bestimmung der Kostentragung folgt den allgemeinen Regeln (s. dazu § 22). Ist die 4,0-Gebühr aus   4
Nr. 1420 KV bereits entrichtet, werden 3,0-Gebühren erstattet.

Im Falle der Rücknahme der Berufung nach § 516 ZPO bestimmt sich die Kostenlast nach § 516 Abs. 3   5
ZPO: Dem die Rücknahme erklärenden Berufungskläger sind die durch die Einlegung dieses Rechtsmittels
entstandenen Kosten (also die Gebühr nach Nr. 1420 KV mit Ermäßigung durch Nr. 1421 KV) aufzuerlegen.

Nr.	Gebührentatbestand	Gebühr oder Satz der Gebühr nach § 34 GKG

1422	Beendigung des gesamten Verfahrens, wenn nicht Nummer 1421 erfüllt ist, durch
	1. Zurücknahme der Berufung oder des Antrags
	    a) vor dem Schluss der mündlichen Verhandlung,
	    b) in den Fällen des § 128 Abs. 2 ZPO vor dem Zeitpunkt, der dem Schluss der mündlichen Verhandlung entspricht,
	2. Anerkenntnis- oder Verzichtsurteil,
	3. gerichtlichen Vergleich oder
	4. Erledigungserklärungen nach § 91 a ZPO, wenn keine Entscheidung über die Kosten ergeht oder die Entscheidung einer zuvor mitgeteilten Einigung der Parteien über die Kostentragung oder der Kostenübernahmeerklärung einer Partei folgt,
	es sei denn, dass bereits ein anderes als eines der in Nummer 2 genannten Urteile vorausgegangen ist:
	Die Gebühr 1420 ermäßigt sich auf ....
	<small>Die Gebühr ermäßigt sich auch, wenn mehrere Ermäßigungstatbestände erfüllt sind.</small>
		
		2,0

I. Umstände der Gebührenermäßigung

Nr. 1422 KV enthält eine Gebührenermäßigung für die in Nr. 1421 KV genannten Fälle sowie für Aner-   1
kenntnis, Verzicht und Vergleich, wobei Rücknahme, Anerkenntnis, Verzicht, Vergleich oder Erledigung **im
Laufe der mündlichen Verhandlung** erklärt bzw geschlossen wurden oder wenn nach § 128 Abs. 2 S. 1 ZPO
beide Parteien einer Entscheidung über die Berufung ohne mündlicher Verhandlung darüber zugestimmt
haben – wie Nr. 1422 Nr. 1 Buchst. b KV klarstellt – zu einem dementsprechenden Zeitpunkt.

Erforderlich ist, dass die **vollständige Beendigung** des Verfahrens eintritt. Es ist jedoch nicht notwendig,   2
dass die Gesamtbeendigung durch einen einzelnen in Nr. 1422 KV genannten Beendigungsakt eintritt; vielmehr kann eine Gesamtbeendigung auch durch eine Kombination **verschiedener Beendigungsvarianten** erreicht werden, solange das Verfahrensende dadurch hinsichtlich sämtlicher Anträge vollständig eintritt; dies
stellt die **Anm.** zu Nr. 1422 KV klar.

II. Gebührenhöhe, Fälligkeit, Kostenschuldner

Durch Nr. 1422 KV wird die 4,0-Gebühr aus Nr. 1420 KV auf zwei volle Gebühren ermäßigt.   3

Für die Fälligkeit und die Bestimmung der Kostenschuldnerschaft gelten die Ausführungen zu Nr. 1420 KV   4
entsprechend (→ Nr. 1420 KV Rn 7). Ist die Gebühr Nr. 1420 KV bereits entrichtet, erfolgt eine Rückerstattung.

Nr.	Gebührentatbestand	Gebühr oder Satz der Gebühr nach § 34 GKG
1423	Beendigung des gesamten Verfahrens durch ein Urteil, das wegen eines Verzichts der Parteien nach § 313 a Abs. 1 Satz 2 ZPO keine schriftliche Begründung enthält, wenn nicht bereits ein anderes als eines der in Nummer 1422 Nr. 2 genannten Urteile mit schriftlicher Begründung oder ein Versäumnisurteil vorausgegangen ist: Die Gebühr 1420 ermäßigt sich auf .... Die Gebühr ermäßigt sich auch, wenn daneben Ermäßigungstatbestände nach Nummer 1422 erfüllt sind.	3,0

I. Umstände der Gebührenermäßigung

1 Nr. 1423 KV enthält eine Gebührenermäßigung für den Fall, dass die Parteien das Rechtsmittelverfahren im Anschluss an ein Urteil hinsichtlich des Streitgegenstands des Eilverfahrens komplett ablaufen lassen und das Gericht über die Berufung zu entscheiden hat, die Parteien jedoch insoweit zur Entlastung des Gerichts beitragen, als sie auf eine **schriftliche Begründung des Urteils übereinstimmend verzichten**. Dies ist auf der Grundlage von § 313 a Abs. 1 S. 2 ZPO möglich, wenn ein Rechtsmittel gegen dieses Berufungsurteil nicht zulässig ist. Gegen Berufungsurteile im Eilverfahren schließt § 542 Abs. 2 ZPO die Revision ausdrücklich aus.

2 Zwingende Voraussetzung der Gebührenermäßigung ist, dass das **gesamte Eilverfahren vollständige Beendigung** findet. Wie die **Anmerkung** zu Nr. 1423 KV klarstellt, kann die vollständige Beendigung auch in Kombination mit einem oder mehreren der in Nr. 1422 KV genannten Beendigungsakte erreicht werden, um den Ermäßigungstatbestand zu erfüllen.

3 Die Ermäßigung tritt nur dort ein, wo dem Gericht der **Aufwand einer schriftlichen Urteilsbegründung erspart** worden ist. Hatte das Gericht im Verlauf des Rechtsmittelverfahrens ein Urteil zu sprechen und formal vollumfänglich schriftlich auszufertigen, ist der Tatbestand wegen Hs 2 der Nr. 1423 KV gesperrt. Dies betrifft insb. ein zwischenzeitlich ergangenes **Versäumnisurteil**, gegen das nach § 339 ZPO Einspruch eingelegt worden war.

II. Gebührenhöhe, Fälligkeit, Kostenschuldner

4 Ist der Gebührentatbestand von Nr. 1423 KV erfüllt, ermäßigen sich die vier vollen Gebühren aus Nr. 1420 KV auf drei volle Gebühren.

5 Für die Fälligkeit und Bestimmung des Kostenschuldners gelten die Ausführungen zu Nr. 1420 KV entsprechend (→ Nr. 1420 KV Rn 7). Ist die Gebühr der Nr. 1420 KV (4,0) bereits in voller Höhe entrichtet, wird eine volle Gebühr rückerstattet.

Abschnitt 3
Beschwerde

Nr.	Gebührentatbestand	Gebühr oder Satz der Gebühr nach § 34 GKG
1430	Verfahren über die Beschwerde gegen die Zurückweisung eines Antrags auf Anordnung eines Arrests oder einer einstweiligen Verfügung	1,5
1431	Beendigung des gesamten Verfahrens durch Zurücknahme der Beschwerde: Die Gebühr 1430 ermäßigt sich auf	1,0

Geplante Fassung von Nr. 1430 KV ab 18.1.2017 (gem. EuKoPfVODG, BT-Drucks 18/7560):[1]

Nr.	Gebührentatbestand	Gebühr oder Satz der Gebühr nach § 34 GKG
1430	Verfahren über die Beschwerde 1. gegen die Zurückweisung eines Antrags auf Anordnung eines Arrests oder eines Antrags auf Erlass einer einstweiligen Verfügung oder 2. in Verfahren nach der Verordnung (EU) Nr. 655/2014	1,5

I. Verfahrensgebühr Nr. 1430 KV

1. Beschwerde als gebührenauslösendes Moment. Nr. 1430 KV erfasst **Rechtsmittelverfahren** gegen erstinstanzliche Entscheidungen im Verfahren des einstweiligen Rechtsschutzes, die im **Beschlusswege** einen beantragten Arrest oder eine beantragte einstweilige Verfügung abgelehnt haben. Allein in derartigen Fällen sieht das Gesetz die sofortige Beschwerde vor (§ 567 Abs. 1 Nr. 2 ZPO). Wird der Arrest oder die vorläufige Verfügung durch Beschluss erlassen, ist Widerspruch seitens des Antragsgegners statthaft (§ 924 ZPO, §§ 926, 927 ZPO), der kostenrechtlich unter Nr. 1410 KV fällt (→ Nr. 1410 KV Rn 2). Ergeht die Maßnahme des vorläufigen Rechtsschutzes in Urteilsform, kann dagegen Berufung eingelegt werden, die die Gebühr Nr. 1420 KV auslöst. **1**

Nach Abschluss der bundesdeutschen Durchführungsgesetzgebung (**EuKoPfVODG**) wird in den Fällen, in denen der Gläubiger noch keinen Zahlungstitel erwirkt hat (Art. 5 Buchst. a EuKoPfVO; s. dazu auch Vorbem. 1.4 Abs. 1 KV-E), in sämtlichen in der **EuKoPfVO** vorgesehenen **Beschwerdeverfahren** die Gebühr Nr. 1430 KV-E ebenfalls anfallen.[2] **1a**

2. Entstehen der Gebühr. Die Gebühr Nr. 1430 KV entsteht mit **Einreichen eines Schriftsatzes** bei Gericht, der als Beschwerdeschrift iSd § 569 Abs. 2 S. 1 ZPO (oder als Erklärung iSd § 569 Abs. 3 ZPO) einzustufen ist. Dabei ist unerheblich, ob der Beschwerdeführer seinen Antrag als Beschwerde bezeichnet hat bzw eine solche überhaupt einlegen wollte. Maßgeblich ist allein, ob der Antrag als solcher objektiv dahin gehend verstanden werden darf, dass der ablehnende Beschluss im Eilverfahren nicht hingenommen wird. **2**

Wird eine Entscheidung durch **mehrere Beschwerden** angegriffen, entsteht die Gebühr aus Nr. 1430 KV nur einmal, da insoweit nur ein Streitgegenstand betroffen ist. Anders liegt der Fall, wenn mehrere Entscheidungen im Beschwerdewege angegriffen und möglicherweise zusammen verhandelt werden. In diesem Fall ist die Gebühr aus Nr. 1430 KV je angegriffene Entscheidung zu entrichten. **3**

3. Gebührenhöhe. Mit Einlegung der Beschwerde wird die Gebühr Nr. 1430 KV mit einem Gebührensatz von 1,5 fällig. Maßgeblich für den Gebührenstreitwert ist der Wert des Interesses des Beschwerdeführers so, wie es sich in dessen Antrag ausdrückt. **4**

4. Fälligkeit, Kostenschuldner. Die Gebühr wird als Verfahrensgebühr bereits mit Einreichung der Beschwerdeschrift bei Gericht fällig (§ 6 Abs. 1 Nr. 1 und 3). Die Kostenschuldnerschaft bestimmt sich auf der Grundlage von §§ 22 und 29. **5**

II. Ermäßigungstatbestand Nr. 1431 KV

1. Umstände der Gebührenermäßigung. Sollte die Beschwerde gegen den ablehnenden Beschluss im Verfahren des einstweiligen Rechtsschutzes zurückgenommen und dadurch eine **Beendigung des gesamten Verfahrens** eintreten, ordnet Nr. 1431 KV eine Gebührenermäßigung an. Eine teilweise Rücknahme der Beschwerde genügt wegen des eindeutigen Wortlauts des Ermäßigungstatbestands nicht, selbst wenn sie eine Verfahrensbeendigung in einem Umfang bewirkt, der einer vollständigen Beendigung nahekommt. Soweit auch nur ein Rest des Streitgegenstands anhängig bleibt, greift Nr. 1431 KV nicht. **6**

Die Rücknahme der Beschwerde ist dann nicht mehr möglich, wenn die ordnungsgemäß ausgefertigte Beschwerdeentscheidung das Gericht verlassen hat, denn damit beginnt die Mitteilung iSd § 329 Abs. 2 S. 1 ZPO.[3] **7**

---

1 Geplante Änderung durch Art. 9 Nr. 3 Buchst. e des Entwurfs eines Gesetzes zur Durchführung der Verordnung (EU) Nr. 655/2014 sowie zur Änderung sonstiger zivilprozessualer Vorschriften (EuKoPfVODG), BT-Drucks 18/7560, S. 18. Geplantes Inkrafttreten dieser Änderung: 18.1.2017 (s. Art. 14 Abs. 1 ÄndG). Siehe dazu auch Vorbem. 4.1 KV Rn 8 ff. **2** Begr. RegE, BT-Drucks 18/7560, S. 49. **3** Thomas/Putzo/*Reichold*, ZPO, § 329 Rn 5.

8 **2. Umfang der Ermäßigung.** Durch Nr. 1431 KV wird die Gebühr Nr. 1430 KV für Beschwerden im einstweiligen Rechtsschutz von anderthalb auf eine volle Gebühr ermäßigt. Sollte die volle Gebühr aus Nr. 1430 KV entrichtet worden sein, ist eine halbe Gebühr rückzuerstatten.

9 **3. Fälligkeit, Kostenschuldner.** Die Fälligkeit knüpft wegen des Ermäßigungscharakters der Vorschrift an diejenige von Nr. 1430 KV an. Der Kostenschuldner wird auch hier – wie bei Nr. 1430 KV (→ Rn 5) – auf der Grundlage von §§ 22, 29 GKG ermittelt.

Hauptabschnitt 5
Vorbereitung der grenzüberschreitenden Zwangsvollstreckung

1 Teil 1 Hauptabschnitt 5 KV regelt die Gebühren für Verfahren im Zusammenhang mit grenzüberschreitender Zwangsvollstreckung (Abschnitt 1) einschließlich der Rechtsmittelverfahren (Abschnitt 2). Verfahrensrechtliche Regelungen ergeben sich insb. aus den §§ 1079 ff ZPO, dem AVAG und dem Gesetz zur Ausführung des Vertrages zwischen der Bundesrepublik Deutschland und der Republik Österreich vom 6. Juni 1959. In Vollstreckungsverfahren sind auch im FamGKG Festgebühren in derselben Höhe bestimmt (Nr. 1710 ff KV FamGKG). Der Gleichlauf zwischen GKG und FamGKG ist damit gewahrt.

2 Durch das Gesetz zur Durchführung der Verordnung (EU) Nr. 1215/2012 sowie zur Änderung sonstiger Vorschriften vom 8.7.2014[1] haben sich Änderungen ergeben:[2] Nr. 1510 KV ist erweitert worden um Verfahren über Anträge auf Versagung der Anerkennung oder der Vollstreckung (§ 1115 ZPO); in Nr. 1512 KV ist neben redaktionellen Änderungen die Angabe „§ 56 AVAG" durch die Angabe „§ 57 AVAG" ersetzt worden; Nr. 1512 KV ist erweitert worden um die Ausstellung einer Bescheinigung nach § 27 IntErbRVG; Nr. 1513 KV GKG ist schließlich erweitert worden um Anträge auf Ausstellung einer Bescheinigung nach § 1110 ZPO und Anträge auf Ausstellung einer Bescheinigung nach § 58 AVAG.

Nr.	Gebührentatbestand	Gebühr oder Satz der Gebühr nach § 34 GKG
Vorbemerkung 1.5: Die Vollstreckbarerklärung eines ausländischen Schiedsspruchs oder deren Aufhebung bestimmt sich nach Nummer 1620.		

1 Vorbem. 1.5 KV nimmt die **Vollstreckbarerklärung eines ausländischen Schiedsspruchs** aus dem Regelungsbereich der Nr. 1512 KV aus und bestimmt, dass insoweit Unterabschnitt 2 (Nr. 1620 KV) einschlägig ist. Die Anwendbarkeit der Nr. 1620 KV ergibt sich insoweit auch unmittelbar aus der Anm. zu Nr. 1620 KV.

Abschnitt 1
Erster Rechtszug

Nr.	Gebührentatbestand	Gebühr oder Satz der Gebühr nach § 34 GKG
1510	Verfahren über Anträge auf 1. Vollstreckbarerklärung ausländischer Titel, 2. Feststellung, ob die ausländische Entscheidung anzuerkennen ist, 3. Erteilung der Vollstreckungsklausel zu ausländischen Titeln, 4. Aufhebung oder Abänderung von Entscheidungen in den in den Nummern 1 bis 3 genannten Verfahren und 5. Versagung der Anerkennung oder der Vollstreckung (§ 1115 ZPO) oder über die Klage auf Erlass eines Vollstreckungsurteils	240,00 €

1 BGBl. 2014 I 890. **2** Inkrafttreten dieser Änderungen: 16.7.2014 bzw 10.1.2015.

700   NK-GK/*Thiel*

Nr.	Gebührentatbestand	Gebühr oder Satz der Gebühr nach § 34 GKG
1511	Beendigung des gesamten Verfahrens durch Zurücknahme der Klage oder des Antrags vor dem Schluss der mündlichen Verhandlung oder, wenn eine mündliche Verhandlung nicht stattfindet, vor Ablauf des Tages, an dem die Entscheidung der Geschäftsstelle übermittelt wird: Die Gebühr 1510 ermäßigt sich auf .... Erledigungserklärungen nach § 91 a ZPO stehen der Zurücknahme gleich, wenn keine Entscheidung über die Kosten ergeht oder die Entscheidung einer zuvor mitgeteilten Einigung der Parteien über die Kostentragung oder der Kostenübernahmeerklärung einer Partei folgt.	90,00 €

I. Anwendungsbereich

Für Verfahren über Anträge auf 1

- Vollstreckbarerklärung ausländischer Titel (Nr. 1),
- Feststellung, ob die ausländische Entscheidung anzuerkennen ist (Nr. 2),
- Erteilung der Vollstreckungsklausel zu ausländischen Titeln (Nr. 3) und
- Aufhebung oder Abänderung von Entscheidungen der in den Nummern 1–3 genannten Verfahren (Nr. 4)
- Versagung der Anerkennung oder der Vollstreckung (§ 1115 ZPO) (Nr. 5)

bestimmt Nr. 1510 KV eine einheitliche Festgebühr iHv 240 €. Bei der in Nr. 1510 KV geregelten Gebühr handelt es sich um eine **Verfahrensgebühr**, die insb. auch dann anfällt, wenn eine Entscheidung über den Antrag nicht ergeht oder der Antrag zurückgenommen wird.[1] Wird der Antrag indes zurückgenommen, so sind die Voraussetzungen des Ermäßigungstatbestands der Nr. 1511 KV zu prüfen (→ Rn 1 ff). Die in Nr. 1510 KV geregelte Gebühr iHv 240 € ist eine **Festgebühr**. Unbilligkeiten können über § 21 im Hinblick auf die Nichterhebung von Kosten zu prüfen sein.

Zimmermann[2] vertritt die Auffassung, dass die Festgebühr der Nr. 1510 KV nur einmal ausgelöst werde, 2
wenn gegen **denselben Schuldner** die Erteilung der Vollstreckungsklausel zu **mehreren** ausländischen Vollstreckungstiteln beantragt werde. Diese Auffassung dürfte aber weder vom Wortlaut des Gesetzes noch sonst von einer nachvollziehbaren Erwägung getragen sein. Ihr folgend würden Tür und Tor geöffnet werden, eine Vielzahl von Begehren in einem Verfahren zusammenzufassen, um dem berechtigten Entstehen der jeweils einen eigenen Verfahrensgegenstand betreffenden Festgebühr zu entgehen. Deshalb ist die Festgebühr bei mehreren Anträgen nach Nr. 1510 KV gegen denselben Schuldner mehrfach zu erheben.

Kostenbefreiungsvorschriften iSd § 2 sind stets vorrangig zu beachten und zu prüfen, so dass die Gebühr 3
Nr. 1510 KV im Einzelfall erst gar nicht zu erheben ist. Kostenbefreiung ergibt sich auch dann, wenn ein Staatsvertrag vorsieht, dass ein Titel kostenfrei für vollstreckbar zu erklären ist.[3]

II. Die einzelnen Verfahren der Nr. 1510 KV

Nr. 1: Die Regelung der Nr. 1 betrifft die Vollstreckbarerklärung ausländischer Titel. Unter **ausländische Ti-** 4
tel fallen nicht nur Urteile, sondern u.a. auch Kostenfestsetzungsbeschlüsse, Vergleiche und vollstreckbare Urkunden ausländischer Notare (§ 722 ZPO).[4] Das Verfahren richtet sich nach §§ 722 ff ZPO.

Nr. 2: Die Regelung der Nr. 2 betrifft Anträge auf **Feststellung, ob die ausländische Entscheidung anzuer-** 5
kennen ist.

Nr. 3: Die Regelung der Nr. 3 betrifft Anträge auf **Erteilung der Vollstreckungsklausel** zu ausländischen Ti- 6
teln.

Nr. 4: Die Regelung der Nr. 4 betrifft die Fälle, in denen das Gericht Entscheidungen nach Nr. 1–3 auf An- 7
trag aufhebt oder abändert.

Nr. 5: Die Regelung der Nr. 5 betrifft die Fälle, in denen das Landgericht über Anträge auf **Versagung der** 8
Anerkennung oder der Vollstreckung (§ 1115 Abs. 1 ZPO) entscheidet.

---

1 Binz/Dörndorfer/*Zimmermann*, Nr. 1510 KV GKG Rn 1.   **2** In: Binz/Dörndorfer, Nr. 1510 KV GKG Rn 1.   **3** *Hartmann*, KostG, Nr. 1510 KV GKG Rn 3.   **4** Zöller/*Geimer*, ZPO, § 722 Rn 10.

III. Gebührenermäßigung nach Nr. 1511 KV

9   Die Gebühr der Nr. 1510 KV **ermäßigt** sich nach Nr. 1511 KV auf eine Festgebühr iHv 90 €, wenn das gesamte Verfahren durch Klage- oder Antragsrücknahme vor dem Schluss der mündlichen Verhandlung oder, wenn eine mündliche Verhandlung nicht stattfindet, vor Ablauf des Tages, an dem die Entscheidung der Geschäftsstelle übermittelt wird, beendet wird. Für die Gebührenermäßigung nach Nr. 1511 KV ist also maßgeblich, dass

- eine Beendigung des **gesamten Verfahrens** durch Zurücknahme der Klage oder des Antrags
- vor dem Schluss der mündlichen Verhandlung oder vor Ablauf des Tages, an dem die Entscheidung der Geschäftsstelle übermittelt worden ist, erfolgt.

Die Gebühr der Nr. 1510 KV wird demnach nur dann ermäßigt erhoben, wenn die Klage- oder Antragsrücknahme vor dem Schluss der mündlichen Verhandlung oder, wenn keine mündliche Verhandlung stattfindet, spätestens an dem Tag, an dem die Entscheidung an die Geschäftsstelle übermittelt worden ist, bei dem Gericht, das die Entscheidung unterschrieben hat, eingeht. Ausnahmsweise kommt also auch nach Erlass einer Entscheidung noch eine Gebührenermäßigung in Betracht.

IV. Rechtsmittelverfahren

10 Nach **Nr. 1520 KV** fällt für das Verfahren über die Beschwerde oder Rechtsbeschwerde in den in Nr. 1510 KV genannten Verfahren eine Gebühr iHv 360 € an mit der Möglichkeit der Ermäßigung nach Nr. 1521 KV auf 90 € und nach Nr. 1522 KV auf 180 €.

V. Kostenschuldner, Fälligkeit, Vorauszahlungspflicht

11 Der **Kostenschuldner** ist nach §§ 22 und 29 zu bestimmen. Die **Fälligkeit** der Gebühr ergibt sich aus § 9. In Verfahren nach Nr. 1511 KV besteht keine **Vorauszahlungspflicht.**

VI. Rechtsanwaltsgebühren

12 Da für die Gerichtsgebühren ein Festwert iHv 240 € anzusetzen ist, ist der Gegenstandswert für die Anwaltsgebühren nach § 33 RVG auf Antrag vom Gericht festzusetzen. Es sind nach § 23 Abs. 1 S. 2 RVG die Wertvorschriften des GKG (§ 48 Abs. 1 S. 1 GKG iVm § 3 ZPO) entsprechend anzuwenden.

Nr.	Gebührentatbestand	Gebühr oder Satz der Gebühr nach § 34 GKG
1512	Verfahren über Anträge auf Ausstellung einer Bescheinigung nach § 57 AVAG oder § 27 IntErbRVG	15,00 €

I. Verfahren auf Ausstellung einer Bescheinigung nach § 57 AVAG

1   Um eine gerichtliche Entscheidung, eine öffentliche Urkunde oder einen Vergleich in einem Mitgliedstaat vollstrecken zu können, ist die Vorlage einer **Bescheinigung nach § 57 AVAG** erforderlich.

Bis zum Inkrafttreten des Gesetzes zur Durchführung der Verordnung (EU) Nr. 1215/2012 sowie zur Änderung sonstiger Vorschriften vom 8.7.2014[1] war in Nr. 1512 KV ausdrücklich eine Bescheinigung nach § 56 AVAG aufgeführt. Das AVAG war jedoch bereits durch Gesetz vom 20.2.2013[2] geändert worden. Dabei hatte der Gesetzgeber offenbar übersehen, dass der bisherige § 56 AVAG inhaltlich in § 57 AVAG fortgeführt wird, und eine Anpassung der Nr. 1512 KV unterlassen. Diese Anpassung hat der Gesetzgeber nunmehr mit dem Gesetz zur Durchführung der Verordnung (EU) Nr. 1215/2012 sowie zur Änderung sonstiger Vorschriften vom 8.7.2014 durchgeführt.

Sinn und Zweck der Bescheinigung nach § 57 AVAG ist es, dem Mitgliedstaat, in dem die Entscheidung anerkannt und vollstreckt werden soll, die Prüfung der Anerkennungsvoraussetzungen zu erleichtern.[3] Für Verfahren über den Antrag auf Ausstellung einer Bescheinigung nach Art. 54, 57 und 58 des Übereinkommens vom 30. Oktober 2007 über die gerichtliche Zuständigkeit und die Anerkennung und Vollstreckung von Entscheidungen in Zivil- und Handelssachen beträgt die Gerichtsgebühr 15 € (Festgebühr). Ein Ermäßigungstatbestand im erstinstanzlichen Verfahren ist nicht gegeben. § 57 AVAG hat folgenden Inhalt:

---

1 BGBl. 2014 S. 890; Inkrafttreten 10.1.2015. **2** BGBl. 2013 I 273. **3** BT-Drucks 14/7207, S. 8.

§ 57 AVAG Bescheinigungen zu inländischen Titeln

2

Die Bescheinigungen nach den Artikeln 54, 57 und 58 des Übereinkommens vom 30. Oktober 2007 über die gerichtliche Zuständigkeit und die Anerkennung und Vollstreckung von Entscheidungen in Zivil- und Handelssachen werden von dem Gericht, der Behörde oder der mit öffentlichem Glauben versehenen Person ausgestellt, der die Erteilung einer vollstreckbaren Ausfertigung des Titels obliegt. Soweit danach die Gerichte für die Ausstellung der Bescheinigung zuständig sind, wird diese von dem Gericht des ersten Rechtszuges und, wenn das Verfahren bei einem höheren Gericht anhängig ist, von diesem Gericht ausgestellt. Funktionell zuständig ist die Stelle, der die Erteilung einer vollstreckbaren Ausfertigung des Titels obliegt. Für die Anfechtbarkeit der Entscheidung über die Ausstellung der Bescheinigung gelten die Vorschriften über die Anfechtbarkeit der Entscheidung über die Erteilung der Vollstreckungsklausel sinngemäß.

Im **Beschwerdeverfahren** werden nach **Nr. 1523 KV** Gerichtsgebühren iHv 60 € nur dann ausgelöst, wenn   3
die Beschwerde verworfen oder zurückgewiesen wird. Ein Ermäßigungstatbestand besteht nicht, weil unabhängig von der Verwerfung oder Zurückweisung einer Beschwerde Gerichtsgebühren gar nicht erhoben werden.

Wer **Kostenschuldner** ist, ergibt sich aus §§ 22 und 29. Die **Fälligkeit** richtet sich nach § 9. Die **Vorauszah-**   4
lungspflicht für Verfahren nach dem AVAG ergibt sich aus § 12.

Wird der **Rechtsanwalt** ausschließlich damit beauftragt, die Bescheinigung nach AVAG einzuholen, erhält er   5
eine Gebühr nach Nr. 3403 VV,[4] allerdings nur zu einem Gebührensatz iHv 0,3, weil der Einzelanwalt nicht
mehr als der Verfahrensbevollmächtigte einer bestimmten Verfahrensart beanspruchen kann (§ 15 Abs. 6
RVG).[5] Für die Bemessung des Gegenstandswerts ist § 48 (§ 3 ZPO) maßgebend (§ 23 Abs. 1 S. 2 RVG). Im
Übrigen ist § 19 Abs. 1 S. 2 Nr. 9 RVG zu berücksichtigen.

II. Verfahren auf Ausstellung einer Bescheinigung nach § 27 IntErbRVG

§ 27 IntErbRVG regelt die innerstaatliche Zuständigkeit für die Ausstellung der Bescheinigungen nach   6
Art. 46 Abs. 3 Buchst. b, Art. 60 Abs. 2 und Art. 61 Abs. 2 EuErbVO in Verbindung mit dem im Verfahren
nach Art. 81 Abs. 2 EuErbVO zu erstellenden Formblatt.[6] Die Bescheinigung hat die Funktion, Bestand und
Vollstreckbarkeit des Titels zu dokumentieren.[7] Für Bescheinigungen, die die Gerichte ausstellen, sind grds.
die Gerichte erster Instanz zuständig; solange jedoch der Rechtsstreit bei einem höheren Gericht anhängig
ist, ist dieses Gericht zuständig (§ 27 Abs. 2 S. 1 IntErbRVG). Bescheinigungen zu notariellen Urkunden, die
von einem Notar für vollstreckbar erklärt werden, sind durch den Notar auszustellen.[8]

Nr.	Gebührentatbestand	Gebühr oder Satz der Gebühr nach § 34 GKG
1513	Verfahren über Anträge auf Ausstellung einer Bestätigung nach § 1079 ZPO oder über Anträge auf Ausstellung einer Bescheinigung nach § 1110 ZPO oder nach § 58 AVAG	20,00 €

Das Verfahren über den Antrag auf Ausstellung einer **Bestätigung nach § 1079 ZPO** löst Gerichtsgebühren   1
iHv 20 € aus. Das gilt auch für Verfahren über Anträge auf Ausstellung einer **Bescheinigung nach § 1110
ZPO.** Es handelt sich um eine **Festgebühr,** die für das Verfahren und nicht für die Entscheidung erhoben
wird.

Inhaltlich regelt § 1079 ZPO die **Bestätigung eines inländischen Titels als europäischen Vollstreckungstitel;**
§ 1079 ZPO war auf der Grundlage der Verordnung (EG) Nr. 805/2004[1] in die ZPO eingefügt worden.
§ 1110 ZPO regelt die Ausstellung der **Bescheinigung nach den Art. 53 und 60 der Verordnung (EU)
Nr. 1215/2012 („Brüssel Ia-VO").**

Auch die Ausstellung der **Bescheinigung nach § 58 AVAG** ist – wie das ebenfalls auf den Rechtspfleger übertragene Verfahren über Anträge auf Ausstellung einer Bestätigung nach § 1079 ZPO – mit einer Festgebühr
iHv 20 € belegt worden.[2]

---

4 Hk-RVG/*Ebert,* § 19 Rn 82. **5** Gerold/Schmidt/*Müller-Rabe,* Nr. 3403 VV RVG Rn 46. **6** BT-Drucks 18/4201, S. 46. **7** BT-Drucks 18/4201, S. 46. **8** BT-Drucks 18/4201, S. 46. **1** Verordnung (EG) Nr. 805/2004 des Europäischen Parlaments und des Rates vom 21. April 2004 zur Einführung eines europäischen Vollstreckungstitels für unbestrittene Forderungen (ABl. EG Nr. L 143 v. 30.4.2004, S. 15). **2** BR-Drucks 18/2848, S. 12.

1

2   Sinn und Zweck der nach § 1079 ZPO erforderlichen Bestätigung ist, den Bestand und die Vollstreckbarkeit des Titels zu belegen.[3] Insbesondere die nachfolgenden Bestätigungen sind von § 1079 ZPO erfasst:

- gerichtliche Entscheidung nach Art. 9 Abs. 1 der VO (EG) Nr. 805/2004 (Formblatt VO (EG) Nr. 805/2004 Anhang I);
- gerichtlicher Vergleich nach Art. 24 Abs. 1 der VO (EG) Nr. 805/2004 (Formblatt VO (EG) Nr. 805/2004 Anhang II);
- öffentliche Urkunde nach Art. 24 Abs. 1 der VO (EG) Nr. 805/2004 (Formblatt VO (EG) Nr. 805/2004 Anhang III);
- Bestätigung der Nichtvollstreckbarkeit bzw Beschränkung der Vollstreckbarkeit gem. Art. 6 Abs. 2 der VO (EG) Nr. 805/2004 (Formblatt VO (EG) Nr. 805/2004 Anhang IV);
- Anfechtung der Entscheidung der Bestätigung als europäischer Vollstreckungstitel gem. Art. 6 Abs. 3 der VO (EG) Nr. 805/2004 (Formblatt VO (EG) Nr. 805/2004 Anhang V).

In den Anwendungsbereich des § 1079 ZPO fällt auch die Berichtigung oder der Widerruf der Bestätigung als europäischer Vollstreckungstitel.[4]

3   § 1110 ZPO entspricht weitestgehend § 57 AVAG; Behörden sind abweichend von § 57 AVAG deshalb nicht aufgeführt, weil behördliche Unterhaltstitel in einer eigenen Verordnung geregelt sind (EuUntVO, VO (EG) Nr. 3/2009).[5]

4   Bescheinigungen nach § 58 AVAG bestätigen Gerichtsstandsvereinbarungen zu inländischen Titeln. Zuständig für die Ausstellung ist das Gericht, dem die Erteilung einer vollstreckbaren Ausfertigung des Titels obliegt.

5   Im **Beschwerdeverfahren** werden nach **Nr. 1523 KV** Gerichtsgebühren iHv 60 € ausgelöst, wenn die Beschwerde verworfen oder zurückgewiesen wird.

6   Der **Kostenschuldner** ist nach §§ 22 und 29 zu bestimmen. Die **Fälligkeit** der Gebühr ergibt sich aus § 9. Es besteht **Vorauszahlungspflicht** gem. § 12.

7   Nur wenn der **Rechtsanwalt** ausschließlich zur Einholung der Bestätigung nach § 1079 ZPO oder zur Ausstellung der Bescheinigung nach § 1110 ZPO beauftragt wird und nicht schon im Verfahren selbst tätig gewesen ist, erhält er eine Gebühr nach Nr. 3309, 3310 VV. Der Gegenstandswert für seine Tätigkeit ist auf Antrag nach § 33 Abs. 1 RVG nach § 48 Abs. 1 S. 1 iVm § 3 ZPO zu bestimmen.

Nr.	Gebührentatbestand	Gebühr oder Satz der Gebühr nach § 34 GKG
1514	Verfahren nach § 3 Abs. 2 des Gesetzes zur Ausführung des Vertrages zwischen der Bundesrepublik Deutschland und der Republik Österreich vom 6. Juni 1959 über die gegenseitige Anerkennung und Vollstreckung von gerichtlichen Entscheidungen, Vergleichen und öffentlichen Urkunden in Zivil- und Handelssachen in der im Bundesgesetzblatt Teil III, Gliederungsnummer 319-12, veröffentlichten bereinigten Fassung, das zuletzt durch Artikel 23 des Gesetzes vom 27. Juli 2001 (BGBl. I S. 1887) geändert worden ist	60,00 €

1   Inhaltlich geht es um den **deutsch-österreichischen Vertrag** aus dem Jahr 1959. Die Regelungen dieses Vertrages wurden durch die Verordnung (EG) Nr. 44/2001[1] zum 1.3.2002 ersetzt (Art. 69 der VO (EG) Nr. 44/2001). Lediglich für Entscheidungen und öffentliche Urkunden, die vor Inkrafttreten dieser Verordnung ergangen oder aufgenommen worden sind, bleiben die Regelungen des deutsch-österreichischen Vertrages anwendbar (Art. 70 Abs. 2 der VO (EG) Nr. 44/2001). § 3 Abs. 2 des Gesetzes zur Ausführung des Vertrages zwischen der Bundesrepublik Deutschland und der Republik Österreich vom 6. Juni 1959 hat folgenden Wortlaut:

3 Zöller/*Geimer*, ZPO, § 1079 Rn 8.   **4** *Hartmann*, KostG, Nr. 1513 KV GKG Rn 1.   **5** Prütting/Gehrlein/*Halfmeier*, § 1110 ZPO Rn 3.   **1** Verordnung (EG) Nr. 44/2001 des Rates vom 22. Dezember 2000 über die gerichtliche Zuständigkeit und die Anerkennung und Vollstreckung von Entscheidungen in Zivil- und Handelssachen (ABl. EG Nr. L 12, S. 1 v. 16.1.2001).

§ 3

(1) …

(2) Erlangt die Entscheidung des österreichischen Gerichts, die nach Absatz 1 zur Sicherung der Zwangsvollstreckung für vollstreckbar erklärt worden ist, später die Rechtskraft, so ist der Beschluss über die Vollstreckbarerklärung auf Antrag des Gläubigers dahin zu ändern, dass die Entscheidung ohne Beschränkung für vollstreckbar erklärt wird. Das gleiche gilt für den Fall, dass die Entscheidung des österreichischen Gerichts bereits die Rechtskraft erlangt hat, bevor der Beschluss über die Vollstreckbarerklärung erlassen wird, sofern der Eintritt der Rechtskraft in dem Verfahren nicht geltend gemacht worden ist. Über den Antrag ist ohne mündliche Verhandlung zu entscheiden; vor der Entscheidung ist der Gegner zu hören. Für das Verfahren gelten im übrigen § 1064 Abs. 2 der Zivilprozessordnung und § 2 Abs. 2, 4 und 5 entsprechend.

Nach **Nr. 1520 KV** fallen für das **Beschwerdeverfahren** und das **Rechtsbeschwerdeverfahren** Festgebühren   2
iHv 360 € an mit der Möglichkeit der Ermäßigung nach Nr. 1521 KV auf eine Festgebühr iHv 90 € und unter den Voraussetzungen der Nr. 1522 KV auf eine Festgebühr iHv 180 €.

Der **Kostenschuldner** ist nach §§ 22 und 29 zu bestimmen. Die **Fälligkeit** der Gebühr ergibt sich aus § 9. Es   3
besteht **Vorauszahlungspflicht** gem. § 12.

Abschnitt 2
Rechtsmittelverfahren

Nr.	Gebührentatbestand	Gebühr oder Satz der Gebühr nach § 34 GKG
1520	Verfahren über Rechtsmittel in den in den Nummern 1510 und 1514 genannten Verfahren	360,00 €
1521	Beendigung des gesamten Verfahrens durch Zurücknahme des Rechtsmittels, der Klage oder des Antrags, bevor die Schrift zur Begründung des Rechtsmittels bei Gericht eingegangen ist: Die Gebühr 1520 ermäßigt sich auf	90,00 €
1522	Beendigung des gesamten Verfahrens durch Zurücknahme des Rechtsmittels, der Klage oder des Antrags vor dem Schluss der mündlichen Verhandlung oder, wenn eine mündliche Verhandlung nicht stattfindet, vor Ablauf des Tages, an dem die Entscheidung der Geschäftsstelle übermittelt wird, wenn nicht Nummer 1521 erfüllt ist: Die Gebühr 1520 ermäßigt sich auf .... Erledigungserklärungen nach § 91 a ZPO stehen der Zurücknahme gleich, wenn keine Entscheidung über die Kosten ergeht oder die Entscheidung einer zuvor mitgeteilten Einigung der Parteien über die Kostentragung oder der Kostenübernahmeerklärung einer Partei folgt.	180,00 €

I. Verfahrensgebühr Nr. 1520 KV

Im Verfahren über die **Beschwerde** oder die **Rechtsbeschwerde** in den in den Nr. 1510 und 1514 KV ge-   1
nannten Verfahren fällt grds. eine Gerichtsgebühr iHv 360 € (Festgebühr) an. Die Gebühr Nr. 1520 KV kann nach Nr. 1521 KV auf 90 € und nach Nr. 1522 KV auf 180 € ermäßigt werden.

II. Gebührenermäßigung nach Nr. 1521 KV

Die Gebühr Nr. 1520 KV **ermäßigt** sich auf 90 €, wenn das Verfahren vollständig durch Zurücknahme des   2
Rechtsmittels, der Klage oder des Antrags beendet wird, **bevor** die **Schrift zur Begründung des Rechtsmittels bei Gericht eingegangen** ist. Die Privilegierung der Zurücknahme einer noch nicht begründeten Beschwerde oder Rechtsbeschwerde trägt dem Umstand Rechnung, dass eine materielle Prüfung des Gerichts ohne Begründung nicht erfolgen darf und letztlich auch nicht erfolgen kann. Sind wechselseitige Rechtsmittel erhoben worden, kommt eine Ermäßigung der Gebühren nur bei Zurücknahme der Beschwerden insge-

samt in Betracht, weil ansonsten das Verfahren nicht insgesamt erledigt wäre. Erforderlich ist eine **Gesamtbeendigung** des Verfahrens; eine nur teilweise Zurücknahme führt zu keiner Ermäßigung.[1]

III. Gebührenermäßigung nach Nr. 1522 KV

3   Nr. 1522 KV ist nur einschlägig, wenn die Tatbestandsvoraussetzungen für eine Gebührenermäßigung nach Nr. 1521 KV nicht vorliegen. Ist das Rechtsmittel bereits begründet worden, so kommt eine Ermäßigung der Gerichtsgebühren auf einen Betrag iHv 180 € nur noch in Betracht, wenn die Zurücknahme des Rechtsmittels, der Klage oder des Antrags an dem Tag, an dem die Entscheidung der Geschäftsstelle übermittelt wird, eingeht. Die Ermäßigung tritt demgemäß auch dann ein, wenn die Entscheidung bereits auf der Geschäftsstelle vorliegt, die Zurücknahme aber am selben Tag bei Gericht eingeht.

4   Maßgeblich ist der **Zeitpunkt** des Eingangs der Rücknahmeerklärung in der Eingangsgeschäftsstelle des Beschwerdegerichts, nicht der Eingang auf der Geschäftsstelle der zuständigen Abteilung.[2] Der Urkundsbeamte sollte daher sofort nach Eingang der Beschwerdeentscheidung den Eingangsstempel auf der Beschwerdeentscheidung vermerken, wenn diese auf der Geschäftsstelle eingeht, damit dieser Zeitpunkt verifizierbar ist.[3]

5   Eine Entscheidung über die Kosten steht der Ermäßigung nach Nr. 1522 KV nicht entgegen, wenn die Entscheidung aufgrund einer zuvor mitgeteilten Einigung über die Kostentragung oder einer Kostenübernahmeerklärung folgt (**Anm. zu Nr. 1522 KV**). Auch hier muss das Verfahren insgesamt erledigt sein. Das Gericht darf also nicht noch über einen Teil des Antrags oder die Kosten des Verfahrens entscheiden müssen. Privilegiert ist – anders als nach Nr. 1521 KV – hier die Beendigung des gesamten Verfahrens ohne Entscheidung, so dass auch bei einem **Anerkenntnis**, einer **Erledigung** oder einem **Vergleichsabschluss** eine Gebührenermäßigung erreicht werden kann.

Nr.	Gebührentatbestand	Gebühr oder Satz der Gebühr nach § 34 GKG
1523	Verfahren über Rechtsmittel in 1. den in den Nummern 1512 und 1513 genannten Verfahren und 2. Verfahren über die Berichtigung oder den Widerruf einer Bestätigung nach § 1079 ZPO: Das Rechtsmittel wird verworfen oder zurückgewiesen	60,00 €

1   Nr. 1523 KV ist nach **Nr. 1** anwendbar auf Rechtsmittel in Verfahren auf Ausstellung einer Bescheinigung nach § 56 AVAG (Nr. 1512 KV) sowie in Verfahren auf Ausstellung einer Bestätigung nach § 1079 ZPO (Nr. 1513 KV). Ferner ist Nr. 1523 KV anwendbar auf Rechtsmittel in Verfahren über die Berichtigung oder den Widerruf einer Bestätigung nach § 1079 ZPO (**Nr. 2**).

2   Gerichtsgebühren iHv 60 € (Festgebühr) fallen nur an, wenn das Rechtsmittel **verworfen oder zurückgewiesen** wird. Das Rechtsmittel ist als unzulässig zu verwerfen, wenn es nicht statthaft, insb. nicht form- oder fristgerecht eingelegt worden ist. Auch im Falle der Unbegründetheit eines Rechtsmittels wird die Gerichtsgebühr iHv 60 € erhoben. Ergeht im Rechtsmittelverfahren eine antragsgemäße Entscheidung, so ist es gerichtsgebührenfrei.

3   Der **Kostenschuldner** ergibt sich aus §§ 22 und 29. Die **Fälligkeit** bestimmt sich nach § 9.

1 *Hartmann*, KostG, Nr. 1211 KV GKG Rn 3. 2 *Hartmann*, KostG, Nr. 1811 KV GKG Rn 3. 3 *Hartmann*, KostG, Nr. 1811 KV GKG Rn 3.

Hauptabschnitt 6
Sonstige Verfahren
Abschnitt 1
Selbständiges Beweisverfahren

Nr.	Gebührentatbestand	Gebühr oder Satz der Gebühr nach § 34 GKG
1610	Verfahren im Allgemeinen	1,0

I. Allgemeines

Das selbständige Beweisverfahren (§§ 485 ff ZPO) wird hinsichtlich der Entstehung der Gerichtskosten als **gesondertes Verfahren** angesehen. Diese Kosten sind ggf später unter Berücksichtigung der Regelung eines Hauptverfahrens auszugleichen (→ Rn 17). **1**

Das selbständige Beweisverfahren dient der gesonderten Beweiserhebung unabhängig von einem bereits anhängigen oder evtl. auch später noch anhängig werdenden Rechtsstreit. Es stellt daher eine Ausnahme vom Grundsatz der Unmittelbarkeit der Beweisaufnahme durch das Prozessgericht (§§ 355 ff ZPO) bzw im Ausnahmefall einen ersuchten Richter (§ 362 ZPO) dar. Das Ergebnis der Beweiserhebung kann dann ggf im Hauptverfahren verwendet werden (§ 493 ZPO; → Rn 17).[1] **2**

Für den Rechtsstreit in der Hauptsache fällt in jedem Fall eine gesonderte Gebühr (Nr. 1210, 1211 oder 1220 ff KV) unabhängig davon an. **3**

Das Gericht entscheidet über den Antrag im Regelfall ohne mündliche Verhandlung durch Beschluss (§§ 490, 128 Abs. 4 ZPO), der einem Beweisbeschluss (§ 359 ZPO) entspricht.[2] Eine Abänderung bzw Ergänzung dieses Beschlusses ist zulässig, ohne dass damit in jedem Fall ein neues selbständiges Beweisverfahren eingeleitet wird (→ Rn 11). **4**

Eine Erörterung des Beweisergebnisses im selbständigen Beweisverfahren selbst findet im Regelfall nicht statt. Sofern eine Einigung der Parteien über den Hauptanspruch zu erwarten ist, kann das Gericht einen Erörterungstermin anberaumen, um durch einen möglichen Vergleich zB einen – noch nicht anhängigen – Rechtsstreit zu vermeiden.[3] **5**

II. Verfahrensgebühr

1. Abgeltungsbereich. Die Verfahrensgebühr Nr. 1610 KV stellt – wie zB auch die Gebühr Nr. 1210 KV – eine **pauschale Gebühr** dar (→ Nr. 1210 KV Rn 4), mit der die gesamte Tätigkeit des Gerichts vom Antragseingang bis zur Erledigung abgegolten ist. Sofern nicht der Antrag zurückgewiesen wurde, ist das selbständige Beweisverfahren im Regelfall mit der Einholung des Beweises beendet. Diese Beendigung ist regelmäßig mit der Bekanntgabe des Beweisergebnisses an die Parteien gegeben, sofern nicht (ausnahmsweise) eine Ergänzung zB des Sachverständigengutachtens beantragt wird (→ § 9 Rn 19).[4] Findet gem. § 493 Abs. 3 ZPO ein Erörterungstermin statt, tritt die Erledigung mit dessen Beendigung, ggf mit der Wirksamkeit eines darin geschlossenen Vergleichs ein. Die Durchführung dieses Termins hat auf die Gebühr keinen Einfluss. **6**

Ein einheitliches Verfahren ist auch gegeben, sofern die Sicherung mehrerer Beweismittel (Zeugen und/oder Sachverständigengutachten) einheitlich beantragt wird.[5] Zur Frage mehrerer Anträge → Rn 11. **7**

Sofern jedoch ein **Vergleich** über die nicht anhängige Hauptsache geschlossen wird, fällt dafür die Gebühr Nr. 1900 KV an (s. Erl. zu Nr. 1900 KV).[6] Wird durch den Vergleich die bereits anhängige Hauptsache erledigt, führt dies ggf zu einer Ermäßigung der für den Rechtsstreit gesondert anfallenden Verfahrensgebühr, zB gem. Nr. 1211 Nr. 3 KV (s. Erl. zu Nr. 1211 KV). **8**

2. Entstehung, Fälligkeit, Vorwegleistungspflicht. Die Gebühr entsteht mit Eingang des Antrags (§ 485 ZPO) bei Gericht (→ Nr. 1210 KV Rn 11) und wird zu diesem Zeitpunkt auch fällig (§ 6 Abs. 1 Nr. 1). Die Zulässigkeit des Antrags ist – wie auch bei Einreichung einer Klage – insoweit unbeachtlich (→ § 6 Rn 10 **9**

---

1 Zöller/*Herget*, ZPO, Vor § 485 Rn 1 ff. **2** Zöller/*Herget*, ZPO, § 490 Rn 1. **3** Zöller/*Herget*, ZPO, § 492 Rn 6. **4** BGH NJW 2002, 1640; OLG Köln AGS 2013, 180; LG Stuttgart NJW-RR 2013, 62. **5** *Oestreich/Hellstab/Trenkle*, GKG Nr. 1610 KV Rn 4. **6** *Oestreich/Hellstab/Trenkle*, GKG Nr. 1610 KV Rn 5.

und Nr. 1210 KV Rn 15). Es fällt in jedem Fall eine 1,0-Gebühr an, auch wenn der Rechtsstreit zur Hauptsache bereits im Berufungsverfahren anhängig ist.[7]

10   Eine **Vorwegleistungspflicht** besteht für die Gebühr **nicht**, da es an einer gem. § 10 erforderlichen konkreten gesetzlichen Regelung fehlt und die Bestimmung des § 12 Abs. 1 S. 1 ausschließlich für die Zustellung einer Klage anwendbar ist (→ § 12 Rn 21). Hinsichtlich der Auslagen s. die Erl. zu § 17.

11   **3. Mehrere Anträge.** Grundsätzlich löst jeder **gesonderte Antrag** auf Durchführung eines selbständigen Beweisverfahrens eine gesonderte Gebühr Nr. 1610 KV aus. Dies gilt auch dann, wenn die mehreren Anträge denselben Hauptanspruch betreffen, insb. wenn sich der weitere Antrag auf ein neues Beweismittel und/ oder neue Tatsachen bezieht (zum einheitlichen Antrag → Rn 7). Hingegen fällt für bloße Anträge auf Ergänzungen (zB des erstatteten Gutachtens) keine weitere Gebühre an.[8] Die Abgrenzung ist unter Berücksichtigung der Umstände des Einzelfalls vorzunehmen.

12   Ob ein in einem noch anhängigen selbständigen Beweisverfahren gestellter **Antrag des Antragsgegners** auf Sicherung eines Beweises eine gesonderte Gebühr auslöst, erscheint inzwischen umstritten.[9] Das selbständige Beweisverfahren dient – anders als das frühere Beweissicherungsverfahren – nicht mehr lediglich der Sicherung des Beweismittels des Antragstellers, sondern soll auch der Vermeidung oder Beschleunigung eines Rechtsstreits zur Hauptsache dienen, so dass zumindest Anträge des Antragsgegners, die das auf Antrag des Antragstellers (zunächst) gewonnene Beweisergebnis erschüttern sollen, kein neues Verfahren darstellen und keine neue Gebühr auslösen.[10]

13   Ein nach Beendigung (→ Rn 6) des – durch die Gebühr abgegoltenen – selbständigen Beweisverfahrens gestellter neuer Antrag löst daher grds. eine weitere Gebühre aus.

14   **4. Verhältnis von Rechtsstreit zur Hauptsache und selbständigem Beweisverfahren.** Die Gebühr Nr. 1610 KV fällt für das selbständige Beweisverfahren in jedem Fall mit einem 1,0-fachen Gebührensatz an. Es ist insoweit unerheblich, ob und in welcher Instanz ein Rechtsstreit zur Hauptsache anhängig ist.[11] Es ist auch weder eine Ermäßigung des Gebührensatzes noch eine Anrechnung auf die Verfahrensgebühr eines Rechtsstreits zur Hauptsache (zB Nr. 1210/1211 KV) vorgesehen.

15   **5. Auslagen.** Neben der Gebühr werden im Regelfall Auslagen, insb. gem. Nr. 9005 KV, anfallen (→ § 17 Rn 16; zur Fälligkeit → § 9 Rn 19). Die Auslagen für Zustellungen gem. Nr. 9002 KV sind unter Beachtung der diesbezüglichen Anmerkung zu erheben (mehr als 10 Zustellungen).

III. Kostenschuldner

16   **1. Selbständiges Beweisverfahren ohne Rechtsstreit zur Hauptsache.** Im selbständigen Beweisverfahren ergeht – mit Ausnahme des § 494 a Abs. 2 ZPO und im Falle einer Antragsrücknahme ohne Rechtsstreit zur Hauptsache – keine Kostenentscheidung. Dies gilt auch im Falle einer Erledigungserklärung.[12] Somit schuldet regelmäßig der Antragsteller die Kosten (Gebühr Nr. 1610 KV nebst Auslagen) gem. § 22 Abs. 1 S. 1. Zur evtl. ausnahmsweise gegebenen anteiligen Antragshaftung des Antragsgegners → Rn 12. Mangels Vorwegleistungspflicht (→ Rn 10) wird diese Gebühr nebst Auslagen unter Berücksichtigung ggf gem. § 17 gezahlter Auslagenvorschüsse bei Beendigung des selbständigen Beweisverfahrens zum Soll gestellt.

17   **2. Selbständiges Beweisverfahren mit Rechtsstreit zur Hauptsache.** Die Kosten des selbständigen Beweisverfahrens gehören zu den (Gerichts-)Kosten eines zugleich oder nachfolgend anhängigen Rechtsstreits zur Hauptsache, sofern zumindest ein Teil der Streitgegenstände und die Parteien der beiden Verfahren identisch sind. Somit werden in einem solchen Fall die Kosten des selbständigen Beweisverfahrens auch von der Kostenentscheidung des Klageverfahrens umfasst.[13] Dies gilt unabhängig vom Inhalt der Kostenentscheidung im Klageverfahren, somit auch im Falle einer Klagerücknahme.[14] Die Frage der – ggf nur teilweisen – Identität des Streitgegenstands ist inhaltlich und nicht hinsichtlich der Streitwerte zu beantworten.[15] Ist die angesprochene Identität gegeben, hat der Kostenbeamte die Kosten des selbständigen Beweisverfahrens in die Kostenrechnung des Rechtsstreits aufzunehmen und nach der insoweit maßgeblichen Kostenregelung auszugleichen. Im selbständigen Beweisverfahren bereits gezahlte Beträge sind naturgemäß anzurechnen.

---

7 Zöller/Herget, ZPO, § 490 Rn 9; Oestreich/Hellstab/Trenkle, GKG Nr. 1610 KV Rn 2. **8** Oestreich/Hellstab/Trenkle, GKG Nr. 1610 KV Rn 2. **9** OLG Koblenz NJW-RR 1997, 1024 bejaht lediglich neues Verfahren und Haftung des Antragsgegners gem. § 22 als Antragsteller; Oestreich/Hellstab/Trenkle, GKG Nr. 1610 KV Rn 4; Hartmann, KostG, Nr. 1610 KV GKG Rn 4 bejahen wohl weitere Gebühr. **10** OLG München NJW-RR 1997, 318; OLG Celle OLGR Celle 2009 = BauR 2009, 283 (zur Kostenhaftung gem. § 22); OLG Frankfurt OLGR Frankfurt 2008, 405 (zur Auslagenhaftung). **11** Oestreich/Hellstab/Trenkle, GKG Nr. 1610 KV Rn 2. **12** BGH NJW-RR 2011, 931; BGH NJW 2007, 3721. **13** BGH NJW 2003, 1322; Zöller/Herget, ZPO, § 91 Rn 13 „Selbständiges Beweisverfahren", jew. mwN. **14** BGH NJW 2007, 1282; Oestreich/Hellstab/Trenkle, GKG Nr. 1610 KV Rn 8 f. **15** OLG Düsseldorf JurBüro 2006, 143.

Eine Identität der Parteien beider Verfahren ist nicht gegeben, wenn anstelle des Antragstellers oder des Antragsgegners ein Streithelfer aus dem selbständigen Beweisverfahren Partei des sich anschließenden Rechtsstreits wird.[16]   18

IV. Prozesskostenhilfe

Für das selbständige Beweisverfahren ist eine gesonderte Bewilligung von Prozesskostenhilfe erforderlich, so dass nur dann insoweit die Wirkungen der § 122 ZPO eintreten können. Die Bewilligung für den Rechtsstreit zur Hauptsache erstreckt sich nicht auf dieses selbständige Beweisverfahren, auch wenn das Klageverfahren bereits anhängig ist.[17]   19

Die Bewilligung von Prozesskostenhilfe (allein) für den Antragsgegner hat auf die Haftung des Antragstellers gem. § 22 Abs. 1 S. 1 zunächst keine Auswirkungen, da eine Kostenentscheidung gegen den Antragsgegner im selbständigen Beweisverfahren nicht ergeht (→ Rn 16).[18] Sofern jedoch diese Kosten zu den Gerichtskosten des Rechtsstreits zur Hauptsache gehören (→ Rn 17), sind unter den Voraussetzungen des § 31 Abs. 3 oder 4 vom Antragsteller bereits gezahlte Gerichtskosten ggf zu erstatten.   20

V. Wert

Der Wert bestimmt sich nach dem Wert der Hauptsache oder eines Teiles davon, auf den sich die Beweiserhebung bezieht. Dabei ist auf den Zeitpunkt der Antragstellung abzustellen.[19] Betrifft das Verfahren die Feststellung des Umfangs des zur Mangel- oder Schadensbeseitigung erforderlichen Aufwands, ist der nach dem Gutachten hierfür erforderliche Kostenbetrag nach der Beweisaufnahme als Wert anzusetzen. Die aufgrund anderweitiger Angaben des Antragstellers vorherige vorläufige Wertfestsetzung ist zu korrigieren.[20] Sofern sich in der Beweisaufnahme die behaupteten Mängel bzw Schäden nur zum Teil bestätigen, ist zum tatsächlich erforderlichen Beseitigungsaufwand der Betrag hinzuzurechnen, der nach den Angaben des Antragstellers schätzungsweise aufzuwenden gewesen wäre, um die nicht feststellbaren Mängel bzw Schäden zu beseitigen bzw beheben.[21] Zur Streitwertbestimmung auch Anhang 1 zu § 48 GKG Rn 201 (Stichwort „Selbständiges Beweisverfahren").   21

Abschnitt 2
Schiedsrichterliches Verfahren

Vorbemerkung zu Nr. 1620 ff KV

I. Grundlagen schiedsrichterlicher Verfahren

Neben dem Erkenntnisverfahren vor den ordentlichen Gerichten, vor staatlichen Gerichten also, sieht das Prozessrecht auch die Entscheidung über das Bestehen oder Nichtbestehen rechtlicher Verhältnisse und der sich daraus für die Parteien (*inter partes*) ergebenden Folgen rechtlicher Art durch **nichtstaatliche Instanzen**, durch **Schiedsgerichte**, vor. Das 10. Buch der ZPO, §§ 1025 ff ZPO, befasst sich ausschließlich mit dem „Schiedsrichterlichen Verfahren". Die gegenwärtige Fassung dieses Buches[1] beruht auf dem UNCITRAL-Modellgesetz (*Model Law on International Commercial Arbitration of the United Nations Commission on International Trade Law*), welches die Generalversammlung der Vereinten Nationen am 11.12.1985 per Resolution[2] allen Mitgliedstaaten zur Berücksichtigung bei der Fassung ihrer Schiedsgerichtsvorschriften anempfahl. Die Bundesrepublik Deutschland hat dieser Empfehlung recht weitgehend Folge geleistet.[3] Das deutsche Schiedsgerichtsrecht entspricht damit internationalem Standard.[4]   1

II. Begriff des Schiedsgerichts und Anwendungsbereich

Schiedsgerichtsbarkeit liegt überall dort vor, wo sich die Parteien auf der Grundlage ihrer Privatautonomie darauf einigen, ihren Rechtsstreit durch Privatpersonen oder nichtstaatliche Gremien entscheiden zu lassen. Sie verzichten insoweit auf den Justizgewährungsanspruch des Staates um anderer Vorteile willen, die sie mit dem Schiedsverfahren verbinden.[5] Nicht jeder dieser privaten Streitschlichter oder Schlichtungsgremien   2

---

16 BGH NJW 2013, 3452; OLG Koblenz JurBüro 2013, 93 f. **17** AllgM, u.a. Zöller/*Herget*, ZPO, § 490 Rn 5, § 119 Rn 20. **18** LG Flensburg JurBüro 2007, 39. **19** BGH MDR 2005, 162; OLG Karlsruhe OLGR 2005, 216; OLG Schleswig OLGR 2005, 217; OLG Stuttgart MDR 2005, 347; Zöller/*Herget*, ZPO, § 3 Stichwort „Selbständiges Beweisverfahren". **20** OLG Celle BauR 2008, 1188; OLG München BauR 2004, 707; Zöller/*Herget*, ZPO, § 3 Stichwort „Selbständiges Beweisverfahren". **21** OLG Celle BauR 2008, 1188; OLG Düsseldorf AGS 2009, 240. **1** Durch Gesetz zur Neuregelung des Schiedsverfahrensrechts (Schiedsverfahrens-Neuregelungsgesetz – SchiedsVfG) v. 22.12.1997 (BGBl. I 3225), zul. geänd. d. G v. 22.3.2005 (BGBl. I 841). **2** A/RES/40/72. **3** S. dazu BT-Drucks 13/5274. **4** S. dazu auch Thomas/Putzo/*Reichold*, ZPO, Vorbem. §§ 1025 ff Rn 1 f; MüKo-ZPO/*Münch*, Vor § 1025 Rn 111 ff. **5** Im Detail MüKo-ZPO/*Münch*, Vor § 1025 Rn 1, 4.

ist umgekehrt freilich Schiedsgericht iSd §§ 1025 ff ZPO, für die allein der Abschnitt 2 (Nr. 1620 ff KV) gilt. Notwendig ist ein sog. **echtes Schiedsgericht**, das dadurch gekennzeichnet ist, dass

- alle beteiligten Parteien sich dem Schiedsspruch freiwillig unterwerfen,
- alle Seiten an der Gestaltung des Schiedsverfahrens mitwirken können,
- eine wirklich freie Richterwahl möglich ist und
- dem Schiedsgericht nach dem Willen der Beteiligten in der Streitsache volle Spruchgewalt ohne Beschränkungen zusteht.[6]

3   Vor dem Hintergrund dieser Kriterien fallen die meisten Privatgerichte aus dem Begriff des echten Schiedsgerichts heraus. Da sie zumeist eine freie Richterwahl nicht gewährleisten und auch der Einfluss der Streitparteien auf die Gestaltung des Schiedsverfahrens nicht zulassen, sind sog. „**Sportgerichte**, „**Kirchengerichte**" oder auch „**Parteigerichte**" keine echten Schiedsgerichte,[7] weswegen §§ 1025 ff ZPO nicht auf sie zur Anwendung gebracht werden können, somit gelten auch die Kostenvorschriften dieses Abschnitts des Kostenverzeichnisses dort nicht. **Arbeitsrechtliche Streitigkeiten** sind dem Schiedsverfahrensrecht der ZPO wegen § 101 Abs. 3 ArbGG entzogen, hier gelten mithin die arbeitsverfahrensrechtlichen Kostennormen.

III. Verfahrensgebühren Nr. 1620 ff KV und Gebühreneinzug

4   Bei den Gebühren, die in Nr. 1620 ff KV niedergelegt sind, handelt es sich um **Verfahrensgebühren**, die stets dann anfallen, wenn ein Verfahren als solches oder ein Verfahrensschritt veranlasst wird, unabhängig davon, welchen Verlauf das Verfahren nimmt und zu welchem Ende das Verfahren kommt.[8] Wegen § 1 Abs. 1 S. 1 Nr. 1 können für das Tätigwerden staatlicher Gerichte im Kontext eines echten Schiedsverfahrens nur die in Nr. 1620–1629 KV genannten Gebühren anfallen.[9]

5   Die jeweilige Gebühr wird damit entsprechend § 6 mit dem entsprechenden Antrag **fällig**. Sie beruht auf einer **Streitwertermittlung** nach § 48. Der **Kostenschuldner** wird nach § 22 bestimmt.

Unterabschnitt 1
Erster Rechtszug

Nr.	Gebührentatbestand	Gebühr oder Satz der Gebühr nach § 34 GKG
1620	Verfahren über die Aufhebung oder die Vollstreckbarerklärung eines Schiedsspruchs oder über die Aufhebung der Vollstreckbarerklärung .... Die Gebühr ist auch im Verfahren über die Vollstreckbarerklärung eines ausländischen Schiedsspruchs oder deren Aufhebung zu erheben.	2,0

I. Allgemeines

1   Die Gebühr Nr. 1620 KV enthält die Kostenfolge zweier recht unterschiedlicher Verfahrensschritte, denen beiden jedoch gemeinsam ist, dass sie ein **abgeschlossenes schiedsrichterliches Verfahren** nach §§ 1025 ff ZPO voraussetzen. Das betrifft insoweit die Aufhebung eines ergangenen Schiedsspruchs oder seine Vollstreckbarklärung, Letztere kann auch für im Ausland ergangene Schiedssprüche beantragt werden.

II. Aufhebung eines Schiedsspruchs

2   Einerseits regelt Nr. 1620 KV die Gebühr, die dadurch entsteht, dass die Aufhebung eines Schiedsspruchs, der nach den §§ 1025 ff ZPO ergangen ist, auf der Grundlage des § 1059 ZPO beantragt wird, was freilich nur möglich ist, wenn einer der Fälle, die § 1059 Abs. 2 ZPO regelt, vorliegt. Im Rahmen des dort gebildeten **Numerus clausus** an Antragsvarianten kann der **Antrag auf Rechtsgestaltung** durch das nach § 1062 ZPO zuständige staatliche Gericht gestellt werden; Rechtsgestaltung findet insoweit statt, als das Gericht den Schiedsspruch als solchen oder einen teilurteilsfähigen Teil davon **rückwirkend beseitigt**.[1] Ein solcher Antrag vermag noch während der Entscheidung über die Vollstreckbarerklärung eines Schiedsspruchs nach § 1060 Abs. 1 ZPO gestellt werden, wie § 1060 Abs. 2 ZPO deutlich werden lässt; für im Ausland ergange-

---

6 Kriterien im Anschluss an MüKo-ZPO/*Münch*, Vor § 1025 Rn 3.   7 Thomas/Putzo/*Reichold*, ZPO, Vorbem. §§ 1029 ff Rn 1 f.   8 Binz/Dörndorfer/*Zimmermann*, Nr. 1620 KV GKG Rn 1.   9 *Hartmann*, KostG, Nr. 1620–1627 KV GKG Rn 1.   1 Thomas/Putzo/*Reichold*, ZPO, § 1059 Rn 1.

ne Schiedssprüche gilt insoweit § 1061 Abs. 2 ZPO. Mit Antragstellung wird die Gebühr Nr. 1620 KV fällig.

Ist der Schiedsspruch aber bereits nach § 1060 ZPO für vollstreckbar erklärt worden, kann er nicht mehr **3** mit dem Aufhebungsantrag nach § 1059 ZPO angegriffen werden (s. § 1059 Abs. 4 ZPO), die Gebühr Nr. 1620 KV kann insoweit nicht mehr entstehen.

III. Vollstreckbarerklärung

§ 1060 Abs. 1 ZPO ermöglicht die Zwangsvollstreckung aus den Sprüchen echter Schiedsgerichte (→ Vor **4** Nr. 1620 ff KV Rn 2). Dazu ist der Schiedsspruch durch das nach § 1062 Abs. 1 Nr. 4 Alt. 2 ZPO zuständige staatliche Gericht für vollstreckbar zu erklären; die stattgebende Entscheidung des staatlichen Gerichts wird insoweit wegen § 794 Abs. 1 Nr. 4 a ZPO zum **Vollstreckungstitel**.[2] Wird Antrag auf Vollstreckbarerklärung eines inländischen Schiedsspruchs gestellt, fällt die Gebühr Nr. 1620 KV an.

Die **Anm.** stellt klar, dass die Gebühr auch durch Antrag auf **Vollstreckbarerklärung eines im Ausland ergangenen Schiedsspruchs** nach § 1061 ZPO entsteht, soweit der Schiedsspruch nach den Kriterien, auf die **5** § 1061 Abs. 1 S. 1 ZPO aE verweist, anzuerkennen ist. Wird der ausländische Schiedsspruch nicht anerkannt und die Vollstreckbarerklärung nach § 1061 Abs. 2 ZPO abgelehnt, entsteht die Gebühr Nr. 1620 KV gleichwohl, da sie für das Verfahren anfällt, auf dessen Grundlage über die Vollstreckbarerklärung entschieden wird, und nicht für die Vollstreckbarerklärung als solche.

IV. Gebührenanfall

Ist der Tatbestand einer der Varianten von Nr. 1620 KV gegeben, fallen zwei volle Gebühren an. Nr. 1627 **6** KV enthält einen **Ermäßigungstatbestand**.

Kommt es im Rahmen des Streits über denselben Streitgegenstand zur **erneuten** Stellung eines von Nr. 1620 **7** KV erfassten Antrags, etwa weil die Aufhebung eines Schiedsspruchs über § 1059 Abs. 5 ZPO das Wiederaufleben der Schiedsvereinbarung bewirkt, auf deren Grundlage ein erneuter Schiedsspruch ergeht, der dann wiederum durch einen Antrag auf der Basis von § 1059 ZPO angegriffen wird, so wird die Gebühr ein weiteres Mal fällig.[3]

V. Streitwert

Die Gebühren berechnen sich nach dem Wert des Streitgegenstands, der dem Schiedsverfahren zugrunde **8** lag, oder dem Wert des Streitgegenstands, der als teilurteilsfähig abgesondert werden kann. Zinsen und Kosten finden bei der Streitwertermittlung wegen § 43 Abs. 1 keine Berücksichtigung.

Nr.	Gebührentatbestand	Gebühr oder Satz der Gebühr nach § 34 GKG
1621	Verfahren über den Antrag auf Feststellung der Zulässigkeit oder Unzulässigkeit des schiedsrichterlichen Verfahrens	2,0

I. Allgemeines

Der Gebührentatbestand der Nr. 1621 KV bezieht sich auf die in § 1032 Abs. 2 ZPO eröffnete Möglichkeit, **1** je nach Feststellungsinteresse des Antragstellers die **Zulässigkeit oder Unzulässigkeit eines schiedsrichterlichen Verfahrens** im konkreten Fall durch ein staatliches Gericht – die Zuständigkeit bestimmt sich auf der Grundlage von § 1062 Abs. 1 S. 1 Nr. 2 Alt. 1 ZPO,[1] für Schiedsorte außerhalb der Bundesrepublik Deutschland in Verbindung mit § 1062 Abs. 2 Alt. 1 ZPO[2] – überprüfen zu lassen.

II. Entstehen der Gebühr und Höhe

Die Gebühr entsteht mit **Antragstellung** beim staatlichen Gericht. Der Antrag kann solange gestellt werden, **2** bis die Konstituierung des Schiedsgerichts abgeschlossen ist.[3] Dies ist dann der Fall, wenn eine Bestellung der Schiedsrichter in Gemäßheit des § 1035 ZPO stattgefunden hat und die so bestellten Schiedsrichter den

---

2 Thomas/Putzo/*Reichold*, ZPO, § 1060 Rn 7. **3** *Hartmann*, KostG, Nr. 1620–1627 KV GKG Rn 5. **1** Thomas/Putzo/*Reichold*, ZPO, § 1062 Rn 1 ff. **2** Thomas/Putzo/*Reichold*, ZPO, § 1062 Rn 4. **3** Thomas/Putzo/*Reichold*, ZPO, § 1032 Rn 5.

beteiligten Parteien gegenüber die Annahme der Schiedsrichterfunktion erklärt haben.[4] Maßgeblicher **Zeitpunkt** zur Beurteilung der Rechtzeitigkeit des Antrags auf Überprüfung der Zulässigkeit und damit für die Frage, ob die Gebühr Nr. 1621 KV entsteht, ist der Zeitpunkt des **Eingangs des Überprüfungsantrages bei Gericht.**[5]

3 Bei Einschlägigkeit des Tatbestands von Nr. 1620 KV fallen zwei volle Gebühren an. Eine **Ermäßigung** kann bei Erfüllung des Tatbestands von Nr. 1627 KV eintreten. Die Gebühr kann durch wiederholte Antragstellung auch mehrfach entstehen.[6]

III. Streitwert

4 Berechnungsgrundlage für die Streitwertermittlung ist der Wert des Streitgegenstands, der dem angestoßenen Schiedsverfahren zugrunde liegt. Da im Überprüfungsverfahren vor dem staatlichen Gericht freilich nicht über diesen Streitgegenstand als solchen, sondern lediglich über die Frage der Zulässigkeit oder Unzulässigkeit eines schiedsrichterlichen Verfahrens im Hinblick auf ihn verhandelt wird, ist ein **Abschlag** zu machen,[7] dessen Höhe sich am Interesse des Antragstellers an der Entscheidung über Zulässigkeit oder Unzulässigkeit zu orientieren hat. Die Spruchpraxis hat hier bislang noch keine signifikante Kasuistik entwickelt. Die festgesetzten Quoten, die im Verhältnis zum Wert des Streitgegenstands in der Hauptsache festgesetzt worden sind,[8] reichen von 10 % des Hauptsachestreitwerts,[9] 20 %,[10] zwischen 1/3 und 2/5[11] bis hin zu 50 %.[12]

Nr.	Gebührentatbestand	Gebühr oder Satz der Gebühr nach § 34 GKG
1622	Verfahren bei Rüge der Unzuständigkeit des Schiedsgerichts	2,0

1 In § 1040 ZPO finden sich die Regelungen über die letztverbindliche **Feststellung der Zuständigkeit eines Schiedsgerichts**. Stellt dieses fest – regelmäßig auf der Grundlage einer entsprechenden Rüge (§ 1040 Abs. 2 S. 1 ZPO)[1] –, dass es im konkreten Fall zuständig sei, steht den Beteiligten die Möglichkeit offen, diese Entscheidung durch ein staatliches Gericht, dessen Zuständigkeit nach § 1062 Abs. 1 S. 1 Nr. 2 Alt. 2 ZPO ermittelt wird,[2] überprüfen zu lassen (§ 1040 Abs. 3 S. 2 ZPO). Während die Kompetenz des Schiedsgerichts, seine Zuständigkeit festzustellen, nur eine vorläufige ist, befindet das staatliche Gericht im Verfahren nach § 1040 Abs. 3 S. 2 ZPO endgültig über diese Frage.[3]

2 Die **Verfahrensgebühr** Nr. 1622 KV für das dementsprechende Tätigwerden des staatlichen Gerichts wird mit **Antragstellung** bei diesem fällig. Sie beträgt zwei volle Gebühren, eine Gebührenermäßigung ist über Nr. 1627 KV erreichbar.

3 Der **Streitwert** richtet sich nach dem Gewicht des Interesses, das der Antragsteller daran hat, die Unzuständigkeit des Schiedsgerichts zu erweisen. Insoweit ist eine sachgemäße Schätzung durchzuführen. Diese ist nach oben hin durch den Wert der Hauptsache, die im schiedsrichterlichen Verfahren verhandelt werden soll, begrenzt,[4] da das Interesse an der Feststellung der Unzuständigkeit des Schiedsgerichts in der Hauptsache schwerlich über das Interesse, den Rechtsstreit in der Hauptsache selbst entschieden zu sehen, hinausreichen kann. Eine mehrfache Fälligkeit der Gebühr bei wiederholter Antragstellung ist möglich.[5]

Nr.	Gebührentatbestand	Gebühr oder Satz der Gebühr nach § 34 GKG
1623	Verfahren bei der Bestellung eines Schiedsrichters oder Ersatzschiedsrichters	0,5

4 Thomas/Putzo/*Reichold*, ZPO, § 1035 Rn 6. **5** BGH WM 2011, 1474. **6** *Hartmann*, KostG, Nr. 1620–1627 KV GKG Rn 6. **7** RG JW 1889, 480 Nr. 10; ebenso RGZ 41, 362. **8** MüKo-ZPO/*Münch*, § 1032 Rn 30. **9** BayObLGZ 1999, 269. **10** KG NJW 1967, 55; OLG Frankfurt a. M. SchiedsVZ 2007, 218. **11** BayObLGZ 2002, 327; OLG München SchiedsVZ 2007, 330. **12** OLG Hamm BB-Beilage 1999 II, 13. **1** MüKo-ZPO/*Münch*, § 1040 Rn 3. **2** Thomas/Putzo/*Reichold*, ZPO, § 1062 Rn 1 ff. **3** MüKo-ZPO/*Münch*, § 1040 Rn 2. **4** Binz/Dörndorfer/*Zimmermann*, Nr. 1622 KV GKG Rn 4. **5** *Hartmann*, KostG, Nr. 1620–1627 KV GKG Rn 7.

I. Allgemeines

Der Gebührentatbestand von Nr. 1623 KV betrifft diejenigen Fälle der **Bestellung von Schiedsrichtern oder**   1
Ersatzschiedsrichtern, an denen ein staatliches Gericht – die Zuständigkeit bestimmt sich insoweit über
§ 1062 Abs. 1 Nr. 1 Alt. 1 ZPO – an diesem Bestellungsvorgang mitwirkt, was das Gesetz in § 1034 Abs. 2
S. 1 ZPO[1] und in drei Konstellationen in § 1035 Abs. 3 S. 1 und S. 3 ZPO[2] entsprechend vorsieht. Für die
Bestellung eines Ersatzschiedsrichters erklärt § 1039 Abs. 1 S. 2 ZPO diese Bestimmungen für entsprechend
anwendbar.

II. Entstehen der Gebühr und Höhe

Die Gebühr entsteht als **Verfahrensgebühr** mit Antragstellung zur Bestellung bei Gericht. Für diesen Antrag   2
gilt im Falle des § 1034 Abs. 2 S. 1 ZPO eine Zweiwochenfrist aus § 1034 Abs. 2 S. 2 ZPO, die in jenem
Zeitpunkt einsetzt, in welchem dem Antragsteller die Zusammensetzung des Schiedsgerichts bekannt wird.[3]
Ist § 1035 Abs. 3 S. 1 oder S. 3 ZPO einschlägig, beträgt die Antragsfrist einen Monat ab Zugang der Auf-
forderung zur Schiedsrichterbestellung oder ab Mitteilung, dass die beiden auf der Grundlage von § 1035
Abs. 3 S. 2 ZPO bestellten Schiedsrichter sich nicht auf einen dritten Schiedsrichter zu einigen vermögen.[4]

Durch das Verfahren zur Bestellung eines Schiedsrichters oder Ersatzschiedsrichters wird eine Gebühr   3
iHv 0,5 fällig. Wegen des Wortlauts von Nr. 1623 KV („eines") wird diese Gebühr jedoch je Bestellung fällig.[5] Hat das Gericht also zwei Schiedsrichter zu bestellen, entsteht die Gebühr aus Nr. 1623 KV zweimal
etc.

III. Streitwert

Der Streitwert ermittelt sich durch einen im Wege der Schätzung gewonnen **Abschlagsbetrag** auf den Wert   4
der im Schiedsverfahren zu entscheidenden Hauptsache. Im Regelfall wird der Wert so zwischen 1/5[6]
und 1/3[7] des Werts der Hauptsache zu liegen kommen. Geringere Quoten, also etwa 1/8[8] oder 1/10[9] des
Werts in der Hauptsache, können je nach Gepräge und Gewicht der Hauptsache begründet sein.[10]

Nr.	Gebührentatbestand	Gebühr oder Satz der Gebühr nach § 34 GKG
1624	Verfahren über die Ablehnung eines Schiedsrichters oder über die Beendigung des Schiedsrichteramts	0,5

I. Allgemeines

Der Gebührentatbestand der Nr. 1624 KV umfasst zwei Alternativen: die Ablehnung eines Schiedsrichters   1
nach § 1037 ZPO sowie die Beendigung seines Amts auf der Grundlage von § 1038 ZPO.

II. Ablehnung eines Schiedsrichters

Hat eine Partei erfolglos die **Ablehnung eines der Schiedsrichter** erklärt – was ihr § 1037 Abs. 1 und 2 ZPO   2
ermöglicht –, so kann sie auf der Grundlage von § 1037 Abs. 3 S. 1 ZPO die Entscheidung eines staatlichen
Gerichts herbeiführen; dessen Zuständigkeit ergibt sich aus § 1062 Abs. 1 Nr. 1 Alt. 2 ZPO. Die Gebühr
wird mit Antragstellung bei Gericht fällig. Einsatzzeitpunkt der Frist zur Antragstellung ist jener Moment,
in welchem der Antragsteller Kenntnis von der Entscheidung des Schiedsgerichts erlangt hat, durch welchen
sein Ablehnungsgesuch abgelehnt wurde.[1] Die Frist beträgt – vorbehaltlich entsprechender Parteivereinbarung, die § 1037 Abs. 1 ZPO ausdrücklich nennt – einen Monat (§ 1037 Abs. 3 S. 1 ZPO).

III. Beendigung des Schiedsrichteramts

Kommt ein bestellter Schiedsrichter seinem Amt nicht nach, ist er also untätig, oder ist er wegen tatsächli-   3
cher oder rechtlicher Umstände daran gehindert, sein Schiedsrichteramt ordnungsgemäß auszuüben, und

1 MüKo-ZPO/*Münch*, § 1034 Rn 13. **2** MüKo-ZPO/*Münch*, § 1035 Rn 46. **3** Thomas/Putzo/*Reichold*, ZPO, § 1034 Rn 5.
4 Thomas/Putzo/*Reichold*, ZPO, § 1035 Rn 8. **5** *Hartmann*, KostG, Nr. 1620–1627 KV GKG Rn 8; Binz/Dörndorfer/*Zimmermann*, Nr. 1623 KV GKG Rn 5. **6** OLG Frankfurt a. M. 2.11.2007 – 26 SchH 3/07; OLG Naumburg SchiedsVZ 2003, 236.
7 OLG München BeckRS 2007, 07121; OLG München OLGR 2007, 189; OLG Frankfurt a. M. SchiedsVZ 2004, 168.
8 BayObLG 15.12.1999 – 4 Z SchH 6/99. **9** OLG München OLGR 2006, 272. **10** MüKo-ZPO/*Münch*, § 1035 Rn 64.
1 Thomas/Putzo/*Reichold*, ZPO, § 1037 Rn 5.

tritt dieser Schiedsrichter nicht zurück oder kann zwischen den Parteien kein Einvernehmen über die Abberufung dieses Schiedsrichters erzielt werden, so kann an ein staatliches Gericht (Bestimmung der Zuständigkeit über § 1062 Abs. 1 Nr. 1 Alt. 3 ZPO) der **Antrag auf Abberufung** gestellt werden. Mit Antragstellung wird die Verfahrensgebühr der Nr. 1624 KV fällig.

IV. Gebühr je Beendigungsfall

4   Die 0,5-Gebühr aus Nr. 1624 KV entsteht wegen des Wortlautes der Gebührenvorschrift („eines") je Schiedsrichter, der abgelehnt wird oder dessen Amt beendet werden soll, eigenständig, so dass bei der Ablehnung zweier Schiedsrichter auch zwei 0,5-Gebühren aus Nr. 1624 KV entstehen.[2]

V. Streitwert

5   Für den für beide Tatbestandsalternativen anzusetzenden Streitwert ist als **Obergrenze** der Wert des Rechtsstreits in der Hauptsache maßgeblich, über die im schiedsrichterlichen Verfahren verhandelt wird. Davon ist, da das Interesse an der schiedsrichterlichen Mitwirkung einer Person regelmäßig geringer ist als das Interesse an der Entscheidung der Hauptsache, durch sachgemäße Schätzung ein **Abschlagsbetrag** zu bilden, der idR – je nach Schwierigkeit der Hauptsache und der Beurteilung der Umstände, die die Ablehnung des Schiedsrichters oder die Beendigung des Schiedsrichteramts bedingen – zwischen 1/5[3] und 1/3[4] des Werts in der Hauptsache zu liegen kommen dürfte.[5]

Nr.	Gebührentatbestand	Gebühr oder Satz der Gebühr nach § 34 GKG
1625	Verfahren zur Unterstützung bei der Beweisaufnahme oder zur Vornahme sonstiger richterlicher Handlungen	0,5

I. Allgemeines

1   Auch wenn es sich beim schiedsgerichtlichen Verfahren dem Grundsatz nach um ein Verfahren vor einem Privatgericht handelt, so besteht doch die Möglichkeit eines **„staatsunterstützt betriebenen Schiedsverfahrens"**,[1] für das § 1050 ZPO den entsprechenden zivilverfahrensrechtlichen Hintergrund bereitstellt und dem nach § 1062 Abs. 4 ZPO zuständigen staatlichen Gericht Unterstützungsmöglichkeiten für die Aushilfe im Rahmen eines schiedsrichterlichen Verfahrens öffnet. Dort ist einerseits die **Hilfestellung bei der Durchführung einer Beweisaufnahme** geregelt (§ 1050 S. 1 Alt. 1 ZPO), ferner auch eine im Gesetz als **„sonstige richterliche Handlung"** in § 1050 S. 1 Alt 2. ZPO lediglich generell angesprochene Maßnahme. Grundvoraussetzung ist in beiden genannten Varianten, dass das Schiedsgericht als solches nicht befugt ist, die fragliche richterliche Handlung vorzunehmen (§ 1050 S. 1 ZPO aE). Unter diese Aushilfefälle fallen bei der Unterstützung der Durchführung der Beweisaufnahme (§ 1050 S. 1 Alt. 1 ZPO) etwa Zwangsmaßnahmen gegen Zeugen oder Sachverständige, Vermittlungshilfe namentlich bei Beweisaufnahmen im Ausland oder die Abnahme eidesstattlicher Versicherungen. Unter die „sonstigen Aushilfefälle" (§ 1050 S. 1 Alt. 2 ZPO) fällt die Vermittlung der Einholung von Behördenauskünften oder die Unterstützung bei Zustellungen.[2]

II. Entstehen der Gebühr und Höhe

2   Gebührenauslösendes Moment ist der **Antrag** an das staatliche Gericht auf Vornahme der entsprechenden Unterstützungshandlung. Dieser Antrag kann seitens der beteiligten Parteien des schiedsrichterlichen Verfahrens gestellt werden, er kann auch durch das Schiedsgericht selbst an das staatliche Gericht gerichtet werden. Mit Antragstellung wird eine 0,5-Gebühr fällig, die freilich das gesamte mit dem Antrag verbundene Verfahren abdeckt.[3]

3   Umgekehrt entsteht die Gebühr für jedes Verfahren vor dem staatlichen Gericht einzeln und gesondert, also für jede einzelne Aushilfshandlung des Gerichts mit dem zugehörigen Verfahrensumfeld.[4] Auf die Frage, ob

---

2 *Hartmann*, KostG, Nr. 1620–1627 KV GKG Rn 9.   **3** OLG Frankfurt a. M. BeckRS 2007, 18986; OLG Frankfurt a. M. SchiedsVZ 2006, 329.   **4** OLG Frankfurt BeckRS 2012, 10118; OLG München SchiedsVZ 2007, 280; OLG München OLGR 2007, 231; OLG Karlsruhe BeckRS 2006, 19851.   **5** MüKo-ZPO/*Münch*, § 1037 Rn 27.   **1** MüKo-ZPO/*Münch*, § 1050 Rn 30. **2** Diese und weitere Einzelfälle im Detail bei MüKo-ZPO/*Münch*, § 1050 Rn 5 ff; Thomas/Putzo/*Reichold*, ZPO, § 1050 Rn 1. **3** MüKo-ZPO/*Münch*, § 1050 Rn 36.   **4** *Hartmann*, KostG, Nr. 1620–1627 KV GKG Rn 11.

die richterliche Handlung im regulären Zivilrechtsstreit gebührenfrei wäre, kommt es dabei nicht an,[5] da Nr. 1625 KV für diejenigen Fälle, in denen die fragliche richterliche Handlung als Aushilfsersuchen aus einem Schiedsverfahren heraus bei dem staatlichen Gericht beantragt wird, **spezieller** ist und der entsprechende Tatbestand in Ermangelung eines Öffnungsmerkmals insoweit eindeutig ist.

III. Streitwert

Der Streitwert wird durch das staatliche Gericht selbst über § 48 Abs. 1 GKG iVm § 3 ZPO schätzweise ermittelt. In die Schätzung einzustellen ist das Interesse der beantragenden Partei oder des Schiedsgerichts an dem entsprechenden Aushilfeakt des Gerichts.[6]   **4**

IV. Kostenschuldner

Kostenschuldner ist der Antragsteller (§ 22 Abs. 1 S. 1 Hs 1 iVm § 31 Abs. 1). Fraglich ist freilich, wer exakt Kostenschuldner ist, wenn das Schiedsgericht selbst den Aushilfeantrag an das staatliche Gericht richtet. Denkbar ist, das Schiedsgericht als solches als Gebührenschuldner anzusehen[7] oder von einer gesamtschuldnerischen Haftung der Schiedsrichter auszugehen[8] oder hier Gesamtschuldnerschaft der am Schiedsverfahren beteiligten Parteien anzunehmen.[9] Richtig ist wohl, die beantragenden Schiedsrichter selbst in der gesamtschuldnerischen Haftung zu sehen, da das Schiedsgericht als solches mangels eigenständiger Rechtspersönlichkeit nicht Träger von Pflichten sein kann. Ebenso unzutreffend ist die Ansicht, dass, sofern das Schiedsgericht selbst den Aushilfantrag an das staatliche Gericht stellt, die beteiligten Parteien Antragsteller und damit Kostenschuldner seien.[10] Antragsteller ist das Schiedsgericht selbst, das die Kosten des Aushilfsverfahrens freilich als notwendige Kosten des schiedsrichterlichen Verfahrens über § 1057 Abs. 1 S. 1 ZPO auf die Beteiligten umlegen wird.   **5**

Nr.	Gebührentatbestand	Gebühr oder Satz der Gebühr nach § 34 GKG
1626	Verfahren über die Zulassung der Vollziehung einer vorläufigen oder sichernden Maßnahme oder über die Aufhebung oder Änderung einer Entscheidung über die Zulassung der Vollziehung .... Im Verfahren über die Zulassung der Vollziehung und in dem Verfahren über die Aufhebung oder Änderung einer Entscheidung über die Zulassung der Vollziehung werden die Gebühren jeweils gesondert erhoben.	2,0

Maßnahmen eines Schiedsgerichts, in deren Konsequenz die Möglichkeit der Ausübung von Zwang stehen kann, Maßnahmen also, die das **staatliche Gewaltmonopol** berühren, bedürfen zwingend der Mitwirkung eines staatlichen Gerichts, um eine in rechtsstaatlichen Bahnen verlaufende Zwangsanwendung zu gewährleisten. Insoweit ist es notwendig, den Schiedsspruch nach § 1060 Abs. 1 ZPO für **vollstreckbar zu erklären** (zur Kostenfolge → Nr. 1620 KV Rn 4 f). Insoweit ist es auch notwendig, Maßnahmen des **einstweiligen Rechtsschutzes**, die seitens des Schiedsgerichts auf der Grundlage von § 1041 Abs. 1 ZPO erlassen werden können (soweit die Schiedsvereinbarung keine Sonderregeln enthält), auf der Grundlage von § 1042 Abs. 2 ZPO für vollziehbar zu erklären. Die Gebühr Nr. 1626 KV erfasst insoweit den Fall, dass das staatliche Gericht – die Zuständigkeit bestimmt sich über § 1062 Abs. 1 Nr. 3 ZPO –   **1**

- die schiedsrichterliche Maßnahme des einstweiligen Rechtsschutzes durch Beschluss **für vollziehbar erklärt** (§ 1042 Abs. 2 ZPO),
- dass es diesen Beschluss **ändert** (§ 1042 Abs. 2 Alt. 2 ZPO) oder
- dass es diesen Beschluss gänzlich **aufhebt** (§ 1042 Abs. 2 Alt. 1 ZPO).

Die **Anm.** stellt dabei klar, dass für Vollziehbarerklärung, für Änderung und Aufhebung jeweils die in Nr. 1626 KV angeordneten 2,0-Gebühren anfallen, dass die zwei vollen Gebühren also insoweit kumulativ entstehen können.[1]   **2**

---

5 MüKo-ZPO/*Münch*, § 1050 Rn 36; *Hartmann*, KostG, Nr. 1620–1627 KV GKG Rn 11. **6** MüKo-ZPO/*Münch*, § 1050 Rn 37; *Hartmann*, KostG, Nr. 1620–1627 KV GKG Rn 16. **7** Stein/Jonas/*Schlosser*, § 1050 ZPO Rn 10. **8** MüKo-ZPO/*Münch*, § 1050 Rn 36. **9** *Hartmann*, KostG, Nr. 1620–1626 KV Rn 17. **10** So aber *Hartmann*, KostG, Nr. 1620–1627 KV Rn 17. **1** *Hartmann*, KostG, Nr. 1620–1627 KV GKG Rn 12; Binz/Dörndorfer/*Zimmermann*, Nr. 1626 KV GKG Rn 8.

3 Als **Verfahrensgebühren** werden die Gebühren aus Nr. 1626 KV mit Antragstellung der jeweiligen Partei zum staatlichen Gericht **fällig**.

4 Der **Streitwert** bestimmt sich – wie im einstweiligen Rechtsschutz vor staatlichen Gerichten auch – nach dem auf der Grundlage von § 48 Abs. 1 GKG iVm § 3 ZPO zu schätzenden Sicherungsinteresse der antragstellenden Partei.

Nr.	Gebührentatbestand	Gebühr oder Satz der Gebühr nach § 34 GKG
1627	Beendigung des gesamten Verfahrens durch Zurücknahme des Antrags: Die Gebühren 1620 bis 1622 und 1626 ermäßigen sich auf	1,0

1 Der Gebührentatbestand der Nr. 1627 KV ermöglicht es, Gebühren, die für das Tätigwerden staatlicher Gerichtsbarkeit im Kontext schiedsrichterlicher Verfahren angefallen sind, zu **ermäßigen**. Dies gilt dann, wenn sich die fraglichen Verfahren vor den staatlichen Gerichten durch **Antragsrücknahme vollständig erledigen**. Der Ermäßigungstatbestand erfasst nicht sämtliche Gebührentatbestände, die das Mitwirken staatlicher Gerichte an schiedsrichterlichen Verfahren zum Gegenstand haben: Ausgenommen sind Nr. 1623, 1624 und 1625 KV, was seinen Hintergrund darin hat, dass diese Nummern des Kostenverzeichnisses nur das Entstehen einer Gebühr mit einem Gebührensatz von 0,5 bewirken, weswegen ein Raum für Ermäßigungen von vornherein nicht gegeben ist.[1]

Unterabschnitt 2
Rechtsbeschwerde

Nr.	Gebührentatbestand	Gebühr oder Satz der Gebühr nach § 34 GKG
1628	Verfahren über die Rechtsbeschwerde in den in den Nummern 1620 bis 1622 und 1626 genannten Verfahren	3,0
1629	Beendigung des gesamten Verfahrens durch Zurücknahme der Rechtsbeschwerde oder des Antrags: Die Gebühr 1628 ermäßigt sich auf	1,0

1 **Nr. 1628 KV:** Mit Ausnahme der Aushilfshandlungen nach § 1050 ZPO, die § 1062 Abs. 4 ZPO in die Zuständigkeit der Amtsgerichte verweist, werden sämtliche Mitwirkungshandlungen staatlicher Gerichte durch § 1062 ZPO von vornherein in die Zuständigkeit von Oberlandesgerichten gegeben. Insoweit ist es als durchaus konsequent anzusehen, wenn § 1065 Abs. 1 S. 2 ZPO die entsprechenden Beschlüsse (als nach § 1063 Abs. 1 S. 1 ZPO grundsätzlich gebotener Entscheidungsform) einer Anfechtung entzieht. Ausnahmen sind in § 1065 Abs. 1 S. 1 ZPO lediglich für die Überprüfung des Beschlusses auf Feststellung der Zulässigkeit oder Unzulässigkeit eines schiedsrichterlichen Verfahrens auf der Grundlage von § 1032 ZPO bzw des Beschlusses über einen zuständigkeitsbejahenden Zwischenentscheid des Schiedsgerichts nach § 1040 ZPO sowie von Beschlüssen, die die Aufhebung eines Schiedsspruchs (§ 1059 ZPO), seine Vollstreckbarerklärung (§§ 1060 ff ZPO) oder deren Aufhebung (§ 1061 ZPO) zum Gegenstand haben, vorgesehen durch Verweis auf die entsprechenden Zuständigkeitsvorschriften nach § 1062 Abs. 1 Nr. 2 und 4 ZPO. Es handelt sich dabei also um diejenigen Verfahren, für die in Nr. 1620, 1621, 1622 und 1626 KV die nötigen Kostenvorschriften getroffen werden.

2 Mit dem Antrag, durch welchem bei Gericht **Rechtsbeschwerde** gegen einen der gerade genannten Beschlüsse eingelegt wird (zuständig ist wegen § 133 GVG der Bundesgerichtshof), fällt die Gebühr **Nr. 1628 KV** mit einem Gebührensatz von 3,0 an, da es sich auch hier um eine echte Verfahrensgebühr handelt.[1] Eine

1 Binz/Dörndorfer/Zimmermann, Nr. 1626 KV GKG Rn 8. 1 Hartmann, KostG, Nr. 1628–1629 KV GKG Rn 1.

Gebührenermäßigung kann durch Nr. 1629 KV eintreten. Der **Streitwert** wird auf der Grundlage von § 48 GKG iVm § 3 ZPO schätzweise ermittelt. **Kostenschuldner** ist wegen § 22 der Antragsteller.

Nr. 1629 KV: Sollte der Antrag, durch welchen Rechtsbeschwerde nach § 1065 Abs. 1 S. 1 ZPO gegen einen Beschluss, der unter die Zuständigkeitsvorschriften in § 1062 Abs. 1 Nr. 2 oder 4 ZPO fällt und durch welchen damit an sich die Gebühr Nr. 1628 KV entstanden wäre, vor Entscheidung über die Beschwerde durch den Antragsteller **zurückgenommen** werden und dadurch die **Beendigung des gesamten insoweit anhängigen Verfahrens** erreicht werden, ermäßigen sich die aus Nr. 1628 KV sich ergebenden drei vollen Gebühren auf eine volle Gebühr. Hinsichtlich **Streitwertbestimmung** und **Kostenschuldner** gelten die Ausführungen zu Nr. 1628 KV entsprechend (→ Rn 2). **3**

Abschnitt 3
Besondere Verfahren nach dem Gesetz gegen Wettbewerbsbeschränkungen, dem Wertpapiererwerbs- und Übernahmegesetz und dem Wertpapierhandelsgesetz

Nr.	Gebührentatbestand	Gebühr oder Satz der Gebühr nach § 34 GKG
1630	Verfahren über einen Antrag nach § 169 Absatz 2 Satz 5 und 6, Absatz 4 Satz 2, § 173 Absatz 1 Satz 3 oder nach § 176 GWB	3,0
1631	Beendigung des gesamten Verfahrens durch Zurücknahme des Antrags: Die Gebühr 1630 ermäßigt sich auf	1,0
1632	Verfahren über den Antrag nach § 50 Abs. 3 bis 5 WpÜG, auch i.V.m. § 37 u Abs. 2 WpHG .... Mehrere Verfahren gelten innerhalb eines Rechtszugs als ein Verfahren.	0,5

I. Gebühren Nr. 1630, 1631 KV

Für die Verfahren nach **1**

- § 169 Abs. 2 S. 5 GWB (Wiederherstellung des Zuschlagsverbots),
- § 169 Abs. 2 S. 6 GWB (Gestattung des sofortigen Zuschlags),
- § 169 Abs. 4 S. 2 GWB (Wiederherstellung des Zuschlagsverbots durch Beschwerdegericht),
- § 173 Abs. 1 S. 3 GWB (Verlängerung der aufschiebenden Wirkung),
- § 176 GWB (Vorabentscheidung über den Zuschlag)

entsteht eine Verfahrensgebühr mit einem 3,0-Gebührensatz (**Nr. 1630 KV**). Die Gebühr entsteht bereits mit Antragseingang beim Beschwerdegericht. Sie fällt für jeden Antrag gesondert an. Für die **Fälligkeit** gilt § 9 Abs. 2, da es sich nicht um bürgerliche Rechtsstreitigkeiten handelt.

Ist die Gebühr einmal entstanden, kann sie nicht mehr nachträglich entfallen, jedoch findet nach **Nr. 1631** **2** **KV** eine **Ermäßigung** auf einen 1,0-Gebührensatz statt, wenn das Verfahren durch **Antragsrücknahme** beendet wird. Es muss sich das gesamte Verfahren erledigen, so dass eine Teilrücknahme nicht genügt und auch keine Teilermäßigung herbeiführt. Auf andere Tatbestände ist Nr. 1631 KV nicht anwendbar, weil sie die Ermäßigungstatbestände abschließend regelt. Da die Vorschrift keinen Zeitpunkt für die Rücknahme nennt, kann diese bis zur Verfahrensbeendigung durch Erlass der Entscheidung erfolgen.

Wird in einem Verfahren nach § 173 Abs. 1 S. 3 GWB nur die aufschiebende Wirkung der sofortigen Beschwerde einstweilen bis zur endgültigen Entscheidung über den Antrag verlängert und kommt es bis zum Abschluss des Beschwerdeverfahrens nicht zu einer endgültigen Entscheidung, entsteht gleichfalls nur eine 1,0-Gebühr nach Nr. 1631 KV.[1] **3**

Der **Streitwert** bestimmt sich nach § 50 Abs. 2 und ist auf 5 % der Bruttoauftragssumme festzusetzen. **Kostenschuldner** ist derjenige, dem das Gericht die Kosten auferlegt (§ 29 Nr. 1). Für die Kostenentscheidung gilt § 175 Abs. 2 iVm § 78 GWB. Eine Antragshaftung nach § 22 Abs. 1 besteht nicht, da es sich nicht um **4**

---

[1] OLG München 9.9.2011 – Verg 5/11.

bürgerliche Rechtsstreitigkeiten handelt und die Verfahren nach § 1 Abs. 1 S. 1 Nr. 9 nicht von § 22 Abs. 1 erfasst sind.

II. Gebühr Nr. 1632 KV

5   In den Verfahren über Anträge nach § 50 **Abs. 3–5 WpÜG**, ggf iVm § **37 u Abs. 2 WpHG**, fällt eine 0,5-Verfahrensgebühr an (Nr. 1632 KV). Die Gebühr entsteht mit Eingang des Antrags beim Beschwerdegericht. Sie kann danach nicht mehr entfallen und sich auch nicht ermäßigen, so dass die Gebührenhöhe unabhängig vom Ausgang des Verfahrens ist. Die Gebühr entsteht auch bei Beendigung durch Rücknahme.

6   Grundsätzlich löst jeder Antrag die Gebühr gesondert aus, jedoch ordnet **Anm.** zu Nr. 1632 KV an, dass mehrere Verfahren innerhalb eines Rechtszugs als ein Verfahren gelten. Die Gebühr wird dann nur einmal, allerdings nach den zusammengerechneten Werten, erhoben.

7   Der **Streitwert** ist gem. § 3 ZPO nach billigem Ermessen zu bestimmen. **Kostenschuldner** ist derjenige, dem das Gericht die Kosten auferlegt (§ 29 Nr. 1). Eine Antragshaftung nach § 22 Abs. 1 besteht nicht, da es sich nicht um bürgerliche Rechtsstreitigkeiten handelt und die Verfahren nach § 1 Abs. 1 S. 1 Nr. 10, 11 nicht von § 22 Abs. 1 erfasst sind.

Abschnitt 4
Besondere Verfahren nach dem Aktiengesetz und dem Umwandlungsgesetz
Unterabschnitt 1
Erster Rechtszug

Nr.	Gebührentatbestand	Gebühr oder Satz der Gebühr nach § 34 GKG
1640	Verfahren nach § 148 Abs. 1 und 2 des Aktiengesetzes	1,0
1641	Verfahren nach den §§ 246 a, 319 Abs. 6 des Aktiengesetzes, auch i.V.m. § 327 e Abs. 2 des Aktiengesetzes oder § 16 Abs. 3 UmwG	1,5
1642	Beendigung des gesamten Verfahrens ohne Entscheidung: Die Gebühren 1640 und 1641 ermäßigen sich auf	0,5
	(1) Die Gebühr ermäßigt sich auch im Fall der Zurücknahme des Antrags vor Ablauf des Tages, an dem die Entscheidung der Geschäftsstelle übermittelt wird.	
	(2) Eine Entscheidung über die Kosten steht der Ermäßigung nicht entgegen, wenn die Entscheidung einer zuvor mitgeteilten Einigung der Parteien über die Kostentragung oder der Kostenübernahmeerklärung einer Partei folgt.	

1   Die Gebührenvorschriften Nr. 1640–1642 KV betreffen allein das Verfahren im **ersten Rechtszug**. Das von der Gebühr **Nr. 1640 KV** erfasste Verfahren nach § 148 Abs. 1 und 2 AktG ermöglicht Aktionären, **Ersatzansprüche der Gesellschaft im Weg der Prozessstandschaft** geltend zu machen (→ § 53 Rn 40). Die Verfahrensgebühr beträgt 1,0. Der **Wert** bestimmt sich gem. § 53 Abs. 1 Nr. 4 nach § 3 ZPO, darf jedoch ein Zehntel des Grundkapitals oder Stammkapitals des übertragenden oder formwechselnden Rechtsträgers, ersatzweise ein Zehntel des Vermögens dieses Rechtsträgers, höchstens jedoch 500.000 €, nur insoweit übersteigen, als die Bedeutung der Sache für die Parteien höher zu bewerten ist (§ 53 Abs. 1 Nr. 4 Hs 2). Zur Wertberechnung näher → § 53 Rn 41 f.

2   Für die von **Nr. 1641 KV** erfassten **Freigabeverfahren**, die in bestimmten Fällen die Eintragung von Hauptversammlungsbeschlüssen in das Handelsregister trotz zwischenzeitlicher Beschlussmängelklagen ermöglichen, gilt eine erhöhte Verfahrensgebühr von 1,5. Der **Wert** bestimmt sich nach § 247 AktG unter Berücksichtigung der Bewertung des Hauptsacheverfahrens.[1]

3   Die Gebühren Nr. 1640 und 1641 KV **ermäßigen** sich bei Beendigung des gesamten Verfahrens ohne Entscheidung auf einen Gebührensatz von 0,5 (**Nr. 1642 KV**). Die Ermäßigung erfolgt nur bei Zurücknahme am Tag vor der Übermittlung der Entscheidung an die Geschäftsstelle (vgl Abs 1 der Anm. zu Nr. 1642

---

[1] OLG Nürnberg AG 2012, 758.

KV). Eine infolge Vergleichs oder übereinstimmender Erledigungserklärung noch notwendige Kostenentscheidung steht der Ermäßigung nicht entgegen, wenn deren Inhalt auf einer Einigung oder entsprechenden Kostenübernahmeerklärung der Parteien beruht (Abs. 2 der Anm. zu Nr. 1642 KV).

Unterabschnitt 2
Beschwerde

Nr.	Gebührentatbestand	Gebühr oder Satz der Gebühr nach § 34 GKG
1643	Verfahren über die Beschwerde in den in Nummer 1640 genannten Verfahren	1,0
1644	Beendigung des Verfahrens ohne Entscheidung: Die Gebühr 1643 ermäßigt sich auf	0,5
	(1) Die Gebühr ermäßigt sich auch im Fall der Zurücknahme der Beschwerde vor Ablauf des Tages, an dem die Entscheidung der Geschäftsstelle übermittelt wird.	
	(2) Eine Entscheidung über die Kosten steht der Ermäßigung nicht entgegen, wenn die Entscheidung einer zuvor mitgeteilten Einigung der Parteien über die Kostentragung oder der Kostenübernahmeerklärung einer Partei folgt.	

Die Gebührenvorschriften Nr. 1643 und 1644 KV betreffen allein das **Beschwerdeverfahren**. Die Gebühr   1
Nr. 1643 KV betrifft nur Beschwerdeverfahren in Verfahren nach § 148 Abs. 1 und 2 AktG (→ Nr. 1640–1642 Rn 1), da in den von Nr. 1641 KV erfassten Verfahren keine Beschwerde eröffnet ist.

Wird das Beschwerdeverfahren ohne Entscheidung beendet, **ermäßigt** sich die Gebühr Nr. 1643 KV auf   2
einen Gebührensatz von 0,5 (**Nr. 1644 KV**). Die Gebührenermäßigung erfolgt nur bei Zurücknahme am Tag vor der Übermittlung der Entscheidung an die Geschäftsstelle (vgl Abs. 1 der Anm. zu Nr. 1644 KV). Der Ermäßigung steht eine infolge Vergleichs oder übereinstimmender Erledigungserklärung noch notwendige Kostenentscheidung nicht entgegen, wenn deren Inhalt auf einer Einigung oder entsprechenden Kostenübernahmeerklärung der Parteien beruht (Abs. 2 der Anm. zu Nr. 1644 KV).

Abschnitt 5
Sanierungs- und Reorganisationsverfahren nach dem Kreditinstitute-Reorganisationsgesetz

Nr.	Gebührentatbestand	Gebühr oder Satz der Gebühr nach § 34 GKG
1650	Sanierungsverfahren	0,5
1651	Die Durchführung des Sanierungsverfahrens wird nicht angeordnet: Die Gebühr 1650 beträgt	0,2
1652	Reorganisationsverfahren	1,0
1653	Die Durchführung des Reorganisationsverfahrens wird nicht angeordnet: Die Gebühr 1652 beträgt	0,2

I. Allgemeines

1 Abschnitt 5 mit den Gebührenvorschriften Nr. 1650–1653 KV wurde mWz 1.1.2011 durch das Restrukturierungsgesetz vom 9.12.2010[1] in Teil 1 Hauptabschnitt 6 KV eingefügt. Diesbezügliche Übergangsvorschriften finden sich in § 71.

2 Bei den Gebühren Nr. 1650–1653 KV handelt es sich um **vorrangige Spezialvorschriften**. Zu diesen zählen ebenfalls § 23 a GKG (**Kostenschuldner**; → Rn 11), § 53 a GKG (**Streitwert**; → Rn 10) sowie § 24 RVG (**Gegenstandswert**).

3 Bei den Gebührenvorschriften gilt es, zwei Verfahrensarten zu unterscheiden: das Sanierungsverfahren einerseits und das Reorganisationsverfahren andererseits, die jeweils zwei Fallkonstellationen beinhalten.

II. Sanierungsverfahren (Nr. 1650, 1651 KV)

4 Die Gebühren Nr. 1650 und 1651 KV betreffen das Sanierungsverfahren, welches in den §§ 2–6 des Kreditinstitute-Reorganisierungsgesetzes (KredReorgG) geregelt ist.

5 Die Gebühr **Nr. 1650 KV** entsteht, wenn die Durchführung des Sanierungsverfahrens nach § 3 Abs. 1 S. 1 KredReorgG vom zuständigen Oberlandesgericht angeordnet wird. Hierfür ist die Herausgabe des Beschlusses maßgeblich. Die Gebühr entsteht mit einem Gebührensatz von 0,5.

6 Wird die Durchführung des Sanierungsverfahrens nicht vom Oberlandesgericht angeordnet, so entsteht die Gebühr Nr. 1650 KV mit einem Gebührensatz von 0,2 (**Nr. 1651 KV**).

III. Reorganisationsverfahren (Nr. 1652, 1653 KV)

7 Das Reorganisationsverfahren ist in den §§ 7–23 KredReorgG geregelt. Es finden die Gebühren Nr. 1652 und 1653 KV Anwendung.

8 Ordnet auch hier das zuständige Oberlandesgericht die Durchführung gem. § 7 Abs. 4 S. 1 Alt. 2 KredReorgG an, entsteht die Gebühr **Nr. 1652 KV**. Wie bei der Sanierung (→ Rn 5) ist auch hier die Herausgabe des Beschlusses maßgeblich. Die Gebühr entsteht mit einem Gebührensatz von 1,0.

9 Wird der Durchführungsantrag gem. § 7 Abs. 3 S. 1 KredReorgG zurückgewiesen, entsteht die Gebühr Nr. 1652 KV mit einem Gebührensatz von 0,2 (**Nr. 1653 KV**). Dies gilt auch, wenn die Durchführungsanordnung aus anderem Grund unterbleibt.

IV. Weitere praktische Hinweise

10 **1. Streitwert.** Nach § 53 a werden die Gebühren im Sanierungs- und Reorganisationsverfahren nach der Bilanzsumme des letzten Jahresabschlusses vor der Stellung des Antrags auf Durchführung des Sanierungs- oder Reorganisationsverfahrens erhoben (→ § 53 a Rn 1).

11 **2. Kostenschuldner.** Die Kosten des Sanierungs- und Reorganisationsverfahrens schuldet nach § 23 a nur das Kreditinstitut (→ § 23 a Rn 1).

Hauptabschnitt 7
Rüge wegen Verletzung des Anspruchs auf rechtliches Gehör

Nr.	Gebührentatbestand	Gebühr oder Satz der Gebühr nach § 34 GKG
1700	Verfahren über die Rüge wegen Verletzung des Anspruchs auf rechtliches Gehör (§ 321 a ZPO, auch i.V.m. § 122 a PatG oder § 89 a MarkenG, § 71 a GWB): Die Rüge wird in vollem Umfang verworfen oder zurückgewiesen	60,00 €

---

[1] Art. 9 Nr. 5 des Gesetzes zur Restrukturierung und geordneten Abwicklung von Kreditinstituten, zur Errichtung eines Restrukturierungsfonds für Kreditinstitute und zur Verlängerung der Verjährungsfrist der aktienrechtlichen Organhaftung (Restrukturierungsgesetz) v. 9.12.2010 (BGBl. I 1900, 1930), in Kraft getreten am 1.1.2011.

I. Allgemeines und Anwendungsbereich

Im Verfahren über eine Rüge wegen der Verletzung des Anspruchs auf rechtliches Gehör wird je nach Ausgang des Verfahrens eine **Festgebühr** nach Nr. 1700 KV erhoben. Auf den Wert des Verfahrens kommt es nicht an. Nr. 1700 KV regelt die Erhebung einer **Verfahrensgebühr** für den Fall der Verwerfung oder Zurückweisung.   **1**

Nr. 1700 KV gilt ausdrücklich allein für die in **Teil 1 KV** geregelten Anhörungsrügen nach   **2**

- § 321 a ZPO, auch iVm § 122 a PatG oder § 89 a MarkenG,
- § 71 a GWB.

Soweit Anhörungsrügen nach **Teil 2 KV** erhoben werden, wird die Gebühr Nr. 2500 KV ausgelöst (Teil 3   **3** KV/Nr. 3920 KV; Teil 4 KV/Nr. 4500 KV; Teil 5 KV/Nr. 5400 KV; Teil 6 KV/Nr. 6400 KV; Teil 7 KV/ Nr. 7400 KV; Teil 8 KV/Nr. 8500 KV), die einheitlich 60 € beträgt. Soweit Anhörungsrügen in **Familiensachen** nach §§ 44, 113 Abs. 1 S. 2 FamFG iVm § 321 a ZPO erhoben werden, werden Gebühren nach Nr. 1800 KV ausgelöst. Ein Gebührentatbestand für Anhörungsrügen im **Kostenrecht** (§ 12 a RVG, § 69 a GKG, § 61 FamGKG, § 84 GNotKG, § 4 a JVEG) ist nicht geregelt;[1] Anhörungsrügen nach den Kostengesetzen sind daher gebührenfrei.[2]

II. Voraussetzungen und Höhe der Gebühr

Die Gebühr nach Nr. 1700 KV wird erhoben, wenn die Rüge **in vollem Umfang verworfen** oder **zurückgewiesen** wird. Wird der Rüge ganz oder auch nur teilweise stattgegeben, wird die Gebühr Nr. 1700 KV nicht erhoben. Schließen die Parteien im Anhörungsrügenverfahren einen Vergleich und erledigt sich die Rüge insoweit, wird der Gebührentatbestand der Nr. 1700 KV ebenfalls nicht ausgelöst.   **4**

Die **Höhe** der Gebühr beläuft sich auf 60 €. Es handelt sich um eine wertunabhängige Festgebühr, die auch   **5** dann nicht zu ermäßigen ist, wenn nur ein beschränkter Teil des Streitgegenstands angegriffen worden ist. Werden mehrere Rügen in demselben Verfahren erhoben, dann entsteht die Gebühr jeweils gesondert.

III. Kostenschuldner

Schuldner der Gebühr ist derjenige, der die Rüge erhoben hat. Soweit einer Partei für den Rechtsstreit Prozesskostenhilfe bewilligt worden ist, schuldet er die Gebühr der Nr. 1700 KV dennoch, es sei denn, ihm ist für das Gehörsrügeverfahren gesondert Prozesskostenhilfe bewilligt worden, was grds. möglich ist.[3] Prozesskostenhilfe für das Gehörsrügeverfahren muss allerdings gesondert beantragt werden.   **6**

Hauptabschnitt 8
Sonstige Beschwerden und Rechtsbeschwerden

Abschnitt 1
Sonstige Beschwerden

Nr.	Gebührentatbestand	Gebühr oder Satz der Gebühr nach § 34 GKG
1810	Verfahren über Beschwerden nach § 71 Abs. 2, § 91 a Abs. 2, § 99 Abs. 2, § 269 Abs. 5 oder § 494 a Abs. 2 Satz 2 ZPO	90,00 €

I. Allgemeines

In den Beschwerdeverfahren nach § 71 Abs. 2, § 91 a Abs. 2, § 99 Abs. 2, § 269 Abs. 5 und § 494 Abs. 2   **1** S. 2 ZPO fällt die Verfahrensgebühr Nr. 1810 KV an. Es handelt sich um eine **Festgebühr**; der Streitwert des Beschwerdeverfahrens spielt daher keine Rolle. Die Festgebühr beträgt 90 €.[1]

Die Gebührenhöhe trägt dem Arbeitsaufwand in angemessener Höhe Rechnung. Bei den Beschwerden gegen die Kostengrundentscheidungen iSv § 71 Abs. 2, § 91 a Abs. 2, § 99 Abs. 2, § 269 Abs. 5 und § 494   **2**

---

1 OLG Düsseldorf AGS 2010, 194 = RVGreport 2010, 199; OLG Celle AGS 2012, 529 = MDR 2012, 1067. **2** LG Saarbrücken AGS 2016, 180 = JurBüro 2016, 302; OLG Celle AGS 2012, 529 = MDR 2012, 1067. **3** BGH AGS 2014, 290 = RVGreport 2014, 167 = NJW-Spezial 2014, 477. **1** Das 2. KostRMoG (BGBl. 2013 I 2586) hat den Gebührenbetrag von 75 € auf 90 € erhöht.

Abs. 2 S. 2 ZPO bewegt sich der Beschwerdewert in aller Regel in einem überschaubaren Rahmen.[2] Die Gebühr Nr. 1810 KV entspricht in etwa einer Wertgebühr mit einem Satz von 1,0 bei einem Streitwert von 2.000 €.

3   Ein Ermäßigungstatbestand der Gebühr Nr. 1810 KV ist in Nr. 1811 KV enthalten.

II. Gebührentatbestand

4   **1. Allgemeines.** Nr. 1810 KV findet nur auf die dort **genannten Beschwerdeverfahren** Anwendung (zu den einzelnen Fällen → Rn 16 ff). Bei der Beschwerde gegen die in Nr. 1810 KV genannten Entscheidungen handelt es sich um die **sofortige Beschwerde nach § 567 Abs. 1 ZPO**. Hierzu gehört aber auch die Anschlussbeschwerde nach § 567 Abs. 3 ZPO. Für sonstige Beschwerden ist Nr. 1812 KV anzuwenden. Bei **Rechtsbeschwerden** kommen die Nr. 1820 ff KV in Betracht, in den Fällen des § 71 Abs. 1, § 91 a Abs. 1, § 99 Abs. 2, § 269 Abs. 4, § 494 Abs. 2 S. 2 und § 516 Abs. 3 ZPO die **Nr. 1823, 1824, 1825 KV**.

5   Für andere Rechtsbehelfe gilt Nr. 1810 KV nicht, zB **nicht** für Berufung, Anschlussberufung, Revision, Anschlussrevision, Erinnerung, Widerspruch, Einspruch, Anhörungsrüge, Gegenvorstellung, Dienstaufsichtsbeschwerde.

6   Die Gebühr Nr. 1810 KV entsteht **zusätzlich** zu den Gebühren des Hauptsacheverfahrens, gleich welcher Instanz. Bei einer Kostenmischentscheidung können die Gebühr Nr. 1810 KV und Nr. 1812 oder 1220 KV nebeneinander anfallen. Die Gebühr Nr. 1900 KV kann ggf neben der Gebühr Nr. 1810, 1811 KV zur Anwendung kommen, wenn die Parteien einen Vergleich geschlossen haben und der Wert des Vergleichsgegenstands den Wert des Beschwerdegegenstands übersteigt.

7   Nr. 1810 KV enthält eine **Verfahrensgebühr**. Sie entsteht mit dem Eingang der Beschwerde bei Gericht (vgl § 6 Abs. 1 Nr. 1). Es handelt sich um eine Pauschgebühr (§ 35), die das **gesamte Beschwerdeverfahren** abdeckt. Dazu gehört auch eine mündliche Verhandlung oder eine Beweisaufnahme.

8   Darauf, ob die Beschwerde zutreffend als solche bezeichnet ist, kommt es nicht an. Entscheidend ist, ob das Gericht die Eingabe **als Beschwerde auslegt**.[3] Wird eine Eingabe durch eine unrichtige Sachbehandlung als Beschwerde eingeordnet, kann die Niederschlagung der Gebühr (§ 21) in Betracht kommen.

9   Die Gebühr fällt unabhängig davon an, ob die Beschwerde statthaft ist oder nicht. Die Gebühr entsteht auch, wenn der Beschwerdeführer die Beschwerde bei einem unzuständigen Gericht einlegt. Es spielt keine Rolle, ob ein Anwaltszwang (vgl § 569 Abs. 3 ZPO) beachtet wurde.

10   Endet das Beschwerdeverfahren ohne gerichtliche Entscheidung (zB Rücknahme der Beschwerde), kommt die Ermäßigung der Gebühr nach Nr. 1811 KV in Betracht. Im Übrigen ist der **Ausgang des Beschwerdeverfahrens ohne Einfluss** auf die Gebühr. Es kommt insb. nicht darauf an, ob der Beschwerde stattgegeben oder ob sie verworfen bzw zurückgewiesen wird. Auch bei der Abhilfe der Beschwerde fällt die Gebühr (ohne Ermäßigung) an.

11   **2. Behandlung mehrerer Beschwerden.** Hinsichtlich der Behandlung **mehrerer Beschwerden** ist folgendermaßen zu differenzieren:

12   **a) Verschiedene Entscheidungen, gegen die jeweils eine Beschwerde erhoben wird:** Für jede Beschwerde fällt die Gebühr Nr. 1810 KV gesondert an. Denn jede Beschwerde leitet ein neues Beschwerdeverfahren ein. Es kommt nicht darauf an, ob die Beschwerden von derselben oder unterschiedlichen Parteien eingelegt werden. Ohne Bedeutung ist es, wenn das Beschwerdegericht die verschiedenen Beschwerden in einem Verfahren verbindet und gemeinsam über sie entscheidet, weil die jeweilige Gebühr Nr. 1810 KV für die einzelnen Beschwerdesachen bereits entstanden ist.

13   **b) Verschiedene Entscheidungen, gegen die einheitlich eine Beschwerde erhoben wird:** Wird über die Beschwerde nur ein Beschwerdeverfahren geführt, fällt die Gebühr Nr. 1810 KV nur einmal an. Werden aber einzelne Verfahrensteile des Beschwerdeverfahrens abgetrennt, entsteht die Gebühr Nr. 1810 KV für die abgetrennten Verfahrensteile jeweils erneut.

14   **c) Dieselbe Entscheidung, gegen die mehrere Beschwerden erhoben werden:**

aa) Bei Eingang der neuen Beschwerde ist über die zunächst eingelegte Beschwerde bereits entschieden: Für die zunächst erhobene Beschwerde entsteht die Gebühr Nr. 1810 KV. Für jede danach eingelegte Beschwerde entsteht die Gebühr Nr. 1810 KV erneut. Dies kann zB den Fall betreffen, dass zunächst die eine Partei Beschwerde einlegt, über die dann abschließend entschieden worden ist, und dann die andere Partei Beschwerde einlegt.[4] Dies wird – angesichts der Beschwerdefrist von zwei Wochen (vgl § 569 Abs. 1 S. 1 ZPO) – regelmäßig nur in Betracht kommen können, wenn der Beginn der Beschwerdefrist für die Parteien (er-

---

2 Vgl BT-Drucks 15/1971, S. 164. **3** OLG Hamm JurBüro 1972, 891; vgl auch zur Rechtsbeschwerde: BGH BeckRS 2011, 878; BGH BeckRS 2011, 879. **4** Vgl OLG Nürnberg JurBüro 1963, 648.

heblich) auseinanderfällt. Häufiger in der Praxis auftreten wird der Fall, dass die durch die Ausgangsentscheidung beschwerte Partei Beschwerde erhebt und das Ausgangsgericht ihr vollständig abhilft und sodann die gegnerische Partei Beschwerde gegen die Ausgangsentscheidung in der Fassung der Abhilfeentscheidung einlegt.

bb) Bei Eingang der neuen Beschwerde ist über die zunächst eingelegte Beschwerde noch nicht entschieden: In diesen Fällen fällt die Gebühr Nr. 1810 KV nur einmal an.[5] Dies gilt gleichermaßen, wenn eine Partei mehrfach dieselbe Beschwerde gegen eine Entscheidung erhebt, wenn eine Partei Beschwerde und die andere Partei Anschlussbeschwerde oder wenn beide Parteien selbstständige Beschwerden erheben. Bei der mehrfachen Beschwerde durch eine Partei handelt es sich um ein einheitliches Rechtsmittel, über das einheitlich zu entscheiden ist.[6] Dies gilt auch dann, wenn die Beschwerdeschriften bei verschiedenen Gerichten eingereicht sind und nach Verweisung einem dieser Gerichte zur Entscheidung vorliegen.[7] Werden durch unterschiedliche Parteien Beschwerden erhoben, seien es selbstständige Beschwerden oder Beschwerde und Anschlussbeschwerde, wird durch beide Beschwerden die Einheit des Rechtsstreits nicht berührt.[8] Über beide Beschwerden ist einheitlich zu verhandeln und zu entscheiden.[9] Einer Verbindung nach § 147 ZPO bedarf es hierfür nicht.[10]

d) Dieselbe Entscheidung, gegen die eine Beschwerde erhoben wird, aber mehrere Beschwerdegründe geltend gemacht werden: Es entsteht eine Gebühr nach Nr. 1810 KV. Die Vorschrift stellt auf die Beschwerde ab und nicht auf einzelne Beschwerdegründe, mit denen sich das Beschwerdegericht zu befassen hat.   **15**

III. Die einzelnen Fälle

Die Gebühr Nr. 1810 KV betrifft die dort abschließend genannten Beschwerdeverfahren.   **16**

1. Beschwerde nach § 71 Abs. 2 ZPO. Hat ein Dritter ein rechtliches Interesse daran, dass in einem zwischen anderen Personen anhängigen Rechtsstreit die eine Partei obsiege, kann der Dritte der Partei in dem Rechtsstreit zum Zwecke ihrer Unterstützung **beitreten** (§ 66 Abs. 1 ZPO). Eine gerichtliche Entscheidung über die Zulassung des Beitritts ergeht nur, wenn eine Partei des Rechtsstreits die Zurückweisung des Beitretenden beantragt hat. In diesem Fall entscheidet das Gericht durch Zwischenurteil (§ 71 Abs. 1, 2 ZPO). Gegen das Zwischenurteil findet dann die sofortige Beschwerde statt (§ 71 Abs. 2 ZPO).   **17**

Wird die Entscheidung über die Zulassung des Beitritts mit dem Endurteil verbunden, bleibt die Anfechtung mittels der sofortigen Beschwerde nach § 71 Abs. 2 ZPO möglich.[11] Wird gegen die Hauptsache Berufung und gegen die Entscheidung über die Zulassung des Beitretenden sofortige Beschwerde eingelegt, können die Gebühren Nr. 1220 KV und Nr. 1810 KV nebeneinander entstehen, und zwar auch dann, wenn in einem einheitlichen Verfahren über die Berufung und die sofortige Beschwerde entschieden wird.   **18**

2. Beschwerde nach § 91 a Abs. 2 ZPO. Haben die Parteien den Rechtsstreit in der Hauptsache für erledigt erklärt, so entscheidet das Gericht über die **Kosten des Rechtsstreits unter Berücksichtigung des bisherigen Sach- und Streitstands nach billigem Ermessen** durch Beschluss (§ 91 a Abs. 1 S. 1 ZPO). Dasselbe gilt über § 91 a Abs. 1 S. 2 ZPO, wenn der Beklagte der Erledigungserklärung nicht innerhalb einer Notfrist von zwei Wochen seit Zustellung des Schriftsatzes widerspricht, wenn der Beklagte zuvor auf die Wirkung eines unterbleibenden Widerspruchs und die Rechtsfolge einer Kostenentscheidung[12] nach § 91 a Abs. 1 S. 1 ZPO hingewiesen worden ist.   **19**

Wird der Rechtsstreit **insgesamt für erledigt erklärt**, ist gegen die Kostenentscheidung die sofortige Beschwerde nach § 91 a Abs. 2 S. 1, § 567 Abs. 1 ZPO gegeben. Der Wert des Beschwerdegegenstands muss 200 € übersteigen (§ 567 Abs. 2 ZPO). Außerdem muss der Streitwert der Hauptsache 600 € übersteigen (§ 91 a Abs. 2 S. 2 iVm § 511 Abs. 2 Nr. 1 ZPO).   **20**

Wird der Rechtsstreit nur **teilweise übereinstimmend für erledigt erklärt** und wird einheitlich über die Kosten des erledigten und des nicht erledigten Teils der Hauptsache entschieden, handelt es sich um eine **Kostenmischentscheidung**. Hinsichtlich des erledigten Teils der Hauptsache kann die Kostenmischentscheidung, die insoweit auf § 91 a ZPO beruht, ebenso mit der sofortigen Beschwerde angefochten werden.[13] Soll auch der nicht erledigte Teil der Hauptsache angegriffen werden, kann einheitlich Berufung bzw Berufung und Anschlussberufung gegen das Urteil eingelegt und so erreicht werden, dass die Kostenmischentscheidung insgesamt überprüft wird.[14] Für das Berufungsverfahren entsteht dann nicht die Gebühr Nr. 1810 KV, son-   **21**

---

5 So auch OLG Nürnberg JurBüro 1963, 648. **6** BGH NJW 1966, 1753; BGH NJW 1985, 2834; BGH NJW 1993, 269; BGH NJW 1993, 3141; BGH NJW 1996, 2659; BGH NJW-RR 2005, 780. **7** BGH NJW-RR 2005, 780 (für Berufungssachen). **8** Vgl MüKo-ZPO/*Rimmelspacher*, § 519 Rn 42 (für Berufungssachen). **9** Vgl MüKo-ZPO/*Rimmelspacher*, § 519 Rn 42 (für Berufungssachen). **10** Vgl MüKo-ZPO/*Rimmelspacher*, § 519 Rn 42 (für Berufungssachen). **11** BGH NJW 1963, 2027. **12** Vgl BGH NJW 2009, 1973. **13** BGH NJW 1964, 660. **14** Vgl BGH NJW-RR 2010, 640; BGH NJW 2001, 230, 231; BGH NJW 1955, 1394, 1395 (alle jew. zur Kostenmischentscheidung bei Teilanerkenntnis).

dern die Gebühr Nr. 1220 KV, und zwar nach dem Streitwert der streitigen Hauptsache und des die Erledigung betreffenden Kosteninteresses.

22   **3. Beschwerde nach § 99 Abs. 2 ZPO.** Erkennt eine Partei den gegen sie geltend gemachten Anspruch an, so ist sie dem **Anerkenntnis** gemäß zu verurteilen (§ 307 S. 1 ZPO). In dem Anerkenntnisurteil trifft das Gericht dann auch eine Entscheidung über die Kosten des Rechtsstreits.

23   Wird der geltend gemachte Anspruch **insgesamt anerkannt**, findet gegen die **Kostenentscheidung im Anerkenntnisurteil** die sofortige Beschwerde statt (§ 99 Abs. 2 S. 1 ZPO). Der Wert des Beschwerdegegenstands muss 200 € übersteigen (§ 567 Abs. 2 ZPO). Außerdem muss der Streitwert der Hauptsache 600 € übersteigen (§ 99 Abs. 2 S. 2 iVm § 511 Abs. 2 Nr. 1 ZPO).

24   Wird der geltend gemachte Anspruch nur **teilweise anerkannt** und wird einheitlich über die Kosten des anerkannten und des nicht anerkannten Teils der Hauptsache entschieden, handelt es sich um eine **Kostenmischentscheidung**. Hinsichtlich des anerkannten Teils kann die Kostenmischentscheidung ebenso mit der sofortigen Beschwerde angefochten werden.[15] Soll auch der nicht anerkannte Teil der Hauptsache angegriffen werden, kann einheitlich Berufung bzw Berufung und Anschlussberufung gegen das Urteil eingelegt und so erreicht werden, dass die Kostenmischentscheidung insgesamt überprüft wird.[16] Für das Berufungsverfahren entsteht dann nicht die Gebühr Nr. 1810 KV, sondern die Gebühr Nr. 1220 KV, und zwar nach dem Streitwert der streitigen Hauptsache und des das Anerkenntnis betreffenden Kosteninteresses.

25   **4. Beschwerde nach § 269 Abs. 5 ZPO.** Wird die Klage **zurückgenommen**, hat das Gericht auf Antrag nach § 269 Abs. 4 ZPO über die Kosten des Rechtsstreits durch Beschluss zu entscheiden.

26   Wird die Klage **insgesamt zurückgenommen**, findet gegen die **Kostenentscheidung** die sofortige Beschwerde statt (§ 269 Abs. 5 S. 1 ZPO). Der Wert des Beschwerdegegenstands muss 200 € übersteigen (§ 567 Abs. 2 ZPO). Außerdem muss der Streitwert der Hauptsache 600 € übersteigen (§ 269 Abs. 5 S. 1 iVm § 511 Abs. 2 Nr. 1 ZPO).

27   Wird die Klage **teilweise zurückgenommen** und wird einheitlich – dann vollständig von Amts wegen – über die Kosten des zurückgenommenen und des nicht zurückgenommenen Teils der Hauptsache entschieden, handelt es sich um eine **Kostenmischentscheidung**. Hinsichtlich des zurückgenommenen Teils kann die Kostenmischentscheidung mit der sofortigen Beschwerde angefochten werden.[17] Soll auch der nicht zurückgenommene Teil der Hauptsache angegriffen werden, kann einheitlich Berufung bzw Berufung und Anschlussberufung gegen das Urteil eingelegt und so erreicht werden, dass die Kostenmischentscheidung insgesamt überprüft wird.[18] Für das Berufungsverfahren entsteht dann nicht die Gebühr Nr. 1810 KV, sondern die Gebühr Nr. 1220 KV, und zwar nach dem Streitwert der streitigen Hauptsache und des die Zurücknahme betreffenden Kosteninteresses.

28   Bei einer Rücknahme der Berufung oder der Revision beruht die Kostenentscheidung nicht auf § 269 Abs. 3, 4 ZPO, sondern auf § 516 Abs. 3 ZPO (iVm § 565 ZPO). Gegen die Kostenentscheidung des Berufungsgerichts ist die Rechtsbeschwerde gem. § 574 Abs. 1 Nr. 2 ZPO statthaft. Gegen die Kostenentscheidung des Revisionsgerichts ist kein Rechtsmittel statthaft. Wird dennoch gegen die Kostenentscheidung des Berufungsgerichts bzw des Revisionsgerichts Beschwerde erhoben und ist sie nicht als Rechtsbeschwerde auszulegen, fällt die Gebühr Nr. 1812 KV an. Nr. 1810 KV ist nicht einschlägig, weil der Fall des § 516 Abs. 3 ZPO (iVm § 565 ZPO) nicht in dem Gebührentatbestand erwähnt ist.[19]

29   **5. Beschwerde nach § 494 a Abs. 2 S. 2 ZPO.** Nach Abschluss der Beweiserhebung eines **selbstständigen Beweisverfahrens** (§§ 485 ff ZPO) hat das Gericht auf Antrag anzuordnen, dass der Antragsteller des selbstständigen Beweisverfahrens binnen einer zu bestimmenden Frist Klage zu erheben hat, wenn ein Rechtsstreit noch nicht anhängig ist (§ 494 a Abs. 1 S. 1 ZPO). Kommt der Antragsteller dieser Anordnung nicht nach, hat das Gericht auf Antrag durch Beschluss auszusprechen, dass er die dem Gegner entstandenen Kosten zu tragen hat.

30   Diese Entscheidung unterliegt der sofortigen Beschwerde (§ 494 a Abs. 2 S. 2 ZPO). Der Wert des Beschwerdegegenstands muss 200 € übersteigen (§ 567 Abs. 2 ZPO).

IV. Gebührenhöhe

31   Bei der Gebühr Nr. 1810 KV handelt es sich um eine Festgebühr. Sie beträgt immer 90 €. Eine Ermäßigung der Gebühr Nr. 1810 KV tritt nur unter den Voraussetzungen der Nr. 1811 KV ein. Die Festgebühr ist un-

---

15 Vgl BGH NJW 1964, 660 (zur Kostenmischentscheidung bei Teilerledigung). **16** BGH NJW-RR 2010, 640; BGH NJW 2001, 230, 231; BGH NJW 1955, 1394, 1395. **17** Vgl BGH NJW 1964, 660 (zur Kostenmischentscheidung bei Teilerledigung). **18** BGH NJW-RR 2010, 640; BGH NJW 2001, 230, 231; BGH NJW 1955, 1394, 1395 (alle jew. zur Kostenmischentscheidung bei Teilanerkenntnis). **19** So auch *Hartmann*, KostG, Nr. 1810 KV GKG Rn 5; aA *Meyer*, GKG Nr. 1810 KV Rn 135: sinngemäße Anwendung von Nr. 1810, 1811 KV.

abhängig davon, ob und in welcher Höhe Gebühren in der vorhergehenden Instanz oder im Hauptsacheverfahren entstanden waren.

V. Weitere praktische Hinweise

1. Fälligkeit, Vorauszahlungspflicht. Die Gebühr wird gem. § 6 Abs. 1 Nr. 1 bereits mit der Einreichung der   32
Beschwerdeschrift oder mit der Abgabe der entsprechenden Erklärung zu Protokoll fällig. Das Gericht darf
seine Verfahrenshandlungen aber nicht von einer Vorauszahlung der Gebühr abhängig machen (vgl § 12
Abs. 1).

2. Kostenschuldner. Kostenschuldner der Gebühr Nr. 1810 KV ist   33

- der Beschwerdeführer (§ 22 Abs. 1 S. 1) und
- die Partei,
  - der durch gerichtliche Entscheidung die Kosten des Beschwerdeverfahrens auferlegt sind (§ 29 Nr. 1) bzw
  - die durch Erklärung oder in einem Vergleich die Kosten des Beschwerdeverfahrens übernommen hat (§ 29 Nr. 2).

Die Geltendmachung der Gebühr gegenüber mehreren in Betracht kommenden Schuldnern richtet sich   34
nach § 31 GKG (vgl auch § 8 KostVfg).

Nr.	Gebührentatbestand	Gebühr oder Satz der Gebühr nach § 34 GKG
1811	Beendigung des Verfahrens ohne Entscheidung: Die Gebühr 1810 ermäßigt sich auf .... (1) Die Gebühr ermäßigt sich auch im Fall der Zurücknahme der Beschwerde vor Ablauf des Tages, an dem die Entscheidung der Geschäftsstelle übermittelt wird. (2) Eine Entscheidung über die Kosten steht der Ermäßigung nicht entgegen, wenn die Entscheidung einer zuvor mitgeteilten Einigung der Parteien über die Kostentragung oder der Kostenübernahmeerklärung einer Partei folgt.	60,00 €

I. Allgemeines

Nr. 1811 KV[1] ist ein Ermäßigungstatbestand der Gebühr Nr. 1810 KV.   1

In den Ermäßigungsfällen erfolgt eine Reduzierung der Gebühr auf 60 €.[2]   2

Ermäßigungsfälle sind nicht nur die Beschwerderücknahme, die die Gesetzesbegründung erwähnt,[3] sondern   3
zB auch die übereinstimmenden Erledigungserklärungen oder der Vergleich.

II. Regelungszweck

Zweck der Vorschrift ist es, Kostenanreize dafür zu setzen, dass dem Beschwerdegericht durch ein **aktives**   4
Handeln der Parteien ein zeitaufwendiges Absetzen von Beschlussgründen bzw die Befassung mit der Sach-
und Rechtslage zum Beschwerdegegenstand erspart bleiben.

Damit sind Fälle gemeint, in den Parteierklärungen bewirken, dass der Beschwerdegegenstand nicht mehr   5
anhängig ist und sich das Beschwerdegericht auch in der Kostenentscheidung nicht mehr mit der Sach- und
Rechtslage zum Beschwerdegegenstand auseinandersetzen muss.

III. Ermäßigungstatbestand

1. Allgemeines. Wird das Beschwerdeverfahren **ohne gerichtliche Entscheidung beendet**, ermäßigt sich nach   6
Nr. 1811 KV die Gebühr Nr. 1810 KV von einem Gebührenbetrag von 90 € auf einen Gebührenbetrag von
60 €.

2. Beendigung des Verfahrens ohne Entscheidung. Die Parteierklärungen müssen zu einer Beendigung des   7
gesamten Beschwerdeverfahrens führen. Teilrücknahme, Teilerledigungserklärungen und Teilvergleiche genügen nicht, weil das Gericht weiterhin zu dem dann noch anhängig gebliebenen Beschwerdegegenstand

---

1 Die Vorschrift wurde durch das 2. Justizmodernisierungsgesetz (BGBl. 2006 I 3416) eingefügt.   **2** Das 2. KostRMoG
(BGBl. 2013 I 2586) hat den Gebührenbetrag von 50 € auf 60 € erhöht.   **3** Vgl BT-Drucks 16/3038, S. 51.

eine Beschwerdeentscheidung treffen muss und die mit der Ermäßigungsvorschrift bezweckte Arbeitsentlastung des Beschwerdegerichts noch nicht eingetreten ist.

8   Nr. 1811 KV legt für den Ermäßigungstatbestand nicht fest, **auf welche Weise** die **Beendigung** des gesamten Verfahrens erfolgen kann. In Betracht kommen insb. die Rücknahme der Beschwerde oder der Klage bzw des Antrags, übereinstimmende Erledigungserklärungen oder aber der Vergleich.

9   Wird hingegen das Verfahren durch eine **Entscheidung** beendet, ist für eine Ermäßigung kein Raum. Einer Ermäßigung steht also eine das Verfahren abschließende Entscheidung zum Beschwerdegegenstand entgegen. Denn dann entfalten zum einen etwaig nachfolgende Parteierklärungen keine Wirkungen mehr in dem Beschwerdeverfahren und sie führen auch nicht mehr zu der mit der Gebührenvorschrift beabsichtigten Entlastung des Beschwerdegerichts. Entsprechendes gilt, wenn ein Teil des Beschwerdegegenstands abschließend beschieden wird (zB Teilbeschluss). Demgegenüber stehen **Zwischen- oder Nebenentscheidungen** zum Beschwerdegegenstand (zB Aussetzung der Vollziehung, einstweilige Anordnung) der Ermäßigung nicht entgegen.

10   Bedarf es im Anschluss an die Parteierklärungen, die zur „Beendigung" des Beschwerdeverfahrens führen, noch einer **Kostengrundentscheidung**, liegt mit der Kostenentscheidung zwar eine Entscheidung vor und schließt das Beschwerdeverfahren damit nicht ohne Entscheidung. Bedarf es aber bei der Kostenentscheidung keiner Auseinandersetzung mit der Sach- und Rechtslage zu dem nicht mehr anhängigen Beschwerdegegenstand, ist in solchen Fällen die Ermäßigung gleichermaßen gerechtfertigt. Diesem Verständnis entspricht die Anm. Abs. 1 und 2 (dazu → Rn 12 f, 20). Anm. Abs. 1 sieht die Ermäßigung bei der Beschwerderücknahme vor, welche stets zur Kostenlast führt. Anm. Abs. 2 sieht die Ermäßigung bei übereinstimmenden Erledigungserklärungen vor, wenn die Kostenentscheidung auf einer Kostenübernahmeerklärung einer Partei oder einer mitgeteilten Einigung beruht.

11   **3. Ermäßigung bei Rücknahme der Beschwerde (Anm. Abs. 1).** Nach **Anm. Abs. 1** zu Nr. 1811 KV führt die rechtzeitige Zurücknahme der Beschwerde zur Ermäßigung der Gebühr. Allein diese Fallkonstellation nahm der Gesetzgeber zur Grundlage, die Nr. 1811 KV einzufügen.[4]

12   Anm. Abs. 1 („auch") ist eine **Ausnahme** zur Maßgabe der Nr. 1811 KV über die **Beendigung des Verfahrens ohne Entscheidung.** Denn zu einer Beendigung des gesamten Verfahrens ohne Entscheidung führt die Rücknahme der Beschwerde nicht. Die Rücknahme beendet das Verfahren nur hinsichtlich des Beschwerdegegenstands. Das Gericht ist nach der Rücknahme von Amts wegen verpflichtet, noch über die Kosten des Beschwerdeverfahrens zu entscheiden.[5]

13   Der Zweck der Nr. 1811 KV (→ Rn 4 f) rechtfertigt aber die Ermäßigung, auch wenn der Rücknahme noch eine Kostenentscheidung nachfolgt. Die Kostenentscheidung erfordert nämlich in keiner Weise eine Auseinandersetzung mit der Sach- und Rechtslage zu dem nicht mehr anhängigen Beschwerdegegenstand. Denn die Kostentragungspflicht beruht nach § 516 Abs. 3 S. 1 ZPO, der im Beschwerdeverfahren nach §§ 567 ff ZPO entsprechend anwendbar ist, allein auf der Rücknahme der Beschwerde. Hinzu kommt, dass die Kostenlast bei Rücknahme der Beschwerde von Gesetzes wegen eintritt und die Kostenentscheidung nach § 516 Abs. 3 S. 1 ZPO analog nur deklaratorische Bedeutung hat.

14   Die **Rücknahme** der Beschwerde muss **wirksam** sein. Der Einwilligung des Beschwerdegegners bedarf es nicht (vgl entsprechend § 516 Abs. 1 ZPO). Wirksam ist die Erklärung der Rücknahme der Beschwerde erst dann, wenn sie bei dem Beschwerdegericht eingegangen ist.

15   Aus Anm. Abs. 1 zu Nr. 1811 KV ergibt sich weiterhin, bis zu welchem **Zeitpunkt** eine Verfahrensbeendigung im Fall der **Rücknahme der Beschwerde** stattgefunden haben muss, damit eine Ermäßigung in Betracht kommt. Die Rücknahme muss **vor Ablauf des Tages** erfolgt sein, an dem der **schriftliche Beschluss der Geschäftsstelle übermittelt** wird. Dies bedeutet, dass der Eingang der Rücknahme am Tag (24.00 Uhr) der Übermittlung des Beschlusses an die Geschäftsstelle zur Gebührenermäßigung führt.[6] Die Gebührenreduzierung tritt also auch dann ein, wenn der Geschäftsstelle die Beschwerdeentscheidung bereits vorliegt und noch am selben Tag die Beschwerderücknahme bei Gericht eintrifft. Diese Regelung bewirkt, dass Unklarheiten zur Uhrzeit der beiden Eingänge unerheblich bleiben.

16   Muss aber der Beschluss nicht nur schriftlich zugestellt, sondern auch mündlich **verkündet** werden, so erfasst die Anm. Abs. 1 zu Nr. 1811 KV diese Konstellation nicht. Eine Gebührenermäßigung kann in diesem Fall nur stattfinden, wenn die Rücknahme der Beschwerde vor der Verkündung des Beschlusses erfolgt. Da der Verkündungstermin anzuberaumen und die Parteien zu laden bzw zu benachrichtigen sind, ist ihnen der genaue Zeitpunkt bekannt, bis zu dem sie eine rechtzeitige Rücknahme bewirken können.

---

4 Vgl BT-Drucks 16/3038, S. 51.   **5** BT-Drucks 14/4722, S. 94.   **6** AA Binz/Dörndorfer/*Zimmermann*, Nr. 1811 KV GKG Rn 1 (1 Tag vor der Übermittlung).

Ausreichend für die Rechtzeitigkeit ist, dass die Rücknahmeerklärung bei Gericht eingetroffen ist, nicht   17
auch, dass sie dem zuständigen Richter oder der zuständigen Geschäftsstelle vorliegt.

4. Ermäßigung bei übereinstimmenden Erledigungserklärungen (Anm. Abs. 2). Nach **Anm. Abs. 2** zu   18
Nr. 1811 KV steht eine Kostengrundentscheidung der Gebührenermäßigung nicht entgegen, wenn das Gericht die Kostenentscheidung auf der Grundlage einer zuvor mitgeteilten Einigung der Parteien über die
Kostentragung oder auf der Grundlage einer Kostenübernahmeerklärung einer Partei trifft. Die Regelung
betrifft in erster Linie den Fall **übereinstimmender Erledigungserklärungen** iSv § 91 a Abs. 1 ZPO.

Zu einer Beendigung des gesamten Verfahrens ohne Entscheidung führen übereinstimmende Erledigungser-   19
klärungen nicht. Die übereinstimmenden Erledigungserklärungen beenden das Verfahren nur hinsichtlich
des Beschwerdegegenstands. Das Gericht ist nach übereinstimmenden Erledigungserklärungen aber von
Amts wegen verpflichtet, noch über die Kosten des Beschwerdeverfahrens zu entscheiden.[7]

Anm. Abs. 2 zu Nr. 1810 KV bringt aber zum Ausdruck, dass die Ermäßigung auch dann möglich ist, wenn   20
zwar das Beschwerdeverfahren ohne gerichtliche Entscheidung durch Parteierklärungen hinsichtlich des Beschwerdegegenstands „beendet" wird, gleichwohl aber eine gerichtliche Entscheidung über die Kosten
nachfolgt, die indes nicht auf der Beurteilung der Sach- und Rechtslage zum Beschwerdegegenstand beruht.
Dies entspricht dem Sinn und Zweck der Vorschrift, eine Arbeitsentlastung des Beschwerdegerichts zu ermöglichen, wenn das Gericht weder in der Beschwerdeentscheidung noch in einer isolierten Kostenentscheidung die Sach- und Rechtslage zum Beschwerdegegenstand beurteilt (→ Rn 4 f).

5. Ermäßigung bei Vergleich. Endet das Beschwerdeverfahren durch **Vergleich**, in dem die Verteilung der   21
Kosten zwischen den Parteien bestimmt wird oder in dem eine Kostenregelung nicht enthalten (vgl § 98
ZPO), bedarf es weder zum Beschwerdegegenstand noch zu den Kosten einer gerichtlichen Entscheidung,
so dass die Ermäßigung der Gerichtsgebühr eintritt. Enthält der Vergleich die Kostenregelung, dass das Gericht über die Verteilung der Kosten nach § 91 a Abs. 1 ZPO entscheiden möge, gelten die Ausführungen
zur übereinstimmenden Erledigungserklärung entsprechend (→ Rn 18–20). Die Ermäßigung ist deshalb
nicht ohne weiteres gerechtfertigt, weil dem Beschwerdegericht noch eine Kostenentscheidung nach § 91 a
ZPO auferlegt ist, welche grds. auch die Sach- und Rechtslage berücksichtigen muss.

IV. Gebührenhöhe

Nr. 1811 KV ermäßigt die Gebühr Nr. 1810 KV. Es handelt es sich auch hier um eine **Festgebühr**. Die ermä-   22
ßigte Gebühr beträgt 60 €. Eine weitergehende Ermäßigung ist nicht vorgesehen. Die Festgebühr ist unabhängig davon, ob und in welcher Höhe Gebühren in der vorhergehenden Instanz oder im Hauptsacheverfahren entstanden waren.

V. Weitere praktische Hinweise

1. Fälligkeit. Die Gebühr Nr. 1810 KV wird gem. § 6 Abs. 1 Nr. 1 bereits mit der Einreichung der Be-   23
schwerdeschrift oder mit der Abgabe der entsprechenden Erklärung zu Protokoll fällig. Die Ermäßigung
nach Nr. 1811 KV tritt ein, sobald sich die Voraussetzungen des Ermäßigungstatbestands verwirklicht haben.

2. Kostenschuldner. Kostenschuldner der Gebühr Nr. 1811 KV ist   24

- der Beschwerdeführer (§ 22 Abs. 1 S. 1) und
- die Partei,
  - der durch gerichtliche Entscheidung die Kosten des Beschwerdeverfahrens auferlegt sind (§ 29
    Nr. 1) bzw
  - die durch Erklärung oder in einem Vergleich die Kosten des Beschwerdeverfahrens übernommen
    hat (§ 29 Nr. 2).

Die Geltendmachung der Gebühr gegenüber mehreren in Betracht kommenden Schuldnern richtet sich   25
nach § 31 GKG (vgl auch § 8 KostVfg).

---

7 Vgl Musielak/Voit/*Flockenhaus*, ZPO, § 91 a Rn 17, 20.

Nr.	Gebührentatbestand	Gebühr oder Satz der Gebühr nach § 34 GKG
1812	Verfahren über nicht besonders aufgeführte Beschwerden, die nicht nach anderen Vorschriften gebührenfrei sind: Die Beschwerde wird verworfen oder zurückgewiesen .... <small>Wird die Beschwerde nur teilweise verworfen oder zurückgewiesen, kann das Gericht die Gebühr nach billigem Ermessen auf die Hälfte ermäßigen oder bestimmen, dass eine Gebühr nicht zu erheben ist.</small>	60,00 €

I. Allgemeines

1 In den im GKG nicht besonders aufgeführten Beschwerdeverfahren entsteht die Verfahrensgebühr Nr. 1812 KV. **Hauptanwendungsfälle** für diesen Gebührentatbestand sind

- die sofortige Beschwerde gegen einen Kostenfestsetzungsbeschluss (§§ 104 Abs. 3, 567 ff ZPO)[1] und
- die sofortige Beschwerde gegen einen Prozesskostenhilfebeschluss (§§ 127, 567 ff ZPO).

2 Es handelt sich um eine Festgebühr; der Streitwert des Beschwerdeverfahrens spielt daher keine Rolle. Die Festgebühr beträgt 60 €.[2]

3 Die Gebühr fällt bei der **Verwerfung** oder **Zurückweisung** der Beschwerde an. Bei nur teilweiser Verwerfung oder Zurückweisung der Beschwerde kann die Gebühr auf die Hälfte ermäßigt werden oder ihre Nichterhebung bestimmt werden (Anm.).

4 Die niedrige Gebührenhöhe beruht auf dem häufig sehr niedrigen Beschwerdewert in den Verfahren, die von dieser Gebühr betroffen sind.[3] Die Gebühr Nr. 1812 KV entspricht in etwa einer Wertgebühr mit einem Satz von 1,0 bei einem Streitwert von 1.000 €.

II. Anwendungsbereich

5 **1. Allgemeines.** Bei Nr. 1812 KV handelt es sich um eine **Auffangvorschrift**. Sie kommt nur zur Anwendung, wenn eine Gebühr für ein Beschwerdeverfahren nicht an anderer Stelle im GKG geregelt ist und wenn nicht im GKG oder im Verfahrensgesetz eine Gerichtskosten- oder Gerichtsgebührenfreiheit (nicht nur Auslagenfreiheit) bestimmt ist.

6 **2. Keine Regelung der Gebühren für Beschwerden an anderer Stelle.** Nr. 1812 KV ist nur dann anzuwenden, wenn für das Beschwerdeverfahren kein anderer Gebührentatbestand vorhanden ist. Beispiele **für nicht an anderer Stelle im GKG geregelter** Gebühren iSv Nr. 1812 KV sind insb. (erfolglose) Beschwerden gegen einen Beschluss über

- eine Kostenfestsetzung (§ 104 Abs. 3 ZPO),
- eine Prozesskostenhilfe (§ 127 ZPO),
- ein Ablehnungsgesuch (§ 46 Abs. 2 ZPO),
- eine Beweiserhebung im selbstständigen Beweisverfahren (§ 490 Abs. 1 ZPO),
- eine Beweiserhebung im Rechtsstreit (§ 359 ZPO),
- eine Anordnung der Klageerhebung (§ 926 ZPO),
- ein Ordnungsmittel wegen Ungebühr (§ 181 GVG),
- eine Festsetzung des Gegenstandswerts (§ 33 Abs. 3 RVG).

7 Der Anwendungsbereich der Vorschrift ist auch bei einer **nicht statthaften Beschwerde** eröffnet.[4] Denn Nr. 1812 KV differenziert in seinem Wortlaut nicht danach, dass nur eine statthafte Beschwerde gebührenpflichtig sein soll. Die Gebühr kommt damit auch bei einer nicht statthaften Beschwerde zum Tragen. Als unstatthaft wird insb. eine außerordentliche Beschwerde angesehen, die gegen unanfechtbare Entscheidungen gerichtet ist.[5] Ausnahmsweise wird die außerordentliche Beschwerde aber dann als zulässig angesehen, wenn ein Beweisbeschluss über die Erstellung eines Gutachtens zur Klärung der Prozessfähigkeit einer Prozesspartei erlassen wird und das Gericht hierbei den Anspruch auf Gewährung rechtlichen Gehörs dieser Partei hat.[6]

---

1 BT-Drucks 15/1971, S. 164.   **2** Das 2. KostRMoG (BGBl. 2013 I 2586) hat den Gebührenbetrag von 50 € auf 60 € erhöht. **3** BT-Drucks 15/1971, S. 164.   **4** Bspw, allerdings jew. insoweit ohne Begründung: OLG Brandenburg BeckRS 2012, 10030; OLG Stuttgart BeckRS 2012, 9972. **5** BGH NJW 2002, 1577. **6** BGH NJW-RR 2009, 1223.

Demgegenüber sind Beschwerden in Teil 1 KV GKG u.a. besonders aufgeführt in: 8

- Vorbem. 1.2.2 KV (§§ 63, 171 GWB, § 48 WpÜG, § 37 u Abs. 1 WpHG, § 75 EnWG, § 13 VSchDG, § 35 KSpG),
- Nr. 1242 KV (Beschwerde gegen die Nichtzulassung der Revision nach § 544 ZPO bzw der Rechtsbeschwerde nach § 74 GWB, § 86 EnWG, § 35 KSpG, § 24 VSchDG),
- Nr. 1253 KV (§ 122 PatG, § 20 GebrMG),
- Nr. 1425 KV (einstweiliger Rechtsschutz),
- Nr. 1520 KV,
- Nr. 1643 KV (§ 148 Abs. 2 S. 7 AktG),
- Nr. 1810 KV (§§ 71, 91 a, 99, 269, 494 a ZPO).

Für andere Rechtsbehelfe gilt Nr. 1812 KV nicht, zB nicht für Rechtsbeschwerde, Anschlussrechtsbeschwerde, weitere Beschwerde, Berufung, Anschlussberufung, Revision, Anschlussrevision, Erinnerung, Widerspruch, Einspruch, Anhörungsrüge, Gegenvorstellung, Dienstaufsichtsbeschwerde.   9

Auch bei der sofortigen Erinnerung gegen eine Entscheidung des Rechtspflegers nach § 11 Abs. 2 RPflG ist   10
Nr. 1812 KV nicht anzuwenden. Das Erinnerungsverfahren setzt sich auch nicht in einem Beschwerdeverfahren fort, wie es nach früherem Recht der Fall war,[7] sondern endet mit einer verfahrensabschließenden Entscheidung über die Erinnerung durch den Richter des Gerichts, dem der Rechtspfleger angehört (vgl § 11 Abs. 2 S. 6 RPflG).[8]

3. Keine gesetzlich angeordnete Gerichtskosten- oder Gerichtsgebührenfreiheit für die Beschwerde. Der   11
Anwendungsbereich der Nr. 1812 KV ist auch dann nicht gegeben, wenn die Beschwerde **nicht nach anderen Vorschriften kosten- oder gebührenfrei** ist. Beispiele für eine Kosten- oder Gebührenfreiheit sind Beschwerden gegen eine

- Erinnerung über einen Kostenansatz (§ 66 Abs. 8 S. 1 GKG),
- Anordnung einer Vorauszahlung (§ 67 Abs. 1 S. 1 GKG),
- Festsetzung des Streitwerts (§ 68 Abs. 3 S. 1 GKG),
- Auferlegung einer Verzögerungsgebühr (§ 69 S. 2 GKG).

Hinweis: Über den Ansatz der Gerichtskosten entscheidet der Kostenbeamte. Es besteht jedoch auch die
Möglichkeit, dass der über die Beschwerde entscheidende Richter selbst über die Gebührenfreiheit beschließt und ausdrücklich tenoriert: „Die Entscheidung ergeht gerichtsgebührenfrei." Der richterliche Ausspruch über die Gerichtsgebührenfreiheit ist für den Kostenbeamten bindend, selbst wenn der Richter für eine solche Entscheidung nicht zuständig gewesen sein sollte.[9]

Für die Beschwerde gegen die Festsetzung des Gegenstandswerts (§ 33 Abs. 3 RVG) ist in § 33 Abs. 9 S. 1   12
RVG keine Gebührenfreiheit gesetzlich angeordnet.[10]

Ist eine Gerichtsgebührenfreiheit angeordnet, bezieht sich die Gebührenfreiheit nicht nur auf **statthafte** Be-   13
schwerden, sondern auch auf **nicht statthafte** Beschwerden.[11] Denn die Vorschriften über die Anordnung
der Gebührenfreiheit differenzieren ihrem Wortlaut nach nicht zwischen statthaften und nicht statthaften
Beschwerden.[12] Auch in Bezug auf nicht statthafte Beschwerden greift die Erwägung, dass ein Streit um Gerichtsgebühren nicht mit zusätzlichen Gebühren oder Kostenerstattungsansprüchen belastet werden soll,
zumal der Gesetzgeber[13] ein Kostenverfahren, das sich aus einem anderen Kostenverfahren ergibt, vermeiden wollte.[14] Hinzu kommt, dass sämtliche Rechtsbehelfs- und Rechtsmittelverfahren des GKG dadurch
gekennzeichnet sind, dass sie gerichtsgebührenfrei sind und Kosten nicht erstattet werden.[15] Nach Auffassung des BGH sind dagegen unstatthafte Beschwerden nicht gerichtsgebührenfrei,[16] unabhängig davon, ob
sich die Unstatthaftigkeit daraus ergibt, dass die Entscheidung unanfechtbar ist oder der Wert des Beschwerdegegenstands nicht erreicht wird. Aus der Gesetzessystematik folge, dass sich die Gebührenfreiheit

---

[7] Die sog. Durchgriffserinnerung ist durch das Dritte Gesetz zur Änderung des Rechtspflegergesetzes und anderer Gesetze
v. 6.8.1998 (BGBl. I 2030) abgeschafft worden. **8** § 11 Abs. 2 RPflG ist durch das Gesetz zur Einführung einer Rechtsbehelfsbelehrung im Zivilprozess und zur Änderung anderer Gesetze v. 5.12.2012 (BGBl. I 2418) neu gefasst worden. **9** Vgl nur OVG
Lüneburg NVwZ-RR 2008, 68. **10** *N. Schneider*, NJW 2007, 325, 328. **11** OLG Frankfurt NJW-RR 2012, 1022; OLG
Koblenz BeckRS 2012, 18643; OVG NRW AGS 2016, 193; vgl zu § 131 Abs. 5 S. 2 KostO auch: BGH BeckRS 2012, 15045;
BGH BeckRS 2011, 24017; BGH BeckRS 2011, 22813. **12** So auch OLG Frankfurt NJW-RR 2012, 1022; OLG Koblenz
BeckRS 2012, 18643; OVG NRW AGS 2016, 193. **13** Vgl BT-Drucks 7/2016, S. 62. **14** OLG Frankfurt NJW-RR 2012, 1022;
OLG Koblenz BeckRS 2012, 18643. **15** OLG Frankfurt NJW-RR 2012, 1022; OLG Koblenz BeckRS 2012, 18643. **16** BGH
NJW 2014, 1597; BGH BeckRS 2014, 17607; BGH NJW 2003, 69 (zu § 25 GKG aF); vgl auch: OLG Saarbrücken BeckRS
2010, 31020; OLG Frankfurt BeckRS 2012, 8649; OLG Celle BeckRS 2012, 21216; OVG Lüneburg JurBüro 2014, 381; OLG
Zweibrücken BeckRS 2014, 18532; BayLSG NZS 2015, 119; ThürLSG BeckRS 2015, 66759; in diesem Sinne auch *N. Schneider*, NJW 2011, 2628; *H. Schneider*, AGS 2014, 261.

des § 68 Abs. 3 auf die Verfahren beziehe, die in den vorgenannten Absätzen des § 68 genannt seien, und somit allein die hiernach statthaften Rechtsbehelfe erfasse.[17]

III. Gebührentatbestand

14   **1. Allgemeines.** Die Gebühr **entsteht** erst mit der die Beschwerde **verwerfenden oder zurückweisenden Entscheidung.** Die Entscheidung wird in dem Zeitpunkt **existent**, in dem sie verkündet oder in dem sie den internen Geschäftsbereich des Gerichts verlässt.[18] Der Gebührentatbestand ist bei der schriftlichen Entscheidung noch nicht schon verwirklicht, wenn die Entscheidung an die Geschäftsstelle zum Zwecke der Bekanntgabe gelangt ist.[19] Auf die Zustellung kommt es für die Existenz des Beschlusses nicht an; die Zustellung ist allein für die Wirksamkeit des Beschlusses relevant.[20]

15   Wegen der Gleichstellung von Verwerfung und Zurückweisung ist es unerheblich, ob die Beschwerde unstatthaft (→ Rn 7), unzulässig oder unbegründet ist.

16   Nr. 1812 KV enthält eine **eingeschränkte Verfahrensgebühr**. Mit der Gebühr ist einerseits das gesamte Verfahren abgegolten (Pauschgebühr, § 35). Dazu gehört auch eine mündliche Verhandlung oder eine Beweisaufnahme. Sie entsteht aber andererseits eben nur, wenn die Beschwerde **verworfen oder zurückgewiesen** wird.

17   Die Gebühr entsteht damit nicht schon bei der Einleitung des Beschwerdeverfahrens. Hat die Beschwerde in vollem Umfang Erfolg und wird die vorinstanzliche Entscheidung abgeändert oder die Sache zurückverwiesen, ist der Gebührentatbestand der Nr. 1812 KV nicht verwirklicht. Die Gebühr fällt auch dann nicht an, wenn das Beschwerdeverfahren endet, ohne dass die Beschwerde verworfen oder zurückgewiesen wird, zB bei einer Rücknahme der Beschwerde oder bei der Erledigung[21] des Beschwerdeverfahrens. Die beendigenden Prozesserklärungen der Parteien müssen zeitlich **vor dem Existentwerden** eines Beschlusses (→ Rn 14) bei Gericht eingegangen sein. Auch wenn noch eine Kostenentscheidung ergeht, entsteht Nr. 1812 KV nicht, weil die Kostenentscheidung keine Verwerfung oder Zurückweisung der Beschwerde ist.

18   Darauf, ob die Beschwerde zutreffend als solche bezeichnet ist, kommt es nicht an. Entscheidend ist, ob das Gericht die Eingabe **als Beschwerde auslegt**[22] und die als Beschwerde ausgelegte Eingabe verworfen oder zurückgewiesen hat. Wird eine Eingabe durch eine unrichtige Sachbehandlung als Beschwerde eingeordnet, kann die Niederschlagung der Gebühr (§ 21) in Betracht kommen.

19   Die Gebühr Nr. 1812 KV entsteht **zusätzlich** zu den Gebühren des Hauptsacheverfahrens, gleich welcher Instanz. Bei einer Kostenmischentscheidung können die Gebühren Nr. 1812 KV und Nr. 1810 KV nebeneinander anfallen. Die Gebühr Nr. 1900 KV wird in aller Regel nicht neben der Gebühr Nr. 1812 KV zur Anwendung kommen. Schließen die Parteien nämlich einen **Vergleich**, kann zwar die Gebühr Nr. 1900 KV entstehen, soweit der Wert des Vergleichsgegenstands den Wert des Beschwerdegegenstands übersteigt. Indes entsteht dann nicht die Gebühr Nr. 1812 KV, weil das Verfahren ohne Verwerfung oder Zurückweisung der Beschwerde geendet hat.

20   **2. Behandlung mehrerer Beschwerden.** Hinsichtlich der Behandlung **mehrerer Beschwerden** ist folgendermaßen zu differenzieren:

21   **a) Verschiedene Entscheidungen, gegen die jeweils eine Beschwerde erhoben wird:** Für jede erfolglose Beschwerde fällt die Gebühr Nr. 1812 KV gesondert an. Denn jede Beschwerde leitet ein neues Beschwerdeverfahren ein. Es kommt nicht darauf an, ob die Beschwerden von derselben oder unterschiedlichen Parteien eingelegt werden. Verbindet das Beschwerdegericht die verschiedenen Beschwerden zu einem Verfahren und werden die Beschwerden in einer Entscheidung verworfen oder zurückgewiesen, entsteht die Gebühr Nr. 1812 KV nur einmal.

22   **b) Verschiedene Entscheidungen, gegen die einheitlich eine Beschwerde erhoben wird:** Wird über die erfolglose Beschwerde nur ein Beschwerdeverfahren geführt, fällt die Gebühr Nr. 1812 KV nur einmal an. Werden aber einzelne Verfahrensteile des Beschwerdeverfahrens abgetrennt, entsteht die Gebühr Nr. 1812 KV für die abgetrennten Verfahrensteile jeweils erneut.

23   **c) Dieselbe Entscheidung, gegen die mehrere Beschwerden erhoben werden:**

aa) Bei Eingang der neuen Beschwerde ist über die zunächst eingelegte Beschwerde bereits entschieden: Für die zunächst erhobene erfolglose Beschwerde entsteht die Gebühr Nr. 1812 KV. Für jede danach eingelegte erfolglose Beschwerde entsteht die Gebühr Nr. 1812 KV erneut. Dies kann zB den Fall betreffen, dass zunächst die eine Partei Beschwerde einlegt, über die dann abschließend entschieden worden ist, und dann die

---

17 BGH NJW 2014, 1597. **18** Musielak/Voit/*Musielak*, ZPO, § 329 Rn 7–10. **19** Vgl zum Existentwerden eines schriftlich erlassenen Beschlusses: BGH NZI 2012, 721; BGH NJW-RR 2004, 1575; aA Binz/Dörndorfer/*Zimmermann*, Nr. 1812 KV GKG Rn 4; *Meyer*, GKG Nr. 1812 KV Rn 142. **20** Vgl Musielak/Voit/*Musielak*, ZPO, § 329 Rn 7–10. **21** OLG Celle BeckRS 2011, 2424. **22** OLG Hamm JurBüro 1972, 891; vgl auch zur Rechtsbeschwerde: BGH BeckRS 2011, 878; BGH BeckRS 2011, 879.

andere Partei Beschwerde einlegt.[23] Dies wird – angesichts der Beschwerdefrist von zwei Wochen (vgl § 569 Abs. 1 S. 1 ZPO) – regelmäßig nur in Betracht kommen können, wenn der Beginn der Beschwerdefrist für die Parteien (erheblich) zeitlich auseinanderfällt. Häufiger in der Praxis auftreten wird der Fall, dass die durch die Ausgangsentscheidung beschwerte Partei Beschwerde erhebt und das Ausgangsgericht ihr vollständig abhilft und sodann die gegnerische Partei Beschwerde gegen die Ausgangsentscheidung in der Fassung der Abhilfeentscheidung einlegt.

bb) Bei Eingang der neuen Beschwerde ist über die zunächst eingelegte Beschwerde noch nicht entschieden: In diesen Fällen fällt bei Erfolglosigkeit die Gebühr Nr. 1812 KV nur einmal an.[24] Dies gilt gleichermaßen, wenn eine Partei mehrfach dieselbe Beschwerde gegen eine Entscheidung erhebt, wenn eine Partei Beschwerde und die andere Partei Anschlussbeschwerde oder wenn beide Parteien selbstständige Beschwerden erheben. Bei der mehrfachen Beschwerde durch eine Partei handelt es sich um ein einheitliches Rechtsmittel, über das einheitlich zu entscheiden ist.[25] Dies gilt auch dann, wenn die Beschwerdeschriften bei verschiedenen Gerichten eingereicht sind und nach Verweisung einem dieser Gerichte zur Entscheidung vorliegen.[26] Werden durch unterschiedliche Parteien Beschwerden erhoben, seien es selbstständige Beschwerden oder Beschwerde und Anschlussbeschwerde, wird durch beide Beschwerden die Einheit des Rechtsstreits nicht berührt.[27] Über beide Beschwerden ist einheitlich zu verhandeln und zu entscheiden.[28] Einer Verbindung nach § 147 ZPO bedarf es hierfür nicht.[29]

d) Dieselbe Entscheidung, gegen die eine Beschwerde erhoben wird, aber mehrere Beschwerdegründe geltend gemacht werden: Es entsteht eine Gebühr nach Nr. 1812 KV. Die Vorschrift stellt auf die erfolglose Beschwerde ab und nicht auf einzelne Beschwerdegründe, mit denen sich das Beschwerdegericht zu befassen hat.   24

IV. Gebührenhöhe

Bei der Gebühr Nr. 1812 KV handelt es sich um eine Festgebühr. Sie beträgt 60 €.   25

Im Fall der **teilweisen** Verwerfung oder Zurückweisung der Beschwerde kann das Gericht die Gebühr nach billigem Ermessen auf die Hälfte ermäßigen oder bestimmen, dass eine Gebühr nicht zu erheben ist (**Anm.**). Eine Ermäßigung auf einen anderen Prozentsatz ist nicht vorgesehen. Wird die Beschwerde größtenteils zurückgewiesen, besteht kein Anlass für eine Gebührenermäßigung.[30]   26

Hinweis: Über den Ansatz der Gerichtskosten entscheidet der Kostenbeamte. Dies gilt auch für die Gebührenermäßigung bzw die Nichterhebung. Es besteht jedoch auch die Möglichkeit, dass der über die Beschwerde entscheidende Richter selbst die Gebührenermäßigung anordnet bzw die Nichterhebung der Gebühr bestimmt. Der richterliche Ausspruch über die Gerichtsgebührenfreiheit ist für den Kostenbeamten bindend, selbst wenn der Richter für eine solche Entscheidung nicht zuständig gewesen sein sollte.[31]

▶ **Formulierungsvorschlag: Tenorierung der Gebührenermäßigung**   27

Die Gerichtsgebühr Nr. 1812 KV GKG wird auf 30,00 € ermäßigt. ◀

▶ **Formulierungsvorschlag: Tenorierung der Nichterhebung der Gebühr**   28

Die Gerichtsgebühr Nr. 1812 KV GKG wird nicht erhoben. ◀

Die Festgebühr ist unabhängig davon, ob und in welcher Höhe Gebühren in der vorhergehenden Instanz oder im Hauptsacheverfahren entstanden waren.   29

V. Weitere praktische Hinweise

1. Fälligkeit, Vorauszahlungspflicht. Die Gebühr wird erst mit der Entscheidung fällig. § 6 Abs. 2 setzt nämlich voraus, dass eine Gebühr erst mit der Entscheidung fällig wird, soweit die Gebühr eine Entscheidung voraussetzt. So ist es bei Nr. 1812 KV der Fall, weil die Gebühr nur bei einer Verwerfung oder Zurückweisung entsteht. Auf § 9 kommt es für die Fälligkeit nicht an.[32]   30

Das Gericht darf seine Verfahrenshandlungen nicht von einer Vorauszahlung der Gebühr abhängig machen (vgl § 12 Abs. 1).   31

---

23 Vgl OLG Nürnberg JurBüro 1963, 648. **24** So auch OLG Nürnberg JurBüro 1963, 648. **25** BGH NJW 1966, 1753; BGH NJW 1985, 2834; BGH NJW 1993, 269; BGH NJW 1993, 3141; BGH NJW 1996, 2659; BGH NJW-RR 2005, 780. **26** BGH NJW-RR 2005, 780 (für Berufungssachen). **27** Vgl MüKo-ZPO/*Rimmelspacher*, § 519 Rn 42 (für Berufungssachen). **28** Vgl MüKo-ZPO/*Rimmelspacher*, § 519 Rn 42 (für Berufungssachen). **29** Vgl MüKo-ZPO/*Rimmelspacher*, § 519 Rn 42 (für Berufungssachen). **30** LG Koblenz JurBüro 2010, 95. **31** Vgl nur OVG Lüneburg NVwZ-RR 2008, 68. **32** AA LG Koblenz NJW 2011, 2063; *Hartmann*, KostG, Nr. 1812 KV GKG Rn 9; *Binz/Dörndorfer/Zimmermann*, Nr. 1812 KV GKG Rn 1.

32 **2. Kostenschuldner.** Kostenschuldner der Gebühr Nr. 1812 KV ist

■ der Beschwerdeführer (§ 22 Abs. 1 S. 1) und

■ die Partei,

  – der durch gerichtliche Entscheidung die Kosten des Beschwerdeverfahrens auferlegt sind (§ 29 Nr. 1) bzw

  – die durch Erklärung oder in einem Vergleich die Kosten des Beschwerdeverfahrens übernommen hat (§ 29 Nr. 2).

33 Die Geltendmachung der Gebühr gegenüber mehreren in Betracht kommenden Schuldnern richtet sich nach § 31.

Abschnitt 2
Sonstige Rechtsbeschwerden

Nr.	Gebührentatbestand	Gebühr oder Satz der Gebühr nach § 34 GKG
1820	Verfahren über Rechtsbeschwerden gegen den Beschluss, durch den die Berufung als unzulässig verworfen wurde (§ 522 Abs. 1 Satz 2 und 3 ZPO) …	2,0

I. Allgemeines

1 Für Verfahren über Rechtsbeschwerden gegen den Beschluss, durch den die Berufung als unzulässig verworfen wurde (§ 522 Abs. 1 ZPO), fällt die Verfahrensgebühr der Nr. 1820 KV[1] an. Es handelt sich um eine Wertgebühr.

2 Ein Ermäßigungstatbestand der Gebühr ist in Nr. 1822 KV enthalten.

3 Der Streitwert des Rechtsbeschwerdeverfahrens ergibt sich idR aus § 47.

II. Gebührentatbestand

4 Nr. 1820 KV findet nur auf das dort **genannte Verfahren über die Rechtsbeschwerde gegen einen die Berufung verwerfenden Beschluss** Anwendung. Bei der Rechtsbeschwerde gegen die in Nr. 1820 KV genannte Entscheidung handelt es sich um die **Rechtsbeschwerde nach § 574 Abs. 1 S. 1 Nr. 1 ZPO.** Hierzu gehört aber auch die Anschlussrechtsbeschwerde nach § 574 Abs. 4 ZPO.

5 Anderweitige Gebührentatbestände für Rechtsbeschwerden sind insb. in den Nr. 1821, 1823, 1826 KV vorhanden. Sie betreffen Rechtsbeschwerden nach § 20 KapMuG (Nr. 1821 KV), Rechtsbeschwerden gegen Entscheidungen nach § 71 ZPO bzw bestimmte Kostengrundentscheidungen (Nr. 1823 KV) und Rechtsbeschwerden über nicht im GKG aufgeführte Rechtsbeschwerden (Nr. 1826 KV). Für andere Rechtsbehelfe gilt Nr. 1823 KV nicht, zB nicht für Revision, Anschlussrevision, Erinnerung, Widerspruch, Einspruch, Anhörungsrüge, Gegenvorstellung, Dienstaufsichtsbeschwerde.

6 Nach § 522 Abs. 1 S. 4 iVm § 574 Abs. 1 S. 1 Nr. 1 ZPO findet die **Rechtsbeschwerde** gegen den **Beschluss** des Berufungsgerichts über die **Verwerfung der Berufung** als unzulässig statt. Ist eine Berufung unzulässig, insb. weil sie nicht statthaft ist, der Wert des Beschwerdegegenstands nicht erreicht wird, nicht in der gesetzlichen Form und Frist eingelegt oder begründet ist, ist die Berufung zu verwerfen (§ 522 Abs. 1 S. 2 ZPO). Das Berufungsgericht kann die **Verwerfungsentscheidung** durch **Beschluss** treffen (§ 522 Abs. 1 S. 3 ZPO). Die Rechtsbeschwerde gegen den Beschluss ist kraft der ausdrücklichen Gesetzesbestimmung in § 574 Abs. 1 S. 1 Nr. 1 ZPO statthaft und bedarf deshalb keiner Zulassung. Indes ist die Rechtsbeschwerde nur zulässig, wenn die Zulässigkeitsgründe nach § 574 Abs. 2 ZPO vorliegen.

7 Wird die Berufung nicht durch Beschluss, sondern **durch Urteil als unzulässig verworfen,** ist gegen das Urteil die Revision oder die Nichtzulassungsbeschwerde (§§ 542, 544 ZPO) eröffnet. Im Fall der Revision entsteht die Gebühr Nr. 1230 KV mit einem Gebührensatz von 5,0 und im Fall der Nichtzulassungsbeschwerde entsteht die Gebühr Nr. 1242 KV mit einem Gebührensatz von 2,0, soweit die Beschwerde verworfen oder zurückgewiesen wird.

---

[1] Die Vorschrift wurde durch das KostRMoG 2004 (BGBl. 2004 I 718) eingefügt. Durch das FGG-RG (BGBl. 2008 I 2586) sind die Rechtsbeschwerden gegen die Verwerfung der Berufung in Familiensachen herausgenommen worden.

Wird die Berufung durch Beschluss nach § 522 Abs. 2 ZPO **als unbegründet zurückgewiesen**, fällt die Ge- 8
bühr Nr. 1820 KV nicht an, weil sich die Vorschrift nur auf die Verwerfung der Berufung nach § 522 Abs. 1
ZPO bezieht. Bei einer Entscheidung des Berufungsgerichts nach § 522 Abs. 2 ZPO findet gegen den Beschluss die Revision oder die Nichtzulassungsbeschwerde (§§ 522 Abs. 3, 542, 544 ZPO) statt.[2] Entsprechendes gilt für die Anfechtung eines **Berufungsurteils**, hier unabhängig davon, ob der Berufung stattgegeben oder sie zurückgewiesen wird. Im Fall der Revision entsteht die Gebühr Nr. 1230 KV mit einem Gebührensatz von 5,0 und im Fall der Nichtzulassungsbeschwerde entsteht die Gebühr Nr. 1242 KV mit
einem Gebührensatz von 2,0, soweit die Beschwerde verworfen oder zurückgewiesen wird.

Nr. 1820 KV enthält eine **Verfahrensgebühr**. Sie entsteht mit dem Eingang der Rechtsbeschwerde bei Ge- 9
richt. Es handelt sich um eine Pauschgebühr (§ 35), die das **gesamte Rechtsbeschwerdeverfahren** abdeckt.
Dazu gehört auch eine mündliche Verhandlung.

Die Gebühr fällt unabhängig davon an, ob die Zulässigkeitsgründe aus § 574 Abs. 2 ZPO vorliegen. Die 10
Gebühr entsteht auch, wenn der Rechtsbeschwerdeführer die Rechtsbeschwerde bei einem unzuständigen
Gericht einlegt. Ob ein Anwaltszwang (vgl § 78 Abs. 1 S. 3 ZPO) beachtet wurde, ist für die Entstehung der
Gebühr ohne Bedeutung.

Endet das Rechtsbeschwerdeverfahren ohne gerichtliche Entscheidung (zB Rücknahme der Rechtsbe- 11
schwerde), kommt die Ermäßigung der Gebühr nach Nr. 1822 KV in Betracht. Im Übrigen ist der **Ausgang
des Rechtsbeschwerdeverfahrens ohne Einfluss** auf die Gebühr. Es kommt insb. nicht darauf an, ob der
Rechtsbeschwerde stattgegeben oder ob sie verworfen bzw zurückgewiesen wird.

III. Gebührenhöhe

Bei der Gebühr Nr. 1820 KV handelt es sich um eine Wertgebühr. Sie hat einen Gebührensatz von 2,0. Eine 12
Ermäßigung der Gebühr Nr. 1820 KV tritt nur unter den Voraussetzungen der Nr. 1822 KV ein. Die Wertgebühr ist unabhängig davon, ob und in welcher Höhe Gebühren in der vorhergehenden Instanz entstanden waren.

Der **Streitwert** im Rechtsbeschwerdeverfahren bestimmt sich **idR** nach § 47. Danach bestimmt sich der 13
Wert nach dem Antrag des Rechtsbeschwerdeführers (§ 47 Abs. 1 S. 1). Wenn noch kein Rechtsmittelantrag
gestellt ist, ist die Beschwer maßgebend (§ 47 Abs. 1 S. 2). Der Streitwert wird durch den erstinstanzlichen
Streitwert begrenzt (§ 47 Abs. 2 S. 1).

IV. Weitere praktische Hinweise

1. Fälligkeit, Vorauszahlungspflicht. Die Gebühr wird gem. § 6 Abs. 1 Nr. 1 bereits mit der Einreichung der 14
Rechtsbeschwerdeschrift fällig. Das Gericht darf seine Verfahrenshandlungen nicht von einer Vorauszahlung der Gebühr abhängig machen (vgl § 12 Abs. 1).

2. Kostenschuldner. Kostenschuldner der Gebühr Nr. 1820 KV ist 15

- der Rechtsbeschwerdeführer (§ 22 Abs. 1 S. 1) und
- die Partei,
   - der durch gerichtliche Entscheidung die Kosten des Rechtsbeschwerdeverfahrens auferlegt sind
     (§ 29 Nr. 1) bzw
   - die durch Erklärung oder in einem Vergleich die Kosten des Rechtsbeschwerdeverfahrens übernom-
     men hat (§ 29 Nr. 2).

Die Geltendmachung der Gebühr gegenüber mehreren in Betracht kommenden Schuldnern richtet sich 16
nach § 31 (vgl auch § 8 KostVfg).

Nr.	Gebührentatbestand	Gebühr oder Satz der Gebühr nach § 34 GKG
1821	Verfahren über Rechtsbeschwerden nach § 20 KapMuG	5,0

---

2 § 522 Abs. 2, 3 ZPO wurde durch das Gesetz zur Änderung des § 522 der Zivilprozessordnung v. 21.10.2011 (BGBl. I 2082)
geändert; vgl aus dem Gesetzgebungsverfahren: BT-Drucks 17/5334; BT-Drucks 17/6406.

I. Allgemeines

1 Für Verfahren über Rechtsbeschwerden nach § 20 KapMuG fällt die Verfahrensgebühr der Nr. 1821 KV[1] an. Es handelt sich um eine Wertgebühr mit einem Gebührensatz von 5,0. Die Höhe der Gebühr erschien dem Gesetzgeber im Hinblick auf die Schwierigkeit des Verfahrensgegenstands und den durch die Vielzahl von Beteiligten bedingten tatsächlichen Aufwand angemessen.[2] Ein Ermäßigungstatbestand ist in Nr. 1822 KV vorgesehen.

2 Der Streitwert sowie die Streitwertherabsetzung ("persönlicher Streitwert") für das Rechtsbeschwerdeverfahren nach § 20 KapMuG ergeben sich aus § 51 a Abs. 2–4.

II. Gebührentatbestand

3 Nr. 1821 KV findet nur auf die dort genannte **Rechtsbeschwerde nach § 20 KapMuG** Anwendung. Die Rechtsbeschwerde des § 20 Abs. 1 S. 1 KapMuG findet **gegen den Musterentscheid** im Anwendungsbereich des § 1 KapMuG statt. Weitere Bestimmungen zum Rechtsbeschwerdeverfahren sind in den §§ 20, 21 und 26 KapMuG enthalten. Im Übrigen kommen die §§ 574 ff ZPO zur Anwendung.[3]

4 Wird gegen eine sonstige Entscheidung, die das KapMuG betrifft, die sofortige Beschwerde bzw die Rechtsbeschwerde erhoben, entsteht nicht die Gebühr Nr. 1821 KV, sondern die Gebühr Nr. 1812 KV (sofortige Beschwerde) bzw die Gebühr Nr. 1826 KV (Rechtsbeschwerde). Hierbei kommt es nicht darauf an, ob die sofortige Beschwerde nach § 567 ZPO oder die Rechtsbeschwerde nach § 574 ZPO statthaft und zulässig oder ob sie es nicht ist.

5 Seit dem Gesetz zur Reform des Kapitalanleger-Musterverfahrensgesetzes[4] sind der Beschluss des Prozessgerichts über die Verwerfung des Musterfeststellungsantrags nach § 3 Abs. 1 KapMuG[5] und der Beschluss des Prozessgerichts über die Zurückweisung des Musterfeststellungsantrags nach § 6 Abs. 5 KapMuG als unanfechtbar bestimmt worden.[6] Statthaft ist dagegen die Rechtsbeschwerde nach § 574 ZPO gegen die Zurückweisung des Ablehnungsgesuchs,[7] gegen die Aufhebung eines bindenden Vorlagebeschlusses,[8] gegen die Entscheidung über die sofortige Beschwerde gegen eine Aussetzungsentscheidung nach § 8 Abs. 1 KapMuG[9] oder gegen die Aufhebung des Aussetzungsbeschlusses (Fortsetzung des Verfahrens).[10]

6 Nr. 1821 KV enthält eine **Verfahrensgebühr**. Sie entsteht mit dem Eingang der Rechtsbeschwerde bei Gericht. Die Gebühr deckt das **gesamte Rechtsbeschwerdeverfahren** ab. Dazu gehört auch eine mündliche Verhandlung.

7 Endet das Rechtsbeschwerdeverfahren ohne gerichtliche Entscheidung (zB Rücknahme der Rechtsbeschwerde), kommt die Ermäßigung der Gebühr nach Nr. 1822 KV in Betracht. Im Übrigen ist der **Ausgang des Rechtsbeschwerdeverfahrens ohne Einfluss** auf die Gebühr. Es kommt insb. nicht darauf an, ob der Rechtsbeschwerde stattgegeben oder ob sie verworfen bzw zurückgewiesen wird.

III. Gebührenhöhe

8 Bei der Gebühr Nr. 1821 KV handelt es sich um eine Wertgebühr. Sie hat einen Satz von 5,0. Eine Ermäßigung des Gebührensatzes auf 1,0 tritt unter den Voraussetzungen der Nr. 1822 KV ein.

9 Der **Streitwert** für das Rechtsbeschwerdeverfahren nach § 20 KapMuG ergibt sich aus § 51 a Abs. 2. Danach ist bei der Bestimmung des Streitwerts von der Summe der in sämtlichen nach § 8 KapMuG ausgesetzten Prozessverfahren geltend gemachten Ansprüche auszugehen, soweit diese Gegenstand des Musterverfahrens sind. Infolgedessen sind bei der Streitwertbemessung nicht nur die Ansprüche des Musterklägers und des Musterbeklagten zu berücksichtigen, sondern auch die Ansprüche der Beigeladenen, die zwar dem Rechtsbeschwerdeverfahren nicht beigetreten sind, ihre Klage aber nicht innerhalb der Zwei-Wochen-Frist zurückgenommen haben.[11] Denn der Musterentscheid wirkt auch gegen diese Beigeladenen (vgl § 22 Abs. 5 KapMuG).

10 Für andere Rechtsbeschwerden nach § 574 ZPO gilt § 51 a Abs. 2 nicht, auch wenn die Rechtsbeschwerden im Zusammenhang mit Entscheidungen zum KapMuG stehen. Zwar bezeichnet § 51 a Abs. 2 – anders als

1 Die Vorschrift wurde durch das Gesetz zur Einführung von Kapitalanleger-Musterverfahren (BGBl. 2005 I 2437) eingefügt. Das Gesetz zur Reform des Kapitalanleger-Musterverfahrensgesetzes (BGBl. 2012 I 2182) passte lediglich den Verweis auf die jetzt in § 20 KapMuG geregelte Rechtsbeschwerde an. **2** Vgl BT-Drucks 15/5091, S. 36. **3** Vgl BT-Drucks 17/5091, S. 29 (zu § 15 KapMuG aF). **4** Gesetz zur Reform des Kapitalanleger-Musterverfahrensgesetzes und zur Änderung anderer Vorschriften v. 19.10.2012 (BGBl. I 2182). **5** Vgl BT-Drucks 17/8799, S. 17; vgl noch zur zuvor gegebenen Statthaftigkeit der sofortigen Beschwerde bzw Rechtsbeschwerde: BGH NZG 2008, 103, Rn 2; BGH BeckRS 2008, 116, Rn 2; *Möllers/Weichert*, NJW 2005, 2737, 2739. **6** Vgl BT-Drucks 17/8799, S. 20; vgl noch zur zuvor gegebenen Statthaftigkeit der sofortigen Beschwerde bzw Rechtsbeschwerde: BGH NJW 2008, 2187, Rn 4; *Möllers/Weichert*, NJW 2005, 2737, 2739. **7** Vgl BGH NJW-RR 2009, 465. **8** Vgl BGH NZG 2011, 1117, 1118; BGH NJW-RR 2012, 281 Rn 6. **9** Vgl BT-Drucks 17/8799, S. 21. **10** BGH MDR 2012, 1432. **11** BGH NJW-RR 2012, 491; BT-Drucks 15/5091, S. 35.

die Gebühr Nr. 1821 KV – nicht explizit die Rechtsbeschwerde nach § 20 KapMuG. Allerdings bezieht sich die Gesetzesbegründung[12] zu § 51 a allein auf die Rechtsbeschwerde gegen einen vorliegenden Musterentscheid.

§ 51 a Abs. 3, 4 bestimmt die jeweils einseitige **Streitwertherabsetzung** zugunsten des Musterklägers und des **11** Musterbeklagten bzw der jeweils auf ihrer Seite Beigeladenen („persönlicher Streitwert"). Die Vorschrift begrenzt die Gerichtsgebührenhaftung der Beteiligten (→ Rn 15).

IV. Weitere praktische Hinweise

1. Fälligkeit, Vorauszahlungspflicht. Die Gebühr wird gem. § 6 Abs. 1 Nr. 1 bereits mit der Einreichung der **12** Rechtsbeschwerdeschrift fällig. Das Gericht darf seine Verfahrenshandlungen nicht von einer Vorauszahlung der Gebühr abhängig machen (vgl § 12 Abs. 1).

2. Kostenschuldner, Kostenhaftung. Kostenschuldner der Gebühr Nr. 1821 KV ist **13**

■ der Rechtsbeschwerdeführer (§ 22 Abs. 1 S. 1),

■ der Beteiligte (§ 9 Abs. 1 KapMuG: Musterkläger, Musterbeklagter, Beigeladene), der dem Rechtsbeschwerdeverfahren auf Seiten des Rechtsbeschwerdeführers beigetreten ist (§ 22 Abs. 4 S. 2), und

■ der Beteiligte (§ 9 Abs. 1 KapMuG: Musterkläger, Musterbeklagter, Beigeladene),

– dem durch gerichtliche Entscheidung die Kosten des Rechtsbeschwerdeverfahrens auferlegt sind (§ 29 Nr. 1) bzw

– die der durch Erklärung oder in einem Vergleich die Kosten des Rechtsbeschwerdeverfahrens übernommen hat (§ 29 Nr. 2).

Die Geltendmachung der Gebühr gegenüber mehreren in Betracht kommenden Schuldnern richtet sich **14** nach § 31 (vgl auch § 8 KostVfg).

Die **Kostenhaftung** ist für die Beteiligten **begrenzt**. Nach § 51 a Abs. 3 schulden der Musterkläger und die **15** auf seiner Seite Beigeladenen Gerichtsgebühren für das Rechtsbeschwerdeverfahren jeweils nur nach dem Wert, der sich aus den von ihnen im Prozessverfahren geltend gemachten Ansprüchen, die Gegenstand des Musterverfahrens sind, ergibt („persönlicher Streitwert"). Eine gleichlautende Bestimmung besteht für den Musterbeklagten und die auf seiner Seite Beigeladenen in § 51 a Abs. 4. Die Begrenzung tritt von Gesetzes wegen ein und bedarf keines Ausspruchs durch das Rechtsbeschwerdegericht.[13]

Nr.	Gebührentatbestand	Gebühr oder Satz der Gebühr nach § 34 GKG
1822	Beendigung des gesamten Verfahrens durch Zurücknahme der Rechtsbeschwerde, bevor die Schrift zur Begründung der Rechtsbeschwerde bei Gericht eingegangen ist: Die Gebühren 1820 und 1821 ermäßigen sich auf .... Erledigungserklärungen nach § 91 a ZPO stehen der Zurücknahme gleich, wenn keine Entscheidung über die Kosten ergeht oder die Entscheidung einer zuvor mitgeteilten Einigung der Parteien über die Kostentragung oder der Kostenübernahmeerklärung einer Partei folgt.	1,0

I. Allgemeines

Nr. 1822 KV[1] ist ein **Ermäßigungstatbestand** zu den Gebühren Nr. 1820, 1821 KV. **1**

In dem Ermäßigungsfall der Nr. 1822 KV erfolgt eine Reduzierung der Gebühr auf einen Gebührensatz von **2** 1,0.

Voraussetzung einer Ermäßigung sind die **Rücknahme** der Rechtsbeschwerde, des Antrags oder der Klage **3** oder die **Erledigungserklärungen nach § 91 a ZPO**, noch bevor eine Schrift zur Begründung der Rechtsbeschwerde bei Gericht eingegangen ist. Nach dem Eingang der Rechtsbeschwerdebegründungsschrift tritt keine Ermäßigung mehr ein und es verbleibt bei den Gebührensätzen der Nr. 1820, 1821 KV.

---

12 Vgl BT-Drucks 15/5091, S. 35 (zu § 51 a Abs. 1 GKG aF). **13** BT-Drucks 15/5091, S. 35. **1** Die Vorschrift wurde durch das KostRMoG 2004 (BGBl. 2004 I 718) eingefügt.

II. Ermäßigungstatbestand

4   **1. Allgemeines.** Wird das Rechtsbeschwerdeverfahren durch Zurücknahme der Rechtsbeschwerde, des Antrags oder der Klage oder durch Erledigungserklärungen nach § 91 a ZPO beendet, ermäßigen sich nach Nr. 1822 KV die Gebühren Nr. 1820 und 1821 KV von einem Gebührensatz von 2,0 (Nr. 1820 KV) bzw 5,0 (Nr. 1821 KV) auf einen Gebührensatz von 1,0. Der Ermäßigungstatbestand Nr. 1822 KV betrifft die Rücknahme und Erledigungserklärungen nach § 91 a ZPO **vor Eingang der Rechtsbeschwerdebegründungsschrift**. Nach diesem Zeitpunkt kommt eine Gebührenermäßigung nicht mehr in Betracht. Es verbleibt dann bei den vollen Gebührensätzen der Nr. 1820, 1821 KV.

5   **2. Beendigung des Verfahrens ohne Entscheidung.** Die Ermäßigung ist für solche Fälle vorgesehen, in denen sich das Gericht aufgrund von Parteierklärungen nicht mehr mit der Sach- und Rechtslage zum Rechtsbeschwerdegegenstand auseinandersetzen muss. Dies ist dann der Fall, wenn die Parteierklärungen bewirken, dass der Rechtsbeschwerdegegenstand nicht mehr anhängig ist und das Rechtsbeschwerdegericht eine Rechtsbeschwerdeentscheidung nicht mehr treffen muss.

6   Wird hingegen das Rechtsbeschwerdeverfahren durch eine das Verfahren abschließende Entscheidung zum Rechtsbeschwerdegegenstand ganz oder teilweise beendet, ist für eine Ermäßigung kein Raum. Demgegenüber stehen Zwischen- oder Nebenentscheidungen zum Rechtsbeschwerdegegenstand (zB Aussetzung der Vollziehung, einstweilige Anordnung) der Ermäßigung nicht entgegen.

7   Bedarf es im Anschluss an die Parteierklärungen, die zur „Beendigung" des Rechtsbeschwerdeverfahrens führen, noch einer **Kostengrundentscheidung**, liegt mit der Kostenentscheidung zwar eine Entscheidung vor und das Rechtsbeschwerdeverfahren schließt damit nicht ohne Entscheidung. Bedarf es aber bei der Kostenentscheidung keiner Auseinandersetzung mit der Sach- und Rechtslage zu dem nicht mehr anhängigen Rechtsbeschwerdegegenstand, ist in solchen Fällen die Ermäßigung gleichermaßen gerechtfertigt. Diesem Verständnis entspricht die Gebührenvorschrift (→ Rn 13, 20).

8   Der **Gebührentatbestand** sieht die Ermäßigung bei der **Rücknahme** vor, welche stets zur Kostenlast des Berufungsführers führt. Die **Anm.** regelt die Ermäßigung bei **übereinstimmenden Erledigungserklärungen nach § 91 a ZPO**, wenn die Kostenentscheidung auf einer Kostenübernahmeerklärung einer Partei oder einer mitgeteilten Einigung der Parteien beruht.

9   Nr. 1822 KV legt für den Ermäßigungstatbestand fest, **auf welche Weise** die **Beendigung** des gesamten Verfahrens zu erfolgen hat, nämlich

- durch die Zurücknahme oder
- durch Erledigungserklärungen nach § 91 a ZPO.

Anderweitige Parteierklärungen, zB ein Vergleich, führen jedenfalls nach dem Wortlaut der Vorschrift keine Gebührenermäßigung herbei.

10   Die Parteierklärungen müssen zu einer Beendigung des **gesamten** Rechtsbeschwerdeverfahrens führen. Teilrücknahme oder Teilerledigungserklärungen genügen nicht, weil das Rechtsbeschwerdegericht weiterhin zu dem dann noch anhängig gebliebenen Rechtsbeschwerdegegenstand eine Rechtsbeschwerdeentscheidung treffen muss.

11   Mit der Rücknahme der Rechtsbeschwerde wird auch eine **Anschlussrechtsbeschwerde** gegenstandslos. Die Rücknahme der Anschlussrechtsbeschwerde beendet das Rechtsbeschwerdeverfahren dagegen noch nicht insgesamt.

12   **3. Ermäßigung bei Rücknahme der Rechtsbeschwerde.** Nach Nr. 1822 KV führt die rechtzeitige Zurücknahme der Rechtsbeschwerde zur Ermäßigung der Gebühr.

13   Die Gebührenermäßigung bei einer rechtzeitigen Rücknahme der Rechtsbeschwerde ist gerechtfertigt (zum Zweck eines solchen Ermäßigungstatbestands auch → Nr. 1811 KV Rn 4 f), **auch wenn** der Rücknahme noch eine **Kostenentscheidung nachfolgt**. Die Kostentragungspflicht beruht nämlich nach § 516 Abs. 3 S. 1 ZPO, der im Rechtsbeschwerdeverfahren nach §§ 574 ff ZPO und auch im Rechtsbeschwerdeverfahren nach § 20 KapMuG[2] entsprechend anwendbar ist, allein auf der Rücknahme der Rechtsbeschwerde und erfordert in keiner Weise eine Auseinandersetzung mit der Sach- und Rechtslage zu dem nicht mehr anhängigen Rechtsbeschwerdegegenstand. Hinzu kommt, dass die Kostenlast bei Rücknahme der Rechtsbeschwerde von Gesetzes wegen eintritt und die Kostenentscheidung nach § 516 Abs. 3 S. 1 ZPO analog nur deklaratorische Bedeutung hat. Die Ausführungen gelten entsprechend, wenn ein Antrag oder eine Klage zurückgenommen wird; die Kostenlast richtet sich dann nach § 269 Abs. 3 S. 2 ZPO.

---

2 Insofern ist § 516 Abs. 3 ZPO analog unter Beachtung von § 26 Abs. 1 KapMuG anzuwenden.

       NK-GK/*Fölsch*

Die **Rücknahme** der Rechtsbeschwerde muss **wirksam** sein. Der Einwilligung des Rechtsbeschwerdegegners   14
bedarf es nicht (vgl entsprechend § 516 Abs. 1 ZPO). Dagegen ist im Falle der Rücknahme der Klage oder
des Antrags die Einwilligung des Gegners geboten (vgl § 269 Abs. 1, 2 ZPO). Wirksam ist die Erklärung
der Rücknahme der Rechtsbeschwerde, des Antrags oder der Klage erst dann, wenn sie bei dem Rechtsbeschwerdegericht eingegangen ist.

Im Rechtsbeschwerdeverfahren nach § 20 KapMuG führt die Rücknahme der Rechtsbeschwerde noch   15
nicht zur Beendigung des Rechtsbeschwerdeverfahrens. Das Rechtsbeschwerdeverfahren ist bei einer Rücknahme der Rechtsbeschwerde erst dann beendet, wenn die auf Seiten des Rechtsbeschwerdeführers Beigetretenen auf die Fortführung der Rechtsbeschwerde verzichten (§ 21 Abs. 4 KapMuG).

Der Ermäßigungstatbestand bestimmt, bis zu welchem **Zeitpunkt** eine Verfahrensbeendigung im Fall der   16
Rücknahme stattgefunden haben muss, damit eine Ermäßigung in Betracht kommt. Die Rücknahme muss
erfolgt sein, **bevor die Rechtsbeschwerdebegründungsschrift bei Gericht eingegangen** ist. Für die Rechtsbeschwerdebegründung ist in § 575 ZPO grds. eine Begründungsfrist von einem Monat vorgesehen. Erfolgt
keine rechtzeitige Begründung, kann die Rücknahme mit der Folge der Ermäßigung nach Nr. 1822 KV
noch so lange erfolgen, wie die in solchen Fällen vorzunehmende Verwerfung der Rechtsbeschwerde noch
nicht der Geschäftsstelle übermittelt worden ist.

Ausreichend für die Rechtzeitigkeit ist, dass die Rücknahmeerklärung bei Gericht eingetroffen ist, nicht   17
auch, dass sie dem zuständigen Richter oder der zuständigen Geschäftsstelle vorliegt.

4. Ermäßigung bei Erledigungserklärungen nach § 91 a ZPO (Anm.). Nach der **Anm.** zu Nr. 1822 KV ste-   18
hen übereinstimmende Erledigungserklärungen nach § 91 a ZPO der Zurücknahme gleich, wenn keine Entscheidung über die Kosten ergeht oder wenn das Gericht die Kostenentscheidung auf der Grundlage einer
zuvor mitgeteilten Einigung der Parteien über die Kostentragung oder auf der Grundlage einer Kostenübernahmeerklärung einer Partei trifft.

Zu einer Beendigung des gesamten Verfahrens ohne Entscheidung führen übereinstimmende Erledigungser-   19
klärungen nicht. Die übereinstimmenden Erledigungserklärungen beenden das Verfahren nur hinsichtlich
des Rechtsbeschwerdegegenstands. Das Gericht ist nach übereinstimmenden Erledigungserklärungen aber
von Amts wegen verpflichtet, noch über die Kosten des Rechtsbeschwerdeverfahrens zu entscheiden.[3]

Die Anm. zu Nr. 1822 KV bringt aber zum Ausdruck, dass die Ermäßigung auch dann noch möglich ist, wenn   20
zwar das Rechtsbeschwerdeverfahren ohne gerichtliche Entscheidung durch Parteierklärungen hinsichtlich
des Rechtsbeschwerdegegenstands „beendet" wird, gleichwohl aber eine gerichtliche Entscheidung über die
Kosten nachfolgt, die indes nicht auf der Beurteilung der Sach- und Rechtslage zum Rechtsbeschwerdegegenstand beruht. Dies entspricht dem Sinn und Zweck der Vorschrift (zum Zweck eines solchen Ermäßigungstatbestands auch → Nr. 1811 KV Rn 4 f), eine Ermäßigung zu ermöglichen, wenn das Gericht weder
in der Rechtsbeschwerdeentscheidung noch in einer isolierten Kostenentscheidung die Sach- und Rechtslage
zum Rechtsbeschwerdegegenstand beurteilt.

III. Gebührenhöhe

Nr. 1822 KV ermäßigt die Gebühren Nr. 1820, 1821 KV. Es handelt es sich auch hier um eine **Wertgebühr**.   21
Der ermäßigte Gebührensatz beträgt 1,0. Eine weitergehende Ermäßigung ist nicht vorgesehen. Die Wertgebühr ist unabhängig davon, ob und in welcher Höhe Gebühren in der vorhergehenden Instanz entstanden
waren.

Der **Streitwert** im Rechtsbeschwerdeverfahren bestimmt sich **idR** nach § 47. Danach bestimmt sich der   22
Wert nach dem Antrag des Rechtsbeschwerdeführers (§ 47 Abs. 1 S. 1). Wenn aber noch kein Rechtsmittelantrag gestellt ist, ist die Beschwer maßgebend (§ 47 Abs. 1 S. 2). Der Streitwert wird durch den erstinstanzlichen Streitwert begrenzt (§ 47 Abs. 2 S. 1).

Wenn ein Rechtsmittelantrag offensichtlich nicht auf die Durchführung des Rechtsmittels gerichtet ist, son-   23
dern allein auf die Begrenzung des Streitwerts nach § 47 Abs. 1 S. 2 abzielt, hat die Antragsbeschränkung
bei der Streitwertberechnung außer Betracht zu bleiben.[4] Dies wird idR nur aufgrund objektiver Umstände
anzunehmen sein können.[5]

Für die Rechtsbeschwerde nach § 20 KapMuG ergibt sich der **Streitwert** aus § 51 a Abs. 2.   24

---

3 Vgl Musielak/Voit/*Flockenhaus*, ZPO, § 91 a Rn 17, 20. **4** BGH NJW 1978, 1263 (zu § 14 GKG aF); BGH NJW-RR 1998,
355 (zu § 14 GKG aF); OLG Schleswig JurBüro 2004, 140 (zu § 14 GKG aF); OLG Düsseldorf JurBüro 2001, 642 (zu § 14
GKG aF); OLG München JurBüro 1992, 252 (zu § 14 GKG aF); OLG Köln AGS 2012, 531 (zu § 47 GKG). **5** BGH NJW
1978, 1263 (zu § 14 GKG aF).

IV. Weitere praktische Hinweise

25 **1. Fälligkeit.** Die Gebühren Nr. 1820, 1821 KV werden gem. § 6 Abs. 1 Nr. 1 bereits mit der Einreichung der Rechtsbeschwerdeschrift fällig. Die Ermäßigung nach Nr. 1822 KV tritt ein, sobald sich die Voraussetzungen des Ermäßigungstatbestands verwirklicht haben.

26 **2. Kostenschuldner, Kostenhaftung.** Kostenschuldner der Gebühr Nr. 1822 KV bei Ermäßigung der Gebühr **Nr. 1820 KV** ist

■ der Beschwerdeführer (§ 22 Abs. 1 S. 1) und

■ die Partei,

   – der durch gerichtliche Entscheidung die Kosten des Beschwerdeverfahrens auferlegt sind (§ 29 Nr. 1) bzw

   – die durch Erklärung oder in einem Vergleich die Kosten des Beschwerdeverfahrens übernommen hat (§ 29 Nr. 2).

27 Kostenschuldner der Gebühr Nr. 1822 KV bei Ermäßigung der Gebühr **Nr. 1821 KV** ist

■ der Rechtsbeschwerdeführer (§ 22 Abs. 1 S. 1),

■ der Beteiligte (§ 9 Abs. 1 KapMuG: Musterkläger, Musterbeklagter, Beigeladene), der dem Rechtsbeschwerdeverfahren auf Seiten des Rechtsbeschwerdeführers beigetreten ist (§ 22 Abs. 4 S. 2), und

■ der Beteiligte (§ 9 Abs. 1 KapMuG: Musterkläger, Musterbeklagter, Beigeladene),

   – dem durch gerichtliche Entscheidung die Kosten des Rechtsbeschwerdeverfahrens auferlegt sind (§ 29 Nr. 1) bzw

   – der durch Erklärung oder in einem Vergleich die Kosten des Rechtsbeschwerdeverfahrens übernommen hat (§ 29 Nr. 2).

28 Die Geltendmachung der Gebühr gegenüber mehreren in Betracht kommenden Schuldnern richtet sich nach § 31.

29 Zur beschränkten Kostenhaftung nach § 51 a Abs. 3, 4 für die Gebühr Nr. 1822, 1821 KV → Nr. 1821 KV Rn 15.

Nr.	Gebührentatbestand	Gebühr oder Satz der Gebühr nach § 34 GKG
1823	Verfahren über Rechtsbeschwerden in den Fällen des § 71 Abs. 1, § 91 a Abs. 1, § 99 Abs. 2, § 269 Abs. 4, § 494 a Abs. 2 Satz 2 oder § 516 Abs. 3 ZPO	180,00 €

I. Allgemeines

1 Für Verfahren über Rechtsbeschwerden in den Fällen des § 71 Abs. 1, § 91 a Abs. 1, § 99 Abs. 2, § 269 Abs. 4, § 494 Abs. 2 S. 2 oder § 516 Abs. 3 ZPO fällt die Verfahrensgebühr der Nr. 1823 KV an.

2 Es handelt sich um eine Festgebühr; der Streitwert des Rechtsbeschwerdeverfahrens spielt daher keine Rolle. Die Festgebühr beträgt 180 €.[1]

3 Ermäßigungstatbestände der Gebühr sind in den Nr. 1824 und 1825 KV enthalten.

II. Gebührentatbestand

4 **1. Allgemeines.** Nr. 1823 KV findet nur auf die dort **genannten Rechtsbeschwerdeverfahren** Anwendung (zu den einzelnen Fällen → Rn 16 ff). Bei der Rechtsbeschwerde gegen die in Nr. 1810 KV genannten Entscheidungen handelt es sich um die **Rechtsbeschwerde nach § 574 Abs. 1 ZPO**. Hierzu gehört aber auch die Anschlussrechtsbeschwerde nach § 574 Abs. 4 ZPO.

5 Anderweitige Gebührentatbestände für Rechtsbeschwerden sind insb. in den Nr. 1820, 1821, 1826 KV vorhanden. Sie betreffen Rechtsbeschwerden gegen die Verwerfung der Berufung durch Beschluss (Nr. 1820 KV), Rechtsbeschwerden nach § 20 KapMuG (Nr. 1821 KV) und Rechtsbeschwerden über nicht im GKG aufgeführte Rechtsbeschwerden (Nr. 1826 KV). Für andere Rechtsbehelfe gilt Nr. 1823 KV nicht, zB nicht für Revision, Anschlussrevision, Erinnerung, Widerspruch, Einspruch, Anhörungsrüge, Gegenvorstellung, Dienstaufsichtsbeschwerde.

---

1 Das 2. KostRMoG (BGBl. 2013 I 2586) hat den Gebührenbetrag von 150 € auf 180 € erhöht.

Die Gebühr Nr. 1823 KV entsteht **zusätzlich** zu den Gebühren des Hauptsacheverfahrens, gleich welcher **6** Instanz. Bei einer Kostenmischentscheidung können die Gebühr Nr. 1823 KV und Nr. 1826 oder 1230 KV nebeneinander anfallen. Die Gebühr Nr. 1900 KV kann ggf neben der Gebühr Nr. 1823, 1824, 1825 KV zur Anwendung kommen, wenn die Parteien einen **Vergleich** geschlossen haben und der Wert des Vergleichsgegenstands den Wert des Rechtsbeschwerdegegenstands übersteigt.

Nr. 1823 KV enthält eine **Verfahrensgebühr**. Sie entsteht mit dem Eingang der Rechtsbeschwerde bei Gericht. Es handelt sich um eine Pauschgebühr (§ 35), die das **gesamte Rechtsbeschwerdeverfahren** abdeckt. **7** Dazu gehört auch eine mündliche Verhandlung.

Darauf, ob die Rechtsbeschwerde zutreffend als solche bezeichnet ist, kommt es nicht an. Entscheidend ist, **8** ob das Gericht die Eingabe **als Rechtsbeschwerde auslegt**.[2] Wird eine Eingabe durch eine unrichtige Sachbehandlung als Rechtsbeschwerde eingeordnet, kann die Niederschlagung der Gebühr (§ 21) in Betracht kommen.

Die Gebühr fällt unabhängig davon an, ob die Rechtsbeschwerde statthaft ist oder nicht. Die Gebühr entsteht auch, wenn der Rechtsbeschwerdeführer die Rechtsbeschwerde bei einem unzuständigen Gericht einlegt. Es spielt keine Rolle, ob ein Anwaltszwang (vgl § 78 Abs. 1 S. 3 ZPO) beachtet wurde. **9**

Endet das Rechtsbeschwerdeverfahren ohne gerichtliche Entscheidung (zB durch Rücknahme der Rechtsbeschwerde), kommt die Ermäßigung der Gebühr nach Nr. 1824, 1825 KV in Betracht. Im Übrigen ist der **10** **Ausgang des Rechtsbeschwerdeverfahrens ohne Einfluss** auf die Gebühr. Es kommt insb. nicht darauf an, ob der Rechtsbeschwerde stattgegeben oder ob sie verworfen bzw zurückgewiesen wird.

2. Behandlung mehrerer Rechtsbeschwerden. Hinsichtlich der Behandlung **mehrerer Rechtsbeschwerden** ist **11** folgendermaßen zu differenzieren:

a) Verschiedene Entscheidungen, gegen die jeweils eine Rechtsbeschwerde erhoben wird: Für jede Rechtsbeschwerde fällt die Gebühr Nr. 1823 KV gesondert an. Denn jede Rechtsbeschwerde leitet ein neues Rechtsbeschwerdeverfahren ein. Es kommt nicht darauf an, ob die Rechtsbeschwerden von derselben Partei oder von unterschiedlichen Parteien eingelegt werden. Ohne Bedeutung ist es, wenn das Rechtsbeschwerdegericht die verschiedenen Rechtsbeschwerden zu einem Verfahren verbindet und gemeinsam über sie entscheidet, weil die jeweilige Gebühr Nr. 1823 KV für die einzelnen Rechtsbeschwerdesachen bereits entstanden ist. **12**

b) Verschiedene Entscheidungen, gegen die einheitlich eine Rechtsbeschwerde erhoben wird: Wird über die **13** Rechtsbeschwerde nur ein Rechtsbeschwerdeverfahren geführt, fällt die Gebühr Nr. 1823 KV nur einmal an. Werden aber einzelne Verfahrensteile des Rechtsbeschwerdeverfahrens abgetrennt, entsteht die Gebühr Nr. 1823 KV für die abgetrennten Verfahrensteile jeweils erneut.

c) Dieselbe Entscheidung, gegen die mehrere Rechtsbeschwerden erhoben werden: **14**

aa) Bei Eingang der neuen Rechtsbeschwerde ist über die zunächst eingelegte Rechtsbeschwerde bereits entschieden: Für die zunächst erhobene Rechtsbeschwerde entsteht die Gebühr Nr. 1823 KV. Für jede danach eingelegte Rechtsbeschwerde entsteht die Gebühr Nr. 1823 KV erneut.

bb) Bei Eingang der neuen Rechtsbeschwerde ist über die zunächst eingelegte Rechtsbeschwerde noch nicht entschieden: In diesen Fällen fällt die Gebühr Nr. 1823 KV nur einmal an.[3] Dies gilt gleichermaßen, wenn eine Partei mehrfach dieselbe Rechtsbeschwerde gegen eine Entscheidung erhebt, wenn eine Partei Rechtsbeschwerde und die andere Partei Anschlussrechtsbeschwerde oder wenn beide Parteien selbstständige Rechtsbeschwerden erheben. Bei der mehrfachen Rechtsbeschwerde durch eine Partei handelt es sich um ein einheitliches Rechtsmittel, über das einheitlich zu entscheiden ist.[4] Werden durch unterschiedliche Parteien Rechtsbeschwerden erhoben, seien es selbstständige Rechtsbeschwerden oder Rechtsbeschwerde und Anschlussrechtsbeschwerde, wird durch beide Rechtsbeschwerden die Einheit des Rechtsstreits nicht berührt.[5] Über beide Rechtsbeschwerden ist einheitlich zu verhandeln und zu entscheiden.[6] Einer Verbindung nach § 147 ZPO bedarf es hierfür nicht.[7]

d) Dieselbe Entscheidung, gegen die eine Rechtsbeschwerde erhoben wird, aber mehrere Rechtsbeschwerde- **15** **gründe geltend gemacht werden:** Es entsteht eine Gebühr nach Nr. 1823 KV. Die Vorschrift stellt auf die Rechtsbeschwerde ab und nicht auf einzelne Rechtsbeschwerdegründe, mit denen sich das Rechtsbeschwerdegericht zu befassen hat.

---

2 BGH BeckRS 2011, 878; BGH BeckRS 2011, 879; vgl OLG Hamm JurBüro 1972, 891 (zur Beschwerde). **3** Vgl auch OLG Nürnberg JurBüro 1963, 648. **4** Vgl BGH NJW 1966, 1753; BGH NJW 1985, 2834; BGH NJW 1993, 269; BGH NJW 1993, 3141; BGH NJW 1996, 2659; BGH NJW-RR 2005, 780. **5** Vgl MüKo-ZPO/*Rimmelspacher*, § 519 Rn 42 (für Berufungssachen). **6** Vgl MüKo-ZPO/*Rimmelspacher*, § 519 Rn 42 (für Berufungssachen). **7** Vgl MüKo-ZPO/*Rimmelspacher*, § 519 Rn 42 (für Berufungssachen).

III. Die einzelnen Fälle

16 Die Gebühr Nr. 1823 KV betrifft die dort abschließend genannten Rechtsbeschwerdeverfahren.

17 **1. § 71 Abs. 1 ZPO.** Hat ein Dritter ein rechtliches Interesse daran, dass in einem zwischen anderen Personen anhängigen Rechtsstreit die eine Partei obsiege, kann der Dritte der Partei in dem Rechtsstreit zum Zwecke ihrer Unterstützung **beitreten** (§ 66 Abs. 1 ZPO). Eine gerichtliche Entscheidung über die Zulassung des Beitritts ergeht nur, wenn eine Partei des Rechtsstreits die Zurückweisung des Beitretenden beantragt hat. In diesem Fall entscheidet das Gericht durch Zwischenurteil (§ 71 Abs. 1, 2 ZPO).

18 In den Fällen des § 71 Abs. 1 ZPO ist die Rechtsbeschwerde nach § 574 Abs. 1 Nr. 2 ZPO statthaft

- gegen die Entscheidung des Beschwerdegerichts über die sofortige Beschwerde gegen das Zwischenurteil des erstinstanzlichen Amts- oder Landgerichts,
- gegen ein Zwischenurteil des Berufungsgerichts oder
- gegen ein Zwischenurteil des erstinstanzlich zuständigen Oberlandesgerichts.

19 Wird die Entscheidung über die Zulassung des Beitritts mit dem Endurteil verbunden, bleibt die Anfechtung mittels der Rechtsbeschwerde möglich.[8] Wird gegen das Berufungsurteil zur Hauptsache Revision und gegen die Entscheidung des Berufungsgerichts über die Zulassung des Beitretenden Rechtsbeschwerde eingelegt, können die Gebühren Nr. 1230 KV und Nr. 1823 KV nebeneinander entstehen, und zwar auch dann, wenn in einem einheitlichen Verfahren über die Revision und die Rechtsbeschwerde entschieden wird.

20 **2. § 91 a Abs. 1 ZPO.** Haben die Parteien den Rechtsstreit in der Hauptsache **für erledigt erklärt**, so entscheidet das Gericht über die **Kosten des Rechtsstreits unter Berücksichtigung des bisherigen Sach- und Streitstands nach billigem Ermessen** durch Beschluss (§ 91 a Abs. 1 S. 1 ZPO). Dasselbe gilt über § 91 a Abs. 1 S. 2 ZPO, wenn der Beklagte der Erledigungserklärung nicht innerhalb einer Notfrist von zwei Wochen seit Zustellung des Schriftsatzes widerspricht, wenn der Beklagte zuvor auf die Wirkung eines unterbleibenden Widerspruchs und die Rechtsfolge einer Kostenentscheidung[9] nach § 91 a Abs. 1 S. 1 ZPO hingewiesen worden ist.

21 In den Fällen des § 91 a Abs. 1 ZPO ist die Rechtsbeschwerde nach § 574 Abs. 1 Nr. 2 ZPO statthaft

- gegen die Entscheidung des Beschwerdegerichts über die sofortige Beschwerde, gegen die Kostenentscheidung nach § 91 a Abs. 1 ZPO des erstinstanzlichen Amts- oder Landgerichts,
- gegen die Kostenentscheidung nach § 91 a Abs. 1 ZPO des Berufungsgerichts oder
- gegen die Kostenentscheidung nach § 91 a Abs. 1 ZPO des erstinstanzlich zuständigen Oberlandesgerichts.

22 Wird der Rechtsstreit nur **teilweise übereinstimmend für erledigt erklärt** und wird einheitlich über die Kosten des erledigten und des nicht erledigten Teils der Hauptsache entschieden, handelt es sich um eine **Kostenmischentscheidung**. Hinsichtlich des erledigten Teils der Hauptsache kann die Kostenmischentscheidung bzw die Beschwerdeentscheidung, die insoweit auf § 91 a ZPO beruht, ebenso mit der Rechtsbeschwerde angefochten werden.[10]

23 Handelt es sich um eine Kostenmischentscheidung des Berufungsgerichts und soll auch der nicht erledigte Teil der Hauptsache angegriffen werden, kann einheitlich Revision bzw Revision und Anschlussrevision gegen das Berufungsurteil (vgl § 542 Abs. 1 ZPO) eingelegt und so erreicht werden, dass die Kostenmischentscheidung insgesamt überprüft wird.[11] Für das Revisionsverfahren entsteht dann nicht die Gebühr Nr. 1823 KV, sondern die Gebühr Nr. 1230 KV, und zwar nach dem Streitwert der streitigen Hauptsache und des die Erledigung betreffenden Kosteninteresses.

24 **3. § 99 Abs. 2 ZPO.** Erkennt eine Partei den gegen sie geltend gemachten Anspruch an, so ist sie dem **Anerkenntnis** gemäß zu verurteilen (§ 307 S. 1 ZPO). In dem Anerkenntnisurteil trifft das Gericht dann auch eine Entscheidung über die Kosten des Rechtsstreits.

25 In den Fällen des § 99 Abs. 2 ZPO ist die Rechtsbeschwerde nach § 574 Abs. 1 Nr. 2 ZPO statthaft

- gegen die Entscheidung des Beschwerdegerichts über die sofortige Beschwerde gegen die Kostenentscheidung im Anerkenntnisurteil des erstinstanzlichen Amts- oder Landgerichts,
- gegen die Kostenentscheidung im Anerkenntnisurteil des Berufungsgerichts oder
- gegen die Kostenentscheidung im Anerkenntnisurteil des erstinstanzlich zuständigen Oberlandesgerichts.

---

8 Vgl BGH NJW 1963, 2027 (für das Berufungsverfahren). **9** Vgl BGH NJW 2009, 1973. **10** Vgl BGH NJW 1964, 660 (zur sofortigen Beschwerde). **11** Vgl BGH NJW-RR 2010, 640; BGH NJW 2001, 230, 231; BGH NJW 1955, 1394, 1395 (alle jew. zur Kostenmischentscheidung bei Teilanerkenntnis).

Wird der geltend gemachte Anspruch nur **teilweise anerkannt** und wird einheitlich über die Kosten des an-   26
erkannten und des nicht anerkannten Teils der Hauptsache entschieden, handelt es sich um eine **Kostenmi-**
schentscheidung. Hinsichtlich des anerkannten Teils kann die Kostenmischentscheidung bzw die Beschwerdeentscheidung ebenso mit der Rechtsbeschwerde angefochten werden.[12]

Handelt es sich um eine Kostenmischentscheidung des Berufungsgerichts und soll auch der nicht anerkann-   27
te Teil der Hauptsache angegriffen werden, kann einheitlich Revision bzw Revision und Anschlussrevision
gegen das Berufungsurteil (vgl § 542 Abs. 1 ZPO) eingelegt und so erreicht werden, dass die Kostenmischentscheidung insgesamt überprüft wird.[13] Für das Revisionsverfahren entsteht dann nicht die Gebühr
Nr. 1823 KV, sondern die Gebühr Nr. 1230 KV, und zwar nach dem Streitwert der streitigen Hauptsache
und des das Anerkenntnis betreffenden Kosteninteresses.

4. § 269 Abs. 4 ZPO. Wird die Klage **zurückgenommen**, hat das Gericht auf Antrag nach § 269 Abs. 4   28
ZPO über die Kosten des Rechtsstreits durch Beschluss zu entscheiden.

In den Fällen des § 269 Abs. 4 ZPO ist die Rechtsbeschwerde nach § 574 Abs. 1 Nr. 2 ZPO statthaft   29

- gegen die Entscheidung des Beschwerdegerichts über die sofortige Beschwerde gegen die Kostenentscheidung nach § 269 Abs. 4 ZPO des erstinstanzlichen Amts- oder Landgerichts,
- gegen die Kostenentscheidung nach § 269 Abs. 4 ZPO des Berufungsgerichts oder
- gegen die Kostenentscheidung nach § 269 Abs. 4 ZPO des erstinstanzlich zuständigen Oberlandesgerichts.

Wird die Klage **teilweise zurückgenommen** und wird einheitlich – dann vollständig von Amts wegen – über   30
die Kosten des zurückgenommenen und des nicht zurückgenommenen Teils der Hauptsache entschieden,
handelt es sich um eine **Kostenmischentscheidung.** Hinsichtlich des zurückgenommenen Teils kann die Kostenmischentscheidung bzw die Beschwerdeentscheidung mit der Rechtsbeschwerde angefochten werden.[14]

Handelt es sich um eine Kostenmischentscheidung des Berufungsgerichts und soll auch der nicht zurückge-   31
nommene Teil der Hauptsache angegriffen werden, kann einheitlich Revision bzw Revision und Anschlussrevision gegen das Berufungsurteil (vgl § 542 Abs. 1 ZPO) eingelegt und so erreicht werden, dass die Kostenmischentscheidung insgesamt überprüft wird.[15] Für das Revisionsverfahren entsteht dann nicht die Gebühr Nr. 1823 KV, sondern die Gebühr Nr. 1230 KV, und zwar nach dem Streitwert der streitigen Hauptsache und des die Zurücknahme betreffenden Kosteninteresses.

5. § 494 a Abs. 2 S. 2 ZPO. Nach Abschluss der **Beweiserhebung eines selbstständigen Beweisverfahrens**   32
(§§ 485 ff ZPO) hat das Gericht auf Antrag anzuordnen, dass der Antragsteller des selbstständigen Beweisverfahrens binnen einer zu bestimmenden Frist Klage zu erheben hat, wenn ein Rechtsstreit noch nicht anhängig ist (§ 494 a Abs. 1 S. 1 ZPO). Kommt der Antragsteller dieser Anordnung nicht nach, hat das Gericht auf Antrag durch Beschluss auszusprechen, dass er die dem Gegner entstandenen Kosten zu tragen
hat.

In den Fällen des § 494 a Abs. 2 S. 2 ZPO ist die Rechtsbeschwerde nach § 574 Abs. 1 Nr. 2 ZPO statthaft   33

- gegen die Entscheidung des Beschwerdegerichts über die sofortige Beschwerde gegen die Kostenentscheidung nach § 494 a Abs. 2 S. 2 ZPO des erstinstanzlichen Amts- oder Landgerichts,
- gegen die Kostenentscheidung nach § 494 a Abs. 2 S. 2 ZPO des Berufungsgerichts oder
- gegen die Kostenentscheidung nach § 494 a Abs. 2 S. 2 ZPO des erstinstanzlich zuständigen Oberlandesgerichts.

6. § 516 Abs. 3 ZPO. Bei einer **Rücknahme der Berufung oder der Revision** beruht die Kostenentscheidung   34
nicht auf § 269 Abs. 3, 4 ZPO, sondern auf § 516 Abs. 3 ZPO (iVm § 565 ZPO). Die Vorschrift des § 516
Abs. 3 ZPO wird auch in anderen Rechtsmittel- und Rechtsbehelfsverfahren entsprechend angewendet.

Gegen die Kostenentscheidung des Berufungsgerichts nach § 516 Abs. 3 S. 1 ZPO oder des Beschwerdege-   35
richts nach § 516 Abs. 3 S. 1 ZPO analog ist die Rechtsbeschwerde nach § 574 Abs. 1 Nr. 2 ZPO statthaft.

IV. Gebührenhöhe

Bei der Gebühr Nr. 1823 KV handelt es sich um eine **Festgebühr.** Sie beträgt 180 €. Eine Ermäßigung der   36
Gebühr Nr. 1823 KV tritt nur unter den Voraussetzungen der Nr. 1824, 1825 KV ein. Die Festgebühr ist
unabhängig davon, ob und in welcher Höhe Gebühren in der vorhergehenden Instanz oder im Hauptsacheverfahren entstanden waren.

---

12 Vgl BGH NJW 1964, 660 (zur sofortigen Beschwerden gegen eine Kostenmischentscheidung bei Teilerledigung). **13** Vgl BGH
NJW-RR 2010, 640; BGH NJW 2001, 230, 231; BGH NJW 1955, 1394, 1395. **14** Vgl BGH NJW 1964, 660 (zur sofortigen
Beschwerde gegen eine Kostenmischentscheidung bei Teilerledigung). **15** BGH NJW-RR 2010, 640; BGH NJW 2001, 230, 231;
BGH NJW 1955, 1394, 1395 (alle jew. zur Kostenmischentscheidung bei Teilanerkenntnis).

V. Weitere praktische Hinweise

37 **1. Fälligkeit, Vorauszahlungspflicht.** Die Gebühr wird gem. § 6 Abs. 1 Nr. 1 bereits mit der Einreichung der Rechtsbeschwerdeschrift fällig. Das Gericht darf seine Verfahrenshandlungen aber nicht von einer Vorauszahlung der Gebühr abhängig machen (vgl § 12 Abs. 1).

38 **2. Kostenschuldner.** Kostenschuldner der Gebühr Nr. 1823 KV ist

- der Rechtsbeschwerdeführer (§ 22 Abs. 1 S. 1) und
- die Partei,
  - der durch gerichtliche Entscheidung die Kosten des Rechtsbeschwerdeverfahrens auferlegt sind (§ 29 Nr. 1) bzw
  - die durch Erklärung oder in einem Vergleich die Kosten des Rechtsbeschwerdeverfahrens übernommen hat (§ 29 Nr. 2).

39 Die Geltendmachung der Gebühr gegenüber mehreren in Betracht kommenden Schuldnern richtet sich nach § 31 (vgl auch § 8 KostVfg).

Nr.	Gebührentatbestand	Gebühr oder Satz der Gebühr nach § 34 GKG
1824	Beendigung des gesamten Verfahrens durch Zurücknahme der Rechtsbeschwerde, des Antrags oder der Klage, bevor die Schrift zur Begründung der Rechtsbeschwerde bei Gericht eingegangen ist: Die Gebühr 1823 ermäßigt sich auf	60,00 €

I. Allgemeines

1 Nr. 1824 KV[1] ist – neben Nr. 1825 KV – ein Ermäßigungstatbestand der Gebühr Nr. 1823 KV.

2 Voraussetzung einer Ermäßigung ist die **Rücknahme** der Rechtsbeschwerde, des Antrags oder der Klage, noch bevor eine Schrift zur Begründung der Rechtsbeschwerde bei Gericht eingegangen ist. Erfolgt die Rücknahme nach Eingang der Rechtsbeschwerdebegründungsschrift bis spätestens zum Ablauf des Tages, an dem die Entscheidung der Geschäftsstelle übermittelt wird, bzw bis zum Zeitpunkt einer Verkündung, ist der Ermäßigungstatbestand der Nr. 1825 KV erfüllt.

3 In dem Ermäßigungsfall der Nr. 1824 KV erfolgt eine Reduzierung der Gebühr auf 60 €.[2]

II. Ermäßigungstatbestand

4 Wird das Rechtsbeschwerdeverfahren durch Zurücknahme der Rechtsbeschwerde, des Antrags oder der Klage beendet, ermäßigt sich nach Nr. 1824 KV die Gebühr Nr. 1823 KV von einem Gebührenbetrag von 180 € auf einen Gebührenbetrag von 60 €. Die Ermäßigungstatbestände der Nr. 1824 KV und Nr. 1825 KV sind danach voneinander **abzugrenzen**, ob die Rechtsbeschwerdebegründungsschrift **vor oder nach der Rücknahme** bei Gericht eingegangen ist. Nr. 1824 KV betrifft die Rücknahme **vor Eingang der Rechtsbeschwerdebegründungsschrift**.

5 Nr. 1824 KV legt für den Ermäßigungstatbestand fest, **auf welche Weise** die **Beendigung** des gesamten Verfahrens zu erfolgen hat, nämlich durch die **Zurücknahme**. Anderweitige Parteierklärungen, zB übereinstimmende Erledigungserklärungen oder Vergleich, führen jedenfalls nach dem Wortlaut der Vorschrift keine Gebührenermäßigung herbei.

6 Die Rücknahme muss zu einer Beendigung des **gesamten** Rechtsbeschwerdeverfahrens führen. Eine **Teilrücknahme** genügt nicht, weil das Rechtsbeschwerdegericht weiterhin zu dem dann noch anhängig gebliebenen Rechtsbeschwerdegegenstand eine Rechtsbeschwerdeentscheidung treffen muss. Mit der Rücknahme der Rechtsbeschwerde wird auch eine Anschlussrechtsbeschwerde gegenstandslos. Die Rücknahme der Anschlussrechtsbeschwerde beendet das Rechtsbeschwerdeverfahren dagegen noch nicht insgesamt.

7 Die Gebührenermäßigung bei einer rechtzeitigen Rücknahme der Rechtsbeschwerde ist gerechtfertigt (zum Zweck eines solchen Ermäßigungstatbestands auch → Nr. 1811 KV Rn 4 f), auch wenn der Rücknahme noch eine **Kostenentscheidung nachfolgt**. Die Kostentragungspflicht beruht nämlich nach § 516 Abs. 3 S. 1

---

1 Die Vorschrift wurde durch das 2. Justizmodernisierungsgesetz (BGBl. 2006 I 3416) eingefügt. **2** Das 2. KostRMoG (BGBl. 2013 I 2586) hat den Gebührenbetrag von 50 € auf 60 € erhöht.

NK-GK/*Fölsch*

ZPO, der im Rechtsbeschwerdeverfahren nach §§ 574 ff ZPO entsprechend anwendbar ist, allein auf der Rücknahme der Rechtsbeschwerde und erfordert in keiner Weise eine Auseinandersetzung mit der Sach- und Rechtslage zu dem nicht mehr anhängigen Rechtsbeschwerdegegenstand. Hinzu kommt, dass die Kostenlast bei Rücknahme der Rechtsbeschwerde von Gesetzes wegen eintritt und die Kostenentscheidung nach § 516 Abs. 3 S. 1 ZPO analog nur deklaratorische Bedeutung hat. Die Ausführungen gelten entsprechend, wenn ein Antrag oder eine Klage zurückgenommen wird; die Kostenlast richtet sich dann regelmäßig nach § 269 Abs. 3 S. 2 ZPO.

Wird hingegen das Rechtsbeschwerdeverfahren durch eine das Verfahren abschließende Entscheidung zum **8** Rechtsbeschwerdegegenstand ganz oder teilweise beendet, ist für eine Ermäßigung nach Nr. 1824 KV kein Raum. Demgegenüber stehen Zwischen- oder Nebenentscheidungen zum Rechtsbeschwerdegegenstand (zB Aussetzung der Vollziehung, einstweilige Anordnung) der Ermäßigung nicht entgegen.

Die **Rücknahme** der Rechtsbeschwerde muss **wirksam** sein. Der Einwilligung des Rechtsbeschwerdegegners **9** bedarf es nicht (vgl entsprechend § 516 Abs. 1 ZPO). Dagegen ist im Falle der Rücknahme der Klage oder des Antrags die Einwilligung des Gegners geboten (vgl § 269 Abs. 1, 2 ZPO). Wirksam ist die Erklärung der Rücknahme der Rechtsbeschwerde, des Antrags oder der Klage erst dann, wenn sie bei dem Rechtsbeschwerdegericht eingegangen ist.

Der Ermäßigungstatbestand bestimmt, bis zu welchem **Zeitpunkt** eine Verfahrensbeendigung im Fall der **10** **Rücknahme der Rechtsbeschwerde** stattgefunden haben muss, damit eine Ermäßigung in Betracht kommt. Die Rücknahme erfolgt sein, **bevor die Rechtsbeschwerdebegründungsschrift bei Gericht eingegangen** ist. Für die Rechtsbeschwerdebegründung ist in § 575 ZPO grds. eine Begründungsfrist von einem Monat vorgesehen. Erfolgt keine rechtzeitige Begründung, kann die Rücknahme mit der Folge der Ermäßigung nach Nr. 1824 KV noch so lange erfolgen, wie die in solchen Fällen vorzunehmende Verwerfung der Rechtsbeschwerde noch nicht der Geschäftsstelle übermittelt worden ist.

Ausreichend für die Rechtzeitigkeit ist, dass die Rücknahmeerklärung bei Gericht eingetroffen ist, nicht **11** auch, dass sie dem zuständigen Richter oder der zuständigen Geschäftsstelle vorliegt.

III. Gebührenhöhe

Nr. 1824 KV ermäßigt die Gebühr Nr. 1823 KV. Es handelt es sich auch hier um eine Festgebühr. Die ermä- **12** ßigte Gebühr beträgt 60 €. Eine weitere Ermäßigung ist in Nr. 1825 KV vorgesehen (zur Abgrenzung → Rn 4). Die Festgebühr ist unabhängig davon, ob und in welcher Höhe Gebühren in der vorhergehenden Instanz oder im Hauptsacheverfahren entstanden waren.

IV. Weitere praktische Hinweise

1. Fälligkeit. Die Gebühr Nr. 1823 KV wird gem. § 6 Abs. 1 Nr. 1 bereits mit der Einreichung der Rechts- **13** beschwerdeschrift fällig. Die Ermäßigung nach Nr. 1824 KV tritt ein, sobald sich die Voraussetzungen des Ermäßigungstatbestands verwirklicht haben.

2. Kostenschuldner. Kostenschuldner der Gebühr Nr. 1824 KV ist **14**

- der Beschwerdeführer (§ 22 Abs. 1 S. 1) und
- die Partei,
  - der durch gerichtliche Entscheidung die Kosten des Beschwerdeverfahrens auferlegt sind (§ 29 Nr. 1) bzw
  - die durch Erklärung oder in einem Vergleich die Kosten des Beschwerdeverfahrens übernommen hat (§ 29 Nr. 2).

Die Geltendmachung der Gebühr gegenüber mehreren in Betracht kommenden Schuldnern richtet sich **15** nach § 31 (vgl auch § 8 KostVfg).

Nr.	Gebührentatbestand	Gebühr oder Satz der Gebühr nach § 34 GKG
1825	Beendigung des gesamten Verfahrens durch Zurücknahme der Rechtsbeschwerde, des Antrags oder der Klage vor Ablauf des Tages, an dem die Entscheidung der Geschäftsstelle übermittelt wird, wenn nicht Nummer 1824 erfüllt ist: Die Gebühr 1823 ermäßigt sich auf	90,00 €

I. Allgemeines

1   Nr. 1825 KV[1] ist – neben Nr. 1824 KV – ein weiterer Ermäßigungstatbestand der Gebühr Nr. 1823 KV.

2   Voraussetzung einer Ermäßigung ist die **Rücknahme** der Rechtsbeschwerde, des Antrags oder der Klage. Die Rücknahme muss bis spätestens zum Ablauf des Tages, an dem die Entscheidung der Geschäftsstelle übermittelt wird, bzw bis zum Zeitpunkt einer Verkündung erfolgt sein. Bei einer Rücknahme, noch bevor eine Schrift zur Begründung der Rechtsbeschwerde bei Gericht eingegangen ist, ist der Ermäßigungstatbestand der Nr. 1824 KV erfüllt.

3   In dem Ermäßigungsfall der Nr. 1825 KV erfolgt eine Reduzierung der Gebühr auf 90 €.[2]

II. Ermäßigungstatbestand

4   Wird das Rechtsbeschwerdeverfahren durch Zurücknahme der Rechtsbeschwerde, des Antrags oder der Klage beendet, ermäßigt sich nach Nr. 1825 KV die Gebühr Nr. 1823 KV von einem Gebührenbetrag von 180 € auf einen Gebührenbetrag von 90 €. Die Ermäßigungstatbestände Nr. 1825 KV und Nr. 1824 KV sind danach voneinander **abzugrenzen**, ob die Rechtsbeschwerdebegründungsschrift **vor oder nach der Rücknahme** bei Gericht eingegangen ist. Nr. 1825 KV betrifft die Rücknahme **nach Eingang der Rechtsbeschwerdebegründungsschrift**.

5   Nr. 1825 KV legt für den Ermäßigungstatbestand fest, **auf welche Weise die Beendigung** des gesamten Verfahrens zu erfolgen hat, nämlich durch die **Zurücknahme**. Anderweitige Parteierklärungen, zB übereinstimmende Erledigungserklärungen oder Vergleich, führen jedenfalls nach dem Wortlaut der Vorschrift keine Gebührenermäßigung herbei.

6   Die Rücknahme muss zu einer Beendigung des **gesamten** Rechtsbeschwerdeverfahrens führen. Eine **Teilrücknahme** genügt nicht, weil das Rechtsbeschwerdegericht weiterhin zu dem dann noch anhängig gebliebenen Rechtsbeschwerdegegenstand eine Rechtsbeschwerdeentscheidung treffen muss. Mit der Rücknahme der Rechtsbeschwerde wird auch eine Anschlussrechtsbeschwerde gegenstandslos. Die Rücknahme der Anschlussrechtsbeschwerde beendet das Rechtsbeschwerdeverfahren dagegen noch nicht insgesamt.

7   Die Gebührenermäßigung bei einer rechtzeitigen Rücknahme der Rechtsbeschwerde ist gerechtfertigt (zum Zweck eines solchen Ermäßigungstatbestands auch → Nr. 1811 KV Rn 4 f), auch wenn der Rücknahme noch eine **Kostenentscheidung nachfolgt**. Die Kostentragungspflicht beruht nämlich nach § 516 Abs. 3 S. 1 ZPO, der im Rechtsbeschwerdeverfahren nach §§ 574 ff ZPO entsprechend anwendbar ist, allein auf der Rücknahme der Rechtsbeschwerde und erfordert in keiner Weise eine Auseinandersetzung mit der Sach- und Rechtslage zu dem nicht mehr anhängigen Rechtsbeschwerdegegenstand. Hinzu kommt, dass die Kostenlast bei Rücknahme der Rechtsbeschwerde von Gesetzes wegen eintritt und die Kostenentscheidung nach § 516 Abs. 3 S. 1 ZPO analog nur deklaratorische Bedeutung hat. Die Ausführungen gelten entsprechend, wenn ein Antrag oder eine Klage zurückgenommen wird; die Kostenlast richtet sich dann regelmäßig nach § 269 Abs. 3 S. 2 ZPO.

8   Wird hingegen das Rechtsbeschwerdeverfahren durch eine das Verfahren abschließende Entscheidung zum Rechtsbeschwerdegegenstand ganz oder teilweise beendet, ist für eine Ermäßigung kein Raum. Demgegenüber stehen Zwischen- oder Nebenentscheidungen gegen den Rechtsbeschwerdegegenstand (zB Aussetzung der Vollziehung, einstweilige Anordnung) der Ermäßigung nicht entgegen.

9   Die **Rücknahme** der Rechtsbeschwerde muss **wirksam** sein. Der Einwilligung des Rechtsbeschwerdegegners bedarf es nicht (vgl entsprechend § 516 Abs. 1 ZPO). Dagegen ist im Falle der Rücknahme der Klage oder des Antrags die Einwilligung des Gegners geboten (vgl § 269 Abs. 1, 2 ZPO). Wirksam ist die Erklärung der Rücknahme der Rechtsbeschwerde, des Antrags oder der Klage erst dann, wenn sie bei dem Rechtsbeschwerdegericht eingegangen ist.

10   Der Ermäßigungstatbestand bestimmt, bis zu welchem **Zeitpunkt** eine Verfahrensbeendigung im Fall der **Rücknahme** der Rechtsbeschwerde, des Antrags oder der Klage stattgefunden haben muss, damit eine Ermäßigung in Betracht kommt. Die Rücknahme muss **vor Ablauf des Tages** erfolgt sein, an dem der schriftliche Beschluss der Geschäftsstelle **übermittelt** wird. Dies bedeutet, dass der Eingang der Rücknahme am Tag (24.00 Uhr) der Übermittlung des Beschlusses an die Geschäftsstelle zur Gebührenermäßigung führt.[3] Die Gebührenreduzierung tritt also auch dann ein, wenn der Geschäftsstelle die Rechtsbeschwerdeentscheidung bereits vorliegt und noch am selben Tag die Rücknahme bei Gericht eintrifft. Diese Regelung bewirkt, dass Unklarheiten zur Uhrzeit der beiden Eingänge unerheblich bleiben.

---

1 Die Vorschrift wurde durch das 2. Justizmodernisierungsgesetz (BGBl. 2006 I 3416) eingefügt. **2** Das 2. KostRMoG (BGBl. 2013 I 2586) hat den Gebührenbetrag von 75 € auf 90 € erhöht. **3** AA Binz/Dörndorfer/*Zimmermann*, Nr. 1825 KV GKG Rn 3 (1 Tag vor der Übermittlung).

Muss aber der Beschluss nicht nur schriftlich zugestellt, sondern auch mündlich **verkündet** werden, so er-   11
fasst Nr. 1825 KV diese Konstellation nicht. Eine Gebührenermäßigung kann in diesem Fall nur stattfinden, wenn die Rücknahme vor der Verkündung des Beschlusses erfolgt.

Ausreichend für die Rechtzeitigkeit ist, dass die Rücknahmeerklärung bei Gericht eingetroffen ist, nicht   12
auch, dass sie dem zuständigen Richter oder der zuständigen Geschäftsstelle vorliegt.

III. Gebührenhöhe

Nr. 1825 KV ermäßigt die Gebühr Nr. 1823 KV. Es handelt es sich auch hier um eine Festgebühr. Die ermä-   13
ßigte Gebühr beträgt 90 €. Eine weitergehende Ermäßigung ist in Nr. 1824 KV vorgesehen. Die Festgebühr
ist unabhängig davon, ob und in welcher Höhe Gebühren in der vorhergehenden Instanz oder im Hauptsacheverfahren entstanden waren.

IV. Weitere praktische Hinweise

1. Fälligkeit. Die Gebühr Nr. 1823 KV wird gem. § 6 Abs. 1 Nr. 1 bereits mit der Einreichung der Rechts-   14
beschwerdeschrift fällig. Die Ermäßigung nach Nr. 1825 KV tritt ein, sobald sich die Voraussetzungen des
Ermäßigungstatbestands verwirklicht haben.

2. Kostenschuldner. Kostenschuldner der Gebühr Nr. 1825 KV ist   15

- der Beschwerdeführer (§ 22 Abs. 1 S. 1) und
- die Partei,
  - der durch gerichtliche Entscheidung die Kosten des Beschwerdeverfahrens auferlegt sind (§ 29
    Nr. 1) bzw
  - die durch Erklärung oder in einem Vergleich die Kosten des Beschwerdeverfahrens übernommen
    hat (§ 29 Nr. 2).

Die Geltendmachung der Gebühr gegenüber mehreren in Betracht kommenden Schuldnern richtet sich   16
nach § 31 (vgl auch § 8 KostVfg).

Nr.	Gebührentatbestand	Gebühr oder Satz der Gebühr nach § 34 GKG
1826	Verfahren über nicht besonders aufgeführte Rechtsbeschwerden, die nicht nach anderen Vorschriften gebührenfrei sind: Die Rechtsbeschwerde wird verworfen oder zurückgewiesen .... <small>Wird die Rechtsbeschwerde nur teilweise verworfen oder zurückgewiesen, kann das Gericht die Gebühr nach billigem Ermessen auf die Hälfte ermäßigen oder bestimmen, dass eine Gebühr nicht zu erheben ist.</small>	120,00 €

I. Allgemeines

In den im GKG nicht besonders aufgeführten Rechtsbeschwerdeverfahren entsteht die Verfahrensgebühr   1
Nr. 1826 KV. **Hauptanwendungsfälle** für diesen Gebührentatbestand sind

- die Rechtsbeschwerde im Kostenfestsetzungsverfahren (§§ 104 Abs. 3, 574 ff ZPO) und
- die Rechtsbeschwerde im Prozesskostenhilfeverfahren (§§ 127, 574 ff ZPO).

Es handelt sich um eine Festgebühr; eines Streitwerts des Rechtsbeschwerdeverfahrens bedarf es daher   2
nicht. Die Festgebühr beträgt 120 €.[1]

Die Gebühr fällt bei der **Verwerfung** oder **Zurückweisung** der Rechtsbeschwerde an. Bei nur teilweiser Ver-   3
werfung oder Zurückweisung der Rechtsbeschwerde kann die Gebühr auf die Hälfte ermäßigt werden oder
ihre Nichterhebung bestimmt werden (Anm.).

Die niedrige Gebührenhöhe der Nr. 1826 KV beruht auf dem häufig sehr niedrigen Rechtsbeschwerdewert   4
in den Verfahren, die von dieser Gebühr betroffen sind.[2]

Ein selbstständiger Gebührentatbestand mit einer Gebührenreduzierung im Fall der rechtzeitigen Rücknah-   5
me besteht in Nr. 1827 KV.

---

1 Das 2. KostRMoG (BGBl. 2013 I 2586) hat den Gebührenbetrag von 100 € auf 120 € erhöht.   **2** Vgl BT-Drucks 15/1971,
S. 164.

II. Anwendungsbereich

6   **1. Allgemeines.** Bei Nr. 1826 KV handelt es sich um eine **Auffangvorschrift**. Sie kommt nur zur Anwendung, wenn eine Gebühr für ein Rechtsbeschwerdeverfahren nicht an anderer Stelle im GKG geregelt ist und wenn nicht im GKG oder im Verfahrensgesetz eine Gerichtskosten- oder Gerichtsgebührenfreiheit (nicht nur Auslagenfreiheit) bestimmt ist.

7   **2. Keine Regelung der Gebühren für Rechtsbeschwerden an anderer Stelle.** Nr. 1826 KV ist nur dann anzuwenden, wenn für das Rechtsbeschwerdeverfahren kein anderer Gebührentatbestand vorhanden ist. Beispiele **für nicht an anderer Stelle im GKG geregelter** Gebühren iSv Nr. 1826 KV sind insb. Rechtsbeschwerden gegen einen (Beschwerde-)Beschluss über

- eine Kostenfestsetzung (§ 104 Abs. 3 ZPO),
- eine Prozesskostenhilfe (§ 127 ZPO),
- ein Ablehnungsgesuch (§ 46 Abs. 2 ZPO),
- eine Beweiserhebung im selbstständigen Beweisverfahren (§ 490 Abs. 1 ZPO),
- eine Beweiserhebung im Rechtsstreit (§ 359 ZPO),
- eine Anordnung der Klageerhebung (§ 926 ZPO),
- ein Ordnungsmittel wegen Ungebühr (§ 181 GVG).

8   Der Anwendungsbereich der Vorschrift ist auch bei einer **nicht statthaften** Rechtsbeschwerde eröffnet.[3] Denn Nr. 1826 KV differenziert in seinem Wortlaut nicht danach, dass nur eine statthafte Rechtsbeschwerde gebührenpflichtig sein soll. Die Gebühr kommt damit auch bei einer nicht statthaften Rechtsbeschwerde zum Tragen. Als unstatthaft wird insb. eine außerordentliche (Rechts-)Beschwerde angesehen, die gegen unanfechtbare Entscheidungen gerichtet ist.[4] Ausnahmsweise wird die außerordentliche (Rechts-)Beschwerde aber dann als zulässig angesehen, wenn ein Beweisbeschluss über die Erstellung eines Gutachtens zur Klärung der Prozessfähigkeit einer Prozesspartei erlassen wird und das Gericht hierbei den Anspruch auf Gewährung rechtlichen Gehörs dieser Partei verletzt hat.[5]

9   Demgegenüber sind Rechtsbeschwerden in Teil 1 des KV GKG u.a. besonders aufgeführt in:

- Nr. 1230 KV (Rechtsbeschwerde nach § 74 GWB, § 86 EnWG, § 35 KSpG, § 24 VSchDG),
- Nr. 1255 KV (Rechtsbeschwerde im gewerblichen Rechtsschutz iSv § 1 Abs. 1 S. 1 Nr. 14),
- Nr. 1520 KV,
- Nr. 1628 KV (Rechtsbeschwerde im schiedsrichterlichen Verfahren),
- Nr. 1820 KV (§ 522 Abs. 1 ZPO),
- Nr. 1821 KV (§ 20 KapMuG),
- Nr. 1823 KV (§§ 71, 91 a, 99, 269, 494 a, 516 ZPO).

10   Für andere Rechtsbehelfe gilt Nr. 1826 KV nicht, zB nicht für Beschwerde, Anschlussbeschwerde, weitere Beschwerde, Berufung, Anschlussberufung, Revision, Anschlussrevision, Erinnerung, Widerspruch, Einspruch, Anhörungsrüge, Gegenvorstellung, Dienstaufsichtsbeschwerde.

11   **3. Keine gesetzlich angeordnete Gerichtskosten- oder Gerichtsgebührenfreiheit für die Rechtsbeschwerde.** Der Anwendungsbereich der Nr. 1826 KV ist auch dann nicht gegeben, wenn die Rechtsbeschwerde **nicht nach anderen Vorschriften kosten- oder gebührenfrei** ist.

12   Ist eine Gerichtsgebührenfreiheit angeordnet, bezieht sich die Gebührenfreiheit nicht nur auf **statthafte** Rechtsbeschwerden, sondern auch auf **nicht statthafte** Rechtsbeschwerden.[6] Nach der gegenteiligen, vom BGH vertretenen Auffassung sind unstatthafte Rechtsbeschwerden nicht gerichtsgebührenfrei,[7] unabhängig davon, ob sich die Unstatthaftigkeit daraus ergibt, dass die Entscheidung unanfechtbar ist, die Rechtsbeschwerde nicht zugelassen ist oder die Zulässigkeitsgründe (§ 574 Abs. 2 ZPO) nicht vorliegen. Aus der Gesetzessystematik folge, dass sich die Gebührenfreiheit des § 68 Abs. 3 auf die Verfahren beziehe, die in den vorgenannten Absätzen des § 68 genannt seien, und somit allein die hiernach statthaften Rechtsbehelfe erfasse.[8]

---

3 ZB zur sofortigen Beschwerde, allerdings jew. insoweit ohne Begründung: OLG Brandenburg BeckRS 2012, 10030; OLG Stuttgart BeckRS 2012, 9972. **4** BGH NJW 2002, 1577. **5** BGH NJW-RR 2009, 1223. **6** OLG Frankfurt NJW-RR 2012, 1022; OLG Koblenz BeckRS 2012, 18643; OVG NRW 2016, 193; vgl zu § 131 Abs. 5 S. 2 KostO auch: BGH BeckRS 2012, 15045; BGH BeckRS 2011, 24017; BGH BeckRS 2011, 22813. **7** BGH NJW 2014, 1597; BGH BeckRS 2014, 17607; BGH NJW 2003, 69 (zu § 25 GKG aF); vgl auch: OLG Saarbrücken BeckRS 2010, 31020; OLG Frankfurt BeckRS 2012, 8649; OLG Celle BeckRS 2012, 21216; OVG Lüneburg JurBüro 2014, 381; OLG Zweibrücken BeckRS 2014, 18532; BayLSG NZS 2015, 119; ThürLSG BeckRS 2015, 66759; in diesem Sinne auch *N. Schneider*, NJW 2011, 2628; *H. Schneider*, AGS 2014, 261. **8** BGH NJW 2014, 1597.

Indes differenzieren die Vorschriften über die Anordnung der Gebührenfreiheit ihrem Wortlaut nach nicht zwischen statthaften und nicht statthaften Rechtsbeschwerden.[9] Auch in Bezug auf nicht statthafte Rechtsbeschwerden greift die Erwägung, dass ein Streit um Gerichtsgebühren nicht mit zusätzlichen Gebühren oder Kostenerstattungsansprüchen belastet werden soll, zumal der Gesetzgeber[10] ein Kostenverfahren, das sich aus einem anderen Kostenverfahren ergibt, vermeiden wollte.[11] Hinzu kommt, dass sämtliche Rechtsbehelfs- und Rechtsmittelverfahren des GKG dadurch gekennzeichnet sind, dass sie gerichtsgebührenfrei sind und Kosten nicht erstattet werden.[12]

III. Gebührentatbestand

1. Allgemeines. Die Gebühr Nr. 1826 KV entsteht erst mit der die Rechtsbeschwerde verwerfenden oder   **13** zurückweisenden Entscheidung. Die Entscheidung wird in dem Zeitpunkt **existent**, in dem sie verkündet oder in dem sie den internen Geschäftsbereich des Gerichts verlässt.[13] Der Gebührentatbestand ist bei der schriftlichen Entscheidung nicht schon verwirklicht, wenn die Entscheidung an die Geschäftsstelle zum Zwecke der Bekanntgabe gelangt ist.[14] Auf die Zustellung kommt es für die Existenz des Beschlusses nicht an; die Zustellung ist allein für die Wirksamkeit des Beschlusses relevant.[15]

Wegen der Gleichstellung von Verwerfung und Zurückweisung ist es unerheblich, ob die Rechtsbeschwerde   **14** unstatthaft (→ Rn 8), unzulässig oder unbegründet ist.

Nr. 1826 KV enthält eine **eingeschränkte Verfahrensgebühr.** Mit der Gebühr ist einerseits das gesamte Ver-   **15** fahren abgegolten (Pauschgebühr, § 35). Dazu gehört auch eine mündliche Verhandlung. Sie entsteht aber andererseits eben nur, wenn die Rechtsbeschwerde **verworfen oder zurückgewiesen** wird.

Die Gebühr entsteht damit nicht schon bei der Einleitung des Rechtsbeschwerdeverfahrens. Hat die Rechts-   **16** beschwerde in vollem Umfang Erfolg und wird die vorinstanzliche Entscheidung abgeändert oder die Sache zurückverwiesen, ist der Gebührentatbestand der Nr. 1826 KV nicht verwirklicht. Die Gebühr fällt auch dann nicht an, wenn das Rechtsbeschwerdeverfahren endet, ohne dass die Beschwerde verworfen oder zurückgewiesen wird, zB bei einer Rücknahme der Beschwerde (dann Nr. 1827 KV) oder bei der Erledigung[16] des Beschwerdeverfahrens. Die beendigenden Prozesserklärungen der Parteien müssen **zeitlich vor dem Existentwerden** eines Beschlusses (→ Rn 13) bei Gericht eingegangen sein. Auch wenn noch eine Kostenentscheidung ergeht, entsteht Nr. 1826 KV nicht, weil die Kostenentscheidung keine Verwerfung oder Zurückweisung der Beschwerde ist.

Darauf, ob die Rechtsbeschwerde zutreffend als solche bezeichnet ist, kommt es nicht an. Entscheidend ist,   **17** ob das Gericht die Eingabe **als Rechtsbeschwerde auslegt**[17] und die als Rechtsbeschwerde ausgelegte Eingabe verworfen oder zurückgewiesen hat. Wird eine Eingabe durch eine unrichtige Sachbehandlung als Rechtsbeschwerde eingeordnet, kann die Niederschlagung der Gebühr (§ 21) in Betracht kommen.

Die Gebühr Nr. 1826 KV entsteht **zusätzlich** zu den Gebühren des Hauptsacheverfahrens, gleich welcher   **18** Instanz. Bei Anfechtung einer Kostenmischentscheidung können die Gebühr Nr. 1826 KV und Nr. 1823 KV nebeneinander anfallen. Die Gebühr Nr. 1900 KV wird in aller Regel nicht neben der Gebühr Nr. 1826 KV zur Anwendung kommen. Schließen die Parteien nämlich einen **Vergleich,** kann zwar die Gebühr Nr. 1900 KV entstehen, soweit der Wert des Vergleichsgegenstands den Wert des Rechtsbeschwerdegegenstands übersteigt. Indes entsteht dann nicht die Gebühr Nr. 1826 KV, weil das Verfahren ohne Verwerfung oder Zurückweisung der Rechtsbeschwerde geendet hat.

2. Behandlung mehrerer Rechtsbeschwerden. Hinsichtlich der Behandlung **mehrerer Rechtsbeschwerden** ist   **19** folgendermaßen zu differenzieren:

a) Verschiedene Entscheidungen, gegen die jeweils eine Rechtsbeschwerde erhoben wird: Für jede erfolglose   **20** Rechtsbeschwerde fällt die Gebühr Nr. 1826 KV gesondert an. Denn jede Rechtsbeschwerde leitet ein neues Rechtsbeschwerdeverfahren ein. Es kommt nicht darauf an, ob die Rechtsbeschwerden von derselben oder unterschiedlichen Parteien eingelegt werden. Verbindet das Rechtsbeschwerdegericht die verschiedenen Rechtsbeschwerden zu einem Verfahren und werden die Rechtsbeschwerden in einer Entscheidung verworfen oder zurückgewiesen, entsteht die Gebühr Nr. 1826 KV nur einmal.

b) Verschiedene Entscheidungen, gegen die einheitlich eine Rechtsbeschwerde erhoben wird: Wird über die   **21** erfolglose Rechtsbeschwerde nur ein Rechtsbeschwerdeverfahren geführt, fällt die Gebühr Nr. 1826 KV nur

9 So auch OLG Frankfurt NJW-RR 2012, 1022; OLG Koblenz BeckRS 2012, 18643; OVG NRW 2016, 193. **10** Vgl BT-Drucks 7/2016, S. 62. **11** OLG Frankfurt NJW-RR 2012, 1022; OLG Koblenz BeckRS 2012, 18643. **12** OLG Frankfurt NJW-RR 2012, 1022; OLG Koblenz BeckRS 2012, 18643. **13** Musielak/Voit/*Musielak*, ZPO, § 329 Rn 7–10. **14** Vgl zum Existentwerden eines schriftlich erlassenen Beschlusses: BGH NZI 2012, 721; BGH NJW-RR 2004, 1575; aA Binz/Dörndorfer/*Zimmermann*, Nr. 1812 KV GKG Rn 4; *Meyer,* GKG Nr. 1812 KV Rn 142. **15** Vgl Musielak/Voit/*Musielak*, ZPO, § 329 Rn 7–10. **16** Vgl OLG Celle BeckRS 2011, 2424 (zur sofortigen Beschwerde). **17** BGH BeckRS 2011, 878; BGH BeckRS 2011, 879; vgl auch OLG Hamm JurBüro 1972, 891 (zur Beschwerde).

einmal an. Werden aber einzelne Verfahrensteile des Rechtsbeschwerdeverfahrens abgetrennt, entsteht die Gebühr Nr. 1826 KV für die abgetrennten Verfahrensteile jeweils erneut.

22 **c) Dieselbe Entscheidung, gegen die mehrere Rechtsbeschwerden erhoben werden:**

aa) Bei Eingang der neuen Rechtsbeschwerde ist über die zunächst eingelegte Rechtsbeschwerde bereits entschieden: Für die zunächst erhobene erfolglose Rechtsbeschwerde entsteht die Gebühr Nr. 1826 KV. Für jede danach eingelegte erfolglose Rechtsbeschwerde entsteht die Gebühr Nr. 1826 KV erneut.

bb) Bei Eingang der neuen Rechtsbeschwerde ist über die zunächst eingelegte Rechtsbeschwerde noch nicht entschieden: In diesen Fällen fällt bei Erfolglosigkeit die Gebühr Nr. 1826 KV nur einmal an.[18] Dies gilt gleichermaßen, wenn eine Partei mehrfach dieselbe Rechtsbeschwerde gegen eine Entscheidung erhebt, wenn eine Partei Rechtsbeschwerde und die andere Partei Anschlussrechtsbeschwerde oder wenn beide Parteien selbstständige Rechtsbeschwerden erheben. Bei der mehrfachen Rechtsbeschwerde durch eine Partei handelt es sich um ein einheitliches Rechtsmittel, über das einheitlich zu entscheiden ist.[19] Werden durch unterschiedliche Parteien Rechtsbeschwerden erhoben, seien es selbstständige Rechtsbeschwerden oder Rechtsbeschwerde und Anschlussrechtsbeschwerde, wird durch beide Rechtsbeschwerden die Einheit des Rechtsstreits nicht berührt.[20] Über beide Rechtsbeschwerden ist einheitlich zu verhandeln und zu entscheiden.[21] Einer Verbindung nach § 147 ZPO bedarf es hierfür nicht.[22]

23 **d) Dieselbe Entscheidung, gegen die eine Rechtsbeschwerde erhoben wird, aber mehrere Rechtsbeschwerdegründe geltend gemacht werden:** Es entsteht eine Gebühr nach Nr. 1826 KV. Die Vorschrift stellt auf die erfolglose Rechtsbeschwerde ab und nicht auf einzelne Rechtsbeschwerdegründe, mit denen sich das Rechtsbeschwerdegericht zu befassen hat.

IV. Gebührenhöhe

24 Bei der Gebühr Nr. 1826 KV handelt es sich um eine Festgebühr. Sie beträgt 120 €.

25 Im Fall der **teilweisen** Verwerfung oder Zurückweisung der Rechtsbeschwerde kann das Gericht die Gebühr nach billigem Ermessen auf die Hälfte ermäßigen oder bestimmen, dass eine Gebühr nicht zu erheben ist. Eine Ermäßigung auf einen anderen Prozentsatz ist nicht vorgesehen (vgl Anm.). Wird die Rechtsbeschwerde größtenteils zurückgewiesen, besteht kein Anlass für eine Gebührenermäßigung.[23]

Hinweis: Über den Ansatz der Gerichtskosten entscheidet der Kostenbeamte. Dies gilt auch für die Gebührenermäßigung bzw die Nichterhebung. Es besteht jedoch auch die Möglichkeit, dass der über die Rechtsbeschwerde entscheidende Richter selbst die Gebührenermäßigung anordnet bzw die Nichterhebung der Gebühr bestimmt. Der richterliche Ausspruch über die Gerichtsgebührenfreiheit ist für den Kostenbeamten bindend, selbst wenn der Richter für eine solche Entscheidung nicht zuständig gewesen sein sollte.[24]

26 ▶ **Formulierungsvorschlag: Tenorierung der Gebührenermäßigung**

Die Gerichtsgebühr Nr. 1826 KV GKG wird auf 60,00 € ermäßigt. ◀

27 ▶ **Formulierungsvorschlag: Tenorierung der Nichterhebung der Gebühr**

Die Gerichtsgebühr Nr. 1826 KV GKG wird nicht erhoben. ◀

28 Die Festgebühr ist unabhängig davon, ob und in welcher Höhe Gebühren in der vorhergehenden Instanz oder im Hauptsacheverfahren entstanden waren.

V. Weitere praktische Hinweise

29 **1. Fälligkeit, Vorauszahlungspflicht.** Die Gebühr wird erst mit der Entscheidung fällig. § 6 Abs. 2 setzt nämlich voraus, dass eine Gebühr erst mit der Entscheidung fällig wird, soweit die Gebühr eine Entscheidung voraussetzt. So ist es bei Nr. 1826 KV der Fall, weil die Gebühr nur bei einer Verwerfung oder Zurückweisung entsteht. Auf § 9 kommt es für die Fälligkeit nicht an.[25]

30 Das Gericht darf seine Verfahrenshandlungen nicht von einer Vorauszahlung der Gebühr abhängig machen (vgl § 12 Abs. 1).

---

18 So auch OLG Nürnberg JurBüro 1963, 648. **19** BGH NJW 1966, 1753; BGH NJW 1985, 2834; BGH NJW 1993, 269; BGH NJW 1993, 3141; BGH NJW 1996, 2659; BGH NJW-RR 2005, 780. **20** Vgl MüKo-ZPO/*Rimmelspacher*, § 519 Rn 42 (für Berufungssachen). **21** Vgl MüKo-ZPO/*Rimmelspacher*, § 519 Rn 42 (für Berufungssachen). **22** Vgl MüKo-ZPO/*Rimmelspacher*, § 519 Rn 42 (für Berufungssachen). **23** Vgl LG Koblenz JurBüro 2010, 95 (zur sofortigen Beschwerde). **24** Vgl nur OVG Lüneburg NVwZ-RR 2008, 68. **25** AA (jew. zu Nr. 1812 KV): LG Koblenz NJW 2011, 2063; *Hartmann*, KostG, Nr. 1812 KV GKG Rn 9; Binz/Dörndorfer/*Zimmermann*, Nr. 1812 KV GKG Rn 1.

2. Kostenschuldner. Kostenschuldner der Gebühr Nr. 1826 KV ist   31
- der Rechtsbeschwerdeführer (§ 22 Abs. 1 S. 1) und
- die Partei,
  - der durch gerichtliche Entscheidung die Kosten des Beschwerdeverfahrens auferlegt sind (§ 29 Nr. 1) bzw
  - die durch Erklärung oder in einem Vergleich die Kosten des Beschwerdeverfahrens übernommen hat (§ 29 Nr. 2).

Die Geltendmachung der Gebühr gegenüber mehreren in Betracht kommenden Schuldnern richtet sich   32
nach § 31 (vgl auch § 8 KostVfg).

Nr.	Gebührentatbestand	Gebühr oder Satz der Gebühr nach § 34 GKG
1827	Verfahren über die in Nummer 1826 genannten Rechtsbeschwerden: Beendigung des gesamten Verfahrens durch Zurücknahme der Rechtsbeschwerde, des Antrags oder der Klage vor Ablauf des Tages, an dem die Entscheidung der Geschäftsstelle übermittelt wird	60,00 €

I. Allgemeines

Nr. 1827 KV ist ein eigenständiger Gebührentatbestand. Endet ein Rechtsbeschwerdeverfahren iSv   1
Nr. 1826 KV durch rechtzeitige **Rücknahme**, fällt nach Nr. 1827 KV eine gegenüber Nr. 1826 KV geringere
Gebühr an, die 60 € beträgt. Voraussetzung ist die Rücknahme der Rechtsbeschwerde, des Antrags oder
der Klage. Die Rücknahme muss bis spätestens zum Ablauf des Tages, an dem die Entscheidung der Geschäftsstelle übermittelt wird bzw bis zum Zeitpunkt einer Verkündung erfolgt sein.

Nr. 1827 KV ist durch das 2. Justizmodernisierungsgesetz[1] als Ermäßigungstatbestand der Nr. 1826 KV   2
eingefügt worden. Durch das 2. KostRMoG[2] ist Nr. 1827 KV redaktionell überarbeitet worden und an die
Stelle eines Ermäßigungstatbestands ist ein selbstständiger Gebührentatbestand getreten. Nach dem vorherigen Wortlaut der Vorschrift sollte sich die Gebühr Nr. 1826 KV bei rechtzeitiger Rücknahme ermäßigen.[3]
Indes entstand in diesem Fall die Gebühr Nr. 1826 KV gar nicht erst.[4] Diese Unstimmigkeit ist durch die
Schaffung eines selbstständigen Gebührentatbestands beseitigt.[5] Weiterhin hat das 2. KostRMoG den Ge-
bührenbetrag von 50 € auf 60 € erhöht.

Nr. 1826, 1827 KV ergeben folgende Gebührenabstufung: 3
- Nr. 1826 KV bei Verwerfung oder Zurückweisung der Rechtsbeschwerde;
- Nr. 1827 KV bei Zurücknahme der Rechtsbeschwerde, des Antrags oder der Klage;
- keine Gebühren bei vollständigem Erfolg der Rechtsbeschwerde;
- keine Gebühren bei anderweitiger Beendigung des Rechtsbeschwerdeverfahrens (zB Erledigung, Vergleich).

II. Gebührentatbestand

Wird das Rechtsbeschwerdeverfahren durch Zurücknahme der Rechtsbeschwerde, des Antrags oder der   4
Klage beendet, beträgt die Gebühr Nr. 1827 KV 60 €. Sie ist damit geringer als die Gebühr Nr. 1826 KV,
die 120 € beträgt.

Nr. 1827 KV enthält eine **eingeschränkte Verfahrensgebühr**. Sie entsteht mit der Beendigung des Verfahrens   5
durch die **Rücknahme**. Es handelt sich um eine Pauschgebühr (§ 35), die im Falle ihrer Entstehung das gesamte Rechtsbeschwerdeverfahren abdeckt.

Bei der Rechtsbeschwerde muss es sich um eine Rechtsbeschwerde iSv Nr. 1826 KV handeln. Nr. 1826 KV   6
ist die Gebührenvorschrift für Rechtsbeschwerden, die im GKG nicht besonders aufgeführt sind und die
nicht nach anderen Vorschriften im GKG oder in den Verfahrensgesetzen gerichtskosten- oder gerichtsgebührenfrei sind. Zu den Einzelheiten → Nr. 1826 KV Rn 6–12.

---

1 BGBl. 2006 I 3416. **2** BGBl. 2013 I 2586. **3** BT-Drucks 17/11471 (neu), S. 247; BAG NZA-RR 2008, 540 (zu Nr. 8624 KV).
4 BT-Drucks 17/11471 (neu), S. 247; BAG NZA-RR 2008, 540 (zu Nr. 8624 KV). **5** BT-Drucks 17/11471 (neu), S. 247.

7   Darauf, ob die Rechtsbeschwerde zutreffend als solche bezeichnet ist, kommt es nicht an. Entscheidend ist, ob das Gericht die Eingabe **als Rechtsbeschwerde auslegt**.[6] Wird eine Eingabe durch eine unrichtige Sachbehandlung als Rechtsbeschwerde eingeordnet, kann die Niederschlagung der Gebühr (§ 21) in Betracht kommen.

8   Die Gebühr fällt unabhängig davon an, ob die Rechtsbeschwerde statthaft ist oder nicht. Die Gebühr entsteht auch, wenn der Rechtsbeschwerdeführer die Rechtsbeschwerde bei einem unzuständigen Gericht einlegt. Es spielt keine Rolle, ob ein Anwaltszwang (vgl § 78 Abs. 1 S. 3 ZPO) beachtet wurde.

9   Die Gebühr setzt nicht voraus, dass die Gebühr nur dann entsteht, wenn das Gericht die Rechtsbeschwerde – voraussichtlich – verworfen oder zurückgewiesen hätte. Sie entsteht **unabhängig von den Aussichten** eines Erfolgs der Rechtsbeschwerde.

10   Nr. 1827 KV legt für den Gebührentatbestand fest, **auf welche Weise** die **Beendigung** des gesamten Verfahrens zu erfolgen hat, nämlich durch die **Zurücknahme**.

11   Die Gebühr entsteht dagegen **nicht bei anderweitigen Parteierklärungen**, die zur Beendigung des Verfahrens führen, zB übereinstimmende Erledigungserklärungen nach § 91 a ZPO oder Vergleich. In solchen Fällen fällt auch die Gebühr Nr. 1826 KV nicht an. Das Rechtsbeschwerdeverfahren bleibt dann gerichtsgebührenfrei.

12   Die Rücknahme muss zu einer Beendigung des **gesamten** Rechtsbeschwerdeverfahrens führen. Eine **Teilrücknahme** genügt nicht, weil das Rechtsbeschwerdegericht weiterhin zu dem dann noch anhängig gebliebenen Rechtsbeschwerdegegenstand eine Rechtsbeschwerdeentscheidung treffen muss. Mit der Rücknahme der Rechtsbeschwerde wird auch eine Anschlussrechtsbeschwerde gegenstandslos. Die Rücknahme der Anschlussrechtsbeschwerde beendet das Rechtsbeschwerdeverfahren dagegen noch nicht insgesamt.

13   Die gegenüber Nr. 1826 KV reduzierte Gebühr bei einer rechtzeitigen Rücknahme der Rechtsbeschwerde ist gerechtfertigt (zum Zweck einer auf eine reduzierte Gebühr gerichteten Vorschrift auch → Nr. 1811 KV Rn 4 f), auch wenn der Rücknahme noch eine **Kostenentscheidung nachfolgt**. Die Kostentragungspflicht beruht nämlich nach § 516 Abs. 3 S. 1 ZPO, der im Rechtsbeschwerdeverfahren nach §§ 574 ff ZPO entsprechend anwendbar ist, allein auf der Rücknahme der Rechtsbeschwerde und erfordert in keiner Weise eine Auseinandersetzung mit der Sach- und Rechtslage zu dem nicht mehr anhängigen Rechtsbeschwerdegegenstand. Hinzu kommt, dass die Kostenlast bei Rücknahme der Rechtsbeschwerde von Gesetzes wegen eintritt und die Kostenentscheidung nach § 516 Abs. 3 S. 1 ZPO analog nur deklaratorische Bedeutung hat. Die Ausführungen gelten entsprechend, wenn ein Antrag oder eine Klage zurückgenommen wird; die Kostenlast richtet sich dann regelmäßig nach § 269 Abs. 3 S. 2 ZPO.

14   Wird hingegen das Rechtsbeschwerdeverfahren durch eine das Verfahren abschließende Entscheidung (wegen Nr. 1826 KV nur Verwerfung oder Zurückweisung) zum Rechtsbeschwerdegegenstand ganz oder teilweise beendet, ist bereits die Gebühr Nr. 1826 KV entstanden und für die Gebühr Nr. 1827 kein Raum. Demgegenüber stehen Zwischen- oder Nebenentscheidungen gegen den Rechtsbeschwerdegegenstand (zB Aussetzung der Vollziehung, einstweilige Anordnung) der Gebühr Nr. 1827 KV nicht entgegen.

15   Die **Rücknahme** der Rechtsbeschwerde muss **wirksam** sein. Der Einwilligung des Rechtsbeschwerdegegners bedarf es nicht (vgl entsprechend § 516 Abs. 1 ZPO). Dagegen ist im Falle der Rücknahme der Klage oder des Antrags die Einwilligung des Gegners geboten (vgl § 269 Abs. 1, 2 ZPO). Wirksam ist die Erklärung der Rücknahme der Rechtsbeschwerde, des Antrags oder der Klage erst dann, wenn sie bei dem Rechtsbeschwerdegericht eingegangen ist.

16   Der Gebührentatbestand bestimmt, bis zu welchem **Zeitpunkt** eine Verfahrensbeendigung im Fall der **Rücknahme** der Rechtsbeschwerde, des Antrags oder der Klage stattgefunden haben muss, damit die Gebühr Nr. 1827 KV in Betracht kommt.

17   Die Rücknahme muss **vor Ablauf des Tages** erfolgt sein, an dem der schriftliche Beschluss der Geschäftsstelle **übermittelt** wird. Dies bedeutet, dass der Eingang der Rücknahme am Tag (24.00 Uhr) der Übermittlung des Beschlusses an die Geschäftsstelle zur Entstehung der reduzierten Gebühr aus Nr. 1827 KV führt.[7] Nr. 1827 KV greift also auch dann, wenn der Geschäftsstelle die Rechtsbeschwerdeentscheidung bereits vorliegt und noch am selben Tag die Rücknahme bei Gericht eintrifft. Diese Regelung bewirkt, dass Unklarheiten zur Uhrzeit der beiden Eingänge unerheblich bleiben.

18   Muss aber der Beschluss nicht nur schriftlich zugestellt, sondern auch mündlich **verkündet** werden, so erfasst Nr. 1827 KV diese Konstellation nicht. Die Gebühr kann in diesem Fall nur entstehen, wenn die Rücknahme vor der Verkündung des Beschlusses erfolgt.

---

6 Vgl OLG Hamm JurBüro 1972, 891 (zur Beschwerde).   **7** AA Binz/Dörndorfer/*Zimmermann*, Nr. 1827 KV GKG Rn 1 (1 Tag vor der Übermittlung).

             NK-GK/*Fölsch*

Ausreichend für die Rechtzeitigkeit ist, dass die Rücknahmeerklärung bei Gericht eingetroffen ist, nicht 19
auch, dass sie dem zuständigen Richter oder der zuständigen Geschäftsstelle vorliegt.

Trifft die Rücknahme nicht rechtzeitig ein, entsteht bei der Verwerfung oder Zurückweisung der Rechtsbe- 20
schwerde die Gebühr Nr. 1826 KV. Im Fall des vollständigen Erfolgs der Rechtsbeschwerde ändert eine verspätete Rücknahme nichts daran, dass keine Gerichtsgebühren entstehen.

III. Gebührenhöhe

Nr. 1827 KV enthält eine im Verhältnis zu Nr. 1826 KV geringere Gebühr. Es handelt sich auch hier um 21
eine Festgebühr. Die Gebühr beträgt 60 €. Eine weitergehende Reduzierung der Gebühren Nr. 1826, 1827
KV ist nicht vorgesehen. Die Festgebühr ist unabhängig davon, ob und in welcher Höhe Gebühren in der
vorhergehenden Instanz oder im Hauptsacheverfahren entstanden waren.

IV. Weitere praktische Hinweise

1. Fälligkeit, Vorauszahlungspflicht. Auch wenn das 2. KostRMoG die Gebühr Nr. 1827 KV als selbststän- 22
dige Verfahrensgebühr ausgestaltet hat, wird die Gebühr nicht schon nach § 6 Abs. 1 Nr. 1 mit der Einreichung der Rechtsbeschwerdeschrift fällig, weil die Gebühr in diesem Zeitpunkt noch nicht entstanden ist.
Sie entsteht erst mit dem Akt der Rücknahme, die zur Beendigung des Verfahrens führt. Die Fälligkeit folgt
auch nicht aus § 6 Abs. 2, weil die Vorschrift auf eine gerichtliche Entscheidung oder Handlung abstellt.
Die Fälligkeit der Gebühr Nr. 1827 KV ergibt sich deshalb aus § 9 Abs. 2 Nr. 2. Danach wird eine Gebühr
u.a. dann fällig, wenn der Rechtszug durch Zurücknahme beendet ist. Die Entstehung und die Fälligkeit
der Gebühr Nr. 1827 KV fallen also auf denselben Zeitpunkt, nämlich den der Rücknahme.

Das Gericht darf seine Verfahrenshandlungen nicht von einer Vorauszahlung der Gebühr abhängig machen 23
(vgl § 12 Abs. 1).

2. Kostenschuldner. Kostenschuldner der Gebühr Nr. 1827 KV ist 24

- der Rechtsbeschwerdeführer (§ 22 Abs. 1 S. 1) und
- die Partei,
  - der durch gerichtliche Entscheidung die Kosten des Beschwerdeverfahrens auferlegt sind (§ 29
    Nr. 1) bzw
  - die durch Erklärung oder in einem Vergleich die Kosten des Beschwerdeverfahrens übernommen
    hat (§ 29 Nr. 2).

Die Geltendmachung der Gebühr gegenüber mehreren in Betracht kommenden Schuldnern richtet sich 25
nach § 31 (vgl auch § 8 KostVfg).

Hauptabschnitt 9
Besondere Gebühren

Nr.	Gebührentatbestand	Gebühr oder Satz der Gebühr nach § 34 GKG
1900	Abschluss eines gerichtlichen Vergleichs: Soweit ein Vergleich über nicht gerichtlich anhängige Gegenstände ge- schlossen wird .... Die Gebühr entsteht nicht im Verfahren über die Prozesskostenhilfe. Im Verhältnis zur Gebühr für das Verfahren im Allgemeinen ist § 36 Abs. 3 GKG entsprechend an- zuwenden.	0,25

I. Allgemeines

Nr. 1900 KV regelt einen besonderen Gebührentatbestand für den Fall, dass die Parteien einen Vergleich 1
über Gegenstände schließen, die **nicht gerichtlich anhängig** sind und die **in diesem Verfahren auch nicht anhängig** waren. Soweit die Beteiligten einen Vergleich über anhängige Gegenstände schließen oder über solche Gegenstände, die im selben Verfahren früher einmal anhängig waren, sind diese Gegenstände bereits
durch die jeweilige Gebühr für das Verfahren im Allgemeinen erfasst und können keine besondere Gebühr
nach Nr. 1900 KV auslösen.

2   Nach Anm. S. 1 zu Nr. 1900 KV entsteht die Gebühr nicht in einem Verfahren über die Prozesskostenhilfe, da diese Verfahren kostenfrei bleiben sollen.

3   Vergleichbare Regelungen enthalten Nr. 5600, 7600 KV (verwaltungs- und sozialgerichtliche Verfahren) und Nr. 1500 KV FamGKG (familiengerichtliche Verfahren).

4   Dagegen ist in finanzgerichtlichen Verfahren und in Verfahren vor den Arbeitsgerichten eine Vergleichsgebühr nicht vorgesehen, obwohl auch dort Mehrvergleiche geschlossen werden können.

II. Anwendungsbereich

5   Die Vergleichsgebühr kann grds. in allen Verfahren nach Teil 1 KV anfallen, also in allen Instanzen des Erkenntnisverfahrens, in Arrest- und einstweiligen Verfügungsverfahren oder auch im selbstständigen Beweisverfahren.

III. Entstehung der Gebühr

6   **1. Vergleich.** Voraussetzung ist, dass im Verfahren ein gerichtlicher Vergleich geschlossen worden ist. Es muss sich um einen **Vergleich iSd § 779 BGB** handeln. Erforderlich ist also ein Vertrag, durch den ein Streit oder die Ungewissheit der Beteiligten über ein Rechtsverhältnis im Wege gegenseitigen Nachgebens beseitigt worden ist (§ 779 Abs. 1 BGB), wobei der Ungewissheit der Beteiligten über ein Rechtsverhältnis die Unsicherheit über die Verwirklichung des Anspruchs gleichsteht (§ 779 Abs. 2 BGB).

7   Die Protokollierung einer bloßen Einigung genügt nicht.[1] Wird von den Beteiligten also lediglich deklaratorisch eine unstreitige Klarstellung protokolliert, löst dies keine Gebühr nach Nr. 1900 KV aus. Das gilt auch dann, wenn es sich um eine Einigung handelt, die zwar nach Nr. 1000 VV RVG für die beteiligten Anwälte eine Einigungsgebühr auslöst, etwa wenn eine Einigung mit einem einseitigen Nachgeben abgeschlossen wird. Zwar entstehen dann Anwaltsgebühren nach Nr. 1000 ff VV RVG; es entsteht jedoch keine besondere Gebühr nach Nr. 1900 KV. Insoweit unterscheiden sich die Regelungsgehalte. Während jeder Vergleich nach Nr. 1900 KV auch eine Einigung iSd Nr. 1000 VV RVG beinhaltet, muss nicht jede Einigung auch einen Vergleich darstellen.

8   **2. Vor Gericht.** Der Vergleich muss vor Gericht abgeschlossen worden sein. Die Gebühr Nr. 1900 KV entsteht daher nicht, wenn die Beteiligten dem Gericht lediglich mitteilen, dass sie sich außergerichtlich geeinigt haben. Ausreichend ist dagegen, wenn das Zustandekommen des außergerichtlich geschlossenen Vergleichs **nach § 278 Abs. 6 ZPO gerichtlich festgestellt** wird.

9   **3. Prozessuale Wirksamkeit.** Voraussetzung ist ferner, dass der Vergleich prozessrechtlich wirksam ist.

10   Soweit der Vergleich einer **Genehmigung** bedarf, entsteht die Vergleichsgebühr nur, wenn die Genehmigung erteilt worden ist, da anderenfalls auch prozessrechtlich kein wirksamer Vergleich vorliegt.

11   Schließen die Beteiligten einen **Vergleich unter Widerrufsvorbehalt**, entsteht die besondere Gebühr Nr. 1900 KV erst dann, wenn die Widerrufsfrist abgelaufen ist oder die Beteiligten auf ihr Recht zum Widerruf verzichtet haben.

12   Soweit der Vergleich wegen Irrtums, Täuschung o.Ä. **angefochten** wird, ist der Streit hierüber im selben Verfahren auszutragen. Kommt das Gericht dabei zu dem Ergebnis, dass der ursprüngliche Vergleich wirksam war, bleibt die Gebühr Nr. 1900 KV bestehen. Kommt das Gericht zu dem Ergebnis, dass die Anfechtung greift, muss es das Verfahren fortsetzen. Damit entfällt die Gebühr Nr. 1900 KV. Gleichzeitig entfällt dann aber auch (zunächst) eine eventuelle Ermäßigung der Gerichtsgebühren.

13   Der Vergleich muss keinen vollstreckbaren Inhalt haben. Selbst wenn das Gericht übersehen hat, den Vergleich vorzulesen und zu genehmigen (§ 162 ZPO), so dass er nicht vollstreckbar ist, ändert dies nichts daran, dass die Gebühr Nr. 1900 KV angefallen ist. Der Vergleich ist als solcher materiellrechtlich wirksam und kann Grundlage eines neuen Verfahrens, insb. eines Urkundenverfahrens, sein. Hier kommt allerdings die Möglichkeit des § 21 (Nichterhebung von Kosten) in Betracht.

14   **4. Nicht im Verfahren anhängig oder anhängig gewesen.** Der Gegenstand des Vergleichs darf nicht Gegenstand des betreffenden Verfahrens sein oder gewesen sein, in dem der Vergleich geschlossen wird.

15   Soweit die Beteiligten einen Vergleich über Gegenstände schließen, die **im Verfahren anhängig** sind, wird der Abschluss des Vergleichs durch die Gebühr für das Verfahren im Allgemeinen mitabgegolten. Anders als bei den Anwaltsgebühren entstehen vor Gericht für einen Vergleich grds. keine besonderen Gebühren. Vielmehr wird diese Tätigkeit durch die Gebühr für das Verfahren im Allgemeinen abgegolten.

---

[1] AA Binz/Dörndorfer/*Zimmermann*, Nr. 1900 KV GKG Rn 3.

Das gilt auch dann, wenn der Gegenstand des Vergleichs zu einem früheren Zeitpunkt im Verfahren anhängig war. Da sich die Gebühr für das Verfahren im Allgemeinen aus dem Wert sämtlicher im Laufe des Verfahrens anhängig gewesener Gegenstände berechnet (→ § 39 Rn 4 ff), ist damit ein Vergleich über solche Gegenstände ebenfalls durch die Gebühr für das Verfahren im Allgemeinen mitabgegolten. 16

Beispiel: Eingeklagt werden 10.000 €. In Höhe von 4.000 € wird die Klage später zurückgenommen. Anschließend wird ein Vergleich unter Einbeziehung der zurückgenommenen 4.000 € geschlossen. 17

Da die Gebühr für das Verfahren im Allgemeinen bereits aus den 10.000 € mit Einreichung der Klage entstanden ist, deckt sie auch den darüber später geschlossenen Vergleich mit ab.

5. Nicht Gegenstand eines anderen Verfahrens. Schließen die Beteiligten in einem Verfahren einen Vergleich, der weitergehende Gegenstände miteinbezieht, die zwar in diesem Verfahren nicht anhängig sind, aber in einem anderen Verfahren, so war früher strittig, ob eine Gebühr nach Nr. 1900 KV in dem Verfahren, in dem der Mehrvergleich geschlossen wird, entsteht. Die Praxis war hier überwiegend der Auffassung, dass eine Gebühr nach Nr. 1900 KV nicht entstehen könne, wenn der Gegenstand des Vergleichs Gegenstand eines anderen Verfahrens war und dort bereits eine Verfahrensgebühr erhoben worden ist.[2] Mit der Neufassung des Tatbestands durch das 2. KostRMoG zum 1.8.2013 ist nun klargestellt, dass eine Vergleichsgebühr nur erhoben werden darf, wenn der Gegenstand des Mehrvergleichs (**überhaupt**) **nicht gerichtlich anhängig** ist. Ist der Gegenstand anderweitig anhängig, darf die Vergleichsgebühr nicht erhoben werden. 18

Beispiel: In einem Rechtsstreit vor dem LG über 10.000 € schließen die Parteien einen Vergleich über die eingeklagten 10.000 € und weitere 3.000 €, die vor dem AG eingeklagt sind. 19

Da über die mitverglichenen 3.000 € ein anderweitiges Verfahren anhängig ist, darf vor dem LG keine Vergleichsgebühr erhoben werden. Folglich darf auch kein Vergleichsmehrwert festgesetzt werden (→ Rn 18).

Dass der mitverglichene Gegenstand einmal in einem anderen Verfahren anhängig war, ist dagegen unerheblich. In diesem Fall fällt die Gebühr nach Nr. 1900 KV an. Ebenso würde ja auch eine neue Gebühr für das Verfahren im Allgemeinen anfallen, wenn ein Streitgegenstand erneut anhängig gemacht wird (zB erneute Klage nach Klagerücknahme). 20

IV. Mehrere Vergleiche

Unklar ist, wie es sich verhält, wenn die Parteien mehrere Vergleiche im Verlaufe des Verfahrens schließen. Im Umkehrschluss zu § 35 könnte gefolgert werden, dass die Vergleichsgebühr für jeden Vergleich gesondert entsteht, weil die Vergleichsgebühr in § 35 nicht genannt wird. Vielmehr dürfte § 35 jedoch hier analog anzuwenden und nur eine Vergleichsgebühr anzunehmen sein, dann allerdings aus dem Gesamtwert (→ Rn 27). In verschiedenen Instanzen entsteht die Vergleichsgebühr dagegen jeweils gesondert. 21

V. Höhe der Gebühr

Die Höhe der Vergleichsgebühr beläuft sich immer auf 0,25. Zur eventuellen Kürzung nach § 36 Abs. 3 → Rn 34 ff. Die Gebühr berechnet sich nach dem Wert des Vergleichs (→ Rn 27). 22

Wird ein Vergleich über mehrere Gegenstände geschlossen (→ Rn 27) oder werden im Laufe des Verfahrens mehrere Vergleiche geschlossen (→ Rn 21), entsteht nur eine Gebühr, allerdings aus den zusammengerechneten Werten. 23

VI. Wert der Vergleichsgebühr

Kurioserweise fehlt eine Vorschrift im Gesetz, wie sich der Wert einer Vergleichsgebühr berechnet. § 3 regelt nur den Streitwert, also den Wert des Verfahrens. Für den Wert des Vergleichs dürften die Vorschriften für die Berechnung des Streitwerts allerdings entsprechend herangezogen werden. Es gilt daher insb. auch der Höchstwert des § 39 Abs. 2 von 30 Mio. €. 24

Der Wert des Vergleichs berechnet sich nicht danach, worauf sich die Parteien geeinigt haben, sondern danach, was zuvor zwischen ihnen strittig oder ungewiss war und **über das sie sich geeinigt** haben.[3] Gegebenenfalls muss das Gericht die wertbildenden Faktoren, also den vorherigen Streit oder die vorherige Ungewissheit, erfragen, wenn es letztlich nur noch mit der Protokollierung befasst ist. Da der Gegenstand des Vergleichs nicht Gegenstand des Rechtsstreits ist, fehlen dem Gericht mitunter die entsprechenden Kenntnisse. Diese müssen die Parteien nach § 61 beibringen. 25

Beispiel: Im Räumungsrechtsstreit einigen sich die Parteien über die anhängige Räumung und dahin gehend, dass der Beklagte dem Kläger noch Renovierungskosten iHv 3.000 € zahlt. 26

---

2 So zuletzt LG Mannheim AGS 2014, 25 = NJW-Spezial 2014, 59. **3** OLG Düsseldorf JurBüro 2005, 479.

Der Mehrwert beträgt jetzt nicht etwa 3.000 €, weil dieser Betrag vergleichsweise geregelt worden ist. Maßgebend ist der durch den Vergleich erledigte Streit, also die Differenz zwischen dem, was der Kläger ursprünglich verlangt hatte und dem, was der Beklagte freiwillig bereit war, zu zahlen.

27   Wird ein Vergleich über **mehrere Gegenstände** geschlossen oder werden in derselben Instanz **mehrere Vergleiche** geschlossen, sind die Werte nach § 39 Abs. 1 S. 1 zusammenzurechnen, es sei denn, es besteht ein Additionsverbot. Dies ist auch beim Vergleich zu beachten.

28   Darüber hinaus ist auch ein **Additionsverbot** zu beachten, wenn dieses zwischen dem Gegenstand des Verfahrens und dem Gegenstand des Vergleichs besteht.

29   **Beispiel:** Eingeklagt sind 10.000 €. Die Parteien einigen sich über die 10.000 € und die nicht anhängigen Zinsen.

Eine Vergleichsgebühr fällt jetzt nicht an, da zwischen Hauptforderung und Nebenforderung ein Additionsverbot besteht (§ 43 Abs. 1).

30   Zum selben Ergebnis würde man aber auch dann gelangen. wenn man eine Vergleichsgebühr annimmt, da diese dann nach Anm. S. 2 iVm § 36 Abs. 3 durch Kürzung wieder entfiele (→ Rn 34).

31   Schließen die Beteiligten in einem **Arrest- oder einstweiligen Verfügungsverfahren** einen Vergleich auch über die nicht anhängige Hauptsache, so entsteht aus dem Wert der **Hauptsache** die 0,25-Vergleichsgebühr der Nr. 1900 KV, sofern die Hauptsache nicht anhängig ist.

32   Wird ein Vergleich über eine **Hilfsaufrechnung** geschlossen, dann ist zu differenzieren:

- Soweit der Wert der Hilfsaufrechnung den Wert des Verfahrens erhöht (§ 45 Abs. 4 iVm Abs. 3), bleibt der Mehrwert außer Ansatz, da er bereits bei der Gebühr für das Verfahren im Allgemeinen erfasst wird.
- Soweit der Wert der Hilfsaufrechnung nicht nach § 45 Abs. 4 iVm Abs. 3 erfasst wird, ist der Wert der Hilfsaufrechnung hinzuzurechnen.

33   **Beispiel:** Geltend gemacht werden 3.000 €. Der Beklagte bestreitet die Forderung und rechnet hilfsweise mit einer streitigen Forderung auf

a) iHv 2.000 €.
b) iHv 5.000 €.

Schließen die Parteien einen Vergleich über eine streitige Hilfsaufrechnung, erhöht dies den Verfahrenswert wie im Falle einer gerichtlichen Entscheidung (§ 45 Abs. 4 iVm Abs. 3). Im Falle einer gerichtlichen Entscheidung erhöht sich der Wert bei einer streitigen Hilfsaufrechnung allerdings nur, soweit eine nach § 322 Abs. 2 ZPO der Rechtskraft fähige Entscheidung ergeht (§ 45 Abs. 4 iVm Abs. 3).

Der Verfahrenswert erhöht sich daher im Fall a) um die vollen 2.000 € auf 5.000 €, so dass eine Vergleichsgebühr nicht in Betracht kommt.

Im Fall b) erhöht sich der Verfahrenswert dagegen nur um 3.000 €, da im Falle einer gerichtlichen Entscheidung diese nur in Höhe des Klageforderung (3.000 €) in Rechtskraft erwachsen wäre (§ 322 Abs. 2 ZPO), nicht auch in Höhe des darüber hinausgehenden Betrags. Der Verfahrenswert beläuft sich also auf 6.000 €. Aus dem Mehrwert des Vergleichs (2.000 €) entsteht die 0,25-Vergleichsgebühr nach Nr. 1900 KV.

VII. Begrenzung nach § 36 Abs. 3 (Anm. S. 2)

34   Wie S. 2 der Anmerkung klarstellt, muss in entsprechender Anwendung des § 36 Abs. 3 das Gebührenaufkommen von Verfahrens- und Vergleichsgebühr begrenzt werden.

35   **Beispiel:** Eingeklagt werden 20.000 €. Im Termin vergleichen sich die Parteien über die Klageforderung und weitere nicht anhängige 5.000 €.

Angefallen sind eine 1,0-Verfahrensgebühr (Nr. 1210, 1211 KV) aus dem Wert von 20.000 € sowie eine 0,25-Vergleichsgebühr (Nr. 1900 KV) aus dem Wert von 5.000 €:

1. 1,0-Gebühr (Nr. 1210, 1211 KV) aus 20.000 €	345,00 €
2. 0,25-Gebühr (Nr. 1900 KV) aus 5.000 €	36,50 €
Gesamt	**381,50 €**

Wären die 5.000 € vor dem Vergleich noch mit anhängig gemacht worden, wäre abzurechnen gewesen wie folgt:

1,0-Gebühr (Nr. 1210, 1211 KV) aus 25.000 €	371,00 €

Auf diesen Betrag ist das Gesamtaufkommen daher nach § 36 Abs. 3 zu begrenzen.

36   Bei der Kürzung nach § 36 Abs. 3 ist auch der **Höchstwert** des § 39 Abs. 2 zu beachten.

VIII. Prozesskostenhilfe

37   Schließen die Beteiligten einen Vergleich, für den das Gericht Prozesskostenhilfe bewilligt hat, so erstreckt sich die Prozesskostenhilfe auch auf die Freistellung der gerichtlichen Vergleichsgebühr (§ 122 Abs. 1 Nr. 1 Buchst. a ZPO). Ist für den Mehrwert des Vergleichs keine Prozesskostenhilfe beantragt oder ist diese be-

reits abgelehnt worden, dann schuldet der bedürftige Beteiligte die 0,25-Gebühr nach Nr. 1900 KV bzw den nach Kürzung (§ 36 Abs. 3) verbleibenden Restbetrag, der allerdings idR unerhoben bleibt.

IX. Vergleich im Verfahren auf Prozesskostenhilfe (Anm. S. 1)

Schließen die Beteiligten in einem Verfahren über die Bewilligung von Prozesskostenhilfe einen Vergleich, entsteht erst keine Vergleichsgebühr (Anm. S. 1). Die Vergleichsgebühr entsteht weder aus dem Gegenstand des Prüfungsverfahrens noch aus einem weitergehenden Gegenstand. **38**

Zwar wird im Verfahren über die Prozesskostenhilfe keine Gerichtsgebühr erhoben, so dass diese den Aufwand eines Vergleichs auch nicht mit abdecken kann. Es würde jedoch Sinn und Zweck des kostenfreien Prüfungsverfahrens widersprechen, wenn die Beteiligten im Falle einer Einigung „bestraft" würden und nunmehr eine Vergleichsgebühr zahlen müssten. Das Gleiche gilt, wenn in einem Prüfungsverfahren ein Vergleich geschlossen wird und darin auch weitergehende Gegenstände mit verglichen werden, die nicht Gegenstand des Prüfungsverfahrens sind. **39**

Beispiel: Der Kläger beantragt Prozesskostenhilfe für ein beabsichtigtes Verfahren auf Zahlung von 6.000 €. Das Gericht ordnet einen Termin im Prozesskostenhilfe-Prüfungsverfahren an (§ 118 Abs. 1 S. 3 ZPO). Dort wird ein Vergleich über die 6.000 € und weitere nicht anhängige 1.860 € geschlossen. **40**

Auch jetzt darf keine besondere Gebühr Nr. 1900 KV aus dem Mehrwert erhoben werden.

Die Gebühr darf auch dann nicht erhoben werden, wenn der Vergleich im Hauptsacheverfahren geschlossen wird, über den Gegenstand des Vergleichs aber ein Verfahren auf Prozesskostenhilfe anhängig ist. **41**

Beispiel: Im Verfahren über 10.000 € beantragt der Beklagte Prozesskostenhilfe für die Abwehr der Klage sowie für eine Widerklage. Die Parteien schließen sodann einen Vergleich über die 10.000 € und die Widerklageforderung. Prozesskostenhilfe für die Widerklage wird nicht bewilligt. **42**

Eine Gebühr Nr. 1900 KV aus dem Mehrwert des Vergleichs fällt nicht an, weil ein Verfahrenskostenhilfeverfahren über diesen Gegenstand anhängig war (Anm. S. 1).

Der Ausschluss nach Anm. S. 1 gilt für sämtliche Beteiligten. Es handelt sich nicht um einen persönlichen Befreiungstatbestand für die bedürftige Partei. Vielmehr löst der Vergleich nach Anm. S. 1 auch für die vermögende Partei keine Gebühr aus. **43**

X. Wertfestsetzung

Soweit eine Vergleichsgebühr anfällt, setzt das Gericht den Wert nach § 63 Abs. 2 fest. Gegen die Festsetzung sind die **Rechtsbehelfe** und **Rechtsmittel** gegeben, die auch gegen die Festsetzung des Streitwerts gegeben sind. Gegenvorstellung, Beschwerde oder weitere Beschwerde können ausschließlich gegen den Mehrwert gerichtet werden. **44**

Eine Wertfestsetzung ist auch dann vorzunehmen, wenn die Parteien wegen PKH-Bewilligung von der Vergleichsgebühr freigestellt sind. Auch in diesem Fall fällt die Gebühr an und es bedarf eines Werts. Bedeutung gewinnt der Wert dann erst, wenn die PKH aufgehoben oder abgeändert wird. **45**

Soweit ein Mehrvergleich keine Gebühr nach Nr. 1900 KV auslöst, etwa in einem PKH-Prüfungsverfahren, darf das Gericht von Amts wegen insoweit auch keinen Wert festsetzen. **46**

Insbesondere darf das Gericht, vor dem der Vergleich geschlossen wird, dann keinen Vergleichswert festsetzen, wenn der Gegenstand des Vergleichs anderweitig anhängig ist, weil dann keine gerichtliche Vergleichsgebühr anfällt (→ Rn 18). In einem solchen Fall ist es allein Sache des Gerichts, bei dem der Gegenstand anhängig ist, den Wert festzusetzen. Anderenfalls könnte es zu divergierenden Wertfestsetzungen kommen. **47**

Eine unterbliebene Festsetzung des Vergleichsmehrwerts bedeutet in diesen Fällen nicht, dass die beteiligten Anwälte aus dem Mehrwert nichts abrechnen können. Sie erhalten ungeachtet dessen selbstverständlich aus dem Mehrwert ihre Gebühren. Dieser Mehrwert ist dann aber nur auf Antrag im Verfahren nach § 33 RVG festzusetzen. Siehe dazu die Erl. zu § 33 RVG. **48**

Einer gesonderten Wertfestsetzung nach § 33 RVG bedarf es allerdings nicht – sie wäre auch unzulässig –, wenn anderweitig anhängige Gegenstände mitverglichen werden, da sich der Mehrwert des Vergleichs für die Anwaltsgebühren schon aus der Wertfestsetzung des anhängigen Verfahrens ergibt und diese Wertfestsetzung insoweit auch für die am Vergleich beteiligten Anwälte bindend ist (§ 32 Abs. 1 RVG). **49**

Nr.	Gebührentatbestand	Gebühr oder Satz der Gebühr nach § 34 GKG
1901	Auferlegung einer Gebühr nach § 38 GKG wegen Verzögerung des Rechts-streits	wie vom Gericht bestimmt

I. Allgemeines

1 Nr. 1901 KV bestimmt den „Gebührensatz" für die **Verzögerungsgebühr**, die das Gericht nach § 38 einer Partei auferlegen kann.[1] Die Vorschrift enthält keine konkrete Regelung zur Höhe der Gebühr, ordnet vielmehr an, dass die Gebühr „wie vom Gericht bestimmt" bemessen wird. Die **Höhe** der Verzögerungsgebühr ergibt sich unmittelbar aus dem gerichtlichen Beschluss nach § 38. Die Regelung im Kostenverzeichnis hat lediglich den Hintergrund, dass Kosten nach dem GKG nur nach dem Kostenverzeichnis (Anlage 1) erhoben werden (§ 3 Abs. 2) und insoweit eine Regelung im Kostenverzeichnis unabdingbar ist: Gebühren, die im Kostenverzeichnis nicht geregelt sind, dürfen auch nicht erhoben werden.

II. Höhe der Gebühr

2 § 38 bestimmt die Höhe des Gebührensatzes mit 1,0 (§ 38 S. 1), wobei eine Gebührenermäßigung bis zu einem Gebührensatz von 0,3 in Betracht kommt (§ 38 S. 2).

3 Die Höhe der Verzögerungsgebühr richtet sich nach dem Streitwert (§ 3 Abs. 1) der Hauptsache bzw nach einem Teil des Streitwerts der Hauptsache, wenn die Verzögerung nur einen Teil betrifft (→ § 36 Rn 16). Das Gericht muss den Streitwert, ggf den Teilwert, in seinem Beschluss, der die Verzögerungsgebühr auferlegt, festsetzen. Soweit nur ein Teil des Streitgegenstands betroffen ist, ist die Verzögerungsgebühr nur nach dem Wert dieses Teils zu berechnen (§ 36 Abs. 1).

Weil jedes einzelne Verzögerungsverhalten eine eigene Handlung darstellt, dürfte § 36 Abs. 2 unanwendbar sein, wenn mehrere Verzögerungsgebühren auferlegt werden, weil sie jeweils gesondert entstehen. Nur dann, wenn für dieselbe Verzögerungshandlung (zB bei Unterlassungen) mehrfach eine Gebühr verhängt wird, käme Abs. 2 zur Anwendung (→ § 36 Rn 20), mit der Folge, dass keine höhere Gebühr erhoben werden darf als eine Gebühr aus dem Gesamtbetrag der Wertteile.

4 Das Gericht kann einem Beteiligten auch **mehrere** Verzögerungsgebühren auferlegen. Darüber hinaus können mehreren Beteiligten auch jeweils eigene Verzögerungsgebühren auferlegt werden. Siehe im Einzelnen die Erl. zu § 38.

III. Kostenschuldner

5 Für die Verzögerungsgebühr haftet die Partei, der sie auferlegt worden ist. Die Verzögerungsgebühr kann auch mehreren Parteien nach Kopfteilen auferlegt werden.

IV. Beschwerde

6 Die Auferlegung einer Verzögerungsgebühr kann mit der gesonderten Beschwerde nach § 69 angefochten werden (→ § 69 Rn 1 ff).

Nr.	Gebührentatbestand	Gebühr oder Satz der Gebühr nach § 34 GKG
1902	Anmeldung eines Anspruchs zum Musterverfahren (§ 10 Abs. 2 KapMuG)	0,5

---

[1] Binz/Dörndorfer/*Zimmermann*, Nr. 1901 KV GKG Rn 1.

I. Allgemeines

Für die Anmeldung eines Anspruchs zum Musterverfahren nach § 10 Abs. 2 KapMuG fällt die Gebühr   1
Nr. 1902 KV[1] an. Es handelt sich um eine Wertgebühr mit einem Gebührensatz von 0,5.
Der Streitwert ergibt sich aus § 51 a Abs. 1.   2

II. Gebührentatbestand

Wird ein Anspruch zum Musterverfahren gem. § 10 Abs. 2 KapMuG angemeldet, entsteht die Gebühr   3
Nr. 1902 KV.

Nach § 10 Abs. 2 S. 1 KapMuG kann ein Anspruch zu einem vor dem Oberlandesgericht anhängigen Mus-   4
terverfahren **angemeldet** werden. Die Anmeldung ist nicht zulässig, wenn wegen desselben Gegenstands bereits Klage erhoben wurde (§ 10 Abs. 2 S. 2 KapMuG). Die Anmeldung hat schriftlich binnen einer Frist
von sechs Monaten ab der Bekanntmachung zu erfolgen (§ 10 Abs. 2 S. 1 KapMuG). Für die Anmeldung
besteht Anwaltszwang (§ 10 Abs. 2 S. 3 KapMuG). Der notwendige Inhalt einer Anmeldung ergibt sich aus
§ 10 Abs. 3 KapMuG. Die Anmeldung ist den darin bezeichneten Musterbeklagten zuzustellen (§ 10 Abs. 4
KapMuG).

Die Anmelder sind **nicht Beteiligte** des Musterverfahrens.[2] Auch erstrecken sich die Wirkungen eines Mus-   5
terentscheids nicht auf die Anmelder.[3] Die Anmeldung ist dementsprechend auch nicht zu bescheiden. Jedoch ist den Anmeldern der Musterentscheid (§ 16 Abs. 1 S. 2 KapMuG) und die Entscheidung über eine
hiergegen gerichtete Rechtsbeschwerde (§ 20 Abs. 5 S. 1 KapMuG) zuzustellen, wobei jeweils die Zustellung durch eine öffentliche Bekanntmachung ersetzt werden kann (§ 16 Abs. 1 S. 3, § 20 Abs. 5 S. 2
KapMuG).

Die Anmeldung einer Forderung zum Musterverfahren bewirkt indes die **Hemmung der Verjährung** bis   6
zum Abschluss des Musterverfahrens (§ 204 Abs. 1 Nr. 6 a, Abs. 3 BGB). Der Anmelder, der die Forderung
angemeldet hat, kann das Musterverfahren abwarten und dann die Geltendmachung seines Anspruchs fortsetzen. Wenn auch der Anmelder weder an dem Musterverfahren noch an einem Musterentscheid oder Vergleich partizipiert, so kommt ihm gleichwohl die **faktische Wirkung** eines Musterentscheids oder Vergleichs
zugute.[4] Die Hemmung der Verjährung setzt voraus, dass die Anforderungen an die Anmeldung aus § 10
Abs. 2, 3 KapMuG eingehalten wurden. Die Voraussetzungen einer zur Hemmung der Verjährung führenden Anmeldung werden nicht im Musterverfahren, sondern erst in einem etwaigen nachfolgenden Rechtsstreit über den geltend gemachten Anspruch des Anmelders geprüft.

Die Gebühr Nr. 1902 KV entsteht allein für die **Anmeldung** des Anspruchs. Sie fällt mit dem Eingang der   7
Anmeldung bei Gericht an (vgl § 9 S. 1). Werden mehrere Ansprüche getrennt angemeldet, entsteht die Gebühr Nr. 1902 KV für jede einzelne Anmeldung. Werden mehrere Ansprüche in einer Anmeldung zusammengefasst, entsteht die Gebühr Nr. 1902 KV nach dem Wert aller angemeldeten Ansprüche.

III. Gebührenhöhe

Bei der Gebühr Nr. 1902 KV handelt es sich um eine Wertgebühr. Der Gebührensatz beträgt 0,5. Als Streit-   8
wert für die Gebühr Nr. 1902 KV ist nach § 51 a Abs. 1 die zugrunde liegende Forderung maßgebend, die
auch Gegenstand einer etwaigen Klage sein würde (→ § 51 a Rn 6 ff).

Soweit der Anmelder später Klage erhebt, wird die Gebühr Nr. 1902 KV auf die Gebühr Nr. 1210 KV, die   9
für das Klageverfahren im Allgemeinen entsteht, **angerechnet**, wenn Streitgegenstand derselbe Anspruch ist
(Anm. Abs. 2 zu Nr. 1210 KV). Es reduziert sich also die später entstehende Gebühr Nr. 1210 KV.

IV. Weitere praktische Hinweise

1. Fälligkeit, Vorauszahlungspflicht. Die Gebühr Nr. 1902 KV wird gem. § 9 Abs. 1 S. 1 bereits mit der Ein-   10
reichung der Anmeldeschrift fällig. Die Zustellung der Anmeldeschrift an die Musterbeklagten soll das Gericht von einer Vorauszahlung der Gebühr abhängig machen (vgl § 12 Abs. 1 S. 3).

2. Kostenschuldner. Kostenschuldner der Gebühr Nr. 1902 KV ist der jeweilige Anmelder (§ 22 Abs. 4   11
S. 1).

3. Kostenerstattung. Obsiegt der Anmelder in einem späteren Rechtsstreit gegen den Musterbeklagten, ist   12
in diesem späteren Rechtsstreit auch die Gebühr Nr. 1902 KV erstattungsfähig. Die Erstattungsfähigkeit

---

1 Die Vorschrift wurde eingeführt durch das Gesetz zur Reform des Kapitalanleger-Musterverfahrensgesetzes und zur Änderung
anderer Vorschriften v. 19.10.2012 (BGBl. I 2182); vgl aus dem Gesetzgebungsverfahren: BT-Drucks 17/8799; BT-Drucks
17/10160; vgl hierzu auch *Hartmann*, JurBüro 2012, 563. **2** BT-Drucks 17/10160, S. 25 f. **3** BT-Drucks 17/10160, S. 25. **4** So
auch *v. Bernuth/Kremer*, NZG 2012, 890, 891.

dieser Gebühr in dem späteren Rechtsstreit ist deshalb bedeutsam, weil die Gerichtsgebühr des Klageverfahrens Nr. 1210 KV um die Gebühr Nr. 1902 KV ermäßigt wird (vgl Anm. Abs. 2 zu Nr. 1210 KV) und ansonsten die Gebührenanrechnung im Verhältnis zwischen Anmelder und Musterbeklagten allein dem unterliegenden Musterbeklagten wirtschaftlich zugutekommen würde, ohne dass dies gerechtfertigt wäre.

Teil 2
Zwangsvollstreckung nach der Zivilprozessordnung, Insolvenzverfahren und ähnliche Verfahren

Vorbemerkung zu Teil 2 KV

1 In Teil 2 KV werden die Gebühren im Zwangsvollstreckungsverfahren nach der ZPO (Hauptabschnitt 1), im Zwangsversteigerungs- und Zwangsverwaltungsverfahren nach dem ZVG und bei der Zwangsliquidation einer Bahneinheit (Hauptabschnitt 2), im Insolvenzverfahren nach der InsO (Hauptabschnitt 3) und in ähnlichen Verfahren (Schifffahrtsrechtliches Verteilungsverfahren) (Hauptabschnitt 4) sowie die Gebühr bei der Rüge wegen Verletzung des Anspruchs auf rechtliches Gehör (Hauptabschnitt 5) geregelt. Neben Festgebühren sind auch Wertgebühren vorgesehen.

Hauptabschnitt 1
Zwangsvollstreckung nach der Zivilprozessordnung

Geplante Neuregelung ab 18.1.2017 (gem. EuKoPfVODG, BT-Drucks 18/7560):[1]

Nr.	Gebührentatbestand	Gebühr oder Satz der Gebühr nach § 34 GKG
Vorbemerkung 2.1: Dieser Hauptabschnitt ist auch auf Verfahren zur Erwirkung eines Europäischen Beschlusses zur vorläufigen Kontenpfändung im Fall des Artikels 5 Buchstabe b der Verordnung (EU) Nr. 655/2014 sowie auf alle Verfahren über Anträge auf Einschränkung oder Beendigung der Vollstreckung eines Europäischen Beschlusses zur vorläufigen Kontenpfändung (§ 954 Abs. 2 ZPO i.V.m. Artikel 34 der Verordnung (EU) Nr. 655/2014) anzuwenden. Im Übrigen bestimmen sich die Gebühren nach Teil 1 Hauptabschnitt 4 oder Teil 8 Hauptabschnitt 3.		

1 Aus den Motiven des Gesetzgebers zu den mWz **18.1.2017** geplanten kostenrechtlichen Regelungen im GKG zum Verfahren zur Erwirkung eines **Europäischen Beschlusses zur vorläufigen Kontenpfändung** ergibt sich Folgendes:[1]

2 *„Nach Artikel 5 EuKoPfVO steht dem Gläubiger ein Europäischer Beschluss zur vorläufigen Kontenpfändung zur Verfügung: Zum einen bevor er in einem Mitgliedstaat ein Verfahren gegen den Schuldner in der Hauptsache einleitet oder während eines solchen Verfahrens, bis die gerichtliche Entscheidung erlassen oder ein gerichtlicher Vergleich gebilligt oder geschlossen wird, und zum anderen nachdem er in einem Mitgliedstaat eine gerichtliche Entscheidung, einen gerichtlichen Vergleich oder eine öffentliche Urkunde erwirkt hat. Im erstgenannten Fall (Artikel 5 Buchstabe a EuKoPfVO) ist das Verfahren vergleichbar mit dem Arrestverfahren nach der Zivilprozessordnung und dessen Vollziehung. In beiden Verfahren hat das Gericht eine Prüfung des dem Antrag zugrunde liegenden Zahlungsanspruchs vorzunehmen. In dem zweiten Fall (Artikel 5 Buchstabe b EuKoPfVO) wird der Gläubiger in aller Regel einen zumindest vorläufig vollstreckbaren Titel haben, weil es sich um eine deutsche Entscheidung oder einen in der Bundesrepublik Deutschland geschlossenen Vergleich handelt. In diesem Fall entfällt die Anspruchsprüfung und die Wirkung des Europäischen Beschlusses zur vorläufigen Kontenpfändung beschränkt sich auf die mit der Sicherungsvollstreckung nach § 720 a ZPO vergleichbare vollstreckungsrechtliche Komponente.*

Das Verfahren zur Erwirkung eines Europäischen Beschlusses zur vorläufigen Kontenpfändung soll daher im Kostenrecht weitgehend dem Arrestverfahren bzw. der Forderungspfändung gleichgestellt werden. Eine noch differenziertere kostenrechtliche Ausgestaltung ist zwar denkbar, würde aber den ohnehin schon be-

---

1 Geplante Ergänzung durch Art. 9 Nr. 3 Buchst. f des Entwurfs eines Gesetzes zur Durchführung der Verordnung (EU) Nr. 655/2014 sowie zur Änderung sonstiger zivilprozessualer Vorschriften (EuKoPfVODG), BT-Drucks 18/7560, S. 18. Geplantes Inkrafttreten dieser Ergänzung: 18.1.2017 (s. Art. 14 Abs. 1 ÄndG). **1** Begr. RegE, BT-Drucks 18/7560, S. 48.

*trächtlichen Regelungsaufwand nochmals deutlich erhöhen und die Regelung derart komplex werden las-
sen, dass sie für die Beteiligten und für die Kostenbeamten nur noch schwer nachvollziehbar sein würde. Im
Interesse der Lesbarkeit und Verständlichkeit der Kostengesetze soll auf eine zu komplexe Regelung verzichtet werden. Im Übrigen ist zu beachten, dass die Gerichtsgebühren durch Artikel 42 EuKoPfVO nach
oben begrenzt sind. Danach dürfen die Gebühren in Verfahren, in denen ein Europäischer Beschluss zur
vorläufigen Pfändung erwirkt werden soll, oder in einem Rechtsbehelfsverfahren gegen einen Beschluss
nicht höher sein als jene, die für einen gleichwertigen nationalen Beschluss oder einen Rechtsbehelf gegen
einen solchen nationalen Beschluss in Rechnung gestellt werden. Auf die Ausgestaltung des Verfahrens und
auf die funktionelle Zuständigkeit kommt es dabei nicht an."*

Gemäß § 950 ZPO-E[2] sind auf die Vollziehung des Beschlusses zur vorläufigen Kontenpfändung grds. die   **3**
Vorschriften des 8. Buches der ZPO über die Zwangsvollstreckung anzuwenden. Deshalb richten sich die
Gerichtsgebühren nach Nr. 2111 ff KV.

Durch die geplante neue **Vorbem. 2.1 S. 1 KV-E** sowie durch die entsprechend zu ergänzende **Nr. 2111 KV-**   **4**
E wird bestimmt, dass in den Fällen, in denen der Gläubiger bereits einen Zahlungstitel erwirkt hat (**Art. 5
Buchst. b EuKoPfVO**), die gleichen Kosten anfallen wie bei der Pfändung einer Geldforderung nach den
Vorschriften der ZPO (Festgebühr iHv 20 €). Die ebenfalls mWz 18.1.2017 geplante neue **Nr. 2112 KV-E**
enthält die um 13 € auf 33 € erhöhte Gebühr Nr. 2111 KV, wenn Kontoinformationen durch das Gericht
auf Antrag des Gläubigers (Art. 14 EuKoPfVO) eingeholt werden (§ 948 ZPO-E). Für Anträge nach § 954
Abs. 2 ZPO-E gilt **Nr. 2119 KV-E**. In den übrigen Fällen richten sich die Gebühren nach Teil 1 Hauptabschnitt 4 (ordentliche Gerichtsbarkeit) oder Teil 8 Hauptabschnitt 3 (Arbeitsgerichtsbarkeit); darauf wird
in **Vorbem. 2.1 S. 2 KV-E** zum besseren Verständnis hingewiesen.

Hinweis: Mit Inkrafttreten der geplanten neuen Nr. 2112 KV-E zum 18.1.2017 werden die derzeitigen   **5**
Nr. 2112–2114 KV dann die Nr. 2113–2115 KV (nF).[3]

Vorbemerkung zu Nr. 2110–2124 KV

I. Gebühren

Abschnitt 1 (Nr. 2110–2119 KV) von Teil 2 Hauptabschnitt 1 KV enthält die Gebühren, die in der   **1**
Zwangsvollstreckung nach dem Achten Buch der ZPO (§§ 704 ff ZPO) im **ersten Rechtszug** entstehen. Im
Beschwerde- bzw im Rechtsbeschwerdeverfahren in der Zwangsvollstreckung nach der ZPO entstehen die
Gebühren nach Abschnitt 2 (Nr. 2120, 2121 KV bzw Nr. 2122–2124 KV).

Die Gerichtskosten in Zwangsvollstreckungssachen bestehen aus Gebühren und Auslagen (vgl § 1 Abs. 1
S. 1). Die Gebühren ergeben sich aus Nr. 2110 ff KV, die Auslagen sind in Teil 9 KV geregelt.

II. Fest- und Wertgebühren

Mit Ausnahme der für das **Verteilungsverfahren** (§§ 872–882 ZPO) anfallenden Wertgebühren (Nr. 2117,   **2**
2120, 2122 und 2123 KV, § 34) fallen in der Zwangsvollstreckung **Festgebühren** an. In der ersten Instanz
werden **Verfahrensgebühren** und keine Aktgebühren erhoben. Die Gebühren entstehen daher bereits mit
Antragseingang bei Gericht[1] und gelten grds. das gesamte Verfahren bis zu dessen Beendigung ab, sofern
für bestimmte Maßnahmen/Handlungen keine besonderen Gebühren vorgesehen sind. Die Entstehung setzt
somit keine gerichtliche Entscheidung voraus. Nach Antragseinreichung kann sich die Gebühr nicht mehr
ermäßigen und sie kann auch nicht mehr wegfallen.[2]

III. Fälligkeit der Gebühren

Nach § 6 Abs. 1 Nr. 1 werden die Verfahrensgebühren mit der Einreichung der Antragsschrift oder mit der   **3**
Abgabe der entsprechenden Erklärung zu Protokoll fällig, wenn die Verfahren eine Antragstellung voraussetzen. Im von Amts wegen durchzuführenden Verteilungsverfahren nach §§ 872 ff ZPO tritt die Fälligkeit
ein mit der Aufforderung des Gerichts an die beteiligten Gläubiger zur Einreichung einer Forderungsaufstellung.

---

2 S. Art. 1 Nr. 20 des Entwurfs eines Gesetzes zur Durchführung der Verordnung (EU) Nr. 655/2014 sowie zur Änderung sonstiger zivilprozessualer Vorschriften (EuKoPfVODG), BT-Drucks 18/7560, S. 12. Geplantes Inkrafttreten dieser Ergänzung:
18.1.2017 (s. Art. 14 Abs. 1 ÄndG). **3** Art. 9 Nr. 3 Buchst. i des Entwurfs eines Gesetzes zur Durchführung der Verordnung (EU)
Nr. 655/2014 sowie zur Änderung sonstiger zivilprozessualer Vorschriften (EuKoPfVODG), BT-Drucks 18/7560, S. 18. Geplantes
Inkrafttreten dieser Änderungen: 18.1.2017 (s. Art. 14 Abs. 1 ÄndG). **1** AG Augsburg DGVZ 2007, 95. **2** AG Augsburg DGVZ
2007, 95.

IV. Kostenfreiheit

4   Für die **Kosten- und Gebührenfreiheit** gilt § 2. Bei Kosten- und Gebührenfreiheit können weder Gebühren noch Auslagen gefordert werden. Bei Gebührenfreiheit sind nur die Auslagen vom Kostenschuldner zu zahlen.

5   In Zwangsvollstreckungssachen ist § 2 Abs. 1 S. 2 zu beachten. Danach ist in Verfahren der Zwangsvollstreckung wegen **öffentlich-rechtlicher Geldforderungen** maßgebend, wer ohne Berücksichtigung des § 252 AO oder entsprechender Vorschriften Gläubiger der Forderung ist. In Verfahren der Zwangsvollstreckung wegen öffentlich-rechtlicher Geldforderungen ist für die Kostenfreiheit somit allein maßgebend, wer materiellrechtlich Gläubiger ist. Ein nicht befreiter Gläubiger erlangt also durch Beauftragung eines befreiten Gläubigers mit der Vollstreckung keine Kostenfreiheit. Überträgt daher ein nicht kostenbefreiter Sozialversicherungsträger (zB eine **gesetzliche Krankenkasse**, eine **Berufsgenossenschaft**) die Vollstreckung einer Forderung auf das kostenbefreite **Hauptzollamt**, kommt es auf den nicht kostenbefreiten Gläubiger an. Kosten sind daher zu erheben.

V. Auslagen

6   Die Gerichtsgebühren in der Zwangsvollstreckung sind – bis auf die Nr. 2117, 2120, 2122 und 2123 KV (Verteilungsverfahren gem. §§ 872 ff ZPO = Wertgebühr) – als **Festgebühren** ausgestaltet (feststehender Gebührenbetrag). Neben den Festgebühren werden ggf anfallende **Zustellungsauslagen** stets mit der Pauschale iHv 3,50 € pro Zustellung berechnet (vgl Anm. zu Nr. 9002 KV).[3] Die Fälligkeit (Einforderbarkeit) der Auslagen richtet sich nach § 9 Abs. 2.

VI. Vorauszahlungspflicht

7   In § 12 Abs. 5 und 6 ist geregelt, in welchen Fällen das Vollstreckungsgericht die beantragte Entscheidung bzw Vollstreckungsmaßnahme von der vorherigen Zahlung der vorgesehenen Gebühren und der Zustellungsauslagen **abhängig** macht. Ohne vorherige Zahlung kommt es nicht zu der beantragten Maßnahme der Zwangsvollstreckung. Von der Abhängigmachung kann unter den in § 14 genannten Voraussetzungen abgesehen werden. Ergibt sich aus § 12 Abs. 5 und 6 keine Vorauszahlungspflicht, gilt § 10. Keine Vorauszahlungspflicht besteht, wenn das Arbeitsgericht als Vollstreckungsorgan handelt oder wenn das Amtsgericht Vollstreckungsgericht arbeitsgerichtlicher Titel ist (§ 11 S. 1 Hs 2).[4]

VII. Kostenschuldner

8   Die Verfahrensgebühren schuldet nach § 22 Abs. 1 S. 1 derjenige, der das Verfahren der Zwangsvollstreckung beantragt hat (**Antragsteller**). Das ist idR der Gläubiger, kann aber auch der Schuldner sein (vgl Nr. 2112 KV, Anträge nach § 765 a ZPO). Weitere Kostenschuldner sind nach § 29 Nr. 1 diejenigen, denen die Kosten durch eine **gerichtliche Entscheidung auferlegt** worden sind (vgl § 788 Abs. 4 ZPO). Ferner ist Kostenschuldner nach § 29 Nr. 4 der **Vollstreckungsschuldner** für die notwendigen Kosten der Zwangsvollstreckung; durch nicht erforderliche Vollstreckungsmaßnahmen entstandene Gerichtskosten muss der Vollstreckungsschuldner somit nicht erstatten. Die Verfahrensgebühr für das Verteilungsverfahren (§§ 872 ff ZPO) nach Nr. 2117 KV schuldet nur der Vollstreckungsschuldner, weil das Verfahren von Amts wegen durchgeführt wird und ein Antragsteller nicht vorhanden bzw nicht erforderlich ist.

9   **Mehrere Kostenschuldner** haften gem. § 31 Abs. 1 als **Gesamtschuldner**. Das bedeutet gem. § 8 Abs. 4 S. 1 KostVfg für den Kostenbeamten, dass er den geschuldeten Betrag von einem Kostenschuldner ganz oder von mehreren nach Kopfteilen anfordern kann. Dabei kann insbesondere berücksichtigt werden (§ 8 Abs. 4 S. 2 Nr. 1–5 KostVfg),

- welcher Kostenschuldner die Kosten im Verhältnis zu den übrigen endgültig zu tragen hat (Nr. 1),
- welcher Verwaltungsaufwand durch die Inanspruchnahme nach Kopfteilen entsteht (Nr. 2),
- ob bei einer Verteilung nach Kopfteilen Kleinbeträge oder unter der Vollstreckungsgrenze liegende Beträge anzusetzen wären (Nr. 3),
- ob die Kostenschuldner in Haushaltsgemeinschaft leben (Nr. 4),
- ob anzunehmen ist, dass einer der Gesamtschuldner nicht zur Zahlung oder nur zu Teilzahlungen in der Lage ist (Nr. 5).

10   Der **Antragsteller** (§ 22) haftet nur solange für noch nicht gezahlte Kosten, soweit die Kosten noch nicht durch gerichtliche Entscheidung einem anderen Kostenschuldner auferlegt worden sind (§ 29 Nr. 1). Sobald das Gericht einen Kostenschuldner bestimmt hat, müssen diesem **noch offene Kosten** in Rechnung gestellt

---

3 Vgl OLG Koblenz 13.2.2015 – 14 W 94/15, juris. **4** So schon zur früheren Rechtslage LG Hildesheim NdsRpfl 1990, 292.

werden (**Erstschuldner**, § 31 Abs. 2). Dem Antragsteller können erst dann wieder Kosten in Rechnung gestellt werden (als **Zweitschuldner**), wenn feststeht, dass der Erstschuldner nicht zahlt (erfolglose Zwangsvollstreckung wegen der Kosten, aussichtslos erscheinende Zwangsvollstreckung wegen der Kosten).

Beispiel: Der Gläubiger hat unter Einzahlung von 20 € einen Pfändungs- und Überweisungsbeschluss gegen den Schuldner beantragt, der auch erlassen wird. Der Schuldner stellt anschließend einen Antrag nach § 850 l ZPO. Der Rechtspfleger weist den Antrag zurück und legt dem Schuldner die Kosten auf. Nach Erlass des Pfändungs- und Überweisungsbeschlusses sind noch Zustellungsauslagen über 14 € angefallen.   **11**

Die Zustellungsauslagen iHv 14 € müssen zunächst dem Schuldner als Erstschuldner in Rechnung gestellt werden. Allerdings muss sich der Kostenbeamte überlegen, ob die Anforderung Aussicht auf Erfolg verspricht (vgl § 10 KostVfg). Verneint er das, kommt die Inanspruchnahme des Gläubigers als Zweitschuldner gem. § 22 Abs. 1 S. 1 in Betracht, wenn dessen Antragstellerhaftung für das Nachverfahren gem. § 850 l ZPO bejaht wird.

Abschnitt 1
Erster Rechtszug

Nr.	Gebührentatbestand	Gebühr oder Satz der Gebühr nach § 34 GKG
2110	Verfahren über den Antrag auf Erteilung einer weiteren vollstreckbaren Ausfertigung (§ 733 ZPO) .... Die Gebühr wird für jede weitere vollstreckbare Ausfertigung gesondert erhoben. Sind wegen desselben Anspruchs in einem Mahnverfahren gegen mehrere Personen gesonderte Vollstreckungsbescheide erlassen worden und werden hiervon gleichzeitig mehrere weitere vollstreckbare Ausfertigungen beantragt, wird die Gebühr nur einmal erhoben.	20,00 €

I. Gebühr

Beantragt der Antragsteller eine **weitere vollstreckbare Ausfertigung** des Vollstreckungstitels gem. § 733 ZPO, entsteht nach Nr. 2110 KV als Verfahrensgebühr eine **Festgebühr** iHv 20 €. Die Rücknahme des Antrags lässt die Verfahrensgebühr nicht entfallen, weil ein entsprechender Ermäßigungstatbestand nicht vorgesehen ist.[1] Die Gebühr ist deshalb auch zu zahlen, wenn es wegen der Zurücknahme des Antrags nicht zu einer Erteilung kommt. Denn wie sich aus der Bezeichnung („Verfahren ... auf ...") ergibt, handelt es sich bei Nr. 2110 KV nicht um eine Aktgebühr, sondern um eine **Verfahrensgebühr**. Die Gebühr entsteht mit der Einreichung des Antrags (→ Nr. 1210 KV Rn 11 ff).[2]   **1**

II. Gesonderte Entstehung (Anm. S. 1)

Die Gebühr wird nach **Anm. S. 1** für jede weitere vollstreckbare Ausfertigung gesondert erhoben. Dabei kommt es – soweit nicht die Sonderregelung für Vollstreckungsbescheide nach Anm. 2 S. 2 greift – nicht darauf an, ob zB zwei Anträge nacheinander oder gleichzeitig ein Antrag auf Erteilung zweier weiterer vollstreckbarer Ausfertigungen gestellt werden; in beiden Varianten fällt die Gebühr zweimal an. Richtet sich der Vollstreckungstitel gegen mehrere Personen als Gesamtschuldner und wird ein Antrag auf eine einzige weitere vollstreckbare Ausfertigung hinsichtlich aller Personen gestellt, fällt die Gebühr nur einmal an.   **2**

III. Vollstreckungsbescheide (Anm. S. 2)

Eine gesonderte Regelung gibt es für **Vollstreckungsbescheide**. Ein Mahnbescheid kann zwar wegen desselben Anspruchs einheitlich gegen mehrere Antragsgegner beantragt werden, im weiteren Verlauf des Verfahrens kann es jedoch dazu kommen, dass die Vollstreckungsbescheide getrennt ergehen; dies ist v.a. im maschinellen Mahnverfahren der Fall. Wird nun hinsichtlich jedes Antragsgegners eine weitere vollstreckbare Ausfertigung beantragt, fällt die Gebühr so oft an, wie es Antragsgegner gibt, bei drei Antragsgegnern also dreimal. Nach der gesetzlichen Regelung soll dem Antragsteller jedoch kein Nachteil daraus erwachsen, dass aus von ihm nicht beeinflussbaren Gründen kein einheitlicher Titel ergeht. Daher fällt die Gebühr in diesen Fällen **nur einmal** an, wenn folgende **Voraussetzungen** insgesamt erfüllt sind: **3**

---

1 AG Augsburg DGVZ 2007, 95. **2** AG Augsburg DGVZ 2007, 95.

- Es muss derselbe Anspruch in demselben Mahnverfahren gegen mehrere Antragsgegner geltend gemacht worden sein;
- es sind sodann hinsichtlich der Antragsgegner mehrere Vollstreckungsbescheide erlassen worden und
- es wird **gleichzeitig** ein einziger Antrag auf Erteilung jeweils einer einzigen weiteren vollstreckbaren Ausfertigung gegen einen oder alle weiteren Antragsgegner gestellt.

IV. Unrichtige Sachbehandlung, § 21

4   Geht die Erstausfertigung **auf dem Postweg vom Gericht zum Gläubiger** verloren, ist die gem. § 733 ZPO zu erteilende weitere vollstreckbare Ausfertigung des Titels gebührenpflichtig. Denn eine Ausnahme von der Gebührenpflicht für den Fall, dass den Verfahrensbevollmächtigten eines Gläubigers die an ihn auf dem Postweg versandte Erstausfertigung gar nicht erst erreicht, sieht das GKG nicht vor.[3] Die Gebühr wird aus dem Rechtsgedanken des § 21 (unrichtige Sachbehandlung) aber nicht erhoben, wenn die weitere vollstreckbare Ausfertigung notwendig wurde, weil die erste vollstreckbare Ausfertigung im **Verantwortungsbereich des Gerichts** abhanden gekommen ist.[4] Das Gleiche gilt, wenn die Erstausfertigung im **Verantwortungsbereich des Gerichtsvollziehers** verloren gegangen ist (§ 7 GvKostG). Die Erstausfertigung geht zB im Verantwortungsbereich des Gerichts verloren, wenn der Gläubiger zwecks Erlasses eines Pfändungs- und Überweisungsbeschlusses die vollstreckbare Ausfertigung des Titels beim Vollstreckungsgericht einreicht und das Gericht nach Erlass des beantragten Beschlusses feststellt, dass die vollstreckbare Ausfertigung in seinem Verantwortungsbereich verloren gegangen ist.[5]

5   Bleibt **ungeklärt**, warum die nach der Aktenlage erteilte erste vollstreckbare Ausfertigung beim Gläubiger nicht angekommen ist, ob die erste vollstreckbare Ausfertigung also noch im Gericht auf dem Weg von der Geschäftsstelle zum Postausgang oder erst auf dem Postweg verloren gegangen ist, handelt es sich bei der Erteilung der erneuten Klausel um eine weitere vollstreckbare Ausfertigung, für die die Gebühr Nr. 2110 KV anfällt, weil bei dieser Sachlage ein Fall des § 21 nicht gegeben ist.[6] Keine unrichtige Sachbehandlung des Gerichts liegt vor, wenn das **Gericht** nach entsprechendem Aktenvermerk die **vollstreckbare Ausfertigung** an den Empfänger **abgesendet** hat, diese den Empfänger jedoch nicht erreicht hat. In einem solchen Fall steht nicht fest, dass der Verlust der ersten vollstreckbaren Ausfertigung auf einer sorgfaltswidrigen Handlung eines Justizbediensteten beruht. Das Gericht ist auch nicht verpflichtet, jeden einzelnen Arbeitsschritt bei der Übersendung der vollstreckbaren Ausfertigung bis zur Übergabe an das Postunternehmen zu dokumentieren.[7] Das Gericht ist grds. auch nicht verpflichtet, die vollstreckbare Ausfertigung eines Kostenfestsetzungsbeschlusses an den Gläubiger zuzustellen, um einen Zustellungsnachweis zu erhalten. Gemäß § 104 Abs. 1 S. 3 ZPO ist der Kostenfestsetzungsbeschluss dem Antragsteller nur dann von Amts wegen zuzustellen, wenn der Kostenfestsetzungsantrag ganz oder teilweise zurückgewiesen wird. In allen anderen Fällen ergeht die Mitteilung formlos.

V. Weitere praktische Hinweise

6   Vgl zunächst die Erl. zu Vor Nr. 2110–2124 KV.

7   **1. Fälligkeit.** Die Verfahrensgebühr Nr. 2110 KV wird gem. § 6 Abs. 1 Nr. 1 fällig mit der **Einreichung des Antrags** bei Gericht. Der Antrag ist bei Gericht eingereicht, wenn er bei der Posteingangsstelle oder elektronisch eingeht. Auch der Einwurf in den Nachtbriefkasten reicht aus. Auf den Eingang bei der funktionell zuständigen Geschäftsstelle kommt es nicht an.

8   **2. Vorauszahlungspflicht.** Die durch die Beantragung der weiteren vollstreckbaren Ausfertigung anfallende Verfahrensgebühr Nr. 2110 KV ist gem. § 12 Abs. 6 S. 1 **vorauszahlungspflichtig**. Das gilt auch für etwaige Zustellungsauslagen nach Nr. 9002 KV. Die Entscheidung über den Antrag auf Erteilung der weiteren vollstreckbaren Ausfertigung hängt daher von der vorherigen Zahlung der Verfahrensgebühr Nr. 2110 KV sowie etwaiger Zustellungsauslagen ab. Die Vorauszahlungsplicht entfällt unter den in § 14 genannten Voraussetzungen.

9   **3. Kostenschuldner.** Kostenschuldner ist der **Antragsteller** (§ 22 Abs. 1 S. 1) bzw der **Vollstreckungsschuldner** (§ 29 Nr. 4, § 788 ZPO). Daneben kommen auch die Haftungen nach § 29 Nr. 1 oder § 29 Nr. 2 in Betracht. Die im Verfahren auf Erteilung einer zweiten vollstreckbaren Ausfertigung entstandenen Kosten sind gem. § 788 ZPO dem Gläubiger vom Schuldner zu erstatten, wenn der Gläubiger die Erforderlichkeit

---

3 LG Bonn AGS 2010, 441 = JurBüro 2010, 374. **4** KG RVGreport 2008, 478 = AGS 2007, 639. **5** KG RVGreport 2008, 478 = AGS 2007, 639. **6** KGR 2009, 718 = RVGreport 2009, 319; LG Bonn AGS 2010, 441 = JurBüro 2010, 374. **7** KGR 2009, 718 = RVGreport 2009, 319.

der Erteilung der Zweitausfertigung nicht zu vertreten hat.[8] Das gilt insb. dann, wenn die Erstausfertigung bei der Post verloren gegangen ist.[9] Notwendig iSv § 788 ZPO sind die Gerichtskosten für die Erteilung einer zweiten vollstreckbaren Ausfertigung, wenn gegen den Schuldner gleichzeitig an mehreren Orten in verschiedene Vermögenswerte vollstreckt werden soll. Ein solcher Fall soll aber nicht vorliegen, wenn die Zwangsvollstreckung gleichzeitig bei demselben Gericht (Forderungspfändung durch Gerichtsvollzieher; Vollstreckungstitel dem Grundbuchamt) betrieben werden soll.[10]

4. Auslagen. Neben der Festgebühr iHv 20 € für das Verfahren über den Antrag auf Erteilung der weiteren   **10** vollstreckbaren Ausfertigung nach § 733 ZPO sind auch die **Zustellungsauslagen** Nr. 9002 KV zB für eine evtl. Zustellung des Antrags an den Gegner zum Zwecke der Anhörung sowie die **Dokumentenpauschale** Nr. 9000 Nr. 1 KV für die Fertigung der Ablichtung des Vollstreckungstitels zu erheben. Da Nr. 2110 KV eine Festgebühr ist, gilt der Ausschluss für die Erhebung der Zustellungsauslagen nach Anm. S. 1 zu Nr. 9002 KV nicht.

Nr.	Gebührentatbestand	Gebühr oder Satz der Gebühr nach § 34 GKG
2111	Verfahren über Anträge auf gerichtliche Handlungen der Zwangsvollstreckung gemäß § 829 Abs. 1, §§ 835, 839, 846 bis 848, 857, 858, 886 bis 888 oder § 890 ZPO *sowie im Verfahren zur Erwirkung eines Europäischen Beschlusses zur vorläufigen Kontenpfändung im Fall des Artikels 5 Buchstabe b der Verordnung (EU) Nr. 655/2014*[1] .... Richtet sich ein Verfahren gegen mehrere Schuldner, wird die Gebühr für jeden Schuldner gesondert erhoben. Mehrere Verfahren innerhalb eines Rechtszugs gelten als ein Verfahren, wenn sie denselben Anspruch und denselben Vollstreckungsgegenstand betreffen.	20,00 €

I. Anwendungsbereich

1. Abschließende Aufzählung. Als Gerichtsgebühr entsteht nach Nr. 2111 KV für das Verfahren über Anträge   **1**

- auf Erlass eines Pfändungs- und Überweisungsbeschlusses gem. §§ 829 Abs. 1, 835, 839 ZPO,
- auf Pfändung von Herausgabeansprüchen gem. §§ 846–848 ZPO,
- betr. die Zwangsvollstreckung nach §§ 857, 858 ZPO in andere Vermögensrechte/in einen Schiffspart (§ 858 ZPO, §§ 489 ff HGB: Miteigentumsanteil eines Reeders),
- auf Vollstreckungshandlungen nach §§ 886–888 oder § 890 ZPO sowie
- im Verfahren zur Erwirkung eines Europäischen Beschlusses zur vorläufigen Kontenpfändung im Fall des Art. 5 Buchst. b der Verordnung (EU) Nr. 655/2014 (ab 18.7.2017; s. auch → Vorbem. 2.1 KV-E Rn 1 ff).

eine Festgebühr iHv 20 €.[2] Nur die ausdrücklich genannten Maßnahmen unterfallen der Gebührenpflicht nach Nr. 2111 KV. Die Gebühr Nr. 2111 KV gilt aber auch, soweit andere Vorschriften sie für anwendbar erklären (§ 11 Abs. 1 JBeitrO).

Nr. 2111 KV soll mWz 18.1.2017 um die Verfahren zur Erwirkung eines **Europäischen Beschlusses zur vorläufigen Kontenpfändung** im Fall des Art. 5 Buchst. b der Verordnung (EU) Nr. 655/2014 (= EuKoPfVO) ergänzt werden.[3] In den Fällen, in denen der Gläubiger bereits einen Zahlungstitel erwirkt hat (Art. 5 Buchst. b EuKoPfVO), fallen daher die gleichen Kosten an wie bei der Pfändung und Überweisung einer Geldforderung nach den Vorschriften der ZPO (Festgebühr iHv 20 €).[4]

---

8 Vgl OLG Karlsruhe AGS 2005, 36; OLG München JurBüro 1992, 431; OLG Zweibrücken JurBüro 1999, 160; LG Bonn AGS 2010, 441 = JurBüro 2010, 374; AG Heilbronn RVGprof. 2007, 63; AG Leipzig JurBüro 2004, 214. **9** OLG Hamm zfs 1989, 380; LG Bonn AGS 2010, 441 = JurBüro 2010, 374; diff. *Hansens*, JurBüro 1985, 1121. **10** LG Köln JurBüro 2008, 218. **1** *Kursive Hervorhebung:* Geplante Ergänzung durch Art. 9 Nr. 3 Buchst. g des Entwurfs eines Gesetzes zur Durchführung der Verordnung (EU) Nr. 655/2014 sowie zur Änderung sonstiger zivilprozessualer Vorschriften (EuKoPfVODG), BT-Drucks 18/7560, S. 18. Geplantes Inkrafttreten dieser Ergänzung: 18.1.2017 (s. Art. 14 Abs. 1 ÄndG). – Siehe dazu Rn 1. **2** Vgl OLG Naumburg 21.7.2014 – 10 W 34/14, juris (zur Gebühr Nr. 2111 KV bei Verfahren gem. § 888 ZPO). **3** Art. 9 Nr. 3 Buchst. g des Entwurfs eines Gesetzes zur Durchführung der Verordnung (EU) Nr. 655/2014 sowie zur Änderung sonstiger zivilprozessualer Vorschriften (EuKoPfVODG), BT-Drucks 18/7560, S. 18. **4** Begr. RegE, BT-Drucks 18/7560, S. 49.

2 2. **Arrestvollziehung.** Nr. 2111 KV findet ferner Anwendung, wenn im Rahmen der Vollziehung eines **Arrestes** eine Geldforderung (§ 829 Abs. 1 ZPO), ein Anspruch auf Herausgabe oder Leistung körperlicher Sachen (§§ 846 ff ZPO) oder ein anderes Vermögensrecht (§§ 857 ff ZPO) gepfändet wird (§ 930 ZPO). Die Gebühr Nr. 2111 KV für die Pfändung entsteht dann neben den Gebühren des Arrestverfahrens nach Nr. 1410–1412 KV. Das gilt auch, wenn der Pfändungsbeschluss zusammen (in einem Beschluss) mit dem Arrestbeschluss ergeht (§ 930 Abs. 1 S. 3 ZPO). Wird das Arrestgesuch aber zurückgewiesen, fällt für den Pfändungsantrag die Verfahrensgebühr Nr. 2111 KV nicht an. Denn der Pfändungsantrag ist bedingt durch die Anordnung des Arrestes. Bei Vollziehung einer **einstweiligen Verfügung** kommt Nr. 2111 KV **nicht** in Betracht.

II. Entstehung und Abgeltungsbereich

3 Die Verfahrensgebühr entsteht mit der **Einreichung des Antrags** (→ Nr. 1210 KV Rn 11 ff).[5] Die Verfahrensgebühr Nr. 2111 KV gilt als **Pauschgebühr** das gesamte Verfahren über den Antrag auf eine der aufgeführten gerichtlichen Handlungen der Zwangsvollstreckung ab. Die **Rücknahme** eines Antrags auf eine der aufgeführten Handlungen der Zwangsvollstreckung lässt die Verfahrensgebühr nicht entfallen, weil ein entsprechender Ermäßigungstatbestand nicht vorgesehen ist.[6] Die Gebühr ist deshalb auch zu zahlen, wenn es wegen der Zurücknahme des Antrags nicht zu einer Entscheidung kommt. Denn wie sich aus der Bezeichnung („Verfahren … auf …") ergibt, handelt es sich bei Nr. 2111 KV nicht um eine Aktgebühr, sondern um eine **Verfahrensgebühr.**

4 Reicht der Gläubiger den Antrag bei einem **örtlich unzuständigen Gericht** ein, entsteht die Gebühr gleichwohl. Da es sich um eine Verfahrensgebühr (→ Rn 3) handelt, wird die Gebühr ohne Rücksicht auf den Ausgang des Verfahren erhoben. Die Zurückweisung oder Rücknahme des Antrags oder die Aufhebung des Pfändungs- und Überweisungsbeschlusses lassen die Gebühr damit nicht nachträglich entfallen.

Dies gilt auch bei Aufhebung des von einem örtlich unzuständigen Vollstreckungsgericht erlassenen Pfändungs- und Überweisungsbeschlusses auf Anfechtung des Schuldners. Denn auch der von einem unzuständigen Gericht erlassene Pfändungs- und Überweisungsbeschluss führt zu einer wirksamen Pfändung. Die Gerichtskosten sind daher auch nicht wegen unrichtiger Sachbehandlung (vgl § 21) außer Ansatz zu lassen.

5 Die **nachträglichen Verfahren** nach den §§ 844, 850 c Abs. 4, 850 f, 850 g, 850 i, 850 k, 853–855 a ZPO sind gerichtsgebührenfrei.

6 **Beispiel 1:** Der Gläubiger beantragt einen Pfändungs- und Überweisungsbeschluss gegen den Schuldner. Bevor der Pfändungs- und Überweisungsbeschluss erlassen wird, nimmt der Gläubiger den Antrag zurück.
Durch die Antragseinreichung ist die Gebühr Nr. 2111 KV angefallen. Sie fällt durch die Antragsrücknahme nicht mehr weg.

7 **Beispiel 2:** Der Gläubiger hatte einen Pfändungs- und Überweisungsbeschluss gegen den Schuldner beantragt, den Antrag vor Erlass des Pfändungs- und Überweisungsbeschlusses jedoch wieder zurückgenommen. Einen Monat später wird der Pfändungs- und Überweisungsbeschluss erneut beantragt.
Die Gebühr entsteht erneut, weil ein neues Verfahren vorliegt.

8 **Beispiel 3:** Der Gläubiger beantragt einen Pfändungs- und Überweisungsbeschluss gegen den Schuldner. Das Gericht fordert die Gebühr durch Vorschussrechnung an. Es erfolgt keine Zahlung.
Durch die Antragseinreichung ist die Gebühr Nr. 2111 KV angefallen. Sie fällt nicht mehr weg.

9 **Beispiel 4:** Der Gläubiger beantragt unter gleichzeitiger Zahlung von 20 € einen Pfändungs- und Überweisungsbeschluss gegen den Schuldner, der erlassen wird. Der Schuldner legt Erinnerung gem. § 766 ZPO gegen den Beschluss ein (vgl § 834 ZPO), die vom Gericht zurückgewiesen wird.
Auch das Erinnerungsverfahren gem. § 766 ZPO ist durch die Gebühr abgegolten.

III. Mehrere Schuldner (Anm. S. 1)

10 1. **Ein Verfahren gegen mehrere Schuldner.** Richtet sich **ein Verfahren** gegen **mehrere Schuldner**, wird die Gebühr für jeden Schuldner gesondert erhoben (Anm. S. 1 zu Nr. 2111 KV). Die Vollstreckung gegen jeden Schuldner ist ein besonderes Verfahren.[7] Das gilt auch, wenn Vollstreckungsmaßnahmen gegen Gesamtschuldner in einem einheitlichen Verfahren beantragt werden.[8]

11 **Beispiel 1:** Der Gläubiger beantragt in einem einheitlichen Antrag wegen eines titulierten Anspruchs über 1.000 € einen Pfändungs- und Überweisungsbeschluss gegen die als Gesamtschuldner verurteilten A, B und C, denen Forderungen gegen verschiedene Drittschuldner zustehen.

5 AG Augsburg DGVZ 2007, 95. **6** AG Augsburg DGVZ 2007, 95. **7** *Oestreich/Hellstab/Trenkle*, GKG Nr. 2111 KV Rn 11. **8** *Oestreich/Hellstab/Trenkle*, GKG Nr. 2111 KV Rn 11.

Auch wenn nur ein Zwangsvollstreckungsverfahren vorliegt, ist durch die Antragseinreichung die Gebühr Nr. 2111 KV nach Anm. S. 1 zu Nr. 2111 KV dreimal angefallen. Es sind also insgesamt 60 € entstanden und einzuzahlen.

Beispiel 2: Der Gläubiger wird gem. § 887 Abs. 1 ZPO ermächtigt, eine vertretbare Handlung auf Kosten der bei-   **12** den Schuldner vornehmen zu lassen.

Auch wenn nur ein Zwangsvollstreckungsverfahren vorliegt, wird die Gebühr für jeden der beiden Schuldner gesondert erhoben (Anm. S. 1 zu Nr. 2111 KV).

2. Mehrere Verfahren gegen mehrere Schuldner. Richten sich **mehrere Verfahren** gegen **mehrere Schuldner**,   **13** werden die Gebühren für jedes Verfahren gesondert erhoben (Anm. S. 1 zu Nr. 2111 KV).

Beispiel: Der Gläubiger beantragt wegen eines titulierten Anspruchs über 1.000 € einen Pfändungs- und Überwei-   **14** sungsbeschluss gegen den Schuldner A wegen einer Forderung gegen den Drittschuldner B sowie wegen eines titulierten Anspruchs über 500 € einen Pfändungs- und Überweisungsbeschluss gegen den Schuldner C wegen einer Forderung gegen den Drittschuldner D.

Es liegen mehrere Zwangsvollstreckungsverfahren gegen mehrere Schuldner vor. Deshalb ist durch die Antragseinreichungen die Gebühr Nr. 2111 KV zweimal angefallen. Es sind also insgesamt 40 € entstanden und einzuzahlen.

IV. Mehrere Verfahren gegen denselben Schuldner (Anm. S. 2)

1. Derselbe Anspruch und Vollstreckungsgegenstand. Mehrere Verfahren innerhalb eines Rechtszugs we-   **15** gen **desselben Anspruchs** und **desselben Vollstreckungsgegenstands** gelten nach Anm. S. 2 zu Nr. 2111 KV als **ein Verfahren.** Folge ist, dass die Verfahrensgebühr Nr. 2111 KV nur **einmal** anfällt.

Derselbe Anspruch stellt auf den der Zwangsvollstreckung zugrunde liegenden titulierten Anspruch ab.   **16** **Derselbe Vollstreckungsgegenstand** (der Gegenstand, in den die Vollstreckung betrieben wird) liegt vor, wenn die Vollstreckung dasselbe Rechtsgut (zB Forderung) des Schuldners betrifft.

2. Vertretbare Handlungen, § 887 ZPO. Ist der Schuldner gleichzeitig mit der Ermächtigung des Gläubigers   **17** nach § 887 Abs. 1 ZPO zur Vornahme einer vertretbaren Handlung zur Vorauszahlung der Kosten, die durch die Vornahme der Handlung entstehen werden, verurteilt worden (vgl § 887 Abs. 2 ZPO), entsteht für das weitere Verfahren auf eine Nachforderung, weil die Vornahme der Handlung einen größeren Kostenaufwand verursacht hat (§ 887 Abs. 2 Hs 2 ZPO), keine weitere Gerichtsgebühr.

Wird im Rahmen der Vollstreckung des Kostenbetrags nach § 887 Abs. 2 ZPO der Erlass eines Pfändungs-   **18** und Überweisungsbeschlusses beantragt, entsteht eine Gebühr nach Nr. 2111 KV. Dieses Verfahren betrifft zwar denselben Anspruch, aber einen anderen Vollstreckungsgegenstand.

3. Nicht vertretbare Handlungen, § 888 ZPO. Bei der Zwangsmittelfestsetzung bei **nicht vertretbaren**   **19** **Handlungen** (§ 888 ZPO) wird auch dann nur eine Gebühr Nr. 2111 KV erhoben, wenn gegen den Schuldner innerhalb des Rechtszugs mehrfach ein Zwangsmittel festgesetzt wird. Die Vollstreckung des Zwangsgeldes erfolgt auf Antrag des Gläubigers zugunsten der Staatskasse nach den Bestimmungen über die Zwangsvollstreckung wegen Geldforderungen.[9] Daher entsteht eine weitere Gebühr nach Nr. 2111 KV, wenn zur Beitreibung des verhängten Zwangsgeldes ein Pfändungs- und Überweisungsbeschluss erlassen wird.[10] Dieses Verfahren betrifft zwar denselben Anspruch, aber einen anderen Vollstreckungsgegenstand.

4. Erzwingung von Duldungen und Unterlassungen, § 890 ZPO. Bei der Vollstreckung nach § 890 ZPO   **20** (Erzwingung von Unterlassungen Duldungen) wird auch dann nur eine Gebühr erhoben, wenn gegen den Schuldner innerhalb des Rechtszugs mehrfach ein Ordnungsmittel festgesetzt wird. Die Vollstreckung des Ordnungsgeldes erfolgt von Amts wegen nach den Vorschriften der Justizbeitreibungsordnung (JBeitrO) und der Einforderungs- und Beitreibungsanordnung (EBAO).[11] Auch die Ordnungshaft wird von Amts wegen vollstreckt.[12] Die Berechnung der Gerichtskosten bei der Pfändung von Forderungen und anderen Vermögensrechten richtet sich gem. § 11 Abs. 1 JBeitrO nach dem GKG.

5. Mehrere Verfahren – Pfändungs- und Überweisungsbeschluss. Mehrere Verfahren iSv Anm. S. 2 zu   **21** Nr. 2111 KV können nur vorliegen bzw eingeleitet werden, wenn **mehrere Anträge** gestellt werden. Denn der Umfang der gerichtlichen Tätigkeit wird durch die Antragstellung bestimmt. Im Einzelnen gilt daher Folgendes:

a) Getrennte Anträge auf Pfändung und Überweisung. Es entsteht nur eine Gebühr im Falle der **getrennten**   **22** **Beantragung** des Pfändungs- und des Überweisungsbeschlusses.

---

9 Vgl Zöller/*Stöber*, ZPO, § 888 Rn 13; Both/*Kandelhard*, Praxis der Zwangsvollstreckung, Teil 8 Rn 60. **10** Vgl Zöller/*Stöber*, ZPO, § 888 Rn 20. **11** Both/*Kandelhard*, Praxis der Zwangsvollstreckung, Teil 8 Rn 79. **12** Vgl Zöller/*Stöber*, ZPO, § 890 Rn 23.

23 **Beispiel:** Der Gläubiger beantragt wegen titulierter 1.000 € zunächst den Erlass des Pfändungsbeschlusses (§ 829 ZPO) und 1 Monat später den des Überweisungsbeschlusses (§ 835 ZPO) wegen einer angeblichen Forderung des Schuldners iHv 500 € gegen den Drittschuldner X.

Die Gebühr Nr. 2111 KV entsteht nach Anm. S. 2 zu Nr. 2111 KV insgesamt einmal. Es liegen zwar mehrere Anträge und damit mehrere Verfahren vor. Allerdings ist derselbe Anspruch (1.000 €) und derselbe Vollstreckungsgegenstand (Anspruch 500 € gegen Drittschuldner X) betroffen.

24 **b) Mehrere Forderungen gegen verschiedene Drittschuldner. aa) Ein Verfahren.** Es entsteht nur eine Gebühr im Falle eines **einheitlichen Antrags** auf Pfändung und Überweisung **mehrerer Forderungen** des Schuldners gegen **verschiedene Drittschuldner.**[13]

25 **Beispiel:** Der Gläubiger beantragt wegen einer titulierten Forderung iHv 1.000 € den Erlass des Pfändungs- und Überweisungsbeschlusses wegen drei verschiedener Forderungen des Schuldners gegen drei verschiedene Drittschuldner.

Die Gebühr Nr. 2111 KV entsteht insgesamt einmal. Es liegt kein Fall von Anm. S. 2 zu Nr. 2111 KV vor, weil keine mehreren Verfahren vorhanden sind. Die Entstehung nur einer Gebühr ergibt sich hier aus § 35: Es liegt nur ein gerichtliches Verfahren vor. Anm. S. 2 zu Nr. 2111 KV setzt mehrere Verfahren voraus.

26 **bb) Mehrere Verfahren.** Wird durch **getrennte Anträge** der Erlass von Pfändungs- und Überweisungsbeschlüssen wegen verschiedener Forderungen desselben Schuldners begehrt, liegen verschiedene Gegenstände vor mit der Folge, dass die Gebühr Nr. 2111 KV mehrmals anfällt.

27 **Beispiel 1:** Der Gläubiger beantragt wegen einer titulierten Forderung iHv 1.000 € den Erlass des Pfändungs- und Überweisungsbeschlusses wegen einer Gehaltsforderung des Schuldners gegen den Arbeitgeber. In einem weiteren Antrag wird wegen der titulierten Forderung iHv 1.000 € dann noch der Pfändungs- und Überweisungsbeschluss wegen einer etwaigen Steuererstattungsforderung des Schuldners gegen das Finanzamt beantragt.

Es liegen mehrere Verfahren wegen desselben Anspruchs, aber wegen verschiedener Vollstreckungsgegenstände vor. Die Gebühr Nr. 2111 KV entsteht zweimal.

28 **Beispiel 2:** Der Gläubiger beantragt wegen einer titulierten Forderung iHv 1.000 € den Erlass des Pfändungs- und Überweisungsbeschlusses wegen einer Gehaltsforderung des Schuldners gegen den Arbeitgeber. Bevor der Pfändungs- und Überweisungsbeschluss erlassen wird, beantragt der Gläubiger, den Beschluss auch wegen einer etwaigen Steuererstattungsforderung des Schuldners gegen das Finanzamt zu erlassen.

Es liegt nur ein Verfahren wegen desselben Anspruchs, aber wegen verschiedener Vollstreckungsgegenstände vor. Die Gebühr Nr. 2111 KV entsteht wegen § 35 nur einmal. S. 2 der Anm. zu Nr. 2111 KV ist nicht anwendbar, weil keine mehreren Verfahren vorliegen.

V. Weitere praktische Hinweise

29 Vgl auch die Erl. zu Vor Nr. 2110–2124 KV.

30 **1. Fälligkeit.** Die Verfahrensgebühr Nr. 2111 KV wird gem. § 6 Abs. 1 Nr. 1 fällig mit der **Einreichung des Antrags** bei Gericht. Der Antrag ist bei Gericht eingereicht, wenn er bei der Posteingangsstelle oder elektronisch eingeht. Auch der Einwurf in den Nachtbriefkasten reicht aus. Auf den Eingang bei der funktionell zuständigen Geschäftsstelle kommt es nicht an.

31 **2. Vorauszahlungspflicht.** Die durch Antrag auf eine der aufgeführten gerichtlichen Handlungen der Zwangsvollstreckung anfallende Verfahrensgebühr Nr. 2111 KV ist gem. § 12 Abs. 6 S. 1 **vorauszahlungspflichtig.** Das gilt auch für etwaige Zustellungsauslagen nach Nr. 9002 KV. Die Entscheidung über den Antrag hängt daher von der vorherigen Zahlung der Verfahrensgebühr Nr. 2111 KV sowie etwaiger Zustellungsauslagen ab. Die Vorauszahlungspflicht entfällt unter den in § 14 genannten Voraussetzungen.

32 Nach § 20 Abs. 2, 3 KostVfg nimmt der Kostenbeamte in den Fällen des § 12 die Abhängigmachung zwar selbständig vor. Die Sache ist deswegen nicht dem Rechtspfleger (§ 20 Abs. 1 Nr. 17 RPflG) vorzulegen. Der Antrag ist nur dann zunächst dem **Rechtspfleger vorzulegen,** wenn sich aus dem Antrag ergibt, dass die Erledigung der Sache ohne Vorauszahlung angestrebt wird (= § 14). Gerade bei Pfändungs- und Überweisungsbeschlüssen kann die Einforderung der Gebühr Nr. 2111 KV ohne vorherige Vorlage an den Rechtspfleger aber dazu führen, dass nach Einzahlung der Gebühr eine weitere Zwischenverfügung des Rechtspflegers erforderlich und die Erledigung des Antrags dadurch weiter verzögert wird. Deshalb erscheint es angebracht, die Sache stets dem Rechtspfleger vorzulegen, wenn die Gebühr bei Beantragung des Pfändungs- und Überweisungsbeschlusses nicht gezahlt ist.

33 **3. Vorauszahlungspflicht bei Pfändungs- und Überweisungsbeschluss nach § 829 a ZPO.** Unter den in § 829 a ZPO[14] genannten Voraussetzungen kann der Antrag auf Erlass eines Pfändungs- und Überwei-

---

13 Vgl LG Zweibrücken Rpfleger 1977, 76. **14** Eingefügt durch das Gesetz zur Reform der Sachaufklärung in der Zwangsvollstreckung v. 29.7.2009 (BGBl. I 2258).

sungsbeschlusses in bestimmten Fällen **elektronisch** gestellt werden. Weil das elektronische Vollstreckungs-verfahren hinsichtlich der Vorauszahlungspflicht wie das maschinelle Mahnverfahren behandelt werden soll (vgl § 12 Abs. 3 S. 1 und 2), ordnet § 12 Abs. 6 S. 2 abweichend von § 12 Abs. 6 S. 1 an, dass bei elektronischen Aufträgen auf Erlass eines Pfändungs- und Überweisungsbeschlusses gem. § 829 a ZPO keine Vorauszahlungspflicht besteht. Auf die Vorauszahlungspflicht wurde verzichtet, da sie das mit dem elektronischen Vollstreckungsauftrag verfolgte Ziel der Verfahrensvereinfachung und -beschleunigung in Frage stellen würde.[15] Die mit Antragseinreichung anfallende Verfahrensgebühr Nr. 2111 KV ist daher gegen den Gläubiger **zum Soll** zu stellen.

4. Kostenschuldner. Kostenschuldner ist der **Antragsteller** (§ 22 Abs. 1 S. 1) bzw der **Vollstreckungsschuldner** (§ 29 Nr. 4, § 788 ZPO). Daneben kommen auch die Haftungen nach § 29 Nr. 1 oder § 29 Nr. 2 in Betracht.   34

5. Wertfestsetzung. Eine Festsetzung des Werts gem. § 63 ist nicht erforderlich, weil eine Festgebühr anfällt.[16]   35

Geplante Neuregelung ab 18.1.2017 (gem. EuKoPfVODG, BT-Drucks 18/7560):[1]

Nr.	Gebührentatbestand	Gebühr oder Satz der Gebühr nach § 34 GKG
2112	*In dem Verfahren zur Erwirkung eines Europäischen Beschlusses zur vorläufigen Kontenpfändung wird ein Antrag auf Einholung von Kontoinformationen gestellt:*	
	Die Gebühr 2111 erhöht sich auf	*33,00 €*

Nr. 2112 KV-E soll mWz 18.1.2017 neu eingefügt werden.[1] Der Gebührentatbestand regelt die Verfahrensgebühr, wenn in einem Verfahren zur Erwirkung eines Europäischen Beschlusses zur vorläufigen Kontenpfändung auf Antrag des Gläubigers durch das Gericht **Kontoinformationen** (Art. 14 EuKoPfVO) eingeholt werden, vgl § 948 ZPO-E. Weil die Einholung dieser Kontoinformationen mit der Einholung entsprechender Informationen durch den Gerichtsvollzieher vergleichbar ist und das Gericht bei der Kontenpfändung nach Art. 5 Buchst. b EuKoPfVO wie ein Gerichtsvollzieher eine Festgebühr erhält (Nr. 2111 KV-E: 20,00 €), erhöht sich diese Gebühr um 13 € auf 33 €. Dies entspricht der Gebühr des Gerichtsvollziehers für die Einholung der Kontoinformationen (Nr. 440 KV GvKostG).[2]   1

Im Übrigen wird auf die Erl. zu Nr. 2111 KV verwiesen, die entsprechend gelten.   2

Hinweis: Mit Inkrafttreten der Neuregelung werden die derzeitigen Nr. 2112–2114 KV dann die Nr. 2113–2115 KV (nF).[3]   3

Nr.	Gebührentatbestand	Gebühr oder Satz der Gebühr nach § 34 GKG
2112	Verfahren über den Antrag auf Vollstreckungsschutz nach § 765 a ZPO	20,00 €

I. Gebühr

Im Verfahren über Vollstreckungsschutzanträge gem. § 765 a ZPO entsteht nach Nr. 2112 KV in der Zwangsvollstreckung als Verfahrensgebühr eine **Festgebühr** iHv 20 €. In der Zwangsversteigerung und Zwangsverwaltung sind die Verfahren gem. § 765 a ZPO gerichtsgebührenfrei (Vorbem. 2.2 S. 4 KV). Die **Rücknahme** des Antrags lässt die Verfahrensgebühr nicht entfallen, weil ein entsprechender Ermäßigungstatbestand nicht vorgesehen ist.[1] Die Gebühr ist deshalb auch zu zahlen, wenn es wegen der Zurücknahme   1

---

15 BT-Drucks 16/11069, S. 107. **16** OLG Naumburg 21.7.2014 – 10 W 34/14, juris. **1** Geplante Neuregelung, s. Art. 9 Nr. 3 Buchst. h des Entwurfs eines Gesetzes zur Durchführung der Verordnung (EU) Nr. 655/2014 sowie zur Änderung sonstiger zivilprozessualer Vorschriften (EuKoPfVODG), BT-Drucks 18/7560, S. 18. Geplantes Inkrafttreten: 18.1.2017 (s. Art. 14 Abs. 1 ÄndG). **1** Siehe vorige Fn. **2** Begr. RegE, BT-Drucks 18/7560, S. 49. **3** Art. 9 Nr. 3 Buchst. i des Entwurfs eines Gesetzes zur Durchführung der Verordnung (EU) Nr. 655/2014 sowie zur Änderung sonstiger zivilprozessualer Vorschriften (EuKoPfVODG), BT-Drucks 18/7560, S. 18. **1** AG Augsburg DGVZ 2007, 95.

des Antrags nicht zu einer Entscheidung kommt. Denn wie sich aus der Bezeichnung („Verfahren … auf …“) ergibt, handelt es sich bei Nr. 2112 KV nicht um eine Aktgebühr, sondern um eine **Verfahrensgebühr**. Die Gebühr entsteht mit der Einreichung des Antrags ($\rightarrow$ Nr. 1210 KV Rn 11 ff).[2]

Hinweis: Mit Inkrafttreten (geplant zum 18.1.2017) der durch das EuKoPfVODG neu eingefügten Nr. 2112 KV (nF) wird die derzeitige Nr. 2112 KV dann zu Nr. 2113 KV (nF).[3] Siehe dazu auch $\rightarrow$ Nr. 2112 KV-E Rn 1, 3.

2 Gewährt der Gerichtsvollzieher nach § 765 a Abs. 2 ZPO **Vollstreckungsaufschub**, fällt keine Gebühr nach Nr. 2112 KV an. Wird ein Vollstreckungsschutzantrag zurückgenommen oder nach Zurückweisung neu gestellt, fällt die Verfahrensgebühr erneut an.[4] **Einstweilige Anordnungen** gem. §§ 765 a Abs. 1 S. 2, 732 Abs. 2 ZPO sind mit der Gebühr abgegolten. Stellt der Schuldner einen Vollstreckungsschutzantrag, der Vollstreckungsmaßnahmen **verschiedener Gläubiger** betrifft, fällt die Gebühr mehrfach an. Denn das Gericht muss für jede Vollstreckungsmaßnahme entscheiden, ob insoweit Vollstreckungsschutz zu gewähren ist. Aus diesem Grund lösen auch Vollstreckungsschutzanträge von Gesamtschuldnern die Gebühr mehrfach aus.[5]

II. Weitere praktische Hinweise

3 Vgl auch die Erl. zu Vor Nr. 2110–2124 KV.

4 1. **Fälligkeit.** Die Verfahrensgebühr Nr. 2112 KV wird gem. § 6 Abs. 1 Nr. 1 fällig mit der **Einreichung des Antrags** bei Gericht. Der Antrag ist bei Gericht eingereicht, wenn er bei der Posteingangsstelle oder elektronisch eingeht. Auch der Einwurf in den Nachtbriefkasten reicht aus. Auf den Eingang bei der funktionell zuständigen Geschäftsstelle kommt es nicht an.

5 2. **Vorauszahlungspflicht.** Die durch den Vollstreckungsschutzantrag gem. § 765 a ZPO anfallende Verfahrensgebühr Nr. 2112 KV ist **nicht vorauszahlungspflichtig**, weil sie von § 12 Abs. 5 und 6 nicht erfasst wird (vgl auch § 10).

6 3. **Kostenschuldner.** Kostenschuldner ist der **Antragsteller** (§ 22 Abs. 1 S. 1). Der Ansatz gegen den antragstellenden Vollstreckungsschuldner kann unter den Voraussetzungen des § 10 KostVfg unterbleiben. Daneben kommt auch die Haftung nach § 29 Nr. 1 oder 4 in Betracht. Dem Gläubiger können die Kosten des Verfahrens nach § 765 a ZPO gem. § 788 Abs. 4 ZPO auferlegt werden, wenn dies aus besonderen, in dem Verhalten des Gläubigers liegenden Gründen der Billigkeit entspricht.

Nr.	Gebührentatbestand	Gebühr oder Satz der Gebühr nach § 34 GKG
2113	Verfahren über den Antrag auf Erlass eines Haftbefehls (§ 802 g Abs. 1 ZPO)	20,00 €

I. Allgemeines

1 Der Gebührentatbestand ist zum 1.1.2013 durch das Gesetz zur Reform der Sachaufklärung in der Zwangsvollstreckung vom 29.7.2009[1] mit einer Festgebühr iHv 20 € für das Verfahren über den Antrag auf Erlass eines Haftbefehls (§ 802 g Abs. 1 ZPO) neu eingefügt worden. Die Gebühr soll dem erheblichen Aufwand des Gerichts im Verfahren auf Erlass eines Haftbefehls Rechnung tragen.

Hinweis: Mit Inkrafttreten (geplant zum 18.1.2017) der durch das EuKoPfVODG neu eingefügten Nr. 2112 KV (nF) wird die derzeitige Nr. 2113 KV dann zu Nr. 2114 KV (nF).[2] Siehe dazu auch $\rightarrow$ Nr. 2112 KV-E Rn 1, 3.

II. Gebühr

2 Der Eingang des Antrags des Gläubigers auf Erlass eines Haftbefehls im Verfahren auf Abnahme der Vermögensauskunft nach § 802 g Abs. 1 ZPO beim Vollstreckungsgericht löst eine Verfahrensgebühr iHv 20 €

2 AG Augsburg DGVZ 2007, 95. **3** Art. 9 Nr. 3 Buchst. i des Entwurfs eines Gesetzes zur Durchführung der Verordnung (EU) Nr. 655/2014 sowie zur Änderung sonstiger zivilprozessualer Vorschriften (EuKoPfVODG), BT-Drucks 18/7560, S. 18. **4** *Oestreich/Hellstab/Trenkle*, GKG Nr. 2112, 2113 KV Rn 4. **5** *Oestreich/Hellstab/Trenkle*, GKG Nr. 2112, 2113 KV Rn 6. **1** BGBl. 2009 I 2258. **2** Art. 9 Nr. 3 Buchst. i des Entwurfs eines Gesetzes zur Durchführung der Verordnung (EU) Nr. 655/2014 sowie zur Änderung sonstiger zivilprozessualer Vorschriften (EuKoPfVODG), BT-Drucks 18/7560, S. 18.

nach Nr. 2113 KV aus. Die Gebühr entsteht mit Antragseinreichung[3] beim Vollstreckungsgericht und wird gleichzeitig gem. § 6 Abs. 1 Nr. 1 **fällig** (= einforderbar). Wird der Antrag auf Erlass eines Haftbefehls mit dem beim Gerichtsvollzieher zu stellenden Antrag auf Abnahme der Vermögensauskunft (§ 802 c ZPO) verbunden, entsteht die Gebühr Nr. 2113 KV noch nicht mit Eingang des Antrags auf Abnahme der Vermögensauskunft beim Gerichtsvollzieher.

Erst wenn der Gerichtsvollzieher den Antrag auf Erlass des Haftbefehls nach Vollzug der Eintragungsanordnung (§ 882 c Abs. 1 Nr. 1, § 882 d ZPO) zusammen mit seiner Akte an das nach § 764 Abs. 2 ZPO zuständige Vollstreckungsgericht weiterleitet (§ 143 Abs. 1 S. 1 GVGA), entsteht mit Eingang beim Vollstreckungsgericht die Gebühr Nr. 2113 KV.[4] Das Gleiche gilt, wenn der Schuldner unentschuldigt dem Termin zur Abgabe der Vermögensauskunft ferngeblieben ist und der Gerichtsvollzieher die Unterlagen dem Vollstreckungsgericht dann zum Erlass des Haftbefehls übersendet, wenn das zentrale Vollstreckungsgericht ihn über den Vollzug der Eintragungsanordnung unterrichtet hat (§ 143 Abs. 1 S. 2 GVGA).   **3**

Da in Nr. 2113 KV eine mit Einreichung des Antrags anfallende und fällig werdende **Verfahrensgebühr** und **keine Entscheidungsgebühr** geregelt ist, hat die **Antragsrücknahme** auf die Verfahrensgebühr keinen Einfluss.[5] Die Gebühr entsteht deshalb auch, wenn der Antrag auf Erlass des Haftbefehls vom Gericht zurückgewiesen wird. Für die Entstehung bedarf es keiner weiteren gerichtlichen Handlungen. Bittet der Antragsteller nach Antragseinreichung, den Antrag vorerst nicht zu bearbeiten, ändert das nichts an der Entstehung und der Fälligkeit der Verfahrensgebühr. Ein Antrag auf Erlass eines **erneuten Haftbefehls** gem. § 802 j Abs. 3 ZPO leitet ein neues Verfahren nach § 802 g ZPO ein. In diesem neuen Verfahren entsteht die Gebühr Nr. 2113 KV erneut bzw besonders.[6]   **4**

Beispiel 1: Der Gläubiger beantragt beim Vollstreckungsgericht gem. § 802 g ZPO den Erlass eines Haftbefehls, weil der Schuldner im Termin zur Abgabe der Vermögensauskunft unentschuldigt nicht erschienen ist.   **5**

Der Eingang des Antrags des Gläubigers löst eine Verfahrensgebühr iHv 20 € nach Nr. 2113 KV aus, die gegen den Gläubiger zum Soll zu stellen ist. Es besteht keine Vorauszahlungspflicht.

Beispiel 2: Der Gläubiger beantragt beim Vollstreckungsgericht gem. § 802 g ZPO den Erlass eines Haftbefehls, weil der Schuldner im Termin zur Abgabe der Vermögensauskunft unentschuldigt nicht erschienen ist. Vor Entscheidung über den Antrag nimmt der Gläubiger seinen Antrag zurück.

Der Eingang des Antrags des Gläubigers hat eine Verfahrensgebühr nach Nr. 2113 KV ausgelöst, die gegen den Gläubiger zum Soll zu stellen ist. Die Antragsrücknahme führt deshalb nicht zum Wegfall der Gebühr.

III. Weitere praktische Hinweise

Vgl auch die Erl. zu Vor Nr. 2110–2124 KV.   **6**

1. Fälligkeit. Die Verfahrensgebühr Nr. 2113 KV wird gem. § 6 Abs. 1 Nr. 1 fällig mit der **Einreichung des Antrags auf Erlass des Haftbefehls** bei Gericht (s. ausf. → Rn 2 f). Der Antrag ist bei Gericht eingereicht, wenn er bei der Posteingangsstelle oder elektronisch eingeht. Auch der Einwurf in den Nachtbriefkasten reicht aus. Auf den Eingang bei der funktionell zuständigen Geschäftsstelle kommt es nicht an.   **7**

2. Vorauszahlungspflicht. Die durch den Antrag auf Erlass des Haftbefehls gem. § 802 g Abs. 1 ZPO anfallende Verfahrensgebühr Nr. 2113 KV ist **nicht vorauszahlungspflichtig**, weil sie von § 12 Abs. 5 und 6 nicht erfasst wird (vgl auch § 10).   **8**

3. Kostenschuldner. Kostenschuldner ist der **Antragsteller** (Gläubiger, § 22 Abs. 1 S. 1), gegen den sie zum Soll zu stellen ist. Daneben kommt auch die Haftung nach § 29 Nr. 1 oder 4 in Betracht. Kostenschuldner ist auch der Vollstreckungsschuldner gem. § 29 Nr. 4, § 788 ZPO. Ist der Gläubiger **kosten- oder gebührenbefreit** (→ § 2 Rn 1), kann die Gebühr nur gegen den Vollstreckungsschuldner (§ 29 Nr. 4) zum Soll gestellt werden. Wird die Gebühr iHv 20 € vom Vollstreckungsschuldner nicht gezahlt, wird im Regelfall eine Vollstreckung wegen dieser Forderung durch die Justizkasse unterbleiben, weil die Forderung unterhalb der Beitreibungsgrenze von 25 € liegt.   **9**

Um das zu vermeiden, müsste der mit der Abnahme der Vermögensauskunft beauftragte Gerichtsvollzieher die Gebühr Nr. 2113 KV sogleich mit der Hauptforderung als Kosten der Zwangsvollstreckung einziehen. Allerdings ist die Gebühr Nr. 2113 KV mit Eingang des Antrags auf Abnahme der Vermögensauskunft beim Gerichtsvollzieher noch nicht entstanden (→ Rn 3). Eine vorschussweise Erhebung der Gebühr lassen §§ 10 ff nicht zu, vgl insb. § 12 Abs. 6. Die Gebühr könnte aber nach Eingang des Antrags auf Erlass des Haftbefehls beim Vollstreckungsgericht auf dem Haftbefehl selbst angesetzt und damit unmittelbar vom Gerichtsvollzieher bei der Vollziehung des Haftbefehls berücksichtigt und ggf vom Schuldner zusammen   **10**

---

3 Vgl AG Augsburg DGVZ 2007, 95; *Meyer*, JurBüro 2012, 643, 644. **4** *Meyer*, JurBüro 2012, 643, 644. **5** Vgl AG Augsburg DGVZ 2007, 95; *Meyer*, JurBüro 2012, 643, 644. **6** *Meyer*, JurBüro 2012, 643, 644.

mit der Hauptforderung eingezogen werden. Gleichzeitig müsste sichergestellt sein, dass daneben eine Sollstellung der Gebühr unterbleibt.

11 Deshalb bestimmt § 4 Abs. 3 KostVfg, dass bei Kosten, die durch den Antrag einer für die Vollstreckung
von Justizkostenforderungen zuständigen Stelle (Vollstreckungsbehörde) auf Vollstreckung in das unbewegliche Vermögen entstanden sind, zwar eine Kostenrechnung aufgestellt wird; die entstandenen Kosten sind
der Vollstreckungsbehörde jedoch lediglich zur etwaigen späteren Einziehung als Nebenkosten mitzuteilen.
Nach den Ergänzungsbestimmungen NRW zu § 4 Abs. 3 KostVfg ist bei der Beantragung der Erteilung eines Haftbefehls zur Abgabe der Vermögensauskunft durch die Vollstreckungsbehörde die Gebühr für das
Verfahren (Nr. 2113 KV) nicht gemäß § 25 KostVfg zum Soll zu stellen, sondern lediglich nachrichtlich auf
dem Haftbefehl zu vermerken ist, damit die Gebühr ggf als Nebenkosten vom Schuldner eingezogen werden kann.

12 4. Auslagen. Kommt es aufgrund eines nach § 802 g Abs. 1 ZPO erlassenen Haftbefehls zur Zwangshaft,
sind deren Kosten in Höhe des Haftkostenbeitrags als Auslagen zu erheben. Maßgebend ist nach der Anm.
zu Nr. 9010 KV die Höhe des Haftkostenbeitrags, der nach Landesrecht von einem Gefangenen zu erheben
ist. Gibt es keine landesrechtlichen Vorschriften über die Höhe des von einem Gefangenen zu erhebenden
Haftkostenbeitrags, ist Nr. 9010 KV gem. § 73 in der bis zum 27.12.2010 geltenden Fassung anzuwenden.
Auch im Falle der erneuten Haft gem. § 802 j ZPO können nach Nr. 9010 KV zu erhebende Haftkosten
anfallen.

Nr.	Gebührentatbestand	Gebühr oder Satz der Gebühr nach § 34 GKG
2114	Verfahren über den Antrag auf Abnahme der eidesstattlichen Versicherung nach § 889 ZPO	35,00 €
2115	*(aufgehoben)*	
2116	*(aufgehoben)*	

I. Allgemeines und Anwendungsbereich

1 Als Gerichtsgebühr entsteht nach Nr. 2114 KV für das Verfahren über den Antrag auf Abnahme einer eidesstattlichen Versicherung nach § 889 ZPO eine Festgebühr iHv 35 €. Nr. 2114 KV erfasst damit nur die
eidesstattliche Versicherung, zu deren Abgabe der Schuldner aufgrund der Vorschriften des bürgerlichen
Rechts verurteilt ist. Zuständig für die Abnahme ist der Rechtspfleger (§ 20 Abs. 1 Nr. 17 RPflG). Nr. 2114
KV gilt damit nicht für die Abgabe einer im Verfahren der freiwilligen Gerichtsbarkeit nicht vor dem Vollstreckungsgericht zu erklärenden eidesstattlichen Versicherung nach den §§ 259, 260, 2028 und 2057 BGB
(§§ 410 Nr. 1, 413 FamFG).

Hinweis: Mit Inkrafttreten (geplant zum 18.1.2017) der durch das EuKoPfVODG neu eingefügten
Nr. 2112 KV (nF) wird die derzeitige Nr. 2114 KV dann zu Nr. 2115 KV (nF).[1] Siehe dazu auch →
Nr. 2112 KV-E Rn 1, 3.

II. Entstehung und Abgeltungsbereich

2 Die Verfahrensgebühr entsteht mit der Einreichung des Antrags (→ Nr. 1210 KV Rn 11 ff).[2] Die Verfahrensgebühr Nr. 2114 KV gilt als **Pauschgebühr** das gesamte Verfahren über den Antrag auf Abnahme der
eidesstattlichen Versicherung nach § 889 ZPO ab. Die **Rücknahme** oder Zurückweisung des Antrags lässt
die Verfahrensgebühr nicht entfallen, weil ein entsprechender Ermäßigungstatbestand nicht vorgesehen ist.[3]
Die Gebühr ist deshalb auch zu zahlen, wenn es wegen der Zurücknahme des Antrags nicht zu einer Entscheidung kommt. Denn wie sich aus der Bezeichnung („Verfahren ... auf ...") ergibt, handelt es sich bei
Nr. 2114 KV nicht um eine Aktgebühr, sondern um eine **Verfahrensgebühr**.

3 Erscheint der Schuldner in dem zur Abgabe der eidesstattlichen Versicherung bestimmten Termin nicht oder
verweigert er die Abgabe der eidesstattlichen Versicherung, so verfährt das Vollstreckungsgericht gem.

---

1 Art. 9 Nr. 3 Buchst. i des Entwurfs eines Gesetzes zur Durchführung der Verordnung (EU) Nr. 655/2014 sowie zur Änderung
sonstiger zivilprozessualer Vorschriften (EuKoPfVODG), BT-Drucks 18/7560, S. 18. **2** AG Augsburg DGVZ 2007, 95. **3** AG
Augsburg DGVZ 2007, 95.

§ 889 Abs. 2 ZPO nach § 888 ZPO. Weil die Vollstreckung nach § 888 ZPO nur auf Antrag erfolgt,[4] entsteht für das Verfahren über diesen Antrag die Gebühr Nr. 2111 KV.[5]

III. Weitere praktische Hinweise

Vgl auch die Erl. zu Vor Nr. 2110–2124 KV.   4

1. Fälligkeit. Die Verfahrensgebühr Nr. 2114 KV wird gem. § 6 Abs. 1 Nr. 1 fällig mit der **Einreichung des**   5
Antrags bei Gericht. Der Antrag ist bei Gericht eingereicht, wenn er bei der Posteingangsstelle oder elektronisch eingeht. Auch der Einwurf in den Nachtbriefkasten reicht aus. Auf den Eingang bei der funktionell zuständigen Geschäftsstelle kommt es nicht an.

2. Vorauszahlungspflicht. Die durch den Antrag gem. § 889 ZPO anfallende Verfahrensgebühr Nr. 2114   6
KV ist gem. § 12 Abs. 5 **vorauszahlungspflichtig.**

3. Kostenschuldner. Kostenschuldner ist der **Antragsteller** (§ 22 Abs. 1 S. 1). Der Ansatz gegen den antrag-   7
stellenden Vollstreckungsschuldner kann unter den Voraussetzungen des § 10 KostVfg unterbleiben. Daneben kommt auch die Haftung nach § 29 Nr. 1 oder 4 in Betracht.

4. Auslagen. Verlangen Gläubiger und/oder Schuldner im Verfahren nach § 889 ZPO eine Abschrift der   8
mit eidesstattlicher Versicherung abgegebenen protokollierten Erklärung (§ 299 Abs. 1 ZPO), kommt insoweit die Erhebung einer **Dokumentenpauschale** nach Nr. 9000 KV in Betracht. Der Ansatz der Dokumentenpauschale ist mangels Erwähnung der Gebühr Nr. 2114 KV in Abs. 3 der Anm. zu Nr. 9000 KV möglich.

Nr.	Gebührentatbestand	Gebühr oder Satz der Gebühr nach § 34 GKG
2117	Verteilungsverfahren	0,5

I. Anwendungsbereich

Nr. 2117 KV gilt nur für das Verteilungsverfahren in der **Mobiliarvollstreckung** nach §§ 872 ff ZPO. Für   1
das Verteilungsverfahren in der **Zwangsversteigerung** gelten Nr. 2215, 2216 KV, für das **Schifffahrtsrechtliche Verteilungsverfahren** Nr. 2410 ff KV.

II. Gebühr

Im Verteilungsverfahren nach §§ 872 ff ZPO entsteht nach Nr. 2117 KV als **Verfahrensgebühr** eine **Wertge-**   2
bühr mit einem Satz von 0,5. Das Verteilungsverfahren ist kein Antrags-, sondern ein **Amtsverfahren.**[1] Das Verteilungsverfahren tritt gem. § 872 ZPO ein, wenn bei der Zwangsvollstreckung in das bewegliche Vermögen ein Geldbetrag hinterlegt ist, der zur Befriedigung der beteiligten Gläubiger nicht hinreicht. Das zuständige Amtsgericht (§§ 827, 853, 854 ZPO) hat gem. § 873 ZPO nach Eingang der Anzeige über die Sachlage an jeden der beteiligten Gläubiger die **Aufforderung** zu erlassen, binnen zwei Wochen eine Berechnung der Forderung an Kapital, Zinsen, Kosten und sonstigen Nebenforderungen einzureichen. Mit dieser Aufforderung beginnt das Verteilungsverfahren und es entsteht die Verfahrensgebühr.

Die Gebühr entsteht nicht, wenn von einem Gläubiger oder Drittschuldner ein **Antrag** auf Einleitung des   3
Verteilungsverfahrens gestellt wird. Denn der Antrag leitet das Verfahren nicht ein, sondern erst die **gerichtliche Aufforderung zur Forderungsanmeldung** gem. § 873 ZPO. Keine Gebühr löst deshalb die Ablehnung oder Zurückweisung eines von einem Gläubiger gestellten Antrags aus.

Die Gebühr gilt das gesamte Verteilungsverfahren ab. Abgegolten ist daher insb. die Aufforderung des Ge-   4
richts zur Anmeldung von Forderungen gem. § 873 ZPO, die Aufstellung des Verteilungsplans gem. § 874 ZPO, die Terminsbestimmung gem. § 875 ZPO und das Widerspruchsverfahren gem. § 876 ZPO. Für die **Widerspruchsklage** gem. § 878 ZPO fallen dagegen Gebühren nach Nr. 1210 f KV an. Aufgrund des auf die Widerklage erlassenen Urteils wird gem. § 882 ZPO die Auszahlung oder das anderweite Verteilungsverfahren von dem Verteilungsgericht angeordnet. Auch dieses anderweite Verteilungsverfahren ist mit der Gebühr Nr. 2117 KV abgegolten.

---

4 Musielak/*Lackmann*, ZPO, § 889 Rn 7; Zöller/*Stöber*, ZPO, § 889 Rn 4. **5** Zöller/*Stöber*, ZPO, § 889 Rn 6. **1** Zöller/*Stöber*, ZPO, § 872 Rn 5.

5   Fließen der Verteilungsmasse **wiederkehrende Ansprüche** zu, sind diese laufenden Hinterlegungen – auch wenn sie über mehrere Jahre dauern – durch die Gebühr Nr. 2117 KV abgegolten.

III. Weitere praktische Hinweise

6   Vgl auch die Erl. zu Vor Nr. 2110–2124 KV.

7   **1. Streitwert.** Streitwert für die Wertgebühr Nr. 2117 KV ist die Verteilungsmasse. Zinsen und die gem. § 874 Abs. 2 ZPO der Verteilungsmasse vorweg zu entnehmenden Kosten werden nicht berücksichtigt (§ 43 Abs. 1).[2] Das gilt auch für einen nach Verteilung verbleibenden und dem Schuldner zustehenden Überschuss.[3]

8   **2. Fälligkeit.** Im von Amts wegen durchzuführenden Verteilungsverfahren nach §§ 872 ff ZPO tritt die Fälligkeit gem. § 6 Abs. 2 ein mit der Aufforderung des Gerichts (gerichtliche Handlung) an die beteiligten Gläubiger zur Einreichung einer Forderungsaufstellung (§ 873 ZPO).[4]

9   **3. Vorauszahlungspflicht.** Die durch das Verteilungsverfahren anfallende Verfahrensgebühr Nr. 2117 KV ist **nicht vorauszahlungspflichtig**, weil sie von § 12 Abs. 5 und 6 nicht erfasst wird (vgl auch § 10).

10   **4. Kostenschuldner.** Der Betrag der Kosten des Verfahrens ist gem. § 874 Abs. 2 ZPO von dem Bestand der Masse vorweg in Abzug zu bringen. **Kostenschuldner** ist daher der Vollstreckungsschuldner, § 29 Nr. 4, § 788 ZPO. Da es sich um ein Amtsverfahren (→ Rn 2) handelt, gibt es keinen Antragsteller als Kostenschuldner (§ 22 Abs. 1 S. 1).

Nr.	Gebührentatbestand	Gebühr oder Satz der Gebühr nach § 34 GKG
2118	Verfahren über die Vollstreckbarerklärung eines Anwaltsvergleichs nach § 796 a ZPO	60,00 €

I. Anwendungsbereich

1   Als Gerichtsgebühr entsteht nach Nr. 2118 KV für das Verfahren über die Vollstreckbarerklärung eines Anwaltsvergleichs nach § 796 a ZPO vor dem **Vollstreckungsgericht** (§ 796 b ZPO) eine Festgebühr iHv 60 €. Bei Vollstreckbarerklärung durch einen **Notar** (§ 796 c ZPO) gilt Nr. 23800 KV GNotKG (Festgebühr iHv 60 €).

II. Entstehung und Abgeltungsbereich

2   Die Verfahrensgebühr entsteht mit der Einreichung des Antrags (→ Nr. 1210 KV Rn 11 ff).[1] Die Verfahrensgebühr Nr. 2118 KV gilt als **Pauschgebühr** das gesamte Verfahren über die Vollstreckbarerklärung einschließlich des gerichtlichen Beschlusses (§ 796 b Abs. 2 S. 2 ZPO) ab. Die **Rücknahme** oder Zurückweisung des Antrags lässt die Verfahrensgebühr nicht entfallen, weil ein entsprechender Ermäßigungstatbestand nicht vorgesehen ist.[2] Die Gebühr ist deshalb auch zu zahlen, wenn es wegen der Zurücknahme des Antrags nicht zu einer Entscheidung kommt. Denn wie sich aus der Bezeichnung („Verfahren ... über ...") ergibt, handelt es sich bei Nr. 2118 KV nicht um eine Aktgebühr, sondern um eine **Verfahrensgebühr**.

III. Weitere praktische Hinweise

3   Vgl auch die Erl. zu Vor Nr. 2110–2124 KV.

4   **1. Fälligkeit.** Die Verfahrensgebühr Nr. 2118 KV wird gem. § 6 Abs. 1 Nr. 1 fällig mit der **Einreichung des Antrags** bei Gericht. Der Antrag ist bei Gericht eingereicht, wenn er bei der Posteingangsstelle oder elektronisch eingeht. Auch der Einwurf in den Nachtbriefkasten reicht aus. Auf den Eingang bei der funktionell zuständigen Geschäftsstelle kommt es nicht an.

5   **2. Vorauszahlungspflicht.** Die durch den Antrag gem. § 889 ZPO anfallende Verfahrensgebühr Nr. 2118 KV ist **nicht vorauszahlungspflichtig**, vgl § 10.

6   **3. Kostenschuldner.** Kostenschuldner ist der **Antragsteller** (§ 22 Abs. 1 S. 1). Daneben kommt auch die Haftung nach § 29 Nr. 1 oder 4 in Betracht.

---

2 *Oestreich/Hellstab/Trenkle*, GKG Nr. 2117 KV Rn 9.   **3** *Oestreich/Hellstab/Trenkle*, GKG Nr. 2117 KV Rn 9.   **4** *Oestreich/Hellstab/Trenkle*, GKG Nr. 2117 KV Rn 8; *Binz/Dörndorfer/Zimmermann*, Nr. 2117 KV GKG Rn 1.   **1** AG Augsburg DGVZ 2007, 95.   **2** AG Augsburg DGVZ 2007, 95.

Nr.	Gebührentatbestand	Gebühr oder Satz der Gebühr nach § 34 GKG
2119	Verfahren über Anträge auf *Beendigung*, Verweigerung, Aussetzung oder Beschränkung der Zwangsvollstreckung nach *§ 954 Abs. 2*, § 1084 ZPO auch i.V.m. § 1096 oder § 1109 ZPO oder nach § 31 AUG[1]	30,00 €

I. Anwendungsbereich

Als Gerichtsgebühr entsteht nach Nr. 2119 KV für das Verfahren über Anträge auf Verweigerung, Ausset- [1] zung oder Beschränkung der Zwangsvollstreckung nach § 1084 ZPO auch iVm § 1096 oder § 1109 ZPO oder nach § 31 AUG eine **Festgebühr** iHv 30 €.

Mit Wirkung zum 18.1.2017 soll Nr. 2119 KV um Verfahren nach **§ 954 Abs. 2 ZPO** ergänzt werden. Die [2] geplante Neuregelung des § 954 Abs. 2 ZPO-E[2] betrifft das Verfahren über den **Rechtsbehelf des Schuldners wegen Einwendungen** gegen die Vollziehung eines Beschlusses zur **vorläufigen Kontenpfändung** im Inland nach Art. 34 der Verordnung (EU) Nr. 655/2014 (vgl § 954 Abs. 2 S. 1 ZPO-E). In diesen Verfahren entscheidet das Vollstreckungsgericht (§ 764 Abs. 2 ZPO), § 954 Abs. 2 S. 1 ZPO-E. Für den Antrag nach Art. 34 Abs. 1 Buchst. a der Verordnung (EU) Nr. 655/2014 (= EuKoPfVO) gelten § 850 k Abs. 4 ZPO und § 850 l ZPO entsprechend (§ 954 Abs. 2 S. 2 ZPO-E). Siehe näher → Rn 8.

§ **1084 ZPO** betrifft Anträge auf Verweigerung, Aussetzung oder Beschränkung der Zwangsvollstreckung [3] nach den Art. 21 und 23 der Verordnung (EG) Nr. 805/2004. Für die Entscheidung ist das Amtsgericht als Vollstreckungsgericht zuständig.

§ **1096 ZPO** gilt für Anträge auf Verweigerung der Zwangsvollstreckung nach Art. 22 Abs. 1 der Verord- [4] nung (EG) Nr. 1896/2006. Insoweit gilt § 1084 Abs. 1 und 2 ZPO entsprechend. Für Anträge auf Aussetzung oder Beschränkung der Zwangsvollstreckung nach Art. 23 der Verordnung (EG) Nr. 1896/2006 ist gem. § 1096 ZPO die Regelung des § 1084 Abs. 1 und 3 ZPO entsprechend anzuwenden.

Auf Anträge nach Art. 22 der Verordnung (EG) Nr. 861/2007 ist gem. § **1109 ZPO** die Regelung des [5] § 1084 Abs. 1 und 2 ZPO entsprechend anzuwenden. Auf Anträge nach Art. 23 der Verordnung (EG) Nr. 861/2007 ist § 1084 Abs. 1 und 3 ZPO entsprechend anzuwenden.

Für Anträge auf Verweigerung, Beschränkung oder Aussetzung der Vollstreckung nach Art. 21 der Verord- [6] nung (EG) Nr. 4/2009 ist gem. § **31 AUG**[3] das Amtsgericht als Vollstreckungsgericht zuständig.

II. Entstehung und Abgeltungsbereich

Die Verfahrensgebühr entsteht mit der **Einreichung des Antrags** (→ Nr. 1210 KV Rn 11 ff).[4] Die Verfah- [7] rensgebühr Nr. 2119 KV gilt als **Pauschgebühr** das gesamte Verfahren über die Vollstreckbarerklärung einschließlich des gerichtlichen Beschlusses ab. Die **Rücknahme** oder Zurückweisung des Antrags lässt die Verfahrensgebühr nicht entfallen, weil ein entsprechender Ermäßigungstatbestand nicht vorgesehen ist.[5] Die Gebühr ist deshalb auch zu zahlen, wenn es wegen der Zurücknahme des Antrags nicht zu einer Entscheidung kommt. Denn wie sich aus der Bezeichnung („Verfahren ... über ...") ergibt, handelt es sich bei Nr. 2118 KV nicht um eine Aktgebühr, sondern um eine **Verfahrensgebühr**.

Nach **Art. 34 EuKoPfVO** kann der Schuldner unter bestimmten Voraussetzungen die Einschränkung oder [8] die Beendigung der Vollstreckung eines Europäischen Beschlusses zur vorläufigen Kontenpfändung beantragen. Die Entscheidung über einen solchen Antrag kommt inhaltlich der Entscheidung in einem der in Nr. 2119 KV genannten Verfahren auf Aussetzung oder Beschränkung der Zwangsvollstreckung nach § 1084 ZPO auch iVm § 1096 oder § 1109 ZPO oder nach § 31 AUG nahe. Daher ist hierfür die gleiche Gebühr vorgesehen, unabhängig davon, ob der Beschluss aufgrund eines titulierten oder eines nicht titulierten Anspruchs erlassen worden ist.[6]

---

1 *Kursive Hervorhebungen:* Geplante Ergänzungen durch Art. 9 Nr. 3 Buchst. j des Entwurfs eines Gesetzes zur Durchführung der Verordnung (EU) Nr. 655/2014 sowie zur Änderung sonstiger zivilprozessualer Vorschriften (EuKoPfVODG), BT-Drucks 18/7560, S. 18. Geplantes Inkrafttreten: 18.1.2017 (s. Art. 14 Abs. 1 ÄndG). 2 Art. 1 Nr. 20 des Entwurfs eines Gesetzes zur Durchführung der Verordnung (EU) Nr. 655/2014 sowie zur Änderung sonstiger zivilprozessualer Vorschriften (EuKoPfVODG), BT-Drucks 18/7560, S. 13. 3 Gesetz zur Geltendmachung von Unterhaltsansprüchen im Verkehr mit ausländischen Staaten (Auslandsunterhaltsgesetz – AUG) v. 23.5.2011 (BGBl. I 898). 4 AG Augsburg DGVZ 2007, 95. 5 AG Augsburg DGVZ 2007, 95. 6 Begr. RegE, BT-Drucks 18/7560, S. 49.

III. Weitere praktische Hinweise

9   Vgl auch die Erl. zu Vor Nr. 2110–2124 KV.

10   **1. Fälligkeit.** Die Verfahrensgebühr Nr. 2119 KV wird gem. § 6 Abs. 1 Nr. 1 fällig mit der **Einreichung des Antrags** bei Gericht. Der Antrag ist bei Gericht eingereicht, wenn er bei der Posteingangsstelle oder elektronisch eingeht. Auch der Einwurf in den Nachtbriefkasten reicht aus. Auf den Eingang bei der funktionell zuständigen Geschäftsstelle kommt es nicht an.

11   **2. Vorauszahlungspflicht.** Die durch den Antrag anfallende Verfahrensgebühr Nr. 2119 KV ist **nicht vorauszahlungspflichtig**, vgl § 10.

12   **3. Kostenschuldner.** Kostenschuldner ist der **Antragsteller** (§ 22 Abs. 1 S. 1). Daneben kommt auch die Haftung nach § 29 Nr. 1 in Betracht.

Abschnitt 2
Beschwerden

Vorbemerkung zu Nr. 2120–2124 KV

1   Hauptabschnitt 1 Abschnitt 2 (Nr. 2120–2124 KV) enthält die Gebühren, die in der Zwangsvollstreckung nach dem Achten Buch der ZPO (§§ 704 ff ZPO) in der **Beschwerde** und in der **Rechtsbeschwerde** entstehen.

2   Wegen Vorbem. 2.1 KV gelten diese Gebühren auch für Beschwerden und Rechtsbeschwerden in Verfahren zur Erwirkung eines **Europäischen Beschlusses zur vorläufigen Kontenpfändung** im Fall des Art. 5 Buchst. b der Verordnung (EU) Nr. 655/2014 (= EuKoPfVO) sowie in allen Verfahren über Anträge auf Einschränkung oder Beendigung der Vollstreckung eines Europäischen Beschlusses zur vorläufigen Kontenpfändung (§ 954 Abs. 2 ZPO iVm Art. 34 der Verordnung (EU) Nr. 655/2014).

3   Im ersten Rechtszug in der Zwangsvollstreckung nach der ZPO entstehen die Gebühren nach Nr. 2110–2119 KV. Gebühren für die Beschwerde (Nr. 2120, 2121 KV) und Rechtsbeschwerde (Nr. 2122–2124 KV) in der Zwangsvollstreckung werden nur erhoben, wenn die Beschwerde oder Rechtsbeschwerde **verworfen oder zurückgewiesen** wird. Eine Ausnahme bildet die Rücknahme der Rechtsbeschwerde im Verteilungsverfahren (vgl Nr. 2123 KV).

4   Ob für die Beschwerde oder Rechtsbeschwerde eine **Festgebühr** oder eine **Wertgebühr** anfällt, hängt davon ab, ob in der ersten Instanz eine Fest- oder Wertgebühr vorgesehen ist. Für die Beschwerde und die Rechtsbeschwerde im **Verteilungsverfahren** gem. §§ 872 ff ZPO fallen deshalb Wertgebühren an (erste Instanz: Nr. 2117 KV; Beschwerde und Rechtsbeschwerde: Nr. 2120, 2122 und 2123 KV, § 34). Im Übrigen entstehen für die Beschwerde und die Rechtsbeschwerde die Festgebühren nach Nr. 2121 und 2124 KV.

Unterabschnitt 1
Beschwerde

Nr.	Gebührentatbestand	Gebühr oder Satz der Gebühr nach § 34 GKG
2120	Verfahren über die Beschwerde im Verteilungsverfahren: Soweit die Beschwerde verworfen oder zurückgewiesen wird	1,0

I. Anwendungsbereich

1   Nr. 2120 KV gilt nur für die Beschwerde (§ 793 ZPO) im Verteilungsverfahren (§§ 872 ff ZPO). Es kommt nicht darauf an, ob die Beschwerde überhaupt an sich statthaft ist.[1] Für andere Beschwerden in der Zwangsvollstreckung ist Nr. 2121 KV einschlägig. Keine Anwendung findet Nr. 2120 KV auf Erinnerun-

---

[1] OLG Hamm 11.9.2009 – 25 W 7/09, JurionRS 2009, 31341.

gen, Gegenvorstellungen oder Dienstaufsichtsbeschwerden. Neben der Gebühr nach Nr. 2120 KV fällt zusätzlich die Gebühr für das erstinstanzliche Verteilungsverfahren nach Nr. 2117 KV an.

II. Gebühr

1. Verwerfung oder Zurückweisung. Bei der Gebühr Nr. 2120 KV handelt es sich um eine **Wertgebühr**, die   2 anhand des Streitwerts aus der Tabelle zu § 34 abzulesen ist. Es handelt sich zugleich um eine **eingeschränkte Verfahrensgebühr**. Sie **entsteht** nur dann, soweit die Beschwerde **verworfen oder zurückgewiesen** wird.[2] Dann aber ist mit der Gebühr das gesamte Verfahren abgegolten. Die Gebühr entsteht, wenn die gebührenpflichtige Entscheidung ergangen ist. Bei gerichtlichen Beschlüssen ist zwischen Existent- und Wirksamwerden zu unterscheiden. Existent geworden ist ein Beschluss, wenn er den inneren Bereich des Gerichts verlassen hat. Das ist dann der Fall, wenn die Entscheidung von der Geschäftsstelle zur Zustellung oder formlosen Mitteilung gegeben ist. Maßgeblich für die Entstehung der Gebühr ist, ob die entsprechende Entscheidung erlassen, also **existent** geworden ist. Wird die Beschwerde danach zurückgenommen, ist die Gebühr entstanden.

Da es sich um eine eingeschränkte Verfahrensgebühr handelt (→ Rn 2), fällt sie nicht schon mit der Be-   3 schwerdeeinlegung an, auch nicht bei einem Erfolg der Beschwerde oder bei Beendigung des Beschwerdeverfahrens durch Vergleich, Rücknahme oder übereinstimmende Erledigungserklärung, sondern nur in den Fällen, in denen die Beschwerde verworfen oder zurückgewiesen wird. Die Gebühr entsteht nicht, wenn der Beschwerde durch das Erstgericht abgeholfen wird (§ 572 Abs. 1 ZPO). Keine Anwendung findet Nr. 2120 KV auch im Falle der gänzlichen **Aufhebung und Zurückverweisung** der Sache an das Erstgericht, weil insoweit die Beschwerde erfolgreich gewesen ist. War die verwerfende oder zurückweisende Entscheidung jedoch bereits existent (→ Rn 2) geworden, entfällt die Gebühr nicht bei einer danach erfolgten Rücknahme.

2. Mehrere Beschwerden. Hinsichtlich der Behandlung **mehrerer Beschwerden** s. → Nr. 2121 KV Rn 5.   4

III. Weitere praktische Hinweise

Vgl auch die Erl. zu Vor Nr. 2110–2124 KV und zu Nr. 2117 KV.   5

1. Streitwert. Streitwert ist wie für die Gebühr Nr. 2117 KV die Verteilungsmasse. Auf die entspr. Erl. zu   6 Nr. 2117 KV wird verwiesen.

2. Fälligkeit. Die Verfahrensgebühr Nr. 2120 KV wird gem. § 6 Abs. 2 fällig mit der **Entscheidung** (Zurück-   7 weisung oder Verwerfung, auch teilweise).[3]

3. Vorauszahlungspflicht. Die Gebühr ist **nicht vorauszahlungspflichtig**, vgl § 10.   8

4. Kostenschuldner. Kostenschuldner ist der **Antragsteller/Beschwerdeführer** (§ 22 Abs. 1 S. 1). Daneben   9 kommt auch die Haftung nach § 29 Nr. 1 in Betracht.[4]

5. Zuständigkeit zum Kostenansatz. Die Gebühr wird gem. § 19 Abs. 1 S. 1 Nr. 2 beim Beschwerdegericht   10 angesetzt.

Nr.	Gebührentatbestand	Gebühr oder Satz der Gebühr nach § 34 GKG
2121	Verfahren über nicht besonders aufgeführte Beschwerden, die nicht nach anderen Vorschriften gebührenfrei sind: Die Beschwerde wird verworfen oder zurückgewiesen .... Wird die Beschwerde nur teilweise verworfen oder zurückgewiesen, kann das Gericht die Gebühr nach billigem Ermessen auf die Hälfte ermäßigen oder bestimmen, dass eine Gebühr nicht zu erheben ist.	30,00 €

I. Anwendungsbereich

Nr. 2121 KV ist eine **Auffangvorschrift**. Sie kommt zum Tragen, wenn Nr. 2120 KV (Beschwerde im Vertei-   1 lungsverfahren) nicht einschlägig ist und wenn nach anderen Vorschriften keine Gebührenfreiheit (nicht zwingend identisch mit Auslagenfreiheit) für die vollstreckungsrechtliche Beschwerde angeordnet ist. Erfasst sind daher **sofortige Beschwerden gem.** § 793 ZPO, § 11 Abs. 1 RPflG (wenn der Rechtspfleger Voll-

---

2 Vgl zu Nr. 2121 KV: OLG Hamm 11.9.2009 – 25 W 7/09, JurionRS 2009, 31341. **3** OLG Hamm 11.9.2009 – 25 W 7/09, JurionRS 2009, 31341. **4** OLG Hamm 11.9.2009 – 25 W 7/09, JurionRS 2009, 31341.

streckungsgericht ist). **Keine Anwendung** findet Nr. 2121 KV auf Erinnerungen gegen Vollstreckungsmaß-nahmen (vgl § 766 ZPO), Erinnerungen gem. § 11 Abs. 2 RPflG (diese Verfahren sind gem. § 11 Abs. 4 RPflG gerichtsgebührenfrei), Gegenvorstellungen oder Dienstaufsichtsbeschwerden in der Zwangsvollstreckung. Diese Verfahren sind gerichtsgebührenfrei. Die sofortige Beschwerde gem. § 793 ZPO gegen eine gem. § 766 ZPO getroffene Erinnerungsentscheidung fällt unter Nr. 2121 KV. Die Gebühr Nr. 2121 KV betrifft auch unzulässige Beschwerden. Es kommt nicht darauf an, ob die Beschwerde überhaupt an sich statthaft ist.[1]

Neben der Gebühr nach Nr. 2121 KV fallen **zusätzlich** die Gebühren für das erstinstanzliche Zwangsvollstreckungsverfahren nach Nr. 2110 ff KV (Ausnahme aber Nr. 2117 KV) an.

II. Gebühren

2   **1. Verwerfung oder Zurückweisung.** Bei der Gebühr von 30 € handelt es sich um eine **Festgebühr**, die zugleich eine **eingeschränkte Verfahrensgebühr** ist. Sie **entsteht** nur dann, wenn die Beschwerde **verworfen oder zurückgewiesen** wird.[2] Dann aber ist mit der Gebühr das gesamte Verfahren abgegolten. Maßgeblich ist, ob die entsprechende Entscheidung erlassen, also **existent** geworden ist. Existent geworden ist ein Beschluss, wenn er den inneren Bereich des Gerichts verlassen hat. Das ist dann der Fall, wenn die Entscheidung von der Geschäftsstelle zur Zustellung oder formlosen Mitteilung gegeben ist. Wird die Beschwerde danach zurückgenommen, ist die Gebühr entstanden.

3   Da es sich um eine eingeschränkte Verfahrensgebühr handelt (→ Rn 2), fällt sie nicht schon mit der Beschwerdeeinlegung an, auch nicht bei einem Erfolg der Beschwerde oder bei Beendigung des Beschwerdeverfahrens durch Vergleich, Rücknahme oder übereinstimmende Erledigungserklärung, sondern nur in den Fällen, in denen die Beschwerde verworfen oder zurückgewiesen wird. Die Gebühr entsteht nicht, wenn der Beschwerde durch das Erstgericht abgeholfen wird (§ 572 Abs. 1 ZPO). Keine Anwendung findet Nr. 2121 KV auch im Falle der gänzlichen **Aufhebung und Zurückverweisung** der Sache an das Erstgericht, weil insoweit die Beschwerde erfolgreich gewesen ist. War die verwerfende oder zurückweisende Entscheidung jedoch bereits existent geworden, entfällt die Gebühr nicht bei einer danach erfolgten Rücknahme.

4   **2. Teilweise Verwerfung oder Zurückweisung (Anm.).** Ist die Beschwerde nur **teilweise verworfen bzw zurückgewiesen** worden, eröffnet die **Anm.** zu Nr. 2121 KV dem Gericht zwei Möglichkeiten: entweder die Gebühr nach billigem Ermessen auf die Hälfte zu ermäßigen (also keinen anderen Prozentsatz) oder zu bestimmen, dass die Gebühr überhaupt nicht zu erheben ist. Daneben kommt auch eine Nichterhebung von Kosten gem. § 10 KostVfg in Betracht.

5   **3. Mehrere Beschwerden.** Hinsichtlich der Behandlung **mehrerer Beschwerden** ist wie folgt zu differenzieren: Es handelt sich um

- ■ **verschiedene Entscheidungen, die mit der Beschwerde angegriffen werden.** Für jede Beschwerde fällt die Gebühr nach Nr. 2121 KV gesondert an, unabhängig davon, ob sie von derselben Person oder von unterschiedlichen Personen eingelegt wird. Ohne kostenrechtliche Bedeutung ist dabei, wenn das Gericht über die beiden Beschwerden in einem Beschluss entscheidet;
- ■ **dieselbe Entscheidung, die angegriffen wird.** Hier ist weiter zu unterscheiden:
  - – Bei Eingang der neuen Beschwerde(n) war über die zunächst eingelegte Beschwerde **schon entschieden:** Dann fällt für die zunächst erhobene Beschwerde die Gebühr nach Nr. 2121 KV an und für jede danach eingelegte die Gebühr erneut. Das betrifft zB den Fall, dass zunächst der Gläubiger Beschwerde erhoben hatte, darüber entschieden worden ist und dann der Schuldner Beschwerde einlegt,[3] oder auch den Fall, dass dieselbe Person nach Bescheidung ihrer Erstbeschwerde erneut Beschwerde einlegt, wobei es gleichgültig ist, ob dies zulässig ist oder nicht.
  - – Bei Eingang der neuen Beschwerde(n) war über die zunächst eingelegte Beschwerde **noch nicht entschieden:** Nach hM[4] fällt in diesen Fällen die Gebühr nur einmal an, obwohl es sich eigentlich um zwei selbständige Beschwerden handelt.

III. Weitere praktische Hinweise

6   Vgl auch die Erl. zu Vor Nr. 2110–2124 KV.

---

1 OLG Hamm 11.9.2009 – 25 W 7/09, JurionRS 2009, 31341. **2** OLG Hamm 11.9.2009 – 25 W 7/09, JurionRS 2009, 31341. **3** OLG Nürnberg JurBüro 1963, 648; Binz/Dörndorfer/*Zimmermann*, Nr. 1810 KV GKG Rn 6. **4** OLG Nürnberg JurBüro 1963, 648; Zöller/*Gummer*, ZPO, § 567 Rn 62; *Meyer*, GKG Nr. 1810, 1811 KV Rn 151.

1. Fälligkeit. Die Verfahrensgebühr Nr. 2121 KV wird gem. § 6 Abs. 2 fällig mit der **Entscheidung** (Zurück- 7
weisung oder Verwerfung, auch teilweise). Es kommt nicht darauf an, ob die Beschwerde überhaupt an sich
statthaft ist.[5]

2. Vorauszahlungspflicht. Die Gebühr ist **nicht vorauszahlungspflichtig,** vgl § 10. 8

3. Kostenschuldner. Kostenschuldner ist der **Antragsteller/Beschwerdeführer** (§ 22 Abs. 1 S. 1). Daneben 9
kommt auch die Haftung nach § 29 Nr. 1 in Betracht.[6]

4. Zuständigkeit zum Kostenansatz. Die Gebühr wird gem. § 19 Abs. 1 S. 1 Nr. 2 beim Beschwerdegericht 10
angesetzt.

Unterabschnitt 2
Rechtsbeschwerde

Nr.	Gebührentatbestand	Gebühr oder Satz der Gebühr nach § 34 GKG
2122	Verfahren über die Rechtsbeschwerde im Verteilungsverfahren: Soweit die Beschwerde verworfen oder zurückgewiesen wird	2,0
2123	Verfahren über die Rechtsbeschwerde im Verteilungsverfahren: Soweit die Beschwerde zurückgenommen oder das Verfahren durch anderweitige Erledigung beendet wird .... Die Gebühr entsteht nicht, soweit der Beschwerde stattgegeben wird.	1,0

I. Gebühr Nr. 2122 KV

Nr. 2122 und 2123 KV gelten nur für die zugelassene Rechtsbeschwerde (§ 574 Abs. 1 Nr. 2 ZPO)[1] im Ver- 1
teilungsverfahren (§§ 872 ff ZPO). Für andere Rechtsbeschwerden in der Zwangsvollstreckung ist ggf
Nr. 2124 KV einschlägig. Die 2,0-Verfahrensgebühr Nr. 2122 KV entsteht nur, wenn die Rechtsbeschwerde
erfolglos war, also verworfen oder zurückgewiesen wird. Es gelten die Erl. in → Nr. 2120 KV Rn 2 f entsprechend.

II. Gebühr Nr. 2123 KV

Wird die Rechtsbeschwerde im Verteilungsverfahren (§§ 872 ff ZPO) zurückgenommen oder das Verfahren 2
durch anderweitige Erledigung beendet, entsteht die Verfahrensgebühr Nr. 2123 KV mit einem Satz von
1,0. Keine Gebühr entsteht aber nach der **Anm.** zu Nr. 2123 KV dann, soweit der Rechtsbeschwerde stattgegeben wird.

Beispiel: Die Rechtsbeschwerde wird teilweise zurückgenommen. Hinsichtlich des nicht zurückgenommenen Teils 3
wird der Rechtsbeschwerde stattgegeben.

Nach der Anm. zu Nr. 2123 KV entsteht eine 1,0-Verfahrensgebühr nur nach dem Wert des von der Rücknahme
betroffenen Teils der Rechtsbeschwerde.[2]

III. Weitere praktische Hinweise

Vgl auch die Erl. zu Vor Nr. 2110–2124 KV. 4

1. Fälligkeit. Die 2,0-Verfahrensgebühr Nr. 2122 KV wird gem. § 6 Abs. 2 fällig mit der **Entscheidung** (Zu- 5
rückweisung oder Verwerfung, auch teilweise).[3] Aus dem Wortlaut von Nr. 2123 KV ergibt sich aber, dass
eine 1,0-Gebühr für die Rechtsbeschwerde im Verteilungsverfahren bereits mit der Einreichung der Rechtsbeschwerde fällig wird (§ 6 Abs. 1 Nr. 1).

2. Vorauszahlungspflicht. Die Gebühren sind **nicht vorauszahlungspflichtig,** vgl § 10. 6

3. Kostenschuldner. Kostenschuldner ist der **Antragsteller/Beschwerdeführer** (§ 22 Abs. 1 S. 1). Daneben 7
kommt bei Nr. 2122 KV auch die Haftung nach § 29 Nr. 1 in Betracht.[4]

---

5 OLG Hamm 11.9.2009 – 25 W 7/09, JurionRS 2009, 31341. **6** OLG Hamm 11.9.2009 – 25 W 7/09, JurionRS 2009, 31341.
1 BGH NJW-RR 2004, 502 = AGS 2004, 112 = Rpfleger 2004, 317; BGH ZInsO 2004, 441. **2** *Oestreich/Hellstab/Trenkle,*
GKG Nr. 2120–2124 KV Rn 4. **3** OLG Hamm 11.9.2009 – 25 W 7/09, JurionRS 2009, 31341. **4** OLG Hamm 11.9.2009 – 25
W 7/09, JurionRS 2009, 31341.

8   **4. Zuständigkeit zum Kostenansatz.** Die Gebühr Nr. 2122 KV wird gem. § 19 Abs. 1 S. 1 Nr. 2 beim Rechtsbeschwerdegericht (BGH; § 133 GVG) angesetzt. Das gilt auch für die Gebühr Nr. 2123 KV. Die Rechtsbeschwerde ist gem. § 575 Abs. 1 S. 1 ZPO beim BGH einzulegen.

Nr.	Gebührentatbestand	Gebühr oder Satz der Gebühr nach § 34 GKG
2124	Verfahren über nicht besonders aufgeführte Rechtsbeschwerden, die nicht nach anderen Vorschriften gebührenfrei sind: Die Rechtsbeschwerde wird verworfen oder zurückgewiesen .... Wird die Rechtsbeschwerde nur teilweise verworfen oder zurückgewiesen, kann das Gericht die Gebühr nach billigem Ermessen auf die Hälfte ermäßigen oder bestimmen, dass eine Gebühr nicht zu erheben ist.	60,00 €

I. Anwendungsbereich

1   Nr. 2124 KV ist eine **Auffangvorschrift**. Sie kommt zum Tragen, wenn Nr. 2122 und 2123 KV (Rechtsbeschwerde im Verteilungsverfahren) nicht einschlägig sind und wenn nach anderen Vorschriften keine Gebührenfreiheit (nicht zwingend identisch mit Auslagenfreiheit) für die vollstreckungsrechtliche Rechtsbeschwerde angeordnet ist. Vgl iÜ die Erl. zu Nr. 2121 KV.

II. Gebühr

2   **1. Verwerfung oder Zurückweisung.** Bei der Gebühr von 60 € handelt es sich um eine **Festgebühr**, die zugleich eine **eingeschränkte Verfahrensgebühr** ist. Sie **entsteht** nur dann, wenn die Rechtsbeschwerde verworfen oder zurückgewiesen wird. Vgl iÜ die Erl. zu Nr. 2121 KV.

3   **2. Teilweise Verwerfung oder Zurückweisung (Anm.).** Ist die Rechtsbeschwerde nur **teilweise** verworfen bzw zurückgewiesen worden, eröffnet die **Anm.** zu Nr. 2124 KV dem Gericht zwei Möglichkeiten: entweder die Gebühr nach billigem Ermessen auf die Hälfte zu ermäßigen (also keinen anderen Prozentsatz) oder zu bestimmen, dass die Gebühr überhaupt nicht zu erheben ist. Vgl iÜ die Erl. zu Nr. 2121 KV.

4   **3. Mehrere Rechtsbeschwerden.** Vgl die Erl. zu Nr. 2121 KV.

III. Weitere praktische Hinweise

5   Vgl auch die Erl. zu Vor Nr. 2110–2124 KV.

6   **1. Fälligkeit.** Die Verfahrensgebühr Nr. 2124 KV wird gem. § 6 Abs. 2 fällig mit der **Entscheidung** (Zurückweisung oder Verwerfung, auch teilweise).[1]

7   **2. Vorauszahlungspflicht.** Die Gebühr ist **nicht vorauszahlungspflichtig,** vgl § 10.

8   **3. Kostenschuldner.** Kostenschuldner ist der **Antragsteller/Beschwerdeführer** (§ 22 Abs. 1 S. 1). Daneben kommt auch die Haftung nach § 29 Nr. 1 in Betracht.[2]

9   **4. Zuständigkeit zum Kostenansatz.** Die Gebühr wird gem. § 19 Abs. 1 S. 1 Nr. 2 beim Rechtsbeschwerdegericht (BGH; § 133 GVG) angesetzt.

Hauptabschnitt 2
Verfahren nach dem Gesetz über die Zwangsversteigerung und die Zwangsverwaltung; Zwangsliquidation einer Bahneinheit

Vorbemerkung zu Nr. 2210–2243 KV

1   In Teil 2 Hauptabschnitt 2 KV sind die Gebühren für sämtliche nach dem **Zwangsversteigerungsgesetz** durchzuführenden Verfahren (→ § 15 Rn 1) einschließlich der **Zwangsverwaltungsverfahren** sowie der **Zwangsliquidation einer Bahneinheit** geregelt. Der Hauptabschnitt 2 umfasst auch die möglichen Rechtsmittelinstanzen. Dieser Hauptabschnitt 2 betrifft somit nicht nur die echten Vollstreckungsverfahren, son-

---

1 OLG Hamm 11.9.2009 – 25 W 7/09, JurionRS 2009, 31341. **2** OLG Hamm 11.9.2009 – 25 W 7/09, JurionRS 2009, 31341.

dern auch die besonderen Verfahren des ZVG (§§ 172 ff ZVG), insb. die Verfahren zur Aufhebung einer Gemeinschaft, die sog. Teilungsversteigerung (§§ 180 ff ZVG).

In den erfassten Verfahren (→ Rn 1) sind sowohl Gebühren für bestimmte Entscheidungen (vgl § 6 Abs. 2) **2** als auch Verfahrensgebühren (vgl § 6 Abs. 1), jedoch gesondert für bestimmte Verfahrensabschnitte, sowie im Zwangsverwaltungsverfahren Jahresgebühren bestimmt.

Mit Ausnahme der Gebühren für die Entscheidung über einen Antrag auf Anordnung bzw Beitritt **3** (Nr. 2210, 2220 KV) oder auf Einleitung eines Verfahrens (Nr. 2230 KV) sind die Gebühren als Wertgebühren ausgestaltet.

Die Gebühr für die **Eintragung einer Zwangshypothek** (vgl §§ 866, 867 ZPO) ist im GNotKG geregelt **4** (Nr. 14121 KV GNotKG).

Nr.	Gebührentatbestand	Gebühr oder Satz der Gebühr nach § 34 GKG
Vorbemerkung 2.2:		
Die Gebühren 2210, 2220 und 2230 werden für jeden Antragsteller gesondert erhoben. Wird der Antrag von mehreren Gesamtgläubigern, Gesamthandsgläubigern oder im Fall der Zwangsversteigerung zum Zweck der Aufhebung der Gemeinschaft von mehreren Miteigentümern gemeinsam gestellt, gelten diese als ein Antragsteller. Betrifft ein Antrag mehrere Gegenstände, wird die Gebühr nur einmal erhoben, soweit durch einen einheitlichen Beschluss entschieden wird. Für ein Verfahren nach § 765 a ZPO wird keine, für das Beschwerdeverfahren die Gebühr 2240 erhoben; richtet sich die Beschwerde auch gegen eine Entscheidung nach § 30 a ZVG, gilt Satz 2 entsprechend.		

Die **Vorbem. 2.2 KV** regelt zunächst die Frage, wie viele Gebühren bei Entscheidungen über mehrere Anträ- **1** ge auf Anordnung eines Verfahrens bzw die Zulassung des Beitritts anfallen. Da die von der Regelung erfassten Gebühren Nr. 2210, 2220, 2230 KV als Festgebühren ausgestaltet sind, ist bei mehreren Anträgen die Systematik der Wertaddition (vgl § 39 Abs. 1) nicht anwendbar.

Es gilt zunächst der Grundsatz, dass für jeden Antragsteller die Gebühr **gesondert** erhoben wird (**S. 1**). Dies **2** gilt insb. auch dann, wenn in einem Verfahren über die Anträge mehrerer Antragsteller durch einen einheitlichen Beschluss entschieden wird. Handelt es sich jedoch um Gesamt- bzw Gesamthandsgläubiger, fällt nur eine Gebühr an (**S. 2 Alt. 1**). Ebenfalls nur eine Gebühr fällt an, wenn mehrere Miteigentümer den Antrag auf Aufhebung der Gemeinschaft (s. § 180 Abs. 1 ZVG) gemeinsam stellen (**S. 2 Alt. 2**). Wird über einen Antrag eines Antragstellers entschieden, der mehrere Objekte betrifft, fällt nur dann lediglich eine Gebühr an, wenn es sich um eine einheitliche Entscheidung handelt (**S. 3**), was lediglich bei verbundenen Verfahren (vgl § 18 ZVG) gegeben sein wird.

Darüber hinaus bestimmt S. 4 der Vorbem. 2.2 KV, dass für ein – in Zwangsversteigerungsverfahren nicht **3** selten – anhängiges Vollstreckungsschutzverfahren gem. § 765 a ZPO allenfalls für das Beschwerdeverfahren eine Gebühr erhoben werden kann.

Abschnitt 1
Zwangsversteigerung

Nr.	Gebührentatbestand	Gebühr oder Satz der Gebühr nach § 34 GKG
2210	Entscheidung über den Antrag auf Anordnung der Zwangsversteigerung oder über den Beitritt zum Verfahren	100,00 €

I. Allgemeines

Nr. 2210 KV regelt die Gebühr für die Entscheidung über einen Antrag auf Anordnung des Verfahrens **1** (§§ 15 ff ZVG) oder über die Zulassung des Beitritts zu einem bereits anhängigen Verfahren (§ 27 ZVG). Abweichend von den übrigen Gebühren des Versteigerungsverfahrens handelt es sich um eine Festgebühr. Die Gebühr fällt in sämtlichen Versteigerungsverfahren des ZVG (→ Vor Nr. 2210–2243 KV Rn 1) und unabhängig und gesondert von den Gebühren für das Verfahren selbst (Nr. 2211–2216 KV) an.

II. Entscheidungsgebühr

2 **1. Entstehung und Abgeltungsbereich.** Die Gebühr Nr. 2210 KV fällt mit der **Entscheidung über einen Anordnungs- oder Beitrittsantrag** an, somit unabhängig davon, ob diesem Antrag entsprochen wird oder eine Zurückweisung erfolgt.[1] Wird dem Antrag nur teilweise entsprochen und erfolgt im Übrigen eine Zurückweisung, fällt nur eine Gebühr an.[2] Für das Verfahren bis zur Entscheidung über den Antrag, insb. Zwischenverfügungen, fällt keine Gebühr an.

3 Wird der Antrag zurückgenommen, bevor eine Entscheidung ergangen ist (→ § 7 Rn 7), fällt – mangels Entscheidung – keine Gebühr an.[3]

4 Die Entscheidung über einen Antrag auf Anordnung der sog. **Wiederversteigerung** gegen den Ersteher im vorausgegangenen (abgeschlossenen) Verfahren gem. § 133 ZVG löst ebenfalls eine Gebühr gem. Nr. 2210 KV aus.[4]

5 Sofern neben der Zwangsversteigerung zugleich ein Antrag auf Zwangsverwaltung gestellt wird, fällt – neben der Gebühr Nr. 2210 KV – für die diesbezügliche Entscheidung in dem eigenständigen Zwangsverwaltungsverwahren eine gesonderte Gebühr gem. Nr. 2220 KV an.[5]

6 **2. Mehrere Anträge. a) Derselbe Antragsteller.** Beantragt derselbe Antragsteller in demselben Verfahren die Anordnung des Verfahrens bzw den Beitritt wegen verschiedener ggf auch Teilansprüche, fällt für die einheitliche Entscheidung nur eine Gebühr an.[6] Dies gilt auch, sofern im Falle des § 18 ZVG mehrere Objekte betroffen sind.

7 Sofern über einen Antrag jedoch bereits entschieden wurde, fällt für die spätere Entscheidung, sei es wegen eines anderen (Teil-)Anspruchs oder auch eines weiteren Objekts, naturgemäß eine weitere Gebühr an.[7]

8 Wird über den einheitlichen Antrag eines Antragstellers betreffend mehrere Objekte durch gesonderte Beschlüsse entschieden, weil die Voraussetzungen der Verfahrensverbindung (§ 18 ZVG) nicht gegeben sind, ergehen somit mehrere Anordnungs- bzw Beitrittsbeschlüsse, fällt für jeden Beschluss eine gesonderte Gebühr an.[8] Hat das Gericht zu Unrecht die Voraussetzungen des § 18 ZVG als nicht gegeben angesehen, kommt eine Anwendung des § 21 in Betracht.[9]

9 Handelt es sich bei den mehreren Antragstellern um Gesamt- oder Gesamthandsgläubiger und im Verfahren zur Aufhebung der Gemeinschaft (§§ 180 ff ZVG) um mehrere Miteigentümer, gelten diese als ein Antragsteller, sofern ihr Antrag gemeinsam gestellt wird (Vorbem. 2.2 S. 2 KV). Stellen diese ihre Anträge getrennt, wird für die dann gesonderten Entscheidungen jeweils gesonderte Gebühren erhoben (Vorbem. 2.2 S. 1 KV).[10]

10 **b) Verschiedene Antragsteller.** Über Anordnungs- bzw Beitrittsanträge verschiedener Antragsteller wird grds. gesondert entschieden. Demzufolge bestimmt Vorbem. 2.2 S. 1 KV, dass die Gebühr für jeden der verschiedenen Antragsteller gesondert anfällt. Wird die Entscheidung über die Anträge der verschiedenen Antragsteller (in demselben Verfahren) in einem einheitlichen Beschluss zusammengefasst, um insb. unterschiedliche Beschlagnahmezeitpunkte (vgl § 22 Abs. 1 ZVG) zu vermeiden,[11] fallen ebenfalls je Antragsteller gesonderte Gebühren an.[12] Es liegen letztlich gesonderte Entscheidungen über den selbständigen Antrag des jeweiligen Antragstellers gegen den Schuldner vor, die lediglich in einem Schriftstück zusammengefasst werden. Auch nach der Anordnung bzw dem Beitritt betreiben die mehreren Antragsteller das gemeinsame Verfahren selbständig und unabhängig voneinander.[13] Die abweichende Auffassung wird der ausdrücklichen Regelung der Vorbem. 2.2 S. 1 KV und der dargestellten verfahrensrechtlichen Besonderheiten wohl nicht gerecht.

11 Die Gebühr wird mit ihrer Entstehung zugleich fällig (§ 7 Abs. 1 S. 1) und ist weder vorwegleistungspflichtig (s. §§ 10, 12)[14] noch vorschusspflichtig (vgl § 15). Zur Kostenhaftung → § 26 Rn 4 ff.

1 *Oestreich/Hellstab/Trenkle*, GKG Nr. 2210–2243 KV Rn 2; *Hartmann*, KostG, Nr. 2210 KV GKG Rn 1. **2** *Stöber*, ZVG, Einl. Rn 76 Anm. 76.8 b. **3** *Oestreich/Hellstab/Trenkle*, GKG Nr. 2210–2243 KV Rn 3. **4** *Hartmann*, KostG, Nr. 2210 KV GKG Rn 2. **5** *Stöber*, ZVG, Einl. Rn 76 Anm. 76.4. **6** *Stöber*, ZVG, Einl. Rn 76 Anm. 76.3. **7** *Oestreich/Hellstab/Trenkle*, GKG Nr. 2210–2243 KV Rn 4 f. **8** *Stöber*, ZVG, Einl. Rn 76 Anm. 76.8 b; *Oestreich/Hellstab/Trenkle*, GKG Nr. 2210–2243 KV Rn 4. **9** *Stöber*, ZVG, Einl. Rn 76 Anm. 76.8 a. **10** *Stöber*, ZVG, Einl. Rn 76 Anm. 76.7. **11** *Stöber*, ZVG, § 15 Rn 4 Anm. 4.13, Einl. Rn 76 Anm. 76.9; *Dassler/Schiffhauer/Hintzen*, ZVG, § 15 Rn 10; *Böttcher*, ZVG, §§ 15, 16 Rn 124. **12** *Stöber*, ZVG, Einl. Rn 76 Anm. 76.7; aA *Oestreich/Hellstab/Trenkle*, GKG Nr. 2210–2243 KV Rn 5. **13** *Stöber*, ZVG, § 15 Rn 4 Anm. 4.14; *Böttcher*, ZVG, §§ 15, 16 Rn 124. **14** *Oestreich/Hellstab/Trenkle*, GKG Nr. 2210–2243 KV Rn 6.

Nr.	Gebührentatbestand	Gebühr oder Satz der Gebühr nach § 34 GKG
2211	Verfahren im Allgemeinen	0,5
2212	Beendigung des Verfahrens vor Ablauf des Tages, an dem die Verfügung mit der Bestimmung des ersten Versteigerungstermins unterschrieben ist: Die Gebühr 2211 ermäßigt sich auf	0,25

I. Allgemeines

Für das nach seiner Anordnung von Amts wegen durchzuführende Verfahren fällt zunächst eine Verfah- **1** rensgebühr gem. Nr. 2211 oder 2212 KV an. Die Gebühr entsteht in sämtlichen Versteigerungsverfahren des ZVG (→ Vor Nr. 2210–2243 KV Rn 1) und unabhängig von einer Gebühr Nr. 2210 KV.

II. Verfahrensgebühr Nr. 2211 KV

1. Entstehung und Abgeltungsbereich. Das Verfahren im Allgemeinen beginnt sogleich nach der Verfah- **2** rensanordnung, somit nachdem der Anordnungsbeschluss ergangen ist (→ § 7 Rn 7). Eine – nach außen erkennbar werdende – gesonderte gerichtliche Handlung ist wohl nicht erforderlich.

Mit der Gebühr sind sämtliche Tätigkeiten bzw Entscheidungen des Gerichts bis zur Abhaltung des Verstei- **3** gerungstermins abgegolten. Dazu gehören insb. Entscheidungen im Rahmen von Einstellungsanträgen, die Wertfestsetzung gem. § 74 a Abs. 5 ZVG, die Bestimmung des Versteigerungstermins einschließlich eines evtl. Vortermins (§ 62 ZVG) sowie Mitteilungen an Behörden und Beteiligte.[1] Auch das von Amts wegen zu stellende Ersuchen an das Grundbuchamt auf Eintragung des Versteigerungsvermerks (§ 19 Abs. 1 ZVG) dürfte schon dem Verfahren im Allgemeinen zuzuordnen sein.[2]

Es handelt sich insoweit um eine Pauschalgebühr, die jedoch nur für einen Verfahrensabschnitt – bis zur **4** Abhaltung des Versteigerungstermins – erhoben wird. Die einmal angefallene Gebühr kann nicht mehr wegfallen, es ist allenfalls eine Ermäßigung des Gebührensatzes auf 0,25 gem. Nr. 2212 KV möglich.

2. Mehrere Ansprüche/mehrere Objekte. Die Gebühr fällt in einem Verfahren nur einmal an, auch wenn **5** es von mehreren Gläubigern oder von demselben Gläubiger wegen verschiedener Ansprüche betrieben wird. Dies gilt auch, sofern mehrere Objekte betroffen sind und eine Verbindung gem. § 18 ZVG erfolgt ist. Zur Wertaddition → § 54 Rn 16 ff.

Eine lediglich einheitliche Verfahrensgebühr entsteht auch dann, wenn hinsichtlich eines weiteren Objekts **6** das Verfahren angeordnet wird und sofort eine Verbindung mit dem bereits anhängigen Verfahren gem. § 18 ZVG erfolgt. Da ein (weiteres) selbständiges Verfahren nicht anhängig war, erhöht sich lediglich der Wert der bereits angefallenen Verfahrensgebühr.

Erst wenn das einheitliche Verfahren insgesamt durch Aufhebung oder Beendigung der Erlösverteilung be- **7** endet ist, fällt für ein neues Verfahren betreffend dasselbe Objekt nach einer (erneuten) Verfahrensanord- nung eine neue Gebühr an. Dies gilt insb. auch im Falle der sog. Wiederversteigerung gem. § 133 ZVG.

Wurden jedoch zunächst eigenständige Verfahren betreffend der verschiedenen Objekte erst **nachträglich** **8** gem. § 18 ZVG **verbunden**, ist für jedes selbständige Verfahren eine gesonderte Gebühr Nr. 2211 oder 2212 KV nach dem jeweiligen Einzelwert angefallen, die auch rückwirkend nicht mehr wegfällt. Für das einheit- liche Verfahren nach der Verbindung fällt die Gebühr Nr. 2211 KV erneut aus dem Gesamtwert (§ 54 Abs. 4) an. Erhoben werden kann jedoch nur die einheitliche Gebühr aus dem Gesamtwert oder die in der Summe höheren Einzelgebühren.[3]

Im Falle einer **Trennung** eines zunächst gem. § 18 ZVG einheitlichen Verfahrens fällt für jedes nun eigen- **9** ständige Verfahren eine gesonderte Gebühr Nr. 2211 oder 2212 KV nach dem jeweiligen Einzelwert an. Es handelt sich um eine pauschale Verfahrensgebühr, so dass der Zeitpunkt der Verfahrenstrennung für die Entstehung der neuen Einzelgebühren unerheblich ist.[4] Die bis zur Verfahrenstrennung einheitliche Gebühr (→ Rn 5) entfällt jedoch durch die Trennung ebenfalls nicht rückwirkend. Auch bei dieser Fallgestaltung

---

1 *Stöber*, ZVG, Einl. Rn 77 Anm. 77.2; *Oestreich/Hellstab/Trenkle*, GKG Nr. 2210–2243 KV Rn 17 ff. **2** *Stöber*, ZVG, Einl. Rn 77 Anm. 77.2; *Oestreich/Hellstab/Trenkle*, GKG Nr. 2210–2243 KV Rn 17; aA *Hartmann*, KostG, Nr. 2211 KV GKG Rn 2. **3** *Stöber*, ZVG, Einl. Rn 77 Anm. 77.9; *Oestreich/Hellstab/Trenkle*, GKG Vorb. zu Nr. 2210–2243 KV Rn 6. **4** *Stöber*, ZVG, Einl. Rn 77 Anm. 77.9; *Oestreich/Hellstab/Trenkle*, GKG Vorb. zu Nr. 2210–2243 KV Rn 7.

kann letztlich insgesamt nur der höhere der beiden Gebührenbeträge (einheitliche Gebühr aus dem Gesamtwert oder Summe der Einzelgebühren) erhoben werden.[5]

10   Hinsichtlich der Einzelgebühren ist zu beachten, ob auch nach der Verfahrenstrennung in dem jeweiligen Einzelverfahren eine Verfügung mit der Terminsbestimmung (vgl Nr. 2212 KV) erfolgte, da andernfalls insoweit nur eine ermäßigte Gebühr Nr. 2212 KV aus dem Einzelwert angefallen ist.[6]

III. Ermäßigte Verfahrensgebühr Nr. 2212 KV

11   **1. Vorzeitige Beendigung des Verfahrens.** Die regelmäßig nach der Verfahrensanordnung entstandene Verfahrensgebühr Nr. 2211 KV ermäßigt sich unter der in Nr. 2212 KV aufgeführten Voraussetzung auf den 0,25-fachen Gebührensatz. Ein völliger Wegfall der Gebühr ist somit nicht vorgesehen.

12   Voraussetzung für die Ermäßigung ist die Beendigung des Verfahrens vor Ablauf des Tages, an dem die Verfügung mit der Bestimmung des ersten Versteigerungstermins unterschrieben ist. Der Grund der (vorzeitigen) Beendigung – zB Aufhebung aufgrund Antragsrücknahme, mangels fristgemäßen Fortsetzungsantrags (vgl § 31 ZVG) oder auch gem. § 28 ZVG – ist unerheblich.

13   Erforderlich ist jedoch die Beendigung des **gesamten** Verfahrens. Eine Aufhebung nur gegenüber einzelnen Gläubigern oder hinsichtlich einzelner Ansprüche aus einem Anordnungs- oder Beitrittsbeschluss reicht nicht aus.

14   **2. Zeitpunkt der vorzeitigen Beendigung.** Die Beendigung muss vor dem Ablauf des Tages der Terminsverfügung erfolgt sein, so dass eine Beendigung am selben Tag, evtl. aber zu späterer Uhrzeit – somit bis 24.00 Uhr –, als die Terminsverfügung für die Gebührenermäßigung ausreicht.[7] Maßgebend ist grds. das auf der Terminsverfügung ausgewiesene Datum, sofern nicht ausnahmsweise ein anderer Zeitpunkt offensichtlich ist oder nachgewiesen wird.[8]

15   Auch im Falle der Antragsrücknahme gem. § 29 ZVG ist ein konstitutiv wirkender Aufhebungsbeschluss erforderlich, der erst die Beendigung des Verfahrens herbeiführt.[9]

16   Nach Ablauf des maßgeblichen Tages hat der weitere Verfahrensablauf auf die dann in jedem Fall angefallene Verfahrensgebühr Nr. 2211 KV keinen Einfluss mehr.

17   **3. Mehrere Objekte.** Für ein gem. § 18 ZVG verbundenes Verfahren fällt lediglich eine einheitliche Gebühr aus dem Gesamtwert (§ 54 Abs. 4) an (→ Rn 5). Betrifft die vorzeitige Beendigung nicht sämtliche von dem einheitlichen Verfahren erfasste Objekte, so verbleibt es insgesamt bei der einheitlichen (0,5-)Gebühr Nr. 2211 KV aus dem Gesamtwert. Der Ansatz gesonderter Verfahrensgebühren Nr. 2211 KV und Nr. 2212 KV jeweils nur aus Teilen des Gesamtwertes in einem einheitlichen Verfahren ist nicht vorgesehen.[10]

IV. Fälligkeit, Wert, Kostenhaftung

18   Die Fälligkeit bestimmt sich nach § 7 (→ § 7 Rn 7). Zur Vorschusspflicht s. die Erl. zu § 15. Die Wertberechnung regelt § 54 Abs. 1, 4 (→ § 54 Rn 10 ff). Die Verfahrensgebühr gehört zu den Kosten des Verfahrens gem. § 109 ZVG und ist im Falle der Versteigerung dem Erlös zu entnehmen. Nur sofern dies nicht möglich ist, haftet der Antragsteller gem. § 26 Abs. 1 (im Einzelnen → § 26 Rn 19 ff).

Nr.	Gebührentatbestand	Gebühr oder Satz der Gebühr nach § 34 GKG
2213	Abhaltung mindestens eines Versteigerungstermins mit Aufforderung zur Abgabe von Geboten .... Die Gebühr entfällt, wenn der Zuschlag aufgrund des § 74 a oder des § 85 a ZVG versagt bleibt.	0,5

I. Allgemeines

1   Die Gebühr Nr. 2213 KV fällt in sämtlichen Versteigerungsverfahren des ZVG (→ Vor Nr. 2210–2243 KV Rn 1) und zusätzlich zu der Gebühr für das Verfahren im Allgemeinen (Nr. 2211 KV) für die Abhaltung mindestens eines Versteigerungstermins an.

---

5 *Stöber*, ZVG, Einl. Rn 77 Anm. 77.9.   **6** *Stöber*, ZVG, Einl. Rn 77 Anm. 77.9.   **7** *Oestreich/Hellstab/Trenkle*, GKG Nr. 2210–2243 KV Rn 15.   **8** *Hartmann*, KostG, Nr. 2212 KV GKG Rn 1.   **9** *Stöber*, ZVG, Einl. Rn 77 Anm. 77.1, § 29 Rn 2 Anm. 2.6; *Dassler/Schiffhauer/Hintzen*, ZVG, § 29 Rn 8; *Böttcher*, ZVG, § 29 Rn 6, jew. mwN.   **10** *Stöber*, ZVG, Einl. Rn 77 Anm. 77.1.

II. Terminsgebühr Nr. 2213 KV

1. Entstehung und Abgeltungsbereich. Die Gebühr entsteht mit der **Aufforderung** zur Abgabe von Geboten **2** (vgl § 66 Abs. 2 ZVG). Diese Aufforderung erfolgt im Versteigerungstermin jedoch erst, nachdem das Gericht zuvor nach Aufruf der Sache die notwendigen Angaben, insb. auch das geringste Gebot, bekanntgegeben hatte. Kommt es, aus welchen Gründen auch immer, nicht zu dieser Aufforderung zur Abgabe von Geboten – zu ersehen aus dem Terminsprotokoll gem. § 78 ZVG –, fällt die Gebühr nicht an. Auch die bloße Durchführung eines Vortermins (§ 62 ZVG) löst diese Gebühr nicht aus.[1] Ein evtl. anberaumter gesonderter Termin zur Verkündung der Entscheidung über den Zuschlag (§ 82 Abs. 1, 2 ZVG) löst keine (weitere) Terminsgebühr aus.

Mit dieser Gebühr ist die Abhaltung sämtlicher Versteigerungstermine in einem Verfahren abgegolten (vgl **3** den Wortlaut „mindestens"), so dass auch für mehrere Versteigerungstermine in demselben Verfahren nur eine Gebühr anfällt.[2] Mit Ausnahme der (endgültigen) Zuschlagsversagung gem. §§ 74 a, 85 a ZVG ist der weitere Verlauf und das Ergebnis der Termine unbeachtlich (zB Einstellung mangels Geboten gem. § 77 ZVG oder aufgrund der Bewilligung des Gläubigers gem. § 30 ZVG oder auch die Aufhebung des Verfahrens). Es reicht somit für die Entstehung der Gebühr aus, dass in diesem Verfahren zumindest in einem Termin zur Abgabe von Geboten aufgefordert worden ist.

Sofern jedoch in diesem Verfahren der Zuschlag gem. § 74 **a oder** § 85 **a ZVG** (Nichterreichen von 5/10 **4** bzw 7/10 des Verkehrswerts durch das Meistgebot) **versagt bleibt**, entfällt die (grds. bereits entstandene) Gebühr (s. **Anm.**). Sofern diese Zuschlagsversagung erst in oder nach einem weiteren Termin in dem Verfahren erfolgt, fällt die Terminsgebühr, die ja nicht für einzelne Termine, sondern mindestens einen Termin erhoben wird, ebenfalls weg.[3]

Andererseits fällt letztlich eine Terminsgebühr in einem Verfahren an, sofern zunächst nach einem Versteigerungstermin der Zuschlag gem. § 74 a oder § 85 a ZVG versagt wurde, nach einem weiteren Termin in **5** demselben Verfahren jedoch zB der Zuschlag erteilt wird.[4]

Lediglich die (endgültige) Zuschlagsversagung gem. § 74 a oder § 85 a ZVG (Nichterreichen von 5/10 bzw **6** 7/10 des Verkehrswerts durch das Meistgebot) bewirkt den nachträglichen Wegfall der Terminsgebühr. Wird die ursprüngliche Zuschlagsversagung (gem. §§ 74 a oder 85 a ZVG) im Rechtsmittelverfahren aufgehoben und zB der Zuschlag durch das Beschwerdegericht erteilt (§ 104 ZVG), so verbleibt es bei der – durch die Aufforderung gem. § 66 Abs. 2 ZVG – entstandenen Terminsgebühr Nr. 2213 KV. Die Voraussetzungen für den nachträglichen Wegfall gem. der Anm. zu Nr. 2213 KV sind letztlich nicht erfüllt, der Zuschlag ist nicht „aufgrund des § 74 a oder des § 85 a ZVG **versagt geblieben**".

2. Mehrere Objekte. Sofern in einem gem. § 18 ZVG verbundenen Verfahren mindestens ein Termin abge- **7** halten wurde, fällt nur eine einheitliche Gebühr aus dem Gesamtwert an (§ 54 Abs. 4). Dies gilt auch, wenn hinsichtlich der mehreren Objekte gesonderte Termine in demselben Verfahren stattgefunden haben (→ § 54 Rn 17).

Allerdings muss dann letztlich der Gebührentatbestand Nr. 2213 KV auch hinsichtlich aller Objekte erfüllt **8** sein. Dies ist zB nicht der Fall, wenn hinsichtlich einzelner Objekte kein Versteigerungstermin abgehalten oder nur insoweit der Zuschlag gem. § 74 a oder § 85 a ZVG versagt wurde. Dies gilt auch, sofern zB ein Termin für alle Objekte bestimmt worden ist, jedoch nur bzgl einzelner Objekte letztlich zur Abgabe von Geboten aufgefordert wurde. Die Aufforderung zur Abgabe von Geboten aufgrund von Gruppen- bzw Gesamtausgeboten (vgl § 63 Abs. 2 ZVG) löst die Gebühr bzgl der darin berücksichtigten Objekte bereits aus.

Die Gebühr Nr. 2213 KV fällt dann nur hinsichtlich der (übrigen) Objekte an, für die ein Versteigerungstermin **9** (ohne Zuschlagsversagung gem. § 74 a oder § 85 a ZVG) abgehalten wurde (→ § 54 Rn 10).[5]

III. Fälligkeit, Wert, Kostenhaftung

Die Fälligkeit bestimmt sich nach § 7 (→ § 7 Rn 10 f). Zur Vorschusspflicht s. die Erl. zu § 15. Die Wertbe- **10** rechnung bestimmt sich nach § 54 Abs. 1, 4 (→ § 54 Rn 10 ff). Die Terminsgebühr gehört zu den Kosten des Verfahrens gem. § 109 ZVG und ist im Falle der Versteigerung dem Erlös zu entnehmen. Nur sofern dies nicht möglich ist, haftet der Antragsteller gem. § 26 Abs. 1 (näher → § 26 Rn 19 ff).

---

1 *Stöber*, ZVG, Einl. Rn 78 Anm. 78.1; *Oestreich/Hellstab/Trenkle*, GKG Nr. 2210–2243 KV Rn 20; *Hartmann*, KostG, Nr. 2213 KV GKG Rn 1. **2** LG Cottbus JurBüro 2007, 323 – mit überzeugender Begr.; aA *Hartmann*, KostG, Nr. 2213 KV GKG Rn 1. **3** *Stöber*, ZVG, Einl. Rn 78 Anm. 78.1; *Oestreich/Hellstab/Trenkle*, GKG Nr. 2210–2243 KV Rn 27; *Hartmann*, KostG, Nr. 2213 KV GKG Rn 1. **4** *Oestreich/Hellstab/Trenkle*, GKG Nr. 2210–2243 KV Rn 26. **5** *Stöber*, ZVG, Einl. Rn 78 Anm. 78.3; *Oestreich/Hellstab/Trenkle*, GKG Nr. 2210–2243 KV Rn 28.

Nr.	Gebührentatbestand	Gebühr oder Satz der Gebühr nach § 34 GKG
2214	Erteilung des Zuschlags .... Die Gebühr entfällt, wenn der Zuschlagsbeschluss aufgehoben wird.	0,5

I. Allgemeines

1 Auch die Gebühr Nr. 2214 KV fällt in sämtlichen Versteigerungsverfahren des ZVG (→ Vor Nr. 2210–2243 KV Rn 1) und zusätzlich zu den Gebühren für das Verfahren (Nr. 2211, 2213 KV) und unabhängig von diesen allein für die (endgültige) Erteilung des Zuschlags an.

II. Entscheidungsgebühr Nr. 2214 KV

2 **1. Entstehung und Abgeltungsbereich.** Die Gebühr fällt gesondert allein für die (endgültige) Erteilung des Zuschlags an. Es handelt sich insoweit um eine Gebühr für eine (inhaltlich bestimmte) Entscheidung (vgl § 6 Abs. 2). Unerheblich für die Gebühr ist die Person des Erstehers (der Meistbietende gem. § 81 Abs. 1 ZVG oder ein Dritter gem. § 81 Abs. 2, 3 ZVG) und auch der Zeitpunkt der Zuschlagserteilung (vgl § 87 ZVG).[1] Die Gebühr fällt auch an, sofern die ursprüngliche Zuschlagsversagung im Rechtsmittelverfahren aufgehoben und der Zuschlag durch das Beschwerdegericht erteilt wird (§ 104 ZVG).[2]

3 Die Versagung des Zuschlags löst unabhängig von den Gründen der Versagung keine Gebühr aus, da es an einem gebührenpflichtigen Tatbestand fehlt (zur Erteilung durch das Rechtsmittelgericht → Rn 2). Auch eine besondere Versteigerung (einer Forderung oder einer beweglichen Sache) gem. § 65 ZVG löst keine Zuschlagsgebühr aus.

4 Sofern ein zunächst erteilter **Zuschlag** im Rechtsmittelweg **aufgehoben** wird, entfällt die Gebühr nachträglich (**Anm. zu Nr. 2214 KV**).[3] Sie entsteht naturgemäß ggf jedoch später, sofern in demselben Verfahren sodann der Zuschlag erteilt wird.

5 **2. Mehrere Objekte.** Wird in einem gem. § 18 ZVG verbundenen Verfahren der Zuschlag (endgültig entsprechend den dargestellten Voraussetzungen) hinsichtlich mehrerer Objekte demselben Ersteher oder derselben Bietergemeinschaft erteilt, fällt nur eine einheitliche Gebühr nach dem Gesamtwert der zugeschlagenen Objekte an (§ 54 Abs. 4, 5; → § 54 Rn 51 f).

6 Soweit in dem verbundenen Verfahren Objekte verschiedenen Erstehern zugeschlagen werden, fällt die Zuschlagsgebühr hinsichtlich eines jeden Erstehers/jeder Bietergemeinschaft gesondert an (§ 54 Abs. 5 S. 1; → § 54 Rn 53).[4]

III. Fälligkeit, Wert, Kostenhaftung

7 Die Fälligkeit bestimmt sich nach § 7 Abs. 1 S. 1 (→ § 7 Rn 8 f). Vorschuss- oder gar Vorwegleistungspflicht besteht naturgemäß nicht (vgl §§ 10, 12, § 15). Die Wertberechnung erfolgt gem. § 54 Abs. 2, 4, 5 (→ § 54 Rn 27 ff). Zur Kostenhaftung s. § 26 Abs. 2 (→ § 26 Rn 33 ff).

Nr.	Gebührentatbestand	Gebühr oder Satz der Gebühr nach § 34 GKG
2215	Verteilungsverfahren	0,5
2216	Es findet keine oder nur eine beschränkte Verteilung des Versteigerungserlöses durch das Gericht statt (§§ 143, 144 ZVG): Die Gebühr 2215 ermäßigt sich auf	0,25

1 *Stöber*, ZVG, Einl. Rn 79 Anm. 79.1; *Oestreich/Hellstab/Trenkle*, GKG Nr. 2210–2243 KV Rn 33; *Hartmann*, KostG, Nr. 2213 KV GKG Rn 1. **2** *Oestreich/Hellstab/Trenkle*, GKG Nr. 2210–2243 KV Rn 33. **3** *Oestreich/Hellstab/Trenkle*, GKG Nr. 2210–2243 KV Rn 33; *Hartmann*, KostG, Nr. 2213 KV GKG Rn 1. **4** *Stöber*, ZVG, Einl. Rn 79 Anm. 79.1; *Oestreich/Hellstab/Trenkle*, GKG § 26 Rn 19.

I. Allgemeines

Auch die Gebühr Nr. 2215 KV fällt in sämtlichen Versteigerungsverfahren des ZVG (→ Vor Nr. 2210–2243   1
KV Rn 1) und zusätzlich zu den Gebühren für das Verfahren (Nr. 2211, 2213 KV) an.

II. Verfahrensgebühr Nr. 2215 KV

1. Entstehung und Abgeltungsbereich. Die Gebühr Nr. 2215 KV fällt für die nach der Zuschlagserteilung   2
folgende Verteilung des Erlöses an (§§ 105–145 ZVG; → § 54 Rn 57 ff). Damit ist die gesamte diesbezügliche Tätigkeit des Gerichts abgegolten, insb. die Bestimmung und Durchführung eines oder auch mehrerer
Verteilungstermine (§§ 105 ff ZVG) – einschließlich einer evtl. Beurkundung einer sog. Liegenbelassenser-
klärung gem. § 91 Abs. 2 ZVG –, die Aufstellung des Teilungsplans (§§ 113, 114 ff ZVG) sowie dessen
Ausführung durch Überweisung, Hinterlegung und/oder Forderungsübertragung nebst Eintragung von Sicherungshypotheken (§§ 117–128 ZVG). Auch das Grundbuchsuchen (§§ 130, 130 a ZVG) sowie die
evtl. Bestellung eines Vertreters nebst nachträglichem Verteilungsverfahren (§§ 135–141 ZVG) sind mit dieser Gebühr abgegolten.[1]

Die Gebühr fällt unabhängig davon an, ob der Ersteher seiner Zahlungspflicht gem. § 49 ZVG zum Vertei-   3
lungstermin nachgekommen ist oder nicht (→ § 54 Rn 59).[2]

Die Verteilung erfolgt im Regelfall durch das Gericht im Verteilungstermin (vgl § 105 ZVG), jedoch ist   4
auch eine außergerichtliche Verteilung möglich (§§ 143, 144 ZVG), was zu einer Gebührenermäßigung
gem. Nr. 2216 KV führt.

Die Gebühr fällt nur einmal an, auch wenn – ausnahmsweise – in demselben Verfahren mehrere Vertei-   5
lungstermine durchgeführt werden (→ § 54 Rn 62).

2. Mehrere Objekte. Wird in einem gem. § 18 ZVG verbundenen Verfahren der Zuschlag hinsichtlich meh-   6
rerer Objekte erteilt, fällt für das nachfolgende Verteilungsverfahren nur eine einheitliche Gebühr nach dem
Gesamtwert der zugeschlagenen Objekte an (§ 54 Abs. 3, 4; → § 54 Rn 62).

III. Ermäßigte Verfahrensgebühr Nr. 2216 KV (außergerichtliche Verteilung)

Anstelle der Erlösverteilung durch das Gericht ist auch eine außergerichtliche Verteilung gem. §§ 143, 144   7
ZVG möglich. Die Tätigkeit des Gerichts besteht dann insoweit lediglich in der Prüfung, ob die diesbezüglichen Voraussetzungen erfüllt sind, und beschränkt sich auf die Verteilung eines Erlöses einer ggf durchgeführten abgesonderten Verwertung gem. § 65 ZVG.

Im Falle des **§ 143 ZVG** ist ein (formgerechter) Nachweis erforderlich, dass sich alle Beteiligten – unabhän-   8
gig davon, ob ihre Ansprüche durch den Erlös gedeckt sind oder nicht – über die Erlösverteilung geeinigt
haben. Wird der Nachweis vor dem gerichtlichen Verteilungstermin (formgerecht) vorgelegt, findet dieser
Termin nicht mehr statt. Möglich und ausreichend ist jedoch auch eine Vorlage noch im gerichtlichen Verteilungstermin bis zum Beginn der Ausführung.[3] Die vorgelegte Einigung muss den gesamten Erlös einschließlich desjenigen aus einer evtl. gesonderten Verwertung gem. § 65 ZVG erfassen, andernfalls findet
das gerichtliche Verteilungsverfahren statt[4] und eine Gebührenermäßigung tritt nicht ein.

Eine außergerichtliche Verteilung ist auch gem. **§ 144 ZVG** dergestalt möglich, dass ein (formgerechter)   9
Nachweis über die tatsächliche Befriedigung der Berechtigten, deren Ansprüche durch den Erlös tatsächlich
gedeckt sind, vorgelegt wird. Auch ein Nachweis, dass diese den Ersteher – anstelle des Schuldners – als
alleinigen Schuldner angenommen haben, reicht aus.

Die Berechtigten, deren Ansprüche durch den Erlös auch nicht teilweise gedeckt sind, müssen bei dieser   10
Verfahrensweise im Gegensatz zur Regelung des § 143 ZVG nicht mitwirken.[5] Der Nachweis muss den gesamten Erlös – mit Ausnahme des gem. § 65 ZVG erzielten Betrags – erfassen, andernfalls findet das gerichtliche Verteilungsverfahren statt und eine Gebührenermäßigung kann nicht erfolgen. Die Nachweise
können noch im Verteilungstermin vorgelegt werden.[6]

Sofern die erforderlichen Nachweise nach Auffassung des Gerichts formgerecht und vollständig vorgelegt   11
wurden, wird ein anberaumter Verteilungstermin aufgehoben bzw ein bereits begonnener Termin unterbrochen. Sodann werden die vorgelegten Nachweise auf der Geschäftsstelle niedergelegt und sämtliche Beteiligte benachrichtigt, die etwaige Erinnerungen binnen zwei Wochen geltend mach können (§ 144 Abs. 1 S. 2

---

1 *Stöber*, ZVG, Einl. Rn 80 Anm. 80.1; *Oestreich/Hellstab/Trenkle*, GKG Nr. 2210–2243 KV Rn 41; *Hartmann*, KostG, Nr. 2215
KV GKG Rn 1. 2 *Oestreich/Hellstab/Trenkle*, GKG Nr. 2210–2243 KV Rn 42. 3 *Stöber*, ZVG, § 143 Rn 6 Anm. 2.3; Dassler/
Schiffhauer/*Hintzen*, ZVG, § 143 Rn 6 ff; *Oestreich/Hellstab/Trenkle*, GKG Nr. 2210–2243 KV Rn 43 f. 4 Dassler/Schiffhauer/
Hintzen, ZVG, § 143 Rn 3. 5 *Stöber*, ZVG, § 144 Rn 1 Anm. 1.3; Dassler/Schiffhauer/*Hintzen*, ZVG, § 144 Rn 5 f; *Oestreich/
Hellstab/Trenkle*, GKG Nr. 2210–2243 KV Rn 43 f. 6 *Stöber*, ZVG, § 144 Rn 2 Anm. 2.8.

ZVG). Sofern rechtzeitig Erinnerung eingelegt wird, wird das gerichtliche Verteilungsverfahren durchgeführt[7] und es verbleibt bei der Gebühr Nr. 2215 KV.

12 Wird innerhalb der zweiwöchigen Frist keine Erinnerung eingelegt, beschränkt sich das (gerichtliche) Verteilungsverfahren auf einen evtl. Erlös aus einer gesonderten Verwertung gem. § 65 ZVG (§ 114 Abs. 2 ZVG). Bezüglich des Erlöses aus dem Objekt (Grundstück etc.) selbst findet kein gerichtliches Verteilungsverfahren statt. Die Gebühr ermäßigt sich dann – ungeachtet der evtl. beschränkten Verteilung des Betrags gem. § 65 ZVG – auf eine 0,25-Gebühr.[8]

IV. Fälligkeit, Wert, Kostenhaftung

13 Die Fälligkeit bestimmt sich nach § 7 Abs. 1 S. 3 (→ § 7 Rn 10 f). Vorauszahlungspflicht besteht nicht. Zur Vorschusspflicht vgl § 15. Die Wertberechnung erfolgt gem. § 54 Abs. 3, 4 (→ § 54 Rn 58 ff). Die Gebühren werden gem. § 109 ZVG dem Erlös entnommen, vgl § 26 Abs. 1 (dazu → § 26 Rn 18 ff).

Abschnitt 2
Zwangsverwaltung

Nr.	Gebührentatbestand	Gebühr oder Satz der Gebühr nach § 34 GKG
2220	Entscheidung über den Antrag auf Anordnung der Zwangsverwaltung oder über den Beitritt zum Verfahren	100,00 €

1 Die Gebühr Nr. 2220 KV für die Entscheidung über einen Antrag auf Anordnung des Zwangsverwaltungsverfahrens (§§ 146 ff ZVG) oder Zulassung des Beitritts zu einem bereits anhängigen Verfahren (§§ 146, 27 ZVG) ist in gleicher Weise geregelt wie diejenige bzgl des Zwangsversteigerungsverfahrens (Nr. 2210 KV). Auf die Erl. zu Nr. 2210 KV wird daher verwiesen. Zum Begriff der Zwangsverwaltung → § 55 Rn 1 ff.

2 Die Gebühr fällt mit der Entscheidung über einen Anordnungs- oder Beitrittsantrag an. Auf welcher Grundlage (Titel etc.) die Entscheidung, insb. die Anordnung, erfolgt, ist unerheblich. So fällt die Gebühr auch an, wenn der Anordnungsbeschluss aufgrund einer einstweiligen Verfügung (§§ 935 ff ZPO) erlassen wird.[1]

3 Keine Gebühr Nr. 2220 KV fällt jedoch an, sofern ein ergebnisloses Zwangsversteigerungsverfahren gem. § 77 Abs. 2 S. 2 ZVG als Zwangsverwaltungsverfahren fortgeführt wird. Der entsprechende Fortführungsbeschluss wird (noch) mit der Verfahrensgebühr (Nr. 2213 KV) für das Zwangsversteigerungsverfahren abgegolten. Auch die Anordnung einer gerichtlichen Verwaltung gem. § 94 ZVG sowie eine Sequestration gem. § 938 Abs. 2 ZPO lösen die Gebühr Nr. 2220 KV nicht aus.[2]

Nr.	Gebührentatbestand	Gebühr oder Satz der Gebühr nach § 34 GKG
2221	Jahresgebühr für jedes Kalenderjahr bei Durchführung des Verfahrens ..... Die Gebühr wird auch für das jeweilige Kalenderjahr erhoben, in das der Tag der Beschlagnahme fällt und in dem das Verfahren aufgehoben wird.	0,5 – mindestens 120,00 €, im ersten und letzten Kalenderjahr jeweils mindestens 60,00 €

7 *Stöber*, ZVG, § 144 Rn 2 Anm. 2.9; *Dassler/Schiffhauer/Hintzen*, ZVG, § 144 Rn 19 f. **8** *Oestreich/Hellstab/Trenkle*, GKG Nr. 2210–2243 KV Rn 44. **1** *Stöber*, ZVG, Einl. Rn 86 Anm. 86.1; *Oestreich/Hellstab/Trenkle*, GKG Nr. 2210–2243 KV Rn 50; *Hartmann*, KostG, Nr. 2220 KV GKG Rn 1. **2** *Stöber*, ZVG, Einl. Rn 86 Anm. 86.1; *Oestreich/Hellstab/Trenkle*, GKG Nr. 2210–2243 KV Rn 48; *Hartmann*, KostG, Nr. 2220 KV GKG Rn 2.

I. Allgemeines

Für das nach der Anordnung von Amts wegen durchzuführende Verfahren fällt eine jeweilige Jahresgebühr   1
an. Mit dieser Jahresgebühr wird die gesamte Tätigkeit des Gerichts in dem Verfahren – sofern nicht für
bestimmte Beschwerdeverfahren gesonderte Gebühren vorgesehen sind – pauschal abgegolten, insb. die
Aufsicht gegenüber dem Zwangsverwalter sowie die Festsetzung seiner Vergütung (§ 153 ZVG), die Aufstellung und Durchführung des Teilungsplans (§§ 155 ff ZVG) sowie Entscheidungen betreffend die Einstellung oder Aufhebung des Verfahrens.[1]

II. Jahresgebühr

1. Entstehung und Abgeltungsbereich. Die Jahresgebühr Nr. 2221 KV fällt für jedes Kalenderjahr, nicht   2
gleichzusetzen mit dem Verwaltungsjahr, gesondert an. Aufgrund der **Anm.** zu Nr. 2221 KV beginnt das
erste gebührenpflichtige Kalenderjahr mit dem Wirksamwerden der Beschlagnahme.[2] Diese Wirksamkeit
tritt ein mit der Zustellung des Anordnungsbeschlusses an den Schuldner, dem Eingang des Ersuchens um
Eintragung des Zwangsverwaltungsvermerks beim Grundbuchamt (§§ 146, 22 Abs. 1 ZVG) und der Inbesitznahme des Grundstücks durch den Zwangsverwalter (§ 151 Abs. 1 ZVG). Dabei ist der frühere Zeitpunkt maßgebend.[3] Eine weitere – nach außen erkennbar werdende – gesonderte gerichtliche Handlung ist
nicht erforderlich.

Die Aufhebung des Verfahrens bedarf eines entsprechenden Beschlusses (§ 161 Abs. 1 ZVG).   3

2. Mehrere Ansprüche/mehrere Objekte. Die Gebühr Nr. 2221 KV fällt in einem Verfahren nur einmal an,   4
auch wenn es von mehreren Gläubigern oder von demselben Gläubiger wegen verschiedener Ansprüche betrieben wird. Dies gilt auch, sofern mehrere Objekte betroffen sind und eine Verbindung gem. §§ 146, 18
ZVG erfolgt ist. Zur Wertaddition → § 55 Rn 11.

Eine lediglich einheitliche Verfahrensgebühr entsteht auch dann, wenn hinsichtlich eines weiteren Objekts   5
das Verfahrens angeordnet wird und sofort eine Verbindung mit dem bereits anhängigen Verfahren gem.
§§ 146, 18 ZVG erfolgt. Da ein (weiteres) selbständiges Verfahren nicht anhängig war, erhöht sich allenfalls lediglich der Wert der bereits angefallenen Jahresgebühr.

Erst wenn das einheitliche Verfahren insgesamt durch Aufhebung beendet ist, fällt für ein neues Verfahren   6
betreffend dasselbe Objekt nach einer (erneuten) Verfahrensanordnung eine neue Gebühr an. Die Aufhebung des Verfahrens nur hinsichtlich einzelner Gläubiger/Ansprüche hat auf die Gebühr Nr. 2221 KV keinen Einfluss.

3. Kalenderjahr. Die Gebühr fällt für jedes (angebrochene) Kalenderjahr ab der Wirksamkeit der Beschlag-   7
nahme (→ Rn 2) bis zur Aufhebung des (gesamten) Verfahrens an. Die Aufhebung bedarf auch im Falle der
Antragsrücknahme oder der Erteilung des Zuschlags in einem parallel laufenden Zwangsversteigerungsverfahren eines entsprechenden Aufhebungsbeschlusses (§ 161 ZVG).[4] Abwicklungstätigkeiten sowohl des Gerichts (zB die Vergütungsfestsetzung) als auch des Zwangsverwalters (Schlussrechnung etc.), die noch in ein
neues Kalenderjahr nach der Verfahrensaufhebung fallen, lösen keine weitere Jahresgebühr aus.[5]

Für welchen Zeitraum das jeweilige Kalenderjahr angebrochen wurde, ist für die Entstehung der Gebühr   8
unerheblich. Ein evtl. nur kurzer Zeitraum des Zwangsverwaltungsverfahrens in dem Kalenderjahr des Beginns bzw der Aufhebung wirkt sich lediglich auf den diesbezüglichen Wert aufgrund der zumeist naturgemäß geringeren Einkünfte in diesem Jahr (→ § 55 Rn 10) und ggf den geringeren Mindestbetrag der Gebühr aus.

III. Fälligkeit, Wert, Kostenhaftung

Die Fälligkeit bestimmt sich nach § 7 Abs. 2 S. 2 (→ § 7 Rn 14). Zur Vorschusspflicht vgl die Erl. zu § 15.   9

Die Wertberechnung bestimmt sich nach § 55; zu beachten ist jedoch der Mindestbetrag einer Gebühr von   10
120 € bzw 60 €.

Die Jahresgebühr gehört zu den Kosten des Verfahrens gem. § 155 Abs. 1 ZVG und ist bei erzielten Ein-   11
künften diesen zu entnehmen. Nur sofern dies nicht möglich ist, haftet der Antragsteller gem. § 26 Abs. 1
(im Einzelnen → § 26 Rn 17 ff, 27).

---

1 *Stöber*, ZVG, Einl. Rn 86 Anm. 86.4; *Oestreich/Hellstab/Trenkle*, GKG Nr. 2210–2243 KV Rn 52; *Hartmann*, KostG, Nr. 2221 KV GKG Rn 2.   **2** *Oestreich/Hellstab/Trenkle*, GKG Nr. 2210–2243 KV Rn 53; *Hartmann*, KostG, Nr. 2221 KV GKG Rn 1; *Meyer*, GKG Nr. 2221 KV Rn 26.   **3** *Oestreich/Hellstab/Trenkle*, GKG Nr. 2210–2243 KV Rn 53; *Hartmann*, KostG, Nr. 2221 KV GKG Rn 1; *Meyer*, GKG Nr. 2221 KV Rn 26.   **4** BGH NJW 2010, 3033; BGH NJW 2008, 3067; *Stöber*, ZVG, Einl. Rn 86 Anm. 86.3, § 161 Rn 3 Anm. 3.6, 3.11; *Hartmann*, KostG, Nr. 2221 KV GKG Rn 2.   **5** *Stöber*, ZVG, Einl. Rn 86 Anm. 86.3; *Hartmann*, KostG, Nr. 2221 KV GKG Rn 2.

Abschnitt 3
Zwangsliquidation einer Bahneinheit

Nr.	Gebührentatbestand	Gebühr oder Satz der Gebühr nach § 34 GKG
2230	Entscheidung über den Antrag auf Eröffnung der Zwangsliquidation	60,00 €
2231	Verfahren im Allgemeinen	0,5
2232	Das Verfahren wird eingestellt: Die Gebühr 2231 ermäßigt sich auf	0,25

1   Das Verfahren zur Zwangsliquidation einer Bahneinheit wird nur auf Antrag eröffnet. Für die Entscheidung über einen solchen **Eröffnungsantrag**, sei es die Eröffnung oder auch die Zurückweisung, wird die Gebühr **Nr. 2230 KV** erhoben (**Entscheidungsgebühr**).[1] Die Fälligkeit regelt § 6 Abs. 2. Die Kostenhaftung bestimmt sich nach § 26 Abs. 1.

2   Für das **eröffnete Verfahren** fällt lediglich eine **Verfahrensgebühr Nr. 2231 KV** an. Damit ist die gesamte Tätigkeit des Gerichts in dem eröffneten Verfahren pauschal abgegolten.[2] Die Gebühr Nr. 2231 KV ermäßigt sich gem. **Nr. 2232 KV**, sofern das Verfahren **eingestellt** wird; eine anderweitige Beendigung des Verfahrens hat auf die Gebühr Nr. 2231 KV keinen Einfluss.[3] Die Fälligkeit regelt § 9, der Wert bestimmt sich nach § 57 und die Kostenhaftung ist in § 26 geregelt.

Abschnitt 4
Beschwerden

Unterabschnitt 1
Beschwerde

Nr.	Gebührentatbestand	Gebühr oder Satz der Gebühr nach § 34 GKG
2240	Verfahren über Beschwerden, wenn für die angefochtene Entscheidung eine Festgebühr bestimmt ist: Die Beschwerde wird verworfen oder zurückgewiesen .... <small>Wird die Beschwerde nur teilweise verworfen oder zurückgewiesen, kann das Gericht die Gebühr nach billigem Ermessen auf die Hälfte ermäßigen oder bestimmen, dass eine Gebühr nicht zu erheben ist.</small>	120,00 €
2241	Verfahren über nicht besonders aufgeführte Beschwerden, die nicht nach anderen Vorschriften gebührenfrei sind: Soweit die Beschwerde verworfen oder zurückgewiesen wird	1,0

I. Allgemeines

1   Die Nr. 2240–2243 KV regelt die Gebühren ausschließlich für Beschwerde- (Nr. 2240, 2241 KV) bzw Rechtsbeschwerdeverfahren (Nr. 2242, 2243 KV) betreffend die in den Abschnitten 1–3 des Hauptabschnitts 2 („Verfahren nach dem Gesetz über die Zwangsversteigerung und die Zwangsverwaltung; Zwangsliquidation einer Bahneinheit") aufgeführten Entscheidungen und Verfahren (→ Vor Nr. 2210–2243 KV Rn 1). Nach diesem Abschnitt 4 sind somit **nicht gebührenpflichtig** – auch zurückgewiesene – Erinnerungen gem. § 11 Abs. 2 RPflG und § 766 ZPO in den genannten (→ Vor Nr. 2210–2243 KV Rn 1)

1 *Oestreich/Hellstab/Trenkle*, GKG Nr. 2210–2243 KV Rn 61; *Hartmann*, KostG, Nr. 2230 KV GKG Rn 1. **2** *Oestreich/Hellstab/Trenkle*, GKG Nr. 2210–2243 KV Rn 62; *Hartmann*, KostG, Nr. 2231 KV GKG Rn 1. **3** *Oestreich/Hellstab/Trenkle*, GKG Nr. 2210–2243 KV Rn 62; *Hartmann*, KostG, Nr. 2231 KV GKG Rn 1.

Verfahren.[1] Auch Beschwerden, die sich gegen den Kostenansatz oder die Festsetzung des Geschäftswerts (anders die Beschwerde gegen die Verkehrswertfestsetzung gem. § 74 a ZVG) in diesen Verfahren richten, sind nicht gebührenpflichtig (vgl §§ 66 Abs. 8, 68 Abs. 3).[2]

In Zwangsversteigerungs-, Zwangsverwaltungsverfahren sowie im Verfahren zur Zwangsliquidation einer **2** Bahneinheit ist ein Beschwerdeverfahren nur gebührenpflichtig, sofern die Beschwerde zumindest teilweise verworfen oder zurückgewiesen wird.

Anknüpfend an die Systematik der Gebühren für die erste Instanz sind danach teilweise Festgebühren und **3** auch wertbezogene Gebühren vorgesehen (→ Vor Nr. 2210–2243 KV Rn 2 f).

II. Verfahrensgebühr Nr. 2240 KV

1. Verwerfung oder Zurückweisung der Beschwerde. Nr. 2240 KV gilt für Beschwerden gegen Entscheidun- **4** gen, die einen Antrag auf Anordnung der Zwangsversteigerung oder Zwangsverwaltung bzw den Beitritt zu diesen Verfahren sowie den Antrag auf Eröffnung des Verfahrens zur Zwangsliquidation einer Bahneinheit betreffen, da insoweit eine Festgebühr (gem. Nr. 2210, 2220 oder 2230 KV) anfällt.[3]

Gemäß Vorbem. 2.2 S. 4 KV fällt ebenfalls die Gebühr Nr. 2240 KV an, sofern die – verworfene oder zu- **5** rückgewiesene – Beschwerde eine Entscheidung nach § 765 a ZPO betrifft. Zur Beschwerde gegen eine Entscheidung gem. § 30 a ZVG → Rn 11, 15.

Es handelt sich bei Nr. 2240 KV zwar um eine Verfahrensgebühr, die jedoch aufgrund der **Anm.** nur anfällt, **6** sofern die **Beschwerde verworfen oder zurückgewiesen** wird. Erledigt sich das Beschwerdeverfahren auf andere Art und Weise, zB durch Rücknahme oder wird der Beschwerde stattgegeben, fällt somit keine Gebühr an.[4] Dies muss auch gelten, sofern die Beschwerde nur teilweise zurückgenommen und ihr im Übrigen stattgegeben wird. Auch im Falle der Aufhebung der angefochtenen Entscheidung und der Zurückverweisung an die erste Instanz fällt – mangels Verwerfung oder Zurückweisung – keine Gebühr an.

Es ist naturgemäß unerheblich, ob die Beschwerde sich gegen eine dem ursprünglichen Antrag stattgebende **7** oder diesen zurückweisende Entscheidung richtete.

Auch eine Beschwerde betreffend die **Ablehnung eines Richters** soll nach Nr. 2240 KV gebührenpflichtig **8** sein.[5] Es erscheint fraglich, diese Norm über den ausdrücklichen Wortlaut hinaus auch auf Beschwerden gegen Entscheidungen anzuwenden, für die in der ersten Instanz keine Gebühr bestimmt ist, statt der Verknüpfung an die unter Nr. 2210, 2220, 2230 KV aufgeführten Entscheidungen Rechnung zu tragen. Der Gebührenregelung Nr. 2241 KV als Auffangvorschrift würde dann vielfach die Grundlage entzogen. Die Bestimmung der Vorbem. 2.2 S. 4 KV betreffend das Verfahren nach § 765 a ZPO erscheint als Ausnahmeregelung nicht vergleichbar. Die Festsetzung eines Beschwerdewerts ausdrücklich für die Gerichtskosten[6] lässt auf eine Anwendung der Nr. 2241 KV schließen.

Die Gebühr für das Beschwerdeverfahren wird nur im Falle einer **endgültigen Verwerfung oder Zurückver- 9 weisung** erhoben. Wird der Verwerfungs- oder Zurückweisungsbeschluss im Rechtsbeschwerdeverfahren aufgehoben, fällt für das – vorherige – Beschwerdeverfahren – mangels Verwerfung oder Zurückweisung – letztlich keine Gebühr an.[7] Andererseits entsteht die Gebühr Nr. 2240 KV, sofern der Beschwerde zunächst stattgegeben wurde, jedoch auf eine Rechtsbeschwerde (des Gegners) unter Zurückweisung der ursprünglichen Beschwerde diese Beschwerdeentscheidung wieder aufgehoben wird.[8]

2. Teilweise Verwerfung oder Zurückweisung der Beschwerde (Anm.). Bei der als Festgebühr ausgestalteten **10** Gebühr Nr. 2240 KV ist im Gegensatz zu einer Wertgebühr eine nur **teilweise** Verwerfung oder Zurückweisung nicht unmittelbar im Gebührenbetrag geregelt, so dass auch in diesem Fall die Gebühr von 120 € entsteht.[9] Das Gericht kann nach der **Anm.** zu Nr. 2240 KV dann jedoch die Festgebühr auf die Hälfte ermäßigen oder bestimmen, dass keine Gebühr zu erheben ist.

Richtet sich die – erfolglose – Beschwerde **sowohl** gegen eine Entscheidung gem. § 765 a ZPO als **auch** **11** gegen eine Entscheidung gem. §§ 30 a, 30 c, 30 d, 30 e, 30 f ZVG, fällt nur eine Festgebühr an (s. Vorbem. 2.2 S. 4 KV). Zu einer in diesem Fall nur teilweisen Verwerfung oder Zurückweisung → Rn 10.[10] Zu Beschwerden allein gegen eine Einstellungsentscheidungen gem. § 30 a ZVG → Rn 15.

---

1 *Stöber*, ZVG, Einl. Rn 83 Anm. 83.1, 83.2; *Oestreich/Hellstab/Trenkle*, GKG Nr. 2210–2243 KV Rn 67; *Hartmann*, KostG, Nr. 2240, 2241 KV GKG Rn 4. **2** *Oestreich/Hellstab/Trenkle*, GKG Nr. 2210–2243 KV Rn 65. **3** *Stöber*, ZVG, Einl. Rn 83 Anm. 83.3; *Oestreich/Hellstab/Trenkle*, GKG Nr. 2210–2243 KV Rn 65; *Hartmann*, KostG, Nr. 2240, 2241 KV GKG Rn 2. **4** *Oestreich/Hellstab/Trenkle*, GKG Nr. 2210–2243 KV Rn 70. **5** OLG Düsseldorf Rpfleger 2008, 538 = AGS 2008, 499. **6** BGH NJW-RR 2011, 136. **7** *Stöber*, ZVG, Einl. Rn 83 Anm. 83.7 b. **8** *Stöber*, ZVG, Einl. Rn 83 Anm. 83.7 b. **9** *Oestreich/Hellstab/Trenkle*, GKG Nr. 2210–2243 KV Rn 70; *Hartmann*, KostG, Nr. 2240, 2241 KV GKG Rn 2. **10** *Stöber*, ZVG, Einl. Rn 83 Anm. 83.6; *Oestreich/Hellstab/Trenkle*, GKG Nr. 2210–2243 KV Rn 65, 68; *Hartmann*, KostG, Nr. 2240, 2241 KV GKG Rn 3.

12 **3. Mehrere Beschwerden.** Richten sich die mehreren Beschwerden – desselben oder verschiedener Beschwerdeführer – gegen unterschiedliche Entscheidungen (Ausnahme: § 765 a ZPO und § 30 a ZVG; dazu → Rn 11), fallen jeweils gesonderte Gebühren an, selbst wenn diese durch einheitlichen Beschluss verworfen oder zurückgewiesen werden.[11]

13 Mehrere verworfene oder zurückgewiesene Beschwerden verschiedener Personen gegen dieselbe Entscheidung lösen hingegen grds. nur eine Gebühr aus.[12] Wird die Beschwerde eines weiteren Beschwerdeführers jedoch erst eingelegt, nachdem die andere(n) Beschwerde(n) bereits zurückgewiesen war(en), wird ein neues Beschwerdeverfahren eingeleitet und für diese Zurückweisung fällt eine weitere Gebühr an (→ Nr. 2121 KV Rn 5).

14 **4. Fälligkeit, Kostenhaftung.** Die Fälligkeit regelt § 6 Abs. 2. Die Kostenhaftung ist in § 26 Abs. 3 geregelt.

III. Verfahrensgebühr Nr. 2241 KV

15 **1. Anwendungsbereich.** Die Gebühr Nr. 2241 KV stellt einen **Auffangtatbestand** dar und ist nur anwendbar, sofern kein Fall der Gebühr Nr. 2240 KV (→ Rn 4 f) gegeben und die Beschwerde auch nicht nach anderen Vorschriften gebührenfrei ist (→ Nr. 2121 KV Rn 1). Die Gebühr Nr. 2241 KV ist somit insb. anwendbar für Beschwerden (vgl § 95 ZVG) gegen Entscheidungen betreffend:

- die Festsetzung des Verkehrswerts gem. § 74 a Abs. 5 S. 3 ZVG;
- die Aufhebung oder Fortsetzung des Verfahrens;
- Erteilung oder Versagung des Zuschlags;
- den Teilungsplan (nicht für den Widerspruch gem. § 115 ZVG);
- die im ZVG geregelten Verfahrenseinstellungen (§§ 30 a, 30 c, 30 d, 30 e, 30 f, 180 Abs. 2 ZVG) – sofern nicht wegen § 765 a ZPO ausnahmsweise Nr. 2240 KV anfällt (→ Rn 5).[13]

16 Vorbem. 2.2 S. 4 KV erweitert nicht den Anwendungsbereich der Nr. 2240 KV auf Beschwerden allein betreffend Entscheidungen nach § 30 a ZVG, sondern verhindert bei der gegebenen Fallgestaltung (→ Rn 11) die Entstehung mehrerer Gebühren (Nr. 2240 und 2241 KV) nebeneinander. Nur die Gebühr Nr. 2241 KV fällt an, auch wenn die Beschwerde gegen eine Zuschlagsentscheidung auf § 765 a ZPO gestützt wird.[14]

17 **2. Verwerfung oder Zurückweisung der Beschwerde.** Auch die Gebühr Nr. 2241 KV fällt nur an, sofern die Beschwerde (endgültig, → Rn 9) verworfen oder zurückgewiesen wird. Bei anderweitiger Erledigung fällt somit keine Gebühr an (→ Rn 6).

18 Auch im Falle einer **teilweisen** Verwerfung oder Zurückweisung fällt die Gebühr Nr. 2241 KV an. Einer der Anm. zu Nr. 2240 KV entsprechenden Regelung (→ Rn 10) bedarf es hier jedoch nicht, da die Gebühr Nr. 2241 KV dann nur nach dem Wert berechnet wird, hinsichtlich dessen die Verwerfung oder Zurückweisung erfolgt.[15]

19 **3. Wert.** Wegen der Vielfalt der insb. in Versteigerungsverfahren anfechtbaren Entscheidungen sowie auch der häufig sehr unterschiedlichen Zielsetzung einer Beschwerde können für die Berechnung des Beschwerdewerts keine allgemeingültigen Aussagen gemacht werden.[16]

20 Mangels einer speziellen Regelung bestimmt sich die Wertberechnung im Regelfall nach § 48 Abs. 1 GKG iVm § 3 ZPO und es ist auf das Interesse des Beschwerdeführers an der Aufhebung der angefochtenen Entscheidung abzustellen. Die (unmittelbare) Anwendung der §§ 54, 55 wird daher zumeist nicht gerechtfertigt sein.[17] Andererseits wird – insb. bei Beschwerden des Meistbietenden gegen eine Zuschlagsversagung – unter Hinweis auf § 47 Abs. 1 S. 1 der Wert wie für die erste Instanz – gem. § 54 Abs. 2 – bemessen.[18] Unter Berücksichtigung der Interessenslage des Meistbietenden als Beschwerdeführer, das Objekt zu dem abgegebenen Gebot zu ersteigern, erscheint bei dieser Fallgestaltung die Anwendung des § 54 gerechtfertigt. Ob dies auch im Falle einer Beschwerde des Schuldners gegen die Erteilung des Zuschlags gerechtfertigt sein wird,[19] erscheint zumindest für den Fall fraglich, dass (lediglich) die Erteilung des Zuschlags auf ein bestimmtes Gebot oder an einen bestimmten Bieter angefochten wird.

11 *Oestreich/Hellstab/Trenkle*, GKG Nr. 2210–2243 KV Rn 68; *Hartmann*, KostG, Nr. 2240, 2241 KV GKG Rn 3. **12** *Stöber*, ZVG, Einl. Rn 83 Anm. 83.8. **13** *Stöber*, ZVG, Einl. Rn 83 Anm. 83.3; aA *Oestreich/Hellstab/Trenkle*, GKG Nr. 2210–2243 KV Rn 68. **14** *Stöber*, ZVG, Einl. Rn 83 Anm. 83.6; *Oestreich/Hellstab/Trenkle*, GKG Nr. 2210–2243 KV Rn 65. **15** *Oestreich/Hellstab/Trenkle*, GKG Nr. 2210–2243 KV Rn 70. **16** *Stöber*, ZVG, Einl. Rn 83 Anm. 83.10 a. **17** OLG Düsseldorf JurBüro 2010, 143; *Stöber*, ZVG, Einl. Rn 83 Anm. 83.10; *Oestreich/Hellstab/Trenkle*, GKG Nr. 2210–2243 KV Rn 72; aA *Hartmann*, KostG, Nr. 2240, 2241 KV GKG Rn 3. **18** BGH NJW 2012, 1012; BGH NJW 2007, 3274. **19** BGH NJW-RR 2012, 145; BGH NJW-RR 2008, 360.

Der Wert einer Beschwerde gegen die Festsetzung des Verkehrswertes gem. § 74 a Abs. 5 S. 3 ZVG wird   21
regelmäßig mit einem Bruchteil – zumeist die Hälfte – der Differenz zwischen dem festgesetzten und dem
vom Beschwerdeführer angestrebten Wert angenommen.[20]

4. Fälligkeit, Kostenhaftung, Auslagen. Die Fälligkeit regelt § 6 Abs. 2. Die Kostenhaftung ist in § 26 Abs. 3   22
geregelt. Die Erhebung von Auslagen bestimmt sich nach der Vorbem. 9 Abs. 1 KV.

Unterabschnitt 2
Rechtsbeschwerde

Nr.	Gebührentatbestand	Gebühr oder Satz der Gebühr nach § 34 GKG
2242	Verfahren über Rechtsbeschwerden, wenn für die angefochtene Entscheidung eine Festgebühr bestimmt ist: Die Rechtsbeschwerde wird verworfen oder zurückgewiesen .... Wird die Rechtsbeschwerde nur teilweise verworfen oder zurückgewiesen, kann das Gericht die Gebühr nach billigem Ermessen auf die Hälfte ermäßigen oder bestimmten, dass eine Gebühr nicht zu erheben ist.	240,00 €
2243	Verfahren über nicht besonders aufgeführte Rechtsbeschwerden, die nicht nach anderen Vorschriften gebührenfrei sind: Soweit die Rechtsbeschwerde verworfen oder zurückgewiesen wird	2,0

Die Gebühren Nr. 2242, 2243 KV entsprechen systematisch den Gebühren für das Beschwerdeverfahren   1
(Nr. 2240, 2241 KV), sind jedoch für das Rechtsbeschwerdeverfahren mit 240 € bzw einem 2,0-fachen Gebührensatz verdoppelt. Auf die Erl. zu Nr. 2240, 2041 KV kann somit verwiesen werden.

Hauptabschnitt 3
Insolvenzverfahren

Nr.	Gebührentatbestand	Gebühr oder Satz der Gebühr nach § 34 GKG
Vorbemerkung 2.3: Der Antrag des ausländischen Insolvenzverwalters steht dem Antrag des Schuldners gleich.		

Abschnitt 1
Eröffnungsverfahren

Nr.	Gebührentatbestand	Gebühr oder Satz der Gebühr nach § 34 GKG
2310	Verfahren über den Antrag des Schuldners auf Eröffnung des Insolvenzverfahrens .... Die Gebühr entsteht auch, wenn das Verfahren nach § 306 InsO ruht.	0,5

---

20 OLG Düsseldorf JurBüro 2010, 143; LG Lüneburg Rpfleger 2013, 108; OLG Bremen OLGR 2000, 476; *Stöber*, ZVG, Einl. Rn 83 Anm. 83.10 c.

Nr.	Gebührentatbestand	Gebühr oder Satz der Gebühr nach § 34 GKG
2311	Verfahren über den Antrag eines Gläubigers auf Eröffnung des Insolvenzverfahrens	0,5 – mindestens 180,00 €

1 Für das Verfahren über den Antrag des **Schuldners** auf Eröffnung des Insolvenzverfahrens entsteht die Gebühr **Nr. 2310 KV** mit einem Gebührensatz von 0,5. Die Gebühr entsteht auch, wenn das Verfahren nach § 306 InsO ruht (**Anm. zu Nr. 2310 KV**). Der **Gegenstandswert** bestimmt sich nach dem Wert der Insolvenzmasse zum Zeitpunkt der Beendigung des Verfahrens (§ 58 Abs. 1 S. 1). Gegenstände, welche mit Aussonderungsrechten belastet sind, werden beim Gegenstandswert nicht berücksichtigt. Sofern allerdings bei solchen Gegenständen ein das Absonderungsrecht wertmäßig übersteigender Erlös wahrscheinlich ist oder nach Insolvenzeröffnung erzielt werden kann, ist dieser Mehrerlös beim Gegenstandswert zu berücksichtigen.

2 Wird der Antrag auf Eröffnung des Insolvenzverfahrens vom **Gläubiger** gestellt, entsteht die Gebühr **Nr. 2311 KV** mit einem Gebührensatz von 0,5; die Mindestgebühr beträgt 180 €. Nach § 58 Abs. 2 ist der **Gegenstandswert** auf die Höhe der Forderung beschränkt, falls die freie Insolvenzmasse höher sein sollte als die Forderung des antragstellenden Gläubigers.[1]

3 Für den Fall, dass der Schuldner gem. § 23 Schuldner der Auslagen und Gebühren ist, haftet die Insolvenzmasse für diese Kosten. Beim sog. Fremdantrag ist der antragstellende Gläubiger der Kostenschuldner.[2]

4 Bei einem erfolgreich vom Gläubiger gestellten Insolvenzeröffnungsantrag sind der Schuldner und Gläubiger Gesamtschuldner der Gebühren gem. § 23 Abs. 1, 3 iVm § 31 Abs. 1.[3]

5 Sofern die Gebühr Nr. 2311 KV vom Gläubiger bereits bezahlt wurde, handelt es sich um Kosten des Insolvenzverfahrens, so dass ein **Erstattungsanspruch** besteht. Wird der Antrag auf Eröffnung des Insolvenzverfahrens vom Insolvenzgericht abgewiesen oder wird der Antrag vom Gläubiger zurückgenommen, ist Kostenschuldner der Gebühren und Auslagen der Gläubiger als Antragsteller.[4]

Abschnitt 2
Durchführung des Insolvenzverfahrens auf Antrag des Schuldners

Nr.	Gebührentatbestand	Gebühr oder Satz der Gebühr nach § 34 GKG
	Vorbemerkung 2.3.2: Die Gebühren dieses Abschnitts entstehen auch, wenn das Verfahren gleichzeitig auf Antrag eines Gläubigers eröffnet wurde.	
2320	Durchführung des Insolvenzverfahrens .... Die Gebühr entfällt, wenn der Eröffnungsbeschluss auf Beschwerde aufgehoben wird.	2,5
2321	Einstellung des Verfahrens vor dem Ende des Prüfungstermins nach den §§ 207, 211, 212, 213 InsO: Die Gebühr 2320 ermäßigt sich auf	0,5
2322	Einstellung des Verfahrens nach dem Ende des Prüfungstermins nach den §§ 207, 211, 212, 213 InsO: Die Gebühr 2320 ermäßigt sich auf	1,5

---

1 Braun/*Bäuerle*, InsO, § 54 Rn 4. **2** Braun/*Bäuerle*, InsO, § 54 Rn 8. **3** Braun/*Bäuerle*, InsO, § 54 Rn 9. **4** Braun/*Bäuerle*, InsO, § 54 Rn 10.

Für die Durchführung des Insolvenzverfahrens entsteht nach **Nr. 2320 KV** eine 2,5-Gebühr im Falle des Eigenantrags oder zusätzlichen Fremdantrags (vgl Vorbem. 2.3.2 KV). Die Gebühr wird nicht auf die des Eröffnungsverfahrens angerechnet.[1] Sollte der Eröffnungsbeschluss wegen einer Beschwerde aufgehoben werden, entfällt die Gebühr Nr. 2320 KV.[2]   1

Wird das Insolvenzverfahren vor dem Ende des Prüfungstermins nach den §§ 207, 211, 212, 213 InsO eingestellt, ermäßigt sich gem. **Nr. 2321 KV** die Gebühr Nr. 2320 KV auf einen Gebührensatz von 0,5. Wird das Insolvenzverfahren nach dem Ende des Prüfungstermins eingestellt, ermäßigt sich die Gebühr Nr. 2320 KV gem. **Nr. 2322 KV** auf einen Gebührensatz von 1,5.[3]   2

Abschnitt 3
Durchführung des Insolvenzverfahrens auf Antrag eines Gläubigers

Nr.	Gebührentatbestand	Gebühr oder Satz der Gebühr nach § 34 GKG
Vorbemerkung 2.3.3: Dieser Abschnitt ist nicht anzuwenden, wenn das Verfahren gleichzeitig auf Antrag des Schuldners eröffnet wurde.		
2330	Durchführung des Insolvenzverfahrens .... Die Gebühr entfällt, wenn der Eröffnungsbeschluss auf Beschwerde aufgehoben wird.	3,0
2331	Einstellung des Verfahrens vor dem Ende des Prüfungstermins nach den §§ 207, 211, 212, 213 InsO: Die Gebühr 2330 ermäßigt sich auf	1,0
2332	Einstellung des Verfahrens nach dem Ende des Prüfungstermins nach den §§ 207, 211, 212, 213 InsO: Die Gebühr 2330 ermäßigt sich auf	2,0

Bei Durchführung des Insolvenzverfahrens nur aufgrund eines Fremdantrags (vgl Vorbem. 2.3.3 KV) entsteht die Gebühr **Nr. 2330 KV**. Der Gebührensatz beträgt 3,0. Wird der Eröffnungsbeschluss durch die Beschwerde gem. § 58 Abs. 3 aufgehoben, entfällt die Gebühr (**Anm. zu Nr. 2330 KV**).   1

Wird das Insolvenzverfahren *vor* dem Ende des Prüfungstermins nach den §§ 207, 211, 212, 213 InsO eingestellt, ermäßigt sich gem. **Nr. 2331 KV** die Gebühr Nr. 2330 KV auf eine 1,0-Gebühr. Bei Verfahrenseinstellung *nach* dem Ende des Prüfungstermins ermäßigt sich die Gebühr Nr. 2330 KV gem. **Nr. 2332 KV** auf zwei Gebühren.[1]   2

Der Insolvenzschuldner ist der Auslagen- und Gebührenschuldner gem. § 23 Abs. 3.[2]   3

Abschnitt 4
Besonderer Prüfungstermin und schriftliches Prüfungsverfahren (§ 177 InsO)

Nr.	Gebührentatbestand	Gebühr oder Satz der Gebühr nach § 34 GKG
2340	Prüfung von Forderungen je Gläubiger	20,00 €

Weitere Kosten, die nicht vom Anwendungsbereich der Gebühren Nr. 2310–2332 KV umfasst sind, treffen die jeweiligen Verfahrensbeteiligten unmittelbar. Der anmeldende Gläubiger schuldet bei verspäteter Anmeldung die Prüfungsgebühr Nr. 2340 KV iHv 20 €. Die Gebühr fällt auch dann an, wenn die Prüfung im schriftlichen Verfahren erfolgt. Wenn der besondere Prüfungstermin tatsächlich stattfindet oder die ange-   1

---

1 Braun/*Bäuerle*, InsO, § 54 Rn 12.   **2** Braun/*Bäuerle*, InsO, § 54 Rn 12.   **3** Braun/*Bäuerle*, InsO, § 54 Rn 12.   **1** Braun/*Bäuerle*, InsO, § 54 Rn 13.   **2** Braun/*Bäuerle*, InsO, § 54 Rn 15.

meldete Forderung im schriftlichen Verfahren geprüft wird, entsteht die Gebühr als Aktgebühr. Kostenschuldner ist in diesem Fall ausschließlich der Gläubiger, der den Termin beantragt hat.[1]

Abschnitt 5
Restschuldbefreiung

Nr.	Gebührentatbestand	Gebühr oder Satz der Gebühr nach § 34 GKG
2350	Entscheidung über den Antrag auf Versagung oder Widerruf der Restschuldbefreiung (§§ 296 bis 297 a, 300 und 303 InsO)	35,00 €

1 Weitere Kosten, die nicht vom Anwendungsbereich der Gebühren Nr. 2310–2332 KV umfasst sind, treffen die jeweiligen Verfahrensbeteiligten unmittelbar. Für die Entscheidung über den Antrag auf Versagung oder Widerruf der Restschuldbefreiung entsteht die Gebühr Nr. 2350 KV iHv 35 €. Kostenschuldner ist der Gläubiger, der die Versagung oder den Widerruf der Restschuldbefreiung beantragt hat.

Abschnitt 6
Beschwerden

Unterabschnitt 1
Beschwerde

Nr.	Gebührentatbestand	Gebühr oder Satz der Gebühr nach § 34 GKG
2360	Verfahren über die Beschwerde gegen die Entscheidung über den Antrag auf Eröffnung des Insolvenzverfahrens	1,0
2361	Verfahren über nicht besonders aufgeführte Beschwerden, die nicht nach anderen Vorschriften gebührenfrei sind: Die Beschwerde wird verworfen oder zurückgewiesen .... Wird die Beschwerde nur teilweise verworfen oder zurückgewiesen, kann das Gericht die Gebühr nach billigem Ermessen auf die Hälfte ermäßigen oder bestimmen, dass eine Gebühr nicht zu erheben ist.	60,00 €

1 Für das Verfahren über die Beschwerde gegen die Entscheidung über den Antrag auf Eröffnung des Insolvenzverfahrens entsteht die Gebühr **Nr. 2360 KV** mit einem Satz von 1,0.

2 Wird Beschwerde gegen Entscheidungen eingelegt, für die Beschwerden nicht besonders aufgeführt und die nicht nach anderen Vorschriften gebührenfrei sind, entsteht die Gebühr **Nr. 2361 KV** iHv 60 €, sofern die Beschwerde verworfen oder zurückgewiesen wird.[1] Diese Gebühr entsteht also nur bei erfolgloser Beschwerde, nicht bei Zurücknahme. Hat das Gericht die Beschwerde teilweise zurückgewiesen oder verworfen, kann es die Gebühr nach billigem Ermessen ermäßigen, und zwar auf die Hälfe, oder bestimmen, dass gar keine Gebühr erhoben wird (**Anm.** zu Nr. 2361 KV).

3 Bei den Beschwerden im Insolvenzverfahren handelt es sich kostenrechtlich nicht um Gerichtskosten iSd § 54. Legt der Schuldner Beschwerde gegen die Eröffnungsentscheidung des Insolvenzgerichts ein, sind die Kosten einer erfolglosen Beschwerde gem. § 29 von diesem persönlich zu tragen. Ist die Beschwerde erfolgreich, hat der Antragsteller die Kosten zu tragen.[2] Die Höhe der Gebühr richtet sich nach der freien Masse.

---

1 Braun/*Bäuerle*, InsO, § 54 Rn 17. 1 Braun/*Bäuerle*, InsO, § 54 Rn 21. 2 Braun/*Bäuerle*, InsO, § 54 Rn 18.

Unterabschnitt 2
Rechtsbeschwerde

Nr.	Gebührentatbestand	Gebühr oder Satz der Gebühr nach § 34 GKG
2362	Verfahren über die Rechtsbeschwerde gegen die Beschwerdeentscheidung im Verfahren über den Antrag auf Eröffnung des Insolvenzverfahrens	2,0
2363	Beendigung des gesamten Verfahrens durch Zurücknahme der Rechtsbeschwerde oder des Antrags: Die Gebühr 2362 ermäßigt sich auf	1,0
2364	Verfahren über nicht besonders aufgeführte Rechtsbeschwerden, die nicht nach anderen Vorschriften gebührenfrei sind: Die Rechtsbeschwerde wird verworfen oder zurückgewiesen .... Wird die Rechtsbeschwerde nur teilweise verworfen oder zurückgewiesen, kann das Gericht die Gebühr nach billigem Ermessen auf die Hälfte ermäßigen oder bestimmen, dass eine Gebühr nicht zu erheben ist.	120,00 €

In den Rechtsbeschwerdeverfahren, in welchen über die vorgenannten Beschwerdeentscheidungen (→ Nr. 2360–2361 KV Rn 1 f) entschieden wird, entsteht die Gebühr **Nr. 2362 KV** von 2,0. Wird das gesamte Verfahren beendet, ermäßigt sich die Gebühr Nr. 2362 KV nach **Nr. 2363 KV** auf einen Gebührensatz von 1,0. **1**

Die Gebühr **Nr. 2364 KV** betrifft Verfahren über nicht besonders aufgeführte Rechtsbeschwerden, die nicht nach anderen Vorschriften gebührenfrei sind. Die Gebühr Nr. 2364 KV beträgt im Falle des Verwerfens oder der Zurückweisung 120 €. Hier kann das Gericht nach billigem Ermessen auf die Hälfte reduzieren oder auch bestimmen, dass eine Gebühr gar nicht erhoben wird, wenn die Rechtsbeschwerde nur teilweise verworfen oder zurückgenommen wird (**Anm. zu Nr. 2364 KV**). **2**

Hauptabschnitt 4
Schifffahrtsrechtliches Verteilungsverfahren

Abschnitt 1
Eröffnungsverfahren

Nr.	Gebührentatbestand	Gebühr oder Satz der Gebühr nach § 34 GKG
2410	Verfahren über den Antrag auf Eröffnung des Verteilungsverfahrens	1,0

Abschnitt 2
Verteilungsverfahren

Nr.	Gebührentatbestand	Gebühr oder Satz der Gebühr nach § 34 GKG
2420	Durchführung des Verteilungsverfahrens	2,0

Abschnitt 3
Besonderer Prüfungstermin und schriftliches Prüfungsverfahren
(§ 18 Satz 3 SVertO, § 177 InsO)

Nr.	Gebührentatbestand	Gebühr oder Satz der Gebühr nach § 34 GKG
2430	Prüfung von Forderungen je Gläubiger	20,00 €

Abschnitt 4
Beschwerde und Rechtsbeschwerde

Nr.	Gebührentatbestand	Gebühr oder Satz der Gebühr nach § 34 GKG
2440	Verfahren über Beschwerden, die nicht nach anderen Vorschriften gebührenfrei sind: Die Beschwerde wird verworfen oder zurückgewiesen .... Wird die Beschwerde nur teilweise verworfen oder zurückgewiesen, kann das Gericht die Gebühr nach billigem Ermessen auf die Hälfte ermäßigen oder bestimmen, dass eine Gebühr nicht zu erheben ist.	60,00 €
2441	Verfahren über Rechtsbeschwerden: Die Rechtsbeschwerde wird verworfen oder zurückgewiesen .... Wird die Rechtsbeschwerde nur teilweise verworfen oder zurückgewiesen, kann das Gericht die Gebühr nach billigem Ermessen auf die Hälfte ermäßigen oder bestimmen, dass eine Gebühr nicht zu erheben ist.	120,00 €

I. Allgemeines

1 Die Gebühren der Nr. 2410–2441 KV umfassen die **schifffahrtsrechtlichen Verteilungsverfahren** nach der SVertO, so dass sowohl die see- als auch die binnenschifffahrtsrechtlichen Verteilungsverfahren erfasst sind. Zu unterscheiden ist zwischen den erstinstanzlichen Verfahren (Nr. 2410, 2420, 2430 KV) und den Beschwerde- und Rechtsbeschwerdeverfahren (Nr. 2440, 2441 KV).

II. Erstinstanzliche Verfahren

2 **1. Eröffnungsantrag (Nr. 2410 KV). a) Höhe und Abgeltung.** Für den Antrag auf Eröffnung des Verfahrens (§ 4 SVertO) entsteht eine 1,0-Verfahrensgebühr nach Nr. 2410 KV, die sämtliche Handlungen des Gerichts abdeckt, also neben der Eröffnung oder Ablehnung auch die öffentliche Bekanntmachung, Festsetzung der Haftungssumme, die Bestellung des Sachverwalters sowie die öffentliche Aufforderung und Bekanntmachung. Es können jedoch weitere Auslagen entstehen, zB Nr. 9004 KV für Bekanntmachungskosten.

3 **b) Entstehung und Fälligkeit.** Die Gebühr entsteht mit Eingang des Eröffnungsantrags bei Gericht. Sie kann danach nicht mehr entfallen und sich auch nicht ermäßigen. Auch die Fälligkeit tritt nach § 6 Abs. 1 S. 1 Nr. 3 bereits mit Antragseingang bei Gericht ein. Die Gebühr entsteht unabhängig vom Inhalt der Entscheidung, auch bei Ablehnung der Eröffnung.

4 **c) Vorauszahlung.** Über den Eröffnungsantrag soll erst entschieden werden, wenn die Gebühr der Nr. 2410 KV und die Kosten für die öffentliche Bekanntmachung (insb. Nr. 9004 KV) eingezahlt sind (§ 13). Die Kosten sind ohne Sollstellung anzufordern (§ 26 Abs. 1 KostVfg).

5 **2. Verteilungsverfahren (Nr. 2420 KV).** Hat das Gericht das Verteilungsverfahren eröffnet, entsteht die Gebühr der Nr. 2420 KV mit einem 2,0-Gebührensatz. Sie entsteht gesondert neben der Gebühr der Nr. 2410 KV, eine Anrechnung findet nicht statt. Es handelt sich um eine pauschale Verfahrensgebühr, die sämtliche gerichtliche Handlungen des Verteilungsverfahrens abdeckt. Wird der Eröffnungsantrag abgelehnt, entsteht die Gebühr nicht, weil es dann nicht zur Durchführung des Verteilungsverfahrens kommt.

3. **Besonderer Prüfungstermin und schriftliches Prüfungsverfahren (Nr. 2430 KV).** Findet ein besonderer   6
Prüfungstermin statt (§ 11 SVertO), entsteht eine Gebühr nach Nr. 2430 KV. Es handelt sich um eine **Aktgebühr**, die nur entsteht, wenn es nach Aufruf tatsächlich zur Prüfung der Ansprüche kommt. Die Gebühr
entsteht auch, wenn es sich um ein schriftliches Prüfungsverfahren nach § 177 InsO iVm § 18 S. 3 SVertO
handelt.

Die Gebühr entsteht stets iHv 20 €. Da die Gebühr ihrem Wortlaut nach **je Gläubiger** zu erheben ist, ent   7
steht sie für jeden Gläubiger gesondert, auch bei Gesamtgläubigern. Hingegen kommt es auf die Anzahl der
Einzelforderungen des Gläubigers nicht an.

Auslagen für die Bekanntmachung eines besonderen Prüfungstermins nach § 18 SVertO werden nicht erho   8
ben (Anm. Abs. 1 S. 2 zu Nr. 9004 KV).

4. **Kostenschuldner.** Die Gebühren der Nr. 2410, 2420, 2430 KV schuldet derjenige, der den Antrag auf   9
Eröffnung (§ 4 SVertO) gestellt hat (§ 25). Mehrere Antragsteller haften gem. § 31 Abs. 1 als Gesamtschuldner. Da § 25 von „Kosten" spricht, umfasst die Haftung auch die gerichtlichen Auslagen nach
Nr. 9000 ff KV.

Nicht zu den Gerichtskosten gehört hingegen die Vergütung oder der Aufwendungsersatz für den Sachver   10
walter (§ 9 Abs. 6 SVertO), denn sie sind keine gerichtlichen Auslagen. Für diese Kosten haftet gem. § 31
Abs. 1 Nr. 1 SVertO stets der Antragsteller.

5. **Wert.** Es gilt § 59. Danach bestimmt sich der Wert für Nr. 2410, 2420 KV nach dem Betrag der festge   11
setzten Haftungssumme. Ist diese höher als der Gesamtbetrag der Ansprüche, für deren Gläubiger das
Recht auf Teilnahme an dem Verteilungsverfahren festgestellt wird, richten sich die Gebühren nach dem
Gesamtbetrag der Ansprüche.

Im Hinblick auf die Rechtsanwaltsvergütung gelten §§ 28, 29 RVG, so dass die Haftungssumme, höchstens   12
der Betrag sämtlicher Forderungen, maßgeblich ist.[1] Bei der Vertretung eines Gläubigers richtet sich der
Gegenstandswert nach dem Nennbetrag der Forderung zzgl. der Nebenansprüche bis zum Tag vor der Eröffnung des Verteilungsverfahrens.[2]

III. Beschwerde- und Rechtsbeschwerdeverfahren (Nr. 2440, 2441 KV)

§ 3 Abs. 2 SVertO ordnet an, dass gegen Entscheidungen im Verteilungsverfahren die sofortige Beschwerde   13
stattfindet und gegen die Entscheidungen des Beschwerdegerichts die Rechtsbeschwerde. Gegen den Beschluss über die Festsetzung der Haftungssumme findet gleichfalls die Beschwerde statt, die nur durch den
Antragsteller eingelegt werden kann (§ 12 Abs. 1 S. 1 SVertO).

Für das Beschwerdeverfahren entsteht eine Verfahrensgebühr von 60 € (Nr. 2440 KV) und für das Rechts   14
beschwerdeverfahren von 120 € (Nr. 2441 KV). Die Gebühren entstehen nur, wenn Beschwerde oder
Rechtsbeschwerde **verworfen** oder **zurückgewiesen** werden. Die Gebühr entsteht ferner für eine unstatthafte
Beschwerde, die gegen eine Entscheidung über die Zurückbehaltung bei der Verteilung eingelegt wird (§ 33
S. 2 SVertO). Eine erfolgreiche Beschwerde oder Rechtsbeschwerde bleibt gebührenfrei; hinsichtlich der
Auslagen gilt in diesen Fällen Vorbem. 9 Abs. 1 KV. Für das **Anhörungsrügeverfahren** (§ 3 Abs. 1 SVertO)
gilt Nr. 2500 KV.

Erfolgt nur eine **teilweise** Verwerfung oder Zurückweisung, kann das Gericht nach billigem Ermessen an   15
ordnen, dass die Gebühr auf die Hälfte zu ermäßigen ist oder gänzlich unerhoben bleibt (**Anm. zu Nr. 2440
KV, Anm. zu Nr. 2441 KV**). Wird eine solche Anordnung nicht getroffen, ist die Gebühr in voller Höhe zu
erheben.

Da es sich um Festgebühren handelt, sind **Zustellungskosten** (Nr. 9002 KV) von der ersten Zustellung an zu   16
erheben.

IV. Erinnerungsverfahren

Die Erinnerungsverfahren (vgl § 12 Abs. 2 SVertO) sind gebührenfrei.   17

---

1 SchOG Karlsruhe BinnSchiff 2008, 66. **2** SchOG Karlsruhe BinnSchiff 2008, 66.

Hauptabschnitt 5
Rüge wegen Verletzung des Anspruchs auf rechtliches Gehör

Nr.	Gebührentatbestand	Gebühr oder Satz der Gebühr nach § 34 GKG
2500	Verfahren über die Rüge wegen Verletzung des Anspruchs auf rechtliches Gehör (§ 321 a ZPO, § 4 InsO, § 3 Abs. 1 Satz 1 SVertO): Die Rüge wird in vollem Umfang verworfen oder zurückgewiesen	60,00 €

I. Allgemeines und Anwendungsbereich

1 Im Verfahren über eine Rüge wegen der Verletzung des Anspruchs auf rechtliches Gehör wird je nach Ausgang des Verfahrens eine **Festgebühr** nach Nr. 2500 KV erhoben. Auf den Wert des Verfahrens kommt es nicht an. Nr. 2500 KV regelt die Erhebung einer **Verfahrensgebühr** für den Fall der Verwerfung oder Zurückweisung.

2 Nr. 2500 KV gilt ausdrücklich allein für die in **Teil 2 KV** geregelten Anhörungsrügen nach § 321 a ZPO, § 4 InsO und § 3 Abs. 1 S. 1 SVertO.

3 Soweit Anhörungsrügen nach **Teil 1 KV** erhoben werden, wird die Gebühr Nr. 1700 KV ausgelöst (Teil 3 KV/Nr. 3920 KV; Teil 4 KV/Nr. 4500 KV; Teil 5 KV/Nr. 5400 KV; Teil 6 KV/Nr. 6400 KV; Teil 7 KV/Nr. 7400 KV; Teil 8 KV/Nr. 8500 KV), die einheitlich 60 € beträgt. Soweit Anhörungsrüge in **Familiensachen** nach §§ 44, 113 Abs. 1 S. 2 FamFG iVm § 321 a ZPO erhoben wird, werden Gebühren nach Nr. 1800 KV ausgelöst. Ein Gebührentatbestand für Anhörungsrügen im **Kostenrecht** (§ 12 a RVG, § 69 a GKG, § 61 FamGKG, § 84 GNotKG, § 4 a JVEG) ist nicht geregelt;[1] Anhörungsrügen nach den Kostengesetzen sind daher gebührenfrei.[2]

II. Voraussetzungen und Höhe der Gebühr

4 Die Gebühr nach Nr. 2500 KV wird erhoben, wenn die Rüge **in vollem Umfang verworfen oder zurückgewiesen** wird. Wird der Rüge ganz oder auch nur teilweise stattgegeben, wird die Gebühr der Nr. 2500 KV nicht erhoben. Schließen die Parteien im Anhörungsrügenverfahren einen Vergleich und erledigt sich die Rüge insoweit, so wird der Gebührentatbestand der Nr. 2500 KV ebenfalls nicht ausgelöst.

5 Die Höhe der Gebühr beläuft sich auf 60 €. Es handelt sich um eine wertunabhängige Festgebühr, die auch dann nicht zu ermäßigen ist, wenn nur ein beschränkter Teil des Streitgegenstands angegriffen worden ist. Werden mehrere Rügen in demselben Verfahren erhoben, dann entsteht die Gebühr jeweils gesondert.

III. Kostenschuldner

6 Schuldner der Gebühr ist derjenige, der sie erhoben hat. Soweit einer Partei für den Rechtsstreit Prozesskostenhilfe bewilligt worden ist, schuldet er die Gebühr der Nr. 2500 KV dennoch, es sei denn, ihm ist für das Gehörsrügeverfahren gesondert Prozesskostenhilfe bewilligt worden, was grds. möglich ist, aber gesondert beantragt werden muss.[3]

---

1 OLG Düsseldorf AGS 2010, 194 = RVGreport 2010, 199; OLG Celle AGS 2012, 529 = RVGreport 2012, 474. 2 LG Saarbrücken AGS 2016, 180 = JurBüro 2016, 302; OLG Celle AGS 2012, 529 = MDR 2012, 1067. 3 BGH AGS 2014, 290 = RVGreport 2014, 167 = NJW-Spezial 2014, 477.

Teil 3
Strafsachen und gerichtliche Verfahren nach dem Strafvollzugsgesetz, auch in Verbindung mit § 92 des Jugendgerichtsgesetzes, sowie Verfahren nach dem Gesetz über die internationale Rechtshilfe in Strafsachen

Nr.	Gebührentatbestand	Gebühr oder Satz der jeweiligen Gebühr 3110 bis 3117, soweit nichts anderes vermerkt ist

Vorbemerkung 3:

(1) § 473 Abs. 4 StPO und § 74 JGG bleiben unberührt.

(2) Im Verfahren nach Wiederaufnahme werden die gleichen Gebühren wie für das wiederaufgenommene Verfahren erhoben. Wird jedoch nach Anordnung der Wiederaufnahme des Verfahrens das frühere Urteil aufgehoben, gilt für die Gebührenerhebung jeder Rechtszug des neuen Verfahrens mit dem jeweiligen Rechtszug des früheren Verfahrens zusammen als ein Rechtszug. Gebühren werden auch für Rechtszüge erhoben, die nur im früheren Verfahren stattgefunden haben. Dies gilt auch für das Wiederaufnahmeverfahren, das sich gegen einen Strafbefehl richtet (§ 373 a StPO).

I. Geltungsbereich von Teil 3 KV

Aus § 1 Abs. 1 S. 1 Nr. 5, 6, 8 und 18 ergibt sich, dass sich in Verfahren vor den ordentlichen Gerichten **1** nach der StPO (Nr. 5), nach dem JGG (Nr. 6), nach dem StVollzG, auch in Verbindung mit § 92 JGG (Nr. 8), sowie nach Abschnitt 2 Unterabschnitt 2 des Neunten Teils des Gesetzes über die internationale Rechtshilfe in Strafsachen (IRG) (Nr. 18) die Gebühren und Auslagen nach dem GKG richten. § 1 Abs. 2 Nr. 5 stellt ferner klar, dass das GKG auch in Verfahren vor den Staatsanwaltschaften nach der StPO und dem JGG Anwendung findet, wenn es nicht zu einem gerichtlichen Verfahren nach der StPO kommt. Teil 3 KV regelt die in **Strafsachen**, in Verfahren nach dem **StVollzG**, auch iVm § **92 JGG**, sowie in Verfahren nach dem Gesetz über die internationale Rechtshilfe in Strafsachen (**IRG**) zu erhebenden Gebühren. Für die Auslagen gilt Teil 9 KV.

Im **gerichtlichen Bußgeldverfahren** nach dem OWiG findet nach § 1 Abs. 1 S. 1 Nr. 7 ebenfalls das GKG **2** Anwendung. Die Gebühren richten sich allerdings nach Teil 4 KV. Im Bußgeldverfahren vor der **Verwaltungsbehörde** gelten für die Erhebung von Gebühren und Auslagen § 107 OWiG bzw entsprechende Kostengesetze der Länder.[1]

Strafsachen sind alle Verfahren, die als Strafverfahren ausgestaltet sind, also alle Verfahren nach der **StPO**, **3** dem **JGG** und den **landesrechtlichen Strafvorschriften**. Die Gebühren ergeben sich aus den Hauptabschnitten 1–7 von Teil 3 KV sowie aus Nr. 3920 KV. Für berufsgerichtliche Verfahren oder Disziplinarverfahren gilt das GKG (unmittelbar) nicht (→ § 1 Rn 15, 50 f). Insbesondere gilt Teil 3 KV für diese Verfahren nicht.

Strafvollzugssachen sind keine Strafsachen. Die Gebühren sind insoweit Hauptabschnitt 8 von Teil 3 KV zu **4** entnehmen. Die Gerichtsgebühren im Strafvollzugsverfahren richten sich nach den **Nr. 3810–3830 KV**. Es fallen keine Festgebühren, sondern **Wertgebühren** an. Die Berechnung des Werts für diese Gebühren richtet sich nach § 60.

Liegt kein gerichtliches Verfahren nach der StPO, dem JGG oder dem StVollzG vor, sondern fallen Kosten anlässlich bzw während des Straf- oder Maßregelvollzugs an, gilt das GKG nicht. Die **Vollstreckung** einer **Strafe** oder **Maßregel** ist eine Aufgabe der Justizverwaltung, die die damit verbundenen Kosten ggf gem. § 50 StVollzG (früher: § 10 JVKostO) in Form eines Haftkostenbeitrags vom Verurteilten erhebt (s. dazu § 73 und auch Nr. 9010, 9011 KV).

Nach Teil 3 Hauptabschnitt 9 KV sind Verfahren nach Abschnitt 2 Unterabschnitt 2 des Neunten Teils des **5** IRG (§§ 87 ff IRG) abzurechnen. Hierbei handelt es sich um **Vollstreckungshilfeverfahren für einen anderen Mitgliedstaat** nach Maßgabe des Rahmenbeschlusses 2005/214/JI des Rates vom 24. Februar 2005 über die Anwendung des Grundsatzes der gegenseitigen Anerkennung von Geldstrafen und Geldbußen (Vollstreckung europäischer Geldsanktionen).[2] Für das gerichtliche Verfahren vor dem Amtsgericht nach §§ 87 g ff IRG über den Einspruch gegen die Entscheidung des Bundesamtes für Justiz sowie für das Rechtsbeschwer-

---

1 *Meyer*, GKG § 1 Rn 25. **2** ABl. L 76 v. 22.3.2005, S. 16.

deverfahren vor dem Oberlandesgericht werden die in **Nr. 3910, 3911 KV** geregelten Gebühren erhoben (→ § 1 Rn 44). Zur Zuständigkeit für den Kostenansatz → § 19 Rn 64.

II. Abschließende Gebührenregelungen

6   Die Gerichtsgebühren für das Strafverfahren sind ausschließlich in **Teil 3 KV** geregelt (Nr. 3110–3900 KV). Enthält das Kostenverzeichnis keinen Gebührentatbestand, ist das Verfahren **gerichtsgebührenfrei**. Es können somit nur die dort ausdrücklich und abschließend geregelten Gebühren erhoben werden.

7   Gerichtliche Verfahren vor der Strafvollstreckungskammer des Landgerichts nach §§ 462 a, 463 StPO (§ 78 a GVG), die die **Strafvollstreckung** betreffen, unterfallen gem. § 1 Abs. 1 S. 2 Nr. 5 zwar ebenfalls dem GKG. Gerichtsgebühren sind für diese Verfahren in Teil 3 KV aber nicht vorgesehen. Es können daher nur Auslagen nach Teil 9 KV erhoben werden (dazu auch → Nr. 9005 KV Rn 2).

III. § 473 Abs. 4 StPO und § 74 JGG (Vorbem. 3 Abs. 1 KV)

8   Hat das Rechtsmittel teilweise Erfolg, so hat das Gericht gem. § 473 Abs. 4 StPO die Gebühr zu ermäßigen und die entstandenen Auslagen teilweise oder auch ganz der Staatskasse aufzuerlegen, soweit es unbillig wäre, die Beteiligten damit zu belasten. Im Verfahren gegen einen **Jugendlichen** kann gem. § 74 JGG davon abgesehen werden, dem Angeklagten Kosten und Auslagen aufzuerlegen. Nach Vorbem. 3 Abs. 1 KV werden diese Regelungen von Teil 3 KV nicht berührt. Das bedeutet, dass durch entsprechende gerichtliche Entscheidungen in bestimmten Fällen die Gebühr herabgesetzt bzw von der Gebührenerhebung abgesehen werden kann. § 473 Abs. 4 StPO und § 74 JGG gehen daher den Bestimmungen in Teil 3 KV vor.

9   Umstritten ist, wie zu verfahren ist, wenn mehrere Angeklagte (**Jugendliche** und Erwachsene) in einem gemeinsamen Verfahren wegen derselben Tat verurteilt worden sind und gem. §§ 33, 466 StPO gesamtschuldnerisch für Auslagen haften und bei einem oder mehreren Jugendlichen von der Auferlegung der Kosten (Auslagen) gem. § 74 JGG abgesehen worden ist. Siehe insoweit → § 33 Rn 19 f.

IV. Wiederaufnahmeverfahren (Vorbem. 3 Abs. 2 KV)

10   **1. Bestätigung des früheren Urteils (S. 1).** Nach Vorbem. 3 Abs. 2 S. 1 KV werden im Verfahren nach Wiederaufnahme die gleichen Gebühren wie für das wiederaufgenommene Verfahren erhoben. Zusätzlich zu den bereits für das frühere und wiederaufgenommene Verfahren erhobenen Gebühren **Nr. 3110–3117 KV** fallen also im Falle der Bestätigung des früheren Urteils für das Verfahren nach Wiederaufnahme die Gebühren Nr. 3110–3117 KV **erneut** an. Die Gebühr für das Verfahren nach Wiederaufnahme bemisst sich dabei nach der rechtskräftigen Strafe des früheren und wiederaufgenommenen Verfahrens.[3] Wird bei einer **Gesamtstrafe** die Wiederaufnahme nur wegen einer Tat betrieben, ist die Gebühr für das Verfahren nach Wiederaufnahme nach der Einsatzstrafe zu berechnen.[4] Bei einem **Teilerfolg** des Wiederaufnahmeantrags gilt gem. § 473 Abs. 6 StPO für die Kostenentscheidung § 473 Abs. 1–4 StPO entsprechend.

11   **2. Aufhebung des früheren Urteils (S. 2).** Wird jedoch nach Anordnung der Wiederaufnahme des Verfahrens das **frühere Urteil aufgehoben**, gilt nach Vorbem. 3 Abs. 2 S. 2 KV für die Gebührenerhebung jeder Rechtszug des neuen Verfahrens mit dem jeweiligen Rechtszug des früheren Verfahrens zusammen als ein Rechtszug. Gebühren werden aber auch für Rechtszüge erhoben, die nur im früheren Verfahren stattgefunden haben. Dies gilt auch für das Wiederaufnahmeverfahren, das sich gegen einen Strafbefehl richtet (§ 373 a StPO).

12   Weil das wiederaufgenommene Verfahren und das Verfahren nach Wiederaufnahme gebührenrechtlich einen Rechtszug bilden, richten sich die Gebühren nach der im Verfahren nach der Wiederaufnahme getroffenen neuen Entscheidung. Das gilt aber nur, wenn der Angeklagte durch die neue Entscheidung rechtskräftig verurteilt wird oder ein sonstiger Gebührentatbestand nach Nr. 3110 KV ff verwirklicht wird. Im Falle des Freispruchs auf Kosten der Staatskasse, der Straffreierklärung oder des Absehens von Strafe im neuen Urteil oder der Einstellung auf Kosten der Staatskasse können weder für das frühere wiederaufgenommene Verfahren noch das neue Verfahren nach Wiederaufnahme Gebühren erhoben werden.[5] Die im früheren Verfahren erhobenen Gebühren fallen nachträglich weg; sind sie gezahlt worden, müssen sie erstattet werden.[6] Das gilt für alle Instanzen des früheren Verfahrens.

13   **3. Verfahren über den Wiederaufnahmeantrag.** Wird der Antrag auf Wiederaufnahme des Verfahrens verworfen oder abgelehnt, entsteht hierfür eine 0,5-Verfahrensgebühr nach Nr. 3140 KV. Wird die Beschwerde gegen einen Beschluss, durch den ein Antrag auf Wiederaufnahme des Verfahrens verworfen oder abgelehnt

---

3 *Oestreich/Hellstab/Trenkle*, GKG Vorbem. 3 KV Rn 8.   **4** *Oestreich/Hellstab/Trenkle*, GKG Vorbem. 3 KV Rn 8.   **5** *Oestreich/ Hellstab/Trenkle*, GKG Vorbem. 3 KV Rn 11.   **6** *Oestreich/Hellstab/Trenkle*, GKG Vorbem. 3 KV Rn 11.

wurde, verworfen oder zurückgewiesen, entsteht eine 1,0-Verfahrensgebühr nach Nr. 3341 KV. Die Gebühren werden aus den Gebühren nach Nr. 3110–3117 KV berechnet. Der erfolgreiche Wiederaufnahmeantrag oder dessen Rücknahme lösen keine Gebühren aus. Das gilt entsprechend für die erfolgreiche Beschwerde oder deren Rücknahme.

Für das Verfahren über den Wiederaufnahmeantrag bzw das Beschwerdeverfahren bei der **Privatklage** bzw   14
der **Nebenklage** gelten Nr. 3340, 3341 KV bzw Nr. 3530, 3531 KV, bei **Einziehung und verwandten Maßnahmen** Nr. 3450, 3451 KV.

Hauptabschnitt 1
Offizialverfahren

Nr.	Gebührentatbestand	Gebühr oder Satz der jeweiligen Gebühr 3110 bis 3117, soweit nichts anderes vermerkt ist

Vorbemerkung 3.1:

(1) In Strafsachen bemessen sich die Gerichtsgebühren für alle Rechtszüge nach der rechtskräftig erkannten Strafe.

(2) Ist neben einer Freiheitsstrafe auf Geldstrafe erkannt, ist die Zahl der Tagessätze der Dauer der Freiheitsstrafe hinzuzurechnen; dabei entsprechen 30 Tagessätze einem Monat Freiheitsstrafe.

(3) Ist auf Verwarnung mit Strafvorbehalt erkannt, bestimmt sich die Gebühr nach der vorbehaltenen Geldstrafe.

(4) Eine Gebühr wird für alle Rechtszüge bei rechtskräftiger Anordnung einer Maßregel der Besserung und Sicherung und bei rechtskräftiger Festsetzung einer Geldbuße gesondert erhoben.

(5) Wird aufgrund des § 55 Abs. 1 StGB in einem Verfahren eine Gesamtstrafe gebildet, bemisst sich die Gebühr für dieses Verfahren nach dem Maß der Strafe, um das die Gesamtstrafe die früher erkannte Strafe übersteigt. Dies gilt entsprechend, wenn ein Urteil, in dem auf Jugendstrafe erkannt ist, nach § 31 Abs. 2 JGG in ein neues Urteil einbezogen wird. In den Fällen des § 460 StPO und des § 66 JGG verbleibt es bei den Gebühren für die früheren Verfahren.

(6) Betrifft eine Strafsache mehrere Angeschuldigte, ist die Gebühr von jedem gesondert nach Maßgabe der gegen ihn erkannten Strafe, angeordneten Maßregel der Besserung und Sicherung oder festgesetzten Geldbuße zu erheben. Wird in einer Strafsache gegen einen oder mehrere Angeschuldigte auch eine Geldbuße gegen eine juristische Person oder eine Personenvereinigung festgesetzt, ist eine Gebühr auch von der juristischen Person oder der Personenvereinigung nach Maßgabe der gegen sie festgesetzten Geldbuße zu erheben.

(7) Wird bei Verurteilung wegen selbständiger Taten ein Rechtsmittel auf einzelne Taten beschränkt, bemisst sich die Gebühr für das Rechtsmittelverfahren nach der Strafe für diejenige Tat, die Gegenstand des Rechtsmittelverfahrens ist. Bei Gesamtstrafen ist die Summe der angefochtenen Einzelstrafen maßgebend. Ist die Gesamtstrafe, auch unter Einbeziehung der früher erkannten Strafe, geringer, ist diese maßgebend. Wird ein Rechtsmittel auf die Anordnung einer Maßregel der Besserung und Sicherung oder die Festsetzung einer Geldbuße beschränkt, werden die Gebühren für das Rechtsmittelverfahren nur wegen der Anordnung der Maßregel oder der Festsetzung der Geldbuße erhoben. Die Sätze 1 bis 4 gelten im Fall der Wiederaufnahme entsprechend.

(8) Das Verfahren über die vorbehaltene Sicherungsverwahrung und das Verfahren über die nachträgliche Anordnung der Sicherungsverwahrung gelten als besondere Verfahren.

I. Grundsätze (Vorbem. 3.1 Abs. 1 KV)

1. Rechtskräftige Strafen. Eine Gebühr wird im Offizialverfahren nur erhoben, wenn eine **rechtskräftige**   1
Strafentscheidung vorliegt und in Nr. 3110–3319 KV ein Gebührentatbestand vorhanden ist. Wird das Urteil nicht rechtskräftig, kann keine Gebühr erhoben werden. Im Fall eines **Freispruchs** des Beschuldigten können daher keine Gerichtsgebühren und auch keine Auslagen (Teil 9 KV) erhoben werden. Die **Einstellung** des Strafverfahrens ist ebenfalls gebührenfrei.

Die Strafen, die Gebühren auslösen, ergeben sich aus Nr. 3310–3119 KV. Gebührenpflichtig sind danach   2
rechtskräftig verhängte **Freiheitsstrafen** und **Geldstrafen** (Nr. 3310–3115 KV). Für den Anfall der Gebühren ist es unerheblich, ob die rechtskräftige Strafe zur **Bewährung** ausgesetzt worden ist (§ 56 StGB, § 21 JGG). Die Strafaussetzung zur Bewährung an sich ist aber gebührenfrei. Im Fall der Anfechtung eines Urteils mit dem Ziel, eine Strafaussetzung zur Bewährung zu erreichen, sind die Gebühren nach der rechtskräftig verhängten Strafe zu erheben.

Gebührenpflichtig sind auch **Maßregeln der Besserung und Sicherung** gem. § 61 StGB (**Vorbem. 3.1 Abs. 4**   3
KV, Nr. 3116 KV), ebenso die **Verwarnung mit Strafvorbehalt** (**Vorbem. 3.1 Abs. 3 KV**).

4   Die Verhängung eines **Fahrverbots** ist keine Maßregel der Besserung und Sicherung, sondern eine **Neben-strafe** (§ 44 StGB) und deshalb **gebührenfrei**. Das gilt auch für **Nebenfolgen** (§ 45 StGB: Verlust der Amts-fähigkeit, der Wählbarkeit und des Stimmrechts). Verfahren über die Einziehung, dieser gleichstehende Rechtsfolgen (§ 442 StPO) und die Abführung des Mehrerlöses sind in der **ersten Instanz gebührenfrei** (vgl Vorbem. 3.4 KV, Nr. 3410 ff KV).

5   **2. Teilfreispruch und Teileinstellung.** Ist der Angeklagte teilweise freigesprochen worden, richten sich die **Gebühren** nach Vorbem. 3.1 Abs. 1 KV ebenfalls für alle Rechtszüge nach der rechtskräftig erkannten Stra-fe. Die Berechnung der vom Verurteilten zu zahlenden Gerichtsgebühr bereitet bei einem Teilfreispruch da-mit keine Probleme.

6   Dagegen stellt die Ermittlung der vom Verurteilten zu tragenden **Auslagen** des Ermittlungs- und des Haupt-verfahrens den Kostenbeamten der Staatsanwaltschaft (vgl § 19 Abs. 2 S. 1), insb. in umfangreichen Straf-verfahren mit vielen Auslagenpositionen, häufig vor größere Probleme. Hat das Gericht die Verfahrenskos-ten nicht gem. § 464 d StPO nach Bruchteilen verteilt, muss der Kostenbeamte den Angeklagten nämlich kostenmäßig so stellen, wie er gestanden hätte, wenn allein die zur Verurteilung führende(n) Tat(en) Gegen-stand des Verfahrens gewesen wäre(n).

7   Auf die Erl. in → § 29 Rn 38 ff, auch zur Anforderung von Auslagen bei Teileinstellungen, wird verwiesen.

8   **3. Jugendliche und Heranwachsende.** Bei **Jugendlichen** fällt eine Gebühr nur bei rechtskräftiger Verhän-gung einer **Jugendstrafe** an. Gemäß § 17 Abs. 1 JGG besteht die Jugendstrafe in Freiheitsentzug in einer für ihren Vollzug vorgesehenen Einrichtung. Keine Strafe iSv Vorbem. 3.1 Abs. 1 KV, Nr. 3110 ff KV stellen bei Jugendlichen die **Erziehungsmaßregeln** (§§ 9–12 JGG) bzw die **Zuchtmittel** (§§ 13–16 JGG) dar, so dass da-für keine Gebühr anfällt. Auch im Falle der **Aussetzung** der Entscheidung über die Verhängung einer Ju-gendstrafe (§§ 27 ff JGG) fällt die Gebühr erst und nur dann an, wenn später auf die konkrete Strafe er-kannt wird (§ 30 Abs. 1 JGG). Für die Tilgung des Schuldspruchs (vgl § 30 Abs. 2 JGG) fällt keine Gebühr an.

9   Die für Jugendliche geltenden kostenrechtlichen Grundsätze (→ Rn 8) gelten auch für **Heranwachsende**, wenn für diese gem. § 105 JGG das Jugendstrafrecht anzuwenden ist.

10   **4. Gebühren je Rechtszug.** Nach Vorbem. 3.1 Abs. 1 KV bemessen sich die Gerichtsgebühren für alle Rechtszüge nach der **rechtskräftig erkannten Strafe**. In jedem Rechtszug wird somit eine Gebühr auf der Grundlage der rechtskräftig erkannten Strafe erhoben. Hat das Verfahren **mehrere Instanzen** durchlaufen, ist **Berechnungsgrundlage** für die Gebühren stets die abschließend in Rechtskraft erwachsene Strafe. Auf die in vorhergehenden Instanzen verhängten, aber nicht rechtskräftig gewordenen Strafen kommt es nicht an. Deshalb sind Gebühren zu erheben, wenn ein Freispruch aufgrund späterer Verurteilung in einer höhe-ren Instanz nicht rechtskräftig geworden ist. Eine Ausnahme von diesem Grundsatz ergibt sich aus Vor-bem. 3.1 Abs. 7 KV (→ Rn 40 ff).

11   **Beispiel 1:** A ist durch Urteil zu einer Freiheitsstrafe von 6 Monaten verurteilt worden. Er legt Berufung ein, die durch Urteil kostenpflichtig zurückgewiesen wird.

1. Gebühr erste Instanz, Nr. 3110 KV   140,00 €
2. Gebühr Berufungsinstanz, Nr. 3120 KV   210,00 €

Die Gebühren richten sich für beide Instanzen nach der rechtskräftig verhängten Strafe iHv 6 Monaten.

12   **Beispiel 2:** A wird in der ersten Instanz zu einer Freiheitsstrafe von 14 Monaten verurteilt. Auf die hiergegen von A eingelegte Berufung wird die Freiheitsstrafe auf elf Monate ermäßigt. Die Gebühren betragen:

1. Gebühr erste Instanz, Nr. 3111 KV   280,00 €
2. Gebühr Berufungsinstanz, Nr. 3120, 3111 KV   420,00 € (280,00 € x 1,5)

Da rechtskräftig eine Freiheitsstrafe von 11 Monaten verhängt worden ist, beträgt die erstinstanzliche Gebühr nach Nr. 3111 KV 280 € und die Gebühr für das Berufungsverfahren nach Nr. 3120 KV 420 € (280 € x 1,5).

13   **5. Begriff des Rechtszugs.** Die Gebühren werden je Rechtszug erhoben. Der **erste Rechtszug** beginnt mit Erhebung der Anklage (§ 151 StPO) und endet mit dem Urteil. Zum ersten Rechtszug gehört insb. das Ver-fahren vor und nach Einlegung des Einspruchs gegen den Strafbefehl. Werden mehrere Verfahren verbun-den, bilden die mehreren Verfahren nach Verbindung denselben Rechtszug, in dem nur eine Gebühr erho-ben wird. Im Falle der Zurückverweisung einer Sache zur anderweitigen Verhandlung an das Gericht des unteren Rechtszugs bildet das weitere Verfahren mit dem früheren Verfahren vor diesem Gericht iSd § 35 einen Rechtszug, in dem ebenfalls nur eine Gebühr erhoben wird.

14   Die Rechtsmittelinstanz beginnt mit der Einlegung des Rechtsmittels und endet mit dem Urteil bzw der Ver-werfung, Zurückweisung oder Rücknahme des Rechtsmittels.

15   **6. Pauschgebühren.** Die für jeden Rechtszug auf Grundlage der rechtskräftig erkannten Strafe anfallende Gebühr gilt grds. das gesamte Verfahren des jeweiligen Rechtszugs einschließlich des Ermittlungsverfahrens

ab. Eine Ausnahme besteht aber dann, wenn besondere Gebühren vorgesehen sind. So wird zB nach Vorbem. 3.1 Abs. 4 KV eine Gebühr für alle Rechtszüge bei rechtskräftiger Anordnung einer **Maßregel der Besserung und Sicherung** (Nr. 3116 KV) und bei rechtskräftiger Festsetzung einer **Geldbuße** (Nr. 3317 KV) gesondert erhoben.

II. Mehrere Strafen

1. Freiheitsstrafe neben Geldstrafe (Vorbem. 3.1 Abs. 2 KV). Ist ausnahmsweise gem. § 41 StGB neben   16
einer Freiheits- auch auf Geldstrafe erkannt worden, fällt nur eine **einheitliche** Gebühr an. Die in Tagessätzen bemessene Geldstrafe ist dann gem. Vorbem. 3.1 Abs. 2 KV in eine Freiheitsstrafe umzurechnen, wobei dreißig Tagessätze einem Monat Freiheitsstrafe entsprechen. Die so umgerechnete Geldstrafe ist der Freiheitsstrafe hinzuzurechnen; anschließend ist eine einheitliche Gebühr zu erheben.

Beispiel 1: Der Angeklagte wird zu 12 Monaten Freiheitsstrafe und einer Geldstrafe von 180 Tagessätzen iHv je   17
30 € verurteilt.
1. Die Geldstrafe iHv 180 Tagessätzen entspricht einer Freiheitsstrafe von 6 Monaten: 180 Tagessätze : 30 = 6
2. Der Freiheitsstrafe iHv 12 Monaten ist die umgerechnete Geldstrafe iHv 6 Monaten hinzuzurechnen.
Die Gebühr beträgt bei einer Freiheitsstrafe iHv 18 Monaten nach Nr. 3112 KV 420 €.

Beispiel 2: Der Angeklagte wird zu 18 Monaten Freiheitsstrafe und einer Geldstrafe von 200 Tagessätzen iHv je
30 € verurteilt.
1. Die Geldstrafe iHv 200 Tagessätzen entspricht einer Freiheitsstrafe von 6 Monaten und 20 Tagen: 200 Tagessätze : 30 = 6,67 Monate.
2. Der Freiheitsstrafe iHv 18 Monaten ist die umgerechnete Geldstrafe iHv 6,67 Monaten hinzuzurechnen.
Die Gebühr beträgt bei einer Freiheitsstrafe iHv 24,67 Monaten nach Nr. 3113 KV 560 €.

Gemäß § 43 a StGB kann das Gericht neben einer lebenslangen oder einer zeitigen Freiheitsstrafe von mehr   18
als zwei Jahren auf Zahlung eines Geldbetrags erkennen, dessen Höhe durch den Wert des Vermögens des Täters begrenzt ist (**Vermögensstrafe**). Die Vermögensstrafe fällt nicht unter Vorbem. 3.1 Abs. 2 KV.

2. Mehrere Freiheitsstrafen oder mehrere Geldstrafen. In bestimmten Fällen ist die Bildung einer einheitlichen   19
chen Gesamtstrafe gegen denselben Angeklagten in demselben Strafverfahren nicht möglich. Vorbem. 3.1 KV enthält keine Regelung, wie die Gebühr in diesen Fällen zu berechnen ist. Vorbem. 3.1 Abs. 2 KV hilft hier nicht weiter. Denn danach ist bei Verurteilung zu **Freiheitsstrafe und Geldstrafe** die Zahl der Tagessätze der Dauer der Freiheitsstrafe hinzuzurechnen. Vor diesem Hintergrund könnte es einerseits gerechtfertigt sein, die Dauer beider Freiheitsstrafen zusammenzurechnen und auf dieser Grundlage die Gebühr zu erheben. Es erscheint aber zutreffender, wegen Vorbem. 3.1 Abs. 1 KV – *Die Gebühren richten sich nach der rechtskräftig erkannten Strafe* – zwei Gebühren nach der jeweils erkannten Strafe zu erheben. § 35 steht dem nicht entgegen, wenn die Vorschrift in Strafsachen mangels Entstehung einer allgemeinen Verfahrensgebühr oder einer Entscheidungsgebühr für nicht anwendbar gehalten wird (auch → Rn 35).[1]

III. Verwarnung mit Strafvorbehalt (Vorbem. 3.1 Abs. 3 KV)

Ist gem. § 59 StGB auf Verwarnung mit Strafvorbehalt erkannt, bestimmt sich die Gebühr nach Vorbem. 3.1 Abs. 3 KV nach der **vorbehaltenen Geldstrafe**. Wird der Verwarnte nicht zu der vorbehaltenen   20
Strafe verurteilt, so stellt das Gericht gem. § 59 b Abs. 2 StGB nach Ablauf der Bewährungszeit fest, dass es bei der Verwarnung sein Bewenden hat. Die Verurteilung zu der vorbehaltenen Strafe erfolgt gem. §§ 59 b Abs. 1, 56 f StGB durch Widerruf des Strafvorbehalts. Sowohl die Feststellung gem. § 59 b Abs. 2 StGB als auch der Widerruf gem. § 59 b Abs. 1 StGB lösen keine weiteren Gebühren aus.

Keine Verwarnung mit Strafvorbehalt ist die Aussetzung der Entscheidung über die Verhängung einer **Jugendstrafe** (§§ 27 ff JGG). Hier fällt die Gebühr erst und nur dann an, wenn später auf die konkrete Strafe   21
erkannt wird (§ 30 Abs. 1 JGG). Für die Tilgung des Schuldspruchs (vgl § 30 Abs. 2 JGG) fällt keine Gebühr an.

IV. Gesonderte Gebühren für Maßregeln und Geldbußen (Vorbem. 3.1 Abs. 4, Abs. 7 S. 4 KV)

1. Maßregeln der Besserung und Sicherung. Maßregeln der Besserung und Sicherung sind gem. § 61 StGB: 22
die Unterbringung in einem psychiatrischen Krankenhaus; die Unterbringung in einer Entziehungsanstalt; die Unterbringung in der Sicherungsverwahrung; die Führungsaufsicht; die **Entziehung der Fahrerlaubnis**; das Berufsverbot.

---

[1] So *Meyer*, GKG, 13. Aufl., § 35 Rn 2; *Oestreich/Hellstab/Trenkle*, GKG § 35 Rn 1.

Nach Vorbem. 3.1 Abs. 4 KV wird für alle Rechtszüge bei rechtskräftiger Anordnung einer **Maßregel der Besserung und Sicherung** eine **gesonderte Gebühr** erhoben. Die Gebühr für die rechtskräftig verhängte Maßregel wird **zusätzlich** zu einer Gebühr für eine rechtskräftig verhängte Freiheits- oder Geldstrafe erhoben.

23 Die erstinstanzliche Gebühr bei Anordnung einer Maßregel der Besserung und Sicherung ergibt sich aus Nr. 3116 KV und beträgt 70 €. Bei Anordnung einer Maßregel der Besserung und Sicherung im **Strafbefehl** (insb. Entziehung der Fahrerlaubnis) beträgt die Gebühr nach Nr. 3118 KV iVm Nr. 3116 KV lediglich 35 € (0,5 von 70 €). Die Verhängung eines **Fahrverbots** ist keine Maßregel der Besserung und Sicherung, sondern eine **Nebenstrafe** (§ 44 StGB) und deshalb **gebührenfrei**.

24 Eine Gebühr wird für **alle Rechtszüge** bei rechtskräftiger Anordnung einer Maßregel der Besserung und Sicherung gesondert erhoben. Es gelten damit die Grundsätze der Gebührenerhebung bei Freiheits- und Geldstrafen.

25 Werden in demselben Rechtszug **mehrere Maßregeln** der Besserung und Sicherung **nebeneinander** angeordnet, wird die Gebühr Nr. 3116 KV pro Rechtszug nur einmal erhoben. Denn nach Nr. 3116 KV wird für ein Verfahren mit Urteil bei Anordnung einer oder **mehrerer Maßregeln** der Besserung und Sicherung eine Gebühr iHv 70 € erhoben. Aus dem Wortlaut von Nr. 3116 KV und aus § 35 ergibt sich, dass die Verfahrensgebühr für die Maßregeln pro Rechtszug nur einmal anfällt.[2]

26 Wird ein **Rechtsmittel** auf die Anordnung einer Maßregel der Besserung und Sicherung beschränkt, werden nach Vorbem. 3.1 Abs. 7 S. 4 KV die Gebühren für das Rechtsmittelverfahren nur wegen der Anordnung der Maßregel erhoben.

27 **2. Geldbußen.** Ist neben einer Geldstrafe im Strafverfahren auch eine Geldbuße festgesetzt worden, werden **gesonderte** Gebühren erhoben, Vorbem. 3.1 Abs. 4 KV. Die gesondert zu erhebende Gebühr für die Geldbuße bestimmt sich dabei **nicht nach Teil 4 KV**, sondern nach Nr. 3117 KV. Die Gebühr für die rechtskräftig verhängte Geldbuße beträgt danach 10 % des Betrags der Geldbuße, mindestens 50 €, höchstens 15.000 €.

28 Wird ein **Rechtsmittel** auf die Festsetzung einer Geldbuße beschränkt, werden nach Vorbem. 3.1 Abs. 7 S. 4 KV die Gebühren für das Rechtsmittelverfahren nur wegen der Festsetzung der Geldbuße erhoben.

V. Gesamtstrafen (Vorbem. 3.1 Abs. 5 KV)

29 **1. Drei verschiedene Konstellationen.** Für die Gebührenberechnung bei der Gesamtstrafenbildung sind folgende drei Fälle zu unterscheiden:

30 **Fall 1:** Wird die Gesamtstrafe ausschließlich aus Taten gebildet, die im abzurechnenden Verfahren angeklagt worden sind, berechnet sich die Gebühr nach der rechtskräftigen Gesamtstrafe.

31 **Fall 2:** Bei der **nachträglichen Gesamtstrafenbildung nach § 55 Abs. 1 StGB, § 31 Abs. 2 JGG** bemisst sich die Gebühr in dem abzurechnenden Verfahren nach dem Maß der Strafe, um das die Gesamtstrafe die frühere Strafe übersteigt, Vorbem. 3.1 Abs. 5 S. 1, 2 KV. In den bereits abgeschlossenen Verfahren, in denen die jetzt einbezogene(n) Strafe(n) verhängt wurden, bleiben die Gebühren bestehen.

32 **Beispiel:** A ist in Verfahren A zu einer Freiheitsstrafe von 6 Monaten verurteilt worden. Im Verfahren B wird er unter Einbeziehung dieser Strafe zu einer Gesamtstrafe von 10 Monaten verurteilt.

1. Gebühr Verfahren A nach Nr. 3110 KV   140,00 €
2. Gebühr Verfahren B: 10 Monate Verfahren B ./. 6 Monate Verfahren A = 4 Monate =   140,00 €

33 **Fall 3:** Im Fall der **nachträglichen Gesamtstrafenbildung** gem. **§ 460 StPO und § 66 JGG** verbleibt es bei den Gebühren für die früheren, bereits abgeschlossenen Verfahren, Vorbem. 3.1 Abs. 5 S. 2, 3 KV. Die nachträgliche Bildung einer Gesamtstrafe durch Beschluss gem. § 460 StPO, § 66 JGG ist also gebührenfrei. Die Gebühren in den bereits abgeschlossenen Verfahren bleiben bestehen.

34 **Beispiel:** A ist in Verfahren A zu einer Freiheitsstrafe von 6 Monaten verurteilt worden. Im Verfahren B wird er zu einer Freiheitsstrafe von 5 Monaten verurteilt. Gemäß § 460 StPO wird eine nachträgliche Gesamtstrafe von 10 Monaten gebildet.

1. Gebühr Verfahren A nach Nr. 3110 KV   140,00 €
2. Gebühr Verfahren B nach Nr. 3110 KV   140,00 €

35 **2. Mehrere Strafen ohne Gesamtstrafenbildung.** Kann die Bildung einer einheitlichen Gesamtstrafe mit den Strafen wegen der in einem Verfahren abgeurteilten Taten und der in dem Strafbefehl eines anderen Verfahrens verhängten Strafe angesichts der dem Strafbefehl zukommenden Zäsurwirkung nicht erfolgen, sind **ausnahmsweise zwei Gerichtsgebühren** zu erheben, und zwar wegen Vorbem. 3.1 Abs. 1 KV jeweils nach

---

[2] *Oestreich/Hellstab/Trenkle*, GKG Vorbem. 3.1 KV Rn 67; so auch schon zur Rechtslage vor dem 1.7.2004: OLG Koblenz JurBüro 2003, 430; aA *Meyer*, GKG Nr. 3119 KV Rn 66.

den rechtskräftig verhängten Geldstrafen. § 35 steht dem nicht entgegen, wenn die Vorschrift in Strafsachen mangels Entstehung einer allgemeinen Verfahrensgebühr oder einer Entscheidungsgebühr für nicht anwendbar gehalten wird (→ Rn 19).[3]

Beispiel: Das Gericht hat den Verurteilten in demselben Verfahren zu einer Geldstrafe mit 270 Tagessätzen zu je 20 € und einer Geldstrafe mit 380 Tagessätzen zu je 10 € verurteilt. Eine Gesamtstrafe hat das Gericht aus strafprozessualen Gründen nicht bilden können.

1. Gebühr erste Geldstrafe (270 Tagessätze) nach Nr. 3111 KV	280,00 €
2. Gebühr zweite Geldstrafe (380 Tagessätze) nach Nr. 3111 KV	280,00 €

VI. Mehrere Angeschuldigte (Vorbem. 3 Abs. 6 KV)

1. Gesonderte Gebühren (S. 1). Betrifft **dieselbe Strafsache** mehrere Angeschuldigte, ist die Gebühr nach Vorbem. 3.1 Abs. 6 S. 1 KV nach Maßgabe der gegen **jeden Angeklagten** rechtskräftig erkannten Strafe (Nr. 3110–3315 KV), angeordneten Maßregel der Besserung und Sicherung (Nr. 3116 KV) oder festgesetzten Geldbuße (Nr. 3117 KV) zu erheben. Es wird also von jedem rechtskräftig verurteilten Angeklagten eine **gesonderte Gebühr** erhoben, die sich nach der gegen ihn (rechtskräftig) verhängten Strafe, Maßregel oder Geldbuße bemisst. Eine **gesamtschuldnerische Haftung** hinsichtlich der Gebühren besteht demnach nicht. Gesamtschuldnerische Haftung für eine Gebühr kann nur bei einem erfolglosen Rechtsmittel gegen die **Einziehung und verwandte Maßnahmen** bestehen. Denn insoweit bestimmt Vorbem. 3.4 Abs. 2 KV, dass nur eine Gebühr erhoben wird und § 31 unberührt bleibt, wenn die in Vorbem. 3.4 Abs. 1 KV genannten Maßnahmen (Einziehung, dieser gleichstehende Rechtsfolgen [§ 442 StPO] und die Abführung des Mehrerlöses) mehrere Angeschuldigte wegen derselben Tat betreffen.   36

Hinsichtlich der **Auslagen** (Teil 9 KV) kann aber eine gesamtschuldnerische Haftung mehrerer Angeschuldigter unter den Voraussetzungen der §§ 33, 466 StPO bestehen. Siehe dazu → § 33 Rn 7 ff.   37

Umstritten ist, wie zu verfahren ist, wenn mehrere Angeklagte (**Jugendliche** und Erwachsene) in einem gemeinsamen Verfahren wegen derselben Tat verurteilt worden sind und gem. §§ 33, 466 StPO gesamtschuldnerisch für Auslagen haften und bei einem oder mehreren Jugendlichen von der Auferlegung der Kosten (Auslagen) gem. § 74 JGG abgesehen worden ist. Siehe dazu ausf. → § 33 Rn 19 f.   38

2. Geldbuße gegen juristische Person oder Personenvereinigung (S. 2). Wird in einer Strafsache gegen einen oder mehrere Angeschuldigte auch eine Geldbuße gegen eine **juristische Person** oder eine **Personenvereinigung** festgesetzt (Verbandsgeldbuße), ist nach Vorbem. 3.1 Abs. 6 S. 2 KV eine Gebühr auch von der juristischen Person oder der Personenvereinigung nach Maßgabe der gegen sie festgesetzten Geldbuße zu erheben.   39

VII. Beschränkte Rechtsmittel (Vorbem. 3.1 Abs. 7 KV)

Im Falle der rechtskräftigen Verurteilung und Auferlegung der Kosten des Rechtsmittelverfahrens bemisst sich die Gebühr auch für diesen Rechtszug nach der rechtskräftigen Strafe. Je nach Art der Beendigung des Rechtsmittelverfahrens (durch Urteil oder durch Beschluss gem. § 349 Abs. 2, 4 StPO oder anderweitig) wird ein Vielfaches oder auch nur ein Teil der Gebühr der ersten Instanz erhoben. Wird ein Rechtsmittel vor Ablauf der jeweiligen Begründungsfrist zurückgenommen, bleibt das Rechtsmittelverfahren ausnahmsweise **gebührenfrei** (vgl jew. die Anm. zu Nr. 3121 und Nr. 3131 KV).   40

Ist Ziel des Rechtsmittels eine **Strafaussetzung zur Bewährung**, ist die Gebühr für die Rechtsmittelinstanz nach der rechtskräftigen Strafe zu berechnen. Im Falle eines **teilweise erfolgreichen Rechtsmittels** des Verurteilten kann das Gericht die Gebühr ermäßigen, vgl Vorbem. 3 Abs. 1 KV: § 473 Abs. 4 StPO bleibt unberührt. Die gem. § 473 Abs. 4 StPO angeordnete Ermäßigung gilt jedoch nur für die Gebühr des Rechtsmittelverfahrens, nicht für die erste Instanz.   41

Ausnahmsweise richtet sich in folgenden Fällen die Höhe der Gebühren für alle Rechtszüge nicht nach der letztinstanzlich rechtskräftig verhängten oder auch vorbehaltenen (Gesamt-)Strafe: 42

- Wird bei Verurteilung **wegen selbständiger Taten** ein Rechtsmittel auf einzelne Taten beschränkt, bemisst sich die Gebühr für das Rechtsmittelverfahren nach der Strafe für diejenige Tat, die Gegenstand des Rechtsmittelverfahrens ist.   43

- Bei **Gesamtstrafen** (§§ 53 ff StGB) ist die Summe der angefochtenen Einzelstrafen maßgebend. Ist die Gesamtstrafe, auch unter Einbeziehung der früher erkannten Strafe, geringer, ist diese maßgebend.   44

  Beispiel: A ist durch Urteil wegen der Delikte A und B zu einer Gesamtfreiheitsstrafe von 8 Monaten verurteilt worden (Tatmehrheit, Einsatzstrafen je 4 Monate). A legt Berufung ein, beschränkt diese aber auf die

---

3 So *Meyer*, GKG § 35 Rn 2; *Oestreich/Hellstab/Trenkle*, GKG § 35 Rn 1.

Verurteilung wegen Delikt 1. Die Gesamtstrafe wird auf 7 Monate herabgesetzt. Einsatzstrafe für Delikt 1 sind 3 Monate.

1. Gebühr für erste Instanz nach Nr. 3111 KV (7 Monate)   280,00 €
2. Gebühr für Berufung Nr. 3120 KV   210,00 €

Für die Gebühr der Berufungsinstanz ist die rechtskräftige Einsatzstrafe für das Delikt 1 iHv 3 Monaten maßgebend (140 € Nr. 3110 KV x 1,5 nach Nr. 3120 KV = 210 €).

45 ■ Wird das Rechtsmittel auf die Anordnung einer **Maßregel der Sicherung und Besserung** bzw einer **Geldbuße** beschränkt, wird gem. Vorbem. 3.1 Abs. 7 S. 4 KV die Gebühr für das Rechtsmittelverfahren nur wegen der Anordnung der Maßregel oder der Festsetzung der Geldbuße erhoben. Für die bereits erstinstanzlich rechtskräftig gewordene Strafe fällt im Rechtsmittelverfahren keine Gebühr an.

46 Wurde das Rechtsmittel auf die Verhängung einer gebührenfreien Nebenstrafe (Fahrverbot, → Rn 23) beschränkt, fällt für die Rechtsmittelinstanz keine Gebühr an, auch wenn das Rechtsmittel erfolglos war.

VIII. Sicherungsverwahrung (Vorbem. 3.1 Abs. 8 KV)

47 Das Verfahren über die vorbehaltene Sicherungsverwahrung und das Verfahren über die nachträgliche Anordnung der Sicherungsverwahrung gelten als **besondere Verfahren** (Vorbem. 3.1 Abs. 8 KV). Das bedeutet, dass insoweit die Gebühren für jede Instanz gesondert zu erheben sind. Da das Verfahren über die vorbehaltene Sicherungsverwahrung und das Verfahren über die nachträgliche Anordnung der Sicherungsverwahrung gem. § 61 Nr. 3 StGB **Maßregeln der Besserung und Sicherung** sind, entsteht in der ersten Instanz die Gebühr Nr. 3116 KV.[4]

IX. Gebührenberechnung bei Jugendlichen

48 Die Kostenberechnung erfolgt bei Jugendlichen grds. nach den für Erwachsene geltenden Regelungen. In Strafverfahren gegen Jugendliche fällt eine Gebühr nur bei rechtskräftiger Verhängung einer **Jugendstrafe** an (§ 17 JGG). Keine gebührenpflichtige Strafe bilden die Erziehungsmaßregeln (§§ 9–12 JGG) bzw die Zuchtmittel (§§ 13–16 JGG). Bei der Aussetzung der Entscheidung über die Verhängung einer Jugendstrafe (§§ 27 ff JGG) fällt die Gebühr erst und nur dann an, wenn später auf Jugendstrafe erkannt wird (§ 30 Abs. 1 JGG). Die Tilgung des Schuldspruchs (vgl § 30 Abs. 2 JGG) ist gebührenfrei.

49 Das Gericht kann aber gem. § 74 JGG auch im Falle einer Verurteilung davon absehen, dem verurteilten Jugendlichen Kosten aufzuerlegen. Da diese Regelung gem. Vorbem. 3 Abs. 1 KV **vorrangig** ist, schuldet der verurteilte Jugendliche dann keine Kosten. Treffen auf einen verurteilten Jugendlichen die Voraussetzungen der §§ 33, 466 StPO zu (Verurteilung mit anderen Angeklagten wegen derselben Tat), trägt die Staatskasse und nicht die Mitverurteilten den auf den Jugendlichen entfallenden Auslagenanteil (→ § 33 Rn 19 f).

Abschnitt 1
Erster Rechtszug

Nr.	Gebührentatbestand	Gebühr oder Satz der jeweiligen Gebühr 3110 bis 3117, soweit nichts anderes vermerkt ist
	Verfahren mit Urteil, wenn kein Strafbefehl vorausgegangen ist, bei	
3110	– Verurteilung zu Freiheitsstrafe bis zu 6 Monaten oder zu Geldstrafe bis zu 180 Tagessätzen	140,00 €
3111	– Verurteilung zu Freiheitsstrafe bis zu 1 Jahr oder zu Geldstrafe von mehr als 180 Tagessätzen	280,00 €
3112	– Verurteilung zu Freiheitsstrafe bis zu 2 Jahren	420,00 €
3113	– Verurteilung zu Freiheitsstrafe bis zu 4 Jahren	560,00 €

---

4 *Oestreich/Hellstab/Trenkle*, GKG Vorbem. 3.1 KV Rn 70.

Nr.	Gebührentatbestand	Gebühr oder Satz der jeweiligen Gebühr 3110 bis 3117, soweit nichts anderes vermerkt ist
3114	– Verurteilung zu Freiheitsstrafe bis zu 10 Jahren	700,00 €
3115	– Verurteilung zu Freiheitsstrafe von mehr als 10 Jahren oder zu einer lebenslangen Freiheitsstrafe	1.000,00 €
3116	– Anordnung einer oder mehrerer Maßregeln der Besserung und Sicherung	70,00 €
3117	– Festsetzung einer Geldbuße	10 % des Betrags der Geldbuße – mindestens 50,00 € – höchstens 15.000,00 €

I. Gebühren im ersten Rechtszug (Nr. 3110–3115 KV)

Für das Verfahren im **ersten Rechtszug** sind die Gebühren nach Nr. 3110–3119 KV vorgesehen. Die Höhe **1** der Gebühren hängt nicht davon ab, bei welchem Rechtszug das Verfahren im ersten Rechtszug anhängig ist. Maßgebend für die Gebührenhöhe ist nur die **rechtskräftig verhängte Freiheits- oder Geldstrafe**, Vorbem. 3.1 Abs. 1 KV. Bei der Geldstrafe kommt es für die Gebührenhöhe nicht auf die Höhe, sondern die Anzahl der Tagessätze an. Die für die rechtskräftig erkannte Geldstrafe zu erhebende Gebühr kann den Betrag der Geldstrafe übersteigen.

Wenn neben der Freiheitsstrafe auch eine Geldstrafe verhängt worden ist, richtet sich die Gebührenberech- **2** nung nach Vorbem. 3.1 Abs. 2 KV. Bei der Verwarnung mit Strafvorbehalt ist Vorbem. 3.1 Abs. 3 KV zu beachten, bei der Gesamtstrafe gilt Vorbem. 3.1 Abs. 5 KV. Siehe dazu → Vorbem. 3.1 KV Rn 16 ff, 20 ff bzw 29 ff.

Nr. 3110–3115 KV gelten nur für die Verfahren, in denen **kein Strafbefehl** ergangen ist. Im Strafbefehlsver- **3** fahren gelten Nr. 3118, 3119 KV.

Der **erste Rechtszug** beginnt mit Erhebung der Anklage (§ 151 StPO) und endet mit dem Urteil. Werden **4** mehrere Verfahren verbunden, bilden die mehreren Verfahren nach **Verbindung** denselben Rechtszug, in dem nur eine Gebühr erhoben wird. Bei **Trennung** von Verfahren mit anschließender rechtskräftiger Verurteilung liegen mehrere erste Rechtszüge mit gesondert anfallenden Gebühren vor.

Im Falle der **Zurückverweisung** einer Sache zur anderweitigen Verhandlung an das Gericht des unteren **5** Rechtszugs bildet das weitere Verfahren mit dem früheren Verfahren vor diesem Gericht einen Rechtszug iSd § 35, in dem ebenfalls nur eine Gebühr erhoben wird.

II. Anordnung von Maßregeln der Besserung und Sicherung (Nr. 3116 KV)

Maßregeln der Besserung und Sicherung sind gem. § 61 StGB: **6**
- die Unterbringung in einem psychiatrischen Krankenhaus,
- die Unterbringung in einer Entziehungsanstalt,
- die Unterbringung in der Sicherungsverwahrung,
- die Führungsaufsicht,
- die Entziehung der Fahrerlaubnis,
- das Berufsverbot.

Nach Vorbem. 3.1 Abs. 4 KV GKG wird für alle Rechtszüge bei rechtskräftiger Anordnung einer **Maßregel** **7** **der Besserung und Sicherung** eine **gesonderte Gebühr** erhoben. Die Gebühr für die rechtskräftig verhängte Maßregel wird **zusätzlich** zu einer Gebühr für eine rechtskräftig verhängte Freiheits- oder Geldstrafe erhoben. Die Anordnung des Gerichts, dass die Voraussetzungen für das Entfallen der Führungsaufsicht nicht vorliegen (§ 68 f Abs. 2 StGB), lässt die Gebühr nicht entstehen.[1] Siehe iÜ → Vorbem. 3.1 KV Rn 22 ff.

III. Festsetzung einer Geldbuße (Nr. 3117 KV)

8 Wird im Strafverfahren rechtskräftig eine Geldbuße verhängt, entsteht hierfür keine Gebühr nach Teil 4 KV, sondern nach Nr. 3117 KV. Auch wenn neben einer Geldstrafe eine Geldbuße festgesetzt worden ist, wird für die Geldbuße eine **gesonderte** Gebühr nach Nr. 3117 KV erhoben, Vorbem. 3.1 Abs. 4 KV GKG. Die Gebühr für die rechtskräftig verhängte Geldbuße beträgt danach 10 % des Betrags der Geldbuße, mindestens 50 €, höchstens 15.000 €.

9 **Bewährungsauflagen** oder **Geldauflagen** im Zusammenhang mit der **Einstellung** des Strafverfahrens sind keine Geldbußen iSv Nr. 3117 KV. Erfasst sind nur aufgrund einer **Ordnungswidrigkeit** rechtskräftig verhängte Geldbußen. Siehe iÜ → Vorbem. 3.1 KV Rn 27 f.

IV. Weitere praktische Hinweise

10 **1. Fälligkeit.** Die vom Verurteilten zu tragenden Gebühren werden gem. § 8 mit Rechtskraft des Urteils fällig.

11 **2. Abhängigmachung/Vorauszahlungspflicht.** Die Gebühren sind nicht vorauszahlungspflichtig, weil Strafverfahren in den Vorauszahlungsbestimmungen in §§ 10 ff nicht genannt sind. Gemäß § 10 darf die Tätigkeit des Gerichts in weiterem Umfang, als die Prozessordnung (StPO) und das GKG es gestatten, nicht von der Sicherstellung oder Zahlung der Kosten abhängig gemacht werden.

12 **3. Kostenschuldner.** Kostenschuldner ist nach § 29 Nr. 1 derjenige, dem die Kosten durch gerichtliche oder staatsanwaltschaftliche Entscheidung auferlegt worden sind. Das ist im Fall der **rechtskräftigen Verurteilung** der Verurteilte (vgl §§ 465 ff StPO).

13 **4. Zuständigkeit für den Kostenansatz.** Die sachliche und örtliche Zuständigkeit für den Kostenansatz ergibt sich aus § 19 Abs. 2 (dazu ausf. → § 19 Rn 38 ff). Funktionell zuständig ist nach den Verwaltungsbestimmungen der Bundesländer regelmäßig der Kostenbeamte des mittleren Justizdienstes.[2]

Nr.	Gebührentatbestand	Gebühr oder Satz der jeweiligen Gebühr 3110 bis 3117, soweit nichts anderes vermerkt ist
3118	Strafbefehl .... Die Gebühr wird auch neben der Gebühr 3119 erhoben. Ist der Einspruch beschränkt (§ 410 Abs. 2 StPO), bemisst sich die Gebühr nach der im Urteil erkannten Strafe.	0,5
3119	Hauptverhandlung mit Urteil, wenn ein Strafbefehl vorausgegangen ist .... Vorbemerkung 3.1 Abs. 7 gilt entsprechend.	0,5

I. Strafbefehl (Nr. 3118 KV)

1 Der Erlass eines Strafbefehls (vgl §§ 407–412 StPO) löst eine 0,5-Gebühr aus. Erhoben wird für die durch einen Strafbefehl rechtskräftig verhängte Strafe damit die Hälfte der jeweiligen Gebühr nach Nr. 3110 oder 3111 KV. Wird im Strafbefehl auch eine **Maßregel der Besserung und Sicherung** (§ 61 StGB) oder eine **Geldbuße** rechtskräftig verhängt, entstehen die in Nr. 3116, 3117 KV geregelten Gebühren insoweit gesondert (Vorbem. 3.1 Abs. 4 KV), aber ebenfalls nur iHv 0,5.

2 **Beispiel:** Es ergeht ein rechtskräftiger Strafbefehl mit einer Geldstrafe von 80 Tagessätzen iHv 30 €. Ferner wird die Fahrerlaubnis entzogen.

1. Gebühr für Strafbefehl, Nr. 3118 KV iVm Nr. 3110 KV (0,5 von 140 €) 　　　　70,00 €
2. Gebühr für Maßregel, Nr. 3118 KV iVm Nr. 3116 KV (0,5 von 70 €) 　　　　35,00 €

---

1 LG Koblenz NStZ-RR 1999, 352. **2** Vgl für NRW: Geschäftsstellenordnung für die Gerichte und die Staatsanwaltschaften des Landes Nordrhein-Westfalen (GStO) AV d. JM v. 10.2.2006 (2325 - I. 8) - JMBl. NRW S. 62, idF v. 8.7.2015 (2325 - I. 8).

II. Einspruch gegen einen Strafbefehl (Nr. 3119 KV)

1. Hauptverhandlung mit Urteil. Im Falle der Einspruchseinlegung gegen einen Strafbefehl (§ 410 StPO)   3
wird nach Nr. 3119 KV eine weitere 0,5-Gebühr erhoben, wenn es nach dem Einspruch zur **Hauptverhandlung mit Urteil** kommt. Das gilt auch, wenn der Einspruch gem. § 412 StPO durch Urteil verworfen wird.
Dass die Gebühren nach Nr. 3118 KV und Nr. 3119 KV **nebeneinander** erhoben werden, stellt dabei Satz 1
der Anm. zu Nr. 3118 KV klar. Danach wird neben der Gebühr Nr. 3119 KV zusätzlich auch die Gebühr
Nr. 3118 KV erhoben.[1]

Die Erhebung der jeweils auf 0,5 ermäßigten Gebühren nach Nr. 3118 KV und Nr. 3119 KV stellt sicher,   4
dass ein Verfahren mit vorausgegangenem Strafbefehlsverfahren nicht mehr kostet als ein Verfahren ohne
Strafbefehlsverfahren.

Ist im Strafbefehl auch eine **Maßregel der Besserung und Sicherung** (§ 61 StGB) oder eine **Geldbuße** rechts-   5
kräftig verhängt worden, entstehen die in Nr. 3116, 3117 KV geregelten Gebühren nach Nr. 3119 KV insoweit ebenfalls gesondert (Vorbem. 3.1 Abs. 4 KV), aber ebenfalls nur iHv 0,5.

Beispiel: Es ergeht ein Strafbefehl mit einer Geldstrafe von 80 Tagessätzen iHv 30 €. Ferner wird die Fahrerlaub-   6
nis entzogen. Gegen den Strafbefehl wird Einspruch eingelegt, der nach Hauptverhandlung verworfen wird.

1. Gebühr für Strafbefehl, Nr. 3118 KV iVm Nr. 3110 KV (0,5 von 140 €)   70,00 €
2. Gebühr für Hauptverhandlung, Nr. 3119 KV iVm Nr. 3110 KV (0,5 von 140 €)   70,00 €
3. Gebühr für Maßregel, Nr. 3118 KV iVm Nr. 3116 KV (0,5 von 70 €)   35,00 €
4. Gebühr für Hauptverhandlung, Nr. 3119 KV iVm Nr. 3116 KV (0,5 von 70 €)   35,00 €

2. Auf bestimmte Beschwerdepunkte beschränkter Einspruch (Anm. S. 2 zu Nr. 3118 KV). Gemäß § 410   7
Abs. 2 StPO kann der Einspruch gegen den Strafbefehl auf bestimmte Beschwerdepunkte beschränkt werden. Der Einspruch kann danach sowohl auf eine von mehreren selbständigen Straftaten als auch auf die
nachrangigen Teile des Strafbefehlsausspruchs für eine einheitliche Tat, insb. auf die Höhe der Freiheits-
oder der Geldstrafe oder auf die Höhe des Tagessatzes beschränkt werden.[2] Die Gebühr Nr. 3119 KV entsteht daher auch, wenn der Einspruch nur auf den Rechtsfolgenausspruch beschränkt ist.

Für diesen Fall bestimmt Satz 2 der Anm. zu Nr. 3118 KV, dass sich die Gebühr nach der im Urteil erkann-   8
ten Strafe bestimmt. Die Anm. soll sicherstellen, dass die Summe der Einzelgebühren die Gebühr nicht
übersteigt, die bei voller Anfechtung des Strafbefehls angefallen wäre.[3]

Beispiel: Es ergeht ein Strafbefehl mit einer Gesamtgeldstrafe von 100 Tagessätzen iHv 30 € für Delikt 1 (Einsatz-   9
strafe 60 Tagessätze) und Delikt 2 (Einsatzstrafe 70 Tagessätze). Gegen den Strafbefehl wird wegen des Delikts 2
Einspruch eingelegt, der nach Hauptverhandlung verworfen wird.

1. Gebühr für Strafbefehl, Nr. 3118 KV iVm Nr. 3110 KV (0,5 von 140 €)   70,00 €
2. Gebühr für Hauptverhandlung, Nr. 3119 KV iVm Nr. 3110 KV (0,5 von 140 €)   70,00 €
Gesamt   140,00 €

Bei voller Anfechtung des Strafbefehls wären insgesamt 140 € angefallen. Dieser Betrag wird auch bei beschränkter Anfechtung des Strafbefehls erhoben. Maßgebend ist die im Urteil rechtskräftig erkannte Strafe iHv 100 Tagessätzen.

3. Beschränkter Einspruch bei Maßregel oder Geldbuße (Anm. zu Nr. 3119 KV). Nach der Anm. zu   10
Nr. 3119 KV gilt Vorbem. 3.1 Abs. 7 KV entsprechend. Wird der Einspruch auf die Anordnung einer **Maß-
regel der Sicherung und Besserung** bzw einer **Geldbuße im Strafbefehl** beschränkt, wird gem. Vorbem. 3.1
Abs. 7 S. 4 KV die Gebühr Nr. 4119 KV nur wegen der Anordnung der Maßregel oder der Festsetzung der
Geldbuße erhoben.

Beispiel: Es ergeht ein Strafbefehl mit einer Gesamtgeldstrafe von 100 Tagessätzen iHv 30 €. Ferner wird eine   11
Maßregel der Besserung und Sicherung angeordnet. Gegen den Strafbefehl wird nur wegen der Maßregel Einspruch eingelegt, der nach Hauptverhandlung verworfen wird.

1. Gebühr für Strafbefehl, Nr. 3118 KV iVm Nr. 3110 KV (0,5 von 140 €)   70,00 €
2. Gebühr für Maßregel, Nr. 3118 KV iVm Nr. 3116 KV (0,5 von 70 €)   35,00 €
3. Gebühr für Hauptverhandlung, Nr. 3119 KV iVm Nr. 3116 KV (0,5 von 70 €)   35,00 €

III. Weitere praktische Hinweise

Auf die praktischen Hinweise zu Nr. 3110–3117 KV wird verwiesen (→ Nr. 3110–3117 KV Rn 10–13).   12

---

1 Anders aber *Meyer*, GKG Nr. 3119 KV Rn 69, der von einer Erhöhung der Gebühr Nr. 3118 KV auf eine Gebühr Nr. 3119 KV
ausgeht. **2** *Meyer-Goßner*, StPO, § 410 Rn 4. **3** *Binz/Dörndorfer/Zimmermann*, Nr. 3119 KV GKG Rn 6.

Abschnitt 2
Berufung

Nr.	Gebührentatbestand	Gebühr oder Satz der jeweiligen Gebühr 3110 bis 3117, soweit nichts anderes vermerkt ist
3120	Berufungsverfahren mit Urteil	1,5
3121	Erledigung des Berufungsverfahrens ohne Urteil	0,5
	Die Gebühr entfällt bei Zurücknahme der Berufung vor Ablauf der Begründungsfrist.	

I. Allgemeines

1   Bei der **Berufung im Offizialverfahren** richten sich die Gebühren nach Nr. 3120 und 3121 KV. Die Gebühr des Berufungsverfahrens richtet sich wie die erstinstanzliche Gebühr nach der **rechtskräftig erkannten Strafe**, Vorbem. 3.1 Abs. 1 KV. Wird die Berufung zurückgewiesen oder verworfen, wird das Urteil erster Instanz rechtskräftig und die Gebühr für das Berufungsverfahren richtet sich nach der erstinstanzlich verhängten Strafe. Ändert das Berufungsgericht das Strafmaß, bildet das Berufungsurteil die Berechnungsgrundlage für die Gebühr. Bei einer auf den **Rechtsfolgenausspruch** beschränkten Berufung richtet sich die Gebühr nach der rechtskräftig erkannten Strafe.

2   Für die **Höhe** der Gebühr kommt es darauf an, ob das Berufungsverfahren **mit oder ohne Urteil** erledigt worden ist. Die Gebühren nach Nr. 3110–3117 KV entstehen im Berufungsverfahren bei Erledigung durch Urteil mit einem Satz von 1,5, bei Erledigung ohne Urteil mit einem Satz von 0,5. Die Gebühren können sich allerdings verringern, wenn das Berufungsgericht die Berufungsgebühr entsprechend § 473 Abs. 4 StPO ermäßigt, Vorbem. 3 Abs. 1 KV.

II. Entstehung der Gebühr

3   Die Entstehung der Gebühr setzt zunächst voraus, dass der Angeklagte rechtskräftig zu einer Strafe, Maßregel oder Geldbuße verurteilt worden ist, Vorbem. 3.1 Abs. 1 KV. Außerdem müssen ihm die Verfahrenskosten auferlegt worden sein (§ 473 Abs. 1 StPO, § 29 Nr. 1). Ein Berufungsverfahren nur wegen einer Nebenstrafe (**Fahrverbot** gem. § 44 StGB) ist gebührenfrei (→ Vorbem. 3.1 KV Rn 4).

4   Das Berufungsverfahren **beginnt** mit der Einlegung der Berufung und endet mit dem Urteil bzw der Verwerfung, Zurückweisung oder Rücknahme der Berufung. Nach der Einlegung der Berufung, die gem. § 314 Abs. 1 StPO bei dem Gericht des ersten Rechtszugs binnen einer Woche nach Verkündung des Urteils zu Protokoll der Geschäftsstelle oder schriftlich eingelegt werden muss, kommt eine Gebühr für die Berufung in Betracht. Eine Tätigkeit des Berufungsgerichts ist für die Entstehung der Gebühr nicht erforderlich. Für die Gebühr des Berufungsverfahrens ist es auch unerheblich, ob die Staatsanwaltschaft oder der Angeklagte die Berufung eingelegt hat. Für die Berufung des **Privat- oder Nebenklägers** richten sich die Gebühren ggf nach Nr. 3430, 3431 KV und Nr. 3520, 3521 KV.

5   Vorbem. 3.1 Abs. 4 KV gilt auch in der Berufungsinstanz. Gebühren werden für alle Rechtszüge bei rechtskräftiger Anordnung einer Maßregel oder einer Geldbuße gesondert erhoben (auch → Vorbem. 3.1 KV Rn 22 ff). Ist Gegenstand des Berufungsverfahrens daher auch eine **Maßregel der Besserung und Sicherung** (§ 61 StGB) oder eine **Geldbuße**, fällt insoweit eine **gesonderte Gebühr** an.

6   Die Gebühr für das Berufungsverfahren kann insgesamt nur einmal entstehen (§ 35). Das gilt zB bei Berufungen sowohl der Staatsanwaltschaft als auch des Angeklagten, bei Aufhebung eines Urteils im Falle einer **Wiedereinsetzung** nach § 329 Abs. 3 StPO sowie dann, wenn das erstinstanzliche Urteil aufgehoben und sodann **Zurückverweisung** (§ 328 Abs. 2 StPO) erfolgt. Wird gegen das nach Zurückverweisung ergehende erstinstanzliche Urteil **erneut Berufung** eingelegt, entsteht für das erneute Berufungsverfahren keine gesonderte Gebühr. Für die Berufungsverfahren wird insgesamt eine Berufungsgebühr nach der rechtskräftig erkannten Strafe erhoben.[1]

---

[1] Binz/Dörndorfer/*Zimmermann*, Nr. 3120 KV GKG Rn 6; *Oestreich/Hellstab/Trenkle*, GKG Vorbem. 3.1 KV Rn 21; *Hartmann*, KostG, Nr. 3118–3120 KV GKG Rn 1.

     NK-GK/*Volpert*

Beispiel: In der ersten Instanz ergeht ein Urteil, in dem eine Freiheitsstrafe von 3 Jahren verhängt wird. Auf die **7** Berufung des Angeklagten wird das erstinstanzliche Urteil aufgehoben und die Sache an die erste Instanz zurückverwiesen. Gegen den erstinstanzlichen Freispruch des Angeklagten legt die Staatsanwaltschaft Berufung ein. Das Berufungsgericht verurteilt den Angeklagten rechtskräftig zu einer Freiheitsstrafe von 2 Jahren.

1. Gebühr für erste Instanz, Nr. 3112 KV (2 Jahre)   420,00 €
2. Gebühr für Berufung, Nr. 3120 KV (2 Jahre)   630,00 €

III. Berufungsverfahren mit Urteil (Nr. 3120 KV)

Die Gebühr für das Berufungsverfahren beträgt nach Nr. 3120 KV 1,5 der erstinstanzlichen Gebühr, wenn **8** das Berufungsverfahren mit Urteil erledigt wird. Endet die Berufungsinstanz nicht durch Urteil, kann allenfalls eine Gebühr nach Nr. 3121 KV in Betracht kommen. Eine Erledigung durch Urteil iSv Nr. 3120 KV liegt auch vor, wenn das Berufungsgericht die Berufung des Angeklagten gem. § 329 Abs. 1 StPO nach Beginn der Hauptverhandlung ohne Verhandlung zur Sache verwirft.[2]

IV. Berufungsverfahren ohne Urteil (Nr. 3121 KV)

1. Erledigung ohne Urteil. Im strafverfahrensrechtlichen Berufungsverfahren entsteht eine **Verfahrensge- 9 bühr** (vgl Wortlaut von Nr. 3120 KV). Die Verfahrensgebühr entsteht bereits mit der Einlegung der Berufung (§ 314 Abs. 1 StPO). Das ergibt sich aus der **Anm.** zu Nr. 3121 KV. Denn dort ist bestimmt, dass die Gebühr bei Zurücknahme der Berufung vor Ablauf der Begründungsfrist **entfällt**. Eine Tätigkeit des Berufungsgerichts ist für die Entstehung der Gebühr nicht erforderlich.

Nr. 3121 KV zeigt, dass die Entstehung der Verfahrensgebühr nicht voraussetzt, dass das Berufungsverfah- **10** ren durchgeführt wird. Es ist insb. nicht bestimmt, dass bei einem erstinstanzlichen Beschluss gem. § 319 Abs. 1 StPO über die Verwerfung der Berufung als unzulässig wegen verspäteter Einlegung keine Berufungsverfahrensgebühr entsteht.[3] Auch der Beschluss des Berufungsgerichts gem. § 322 Abs. 1 S. 1 StPO, durch den die Berufung als unzulässig verworfen wird, weil das Berufungsgericht die Vorschriften über die Einlegung der Berufung nicht für beobachtet hält, löst die 0,5-Gebühr nach Nr. 3121 KV aus.

Gegen den **erstinstanzlichen Verwerfungsbeschluss** (§ 319 Abs. 1 StPO) kann der Beschwerdeführer gem. **11** § 319 Abs. 2 StPO binnen einer Woche nach Zustellung des Beschlusses die Entscheidung des Berufungsgerichts beantragen. Der Antrag löst keine neuen Gebühren aus; insb. ist Nr. 3602 KV nicht anwendbar.[4]

In den Fällen des § 313 Abs. 1 StPO ist die Berufung nur zulässig, wenn sie angenommen wird (**Annahme- 12 berufung**). Die Berufung wird angenommen, wenn sie nicht offensichtlich unbegründet ist. Andernfalls wird die Berufung als unzulässig verworfen, § 313 Abs. 2 StPO. Auch in diesen Fällen liegt eine Erledigung des Berufungsverfahrens ohne Urteil vor, die zur Gebühr Nr. 3121 KV führen kann.

2. Rechtzeitige Berufungsrücknahme (Anm. zu Nr. 3121 KV). Der Wegfall der durch die Berufungseinle- **13** gung angefallenen Gebühr Nr. 3121 KV ist nur dann vorgesehen, wenn die Berufung rechtzeitig zurückgenommen wird (Anm. zu Nr. 3121 KV). Nach § 317 StPO kann die Berufung binnen einer weiteren Woche nach Ablauf der Frist zur Einlegung des Rechtsmittels (§ 314 StPO) oder, wenn zu dieser Zeit das Urteil noch nicht zugestellt war, nach dessen Zustellung bei dem Gericht des ersten Rechtszugs zu Protokoll der Geschäftsstelle oder in einer Beschwerdeschrift begründet werden. Eine rechtzeitige Rücknahme der Berufung iSv Nr. 3121 KV setzt damit eine Rücknahme der Berufung **vor Ablauf der Berufungsbegründungsfrist** voraus.

Beispiel: A ist durch am 1.10. (Montag) verkündetes Urteil zu einer Freiheitsstrafe von 6 Monaten verurteilt wor- **14** den. Er legt am 3.10. (Mittwoch) Berufung ein, nimmt diese aber am 17.10. (Mittwoch) wieder zurück.

1. Gebühr für erste Instanz, Nr. 3110 KV (6 Monate)   140,00 €
2. Gebühr für Berufung, Nr. 3121 KV (6 Monate)   70,00 €

Nach der Anm. zu Nr. 3121 KV entfällt die Gebühr für die Berufung bei Rücknahme vor Ablauf der Berufungsbegründungsfrist. Die Rücknahme ist hier verspätet erfolgt:

Gemäß § 314 Abs. 1 StPO ist die Berufung binnen 1 Woche ab Verkündung des Urteils einzulegen. Die Verkündung ist am Montag, 1.10. erfolgt. Dieser Tag ist für die Fristberechnung nicht mitzuzählen. Fristende ist gem. § 43 StPO der Ablauf des Tages, der durch seine Benennung dem Tag entspricht, an dem die Frist begonnen hatte.[5] Fristablauf für die Einlegung ist deshalb Montag, der 8.10. um 24.00 Uhr (§ 43 Abs. 1 StPO).

---

2 *Oestreich/Hellstab/Trenkle*, GKG Nr. 3120, 3121 KV Rn 7; *Meyer*, GKG Nr. 3121 KV Rn 71. **3** So auch *Oestreich/Hellstab/ Trenkle*, GKG Nr. 3120, 3121 KV Rn 24. **4** *Oestreich/Hellstab/Trenkle*, GKG Nr. 3120, 3121 KV Rn 24. **5** BGH NJW 1990, 460.

Die Berufungsbegründung muss binnen einer weiteren Woche nach Ablauf der Frist zur Einlegung der Berufung erfolgen:

- Ablauf der Einlegungsfrist ist Montag, der 8.10. um 24.00 Uhr;
- Beginn der Begründungsfrist ist Dienstag, der 9.10. um 00.00 Uhr;
- Ablauf der Begründungsfrist ist Montag, der 15.10. um 00.00 Uhr.

15 Die rechtzeitige Berufungsrücknahme befreit nur von der Gebühr für das Berufungsverfahren. Im Falle rechtskräftiger und kostenpflichtiger Verurteilung trägt der Verurteilte die im Berufungsverfahren entstandenen **Auslagen** iSv Teil 9 KV.[6]

16 **3. Rücknahme eines unbestimmten Rechtsmittels.** Strafprozessual ist ein unbestimmtes Rechtsmittel als Berufung anzusehen, wenn keine Wahl getroffen wird.[7] Durch die Behandlung eines Rechtsmittels als Berufung werden im Übrigen geringere Gebühren erhoben als bei einer Behandlung als Sprungrevision (Berufung, Nr. 3121 KV: 0,5-Gebühr; Revision, Nr. 3131 KV: 1,0-Gebühr).

17 Auch wenn die Anm. zu Nr. 3121 KV nur auf die Rücknahme eines als Berufung bezeichneten Rechtsmittels abstellt, ist hieraus nicht zu schließen, dass die Rücknahme eines unbestimmten Rechtsmittels gebührenfrei ist. Vielmehr gilt, dass die Einlegung eines unbestimmten Rechtsmittels stets eine 0,5-Gebühr nach Nr. 3121 KV auslöst.[8] Nur die rechtzeitige Berufungsrücknahme kann nach Anm. zu Nr. 3121 KV gebührenfrei erfolgen.

V. Beschränkte Berufung

18 Bei beschränkten Berufungen ist Vorbem. 3.1 Abs. 7 KV zu beachten (dazu ausf. → Vorbem. 3.1 KV Rn 40 ff).

VI. Gebühr bei Berufung der Staatsanwaltschaft und des Angeklagten

19 **1. Gleiches Berufungsergebnis.** Legen sowohl die Staatsanwaltschaft als auch der Angeklagte Berufung ein, entsteht die Gebühr des Berufungsverfahrens insgesamt nur einmal (§ 35). Werden vom Berufungsgericht die Kosten der durch die Berufung der Staatsanwaltschaft entstandenen Kosten der Staatskasse, die durch die Berufung des Angeklagten verursachten Kosten dagegen diesem auferlegt, erfolgt keine Quotelung oder Aufteilung der **Gerichtsgebühr** für das Berufungsverfahren nach Nr. 3120 KV. Denn nach Vorbem. 3.1 Abs. 1 KV bemisst sich die Gerichtsgebühr für alle Rechtszüge nach der rechtskräftig erkannten Strafe. Der rechtskräftig Verurteilte schuldet damit auf dieser Grundlage berechnete Gebühren.

20 Das gilt entsprechend, wenn beide Berufungen verspätet (vgl die Anm. zu Nr. 3121 KV), also zB erst im Hauptverhandlungstermin, zurückgenommen werden.

21 **Beispiel:** A ist durch Urteil zu einer Freiheitsstrafe von 6 Monaten ohne Bewährung verurteilt worden. A und die Staatsanwaltschaft legen jeweils Berufung ein, nehmen diese aber jeweils im Berufungstermin zurück.

1. Gebühr erste Instanz, Nr. 3110 KV (6 Monate)	140,00 €
2. Gebühr für Berufung, Nr. 3121 KV (6 Monate, 0,5 von Nr. 3110 KV)	70,00 €

22 **2. Unterschiedliche Schicksale der Berufungen.** Wenn die sowohl durch die Staatsanwaltschaft als auch durch den Angeklagten eingelegten Berufungen unterschiedlich ausgehen, richtet sich die Gebührenberechnung für alle Rechtszüge nach dem rechtskräftigen Ergebnis.

23 **Beispiel:** A ist durch Urteil zu einer Freiheitsstrafe von 6 Monaten ohne Bewährung verurteilt worden. A und die Staatsanwaltschaft legen jeweils Berufung ein. A nimmt seine Berufung vor Ablauf der Berufungsbegründungsfrist zurück. Auf die Berufung der Staatsanwaltschaft erfolgt rechtskräftige Verurteilung zu 8 Monaten Freiheitsstrafe.

1. Gebühr erste Instanz, Nr. 3111 KV (8 Monate)	280,00 €
2. Gebühr für Berufung, Nr. 3120 KV (8 Monate, 1,5 von Nr. 3111 KV)	420,00 €

Die rechtzeitige Berufungsrücknahme durch A ist für die Entstehung der Gebühr für das Berufungsverfahren ohne Bedeutung. Denn er ist im Berufungsverfahren durch Urteil rechtskräftig zu einer Freiheitstrafe von 8 Monaten verurteilt worden.

24 **3. Auslagen.** Hinsichtlich der Auslagen nach Teil 9 KV ist im Kostenansatzverfahren gem. § 19 zu entscheiden, welche Kosten bei Berufungen sowohl der Staatsanwaltschaft als auch des Angeklagten der Staatskasse und welche dem Verurteilten zur Last fallen. Siehe insoweit → § 29 Rn 43 ff.

---

6 OLG Zweibrücken JurBüro 1991, 543 = Rpfleger 1991, 125. **7** *Meyer-Goßner*, StPO, § 335 Rn 4. **8** So zutr. *Oestreich/Hellstab/Trenkle*, GKG Nr. 3120, 3121 KV Rn 23.

VII. Weitere praktische Hinweise

Auf die praktischen Hinweise zu Nr. 3110–3117 KV wird verwiesen (→ Nr. 3110–3117 KV Rn 10–13).   25
Hinsichtlich der sachlichen und örtlichen Zuständigkeit für den Kostenansatz (§ 19 Abs. 2) für das Berufungsverfahren wird auf → § 19 Rn 38, 47 verwiesen. Funktionell zuständig ist nach den Verwaltungsbestimmungen der Bundesländer regelmäßig der Kostenbeamte des mittleren Justizdienstes.[9]

Abschnitt 3
Revision

Nr.	Gebührentatbestand	Gebühr oder Satz der jeweiligen Gebühr 3110 bis 3117, soweit nichts anderes vermerkt ist
3130	Revisionsverfahren mit Urteil oder Beschluss nach § 349 Abs. 2 oder 4 StPO	2,0
3131	Erledigung des Revisionsverfahrens ohne Urteil und ohne Beschluss nach § 349 Abs. 2 oder 4 StPO .... Die Gebühr entfällt bei Zurücknahme der Revision vor Ablauf der Begründungsfrist.	1,0

I. Allgemeines

Bei der **Revision im Offizialverfahren** richten sich die Gebühren nach Nr. 3130 und 3131 KV. Für die Revi-   1
sion des **Privat- oder Nebenklägers** richten sich die Gebühren ggf nach Nr. 3440, 3441 KV und Nr. 3520,
3521 KV.

Die Gebühr des Revisionsverfahrens richtet sich wie die erstinstanzliche Gebühr nach der **rechtskräftig er-**   2
kannten Strafe, Vorbem. 3.1 Abs. 1 KV. Wird eine Revision zurückgewiesen oder verworfen, wird das Urteil erster oder zweiter Instanz rechtskräftig und richtet sich die Gebühr für das Revisionsverfahren nach
der dort verhängten Strafe. Ändert das Revisionsgericht das Strafmaß, bildet die Entscheidung des Revisionsgerichts die Berechnungsgrundlage für die Gebühr.

Für die **Höhe** der Gebühr kommt es darauf an, ob das Revisionsverfahren **mit Urteil oder Beschluss** nach   3
§ 349 Abs. 2 oder 4 StPO erledigt worden ist. Die Gebühren nach Nr. 3110–3117 KV entstehen im Revisionsverfahren bei Erledigung durch Urteil oder Beschluss nach § 349 Abs. 2 oder 4 StPO mit einem Satz von
2,0, bei Erledigung des Revisionsverfahrens ohne Urteil und ohne Beschluss nach § 349 Abs. 2 oder 4 StPO
mit einem Satz von 1,0. Die Gebühren können sich allerdings verringern, wenn das Revisionsgericht die
Revisionsgebühr entsprechend § **473 Abs. 4 StPO** ermäßigt, Vorbem. 3 Abs. 1 KV.

Für die Gebühr des Revisionsverfahrens gelten die Erl. zu der Gebühr für das Berufungsverfahren nach   4
Nr. 3120, 3121 KV entsprechend, soweit nicht in → Rn 5 ff Besonderheiten dargestellt werden.

II. Besonderheiten

1. Verwerfungsbeschluss gem. § 349 Abs. 1 StPO. Die 2,0-Gebühr nach Nr. 3130 KV entsteht nur für ein   5
Revisionsverfahren mit Urteil oder Beschluss nach § 349 Abs. 2 oder 4 StPO. Erachtet das Revisionsgericht
die Vorschriften über die Einlegung der Revision oder die über die Anbringung der Revisionsanträge nicht
für beachtet, so kann es das Rechtsmittel gem. § 349 Abs. 1 StPO durch Beschluss als unzulässig verwerfen.
Der Verwerfungsbeschluss nach § 349 Abs. 1 StPO löst eine 1,0-Gebühr nach Nr. 3131 KV aus.

2. Rechtzeitige Revisionsrücknahme. Nach der Anm. zu Nr. 3131 KV entfällt die 1,0-Gebühr bei Zurück-   6
nahme der Revision vor Ablauf der Begründungsfrist. Der Wegfall der durch die Revisionseinlegung angefallenen Gebühr Nr. 3131 KV ist nur dann vorgesehen, wenn die Revision rechtzeitig zurückgenommen
wird. Nach § 345 Abs. 1 StPO sind die Revisionsanträge und ihre Begründung spätestens binnen eines Monats nach Ablauf der Frist zur Einlegung des Rechtsmittels (§ 341 Abs. 1 StPO) bei dem Gericht, dessen
Urteil angefochten wird, anzubringen. War zu dieser Zeit das Urteil noch nicht zugestellt, so beginnt die

---

9 Vgl für NRW: Geschäftsstellenordnung für die Gerichte und die Staatsanwaltschaften des Landes Nordrhein-Westfalen (GStO)
AV d. JM v. 10.2.2006 (2325 - I. 8) - JMBl. NRW S. 62, idF v. 8.7.2015 (2325 - I. 8).

Frist mit der Zustellung. Eine rechtzeitige Rücknahme der Revision iSv Nr. 3131 KV setzt damit eine Rücknahme der Revision **vor Ablauf der Revisionsbegründungsfrist** voraus.

7   **Beispiel:** A ist durch am 1.10. (Montag) verkündetes Urteil zu einer Freiheitsstrafe von 6 Monaten verurteilt worden. Er legt am 3.10. (Mittwoch) Revision ein, nimmt diese aber am 14.11. (Mittwoch) wieder zurück.

1. Gebühr für erste Instanz, Nr. 3110 KV (6 Monate)	140,00 €
2. Gebühr für Revision, Nr. 3131 KV (6 Monate)	140,00 €

Nach der Anm. zu Nr. 3131 KV entfällt die Gebühr bei Rücknahme vor Ablauf der Revisionsbegründungsfrist. Die Rücknahme ist hier verspätet erfolgt:

Gemäß § 341 Abs. 1 StPO ist die Revision binnen 1 Woche ab Verkündung des Urteils einzulegen. Die Verkündung ist am Montag, 1.10. erfolgt. Dieser Tag ist für die Fristberechnung nicht mitzuzählen. Fristende ist gem. § 43 StPO der Ablauf des Tages, der durch seine Benennung dem Tag entspricht, an dem die Frist begonnen hatte.[1] Fristablauf für die Einlegung ist deshalb Montag, der 8.10. um 24.00 Uhr (§ 43 Abs. 1 StPO).

Die Revisionsbegründung muss gem. § 345 Abs. 1 StPO spätestens binnen eines Monats nach Ablauf der Frist zur Einlegung der Revision erfolgen:

– Ablauf der Einlegungsfrist ist Montag, der 8.10. um 24.00 Uhr;
– Beginn der Begründungsfrist ist Dienstag, der 9.10. um 00.00 Uhr;
– Ablauf der Begründungsfrist ist der 9.11. um 00.00 Uhr.

8   **3. Auslagen bei Revisionsrücknahme.** Die rechtzeitige Revisionsrücknahme befreit nur von der Gebühr für das Revisionsverfahren. Im Falle rechtskräftiger und kostenpflichtiger Verurteilung trägt der Verurteilte die im Revisionsverfahren entstandenen **Auslagen** iSv Teil 9 KV.[2]

III. Weitere praktische Hinweise

9   Auf die praktischen Hinweise zu Nr. 3110–3117 KV wird verwiesen (→ Nr. 3110–3117 KV Rn 10–13). Hinsichtlich der sachlichen und örtlichen Zuständigkeit für den Kostenansatz (§ 19 Abs. 2) für das Berufungsverfahren wird auf → § 19 Rn 38, 47 verwiesen. Die Kosten des Revisionsverfahrens vor dem Bundesgerichtshof werden stets bei dem Bundesgerichtshof angesetzt.

Abschnitt 4
Wiederaufnahmeverfahren

Nr.	Gebührentatbestand	Gebühr oder Satz der jeweiligen Gebühr 3110 bis 3117, soweit nichts anderes vermerkt ist
3140	Verfahren über den Antrag auf Wiederaufnahme des Verfahrens: Der Antrag wird verworfen oder abgelehnt	0,5
3141	Verfahren über die Beschwerde gegen einen Beschluss, durch den ein Antrag auf Wiederaufnahme des Verfahrens hinsichtlich einer Freiheitsstrafe, einer Geldstrafe, einer Maßregel der Besserung und Sicherung oder einer Geldbuße verworfen oder abgelehnt wurde: Die Beschwerde wird verworfen oder zurückgewiesen	1,0

1   Nur im Falle der **Verwerfung** oder **Ablehnung** des Antrags auf Wiederaufnahme des Verfahrens entsteht eine 0,5-Verfahrensgebühr nach Nr. 3140 KV. Wird die Beschwerde gegen einen Beschluss, durch den ein Antrag auf Wiederaufnahme des Verfahrens verworfen oder abgelehnt wurde, **verworfen** oder **zurückgewiesen**, entsteht eine 1,0-Verfahrensgebühr nach Nr. 3341 KV. Bemessungsgrundlage für die beiden Gebühren sind die Gebühren nach Nr. 3110–3117 KV. Wird ein Wiederaufnahmeantrag hinsichtlich einer rechtskräftigen Verurteilung zu einer Freiheitsstrafe von 1 Jahr gestellt, beträgt die Gebühr im Falle der Verwerfung des Wiederaufnahmeantrags 140 € (0,5 der Gebühr Nr. 3111 KV iHv 280 €).

---

1 BGH NJW 1990, 460.   **2** OLG Zweibrücken JurBüro 1991, 543 = Rpfleger 1991, 125.

Ein **erfolgreicher Wiederaufnahmeantrag** oder eine **erfolgreiche Beschwerde** sind **gerichtsgebührenfrei**. Für 2
die Gebühren im Verfahren nach der Wiederaufnahme ist aber Vorbem. 3 Abs. 2 KV zu beachten. Auf die
entsprechenden Erl. wird verwiesen.

Die **Rücknahme** des Wiederaufnahmeantrags oder der Beschwerde lösen ebenfalls keine Gebühren aus. 3
Denn Entstehungsvoraussetzung für die Verfahrensgebühren der Nr. 3340, 3341 KV ist die Verwerfung
oder Ablehnung des Wiederaufnahmeantrags bzw die Verwerfung oder Zurückweisung der Beschwerde. Im
Falle eines Teilerfolgs der Beschwerde kann § 473 Abs. 4 StPO zu beachten sein, vgl die Erl. zu Vorbem. 3
Abs. 1 KV.

Für das Verfahren über den Wiederaufnahmeantrag bzw das Beschwerdeverfahren bei der **Privatklage** bzw 4
der **Nebenklage** gelten Nr. 3340, 3341 KV bzw Nr. 3530, 3531 KV. Bei **Einziehung und verwandten Maßnahmen** gelten Nr. 3450, 3451 KV.

Abschnitt 5
Psychosoziale Prozessbegleitung

Nr.	Gebührentatbestand	Gebühr oder Satz der jeweiligen Gebühr 3110 bis 3117, soweit nichts anderes vermerkt ist
	Vorbemerkung 3.1.5: Eine Erhöhung nach diesem Abschnitt tritt nicht ein, soweit das Gericht etwas anderes angeordnet hat (§ 465 Abs. 2 Satz 4 StPO).	
	Dem Verletzten ist ein psychosozialer Prozessbegleiter beigeordnet	
3150	– für das Vorverfahren: Die Gebühren 3110 bis 3116 und 3118 erhöhen sich um	520,00 €
3151	– für das gerichtliche Verfahren im ersten Rechtszug: Die Gebühren 3110 bis 3116 und 3118 erhöhen sich um	370,00 €
	(1) Die Erhöhung der Gebühr 3116 tritt nur ein, wenn ausschließlich diese Gebühr zu erheben ist. (2) Die Erhöhungen nach den Nummern 3150 und 3151 können nebeneinander eintreten.	
3152	Dem Verletzten ist für das Berufungsverfahren ein psychosozialer Prozessbegleiter beigeordnet: Die Gebühren 3120 und 3121 erhöhen sich um	210,00 €
	Die Erhöhung der Gebühr 3120 oder 3121 für die Anordnung einer oder mehrerer Maßregeln der Besserung und Sicherung tritt nur ein, wenn ausschließlich diese Gebühr zu erheben ist.	

I. Psychosoziale Prozessbegleitung

Teil 3 Hauptabschnitt 1 Abschnitt 5 – Gebühren bei psychosozialer Prozessbegleitung – ist durch das 1
3. Opferrechtsreformgesetz[1] neu eingefügt worden (**Inkrafttreten 1.1.2017**). § 406 g StPO und das Gesetz
über die psychosoziale Prozessbegleitung im Strafverfahren (PsychPbG)[2] verankern dabei die in der Justiz-
praxis tlw bereits bewährte psychosoziale Prozessbegleitung im deutschen Strafverfahrensrecht.

II. Pauschale Gebührenerhöhung

Die Kosten für die psychosoziale Prozessbegleitung (vgl hierzu § 6 PsychPbG: Vergütungsanspruch des Pro- 2
zessbegleiters gegen die Staatskasse) werden durch eine Erhöhung der Gerichtsgebühren um 520 €

---

[1] Vom 21.12.2015 (BGBl. I 2525). [2] Verkündet als Art. 4 des G v. 21.12.2015 (BGBl. I 2525, 2529).

(Nr. 3150 KV), 370 € (Nr. 3151 KV) und 210 € (Nr. 3152 KV) in Strafverfahren mit psychosozialer Prozessbegleitung **pauschal** abgegolten. Es handelt sich also um **Zuschläge** zu den jeweils in diesen Nummern aufgeführten Gebühren. Das hält der Gesetzgeber für sinnvoll, um den Ländern bei der Frage der Finanzierung und damit Umsetzung der psychosozialen Prozessbegleitung den größtmöglichen Spielraum zu belassen.[3] Nur eine pauschale Abgeltung ermögliche es, dass im Falle einer Verurteilung der Verurteilte in jedem Fall an den Kosten der psychosozialen Prozessbegleitung beteiligt werde. Eine einzelfallbezogene Abrechnung würde nicht passen, mit der Folge, dass dort die Kosten für die psychosoziale Prozessbegleitung vollumfänglich von der Landeskasse zu tragen wären, ohne Möglichkeit, dass der Verurteilte daran beteiligt werde.[4]

III. Gebührenerhöhungen durch Gerichtsgebührenzuschläge

3 **1. Beiordnung nur im Vorverfahren (Nr. 3150 KV).** Ist dem Verletzten ein psychosozialer Prozessbegleiter **nur** für das Vorverfahren beigeordnet worden (§ 406 g Abs. 3 S. 5 StPO), erhöhen sich die Gebühren nach Nr. 3110–3116 und 3118 KV hierdurch um 520 €. Die Höhe dieser Gebühr entspricht der Vergütung des beigeordneten psychosozialen Prozessbegleiters für das Vorverfahren nach § 6 PsychPbG, die die Landeskasse zu erstatten hat.[5]

4 **Beispiel:** Es erfolgt rechtskräftige Verurteilung zu einer Freiheitsstrafe von 1 Jahr. Nur für das Vorverfahren erfolgte die Beiordnung eines psychosozialen Prozessbegleiters.

Es entstehen:

1. Gebühr Nr. 3111 KV	280,00 €
2. Zuschlag Nr. 3150 KV	520,00 €
Summe	800,00 €

5 Der **Gerichtsgebührenzuschlag** ist bei der Beiordnung eines psychosozialen Prozessbegleiters schon für das Vorverfahren mit 520 € deshalb am höchsten, weil nach den Erfahrungen der Länder, die bereits eine solche Begleitung anbieten, der Aufwand für die Begleitung im Vorverfahren am intensivsten ist. Den Opferzeugen psychisch zu stärken und die Ängste vor dem Strafverfahren zu reduzieren, sind wesentliche Bestandteile in diesem Stadium, die regelmäßig zu vielen Terminen mit dem Zeugen führen. Diesem Umstand wird dadurch Rechnung getragen, dass in den Fällen, in denen eine Begleitung bereits im Vorverfahren stattfindet, sich die Gerichtsgebühr um weitere 520 € erhöht.[6]

6 **2. Beiordnung im ersten Rechtszug (Nr. 3151 KV). a) Gerichtsgebührenzuschlag.** Ist dem Verletzten ein psychosozialer Prozessbegleiter für das gerichtliche Verfahren im ersten Rechtszug beigeordnet worden, erhöhen sich die Gebühren nach Nr. 3110–3116 und 3118 KV um 370 €. Auch hier entspricht die Höhe der Gebühr der Vergütung des beigeordneten psychosozialen Prozessbegleiters für das erstinstanzliche Verfahren nach § 6 PsychPbG, die die Landeskasse zu erstatten hat.

7 **b) Zuschlag bei der Gebühr Nr. 3116 KV (Anm. Abs. 1).** Bei Anordnung einer oder mehrerer Maßregeln der Besserung und Sicherung entsteht eine Gebühr Nr. 3116 KV iHv 70 € (→ Rn 22 ff). Nur wenn allein diese Gebühr anfällt, tritt die Erhöhung ein. Entsteht daneben eine Gebühr Nr. 3110–3115, Nr. 3117 KV, werden nur diese Gebühren erhöht, die Gebühr Nr. 3116 KV dagegen nicht.

8 **Beispiel:** Es erfolgt rechtskräftige Verurteilung zu einer Freiheitsstrafe von 1 Jahr. Daneben wird eine Maßregel der Besserung angeordnet. Im ersten Rechtszug erfolgte die Beiordnung eines psychosozialen Prozessbegleiters.

Es entstehen:

1. Gebühr Nr. 3111 KV	280,00 €
2. Zuschlag Nr. 3151 KV	370,00 €
3. Gebühr Nr. 3116 KV	70,00 €
Summe	720,00 €

9 **c) Beiordnung für Vor- und Hauptverfahren (Anm. Abs. 2).** Nach Anm. Abs. 2 zu Nr. 3151 KV können die Erhöhungen nach den Nr. 3150 und 3151 KV nebeneinander anfallen. Die Berechnung hängt also davon ab, inwieweit bzw wofür der psychosoziale Prozessbegleiter beigeordnet worden ist. Erfolgt die Beiordnung des psychosozialen Prozessbegleiters für das Vorverfahren (Ermittlungsverfahren) und das gerichtliche Verfahren im ersten Rechtszug, fallen die Zuschläge nach Nr. 3150 und Nr. 3151 KV **kumulativ nebeneinander** an. Erfolgt die Beiordnung des Prozessbegleiters nicht nur für das gerichtliche Verfahren im ersten Rechtszug, sondern bereits für das Vorverfahren, wird die Gerichtsgebühr nach Nr. 3110–3115, 3117 KV damit um weitere 520 € erhöht.[7]

---

3 BT-Drucks 18/4621, S. 37. **4** BT-Drucks 18/4621, S. 37. **5** Vgl BT-Drucks 18/6906, S. 23. **6** BT-Drucks 18/4621, S. 37. **7** BT-Drucks 18/4621, S. 37.

Beispiel: Es erfolgt rechtskräftige Verurteilung zu einer Freiheitsstrafe von 1 Jahr. Sowohl für das Vorverfahren als **10**
auch den ersten Rechtszug erfolgte die Beiordnung eines psychosozialen Prozessbegleiters.

Es entstehen:

1. Gebühr Nr. 3111 KV   280,00 €
2. Zuschlag Nr. 3150 KV   520,00 €
3. Zuschlag Nr. 3151 KV   370,00 €
Summe   1.170,00 €

3. Beiordnng für das Berufungsverfahren (Nr. 3152 KV). a) Gesonderter Gerichtsgebührenzuschlag. We- **11**
gen Vorbem. 3.1 Abs. 1 KV ist für das Berufungsverfahren nach der rechtskräftig erkannten Strafe eine gesonderte Gebühr nach Nr. 3120, 3121 KV zu erheben. Im Falle der Beiordnung des psychosozialen Prozessbegleiters für das Berufungsverfahren erhöhen sich diese Gebühren gesondert nach Nr. 3152 KV um 210 €.
Der Zuschlag für das Berufungsverfahren ist geringer, weil der Gesetzgeber davon ausgeht, dass die Begleitung des Zeugen geringer sein wird als im Hauptverfahren, da das Opfer bereits Kenntnisse und Erfahrungen aus der erstinstanzlichen Verhandlung hat.[8]

Beispiel: Es erfolgt im Berufungsverfahren nach Hauptverhandlung rechtskräftige Verurteilung zu einer Freiheits- **12**
strafe von 1 Jahr. Sowohl für den ersten Rechtszug als auch das Berufungsverfahren erfolgte die Beiordnung eines
psychosozialen Prozessbegleiters.

Es entstehen:

1. Gebühr Nr. 3111 KV   280,00 €
2. Zuschlag Nr. 3151 KV   370,00 €
3. Gebühr Nr. 3120, 3111 KV   420,00 €
4. Zuschlag Nr. 3152 KV   210,00 €
Summe   1.280,00 €

b) Maßregel der Besserung und Sicherung (Anm.). Nach Vorbem. 3.1 Abs. 4 KV wird eine Gebühr für alle **13**
Rechtszüge bei rechtskräftiger Anordnung einer Maßregel der Besserung und Sicherung gesondert erhoben.
Betrifft das Berufungsverfahren daher eine rechtskräftig angeordnete Maßregel der Besserung und Sicherung, entsteht im Berufungsverfahren die Gebühr Nr. 3116 KV nach den Sätzen der Gebühren Nr. 3120,
3121 KV gesondert (dazu → Vorbem. 3.1 KV Rn 22 ff). Der Zuschlag nach Nr. 3152 KV entsteht insoweit
aber nur, wenn im Berufungsverfahren nur eine Gebühr nach Nr. 3120, 3121 KV iVm Nr. 3116 KV zu erheben ist. Entsteht in der Berufung eine Gebühr nach Nr. 3120, 3121 KV iVm Nr. 3110–3115, Nr. 3117
KV, werden nur diese Gebühren erhöht, die Gebühr Nr. 3116 KV dagegen nicht (→ Rn 7).

4. Höchstbetrag der Gebührenzuschläge. Die Berechnung der Gebührenzuschläge hängt davon ab, inwie- **14**
weit bzw wofür der psychosoziale Prozessbegleiter beigeordnet worden ist. Erfolgt die Beiordnung des psychosozialen Prozessbegleiters für das Vorverfahren (Ermittlungsverfahren), das gerichtliche Verfahren im
ersten Rechtszug und für das Berufungsverfahren, fallen sämtliche Zuschläge **kumulativ nebeneinander** an
(→ Rn 9). Ist die Beiordnung des psychosozialen Prozessbegleiters für das Vorverfahren (Ermittlungsverfahren), das gerichtliche Verfahren im ersten Rechtszug und für das Berufungsverfahren erfolgt, betragen die
Gerichtsgebührenzuschläge nach Nr. 3150–3152 KV damit insgesamt höchstens 1.100 € (520 € Nr. 3150
KV, 370 € Nr. 3151 KV, 210 € Nr. 3152 KV).[9]

Beispiel: Es erfolgt im Berufungsverfahren Verurteilung zu einer Freiheitsstrafe von 1 Jahr. Die Beiordnung eines **15**
psychosozialen Prozessbegleiters ist für das Vorverfahren, das Verfahren im ersten Rechtszug sowie das Berufungsverfahren erfolgt.

Es entstehen:

1. Gebühr Nr. 3111 KV   280,00 €
2. Zuschlag Nr. 3150 KV   520,00 €
3. Zuschlag Nr. 3151 KV   370,00 €
4. Gebühr Nr. 3120, 3111 KV   420,00 €
5. Zuschlag Nr. 3152 KV   210,00 €
Summe   1.800,00 €

IV. Ausschluss der Erhöhung (Vorbem. 3.1.5 KV)

Gemäß § 465 Abs. 2 S. 4 StPO kann das Gericht anordnen, dass die Erhöhung der Gerichtsgebühren im **16**
Falle der Beiordnung eines psychosozialen Prozessbegleiters ganz oder teilweise unterbleibt, wenn es unbil-

---

8 BT-Drucks 18/4621, S. 37. **9** Vgl BT-Drucks 18/4621, S. 37, in der allerdings noch von einem Höchstbetrag iHv 750 € ausgegangen wird. Dem liegen die ursprünglich vorgesehen Zuschläge über 350 €, 250 € und 150 € zugrunde, die durch Beschluss
des Rechtsausschusses erhöht worden sind, s. BT-Drucks 18/6906.

lig wäre, den Angeklagten damit zu belasten. Wird eine entsprechende Anordnung vom Gericht getroffen, tritt eine Erhöhung nach Nr. 3150–3152 KV nicht bzw nur im Umfang der gerichtlichen Anordnung ein.

V. Umfang der Beiordnung des Prozessbegleiters

17   Nr. 3150 ff KV stellen darauf ab, ob der psychosoziale Prozessbegleiter für das Vorverfahren, das gerichtliche Verfahren im ersten Rechtszug oder das Berufungsverfahren beigeordnet worden ist. Unklar ist, wie hinsichtlich der Gerichtsgebührenzuschläge zu verfahren ist, wenn die Beiordnung insoweit nicht eindeutig gefasst ist.

18   Aus § 406 g Abs. 3 StPO ergibt sich, dass für die Beiordnung des psychosozialen Prozessbegleiters auf § 397 a Abs. 1 StPO zurückgegriffen wird. § 397 a Abs. 1 StPO betrifft die Bestellung eines Beistands für den Nebenkläger. Nach der Rspr des BGH wirkt die Bestellung eines Beistands für den Nebenkläger über die jeweilige Instanz hinaus bis zum rechtskräftigen Abschluss des Verfahrens fort.[10] Bei Anwendung dieser Grundsätze liegt die Beiordnung eines Prozessbegleiters nur für das Vorverfahren vor, wenn die Beiordnung entsprechend gefasst ist. Enthält die Beiordnung aber keine Einschränkung, wird die Beiordnung des Prozessbegleiters im Vorverfahren bzw im ersten Rechtszug auch für den ersten Rechtszug und das Berufungsverfahren gelten. Hierdurch fallen die Zuschläge nach Nr. 3150–3152 KV kumulativ an (→ Rn 9).

VI. Weitere praktische Hinweise

19   **1. Überblick.** Auf die praktischen Hinweise zu Nr. 3110–3117 KV wird verwiesen (→ Nr. 3110–3117 KV Rn 10–13). Hinsichtlich der sachlichen und örtlichen Zuständigkeit für den **Kostenansatz** (§ 19 Abs. 2) für das Berufungsverfahren wird auf → § 19 Rn 38, 47 verwiesen. Die Kosten des Revisionsverfahrens vor dem Bundesgerichtshof werden stets bei dem Bundesgerichtshof angesetzt.

20   **2. Vergütung des psychosozialen Prozessbegleiters nach dem PsychPbG.** Gemäß § 6 S. 1 Nr. 1–3 PsychPbG erhält der beigeordnete psychosoziale Prozessbegleiter für die Wahrnehmung seiner Aufgaben **aus der Staatskasse** für eine psychosoziale Prozessbegleitung eine Vergütung

-   im Vorverfahren iHv 520 €,
-   im gerichtlichen Verfahren im ersten Rechtszug iHv 370 €,
-   nach Abschluss des erstinstanzlichen Verfahrens iHv 210 €.

Mit der Vergütung nach § 6 S. 1 PsychPbG sind auch Ansprüche auf Ersatz anlässlich der Ausübung der psychosozialen Prozessbegleitung entstandener Aufwendungen und Auslagen sowie Ansprüche auf Ersatz der auf die Vergütung entfallenden Umsatzsteuer abgegolten (§ 6 S. 2 PsychPbG).

21   Zu den Einzelheiten der Vergütung des psychosozialen Prozessbegleiters wird auf den Beitrag „**Vergütung des psychosozialen Prozessbegleiters**" (Ziff. 30) in diesem Kommentar verwiesen.

22   Da die Vergütung aus der Staatskasse zu zahlen ist, stellt sich die Frage, ob die Vergütung vom Verurteilten durch Kostenrechnung (§ 19) zurückgefordert werden kann. Das ist zu verneinen, weil ein entsprechender Auslagentatbestand in Teil 9 KV fehlt:

-   Nr. 9007 KV ist nicht anwendbar, weil danach nur an Rechtsanwälte zu zahlende Beträge als Auslagen gefordert werden können. Der Prozessbegleiter ist kein Rechtsanwalt (vgl §§ 2 und 3 PsychPbG: Hochschulabschluss im Bereich Sozialpädagogik, Soziale Arbeit, Pädagogik, Psychologie oder eine abgeschlossene Berufsausbildung in einem dieser Bereiche);
-   § 59 RVG ist nicht anwendbar, weil insb. keine Beiordnung im Wege der PKH/VKH erfolgt.

23   Die Kosten der Staatskasse für die psychosoziale Prozessbegleitung in Form des Vergütungsanspruchs des Prozessbegleiters gegen die Staatskasse (vgl § 6 PsychPbG) werden deshalb durch die Gerichtsgebührenzuschläge iHv 520 € (Nr. 3150 KV), 370 € (Nr. 3151 KV) und 210 € (Nr. 3152 KV) **pauschal** abgegolten.[11] Eine Auslagenerhebung erfolgt insoweit nicht und ist auch nicht erforderlich. Die Vergütung des Prozessbegleiters wird durch den Verurteilten im Falle der Zahlung der Gerichtsgebührenzuschläge ausgeglichen.

---

10 Vgl BGH StraFo 2008, 131; BGH StraFo 2005, 343; BGH NStZ-RR 2003, 293.   **11** BT-Drucks 18/4621, S. 37.

Hauptabschnitt 2
Klageerzwingungsverfahren, unwahre Anzeige und Zurücknahme des Strafantrags

Nr.	Gebührentatbestand	Gebühr oder Satz der jeweiligen Gebühr 3110 bis 3117, soweit nichts anderes vermerkt ist
3200	Dem Antragsteller, dem Anzeigenden, dem Angeklagten oder Nebenbeteiligten sind die Kosten auferlegt worden (§§ 177, 469, 470 StPO) .... Das Gericht kann die Gebühr bis auf 15,00 € herabsetzen oder beschließen, dass von der Erhebung einer Gebühr abgesehen wird.	70,00 €

In den in Nr. 3200 KV aufgeführten Fällen wird von den im Gebührentatbestand bezeichneten Personen die **1** Festgebühr iHv 70 € nur erhoben, wenn ihnen gem. §§ 177, 469, 470 StPO die Kosten auferlegt worden sind. Erfasst sind folgende Fälle:

- Im **Klageerzwingungsverfahren** gem. §§ 172 ff StPO werden die durch das Verfahren über den Antrag veranlassten Kosten in den Fällen der §§ 174 und 176 Abs. 2 StPO gem. § **177 StPO** dem **Antragsteller** auferlegt.
- Ist ein – wenn auch nur außergerichtliches – Verfahren durch eine vorsätzlich oder leichtfertig erstattete **unwahre Anzeige** veranlasst worden, so hat das Gericht dem **Anzeigenden**, nachdem er gehört worden ist, gem. § **469 StPO** die Kosten des Verfahrens und die dem Beschuldigten erwachsenen notwendigen Auslagen aufzuerlegen.
- Wird das Verfahren wegen **Zurücknahme des Strafantrags** eingestellt, so hat der Antragsteller gem. § **470 StPO** die Kosten zu tragen. Sie können aber auch dem **Angeklagten** oder einem **Nebenbeteiligten** auferlegt werden, soweit er sich zur Übernahme bereit erklärt.

Kostenschuldner der Gebühr ist gem. § 29 Nr. 1 derjenige, dem die Kosten gem. §§ 177, 469, 470 StPO **2** auferlegt werden. Die Gebühr wird gem. § 6 Abs. 2 mit der Kostenentscheidung gem. §§ 177, 469, 470 StPO **fällig**, weil diese Kostenentscheidung gleichzeitig Entstehungstatbestand ist.

Hauptabschnitt 3
Privatklage

Nr.	Gebührentatbestand	Gebühr oder Satz der jeweiligen Gebühr 3110 bis 3117, soweit nichts anderes vermerkt ist
Vorbemerkung 3.3: Für das Verfahren auf Widerklage werden die Gebühren gesondert erhoben.		

Abschnitt 1
Erster Rechtszug

Nr.	Gebührentatbestand	Gebühr oder Satz der jeweiligen Gebühr 3110 bis 3117, soweit nichts anderes vermerkt ist
3310	Hauptverhandlung mit Urteil	140,00 €
3311	Erledigung des Verfahrens ohne Urteil	70,00 €

I. Allgemeines

1   Das Privatklageverfahren ist in §§ 374 ff StPO geregelt. Im Privatklageverfahren richten sich die Gebühren für alle Instanzen nach **Nr. 3310–3341 KV**. Vorbem. 3.1 KV (Hauptabschnitt 1 KV, Offizialverfahren) gilt für die in Hauptabschnitt 3 KV geregelte Privatklage nicht.

2   Die Gebühr bestimmt sich daher nicht für alle Rechtszüge nach der rechtskräftig erkannten Strafe, sondern beträgt bei einer Hauptverhandlung mit Urteil stets 140 €, bei Erledigung des Verfahrens ohne Urteil stets 70 €. Die Gebühr entsteht daher – anders als im **Offizialverfahren** – auch im Falle des **Freispruchs** des Angeklagten. Bei **mehreren Angeklagten** entsteht die Gebühr **nur einmal**.

3   Die **Einstellung** des Verfahrens **nach verhandelter Sache durch Urteil** gem. § 389 Abs. 1 StPO löst die Gebühr Nr. 3310 KV aus.

II. Widerklage

4   Im Falle der Erhebung der **Widerklage** durch den Beschuldigten (§ 388 StPO) entstehen die Gebühren gem. Vorbem. 3.3 KV gesondert. Erfolgt die Erhebung der Widerklage also im ersten Rechtszug und endet das Verfahren über die Privatklage und die Widerklage nach Hauptverhandlung durch Urteil, fällt die Gebühr Nr. 3310 KV iHv 140 € **doppelt** an (280 €).

5   Gemäß § 388 Abs. 4 StPO ist die **Zurücknahme der Privatklage** auf das Verfahren über die Widerklage ohne Einfluss. Wird daher die Privatklage zurückgenommen, über die Widerklage aber nach Hauptverhandlung durch Urteil entschieden, fällt für die Privatklage die Gebühr Nr. 3311 KV mit 70 € und für die Widerklage die Gebühr Nr. 3310 KV mit 140 € an.

III. Erledigung ohne Urteil (Nr. 3311 KV)

6   Die Gebühr Nr. 3311 KV (Erledigung des Verfahrens ohne Urteil) kommt in Betracht bei
- **Zurücknahme** der Privat- oder Widerklage (vgl §§ 388 Abs. 4, 391 Abs. 1 StPO),
- **Zurückweisung** der Privat- oder Widerklage (§§ 379 a Abs. 3 S. 1, 383 Abs. 1 StPO),
- **Einstellung** des Verfahrens (§ 383 Abs. 2 StPO; anders aber im Falle der Einstellung gem. § 389 Abs. 1 StPO) oder
- Abschluss eines **Vergleichs**.

IV. Weitere praktische Hinweise

7   1. Fälligkeit. Sind Kosten bei der Privatklage vom **verurteilten Beschuldigten** zu erheben (§ 29 Nr. 1), werden diese gem. § 8 S. 1 erst mit der Rechtskraft des Urteils fällig. Im Übrigen gilt für die Fälligkeit § 9 Abs. 2.

8   2. Abhängigmachung/Vorauszahlungspflicht. Die Vorschusspflicht des **Privatklägers** für bestimmte Gebühren ist in § 16 Abs. 1 S. 1, die Vorschusspflicht des **Widerklägers** (§ 388 StPO) ist in § 16 Abs. 1 S. 2 geregelt. Der **Beschuldigte** ist zur Zahlung eines Gebührenvorschusses nicht verpflichtet. Auf die Erl. in → § 16 Rn 2–8, auch zur Vorschusspflicht nach §§ 379 a, 390 Abs. 4 StPO, wird verwiesen (→ Nr. 3200 KV Rn 1 f).

9   Die Vorschusspflicht für **Auslagen** ergibt sich aus § 17 Abs. 4 S. 1. Nur der Privat- oder Widerkläger, nicht aber der Beschuldigte hat danach ggf einen Vorschuss zu leisten. Auf die Erl. zu § 17 Abs. 4 wird verwiesen (→ § 17 Rn 50 ff).

NK-GK/Volpert

3. Kostenschuldner. Kostenschuldner ist gem. § 29 Nr. 1, 2 derjenige, dem die Kosten gerichtlich auferlegt   10
worden sind oder wer sie durch eine vor Gericht abgegebene oder dem Gericht mitgeteilte Erklärung oder
in einem vor Gericht abgeschlossenen oder dem Gericht mitgeteilten Vergleich übernommen hat; dies gilt
auch, wenn bei einem Vergleich ohne Bestimmung über die Kosten diese als von beiden Teilen je zur Hälfte
übernommen anzusehen sind.

4. Zuständigkeit für den Kostenansatz. Die Kosten in Privatklagesachen werden gem. § 19 Abs. 2 S. 1 bei   11
der Staatsanwaltschaft angesetzt, wenn diese eine gerichtliche Entscheidung vollstrecken muss. Die Erhebung der Privatklage ist gem. § 80 Abs. 1 S. 1 JGG bei Jugendlichen (§ 1 Abs. 2 JGG) nicht zulässig, so dass
eine Zuständigkeit des Amtsgerichts, dem der Jugendrichter angehört, der die Vollstreckung einzuleiten hat
(§ 84 JGG), gem. § 19 Abs. 2 S. 2 nur bei Heranwachsenden in Betracht kommt. Im Falle des Freispruchs
werden die Kosten gem. § 19 Abs. 2 S. 3 bei dem Amtsgericht (§ 25 Nr. 1 GVG) angesetzt.

Abschnitt 2
Berufung

Nr.	Gebührentatbestand	Gebühr oder Satz der jeweiligen Gebühr 3110 bis 3117, soweit nichts anderes vermerkt ist
3320	Berufungsverfahren mit Urteil	290,00 €
3321	Erledigung der Berufung ohne Urteil	140,00 €
	Die Gebühr entfällt bei Zurücknahme der Berufung vor Ablauf der Begründungsfrist.	

Abschnitt 3
Revision

Nr.	Gebührentatbestand	Gebühr oder Satz der jeweiligen Gebühr 3110 bis 3117, soweit nichts anderes vermerkt ist
3330	Revisionsverfahren mit Urteil oder Beschluss nach § 349 Abs. 2 oder 4 StPO	430,00 €
3331	Erledigung der Revision ohne Urteil und ohne Beschluss nach § 349 Abs. 2 oder 4 StPO	290,00 €
	Die Gebühr entfällt bei Rücknahme der Revision vor Ablauf der Begründungsfrist.	

Die Gebührenregelungen für die Berufung und Revision bei der Privatklage entsprechen den Gebührenrege-   1
lungen für die Berufung und Revision im Offizialverfahren nach Nr. 3120, 3121, 3130 und 3131 KV. Auf
die entsprechenden Erl. kann daher verwiesen werden, insb. zum Entfallen der Gebühren bei rechtzeitiger
Rücknahme der Berufung oder Revision vor Ablauf der Begründungsfrist.

Anders als bei den Berufungs- und Revisionsgebühren im Offizialverfahren sind für die Berufung und Revi-   2
sion bei der Privatklage **Festgebühren** bestimmt. Es kommt also wie im ersten Rechtszug nicht auf die
rechtskräftig erkannte Strafe (vgl Vorbem. 3.1 Abs. 1 KV), sondern nur auf die Art der Erledigung des Verfahrens an (Verfahren mit oder ohne Urteil bzw Beschluss gem. § 349 Abs. 2, 4 StPO). Die Gebühren entstehen daher – anders als im **Offizialverfahren** – auch im Falle des **Freispruchs** des Angeklagten. Bei **mehreren Angeklagten** entsteht die Gebühr nur einmal.

Abschnitt 4
Wiederaufnahmeverfahren

Nr.	Gebührentatbestand	Gebühr oder Satz der jeweiligen Gebühr 3110 bis 3117, soweit nichts anderes vermerkt ist
3340	Verfahren über den Antrag auf Wiederaufnahme des Verfahrens: Der Antrag wird verworfen oder abgelehnt	70,00 €
3341	Verfahren über die Beschwerde gegen einen Beschluss, durch den ein Antrag auf Wiederaufnahme des Verfahrens verworfen oder abgelehnt wurde: Die Beschwerde wird verworfen oder zurückgewiesen	140,00 €

1   Für das Wiederaufnahmeverfahren bei der Privatklage wird auf die entsprechend geltenden Erl. zu Nr. 3140, 3141 KV wird verwiesen.

Hauptabschnitt 4
Einziehung und verwandte Maßnahmen

Nr.	Gebührentatbestand	Gebühr oder Satz der jeweiligen Gebühr 3110 bis 3117, soweit nichts anderes vermerkt ist
Vorbemerkung 3.4:		
(1) Die Vorschriften dieses Hauptabschnitts gelten für die Verfahren über die Einziehung, dieser gleichstehende Rechtsfolgen (§ 442 StPO) und die Abführung des Mehrerlöses. Im Strafverfahren werden die Gebühren gesondert erhoben.		
(2) Betreffen die in Absatz 1 genannten Maßnahmen mehrere Angeschuldigte wegen derselben Tat, wird nur eine Gebühr erhoben. § 31 GKG bleibt unberührt.		

Abschnitt 1
Antrag des Privatklägers nach § 440 StPO

Nr.	Gebührentatbestand	Gebühr oder Satz der jeweiligen Gebühr 3110 bis 3117, soweit nichts anderes vermerkt ist
3410	Verfahren über den Antrag des Privatklägers: Der Antrag wird verworfen oder zurückgewiesen	35,00 €

Abschnitt 2
Beschwerde

Nr.	Gebührentatbestand	Gebühr oder Satz der jeweiligen Gebühr 3110 bis 3117, soweit nichts anderes vermerkt ist
3420	Verfahren über die Beschwerde nach § 441 Abs. 2 StPO: Die Beschwerde wird verworfen oder zurückgewiesen	35,00 €

Abschnitt 3
Berufung

Nr.	Gebührentatbestand	Gebühr oder Satz der jeweiligen Gebühr 3110 bis 3117, soweit nichts anderes vermerkt ist
3430	Verwerfung der Berufung durch Urteil	70,00 €
3431	Erledigung der Berufung ohne Urteil .... Die Gebühr entfällt bei Zurücknahme der Berufung vor Ablauf der Begründungsfrist.	35,00 €

Abschnitt 4
Revision

Nr.	Gebührentatbestand	Gebühr oder Satz der jeweiligen Gebühr 3110 bis 3117, soweit nichts anderes vermerkt ist
3440	Verwerfung der Revision durch Urteil oder Beschluss nach § 349 Abs. 2 oder 4 StPO	70,00 €
3441	Erledigung der Revision ohne Urteil und ohne Beschluss nach § 349 Abs. 2 oder 4 StPO .... Die Gebühr entfällt bei Zurücknahme der Revision vor Ablauf der Begründungsfrist.	35,00 €

I. Geltungsbereich/gesonderte Entstehung (Vorbem. 3.4 Abs. 1 KV)

Die Gebührenvorschriften Nr. 3410 ff KV gelten gem. Vorbem. 3.4 Abs. 1 S. 1 KV für das **selbständige Einziehungsverfahren** gem. §§ 440 ff StPO. Vorbem. 3.4 Abs. 1 S. 2 KV ordnet die **gesonderte Erhebung** der Gebühren im Strafverfahren an. Wird daher im Offizialverfahren (Hauptabschnitt 1) zB sowohl gegen die Verurteilung zu Strafe als auch die Einziehung pp. Berufung/Revision eingelegt, werden neben den Gebühren nach Nr. 3120–3131 KV die Gebühren nach Nr. 3430–3441 KV gesondert erhoben.   **1**

II. Gebühr für erfolglose Rechtsmittelverfahren

Für das Verfahren über die Einziehung und verwandte Maßnahmen sind Gerichtsgebühren grds. nur für das dagegen gerichtete **Rechtsmittelverfahren** (Beschwerde gem. § 442 Abs. 2 StPO, Berufung oder Revision) und das **Wiederaufnahmeverfahren** vorgesehen (vgl Nr. 3420–3451 KV). Die Gebühren entstehen aber   **2** nur im Falle der Erfolglosigkeit des Rechtsmittel- bzw Wiederaufnahmeverfahrens (Verwerfung oder Zurückverweisung). Das **erstinstanzliche Verfahren** ist sachlich **gerichtsgebührenfrei**.[1]

III. Gebühr für erfolglosen Einziehungsantrag des Privatklägers

3   Als Ausnahme hiervon löst die Zurückweisung eines von dem Privatkläger gestellten Antrags auf Anordnung der Einziehung nach § 440 Abs. 1 StPO in der **ersten Instanz** die Festgebühr Nr. 3410 KV iHv 35 € aus.[2] Wird der Antrag zurückgenommen oder ihm entsprochen (Einziehung), entsteht keine Gebühr.

IV. Mehrere Angeschuldigte (Vorbem. 3.4 Abs. 2 KV)

4   Betrifft die Anfechtung der Einziehung, dieser gleichstehender Rechtsfolgen (§ 442 StPO) und der Abführung des Mehrerlöses **mehrere Angeschuldigte** wegen **derselben Tat**, entsteht unter den in Nr. 3410 ff KV genannten Voraussetzungen (erfolgloses Rechtsmittel) hierfür nur **eine Gebühr**. Allerdings haften die mehreren Angeschuldigten für die einheitliche Festgebühr nach Nr. 3410 ff KV als **Gesamtschuldner** (§ 31 Abs. 1). Für die Einziehung der Gebühr gilt § 8 KostVfg.

5   Betrifft die Anfechtung der Einziehung, dieser gleichstehender Rechtsfolgen (§ 442 StPO) und der Abführung des Mehrerlöses dagegen **mehrere Angeschuldigte** wegen **verschiedener Taten**, entstehen für jeden Rechtsmittelführer gesonderte Gebühren.[3]

V. Weitere praktische Hinweise

6   **1. Fälligkeit.** Sind Kosten nach Hauptabschnitt 4 vom **verurteilten Beschuldigten** zu erheben (§ 29 Nr. 1), werden diese gem. § 8 S. 1 erst mit der Rechtskraft des Urteils fällig. Im Übrigen gilt für die Fälligkeit § 9 Abs. 2.

7   **2. Abhängigmachung/Vorauszahlungspflicht.** Die Vorschusspflicht des **Privatklägers** für bestimmte Gebühren ist in § 16 Abs. 1 S. 1 geregelt. Der das Einziehungsverfahren nach den §§ 440, 441 StPO betreibende Privatkläger hat für den jeweiligen Rechtszug einen Betrag in Höhe der entsprechenden in den Nr. 3410, 3431, 3441 oder 3450 KV bestimmten Gebühr als Vorschuss zu zahlen.

8   Wenn der **Nebenkläger** im Einziehungsverfahren nach den §§ 440, 441 StPO Rechtsmittel einlegt oder die Wiederaufnahme beantragt, hat er gem. § 16 Abs. 2 S. 2 für den jeweiligen Rechtszug einen Betrag in Höhe der entsprechenden in den Nr. 3431, 3441 oder 3450 KV bestimmten Gebühr als **Vorschuss** zu zahlen.

9   Der **Beschuldigte** ist zur Zahlung eines **Gebührenvorschusses** nicht verpflichtet (→ § 16 Rn 2–8).

10   **3. Kostenschuldner.** Kostenschuldner ist gem. § 29 Nr. 1, 2 derjenige, dem die Kosten gerichtlich auferlegt worden sind oder wer sie durch eine vor Gericht abgegebene oder dem Gericht mitgeteilte Erklärung oder in einem vor Gericht abgeschlossenen oder dem Gericht mitgeteilten Vergleich übernommen hat; dies gilt auch, wenn bei einem Vergleich ohne Bestimmung über die Kosten diese als von beiden Teilen je zur Hälfte übernommen anzusehen sind.

Abschnitt 5
Wiederaufnahmeverfahren

Nr.	Gebührentatbestand	Gebühr oder Satz der jeweiligen Gebühr 3110 bis 3117, soweit nichts anderes vermerkt ist
3450	Verfahren über den Antrag auf Wiederaufnahme des Verfahrens: Der Antrag wird verworfen oder zurückgewiesen	35,00 €
3451	Verfahren über die Beschwerde gegen einen Beschluss, durch den ein Antrag auf Wiederaufnahme des Verfahrens verworfen oder abgelehnt wurde: Die Beschwerde wird verworfen oder zurückgewiesen	70,00 €

---

1 *Oestreich/Hellstab/Trenkle*, GKG Nr. 3410 ff KV Rn 8.   **2** Vgl *Oestreich/Hellstab/Trenkle*, GKG Nr. 3410 ff KV Rn 10.   **3** Vgl *Oestreich/Hellstab/Trenkle*, GKG Nr. 3410 ff KV Rn 16.

Für das Wiederaufnahmeverfahren bei der Einziehung und verwandten Maßnahmen wird auf die entspre-   1
chend geltenden Erl. zu Nr. 3140, 3141 KV wird verwiesen.

Hauptabschnitt 5
Nebenklage

Nr.	Gebührentatbestand	Gebühr oder Satz der jeweiligen Gebühr 3110 bis 3117, soweit nichts anderes vermerkt ist

Vorbemerkung 3.5:
Gebühren nach diesem Hauptabschnitt werden nur erhoben, wenn dem Nebenkläger die Kosten auferlegt worden sind.

Abschnitt 1
Berufung

Nr.	Gebührentatbestand	Gebühr oder Satz der jeweiligen Gebühr 3110 bis 3117, soweit nichts anderes vermerkt ist
3510	Die Berufung des Nebenklägers wird durch Urteil verworfen; aufgrund der Berufung des Nebenklägers wird der Angeklagte freigesprochen oder für straffrei erklärt	95,00 €
3511	Erledigung der Berufung des Nebenklägers ohne Urteil .... Die Gebühr entfällt bei Zurücknahme der Berufung vor Ablauf der Begründungsfrist.	50,00 €

Abschnitt 2
Revision

Nr.	Gebührentatbestand	Gebühr oder Satz der jeweiligen Gebühr 3110 bis 3117, soweit nichts anderes vermerkt ist
3520	Die Revision des Nebenklägers wird durch Urteil oder Beschluss nach § 349 Abs. 2 StPO verworfen; aufgrund der Revision des Nebenklägers wird der Angeklagte freigesprochen oder für straffrei erklärt	140,00 €
3521	Erledigung der Revision des Nebenklägers ohne Urteil und ohne Beschluss nach § 349 Abs. 2 StPO .... Die Gebühr entfällt bei Zurücknahme vor der Revision vor Ablauf der Begründungsfrist.	70,00 €

Bei der Nebenklage richten sich die Gebühren nach **Nr. 3510–3531 KV.** Für die erste Instanz entstehen dem   1
Nebenkläger keine Gebühren, sondern nur für die Berufung, die Revision oder das Wiederaufnahmeverfahren. Allerdings ist nach Vorbem. 3.5 KV stets Voraussetzung für die Erhebung dieser Gebühren, dass diese
dem Nebenkläger rechtskräftig auferlegt worden sind. Die **Vorschusspflicht** des Nebenklägers für bestimm-

te Gebühren ergibt sich aus § 16 Abs. 2, für Auslagen aus § 17 Abs. 4 S. 1; auf die entsprechenden Erl. wird verwiesen.

2   **Beispiel (Kostenentscheidung erste Instanz):** Der Angeklagte hat sich durch 4 selbständige Handlungen wegen gefährlicher Körperverletzung sowie Körperverletzung in 3 Fällen schuldig gemacht. Im Übrigen wird er freigesprochen. Er wird verwarnt und es wird Dauerarrest von 3 Wochen verhängt.

Im Rahmen des Freispruchs wird von der Auferlegung der Kosten der Nebenklägerin abgesehen, die Kosten und notwendigen Auslagen des Angeklagten werden insoweit der Landeskasse auferlegt.

Der Angeklagte trägt die notwendigen Auslagen der Nebenklägerin, soweit er verurteilt wurde.

Von der Auferlegung von Kosten wird im Übrigen abgesehen (§ 74 JGG).

Für die erste Instanz ist dem Verurteilten keine Gebühr in Rechnung zu stellen, da keine Strafe verhängt worden (Vorbem. 3.1 Abs. 1 KV) und Freispruch bzw Entscheidung gem. § 74 JGG ergangen ist.

3   **Beispiel (Kostenentscheidung zweite Instanz):** Die Berufung wird verworfen.

Der Angeklagte trägt die Kosten seiner Berufung einschließlich der der Nebenklägerin hierdurch entstandenen notwendigen Auslagen.

Die Kosten der Berufung der Staatsanwaltschaft und die dem Angeklagten hierdurch sowie die dem Angeklagten durch die Berufung der Nebenklägerin entstandenen notwendigen Auslagen werden der Landeskasse auferlegt. Die Nebenklägerin trägt die Kosten ihrer Berufung. Die durch die Berufungen der Staatsanwaltschaft und der Nebenklägerin entstandenen gerichtlichen Auslagen tragen die Landeskasse und die Nebenklägerin jeweils zur Hälfte.

Auch für die zweite Instanz ist dem Verurteilten keine Gebühr in Rechnung zu stellen, da keine rechtskräftige Strafe verhängt worden ist (Vorbem. 3.1 Abs. 1 KV).

Die Nebenklägerin zahlt dagegen eine Gebühr nach Nr. 3510 KV iHv 95 € (vgl Vorbem. 3.5 KV).

Abschnitt 3
Wiederaufnahmeverfahren

Nr.	Gebührentatbestand	Gebühr oder Satz der jeweiligen Gebühr 3110 bis 3117, soweit nichts anderes vermerkt ist
3530	Verfahren über den Antrag des Nebenklägers auf Wiederaufnahme des Verfahrens: Der Antrag wird verworfen oder abgelehnt	50,00 €
3531	Verfahren über die Beschwerde gegen einen Beschluss, durch den ein Antrag des Nebenklägers auf Wiederaufnahme des Verfahrens verworfen oder abgelehnt wurde: Die Beschwerde wird verworfen oder zurückgewiesen	95,00 €

1   Für das Wiederaufnahmeverfahren bei der Nebenklage wird auf die entsprechend geltenden Erl. zu Nr. 3140, 3141 KV verwiesen.

Hauptabschnitt 6
Sonstige Beschwerden

Nr.	Gebührentatbestand	Gebühr oder Satz der jeweiligen Gebühr 3110 bis 3117, soweit nichts anderes vermerkt ist

Vorbemerkung 3.6:
Die Gebühren im Kostenfestsetzungsverfahren bestimmen sich nach den für das Kostenfestsetzungsverfahren in Teil 1 Hauptabschnitt 8 geregelten Gebühren.

I. Gebühr nach Nr. 1812 KV

Nach Vorbem. 3.6 KV bestimmen sich die Gebühren bei **Beschwerden im Kostenfestsetzungsverfahren** 1 (§ 464 b StPO) nach den für das Kostenfestsetzungsverfahren in Teil 1 Hauptabschnitt 8 KV geregelten Gebühren. Einschlägig ist **Nr. 1812 KV**, die für das Verfahren über nicht besonders aufgeführte Beschwerden gilt. Nur die **Verwerfung** oder **Zurückweisung** der sofortigen Beschwerde gegen einen in einer Strafsache ergangenen Kostenfestsetzungsbeschluss (vgl § 464 b StPO) löst damit die **Festgebühr** nach Nr. 1812 KV aus, die 60 € beträgt.[1] Ist die sofortige Beschwerde erfolgreich, ist das Beschwerdeverfahren **gerichtsgebührenfrei**.

Nach Anm. zu Nr. 1812 KV kann das Gericht die Gebühr allerdings nach billigem Ermessen auf die Hälfte 2 ermäßigen oder bestimmen, dass eine Gebühr nicht zu erheben ist, wenn die Beschwerde nur **teilweise verworfen** oder **zurückgewiesen** wird. Eine Ermäßigung auf einen anderen Anteil bzw Prozentsatz ist nicht möglich. Wenn die Beschwerde größtenteils zurückgewiesen wird, besteht kein Anlass für eine Gebührenermäßigung.[2]

II. Ansatz der Gebühr bei Freispruch

Die Entstehung der Gebühr Nr. 1812 KV ist nicht durch Vorbem. 3.1 Abs. 1 KV ausgeschlossen (Gebühren 3 nur bei rechtskräftiger Verurteilung zu Strafe). Denn diese Regelung gilt nur für die in Hauptabschnitt 1 KV geregelten Gebühren des Offizialverfahrens (Nr. 3110–3141 KV). Auch die Regelungen in der Anm. zu Nr. 3601 KV bzw in Satz 1 der Anm. zu Nr. 3602 KV stehen dem Ansatz der Gebühr nicht entgegen, weil diese Anmerkungen nur für die in Nr. 3601 KV und Nr. 3602 KV geregelten Gebühren gelten.

Legt daher der Beschuldigte gegen den aufgrund seines **Freispruchs** über seine notwendigen Auslagen 4 (§ 464 a Abs. 2 StPO) ergangenen Kostenfestsetzungsbeschluss (§ 464 b StPO) sofortige Beschwerde ein und wird diese kostenpflichtig verworfen oder zurückgewiesen, ist dem ehemaligen Beschuldigten gleichwohl eine Gebühr nach Vorbem. 3.6 KV, Nr. 1812 KV in Rechnung zu stellen. Hat der Freigesprochene seinen Anspruch auf Erstattung notwendiger Auslagen an seinen Verteidiger abgetreten und ist deshalb die Kostenfestsetzung für den Verteidiger vorgenommen und dieser statt des Freigesprochenen als erstattungsberechtigter Gläubiger im Rubrum des Kostenfestsetzungsbeschlusses aufgeführt worden,[3] ist die Gebühr Nr. 1812 KV dem Verteidiger in Rechnung zu stellen.

Die Staatskasse kann mit ihrem Anspruch auf Zahlung der Gebühr Nr. 1812 KV nebst etwaiger (Zustel- 5 lungs-)Auslagen nach Teil 9 KV (Nr. 9002 KV) die **Aufrechnung** gegen den Anspruch des Freigesprochenen auf Erstattung seiner notwendigen Auslagen erklären.

III. Erinnerung, Rechtsbeschwerde

Kann gegen den Kostenfestsetzungsbeschluss nach den allgemeinen verfahrensrechtlichen Vorschriften ein 6 Rechtsmittel nicht eingelegt werden, so findet gem. § 11 Abs. 2 RPflG die **Erinnerung** statt, die innerhalb einer Frist von zwei Wochen einzulegen ist. Der Kostenfestsetzungsbeschluss ist nur mit der Erinnerung

---

1 Vgl OLG Rostock 20.4.2016 – 20 Ws 80/16, juris. **2** LG Koblenz JurBüro 2010, 95. **3** So OLG Düsseldorf StRR 2010, 276; OLG Koblenz Rpfleger 1974, 403 = MDR 1974, 1038; LG Düsseldorf AGS 2007, 34; LG Duisburg (1. StrK) JurBüro 2006, 373; *Meyer/Goßner*, StPO, § 464 b Rn 2; KK-StPO/*Gieg*, § 464 b Rn 3; Löwe/Rosenberg/*Hilger*, § 464 b StPO Rn 5; Burhoff/ *Volpert*, RVG Straf- und Bußgeldsachen, § 43 Rn 46; Gerold/Schmidt/*Burhoff*, § 43 Rn 30; iE wohl auch KG RVGreport 2006, 71; OLG Düsseldorf JurBüro 2006, 260 = JMBl. NRW 2006, 126; abl. OLG Saarbrücken StV 2000, 433 = AGS 2000, 203 = JurBüro 1999, 592; LG Duisburg AGS 2007, 57 = StRR 2007, 79.

nach § 11 Abs. 2 RPflG anfechtbar, wenn der erforderliche Beschwerdewert iHv 200,01 € nicht erreicht ist, vgl § 304 Abs. 3 StPO bzw § 464 b StPO, §§ 104 Abs. 3 S. 1, 567 Abs. 2 ZPO. Das Erinnerungsverfahren ist gem. § 11 Abs. 4 RPflG **gebührenfrei**. Die Gebühr Nr. 1812 KV entsteht daher nicht.

7   Da im Kostenfestsetzungsverfahren in Strafsachen die **Rechtsbeschwerde** ausgeschlossen ist,[4] können die Gebühren nach Nr. 1820 KV ff nicht entstehen.

IV. Beschwerden gem. § 33 RVG

8   Durch die Regelung in § 1 Abs. 4 ist für die Verfahren über die Beschwerde und die weitere Beschwerde gegen die **Streitwertfestsetzung nach § 33 RVG** klargestellt, dass auch insoweit bei Verwerfung oder Zurückweisung der Beschwerde eine Festgebühr iHv 60 € anfällt. Beschwerdeverfahren gegen die Wertfestsetzung nach **§ 32 Abs. 2 RVG**, § 68 sowie Wertfestsetzungsverfahren nach § 33 RVG sind jedoch gebührenfrei. Siehe dazu näher → § 1 Rn 64 f.

V. Weitere praktische Hinweise

9   **1. Fälligkeit.** Die Gebühr nach Nr. 1812 KV wird gem. § 6 Abs. 2 mit der Entscheidung fällig. Denn die Gebühr setzt eine gerichtliche Entscheidung voraus, weil sie nur bei einer Verwerfung oder Zurückweisung der Beschwerde entsteht. § 9 Abs. 2 gilt nicht (→ Nr. 1812 KV Rn 30).[5]

10   **2. Abhängigmachung/Vorauszahlungspflicht.** Die Gebühr Nr. 1812 KV ist **nicht vorauszahlungspflichtig**, weil es an einer entsprechenden gesetzlichen Regelung in §§ 10 ff fehlt. Das Gericht darf die Entscheidung deshalb nicht von der vorherigen Zahlung der Gebühr abhängig machen.

11   **3. Kostenschuldner.** Kostenschuldner der Gebühr Nr. 1812 KV ist der Beschwerdeführer (§ 22 Abs. 1 S. 1) und derjenige, dem durch gerichtliche Entscheidung die Kosten des Beschwerdeverfahrens auferlegt sind (§ 29 Nr. 1).

12   **4. Zuständigkeit zum Kostenansatz.** Zur Zuständigkeit für den Ansatz der Gebühr Nr. 1812 KV ausf. → § 19 Rn 59 ff.

Nr.	Gebührentatbestand	Gebühr oder Satz der jeweiligen Gebühr 3110 bis 3117, soweit nichts anderes vermerkt ist
3600	Verfahren über die Beschwerde gegen einen Beschluss nach § 411 Abs. 1 Satz 3 StPO: Die Beschwerde wird verworfen oder zurückgewiesen	0,25
3601	Verfahren über die Beschwerde gegen eine Entscheidung, durch die im Strafverfahren einschließlich des selbständigen Verfahrens nach den §§ 440, 441, 444 Abs. 3 StPO eine Geldbuße gegen eine juristische Person oder eine Personenvereinigung festgesetzt worden ist: Die Beschwerde wird verworfen oder zurückgewiesen .... Eine Gebühr wird nur erhoben, wenn eine Geldbuße rechtskräftig festgesetzt ist.	0,5
3602	Verfahren über nicht besonders aufgeführte Beschwerden, die nicht nach anderen Vorschriften gebührenfrei sind: Die Beschwerde wird verworfen oder zurückgewiesen .... Von dem Beschuldigten wird eine Gebühr nur erhoben, wenn gegen ihn rechtskräftig auf eine Strafe, auf Verwarnung mit Strafvorbehalt erkannt, eine Maßregel der Besserung und Sicherung angeordnet oder eine Geldbuße festgesetzt worden ist. Von einer juristischen Person oder einer Personenvereinigung wird eine Gebühr nur erhoben, wenn gegen sie eine Geldbuße festgesetzt worden ist.	60,00 €

---

4 BGH NJW 2003, 763 = StraFo 2003, 67; OLG Jena JurBüro 2006, 540. **5** AA LG Koblenz NJW 2011, 2063; *Hartmann*, KostG, Nr. 1812 KV GKG Rn 9; Binz/Dörndorfer/*Zimmermann*, Nr. 1812 KV GKG Rn 1.

Hauptabschnitt 7
Entschädigungsverfahren

Nr.	Gebührentatbestand	Gebühr oder Satz der Gebühr nach § 34 GKG
3700	Urteil, durch das dem Antrag des Verletzten oder seines Erben wegen eines aus der Straftat erwachsenen vermögensrechtlichen Anspruchs stattgegeben wird (§ 406 StPO) .... Die Gebühr wird für jeden Rechtszug nach dem Wert des zuerkannten Anspruchs erhoben.	1,0

I. Allgemeines

1   Nach § 403 StPO kann der Verletzte oder sein Erbe gegen den Beschuldigten einen aus der Straftat erwachsenen vermögensrechtlichen Anspruch, der zur Zuständigkeit der ordentlichen Gerichte gehört und noch nicht anderweit gerichtlich anhängig gemacht ist, im Strafverfahren geltend machen, im Verfahren vor dem Amtsgericht ohne Rücksicht auf den Wert des Streitgegenstands. Teil 3 Hauptabschnitt 7 KV enthält mit der Gebühr Nr. 3700 KV die abschließende Gebührenregelung für diese Verfahren (**Adhäsionsverfahren**). Daneben können in diesem Verfahren Auslagen (Teil 9 KV) anfallen.

II. Gebühr

2   **1. Entstehung der Gebühr.** Die Gebühr Nr. 3700 KV ist keine Verfahrensgebühr, sondern eine **Akt- oder Entscheidungsgebühr** (→ § 1 Rn 8). Die Gebühr Nr. 3700 KV entsteht nur, wenn dem Antrag des Verletzten oder seines Erben wegen eines aus der Straftat erwachsenen vermögensrechtlichen Anspruchs durch **Urteil stattgegeben** wird (§ 406 StPO).[1] Nur die Zuerkennung des Anspruchs durch Urteil löst die Gebühr aus. Das Verfahren ist deshalb **sachlich gerichtsgebührenfrei,** wenn

- der Verletzte/der Erbe den Antrag **zurücknimmt,**
- der Antrag vom Gericht **zurückgewiesen** wird oder
- zwischen dem Verletzten/Erben und dem Beschuldigten über den vermögensrechtlichen Anspruch ein **Vergleich** (§ 405 StPO) geschlossen wird.

3   Auch ein **Anerkenntnisurteil** (§ 406 Abs. 2 StPO) führt zur Gebührenpflicht nach Nr. 3700 KV. Die Gebühr Nr. 3700 KV entsteht ferner, wenn gem. § 406 Abs. 1 S. 2 StPO der Anspruch nur dem Grunde nach durch **Grundurteil** zugesprochen wird und die Feststellung der Höhe des Anspruchs (**Höheverfahren/Betragsverfahren**) dem Zivilverfahren überlassen wird (§ 406 Abs. 1 S. 4 StPO, § 304 Abs. 2 ZPO). Die Gebühr Nr. 3700 KV wird in diesem Fall nicht auf die im Betragsverfahren im Zivilprozess anfallende Verfahrensgebühr Nr. 1210 KV **angerechnet.** Denn es fehlt insoweit an einer gesetzlichen **Anrechnungsbestimmung.** Für den **Rechtsanwalt** ordnet im Gegensatz dazu die Anm. Abs. 2 zu Nr. 4143 VV RVG an, dass die zusätzliche Verfahrensgebühr Nr. 4143 VV RVG zu einem Drittel auf die Verfahrensgebühr angerechnet wird, die für einen bürgerlichen Rechtsstreit wegen desselben Anspruchs entsteht.

4   Wird dem Antrag des Verletzten durch Urteil nur **teilweise stattgegeben** (Teilurteil, § 406 Abs. 1 S. 2 StPO), fällt die Gebühr Nr. 3700 KV ebenfalls an. Voraussetzung für die Entstehung der Gebühr ist nicht, dass der geltend gemachte Antrag in vollem Umfang im Urteil zugesprochen wird. Das ergibt sich aus der **Anm.** zu Nr. 3700 KV. Danach berechnet sich die Gebühr nach dem **Wert des zuerkannten Anspruchs.**[2] Auch das dem Grundurteil ähnelnde **Feststellungsurteil**[3] löst die Gebühr Nr. 3700 KV aus.

5   **2. Abgeltungsbereich. a) Mehrere Beschuldigte.** Unklar ist, ob die Gebühr Nr. 3700 KV nur **einmal** oder **mehrfach** entsteht, wenn durch Urteil dem Antrag des Verletzten wegen aus der Straftat erwachsener vermögensrechtlicher Ansprüche gegen **mehrere Beschuldigte** stattgegeben wird. Vorbem. 3.1 Abs. 6 KV (gesonderte Gebührenerhebung bei mehreren Beschuldigten) gilt systematisch nur für die in Hauptabschnitt 1 KV geregelten Gebühren, nicht aber für die in Hauptabschnitt 7 KV enthaltene Gebühr Nr. 3700 KV. Nach § 35 wird eine Entscheidungsgebühr (→ Rn 2) in jedem Rechtszug hinsichtlich eines jeden Teils des Streitgegenstands nur einmal erhoben. Dann würde die Gebühr Nr. 3700 KV für alle Beschuldigten nur einmal nach den zusammengerechneten Werten (§ 39 Abs. 1) der zuerkannten Ansprüche erhoben.

---

1 Vgl OLG Celle AGS 2015, 72 = RVGreport 2015, 155. **2** OLG Celle AGS 2015, 72 = RVGreport 2015, 155; OLG Jena JurBüro 2005, 479. **3** BGHZ 47, 378 = JR 2003, 257.

I. Beschwerde gem. § 411 Abs. 1 S. 3 StPO (Nr. 3600 KV)

Hat der Angeklagte seinen Einspruch gegen einen Strafbefehl auf die Höhe der Tagessätze einer festgesetz- 1
ten **Geldstrafe** beschränkt, kann das Gericht mit Zustimmung des Angeklagten, des Verteidigers und der
Staatsanwaltschaft ohne Hauptverhandlung durch Beschluss entscheiden; von der Festsetzung im Strafbefehl darf nicht zum Nachteil des Angeklagten abgewichen werden. Gegen diesen Beschluss ist gem. § 411
Abs. 3 S. 1 StPO die **sofortige Beschwerde** zulässig.

Wird die sofortige Beschwerde des Angeklagten verworfen oder zurückgewiesen, entsteht hierfür eine 0,25- 2
Gebühr nach Nr. 3600 KV. Grundlage für die Berechnung der 0,25-Gebühr sind die für Geldstrafen geltenden Gebühren nach **Nr. 3110 und 3111 KV** iHv 140 € bzw 280 €. Die Gebühr beträgt deshalb entweder
35 € oder 70 €.

II. Beschwerde bei Geldbuße gegen eine juristische Person oder eine Personenvereinigung (Nr. 3601 KV)

Nr. 3601 KV betrifft die Gebühr, die nur bei der **Verwerfung** oder **Zurückweisung** der Beschwerde gegen 3
eine Entscheidung, durch die **im Strafverfahren** einschließlich des selbständigen Verfahrens nach den
§§ 440, 441, 444 Abs. 3 StPO eine Geldbuße gegen eine juristische Person oder eine Personenvereinigung
festgesetzt worden ist (**Verbandsgeldbuße gem. § 30 OWiG**), entsteht.

Die Gebühr wird nach der Anm. zu Nr. 3601 KV nur erhoben, wenn eine Geldbuße **rechtskräftig** festgesetzt 4
ist. Die Gebühr beträgt 0,5 der Gebühr, die nach Nr. 3117 KV für die Festsetzung einer Geldbuße zu erheben ist. Die Gebühr Nr. 3117 KV beträgt 10 % des Betrags der Geldbuße, mindestens 50 €, höchstens
15.000 €. Die Gebühr Nr. 3601 KV beträgt deshalb mindestens 25 € (0,5 von 50 €) und höchstens
7.500 € (0,5 von 15.000 €).

III. Sonstige Beschwerden (Nr. 3602 KV)

Für das Verfahren über nicht besonders aufgeführte Beschwerden, die nicht nach anderen Vorschriften ge- 5
bührenfrei sind, wird im Falle der Verwerfung oder Zurückweisung der Beschwerde eine **Festgebühr**
iHv 60 € erhoben.

Nr. 3602 KV gilt nur für Beschwerden, die nicht in Vorbem. 3.6 KV, Nr. 3600 und Nr. 3602 KV oder in 6
sonstigen Gebührenbestimmungen geregelt sind. Erfasst sind zB zurückgewiesene oder verworfene **Haftbeschwerden** oder zurückgewiesene oder verworfene Beschwerden gegen die **Entziehung der Fahrerlaubnis**.

Voraussetzung für die Gebühr Nr. 3602 KV ist schließlich, dass die Beschwerde nicht nach anderen gesetzli- 7
chen Vorschriften gebührenfrei ist. Das ist insb. der Fall bei Beschwerden des Kostenschuldners

- gegen den Kostenansatz gem. § 66 Abs. 8 S. 1,
- gegen die Streitwertfestsetzung gem. § 68 Abs. 3 S. 1,
- gegen die Festsetzung der Vergütung gerichtlich beigeordneter oder bestellter Rechtsanwälte gem. § 56 Abs. 2 S. 2 RVG sowie
- gegen die Festsetzung der nach dem JVEG zu berechnenden Vergütung von Sachverständigen, Dolmet- schern und Übersetzern, Zeugen und Dritten (§ 23 JVEG) gem. § 4 Abs. 8 S. 1 JVEG.

Beschwerden, für die das GKG gem. § 1 ohnehin nicht gilt, können nicht nach Nr. 3602 KV abgerechnet 8
werden. Das gilt zB für Beschwerden gem. § 181 GVG gegen Ordnungsstrafen, Beschwerden gem. § 159
GVG oder Dienstaufsichtsbeschwerden.[1]

IV. Weitere praktische Hinweise

1. Fälligkeit. Die Fälligkeit richtet sich nach § 8 S. 1 (Rechtskraft), wenn die Beschwerdegebühr vom Be- 9
schuldigten erhoben wird. Im Übrigen gilt § 6 Abs. 2, dh die Gebühren werden mit der Entscheidung fällig.
Denn die Gebühren setzen eine gerichtliche Entscheidung voraus, weil sie nur bei einer Verwerfung oder
Zurückweisung der Beschwerde entstehen. § 9 Abs. 2 gilt nicht (→ Nr. 1812 KV Rn 30).

2. Abhängigmachung/Vorauszahlungspflicht. Die Gebühr Nr. 1812 KV ist **nicht** vorauszahlungspflichtig, 10
weil es an einer entsprechenden gesetzlichen Regelung in §§ 10 ff fehlt. Das Gericht darf die Entscheidung
deshalb nicht von der vorherigen Zahlung der Gebühr abhängig machen.

3. Kostenschuldner. Kostenschuldner der Gebühren ist derjenige, dem die Kosten des Beschwerdeverfah- 11
rens auferlegt sind (§ 29 Nr. 1).

---

1 *Oestreich/Hellstab/Trenkle*, GKG Nr. 3601, 3602 KV.

Da die Gebühr Nr. 3700 KV für die Zuerkennung eines Vermögensanspruchs anfällt, ist § 35 einschlägig.   6

Beispiel 1: Im Strafverfahren gegen die Beschuldigten A und B macht der Verletzte gegen B einen Schadensersatz-   7
anspruch über 10.000 € geltend, der vom AG durch Urteil zuerkannt wird.

Es fällt eine Gebühr Nr. 3700 KV nach einem Wert iHv 10.000 € an, die von B gem. § 29 Nr. 1 geschuldet wird.

Beispiel 2: Im Strafverfahren gegen die Beschuldigten A und B macht der Verletzte gegen A und B einen Schadensersatzanspruch über 10.000 € geltend. Das AG verurteilt A und B, als Gesamtschuldner 10.000 € an den Verletzten zu zahlen.

Es fällt eine Gebühr Nr. 3700 KV nach einem Wert iHv 10.000 € an, die von A und B gem. §§ 29 Nr. 1, 31 Abs. 1
gesamtschuldnerisch geschuldet wird. Die Anforderung der Gebühr durch den Kostenbeamten richtet sich nach
§ 8 Abs. 4 KostVfg bzw § 8 Abs. 3 KostVfg (vgl die Erl. zu § 31 Abs. 1).

b) Mehrere Verletzte. Werden durch Urteil mehreren Verletzten vermögensrechtliche Ansprüche gegen den   8
Beschuldigten zuerkannt, entsteht die Gebühr Nr. 3700 KV gem. § 35 nur einmal. Die Werte der zuerkannten Ansprüche werden für die Berechnung der Gebühr zusammengerechnet (§ 39 Abs. 1).

3. Rechtszug (Anm.). Die Gebühr Nr. 3700 KV wird nach der **Anm.** für jeden Rechtszug erhoben. Wird   9
durch das letztinstanzliche Urteil kein Anspruch zuerkannt, fällt die Gebühr Nr. 3700 KV nicht an.

Beispiel: Der vom Verletzten geltend gemachte Schadensersatzanspruch über 10.000 € wird vom AG durch Urteil   10
zuerkannt. Der Angeklagte legt Berufung ein, die vom LG zurückgewiesen wird. Über den Zahlungsanspruch
schließen der Verurteilte und der Verletzte im Berufungsverfahren einen Vergleich.

Es fällt keine Gebühr Nr. 3700 KV an, weil in der maßgeblichen letzten Instanz kein Anspruch durch Urteil zuerkannt worden ist.

Maßgebend ist der **Wert** des in der letzten Instanz durch Urteil zuerkannten Anspruchs. Die Gebühr   11
Nr. 3700 KV richtet sich für alle Rechtszüge nach diesem Anspruch.

Beispiel: Der vom Verletzten geltend gemachte Schadensersatzanspruch über 4.500 € wird vom AG durch Urteil   12
zuerkannt. Der Angeklagte legt Berufung ein, die vom LG zurückgewiesen wird. Das LG erkennt im Urteil einen
Zahlungsanspruch iHv 3.000 € zu. Es entstehen folgende Gebühren:

1. Gebühr Nr. 3700 KV für die erste Instanz (Wert: 3.000 €)   108,00 €
2. Gebühr Nr. 3700 KV für die zweite Instanz (Wert: 3.000 €)   108,00 €

4. Zustellungsauslagen. Da in **Straf- und Bußgeldsachen** idR **Festgebühren** (Teil 3 und 4 KV) und **keine**   13
Wertgebühren erhoben werden, werden die angefallenen Zustellungsauslagen nach der Anm. zu Nr. 9002
KV ab der ersten Zustellung **in voller Höhe** angesetzt. Im **Adhäsionsverfahren** fällt zwar die Wertgebühr
Nr. 3700 KV an. Es werden aber auch hier wegen Anm. S. 1 zu Nr. 9002 KV Zustellungsauslagen ohne
Beschränkung ab der ersten Zustellung erhoben, weil die Wertgebühr Nr. 3700 KV in Anm. S. 1 zu
Nr. 9002 KV ausdrücklich ausgenommen worden ist.

III. Anrechnung der Gebühr Nr. 3700 KV im Zivilprozess

Auf die Ausführungen in → Rn 3 wird verwiesen.   14

IV. Weitere praktische Hinweise

1. Streitwert. a) Berechnung. Nach der Anm. zu Nr. 3700 KV wird die Gebühr für jeden Rechtszug nach   15
dem Wert des zuerkannten Anspruchs erhoben. Unerheblich ist deshalb für den Wert, welchen Anspruch
der Verletzte geltend gemacht hat. Die Höhe des Werts für die Gebühr Nr. 3700 KV wird damit durch das
Urteil bestimmt. Der zuerkannte Anspruch ist nach den Wertbestimmungen in §§ 39 ff zu bewerten.

Beispiel: Die Verletzte beantragt im Strafverfahren   16

1. festzustellen, dass der Angeklagte verpflichtet ist, der Geschädigten sämtliche materiellen und immateriellen
   Schäden, die aufgrund der Tat entstehen, zu ersetzen, soweit die Ansprüche nicht auf Dritte übergehen, und
2. eine monatliche Rente (Schadensersatz) iHv 500 € zu zahlen.

Der Anspruch wird durch Urteil zuerkannt.

Der Wert zu Ziff. 1 des Antrags (Feststellung, → Rn 4) ist nach § 48 GKG, §§ 3 ff ZPO zu schätzen. Grundlage
hierfür kann die Angabe in der Antragsschrift sein.

Der Wert zu Ziff. 2 des Antrags bestimmt sich nach § 9 ZPO und § 42 Abs. 3 GKG (3,5-facher Jahresbetrag der
verlangten Geldrente zzgl. etwaiger bei Antragstellung bereits fälliger Leistungen).[4]

b) Festsetzung durch das Gericht. Den Wert für das Adhäsionsverfahren setzt das Gericht gem. § 63 Abs. 2   17
fest. Grundsätzlich gilt die Wertfestsetzung für die Gerichtsgebühren gem. § 32 RVG auch für die Anwalts-

---

[4] Vgl dazu BT-Drucks 17/11471 (neu), S. 244.

gebühren. Das gilt aber nur, wenn sich die Werte für die Gerichts- und Anwaltsgebühren decken. Die Werte für die Gerichtsgebühr Nr. 3700 KV sowie die Anwaltsgebühren (Nr. 4143, 4144 VV RVG) können auseinanderfallen. Denn Wert der Gerichtsgebühr Nr. 3700 KV ist nur der vom Gericht zuerkannte Anspruch.[5] Der Gegenstandswert für die Anwaltsgebühren kann diesen übersteigen. Gegenstandswert für die Anwaltsgebühren ist die Höhe des geltend gemachten (Rechtsanwalt des Verletzten) bzw des abgewehrten (Verteidiger) Anspruchs.[6] Ferner ist keine gerichtliche Wertfestsetzung gem. § 63 Abs. 2 erforderlich, wenn keine Gebühr Nr. 3700 KV anfällt (zB bei Vergleich; → Rn 2). Der Rechtsanwalt kann deshalb in diesen Fällen den Wert für die Gebühren Nr. 4143, 4144 VV RVG gem. § 33 **RVG** gerichtlich festsetzen lassen.[7]

18   **2. Fälligkeit.** Die Gebühr Nr. 3700 KV wird gem. § 8 S. 1 mit der Rechtskraft des Urteils fällig (Fälligkeit = Einforderbarkeit, Berechtigung zur Geltendmachung).

19   **3. Abhängigmachung/Vorauszahlungspflicht.** Die Gebühr Nr. 3700 KV ist **nicht vorauszahlungspflichtig**. Die Bearbeitung des Antrags (§ 404 Abs. 1 StPO) darf daher nicht von der vorherigen Zahlung der Gebühr abhängig gemacht werden. Eine andere Beurteilung folgt auch nicht aus § 404 Abs. 2 StPO, obwohl die Antragstellung danach dieselben Wirkungen wie die Erhebung der Klage im bürgerlichen Rechtsstreit hat, und aus § 406 Abs. 3 S. 1 StPO („Die Entscheidung über den Antrag steht einem im bürgerlichen Rechtsstreit ergangenen Urteil gleich"). Denn gem. § 10 darf die Tätigkeit des Gerichts in weiterem Umfang als die StPO und das GKG es gestatten, nicht von der Sicherstellung oder Zahlung der Kosten abhängig gemacht werden. Das Entschädigungsverfahren gem. §§ 403 ff StPO ist keine bürgerliche Rechtsstreitigkeit iSv § 12 (→ § 12 Rn 2).

20   **4. Kostenschuldner. a) Festsetzung durch das Gericht.** Kostenschuldner der Gebühr Nr. 3700 KV ist gem. § 29 Nr. 1 der Beschuldigte, wenn ihm die **Kosten des Entschädigungsverfahrens (Adhäsionsverfahrens)** vom Gericht im Urteil auferlegt worden sind. Hinsichtlich der Verfahrenskosten sowie der notwendigen Auslagen (§ 464 a StPO) des Adhäsionsverfahrens ist eine **besondere Kostenentscheidung** erforderlich (§ 472 a StPO). Werden dem Angeklagten nur die Kosten und notwendigen Auslagen des **Strafverfahrens** auferlegt, ist das Adhäsionsverfahren hiervon nicht umfasst. Unterbleibt die ausdrückliche Kostenentscheidung für das Adhäsionsverfahren, trägt die Staatskasse die Kosten. Die Gebühr Nr. 3700 KV kann dem Verurteilten dann nicht in Rechnung gestellt werden. Mehrere Kostenschuldner haften für die Gebühr gem. § 31 Abs. 1 als **Gesamtschuldner** (→ Rn 5 ff).

21   Der den Anspruch geltend machende Verletzte haftet nicht gem. § 22 Abs. 1 als Antragsteller für die Gebühr Nr. 3700 KV. Das Entschädigungsverfahren nach §§ 403 ff StPO ist keine bürgerliche Rechtsstreitigkeit (→ Rn 19).

22   **b) Prozesskostenhilfe.** Die Pflichtverteidigerbestellung erstreckt sich nach herrschender und zutr. Auffassung nicht auf das Adhäsionsverfahren gem. §§ 403 ff StPO. Vielmehr ist insoweit wegen des klaren Wortlauts von § 404 Abs. 5 StPO nach entsprechender Antragstellung durch den Pflichtverteidiger eine gesonderte Bewilligung von PKH nebst Beiordnung des Verteidigers erforderlich.[8] Wird dem Beschuldigten für das Adhäsionsverfahren PKH bewilligt, kann ihm die Gebühr Nr. 3700 KV gem. § 404 Abs. 5 S. 1 StPO, § 122 Abs. 1 Nr. 1 ZPO nur im Rahmen der vom Gericht bei der PKH getroffenen Bestimmungen in Rechnung gestellt werden. Wird **PKH ohne Zahlungsbestimmung** bewilligt, kann die Gebühr Nr. 3700 KV nicht angefordert werden. Wird dagegen der Auffassung gefolgt, dass die Pflichtverteidigerbestellung auch das Adhäsionsverfahren umfasst und deshalb keine PKH-Bewilligung erforderlich ist, ist die Gebühr Nr. 3700 KV in die Kostenrechnung gegen den Verurteilten aufzunehmen.

23   Zur Frage, unter welchen Voraussetzungen die Gebühren des Pflichtverteidigers nach Nr. 4143, 4144 VV RVG nebst Auslagen in den Kostenansatz (§ 19) aufzunehmen sind, → Nr. 9007 KV Rn 22.

---

5 OLG Celle AGS 2015, 72 = RVGreport 2015, 155. **6** OLG Celle AGS 2015, 72 = RVGreport 2015, 155; OLG Karlsruhe NStZ-RR 2011, 390. **7** OLG Celle AGS 2015, 72 = RVGreport 2015, 155; OLG Karlsruhe NStZ-RR 2011, 390; KG AGS 2012, 67 = StraFo 2009, 306; ausf. Burhoff/*Volpert*, RVG Straf- und Bußgeldsachen, 3. Aufl., Teil A: Gegenstandswert, Festsetzung (§ 33) Rn 668 ff. **8** Vgl BGH StraFo 2001, 306 (zum Nebenkläger); OLG Düsseldorf 11.4.2012 – III-1 Ws 84/12, NJW-Spezial 2012, 508 = StRR 2012, 283 (Ls.); KG RVGreport 2011, 142; OLG Oldenburg 22.4.2010 – 1 Ws 178/10, www.burhoff.de; OLG Hamburg 17.6.2010 – 2 Ws 237/09, JurionRS 2010, 22379; OLG Hamburg NStZ 2010, 652 = StRR 2010, 243; OLG Bamberg NStZ-RR 2009, 114; OLG Brandenburg AGS 2009, 69; OLG Jena Rpfleger 2008, 529 = RVGreport 2008, 395; OLG Celle NStZ-RR 2008, 190; RVGreport 2008, 102; OLG Stuttgart NStZ-RR 2009, 264; OLG Zweibrücken RVGreport 2006, 429 = JurBüro 2006, 643; OLG München StV 2004, 38; OLG Saarbrücken StV 2000, 433; aA OLG Rostock 15.6.2011 – I Ws 166/11, juris; OLG Dresden AGS 2007, 404; OLG Hamburg wistra 2006, 37 = NStZ-RR 2006, 347; OLG Köln RVGreport 2005, 316 = AGS 2005, „436; OLG Hamm StraFo 2001, 361 = JurBüro 2001, 531; LG Görlitz AGS 2006, 502; LG Berlin StraFo 2004, 400.

5. Zuständigkeit für den Kostenansatz. Die Zuständigkeit zum Ansatz der Gebühr Nr. 3700 KV sowie et-   24
waiger Auslagen richtet sich nach § 19 Abs. 2. Funktionell zuständig ist nach den Verwaltungsbestimmungen der Bundesländer regelmäßig der Kostenbeamte des mittleren Justizdienstes.[9]

Hauptabschnitt 8
Gerichtliche Verfahren nach dem Strafvollzugsgesetz, auch in Verbindung mit § 92 des Jugendgerichtsgesetzes

Abschnitt 1
Antrag auf gerichtliche Entscheidung

Nr.	Gebührentatbestand	Gebühr oder Satz der Gebühr nach § 34 GKG
	Verfahren über den Antrag des Betroffenen auf gerichtliche Entscheidung:	
3810	– Der Antrag wird zurückgewiesen	1,0
3811	– Der Antrag wird zurückgenommen	0,5

Abschnitt 2
Beschwerde und Rechtsbeschwerde

Nr.	Gebührentatbestand	Gebühr oder Satz der Gebühr nach § 34 GKG
	Verfahren über die Beschwerde oder die Rechtsbeschwerde	
3820	– Die Beschwerde oder die Rechtsbeschwerde wird verworfen	2,0
3821	– Die Beschwerde oder die Rechtsbeschwerde wird zurückgenommen	1,0

Abschnitt 3
Vorläufiger Rechtsschutz

Nr.	Gebührentatbestand	Gebühr oder Satz der Gebühr nach § 34 GKG
3830	Verfahren über den Antrag auf Aussetzung des Vollzugs einer Maßnahme der Vollzugsbehörde oder auf Erlass einer einstweiligen Anordnung: Der Antrag wird zurückgewiesen	0,5

In gerichtlichen Verfahren nach dem Strafvollzugsgesetz, auch iVm § 92 JGG, sind die in Nr. 3810–3830   1
KV geregelten Gebühren vorgesehen. Es handelt sich um **Wertgebühren**. Die Bemessung des **Streitwerts** für
diese Gebühren richtet sich nach § 60. Gemäß § 65 S. 1 ist der Streitwert von Amts wegen festzusetzen. Für
die Änderung dieser Wertfestsetzung gilt gem. § 65 S. 2 die Regelung des § 63 Abs. 3. Der **Kostenschuldner**
ergibt sich aus § 29 Nr. 1 (vgl § 121 StVollzG). Die **Fälligkeit** richtet sich nach § 6 Abs. 2, soweit die Gebühren eine Zurückweisung oder Verwerfung voraussetzen, ansonsten nach § 9 Abs. 2.

---

9 Vgl für NRW: Geschäftsstellenordnung für die Gerichte und die Staatsanwaltschaften des Landes Nordrhein-Westfalen (GStO)
AV d. JM v. 10.2.2006 (2325 - I. 8) - JMBl. NRW S. 62, idF v. 8.7.2015 (2325 - I. 8).

Hauptabschnitt 9
Sonstige Verfahren

Abschnitt 1
Vollstreckungshilfeverfahren wegen einer im Ausland rechtskräftig verhängten Geldsanktion

Nr.	Gebührentatbestand	Gebühr oder Satz der Gebühr nach § 34 GKG
Vorbemerkung 3.9.1: Die Vorschriften dieses Abschnitts gelten für gerichtliche Verfahren nach Abschnitt 2 Unterabschnitt 2 des Neunten Teils des Gesetzes über die internationale Rechtshilfe in Strafsachen.		

1   Die in Hauptabschnitt 9 Abschnitt 1 KV enthaltenen Gebühren Nr. 3910 und 3911 KV gelten in gerichtlichen Verfahren nach Abschnitt 2 Unterabschnitt 2 des Neunten Teils des Gesetzes über die internationale Rechtshilfe in Strafsachen (IRG). Erfasst sind Verfahren nach §§ 87–87 n IRG über die Vollstreckungshilfe für einen anderen Mitgliedstaat nach Maßgabe des Rahmenbeschlusses 2005/214/JI des Rates vom 24. Februar 2005 über die Anwendung des Grundsatzes der gegenseitigen Anerkennung von Geldstrafen und Geldbußen.[1] Nach § 1 Abs. 1 S. 1 Nr. 18 GKG gilt für das dort geregelte gerichtliche Verfahren vor dem Amtsgericht (§ 87 h IRG: Einspruch gegen die Bewilligung der Vollstreckung durch das Bundesamt für Justiz; § 87 i IRG: Antrag auf Umwandlung der Geldsanktion durch das Bundesamt beim Amtsgericht) das GKG.

2   Vorbem. 3.9.1 KV und Nr. 3910, 3911 KV sind **mWv 28.10.2010** durch das „Gesetz zur Umsetzung des Rahmenbeschlusses 2005/214/JI des Rates vom 24. Februar 2005 über die Anwendung des Grundsatzes der gegenseitigen Anerkennung von Geldstrafen und Geldbußen" (**Europäisches Geldsanktionengesetz**) vom 18.10.2012[2] in das GKG eingefügt worden. Ziel des Gesetzes ist die grenzüberschreitende Vollstreckung von Geldstrafen und Geldbußen in der EU. Das gilt sowohl für in Deutschland verhängte als auch für ausländische Geldsanktionen. Die Einnahmen aus der Vollstreckung ausländischer Geldsanktionen fließen gem. § 87 n Abs. 1 S. 1 IRG grds. in die Bundeskasse, nach Durchführung eines gerichtlichen Verfahrens gem. § 87 h oder § 87 i IRG jedoch in die Kasse des Bundeslandes, in dem das zuständige Amtsgericht seinen Sitz hat.

3   Die Gebühren des Rechtsanwalts in Verfahren nach §§ 87 ff IRG richten sich nach Vorbem. 6.1.1 VV RVG und Nr. 6100 VV RVG.[3]

Nr.	Gebührentatbestand	Gebühr oder Satz der Gebühr nach § 34 GKG
3910	Verfahren über den Einspruch gegen die Entscheidung der Bewilligungsbehörde: Der Einspruch wird verworfen oder zurückgewiesen .... Wird auf den Einspruch wegen fehlerhafter oder unterlassener Umwandlung durch die Bewilligungsbehörde die Geldsanktion umgewandelt, kann das Gericht die Gebühr nach billigem Ermessen auf die Hälfte ermäßigen oder bestimmen, dass eine Gebühr nicht zu erheben ist. Dies gilt auch, wenn hinsichtlich der Höhe der zu vollstreckenden Geldsanktion von der Bewilligungsentscheidung zugunsten des Betroffenen abgewichen wird.	50,00 €
3911	Verfahren über die Rechtsbeschwerde: Die Rechtsbeschwerde wird verworfen oder zurückgewiesen .... (1) Die Anmerkung zu Nummer 3910 gilt entsprechend. (2) Die Gebühr entfällt bei Rücknahme der Rechtsbeschwerde vor Ablauf der Begründungsfrist.	75,00 €

---

1 ABl. L 76 v. 22.3.2005, S. 16.   **2** BGBl. 2012 I 1408.   **3** S. ausf. Burhoff/*Volpert*, RVG Straf- und Bußgeldsachen, Vorbem. 6.1.1 Rn 2 ff.

I. Allgemeines

Nr. 3910 und 3911 KV sind **mWv 28.10.2010** durch das „Gesetz zur Umsetzung des Rahmenbeschlusses 2005/214/JI des Rates vom 24. Februar 2005 über die Anwendung des Grundsatzes der gegenseitigen Anerkennung von Geldstrafen und Geldbußen" (**Europäisches Geldsanktionengesetz**) vom 18.10.2012[1] in das GKG eingefügt worden. Nr. 3910 und 3911 KV regeln **abschließend**, für welche gerichtliche Verfahren nach §§ 87 ff IRG Gerichtsgebühren anfallen. Nr. 3910, 3911 KV gelten nur für das Verfahren gem. §§ 87–87 n IRG bei **eingehenden Ersuchen**, nicht bei **ausgehenden Ersuchen** gem. § 87 o IRG.   1

II. Verfahren

1. Allgemeines. Es ist zu unterscheiden zwischen dem   2

- Verfahren vor der **Bewilligungsbehörde** (§ 87 c IRG),
- **erstinstanzlichen Verfahren vor dem Amtsgericht** (§§ 87 g und 87 i IRG) sowie
- dem **Rechtsbeschwerdeverfahren** vor dem Oberlandesgericht (§ 87 l IRG).

Bewilligungsbehörde ist im Verfahren auf Bewilligung der Vollstreckung einer ausländischen Geldsanktion gem. § 74 Abs. 1 S. 4 IRG das **Bundesamt für Justiz** in Bonn.

Im Verfahren auf Bewilligung der Vollstreckung einer ausländischen Geldsanktion sind folgende **Verfahrensabschnitte** vorgesehen:

2. Prüfungsverfahren. Geht ein Ersuchen um Vollstreckung einer Geldsanktion beim Bundesamt für Justiz ein, prüft das Bundesamt zunächst, ob die nach dem Umsetzungsgesetz erforderlichen Unterlagen vorliegen (§ 87 a IRG). Anschließend prüft das Bundesamt, ob der Vollstreckung abweichend vom Grundsatz der gegenseitigen Anerkennung ausnahmsweise ein Ablehnungsgrund entgegensteht. Das Gesetz unterscheidet zwischen **Zulässigkeitsvoraussetzungen** und dem behördlichen Ermessen unterliegenden **Bewilligungshindernissen**. Verneint das Bundesamt die Zulässigkeit der Vollstreckung oder macht es ein Bewilligungshindernis geltend, so lehnt es die Vollstreckung der Geldsanktion ab (§ 87 c Abs. 2 Nr. 1 und 2 IRG).   3

3. Anhörungsverfahren. Wird das Verfahren nach Prüfung fortgesetzt, prüft das Bundesamt, ob ein Antrag auf Umwandlung der ausländischen Entscheidung durch das zuständige Amtsgericht zu stellen ist (vgl §§ 87 c Abs. 2 Nr. 3, 87 i Abs. 1 IRG). Eine solche Antragspflicht besteht, wenn die übermittelte Entscheidung gegen einen bestimmten, im Gesetz aufgeführten Kreis von Betroffenen gerichtet ist (insb. **Jugendliche** und **Heranwachsende**) oder wenn der andere Mitgliedstaat eine Sanktion verhängt hat, die das deutsche Recht nicht kennt. Unterbleibt ein solcher Antrag, werden die vollständigen Unterlagen dem Betroffenen gem. § 87 c Abs. 1 IRG zur **Gewährung rechtlichen Gehörs** zugestellt. Nach Ablauf einer Zwei-Wochen-Frist entscheidet das Bundesamt über die Bewilligung. Zahlt der Betroffene, ist das Verfahren beendet.   4

4. Gerichtliches Verfahren. Gegen eine Bewilligung der Vollstreckung durch das Bundesamt kann der Betroffene nach §§ 87 g ff IRG **form- und fristgebunden Einspruch** einlegen und eine gerichtliche Überprüfung der Bewilligung durch das zuständige Amtsgericht herbeiführen. In den Fällen des § 87 i Abs. 1 IRG (insb. Geldsanktion gegen **Jugendliche** und **Heranwachsende**) beantragt das Bundesamt, soweit die Vollstreckung zulässig ist, die Umwandlung der Entscheidung durch das Amtsgericht. Die örtliche Zuständigkeit richtet sich grds. nach dem Wohnsitz des Betroffenen, wenn dieser eine natürliche Person ist. Maßgeblich im Falle des § 87 h IRG ist der Zeitpunkt des Eingangs des Einspruchs, im Falle des § 87 i IRG der Zeitpunkt des Eingangs des Antrags bei Gericht. Das Amtsgericht entscheidet durch Beschluss (§§ 87 h Abs. 3, 87 i Abs. 5 S. 1 IRG). Gegen diese Beschlüsse ist nach § 87 j IRG im Falle ihrer Zulassung die **Rechtsbeschwerde** zum Oberlandesgericht statthaft. Die Rechtsbeschwerde bedarf der Zulassung durch das Oberlandesgericht (§ 87 k IRG).   5

5. Vollstreckungsverfahren. Zahlt der Betroffene nach Bewilligung der Vollstreckung durch das Bundesamt nicht und setzt er sich gegen diese auch nicht zur Wehr, **vollstreckt das Bundesamt**. Hat das Gericht nach Entscheidung über den Einspruch des Betroffenen (§ 87 h IRG) oder dem Antrag des Bundesamtes auf gerichtliche Entscheidung (§ 87 i IRG) eine Entscheidung getroffen, ist die Staatsanwaltschaft bei dem Landgericht, in dessen Bezirk das Amtsgericht seinen Sitz hat, **Vollstreckungsbehörde**. Ist aber nach Umwandlung eine **jugendstrafrechtliche Sanktion** zu vollstrecken, erfolgt die Vollstreckung nach Maßgabe des § 82 JGG (Jugendrichter).   6

---

1 BGBl. 2012 I 1408.

III. Gebühr Nr. 3910 KV

7　**1. Entstehung der Gebühr.** Die Gebühr Nr. 3910 KV entsteht als **Festgebühr** mit einem Betrag iHv 50 € für das Verfahren, wenn der **Einspruch** gegen die Entscheidung der Bewilligungsbehörde verworfen oder zurückgewiesen wird. Erfasst sind damit nur die **Einspruchsverfahren nach § 87 g IRG**.

8　Beantragt das Bundesamt gem. § 87 i IRG die **Umwandlung** der Entscheidung durch das Gericht – insb. bei einer Geldsanktion nach § 87 Abs. 2 Nr. 1 und 2 IRG, die gegen einen **Jugendlichen** oder einen **Heranwachsenden** iSd JGG ergangen ist –, fällt die Gebühr Nr. 3910 KV nicht an. Hierbei handelt es sich um ein **Amtsverfahren**, das der Gesetzgeber **gerichtsgebührenfrei** lassen wollte.[2]

9　Die Gebühr Nr. 3910 KV ist eine **eingeschränkte Verfahrensgebühr**. Sie **entsteht** nur dann, soweit die Beschwerde **verworfen** oder **zurückgewiesen** wird. Dann aber ist mit der Gebühr das gesamte Verfahren abgegolten. Die Gebühr entsteht, wenn die gebührenpflichtige Entscheidung ergangen ist. Bei gerichtlichen Beschlüssen ist zwischen Existent- und Wirksamwerden zu unterscheiden. Existent geworden ist ein Beschluss, wenn er den inneren Bereich des Gerichts verlassen hat. Das ist dann der Fall, wenn die Entscheidung von der Geschäftsstelle zur Zustellung oder formlosen Mitteilung gegeben ist. Maßgeblich für die Entstehung der Gebühr ist, ob die entsprechende Entscheidung erlassen, also **existent** geworden ist. Wird der Beschwerde danach zurückgenommen, ist die Gebühr entstanden (s. auch die Erl. zu Nr. 2120 KV).

10　**2. Ermäßigung/Nichterhebung der Gebühr (Anm.).** In den in der **Anm. S. 1** aufgeführten Fällen kann das Amtsgericht die Gebühr Nr. 3910 KV nach billigem Ermessen auf die Hälfte **ermäßigen** (25 €) oder bestimmen, dass eine Gebühr **nicht zu erheben** ist. Voraussetzung hierfür ist, dass auf den **Einspruch wegen fehlerhafter oder unterlassener Umwandlung** durch die Bewilligungsbehörde die Geldsanktion vom Amtsgericht **umgewandelt** wird. Die Ermäßigung ist daher in den Fällen des § 87 f Abs. 2 S. 2 IRG möglich, wenn sich die Entscheidung des Gerichts darauf beschränkt, die fehlerhafte oder unterlassene Umwandlung nachzuholen (§ 87 h Abs. 3 S. 3 IRG).[3] § 87 f Abs. 2 S. 2 IRG sieht eine Begrenzung auf das nach deutschem Recht für Handlungen derselben Art vorgesehene Höchstmaß vor, wenn es sich aus Sicht des ersuchenden Mitgliedstaates um eine im Ausland begangene Tat handelte, für die zudem die deutsche Gerichtsbarkeit begründet sein muss. Die Verpflichtung zur Herabsetzung besteht auch, wenn sich die konkrete Tat aus der Perspektive des Bundesamtes für Justiz als eine reine Inlandstat darstellt, aber kein Bewilligungshindernis nach § 87 d Abs. 1 Nr. 1 IRG geltend gemacht wurde.[4]

11　**Beispiel:** Das Bundesamt für Justiz bewilligt die Vollstreckung einer in Frankreich verhängten Geldbuße iHv 1.000 € wegen Geschwindigkeitsüberschreitung. Der Betroffene ist damit nicht einverstanden und legt gegen diese Entscheidung gem. § 87 h IRG Einspruch ein. Das zuständige Amtsgericht ändert die Geldbuße auf 680 € ab (§§ 87 h Abs. 3 S. 3, 87 f Abs. 2 S. 2 IRG), erklärt die Entscheidung des Bundesamtes für vollstreckbar und ermäßigt die Gerichtsgebühr auf die Hälfte.
Die Gebühr Nr. 3910 KV ist aufgrund der gerichtlichen Anordnung nur iHv 25 € (1/2 von 50 €) zu erheben.

12　Nach der **Anm. S. 2** kann die Gebühr auch dann auf die Hälfte **ermäßigt** (25 €) oder bestimmt werden, dass eine Gebühr **nicht zu erheben** ist, wenn das Amtsgericht die Höhe der zu vollstreckenden Geldsanktion **zugunsten des Betroffenen** gegenüber der Bewilligungsentscheidung **abgeändert** hat. Denn dann hat der Einspruch zumindest teilweise Erfolg, sodass eine Gebührenermäßigung oder der Erlass der Gebühr gerechtfertigt sein kann.[5]

III. Gebühr Nr. 3911 KV

13　**1. Entstehung der Gebühr.** Nach Nr. 3911 KV entsteht für das Verfahren über die Rechtsbeschwerde eine Festgebühr iHv 75 €, wenn die Rechtsbeschwerde **verworfen** oder **zurückgewiesen** wird. Die Gebühr Nr. 3911 KV ist wie die Gebühr Nr. 3910 KV eine **eingeschränkte Verfahrensgebühr**. Sie **entsteht** nur dann, soweit die Rechtsbeschwerde verworfen oder zurückgewiesen wird. Dann aber ist mit der Gebühr das gesamte Verfahren abgegolten (→ Rn 9). Wird die Rechtsbeschwerde vor Ablauf der Begründungsfrist zurückgenommen (§ 87 j Abs. 2 IRG), entsteht nach Anm. Abs. 2 die Gebühr nicht.

14　Das Amtsverfahren gem. § 87 i IRG (Antrag des Bundesamtes auf **Umwandlung** der Entscheidung durch das Gericht) ist in der ersten Instanz gerichtsgebührenfrei (→ Rn 8). Unter Nr. 3911 KV fallen aber sowohl zugelassene Rechtsbeschwerden gegen den Beschluss des Amtsgerichts im Einspruchsverfahren nach § 87 h Abs. 3 IRG als auch gegen Beschlüsse nach § 87 i Abs. 5 IRG. Die Gebühr fällt auch hier an, wenn die Rechtsbeschwerde gegen die Entscheidung nach § 87 i Abs. 5 IRG verworfen oder zurückgewiesen wird.

15　**2. Ermäßigung/Nichterhebung der Gebühr (Anm. Abs. 1).** Die Gebühr Nr. 3911 KV kann nach Anm. Abs. 1 unter den in der Anm. zu Nr. 3910 KV genannten Voraussetzungen auf 37,50 € (1/2 von 75 €) er-

---

2 BR-Drucks 34/10, S. 56. **3** BR-Drucks 34/10, S. 56. **4** BR-Drucks 34/10, S. 43. **5** BR-Drucks 34/10, S. 57.

mäßigt werden oder es kann die Nichterhebung angeordnet werden. Auf die Erl. in → Rn 10 ff wird insoweit verwiesen.

3. Antrag auf Zulassung der Rechtsbeschwerde. Für das Verfahren vor dem Oberlandesgericht über den   16
Antrag auf **Zulassung der Rechtsbeschwerde** (§ 87 k Abs. 1 IRG) entsteht die Gebühr Nr. 3911 KV nicht.
Das Zulassungsverfahren ist **gerichtsgebührenfrei.** Das Zulassungsverfahren gem. § 87 k Abs. 1 IRG ist
weitgehend § 80 OWiG nachgebildet, für das im GKG keine besondere Gebühr vorgesehen ist. Die Verwerfung des Antrags auf Zulassung hat im Übrigen die Wirkung der Rücknahme der Rechtsbeschwerde (§ 87 k
Abs. 3 S. 4 IRG, § 80 Abs. 4 S. 4 OWiG). Die Rücknahme der Rechtsbeschwerde löst vor Ablauf der Begründungsfrist auch in Verfahren nach dem OWiG keine Gebühr aus (Anm. zu Nr. 4121 KV).

IV. Weitere praktische Hinweise

1. Fälligkeit. Die Fälligkeit der Gebühren Nr. 3910, 3911 KV bestimmt sich nach § 6 Abs. 2. Weil die Ge-   17
bühren die Verwerfung oder Zurückweisung des Einspruchs bzw der Rechtsbeschwerde voraussetzen, werden sie mit diesen Entscheidungen fällig.

2. Abhängigmachung/Vorauszahlungspflicht. Die Gebühren sind nicht vorauszahlungspflichtig, weil die   18
Verfahren nach §§ 87 ff IRG in den Vorauszahlungsbestimmungen in §§ 10 ff nicht genannt sind. Gemäß
§ 10 darf die Tätigkeit des Gerichts in weiterem Umfang, als die Prozessordnungen (IRG) und das GKG es
gestatten, nicht von der Sicherstellung oder Zahlung der Kosten nicht abhängig gemacht werden.

3. Kostenschuldner. Kostenschuldner der Gebühren Nr. 3910, 3911 KV ist gem. § 29 Nr. 1 der Betroffene,   19
wenn ihm die Kosten des Einspruchsverfahrens bzw des Rechtsbeschwerdeverfahrens vom Gericht auferlegt worden sind. Die Kostenentscheidung richtet sich gem. §§ 86, 77 IRG nach §§ 464 a ff StPO, § 46
Abs. 1 OWiG, § 74 JGG.[6]

4. Zuständigkeit für den Kostenansatz. Der Kostenansatz erfolgt gem. § 19 Abs. 1 für die Gebühr Nr. 3910   20
KV beim Amtsgericht, für die Gebühr Nr. 3911 KV bei dem Oberlandesgericht (ausf. → § 19 Rn 64). Funktionell zuständig ist nach den Verwaltungsbestimmungen der Bundesländer regelmäßig der Kostenbeamte
des mittleren Justizdienstes.[7]

Abschnitt 2
Rüge wegen Verletzung des Anspruchs auf rechtliches Gehör

Nr.	Gebührentatbestand	Gebühr oder Satz der Gebühr nach § 34 GKG
3920	Verfahren über die Rüge wegen Verletzung des Anspruchs auf rechtliches Gehör (§§ 33 a, 311 a Abs. 1 Satz 1, § 356 a StPO, auch i.V.m. § 55 Abs. 4, § 92 JGG und § 120 StVollzG): Die Rüge wird in vollem Umfang verworfen oder zurückgewiesen	60,00 €

Auf die Erl. zu Nr. 1700 KV wird verwiesen.   1

---

6 BR-Drucks 34/10, S. 46. **7** Vgl für NRW: Geschäftsstellenordnung für die Gerichte und die Staatsanwaltschaften des Landes
Nordrhein-Westfalen (GStO) AV d. JM v. 10.2.2006 (2325 - I. 8) - JMBl. NRW S. 62, idF v. 8.7.2015 (2325 - I. 8).

Teil 4
Verfahren nach dem Gesetz über Ordnungswidrigkeiten

Nr.	Gebührentatbestand	Gebühr oder Satz der Gebühr 4110, soweit nichts anderes vermerkt ist

Vorbemerkung 4:

(1) § 473 Abs. 4 StPO, auch i.V.m. § 46 Abs. 1 OWiG, bleibt unberührt.

(2) Im Verfahren nach Wiederaufnahme werden die gleichen Gebühren wie für das wiederaufgenommene Verfahren erhoben. Wird jedoch nach Anordnung der Wiederaufnahme des Verfahrens die frühere Entscheidung aufgehoben, gilt für die Gebührenerhebung jeder Rechtszug des neuen Verfahrens mit dem jeweiligen Rechtszug des früheren Verfahrens zusammen als ein Rechtszug. Gebühren werden auch für Rechtszüge erhoben, die nur im früheren Verfahren stattgefunden haben.

I. Vorrang des § 473 Abs. 4 StPO (Abs. 1)

1   **Abs. 1** der Vorbem. 4 KV stellt klar, dass die Regelung des § 473 Abs. 4 StPO unberührt bleibt. Danach kann das Rechtsmittelgericht die Gerichtsgebühr für das Rechtsmittelverfahren ermäßigen oder auch ganz der Staatskasse auferlegen, wenn ein Rechtsmittel teilweise Erfolg hat und es unbillig wäre, einen Beteiligten damit zu belasten. Diese Vorschrift gilt nach § 46 Abs. 1 OWiG auch in Bußgeldsachen.

II. Wiederaufgenommene Verfahren (Abs. 2)

2   **Abs. 2** der Vorbem. 4 KV regelt die Gebühren in wiederaufgenommenen Verfahren nach einem erfolgreichen Wiederaufnahmeverfahren. Im Falle eines erfolglosen Wiederaufnahmeverfahrens gelten die Gebühren nach Nr. 4130, 4131 KV.

3   War das Wiederaufnahmeverfahren erfolgreich, ist also das Verfahren wiederaufgenommen worden, ist zu differenzieren:

- Wird die vorangegangene Entscheidung aufgehoben und der Betroffene nicht verurteilt (Freispruch oder Einstellung), entfallen auch die Gebühren des Verfahrens vor Wiederaufnahme. Bereits gezahlte Gerichtsgebühren sind zurückzuzahlen.
- Wird die frühere Entscheidung nicht aufgehoben, so werden im wiederaufgenommenen Verfahren die gleichen Gebühren erhoben wie im Verfahren vor der Wiederaufnahme. Die Gebühren fallen also gesondert an (**Abs. 2 S. 1**).
- Wird die frühere Entscheidung aufgehoben, dann gelten jeder Rechtszug des Verfahrens vor und nach Wiederaufnahme zusammen als ein Rechtszug, so dass die Gebühren hier für jede Instanz nur einmal erhoben werden dürfen (**Abs. 2 S. 2**).

  Gebühren für Rechtszüge, die nur im Verfahren vor der Wiederaufnahme stattgefunden haben, bleiben in diesem Fall bestehen (**Abs. 2 S. 3**).

4   Soweit sich die Wiederaufnahme auf **eine von mehreren Taten** beschränkt, gilt ergänzend Vorbem. 4.1 Abs. 3 S. 2 iVm S. 1 KV.

Hauptabschnitt 1
Bußgeldverfahren

Nr.	Gebührentatbestand	Gebühr oder Satz der Gebühr 4110, soweit nichts anderes vermerkt ist

Vorbemerkung 4.1:

(1) In Bußgeldsachen bemessen sich die Gerichtsgebühren für alle Rechtszüge nach der rechtskräftig festgesetzten Geldbuße. Mehrere Geldbußen, die in demselben Verfahren gegen denselben Betroffenen festgesetzt werden, sind bei der Bemessung der Gebühr zusammenzurechnen.

(2) Betrifft eine Bußgeldsache mehrere Betroffene, ist die Gebühr von jedem gesondert nach Maßgabe der gegen ihn festgesetzten Geldbuße zu erheben. Wird in einer Bußgeldsache gegen einen oder mehrere Betroffene eine Geldbuße auch gegen eine juristische Person oder eine Personenvereinigung festgesetzt, ist eine Gebühr auch von der juristischen Person oder Personenvereinigung nach Maßgabe der gegen sie festgesetzten Geldbuße zu erheben.

(3) Wird bei Festsetzung mehrerer Geldbußen ein Rechtsmittel auf die Festsetzung einer Geldbuße beschränkt, bemisst sich die Gebühr für das Rechtsmittelverfahren nach dieser Geldbuße. Satz 1 gilt im Fall der Wiederaufnahme entsprechend.

I. Gebühr nach Höhe der Geldbuße (Abs. 1)

Das Gebührensystem in Bußgeldsachen, also in Verfahren nach diesem Hauptabschnitt, entspricht dem in Strafsachen. Die Höhe der Gerichtsgebühren richtet sich in allen Rechtszügen nach der letztlich **rechtskräftig** festgesetzten Geldbuße (**Abs. 1 S. 1**). 1

Dabei ist im Fall der Nr. 4110 KV die Gebühr mit 10 % der festgesetzten Geldbuße zu berechnen, mindestens 50 €, höchstens 15.000 €. Für alle anderen Gebühren ist davon ein Dezimalsatz zu erheben. Zur Berechnung der Gebühr Nr. 4110 KV → Nr. 4110 KV Rn 19. 2

Soweit mehrere Geldbußen in demselben Verfahren gegen denselben Betroffenen festgesetzt werden (**Tatmehrheit nach § 20 OWiG**), sind diese zusammenzurechnen; daraus ist dann die Gebühr Nr. 4110 KV zu berechnen und eine andere Gebühr abzuleiten (**Abs. 1 S. 2**). 3

II. Mehrere Betroffene (Abs. 2)

Werden in einem Verfahren Geldbußen gegen mehrere Betroffene rechtskräftig festgesetzt, schuldet jeder Betroffene eine Gebühr, die sich nach der gegen ihn festgesetzten Geldbuße berechnet (**Abs. 2 S. 1**). Dies gilt auch dann, wenn es sich bei einem der Betroffenen um eine juristische Person oder um eine Personenvereinigung handelt (**Abs. 2 S. 2**). Insoweit ist eine Ausnahme zu § 35 gegeben. 4

III. Beschränktes Rechtsmittel (Abs. 3)

Im Rechtsmittelverfahren kann sich eine abweichende Berechnung ergeben, nämlich dann, wenn sich das Rechtsmittel auf die Festsetzung einer von mehreren Geldbußen beschränkt. In diesem Fall richtet sich die Gebühr des Rechtsmittelverfahrens nur nach der Höhe der angefochtenen Geldbuße (**Abs. 3 S. 1**). Dies gilt entsprechend, wenn sich ein Wiederaufnahmeverfahren lediglich gegen eine von mehreren rechtskräftig festgesetzten Geldbußen richtet (**Abs. 3 S. 2**). 5

Abschnitt 1
Erster Rechtszug

Nr.	Gebührentatbestand	Gebühr oder Satz der Gebühr 4110, soweit nichts anderes vermerkt ist
4110	Hauptverhandlung mit Urteil oder Beschluss ohne Hauptverhandlung (§ 72 OWiG)	10 % des Betrags der Geldbuße – mindestens 50,00 € – höchstens 15.000,00 €
4111	Zurücknahme des Einspruchs nach Eingang der Akten bei Gericht und vor Beginn der Hauptverhandlung .... Die Gebühr wird nicht erhoben, wenn die Sache an die Verwaltungsbehörde zurückverwiesen worden ist.	0,25 – mindestens 15,00 €
4112	Zurücknahme des Einspruchs nach Beginn der Hauptverhandlung	0,5

I. Allgemeines

1   Nr. 4110 und 4111 KV sind durch das 2. KostRMoG[1] zum 1.8.2013 neu gefasst worden. In Nr. 4111 KV ist die frühere Gebühr für die Verwerfung des Einspruchs als unzulässig nach Beginn der Hauptverhandlung aufgehoben und durch eine Gebühr für die Zurücknahme des Einspruchs nach Beginn der Hauptverhandlung ersetzt worden.

2   Mit der Neufassung von Nr. 4111 KV sollte zweierlei erreicht werden: Zum einen sollte die früher (bis 31.7.2013) durch Nr. 4111 KV aF gewährte Gebührenbegünstigung bei Verwerfung des Einspruchs als unzulässig nach Beginn der Hauptverhandlung im Falle unentschuldigter Abwesenheit ohne Verhandlung zur Sache durch Urteil (§ 74 Abs. 2 OWiG) gestrichen werden. Zum anderen sollte die früher gebührenfrei mögliche Zurücknahme des Einspruchs vor Beginn der Hauptverhandlung eine Gebühr auslösen.[2]

II. Gebühren

3   **1. Hauptverhandlung mit Urteil oder Beschluss ohne Hauptverhandlung (Nr. 4110 KV).** Die Gebühr Nr. 4110 KV entsteht, wenn das Hauptverfahren mit **Urteil** (§ 71 OWiG) oder **Beschluss ohne Hauptverhandlung** gem. § 72 OWiG endet. Ein Beschluss gem. § 72 OWiG ergeht, wenn das Gericht eine Hauptverhandlung nicht für erforderlich hält und wenn der Betroffene und die Staatsanwaltschaft diesem Verfahren nicht widersprechen.

4   Die Verwerfung des Einspruchs ohne Verhandlung zur Sache durch Urteil gem. § 74 Abs. 2 OWiG, wenn der von der Teilnahme an der Hauptverhandlung nicht entbundene Betroffene ohne genügende Entschuldigung nicht erscheint, löst die Gebühr Nr. 4110 KV aus (→ Rn 7 ff). Auch wenn die Unzulässigkeit des Einspruchs (vgl § 70 OWiG) erst in der Hauptverhandlung festgestellt und der Einspruch durch Urteil verworfen wird, entsteht die Gebühr Nr. 4110 KV (→ Rn 9 ff).[3]

5   Nr. 4110 KV ist nicht einschlägig, wenn das Verfahren nach § 47 Abs. 2 OWiG eingestellt wird. Denn dann liegt keine Hauptverfahren mit Urteil oder Beschluss ohne Hauptverhandlung gem. § 72 OWiG vor und es fehlt an einer rechtskräftig verhängten Geldbuße, die Grundlage für die Bemessung der Gebühr sein könnte. Auch die Anordnung von Erzwingungshaft (§ 96 OWiG) löst keine Gerichtsgebühr aus.

6   Die Gebühr beträgt 10 % des Betrags der Geldbuße – mindestens 50 € – höchstens 15.000 €. Siehe iÜ → Rn 19.

7   **2. Verwerfung des Einspruchs gegen den Bußgeldbescheid. a) Bei unentschuldigter Abwesenheit (Nr. 4110 KV).** Durch die Neufassung von Nr. 4111 KV zum 1.8.2013 durch das 2. KostRMoG ist die bis dahin durch Nr. 4111 KV aF gewährte Gebührenbegünstigung bei Verwerfung des Einspruchs als unzulässig nach

---

1 Vom 23.7.2013 (BGBl. I 2586). **2** Vgl BT-Drucks 17/11471 (neu), S. 248. **3** *Bohnert*, OWiG, 2. Aufl., § 70 Rn 11.

Beginn der Hauptverhandlung im Falle unentschuldigter Abwesenheit ohne Verhandlung zur Sache durch Urteil (§ 74 Abs. 2 OWiG) weggefallen. Denn davor löste diese Verwerfung des Einspruchs als unzulässig nach Beginn der Hauptverhandlung lediglich eine 0,5-Gebühr nach Nr. 4111 KV aF aus.

Die ersatzlose Aufhebung der früheren Gebühr Nr. 4111 KV aF (0,5-Gebühr für den Fall der Verwerfung **8** des Einspruchs nach Beginn der Hauptverhandlung als unzulässig) führt dazu, dass in den Fällen der Entscheidung durch Urteil gem. § 74 Abs. 2 OWiG wegen unentschuldigter Abwesenheit in der Hauptverhandlung nunmehr anstelle einer 0,5-Gebühr (Nr. 4111 KV aF) die (volle) Gebühr Nr. 4110 KV anfällt (Hauptverhandlung mit Urteil). Die bisher durch Nr. 4111 KV aF gewährte Gebührenvergünstigung (0,5-Gebühr) ist damit entfallen. Die Verwerfung des Einspruchs ohne Verhandlung zur Sache durch Urteil gem. § 74 Abs. 2 OWiG, wenn der von der Teilnahme an der Hauptverhandlung nicht entbundene Betroffene ohne genügende Entschuldigung nicht erscheint, löst somit die Gebühr Nr. 4110 KV aus.

b) Bei Unzulässigkeit des Einspruchs durch Urteil (Nr. 4110 KV). Allerdings hat der Wegfall von Nr. 4111 **9** KV aF noch weitergehende Folgen: Wird die Unzulässigkeit des Einspruchs (vgl § 70 OWiG: Die Vorschriften über die Einlegung des Einspruchs sind nicht beachtet) erst in der Hauptverhandlung festgestellt, ist der Einspruch wie bei der unentschuldigten Abwesenheit des Betroffenen (§ 74 Abs. 2 OWiG) ebenfalls durch Urteil zu verwerfen.[4]

Früher (bis 31.7.2013) löste diese Verwerfung eine 0,5-Gebühr nach Nr. 4111 KV aF aus. Allerdings durfte **10** diese Gebühr nach einer im Schrifttum vertretenen Auffassung wegen unrichtiger Sachbehandlung (§ 21) nicht erhoben werden.[5] Denn das Gericht hätte schon vor Beginn der Hauptverhandlung feststellen können, dass der Einspruch unzulässig ist. Werde die Unzulässigkeit erst in der Hauptverhandlung erkannt, liege ein Fehler des Gerichts vor, der nicht zur Belastung mit einer Gebühr führen dürfe.[6]

Weil Nr. 4111 KV aF in dieser Form nicht mehr existiert, fallen seither auch diese Verwerfungsurteile unter **11** Nr. 4110 KV (Hauptverhandlung mit Urteil). Diese weitere Folge der Streichung von Nr. 4111 KV aF hat der Gesetzgeber erkannt. Denn er weist in der Begründung zu Nr. 4111 KV ausdrücklich darauf hin, dass mit dem Wegfall des Ermäßigungstatbestands der Nr. 4111 KV aF im Fall einer Verwerfung des Einspruchs als unzulässig durch Urteil die höhere Gebühr nach Nr. 4110 KV anfällt.[7] Allerdings besteht nach Auffassung des Gesetzgebers die Möglichkeit, die Gebühr Nr. 4110 KV wie die bislang in diesen Fällen angefallene Gebühr Nr. 4111 KV aF bei entsprechender Anordnung des Gerichts wegen unrichtiger Sachbehandlung gem. § 21 außer Ansatz zu lassen.[8]

Das bedeutet Folgendes: (1) Die Verwerfung des Einspruchs als unzulässig durch Urteil löst die Gebühr **12** Nr. 4110 KV aus. (2) Für das **Gericht** besteht die Möglichkeit anzuordnen, dass die Gebühr wegen unrichtiger Sachbehandlung (§ 21) – das Gericht hätte schon vor Beginn der Hauptverhandlung feststellen können, dass der Einspruch unzulässig ist – nicht zu erheben ist. Der Kostenbeamte kann diese Entscheidung nicht treffen.

c) Bei Unzulässigkeit des Einspruchs durch Beschluss. Wird der Einspruch gem. § 70 Abs. 1 OWiG durch **13** Beschluss als unzulässig verworfen, weil die Vorschriften über die Einlegung des Einspruchs nicht beachtet sind, fällt **keine Gerichtsgebühr** an. Gerichtsgebühren entstehen nur,

- wenn eine Hauptverhandlung mit Urteil endet (Nr. 4110 KV),
- wenn im schriftlichen Verfahren gem. § 72 OWiG entschieden wird (Nr. 4110 KV) und
- der Einspruch zurückgenommen wird (Nr. 4111 und 4112 KV).

Im Übrigen werden im erstinstanzlichen Bußgeldverfahren keine Gerichtsgebühren erhoben, mithin insb. **14** nicht in Fällen, in denen der Einspruch als unzulässig durch Beschluss verworfen oder das Verfahren nach § 47 Abs. 2 OWiG eingestellt wird.[9]

3. Rücknahme des Einspruchs gegen einen Bußgeldbescheid (Nr. 4111, 4112 KV). Bis zur Einführung der **15** neuen Nr. 4111 KV durch das 2. KostRMoG zum 1.8.2013 war die Rücknahme des Einspruchs gegen den Bußgeldbescheid vor Beginn der Hauptverhandlung gebührenfrei möglich. Die zum 1.8.2013 neu eingefügte Nr. 4111 KV soll bewirken, dass die bis dahin gebührenfrei mögliche Zurücknahme des Einspruchs vor Beginn der Hauptverhandlung gebührenpflichtig ist. Nicht nur die unter Nr. 4112 KV fallende Zurücknahme des Einspruchs nach Beginn der Hauptverhandlung, sondern auch die Zurücknahme des Einspruchs nach Eingang der Akten bei Gericht und vor Beginn der Hauptverhandlung ist damit gebührenpflichtig.

Der Gesetzgeber hat die Einführung der Gebühr für die Rücknahme des Einspruchs nach Eingang der Ak- **16** ten bei Gericht und vor Beginn der Hauptverhandlung damit begründet, dass eine Rücknahme vor der Hauptverhandlung zumeist in Fällen erfolgt, in denen sich der zuständige Richter mit der Sache befasst und

---

4 *Bohnert*, OWiG, 2. Aufl., § 70 Rn 11. **5** So *Oestreich/Hellstab/Trenkle*, GKG Nr. 4111 KV Rn 17. **6** BT-Drucks 17/11471 (neu), S. 248. **7** BT-Drucks 17/11471 (neu), S. 248 aE. **8** BT-Drucks 17/11471 (neu), S. 248 aE. **9** BT-Drucks 17/11471 (neu), S. 248 (li. Sp.).

den Hinweis erteilt hat, dass der Einspruch voraussichtlich keine Aussicht auf Erfolg hat. Damit bestand für Betroffene früher faktisch die Möglichkeit, die Erfolgsaussicht ihres Einspruchs durch das Gericht kostenlos überprüfen zu lassen, was zur Konsequenz hatte, dass auch in offensichtlich aussichtslosen Fällen Einsprüche eingelegt und Gerichte entsprechend belastet wurden.[10]

17   Die gebührenfreie richterliche Überprüfung eines Bußgeldbescheids erschien dem Gesetzgeber nicht gerechtfertigt, zumal auch auf Seiten der Geschäftsstellen Arbeitsaufwand entsteht. Da der Aufwand des Gerichts in diesen Fällen jedoch geringer ist als in Fällen, in denen der Einspruch erst in der Hauptverhandlung zurückgenommen wird, ist für diese Fällen nur eine 0,25-Gebühr statt einer 0,5-Gebühr (Nr. 4112 KV) vorgesehen.

18   Die Gebühr fällt aber nur an, wenn die Akten bereits **bei Gericht eingegangen** sind. Sind die Akten noch nicht bei Gericht eingegangen (Eingangsstempel), ist die Rücknahme des Einspruchs gerichtsgebührenfrei möglich. Nach der **Anm. zu Nr. 4111 KV** entsteht die Gebühr nicht, wenn die Zurücknahme nach Zurückverweisung durch das Gericht an die Verwaltungsbehörde erfolgt.[11]

III. Höhe der Gebühren

19   Die Gebühr **Nr. 4110 KV** beträgt 10 % des Betrags der Geldbuße, mindestens 50 €, aber höchstens 15.000 €. Bei einer rechtskräftig verhängten Geldbuße iHv zB 60 € – in Bußgeldsachen bemessen sich nach Vorbem. 4.1 Abs. 1 S. 1 KV die Gerichtsgebühren für alle Rechtszüge nach der rechtskräftig festgesetzten Geldbuße – beträgt die Gebühr 50 €, bei einer rechtskräftigen Geldbuße iHv 600 € beträgt sie 60 €. Bis zu einer Geldbuße iHv 500 € entspricht die Gebühr damit der **Mindestgebühr**.

20   Die Gebühr **Nr. 4111 KV** beträgt 0,25 der Gebühr Nr. 4110 KV, mindestens aber 15 €. Bei einer Geldbuße iHv zB 60 € beträgt die Gebühr 15 € (0,25 von 50 € Nr. 4110 KV = 12,50 €, daher Mindestgebühr 15 €). Bei einer Geldbuße iHv 600 € beträgt sie ebenfalls 15 € (0,25 von 60 € Nr. 4110 KV). Bis zu einer Geldbuße iHv 600 € fällt die Gebühr Nr. 4111 KV damit immer mit dem Mindestbetrag iHv 15 € an.

21   Die Gebühr **Nr. 4112 KV** beträgt 0,5 der Gebühr Nr. 4110 KV. Die Mindestgebühr beträgt insoweit damit 25 € (0,5 von 50 € Nr. 4110 KV). Die Mindestgebühr der Nr. 410 KV ist daher zu quoteln.

IV. Weitere praktische Hinweise

22   Die **Fälligkeit** der Gebühren bestimmt sich nach § 8. Die Gebühren werden mit der Rechtskraft der das Verfahren abschließenden Entscheidung fällig. Die Gebühren sind **nicht vorauszahlungspflichtig**, vgl § 10.

23   **Kostenschuldner** der Gebühr Nr. 4110 KV ist gem. § 29 Nr. 1 der Betroffene, wenn ihm die Kosten des Verfahrens vom Gericht auferlegt worden sind. Die bei Zurücknahme des Einspruchs entstehenden Gebühren nach Nr. 4111 und 4112 KV schuldet gem. § 27 der Betroffene, der im gerichtlichen Verfahren nach dem OWiG den Einspruch gegen einen Bußgeldbescheid zurücknimmt. Hinsichtlich weiterer Einzelheiten wird auf die Erl. zu § 27 verwiesen.

24   Die sachliche und örtliche **Zuständigkeit für den Kostenansatz** richtet sich nach § 19 Abs. 2. Funktionell zuständig ist nach den Verwaltungsbestimmungen der Bundesländer regelmäßig der Kostenbeamte des mittleren Justizdienstes.[12]

Abschnitt 2
Rechtsbeschwerde

Nr.	Gebührentatbestand	Gebühr oder Satz der Gebühr 4110, soweit nichts anderes vermerkt ist
4120	Verfahren mit Urteil oder Beschluss nach § 79 Abs. 5 OWiG	2,0
4121	Verfahren ohne Urteil oder Beschluss nach § 79 Abs. 5 OWiG .... Die Gebühr entfällt bei Rücknahme der Rechtsbeschwerde vor Ablauf der Begründungsfrist.	1,0

---

10 BT-Drucks 17/11471 (neu), S. 248. **11** BT-Drucks 17/11471 (neu), S. 248 (re. Sp.). **12** Vgl für NRW: Geschäftsstellenordnung für die Gerichte und die Staatsanwaltschaften des Landes Nordrhein-Westfalen (GStO) AV d. JM v. 10.2.2006 (2325 - I. 8) - JMBl. NRW S. 62, idF v. 8.7.2015 (2325 - I. 8).

I. Gebühr Nr. 4120 KV

Die Gebühr Nr. 4120 KV entsteht nur, wenn das Verfahren **durch Urteil oder durch Beschluss** nach § 79 **1**
Abs. 5 OWiG, der anstelle eines möglichen Urteils ergeht, entschieden wird. Andere verfahrensbeendende
Entscheidungen fallen nicht unter Nr. 4120 KV, sondern werden durch die Gebühr Nr. 4121 KV abgegolten.

Die Höhe der Gebühr beträgt das Doppelte der Gebühr nach Nr. 4110 KV. Zur Berechnung dieser Gebühr **2**
→ Nr. 4110 KV Rn 19.

Das Rechtsbeschwerdegericht kann auch nach § 473 Abs. 4 StPO iVm § 46 Abs. 1 OWiG die Gebühr ermä- **3**
ßigen oder auch ganz der Staatskasse auferlegen, wenn das Rechtsmittel teilweise Erfolg hat und es unbillig
wäre, einen Beteiligten damit zu belasten (Vorbem. 4 Abs. 1 KV).

Zur Fälligkeit, Abhängigmachung und zum Kostenschuldner → Nr. 4110 KV Rn 22 ff. Zur Zuständigkeit **4**
für den Kostenansatz → Nr. 4110 KV Rn 26.

II. Gebühr Nr. 4121 KV

Diese Vorschrift greift im Verfahren der **Rechtsbeschwerde**, wenn das Rechtsbeschwerdeverfahren **weder** **5**
durch **Urteil noch** durch einen **Beschluss** nach § 79 Abs. 5 OWiG endet. **Hauptanwendungsfall** sind hier die
Rücknahme der Rechtsbeschwerde nach Begründung, die Versäumung der Begründungsfrist oder die Verwerfung der Rechtsbeschwerde als unzulässig.

Endet das Verfahren durch Rücknahme der Rechtsbeschwerde vor Ablauf der Begründungsfrist, ist das **6**
Verfahren **gebührenfrei** (**Anm.** zu Nr. 4121 KV). Gleiches gilt, wenn ein Antrag auf Zulassung der Rechtsbeschwerde nach § 80 Abs. 3 OWiG verworfen oder zurückgenommen wird. In diesem Fall ist es noch
nicht zur Begründung der Rechtsbeschwerde gekommen, so dass der Ausschlusstatbestand der Anm. zu
Nr. 4121 KV greift.

Die Höhe der Gebühr beläuft sich auf den gleichen Betrag der Gebühr nach Nr. 4110 KV. Zur Berechnung **7**
dieser Gebühr → Nr. 4110 KV Rn 19. Zur Fälligkeit, Abhängigmachung und zum Kostenschuldner →
Nr. 4110 KV Rn 22 ff. Zur Zuständigkeit für den Kostenansatz → Nr. 4110 KV Rn 26.

Abschnitt 3
Wiederaufnahmeverfahren

Nr.	Gebührentatbestand	Gebühr oder Satz der Gebühr 4110, soweit nichts anderes vermerkt ist
4130	Verfahren über den Antrag auf Wiederaufnahme des Verfahrens: Der Antrag wird verworfen oder abgelehnt	0,5
4131	Verfahren über die Beschwerde gegen einen Beschluss, durch den ein Antrag auf Wiederaufnahme des Verfahrens verworfen oder abgelehnt wurde: Die Beschwerde wird verworfen oder zurückgewiesen	1,0

Nr. 4130 KV: In einem Wiederaufnahmeverfahren wird eine Gebühr erhoben, wenn der Antrag verworfen **1**
oder abgelehnt wird, Nr. 4130 KV. Die Höhe der Gebühr richtet sich nach der im Verfahren vor Wiederaufnahme festgesetzten Geldbuße. Wenn sich die Wiederaufnahme nur gegen eine von mehreren festgesetzten
Geldbußen richtet, ist deren Wert maßgebend (Vorbem. 4.1 Abs. 3 S. 2 iVm S. 1 KV). Die Höhe der Gebühr
Nr. 4130 KV beträgt die Hälfte der Gebühr nach Nr. 4110 KV. Zur Berechnung dieser Gebühr → Nr. 4110
KV Rn 19. Zur Fälligkeit, Abhängigmachung und zum Kostenschuldner → Nr. 4110 KV Rn 22 ff. Zur Zuständigkeit für den Kostenansatz → Nr. 4110 KV Rn 26.

Nr. 4131 KV: In einem Verfahren über die Beschwerde gegen einen Beschluss, durch den der Antrag auf **2**
Wiederaufnahme des Verfahrens verworfen oder abgelehnt wurde, ist eine Gebühr nach Nr. 4131 KV zu
erheben. Die Gebühr richtet sich hier nach der Höhe der festgesetzten Geldbuße, über die die Beschwerde
geführt wird. Die Höhe der Gebühr beläuft sich auf den gleichen Betrag der Gebühr nach Nr. 4110 KV.
Zur Berechnung dieser Gebühr → Nr. 4110 KV Rn 19. Zur Fälligkeit, Abhängigmachung und zum Kostenschuldner → Nr. 4110 KV Rn 22 ff. Zur Zuständigkeit für den Kostenansatz → Nr. 4110 KV Rn 26.

Hauptabschnitt 2
Einziehung und verwandte Maßnahmen

Nr.	Gebührentatbestand	Gebühr oder Satz der Gebühr 4110, soweit nichts anderes vermerkt ist
Vorbemerkung 4.2:		
(1) Die Vorschriften dieses Hauptabschnitts gelten für die Verfahren über die Einziehung, dieser gleichstehende Rechtsfolgen (§ 442 StPO i.V.m. § 46 Abs. 1 OWiG) und die Abführung des Mehrerlöses. Im gerichtlichen Verfahren werden die Gebühren gesondert erhoben.		
(2) Betreffen die in Absatz 1 genannten Maßnahmen mehrere Betroffene wegen derselben Handlung, wird nur eine Gebühr erhoben. § 31 GKG bleibt unberührt.		

1   Vorbem. 4.2 KV regelt die Gebühren für Verfahren auf Einziehung und verwandte Maßnahmen. Hier sind durchweg Festgebühren vorgesehen, die sich weder an der Höhe der Geldbuße noch an der Höhe des Werts der Einziehungsgegenstände orientieren. Die Gebühr wird außergerichtlich und in jedem gerichtlichen Verfahren gesondert erhoben (Abs. 1 S. 2). Betrifft die Einziehung oder eine vergleichbare Maßnahmen mehrere Betroffene wegen derselben Handlung, wird die Gebühr nur einmalig erhoben (Abs. 2 S. 1). Die Haftung mehrerer Betroffener richtet sich in diesem Fall nach § 31 (Abs. 2 S. 2).

Abschnitt 1
Beschwerde

Nr.	Gebührentatbestand	Gebühr oder Satz der Gebühr 4110, soweit nichts anderes vermerkt ist
4210	Verfahren über die Beschwerde nach § 441 Abs. 2 StPO i.V.m. § 46 Abs. 1 OWiG: Die Beschwerde wird verworfen oder zurückgewiesen	60,00 €

1   Im Verfahren der sofortigen Beschwerde gegen eine Entscheidung über die Einziehung im Nachverfahren (§ 439 StPO) nach § 441 Abs. 2 StPO iVm § 46 Abs. 1 OWiG wird die Gebühr nur erhoben, wenn die Beschwerde verworfen oder zurückgewiesen wird. Hat die Beschwerde ganz oder teilweise Erfolg oder wird sie vor einer Entscheidung zurückgenommen, ist das Beschwerdeverfahren gebührenfrei.

Abschnitt 2
Rechtsbeschwerde

Nr.	Gebührentatbestand	Gebühr oder Satz der Gebühr 4110, soweit nichts anderes vermerkt ist
4220	Verfahren mit Urteil oder Beschluss nach § 79 Abs. 5 OWiG: Die Rechtsbeschwerde wird verworfen	120,00 €
4221	Verfahren ohne Urteil oder Beschluss nach § 79 Abs. 5 OWiG .... Die Gebühr entfällt bei Rücknahme der Rechtsbeschwerde vor Ablauf der Begründungsfrist.	60,00 €

1   **Nr. 4220 KV:** Die Gebühr entsteht nur, wenn das Verfahren durch Urteil oder durch einen Beschluss nach § 79 Abs. 5 OWiG, der anstelle eines möglichen Urteils ergeht, entschieden wird. Andere verfahrensbeen-

dende Entscheidungen fallen nicht unter Nr. 4120 KV, sondern werden durch die Gebühr Nr. 4221 KV abgegolten.

Nr. 4221 KV: Die Gebühr greift im Verfahren der Rechtsbeschwerde, wenn das Rechtsbeschwerdeverfahren   2 weder durch Urteil noch durch einen Beschluss nach § 79 Abs. 5 OWiG endet. **Hauptanwendungsfall** ist hier die Rücknahme der Rechtsbeschwerde nach Begründung, die Versäumung der Begründungsfrist oder die Verwerfung der Rechtsbeschwerde als unzulässig. Endet das Verfahren durch Rücknahme der Rechtsbeschwerde vor Ablauf der Begründungsfrist, ist das Verfahren **gebührenfrei** (**Anm.** zu Nr. 4221 KV). Gleiches gilt, wenn ein Antrag auf Zulassung der Rechtsbeschwerde nach § 80 Abs. 3 OWiG verworfen oder zurückgenommen wird. In diesem Fall ist es noch nicht zur Begründung der Rechtsbeschwerde gekommen, so dass der Ausschlusstatbestand der Anm. zu Nr. 4221 KV greift.

Abschnitt 3
Wiederaufnahmeverfahren

Nr.	Gebührentatbestand	Gebühr oder Satz der Gebühr 4110, soweit nichts anderes vermerkt ist
4230	Verfahren über den Antrag auf Wiederaufnahme des Verfahrens: Der Antrag wird verworfen oder abgelehnt	35,00 €
4231	Verfahren über die Beschwerde gegen einen Beschluss, durch den ein Antrag auf Wiederaufnahme des Verfahrens verworfen oder abgelehnt wurde: Die Beschwerde wird verworfen oder zurückgewiesen	70,00 €

Hauptabschnitt 2 Abschnitt 3 des Teils 4 KV regelt die Gebühren im **Wiederaufnahmeverfahren**. Erhoben   1 werden Gebühren nach diesem Abschnitt nur, wenn es nicht zur Wiederaufnahme kommt. Ist das Wiederaufnahmeverfahren erfolgreich, gilt Vorbem. 4 Abs. 2 KV. Auch in diesem Abschnitt sind ausschließlich Festgebühren vorgesehen.

Wird der Wiederaufnahmeantrag verworfen oder abgelehnt, ist eine Gebühr nach **Nr. 4230 KV** zu erheben.   2 Ist das Wiederaufnahmeverfahren dagegen ganz oder teilweise erfolgreich, darf keine Gebühr erhoben werden.

Im Beschwerdeverfahren wird die Gebühr **Nr. 4231 KV** erhoben, wenn die Beschwerde verworfen oder zu-   3 rückgewiesen wird. Ist die Beschwerde dagegen ganz oder teilweise erfolgreich, darf keine Gebühr erhoben werden. Gleiches gilt, wenn die Beschwerde zurückgenommen wird, bevor eine Entscheidung ergangen ist.

Hauptabschnitt 3
Besondere Gebühren

Nr.	Gebührentatbestand	Gebühr oder Satz der Gebühr 4110, soweit nichts anderes vermerkt ist
4300	Dem Anzeigenden sind im Fall einer unwahren Anzeige die Kosten auferlegt worden (§ 469 StPO i.V.m. § 46 Abs. 1 OWiG) .... Das Gericht kann die Gebühr bis auf 15,00 € herabsetzen oder beschließen, dass von der Erhebung einer Gebühr abgesehen wird.	35,00 €
4301	Abschließende Entscheidung des Gerichts im Fall des § 25 a Abs. 1 StVG ..	35,00 €
4302	Entscheidung der Staatsanwaltschaft im Fall des § 25 a Abs. 1 StVG	20,00 €

Nr.	Gebührentatbestand	Gebühr oder Satz der Gebühr 4110, soweit nichts anderes vermerkt ist
4303	Verfahren über den Antrag auf gerichtliche Entscheidung gegen eine Anordnung, Verfügung oder sonstige Maßnahme der Verwaltungsbehörde oder der Staatsanwaltschaft oder Verfahren über Einwendungen nach § 103 OWiG:	
	Der Antrag wird verworfen	30,00 €
	Wird der Antrag nur teilweise verworfen, kann das Gericht die Gebühr nach billigem Ermessen auf die Hälfte ermäßigen oder bestimmen, dass eine Gebühr nicht zu erheben ist.	
4304	Verfahren über die Erinnerung gegen den Kostenfestsetzungsbeschluss des Urkundsbeamten der Staatsanwaltschaft (§ 108 a Abs. 3 Satz 2 OWiG):	
	Die Erinnerung wird zurückgewiesen	30,00 €
	Wird die Erinnerung nur teilweise verworfen, kann das Gericht die Gebühr nach billigem Ermessen auf die Hälfte ermäßigen oder bestimmen, dass eine Gebühr nicht zu erheben ist.	

1   Teil 4 Hauptabschnitt 3 KV regelt besondere Gebühren für Tätigkeiten, die nicht unter den Hauptabschnitt 1 KV („Bußgeldverfahren") und Hauptabschnitt 2 KV („Einziehung und verwandte Maßnahmen") fallen. Auch in diesem Hauptabschnitt 3 sind ausschließlich Festgebühren vorgesehen.

2   **Nr. 4300 KV:** Ist ein – wenn auch nur außergerichtliches – Verfahren durch eine **vorsätzlich oder leichtfertig erstattete unwahre Anzeige veranlasst** worden, so hat das Gericht dem Anzeigenden, nachdem er gehört worden ist, die Kosten des Verfahrens und die dem Beschuldigten erwachsenen notwendigen Auslagen aufzuerlegen (§ 469 Abs. 1 S. 1 StPO iVm § 46 Abs. 1 OWiG). Das Gericht kann darüber hinaus auch die einem Nebenbeteiligten erwachsenen notwendigen Auslagen dem Anzeigenden auferlegen (§ 469 Abs. 1 S. 2 StPO iVm § 46 Abs. 1 OWiG). Für diese Entscheidung entsteht eine Gebühr iHv 35 €. Das Gericht kann die Gebühr bis auf 15 € herabsetzen oder beschließen, dass von der Erhebung einer Gebühr abgesehen wird (Anm. zu Nr. 4300 KV). Lehnt das Gericht eine Entscheidung nach § 469 Abs. 1 S. 1 StPO iVm § 46 Abs. 1 OWiG ab, wird keine Gebühr erhoben.

3   **Nr. 4301 KV:** Nach § 25 a Abs. 1 S. 1 StVG können in einem Bußgeldverfahren wegen eines **Halt- oder Parkverstoßes** dem Halter des Kraftfahrzeugs oder seinem Beauftragten die Kosten des Verfahrens und seine Auslagen auferlegt werden, wenn der Führer des Kraftfahrzeugs, der den Verstoß begangen hat, nicht vor Eintritt der Verfolgungsverjährung ermittelt werden kann oder seine Ermittlung einen unangemessenen Aufwand erfordern würde. Soweit das **Gericht** diese Entscheidung trifft, ist eine Gebühr iHv 35 € zu erheben. Soweit das Gericht nach § 25 a Abs. 1 S. 2 StVG von einer Entscheidung nach § 25 a Abs. 1 S. 1 StVG absieht, weil es unbillig wäre, den Halter des Kraftfahrzeugs oder seinen Beauftragten mit den Kosten zu belasten, darf die Gebühr nicht erhoben werden.

4   **Nr. 4302 KV:** Nr. 4302 KV betrifft den Fall, dass die Entscheidung nach § 25 a Abs. 1 S. 1 StVG (→ Nr. 4301 KV Rn 3) von der **Staatsanwaltschaft** im Zwischenverfahren getroffen wird. Die Gebühr beträgt dann 20 €.

5   **Nr. 4303 KV:** Nach § 103 OWiG entscheidet das Gericht über Einwendungen gegen die **Zulässigkeit der Vollstreckung,** die von der **Vollstreckungsbehörde nach den §§ 93, 99 Abs. 2 und § 102 Abs. 1 OWiG getroffenen Anordnungen** sowie die sonst bei der Vollstreckung eines Bußgeldbescheids getroffenen Maßnahmen. Soweit ein dahingehender Antrag verworfen wird, erhebt das Gericht eine Gebühr iHv 30 €. Wird der Antrag nur teilweise verworfen, kann das Gericht die Gebühr nach billigem Ermessen auf die Hälfte ermäßigen oder bestimmen, dass eine Gebühr nicht zu erheben ist (Anm. zu Nr. 4303 KV). Hat der Antrag Erfolg oder wird er vor einer Entscheidung zurückgenommen, ist das Verfahren gebührenfrei.

6   **Nr. 4304 KV:** Nach § 108 a Abs. 3 S. 2 OWiG kann gegen den **Kostenfestsetzungsbeschluss des Urkundsbeamten der Staatsanwaltschaft** Erinnerung eingelegt werden, über die das erstinstanzliche Gericht entscheidet. Soweit die Erinnerung zurückgewiesen wird, erhebt das Gericht eine Gebühr iHv 30 €. Wird die Erinnerung nur teilweise verworfen, kann das Gericht die Gebühr nach billigem Ermessen auf die Hälfte ermäßigen oder bestimmen, dass eine Gebühr nicht zu erheben ist (Anm. zu Nr. 4304 KV). Hat die Erinnerung Erfolg oder wird sie vor einer Entscheidung zurückgenommen, ist das Verfahren gebührenfrei.

Hauptabschnitt 4
Sonstige Beschwerden

Nr.	Gebührentatbestand	Gebühr oder Satz der Gebühr 4110, soweit nichts anderes vermerkt ist
	Vorbemerkung 4.4: Die Gebühren im Kostenfestsetzungsverfahren bestimmen sich nach den für das Kostenfestsetzungsverfahren in Teil 1 Hauptabschnitt 8 geregelten Gebühren.	
4400	Verfahren über die Beschwerde gegen eine Entscheidung, durch die im gerichtlichen Verfahren nach dem OWiG einschließlich des selbständigen Verfahrens nach den §§ 88 und 46 Abs. 1 OWiG i.V.m. den §§ 440, 441, 444 Abs. 3 StPO eine Geldbuße gegen eine juristische Person oder eine Personenvereinigung festgesetzt worden ist: Die Beschwerde wird verworfen oder zurückgewiesen .... Eine Gebühr wird nur erhoben, wenn eine Geldbuße rechtskräftig festgesetzt ist.	0,5
4401	Verfahren über nicht besonders aufgeführte Beschwerden, die nicht nach anderen Vorschriften gebührenfrei sind: Die Beschwerde wird verworfen oder zurückgewiesen .... Von dem Betroffenen wird eine Gebühr nur erhoben, wenn gegen ihn eine Geldbuße rechtskräftig festgesetzt ist.	60,00 €

Teil 4 Hauptabschnitt 4 KV regelt die Gebühren für sonstige Beschwerden, soweit sie nicht durch die vorangegangenen Hauptabschnitte 1–3 KV erfasst sind. **1**

Vorbem. 4.4 KV: Für **Beschwerden in Kostenfestsetzungsverfahren** gelten die Gebühren nach Teil 1 Hauptabschnitt 8 KV, also die Nr. 1812 KV, und zwar sowohl für die Beschwerde als auch für die weitere Beschwerde. Im Übrigen werden Festgebühren erhoben. **2**

Nr. 4400 KV: Der Gebührentatbestand der Nr. 4400 KV regelt den Fall der Verwerfung oder Zurückweisung einer Beschwerde gegen eine Entscheidung, durch die eine **Verbandsgeldbuße im gerichtlichen Bußgeldverfahren** festgesetzt worden ist. Die Höhe der Gebühr beläuft sich auf die Hälfte einer Gebühr nach Nr. 4110 KV; zur Berechnung dieser Gebühr → Nr. 4110 KV Rn 19. Die Gebühr darf allerdings nur erhoben werden, wenn die Geldbuße rechtskräftig festgesetzt worden ist (Anm. zu Nr. 4400 KV). **3**

Nr. 4401 KV: Für sonstige Beschwerden, die im Kostenverzeichnis nicht besonders aufgeführt sind, wird eine Festgebühr von 60 € erhoben. Vom Betroffenen darf diese Gebühr allerdings nur erhoben werden, wenn gegen ihn eine Geldbuße rechtskräftig festgesetzt worden ist (Anm. zu Nr. 4401 KV). **4**

Hauptabschnitt 5
Rüge wegen Verletzung des Anspruchs auf rechtliches Gehör

Nr.	Gebührentatbestand	Gebühr oder Satz der Gebühr 4110, soweit nichts anderes vermerkt ist
4500	Verfahren über die Rüge wegen Verletzung des Anspruchs auf rechtliches Gehör (§§ 33 a, 311 a Abs. 1 Satz 1, § 356 a StPO i.V.m. § 46 Abs. 1 und § 79 Abs. 3 OWiG): Die Rüge wird in vollem Umfang verworfen oder zurückgewiesen	60,00 €

Ebenso wie in den anderen Abschnitten des GKG wird für eine vollständig verworfene oder zurückgewiesene Gehörsrüge eine Gebühr iHv 60 € erhoben. Ganz oder teilweise erfolgreiche Gehörsrügen sind gerichtsgebührenfrei. **1**

Teil 5
Verfahren vor den Gerichten der Verwaltungsgerichtsbarkeit
Hauptabschnitt 1
Prozessverfahren

Nr.	Gebührentatbestand	Gebühr oder Satz der Gebühr nach § 34 GKG
Vorbemerkung 5.1: Wird das Verfahren durch Antrag eingeleitet, gelten die Vorschriften über die Klage entsprechend.		

I. Geltungsbereich

1 Durch Vorbem. 5.1 KV wird klargestellt, dass die Vorschriften über das Prozessverfahren auch für die Verfahren gelten, die durch „Antrag" eingeleitet werden. Damit ist der Anwendungsbereich für die Normenkontrollverfahren gem. § 47 Abs. 1 Nr. 1 und 2 VwGO eröffnet, jedoch nicht für das einstweilige Normenkontrollverfahren gem. § 47 Abs. 6 VwGO, da dieses der Gebührenregelung der Nr. 5220, 5221 KV unterfällt.

II. Normenkontrollverfahren gem. § 47 Abs. 1 Nr. 1 VwGO

2 **1. Antragsgegenstände gem. § 47 Abs. 1 Nr. 1 VwGO.** Gegenstand von Normenkontrollanträgen in der Hauptsache sind gem. § 47 Abs. 1 Nr. 1 VwGO Satzungen, die nach den Vorschriften des BauGB erlassen worden sind, ferner Rechtsverordnungen aufgrund des § 246 Abs. 2 BauGB. Solche **Verfahrensgegenstände** sind:

- gem. § 10 Abs. 1 BauGB durch Gemeinden zu beschließende **Bebauungspläne** als verbindliche Bauleitpläne (§ 1 Abs. 2 BauGB), die mit erfolgter Bekanntmachung in Kraft treten (§ 10 Abs. 3 S. 4 BauGB);[1]

---

[1] Vgl *Kopp/Schenke*, VwGO, § 47 Rn 21 mwN; *Heitsch*, Normenkontrollverfahren, in: Eiding/Hofmann-Hoeppel, VerwR, § 13 Rn 1, 10, 12, 16, 21, 25. Aus der neueren Rspr vgl: BVerwG 18.8.2015 – 4 CN 10/14, EzKommR Nr. 1500.3519 (erneute Auslösung der Antragsfrist im ergänzenden Verfahren gem. § 214 Abs. 4 BauGB); 29.6.2015 – 4 CN 5/14, EzKommR Nr. 1500.3463 (Antragsbefugnis einer GbR); 11.9.2014 – 4 CN 3/14, EzKommR Nr. 1500.3033 (o.g. Bekanntmachung bzgl verfügbarer Umweltinformationen als Voraussetzung für Präklusionseintritt); BayVGH 12.5.2015 – 15 N 13.2533, EzKommR Nr. 1500.3425 (Vorrang von Festsetzungen gem. §§ 2–10 BauNVO vor Festsetzung eines Sondergebiets gem. § 11 Abs. 1 BauNVO); 28.4.2015 – 2 N 14.486, EzKommR Nr. 1500.3526 (Verkürzung der Auslegungsfrist gem. § 4 a Abs. 3 S. 3 BauGB – mittelbare Bedeutung artenschutzrechtlicher Verbotstatbestände); 17.4.2015 – 1 NE 14.2678, EzKommR Nr. 1500.3398 (Geruchsemissionskontingente als rechtswidrige Einschränkungen bestandsgeschützter landwirtschaftlicher Betriebe); 17.3.2015 – 15 N 13.972, EzKommR Nr. 1500.3366 (keine Freihalteplanung bei Nichtabsehbarkeit der Realisierung künftiger Ortsumfahrung binnen 10 Jahren); 9.12.2014 – 15 N 12.2321, EzKommR Nr. 1500.3199 (Festsetzungen gem. § 9 Abs. 1 Nr. 24 BauGB im allgemeinen Wohngebiet keine Festsetzungen iSv § 9 a Nr. 2 BauGB iVm § 1 Abs. 4 BauNVO); 30.10.2014 – 1 N 13.2273, EzKommR Nr. 1500.3114 (Antragsbefugnis von Sondereigentümern nach WEG – Erfordernis städtebaulicher Gründe für Ausschluss ausnahmsweise zulässiger Nutzungen iSv § 8 Abs. 3 BauNVO); 1.7.2014 – 15 N 12.333, EzKommR Nr. 1500.2922 (Unwirksamkeit bei Ausfertigung nach Bekanntmachung); 24.4.2014 – 9 NE 14.430, EzKommR Nr. 1500.2842 (Voraussetzungen für Antragsbefugnis eines außerhalb des Planbereichs belegenen Grundstückseigentümers); BWVGH 31.7.2015 – 5 S 1124/13, EzKommR Nr. 1500.3508 (Nichteintritt der Präklusionswirkung bei Verstoß gegen die auch bei erneuter Auslegung erforderliche Bekanntmachung gem. § 3 Abs. 2 S. 2, 1. Hs. BauGB); 29.7.2015 – 3 S 2492/13, EzKommR Nr. 1500.3503 (keine Festsetzung anlagenbezogener, über Anforderungen des TEHG hinausgehender Regelungen gem. § 9 Abs. 1 Nr. 23 a BauGB); 24.7.2015 – 8 S 538/12, EzKommR Nr. 1500.3500 (Abwägungsrelevanz einer Verkehrslärmzunahme unterhalb 3 dB(A)); 21.4.2015 – 3 S 2094/13, EzKommR Nr. 1500.3401 (kein erneuter Fristenlauf gem. § 215 Abs. 1 S. 1 Nr. 1 BauGB bei ergänzendem Verfahren ungeachtet Fortbestands identischer Mängel); 18.12.2014 – 8 S 1400/12, EzKommR Nr. 1500.3224 (Vereinbarkeit der Anwendung von § 215 Abs. 1 S. 1 Nr. 1 BauGB auf Verstöße gegen § 3 Abs. 2 S. 2 BauGB mit Unionsrecht); OVG Bautzen 9.12.2014 – 1 C 10/13, EzKommR Nr. 1500.3201 (Eintritt der Präklusionswirkung gem. § 47 Abs. 2 a BauGB); OVG Berlin-Brandenburg 18.12.2014 – 2 A 3/13, EzKommR Nr. 1500.3227 (Berücksichtigung eines Einzelhandels- und Entwicklungskonzepts bei Aufstellung vorhabenbezogenen Bebauungsplans); HessVGH 26.3.2015 – 4 C 1566/12.N, EzKommR Nr. 1500.3380 (Antragsbefugnis des Betreibers eines Störfallbetriebs wegen Verletzung des Abstandsgebots gem. § 50 Abs. 1 BImschG iVm Art. 12 Abs. 1 Seveso-II-Richtlinie); OVG Koblenz 6.5.2015 – 8 C 10974/14, EzKommR Nr. 1500.3423 (Anforderungen an Abwägung bei projektbezogenem Bebauungsplan); 29.1.2015 – 1 C 10442/14, EzKommR Nr. 1500.3280 (Ausweisung eines Kerngebiets als „Etikettenschwindel" bei Absicht der Ansiedlung eines großflächigen Einzelhandelsbetriebs); 29.1.2015 – 1 C 10414/14, EzKommR Nr. 1500.3279 (Erfordernis der Abwägung gem. § 1 Abs. 7 BauGB ungeachtet bestehender Anpassungspflicht gem. § 1 Abs. 4 BauGB); OVG Lüneburg 28.9.2015 – 1 MN 144/15, EzKommR Nr. 1500.3543 (kein beschleunigtes Verfahren gem. § 13 a Abs. 1 S. 4 BauGB bei erforderlicher Vorprüfung des Einzelfalls gem. § 3 c S. 1 UVPG); 20.8.2015 – 1 KN 142/13, EzKommR Nr. 1500.3523 (Unionsrechtskonformität von § 215 Abs. 1 BauGB); 30.7.2015 – 12 KN 265/14, EzKommR Nr. 1500.3504 (Ausschluss landwirtschaftlich genutzter Gebäude in Sondergebiet „Windkraftnutzung");

- **Vorhaben- und Erschließungspläne** gem. § 12 Abs. 1 S. 1 BauGB auf der Grundlage eines vor dem Satzungsbeschluss abzuschließenden Durchführungsvertrages;[2]

- **vorzeitige Bebauungspläne** iSv § 8 Abs. 4 BauGB im Falle der Nichtexistenz eines wirksamen Flächennutzungsplans (§ 8 Abs. 4 S. 1 BauGB) oder für den Fall, dass eine Ergänzung oder Änderung eines Flächennutzungsplans im Zuge von Gebiets- oder Bestandsänderungen von Gemeinden oder anderen Veränderungen der Zuständigkeit für die Aufstellung von Flächennutzungsplänen nicht erfolgt sind (§ 8 Abs. 4 S. 2 BauGB);[3]

- gem. § 16 Abs. 1 BauGB durch die Gemeinde als Satzung zu beschließende und gem. § 16 Abs. 2 S. 1 BauGB ortsüblich bekanntzumachende **Veränderungssperren** iSv § 14 Abs. 1 BauGB mit dem Inhalt, dass Vorhaben iSd § 29 BauGB nicht durchgeführt oder bauliche Anlagen nicht beseitigt (§ 14 Abs. 1 S. 1 BauGB) und erhebliche oder wesentlich wertsteigernde Veränderungen von Grundstücken und baulichen Anlagen, deren Veränderungen nicht genehmigungs-, zustimmungs- oder anzeigepflichtig sind, nicht vorgenommen werden dürfen (§ 14 Abs. 1 Nr. 2 BauGB),[4] dienend der Sicherung der Planung für den künftigen Planbereich eines Bebauungsplans, bzgl dessen der Aufstellungsbeschluss gefasst wurde;

- **Satzung** über die Begründung eines Genehmigungserfordernisses zur Begründung oder Teilung von Wohnungseigentum oder Teileigentum (§ 1 WEG) **zur Sicherung der Zweckbestimmung von Gebieten mit Fremdenverkehrsfunktionen** (§ 22 Abs. 1 S. 1, 2. Alt. BauGB) bzw hinsichtlich der in §§ 30, 31 WEG bezeichneten Rechtspositionen (§ 22 Abs. 1 S. 2 BauGB), also für Kurgebiete, Gebiete für die Fremdenbeherbergung, im Bebauungsplan festgesetzte Wochenend- und Ferienhausgebiete sowie für im Zusammenhang bebaute Ortsteile, deren Eigenart solchen Gebieten entspricht, des Weiteren für sonstige Gebiete mit Fremdenverkehrsfunktionen, die durch Beherbergungsbetriebe und Wohngebäude mit Fremdenbeherbergung geprägt sind (§ 22 Abs. 1 S. 4 BauGB);[5]

- **Satzungen** über die **Begründung und Ausübung eines gemeindlichen Vorkaufsrechts** bzgl unbebauter Grundstücke im Geltungsbereich eines – qualifizierten (§ 30 Abs. 1 BauGB) oder einfachen (§ 30 Abs. 2

22.4.2015 – 1 KN 126/13, EzKommR Nr. 1500.3403 (Verstoß gegen § 1 Abs. 3 S. 2 BauGB infolge vertraglicher Verpflichtungen vor Satzungsbeschluss); 10.3.2015 – 1 KN 42/13, EzKommR Nr. 1500.3356 (Voraussetzungen für Anpassungspflicht an Ziele der Raumordnung gem. § 1 Abs. 4 BauGB); 25.2.2015 – 1 KN 140/13, EzKommR Nr. 1500.3332 (Schutz eines Schlachthofs vor Vogelgrippe durch Festsetzungen gem. § 9 Abs. 1 Nr. 24 BauGB); OVG Münster 1.9.2015 – 10 D 44/13.NE, EzKommR Nr. 1500.3534 (Umsetzung eines Einzelhandelskonzepts – keine Festsetzungen gem. § 9 Abs. 1 Nr. 24 BauGB zum Schutz nächtlicher Warenanlieferungen); 21.4.2015 – 10 D 21/12.NE, EzKommR Nr. 1500.3402 (keine umfassende Wirksamkeitsprüfung im Normenkontrollverfahren einer gem. § 3 UmwRG anerkannten Vereinigung); 20.2.2015 – 7 D 29/13.NE, EzKommR Nr. 1500.3323 (Teilaufhebung eines Bebauungsplans zur Legalisierung von Dauerwohnnutzung im Wochenendhausgebiet); 10.2.2015 – 2 B 1323/14.NE, EzKommR Nr. 1500.3303 (keine Präklusion bei einmaliger Erhebung von Einwendungen ungeachtet mehrfacher Auslegung); 27.11.2014 – 7 D 35/13.NE, EzKommR Nr. 1500.3176 (Abwägungsmangel bei Mischgebietsfestsetzung); 27.11.2014 – 7 D 25/13.NE, EzKommR Nr. 1500.3175 (keine Festsetzung einheitlicher Lärmemissionskontingente für gesamtes Baugebiet); OVG Saarlouis 19.13.2015 – 2 C 382/13, EzKommR Nr. 1500.3372 (kein erneuter Fristbeginn gem. § 215 Abs. 1 BauGB bei ergänzendem Verfahren – gemeindliche Einschätzungskompetenz bzgl § 3 Abs. 2 S. 2, 1. Hs. BauGB); 11.12.2014 – 2 C 390/13, EzKommR Nr. 1500.3208 (Präklusionseintritt trotz Einwendungserhebung durch Dritte). **2** Vgl hierzu OVG Lüneburg 22.1.2013 – 12 MN 290/12, EzKommR Nr. 1500.2217 (zu § 47 Abs. 2 S. 1 VwGO); OVG Münster 4.5.2012 – 2 D 11/11.NE, EzKommR Nr. 1500.1939 (Einbeziehung außerhalb des Geltungsbereichs belegener Flächen gem. § 12 Abs. 4 BauGB). **3** Vgl hierzu Ferner/Kröninger/Aschke/*Ferner*, BauGB, § 8 Rn 7 mwN; VG Meiningen 5.12.2012 – 5 K 355/10.ME, EzKommR Nr. 1500.2133 (Verstoß gegen Abwägungsgebot durch Bevorzugung demografischer Belange vor Lärmschutzbelangen). **4** Vgl hierzu BVerwG 13.10.2014 – 4 B 11/14, EzKommR Nr. 1500.3087 (individuelle Vorverlegung des Beginns der Geltungsdauer einer Veränderungssperre bei vorher erfolgter Zurückstellung eines Baugesuchs); 21.3.2013 – 4 B 1/13, EzKommR Nr. 1500.2298 (Anwendbarkeit von § 17 Abs. 1 S. 2 BauGB bei verzögerter Bearbeitung oder rechtswidriger Ablehnung eines Bauantrags); BayVGH 29.1.2015 – 9 N 15.213, EzKommR Nr. 1500.3278 (Prüfungsumfang bzgl Erforderlichkeit gem. § 1 Abs. 3 S. 1 BauGB); 12.12.2013 – 15 N 12.1020, EzKommR Nr. 1500.2641 (keine unzulässige Negativplanung bei Ziel der Verhinderung bauplanerischer Fehlentwicklung); 20.11.2013 – 9 N 13.1681, EzKommR Nr. 1500.2621 (Anforderungen an Konkretisierung planerischer Vorstellungen); 30.9.2013 – 9 NE 13.1734, EzKommR Nr. 1500.2576 (Rechtsschutzbedürfnis trotz unterlassener Antragstellung gem. § 80 Abs. 5 VwGO gegen Nutzungsuntersagungsverfügung); 25.4.2013 – 15 ZB 13.274, EzKommR Nr. 1500.2365 (Unwirksamkeit einer Veränderungssperre bei Nichterreichbarkeit des Planungsziels); BWVGH 18.3.2015 – 3 S 601/14, EzKommR Nr. 1500.3367 (Sicherungsbedürfnis ungeachtet der Existenz von Störfallbetrieben im Geltungsbereich des aufzustellenden Bebauungsplans); 5.8.2014 – 3 C 1673/12, EzKommR Nr. 1500.2993 (Rechtmäßigkeit der Beschlussfassung über Bebauungsplanaufstellung und Veränderungssperre uno actu); OVG Hamburg 9.1.2013 – 1 B 258/12, EzKommR Nr. 1500.2186 (Veränderungssperre zur Einschränkung gewerblicher Nutzung); OVG Lüneburg 15.1.2015 – 1 KN 10/14, EzKommR Nr. 1500.3249 (wirksamer Aufstellungsbeschluss für Bebauungsplan als Voraussetzung für wirksame Bekanntmachung der Veränderungssperre); 15.1.2015 – 1 KN 61/14, EzKommR Nr. 1500.3250 (konkretes Bauvorhaben als rechtmäßiger Anlass für Erlass einer Veränderungssperre); 13.8.2013 – 1 KN 69/11, EzKommR Nr. 1500.2537 (Erhalt verbliebener Außenbereichsfreiflächen); OVG Magdeburg 29.11.2012 – 2 K 165/11, EzKommR Nr. 1500.2124 (Erfordernis eines Mindestmaßes an planerischen Vorstellungen); VG Ansbach 15.4.2015 – AN 9 K 12.01226, 12.01227, EzKommR Nr. 1500.3393 (Antrag auf Zulassung bergrechtlichen Abschlussbetriebsplans gem. § 52 Abs. 1 BBergG als rechtmäßiger Anlass für Bauleitplanung und Erlass einer Veränderungssperre). **5** Vgl hierzu BayVGH 2.11.2011 – 2 ZB 10.2206, EzKommR Nr. 1500.1883 (Anforderungen an Zweckbestimmung iSv § 22 Abs. 4 S. 1 BauGB sowie an „besondere Härte" iSv § 22 Abs. 4 S. 3 BauGB).

BauGB) – Bebauungsplans oder des Flächennutzungsplans zu den Zwecken gem. §§ 24 Abs. 1 S. 1 Nr. 1–7, 25 Abs. 1 S. 1 Nr. 1 und 2 BauGB;[6]

- **Innenbereichssatzungen** iSv § 34 Abs. 4 S. 1 Nr. 1–3 BauGB, dh
  - sog. **Klarstellungssatzungen** zur Festlegung der Grenzen für im Zusammenhang bebaute Ortsteile iSv § 34 Abs. 1 BauGB (§ 34 Abs. 4 S. 1 Nr. 1 BauGB),[7]
  - **Entwicklungssatzungen** durch Festlegung bebauter Bereiche im Außenbereich als im Zusammenhang bebaute Ortsteile iSd § 34 Abs. 1 S. 1 BauGB unter der Voraussetzung, dass die Flächen im Flächennutzungsplan als Baufläche dargestellt sind (§ 34 Abs. 4 S. 1 Nr. 2 BauGB),[8] und
  - **Ergänzungs- bzw Einbeziehungssatzungen** als Einbeziehung einzelner Außenbereichsflächen in die im Zusammenhang bebauten Ortsteile unter der Voraussetzung, dass die einbezogenen Flächen durch die bauliche Nutzung des angrenzenden Bereichs entsprechend geprägt sind (§ 34 Abs. 4 S. 1 Nr. 3 BauGB);[9]
- **Außenbereichssatzungen** iSv § 35 Abs. 6 BauGB bzgl bebauter Bereiche im Außenbereich, die nicht überwiegend landwirtschaftlich geprägt sind und in denen eine Wohnbebauung von einigem Gewicht vorhanden ist mit der Folge, dass Wohnzwecken dienenden Vorhaben iSv § 35 Abs. 2 BauGB nicht entgegengehalten werden kann, sie widersprächen einer Darstellung im Flächennutzungsplan über Flächen für die Landwirtschaft oder Wald (§ 35 Abs. 3 S. 1 Nr. 1 Nr. 7 BauGB) oder ließen die Entstehung oder Verfestigung einer Splittersiedlung iSv § 35 Abs. 3 S. 1 Nr. 7 BauGB befürchten (§ 35 Abs. 6 S. 1 BauGB), ggf unter Erstreckung auf Vorhaben, die kleineren Handwerks- und Gewerbebetrieben dienen (§ 35 Abs. 6 S. 2 BauGB);[10]
- auf der Grundlage des § 132 Nr. 1–4 BauGB erlassene **Erschließungsbeitragssatzungen** über Art und Umfang der Erschließungsanlagen iSv § 129 BauGB, Art der Ermittlung und Verteilung des Aufwands sowie Höhe des Einheitssatzes, Kostenspaltung iSv § 127 Abs. 3 BauGB und Merkmale der endgültigen Herstellung einer Erschließungsanlage;[11]
- **Sanierungssatzungen** (§ 142 Abs. 3 S. 1 BauGB) zur Festlegung eines Gebiets, in dem eine städtebauliche Sanierungsmaßnahme durchgeführt werden soll (§ 142 Abs. 1 S. 1 BauGB),[12] Satzungen über die

6 Vgl hierzu BayVGH 8.4.2015 – 15 ZB 13.2564, EzKommR Nr. 1500.3387 (Unabhängigkeit entstandenen Vorkaufsrechts vom Fortbestand zivilrechtlichen Vertrags); 5.2.2015 – 2 ZB 13.2084, EzKommR Nr. 1500.3289 (Sanierungssatzung als Grundlage für Vorkaufsrecht gem. § 24 Abs. 1 S. 1 Nr. 3 BauGB – keine Anforderungen an Wohl der Allgemeinheit wie bei Enteignung); 3.2.2015 – 15 B 13.100, EzKommR Nr. 1500.3284 (zeitnahe Aufstellung des Bebauungsplans als Voraussetzung für Vorkaufsrechtsausübung gem. § 24 Abs. 1 S. 1 Nr. 5 BauGB); 20.1.2015 – 15 ZB 13.2245, EzKommR Nr. 1500.3253 (Rechtswidrigkeit bei Ermessensnichtgebrauch bzgl Ausübung gem. § 24 Abs. 1 S. 1 Nr. 1, Abs. 2 S. 1 BauGB); 19.6.2013 – 15 ZB 12.129, EzKommR Nr. 1500.2437 (Rechtmäßigkeit einer Satzung gem. § 25 Abs. 1 S. 1 Nr. 2 BauGB aus Anlass angeordneten Flurbereinigungsverfahrens); OVG Berlin-Brandenburg 21.6.2012 – 2 B 25/10, EzKommR Nr. 1500.1968 (Anforderungen an Nutzung für öffentliche Zwecke iSv § 24 Abs. 1 S. 1 Nr. 1, 1. Alt. BauGB); OVG Lüneburg 9.6.2015 – 1 KN 69/14, EzKommR Nr. 1500.3433 (keine Feinsteuerung der Bodennutzung durch Satzung gem. § 25 Abs. 1 S. 1 Nr. 2 BauGB); VG Aachen 22.5.2012 – 3 K 247/11, EzKommR Nr. 1500.1954 (Erfordernis der Ausübung gemeindlichen Vorkaufsrechts in öffentlicher Ratssitzung); VG Frankfurt/Oder 23.12.2014 – 7 K 956/12, EzKommR Nr. 1500.3239 (kein Wahlrecht zwischen § 24 Abs. 4 S. 1 und § 28 Abs. 2 BauGB); VG München 17.12.2014 – M 9 K 13.4815, EzKommR Nr. 1500.3223 (Beachtlichkeit fehlender und nicht geheilter Anhörung der Betroffenen); VG Neustadt/Weinstraße 19.2.2015 – 4 K 544/14.NW, EzKommR Nr. 1500.3322 (Entstehung beschlossenen Vorkaufsrechts bei schwebend unwirksamem Kaufvertrag mit dessen Wirksamwerden); VG Schleswig 20.7.2015 – 4 A 226/13, EzKommR Nr. 1500.3493 (Anforderungen an Glaubhaftmachung zur Realisierung der Abwendungsbefugnis gem. § 27 Abs. 1 BauGB); VG Würzburg 23.8.2012 – W 5 K 11.841, EzKommR Nr. 1500.1971 (Anforderungen an Mitteilung iSv § 28 Abs. 1 S. 1, Abs. 2 S. 1 BauGB). **7** Vgl hierzu Battis/Krautzberger/Löhr/*Krautzberger*, BauGB, § 34 Rn 64; Ferner/Kröninger/Aschke/*Ferner*, BauGB, § 34 Rn 30; die die Antragsbefugnis gem. § 47 Abs. 2 S. 1 VwGO unter Hinweis auf die lediglich deklaratorische Funktion einer Klarstellungssatzung verneinende ältere Rspr (BVerwG 18.5.1990 – 4 C 37/87, BRS 50, Nr. 81; BWVGH 7.5.1993 – 8 S 2096/02, BRS 55, Nr. 72; BayVGH 30.10.2008 – 15 N 08.1124; OVG Bautzen 23.10.2000 – 1 D 33/00, NVwZ-RR 2001, 426; OVG Berlin-Brandenburg 3.3.2006 – 2 S 106/05; OVG Saarlouis 3.6.2008 – 2 C 438/07) ist überholt; vgl BVerwG 22.9.2010 – 4 CN 2/10, BVerwGE 138, 12; BayVGH 25.11.2014 – 15 N 12.2588, EzKommR Nr. 1500.3162; OVG Koblenz 21.12.2011 – 8 C 10945/11, NVwZ-RR 2012, 289. **8** Vgl hierzu Battis/Krautzberger/Löhr/*Krautzberger*, BauGB, § 34 Rn 65; Ferner/Kröninger/Aschke/*Ferner*, BauGB, § 34 Rn 31. **9** Vgl hierzu Battis/Krautzberger/Löhr/*Krautzberger*, BauGB, § 34 Rn 69 f; Ferner/Kröninger/Aschke/*Ferner*, BauGB, § 34 Rn 32 sowie BVerwG 22.9.2010 – 4 CN 2/10, NVwZ 2011, 438 (Abgrenzung von Klarstellungs- und Einbeziehungssatzung); OVG Münster 14.12.2012 – 2 D 100/11.NE, EzKommR Nr. 1500.2155 (Unwirksamkeit einer Einbeziehungssatzung aufgrund Vorbehalts der Bauleitplanung). **10** Vgl hierzu Battis/Krautzberger/Löhr/*Krautzberger*, BauGB, § 35 Rn 117 ff; Ferner/Kröninger/Aschke/*Ferner*, BauGB, § 35 Rn 55; vgl BayVGH 12.9.2013 – 1 N 12.1794, EzKommR Nr. 1500.2566 (Unwirksamkeit infolge vollständigen Ausfalls der Öffentlichkeits- und Behördenbeteiligung gem. § 214 Abs. 1 S. 1 Nr. 2, 2. Hs. BauGB); OVG Münster 27.3.2015 – 7 D 94/13.NE, EzKommR Nr. 1500.3381 (keine Antragsbefugnis eines nicht im Planbereich belegenen Grundstückseigentümers). **11** Vgl hierzu Battis/Krautzberger/Löhr/*Löhr*, BauGB, § 132 Rn 11 ff; Ferner/Kröninger/Aschke/*Kniest*, BauGB, § 132 Rn 2 ff; OVG Koblenz 5.7.2011 – 6 A 10235/11, NVwZ 2011, 1343 (gebietsbezogener Artzuschlag für Kern-, Gewerbe- und Industriegebiete unter Verzicht auf Artzuschlag für überwiegend gewerblich genutzte Grundstücke in Wohn-/Mischgebieten). **12** Vgl hierzu Battis/Krautzberger/Löhr/*Krautzberger*, BauGB, § 142 Rn 6 ff; Ferner/Kröninger/Aschke/*Ferner*, BauGB, § 142 Rn 5 ff; BVerwG 4.9.2014 – 4 B 29/14, EzKommR Nr. 1500.3025; OVG Hamburg 31.3.2014 – 4 Bf. 106/13 (landesrechtliche Anforderungen an Ausfertigung); BayVGH 5.2.2015 – 2 ZB 13.2084, EzKommR Nr. 1500.3289 (Erstreckung gerichtlicher Kontrolle auf vorbereitende Untersuchungen); OVG Magdeburg 4.8.2011 – 2 L 112/10, EzKommR Nr. 1500.1853 (Verwirklichung der

Aufhebung einer Sanierungssatzung (§ 162 Abs. 2 S. 1 BauGB) nach erfolgter Durchführung der Sanierung (§ 162 Abs. 1 S. 1 Nr. 1 BauGB) oder Undurchführbarkeit der Sanierung (§ 162 Abs. 1 S. 1 Nr. 2 BauGB), Aufgeben der Sanierungsabsicht „aus anderen Gründen" (§ 162 Abs. 2 S. 1 Nr. 3 BauGB) oder Ablauf der nach § 142 Abs. 3 S. 3 oder 4 BauGB für die Durchführung der Sanierung festgelegten Frist (§ 162 Abs. 1 S. 1 Nr. 4 BauGB);[13]

- **Entwicklungssatzungen** als förmliche Festlegung des städtebaulichen Entwicklungsbereichs (§ 165 Abs. 6 S. 1 BauGB) zur erstmaligen Entwicklung von Ortsteilen und anderer Teile des Gemeindegebiets entsprechend ihrer besonderen Bedeutung für die städtebauliche Entwicklung und Ordnung der Gemeinde oder entsprechend der angestrebten Entwicklung des Landesgebiets oder der Region (§ 165 Abs. 2, 1. Alt. BauGB) oder aber für den Fall, dass Ortsteile und andere Teile des Gemeindegebiets im Rahmen einer städtebaulichen Neuordnung einer neuen Entwicklung zugeführt werden sollen (§ 165 Abs. 2, 2. Alt. BauGB);[14]

- **Erhaltungssatzungen** zur Bezeichnung von Gebieten, die zur Erhaltung der städtebaulichen Eigenart des Gebiets aufgrund seiner städtebaulichen Gestalt (§ 172 Abs. 1 S. 1 Nr. 1, Abs. 3 BauGB), zur Erhaltung der Zusammensetzung der Wohnbevölkerung (§ 172 Abs. 1 S. 1 Nr. 2, Abs. 4 BauGB) oder bei städtebaulichen Umstrukturierungen (§ 172 Abs. 1 S. 1 Nr. 3, Abs. 5 BauGB), des Rückbaus, der Änderung oder der Nutzungsänderung baulicher Anlagen der Genehmigung bedürfen;[15]

- **Satzungen über den Zusammenschluss von Gemeinden** und sonstigen öffentlichen Planungsträgern **zu** einem **Planungsverband** zum Ausgleich verschiedener Belange durch gemeinsame zusammengefasste Bauleitplanung (§ 205 Abs. 1 S. 1 BauGB)[16] oder aber durch Satzung der zuständigen Landesbehörde für den Fall, dass eine Einigung über die Satzung unter den Mitgliedern nicht zustande kommt (§ 205 Abs. 3 S. 1 BauGB), einer Satzung über die Bildung eines Planungsverbands unter Beteiligung des Bundes oder einer bundesunmittelbaren Körperschaft oder Anstalt (§ 205 Abs. 3 S. 4 BauGB);

- **Rechtsverordnungen** der Bundesländer Berlin und Hamburg gem. § 246 Abs. 1 BauGB bzw des Landes Bremen (§ 246 Abs. 2 S. 2 BauGB);[17]

- **Flächennutzungspläne** mit Darstellungen iSv **§ 35 Abs. 3 S. 3, 1. Alt. BauGB,**[18] dh über die Festlegung sog. **Konzentrationszonen,** mit der Folge, dass öffentliche Belange einem Vorhaben nach § 35 Abs. 1

Ziele einer Sanierungssatzung bei veränderten Umständen); OVG Münster 30.4.2013 – 14 A 207/11, EzKommR Nr. 1500.2373 (Abschluss der Sanierung iSv § 154 Abs. 3 S. 1 BauGB auch bei pflichtwidrigem Unterlassen einer Aufhebung der Sanierungssatzung); VG Berlin 23.4.2013 – 19 L 117/12, EzKommR Nr. 1500.2357 (Berechnung des sanierungsrechtlichen Ausgleichsbetrags); VG München 31.7.2013 – M 9 K 13.868. **13** Vgl hierzu Battis/Krautzberger/Löhr/*Krautzberger*, BauGB, § 162 Rn 9 ff; Ferner/Kröninger/Aschke/*Ferner*, BauGB, § 162 Rn 7 ff. **14** Vgl hierzu Battis/Krautzberger/Löhr/*Krautzberger*, BauGB, § 165 Rn 29 ff; Ferner/Kröninger/Aschke/*Ferner*, BauGB, § 165 Rn 6 ff; vgl BVerwG 27.9.2012 – 4 BN 20/12, BauR 2013, 66; OVG Lüneburg 8.5.2014 – 1 KN 102/11, EzKommR Nr. 1500.2858 (Vorrang der §§ 136 ff, 142 BauGB vor §§ 165 ff BauGB). **15** Vgl hierzu Battis/Krautzberger/Löhr/*Krautzberger*, BauGB, § 172 Rn 21 ff; Ferner/Kröninger/Aschke/*Ferner*, BauGB, § 172 Rn 4 ff; OVG Berlin-Brandenburg 31.5.2012 – 10 B 9/11, EzKommR Nr. 1500.1958 (Erhaltung der Bevölkerungsstruktur eines Berliner Bezirks). **16** Vgl Battis/Krautzberger/Löhr/*Battis*, BauGB, § 205 Rn 2 ff; Ferner/Kröninger/Aschke/*Kirchmeier*, BauGB, § 205 Rn 5 ff; BVerwG 19.6.1978 – 4 B 191/77, BRS 33, 268 = EzKommR Nr. 1500.49; OVG Bautzen 9.12.2014 – 1 C 10/13, EzKommR Nr. 1500.3201 (Übertragung der Bauleitplanung auf Zweckverband gem. § 44 Abs. 1 SächsKommZG); HessVGH 9.12.1966 – OS IV 94/66, ESVGHE 17, 202 = EzKommR Nr. 3411.6; OVG Lüneburg 28.4.1980 – 1 C 6/78, EzKommR Nr. 2490.26. **17** Vgl hierzu Battis/Krautzberger/Löhr/*Krautzberger*, BauGB, § 246 Rn 2 ff; Ferner/Kröninger/Aschke/*Kröninger*, BauGB, § 246 Rn 1 ff. **18** Vgl hierzu *Heitsch*, Normenkontrollverfahren, in: Eiding/Hofmann-Hoeppel, VerwR, § 13 Rn 10; BVerwG 24.3.2015 – 4 BN 32/13 (keine Normenkontrolle gegen dargestellte Tabuzonenfläche); 11.4.2013 – 4 CN 2/12, EzKommR Nr. 1500.2330 (Anforderungen an Abwägung nach „harten" und „weichen" Tabuzonen); 31.1.2013 – 4 CN 1/12, BVerwGE 146, 40; 13.12.2012 – 4 CN 1/11, EzKommR Nr. 1500.2149 (Dokumentation der Unterschiede von Tabuzonenarten im Abwägungsvorgang der Konzentrationsflächenplanung); BayVerfGH 27.9.2013 – Vf. 15-VII-12, EzKommR Nr. 1500.2575 (Änderung einer Landschaftsschutzverordnung für Ausnahmen für Windkraftanlagen vom Veränderungsverbot auf bestimmten Konzentrationszonen gem. § 35 Abs. 3 S. 3 BauGB); BayVGH 10.3.2015 – 1 N 13.354 u.a., EzKommR Nr. 1500.3353 (kein Normenkontrollantrag gegen Teilflächennutzungsplan mit Konzentrationszonen für Windkraftnutzung); 12.2.2015 – 15 ZB 13.1578, EzKommR Nr. 1500.3308 (Gebot der Verschaffung substantiellen Raums – hier: für Kiesabbau); 11.12.2013 – 22 CS 13.2122, EzKommR Nr. 1500.2638 (Rechtmäßigkeit der Abstandsvorgabe von 1.000 m für Windkraftanlagen zu Wohnnutzungen); 5.12.2013 – 22 CS 13.1757, EzKommR Nr. 1500.2635 (erhebliche Unterschreitung des im Regionalplan vorgesehenen Vorranggebiets als Verstoß gegen § 1 Abs. 4 BauGB); OVG Koblenz 4.9.2015 – 8 C 10384/15, EzKommR Nr. 1500.3537 (keine Normenkontrolle gegen dargestellte Konzentrationsfläche gem. § 35 Abs. 3 S. 3 BauGB); 16.5.2013 – 1 C 11003/12, EzKommR Nr. 1500.2389 (800 m-Abstand zu Siedlungsflächen und FFH-Gebieten als ungeeignete „harte" Tabukriterien für Windkraftnutzung); OVG Lüneburg 20.2.2014 – 1 KN 75/11, EzKommR Nr. 1500.2736 (Konzentrationsplanung für Biomasseanlagen); 23.1.2014 – 12 KN 285/12, EzKommR Nr. 1500.2686 (Erfordernis der Differenzierung nach „harten" und „weichen" Tabuzonen im Rahmen eines schlüssigen Gesamtkonzepts für Windkraftnutzung); 16.5.2013 – 12 LA 49/12, EzKommR Nr. 1500.2390 (Dokumentationspflichten des Unterschieds zwischen „harten" und „weichen" Tabuzonen bei Konzentrationsflächenplanung für Windkraftanlagen); OVG Münster 30.9.2014 – 8 A 460/13, EzKommR Nr. 1500.3066 (Anforderungen an regionalplanerische Ausweisung von Konzentrationszonen für Windkraftnutzung); 1.7.2013 – 2 D 46/12.NE, EzKommR Nr. 1500.2459 (Dokumentationspflicht bzgl Differenzierung nach „harten" und „weichen" Tabuzonen für Windenergienutzung); 20.11.2012 – 8 A 252/10, ZUR 2013, 174 = EzKommR Nr. 1500.2110 (Abwägungsfehlerhaftigkeit erfolgter Darstellung von Konzentrationszonen für Windkraftnutzung); OVG Weimar 8.4.2014 – 1 N 676/12, EzKommR Nr. 1500.2817 (Ungeeignetheit nicht geschützter Waldgebiete iSv § 9 Abs. 1 ThWaldG als „harte" Tabuzonen).

Nr. 2–6 BauGB „in der Regel" auch dann entgegenstehen, soweit hierfür durch Darstellungen im Flächennutzungsplan eine Ausweisung an anderer Stelle erfolgt ist.

3 **2. Nichtanwendbarkeit von § 47 Abs. 1 Nr. 1 VwGO.** Dem Anwendungsbereich von § 47 Abs. 1 Nr. 1 VwGO unterfallen **nicht**:

- der nicht als Satzung erlassene **Flächennutzungsplan** als vorbereitender Bauleitplan (§ 1 Abs. 2 BauGB) mit seinen Darstellungen (§ 5 Abs. 2 Nr. 1–10 BauGB) über die für das ganze Gemeindegebiet geltende, sich aus der beabsichtigten städtebaulichen Entwicklung ergebende Art der Bodennutzung nach den voraussehbaren Bedürfnissen der Gemeinde „in den Grundzügen" (§ 5 Abs. 1 S. 1 BauGB);[19] es sei denn, im Flächennutzungsplan erfolge eine „Ausweisung an anderer Stelle" iSd § 35 Abs. 3 S. 3 BauGB für Vorhaben nach § 35 Abs. 1 Nr. 2–6 BauGB, also eine sog. Konzentrationsflächenplanung;
- **Umlegungsbeschlüsse** der Umlegungsstelle (§ 47 Abs. 1 S. 1 BauGB) und **Umlegungspläne** (§ 66 Abs. 1 S. 1 BauGB) bzw **Teilumlegungspläne** (§ 66 Abs. 1 S. 2 BauGB);[20]
- **Bebauungsplanentwürfe** iSv § 33 Abs. 1 BauGB ungeachtet des Eintritts der sog. Planreife infolge Durchführung der Öffentlichkeits- und Behördenbeteiligung nach §§ 3 Abs. 2, 4 Abs. 2 iVm § 4 a Abs. 2–5 BauGB (§ 33 Abs. 1 Nr. 1 BauGB);[21]
- **Beschluss** des kommunalen Vertretungsorgans **über die Feststellung der Nichtigkeit/Unwirksamkeit eines Bebauungsplans** iSv § 10 Abs. 1 BauGB.[22]

4 **3. Sonderfälle.** Prinzipiell unterfielen die gem. § 173 Abs. 3 S. 1 BBauG aF und § 246 a Abs. 3 S. 3 BauGB aF übergeleiteten Pläne ebenfalls dem Anwendungsbereich des § 47 Abs. 1 Nr. 1 VwGO. Dieser besitzt jedoch angesichts der Verkürzung der gem. § 47 Abs. 2 S. 1 VwGO aF geltenden 2-Jahresfrist auf ein Jahr (nach erfolgter Bekanntmachung der Rechtsvorschrift) durch das Gesetz vom 21.12.2006[23] sowie der befristeten Geltung des § 246 a BauGB bis 31.12.1997 (§ 246 a Abs. 1, 1. Hs. BauGB) hinsichtlich der

- nach der Bauplanungs- und Zulassungsverordnung der Deutschen Demokratischen Republik vom 20.6.1990[24] erlassenen Beschlüsse und Satzungen (§ 246 a Abs. 3 S. 3 BauGB),
- aufgrund von Vorschriften der Deutschen Demokratischen Republik aufgestellten Generalbebauungspläne, Leitplanungen und Ortsgestaltungskonzeptionen (§ 246 a Abs. 5 S. 1 Nr. 1 und 2 BauGB)

keine Relevanz mehr.

III. Im Range unter dem Landesgesetz stehende Rechtsvorschriften bei entsprechender Bestimmung durch das Landesrecht (§ 47 Abs. 1 Nr. 2 VwGO)

5 **1. Landesgesetzlicher Vorbehalt.** Gegen im Range unter dem Landesgesetz stehende Rechtsvorschriften einzuleitende Normenkontrollverfahren stehen unter dem Vorbehalt, dass das Landesrecht ein entsprechendes Normenkontrollverfahren ausdrücklich vorsieht („bestimmt"). Hiervon haben die Bundesländer mit Ausnahme Nordrhein-Westfalens sowie der Stadtstaaten Berlin und Hamburg Gebrauch gemacht.[25]

6 **2. Anwendungsbereich von § 47 Abs. 1 Nr. 2 VwGO.** Dieser Vorschrift unterfallen daher:

- durch Landesbehörden und andere Rechtsträger des Landesrechts aufgrund bundesrechtlicher Ermächtigung erlassene **Rechtsverordnungen**;[26]
- ländereinheitliche, aufgrund entsprechender Vereinbarung erlassene **Rechtsverordnungen** (zB die für das Hochschulzulassungsrecht anzuwendende Vergabe- und Kapazitätsverordnung);[27]
- **Satzungen juristischer Personen des Landesrechts**;[28]
- **Berufsordnungen** „verkammerter" Berufe;[29]
- **örtliche Bauvorschriften** nach Landesbauordnung;[30]

---

19 Vgl Battis/Krautzberger/Löhr/*Löhr*, BauGB, § 5 Rn 3 ff; Ferner/Kröninger/Aschke/*Ferner*, BauGB, § 5 Rn 20 ff; vgl BWVGH 20.11.2013 – 5 S 3074/11, EzKommR Nr. 1500.2622 (nicht statthafter Normenkontrollantrag gegen Darstellung einer Fläche für Landwirtschaft gem. § 5 Abs. 2 Nr. 9 BauGB). **20** Vgl *Kopp/Schenke*, VwGO, § 47 Rn 22. **21** Vgl Battis/Krautzberger/Löhr/*Krautzberger*, BauGB, § 33 Rn 7 ff; Ferner/Kröninger/Aschke/*Ferner*, BauGB, § 33 Rn 3. **22** Vgl *Kopp/Schenke*, VwGO, § 47 Rn 22 mwN. **23** BGBl. 2006 I 3316. **24** GBl. I (Nr. 45), S. 739. **25** Bzgl der landesgesetzlichen Vorschriften vgl *Kopp/Schenke*, VwGO, § 47 Rn 23. **26** Vgl *Kopp/Schenke*, VwGO, § 47 Rn 25. **27** Rechtsgrundlage der durch den Verwaltungsausschuss der vormaligen „Zentralen Vergabestelle für Studienplätze" (ZVS; nunmehr: Stiftung für Hochschulzulassung) beschlossenen Kapazitätsverordnung (KapVO) ist der 4. Staatsvertrag der Bundesländer v. 12.3.1992; vgl hierzu *Hofmann-Hoeppel*, Hochschulzulassungsrecht, in: Eiding/Hofmann-Hoeppel, VerwR, § 56 Rn 6 ff. **28** ZB Universitätssatzungen und Satzungen berufsständischer Versorgungswerke. **29** Vgl *Kopp/Schenke*, VwGO, § 47 Rn 25 (zB Berufsordnungen von Ärztekammern). **30** Die Landesbauordnungen ermächtigen die Gemeinden, durch Satzungen im eigenen Wirkungskreis örtliche Bauvorschriften zu erlassen über besondere Anforderungen an die äußere Gestaltung baulicher Anlagen zur Erhaltung und Gestaltung von Ortsbildern (Art. 81 Abs. 1 Nr. 1 BayBO), das Verbot der Errichtung von Werbeanlagen aus ortsgestalterischen Gründen (Art. 81 Abs. 1 Nr. 2 BayBO), über Lage, Größe, Beschaffenheit, Ausstattung und Unterhaltung von Kinderspielplätzen (Art. 81 Abs. 1 Nr. 3 BayBO), Zahl, Größe und Beschaffenheit der Stellplätze für Kraftfahrzeuge und der Abstellplätze für Fahrräder einschließlich des Mehrbedarfs bei Änderungen und Nutzungsänderungen baulicher Anlagen sowie die Ablösung der Herstellungspflicht und die Höhe der Ablösungsbeträge (Art. 81 Abs. 1 Nr. 4 BayBO), die Gestaltung der Plätze für bewegliche Abfallbehälter und der unbebauten

- für verbindlich erklärte **Abfallentsorgungspläne;**[31]
- **Landesentwicklungspläne** als Raumordnungsplan für das Landesgebiet iSv § 8 Abs. 1 S. 1 Nr. 1 ROG;[32]
- **Regionalpläne** als Raumordnungspläne für die Teilräume der Länder (§ 8 Abs. 1 S. 1 Nr. 2 ROG);[33]
- **Geschäftsordnungen kommunaler Vertretungskörperschaften;**[34]
- **Geschäftsverteilungspläne** der Verwaltungsgerichtsbarkeit.[35]

3. Nichtanwendbarkeit von § 47 Abs. 1 Nr. 2 VwGO. Nicht im Range unter dem Landesgesetz stehende   7
Rechtsvorschriften sind:

- **formelle Landesgesetze;**
- **innerkirchliches Recht;**[36]
- **Verwaltungsvorschriften** mit norminterpretierender bzw ermessenslenkender Funktion;[37]
- **Technische Anleitungen** gem. § 48 BImSchG.[38]

Flächen der bebauten Grundstücke sowie über die Notwendigkeit, Art, Gestaltung und Höhe von Einfriedungen (Art. 81 Abs. 1 Nr. 5 BayBO), über abweichende Maße der Abstandsflächentiefe (Art. 81 Abs. 1 Nr. 6 BayBO) sowie über Beseitigungs- und Beschädigungsverbote von Bäumen auf nicht überbaubaren Flächen bebaubarer Grundstücke in Gebieten, in denen es für das Straßen- und Ortsbild oder für den Lärmschutz oder die Luftreinhaltung bedeutsam oder erforderlich ist (Art. 81 Abs. 1 Nr. 7 BayBO). Neben dem eigenständigen Satzungserlass besteht darüber hinaus die Möglichkeit, örtliche Bauvorschriften auch durch das Instrument des Bebauungsplans oder durch andere im BauGB vorgesehene Satzungen zu statuieren (Art. 81 Abs. 2 S. 1 BayBO), wobei in diesen Fällen die Bekanntmachungsvorschriften des BauGB sowie die §§ 30, 31, 33, 36, 214 und 215 BauGB entsprechend anzuwenden sind (Art. 81 Abs. 2 S. 2 BayBO). Macht eine Gemeinde davon Gebrauch, integriert sie also örtliche Bauvorschriften in die Festsetzungen eines Bebauungsplans, so sind diese Bestandteil des Bebauungsplans mit der Folge, dass sie Normenkontrollanträgen gem. § 47 Abs. 1 Nr. 1 VwGO unterliegen; vgl BayVGH 2.7.2014 – 1 N 11.2631, EzKommR Nr. 1500.2925 (entsprechende Anwendung der §§ 1 Abs. 3 S. 1, 214–216 BauGB); BWVGH 24.7.2015 – 8 S 538/12, EzKommR Nr. 1500.3500 (gemeinschaftliches rechtliches „Schicksal" von Bebauungsplan und integrierten örtlichen Bauvorschriften); 2.4.2014 – 3 S 1564/13, EzKommR Nr. 1500.2805 (Aufhebung von in Bebauungsplan integrierten Bauvorschriften im vereinfachten Verfahren). **31** Vgl § 30 ff KrWG (BGBl. 2012 I 212), in Kraft seit 1.6.2012; *Hofmann-Hoeppel,* Kreislaufwirtschafts- und Abfallrecht, in: Eiding/Hofmann-Hoeppel, VerwR, § 47 Rn 127 f. **32** Vgl NWVerfGH 26.8.2009 – VerfGH 18/08, NVwZ 2009, 1287 = NWVBl. 2009, 474 = EzKommR Nr. 1500.1632 (Verbot der Ausweisung von Factory-Outlet-Centern mit mehr als 5.000 m² Verkaufsfläche durch § 24 a Abs. 1 S. 4 NWLEPro); BVerwG 14.4.2010 – 4 B 78/09, NVwZ 2010, 1026 = EzKommR Nr. 1500.1797 (Revisibilität von § 24 a Abs. 1 NWLEPro); HessVGH 5.2.2010 – 11 C 2691/07.N u.a., NVwZ 2010, 661 (Rechtfertigung von Zielfestlegungen für Flughafenausbau); OVG Münster 30.9.2009 – 10 A 1676/08, BauR 2010, 426 = EzKommR Nr. 1500.1715 (keine Festlegung von Zielen der Raumordnung durch § 24 a NWLEPro). **33** BVerwG 30.7.2014 – 4 BN 1/14, EzKommR Nr. 1500.2981 (Antragsbefugnis durch Rüge einer Verletzung von § 7 Abs. 2 S. 1 ROG); 7.5.2014 – 4 B 17/14, EzKommR Nr. 1500.2856 (keine Unwirksamkeit sächsischen Regionalplans wegen Nichtbeteiligung der Öffentlichkeit); 11.4.2013 – 4 CN 2/12, EzKommR Nr. 1500.2330 (Ausscheiden „harter" und „weicher" Tabuzonen von für Windenergienutzung in Betracht kommender Potenzialflächen im Regionalplan); 18.1.2011 – 7 B 19/10, EzKommR Nr. 1500.1822 (Ausschluss von Abgrabungen durch Regionalplan als zulässiges Ziel der Raumordnung); BWVGH 8.5.2012 – 8 S 217/11 (Regionalplanung durch Regionalverbände als Teil staatlicher Landesplanung); OVG Bautzen 20.1.2014 – 4 A 622/10; HessVGH 10.5.2012 – 3 C 841/11.N, EzKommR Nr. 1500.1948 (Anforderung an Festlegung von Vorranggebieten für Windenergienutzung im Regionalplan); 17.3.2011 – 4 C 883/10.N, EzKommR Nr. 1500.1828 (Ziele der Raumordnung in Regionalplan als Rechtsvorschrift iSv § 47 Abs. 1 Nr. 2 VwGO); 25.3.2010 – 4 A 1687/09, NVwZ 2010, 1165 (Außenwirkung einer zugelassenen Zielabweichung vom Regionalplan); OVG Lüneburg 30.7.2015 – 12 KN 220/14, EzKommR Nr. 1500.3505 (Antragsbefugnis gegen Festsetzung eines kombinierten Vorrang- und Eignungsgebiets für Windkraftnutzung); 17.10.2013 – 12 KN 277/11; OVG Schleswig 20.1.2015 – 1 KN 7/13, EzKommR Nr. 1500.3255 (Anhörungserfordernisse bei Teilfortschreibung des Regionalplans); 20.1.2015 – 1 KN 74/13, EzKommR Nr. 1500.3256 (Antragsbefugnis nur beabsichtigter Errichtung von Windkraftanlagen außerhalb festgelegter Konzentrationszonen); OVG Weimar 8.4.2014 – 1 N 676/12, EzKommR Nr. 1500.2817 (Unwirksamkeit von ausgewiesenen Vorranggebieten für Windenergienutzung wegen nicht erfolgter Differenzierung nach „harten" und „weichen" Tabuzonen); VG Stuttgart 5.2.2013 – 2 K 287/12, EzKommR Nr. 1500.2248 (Verbandsklagerecht gegen Zielabweichungsentscheidung der höheren Raumordnungsbehörde). **34** Vgl *Kopp/Schenke,* VwGO, § 47 Rn 25. **35** Vgl *Kopp/Schenke,* VwGO, § 47 Rn 20. **36** ZB Mitarbeitervertretungsordnungen, vgl *Kopp/Schenke,* VwGO, § 47 Rn 28; vgl OVG Münster 16.4.2008 – 6 A 1702/05, EzKommR Nr. 1400.970 (Dienstverhältnis bei kirchlichem Arbeitgeber keine Dienstzeit im öffentlichen Dienst). **37** Vgl *Kopp/Schenke,* VwGO, § 47 Rn 29 ff sowie BWVGH 14.11.2011 – 8 S 1281/11, DVBl. 2012, 121 = EzKommR Nr. 1500.1887 (Technische Regeln für Rohrfernleitungen – TRFL – als normkonkretisierende Verwaltungsvorschrift); Technische Regelwerke wie VDI-Richtlinie 3471 (Tierhaltung Schweine), VDI-Richtlinie 3472 (Emissionsminderung Tierhaltung Hühner), Geruchsimmissions-Richtlinie (GIRL), Freizeitlärm-Richtlinie, Leitfaden SFK/TAA GS 1 bzw KAS 18, VDI-Richtlinie 2058 unterfallen ungeachtet der Heranziehung durch Behörden sowie Verwaltungsgerichtsbarkeit mangels verbindlicher Außenwirkung § 47 Abs. 1 Nr. 2 VwGO nicht; vgl hierzu *Hofmann-Hoeppel,* Immissionsschutzrecht, in: Eiding/Hofmann-Hoeppel, VerwR, § 45 Rn 19, 20 (VDI-3471), Rn 21 (VDI-3472), Rn 24 ff (GIRL), Rn 28 ff (Freizeitlärm-Richtlinie LAI); zur Anwendung der „Abstandsregelung Rinderhaltung" bzw der GIRL vgl BVerwG 28.7.2010 – 4 B 29/10, BauR 2010, 283; BayVGH 4.12.2014 – 9 ZB 11.1744, EzKommR Nr. 1500.3192; 1.3.2012 – 15 ZB 10.390; OVG Lüneburg 26.11.2014 – 1 LB 164/13, EzKommR Nr. 1500.3169; 25.7.2002 – 1 LB 980/01, NVwZ-RR 2003, 24; OVG Münster 30.1.2014 – 7 A 2555/11; OVG Schleswig 27.11.2014 – 1 LA 52/14, EzKommR Nr. 1500.3177; VG Gelsenkirchen 10.4.2014 – 6 L 981/13, EzKommR Nr. 1500.2825; VG Münster 13.12.2014 – 10 K 2685/13, EzKommR Nr. 1500.3214; VG Regensburg 27.1.2015 – RN 6 K 13.2133, EzKommR Nr. 1500.3272; zur Anwendung der Freizeitlärm-Richtlinie vgl BayVGH 3.12.2014 – 1 N 12.1228, EzKommR Nr. 1500.3189; zur Festlegung angemessener Schutzabstände zwischen Störfallbetrieb und heranrückenden öffentlich genutzten Gebäuden nach Leitfaden SFK/TAA GS 1 bzw KAS 18 vgl HessVGH 11.3.2015 – 4 A 654/13, EzKommR Nr. 1500.3362; zur Beurteilung planbedingter Lärmimmissionen gem. VDI-Richtlinie 2058 vgl BayVGH 10.3.2015 – 15 ZB 13.2234, EzKommR Nr. 1500.3354. **38** Die auf § 48 BImSchG gestützten Technischen Anleitungen – 6. Allgemeine Verwaltungsvorschrift zum Bundesimmissionsschutzgesetz (Technische Anleitung zum Schutz gegen Lärm – TA Lärm) v. 26.8.1998 (GMBl., S. 503) und 1. Allgemeine Verwaltungsvorschrift zum Bundesimmissionsschutzgesetz (Technische Anleitung zur Reinhal-

Abschnitt 1
Erster Rechtszug

Unterabschnitt 1
Verwaltungsgericht

Nr.	Gebührentatbestand	Gebühr oder Satz der Gebühr nach § 34 GKG
5110	Verfahren im Allgemeinen	3,0

5111	Beendigung des gesamten Verfahrens durch
	1. Zurücknahme der Klage
	   a) vor dem Schluss der mündlichen Verhandlung,
	   b) wenn eine solche nicht stattfindet, vor Ablauf des Tages, an dem das Urteil oder der Gerichtsbescheid der Geschäftsstelle übermittelt wird, oder
	   c) im Fall des § 93 a Abs. 2 VwGO vor Ablauf der Erklärungsfrist nach § 93 a Abs. 2 Satz 1 VwGO,
	2. Anerkenntnis- oder Verzichtsurteil,
	3. gerichtlichen Vergleich oder
	4. Erledigungserklärungen nach § 161 Abs. 2 VwGO, wenn keine Entscheidung über die Kosten ergeht oder die Entscheidung einer zuvor mitgeteilten Einigung der Beteiligten über die Kostentragung oder der Kostenübernahmeerklärung eines Beteiligten folgt,
	wenn nicht bereits ein anderes als eines der in Nummer 2 genannten Urteile oder ein Gerichtsbescheid vorausgegangen ist:
	Die Gebühr 5110 ermäßigt sich auf ....
		
		1,0

	Die Gebühr ermäßigt sich auch, wenn mehrere Ermäßigungstatbestände erfüllt sind.	

I. Systematik der Nr. 5110, 5111 KV

1   Die in Nr. 5110, 5111 KV getroffene Regelung ist vergleichbar jener, die in Teil 1 (Zivilrechtliche Verfahren vor den ordentlichen Gerichten), Hauptabschnitt 2 (Prozessverfahren), Abschnitt 1 (erster Rechtszug), Unterabschnitt 1 (Verfahren vor dem Amts- oder Landesgericht) in den Nr. 1210 und 1211 KV getroffen wurde,[1] so dass insoweit auf die dortige Kommentierung dem Grundsatz nach verwiesen werden kann.

II. Geltungsbereich der Gebühr Nr. 5110 KV

2   Das in Nr. 5110 KV in Bezug genommene „**Verfahren im Allgemeinen**" ist das Verfahren des ersten Rechtszugs gem. §§ 81 ff VwGO, eingeleitet durch schriftliche Klageerhebung (§ 81 Abs. 1 S. 1 VwGO) oder aber zur Niederschrift des Urkundsbeamten der Geschäftsstelle (§ 81 Abs. 1 S. 2 VwGO), wodurch die Streitsache rechtshängig wird (§ 90 Abs. 1 VwGO). Im Gegensatz zum Zivilprozess (§§ 253, 261 ZPO) findet **keine Differenzierung nach An- und Rechtshängigkeit** statt, die Zustellung des Klageschriftsatzes an den Beklagten ist im Verwaltungsprozess also keine Voraussetzung für den Eintritt der Rechtshängigkeit.[2] Rechtshängigkeit tritt dabei auch für den Fall einer unzulässigen Klage sowie durch eine beim Gericht eines anderen Gerichtszweigs erhobene Klage ein. Sie endet mit dem rechtskräftigen Abschluss des Verfahrens durch Urteil (§ 107 VwGO) oder aber durch Beschluss in den Fällen des Gerichtsbescheids (§ 84 VwGO), nicht jedoch durch Erlass eines Zwischenurteils (§ 109 VwGO), Teilurteils (§ 110 VwGO) oder eines Grundurteils (§ 111 VwGO).

---

tung der Luft – TA Luft) v. 24.7.2002, GMBl., S. 511) – scheiden aufgrund des durch die Bundesregierung erfolgenden Erlasses (§ 48 Abs. 1 S. 1, 1. Hs. BImSchG) als Antragsgegenstände gem. § 47 Abs. 1 Nr. 2 VwGO aus; vgl hierzu *Hofmann-Hoeppel*, Immissionsschutzrecht, in: Eiding/Hofmann-Hoeppel, VerwR, § 45 Rn 12 ff. **1** BVerwG NVwZ-RR 2010, 335. **2** Vgl *Kopp/Schenke*, VwGO, § 90 Rn 3.

Von Nr. 5110 KV **nicht** erfasst werden: 3

- Verfahren des einstweiligen Rechtsschutzes hinsichtlich des Erlasses einstweiliger Anordnungen gem. §§ 80 Abs. 5, 80 a Abs. 3, 80 b Abs. 2 und 3 VwGO; hierfür kommt gem. Vorbem. 5.2 KV die ermäßigte Gebühr Nr. 5210 KV (1,5) in Ansatz;
- das **Vollstreckungsverfahren gem. §§ 167 ff VwGO**, da für Verfahren über Anträge auf gerichtliche Handlungen in der Zwangsvollstreckung nach §§ 169, 170 oder § 172 VwGO die Gebühr Nr. 5301 KV einschlägig ist;[3]
- das **selbständige Beweisverfahren**; hierfür ist die Gebühr Nr. 5300 KV mit dem einfachen Gebührensatz relevant;
- Beendigung des Verfahrens erster Instanz durch **Abschluss eines gerichtlichen Vergleichs** gem. § 106 VwGO, wenn der Wert des Vergleichsgegenstands den Wert des Streitgegenstands übersteigt, wegen der in Nr. 5600 KV getroffenen Anordnung.

III. Ermäßigungstatbestände der Nr. 5111 KV

Die 3,0-Verfahrensgebühr Nr. 5110 KV ermäßigt sich auf die einfache Gerichtsgebühr für die Beendigungs- 4 tatbestände des „gesamten Verfahrens" wie folgt:

1. Klagerücknahme vor Schluss der mündlichen Verhandlung (Nr. 5111 Nr. 1 Buchst. a KV). a) Grund- 5 **satz.** Gemäß § 92 Abs. 1 S. 1 VwGO kann der Kläger seine Klage bis zur Rechtskraft des Urteils zurücknehmen. Die Klagerücknahme ist als Prozesshandlung bedingungsfeindlich, unwiderruflich und grds. unanfechtbar.[4] Sie kann – vor der durch Ladungsverfügung (§ 102 Abs. 1 S. 1, 1. Alt. VwGO) anberaumten mündlichen Verhandlung – schriftlich oder aber zu Protokoll des Urkundsbeamten (§ 81 Abs. 1 S. 1 VwGO), in mündlicher Verhandlung gegenüber dem Gericht als Kollegium, dem Einzelrichter (§ 6 VwGO), dem Vorsitzenden oder aber Berichterstatter im Rahmen eines Erörterungstermins (§ 87 Abs. 1 S. 2 Nr. 1 VwGO) oder aber gegenüber dem beauftragten oder ersuchten Richter (§ 96 Abs. 2 VwGO) erklärt werden[5] und beendet das Verfahren unmittelbar und grds. mit Rückwirkung auf den Zeitpunkt der Klageerhebung mit der Konsequenz, dass der Rechtsstreit gem. § 173 S. 1, § 269 Abs. 3 S. 1 ZPO als nicht anhängig geworden anzusehen ist und die Wirkungen der Rechtshängigkeit (§ 90 VwGO) rückwirkend wieder entfallen.[6]

b) Klagerücknahme nach Stellung der Anträge in der mündlichen Verhandlung. Erfolgt die Klagerücknah- 6 me im Rahmen einer mündlichen Verhandlung nach Stellung der Anträge, so hängt die Wirksamkeit[7] von der Einwilligung des Beklagten und im Falle der Teilnahme eines Vertreters des öffentlichen Interesses auch von dessen Einwilligung ab (§ 92 Abs. 1 S. 2 VwGO), nicht jedoch von der Einwilligung des Beigeladenen (auch im Falle der notwendigen Beiladung gem. § 65 Abs. 2 VwGO).[8]

2. Klagerücknahme bei nicht stattfindender mündlicher Verhandlung vor Ablauf des Tages der Übermitt- 7 **lung von Urteil oder Gerichtsbescheid an die Geschäftsstelle (Nr. 5111 Nr. 1 Buchst. b KV). a) Grund-** **satz.** Der Gebührentatbestand setzt zunächst voraus, dass eine mündliche Verhandlung nicht stattfindet. Relevante Konstellationen sind:

- der durch die Prozessbeteiligten ausdrücklich erklärte und als Prozesshandlung unwiderrufliche und unanfechtbare **Verzicht gem. § 101 Abs. 2 VwGO**;[9]
- **Klagerücknahmefiktion** infolge Nichtweiterbetreibens des Verfahrens trotz Aufforderung des Gerichts länger als 2 Monate (§ 92 Abs. 2 S. 1 VwGO) unter der Voraussetzung des ergangenen Hinweises auf die sich aus § 92 Abs. 2 S. 1 und § 155 Abs. 2 VwGO ergebenden Rechtsfolgen (§ 92 Abs. 2 S. 2 VwGO) mit der Folge der im Beschlusswege erfolgenden Feststellung, dass die Klage als zurückgenommen gelte (§ 92 Abs. 2 S. 3 VwGO);
- Entscheidung durch **Gerichtsbescheid** nach vorheriger Anhörung der Beteiligten (§ **84 Abs. 1 S. 2** VwGO) unter der Voraussetzung, dass die Sache keine besonderen Schwierigkeiten tatsächlicher oder rechtlicher Art aufweist und der Sachverhalt geklärt ist (§ 84 Abs. 1 S. 1 VwGO).

b) Tag der Übermittlung von Urteil oder Gerichtsbescheid an die Geschäftsstelle. Bei nicht stattfindender 8 mündlicher Verhandlung und erklärter Klagerücknahme setzt die Gebühr Nr. 5111 Nr. 1 Buchst. b KV voraus, dass die Klagerücknahme vor Ablauf des Tages erfolgt, an dem das Urteil oder der Gerichtsbescheid

---

3 Im Gegensatz hierzu ist Nr. 5110 KV für die Vollstreckungsabwehrklage gem. § 173 Abs. 1 VwGO iVm § 767 ZPO einschlägig; vgl VG Würzburg 4.1.2011 – W 2 V 11/2, EzKommR Nr. 2331.202 (Zwangsgeldandrohung gem. § 168 Abs. 1 Nr. 2 VwGO iVm § 172 VwGO bzgl Zulassung eines Bürgerbegehrens kraft einstweiliger Anordnung). **4** Vgl *Kopp/Schenke*, VwGO, § 92 Rn 11. **5** Vgl *Kopp/Schenke*, VwGO, § 92 Rn 6. **6** Vgl *Kopp/Schenke*, VwGO, § 92 Rn 3. **7** Vgl *Kopp/Schenke*, VwGO, § 92 Rn 13. **8** Vgl *Kopp/Schenke*, VwGO, § 92 Rn 12. **9** § 101 Abs. 2 VwGO ist nicht abschließend, so dass nach hM bei wesentlicher Änderung der Prozesslage die Prozessbeteiligten den Verzicht auf mündliche Verhandlung gem. § 173 S. 1 VwGO iVm § 128 Abs. 2 S. 1 ZPO widerrufen können; vgl *Kopp/Schenke*, VwGO, § 101 Rn 4, 8.

der Geschäftsstelle übermittelt wird. Diese Maßgabe rekurriert auf § 117 Abs. 4 VwGO, wonach ein bei der Verkündung noch nicht „vollständig abgefasstes", dh insb. Tatbestand (§ 117 Abs. 2 Nr. 4 VwGO) und Entscheidungsgründe (§ 117 Abs. 2 Nr. 5 VwGO) nicht enthaltendes Urteil vor Ablauf von 2 Wochen, vom Tag der Verkündung an gerechnet, vollständig abgefasst der Geschäftsstelle zu „übermitteln" ist. Für den Fall, dass dies „ausnahmsweise"[10] nicht erfolgen kann, ist binnen der 2-Wochenfrist das von den Richtern unterschriebene Urteil ohne Tatbestand, Entscheidungsgründe und Rechtsmittelbelehrung der Geschäftsstelle zu übermitteln (§ 117 Abs. 4 S. 2, 1. Hs. VwGO), wobei Tatbestand, Entscheidungsgründe und Rechtsmittelbelehrung (§ 117 Abs. 2 Nr. 4–6 VwGO) „alsbald"[11] nachträglich niederzulegen, von den Richtern besonders zu unterschreiben und der Geschäftsstelle zu „übermitteln" sind.

9   § 117 Abs. 4 VwGO gilt entsprechend für (beratene und beschlossene) Urteile, die gem. § 116 Abs. 2 VwGO durch Zustellung erlassen werden und bzgl derer bereits die Urteilsformel mit den Unterschriften aller an der Entscheidung mitwirkenden Richter der Geschäftsstelle „übermittelt" wurde, die vollständige Abfassung (iSv § 117 Abs. 2 Nr. 4–6 VwGO) aber noch aussteht.

10   Sowohl in den Konstellationen des § 117 Abs. 4 S. 1, 2 VwGO als auch des § 116 Abs. 2 VwGO ist für den Gebührentatbestand Nr. 5111 Nr. 1 Buchst. b KV daher der innerhalb der 2-Wochenfrist belegene Tag der **„Übermittlung"** von Urteil oder Gerichtsbescheid an die Geschäftsstelle relevant. Insoweit kommt es auf das durch den Vorsitzenden der Kammer bzw den Berichterstatter oder aber die Geschäftsstelle angegebene **Datum** an, da dies die einzige Möglichkeit der Überprüfung ist, ob Klagerücknahme vor Ablauf des Übermittlungstages erfolgte, weil die Übermittlung als solche formlos erfolgen kann und insb. weder eine schriftliche Übermittlungsanordnung des Vorsitzenden noch einen entsprechenden Vermerk erfordert.[12]

11   **3. Klagerücknahme gem. § 93 a Abs. 2 VwGO vor Ablauf der Erklärungsfrist nach § 93 a Abs. 2 S. 1 VwGO (Nr. 5111 Nr. 1 Buchst. c KV).** Der **Anwendungsbereich** ist ausschließlich auf **Musterverfahren iSd § 93 a Abs. 1 VwGO** beschränkt, dh darauf, dass die Rechtmäßigkeit einer behördlichen Maßnahme Gegenstand von mehr als 20 Verfahren ist und das Gericht eines oder mehrere geeignete Verfahren als Musterverfahren vorab durch Beschluss (§ 93 a Abs. 1 S. 3 VwGO) nach vorheriger Anhörung der Beteiligten (§ 93 a Abs. 1 S. 2 VwGO) durchführt und die übrigen Verfahren aussetzt.

12   In diesem Falle kann das Gericht nach rechtskräftiger Entscheidung der durchgeführten Verfahren wiederum nach Anhörung der Beteiligten über die ausgesetzten Verfahren durch Beschluss entscheiden, wenn es einstimmig der Auffassung ist, dass die Sachen gegenüber rechtskräftig entschiedenen Musterverfahren keine wesentlichen Besonderheiten tatsächlicher oder rechtlicher Art aufweisen und der Sachverhalt geklärt ist (§ 93 a Abs. 2 S. 1 VwGO). In diesem Falle muss die Klagerücknahme vor Ablauf der durch gerichtliches Anschreiben gesetzten Erklärungsfrist erfolgen.

13   **4. Anerkenntnis- oder Verzichtsurteil (Nr. 5111 Nr. 2 KV). a) Anerkenntnisurteil.** Das Anerkenntnisurteil ist in der VwGO nicht ausdrücklich geregelt, jedoch kraft der in § 173 S. 1 VwGO angeordneten entsprechenden Anwendung der ZPO iSv § 307 ZPO anerkannt. Im verwaltungsgerichtlichen Streitverfahren spielt es allerdings praktisch kaum eine Rolle, da auf Beklagtenseite regelmäßig Anerkenntnisse ungeachtet der Tatsache nicht erfolgen, dass dem Kläger gem. § 156 VwGO die Prozesskosten im Falle der „sofortigen" Anerkennung des geltend gemachten Anspruchs durch den Beklagten zur Last fallen, sofern der Beklagte durch sein Verhalten keine Veranlassung zur Erhebung der Klage gegeben hat.[13]

14   **b) Verzichtsurteil.** Ebenfalls in der VwGO nicht ausdrücklich geregelt, jedoch als Rechtsinstitut über § 173 S. 1 VwGO als „Beendigungsgrund" des gesamten Verfahrens anerkannt sind Verzichtsurteile iSd § 306 ZPO.[14]

15   **5. Beendigung des gesamten Verfahrens durch gerichtlichen Vergleich (Nr. 5111 Nr. 3 KV).** Gemäß § 106 S. 1 VwGO können die Prozessbeteiligten zur Niederschrift des Gerichts oder des beauftragten oder ersuchten Richters zur vollständigen oder teilweisen Erledigung des Rechtsstreits einen Vergleich schließen, soweit sie über den Gegenstand des Vergleichs verfügen können. Gemäß § 106 S. 2 VwGO kann der Vergleichsschluss auch – insoweit abweichend von § 278 Abs. 6 ZPO – dadurch geschlossen werden, dass die Beteiligten einen in der Form eines Beschlusses ergangenen Vorschlag des Gerichts, des Vorsitzenden oder des Berichterstatters schriftlich gegenüber dem Gericht annehmen.

---

10 Vgl *Kopp/Schenke*, VwGO, § 117 Rn 20. **11** Vgl *Kopp/Schenke*, VwGO, § 117 Rn 21. **12** Vgl *Kopp/Schenke*, VwGO, § 117 Rn 19. **13** Sofortige Anerkennung bedeutet nach hM, dass der Beklagte spätestens in der ersten mündlichen Verhandlung, im schriftlichen Verfahren spätestens bis zur Abgabe der „Verteidigungserklärung" (im zivilrechtlichen Sinne) oder der Erklärung des Verzichts auf mündliche Verhandlung den mit der Klage geltend gemachten Anspruch anerkennt; vgl *Kopp/Schenke*, VwGO, § 156 Rn 4. **14** Vgl *Kopp/Schenke*, VwGO, § 107 Rn 5.

Da der Prozessvergleich nach hM eine Doppelnatur hat, also einerseits Prozesshandlung, andererseits öf- 16
fentlich-rechtlicher Vertrag (iSd §§ 54 ff VwVfG) ist,[15] ist für die **Wirksamkeit des gerichtlichen Vergleichs**
und die damit eintretende Wirkung der Beendigung des Verfahrens erforderlich

- zum einen die Wahrung der an Prozesshandlungen gestellten Anforderungen, also insb. **Beteiligungs-
  und Prozessfähigkeit** (§§ 61 f VwGO), **wirksame Vertretung** der den Vergleich schließenden Beteiligten
  (§ 67 VwGO),[16]
- zum anderen **Verfügungsbefugnis** der Vertragspartner **über den Vergleichsgegenstand** (§ 106 S. 1, 2. Hs.
  VwGO) sowie ggf die **Zustimmung betroffener Dritter** (§ 58 Abs. 2 VwVfG).[17]

Ungeachtet der grundsätzlichen Bedingungsfeindlichkeit von Prozesshandlungen ist auch ein Vergleichs- 17
schluss unter **Widerrufsvorbehalt** zulässig.[18] Im Falle eines wirksamen Vergleichswiderrufs ist das ursprüngliche Verfahren fortzusetzen;[19] besteht zwischen den Prozessbeteiligten Streit über die Wirksamkeit eines
gerichtlichen Vergleichs bzw eines erfolgten Vergleichswiderrufs, ist im Rahmen fortgesetzter mündlicher
Verhandlung (zunächst) ausschließlich über diese Frage zu entscheiden.

Der gerichtliche Vergleich ist Vollstreckungstitel (§ 168 Abs. 1 Nr. 3 VwGO); Einwendungen hinsichtlich 18
streitiger Fragen über die Auslegung des Vergleichsinhalts können im Wege der Vollstreckungsabwehrklage
(§ 167 Abs. 1 S. 1 VwGO iVm § 767 ZPO),[20] aber auch entweder im Rahmen eines neuen verwaltungsgerichtlichen Streitverfahrens bzw einer grds. möglichen Abänderungsklage (§ 173 S. 1 VwGO iVm § 323
ZPO) geltend gemacht werden.

6. Beendigung des gesamten Verfahrens durch Erledigungserklärungen nach § 161 Abs. 2 VwGO (Nr. 5111 19
Nr. 4 KV). a) Prozessualer Sachstand. § 161 Abs. 2 VwGO, wonach das Gericht außer in den Fällen des
§ 113 Abs. 1 S. 4 VwGO nach billigem Ermessen über die Kosten des Verfahrens durch Beschluss unter Berücksichtigung des bisherigen Sach- und Streitstands entscheidet, wenn der Rechtsstreit in der Hauptsache
erledigt ist, trägt der Konstellation Rechnung, dass nach Rechtshängigkeit der verwaltungsgerichtlichen
Klage eine außerprozessuale Veränderung der Sach- oder Rechtslage zu Lasten des Klägers, also ein erledi-
gendes Ereignis, mit der Folge eintritt, dass die Aufrechterhaltung des ursprünglich gestellten (Anfech-
tungs-/Verpflichtungs-)Antrags zur kostenpflichtigen Klageabweisung führen würde.

In dieser Situation hat der Kläger **zwei Möglichkeiten**, um der kostenpflichtigen Klageabweisung zu entge- 20
hen:

- entweder die **Umstellung** der ursprünglichen (Anfechtungs-/Verpflichtungs-)Klage auf eine Klage mit
  dem Ziel der Feststellung der Rechtswidrigkeit des angefochtenen Verwaltungsakts oder aber der Ablehnung des beantragten, gleichwohl behördlicherseits nicht erlassenen Verwaltungsakts gem. **§ 113
  Abs. 1 S. 4 VwGO**[21]
- oder aber die als Prozesshandlung ergehende **Erklärung**, wonach sich der **Rechtsstreit in der Hauptsache erledigt** habe; diese ist vornehmlich in den Fällen relevant, in denen der Übergang von der (Anfech-
  tungs-/Verpflichtungs-)Klage auf die Fortsetzungsfeststellungsklage am mangelnden Feststellungsinteresse[22] scheitert.

b) Erfordernis übereinstimmender Erledigungserklärungen. Obwohl § 161 Abs. 2 VwGO die normierte 21
Rechtsfolge nicht ausdrücklich – anders als § 91 a ZPO – an das Vorliegen übereinstimmender Erledigungserklärungen knüpft, setzt die „Erledigung der Hauptsache" nach hM **übereinstimmende Erledigungserklärungen** voraus. Dabei kann diese „Übereinstimmung" auch durch die Fiktion gem. § 161 Abs. 2 S. 2
VwGO herbeigeführt werden, wonach der Rechtsstreit auch dann in der Hauptsache erledigt ist, wenn der
Beklagte der Erledigungserklärung des Klägers nicht innerhalb zweier Wochen seit Zustellung des die Erledigungserklärung enthaltenen Schriftsatzes widerspricht und durch das Gericht auf diese Rechtsfolge hingewiesen wurde.

c) Kostenentscheidung. Tritt Erledigung der Hauptsache durch übereinstimmende Erledigungserklärungen 22
ein, so hat sich die durch Beschluss u.a. vorzunehmende Kostenentscheidung an den Grundsätzen „billigen
Ermessens" zu orientieren. Nach den in der Spruchpraxis entwickelten Grundsätzen sind die Verfahrenskosten bei offenen Erfolgsaussichten der ursprünglich erhobenen (Anfechtungs-/Verpflichtungs-)Klage **Kläger und Beklagten jeweils zur Hälfte** aufzuerlegen;[23] die Auffassung, vorrangig sei entscheidend, wer die
Erledigung des Rechtsstreits in der Hauptsache herbeigeführt habe, ist abzulehnen.

15 Vgl *Kopp/Schenke*, VwGO, § 106 Rn 5. **16** Vgl *Kopp/Schenke*, VwGO, § 106 Rn 6. **17** Vgl *Kopp/Schenke*, VwGO, § 106
Rn 10, 10 a. **18** Vgl *Kopp/Schenke*, VwGO, § 106 Rn 15 a ff. **19** Vgl *Kopp/Schenke*, VwGO, § 106 Rn 17. **20** Vgl *Kopp/Schen-
ke*, VwGO, § 106 Rn 19. **21** Nach hM ist § 113 Abs. 1 S. 4 VwGO auch auf Verpflichtungsklagen anwendbar; vgl hierzu
Heitsch, Klageverfahren, in: Eiding/Hofmann-Hoeppel, VerwR, § 8 Rn 125 ff. **22** Hinsichtlich der anerkannten Konstellationen
für ein Fortsetzungsfeststellungsinteresse iSv § 113 Abs. 1 S. 4 VwGO – Präjudizialität für Schadenersatz-/Entschädigungsansprü-
che, Wiederholungsgefahr, Rehabilitationsinteresse – vgl *Kopp/Schenke*, VwGO, § 113 Rn 136 ff. **23** Vgl *Kopp/Schenke*, VwGO,
§ 161 Rn 17 mwN.

23   Bezüglich der im Rahmen der Kostenentscheidung nach § 161 Abs. 2 S. 1 VwGO gebotenen summarischen Prüfung der Erfolgsaussichten der ursprünglich erhobenen (Anfechtungs-/Verpflichtungs-)Klage sind im Übrigen solche Mängel vornehmlich der Zulässigkeit, die im weiteren Prozessverlauf auf entsprechenden gerichtlichen Hinweis voraussichtlich hätten behoben werden können, nicht zu berücksichtigen.[24] Eine – gerichtliche oder außergerichtliche – Einigung zwischen Kläger und Beklagten über die Kostenverteilung ist hingegen für die Kostenentscheidung durch das Gericht und für den Gebührentatbestand nach Nr. 5111 Nr. 4 KV maßgeblich, sofern eine gerichtliche Kostenentscheidung ergeht.

24   Wurde die ursprüngliche (Anfechtungs-/Verpflichtungs-)Klage als sog. Untätigkeitsklage iSd § 75 VwGO erhoben und der Rechtsstreit durch übereinstimmende Erledigungserklärungen in der Hauptsache erledigt, so fallen die Kosten gem. § 161 Abs. 3 VwGO „stets" dem Beklagten zur Last, wenn der Kläger mit einer Verbescheidung vor Klageerhebung rechnen durfte.[25]

25   **d) Einseitige Erledigungserklärung durch den Kläger.** Stimmt der Beklagte der durch den Kläger abgegebenen Erklärung der Erledigung des Rechtsstreits in der Hauptsache nicht zu oder aber erfolgt der Widerspruch binnen der 2-Wochenfrist des § 161 Abs. 2 S. 2 VwGO, so hat das Verwaltungsgericht durch Urteil die Feststellung zu treffen, ob Erledigung der Hauptsache eingetreten ist oder nicht. Diese Feststellung setzt voraus, dass die Klage zu diesem Zeitpunkt unzulässig oder aber unbegründet ist.[26] Der Gebührentatbestand gem. Nr. 5111 Nr. 4 KV kommt in diesem Falle nicht zum Ansatz.

Unterabschnitt 2
Oberverwaltungsgericht (Verwaltungsgerichtshof)

Nr.	Gebührentatbestand	Gebühr oder Satz der Gebühr nach § 34 GKG
5112	Verfahren im Allgemeinen	4,0

5113	Beendigung des gesamten Verfahrens durch
	1. Zurücknahme der Klage
	   a) vor dem Schluss der mündlichen Verhandlung,
	   b) wenn eine solche nicht stattfindet, vor Ablauf des Tages, an dem das Urteil, der Gerichtsbescheid oder der Beschluss in der Hauptsache der Geschäftsstelle übermittelt wird,
	   c) im Fall des § 93 a Abs. 2 VwGO vor Ablauf der Erklärungsfrist nach § 93 a Abs. 2 Satz 1 VwGO,
	2. Anerkenntnis- oder Verzichtsurteil,
	3. gerichtlichen Vergleich oder
	4. Erledigungserklärungen nach § 161 Abs. 2 VwGO, wenn keine Entscheidung über die Kosten ergeht oder die Entscheidung einer zuvor mitgeteilten Einigung der Beteiligten über die Kostentragung oder der Kostenübernahmeerklärung eines Beteiligten folgt,
	es sei denn, dass bereits ein anderes als eines der in Nummer 2 genannten Urteile, ein Gerichtsbescheid oder Beschluss in der Hauptsache vorausgegangen ist:
	Die Gebühr 5112 ermäßigt sich auf	

		2,0
	Die Gebühr ermäßigt sich auch, wenn mehrere Ermäßigungstatbestände erfüllt sind.	

I. Geltungsbereich

1   **1. Erstinstanzliche Zuständigkeit von OVG/VGH.** Der Geltungsbereich der Nr. 5112, 5113 KV ist beschränkt auf Verfahren, in denen das Oberverwaltungsgericht bzw der Verwaltungsgerichtshof erstinstanzlich entscheidet, dh im ersten Rechtszug zuständig ist. Diese Konstellationen ergeben sich aus § 48 Abs. 1 S. 1 Nr. 1–9, Abs. 1 S. 2, Abs. 2 VwGO wie folgt:

---

24 Vgl *Kopp/Schenke*, VwGO, § 161 Rn 18.   25 Vgl *Kopp/Schenke*, VwGO, § 161 Rn 34 ff.   26 Vgl *Kopp/Schenke*, VwGO, § 161 Rn 22 ff.

a) Errichtung, Betrieb, sonstige Innehabung, Veränderung, Stilllegung, sicherer Einschluss und Abbau von **2** **Anlagen iSv §§ 7, 9 a Abs. 3 AtG (§ 48 Abs. 1 S. 1 Nr. 1 VwGO).** Von § 48 Abs. 1 S. 1 **Nr. 1** VwGO werden erfasst alle Streitigkeiten über Atom- (Haupt-) wie Nebenanlagen, also **Kernkraftwerke** zur Erzeugung elektrischer Energie bzw von Wärme, Brennelementefabriken, Wiederaufbereitungsanlagen, Zwischen- und Endlager für radioaktive Abfälle (einschließlich der sog. Landessammelstellen), Kernforschungsanlagen, Versuchsreaktoren, Reaktorschiffe, wobei – insoweit über den Wortlaut hinausreichend – nicht nur Errichtung und Betrieb, sonstige Innehabung und Veränderung wie Stilllegung sowie sicherer Einschluss und Abbau, sondern darüber hinaus auch Verfahren hinsichtlich nachträglich erteilter Auflagen, (Teil-)Rücknahme und (Teil-)Widerruf atomrechtlicher Genehmigungen erfasst werden, auch soweit sie Nebeneinrichtungen betreffen, die damit in einem räumlichen und betrieblichen Zusammenhang stehen (§ 48 Abs. 1 S. 2 VwGO). § 48 Abs. 1 S. 1 Nr. 1 VwGO iVm Abs. 2 VwGO gilt daher auch für Streitigkeiten über wesentliche Änderungen iSv § 7 Abs. 1 AtG, Anordnungen nach § 19 Abs. 3 AtG sowie hinsichtlich aufsichtlicher Maßnahmen nach der Strahlenschutzverordnung.[1]

b) Bearbeitung, Verarbeitung und sonstige Verwendung von Kernbrennstoffen außerhalb von Anlagen iSv **3** **§ 7 Abs. 1 AtG; wesentliche Abweichung/Veränderung iSd § 9 Abs. 1 S. 2 AtG; Aufbewahrung von Kernbrennstoffen außerhalb staatlicher Verwahrung iSv § 6 AtG (§ 48 Abs. 1 S. 1 Nr. 2 VwGO).** „Abweichung" bzw „Veränderung" meinen die in § 9 Abs. 1 S. 2 AtG bezeichneten Tatbestände einer Abweichung von dem in der Genehmigungsurkunde bezeichneten Verfahren („Abweichung") bzw die Veränderung der in der Genehmigungsurkunde bezeichneten Betriebsstätte oder deren Lage („Veränderung"). Anknüpfungspunkt sind Tätigkeiten außerhalb von Anlagen gem. § 7 AtG; erfasst wird die nachträgliche Auflagenerteilung (§ 17 Abs. 1 S. 3 AtG), die (Teil-)Rücknahme, der (Teil-)Widerruf der Genehmigung nach § 17 Abs. 2 ff AtG, Anordnungen gem. § 19 Abs. 3 AtG, des Weiteren Streitigkeiten über Genehmigungen, Auflagen und Anordnungen nach Strahlenschutzverordnung.[2]

c) Errichtung, Betrieb und Änderung von Kraftwerken mit Feuerungsanlagen für feste, flüssige und gasför- **4** **mige Brennstoffe mit einer Feuerungswärmeleistung von mehr als 300 MW (§ 48 Abs. 1 S. 1 Nr. 3 VwGO).** § 48 Abs. 1 S. 1 **Nr. 3** VwGO betrifft mit der Bezugnahme auf „Kraftwerke mit Feuerungsanlagen für feste, flüssige und gasförmige Brennstoffe" – insoweit abweichend von der immissionsschutzrechtlichen Terminologie – die gem. Nr. 1.1, Spalte 1 des Anhangs der 4. BImSchV im förmlichen immissionsschutzrechtlichen Genehmigungsverfahren[3] gem. § 10 BImSchG (§ 2 Abs. 1 S. 1 Nr. 1 a der 4. BImSchV) genehmigungsbedürftigen Anlagen zur Erzeugung von Strom, Dampf, Warmwasser, Prozesswärme oder erhitztem Abgas durch den Einsatz von Brennstoffen in einer Verbrennungseinrichtung (wie Kraftwerk, Heizkraftwerk, Heizwerk, Gasturbinenanlage, Verbrennungsmotoranlage, sonstige Feuerungsanlage), einschließlich zugehöriger Dampfkessel mit einer Feuerungswärmeleistung von 50 MW oder mehr (§ 48 Abs. 1 Nr. 1 Nr. 7 VwGO), soweit der Schwellenwert von 300 MW erreicht oder überschritten ist.

Aufgrund der Vorhabensbezogenheit der Zuweisungsnorm unterfallen der erstinstanzlichen Zuständigkeit **5** von OVG/VGH sämtliche das Kraftwerk betreffende Planfeststellungen, Zulassungen, Genehmigungen, bergrechtliche Betriebspläne, wasser- oder atomrechtliche Entscheidungen, ferner die Feststellung der Zulässigkeit einer Enteignung gem. § 45 EnWG.[4]

d) Planfeststellungsverfahren für Errichtung/Betrieb/Änderung von Hochspannungsfreileitungen mit einer **6** **Nennspannung von 110 KV oder mehr, Erd- und Seekabeln mit einer Nennspannung von 110 KV oder Gasversorgungsleitungen mit einem Durchmesser von mehr als 300 mm inkl. Änderung der Linienführung (§ 48 Abs. 1 S. 1 Nr. 4 VwGO).** § 48 Abs. 1 S. 1 **Nr. 4** VwGO erfasst nicht nur die – im Planfeststellungsverfahren erfolgende – Errichtung von Hochspannungsfreileitungen mit einer Nennspannung von 110 KV oder mehr, sondern auch die deren Betrieb sowie deren Änderung betreffende Verfahren. Gleiches gilt für das Planfeststellungsverfahren für Erdkabel und Gasversorgungsleitungen sowie für die Änderung deren Linienführung, wobei § 48 Abs. 1 S. 2 VwGO auch für Streitigkeiten über Genehmigungen und Erlaubnisse gilt, soweit in einem räumlichen oder betrieblichen Zusammenhang mit der Planfeststellung stehende Nebeneinrichtungen betroffen sind.[5]

e) Verfahren für Errichtung/Betrieb/wesentliche Änderung von ortsfesten Anlagen zur Verbrennung oder **7** **thermischen Zersetzung von Abfällen mit einer jährlichen Durchsatzleistung von mehr als 100.000 t oder von ortsfesten Anlagen, in denen ganz oder teilweise Abfälle iSd § 48 KrWG gelagert oder abgelagert werden (§ 48 Abs. 1 S. 1 Nr. 5 VwGO).** Von der Zuweisungsnorm werden die gem. § 35 Abs. 1 KrWG keiner abfallrechtlichen Planfeststellung mehr, sondern einer immissionsschutzrechtlichen Genehmigung bedürfti-

---

1 Vgl *Kopp/Schenke*, VwGO, § 48 Rn 4. **2** Vgl *Kopp/Schenke*, VwGO, § 48 Rn 5. **3** Zur Differenzierung nach förmlichem und vereinfachten immissionsschutzrechtlichen Genehmigungsverfahren vgl *Hofmann-Hoeppel*, Immissionsschutzrecht, in: Eiding/ Hofmann-Hoeppel, VerwR, § 45 Rn 149 ff bzw 220 ff. **4** Vgl *Kopp/Schenke*, VwGO, § 48 Rn 6. **5** Vgl *Kopp/Schenke*, VwGO, § 48 Rn 7.

gen ortsfesten Anlagen zur Verbrennung oder thermischen Zersetzung von Abfällen mit einer jährlichen Durchsatzleistung von mehr als 100.000 t sowie solche ortsfeste Anlagen erfasst, in denen ganz oder teilweise gefährliche Abfälle (§ 48 S. 1 KrWG) ganz oder teilweise gelagert werden. Das Tatbestandsmerkmal „**Ablagern**" betrifft die nach wie vor der abfallrechtlichen Planfeststellung (§ 35 Abs. 2, Abs. 3 KrWG iVm § 74 Abs. 6 VwVfG) unterfallenden Deponien als Beseitigungsanlagen zur Ablagerung von Abfällen oberhalb der Erdoberfläche (**oberirdische Deponien**) oder unterhalb der Erdoberfläche (**Untertagedeponien**, § 3 Nr. 27 S. 1 KrWG) einschließlich betriebsinterner Abfallbeseitigungsanlagen für die Ablagerung von Abfällen, in denen ein Erzeuger (iSv § 3 Nr. 8 S. 1 Nr. 1 und 2 KrWG) von Abfällen die Abfallbeseitigung am Erzeugungsort vornimmt.[6]

8   Die Zuweisungsnorm gilt daher für:

- Anlagen zur Beseitigung oder Verwertung fester, flüssiger oder in Behältern gefasster gasförmiger, gefährlicher Abfälle oder Deponiegas mit brennbaren Bestandteilen durch thermische Verfahren, insb. Entgasung, Plasmaverfahren, Pyrolyse, Vergasung, Verbrennung oder eine Kombination dieser Verfahren (**Nr. 8.11 lit. a, Spalte 1 des Anhangs der 4. BImSchV**);
- Anlagen zur zeitweiligen Lagerung von gefährlichen Abfällen, auf die die Vorschriften des Kreislaufwirtschaftsgesetzes Anwendung finden, mit einer Aufnahmekapazität von 10 t oder mehr je Tag oder einer Gesamtlagerkapazität von 150 t oder mehr (**Nr. 8.12, Spalte 1 des Anhangs der 4. BImSchV**);
- Anlagen zur zeitweiligen Lagerung von gefährlichen Schlämmen, auf die die Vorschriften des Kreislaufwirtschaftsgesetzes Anwendung finden, mit einer Aufnahmekapazität von 10 t oder mehr je Tag oder einer Gesamtlagerkapazität von 150 t oder mehr (**Nr. 8.13, Spalte 1 des Anhangs der 4. BImSchV**);
- Anlagen zum Lagern von gefährlichen Abfällen, auf die die Vorschriften des Kreislaufwirtschaftsgesetzes Anwendung finden, und soweit in diesen Anlagen Abfälle vor deren Beseitigung oder Verwertung jeweils über einen Zeitraum von mehr als einem Jahr gelagert werden (**Nr. 8.14 lit. a, Spalte 1 des Anhangs der 4. BImSchV**);
- nach Abfallrecht planfeststellungsbedürftige Deponien (§ 35 Abs. 2, 3 KrWG iVm § 74 Abs. 6 VwVfG, § 3 Nr. 28 KrWG).

9   Erfasst werden alle Streitigkeiten bzgl der öffentlich-rechtlichen Zulassung von Errichtung, Betrieb und wesentlicher Änderung der vorbezeichneten Anlagen einschließlich der Zulassung des vorzeitigen Beginns der Errichtung und/oder des Betriebs – gem. § 8 a BImSchG bzw § 37 KrWG (für Deponien) –, nicht jedoch außerhalb eines Plangenehmigungs-/Planfeststellungsverfahrens ergehende nachträgliche Auflagen (§ 36 Abs. 4 S. 3 KrWG) bzw nachträgliche Anordnungen gem. § 17 BImSchG.[7]

10 **f) Anlegen/Erweiterung/Änderung sowie Betrieb von Verkehrsflughäfen und von Verkehrslandeplätzen mit beschränktem Bauschutzbereich (§ 48 Abs. 1 S. 1 Nr. 6 VwGO).** Dem Geltungsbereich unterliegen:

- Anlegung sowie Änderung von Flughäfen und Landeplätzen mit beschränktem Bauschutzbereich iSv § 17 LuftVG, die der Planfeststellung (§§ 8, 9 LuftVG) bedürfen;
- Änderung oder Ergänzung von Genehmigungen nach dem Ergebnis eines Planfeststellungsverfahrens (§ 6 Abs. 4 S. 1 LuftVG) oder im Falle wesentlicher Erweiterung oder Änderung von Anlage oder Betrieb (§ 6 Abs. 4 S. 2 LuftVG);
- Feststellung der Entbehrlichkeit von Planfeststellung und Plangenehmigung bei Änderungen oder Erweiterungen von unwesentlicher Bedeutung iSv § 8 Abs. 3 S. 1 LuftVG iVm Abs. 3 S. 2 Nr. 1–3 LuftVG;
- Gestattung der zur Vorbereitung der Antragstellung oder zur Durchführung des Vorhabens notwendigen Vermessungen, Boden- und Grundwasseruntersuchungen einschließlich der vorübergehenden Anbringung von Markierungszeichen und sonstiger Vorarbeiten gem. § 7 Abs. 1 LuftVG;
- Festlegung eines Bauschutzbereichs iSv § 12 Abs. 1 S. 1, S. 3 Nr. 1–5 LuftVG;
- Festsetzung eines beschränkten Bauschutzbereichs iSv § 17 S. 1 LuftVG;
- Zulassung des Luftsicherungsplans und etwaiger Auflagen gem. § 8 Abs. 1 S. 2–4, Abs. 2 LuftSiG;
- Festlegung von Flugrouten;
- Genehmigung der nach § 43 Abs. 1 LuftVZO erforderlichen Benutzungsordnung und Entgeltregelung;
- Abnahmeprüfung vor erster Inbetriebnahme gem. § 44 LuftVZO;
- Bestätigung der Bestellung des Betriebsleiters gem. § 45 Abs. 3 LuftVZO.

11 Über § 48 Abs. 1 S. 2 VwGO werden darüber hinaus alle Streitigkeiten über die öffentlich-rechtlichen Pflichten von Luftfahrtunternehmer und sonstigem Luftfahrtpersonal erfasst.[8]

---

6 Zur Differenzierung der Anlagenzulassung (seit dem Investitionserleichterungs- und Wohnbaulandgesetz – InfErlG – v. 22.4.1993, BGBl. I 466) s. *Hofmann-Hoeppel*, Kreislaufwirtschafts- und Abfallrecht, in: Eiding/Hofmann-Hoeppel, VerwR, § 47 Rn 129 ff. **7** Vgl *Kopp/Schenke*, VwGO, § 48 Rn 8. **8** Vgl *Kopp/Schenke*, VwGO, § 48 Rn 9 mwN sowie *Eiding*, Luftverkehrsrecht, in: Eiding/Hofmann-Hoeppel, VerwR, § 29 Rn 11.

g) **Planfeststellungsverfahren für den Bau oder die Änderung der Strecken von Straßenbahnen, Magnet-** 12
schwebebahnen und von öffentlichen Eisenbahnen sowie für den Bau oder die Änderung von Rangier- und
Containerbahnhöfen (§ 48 Abs. 1 S. 1 Nr. 7 VwGO). Die Zuweisungsnorm betrifft Planfeststellungsverfahren für

- den Bau oder die Änderung der Strecken von Straßenbahnen (§§ 28 ff PBefG), wobei gem. § 4 Abs. 2 PBefG hiervon auch Hoch-/Schwebe- und U-Bahnen betroffen sind;[9]
- Magnetschwebebahnen iSd MBPlG;
- Betriebsanlagen öffentlicher Eisenbahnen (iSv §§ 2, 3 AEG) einschließlich der Bahnfernstromleitungen;[10]
- den Bau sowie die Änderung von Rangier- und Containerbahnhöfen.

Über § 48 Abs. 1 S. 2 VwGO werden – wie bzgl der anderweitigen Zuweisungsnormen des § 48 Abs. 1 S. 1 13
Nr. 1–9 VwGO – auch erfasst Streitigkeiten über

- Veränderungssperren (§ 19 AEG, § 4 MBPlG, § 28 a PBefG);
- vorzeitige Besitzeinweisungen (§ 21 AEG, § 6 MBPlG, § 29 a PBefG);
- Nebenanlagen, wie zB Freileitungen für Straßen-, Magnetschwebe- und öffentliche Eisenbahnen.

h) **Planfeststellungsverfahren für den Bau oder die Änderung von Bundesfernstraßen (§ 48 Abs. 1 S. 1 Nr. 8** 14
VwGO). Dem Zuweisungstatbestand unterfallen Streitigkeiten über:

- Planfeststellungsbeschlüsse für Bundesfernstraßen iSv § 1 Abs. 2 FStrG gem. §§ 17 ff FStrG;
- Plangenehmigungen für den Bau/die Änderung von Bundesfernstraßen (§ 17 b Abs. 1 Nr. 1–3 FStrG iVm § 74 Abs. 6 VwVfG);
- behördliche Feststellung über das Absehen von Planfeststellung und Plangenehmigung (§ 17 b Abs. 1 Nr. 4 FStrG iVm § 74 Abs. 7 VwVfG);
- Kreuzungen zwischen Bundesfernstraßen und anderen öffentlichen Straßen (§ 12 Abs. 4 FStrG);
- Kreuzungen zwischen Bundesfernstraßen und Gewässern (§ 12 a Abs. 4 FStrG);
- Ausnahmen der obersten Landesstraßenbaubehörde von Veränderungssperren (§ 9 a Abs. 5 FStrG);
- dem Zustimmungsvorbehalt der obersten Landesstraßenbaubehörde unterliegende Baugenehmigungen für Anlagen (§ 9 Abs. 2 FStrG).

Nicht erfasst werden jedoch Streitigkeiten über die Anordnung von gem. § 75 Abs. 2 VwVfG erteilten 15
Schutzauflagen nach Eintritt der Unanfechtbarkeit von Planfeststellungsbeschluss und Fertigstellung des
Vorhabens.[11]

In der Praxis wird § 48 Abs. 1 S. 1 Nr. 8 VwGO weitgehend durch die in § 50 Abs. 1 Nr. 6 VwGO normier- 16
te Zuständigkeitsnorm für das Bundesverwaltungsgericht in erster Instanz **verdrängt**.

i) **Planfeststellungsverfahren für den Neubau oder den Ausbau von Bundeswasserstraßen (§ 48 Abs. 1 S. 1** 17
Nr. 9 VwGO). Betroffen sind Streitigkeiten über:

- Planfeststellungen wie Plangenehmigungen für den Neu- oder Ausbau von Bundeswasserstraßen (§ 1 Abs. 1 WaStrG) einschließlich der bundeseigenen Schifffahrtsanlagen (Schleusen, Talsperren), der zur Unterhaltung der Bundeswasserstraßen dienenden bundeseigenen Ufergrundstücke, Bauhöfe, Werkstätten sowie die zu Häfen ausgestalteten Teile von Bundeswasserstraßen, die dem allgemeinen Verkehr dienen;
- über § 48 Abs. 1 S. 2 VwGO dem Bau oder der Änderung von Bundeswasserstraßen dienende Nebenanlagen.

Nicht erfasst sind jedoch Streitigkeiten über Maßnahmen auf Landflächen an Bundeswasserstraßen (§ 9 18
Abs. 1 WaStrG).[12]

Wie dem Wortlaut von § 48 Abs. 1 S. 3 VwGO zu entnehmen ist, ressortieren Streitigkeiten über Besitzein- 19
weisungen „in den Fällen des Satzes 1" nicht zur erstinstanzlichen Zuständigkeit des OVG/VGH, es sei
denn, es existiert eine durch Landesgesetz erfolgte Zuständigkeitszuweisung (zB § 5 ThAGVwGO).[13]

j) **Vereinsverbote gem. § 3 Abs. 2 Nr. 1 VereinsG und Verfügungen gem. § 8 Abs. 2 S. 1 VereinsG der obers-** 20
ten Landesbehörde (§ 48 Abs. 2 VwGO). Eine erstinstanzliche Zuständigkeit von OVG/VGH wird darüber
hinaus begründet durch § 48 Abs. 2 VwGO hinsichtlich der von einer obersten Landesbehörde

- gem. § 3 Abs. 2 Nr. 1 VereinsG ausgesprochenen Vereinsverbote;
- nach § 8 Abs. 2 S. 1 VereinsG erlassenen Verfügungen.

---

9 Vgl *Kopp/Schenke*, VwGO, § 48 Rn 10. **10** Vgl hierzu *Geiger*, Eisenbahnrecht, in: Eiding/Hofmann-Hoeppel, VerwR, § 28 Rn 1 ff. **11** Vgl *Kopp/Schenke*, VwGO, § 48 Rn 11 f sowie *Geiger*, Fernstraßen- und Straßenrecht, in: Eiding/Hofmann-Hoeppel, VerwR, § 27 Rn 29 ff. **12** Vgl *Kopp/Schenke*, VwGO, § 48 Rn 12. **13** Vgl *Kopp/Schenke*, VwGO, § 48 Rn 13 a.

21 Die Zuständigkeitsbegründung für OVG/VGH verdankt sich zunächst der Tatsache, dass Vereinigungs- und Vereinsfreiheit gem. Art. 9 Abs. 1 GG (iVm § 1 Abs. 1 VereinsG) grundgesetzlich gewährleistet sind mit der Folge, dass Art. 9 Abs. 1 (iVm Abs. 3) GG den freien Zusammenschluss des Einzelnen mit anderen zu beliebigen, selbstgewählten Zwecken „in Vereinen, Verbänden und Assoziationen aller Art" gewährleistet.[14] Vom Vereinigungsbegriff des Art. 9 Abs. 1 GG wie vom Vereinsbegriff des § 2 Abs. 1 VereinsG werden allerdings politische Parteien iSv Art. 21 GG, Fraktionen des Deutschen Bundestages und der Parlamente der Länder nicht erfasst (§ 2 Abs. 2 Nr. 1, 2 VereinsG).[15]

22 Dem Zuweisungstatbestand unterliegen Streitigkeiten über:
- Anfechtung von Verboten bzw Verfügungen der obersten Landesbehörden nach §§ 3 Abs. 1 Nr. 1, 8 Abs. 2 S. 1 VereinsG;
- Maßnahmen gem. § 16 Abs. 2 VereinsG;
- behördliche Bestätigung von Maßnahmen nach § 16 VereinsG.[16]

23 Nicht erfasst werden jedoch behördliche Vollzugsmaßnahmen iSv § 5 VereinsG auf der Grundlage von Verboten bzw Verfügungen gem. §§ 3 Abs. 1 Nr. 1, 8 Abs. 2 S. 1 VereinsG. Für diese verbleibt es bei der allgemeinen Zuständigkeit der Verwaltungsgerichte erster Instanz (§ 6 Abs. 1 VereinsG).

24 **2. Flurbereinigungsrecht.** In § 48 Abs. 1 S. 1 Nr. 1–9, Abs. 1 S. 2 S. 2 und 3, Abs. 2 VwGO nicht ausdrücklich aufgenommen, der erstinstanzlichen Zuständigkeit von OVG/VGH jedoch überantwortet sind darüber hinaus kraft die nach der am 1.9.2006 in Kraft getretenen Föderalismusreform I in die ausschließliche Gesetzgebungskompetenz der Länder[17] fallenden **Maßnahmen der Flurbereinigung**, da gem. § 138 Abs. 1 S. 1 FlurbG in jedem Land beim obersten Verwaltungsgericht ein Senat für Flurbereinigung (Flurbereinigungsgericht) als Fachsenat des OVG/VGH einzurichten ist.[18]

II. Systematik, Geltungsbereich, Beendigungstatbestände

25 Aufgrund der Text- und Wortgleichheit der Nr. 5112, 5113 KV mit Nr. 5110, 5111 KV kann auf die dortige Kommentierung vollinhaltlich verwiesen werden.

Unterabschnitt 3
Bundesverwaltungsgericht

Nr.	Gebührentatbestand	Gebühr oder Satz der Gebühr nach § 34 GKG
5114	Verfahren im Allgemeinen	5,0

5115	Beendigung des gesamten Verfahrens durch
	1. Zurücknahme der Klage
	  a) vor dem Schluss der mündlichen Verhandlung,
	  b) wenn eine solche nicht stattfindet, vor Ablauf des Tages, an dem das Urteil oder der Gerichtsbescheid der Geschäftsstelle übermittelt wird,
	  c) im Fall des § 93a Abs. 2 VwGO vor Ablauf der Erklärungsfrist nach § 93a Abs. 2 Satz 1 VwGO,
	2. Anerkenntnis- oder Verzichtsurteil,
	3. gerichtlichen Vergleich oder
	4. Erledigungserklärungen nach § 161 Abs. 2 VwGO, wenn keine Entscheidung über die Kosten ergeht oder die Entscheidung einer zuvor mitgeteilten Einigung der Beteiligten über die Kostentragung oder der Kostenübernahmeerklärung eines Beteiligten folgt,	

---

14 Vgl hierzu *Hofmann-Hoeppel*, Öffentliches Vereinsrecht, in: Eiding/Hofmann-Hoeppel, VerwR, § 64 Rn 1 ff. **15** Vgl hierzu *Hofmann-Hoeppel*, Öffentliches Vereinsrecht, in: Eiding/Hofmann-Hoeppel, VerwR, § 64 Rn 4. **16** Vgl *Kopp/Schenke*, VwGO, § 48 Rn 15 f. **17** Vgl *Francois*, Flurbereinigungsrecht, in: Eiding/Hofmann-Hoeppel, VerwR, § 30 Rn 8. **18** Vgl *Francois*, Flurbereinigungsrecht, in: Eiding/Hofmann-Hoeppel, VerwR, § 30 Rn 154 ff.

Nr.	Gebührentatbestand	Gebühr oder Satz der Gebühr nach § 34 GKG
	es sei denn, dass bereits ein anderes als eines der in Nummer 2 genannten Urteile, ein Gerichtsbescheid oder ein Beschluss in der Hauptsache vorausgegangen ist: Die Gebühr 5114 ermäßigt sich auf .... Die Gebühr ermäßigt sich auch, wenn mehrere Ermäßigungstatbestände erfüllt sind.	3,0

I. Geltungsbereich

Die erst- und gleichzeitig letztinstanzliche Zuständigkeit des Bundesverwaltungsgerichts wird durch die **1** Einzelkonstellationen des § 50 Abs. 1 Nr. 1–6 VwGO wie folgt begründet:

1. Öffentlich-rechtliche Streitigkeiten nichtverfassungsrechtlicher Art zwischen dem Bund und den Ländern **2** **und zwischen verschiedenen Ländern (§ 50 Abs. 1 Nr. 1 VwGO).** Voraussetzung hierfür ist zunächst, dass sich Bund und Länder bzw die streitenden Länder als Parteien in ihrer Eigenschaft als Hoheitsträger, nicht jedoch nur als Teilnehmer am allgemeinen Rechtsverkehr gegenüberstehen,[1] ferner, dass es sich um öffentlich-rechtliche Streitigkeiten „nichtverfassungsrechtlicher Art" handelt. Dies hat zur Folge, dass Streitigkeiten im Rahmen der Bundesauftragsverwaltung der Regelung des § 50 Abs. 1 Nr. 1 VwGO nicht unterfallen.[2]

Wesentlicher Anwendungsbereich des § 50 Abs. 1 Nr. 1 VwGO stellen Streitigkeiten dar, in denen es um die **3** Abgrenzung gegenseitiger Hoheitsbefugnisse bzw Kompetenzen von Bund und Ländern bzw von Ländern untereinander, nicht jedoch deren öffentlich-rechtlichen Körperschaften oder Anstalten des öffentlichen Rechts geht.[3]

Relevant sind daher insb. Streitigkeiten aus verwaltungsrechtlichen **Staatsverträgen** und **Verwaltungsverein-** **4** **barungen** zwischen Bund und Ländern bzw zwischen den Ländern (Hochschulzulassung, Rundfunkstaatsvertrag).

Erfasst werden weiterhin Streitigkeiten in Vollzug der **Art. 104 a, 104 b GG**, also hinsichtlich **5**
- der gesonderten Ausgabentragung durch Bund und Länder bzgl der jeweiligen Aufgabenwahrnehmung (Art. 104 a Abs. 1 GG);
- der Kostenverantwortung des Bundes, soweit die Länder in Bundesauftragsverwaltung handeln (Art. 104 a Abs. 2, Abs. 3 S. 2 GG);
- der gesonderten Tragung der bei den Behörden von Bund und Länder entstehenden Verwaltungsausgaben und gegenseitigen Haftung für ordnungsgemäße Verwaltung (Art. 104 a Abs. 5 S. 1 GG);
- der Tragung der Lasten einer Verletzung von supranationalen oder völkerrechtlichen Verpflichtungen durch Bund und Länder „nach der innerstaatlichen Zuständigkeits- und Aufgabenverteilung" (Art. 104 a Abs. 6 S. 1 GG);
- der Gewährung von Finanzhilfen für Investitionen durch den Bund nach Art. 104 b Abs. 1 S. 1 Nr. 1 und 2 GG bzw im Falle von Naturkatastrophen oder außergewöhnlichen Notsituationen (Art. 104 b Abs. 1 S. 2 GG).

2. Klagen gegen die vom Bundesminister des Innern nach § 3 Abs. 2 Nr. 2 VereinsG ausgesprochenen Ver- **6** **einsverbote und nach § 8 Abs. 2 S. 1 VereinsG erlassenen Verfügungen (§ 50 Abs. 1 Nr. 2 VwGO).** § 50 Abs. 1 Nr. 2 VwGO entspricht vom Regelungsgehalt der die erstinstanzliche Zuständigkeit von OVG/VGH begründenden Zuweisungsnorm des § 48 Abs. 2 VwGO, setzt hinsichtlich der Anwendbarkeit daher voraus, dass Verbote bzw Verfügungen gem. §§ 3 Abs. 1 Nr. 1, 8 Abs. 2 S. 1, 16 Abs. 2 VereinsG durch den Bundesminister des Innern getroffen wurden.

3. Streitigkeiten gegen Abschiebungsanordnungen nach § 58 a AufenthG und ihre Vollziehung (§ 50 Abs. 1 **7** **Nr. 3 VwGO).** Abschiebung als zwangsweise Durchsetzung der Ausreisepflicht durch Entfernung des betroffenen Ausländers aus dem Geltungsbereich des Grundgesetzes ist eine spezialgesetzlich geregelte Maßnahme der Verwaltungsvollstreckung in Form des unmittelbaren Zwangs. Ein Ausländer ist abzuschieben, wenn die Ausreisepflicht iSv § 58 Abs. 2 AufenthG vollziehbar, die freiwillige Erfüllung der Ausreisepflicht nicht gesichert ist oder aus Gründen der öffentlichen Sicherheit und Ordnung eine Überwachung der Aus-

---

1 Vgl *Kopp/Schenke*, VwGO, § 50 Rn 4 mwN. **2** Vgl *Kopp/Schenke*, VwGO, § 50 Rn 3. **3** Vgl *Kopp/Schenke*, VwGO, § 50 Rn 3 mwN.

reise erforderlich erscheint (§ 58 Abs. 1 AufenthG).[4] § 50 Abs. 1 Nr. 3 VwGO ist nur einschlägig, wenn die Abschiebungsanordnung durch die oberste Landesbehörde aus den in § 58 a Abs. 1 S. 1 AufenthG genannten Gründen erfolgt.

8   **4. Klagen über im Geschäftsbereich des Bundesnachrichtendienstes zugrunde liegende Vorgänge (§ 50 Abs. 1 Nr. 4 VwGO).** Dienstrechtliche Vorgänge im Geschäftsbereich des Bundesnachrichtendienstes betreffen nicht nur dessen allgemeine Aufgabenwahrnehmung gem. Art. 7, 7 a, 8 GG, § 1 Abs. 1 Nr. 2 des Gesetzes zur Beschränkung des Brief-, Post- und Fernmeldegeheimnisses (Art. 10-Gesetz, G-10), § 73 Abs. 3 AufenthG, § 9 a BKAG, sondern auch dienstrechtliche Streitigkeiten von im Geschäftsbereich des BND tätigen Beamten, so etwa hinsichtlich dienstlicher Beurteilungen, Entscheidungen über erhobene Disziplinarklagen und Anwendbarkeit des Schwerbehindertenrechts, für das § 158 Nr. 5 SGB IX das Bundesverwaltungsgericht ohnedies für erstinstanzlich zuständig erklärt.[5]

9   **5. Klagen gegen Maßnahmen und Entscheidungen nach § 44 a AbgG, nach den Verhaltensregeln für Mitglieder des Deutschen Bundestages, nach § 6 b BMinG und nach § 7 ParlStG (§ 50 Abs. 1 Nr. 5 VwGO).** Von diesem Zuweisungstatbestand werden erfasst:

- Verwaltungsakte des Präsidenten des Deutschen Bundestages über die Geltendmachung von Ansprüchen bzgl der nach § 44 a Abs. 2 AbgG unzulässigen Zuwendungen oder Vermögensvorteile bzw ihres Gegenwerts (§ 44 a Abs. 3 AbgG);
- Festsetzungen eines Ordnungsgeldes durch das Präsidium des Deutschen Bundestages für den Fall der nicht erfolgenden Anzeige von Tätigkeiten oder Einkünften iSv § 44 a Abs. 4 S. 1 AbgG (§ 44 a Abs. 4 S. 3 AbgG);
- Streitigkeiten über die auf der Grundlage von § 18 der Geschäftsordnung des Bundestages als Anlage 1 bestimmten Verhaltensregeln über Verfahren, Befugnisse und Pflichten des Präsidiums und des Präsidenten des Deutschen Bundestages bei Entscheidungen nach § 44 a Abs. 3 und 4 AbgG (§ 44 b Nr. 5 AbgG);
- Untersagungsverfügung der Bundesregierung bzgl der Aufnahme einer Erwerbstätigkeit oder sonstigen Beschäftigung für die Zeit der ersten 18 Monate nach dem Ausscheiden eines Mitglieds der Bundesregierung (Bundesminister/in) bzw eines/r Parlamentarischen Staatssekretärs/in (§ 7 1. Hs. ParlStG) nach den Voraussetzungen des § 6 b Abs. 1 S. 2 Nr. 1 und 2 BMinG auf der Grundlage der Empfehlung eines aus drei Mitgliedern bestehenden beratenden Gremiums (§ 6 b Abs. 3 S. 1 BMinG).

10   **6. Streitigkeiten über Planfeststellungs- und Plangenehmigungsverfahren für in AEG, FStrG, WaStrG, EnLAG, BBPlG oder MBPlG bezeichnete Vorhaben (§ 50 Abs. 1 Nr. 6 VwGO).** Der bzgl seiner Anwendung der für OVG/VGH geltenden Zuweisungsnormen des § 48 Abs. 1 S. 1 Nr. 7–9 VwGO vorgehende Anwendungsbereich von § 50 Abs. 1 Nr. 6 VwGO betrifft „sämtliche" Streitigkeiten hinsichtlich der in AEG, FStrG, WaStrG, EnLAG,[6] BBPlG,[7] MBPlG bezeichneten Verkehrsinfrastrukturvorhaben gem. den jeweiligen Anlagen zu § 17 e Abs. 1 FStrG, § 18 e Abs. 1 AEG, § 1 Abs. 1 EnLAG, § 1 Abs. 1 BBPlG bzw Anlage 2 zu § 14 e Abs. 1 WaStrG.

II. Systematik, Geltungsbereich, Beendigungstatbestände

11   Aufgrund Text- wie Wortgleichheit der Nr. 5114 und 5115 KV mit Nr. 5110 und 5111 KV kann auf die dortige Kommentierung verwiesen werden.

---

4 Vgl *Roßkopf*, Aufenthaltsrecht, in: Eiding/Hofmann-Hoeppel, VerwR, § 58 Rn 59 ff; zur Überlagerung des Aufenthaltsrechts durch den Unionsbürgerstatus vgl *Schoch*, Europäisierung des Staatsangehörigkeits- und Aufenthaltsrechts durch den „Unionsbürgerstatus", in: Jochum/Fritzemeyer/Kau, Grenzüberschreitendes Recht – Crossing Frontiers. Festschrift für Kay Hailbronner, 2013, S. 355 ff, 362 ff. **5** Vgl *Kopp/Schenke*, VwGO, § 50 Rn 8. **6** Gesetz zum Ausbau von Energieleitungen (Energieleitungsausbaugesetz – EnLAG) v. 21.8.2009 (BGBl. I 2870), zul. geänd. d. Art. 2 Abs. 8 G v. 21.12.2015 (BGBl. I 2498, 2514). **7** Gesetz über den Bundesbedarfsplan (Bundesbedarfsplangesetz – BBPlG) v. 23.7.2013 (BGBl. I 2534), zul. geänd. d. Art. 12 G v. 26.7.2016 (BGBl. I 1786, 1817).

Abschnitt 2
Zulassung und Durchführung der Berufung

Nr.	Gebührentatbestand	Gebühr oder Satz der Gebühr nach § 34 GKG
5120	Verfahren über die Zulassung der Berufung: Soweit der Antrag abgelehnt wird	1,0
5121	Verfahren über die Zulassung der Berufung: Soweit der Antrag zurückgenommen oder das Verfahren durch anderweitige Erledigung beendet wird .... Die Gebühr entsteht nicht, soweit die Berufung zugelassen wird.	0,5
5122	Verfahren im Allgemeinen	4,0
5123	Beendigung des gesamten Verfahrens durch Zurücknahme der Berufung oder der Klage, bevor die Schrift zur Begründung der Berufung bei Gericht eingegangen ist: Die Gebühr 5122 ermäßigt sich auf .... Erledigungserklärungen nach § 161 Abs. 2 VwGO stehen der Zurücknahme gleich, wenn keine Entscheidung über die Kosten ergeht oder die Entscheidung einer zuvor mitgeteilten Einigung der Beteiligten über die Kostentragung oder der Kostenübernahmeerklärung eines Beteiligten folgt.	1,0

5124	Beendigung des gesamten Verfahrens, wenn nicht Nummer 5123 erfüllt ist, durch
	 1. Zurücknahme der Berufung oder der Klage
	    a) vor dem Schluss der mündlichen Verhandlung,
	    b) wenn eine solche nicht stattfindet, vor Ablauf des Tages, an dem das Urteil oder der Beschluss in der Hauptsache der Geschäftsstelle übermittelt wird, oder
	    c) im Fall des § 93 a Abs. 2 VwGO vor Ablauf der Erklärungsfrist nach § 93 a Abs. 2 Satz 1 VwGO,
	 2. Anerkenntnis- oder Verzichtsurteil,
	 3. gerichtlichen Vergleich oder
	 4. Erledigungserklärungen nach § 161 Abs. 2 VwGO, wenn keine Entscheidung über die Kosten ergeht oder die Entscheidung einer zuvor mitgeteilten Einigung der Beteiligten über die Kostentragung oder der Kostenübernahmeerklärung eines Beteiligten folgt,
	 es sei denn, dass bereits ein anderes als eines der in Nummer 2 genannten Urteile oder ein Beschluss in der Hauptsache vorausgegangen ist:
	 Die Gebühr 5122 ermäßigt sich auf ....
	 Die Gebühr ermäßigt sich auch, wenn mehrere Ermäßigungstatbestände erfüllt sind.
		2,0

I. Zulassung der Berufung

1. Grundsätzliches. Das Berufungsverfahren nach den §§ 124 ff VwGO wurde durch das 6. VwGO-Änderungsgesetz[1] einerseits, das Gesetz zur Bereinigung des Rechtsmittelrechts im Verwaltungsprozess[2] andererseits grundlegend dadurch umgestaltet, dass prinzipiell eine Berufung „aus dem Stand heraus" nicht mehr zulässig ist, sondern einer ausdrücklichen Zulassung – entweder durch das erstinstanzlich zuständige Verwaltungsgericht oder aber durch das OVG/den VGH als Berufungsinstanz (§ 124 Abs. 1 VwGO) – bedarf.   **1**

Das Verwaltungsgericht hat die Berufung gegen Endurteile (§ 107 VwGO), Teilurteile (§ 110 VwGO), Zwischenurteile (§ 109 VwGO) sowie Grundurteile (§ 111 VwGO) gem. § 124 a Abs. 1 S. 1 VwGO mit der   **2**

---

1 Gesetz v. 1.11.1996 (BGBl. I 1626).   **2** Gesetz v. 20.12.2001 (BGBl. I 3987).

Folge einer Bindung von OVG/VGH an die erfolgte Zulassung (§ 124 a Abs. 1 S. 2 VwGO) dann zuzulassen, wenn

- die Rechtssache grundsätzliche Bedeutung hat (§ 124 Abs. 2 Nr. 3 VwGO);
- das Urteil von einer Entscheidung des Oberverwaltungsgerichts, des Bundesverwaltungsgerichts, des Gemeinsamen Senats der Obersten Gerichtshöfe des Bundes oder des Bundesverfassungsgerichts abweicht und auf dieser Abweichung beruht (§ 124 Abs. 2 Nr. 4 VwGO).

3 In diesen – in der Praxis außerordentlich seltenen – Fällen kommen Nr. 5120 und 5121 KV nicht zum Ansatz.

4 Erfolgt eine Berufungszulassung durch das erstinstanzliche Verwaltungsgericht nicht, ist somit die Möglichkeit eröffnet, das Berufungsverfahren durch entsprechenden Antrag auf Zulassung der Berufung – **Antragszulassungsberufungsverfahren** – zu „erzwingen". Die hierfür relevanten Konstellationen sind in § 124 Abs. 2 Nr. 1–5 VwGO abschließend dahin gehend geregelt, dass die Berufung „nur" zuzulassen ist, wenn

- ernstliche Zweifel an der Richtigkeit des Urteils bestehen (§ 124 Abs. 2 Nr. 1 VwGO);[3]
- die Rechtssache besondere tatsächliche oder rechtliche Schwierigkeiten aufweist (§ 124 Abs. 2 Nr. 2 VwGO);[4]
- die Rechtssache grundsätzliche Bedeutung hat (§ 124 Abs. 2 Nr. 3 VwGO);[5]
- das Urteil von einer Entscheidung des Oberverwaltungsgerichts, des Bundesverwaltungsgerichts, des Gemeinsamen Senats der Obersten Gerichtshöfe des Bundes oder des Bundesverfassungsgerichts abweicht und auf dieser Abweichung beruht (§ 124 Abs. 2 Nr. 4 VwGO);[6]
- ein der Beurteilung des Berufungsgerichts unterliegender Verfahrensmangel geltend gemacht wird und vorliegt, auf dem die Entscheidung beruhen kann (§ 124 Abs. 2 Nr. 5 VwGO).[7]

5 **2. Antrag auf Zulassung der Berufung.** Für den Fall der durch das erstinstanzliche Verwaltungsgericht nicht erfolgenden Zulassung der Berufung (§ 124 a Abs. 1 S. 1 iVm § 124 Abs. 2 Nr. 3, 4 VwGO) ist die Zulassung der Berufung binnen eines Monats nach Zustellung des vollständigen Urteils (§ 124 a Abs. 4 S. 1 VwGO) beim Verwaltungsgericht unter Bezeichnung des angefochtenen Urteils (§ 124 a Abs. 4 S. 3 VwGO) anzubringen (§ 124 a Abs. 4 S. 2 VwGO). Die Monatsfrist für die Stellung des Zulassungsantrags ist ebenso wenig verlängerbar wie eine Umdeutung der erhobenen „Berufung" in einen Antrag auf Zulassung der Berufung.[8]

6 Soweit die Gründe des § 124 Abs. 2 Nr. 1–5 VwGO nicht bereits mit dem Antrag auf Zulassung der Berufung bezeichnet und dargelegt werden, ist dies binnen eines weiteren Monats, also innerhalb von 2 Monaten nach erfolgter Zustellung des vollständigen Urteils, vorzunehmen (§ 124 a Abs. 4 S. 4 VwGO), wobei in diesem Falle der Begründungsschriftsatz beim OVG/VGH einzureichen ist (§ 124 a Abs. 4 S. 5 VwGO). Nach Ablauf der Zweimonatsfrist ist ein „Nachschieben" der Begründung von Rechts wegen unbeachtlich.[9]

7 **3. Entscheidung über Zulassungsantrag; Rechtsfolgen. a) Ablehnung des Antrags auf Zulassung der Berufung.** Gemäß § 124 a Abs. 5 S. 3 VwGO wird mit der Ablehnung des gestellten Antrags auf Zulassung der Berufung das erstinstanzliche Urteil rechtskräftig mit der Folge, dass die gem. § 124 a Abs. 4 S. 5 VwGO (zunächst) eingetretene Hemmung der Rechtskraft des Urteils entfällt.

8 Wird der Antrag auf Zulassung der Berufung abgelehnt, entsteht die Gebühr gem. Nr. 5120 KV.

9 **b) Zulassung der Berufung.** Für den Fall der Zulassung der Berufung wird das Antragsverfahren gem. § 124 a Abs. 5 S. 5, 1. Hs. VwGO als Berufungsverfahren fortgesetzt, wobei es der Einlegung einer Berufung nicht bedarf (§ 124 a Abs. 5 S. 5, 2. Hs. VwGO). Gemäß § 124 a Abs. 6 S. 1 VwGO ist die Berufung bei erfolgter Zulassung innerhalb eines Monats nach Zustellung des Beschlusses über die Zulassung der Berufung zu begründen (§ 124 a Abs. 6 S. 1, Abs. 5 S. 1 VwGO), wobei die Begründung beim OVG/VGH einzureichen ist (§ 124 a Abs. 6 S. 2 VwGO). Infolge entsprechender Anwendbarkeit (§ 124 a Abs. 6 S. 3 VwGO) von § 124 a Abs. 3 S. 3–5 VwGO

- kann die Begründungsfrist auf einen vor ihrem Ablauf gestellten Antrag durch den Senatsvorsitzenden verlängert werden (§ 124 a Abs. 3 S. 3 VwGO);
- muss die Begründung einen bestimmten Antrag enthalten sowie die im Einzelnen anzuführenden Gründe der Anfechtung (§ 124 a Abs. 3 S. 4 VwGO),

3 Vgl *Kopp/Schenke*, VwGO, § 124 Rn 6 f; *Heitsch*, Berufung, in: Eiding/Hofmann-Hoeppel, VerwR, § 9 Rn 13. **4** Vgl *Kopp/Schenke*, VwGO, § 124 Rn 8 f; *Heitsch*, Berufung, in: Eiding/Hofmann-Hoeppel, VerwR, § 9 Rn 14. **5** Vgl *Kopp/Schenke*, VwGO, § 124 Rn 10; *Heitsch*, Berufung, in: Eiding/Hofmann-Hoeppel, VerwR, § 9 Rn 16 ff. **6** Vgl *Kopp/Schenke*, VwGO, § 124 Rn 11 f; *Heitsch*, Berufung, in: Eiding/Hofmann-Hoeppel, VerwR, § 9 Rn 20 ff. **7** Vgl *Kopp/Schenke*, VwGO, § 124 Rn 13 f; *Heitsch*, Berufung, in: Eiding/Hofmann-Hoeppel, VerwR, § 9 Rn 26 ff. **8** *Heitsch*, Berufung, in: Eiding/Hofmann-Hoeppel, VerwR, § 9 Rn 4 ff mwN. **9** *Kopp/Schenke*, VwGO, § 124 Rn 48 mwN.

wobei die Berufung dann unzulässig ist, wenn es an einem der vorbezeichneten Erfordernisse ermangelt (§ 124 a Abs. 3 S. 5 VwGO).

Im Falle der erfolgenden Zulassung der Berufung kommt Nr. 5121 KV nicht zum Ansatz. **10**

c) **Rücknahme des Antrags auf Zulassung der Berufung oder „anderweitige Erledigung" des Verfah-** **11** **rens.** Im Falle der Rücknahme des Antrags auf Zulassung der Berufung entsteht die Gebühr Nr. 5121 KV mit dem ermäßigten Gebührensatz von 0,5 ebenso wie bei „anderweitiger Erledigung" des Antragszulassungsberufungsverfahrens.

4. Entstehungsvoraussetzungen für Nr. 5120–5122 KV. Im Falle der Ablehnung des gestellten Antrags auf **12** Zulassung der Berufung entstehen gem. Nr. 5120, 5122 KV somit 5,0-Gebührensätze.

Wird der Antrag auf Zulassung der Berufung zurückgenommen oder erledigt sich das Verfahren anderwei- **13** tig, so kommen 4,5-Gebührensätze gem. Nr. 5121, 5122 KV in Ansatz.

II. Durchführung der Berufung

1. Zurücknahme der Berufung oder der Klage (Nr. 5123 KV); Erledigungserklärungen gem. § 161 Abs. 2 **14** **VwGO (Anm. zu Nr. 5123 KV).** Nr. 5123 KV erfasst insgesamt vier für die Beendigung des gesamten Verfahrens relevante Konstellationen. In diesen Konstellationen ermäßigt sich die Gebühr Nr. 5122 KV auf 1,0.

a) **Verfahrensbeendigung durch Berufungsrücknahme.** Anwendungsvoraussetzung ist zunächst **15**

- entweder ein infolge Zulassung der Berufung durch das Verwaltungsgericht aus den Gründen des § 124 Abs. 2 Nr. 3, 4 iVm § 124 a Abs. 1 S. 1 VwGO anhängiges Berufungsverfahren;
- oder aber das gem. § 124 a Abs. 5, 1. Hs. VwGO nach erfolgter Zulassung durch OVG/VGH als Berufungsverfahren fortgesetzte Antragszulassungsberufungsverfahren.

Nr. 5123 KV setzt des Weiteren voraus, dass in diesen Fällen eine Berufungsrücknahme erfolgt, bevor der **16** Berufungsbegründungsschriftsatz bei Gericht eingegangen ist. Damit wird auf den **Zeitpunkt** abgestellt, zu dem

- entweder binnen der Monatsfrist die Berufung beim Verwaltungsgericht für den Fall der erfolgten Zulassung gem. § 124 a Abs. 1 S. 1 VwGO oder aber bei nicht erfolgter Zulassung durch das Verwaltungsgericht bei diesem der Antrag auf Zulassung der Berufung gem. § 124 a Abs. 4 S. 1 VwGO gestellt und jeweils mit der erforderlichen Begründung hinsichtlich der relevanten Berufungsgründe nach § 124 Abs. 2 Nr. 3, 4 VwGO (iVm § 124 a Abs. 1 S. 1 VwGO) oder aber der Berufungsgründe nach § 124 Abs. 2 Nr. 1–5 VwGO gem. § 124 a Abs. 4 S. 5 VwGO versehen ist;
- oder aber binnen der Zweimonatsfrist die durch das Verwaltungsgericht zugelassene Berufung gem. § 124 a Abs. 3 S. 2 VwGO oder aber im Falle des gestellten Antrags auf Zulassung der Berufung gem. § 124 a Abs. 4 S. 4 VwGO begründet wird; bzw
- im Falle der für beide Konstellationen (§ 124 a Abs. 6 S. 3 VwGO) geltenden Maßgabe des § 124 a Abs. 3 S. 3 VwGO die Zweimonatsfrist für die Begründung der Berufung oder aber des Antrags auf Zulassung der Berufung verlängert wurde mit der Folge, dass für die Vorlage des Begründungsschriftsatzes die über 2 Monate hinausreichende Frist gilt.

b) **Verfahrensbeendigung durch Klagerücknahme.** Die Klagerücknahme im – entweder aufgrund der Zulas- **17** sung durch das Verwaltungsgericht (§ 124 a Abs. 1 S. 1 VwGO) oder aber aufgrund erfolgreichen Antrags auf Zulassung der Berufung (§ 124 a Abs. 5 S. 5, 1. Hs. VwGO) – anhängigen Berufungsverfahren führt – im Gegensatz zur Berufungsrücknahme mit damit verbundenem Eintritt der Rechtskraft des Urteils[10] – zur Unwirksamkeit des erstinstanzlichen Urteils. Die Unwirksamkeit wird im Beschlusswege festgestellt wird.[11] Werden gleichzeitig Rücknahme der Klage sowie der Berufung erklärt, so ist im Zweifel anzunehmen, dass in erster Linie die Klage zurückgenommen werden soll.

c) **Erledigungserklärungen gem. § 161 Abs. 2 VwGO (Anm. zu Nr. 5123 KV).** Der Rücknahme – von Beru- **18** fung oder aber Klage – stehen gleich Erledigungserklärungen nach § 161 Abs. 2 VwGO, sofern keine Entscheidung über die Kosten ergeht oder aber die Entscheidung einer zuvor mitgeteilten Einigung der Beteiligten über die Kostentragung oder der Kostenübernahmeerklärung eines Beteiligten folgt (→ Rn 15–17).

d) **Berufungsrücknahmefiktion gem. § 126 Abs. 2 S. 1 VwGO.** Nicht ausdrücklich durch Nr. 5123 KV in **19** Bezug genommen, gleichwohl aber durch das Tatbestandsmerkmal „Zurücknahme der Berufung" erfasst wird die Fiktion der Berufungsrücknahme gem. § 126 Abs. 2 S. 1 VwGO für den Fall, dass der Berufungskläger das Verfahren trotz Aufforderung des Gerichts länger als 3 Monate nicht betreibt und durch das Gericht in der Aufforderung des Weiterbetreibens auf die sich aus §§ 162 Abs. 2 S. 1, 155 Abs. 2 VwGO erge-

---

10 *Kopp/Schenke*, VwGO, § 126 Rn 1 mwN. **11** *Kopp/Schenke*, VwGO, § 126 Rn 5.

benden Rechtsfolgen hingewiesen wurde (§ 126 Abs. 2 S. 2 VwGO) mit der Folge, dass durch Beschluss festzustellen ist, die Berufung gelte als zurückgenommen (§ 126 Abs. 2 S. 3 VwGO).

20 **2. Beendigung des Berufungsverfahrens außerhalb des Anwendungsbereichs von Nr. 5123 KV (Nr. 5124 KV).** Die gem. Nr. 5124 KV im Falle der Beendigung des gesamten Verfahrens bestimmte Ermäßigung der Gebühr Nr. 5122 KV (4,0) auf 2,0 setzt zum einen voraus, dass eine der Nr. 1–4 der in Nr. 5124 KV in Bezug genommenen Konstellationen gegeben ist. Da die Nr. 1–4 der Nr. 5124 KV mit den Beendigungstatbeständen der Nr. 5111 und 5113 KV weitgehend übereinstimmen, diese regelungsgleich mit Nr. 1221 und 1222 KV sind, kann auf die dortige Kommentierung verwiesen werden (→ Nr. 5110–5111 KV Rn 4 ff).

21 Wie Nr. 5123 KV erfasst Nr. 5124 KV die Beendigung des gesamten Verfahrens u.a. durch Zurücknahme der Berufung oder aber der Klage. Erstere führt zum Eintritt der Rechtskraft des erstinstanzlichen Urteils, Letztere zu dessen Unwirksamkeit bzw zur Unwirksamkeitserklärung durch Beschluss.

Abschnitt 3
Revision

Nr.	Gebührentatbestand	Gebühr oder Satz der Gebühr nach § 34 GKG
5130	Verfahren im Allgemeinen	5,0
5131	Beendigung des gesamten Verfahrens durch Zurücknahme der Revision oder der Klage, bevor die Schrift zur Begründung der Revision bei Gericht eingegangen ist: Die Gebühr 5130 ermäßigt sich auf .... Erledigungserklärungen nach § 161 Abs. 2 VwGO stehen der Zurücknahme gleich, wenn keine Entscheidung über die Kosten ergeht oder die Entscheidung einer zuvor mitgeteilten Einigung der Beteiligten über die Kostentragung oder der Kostenübernahmeerklärung eines Beteiligten folgt.	 1,0

5132	Beendigung des gesamten Verfahrens, wenn nicht Nummer 5131 erfüllt ist, durch
	1. Zurücknahme der Revision oder der Klage
	  a) vor dem Schluss der mündlichen Verhandlung,
	  b) wenn eine solche nicht stattfindet, vor Ablauf des Tages, an dem das Urteil oder der Beschluss in der Hauptsache der Geschäftsstelle übermittelt wird, oder
	  c) im Fall des § 93 a Abs. 2 VwGO vor Ablauf der Erklärungsfrist nach § 93 a Abs. 2 Satz 1 VwGO,
	2. Anerkenntnis- oder Verzichtsurteil,
	3. gerichtlichen Vergleich oder
	4. Erledigungserklärungen nach § 161 Abs. 2 VwGO, wenn keine Entscheidung über die Kosten ergeht oder die Entscheidung einer zuvor mitgeteilten Einigung der Beteiligten über die Kostentragung oder der Kostenübernahmeerklärung eines Beteiligten folgt,
	es sei denn, dass bereits ein anderes als eines der in Nummer 2 genannten Urteile oder ein Beschluss in der Hauptsache vorausgegangen ist:
	Die Gebühr 5130 ermäßigt sich auf ....
	Die Gebühr ermäßigt sich auch, wenn mehrere Ermäßigungstatbestände erfüllt sind.
		3,0

I. Zulassung der Revision

1 **1. Grundsätzliches.** Entsprechend der für das Berufungsverfahren gem. § 124 a VwGO getroffenen Regelung ist das **Revisionsverfahren zum Bundesverwaltungsgericht** gegen
- Urteile von OVG/VGH (§ 49 Nr. 1 VwGO),
- Beschlüsse von OVG/VGH gem. § 47 Abs. 5 S. 1 VwGO

dann eröffnet, wenn

■ entweder OVG/VGH die Revision zugelassen haben oder

■ im Falle der Nichtzulassung durch OVG/VGH eine Nichtzulassungsbeschwerde (§ 133 Abs. 1 VwGO) aus den Gründen des § 132 Abs. 2 Nr. 1–3 VwGO Erfolg hat mit der Konsequenz, dass das Nichtzulassungsbeschwerdeverfahren als Revisionsverfahren fortgesetzt wird (§ 139 Abs. 2 S. 1, 1. Hs. VwGO), es sei denn, das Bundesverwaltungsgericht hebt das angefochtene Urteil gem. § 133 Abs. 6 VwGO iVm § 132 Abs. 2 Nr. 3 VwGO (Beruhen des Urteils von OVG/VGH auf einem geltend gemachten Verfahrensmangel) auf (§ 139 Abs. 2 S. 1, 2. Hs. VwGO).

Die Revisionszulassungsgründe des § **132 Abs. 2 Nr. 1–3** VwGO gelten sowohl für die **Zulassung durch**   2
OVG/VGH als auch für die Zulassung im Rahmen einer erhobenen Nichtzulassungsbeschwerde **durch das Bundesverwaltungsgericht** als Revisionsgericht, des Weiteren für den **Sonderfall**, dass die Berufung gegen ein Urteil des Verwaltungsgerichts durch Bundesgesetz ausgeschlossen ist (**§ 135 S. 1 iVm § 49 Nr. 2 VwGO**) und demzufolge anstelle der Berufung die Revision – entweder aufgrund Zulassung durch das Verwaltungsgericht oder aber im Nichtzulassungsbeschwerdeverfahren durch das Bundesverwaltungsgericht (§ 135 S. 2 VwGO) – eröffnet ist (§ 135 S. 3 VwGO).[1]

Demgegenüber sind im Falle der **Sprungrevision** gegen ein erstinstanzliches Urteil des Verwaltungsgerichts   3
(§ 49 Nr. 2 VwGO), dh bei „Überspringen" der Berufungsstation unter den Voraussetzungen des § **134 Abs. 1 S. 1** VwGO, ausschließlich die Zulassungsgründe des § 132 Abs. 2 Nr. 1 und 2 VwGO anwendbar (§ 134 Abs. 2 S. 1 VwGO).

2. Einzelkonstellationen eines Revisionsverfahrens. Hinsichtlich eines anhängigen Revisionsverfahrens sind   4
daher die nachstehenden vier Konstellationen zu unterscheiden:

a) Revision gegen Urteile (§ 49 Nr. 1 VwGO)/Beschlüsse (§ 47 Abs. 5 S. 1 VwGO) von OVG/VGH. aa) An-   5
wendungsbereich. Der durch § 132 Abs. 1 VwGO bestimmte Anwendungsbereich erstreckt sich auf:

■ **Urteile von OVG/VGH**, dh auf **End-, Zwischen-, Teil-, Grundurteile;**

■ **Beschlüsse gem. § 47 Abs. 5 S. 1, 2. Alt. VwGO** im Normenkontrollverfahren für den Fall, dass eine mündliche Verhandlung „nicht für erforderlich" gehalten wird und daher nicht stattfindet;

■ **Beschlüsse gem. § 125 Abs. 2 VwGO** über die Verwerfung einer Berufung als unzulässig;[2]

■ **Beschlüsse** von OVG/VGH **gem. § 130 a S. 1 VwGO** über eine anhängige Berufung gegen ein erstinstanzliches Urteil für den Fall, dass OVG/VGH die Berufung einstimmig für begründet oder aber für unbegründet und eine mündliche Verhandlung nicht für erforderlich halten (§ 130 a S. 2 iVm § 125 Abs. 2 S. 3–5 VwGO);

■ **Gerichtsbescheide (§ 84 Abs. 2 Nr. 2 VwGO)** im Falle einer anhängigen Sprungrevision.[3]

bb) Revisionsverfahren. In den Fällen des § 49 Nr. 1 VwGO kommt ein Revisionsverfahren zustande   6

■ entweder kraft erfolgter Zulassung durch OVG/VGH (§ 132 Abs. 1, 1. Alt. VwGO);

■ oder aber bei nicht erfolgter Zulassung durch OVG/VGH, wenn ein Nichtzulassungsbeschwerdeverfahren zum Bundesverwaltungsgericht zur Zulassung durch das Bundesverwaltungsgericht führt (§ 132 Abs. 1, 2. Alt. VwGO).

cc) Abhilfekompetenz von OVG/VGH. Haben OVG/VGH die Revision gegen Urteile iSv § 49 Nr. 1 VwGO   7
– wie gegen im Normenkontrollverfahren ergehende Urteile gem. § 47 Abs. 5 S. 1, 1. Alt. VwGO[4] – nicht zugelassen und ist die Nichtzulassungsbeschwerde form- und fristgerecht beim OVG/VGH als iudex a quo binnen der Monatsfrist des § 133 Abs. 2 S. 1 VwGO unter Bezeichnung des angefochtenen Urteils (§ 133 Abs. 2 S. 2 VwGO) eingelegt und binnen der Zweimonatsfrist des § 133 Abs. 3 S. 1 VwGO unter Darlegung der grundsätzlichen Bedeutung der Rechtssache oder aber der Entscheidung, von der das Urteil abweicht, oder aber der Bezeichnung des Verfahrensmangels (§ 133 Abs. 3 S. 3 VwGO) durch weiteren Schriftsatz, einzureichen ebenfalls bei OVG/VGH, begründet worden, so ist zu beachten, dass **OVG/VGH** grds. die Möglichkeit haben, der **Nichtzulassungsbeschwerde abzuhelfen** (§ 133 Abs. 5 S. 1, 1. Hs. VwGO). In diesem – in der Praxis sehr seltenen – Fall sprechen OVG/VGH die im Nichtzulassungsbeschwerdeverfahren beantragte Zulassung der Revision durch Beschluss aus, der das Bundesverwaltungsgericht gem. § 132 Abs. 3 VwGO bindet.[5]

dd) Entscheidung durch BVerwG im Falle der Nichtabhilfe. Helfen OVG/VGH der form- und fristgerecht   8
eingelegten und begründeten Nichtzulassungsbeschwerde nicht ab, entscheidet das Bundesverwaltungsgericht nach erfolgter Vorlage durch OVG/VGH durch Beschluss (§ 133 Abs. 5 S. 1, 2. Hs. VwGO), der „kurz

---

1 Vgl *Kopp/Schenke*, VwGO, § 132 Rn 5. **2** Vgl *Kopp/Schenke*, VwGO, § 125 Rn 7. **3** Vgl *Kopp/Schenke*, VwGO, § 132 Rn 3.
4 Normenkontrollurteile gem. § 47 Abs. 5 S. 1, 1. Alt. VwGO sind Endurteile iSv § 107 VwGO mit der Folge, dass sie der Revision infolge Zulassung durch das OVG/VGH oder aber der Erhebung der Nichtzulassungsbeschwerde zugänglich sind (§ 132 Abs. 1 VwGO). **5** Vgl *Kopp/Schenke*, VwGO, § 133 Rn 19.

1

begründet" werden soll (§ 133 Abs. 5 S. 2, 1. Hs. VwGO); von einer Begründung kann abgesehen werden, wenn sie nicht geeignet ist, zur Klärung der Voraussetzungen beizutragen, unter denen eine Revision zuzulassen ist (§ 133 Abs. 5 S. 2, 2. Hs. VwGO). Wird der **Nichtzulassungsbeschwerde nicht stattgegeben**, wird das **Urteil** iSd § 49 Nr. 1 VwGO **rechtskräftig** (§ 133 Abs. 5 S. 3 VwGO). Zu einem „Revisionsverfahren" im Rechtssinne kommt es bei dieser Konstellation nicht.

9 Wird hingegen der **Nichtzulassungsbeschwerde** durch Beschluss des Bundesverwaltungsgerichts **stattgegeben**, so wird das Beschwerdeverfahren gem. § 139 Abs. 2 S. 1, 1. Hs. VwGO als Revisionsverfahren fortgesetzt, es sei denn, es erfolgt durch Urteil eine Aufhebung des angefochtenen Urteils gem. § 133 Abs. 6 VwGO (§ 139 Abs. 2 S. 1, 2. Hs. VwGO), dh, es wird erfolgreich ein Verfahrensmangel iSv § 132 Abs. 2 Nr. 3 VwGO geltend gemacht, auf dem das angefochtene Urteil beruhen kann. Dies führt dann dazu, dass dieses aufgehoben und der Rechtsstreit zur anderweitigen Verhandlung und Entscheidung an OVG/VGH zurückverwiesen wird (§ 133 Abs. 6 VwGO).

10 **b) Revision gegen Urteile des Verwaltungsgerichts (§ 49 Nr. 2 VwGO). aa) Anwendungsbereich.** § 49 Nr. 2 VwGO betrifft **Sonderfälle** insoweit, als es sich um Revision gegen erstinstanzliche Urteile des Verwaltungsgerichts handelt

- im Wege der **Sprungrevision gem. § 134 VwGO** unter den Voraussetzungen des § 132 Abs. 2 Nr. 1 und 2 VwGO (§ 134 Abs. 2 S. 1 VwGO);
- gegen die eine **Berufung durch Bundesgesetz ausgeschlossen** ist (**§ 135 S. 1 VwGO**).

11 **bb) Zulassungsalternativen.** Ein **Sprungrevisionsverfahren** setzt gem. § 134 Abs. 1 S. 1 VwGO neben den dort bezeichneten Voraussetzungen der schriftlichen Zustimmung von Kläger und Beklagten zur „Übergehung der Berufungsinstanz"

- entweder die durch das Verwaltungsgericht im erstinstanzlichen Urteil (§ 134 Abs. 1 S. 1, 1. Alt. VwGO)
- oder aber bei Nichtzulassung im Urteil aufgrund binnen der Monatsfrist des § 134 Abs. 1 S. 2 VwGO auf Antrag

erfolgende Zulassung durch das Verwaltungsgericht voraus.[6]

12 Wird der Antrag auf Zulassung der Revision durch Beschluss des Verwaltungsgerichts abgelehnt, beginnt gem. § 134 Abs. 3 S. 1, 1. Hs. VwGO mit der Zustellung des Beschlusses der Lauf der Monatsfrist für den Antrag auf Zulassung der Berufung „von Neuem", sofern der Antrag in der gesetzlichen Frist und Form gestellt und die Zustimmungserklärung von Kläger und Beklagten (§ 134 Abs. 1 S. 1 VwGO) fristgerecht angebracht war. Das Verfahren auf Zulassung der Sprungrevision kann nicht fortgesetzt werden, da die beim Verwaltungsgericht beantragte Zulassung der Sprungrevision im Falle der Ablehnung unanfechtbar ist (§ 134 Abs. 2 S. 3 VwGO).[7]

13 Ist kraft bundesgesetzlicher Regelung die Berufung gegen erstinstanzliche Urteile des Verwaltungsgerichts ausgeschlossen, so ist gem. § 135 S. 1 VwGO Revision gegen solche Urteile eröffnet, wenn

- entweder die Zulassung durch das Verwaltungsgericht (§ 135 S. 2, 1. Alt. VwGO)
- oder aber im Falle der Nichtzulassung durch das Verwaltungsgericht und entsprechender Nichtzulassungsbeschwerde Revisionszulassung durch das Bundesverwaltungsgericht (§ 135 S. 2, 2. Alt. VwGO) erfolgt.

14 Der Geltungsbereich des § 135 VwGO ist partiell entfallen, soweit § 34 WPflG, § 10 Abs. 2 KDVG und § 75 ZDG betroffen sind.[8]

15 **Keine Anwendungsfälle des § 135 VwGO** sind:

- § 78 Abs. 1 AsylVfG für den Fall, dass das Verwaltungsgericht die Klage als offensichtlich unzulässig oder aber offensichtlich unbegründet abgewiesen hat, da in diesem Falle jedes Rechtsmittel ausgeschlossen ist;
- die **Beschränkung der Berufungsmöglichkeit** gegen erstinstanzliche Urteile des Verwaltungsgerichts auf die Berufungszulassungsgründe gem. § 124 Abs. 2 Nr. 1–5 VwGO.

16 **c) Beschwerde gem. § 99 Abs. 2, § 133 Abs. 1 VwGO, § 17 a Abs. 4 S. 4 GVG (§ 49 Nr. 3 VwGO).** § 49 Nr. 3 VwGO begründet die funktionelle Zuständigkeit des Bundesverwaltungsgerichts für:

- **Beschwerdeverfahren gem. § 99 Abs. 2 S. 2 VwGO**, dh für den Fall, dass eine oberste Bundesbehörde die Vorlage, Übermittlung oder Auskunft von Urkunden oder Akten, zur Übermittlung elektronischer Dokumente oder von Auskünften iSd § 99 Abs. 1 S. 1 VwGO mit der Begründung verweigert, das Bekanntwerden des Inhalts der Urkunden, der Akten, der elektronischen Dokumente oder die Auskünfte

---

6 Vgl *Kopp/Schenke*, VwGO, § 134 Rn 6 f. **7** Vgl *Kopp/Schenke*, VwGO, § 134 Rn 10. **8** Vgl *Kopp/Schenke*, VwGO, § 135 Rn 1.

würden dem Wohl des Bundes Nachteile bereiten (§ 99 Abs. 2 S. 2, 1. Hs. VwGO),[9] wobei dies auch gilt, wenn das Bundesverwaltungsgericht nach § 50 VwGO für die Hauptsache zuständig ist (§ 99 Abs. 2 S. 2, 2. Hs. VwGO);

- **Beschwerden gem. § 133 Abs. 1 VwGO**, dh Beschwerden wegen Nichtzulassung der Revision durch Urteil (§ 49 Nr. 1 VwGO) bzw Beschluss (§ 47 Abs. 5 S. 1, 2. Alt. VwGO) durch OVG/VGH;
- **Beschwerde gegen Beschlüsse nach § 17 a Abs. 2 GVG** über den Ausspruch der Unzulässigkeit des beschrittenen Rechtswegs und Verweisung des Rechtsstreits nach Anhörung der Parteien von Amts wegen an das zuständige Gericht des zulässigen Rechtswegs **oder** aber nach **§ 17 a Abs. 3 GVG** (Vorausspruch über die Zulässigkeit des beschrittenen Rechtswegs von Amts wegen oder aber auf Parteirüge hinsichtlich der Zulässigkeit des Rechtswegs) gem. **§ 17 a Abs. 4 S. 4 GVG** im Falle der Zulassung nach den Maßgaben des § 17 a Abs. 4 S. 5 GVG, dh bei grundsätzlicher Bedeutung der Rechtsfrage oder aber Abweichung von der Entscheidung eines obersten Gerichtshofs des Bundes oder des Gemeinsamen Senats der obersten Gerichtshöfe des Bundes.

Hinsichtlich der unterschiedlichen Konstellationen des § 49 Nr. 3 VwGO ist zu beachten, dass die Gebührentatbestände der **Nr. 5130–5132 KV ausschließlich** in Betracht kommen für den Fall, dass ein **Nichtzulassungsbeschwerdeverfahren**   17

- entweder infolge Abhilfe durch OVG/VGH (§ 133 Abs. 5 S. 1, 1. Hs. VwGO)
- oder aber im Falle der Nichtabhilfe durch Beschluss des Bundesverwaltungsgerichts (§ 133 Abs. 5 S. 1, 2. Hs. VwGO)

mit der Konsequenz erfolgreich ist, dass das Beschwerdeverfahren gem. § 139 Abs. 2 S. 1, 1. Hs. VwGO als Revisionsverfahren fortgesetzt wird.

Den Gebührentatbeständen nach **Nr. 5130–5132 KV** unterfallen daher **nicht**:   18

- Beschwerdeverfahren gem. § 99 Abs. 2 VwGO;
- Beschwerdeverfahren nach § 17 a Abs. 4 S. 4 GVG.

II. Revisionsbeendigungsgründe durch Zurücknahme von Revision oder Klage (Nr. 5131 KV)

1. Gang des Revisionsverfahrens. Das Revisionsverfahren unterliegt gem. § 141 S. 1, 1. Hs. VwGO den für   19
die Berufung geltenden Vorschriften mit den in § 142 VwGO bestimmten Ausnahmen dahin gehend, dass

- unzulässig sind Klageänderungen und Beiladungen (§ 142 Abs. 1 S. 1 VwGO) mit Ausnahme notwendiger Beiladungen gem. § 65 Abs. 2 VwGO (§ 142 Abs. 1 S. 2 VwGO);
- die Geltendmachung von Verfahrensmängeln durch einen im Revisionsverfahren gem. § 65 Abs. 2 VwGO Beigeladenen binnen der Zweimonatsfrist nach Zustellung des Beiladungsbeschlusses (§ 142 Abs. 2 S. 1 VwGO) zu erfolgen hat;
- Klageerweiterung und Widerklage mit Ausnahme der Geltendmachung einer Beschwer des Anschlussrevisionsklägers[10] ausgeschlossen sind.

2. Entscheidungskonstellationen. Hinsichtlich der Entscheidung des Bundesverwaltungsgerichts über eine   20
anhängige Revision sind folgende **drei Konstellationen** zu unterscheiden:

- Ergibt sich nach Prüfung der Zulässigkeitsvoraussetzungen des § 143 S. 1 VwGO die **Unzulässigkeit der Revision**, so wird diese durch Beschluss des Bundesverwaltungsgerichts verworfen (§ 144 Abs. 1 iVm § 143 S. 2 VwGO).
- Ist die **Revision zulässig, jedoch unbegründet** – entweder weil das angefochtene Urteil nicht auf einer Verletzung revisiblen Rechts beruht, dh auf einer Verletzung von Bundesrecht (§ 137 Abs. 1 Nr. 1 VwGO) oder einer Vorschrift des Verwaltungsverfahrensgesetzes eines Landes, die ihrem Wortlaut nach mit dem Verwaltungsverfahrensgesetz des Bundes übereinstimmt (§ 137 Abs. 1 Nr. 2 VwGO) oder aber das angefochtene Urteil keine materiellrechtlichen Fehler aufweist oder aber trotz materiellrechtlicher Fehler jedenfalls im Ergebnis richtig ist (§ 144 Abs. 4 VwGO)[11] –, so wird die Revision durch Urteil zurückgewiesen (§ 144 Abs. 2 VwGO).
- Ist die **Revision (zulässig und) begründet**, so entscheidet das Bundesverwaltungsgericht entweder „in der Sache selbst" (§ 144 Abs. 3 S. 1 Nr. 1 VwGO), dh im Falle der Begründetheit wegen Verletzung revisiblen Rechts und Nichtvorliegens der Voraussetzungen nach § 144 Abs. 4 VwGO[12] oder aber es hebt – ebenfalls durch Urteil – das angefochtene Urteil auf und verweist die Sache zur anderweitigen Verhandlung und Entscheidung an das OVG/den VGH zurück (§ 144 Abs. 3 S. 1 Nr. 2 VwGO); relevant ist dies vornehmlich dann, wenn die durch das OVG/den VGH – bzw das VG in den Fällen des §§ 134,

---

9 Vgl hierzu *Hofmann-Hoeppel*, Informationszugang nach IFG, in: Eiding/Hofmann-Hoeppel, VerwR, § 2 Rn 102; *ders.*, Informationszugang nach VIG, in: Eiding/Hofmann-Hoeppel, VerwR, § 3 Rn 75 f. **10** Vgl *Kopp/Schenke*, VwGO, § 141 Rn 6. **11** Vgl *Kopp/Schenke*, VwGO, § 144 Rn 1, 4. **12** Vgl *Kopp/Schenke*, VwGO, § 144 Rn 7.

135 VwGO – getroffenen Tatsachenvorstellungen keine ausreichende Grundlage für eine Sachentscheidung bieten, also ergänzende Ermittlungen, insb. Beweiserhebungen, erforderlich sind und damit keine Spruchreife besteht, wobei eine Aufhebung und Zurückverweisung gem. § 144 Abs. 3 S. 2 VwGO auch dann in Betracht kommt, wenn der im Revisionsverfahren nach § 142 Abs. 1 S. 2 iVm § 65 Abs. 2 VwGO Beigeladene ein berechtigtes Interesse daran hat.[13]

21 Die gem. § 144 Abs. 3 Nr. 2 VwGO vorgesehene Aufhebung des angefochtenen Urteils mit der Folge der Zurückverweisung zur anderweitigen Verhandlung und Entscheidung erfolgt hinsichtlich der Urteile von OVG/VGH iSv § 49 Nr. 1 VwGO bzw Beschlüssen gem. § 47 Abs. 5 S. 1, 2. Alt. VwGO im Normenkontrollverfahren an OVG/VGH, im Falle der Sprungrevision des § 134 VwGO oder aber der Revision gegen erstinstanzliche Urteile des Verwaltungsgerichts, gegen die die Berufung durch Bundesgesetz ausgeschlossen ist (§ 135 S. 1 VwGO), an das erstinstanzliche VG, wobei in beiden Fällen analog § 563 Abs. 1 S. 2 ZPO die Zurückverweisung auch an einen anderen Senat von OVG/VGH bzw an eine andere Kammer des VG erfolgen kann.[14]

22 Die gem. § 144 Abs. 3 S. 1 Nr. 2 VwGO erfolgende Zurückverweisung – an OVG/VGH bzw VG – hat zunächst zur Folge, dass die Rechtssache im Umfang der erfolgten Aufhebung und Zurückverweisung erneut anhängig wird, so dass sowohl neue Anträge als auch der Vortrag neuer Tatsachen zulässig sind.[15]

23 OVG/VGH wie VG sind gem. § 144 Abs. 6 VwGO bzgl der nach Aufhebung des angefochtenen Urteils und Zurückverweisung der Rechtssache zur anderweitigen Verhandlung und Entscheidung an die rechtliche Beurteilung des Revisionsgerichts **gebunden**; eine Verletzung der Bindungswirkung stellt einen – selbständig anfechtbaren – Verfahrensfehler dar. Die Bindungswirkung des § 144 Abs. 6 VwGO entfällt ausschließlich bei nachträglicher Änderung der Sach- oder aber Rechtslage, des Weiteren in den Fällen, in denen eine maßgebliche Rechtsfrage durch den Gemeinsamen Senat der Obersten Gerichtshöfe des Bundes oder aber des Großen Senats des Bundesverwaltungsgerichts anders entschieden wurde.[16] Eine „Suspendierung" der Bindungswirkung des § 144 Abs. 6 VwGO tritt für den Fall ein, dass einer der Gründe des § 94 VwGO über die Aussetzung des Verfahrens vorliegt, also die Entscheidung des Rechtsstreits ganz oder zum Teil vom Bestehen oder Nichtbestehen eines Rechtsverhältnisses abhängt, das Gegenstand eines anderen anhängigen Rechtsstreits – insb. im Wege der Verfassungsbeschwerde,[17] einer Richtervorlage gem. Art. § 100 Abs. 1 GG[18] oder aber eines Vorabentscheidungsverfahrens gem. Art. 267 AEUV[19] – ist und demzufolge eine Aussetzung gem. § 94 VwGO erfolgt.[20]

24 **3. Verfahrensbeendigung durch Revisionsrücknahme.** Anwendungsvoraussetzung ist – vergleichbar der Beendigung des Berufungsverfahrens durch Berufungsrücknahme –

- entweder ein **infolge Zulassung der Revision** durch OVG/VGH bzgl Urteilen (§ 49 Nr. 1 VwGO) oder aber Beschlüssen (§ 47 Abs. 5 S. 1 VwGO) gem. § 132 Abs. 1, 1. Alt. VwGO bzw im Falle der Sprungrevision gem. § 134 Abs. 2 S. 1 VwGO gegen erstinstanzliche Urteile (§ 49 Nr. 2 VwGO) oder aber gegen erstinstanzliche Urteile kraft Berufungsausschlusses gem. § 135 S. 1 VwGO durch das Verwaltungsgericht **anhängiges Revisionsverfahren**
- oder aber bei nicht erfolgter Zulassung durch die Erstinstanz (OVG/VGH oder aber VG) ein **im Rahmen des Nichtzulassungsbeschwerdeverfahrens** gegen Urteile (§ 49 Nr. 1 VwGO) bzw Beschlüsse (§ 47 Abs. 5 S. 1 VwGO) beim Bundesverwaltungsgericht (§ 132 Abs. 1, 2. Alt. VwGO) oder aber beim Verwaltungsgericht in den Fällen des §§ 134, 135 iVm § 49 Nr. 2 VwGO **als Revisionsverfahren fortgesetztes erfolgreiches Nichtzulassungsbeschwerdeverfahren.**

25 Nr. 5131 KV setzt weiterhin voraus, dass in diesen Fällen eine Rücknahme der Revision erfolgt, bevor der Revisionsbegründungsschriftsatz bei Gericht eingegangen ist. Damit wird auf den **Zeitpunkt** abgestellt, zu dem

---

13 Vgl *Kopp/Schenke*, VwGO, § 144 Rn 10. **14** Vgl *Kopp/Schenke*, VwGO, § 144 Rn 9. **15** Vgl *Kopp/Schenke*, VwGO, § 144 Rn 11. **16** Vgl *Kopp/Schenke*, VwGO, § 144 Rn 13. **17** Vgl hierzu *Hofmann-Hoeppel*, Verfassungsbeschwerde nach Bundes- und Landesrecht, in: Eiding/Hofmann-Hoeppel, VerwR, § 15 Rn 20 ff (zur Individualverfassungsbeschwerde gem. Art. 93 Abs. 1 Nr. 4 a GG iVm §§ 90 ff BVerfGG) bzw Rn 133 ff (zur Kommunalverfassungsbeschwerde gem. Art. 93 Abs. 1 Nr. 4 b GG iVm §§ 90 ff BVerfGG). **18** Zu den formalen wie materiellrechtlichen Erfordernissen an Richtervorlage gem. § 100 Abs. 1 GG vgl *Wieland*, in: Dreier, Grundgesetz, Kommentar, Band III (Art. 83 bis 146), Rn 6 ff sowie *Hofmann-Hoeppel*, Verfassungsbeschwerde nach Bundes- und Landesrecht, in: Eiding/Hofmann-Hoeppel, VerwR, § 15 Rn 6. **19** Vgl hierzu *Gutmann*, Rechtsschutz vor den Europäischen Gerichten, in: Eiding/Hofmann-Hoeppel, VerwR, § 16 Rn 44 ff. **20** Vgl hierzu BVerfG 5.3.2013 – 1 BvR 2457/08, EzKommR Nr. 2540.690 über die Verfassungswidrigkeit zeitlich unbegrenzter Festsetzbarkeit vorteilsausgleichender kommunaler Abgaben mit der Folge einer Unvereinbarkeit von Art. 13 Abs. 1 Nr. 4 Buchst. b, cc, 2. Spiegelstrich BayKAG mit Art. 2 Abs. 1 GG iVm Art. 20 Abs. 3 GG, was zur Folge hatte, dass – in Berufungs- wie Revisionsinstanz – anhängige Verfahren gem. § 94 VwGO ausgesetzt wurden, in denen streitgegenständlich waren Bescheide über die Geltendmachung von Verbesserungs-/Herstellungsbeiträgen für leitungsgebundene Einrichtungen im Wege der sog. Nacherhebung im Falle rückwirkenden Erlasses von Beitrags- und Gebührensatzungen zur Wasserabgabe- bzw Entwässerungssatzung (BGS-WAS bzw BGS-EWS) zur Heilung von längere Zeit zurückliegender Beitrags- und Gebührensatzungen, die sich als unwirksam erwiesen hatten.

- für den Fall der erfolgten Zulassung der Revision gegen Urteile (§ 49 Nr. 1 VwGO) bzw Beschlüsse (§ 47 Abs. 5 S. 1 VwGO) durch OVG/VGH, gegen Urteile iSv § 49 Nr. 2 VwGO bei erfolgter Zulassung durch das Verwaltungsgericht (§ 135 S. 2, 1. Alt. VwGO) die eingelegte Revision vor Ablauf der für die Revisionsbegründungsfrist geltenden Zweimonatsfrist (§ 133 Abs. 3 S. 1, § 135 S. 3 VwGO) zurückgenommen wird;

- oder aber im Falle der nicht erfolgten Zulassung durch OVG/VGH gegen Urteile (§ 49 Nr. 1 VwGO) bzw Beschlüsse (§ 47 Abs. 5 S. 1 VwGO) durch OVG/VGH bzw in Fällen des § 135 S. 1 iVm § 49 Nr. 2 VwGO durch das Verwaltungsgericht nach erfolgreicher Nichtzulassungsbeschwerde – entweder aufgrund der Abhilfeentscheidung der Vorinstanz (§ 133 Abs. 5 S. 1, 1. Hs., § 135 S. 3 VwGO) oder aber bei Nichtabhilfe durch das Bundesverwaltungsgericht (§ 133 Abs. 5 S. 1, 2. Hs., § 135 S. 2, 2. Alt. VwGO) – der Revisionsbegründungsschriftsatz gem. § 133 Abs. 3 S. 1, § 135 S. 3 VwGO in Vorlage gebracht wurde.

Eine **Sonderstellung** nimmt insoweit das **Sprungrevisionsverfahren** gem. § 134 VwGO ein, als im Falle der   26
Ablehnung des gestellten Antrags auf Zulassung der Revision durch Beschluss des Verwaltungsgerichts mit der Zustellung des Laufs der Frist für den Antrag auf Zulassung der Berufung von Neuem zu laufen beginnt, sofern der Antrag in der gesetzlichen Frist und Form gestellt und die Zustimmungserklärung (iSd § 134 Abs. 1 S. 1 VwGO) beigefügt war (§ 134 Abs. 3 S. 1 VwGO). Lässt hingegen das Verwaltungsgericht die beantragte Revision durch Beschluss zu, beginnt der Lauf der Revisionsfrist mit der Zustellung dieser Entscheidung (§ 134 Abs. 3 S. 2 VwGO).

4. Beendigung des Revisionsverfahrens durch Klagerücknahme. Die Klagerücknahme im nach den vorbe-   27
zeichneten Konstellationen anhängigen Revisionsverfahren führt – im Gegensatz zur Rücknahme der Revision mit damit einhergehenden Verlust des eingelegten Rechtsmittels (§ 140 Abs. 2 S. 1 VwGO) – zur **Unwirksamkeit** des erstinstanzlichen Urteils mit der Folge, dass diese im Beschlusswege festgestellt wird.

5. Nichtanwendbarkeit von Nr. 5131 KV. Da Nr. 5131 KV die Beendigung des gesamten Verfahrens entwe-   28
der durch Zurücknahme der Revision oder aber der Klage vor Eingang der Revisionsbegründungsschrift voraussetzt, eine Zurücknahme der Revision gem. § 140 Abs. 1 S. 1 VwGO demgegenüber bis zur Rechtskraft des Urteils erfolgen kann und die Zurücknahme der Revision nach Stellung der Anträge in der mündlichen Verhandlung die Einwilligung des Revisionsbeklagten und bei Teilnahme eines Vertreters des Bundesinteresses beim Bundesverwaltungsgericht an der mündlichen Verhandlung auch dessen Einwilligung voraussetzt (§ 140 Abs. 1 S. 2 VwGO), findet Nr. 5131 KV **nach dem Zeitpunkt des Eingangs der Revisionsbegründungsschrift**, dh insb. bei Rücknahme von Revision oder Klage nach Stellung der Anträge in der mündlichen Verhandlung, keine Anwendung.

III. Beendigungstatbestände des Revisionsverfahrens gem. Nr. 5132 KV

Da die Beendigungstatbestände nach Nr. 5132 Nr. 1–4 KV mit der Folge der Ermäßigung der Gebühr   29
Nr. 5130 KV von 5,0 auf 3,0 dem Grundsatz nach identisch sind mit jenen gem. Nr. 5111 Nr. 1–4 KV, kann insoweit auf die dortige Kommentierung verwiesen werden (→ Nr. 5110–5111 KV Rn 4 ff).

Hauptabschnitt 2
Vorläufiger Rechtsschutz

Nr.	Gebührentatbestand	Gebühr oder Satz der Gebühr nach § 34 GKG
Vorbemerkung 5.2:		
(1) Die Vorschriften dieses Hauptabschnitts gelten für einstweilige Anordnungen und für Verfahren nach § 80 Abs. 5, § 80 a Abs. 3 und § 80 b Abs. 2 und 3 VwGO.		
(2) Im Verfahren über den Antrag auf Erlass und im Verfahren über den Antrag auf Aufhebung einer einstweiligen Anordnung werden die Gebühren jeweils gesondert erhoben. Mehrere Verfahren nach § 80 Abs. 5 und 7, § 80 a Abs. 3 und § 80 b Abs. 2 und 3 VwGO gelten innerhalb eines Rechtszugs als ein Verfahren.		

I. Geltungsbereich (Vorbem. 5.2 Abs. 1 KV)

1. Einstweilige Anordnungen gem. § 123 VwGO. a) Abgrenzung einstweiligen Rechtsschutzes (§ 123   1
Abs. 5 VwGO). Da § 123 Abs. 1–3 VwGO gem. § 123 Abs. 5 VwGO nicht für die Konstellationen der §§ 80, 80 a VwGO gilt, ist vorläufige Rechtsschutzgewährung durch Erlass von Sicherungs-/Regelungsan-

ordnung ausschließlich auf die vorläufigen (einstweiligen) Rechtsschutzbegehren anzuwenden, die im Hauptsacheverfahren nicht mit der Anfechtungsklage iSd § 42 Abs. 1 VwGO, sondern mit einer der übrigen Klagearten nach der Systematik der VwGO zu verfolgen sind. Geht es im Hauptsacheverfahren also um die Verpflichtung eines Hoheitsträgers zum **Erlass eines Verwaltungsakts**, zur Erbringung einer nicht durch Verwaltungsakt festzusetzenden **Leistung**, um eine **Unterlassung** oder aber um die **Feststellung des Bestehens oder Nichtbestehens eines Rechtsverhältnisses**, so ist vorläufige Rechtsschutzgewährung gem. § 123 VwGO einschlägig.[1]

2   Das Verfahren gem. § 123 VwGO hat allerdings insoweit **Ergänzungsfunktion** für die Konstellationen, für die Rechtsschutz gem. §§ 80 Abs. 5, 80 a Abs. 3 VwGO noch nicht oder nicht mehr gewährt werden kann und bei denen das Aussetzungsverfahren gem. §§ 80 Abs. 5, 80 a Abs. 3 VwGO keinen wirksamen Rechtsschutz bietet, also **in Konstellationen des vorausgehenden, nachgehenden oder kumulativen Rechtsschutzes**.[2]

3   **b) Ausschluss einstweiligen Rechtsschutzes gem. § 123 Abs. 1 VwGO.** Rechtsschutzbegehren gem. § 123 VwGO sind nicht eröffnet bzw stehen entgegen:

- **Verfahrenshandlungen iSv § 44 a S. 1 VwGO** mit Ausnahme der in § 44 a S. 2 VwGO getroffenen Regelung sowie dann, wenn sich die Gewährung vorläufigen Rechtsschutzes auf ein Verwaltungshandeln außerhalb eines laufenden Verwaltungsverfahrens iSv § 9 VwVfG bezieht;[3]
- **Verbot der Vorwegnahme der Hauptsacheentscheidung**[4] mit den nach hM anerkannten Ausnahmetatbeständen.[5]

4   **c) Anordnungsgrund und Anordnungsanspruch.** Die Zulässigkeit eines gestellten Antrags auf Erlass einer Sicherungsanordnung iSv § 123 Abs. 1 S. 1 VwGO[6] oder aber einer Regelungsanordnung iSv § 123 Abs. 1 S. 2 VwGO[7] setzt neben den allgemeinen Voraussetzungen – Eröffnung des Verwaltungsrechtswegs gem. § 40 Abs. 1 VwGO, Statthaftigkeit unter Berücksichtigung von § 123 Abs. 5 VwGO, allgemeines Rechtsschutzbedürfnis, sachliche und örtliche Zuständigkeit des angerufenen Gerichts[8] – insb. das Bestehen von **Anordnungsgrund** im Sinne besonderer Eilbedürftigkeit der erstrebten Regelung einerseits, von **Anordnungsanspruch** im Sinne eines subjektiv-öffentlichen Rechts andererseits voraus, die gem. § 123 Abs. 3 VwGO iVm § 920 Abs. 2 ZPO jeweils glaubhaft zu machen sind. Ob Anordnungsgrund und Anordnungsanspruch gegeben sind, ist hingegen eine Frage der Begründetheit (§ 123 Abs. 3 VwGO iVm § 921 S. 1 ZPO).

5   **d) „Hängebeschluss" als Zwischenentscheidung.** Die durch Beschluss zu treffende Entscheidung kann nach dem Ermessen des Gerichts aufgrund mündlicher Verhandlung oder aber ohne eine solche ergehen; Letzteres stellt den Regelfall dar.[9] Sind Sachverhalt und/oder entscheidungserhebliche Rechtsfragen nicht hinreichend überschaubar und besteht für das Gericht demzufolge keine Möglichkeit, die begehrte einstweilige Anordnung zeitgerecht zu erlassen, ist aber eine rasche Entscheidung zur Sicherung der Effektivität des Rechtsschutzes (Art. 19 Abs. 4 GG) zwingend geboten, besteht die Möglichkeit des Erlasses einer Zwischenregelung in Form eines sog. **Hängebeschlusses**.

6   **e) Eignung als Vollstreckungstitel.** Ein dem Antrag gem. § 123 Abs. 1 S. 1 und 2 VwGO ergehender **positiver Beschluss** ist **Vollstreckungstitel** gem. § 168 Abs. 1 Nr. 2 VwGO, wobei dies auch für die Aufhebung

---

1 Vgl *Hofmann-Hoeppel*, Einstweilige Anordnungen gem. § 123 VwGO, in: Eiding/Hofmann-Hoeppel, VerwR, § 12 Rn 1; die Relevanz vornehmlich im Bauordnungsrecht ergibt sich dann, wenn eine Baugenehmigung gegen eine drittschützende Vorschrift verstößt, die im vereinfachten Baugenehmigungsverfahren nicht zu prüfen ist mit der Folge, dass die Baugenehmigung insoweit keine Regelung trifft; in diesem Falle ist der Dritte darauf zu verweisen, Rechtsschutz gegen das Vorhaben über einen Antrag auf bauaufsichtliches Einschreiten gem. § 123 Abs. 1 VwGO zu suchen; vgl BVerwG 16.10.1997 – 4 B 244/96, NVwZ 1998, 58; BayVGH 23.4.2014 – 9 CS 14.222, EzKommR Nr. 1500.2840; 17.3.2014 – 15 CS 13.2648; VG Ansbach 10.10.2014 – AN 3 E 14.01417, EzKommR Nr. 1500.3084; VG Augsburg 19.5.2014 – Au 5 S 14.570, EzKommR Nr. 1500.2872; VG München 11.2.2015 – M 8 SN 14.4430, EzKommR Nr. 1500.3306. 2 Vgl *Hofmann-Hoeppel*, Einstweilige Anordnungen gem. § 123 VwGO, in: Eiding/Hofmann-Hoeppel, VerwR, § 12 Rn 3–10. 3 Vgl *Hofmann-Hoeppel*, Einstweilige Anordnungen gem. § 123 VwGO, in: Eiding/Hofmann-Hoeppel, VerwR, § 12 Rn 11 ff; in der neueren beamtenrechtlichen Rspr ist ungeachtet der nach wie vor erfolgenden Qualifizierung der Anordnung amtsärztlicher Untersuchung durch den Dienstherrn als Nicht-Verwaltungsakt (vgl BVerwG 26.4.2012 – 2 C 17/10, NVwZ 2012, 1483; OVG Münster 3.2.2015 – 6 A 371/12, EzKommR Nr. 1400.1912) die Zulässigkeit einstweiligen Rechtsschutzes gem. § 123 Abs. 1 VwGO trotz Nichtvollstreckbarkeit der Anordnung iSd § 44 a S. 2 VwGO für den Fall anerkannt, dass es um die fachpsychiatrische Begutachtung des Beamten geht: vgl BayVGH 12.12.2012 – 3 CE 12.2121, EzKommR Nr. 1400.1519; BayVGH 28.1.2013 – 3 CE 12.1883, EzKommR Nr. 1400.1545; OVG Koblenz 22.5.2013 – 2 A 11083/12, EzKommR Nr. 1400.1617; VG Ansbach 17.7.2013 – AN 1 E 13.0110, EzKommR Nr. 1400.1652. 4 Vgl *Hofmann-Hoeppel*, Einstweilige Anordnungen gem. § 123 VwGO, in: Eiding/Hofmann-Hoeppel, VerwR, § 12 Rn 15 ff. 5 Vgl *Hofmann-Hoeppel*, Einstweilige Anordnungen gem. § 123 VwGO, in: Eiding/Hofmann-Hoeppel, VerwR, § 12 Rn 40 ff. 6 Vgl *Hofmann-Hoeppel*, Einstweilige Anordnungen gem. § 123 VwGO, in: Eiding/Hofmann-Hoeppel, VerwR, § 12 Rn 17 ff. 7 Vgl *Hofmann-Hoeppel*, Einstweilige Anordnungen gem. § 123 VwGO, in: Eiding/Hofmann-Hoeppel, VerwR, § 12 Rn 22 ff. 8 Vgl *Hofmann-Hoeppel*, Einstweilige Anordnungen gem. § 123 VwGO, in: Eiding/Hofmann-Hoeppel, VerwR, § 12 Rn 30 ff. 9 Vgl *Hofmann-Hoeppel*, Einstweilige Anordnungen gem. § 123 VwGO, in: Eiding/Hofmann-Hoeppel, VerwR, § 12 Rn 46.

oder Abänderung einer getroffenen einstweiligen Anordnung gilt, da diese gem. § 167 Abs. 1 VwGO iVm § 708 Nr. 6 ZPO für vorläufig vollstreckbar zu erklären ist (§ 168 Abs. 1 Nr. 1 VwGO). Die Vollstreckung gegen die öffentliche Hand – Bund, Land, Gemeindeverband, Gemeinde, Körperschaft, Anstalt oder Stiftung des öffentlichen Rechts – wegen Geldforderungen erfolgt gem. § 170 VwGO, bzgl des Erlasses eines Verwaltungsakts gem. § 172 VwGO.[10]

2. Einstweilige Rechtsschutzverfahren gem. § 80 Abs. 5 VwGO. a) Anwendungsbereich. Einstweilige   7
Rechtsschutzgewährung gem. § 80 Abs. 5 VwGO kommt nur dann in Betracht, wenn im Hauptsacheverfahren eine **Anfechtungsklage** zu erheben ist (§ 123 Abs. 5 VwGO). Ausnahmen gelten insoweit für die beamtenrechtliche Konkurrentenklage sowie für die unterschiedlichen Genehmigungsformen und -verfahren im Bauordnungsrecht.[11]

b) Konstellationen gem. § 80 Abs. 5 VwGO. Die einstweilige Rechtsschutzgewährung nach § 80 Abs. 5   8
VwGO erfasst nachstehende Konstellationen:

■ Anordnung aufschiebender Wirkung im Falle der **Anforderung von öffentlichen Abgaben oder Kosten** (**§ 80 Abs. 5 S. 1, 1. Hs. iVm § 80 Abs. 2 S. 1 Nr. 1 VwGO**)[12] nach erfolgter gänzlicher oder teilweiser Ablehnung eines bei der Ausgangsbehörde zu stellenden Antrags auf Außervollzugsetzung gem. § 80 Abs. 4 VwGO als Zulässigkeitsvoraussetzung eines Antrags gem. § 80 Abs. 5 S. 1, 1. Alt. VwGO (§ 80 Abs. 6 S. 1 VwGO);[13]

■ Anordnung aufschiebender Wirkung bei **unaufschiebbaren Anordnungen und Maßnahmen von Polizeivollzugsbeamten** (**§ 80 Abs. 5 S. 1, 1. Alt. iVm § 80 Abs. 2 S. 1 Nr. 2 VwGO**);[14]

■ Anordnung aufschiebender Wirkung aufgrund **bundes- oder landesgesetzlichen Ausschlusses der aufschiebenden Wirkung** für Widersprüche und Klagen Dritter gegen Verwaltungsakte gem. § 20 Abs. 5 S. 1 AEG, § 17 Abs. 6 a S. 1 FStrG, § 29 Abs. 6 S. 2 PBefG, § 5 Abs. 2 S. 1 VerkPBG[15] bzw gegen die bauaufsichtliche Zulassung von Vorhaben gem. § 212 a Abs. 1 BauGB;[16]

■ die Wiederherstellung aufschiebender Wirkung in den **Fällen des § 80 Abs. 2 S. 1 Nr. 4 VwGO**, also dann, wenn die sofortige Vollziehung im öffentlichen Interesse oder im überwiegenden Interesse eines Beteiligten von der den Verwaltungsakt erlassenden oder aber der Widerspruchsbehörde besonders angeordnet wurde.[17]

c) Folgenbeseitigungsanspruch (§ 80 Abs. 5 S. 3 VwGO). Ein Verfahren iSv § 80 Abs. 5 VwGO findet auch   9
statt, wenn gem. § 80 Abs. 5 S. 3 VwGO auf Antrag bereits im Verfahren zur Gewährung vorläufigen Rechtsschutzes die Vollzugsfolgen von gerichtlich gem. § 80 Abs. 5 S. 1 VwGO bzgl des Vollzugs „ausgesetzter" Verwaltungsakte vorläufig ganz oder teilweise beseitigt bzw deren vorläufige Beseitigung angeordnet wird (**Folgenbeseitigungsanspruch**), wobei § 80 Abs. 5 S. 3 VwGO nach hM entsprechend auf Fälle anzuwenden ist, bei denen die aufschiebende Wirkung bereits kraft Gesetzes (§ 80 Abs. 1 VwGO) oder aber aufgrund einer behördlichen Anordnung eingetreten ist.[18]

3. Verfahren gem. § 80 a Abs. 3 VwGO. a) Verwaltungsakte mit Doppel-/Drittwirkung (§ 80 a Abs. 3   10
VwGO). Im Gegensatz zu den Verfahren nach § 80 Abs. 5 VwGO, die bezogen sind auf adressatgerichtete Verwaltungsakte, werden von § 80 a Abs. 3 VwGO **Verwaltungsakte mit Doppel- bzw Drittwirkung** erfasst. Gemäß der Legaldefinition nach § 80 a Abs. 1, 2 VwGO liegt ein Verwaltungsakt mit Doppelwirkung dann vor, wenn er an einen anderen gerichtet ist und diesen begünstigt (§ 80 a Abs. 1 VwGO) oder aber die für

---

10 Vgl *Hofmann-Hoeppel*, Einstweilige Anordnungen gem. § 123 VwGO, in: Eiding/Hofmann-Hoeppel, VerwR, § 12 Rn 49 ff. **11** Vgl *Hofmann-Hoeppel*, Vorläufiger gerichtlicher Rechtsschutz gem. §§ 80 Abs. 5 bis 8, 80 a VwGO, in: Eiding/Hofmann-Hoeppel, VerwR, § 11 Rn 2 f. **12** Vgl *Hofmann-Hoeppel*, Vorläufiger gerichtlicher Rechtsschutz gem. §§ 80 Abs. 5 bis 8, 80 a VwGO, in: Eiding/Hofmann-Hoeppel, VerwR, § 11 Rn 29 ff. **13** Vgl *Hofmann-Hoeppel*, Vorläufiger gerichtlicher Rechtsschutz gem. §§ 80 Abs. 5 bis 8, 80 a VwGO, in: Eiding/Hofmann-Hoeppel, VerwR, § 11 Rn 34 ff. **14** Vgl *Hofmann-Hoeppel*, Vorläufiger gerichtlicher Rechtsschutz gem. §§ 80 Abs. 5 bis 8, 80 a VwGO, in: Eiding/Hofmann-Hoeppel, VerwR, § 11 Rn 38. **15** Vgl *Hofmann-Hoeppel*, Vorläufiger gerichtlicher Rechtsschutz gem. §§ 80 Abs. 5 bis 8, 80 a VwGO, in: Eiding/Hofmann-Hoeppel, VerwR, § 11 Rn 39 f. **16** Vgl *Hofmann-Hoeppel*, Vorläufiger gerichtlicher Rechtsschutz gem. §§ 80 Abs. 5 bis 8, 80 a VwGO, in: Eiding/Hofmann-Hoeppel, VerwR, § 11 Rn 40 f.; mit der Fertigstellung einer baulichen Anlage entfällt idR das Rechtsschutzbedürfnis für einen Antrag gem. §§ 80 a Abs. 3, 80 Abs. 5 S. 1 VwGO: vgl BayVGH 29.9.2014 – 2 CS 14.1786, EzKommR Nr. 1500.3061; OVG Bautzen 12.2.2015 – 1 B 297/14, EzKommR Nr. 1500.3310; OVG Münster 18.8.2014 – 7 B 438/14, EzKommR Nr. 1500.3010; VG Augsburg 28.1.2015 – Au 5 S 14.1817, EzKommR Nr. 1500.3274. Durch § 212 a Abs. 1 BauGB ist idR keine grundlegende Änderung des Prüfungsmaßstabs eingetreten, so dass die Erfolgsaussichten des Hauptsacheverfahrens nach wie vor in der Mitte der gerichtlichen Überprüfung stehen: vgl BayVGH 21.12.2001 – 15 CS 01.2570, BayVBl 2003, 48; VG Augsburg 28.1.2015 – Au 5 S 14.1817, EzKommR Nr. 1500.3274; 6.8.2014 – Au 5 S 14.1083, EzKommR Nr. 1500.2998; VG Leipzig 11.11.2014 – 4 L 487/14; VG Würzburg 22.8.2014 – W 5 S 14.712, EzKommR Nr. 1500.3013. **17** Vgl *Hofmann-Hoeppel*, Vorläufiger gerichtlicher Rechtsschutz gem. §§ 80 Abs. 5 bis 8, 80 a VwGO, in: Eiding/Hofmann-Hoeppel, VerwR, § 11 Rn 46 ff und 57 ff. **18** Vgl *Hofmann-Hoeppel*, Vorläufiger gerichtlicher Rechtsschutz gem. §§ 80 Abs. 5 bis 8, 80 a VwGO, in: Eiding/Hofmann-Hoeppel, VerwR, § 11 Rn 49 f.

einen Dritten begünstigende Wirkung durch einen adressatgerichteten belasteten Verwaltungsakt (§ 80 a Abs. 2 VwGO) eintritt.[19]

11 **b) Einzelkonstellationen.** Zu unterscheiden sind folgende Konstellationen:

- **Anordnung sofortiger Vollziehung auf Antrag des Begünstigten** (§ 80 a Abs. 3 S. 1, Abs. 1 Nr. 1 VwGO);[20]
- **Anordnung sofortiger Vollziehung auf Antrag des Dritten** (§ 80 a Abs. 3 S. 1, Abs. 2 iVm § 80 Abs. 2 S. 1 Nr. 4 VwGO);[21]
- **Aussetzung der Vollziehung auf Antrag des Dritten** (§ 80 a Abs. 3 S. 1, Abs. 1 Nr. 2 iVm § 80 Abs. 5 VwGO);[22]
- **Änderung/Aufhebung behördlicher Anordnungen** nach § 80 a Abs. 1 Nr. 1 und 2, Abs. 2 VwGO (§ 80 a Abs. 3 S. 1, 1. Alt. VwGO).[23]

12 **4. Verfahren gem. § 80 b Abs. 2 und 3 VwGO. a) Fortdauer aufschiebender Wirkung.** Gemäß § 80 b Abs. 1 S. 1, 1. Hs. VwGO endet die aufschiebende Wirkung von Widerspruch und Anfechtungsklage mit der Unanfechtbarkeit des gegen die abweisende Entscheidung gegebenen Rechtsmittels. Für den Fall einer in erster Instanz erfolgten Klageabweisung enden aufschiebende Wirkung von Widerspruch und Anfechtungsklage gem. § 80 b Abs. 1 S. 1, 2. Hs. VwGO drei Monate nach Ablauf der gesetzlichen Begründungsfrist des gegen die abweisende Entscheidung gegebenen Rechtsmittels, wobei dies gem. § 80 b Abs. 1 S. 2 VwGO auch dann gilt, wenn die Vollziehung durch die Behörde ausgesetzt (§ 80 Abs. 4 VwGO) oder die aufschiebende Wirkung durch das Gericht wiederhergestellt oder angeordnet wurde, es sei denn, die Behörde hat die Vollziehung bis zur Unanfechtbarkeit ausgesetzt.[24]

13 Angesichts der in § 80 b Abs. 1 S. 1, 2. Alt. VwGO getroffenen Regelung sieht § 80 b Abs. 2 VwGO vor, dass OVG bzw VGH auf Antrag anordnen können, dass die aufschiebende Wirkung fortdauert. Gemäß § 80 b Abs. 3 VwGO gelten § 80 Abs. 5–8 VwGO sowie § 80 a VwGO entsprechend.

14 **b) Modifizierung der Dreimonatsfrist (§ 80 b Abs. 1 S. 1, 2. Hs. VwGO).** Für das **Antragszulassungsberufungsverfahren** sowie für die **Sprungrevision** sind die die Dreimonatsfrist des § 80 b Abs. 1 S. 1, 2. Hs. VwGO modifizierenden Fristen (**5 Monate**),[25] für die Entscheidung des verwaltungsgerichtlichen Verfahrens erster Instanz im Wege des Gerichtsbescheids unter der Voraussetzungen des § 84 Abs. 4 S. 1 VwGO die Tatsache zu beachten, dass der gestellte **Antrag auf mündliche Verhandlung kein Rechtsmittel** iSd § 80 b Abs. 1 S. 1, 2. Hs. VwGO mit der Folge darstellt, dass die Dreimonatsfrist erst nach der aufgrund stattfindender mündlicher Verhandlung erfolgten Zustellung des Urteils zu laufen beginnt, so dass sie ebenfalls 5 Monate nach erfolgter Zustellung des Urteils endet.[26]

15 **5. Einstweiliges Normenkontrollverfahren gem. § 47 Abs. 6 VwGO.** Da die Vorbem. 5.2 Abs. 1 KV von „einstweiligen Anordnungen" spricht, werden neben solchen des § 123 Abs. 1 S. 1 und 2 VwGO auch solche Anordnungen erfasst, die im einstweiligen Normenkontrollverfahren gem. § 47 Abs. 6 VwGO, dh mit der Maßgabe ergehen, dass die dem Anwendungsbereich von § 47 Abs. 1 Nr. 1 und 2 VwGO unterfallenden Verfahrensgegenstände einstweilen außer Vollzug gesetzt werden. Dies ist relevant vornehmlich für Satzungen, die nach den Vorschriften des BauGB erlassen werden (→ Vorbem. 5.1 KV Rn 2), sowie für im Range unter dem Landesgesetz stehende Rechtsvorschriften (→ Vorbem. 5.1 KV Rn 5 f).

II. Regelungsgehalt und Konsequenzen von Vorbem. 5.2 Abs. 2 KV

16 Gemäß Vorbem. 5.2 Abs. 2 S. 1 KV werden im Verfahren über den Antrag auf Erlass sowie auf Aufhebung einer einstweiligen Anordnung die **Gebühren jeweils gesondert** erhoben. Daraus ergibt sich zunächst, dass Anträge auf Erlass einer einstweiligen Anordnung – gem. § 123 Abs. 1 S. 1 und 2 VwGO oder aber gem. § 47 Abs. 6 VwGO – und Verfahren über den Antrag auf Aufhebung einer einstweiligen Anordnung als

19 Vgl *Hofmann-Hoeppel*, Vorläufiger gerichtlicher Rechtsschutz gem. §§ 80 Abs. 5 bis 8, 80 a VwGO, in: Eiding/Hofmann-Hoeppel, VerwR, § 11 Rn 62. **20** Vgl *Hofmann-Hoeppel*, Vorläufiger gerichtlicher Rechtsschutz gem. §§ 80 Abs. 5 bis 8, 80 a VwGO, in: Eiding/Hofmann-Hoeppel, VerwR, § 11 Rn 64 ff. **21** Vgl *Hofmann-Hoeppel*, Vorläufiger gerichtlicher Rechtsschutz gem. §§ 80 Abs. 5 bis 8, 80 a VwGO, in: Eiding/Hofmann-Hoeppel, VerwR, § 11 Rn 66 ff. **22** Vgl *Hofmann-Hoeppel*, Vorläufiger gerichtlicher Rechtsschutz gem. §§ 80 Abs. 5 bis 8, 80 a VwGO, in: Eiding/Hofmann-Hoeppel, VerwR, § 11 Rn 69 ff. Im einstweiligen Rechtsschutzverfahren gem. §§ 80 a Abs. 1 S. 1, Abs. 5 S. 1 VwGO iVm § 212 a Abs. 1 BauGB gilt die Regelvermutung der Wirksamkeit des Bebauungsplans, vgl OVG Bautzen 10.3.2015 – 1 B 298/14, EzKommR Nr. 1500.3355; VG Gelsenkirchen 5.3.2015 – 5 L 1593/14, EzKommR Nr. 1500.3352. **23** Vgl *Hofmann-Hoeppel*, Vorläufiger gerichtlicher Rechtsschutz gem. §§ 80 Abs. 5 bis 8, 80 a VwGO, in: Eiding/Hofmann-Hoeppel, VerwR, § 11 Rn 72. **24** Vgl *Hofmann-Hoeppel*, Vorläufiger gerichtlicher Rechtsschutz gem. §§ 80 Abs. 5 bis 8, 80 a VwGO, in: Eiding/Hofmann-Hoeppel, VerwR, § 11 Rn 13 ff. **25** Vgl *Hofmann-Hoeppel*, Vorläufiger gerichtlicher Rechtsschutz gem. §§ 80 Abs. 5 bis 8, 80 a VwGO, in: Eiding/Hofmann-Hoeppel, VerwR, § 11 Rn 15 f. **26** Vgl *Hofmann-Hoeppel*, Vorläufiger gerichtlicher Rechtsschutz gem. §§ 80 Abs. 5 bis 8, 80 a VwGO, in: Eiding/Hofmann-Hoeppel, VerwR, § 11 Rn 17.

gesonderte Gebührentatbestände zu qualifizieren sind, wobei Verfahren vor dem Vorsitzenden und vor dem Kollegialgericht als dasselbe Verfahren gelten.[27]

Demgegenüber gelten mehrere Verfahren nach § 80 Abs. 5, 7, § 80 a Abs. 3 und § 80 b Abs. 2 und 3 VwGO   **17** gem. **Vorbem. 5.2 Abs. 2 S. 2 KV „innerhalb eines Rechtszugs"** als ein Verfahren mit der Folge, dass Gebühren nicht gesondert zu erheben sind. Vorbem. 5.2 Abs. 2 S. 2 KV ist daher auch dann anwendbar, wenn in derselben Instanz mehrere Anträge – etwa zunächst Antrag auf Wiederherstellung der aufschiebenden Wirkung des Widerspruchs, nachgängig Antrag auf Wiederherstellung der aufschiebenden Wirkung der Klage nach erfolgter negativer Verbescheidung des Widerspruchs[28] – gestellt werden.[29]

Abschnitt 1
Verwaltungsgericht sowie Oberverwaltungsgericht (Verwaltungsgerichtshof) und Bundesverwaltungsgericht als Rechtsmittelgericht in der Hauptsache

Nr.	Gebührentatbestand	Gebühr oder Satz der Gebühr nach § 34 GKG
5210	Verfahren im Allgemeinen	1,5

5211	Beendigung des gesamten Verfahrens durch
	1. Zurücknahme des Antrags
	  a) vor dem Schluss der mündlichen Verhandlung oder,
	  b) wenn eine solche nicht stattfindet, vor Ablauf des Tages, an dem der Beschluss der Geschäftsstelle übermittelt wird,
	2. gerichtlichen Vergleich oder
	3. Erledigungserklärungen nach § 161 Abs. 2 VwGO, wenn keine Entscheidung über die Kosten ergeht oder die Entscheidung einer zuvor mitgeteilten Einigung der Beteiligten über die Kostentragung oder der Kostenübernahmeerklärung eines Beteiligten folgt,
	es sei denn, dass bereits ein Beschluss über den Antrag vorausgegangen ist:
	Die Gebühr 5210 ermäßigt sich auf ....
	Die Gebühr ermäßigt sich auch, wenn mehrere Ermäßigungstatbestände erfüllt sind.
		
		0,5

I. Gebühr Nr. 5210 KV

1. Geltungsbereich. Nr. 5210 KV gilt **ausschließlich** für die in der (amtlichen) Überschrift der in Abschnitt 1 genannten Instanzen – VG, OVG/VGH, Bundesverwaltungsgericht als **Rechtsmittelgerichte** in der Hauptsache. Dies ergibt sich aus den in den Abschnitten 2–4 enthaltenen Regelungen sowie der hierzu ergangenen   **1**

- Vorbem. 5.2.2 KV hinsichtlich erstinstanzlicher Zuständigkeit von OVG/VGH auch in der Hauptsache;
- Vorbem. 5.2.3 KV hinsichtlich erstinstanzlicher Zuständigkeit des Bundesverwaltungsgerichts auch in der Hauptsache;
- Vorbem. 5.2.4 KV hinsichtlich Beschwerden gegen Beschlüsse des Verwaltungsgerichts über einstweilige Anordnungen gem. § 123 VwGO und über die Aussetzung der Vollziehung gem. §§ 80, 80 a VwGO.

---

27 *Hartmann*, KostG, Nr. 5210 KV GKG Rn 1. **28** Relevant vornehmlich in Beamten- und Prüfungsanfechtungssachen, des Weiteren bei Streitigkeiten im Vollzug des jeweiligen Kommunalabgabengesetzes der Länder auf der Grundlage von gemeindlicherseits erlassenen Erschließungsbeitrags-/Straßenausbaubeitrags-/Beitrags- und Gebührensatzungen zur Wasserabgabe- bzw Entwässerungssatzung (EBS/ABS/BGS-WAS/BGS-EWS) erlassenen Beitragsbescheide, da ungeachtet des in den meisten Bundesländern durch Landesgesetz generell ausgeschlossenen Widerspruchsverfahrens (vgl hierzu *Hofmann-Hoeppel*, Widerspruchsverfahren, in: Eiding/Hofmann-Hoeppel, VerwR, § 5 Rn 25) nach den Ausführungsgesetzen der Länder zur VwGO ein Widerspruchsverfahren regelmäßig stattfindet in Beamtensachen (§ 54 Abs. 2 S. 1 BeamtStG) sowie Prüfungsangelegenheiten (sog. „Überdenkungsverfahren" kraft Rspr des BVerfG) und – als sog. fakultatives Widerspruchsverfahren – im Vollzug der auf das jeweilige KAG (bzw für Erschließungsbeiträge auf § 132 BauGB) gestützten gemeindlichen Satzungen; vgl hierzu *Eiding*, Erschließungsbeitragsrecht, in: Eiding/Hofmann-Hoeppel, VerwR, § 34 Rn 3 ff; *Eiding*, Straßenausbaubeitragsrecht, in: Eiding/Hofmann-Hoeppel, VerwR, § 35 Rn 2 ff; *Eiding*, Anschlussbeitragsrecht, in: Eiding/Hofmann-Hoeppel, VerwR, § 36 Rn 9 ff. **29** *Hartmann*, KostG, Nr. 5210 KV GKG Rn 2.

2 **2. Entstehung der Gebühr.** Die Verfahrensgebühr Nr. 5210 KV fällt mit dem **Zeitpunkt der Rechtshängigkeit**, dh dem Zeitpunkt des Eingangs des gestellten Antrags auf Erlass einer einstweiligen Anordnung gem. § 123 Abs. 1 S. 1 und 2 VwGO, gem. § 47 Abs. 6 VwGO bzw gem. § 80 Abs. 5, §§ 80 a Abs. 3, 80 b Abs. 2 und 3 VwGO an (§ 90 Abs. 1 VwGO). Denn im Gegensatz zum Zivilprozess (§§ 253, 261 ZPO) findet eine Differenzierung nach Anhängigkeit und Rechtshängigkeit nicht statt. Die Zustellung des Antragsschriftsatzes an den Beklagten ist im Verwaltungsprozess gerade keine Voraussetzung für den Eintritt der Rechtshängigkeit[1] und gem. Vorbem. 5.1 KV gelten die Vorschriften über die Klage entsprechend, wenn ein Verfahren durch Antrag eingeleitet wird (→ Vorbem. 5.1 KV Rn 1).

II. Verfahrensbeendigungstatbestände nach Nr. 5211 Nr. 1 KV

3 Das Antragsverfahren im Rahmen der vorläufigen Rechtsschutzgewährung iSd Vorbem. 5.2 Abs. 1 KV kann beendet werden

- entweder durch Zurücknahme des Antrags vor dem Schluss der mündlichen Verhandlung (**Nr. 5211 Nr. 1 Buchst. a KV**);
- oder aber bei Nichtstattfinden einer mündlichen Verhandlung vor Ablauf des Tages, an dem der Beschluss der Geschäftsstelle übermittelt wird (**Nr. 5211 Nr. 1 Buchst. b KV**).

4 Der Beendigungstatbestand nach **Nr. 5211 Nr. 1 Buchst. a KV** wird in der Praxis **kaum relevant** werden, da in Verfahren des einstweiligen Rechtsschutzes grds. ohne mündliche Verhandlung entschieden wird.

5 Von Bedeutung wird daher regelmäßig der Beendigungsgrund nach **Nr. 5211 Nr. 1 Buchst. b KV** sein, dh der Fall, dass über Anträge im Rahmen vorläufiger Rechtsschutzgewährung ohne mündliche Verhandlung – durch Beschluss – entschieden wird. Da für das einstweilige Rechtsschutzverfahren die für das Hauptsacheverfahren anzuwendenden Verfahrensgrundsätze entsprechend zur Anwendung kommen – soweit sie nicht dem Wesen des vorläufigen, dh summarischen Verfahrens widersprechen[2] –, gelten daher für die Antragsrücknahme die Maßgaben nach § 92 VwGO über die Klagerücknahme, wobei für die Antragsrücknahme – idR mangels stattfindender mündlicher Verhandlung – die Einwilligung des Antragsgegners bzw des Vertreters des öffentlichen Interesses nicht erforderlich ist. Angesichts nicht stattfindender mündlicher Verhandlung ist daher – im Gegensatz zur Klagerücknahme iSd Beendigungstatbestandes nach Nr. 5111 Nr. 1 Buchst. b KV – der als Prozesshandlung unwiderrufliche und unanfechtbare Verzicht gem. § 101 Abs. 2 VwGO nicht relevant. Dies gilt auch für die infolge Nichtweiterbetreiben des Verfahrens trotz Aufforderung des Gerichts über einen Zeitraum von länger als 2 Monaten (§ 92 Abs. 2 S. 1 VwGO) normierte und im Antragsverfahren des einstweiligen Rechtsschutzes grds. anwendbare Klagerücknahmefiktion, da es erfahrungsgemäß im Interesse des Antragstellers ist, möglichst zeitnah eine Entscheidung des angerufenen Gerichts über den vorläufigen Rechtsschutzantrag zu erhalten.

6 Die relevante Konstellation zu Nr. 5211 Nr. 1 Buchst. b KV wird daher in der Praxis sein, dass der Antragsteller sich zur **Rücknahme des Antrags auf vorläufigen Rechtsschutz** entschließt, so dass auf den **Zeitpunkt vor Ablauf des Tages abzustellen** ist, an dem der **Beschluss der Geschäftsstelle übermittelt** wird. Auch diese Maßnahme rekurriert – wie bei Nr. 5111 Nr. 1 Buchst. b KV – auf § 117 Abs. 4 VwGO, so dass auf die diesbezügliche Kommentierung verwiesen werden kann (→ Nr. 5110–5111 KV Rn 7 ff).

III. Beendigung des Verfahrens durch gerichtlichen Vergleich (Nr. 5211 Nr. 2 KV)

7 Auch die im Verfahren des vorläufigen Rechtsschutzes grds. anwendbare Verfahrensvorschrift des § 106 S. 1 VwGO, wonach die Prozessbeteiligten zur Niederschrift des Gerichts oder des beauftragten oder ersuchten Richters zur vollständigen oder teilweisen Erledigung des Rechtsstreits einen **Vergleich** schließen können, soweit sie über den Gegenstand des Vergleichs verfügen können, spielt in der Praxis im Verfahren des vorläufigen Rechtsschutzes erfahrungsgemäß **keine Rolle**. Für den – sehr seltenen – Fall eines Vergleichsschlusses im Rahmen eines vorläufigen Rechtsschutzverfahrens wird auf die Kommentierung zu Nr. 5111 Nr. 3 KV verwiesen (→ Nr. 5110–5111 KV Rn 15 ff).

IV. Beendigung des gesamten Verfahrens durch Erledigungserklärungen nach § 161 Abs. 2 VwGO (Nr. 5211 Nr. 3 KV)

8 Aufgrund der Rechtsnatur des vorläufigen Rechtsschutzverfahrens – Entscheidung über den Rechtsschutzantrag im Rahmen der summarischen Prüfung – ist der nach Nr. 5211 Nr. 3 KV vorgesehene Beendigungstatbestand mit der Folge einer Ermäßigung der Gebühr Nr. 5210 KV (1,5) auf 0,5 ebenfalls kaum von Relevanz.

---

1 Vgl *Kopp/Schenke*, VwGO, § 90 Rn 3. **2** Vgl *Kopp/Schenke*, VwGO, § 80 Rn 124.

Abschnitt 2
Oberverwaltungsgericht (Verwaltungsgerichtshof)

Nr.	Gebührentatbestand	Gebühr oder Satz der Gebühr nach § 34 GKG
Vorbemerkung 5.2.2: Die Vorschriften dieses Abschnitts gelten, wenn das Oberverwaltungsgericht (Verwaltungsgerichtshof) auch in der Hauptsache erstinstanzlich zuständig ist.		
5220	Verfahren im Allgemeinen	2,0

5221	Beendigung des gesamten Verfahrens durch
	1. Zurücknahme des Antrags
	   a) vor dem Schluss der mündlichen Verhandlung oder,
	   b) wenn eine solche nicht stattfindet, vor Ablauf des Tages, an dem der Beschluss der Geschäftsstelle übermittelt wird,
	2. gerichtlichen Vergleich oder
	3. Erledigungserklärungen nach § 161 Abs. 2 VwGO, wenn keine Entscheidung über die Kosten ergeht oder die Entscheidung einer zuvor mitgeteilten Einigung der Beteiligten über die Kostentragung oder der Kostenübernahmeerklärung eines Beteiligten folgt,
	es sei denn, dass bereits ein Beschluss über den Antrag vorausgegangen ist:
	Die Gebühr 5220 ermäßigt sich auf ....
		0,75

	Die Gebühr ermäßigt sich auch, wenn mehrere Ermäßigungstatbestände erfüllt sind.	

I. Geltungsbereich

Teil 5 Abschnitt 2 des Hauptabschnitts 2 KV gilt ausweislich der Vorbem. 5.2.2 KV nur dann, wenn das **1** OVG/der VGH auch in der Hauptsache erstinstanzlich zuständig ist. Mit anderen Worten: Findet das vorläufige Rechtsschutzverfahren als „Verfahren im Allgemeinen" iSv Nr. 5220 KV bzw Nr. 5221 KV mit dem Gebührensatz 2,0 deshalb bei OVG/VGH statt, weil diese in der Hauptsache erstinstanzlich zuständig sind, so kommt Nr. 5210 KV nicht zur Anwendung, obwohl Vorbem. 5.2 Abs. 1 KV für Hauptabschnitt 2 dekretiert, dass die Vorschriften dieses Hauptabschnitts u.a. für einstweilige Anordnungen Geltung besitzen, wozu anerkanntermaßen auch Anträge gem. § 47 Abs. 6 VwGO zählen.

Weiterer Anwendungsbereich gem. Vorbem. 5.2.2 KV sind einstweilige Rechtsschutzverfahren, die im **2** Hauptsacheverfahren dem Geltungsbereich der Nr. 5112 und 5113 KV unterfallen, also die Konstellationen gem.

- § 48 Abs. 1 S. 1 Nr. 1–9 iVm Abs. 1 S. 2 VwGO,
- § 48 Abs. 2 VwGO,
- § 138 Abs. 1 S. 1 FlurbG,

so dass für den Anwendungsbereich insoweit auf die dortige Kommentierung zu verweisen ist (→ Nr. 5112–5113 KV Rn 1 ff).

II. Gebührenermäßigung nach Nr. 5221 KV

Aufgrund der Identität der Beendigungstatbestände nach Nr. 5221 Nr. 1–3 KV mit Nr. 5211 Nr. 1–3 KV **3** kann insoweit auf die dortige Kommentierung verwiesen werden (→ Nr. 5210–5211 KV Rn 3 ff).

Abschnitt 3
Bundesverwaltungsgericht

Nr.	Gebührentatbestand	Gebühr oder Satz der Gebühr nach § 34 GKG
Vorbemerkung 5.2.3: Die Vorschriften dieses Abschnitts gelten, wenn das Bundesverwaltungsgericht auch in der Hauptsache erstinstanzlich zuständig ist.		
5230	Verfahren im Allgemeinen	2,5
5231	Beendigung des gesamten Verfahrens durch 1. Zurücknahme des Antrags a) vor dem Schluss der mündlichen Verhandlung oder, b) wenn eine solche nicht stattfindet, vor Ablauf des Tages, an dem der Beschluss der Geschäftsstelle übermittelt wird, 2. gerichtlichen Vergleich oder 3. Erledigungserklärungen nach § 161 Abs. 2 VwGO, wenn keine Entscheidung über die Kosten ergeht oder die Entscheidung einer zuvor mitgeteilten Einigung der Beteiligten über die Kostentragung oder der Kostenübernahmeerklärung eines Beteiligten folgt, es sei denn, dass bereits ein Beschluss über den Antrag vorausgegangen ist: Die Gebühr 5230 ermäßigt sich auf	
		1,0
	Die Gebühr ermäßigt sich auch, wenn mehrere Ermäßigungstatbestände erfüllt sind.	

1   Vorbem. 5.2.3 KV stellt klar, dass die Gebührenvorschriften Nr. 5230 und 5231 KV ausschließlich zur Anwendung kommen, wenn eine **erst-** (**und gleichzeitig letzt-**)**instanzliche Zuständigkeit des Bundesverwaltungsgerichts** nach den Einzelkonstellationen des § 50 Abs. 1 Nr. 1–6 VwGO begründet wird (→ Nr. 5114–5115 KV Rn 1 ff).

2   Aufgrund der Textidentität von Nr. 5230, 5231 KV mit Nr. 5210, 5211 KV kann auf die diesbezügliche Kommentierung verwiesen werden (→ Nr. 5210–5211 KV Rn 1 ff).

Abschnitt 4
Beschwerde

Nr.	Gebührentatbestand	Gebühr oder Satz der Gebühr nach § 34 GKG
Vorbemerkung 5.2.4: Die Vorschriften dieses Abschnitts gelten für Beschwerden gegen Beschlüsse des Verwaltungsgerichts über einstweilige Anordnungen (§ 123 VwGO) und über die Aussetzung der Vollziehung (§§ 80, 80 a VwGO).		
5240	Verfahren über die Beschwerde	2,0
5241	Beendigung des gesamten Verfahrens durch Zurücknahme der Beschwerde: Die Gebühr 5240 ermäßigt sich auf	1,0

I. Geltungsbereich (Vorbem. 5.2.4 KV)

1   **1. Beschwerden gem. § 146 Abs. 1, Abs. 4 S. 1 VwGO.** Durch **Vorbem. 5.2.4 KV** wird klargestellt, dass die Gebührenvorschriften Nr. 5240 und 5241 KV ausschließlich für Beschwerdeverfahren gegen Beschlüsse gem. § 123 VwGO sowie gem. §§ 80, 80 a VwGO über die Aussetzung der Vollziehung gelten. Relevant sind daher **gem. § 146 Abs. 1, Abs. 4 S. 1 VwGO statthafte Beschwerden** gegen Entscheidungen

■   des Verwaltungsgerichts als Kollegialorgan (der berufsrichterlichen Kammermitglieder),

- des Vorsitzenden in „dringenden Fällen" (§ 80 Abs. 8 VwGO),
- des Berichterstatters als Einzelrichter iSv § 6 Abs. 1 S. 1, 1. Hs. VwGO bei Vorliegen der Voraussetzungen gem. § 6 Abs. 1 S. 1 Nr. 1 und 2 VwGO,[1]

die nicht Urteile oder Gerichtsbescheide sind (§ 146 Abs. 1, 1. Hs. VwGO).

Aufgrund des anerkannten weiten Anwendungsbereichs des § 146 VwGO unterfallen daher dem Anwen- **2** dungsbereich **weiterhin Beschwerden gegen:**

- die **Ablehnung einer** – im einstweiligen Rechtsschutzverfahren sowohl gem. § 123 VwGO als auch gem. §§ 80 Abs. 5, 80 a Abs. 3 VwGO grds. möglichen[2] – **beantragten Beiladung** sowohl für Konstellationen der notwendigen Beiladung iSv § 65 Abs. 2 VwGO als auch der sog. „einfachen" Beiladung **gem. § 65 Abs. 1 VwGO**, dh wenn rechtliche Interessen Dritter durch die beantragte Entscheidung berührt werden;
- die **Ablehnung einer Aussetzung des einstweiligen Rechtsschutzverfahrens gem. § 94 VwGO** im Falle der Geltendmachung schwerwiegender Zweifel an der Verfassungsmäßigkeit des den Verwaltungsakt tragenden Gesetzes über das Institut der **Richtervorlage gem. Art. 100 Abs. 1 GG**[3] oder aber im Hinblick auf geltend gemachte Auslegungsfragen von für die Entscheidung bedeutsamem Gemeinschaftsrecht im Rahmen der **Vorlagepflicht nach Art. 267 AEUV** (ex-Art. 234 EGV)[4] – eine Konstellation, die allerdings im einstweiligen Rechtsschutzverfahren nur dann relevant ist, wenn mit der Entscheidung gleichzeitig eine Vorwegnahme der Hauptsache einhergeht;[5]
- die **Ablehnung** von gestellten Anträgen über die **Gewährung von Prozesskostenhilfe** durch das Verwaltungsgericht erster Instanz[6] bzw über die **Nichtentscheidung über einen gestellten PKH-Antrag innerhalb angemessener Frist**,[7] beschränkt auf Entscheidungen des Verwaltungsgerichts;
- die rechtswidrige **Unterlassung einer über einen Antrag auf vorläufigen Rechtsschutz zu erfolgenden Beschlussfassung.**[8]

2. Nichtbeschwerdefähigkeit von Entscheidungen gem. § 146 Abs. 2 VwGO. Demgegenüber sind gem. **3** § 146 Abs. 2 VwGO **nicht beschwerdefähig:**

- **prozessleitende Verfügungen**, also Betreibensaufforderung gem. § 92 Abs. 2 VwGO, Entscheidungen über die Trennung oder Verbindung von Verfahren gem. § 93 VwGO, Ergänzungsaufforderungen des Gerichts, des Vorsitzenden oder aber des Berichterstatters gem. § 82 Abs. 5 VwGO, Äußerungsaufforderung gegenüber dem Antragsgegner gem. § 85 S. 2, 1. Hs. VwGO unter Fristsetzung (§ 85 S. 3 VwGO), Hinwirkung des Vorsitzenden oder aber des Berichterstatters auf Beseitigung von Formfehlern, Erläuterung unklarer Anträge, Stellung sachdienlicher Anträge, Ergänzung ungenügender tatsächlicher Angaben sowie Abgabe aller für die Feststellung und Beurteilung des Sachverhalts wesentlicher Erklärungen gem. § 86 Abs. 3 VwGO, Ablehnung eines Terminsverlegungsgesuchs, Entscheidung über die Erinnerung gegen die Entscheidung des Urkundsbeamten hinsichtlich der Gewährung von Akteneinsicht;[9]
- **Beweisbeschlüsse** sowie die **Ablehnung von Beweisanträgen;**[10]
- **Ablehnung von Gerichtspersonen** (§ 54 VwGO iVm §§ 41–49 ZPO) mit Ausnahme von Beschlüssen über die Ablehnung von Sachverständigen[11] sowie Dritte – Zeugen, Prozessbevollmächtigte, Prozessbeistände – betreffende Entscheidungen.[12]

3. Nichtbeschwerdefähigkeit von Entscheidungen gem. § 146 Abs. 3 VwGO. Vom Anwendungsbereich des **4** § 146 VwGO und damit der Nr. 5240 und 5241 KV ausgeschlossen sind gem. § 146 Abs. 3 VwGO des Weiteren Rechtsmittel in Streitigkeiten über Kosten, Gebühren und Auslagen, wenn der Wert des Beschwerdegegenstands 200 € nicht übersteigt. Dabei handelt es sich hierbei um solche Kosten, die – wie gem. § 567 Abs. 2 ZPO – im Zusammenhang mit dem gerichtlichen Verfahren entstanden sind, es also um die Anfechtung der Festsetzung von Gerichtskosten sowie Zeugen- und Sachverständigengebühren geht.[13]

---

1 Vgl *Kopp/Schenke*, VwGO, § 6 Rn 2; *Hofmann-Hoeppel*, Vorläufiger gerichtlicher Rechtsschutz. §§ 80 Abs. 5 bis 8, 80 a VwGO, in: Eiding/Hofmann-Hoeppel, VerwR, § 11 Rn 9. **2** Vgl *Kopp/Schenke*, VwGO, § 65 Rn 3. **3** Vgl *Hofmann-Hoeppel*, Vorläufiger gerichtlicher Rechtsschutz gem. §§ 80 Abs. 5 bis 8, 80 a VwGO, in: Eiding/Hofmann-Hoeppel, VerwR, § 11 Rn 11. **4** Vgl *Hofmann-Hoeppel*, Vorläufiger gerichtlicher Rechtsschutz gem. §§ 80 Abs. 5 bis 8, 80 a VwGO, in: Eiding/Hofmann-Hoeppel, VerwR, § 11 Rn 12. **5** BVerfGE 86, 389 = NJW 1992, 2570; aA *Kopp/Schenke*, VwGO, § 80 Rn 162. **6** *Kopp/Schenke*, VwGO, § 146 Rn 16. **7** Vgl BVerfG NVwZ 2004, 334. **8** Vgl *Kopp/Schenke*, VwGO, § 146 Rn 22 mwN. **9** Vgl *Kopp/Schenke*, VwGO, § 146 Rn 10 mwN. **10** In Verfahren des vorläufigen Rechtsschutzes gem. § 123 VwGO aufgrund des Erfordernisses der Glaubhaftmachung (§ 123 Abs. 3 VwGO iVm § 920 Abs. 2 ZPO) idR nicht relevant. **11** Vgl *Kopp/Schenke*, VwGO, § 146 Rn 7. **12** Vgl *Kopp/Schenke*, VwGO, § 146 Rn 13; zum Akteneinsichtsrecht in Verwaltungsverfahren des VwVfG, nach IFG, UIG und VIG s. *Hofmann-Hoeppel*, in: Eiding/Hofmann-Hoeppel, VerwR, § 1 Rn 84 ff (VwVfG), § 2 Rn 92 ff (IFG), § 3 Rn 73 ff (VIG) und § 4 Rn 68 ff (UIG). **13** Vgl *Kopp/Schenke*, VwGO, § 146 Rn 16.

5 Darüber hinaus findet im Asylverfahren eine Beschwerde – mit Ausnahme der Nichtzulassungsbeschwerde – nicht statt (§ 80 AsylVfG).[14]

6 **4. Relevanz gerichtlicher Änderungs- oder Aufhebungsbefugnis (§§ 80 Abs. 7, 80 a Abs. 3 S. 2 VwGO).** Die besondere Erwähnung von Beschwerden über die Aussetzung der Vollziehung gem. §§ 80, 80 a VwGO in der Vorbem. 5.2.4 KV verdankt sich der Tatsache, dass das Gericht der Hauptsache im einstweiligen Rechtsschutzverfahren Beschlüsse über Anträge nach § 80 Abs. 5 VwGO – bei sog. adressatgerichteten Verwaltungsakten gem. § 80 Abs. 7 S. 1 VwGO, bei Verwaltungsakten mit Doppel-/Drittwirkung gem. § 80 a Abs. 1 Nr. 2 VwGO auf Antrag des Dritten bzw gem. § 80 a Abs. 1 Nr. 1 iVm Abs. 3 S. 2 VwGO im Falle der erfolgten Anordnung der sofortigen Vollziehung auf Antrag des Begünstigten – „jederzeit" ändern oder aufheben kann. Diese Befugnis besteht unabhängig davon, ob

■ von der gem. § 146 Abs. 4 VwGO binnen zweier Wochen nach Bekanntgabe der Entscheidung (§ 147 Abs. 1 S. 1 VwGO) eröffneten Beschwerdemöglichkeit Gebrauch gemacht wurde;

■ gegen die den einstweiligen Rechtsschutz versagende Entscheidung des Gerichts eine Beschwerde nicht mehr möglich ist.[15]

7 Dieser Aufhebungs-/Änderungsbefugnis steht nach hM auch nicht entgegen, dass in derselben Sache eine Beschwerde über einen Antrag gem. § 80 Abs. 5 VwGO beim OVG/VGH als Beschwerdegericht anhängig ist.

8 Abänderung bzw Aufhebung von Beschlüssen über die Aussetzung der Vollziehung können entweder von Amts wegen (§ 80 Abs. 7 S. 1 VwGO) oder aber auf Antrag von Beteiligten (§ 80 Abs. 7 S. 2 VwGO) erfolgen; für die letztere Konstellation ist allerdings Voraussetzung, dass sich nach dem Zeitpunkt des Erlasses des vorangegangenen Beschlusses eine Veränderung der für die Entscheidung maßgeblichen Sach- und/oder Rechtslage ergeben hat.[16]

II. Gebühren Nr. 5240, 5241 KV

9 Die Voraussetzungen für die Anwendung der Gebührentatbestände nach Nr. 5240 und 5241 KV stimmen – ungeachtet der textlichen Abweichung von Nr. 1430 KV – mit dem Anwendungsbereich der Nr. 1430 und 1431 KV über die Beschwerde überein, so dass auf die dortige Kommentierung verwiesen werden kann.[17]

Hauptabschnitt 3
Besondere Verfahren

Nr.	Gebührentatbestand	Gebühr oder Satz der Gebühr nach § 34 GKG
5300	Selbständiges Beweisverfahren	1,0
5301	Verfahren über Anträge auf gerichtliche Handlungen der Zwangsvollstreckung nach den §§ 169, 170 oder § 172 VwGO	20,00 €

I. Gebühr Nr. 5300 KV

1 **1. Anwendbarkeit der §§ 485 ff ZPO im verwaltungsgerichtlichen Verfahren.** Das selbständige Beweisverfahren gem. §§ 485–494 a ZPO ist – wie sich aus § 98 2. Hs. VwGO ergibt – auch im Verwaltungsgerichtsprozess anwendbar,[1] wobei – insoweit entgegen dem Wortlaut von § 98 VwGO – auch § 494 a ZPO über die Anordnungsbefugnis des Gerichts über die Klageerhebung binnen einer zu bestimmenden Frist nach Beendigung der Beweiserhebung (§ 494 a Abs. 1 ZPO) und beschlussmäßiger Auferlegung der dem Gegner im selbständigen Beweisverfahren entstandenen Kosten auf den Antragsteller für den Fall, dass dieser der Anordnung gem. § 494 a Abs. 1 ZPO nicht nachkommt (§ 494 a Abs. 2 S. 1 ZPO), im Verwaltungsprozess mit der Maßgabe Anwendung findet, dass statt Klageerhebung der für den Fortgang des Verfahrens erforderliche Rechtsbehelf einzulegen ist und die in § 494 a Abs. 2 S. 2 ZPO bezeichnete „sofortige Beschwerde" die

---

14 Vgl Roßkopf, Asylrecht, in: Eiding/Hofmann-Hoeppel, VerwR, § 59 Rn 15 ff. **15** Vgl *Hofmann-Hoeppel*, Vorläufiger gerichtlicher Rechtsschutz gem. §§ 80 Abs. 5 bis 8, 80 a VwGO, in: Eiding/Hofmann-Hoeppel, VerwR, § 11 Rn 18 und 23. **16** Vgl *Hofmann-Hoeppel*, Vorläufiger gerichtlicher Rechtsschutz gem. §§ 80 Abs. 5 bis 8, 80 a VwGO, in: Eiding/Hofmann-Hoeppel, VerwR, § 11 Rn 21. **17** Unzutr. der Hinweis bei *Hartmann*, KostG, Nr. 5240 und 5241 KV GKG Rn 1 auf Nr. 1240 KV GKG. **1** Vgl *Kopp/Schenke*, VwGO, § 98 Rn 26 sowie *Trautwein/Ulrich*, in: Prütting/Gehrlein, ZPO, § 485 Rn 10.

Beschwerde nach § 146 VwGO ist, sofern kein genereller Beschwerdeausschluss (AsylVfG, WPflG) gesetzlich besteht.

2. Voraussetzungen und Gang des selbständigen Beweisverfahrens gem. §§ 485 ff ZPO (iVm § 98 **2** **VwGO). a) Relevante Verfahrensgegenstände.** Ein selbständiges Beweisverfahren kann gem. § 485 Abs. 1 ZPO während oder außerhalb eines Streitverfahrens auf Antrag einer Partei durch Augenscheinseinnahme, Vernehmung von Zeugen oder durch Begutachtung eines Sachverständigen angeordnet werden, wenn der Gegner entweder zustimmt oder aber zu besorgen ist, dass das Beweismittel verloren geht oder seine Benutzung erschwert wird. Ist ein Rechtsstreit noch nicht anhängig, so scheiden Augenscheinseinnahme und Vernehmung von Zeugen gem. § 485 Abs. 2 S. 1, 1. Hs. ZPO deshalb aus, weil in diesem Falle ausschließlich die schriftliche Begutachtung durch einen Sachverständigen beantragt werden kann, dass

- der Zustand einer Person oder der Zustand oder Wert einer Sache (§ 485 Abs. 2 S. 1 Nr. 1 ZPO),
- die Ursache eines Personen-/Sachschadens oder Sachmangels (§ 485 Abs. 2 S. 1 Nr. 2 ZPO),
- der Aufwand für die Beseitigung eines Personen-/Sachschadens oder Sachmangels (§ 485 Abs. 2 S. 1 Nr. 3 ZPO)

festgestellt wird.

Da die der Sachverständigenbegutachtung zugänglichen Verfahrensgegenstände des § 485 Abs. 2 S. 1 Nr. 1– **3** 3 ZPO augenscheinlich auf zivilprozessuale Konstellationen[2] zugeschnitten sind, wird das selbständige Beweisverfahren im Verwaltungsgerichtsprozess regelmäßig nur für den Fall der beabsichtigten Geltendmachung eines **Folgenbeseitigungsanspruchs iSv § 80 Abs. 5 S. 3 VwGO**[3] – und damit gleichzeitig zur Darlegung des gem. § 485 Abs. 2 S. 2 ZPO erforderlichen rechtlichen Interesses – in Betracht kommen, also insb. dann, wenn die durch das selbständige Beweisverfahren verfolgte Feststellung der Vermeidung eines Rechtsstreits in der Hauptsache dient, wenn es geht um

- Konstellationen sog. **faktischer Vollziehung**, die gegeben sind, wenn Behörden bereits Vollzugsmaßnahmen getroffen haben oder zu treffen drohen, ohne dass die Voraussetzungen sofortiger Vollziehbarkeit gem. § 80 Abs. 2 S. 1 Nr. 1–4 VwGO gegeben waren bzw sind,
- die **Rückgängigmachung erfolgter Vollziehungshandlungen** bzw deren unmittelbarer Folgen.[4]

Bei dem in § 485 Abs. 2 S. 2 ZPO in Bezug genommenen Rechtsstreit wird es sich daher in aller Regel ent- **4** weder um einen gem. §§ 239–251 ZPO iVm § 94 VwGO **ausgesetzten, unterbrochenen oder aber zum Ruhen gebrachten Anfechtungs-/Verpflichtungsrechtsstreit**[5] handeln, der unter der Voraussetzung des § 113 Abs. 1 S. 4 VwGO auf eine sog. **Fortsetzungsfeststellungsklage**[6] umgestellt werden soll, oder aber um eine – insb. in den Fällen des § 80 Abs. 2 S. 1 Nr. 2 VwGO relevante und beabsichtigte – Erhebung einer Fortsetzungsfeststellungsklage „aus dem Stand heraus",[7] ggf um entsprechende Feststellungen zur Vermeidung einer Klage auf Feststellung der Nichtigkeit eines Verwaltungsakts.[8]

b) Fragestellungen bzgl der Verfahrensgegenstände gem. § 485 Abs. 2 S. 1 Nr. 1–3 ZPO. Dem gesetzlichen **5** Schlichtungszweck des selbständigen Beweisverfahrens entsprechend kann der Sachverständigenbegutachtung jede rechtlich zulässige Frage hinsichtlich der Verfahrensgegenstände nach § 485 Abs. 2 S. 1 Nr. 1–3 ZPO unterstellt werden, die potentiell geeignet ist, einer Streitbeilegung ohne Hauptsacheprozess zu dienen. Das Verwaltungsgericht als zuständiges Gericht des selbständigen Beweisverfahrens ist wegen des auch hierfür geltenden Untersuchungsgrundsatzes (§ 86 Abs. 1 S. 1, 1. Hs. VwGO) – anders als das Zivilgericht[9] – jedoch befugt, sowohl Schlüssigkeit wie Beweiserheblichkeit bzw -bedürftigkeit zu prüfen.

3. Pauschalgebührentatbestand. Die für das selbständige Beweisverfahren nach Nr. 5300 KV anfallende **6** Gebühr (1,0) gilt als Pauschalgebühr – wie Nr. 1610 KV – für die gesamte gerichtliche Tätigkeit, also auch im Zweifel für die Bestellung eines Vertreters gem. § 494 Abs. 2 ZPO für den Fall, dass durch den Antragsteller ein Antragsgegner unter den Voraussetzungen des § 494 Abs. 1 ZPO nicht bezeichnet wird.[10]

Eine **Anrechnung** der Gebühr Nr. 5300 KV auf die allgemeine Verfahrensgebühr des Hauptprozesses findet **7** – genauso wie bei Nr. 1610 KV – nicht statt.

4. Entstehung, Fälligkeit, Kostenerstattung. Die Gebühr Nr. 5300 KV **entsteht** mit der Anbringung des An- **8** trags auf Durchführung eines selbständigen Beweisverfahrens.

---

2 Vgl *Trautwein/Ulrich*, in: Prütting/Gehrlein, ZPO, § 485 Rn 3 ff. **3** Vgl *Hofmann-Hoeppel*, Vorläufiger gerichtlicher Rechtsschutz gem. §§ 80 Abs. 5 bis 8, 80 a VwGO, in: Eiding/Hofmann-Hoeppel, VerwR, § 11 Rn 59. **4** Vgl *Hofmann-Hoeppel*, Vorläufiger gerichtlicher Rechtsschutz gem. §§ 80 Abs. 5 bis 8, 80 a VwGO, in: Eiding/Hofmann-Hoeppel, VerwR, § 11 Rn 60. **5** Ein unterbrochener oder ausgesetzter Rechtsstreit gilt nicht als „wehrendes" Streitverfahren; vgl *Trautwein/Ulrich*, in: Prütting/Gehrlein, ZPO, § 485 Rn 19. **6** Vgl *Kopp/Schenke*, VwGO, § 113 Rn 129 ff. **7** Vgl *Heitsch*, Klageverfahren, in: Eiding/Hofmann-Hoeppel, VerwR, § 8 Rn 122 ff. **8** Vgl *Heitsch*, Klageverfahren, in: Eiding/Hofmann-Hoeppel, VerwR, § 8 Rn 164 f. **9** Vgl *Trautwein/Ulrich*, in: Prütting/Gehrlein, ZPO; § 485 Rn 24. **10** Vgl *Hartmann*, KostG, Nr. 5300 KV GKG Rn 1 und Nr. 1610 KV GKG Rn 6.

9   **Fälligkeit** tritt ein

■   bei Rechtshängigkeit des Hauptsacheprozesses mit der in dessen Rahmen ergehenden Kostenentscheidung,

■   andernfalls mit Beendigung des selbständigen Beweisverfahrens.[11]

10   Die Kosten eines selbständigen Beweisverfahrens sind hinsichtlich der **Erstattungsfähigkeit** im Verfahren über die Hauptsache als außergerichtliche Kosten zu qualifizieren.[12]

II. Gebühr Nr. 5301 KV

11   **1. Gebührentatbestand. a) Anträge auf gerichtliche Handlungen der Zwangsvollstreckung zu Gunsten der öffentlichen Hand, § 169 VwGO.** Die Vollstreckung zu Gunsten des Bundes, eines Landes, eines Gemeindeverbands, einer Gemeinde oder einer Körperschaft, Anstalt oder Stiftung des öffentlichen Rechts richtet sich gem. § 169 Abs. 1 S. 1 VwGO nach dem Verwaltungsvollstreckungsgesetz, wobei der Vorsitzende des Gerichts des ersten Rechtszugs Vollstreckungsbehörde ist (§ 169 Abs. 1 S. 2, 1. Hs. VwGO), sich aber für die Ausführung der Vollstreckung einer anderen Vollstreckungsbehörde oder eines Gerichtsvollziehers bedienen kann (§ 169 Abs. 1 S. 2, 2. Hs. VwGO).

12   Aus dem Abgleich mit den in § 170 VwGO (Vollstreckung gegen die öffentliche Hand wegen Geldforderungen) und § 172 VwGO (Zwangsgeld gegen eine Behörde) getroffenen Regelungen ergibt sich, dass § 169 VwGO die Vollstreckung gegen **private Vollstreckungsschuldner** betrifft.

13   Der Vorsitzende leitet als Vollstreckungsbehörde die Vollstreckung durch die Vollstreckungsverfügung, dh durch Erlass der Vollstreckungsanordnung, ein,[13] basierend auf einem Vollstreckungsauftrag der für den Vollstreckungsgläubiger handelnden Behörde.

14   Demgegenüber ist gem. § 169 Abs. 2 VwGO die Vollstreckung zur Erzwingung von Handlungen, Duldungen und Unterlassungen, die im Wege der Amtshilfe von Organen der Länder vorgenommen wird, nach landesrechtlichen Bestimmungen durchzuführen.

15   Die gem. § 169 Abs. 1 S. 2, 2. Hs. VwGO zulässige Inanspruchnahme einer anderen Vollstreckungsbehörde oder eines Gerichtsvollziehers bezieht sich ausschließlich auf die „Ausführung der Vollstreckung", nicht jedoch auf die Vollstreckung insgesamt.[14]

16   Aufgrund der Bestimmung des „Vorsitzenden des Gerichts des ersten Rechtszugs" als Vollstreckungsbehörde (§ 169 Abs. 1 S. 2, 1. Hs. VwGO) ist eine Übertragung der Vollstreckungsbefugnisse auf den Einzelrichter (§ 6 Abs. 1 VwGO) mangels gegebener sachlicher Zuständigkeit der Kammer nicht gegeben.

17   **b) Anträge auf gerichtliche Handlungen der Zwangsvollstreckung gegen die öffentliche Hand wegen Geldforderungen, § 170 VwGO.** Im Gegensatz zur Bestimmung des Vorsitzenden des Gerichts des ersten Rechtszugs als zuständige Vollstreckungsbehörde iSd Verwaltungsvollstreckungsgesetzes bei Vollstreckung zu Gunsten der öffentlichen Hand (§ 169 Abs. 1 S. 2, 1. Hs. VwGO) ist das „Gericht des ersten Rechtszugs" zuständige Vollstreckungsbehörde, wenn gegen den Bund, ein Land, einen Gemeindeverband, eine Gemeinde, eine Körperschaft, eine Anstalt oder Stiftung des öffentlichen Rechts wegen einer Geldforderung vollstreckt werden soll (§ 170 Abs. 1 S. 1 VwGO). Anwendungsbereiche sind im Wesentlichen:

■   **Leistungsurteile,**

■   **Kostenfestsetzungsbeschlüsse** (§ 161 VwGO),

■   **Zwangsgeldbeschlüsse** (§ 172 VwGO),

■   **zur Geldleistung verpflichtende einstweilige Anordnungen** (§ 123 VwGO).

18   In den Anwendungsbereich fallen jedoch nicht Verpflichtungsurteile gem. § 113 Abs. 5 VwGO, auch wenn sie auf den Erlass eines eine Geldleistung zum Gegenstand habenden Verwaltungsakts gerichtet sind.[15]

19   Das Vollstreckungsverfahren nach § 170 VwGO ist selbständiges Beschlussverfahren, in dem gem. §§ 154 ff VwGO über die Kosten zu entscheiden ist. Die allgemeinen Verfahrensgrundsätze finden Anwendung mit der Folge, dass ein Vollstreckungsgläubiger seinen Antrag analog § 92 VwGO zurücknehmen oder aber in der Hauptsache für erledigt erklären kann.

20   Gemäß § 170 Abs. 2 S. 1 VwGO hat das Gericht vor Erlass der Vollstreckungsverfügung die Behörde oder bei Körperschaften, Anstalten und Stiftungen des öffentlichen Rechts, gegen die vollstreckt werden soll, die gesetzlichen Vertreter von der beabsichtigten Vollstreckung zu benachrichtigen und diese aufzufordern, die Vollstreckung innerhalb einer durch das Gericht zu bemessenden Frist, die einen Monat nicht übersteigen darf (§ 170 Abs. 2 S. 2 VwGO), abzuwenden (§ 170 Abs. 2 S. 1 VwGO). Für einstweilige Anordnungen gelten diese Maßgaben gem. § 170 Abs. 5 VwGO nicht.

---

11 Vgl *Hartmann*, KostG, Nr. 1610 KV GKG Rn 6. **12** Vgl *Hartmann*, KostG, Nr. 1610 KV GKG Rn 7. **13** Vgl *Kopp/Schenke*, VwGO, § 169 Rn 3. **14** Vgl *Kopp/Schenke*, VwGO, § 169 Rn 7. **15** Vgl *Kopp/Schenke*, VwGO, § 170 Rn 1.

c) **Anträge auf gerichtliche Handlungen der Zwangsvollstreckung durch Androhung und Vollstreckung ei-** 21
nes Zwangsgelds gegen eine Behörde, § 172 VwGO. Androhung wie – nach fruchtlosem Fristablauf – Festsetzung und Vollstreckung von Amts wegen eines Zwangsgelds bis 10.000 € gegen eine Behörde ermöglicht
§ 172 S. 1 VwGO in den Fällen, in denen die Behörde

- Urteilen auf Folgenbeseitigung gem. § 113 Abs. 1 S. 2 VwGO,
- Verpflichtungsurteilen gem. § 113 Abs. 5 VwGO,
- verpflichtenden einstweiligen Anordnungen gem. § 123 Abs. 1 VwGO

nicht nachkommt, wobei Voraussetzung hierfür ist, dass die einstweiligen Anordnungen einen einem stattgebenden Urteil nach § 113 Abs. 1 S. 2 VwGO oder § 113 Abs. 5 VwGO entsprechenden, dh vollstreckungsfähigen, Inhalt haben.[16]

Nach hM enthält § 172 VwGO nur eine **beispielhafte Aufzählung** der in Betracht kommenden Vollstre- 22
ckungstitel, ist daher entsprechend auch auf die **Vollstreckung gerichtlicher Anordnungen gem. § 80 Abs. 5
S. 3, § 80 a Abs. 3 iVm Abs. 1 Nr. 2, Abs. 2** oder aber gem. § 113 Abs. 3 S. 2 VwGO gegenüber einer Behörde sowie gem. § 61 Abs. 1 S. 2 VwVfG analog auch auf die Vollstreckung wegen Erzwingung eines Verwaltungsakts oder sonstiger hoheitlicher Regelungen gegen eine Behörde anwendbar, wenn sich diese in einem
öffentlich-rechtlichen Vertrag (§§ 54 ff VwVfG) der sofortigen Vollstreckung unterworfen hat. § 172
VwGO ist ferner anwendbar auf **Prozessvergleiche**, in denen sich die Verwaltung zum Erlass eines Verwaltungsakts bzw zu anderen hoheitlichen Regelungen verpflichtet hat.[17]

Wegen des Vorrangs von § 170 VwGO als lex specialis nicht anwendbar ist § 172 VwGO auf unmittelbar 23
auf Geldleistungen gerichtete Titel, des Weiteren auf die Vollstreckung gerichtlicher Titel, die Realakte zum
Gegenstand haben.

2. Gebührenhöhe. Die für sämtliche Anträge auf gerichtliche Handlungen der Zwangsvollstreckung nach 24
den §§ 169, 170 oder § 172 VwGO einheitlich auf den – überaus niedrigen – Betrag von 20 € bestimmte
Gebühr trägt rechtspolitisch dem Umstand Rechnung, dass dem wegen vornehmlich Vollstreckungsmaßnahmen gem. §§ 170 und 172 VwGO gegen die öffentliche Hand obsiegenden Vollstreckungsgläubiger
nicht zusätzliche Gebühren in nennenswerter Höhe auferlegt werden sollen.

Hauptabschnitt 4
Rüge wegen Verletzung des Anspruchs auf rechtliches Gehör

Nr.	Gebührentatbestand	Gebühr oder Satz der Gebühr nach § 34 GKG
5400	Verfahren über die Rüge wegen Verletzung des Anspruchs auf rechtliches Gehör (§ 152 a VwGO): Die Rüge wird in vollem Umfang verworfen oder zurückgewiesen	60,00 €

I. Geltungsbereich

Aus der in § 152 a Abs. 1 S. 1 Nr. 1 VwGO getroffenen Regelung, wonach auf die Rüge eines durch eine 1
gerichtliche Entscheidung beschwerten Beteiligten das Verfahren fortzuführen ist, wenn ein Rechtsmittel
oder ein anderer Rechtsbehelf gegen die Entscheidung nicht gegeben ist, folgt, dass die Anhörungsrüge nur
eröffnet ist gegen

- Urteile des Bundesverwaltungsgerichts,
- Beschlüsse des Bundesverwaltungsgerichts über die Zurückweisung der Nichtzulassungsbeschwerde
  (§ 133 Abs. 5 VwGO),
- Beschlüsse von OVG/VGH über die Zurückweisung des Antrags auf Zulassung der Berufung (§ 124 a
  Abs. 5 VwGO).[1]

Umstritten ist in diesem Zusammenhang, ob 2

- in den Fällen des § 146 Abs. 3 VwGO die trotz Nichterreichens der Beschwerdesumme mögliche **Anschlussbeschwerde**,

---

16 Vgl *Kopp/Schenke*, VwGO, § 172 Rn 1; VG Würzburg 4.1.2011 – W 2 V 11/12, EzKommR Nr. 2331.202. **17** Vgl *Kopp/
Schenke*, VwGO, § 172 Rn 2 mwN. **1** Vgl *Heitsch*, Revision und Anhörungsrüge, in: Eiding/Hofmann-Hoeppel, VerwR, § 10
Rn 68 ff.

■ das **Abänderungsverfahren gem.** § **80 Abs. 7 S. 1 und 2 VwGO** bzgl Entscheidungen im vorläufigen Rechtsschutzverfahren

Vorrang vor der Anhörungsrüge hat.

3   Die durch Gesetz vom 9.12.2004[2] eingeführte Regelung verdankt sich dem Plenarbeschluss des BVerfG vom 30.4.2003,[3] wonach der rechtsstaatliche Anspruch auf Justizgewähr iVm dem Grundsatz des rechtlichen Gehörs die Möglichkeit fachgerichtlicher Abhilfe für den Fall eröffnen muss, dass ein Gericht in entscheidungserheblicher Weise den Anspruch auf rechtliches Gehör (Art. 103 Abs. 1 GG) verletzt hat und die getroffene gerichtliche Entscheidung auf dieser Verletzung beruht.

4   Die innerhalb von 2 Wochen nach Kenntnis von der Verletzung des rechtlichen Gehörs unter Glaubhaftmachung des Zeitpunkts der Kenntniserlangung (§ 152 a Abs. 2 S. 1 VwGO) zu erhebende Anhörungsrüge ist damit **Zulässigkeitsvoraussetzung** für eine im Falle der Verwerfung als unzulässig (§ 152 a Abs. 4 S. 1 VwGO) oder aber Zurückweisung wegen Unbegründetheit (§ 152 a Abs. 4 S. 2 VwGO) sich anschließende Individual-/Kommunalverfassungsbeschwerde. Wird von einer Anhörungsrüge abgesehen, ist die Verfassungsbeschwerde nicht nur in Bezug auf die geltend gemachte Verletzung rechtlichen Gehörs, sondern insgesamt unzulässig.[4]

5   Wird die Rüge als **begründet** erachtet, so wird ihr dadurch abgeholfen, dass das Gericht das Verfahren fortführt, soweit dies aufgrund der Rüge geboten ist (§ 152 a Abs. 5 S. 1 VwGO), was zur Folge hat, dass das Verfahren in die Lage zurückversetzt wird, in der es sich vor dem Schluss der mündlichen Verhandlung befand (§ 152 a Abs. 5 S. 2 VwGO), oder aber – in schriftlichen Verfahren – die Zurückversetzung auf den Zeitpunkt erfolgt, bis zu dem Schriftsätze eingereicht werden können (§ 152 a Abs. 5 S. 3 VwGO). Aufgrund der in § 152 a Abs. 6 VwGO angeordneten entsprechenden Anwendung von § 149 Abs. 1 S. 2 VwGO kann bestimmt werden, dass die Vollziehung der angefochtenen Entscheidung einstweilen ausgesetzt wird.

II. Entstehen der Gebühr

6   Die Gebühr Nr. 5400 KV fällt nur in den Fällen an, in denen die Rüge – wegen Unzulässigkeit, dh im Falle der Nichtstatthaftigkeit oder Nichterhebung in gesetzlicher Form oder Frist (§ 152 a Abs. 4 S. 1 VwGO) verworfen oder aber – wegen Unbegründetheit (§ 152 a Abs. 4 S. 2 VwGO) – zurückgewiesen wird. Da der Anwendungsbereich mit Nr. 1700 KV übereinstimmt, kann auf die dortige Kommentierung verwiesen werden.

Hauptabschnitt 5
Sonstige Beschwerden

Nr.	Gebührentatbestand	Gebühr oder Satz der Gebühr nach § 34 GKG
5500	Verfahren über die Beschwerde gegen die Nichtzulassung der Revision: Soweit die Beschwerde verworfen oder zurückgewiesen wird	2,0
5501	Verfahren über die Beschwerde gegen die Nichtzulassung der Revision: Soweit die Beschwerde zurückgenommen oder das Verfahren durch anderweitige Erledigung beendet wird .... Die Gebühr entsteht nicht, soweit die Revision zugelassen wird.	1,0
5502	Verfahren über nicht besonders aufgeführte Beschwerden, die nicht nach anderen Vorschriften gebührenfrei sind: Die Beschwerde wird verworfen oder zurückgewiesen .... Wird die Beschwerde nur teilweise verworfen oder zurückgewiesen, kann das Gericht die Gebühr nach billigem Ermessen auf die Hälfte ermäßigen oder bestimmen, dass eine Gebühr nicht zu erheben ist.	60,00 €

---

2 BGBl. 2004 I 3220, 3223. **3** BVerfG NJW 2003, 1924 ff. **4** Vgl *Heitsch*, Revision und Anhörungsrüge, in: Eiding/Hofmann-Hoeppel, VerwR, § 10 Rn 76 sowie BVerfG 25.4.2005 – 1 BvR 644/05, NJW 2005, 3059; *Hofmann-Hoeppel*, Verfassungsbeschwerde nach Bundes- und Landesrecht, in: Eiding/Hofmann-Hoeppel, VerwR, § 15 Rn 70.

I. Verwerfung oder Zurückweisung der Beschwerde gegen die Nichtzulassung der Revision (Nr. 5500 KV)

Die Verwendung der Termini „Verwerfung" und „Zurückweisung" legt eine Differenzierung nach „**Verwerfung**" infolge Unzulässigkeit wegen Nichteinhaltung der Frist- und Formerfordernisse nach § 133 Abs. 2, 3 VwGO einerseits und nach „**Zurückweisung**" wegen Unbegründetheit, dh Nichtanerkennung der geltend gemachten Zulassungsgründe des § 132 Abs. 2 Nr. 1–3 VwGO andererseits nahe, da diese sprachliche Differenzierung im Übrigen der gängigen Terminologie entspricht. Demgegenüber erfolgt in der Praxis durch Beschluss des Bundesverwaltungsgerichts – für den Fall, dass OVG/VGH nicht gem. § 133 Abs. 5 S. 1, 1. Hs. VwGO „abgeholfen" haben – nur die „Ablehnung" (§ 133 Abs. 5 S. 3 VwGO) mit der Folge, dass dadurch das angegriffene Urteil, bzgl dessen Zulassung der Revision beantragt wurde, in Rechtskraft erwächst.   **1**

Infolge Übereinstimmung von Nr. 5500 KV mit Nr. 1242 KV kann auf die dortige Kommentierung verwiesen werden.   **2**

II. Zurücknahme der Beschwerde gegen die Nichtzulassung der Revision oder anderweitige Erledigung (Nr. 5501 KV)

Nr. 5501 KV betrifft die Rücknahme der Beschwerde oder aber die „anderweitige Erledigung" des Nichtzulassungsbeschwerdeverfahrens. Dieses kann entweder durch – auch im Verfahren gem. §§ 132 ff VwGO gegebener Anwendbarkeit von § 92 VwGO[1] erfolgende – Beschwerderücknahme oder aber durch Hauptsacheerledigung als „anderweitige Erledigung" beendet werden.   **3**

Eine **Beschwerderücknahme** ist nach hM bis zum Zeitpunkt der Zustellung des über die Nichtzulassungsbeschwerde ergehenden Beschlusses – ohne Zustimmung anderer Beteiligter – gem. § 92 Abs. 1 S. 1 VwGO analog zulässig – nicht jedoch gem. § 140 VwGO, da dieser ein anhängiges Revisionsverfahren voraussetzt.   **4**

Die **Rücknahmefiktion** des § 92 Abs. 2 S. 1 VwGO – infolge Nichtweiterbetreibens des Verfahrens für einen Zeitraum von länger als 2 Monaten trotz der unter Hinweis auf die sich aus § 92 Abs. 2 S. 1, § 155 Abs. 2 VwGO ergebenden Rechtsfolgen (§ 92 Abs. 2 S. 2 VwGO) ergangenen Betreibensaufforderung – hat in der Praxis **keine Relevanz**, da entsprechende Betreibensaufforderungen durch das Bundesverwaltungsgericht nicht feststellbar sind.   **5**

Hauptsacheerledigung als „**anderweitige Erledigung**" tritt idR dann ein, wenn – in der Praxis äußerst selten – durch die beklagte Behörde eine Aufhebung – in Form von Rücknahme (§ 48 VwVfG) oder aber Widerruf (§ 49 VwVfG) – des angefochtenen Bescheids erfolgt, wodurch zugleich eine Erledigung des Nichtzulassungsbeschwerdeverfahrens eintritt, so dass dieses gem. § 161 Abs. 2 VwGO durch die Beteiligten für erledigt erklärt werden kann.[2] Stimmt der Gegner nicht zu, so kann der Beschwerdeführer die Feststellung der Erledigung durch das Gericht mit der Folge beantragen, dass hierüber durch Beschluss zu entscheiden ist.[3]   **6**

Infolge Übereinstimmung von Nr. 5501 KV mit Nr. 1243 KV kann auf die dortige Kommentierung verwiesen werden.   **7**

III. Verwerfung oder Zurückweisung „nicht besonders aufgeführter Beschwerden" (Nr. 5502 KV)

1. Geltungsbereich. Die Gebühr Nr. 5502 KV stellt durch die im Text enthaltene Einschränkung – „die nicht nach anderen Vorschriften gebührenfrei sind" – einen **Auffangtatbestand** dar, kommt also nur dann zur Anwendung, wenn nicht einschlägig sind die   **8**

- Nr. 5500, 5501 KV im Rahmen eines Nichtzulassungsbeschwerdeverfahrens;
- Nr. 5240, 5241 KV in Beschwerdeverfahren gegen Beschlüsse des Verwaltungsgerichts über einstweilige Anordnungen gem. § 123 Abs. 1 VwGO und über die Aussetzung der Vollziehung (§§ 80, 80 a VwGO).

Die Bedeutung des „Auffanggebührentatbestands" nach Nr. 5502 KV für die „nicht besonders aufgeführten Beschwerden" ist im Hinblick auf die frühere grundsätzliche Anerkennung sog. **„außerordentlicher Beschwerden"** wegen   **9**

- greifbarer Gesetzeswidrigkeit zur Korrektur schwerwiegender Mängel vornehmlich in verfahrensmäßiger Hinsicht,[4]
- schlechthin gegebener Unvereinbarkeit mit der geltenden Rechtsordnung infolge Nichtexistenz einer gesetzlichen Grundlage,
- offensichtlicher Rechtsverweigerung,

---

1 Vgl *Kopp/Schenke*, VwGO, § 133 Rn 20. **2** Vgl *Kopp/Schenke*, VwGO, § 133 Rn 21. **3** BVerwGE 72, 93; vgl *Kopp/Schenke*, VwGO, § 161 Rn 30. **4** Vgl hierzu *Kopp/Schenke*, VwGO, Vor § 124 Rn 8 a mwN.

■ rechtswidriger Verzögerung einer Entscheidung über einen Antrag auf Gewährung von Prozesskostenhilfe sowie von vorläufigem Rechtsschutz,

■ willkürlicher Verletzung von Zuständigkeitsvorschriften (§ 6 Abs. 1 und 3 VwGO),

■ willkürlicher Entscheidung über ein Ablehnungsgesuch gem. § 54 VwGO mit einer darin liegenden Verletzung von Art. 101 Abs. 1 S. 2 GG

nach der durch Gesetz vom 9.12.2004[5] eingeführten Anhörungsrüge gem. § 152 a VwGO außerordentlich **eingeschränkt**, so dass die Anerkennung einer „außerordentlichen Beschwerde" nach hM nicht mehr gegeben ist.

10 Infolge Übereinstimmung von Nr. 5502 KV mit Nr. 1812 KV kann auf die dortige ausführliche Kommentierung verwiesen werden.

11 **2. Ermäßigung nach billigem Ermessen bzw Entscheidung über nicht erfolgende Gebührenerhebung (Anm.).** Der Terminus des „billigen Ermessens" im Rahmen der Kostenentscheidung entspricht jenem des § 161 Abs. 2 S. 1, 1. Hs. VwGO und ist wie dort auszulegen.[6] Auch in diesem Falle werden bisheriger Sach- und Streitstand zu berücksichtigen sein (§ 161 Abs. 2 S. 1, 2. Hs. VwGO).

Hauptabschnitt 6
Besondere Gebühren

Nr.	Gebührentatbestand	Gebühr oder Satz der Gebühr nach § 34 GKG
5600	Abschluss eines gerichtlichen Vergleichs:	
	Soweit ein Vergleich über nicht gerichtlich anhängige Gegenstände geschlossen wird	0,25
	Die Gebühr entsteht nicht im Verfahren über die Prozesskostenhilfe. Im Verhältnis zur Gebühr für das Verfahren im Allgemeinen ist § 36 Abs. 3 GKG entsprechend anzuwenden.	

I. Gebührentatbestand

1 Voraussetzung für die Anwendung der Nr. 5600 KV ist zunächst ein in einem anhängigen gerichtlichen Verfahren erfolgender **gerichtlicher Vergleich**. Um einen solchen handelt es sich **nicht** bei einem

■ im Rahmen der Zwangsvollstreckung gem. § 796 a ZPO abgeschlossenen **Anwaltsvergleich**;[1]

■ im Rahmen des **vorbereitenden Verfahrens iSv § 87 Abs. 1 S. 1 VwGO** durch den Vorsitzenden oder Berichterstatter **entgegengenommenen** und damit außergerichtlichen **Vergleich iSv § 87 Abs. 1 S. 2 Nr. 1 VwGO**,[2] da es sich hierbei – im Gegensatz zum gerichtlichen Vergleichsschluss gem. § 106 S. 2 VwGO durch schriftliche Annahme des den Beteiligten in Form eines Beschlusses ergangenen Vergleichsvorschlags des Gerichts, des Vorsitzenden oder des Berichterstatters[3] – nicht um einen gerichtlichen Vergleich handelt.

2 Weitere Voraussetzung für die Anwendung von Nr. 5600 KV ist, dass ein gerichtlicher Vergleich über nicht gerichtlich anhängige Gegenstände geschlossen wird. Nach dem durch das 2. KostRMoG geänderten Wortlaut der Nr. 5600 KV kommt es daher nicht mehr darauf an, dass der Wert des Vergleichsgegenstands den Wert des Streitgegenstands übersteigt, da seither auf die Differenzierung von Streitgegenstand und nicht gerichtlich anhängigen Gegenständen abgestellt wird.

II. Gebührenhöhe

3 Aufgrund der angeordneten entsprechenden Anwendbarkeit von § 36 Abs. 3 GKG hat daher im Verhältnis von Streitgegenstand und im Vergleichswege erledigten, nicht gerichtlich anhängigen Gegenständen aufgrund unterschiedlicher Gebührensätze eine gesonderte Berechnung stattzufinden (§ 36 Abs. 3, 1. Hs. GKG). Dabei darf die aus dem Gesamtbetrag der Werteile nach dem höchsten Gebührensatz berechnete Gebühr nicht überschritten werden (§ 36 Abs. 3, 2. Hs. GKG). Dies hat nicht mehr zur Folge, dass die für die jeweiligen Beendigungstatbestände in den unterschiedlichen Instanzen geltenden Gebührentatbestände

---

5 BGBl. 2004 I 3220. **6** Vgl *Kopp/Schenke*, VwGO, § 161 Rn 16 ff. **1** Vgl *Hartmann*, KostG, Nr. 1900 KV GKG Rn 5. **2** Vgl *Kopp/Schenke*, VwGO, § 87 Rn 5. **3** *Hartmann*, KostG, Nr. 1900 KV GKG Rn 7.

- Nr. 5111 Nr. 3 KV mit dem Gebührensatz von 1,0 für den ersten Rechtszug beim VG,
- Nr. 5113 Nr. 3 KV mit dem Gebührensatz von 2,0 für das erstinstanzliche Verfahren vor dem OVG/VGH,
- Nr. 5115 Nr. 3 KV mit dem Gebührensatz von 3,0 für das erstinstanzliche Verfahren beim Bundesverwaltungsgericht,
- Nr. 5124 Nr. 3 KV mit dem Gebührensatz von 2,0 für die Beendigung des (zugelassenen) Berufungsverfahrens beim OVG/VGH,
- Nr. 5132 Nr. 3 KV mit dem Gebührensatz von 3,0 für die Beendigung des Revisionsverfahrens beim Bundesverwaltungsgericht,
- Nr. 5211 Nr. 2 KV mit dem Gebührensatz von 0,5 bei Beendigung des vorläufigen Rechtsschutzverfahrens bei VG, OVG/VGH und Bundesverwaltungsgericht als Rechtsmittelgericht in der Hauptsache,
- Nr. 5221 Nr. 2 KV mit dem Gebührensatz von 0,75 bei Beendigung des vorläufigen Rechtsschutzverfahrens bei OVG/VGH als erstinstanzlichem Hauptsachegericht,
- Nr. 5231 Nr. 2 KV mit dem Gebührensatz von 1,0 bei Beendigung des vorläufigen Rechtsschutzverfahrens beim Bundesverwaltungsgericht als erstinstanzlichem Hauptsachegericht

um den Gebührensatz von 0,25 erhöht werden, es sei denn, die um 0,25 aus dem Wert der gerichtlich nicht anhängigen Gegenstände erfolgende Erhöhung führt nicht zu einer Überschreitung des Gebührensatzes, der sich aus dem Gesamtbetrag der Wertteile – Streitgegenstand und nicht gerichtlich anhängige Gegenstände – ergibt.

Nr.	Gebührentatbestand	Gebühr oder Satz der Gebühr nach § 34 GKG
5601	Auferlegung einer Gebühr nach § 38 GKG wegen Verzögerung des Rechtsstreits	wie vom Gericht bestimmt

Infolge der Verweisung auf § 38 GKG ist zunächst zu klären, ob die dort durch Verschulden des Klägers, **1** des Beklagten oder eines Vertreters erforderlich werdende Vertagung einer mündlichen Verhandlung oder die Anberaumung eines neuen Termins zur mündlichen Verhandlung mit dadurch eintretender Verzögerung der Erledigung des Rechtsstreits bezeichneten Konstellationen

- nachträgliches Vorbringen von Angriffs- oder Verteidigungsmitteln,
- nachträgliches Vorbringen von Beweismitteln oder Beweiseinreden,

die jeweils früher hätten vorgebracht werden können, aufgrund der für Zivilprozess einerseits, Verwaltungsprozess andererseits geltenden unterschiedlichen Prozessmaximen – Dispositionsmaxime zum einen, Amtsermittlungs- und Untersuchungsgrundsatz zum anderen (§ 86 Abs. 1 VwGO) – überhaupt denkbar sind.

Dies ist seit der Einführung von § 87 b VwGO durch das 4. Gesetz zur Änderung der VwGO vom **2** 17.12.1990[1] vollumfänglich zu bejahen, da

- Vorsitzender oder Berichterstatter dem Kläger eine Frist zur Angabe von Tatsachen, durch deren Berücksichtigung oder Nichtberücksichtigung im Verwaltungsverfahren er sich beschwert fühlt, setzen (§ 87 b Abs. 1 S. 1 VwGO) und diese Fristsetzung mit einer Fristsetzung nach § 82 Abs. 2 S. 2 VwGO bzgl der erforderlichen Ergänzung des Inhalts der Klageschrift (§ 82 Abs. 1 S. 1 und 2 VwGO) verbinden (§ 87 b Abs. 1 S. 2 VwGO) kann;
- darüber hinaus einem Beteiligten unter Fristsetzung aufgegeben werden kann, zu bestimmten Vorgängen Tatsachen anzugeben oder Beweismittel zu bezeichnen (§ 87 b Abs. 2 Nr. 1 VwGO) sowie Urkunden oder andere bewegliche Sachen vorzulegen und elektronische Dokumente zu übermitteln, soweit der Beteiligte dazu verpflichtet ist (§ 87 b Abs. 2 Nr. 2 VwGO);
- Erklärungen und Beweismittel, die nach Ablauf einer nach § 87 b Abs. 1 und 2 VwGO gesetzten Frist vorgebracht werden, zurückgewiesen werden können (§ 87 b Abs. 3 S. 1, 1. Hs. VwGO)
- und ohne weitere Ermittlungen durch das Gericht entschieden werden kann, wenn die Zulassung der nach Fristsetzung eingegangenen Erklärungen und Beweismittel nach der freien Überzeugung des Ge-

---

[1] BGBl. 1990 I 2809; vgl *Kopp/Schenke*, VwGO, § 87 b Rn 3 ff.

rechts die Erledigung des Rechtsstreits verzögern würde (§ 87 b Abs. 3 S. 1 Nr. 1 VwGO) und der Beteiligte die Verspätung nicht genügend entschuldigt (§ 87 b Abs. 3 S. 1 Nr. 2 VwGO),

es sei denn, der Beteiligte ist über die Folgen einer Fristversäumnis nicht belehrt worden (§ 87 b Abs. 3 S. 1 Nr. 3 VwGO) oder aber es ist mit „geringem Aufwand" möglich, den Sachverhalt auch ohne Mitwirkung des Beteiligten zu ermitteln (§ 87 b Abs. 3 S. 3 VwGO).

3 Aufgrund der Textgleichheit mit Nr. 1901 KV kann auf die dortige Kommentierung verwiesen werden.

Teil 6
Verfahren vor den Gerichten der Finanzgerichtsbarkeit

Hauptabschnitt 1
Prozessverfahren

Abschnitt 1
Erster Rechtszug

Unterabschnitt 1
Verfahren vor dem Finanzgericht

Nr.	Gebührentatbestand	Gebühr oder Satz der Gebühr nach § 34 GKG
6110	Verfahren im Allgemeinen, soweit es sich nicht nach § 45 Abs. 3 FGO erledigt	4,0

I. Anwendungsbereich

1 **1. Verfahren vor dem FG.** Nr. 6110 KV betrifft ausschließlich das Verfahren vor dem Finanzgericht. Für die Rechtsmittelverfahren vor dem BFH gelten Nr. 6120, 6500 und 6220 KV. Das Verfahren vor dem BFH nach Nr. 6112 und 6113 KV betrifft ein Spezialverfahren über einen Entschädigungsanspruch bei überlangem Gerichtsverfahren nach § 198 GVG.

2 **2. Prozessverfahren.** Es muss sich um ein Prozessverfahren handeln, wie sich aus der Überschrift des Hauptabschnitts 1 ergibt. Gemeint ist also das **Verfahren nach §§ 63 ff FGO.** Das Vollstreckungsverfahren wird, weil es gerade kein Prozessverfahren ist, nicht von Nr. 6110 KV erfasst.

3 **3. Entstehen der Gebühr.** Nr. 6110 KV setzt für das Entstehen der Gebühr nicht voraus, dass das Verfahren durch Urteil oder Gerichtsbescheid gem. § 90 a FGO beendet wird. Vielmehr fällt die Gebühr – vom Spezialfall des § 45 Abs. 3 FGO abgesehen – für das Verfahren als solches an. Dagegen stellt etwa Nr. 6500 KV explizit als zusätzliche Gebührenvoraussetzung auf die Verfahrensbeendigung durch Zurückweisung oder Verwerfung der Beschwerde ab.

4 Dass die Gebühr für das Verfahren als solches anfällt, ergibt sich auch daraus, dass zwar für die weiteren Beendigungsmöglichkeiten – Klagerücknahme oder Erledigterklärung – an sich Nr. 6111 KV gilt, aber nur in bestimmten Fällen. Sind die dort normierten Voraussetzungen nicht erfüllt, fällt dann – etwa bei einer (nicht rechtzeitigen) Klagerücknahme – die Gebühr nach Nr. 6110 KV an.

5 Insbesondere in folgenden Verfahrenskonstellationen fällt also die Gebühr an, ohne dass aber die jeweilige Gerichtsentscheidung Voraussetzung für das Entstehen der Gebühr ist:

- bei Endurteilen;
- beim Erlass eines Gerichtsbescheids, unabhängig davon, ob es danach noch zu einer mündlichen Verhandlung kommt;
- bei Zwischenurteilen, unabhängig davon, ob es danach zu einer Klagerücknahme oder Verfahrenserledigung kommt;
- beim Ruhen des Verfahrens nach § 155 FGO iVm § 251 ZPO;
- bei der Anordnung der Löschung des Verfahrens im Prozessregister wegen Nichtbetreibens.[1]

---

[1] Gräber/*Koch*, FGO, 7. Aufl. 2010, § 72 Rn 3.

II. Abgrenzung

1. Einstweiliger Rechtsschutz. Für den einstweiligen Rechtsschutz nach § 69 Abs. 3 FGO und § 69 Abs. 5   6
FGO gilt Nr. 6110 KV nicht, sondern Nr. 6210, 6211 KV.

2. Selbständiges Beweisverfahren. Für das selbständige Beweisverfahren nach § 82 FGO iVm §§ 485 ff   7
ZPO gilt Nr. 6300 KV.

3. Rechtsmittelverfahren. Für die Revision gilt Nr. 6120 KV. Für Beschwerden im vorläufigen Rechtsschutz   8
gilt Nr. 6220 KV, für die Nichtzulassungsbeschwerde Nr. 6500 KV und für sonstige Beschwerden Nr. 6501
KV. Für die Rüge wegen Verletzung des Anspruchs auf rechtliches Gehör gilt schließlich Nr. 6400 KV.

4. Vollstreckungsverfahren. Auch das Vollstreckungsverfahren richtet sich nicht nach Nr. 6110 KV, weil es   9
kein Prozessverfahren ist.[2] Für den Fall der Zwangsvollstreckung gegen die öffentliche Hand wegen Geldforderungen ist allerdings das Finanzgericht das Vollstreckungsgericht, § 151 iVm § 152 FGO. Dann fällt
eine Gebühr nach Nr. 6301 KV an.

III. Erledigung nach § 45 Abs. 3 FGO

Die „Erledigung" nach § 45 Abs. 3 FGO betrifft den Fall der sog. **gescheiterten Sprungklage**. Nach § 45   10
Abs. 1 FGO kann eine Klage auch ohne Vorverfahren erhoben werden. Voraussetzung ist aber, dass die Behörde dem zustimmt. Verweigert die Finanzbehörde die Zustimmung oder gibt das Finanzgericht die Klage
– nach einem entsprechenden Beschluss – an die Finanzbehörde gem. § 45 Abs. 2 FGO ab, weil es eine weitere Sachaufklärung für notwendig hält, ist die Klage kraft Gesetzes gem. § 45 Abs. 3 FGO als außergerichtlicher Rechtsbehelf, dh als Einspruch, zu werten. Die formlose Abgabe der Sache an die Finanzbehörde
enthält keine beschwerdefähige Gerichtsentscheidung,[3] und die damit also gescheiterte Sprungklage war bei
Gericht nicht anhängig.[4] Infolgedessen kann auch keine Kostenentscheidung ergehen, so dass also keine
Kostenfolge eintritt.

IV. Kumulation mit anderen Gebühren

Verhängt das Finanzgericht eine **Verzögerungsgebühr** nach § 38 GKG, gilt für die Gebührenhöhe Nr. 6600   11
KV. Diese Gebühr ist zusätzlich zur Gebühr nach Nr. 6110 KV zu entrichten.

Nr.	Gebührentatbestand	Gebühr oder Satz der Gebühr nach § 34 GKG

6111	Beendigung des gesamten Verfahrens durch
	1. Zurücknahme der Klage
	   a) vor dem Schluss der mündlichen Verhandlung oder,
	   b) wenn eine solche nicht stattfindet, vor Ablauf des Tages, an dem das Urteil oder der Gerichtsbescheid der Geschäftsstelle übermittelt wird, oder
	2. Beschluss in den Fällen des § 138 FGO,
	es sei denn, dass bereits ein Urteil oder ein Gerichtsbescheid vorausgegangen ist:
	Die Gebühr 6110 ermäßigt sich auf ....
	Die Gebühr ermäßigt sich auch, wenn mehrere Ermäßigungstatbestände erfüllt sind.
		2,0

I. Allgemeines

Nr. 6111 KV enthält einen **Gebührenermäßigungstatbestand** im Verhältnis zu Nr. 6110 KV, wie sich aus   1
dem klaren Wortlaut („Die Gebühr 6110 ermäßigt sich …") ergibt. Die Gebührenermäßigung beruht auf
den beiden besonderen Verfahrensbeendigungsgründen der **Klagerücknahme** oder der **Erledigung**, die für
das Gericht eine gewisse Arbeitserleichterung bedeuten; freilich ist im Fall der Nr. 1 Buchst. b das Urteil
oder der Gerichtsbescheid in aller Regel schon fast vollständig verfasst, so dass es hier an sich an einer
Rechtfertigung für die Gebührenermäßigung fehlt. Die ermäßigte Gebühr Nr. 6110 KV beträgt in diesen
Fällen 2,0.

---

2 *Hartmann*, KostG, Nr. 6110 GKG KV Rn 1. **3** Gräber/*von Groll*, FGO, § 45 Rn 33. **4** BFHE 204, 1.

II. Abgrenzung

2   **1. Einstweiliger Rechtsschutz.** Für die Verfahrensbeendigung durch Klagerücknahme oder Erledigung im einstweiligen Rechtsschutzverfahren nach § 69 Abs. 3 und 5 FGO gilt Nr. 6111 KV nicht, sondern Nr. 6211 KV. Gleiches gilt für das einstweilige Rechtsschutzverfahren nach § 114 FGO.

3   **2. Selbständiges Beweisverfahren.** Für die Verfahrensbeendigung durch Antragsrücknahme oder Erledigung beim selbständigen Beweisverfahren gilt Nr. 6300 KV; eine besondere Gebührenermäßigung kommt hier nicht in Betracht.

4   **3. Rechtsmittelverfahren.** Für die Verfahrensbeendigung durch Klagerücknahme oder Erledigung im Rahmen der Revision gelten Nr. 6121, 6122 KV. Bei Beschwerden im einstweiligen Rechtsschutzverfahren gilt Nr. 6221 KV. Für die Nichtzulassungsbeschwerde gilt Nr. 6501 KV. Für sonstige Beschwerden gilt Nr. 6502 KV, eine Gebühr fällt aber bei der Beschwerderücknahme nicht an. Bei der Rüge wegen Verletzung des Anspruchs auf rechtliches Gehör gilt schließlich Nr. 6400 KV. Eine Gebühr fällt bei einer Antragsrücknahme nicht an.

5   **4. Vollstreckungsverfahren.** Für den Fall der Zwangsvollstreckung gegen die öffentliche Hand wegen Geldforderungen ist das Finanzgericht das Vollstreckungsgericht, § 151 iVm § 152 FGO. Für die Verfahrensbeendigung durch Antragsrücknahme oder Erledigung gilt Nr. 6301 KV. Eine besondere Gebührenermäßigung kommt also hier nicht in Betracht.

6   **5. Entschädigungsverfahren vor dem BFH.** Für die Antragsrücknahme oder die Verfahrenserledigung beim Entschädigungsverfahren nach § 198 GVG vor dem BFH gilt Nr. 6113 KV.

III. Zurücknahme der Klage (Nr. 1)

7   **1. Bezug zur FGO.** Die Zurücknahme der Klage ist in § 72 FGO geregelt, die Kostentragungspflicht ergibt sich aus § 136 Abs. 2 FGO.

8   **2. Frist.** Nach § 72 FGO kann die Klage bis zur Abgabe übereinstimmender Erledigungserklärungen bzw bis zur Rechtskraft des Urteils zurückgenommen werden.[1] Der Gebührenermäßigungstatbestand nach Nr. 6111 KV greift demgegenüber nur ein, wenn das Verfahren nicht über ein bestimmtes Stadium hinaus fortgeschritten ist.

9   **a) Urteil oder Gerichtsbescheid bereits ergangen.** Ist bereits ein Urteil oder Gerichtsbescheid ergangen, ist zwar gleichwohl noch eine Klagerücknahme nach § 72 FGO möglich, zu einer Kostenermäßigung kommt es dann aber nicht mehr.[2] Vielmehr fällt die Gebühr nach Nr. 6110 KV an. Die Formulierung „es sei denn, dass …" bezieht sich nämlich auch auf die Variante der Klagerücknahme, wie sich aus der Satzstellung ergibt (keine Einrückung und Absatz nach der Nr. 2).[3] Aus der Formulierung „vorausgegangen" ergibt sich in Abgrenzung zur Formulierung „an die Geschäftsstelle übermittelt", dass das Urteil bzw der Gerichtsbescheid bekannt gegeben sein muss.[4] Denn das Urteil bzw der Gerichtsbescheid wird erst durch Bekanntgabe wirksam. Im Übrigen ist auch in § 124 Abs. 2 FGO dieselbe Formulierung enthalten, die entsprechend ausgelegt wird.

10   Als **Urteil** kommt primär ein Zwischenurteil in Betracht. Gleiches gilt für Endurteile. Endurteile beenden zwar den Streit für die Instanz; möglich bleibt aber eine Klagerücknahme in der Revisionsinstanz oder – nach einer Zurückverweisung durch den BFH – beim FG. Dann ist aber ein Urteil bereits ergangen, so dass insofern eine Gebührenermäßigung ausscheidet.

11   **Teilurteile** nach § 98 FGO erledigen den Streit hinsichtlich eines abtrennbaren Teils des Streitgegenstandes oder eines von mehreren Streitgegenständen. Hier ist zu differenzieren: Wird einer von mehreren Streitgegenständen durch Teilurteil erledigt und hinsichtlich der anderen Streitgegenstände die Klage zurückgenommen, kommt insoweit Nr. 6111 KV zur Anwendung. Denn das Gericht könnte das Verfahren, über das es durch Teilurteil entscheiden will, auch abtrennen und dann dort durch Vollurteil entscheiden; in dem anderen noch rechtshängigenVerfahren ist dann aber bisher kein Urteil ergangen. Dann kann es aber für die Kostenfolge bzgl einer Rücknahme der restlichen Klage keinen Unterschied machen, ob durch Teilurteil oder durch Vollurteil im zuvor abgetrennten Verfahren entschieden wird. Bei einem Teilurteil hinsichtlich eines abtrennbaren Teils eines Streitgegenstandes kommt dagegen eine Verfahrenstrennung nicht in Betracht. Bei einer anschließenden Klagerücknahme – die sich notwendigerweise auf die gesamte Klage mit dem einen Streitgegenstand bezieht –, kommt also eine Gebührenermäßigung nicht mehr in Betracht.

---

1 Gräber/*Koch*, FGO, § 72 Rn 16.   2 BFH/NV 2014, 1576, 1577.   3 Missverständlich insofern *Jost*, Gebühren- und Kostenrecht im FG- und BFH-Verfahren, 4. Aufl. 2014, S. 239 f.   4 *Jost*, Gebühren- und Kostenrecht, S. 240.

Beim **Gerichtsbescheid** ist an folgende Konstellation gedacht: Nach Ergehen eines Gerichtsbescheids wird   12
gem. § 90 Abs. 2, 3 FGO mündliche Verhandlung beantragt, und im Anschluss daran erfolgt dann die Klagerücknahme. In diesem Fall soll keine Gebührenermäßigung mehr Platz greifen können.

b) Mündliche Verhandlung bereits geschlossen. Wurde die mündliche Verhandlung nach § 93 Abs. 3 S. 1   13
FGO bereits geschlossen und die Klagerücknahme erst danach erklärt, ist dies zwar möglich und wirksam.
Auch in diesem Fall kommt es aber nicht zu einer Gebührenermäßigung. Vielmehr fällt auch hier wieder
die Gebühr nach Nr. 6110 KV an.

Wird die mündliche Verhandlung allerdings gem. § 93 Abs. 3 S. 2 FGO wiedereröffnet, wird die mündliche   14
Verhandlung wieder aufgenommen und das Verfahren entsprechend fortgesetzt. Erfolgt nunmehr eine Klagerücknahme (bis zum – erneuten – Schluss der mündlichen Verhandlung), genügt dies für die Verwirklichung des Gebührenermäßigungstatbestands, weil die mündliche Verhandlung aufgrund der Wiedereröffnung als nicht geschlossen anzusehen ist.

c) Gerichtsentscheidung bereits an Geschäftsstelle übermittelt. Mit Einverständnis der Beteiligten kann das   15
Gericht gem. § 90 Abs. 2 FGO auch ohne mündliche Verhandlung entscheiden. Ferner entfällt eine mündliche Verhandlung bei einer Entscheidung durch Gerichtsbescheid, § 90 a Abs. 1 FGO. Eine Gebührenermäßigung kommt hier nur in Betracht, wenn die Klagerücknahme gegenüber dem Gericht spätestens an dem
Tag (bis 24.00 Uhr) erklärt wird, an dem das Urteil bzw der Gerichtsbescheid der Geschäftsstelle übermittelt wurde.

Da die Urteilsverkündung bei Fehlen einer mündlichen Verhandlung gem. § 104 Abs. 3 FGO durch die Zu-   16
stellung ersetzt wird, findet § 104 Abs. 2 FGO Anwendung. Entscheidend ist damit letztlich, wann das vollständige Urteil iSv § 105 Abs. 2 FGO der Geschäftsstelle vorliegt. Auf die Frage, welche Mindestvoraussetzungen erfüllt sein müssen, um die Zweiwochenfrist nach § 104 Abs. 2 FGO zu wahren, kommt es hier
nicht an. Zustellungsfähig ist nämlich nur das vollständige Urteil. Die Gebührenermäßigung greift also
auch dann noch Platz, wenn nur die Urteilsformel der Geschäftsstelle übermittelt wurde.

Andererseits ist nicht Voraussetzung, dass das Urteil oder der Gerichtsbescheid bereits zugestellt wurde; es   17
genügt der gerichtsinterne Vorgang der Übermittlung an die Geschäftsstelle. Eine Klagerücknahme erst
nach Zustellung des Urteils kommt für die Gebührenermäßigung zu spät.

3. Erlass der Gebühr gem. § 21 Abs. 1 S. 3 GKG. Erhebt ein rechtsunkundiger Bürger neben dem Antrag   18
auf Prozesskostenhilfe zugleich Klage beim Finanzgericht und nimmt er diese Klage nach Verweigerung der
Prozesskostenhilfe wieder zurück, fällt gleichwohl die Gebühr nach Nr. 6111 KV an. Um dieser Kostenfalle
zu entgehen, muss er zunächst ausschließlich Prozesskostenhilfe beantragen, bei Gewährung derselben innerhalb von zwei Wochen nach Erhalt des entsprechenden Gerichtsbeschlusses die Klage nachholen und
hierbei zugleich Wiedereinsetzung in den vorigen Stand gegen die Versäumung der Klagefrist beantragen.
Nachdem dieser Weg dem rechtsunkundigen Bürger in aller Regel aber nicht bekannt ist, geht das FG Sachsen aus verfassungsrechtlichen Gründen davon aus, dass in diesem Fall die Gerichtsgebühr zu erlassen ist.[5]

IV. Beschluss in den Fällen des § 138 FGO (Nr. 2)

1. Bezug zur FGO. § 138 FGO regelt primär eine Kostenentscheidung. In der Sache geht es um die Erledi-   19
gung des Rechtsstreits in der Hauptsache.

§ 138 FGO setzt eine übereinstimmende Erledigungserklärung der Beteiligten voraus. Bei einer einseitigen   20
Erledigungserklärung des Klägers oder des Beklagten kommt § 138 FGO nicht zur Anwendung.

2. Urteil oder Gerichtsbescheid bereits ergangen. Ist bereits ein Urteil oder Gerichtsbescheid ergangen, ist   21
zwar gleichwohl noch eine Erledigung iSv § 138 FGO möglich, zu einer Kostenermäßigung kommt es dann
aber nicht mehr. Vielmehr fällt die Gebühr nach Nr. 6110 KV an. Gemeint ist vor allem die Konstellation,
dass bereits ein Zwischenurteil ergangen ist oder dass nach Ergehen eines Gerichtsbescheids gem. § 90
Abs. 2, 3 FGO mündliche Verhandlung beantragt wird und im Anschluss daran dann die Erledigungserklärung erfolgt. Dann soll keine Gebührenermäßigung mehr Platz greifen können.

Aus der Formulierung „vorausgegangen" ergibt sich in Abgrenzung zur Formulierung „an die Geschäfts-   22
stelle übermittelt", dass das Urteil bzw der Gerichtsbescheid bekannt gegeben sein muss.[6] Denn das Urteil
bzw der Gerichtsbescheid wird erst durch Bekanntgabe wirksam. Im Übrigen ist auch in § 124 Abs. 2 FGO
dieselbe Formulierung enthalten, die entsprechend ausgelegt wird.

---

5 FG Sachsen 29.9.2008 – 3 Ko 1632/08, juris. **6** *Jost*, Gebühren- und Kostenrecht, S. 240.

V. Erfüllung mehrerer Ermäßigungstatbestände (Anm.)

23   Die Anm. zu Nr. 6111 KV stellt klar, dass nur eine einzige Ermäßigung erfolgt, auch wenn mehrere Ermäßigungstatbestände erfüllt sind. In Betracht käme das etwa in dem Fall, dass zunächst teilweise die Klage zurückgenommen wird und sich im weiteren Verlauf hinsichtlich des „Rests" die Klage erledigt. Dann wäre der Gebührenermäßigungstatbestand an sich zweimal erfüllt; gleichwohl kommt es nur einmal zu einer Gebührenermäßigung.

VI. Weitere Gebührenermäßigung oder Gebührenwegfall bei Mediation, § 69 b GKG

24   Nach § 69 b GKG kann aufgrund spezieller landesrechtlicher Regelung die von den Gerichten der Länder zu erhebende Verfahrensgebühr nach Nr. 6111 KV weiter ermäßigt werden oder entfallen, wenn das gesamte Verfahren nach einer **Mediation** oder nach einem **anderen Verfahren der außergerichtlichen Konfliktbeilegung** durch Zurücknahme der Klage beendet wird und in der Klageschrift mitgeteilt worden ist, dass eine Mediation oder ein anderes Verfahren der außergerichtlichen Konfliktbeilegung unternommen wird oder beabsichtigt ist, oder wenn das Gericht den Parteien die Durchführung einer Mediation oder eines anderen Verfahrens der außergerichtlichen Konfliktbeilegung vorgeschlagen hat.

Unterabschnitt 2
Verfahren vor dem Bundesfinanzhof

Nr.	Gebührentatbestand	Gebühr oder Satz der Gebühr nach § 34 GKG
6112	Verfahren im Allgemeinen	5,0

1   Nr. 6112 KV gilt allein für **Entschädigungsverfahren nach § 198 GVG** bei **überlangen Gerichtsverfahren**, für die der Bundesfinanzhof ausschließlich zuständig ist, § 155 S. 2 FGO iVm § 201 Abs. 1 GVG.[1] Ansonsten ist der BFH allein ein Rechtsmittelgericht, § 36 FGO – für die Revision ergibt sich die Gebühr aus Nr. 6120 KV, für die Nichtzulassungsbeschwerde aus Nr. 6500 KV und für die Beschwerde im einstweiligen Rechtsschutzverfahren aus Nr. 6220 KV.

2   Die Gebühr fällt nach dem Normwortlaut für das **Verfahren als solches** an. Das ergibt sich auch daraus, dass zwar für die Beendigungsmöglichkeiten der Klagerücknahme oder Erledigterklärung an sich Nr. 6113 KV gilt, aber nur in bestimmten Fällen. Sind die dort normierten Voraussetzungen nicht erfüllt, fällt dann auch etwa bei einer (nicht rechtzeitigen) Klagerücknahme die Gebühr nach Nr. 6112 KV an. Der Gebührensatz beträgt 5,0.

Nr.	Gebührentatbestand	Gebühr oder Satz der Gebühr nach § 34 GKG

6113	Beendigung des gesamten Verfahrens durch
	1. Zurücknahme der Klage
	    a) vor dem Schluss der mündlichen Verhandlung oder,
	    b) wenn eine solche nicht stattfindet, vor Ablauf des Tages, an dem das Urteil oder der Gerichtsbescheid der Geschäftsstelle übermittelt wird, oder
	2. Beschluss in den Fällen des § 138 FGO,
	es sei denn, dass bereits ein Urteil oder ein Gerichtsbescheid vorausgegangen ist:
	Die Gebühr 6112 ermäßigt sich auf ....
	Die Gebühr ermäßigt sich auch, wenn mehrere Ermäßigungstatbestände erfüllt sind.
		3,0

---

1 S.a. BT-Drucks 17/3802, S. 29.

I. Allgemeines

Nr. 6113 KV enthält einen **Gebührenermäßigungstatbestand** im Verhältnis zu Nr. 6112 KV, wie sich aus   1
dem klaren Wortlaut („Die Gebühr 6112 ermäßigt sich …") ergibt. Die Gebührenermäßigung beruht auf
den beiden besonderen Verfahrensbeendigungsgründen der **Klagerücknahme** oder der **Erledigung**, die für
das Gericht eine gewisse Arbeitserleichterung bedeuten; freilich ist im Fall der Nr. 1 Buchst. b das Urteil
oder der Gerichtsbescheid in aller Regel schon fast vollständig verfasst, so dass es hier an sich an einer
Rechtfertigung für die Gebührenermäßigung fehlt. Der ermäßigte Gebührensatz der Gebühr Nr. 6112 KV
beträgt 3,0.

II. Zurücknahme der Klage (Nr. 1)

1. Bezug zur FGO. Die Zurücknahme der Klage ist in § 72 FGO geregelt, die Kostentragungspflicht ergibt   2
sich aus § 136 Abs. 2 FGO. Die Anwendbarkeit des § 72 FGO ergibt sich aus § 155 S. 2 FGO.

2. Frist. Nach § 72 FGO kann die Klage bis zur Abgabe übereinstimmender Erledigungserklärungen bzw   3
bis zur Rechtskraft des Urteils zurückgenommen werden.[1] Der Gebührenermäßigungstatbestand nach
Nr. 6113 KV greift demgegenüber nur ein, wenn das Verfahren nur bis zu einem bestimmten Stadium fortgeschritten ist.

a) Urteil oder Gerichtsbescheid bereits ergangen. Ist bereits ein Urteil oder Gerichtsbescheid ergangen, ist   4
zwar gleichwohl noch eine Klagerücknahme nach § 72 FGO möglich, zu einer Kostenermäßigung kommt
es dann aber nicht mehr. Die Formulierung „es sei denn, dass …" bezieht sich nämlich auch auf die Variante der Klagerücknahme.[2] Vielmehr fällt die Gebühr nach Nr. 6112 KV an. Erfasst ist vor allem die Konstellation, dass bereits ein Zwischenurteil ergangen ist oder dass nach Ergehen eines Gerichtsbescheids gem.
§ 90 Abs. 2, 3 FGO mündliche Verhandlung beantragt wird, und im Anschluss daran erfolgt dann die Klagerücknahme. In diesen Fällen soll keine Gebührenermäßigung mehr Platz greifen können.

Aus der Formulierung „vorausgegangen" ergibt sich in Abgrenzung zur Formulierung „an die Geschäfts-   5
stelle übermittelt", dass das Urteil bzw der Gerichtsbescheid bekannt gegeben sein muss.[3] Denn das Urteil
bzw der Gerichtsbescheid wird erst durch Bekanntgabe wirksam. Im Übrigen ist auch in § 124 Abs. 2 FGO
dieselbe Formulierung enthalten, die entsprechend ausgelegt wird.

b) Mündliche Verhandlung bereits geschlossen. Wurde die mündliche Verhandlung nach § 93 Abs. 3 S. 1   6
FGO bereits geschlossen und die Klagerücknahme erst danach erklärt, ist dies zwar möglich und wirksam.
Auch in diesem Fall kommt es aber nicht zu einer Kostenermäßigung. Vielmehr fällt auch hier wieder die
Gebühr nach Nr. 6112 KV an.

Kommt es allerdings zu einer Wiedereröffnung der mündlichen Verhandlung gem. § 93 Abs. 3 S. 2 FGO,   7
wird die mündliche Verhandlung wiederaufgenommen und das Verfahren entsprechend fortgesetzt. Erfolgt
nunmehr eine Klagerücknahme (bis zum – erneuten – Schluss der mündlichen Verhandlung), genügt dies
für die Verwirklichung des Gebührenermäßigungstatbestands, weil die mündliche Verhandlung aufgrund
der Wiedereröffnung als nicht geschlossen anzusehen ist.

c) Entscheidung ohne mündliche Verhandlung. Mit Einverständnis der Beteiligten kann der BFH gem. § 90   8
Abs. 2 FGO (iVm § 155 S. 2 FGO) auch ohne mündliche Verhandlung entscheiden. Ferner entfällt eine
mündliche Verhandlung bei einer Entscheidung durch Gerichtsbescheid, § 90 a Abs. 1 FGO. Eine Gebührenermäßigung kommt hier nur in Betracht, wenn die Klagerücknahme gegenüber dem BFH spätestens an
dem Tag (bis 24.00 Uhr) erklärt wird, an dem das Urteil bzw der Gerichtsbescheid der Geschäftsstelle übermittelt wurde.

Da die Urteilsverkündung gem. § 104 Abs. 3 FGO durch die Zustellung ersetzt wird, findet § 104 Abs. 2   9
FGO Anwendung. Entscheidend ist damit letztlich, wann das vollständige Urteil iSv § 105 Abs. 2 FGO der
Geschäftsstelle vorliegt. Auf die Frage, welche Mindestvoraussetzungen erfüllt sein müssen, um die Zweiwochenfrist nach § 104 Abs. 2 FGO zu wahren, kommt es hier nicht an. Zustellungsfähig ist nämlich nur
das vollständige Urteil. Die Gebührenermäßigung greift also auch dann noch Platz, wenn nur die Urteilsformel der Geschäftsstelle übermittelt wurde.

Andererseits ist nicht Voraussetzung, dass das Urteil oder der Gerichtsbescheid bereits zugestellt wurde; es   10
genügt der gerichtsinterne Vorgang der Übermittlung an die Geschäftsstelle. Eine Klagerücknahme erst
nach Zustellung des Urteils kommt für die Gebührenermäßigung zu spät.

---

1 Gräber/*Koch*, FGO, § 72 Rn 16.   **2** Missverständlich insofern *Jost*, Gebühren- und Kostenrecht, S. 240.   **3** *Jost*, Gebühren- und
Kostenrecht, S. 240.

III. Beschluss in den Fällen des § 138 FGO (Nr. 2)

11   **1. Bezug zur FGO.** § 138 FGO regelt primär eine Kostenentscheidung. In der Sache geht es um die Erledigung des Rechtsstreits in der Hauptsache.

12   § 138 FGO setzt eine übereinstimmende Erledigungserklärung der Beteiligten voraus. Bei einer einseitigen Erledigungserklärung des Klägers oder des Beklagten kommt § 138 FGO nicht zur Anwendung.

13   **2. Urteil oder Gerichtsbescheid bereits ergangen.** Ist bereits ein Urteil oder Gerichtsbescheid ergangen, ist zwar gleichwohl noch eine Erledigung iSv § 138 FGO möglich, zu einer Kostenermäßigung kommt es dann aber nicht mehr. Vielmehr fällt die Gebühr nach Nr. 6112 KV an. Gemeint ist vor allem die Konstellation, dass bereits ein Zwischenurteil ergangen ist oder dass nach Ergehen eines Gerichtsbescheides gem. § 90 Abs. 2, 3 FGO mündliche Verhandlung beantragt wird und im Anschluss daran dann die Erledigungserklärung erfolgt. Dann soll keine Gebührenermäßigung mehr Platz greifen können.

14   Aus der Formulierung „vorausgegangen" ergibt sich in Abgrenzung zur Formulierung „an die Geschäftsstelle übermittelt", dass das Urteil bzw der Gerichtsbescheid bekannt gegeben sein muss.[4] Denn das Urteil bzw der Gerichtsbescheid wird erst durch Bekanntgabe wirksam. Im Übrigen ist auch in § 124 Abs. 2 FGO dieselbe Formulierung enthalten, die entsprechend ausgelegt wird.

IV. Erfüllung mehrerer Ermäßigungstatbestände (Anm.)

15   Die Anm. zu Nr. 6113 KV stellt klar, dass nur eine einzige Ermäßigung erfolgt, auch wenn mehrere Ermäßigungstatbestände erfüllt sind. In Betracht käme das etwa in dem Fall, dass zunächst teilweise die Klage zurückgenommen wird und sich im weiteren Verlauf hinsichtlich des „Rests" die Klage erledigt. Dann wäre der Gebührenermäßigungstatbestand an sich zweimal erfüllt; gleichwohl kommt es nur einmal zu einer Gebührenermäßigung.

Abschnitt 2
Revision

Nr.	Gebührentatbestand	Gebühr oder Satz der Gebühr nach § 34 GKG
6120	Verfahren im Allgemeinen	5,0

1   Nr. 6120 KV gilt ausschließlich für das **Revisionsverfahren** vor dem **BFH**, weil der BFH gem. § 36 Nr. 1 FGO sachlich zuständig für die Entscheidung über das Rechtsmittel der Revision ist. Die Nichtzulassungsbeschwerde ist in Nr. 6500 KV und Nr. 6501 KV geregelt.

2   Der Gebührentatbestand ist verwirklicht, sobald das Rechtsmittel der Revision nach § 120 Abs. 1 S. 1 FGO eingelegt wurde oder das Beschwerdeverfahren gem. § 116 Abs. 7 FGO als Revisionsverfahren fortgesetzt wird. Der Gebührensatz beträgt 5,0. In bestimmten Fällen greift aber gem. Nr. 6121, 6122 KV eine Gebührenermäßigung ein, wenn die Revision oder Klage rechtzeitig zurückgenommen wird oder sich der Rechtsstreit erledigt.

3   Bei einer **Nichtigkeitsklage** gem. § 134 FGO iVm § 579 ZPO gegen ein im Revisionsverfahren ergangenes Urteil fällt nach der BFH-Rspr ebenfalls die Gebühr nach Nr. 6120 KV an.[1]

Nr.	Gebührentatbestand	Gebühr oder Satz der Gebühr nach § 34 GKG
6121	Beendigung des gesamten Verfahrens durch Zurücknahme der Revision oder der Klage, bevor die Schrift zur Begründung der Revision bei Gericht eingegangen ist: Die Gebühr 6120 ermäßigt sich auf .... Erledigungen in den Fällen des § 138 FGO stehen der Zurücknahme gleich.	1,0

---

4 *Jost*, Gebühren- und Kostenrecht, S. 240. **1** BFH 24.8.2010 – VI E 2/09, juris; BFHE 142, 411.

I. Anwendungsbereich

Nr. 6121 KV bezieht sich ausschließlich auf das Revisionsverfahren und regelt die Gebührenfolgen einer   1
Verfahrensbeendigung durch Zurücknahme der Revision bzw Klage oder durch Erledigung des Verfahrens.
Der Gebührensatz ermäßigt sich in diesen Fällen von 5,0 auf 1,0.

II. Zurücknahme der Revision oder der Klage

1. Bezug zur FGO. Voraussetzung für die Erfüllung des Gebührenermäßigungstatbestands ist, dass die Re-   2
vision gem. § 125 FGO oder die Klage gem. § 72 FGO zurückgenommen wird. Der Unterschied zwischen
diesen beiden Varianten liegt darin, dass die **Revisionszurücknahme** nur den Verlust des Rechtsmittels bewirkt, das Urteil des FG aber bestehen lässt, während die **Klagerücknahme** auch das FG-Urteil wirkungslos
macht.

2. Maßgeblicher Zeitpunkt. Entscheidend ist ferner, dass die Rücknahme erfolgt, noch bevor die Revisions-   3
begründungsschrift bei Gericht eingegangen ist. Es ist also zu differenzieren zwischen der **Revisionsschrift**
gem. § 120 Abs. 1 FGO, deren Eingang bei Gericht die Gebührenfolge der Nr. 6120 KV auslöst (die es im
Übrigen nur bei einer Zulassung der Revision durch das FG gibt), und der **Revisionsbegründungsschrift**
gem. § 120 Abs. 2 FGO, deren Eingang bei Gericht die Anwendung der Nr. 6121 KV ausschließt.

III. Erledigungen iSv § 138 FGO (Anm.)

Auch bei **Erledigungen iSv § 138 FGO** kann Nr. 6121 KV zur Anwendung kommen (**Anm.** zu Nr. 6121   4
KV). Wie sich aus einem Umkehrschluss zu Nr. 6122 KV ergibt, ist dabei nicht erforderlich, dass der Beschluss gem. § 138 FGO noch vor Eingang der Revisionsbegründungsschrift gefasst wird. Andererseits genügt es aber auch nicht, wenn lediglich das erledigende Ereignis vor Eingang der Revisionsbegründungsschrift stattgefunden hat. Denn ist bereits die Revisionsbegründungsschrift eingegangen, ist der Anwendungsbereich der Nr. 6121 KV unwiderbringlich verschlossen. Entscheidend ist damit letztlich, ob der Revisionskläger trotz (einseitiger) vorheriger Erledigungserklärung gleichwohl danach noch (sicherheitshalber)
eine Revisionsbegründung an das Gericht übersendet. Dann ist Nr. 6121 KV gesperrt. Tut er das nicht, ist
Nr. 6121 KV dagegen anwendbar. Freilich muss auch der Revisionsbeklagte vor Ablauf der Revisionsbegründungsfrist die Klage für erledigt erklärt haben, weil eine übereinstimmende Erledigungserklärung erst
mit beiden Erklärungen vorliegt und diese bei einem unzulässigen Rechtsmittel (hier wegen des Ablaufs der
Revisionsbegründungsfrist) nicht mehr möglich ist.

Nr.	Gebührentatbestand	Gebühr oder Satz der Gebühr nach § 34 GKG

6122	Beendigung des gesamten Verfahrens, wenn nicht Nummer 6121 erfüllt ist, durch
	1. Zurücknahme der Revision oder Klage
	   a) vor dem Schluss der mündlichen Verhandlung oder,
	   b) wenn eine solche nicht stattfindet, vor Ablauf des Tages, an dem das Urteil, der Gerichtsbescheid oder der Beschluss in der Hauptsache der Geschäftsstelle übermittelt wird, oder
	2. Beschluss in den Fällen des § 138 FGO,
	es sei denn, dass bereits ein Urteil, ein Gerichtsbescheid oder ein Beschluss in der Hauptsache vorausgegangen ist:
	Die Gebühr 6120 ermäßigt sich auf ....
	Die Gebühr ermäßigt sich auch, wenn mehrere Ermäßigungstatbestände erfüllt sind.
		
		3,0

I. Anwendungsbereich

Nr. 6122 KV bezieht sich ausschließlich auf das Revisionsverfahren und regelt die Gebührenfolgen einer   1
Verfahrensbeendigung durch Zurücknahme der Revision bzw Klage oder der Erledigung des Verfahrens
nach Eingang der Revisionsbegründungsschrift bei Gericht. Der Gebührensatz ermäßigt sich in diesen Fällen von 5,0 auf 3,0.

II. Abgrenzung zu Nr. 6121 KV

2 Für die Abgrenzung zu Nr. 6121 KV ist entscheidend, ob die Revisionsbegründungsschrift bei Gericht bereits eingegangen ist. Davor gilt Nr. 6121 KV, danach Nr. 6122 KV.

III. Zurücknahme der Revision oder der Klage (Nr. 1)

3 **1. Bezug zur FGO.** Voraussetzung für die Erfüllung des **Gebührenermäßigungstatbestands** ist, dass die Revision gem. § 125 FGO oder die Klage gem. § 72 FGO zurückgenommen wird. Der Unterschied liegt darin, dass die **Revisionszurücknahme** nur den Verlust des Rechtsmittels bewirkt, das Urteil des FG aber bestehen lässt, während die **Klagerücknahme** auch das FG-Urteil wirkungslos macht.

4 **2. Maßgeblicher Zeitpunkt.** Nach § 72 FGO kann die Klage bis zur Abgabe übereinstimmender Erledigungserklärungen bzw bis zur Rechtskraft des Urteils zurückgenommen werden.[1] Gleiches gilt für die Zurücknahme der Revision nach § 125 FGO. Der Gebührenermäßigungstatbestand nach Nr. 6122 KV greift demgegenüber nur ein, wenn das Verfahren nur bis zu einem bestimmten Stadium fortgeschritten ist.

5 **a) Nach Eingang der Revisionsbegründungsschrift.** Mit Blick auf die Abgrenzung zu Nr. 6121 KV (→ Rn 2) ist zunächst von Bedeutung, dass die Zurücknahme „erst" erfolgt, nachdem die Revisionsbegründungsschrift bei Gericht eingegangen ist; davor gilt Nr. 6121 KV.

6 **b) Urteil, Gerichtsbescheid oder Beschluss bereits ergangen.** Ist bereits ein Urteil oder Gerichtsbescheid ergangen, ist zwar gleichwohl noch eine Klagerücknahme nach § 72 FGO und eine Revisionszurücknahme nach § 125 FGO möglich, zu einer Kostenermäßigung kommt es dann aber nicht mehr. Vielmehr fällt die Gebühr nach **Nr. 6120 KV** an. Gemeint ist vor allem die Konstellation, dass bereits ein Zwischenurteil ergangen ist oder dass nach Ergehen eines Gerichtsbescheids durch den BFH[2] gem. § 121 iVm § 90 Abs. 2, 3 FGO mündliche Verhandlung beantragt wird und im Anschluss daran dann die Klage- bzw Revisionsrücknahme erfolgt. Dann soll keine Gebührenermäßigung mehr Platz greifen können.

7 Aus der Formulierung „vorausgegangen" ergibt sich im Übrigen in Abgrenzung zur Formulierung „an die Geschäftsstelle übermittelt", dass das Urteil bzw der Gerichtsbescheid bekannt gegeben sein muss.[3] Denn das Urteil bzw der Gerichtsbescheid wird erst durch Bekanntgabe wirksam. Im Übrigen ist auch in § 124 Abs. 2 FGO dieselbe Formulierung enthalten, die entsprechend ausgelegt wird.

8 **c) Mündliche Verhandlung bereits geschlossen.** Wurde die mündliche Verhandlung nach § 93 Abs. 3 S. 1 FGO bereits geschlossen und die Klage- oder Revisionsrücknahme erst danach erklärt, ist dies zwar möglich und wirksam. Auch in diesem Fall kommt es aber nicht zu einer Kostenermäßigung. Vielmehr fällt auch hier wieder die Gebühr nach Nr. 6120 KV an.

9 Kommt es allerdings zu einer Wiedereröffnung der mündlichen Verhandlung gem. § 121 iVm § 93 Abs. 3 S. 2 FGO, wird die mündliche Verhandlung wieder aufgenommen und das Verfahren entsprechend fortgesetzt. Erfolgt nunmehr eine Klage- oder Revisionszurücknahme (bis zum – erneuten – Schluss der mündlichen Verhandlung), genügt dies für die Verwirklichung des Gebührenermäßigungstatbestands, weil die mündliche Verhandlung aufgrund der Wiedereröffnung als nicht geschlossen anzusehen ist.

10 **d) Entscheidung ohne mündliche Verhandlung.** Mit Einverständnis der Beteiligten kann das Gericht gem. § 121 iVm § 90 Abs. 2 FGO auch ohne mündliche Verhandlung entscheiden. Ferner entfällt eine mündliche Verhandlung bei einer Entscheidung durch Gerichtsbescheid, § 121 iVm § 90 a Abs. 1 FGO. Eine Gebührenermäßigung kommt hier nur in Betracht, wenn die Klage- oder Revisionszurücknahme gegenüber dem Gericht spätestens an dem Tag (bis 24.00 Uhr) erklärt wird, an dem das Urteil, der Gerichtsbescheid oder der Beschluss in der Hauptsache – etwa nach § 126 Abs. 1 FGO – der Geschäftsstelle übermittelt wurde.

IV. Beschluss in den Fällen des § 138 FGO (Nr. 2)

11 **1. Bezug zur FGO.** § 138 FGO regelt primär eine Kostenentscheidung. In der Sache geht es um die Erledigung des Rechtsstreits in der Hauptsache.

12 § 138 FGO setzt eine übereinstimmende Erledigungserklärung der Beteiligten, die auch im Rechtsmittelverfahren erfolgen kann, voraus. Bei einer einseitigen Erledigungserklärung des Klägers oder des Beklagten kommt § 138 FGO nicht zur Anwendung.

13 **2. Urteil oder Gerichtsbescheid bereits ergangen.** Ist bereits ein Urteil, Gerichtsbescheid oder Beschluss in der Hauptsache ergangen, ist zwar gleichwohl noch eine Erledigung iSv § 138 FGO möglich, zu einer Kostenermäßigung kommt es dann aber nicht mehr. Vielmehr fällt die Gebühr nach Nr. 6120 KV an. Gemeint ist vor allem die Konstellation, dass bereits ein Zwischenurteil ergangen ist oder dass nach Ergehen eines

---

1 Gräber/*Koch*, FGO, § 72 Rn 16. **2** Vgl BFH/NV 2001, 806. **3** *Jost*, Gebühren- und Kostenrecht, S. 240.

Gerichtsbescheids gem. § 90 Abs. 2, 3 FGO mündliche Verhandlung beantragt wird und im Anschluss daran dann die Erledigungserklärung erfolgt. Dann soll keine Gebührenermäßigung mehr Platz greifen können.

Aus der Formulierung „vorausgegangen" ergibt sich in Abgrenzung zur Formulierung „an die Geschäftsstelle übermittelt", dass das Urteil bzw der Gerichtsbescheid bekannt gegeben sein muss.[4] Denn das Urteil bzw der Gerichtsbescheid wird erst durch Bekanntgabe wirksam. Im Übrigen ist auch in § 124 Abs. 2 FGO dieselbe Formulierung enthalten, die entsprechend ausgelegt wird.

V. Erfüllung mehrerer Ermäßigungstatbestände (Anm.)

Die Anm. zu Nr. 6122 KV stellt klar, dass nur eine einzige Ermäßigung erfolgt, auch wenn mehrere Ermäßigungstatbestände erfüllt sind. In Betracht käme das etwa in dem Fall, dass zunächst teilweise die Klage zurückgenommen wird und sich im weiteren Verlauf hinsichtlich des „Rests" die Klage erledigt. Dann wäre der Gebührenermäßigungstatbestand an sich zweimal erfüllt; gleichwohl kommt es nur einmal zu einer Gebührenermäßigung.

VI. Unanwendbarkeit des § 69 b GKG

Die in § 69 b GKG bei **Mediationen** vorgesehene Gebührenreduzierungsmöglichkeit in den Rechtsmittelzügen gilt nur für von den Gerichten der Länder zu erhebende Verfahrensgebühren. Für das Verfahren vor dem BFH ist § 69 b GKG also nicht anwendbar.

Hauptabschnitt 2
Vorläufiger Rechtsschutz

Nr.	Gebührentatbestand	Gebühr oder Satz der Gebühr nach § 34 GKG
	Vorbemerkung 6.2:	
	(1) Die Vorschriften dieses Hauptabschnitts gelten für einstweilige Anordnungen und für Verfahren nach § 69 Abs. 3 und 5 FGO.	
	(2) Im Verfahren über den Antrag auf Erlass und im Verfahren über den Antrag auf Aufhebung einer einstweiligen Anordnung werden die Gebühren jeweils gesondert erhoben. Mehrere Verfahren nach § 69 Abs. 3 und 5 FGO gelten innerhalb eines Rechtszugs als ein Verfahren.	

Abschnitt 1
Erster Rechtszug

Nr.	Gebührentatbestand	Gebühr oder Satz der Gebühr nach § 34 GKG
6210	Verfahren im Allgemeinen	2,0

I. Anwendungsbereich

Nr. 6210 KV regelt die Gebühr für die Verfahren des vorläufigen Rechtsschutzes, und zwar für
- einstweilige Anordnungen nach § 114 FGO,
- Anträge auf Aussetzung der Vollziehung nach § 69 Abs. 3 FGO und
- Anträge auf Wiederherstellung der hemmenden Wirkung der Klage gem. § 69 Abs. 5 FGO.

Die Gebühren für Beschwerden richten sich nach Nr. 6220 KV.

II. Einstweilige Anordnungen gem. § 114 FGO

Einstweilige Anordnungen nach § 114 FGO können bei sämtlichen Klagearten mit Ausnahme der Anfechtungsklage getroffen werden. Im Bereich der Anfechtungsklage wird dagegen der vorläufige Rechtsschutz

---

[4] *Jost*, Gebühren- und Kostenrecht, S. 240.

durch Aussetzung der Vollziehung (§ 69 Abs. 3 FGO) oder Wiederherstellung der hemmenden Wirkung (§ 69 Abs. 5 FGO) gewährt.

III. Antrag auf Aussetzung der Vollziehung gem. § 69 Abs. 3 FGO

3   § 69 Abs. 1 S. 1 FGO regelt den Ausschluss des Suspensiveffekts der Klage. Die Beitreibung der Steuerschuld durch die Finanzbehörden ist also nicht gehemmt. Damit korrespondiert § 69 Abs. 3 FGO, wonach das Gericht die Vollziehung ganz oder teilweise aussetzen kann.

IV. Antrag auf Wiederherstellung der hemmenden Wirkung der Klage gem. § 69 Abs. 5 FGO

4   § 69 Abs. 5 FGO betrifft allein die Fälle der – wegen der Aufhebung des § 198 RAO praktisch allerdings nicht mehr relevanten – Gewerbeuntersagung und der Untersagung der Berufsausübung, insb. nach dem StBerG. An sich haben Klagen gegen solche Bescheide – anders als nach § 69 Abs. 1 S. 1 FGO – aufschiebende Wirkung. Ordnet die Finanzbehörde aber die sofortige Vollziehung an, kann nur das Gericht die hemmende Wirkung wiederherstellen.

V. Entstehen der Gebühr

5   Die Gerichtsgebühr entsteht bereits dann, wenn der Antrag auf einstweiligen Rechtsschutz bei Gericht gestellt wird. Denn anders als etwa nach Nr. 6500 KV oder Nr. 6502 KV stellt der Normtatbestand für das Entstehen der Gebühr nicht darauf ab, dass der Antrag verworfen oder zurückgewiesen wird. Der Gebührensatz beträgt 2,0.

VI. Verfahrenskumulation

6   **1. Bei einstweiligen Anordnungen.** Wird zunächst der Erlass einer einstweiligen Anordnung erfolgreich begehrt und stellt der Antragsgegner in der Folge nunmehr einen Antrag auf Aufhebung der einstweiligen Anordnung, sind dies jeweils eigenständige Verfahren, für die – ausweislich der Vorbem. 6.2 Abs. 2 S. 2 KV – die Gebühren jeweils gesondert erhoben werden.

7   Wird der erste Antrag abgelehnt und stellt der Antragsteller in der Folge einen erneuten Antrag, steht an sich die materielle Rechtskraft der ersten Entscheidung einem erneuten Antrag entgegen (sofern sich nicht die entscheidungserheblichen tatsächlichen oder rechtlichen Verhältnisse verändert haben). Gleichwohl fallen auch für das erneute Verfahren erneut Gebühren an.

8   **2. Verfahren nach § 69 Abs. 3 und 5 FGO.** Mehrere Verfahren auf Aussetzung der Vollziehung oder auf Wiederherstellung der hemmenden Wirkung gelten innerhalb desselben Rechtszugs als nur ein Verfahren. Gemeint sind mehrere Verfahren jeweils nach § 69 Abs. 3 FGO oder nach § 69 Abs. 5 FGO, nicht eine Kombination von Verfahren nach § 69 Abs. 3 FGO und nach § 69 Abs. 5 FGO. Ein erneuter Antrag löst also keine weiteren Kosten aus.[1] Verfahrensrechtlich ist das (unter eingeschränkten Voraussetzungen) zulässig.[2] Zu solchen mehreren Verfahren kann es etwa auch dann kommen, wenn der erste Antrag zurückgenommen wurde, später aber erneut gestellt wird oder wenn der erste Antrag mangels eines Vorverfahrens gem. § 69 Abs. 4 FGO unzulässig war. Voraussetzung für den Ausschluss des Gebührentatbestands für das zweite Verfahren ist jedoch, dass das Verfahren wegen Aussetzung der Vollziehung bzw. Änderung des hierzu ergangenen Gerichtsbeschlusses den gleichen Streitgegenstand betrifft.[3]

VII. Anträge nach § 69 Abs. 6 FGO

9   Das Gericht der Hauptsache kann Beschlüsse nach § 69 Abs. 3 FGO oder nach § 69 Abs. 5 FGO jederzeit **ändern** oder **aufheben**, auch auf Antrag eines Beteiligten bei veränderten oder im ursprünglichen Verfahren ohne Verschulden nicht geltend gemachten Umständen. Mangels eines eigenen Gebührentatbestands ist dieses Verfahren **kostenfrei**.[4] Denn wenn schon mehrere Verfahren jeweils nach § 69 Abs. 3 FGO oder nach § 69 Abs. 5 FGO nur einmal Kosten auslösen, dann kann für ein Abänderungsverfahren nichts anderes gelten.

---

1 FG Saarland 4.1.2008 – 1 KO 1663/07, juris. **2** BFHE 190, 34; BFH/NV 2005, 1328 unter Aufhebung von FG München EFG 2004, 279. **3** FG Hessen EFG 2014, 1230. **4** FG Hessen EFG 2014, 1230; FG Hamburg 13.1.2009 – 3 V 35/09, juris; FG Saarland 4.1.2008 – 1 KO 1665/07, juris; *Jost*, Gebühren- und Kostenrecht, S. 241.

Nr.	Gebührentatbestand	Gebühr oder Satz der Gebühr nach § 34 GKG

6211	Beendigung des gesamten Verfahrens durch
	1. Zurücknahme des Antrags
	   a) vor dem Schluss der mündlichen Verhandlung oder,
	   b) wenn eine solche nicht stattfindet, vor Ablauf des Tages, an dem der Beschluss (§ 114 Abs. 4 FGO) der Geschäftsstelle übermittelt wird, oder
	2. Beschluss in den Fällen des § 138 FGO,
	es sei denn, dass bereits ein Beschluss nach § 114 Abs. 4 FGO vorausgegangen ist:
	Die Gebühr 6210 ermäßigt sich auf ....
	Die Gebühr ermäßigt sich auch, wenn mehrere Ermäßigungstatbestände erfüllt sind.
		
		0,75

I. Anwendungsbereich

Nr. 6211 KV enthält einen **Gebührenermäßigungtatbestand** im Verhältnis zu Nr. 6210 KV, wie sich aus dem klaren Wortlaut („Die Gebühr 6210 ermäßigt sich …") ergibt. Geregelt wird die Gebührenfolge einer Rücknahme bzw Erledigung des Antrags nach § 69 Abs. 3 FGO, § 69 Abs. 5 FGO und § 114 FGO. Die Gebühr Nr. 6210 ermäßigt sich in diesen Fällen auf einen Gebührensatz von 0,75.   **1**

II. Anträge nach § 69 FGO

1. Bezug zur FGO. a) Rücknahme des Antrags. Der Antrag nach § 69 Abs. 3 FGO (AdV-Antrag) kann ohne Weiteres zurückgenommen werden.[1] Das Verfahren ist dann analog § 72 Abs. 2 FGO einzustellen.[2]   **2**

b) Erledigung. Zu einer Hauptsacheerledigung kommt es insb. dann, wenn die Finanzbehörde dem AdV-Antrag entspricht.[3] § 138 FGO verlangt allerdings eine **übereinstimmende Erledigungserklärung** der Beteiligten. Bei einer einseitigen Erledigungserklärung des Antragstellers oder des Antragsgegners kommt § 138 FGO nicht zur Anwendung.   **3**

2. Gebührenermäßigung. Eine Gebührenermäßigung greift dann Platz, wenn der AdV-Antrag vor dem Schluss der mündlichen Verhandlung (Nr. 1 Buchst. a) oder, wenn eine solche nicht stattfindet, vor Ablauf des Tages, an dem der Beschluss (§ 114 Abs. 4 FGO) der Geschäftsstelle übermittelt wird (Nr. 1 Buchst. b), zurückgenommen wird oder ein Beschluss nach § 138 FGO ergeht (Nr. 2).   **4**

a) Schluss der mündlichen Verhandlung (Nr. 1 Buchst. a). Wurde die mündliche Verhandlung nach § 93 Abs. 3 S. 1 FGO bereits geschlossen und die Antragsrücknahme erst danach erklärt, ist dies zwar möglich und wirksam. Zu einer Gebührenermäßigung kommt es dann aber nicht mehr.   **5**

Wird die mündliche Verhandlung allerdings gem. § 93 Abs. 3 S. 2 FGO wiedereröffnet, wird die mündliche Verhandlung wiederaufgenommen und das Verfahren entsprechend fortgesetzt. Erfolgt nunmehr eine Antragsrücknahme (bis zum – erneuten – Schluss der mündlichen Verhandlung), genügt dies für die Verwirklichung des Gebührenermäßigungtatbestands, weil die mündliche Verhandlung aufgrund der Wiedereröffnung als nicht geschlossen anzusehen ist.   **6**

b) Entscheidung ohne mündliche Verhandlung (Nr. 1 Buchst. b). In der Regel ergeht in Verfahren des einstweiligen Rechtsschutzes eine Entscheidung ohne mündliche Verhandlung, § 90 Abs. 1 S. 2 FGO. Eine Gebührenermäßigung greift dann Platz, wenn der AdV-Antrag vor Ablauf des Tages, an der der Beschluss (§ 114 Abs. 4 FGO) der Geschäftsstelle übermittelt wird, zurückgenommen wird.   **7**

Der Klammerzusatz im Normtatbestand der Nr. 1 Buchst. b mit dem Verweis auf § 114 Abs. 4 FGO scheint indes auf den ersten Blick nahezulegen, dass die Tatbestandsvariante der Entscheidung ohne mündliche Verhandlung auf die Rücknahme der Anträge nach § 69 FGO nicht anwendbar ist, weil hier kein Beschluss nach § 114 FGO ergeht. Denn § 114 FGO betrifft ausschließlich die einstweilige Anordnung. In der Konsequenz läge, dass eine Antragsrücknahme in den Verfahren nach § 69 FGO nur bei einer mündlichen Verhandlung einer Gebührenermäßigung zugänglich wäre. Jedoch heißt es in der weiteren Formulierung der Norm auch explizit: „… ein Beschluss nach § 114 Abs. 4 FGO". Im Umkehrschluss hieraus folgt, dass der   **8**

1 Hübschmann/Hepp/Spitaler/*Birkenfeld*, AO/FGO, § 72 FGO Rn 16. **2** BFHE 90, 10; BFH/NV 1987, 665. **3** Hübschmann/Hepp/Spitaler/*Lange*, AO/FGO, § 114 FGO Rn 132.

Klammerzusatz keine einschränkende Wirkung haben soll, zumal ein Klammerzusatz üblicherweise eine Legaldefinition enthält, was vorliegend aber schon sprachlich ausgeschlossen ist. Der Klammerzusatz mit dem Verweis auf § 114 Abs. 4 FGO schließt also nicht aus, dass es auch bei einer Antragsrücknahme in einem Verfahren nach § 69 FGO ohne mündliche Verhandlung zu einer Gebührenreduzierung kommen kann.

9   c) **Beschluss nach § 138 FGO (Nr. 2)**. § 138 FGO setzt eine **übereinstimmende Erledigungserklärung** der Beteiligten voraus. Bei einer einseitigen Erledigungserklärung des Antragstellers oder des Antragsgegners kommt § 138 FGO nicht zur Anwendung.

10   **3. Kein Ausschluss des Gebührenermäßigungstatbestands.** Nach dem letzten Satzteil der Nr. 6211 KV („es sei denn, dass …") greift die Gebührenermäßigung nicht ein, wenn bereits ein Beschluss nach § 114 Abs. 4 FGO vorausgegangen ist. Anträgen nach § 69 FGO kann aber niemals ein Beschluss nach § 114 FGO vorausgehen, weil § 114 FGO ausschließlich die einstweilige Anordnung betrifft. Dies ist letztlich auch konsequent, weil nach der Vorbem. 6.2 Abs. 2 KV mehrere Verfahren nach § 69 FGO im selben Rechtszug als ein Verfahren mit nur einer Gebührenfolge gelten. Dann stellt sich aber die Frage nach einer Gebührenermäßigung als Folge einer Antragsrücknahme in dem Fall, dass bereits ein erster Beschluss ergangen ist, bereits im Ansatz nicht, weil für das weitere Verfahren ohnehin keine neuen Gebühren anfallen. Der Ausschlusstatbestand kann also bei Verfahren nach § 69 FGO nicht zur Anwendung kommen.

III. Anträge nach § 114 FGO

11   **1. Bezug zur FGO.** Der Antrag nach § 114 FGO kann ohne Weiteres zurückgenommen werden.[4] Zu einer Hauptsacheerledigung kommt es insb. dann, wenn die Finanzbehörde dem Antrag entspricht.[5] § 138 FGO verlangt allerdings eine **übereinstimmende Erledigungserklärung** der Beteiligten. Bei einer einseitigen Erledigungserklärung des Antragstellers oder des Antragsgegners kommt § 138 FGO nicht zur Anwendung.

12   **2. Gebührenermäßigung.** Zu einer Gebührenermäßigung kommt es, wenn der Antrag vor dem Schluss der mündlichen Verhandlung (Nr. 1 Buchst. a) oder, wenn eine solche nicht stattfindet, vor Ablauf des Tages, an dem der Beschluss (§ 114 Abs. 4 FGO) der Geschäftsstelle übermittelt wird (Nr. 1 Buchst. b), zurückgenommen wird oder ein Beschluss nach § 138 FGO (Nr. 2) ergeht.

13   Die Durchführung einer mündlichen Verhandlung steht bei erstmaliger Entscheidung über das Gesuch im Ermessen des Gerichts.[6] Der Verzicht auf eine mündliche Verhandlung ist möglich.[7] Die Funktion des Klammerzusatzes in Nr. 1 Buchst. b „(§ 114 Abs. 4 FGO)" ist im Übrigen ohne Bedeutung, weil es gerade um ein Verfahren nach § 114 FGO geht.

14   Wurde die mündliche Verhandlung nach § 93 Abs. 3 S. 1 FGO bereits geschlossen und die Antragsrücknahme erst danach erklärt, ist dies zwar möglich und wirksam. Zu einer Gebührenermäßigung kommt es dann aber nicht. Wird die mündliche Verhandlung allerdings gem. § 93 Abs. 3 S. 2 FGO wiedereröffnet, wird die mündliche Verhandlung wieder aufgenommen und das Verfahren entsprechend fortgesetzt. Erfolgt nunmehr eine Antragsrücknahme (bis zum – erneuten – Schluss der mündlichen Verhandlung), genügt dies für die Verwirklichung des Gebührenermäßigungstatbestands, weil die mündliche Verhandlung aufgrund der Wiedereröffnung als nicht geschlossen anzusehen ist.

15   **3. Ausschluss des Gebührenermäßigungstatbestands.** Nach dem letzten Satzteil der Nr. 6211 KV („es sei denn, dass …") greift die Gebührenermäßigung nicht ein, wenn bereits ein Beschluss nach § 114 Abs. 4 FGO vorausgegangen ist. Ist also bereits ein erfolgloser Antrag auf eine einstweilige Anordnung gestellt worden und wird sodann ein erneuter Antrag gestellt, dieser dann aber zurückgenommen, greift eine Gebührenermäßigung gleichwohl nicht ein.

IV. Erfüllung mehrerer Ermäßigungstatbestände (Anm.)

16   Die Anm. zu Nr. 6211 KV stellt klar, dass nur eine einzige Ermäßigung erfolgt, auch wenn mehrere Ermäßigungstatbestände erfüllt sind. In Betracht käme das etwa in dem Fall, dass zunächst teilweise der Antrag zurückgenommen wird und sich im weiteren Verlauf hinsichtlich des „Rests" der Antrag erledigt. Dann wäre der Gebührenermäßigungstatbestand an sich zweimal erfüllt; gleichwohl kommt es nur einmal zu einer Gebührenermäßigung.

---

4 Gräber/*Koch*, FGO, § 114 Rn 87; Hübschmann/Hepp/Spitaler/*Birkenfeld*, AO/FGO, § 72 FGO Rn 16. **5** Hübschmann/Hepp/Spitaler/*Lange*, AO/FGO, § 114 FGO Rn 132. **6** BFH/NV 1989, 75, 76. **7** Gräber/*Koch*, FGO, § 114 Rn 88.

V. Weitere Gebührenermäßigung oder Gebührenwegfall bei Mediation, § 69 b GKG

Nach § 69 b GKG kann aufgrund spezieller landesrechtlicher Regelung die von den Gerichten der Länder **17** zu erhebende Verfahrensgebühr nach Nr. 6211 KV weiter ermäßigt werden oder entfallen, wenn das gesamte Verfahren nach einer Mediation oder nach einem anderen Verfahren der außergerichtlichen Konfliktbeilegung durch Zurücknahme des Antrags beendet wird. Voraussetzung ist ferner, dass in der Antragsschrift mitgeteilt worden ist, dass eine Mediation oder ein anderes Verfahren der außergerichtlichen Konfliktbeilegung unternommen wird oder beabsichtigt ist, oder wenn das Gericht den Parteien die Durchführung einer Mediation oder eines anderen Verfahrens der außergerichtlichen Konfliktbeilegung vorgeschlagen hat. Die praktische Bedeutung der Vorschrift gerade für das AdV-Verfahren bleibt abzuwarten.

Abschnitt 2
Beschwerde

Nr.	Gebührentatbestand	Gebühr oder Satz der Gebühr nach § 34 GKG
Vorbemerkung 6.2.2:		
	Die Vorschriften dieses Abschnitts gelten für Beschwerden gegen Beschlüsse über einstweilige Anordnungen (§ 114 FGO) und über die Aussetzung der Vollziehung (§ 69 Abs. 3 und 5 FGO).	
6220	Verfahren über die Beschwerde	2,0
6221	Beendigung des gesamten Verfahrens durch Zurücknahme der Beschwerde: Die Gebühr 6220 ermäßigt sich auf	1,0

I. Anwendungsbereich

Nr. 6220 und 6221 KV regeln die Beschwerde bzw ihre Rücknahme gegen Beschlüsse über einstweilige An- **1** ordnungen nach § 114 FGO, Anträge auf Aussetzung der Vollziehung nach § 69 Abs. 3 FGO und Anträge auf Wiederherstellung der hemmenden Wirkung der Klage gem. § 69 Abs. 5 FGO.

II. Außerordentliche und sonstige Beschwerden (Nr. 6220 KV)

1. Geltungsbereich. Von Nr. 6220 KV werden sämtliche Beschwerden – gleich welcher Art – erfasst, also **2** ordentliche, außerordentliche oder sonstige Beschwerden, sofern sie sich gegen Beschlüsse zu einstweiligen Anordnungen nach § 114 FGO, zur Aussetzung der Vollziehung nach § 69 Abs. 3 FGO oder zur Wiederherstellung der hemmenden Wirkung der Klage gem. § 69 Abs. 5 FGO richten. Nr. 6220 KV ist insofern eine umfassende Sondervorschrift für Beschwerden gegen AdV- und eA-Beschlüsse allgemein, ohne dass zwischen ordentlicher und außerordentlicher Beschwerde zu differenzieren ist.[1] Nr. 6502 KV ist nicht anwendbar.

2. Entstehen der Gebühr. Der Beschwerdeführer muss schon dann die Gerichtsgebühren tragen, wenn er **3** die Beschwerde erhebt. Denn anders als nach Nr. 6500 KV oder Nr. 6502 KV stellt der Normtatbestand nicht als zusätzliche Voraussetzung darauf ab, dass die Beschwerde verworfen oder zurückgewiesen wird. Allerdings fällt für den Beschwerdeführer natürlich keine Gebühr an, wenn die Beschwerde erfolgreich ist.

3. Gebühren bei von vornherein unzulässigen Beschwerden. Gegen die Entscheidung über die Aussetzung **4** der Vollziehung nach § 69 Abs. 3 und 5 FGO steht den Beteiligten nach § 128 Abs. 3 FGO die Beschwerde nur zu, wenn sie vom Finanzgericht in der Entscheidung zugelassen worden ist.[2] Eine gleichwohl, also ohne Zulassung, erhobene Beschwerde ist offensichtlich unzulässig. Auch diese offensichtliche Unzulässigkeit ändert aber nichts daran, dass Nr. 6220 KV anzuwenden ist.

III. Rücknahme der Beschwerde (Nr. 6221 KV)

Die Beschwerde kann bis zur Verkündung oder Zustellung der Beschwerdeentscheidung des BFH zurückge- **5** nommen werden.[3] Dann reduziert sich auch die Höhe des Gebührensatzes.

---

1 BFH/NV 2007, 2135. **2** BFH/NV 2006, 784. **3** BFH/NV 2006, 784; Gräber/*Ruban*, FGO, § 130 Rn 7.

6   Bei einer **Teilrücknahme** entsteht die Gebühr in vollem Umfang, die Gebührenreduzierung greift also nicht, auch nicht anteilig, Platz. Denn zu einer Gebührenermäßigung aufgrund der Rücknahme kommt es nach dem Normwortlaut der Nr. 6221 KV nur dann, wenn das **gesamte Verfahren** durch Zurücknahme der Beschwerde beendet wird.

IV. Erledigung der Beschwerde

7   Bei einer Erledigung im Beschwerdeverfahren ist eine Gebührenermäßigung, anders als bei der Nichtzulassungsbeschwerde nach Nr. 6501 KV, nicht vorgesehen. Das bedeutet, dass die volle Gebühr nach Nr. 6220 KV zu entrichten ist.

8   Das Fehlen eines Gebührenermäßigungstatbestands für den Fall der Erledigung ist nur schwer verständlich, weil es auch im Beschwerdeverfahren zu einer Erledigung kommen kann.[4] Freilich ist die praktische Bedeutung dieser Lücke äußerst gering, weil der Beschwerdeführer die Beschwerde auch zurücknehmen kann und damit im Ergebnis die gleiche Gebührenfolge herbeiführen kann, als wenn die Erledigung wie etwa bei Nr. 6501 KV ausdrücklich geregelt wäre.

V. Gebührenhöhe

9   Der Gebührensatz für die Beschwerde beträgt 2,0 (Nr. 6220 KV). Bei einer Rücknahme ermäßigt er sich auf 1,0 (Nr. 6221 KV).

Hauptabschnitt 3
Besondere Verfahren

Nr.	Gebührentatbestand	Gebühr oder Satz der Gebühr nach § 34 GKG
6300	Selbständiges Beweisverfahren	1,0

I. Anwendungsbereich

1   Nr. 6300 KV betrifft das **selbständige Beweisverfahren gem. § 82 FGO iVm §§ 485 ff ZPO**. Das Beweisverfahren wird von dem Finanzgericht durchgeführt, bei dem das Klageverfahren bereits anhängig ist (§ 82 FGO iVm § 486 Abs. 1 ZPO), oder, wenn noch keine Klage anhängig ist, das nach dem Vortrag des Antragstellers zur Entscheidung in der Hauptsache berufen wäre (§ 82 FGO iVm § 486 Abs. 2 S. 1 ZPO). Im letzteren Fall liegt ein komplett selbständiges Beweisverfahren vor, da noch nicht einmal eine Klage anhängig ist.

II. Pauschalgebühr

2   Die Gebühr gilt sämtliche Verfahrenshandlungen des Finanzgerichts im selbständigen Beweisverfahren ab. Es handelt sich insofern um eine **Pauschalgebühr**. Voraussetzung ist nicht, dass das Beweisverfahren positiv abgeschlossen wird. Vielmehr entsteht die Gebühr bereits für die Einleitung des Verfahrens.

III. Rücknahme des Antrags

3   Bei einer Rücknahme des Antrags kommt es nicht zu einer Gebührenermäßigung, weil ein entsprechender Gebührenermäßigungstatbestand nicht vorgesehen ist. Außerdem ist nach dem Normtatbestand nicht Voraussetzung für das Entstehen der Gebühr, dass das Gericht eine bestimmte Verfahrenshandlung vorgenommen hat, so dass auch insofern die Antragsrücknahme vor einer etwaigen Verfahrenshandlung das Entstehen der Gebühr nicht verhindern kann.

IV. Verfahrenshäufung und anschließendes Klageverfahren

4   Werden mehrere Anträge auf Durchführung von jeweils selbständigen Beweisverfahren gestellt, fallen auch mehrere Gebühren an.

5   Wird im Anschluss an das selbständige Beweisverfahren das Klageverfahren fortgeführt oder erstmals aufgenommen, erfolgt gleichwohl **keine Anrechnung** auf die Gebühr nach Nr. 6110 KV.

---

4 BFH 28.6.1995 – VIII B 10/95, juris.

Nr.	Gebührentatbestand	Gebühr oder Satz der Gebühr nach § 34 GKG
6301	Verfahren über Anträge auf gerichtliche Handlungen der Zwangsvollstreckung gemäß § 152 FGO	20,00 €

Nr. 6301 KV regelt die Gebühr für Anträge auf gerichtliche Handlungen der Zwangsvollstreckung gem. § 152 FGO. Vollstreckungsgericht ist gem. § 151 Abs. 1 S. 2 FGO das Finanzgericht. Die Gebühr beträgt 20 €. **1**

§ 152 FGO betrifft die **Vollstreckung gegen die öffentliche Hand wegen Geldforderungen.** Hier ist ein besonderer Antrag beim Vollstreckungsgericht, dh beim Finanzgericht, die Vollstreckung zu verfügen, erforderlich. Allein für diesen Antrag fällt die Gebühr an. Die mit der eigentlichen Vollstreckung verbundenen weiteren Kosten, etwa des Gerichtsvollziehers bei einer Forderungspfändung, werden von § 152 FGO nicht erfasst. **2**

Bei einer **Rücknahme des Antrags,** die insb. dann erforderlich ist, wenn der Vollstreckungsschuldner der gerichtlichen Aufforderung, die Vollstreckung abzuwenden, entspricht,[1] kommt es gleichwohl nicht zu einer Gebührenermäßigung, weil ein entsprechender Gebührenermäßigungstatbestand nicht vorgesehen ist und der Gebührentatbestand auf das Verfahren als solches abstellt. **3**

Hauptabschnitt 4
Rüge wegen Verletzung des Anspruchs auf rechtliches Gehör

Nr.	Gebührentatbestand	Gebühr oder Satz der Gebühr nach § 34 GKG
6400	Verfahren über die Rüge wegen Verletzung des Anspruchs auf rechtliches Gehör (§ 133 a FGO): Die Rüge wird in vollem Umfang verworfen oder zurückgewiesen	60,00 €

I. Anwendungsbereich

Nr. 6400 KV betrifft die Anhörungsrüge nach § 133 a FGO. Sie kann sowohl vor dem FG als auch vor dem BFH[1] erhoben werden, etwa nach der Zurückweisung einer Nichtzulassungsbeschwerde[2] oder nach der Ablehnung von Prozesskostenhilfe für die Erhebung einer Nichtzulassungsbeschwerde;[3] die Anhörungsrüge ist also auch dann kostenpflichtig, wenn sie im an sich gerichtsgebührenfreien Verfahren zur Gewährung von Prozesskostenhilfe erhoben wird.[4] **1**

Möglicher Gegenstand einer Anhörungsrüge sind nur Endentscheidungen eines Gerichts, § 133 a Abs. 1 S. 2 FGO. **2**

Auch in Verfahren des vorläufigen Rechtsschutzes nach §§ 69, 114 FGO ist die Anhörungsrüge statthaft, allerdings nur unter der Voraussetzung, dass das FG die Beschwerde nicht zugelassen hat.[5] **3**

II. Erfolglosigkeit des Antrags

Die Festgebühr[6] entsteht nur, wenn die Rüge in vollem Umfang verworfen oder zurückgewiesen wird. **Verworfen** wird die Rüge, wenn sie nicht statthaft oder nicht form- oder fristgerecht erhoben wurde (§ 133 a Abs. 4 S. 1 FGO). **Zurückzuweisen** ist sie, wenn sie unbegründet ist (§ 133 a Abs. 4 S. 2 FGO). **4**

Schon ein **Teilerfolg** genügt andererseits, um die Festgebühr insgesamt auszuschließen. Selbst wenn also bspw vier von fünf separaten Anhörungsrügen erfolglos sind, aber eine erfolgreich ist, genügt dies, damit die Gebühr insgesamt entfällt. **5**

1 FG Münster EFG 1978, 339; FG Bremen EFG 1993, 327. **1** S. etwa BFH/NV 2010, 1298. **2** BFH/NV 2015, 39, 40; BFH/NV 2012, 433. **3** BFH/NV 2008, 1497. **4** BFH/NV 2015, 1096. **5** BFH/NV 2015, 1096; BFH 10.6.2015 – I S 7/15, juris; FG München 18.9.2012 – 7 V 2459/12, juris; Hübschmann/Hepp/Spitaler/*Bergkemper*, AO/FGO, § 133 a FGO Rn 11. **6** FG Hamburg 28.7.2005 – III 55/05.

6 Dass eine erfolglose Anhörungsrüge gerichtskostenpflichtig ist, während die Ablehnung eines Antrags auf Prozesskostenhilfe keine Kostenpflicht auslöst, ist im Übrigen nicht systemwidrig und führt nicht dazu, dass die Gebühr nicht erhoben werden kann.[7]

III. Rücknahme des Antrags

7 Bei einer Rücknahme des Antrags kann eine Gebühr nicht erhoben werden. Denn der Gebührentatbestand der Nr. 6400 KV verlangt, dass die Rüge in vollem Umfang verworfen oder zurückgewiesen wird. Die Gebühr fällt nicht bereits für das Verfahren als solches an, wie dies etwa bei Nr. 6100 KV der Fall ist, sondern für die gerichtliche Verfahrensbeendigung durch Zurückweisung oder Verwerfung der Rüge. Kommt der Antragsteller der gerichtlichen Entscheidung durch Rücknahme des Antrags zuvor, muss er **keine Gebühren** entrichten.

IV. Erneute Anhörungsrüge

8 Eine erneute Anhörungsrüge zu erheben, ist zwar unzulässig.[8] Wird die Rüge dennoch erneut erhoben, löst dies eine weitere Gerichtsgebühr aus;[9] die Vorbem. 6.2 Abs. 2 S. 2 KV ist nicht entsprechend anwendbar.

V. Gegenvorstellung

9 Der BFH hält eine Gegenvorstellung als außerordentlichen nichtförmlichen Rechtsbehelf in Ausnahmefällen für statthaft, etwa bei schwerwiegenden Grundrechtsverstößen oder bei Entscheidungen ohne jegliche gesetzliche Grundlage.[10] Auf solche Gegenvorstellungen hat der BFH in einer früheren Entscheidung Nr. 6400 KV angewendet.[11] Nunmehr geht er aber davon aus, dass die Entscheidung über die Gegenvorstellung mangels Gebührentatbestands gerichtsgebührenfrei ergeht.[12] Wird eine Anhörungsrüge und zugleich eine Gegenvorstellung erhoben, ist nur die Anhörungsrüge kostenpflichtig.[13]

VI. Anhörungsrüge nach § 69 a GKG

10 Auf die Anhörungsrüge nach § 69 a GKG findet Nr. 6400 KV keine Anwendung.[14]

Hauptabschnitt 5
Sonstige Beschwerden

Nr.	Gebührentatbestand	Gebühr oder Satz der Gebühr nach § 34 GKG
6500	Verfahren über die Beschwerde gegen die Nichtzulassung der Revision: Soweit die Beschwerde verworfen oder zurückgewiesen wird	2,0
6501	Verfahren über die Beschwerde gegen die Nichtzulassung der Revision: Soweit die Beschwerde zurückgenommen oder das Verfahren durch anderweitige Erledigung beendet wird .... Die Gebühr entsteht nicht, soweit die Revision zugelassen wird.	1,0
6502	Verfahren über nicht besonders aufgeführte Beschwerden, die nicht nach anderen Vorschriften gebührenfrei sind: Die Beschwerde wird verworfen oder zurückgewiesen .... Wird die Beschwerde nur teilweise verworfen oder zurückgewiesen, kann das Gericht die Gebühr nach billigem Ermessen auf die Hälfte ermäßigen oder bestimmen, dass eine Gebühr nicht zu erheben ist.	60,00 €

I. Anwendungsbereich

1 In den drei Gebührennummern sind einerseits die **Nichtzulassungsbeschwerde** (Nr. 6500 und 6501 KV) und andererseits die **sonstigen,** nicht gebührenfreien **Beschwerden** (Nr. 6502 KV) geregelt.

---

7 BFH/NV 2006, 1863. **8** BFH/NV 2008, 1687. **9** FG Hamburg 12.11.2005 – III 55/05, juris. **10** BFH/NV 2010, 226. **11** BFH/NV 2005, 1134; so auch FG Hamburg EFG 2006, 689. **12** BFH/NV 2015, 1096; BFH/NV 2010, 226; BFH 11.2.2008 – III S 3/08, juris; BFH/NV 2006, 1483. **13** BFH/NV 2014, 50. **14** BFH 7.9.2012 – V S 24/12, juris.

Die Nichtzulassungsbeschwerde kann gem. § 116 FGO ausschließlich beim BFH eingelegt werden. Die　2
sonstigen Beschwerden können dagegen auch bei den Finanzgerichten eingelegt werden, § 129 FGO. Hilft
das Finanzgericht der Beschwerde ab (§ 130 FGO), dann kommt es nicht mehr zu einem Verfahren vor dem
BFH; andernfalls ist die Beschwerde dem BFH vorzulegen.

II. Nichtzulassungsbeschwerde (Nr. 6500 KV)

1. Entstehen der Gebühr. Die Gerichtsgebühr entsteht nur dann, wenn die Nichtzulassungsbeschwerde　3
vom Gericht verworfen oder zurückgewiesen wird. **Verworfen** wird die Beschwerde, wenn sie nicht statthaft oder nicht form- oder fristgerecht erhoben wurde. **Zurückzuweisen** ist sie, wenn sie unbegründet ist.

Anders als nach Nr. 6400 KV entsteht die Gebühr auch dann, wenn die Nichtzulassungsbeschwerde teil-　4
weise verworfen oder zurückgewiesen[1] wird, wie sich aus dem Wort „soweit" ergibt. Maßgeblich ist dann
aber nur der Wert des erfolglosen Teilgegenstands. Hinsichtlich des erfolgreichen „Rests", also des Teils,
für den die Revision zugelassen wird, fällt keine Gebühr an (Anm. zu Nr. 6501 KV). Ratsam ist in diesen
Fällen, die Beschwerde hinsichtlich des absehbar erfolglosen Teils zurückzunehmen, weil dann überhaupt
keine Gebühr anfällt.

**2. Gebührenreduzierung bei Zurücknahme oder anderweitigen Erledigung der Nichtzulassungsbeschwer-　5
de.** Die Zurücknahme der Nichtzulassungsbeschwerde ist in entsprechender Anwendung des § 125 FGO
zulässig.[2] Die Kostentragung richtet sich dann nach § 136 Abs. 2 FGO. Zu einer anderweitigen Erledigung
kommt es durch Erledigung der Hauptsache, etwa indem das Finanzamt den begehrten Änderungsbescheid
erlässt,[3] oder durch Erledigung der Nichtzulassungsbeschwerde selbst.[4]

Die Rücknahmeerklärung muss dabei vor Bekanntgabe der gerichtlichen Entscheidung erklärt werden; auf　6
einen früheren Zeitpunkt kann mangels besonderer Regelung nicht abgestellt werden.

Der Gebührsatz ermäßigt sich dann auf 1,0.　7

3. Teilrücknahme oder Teilerledigung. Bei einer Teilrücknahme oder Teilerledigung entsteht die Gebühr　8
dem Grunde nach unverändert; insofern unterscheidet sich Nr. 6501 KV von Nr. 6400 KV, weil die Gebühr
nach Nr. 6400 KV nur entsteht, wenn die Rüge „in vollem Umfang" zurückgewiesen oder verworfen wird.
Von der Höhe her ist dann aber für die Gebührenreduzierung nach Nr. 6501 KV der Wert des Teilgegen-
standes, hinsichtlich dessen die Teilrücknahme oder Teilerledigung erfolgt, maßgeblich.

Die Gebühr fällt allerdings vollständig weg, wenn die Nichtzulassungsbeschwerde hinsichtlich des „restli-　9
chen Teils" erfolgreich ist. Nach der Anm. zu Nr. 6501 KV entsteht die Gebühr zwar nicht, „soweit" die
Revision zugelassen wird. Das ist aber, würde man den Wortlaut ernstnehmen, sinnlos, weil eine Gebühr
für den Teil, hinsichtlich dessen die Revision zugelassen wird, ohnehin nicht anfällt und hinsichtlich dieses
erfolgreichen Teils eine Rücknahme nicht erfolgt ist. Gemeint sein kann also nur, dass die Gebühr überhaupt nicht entsteht, sofern die Revision zumindest teilweise zugelassen wird.

Ist die Nichtzulassungsbeschwerde hingegen nur teilweise erfolgreich, wird sie teilweise zurückgenommen　10
und teilweise verworfen, entsteht hinsichtlich des zurückgenommenen oder erledigten Teils und hinsichtlich
des erfolgreichen Teils keine Gebühr, während hinsichtlich des erfolglosen Teils eine Gebühr nach Nr. 6500
KV bezogen auf den Wert des Teilgegenstands entsteht.

4. Nichtigkeitsantrag. Beantragt der Beschwerdeführer, die Nichtigkeit eines Beschlusses, mit dem die　11
Nichtzulassungsbeschwerde verworfen wurde, festzustellen, fällt hierfür ebenfalls eine Gebühr nach
Nr. 6500 KV an.[5]

III. Sonstige Beschwerden (Nr. 6502 KV)

1. Anwendungsbereich. Nach § 128 FGO steht gegen die Entscheidungen des Finanzgerichts, des Vorsit-　12
zenden oder des Berichterstatters, die nicht Urteile oder Gerichtsbescheide sind, den Beteiligten grds. die
Beschwerde an den BFH zu.

Zu diesen Beschwerden gehören an sich auch die Beschwerden gegen Beschlüsse über einstweilige Anord-　13
nungen nach § 114 FGO, über die Aussetzung der Vollziehung nach § 69 Abs. 3 FGO und über die Wieder-
herstellung der hemmenden Wirkung nach § 69 Abs. 5 FGO. Für diese Beschwerden gilt aber nicht
Nr. 6502 KV, sondern Nr. 6220 KV. Hinzu kommt, dass Nr. 6220 KV eine umfassende Sondervorschrift für
Beschwerden gegen AdV-Beschlüsse allgemein ist, ohne dass zwischen ordentlicher und außerordentlicher
Beschwerde zu differenzieren ist.[6] Nr. 6502 KV als **Auffangvorschrift** für „sonstige", „nicht besonders auf-

---

1 S. BFHE 144, 133. **2** BFH/NV 1995, 914. **3** S. BFHE 169, 20. **4** BFHE 165, 17. **5** BFH 24.8.2010 – VI E 2/09, juris.
6 BFH/NV 2007, 2135.

geführte" Beschwerden ist deshalb in allen Fällen, in denen es um „Beschwerden im weitesten Sinn" gegen AdV-Beschlüsse geht, unanwendbar.

14 Im Übrigen gilt auch für die Nichtzulassungsbeschwerde nicht Nr. 6502 KV, sondern Nr. 6500 KV.

15 **2. Erfolglosigkeit der Beschwerde.** Die Kostenfolge tritt nur ein, wenn die Beschwerde erfolglos war.[7] Bei einer **Teilerfolglosigkeit** kann das Gericht die Gebühr nach billigem Ermessen auf die Hälfte ermäßigen oder ganz von einer Gebührenerhebung absehen (**Anm.** zu Nr. 6502 KV).

16 **3. Keine Gebührenfreiheit.** Voraussetzung ist ferner, dass die Beschwerde nicht nach anderen Vorschriften gebührenfrei ist. Gebührenfrei sind an sich die Beschwerden nach §§ 66 ff GKG. Eine Beschwerde zum BFH ist aber gem. § 66 Abs. 3 S. 3 GKG nicht statthaft, und gleichwohl erhobene unstatthafte Beschwerden sind nicht gebührenfrei.[8] Allerdings geht der BFH vereinzelt von einer Gebührenfreiheit bei „unklaren Beschwerden" aus.[9]

17 Die Anhörungsrüge nach § 69 a GKG ist gebührenfrei.[10]

18 Nicht gebührenfrei sind etwa:
- gem. § 128 Abs. 2 FGO unzulässige Beschwerden gegen Beschlüsse im Prozesskostenhilfeverfahren,[11]
- Beschwerden über Kostenentscheidungen gem. § 128 Abs. 4 S. 1 FGO,[12]
- Beschwerden gegen den Beschluss zur Aussetzung des Verfahrens analog § 74 FGO.[13]

19 **4. Rücknahme der Beschwerde.** Die Beschwerde kann bis zur Verkündung oder Zustellung der Beschwerdeentscheidung des BFH zurückgenommen werden.[14] Anders als bei der Beschwerde im vorläufigen Rechtsschutz nach Nr. 6221 KV und bei der Nichtzulassungsbeschwerde nach Nr. 6501 KV ist bei den sonstigen Beschwerden die Kostenfolge der Zurücknahme nicht geregelt.

20 Richtigerweise entsteht bei einer Rücknahme keine Gebühr. Die Gebühr nach Nr. 6502 KV fällt im Ansatz nur an, wenn die Beschwerde verworfen oder zurückgewiesen wird. Nr. 6502 KV stimmt insofern mit Nr. 6500 KV überein, während Nr. 6220 KV (zur Beschwerde im einstweiligen Rechtsschutz) die Gebühr für das Verfahren als solches unabhängig vom Beendigungsgrund entstehen lässt. Zweitens enthält Nr. 6501 KV einen expliziten Gebührenermäßigungstatbestand zu Nr. 6500 KV. Im Umkehrschluss bedeutet dies für Nr. 6502 KV – zu der es ja keinen weiteren Gebührenermäßigungstatbestand gibt –, dass bei einer Rücknahme im Bereich der sonstigen Beschwerden keine Gebühr anfällt.[15]

Hauptabschnitt 6
Besondere Gebühr

Nr.	Gebührentatbestand	Gebühr oder Satz der Gebühr nach § 34 GKG
6600	Auferlegung einer Gebühr nach § 38 GKG wegen Verzögerung des Rechtsstreits	wie vom Gericht bestimmt

1 Nr. 6600 KV betrifft die sog. **Verzögerungsgebühr** nach § 38 GKG. Auf die dortigen Erl. wird ergänzend verwiesen.

2 Zuständig ist das Gericht, nicht der Kostenbeamte.[1] Vor der Auferlegung der Gebühr ist dem betroffenen Beteiligten ausreichend Gelegenheit zur Äußerung zu geben.[2] Die Entscheidung ergeht durch Beschluss. Der Beschluss selbst löst keine weiteren Gebühren aus.

3 Regelmäßig ist ein Gebührensatz von 1,0 anzuwenden.[3] Er kann aber gem. § 38 S. 2 GKG bis auf einen Gebührensatz von 0,3 ermäßigt werden.

4 Verhängt das Finanzgericht eine Verzögerungsgebühr nach § 38 GKG, ist diese Gebühr **zusätzlich** zur Gebühr nach Nr. 6110 KV zu entrichten.

5 Unabhängig von der Verzögerungsgebühr nach Nr. 6600 KV können die für das Verfahren ohnehin anfallenden Kosten unter Abweichung von der grundsätzlich ausgesprochenen Kostentragungspflicht demjeni-

7 BFH/NV 2013, 1185, 1188. **8** BFH/NV 2005, 1830; BFH/NV 2006, 763. **9** BFH/NV 2012, 967. **10** BFH 7.9.2012 – V S 24/12, juris. **11** S. BFH 25.6.2009 – X E 7/09, juris. **12** BFH 26.10.2007 – III B 203/06, juris. **13** BFH/NV 2011, 1901. **14** BFH/NV 2006, 784; Gräber/*Ruban*, FGO, § 130 Rn 7. **15** S.a. BFH 27.9.2006 – X E 2/06, juris („kostenfreie Rücknahme"). **1** Gräber/*Ruban*, FGO, vor § 135 Rn 9. **2** BFHE 96, 98. **3** Gräber/*Ruban*, FGO, vor § 135 Rn 9.

gen auferlegt werden, der sie durch sein **Verschulden verursacht** hat (§ 137 S. 2 FGO). Das kommt im Zusammenhang mit Nr. 6600 KV nur für die Kosten in Betracht, die aufgrund einer verschuldeten Verzögerung entstanden sind.

Teil 7
Verfahren vor den Gerichten der Sozialgerichtsbarkeit

Hauptabschnitt 1
Prozessverfahren

Abschnitt 1
Erster Rechtszug

Unterabschnitt 1
Verfahren vor dem Sozialgericht

Nr.	Gebührentatbestand	Gebühr oder Satz der Gebühr nach § 34 GKG
7110	Verfahren im Allgemeinen	3,0

I. Anwendungsbereich

Die Nr. 7110–7115 KV erfassen die Gebühren für sozialgerichtliche Prozessverfahren im ersten Rechtszug beim SG. Unter einem **Prozessverfahren** wiederum ist ein kontradiktorisches Hauptsacheverfahren zwischen zwei Beteiligten zu verstehen.[1]   **1**

Für **Beweisanordnungen** gilt ebenfalls die allgemeine Verfahrensgebühr Nr. 7110 KV.[2] Denn schon nach den Gesetzesmaterialien zum KostRMoG 2004[3] sollten die damals neu in das Kostenverzeichnis eingestellten Verschriften über die von der Sozialgerichtsbarkeit zu erhebenden Gebühren im Wesentlichen sowohl in ihrer Struktur als auch in ihrem Inhalt den für die Verwaltungsgerichtsbarkeit geltenden Gebührenvorschriften entsprechen. In dem damaligen Gebührentatbestand für die Verwaltungsgerichtsbarkeit – Nr. 2110 Buchst. a KV aF – ist die „Anordnung einer Beweiserhebung" nicht aufgeführt gewesen. Hieraus ergibt sich mit der Rspr, dass nach dem Willen des Gesetzgebers wegen der Besonderheiten des sozialgerichtlichen Verfahrens – allein – die allgemeine Verfahrensgebühr anfällt, wenn das Gericht Anordnungen zur Beweiserhebung getroffen hat.[4] Anders als im verwaltungsgerichtlichen Verfahren bedarf es dabei nämlich auch verfahrensrechtlich angesichts der Ausgestaltung des Amtsermittlungsprinzips in §§ 103, 106 SGG keines förmlichen Beweisbeschlusses.[5]   **2**

II. Streitwert

Für die Festsetzung der Gerichtskosten im sozialgerichtlichen Verfahren nach § 197 a SGG ist nur der Streitwert zum Zeitpunkt der Entstehung von Gerichtskosten, dh der **Zeitpunkt der Einlegung des Rechtsbehelfs**, entscheidend (vgl § 52 Abs. 1 und Nr. 7110 und 7111 KV).[6] Eine spätere Absenkung des Streitwerts in Gestalt der Veränderung des Streitgegenstands, etwa selbst durch Teilklagerücknahme im Klageverfahren, ist für die Bestimmung der gerichtlichen Verfahrensgebühr unerheblich.[7]   **3**

III. Mediation und andere Verfahren der außergerichtlichen Konfliktbeilegung

Für die Abrechnung der Mediation oder eines anderen Verfahrens der außergerichtlichen Konfliktbeilegung iSd Gesetzes zur Förderung der Mediation und anderer Verfahren der außergerichtlichen Konfliktbeilegung vom 21.7.2012[8] fällt keine besondere Gerichtsgebühr an. Vielmehr werden diese Verfahren – praktisch also   **4**

---

1 *Hartmann*, KostG, Nr. 1210 KV GKG Rn 1. **2** BayLSG 15.5.2006 – L 17 B 17/05, juris Rn 11. **3** Vgl BT-Drucks 14/5943, Begr., zu Nummer 4, zu Buchst. b. **4** BayLSG 15.5.2006 – L 17 B 17/05, juris Rn 11. **5** BayLSG 15.5.2006 – L 17 B 17/05, juris Rn 11 f mwN. **6** LSG NRW 20.5.2008 – L 16 B 87/07 KR, juris Rn 14. **7** AllgM, vgl nur LSG NRW 20.5.2008 – L 16 B 87/07 KR, juris Rn 14; SG Stuttgart 27.8.2010 – S 24 R 2223/10, juris Rn 13; KG Berlin 9.10.2006 – 8 W 58/06, juris; vgl auch *Hartmann*, KostG, 40. Aufl. 2010, Nr. 1210 KV GKG Rn 18, 26; Binz/Dörndorfer/*Zimmermann*, Nr. 1210 KV GKG Rn 8, 11; *Dörndorfer*, Der Streitwert für Anfänger, 5. Aufl. 2009, Rn 43, 45. **8** BGBl. 2012 I 1577. In Kraft getreten am 26.7.2012.

die sog. **Güterichter-Sachen** – durch die allgemeine Verfahrensgebühr, im Sozialgerichtsverfahren eben durch die Gebühr Nr. 7110 KV, mit abgegolten.

5 Darüber hinaus kann die allgemeine 3,0-Verfahrensgebühr Nr. 7110 KV im Rahmen der Mediation und anderer Verfahren der außergerichtlichen Konfliktbeilegung nach **§ 69 b S. 1 GKG** – über den Ermäßigungstatbestand nach Nr. 7111 KV hinaus – **weiter ermäßigt** werden oder **entfallen**, wenn das gesamte Verfahren nach einer Mediation durch Zurücknahme der Klage oder des Antrags beendet wird und in der Klage- oder Antragsschrift mitgeteilt worden ist, dass eine Mediation unternommen wird oder beabsichtigt ist, oder wenn das Gericht den Parteien die Durchführung einer Mediation vorgeschlagen hat. Dazu gibt § 69 b GKG die Ermächtigungsgrundlage. Die Konkretisierung erfolgt dann in der praktischen Umsetzung durch **landesrechtliche Rechtsverordnungen**.

Nr.	Gebührentatbestand	Gebühr oder Satz der Gebühr nach § 34 GKG

7111	Beendigung des gesamten Verfahrens durch
	1. Zurücknahme der Klage
	  a) vor dem Schluss der mündlichen Verhandlung oder,
	  b) wenn eine solche nicht stattfindet, vor Ablauf des Tages, an dem das Urteil oder der Gerichtsbescheid der Geschäftsstelle übermittelt wird,
	2. Anerkenntnisurteil,
	3. gerichtlichen Vergleich oder angenommenes Anerkenntnis oder
	4. Erledigungserklärungen nach § 197 a Abs. 1 Satz 1 SGG i.V.m. § 161 Abs. 2 VwGO, wenn keine Entscheidung über die Kosten ergeht oder die Entscheidung einer zuvor mitgeteilten Einigung der Beteiligten über die Kostentragung oder der Kostenübernahmeerklärung eines Beteiligten folgt,
	es sei denn, dass bereits ein Urteil oder ein Gerichtsbescheid vorausgegangen ist:
	Die Gebühr 7110 ermäßigt sich auf ....
	Die Gebühr ermäßigt sich auch, wenn mehrere Ermäßigungstatbestände erfüllt sind.
		1,0

I. Klagerücknahme (Nr. 1)

1 Die Zurücknahme der Klage kann gem. § 102 Abs. 1 S. 1 SGG bis zur Rechtskraft des Urteils erfolgen. Die **Klagerücknahme** erledigt den Rechtsstreit in der Hauptsache (§ 102 Abs. 1 S. 1 SGG). Klagerücknahme ist die Prozesshandlung, mit der der Kläger seine Rechtsschutzbitte zurückzieht, und damit das Gegenstück zur Klageerhebung.[1] Wesentlich ist für die Klagerücknahme, dass der Kläger eine Entscheidung des Gerichts nicht mehr wünscht. Das unterscheidet die Klagerücknahme von der **Klageänderung** (§ 99 SGG), mit der eine geänderte Klage zu gerichtlicher Entscheidung gestellt wird.

2 Die **Abgrenzung** gegenüber der **Erledigungserklärung** in der Hauptsache ist in den in den Anwendungsbereich des § 197 a SGG fallenden Streitigkeiten wichtig.[2] Jedenfalls mit Einführung des § 197 a SGG kann die Erledigungserklärung nicht mehr der Klagerücknahme gleichgestellt werden.[3] Denn während die Klagerücknahme nach § 102 S. 2 SGG den Rechtsstreit in der Hauptsache erledigt mit der Kostenfolge des § 155 Abs. 2 VwGO, ändert die **einseitig erklärte Erledigung** des Rechtsstreits den Gegenstand dahin, dass nunmehr Feststellung der Erledigung der Hauptsache begehrt wird.[4] Letztere wird erst durch die **Zustimmung** von Kläger und Beklagten erledigt, was zur entsprechenden Anwendung des § 161 Abs. 2 VwGO führt.[5]

3 Die Klagerücknahme hat mithin – soweit Gerichtsgebühren nach dem GKG erhoben werden – zur Folge, dass der Kläger die Kosten tragen muss (u.a. § 155 Abs. 2 VwGO). Kosten trägt danach, wer einen Rechtsbehelf zurückgenommen hat, also ein Rechtsmittel oder einen sonstigen Rechtsbehelf.

---

1 Vgl BSG 16.4.1964 – 11/1 RA 206/62, juris Rn 12; ebenso *Leitherer*, in: Meyer-Ladewig/Keller/Leitherer, SGG, 10. Aufl. 2012, § 102 Rn 214. **2** *Leitherer*, in: Meyer-Ladewig/Keller/Leitherer, SGG, 10. Aufl. 2012, § 102 Rn 3, 9 mwN. **3** So auch *Hauck*, SGb 2004, 407 f. **4** Vgl LSG NRW 22.12.2005 – L 16 B 39/05 KR, juris Rn 5 mwN. **5** Vgl bereits BVerwG 19.5.1995 – 4 B 247/94, juris Rn 12; für SGG-Verfahren: LSG NRW 22.12.2005 – L 16 B 39/05 KR, juris Rn 5 mwN.

NK-GK/*Schäfer*

Abzugrenzen ist diese Rechtslage von der **übereinstimmenden Erledigungserklärung.** Da die Klagerücknah-　4
me nach § 102 Abs. 1 S. 2 SGG auch ohne Zustimmung des Beklagten den Rechtsstreit in der Hauptsache
erledigt, soll dann § 155 Abs. 2 VwGO – analog – gelten (zwingende Kostentragung desjenigen, der die
Klage durch einseitige Erklärung zurücknimmt).[6]

Eine **Abgrenzung** gegenüber einem **Verzicht** stellt kein wesentliches Problem dar, weil der Verzicht keine　5
Prozesshandlung ist, vorwiegend materielle Bedeutung hat und bei Erklärung im Prozess als Klagerücknahme behandelt wird.[7]

Bestätigt wird diese Auslegung zur Abgrenzung zwischen Erledigungserklärung und Klagerücknahme durch　6
die Rspr zur früheren Gebühr Nr. 4110 KV aF. Danach entfiel bei Zurücknahme der Klage vor Ablauf des
Tages, an dem ein Beweisbeschluss, die Anordnung einer Beweiserhebung oder ein Gerichtsbescheid unterschrieben ist, und früher als eine Woche vor dem Beginn des Tages, der für die mündliche Verhandlung vorgesehen war, diese Gebühr.[8] Diese Wirkung trat aber eben dann nicht ein, wenn die Klage – einseitig – für
erledigt erklärt wurde.[9]

II. Anerkenntnisurteil (Nr. 2)

Zum Anerkenntnis enthält § 101 Abs. 2 SGG eine eigenwillige, von anderen Verfahrensordnungen abwei-　7
chende Regelung.[10] Ein Anerkenntnisurteil (§ 202 SGG iVm § 307 S. 1 ZPO) ist zwar bei Nichtannahme
des Anerkenntnisses möglich, idR aber nicht notwendig, weil aus einem Anerkenntnis selbst vollstreckt
werden kann (§ 199 Abs. 1 Nr. 3 SGG). Dann ist für den Erlass eines Anerkenntnisurteils kein Raum
mehr.[11]

Praktische Bedeutung hat das Anerkenntnisurteil allein, wenn ein **Anerkenntnis nicht angenommen** wird.[12]　8
In diesem Fall ist kein Antrag auf Erlass eines Anerkenntnisurteils erforderlich. Ist der Kläger zB im Termin
zur mündlichen Verhandlung nicht erschienen, liegt im schriftsätzlich bzgl der Hauptsache gestellten Antrag zugleich der Antrag auf Erlass des Anerkenntnisurteils.[13] Auch bei einem nicht angenommenen Teilanerkenntnis ist § 307 ZPO entsprechend anwendbar.[14] Die Prozessordnung verwehrt es
einer beklagten Körperschaft/einem beklagten Sozialleistungsträger auch nicht, durch verbindliches Anerkenntnis des geltend gemachten Anspruchs eine möglicherweise über den Einzelfall hinaus bedeutsame Entscheidung des Gerichts zu vermeiden, und gibt einem Kläger umgekehrt keinen Anspruch darauf, dass das
Gericht alle von ihm für bedeutsam oder interessant gehaltenen Rechtsfragen entscheidet, wenn aufgrund
des Verhaltens des Beklagten in Bezug auf den konkreten Streitgegenstand keine Beschwer mehr besteht.[15]
Darüber hinaus kann der Beklagte auch nochmals antragsgemäß verurteilt werden, wenn er ein abgegebenes **Anerkenntnis nicht ausführt;** für die neue Leistungsklage ist jedenfalls dann ein Rechtsschutzbedürfnis
anzunehmen, wenn das Anerkenntnis nicht auch zur Höhe des Anspruchs (nur „Grundurteil") ergangen
ist.[16]

Im vorbereitenden Verfahren kann im Berufungsrechtszug und bei Verfahren nach § 39 Abs. 2 SGG beim　9
BSG der Vorsitzende oder Berichterstatter entscheiden (vgl §§ 155 Abs. 1, 165 S. 2 SGG). Die Form des
Anerkenntnisurteils richtet sich nach § 202 SGG iVm § 313 b ZPO. Tatbestand und Entscheidungsgründe
sind nicht notwendig.[17]

III. Gerichtlicher Vergleich und angenommenes Anerkenntnis (Nr. 3)

1. Beendigung des gesamten Verfahrens. Die Gebührenermäßigung nach Nr. 7111 KV setzt nach dem Ein-　10
leitungssatz bereits nach ihrem Wortlaut eine Beendigung des **„gesamten Verfahrens"** voraus, was regelmäßig auch die Entscheidung über die Verfahrenskosten beinhaltet.[18] Für die tatbestandliche Gebührenermäßigung hat es mithin keine Bedeutung, ob in Verfahren, in denen das GKG gilt, eine Kostenentscheidung
obligatorisch ist oder nicht. Die Ermäßigung setzt eine in der Hauptsache getroffene Kostengrundentscheidung voraus.[19] Durch die Ermäßigung sollen verfahrensrechtliche Entwicklungen (etwa Rücknahme, Anerkenntnis, Vergleich oder Erledigungserklärung) gerichtskostenrechtlich im Wege der Reduzierungsmöglich-
keit berücksichtigt werden.[20]

---

6 *Leitherer,* in: Meyer-Ladewig/Keller/Leitherer, SGG, 10. Aufl. 2012, § 197 a Rn 16, 25 c, 25 d.　**7** *Leitherer,* in: Meyer-Ladewig/
Keller/Leitherer, SGG, 10. Aufl. 2012, § 102 Rn 2 f mwN.　**8** LSG RhPf 16.9.2003 – L 1 B 104/03 KR (Aktenbeiziehung kostenrechtlich noch keine Beweiserhebung des SG).　**9** LSG NRW 22.12.2005 – L 16 B 39/05 KR, juris Rn 5 (zu Nr. 4110 KV aF).
10 Vgl *Leitherer,* in: Meyer-Ladewig/Keller/Leitherer, SGG, 10. Aufl. 2012, § 101 Rn 19, 21.　**11** Vgl *Leitherer,* in: Meyer-Lade-
wig/Keller/Leitherer, SGG, 10. Aufl. 2012, § 101 Rn 19, 23 mwN.　**12** BSG 6.5.2010 – B 13 R 16/09 R, juris Rn 18–21 mwN.
13 BSG 6.5.2010 – B 13 R 16/09 R, juris Rn 18–21 mwN.　**14** So bereits BSG 12.7.1988 – 4/11 a RA 16/87, juris Rn 15 mwN.
15 So zutr. und überzeugend BSG 12.9.2001 – B 6 KA 13/01 B, juris Rn 7.　**16** Vgl BSG 12.12.1979 – 1 RA 91/78, juris Rn 15
mwN.　**17** Ebenso *Leitherer,* in: Meyer-Ladewig/Keller/Leitherer, SGG, 10. Aufl. 2012, § 101 Rn 19.　**18** Vgl OVG RhPf 7.4.2011
– 1 A 10065/09; OVG NRW 1.8.2007 – 18 A 2612/06 (zu Nr. 5124 KV GKG); OLG Köln 27.8.1997 – 17 W 95/97.　**19** LSG
NRW 8.9.2006 – L 1 B 7/06 AL, juris Rn 11 mwN.　**20** LSG NRW 20.5.2008 – L 16 B 87/07 KR.

11   **2. Gerichtlicher Vergleich (Nr. 3 Alt. 1). a) Gerichtlicher Vergleich.** Die Beteiligten im SGG-Verfahren können gem. § 101 Abs. 1 SGG zur Niederschrift des Gerichts oder des Vorsitzenden oder des beauftragten oder ersuchten Richters einen Vergleich schließen, soweit sie über den Gegenstand der Klage verfügen können. Die Behörde kann nur insoweit über den Gegenstand der Klage verfügen, als sie den Anspruch auch durch Verwaltungsakt regeln könnte. Der schriftlich protokollierte Vergleich erledigt den Rechtsstreit im Umfang des Vergleichsinhalts. Das Gericht kann auch (über § 202 SGG) nach § 278 Abs. 6 ZPO vorgehen. In diesem Fall kommt der Vergleich nicht schon mit der Unterbreitung eines Vergleichsvorschlags durch das Gericht, sondern mit Eingang der schriftlichen Annahmeerklärungen bei Gericht zustande.

12   Das SGG enthält keine Definition des Vergleichs, sondern setzt den Vergleich als bekannt voraus. Eine **Definition** findet sich in § 779 Abs. 1 BGB und in § 54 SGB X. Danach ist ein **Vergleich** ein Vertrag, durch den der Streit oder die Ungewissheit der Parteien über ein Rechtsverhältnis im Wege des gegenseitigen Nachgebens beseitigt wird. Der gerichtliche Vergleich hat nach hM eine **Doppelnatur**. Er ist sowohl öffentlich-rechtlicher Vertrag, für den materielles Recht gilt (§ 779 BGB und § 54 SGB X sind entsprechend anwendbar),[21] als auch Prozesshandlung der Beteiligten (Prozessvertrag), die den Rechtsstreit unmittelbar beendet und deren Wirksamkeit sich nach den Grundsätzen des Prozessrechts richtet.[22]

13   Die **Unwirksamkeit** eines gerichtlichen Vergleichs kann darauf beruhen, dass entweder der materiell-rechtliche Vertrag nicht wirksam zustande gekommen, nichtig oder wirksam angefochten worden ist oder dass die zum Abschluss des Vergleichs notwendigen Prozesshandlungen nicht wirksam vorgenommen worden sind.[23] Als öffentlich-rechtlicher Vertrag ist ein Vergleich unter den Voraussetzungen des § 58 SGB X nichtig.

14   Am **Vergleichsabschluss** müssen Kläger und Beklagter beteiligt sein. Beim Vergleich zB nur zwischen Kläger und einem Beigeladenen wird das Verfahren dadurch nicht erledigt. Der Beigeladene kann in das Verfahren einbezogen, gegen seinen Willen durch einen Vergleich aber nicht verpflichtet werden. Den Abschluss eines Vergleichs zwischen Kläger und Beklagtem und damit die Erledigung des Rechtsstreits kann der Beigeladene nicht verhindern.[24]

15   **b) Außergerichtlicher Vergleich.** In sozialgerichtlichen Verfahren kommt es relativ häufig zum Abschluss sog. **außergerichtlicher Vergleiche**, zB dann, wenn der Beklagte aufgrund eines vom Gericht eingeholten Sachverständigengutachtens schriftlich ein Angebot unterbreitet, das vom Kläger schriftlich angenommen wird. Ein außergerichtlicher Vergleich beendet zwar nicht das Verfahren wie ein gerichtlicher Vergleich (→ Rn 11 ff), sondern gibt wegen seines sachlich-rechtlichen Inhalts dem Beklagten nur eine Einrede gegen den durch die Vereinbarung erledigten Anspruch. Er ist aber nicht wie ein Bescheid ein einseitiger Verwaltungsakt, sondern eine **Vereinbarung der Beteiligten**, die für beide Teile **bindend ist**.[25]

16   Der außergerichtliche Vergleich kommt nach § 54 SGB X ggf zustande, wenn ein gerichtlicher Vergleich wegen Verstoßes gegen die prozessualen Voraussetzungen unwirksam ist.[26] Als materiell-rechtlicher Vertrag, der im SGG nicht geregelt ist, wirkt er sich auf das gerichtliche Verfahren unmittelbar erst durch verfahrensbeendende Prozesshandlungen aus.[27] Dies erfolgt regelmäßig durch eine weitere Prozesshandlung, wie zB Klagerücknahme bzw Erledigungserklärung. In der gerichtlichen Praxis wird der außergerichtliche Vergleich dann idR als sog. **übereinstimmende Erledigungserklärung ausgelegt**. Die Protokollierung eines außergerichtlichen Vergleichs ist auch im sozialgerichtlichen Verfahren möglich, mit der Folge, dass dieser zum **Vollstreckungstitel** wird.[28]

17   **c) Kostentragung.** Die Beteiligten sollten eine Regelung über die außergerichtlichen Kosten auch in den Vergleich – ob nun gerichtlich oder außergerichtlicher Art – mit aufnehmen. Ansonsten trägt nach § 195 SGG jeder Beteiligte seine Kosten. Die Beteiligten können sich jedoch in der Hauptsache vergleichsweise einigen und bzgl der Kosten eine Entscheidung des Gerichts durch Beschluss nach § 193 Abs. 1 SGG beantragen, wobei sich der Kläger zur Vermeidung des Kostenausfalls gem. § 195 SGG bei der Annahme eines ohne Kostenregelung abgegebenen Vergleichsangebots eine Kostenentscheidung des Gerichts nach § 193 Abs. 1 SGG vorbehalten sollte.[29]

18   **3. Angenommenes Anerkenntnis (Nr. 3 Alt. 2).** Das angenommene Anerkenntnis des geltend gemachten Anspruchs erledigt insoweit den Rechtsstreit in der Hauptsache (§ 101 Abs. 2 SGG). Anerkenntnis iSv § 101 SGG ist das im Wege einseitiger Erklärung gegebene uneingeschränkte Zugeständnis, dass der mit der Klage geltend gemachte prozessuale Anspruch besteht.[30] Das angenommene Anerkenntnis erledigt den

---

21 BSG 17.51989 – 10 RKg 16/88, juris Rn 19, 23. **22** Vgl *Leitherer*, in: Meyer-Ladewig/Keller/Leitherer, SGG, 10. Aufl. 2012, § 101 Rn 3 mwN. **23** LSG Bln-Bbg 17.2.2010 – L 6 R 621/09. **24** Zum Beigeladenen s. *Herold-Tews*, Der Sozialgerichtsprozess, 6. Aufl. 2012, Rn 310. **25** BSG 16.11.1961 – 7/9 RV 866/59, NJW 1962, 366. **26** BSG 16.11.1961 – 7/9 RV 866/59, NJW 1962, 366. **27** *Hintz*, in: BeckOK-SGG, 12.2012, § 101 Rn 7. **28** *Herold-Tews*, Der Sozialgerichtsprozess, 6. Aufl. 2012, Rn 311. **29** Vgl *Herold-Tews*, Der Sozialgerichtsprozess, 6. Aufl. 2012, Rn 312 mwN. **30** Vgl *Leitherer*, in: Meyer-Ladewig/Keller/Leitherer, SGG, 10. Aufl. 2012, § 101 Rn 20.

V. Mediation und andere Verfahren der außergerichtlichen Konfliktbeilegung

26   Ferner kann nach § 69 b S. 1 GKG – über die Ermäßigungstatbestände der Nr. 7111 KV hinaus – in den Fällen der **Mediation** oder eines anderen Verfahrens der außergerichtlichen Konfliktbeilegung iSd Gesetzes zur Förderung der Mediation und anderer Verfahren der außergerichtlichen Konfliktbeilegung vom 21.7.2012[47] eine **weitere Gebührenermäßigung** erfolgen bzw die Gebühren können sogar ganz entfallen. Dazu gibt § 69 b GKG die Ermächtigungsgrundlage. Die Konkretisierung erfolgt dann in der praktischen Umsetzung durch **landesrechtliche Rechtsverordnungen**. Diese noch zu erlassenden Verordnungen bestimmen für ihren jeweiligen Geltungsbereich als untergesetzliche Landesjustizverwaltungsvorschriften die mögliche weitere Ermäßigung. Zu den Voraussetzungen → Nr. 7110 KV Rn 5.

Unterabschnitt 2
Verfahren vor dem Landessozialgericht

Nr.	Gebührentatbestand	Gebühr oder Satz der Gebühr nach § 34 GKG
7112	Verfahren im Allgemeinen	4,0

7113	Beendigung des gesamten Verfahrens durch
	1. Zurücknahme der Klage
	  a) vor dem Schluss der mündlichen Verhandlung oder
	  b) wenn eine solche nicht stattfindet, vor Ablauf des Tages, an dem das Urteil oder der Gerichtsbescheid der Geschäftsstelle übermittelt wird,
	2. Anerkenntnisurteil,
	3. gerichtlichen Vergleich oder angenommenes Anerkenntnis oder
	4. Erledigungserklärungen nach § 197 a Abs. 1 Satz 1 SGG i.V.m. § 161 Abs. 2 VwGO, wenn keine Entscheidung über die Kosten ergeht oder die Entscheidung einer zuvor mitgeteilten Einigung der Beteiligten über die Kostentragung oder der Kostenübernahmeerklärung eines Beteiligten folgt,
	es sei denn, dass bereits ein Urteil oder ein Gerichtsbescheid vorausgegangen ist:
	Die Gebühr 7112 ermäßigt sich auf ....
	Die Gebühr ermäßigt sich auch, wenn mehrere Ermäßigungstatbestände erfüllt sind.
		2,0

I. Rechtsschutz bei überlangen Gerichtsverfahren

1   **1. Neustrukturierung von Teil 7 Hauptabschnitt 1 Abschnitt 1.** Die Gebührentatbestände im Anschluss an die Gebühr Nr. 7111 KV in Form des neuen Unterabschnitts 2 KV (Nr. 7112, 7113 KV) und Unterabschnitts 3 KV (Nr. 7114, 7115 KV) sind durch das Gesetz über den **Rechtsschutz bei überlangen Gerichtsverfahren** und strafrechtlichen Ermittlungsverfahren (ÜberlVfRSchG)[1] mWz 3.12.2011 in das Kostenverzeichnis des GKG eingefügt worden. Mit dem vorgenannten Gesetz hat der Gesetzgeber Ansprüche auf Entschädigung gesetzlich geregelt, die einem Verfahrensbeteiligten zustehen, wenn er infolge der unangemessenen Dauer des Verfahrens einen Nachteil erleidet.[2] In anderen Gerichtsbarkeiten sind die Vorschriften entsprechend anzuwenden. Die Entschädigung beträgt 1.200 € für jedes Jahr der Verzögerung, kann aber auch höher oder niedriger festgesetzt werden (§ 198 Abs. 1 GVG). Die Entschädigung ist vom Land zu zahlen, wenn die Verzögerung von einem Gericht des Landes verursacht worden ist, und vom Bund, wenn die Verzögerung von einem Bundesgericht verursacht wurde.[3]

2   Konkret wurde für die Gerichte der Sozialgerichtsbarkeit Teil 7 Hauptabschnitt 1 Abschnitt 1 VV damit in **drei Unterabschnitte aufgeteilt:** Die bis dahin geltenden Regelungen Nr. 7110, 7111 KV sind Unterabschnitt 1 KV („Verfahren vor dem Sozialgericht") geworden. Die Regelungen für die **erstinstanzliche Zu-**

---

[47] BGBl. 2012 I 1577. In Kraft getreten am 26.7.2012.   **1** Art. 10 Nr. 5 ÜberlVfRSchG v. 24.11.2011 (BGBl. I 2302). [2] *N. Schneider*, RVGreport 2012, 82 ff. [3] *N. Schneider*, RVGreport 2012, 82 ff.

Rechtsstreit in der Hauptsache gem. § 101 SGG, ist Vollstreckungstitel gem. § 199 Abs. 1 Nr. 2 SGG und steht deshalb in seiner Wirkung einem Urteil gleich.[31] Das Anerkenntnis bezieht sich – ebenso wie der Verzicht – auf den **prozessualen Anspruch insgesamt**, nicht auf einzelne Tatsachen. Die beklagte Seite gibt „ohne Drehen und Wenden" zu, dass sich das Begehren des Klägers aus dem von ihm behaupteten Tatbestand ergibt.[32]

Ein sog. **Anerkenntnis isolierter Anspruchsvoraussetzungen** – zB der Wirksamkeit geleisteter Rentenversicherungsbeiträge – ist kein Anerkenntnis iSd § 101 SGG. Allerdings ist ein **Teilanerkenntnis** möglich, soweit der prozessuale Anspruch teilbar ist und damit ein Teilurteil ergehen könnte. Dies ist zB zulässig wegen der zu erstattenden Kosten, aber nicht wegen einzelner Streitpunkte.[33]   **19**

Auch wenn kein Vollstreckungstitel vorliegt, ist idR eine Behörde leistungspflichtig, die ggf durch dienstaufsichtsrechtliche Maßnahmen zur Leistung angehalten werden kann. Ist ausnahmsweise dennoch ein Vollstreckungstitel erforderlich, kann in entsprechender Anwendung von § 102 S. 3 SGG die Wirkung des angenommenen Anerkenntnisses durch Beschluss ausgesprochen werden.[34] Führt eine Behörde ein von ihr dem Grunde nach – dh ohne Festlegung der Anspruchshöhe – abgegebenes Anerkenntnis nicht aus, ist eine neue Leistungsklage in Bezug auf den anerkannten Anspruch zulässig. Auf die neue Klage hin ist die Behörde dem Anerkenntnis gemäß zu verurteilen.[35]   **20**

IV. Erledigungserklärungen nach § 197 a Abs. 1 S. 1 SGG iVm § 161 Abs. 2 VwGO (Nr. 4)

1. Anwendungsbereich. Vorab ist im Rahmen der Kostenentscheidung nach § 197 a Abs. 1 S. 1 SGG iVm § 161 Abs. 2 VwGO danach **abzugrenzen**, ob die **Klage zurückgenommen** wurde (→ Rn 1 ff, 6). Ist eine Klagerücknahme gegeben, dann greift logisch-konsequenterweise § 197 a Abs. 1 S. 2 SGG nicht ein.[36] Die Rücknahme des Rechtsbehelfs führt abweichend von der Regelung des § 102 S. 2 SGG bei kostenpflichtigen Verfahren nicht zur Erledigung der Hauptsache. Insofern entscheidet das Gericht – vorausgesetzt, der Beklagte schließt sich der Erledigungserklärung des Klägers an – im Rahmen des § 197 a Abs. 1 S. 1 SGG nach billigem Ermessen (vgl § 161 Abs. 2 S. 1 VwGO) über die Tragung der Verfahrenskosten, wobei der bisherige Sach- und Streitstand zu berücksichtigen ist.[37]   **21**

Grundsätzlich ist im Übrigen für die Festsetzung der Gerichtskosten im sozialgerichtlichen Verfahren nach § 197 a SGG nur der **Streitwert** zum Zeitpunkt der Entstehung von Gerichtskosten, dh zum Zeitpunkt der Einlegung des Rechtsbehelfs, entscheidend (vgl § 52 Abs. 1 GKG und Nr. 7110, 7111 KV). Spätere Absenkungen des Streitwerts im Verfahren sind für die Bestimmung der Gerichtskosten unerheblich; lediglich verfahrensrechtliche Entwicklungen (etwa bei Klagerücknahme, Anerkenntnis, Vergleich oder Erledigungserklärung) werden gerichtskostenrechtlich durch diese Reduzierungsmöglichkeiten etwa nach Nr. 7111 KV berücksichtigt.[38]   **22**

2. Keine Analogiefähigkeit der Gebührenermäßigung nach Nr. 4. Eine analoge Anwendung der Nr. 4 kommt nicht in Betracht, denn sie setzt eine – nicht vorhandene – planwidrige Unvollständigkeit des Gesetzes voraus,[39] die es erforderlich machen oder rechtfertigen könnte, die Ermäßigung entsprechend anzuwenden. Unvollständig ist das Gesetz (= die Gebührenermäßigung nach dem KV) nicht. Vielmehr soll nach dem Gesetzgeber bewusst nur in ausdrücklich genannten Fällen eine Ermäßigung eintreten.   **23**

Dass der Gesetzgeber das Problem erkannt hat, zeigt sich schon in der Gesetzesbegründung zum KostRMoG 2004.[40] Diese verweist zu Nr. 7111 KV auf Nr. 5111 KV.[41] Danach entspricht diese in ihrer Struktur und bzgl der Höhe Nr. 1211 KV.[42] Nach der Begründung des Gesetzesentwurfs zu Nr. 1211 KV[43] soll die entsprechende Ermäßigung nur erfolgen, wenn durch den Eintritt des Ermäßigungstatbestands das gesamte Verfahren erledigt wird. Nur dann entfällt der einer Abfassung eines Urteils vergleichbare richterliche Arbeitsaufwand bei der abschließenden Verfahrensentscheidung.   **24**

Die Ansicht, wonach es auf die fehlende Kostenentscheidung nach dem Wortlaut der Nr. 4 nur bei einer Erledigungserklärung nach § 197 a Abs. 1 S. 1 SGG ankomme, verkennt nicht nur den Wortlaut, sondern auch den Sinn der Vorschrift.[44] Die im zivilgerichtlichen Verfahren geltende frühere Nr. 1211 KV entsprach im Wesentlichen Nr. 1211 KV idF bis 30.6.2004 (= aF).[45] Dies unterstreicht zusätzlich den Sinn der Ermäßigungstatbestände, den richterlichen Arbeitsaufwand für die abschließende Verfahrensentscheidung einschließlich einer Kostenentscheidung zu vermeiden.[46]   **25**

31 LSG NRW 30.8.2000 – L 17 U 157/98, juris Rn 25 mwN. **32** BayLSG 28.4.2008 – L 9 AL 271/06. **33** *Leitherer*, in: Meyer-Ladewig/Keller/Leitherer, SGG, 10. Aufl. 2012, § 101 Rn 20. **34** BSG 27.11.1980 – 5 RKn 11/80, juris Rn 22 f mwN. **35** BSG 12.12.1979 – 1 RA 91/78, juris Rn 15, 17, 19 mwN. **36** LSG NRW 27.2.2006 – L 5 B 27/05 K. **37** LSG BW 20.10.2010 – L 5 KA 352/09. **38** LSG NRW 20.5.2008 – L 16 B 87/07 KR; ebenso ThürLSG 10.6.2009 – L 6 B 23/09 KR. **39** Vgl ThürLSG 13.4.2011 – L 6 SF 701/11 B; ebenso bereits BGH 13.7.1989 – III ZR 64/88, BGHZ 108, 268 ff. **40** BGBl. 2004 I 718. **41** BT-Drucks 15/1971, S. 173. **42** BT-Drucks 15/1971, S. 170. **43** BT-Drucks 15/1971, S. 159. **44** Ausdr. ThürLSG 13.4.2011 – L 6 SF 701/11 B. **45** Vgl dazu BT-Drucks 15/1971, S. 159. **46** ThürLSG 20.9.2011 – L 6 SF 701/11 B.

ständigkeit des LSG wurden in den neuen **Unterabschnitt 2** („Verfahren vor dem Landessozialgericht") eingestellt, die Regelungen für die **erstinstanzliche Zuständigkeit des BSG** in den neuen Unterabschnitt 3 („Verfahren vor dem Bundessozialgericht"). Als Nr. 7112 und 7113 KV betreffen sie die erstinstanzliche Zuständigkeit des LSG bzw die Nr. 7114 und 7115 KV die des BSG bei Entscheidungen über **Entschädigungsansprüche** wegen überlanger Gerichtsverfahren.

In den Gesetzgebungsmaterialien[4] ist entsprechend klargestellt, dass in Entschädigungsverfahren über **Ansprüche gegen ein Land** erstinstanzlich die jeweiligen **Landessozialgerichte** entscheiden. Dazu verwenden die Verfahrensordnungen der Gerichtsbarkeiten, für die das GVG nicht unmittelbar Anwendung findet, unterschiedliche Verweisungswege (für das SGG: Art. 7 Nr. 5 ÜberlVfRSchG). Für das sozialgerichtliche Verfahren gilt mithin § 202 S. 2 SGG. Danach hat die entsprechende Anwendung der Vorschriften des GVG zum Rechtsschutz bei überlangen Gerichtsverfahren nach Maßgabe des SGG zu erfolgen. Für die Entschädigungsverfahren gelten dabei die §§ 87 ff SGG, denn auch das LSG entscheidet hier auf Klage im ersten Rechtszug.[5] **3**

Für die Entschädigungsverfahren können bei den LSG gem. § 31 Abs. 1 S. 2 SGG, der insoweit durch Art. 7 Nr. 1 ÜberlVfRSchG ergänzt wurde, eigene Senate gebildet werden. Die Anforderungen an den Inhalt der Klage sind entsprechend § 92 SGG gering. Beim LSG können sich die Beteiligten noch selbst vertreten; es besteht – anders als beim BSG (§ 73 Abs. 4 SGG) – **kein Vertretungszwang**. Entsprechendes gilt für das Anbringen von **Verzögerungsrügen** im Ausgangsverfahren. Der Sachverhalt ist auch in den Klageverfahren vor dem LSG nach Maßgabe des § 103 SGG von Amts wegen zu erforschen. Es gibt auch die sog. **Untätigkeitsklage** (§ 88 SGG). Nach Erhebung einer zulässigen Untätigkeitsklage wird gerichtlich ermittelt, ob ein zureichender Grund dafür vorliegt, dass das Vorverfahren noch nicht abgeschlossen war. Kommt es in diesem Verfahrensabschnitt zu Verzögerungen, die dem Gericht zuzurechnen sind, so greift § 198 GVG in entsprechender Anwendung.[6] **4**

2. Kostenpflicht für Entschädigungsverfahren. In der Gesetzesbegründung[7] heißt es im Übrigen zu den Gebühren- und Kostenregelungen: „Auch in den Verfahren nach dem Sozialgerichtsgesetz (SGG) im Rahmen des Rechtsschutzes wegen überlanger Gerichtsverfahren sollen in jedem Fall die üblichen Gebühren erhoben werden. Daher soll in § 183 SGG eine Ausnahme vom Grundsatz der Kostenfreiheit vorgesehen werden. § 197 a Absatz 1 [SGG] soll entsprechend angepasst werden." Damit bestimmt das ÜberlVfRSchG infolge der Ergänzung des § 197 a SGG eine **allgemeine Kostenpflicht für Entschädigungsverfahren.** Somit spielt es keine Rolle, ob das gerügte Ausgangsverfahren gem. §§ 183, 197 SGG kostenfrei war (→ § 1 Rn 54 ff und § 53 Rn 85) oder nicht. Die Lit. hat dies als einen Bruch mit allgemeinen sozialgerichtlichen Grundsätzen kritisiert.[8] Auch in der Sachverständigenanhörung vor dem Rechtsausschuss des Bundestages am 23.3.2011 wurde diese unterschiedslose Kostenpflicht als systemwidrig angesehen, weil der Entschädigungsanspruch in engstem Zusammenhang mit dem Ausgangsverfahren steht.[9] **5**

3. Kostenvorschuss/Anhängigkeit. Kritisch wurde auch die Verweisung in § 12 a GKG auf § 12 Abs. 1 GKG betrachtet. Es war aus systematischen Gründen jedenfalls in der Sozialgerichtsbarkeit abzulehnen, dass die Bearbeitung der Klage erst nach Einzahlung des **Kostenvorschusses** erfolgt. Denn das SGG kennt die Unterscheidung zwischen Anhängigkeit und Rechtshängigkeit nicht und fordert für die Rechtshängigkeit auch keine Zustellung der Klage (§ 94 SGG). Als Rechtfertigung, eine rechtshängige Klage nicht zu bearbeiten, war im Einklang mit der überzeugenden und zutreffenden Lit. eine eindeutigere gesetzliche Grundlage erforderlich, als sie der Verweis in § 12 a GKG auf § 12 Abs. 1 GKG darstellt.[10] **6**

Dem trägt die nun am 7.7.2016 vom Bundestag verabschiedete Änderung u.a. zum Prozessrecht der Sozialgerichtsbarkeit Rechnung, wonach die **Rechtshängigkeit von Entschädigungsklagen wegen überlanger Verfahrensdauer** (§§ 198 ff GVG) erst mit Bezahlung der Gebühr eintreten soll. Dazu wurde § 94 SGG durch das „Gesetz zur Änderung des Sachverständigenrechts und zur weiteren Änderung des Gesetzes über das Verfahren in Familiensachen und in den Angelegenheiten der freiwilligen Gerichtsbarkeit sowie zur Änderung des Sozialgerichtsgesetzes, der Verwaltungsgerichtsordnung, der Finanzgerichtsordnung und des Gerichtskostengesetzes" um folgenden Satz ergänzt: „In Verfahren nach dem Siebzehnten Titel des Gerichtsverfassungsgesetzes wegen eines überlangen Gerichtsverfahrens wird die Streitsache erst mit Zustellung der Klage rechtshängig."[11] Zudem ist gleichlaufend damit in § 104 S. 1 SGG der Punkt am Ende durch ein Semikolon und die Wörter „in Verfahren nach dem Siebzehnten Titel des Gerichtsverfassungsgesetzes wegen eines überlangen Gerichtsverfahrens ist die Klage zuzustellen." ersetzt worden.[12]

---

4 BT-Drucks 17/3802 v. 17.11.2010, S. 16. **5** *Söhngen*, NZS 2012, 493. **6** BT-Drucks 17/3802 v. 17.11.2010, S. 29. **7** BT-Drucks 17/3802 v. 17.11.2010, S. 29 (zu Art. 6: Änderung des SGG). **8** *Söhngen*, NZS 2012, 493. **9** *Söhngen*, NZS 2012, 493, 497 mwN. **10** Zustimmung zu *Söhngen*, NZS 2012, 493, 498 mwN; vgl aber auch BSG 12.2.2015 – B 10 ÜG 8/14 B, juris. **11** BT-Drucks 18/9092, S. 6. **12** BT-Drucks 18/9092, S. 6.

Zur Bereinigung der Problematik wählte der Gesetzgeber damit den Weg, die Rechtshängigkeit von Entschädigungsklagen abweichend von sonstigen Klagen zu regeln. Dem kann der Vorwurf einer weiteren dogmatischen Zersplitterung des Prozessrechts kaum gemacht werden. Die Entschädigungsklagen nach §§ 198 ff GVG stellen nach Klagegegenstand und teilweise auch nach der prozessrechtlichen Ausgestaltung einen atypischen Fall im SGG dar. Im Gesetzgebungsverfahren war zunächst auch die Zuständigkeit der ordentlichen Gerichtsbarkeit vorgesehen.[13] Insofern ist die Angleichung der Regelung über die Rechtshängigkeit an die Zivilprozessordnung naheliegend. Die hier gefundene Lösung ist damit auch vorzugswürdig genüber anderen denkbaren Lösungen (alleinige Regelung im GKG; Erweiterung des § 102 Abs. 2 SGG).

Die Rechtshängigkeit erst mit Bezahlung der Gebühr anzunehmen hat Auswirkungen auf die allgemeinen Wirkungen der Rechtshängigkeit, also materiellrechtlich auf die Hemmung der Verjährung (§ 45 Abs. 2 SGB I iVm § 204 BGB) und die Prozesszinsen (§ 288 Abs. 1, § 291 S. 1 BGB analog[14]) sowie prozessual auf die Sperrwirkung für neue Klagen mit gleichem Streitgegenstand (§ 202 S. 1 SGG iVm § 17 Abs. 1 S. 2 GVG) und die perpetuatio fori (§ 202 S. 1 GVG iVm § 17 Abs. 1 S. 1 GVG). Dies erscheint aber konsequent und belastet den Entschädigungskläger nicht unangemessen.[15] Er kann die Wirkungen der Rechtshängigkeit zügig herbeiführen, wenn er die Gebühr bezahlt. Wird Prozesskostenhilfe bewilligt, ist die Zustellung nicht von der Zahlung der Gebühr abhängig (§ 14 Nr. 1 GKG). Die neue Hinweispflicht in § 12 a S. 2 (→ § 12 a Rn 7 ff) weist den Entschädigungskläger auf die gegenüber sonstigen Klagen in der Sozialgerichtsbarkeit abweichende Rechtslage zur Rechtshängigkeit hin. Der Gesetzgeber geht davon aus, dass durch diese Hinweise einem Kläger zudem deutlicher als bisher vor Augen geführt werde, dass mit der gerichtlichen Geltendmachung eines Entschädigungsanspruchs wegen überlanger Verfahrensdauer ein Kostenrisiko entstehe. Dies sei besonders für Entschädigungsklagen in der Sozialgerichtsbarkeit bedeutsam, da in sozialgerichtlichen Verfahren für den in § 183 SGG genannten Personenkreis grds. Gerichtskostenfreiheit bestehe.[16]

Mit der Änderung wurde nun für die Sozialgerichtsbarkeit in Bezug auf die Rechtshängigkeit von Entschädigungsklagen wegen eines überlangen Gerichtsverfahrens die gleiche Rechtslage geschaffen, wie sie in der Zivilgerichtsbarkeit besteht. Damit wird gewährleistet, dass die Gerichte der Sozialgerichtsbarkeit in Entschädigungsklagen wegen überlanger Gerichtsverfahren erst tätig werden müssen, wenn die Vorauszahlung nach den §§ 12 a und 12 Abs. 1 GKG erfolgt ist.[17]

II. Gebührentatbestände Nr. 7112, 7113 KV

7 Wegen der Strukturgleichheit der Nr. 7112, 7113 KV mit den Gebührentatbeständen in Verfahren wegen überlanger Gerichtsverfahren im Bereich der ordentlichen Gerichtsbarkeit – Nr. 1212, 1213 KV („Unterabschnitt 2: Verfahren vor dem Oberlandesgericht") bzw Nr. 1214, 1215 KV („Unterabschnitt 3: Verfahren vor dem Bundesgerichtshof") – kann auf die dortigen Erl. verwiesen werden.[18] In der Sozialgerichtsbarkeit gelten vor dem LSG die Nr. 7112 und 7113 KV (4,0/2,0) und vor dem BSG die Nr. 7114 und 7115 KV (5,0/3,0).[19] Im Hinblick auf die sozialgerichtlichen **Erledigungstatbestände** im Rahmen der Ermäßigung für Verfahren vor dem LSG nach **Nr. 7113 KV** wird im Einzelnen auf die Erl. zu Nr. 7111 Nr. 1–4 KV verwiesen (→ Nr. 7111 KV Rn 1–22).

III. Mediation und andere Verfahren der außergerichtlichen Konfliktbeilegung

8 Eine weitere Ermäßigungsmöglichkeit sieht § 69 b S. 1 GKG vor. Danach kann – **über die Ermäßigungstatbestände, hier entsprechend Nr. 7111 KV, hinaus** – in den Fällen der Mediation oder eines anderen Verfahrens der außergerichtlichen Konfliktbeilegung eine weitere Ermäßigung erfolgen bis hin zum Entfallen der Gebühr. Dazu gibt § 69 b GKG die Ermächtigungsgrundlage. Die Konkretisierung erfolgt in der praktischen Umsetzung durch **landesrechtliche Rechtsverordnungen.** Diese noch zu erlassenden Verordnungen bestimmen für ihren jeweiligen Geltungsbereich als untergesetzliche Landesjustizverwaltungsvorschriften die mögliche weitere Ermäßigung. Nach § 69 b S. 2 Hs 1 GKG gilt diese Ermäßigungsmöglichkeit entsprechend für die in den **Rechtsmittelzügen** von den Gerichten der Länder zu erhebenden Verfahrensgebühren, mithin hier für das Verfahren vor dem jeweiligen LSG. Dort ist weiter bestimmt, dass dann an die Stelle der Klage- oder Antragsschrift der Schriftsatz tritt, mit dem das Rechtsmittel eingelegt worden ist (§ 69 S. 2 Hs 2 GKG).

---

13 Vgl *Steinbeiß-Winkelmann/Ott*, Rechtsschutz bei überlangen Gerichtsverfahren, 2013, S. 140. **14** Vgl BSG 3.9.2014 – B 10 ÜG 12/13 R, SozR 4-1720 § 198 Nr. 4 Rn 61. **15** Ebenso Stellungnahme des Bundes Deutscher Sozialrichter (BDS) zum RefE des BMJV und des BMAS eines Gesetzes zur Änderung des Sozialgerichtsgesetzes, der Verwaltungsgerichtsordnung, der Finanzgerichtsordnung und des Gerichtskostengesetzes (Rechtshängigkeit bei Entschädigungsklagen nach §§ 198 ff GVG), Stellungnahme vom Juli 2015, 02/15-BDS, www.bunddeutschersozialrichter.de/download. **16** BT-Drucks 18/9092, S. 23. **17** RefE des BMJV und des BMAS, Stand 29.6.2015, B. Besonderer Teil, Zu Artikel 1 (Änderung des Sozialgerichtsgesetzes, S. 4), www.drb.de mit Stellungnahme vom August 2015 zum RefE zur Änderung des Sozialgerichtsgesetzes, der Verwaltungsgerichtsordnung, der Finanzgerichtsordnung und des Gerichtskostengesetzes); ebenso nun BT-Drucks 18/9092, S. 23. **18** BT-Drucks 17/3802 v. 17.11.2010, S. 10 f sowie Begr. S. 29. **19** *N. Schneider*, RVGreport 2012, 82 ff.

Unterabschnitt 3
Verfahren vor dem Bundessozialgericht

Nr.	Gebührentatbestand	Gebühr oder Satz der Gebühr nach § 34 GKG
7114	Verfahren im Allgemeinen	5,0

7115	Beendigung des gesamten Verfahrens durch
	1. Zurücknahme der Klage
	   a) vor dem Schluss der mündlichen Verhandlung oder,
	   b) wenn eine solche nicht stattfindet, vor Ablauf des Tages, an dem das Urteil oder der Gerichtsbescheid der Geschäftsstelle übermittelt wird,
	2. Anerkenntnisurteil,
	3. gerichtlichen Vergleich oder angenommenes Anerkenntnis oder
	4. Erledigungserklärungen nach § 197 a Abs. 1 Satz 1 SGG i.V.m. § 161 Abs. 2 VwGO, wenn keine Entscheidung über die Kosten ergeht oder die Entscheidung einer zuvor mitgeteilten Einigung der Beteiligten über die Kostentragung oder der Kostenübernahmeerklärung eines Beteiligten folgt,
	
	es sei denn, dass bereits ein Urteil oder ein Gerichtsbescheid vorausgegangen ist:
	
	Die Gebühr 7114 ermäßigt sich auf ....
		3,0

	Die Gebühr ermäßigt sich auch, wenn mehrere Ermäßigungstatbestände erfüllt sind.	

I. Rechtsschutz bei überlangen Gerichtsverfahren

Durch das Gesetz über den Rechtsschutz bei überlangen Gerichtsverfahren und strafrechtlichen Ermittlungsverfahren (ÜberlVfRSchG) vom 24.11.2011[1] wurden mWz 3.12.2011 die Gebührentatbestände Nr. 7114 und 7115 KV eingeführt. Zur damit einhergehenden Neustrukturierung von Teil 7 Hauptabschnitt 1 Abschnitt 1 KV → Nr. 7112–7113 KV Rn 1 f. **1**

In Entschädigungsverfahren über **Ansprüche gegen den Bund** entscheiden die betroffenen obersten Gerichtshöfe des Bundes, mithin in Sozialrechtssachen das **BSG**.[2] Dazu verwenden die Verfahrensordnungen der Gerichtsbarkeiten, für die das GVG nicht unmittelbar Anwendung findet, unterschiedliche Verweisungswege. Das ist für das SGG durch Art. 7 Nr. 5 ÜberlVfRSchG erfolgt. § 202 SGG regelt für das Verfahren eine allgemeine Verweisung auf das GVG. Da die Regelung zum Rechtsschutz bei überlangem Gerichtsverfahren über eine Verfahrensregelung hinausgeht und auch die Sozialgerichtsbarkeit umfassen soll, wurde § 202 SGG um den Satz 2 ergänzt, der auf die Regelung zum Rechtsschutz bei überlanger Verfahrensdauer im GVG verweist. Für die Entschädigungsverfahren gelten dabei die §§ 87 ff SGG, denn auch das BSG entscheidet als ein oberster Gerichtshof des Bundes auf Klage im ersten Rechtszug.[3] **2**

Für die Entschädigungsverfahren bei Klagen gegen den Bund besteht beim BSG **Vertretungszwang** (§ 73 Abs. 4 SGG). Entsprechendes gilt für das Anbringen von **Verzögerungsrügen** im Ausgangsverfahren. Der Sachverhalt ist auch im Klageverfahren vor dem BSG nach Maßgabe des § 103 SGG von Amts wegen zu erforschen. Es gibt auch die sog. **Untätigkeitsklage** nach § 88 SGG. Nach Erhebung einer zulässigen Untätigkeitsklage wird gerichtlich ermittelt, ob ein zureichender Grund dafür vorliegt, dass das Vorverfahren noch nicht abgeschlossen war. Kommt es in diesem Verfahrensabschnitt zu Verzögerungen, die dem Gericht zuzurechnen sind, so greift § 198 GVG in entsprechender Anwendung.[4] **3**

Eingeführt wurde auch eine **allgemeine Kostenpflicht für Entschädigungsverfahren** (→ Nr. 7112–7113 KV Rn 5). **4**

Darüber hinaus wurde § 12 a GKG eingefügt, der auf § 12 Abs. 1 GKG verweist. Somit findet die Vorschrift des § 12 Abs. 1 GKG über die **Abhängigmachung** von der vorherigen Kostenzahlung auch für die **5**

---

1 BGBl. 2011 I 2302.   **2** BT-Drucks 17/3802 v. 17.11.2010, S. 16.   **3** *Söhngen*, NZS 2012, 493.   **4** BT-Drucks 17/3802 v. 17.11.2010, S. 29.

Gerichte der Sozialgerichtsbarkeit Anwendung. Zur früheren Kritik und aktuellen Gesetzesänderung → Nr. 7112–7113 KV Rn 6 mwN.

II. Gebührentatbestände Nr. 7114, 7115 KV

6   Wegen der Strukturgleichheit der Nr. 7114, 7115 KV mit den neu eingefügten Gebührentatbestände in Verfahren wegen überlanger Gerichtsverfahren im Bereich der ordentlichen Gerichtsbarkeit – Nr. 1212, 1213 KV („Unterabschnitt 2: Verfahren vor dem Oberlandesgericht") bzw. Nr. 1214, 1215 KV („Unterabschnitt 3: Verfahren vor dem Bundesgerichtshof") – kann auf die dortigen Erl. verwiesen werden.[5] In der Sozialgerichtsbarkeit fallen vor dem BSG die Verfahrensgebühren nach Nr. 7130, 7131, 7132 KV (5,0/1,0/3,0) an.[6] Hinsichtlich der sozialgerichtlichen **Erledigungstatbestände** im Rahmen der Ermäßigung für Verfahren vor dem BSG nach **Nr. 7115 KV** wird im Einzelnen auf die Erl. zu Nr. 7111 Nr. 1–4 KV verwiesen (→ Nr. 7111 KV Rn 1–22).

Abschnitt 2
Berufung

Nr.	Gebührentatbestand	Gebühr oder Satz der Gebühr nach § 34 GKG
7120	Verfahren im Allgemeinen	4,0
7121	Beendigung des gesamten Verfahrens durch Zurücknahme der Berufung oder der Klage, bevor die Schrift zur Begründung der Berufung bei Gericht eingegangen ist und vor Ablauf des Tages, an dem die Verfügung mit der Bestimmung des Termins zur mündlichen Verhandlung der Geschäftsstelle übermittelt wird und vor Ablauf des Tages, an dem die den Beteiligten gesetzte Frist zur Äußerung abgelaufen ist (§ 153 Abs. 4 Satz 2 SGG): Die Gebühr 7120 ermäßigt sich auf .... <small>Erledigungserklärungen nach § 197 a Abs. 1 Satz 1 SGG i.V.m. § 161 Abs. 2 VwGO stehen der Zurücknahme gleich, wenn keine Entscheidung über die Kosten ergeht oder die Entscheidung einer zuvor mitgeteilten Einigung der Beteiligten über die Kostentragung oder der Kostenübernahmeerklärung eines Beteiligten folgt.</small>	1,0

7122	Beendigung des gesamten Verfahrens, wenn nicht Nummer 7121 erfüllt ist, durch
	1. Zurücknahme der Berufung oder der Klage
	  a) vor dem Schluss der mündlichen Verhandlung oder,
	  b) wenn eine solche nicht stattfindet, vor Ablauf des Tages, an dem das Urteil oder der Beschluss in der Hauptsache der Geschäftsstelle übermittelt wird,
	2. Anerkenntnisurteil,
	3. gerichtlichen Vergleich oder angenommenes Anerkenntnis oder
	4. Erledigungserklärungen nach § 197 a Abs. 1 Satz 1 SGG i.V.m. § 161 Abs. 2 VwGO, wenn keine Entscheidung über die Kosten ergeht oder die Entscheidung einer zuvor mitgeteilten Einigung der Beteiligten über die Kostentragung oder der Kostenübernahmeerklärung eines Beteiligten folgt,
	es sei denn, dass bereits ein Urteil oder ein Beschluss in der Hauptsache vorausgegangen ist:
	Die Gebühr 7120 ermäßigt sich auf ....
	<small>Die Gebühr ermäßigt sich auch, wenn mehrere Ermäßigungstatbestände erfüllt sind.</small>
		2,0

5 BT-Drucks 17/3802 v. 17.11.2010, S. 10 f sowie Begr. S. 29. **6** *N. Schneider*, RVGreport 2012, 82, 85.

Nr. 7121 KV: Die Zurücknahme der Berufung oder Klage kann auch im urteilsersetzenden Beschlussverfahren gem. § 153 Abs. 4 S. 1–3 SGG bis zum **Ablauf der Anhörungsfrist** der Beteiligten erfolgen.   1

Nr. 7122 Nr. 1 KV: Die **Zurücknahme der Berufung oder Klage** kann auch **nach Verkündung des Urteils,**   2 aber vor Schluss der mündlichen Verhandlung, sowie im urteilsersetzenden Beschlussverfahren gem. § 153 Abs. 4 S. 1–3 SGG und bei der Entscheidung ohne mündliche Verhandlung entsprechend § 124 Abs. 2 SGG bis zum Eingang der schriftlichen Entscheidung in der Hauptsache auf der Geschäftsstelle des LSG-Senats erfolgen. Hinsichtlich der sozialgerichtlichen **Erledigung durch Rücknahme** kann auf die Erl. zu Nr. 7111 Nr. 1 KV verwiesen werden (→ Nr. 7111 KV Rn 1–6).

Nr. 7122 Nr. 3 KV: Der schriftlich protokollierte **Vergleich** erledigt den Rechtsstreit im Umfang des Ver-   3 gleichsinhalts entsprechend § 101 Abs. 1 SGG auch im Berufungsrechtszug. Gleiches gilt gem. § 153 Abs. 1 SGG für das **angenommene Anerkenntnis** des geltend gemachten Anspruchs, das insoweit den Berufungsrechtsstreit in der Hauptsache entsprechend § 101 Abs. 2 SGG erledigt. Hinsichtlich der sozialgerichtlichen **Erledigung durch gerichtlichen Vergleich bzw angenommenes Anerkenntnis** wird im Einzelnen auf die Erl. zu Nr. 7111 Nr. 3, 1. Alt. bzw 2. Alt. KV verwiesen (→ Nr. 7111 KV Rn 11 ff bzw 18 ff).

Abschnitt 3
Revision

Nr.	Gebührentatbestand	Gebühr oder Satz der Gebühr nach § 34 GKG
7130	Verfahren im Allgemeinen	5,0
7131	Beendigung des gesamten Verfahrens durch Zurücknahme der Revision oder der Klage, bevor die Schrift zur Begründung der Revsision bei Gericht eingegangen ist: Die Gebühr 7130 ermäßigt sich auf .... Erledigungserklärungen nach § 197 a Abs. 1 Satz 1 SGG i.V.m. § 161 Abs. 2 VwGO stehen der Zurücknahme gleich, wenn keine Entscheidung über die Kosten ergeht oder die Entscheidung einer zuvor mitgeteilten Einigung der Beteiligten über die Kostentragung oder der Kostenübernahmeerklärung eines Beteiligten folgt.	1,0

7132	Beendigung des gesamten Verfahrens, wenn nicht Nummer 7131 erfüllt ist, durch
	1. Zurücknahme der Revision oder der Klage
	   a) vor dem Schluss der mündlichen Verhandlung oder,
	   b) wenn eine solche nicht stattfindet, vor Ablauf des Tages, an dem das Urteil oder der Beschluss in der Hauptsache der Geschäftsstelle übermittelt wird,
	2. Anerkenntnisurteil,
	3. gerichtlichen Vergleich oder angenommenes Anerkenntnis oder
	4. Erledigungserklärungen nach § 197 a Abs. 1 Satz 1 SGG i.V.m. § 161 Abs. 2 VwGO, wenn keine Entscheidung über die Kosten ergeht oder die Entscheidung einer zuvor mitgeteilten Einigung der Beteiligten über die Kostentragung oder der Kostenübernahmeerklärung eines Beteiligten folgt,
	wenn nicht bereits ein Urteil oder ein Beschluss in der Hauptsache vorausgegangen ist:
	
	Die Gebühr 7130 ermäßigt sich auf ....
	
	Die Gebühr ermäßigt sich auch, wenn mehrere Ermäßigungstatbestände erfüllt sind.
		3,0

Nr. 7131 KV: Die Revisionsrücknahme muss innerhalb der zweimonatigen Begründungsfrist erfolgen (vgl   1 § 164 Abs. 2 S. 1–3 SGG).

Nr. 7132 KV: Die Erledigungstatbestände bei der Revision entsprechen mangels anderslautender Regelung   2 gem. § 165 S. 1, 2 SGG iVm § 153 Abs. 1 SGG den anwendbaren Vorschriften zur Berufung; auf die Erl.

zum allgemeinen Klageverfahren nach dem SGG kann insofern verwiesen werden (→ Nr. 7111 KV Rn 1–22 mwN).

3 **Nr. 7132 Nr. 4 KV:** Dieser Ermäßigungstatbestand betreffend die **Erledigungserklärungen ohne Kostenent-scheidung** soll nach der Rspr des BSG in Revisionssachen ausdrücklich **nicht analogiefähig** sein für Verfahren, in denen das Gericht bei außergerichtlichem Vergleich zur Vermeidung der Kostenaufhebung nach § 195 SGG (§ 195 SGG betrifft lediglich den gerichtlichen Vergleich;[1] vgl auch Nr. 7111 Nr. 3 1. Alt. KV; → Nr. 7111 KV Rn 17) doch noch durch gesonderten Beschluss über die Kosten zu entscheiden hat.[2]

4 In der Begründung dafür stellt das BSG maßgebend darauf ab, dass derjenige, der eine Klage zurücknimmt, regelmäßig auch allein die Kosten zu tragen hat.[3] Die zwingende Regelung zur Kostenlast wegen Klagerücknahme (§ 197 a Abs. 1 S. 1 Hs 3 SGG iVm § 155 Abs. 2 VwGO) ist im Rahmen der entsprechenden Anwendung des § 197 a Abs. 1 SGG nicht durch einen außergerichtlichen Vergleich mit Wirkung für das Außenverhältnis zwischen Gericht und Beteiligten abänderbar. Weicht der Inhalt eines außergerichtlichen Vergleichs von dieser gesetzlichen Kostenfolge ab, bleibt es den Beteiligten im Innenverhältnis untereinander unbenommen, eine abweichende Kostenregelung zu treffen und umzusetzen.[4] Der gerichtliche Kostenausspruch bleibt indes hiervon unberührt. Dafür sprechen nicht nur der Wortlaut der Regelung, sondern auch Entstehungsgeschichte, Regelungsklarheit und das Regelungssystem.[5] Anderenfalls wäre eine kompliziertere Kostenverteilung vorzunehmen, die auch zwischen Gerichts- und außergerichtlichen Kosten zu unterscheiden hätte. Durch die Verbindung von Kostengrundentscheidung und Kostenfestsetzung bekämen die Beteiligten für den Inhalt des außergerichtlichen Vergleichs einen kostengünstigen Titel. Sie müssten hierfür geringere Gerichtsgebühren als beim gerichtlichen Vergleich entrichten (1,0 statt 3,0; s. Nr. 7131 KV gegenüber Nr. 7132 Nr. 3 KV), würden aber dennoch das Gericht mit der Auslegung und Anwendung des außergerichtlichen Vergleichs – eben im Rahmen der Kostengrundentscheidung – belasten.[6]

Hauptabschnitt 2
Vorläufiger Rechtsschutz

Nr.	Gebührentatbestand	Gebühr oder Satz der Gebühr nach § 34 GKG
Vorbemerkung 7.2: (1) Die Vorschriften dieses Hauptabschnitts gelten für einstweilige Anordnungen und für Verfahren nach § 86 b Abs. 1 SGG. (2) Im Verfahren über den Antrag auf Erlass und im Verfahren über den Antrag auf Aufhebung einer einstweiligen Anordnung werden die Gebühren jeweils gesondert erhoben. Mehrere Verfahren nach § 86 b Abs. 1 SGG gelten innerhalb eines Rechtszugs als ein Verfahren.		

Abschnitt 1
Erster Rechtszug

Nr.	Gebührentatbestand	Gebühr oder Satz der Gebühr nach § 34 GKG
7210	Verfahren im Allgemeinen	1,5

7211	Beendigung des gesamten Verfahrens durch
	1. Zurücknahme des Antrags
	   a) vor dem Schluss der mündlichen Verhandlung oder,
	   b) wenn eine solche nicht stattfindet, vor Ablauf des Tages, an dem der Beschluss (§ 86 b Abs. 4 SGG) der Geschäftsstelle übermittelt wird,	

1 BSG SozR 3-1500 § 193 Nr. 10; *Leitherer,* in: Meyer-Ladewig/Keller/Leitherer, SGG, 10. Aufl. 2012, § 195 Rn 4. **2** BSG 29.9.2011 – B 1 KR 1/11 R, juris Rn 5–8 mwN. **3** BSG 29.9.2011 – B 1 KR 1/11 R, juris Rn 5–8 mwN. **4** BSG 29.9.2011 – B 1 KR 1/11 R, juris Rn 5–8 mwN. **5** Vgl RegE 6. SGGÄndG, BT-Drucks 14/5943, S. 29 (Zu Nummer 68 [§ 197a]). **6** BSG 29.9.2011 – B 1 KR 1/11 R, juris Rn 8.

Nr.	Gebührentatbestand	Gebühr oder Satz der Gebühr nach § 34 GKG
	2. gerichtlichen Vergleich oder angenommenes Anerkenntnis oder 3. Erledigungserklärungen nach § 197 a Abs. 1 Satz 1 SGG i.V.m. § 161 Abs. 2 VwGO, wenn keine Entscheidung über die Kosten ergeht oder die Entscheidung einer zuvor mitgeteilten Einigung der Beteiligten über die Kostentragung oder der Kostenübernahmeerklärung eines Beteiligten folgt, es sei denn, dass bereits ein Beschluss (§ 86 b Abs. 4 SGG) vorausgegangen ist: Die Gebühr 7210 ermäßigt sich auf .... Die Gebühr ermäßigt sich auch, wenn mehrere Ermäßigungstatbestände erfüllt sind.	0,5

Die Gebühren Nr. 7210, 7211 KV gelten für **einstweilige Anordnungen nach § 86 b Abs. 2 SGG** und in den **Verfahren nach § 86 b Abs. 1 SGG**. Sie sind anzuwenden seit dem 6. SGG-Änderungsgesetz vom 17.8.2001[1] und konkretisieren für die SGG-Gerichtskosten die Anwendung u.a. durch Verweisungen auf den vorher gehenden Regelungsgehalt des Teils 7 KV.[2] Im Verfahren über den Antrag auf Erlass und im Verfahren über den Antrag auf Aufhebung einer einstweiligen Anordnung werden die Gebühren jeweils gesondert erhoben (Vorbem. 7.2 Abs. 2 S. 1 KV). Das SG wird allerdings regelmäßig auch in der Sache über den Antrag auf einstweiligen Rechtsschutz entscheiden müssen. Die bloße Rechtswegverweisung in einem Verfahren des einstweiligen Rechtsschutzes wäre zur Vermeidung erheblicher Wertungswidersprüche zum sonstigen Gebührenrecht nicht ausreichend.[3] In dem Fall sprechen Systematik und Regelungszusammenhang des Teils 7 KV eher für eine allgemeine Verfahrensgebühr (1,0) als für den Ansatz der Gebühr nach dieser Nr. 7210 KV (1,5).   **1**

Schon begrifflich-prozessual überhaupt **kein Verfahren des einstweiligen Rechtsschutzes iSv § 86 b SGG** ist ein Antrag der Beitragseinzugsstelle (Krankenkasse) auf **richterliche Anordnung** einer **Durchsuchung in Geschäftsräumen des Arbeitgebers bei Beitragsstreitigkeiten** nach dem SGB IV.[4] Funktionell ist für die Überprüfung derartiger Zwangsmaßnahmen nämlich die ordentliche Gerichtsbarkeit zuständig, instanziell das Landgericht.[5]   **2**

Mehrere Verfahren nach § 86 b Abs. 1 SGG gelten innerhalb eines Rechtszugs als ein Verfahren. Die Verfahrensgebühr im ersten Rechtszug beträgt 1,5 und ermäßigt sich auf 0,5, wenn das gesamte Verfahren durch die nichtstreitigen Erledigungstatbestände (Rücknahme, Anerkenntnis[-annahme], Vergleich) beendet wird. Hinsichtlich dieser sozialgerichtlichen Erledigungstatbestände im Rahmen der Ermäßigung für Verfahren vor dem SG nach Nr. 7111 Nr. 1–4 KV wird auf die dortigen Erl. verwiesen (→ Nr. 7111 KV Rn 1–22 mwN).   **3**

Abschnitt 2
Beschwerde

Nr.	Gebührentatbestand	Gebühr oder Satz der Gebühr nach § 34 GKG
Vorbemerkung 7.2.2: Die Vorschriften dieses Abschnitts gelten für Beschwerden gegen Beschlüsse des Sozialgerichts nach § 86 b SGG.		
7220	Verfahren über die Beschwerde	2,0
7221	Beendigung des gesamten Verfahrens durch Zurücknahme der Beschwerde: Die Gebühr 7220 ermäßigt sich auf	1,0

1 BGBl. 2001 I 2144.   **2** Dazu auch *Hellstab*, AGS 2002, 80 f mwN.   **3** Vgl dazu auch LSG BW 13.5.2011 – L 12 KO 1793/11, juris Rn 8.   **4** LSG RhPf 26.11.2007 – L 5 B 403/07 KR, juris Rn 10.   **5** So ausdr. LSG BW 13.5.2011 – L 12 KO 1793/11, juris Rn 2, 8.

1 **Nr. 7220 KV:** Die Verfahrensgebühr im Beschwerdeverfahren beträgt 2,0. Nr. 7220 KV sieht zwar für Verfahren über die Beschwerde gegen Beschlüsse des SG den Ansatz von zwei streitwertabhängigen Gebühren vor. Soweit jedoch das SG nicht in der Sache über den Antrag entscheidet, sondern zB den Rechtsweg zu den Gerichten der Sozialgerichtsbarkeit für unzulässig erklärt und den Rechtsstreit an das sachlich zuständige Zivilgericht verweist, greift statt Nr. 7220 KV im Falle der dagegen eingelegten Rechtswegbeschwerde die Nr. 7504 KV ein, die im Falle der Verwerfung oder Zurückweisung einer Beschwerde in einem Verfahren über nicht besonders aufgeführte Beschwerden, die nicht nach anderen Vorschriften gebührenfrei sind, eine Gebühr von 50 € bestimmt.[1] Würde in einem solchen Fall der **Beschwerde gegen eine Rechtswegverweisung** Nr. 7220 KV angewendet, wenn ein Beschlussverfahren zugrunde liegt, hätte dies zur Folge, dass die Rechtswegbeschwerde in Hauptsacheverfahren mit 50 € idR – abhängig vom Streitwert – deutlich günstiger wäre als eine entsprechende Beschwerde in einem anderen Verfahren.[2] Dies wäre ein erheblicher Wertungswiderspruch zum sonstigen Gebührenrecht.[3]

2 **Nr. 7221 KV:** Die Verfahrensgebühr Nr. 7220 KV ermäßigt sich nach Nr. 7221 KV auf 1,0, wenn das gesamte Verfahren durch die **Zurücknahme der Beschwerde** beendet wird. Begrifflich wird für die Rücknahme auf die Erl. zur Ermäßigung für Verfahren vor dem SG nach Nr. 7111 Nr. 1 KV verwiesen (→ Nr. 7111 KV Rn 1–6 mwN).

Hauptabschnitt 3
Beweissicherungsverfahren

Nr.	Gebührentatbestand	Gebühr oder Satz der Gebühr nach § 34 GKG
7300	Verfahren im Allgemeinen	1,0

1 Das selbstständige Beweissicherungsverfahren (§ 76 SGG) richtet sich im Ablauf nach den §§ 487, 490–494 ZPO analog (§ 76 Abs. 3 SGG). Praktisch ist es angesichts des umfassenden Amtsermittlungsgrundsatzes nach §§ 103, 106 SGG kaum bedeutsam und eine Verfahrensgebühr danach eher selten festzusetzen.

Hauptabschnitt 4
Rüge wegen Verletzung des Anspruchs auf rechtliches Gehör

Nr.	Gebührentatbestand	Gebühr oder Satz der Gebühr nach § 34 GKG
7400	Verfahren über die Rüge wegen Verletzung des Anspruchs auf rechtliches Gehör (§ 178 a SGG): Die Rüge wird in vollem Umfang verworfen oder zurückgewiesen	60,00 €

1 Die Anhörungsrüge (§ 178 a SGG) war in diesem Gebührenfall nach § 178 a Abs. 4 S. 1 bzw S. 2 SGG erfolglos wegen Unzulässigkeit („verworfen") bzw Unbegründetheit („zurückgewiesen"). Im Übrigen ist nach der Rspr angesichts dieser Regelung in Nr. 7400 KV die gesonderte Festsetzung eines Streitwerts für ein Verfahren der Anhörungsrüge gem. § 178 a SGG generell entbehrlich, da die Gerichtsgebühr aufgrund der Verwerfung bzw Zurückweisung der Anhörungsrüge pauschal, dh eben auch streitwertunabhängig, 60 € beträgt.[1]

---

1 LSG BW 13.5.2011 – L 12 KO 1793/11, juris Rn 8. **2** LSG BW 13.5.2011 – L 12 KO 1793/11, juris Rn 8. **3** LSG BW 13.5.2011 – L 12 KO 1793/11, juris Rn 8. **1** Vgl LSG Nds-Brem 14.2.2012 – L 11 SF 4/12 B RG (AS); LSG NRW 14.10.2011 – L 8 R 733/11 B ER RG, juris Rn 12.

Hauptabschnitt 5
Sonstige Beschwerden

Nr.	Gebührentatbestand	Gebühr oder Satz der Gebühr nach § 34 GKG
7500	Verfahren über die Beschwerde gegen die Nichtzulassung der Berufung: Soweit die Beschwerde verworfen oder zurückgewiesen wird	1,5
7501	Verfahren über die Beschwerde gegen die Nichtzulassung der Berufung: Soweit die Beschwerde zurückgenommen oder das Verfahren durch anderweitige Erledigung beendet wird .... Die Gebühr entsteht nicht, soweit die Berufung zugelassen wird.	0,75
7502	Verfahren über die Beschwerde gegen die Nichtzulassung der Revision: Soweit die Beschwerde verworfen oder zurückgewiesen wird	2,0
7503	Verfahren über die Beschwerde gegen die Nichtzulassung der Revision: Soweit die Beschwerde zurückgenommen oder das Verfahren durch anderweitige Erledigung beendet wird .... Die Gebühr entsteht nicht, soweit die Revision zugelassen wird.	1,0

Diese Gebührentatbestände betreffen **Beschwerdeverfahren** nach § 145 SGG bzw § 160 a SGG gegen die **Nichtzulassung der Berufung bzw der Revision** beim LSG bzw BSG. Eine Verfahrensgebühr (Berufungsinstanz Nr. 7500 KV: 1,5; Revisionsinstanz Nr. 7502 KV: 2,0) fällt an, wenn die Beschwerde gegen die Nichtzulassung der Berufung oder der Revision **verworfen** oder **zurückgewiesen** wird. **1**

Die jeweilige Verfahrensgebühr **ermäßigt** sich bei **Zurücknahme** der Nichtzulassungsbeschwerde oder Beendigung des Verfahrens durch **anderweitige Erledigung** jeweils um die Hälfte (Berufungsinstanz Nr. 7501 KV: 0,75; Revisionsinstanz Nr. 7503 KV: 1,0). **2**

Bei der **Zulassung des Rechtsmittels** entsteht **keine Verfahrensgebühr**. Diese ist nach allgemeinen Rechtsgrundsätzen insofern als durch die Verfahrensgebühr für das durch Zulassung eröffnete Verfahren (Berufung bzw Revision) mit abgegolten anzusehen. Eine besondere gesetzliche Kostenregelung dazu ist namentlich im GKG bzw in Teil 7 KV für die Sozialgerichtsbarkeit zwar nicht vorgesehen. Dafür spricht aber die rechtstechnisch vergleichbare Konstellation etwa im arbeitsgerichtlichen Verfahren bei der Anrechnungsregel der Nr. 3506 VV RVG.[1] Es erscheint – wie sich das exemplarisch eben im arbeitsgerichtlichen Verfahren bei der Anrechnungsregel der Nr. 3506 VV RVG für die Anrechnung von Rechtsanwaltsgebühren aus dem Nichtzulassungsverfahren auf das nachfolgende Rechtsmittelverfahren zeigt[2] – geboten, hier in **analoger** Anwendung ebenfalls zu einer **Anrechnung** der im Nichtzulassungsbeschwerdeverfahren anzunehmenden GKG-Verfahrensgebühr auf die Verfahrensgebühr des nachfolgenden Rechtsmittelverfahren zu kommen. **3**

Im Übrigen gilt bei der **Zurückverweisung vom BSG zum LSG** (Entscheidung nach § 160 a Abs. 5 SGG), für die das GKG keine Reglung enthält, die Erhebung gar keiner Gebühr bei einer Entscheidung nach § 160 a Abs. 5 SGG angezeigt.[3] Eine analoge Anwendung anderer Kostenvorschriften zulasten der Beteiligten scheidet nach zutreffender Literaturansicht insoweit jedenfalls aus.[4] **4**

Nr.	Gebührentatbestand	Gebühr oder Satz der Gebühr nach § 34 GKG
7504	Verfahren über nicht besonders aufgeführte Beschwerden, die nicht nach anderen Vorschriften gebührenfrei sind: Die Beschwerde wird verworfen oder zurückgewiesen	60,00 €

---

1 HessLAG 14.12.2007 – 13 Ta 412/07, juris Rn 13. 2 HessLAG 14.12.2007 – 13 Ta 412/07, juris Rn 13. 3 Vgl Jansen/*Straßfeld*, SGG, 4. Aufl. 2012, § 197 a Rn 42 mwN. 4 S. Jansen/*Straßfeld*, SGG, 4. Aufl. 2012, § 197 a Rn 42 mwN.

Nr.	Gebührentatbestand	Gebühr oder Satz der Gebühr nach § 34 GKG
	Wird die Beschwerde nur teilweise verworfen oder zurückgewiesen, kann das Gericht die Gebühr nach billigem Ermessen auf die Hälfte ermäßigen oder bestimmen, dass eine Gebühr nicht zu erheben ist.	

1 Für **Beschwerden**, die **nicht besonders aufgeführt** sind, gilt § 172 SGG, wonach eine Vielzahl von Entscheidungen kraft Gesetzes unanfechtbar sind (§ 172 Abs. 2, 3 SGG). Nach Nr. 7504 KV fallen pauschale Gerichtsgebühren iHv 60 € an, wenn eine Beschwerde, die nicht anderweitig gebührenfrei ist, **verworfen** oder **zurückgewiesen** wird. Begrifflich war die Beschwerde dann erfolglos wegen Unzulässigkeit („verworfen") bzw Unbegründetheit („zurückgewiesen").

2 Eine **Gebührenbefreiung** für eine **Rechtswegbeschwerde** ist hingegen danach weder dem GKG noch anderen Gesetzen zu entnehmen. Damit sind für das Beschwerdeverfahren Gerichtsgebühren in der gesetzlichen Höhe zu erstatten. Die Kosten sind nach Nr. 7504 KV begrenzt, weil für das Verfahren der Rechtswegbeschwerde keine sonstige Gebührenziffer einschlägig ist (wie etwa bei Nichtzulassungsbeschwerden oder Beschwerden im einstweiligen Rechtsschutz).[1] In diesem Fall ist keine Streitwertfestsetzung erforderlich.[2]

3 Anderes gilt jedoch, wenn der Beschwerdeführer **anwaltlich vertreten** war. Für die Bemessung der RVG-Gebühren ist dann auch in aussichtslosen sonstigen Beschwerden, in denen keine streitwertabhängigen Gebühren entstanden sind, ein Beschluss über den Streitwert zu treffen.[3] Dies folgert diese Rspr dann aus einer entsprechenden Anwendung von § 197 a SGG iVm § 63 Abs. 3 GKG.

4 Bei sonstigen Beschwerden gilt im Umkehrschluss zu Nr. 7504 KV, wonach die Gerichtsgebühr bei erfolgloser Beschwerde pauschal 60 €, bei teilweiser Erfolglosigkeit ggf weniger beträgt, schließlich noch, dass Gerichtskosten im Falle eines **vollen Erfolgs der Beschwerde** ausgeschlossen sind; in diesen Fällen ist auch eine Entscheidung über die Gerichtskosten entbehrlich.[4]

Hauptabschnitt 6
Besondere Gebühren

Nr.	Gebührentatbestand	Gebühr oder Satz der Gebühr nach § 34 GKG
7600	Abschluss eines gerichtlichen Vergleichs: Soweit ein Vergleich über nicht gerichtlich anhängige Gegenstände geschlossen wird .... Die Gebühr entsteht nicht im Verfahren über die Prozesskostenhilfe. Im Verhältnis zur Gebühr für das Verfahren im Allgemeinen ist § 36 Abs. 3 GKG entsprechend anzuwenden.	0,25

1 Der Vergleich der Gebühr Nr. 7600 KV umfasst neben dem eigentlichen Rechtsstreit weitere, **nicht zugleich anhängig** gewesene Vergleichsinhalte. Nr. 7600 KV ist durch das 2. KostRMoG[1] neu gefasst worden. Zum einen hat der Gebührentatbestand die jetzige Formulierung erhalten, zum anderen ist die Anmerkung um den Satz 2 ergänzt worden. In den Gesetzesmaterialen[2] zur Neufassung der Nr. 7600 KV wird klargestellt, dass die Regelung an die – ebenfalls – neue Regelung in Nr. 17005 KV GNotKG angepasst werden soll. Dazu verweisen die Gesetzesmaterialien auf die Begründung zu Nr. 17005 KV GNotKG, die wie folgt lautet:[3] „Die vorgeschlagene Regelung entspricht im Wesentlichen den Regelungen in den Nummern 1900, 5600 und 7600 KV GKG sowie Nummer 1500 KV FamGKG. Durch die geänderte Formulierung des Gebührentatbestands soll klargestellt werden, dass die Gebühr insoweit entstehen soll, wie der Gegenstand auch nicht in einem anderen Verfahren anhängig ist. Damit ist ausgeschlossen, dass der gemeinsame Ver-

1 LSG NRW 1.10.2008 – L 16 B 8/08 SF, juris Rn 15 mwN. **2** Jansen/*Straßfeld*, SGG, 4. Aufl. 2012, § 197 a Rn 42; ebenso LSG NRW 1.10.2008 – L 16 B 8/08 SF, juris Rn 16. **3** Vgl LSG NRW 27.1.2009 – L 16 B 24/08 R. **4** Vgl BFH 10.1.1986 – IX B 5/85; ebenso LSG LSA 16.1.2012 – L 5 AS 228/11 B, juris Rn 13. **1** BGBl. 2013 I 2586. **2** BT-Drucks 17/11471 (neu), S. 249 (Zu Nummer 94). **3** BT-Drucks 17/11471 (neu), S. 249 iVm S. 216.

gleich teurer ist als einzeln abgeschlossene Vergleiche. Die **Mehrvergleichsgebühr**[4] soll lediglich die entgangene Verfahrensgebühr abgelten."

Im Zuge des 2. KostRMoG[5] wurde der **Satz 2 der Anmerkung** eingefügt zu der Frage, ob § 36 Abs. 3 GKG **2** im Verhältnis zur Gebühr für das Verfahren im Allgemeinen entsprechend anzuwenden ist.[6] In den Gesetzesmaterialien heißt es hierzu wörtlich (bezogen auf § 56 Abs. 3 GNotKG-E): „Das OLG Köln hat mit Beschluss vom 22. April 2010 (AGS 2010, 337) die Anwendbarkeit der entsprechenden Vorschrift für das GKG (§ 36 Absatz 3) bejaht. Danach ist bei einem **Mehrvergleich die hierfür anfallende Gebühr wie ein Teil der Verfahrensgebühr**[7] zu behandeln mit der Folge, dass die Summe aus der Gebühr für das Verfahren im Allgemeinen für die anhängigen Teile und der Vergleichsgebühr für die nichtanhängigen Teile des Vergleichs eine Verfahrensgebühr aus der Summe der Wertteile nicht überschreiten darf."[8] Mithin ist mit dem gesetzgeberischen Willen – als einem originären Auslegungsmaßstab, wonach das Maximum der legislativen Regelungsabsicht in der Rechtsanwendung aufrechtzuerhalten ist[9] – diese Auslegung als sachgerecht anzusehen. Sie wurde nun durch das 2. KostRMoG ausdrücklich im Gesetzeswortlaut umgesetzt.[10]

Nr.	Gebührentatbestand	Gebühr oder Satz der Gebühr nach § 34 GKG
7601	Auferlegung einer Gebühr nach § 38 GKG wegen Verzögerung des Rechtsstreits	wie vom Gericht bestimmt

Ein vom Gericht selbst zu bestimmender Gebührenrahmen ist in den Fällen der Verzögerung des Rechts- **1** streits durch die Gebühr Nr. 7601 KV bestimmt. Tatbestandlich ist dies eine besondere Gebühr – § 38 GKG (s. ausf. dort) – wegen **verschuldeter Verzögerung des Rechtsstreits.**[1] Hier bestehen erkennbar Parallelen zu den sozialrechtlichen Verschuldenskosten nach § 192 SGG in der mWv 2.1.2002 geltenden Fassung des 6. SGG-Änderungsgesetzes.[2] Auch nach der Rspr orientiert sich die seit dem 2.1.2002 geltende Fassung des § 192 SGG nun eher an § 38 GKG und § 34 BVerfGG.[3]

Zu § 192 SGG ist festzuhalten, dass es nicht um einen Teil der Kostenentscheidung, sondern dem Wesen **2** nach um die Auferlegung einer Gebühr geht; jedenfalls geht es nicht um die Verteilung der angefallenen Kosten zwischen den Beteiligten (außergerichtliche Kosten oder evtl. Gerichtskosten), sondern um eine Sanktion für die unnötige Verursachung von gerichtlichem Aufwand für den Staat; es geht auch nicht um Mehrkosten, die dem Gegner durch die Verzögerung entstanden sind.

Zu § 192 SGG wird außerdem vertreten, dass die Entscheidung immer dann zweckmäßigerweise durch Be- **3** schluss erfolgt, wenn die mündliche Verhandlung nicht durch Urteil endet, unabhängig davon, ob die Hauptsache ebenfalls schon beendet ist.[4] In der Zivilgerichtsbarkeit wird die Entscheidung für die Auferlegung einer besonderen Gebühr wegen verschuldeter Verzögerung des Rechtsstreits ebenfalls vor dem formellen Ende des Verfahrens getroffen (vgl § 38 GKG), wenn denn die Voraussetzungen dafür vorliegen (s. dazu die Erl. zu § 38 GKG).[5]

---

4 Hervorhebung durch den Verf. **5** BGBl. 2013 I 2586. **6** BT-Drucks 17/11471 (neu), S. 249 iVm S. 216. **7** Hervorhebung durch den Verf. **8** BT-Drucks 17/11471 (neu), S. 249 iVm S. 216. **9** Vgl bereits BVerfG 11.6.1958 – 1 BvL 149/52, juris Rn 21 mwN. **10** Vgl BT-Drucks 17/11471 (neu), S. 249 iVm S. 216. **1** BT-Drucks 14/5943 zu Nr. 65. **2** Gesetz v. 17.8.2001 (BGBl. I 2144). **3** SächsLSG 7.4.2010 – L 6 U 42/07, juris Rn 12 f. **4** SächsLSG 7.4.2010 – L 6 U 42/07, juris Rn 12 f. **5** OLG München 17.7.2000 – 11 W 2003/00, FamRZ 2001, 433.

Teil 8
Verfahren vor den Gerichten der Arbeitsgerichtsbarkeit

Vorbemerkung zu Nr. 8100 ff KV

1   Teil 8 KV handelt vom Verfahren vor den Gerichten der Arbeitsgerichtsbarkeit. **Kosten** sind Gebühren und Auslagen (§ 1 Abs. 1 S. 1 aE). Teil 8 KV enthält die **Gebühren**vorschriften für das **Verfahren vor den Gerichten der Arbeitsgerichtsbarkeit.** Dies sind die Arbeits- und Landesarbeitsgerichte sowie das Bundesarbeitsgericht (§ 1 ArbGG). Die Erhebung von **Auslagen** bestimmt sich nach Nr. 9000 ff KV.

2   Keine Kostenvorschriften finden sich für **Beschlussverfahren,** da in diesen Verfahren Kosten nicht erhoben werden (vgl § 2 Abs. 2). Gebühren der **Zwangsvollstreckung** werden, auch soweit das Arbeitsgericht Vollstreckungsorgan ist, nach Teil 2 KV erhoben.[1]

3   Hauptunterschied von Teil 8 KV zum Verfahren vor den Amts- oder Landgerichten sind die niedrigeren Gebührensätze und die Kostenfreiheit des gerichtlichen Vergleichs.

Nr.	Gebührentatbestand	Gebühr oder Satz der Gebühr nach § 34 GKG
Vorbemerkung 8: Bei Beendigung des Verfahrens durch einen gerichtlichen Vergleich entfällt die in dem betreffenden Rechtszug angefallene Gebühr; im ersten Rechtszug entfällt auch die Gebühr für das Verfahren über den Antrag auf Erlass eines Vollstreckungsbescheids oder eines Europäischen Zahlungsbefehls. Dies gilt nicht, wenn der Vergleich nur einen Teil des Streitgegenstands betrifft (Teilvergleich).		

1   **Vorbem. 8 KV** enthält eine **kostenrechtliche Privilegierung des gerichtlichen Vergleichs in allen Instanzen.** Erledigt ein gerichtlicher Vergleich das gesamte Verfahren, so entfällt die in dem betreffenden Rechtszug anfallende Gebühr gänzlich (**S. 1 Hs 1**).

2   Im ersten Rechtszug entfällt dabei zugleich eine evtl angefallene Gebühr für das Verfahren über den Antrag auf Erlass eines Vollstreckungsbescheids oder eines Europäischen Zahlungsbefehls (**S. 1 Hs 2**).

3   Bei einem Vergleichsabschluss nach Zurückverweisung entfallen die Gebühren nur für das zweite Verfahren vor dem Landesarbeitsgericht; die im ersten Verfahren entstandenen Gebühren bleiben unberührt.[1]

4   Voraussetzung für die kostenrechtliche Privilegierung ist ein **gerichtlicher Vergleich.** Dies sind die Fälle des § 794 Abs. 1 Nr. 1 ZPO und des § 278 Abs. 6 ZPO.[2] Ein außergerichtlicher Vergleich genügt nach dem klaren Wortlaut nicht.[3] Da die kostenrechtliche Privilegierung nur der Tatsache der prozessbeendenden Wirkung geschuldet ist, ist nicht erforderlich, dass es sich um ein gegenseitiges Nachgeben handelte, das dem „Vergleich" zugrunde lag.[4] Selbst nach Erlass eines Urteils greift die Gebührenbefreiung, wenn ein Vergleich noch vor dessen Rechtskraft bzw Rechtsmitteleinlegung nach § 278 Abs. 6 ZPO festgestellt wird.[5]

5   Der Vergleich muss das **gesamte** Verfahren erledigen, ein **Teilvergleich** genügt nicht (**S. 2**).[6] Erforderlich ist damit auch eine Einigung über die Kosten. Diese muss gem. § 98 ZPO nicht ausdrücklich erfolgen. Allerdings darf die Kostenentscheidung nicht in das Ermessen des Gerichts gestellt werden.[7]

6   Streiten die Parteien – etwa nach Anfechtung oder wegen behaupteter Nichtigkeit – über die Wirksamkeit eines Prozessvergleichs, entfällt die kostenrechtliche Privilegierung der Vorbem. 8 KV, da das Verfahren in diesem Fall durch Urteil endet, unabhängig davon, ob die Wirksamkeit des geschlossenen Vergleichs bejaht oder verneint wird.[8]

---

1 LAG BW 30.5.2012 – 5 Ta 33/12, juris. **1** ErfK/*Koch*, 13. Aufl. 2013, ArbGG § 12 Rn 6. **2** HessLAG 31.8.2011 – 13 Ta 350/11, juris. **3** Germelmann u.a./*Germelmann*, ArbGG, 8. Aufl. 2013, § 12 Rn 22, 31; Natter/Gross/*Pfitzer*, ArbGG, 2010, § 12 Rn 11. **4** Natter/Gross/*Pfitzer/Augenschein*, ArbGG, 2. Aufl. 2013, § 12 Rn 17; aA Germelmann u.a./*Germelmann*, ArbGG, 8. Aufl. 2013, § 12 Rn 24. **5** LAG Hamm NZA-RR 2011, 272; aA HessLAG 31.8.2011 – 13 Ta 350/11, juris. **6** BAG NZA 2008, 783. **7** BAG NZA 2008, 783. **8** Natter/Gross/*Pfitzer/Augenschein*, ArbGG, 2. Aufl. 2013, § 12 Rn 12.

Hauptabschnitt 1
Mahnverfahren

Nr.	Gebührentatbestand	Gebühr oder Satz der Gebühr nach § 34 GKG
8100	Verfahren über den Antrag auf Erlass eines Vollstreckungsbescheids oder eines Europäischen Zahlungsbefehls .... Die Gebühr entfällt bei Zurücknahme des Antrags auf Erlass des Vollstreckungsbescheids. Sie entfällt auch nach Übergang in das streitige Verfahren, wenn dieses ohne streitige Verhandlung endet; dies gilt nicht, wenn ein Versäumnisurteil ergeht. Bei Erledigungserklärungen nach § 91a ZPO entfällt die Gebühr, wenn keine Entscheidung über die Kosten ergeht oder die Kostenentscheidung einer zuvor mitgeteilten Einigung der Parteien über die Kostentragung oder der Kostenübernahmeerklärung einer Partei folgt.	0,4 – mindestens 26,00 €

Teil 8 Hauptabschnitt 1 KV behandelt das **Mahnverfahren**. Nr. 8100 KV regelt die Gebühren im Mahnver-   1
fahren. Der Antrag auf Erlass eines Mahnbescheids ist gebührenfrei. Der Antrag auf Erlass eines Vollstreckungsbescheids (oder eines Europäischen Zahlungsbefehls) wird mit einem Gebührensatz von 0,4 bewertet. Die Mindestgebühr beträgt 26 €.

Hauptabschnitt 2
Urteilsverfahren

Abschnitt 1
Erster Rechtszug

Nr.	Gebührentatbestand	Gebühr oder Satz der Gebühr nach § 34 GKG
8210	Verfahren im Allgemeinen .... (1) Soweit wegen desselben Anspruchs ein Mahnverfahren vorausgegangen ist, entsteht die Gebühr nach Erhebung des Widerspruchs, wenn ein Antrag auf Durchführung der mündlichen Verhandlung gestellt wird, oder mit der Einlegung des Einspruchs; in diesem Fall wird eine Gebühr 8100 nach dem Wert des Streitgegenstands angerechnet, der in das Prozessverfahren übergegangen ist, sofern im Mahnverfahren der Antrag auf Erlass des Vollstreckungsbescheids gestellt wurde. Satz 1 gilt entsprechend, wenn wegen desselben Streitgegenstands ein Europäisches Mahnverfahren vorausgegangen ist. (2) Die Gebühr entfällt bei Beendigung des gesamten Verfahrens ohne streitige Verhandlung, wenn kein Versäumnisurteil ergeht. Bei Erledigungserklärungen nach § 91a ZPO entfällt die Gebühr, wenn keine Entscheidung über die Kosten ergeht oder die Kostenentscheidung einer zuvor mitgeteilten Einigung der Parteien über die Kostentragung oder der Kostenübernahmeerklärung einer Partei folgt.	2,0
8211	Beendigung des gesamten Verfahrens nach streitiger Verhandlung durch 1. Zurücknahme der Klage vor dem Schluss der mündlichen Verhandlung, wenn keine Entscheidung nach § 269 Abs. 3 Satz 3 ZPO über die Kosten ergeht oder die Entscheidung einer zuvor mitgeteilten Einigung der Parteien über die Kostentragung oder der Kostenübernahmeerklärung einer Partei folgt, 2. Anerkenntnisurteil, Verzichtsurteil oder Urteil, das nach § 313a Abs. 2 ZPO keinen Tatbestand und keine Entscheidungsgründe enthält, oder	

Nr.	Gebührentatbestand	Gebühr oder Satz der Gebühr nach § 34 GKG
	3. Erledigungserklärungen nach § 91 a ZPO, wenn keine Entscheidung über die Kosten ergeht oder die Entscheidung einer zuvor mitgeteilten Einigung der Parteien über die Kostentragung oder der Kostenübernahmeerklärung einer Partei folgt, es sei denn, dass bereits ein anderes als eines der in Nummer 2 genannten Urteile vorausgegangen ist: Die Gebühr 8210 ermäßigt sich auf	0,4
	Die Zurücknahme des Widerspruchs gegen den Mahnbescheid oder des Einspruchs gegen den Vollstreckungsbescheid stehen der Zurücknahme der Klage gleich. Die Gebühr ermäßigt sich auch, wenn mehrere Ermäßigungstatbestände erfüllt sind oder Ermäßigungstatbestände mit einem Teilvergleich zusammentreffen.	
8212	Verfahren wegen eines überlangen Gerichtsverfahrens (§ 9 Abs. 2 Satz 2 des Arbeitsgerichtsgesetzes) vor dem Landesarbeitsgericht: Die Gebühr 8210 beträgt	4,0
8213	Verfahren wegen eines überlangen Gerichtsverfahrens (§ 9 Abs. 2 Satz 2 des Arbeitsgerichtsgesetzes) vor dem Landesarbeitsgericht: Die Gebühr 8211 beträgt	2,0
8214	Verfahren wegen eines überlangen Gerichtsverfahrens (§ 9 Abs. 2 Satz 2 des Arbeitsgerichtsgesetzes) vor dem Bundesarbeitsgericht: Die Gebühr 8210 beträgt	5,0
8215	Verfahren wegen eines überlangen Gerichtsverfahrens (§ 9 Abs. 2 Satz 2 des Arbeitsgerichtsgesetzes) vor dem Bundesarbeitsgericht: Die Gebühr 8211 beträgt	3,0

I. Allgemeines

1   Teil 8 Hauptabschnitt 2 KV betrifft das Urteilsverfahren. Der Abschnitt 1 (Nr. 8210–8215 KV) gilt für die Gebühren im **Urteilsverfahren erster Instanz**.

II. Gebühr Nr. 8210 KV

2   Die Gebühr Nr. 8210 KV für das **Verfahren im Allgemeinen** beträgt 2,0.

3   **Anm. Abs. 1 S. 1** regelt die Entstehung der Gebühr und die Frage der Behandlung der Problematik unterschiedlicher Streitwerte bei vorausgegangenem Mahnverfahren. **Anm. Abs. 1 S. 2** bezieht sich auf das vorausgegangene Europäische Mahnverfahren.

4   **Anm. Abs. 2 S. 1** privilegiert jede Beendigung des **gesamten** Verfahrens **ohne streitige Verhandlung** (also bis Antragstellung, § 137 Abs. 1 ZPO; danach gilt Nr. 8211 KV) mit Gebührenfreiheit, wenn kein Versäumnisurteil ergeht; erfasst ist insb. der Fall der **Klagerücknahme**.

5   Bei **übereinstimmender Erledigungserklärung** besteht Gebührenfreiheit gem. **Anm. Abs. 2 S. 2**, wenn keine Kostenentscheidung ergeht oder die Kostenentscheidung einer zuvor mitgeteilten Vereinbarung der Parteien oder einer Übernahmeerklärung einer Partei folgt.

6   Ruht das Verfahren gem. § 55 Abs. 5 S. 1 ArbGG nach der Güteverhandlung länger als sechs Monate, gilt dies als Klagerücknahme (§ 54 Abs. 5 S. 4 ArbGG, § 269 Abs. 3–5 ZPO). Daher fällt keine Gebühr Nr. 8210 KV an.[1]

7   Eine Antragstellung ist in der Güteverhandlung nicht möglich, da diese keine mündliche Verhandlung iSv § 137 Abs. 1 ZPO ist. Gleichwohl protokollierte Anträge sind daher gebührenrechtlich ohne Bedeutung.[2]

---

1 LAG RhPf LAGE § 54 ArbGG 1979 Nr. 4 (zur Vorgängernorm); aA LAG Köln AE 2009, 79.   2 Germelmann u.a./*Germelmann*, ArbGG, 8. Aufl. 2013, § 12 Rn 18.

III. Ermäßigungstatbestand Nr. 8211 KV

Nach streitiger Verhandlung (also ab Antragstellung, § 137 Abs. 1 ZPO) ist nur noch eine Gebührenermä- 8
ßigung, keine vollständige Gebührenfreiheit, möglich.

Gemäß Nr. 8211 KV führen folgende Fälle der Beendigung des **gesamten** Verfahrens zu einer Gebührenre- 9
duzierung auf 0,4:

- Klagerücknahme, wenn keine Kostenentscheidung nach § 269 Abs. 3 S. 3 ZPO ergeht oder wenn die Kostenentscheidung der zuvor mitgeteilten Vereinbarung der Parteien oder einer Übernahmeerklärung einer Partei folgt (**Nr. 1**),
- Anerkenntnisurteil, Verzichtsurteil oder Urteil, das nach § 313 a Abs. 2 ZPO keinen Tatbestand und Entscheidungsgründe enthält (**Nr. 2**),
- übereinstimmende Erledigungserklärung, wenn keine Kostenentscheidung ergeht oder die Kostenentscheidung der zuvor mitgeteilten Vereinbarung der Parteien oder einer Übernahmeerklärung einer Partei folgt (**Nr. 3**).

Die Gebührenreduzierung greift aber nicht, wenn bereits ein anderes als in Nr. 2 genanntes Urteil vorausge- 10
gangen ist (s. Wortlaut „es sei denn", Nr. 8211 aE KV).

Die Vorschriften der einzelnen Ermäßigungstatbestände entsprechen im Wesentlichen denen der Nr. 1211 11
KV, jedoch mit der Besonderheit, dass sie **erst ab Antragstellung** gelten (zuvor gilt Nr. 8210 KV):

- Nr. 1 entspricht Nr. 1211 Nr. 1 Buchst. a KV,
- Nr. 2 entspricht Nr. 1211 Nr. 2 KV und
- Nr. 3 entspricht Nr. 1211 Nr. 4 KV.

Es wird daher auf die dortigen Erl. verwiesen.

Anm. S. 1 stellt die dort genannten Fälle, die im Rahmen des **Mahnverfahrens** auftreten können, dem Fall 12
der Klagerücknahme (Nr. 1) gleich. Die Regelung entspricht im Wesentlichen Nr. 1211 Anm. S. 2 KV. Es
wird daher auf die dortigen Erl. verwiesen.

Anm. S. 2, 1. Alt. KV stellt klar, dass die Gebührenermäßigung auch dann greift, wenn **mehrere Ermäßi-** 13
gungstatbestände erfüllt sind. Die Regelung entspricht Nr. 1211 Anm. S. 3 KV. Es wird daher auf die dortigen Erl. verwiesen.

Anm. S. 2, 2. Alt. KV stellt klar, dass die Gebührenermäßigung auch dann greift, wenn ein Teil des Rechts- 14
streits durch Teilvergleich und der übrige Rechtsstreit durch andere Ermäßigungstatbestände iSv Nr. 8211
KV erledigt wird. Diese Regelung ist abweichend zum amts-/landgerichtlichen Verfahren erforderlich, da
im arbeitsgerichtlichen Verfahren der verfahrensbeendende Vergleich mit völliger Kostenfreiheit privilegiert
wird (→ Vorbem. 8 KV Rn 4 f) und daher eine Regelung entsprechend Nr. 1211 Nr. 3 KV fehlt.

Wird ein Rechtsstreit durch Gebührenermäßigungstatbestände gem. Teil 8 KV, die **teils vor und teils nach** 15
streitiger Verhandlung angefallen sind, vollständig beendet, so ermäßigt sich die Verfahrensgebühr für den
gesamten Rechtsstreit in analoger Anwendung von Anm. S. 2 zu Nr. 8211 KV auf das 0,4-Fache.[3]

IV. Überlange Gerichtsverfahren (Nr. 8212–8215 KV)

Die Nr. 8212–8215 KV enthalten Gebührenregelungen für **Verfahren wegen überlanger Gerichtsverfahren** 16
iSv **§ 9 Abs. 2 S. 2 ArbGG iVm §§ 198–201 GVG**. Sie gelten für die vor dem LAG bzw BAG erstinstanzlich
erhobenen Ansprüche (§ 201 Abs. 1 GVG).

---

3 HessLAG 8.10.2008 – 13 Ta 313/08, juris.

Abschnitt 2
Berufung

Nr.	Gebührentatbestand	Gebühr oder Satz der Gebühr nach § 34 GKG
8220	Verfahren im Allgemeinen	3,2
8221	Beendigung des gesamten Verfahrens durch Zurücknahme der Berufung oder der Klage, bevor die Schrift zur Begründung der Berufung bei Gericht eingegangen ist:	
	Die Gebühr 8220 ermäßigt sich auf	0,8
	Erledigungserklärungen nach § 91 a ZPO stehen der Zurücknahme gleich, wenn keine Entscheidung über die Kosten ergeht oder die Entscheidung einer zuvor mitgeteilten Einigung der Parteien über die Kostentragung oder der Kostenübernahmeerklärung einer Partei folgt.	
8222	Beendigung des gesamten Verfahrens, wenn nicht Nummer 8221 erfüllt ist, durch	
	1. Zurücknahme der Berufung oder der Klage vor dem Schluss der mündlichen Verhandlung,	
	2. Anerkenntnisurteil, Verzichtsurteil oder Urteil, das nach § 313 a Abs. 2 ZPO keinen Tatbestand und keine Entscheidungsgründe enthält, oder	
	3. Erledigungserklärungen nach § 91 a ZPO, wenn keine Entscheidung über die Kosten ergeht oder die Entscheidung einer zuvor mitgeteilten Einigung der Parteien über die Kostentragung oder der Kostenübernahmeerklärung einer Partei folgt,	
	es sei denn, dass bereits ein anderes als eines der in Nummer 2 genannten Urteile vorausgegangen ist:	
	Die Gebühr 8220 ermäßigt sich auf	1,6
	Die Gebühr ermäßigt sich auch, wenn mehrere Ermäßigungstatbestände erfüllt sind oder Ermäßigungstatbestände mit einem Teilvergleich zusammentreffen.	
8223	Beendigung des gesamten Verfahrens durch ein Urteil, das wegen eines Verzichts der Parteien nach § 313 a Abs. 1 Satz 2 ZPO keine schriftliche Begründung enthält, wenn nicht bereits ein anderes als eines der in Nummer 8222 Nr. 2 genannten Urteile oder ein Beschluss in der Hauptsache vorausgegangen ist:	
	Die Gebühr 8220 ermäßigt sich auf	2,4
	Die Gebühr ermäßigt sich auch, wenn daneben Ermäßigungstatbestände nach Nummer 8222 erfüllt sind oder Ermäßigungstatbestände mit einem Teilvergleich zusammentreffen.	

I. Allgemeines

1   Teil 8 Hauptabschnitt 2 KV betrifft das Urteilsverfahren. Der Abschnitt 2 (Nr. 8220–8223 KV) gilt für die Gebühren im **Berufungsverfahren**.

II. Gebühr Nr. 8220 KV

2   Die Gebühr Nr. 8220 KV für das **Verfahren im Allgemeinen** beträgt 3,2.

III. Ermäßigungstatbestände Nr. 8221–8223 KV

3   Die Gebühren Nr. 8221–8223 KV sind als Ermäßigungstatbestände zur Gebühr Nr. 8220 KV ausgestaltet, wie sich aus dem Wortlaut jeweils ergibt.

4   Die Gebühr **Nr. 8221 KV** entspricht der Gebühr Nr. 1221 KV. Es wird auf die dortigen Erl. verwiesen.

5   Die Gebühr **Nr. 8222 Nr. 1 KV** entspricht der Gebühr Nr. 1222 Nr. 1 Buchst. a KV. Es wird auf die dortigen Erl. verwiesen (→ Nr. 1222 KV Rn 15–26).

Die Gebühr **Nr. 8222 Nr. 2 KV** entspricht der Gebühr Nr. 1222 Nr. 2 KV. Es wird auf die dortigen Erl. 6
verwiesen (→ Nr. 1222 KV Rn 27–41).

Die Gebühr **Nr. 8222 Nr. 3 KV** entspricht der Gebühr Nr. 1222 Nr. 4 KV. Es wird auf die dortigen Erl. 7
verwiesen (→ Nr. 1222 KV Rn 48–52).

Alt. 1 der Anm. zu Nr. 8222 KV stellt klar, dass die Gebührenermäßigung auch dann greift, wenn **mehrere** 8
Ermäßigungstatbestände erfüllt sind. Sie entspricht der Anm. zu Nr. 1222 KV. Es wird auf die dortigen Erl.
verwiesen (→ Nr. 1222 KV Rn 64–69).

Alt. 2 der Anm. zu Nr. 8222 KV stellt klar, dass die Gebührenermäßigung auch dann greift, wenn ein Teil 9
des Rechtsstreits durch Teilvergleich und der übrige Rechtsstreit durch andere Ermäßigungstatbestände iSv
Nr. 8222 KV erledigt wird. Diese Regelung ist abweichend zum amts-/landgerichtlichen Verfahren erforderlich, da im arbeitsgerichtlichen Verfahren der verfahrensbeendende Vergleich mit völliger Kostenfreiheit
privilegiert wird (→ Vorbem. 8 KV Rn 4 f) und daher eine Regelung entsprechend Nr. 1222 Nr. 3 KV fehlt.

Die Gebühr **Nr. 8223 KV** entspricht im Wesentlichen der Gebühr Nr. 1223 KV. Es wird daher auf die dorti- 10
gen Erl. verwiesen.

IV. Überlange Gerichtsverfahren

Regelungen bzgl Verfahren wegen überlanger Gerichtsverfahren bedarf es – anders als im erstinstanzlichen 11
Urteilsverfahren (Nr. 8212–8215 KV) und im Revisionsverfahren (Nr. 8233–8235 KV) – nicht, vgl § 201
GVG.

Abschnitt 3
Revision

Nr.	Gebührentatbestand	Gebühr oder Satz der Gebühr nach § 34 GKG
8230	Verfahren im Allgemeinen	4,0
8231	Beendigung des gesamten Verfahrens durch Zurücknahme der Revision oder der Klage, bevor die Schrift zur Begründung der Revision bei Gericht eingegangen ist:	
	Die Gebühr 8230 ermäßigt sich auf	0,8
	Erledigungserklärungen nach § 91 a ZPO stehen der Zurücknahme gleich, wenn keine Entscheidung über die Kosten ergeht oder die Entscheidung einer zuvor mitgeteilten Einigung der Parteien über die Kostentragung oder der Kostenübernahmeerklärung einer Partei folgt.	
8232	Beendigung des gesamten Verfahrens, wenn nicht Nummer 8231 erfüllt ist, durch 1. Zurücknahme der Revision oder der Klage vor dem Schluss der mündlichen Verhandlung, 2. Anerkenntnis- oder Verzichtsurteil oder 3. Erledigungserklärungen nach § 91 a ZPO, wenn keine Entscheidung über die Kosten ergeht oder die Entscheidung einer zuvor mitgeteilten Einigung der Parteien über die Kostentragung oder der Kostenübernahmeerklärung einer Partei folgt, es sei denn, dass bereits ein anderes als eines der in Nummer 2 genannten Urteile vorausgegangen ist:	
	Die Gebühr 8230 ermäßigt sich auf	2,4
	Die Gebühr ermäßigt sich auch, wenn mehrere Ermäßigungstatbestände erfüllt sind oder Ermäßigungstatbestände mit einem Teilvergleich zusammentreffen.	
8233	Verfahren wegen eines überlangen Gerichtsverfahrens (§ 9 Abs. 2 Satz 2 des Arbeitsgerichtsgesetzes):	
	Die Gebühr 8230 beträgt	5,0

Nr.	Gebührentatbestand	Gebühr oder Satz der Gebühr nach § 34 GKG
8234	Verfahren wegen eines überlangen Gerichtsverfahrens (§ 9 Abs. 2 Satz 2 des Arbeitsgerichtsgesetzes): Die Gebühr 8231 beträgt	1,0
8235	Verfahren wegen eines überlangen Gerichtsverfahrens (§ 9 Abs. 2 Satz 2 des Arbeitsgerichtsgesetzes): Die Gebühr 8232 beträgt	3,0

I. Allgemeines

1   Teil 8 Hauptabschnitt 2 KV betrifft das Urteilsverfahren. Der Abschnitt 3 (Nr. 8230–8235 KV) gilt für die Gebühren im **Revisionsverfahren**.

II. Gebühr Nr. 8230 KV

2   Die Gebühr Nr. 8230 KV für das **Verfahren im Allgemeinen** beträgt 4,0.

III. Ermäßigungstatbestände Nr. 8231 und 8232 KV

3   Die Gebühren Nr. 8221 und 8223 KV sind als Ermäßigungstatbestände zur Gebühr Nr. 8230 KV ausgestaltet, wie sich aus dem Wortlaut jeweils ergibt.

4   Die Gebühr **Nr. 8231 KV** entspricht der Gebühr Nr. 1231 KV. Es wird daher auf die dortigen Erl. verwiesen (→ Nr. 1230–1232 KV Rn 8–18).

5   Die Gebühr **Nr. 8232 Nr. 1 KV** entspricht der Gebühr Nr. 1232 Nr. 1 Buchst. a KV. Es wird daher auf die dortigen Erl. verwiesen (→ Nr. 1230–1232 KV Rn 24).

6   Die Gebühr **Nr. 8232 Nr. 2 KV** entspricht der Gebühr Nr. 1232 Nr. 2 KV. Es wird daher auf die dortigen Erl. verwiesen (→ Nr. 1230–1232 KV Rn 25).

7   Die Gebühr **Nr. 8232 Nr. 3 KV** entspricht Nr. 1232 Nr. 4 KV. Es wird daher auf die dortigen Erl. verwiesen (→ Nr. 1230–1232 KV Rn 31).

8   **Alt. 1 der Anm. zu Nr. 8232 KV** stellt klar, dass die Gebührenermäßigung auch dann greift, wenn **mehrere Ermäßigungstatbestände** erfüllt sind. Die Gebührenregelung entspricht der Anm. zu Nr. 1232 KV (→ Nr. 1230–1232 KV Rn 23).

9   **Alt. 2 der Anm. zu Nr. 8232 KV** stellt klar, dass die Gebührenermäßigung auch dann greift, wenn ein Teil des Rechtsstreits durch **Teilvergleich** und der übrige Rechtsstreit durch andere Ermäßigungstatbestände iSv Nr. 8232 KV erledigt wird. Diese Regelung ist abweichend zum Zivilverfahren erforderlich, da im arbeitsgerichtlichen Verfahren der verfahrensbeendende Vergleich mit völliger Kostenfreiheit privilegiert wird (→ Vorbem. 8 KV Rn 4 f) und daher eine Regelung entsprechend Nr. 1232 Nr. 3 KV fehlt.

IV. Überlange Gerichtsverfahren (Nr. 8233–8235 KV)

10   Die Nr. 8233–8235 KV enthalten Gebührenregelungen für **Verfahren wegen überlanger Gerichtsverfahren** iSv § 9 Abs. 2 S. 2 ArbGG iVm §§ 198–201 GVG. Sie gelten für die vor dem BAG als Revisionsinstanz gem. § 201 Abs. 2 GVG verfolgten Ansprüche.

Hauptabschnitt 3
Arrest und einstweilige Verfügung[1]

Nr.	Gebührentatbestand	Gebühr oder Satz der Gebühr nach § 34 GKG

Vorbemerkung 8.3:[1]

Im Verfahren über den Antrag auf Anordnung eines Arrests oder einer einstweiligen Verfügung und im Verfahren über den Antrag auf Aufhebung oder Abänderung (§ 926 Abs. 2, §§ 927, 936 ZPO) werden die Gebühren jeweils gesondert erhoben. Im Fall des § 942 ZPO gilt dieses Verfahren und das Verfahren vor dem Gericht der Hauptsache als ein Rechtsstreit.

Abschnitt 1
Erster Rechtszug

Nr.	Gebührentatbestand	Gebühr oder Satz der Gebühr nach § 34 GKG
8310	Verfahren im Allgemeinen	0,4
8311	Es wird durch Urteil entschieden oder es ergeht ein Beschluss nach § 91 a oder § 269 Abs. 3 Satz 3 ZPO, es sei denn, der Beschluss folgt einer zuvor mitgeteilten Einigung der Parteien über die Kostentragung oder der Kostenübernahmeerklärung einer Partei:	
	Die Gebühr 8310 erhöht sich auf	2,0
	Die Gebühr wird nicht erhöht, wenn durch Anerkenntnisurteil, Verzichtsurteil oder Urteil, das nach § 313 a Abs. 2 ZPO keinen Tatbestand und keine Entscheidungsgründe enthält, entschieden wird. Dies gilt auch, wenn eine solche Entscheidung mit einem Teilvergleich zusammentrifft.	

Abschnitt 2
Berufung

Nr.	Gebührentatbestand	Gebühr oder Satz der Gebühr nach § 34 GKG
8320	Verfahren im Allgemeinen	3,2
8321	Beendigung des gesamten Verfahrens durch Zurücknahme der Berufung, des Antrags oder des Widerspruchs, bevor die Schrift zur Begründung der Berufung bei Gericht eingegangen ist:	
	Die Gebühr 8320 ermäßigt sich auf	0,8
	Erledigungserklärungen nach § 91 a ZPO stehen der Zurücknahme gleich, wenn keine Entscheidung über die Kosten ergeht oder die Entscheidung einer zuvor mitgeteilten Einigung der Parteien über die Kostentragung oder der Kostenübernahmeerklärung einer Partei folgt.	

---

1 Zur geplanten Änderung der Überschrift durch den Entwurf eines Gesetzes zur Durchführung der Verordnung (EU) Nr. 655/2014 sowie zur Änderung sonstiger zivilprozessualer Vorschriften (EuKoPfVODG), BT-Drucks 18/7560, S. 18 f, s. Nr. 8310–8331 KV Rn 3, 6. **1** Zur geplanten Änderung der Vorbem. 8.3 KV durch den Entwurf eines Gesetzes zur Durchführung der Verordnung (EU) Nr. 655/2014 sowie zur Änderung sonstiger zivilprozessualer Vorschriften (EuKoPfVODG), BT-Drucks 18/7560, S. 18 f, s. Nr. 8310–8331 KV Rn 4, 6.

Nr.	Gebührentatbestand	Gebühr oder Satz der Gebühr nach § 34 GKG
8322	Beendigung des gesamten Verfahrens, wenn nicht Nummer 8321 erfüllt ist, durch 1. Zurücknahme der Berufung oder des Antrags vor dem Schluss der mündlichen Verhandlung, 2. Anerkenntnisurteil, Verzichtsurteil oder Urteil, das nach § 313 a Abs. 2 ZPO keinen Tatbestand und keine Entscheidungsgründe enthält, oder 3. Erledigungserklärungen nach § 91 a ZPO, wenn keine Entscheidung über die Kosten ergeht oder die Entscheidung einer zuvor mitgeteilten Einigung der Parteien über die Kostentragung oder der Kostenübernahmeerklärung einer Partei folgt, es sei denn, dass bereits ein anderes als eines der in Nummer 2 genannten Urteile vorausgegangen ist: Die Gebühr 8320 ermäßigt sich auf .... Die Gebühr ermäßigt sich auch, wenn mehrere Ermäßigungstatbestände erfüllt sind oder Ermäßigungstatbestände mit einem Teilvergleich zusammentreffen.	1,6
8323	Beendigung des gesamten Verfahrens durch ein Urteil, das wegen eines Verzichts der Parteien nach § 313 a Abs. 1 Satz 2 ZPO keine schriftliche Begründung enthält, wenn nicht bereits ein anderes als eines der in Nummer 8322 Nr. 2 genannten Urteile oder ein Beschluss in der Hauptsache vorausgegangen ist: Die Gebühr 8320 ermäßigt sich auf .... Die Gebühr ermäßigt sich auch, wenn daneben Ermäßigungstatbestände nach Nummer 8322 erfüllt sind oder solche Ermäßigungstatbestände mit einem Teilvergleich zusammentreffen.	2,4

Abschnitt 3
Beschwerde

Nr.	Gebührentatbestand	Gebühr oder Satz der Gebühr nach § 34 GKG
8330	Verfahren über Beschwerden gegen die Zurückweisung eines Antrags auf Anordnung eines Arrests oder einer einstweiligen Verfügung[1]	1,2
8331	Beendigung des gesamten Verfahrens durch Zurücknahme der Beschwerde: Die Gebühr 8330 ermäßigt sich auf	0,8

I. Regelungsgehalt

1   Teil 8 Hauptabschnitt 3 KV (Nr. 8310–8331 KV) regelt das Verfahren betreffend **Arrest und einstweilige Verfügung**. Die Vorschriften entsprechen im Wesentlichen denen für die Amts- oder Landgerichte (Nr. 1400–1431 KV). Hauptunterschied ist die Gebühr Nr. 8311 KV zur Gebühr Nr. 1411, 1412 KV, jedoch eher sprachlich bei im Wesentlichen vergleichbaren Privilegierungstatbeständen. Im Übrigen wird daher auf die Erl. zu Nr. 1400–1431 KV verwiesen.

---

[1] Zur geplanten Änderung des Gebührentatbestands durch den Entwurf eines Gesetzes zur Durchführung der Verordnung (EU) Nr. 655/2014 sowie zur Änderung sonstiger zivilprozessualer Vorschriften (EuKoPfVODG), BT-Drucks 18/7560, S. 18 f, s. Nr. 8310–8331 KV Rn 5 und 6.

II. Geplante Änderungen durch das EuKoPfVODG

Der Entwurf eines „Gesetzes zur Durchführung der Verordnung (EU) Nr. 655/2014 sowie zur Änderung   **2**
sonstiger zivilprozessualer Vorschriften (**EuKoPfVODG**)", BT-Drucks 18/7560, S. 18 f, sieht folgende Änderungen mWz 18.1.2017 vor:[2]

a) In der **Überschrift** sollen nach dem Wort „Arrest" ein Komma und die Wörter „*Europäischer Beschluss*   **3**
zur vorläufigen Kontenpfändung" eingefügt werden.

b) **Vorbem. 8.3 KV** soll wie folgt gefasst werden: **4**

„*(1) Im Verfahren zur Erwirkung eines Europäischen Beschlusses zur vorläufigen Kontenpfändung werden
Gebühren nach diesem Hauptabschnitt nur im Fall des Artikels 5 Buchstabe a der Verordnung (EU)
Nr. 655/2014 erhoben. In den Fällen des Artikels 5 Buchstabe b der Verordnung (EU) Nr. 655/2014 bestimmen sich die Gebühren nach Teil 2 Hauptabschnitt 1.*

*(2) Im Verfahren auf Anordnung eines Arrests oder auf Erlass einer einstweiligen Verfügung sowie im Verfahren über die Aufhebung oder die Abänderung (§ 926 Abs. 2, §§ 927, 936 ZPO) werden die Gebühren
jeweils gesondert erhoben. Im Fall des § 942 ZPO gilt das Verfahren vor dem Amtsgericht und dem Gericht der Hauptsache als ein Rechtsstreit.*

*(3) Im Verfahren zur Erwirkung eines Europäischen Beschlusses zur vorläufigen Kontenpfändung sowie im
Verfahren über den Widerruf oder die Abänderung werden die Gebühren jeweils gesondert erhoben.*"

c) Schließlich soll in **Nr. 8330 KV** der Gebührentatbestand folgenden Wortlaut erhalten: **5**

„*Verfahren über die Beschwerde*
*1. gegen die Zurückweisung eines Antrags auf Anordnung eines Arrests oder eines Antrags auf Erlass einer
einstweiligen Verfügung oder*
2. in Verfahren nach der Verordnung (EU) Nr. 655/2014 ...".

Die geplanten Regelungen zur kostenrechtlichen Behandlung von Verfahren nach der EuKoPfVO vor den   **6**
ordentlichen Gerichten (s. dazu die Erl. zu den betreffenden Vorschriften) sollen weitestgehend wirkungsgleich auf die Fälle übertragen werden, in denen für das Verfahren das Arbeitsgericht zuständig ist.[3]

Hauptabschnitt 4
Besondere Verfahren

Nr.	Gebührentatbestand	Gebühr oder Satz der Gebühr nach § 34 GKG
8400	Selbständiges Beweisverfahren	0,6
8401	Verfahren über Anträge auf Ausstellung einer Bestätigung nach § 1079 ZPO	15,00 €

Teil 8 Hauptabschnitt 4 KV ist mit „Besondere Verfahren" überschrieben und regelt in   **1**

- **Nr. 8400 KV** die Gebühr des **selbständigen Beweisverfahrens** nach §§ 485 ff ZPO sowie
- **Nr. 8401 KV** die Gebühr für das Verfahren über **Anträge auf Ausstellung einer Bestätigung nach § 1079 ZPO.**

Die Gebühr Nr. 8400 KV unterscheidet sich zwar im Wortlaut, jedoch nicht inhaltlich von der Gebühr   **2**
Nr. 1610 KV; es wird auf die dortigen Erl. verwiesen. Die Gebühr Nr. 8401 KV ist wortlautgleich mit der
Gebühr Nr. 1513 KV; es wird auf die dortigen Erl. verwiesen.

---

2 Durch Art. 9 Nr. 3 Buchst. k–m des Entwurfs eines Gesetzes zur Durchführung der Verordnung (EU) Nr. 655/2014 sowie zur
Änderung sonstiger zivilprozessualer Vorschriften, s. BT-Drucks 18/7560, S. 18 f. Zum geplanten Inkrafttreten s. Art. 14 Abs. 1
ÄndG. **3** Begr. RegE, BT-Drucks 18/7560, S. 50.

Hauptabschnitt 5
Rüge wegen Verletzung des Anspruchs auf rechtliches Gehör

Nr.	Gebührentatbestand	Gebühr oder Satz der Gebühr nach § 34 GKG
8500	Verfahren über die Rüge wegen Verletzung des Anspruchs auf rechtliches Gehör (§ 78 a des Arbeitsgerichtsgesetzes): Die Rüge wird in vollem Umfang verworfen oder zurückgewiesen	50,00 €

1   Teil 5 Hauptabschnitt 5 KV betrifft Verfahren über die **Rüge wegen Verletzung des Anspruchs auf rechtliches Gehör** nach § 78 a ArbGG. Die Vorschrift entspricht der Gebühr Nr. 1700 KV; es wird auf die dortigen Erl. verwiesen.

Hauptabschnitt 6
Sonstige Beschwerden und Rechtsbeschwerden

Abschnitt 1
Sonstige Beschwerden

Nr.	Gebührentatbestand	Gebühr oder Satz der Gebühr nach § 34 GKG
8610	Verfahren über Beschwerden nach § 71 Abs. 2, § 91 a Abs. 2, § 99 Abs. 2, § 269 Abs. 5 oder § 494 a Abs. 2 Satz 2 ZPO	70,00 €
8611	Beendigung des Verfahrens ohne Entscheidung: Die Gebühr 8610 ermäßigt sich auf .... (1) Die Gebühr ermäßigt sich auch im Fall der Zurücknahme der Beschwerde vor Ablauf des Tages, an dem die Entscheidung der Geschäftsstelle übermittelt wird. (2) Eine Entscheidung über die Kosten steht der Ermäßigung nicht entgegen, wenn die Entscheidung einer zuvor mitgeteilten Einigung der Parteien über die Kostentragung oder der Kostenübernahmeerklärung einer Partei folgt.	50,00 €
8612	Verfahren über die Beschwerde gegen die Nichtzulassung der Revision: Soweit die Beschwerde verworfen oder zurückgewiesen wird	1,6
8613	Verfahren über die Beschwerde gegen die Nichtzulassung der Revision: Soweit die Beschwerde zurückgenommen oder das Verfahren durch anderweitige Erledigung beendet wird .... Die Gebühr entsteht nicht, soweit die Revision zugelassen wird.	0,8
8614	Verfahren über nicht besonders aufgeführte Beschwerden, die nicht nach anderen Vorschriften gebührenfrei sind: Die Beschwerde wird verworfen oder zurückgewiesen .... Wird die Beschwerde nur teilweise verworfen oder zurückgewiesen, kann das Gericht die Gebühr nach billigem Ermessen auf die Hälfte ermäßigen oder bestimmen, dass eine Gebühr nicht zu erheben ist.	50,00 €

Abschnitt 2
Sonstige Rechtsbeschwerden

Nr.	Gebührentatbestand	Gebühr oder Satz der Gebühr nach § 34 GKG
8620	Verfahren über Rechtsbeschwerden in den Fällen des § 71 Abs. 1, § 91 a Abs. 1, § 99 Abs. 2, § 269 Abs. 4, § 494 a Abs. 2 Satz 2 oder § 516 Abs. 3 ZPO	145,00 €
8621	Beendigung des gesamten Verfahrens durch Zurücknahme der Rechtsbeschwerde, des Antrags oder der Klage, bevor die Schrift zur Begründung der Rechtsbeschwerde bei Gericht eingegangen ist: Die Gebühr 8620 ermäßigt sich auf	50,00 €
8622	Beendigung des gesamten Verfahrens durch Zurücknahme der Rechtsbeschwerde, des Antrags oder der Klage vor Ablauf des Tages, an dem die Entscheidung der Geschäftsstelle übermittelt wird, wenn nicht Nummer 8621 erfüllt ist: Die Gebühr 8620 ermäßigt sich auf	70,00 €
8623	Verfahren über nicht besonders aufgeführte Rechtsbeschwerden, die nicht nach anderen Vorschriften gebührenfrei sind: Die Rechtsbeschwerde wird verworfen oder zurückgewiesen .... Wird die Rechtsbeschwerde nur teilweise verworfen oder zurückgewiesen, kann das Gericht die Gebühr nach billigem Ermessen auf die Hälfte ermäßigen oder bestimmen, dass eine Gebühr nicht zu erheben ist.	95,00 €
8624	Verfahren über die in Nummer 8623 genannten Rechtsbeschwerden: Beendigung des gesamten Verfahrens durch Zurücknahme der Rechtsbeschwerde, des Antrags oder der Klage vor Ablauf des Tages, an dem die Entscheidung der Geschäftsstelle übermittelt wird	50,00 €

1 Teil 8 Hauptabschnitt 6 KV behandelt in Abschnitt 1 „**Sonstige Beschwerden**" (Nr. 8610–8614 KV) und in Abschnitt 2 „**Sonstige Rechtsbeschwerden**" (Nr. 8620–8624 KV).

2 „Sonstige Beschwerden" sind die in Nr. 8610 KV genannten Beschwerden, die Nichtzulassungsbeschwerde (Nr. 8612 und 8613 KV) sowie die vom Auffangtatbestand der Nr. 8614 KV erfassten Beschwerden. „Sonstige Rechtsbeschwerden" sind die in Nr. 8620 KV genannten.

3 Nr. 8610, 8611 KV entsprechen Nr. 1810 bzw 1811 KV, die Gebührenregelung Nr. 8614 KV entspricht der Regelung Nr. 1812 KV. Es wird daher auf die dortigen Erl. verwiesen.

4 Nr. 8612, 8613 KV entsprechen Nr. 1242 bzw 1243 KV. Es wird daher auf die dortigen Erl. verwiesen.

5 Nr. 8620–8624 KV entsprechen Nr. 1823–1827 KV. Es wird daher auf die dortigen Erl. verwiesen.

6 Nr. 8624 KV gilt für alle Fälle der Zurücknahme einer nicht besonders aufgeführten (Nr. 8623 KV) Rechtsbeschwerde, in denen keine Entscheidung iSv Nr. 8623 KV ergeht, insb. für den Fall der Rücknahme einer Rechtsbeschwerde gegen eine die Prozesskostenhilfebewilligung versagende Entscheidung.[1]

---

1 So bereits zur früheren Gesetzesfassung BAG NZA-RR 2008, 540.

Hauptabschnitt 7
Besondere Gebühr

Nr.	Gebührentatbestand	Gebühr oder Satz der Gebühr nach § 34 GKG
8700	Auferlegung einer Gebühr nach § 38 GKG wegen Verzögerung des Rechtsstreits	wie vom Gericht bestimmt

1   Teil 8 Hauptabschnitt 7 KV regelt wortlautgleich mit Nr. 1901 KV die **Verzögerungsgebühr nach** § 38 **GKG.** Es wird auf die dortigen Erl. verwiesen.

Teil 9
Auslagen

Nr.	Auslagentatbestand	Höhe
Vorbemerkung 9:		

Vorbemerkung 9:

(1) Auslagen, die durch eine für begründet befundene Beschwerde entstanden sind, werden nicht erhoben, soweit das Beschwerdeverfahren gebührenfrei ist; dies gilt jedoch nicht, soweit das Beschwerdegericht die Kosten dem Gegner des Beschwerdeführers auferlegt hat.

(2) Sind Auslagen durch verschiedene Rechtssachen veranlasst, werden sie auf die mehreren Rechtssachen angemessen verteilt.

I. Allgemeines

1   Teil 9 KV regelt mit den Auslagentatbeständen Nr. 9000–9019 KV **abschließend,** welche Auslagen dem Kostenschuldner von der Staatskasse in Rechnung gestellt werden dürfen.[1] Soweit Nr. 9000 ff KV keinen Auslagenersatz vorsehen, besteht für den Kostenschuldner auch keine Ersatzpflicht. § 812 BGB oder §§ 670, 675 BGB (vgl insoweit für Rechtsanwälte Vorbem. 7 Abs. 1 S. 2 VV RVG) sind nicht anwendbar.

2   Die Auslagentatbestände Nr. 9000 ff KV gelten für sämtliche Verfahren, auf die das **GKG anwendbar** ist; diese Verfahren sind in § 1 abschließend genannt. In **Familiensachen** (§ 1 FamGKG) richtet sich der Auslagenansatz nach Nr. 2000 ff KV FamGKG. Veranlasst ein **Dritter** und nicht einer der Beteiligten oder eine der Parteien Auslagen, werden diese nicht nach Teil 9 KV, sondern ggf nach dem **JVKostG** von dem Dritten erhoben. **Gerichtsvollzieher** erheben ihre Kosten (Gebühren und Auslagen) für die Staatskasse (§ 1 KostVfg); der Ansatz der Auslagen richtet sich aber nach Nr. 700 ff KV GvKostG.

3   Da nach § 1 Abs. 1 S. 1 unter „Kosten" Gebühren und Auslagen zu verstehen sind, schließt die Kostenfreiheit iSv § 2 die **Auslagenfreiheit** mit ein.

II. Straf- und Bußgeldsachen

4   Die in Straf- und Bußgeldsachen anzusetzenden Auslagen ergeben sich ebenfalls aus **Teil 9 KV.** Die Auslagenbestimmungen in Nr. 9000 ff KV erfassen die im strafrechtlichen Ermittlungsverfahren (Bußgeldverfahren vor der Verwaltungsbehörde; s. Nr. 9015, 9016 KV), im gerichtlichen Verfahren sowie die im Rahmen der Vollstreckung angefallenen Auslagen (vgl § 464 a Abs. 1 StPO, § 46 Abs. 1 OWiG). Auslagen können hier nur erhoben werden, wenn eine **rechtskräftige Entscheidung** vorliegt. Wird das Urteil nicht rechtskräftig, können keine Auslagen erhoben werden. Im Fall des **Freispruchs** können daher keine Gerichtsgebühren und auch keine Auslagen erhoben werden.

5   Beim Kostenansatz kommt es nicht darauf an, ob Auslagen verursachende Maßnahmen zugunsten oder zulasten des Kostenschuldners verlaufen sind. Das kann das Gericht bei der Kostenentscheidung gem. § 465 Abs. 2 StPO beachten. In den Kostenansatz sind grds. sämtliche Auslagen aufzunehmen, die der Tat zugeordnet werden können, deretwegen der Kostenschuldner rechtskräftig verurteilt worden ist (§§ 465 Abs. 1 StPO, 29 Nr. 1). Im Übrigen wird insoweit auf die Erl. zu § 29 verwiesen.

---

1 OLG Hamm 23.2.2010 – 3 Ws 301/09, JurionRS 2010, 13833.

III. Beschwerden (Abs. 1)

Wenn eine Beschwerde erfolglos (unzulässig oder unbegründet) ist und die Gebühren vom Beschwerdeführer zu tragen sind, hat er auch die Auslagen zu tragen. Die Auslagen erfolgloser Beschwerdeverfahren hat der Beschwerdeführer neben den Gebühren des Beschwerdeverfahrens zu tragen.   6

Soweit das Beschwerdeverfahren gebührenfrei ist, werden aber Auslagen, die durch eine für begründet befundene Beschwerde entstanden sind, nicht erhoben (**Hs 1**). **Gerichtsgebührenfrei** sind zB Beschwerden gegen den Kostenansatz (§ 66 Abs. 8) und Beschwerden gegen die gerichtliche Wertfestsetzung (§ 68 Abs. 3). Die in diesen gerichtsgebührenfreien und erfolgreichen Beschwerdeverfahren angefallenen Auslagen werden vom **Beschwerdeführer** nicht gefordert. Eine Beschwerde ist auch dann begründet, wenn sie zur Aufhebung der angefochtenen Entscheidung und Zurückverweisung zur erneuten Entscheidung führt.   7

Auslagen werden gem. § 29 Nr. 1 auch erhoben, soweit das Beschwerdegericht die Kosten dem Gegner des Beschwerdeführers auferlegt hat (**Hs 2**). Dann schuldet der **Beschwerdegegner** die angefallenen Auslagen auch dann, wenn das Beschwerdeverfahren gerichtsgebührenfrei ist.   8

IV. Verschiedene Rechtssachen (Abs. 2)

Sind Auslagen durch verschiedene Rechtssachen veranlasst, werden sie nach **Abs. 2** auf die mehreren Rechtssachen **angemessen verteilt. Verschiedene Rechtssachen** liegen bei mehreren selbstständigen Verfahren vor. Dabei kann es sich um Verfahren handeln, die teilweise nach anderen Gesetzen als dem GKG, dem FamGKG oder dem JVEG abzurechnen sind, etwa nach dem GNotKG.[2] Siehe iÜ → Nr. 9005 KV Rn 58 und Nr. 9006 KV Rn 10.   9

Nr.	Auslagentatbestand	Höhe

9000	Pauschale für die Herstellung und Überlassung von Dokumenten:
	1. Ausfertigungen, Kopien und Ausdrucke bis zur Größe von DIN A3, die
	    a) auf Antrag angefertigt oder auf Antrag per Telefax übermittelt worden sind oder
	    b) angefertigt worden sind, weil die Partei oder ein Beteiligter es unterlassen hat, die erforderliche Zahl von Mehrfertigungen beizufügen; der Anfertigung steht es gleich, wenn per Telefax übermittelte Mehrfertigungen von der Empfangseinrichtung des Gerichts ausgedruckt werden:	

	für die ersten 50 Seiten je Seite	0,50 €
	für jede weitere Seite	0,15 €
	für die ersten 50 Seiten in Farbe je Seite	1,00 €
	für jede weitere Seite in Farbe	0,30 €
	2. Entgelte für die Herstellung und Überlassung der in Nummer 1 genannten Kopien oder Ausdrucke in einer Größe von mehr als DIN A3	in voller Höhe
	oder pauschal je Seite	3,00 €
	oder pauschal je Seite in Farbe	6,00 €
	3. Überlassung von elektronisch gespeicherten Dateien oder deren Bereitstellung zum Abruf anstelle der in den Nummern 1 und 2 genannten Ausfertigungen, Kopien und Ausdrucke:	
	je Datei	1,50 €
	für die in einem Arbeitsgang überlassenen, bereitgestellten oder in einem Arbeitsgang auf denselben Datenträger übertragenen Dokumente insgesamt höchstens	5,00 €
	(1) Die Höhe der Dokumentenpauschale nach Nummer 1 ist in jedem Rechtszug und für jeden Kostenschuldner nach § 28 Abs. 1 GKG gesondert zu berechnen; Gesamtschuldner gelten als ein Schuldner. Die Dokumentenpauschale ist auch im erstinstanzlichen Musterverfahren nach dem KapMuG gesondert zu berechnen.	

2 *Hartmann*, KostG, Vorbem. 2 KVFamGKG Rn 4.

Nr.	Auslagentatbestand	Höhe
	(2) Werden zum Zweck der Überlassung von elektronisch gespeicherten Dateien Dokumente zuvor auf Antrag von der Papierform in die elektronische Form übertragen, beträgt die Dokumentenpauschale nach Nummer 2 nicht weniger, als die Dokumentenpauschale im Fall der Nummer 1 betragen würde.	
	(3) Frei von der Dokumentenpauschale sind für jede Partei, jeden Beteiligten, jeden Beschuldigten und deren bevollmächtigte Vertreter jeweils	
	1. eine vollständige Ausfertigung oder Kopie oder ein vollständiger Ausdruck jeder gerichtlichen Entscheidung und jedes vor Gericht abgeschlossenen Vergleichs,	
	2. eine Ausfertigung ohne Tatbestand und Entscheidungsgründe und	
	3. eine Kopie oder ein Ausdruck jeder Niederschrift über eine Sitzung.	
	§ 191 a Abs. 1 Satz 5 GVG bleibt unberührt.	

I. Allgemeines

1 Nr. 9000 KV regelt die Pauschale, die für die Herstellung und Überlassung von Dokumenten als Auslage erhoben wird. Bei der Dokumentenpauschale ist zu unterscheiden zwischen

- auf Antrag angefertigten oder auf Antrag per Telefax übermittelten Ausfertigungen, Kopien und Ausdrucken bis zu einer Größe von DIN A3 (**Nr. 1 Buchst. a**),
- angefertigten Ausfertigungen, Kopien und Ausdrucken bis zu einer Größe von DIN A3, weil die Partei oder ein Beteiligter seiner Verpflichtung zur Beifügung von erforderlichen Mehrfertigungen nicht nachgekommen ist (**Nr. 1 Buchst. b**),
- auf Antrag angefertigten oder auf Antrag per Telefax übermittelten Ausfertigungen, Kopien und Ausdrucken in einer Größe von mehr als DIN A3 (**Nr. 2 iVm Nr. 1 Buchst. a**),
- angefertigten Ausfertigungen, Kopien und Ausdrucken in einer Größe von mehr als DIN A3, weil die Partei oder ein Beteiligter seiner Verpflichtung zur Beifügung von erforderlichen Mehrfertigungen nicht nachgekommen ist (**Nr. 2 iVm Nr. 1 Buchst. b**),
- Überlassung von elektronisch gespeicherten Dateien oder deren Bereitstellung zum Abruf anstelle der in Nr. 1 und 2 genannten Ausfertigungen, Kopien und Ausdrucken (**Nr. 3**).

2 Bei der Dokumentenpauschale nach Nr. 1 und Nr. 2 ist zum einen nach **Formaten** zu unterscheiden: Ausfertigungen, Kopien und Ausdrucken bis zu einer **Größe von DIN A3** fallen unter Nr. 1, in einer Größe von

mehr als DIN A3 unter Nr. 2. Zum anderen hängt die Höhe der Dokumentenpauschale davon ab, ob die Ausfertigungen, Kopien und Ausdrucke in **Schwarz-Weiß** oder in **Farbe** angefertigt werden.

Nr. 9000 KV ist durch das 2. KostRMoG[1] zum 1.8.2013 geändert worden. Insbesondere ist der Begriff **3** „Ablichtung" durch den Begriff „Kopie" ersetzt worden. Die Dokumentenpauschale für die Überlassung elektronischer Dokumente (Nr. 9000 Nr. 3 KV) ist von 2,50 € auf 1,50 € ermäßigt worden. Nr. 9000 VV differenziert seitdem für die Höhe der Pauschale zwischen Schwarz-Weiß-Kopien und Farbkopien. Für Farbkopien sind die doppelten Sätze bestimmt (1,00 € statt 0,50 € und 0,30 € statt 0,15 €). Schließlich wird für die Höhe der Pauschale zwischen Ausfertigungen, Kopien und Ausdrucken bis zu einer Größe von DIN A3 und einer Größe von mehr als DIN A3 unterschieden.

Zur Änderung von Abs. 3 S. 2 der Anm. zu Nr. 9000 KV durch das am 1.7.2014 insoweit in Kraft getretene **4** Gesetz zur Förderung des elektronischen Rechtsverkehrs mit den Gerichten[2] → Rn 26, 64 ff.

II. Begriffsbestimmung

Durch den in Nr. 9000 KV verwendeten Begriff **„Pauschale"** bringt der Gesetzgeber zum Ausdruck, dass **5** mit der Pauschale sämtliche mit der Herstellung und Überlassung der Dokumente verbundenen Kosten abgegolten sind. Insbesondere anlässlich der Herstellung und Überlassung anfallende Personal- und Materialkosten werden daher von der Pauschale erfasst. Abgegolten sind die Kosten für die Anschaffung und Unterhaltung der für die Herstellung und Überlassung erforderlichen technischen Geräte (Kopierer, Faxgeräte, Computeranlagen), für Strom- und Papierverbrauch sowie die anderen Arbeitsvorgänge der Justiz. Die Verwendung des Wortes **„Dokument"** zeigt, dass es nicht auf die Art der Herstellung, sondern das Produkt ankommt.

Unter die Dokumentenpauschale iSv Nr. 1 und 2 fallen solche Kosten, die für die **Herstellung von Ausfertigungen, Kopien oder Ausdrucken** anfallen. Das Wort „und" in Nr. 1 hat die Bedeutung eines „oder". Nr. 1 verlangt also nicht kumulativ eine Ausfertigung, Kopie *und* einen Ausdruck. Dokumentenpauschale i.S.v. Nr. Nr. 3 sind die Kosten, die durch die **Überlassung von elektronisch gespeicherten Dateien** oder deren **Bereitstellung zum Abruf**[3] entstehen. **6**

III. Dokumentenpauschale nach Nr. 1 (bis zu einer Größe von DIN A3)

1. Dokumente. a) Ausfertigung und Urschrift. Mit dem Begriff „Ausfertigung" in Nr. 9000 KV ist nicht **7** die die Urschrift im Rechtsverkehr vertretende bzw ersetzende Ausfertigung iSv § 47 BeurkG oder der ZPO[4] gemeint. Eine Ausfertigung iSv Nr. 9000 KV ist ein Dokument mit Urkundencharakter, das die zuständige Gerichtsperson (Richter, Rechtspfleger, Urkundsbeamter der Geschäftsstelle) unterschrieben hat und das zur Herausgabe bestimmt ist und keine Urschrift darstellt.[5] Der kostenrechtliche Begriff der Ausfertigung geht damit über den prozessualen oder verfahrensrechtlichen Begriff hinaus.

Für die Herstellung und Überlassung der **Urschrift** entsteht keine Dokumentenpauschale. Deshalb wird keine Dokumentenpauschale ausgelöst, wenn den Parteien oder Beteiligten ein Zeugnis oder eine Bescheinigung erteilt wird. Die Erteilung der **Vollstreckungsklausel**, eines **Notfrist- oder Rechtskraftzeugnisses** oder die **Bescheinigung des Zustellungszeitpunkts** ist deshalb auslagenfrei.[6] Auch gerichtliche Schreiben an die Parteien oder Beteiligten lösen keine Dokumentenpauschale aus. Das gilt auch dann, wenn es sich um mehrere inhaltsgleiche Schreiben an verschiedene Parteien oder Beteiligte handelt. Auf die Anzahl der Urschriften und deren Umfang kommt es also nicht an. **8**

Wenn Kopien angefertigt werden müssen, um die **Gerichtsakte anlegen** zu können, entsteht mangels eines **9** entsprechenden Tatbestands keine Dokumentenpauschale.[7]

b) Kopien und Scans. Nach Nr. 1 und Nr. 2 entsteht die Dokumentenpauschale für Kopien. **Kopien** werden **10** idR durch einen Fotokopierer hergestellt. Die Herstellungsart ist jedoch unerheblich. Die Vorschrift gilt daher nicht nur für Fotokopien, sondern – soweit diese überhaupt noch vorkommen – auch für Durchschläge mit Blaupapier sowie selbstdurchschreibende Durchschläge. Auch mit einem Faxgerät mit Kopierfunktion kann eine Kopie erstellt werden. Bis zur Änderung durch das 2. KostRMoG zum 1.8.2013 ist in Nr. 1 der Begriff „Ablichtung" verwendet worden. Mit dem Begriff „Kopie" will der Gesetzgeber zunächst eine heute gebräuchlichere Bezeichnung einführen. Daneben soll die Änderung aber insb. Missverständnisse bei der Erstellung von elektronischen Dokumenten durch Scannen/Einscannen vermeiden.[8]

---

1 Vom 23.7.2013 (BGBl. I 2586). **2** Vom 10.10.2013 (BGBl. I 3786). **3** Eingefügt zum 1.8.2013 durch 2. KostRMoG v. 23.7.2013 (BGBl. I 2586). **4** Vgl *Zöller/Stöber*, ZPO, § 169 Rn 13. **5** HK-FamGKG/*Mayer*, Nr. 2000 KV Rn 9; *Oestreich/Hellstab/Trenkle*, GKG Nr. 9000 KV Rn 7. **6** *Oestreich/Hellstab/Trenkle*, GKG Nr. 9000 KV Rn 7; *Meyer*, GKG Nr. 9000 KV Rn 17. **7** BFH 4.2.2003 – X E 9/02, BFH/NV 2003, 650. **8** BT-Drucks 17/11471, S. 446, 238.

11 Wird ein Dokument **eingescannt** und im Computer oder auf einem externen Datenträger gespeichert, ist nach der vor dem Inkrafttreten des 2. KostRMoG zum 1.8.2013 hM ebenfalls eine Ablichtung erstellt worden. Das ist damit begründet worden, dass den Regelungen zur Dokumentenpauschale in einzelnen Kostengesetzen nicht zu entnehmen war, dass Ablichtungen in Papierform hergestellt werden müssen.[9] Denn auch ein Scanner stelle Ablichtungen her, weil es sich um ein Gerät zur optischen Datenerfassung handele. Mit der Ersetzung des Begriffs „Ablichtung" durch den Begriff „Kopie" in Nr. 9000 KV will der Gesetzgeber klarstellen, dass ein **eingescanntes Dokument keine „Ablichtung"** ist und es sich nicht um eine Kopie iSv Nr. 9000 KV handelt. Kopie iSd Kostenrechts ist nach Auffassung des Gesetzgebers die Reproduktion einer Vorlage auf einem körperlichen Gegenstand, zB Papier, Karton oder Folie.[10] Nur wenn ein eingescanntes Dokument ausgedruckt wird, kann unter den Voraussetzungen von Nr. 9000 KV die Dokumentenpauschale für den Ausdruck entstehen.

12 Das **Einscannen eines Dokuments** wird nur nach der ebenfalls durch das 2. KostRMoG eingeführten **Anm. Abs. 2** zu Nr. 9000 KV bei der Berechnung der Dokumentenpauschale berücksichtigt: Wenn die Übermittlung eines Dokuments als elektronische Datei ausdrücklich beantragt wird, das Dokument aber nur in Papierform vorliegt, soll für das dann erforderliche vorherige Einscannen des Dokuments mindestens der Betrag erhoben werden, der auch bei der Fertigung einer Kopie oder bei der Übermittlung per Fax angefallen wäre (→ Rn 53 f).[11]

12a In den Motiven des Gesetzgebers zur Änderung von Nr. 9000 KV durch das 2. KostRMoG zum 1.8.2013 wird wegen der Änderung des Begriffs „Ablichtung" in „Kopie" auf die Begründung zu § 11 GNotKG Bezug genommen.[12] Aus der Begründung zu § 11 GNotKG ergibt sich zur Ersetzung des Begriffs „Ablichtung" durch den Begriff „Kopie" Folgendes:[13]

„Der Entwurf sieht im gesamten Gerichts- und Notarkostengesetz die Verwendung des Begriffs „Kopie" anstelle des Begriffs „Ablichtung" vor. Grund der Änderung ist – neben der Einführung einer heute gebräuchlicheren Bezeichnung – die Vermeidung von Missverständnissen bei der Erstellung von elektronischen Dokumenten (Scans). Da auch beim Scannen in der Regel das Papierdokument „abgelichtet" wird, wird zum Teil unter den Begriff der „Ablichtung" auch ein eingescanntes Dokument verstanden. Nunmehr soll klargestellt werden, dass es sich hierbei gerade nicht um Ablichtungen im Sinne des geltenden Rechts und damit auch nicht um Kopien im Sinne des Gerichts- und Notarkostengesetzes handelt. Kopie im Sinne des Kostenrechts ist die Reproduktion einer Vorlage auf einem körperlichen Gegenstand, beispielsweise Papier, Karton oder Folie."

Mit der Ersetzung des Begriffs „Ablichtung" durch den Begriff „Kopie" in Nr. 9000 Nr. 1 KV wollte der Gesetzgeber also klarstellen, dass ein eingescanntes Dokument entgegen der früheren hM keine „Ablichtung" ist und es sich auch nicht um eine Kopie handelt. Kopie im Sinne des Kostenrechts ist nach Auffassung des Gesetzgebers die Reproduktion einer Vorlage auf einem körperlichen Gegenstand, bspw Papier, Karton oder Folie.[14] Das Speichern eines Dokuments auf einem externen Datenträger wie einem USB-Stick, einer externen Festplatte, einer CD-ROM oder einer DVD oder letztlich auf der Festplatte des Computers ist dagegen keine Reproduktion auf einem körperlichen Gegenstand.[15] Eine Reproduktion ist eine Nachbildung, beinhaltet also insb. dieselbe Verwendungsfähigkeit wie die Vorlage. Nur wenn ein eingescanntes Dokument ausgedruckt wird, kann daher unter den Voraussetzungen von Nr. 9000 KV die Dokumentenpauschale für den Ausdruck entstehen.

Ob der Verweis in der Begründung zu Nr. 9000 KV GKG bzw Nr. 7000 VV RVG auf die Begründung zu § 11 GNotKG[16] vom Gesetzgeber als vollumfängliche inhaltliche Verweisung beabsichtigt war, wird tlw. für zweifelhaft gehalten.[17] Das wird zunächst damit begründet, dass der Gesetzgeber diese inhaltliche Änderung insb. auch im Auslagentatbestand selbst hätte zum Ausdruck bringen müssen. Außerdem zeige die Differenzierung zwischen „Kopie" und „Ausdruck" im Auslagentatbestand, dass nur der Ausdruck eine Verkörperung des Dokuments verlange, die Kopie aber gerade sowohl in Papierform als auch als elektronische Datei erstellt werden dürfe.[18] Die Dokumentenpauschale solle zudem weniger den Material-, als vielmehr den Personalaufwand bei der Erstellung von Kopien abgelten. Dieser sei beim bloßen Einscannen und beim Kopieren im Wesentlichen gleich, so dass eine unterschiedliche Behandlung bei der Entstehung der

---

9 Vgl zu Nr. 7000 VV RVG: OLG Bamberg AGS 2006, 432 = JurBüro 2006, 588; LG Kleve AGS 2012, 64 = RVGreport 2012, 31; LG Dortmund RVGreport 2010, 108 = AGS 2010, 125; aA SG Dortmund 10.6.2009 – S 26 R 245/06, juris. **10** BT-Drucks 17/11471 (neu), S. 156. **11** BT-Drucks 17/11471 (neu), S. 235. **12** BT-Drucks 17/11471 (neu), S. 249; vgl auch *Klüsener*, JurBüro 2016, 2. **13** BT-Drucks 17/11471 (neu), S. 156. **14** BT-Drucks 17/11471 (neu), S. 156; KG AGS 2015, 569 = NStZ-RR 2016, 63 = RVGreport 2015, 464 = JurBüro 2016, 18; KG 28.8.2015 – 1 Ws 59/15, juris. **15** So aber *Meyer*, JurBüro 2014, 127. **16** BT-Drucks 17/11471 (neu), S. 284, 156. **17** *Klüsener*, JurBüro 2016, 2; *Meyer*, JurBüro 2014, 127; *Reckin*, AnwBl 2015, 59. **18** So schon zur früheren Rechtslage: BayLSG AGS 2013, 121 = RVGreport 2013, 153.

Dokumentenpauschale nur schwer nachvollziehbar sei. Abgesehen von den Motiven des Gesetzgebers gebe es keine plausiblen Gründe für eine unterschiedliche Behandlung des Kopierens und Einscannens.[19]

Aus Anm. Abs. 2 kann nicht der Schluss gezogen werden, dass der Gesetzgeber das Einscannen der Fertigung einer Kopie grds. gleichsetzt.[20] Nur wenn die Übermittlung eines Dokuments als elektronische Datei (Nr. 9000 Nr. 3 KV) ausdrücklich beantragt wird, das Dokument aber dem Anwalt nur in Papierform vorliegt, wird für das dann erforderliche vorherige Einscannen des Dokuments mindestens der Betrag erhoben, der auch bei der Fertigung einer Kopie nach Nr. 1 angefallen wäre. Die Regelung kann auch so verstanden werden, dass abgesehen von dem in Anm. Abs. 2 geregelten Ausnahmefall das Einscannen ansonsten grds. nicht vergütungsrelevant ist.

Es mag zwar, insb. im Lichte der Einführung des elektronischen Rechtsverkehrs,[21] nicht mehr zeitgemäß erscheinen, für die Entstehung der Dokumentenpauschale die Fertigung der Reproduktion einer Vorlage auf einem körperlichen Gegenstand zu fordern. Insbesondere ein Rechtsanwalt, der sich moderner technischer Hilfsmittel bedient und papierlos arbeitet, könnte in der Tat dadurch verleitet sein, nur zu Abrechnungszwecken Ausdrucke oder körperliche Kopien zu fertigen.[22] Das gilt insb. dann, wenn in der Büroorganisation des Rechtsanwalts sämtliche Posteingänge ohnehin sogleich eingescannt und digitalisiert werden und deshalb nur elektronische Akten verwendet werden.

Allerdings ist der Gesetzgeber berufen, insoweit eine gesetzliche Klarstellung herbeizuführen. Angesichts des klaren geänderten Gesetzeswortlauts (Änderung von „Ablichtung" in „Kopie") und der gesamten Motive des Gesetzgebers zur Dokumentenpauschale im 2. KostRMoG wird davon ausgegangen werden müssen, dass das bloße Einscannen keine Dokumentenpauschale auslöst.[23] Die Begriffe „Ablichtung" und „Kopie" müssen damit in allen Kostengesetzen im Sinne der ausdrücklich als Klarstellung bezeichneten Gesetzesbegründung gesehen werden.[24] Schließlich weist das KG für die Anwaltschaft zutreffend darauf hin, dass die unterschiedliche Erstattung von Kopien in Papierform und Ablichtungen in elektronischer Form nicht zwingend zu einer ungleichen Behandlung identischer Sachverhalte führt. Bei der Fertigung von Kopien muss der Rechtsanwalt nämlich ggf. zusätzliche Kosten für Papier, Toner, Aktenordner und Lagerraum aufwenden.[25]

c) Ausdrucke. Ein auslagenpflichtiger **Ausdruck** wird hergestellt, wenn mittels eines PC-Druckers oder eines vergleichbaren Gerätes Mehrfertigungen des Original- oder Erstdokuments ausgedruckt werden. **13**

2. Anfertigung oder Übermittlung per Telefax auf Antrag (Nr. 1 Buchst. a). Die Entstehung der Dokumentenpauschale nach Nr. 1 Buchst. a setzt voraus, dass Ausfertigungen, Kopien oder Ausdrucke **auf Antrag angefertigt** oder **auf Antrag per Telefax übermittelt** worden sind und die Anfertigung oder Übermittlung nicht nach Anm. Abs. 3 S. 1 auslagenfrei zu erfolgen hat. **14**

Erforderlich ist ein von einer **Partei** oder einem **Beteiligten** (Streitgenosse, Streitgehilfe, Angeklagter, Betroffener) bzw dem **Prozess- oder Verfahrensbevollmächtigten** gestellter **Antrag**.[26] Wird der Antrag von einem nicht am Verfahren beteiligten **Dritten** gestellt, richtet sich die Dokumentenpauschale nach dem JVKostG. **15**

Gemäß § 317 Abs. 2 S. 1 ZPO werden Ausfertigungen von Urteilen nur auf Antrag und nur in Papierform erteilt. Ansonsten werden gem. § 317 Abs. 1 S. 1 ZPO die Urteile den Parteien, verkündete Versäumnisurteile nur der unterliegenden Partei in **Abschrift** zugestellt. Hinsichtlich der Frage, inwieweit nach Anm. Abs. 3 hier Auslagenfreiheit bestehen kann, → Rn 56 und 60.

Wenn eine Ausfertigung, Kopie oder ein Ausdruck ohnehin **von Amts wegen** erteilt werden muss (zB Urteils- oder Beschlussausfertigungen), löst ein gleichwohl gestellter **überflüssiger Antrag** keine Dokumentenpauschale aus.[27] Allerdings wird es hier häufig bereits an den Merkmalen „Ausfertigung, Kopie oder Ausdruck" fehlen (→ Rn 7 ff).

Die Dokumentenpauschale entsteht nur, wenn das **Gericht** Ausfertigungen, Kopien oder Ausdrucke anfertigt oder durch einen Dritten kostenpflichtig anfertigen lässt. Fertigt zB ein Rechtsanwalt im Rahmen der **Akteneinsicht/Aktenversendung** Kopien aus der Akte an, kann nur der Rechtsanwalt hierfür eine Dokumentenpauschale nach Nr. 7000 Nr. 1 Buchst. a VV RVG abrechnen, nicht aber das Gericht. Für die Aktenversendung an den Rechtsanwalt entsteht allerdings ggf die **Aktenversendungspauschale** nach Nr. 9003 KV. **16**

---

19 *Klüsener*, JurBüro 2016, 2. **20** So aber *Klüsener*, JurBüro 2016, 2. **21** So auch *Reisert*, AnwBl BE 2015, 398. **22** Vgl *Klüsener*, JurBüro 2016, 2; OLG Bamberg AGS 2006, 432 = StraFo 2006, 389 = NJW 2006, 3504 = JurBüro 2006, 588 = StV 2007, 485 = RVGreport 2006, 354. **23** KG AGS 2015, 569 = NStZ-RR 2016, 63 = RVGreport 2015, 464 = zfs 2015, 705; KG 28.8.2015 – 1 Ws 59/15, juris; Gerold/Schmidt/*Müller-Rabe*, Nr. 7000 VV Rn 15; *Hansens*, zfs 2015, 706, Anm. zu KG zfs 2015, 705; *Schneider*, Fälle und Lösungen zum RVG, 4. Aufl., § 38 Rn 13; Burhoff/*Schmidt*, RVG Straf- und Bußgeldsachen, Nr. 7000 VV Rn 10. **24** KG AGS 2015, 569 = NStZ-RR 2016, 63 = RVGreport 2015, 464 = zfs 2015, 705; KG 28.8.2015 – 1 Ws 59/15, juris. **25** KG AGS 2015, 569 = NStZ-RR 2016, 63 = RVGreport 2015, 464 = zfs 2015, 705; KG 28.8.2015 – 1 Ws 59/15, juris. **26** Binz/Dörndorfer/*Zimmermann*, Nr. 9000 KV GKG Rn 17. **27** Binz/Dörndorfer/*Zimmermann*, Nr. 9000 KV GKG Rn 17; HK-FamGKG/*Mayer*, Nr. 2000 KV Rn 7.

17 Lässt sich eine Partei oder ein Beteiligter die Akte nicht vom Gericht übersenden, um selbst Kopien aus ihr zu fertigen, sondern fertigt das Gericht antragsgemäß Kopien aus der Akte an, kann der hierdurch anfallenden Dokumentenpauschale nicht entgegengehalten werden, dass die Kopien wesensnotwendig zur Gewährung rechtlichen Gehörs hätten erstellt werden müssen.[28]

18 **3. Fehlende Beifügung von Mehrfertigungen (Nr. 1 Buchst. b Alt. 1). a) Gesetzliche Verpflichtung.** Werden Ausfertigungen, Kopien oder Ausdrucke angefertigt, weil die Partei oder ein Beteiligter es **unterlassen** hat, die **erforderliche Zahl von Mehrfertigungen** beizufügen, entsteht die Dokumentenpauschale nach Nr. 9000 Nr. 1 Buchst. b Alt. 1 KV. Die Dokumentenpauschale nach Nr. 1 Buchst. b Alt. 1 setzt voraus, dass die maßgebende Prozess- oder Verfahrensordnung eine **gesetzliche Verpflichtung** zur Beifügung der Mehrfertigungen enthält. Keine Dokumentenpauschale entsteht, wenn Erklärungen **zu Protokoll der Geschäftsstelle** abgegeben werden oder Abschriften **von Amts wegen** vom Gericht anzufertigen sind (vgl zB § 105 Abs. 3 ZPO). Hier sind die erforderlichen Abschriften auslagenfrei vom Gericht anzufertigen.[29]

19 In **bürgerlichen Rechtsstreitigkeiten** sind die Klageschrift sowie sonstige Anträge und Erklärungen einer Partei, die zugestellt werden sollen, gem. § 253 Abs. 5 S. 1 ZPO bei dem Gericht schriftlich unter Beifügung der für ihre Zustellung oder Mitteilung erforderlichen Zahl von Abschriften einzureichen. Werden diese Mehrfertigungen, ggf auf entsprechende Aufforderung hin, nicht eingereicht, löst die Anfertigung der erforderlichen Mehrfertigungen durch das Gericht die Dokumentenpauschale aus.

20 Im **sozialgerichtlichen Verfahren** ist § 93 SGG zu beachten. Der Klageschrift, den sonstigen Schriftsätzen und nach Möglichkeit den Unterlagen sind vorbehaltlich des § 65 a Abs. 2 S. 2 SGG Abschriften für die Beteiligten beizufügen. Sind die erforderlichen Abschriften nicht eingereicht, so fordert sie das Gericht nachträglich an oder fertigt sie selbst an. Die **Kosten für die Anfertigung** (Dokumentenpauschale) können von dem Kläger eingezogen werden.[30] Das gilt auch in den kostenfreien Verfahren nach § 183 S. 5 SGG.[31]

21 Auch im **verwaltungsgerichtlichen Verfahren** sollen gem. § 81 Abs. 2 VwGO der Klage und allen Schriftsätzen vorbehaltlich des § 55 a Abs. 2 S. 2 VwGO Abschriften für die übrigen Beteiligten beigefügt werden. Geschieht das nicht und fertigt das Gericht die Mehrfertigungen an, entsteht die Dokumentenpauschale.[32]

Im **finanzgerichtlichen Verfahren** sollen gem. §§ 64 Abs. 2, 77 Abs. 1 S. 3 FGO der Klage und den Schriftsätzen Abschriften für die übrigen Beteiligten beigefügt werden, auch für eine verfahrensgegnerische Behörde.[33] Geschieht das nicht und fertigt das Gericht die Mehrfertigungen an, entsteht die Dokumentenpauschale, auch wenn § 77 Abs. 1 S. 4 FGO für die Schriftsätze anordnet, dass diese den Beteiligten von Amts wegen zu übermitteln sind.[34]

22 Der Antrag auf Erlass eines **Pfändungs- und Überweisungsbeschlusses** (§§ 829, 835 ZPO) ist vom Gläubiger einfach ohne Beifügung von Mehrfertigungen beim Vollstreckungsgericht zu stellen, weil weder der Schuldner noch der Drittschuldner vor der Entscheidung gehört werden (§ 834 ZPO).[35] Die Fertigung von Ausfertigungen oder Kopien des Antrags durch das Vollstreckungsgericht ohne entsprechenden Gläubigerantrag löst deshalb keine Dokumentenpauschale nach Nr. 9000 Nr. 1 Buchst. b Alt. 1 KV aus, weil eine gesetzliche Verpflichtung zur Beifügung von Mehrfertigungen auch nicht aus einer analogen Anwendung von § 11 Abs. 1 S. 1 ZPO folgt.[36] Auch die Fertigung von Mehrfertigungen des erlassenen Pfändungs- und Überweisungsbeschlusses zum Zwecke der Zustellung ist nicht Aufgabe des Vollstreckungsgerichts, sondern ggf des vom Gläubiger beauftragten Gerichtsvollziehers. Der Gerichtsvollzieher und nicht das Vollstreckungsgericht stellt deshalb nach dem GvKostG auslagenpflichtige Mehrfertigungen her.[37] Der Gläubiger und der Gläubiger-Vertreter erhalten vom Vollstreckungsgericht jeweils nach Anm. Abs. 3 S. 1 eine auslagenfreie Beschlussausfertigung.[38]

23 Weitere gesetzliche Verpflichtungen zur Beifügung von Mehrfertigungen bzw von Abschriften sind ferner – jeweils iVm § 133 ZPO –, zB geregelt in:
- § 103 Abs. 2 S. 2 ZPO (Beifügung einer zur Mitteilung an den Gegner bestimmten Abschrift der Kostenberechnung im Kostenfestsetzungsverfahren),
- § 131 Abs. 1 ZPO (Beifügung der Urkunden in Urschrift oder in Abschrift, auf die in dem vorbereitenden Schriftsatz Bezug genommen wird),

28 AG Göttingen JurBüro 2011, 489 = ZInsO 2011, 1019. **29** Binz/Dörndorfer/*Zimmermann*, Nr. 9000 KV GKG Rn 20; *Oestreich/Hellstab/Trenkle*, GKG Nr. 9000 KV Rn 10. **30** LSG Bln-Bbg 18.3.2013 – L 3 SF 189/12 E, juris. **31** LSG Bln-Bbg 18.3.2013 – L 3 SF 189/12 E, juris. **32** OVG Sachsen 22.3.2010 – 2 E 158/09, RVGreport 2010, 477; OVG Sachsen 1.2.2012 – 4 A 866/10, juris. **33** HessFG 25.3.2014 – 4 Ko 529/14, juris. **34** HessFG 25.3.2014 – 4 Ko 529/14, juris; FG Köln 4.3.2002 – 10 Ko 6401/01, EFG 2002, 785; vgl auch FG BW 20.7.2000 – 4 Ko 4/00, EFG 2000, 1150. **35** AG Bad Segeberg 3.2.2014 – 6 a M 1459/13, juris. **36** AG Bad Segeberg 3.2.2014 – 6 a M 1459/13, juris; vgl auch LG Hamburg DGVZ 2005, 77. **37** AG Bad Segeberg 3.2.2014 – 6 a M 1459/13, juris; AG Regensburg DGVZ 2008, 82. **38** AG Bad Segeberg 3.2.2014 – 6 a M 1459/13, juris.

- § 133 Abs. 1 ZPO (Beifügung der für die Zustellung erforderlichen Zahl von Abschriften der Schriftsätze und deren Anlagen),[39]
- § 340 a S. 3 ZPO (Beifügung der erforderlichen Zahl von Abschriften bei Einspruchsschrift) sowie
- im Rechtsmittelverfahren §§ 521, 525 und 549 Abs. 1 ZPO.

b) WEG-Sachen. Unter den in § 48 Abs. 1 WEG genannten Voraussetzungen sind bei bestimmten Klagen **24** eines Wohnungseigentümers nur gegen einen oder einzelne Wohnungseigentümer oder nur gegen den Verwalter die übrigen Wohnungseigentümer beizuladen, es sei denn, dass ihre rechtlichen Interessen erkennbar nicht betroffen sind. Die **Beiladung** erfolgt durch Zustellung der Klageschrift, der die Verfügungen des Vorsitzenden beizufügen sind. Treten Wohnungseigentümer im Anschluss an eine ordnungsgemäße Beiladung dem Rechtsstreit nicht bei, sind für diese Wohnungseigentümer vom Kläger seinen Schriftsätzen auch keine Mehrfertigungen beizufügen. Fertigt das Gericht Mehrfertigungen für nicht beigetretene Wohnungseigentümer an, kann hierfür keine Dokumentenpauschale erhoben werden.[40]

c) Keine Hinweispflicht des Gerichts. Es besteht **keine gesetzliche Verpflichtung** für das Gericht, auf fehlen- **25** de Mehrfertigungen hinzuweisen und dadurch Gelegenheit zu geben, zur Vermeidung der gerichtlichen Dokumentenpauschale die fehlenden Exemplare selbst einzureichen. Ob ein entsprechender Hinweis erfolgt, liegt vielmehr allein im Ermessen des Gerichts.[41]

d) Elektronische Einreichung. Sofern die Einreichung der Klageschrift **elektronisch** möglich ist, bedarf es **26** einer Beifügung von Abschriften gem. § 253 Abs. 5 S. 2 ZPO nicht. Auf das am 1.7.2014 in Kraft getretene **Gesetz zur Förderung des elektronischen Rechtsverkehrs**[42] wird hingewiesen. Erforderliche Mehrfertigungen sind durch das Gericht dann **auslagenfrei** anzufertigen.[43] Die Pauschale nach Nr. 3 kann allerdings entstehen.[44]

4. Ausdruck von per Telefax übermittelten Mehrfertigungen (Nr. 1 Buchst. b Alt. 2). a) Motive des Gesetz- **27** **gebers.** Nach Nr. 9000 Nr. 1 Buchst. b Alt. 2 KV steht es der Anfertigung von Ausfertigungen, Kopien oder Ausdrucken gleich, wenn per Telefax übermittelte **Mehrfertigungen** von der Empfangseinrichtung des Gerichts ausgedruckt werden. Mit dieser zum 31.12.2006 durch das 2. Justizmodernisierungsgesetz[45] eingeführten Regelung will der Gesetzgeber erreichen, dass die Dokumentenpauschale auch dann erhoben wird, wenn die Partei die Mehrfertigungen für die Zustellung an den Gegner (§ 133 Abs. 1 ZPO) in der Weise „beifügt", dass die Schriftsätze **mehrfach gefaxt** werden. Denn in diesen Fällen entstünden der Justiz zusätzliche Kosten für Papier und Drucker.[46]

b) Begriffsbestimmung „Mehrfertigung". Nr. 9000 Nr. 1 Buchst. b Alt. 2 KV erläutert den Begriff der **28** Mehrfertigung nicht. Eine Mehrfertigung iSv Nr. 1 Buchst. b Alt. 2 liegt nicht vor, wenn insb. in bürgerlichen Rechtsstreitigkeiten der Prozessbevollmächtigte (zur Fristwahrung) einen Schriftsatz vorab einmal per **Telefax** oder auch **Computerfax** und anschließend dessen Urschrift per das Original nebst den erforderlichen **Abschriften gesondert** per Post, Boten oder Briefeinwurf übermittelt. Eine Mehrfertigung wird hier durch das Faxgerät des Gerichts nicht ausgedruckt, sondern eine **Erstfertigung**, die keine Dokumentenpauschale auslöst.[47] Die Dokumentenpauschale entsteht demnach nicht, wenn ein Schriftsatz **nur einmal** durch das Telefaxgerät des Gerichts ausgedruckt wird.[48]

Übermittelt die Partei bzw deren Prozessbevollmächtigter aber den Schriftsatz, die beglaubigte Abschrift **29** und die einfache Abschrift **nur per Telefax**, stellt der Ausdruck des Originalschriftsatzes durch das Telefaxgerät des Gerichts zwar noch keine Mehrfertigung dar, wohl aber der Ausdruck der **beglaubigten Abschrift**. Denn diese dient der Zustellung an den Gegner (§ 133 Abs. 1 ZPO).[49] Die Dokumentenpauschale nach Nr. 1 Buchst. b Alt. 2 entsteht demnach, wenn **derselbe Schriftsatz mehrfach** per Telefax an das Gericht übermittelt und dort ausgedruckt wird.[50] Dasselbe gilt, wenn derselbe Schriftsatz einschließlich Mehrfertigungen per **Computerfax** übersandt und anschließend von dem PC-Drucker mehrfach ausgedruckt wird.[51]

Nach den Motiven des Gesetzgebers[52] soll die Dokumentenpauschale erhoben werden, wenn die Partei die **30** Mehrfertigungen **für die Zustellung an den Gegner** in der Weise „beifügt", dass die Schriftsätze **mehrfach gefaxt** werden. Der Ausdruck der **einfachen Abschrift** ist für die Zustellung an den Gegner nicht erforderlich, so dass vor diesem Hintergrund insoweit die Entstehung der Dokumentenpauschale verneint werden

39 AG Gießen ZInsO 2001, 184 = NZI 2001, 271. **40** LG Stuttgart 13.2.2013 – 19 T 250/12, MietRB 2013, 120. **41** OVG Sachsen 22.3.2010 – 2 E 158/09, RVGreport 2010, 477. **42** Vom 10.10.2013 (BGBl. I 3786). **43** Binz/Dörndorfer/*Zimmermann*, Nr. 9000 KV GKG Rn 25; BT-Drucks 15/4067, S. 31. **44** Binz/Dörndorfer/*Zimmermann*, Nr. 9000 KV GKG Rn 25. **45** Vom 22.12.2006 (BGBl. I 3416). **46** BT-Drucks 16/3038, S. 52. **47** OLG Naumburg AGS 2013, 86 = RVGreport 2013, 160; *Hansens*, RVGreport 2007, 201. **48** OLG Naumburg AGS 2013, 86 = RVGreport 2013, 160; OLG Hamburg 20.4.2010 – 4 W 87/10, juris. **49** *Hansens*, RVGreport 2007, 201. **50** OLG Naumburg AGS 2013, 86 = RVGreport 2013, 160; OLG Hamburg 20.4.2010 – 4 W 87/10, juris; VGH BW NJW 2008, 536 = AGS 2008, 197; LSG Bln-Bbg 28.10.2010 – L 16 SF 277/09 RG, juris. **51** VGH BW NJW 2008, 536 = AGS 2008, 197. **52** BT-Drucks 16/3038, S. 52.

könnte. Allerdings lösen nach dem Gesetzeswortlaut wohl unterschiedslos **sämtliche Mehrfertigungen** eines per Telefax übermittelten Schriftsatzes die Dokumentenpauschale aus.[53]

31   Aus Nr. 1 Buchst. b Alt. 2 ergibt sich daher, dass die Beifügung von Mehrfertigungen nicht nur die Partei oder der Beteiligte unterlässt, die/der Mehrfertigungen überhaupt nicht vorlegt (Nr. 1 Buchst. b Alt. 1), sondern auch die- oder derjenige, der Mehrfertigungen lediglich per Telefax übersendet.[54]

32   c) **Abrechnungsprobleme des Gerichts.** Die Abrechnung der nach Nr. 1 Buchst. b Alt. 2 entstandenen Dokumentenpauschale verursacht häufig praktische Schwierigkeiten. Wenn nämlich die vom Telefax oder auch vom Computerfax ausgedruckten Mehrfertigungen dem Gegner oder dessen Prozessbevollmächtigten als (beglaubigte) Abschriften übersandt werden, kann der Kostenbeamte nicht feststellen, **wie viele Seiten** Mehrfertigungen **tatsächlich ausgedruckt** wurden. Denn bei Aufstellung des Kostenansatzes nach Beendigung des Verfahrens befinden sich die Mehrfertigungen dann nicht mehr in der Akte. Wenn dann zB im Eingangsstempel nicht genau festgehalten ist, wie viele Mehrfertigungen ausgedruckt worden sind, oder wenn diese Mehrfertigungen nicht gesondert in der Akte vermerkt werden, ist die Abrechnung der Dokumentenpauschale insoweit kaum möglich.[55]

33   5. **Höhe (Schwarz-Weiß-Kopien, Farbkopien).** Die Dokumentenpauschale nach Nr. 9000 Nr. 1 KV für Ausfertigungen, Kopien oder Ausdrucke in einer Größe bis DIN A3 beträgt bei:

- Schwarz-Weiß-Kopien: 0,50 € je Seite für die ersten 50 Seiten
                                  0,15 € für jede weitere Seite
- Farbkopien: 1,00 € je Seite für die ersten 50 Seiten
                                  0,30 € für jede weitere Seite

34   Der für die ersten 50 Seiten höhere Satz soll berücksichtigen, dass durch die Herstellung weniger Ausfertigungen, Kopien oder Ausdrucke ein verhältnismäßig höherer Personalaufwand verursacht wird und der für den Sachaufwand maßgebliche Auslastungsrad der Kopiergeräte schwer zu ermitteln ist.[56]

35   Für die Höhe der in Nr. 1 und Nr. 2 geregelten Dokumentenpauschale kommt es nicht auf den Zeitaufwand, die Herstellungsart oder die tatsächlichen Kosten an. Unerheblich ist, ob eine andere Stelle die Kopien oder Ausdrucke hätte billiger fertigen können.[57] Für die Anzahl der abzurechnenden Seiten ist auf die **angefertigte** Ausfertigung, Kopie oder den angefertigten Ausdruck abzustellen. Jede **angefangene Seite** wird voll berücksichtigt.

36   Seit dem Inkrafttreten des 2. KostRMoG zum 1.8.2013 differenziert Nr. 1 zwischen **Schwarz-Weiß-Kopien** und **Farbkopien**. Für die Fertigung von Farbkopien sind seitdem gegenüber Schwarz-Weiß-Kopien die doppelten Sätze festgelegt (1,00 € statt 0,50 € und 0,30 € statt 0,15 €). Eine Farbkopie oder ein Farbausdruck wird gefertigt, wenn das zu kopierende oder auszudruckende Dokument neben schwarzen noch (Schrift-)Zeichen in mindestens einer anderen Farbe enthält. Denn dann kann eine Kopie (Reproduktion einer Vorlage auf einem körperlichen Gegenstand, zB Papier, Karton oder Folie)[58] nur durch einen Farbdrucker bzw Farbkopierer hergestellt werden. Bei **Farbkopien** und **Schwarz-Weiß-Kopien** schreibt Nr. 1 eine gesonderte Zählung der abzurechnenden Seiten vor. Deshalb sind jeweils die ersten 50 Schwarz-Weiß-Kopien bzw die ersten 50 Farbkopien mit 0,50 € bzw 1,00 € zu berechnen. Ab der 51. Kopie erfolgt jeweils die Abrechnung mit 0,15 € bzw 0,30 €.

IV. Dokumentenpauschale nach Nr. 2 (Größe von mehr als DIN A3)

37   1. **Bedeutung der Regelung.** Nr. 9000 Nr. 2 KV unterscheidet sich von der in Nr. 1 geregelten Dokumentenpauschale nur dadurch, dass hier die Höhe der Pauschale für Kopien oder Ausdrucke in einer Größe **von mehr als DIN A3** geregelt wird. Die Regelung ist durch das 2. KostRMoG zum 1.8.2013 eingefügt worden. Grund für die Einfügung war ein entsprechender Vorschlag des Bundesrats,[59] dem der Rechtsausschuss des Bundestags gefolgt ist. Der Bundesrat hatte darauf hingewiesen, dass in der gerichtlichen Praxis mittlerweile Großformatkopierer unterhalten werden, da früher für die Anfertigung von Großformatkopien in Kopierläden erhebliche Kosten angefallen seien. Allerdings decke die Dokumentenpauschale iHv 0,50 €/Seite bzw 0,15 €/Seite die Herstellungskosten von Kopien mit dem Großformatkopierer nicht. Deshalb sei es erforderlich, in Nr. 9000 KV die zu erhebenden Auslagen für die Anfertigung von Kopien mit dem Großformatkopierer aufzunehmen.[60]

---

53 Vgl *Hansens*, RVGreport 2007, 201. **54** VGH BW NJW 2008, 536 = AGS 2008, 197. **55** Vgl *Hansens*, RVGreport 2007, 201. **56** BT-Drucks 10/5113, S. 48. **57** LSG Thüringen 2.9.2015 – L 6 JVEG 618/15, juris; OLG München MDR 1989, 367 = JurBüro 1989, 633 und LG München JurBüro 1997, 483, je für den Rechtsanwalt. **58** BT-Drucks 17/11471 (neu), S. 284, 235, 156. **59** BT-Drucks 17/11471 (neu), S. 307. **60** BT-Drucks 17/11471 (neu), S. 314.

2. Höhe. Anders als bei der in Nr. 1 geregelten Dokumentenpauschale können für Kopien oder Ausdrucke **38** in einer Größe von mehr als DIN A3 die dem Gericht **tatsächlich entstandenen Kosten** in voller Höhe im Kostenansatz (§ 19) berücksichtigt werden. Anstelle der tatsächlich entstandenen Kosten können aber auch **wahlweise pauschal** 3,00 € je Seite bei Schwarz-Weiß-Kopien oder Ausdrucken oder 6,00 € je Seite bei farbigen Kopien oder Ausdrucken angesetzt werden. Ob die tatsächlich entstandenen Kosten in voller Höhe oder die Pauschalbeträge angesetzt werden, entscheidet der Kostenbeamte nach **pflichtgemäßem Ermessen**.[61]

V. Dokumentenpauschale nach Nr. 3

1. Überlassung elektronisch gespeicherter Dateien. Für die Überlassung von elektronisch gespeicherten Da- **39** teien entsteht eine Dokumentenpauschale nach Nr. 9000 Nr. 3 KV, wenn die Überlassung **in elektronischer Form** erfolgt und keine Auslagenfreiheit nach Anm. Abs. 3 besteht. Die elektronische Übermittlung bedeutet Versendung der von der Justiz gespeicherten Datei auf elektronischem Wege, also insb. per E-Mail, DE-Mail oder auf einem **anderen elektronischen Datenübertragungsweg**.

Dass eine elektronische Übermittlung erforderlich ist, ergibt sich auch aus den Motiven des Gesetzgebers **40** zum 2. KostRMoG.[62] Dort heißt es u. a.:

„Die derzeit in § 136 Absatz 3 KostO geregelte Dokumentenpauschale für die Überlassung von elektronisch gespeicherten Dateien soll von 2,50 Euro je Datei auf 1,50 Euro herabgesetzt (Nummer 31000 Nummer 2 KV GNotKG-E) werden. Auf diese Weise soll ein Anreiz geschaffen werden, verstärkt von der Möglichkeit Gebrauch zu machen, die elektronische Versendung von Dokumenten zu beantragen."

Die Dokumentenpauschale nach Nr. 3 entsteht deshalb nicht, wenn (per Post) ein Datenträger übersandt wird, auf dem Dateien elektronisch gespeichert sind.[63]

Für die Überlassung von elektronisch gespeicherten Dateien werden höchstens 5 € erhoben, wenn Doku- **41** mente **in einem Arbeitsgang** überlassen, bereitgestellt oder in einem Arbeitsgang auf **denselben Datenträger** übertragen werden. Dem Rechtsanwalt steht die Dokumentenpauschale danach nicht für die Überlassung jeder elektronisch gespeicherten Datei zu, wenn Dokumente in einem Arbeitsgang überlassen, bereitgestellt oder in einem Arbeitsgang auf denselben Datenträger übertragen werden.

Bei der Berechnung der Dokumentenpauschale, wenn zum Zwecke der Überlassung von elektronischen Da- **42** teien Dokumente zuvor auf Antrag von der Papierform in die elektronische Form übertragen werden, ist **Anm. Abs. 2** zu beachten. Danach beträgt die Dokumentenpauschale nach Nr. 3 nicht weniger, als die Dokumentenpauschale im Fall der Nr. 1 betragen würde. Siehe näher → Rn 53 f.

2. Elektronische Übermittlung elektronisch geführter Akten. Wird die Akte elektronisch geführt und er- **43** folgt ihre Übermittlung auf Antrag elektronisch, entstand bis zum 31.7.2013 die Aktenversendungspauschale nach Nr. 9003 Nr. 2 KV iHv 5,00 €. Die Bestimmung ist durch das 2. KostRMoG zum 1.8.2013 aufgehoben worden. Grund für die Aufhebung ist, dass für die elektronische Übermittlung der elektronisch geführten Akte ausschließlich die Dokumentenpauschale nach Nr. 9000 Nr. 3 KV anfallen soll (→ Nr. 9003 KV Rn 8 ff).[64]

Der durch das Gesetz zur Förderung des elektronischen Rechtsverkehrs mit den Gerichten[65] eingefügte § 31 a BRAO verpflichtet die Bundesrechtsanwaltskammer, für jeden Rechtsanwalt ein **besonderes elektronisches Anwaltspostfach** einzurichten, über das zukünftig die elektronische Kommunikation von Anwälten abgewickelt wird (geplanter Starttermin: 29.9.2016; vgl auch → Nr. 9003 KV Rn 10). Sofern eine elektronische Aktenversendung an das elektronische Anwaltspostfach gem. § 31 a BRAO in Betracht kommt, entsteht hierfür somit keine Aktenversendungspauschale, sondern ggf eine Dokumentenpauschale.[66]

3. Bereitstellung elektronisch gespeicherter Dateien zum Abruf. Das 2. KostRMoG hat Nr. 9000 KV mit **44** Wirkung vom 1.8.2013 um den Fall der **Bereitstellung** elektronisch gespeicherter Dateien **zum Download (Abruf)** ergänzt. Von dieser Möglichkeit wird bei der elektronischen Aktenführung bzw bei laufenden Pilotprojekten bereits Gebrauch gemacht.[67] Die Bereitstellung von elektronisch gespeicherten Dateien zum Download (Abruf) löst unter den in Nr. 3 genannten Voraussetzungen eine Dokumentenpauschale aus.

4. Höhe. Die Dokumentenpauschale für die Übermittlung elektronischer Dokumente ist durch das **45** 2. KostRMoG von 2,50 € auf **1,50 €** ermäßigt worden. Diese Senkung schafft nach Auffassung des Gesetzgebers einen Anreiz, verstärkt von der Möglichkeit Gebrauch zu machen, bei Gericht die elektronische Versendung von Dokumenten zu beantragen.[68] Für die Überlassung von elektronisch gespeicherten Dateien

---

61 Vgl BT-Drucks 17/11471 (neu), S. 237 (für das Wahlrecht des Notars im Rahmen von Nr. 32003 KV GNotKG). **62** Vgl BT-Drucks 17/11471 (neu), S. 235. **63** So auch *Meyer*, GKG, KV 9000 Rn 24 a; *Oestreich/Hellstab/Trenkle*, GKG Nr. 9000 KV Rn 27; HK-FamGKG/*Mayer*, Nr. 2000 KV Rn 27. **64** BT-Drucks 17/11471 (neu), S. 244. **65** Vom 10.10.2013 (BGBl. I 3786). **66** *Volpert*, NJW 2016, 218. **67** Vgl BT-Drucks 17/11471 (neu), S. 235. **68** BT-Drucks 17/11471 (neu), S. 235.

werden aber **höchstens 5,00 €** erhoben, wenn Dokumente **in einem Arbeitsgang** überlassen, bereitgestellt oder in einem Arbeitsgang auf denselben Datenträger übertragen werden. Anm. Abs. 2 regelt, wie die Dokumentenpauschale zu berechnen ist, wenn die Übermittlung als elektronische Datei ausdrücklich beantragt wird, das Dokument aber nur in Papierform vorliegt (→ Rn 53 f).

46 Im Fall der elektronischen Übermittlung wird für die Höhe der Dokumentenpauschale in Nr. 3 nicht danach unterschieden, ob die Vorlage größer als DIN A3 oder farbig ist.[69]

VI. Berechnung der Dokumentenpauschale nach Nr. 1 (Anm. Abs. 1)

47 **1. Für jeden Rechtszug (Anm. Abs. 1 S. 1).** Für die Berechnung und die Höhe der Dokumentenpauschale nach Nr. 1 ist zunächst auf **jeden Rechtszug** abzustellen. In einem weiteren Rechtszug ist also mit der Zählung der ersten 50 Seiten wieder von vorne zu beginnen.

48 **Beispiel:** In der ersten Instanz werden auf Antrag des Klägers 80 Schwarz-Weiß-Kopien, im Berufungsverfahren 55 Schwarz-Weiß-Kopien hergestellt.

I. Erster Rechtszug	
50 Seiten á 0,50 €	25,00 €
30 Seiten á 0,15 €	4,50 €
II. Berufungsinstanz	
50 Seiten á 0,50 €	25,00 €
5 Seiten á 0,15 €	0,75 €
Gesamt	**55,25 €**

49 **Schwarz-Weiß-Kopien** und **Farbkopien** sind ebenfalls in jedem Rechtszug getrennt zu zählen. In einem höheren Rechtszug ist also mit der Zählung der ersten 50 Seiten sowohl für Schwarz-Weiß-Kopien als auch für Farbkopien wieder von vorne zu beginnen.

50 **Beispiel:** In der ersten Instanz werden auf Antrag des Klägers 80 Schwarz-Weiß-Kopien und 10 Farbkopien, im Berufungsverfahren 55 Schwarz-Weiß-Kopien und 20 Farbkopien hergestellt.

I. Erster Rechtszug	
a) Schwarz-Weiß-Kopien	
50 Seiten á 0,50 €	25,00 €
30 Seiten á 0,15 €	4,50 €
b) Farbkopien	
10 Seiten á 1,00 €	10,00 €
II. Berufungsinstanz	
a) Schwarz-Weiß-Kopien	
50 Seiten á 0,50 €	25,00 €
5 Seiten á 0,15 €	0,75 €
b) Farbkopien	
20 Seiten á 1,00 €	20,00 €
Gesamt	**85,25 €**

51 **2. Berechnung für jeden Kostenschuldner (Anm. Abs. 1 S. 1).** Die Pauschale ist für jeden Kostenschuldner des § 28 Abs. 1 gesondert zu berechnen. Haften mehrere Kostenschuldner als Gesamtschuldner, ist die Pauschale für diese einheitlich zu berechnen (Anm. Abs. 1 S. 1 Hs 2). Das gilt aber nur, wenn die gesamtschuldnerische Haftung auf derselben Vorschrift beruht.

52 **3. Verfahren nach dem KapMuG (Anm. Abs. 1 S. 2).** Nach Abs. 1 S. 2 der Anm. zu Nr. 9000 KV ist die Dokumentenpauschale auch im erstinstanzlichen Musterverfahren nach dem KapMuG gesondert zu berechnen. Diese Ausnahmeregelung hat der Gesetzgeber wegen Vorbem. 1.2.1 KV getroffen. Danach ist das Musterverfahren Teil des erstinstanzlichen Prozessverfahrens und wird durch die im erstinstanzlichen Prozessverfahren anfallende Gerichtsgebühr nach Nr. 1210 KV abgegolten. Im erstinstanzlichen Musterverfahren fallen damit keine gesonderten Gerichtsgebühren an (→ Vorbem. 1.2.1 KV Rn 1). Diese Regelung hätte zur Folge, dass für das erstinstanzliche Musterverfahren, in dem keine gesonderten Gerichtsgebühren entstehen, und für das Prozessverfahren die Dokumentenpauschale einheitlich zu berechnen wäre. Um Schwierigkeiten bei der Abgrenzung zwischen den ersten 50 Seiten und den weiteren Seiten zu vermeiden, bestimmt Anm. Abs. 1 S. 2, dass die Dokumentenpauschale im erstinstanzlichen Musterverfahren **gesondert** zu berechnen ist.[70]

---

69 BT-Drucks 17/11471 (neu), S. 349. **70** BT-Drucks 15/5091, S. 36.

VII. Vorherige Übertragung in die elektronische Form (Anm. Abs. 2)

Anm. Abs. 2 zu Nr. 9000 KV regelt, wie die Dokumentenpauschale zu berechnen ist, wenn die Übermitt-   **53** lung als elektronische Datei ausdrücklich beantragt wird, das Dokument aber nur in Papierform vorliegt. In diesem Fall muss das Papier-Dokument zunächst in die elektronische Form überführt werden, bevor die Übermittlung erfolgen kann. Anm. Abs. 2 schreibt vor, dass für das erforderliche Einscannen des Papier-Dokuments mindestens der Betrag erhoben wird, der auch bei der Fertigung einer Kopie des Dokuments oder bei der Übermittlung des Dokuments per Fax angefallen wäre.[71] Das erscheint sachgerecht, weil nach den üblichen Leasing- oder Nutzungsverträgen für Fotokopierer auch die Erstellung einer pdf-Datei wie eine gewöhnliche Kopie abgerechnet wird.[72]

Beispiel: Es wird beantragt, 40 Seiten aus der Gerichtsakte nicht als schriftliche Kopien, sondern als elektroni-   **54** sches Dokument zu übersenden. Das Gericht scannt die nur in Papierform vorliegende Akte ein und übersendet die elektronische Datei (pdf) per E-Mail.

Das Gericht berechnet nicht 1,50 € für die antragsgemäße Überlassung einer Datei, sondern ermittelt die Dokumentenpauschale wegen Anm. Abs. 2 nach Nr. 9000 Nr. 1 Buchst. a KV. Sofern es sich nach Nr. 1 um Schwarz-Weiß-Kopien handeln würde, beträgt die Dokumentenpauschale nach Nr. 3 iVm Anm. Abs. 2 20,00 € (40 Seiten x 0,50 €).

VIII. Auslagenfreiheit (Anm. Abs. 3 S. 1)

1. Allgemeines. Nach Anm. Abs. 3 S. 1 fällt für jede Partei, jeden Beteiligten, jeden Beschuldigten und de-   **55** ren bevollmächtigte Vertreter jeweils keine Dokumentenpauschale an für

- eine vollständige Ausfertigung oder Kopie oder einen vollständigen Ausdruck jeder gerichtlichen Entscheidung und jedes vor Gericht abgeschlossenen Vergleichs (**Nr. 1**),
- eine Ausfertigung ohne Tatbestand und Entscheidungsgründe (**Nr. 2**) und
- eine Kopie oder einen Ausdruck jeder Niederschrift über eine Sitzung (**Nr. 3**).

Es handelt sich hierbei um eine abschließende Aufzählung. Die in Anm. Abs. 3 S. 1 genannten Dokumente sind für jede Partei, jeden Beteiligten, jeden Beschuldigten und deren bevollmächtigte Vertreter jeweils **einmal auslagenfrei** zu erteilen. **Von Amts wegen mitgeteilte Entscheidungen** sind auf die nach Anm. Abs. 3 S. 1 auslagenfreien Ausfertigungen, Kopien oder vollständigen Ausdrucke anzurechnen.

Hinsichtlich der durch Anm. Abs. 3 angeordneten Auslagenfreiheit können **Verwaltungsbestimmungen** wei-   **56** tergehende Regelungen treffen. So haben bspw in NRW die Gerichte im Interesse der Geschäftsvereinfachung Rechtsanwältinnen und Rechtsanwälten Kopien oder Ausdrucke in dem in Anm. Abs. 3 zu Nr. 9000 KV bezeichneten Umfang **ohne ausdrücklichen Antrag** zu erteilen; insoweit gilt ein Antrag auf Erteilung von Kopien oder Ausdrucke als stillschweigend gestellt.[73] Das gilt in arbeitsgerichtlichen Verfahren bei anderen Vertretungen nach § 11 ArbGG, in finanzgerichtlichen Verfahren bei anderen Vertretungen nach § 62 FGO, in sozialgerichtlichen Verfahren bei Vertretungen nach § 72 SGG (besonderer Vertreter) und § 73 SGG (Bevollmächtigte und Beistände) und in verwaltungsgerichtlichen Verfahren bei anderen Vertretungen nach § 67 VwGO entsprechend.[74] In der Rechtsmittelinstanz können die Gerichte eine Ausfertigung ohne Tatbestand und Entscheidungsgründe in dem in Anm. Abs. 3 bezeichnetem Umfang auch ohne ausdrücklichen Antrag fertigen und den Akten bei Rücksendung an die Vorinstanz beifügen.[75]

2. Gerichtliche Entscheidung und gerichtlicher Vergleich (Nr. 1). Erfasst sind sämtliche gerichtliche Ent-   **57** scheidungen, also zB Urteile jeder Art, Beschlüsse (Beweisbeschlüsse, Streitwertbeschlüsse, Kostenfestsetzungsbeschlüsse), einstweilige Anordnungen und Verfügungen, Arreste und Vergleichsvorschläge nach § 278 Abs. 6 S. 1 ZPO.[76] Im Falle der Berichtigung einer gerichtlichen Entscheidung gem. §§ 319–321 ZPO gilt die Befreiung für diese Entscheidungen von neuem.[77]

Ein gerichtlicher Vergleich ist auch ein Beschlussvergleich gem. § 278 Abs. 6 ZPO. Auf die Wirksamkeit des   **58** Vergleichs kommt es nicht an. Außergerichtliche Vergleiche werden nicht erfasst. Es reicht aber aus, wenn ein außergerichtlicher Vergleich entsprechend § 160 Abs. 5 ZPO dem Terminsprotokoll als Anlage beigefügt wird und damit Bestandteil des Protokolls wird.[78]

3. Ausfertigungen ohne Tatbestand und Begründung (Nr. 2). Darüber hinaus ist eine Ausfertigung einer ge-   **59** richtlichen Entscheidung ohne Tatbestand und Entscheidungsgründe auslagenfrei zu überlassen.

---

71 BT-Drucks 17/11471 (neu), S. 235, 284. **72** *Schneider/Thiel*, Das neue Gebührenrecht, 2. Aufl., § 3 Rn 1306. **73** AV d. JM v. 4.5.2015 (1400 - I. 144), JMBl. NRW S. 181. **74** AV d. JM v. 4.5.2015 (1400 - I. 144), JMBl. NRW S. 181. **75** AV d. JM v. 4.5.2015 (1400 - I. 144), JMBl. NRW S. 181. **76** *Binz/Dörndorfer/Zimmermann*, Nr. 9000 KV GKG Rn 32. **77** *Oestreich/Hellstab/Trenkle*, GKG Nr. 9000 KV Rn 14. **78** *Oestreich/Hellstab/Trenkle*, GKG Nr. 9000 KV Rn 14.

60   **4. Sitzungsniederschriften (Nr. 3).** Kopien oder Ausdrucke jeder Niederschrift über eine Sitzung (**Terminsprotokoll**) werden auslagenfrei erteilt. Auch hinsichtlich der durch Anm. Abs. 3 Nr. 3 angeordneten Auslagenfreiheit können **Verwaltungsbestimmungen** weitergehende Regelungen treffen. Hinsichtlich der dort genannten Kopien oder Ausdrucke der Niederschriften gilt dies bei den Gerichten der ordentlichen Gerichtsbarkeit in NRW nur für die in Teil 1 Hauptabschnitt 2 KV (Nr. 1210 ff KV) aufgeführten Prozessverfahren (vgl hierzu die Erl. zu Nr. 1210 KV).[79]

61   **5. Personen.** Jede Partei, jeder Beteiligte, jeder Beschuldigte und deren bevollmächtigte Vertreter haben Anspruch auf kostenfreie Überlassung der in Anm. Abs. 3 S. 1 genannten Dokumente. **Beteiligte** sind zB die einem Vergleich beigetretenen Dritten, Nebenintervenienten gem. §§ 60 ff ZPO, Beigeladene gem. § 48 WEG und §§ 65, 66 VwGO, § 60 FGO sowie Nebenkläger im Strafverfahren.

62   Lassen sich zwei Streitgenossen durch einen gemeinsamen Rechtsanwalt vertreten, werden zwei Kopien für die Streitgenossen und zwei Kopien für den gemeinsamen Rechtsanwalt auslagenfrei erteilt.[80] Haben die beiden Streitgenossen jeweils einen eigenen Rechtsanwalt, ändert sich an der Zahl der auslagenfreien Dokumente nichts. In **Strafsachen** wird dem Beschuldigten wegen § 146 StPO eine Kopie für sich und eine für den Verteidiger auslagenfrei erteilt. Ein **Verkehrsanwalt** ist kein bevollmächtigter Vertreter, eine Anwaltssozietät gilt kostenrechtlich nur als ein Bevollmächtigter.[81]

63   Ein gesetzlicher Vertreter ist **kein bevollmächtigter Vertreter**, so dass Dokumente insoweit nur einmal der vertretenen Partei auslagenfrei zu erteilen sind. Das gilt auch für gesetzliche Vertreter von Vereinen, Kapital- oder Personengesellschaften oder Prokuristen.[82]

IX. Blinde und sehbehinderte Personen (Anm. Abs. 3 S. 2)

64   Durch das am 1.7.2014 in Kraft getretene Gesetz zur Förderung des elektronischen Rechtsverkehrs mit den Gerichten[83] wurde § 191 a GVG geändert. Die Regelung aus § 191 a Abs. 1 S. 2 GVG (aF), dass **Auslagen für die barrierefreie Zugänglichmachung nicht erhoben** werden, befindet sich seitdem in § 191 a Abs. 1 S. 5 GVG. Deshalb bestimmt der ebenfalls geänderte Satz 2 in Abs. 3 der Anm. zu Nr. 9000 KV, dass § 191 a Abs. 1 S. 5 GVG unberührt bleibt.

65   Gemäß § 191 a Abs. 1 S. 5 GVG kann eine blinde oder sehbehinderte Person nach Maßgabe der Rechtsverordnung zu § 191 a Abs. 2 GVG verlangen, dass ihr Schriftsätze und andere Dokumente eines gerichtlichen Verfahrens barrierefrei zugänglich gemacht werden. Eine Dokumentenpauschale nach Nr. 9000 KV wird hierfür nach Abs. 3 S. 2 der Anm. zu Nr. 9000 KV nicht erhoben (zu Dolmetscher- und Übersetzerkosten für diesen Personenkreis → Nr. 9005 KV Rn 40 f).

66   Werden aber Ausfertigungen, Kopien und Ausdrucke angefertigt, weil es die blinde oder sehbehinderte Person unterlassen hat, die erforderliche Zahl von Mehrfertigungen beizufügen, schuldet sie die Dokumentenpauschale nach Nr. 9000 Nr. 1 Buchst. b KV.

X. Weitere praktische Hinweise

67   **1. Fälligkeit.** Gemäß § 9 Abs. 3 wird die Dokumentenpauschale sofort nach ihrer Entstehung **fällig.** Deshalb muss mit der Anforderung der Dokumentenpauschale nicht wie bei anderen Auslagen bis zum Vorliegen der in § 9 Abs. 2 genannten Zeitpunkte gewartet werden.

68   **2. Vorschuss und Vorauszahlung.** Gemäß § 17 Abs. 2 kann die Herstellung und Überlassung von Dokumenten **auf Antrag** von der vorherigen Zahlung eines die Auslagen deckenden Vorschusses abhängig gemacht werden. Die Dokumentenpauschale kann danach in den Fällen der Nr. 9000 Nr. 1 Buchst. a KV, ggf iVm Nr. 2 oder Nr. 3, von der vorherigen Zahlung der Dokumentenpauschale abhängig gemacht werden. Gemäß § 17 Abs. 3 kann in den Fällen, in denen Handlungen von Amts wegen vorgenommen werden (vgl Nr. 9000 Nr. 1 Buchst. b KV), ein Vorschuss zur Deckung der Auslagen erhoben werden. In **Straf- und Bußgeldsachen** gilt das allerdings gem. § 17 Abs. 4 S. 2, 3 nicht.

69   **3. Kostenschuldner.** Zur Haftung für die Dokumentenpauschale und zum Kostenschuldner → § 28 Rn 5 ff.

70   **4. Zuständigkeit für den Kostenansatz.** Gemäß § 19 Abs. 4 wird die Dokumentenpauschale bei der Stelle angesetzt, bei der sie entstanden ist.

---

79 Vgl AV d. JM v. 4.5.2015 (1400 - I. 144), JMBl. NRW S. 181. **80** Binz/Dörndorfer/*Zimmermann*, Nr. 9000 KV GKG Rn 34; *Oestreich/Hellstab/Trenkle*, GKG Nr. 9000 KV Rn 18. **81** Binz/Dörndorfer/*Zimmermann*, Nr. 9000 KV GKG Rn 34. **82** *Oestreich/Hellstab/Trenkle*, GKG Nr. 9000 KV Rn 17 f. **83** Vom 10.10.2013 (BGBl. I 3786).

Nr.	Auslagentatbestand	Höhe
9001	Auslagen für Telegramme	in voller Höhe

I. Anwendungsbereich

Entstehen dem Gericht oder der Staatsanwaltschaft Auslagen für Telegramme, werden diese dem Kosten- 1
schuldner nach Nr. 9001 KV in voller Höhe in Rechnung gestellt. Die Vorschrift gilt nur für Auslagen, die
durch **Telegramme** entstanden sind. Auslagen, die bei anderen Kommunikationsformen anfallen, fallen
nicht unter Nr. 9001 KV. Deshalb können Auslagen, die durch die Kommunikation per **Telefon, Telefax,
Internet, E-Mail u.Ä.** anfallen, nicht nach Nr. 9001 KV abgerechnet werden. Nr. 9001 KV kann auch nicht
mit der Begründung auf andere Kommunikationsformen entsprechend angewandt werden, dass durch deren Benutzung die idR höheren Kosten für ein Telegramm erspart wurden.

Nr. 9001 KV gilt unmittelbar für die in einem gerichtlichen Verfahren anfallenden Auslagen für Telegram- 2
me. Wenn Auslagen nach Nr. 9001 KV in gerichtlichen Verfahren einer deutschen Behörde (zB Polizei), einer öffentlichen Einrichtung oder Bediensteten (zB Gerichtsvollzieher) entstanden sind, werden diese
iVm Nr. 9013 KV als Auslagen eingezogen. Sind Auslagen nach Nr. 9001 KV im **strafrechtlichen Ermittlungsverfahren** oder in dem dem gerichtlichen Bußgeldverfahren vorausgegangenen **Verfahren vor der Bußgeldbehörde** angefallen, werden diese nach Nr. 9015 bzw 9016 KV gegen den Kostenschuldner angesetzt.

Das Telegramm hat an praktischer Bedeutung verloren, da mittlerweile modernere und schnellere Möglich- 3
keiten der Datenübertragung zur Verfügung stehen (zB E-Mail, Telefax). Telegramme kommen deshalb allenfalls noch zur kurzfristigen Information, zB bei eiligen Ladungen, Abladungen oder Umladungen von
Zeugen und Sachverständigen, in Betracht.[1] Regelmäßig erfolgt aber eine telefonische Vorabinformation
des Gerichts an die Parteien über eine Terminsverlegung oder Terminsaufhebung. Telegramme und damit
Nr. 9001 KV haben daher nur noch eine **geringe praktische Bedeutung**.

II. Entstehung und Höhe der Auslagen

Die Erhebung der Auslagen für Telegramme nach Nr. 9001 KV hängt **nicht** von **besonderen Voraussetzun- 4
gen** ab. Insbesondere kann die Anm. zu Nr. 9002 KV nicht analog angewandt werden (Erhebung erst bei
mehr als 10 Telegrammen pro Rechtszug).

Für die Geltendmachung der Auslagen für Telegramme ist es nicht erforderlich, dass die Kommunikation 5
mittels Telegramm verfahrensrechtlich oder kostenrechtlich notwendig ist. Es kommt auch nicht darauf an,
ob das Telegramm den vom Gericht bezweckten Erfolg erreichen konnte. Sind Auslagen für Telegramme
aber aufgrund **unrichtiger Sachbehandlung** angefallen, kommt deren Niederschlagung gem. § 21 in Betracht.

Die Auslagen für die Telegramme sind vom Kostenschuldner in **voller Höhe** zu erstatten. Die Kosten rich- 6
ten sich nach dem Preisverzeichnis und den Allgemeinen Geschäftsbedingungen der Deutschen Post AG
oder eines anderen in Anspruch genommenen privaten Kommunikationsdienstleisters.

III. Weitere praktische Hinweise

Die **Fälligkeit** der Auslagen für Telegramme richtet sich nach § 9 Abs. 2. Unter den in § 17 genannten Vor- 7
aussetzungen kann **Vorauszahlungspflicht** bestehen. Der **Kostenschuldner** bestimmt sich nach §§ 22 ff.

Nr.	Auslagentatbestand	Höhe
9002	Pauschale für Zustellungen mit Zustellungsurkunde, Einschreiben gegen Rückschein oder durch Justizbedienstete nach § 168 Abs. 1 ZPO je Zustellung	3,50 €
	Neben Gebühren, die sich nach dem Streitwert richten, mit Ausnahme der Gebühr 3700, wird die Zustellungspauschale nur erhoben, soweit in einem Rechtszug mehr als 10 Zustellungen anfallen. Im erstinstanzlichen Musterverfahren nach dem KapMuG wird die Zustellungspauschale für sämtliche Zustellungen erhoben.	

---

[1] Vgl BT-Drucks 15/1971, S. 176.

I. Allgemeines

1 Für die der Justiz durch eine Zustellung mit Zustellungsurkunde, Einschreiben gegen Rückschein oder durch Justizbedienstete nach § 168 Abs. 1 ZPO entstehenden Auslagen wird vom Kostenschuldner je Zustellung eine Pauschale iHv 3,50 € erhoben. Die **Pauschale iHv 3,50 € für jede Zustellung** ist durch das 2. Justizmodernisierungsgesetz vom 22.12.2006[1] mWv 1.1.2008 eingeführt worden. Davor sind Auslagen für eine Zustellung mit Zustellungsurkunde oder Einschreiben gegen Rückschein in voller (tatsächlicher) Höhe und durch Justizbedienstete anstelle der tatsächlichen Aufwendungen mit einer Pauschale iHv 7,50 € erhoben worden.

2 Wird ins **Ausland** zugestellt, weil eine Prozesspartei ihren Wohnsitz oder Sitz im Ausland hat, fallen die hierbei anfallenden Auslagen nicht unter die Zustellungspauschale nach Nr. 9002 KV. Die mit der Auslandszustellung verbundenen Kosten werden ggf nach anderen Auslagentatbeständen abgerechnet (zB Übersetzerkosten nach Nr. 9005 KV, Kosten des Rechtshilfeverkehrs mit dem Ausland nach Nr. 9014 KV).

3 Nr. 9002 KV gilt unmittelbar für die in einem gerichtlichen Verfahren anfallenden Zustellungen. Wenn Auslagen nach Nr. 9002 KV in einem gerichtlichen Verfahren einer deutschen Behörde (zB Polizei), einer öffentlichen Einrichtung oder Bediensteten (zB Gerichtsvollzieher) entstanden sind, werden diese iVm Nr. 9013 KV als Auslagen eingezogen. Sind Auslagen nach Nr. 9002 KV im **strafrechtlichen Ermittlungsverfahren** oder in dem dem gerichtlichen Bußgeldverfahren vorausgegangenen **Verfahren vor der Bußgeldbehörde** angefallen, werden diese nach Nr. 9015 bzw 9016 KV gegen den Kostenschuldner angesetzt.

II. Zustellungen

4 **1. Auslagenpflichtige Zustellungsarten.** Zustellung ist die Bekanntgabe eines Dokuments an eine Person (Zustellungsempfänger) in der in den §§ 166 ff ZPO bestimmten Form. Nicht jede nach §§ 166 ff ZPO mögliche Zustellungsart führt zur Auslagenpflicht nach Nr. 9002 KV. **Auslagenpflichtig** sind nur die Zustellungen

- mit **Zustellungsurkunde** (§ 182 ZPO iVm §§ 171, 177–181 ZPO), nämlich bei Zustellungen an Bevollmächtigte (§ 171 ZPO), bei Zustellungen in Gegenwart des Zustellungsempfängers an jedem Ort (§ 177 ZPO), bei Ersatzzustellungen in der Wohnung, in Geschäftsräumen und Einrichtungen (§ 178 ZPO), bei verweigerter Annahme von Zustellungen (§ 179 ZPO), bei Ersatzzustellungen durch Einlegen in den Briefkasten (§ 180 ZPO) oder durch Niederlegung (§ 181 ZPO);
- durch **Einschreiben gegen Rückschein** (§ 175 ZPO);
- durch **Justizbedienstete** nach § 168 Abs. 1 ZPO.

5 **2. Zustellungsurkunde.** Zum Nachweis der Zustellung nach den §§ 171, 177–181 ZPO ist eine Zustellungsurkunde anzufertigen, § 182 ZPO (vgl auch § 3 VwZG). Zustellungen mit Zustellungsurkunde fallen unter Nr. 9002 KV. Zustellungen, bei denen keine Zustellungsurkunde aufzunehmen ist, werden von Nr. 9002 KV nicht erfasst (→ Rn 12 f). Die Geschäftsstelle kann die Post bzw einen nach § 33 Abs. 1 Postgesetz (PostG) beliehenen Unternehmer (Post) mit der Ausführung der Zustellung beauftragen, § 168 Abs. 1 ZPO. Nach § 33 Abs. 1 PostG ist ein **Lizenznehmer**, der Briefzustelldienstleistungen erbringt, verpflichtet, Schriftstücke unabhängig von ihrem Gewicht nach den Vorschriften der Prozessordnungen und der Gesetze, die die Verwaltungszustellung regeln, förmlich zuzustellen. Im Umfang dieser Verpflichtung ist der Lizenznehmer mit Hoheitsbefugnissen ausgestattet (**beliehener Unternehmer**). Die Pauschale fällt deshalb nicht nur bei Zustellungen durch die Post, sondern auch bei Zustellungen durch andere Unternehmen bzw Lizenznehmer iSv § 33 Abs. 1 PostG an. Unabhängig von der Höhe der von der Post oder von dem Lizenznehmer tatsächlich berechneten Kosten wird je Zustellung die Zustellungspauschale iHv 3,50 € erhoben.

6 **3. Einschreiben mit Rückschein.** Nur für Zustellungen mit Einschreiben gegen Rückschein (§ 175 ZPO, § 4 VwZG) fällt die Zustellungspauschale nach Nr. 9002 KV an. Andere Einschreiben lösen die Zustellungspauschale nicht aus.

7 **4. Zustellung durch Justizbedienstete.** Die Geschäftsstelle kann neben einem nach § 33 Abs. 1 PostG beliehenen Unternehmer (Post) auch einen **Justizbediensteten** gem. § 168 Abs. 1 S. 2 ZPO mit der Ausführung der Zustellung beauftragen. Erfasst hiervon sind insb. Zustellungen durch **Gerichtswachtmeister**, aber natürlich auch durch andere geeignete Bedienstete des Gerichts oder der Staatsanwaltschaft (zB Urkundsbeamte, Justizbeschäftigte). Justizbedienstete sind auch Beamte und Beschäftigte einer Justizvollzugsanstalt (**Zustellung an Gefangene**). Erfolgt die Zustellung durch diese Justizbediensteten, wird unabhängig von der Höhe der hierbei tatsächlich anfallenden Kosten je Zustellung die Zustellungspauschale iHv 3,50 € erho-

---

[1] BGBl. 2006 I 3416.

ben. Keine unter Nr. 9002 KV fallende Zustellung durch einen Justizbediensteten ist aber die Zustellung durch Aushändigung an der Amtsstelle nach § 173 ZPO.[2]

5. Zustellung durch Gerichtsvollzieher. Nach § 168 Abs. 2 ZPO kann der Vorsitzende des Prozessgerichts   **8** oder ein von ihm bestimmtes Mitglied neben einer anderen Behörde auch einen **Gerichtsvollzieher** mit der Ausführung der Zustellung beauftragen, wenn eine Zustellung nach § 168 Abs. 1 ZPO keinen Erfolg verspricht. Der Gerichtsvollzieher wird dann mit einer **Amtszustellung** beauftragt (§ 11 Abs. 2 GVGA).[3] Für diese ausnahmsweise vom Gerichtsvollzieher durchzuführende Amtszustellung erhebt der Gerichtsvollzieher keine Zustellungsgebühren nach dem **GvKostG**.[4] Denn nach Abschnitt 1 KV GvKostG lösen nur Zustellungen des Gerichtsvollziehers auf **Betreiben der Parteien** (§ 192 ZPO, § 11 Abs. 1 GVGA) die Zustellungsgebühren nach Nr. 100 ff KV GvKostG aus. Die Zustellungsgebühren bei der Zustellung im Parteibetrieb stellt der Gerichtsvollzieher dem Kostenschuldner dann durch eigenen Kostenansatz (§ 5 GvKostG) in Rechnung.

Bei der **Amtszustellung** gem. § 168 **Abs. 2** ZPO wird der Gerichtsvollzieher als Justizbediensteter tätig. Eine   **9** Zustellungspauschale iHv 3,50 € wird insoweit erhoben, auch wenn nach dem Wortlaut von Nr. 9002 KV nur Zustellungen durch Justizbedienstete nach § 168 **Abs. 1** ZPO die Zustellungspauschale auslösen.[5] Denn § 168 Abs. 2 ZPO ist nicht isoliert, sondern im Zusammenhang mit § 168 Abs. 1 ZPO zu betrachten. Der Gerichtsvollzieher wird als Justizbediensteter nur für den Fall mit der Zustellung beauftragt, wenn eine Zustellung nach § 168 Abs. 1 ZPO keinen Erfolg verspricht.

6. Erfolg der Zustellung. Der Ansatz der Zustellungspauschale hängt nicht vom Erfolg der Zustellung ab.   **10** Bleibt zB der erste Zustellungsversuch erfolglos, etwa weil sich eine Anschrift geändert hat, und wird deshalb eine erneute Zustellung erforderlich, entsteht die Zustellungspauschale sowohl für den Zustellungsversuch als auch die zweite erfolgreiche Zustellung.[6]

7. Erforderlichkeit der Zustellung. Alle in dem Verfahren vorgenommenen Zustellungen lösen die Zustellungspauschale iHv jeweils 3,50 € aus. Die Erhebung der Zustellungspauschale hängt nicht davon ab, dass   **11** eine **objektiv erforderliche** bzw gesetzlich vorgeschriebene Zustellung vorgenommen worden ist. Es ist deshalb vom Kostenbeamten im Rahmen des Kostenansatzes (§ 19) nicht zu prüfen, ob eine Zustellung gesetzlich vorgeschrieben oder eine förmliche Zustellung nach pflichtgemäßem Ermessen geboten war. Vielmehr sind sämtliche Zustellungen unter den in Nr. 9002 KV genannten Voraussetzungen beim Ansatz der Zustellungspauschale zu berücksichtigen.[7] Die Prüfung, ob eine Zustellung gesetzlich vorgeschrieben bzw eine Zustellung objektiv nicht erforderlich war, kann allenfalls das Gericht gem. § 21 vornehmen und im Einzelfall anordnen, Kosten für bestimmte Zustellungen wegen unrichtiger Sachbehandlung außer Ansatz zu lassen.

Auch eine nicht erforderliche förmliche Zustellung wird damit von Nr. 9002 KV erfasst. Der Wortlaut von   **12** Nr. 9002 KV unterscheidet nicht zwischen erforderlichen und nicht erforderlichen Zustellungen. Eine derartige Differenzierung ist auch kaum praktikabel, weil der Kostenbeamte der Akte idR nicht entnehmen kann, warum sich der zuständige Richter aus Ermessensgesichtspunkten für eine förmliche Zustellung entschieden hat. Auch aus § 21 folgt nichts anderes. Denn die Niederschlagung von Gerichtskosten ist nur bei einem offensichtlichen schweren Verfahrensfehler oder bei offensichtlicher eindeutiger Verkennung des materiellen Rechts angezeigt. Allein das Überschreiten des pflichtgemäßen Ermessens macht einen Verfahrensfehler noch nicht zu einem offensichtlichen schweren Fehler.[8]

Deshalb löst jede Zustellung nach dem Haupttext der Nr. 9002 KV die Auslagenpflicht aus. Überschreitet   **13** das Gericht in schwerwiegender Weise ein bestehendes Ermessen bei der Zustellung, kann eine Niederschlagung nach § 21 in Betracht kommen.[9]

III. Keine Zustellungspauschale

1. Nicht von Nr. 9002 KV erfasste Übersendungen und Zustellungen. Keine Zustellungspauschale fällt an,   **14** wenn es sich um eine nicht von Nr. 9002 KV erfasste Zustellung handelt (→ Rn 3 ff). Die Übersendung eines Dokuments durch **einfachen Brief** löst deshalb keine Zustellungspauschale aus.[10] Bei der Bekanntgabe eines Dokuments durch **Aufgabe zur Post** gem. § 184 ZPO liegt ebenfalls keine auslagenpflichtige Zustellung iSv Nr. 9002 KV vor. Dasselbe gilt, wenn das Gericht das Dokument durch Einwurf- oder Übergabeeinschreiben **ohne Rückschein** übersendet (s. auch Nr. 9009 Nr. 1 KV). Ebenfalls nicht von Nr. 9002 KV

2 Binz/Dörndorfer/*Zimmermann*, Nr. 9200 KV GKG Rn 9. **3** *Oestreich/Hellstab/Trenkle*, GKG Nr. 9002 KV Rn 9. **4** AA *Meyer*, GKG Nr. 9002 KV Rn 38. **5** So wohl auch *Oestreich/Hellstab/Trenkle*, GKG Nr. 9002 KV Rn 9. **6** *Oestreich/Hellstab/Trenkle*, GKG Nr. 9002 KV Rn 12. **7** Binz/Dörndorfer/*Zimmermann*, Nr. 9002 KV GKG Rn 3; OLG Zweibrücken Rpfleger 1998, 332 = NJW-RR 1999, 219; aA in unterschiedlichen Abstufungen: *Hartmann*, KostG, Nr. 9002 KV GKG Rn 5; *Meyer*, GKG Nr. 9002 KV Rn 37. **8** HK-FamGKG/*Fölsch*, Nr. 2002 KV Rn 9. **9** HK-FamGKG/*Fölsch*, Nr. 2002 KV Rn 10. **10** OLG Celle NStZ 2001, 221 = Rpfleger 2001, 147.

erfasst werden Zustellungen nach § 173 ZPO (**Zustellung durch Aushändigung an der Amtsstelle**). Hier werden die Kosten für die Übersendung durch die Gerichtsgebühren abgegolten. Amtszustellungen durch den Gerichtsvollzieher werden ebenfalls nicht erfasst (→ Rn 7 f).

15   **2. Zustellung gegen Empfangsbekenntnis.** Nach § 174 ZPO (vgl auch § 5 VwZG) kann ein Schriftstück an einen **Anwalt**, einen Notar, einen Gerichtsvollzieher, einen Steuerberater oder an eine sonstige Person, bei der aufgrund ihres Berufes von einer erhöhten Zuverlässigkeit ausgegangen werden kann, an eine Behörde, eine Körperschaft oder eine Anstalt des öffentlichen Rechts **gegen Empfangsbekenntnis** zugestellt werden. Für eine Zustellung gegen Empfangsbekenntnis iSv § 174 ZPO wird mangels Erwähnung im Tatbestand von Nr. 9002 KV die Zustellungspauschale nicht erhoben.[11] Dies gilt unabhängig davon, ob das Gericht ein Empfangsbekenntnis vorbereitet, das der Rechtsanwalt als Empfangsbekenntnis per Telefax zurücksendet oder es beim Gericht wieder abgibt, ob das Gericht das Dokument in ein Gerichtsfach des Rechtsanwalts einlegt oder es per Post versendet. Der Rechtsanwalt hat das Empfangsbekenntnis auf eigene Kosten zurückzusenden.[12] Er hat keinen Anspruch auf ein von der Justiz vorfrankiertes Empfangsbekenntnis oder auf Ersatz von Portokosten durch die Justiz.[13] Die Kosten für die Rücksendung trägt damit der Rechtsanwalt. Diese Kosten kann der Rechtsanwalt im Übrigen zB dadurch vermeiden bzw gering halten, indem er das Empfangsbekenntnis durch Telefax zurücksendet (§ 174 Abs. 4 S. 2 ZPO). Wird das Empfangsbekenntnis vom Rechtsanwalt nicht zurückgesandt – das ist allenfalls eine standesrechtliche Pflichtverletzung,[14] weil § 174 ZPO dem Gericht die Wahl lässt, ob gegen Empfangsbekenntnis zugestellt wird –, ist eine andere Zustellungsart zu wählen, die dann zur Entstehung der Zustellungspauschale führen kann.

16   **3. Wertgebühren (Anm. S. 1). a) Kumulative Voraussetzungen.** Nach S. 1 der Anm. zu Nr. 9002 KV fällt **keine Zustellungspauschale** an, wenn
- in dem Verfahren Gebühren anfallen, die sich nach dem Streitwert richten (§ 34), und
- in dem Rechtszug nicht mehr als 10 Zustellungen angefallen sind.

Liegen diese beiden Voraussetzungen **kumulativ** vor, sind die Aufwendungen für 10 Zustellungen mit den Gerichtsgebühren abgegolten bzw pauschal in die Gebühren eingearbeitet worden.[15]

17   **b) Verfahren ohne Wertgebühren.** In Verfahren, in denen sich die Gerichtsgebühren **nicht nach dem Streitwert** richten, wird die Zustellungspauschale daher ab der ersten Zustellung erhoben. Verfahren, in denen sich die Gebühren nicht nach einem Streitwert richten, können zum einen solche sein, für die überhaupt keine Gerichtsgebühren entstehen (**sachliche Gebührenfreiheit**),[16] oder zum anderen solche, in denen Gerichtsgebühren als Festgebühren anfallen.

18   **Keine Gerichtsgebühren** sind zB vorgesehen
- in Nr. 1812 KV, soweit einer sofortigen Beschwerde (§§ 567–572 ZPO) in vollem Umfang stattgegeben wird;
- in Nr. 1700 KV, soweit eine Anhörungsrüge voll oder teilweise Erfolg hat.

Festgebühren sind zB in den Nr. 1510 ff, 1800 ff, 2110 ff KV vorgesehen. Hier wird die Zustellungspauschale für die von Nr. 9002 KV erfassten Zustellungen ab der ersten Zustellung erhoben.

19   **c) Besonderheit in Strafsachen.** Da in **Straf- und Bußgeldsachen** idR **Festgebühren** (Teil 3 und 4 KV) und keine Wertgebühren erhoben werden, können die angefallenen Zustellungsauslagen nach Nr. 9002 KV ab der ersten Zustellung **in voller Höhe** angesetzt werden. Im **Adhäsionsverfahren** (§§ 403 ff StPO) fällt zwar die Wertgebühr Nr. 3700 KV an. Es werden aber auch hier nach S. 1 der Anm. zu Nr. 9002 KV Zustellungsauslagen ohne Beschränkung ab der ersten Zustellung erhoben, weil die Wertgebühr nach Nr. 3700 KV in S. 1 der Anm. zu Nr. 9002 KV ausdrücklich ausgenommen worden ist. Zustellungsauslagen für die **Ladung eines Dolmetschers** in Strafsachen dürften vom Verurteilten nicht erhoben werden können. Zwar gilt die Befreiung nach Abs. 4 der Anm. zu Nr. 9005 KV unmittelbar nur für die nach dem JVEG zu erstattenden Dolmetscherkosten. Die Befreiung dürfte sich im Ergebnis aber aus **Art. 6 Abs. 3 Buchst. e EMRK** ergeben (→ Nr. 9005 KV Rn 42).[17]

20   **d) Berechnung.** In **Verfahren**, in denen sich die Gerichtsgebühren **nach dem Streitwert** richten, entsteht die Auslagenpflicht ab der **elften Zustellung** innerhalb desselben Rechtszugs. Bei der **Berechnung, wie viele Zustellungen** angefallen sind, dürfen nur solche iSd Haupttextes der Nr. 9002 KV berücksichtigt werden. Es sind nur Zustellungen mittels Zustellungsurkunde, mittels Einschreiben gegen Rückschein und durch Justizbedienstete gem. § 168 Abs. 1 ZPO aufzuaddieren.[18] Sind mehr als 10 Zustellungen angefallen, besteht

11 HK-FamGKG/*Fölsch*, Nr. 2002 KV Rn 6; Binz/Dörndorfer/*Zimmermann*, Nr. 9002 KV GKG Rn 9. **12** Binz/Dörndorfer/*Zimmermann*, Nr. 9002 KV GKG Rn 9; *Meyer*, GKG Nr. 9002 KV Rn 40. **13** Binz/Dörndorfer/*Zimmermann*, Nr. 9002 KV GKG Rn 9; *Meyer*, GKG Nr. 9002 KV Rn 40. **14** *Meyer*, GKG Nr. 9002 KV Rn 40. **15** BT-Drucks 12/6962, S. 86. **16** Vgl HessFG 30.3.1998 – 12 Ko 3127/97, juris; vgl AG Offenbach AGS 2013, 245 (zum Kostenfestsetzungsverfahren gem. § 788 ZPO). **17** LG Koblenz StraFo 1997, 153. **18** HK-FamGKG/*Fölsch*, Nr. 2002 KV Rn 16.

erst ab der elften Zustellung Auslagenpflicht.[19] Bei mehr als 10 Zustellungen bleiben die ersten 10 Zustellungen auslagenfrei.[20] Die ersten 10 Zustellungen sind durch die Gerichtsgebühr abgegolten.[21]

e) **Rechtszug.** Der **kostenrechtliche Rechtszug** entspricht idR dem prozessualen bzw verfahrensrechtlichen **21** Rechtszug bzw der prozessualen und verfahrensrechtlichen Instanz. Maßgebend ist § 35 (→ § 22 Rn 36). Zu dem kostenrechtlichen Rechtszug gehört auch das **Kostenfestsetzungsverfahren** gem. §§ 103–107 ZPO. Auslagen für die Zustellung des Kostenfestsetzungsbeschlusses können nur dann erhoben werden, wenn in dem Rechtszug, bestehend aus der Hauptsache und dem Kostenfestsetzungsverfahren, mehr als 10 Zustellungen anfallen.[22] Denn für eine Beschränkung, dass das erstinstanzliche Kostenfestsetzungsverfahren nicht zum Rechtszug der Hauptsache gehört, geben weder die Prozess- bzw Verfahrensordnungen noch das GKG und insb. Nr. 9002 KV etwas her.

Im **Vergütungsfestsetzungsverfahren gem. § 11 RVG** des Rechtsanwalts gegen seinen eigenen Mandanten **22** gilt die Beschränkung aber nicht. Es handelt sich um ein eigenständiges und vom Hauptsacheverfahren und auch vom Kostenfestsetzungsverfahren gem. §§ 103 ff ZPO unabhängiges Verfahren, in dem Zustellungen iSv Nr. 9002 KV ab der ersten Zustellung auslagenpflichtig sind (zur Vorauszahlungspflicht der Zustellungspauschale → Rn 27 f).[23] Das Verfahren gem. § 11 RVG ist deshalb losgelöst von diesen Verfahren zu betrachten, weil es das Verhältnis des Rechtsanwalts zu seinem Auftraggeber und nicht das Verhältnis der Prozessparteien untereinander betrifft.[24] In dem eigenständigen Verfahren gem. § 11 RVG fällt auch keine Gerichtsgebühr an, die sich nach dem Streitwert richtet. Auch deshalb findet S. 1 der Anm. zu Nr. 9002 KV hier keine Anwendung.[25]

Für die Addition der angefallenen Zustellungen kommt es nicht darauf an, wie viele Parteien, Zeugen oder **23** Sachverständige es gibt. Relevant ist allein die Anzahl der Zustellungen innerhalb eines Rechtszugs.[26] Sind in einem Rechtszug zB mehrere Beklagte vorhanden, sind insgesamt 10 Zustellungen und nicht 10 Zustellungen für jeden Beteiligten auslagenfrei.

IV. Zustellungen im Musterverfahren nach dem KapMuG (Anm. S. 2)

Nach S. 1 der Anm. wird die Zustellungspauschale neben Wertgebühren mit Ausnahme der Gebühr **24** Nr. 3700 KV nur erhoben, soweit in einem Rechtszug mehr als 10 Zustellungen anfallen (→ Rn 16 ff). Das gilt nach S. 2 der Anm. allerdings nicht im erstinstanzlichen Musterverfahren nach dem KapMuG.[27] Hier wird die Zustellungspauschale ohne diese Begrenzung für sämtliche Zustellungen erhoben. Diese Ausnahmeregelung hat der Gesetzgeber wegen Vorbem. 1.2.1 KV getroffen. Danach ist das Musterverfahren Teil des erstinstanzlichen Prozessverfahrens und wird durch die im erstinstanzlichen Prozessverfahren anfallende Gerichtsgebühr nach Nr. 1210 KV abgegolten. Im erstinstanzlichen Musterverfahren fallen damit keine gesonderten Gerichtsgebühren an (→ Vorbem. 1.2.1 KV Rn 1). Diese Regelung hätte zur Folge, dass für das erstinstanzliche Musterverfahren, in dem keine gesonderten Gerichtsgebühren entstehen, und für das Prozessverfahren insgesamt 10 Zustellungen auslagenfrei wären. Um das zu vermeiden, bestimmt S. 2 der Anm. zu Nr. 9002 KV, dass im erstinstanzlichen Musterverfahren Auslagen für sämtliche Zustellungen erhoben werden.[28]

V. Höhe der Auslagen: Pauschale

Die Auslagenpauschale der Nr. 9002 KV entsteht stets iHv 3,50 €. Die Pauschale iHv 3,50 € für jede Zu- **25** stellung ist durch das 2. Justizmodernisierungsgesetz vom 22.12.2006[29] mWv 1.1.2008 eingeführt worden. Davor sind die Auslagen für eine Zustellung mit Zustellungsurkunde oder Einschreiben gegen Rückschein

19 Binz/Dörndorfer/*Zimmermann*, Nr. 9002 KV GKG Rn 6. **20** So auch zu einer vergleichbaren Berechnungsschwierigkeit in Nr. 7000 VV RVG AnwK-RVG/*Volpert*, Nr. 7000 VV RVG Rn 89; OLG Karlsruhe AGS 2011, 308; LG Berlin AGS 2006, 62 = RVGreport 2006, 391; aA OLG Hamburg MDR 2007, 244 = RVGreport 2007, 36. **21** Binz/Dörndorfer/*Zimmermann*, Nr. 9002 KV GKG Rn 6; so auch zu einer vergleichbaren Berechnungsschwierigkeit in Nr. 7000 VV RVG AnwK-RVG/*Volpert*, Nr. 7000 VV RVG Rn 89; LG Berlin AGS 2006, 62 = RVGreport 2006, 391. **22** HK-FamGKG/*Fölsch*, Nr. 2002 KV Rn 15; *Oestreich/ Hellstab/Trenkle*, GKG Nr. 9002 KV Rn 17; *Zöller/Herget*, ZPO, § 104 Rn 7; Binz/Dörndorfer/*Zimmermann*, Nr. 9002 KV GKG Rn 3; *Hartmann*, KostG, Nr. 9002 KV GKG Rn 2; *Mümmler*, JurBüro 1995, 462; AG Rendsburg JurBüro 1996, 318; AG Itzehoe SchlHA 1996, 260; aA *Meyer*, GKG Nr. 9002 KV Rn 42; LG Lübeck 2.12.2002 – 3 T 384/02; LG Lübeck 15.1.2003 – 3 T 15/03; LG Lübeck 2.5.2007 – 3 T 107/07; LG Kiel SchlHA 1996, 259; AG Kiel JurBüro 1996, 261. **23** OLG Köln AGS 2000, 208; LG Lübeck AGS 2014, 558; LG Köln AGS 2000, 209; LG Bonn AGS 2000, 210; AG Pankow-Weißensee JurBüro 1998, 31; AG Charlottenburg JurBüro 1998, 32. **24** OLG Köln AGS 2000, 208; LG Lübeck AGS 2014, 558 (auch zur Frage der Erstattung der durch die Zustellung des Festsetzungsantrags sowie des Beschlusses angefallenen Zustellungsauslagen); vgl BGH NJW 1991, 2084. **25** Vgl LG Köln AGS 2000, 209; LG Bonn AGS 2000, 210 f. **26** So auch Binz/Dörndorfer/*Zimmermann*, Nr. 9002 KV GKG Rn 6; *Meyer*, GKG Nr. 9002 KV Rn 34. **27** Gesetz über Musterverfahren in kapitalmarktrechtlichen Streitigkeiten (Kapitalanleger-Musterverfahrensgesetz – KapMuG) v. 19.10.2012 (BGBl. I 2182), verkündet als Art. 1 des Gesetzes zur Reform des Kapitalanleger-Musterverfahrensgesetzes und zur Änderung anderer Vorschriften v. 19.10.2012 (BGBl. I 2182). **28** BT-Drucks 15/5091, S. 36. **29** BGBl. 2006 I 3416.

in voller (tatsächlicher) Höhe und durch Justizbedienstete anstelle der tatsächlichen Aufwendungen mit einer Pauschale iHv 7,50 € erhoben worden.

26   Die **Pauschalierung** im Gegensatz zur konkreten Einzelabrechnung dient der Vereinfachung, weil durch die Beauftragung von verschiedenen Postdienstleistungsunternehmen unterschiedlich hohe Entgelte anfallen können. Durch die Einführung einer Pauschale ist die Notwendigkeit entfallen, bei jeder Zustellung die Höhe der entstandenen Auslagen aktenkundig zu machen. Auf die tatsächliche Höhe der Zustellungskosten wird damit in dem Auslagentatbestand nicht abgestellt. Zahlt die Justiz weniger als 3,50 € für eine Zustellung an den von ihr beauftragten Dienstleister, muss sie diese Ersparnis nicht an den Kostenschuldner weitergeben.

VI. Weitere praktische Hinweise

27   **1. Fälligkeit.** Die Fälligkeit der Pauschale für Zustellungen nach Nr. 9002 KV richtet sich nach § 9 Abs. 2.

28   **2. Vorschuss und Vorauszahlungspflicht.** Die Vorschuss- und Vorauszahlungspflicht für die Zustellungspauschale nach Nr. 9002 KV richtet sich nach § 17. Ferner bestimmt § 12 Abs. 6, dass über Anträge auf Erteilung einer weiteren vollstreckbaren Ausfertigung (§ 733 ZPO) und über Anträge auf gerichtliche Handlungen der Zwangsvollstreckung gem. § 829 Abs. 1, §§ 835, 839, 846–848, 857, 858, 886–888 oder § 890 ZPO erst nach Zahlung der Gebühr für das Verfahren (Nr. 2110 f KV) und der **Auslagen für die Zustellung** entschieden werden soll.

29   Für das **Vergütungsfestsetzungsverfahren gem.** § 11 RVG (→ Rn 21) wird die Auffassung vertreten, dass die **Zustellung** des Festsetzungsantrags sowie des Festsetzungsbeschlusses an den Antragsgegner von der vorherigen Zahlung der Auslagen für die Zustellung der Anhörung gem. § 11 Abs. 2 S. 2 RVG[30] sowie des Beschlusses abhängig gemacht werden kann.[31] Eine gesetzliche Grundlage für diese Abhängigmachung ist im GKG allerdings nicht vorhanden. Denn die Zustellung erfolgt gem. § 11 Abs. 2 S. 2 RVG, § 104 Abs. 1 S. 2, 3 ZPO **von Amts wegen.** Nach § 17 Abs. 3 kann bei Handlungen, die von Amts wegen vorgenommen werden, nur ein **Vorschuss** zur Deckung der Auslagen erhoben werden.[32] Eine Abhängigmachung der Zustellung von der vorherigen Zahlung der Zustellungspauschale (§ 17 Abs. 1 S. 2) ist bei Handlungen von Amts wegen nicht möglich (zu den Begriffen „Vorschuss" und „Abhängigmachung" → § 10 Rn 3 ff).[33] Allerdings sind nach § 11 Abs. 2 S. 3 RVG in den Vergütungsfestsetzungsbeschluss **die von dem Rechtsanwalt gezahlten Auslagen** für die Zustellung des Beschlusses aufzunehmen. Diese Formulierung spricht wiederum dafür, dass der Gesetzgeber davon ausgeht, dass die Zustellungsauslagen vorab zu zahlen sind und im Falle ihrer Zahlung in den Festsetzungsbeschluss aufzunehmen sind. Soweit eine Vorauszahlungspflicht bejaht wird, kann sich diese nur auf die Vornahme der Zustellung, nicht aber auf den Erlass des Kostenfestsetzungsbeschlusses beziehen.[34] Auch das **Kostenfestsetzungsverfahren** in der **Zwangsvollstreckung** gem. § 788 Abs. 2 ZPO ist kein Verfahren iSv § 17 Abs. 1. Die von Amts wegen vorzunehmenden Zustellungen im Kostenfestsetzungsverfahren hängen nicht von der vorherigen Zahlung der Zustellungsauslagen ab (→ § 17 Rn 46 a).[35] Wird allerdings darauf abgestellt, dass der Kostenfestsetzungsbeschluss nur auf Antrag erlassen wird und dessen Amtszustellung nicht losgelöst vom Kostenfestsetzungsverfahren betrachtet werden darf, sondern vielmehr untrennbarer Teil eines einheitlichen Verfahrens ist, liegt ein Antragsgeschäft vor und kann Abhängigmachung erfolgen.[36]

30   **3. Kostenschuldner.** Die Haftung für die Auslagen nach Nr. 9002 KV ergibt sich aus §§ 22 ff. In **Strafsachen** haften gem. § 33 GKG, § 466 StPO **Mitverurteilte**, gegen die in Bezug auf dieselbe Tat auf Strafe erkannt oder eine Maßregel der Besserung und Sicherung angeordnet wird, für die Auslagen als **Gesamtschuldner.** Dies gilt aber nicht für Auslagen iSv Nr. 9002 KV, die durch die Tätigkeit eines **Dolmetschers** und für die durch die **Strafvollstreckung**, für die durch die **einstweilige Unterbringung** oder die **Untersuchungshaft** entstandenen Kosten sowie für Zustellungen, die durch Untersuchungshandlungen, die ausschließlich gegen einen Mitangeklagten gerichtet waren, entstanden sind (s. die Erl zu § 33). Zur Anforderung der Auslagen nach Nr. 9002 KV beim **Teilfreispruch** in **Strafsachen** oder im Falle der Verurteilung von Erwachsenen und Jugendlichen (§ 74 JGG) in demselben Strafverfahren s. die Erl. zu § 29 Nr. 1.

---

30 Vgl BVerfG NJW 2006, 2248; BVerfG NJW 1995, 2095. **31** OLG Köln AGS 2000, 208; LG Köln AGS 2000, 209; LG Bonn AGS 2000, 210. **32** LG Koblenz AGS 2014, 557 = NJW-RR 2015, 128. **33** AnwK-RVG/N. *Schneider*, § 11 Rn 161; so auch LG Essen 27.10.2012 – 16 a T 145/08, juris und AG Offenbach AGS 2013, 245 (je zur Festsetzung gem. § 788 ZPO); aA LG Koblenz AGS 2014, 557 = NJW-RR 2015, 128. **34** OLG Köln AGS 2000, 208; AnwK-RVG/N. *Schneider*, § 11 Rn 161; aA LG Köln AGS 2000, 209; LG Bonn AGS 2000, 210. **35** LG Essen 27.10.2012 – 16 a T 145/08, juris; LG Düsseldorf 12.8.2008 – 25 T 542/08, juris; LG Kiel SchlHA 1996, 259; AG Offenbach AGS 2013, 245; aA LG Koblenz AGS 2014, 557 = NJW-RR 2015, 128. **36** So LG Koblenz AGS 2014, 557 = NJW-RR 2015, 128.

4. Zuständigkeit für den Kostenansatz. Die Zuständigkeit für den Ansatz der Auslagen nach Nr. 9002 KV   31
richtet sich nach § 19. Funktionell zuständig ist nach den Verwaltungsbestimmungen der Bundesländer regelmäßig der Kostenbeamte des mittleren Dienstes.

Nr.	Auslagentatbestand	Höhe
9003	Pauschale für die bei der Versendung von Akten auf Antrag anfallenden Auslagen an Transport- und Verpackungskosten je Sendung .... (1) Die Hin- und Rücksendung der Akten durch Gerichte oder Staatsanwaltschaften gelten zusammen als eine Sendung. (2) Die Auslagen werden von demjenigen Kostenschuldner nicht erhoben, von dem die Gebühr 2116 zu erheben ist.	12,00 €

I. Allgemeines

Nr. 9003 KV regelt die Pauschale, die vom Gericht/von der Staatsanwaltschaft für die bei der Versendung   1
von Akten auf Antrag anfallenden Auslagen an Transport- und Verpackungskosten je Sendung erhoben
wird. Die Pauschale soll die Aufwendungen abgelten, die dadurch entstehen, dass die Akteneinsicht an
einem anderen Ort als dem der aktenführenden Stelle beantragt wird und dadurch Versendungen notwendig werden.[1] Nr. 9003 KV ist durch das 2. KostRMoG[2] zum 1.8.2013 geändert worden. Durch die Änderung sollte klargestellt worden, dass mit der Aktenversendungspauschale lediglich **bare Auslagen für Trans-
port- und Verpackungskosten** ersetzt werden.[3] Ferner ist durch das 2. KostRMoG die frühere Regelung in
Nr. 9003 Nr. 2 KV zur Aktenversendungspauschale bei der elektronischen Übermittlung einer elektronisch
geführten Akte gestrichen worden.

Die Aktenversendungspauschale begegnet **keinen verfassungsrechtlichen Bedenken**.[4] Insbesondere verletzt   2
sie weder den Anspruch auf rechtliches Gehör (Art. 103 GG) noch das Recht auf ein rechtsstaatlich faires
Verfahren (Art. 2 Abs. 1, Art. 20 Abs. 3 GG).[5] Das Akteneinsichtsrecht selbst wird in seinem gesetzlich bestimmten Umfang durch die Aktenversendungspauschale nicht eingeschränkt. Denn die Erhebung der Pau-

1 BT-Drucks 12/6962, S. 87. **2** Vom 23.7.2013 (BGBl. I 2586). **3** Vgl BT-Drucks 17/13537, S. 11 des Berichts des Rechtsausschusses zu Nr. 31003 KV GNotKG. **4** BVerfG NJW 1995, 3177; BVerfG NJW 1996, 2222 (für die Aktenversendung in strafrechtlichen Ermittlungsverfahren); BVerfG NStZ 1997, 42; OLG Düsseldorf NStZ-RR 2016, 64; OLG Düsseldorf AGS 2015,
572 = StRR 2015, 363 = RVGreport 2016, 156; OLG Koblenz NStZ-RR 1996, 96; OVG NRW NVwZ-RR 2013, 536 = NJW
2013, 1619 (Ls.); OVG NRW 29.1.2013 – 2 E 80/13 und 2 E 81/13, juris. **5** OVG NRW 29.1.2013 – 2 E 80/13 und 2 E 81/13,
juris.

schale kann dadurch vermieden werden, dass die Akten bei dem Gericht selbst abgeholt oder dort eingesehen werden.[6] Auch die Berufsfreiheit des Rechtsanwalts wird deshalb nicht berührt.[7]

3   Nr. 9003 KV gilt nach der Änderung durch das 2. KostRMoG nur noch für die Übersendung einer **aus Papier** bestehenden Akte. Die elektronische Übermittlung einer elektronisch geführten Akte auf Antrag löst seit dem 1.8.2013 keine Aktenversendungspauschale, sondern ggf eine Dokumentenpauschale nach Nr. 9000 Nr. 3 KV aus (vgl Nr. 9003 Nr. 3 KV: 1,50 €, höchstens 5 €; → Rn 8 ff).

II. Anwendungsbereich

4   **1. In § 1 genannte Verfahren.** Nr. 9003 KV gilt nur für die Aktenversendung in den in § 1 genannten Verfahren. Bei der Aktenversendung in **Familiensachen** (§ 111 FamFG) einschließlich der Vollstreckung durch das Familiengericht und für Verfahren vor dem Oberlandesgericht nach § 107 FamFG entsteht die Aktenversendungspauschale nach Nr. 2003 KV FamGKG. Die Aktenversendung durch die Gerichte in den **Angelegenheiten der freiwilligen Gerichtsbarkeit** löst eine Aktenversendungspauschale nach Nr. 31003 KV GNotKG aus.

5   In **gerichtlichen Bußgeldverfahren** nach dem OWiG gilt ebenfalls Nr. 9003 KV, Aktenversendungen durch die Verwaltungsbehörden in Bußgeldverfahren fallen dagegen unter § 107 Abs. 5 S. 1 OWiG.

6   **2. Justizverwaltungsangelegenheiten.** Erfolgt eine Aktenversendung durch die **Justizverwaltung** in den in § 1 JVKostG aufgeführten Justizverwaltungsangelegenheiten bzw nach Abschluss eines Verfahrens, gilt nach Vorbem. 2 KV JVKostG ebenfalls Nr. 9003 KV.[8] Für andere als in § 1 JVKostG genannte Justizverwaltungsangelegenheiten gelten ggf die entsprechenden landesrechtlichen Regelungen (vgl zB für NRW § 124 JustG NRW).

7   **3. Sozial- und verwaltungsgerichtliche Verfahren.** Ob Nr. 9003 KV auch für die Aktenversendung in **sozialgerichtlichen Verfahren** gilt, ist umstritten.[9] Zutreffend ist davon auszugehen, dass die Aktenversendungspauschale hier wegen § 1 Abs. 2 Nr. 3 nur in den in § 197a Abs. 1 SGG genannten Fällen erhoben werden kann.[10] Im **verwaltungsgerichtlichen Verfahren** folgt aus § 100 VwGO nicht, dass für eine Aktenversendung auf Antrag keine Kosten nach Nr. 9003 KV erhoben werden dürfen.[11]

III. Elektronische Übermittlung einer elektronischen Akte

8   Wird die Akte elektronisch geführt und erfolgt ihre Übermittlung auf Antrag elektronisch, entstand bis zum 31.7.2013 die Aktenversendungspauschale nach Nr. 9003 Nr. 2 KV aF lediglich iHv 5 €. Nr. 9003 Nr. 2 KV aF wurde durch das Justizkommunikationsgesetz[12] eingeführt, allerdings durch das 2. KostRMoG zum 1.8.2013 wieder aufgehoben. Grund für die Aufhebung war, dass für die elektronische Übermittlung der Akte ausschließlich die Dokumentenpauschale nach Nr. 9000 Nr. 3 KV anfallen soll.[13]

9   Im **Strafprozess** löst die antragsgemäße **Versendung** einer zB auf **CD/DVD** gebrannten oder auf ein anderes Speichermedium übertragenen **elektronischen Zweitakte** (zB elektronische Zweitakte in Wirtschaftsstrafsachen) ggf eine Dokumentenpauschale nach Nr. 9000 Nr. 3 KV für die Überlassung elektronisch gespeicherter Dateien aus. Diese Dokumentenpauschale beträgt je Datei 1,50 €. Für die in einem Arbeitsgang überlassenen, bereitgestellten oder in einem Arbeitsgang auf denselben Datenträger übertragenen Dokumente wird aber insgesamt höchstens eine Dokumentenpauschale iHv 5 € erhoben.

10   Der durch das Gesetz zur Förderung des elektronischen Rechtsverkehrs mit den Gerichten[14] eingefügte § 31a BRAO verpflichtet die Bundesrechtsanwaltskammer, für jeden Rechtsanwalt ein **besonderes elektronisches Anwaltspostfach (beA)** einzurichten, über das die elektronische Kommunikation von Anwälten abgewickelt wird. Sofern eine elektronische Aktenversendung an das elektronische Anwaltspostfach gem. § 31a BRAO in Frage kommt, entsteht hierfür somit keine Aktenversendungspauschale, sondern ggf eine Dokumentenpauschale. Das besondere elektronische Anwaltspostfachs (beA) soll ab dem **29.9.2016** für alle Rechtsanwälte bereitstehen.[15]

6 BVerfG NJW 1995, 3177; BVerfG NJW 1996, 2222 (für die Aktenversendung in strafrechtlichen Ermittlungsverfahren); BVerfG NStZ 1997, 42; OLG Koblenz NStZ-RR 1996, 96; OVG NRW NVwZ-RR 2013, 536 = NJW 2013, 1619 (Ls.); OVG NRW 29.1.2013 – 2 E 80/13 und 2 E 81/13, juris. **7** OLG Koblenz MDR 1997, 202. **8** Vgl OLG Brandenburg 8.2.2007 – 1 Ws 209/06, juris; OLG Jena VRR 2008, 243 = JurBüro 2008, 602; OLG Naumburg NStZ-RR 2009, 296. **9** Dafür: SchlHLSG AnwBl 1997, 48; SG Stralsund 29.1.1998 – S 4 KO 3/98/J92/97, juris. Dagegen wegen § 183 SGG: LSG MV NZS 1999, 208; SG Frankfurt AnwBl 1999, 182; SG Düsseldorf AnwBl 1997, 683; Binz/Dörndorfer/Zimmermann, Nr. 9003 KV GKG Rn 1; vgl auch BSG RVGreport 2015, 356 = AGS 2015, 398. **10** Volpert, RVGreport 2015, 442; vgl auch BayLSG 19.4.2016 – L 15 SF 72/15 E, juris; LSG Bln-Bbg 5.5.2015 – L 11 SB 277/14 NZB, juris; SG Fulda 27.4.2016 – S 4 SF 2/16 E, juris. **11** Vgl auch BVerwG JurBüro 2015, 81 = RVGreport 2015, 108; VGH BW 21.3.2016 – 5 S 2450/12, juris; OVG NRW 29.1.2013 – 2 E 80/13 und 2 E 81/13, juris. **12** Vom 22.3.2005 (BGBl. I 837). **13** BT-Drucks 17/11471 (neu), S. 244. **14** Vom 16.10.2013 (BGBl. I 3785). **15** Zum Starttermin vgl http://bea.brak.de/wann-kommt-das-bea/.

IV. Entstehung der Aktenversendungspauschale

1. Akten. Eine Aktenversendung iSv Nr. 9003 KV liegt nur vor, wenn **Akten** auf Antrag versandt werden. **11**
Akten iSd Auslagentatbestands sind dabei mehr als einzelne lose Dokumente oder Anlagen mit oder ohne
Kopien. Akten iSv Nr. 9003 KV sind allerdings auch Aktenteile und Beiakten.[16] **Aktenteile** sind Bestandteile
aus der Akte. Eine **Akte** besteht damit aus mehreren zusammengefassten Dokumenten nebst Anlagen sowie
aus Beiakten. Eine Akte iSv Nr. 9003 KV kann durchaus auch aus einem einzelnen Blatt bestehen.[17]

2. „Je Sendung". Die Pauschale entsteht je **Sendung iHv 12 €.** Wird dieselbe Akte **mehrfach oder wieder-** **12**
holt versandt, entsteht die Pauschale mehrfach.[18]

Beispiel: Rechtsanwalt R bittet in demselben Verfahren am 1.3., am 1.4. und am 13.8. um Übersendung der Akte. – Die Pauschalen für die drei Versendungen betragen 36 €.

Erhält derselbe Kostenschuldner von derselben Versendestelle **mehrere Akten** in einer Sendung, entsteht die **13**
Pauschale nach dem Wortlaut nur einmal iHv 12 €, auch wenn **verschiedene Verfahren** betroffen sind („je
Sendung").[19] Allerdings führt das zu praktischen Problemen, weil dem für die Erhebung der Pauschale zu-
ständigen Justizbediensteten die Zusammenfassung in einer Sendung bekannt sein müsste.

Beispiel: Rechtsanwalt R bittet in den Verfahren 1, 2 und 3 des Amtsgerichts A um Übersendung der Akten. R
erhält die drei Akten in einer Sendung. – Wird davon ausgegangen, dass die Pauschale „je Sendung" in einem Verfahren entsteht, ist der mehrfache Ansatz der Pauschale gerechtfertigt.

Wird um Übersendung der aus mehreren Bänden und Nebenakten bestehenden Akte gebeten und übersen- **14**
det das Gericht zB zunächst die Hauptakten und einige Tage später die Nebenakten, liegen zwar mehrere
Sendungen vor. Die Pauschale fällt aber nur dann mehrfach an, wenn die Aktenversendung in **Teilliefenun-**
gen auch so beantragt worden ist (vgl auch § 21: unrichtige Sachbehandlung).[20]

Beispiel: Rechtsanwalt R bittet um Übersendung der aus mehreren Bänden und Nebenakten bestehenden Akte.
Das Gericht übersendet zunächst die Hauptakten und einige Tage später die Nebenakten und fordert für die beiden Sendungen zwei Aktenversendungspauschalen iHv insgesamt 24 €. – Wird die Akte nicht vollständig, sondern
in Teilen versandt, liegen zwar mehrere Sendungen vor. Die Pauschale fällt aber nur dann mehrfach an, wenn die
Aktenversendung in Teillieferungen auch so beantragt worden ist.[21]

3. Versendung auf Antrag/Ersuchen. Nur bei einer Versendung von Akten **auf Antrag** entsteht die Akten- **15**
versendungspauschale. Erfolgt die Versendung von Akten **von Amts wegen,** entsteht die Pauschale nicht.[22]
Keine Versendung auf Antrag liegt auch vor, wenn eine Aktenversendung **auf Ersuchen** eines Gerichts bzw
einer Behörde im Wege der **Rechts- oder der Amtshilfe** erfolgt.[23] Eine Unfallkasse als Trägerin der gesetzlichen **Unfallversicherung** und Körperschaft des öffentlichen Rechts erhält deshalb auf ihr Ersuchen **Amtshil-**
fe, so dass die Aktenübersendung keine Aktenversendungspauschale auslöst.[24] Das gilt auch bei der Aktenversendung an eine am Strafverfahren nicht beteiligte gesetzliche **Krankenkasse** zur Prüfung von eventuell
aus übergegangenem Recht gem. § 116 SGB X bestehenden Schadensersatzansprüchen.[25]

Aktenversendungen im Geltungsbereich des **JVKostG** lösen ebenfalls keine Aktenversendungspauschale aus **16**
(vgl Vorbem. 2 KV JVKostG iVm Nr. 9003 KV GKG), wenn diese im Wege der Amtshilfe und nicht auf
Antrag erfolgen.[26] Auf die Frage, ob in § 2 JVKostG trotz der Überschrift „Kostenfreiheit" nach dem Wortlaut der Norm nur eine Gebührenbefreiung geregelt ist, so dass eine Aktenversendungspauschale (Auslage)
zu erheben wäre, kommt es damit hier nicht an.

4. Versendung von Akten. a) Ortswechsel durch Versand. Die Aktenversendungspauschale dient zur **pau-** **17**
schalen Abgeltung der **Aufwendungen,** die dadurch entstehen, dass Akteneinsichten **an einem anderen Ort**
als dem der Akten führenden Stelle gewünscht und dadurch **Versendungen** notwendig werden.[27] Denn es
besteht nach Auffassung des Gesetzgebers kein Anlass, die durch solche besonderen Serviceleistungen der
Justiz entstehenden Aufwendungen unberücksichtigt zu lassen.[28]

Eine Aktenversendung iSd Auslagentatbestands setzt voraus, dass Akten tatsächlich antragsgemäß von der **18**
aktenführenden Stelle **an einen anderen Ort** als demjenigen der aktenführenden Stelle geschickt bzw ver-

---

16 OVG NRW NJW 2013, 2378. **17** *Volpert,* RVGreport 2015, 442; aA wohl Binz/Dörndorfer/*Zimmermann,* Nr. 9003 KV
GKG Rn 5; vgl auch *Hartmann,* KostG, Nr. 9003 KV GKG Rn 1. **18** BSG RVGreport 2015, 356 = AGS 2015, 398; LG Frankenthal MDR 1996, 104; AG Frankfurt a. M. RVGreport 2009, 39; *Meyer,* GKG Nr. 9003 KV Rn 44. **19** Binz/Dörndorfer/*Zim-*
mermann, Nr. 9003 KV GKG Rn 6. **20** BSG RVGreport 2015, 356 = AGS 2015, 398. **21** BSG RVGreport 2015, 356 = AGS
2015, 398. **22** OLG Düsseldorf NStZ-RR 2016, 64; OLG Düsseldorf AGS 2015, 572 = StRR 2015, 363 = RVGreport 2016,
156; OLG Jena VRR 2008, 243 = JurBüro 2008, 602. **23** OLG Brandenburg 8.2.2007 – 1 Ws 209/06, juris; OLG Düsseldorf
JurBüro 2012, 597; OLG Naumburg NStZ-RR 2009, 296; OLG Jena VRR 2008, 243 = JurBüro 2008, 602. **24** OLG Brandenburg 8.2.2007 – 1 Ws 209/06, juris; OLG Jena VRR 2008, 243 = JurBüro 2008, 602. **25** OLG Naumburg NStZ-RR 2009,
296. **26** Vgl OLG Düsseldorf JurBüro 2012, 597. **27** AG Stuttgart StraFo 2008, 352 = AGS 2008, 497. **28** Vgl BT-Drucks
12/6962, S. 87.

sandt werden.[29] Eine auslagenpflichtige Versendung liegt nur vor, wenn die Akten das Gebäude der aktenführenden Stelle (zB Gerichtsgebäude) verlassen und an einen außerhalb des (Gerichts-)Gebäudes liegenden Ort zum Adressaten gebracht werden.[30]

19 Auf die **Entfernung** kommt es dabei ebenso wenig an wie auf die Frage, ob die Akten innerhalb des Ortes oder Gerichtsbezirks versandt werden.[31]

20 **b) Abholung bei Gericht.** Die **Akteneinsicht** durch die Parteien (vgl zB § 299 Abs. 1 ZPO) auf der **Geschäftsstelle des Gerichts** löst damit mangels Versendung keine Aktenversendungspauschale aus. Eine Aktenversendungspauschale fällt daher auch dann nicht an, wenn die Akten von dem aktenführenden Gericht/ Prozessgericht in das bei diesem Gericht vorhandene bzw geführte Gerichtsfach des Rechtsanwalts eingelegt und die Akten dort vom Rechtsanwalt oder von seinem Personal abgeholt werden.[32] Das **Bereitlegen der Akten** auf der Geschäftsstelle zur Abholung durch den Rechtsanwalt oder das **Einlegen der Akten in das Gerichtsfach** des Anwalts zur Abholung bei der aktenführenden Behörde ist keine Versendung; die Abholung ist keine Versendung.[33] Außerdem löst die Abholung der Akte durch den Rechtsanwalt auch keine Auslagen an Transport- und hierdurch bedingte Verpackungskosten aus, die durch die Aktenversendungspauschale abgegolten werden sollen. Der mit der Gewährung der Akteneinsicht sonst verbundene Aufwand der Justiz (Personal- und Sachkosten der Gerichte für die Prüfung des Akteneinsichtsrechts, das Heraussuchen der Akte, die Versendung und die Rücklaufkontrolle sowie der Kosteneinzug) rechtfertigt den Ansatz der Pauschale nicht (mehr) (→ Rn 37).

21 **5. Auslagen für Transport und Verpackung. a) Ersatz von baren Auslagen der Justiz.** Die Aktenversendungspauschale entsteht für die bei der Versendung von Akten auf Antrag anfallenden Auslagen an **Transport- und Verpackungskosten.** Im Rahmen des Gesetzgebungsverfahrens zum 2. KostRMoG hat der Gesetzgeber ausdrücklich darauf hingewiesen, dass die Pauschale nicht die Personal- und Sachkosten der Gerichte für die Prüfung des Akteneinsichtsrechts, das Heraussuchen der Akte, die Versendung und die Rücklaufkontrolle sowie den Kosteneinzug abgelten soll.[34] Die Pauschale soll vielmehr nur die **reinen Versandkosten und die dadurch bedingten Transportkosten** erfassen[35] und die bei der Aktenversendung anfallenden **baren Auslagen der Justiz** ersetzen.[36] Die Auslagen müssen von der Justiz aber nicht bar gezahlt werden (Bargeld), eine bargeldlose Zahlung reicht aus.[37] Es müssen bare oder unbare Geldleistungen für justizfremde Dritte anfallen, die mit dem Aktentransport im Zusammenhang stehen.[38] Transportleistungen, die durch Justizpersonal aus eigenen Sachmitteln bestritten werden, reichen nicht aus. Fallen nur justizinterne Personal- und Sachkosten an, entsteht die Aktenversendungspauschale nicht.[39] Zu den baren Auslagen der Justiz gehören daher nicht die Kosten für den **Kraftstoff** eines Dienstfahrzeugs (Benzinkosten, → Rn 26).[40] Die Entstehung von bloßen Verpackungskosten ohne Transportkosten reicht für die Aktenversendungspauschale nicht aus. Gemeint sind nur die durch eine Versendung erforderlich werdenden Verpackungskosten.[41]

22 **b) Versendung durch externe Dienstleister.** Bei der Versendung der Akten durch einen externen Dienstleister (zB Post AG, DHL Paket GmbH; auch örtlicher Anwaltverein[42] bzw die Service GmbH eines Anwaltvereins[43]) fällt die Aktenversendungspauschale iHv 12 € an, weil der Justiz hierbei auf den konkreten Versendungsvorgang im Einzelfall bezogene und neben anfallenden Gebühren **gesondert bezifferbare Geldleis-**

29 OLG Bamberg RVGreport 2015, 159 = AGS 2014, 514; *Oestreich/Hellstab/Trenkle,* GKG § 28 Rn 7; *Notthoff,* AnwBl 1995, 540; *Brüssow,* StraFo 1996, 30 f; *Volpert,* VRR 2005, 296. **30** OLG Koblenz NStZ-RR 2013, 125 = AGS 2013, 83; OVG Koblenz RVGreport 2013, 328 = JurBüro 2013, 595. **31** Vgl OLG Düsseldorf StRR 2010, 277 = VRR 2010, 121 (für 200 m Luftlinie zwischen Gericht und Staatsanwaltschaft); LG Frankenthal MDR 1996, 104; *Meyer,* GKG Nr. 9003 KV Rn 44. **32** OLG Naumburg 26.1.2012 – 1 Ws 568/11, NStZ-RR 2012, 192 (Ls.); OVG Koblenz JurBüro 2013, 595 = RVGreport 2013, 328; LAG Schleswig NJW 2007, 2510 = JurBüro 2007, 372; LG Chemnitz StraFo 2010, 261 = AGS 2010, 444; LG Detmold NJW 1995, 2801; LG Münster AnwBl 1995, 378; *Meyer,* GKG Nr. 9003 KV Rn 44. **33** OVG Koblenz JurBüro 2013, 595 = RVGreport 2013, 328; aA OLG Koblenz NStZ-RR 2013, 125 = RVGreport 2013, 327. **34** Vgl im Gegensatz dazu aber zu Nr. 9003 KV aF noch OLG Düsseldorf StRR 2010, 277 = VRR 2010, 121; OLG Köln AGS 2009, 339 = MDR 2009, 955. **35** BT-Drucks 17/11471 (neu), S. 345, 308. **36** BT-Drucks 17/13537, S. 268; OLG Düsseldorf NStZ-RR 2016, 64; OLG Düsseldorf AGS 2015, 572 = StRR 2015, 363 = RVGreport 2016, 156; OLG Celle 16.2.2016 – 2 W 32/16, juris; OLG Köln AGS 2016, 120; OLG Köln RVGreport 2015, 355; OLG Nürnberg AGS 2016, 84 = StraFo 2016, 87 = RVGreport 2016, 200; OLG Koblenz AnwBl 2014, 657 = JurBüro 2014, 379; OLG Köln RVGreport 2015, 197 = AGS 2014, 513 = StraFo 2015, 40; OLG Bamberg RVGreport 2015, 235 = AGS 2015, 278; LG Saarbrücken 24.7.2015 – 6 Qs 129/15, burhoff.de; LG Saarbrücken AGS 2015, 519; LG Görlitz 6.5.2014 – 13 Qs 100/14, juris. **37** OLG Celle 16.2.2016 – 2 W 32/16, juris; OLG Düsseldorf NStZ-RR 2016, 64; OLG Düsseldorf AGS 2015, 572 = StRR 2015, 363 = RVGreport 2016, 156. **38** OLG Düsseldorf NStZ-RR 2016, 64; OLG Düsseldorf AGS 2015, 572 = StRR 2015, 363 = RVGreport 2016, 156; OLG Saarbrücken JurBüro 2016, 31 = RVGreport 2015, 478. **39** OLG Celle 16.2.2016 – 2 W 32/16, juris; OLG Düsseldorf NStZ-RR 2016, 64; OLG Düsseldorf AGS 2015, 572 = StRR 2015, 363 = RVGreport 2016, 156; VG Saarbrücken 14.7.2015 – 3 K 268/15, juris. **40** OLG Köln AGS 2016, 120; OLG Köln RVGreport 2015, 197 = AGS 2014, 513 = StraFo 2015, 40; OLG Koblenz AnwBl 2014, 657 = JurBüro 2014, 379; LG Arnsberg AGS 2015, 77; aA LG Kleve JurBüro 2015, 419 = RVGreport 2015, 278. **41** Vgl hierzu auch OLG Celle 16.2.2016 – 2 W 32/16, juris. **42** Vgl OLG Köln RVGreport 2015, 355; VG Saarbrücken 14.7.2015 – 3 K 268/15, juris. **43** OLG Köln AGS 2016, 120; OLG Saarbrücken JurBüro 2016, 31 = RVGreport 2015, 478; VG Saarbrücken 14.7.2015 – 3 K 268/15, juris.

tungen für Transport und Verpackung für justizfremde Dritte entstehen, für die die Justiz in Vorleistung tritt.[44]

Beispiel: Für alle im Monat September 2016 durchgeführten Pakettransporte übersendet die DHL Paket GmbH dem Gericht eine Rechnung über einen Betrag iHv 850 €. Aus der Rechnung ergibt sich, wie viele Pakete an welchem Tag transportiert worden sind und wie hoch der Einzelpreis pro Paket war.

Externe Dienstleister stellen der Justiz häufig nur **Sammelrechnungen** aus, aus denen sich lediglich die An-   **23** zahl der versandten Pakete an einem bestimmten Tag und die hierdurch entstandenen Gesamtkosten sowie die Einzelkosten pro Paket ablesen lassen. Das Gericht kann aber anhand der Aufzeichnungen der Poststelle des Gerichts (Wachtmeisterei) feststellen, welche Akte (Aktenzeichen) an welchem Tag versandt worden ist, so dass die Transportkosten für den Einzelfall ohne Weiteres beziffert werden können. Die Erhebung der Aktenversendungspauschale ist hierdurch ermöglicht, weil auf den konkreten Versendungsvorgang im Einzelfall bezogene und neben anfallenden Gebühren gesondert bezifferbare Geldleistungen für Transport und Verpackung ermittelt werden können.[45]

Es kommt somit nicht darauf an, ob die Akten von dem externen Dienstleister allein oder zusammen mit   **24** anderen Akten transportiert werden und ob der Aktentransport ohnehin im Rahmen eines regulären, unabhängig von der Akteneinsichtsgewährung eingerichteten Kurierdienstes durch den justizexternen Dienstleister erfolgt.[46] Denn es fallen für den Einzelfall (einzelne Sendung) bezifferbare bare Transportkosten an.

Es reicht auch aus, wenn die Justiz mit dem externen Dienstleister zB eine **Monatspauschale für Akten-**   **25** **transporte** vereinbart hat und die Transportkosten für eine einzelne Akte durch das Dividieren des Monatsbetrags durch die Anzahl der in diesem Monat transportierten Akten bezifferbar ist.[47] Im Ergebnis ist es also unerheblich, ob die Bezahlung des justizexternen Dienstleisters dergestalt erfolgt, dass dieser jedes einzelne Paket gesondert in Rechnung stellt oder ob er eine aufgrund des zu erwartenden Transportaufkommens kalkulierte Pauschale für bestimmte Abrechnungszeiträume erhält, wenn der auf die einzelne Akte entfallende Anteil der Transportkosten sich ausgehend von dem vereinbarten Pauschalpreis durch Division ermitteln ließe.[48] Der auf die einzelne Versendung konkret entfallende Betrag muss aber weder in der Akte festgehalten noch dem Kostenschuldner mitgeteilt werden können. Der Sinn der Pauschale würde dadurch konterkariert.[49] Es reicht für den Anfall der Aktenversendungspauschale also aus, wenn die Aktenversendung durch einen externen Dienstleister erfolgt.[50]

c) Versendung durch Dienstfahrzeuge der Justiz. Beim Transport von Akten mit **Dienstfahrzeugen** der Jus-   **26** tiz bzw durch einen **justizinternen Kurierdienst** liegt nach hM keine auslagenpflichtige Versendung iSv Nr. 9003 KV vor, weil keine für den Einzelfall gesondert bezifferbare bare Auslagen an Transport- und Verpackungskosten entstehen.[51] Es muss danach also ein Aktentransport durch vom Absender und Adressaten verschiedene Dritte erfolgen.[52] Transport- und Verpackungskosten fallen zwar auch bei einem justizinternen Transport an, und zwar insb. in Form von **Aufwendungen für Kraftstoff** für den Dienstwagen. Wird allerdings zutreffend davon ausgegangen, dass die Kraftstoffkosten jedenfalls nicht unmittelbar durch den Antrag auf Akteneinsicht veranlasst worden sind bzw nicht für eine konkrete Aktenversendung anfallen, handelt es sich nicht um für den einzelnen Transport bezifferbare bare Transportkosten.[53]

---

44 Vgl OLG Düsseldorf NStZ-RR 2016, 64; OLG Düsseldorf AGS 2015, 572 = StRR 2015, 363 = RVGreport 2016, 156; OLG Celle 16.2.2016 – 2 W 32/16, juris; OLG Köln AGS 2016, 120; OLG Köln RVGreport 2015, 355; OLG Nürnberg AGS 2016, 84 = StraFo 2016, 87 = RVGreport 2016, 200; OLG Koblenz AnwBl 2014, 657 = JurBüro 2014, 379; OLG Köln AGS 2014, 513 = StraFo 2015, 40; OLG Bamberg RVGreport 2015, 235 = AGS 2015, 278; LG Saarbrücken 24.7.2015 – 6 Qs 129/15, burhoff.de. **45** So auch OLG Düsseldorf NStZ-RR 2016, 64; OLG Düsseldorf AGS 2015, 572 = StRR 2015, 363 = RVGreport 2016, 156; OLG Bamberg RVGreport 2015, 235 = AGS 2015, 278; VG Saarbrücken 14.7.2015 – 3 K 268/15, juris. **46** In diesem Sinne schon zu Nr. 9003 KV aF OLG Düsseldorf StRR 2010, 277 = VRR 2010, 121; OLG Köln MDR 2009, 955 = AGS 2009, 339. **47** OLG Düsseldorf NStZ-RR 2016, 64; OLG Düsseldorf AGS 2015, 572 = StRR 2015, 363 = RVGreport 2016, 156; OLG Köln AGS 2016, 120; LG Saarbrücken 24.7.2015 – 6 Qs 129/15, burhoff.de; LG Saarbrücken AGS 2015, 519; vgl hierzu auch *Hansens*, Anm. zu OLG Köln RVGreport 2015, 355. **48** OLG Köln AGS 2016, 120; OLG Saarbrücken JurBüro 2016, 31 = RVGreport 2015, 478. **49** OLG Düsseldorf NStZ-RR 2016, 64; OLG Düsseldorf AGS 2015, 572 = StRR 2015, 363. **50** OLG Düsseldorf NStZ-RR 2016, 64; OLG Düsseldorf AGS 2015, 572 = StRR 2015, 363. **51** OLG Düsseldorf NStZ-RR 2016, 64; OLG Celle 16.2.2016 – 2 W 32/16, juris; OLG Köln AGS 2016, 120; OLG Düsseldorf AGS 2015, 572 = StRR 2015, 363 = RVGreport 2016, 156; OLG Köln RVGreport 2015, 355; OLG Nürnberg AGS 2016, 84 = StraFo 2016, 87 = RVGreport 2016, 200; OLG Koblenz AnwBl 2014, 657 = JurBüro 2014, 379; OLG Köln RVGreport 2015, 197 = AGS 2014, 513 = StraFo 2015, 40; OLG Saarbrücken JurBüro 2016, 31 = RVGreport 2015, 478; LG Saarbrücken 24.7.2015 – 6 Qs 129/15, burhoff.de; LG Saarbrücken AGS 2015, 519; VG Saarbrücken 14.7.2015 – 3 K 268/15, juris; LG Görlitz 6.5.2014 – 13 Qs 100/14, juris; zweifelnd noch *Volpert* in der Vorauflage (1. Aufl. 2014), Nr. 9003 KV Rn 13; aA LG Kleve JurBüro 2015, 419 = RVGreport 2015, 278. **52** OLG Düsseldorf NStZ-RR 2016, 64; OLG Düsseldorf AGS 2015, 572 = StRR 2015, 363 = RVGreport 2016, 156; OLG Köln AGS 2016, 120; OLG Celle 16.2.2016 – 2 W 32/16, juris; in diesem Sinne wohl auch OVG Koblenz RVGreport 2013, 328 = NJW 2013, 2137 = JurBüro 2013, 595; OLG Naumburg NStZ-RR 2012, 192. **53** OLG Celle 16.2.2016 – 2 W 32/16, juris; OLG Köln AGS 2016, 120; OLG Köln RVGreport 2015, 197 = AGS 2014, 513 = StraFo 2015, 40; OLG Koblenz AnwBl 2014, 657 = JurBüro 2014, 379; LG Arnsberg AGS 2015, 77; aA LG Kleve JurBüro 2015, 419 = RVGreport 2015, 278.

27   **d) Praktische Probleme für den Kostenbeamten.** Praktisch bereitet die Unterscheidung zwischen der Versendung durch einen externen Dienstleister und der justizinternen Versendung durchaus größere Probleme: Denn dem für die Erhebung der Aktenversendungspauschale zuständigen Bediensteten (Kostenbeamten) muss jeweils bekannt sein, ob der Transport im Einzelfall von einem externen oder einem justizinternen Kurierdienst durchgeführt wird. Der **Sinn und Zweck einer Pauschale** besteht aber gerade darin, nicht im Einzelfall nachträglich zu prüfen, auf welche Weise der Transport denn nun tatsächlich stattgefunden hat.[54] Es hilft auch nicht recht weiter, dass die Beförderungsart in der Akte notiert wird.[55] Denn die die Versendung veranlassende Servicekraft weiß idR nicht, welche Transportart in der Poststelle (Wachtmeisterei) dann konkret gewählt wird. Wird davon ausgegangen, dass der Kostenbeamte die Transportart im Einzelfall häufig (nachträglich) nicht feststellen kann, hätte die Aktenversendungspauschale praktisch keinen Anwendungsbereich mehr.[56] Das spräche im Ergebnis für eine **Aufhebung des Auslagentatbestands** durch den Gesetzgeber.

28   **6. Besonderheiten bei Versendung über ein Gerichtsfach. a) Gerichtsfach bei der aktenführenden Behörde.** Keine Aktenversendungspauschale fällt an, wenn die Akten von dem aktenführenden Gericht/Prozessgericht in das bei diesem Gericht vorhandene bzw geführte Gerichtsfach des Rechtsanwalts eingelegt und die Akten dort vom Rechtsanwalt oder von seinem Personal abgeholt werden.[57] Das Einlegen der Akten in das Gerichtsfach zur Abholung bei dem aktenführenden Gericht durch den Rechtsanwalt selbst ist keine kostenpflichtige Versendung iSv Nr. 9003 KV.[58] Der mit der Gewährung der Akteneinsicht hier verbundene Aufwand der Justiz (Personal- und Sachkosten für die Prüfung des Akteneinsichtsrechts, das Heraussuchen der Akte, das Einlegen in das Gerichtsfach und die Rücklaufkontrolle sowie der Kosteneinzug) rechtfertigt den Ansatz der Pauschale jedenfalls seit der Änderung von Nr. 9003 KV GKG durch das 2. KostRMoG nicht mehr.

29   Beantragt der Rechtsanwalt gebührenfreie Akteneinsicht über sein Gerichtsfach bei der aktenführenden Behörde, wird ihm die Akte aber dennoch auslagenpflichtig zB auf dem Postweg übersandt, kann ihm die Aktenversendungspauschale im Ergebnis nicht in Rechnung gestellt werden.[59]

  Beispiel: Rechtsanwalt R beantragt in dem beim AG A geführten Prozess gebührenfreie Akteneinsicht über sein Gerichtsfach bei dem AG A. Das AG übersendet die Akte auf dem Postweg und verlangt eine Aktenversendungspauschale iHv 12 €.

30   Voraussetzung für die Nichterhebung der Aktenversendungspauschale ist aber eine **gerichtliche Entscheidung gem. § 21 Abs. 2 S. 1** bzw vor einer gerichtlichen Entscheidung eine Anordnung im Verwaltungsweg gem. § 21 Abs. 2 S. 2, 3. Die Entscheidung gem. § 21 kann vom Rechtsanwalt im Wege der Erinnerung gem. § 66 gegen den Ansatz der Aktenversendungspauschale erreicht werden.

31   **b) Gerichtsfach beim Justizzentrum.** Keine Aktenversendungspauschale fällt an, wenn die Akten von dem aktenführenden AG in das Gerichtsfach des Rechtsanwalts bei dem LG bzw die Akten von der Staatsanwaltschaft in das Gerichtsfach des Rechtsanwalts bei dem LG oder AG eingelegt werden und sich AG und LG bzw Staatsanwaltschaft und AG/LG in einem **gemeinsamen Gebäude (Justizzentrum)** befinden. Es liegt keine Versendung an einen außerhalb des Gerichtsgebäudes liegenden Ort vor.[60]

  Beispiel: Rechtsanwalt R bittet in dem beim LG geführten Strafprozess um Aktenübersendung. Die StA legt die Akten, die sich bei ihr befinden, in das Gerichtsfach von R beim LG. LG und StA befinden sich in einem gemeinsamen Gebäude.

32   Auch wenn ein Justizzentrum aus mehreren getrennten, aber zusammenhängenden und nahegelegenen Gebäuden besteht, entsteht keine Aktenversendungspauschale, wenn ein Bediensteter die Akte zu einem anderen Gebäude des Justizzentrums verbringt, in dem sich das Gerichtsfach befindet.[61] Denn es fallen keine baren Aufwendungen an Transport- und Verpackungskosten an. Die Aktenversendungspauschale entsteht aber, wenn die Staatsanwaltschaft die Aktenversendung über das Gerichtsfach des Rechtsanwalts bei dem

---

54 OLG Düsseldorf NStZ-RR 2016, 64; OLG Düsseldorf AGS 2015, 572 = StRR 2015, 363 = RVGreport 2016, 156; LG Kleve JurBüro 2015, 419 = RVGreport 2015, 278; *Hansens*, Anm. zu OLG Köln RVGreport 2015, 355; iE auch OLG Saarbrücken JurBüro 2016, 31 = RVGreport 2015, 478. **55** *Hansens*, Anm. zu OLG Köln RVGreport 2015, 355. **56** Vgl hierzu auch OLG Celle 16.2.2016 – 2 W 32/16, juris: Unklarheit darüber, wie der Transport vom LG zum Gerichtsfach des Rechtsanwalts beim AG an einem anderen Ort stattgefunden hat. **57** OLG Bamberg RVGreport 2015, 235 = AGS 2015, 278; OLG Naumburg NStZ-RR 2012, 192 (Ls.); OVG Koblenz RVGreport 2013, 328 = NJW 2013, 2137 = JurBüro 2013, 595; LG Kleve JurBüro 2015, 419 = RVGreport 2015, 278; aA OLG Koblenz RVGreport 2013, 327 = NStZ-RR 2013, 125 = AGS 2013, 83. **58** OVG Koblenz RVGreport 2013, 328 = NJW 2013, 2137 = JurBüro 2013, 595; LG Kleve JurBüro 2015, 419 = RVGreport 2015, 278. **59** AG Stuttgart StraFo 2008, 352 = AGS 2008, 497; vgl auch (ähnl.) OLG Köln AGS 2009, 339 = MDR 2009, 955; LG Chemnitz StraFo 2010, 261 = VRR 2010, 123 = AGS 2010, 444. **60** OLG Naumburg NStZ-RR 2012, 192 (Ls.); OVG Koblenz NJW 2013, 2137 = JurBüro 2013, 595. **61** OLG Naumburg NStZ-RR 2012, 192 (Ls.).

räumlich getrennten AG oder LG unter Zuhilfenahme eines externen Dienstleisters vornimmt. Sie entsteht nur dann nicht, wenn der Transport durch die Justiz selbst erledigt wird.[62]

c) Gerichtsfach bei einem anderen Gericht. Die Aktenversendungspauschale entsteht, wenn die Akten von **33** der aktenführenden Stelle durch einen externen Dienstleister an ein Gericht an einem anderen Ort versandt werden, weil der um Akteneinsicht ersuchende Rechtsanwalt dort sein Gerichtsfach hat.[63] Erfasst ist daher bspw die Versendung durch die Staatsanwaltschaft an das Gerichtsfach des Anwalts beim Amtsgericht am selben Ort.

Beispiel: Rechtsanwalt R aus B bittet in dem beim AG A geführten Prozess um Aktenübersendung. Das AG A übersendet die Akte per Post an das AG in B. Das AG B legt die Akte in das Gerichtsfach von R. R holt die Akte dort ab.

Die Kosten des externen Dienstleisters fallen unabhängig davon an, ob die Akte in die auswärtigen Kanzlei- **34** räume des Anwalts oder in das auswärtige Gerichtsfach transportiert wird.[64] Erfolgt der Transport aber justizintern, bspw mit einem regelmäßig verkehrenden Dienstwagen, entsteht die Pauschale nicht.[65]

Für die Entstehung der Aktenversendungspauschale reicht es auch aus, wenn der Aktentransport aufgrund **35** vertraglicher Vereinbarungen der beteiligten Dienststellen durch den **örtlichen Anwaltverein** erfolgt und dieser für jede beförderte Sendung einen bestimmten Geldbetrag erhält.[66]

7. Keine Hinweispflicht. Unerheblich für die Entstehung der Aktenversendungspauschale ist, ob der Kos- **36** tenschuldner vor der Aktenversendung auf die **Gebührenpflicht** der Versendung **hingewiesen** worden ist. Denn über die Entstehung gesetzlich festgelegter Gerichtskosten muss nicht belehrt werden.[67]

V. Abgeltungsbereich der Aktenversendungspauschale

1. Frühere Rechtslage (bis 31.7.2013). Früher ist teilweise die Auffassung vertreten worden, dass von der **37** Aktenversendungspauschale nicht nur die tatsächlichen Entgelte für Postdienstleistungen (Porto), Kurier-kosten und die Bereitstellung und Entsorgung von Verpackungsmaterialien abgegolten werden. Denn im Zuge der Einführung der Aktenversendungspauschale nach Nr. 9003 KV durch das Kostenrechtsände-rungsgesetz 1994 habe der Gesetzgeber in den Motiven darauf verwiesen, dass die Pauschale auch für die durch solche besonderen Serviceleistungen der Justiz entstehenden Aufwendungen erhoben werden solle.[68] Deshalb erfasse sie insb. auch den der Justiz anlässlich der Aktenversendung entstehenden Personalauf-wand zB für das Heraussuchen der Akte, die Anlegung und Auflösung eines Aktenretents bzw eines Kon-trollblatts, die Fertigung eines Übersendungsschreibens, die Überwachung der Rückkehr der Akte sowie die Einordnung der Akte in den Geschäftsgang nach Rückkehr.[69]

2. Transport- und Verpackungskosten. Nach der Neufassung von Nr. 9003 KV zum 1.8.2013 entsteht die **38** Aktenversendungspauschale für die bei der Versendung von Akten auf Antrag anfallenden Auslagen an **Transport- und Verpackungskosten.** Im Rahmen des Gesetzgebungsverfahrens zum 2. KostRMoG hat der Gesetzgeber ausdrücklich darauf hingewiesen, dass die Pauschale **nicht** die Personal- und Sachkosten der Gerichte für die Prüfung des Akteneinsichtsrechts, das Heraussuchen der Akte, die Versendung und die Rücklaufkontrolle sowie den Kosteneinzug abgelten soll. Die Pauschale soll vielmehr nur die **reinen Ver-sandkosten** und die dadurch bedingten Transportkosten erfassen[70] und die bei der Aktenversendung anfal-lenden **baren Auslagen der Justiz** ersetzen.[71] Auf die Erl in → Rn 21 ff wird insoweit verwiesen.

VI. Hin- und Rücksendung (Anm. Abs. 1)

Nach Anm. Abs. 1 zu Nr. 9003 KV[72] gelten die **Hin- und Rücksendung** der Akten durch **Gerichte** oder **39** **Staatsanwaltschaften** zusammen als eine Sendung. Durch die Anm. Abs. 1 ist klargestellt, dass die Akten-versendungspauschale die dem **Rechtsanwalt** für die Rücksendung der überlassenen Akten entstehenden

[62] OLG Bamberg RVGreport 2015, 235 = AGS 2015, 278; OLG Koblenz AnwBl 2014, 657 = JurBüro 2014, 379; OLG Köln RVGreport 2015, 197 = AGS 2014, 513 = StraFo 2015, 40; LG Arnsberg AGS 2015, 77; LG Görlitz 6.5.2014 – 13 Qs 100/14, juris. **[63]** OLG Düsseldorf NStZ-RR 2016, 64; OLG Köln RVGreport 2015, 355; OLG Bamberg RVGreport 2015, 235 = AGS 2015, 278; OLG Düsseldorf AGS 2015, 572 = StRR 2015, 363 = RVGreport 2016, 156; OLG Saarbrücken JurBüro 2016, 31 = RVGreport 2015, 478; LG Saarbrücken 24.7.2015 – 6 Qs 129/15, burhoff.de; LG Kleve JurBüro 2015, 419 = RVGreport 2015, 278; LG Görlitz 6.5.2014 – 13 Qs 100/14, juris. **[64]** OLG Bamberg RVGreport 2015, 235 = AGS 2015, 278. **[65]** OLG Köln RVGreport 2015, 197 = AGS 2014, 513 = StraFo 2015, 40; OLG Nürnberg AGS 2016, 84 = StraFo 2016, 87 = RVGreport 2016, 200; LG Görlitz 6.5.2014 – 13 Qs 100/14, juris; VG Saarbrücken AGS 2015, 520. **[66]** OLG Köln RVGreport 2015, 355. **[67]** AG Düsseldorf 3.9.2010 – 122 AR 51 Js 4753/09 – 396/10, nv. **[68]** Vgl BT-Drucks 12/6962, S. 87. **[69]** Vgl OLG Celle AGS 2007, 261; OLG Düsseldorf StRR 2010, 277 = VRR 2010, 121; OLG Hamm NStZ 2006, 410 = RVGreport 2006, 76; OLG Jena JurBüro 2008, 374; OLG Koblenz JurBüro 2006, 2007; OLG Köln MDR 2009, 955 = AGS 2009, 339; AG Leip-zig JurBüro 2005, 547; aA aber schon OLG Naumburg 26.1.2012 – 1 Ws 568/11, NStZ-RR 2012, 192 (Ls.); LG Chemnitz StraFo 2010, 261 = AGS 2010, 444; wohl auch LG Münster AnwBl 1995, 378. **[70]** Vgl BT-Drucks 17/11471 (neu), S. 345, 308. **[71]** Vgl BT-Drucks 17/13537, S. 268. **[72]** Zum Wortlaut der Anmerkung zu Nr. 9003 KV vgl die Bekanntmachung der Neufas-sung des Gerichtskostengesetzes v. 27.2.2014 (BGBl. I 154), § 70 a GKG.

Portoauslagen nicht abdeckt.[73] Denn mit den Kosten der Rücksendung sind nur die Kosten gemeint, die einem Gericht oder einer Staatsanwaltschaft entstehen.[74] Das ist durch die Einfügung der Worte „durch Gerichte" klargestellt. Werden die Akten einem Dritten, zB einem Rechtsanwalt, übersandt, hat die Aktenrücksendung auf Kosten des Dritten zu erfolgen.[75] Ein Anspruch auf Erstattung der Rücksendekosten gegen die Staatskasse besteht damit nicht. Die Aktenversendungspauschale kann daher nicht um die Portokosten gemindert werden, die dem Rechtsanwalt für die Rücksendung ihm zur Einsicht übersandter Akten entstehen.[76]

VII. Gebühr Nr. 2116 KV (Anm. Abs. 2)

40 In der auf der Grundlage von § 70 a erfolgten Bekanntmachung der Neufassung des GKG vom 27.2.2014[77] enthält Nr. 9003 KV in der Anm. Abs. 2 noch die Regelung, dass die Auslagen von demjenigen Kostenschuldner nicht erhoben werden, von dem die Gebühr 2116 zu erheben ist. Die Gebühr Nr. 2116 KV ist durch Art. 3 Abs. 1 Nr. 2 Buchst. b) des am 1.1.2013 in Kraft getretenen Gesetzes zur Reform der Sachaufklärung in der Zwangsvollstreckung[78] aufgehoben worden, so dass die Aufnahme von Anm. Abs. 2 zu Nr. 9003 KV in die Bekanntmachung der Neufassung des GKG vom 27.2.2014 auf einem Redaktionsversehen des Gesetzgebers beruhen dürfte. Die Streichung von Anm. Abs. 2 ist daher erforderlich.

VIII. Höhe der Aktenversendungspauschale

41 Die Aktenversendungspauschale beträgt 12 € für jede Aktenversendung auf Antrag. In welcher Höhe der Justiz tatsächlich bare Auslagen an Transport- und Verpackungskosten entstanden sind, ist aufgrund der Erhebung einer Pauschale unerheblich. Auch auf den Umfang der versandten Akten kommt es nicht an.

IX. Weitere praktische Hinweise

42 **1. Fälligkeit.** Gemäß § 9 Abs. 3 wird die Aktenversendungspauschale sofort nach ihrer Entstehung fällig. Deshalb muss mit der Anforderung der Aktenversendungspauschale nicht wie bei anderen Auslagen bis zum Vorliegen der in § 9 Abs. 2 genannten Zeitpunkte gewartet werden.

43 **2. Vorschuss und Vorauszahlung.** Gemäß § 17 Abs. 2 kann die Versendung von Akten von der vorherigen Zahlung eines die Auslagen deckenden Vorschusses abhängig gemacht werden. Die Versendung von Akten kann danach von der vorherigen Zahlung der Aktenversendungspauschale iHv 12 € abhängig gemacht werden. In **Straf- und Bußgeldsachen** gilt das allerdings nicht, wenn der Beschuldigte oder sein Beistand die Aktenversendung beantragt hat, § 17 Abs. 4 S. 2 (→ § 17 Rn 42).[79]

44 **3. Kostenschuldner.** Nach § 28 Abs. 2 schuldet die Aktenversendungspauschale Nr. 9003 KV nur, wer die Versendung der Akte beantragt hat. Die Verwendung des Wortes „nur" zeigt, dass die Regelung eine ungerechtfertigte Haftung der allgemeinen Kostenschuldner nach §§ 22 ff vermeiden soll.[80] Der Kostenschuldner für die Aktenversendungspauschale wird eigenständig und ausschließlich nach § 28 Abs. 2 ermittelt. Siehe näher → § 28 Rn 21 ff, auch zur Haftung eines Rechtsanwalts oder eines Pflichtverteidigers für die Pauschale.

45 **4. Zuständigkeit für den Kostenansatz.** Gemäß § 19 Abs. 4 wird die Aktenversendungspauschale bei der Stelle angesetzt, bei der sie entstanden ist.

46 **5. Besonderheiten der Aktenversendungspauschale in Bußgeldsachen (§ 107 Abs. 5 OWiG).** Bei der Aktenversendung durch die Bußgeldbehörden in Bußgeldsachen gilt § 107 Abs. 5 OWiG. Die Gebührenbestimmungen der **Länder** haben früher teilweise **Gebühren** für die **Aktenversendung** durch die Verwaltungsbehörden vorgesehen, die höher waren als die in § 107 Abs. 5 OWiG bundesgesetzlich geregelte Aktenversendungspauschale iHv 12 €.[81] Das **OVG Nordrhein-Westfalen**[82] hatte insoweit entschieden, dass die für die „Versendung von Bußgeldakten zur Abwicklung zivilrechtlicher Ansprüche oder Interessen" vorgesehene Tarifstelle 30.3.1 in Nordrhein-Westfalen wegen Verstoßes gegen die bundesrechtliche Regelung des § 107

[73] Vgl BVerwG JurBüro 2015, 81 = RVGreport 2015, 108; OLG Celle StraFo 2006, 475; OLG Hamm NJW 2006, 1076 = NStZ 2006, 410 = RVGreport 2006, 76; OLG Hamm NJW 2006, 306; OLG Jena JurBüro 2007, 598; LG Berlin RVGreport 2006, 159; AG Düsseldorf VRR 2005, 400; *Burhoff*, RVGreport 2006, 41; *Volpert*, VRR 2005, 296; aA noch OLG Koblenz RVGreport 2006, 76; AG Brandenburg JurBüro 2005, 316 = AGS 2005, 298; *Euba*, ZAP, Fach 24, S. 937; vgl hierzu auch noch OVG NRW NJW 2013, 2378. [74] BVerwG JurBüro 2015, 81 = RVGreport 2015, 108; vgl BT-Drucks 16/3038, S. 52. [75] Vgl BT-Drucks 16/3038, S. 52. [76] OLG Celle StraFo 2006, 475; OLG Naumburg 21.4.2008 – 6 W 35/08, JurionRS 2008, 14667. [77] BGBl. 2014 I 154. [78] Vom 29.7.2009 (BGBl. I 2258). [79] Vgl BVerfG NJW 1995, 3177; LG Göttingen NJW-RR 1996, 190 = StV 1996, 166; LG Tübingen AnwBl 1995, 569; *Volpert*, VRR 2005, 296. [80] BGH AGS 2011, 262 = NJW 2011, 3041 = JurBüro 2011, 412. [81] Vgl zB Allgemeine Verwaltungsgebührenordnung Nordrhein-Westfalen, Tarifstelle 30.3. idF bis 27.9.2005: Gebühr von 10 € bis 50 €; vgl auch Landesverordnung über die Gebühren für Amtshandlungen allgemeiner Art Rheinland-Pfalz, Ziff. 1.1.2 AGV: Gebühr iHv 7,67 € bis 51,13 €. [82] OVG NRW NJW 2005, 2795 = AGS 2005, 296.

Abs. 5 OWiG **nichtig** und für die Erhebung einer **12 € übersteigenden Aktenversendungspauschale** durch die Verwaltungsbehörde **kein Raum** ist.[83]

Die Tarifstelle 30.3 in der Allgemeinen Verwaltungsgebührenordnung Nordrhein-Westfalen ist deshalb   **47** durch die Sechste Verordnung zur Änderung der Allgemeinen Verwaltungsgebührenordnung[84] geändert worden. Dort ist seitdem bestimmt, dass bei der Versendung von Bußgeldakten im Ordnungswidrigkeitsverfahren § 107 Abs. 5 OWiG einschlägig ist. Dies gilt für jede Art der Übersendung von Bußgeldakten, also auch bei der Versendung von Bußgeldakten zur Abwicklung zivilrechtlicher Ansprüche und Interessen. Deshalb kann auch hier von der Verwaltungsbehörde nur eine Aktenversendungspauschale iHv 12 € erhoben werden.

Wird von der Verwaltungsbehörde der Anspruch auf Akteneinsicht in **elektronische Bußgeldakten** durch   **48** Erteilung von Aktenausdrucken bzw durch Übersendung von Kopien erfüllt, sind aber die gesetzlichen Vorgaben für die Führung einer elektronischen Akte nicht eingehalten (vgl §§ 110 b Abs. 2 S. 2, 110 d Abs. 1 S. 2 OWiG, § 298 Abs. 2 ZPO) und wird deshalb die Übersendung der Originalakte erforderlich, entsteht die Pauschale nur einmal iHv 12 € für die Übersendung der Originalakte, nicht aber für die Übersendung der Kopien.[85] Die Verwaltungsbehörde kann die Aktenversendungspauschale für die Erteilung eines Aktenausdrucks damit nur beanspruchen, wenn der Aktenausdruck den Anforderungen der §§ 110 d Abs. 1, 110 b Abs. 2 S. 2 OWiG genügt und über eine qualifizierte elektronische Signatur verfügt.[86]

6. Erstattung an den Rechtsanwalt. a) Aufwendung des Rechtsanwalts (§§ 675, 670 BGB). Kostenschuld   **49** ner der Aktenversendungspauschale iHv 12 € ist insb. in **Straf- und Bußgeldsachen** gem. § 28 Abs. 2 GKG, § 107 Abs. 5 OWiG nur der **Verteidiger**, weil nur er gem. § 147 StPO, § 46 Abs. 1 OWiG Akteneinsicht nehmen kann (→ § 28 Rn 21 ff). Zahlt der beigeordnete oder bestellte Rechtsanwalt daher die Aktenversendungspauschale an die Staatskasse, ist sie ihm von der Staatskasse gem. § 46 RVG im Rahmen der Festsetzung gem. § 55 RVG zu ersetzen, weil sie nach der Rspr des BGH weder zu den mit den Gebühren nach Vorbem. 7 Abs. 1 S. 1 VV abgegoltenen **allgemeinen Geschäftskosten** gehört[87] noch mit der als Ersatz für **Post- und Telekommunikationsentgelte** anfallenden Postentgeltpauschale nach Nr. 7002 VV RVG bzw mit den Auslagen nach Nr. 7001 VV RVG abgegolten wird.[88]

Die **Gegenauffassung**[89] ist **unzutreffend**, weil sie verkennt, dass die Aktenversendungspauschale nicht zu   **50** den mit den Gebühren nach Vorbem. 7 Abs. 1 S. 1 VV RVG abgegoltenen allgemeinen Geschäftskosten gehören kann, da sie sich auf einen konkreten Einzelfall bezieht.[90] Sie gehört auch nicht zu den von Nr. 7001, 7002 VV RVG erfassten Post- und Telekommunikationsentgelten, weil es sich bei der Aktenversendungspauschale um gem. § 28 Abs. 2 GKG bzw § 107 Abs. 5 OWiG vom Rechtsanwalt geschuldete Gerichtsbzw Verfahrenskosten handelt.[91]

Die Erstattung der Pauschale kann dem Rechtsanwalt nicht mit der Begründung versagt werden, dass bei   **51** **Abholung** der Akte bei Gericht die Pauschale nicht angefallen wäre. Denn der Rechtsanwalt hat von der durch die Justiz angebotenen kostenpflichtigen Versendung Gebrauch gemacht. Die hierdurch angefallenen Aufwendungen sind dann auch erforderlich iSv § 46 RVG.[92]

b) Anforderung vom Pflichtverteidiger. Weil der gerichtlich beigeordnete oder bestellte Rechtsanwalt gem.   **52** §§ 45, 46 RVG Anspruch auf Erstattung der von ihm gezahlten Aktenversendungspauschale aus der Staatskasse hat, erscheint es sinnvoll, ihm die Aktenversendungspauschale erst gar nicht in Rechnung zu stellen. Hierdurch wird unnötiger Bearbeitungsaufwand vermieden. Außerdem besteht dann auch nicht die Gefahr,

---

83 So auch OVG Rheinland-Pfalz NJW 2007, 2426; *Volpert*, VRR 2005, 296. **84** Vom 20.9.2005 (GV. NRW 2005, 761). **85** Vgl hierzu AG Eutin VRR 2009, 480. **86** AG Bremen DAR 2014, 555; AG Lüdinghausen AGS 2015, 515 = NStZ 2016, 163; AG Herford 1.10.2013 – 11 OWi 1951/13 (b), JurionRS 2013, 50557; AG Wennigsen 27.11.2013 – 16 OWi 205/13, JurionRS 2013, 50527. **87** Vgl BGH NJW 2011, 3041 = RVGreport 2011, 215 = StRR 2011, 279; so auch KG AGS 2009, 198 = RVGreport 2009, 154 = JurBüro 2009, 93; LG Berlin BerlAnwBl 1997, 442; LG Potsdam NStZ-RR 2013, 31 = AGS 2012, 564 = JurBüro 2012, 470; LG Zweibrücken AGS 2012, 234 = RVGreport 2012, 218 = VRR 2012, 200; AG Geesthacht AnwBl 1996, 476; AG Leipzig AGS 2007, 355; AG Leipzig NStZ-RR 2000, 319; aA LG Berlin RVGreport 2005, 150; AG München JurBüro 1995, 544. **88** Vgl BGH NJW 2011, 3041 = RVGreport 2011, 215 = StRR 2011, 279; so auch KG AGS 2009, 198 = RVGreport 2009, 154 = JurBüro 2009, 93; OLG Düsseldorf StV 2003, 177 = BRAGOreport 2002, 79; OLG Naumburg AGS 2011, 598 = RVGreport 2012, 70; LG Dresden RVGreport 2010, 454 = RVGreport 2010, 454; LG Potsdam NStZ-RR 2013, 31 = AGS 2012, 564 = JurBüro 2012, 470; so auch AG Gummersbach 10.5.2013 – 85 OWi-17 Js 845/12-205/12, JurionRS 2013, 38802; AG Köln 20.12.2013 – 53 Ds 44/13, JurionRS 2013, 51785 (für den auswärtigen Verteidiger). **89** Vgl LG Leipzig RVGreport 2009, 61 = VRR 2009, 119; LG Leipzig RVGreport 2010, 182; LG Zweibrücken 23.9.2009 – Qs 12/09, aufgegeben aber LG Zweibrücken AGS 2012, 234 = RVGreport 2012, 218 = StRR 2012, 239; AG Eilenburg AGS 2010, 74 = RVGreport 2010, 60 = JurBüro 2010, 34; AG Nordhorn JurBüro 1995, 305. **90** LG Potsdam NStZ-RR 2013, 31 = AGS 2012, 564 = JurBüro 2012, 470; Gerold/Schmidt/*Müller-Rabe*, RVG, Vorbem. 7 VV Rn 17. **91** KG AGS 2009, 198 = RVGreport 2009, 154 = JurBüro 2009, 93; AG Leipzig AGS 2007, 355; Gerold/Schmidt/*Müller-Rabe*, RVG, Vorbem. 7 VV Rn 17. **92** Vgl OLG Naumburg AGS 2011, 598 = RVGreport 2012, 70.

dass die in der späteren Pflichtverteidigervergütung enthaltene Pauschale dem Verurteilten gem. Nr. 9007 KV GKG unberechtigt in Rechnung gestellt wird (→ Nr. 9007 KV Rn 10 f).

53 c) **Erstattung von Umsatzsteuer auf die Aktenversendungspauschale.** Wegen § 28 Abs. 2 GKG und § 107 Abs. 5 OWiG stellt die Aktenversendungspauschale eine **eigene Kostenschuld des Rechtsanwalts** dar. Bei der Aktenversendungspauschale handelt es sich daher nicht um einen umsatzsteuerfreien durchlaufenden Posten iSv § 10 Abs. 1 S. 6 UStG (Abschn. 152 UStR), sondern um eine **umsatzsteuerpflichtige Leistung** des Rechtsanwalts.[93] Der **beigeordnete oder bestellte Rechtsanwalt** erhält daher aus der Staatskasse die Aktenversendungspauschale zzgl Umsatzsteuer.[94] Auch der **Mandant** des Rechtsanwalts schuldet die vom Rechtsanwalt verauslagte Aktenversendungspauschale zzgl Umsatzsteuer.[95] Bei **Beratungshilfe** ist die Aktenversendungspauschale ebenfalls zzgl Umsatzsteuer zu erstatten.[96]

Nr.	Auslagentatbestand	Höhe
9004	Auslagen für öffentliche Bekanntmachungen .... (1) Auslagen werden nicht erhoben für die Bekanntmachung in einem elektronischen Informations- und Kommunikationssystem, wenn das Entgelt nicht für den Einzelfall oder nicht für ein einzelnes Verfahren berechnet wird. Nicht erhoben werden ferner Auslagen für die Bekanntmachung eines besonderen Prüfungstermins (§ 177 InsO, § 18 SVertO). (2) Die Auslagen für die Bekanntmachung eines Vorlagebeschlusses gemäß § 6 Abs. 4 KapMuG gelten als Auslagen des Musterverfahrens.	in voller Höhe

I. Allgemeines

1 Nr. 9004 KV regelt die Erhebung der Auslagen für öffentliche Bekanntmachungen. Eine **öffentliche Bekanntmachung** ist insb. die öffentliche Zustellung von Schriftstücken. Die Zulässigkeit der öffentlichen Zustellung ergibt aus § 185 ZPO (§ 10 VwZG). Erfasst sind ferner öffentliche Ladungen, öffentliche Terminankündigungen und die öffentliche Bekanntmachung der Beschlagnahme oder Arrestanordnung im Strafverfahren.[1]

2 Nr. 9004 KV ist zum 1.8.2013 durch das 2. KostRMoG[2] an die Regelung in Nr. 31004 KV GNotKG angepasst worden. In Nr. 9004 KV ist seitdem aus Gründen der Vereinfachung nicht mehr die Variante vorgesehen, dass bei Veröffentlichung in einem elektronischen Informations- und Kommunikationssystem, wenn ein Entgelt nicht zu zahlen ist oder das Entgelt nicht für den Einzelfall oder ein einzelnes Verfahren berechnet wird, eine Pauschale von 1,00 € erhoben werden soll.[3] Abs. 2 der Anm. zu Nr. 9004 KV (Auslagen im KapMuG) ist zunächst als Anm. Satz 2 durch das Gesetz zur Einführung einer Rechtsbehelfsbelehrung im Zivilprozess und zur Änderung anderer Vorschriften vom 5.12.2012[4] mit **Wirkung vom 1.1.2013** in das KV GKG eingefügt worden.[5] Durch das 2. KostRMoG ist sodann Satz 2 der Anm. als Abs. 2 der Anm. in die Neufassung der Anmerkung übernommen worden.[6]

II. Elektronisches Informations- und Kommunikationssystem

3 1. **Rechtslage bis 31.7.2013.** Insoweit wird auf die Ausführungen in der Vorauflage (1. Aufl. 2014, Nr. 9004 KV Rn 3–6) verwiesen.

4 2. **Rechtslage ab 1.8.2013.** Nach **Abs. 1 S. 1 der Anm.** zu Nr. 9004 KV wird aus Vereinfachungsgründen für die Veröffentlichung in einem elektronischen Informations- und Kommunikationssystem **keine Pauschale** mehr erhoben, wenn das Entgelt nicht für den Einzelfall oder nicht für ein einzelnes Verfahren berechnet

93 Vgl BGH NJW 2011, 3041 = RVGreport 2011, 215 = VRR 2011, 279. 94 Vgl BGH NJW 2011, 3041 = RVGreport 2011, 215 = VRR 2011, 279 (für die Rechtsschutzversicherung); BVerwG RVGreport 2010, 304 = AGS 2010, 383; OVG Lüneburg AGS 2010, 126 = JurBüro 2010, 305; OLG Bamberg StRR 2009, 243 = VRR 2009, 243; OLG Naumburg StRR 2009, 3 = RVGreport 2009, 110 = AGS 2009, 218; OLG Naumburg RVGreport 2010, 454 = AGKompakt 2011, 15; LG Leipzig 28.10.2010 – 5 Qs 164/10, burhoff.de; AG Neustadt/Weinstraße AGS 2008, 337; AG Dortmund AGS 2009, 113; AG Lahr AGS 2008, 264; AG Köthen 15.7.2009 – 12 II 301/07, JurionRS 2009, 20599; aA AG Dessau StRR 2007, 200; AG Chemnitz DAR 2008, 114; AG Stuttgart AGS 2008, 337; *Weis*, AnwBl 2007, 529; *Buhmann/Woldrich*, DStR 2007, 1900. 95 AG Hamburg-St. Georg AGS 2014, 52 = RVGreport 2014, 432. 96 AG Meldorf RVGreport 2016, 136 = NJW-Spezial 2016, 316. 1 *Oestreich/Hellstab/Trenkle*, GKG Nr. 9004 KV Rn 1. 2 Vom 23.7.2013 (BGBl. I 2586). 3 Vgl BT-Drucks 17/11471 (neu), S. 249, 235. 4 BGBl. I 2418. 5 Art. 21 des Gesetzes zur Einführung einer Rechtsbehelfsbelehrung im Zivilprozess und zur Änderung anderer Vorschriften v. 11.12.2012 (BGBl. I 2418, 2424). 6 Vgl BT-Drucks 17/13537, S. 12 der Beschlussempfehlung und des Berichts des Rechtsausschusses.

wird.[7] Derartige Bekanntmachungen sind dann generell **auslagenfrei** (→ Rn 7). Zur Rechtslage bis 31.7.2013 s. die Ausführungen in der Vorauflage (1. Aufl. 2014, Nr. 9004 KV Rn 3–6).

Der Bundesrat hatte den Wegfall der Pauschale im Gesetzgebungsverfahren zum 2. KostRMoG kritisiert. [5] Aus Gründen der Vereinfachung könne der Wegfall nicht tragfähig begründet werden, weil die Pauschale von 1,00 € in die Gesamtkosten aufgenommen werde und mithin keinen gesonderten Aufwand für den Kosteneinzug entstehen lasse. Deshalb führe der Wegfall der Pauschale auch zu keiner Vereinfachung. Es trete lediglich eine Minderung der Einnahmen ein, die durch keinen Einspareffekt kompensiert werde.[8] Die Bundesregierung ist dem nicht gefolgt, weil der mit dem Ansatz der Pauschale verbundene Aufwand in keinem vernünftigen Verhältnis zum Ertrag mehr stehe und der Anteil an den Gesamteinnahmen nicht nennenswert sein dürfte.[9]

III. Besonderer Prüfungstermin nach § 177 InsO, § 18 SVertO (Anm. Abs. 1 S. 2)

Für die Bekanntmachung eines besonderen Prüfungstermins (§ 177 InsO, § 18 SVertO) werden keine Ausla- [6] gen für die öffentliche Bekanntmachung erhoben. Diese Auslagen werden durch die Gebühren nach Nr. 2340 KV und Nr. 2430 KV abgegolten. Ist der Schlusstermin gem. § 197 InsO gleichzeitig auch besonderer Prüfungstermin, werden die Kosten vollständig angesetzt, wenn sich die Veröffentlichungskosten für die beiden Termine nicht trennen lassen.[10]

IV. Sonstige Fälle

Alle sonstigen Fälle der öffentlichen Bekanntmachung unterfallen Nr. 9004 KV. Hierzu gehören insb. öf- [7] fentliche Bekanntmachungen in **Zeitungen** oder im **Bundesanzeiger**. Ausscheidbare und bezifferbare Kostenbeträge des Gerichts für den Aushang einer Benachrichtigung an der Gerichtstafel sind deshalb ohne Weiteres nach Nr. 9004 KV auslagenpflichtig.

Bei den sonstigen Fällen sind die Auslagen in der **tatsächlich** entstandenen **vollen Höhe** zu erstatten. Unter [8] den Auslagentatbestand der Nr. 9004 KV fallen aber nur diejenigen Kosten, die für die öffentliche Bekanntmachung selbst entstanden sind. Hierzu gehören nicht vom Gericht verauslagte Entgelte für Postdienstleistungen, die im Rahmen einer Korrespondenz mit der zur öffentlichen Bekanntmachung beauftragten Stelle entstanden sind (zB Portokosten für die postalische Versendung eines Auftrags an die Tageszeitung).[11]

V. Entstehung der Auslagen

Endet der Prozess oder das Verfahren (zB durch Rücknahme der Klage oder des Antrags), bevor die öffent- [9] liche Bekanntmachung ausgeführt wurde, ist der Kostenschuldner gleichwohl zur Erstattung der Auslagen verpflichtet, wenn trotz unverzüglicher Nachricht die Kosten bei der zur Veröffentlichung beauftragten Stelle bereits entstanden sind.[12]

Bei unrichtiger Sachbehandlung können gem. § 21 die Auslagen für die öffentliche Bekanntmachung nie- [10] dergeschlagen werden. Sind die Bekanntmachungskosten gegenüber dem Streitwert des Verfahrens als unverhältnismäßig hoch anzusehen, so liegt in einem Antragsverfahren noch keine unrichtige Sachbehandlung darin, dass das Gericht die öffentliche Bekanntmachung anordnet, ohne zuvor den Antragsschuldner (§ 22 Abs. 1) auf die voraussichtliche Höhe der entstehenden Bekanntmachungskosten hinzuweisen.[13]

VI. Verfahren nach dem KapMuG

1. Vorlagebeschluss gem. § 6 Abs. 4 KapMuG (Anm. Abs. 2). Nach Abs. 2 der Anm. (→ Rn 2) gelten die [11] Auslagen für die Bekanntmachung eines Vorlagebeschlusses gem. § 6 Abs. 4 KapMuG als Auslagen des Musterverfahrens und nicht zu denen des Vorlageverfahrens (→ Nr. 9018 KV Rn 8). Gemäß § 6 Abs. 1, 2 KapMuG ist durch Vorlagebeschluss eine Entscheidung des im Rechtszug übergeordneten Oberlandesgerichts über die Feststellungsziele gleichgerichteter Musterverfahrensanträge herbeizuführen, wenn innerhalb von sechs Monaten nach der ersten Bekanntmachung eines Musterverfahrensantrags mindestens neun weitere gleichgerichtete Musterverfahrensanträge bekannt gemacht wurden. Der Vorlagebeschluss ist unanfechtbar und für das Oberlandesgericht bindend. Zuständig für den Vorlagebeschluss ist das Prozessgericht, bei dem der erste bekannt gemachte Musterverfahrensantrag gestellt wurde.

---

7 Vgl BT-Drucks 17/11471 (neu), S. 249, 235. **8** Vgl BT-Drucks 17/11471 (neu), S. 314. **9** Vgl BT-Drucks 17/11471 (neu), S. 350, 345. **10** *Oestreich/Hellstab/Trenkle*, GKG Nr. 9004 KV Rn 2. **11** HK-FamGKG/*Fölsch*, Nr. 2004 KV Rn 6. **12** HK-FamGKG/*Fölsch*, Nr. 2004 KV Rn 3. **13** HK-FamGKG/*Fölsch*, Nr. 2004 KV Rn 4; aA OLG Koblenz MDR 2010, 101 für Übersetzungskosten; LG Koblenz NJW-RR 1999, 1744 unter Verweis auf OLG Saarbrücken JurBüro 1995, 302 für die Sachverständigenkosten.

12   Gemäß § 6 Abs. 2, 4 KapMuG muss dasjenige Prozessgericht den Vorlagebeschluss bekannt machen, das ihn auch erlässt. Die Bekanntmachung erfolgt durch Eintragung im **Klageregister**. Diese Eintragung ist mit Auslagen verbunden, erfolgt jedoch im Interesse aller Antragsteller, die ein Musterverfahren initiieren wollen. Es wäre daher unbillig, allein die Parteien desjenigen Prozesses, in dem der Vorlagebeschluss erlassen wird, mit den Kosten der Bekanntmachung zu belasten. Eine solche zusätzliche Kostenlast könnte Parteien davon abhalten, einen Musterverfahrensantrag zu stellen.

13   In Abs. 2 der Anm. zu Nr. 9004 KV hat der Gesetzgeber deshalb klargestellt, dass die Auslagen für die Bekanntmachung eines Vorlagebeschlusses im Klageregister Auslagen des Musterverfahrens und nicht des Vorlageverfahrens sind.[14] Sie werden nach Abschluss des Musterverfahrens zusammen mit den übrigen Auslagen des Musterverfahrens für die Beweisaufnahme oder für die Bekanntmachungen des Oberlandesgerichts auf die Ausgangsverfahren verteilt (→ Nr. 9018 KV Rn 10 f).

14   **2. Weitere Bekanntmachungen.** Neben dem Vorlageschluss gem. § 6 Abs. 2, 4 KapMuG sind nach dem KapMuG ggf auch weitere öffentliche Bekanntmachungen vorzunehmen (Eintragungen in das Klageregister, vgl zB insb. § 3 Abs. 2 KapMuG: zulässiger Musterverfahrensantrag/Kosten für die Veröffentlichung des Musterfeststellungsantrags). Die hierdurch anfallenden Bekanntmachungskosten des Vorlage- bzw Ausgangsverfahrens fallen nur unter Nr. 9004 KV, nicht aber unter Nr. 9018 KV.[15] Die Anm. Abs. 2 zu Nr. 9004 KV erfasst nur die durch die Bekanntmachung eines Vorlagebeschlusses gem. § 6 Abs. 2, 4 KapMuG angefallenen Bekanntmachungskosten. Nur diese Auslagen sind auf die zugrunde liegenden Prozessverfahren anteilig zu verteilen (→ Nr. 9018 KV Rn 8).[16]

15   **3. Höhe der Bekanntmachungskosten.** Nach § 2 Abs. 1 der Verordnung über das Klageregister nach dem Kapitalanleger-Musterverfahrensgesetz (**Klageregisterverordnung – KlagRegV**)[17] dürfen nach dem KapMuG vorzunehmende Eintragungen in das **Klageregister** nur durch die Gerichte und nur in elektronischer Form veranlasst werden. Die Gerichte können mit Ausnahme von Bekanntmachungen nach § 10 Abs. 1 KapMuG die Eintragungen durch die Übermittlung einer Datei an den Betreiber des Klageregisters vornehmen. Welche Dateiformate zur Übermittlung zugelassen sind, richtet sich nach den Allgemeinen Geschäftsbedingungen des Betreibers des Klageregisters (Bundesanzeiger Verlag GmbH). Musterverfahrensanträge können auch direkt durch das Gericht mittels eines Formulars eingetragen werden; Bekanntmachungen nach § 10 Abs. 1 KapMuG müssen mittels Formular vorgenommen werden. Die Bekanntmachung eines Musterverfahrensantrags soll ohne Berücksichtigung von Leerzeichen insgesamt höchstens 25.000 Zeichen umfassen.

16   Eintragungen in das Klageregister sind gem. § 2 Abs. 4 KlagRegV kostenpflichtig. Die Höhe des Entgelts richtet sich nach den Allgemeinen Geschäftsbedingungen des Betreibers des Klageregisters. Die Höhe der Bekanntmachungskosten hat der Bundesanzeiger Verlag GmbH als Betreiber des Klageregisters in den Allgemeinen Geschäftsbedingungen für entgeltliche Veröffentlichungen im „Klageregister" des Bundesanzeigers festgelegt.

17   Der Bundesanzeiger Verlag GmbH übersendet die Rechnung mit den Bekanntmachungskosten idR auf elektronischem Weg an die bei der Beauftragung angegebene E-Mail-Adresse des veröffentlichenden Gerichts, es sei denn, eine Papierrechnung wird gewünscht.

VII. Weitere praktische Hinweise

18   Die **Fälligkeit** der Auslagen nach Nr. 9004 KV richtet sich nach § 9 Abs. 2. Die **Vorschuss- und Vorauszahlungspflicht** für die Auslagen nach Nr. 9004 KV richtet sich nach § 17. Die **Haftung** für die Auslagen nach Nr. 9004 KV ergibt sich aus den §§ 22 ff (zur Haftung für die Auslagen des erstinstanzlichen Musterverfahrens s. die Erl. zu § 22 Abs. 4).

19   Die **Zuständigkeit für den Ansatz** der Auslagen nach Nr. 9004 KV richtet sich nach § 19. Funktionell zuständig ist nach den Verwaltungsbestimmungen der Bundesländer regelmäßig der Kostenbeamte des mittleren Dienstes.

Nr.	Auslagentatbestand	Höhe
9005	Nach dem JVEG zu zahlende Beträge .... (1) Nicht erhoben werden Beträge, die an ehrenamtliche Richter (§ 1 Abs. 1 Satz 1 Nr. 2 JVEG) gezahlt werden.	in voller Höhe

---

14 Vgl OLG München Rpfleger 2014, 544 = AG 2014, 699. **15** OLG München Rpfleger 2014, 544 = AG 2014, 699. **16** OLG München Rpfleger 2014, 544 = AG 2014, 699. **17** Vom 14.12.2012 (BGBl. I 2694).

Nr.	Auslagentatbestand	Höhe
	(2) Die Beträge werden auch erhoben, wenn aus Gründen der Gegenseitigkeit, der Verwaltungsvereinfachung oder aus vergleichbaren Gründen keine Zahlungen zu leisten sind. Ist aufgrund des § 1 Abs. 2 Satz 2 JVEG keine Vergütung zu zahlen, ist der Betrag zu erheben, der ohne diese Vorschrift zu zahlen wäre.	
	(3) Auslagen für Übersetzer, die zur Erfüllung der Rechte Blinder oder sehbehinderter Personen herangezogen werden (§ 191 a Abs. 1 GVG), werden nicht, Auslagen für Gebärdensprachdolmetscher (§ 186 Abs. 1 GVG) werden nur nach Maßgabe des Absatzes 4 erhoben.	
	(4) Ist für einen Beschuldigten oder Betroffenen, der der deutschen Sprache nicht mächtig, hör- oder sprachbehindert ist, im Strafverfahren oder im gerichtlichen Verfahren nach dem OWiG ein Dolmetscher oder Übersetzer herangezogen worden, um Erklärungen oder Schriftstücke zu übertragen, auf deren Verständnis der Beschuldigte oder Betroffene zu seiner Verteidigung angewiesen oder soweit dies zur Ausübung seiner strafprozessualen Rechte erforderlich war, werden von diesem die dadurch entstandenen Auslagen nur erhoben, wenn das Gericht ihm diese nach § 464 c StPO oder die Kosten nach § 467 Abs. 2 Satz 1 StPO, auch i.V.m. § 467 a Abs. 1 Satz 2 StPO, auferlegt hat; dies gilt auch jeweils i.V.m. § 46 Abs. 1 OWiG.	
	(5) Im Verfahren vor den Gerichten für Arbeitssachen werden Kosten für vom Gericht herangezogene Dolmetscher und Übersetzer nicht erhoben, wenn ein Ausländer Partei und die Gegenseitigkeit verbürgt ist oder ein Staatenloser Partei ist.	

I. Allgemeines

1. Geltungsbereich. a) Verhältnis zu Nr. 9013, 9015 und 9016 KV. Beträge, die die Staatskasse auf der 1 Grundlage des JVEG an Zeugen, Sachverständige, Übersetzer, Dolmetscher und bestimmte Dritte[1] zu zahlen hat, werden dem Kostenschuldner nach Nr. 9005 KV als Auslagen in voller Höhe in Rechnung gestellt. Nr. 9005 KV gilt unmittelbar für die in einem gerichtlichen Verfahren anfallenden und vom Gericht an die

---

1 Vgl OLG Celle NStZ 2001, 221 = Rpfleger 2001, 147.

Anspruchsberechtigten (§ 1 JVEG) gezahlten JVEG-Beträge. Wenn Auslagen der in Nr. 9005 KV bezeichneten Art in einem gerichtlichen Verfahren einer deutschen Behörde (zB Polizei), einer öffentlichen Einrichtung oder Bediensteten (zB Gerichtsvollzieher) entstanden sind, werden diese iVm Nr. 9013 KV als Auslagen eingezogen. Sind Auslagen nach Nr. 9005 KV im **strafrechtlichen Ermittlungsverfahren** oder in dem dem gerichtlichen Bußgeldverfahren vorausgegangenen **Verfahren vor der Bußgeldbehörde** angefallen, werden diese nach Nr. 9015 bzw 9016 KV gegen den Kostenschuldner angesetzt.

2 **b) Strafvollstreckung und Strafvollzug.** Sind Kosten der **Strafvollstreckung** in einem sich nach der StPO oder dem JGG richtenden Verfahren vor einem ordentlichen Gericht (zB vor der Strafvollstreckungskammer) angefallen, gilt gem. § 1 Abs. 1 S. 1 Nr. 5 bzw 6 insoweit das GKG. Kosten einer Vollstreckung der Rechtsfolge der Tat sind Verfahrenskosten iSv § 464 a Abs. 1 S. 2 StPO und werden deshalb von der Kostenentscheidung des Strafverfahrens (§§ 464, 465 StPO) erfasst. Der Verurteilte muss daher auch für diese Kosten aufkommen, weil sie Folge seines delinquenten Verhaltens sind.[2] Der Verurteilte trägt somit nach § 464 a Abs. 1 S. 2 StPO die Kosten der Vollstreckung einer Strafe oder einer Maßregel der Besserung und Sicherung. Das ist verfassungsrechtlich nicht zu beanstanden (zu Dolmetscherkosten in der Strafvollstreckung → Rn 54).[3] Daher sind zB die in einem Verfahren zur Prüfung der Frage der bedingten Entlassung des Verurteilten gem. § 454 StPO (§§ 57, 67 e StGB) anfallenden Gutachterkosten (kriminalprognostische Gutachten; Gutachten für die Gefährlichkeitsprognose) vom Verurteilten nach Nr. 9005 KV zu tragen (§ 29 Nr. 1).[4]

3 In gerichtlichen Verfahren nach dem **Strafvollzugsgesetz** (§§ 50 Abs. 5, 109, 116, 138 Abs. 3 StVollzG) werden ebenfalls Auslagen nach Nr. 9005 KV erhoben (→ § 19 Rn 40).

4 **2. Beträge nach dem JVEG („in voller Höhe"). a) Überblick.** „In voller Höhe" bedeutet, dass die nach dem JVEG nach Grund und Höhe zulässigen Beträge vom Kostenschuldner eingefordert werden (→ Rn 10).[5] Eingefordert wird daher bei **Zeugen** die sich aus §§ 19 ff JVEG ergebende Entschädigung. Bei **Sachverständigen, Dolmetschern und Übersetzern** ergibt sich die Vergütung aus §§ 8 ff JVEG. Erfasst ist auch die **besondere** und die **vereinbarte Vergütung** gem. §§ 13, 14 JVEG (→ Rn 20 ff). Bei **Dolmetschern** und **Übersetzern** sind aber die sich aus Anm. Abs. 3–5 zu Nr. 9005 KV ergebenden Besonderheiten zu beachten (→ Rn 40 ff). An **Dritte** (s. § 23 JVEG) gezahlte JVEG-Beträge werden ebenfalls über Nr. 9005 KV als Auslagen eingezogen (→ Rn 5). An **ehrenamtliche Richter** nach dem JVEG gezahlte Beträge (§§ 15 ff JVEG) können nicht als Auslagen im Rahmen von Nr. 9005 KV eingezogen werden (Anm. Abs. 1). Das gilt auch für etwaige unter Nr. 9006 KV fallende Reisekosten der ehrenamtlichen Richter, → Rn 23 f).

5 **b) Telefonüberwachungskosten im Strafverfahren, § 23 JVEG.** Zu den an **Dritte** zu zahlenden Beträgen nach dem JVEG gehören auch die Kosten, die im Strafverfahren an **Telekommunikationsunternehmen** bei der **Telefonüberwachung** gezahlt werden. Diese JVEG-Beträge werden ebenfalls über Nr. 9005 KV als Auslagen vom Verurteilten eingezogen (bei der Telefonüberwachung im Ermittlungsverfahren iVm Nr. 9015 KV).[6] Es werden nur die nach § 23 JVEG zu zahlenden Beträge nach Nr. 9005 KV in voller Höhe erhoben.[7] Der Kostenschuldner haftet nicht für die Kosten der Hilfsmittel, die für die Durchführung der Telefonüberwachung beschafft wurden (Mietkosten der Polizei für Computeranlage, vgl Nr. 9015 KV).[8] Die Kosten der Telefonüberwachung hat der Verurteilte aber nicht zu tragen, wenn eine groß angelegte Telefonüberwachung gerade nicht den Ermittlungen gegen den Verurteilten, sondern der Feststellung der organisatorischen Struktur einer Bande diente, um Hintermänner zu ermitteln und ihnen Straftaten nachzuweisen.[9] Zu den im Rahmen der Telefonüberwachung anfallenden **Dolmetscher- bzw Übersetzerkosten** → Rn 51 ff.

6 **c) Rechtsmittel.** Ist der Kostenschuldner mit den ihm nach Nr. 9005 KV in Rechnung gestellten JVEG-Beträgen nicht einverstanden, kann er insoweit gegen den Kostenansatz (§ 19) gem. § 66 **Erinnerung** einlegen. Ein Antrags- oder Beschwerderecht nach § 4 **JVEG** steht dem Kostenschuldner nicht zu, sondern nur der Staatskasse und dem gem. § 1 JVEG Anspruchsberechtigten. Nach § 4 Abs. 9 JVEG wirken gerichtliche

---

2 OLG Frankfurt a. M. NStZ-RR 2010, 359 = NStZ 2010, 719; OLG Köln StV 2005, 279; OLG Karlsruhe StraFo 2003, 290 = Rpfleger 2003, 616 = NStZ-RR 2003, 350; OLG Nürnberg NStZ-RR 1999, 190 = ZfStrVo 1999, 241. **3** BVerfG Rpfleger 2007, 107; BVerfG JR 2006, 480 = RuP 2007, 42. **4** Vgl BVerfG Rpfleger 2007, 107; BGH NJW 2000, 1128; OLG Frankfurt a. M. NStZ-RR 2010, 359 = NStZ 2010, 719; OLG Düsseldorf JMBl. NW 2007, 153 = JR 2007, 129; OLG Köln StV 2005, 279; OLG Koblenz NStZ-RR 2005, 288 = Rpfleger 2005, 627; OLG Karlsruhe StraFo 2003, 290 = Rpfleger 2003, 616 = NStZ-RR 2003, 350; OLG Koblenz NStZ-RR 1997, 224 = StraFo 1997, 350 = Rpfleger 1997, 403; aA OLG Hamm NStZ 2001, 167 = StraFo 2000, 430 = StV 2001, 32; OLG Koblenz NStZ 1997, 256 (aber aufgegeben OLG Koblenz NStZ-RR 2005, 288 = Rpfleger 2005, 627); *Eisenberg,* JR 2006, 57; *Burhoff,* BRAGOprof. 2000, 159. **5** OLG Koblenz NStZ-RR 2010, 359; OLG Koblenz NStZ-RR 1998, 127 = Rpfleger 1998, 214; OLG Koblenz 21.1.2010 – 2 Ws 21/10, juris; KG NStZ-RR 2009, 190 = StRR 2009, 198. **6** OLG Düsseldorf 12.12.2012 – III-1 Ws 286/12, juris; LG Düsseldorf 4.7.2012 – 3 KLs 21/10, juris. **7** OLG Koblenz NStZ-RR 2002, 160 = StraFo 2002, 246; LG Nürnberg-Fürth JurBüro 1992, 685; LG Osnabrück JurBüro 1991, 1509; aA LG Hamburg JurBüro 1989, 1719. **8** OLG Celle NStZ 2001, 221 = Rpfleger 2001, 147. **9** Vgl LG Bonn StraFo 2004, 255.

Festsetzungsbeschlüsse nach § 4 Abs. 1, 2, 4 und 5 JVEG nicht zu Lasten des Kostenschuldners, sondern gelten nur im Verhältnis der Staatskasse zu dem nach § 2 JVEG Anspruchsberechtigten (→ Rn 14, § 66 Rn 18 f).

d) Heranziehung zu Beweiszwecken. Voraussetzung für den Ansatz von **Sachverständigenkosten** nach   7
Nr. 9005 KV ist, dass der Sachverständige vom Gericht oder der Staatsanwaltschaft **zu Beweiszwecken** herangezogen worden ist. Das ist dann der Fall, wenn losgelöst von der eigentlichen Ermittlungstätigkeit der Auftrag erteilt wird, eigenverantwortlich und frei von jeder Beeinflussung ein Gutachten zu einem bestimmten Beweisthema zu erstatten.[10]

Die JVEG-Vergütung des vom Gericht gem. § 22 Abs. 1 S. 2 Nr. 3 Hs 2 InsO als Sachverständigen herange-   8
zogenen **vorläufigen Insolvenzverwalters** ist als Auslage nach Nr. 9005 KV einzuziehen. Die Beschränkung aus § 23 Abs. 1 S. 3 (Nr. 9017 KV) gilt nicht.[11]

Außer in Straf- und Bußgeldsachen (Anm. Abs. 4) und in Verfahren vor den Gerichten der Arbeitsgerichts-   9
barkeit (Anm. Abs. 5) werden **Dolmetscher- und Übersetzerkosten** in allen Verfahren vom Kostenschuldner erhoben.[12] Dolmetscher- und Übersetzerkosten, die dadurch entstanden sind, dass zB für **fremdsprachige Zeugen oder Sachverständige** Erklärungen oder Schriftstücke übertragen bzw. übersetzt worden sind, sind in allen Verfahren anzusetzen.

3. Zu zahlende Beträge. a) Zahlungspflicht. Die Auslagen können dem Kostenschuldner auch dann in   10
Rechnung gestellt werden, wenn sie von der Staatskasse noch nicht verauslagt worden sind.[13] Es sind nicht die tatsächlich verauslagten, sondern **die nach dem JVEG zu zahlenden Beträge** in Rechnung zu stellen (s. Anm. Abs. 2). Deshalb kommt es darauf an, welche Beträge nach dem JVEG gezahlt werden **müssen** oder **mussten.**[14]

b) Prüfungspflicht des Kostenbeamten. Nur die richtigerweise geschuldeten Beträge können als Auslagen 11
nach Nr. 9005 KV gefordert werden (→ Rn 4).[15] Der Ansatz von Sachverständigenkosten kann ausgeschlossen sein, wenn dem Sachverständigen wegen Vorsatzes oder grob fahrlässigen Fehlverhaltens ein Vergütungsanspruch zu versagen wäre.[16] Der **Kostenbeamte** muss deshalb im **Kostenansatzverfahren** gem. § 19 prüfen, ob die in die Kostenrechnung einzustellenden JVEG-Beträge die nach dem JVEG nach Grund und Höhe zulässigen Beträge sind.[17] Ergeben sich hieran Zweifel, hat er die Sache ggf dem Vertreter der Staatskasse (Bezirksrevisor) zur Prüfung der Stellung eines Festsetzungsantrags gem. § 4 JVEG vorzulegen.[18] Die Richtigkeit eines Sachverständigengutachtens ist nicht Voraussetzung für den Kostenansatz. Etwas anderes gilt nur, wenn dem Sachverständigen wegen vorsätzlichen oder grob fahrlässigen Fehlverhaltens der Vergütungsanspruch vom Gericht gem. § 4 JVEG aberkannt wird (→ Rn 14).[19] Die Aufnahme der bereits aus der Staatskasse gezahlten und aus der Akte ersichtlichen JVEG-Beträge in die Kostenrechnung sollte der Kostenbeamte allerdings allenfalls dann bis zu einer etwaigen gerichtlichen Entscheidung gem. § 4 JVEG zurückstellen, wenn er durch einen geeigneten **Nachforderungsvorbehalt** gem. § 20 Abs. 1 S. 2 (→ § 20 Rn 12 f) sicherstellt, dass das Nachforderungsverbot gem. § 20 nicht eintritt.

c) Erstattungsverzicht eines Zeugen. Hat ein Zeuge auf seine Entschädigung **verzichtet,** ist ihm aber gleich-   12
wohl von der Staatskasse eine Entschädigung gezahlt worden, ist der gezahlte Betrag dem Kostenschuldner nicht nach Nr. 9005 KV in Rechnung zu stellen.[20] Die Staatskasse muss die zu Unrecht ausgezahlte Entschädigung vom Zeugen zurückfordern.[21]

d) Erloschene Ansprüche. Weil nur die zu zahlenden (berechtigten) Beträge in Rechnung gestellt werden 13
dürfen, haftet der Kostenschuldner nicht, wenn die Staatskasse (Anweisungsstelle) eine JVEG-Vergütung oder Entschädigung auszahlt, obwohl der Entschädigungs- bzw Vergütungsanspruch gem. § 2 JVEG **erloschen** ist (zur Verjährung → Rn 14).[22]

e) Verjährung/erfolglose Geltendmachung eines Rückforderungsanspruchs. Nach § 4 Abs. 9 JVEG wirken 14
gerichtliche Festsetzungsbeschlüsse nach § 4 Abs. 1, 2, 4 und 5 JVEG nicht zu Lasten des Kostenschuldners, sondern gelten nur im Verhältnis der Staatskasse zu dem nach § 2 JVEG Anspruchsberechtigten (→ § 66

---

10 OLG Koblenz NStZ-RR 2010, 359; OLG Koblenz 21.1.2010 – 2 Ws 21/10, juris; OLG Koblenz NStZ-RR 1998, 127 = Rpfleger 1998, 214; KG NStZ-RR 2009, 190 = StRR 2009, 198; vgl BGH NStZ 1984, 215. **11** OLG Düsseldorf JurBüro 2009, 266 = Rpfleger 2009, 344 = ZIP 2009, 1172. **12** VG Dresden 27.9.2013 – 3 K 1662/11, juris; OVG Mecklenburg-Vorpommern NVwZ-RR 2011, 712, je für den Verwaltungsgerichtsprozess. **13** *Oestreich/Hellstab/Trenkle,* GKG Nr. 9005 KV Rn 26. **14** OLGR Düsseldorf 2005, 485; OLG Hamm AnwBl 2003, 252 = OLGR Hamm 2002, 263; OLG Düsseldorf AnwBl 1989, 237; OLG Schleswig MDR 1985, 80. **15** Vgl OLGR Düsseldorf 2005, 485; OLG Hamm AnwBl 2003, 252 = OLGR Hamm 2002, 263. **16** OLG Koblenz NStZ-RR 2010, 359; OLG Naumburg 18.7.2007 – 10 W 15/07, juris; OLG Düsseldorf 31.5.2001 – 10 WF 10/01, juris. **17** Vgl OLG Koblenz NStZ-RR 2010, 359; OLG Koblenz NStZ-RR 1998, 127 = Rpfleger 1998, 214; OLG Koblenz 21.1.2010 – 2 Ws 21/10, juris; KG NStZ-RR 2009, 190 = StRR 2009, 198. **18** Vgl OLG Hamm AnwBl 2003, 252 = OLGR Hamm 2002, 263. **19** OLG Koblenz NStZ-RR 2010, 359. **20** *Oestreich/Hellstab/Trenkle,* GKG Nr. 9005 KV Rn 28; Binz/Dörndorfer/*Zimmermann,* Nr. 9005 KV GKG Rn 1. **21** *Meyer/Höver/Bach,* JVEG, § 19 Rn 19.4. **22** Binz/Dörndorfer/*Zimmermann,* Nr. 9005 KV GKG Rn 1.

Rn 18 f). Festsetzungsentscheidungen gem. § 4 JVEG wirken sich deshalb grds. nicht unmittelbar auf den Kostenansatz aus. Wird aber eine JVEG-Entschädigung oder -Vergütung im Festsetzungsverfahren gem. § 4 JVEG herabgesetzt bzw ermäßigt und scheitert die Rückforderung des nach dem Beschluss zuviel gezahlten Betrags durch die Staatskasse an der **Verjährung** des Rückforderungsanspruchs (§ 2 Abs. 4 JVEG), kann die Staatskasse dem Kostenschuldner nicht den ursprünglich gezahlten Betrag, sondern nur den nach § 4 JVEG gerichtlich festgesetzten niedrigeren Betrag als Auslagen nach Nr. 9005 KV in Rechnung stellen. Denn es kommt im Rahmen von Nr. 9005 KV nicht auf den tatsächlich verauslagten Betrag, sondern den vom Gericht nach dem JVEG zu zahlenden Betrag an.[23] Die **Verjährung** des Rückforderungsanspruchs der Staatskasse geht damit nicht zu Lasten des Kostenschuldners und macht den aus der Staatskasse gezahlten Betrag nicht zum vom Kostenschuldner geschuldeten Betrag.[24] Das gilt entsprechend, wenn ein an einen Sachverständigen nach dem Festsetzungsbeschluss gem. § 4 JVEG zuviel gezahlter Betrag vom Sachverständigen wegen **Zahlungsunfähigkeit** nicht mehr an die Staatskasse zurückgezahlt werden kann. Der zuviel gezahlte und den gem. § 4 JVEG festgesetzten Betrag übersteigende Betrag darf dem Kostenschuldner nicht als Auslage in Rechnung gestellt werden.

15 **Beispiel:** Dem Sachverständigen ist aus der Staatskasse für sein Gutachten eine Vergütung iHv 1.000 € gezahlt worden. Im Festsetzungsverfahren gem. § 4 JVEG wird die Vergütung des Sachverständigen auf 600 € herabgesetzt. Gegen den Rückforderungsanspruch der Staatskasse erhebt der Sachverständige erfolgreich die Verjährungseinrede.

Dem Kostenschuldner können als Kosten des Sachverständigen über Nr. 9005 KV nur 600 € in Rechnung gestellt werden.

16 **f) Wegfall oder Beschränkung des Vergütungsanspruchs eines Sachverständigen, § 8 a Abs. 4 JVEG.** Übersteigt die Vergütung den angeforderten Auslagenvorschuss erheblich und hat der Sachverständige nicht rechtzeitig nach § 407 a Abs. 3 S. 2 ZPO auf diesen Umstand hingewiesen, erhält er die Vergütung gem. § 8 a Abs. 4 JVEG nur in Höhe des Auslagenvorschusses. Die Kappung tritt gem. § 8 a Abs. 5 JVEG allerdings nicht ein, wenn der Sachverständige die Verletzung der ihm obliegenden Hinweispflicht nicht zu vertreten hat. Das kann bspw dann der Fall sein, wenn dem Sachverständigen vom Gericht die Höhe des zur Verfügung stehenden Vorschusses nicht mitgeteilt worden ist.[25] Setzt das Gericht im Verfahren gem. § 4 JVEG die Vergütung des Sachverständigen auf den Vorschussbetrag herab, wirkt sich das grds. nicht unmittelbar auf den Kostenansatz gem. § 19 aus (→ Rn 14 und § 66 Rn 18 f).

17 Erhält der Sachverständige entgegen § 8 a Abs. 4 JVEG eine den Auslagenvorschuss erheblich überschreitende Vergütung und wird diese Vergütung in den Kostenansatz eingestellt, kann der Kostenschuldner im Erinnerungsverfahren gem. § 66 einwenden, dass wegen § 8 a Abs. 4 JVEG eine Kappung des Anspruchs auf den eingezahlten Vorschussbetrag hätte erfolgen müssen (→ § 66 Rn 18 ff).[26] Erfolgt im Erinnerungs- und Beschwerdeverfahren gem. § 66 deshalb eine entsprechende Kürzung der Sachverständigenvergütung, muss die Staatskasse den zuviel gezahlten Betrag vom Sachverständigen – ggf nach Durchführung des Festsetzungsverfahrens gem. § 4 JVEG – zurückfordern. Diesem Rückforderungsverlangen kann die Verjährung gem. § 2 Abs. 4 JVEG entgegenstehen (→ Rn 14). Deshalb muss der Kostenbeamte die sich aus den Akten ergebende Sachverständigenvergütung auch daraufhin überprüfen, ob eine Kürzung gem. § 8 a Abs. 4 JVEG in Betracht kommt. Zu dieser Prüfung ist er befugt.[27]

18 Bei der Anwendung von **§ 8 a Abs. 4 JVEG** ist Folgendes zu berücksichtigen: Ein **erhebliche Vorschussüberschreitung** iSv § 8 a Abs. 4 JVEG ist mit der hM zu bejahen, wenn die vom Sachverständigen begehrte Vergütung den Auslagenvorschuss um mehr als 20 % übersteigt.[28] Der Sachverständige ist iSv § 8 a Abs. 5 JVEG verpflichtet, eine in Erwägung zu ziehende Unsicherheit über die Frage, ab wann eine erhebliche Vorschussüberschreitung anzunehmen ist, durch eine Nachfrage bei dem beauftragenden Gericht zu klären.[29] Der Sachverständige ist deshalb auch stets gehalten, auf den Verbrauch eines Vorschusses hinzuweisen.[30] Denn die Entscheidung, ob eine verzögerte Gutachtenerstellung hinzunehmen und ob ein Vorschuss nachzufordern ist, liegt allein beim Gericht und nicht beim Sachverständigen. Bei der Vorschussmitteilung durch das Gericht muss der Sachverständige schließlich berücksichtigen, dass der mitgeteilte Vorschussbetrag ein

23 OLGR Düsseldorf 2005, 485. **24** OLGR Düsseldorf 2005, 485. **25** OLG Hamm zfs 2014, 629; BayLSG 11.11.2015 – L 15 RF 43/15, juris. **26** Vgl OLG Zweibrücken 10.7.2015 – 6 W 11/15, juris. **27** BayLSG 8.6.2015 – L 15 SF 255/14 E, juris. **28** OLG Düsseldorf 2.6.2016 – I-10 W 77/16, juris; OLG Düsseldorf 19.3.2015 – I-10 W 41/15; OLG Düsseldorf 20.10.2010 – I-10 W 137/15; OLG Hamm MDR 2015, 1033; OLG Hamm MDR 2015, 300; LSG Schleswig-Holstein 18.1.2016 – L 5 AR 44/14 KO, juris; BayLSG 11.11.2015 – L 15 RF 43/15, juris; BayLSG 8.6.2015 – L 15 SF 255/14 E, juris; aA OLG Dresden 26.9.2014 – 3 W 980/14, juris: Bei der erheblichen Vorschussüberschreitung muss darauf abgestellt werden, inwieweit die beweisbelastete Partei davor geschützt werden soll, dass sie die Begutachtung mehr kostet, als ihr die Sache wert ist. **29** OLG Düsseldorf 25.2.2016 – I-10 W 35/16. **30** OLG Hamm 14.10.2014 – I-10 U 104/11, juris.

Bruttobetrag ist. Denn der Auslagenvorschuss dient gerade dazu, die gesamte Vergütung einschließlich Umsatzsteuer abzudecken.[31]

Bei erheblicher Überschreitung des Vorschusses ist die Vergütung des Sachverständigen nach dem eindeutigen Wortlaut des § 8 a Abs. 4 JVEG entsprechend dem ausdrücklichen Hinweis in den Gesetzesmaterialien[32] „mit dem Betrag des Vorschusses zu kappen". Bei einer erheblichen Überschreitung des Vorschusses besteht der Vergütungsanspruch des Sachverständigen deshalb nicht in dem eingezahlten Vorschuss zzgl. eines Toleranzbetrags iHv 20 %, sondern nur in Höhe des eingezahlten Auslagenvorschusses.[33] Eine Nachzahlung in Höhe des fehlenden Vorschusses rechtfertigt im Übrigen keine abweichende Beurteilung. Der Gesetzgeber hat die **Rechtsfolge der Kappung** der Vergütung gerade an die nicht rechtzeitige Mitteilung des Vorschusses geknüpft, nicht daran, dass es nicht später nach der Vorlage des Gutachtens zu einer Nachzahlung durch den Antragsteller gekommen ist.[34] Abzustellen ist auf den vom Gericht angeforderten und eingezahlten Auslagenvorschuss, nicht jedoch auf einen angeforderten, aber nicht gezahlten weiteren Vorschuss.[35] 19

4. Besondere Vergütung, § 13 JVEG. Unter den in § 13 JVEG genannten Voraussetzungen kann einem Sachverständigen, Dolmetscher oder Übersetzer eine bestimmte oder abweichend von der gesetzlichen Regelung zu bemessende Vergütung gewährt werden. Auch diese besondere Vergütung gehört zu den nach Nr. 9005 KV einzuziehenden Auslagen, weil es sich um nach dem JVEG zu zahlende Beträge handelt.[36] Ausgenommen sind nur die Mehrkosten einer nach § 13 Abs. 6 JVEG vereinbarten besonderen Vergütung. 20

Die in § 13 JVEG aufgeführten Voraussetzungen für die Gewährung einer besonderen Vergütung müssen erfüllt sein. Insbesondere müssen die Zustimmungen der Parteien zu der besonderen Vergütung bzw. die Ersetzung der Zustimmung einer Partei durch das Gericht vorliegen. Fehlt eine dieser Voraussetzungen, kann die besondere Vergütung nicht als Auslage iSv Nr. 9005 KV eingefordert werden.[37] 21

5. Vereinbarung der Vergütung, § 14 JVEG. Mit Sachverständigen, Dolmetschern und Übersetzern, die häufiger herangezogen werden, kann die oberste Landesbehörde, für die Gerichte und Behörden des Bundes die obersten Bundesbehörden, oder eine von diesen bestimmte Stelle gem. § 14 JVEG eine Vereinbarung über die zu gewährende Vergütung treffen, deren Höhe die nach diesem Gesetz vorgesehene Vergütung nicht überschreiten darf. Die vereinbarte Vergütung gehört zu den nach Nr. 9005 KV einzuziehenden Auslagen, weil es sich um nach dem JVEG zu zahlende Beträge handelt.[38] 22

II. Ehrenamtliche Richter (Anm. Abs. 1)

Ehrenamtliche Richter (**Schöffen**, Laienrichter) werden gem. § 1 Abs. 1 S. 1 Nr. 2 JVEG in allen Gerichtsbarkeiten nach dem JVEG entschädigt. Allerdings ist die Erhebung dieser nach dem JVEG zu zahlenden Beträge vom Kostenschuldner durch Abs. 1 der Anm. zu Nr. 9005 KV generell **ausgeschlossen**. Das gilt auch für Reisekosten und Auslagenersatz iSv Nr. 9006 KV (→ Nr. 9006 KV Rn 6). 23

Richter in Handelssachen (**Handelsrichter**) werden gem. § 1 Abs. 1 S. 1 Nr. 2 JVEG zwar nicht unmittelbar nach dem JVEG entschädigt. Ihnen werden aber gem. § 107 Abs. 2 GVG ihre Fahrtkosten in entsprechender Anwendung des § 5 JVEG ersetzt. Auch die Fahrtkosten der Handelsrichter sind in entsprechender Anwendung von Abs. 1 der Anm. zu Nr. 9005 KV nicht zu erheben (→ Nr. 9006 KV Rn 7).[39] 24

III. Sonderfälle der Erhebung (Anm. Abs. 2)

1. Gegenseitigkeit und Verwaltungsvereinfachung (Anm. Abs. 2 S. 1). a) Hintergrund der Regelung. Um Zahlungen zwischen einzelnen Behörden einer Landesverwaltung zu vermeiden, wird in einzelnen Ländern von allen Landesbehörden oder für einzelne Zweige der Verwaltung auf die Zahlung der einer Behörde für Sachverständigenleistungen zustehenden Vergütung verzichtet. Hierdurch soll Verwaltungsaufwand vermieden werden, der dadurch entsteht, dass innerhalb eines Landes Haushaltsmittel von einem Ressort in ein anderes verschoben werden, ohne dass hierdurch der Gesamthaushalt des Landes entlastet wird.[40] Der Schuldner der Gerichtskosten soll von diesen Vereinbarungen aber nicht profitieren bzw. aus solchen Abrechnungsvereinbarungen keinen Vorteil ziehen können.[41] 25

---

31 OLG Düsseldorf 17.9.2015 – I-10 W 123/15; LG Heidelberg 5.2.2015 – 3 T 4/15, juris. **32** BT-Drucks 17/11471 (neu), S. 260. **33** OLG Düsseldorf 2.6.2016 – I-10 W 77/16, juris; OLG Düsseldorf 19.3.2015 – I-10 W 41/15; OLG Düsseldorf 17.9.2015 – I-10 W 123/15; OLG Hamm MDR 2015, 300; BayLSG 11.11.2015 – L 15 RF 43/15, juris; BayLSG 8.6.2015 – L 15 SF 255/14 E, juris; LG Heidelberg 5.2.2015 – 3 T 4/15, juris. **34** OLG Hamm MDR 2015, 1033; OLG Düsseldorf 17.9.2015 – I-10 W 123/15. **35** OLG Düsseldorf 2.6.2016 – I-10 W 77/16, juris. **36** KG JurBüro 2007, 95; OLG Koblenz FamRZ 2002, 412; vgl auch *Berding*, JurBüro 2007, 58; aA *Hartmann*, KostG, § 13 JVEG Rn 17. **37** Vgl BVerfG 24.3.2010 – 2 BvR 1257/09, wistra 2010, 261. **38** *Meyer*, GKG, Nr. 9005 KV Rn 50. **39** Binz/Dörndorfer/*Zimmermann*, Nr. 9005 KV GKG Rn 12. **40** *Meyer/Höver/Bach*, JVEG, § 1 Rn 1.47. **41** *Meyer*, GKG, Nr. 9005 KV Rn 51.

26   Deshalb werden nach der Anm. Abs. 2 zu Nr. 9005 KV dem Kostenschuldner in diesen Fällen **Auslagen als fiktive Kosten** auch dann in Rechnung gestellt, wenn die Staatskasse selbst tatsächlich überhaupt keine Zahlungen zu leisten hatte.[42] Nach **Anm. Abs. 2 S. 1** werden die nach dem JVEG zu zahlenden Beiträge auch erhoben, wenn aus Gründen der Gegenseitigkeit, der Verwaltungsvereinfachung oder aus vergleichbaren Gründen keine Zahlungen von der Staatskasse zu leisten sind.[43] Wenn also die Justiz (Land oder Bund) aufgrund einer **Gegenseitigkeitsabrede,**[44] wegen **Verwaltungsvereinfachung** oder aus **vergleichbaren Gründen** keine Zahlungen zu leisten hatte, werden die – fiktiven – Auslagen gleichwohl dem Kostenschuldner in Rechnung gestellt.[45] Erhoben werden die Kosten, die ohne Gegenseitigkeitsabrede, ohne verwaltungsvereinfachende Regelungen oder aus vergleichbaren Gründen nach dem JVEG zu zahlen wären. Voraussetzung für den Ansatz dieser – tatsächlich nicht gezahlten – Kosten gegen den Kostenschuldner ist, dass diese Kosten dem Kostenbeamten bekannt sind. Deshalb sind diese Kosten von der Behörde, die bzw deren Bediensteter ein Gutachten erstellt hat, in den Akten zu vermerken bzw zu den Gerichtsakten mitzuteilen.[46]

27   **b) Sachverständigenkosten der Polizei.** Erstellt die **Polizei (Landeskriminalamt)** im strafrechtlichen Ermittlungsverfahren bzw im Hauptverfahren auf Veranlassung des Staatsanwalts bzw des Gerichts oder bei der Erforschung von Straftaten aus eigenem Entschluss (§ 163 StPO) ein Sachverständigengutachten (zB ein **DNA-Spurengutachten** oder ein Gutachten zur **Wirkstoffbestimmung von Betäubungsmitteln**), erhält der als Sachverständige tätige Polizeibedienstete (Beamter, Angestellter, Beschäftigter) für das Gutachten gem. § 1 Abs. 2 S. 2 JVEG keine JVEG-Vergütung, wenn er das Gutachten – was regelmäßig der Fall sein wird – **in Erfüllung seiner Dienstaufgaben** erstattet hat.[47] Die JVEG-Vergütung steht dann allenfalls der Polizei als Behörde iSv § 1 Abs. 2 S. 1 JVEG zu.[48] In Verwaltungsbestimmungen kann für diese Fälle zwischen der Justiz und der Polizei ein Verzicht auf Erstattung der hierdurch angefallenen Auslagen vereinbart worden sein.[49] Die Justiz hat der Polizei diese Sachverständigenkosten auch dann nicht zu erstatten bzw diese an sie weiterzuleiten, wenn diese vom Kostenschuldner auf die Kostenrechnung gezahlt werden. Die Zahlung wird in NRW im Justizhaushalt vereinnahmt.[50]

28   Die Sachverständigenkosten sind von der Polizei entweder in den Akten zu vermerken oder zu den Gerichtsakten mitzuteilen, damit der Kostenbeamte diese nach Nr. 9005, ggf iVm Nr. 9013, 9015 oder 9016 KV, in die Kostenrechnung übernehmen kann. Der Kostenbeamte muss aber sicherstellen, dass diese Sachverständigenkosten der Polizei die im JVEG für die Sachverständigenvergütung vorgesehenen Sätze nicht überschreiten. Denn es können **nur nach dem JVEG zu zahlende Beträge** (→ Rn 4 ff, 10 ff) als Auslagen erhoben werden.[51] Erfolgt diese Überprüfung und Feststellung durch den Kostenbeamten nicht, kann der Kostenansatz insoweit keinen Bestand haben und wird spätestens auf die **Erinnerung** des Kostenschuldners (§ 66) aufgehoben werden müssen. Allerdings wird der Kostenschuldner sich in der Erinnerung nicht auf allgemeine Beanstandungen beschränken können, sondern muss substantiiert vortragen, warum und gegen welche Positionen der Rechnung Einwendungen erhoben werden (dazu auch → § 66 Rn 51).[52] Um dem Kostenbeamten diese Überprüfung zu ermöglichen, ist in NRW Folgendes angeordnet:[53]

„*Wird auf* **Ersuchen des Gerichts oder Staatsanwalts** *von einer Polizeibehörde, einer Polizeieinrichtung oder einem Angehörigen dieser Stellen in Erfüllung seiner Dienstaufgaben ein Gutachten erstattet, vertreten oder erläutert, so ist mit dem Gutachten eine* **Aufstellung** *zu verbinden, aus der die Sachverständigenvergütung nach dem JVEG. Hierfür empfiehlt sich die Verwendung eines besonderen Vordrucks, den die Geschäftsstelle der Justizbehörde dem Sachverständigen zusammen mit der Beauftragung übersendet.*"

29   Den Betrag von 25 € übersteigende Auslagen, die der **Bundespolizei** durch Ermittlungen in Strafsachen und in Verfahren nach dem OWiG entstehen, werden dem Bund in **NRW** aus Mitteln des Justizhaushalts erstattet,

---

42 KG NStZ-RR 2009, 190 = StRR 2009, 198.   **43** KG NStZ-RR 2009, 190 = StRR 2009, 198.   **44** Vgl zB Vereinbarung des Bundes und der Länder über den Ausgleich von Kosten, zB für NRW: AV d. JM v. 6.7.2001 (5600 - I B. 55) - JMBl. NRW S. 191 - idF v. 13.1.2010 (5600 - Z. 55). **45** Binz/Dörndorfer/Zimmermann, Nr. 9005 KV GKG Rn 3. **46** So zB in NRW in Ziffer 2 des Gem. RdErl. d. JM (4231 - Z. 5) und d. IM (IV B 2 - 5018) v. 28.1.2000 (JMBl. NRW S. 166) idF v. 9.7.2004. **47** KG NStZ-RR 2009, 190 = StRR 2009, 198. **48** Ausf. *Meyer/Höver/Bach*, JVEG, § 1 Rn 1.53 ff. **49** ZB in NRW: Gem. RdErl. d. JM (4231 - Z. 5) und d. IM (IV B 2 - 5018) v. 28.1.2000 (JMBl. NRW S. 166) idF v. 9.7.2004 für Auslagen, die bis zur Eröffnung des Hauptverfahrens entstanden sind. **50** Gem. RdErl. d. JM (4231 - Z. 5) und d. IM (IV B 2 - 5018) v. 28.1.2000 (JMBl. NRW S. 166) idF v. 9.7.2004. **51** Vgl OLG Koblenz NStZ-RR 2010, 359; OLG Koblenz NStZ-RR 1998, 127 = Rpfleger 1998, 214; OLG Koblenz 21.1.2010 – 2 Ws 21/10, juris; KG NStZ-RR 2009, 190 = StRR 2009, 198. **52** Vgl OLG Düsseldorf 24.6.1999 – 1 Ws 736/99, nv; KG NStZ-RR 2009, 190 = StRR 2009, 198; OLG Koblenz NStZ-RR 2010, 359; OLG Koblenz 21.1.2010 - 2 Ws 21/10, JurionRS 2010, 23323; OLG Düsseldorf 22.2.1978 – V-9/77, juris. **53** Gem. RdErl. d. JM (4231 - Z. 5) und d. IM (IV B 2 - 5018) v. 28.1.2000 (JMBl. NRW S. 166) idF v. 9.7.2004.

- soweit der Betrag von dem Kostenschuldner eingezogen worden ist,
- unabhängig von einer Einziehung nur, soweit sie in Ausführung von Ersuchen eines Gerichts oder einer Staatsanwaltschaft entstanden sind.[54]

c) Kosten für Blutentnahmen und Blutuntersuchungen. Veranlasst die Polizei im strafrechtlichen Ermitt- **30**
lungsverfahren (zB wegen einer Verkehrsstraftat) eine **Blutentnahme**[55] und die **Blutalkoholuntersuchung**
(§ 81 a Abs. 2 StPO), erhalten der die Blutentnahme durchführende Arzt sowie das Institut für Rechtsmedi-
zin (Untersuchung) von der Polizei eine Entschädigung, die diese zu den Strafakten mitteilt (→ Rn 26,
28).[56] In Verwaltungsbestimmungen kann für diese Fälle zwischen der Justiz und der Polizei ein Verzicht
auf Erstattung der hierdurch angefallenen Auslagen vereinbart worden sein.[57] Die Justiz hat der Polizei diese Kosten daher nicht zu erstatten (→ Rn 27). Die von der Polizei zur Strafakte mitzuteilenden Kosten[58]
sind nach Nr. 9015, 9005 KV (§ 5 Abs. 3 Nr. 1 KostVfg) in die Kostenrechnung aufzunehmen (Anm.
Abs. 2), allerdings nur in Höhe der JVEG-Sätze.

Die Höhe der Vergütung für von der Polizei veranlasste ärztliche Leistungen zur Feststellung von Alkohol, **31**
Medikamenten und Drogen im Blut ist ggf in **Verwaltungsbestimmungen der Länder** geregelt.[59] Orientiert
sich die danach von der Polizei zu zahlende Vergütung an der **GOÄ**, ist im Rahmen des Kostenansatzes
(§ 19) sicherzustellen, dass in der Kostenrechnung für die **Blutentnahme** keine höheren als die insoweit im
JVEG vorgesehenen Beträge erhoben werden. Die Verwaltungsbestimmungen können deshalb vorschreiben, welche Informationen die Polizei der Justiz zur Verfügung zu stellen hat, damit auf der GOÄ oder anderen Regelungen beruhende Beträge **in JVEG-Beträge umgerechnet** werden können.[60]

Das JVEG sieht gem. § 10 Abs. 1 JVEG in Nr. 307 der Anlage 2 (zu § 10 Abs. 1 JVEG) für Blutentnahmen **32**
einschließlich des Protokolls über die Feststellung der Identität eine Vergütung iHv 9,00 € vor. Sofern die
GOÄ insoweit höhere Vergütungen vorsieht, sind diese somit nur bis zu 9,00 € im Rahmen des Kostenansatzes berücksichtigungsfähig. Daneben können die **Materialkosten** für die vom Arzt eingesetzte **Venüle**
gem. §§ 8 Abs. 1 Nr. 4, 12 Abs. 1 S. 2 Nr. 1 JVEG angesetzt werden, sofern diese geltend bzw bekannt gemacht werden. Denn nach § 10 Abs. 2 Nr. 5 GOÄ können Kosten für Einmalkanülen vom Arzt nicht berechnet werden.

Die Entschädigung nach Nr. 307 der Anlage 2 (zu § 10 Abs. 1 JVEG) deckt nur den für die Blutentnahme **33**
erforderlichen **Zeitaufwand** ab.[61] Jede **erneute Blutentnahme** löst den Betrag iHv 9,00 € erneut aus, nicht
aber der Wechsel der Venüle während der Blutentnahme.[62] Soweit neben dem Zeitaufwand des Arztes für
die Blutentnahme **zusätzliche Zeit** erforderlich ist, fällt hierfür gem. § 10 Abs. 3 JVEG ein Honorar nach
der Honorargruppe 1 iHv **65,00 €/Stunde** an (§ 9 Abs. 1 JVEG). Zusätzlich erforderlich ist zB die **Reise-
und Wartezeit** des Arztes anlässlich der Blutentnahme.[63] Diese wird im erforderlichen Umfang berücksichtigt. Die regelmäßige Berücksichtigung eines zusätzlichen Aufwands von 1 Stunde (65,00 €) beim Kostenansatz dürfte im Ergebnis nicht zu beanstanden sein. Von der Polizei mitgeteilte Blutentnahmekosten können damit mindestens iHv ca. **77,00 €** (9,00 € Blutentnahme, 1 Stunde Zeitaufwand 65,00 €, ca. 3,00 €
Venüle) in die Kostenrechnung eingestellt werden, es sei denn, der mitgeteilte Betrag ist geringer.

Erfolgen durch denselben Arzt **mehrere Blutentnahmen** bei **verschiedenen Beschuldigten in derselben Straf-** **34**
sache, fällt die Entschädigung nach § 10 Abs. 1 JVEG, Nr. 307 der Anlage 2 (zu § 10 Abs. 1 JVEG)
iHv 9,00 € für jeden Beschuldigten an (je Körperflüssigkeit). Gegen jeden kostenpflichtig verurteilten Beschuldigten werden deshalb die ihn betreffenden Blutentnahmekosten angesetzt (→ § 33 Rn 14). Die für alle Beschuldigten nur einmal angefallenen Fahrtkosten des Arztes können den Beschuldigten kopfteilig in
Rechnung gestellt werden (§ 33 GKG, § 466 S. 1 StPO). Bei **mehreren Blutentnahmen** bei **verschiedenen
Beschuldigten in verschiedenen Strafsachen** gilt Vorbem. 9 Abs. 2 KV. Danach sind die Fahrtkosten ange-

54 AV d. JM v. 11.5.1999 (4231 - I B. 5.1) - JMBl. NW S. 129 - idF v. 23.3.2006. **55** Zum Richtervorbehalt s. BVerfG NJW
2007, 1345 = StV 2007, 281 = VRR 2007, 150; zur Zuständigkeit des Staatsanwalts oder eines seiner Ermittlungspersonen
(§ 154 GVG) bei Gefahr im Verzug s. BVerfG NJW 2010, 2864 = StraFo 2010, 286; BVerfG NJW 2008, 3053 = VRR 2008,
389. **56** Vgl zB in NRW: Gem. RdErl. d. Innenministeriums (IV A 2 - 2743), d. Justizministeriums (4103 - III A. 29), d. Ministeriums für Wirtschaft und Mittelstand, Energie und Verkehr (V B 5/VI B2) und d. Ministeriums für Schule, Wissenschaft und
Forschung (322-7202.8) v. 15.8.2000 – Feststellung von Alkohol-, Medikamenten- und Drogeneinfluss bei Straftaten und Ordnungswidrigkeiten; Sicherstellung und Beschlagnahme von Führerscheinen; vgl auch RdErl. d. Innenministeriums v. 12.11.2001
(SMBl. NRW. 2001 S. 1536), geänd. d. RdErl. v. 5.10.2011 (MBl. NRW. 2011 S. 392). **57** ZB in NRW: Gem. RdErl. d. JM
(4231 - Z. 5) und d. IM (IV B 2 - 5018) v. 28.1.2000 (JMBl. NRW. S. 166) idF v. 9.7.2004 für Auslagen, die bis zur Eröffnung
des Hauptverfahrens entstanden sind. **58** Vgl in NRW Ziffer 6 des RdErl. d. Innenministeriums v. 12.11.2001 (SMBl. NRW.
2001 S. 1536), geänd. d. RdErl. v. 5.10.2011 (MBl. NRW. 2011 S. 392) und Nr. 9 des Gem. RdErl. d. Innenministeriums (IV A
2 - 2743), d. Justizministeriums (4103 - III A. 29), d. Ministeriums für Wirtschaft und Mittelstand, Energie und Verkehr (V B
5/VI B2) und d. Ministeriums für Schule, Wissenschaft und Forschung (322-7202.8) v. 15.8.2000. **59** Vgl zB in NRW: RdErl. d.
Innenministeriums v. 12.1.2011 (SMBl. NRW. 2001 S. 1536), geänd. d. RdErl. v. 5.10.2011 (MBl. NRW. 2011 S. 392). **60** Vgl
in NRW: Erlass des JM v. 4.2.1997 (5605 - I B. 25). **61** Meyer/Höver/Bach, JVEG, Anlage 2 Zu § 10 JVEG Rn 46. **62** Meyer/
Höver/Bach, JVEG, Anlage 2 Zu § 10 JVEG Rn 46. **63** Meyer/Höver/Bach, JVEG, Anlage 2 Zu § 10 JVEG Rn 47.

messen auf die Strafsachen zu verteilen. Im Ergebnis erfolgt damit auf der Grundlage der Zahl der Verfahren ebenfalls eine kopfteilige Aufteilung.

35   Die Vergütung für die **Blutalkoholuntersuchung** richtet sich nach Nr. 302 der Anlage 2 (zu § 10 Abs. 1 JVEG).[64] Danach beträgt die Vergütung eines Sachverständigen für eine mikroskopische, physikalische, chemische, toxikologische, bakteriologische, serologische Untersuchung einer Körperflüssigkeit 5,00 bis 60,00 €. Das Honorar umfasst das verbrauchte Material, soweit es sich um geringwertige Stoffe handelt, und eine kurze gutachtliche Äußerung.

36   **d) Staatsschutz-Strafsachen.** Der Kostenausgleich in **Staatsschutz-Strafsachen** richtet sich nach der Vereinbarung des Bundes und der Länder über den Kostenausgleich in Staatsschutz-Strafsachen.[65] Nach Teil A Abschnitt A Nr. 1 b) und Teil A Abschnitt B Nr. 1 der Vereinbarung trägt der **Bund** die Vergütung der Dolmetscher, Übersetzer und Dritten iSv § 23 JVEG, die ab Verfahrensübernahme durch den **Generalbundesanwalt** entstanden sind. Hat die zuständige Staatsanwaltschaft eines Bundeslandes Kosten gezahlt, die nach Verfahrensübernahme durch den Generalbundesanwalt entstanden sind, stellt der Generalbundesanwalt nach Verfahrensabschluss diese Kosten fest und erstattet sie der zuständigen Landesbehörde, der er eine Abschrift der Kassenanordnung mit einer Spezifizierung der angewiesenen Kosten übersendet (vgl Teil A Abschnitt D der Vereinbarung). Liegt eine Heranziehung durch eine Staatsanwaltschaft vor, sind Dolmetscher, Übersetzer und Dritten iSv § 23 JVEG zwar auch von dort aus zu entschädigen. Allerdings muss der Generalbundesanwalt diese Kosten dem Land wieder erstatten, sofern sie nach Verfahrensübernahme durch den Generalbundesanwalt angefallen sind. Für den Kostenausgleich zwischen dem Bund und dem Land kommt es danach nicht auf die Auftragserteilung bzw Heranziehung iSd JVEG, sondern nur auf den Zeitpunkt der Entstehung der Kosten an. Der nachträgliche Kostenausgleich wird vermieden, wenn nach Verfahrensübernahme angefallene JVEG-Beträge vom Generalbundesanwalt unmittelbar gezahlt werden.

37   **2. Fiktive Sachverständigenvergütung (Anm. Abs. 2 S. 2). a) Erfüllung von Dienstaufgaben.** Nach § 1 Abs. 2 S. 2 JVEG gilt das JVEG nicht für Angehörige einer Behörde oder einer sonstigen öffentlichen Stelle, die weder Ehrenbeamte noch ehrenamtlich tätig sind, wenn sie ein Gutachten **in Erfüllung ihrer Dienstaufgaben** erstatten, vertreten oder erläutern (→ Rn 27). Obwohl in diesen Fällen keine Vergütung nach dem JVEG an den Sachverständigen zu zahlen ist, wird dem Kostenschuldner die **fiktive** Sachverständigenvergütung in Rechnung gestellt, die ohne die Vorschrift des § 1 Abs. 2 S. 2 JVEG auf der Grundlage des JVEG zu zahlen wäre. Erhoben werden die Kosten, die einem externen Sachverständigen für die Gutachtenerstellung nach dem JVEG zu zahlen wären.[66]

38   **b) Wirtschaftsreferent bei Staatsanwaltschaft.** Erstellt ein **Wirtschaftsreferent** der Staatsanwaltschaft für das Gericht oder die Staatsanwaltschaft ein Gutachten, sind die nach dem JVEG zu ermittelnden fiktiven Kosten für das Gutachten gegen den Verurteilten anzusetzen.[67] Das gilt aber nur, wenn tatsächlich eine Tätigkeit als Sachverständiger und nicht lediglich als Ermittlungsgehilfe vorliegt. Das ist dann der Fall, wenn losgelöst von der eigentlichen Ermittlungtätigkeit der Auftrag erteilt wird, eigenverantwortlich und frei von jeder Beeinflussung ein Gutachten zu einem bestimmten Beweisthema zu erstatten.[68] Maßgebend ist grds. die Anzahl der vom Wirtschaftsreferenten angegebenen Stunden. Gemäß § 8 Abs. 2 S. 1 JVEG ist jede Stunde der erforderlichen Zeit einschließlich notwendiger Reise- und Wartezeiten zu berücksichtigen. Die Zuordnung in die Honorargruppe 11 gem. § 9 Abs. 1 JVEG (115,00 €) ist nicht zu beanstanden, wenn das Gutachten auf dem Gebiet der Unternehmensbewertung, Betriebsunterbrechungs- und -verlagerungsschäden erstellt worden ist.[69]

39   Entsprechendes gilt, wenn in Bayern der **gerichtsärztliche Dienst (Landgerichtsarzt)**[70] ein Gutachten in einer Strafsache erstellt.[71]

---

64 *Meyer/Höver/Bach*, JVEG, Anlage 2 Zu § 10 JVEG Rn 38 f.   **65** ZB für NRW: AV d. JM v. 13.10.1994 (5102 - I C. l) - JMBl. NW S. 255 - idF v. 4.3.2008; AV d. MIJ v. 3.7.1998 (5102 - I C. 1.1) - JMBl. NW S. 229, Sondervereinbarung für die Kosten, die während des Vollzugs von Untersuchungs- oder Strafhaft durch die Unterbringung und Behandlung in dem Justizvollzugskrankenhaus Nordrhein-Westfalen in Fröndenberg entstehen. **66** KG Rpfleger 2015, 727 = wistra 2015, 402; LG Dresden NStZ-RR 2012, 327.   **67** KG Rpfleger 2015, 727 = wistra 2015, 402; KG NStZ-RR 2009, 190 = StRR 2009, 198; OLG Koblenz NStZ-RR 1998, 127 = Rpfleger 1998, 214; OLG Stuttgart Rpfleger 1987, 389; LG Dresden NStZ-RR 2012, 327; LG Trier NStZ-RR 1998, 256; vgl auch OLG Koblenz NStZ-RR 2010, 359 und OLG Koblenz 21.1.2010 – 2 Ws 21/10, juris (zu den Kosten für eine von der Staatsanwaltschaft als Sachverständige zugezogene Arzthelferin). **68** KG Rpfleger 2015, 727 = wistra 2015, 402; OLG Koblenz NStZ-RR 2010, 359; OLG Koblenz 21.1.2010 – 2 Ws 21/10, juris; OLG Koblenz NStZ-RR 1998, 127 = Rpfleger 1998, 214; KG NStZ-RR 2009, 190 = StRR 2009, 198; vgl BGH NStZ 1984, 215. **69** KG Rpfleger 2015, 727 = wistra 2015, 402. **70** Bayerisches Gesetz über den öffentlichen Gesundheits- und Veterinärdienst, die Ernährung und den Verbraucherschutz sowie die Lebensmittelüberwachung (Gesundheitsdienst- und Verbraucherschutzgesetz – GDVG) v. 24.7.2003 (GVBl. 2003, S. 452). **71** Binz/Dörndorfer/*Zimmermann*, Nr. 9005 KV GKG Rn 3.

IV. Übersetzer für Blinde oder Sehbehinderte und Gebärdensprachdolmetscher (Anm. Abs. 3)

Nach **Anm. Abs. 3** werden Auslagen für Übersetzer, die zur Erfüllung der Rechte blinder oder sehbehinderter Personen herangezogen werden, nicht erhoben. Nach § 191 a Abs. 1 S. 1 GVG kann eine **blinde oder sehbehinderte Person** nach Maßgabe der Rechtsverordnung nach § 191 a Abs. 2 GVG verlangen, dass ihr die für sie bestimmten gerichtlichen Dokumente auch in einer für sie wahrnehmbaren Form zugänglich gemacht werden, soweit dies zur Wahrnehmung der Rechte im Verfahren erforderlich ist. Nach § 191 a Abs. 1 S. 5 GVG werden hierfür Auslagen nicht erhoben. **40**

Nach **Anm. Abs. 3** werden Auslagen für **Gebärdensprachdolmetscher** nur nach Maßgabe von Anm. Abs. 4 erhoben. § 186 Abs. 1 S. 1 GVG bestimmt, dass die Verständigung mit einer **hör- oder sprachbehinderten Person** in der Verhandlung nach ihrer Wahl mündlich, schriftlich oder mit Hilfe einer die Verständigung ermöglichenden Person, die vom Gericht heranzuziehen ist, erfolgt. Nach § 186 Abs. 1 S. 2 GVG hat das Gericht für die mündliche oder schriftliche Verständigung die geeigneten technischen Hilfsmittel bereitzustellen, nach § 186 Abs. 1 S. 3 GVG ist die hör- oder sprachbehinderte Person auf ihr Wahlrecht hinzuweisen. Anm. Abs. 2 setzt diese Regelungen des GVG im Kostenverzeichnis um. Wird ein Gebärdensprachdolmetscher im **Strafverfahren** oder im gerichtlichen Verfahren nach dem **OWiG** herangezogen, um Erklärungen zu übertragen, auf deren Verständnis der Beschuldigte oder Betroffene zu seiner Verteidigung angewiesen oder soweit dies zur Ausübung seiner strafprozessualen Rechte erforderlich war, werden von diesem die dadurch entstandenen Auslagen nur erhoben, wenn das Gericht ihm diese nach § 464 c StPO oder die Kosten nach § 467 Abs. 2 S. 1 StPO, auch iVm § 467 a Abs. 1 S. 2 StPO, auferlegt hat; dies gilt auch jeweils iVm § 46 Abs. 1 OWiG. **41**

V. Dolmetscher/Übersetzer im Straf- oder Bußgeldverfahren (Anm. Abs. 4)

1. Beschuldigter oder Betroffener. Aus Abs. 4 der Anm. zu Nr. 9005 KV ergibt sich der Grundsatz, dass im **Straf- und Bußgeldverfahren** Dolmetscher- und Übersetzerkosten für einen der deutschen Sprache nicht mächtigen **Beschuldigten** oder **Betroffenen** grds. nicht erhoben werden können, wenn Erklärungen oder Schriftstücke übertragen worden sind, auf deren Verständnis der Beschuldigte oder Betroffene zu seiner Verteidigung angewiesen oder soweit dies zur Ausübung seiner strafprozessualen Rechte erforderlich war (vgl Art. 6 Abs. 3 Buchst. e EMRK).[72] **Zustellungsauslagen** für die Ladung eines solchen Dolmetschers werden ebenfalls nicht erhoben (→ Nr. 9002 Rn 19).[73] **42**

In anderen gerichtlichen Verfahren, wie zB im verwaltungsgerichtlichen Verfahren, findet die Bestimmung keine Anwendung.[74] Wenn dem der deutschen Sprache nicht mächtigen **Nebenkläger** auf Antrag nach Maßgabe des § 187 Abs. 2 GVG schriftliche Unterlagen übersetzt werden, weil dies zur Ausübung seiner strafprozessualen Rechte erforderlich ist (§ 397 Abs. 3 StPO[75]), sind die Übersetzerkosten zu erheben. Auch Dolmetscher- und Übersetzerkosten, die dadurch entstanden sind, dass zB für **fremdsprachige Zeugen oder Sachverständige** Erklärungen oder Schriftstücke übertragen bzw übersetzt worden sind, sind vom Kostenschuldner zu erheben. Wird ein ehemals Beschuldigter später als Zeuge in dem Strafverfahren vernommen, sind nur die anlässlich der Zeugenvernehmung angefallenen Dolmetscher- und Übersetzerkosten zu erheben.[76] **43**

2. Freiheitsentziehungssachen. In Freiheitsentziehungssachen (§§ 415 ff FamFG, Abschiebehaftsachen) ist gem. § 81 Abs. 1 S. 2 FamFG in entsprechender Anwendung von Art. 6 Abs. 3 Buchst. e EMRK vom Gericht anordnen, dass von der Erhebung der Kosten abzusehen ist.[77] Geschieht das nicht, spricht vor diesem Hintergrund viel dafür, die Dolmetscherkosten wegen Abs. 4 der Anm. zu Nr. 9005 KV nicht zu erheben.[78] **44**

3. Kostenentscheidung. Im Fall der kostenpflichtigen Verurteilung des Beschuldigten/Betroffenen muss in der Kostenentscheidung nicht ausdrücklich angeordnet werden, dass Dolmetscher- und Übersetzerkosten für einen der deutschen Sprache nicht mächtigen **Beschuldigten** oder **Betroffenen** nicht erhoben werden. Eine ausdrückliche Kostenentscheidung ist nur in den Fällen der §§ 464 c, 467 Abs. 2, 467 a Abs. 1 S. 2 StPO und § 46 Abs. 1 OWiG erforderlich. Hier trägt der Beschuldigte oder Betroffene die Dolmetscher- und Übersetzerkosten, wenn das Gericht ihm diese nach § 464 c StPO oder die Kosten nach § 467 Abs. 2 S. 1 StPO, auch iVm § 467 a Abs. 1 S. 2 StPO und § 46 Abs. 1 OWiG auferlegt hat. **45**

---

[72] Vgl EGMR NJW 1979, 1091; EGMR NJW 1985, 1273; BVerfG NJW 2004, 50 = NStZ 2004, 161 = Rpfleger 2004, 179; BGH FGPrax 2010, 154; BGH NJW 2001, 309 = NStZ 2001, 107 = StraFo 2001, 54; OLG Düsseldorf MDR 1981, 74. [73] LG Koblenz StraFo 1997, 153. [74] VG Dresden 27.9.2013 – 3 K 1662/11, juris; OVG Mecklenburg-Vorpommern NVwZ-RR 2011, 712. [75] IdF des 3. Opferrechtsreformgesetzes v. 21.12.2015 (BGBl. I 2525). [76] OLG Celle NStZ 2001, 221 = Rpfleger 2001, 147. [77] BGH FGPrax 2010, 154; OLG Celle StV 2005, 452; LG Lübeck StraFo 2004, 130. [78] VG Dresden 27.9.2013 – 3 K 1662/11, juris; VG Dresden 5.4.2012 – 3 K 1455/11, juris.

46   Im Fall einer Kostenentscheidung nach § 467 Abs. 2 StPO werden hiervon auch die durch eine schuldhafte Säumnis angefallenen Dolmetscher- und Übersetzerkosten erfasst. Eine ausdrückliche Erwähnung ist nicht erforderlich.

47   **4. Umfang der Freistellung.** Allerdings erfolgt nicht jedwede Inanspruchnahme von Dolmetschern und Übersetzern gegenüber fremdsprachigen Beschuldigten unentgeltlich. Art. 6 Abs. 3 Buchst. e EMRK gewährt insoweit lediglich Mindestrechte, um die Beteiligung an der auf Deutsch geführten Verhandlung zu ermöglichen.[79] Art. 6 Abs. 3 Buchst. e EMRK enthält daher kein Recht des Angeklagten, umfassend von jeglichen Dolmetscherkosten freigestellt zu werden.[80] So hat der Beschuldigte zB nur Anspruch auf kostenfreie Übersetzung der Teile der Verfahrensakte, deren Kenntnis zur ordnungsgemäßen Verteidigung erforderlich ist.[81]

48   **5. Briefkontrolle und Besuchsüberwachung.** Art. 6 Abs. 3 Buchst. e EMRK garantiert die unentgeltliche Gestellung eines Dolmetschers zwar nur für Erklärungen und Schriftstücke, auf die der Beschuldigte zu seiner Verteidigung angewiesen ist bzw soweit dies zur Ausübung der strafprozessualen Rechte erforderlich ist. Gleichwohl sind Dolmetscher- und Übersetzungskosten, die während der **Untersuchungshaft** im Rahmen der **Briefkontrolle** und der **Besuchsüberwachung** anfallen, von dem Beschuldigten nach seiner Verurteilung nicht zu erstatten. Dem fremdsprachigen Beschuldigten muss wie dem deutschen Beschuldigten die Möglichkeit eingeräumt werden, kostenfrei Kontakt zur Außenwelt zu halten. Denn der Besuchsverkehr unterliegt bereits aus Gründen der Anstaltssicherheit und -ordnung einer derart starken Einschränkung, dass die mangelnden Sprachkenntnisse des Gefangenen nicht zu einer noch weiter gehenden Beschränkung des Besuchsrechts führen dürfen.[82]

49   Unverhältnismäßig hohe oder objektiv überflüssige Übersetzungskosten im Rahmen des Briefverkehrs sind von der Staatskasse jedoch nicht hinzunehmen. Diese kann die Staatskasse daher dem Verurteilten ggf in Rechnung stellen. Die pauschale Anordnung der Übersetzung ist daher nicht zulässig. Der Beschuldigte muss aber darauf hingewiesen werden, dass ggf nicht alle Übersetzungskosten übernommen werden.[83] Ein ausländischer Untersuchungsgefangener hat keinen Anspruch auf unbeschränkten Besuch in seiner Heimatsprache durch seine Angehörigen, wenn sich dies im Hinblick auf die dadurch verursachten hohen Dolmetscherkosten im Rahmen der notwendigen akustischen Besuchsüberwachung als unverhältnismäßig und damit ungerechtfertigt darstellt. Nicht zu beanstanden sind nach Auffassung des OLG Schleswig[84] Besuche alle zwei Wochen, wobei der Besuch unter Zuhilfenahme eines Dolmetschers akustisch zu überwachen ist.

50   Sind Dolmetscherkosten unverhältnismäßig hoch, kann sich insoweit somit ein Einforderungsrecht der Staatskasse im Rahmen des Kostenansatzes ergeben. Werden anlässlich der Briefkontrolle oder Besuchsüberwachung angefallene Dolmetscher- oder Übersetzerkosten vor diesem Hintergrund für einforderbar gehalten, können sie nur unter den Voraussetzungen von § 50 StVollzG bzw in Höhe des Haftkostenbeitrags, der nach Landesrecht von einem Gefangenen zu erheben ist, eingezogen werden, wenn sie als Kosten einer Untersuchungshaft iSv Nr. 9011 KV angesehen werden.[85]

51   **6. Telefonüberwachung.** Im Rahmen einer Telefonüberwachung im Ermittlungsverfahren angefallene Dolmetscher- bzw Übersetzerkosten sind von dem rechtskräftig Verurteilten nach Nr. 9015, 9005 KV zu tragen (zu Kosten der Telefonüberwachung nach § 23 JVEG vgl → Rn 5).[86] Die Übersetzung abgehörter Telefonate und Schriftstücke im Ermittlungsverfahren dient der Aufklärung der der Verurteilten vorgeworfenen Taten. Es werden keine Übersetzungen von Erklärungen oder Schriftstücken gefertigt, auf deren Verständnis der Beschuldigte oder Betroffene zu seiner Verteidigung angewiesen ist. Die Kostentragungspflicht besteht auch dann, wenn es nicht zur Anklage gekommen und das Verfahren auf Kosten des Angeklagten eingestellt worden ist.[87]

52   Auch wenn die Überwachung der Telekommunikation (auch) wegen des Verdachts weiterer Straftaten der Angeklagten angeordnet und durchgeführt worden ist, werden diese Kosten vom Verurteilten geschuldet.

---

[79] BVerfG NJW 2004, 1095 = Rpfleger 2004, 242.   **80** OLG Schleswig SchlHA 2003, 206.   **81** Vgl auch OLG Dresden 19.4.2011 – 2 Ws 96/11, JurionRS 2011, 14575 = RVGreport 2011, 359.   **82** BVerfG NJW 2004, 1095 = Rpfleger 2004, 242; OLG Düsseldorf NStZ 1994, 403; MDR 1991, 1079 = StV 1991, 523; OLG Frankfurt a. M. StV 1986, 24; LG Düsseldorf 2.3.2011 – 7 Qs 12/11, juris = RVGreport 2011, 356; LG Stuttgart StV 2001, 123 = NStZ 2002, 83 (auch bei einer Besuchszusammenführung des Angeklagten mit seiner mitangeklagten Lebensgefährtin); aA – allerdings vor der Entscheidung des BVerfG NJW 2004, 1095 – OLG Schleswig SchlHA 2003, 206; OLG Koblenz JurBüro 2001, 102 = Rpfleger 2000, 565; OLG Frankfurt NStZ-RR 1998, 158; OLG Koblenz NStZ-RR 1996 = StV 1997, 429; OLG Bamberg StraFo 2000, 34; OLG München StV 1996, 491; OLG Frankfurt StV 1984, 427; Binz/Dörndorfer/*Zimmermann*, Nr. 9005 KV GKG Rn 10; *Oestreich/Hellstab/Trenkle*, GKG Nr. 9006 KV Rn 15.   **83** BVerfG NJW 2004, 1095 = Rpfleger 2004, 242.   **84** OLG Schleswig SchlHA 1995, 4.   **85** So *Meyer/Höver/Bach*, JVEG, § 1 Rn 1.10.   **86** BVerfG NJW 2004, 1095 = Rpfleger 2004, 242; OLG Koblenz JurBüro 2001, 102 = Rpfleger 2000, 565; OLG Düsseldorf 12.12.2012 – III-1 Ws 286/12, juris; LG Düsseldorf 4.7.2012 – 3 KLs 21/10, juris; LG Flensburg 20.2.2002 – II Qs 8/02, juris.   **87** OLG Schleswig SchlHA 2003, 206; ähnl. OLG Düsseldorf 12.12.2012 – III-1 Ws 286/12, juris.

Tatbezogene Kosten sind auch insoweit zu erstatten, als sie durch Ermittlungen in eine sich nicht bestätigende Verdachtsrichtung, seien es tateinheitliche Gesetzesverletzungen oder Taten, die Gegenstand des Ermittlungsverfahrens waren, in denen es jedoch nicht zur Anklage gekommen ist oder in denen das Verfahren eingestellt worden ist, aufgewendet worden sind.[88]

Die Kosten der Telefonüberwachung werden von dem Kostenschuldner nur in Höhe der nach dem JVEG   **53** zu zahlenden Beträge geschuldet. Wird eine schriftliche Übersetzung des Wortlauts geführter Telefonate gefertigt, richtet sich die Vergütung nach § 11 JVEG. Das gilt auch, wenn das zu übersetzende Material als Tonträger- oder Telekommunikationsaufzeichnung vorliegt. Daneben kommt kein Zeithonorar für den Übersetzer in Betracht.[89]

7. Strafvollstreckung. Im Verfahren zur Aussetzung des Strafrestes zur Bewährung angefallene Dolmet-   **54** scherkosten sind vom Verurteilten zu tragen, weil dieses Verfahren keine Entscheidungen mehr im Hinblick auf die Stichhaltigkeit der Anklage betrifft (zu Auslagen der Strafvollstreckung → Rn 2).[90]

8. Übersetzung eines Rechtshilfeersuchens einer ausländischen Strafverfolgungsbehörde. Muss zur Bearbei-   **55** tung eines Rechtshilfeersuchens eine ausländische Strafakte für den deutschen Angeklagten übersetzt werden, trägt dieser in entsprechender Anwendung von § 464 c StPO die hierdurch angefallenen Übersetzungskosten nicht.[91] Übersetzungskosten für Rechtshilfeersuchen des deutschen Gerichts ins Ausland sind dagegen anzusetzen.[92]

9. Dolmetscherkosten des Pflichtverteidigers. Sind in der als Auslage nach Nr. 9007 KV einzuziehenden   **56** Pflichtverteidigervergütung Dolmetscherkosten für Gespräche des Pflichtverteidigers mit dem Verurteilten enthalten, müssen die in der Pflichtverteidigervergütung als Auslagen (vgl § 46 RVG, Vorbem. 7 Abs. 1 VV RVG) enthaltenen Dolmetscherkosten aus der einzuziehenden Pflichtverteidigervergütung herausgerechnet werden (→ Nr. 9007 KV Rn 9).

VI. Dolmetscher/Übersetzer in der Arbeitsgerichtsbarkeit (Anm. Abs. 5)

Im Verfahren vor den Gerichten für Arbeitssachen (Arbeitsgerichte, Landesarbeitsgerichte und Bundesar-   **57** beitsgericht) werden Kosten für vom Gericht herangezogene Dolmetscher und Übersetzer nicht erhoben, wenn ein Ausländer Partei und die Gegenseitigkeit verbürgt ist oder ein Staatenloser Partei ist. In anderen gerichtlichen Verfahren findet die Bestimmung keine Anwendung.[93]

VII. Weitere praktische Hinweise

1. Verteilung bei verschiedenen Rechtssachen, Vorbem. 9 Abs. 2 KV. Sind Auslagen iSv Nr. 9005 KV durch   **58** **verschiedene Rechtssachen** veranlasst, werden sie nach Vorbem. 9 Abs. 2 KV auf die mehreren Rechtssachen angemessen verteilt (Beispiel: Vernehmung eines Sachverständigen in verschiedenen Strafsachen, die verschiedene Beschuldigte betreffen). Ist in einer der Strafsachen Freispruch des Beschuldigten erfolgt, dürfen die auf diese Sache entfallenden Sachverständigenkosten nicht auf die Beschuldigten der anderen Verfahren verteilt werden.[94]

2. Fälligkeit. Die Fälligkeit der Auslagen nach Nr. 9006 KV richtet sich nach § 9 Abs. 2.   **59**

3. Vorschuss und Vorauszahlungspflicht. Die Vorschuss- und Vorauszahlungspflicht für die Auslagen nach   **60** Nr. 9006 KV richtet sich nach § 17.

4. Kostenschuldner. Die Haftung für die Auslagen nach Nr. 9005 KV ergibt sich aus §§ 22 ff. In **Strafsa-**   **61** **chen** haften **Mitverurteilte** nach § 33 GKG, § 466 StPO, gegen die in Bezug auf dieselbe Tat auf Strafe erkannt oder eine Maßregel der Besserung und Sicherung angeordnet wird, für die Auslagen als **Gesamtschuldner.** Dies gilt aber nicht für Auslagen, die durch die Tätigkeit eines **Dolmetschers** und die durch die **Strafvollstreckung, die einstweilige Unterbringung** oder die **Untersuchungshaft** entstandenen Kosten sowie für Auslagen, die durch Untersuchungshandlungen, die ausschließlich gegen einen Mitangeklagten gerichtet waren, entstanden sind (s. die Erl. zu § 33). Hierzu gehören zB die Kosten für **Blutentnahmen** und **Blutuntersuchungen** (→ Rn 30 ff und § 33 Rn 14).

Zur Anforderung der Auslagen nach Nr. 9005 KV beim **Teilfreispruch** in **Strafsachen** oder im Falle der Ver-   **62** urteilung von Erwachsenen und Jugendlichen (§ 74 JGG) in demselben Strafverfahren s. die entspr. Erl. zu § 29 Nr. 1.

---

88 OLG Düsseldorf 12.12.2012 – II-1 Ws 286/12, juris. **89** OLG Schleswig JurBüro 2015, 598; OLG Düsseldorf 19.4.2010 – III-1 Ws 23/10, nv. **90** AG Montabaur StraFo 1997, 283 = NStZ 1997, 616. **91** LG Trier NStZ-RR 2009, 159. **92** OLG Frankfurt NStZ-RR 1998, 158. **93** OVG Mecklenburg-Vorpommern NVwZ-RR 2011, 712 (für den Verwaltungsprozess). **94** *Oestreich/Hellstab/Trenkle*, GKG Nr. 9005 KV Rn 28.

63   **5. Zuständigkeit für den Kostenansatz.** Die Zuständigkeit für den Ansatz der Auslagen nach Nr. 9005 KV richtet sich nach § 19. Funktionell zuständig ist nach den Verwaltungsbestimmungen der Bundesländer regelmäßig der Kostenbeamte des mittleren Dienstes.

Nr.	Auslagentatbestand	Höhe
9006	Bei Geschäften außerhalb der Gerichtsstelle	
	1. die den Gerichtspersonen aufgrund gesetzlicher Vorschriften gewährte Vergütung (Reisekosten, Auslagenersatz) und die Auslagen für die Bereitstellung von Räumen	in voller Höhe
	2. für den Einsatz von Dienstkraftfahrzeugen für jeden gefahrenen Kilometer	0,30 €

I. Allgemeines

1   Bei Geschäften außerhalb der Gerichtsstelle werden nach Nr. 9006 KV dem Kostenschuldner
- die den Gerichtspersonen aufgrund gesetzlicher Vorschriften gewährte Vergütung (Reisekosten, Auslagenersatz) und die Auslagen für die Bereitstellung von Räumen in voller Höhe (**Nr. 1**) und
- für den Einsatz von Dienstkraftfahrzeugen für jeden gefahrenen Kilometer 0,30 € (**Nr. 2**) in Rechnung gestellt.

II. Gerichtspersonen

2   Gerichtspersonen sind alle Personen, die aus Anlass einer auswärtigen Sitzung tätig werden können, also Richter (einschl. ehrenamtliche Richter – Schöffen und Handelsrichter; s. aber → Rn 6 f), Staatsanwälte, Amtsanwälte, Rechtspfleger, Referendare, Urkundsbeamte, Gerichtsfachmeister, Fahrer.[1] Erfasst sind damit alle Personen, die ihres Amtes wegen befugt sind, hoheitliche Aufgaben der Justiz in den in § 1 genannten Verfahren auch außerhalb der Gerichtsstelle wahrzunehmen.[2]

Nicht zu den Gerichtspersonen gehören jedoch die Prozessbevollmächtigten, sonstige gesetzliche oder rechtsgeschäftliche Vertreter, die Parteien, Zeugen, Sachverständige, sachverständige Zeugen und außergerichtliche Mediatoren.[3] Auch **Gerichtshelfer** (§§ 160 Abs. 3 S. 2, 463 d StPO) und **Bewährungshelfer** sind keine Gerichtspersonen iSv Nr. 9006 KV.[4] **Gerichtsvollzieher** erheben für ihre Reisen Auslagen nach dem GvKostG und stellen diese in Rechnung.

III. Gerichtsstelle

3   Die Auslagen müssen bei Geschäften **außerhalb der Gerichtsstelle** entstanden sein.[5] **Gerichtsstelle** ist der den Angehörigen eines bestimmten Gerichts für ihre Amtshandlungen zugewiesene Raum. Geschäfte, die auf auswärtigen Gerichtstagen vorgenommen werden, finden an der hierfür bestimmten Gerichtsstelle statt und nicht außerhalb von ihr, sodass die damit verbundenen Auslagen nicht unter Nr. 9006 KV fallen.[6] Hauptanwendungsfall der Vorschrift ist der sog. **Ortstermin**.[7] Findet der Ortstermin in derselben Gemeinde, aber außerhalb des Gerichtsgebäudes statt, fallen Auslagen nach Nr. 9006 KV an.[8]

IV. Auslagen wegen der auswärtigen Amtshandlung

4   Die an die Gerichtspersonen zu zahlenden Vergütungen (**Reisekosten, Auslagenersatz**) sind nach dem Auslagentatbestand nur insoweit anzusetzen, als sie **aus Anlass** des außerhalb der Gerichtsstelle vorgenommenen Geschäfts entstanden sind.[9]

V. Vergütung aufgrund gesetzlicher Vorschriften

5   **1. Reisekostengesetze.** Die an die Gerichtspersonen zu zahlenden Vergütungen (Reisekosten, Auslagenersatz) müssen aufgrund **gesetzlicher Vorschriften** gewährt worden sein. Andere Reiskostenvergütungen wer-

1 *Meyer*, GKG Nr. 9006 KV Rn 55; *Hartmann*, KostG, Nr. 9006 KV GKG Rn 2; *Binz/Dörndorfer/Zimmermann*, Nr. 9006 KV GKG Rn 2 (mit Vorbehalten beim Fahrer). **2** *Oestreich/Hellstab/Trenkle*, GKG Nr. 9006 KV Rn 4. **3** *Hartmann*, KostG, Nr. 9006 KV GKG Rn 2; *Meyer*, GKG Nr. 9006 KV Rn 55; OLG Dresden NJW-RR 2007, 80 f (außergerichtliche Mediatorin). **4** *Oestreich/Hellstab/Trenkle*, GKG Nr. 9006 KV Rn 3. **5** *Meyer*, GKG Nr. 9006 KV Rn 56. **6** *Meyer*, GKG Nr. 9006 KV Rn 56; *Hartmann*, KostG, Nr. 9006 KV GKG Rn 1. **7** *Meyer*, GKG Nr. 9006 KV Rn 56; *Hartmann*, KostG, Nr. 9006 KV GKG Rn 1. **8** *Oestreich/Hellstab/Trenkle*, GKG Nr. 9006 KV Rn 3. **9** *Meyer*, GKG Nr. 9006 KV Rn 56; *Hartmann*, KostG, Nr. 9006 KV GKG Rn 3.

den von Nr. 9006 KV nicht erfasst. Gesetzliche Vorschriften sind zB das Bundesreisekostengesetz (BRKG) sowie die jeweiligen Landesreisekostengesetze (LRKG).

2. Ehrenamtliche Richter. Ehrenamtliche Richter (**Schöffen, Laienrichter**) werden gem. § 1 Abs. 1 S. 1 Nr. 2   6
JVEG in allen Gerichtsbarkeiten nach dem JVEG entschädigt (§ 5 JVEG). Den ehrenamtlichen Richtern werden Reisekosten (§§ 1 Abs. 1, 5 JVEG) dann zwar aufgrund gesetzlicher Vorschrift (JVEG) gewährt. Allerdings ist die Erhebung dieser Fahrtkosten durch Anm. Abs. 1 zu Nr. 9005 KV grds. ausgeschlossen. Denn danach sind nach dem JVEG an ehrenamtliche Richter zu zahlende Beträge überhaupt nicht zu erheben (→ Nr. 9005 KV Rn 23 f).[10] Wird aber der Auffassung gefolgt, dass die Regelung in Anm. Abs. 1 zu Nr. 9005 KV durch den Auslagentatbestand Nr. 9006 KV verdrängt wird, fallen die ehrenamtlichen Richtern zu gewährende Entschädigung für Zeitversäumnis (§ 16 JVEG), die Entschädigung für Nachteile bei der Haushaltsführung (§ 17 JVEG) sowie die Entschädigung für Verdienstausfall (§ 18 JVEG) nicht unter Nr. 9006 KV. Denn es handelt sich hierbei weder um Reisekosten noch um Auslagenersatz iSv Nr. 9006 KV.[11]

Richter in Handelssachen (**Handelsrichter**) werden gem. § 1 Abs. 1 S. 1 Nr. 2 JVEG nicht unmittelbar nach   7
dem JVEG entschädigt. Ihnen werden aber gem. § 107 Abs. 2 GVG ihre Fahrtkosten in entsprechender Anwendung des § 5 JVEG ersetzt (s. die Erl. zu § 107 GVG). Diese Fahrtkosten werden somit aufgrund gesetzlicher Vorschriften gewährt. Die Erhebung der Fahrtkosten der Handelsrichter ist – anders als bei anderen ehrenamtlichen Richtern (→ Rn 6) – dem Wortlaut nach zwar nicht durch Anm. Abs. 1 zu Nr. 9005 KV ausgeschlossen. Denn Handelsrichter erhalten ihre Fahrtkosten nicht nach § 1 Abs. 1 S. 1 Nr. 2 JVEG. Allerdings leuchtet nicht recht ein, warum an unmittelbar nach dem JVEG zu entschädigende ehrenamtliche Richter gezahlte Beträge unerhoben bleiben sollen (→ Rn 6), während die Fahrtkosten von Handelsrichtern, die ihre Fahrtkosten in entsprechender Anwendung des JVEG erhalten, nach Nr. 9006 KV erhoben werden sollen. Da durchgreifende Argumente für diese unterschiedliche Behandlung nicht ersichtlich sind, sind auch die Fahrtkosten der Handelsrichter in entsprechender Anwendung von Anm. Abs. 1 zu Nr. 9005 KV nicht zu erheben.

VI. Bereitstellung von Räumen (Nr. 1)

Dem Kostenschuldner können ferner die Auslagen für die Bereitstellung von Räumen (zB Miete, Reini-   8
gungskosten und Heizkosten) in Rechnung gestellt werden.[12] Findet der Termin jedoch in einem unentgeltlich überlassenen Raum statt, sind keine Kosten anzusetzen.[13]

VII. Einsatz von Dienstkraftfahrzeugen (Nr. 2)

Bei Geschäften außerhalb der Gerichtsstelle können für den Einsatz von Dienstkraftfahrzeugen für jeden   9
gefahrenen Kilometer 0,30 € in Rechnung gestellt werden. Bei einer einfachen Strecke von 20 km werden also 40 km abgerechnet.[14]

VIII. Weitere praktische Hinweise

1. Verteilung bei verschiedenen Rechtssachen, Vorbem. 9 Abs. 2 KV. Sind Auslagen iSv Nr. 9006 KV durch   10
verschiedene Rechtssachen veranlasst, werden sie nach Vorbem. 9 Abs. 2 KV auf die mehreren Rechtssachen angemessen verteilt. Die Verteilung findet nach dem Wortlaut nur statt, wenn die Auslagen bei der Wahrnehmung **mehrerer Rechtssachen** angefallen sind. Sind auch Justizverwaltungsgeschäfte betroffen, findet die Verteilung nach dem Wortlaut nicht statt. Liegt der Schwerpunkt der Reise auf einer Justizverwaltungssache, erscheint es vertretbar, die Auslagen nicht anzusetzen.[15] Auch eine entsprechende Anwendung von Vorbem. 9 Abs. 2 KV erscheint möglich.[16]

2. Fälligkeit. Die Fälligkeit der Auslagen nach Nr. 9006 KV richtet sich nach § 9 Abs. 2.   11

3. Vorschuss und Vorauszahlungspflicht. Die Vorschuss- und Vorauszahlungspflicht für die Auslagen nach   12
Nr. 9006 KV richtet sich nach § 17.

4. Kostenschuldner. Die Haftung für die Auslagen nach Nr. 9006 KV ergibt sich aus §§ 22 ff. Nach § 33   13
GKG, § 466 StPO haften in **Strafsachen** Mitangeklagte, gegen die in Bezug auf dieselbe Tat auf Strafe erkannt oder eine Maßregel der Besserung und Sicherung angeordnet wird, für die Auslagen als **Gesamtschuldner**. Dies gilt aber nicht für Auslagen iSv Nr. 9006 KV, die durch Untersuchungshandlungen, die ausschließlich gegen einen Mitangeklagten gerichtet waren, entstanden sind (s. die Erl. zu § 33).

---

10 AA *Oestreich/Hellstab/Trenkle*, GKG Nr. 9006 KV Rn 7. **11** *Oestreich/Hellstab/Trenkle*, GKG Nr. 9006 KV Rn 7. **12** *Binz/Dörndorfer/Zimmermann*, Nr. 9006 KV GKG Rn 3; *Meyer*, GKG Nr. 9006 KV Rn 58. **13** *Meyer*, GKG Nr. 9006 KV Rn 58; *Binz/Dörndorfer/Zimmermann*, Nr. 9006 KV GKG Rn 3. **14** *Binz/Dörndorfer/Zimmermann*, Nr. 9006 KV GKG Rn 4. **15** *Oestreich/Hellstab/Trenkle*, GKG Nr. 9006 KV Rn 13. **16** *Meyer*, GKG Nr. 9006 KV Rn 55.

14 **5. Zuständigkeit für den Kostenansatz.** Die Zuständigkeit für den Ansatz der Auslagen nach Nr. 9006 KV richtet sich nach § 19. Funktionell zuständig ist nach den Verwaltungsbestimmungen der Bundesländer regelmäßig der Kostenbeamte des mittleren Dienstes.

Nr.	Auslagentatbestand	Höhe
9007	An Rechtsanwälte zu zahlende Beträge mit Ausnahme der nach § 59 RVG auf die Staatskasse übergegangenen Ansprüche	in voller Höhe

I. Allgemeines

1 Werden aus der Staatskasse Beträge oder Vergütungen an Rechtsanwälte gezahlt, sind diese dem Kostenschuldner als Auslagen der Staatskasse nach Nr. 9007 KV in voller Höhe in Rechnung zu stellen. In diesen Vergütungen enthaltene und aus der Staatskasse gezahlte **Umsatzsteuerbeträge** werden mit angesetzt. Voraussetzung für die Anwendung von Nr. 9007 KV ist, dass es sich um ein von § 1 erfasstes Verfahren handelt. Unter Nr. 9007 KV fallen nur die Beträge, die nicht gem. § 59 RVG auf die Staatskasse übergegangen sind (dazu → Rn 19 ff). § 59 RVG regelt abschließend, unter welchen Voraussetzungen diese auf die Staatskasse übergegangenen Kosten geltend gemacht werden können. § 59 RVG gilt für den Anspruch des im Wege der Prozesskostenhilfe oder nach § 138 FamFG, auch iVm § 270 FamFG beigeordneten oder nach § 67 Abs. 1 S. 2 VwGO bestellten Rechtsanwalts gegen die eigene Partei oder einen ersatzpflichtigen Gegner.

II. Pflichtverteidigervergütung

2 **1. An Rechtsanwälte gezahlte Beträge.** Unter Nr. 9007 KV fällt insb. die in **Straf- oder Bußgeldsachen** an den gerichtlich bestellten Verteidiger (**Pflichtverteidiger**) gem. §§ 45 ff RVG aus der Staatskasse gezahlte **Pflichtverteidigervergütung** (zur Höhe: Teil 4 und 5 VV RVG). Hierunter fällt auch die aus der Staatskasse im Verfahren gem. § 55 RVG gezahlte und zuvor vom OLG festgesetzte **Pauschgebühr** gem. § 51 RVG. Auch insoweit liegt ein aus der Staatskasse an den Rechtsanwalt zu zahlender Betrag vor. Die an den **Pflichtverteidiger** aus der Staatskasse gezahlte Vergütung ist als Auslage der Staatskasse von dem rechtskräftig Verurteilten (§§ 8, 29 Nr. 1) zu erheben.

3 Nicht unter Nr. 9007 KV fällt aber die an den Pflichtverteidiger für die Vertretung des Angeklagten im **Adhäsionsverfahren** (§§ 404 ff StPO) gezahlte Vergütung (Gebühr Nr. 4143 VV RVG zzgl. Auslagen nach Teil 7 VV RVG); s. dazu → Rn 22.

4 Die an den Pflichtverteidiger aus der Staatskasse gezahlte Vergütung (§ 55 RVG) gehört zu den Kosten des Verfahrens iSv § 464 a Abs. 1 StPO (Gebühren und Auslagen der Staatskasse) und nicht zu den notwendigen Auslagen eines Beteiligten gem. § 464 a Abs. 2 StPO.[1] Werden daher zB in einer Einstellungsentscheidung gem. § 154 Abs. 2 StPO die Kosten der Staatskasse auferlegt, von der Auferlegung der entstandenen notwendigen Auslagen zu Lasten der Staatskasse aber abgesehen (§ 467 Abs. 4 StPO), kann die zu den Verfahrenskosten gehörende Pflichtverteidigervergütung nicht über Nr. 9007 KV in Rechnung gestellt werden.

5 **2. Bedeutung der unentgeltlichen Verteidigung nach Art. 6 Abs. 3 Buchst. c EMRK.** Nach Art. 6 Abs. 3 Buchst. c EMRK hat jede angeklagte Person u.a. das Recht, sich durch einen **Verteidiger ihrer Wahl** verteidigen zu lassen oder, falls ihr die Mittel zur Bezahlung fehlen, **unentgeltlich** den Beistand eines Verteidigers zu erhalten, wenn dies im Interesse der Rechtspflege erforderlich ist. Art. 6 Abs. 3 Buchst. c EMRK steht der Geltendmachung der aus der Staatskasse an den Pflichtverteidiger gezahlten Vergütung gegen den Verurteilten in der Kostenrechnung aber nicht entgegen.[2] Das gilt auch dann, wenn der verurteilte Angeklagte mittellos ist.[3] Das ergibt sich schon daraus, dass die in Art. 6 Abs. 3 Buchst. e EMRK geregelte unentgeltliche Unterstützung durch einen Dolmetscher ausdrücklich in die insoweit durch Abs. 4 der Anm. zu Nr. 9005 KV angeordnete Auslagenfreiheit übernommen worden ist.

6 Für die Kosten eines **Pflichtverteidigers** fehlt hingegen eine vergleichbare Regelung. Das beruht nach Rspr des BVerfG[4] jedenfalls auf vertretbaren, keinesfalls willkürlichen Erwägungen (Art. 3 Abs. 1 GG) und ent-

---

[1] Vgl BVerfG NJW 2003, 196 = NStZ 2003, 319; LG Koblenz NStZ-RR 1999, 128. [2] BVerfG 4.1.1990 – 2 BvR 1720/89, juris; OLG Koblenz AnwBl 1999, 239; OLG Koblenz MDR 1986, 779; OLG Zweibrücken NJW 1991, 309 = NStZ 1990, 51; OLG Oldenburg JurBüro 1982, 742; OLG Düsseldorf Rpfleger 1984, 115; OLG Hamm 10.1.1983 – 1 Ws 1/83, juris; OLG Bamberg JurBüro 1987, 254; vgl hierzu auch BVerfG NJW 2003, 196 = NStZ 2003, 319. [3] Vgl BVerfG NJW 2003, 196 = NStZ 2003, 319; OLG Hamm NStZ-RR 2000, 160 = AGS 2000, 70; OLG Köln JurBüro 1991, 855 = MDR 1992, 72; OLG Bamberg JurBüro 1986, 1057; OLG Oldenburg JurBüro 1982, 742; aA OLG Düsseldorf StV 1986, 204 = NStZ 1985, 370; OLG Düsseldorf NStZ 1982, 339. [4] BVerfG NJW 2003, 196 = NStZ 2003, 319.

                        NK-GK/*Volpert*

spricht der Rspr des Europäischen Gerichtshofs für Menschenrechte, nach der lediglich in den Fällen einer Beiordnung von Dolmetschern eine dauerhafte Freistellung von den entstandenen Kosten erforderlich ist. Nach der Rspr des Europäischen Gerichtshofs für Menschenrechte verstößt es nicht gegen Art. 6 Abs. 3 Buchst. c EMRK, wenn von dem Verurteilten die Pflichtverteidigerkosten verlangt werden. Die Tatsache, dass nach deutschem Recht ein Angeklagter, der verurteilt werde, prinzipiell immer gehalten sei, Gebühren und Auslagen seiner Pflichtverteidiger zu bezahlen und erst in dem Vollstreckungsverfahren seine finanzielle Situation eine Rolle spiele, beeinträchtige die Fairness des Verfahrens nicht.[5]

Es besteht auch kein Gebot zur Gleichbehandlung der beiden Unterfälle des Art. 6 Abs. 3 EMRK (Pflicht- **7** verteidiger und Dolmetscher), da sie nicht Gleiches regeln.[6] Bei der Beurteilung der Frage der Unentgeltlichkeit der Dolmetscherkosten steht der Schutz des der deutschen Sprache nicht mächtigen Angeklagten im Vordergrund. Er soll keine Benachteiligung gegenüber der deutschen Sprache mächtigen Angeklagten erfahren, mithin auch nicht mit Kosten belastet werden, die Letztere wegen ihrer Sprachfähigkeit nicht treffen können. Im Falle der Pflichtverteidigung entstehen Kosten hingegen für beide Gruppen, dh für Mittellose und mit Mitteln versehene Angeklagte. Beide sollen im Falle ihrer Verurteilung für die aufgewendeten Kosten haften, soweit sie dazu wirtschaftlich in der Lage sind. Wird oder ist der Verurteilte während der Vollstreckung mittellos, bietet das Kostenrecht andere Möglichkeiten zur Berücksichtigung der wirtschaftlichen Schwierigkeiten.[7]

Art. 6 Abs. 3 Buchst. c EMRK regelt damit für die Kosten eines Verteidigers nur eine vorübergehende Kos- **8** tenentlastung, die so lange dauert, bis das Verfahren beendet ist. Auch bei Mittellosigkeit besteht kein Anspruch auf endgültige Freistellung von den Pflichtverteidigerkosten.[8]

3. Dolmetscher- oder Übersetzerkosten des Pflichtverteidigers. Sind dem Pflichtverteidiger die durch die **9** Zuziehung eines Dolmetschers für Gespräche mit dem Mandanten entstandenen Dolmetscherkosten oder in diesem Zusammenhang entstandene Übersetzerkosten von der Staatskasse erstattet worden,[9] dürfen die in der Pflichtverteidigervergütung als Auslagen (vgl § 46 RVG, Vorbem. 7 Abs. 1 VV RVG) enthaltenen Dolmetscherkosten vom Verurteilten nicht nach Nr. 9007 KV angefordert werden. Der Verurteilte trägt zwar nach § 465 StPO die Kosten des Verfahrens. Es muss aber gewährleistet werden, dass der Beschuldigte mit **Dolmetscherkosten** für Gespräche mit seinem Verteidiger nicht belastet wird, weil er von diesen Kosten **befreit** ist (vgl Art. 6 Abs. 3 Buchst. e EMRK). Auch aus Nr. 9005 Nr. 4 KV folgt, dass die Staatskasse diese Dolmetscherkosten tragen muss (→ Nr. 9005 KV Rn 26 ff).[10] Aus dem Gesamtbetrag der vom Verurteilten nach Nr. 9007 KV geschuldeten Pflichtverteidigerkosten müssen die **Dolmetscherkosten bzw Übersetzerkosten herausgenommen** bzw herausgerechnet werden.[11]

4. Aktenversendungspauschale des Pflichtverteidigers, Nr. 9003 KV. Der **Pflichtverteidiger** ist in Straf- und **10** Bußgeldsachen gem. § 28 Abs. 2 **alleiniger Kostenschuldner** der nach Nr. 9003 KV zu erhebenden Aktenversendungspauschale (dazu auch → § 28 Rn 22 ff).[12] Die Kostenhaftung nach § 28 Abs. 2 ist eine ausschließliche Haftung (dazu → § 28 Rn 21).[13] Eine Haftung aus § 29 Nr. 1 (Kostenauferlegung) durch den Verurteilten ist daneben nicht möglich.[14] Aus dem Auslagentatbestand in Nr. 9007 KV folgt nichts anderes. Denn die Auslagenerhebung nach diesem Tatbestand setzt einen Kostenschuldner voraus, der für die als gerichtliche Auslage nach Nr. 9003 KV zu erhebende Aktenversendungspauschale nur in § 28 Abs. 2 bestehen kann (ausschließliche Haftung). Der Verurteilte kann deshalb für die von seinem Rechtsanwalt geschuldete Aktenversendungspauschale nicht nach § 29 Nr. 1 von der Staatskasse als Entscheidungsschuldner in Anspruch genommen werden. Wird dem Pflichtverteidiger die vorher von ihm verauslagte Aktenversendungspauschale gem. § 46 RVG aus der Staatskasse erstattet, muss im Rahmen des Gerichtskostenansatzes gegen den Verurteilten sichergestellt werden, dass die Pauschale zuvor aus der in die Kostenrechnung nach Nr. 9007 KV einzustellenden Vergütung herausgerechnet wird.

Weil der Pflichtverteidiger gem. §§ 45, 46 RVG gegen die Staatskasse Anspruch auf Erstattung der von ihm **11** zuvor an die Staatskasse gezahlten Aktenversendungspauschale aus der Staatskasse hat, ist es sinnvoll, dem Pflichtverteidiger die Aktenversendungspauschale erst gar nicht in Rechnung zu stellen. Hierdurch wird un-

---

5 EGMR 25.9.1992 – 62/1991/314/385, juris. **6** BVerfG NJW 2003, 196 = NStZ 2003, 319. **7** BVerfG NJW 2003, 196 = NStZ 2003, 319. **8** OLG Köln JurBüro 1991, 855 = Rpfleger 1991, 336; OLG Stuttgart 25.4.1984 – 4 Ws 96/84, juris; OLG München NJW 1981, 534 = Rpfleger 1981, 125 = JurBüro 1981, 238; aA OLG Düsseldorf StV 1986, 204 = NStZ 1985, 370; OLG Düsseldorf NStZ 1982, 339. **9** S. dazu Burhoff/*Volpert*, RVG Straf- und Bußgeldsachen, Teil A: Auslagen aus der Staatskasse [§ 46 Abs. 1 und 2], Rn 299 ff. **10** OLG Karlsruhe StraFo 2009, 527; OLG München StraFo 2008, 88; s. dazu auch Burhoff/*Volpert*, RVG Straf- und Bußgeldsachen, Teil A: Dolmetscherkosten, Rn 426 ff. **11** OLG München NJW 1982, 2739 = MDR 1982, 956 = Rpfleger 1982, 397; OLG Düsseldorf MDR 1981, 74. **12** BGH NJW 2011, 3041 = AGS 2011, 262 = RVGreport 2011, 215; OLG Bamberg StraFo 2009, 350 = StRR 2009, 243 = VRR 2009, 243 = AGS 2009, 320; OLG Düsseldorf BRAGOreport 2002, 79 = JurBüro 2002, 307 = AGS 2002, 61; OLG Koblenz MDR 1997, 202; LG Koblenz StraFo 2001, 147; AG Mainz NStZ-RR 1999, 128. **13** BGH NJW 2011, 3041 = AGS 2011, 262 = RVGreport 2011, 215. **14** Vgl BGH AGS 2011, 262 = Rpfleger 2011, 563; VG Regensburg RVGreport 2015, 198.

nötiger Bearbeitungsaufwand vermieden. Außerdem besteht dann auch nicht die Gefahr, dass die in der späteren Pflichtverteidigervergütung enthaltene Pauschale dem Verurteilten gem. Nr. 9007 KV in Rechnung gestellt wird.

12   5. „Aufgedrängte" Pflichtverteidigerbestellung. Der Verurteilte darf zwar grds. nicht mit Pflichtverteidigerkosten belastet werden, die durch **verspätete Entpflichtung** des Pflichtverteidigers, zB aufgrund der Bestellung eines Wahlverteidigers, entstanden sind.[15] Der Kostenbeamte kann diese Kosten aber grds. nicht von sich aus, sondern nur aufgrund einer gerichtlichen Entscheidung nach § 21 (**unrichtige Sachbehandlung**), die auch im Rahmen der Erinnerung nach § 66 gerügt werden kann (→ § 66 Rn 16), außer Ansatz lassen.[16] Allerdings können die Kosten nach § 21 wegen unrichtiger Sachbehandlung[17] nur dann niedergeschlagen werden, wenn Gesichtspunkte der Verfahrenssicherung oder sonstige Gründe für die Beibehaltung der Bestellung keine Rolle gespielt haben.[18] Daher können auf den Verurteilten auch die Kosten zukommen, die durch zusätzliche Bestellung eines Pflichtverteidigers trotz eines bereits vorhandenen Wahlverteidigers (§ 145 Abs. 1 S. 1 StPO)[19] oder durch Bestellung von **mehreren Pflichtverteidigern** angefallen sind.[20]

13   Ob die durch die Bestellung eines **zweiten Pflichtverteidigers** angefallenen Kosten dem Verurteilten in Rechnung zu stellen sind, kann der Kostenbeamte im Rahmen des Kostenansatzes entscheiden. Hier ist auch zu prüfen, ob § 21 (unrichtige Sachbehandlung = gerichtliche Entscheidung) in Betracht kommt.[21] Ist dem Angeklagten neben dem Wahlverteidiger ein Pflichtverteidiger nur wegen der Vielzahl der ihm zur Last gelegten Straftaten, derentwegen aber letztlich (Teilfreispruch) Freispruch erfolgt ist, bestellt worden und hätten die Taten, die zur Verurteilung geführt haben, die Bestellung des Pflichtverteidigers neben dem Wahlverteidiger nicht gerechtfertigt, so dürfen die Pflichtverteidigerkosten nicht in Ansatz gebracht werden.[22]

14   6. Pflichtverteidiger in der Strafvollstreckung. Kosten einer Vollstreckung der Rechtsfolge der Tat sind Verfahrenskosten iSv § 464 a Abs. 1 S. 2 StPO und werden deshalb von der Kostenentscheidung des Strafverfahrens (§§ 464, 465 StPO) erfasst. Der Verurteilte muss daher auch für diese Kosten aufkommen, weil sie Folge seines delinquenten Verhaltens sind.[23] Der Verurteilte trägt somit nach § 464 a Abs. 1 S. 2 StPO die Kosten der Vollstreckung einer Strafe oder einer Maßregel der Besserung und Sicherung. Das ist verfassungsrechtlich nicht zu beanstanden.[24] Sind die Kosten der Vollstreckung in einem sich nach der StPO oder dem JGG richtenden Verfahren vor einem ordentlichen Gericht (zB vor der Strafvollstreckungskammer) angefallen, gilt gem. § 1 Abs. 1 S. 1 Nr. 5 bzw 6 insoweit das GKG. Daher sind zB die in einem **Überprüfungsverfahren** nach § 67 e StGB entstandenen Pflichtverteidigerkosten als Kosten der Vollstreckung iSv § 464 a Abs. 1 S. 2 StPO vom Verurteilten zu tragen.[25]

III. Sonst gerichtlich bestellte oder beigeordnete Rechtsanwälte

15   1. Voraussetzungen. Nach Nr. 9007 KV schuldet der Kostenschuldner der Staatskasse die an Rechtsanwälte zu zahlenden Beträge mit Ausnahme der nach § 59 RVG auf die Staatskasse übergegangenen Ansprüche. Da nach § 59 RVG ein Anspruchsübergang auf die Staatskasse nur stattfindet, wenn ein Rechtsanwalt im Wege der **Prozess- oder Verfahrenskostenhilfe** beigeordnet oder nach § 67 a Abs. 1 S. 2 VwGO bestellt worden ist, gehören die aus der Staatskasse an sonst beigeordnete oder bestellte Rechtsanwälte gezahlten Beträge zu den nach Nr. 9007 KV in der Gerichtskostenrechnung anzusetzenden Beträgen. Die an einen **vorläufigen Insolvenzverwalter** zu zahlende Vergütung fällt nicht unter Nr. 9007 KV.[26]

16   2. Beistand des Nebenklägers. Die Vergütung, die an den dem **Nebenkläger** gem. §§ 397 a Abs. 1, 406 g StPO bestellten **Beistand** aus der Staatskasse gezahlt worden ist (§ 45 RVG), fällt damit unter Nr. 9007 KV.[27] Ist der gem. § 397 a Abs. 1 StPO bestellte Beistand aufgrund einer **unwirksamen Anschlusserklärung** des Nebenklägers bestellt worden, trägt der Verurteilte die aus der Staatskasse an den Beistand gezahlte Vergütung nicht, wenn diese Kosten gem. § 21 wegen **unrichtiger Sachbehandlung** niedergeschlagen werden.[28]

15 OLG Düsseldorf JurBüro 1996, 655. **16** OLG Zweibrücken NJW 1991, 309 = NStZ 1990, 51; OLG Bamberg JurBüro 1988, 199; OLG Düsseldorf MDR 1984, 166 = JurBüro 1983, 1536; OLG Düsseldorf 22.2.1978 – V-9/77 (10), AnwBl 1978, 358. **17** Vgl hierzu BGH 6.6.1994 – 5 StR 180/94, juris (zu den Kosten eines zweiten Pflichtverteidigers). **18** OLG Düsseldorf JurBüro 1996, 654. **19** BVerfG NJW 1984, 2403 = NStZ 1984, 561; OLG Zweibrücken NJW 1991, 309 = NStZ 1990, 51; OLG Hamm 16.1.1990 – 1 Ws 394/89, juris; OLG Düsseldorf MDR 1984, 166 = JurBüro 1983, 1536. **20** LG Göttingen Rpfleger 1993, 82 = JurBüro 1993, 483. **21** BGH 6.6.1994 – 5 StR 180/94, juris. **22** OLG Düsseldorf JurBüro 1985, 733 = StV 1985, 142 = MDR 1985, 518. **23** OLG Frankfurt a. M. NStZ-RR 2010, 359 = NStZ 2010, 719; OLG Köln StV 2005, 279; OLG Karlsruhe Rpfleger 2003, 616 = NStZ-RR 2003, 350; OLG Nürnberg NStZ-RR 1999, 190 = ZfStrVo 1999, 241. **24** BVerfG JR 2006, 480 = RuP 2007, 42. **25** LG Koblenz NStZ-RR 1999, 128. **26** OLG Celle ZInsO 2000, 223 = MDR 2000, 1031 = Rpfleger 2000, 348. **27** Vgl auch KG JurBüro 2009, 656; LG Meiningen 11.1.2013 – 2 Qs 2/13, juris. **28** KG JurBüro 2009, 656.

Für den bereits vor Erhebung der Anklage dem **Nebenkläger einstweilen bestellten Beistand gem.** § 406 g 17
Abs. 4 StPO gilt das aber nur, wenn dem Nebenkläger später keine PKH bewilligt wird. Erfolgt später Beiordnung im Rahmen der PKH, gilt für die Einziehung der Vergütung vom Kostenschuldner § 59 RVG.[29]

3. Zeugenbeistand. Unter Nr. 9007 KV fällt auch die an den gem. § 68 b Abs. 2 StPO beigeordneten Zeu- 18
genbeistand aus der Staatskasse gezahlte Vergütung. Diese Vergütung gehört zu den Verfahrenskosten iSv
§ 464 a Abs. 1 StPO.[30]

IV. Übergangsansprüche gem. § 59 RVG

1. Beiordnung im Wege der Prozesskostenhilfe/Bestellung gem. § 67 a Abs. 1 S. 2 VwGO. Über Nr. 9007 19
KV dürfen auf die Staatskasse gem. § 59 RVG übergegangene Ansprüche nicht eingezogen werden. Nach
§ 59 RVG findet ein Anspruchsübergang auf die Staatskasse statt, wenn ein Rechtsanwalt im Wege der
Prozess- oder Verfahrenskostenhilfe beigeordnet (zB § 121 ZPO, §§ 379 Abs. 3, 397 a Abs. 2, 406 g Abs. 3
StPO, § 166 VwGO, § 11 a Abs. 3 ArbGG, § 73 a SGG, § 142 FGO) oder nach **§ 67 a Abs. 1 S. 2 VwGO**
bestellt worden ist. In **Strafsachen** erfolgt die Einziehung der Vergütung, die an den im Wege der **PKH** beigeordneten **Nebenkläger**-Vertreter (§§ 379 Abs. 3, 397 a Abs. 2 StPO) oder Vertreter des **Privatklägers**
(§ 406 g Abs. 3 StPO) aus der Staatskasse gezahlt worden ist, deshalb nicht nach Nr. 9007 KV, sondern
nach § 59 RVG. Aus der Staatskasse gem. §§ 45 ff RVG gezahlte PKH-Vergütungen fallen nicht unter die
nach Nr. 9007 KV einzuziehenden Auslagen.[31]

2. Einziehung von der PKH-Partei. § 59 RVG regelt den **gesetzlichen Übergang** von Ansprüchen auf die 20
Staatskasse, soweit die Staatskasse an im Wege der PKH beigeordnete Rechtsanwälte gem. §§ 45, 55 RVG
Vergütungen gezahlt hat und diesen Rechtsanwälten wegen ihrer Vergütung ein Anspruch gegen die PKH-
Partei oder einen ersatzpflichtigen Gegner zusteht. Gegen die von dem im Wege der PKH beigeordneten
Rechtsanwalt vertretene Partei/Beteiligten kann die PKH-Vergütung von der Staatskasse gem. § 122 Abs. 1
Nr. 1 Buchst. b ZPO (zB iVm §§ 379 Abs. 3, 397 a Abs. 2, 406 g Abs. 3 StPO, § 166 VwGO, § 11 a Abs. 3
ArbGG, § 73 a SGG, § 142 FGO), nur nach den Bestimmungen, die das Gericht trifft, geltend gemacht werden. Ist dem Kostenschuldner **PKH ohne Zahlungsbestimmung** bewilligt, kann die an den beigeordneten
Rechtsanwalt aus der Staatskasse gezahlte Vergütung nicht zurückgefordert werden. Eine Geltendmachung
ist nur möglich, wenn die PKH gem. § 124 ZPO **aufgehoben** worden ist. Ist **PKH mit Zahlungsbestimmungen** bewilligt worden, kann der übergegangene Anspruch von der Staatskasse im Umfang der festgesetzten
Zahlungen eingezogen werden.

3. Einziehung vom Gegner der PKH-Partei. Von dem Gegner der PKH-Partei/des PKH-Beteiligten kann die 21
PKH-Vergütung nur gefordert werden, wenn sich gem. § 59 RVG ein **Übergangsanspruch** zugunsten der
Staatskasse ergibt. Ob zugunsten der Staatskasse ein Übergangsanspruch besteht, ist im **Kostenfestsetzungs-
verfahren** (§§ 103 ff ZPO) bzw bei Quotelung der Kosten im Kostausgleichungsverfahren (§ 106 ZPO) festzustellen. Werden von den Parteien bzw Beteiligten keine Kostenfestsetzungs- bzw Kostenausgleichungsanträge gestellt, ist nach Nr. 2.4.1 der bundeseinheitlich geltenden Bestimmungen für die Festsetzung der Vergütung der beigeordneten oder bestellten Rechtsanwältinnen und Rechtsanwälte[32] der Übergangsanspruch
gem. § 59 RVG vom Urkundsbeamten nach Aktenlage zu berechnen.

4. Adhäsionsverfahren in Strafsachen, §§ 404 ff StPO. Vergütungen, die aus der Staatskasse für die Vertre- 22
tung im **Adhäsionsverfahren** (§§ 404 ff StPO) an den Rechtsanwalt des Verletzten (ggf Nebenkläger) oder
den des Angeklagten (Pflichtverteidiger) zu zahlen sind (Gebühr Nr. 4143–4145 VV RVG zzgl Auslagen
nach Teil 7 VV RVG), werden vom Kostenschuldner **nicht nach Nr. 9007 KV** eingezogen. Denn nach § 404
Abs. 5 StPO ist für das Adhäsionsverfahren **Prozesskostenhilfe** zu bewilligen und ein Rechtsanwalt beizuordnen; dem Angeklagten soll sein Verteidiger beigeordnet werden. Die Pflichtverteidigerbestellung erstreckt sich nach hM nicht auf das Adhäsionsverfahren, sondern wegen des klaren Wortlauts von § 404
Abs. 5 StPO muss insoweit nach entsprechender Antragstellung durch den Pflichtverteidiger eine gesonder-

29 Vgl dazu *Oestreich/Hellstab/Trenkle*, Nr. 9007 KV GKG Rn 6; vgl auch *Lappe*, Rpfleger 2003, 166 zur Frage, ob bei einer Verfahrenseinstellung und Belastung des Beschuldigten mit den notwendigen Auslagen des Nebenklägers die Staatskasse die von ihr gezahlten ermäßigten Gebühren des Beistands des Nebenklägers vom Beschuldigten ersetzt verlangen kann. **30** OLG Düsseldorf 6.11.2009 – III-1 Ws 562/09, JurionRS 2009, 36147; OLG Düsseldorf 29.5.2013 – III-1 Ws 42/13, nv. **31** *Hartmann*, KostG, Nr. 9007 KV GKG Rn 3. **32** In NRW: AV d. JM v. 30.6.2005 (5650 - Z. 20) - JMBl. NRW S. 181 - idF v. 13.8.2009.

te Bewilligung von PKH nebst Beiordnung des Verteidigers erfolgen.[33] Die Festsetzung und Erstattung einer Vergütung für das Adhäsionsverfahren beruht damit auf einer Beiordnung im Wege der PKH. Wegen Beiordnung im Wege der PKH an Rechtsanwälte ausgezahlte Beträge werden nicht über Nr. 9007 KV, sondern ggf nach § 59 RVG vom Kostenschuldner eingezogen.

23   **5. Keine Gerichtskosten.** Der Übergangsanspruch wird gem. § 59 Abs. 2 S. 1 RVG zwar wie ein Gerichtskostenanspruch eingezogen. Die PKH-Vergütung gehört durch den Anspruchsübergang auf die Staatskasse aber nicht zu den Gerichtskosten iSv § 19 und ist deshalb in der Gerichtskostenrechnung gesondert aufzuführen.[34]

24   **6. Gesetzlicher Forderungsübergang. Erst nach** der **Zahlung** der Vergütung aus der Staatskasse an den beigeordneten Rechtsanwalt (§ 55 RVG) geht der gegen die Partei oder der gegen den erstattungspflichtigen Gegner bestehende Vergütungsanspruch auf die Staatskasse über. Der Anspruchsübergang tritt daher **nicht bereits mit** der **Festsetzung** (§ 55 RVG) der aus der Staatskasse zu erstattenden Vergütung ein.[35] Der Forderungsübergang tritt nur hinsichtlich der PKH-Vergütung (Tabelle zu § 49 RVG), nicht auch hinsichtlich der Differenz zur Wahlanwaltsvergütung (Tabelle zu § 13 RVG) ein.

25   **7. Erstattungsanspruch des Rechtsanwalts gegen den Gegner der PKH-Partei.** Der im Wege der PKH beigeordnete Rechtsanwalt ist nach § 126 Abs. 1 ZPO berechtigt, seine **Vergütung im eigenen Namen** von dem in die Verfahrenskosten verurteilten **Gegner** seiner Partei beizutreiben. Der beigeordnete Rechtsanwalt kann das Kostenfestsetzungsverfahren daher im eigenen Namen gegen den unterlegenen Gegner seiner PKH-Partei betreiben. Werden in einer Strafsache die dem **Privat- oder dem Nebenkläger** erwachsenen notwendigen Auslagen gem. der §§ 471, 472 StPO rechtskräftig dem Beschuldigten/Angeklagten auferlegt, kann der dem Privat- oder Nebenkläger im Wege der PKH beigeordnete Rechtsanwalt entsprechend der §§ 379 Abs. 3, 397a Abs. 2 StPO und § 126 ZPO seine Wahlanwaltsgebühren und Auslagen im eigenen Namen unmittelbar gegen den Verurteilten im Kostenfestsetzungsverfahren gem. § 464b StPO geltend machen.[36] Das gilt auch für den gem. § 397a Abs. 1 StPO dem Nebenkläger als Beistand bestellten Rechtsanwalt.[37]

V. Psychosozialer Prozessbegleiter

26   Die gem. § 6 PsychPbG an einen beigeordneten psychosozialen Prozessbegleiter für die Wahrnehmung seiner Aufgaben **aus der Staatskasse** gezahlte Vergütung fällt nicht unter Nr. 9007 KV (s. insoweit → Nr. 3150–3152 KV Rn 20 ff). Zur Vergütung s. den Beitrag „30. Vergütung des psychosozialen Prozessbegleiters" in diesem Kommentar.

VI. Weitere praktische Hinweise

27   **1. Fälligkeit.** An Rechtsanwälte in Straf- und Bußgeldsachen gezahlte und gem. Nr. 9007 KV einzuziehende Beträge werden gem. § 8 erst mit Rechtskraft fällig.

28   **2. Vorauszahlungspflicht.** Es besteht gem. § 17 Abs. 4 keine Vorauszahlungspflicht für die von Nr. 9007 KV erfassten Auslagen.

29   **3. Kostenschuldner.** Die Haftung für die Auslagen nach Nr. 9007 KV ergibt sich aus §§ 22 ff. In Straf- und Bußgeldsachen schuldet die Auslagen nach Nr. 9007 KV gem. § 29 Nr. 1 der Verurteilte (§§ 465 ff StPO). Gemäß § 33 GKG und § 466 StPO haften in **Strafsachen** Mitverurteilte, gegen die in Bezug auf dieselbe Tat auf Strafe erkannt oder eine Maßregel der Besserung und Sicherung angeordnet wird, für die Auslagen grds. als **Gesamtschuldner.** Dies gilt allerdings nicht für die durch die Tätigkeit eines bestellten Verteidigers **(Pflichtverteidiger)** entstandenen und nach Nr. 9007 KV einzuziehenden Kosten. Insoweit schuldet jeder Verurteilte die Kosten seines Pflichtverteidigers. Auf die Erl. zu § 33 GKG wird verwiesen.

33 Vgl BGH StraFo 2001, 306; OLG Düsseldorf 11.4.2012 – III-1 Ws 84/12, NJW-Spezial 2012, 508 = StRR 2012, 283 (Ls.); KG RVGreport 2011, 142; OLG Oldenburg 22.4.2010 – 1 Ws 178/10, www.burhoff.de; OLG Hamburg 17.6.2010 – 2 Ws 237/09, JurionRS 2010, 22379; OLG Hamburg NStZ 2010, 652 = StRR 2010, 243; OLG Bamberg NStZ-RR 2009, 114; OLG Brandenburg AGS 2009, 69; OLG Jena Rpfleger 2008, 529 = RVGreport 2008, 395; OLG Celle NStZ-RR 2008, 190 = RVGreport 2008, 102; OLG Stuttgart NStZ-RR 2009, 264; OLG Zweibrücken RVGreport 2006, 429 = JurBüro 2006, 643; OLG München StV 2004, 38; OLG Saarbrücken StV 2000, 433; aA OLG Rostock 15.6.2011 – I Ws 166/11, juris; OLG Dresden AGS 2007, 404; OLG Hamburg wistra 2006, 37 = NStZ-RR 2006, 347; OLG Köln RVGreport 2005, 316 = AGS 2005, 436; OLG Hamm StraFo 2001, 361 = JurBüro 2001, 531; LG Görlitz AGS 2006, 502; LG Berlin StraFo 2004, 400. **34** OLG Düsseldorf 17.2.2011 – II-10 WF 32/10, JurionRS 2011, 15686. **35** BGH JurBüro 1999, 92 = Rpfleger 1998, 477. **36** OLG StRR 2007, 11; OLG Hamburg AnwBl 1975, 404 = Rpfleger 1975, 320; LG Itzehoe AGS 2008, 233 = NJW-Spezial 2008, 221. **37** OLG Hamm StRR 2012, 438 = RVGreport 2013, 71.

Zur Anforderung der Auslagen nach Nr. 9007 KV beim **Teilfreispruch** in **Strafsachen** oder im Falle der Verurteilung von Erwachsenen und Jugendlichen (§ 74 JGG) in demselben Strafverfahren s. die entspr. Erl. zu § 29 Nr. 1.   30

4. Zuständigkeit für den Kostenansatz. Die Zuständigkeit für den Ansatz der Auslagen nach Nr. 9007 KV   31
richtet sich nach § 19 Abs. 2. Funktionell zuständig ist nach den Verwaltungsbestimmungen der Bundesländer regelmäßig der Kostenbeamte des mittleren Dienstes.

Nr.	Auslagentatbestand	Höhe
9008	Auslagen für 1. die Beförderung von Personen .... 2. Zahlungen an mittellose Personen für die Reise zum Ort einer Verhandlung, Vernehmung oder Untersuchung und für die Rückreise	in voller Höhe bis zur Höhe der nach dem JVEG an Zeugen zu zahlenden Beträge

I. Allgemeines

Nach Nr. 9008 KV hat der Kostenschuldner Auslagen für   1

- die Beförderung von Personen in voller Höhe (**Nr. 1**) und
- Zahlungen an mittellose Personen für die Reise zum Ort einer Verhandlung oder Anhörung und für die Rückreise bis zur Höhe der nach dem JVEG an Zeugen zu zahlenden Beträge (**Nr. 2**) zu übernehmen.

Sofern Auslagen der in Nr. 9008 KV bezeichneten Art in einem gerichtlichen Verfahren einer deutschen Behörde, einer öffentlichen Einrichtung oder Bediensteten entstanden sind, werden diese iVm Nr. 9013 KV als   2
Auslagen eingezogen. Sind Auslagen nach Nr. 9008 KV im **strafrechtlichen Ermittlungsverfahren** oder in dem dem gerichtlichen Bußgeldverfahren vorausgegangenen **Verfahren vor der Bußgeldbehörde** angefallen, werden diese nach Nr. 9015 bzw 9016 KV gegen den Kostenschuldner angesetzt.[1] In **Familiensachen** gilt Nr. 2007 KV FamGKG, in Angelegenheiten der **freiwilligen Gerichtsbarkeit** Nr. 31008 KV GNotKG.

II. Auslagen für die Beförderung von Personen (Nr. 1)

1. Höhe. Die Kosten für die Beförderung von Personen werden nach Nr. 1 **in voller Höhe** vom Kosten-   3
schuldner erhoben. Maßgebend sind deshalb die Beträge, die der Justiz (von Dritten) in Rechnung gestellt werden.[2] Zu den Kosten gehören die Betriebskosten des Kfz, die Reisekosten des Fahrers sowie etwaiger erforderlicher Begleitpersonen sowie Kosten der Unterbringung des Kfz (Parkgebühren).[3]

Im Falle einer **vorläufigen Festnahme** durch die Polizei und **anschließendem Transport des Festgenommenen**   4
trägt die Kosten die Polizei. Das gilt jedenfalls dann, wenn zwischen Polizei und Justiz eine Vereinbarung getroffen worden ist, wonach Polizei und Justiz gegenseitig auf Erstattung von Auslagen verzichten. Nach der in NRW bestehenden Regelung umfasst der Erstattungsverzicht auf Seiten der Polizei Auslagen aller Art, die ihr bis zur Eröffnung des Hauptverfahrens (§ 203 StPO) entstehen, unabhängig davon, ob die zugrunde liegenden Maßnahmen von ihr oder einer Staatsanwaltschaft oder einem Richter als Notstaatsanwalt (§ 165 StPO) veranlasst worden sind.[4] Diese Auslagen der Polizeibehörden und Polizeieinrichtungen sind entweder in den Akten der Strafverfahren zu vermerken oder zu diesen mitzuteilen. Sie sind von dem Verurteilten mit den Gerichtskosten einzuziehen, soweit dies nach den hierfür geltenden Bestimmungen zulässig ist, und im Justizhaushalt endgültig zu vereinnahmen. Die Einziehung der von der Polizei verauslagten und mitgeteilten Transportkosten aus dem Ermittlungsverfahren vom Kostenschuldner erfolgt dann nach Nr. 9015 KV iVm Nr. 9008 KV.

Die Höhe von Beförderungskosten kann sich beim Transport von **Gefangenen** aus der **Gefangenentrans-**   5
portvorschrift (GTV)[5] als bundeseinheitlich gefasste Verwaltungsvorschrift der Länder ergeben.[6] Dabei ist

---

1 Vgl VG Halle 22.9.2015 – 1 A 318/14, juris. **2** Vgl VG Halle 22.9.2015 – 1 A 318/14, juris. **3** *Oestreich/Hellstab/Trenkle*, GKG Nr. 9008 KV Rn 2. **4** Auslagenerstattung zwischen Justiz und Polizei in Strafsachen, Gem. RdErl. d. JM (4231 - Z. 5) u. d. IM (IV B 2 - 5018) v. 28.1.2000 - JMBl. NRW S. 166 - idF v. 9.7.2004. **5** GTV, vgl in NRW: AV d. JM v. 6.3.2002 idF v. 5.10.2007 (4460 - IV B. 19) sowie RV d. JM v. 25.5.2005 idF v. 19.10.2005 (5605 - Z. 31). **6** *Oestreich/Hellstab/Trenkle*, GKG Nr. 9008 KV Rn 2.

allerdings zunächst zu beachten, dass jede Transportbehörde nach Ziff. 14 Abs. 1 S. 1 GTV die ihr entstandenen Transportkosten selbst trägt und eine Erstattung durch die Auftragsstelle nicht stattfindet. Nur Einzeltransporte, die für eine Auftragsstelle eines anderen Bundeslandes durchgeführt werden, sowie Einzeltransporte im persönlichen Interesse Gefangener lösen Transportkosten nach der GTV aus, die im Falle der Zahlung zum Ansatz nach Nr. 9008 KV führen.

6   Die GTV gilt allerdings nur für die Beförderung von Gefangenen, hinsichtlich derer bereits ein vollzugliches Gewahrsamsverhältnis begründet worden ist. Gefangene, die einem solchen Gewahrsamsverhältnis erst zugeführt werden müssen, werden von der GTV nicht erfasst.[7] Wird ein im Rahmen einer Straftat verletzter Beschuldigter daher zunächst im Rahmen eines Rettungstransports in ein Krankenhaus gefahren und anschließend aufgrund der erlittenen Verletzungen mit einem Hubschrauber in ein Justizvollzugskrankenhaus verlegt, liegt noch kein Gewahrsam einer Justizvollzugseinrichtung vor und sind die Kosten der Beförderung nach Nr. 9008 KV in voller Höhe und nicht begrenzt auf die Sätze der GTV zu erheben.[8] Entsprechendes gilt, wenn eine Festnahme aufgrund eines Haftbefehls erfolgt und der Beschuldigte in ein Justizvollzugskrankenhaus gebracht wird.[9]

7   Ist die GTV danach grds. anwendbar, gilt sie allerdings nicht für Ausführungen, für Überstellungen am selben Ort, für Transporte zwischen Teilen einer Justizvollzugseinrichtung oder für Fahrten zu Arbeitsstellen (Ziff. 1 GTV). Auf Transporte zum Zwecke einer Vorführung ist die GTV nur anzuwenden, wenn ein Vorführungsbefehl nach § 457 StPO erlassen ist. Der Kostenschuldner kann sich nicht darauf berufen, dass er zur Zahlung der Beförderungs- oder Transportkosten nicht verpflichtet ist, weil Ziff. 14 GTV eine vorrangige Kostentragungspflicht der Transportbehörde (Justizvollzugseinrichtung) vorsieht. Denn Ziff. 14 GTV regelt nur den Ersatz von Transportkosten zwischen der Transportbehörde und der Auftragsstelle. Die gesetzliche Regelung in § 464 a Abs. 1 StPO ist damit vorrangig.[10] Die GTV kann aber Anhaltspunkte für die Höhe der anzusetzenden Transportkosten liefern:[11]

- Nr. 14 Abs. 4 GTV **Sammeltransport**: pauschal 0,30 € pro Transportkilometer;
- Nr. 14 Abs. 5 GTV **Einzeltransport**: Fahrzeugkosten, anteilige Personalkosten für Fahrer und Begleiter, deren Reisekostenvergütungen und sonstige bare Aufwendungen.

8   **2. Auslagenpflichtige Beförderungen.** Zu den auslagepflichtigen Beförderungen gehören zB die Kosten der Vorführung einer Partei, eines Beschuldigten oder eines Zeugen zu einem gerichtlichen Termin.[12] Erfasst sind auch die Kosten für den Transport eines Strafgefangenen zu einem Termin, der nicht im Zusammenhang steht mit dem Verfahren, in dem die Freiheitsstrafe verhängt oder die Untersuchungshaft angeordnet ist (→ Rn 11), also zB zu einem Termin in einem eigenen Zivilprozess.[13] Auch der Transport des Beschuldigten aufgrund eines Haftbefehls in ein **Justizvollzugskrankenhaus** fällt unter Nr. 1. Es handelt sich um Kosten aufgrund der Überstellung in den anstaltseigenen Gewahrsam.[14] Unter Nr. 1 fallen auch die Auslagen für die Beförderung **inhaftierter Zeugen**.[15]

9   Insoweit können auch Verwaltungsbestimmungen der Länder Regelungen treffen, inwieweit Transportkosten in Rechnung zu stellen sind. In NRW ist bspw. bestimmt,[16] dass Kosten für die Transporte Gefangener, die als Zeuginnen und Zeugen in Zivil- oder Strafsachen oder als Partei in Zivilverfahren vorgeführt werden, als Auslagen nach Nr. 9008 KV zu behandeln sind. Ausschließlich in diesen Fällen ist die Transportbehörde um Mitteilung der Transportkosten zu bitten (Vordruck GTV 1). Gleiches gilt sinngemäß in Verfahren der Verwaltungsgerichtsbarkeit, der Sozialgerichtsbarkeit, der Finanzgerichtsbarkeit und der Arbeitsgerichtsbarkeit für die Transporte Gefangener, die als Zeuginnen und Zeugen, als Partei oder Beteiligte vorgeführt werden. In Verfahren der Sozialgerichtsbarkeit gilt dies jedoch nur für die Verfahren, in denen Kosten nach den Vorschriften des GKG erhoben werden.

10 **3. Abgrenzung zu Nr. 9011 KV.** In **Strafsachen** fallen unter Nr. 1 grds. alle notwendigen Beförderungskosten bis zum rechtskräftigen Abschluss des Verfahrens (→ Rn 8).[17] Erfasst sind daher die anlässlich des Transports des **festgenommenen Beschuldigten** in die **Haftanstalt** (Untersuchungshaft) angefallenen Kosten.[18] Deshalb sind die vor Rechtskraft angefallenen Kosten für die Beförderung des festgenommenen Beschuldigten in ein **Justizvollzugskrankenhaus** durch ein privates Hubschrauberunternehmen Beförderungs-

7 OLG Hamm 23.2.2010 – 3 Ws 301/09, JurionRS 2010, 13833; VG Halle 22.9.2015 – 1 A 318/14, juris. **8** Vgl OLG Hamm 23.2.2010 – 3 Ws 301/09, JurionRS 2010, 13833. **9** Vgl VG Halle 22.9.2015 – 1 A 318/14, juris. **10** Vgl OLG Hamm 23.2.2010 – 3 Ws 301/09, JurionRS 2010, 13833. **11** Vgl OLG Hamm NStZ-RR 2000, 320 = AGS 2000, 178. **12** *Hartmann*, KostG, Nr. 9008 KV GKG Rn 2; *Meyer*, GKG Nr. 9008 KV Rn 61. **13** *Oestreich/Hellstab/Trenkle*, GKG Nr. 9008 KV Rn 2; *Meyer*, GKG Nr. 9008 KV Rn 61. **14** Vgl VG Halle 22.9.2015 – 1 A 318/14, juris. **15** OLG Hamm NStZ-RR 2000, 320 = AGS 2000, 178; *Meyer*, GKG Nr. 9008 KV Rn 61. **16** Kosten für Gefangenentransporte als Gerichtskosten, RV d. JM v. 25.5.2005 (5605 - Z. 31) idF v. 19.10.2005. **17** OLG Hamm 23.2.2010 – 3 Ws 301/09, JurionRS 2010, 13833. **18** OLG Hamm 23.2.2010 – 3 Ws 301/09, JurionRS 2010, 13833; VG Halle 22.9.2015 – 1 A 318/14, juris; Binz/Dörndorfer/Zimmermann, Nr. 9008 KV GKG Rn 1.

kosten iSv Nr. 1.[19] Diese Beförderungskosten fallen nicht unter Nr. 9011 KV und sind deshalb nicht nur im Rahmen eines Haftkostenbeitrags zu erheben, weil sie nicht mit durch den Betrieb einer Vollzugsanstalt verursachten Personal- und Betriebskosten zusammenhängen. Sie sind auch nicht im Zusammenhang mit der Lebenshaltung des Verurteilten während der Untersuchungshaft in der Justizvollzugsanstalt angefallen (vgl auch → Rn 12).[20]

Kosten für den **Transport von Untersuchungsgefangenen zu Terminen** (Hauptverhandlungstermin) in dem Verfahren, in dem die Untersuchungshaft angeordnet ist, fallen nicht unter Nr. 9008 KV. Sie werden allenfalls über Nr. 9011 KV durch den Haftkostenbeitrag erfasst.[21] Dessen Erhebung scheidet nach Anm. S. 2 zu Nr. 9011 KV aber idR aus, weil der Untersuchungsgefangene nicht verpflichtet ist, zu arbeiten (s. dazu die Erl. zu Nr. 9011 KV).[22] **11**

4. Transporte aus Anlass der Straf- oder Maßregelvollstreckung. Die Erhebung von Kosten der Vollstreckung einer Freiheitsstrafe oder von freiheitsentziehenden Maßregeln der Besserung und Sicherung (§ 61 StGB) richtet sich nach § 138 Abs. 2 iVm § 50 StVollzG (§ 14 S. 1 KostVfg) bzw nach der entsprechenden Regelung in dem Strafvollzugsgesetz eines Bundeslandes (→ § 73 Rn 4 ff). Unter den dort genannten Voraussetzungen werden die Kosten der Vollstreckung (vgl § 464 a Abs. 1 S. 2 StPO) vom Verurteilten in Ausnahmefällen in Höhe eines **Haftkostenbeitrags** erhoben. Der Haftkostenbeitrag soll die Kosten für den Lebensunterhalt des Gefangenen abdecken.[23] Nr. 9011 KV gilt insoweit nicht. Die Kosten des Transports des (flüchtigen) Verurteilten zum **Straf- oder Maßregelantritt** in die JVA sind dem Verurteilten deshalb nach Nr. 1 in voller Höhe in Rechnung zu stellen.[24] Denn die Verfolgung, Ergreifung und der Transport eines Verurteilten zum Straf- oder Maßregelantritt stehen in keinem Zusammenhang mit der durch den Haftkostenbeitrag abgegoltenen Lebenshaltung. Sie entstehen nur deshalb, weil der Verurteilte der Ladung zum Strafantritt nicht Folge leistet. Sie fallen nicht allein aufgrund der Verurteilung, sondern durch alleiniges weiteres Verschulden des Verurteilten an.[25] Auch bei Erlass eines Vollstreckungshaftbefehls (§ 457 StPO) sind anfallende Transportkosten deshalb dem Verurteilten in voller Höhe in Rechnung zu stellen. **12**

Nicht in den Kostenansatz gem. § 19 gehören aber die Beförderungskosten, die durch **Verlegung/Überführung des Gefangenen** während des Straf- oder Maßregelvollzugs, also nach rechtskräftigem Abschluss des Verfahrens, angefallen sind; insoweit gilt § 50, § 138 Abs. 2 StVollzG bzw die entsprechende Regelung in dem Strafvollzugsgesetz eines Bundeslandes (→ § 73 Rn 4 ff).[26] **13**

Nach Ziff. 2 GTV sind Gefangene im Sinne dieser Vorschrift neben Strafgefangenen zwar auch Personen, gegen die auf eine mit Freiheitsentziehung verbundene Maßregel der Besserung und Sicherung erkannt ist, so dass auch Ziff. 14 GTV anwendbar ist (→ Rn 5 ff). Allerdings ist zu bedenken, dass Transportkosten für die Beförderung von Personen im Rahmen des Maßregelvollzugs nicht über Nr. 9011 KV einziehbar sein dürften, weil der Maßregelvollzug dort nicht genannt ist. **14**

III. Mittellose Personen (Nr. 2)

Nach Nr. 2 hat der Kostenschuldner auch Zahlungen an mittellose Personen für die Reise zum Ort einer Verhandlung oder Anhörung und für die Rückreise in Höhe der nach dem JVEG an Zeugen zu zahlenden Beträge als Auslage zu übernehmen. Die Gewährung von Reiseentschädigungen an mittellose Personen ist in einer bundeseinheitlich abgestimmten Verwaltungsbestimmung geregelt.[27] Danach kann mittellosen Parteien, Beschuldigten oder anderen Beteiligten auf Antrag Mittel für die Reise zum Ort einer Verhandlung, Vernehmung oder Untersuchung und für die Rückreise gewährt werden. Auf diese Möglichkeit soll in der Ladung oder in anderer geeigneter Weise hingewiesen werden. Die gewährten Mittel gehören zu den Kosten des Verfahrens iSv Nr. 2. Als **mittellos** sind Personen anzusehen, die nicht in der Lage sind, die Kosten der Reise aus eigenen Mitteln zu bestreiten. Die Vorschriften über die Bewilligung von Prozess- oder Verfahrenskostenhilfe bleiben unberührt. Über die Bewilligung der Reiseentschädigung entscheidet das Gericht, bei staatsanwaltschaftlichen Verhandlungen, Vernehmungen oder Untersuchungen die Staatsanwaltschaft. Die Verwaltungsbestimmung regelt ferner im Einzelnen, wie die bewilligte Reiseentschädigung zahlbar zu machen ist. **15**

19 OLG Hamm 23.2.2010 – 3 Ws 301/09, JurionRS 2010, 13833. **20** OLG Hamm 23.2.2010 – 3 Ws 301/09, JurionRS 2010, 13833; Binz/Dörndorfer/*Zimmermann*, Nr. 9008 KV GKG Rn 1. **21** *Oestreich/Hellstab/Trenkle*, GKG Nr. 9008 KV Rn 2; vgl OLG Hamm 23.2.2010 – 3 Ws 301/09, JurionRS 2010, 13833. **22** Vgl zB für NRW: § 11 Abs. 1 des Gesetzes zur Regelung des Vollzuges der Untersuchungshaft in Nordrhein-Westfalen (Untersuchungshaftvollzugsgesetz Nordrhein-Westfalen – UVollzG NRW) v. 27.10.2009 (GV. NRW. S. 549). **23** OLG Koblenz JurBüro 1991, 419. **24** OLG Koblenz JurBüro 1991, 419; LG Baden-Baden JurBüro 1991, 1677; *Meyer*, GKG Nr. 9008 KV Rn 61. **25** OLG Koblenz JurBüro 1991, 419; LG Baden-Baden JurBüro 1991, 1677. **26** OLG Koblenz JurBüro 1991, 419; *Meyer*, GKG Nr. 9008 KV Rn 61. **27** In NRW: AV v. 26.5.2006 (5670 - Z. 14) - JMBl. NRW S. 145 - idF v. 1.9.2009.

16 Als Auslage anzusetzen sind lediglich die Reisekosten einschließlich **Übernachtungskosten** und **Verpflegungsgeld** nach den Sätzen des JVEG, **nicht** aber der **Verdienstausfall**, da im Auslagentatbestand der Nr. 2 nur von Reisekosten die Rede ist und sich der Verweis auf das JVEG nur auf die Höhe der Reisekosten bezieht (auch → Nr. 9006 KV Rn 6).[28]

17 Dass die Sätze des JVEG nicht überschritten werden und der Verdienstausfall nicht erfasst ist, ist durch die bundeseinheitlich abgestimmte Verwaltungsbestimmung (→ Rn 6) sichergestellt. Danach ist die Reiseentschädigung so zu bemessen, dass sie die notwendigen Kosten der Hin- und Rückreise deckt. Zu den Reisekosten gehören entsprechend den Vorschriften des JVEG neben den Fahrtkosten ggf auch unvermeidbare Tagegelder (entsprechend § 6 Abs. 1 JVEG) und Übernachtungskosten (entsprechend § 6 Abs. 2 JVEG), ferner ggf Reisekosten für eine notwendige Begleitperson sowie Kosten für eine notwendige Vertretung (entsprechend § 7 Abs. 1 S. 2 JVEG). Eine Erstattung von Verdienstausfall kommt nicht in Betracht. Die tatsächlich gezahlten Beträge sind nicht anzusetzen, wenn diese den Betrag übersteigen, der nach dem JVEG zu zahlen ist (→ Nr. 9005 KV Rn 4 ff).

18 Etwaige **Stornierungskosten**, wenn die nach den Verwaltungsbestimmungen beschafften Fahrkarten zurückgegeben werden, zB weil der Termin aufgehoben worden ist, dürften dem Kostenschuldner nach Nr. 9008 KV nicht in Rechnung gestellt werden können. Denn es handelt sich insoweit nicht um Zahlungen an mittellose Personen für die Reise zum Ort einer Verhandlung, Vernehmung oder Untersuchung und für die Rückreise.

IV. Weitere praktische Hinweise

19 Es wird auf die praktischen Hinweise zu Nr. 9000–9007 KV verwiesen, die entsprechend gelten.

Nr.	Auslagentatbestand	Höhe
9009	An Dritte zu zahlende Beträge für	
	1. die Beförderung von Tieren und Sachen mit Ausnahme der für Postdienstleistungen zu zahlenden Entgelte, die Verwahrung von Tieren und Sachen sowie die Fütterung von Tieren	in voller Höhe
	2. die Beförderung und die Verwahrung von Leichen	in voller Höhe
	3. die Durchsuchung oder Untersuchung von Räumen und Sachen einschließlich der die Durchsuchung oder Untersuchung vorbereitenden Maßnahmen	in voller Höhe
	4. die Bewachung von Schiffen und Luftfahrzeugen	in voller Höhe

I. Allgemeines

1 Die in Nr. 9009 KV genannten Auslagen werden dem Kostenschuldner in der vollen entstandenen Höhe in Rechnung gestellt. Voraussetzung ist daher, dass die Auslagen tatsächlich angefallen sind.

II. Auslagen nach Nr. 9009 KV

2 **1. Beförderung von Tieren und Sachen (Nr. 1).** Der Kostenschuldner schuldet die an Dritte zu zahlenden Beträge für den Transport von Tieren und (beschlagnahmten oder sichergestellten) Sachen.[1] Es können zB Sachen für eine spätere Einziehung im Strafverfahren transportiert werden. Dann sind sowohl die **Transport-** als auch die **Lagerkosten** Auslagen nach Nr. 1 (→ Rn 7 ff).

3 Auch bei der Polizei angefallene Kosten für das **Abschleppen** eines Kraftfahrzeugs können als Auslagen nach Nr. 9009 Nr. 1 KV (iVm Nr. 9015 KV) zu erheben sein, wenn diese Kosten als Verfahrenskosten iSv § 464 a Abs. 1 StPO qualifiziert werden können (→ § 29 Rn 35). Das kann bei Abschleppkosten zB dann fraglich sein, wenn diese nur durch das Aufräumen einer Unfallstelle angefallen sind. Kosten, die zB durch das Abschleppen eines Kraftfahrzeugs zu einer kriminaltechnischen Untersuchung entstanden sind, werden daher ohne Weiteres als Verfahrenskosten iSv § 464 a Abs. 1 StPO unter Nr. 9009 Nr. 1 KV fallen.

---

28 *Meyer*, GKG Nr. 9008 KV Rn 62; *Hartmann*, KostG, Nr. 9008 KV GKG Rn 5; *Binz/Dörndorfer/Zimmermann*, Nr. 9008 KV GKG Rn 2. **1** Vgl in Strafsachen OLG Koblenz JurBüro 1995, 541 = NStZ-RR 1998, 128; KG 12.9.2001 – 1 AR 619/01, juris; LG Berlin 25.5.2010 – 510 Qs 65/10, juris.

Werden Sachen mit der **Post** befördert, werden die dadurch für **Postdienstleistungen** zu zahlenden Entgelte allerdings nicht erhoben. Frachtkosten der Deutschen Bahn AG werden dagegen erhoben. **4**

2. Verwahrung und Fütterung von Tieren (Nr. 1). Durch die Verwahrung und Fütterung von Tieren anfallenden Kosten fallen unter Nr. 1. Erfasst sind daher die Unterbringungskosten in einem Tierheim; hiervon umfasst sind zB besondere Pflege-, Tierarzt- und Versicherungskosten sowie die Kosten für Futtermittel.[2] **5**

3. Verwahrung von Sachen (Nr. 1). a) Hinterlegung. Werden Geld, Kostbarkeiten oder Wertpapiere und sonstige Urkunden hinterlegt, werden für die **Hinterlegung** Kosten nach den Hinterlegungsgesetzen der Bundesländer erhoben.[3] Diese Hinterlegungskosten werden nach Nr. 1 als Auslagen vom Kostenschuldner eingezogen. **6**

b) Strafsachen. In **Strafsachen** schuldet der Verurteilte nach Nr. 1 die an Dritte zu zahlenden Beträge für die Verwahrung von Sachen (**Lagerkosten**).[4] Die Unterstellung eines beschlagnahmten Pkw in einer justizeigenen Garage löst deshalb keine Lagerkosten aus.[5] Nr. 9008 Nr. 1 KV gilt über Nr. 9015 KV auch für bereits im Ermittlungsverfahren angefallene Lagerkosten. **7**

Lagerkosten können aber nur bis zur **Rechtskraft** des Urteils zuzüglich einer angemessenen Frist zur Abholung der Sache in der Rechnung berücksichtigt werden.[6] Denn bei der Einziehung der verwahrten Sache wird der Staat gem. § 74 e StGB Eigentümer der Sache; bei Aufhebung der Beschlagnahme sind die Sachen zurückzugeben. Nach diesem Zeitpunkt anfallende Aufbewahrungskosten schuldet der Verurteilte deshalb allenfalls aus einem anderen Rechtsgrund (zB Verwahrungsvertrag).[7] Tritt die Rechtskraft im Laufe eines Monats ein, sind die vom Verurteilten zu tragenden Lagerkosten für diesen Monat entsprechend tageweise zu berechnen.[8] **8**

Lagerkosten sind darüber hinaus auch dann bis zur Rechtskraft vom Verurteilten zu tragen, wenn er bereits vorher im Laufe des Verfahrens auf die Rückgabe der Sache verzichtet hat und eine Einziehungsanordnung dadurch entbehrlich geworden ist. Denn mit der Verzichtserklärung allein wird der Staat noch nicht Eigentümer (vgl §§ 958, 959 BGB), sodass auch hier auf die Rechtskraft abgestellt werden muss.[9] **9**

Wird ein dem Verurteilten nicht gehörender Gegenstand **unnötig lange sichergestellt**, sind die durch die Verwahrung angefallenen Auslagen nicht vom Kostenschuldner einzufordern, wenn eine Entscheidung gem. § 21 (**unrichtige Sachbehandlung**) ergeht.[10] Entsprechendes kann gelten, wenn der Gegenstand **nahezu wertlos** war.[11] **10**

Werden die verwahrten Sachen später verwertet, ist der **Verwertungserlös** nicht von der Kostenschuld des Verurteilten abzuziehen. Denn es wird keine dem Verurteilten gehörende Sache verwertet, sodass auch kein Anspruch des Verurteilten auf den Erlös besteht. **11**

4. Beförderung und Verwahrung von Leichen (Nr. 2). Von Nr. 2 werden insb. die Kosten von Bestattungsinstituten erfasst. Beförderungskosten können zB beim Transport zur Gerichtsmedizin (**Obduktion**) entstehen. **12**

5. Durchsuchung und Untersuchung von Räumen und Sachen (Nr. 3). An Dritte – auch im Ermittlungsverfahren- gezahlte Beträge für die Durchsuchung oder Untersuchung von Räumen werden nach Nr. 3 als Auslagen vom Verurteilten erhoben. Erfasst sind auch die Auslagen für Maßnahmen, die die Durchsuchung oder Untersuchung vorbereiten. Hierzu gehören zB Kosten für einen Schlüsseldienst für die Öffnung und anschließendes Verschließen einer zu durchsuchenden Wohnung bzw Räumlichkeit oder für einen Handwerker, der eine Sache für den Transport auseinander- und später wieder zusammenbaut.[12] Auch die Kosten für das Wiedereinräumen nach der Durchsuchung schuldet der in die Kosten Verurteilte.[13] **13**

6. Bewachung von Schiffen und Luftfahrzeugen (Nr. 4). Kosten, die bei der Bewachung von Schiffen und Luftfahrzeugen (vgl §§ 165, 170, 170 a, 171, 171 c, 171 g, 171 h ZVG, § 99 Abs. 2, § 106 Abs. 1 Nr. 1 LuftFzgG) anfallen, werden nach Nr. 4 als Auslagen erhoben. Für die Bewachung und Verwahrung eines Schiffes, eines Schiffsbauwerks oder eines Luftfahrzeugs durch den **Gerichtsvollzieher** erhebt der Gerichtsvollzieher eine Gebühr nach Nr. 400 KV GvKostG iHv 98 €, ggf nebst Zeitzuschlag nach Nr. 500 KV GvKostG und etwaiger Auslagen nach Teil 7 KV GvKostG. Dem Kostenschuldner werden diese Kosten nach Nr. 9013 KV iVm Nr. 9009 Nr. 4 KV in Rechnung gestellt. **14**

2 *Oestreich/Hellstab/Trenkle*, GKG Nr. 9009 KV Rn 8. **3** ZB in NRW: gem. § 33 HintG NRW Kosten nach §§ 33 ff HintG iVm §§ 124 ff Justizgesetz NRW (JustG); in Bayern: Bayerisches Hinterlegungsgesetz (BayHintG) iVm dem Landesjustizkostengesetz (LJKostG). **4** OLG Koblenz JurBüro 1995, 541 = NStZ-RR 1998, 128; KG 12.9.2001 – 1 AR 619/01 u.a., juris; LG Berlin 25.5.2010 – 510 Qs 65/10, juris. **5** *Oestreich/Hellstab/Trenkle*, GKG Nr. 9009 KV Rn 6. **6** OLG Koblenz JurBüro 1995, 541 = NStZ-RR 1998, 128; *Meyer*, JurBüro 1997, 619. **7** *Meyer*, GKG Nr. 9009 KV Rn 64. **8** *Oestreich/Hellstab/Trenkle*, GKG Nr. 9009 KV Rn 7. **9** OLG Koblenz JurBüro 1995, 541 = NStZ-RR 1998, 128; *Meyer*, JurBüro 1997, 619. **10** KG 12.9.2001 – 1 AR 619/01 und 3 Ws 301/01, juris; vgl zu überhöhten Unterstellkosten für einen Pkw auch OLG Köln StraFo 2009, 349. **11** KG 12.9.2001 – 1 AR 619/01 und 3 Ws 301/01, juris. **12** *Meyer*, GKG Nr. 9009 KV Rn 66. **13** LG Flensburg JurBüro 1997, 147.

15   Gemäß § 931 Abs. 1 ZPO wird die Vollziehung des Arrestes in ein eingetragenes Schiff oder Schiffsbauwerk grds. durch Pfändung nach den Vorschriften über die Pfändung beweglicher Sachen bewirkt. Der Gerichtsvollzieher hat bei der Vornahme der Pfändung das Schiff oder Schiffsbauwerk in Bewachung und Verwahrung zu nehmen (§ 931 Abs. 4 ZPO). Im GvKostG ist hierfür keine Gebühr vorgesehen.

III. Weitere praktische Hinweise

16   Es wird auf die praktischen Hinweise zu Nr. 9000–9007 KV verwiesen, die entsprechend gelten.

Nr.	Auslagentatbestand	Höhe
9010	Kosten einer Zwangshaft, auch aufgrund eines Haftbefehls nach § 802 g ZPO .... Maßgebend ist die Höhe des Haftkostenbeitrags, der nach Landesrecht von einem Gefangenen zu erheben ist.	in Höhe des Haftkostenbeitrags

I. Allgemeines

1   Nr. 9010 KV regelt die Erhebung der Kosten einer Zwangshaft, auch aufgrund eines Haftbefehls nach § 802 g ZPO (Abnahme der Vermögensauskunft). Anders als bei Nr. 9011 KV setzt die Erhebung der Kosten einer Zwangshaft nach Nr. 9010 KV nicht voraus, dass der Haftkostenbeitrag auch von einem Gefangenen im Strafvollzug zu erheben wäre (Anm. S. 2 zu Nr. 9011 KV). Es kommt also nicht darauf an, ob der Inhaftierte die ihm zugewiesene oder ermöglichte Arbeit verrichtet oder ob er ohne sein Verschulden nicht arbeiten kann.

II. Anwendungsbereich

2   **Zwangshaft** iSv Nr. 9010 KV kann in folgenden Fällen in Betracht kommen:
- bei der Vollstreckung nicht vertretbarer Handlungen nach § 888 ZPO;
- wenn der Schuldner in dem zur Abgabe der eidesstattlichen Versicherung, zu der er aufgrund der Vorschriften des bürgerlichen Rechts verurteilt wurde, bestimmten Termin nicht erscheint oder er die Abgabe der eidesstattlichen Versicherung verweigert (§ 889 Abs. 2 ZPO);
- wenn der Schuldner gem. § 802 g ZPO in dem Termin zur Abnahme der Vermögensauskunft nicht erscheint oder die Abgabe der Vermögensauskunft ohne Grund verweigert;[1]
- wenn persönlicher Sicherungsarrest angeordnet wird;
- bei der Zeugnisverweigerung gem. §§ 390 Abs. 2, 70 Abs. 2 ZPO;[2]
- bei der Erzwingungshaft gem. §§ 96, 97 OWiG.[3]

3   Kosten einer **Ordnungshaft** fallen nicht unter Nr. 9010 KV, sondern ggf unter Nr. 9011 KV. Die gegen einen nicht erschienenen Zeugen verhängte Ordnungshaft (§ 380 ZPO) oder die Ordnungshaft bei der Vollstreckung von Unterlassungen und Duldungen nach § 890 ZPO wird daher nicht von Nr. 9010 KV, sondern von Nr. 9011 KV erfasst.[4] Kosten einer Zwangshaft in **Familiensachen** (§ 35 FamFG) fallen unter Nr. 2008 KV FamGKG, in Angelegenheiten der **freiwilligen Gerichtsbarkeit** unter Nr. 31010 KV GNotKG.

III. Höhe der Haftkosten (Anm.)

4   **1. Haftkostenbeitrag nach Landesrecht.** Die Kosten einer Zwangshaft werden nach der **Anm.** zu Nr. 9010 KV in Höhe des Haftkostenbeitrags angesetzt, der nach Landesrecht von einem Gefangenen zu erheben ist (zum Abgeltungsbereich des Haftkostenbeitrags → Nr. 9011 KV Rn 1). Diese Regelung in der Anm. zu Nr. 9010 KV ist durch Art. 14 des Gesetzes zur Umsetzung der Dienstleistungsrichtlinie in der Justiz und zur Änderung weiterer Vorschriften vom 22.12.2010[5] eingefügt worden, das am 28.12.2010 in Kraft getreten ist.[6]

5   Die Berechnung der Haftkosten richtet sich zum einen in Altfällen, die sich aus der Übergangsregelung in § 71 ergeben, nach § 50 Abs. 2 und 3 StVollzG. Zum anderen ist § 50 Abs. 2 und 3 StVollzG gem. § 73 aber auch in ab dem 27.12.2010 anhängig gewordenen bzw werdenden Verfahren weiter anzuwenden, wenn

---

1 Vgl *Schmittmann/Sommer*, DGVZ 2012, 41. **2** *Hartmann*, KostG, Nr. 9010 KV GKG Rn 1; *Binz/Dörndorfer/Zimmermann*, Nr. 9010 KV GKG Rn 1; *Meyer*, GKG Nr. 9010 KV Rn 68. **3** *Oestreich/Hellstab/Trenkle*, GKG Nr. 9010 KV Rn 2. **4** AA *Oestreich/Hellstab/Trenkle*, GKG Nr. 901 KV Rn 2. **5** BGBl. 2010 I 2248, 2252. **6** Vgl Art. 19 des Gesetzes: Inkrafttreten am Tage nach der Verkündung (27.12.2010), BGBl. 2010 I 2248, 2254.

keine landesrechtlichen Vorschriften über die Höhe des Haftkostenbeitrags, der von einem Gefangenen zu erheben ist, vorhanden sind. Auf die Erl. in → § 73 Rn 4 ff wird insoweit verwiesen.

2. **Haftkostenbeitrag nach § 50 Abs. 2, 3 StVollzG.** Auf die Erl. in → Nr. 9011 KV Rn 8 wird verwiesen. **6**

IV. Weitere praktische Hinweise

1. **Vorschuss und Vorauszahlungspflicht.** Nach § 17 Abs. 4 S. 1 kann im Falle der antragsgemäßen Anord- **7**
nung einer Haft (zB gem. § 888 ZPO) kein Auslagenvorschuss nach § 17 Abs. 1 S. 1 erhoben werden. Das gilt nicht nur für die Kosten der Anordnung der Haft, sondern auch für die Haftkosten.[7] Auch eine Abhängigmachung der Haftkosten nach § 17 Abs. 1 S. 2 ist ausgeschlossen (→ § 17 Rn 50 f). Bei der Erzwingungshaft gem. §§ 96, 97 OWiG ist eine Vorschusserhebung für die Haftkosten gem. § 17 Abs. 4 S. 3 ausgeschlossen (→ § 17 Rn 54). Der Gerichtsvollzieher darf die Entlassung des Schuldners aus der Haft mangels Rechtsgrundlage nicht davon abhängig machen, dass die Haftkosten gezahlt sind.[8]

2. **Kostenschuldner.** Kostenschuldner ist der Antragsteller der Instanz (§ 22 Abs. 1) und ggf der Vollstre- **8**
ckungsschuldner für die notwendigen Kosten der Zwangsvollstreckung (§ 29 Nr. 4).[9]

3. **Zuständigkeit für den Kostenansatz.** Die Zuständigkeit für den Ansatz der Kosten einer Zwangshaft **9**
richtet sich nach § 19 Abs. 1. Der Gerichtsvollzieher, der den Haftbefehl nach § 802 g ZPO vollstreckt, ist für den Ansatz der Haftkosten nicht zuständig.[10] Zur Aufstellung des Kostenansatzes ist es erforderlich, dass die Justizvollzugsanstalt dem Gericht nach der Entlassung des Schuldners aus der Haft die Höhe der Haftkosten mitteilt.

4. **Sonstiges.** Es wird im Übrigen auf die praktischen Hinweise zu Nr. 9000–9007 KV verwiesen, die ent- **10**
sprechend gelten.

Nr.	Auslagentatbestand	Höhe
9011	Kosten einer Haft außer Zwangshaft, Kosten einer einstweiligen Unterbringung (§ 126 a StPO), einer Unterbringung zur Beobachtung (§ 81 StPO, § 73 JGG) und einer einstweiligen Unterbringung in einem Heim der Jugendhilfe (§ 71 Abs. 2, § 72 Abs. 4 JGG) .... Maßgebend ist die Höhe des Haftkostenbeitrags, der nach Landesrecht von einem Gefangenen zu erheben ist. Diese Kosten werden nur angesetzt, wenn der Haftkostenbeitrag auch von einem Gefangenen im Strafvollzug zu erheben wäre.	in Höhe des Haftkosten- beitrags

I. Allgemeines

Nach Nr. 9011 KV sind die Kosten einer Haft und der in Nr. 9011 KV aufgeführten Unterbringungen dem **1**
Kostenschuldner als Auslage zu belasten. Das ist verfassungsrechtlich nicht zu beanstanden.[1] Anders als bei Nr. 9010 KV setzt die Erhebung der Kosten einer Haft oder Unterbringung nach Nr. 9011 KV voraus, dass der Haftkostenbeitrag auch von einem Gefangenen im Strafvollzug zu erheben wäre (Anm. S. 2; → Rn 12 f).

II. Kosten der Vollstreckung einer Rechtsfolge der Tat

Kosten einer Vollstreckung der Rechtsfolge der Tat sind **Verfahrenskosten** iSv § 464 a Abs. 1 S. 2 StPO und **2**
werden deshalb von der Kostenentscheidung des Strafverfahrens (§§ 464, 465 StPO) erfasst. Der Verurteilte muss daher auch für diese Kosten aufkommen, weil sie Folge seines delinquenten Verhaltens sind.[2] Der Verurteilte trägt somit nach § 464 a Abs. 1 S. 2 StPO die Kosten der Vollstreckung einer Strafe oder einer Maßregel der Besserung und Sicherung. Das ist verfassungsrechtlich nicht zu beanstanden.[3]

Nr. 9011 KV gilt aber **nicht** für die Kosten der Vollstreckung einer **Freiheitsstrafe** (**Strafhaft**) oder einer **Maßregel der Besserung und Sicherung.** Die Erhebung der hierdurch anfallenden Haftkosten richtet sich nach § 138 Abs. 2, § 50 StVollzG (§ 14 S. 1 KostVfg) bzw nach der entsprechenden Regelung in dem Strafvollzugsgesetz eines Bundeslandes (→ § 73 Rn 4 ff).

---

7 *Schmittmann/Sommer*, DGVZ 2012, 41. **8** *Schmittmann/Sommer*, DGVZ 2012, 41. **9** *Schmittmann/Sommer*, DGVZ 2012, 41. **10** *Schmittmann/Sommer*, DGVZ 2012, 41. **1** BVerfG NStZ-RR 1999, 255 = AGS 2000, 228; OLG Karlsruhe NStZ-RR 2007, 389. **2** OLG Frankfurt a. M. NStZ-RR 2010, 359 = NStZ 2010, 719; OLG Köln StV 2005, 279; OLG Karlsruhe Rpfleger 2003, 616 = NStZ-RR 2003, 350; OLG Nürnberg NStZ-RR 1999, 190 = ZfStrVo 1999, 241. **3** BVerfG Rpfleger 2007, 107; BVerfG JR 2006, 480 = RuP 2007, 42.

Um die Resozialisierung des Gefangenen nicht zu gefährden, erhebt die Justizvollzugsanstalt nach diesen Bestimmungen zur Abdeckung der Lebenshaltungskosten des Gefangenen jedoch nur einen **Haftkostenbeitrag**, wenn der Gefangene über ausreichende Einkünfte verfügt. Die Erhebung kommt deshalb nur in Ausnahmefällen in Betracht.

3 Nach seiner Verurteilung umfassen die vom Verurteilten gem. § 464 a Abs. 1 S. 2 StPO zu tragenden Verfahrenskosten aber die Kosten der **Untersuchungshaft**. Diese werden ihm gem. Nr. 9011 KV in Höhe des Haftkostenbeitrags in Rechnung gestellt, wenn ein Haftkostenbeitrag auch von einem Gefangenen im Strafvollzug (→ Rn 2) zu erheben wäre. Ein Haftkostenbeitrag wird nicht erhoben, wenn der U-Gefangene in der JVA gearbeitet hat oder sich ernstlich um Arbeit in der JVA bemüht hat (→ Rn 13).

III. Anwendungsbereich

4 Haftkosten iSv Nr. 9011 KV können anfallen

- bei der Vollstreckung von **Ordnungshaft** bei Unterlassungen und Duldungen nach § 890 ZPO;
- bei der Vollstreckung einer gegen einen nicht erschienenen Zeugen verhängten **Ordnungshaft** (§ 380 ZPO);
- bei der Vollstreckung von **Untersuchungshaft** (→ Rn 3);[4]
- bei den in Nr. 9011 KV genannten **Unterbringungen**.

5 Kosten der Vollstreckung einer **Freiheitsstrafe** oder einer freiheitsentziehenden **Maßregel der Besserung und Sicherung** (§ 61 StGB) werden dem Kostenschuldner nicht nach Nr. 9011 KV (→ Rn 2), sondern nach § 50 Abs. 2, 3 StVollzG oder nach den vorhandenen Strafvollzugsgesetzen der Bundesländer (→ § 73 Rn 4 ff) in Rechnung gestellt.[5]

Kosten einer **Zwangshaft** werden **nicht** nach Nr. 9011 KV ("außer Zwangshaft"), sondern nach Nr. 9010 KV erhoben. Kosten einer **Abschiebungshaft** nach § 62 AufenthG gehören nicht zu den nach Nr. 9011 KV zu erhebenden Haftkosten. Kosten einer Ordnungshaft in **Familiensachen** (§ 89 FamFG) fallen unter Nr. 2009 KV FamGKG, in Angelegenheiten der **freiwilligen Gerichtsbarkeit** unter Nr. 31011 KV GNotKG.

6 Von Nr. 9011 KV werden nur die Kosten der ausdrücklich aufgeführten **Unterbringungen** erfasst. Andere Unterbringungsmaßnahmen, zB nach den PsychKG der Bundesländer, Unterbringungsmaßnahmen gem. § 312 FamFG oder Freiheitentziehungssachen nach § 415 FamFG, können nicht nach Nr. 9011 KV abgerechnet werden.

IV. Höhe der Kosten

7 **1. Haftkostenbeitrag nach Landesrecht (Anm. S. 1).** Die Kosten einer Haft oder Unterbringung werden nach der Anm. S. 1 zu Nr. 9011 KV in Höhe des Haftkostenbeitrags angesetzt, der nach Landesrecht von einem Gefangenen zu erheben ist. Diese Regelung ist durch Art. 14 des Gesetzes zur Umsetzung der Dienstleistungsrichtlinie in der Justiz und zur Änderung weiterer Vorschriften vom 22.12.2010[6] eingefügt worden, das am 28.12.2010 in Kraft getreten ist.[7]

8 Die Berechnung der Haft- und Unterbringungskosten richtet sich zum einen in Altfällen, die sich aus der Übergangsregelung in § 71 ergeben, nach § 50 Abs. 2 und 3 StVollzG. In Strafsachen ist daher gem. § 71 Abs. 2 der Zeitpunkt der Rechtskraft der Kostenentscheidung maßgebend. Zum anderen ist § 50 Abs. 2 und 3 StVollzG gem. § 73 aber auch in Verfahren anzuwenden, in denen die Kostenentscheidung ab dem 28.12.2010 rechtskräftig geworden ist (§ 71 Abs. 2), wenn keine landesrechtlichen Vorschriften über die Höhe des Haftkostenbeitrags, der von einem Gefangenen zu erheben ist, vorhanden sind. Auf die Erl. in → § 73 Rn 4 ff wird insoweit verwiesen.

9 **2. Haftkostenbeitrag nach § 50 Abs. 2, 3 StVollzG.** Nach § 50 **Abs. 2** S. 1 StVollzG wird der Haftkostenbeitrag in Höhe des Betrags erhoben, der nach § 17 Abs. 1 Nr. 4 SGB IV durchschnittlich zur Bewertung der Sachbezüge festgesetzt worden ist. Nach § 50 Abs. 2 S. 2 StVollzG setzt das Bundesministerium der Justiz den Durchschnittsbetrag für jedes Kalenderjahr nach den am 1.10. des vorhergehenden Jahres geltenden Bewertungen der Sachbezüge, jeweils getrennt für das in Art. 3 des Einigungsvertrages genannte Gebiet und für das Gebiet, in dem das StVollzG schon vor dem Wirksamwerden des Beitritts gegolten hat, fest und macht ihn im Bundesanzeiger bekannt. Bei Selbstverpflegung entfallen nach § 50 Abs. 2 S. 3 StVollzG die für die Verpflegung vorgesehenen Beträge. Nach § 50 Abs. 2 S. 4 StVollzG ist für den Wert der Unterkunft die festgesetzte Belegungsfähigkeit maßgeblich. Nach § 50 Abs. 2 S. 5 StVollzG darf der Haftkostenbeitrag

---

4 OLG Nürnberg NStZ-RR 1999, 190 = ZfStrVo 1999, 241; vgl BT-Drucks 14/6855, S. 32. **5** Vgl BVerfG NStZ-RR 1999, 255 = AGS 2000, 228; OLG Nürnberg NStZ-RR 1999, 190 = ZfStrVo 1999, 241. **6** BGBl. 2010 I 2248, 2252. **7** Vgl Art. 19 des Gesetzes: Inkrafttreten am Tage nach der Verkündung (27.12.2010), BGBl. 2010 I 2248, 2254.

auch von dem unpfändbaren Teil der Bezüge, nicht aber zu Lasten des Hausgeldes und der Ansprüche unterhaltsberechtigter Angehöriger angesetzt werden. Nach § 50 Abs. 3 StVollzG gilt im Land Berlin einheitlich der für das in Art. 3 des Einigungsvertrages genannte Gebiet geltende Durchschnittsbetrag.

Das Bundesministerium der Justiz hat die nach § 17 Abs. 1 Nr. 4 SGB IV bewerteten Sachbezüge für das Kalenderjahr 2016 aufgrund der Ermächtigung in § 50 Abs. 2 S. 2 StVollzG am 12.11.2015 festgestellt und im Bundesanzeiger veröffentlicht.[8] Der Betrag der gem. § 17 Abs. 1 Nr. 4 SGB IV bewerteten **Sachbezüge für das Kalenderjahr 2016** ist darin wie folgt festgestellt und bekannt gegeben worden: **10**

I. Für Unterkunft
1. für Gefangene bis zur Vollendung des 18. Lebensjahres und für Auszubildende
- bei Einzelunterbringung — 156,10 €
- bei Belegung mit zwei Gefangenen — 66,90 €
- bei Belegung mit drei Gefangenen — 44,60 €
- bei Belegung mit mehr als drei Gefangenen — 22,30 €

2. für alle übrigen Gefangenen
- bei Einzelunterbringung — 189,55 €
- bei Belegung mit zwei Gefangenen — 100,35 €
- bei Belegung mit drei Gefangenen — 78,05 €
- bei Belegung mit mehr als drei Gefangenen — 55,75 €

II. Für Verpflegung
- Frühstück — 49,00 €
- Mittagessen — 90,00 €
- Abendessen — 90,00 €

Alle Beträge beziehen sich jeweils **auf einen Monat.** Für kürzere Zeiträume ist für jeden Tag ein Dreißigstel   **11**
der aufgeführten Beträge zugrunde zu legen.

3. Gefangener im Strafvollzug (Anm. S. 2). Die Haftkosten werden nach Anm. S. 2 nur angesetzt, wenn der   **12**
Haftkostenbeitrag auch von einem Gefangenen **im Strafvollzug** zu erheben wäre. Richtet sich der Haftkostenbeitrag nach § 50 Abs. 2, 3 StVollzG (→ Rn 9 ff), wird dieser nicht erhoben, wenn der Gefangene

- Bezüge nach dem StVollzG erhält oder
- ohne sein Verschulden nicht arbeiten kann[9] oder
- nicht arbeitet, weil er nicht zur Arbeit verpflichtet ist.

Landesrechtliche Vorschriften über die Höhe des Haftkostenbeitrags (→ Rn 7 f) enthalten Regelungen, die § 50 StVollzG inhaltlich entsprechen (→ § 73 Rn 4 ff). Beim Maßregelvollzug ist § 138 Abs. 2 StVollzG zu beachten.

Die Erhebung eines Haftkostenbeitrags scheidet bei **Untersuchungshaft** idR aus, weil der Untersuchungsge-   **13**
fangene nicht verpflichtet ist, zu arbeiten.[10] Auch wenn der U-Gefangene in der JVA die ihm ermögliche Arbeit verrichtet oder sich ernstlich um Arbeit in der JVA bemüht hat, wird kein Haftkostenbeitrag erhoben.[11]

4. Abgeltungsbereich des Haftkostenbeitrags. Der **Haftkostenbeitrag** soll zur Deckung des Teils der Voll-   **14**
streckungskosten beitragen, der durch die Aufwendungen für den Lebensunterhalt des Gefangenen verursacht wird (Ausgaben für die Verpflegung, Kleidung und Unterkunft).[12] Entstehen durch Einschaltung eines privaten Unternehmens aus Anlass der Zuführung zum vollzuglichen **Untersuchungshaftgewahrsam** Beförderungskosten, fallen diese deshalb nicht unter Nr. 9011 KV, sondern sind nach Nr. 9008 Nr. 1 KV als Auslagen zu erheben (→ Nr. 9008 KV Rn 10 f).[13] Auch die Kosten des Transports des (flüchtigen) Verurteilten zum **Straf- oder Maßregelantritt** in die JVA sind dem Verurteilten nach Nr. 9008 Nr. 1 KV in voller Höhe in Rechnung zu stellen (→ Nr. 9008 KV Rn 12).[14]

---

8 BAnz AT 01.12.2015 B1. **9** OLG Karlsruhe NStZ-RR 2007, 389. **10** Vgl zB für NRW: § 11 Abs. 1 des Gesetzes zur Regelung des Vollzuges der Untersuchungshaft in Nordrhein-Westfalen (Untersuchungshaftvollzugsgesetz Nordrhein-Westfalen – UVollzG NRW) v. 27.10.2009 (GV. NRW. S. 549). **11** OLG Nürnberg NStZ-RR 1999, 190 = ZfStrVo 1999, 241; vgl auch BVerfG NStZ-RR 1999, 255 = AGS 2000, 228. **12** Vgl BT-Drucks 14/6855, S. 32; OLG Hamm 23.2.2010 – 3 Ws 301/09, JurionRS 2010, 13833; OLG Nürnberg NStZ-RR 1999, 190 = ZfStrVo 1999, 241; OLG Koblenz JurBüro 1991, 419. **13** OLG Hamm 23.2.2010 – 3 Ws 301/09, JurionRS 2010, 13833; VG Halle 22.9.2015 – 1 A 318/14, juris. **14** OLG Koblenz JurBüro 1991, 419; LG Baden-Baden JurBüro 1991, 1677; *Meyer*, GKG Nr. 9008 KV Rn 61.

V. Die einzelnen Fälle

15 **1. Haft- und Unterbringungskosten.** Dem Verurteilten können über Nr. 9011 KV durch Kostenrechnung gem. § 19 nur die Kosten in Rechnung gestellt werden, die **nicht** anlässlich der **Strafhaft** oder der **Vollstreckung einer Maßregel der Besserung und Sicherung** angefallen sind. Erfasst ist daher die **Untersuchungshaft** (vgl § 14 S. 2 KostVfg).[15] Für die **Straf- oder Maßregelvollstreckung** gelten §§ 50, 138 Abs. 2 StVollzG bzw eine entsprechende landesrechtliche Vorschrift (→ § 73 Rn 4 f). Die Haftkosten werden dann gem. § 50 Abs. 1, § 138 Abs. 1 StVollzG bzw nach der landesrechtlichen Vorschrift von der **Justizvollzugsanstalt** erhoben. Nur gerichtliche Verfahren vor den ordentlichen Gerichten nach dem StVollzG werden gem. § 1 Abs. 1 S. 1 Nr. 8 nach dem GKG durch die nach § 19 Abs. 2 zuständige Behörde abgerechnet (vgl auch → § 19 Rn 40 ff). Die Kosten der Untersuchungshaft werden nach Anm. S. 2 aber nur nach den für die Freiheitsstrafe geltenden Bestimmungen erhoben (→ Rn 12 f).[16]

Zu den Kosten für den Transport von Untersuchungsgefangenen zu den Terminen in dem Verfahren, in dem die Untersuchungshaft angeordnet ist, → Nr. 9008 KV Rn 11.

16 **2. Einstweilige Unterbringung, § 126 a ZPO.** Sind dringende Gründe für die Annahme vorhanden, dass jemand eine rechtswidrige Tat im Zustand der Schuldunfähigkeit oder verminderten Schuldfähigkeit (§§ 20, 21 StGB) begangen hat und dass seine Unterbringung in einem psychiatrischen Krankenhaus oder einer Entziehungsanstalt angeordnet werden wird (§ 61 StGB), so kann das Gericht durch Unterbringungsbefehl die einstweilige Unterbringung in einer dieser Anstalten anordnen, wenn die öffentliche Sicherheit es erfordert. Etwaige Unterbringungskosten werden in Höhe des Haftkostenbeitrags erhoben (→ Rn 7 ff und § 73 Rn 4 ff). Die Unterbringungskosten werden aber nur angesetzt, wenn der Haftkostenbeitrag auch von einem Gefangenen im Strafvollzug zu erheben wäre (→ Rn 12 f).[17]

17 **3. Unterbringung zur Beobachtung, § 81 StPO, § 73 JGG.** Zur Vorbereitung eines Gutachtens über den psychischen Zustand des Beschuldigten kann das Gericht gem. § 81 StPO nach Anhörung eines Sachverständigen und des Verteidigers anordnen, dass der Beschuldigte in ein öffentliches psychiatrisches Krankenhaus gebracht und dort beobachtet wird. Zur Vorbereitung eines Gutachtens über den Entwicklungsstand des Beschuldigten kann der Richter gem. § 73 JGG nach Anhören eines Sachverständigen und des Verteidigers anordnen, dass der Beschuldigte in eine zur Untersuchung Jugendlicher geeignete Anstalt gebracht und dort beobachtet wird. Zur Erhebung der Unterbringungskosten → Rn 15.

18 **4. Einstweilige Unterbringung bei Jugendlichen, §§ 71 Abs. 2, 72 Abs. 4 JGG.** Gemäß § 71 Abs. 2 JGG kann der Jugendrichter die einstweilige Unterbringung in einem geeigneten Heim der Jugendhilfe anordnen, wenn dies auch im Hinblick auf die zu erwartenden Maßnahmen geboten ist, um den Jugendlichen vor einer weiteren Gefährdung seiner Entwicklung, insb. vor der Begehung neuer Straftaten, zu bewahren. Gemäß § 72 Abs. 4 JGG kann unter denselben Voraussetzungen, unter denen ein Haftbefehl erlassen werden kann, auch die einstweilige Unterbringung in einem Heim der Jugendhilfe (§ 71 Abs. 2 JGG) angeordnet werden. Zur Erhebung der Unterbringungskosten → Rn 15.

VI. Weitere praktische Hinweise

19 **1. Vorschuss und Vorauszahlungspflicht.** Nach § 17 Abs. 4 S. 1 kann im Falle der antragsgemäßen Anordnung einer Haft (zB gem. § 890 ZPO; → Rn 4) für die Haftkosten kein Auslagenvorschuss nach § 17 Abs. 1 S. 1 erhoben werden. Auch eine Abhängigmachung von Haftkosten nach § 17 Abs. 1 S. 2 ist ausgeschlossen (→ § 17 Rn 50 f). In Strafsachen ist eine Vorschusserhebung für die Haftkosten gem. § 17 Abs. 4 S. 3 ausgeschlossen (→ § 17 Rn 52).

20 **2. Zuständigkeit zum Kostenansatz.** Die Zuständigkeit für den Ansatz der Auslagen nach Nr. 9011 KV richtet sich nach § 19 Abs. 2. Die Kosten der der Strafhaft oder der Vollstreckung einer Maßregel der Besserung und Sicherung erhebt gem. §§ 50 Abs. 1, 138 Abs. 2 StVollzG die **Justizvollzugsanstalt**. Die Strafvollzugsgesetze der Bundesländer (→ § 73 Rn 4 ff) enthalten ähnliche Regelungen.

21 **3. Sonstiges.** Es wird auf die praktischen Hinweise zu Nr. 9000–9007 KV verwiesen, die entsprechend gelten.

---

15 Vgl BVerfG NStZ-RR 1999, 255 = AGS 2000, 228; OLG Nürnberg NStZ-RR 1999, 190 = ZfStrVo 1999, 241; vgl BT-Drucks 14/6855, S. 32. **16** Vgl BVerfG NStZ-RR 1999, 255 = AGS 2000, 228; OLG Nürnberg NStZ-RR 1999, 190 = ZfStrVo 1999, 241. **17** Vgl BVerfG NStZ-RR 1999, 255 = AGS 2000, 228; OLG Nürnberg NStZ-RR 1999, 190 = ZfStrVo 1999, 241.

Nr.	Auslagentatbestand	Höhe
9012	Nach dem Auslandskostengesetz zu zahlende Beträge	in voller Höhe

Fassung ab 14.8.2018:

Nr.	Auslagentatbestand	Höhe
9012	Nach § 12 BGebG, dem 5. Abschnitt des Konsulargesetzes und der Besonderen Gebührenverordnung des Auswärtigen Amts nach § 22 Abs. 4 BGebG zu zahlende Beträge	in voller Höhe

I. Allgemeines

Die Kosten für Amtshandlungen der Auslandsvertretungen der Bundesrepublik Deutschland bestimmen sich nach dem **Auslandskostengesetz** (AKostG) vom 21.2.1978[1] iVm der **Auslandskostenverordnung** (AKostV) vom 20.12.2001.[2] Durch die zum 1.7.2004 durch das KostRMoG vom 5.5.2004 in das GKG eingefügte Nr. 9012 KV sind die nach dem AKostG zu zahlenden Beträge in voller Höhe als Auslagen beim Gerichtskostenansatz zu berücksichtigen. **1**

Der Auslagentatbestand erfasst die Kosten für eine **Amtshandlung einer deutschen Auslandsvertretung**. Für Amtshandlungen nach den §§ 1–17 des Gesetzes über die Konsularbeamten, ihre Aufgaben und Befugnisse (Konsulargesetz – KonsG) vom 11.9.1974[3] werden gem. § 1 Abs. 1 AKostG von den Vertretungen des Bundes im Ausland (**Auslandsvertretungen**) und den **Honorarkonsularbeamten** Kosten (Gebühren und Auslagen) erhoben. Für Amtshandlungen des **Auswärtigen Amtes** werden gem. § 1 Abs. 2 AKostG ebenfalls Kosten erhoben. Gemäß § 2 AKostG werden die gebührenpflichtigen Tatbestände und die Gebührensätze unter Berücksichtigung der §§ 3 und 4 AKostG durch die AKostV bestimmt. **2**

Nr. 9012 KV wird durch Art. 4 Abs. 47 des Gesetzes zur Strukturreform des Gebührenrechts des Bundes[4] mWz **14.8.2018** geändert. Anlass für die Änderung ist die Aufhebung des Auslandskostengesetzes durch Art. 4 Abs. 43 des vorgenannten Gesetzes. **3**

II. Zu zahlende Beträge

Die nach dem AKostG **zu zahlenden Beträge** (→ Nr. 9005 KV Rn 10) sind in voller Höhe als Auslagen beim Gerichtskostenansatz (§ 19) zu berücksichtigen. Die zu zahlenden Beträgen ergeben sich aus § 7 AKostG: **4**

Die Auslagen der **Auslandsvertretungen** und der **Honorarkonsularbeamten**, die im Zusammenhang mit den in § 1 Abs. 1 AKostG genannten Amtshandlungen entstehen (Amtshandlungen nach den §§ 1–17 KonsG), sind gem. § 7 Abs. 1 AKostG zu erstatten. Hierzu gehören Telefon-, Telefax- oder Portokosten und andere Auslagen. **5**

Die Auslagen für Amtshandlungen des **Auswärtigen Amtes** ergeben sich aus § 7 Abs. 2 AKostG. Hierzu gehören: Telefongebühren; Schreibauslagen für Ausfertigungen, Abschriften und Auszüge, die auf besonderen Antrag erteilt werden (deren Höhe bestimmt sich nach Nr. 31000 KV GNotKG); Aufwendungen für Übersetzungen, die auf besonderen Antrag gefertigt werden; Kosten für öffentliche Bekanntmachungen; in entsprechender Anwendung des JVEG zu zahlenden Beträge; die bei Geschäften außerhalb der Dienststelle den Verwaltungsangehörigen aufgrund gesetzlicher oder vertraglicher Bestimmungen gewährten Vergütungen (Reisekostenvergütung, Auslagenersatz) und die Kosten für die Bereitstellung von Räumen; Beträge, die anderen in- und ausländischen Behörden, öffentlichen Einrichtungen oder Beamten zustehen, und zwar auch dann, wenn aus Gründen der Gegenseitigkeit, der Verwaltungsvereinfachung und dergleichen an die Behörden, Einrichtungen oder Beamten keine Zahlungen zu leisten sind; die Kosten für die Beförderung von Sachen, mit Ausnahme der hierbei erwachsenden Postgebühren; und die Verwahrung von Sachen. **6**

Nach § 3 Abs. 3 KonsG (→ Rn 2) können sich Berufskonsularbeamte – soweit erforderlich – bei der Wahrnehmung ihrer Aufgaben in Rechtsangelegenheiten des Rates und der Hilfe eines im Empfangsstaat zugelassenen **Vertrauensanwalts** bedienen. Der Gesetzgeber geht in den Motiven zu Nr. 9012 KV davon aus, dass dessen Kosten nach Nr. 9012 KV als Auslagen erhoben werden können.[5] **7**

---

1 BGBl. 1978 I 301. **2** BGBl. 2001 I 4161. **3** BGBl. 1974 I 2317. **4** Vom 7.8.2013 (BGB. I S. 3154, 3204). **5** BT-Drucks 15/1971, S. 177; so auch *Meyer*, GKG Nr. 9012 KV Rn 70; *Hartmann*, KostG, Nr. 9012 KV Rn 1; *Oestreich/Hellstab/Trenkle*, Nr. 9012 KV Rn 1; aA *Binz/Dörndorfer/Zimmermann*, Nr. 9014 KV GKG Rn 1.

III. Weitere praktische Hinweise

8   Es wird auf die praktischen Hinweise zu Nr. 9000–9007 KV verwiesen, die entsprechend gelten.

Nr.	Auslagentatbestand	Höhe
9013	An deutsche Behörden für die Erfüllung von deren eigenen Aufgaben zu zahlende Gebühren sowie diejenigen Beträge, die diesen Behörden, öffentlichen Einrichtungen oder deren Bediensteten als Ersatz für Auslagen der in den Nummern 9000 bis 9011 bezeichneten Art zustehen .... Die als Ersatz für Auslagen angefallenen Beträge werden auch erhoben, wenn aus Gründen der Gegenseitigkeit, der Verwaltungsvereinfachung oder aus vergleichbaren Gründen keine Zahlungen zu leisten sind.	in voller Höhe, die Auslagen begrenzt durch die Höchstsätze für die Auslagen 9000 bis 9011

I. Allgemeines

1   Nr. 9013 KV betrifft

- **Gebühren**, die an deutsche Behörden für die Erfüllung von deren eigenen Aufgaben zu zahlen sind, sowie
- diejenigen Beträge, die diesen Behörden, öffentlichen Einrichtungen oder deren Bediensteten als **Ersatz für Auslagen** der in den Nr. 9000–9011 KV bezeichneten Art zustehen.

In **Familiensachen** gilt Nr. 2011 KV FamGKG, in Verfahren der **freiwilligen Gerichtsbarkeit** Nr. 31013 KV GNotKG.

2   Wenn Auslagen der in Nr. 9005 KV bezeichneten Art in einem gerichtlichen Verfahren einer deutschen Behörde (zB **Polizei**), einer öffentlichen Einrichtung oder Bediensteten (zB Gerichtsvollzieher) entstanden sind, werden diese iVm Nr. 9013 KV als Auslagen eingezogen. Sind Auslagen nach Nr. 9005 KV im **strafrechtlichen Ermittlungsverfahren** oder in dem dem gerichtlichen Bußgeldverfahren vorausgegangenen **Verfahren vor der Bußgeldbehörde** angefallen, werden diese nach Nr. 9015 bzw Nr. 9016 KV gegen den Kostenschuldner angesetzt.

3   Die an den **Insolvenzverwalter oder Zwangsverwalter** nach der Insolvenzrechtlichen Vergütungsverordnung (InsVV)[1] bzw nach § 17 der Zwangsverwalterverordnung (ZwVwV)[2] gezahlte Vergütung fällt nicht unter Nr. 9013 KV, weil diese keine Bediensteten von deutschen Behörden sind.

II. Gebühren und Auslagen

4   **1. Gebühren einer deutschen Behörde.** Nr. 9013 KV ermöglicht die Weitergabe von durch die Justiz verauslagten **Gebühren**, die an andere Behörden zu zahlen sind, an die Parteien und ist an Nr. 31013 KV GNotKG angepasst. Gebühren, die an deutsche Behörden für die Erfüllung von deren eigenen Aufgaben zu zahlen sind, können deshalb auf die Parteien abgewälzt werden.[3] Werden zB für die Einholung von **Personenstandsurkunden** oder **Melderegisterauskünften** zur eindeutigen Identifizierung einer Person Gebühren in Rechnung gestellt, können diese an den Kostenschuldner weitergegeben werden.[4]

5   Die Weiterberechnung von durch die Justiz an andere Behörden gezahlten Gebühren war vor der Änderung von Nr. 9013 KV zum 1.8.2013 durch das 2. KostRMoG ausgeschlossen, weil nur Beträge, die inländischen Behörden, öffentlichen Einrichtungen oder Bediensteten als Ersatz für **Auslagen** der **in den Nr. 9000–9011 KV bezeichneten Art** zustehen, in den Kostenansatz aufgenommen werden durften. Inländischen Stellen zustehende Beträge konnten nur insoweit erhoben werden, als es sich um Auslagen der in Nr. 9000–9011 KV bezeichneten Art handelte. An inländische Stellen aufgrund des Verwaltungskostengesetzes (VwKostG)[5] (ab 15.8.2013: Bundesgebührengesetz – BGebG) bzw einer **Gebührenordnung** oder einer **Gebührensatzung** einer Behörde oder Gemeinde zu zahlende Beträge durften deshalb nicht vom Kostenschuldner erhoben werden.[6]

---

1 Vom 19.8.1998 (BGBl. I 2205). **2** Vom 19.12.2003 (BGBl. I 2804). **3** Vgl BT-Drucks 17/11471, S. 374, 386: Auskünfte aus den Personenstandsregistern, die bei den Stadtarchiven aufgrund einer Gebührensatzung mit Benutzungsgebühren verbunden sein können. **4** BT-Drucks 17/11471, S. 374, 386. **5** Vom 23.6.1970 (BGBl. I 821), aufgehoben durch Art. 5 Abs. 1 S. 2 des Gesetzes zur Strukturreform des Gebührenrechts des Bundes v. 7.8.2013 (BGBl. I 3154, 3211). Nachfolgegesetz ab 15.8.2013: Gesetz über Gebühren und Auslagen des Bundes (Bundesgebührengesetz – BGebG) v. 7.8.2013 (BGBl. I 3154), verkündet als Art. 1 des vorgenannten Gesetzes. **6** OLG Celle NdsRpfl 1984, 263; *Oestreich/Hellstab/Trenkle*, GKG Nr. 9013 KV Rn 3.

2. Auslagen. Nr. 9013 KV erfasst (weiterhin) die Beträge, die deutschen Behörden, öffentlichen Einrichtun- 6
gen oder deren Bediensteten als Ersatz für **Auslagen** der in den Nr. 9000–9011 KV bezeichneten Art zustehen. Hierzu gehören zB die an öffentliche technische Anstalten oder sonstige Fachbehörden und Einrichtungen für Auskünfte und Gutachten zu zahlenden Beträge, sofern sie nicht als Sachverständigenkosten unter Nr. 9005 KV fallen.[7] Auslagen, die nicht als Ersatz für Auslagen der in Nr. 9000–9011 KV bezeichneten
Art anzusehen sind, können dem Kostenschuldner nicht in Rechnung gestellt werden. Auslagen können
deshalb nach Nr. 9013 KV nur insoweit an den Kostenschuldner weitergegeben werden, als sie den nach
Nr. 9000–9011 KV zu erhebenden Auslagen entsprechen. Ist diese Voraussetzung erfüllt, können sie höchstens mit den in Nr. 9000–9011 KV vorgesehenen Höchstsätzen in den Kostenansatz übernommen werden.

III. Zu zahlende Gebühren

Nach dem Wortlaut von Nr. 9013 KV werden die an deutsche Behörden für die Erfüllung von deren eige- 7
nen Aufgaben **zu zahlenden Gebühren** dem Kostenschuldner weiterberechnet. Die Gebühren können deshalb dem Kostenschuldner auch dann in Rechnung gestellt werden, wenn sie von der Staatskasse (noch)
nicht verauslagt worden sind. Hat die Behörde die Beträge noch nicht mitgeteilt, muss der Kostenbeamte
schon zur Vermeidung des Nachforderungsverbots (§ 20) nachfragen.[8]

Es sind nicht die tatsächlich gezahlten, sondern die Beträge in Rechnung zu stellen, die an die Behörde nach 8
der einschlägigen gesetzlichen Regelung oder einer Gebührenordnung bzw Gebührensatzung zu zahlen
sind. Deshalb kommt es darauf an, welche Gebühren gezahlt werden **müssen** oder **mussten**.[9]

IV. Gegenseitigkeit (Anm.)

Die als Ersatz für **Auslagen** (nicht: Gebühren) anfallenden Beträge sind nach der **Anmerkung** zu Nr. 9013 9
KV auch anzusetzen, wenn aus Gründen der Gegenseitigkeit, der Verwaltungsvereinfachung oder aus ver-
gleichbaren Gründen keine Zahlungen zu leisten sind. Insoweit wird auf die Erl. in → Nr. 9005 KV
Rn 25 ff verwiesen, die entsprechend gelten.

V. Höhe

1. Gebühren einer deutschen Behörde. Die an deutsche Behörden für die Erfüllung von deren eigenen Auf- 10
gaben zu zahlenden **Gebühren** trägt der Kostenschuldner **in voller Höhe**. Maßgebend ist deshalb der Betrag, der zB nach dem Bundesgebührengesetz (BGebG; → Rn 5) oder einer Gebührensatzung bzw Gebührenordnung an die Behörde zu zahlen ist (s. auch → Rn 5).

2. Auslagen. Die deutschen Behörden, öffentlichen Einrichtungen oder deren Bediensteten als Ersatz für 11
Auslagen der in den Nr. 9000–9011 KV bezeichneten Art zustehenden Beträge sind grds. ebenfalls in voller
Höhe, allerdings begrenzt durch die Höchstsätze für die Auslagen Nr. 9000–9011 KV, dem Kostenschuld-
ner in Rechnung zu stellen. Die in Nr. 9000–9011 KV geregelten Höchstbeträge bilden daher auch die
Höchstgrenze für die nach Nr. 9013 KV zu erhebenden Auslagen. Nr. 9013 KV enthält damit keine Rechts-
grundverweisung auf das JVEG.[10] Die Auslagen der deutschen Behörde pp, deren Höhe zB im BGebG, in
einer Gebührensatzung oder in einer Gebührenordnung geregelt sind, müssen deshalb vor Aufnahme in den
Kostenansatz mit den sich aus Nr. 9000–9011 KV ergebenden Höchstbeträgen verglichen werden (→
Nr. 9005 KV Rn 11, 28). Der Ansatz der Auslagen ist mit der **Erinnerung** gem. § 66 anfechtbar (→
Nr. 9005 KV Rn 28).

VI. Einzelfälle

1. Auslagen von Finanzbehörden, § 5 Abs. 4 KostVfg. Wenn das Gericht in einem Strafverfahren wegen 12
einer **Steuerstraftat** auf eine Strafe oder Maßnahme oder in einem Bußgeldverfahren wegen einer **Steuerordnungswidrigkeit** auf eine Geldbuße oder Nebenfolge erkennt, so gehören zu den Kosten des gerichtlichen
Verfahrens die Auslagen, die einer **Finanzbehörde** bei der Untersuchung und bei der Teilnahme am gerichtlichen Verfahren entstanden sind (§ 5 Abs. 4 S. 1 KostVfg). Diese Auslagen sind nicht nach § 464 b StPO
festzusetzen, sondern als Gerichtskosten zu berechnen und einzuziehen (§ 5 Abs. 4 S. 2 KostVfg). Soweit die
Auslagen bei einer **Bundesfinanzbehörde** entstanden sind, werden sie als **durchlaufende Gelder** behandelt
und an sie abgeführt (vgl § 24 Abs. 7, § 32 KostVfg), wenn sie den Betrag von 25 € übersteigen (§ 5 Abs. 4
S. 3 KostVfg). An die **Landesfinanzbehörden** werden eingezogene Beträge nicht abgeführt (§ 5 Abs. 4 S. 4
KostVfg).

---

7 *Meyer*, GKG Nr. 9013 KV Rn 71. **8** *Meyer*, GKG Nr. 9013 KV Rn 72. **9** Vgl zu Nr. 9005 KV OLGR Düsseldorf 2005, 485;
OLG Hamm AnwBl 2003, 252 = OLGR Hamm 2002, 263; OLG Düsseldorf AnwBl 1989, 237; OLG Schleswig MDR 1985,
80. **10** OLG Braunschweig 23.5.2013 – 1 Ws 59/13, JurionRS 2013, 48162.

13   **2. Polizei.** Auch wenn für Auslagen an die Polizei keine Zahlungen zu leisten sind, werden die Beträge nach der Anm. zu Nr. 9013 KV gleichwohl als Auslagen erhoben. Insoweit wird auf die Erl. in → Nr. 9005 KV Rn 25 ff verwiesen, die entsprechend gelten. Nr. 9013 KV ist insb. anzuwenden, wenn die Polizei während des Ermittlungsverfahrens **aus eigenem Entschluss** zur Vorbereitung der öffentlichen Klage Straftaten erforscht und zB einen Auftrag für ein Sachverständigengutachten erteilt.[11] Sind die Auslagen der Polizei im Übrigen durch die Vorbereitung der öffentlichen Klage entstanden, gilt Nr. 9015 KV.

14   **3. Entschädigung Dritter.** Beträge, die durch die Justiz an die in § 23 JVEG genannten Dritten gezahlt werden, sind nach Nr. 9005 KV vom Kostenschuldner einzuziehen (→ Nr. 9005 KV Rn 5).

15   **4. Unterbringung nach PsychKG.** Kosten der Unterbringung nach den PsychKG der Länder sind über Nr. 9013 KV als Auslagen vom Kostenschuldner einzuziehen (zur Abgrenzung vgl Nr. 9011 KV).[12]

16   **5. Gerichtsvollzieherkosten. a) Auftrag des Gerichts.** Wird dem Gerichtsvollzieher ein Auftrag vom Gericht erteilt, muss das Gericht (Land) dem Gerichtsvollzieher gem. § 2 Abs. 1 GvKostG wegen Kostenfreiheit keine nach dem GvKostG berechneten Kosten zahlen. Dem Gerichtsvollzieher werden gem. § 7 Abs. 3 S. 1 GVO[13] seine Auslagen nach Nr. 701–713 KV GvKostG mit Ausnahme der Wegegelder (Nr. 711 KV GvKostG) und der Reisekosten (Nr. 712 KV GvKostG) aus der Landeskasse ersetzt (vgl § 56 GVO: Festsetzung durch die Dienstbehörde). Unabhängig davon ordnet § 13 Abs. 3 GVO an, dass die Gerichtsvollzieherkosten bei Aufträgen des Gerichts als Auslagen des gerichtlichen Verfahrens gelten. Deshalb muss der Gerichtsvollzieher nach Nr. 6 Abs. 2 DB-GvKostG[14] die **nicht bezahlten** Gerichtsvollzieherkosten ohne Rücksicht auf die aus der Landeskasse ersetzten Beträge (§ 7 Abs. 3 GVO) dem Gericht mitteilen, das die Sache bearbeitet hat (vgl § 57 GVO).

17   Die anlässlich des gerichtlichen Auftrags angefallenen Gerichtsvollzieherkosten werden in der Kostenrechnung gem. § 19 KostVfg anschließend als Auslagen des gerichtlichen Verfahrens nach **Nr. 9013 KV** angesetzt, sofern der Gerichtsvollzieher nicht angezeigt hat, dass er sie eingezogen hat. Gemäß § 24 Abs. 7 S. 2 KostVfg ist der Gerichtsvollzieher in der Urschrift der Kostenrechnung als empfangsberechtigt zu bezeichnen; bei den Gerichtsvollzieherkosten handelt es sich um **durchlaufende Gelder.** Stellt der Kostenbeamte fest, dass die Gerichtsvollzieherkosten gezahlt sind, hat er gem. § 32 Abs. 1 KostVfg eine Auszahlungsanordnung für den Gerichtsvollzieher zu erteilen und die Kosten an den Gerichtsvollzieher abzuführen (§ 58 S. 1 GVO). Dieser behandelt die Beträge so, als ob er sie selbst eingezogen hätte (§ 58 S. 2 GVO).

18   **b) Prozess- oder Verfahrenskostenhilfe.** Seine Kosten kann der Gerichtsvollzieher gem. § 122 Abs. 1 Nr. 1 Buchst. a ZPO nicht erheben, wenn dem Kostenschuldner (auch) insoweit PKH bewilligt worden ist. Dem Gerichtsvollzieher werden aber seine Auslagen nach Nr. 701–713 KV GvKostG aus der Landeskasse ersetzt (vgl dazu § 7 Abs. 3 S. 3 GVO).

Können die Gerichtsvollzieherkosten wegen Bewilligung von PKH auch vom Auftraggeber nicht erhoben werden, so teilt der Gerichtsvollzieher nach Nr. 6 Abs. 2 S. 1 DB-GvKostG[15] die nicht bezahlten Kosten ohne Rücksicht auf die aus der Landeskasse ersetzten Beträge (§ 7 Abs. 3 GVO) dem Gericht mit, das die Sache bearbeitet hat (vgl § 57 GVO). Kommt es später zu einem Kostenansatz gegen die PKH-Partei, zB im Rahmen einer Entscheidung gem. § 120 a ZPO wegen wesentlicher Verbesserung der wirtschaftlichen Verhältnisse der Partei, werden die vom Gerichtsvollzieher mitgeteilten Kosten beim Kostenansatz wie sonstige Gerichtskosten behandelt.[16] Werden diese Gerichtsvollzieherkosten nachträglich von der PKH-Partei eingezogen, werden sie aber – anders als bei Aufträgen des Gerichts – nicht an den Gerichtsvollzieher abgeführt, sondern verbleiben nach § 58 S. 3 GVO in voller Höhe der Landeskasse.

19   **c) Vollstreckung von Entscheidungen in Straf- und Bußgeldsachen über den Verfall, die Einziehung und die Unbrauchbarmachung von Sachen.** Nach § 198 Abs. 3 S. 2 GVGA[17] kann die Vollstreckungsbehörde den Gerichtsvollzieher mit der **Wegnahme** (§ 459 g Abs. 1 StPO) von Sachen, auf deren Verfall, Einziehung oder Unbrauchbarmachung erkannt ist, beauftragen. Ferner kann sie den Gerichtsvollzieher nach § 198 Abs. 4 S. 1 GVGA aufgrund eines schriftlichen Auftrags mit der **öffentlichen Versteigerung** und idR auch mit dem **freihändigen Verkauf** verfallener oder eingezogener Sachen beauftragen. Gemäß § 198 Abs. 4 S. 3 GVGA

---

11 OLG Braunschweig 23.5.2013 – 1 Ws 59/13, JurionRS 2013, 48162.   **12** *Oestreich/Hellstab/Trenkle*, GKG Nr. 9013 KV Rn 2.   **13** Gerichtsvollzieherordnung (GVO), vgl zB für NRW die von den Landesjustizverwaltungen beschlossene bundeseinheitliche Neufassung: AV d. JM v. 9.8.2013 (2344 - Z. 124.2) - JMBl. NRW S. 211.   **14** Bundeseinheitliche Durchführungsbestimmungen zum Gerichtsvollzieherkostengesetz (DB-GvKostG), vgl zB für NRW: AV d. JM v. 25.5.2001 (5653 - I B. 7) - JMBl. NRW S. 149 - idF v. 20.12.2013 (5653 - Z. 7).   **15** Bundeseinheitliche Durchführungsbestimmungen zum Gerichtsvollzieherkostengesetz (DB-GvKostG), vgl zB für NRW: AV d. JM v. 25.5.2001 (5653 - I B. 7) - JMBl. NRW S. 149 - idF v. 20.12.2013 (5653 - Z. 7).   **16** Vgl Nr. 5.2 der Durchführungsbestimmungen zur Prozess- und Verfahrenskostenhilfe sowie zur Stundung der Kosten des Insolvenzverfahrens (DB-PKH), vgl zB für NRW: AV d. JM v. 30.10.2001 (5603 - I B. 92) - JMBl. NRW S. 271 idF v. 14.10.2015 - JMBl. NRW S. 363.   **17** Geschäftsanweisung für Gerichtsvollzieher (GVGA), vgl zB für NRW die von den Landesjustizverwaltungen beschlossene bundeseinheitliche Neufassung: AV d. JM v. 9.8.2013 (2344 - Z. 124.1) - JMBl. NRW S. 210, in Kraft getreten am 1.9.2013.

erfolgt die Versteigerung nach den Bestimmungen für freiwillige Versteigerungen und der freihändige Verkauf nach den Bestimmungen für freihändige Verkäufe. Nach § 195 Abs. 2 S. 1 GVGA händigt der Gerichtsvollzieher den Versteigerungserlös dem Auftraggeber **nach Abzug der Kosten** unverzüglich nach Beendigung der Versteigerung aus. Nach § 186 Abs. 1 S. 1 GVGA führt der Gerichtsvollzieher den Erlös der Versteigerung oder des freihändigen Verkaufs **nach Abzug der Gerichtsvollzieherkosten** unverzüglich an den Auftraggeber ab. Ein Kostenansatz nach Nr. 9013 KV kommt deshalb insoweit nicht in Betracht.

VII. Weitere praktische Hinweise

Es wird auf die praktischen Hinweise zu Nr. 9000–9007 KV verwiesen, die entsprechend gelten.   20

Nr.	Auslagentatbestand	Höhe
9014	Beträge, die ausländischen Behörden, Einrichtungen oder Personen im Ausland zustehen, sowie Kosten des Rechtshilfeverkehrs mit dem Ausland ..... Die Beträge werden auch erhoben, wenn aus Gründen der Gegenseitigkeit, der Verwaltungsvereinfachung oder aus vergleichbaren Gründen keine Zahlungen zu leisten sind.	in voller Höhe

I. Allgemeines

Nach Nr. 9014 KV werden dem Kostenschuldner Beträge, die ausländischen Behörden, Einrichtungen oder   1
Personen im Ausland zustehen, sowie Kosten des Rechtshilfeverkehrs mit dem Ausland in voller Höhe als Auslagen in Rechnung gestellt. Das Auswärtige Amt und die deutschen Auslandsvertretungen erheben für ihre Tätigkeit bei der Erledigung von Zustellungsanträgen und Rechtshilfeersuchen Gebühren und Auslagen nach dem **Auslandskostengesetz (AKostG)**[1] und nach der **Auslandskostenverordnung (AKostV)**.[2] Nach dem Auslandskostengesetz bzw der Auslandskostenverordnung zu zahlende Beträge fallen **vorrangig** unter **Nr. 9012 KV.**

II. Ausländische Behörden, Einrichtungen oder Personen

Von Nr. 9014 KV werden zB die Kosten für ein von einer ausländischen Behörde oder Einrichtung erstelltes   2
Gutachten erfasst.[3] Hierzu kann es zB in einem Entschädigungsverfahren nach dem Bundesentschädigungsgesetz (BEG)[4] kommen.

Erfasst sind auch Kosten, die für eine **Zustellung ins Ausland** an eine ausländische Behörde oder an einen   3
ausländischen Gerichtsvollzieher zu zahlen sind (→ Rn 11). Nach Art. 11 Abs. 2 EG-Zustellungsverordnung (EuZVO)[5] können im **unionsrechtlichen und vertraglichen Rechtshilfeverkehr**[6] insb. ausländische Gerichtsvollzieher für die Erledigung von Zustellungsanträgen Kostenvorschüsse bzw Erstattung ihrer Kosten verlangen. Nach Art. 18 EG-Beweisaufnahmeverordnung (EuBVO)[7] sind Aufwendungen für Sachverständige und Dolmetscher sowie Auslagen, die durch Erledigung in besonderer Form oder durch Bild- oder Tonübertragung (Video- und Telefonkonferenzen) entstehen, zu erstatten. Im Übrigen darf die Erstattung von Gebühren und Auslagen nicht verlangt werden (vgl § 79 Abs. 1 und 2 ZRHO).

Für den **vertraglosen Rechtshilfeverkehr** ergibt sich aus dem Länderteil zur ZRHO, inwieweit die ausländi-   4
schen Stellen die Erstattung von Kosten verlangen. Ist in dem Länderteil nichts Besonderes vermerkt, so liegen keine Erkenntnisse vor. In solchen Fällen ist eine Anforderung von Kosten nicht ausgeschlossen (vgl § 80 ZRHO).

---

1 Vom 21.2.1978 (BGBl. I 301). **2** Vom 20.12.2001 (BGBl. I 4161). **3** Binz/Dörndorfer/*Zimmermann*, Nr. 9014 KV GKG Rn 1; *Oestreich/Hellstab/Trenkle*, GKG Nr. 9014 KV Rn 2. **4** Bundesgesetz zur Entschädigung für Opfer der nationalsozialistischen Verfolgung (Bundesentschädigungsgesetz – BEG) in der im BGBl. Teil III, Gliederungsnummer 251-1, veröffentlichten bereinigten Fassung, zul. geänd. d. Art. 21 Abs. 2 G v. 29.6.2015 (BGBl. I 1042). **5** Verordnung (EG) Nr. 1393/2007 des Europäischen Parlaments und des Rates vom 13. November 2007 über die Zustellung gerichtlicher und außergerichtlicher Schriftstücke in Zivil- oder Handelssachen in den Mitgliedstaaten (Zustellung von Schriftstücken) und zur Aufhebung der Verordnung (EG) Nr. 1348/2000 des Rates (ABl. Nr. L 324 v. 10.12.2007, S. 79). **6** Binz/Dörndorfer/*Zimmermann*, Nr. 9014 KV GKG Rn 2. **7** Verordnung (EG) Nr. 1206/2001 des Rates vom 28. Mai 2001 über die Zusammenarbeit zwischen den Gerichten der Mitgliedstaaten auf dem Gebiet der Beweisaufnahme in Zivil- oder Handelssachen (ABl. Nr. L 174 v. 27.6.2001, S. 1).

III. Kosten des Rechtshilfeverkehrs mit dem Ausland

5 Unter den Auslagentatbestand fallen auch die Kosten (zB inländischer Behörden) für den Rechtshilfeverkehr mit dem Ausland.[8] Deshalb ist zB die im Einzelfall zu erhebende Gebühr nach Nr. 1320 KV JVKostG iHv 15 € bis 55 € für die Prüfung von Rechtshilfeersuchen in das Ausland[9] nach Festsetzung durch die Prüfungsstelle (§ 9 ZRHO) der ersuchenden Behörde zur Übernahme in den Kostenansatz mitzuteilen (§ 75 ZRHO).[10]

6 Soweit im Rahmen des Rechtshilfeverkehrs mit dem Ausland Rechtshilfeersuchen zu übersetzen sind, wird der vom Gericht zugezogene **Übersetzer** nach dem JVEG vergütet (vgl § 1 JVEG). Die Übersetzerkosten fallen deshalb unter Nr. 9005 KV. Es kommt für die Aufnahme von Übersetzungskosten in den Kostenansatz im Übrigen nicht darauf an, ob die Übersetzung für den Kostenschuldner erforderlich gewesen ist. Maßgebend ist vielmehr, ob die den Rechtshilfeverkehr regelnden Bestimmungen eine Übersetzung verlangen.[11]

IV. Gegenseitigkeit (Anm.)

7 Die Beträge sind nach der **Anmerkung** zu Nr. 9014 KV auch anzusetzen, wenn aus Gründen der Gegenseitigkeit, der Verwaltungsvereinfachung oder aus vergleichbaren Gründen keine Zahlungen zu leisten sind. Diese Regelung ist zB für die von den Prüfungsstellen festgesetzte und mitgeteilte Prüfgebühr nach Nr. 1320 KV JVKostG (→ Rn 5) von Bedeutung. Denn Prüfungsstellen sind gem. § 9 Abs. 2 ZRHO für die Landgerichte und Amtsgerichte die Präsidenten der Landgerichte; an ihre Stelle treten für die Amtsgerichte die Präsidenten der Amtsgerichte, wenn sie die Dienstaufsicht über ein Amtsgericht ausüben; für die Oberlandesgerichte nehmen die Präsidenten dieser Gerichte die Aufgaben der Prüfungsstelle wahr. Eine tatsächliche Zahlung der Prüfgebühr zB durch die ersuchende Zivilkammer des Landgerichts an die Prüfungsstelle des Präsidenten des Landgerichts findet nicht statt, ist aber aufgrund der Anm. zu Nr. 9014 KV für den Kostenansatz auch nicht erforderlich. Es wird iÜ auf die Erl. in → Nr. 9005 KV Rn 25 ff verwiesen, die entsprechend gelten.

V. Höhe

8 **1. Keine Begrenzung der ausländischen Kosten.** Anders als bei Nr. 9013 KV sind die in Rechnung zu stellenden Beträge nicht durch die Höchstsätze für die Auslagen nach Nr. 9000–9011 KV begrenzt. Im Rahmen von Nr. 9014 KV werden die Beträge in voller Höhe angesetzt. Das ist auch sachgerecht, weil sich die ausländischen Stellen bei ihren Forderungen nicht auf die Auslagen nach Nr. 9000–9011 KV beschränken müssen.

9 **2. Prüfungspflicht des Gerichts. a) Anfechtung mit der Erinnerung gem. § 66.** Allerdings dürfte die Möglichkeit, die ausländischen Behörden, Einrichtungen oder Personen im Ausland zustehenden Beträge dem Kostenschuldner nach Nr. 9014 KV in voller Höhe in Rechnung stellen zu können, den zuständigen Bediensteten des Gerichts nicht von der Verpflichtung entheben dürfen, darauf zu achten, nur die in zwischenstaatlichen Vereinbarungen vorgesehenen Beträge an die ausländische Stelle zu zahlen. Zwar können die von den ausländischen Stellen mitgeteilten und in den Kostenansatz übernommenen Beträge vom Kostenschuldner grds. nicht mit der **Erinnerung gem. § 66** angefochten werden.[12] Ob das aber auch dann gilt, wenn das Gericht überhöhte Kosten ohne mögliche und zumutbare Prüfung gezahlt hat, kann aber im Einzelfall fraglich sein.[13]

10 **b) Von den EU-Mitgliedstaaten festgelegte Beträge.** Kosten für eine Zustellung ins Ausland werden nach Maßgabe des Art. 11 Abs. 2 EuZVO und Art. 18 EuBVO erstattet. Nach Art. 11 Abs. 2 EuZVO darf für die Zustellung gerichtlicher Schriftstücke aus einem anderen Mitgliedstaat keine Zahlung oder Erstattung von Gebühren und Auslagen für die Tätigkeit des Empfangsmitgliedstaates verlangt werden. Der Antragsteller hat jedoch die Auslagen zu zahlen oder zu erstatten, die dadurch entstehen, dass bei der Zustellung eine Amtsperson oder eine andere nach dem Recht des Empfangsmitgliedstaates zuständige Person mitwirkt oder dass ein besonderes Verfahren der Zustellung gewählt wird. Auslagen, die dadurch entstehen, dass bei der Zustellung eine Amtsperson oder eine andere nach dem Recht des Empfangsmitgliedstaates zuständige Person mitwirkt, müssen einer von diesem Mitgliedstaat nach den Grundsätzen der Verhältnismäßigkeit und der Nichtdiskriminierung im Voraus festgesetzten einheitlichen Festgebühr entsprechen. Die Mitgliedstaaten teilen der Kommission die **jeweiligen Festgebühren** mit.

---

8 *Binz/Dörndorfer/Zimmermann,* Nr. 9014 KV GKG Rn 3. **9** Vgl bis zum 30.6.2013: Nr. 200 Gebührenverzeichnis zur JVKostO: 10 € bis 50 €. **10** OLG Brandenburg 19.7.2012 – 15 WF 146/12, juris. **11** OLG Brandenburg 19.7.2012 – 15 WF 146/12, juris. **12** *Oestreich/Hellstab/Trenkle,* GKG, Nr. 9014 KV Rn 2. **13** Vgl auch OLG Brandenburg 19.7.2012 – 15 WF 146/12, juris.

Die Erklärungen der Mitgliedstaaten zur Höhe der anfallenden Kosten und zur Art ihrer Entrichtung ist   11
über den **Europäischen Gerichtsatlas für Zivilsachen**[14] abrufbar. Beispielsweise beläuft sich nach Art. 11 der
Mitteilung **Frankreichs**[15] die pauschale Festgebühr für das Tätigwerden eines Gerichtsvollziehers auf 50 €.
In den **Niederlanden** beträgt die Festgebühr für die Mitwirkung eines Gerichtsvollziehers oder einer nach
dem Recht des Empfangsmitgliedstaates zuständigen Person 65 €.[16] **Belgien** hat erklärt, dass die Kosten der
Zustellung durch den belgischen Gerichtsvollzieher (*Gerechtsdeurwaarder/Huissier*) fest 135 € betragen
(vgl Art. 11 des Europäischen Gerichtsatlas für Zivilsachen).[17] Die Geltendmachung der auf die Festgebühr
ggf entfallenden nationalen Steuern (zB Belgien: BTW oder TVA) dürfte durch diese Bestimmungen aber
nicht ausgeschlossen sein. Denn diese wird nicht als Entgelt für die Zustellungsleistung verlangt.

VI. Weitere praktische Hinweise

Es wird auf die praktischen Hinweise zu Nr. 9000–9007 KV verwiesen, die entsprechend gelten.   12

Nr.	Auslagentatbestand	Höhe
9015	Auslagen der in den Nummern 9000 bis 9014 bezeichneten Art, soweit sie durch die Vorbereitung der öffentlichen Klage entstanden sind	begrenzt durch die Höchstsätze für die Auslagen 9000 bis 9013

I. Allgemeines

Nach Nr. 9015 KV werden Auslagen erhoben, die in Strafsachen durch die Vorbereitung der öffentlichen   1
Klage (Anklage), also im **Ermittlungsverfahren**, angefallen sind. Der Auslagentatbestand steht im Zusammenhang mit § 464 a Abs. 1 S. 1 und 2 StPO. Dort ist bestimmt, dass Kosten des Verfahrens die Gebühren
und Auslagen der Staatskasse sind, zu denen auch die durch die Vorbereitung der öffentlichen Klage entstandenen Kosten gehören. Nr. 9015 KV ist somit Grundlage für den Ansatz der Auslagen des Ermittlungsverfahrens in der Kostenrechnung. Nr. 9015 KV enthält keine Rechtsgrundverweisung auf das JVEG, sondern lediglich eine Höchstbetragsregelung.[1]

II. Anwendungsbereich

Unter § 464 a Abs. 1 S. 2 StPO fallen insb. Aufwendungen **aller Behörden**, die vor Anklageerhebung im   2
Rahmen der Strafverfolgung tätig geworden sind, zB Reisekosten der im Ermittlungsverfahren im Auftrag
der Staatsanwaltschaft tätig gewordenen Zollfahndung,[2] Auslagen der Steuerfahndung im Ermittlungsverfahren[3] sowie im Ermittlungsverfahren angefallene Dolmetscherkosten.[4] Von Nr. 9015 KV werden die
durch die **Tataufklärung** (auch in sich nicht bestätigender Verdachtsrichtung),[5] **Täterergreifung** und zur
Aufklärung der Tatbeteiligung des Angeklagten angefallenen Auslagen erfasst.[6]
Zu den durch die **Vorbereitung der öffentlichen Klage entstandenen Kosten** iSv Nr. 9015 KV gehören nach   3
§ 5 Abs. 3 KostVfg auch

■ die Auslagen, die der Polizei bei der **Ausführung von Ersuchen des Gerichts oder der Staatsanwaltschaft**, bei der Tätigkeit der Polizeibeamten **als Hilfsbeamte der Staatsanwaltschaft** und in den Fällen
  entstehen, in denen die Polizei nach § 163 StPO **aus eigenem Entschluss Straftaten erforscht** (§ 5 Abs. 3
  Nr. 1 KostVfg),

■ Auslagen, die den zuständigen **Verwaltungsbehörden als Verfolgungsorganen in Strafsachen** erwachsen
  sind (vgl § 5 Abs. 3 Nr. 2 KostVfg).

Wenn das Gericht in einem Strafverfahren wegen einer Steuerstraftat auf eine Strafe oder Maßnahme er-   4
kennt, so gehören zu den Kosten des gerichtlichen Verfahrens gem. § 5 Abs. 4 S. 1 KostVfg die Auslagen,
die einer **Finanzbehörde** bei der Untersuchung und bei der Teilnahme am gerichtlichen Verfahren entstan-

---

14 S. http://ec.europa.eu/justice_home/judicialatlascivil/html/index_de.htm. 15 S. http://ec.europa.eu/justice_home/judicialatlascivil
/html/ds_otherinfostate_fr_de.jsp#ds_otherinfostate5. 16 S. http://ec.europa.eu/justice_home/judicialatlascivil/html/ds_otherinfost
ate_nl_de.jsp#ds_otherinfostate5. 17 S. http://ec.europa.eu/justice_home/judicialatlascivil/html/ds_otherinfostate_be_de.jsp#ds_ot
herinfostate5. **1** OLG Braunschweig 23.5.2013 – 1 Ws 59/13, JurionRS 2013, 48162. **2** OLG Koblenz NStZ-RR 1996, 64.
3 OLG Koblenz NStZ 1995, 563 = NStZ-RR 1996, 63. **4** OLG Schleswig SchlHA 2003, 206. **5** OLG Schleswig, SchlHA 2003,
206. **6** Vgl hierzu BGH NJW 2000, 1128 = AGS 2000, 231; KG NStZ-RR 2009, 190 = RVGreport 2009, 237; OLG Koblenz
21.1.2010 – 2 Ws 21/10, JurionRS 2010, 23323; OLG Köln StV 2005, 279.

den sind. Diese Auslagen sind insb. nicht im Kostenfestsetzungsverfahren nach § 464 b StPO festzusetzen, sondern als Gerichtskosten zu berechnen und einzuziehen (§ 5 Abs. 4 S. 2 KostVfg). Sind von der Ermittlungsbehörde bei Sicherstellung bzw Beschlagnahme von Beweismitteln im Rahmen einer Durchsuchung antragsgemäß Kopien der sichergestellten Unterlagen für den Beschuldigten gefertigt worden, werden diese Kopien dem Beschuldigten bei rechtskräftiger Verurteilung als Dokumentenpauschale nach Nr. 9015, 9000 KV in Rechnung gestellt.[7]

III. Verhältnis zu Nr. 9005 KV

5   Sind Auslagen der in Nr. 9005 KV bezeichneten Art im **strafrechtlichen Ermittlungsverfahren** angefallen, werden diese über Nr. 9015 KV gegen den Kostenschuldner angesetzt. Nr. 9005 KV gilt unmittelbar nur für die in einem gerichtlichen Verfahren anfallenden und vom Gericht an die Anspruchsberechtigten (§ 1 JVEG) gezahlten JVEG-Beträge (→ Nr. 9005 KV Rn 1).

IV. Auslagen

6   **1. Auslagen der in Nr. 9000–9014 KV bezeichneten Art.** Grundlage für den Ansatz der Auslagen des Ermittlungsverfahrens in der Kostenrechnung ist Nr. 9015 KV. Danach sind nur Auslagen der in den Nr. 9000–9014 KV bezeichneten Art zu erheben, soweit sie durch die Vorbereitung der öffentlichen Klage entstanden sind. Auslagen, die nicht als Auslagen der in Nr. 9000–9014 KV bezeichneten Art anzusehen sind, können dem Kostenschuldner nicht in Rechnung gestellt werden. Auslagen des Ermittlungsverfahrens können deshalb nach Nr. 9015 KV nur insoweit an den Kostenschuldner weitergegeben werden, als sie den nach Nr. 9000–9014 KV zu erhebenden Auslagen entsprechen. Über Nr. 9015 KV können daher zB die Aufwendungen der Polizei für allgemeine Geschäftsbedürfnisse, für die Unterhaltung und den Ersatz von Ausrüstungsgegenständen sowie Haft- und Verpflegungskosten für von der Polizei vorläufig festgenommene Personen nicht in Rechnung gestellt werden.[8]

7   Kosten, die im Ermittlungsverfahren an **Telekommunikationsunternehmen** bei der **Telefonüberwachung** gezahlt werden, fallen unter Nr. 9015 KV. Diese Beträge werden ebenfalls über Nr. 9015 KV als Auslagen vom Verurteilten eingezogen, allerdings begrenzt auf die nach § 23 JVEG zu zahlenden Beträge.[9] Der Kostenschuldner haftet aber nicht für die Kosten der Hilfsmittel, die für die Durchführung der Telefonüberwachung beschafft wurden (Mietkosten der Polizei für Computeranlage).[10] Die Kosten einer Telefonüberwachung hat der Verurteilte nicht zu tragen, wenn eine groß angelegte Telefonüberwachung gerade nicht den Ermittlungen gegen den Verurteilten, sondern der Feststellung der organisatorischen Struktur einer Bande diente, um Hintermänner zu ermitteln und ihnen Straftaten nachzuweisen.[11] Zu den im Rahmen der Telefonüberwachung anfallenden **Dolmetscher- bzw Übersetzerkosten** → Nr. 9005 KV Rn 51. Im Übrigen wird auf die Erl. zu Nr. 9000–9014 KV, insb. in → Nr. 9005 KV Rn 25 ff, verwiesen. Zu **Abschleppkosten** → Nr. 9009 KV Rn 3.

8   **2. Höhe der Auslagen.** Handelt es sich um Auslagen der in Nr. 9000–9014 KV bezeichneten Art, können diese höchstens mit den in Nr. 9000–9013 KV vorgesehenen Höchstsätzen in den Kostenansatz übernommen werden. Der Ansatz der im Ermittlungsverfahren angefallenen Auslagen ist damit begrenzt durch die Höchstsätze für die Auslagen nach Nr. 9000–9013 KV. Nr. 9015 KV enthält damit keine Rechtsgrundverweisung auf die JVEG.[12] Voraussetzung insb. für die Berücksichtigung von im Ermittlungsverfahren angefallenen Sachverständigen-, Übersetzer-, Dolmetscherkosten und Zeugenauslagen ist deshalb, dass diese Beträge die nach dem JVEG vorgesehenen Beträge (vgl Nr. 9005 KV) nicht übersteigen.[13] Im Ermittlungsverfahren angefallene Auslagen nach Nr. 9014 KV sind in voller Höhe in den Kostenansatz zu übernehmen (→ Nr. 9014 KV Rn 8 ff). Soweit das in den Nr. 9000–9014 KV ausdrücklich geregelt ist, kommt es für den Ansatz nicht darauf an, ob die Auslagen tatsächlich an den Anspruchsberechtigten erstattet sind. Insbesondere für die nach dem JVEG zu zahlenden Beträge bestimmt Abs. 2 der Anm. zu Nr. 9005 KV ausdrücklich, dass diese Beträge auch erhoben werden, wenn aus Gründen der Gegenseitigkeit, der Verwaltungsvereinfachung oder aus vergleichbaren Gründen keine Zahlungen zu leisten sind (→ Nr. 9005 KV Rn 25 ff).

9   Auslagen der **Polizeibehörden** und **Polizeieinrichtungen** im Strafverfahren sind entweder in den Akten der Strafverfahren zu vermerken oder zu diesen mitzuteilen, damit der Kostenbeamte diese nach Nr. 9005 iVm Nr. 9015 KV in die Kostenrechnung übernehmen kann. Der Kostenbeamte muss aber sicherstellen, dass diese Auslagen der Polizei die in Nr. 9000–9014 KV bezeichneten Höchstsätze nicht überschreiten. Ausla-

---

7 Erlass des BMF v. 19.4.2010 - III A 6 - SV 3300/09/10002, StRR 2011, 77. **8** Vgl *Oestreich/Hellstab/Trenkle*, GKG Nr. 9015 KV Rn 4. **9** OLG Koblenz NStZ-RR 2002, 160 = StraFo 2002, 246; LG Nürnberg-Fürth JurBüro 1992, 685; LG Osnabrück JurBüro 1991, 1509; aA LG Hamburg JurBüro 1989, 1719. **10** OLG Celle NStZ 2001, 221 = Rpfleger 2001, 147. **11** Vgl LG Bonn StraFo 2004, 255. **12** OLG Braunschweig 23.5.2013 – 1 Ws 59/13, JurionRS 2013, 48162. **13** KG NStZ-RR 2009, 190 = RVGreport 2009, 237; OLG Koblenz NStZ-RR 2010, 359; OLG Koblenz 21.1.2010 – 2 Ws 21/10, JurionRS 2010, 23323.

gen der Polizei für Sachverständige, Dolmetscher, Übersetzer, Zeugen und Dritte iSv § 23 JVEG dürfen deshalb die im JVEG insoweit vorgesehenen Sätze nicht überschreiten. Denn es können nach Nr. 9005 KV nur nach dem JVEG zu zahlende Beträge als Auslagen erhoben werden (→ Nr. 9005 KV Rn 28).[14]

Erfolgt diese Überprüfung und Feststellung durch den Kostenbeamten nicht, kann der Kostenansatz insoweit keinen Bestand haben und wird spätestens auf die **Erinnerung des Kostenschuldners** (§ 66) aufgehoben werden müssen. Dem Kostenschuldner müssen deshalb spätestens im Erinnerungsverfahren gegen den Kostenansatz gem. § 66 die zur Prüfung des Kostenansatzes notwendigen Tatsachen und Unterlagen bekannt gegeben werden.[15] Allerdings wird der Kostenschuldner sich nicht auf allgemeine Beanstandungen beschränken können, sondern muss substantiiert vortragen, warum Einwendungen erhoben werden.[16]   10

V. Behandlung von Auslagen des Ermittlungsverfahrens nach Zahlung durch den Kostenschuldner

1. Verhältnis Landespolizei und Justiz. Werden einer Behörde im Ermittlungsverfahren entstandene und im Kostenansatz vom Verurteilten nach Nr. 9015 KV geforderte Auslagen vom Kostenschuldner gezahlt, hängt die Behandlung der gezahlten Beträge von den insoweit getroffenen Vereinbarungen bzw Bestimmungen ab. So verzichten bspw in NRW[17] die Justizbehörden sowie die Polizeibehörden und Polizeieinrichtungen gegenseitig auf die Erstattung von Auslagen. Der Erstattungsverzicht umfasst auf Seiten der Polizei Auslagen aller Art, die ihr bis zur Eröffnung des Hauptverfahrens (§ 203 StPO) entstehen, unabhängig davon, ob die zugrunde liegenden Maßnahmen von ihr oder einer Staatsanwaltschaft oder einem Richter als Notstaatsanwalt (§ 165 StPO) veranlasst worden sind. Die von dem Verurteilten im Kostenansatz eingezogenen Auslagen der Polizeibehörden und Polizeieinrichtungen werden im Justizhaushalt endgültig vereinnahmt.   11

2. Verhältnis Bundespolizei/Bundeszollverwaltung und Justiz. Handelt es sich um Auslagen, die der **Bundespolizei** oder auch der **Bundeszollverwaltung** durch Ermittlungen in Strafsachen infolge einer gesonderten Auftragserteilung durch eine Staatsanwaltschaft oder ein Gericht entstehen, dürften diese Ermittlungskosten von dieser zu erstatten sein. Letztlich wird es aber hier auf die jeweiligen Verwaltungsbestimmungen der Länder ankommen.[18] Zum Kostenausgleich in Staatsschutz-Strafsachen vgl die Vereinbarung des Bundes und der Länder über den Kostenausgleich in Staatsschutz-Strafsachen.[19]   12

3. Verhältnis Finanzbehörden und Justiz. Wenn das Gericht in einem Strafverfahren wegen einer Steuerstraftat auf eine Strafe oder Maßnahme erkennt, so gehören zu den Kosten des gerichtlichen Verfahrens gem. § 5 Abs. 4 S. 1 KostVfg die Auslagen, die einer Finanzbehörde bei der Untersuchung und bei der Teilnahme am gerichtlichen Verfahren entstanden sind. Die in einem Strafverfahren wegen einer Steuerstraftat bei einer **Bundes**finanzbehörde angefallenen Auslagen werden als **durchlaufende Gelder** behandelt und an die Bundesfinanzbehörde abgeführt (vgl § 24 Abs. 7, § 32 KostVfg), wenn sie den Betrag von 25 € übersteigen (§ 5 Abs. 4 S. 3 KostVfg). An die **Landes**finanzbehörden werden eingezogene Beträge dagegen nicht abgeführt (§ 5 Abs. 4 S. 4 KostVfg).   13

VI. Weitere praktische Hinweise

1. Verteilung bei verschiedenen Rechtssachen, Vorbem. 9 Abs. 2 KV. Sind Auslagen iSv Nr. 9015 KV iVm Nr. 9000–9014 KV durch **verschiedene Rechtssachen** veranlasst, werden sie nach Vorbem. 9 Abs. 2 KV auf die mehreren Rechtssachen angemessen verteilt (Beispiel: Vernehmung eines Sachverständigen in verschiedenen Strafsachen, die verschiedene Beschuldigte betreffen). Ist in einer der Strafsachen Freispruch des Beschuldigten erfolgt, dürfen die auf diese Sache entfallenden Sachverständigenkosten nicht auf die Beschuldigten der anderen Verfahren verteilt werden.[20]   14

2. Fälligkeit. Die Fälligkeit der Auslagen nach Nr. 9015 KV richtet sich nach § 9 Abs. 2.   15

3. Kostenschuldner. Die Haftung für die Auslagen nach Nr. 9015 KV ergibt sich aus §§ 22 ff. In **Strafsachen** haften **Mitverurteilte** nach § 33 GKG, § 466 StPO, gegen die in Bezug auf dieselbe Tat auf Strafe erkannt oder eine Maßregel der Besserung und Sicherung angeordnet wird, für die Auslagen als **Gesamtschuldner**. Dies gilt aber nicht für Auslagen, die durch die Tätigkeit eines **Dolmetschers** sowie für Auslagen,   16

---

14 Vgl OLG Koblenz NStZ-RR 2010, 359; OLG Koblenz NStZ-RR 1998, 127 = Rpfleger 1998, 214; OLG Koblenz 21.1.2010 – 2 Ws 21/10, juris; KG NStZ-RR 2009, 190 = RVGreport 2009, 237. **15** Vgl OLG Düsseldorf 24.6.1999 – 1 Ws 736/99, n.v.; vgl zur Prüfungspflicht auch OLG Koblenz NStZ-RR 2010, 359; vgl auch OLG Celle StraFo 2014, 262 = NStZ-RR 2014, 264 = RVGreport 2014, 326. **16** Vgl OLG Düsseldorf 24.6.1999 – 1 Ws 736/99, n.v.; KG NStZ-RR 2009, 190 = RVGreport 2009, 237; OLG Koblenz NStZ-RR 2010, 359; OLG Koblenz 21.1.2010 – 2 Ws 21/10, JurionRS 2010, 23323; vgl auch OLG Celle StraFo 2014, 262 = NStZ-RR 2014, 264 = RVGreport 2014, 326. **17** Gem. RdErl. d. JM (4231 - Z. 5) und d. IM (IV B 2 - 5018) v. 28.1.2000 - JMBl. NRW S. 166 - idF v. 9.7.2004 (Auslagenerstattung zwischen Justiz und Polizei in Strafsachen). **18** Vgl für NRW: AV d. JM v. 11.5.1999 (4231 - I B. 5.1) - JMBl. NW S. 129 - idF v. 23.3.2006 (polizeiliche Ermittlungskosten der Bundespolizei), die aber nach ihrer Historie nur eine Erstattungsregelung für bahnpolizeiliche Angelegenheiten trifft. **19** In NRW: AV d. JM v. 13.10.1994 (5102 - I C. l) - JMBl. NW S. 255 - idF v. 4.3.2008. **20** *Oestreich/Hellstab/Trenkle*, GKG Nr. 9005 KV Rn 28.

die durch Untersuchungshandlungen, die ausschließlich gegen einen Mitangeklagten gerichtet waren, entstanden sind (s. die Erl. zu § 33). Hierzu gehören zB die Kosten für **Blutentnahmen** und **Blutuntersuchungen** (→ Nr. 9005 KV Rn 30 ff und § 33 Rn 14, 17). Zur Anforderung der Auslagen nach Nr. 9005 KV beim **Teilfreispruch** in **Strafsachen** oder im Falle der Verurteilung von Erwachsenen und Jugendlichen (§ 74 JGG) in demselben Strafverfahren s. die entspr. Erl. zu § 29 Nr. 1.

17 **4. Zuständigkeit für den Kostenansatz.** Die Zuständigkeit für den Ansatz der Auslagen nach Nr. 9015 KV richtet sich nach § 19. Funktionell zuständig ist nach den Verwaltungsbestimmungen der Bundesländer regelmäßig der Kostenbeamte des mittleren Dienstes.

Nr.	Auslagentatbestand	Höhe
9016	Auslagen der in den Nummern 9000 bis 9014 bezeichneten Art, soweit sie durch das dem gerichtlichen Verfahren vorausgegangene Bußgeldverfahren entstanden sind .... Absatz 3 der Anmerkung zu Nummer 9005 ist nicht anzuwenden.	begrenzt durch die Höchstsätze für die Auslagen 9000 bis 9013

I. Allgemeines

1 Nach Nr. 9016 KV werden Auslagen erhoben, die in Bußgeldsachen nach dem OWiG durch das dem gerichtlichen Verfahren vorausgegangene Bußgeldverfahren entstanden sind. Der Auslagentatbestand steht im Zusammenhang mit § 464 a Abs. 1 S. 1 und 2 StPO, der in Bußgeldsachen über § 46 Abs. 1 OWiG anwendbar ist. Dort ist bestimmt, dass Kosten des Verfahrens die Gebühren und Auslagen der Staatskasse sind, zu denen auch die Kosten gehören, die durch das dem gerichtlichen Verfahren vorausgegangene Bußgeldverfahren entstanden sind. Nr. 9016 KV ist somit Grundlage für den Ansatz der Auslagen in der Kostenrechnung, die der Verwaltungsbehörde als Verfolgungsorgan in dem Bußgeldverfahren entstanden sind.

II. Zuständigkeit für den Kostenansatz

2 Beim Ansatz von Auslagen des Bußgeldverfahrens sind die unterschiedlichen Zuständigkeiten der Bußgeldbehörde sowie der Staatsanwaltschaft bzw des Amtsgerichts zu beachten (§ 19). Auf die entsprechenden Erl. in → § 19 Rn 48 ff und zu § 27 für den Fall der Rücknahme des Einspruchs gegen den Bußgeldbescheid wird verwiesen.

III. Anwendungsbereich

3 Nach § 5 Abs. 3 Nr. 2 KostVfg gehören zu den durch die **Vorbereitung der öffentlichen Klage** entstandenen Kosten iSv Nr. 9015 KV auch Auslagen, die den zuständigen Verwaltungsbehörden als Verfolgungsorganen in Bußgeldsachen erwachsen sind.

4 Wenn das Gericht in einem Bußgeldverfahren wegen einer Steuerordnungswidrigkeit auf eine Geldbuße oder Nebenfolge erkennt, so gehören zu den Kosten des gerichtlichen Verfahrens gem. § 5 Abs. 4 S. 1 KostVfg die Auslagen, die einer Finanzbehörde bei der Untersuchung und bei der Teilnahme am gerichtlichen Verfahren entstanden sind. Diese Auslagen sind insb. nicht im Kostenfestsetzungsverfahren nach § 464 b StPO iVm § 46 Abs. 1 OWiG festzusetzen, sondern als Gerichtskosten zu berechnen und einzuziehen (§ 5 Abs. 4 S. 2 KostVfg).

IV. Auslagen

5 **1. Auslagen der in Nr. 9000–9014 KV bezeichneten Art.** Grundlage für den Ansatz der Auslagen des dem gerichtlichen Verfahren vorausgegangenen Bußgeldverfahrens ist Nr. 9016 KV. Danach sind nur Auslagen der in den Nr. 9000–9014 KV bezeichneten Art zu erheben, soweit sie durch das dem gerichtlichen Verfahren vorausgegangene Bußgeldverfahren entstanden sind. Auslagen, die nicht als Auslagen der in Nr. 9000–9014 KV bezeichneten Art anzusehen sind, können dem Kostenschuldner nicht in Rechnung gestellt werden. Auslagen des Verwaltungsverfahrens können deshalb nach Nr. 9016 KV nur insoweit an den Kostenschuldner weitergegeben werden, als sie den nach Nr. 9000–9014 KV zu erhebenden Auslagen entsprechen.

6 **2. Höhe der Auslagen.** Handelt es sich um Auslagen der in Nr. 9000–9014 KV bezeichneten Art, können diese höchstens mit den in Nr. 9000–9013 KV vorgesehenen Höchstsätzen in den Kostenansatz übernommen werden. Der Ansatz der im Verwaltungsverfahren angefallenen Auslagen ist damit begrenzt durch die

Höchstsätze für die Auslagen nach Nr. 9000–9013 KV. Hierzu wird auf die Erl. in → Nr. 9015 KV Rn 8 ff verwiesen.

V. Anm. Abs. 3 zu Nr. 9005 KV (Anm.)

1. Blinde und sehbehinderte Personen/Gebärdensprachdolmetscher. Nach § 107 Abs. 3 Nr. 5 OWiG werden im **Bußgeldverfahren der Verwaltungsbehörde** Auslagen für Übersetzer, die zur Erfüllung der Rechte **blinder oder sehbehinderter Personen** herangezogen werden (§ 191 a Abs. 1 GVG), nicht, Auslagen für **Gebärdensprachdolmetscher** nur entsprechend den §§ 464 c, 467 a Abs. 1 S. 2 iVm § 467 Abs. 2 S. 1 StPO erhoben. Für das **gerichtliche Bußgeldverfahren** findet sich eine gleichlautende Regelung in Abs. 3 der Anm. zu Nr. 9005 KV.   **7**

Wenn die Anm. zu Nr. 9016 KV bestimmt, dass Abs. 3 der Anm. zu Nr. 9005 KV nicht anzuwenden ist, kann deshalb wegen § 107 Abs. 3 Nr. 5 OWiG nicht geschlossen werden, dass die Auslagen für Übersetzer, die zur Erfüllung der Rechte Blinder oder sehbehinderter Personen durch die Verwaltungsbehörde herangezogen wurden (§ 191 a Abs. 1 GVG), bei **Übergang in das gerichtliche Bußgeldverfahren** anschließend durch das Gericht bzw die Staatsanwaltschaft im Kostenansatz gem. § 19 zu erheben sind.[1] Denn dann würden die Übersetzerauslagen des gerichtlichen Bußgeldverfahrens wegen Abs. 4 der Anm. zu Nr. 9005 KV zwar nicht erhoben, die im Bußgeldverfahren vor der Verwaltungsbehörde angefallenen hingegen schon. Gegen die Erhebung spricht auch § 191 a Abs. 1 GVG. Danach werden Auslagen nicht erhoben, die dadurch entstehen, dass einer blinden oder sehbehinderten Person die für sie bestimmten gerichtlichen Dokumente auch in einer für sie wahrnehmbaren Form zugänglich gemacht werden, soweit dies zur Wahrnehmung ihrer Rechte im Verfahren erforderlich ist. Nach der Gesetzesbegründung[2] wird durch die Regelung in § 107 Abs. 3 OWiG die für das gerichtliche Bußgeldverfahren geltende grundsätzliche Freistellung von der Auslagenerhebung für Gebärdensprachdolmetscher auf das behördliche Bußgeldverfahren ausgedehnt und aufgrund der Regelungen in § 191 a Abs. 1 S. 5 GVG und Nr. 9005 KV die damit bewirkte Freistellung von der Auslagenerhebung für Übersetzer, die zur Erfüllung der Rechte blinder und sehbehinderter Menschen herangezogen werden, auf das behördliche Bußgeldverfahren erstreckt.   **8**

Die Auslagen für Übersetzer zur Erfüllung der Rechte blinder oder sehbehinderter Personen dürfen auch über Nr. 9016 KV nicht erhoben werden.

2. Dolmetscher und Übersetzer für einen nicht deutsch sprechenden Betroffenen. Ist für einen Betroffenen, der **der deutschen Sprache nicht mächtig** ist, im **gerichtlichen Verfahren nach dem OWiG** ein Dolmetscher oder Übersetzer herangezogen worden, um Erklärungen oder Schriftstücke zu übertragen, auf deren Verständnis der Betroffene zu seiner Verteidigung angewiesen oder soweit dies zur Ausübung seiner strafprozessualen Rechte erforderlich war, werden von diesem die dadurch entstandenen Auslagen nach Abs. 4 der Anm. zu Nr. 9005 KV nur erhoben, wenn das Gericht ihm diese nach § 46 Abs. 1 OWiG, § 464 c StPO oder die Kosten nach § 46 Abs. 1 OWiG, § 467 Abs. 2 S. 1 StPO, auch iVm § 467 a Abs. 1 S. 2 StPO, auferlegt hat.   **9**

Für das **Bußgeldverfahren vor der Verwaltungsbehörde** gibt es eine Abs. 4 der Anm. zu Nr. 9005 KV vergleichbare Regelung in §§ 105 ff OWiG nicht. Deshalb verbleibt es hier dabei, dass die im Bußgeldverfahren vor der Verwaltungsbehörde für einen nicht deutsch sprechenden Betroffenen angefallenen Dolmetscher- und Übersetzerkosten angesetzt werden. Denn § 464 c StPO ist, soweit nicht Gebärdendolmetscher betroffen sind, in § 105 Abs. 1 OWiG nicht für sinngemäß anwendbar erklärt worden. Ferner wurde keine der Anm. Abs. 4 zu Nr. 9005 KV entsprechende Regelung in § 107 Abs. 3 Nr. 5 OWiG aufgenommen.[3]   **10**

Geht das Bußgeldverfahren vor der Verwaltungsbehörde in ein gerichtliches Bußgeldverfahren über und ist vom Gericht bzw der Staatsanwaltschaft eine Kostenrechnung für das gesamte Bußgeldverfahren aufzustellen (→ § 19 Rn 48 ff), sind deshalb die im Bußgeldverfahren vor der Verwaltungsbehörde entstandenen Dolmetscher- und Übersetzerkosten in den Kostenansatz gem. § 19 aufzunehmen. Allerdings dürfen die insoweit im JVEG vorgesehenen Beträge nicht überschritten werden (→ Rn 6).   **11**

VI. Weitere praktische Hinweise

Es wird auf die praktischen Hinweise zu Nr. 9015 KV verwiesen, die entsprechend gelten.   **12**

---

1 *Oestreich/Hellstab/Trenkle*, GKG Nr. 9016 KV Rn 8; aA Binz/Dörndorfer/*Zimmermann*, Nr. 9016 KV GKG Rn 1: Auslagen für Übersetzer bei Blinden dürfen über Nr. 9016 KV erhoben werden. **2** BT-Drucks 14/9266, S. 37. **3** Vgl KK-OWiG/*Schmehl*, 3. Aufl., § 107 Rn 21 a; *Bohnert*, OWiG, 2. Aufl., § 105 Rn 22.

Nr.	Auslagentatbestand	Höhe
9017	An den vorläufigen Insolvenzverwalter, den Insolvenzverwalter, die Mitglieder des Gläubigerausschusses oder die Treuhänder auf der Grundlage der Insolvenzrechtlichen Vergütungsverordnung aufgrund einer Stundung nach § 4 a InsO zu zahlende Beträge	in voller Höhe

1 Die Stundung der Kosten des Insolvenzverfahrens nach § 4 a InsO bewirkt nach Abs. 3 S. 1 der genannten Vorschrift, dass der Schuldner von der Vorschusspflicht auf sämtliche Kosten des Verfahrens bzw des Verfahrensabschnitts befreit ist. Die Gerichtskosten bleiben zunächst unberücksichtigt, die Kosten des vorläufigen Insolvenzverwalters, des Insolvenzverwalters/Treuhänders sowie der Mitglieder des Gläubigerausschusses werden nach Nr. 9017 KV von der Staatskasse verauslagt.

2 § 4 a InsO Stundung der Kosten des Insolvenzverfahrens

(1)–(2) ...

(3) ¹Die Stundung bewirkt, dass

1. die Bundes- oder Landeskasse
   a) die rückständigen und die entstehenden Gerichtskosten,
   b) die auf sie übergegangenen Ansprüche des beigeordneten Rechtsanwalts

   nur nach den Bestimmungen, die das Gericht trifft, gegen den Schuldner geltend machen kann;
2. der beigeordnete Rechtsanwalt Ansprüche auf Vergütung gegen den Schuldner nicht geltend machen kann.

²Die Stundung erfolgt für jeden Verfahrensabschnitt besonders. ³Bis zur Entscheidung über die Stundung treten die in Satz 1 genannten Wirkungen einstweilig ein. ⁴§ 4 b Abs. 2 gilt entsprechend.

3 Während die Grundzüge des jeweiligen Vergütungsanspruchs in der InsO geregelt sind, ergeben sich die Grundlagen der Berechnung aus der Insolvenzrechtlichen Vergütungsordnung (InsVV); auf die Kommentierung der InsVV in diesem Kommentar (Ziff. 29) wird verwiesen. Unter Beachtung dieser Grundlagen berechnete Beträge werden an den vorläufigen Insolvenzverwalter, den Insolvenzverwalter/Treuhänder und die Mitglieder des Gläubigerausschusses in voller Höhe von der Staatskasse gezahlt.

4 Die Auslagen nach Nr. 9017 KV schuldet nur der Schuldner des Insolvenzverfahrens (§ 23 Abs. 1 S. 3). Die Fälligkeit richtet sich nach § 6 Abs. 2.

Nr.	Auslagentatbestand	Höhe
9018	Im ersten Rechtszug des Prozessverfahrens: Auslagen des erstinstanzlichen Musterverfahrens nach dem KapMuG zuzüglich Zinsen .... (1) Die im erstinstanzlichen Musterverfahren entstehenden Auslagen nach Nummer 9005 werden vom Tag nach der Auszahlung bis zum rechtskräftigen Abschluss des Musterverfahrens mit 5 Prozentpunkten über dem Basiszinssatz nach § 247 BGB verzinst. (2) Auslagen und Zinsen werden nur erhoben, wenn der Kläger nicht innerhalb von einem Monat ab Zustellung des Aussetzungsbeschlusses nach § 8 KapMuG seine Klage in der Hauptsache zurücknimmt. (3) Der Anteil bestimmt sich nach dem Verhältnis der Höhe des von dem Kläger geltend gemachten Anspruchs, soweit dieser von den Feststellungszielen des Musterverfahrens betroffen ist, zu der Gesamthöhe der vom Musterkläger und den Beigeladenen des Musterverfahrens in dem Prozessverfahren geltend gemachten Ansprüche, soweit diese von den Feststellungszielen des Musterverfahrens betroffen sind. Der Anspruch des Musterklägers oder eines Beigeladenen ist hierbei nicht zu berücksichtigen, wenn er innerhalb von einem Monat ab Zustellung des Aussetzungsbeschlusses nach § 8 KapMuG seine Klage in der Hauptsache zurücknimmt.	anteilig

I. Allgemeines

Nr. 9018 KV[1] regelt im Wesentlichen die Verteilung der im erstinstanzlichen Musterverfahren entstandenen gerichtlichen Auslagen auf die zugrunde liegenden Prozessverfahren.   1

Anm. Abs. 1 sieht zudem eine Verzinsungspflicht vor.   2

II. Regelungszweck

Nr. 9018 KV mit deren Anm. Abs. 2 und 3 verteilt die Auslagen des erstinstanzlichen Musterverfahrens   3
nach dem KapMuG auf die zugrunde liegenden Prozessverfahren. Die Auslagentatbestände ergeben sich für
das Musterverfahren aus den Nr. 9000 ff KV. Für Auslagen nach Nr. 9005 KV sieht die Anm. Abs. 1 eine
Verzinsungspflicht vor. Nr. 9018 KV bewirkt, dass die im erstinstanzlichen Musterverfahren entstandenen
Auslagen – jeweils anteilig – nunmehr als Auslagen der zugrunde liegenden Prozessverfahren gelten.

Neben Nr. 9018 KV wird das **erstinstanzliche Musterverfahren** auch durch weitere Vorschriften **kosten-**   4
rechtlich als Teil der zugrunde liegenden Prozessverfahren behandelt:

- Im erstinstanzlichen Musterverfahren entstehen keine Gerichtsgebühren. Vielmehr gilt das Musterverfahren erster Instanz als Teil des erstinstanzlichen Prozessverfahrens (vgl Vorbem. 1.2.1 KV).
- In dem erstinstanzlichen Musterverfahren wird auch keine eigenständige Kostenentscheidung getroffen.[2] Über die in diesem Verfahren angefallenen Kosten entscheidet das Prozessgericht (§ 16 Abs. 2 KapMuG). Die im erstinstanzlichen Musterverfahren entstandenen Kosten gelten gem. § 24 KapMuG als Teil der Kosten (§§ 91 ff ZPO) des jeweils zugrunde liegenden Prozessverfahrens. Insofern gibt es im Musterverfahren auch keinen Entscheidungsschuldner iSv § 29.

Weiterhin ist zu berücksichtigen, dass im erstinstanzlichen Musterverfahren **keine Antragstellerhaftung** besteht (vgl § 22 Abs. 4 S. 1).

Durch die Verteilung der im erstinstanzlichen Musterverfahren entstandenen Auslagen auf die zugrunde liegenden Prozessverfahren nach Nr. 9018 KV unterliegen diese Auslagen den **Kostenhaftungsvorschriften der**   5
zugrunde liegenden Prozessverfahren.[3] Zum einen werden die Auslagen durch Nr. 9018 KV (iVm § 24)
KapMuG von der Kostenentscheidung des zugrunde liegenden Prozessverfahrens erfasst mit der Folge, dass
der Entscheidungsschuldner auch für die auf das Prozessverfahren verteilten Auslagen haftet.[4] Zum anderen haftet der jeweilige Kläger für die auf das Prozessverfahren verteilten Auslagen als Antragsteller der Instanz nach § 22 Abs. 1.[5]

Dem Gesetzgeber erschien dies sachgerecht, da im Musterverfahren eine aus den Hauptsacheverfahren aus-   6
gegliederte Beweisaufnahme stattfindet mit einem für das Prozessverfahren bindenden Ergebnis.[6] Bei
Durchführung der Beweisaufnahme in den jeweiligen Hauptsacheverfahren trüge der Kläger ein wesentlich
höheres Prozesskostenrisiko, da er als Antragsteller für die gesamten Sachverständigenkosten haften würde.[7] Nach der Regelung in Nr. 9018 KV haftet der Kläger hingegen nur für einen Teil der Auslagen des erstinstanzlichen Musterverfahrens.[8]

Die Verteilung der Auslagen bewirkt zudem eine erhebliche Arbeitsersparnis bei der Einziehung der Ge-   7
richtskosten.[9] So wird vermieden, dass das Oberlandesgericht von den Beteiligten Bruchteile der Gesamtauslagen einfordert und bei Nichtzahlung einzelner Teilbeträge diese wiederum anteilig sämtlichen anderen
Beteiligten in Rechnung stellen muss.[10] Stattdessen verteilt sich diese Aufgabe auf die für die zugrunde liegenden Prozessverfahren zuständigen Gerichte, die ohnehin mit der Einforderung von Gerichtskosten befasst sind.

III. Anwendungsbereich

Nr. 9018 KV ist nur für die **im erstinstanzlichen Musterverfahren** des KapMuG nach den Nr. 9000 ff KV   8
entstandenen Auslagen anzuwenden. Allein diese Auslagen sind auf die zugrunde liegenden Prozessverfahren anteilig zu verteilen. Zu diesen Auslagen gehören v.a. die Kosten der Beweisaufnahme (Sachverständigengutachten, Nr. 9005 KV) und der Bekanntmachung des Vorlagebeschlusses (Nr. 9004 Anm. Abs. 2 KV).

---

1 Die Vorschrift wurde eingefügt durch das Gesetz zur Einführung von Kapitalanleger-Musterverfahren v. 16.8.2005 (BGBl. I 2437); vgl aus dem Gesetzgebungsverfahren auch: BT-Drucks 15/5091; BT-Drucks 15/5695. Redaktionelle Anpassungen erfolgten durch das Gesetz zur Reform des Kapitalanleger-Musterverfahrensgesetzes und zur Änderung anderer Vorschriften v. 19.10.2012 (BGBl. I 2182); vgl aus dem Gesetzgebungsverfahren auch: BT-Drucks 17/8799; BT-Drucks 17/10160; vgl hierzu auch *Hartmann*, JurBüro 2012, 563. **2** BT-Drucks 15/5091, S. 36. **3** BT-Drucks 15/5091, S. 36. **4** BT-Drucks 15/5091, S. 36. **5** BT-Drucks 15/5091, S. 36. **6** BT-Drucks 15/5091, S. 36. **7** BT-Drucks 15/5091, S. 36. **8** BT-Drucks 15/5091, S. 36. **9** BT-Drucks 15/5091, S. 36. **10** BT-Drucks 15/5091, S. 36 f.

Von Nr. 9018 KV sind dagegen die Auslagen für die Bekanntmachung des Musterverfahrensantrags nicht erfasst.[11] Das Musterverfahren beginnt erst mit dem Vorlagebeschluss, nicht schon mit dem Antrag.[12]

9   Die Auslagenvorschrift erfasst dagegen nicht die im Rechtsbeschwerdeverfahren nach § 20 KapMuG entstandenen Auslagen. Im Rechtsbeschwerdeverfahren nach § 20 KapMuG gibt es nämlich einen Antragstellerschuldner (vgl § 22 Abs. 4 S. 3) und einen Entscheidungsschuldner, weil das Rechtsbeschwerdegericht eine Kostenentscheidung trifft (vgl § 26 KapMuG). Die Auslagentatbestände ergeben sich aus den Nr. 9000 ff KV.

IV. Verteilung der Auslagen des erstinstanzlichen Musterverfahrens (Anm. Abs. 3)

10   Die Verteilung der gesamten im erstinstanzlichen Musterverfahren entstandenen Auslagen auf die einzelnen Prozessverfahren bestimmt **Anm. Abs. 3**. Der auf ein einzelnes Prozessverfahren entfallende Anteil an den Gesamtauslagen ergibt sich aus dem Verhältnis der jeweils im zugrunde liegenden Prozessverfahren geltend gemachten Ansprüche, soweit diese Gegenstand des Musterverfahrens sind, zu der Summe der Ansprüche aus allen Prozessverfahren, auf die die Auslagen zu verteilen sind. Die Verfahren, denen infolge Klagerücknahme kein Anteil an den Auslagen zugewiesen wird (vgl Anm. Abs. 2), werden bei der Berechnung der Gesamtsumme der Ansprüche nicht berücksichtigt.

11   **Beispiel:** Im erstinstanzlichen Musterverfahren entstehen Auslagen von 60.000 €. Im zugrunde liegenden Prozessverfahren macht der Kläger K 30.000 € geltend. Der Gesamtwert der von dem Musterverfahren betroffenen Ansprüche beträgt 900.000 €.
Der Anteil des von dem Kläger K betriebenen Prozessverfahrens zu der Summe der Ansprüche aus allen Prozessverfahren beträgt 30.000 €, geteilt durch 900.000 €, mithin 3,33 %. Auf die Auslagen von 60.000 € ergeben 3,33 % 2.000 €. Der Betrag von 2.000 € ist derjenige Anteil der im Musterverfahren entstandenen Auslagen, die dem von dem Kläger K betriebenen Prozessverfahren zuzuordnen sind.

V. Auswirkung einer Klagerücknahme auf die Auslagenhaftung (Anm. Abs. 2)

12   Mit der Aussetzung des Hauptsacheverfahren tritt die Wirkung der Beiladung zum Musterverfahren ein[13] (vgl § 14 S. 1 KapMuG). **Anm. Abs. 2** gibt einem Kläger (nochmals) die Möglichkeit, die anteilige Haftung für die Auslagen des erstinstanzlichen Musterverfahrens abzuwenden, indem er seine Klage in der Hauptsache binnen eines Monats ab Zustellung des Aussetzungsbeschlusses nach § 8 KapMuG **zurücknimmt**. Über diese Möglichkeit ist ein Kläger von dem Prozessgericht zu belehren (vgl § 8 Abs. 3 Nr. 2 KapMuG). Über § 24 Abs. 2 KapMuG kann der Kläger durch eine **Klagerücknahme binnen eines Monats ab Zustellung des Aussetzungsbeschlusses** gleichzeitig vermeiden, dass den Musterbeklagten im erstinstanzlichen Musterverfahren entstandene Kosten anteilig von dem Kläger zu erstatten sind.

13   Die **Klagerücknahme** muss **wirksam** sein. § 8 Abs. 2 KapMuG erlaubt die Klagerücknahme nach der Aussetzung des Prozessverfahrens und bestimmt zusätzlich, dass die Klagerücknahme auch ohne Einwilligung des Prozessgegners wirksam wird.

14   Die Rücknahme der Klage muss zur Beendigung des **gesamten** zugrunde liegenden Prozessverfahrens führen.

15   Anm. Abs. 2 ist **nicht** auf eine einseitige Erledigungserklärung bzw übereinstimmende Erledigungserklärungen oder auf einen Vergleich in dem zugrunde liegenden Prozessverfahren oder gar auf eine Rücknahme des Musterfeststellungsantrags anwendbar. Der Anwendung steht schon der Wortlaut der Vorschrift entgegen. Zudem beziehen sich auch die zu der Anm. Abs. 2 korrespondierenden § 8 Abs. 3 Nr. 2 und § 24 Abs. 2 KapMuG allein auf die Klagerücknahme in der Hauptsache.

16   Anm. Abs. 2 verhindert durch die klare **Fristbestimmung**, dass sich ein Kläger durch Klagerücknahme der Haftung für die Auslagen des erstinstanzlichen Musterverfahrens entzieht, nachdem der Verlauf der Beweisaufnahme auf einen für ihn ungünstigen Ausgang des Musterverfahrens hindeutet.[14] Bei einer Klagerücknahme, die später als einen Monat nach Zustellung des Aussetzungsbeschlusses erfolgt, verbleibt es dabei, dass einem Hauptsacheprozess grds. auch die Auslagen des erstinstanzlichen Musterverfahrens, die nach Abschluss des Hauptsacheverfahrens entstanden sind, anteilig zugerechnet werden.[15]

VI. Verzinsung der Auslagen (Anm. Abs. 1)

17   Anm. Abs. 1 ist eine Ausnahme von dem in § 5 Abs. 4 niedergelegten Grundsatz, dass Ansprüche auf Zahlung und Rückerstattung von Gerichtskosten nicht verzinst werden. Die Verzinsung gilt nur für Auslagen,

---

11 OLG München BeckRS 2014, 10831. **12** OLG München BeckRS 2014, 10831. **13** BT-Drucks 17/8799, S. 23. **14** BT-Drucks 15/5091, S. 37. **15** BT-Drucks 15/5091, S. 37.

die im erstinstanzlichen Musterverfahren entstehen. Der **Zinssatz** beträgt fünf Prozentpunkte über dem jeweiligen Basiszinssatz.

Verzinst werden nur die Auslagen nach Nr. 9005 KV. Hierunter fallen in erster Linie die Vergütungen für   18
Sachverständigengutachten. Die Verzinsung beginnt am Tag nach der Auszahlung und endet am Tag des rechtskräftigen Abschlusses des Musterverfahrens. Das Musterverfahren endet mit der formellen Rechtskraft des Musterentscheids (§ 22 KapMuG) bzw mit einem Vergleich (§ 23 Abs. 1 KapMuG) oder mit übereinstimmenden Beendigungserklärungen (§ 13 Abs. 5 KapMuG).

Die Verzinsungspflicht ist ein Ausgleich dafür, dass im erstinstanzlichen Musterverfahren die Erhebung ei-   19
nes Auslagenvorschusses nicht vorgesehen ist (vgl § 17 Abs. 4 S. 1), weil sie nicht praktikabel gewesen wäre.[16] Der Zinssatz berücksichtigt die Refinanzierungskosten für die verauslagende Staatskasse und das Risiko, dass die Auslagen von einzelnen Beteiligten nicht eingezogen werden können.[17]

Ein Kläger haftet nicht für Zinsen, wenn er innerhalb eines Monats ab Zustellung des Aussetzungsbeschlus-   20
ses nach § 8 KapMuG seine Klage in der Hauptsache zurücknimmt (Anm. Abs. 2). Auf die Erl. in → Rn 12–16 wird verwiesen.

Nr.	Auslagentatbestand	Höhe
9019	Pauschale für die Inanspruchnahme von Videokonferenzverbindungen: je Verfahren für jede angefangene halbe Stunde	15,00 €

I. Geltungsbereich

Nr. 9019 KV wurde mWz 1.11.2013 durch das Gesetz zur Intensivierung des Einsatzes von Videokonfe-   1
renztechnik in gerichtlichen und staatsanwaltschaftlichen Verfahren[1] als neuer Auslagentatbestand in das GKG eingefügt. Das Gesetz soll den Einsatz von Videokonferenztechnik in **gerichtlichen und staatsanwalt-schaftlichen Verfahren** (vgl § 1) fördern (§ 128 a ZPO, § 91 a FGO, § 102 a VwGO, § 110 a SGG, §§ 58 b, 118 a Abs. 2, 138 d Abs. 4 S. 1, 163 a Abs. 1 S. 2, 233 Abs. 2, 247 a Abs. 2, 462 Abs. 2 S. 2 StPO, § 115 Abs. 1 StVollzG) und die Möglichkeiten der Nutzung von Videokonferenztechnik erweitern.[2] Vergleichbare Auslagentatbestände sind in das FamGKG (Nr. 2015 KV FamGKG) und das GNotKG (Nr. 31016 KV GNotKG) eingefügt worden.

II. Höhe des Auslagenbetrags

Für die Inanspruchnahme von Videokonferenzverbindungen wird je Verfahren für jede angefangene halbe   2
Stunde ein Auslagenbetrag iHv 15 € erhoben. Es handelt sich um einen **Pauschalbetrag**, der sich an den Betriebskosten der Justizverwaltung für die Nutzung der Videokonferenzanlage orientiert. Abgegolten werden insb. die Kosten für das zum Betrieb eingesetzte Personal und für die Verbindungskosten (Telekommunikationsentgelte).[3]

Da die Pauschale **je Verfahren** abgerechnet wird, kommt es – anders als für die Verfahrens- oder Entschei-
dungsgebühr – nicht auf den Rechtszug (§ 35), sondern auf das gerichtliche Verfahren insgesamt einschließlich aller Rechtszüge an. In Strafsachen und in gerichtlichen Verfahren nach dem OWiG bereitet das im Regelfall keine Probleme, weil der Kostenansatz gem. § 19 Abs. 2 für alle Instanzen – ausgenommen das Rechtsmittelverfahren beim BGH – einheitlich erfolgt. In den Verfahren, in denen der Kostenansatz gem. § 19 Abs. 1 bei dem Gericht des Rechtszugs erfolgt, ist ggf eine Verständigung der Kostenbeamten hinsichtlich des Ansatzes der für das gesamte Verfahren anfallenden Zeitpauschale erforderlich (vgl auch § 5 Abs. 2, 5 KostVfg). Um dem Kostenbeamten die Erhebung der Zeitpauschale nach Nr. 9019 KV für die Verbindungszeit zu ermöglichen, müssen die Verbindungszeiten in der Akte **protokolliert** werden.

Der Gesetzgeber geht von der Angemessenheit der Pauschale iHv **15 € pro halbe Verbindungsstunde** aus,   3
weil sie regelmäßig unter den sonst von den Parteien zu tragenden Reisekosten liegen wird, die ansonsten für eine persönliche Teilnahme der zu vernehmenden Person aufgewandt werden müssten.[4] Hierbei ist aber zu berücksichtigen, dass bei der Vernehmung von Zeugen und Sachverständigen nur deren Reisekosten iSv § 5 JVEG, nicht aber andere nach dem JVEG zu gewährende Beträge erspart werden (zB Verdienstausfall gem. § 22 JVEG bei Zeugen, Honorar gem. § 9 JVEG bei Sachverständigen). Dauert die Vernehmung per

---

16 BT-Drucks 15/5091, S. 51. **17** BT-Drucks 15/5091, S. 51; BT-Drucks 15/5695, S. 26. **1** Vom 25.4.2013 (BGBl. I 935). **2** BT-Drucks 17/1224, S. 1, 14. **3** BT-Drucks 17/1224, S. 14. **4** BT-Drucks 17/1224, S. 14.

Videokonferenz **länger,** können durch die Pauschale nach Nr. 9019 KV durchaus auch die Reisekosten übersteigende Kosten anfallen.

III. Weitere praktische Hinweise

4 Die **Fälligkeit** der Auslagen nach Nr. 9019 KV richtet sich nach § 9 Abs. 2. Die **Vorschuss- und Vorauszahlungspflicht** richtet sich nach § 17. Die **Kostenhaftung** für die Auslagen nach Nr. 9019 KV ergibt sich aus §§ 22 ff.

5 Die **Zuständigkeit** für den Ansatz der Auslagen nach Nr. 9019 KV richtet sich nach § 19. Funktionell zuständig ist nach den Verwaltungsbestimmungen der Bundesländer regelmäßig der Kostenbeamte des mittleren Dienstes.

Anlage 2
(zu § 34 Absatz 1 Satz 3)

Streitwert bis … €	Gebühr … €	Streitwert bis … €	Gebühr … €
500	35,00	50 000	546,00
1 000	53,00	65 000	666,00
1 500	71,00	80 000	786,00
2 000	89,00	95 000	906,00
3 000	108,00	110 000	1 026,00
4 000	127,00	125 000	1 146,00
5 000	146,00	140 000	1 266,00
6 000	165,00	155 000	1 386,00
7 000	184,00	170 000	1 506,00
8 000	203,00	185 000	1 626,00
9 000	222,00	200 000	1 746,00
10 000	241,00	230 000	1 925,00
13 000	267,00	260 000	2 104,00
16 000	293,00	290 000	2 283,00
19 000	319,00	320 000	2 462,00
22 000	345,00	350 000	2 641,00
25 000	371,00	380 000	2 820,00
30 000	406,00	410 000	2 999,00
35 000	441,00	440 000	3 178,00
40 000	476,00	470 000	3 357,00
45 000	511,00	500 000	3 536,00

Gesetz über Gerichtskosten in Familiensachen (FamGKG)

Vom 17. Dezember 2008 (BGBl. I 2586, 2666) (FNA 361-5)
zuletzt geändert durch Art. 4 Abs. 45 des Gesetzes zur Aktualisierung der Strukturreform des
Gebührenrechts des Bundes vom 18. Juli 2016 (BGBl. I 1666, 1667)

Abschnitt 1
Allgemeine Vorschriften

§ 1 Geltungsbereich

(1) [1]In Familiensachen einschließlich der Vollstreckung durch das Familiengericht und für Verfahren vor dem Oberlandesgericht nach § 107 des Gesetzes über das Verfahren in Familiensachen und in den Angelegenheiten der freiwilligen Gerichtsbarkeit werden Kosten (Gebühren und Auslagen) nur nach diesem Gesetz erhoben, soweit nichts anderes bestimmt ist. [2]Dies gilt auch für Verfahren über eine Beschwerde, die mit einem Verfahren nach Satz 1 in Zusammenhang steht. [3]Für das Mahnverfahren werden Kosten nach dem Gerichtskostengesetz erhoben.

(2) Die Vorschriften dieses Gesetzes über die Erinnerung und die Beschwerde gehen den Regelungen der für das zugrunde liegende Verfahren geltenden Verfahrensvorschriften vor.

I. Allgemeines

Abs. 1 regelt den Geltungsbereich des FamGKG und definiert zugleich den Kostenbegriff iSd Gesetzes. Danach findet das FamGKG ausschließlich Anwendung, wenn es sich um Familiensachen (§ 111 FamFG) und Verfahren nach § 107 FamFG handelt. Das gilt auch für Familiensachen der freiwilligen Gerichtsbarkeit, so dass das GNotKG insoweit nicht gilt (§ 1 Abs. 3 GNotKG). Auf andere Verfahren ist das FamGKG hingegen nicht, auch nicht analog, anwendbar. **1**

Abs. 2 soll das Verhältnis zwischen den Verfahrensvorschriften des FamGKG und den Verfahrensvorschriften der jeweilgen Verfahrensordnung (FamFG, ZPO) klären. **2**

II. Umfang der Kosten

1. Gerichtskosten. Das FamGKG regelt ausschließlich das Verhältnis zwischen Staatskasse und Verfahrensbeteiligten, die aufgrund der §§ 21 ff zum Kostenschuldner der Gerichtskosten werden. Abs. 1 S. 1 enthält eine **Legaldefinition** des **Kostenbegriffs.** Danach setzen sich diese aus **Gebühren** und **Auslagen** des Gerichts zusammen, so dass nur die im Kostenverzeichnis genannten Gebühren- und Auslagentatbestände erfasst sind. Handelt es sich um andere Kosten, etwa um Anwaltsgebühren oder außergerichtliche Auslagen der Beteiligten, findet das FamGKG keine Anwendung. **3**

Nach § 59 RVG übergegangene Ansprüche des VKH-Anwalts oder des nach § 138 Abs. 1 FamFG beigeordneten Anwalts sind **außergerichtliche Kosten.** Lediglich ihre Einziehung erfolgt nach den für die Gerichtskosten geltenden Bestimmungen (§ 59 Abs. 2 S. 1 RVG), ohne dass aber dadurch ihr Rechtscharakter verändert wird, so dass auch die §§ 21 ff hierfür nicht gelten und sich die Erstattungspflicht hierfür nur nach den Kostenregelungen von FamFG oder ZPO bestimmt. **4**

2. Analogieverbot. Aus der Regelung des Abs. 1 S. 1 folgt zugleich, dass nur solche Gebühren und Auslagen angesetzt werden dürfen, für die im Kostenverzeichnis ein Tatbestand besteht. Ist dort für bestimmte Verfahren eine Gebühr nicht vorgesehen (zB VKH-Prüfungsverfahren) oder ein Auslagentatbestand nicht vorhanden, dürfen Kosten nicht erhoben werden. **5**

3. Außergerichtliche Kosten. Die Erstattung der außergerichtlichen Kosten wird durch die Verfahrensordnungen geregelt. In Ehe- und Familienstreitsachen hat der unterliegende Beteiligte die notwendigen Kosten des Gegners zu erstatten, soweit sie zur zweckentsprechenden Rechtsverfolgung oder Rechtsverteidigung notwendig waren (§ 91 Abs. 1 S. 1 ZPO iVm § 113 Abs. 1 FamFG). Die Kostenerstattung umfasst auch Beteiligtenreisekosten, deren Höhe sich nach den für Zeugen geltenden Regelungen richtet (§ 91 Abs. 1 S. 2 ZPO, § 19 JVEG). Für die FG-Familiensachen gilt § 80 S. 2 FamFG. Danach zählen zu den Kosten neben Gerichtskosten auch die notwendigen Aufwendungen der Beteiligten, einschließlich der Beteiligtenreisekosten. Die Titulierung der Verfahrenskosten erfolgt im Kostenfestsetzungsverfahren nach §§ 103 ff ZPO iVm §§ 85, 113 Abs. 1 FamFG. **6**

III. Anwendungsbereich (Abs. 1 S. 1)

7   **1. Allgemeines.** Das FamGKG ist nur auf die in Abs. 1 S. 1 genannten Verfahren anwendbar. Eine analoge Anwendung auf andere Rechts- oder Justizverwaltungssachen ist unzulässig. Im Einzelnen fallen in den Geltungsbereich daher:

■   sämtliche Familiensachen (§ 111 FamFG) (→ Rn 9),

■   die Vollstreckung, soweit sie durch das Familiengericht erfolgt,

■   Verfahren nach § 107 FamFG vor dem Oberlandesgericht.

8   Wurde ein Verfahren durch das Familiengericht als Familiensache behandelt und entschieden, ist das FamGKG auch dann anzuwenden, wenn tatsächlich keine Familiensache vorliegt.

9   **2. Begriff der Familiensachen, § 111 FamFG.** Die Familiensachen werden in § 111 FamFG abschließend benannt, so dass nur solche Verfahren in den Geltungsbereich des FamGKG fallen. Im Einzelnen gehören dazu: Abstammungssachen (§ 169 FamFG); Adoptionssachen (§ 186 FamFG); Ehesachen (§ 121 FamFG); Ehewohnungs- und Haushaltssachen (§ 200 FamFG); Gewaltschutzsachen (§ 210 FamFG); Güterrechtssachen (§ 261 FamFG); Kindschaftssachen (§ 151 FamFG); Lebenspartnerschaftssachen (§ 269 FamFG); sonstige Familiensachen (§ 266 FamFG); Unterhaltssachen (§ 231 FamFG); Versorgungsausgleichssachen (§ 217 FamFG).

10   **3. Nebenverfahren.** Verfahren, die den Familiensachen aufgrund materiellrechtlichen Sachzusammenhangs zuzurechnen sind, werden gleichfalls vom FamGKG erfasst. Gleiches gilt für Verfahren, die kraft verfahrensrechtlichen Sachzusammenhangs Familiensachen sind (zB Verfahren wegen Ablehnung von Gerichtspersonen, VKH-Bewilligung, Kostenfestsetzung,[1] selbständiges Beweisverfahren).[2]

11   **4. Vollstreckung.** Das FamGKG findet nur Anwendung, wenn die Vollstreckung durch das Familiengericht erfolgt (Abs. 1 S. 1). Aus diesem Grund ordnen Vorbem. 1.6 S. 2 KV und Vorbem. 2 Abs. 4 KV an, dass für Vollstreckungshandlungen, die durch das Vollstreckungs- oder Arrestgericht vorgenommen werden, Kosten nach dem GKG zu erheben sind.

12   **5. Justizverwaltungssachen.** Für solche Verfahren gilt das FamGKG nicht. Gerichtskosten sind hier nach dem JVKostG zu erheben, teilweise finden auch andere landesrechtliche Regelungen Anwendung (zB in Hinterlegungssachen). Auch die Gebühren für den Rechtshilfeverkehr mit dem Ausland sind nach dem JVKostG zu berechnen, jedoch sind sie als Teil der Gerichtskosten der entsprechenden Familiensache wieder einzuziehen (Nr. 2012 KV).

13   Eine **Ausnahme** von diesem Grundsatz gilt für die Verfahren nach § 107 FamFG wegen der **Anerkennung von ausländischen Entscheidungen** in **Ehesachen.** Das FamGKG findet hier nach Abs. 1 S. 1 aber nur Anwendung, wenn es sich um das Verfahren vor dem Oberlandesgericht handelt (§ 107 Abs. 5–7 FamFG). In dem Verfahren vor der Landesjustizverwaltung (§ 107 Abs. 2 FamFG) sind Kosten nach dem JVKostG zu berechnen.

IV. Rechtsmittel- und Rechtsbehelfsverfahren (Abs. 1 S. 2)

14   **1. Beschwerde und Rechtsbeschwerde, §§ 58 ff, 70 ff FamFG.** Abs. 1 S. 2 ordnet an, dass auch in Verfahren über eine Beschwerde, die mit einer Familiensache in Zusammenhang steht, Gerichtskosten nur nach dem FamGKG zu erheben sind. Die Regelung umfasst jedoch nicht solche Rechtsbehelfe oder Rechtsmittel, die nach dem FamFG selbst statthaft sind, weil sich die Anwendbarkeit des FamGKG für die Beschwerde- und Rechtsbeschwerdeverfahren (§§ 58 ff, 70 ff FamFG) bereits aus Abs. 1 S. 1 ergibt.

15   **2. Rechtsbehelfe der ZPO.** Die Regelung des Abs. 1 S. 2 gilt auch für sofortige Beschwerden (§§ 569 ff ZPO), soweit diese aufgrund von Verweisungsnormen in Buch 1 FamFG statthaft sind. Gleiches gilt für die wegen der Regelung in § 113 Abs. 1 FamFG in Ehe- und Familienstreitsachen statthaften sofortige Beschwerden. Hierzu gehören auch solche nach § 71 Abs. 2, § 91 a Abs. 2, § 99 Abs. 2, § 269 Abs. 5, § 494 a Abs. 2 ZPO, einschließlich der Rechtsbeschwerden.

16   **3. Erinnerung.** Die Erinnerung nach § 11 Abs. 2 RPflG ist, auch wenn sie nur dann statthaft ist, wenn gegen die Entscheidung des Rechtspflegers kein ordentliches Rechtsmittel mehr gegeben ist, als regulärer Rechtsbehelf iSd Abs. 1 S. 2 anzusehen, so dass auch im Erinnerungsverfahren Gerichtskosten nur nach dem FamGKG zu erheben sind. Gleiches gilt für die Erinnerung nach § 573 ZPO. Einzuziehen sind jedoch nur Auslagen, da das Erinnerungsverfahren gebührenfrei ist (§ 11 Abs. 4 RPflG).

---

1 Keidel/*Weber*, § 111 FamFG Rn 10. **2** Baumbach/*Hartmann*, ZPO, § 486 Rn 6; Keidel/*Weber*, § 111 FamFG Rn 11 (wenn bereits das Hauptverfahren bei einem Familiengericht anhängig ist).

4. Beschwerden außerhalb von FamFG und ZPO. Auch wenn es sich um ein Beschwerdeverfahren handelt, 17
dessen Statthaftigkeit sich nicht aus dem FamFG oder der ZPO ergibt, erfolgt die Erhebung der Gerichtskosten wegen Abs. 1 S. 2 gleichwohl ausschließlich nach dem FamGKG, wenn ein solches Verfahren mit
einer Familiensache im Zusammenhang steht. Es erscheint sachgerecht, für solche Verfahren Kosten wie in
einem allgemeinen Beschwerdeverfahren nach der jeweiligen Verfahrensordnung zu erheben.[3] Hierzu gehören insb. die Beschwerdeverfahren nach

- § 159 GVG wegen Ablehnung der Rechtshilfe;
- §§ 178, 180, 181 GVG bei Ordnungsmitteln wegen Ungebühr in der Sitzung oder bei Vornahme von
  Amtshandlungen außerhalb der Sitzung;
- § 4 JVEG: Antrag auf gerichtliche Festsetzung und Beschwerdeverfahren;
- § 33 Abs. 3 RVG: Wertfestsetzung für Rechtsanwaltsgebühren;
- § 56 RVG: Erinnerung und Beschwerde bei Festsetzung der VKH-Vergütung.

Die Beschwerdeverfahren wegen der Vergütungsfestsetzung nach § 11 RVG unterliegen der jeweiligen Ver- 18
fahrensordnung für das Kostenfestsetzungsverfahren (§ 11 Abs. 2 S. 3 RVG), so dass Gerichtskosten schon
wegen Abs. 1 S. 1 nach dem FamGKG zu erheben sind.

V. Mahnsachen (Abs. 1 S. 3)

Abs. 1 S. 3 ordnet in Ausnahme des allgemeinen Grundsatzes an, dass für das Mahnverfahren (§§ 688 ff 19
ZPO iVm § 113 Abs. 2 FamFG) Kosten nur nach dem **GKG** zu erheben sind, um eine Verfahrensvereinfachung zu bewirken.[4]

Die Regelung gilt nur für **Mahnsachen**, so dass das GKG nicht gilt, wenn das Verfahren nach Widerspruch 20
gegen den Mahnbescheid und der Stellung eines Antrags auf Durchführung des streitigen Verfahrens oder
bei Einlegung eines Einspruchs gegen den Vollstreckungsbescheid an das zuständige Familiengericht abgegeben wird. Mit Eingang der Akten bei dem Familiengericht sind die Verfahren als selbständige Familienstreitsachen zu führen, so dass Gebühren nach Nr. 1220 ff KV und Auslagen nach Nr. 2000 ff KV zu erheben sind.

Wegen der in Mahnverfahren nach dem GKG zu erhebenden Kosten s. Nr. 1100 KV GKG. 21

VI. Rechtsbehelfe nach dem FamGKG (Abs. 2)

Wird in einem Verfahren, für das nach Abs. 1 das FamGKG gilt, ein Rechtsbehelf nach §§ 57 ff eingelegt, 22
gehen die Regelungen der §§ 57–61 den allgemeinen Vorschriften der Verfahrensordnungen (FamFG, ZPO)
vor. So kann etwa Erinnerung (§ 57) oder Beschwerde nach §§ 59, 60 auch ohne anwaltliche Mitwirkung
oder zu Protokoll der Geschäftsstelle erklärt werden, auch wenn nach § 114 FamFG Anwaltszwang besteht; anders aber bei der Beschwerde nach § 58. Weiter sind die Beschwerden nach §§ 58–60 stets zulässig,
wenn der Beschwerdewert 200 € übersteigt, auch wenn es sich um vermögensrechtliche Angelegenheiten
handelt, so dass der höhere Beschwerdewert des § 61 Abs. 1 FamFG nicht gilt. Hinsichtlich der Beschwerdefrist geht § 59 Abs. 1 S. 3, Abs. 2 S. 1 der Regelung des § 63 FamFG vor. Zudem besteht abweichend von
§ 68 Abs. 1 S. 2 FamFG stets ein Abhilferecht für das Familienrecht (§ 57 Abs. 3 S. 1).

Wegen Abs. 2 sind auch die Vorschriften der §§ 80 ff FamFG und §§ 91 ff ZPO iVm § 113 Abs. 1 FamFG 23
über die Kostentragung nicht anwendbar, weil hier § 57 Abs. 8 S. 2, § 59 Abs. 3 S. 2 vorgehen.

§ 2 Kostenfreiheit

(1) Der Bund und die Länder sowie die nach Haushaltsplänen des Bundes oder eines Landes verwalteten
öffentlichen Anstalten und Kassen sind von der Zahlung der Kosten befreit.

(2) Sonstige bundesrechtliche oder landesrechtliche Vorschriften, durch die eine sachliche oder persönliche
Befreiung von Kosten gewährt ist, bleiben unberührt.

(3) [1]Soweit jemandem, der von Kosten befreit ist, Kosten des Verfahrens auferlegt werden, sind Kosten
nicht zu erheben; bereits erhobene Kosten sind zurückzuzahlen. [2]Das Gleiche gilt, soweit ein von der Zahlung der Kosten befreiter Beteiligter Kosten des Verfahrens übernimmt.

---

3 BT-Drucks 16/3038, S. 50. **4** BT-Drucks 16/6308, S. 301.

I. Allgemeines

1 **1. Regelungszweck.** § 2 regelt die **persönliche Kostenbefreiung** nach dem FamGKG. Es handelt sich nicht um eine abschließende Regelung, weil sonstige bundes- und landesrechtliche Vorschriften unberührt bleiben (Abs. 2). Die Regelung soll der Haushaltsvereinfachung dienen, aber auch dem Umstand Rechnung tragen, dass die Länder als Träger der Justizhoheit zugleich den Aufwand für die Errichtung und Unterhaltung der Gerichtsorganisation zu tragen haben.[1]

2 § 2 ist **von Amts wegen** zu beachten; der Berufung auf eine bestehende Befreiung bedarf es daher nicht. Die **Nichtbeachtung** kann nach § 57 angegriffen werden, auch wenn die Gerichtskosten bereits gezahlt wurden.[2]

3 **2. Arten der Kostenbefreiung.** Die **Kostenfreiheit** umfasst Gebühren und Auslagen, es besteht daher für sämtliche Gerichtskosten eine Zahlungsbefreiung. Die **Gebührenfreiheit** umfasst hingegen nur die Zahlung der Gebühren, so dass hinsichtlich der Auslagen (Nr. 2000 ff KV) eine Zahlungspflicht besteht.

4 Weiter ist zu unterscheiden zwischen einer persönlichen und einer sachlichen Befreiung. Während bei der **persönlichen** Befreiung die Wirkung nur einer bestimmten natürlichen oder juristischen Person bzw einem Personenkreis zusteht, ist bei einer **sachlichen** Befreiung das vorzunehmende Geschäft unabhängig von der Person kosten- oder gebührenfrei.

II. Kostenfreiheit für Bundes- und Landesbehörden (Abs. 1)

5 **1. Bund und Länder.** Der Bund und die Bundesländer genießen nach Abs. 1 persönliche Kostenfreiheit. Erfasst sind die jeweiligen **Ministerien** und die ihnen nachgeordneten **unmittelbaren Behörden**, bei denen der Bund oder das Land die Rechtsträgerschaft hat.[3] Die Befreiung greift jedoch nur ein, wenn Bund oder Land **unmittelbar als Beteiligter** an einem Verfahren beteiligt sind. Eine Befreiung nach Abs. 1 tritt deshalb nicht ein, wenn eine nichtbefreite Anstalt Beteiligte ist und einwendet, dass sie das Verfahren aufgrund ihrer Befugnis zur Vertretung des Bundes oder Landes geführt habe und folglich nicht sie, sondern der Bund oder das Land beteiligt gewesen sei, denn Beteiligter ist diejenige natürliche oder juristische Person, von welcher

---

1 BGH WM 2014, 1838. **2** LG Berlin JurBüro 1983, 503. **3** *Oestreich/Hellstab/Trenkle*, FamGKG § 2 Rn 9 f.

oder gegen welche Rechtsschutz vor den Gerichten begehrt wird, ohne dass es auf das materielle Recht und den geltend gemachten wirtschaftlichen Interessen ankommt.[4]

Hinsichtlich der Stadtstaaten ist zu beachten, dass das Land Berlin und die Freie und Hansestadt Hamburg auch in Gemeindeangelegenheiten kostenbefreit sind. Für das Land Bremen gilt dies nicht, da noch eigenständige Gemeinden bestehen,[5] denn Gemeinden können sich nicht auf Abs. 1 berufen.   **6**

2. Öffentliche Kassen und Anstalten. Persönliche Kostenfreiheit steht auch den von Bund oder Ländern nach ihren Haushaltsplänen verwalteten öffentlichen Anstalten und Kassen zu. Hierunter sind nur solche **öffentlichen Anstalten** zu verstehen, die mit ihren gesamten Einnahmen oder Ausgaben in den Haushaltsplan des Bundes oder eines Landes aufgenommen sind.[6] Es genügt daher nicht, dass sie als Träger der Staatsverwaltung staatliche Aufgaben wahrnehmen.[7] Eigenbetrieben von Bund oder Ländern steht eine Befreiung nach Abs. 1 nicht zu, da nur Gewinn oder Verlust im Haushaltsplan ausgewiesen sind.[8] Auch dass der Wirtschaftsplan eines Eigenbetriebs der Genehmigung des Finanzministers bedarf und dem Haushaltsplan als Anlage beizufügen ist, genügt nicht.[9]   **7**

3. Private Gesellschaften. Handelt es sich um private Gesellschaften, kann eine Befreiung nach Abs. 1 nicht geltend gemacht werden, auch wenn sie sich vollständig im Besitz von Bund oder Ländern befinden[10] oder es sich um private Genossenschaften handelt, deren einziger Genossenschafter der Bund ist.[11]   **8**

III. Befreiungen nach sonstigem Bundes- und Landesrecht (Abs. 2)

1. Allgemeines. Sonstige Bundes- oder Landesbestimmungen, durch die persönliche oder sachliche Befreiung gewährt wird, bleiben unberührt (Abs. 2), da das Justizkostenrecht zur konkurrierenden Gesetzgebung gehört (Art. 74 Abs. 1 Nr. 1 GG). Eine nach Landesrecht bestehende Befreiung gilt nur vor Gerichten des jeweiligen Landes, vor Gerichten anderer Länder nur, wenn Gegenseitigkeit verbürgt ist. Vor Bundesgerichten gelten landesrechtliche Befreiungen nicht,[12] umgekehrt gilt aber eine nach Bundesrecht bestehende Befreiung vor sämtlichen Gerichten auch der Länder.   **9**

2. Bundesrecht. a) Träger der Sozial- und Jugendhilfe. Die Träger der Sozial- und Jugendhilfe sind in gerichtlichen Verfahren nach FamFG und ZPO persönlich kostenbefreit (§ 64 Abs. 3 S. 2 SGB X), auch wenn sie übergegangene Unterhaltsansprüche geltend machen (§ 94 SGB XII, § 7 UVG).[13] Die Befreiung nach § 64 Abs. 3 S. 2 SGB X setzt aber voraus, dass das Verfahren einen engen Sachzusammenhang zur gesetzlichen Tätigkeit als Sozialhilfeträger besitzt.[14] Davon ist auszugehen bei Geltendmachung von übergegangenen bürgerlich-rechtlichen Unterhaltsansprüchen[15] oder wegen Ansprüchen nach § 94 SGB XII.[16] Die Kostenbefreiung schützt den Träger der Sozialhilfe vor Inanspruchnahme wegen nach § 59 RVG übergegangener Ansprüche, da es sich insoweit um außergerichtliche Kosten handelt.[17]   **10**

b) Beurkunden. Die durch das Amtsgericht aufzunehmenden Erklärungen wegen Vaterschaftsanerkennung, Zahlung von Kindesunterhalt oder Unterhalt nach § 1615 l BGB sind gebührenfrei aufzunehmen (Vorbem. 1 Abs. 2 iVm Vorbem. 2 Abs. 3 KV GNotKG, § 62 Abs. 1 BeurkG).   **11**

c) Auslandsunterhaltsgesetz. aa) Ausgehende Ersuchen. Für das Vorprüfungsverfahren wegen ausgehender Ersuchen, bei denen es sich um eine Justizverwaltungssache handelt (§ 7 Abs. 2 AUG), werden Kosten nicht erhoben (§ 7 Abs. 3 AUG). Werden die notwendigen Übersetzungen nicht eingereicht, hat das Bundesamt für Justiz diese auf Kosten des Antragstellers anzufertigen (§ 10 Abs. 2 AUG); ihre Höhe bestimmt sich nach dem JVEG (§ 76 AUG). Von den Übersetzungskosten kann das zuständige Amtsgericht den Antragsteller auf Antrag befreien (§ 10 Abs. 3 AUG). Voraussetzung ist jedoch, dass der Antragsteller die persönlichen und wirtschaftlichen Voraussetzungen einer ratenfreien VKH nach § 113 Abs. 1 FamFG iVm § 115 ZPO erfüllt. Über den Antrag hat der Rechtspfleger zu entscheiden (§ 29 Nr. 2 RPflG).   **12**

Übersetzungskosten für nach § 9 Abs. 1 AUG auszustellende Bescheinigung sind nicht vom Antragsteller zu tragen, sie werden von § 10 AUG nicht erfasst. Solche Kosten können wegen § 7 Abs. 3 AUG nicht eingezogen werden, auch nicht nach Vorbem. 2 KV JVKostG iVm Nr. 9005 KV GKG. Da das Verfahren wegen ausgehender Ersuchen reines Justizverwaltungsverfahren ist (§ 7 Abs. 2 AUG), kommt hierfür keine VKH-Bewilligung in Betracht.[18]   **13**

bb) Eingehende Ersuchen. Wird ein Antrag nach Art. 56 der Unterhaltsverordnung[19] gestellt, hat der Empfängerstaat unentgeltlich PKH zu leisten, wenn es sich um einen Unterhaltsanspruch aus einer Eltern-Kind-   **14**

---

4 BGH MDR 2009, 594. **5** HK-FamGKG/*Volpert*, § 2 Rn 12; *Oestreich/Hellstab/Trenkle*, FamGKG § 2 Rn 10 f. **6** BGH MDR 2009, 594. **7** BGH MDR 1997, 503. **8** BGH MDR 1997, 503; OLG München OLGR 2006, 567. **9** OLG Köln OLGR 2005, 90. **10** OLG Saarbrücken JurBüro 1996, 657. **11** LG Berlin JurBüro 1983, 1535. **12** BGH NJW-RR 1998, 1222. **13** BT-Drucks 16/6308, S. 358. **14** BGH FamRZ 2006, 411. **15** KG FamRZ 2009, 1854. **16** BGH FamRZ 2006, 411. **17** OLG Düsseldorf FamRZ 2000, 1389. **18** KG FamRZ 1992, 1318. **19** Verordnung (EG) Nr. 4/2009 des Rates vom 18. Dezember 2008 über die Zuständigkeit, das anwendbare Recht, die Anerkennung und Vollstreckung von Entscheidungen und die Zusammenarbeit in Unterhaltssachen (ABl. EU L 7 v. 10.1.2009, S. 1).

Beziehung gegenüber einer Person handelt, die das 21. Lebensjahr noch nicht vollendet hat (Art. 46 der Unterhaltsverordnung). Die Umsetzung und Durchführung werden durch § 22 AUG geregelt. Danach findet in den Fällen des Art. 46 Abs. 1 der Unterhaltsverordnung keine Überprüfung der wirtschaftlichen Verhältnisse statt.[20] Eine Verweigerung der VKH-Bewilligung ist nur zulässig, wenn der Antrag offensichtlich unbegründet ist.[21]

15 Eine Ausnahme von der Kostenbefreiung besteht jedoch im Rahmen des § 22 Abs. 3 AUG. Danach kann das Gericht von dem Antragsteller eine Erstattung der im Wege der VKH verauslagten Kosten verlangen, wenn dieser in dem Verfahren unterliegt und der Kosteneinzug unter Berücksichtigung der finanziellen Verhältnisse des Antragstellers nicht unbillig erscheint. Nach Überlegungen des Gesetzgebers kommt eine solche Anordnung etwa dann in Betracht, wenn nach § 115 Abs. 2 ZPO wegen der guten finanziellen Situation des Antragstellers nicht einmal eine VKH mit Ratenzahlung in Betracht käme.[22]

16 **3. Befreiungen nach Landesrecht. a) Allgemeines.** Der Umfang der Befreiung ist unterschiedlich geregelt; wegen der entsprechenden Landesgesetze → GKG § 2 Rn 27 ff. Darüber hinaus bestehen weitere landesrechtliche Regelungen, die von den vorgenannten Vorschriften unberührt bleiben.

17 **b) Gemeinden.** Eine Befreiung besteht nur nach Landesrecht, Abs. 1 gilt nicht. Nach den landesrechtlichen Regelungen besteht zumeist nur Gebührenbefreiung, so dass die Auslagen zu erheben sind. Zumeist ist die Befreiung ausgeschlossen, wenn wirtschaftliche Unternehmungen der Gemeinde betroffen sind. Keine Befreiung genießen Gemeindeunfallversicherungen, auch wenn ihnen durch das Land die dem Träger der gesetzlichen Unfallversicherung obliegenden Aufgaben übertragen wurden.[23] Auch die Kommunalen Versorgungs- und Versorgungszusatzkassen genießen vor den ordentlichen Gerichten keine Gebührenfreiheit.[24]

18 **c) Religionsgemeinschaften.** Kirchen und andere Religions- oder Weltanschauungsgemeinschaften, die den Status einer juristischen Person des öffentlichen Rechts besitzen, sind nach Landesrecht zumeist von der Zahlung der Gerichtsgebühren befreit.

19 **d) Studentenwerke.** Eine Befreiung besteht zT nach Landesrecht, so wird zB in Sachsen-Anhalt (§ 7 Abs. 1 Nr. 3 JKostG LSA) Befreiung gewährt. In Baden-Württemberg sind Studentenwerke hingegen nur dann befreit, wenn Rechtshandlungen betroffen sind, die unmittelbar aus der Vermögensübernahme des bisherigen Studentenwerks herrühren.[25]

IV. Wirkung der Kostenfreiheit

20 **1. Entstehen der Kosten.** Auch bei bestehender Kosten- oder Gebührenfreiheit entstehen Gerichtskosten, denn lediglich ihr Einzug unterbleibt im Rahmen der bestehenden Befreiung, die folglich ohne Einfluss auf das Entstehen der Gerichtskosten bleibt.

21 **2. Wegfall der Befreiung.** Entfällt die Befreiung im Verfahrensverlauf, sind solche Gerichtskosten einzuziehen, die nach dem Wegfall der Befreiung entstanden sind. Dabei ist zu beachten, dass eine Verfahrensgebühr durch jede gerichtliche Handlung erneut entsteht, so dass auch in Ehe- und Familienstreitsachen Gebühren einzuziehen sind, wenn die Befreiung erst im späteren Verfahrensverlauf entfällt.[26] Bei Aktgebühren kommt es auf den Zeitpunkt der Vornahme der gebührenpflichtigen Handlung an. Tritt der Wegfall der Befreiung erst nach Vornahme der gebührenpflichtigen Handlung ein, zB nach Erlass einer Endentscheidung, können Gerichtskosten für das abgeschlossene Verfahren nicht mehr erhoben werden.

22 **3. Verfahrenskostenhilfe.** Die Bewilligung von VKH stellt keinen Fall von Kostenfreiheit nach § 2 dar,[27] so dass sich ihre Wirkung ausschließlich nach den §§ 114 ff ZPO iVm § 76 Abs. 1, § 113 Abs. 1 FamFG richtet. Die Rückzahlung bereits entrichteter Gerichtskosten bestimmt sich hier ausschließlich nach § 26 Abs. 3, 4 so dass für eine analoge Anwendung des Abs. 3 kein Raum ist.

23 **4. Verfahrenswert.** Auf den Verfahrenswert hat eine bestehende Kosten- oder Gebührenfreiheit keine Auswirkung; das gilt auch dann, wenn nach § 37 Abs. 2, 3 nur die Kosten ohne Hauptsache für den Wert maßgeblich sind.[28]

V. Umfang der Kostenfreiheit

24 **1. Allgemeines.** Die Kostenfreiheit befreit von der Zahlung sämtlicher Gerichtskosten, dh Gebühren und Auslagen. Eine bestehende Gebührenfreiheit erstreckt sich hingegen nur auf die Gebühren, nicht auch auf die Auslagen. Wegen der Übernahme durch einen kostenbefreiten Beteiligten → Rn 49 f.

---

20 BT-Drucks 17/4887, S. 40. **21** BT-Drucks 17/4887, S. 41. **22** BT-Drucks 17/4887, S. 41. **23** BGH MDR 1978, 1016. **24** LG Düsseldorf Rpfleger 1977, 115. **25** OLG Stuttgart Justiz 1984, 367. **26** OLG Schleswig JurBüro 1996, 204 (zu Nr. 1210 ff KV GKG). **27** OLG Hamburg JurBüro 1984, 897 m. zust. Anm. *Mümmler*. **28** OLG Hamburg MDR 1993, 183.

2. Vorschusszahlungen. Besteht Kosten- oder Gebührenfreiheit, ist § 14 nicht anzuwenden, so dass die Zu- 25
stellung der Antragsschrift nicht von der Zahlung abhängig gemacht werden kann (§ 15 Nr. 2). Hat das
Gericht irrtümlich eine Befreiung angenommen, kann ein Gebührenvorschuss auch dann noch angefordert
werden, wenn der Irrtum erst nach der Zustellung festgestellt wird.[29] Die Verpflichtung des Gegners zur
Vorschusszahlung bleibt grds. unberührt.

Besteht nur Gebührenfreiheit, bleibt die Zahlungspflicht für Auslagenvorschüsse (§§ 16, 17) unberührt, je- 26
doch ist § 20 Abs. 6 KostVfg zu beachten.

Die Kostenbefreiung nach § 2 umfasst auch eine nach § 13 JVEG gezahlte besondere Vergütung, und zwar 27
auch dann, wenn sich der Beteiligte gegenüber dem Gericht mit der Zahlung einer besonderen Vergütung
einverstanden erklärt hat.[30]

3. Rechtsmittelverfahren. Die sachliche oder persönliche Kosten- oder Gebührenfreiheit gilt für sämtliche 28
Instanzen.[31] Eine Kostenfreiheit besteht daher auch dann, wenn das Rechtsmittel durch den befreiten Beteiligten selbst eingelegt wird oder es wegen Unbegründetheit oder Unzulässigkeit erfolglos bleibt.

4. Dokumentenpauschale. Eine nach § 2 bestehende Kostenfreiheit erstreckt sich auch auf die Dokumen- 29
tenpauschale nach Nr. 2000 KV. Das gilt jedoch nur, soweit dies für eine notwendige Rechtsverfolgung oder
Rechtsverteidigung notwendig erscheint.[32] Daraus folgt, dass eine Befreiung für die nach Nr. 2000 Nr. 1
Buchst. b KV zu erhebende Pauschale nicht eintritt, da auch ein kostenbefreiter Beteiligter seine Schriftsätze
mit der ausreichenden Anzahl von Abschriften bei Gericht einzureichen hat, wenn die Verfahrensordnungen solches vorschreiben. Die nach Anm. Abs. 2 zu Nr. 2000 KV auslagenfrei herzustellenden Ausfertigungen oder Kopien sind auch einer nur gebührenbefreiten Partei kostenfrei zu überlassen.

5. Aktenversendungspauschale. Von der Zahlung der Aktenversendungspauschale Nr. 2003 KV ist der kos- 30
tenbefreite Beteiligte gleichfalls befreit. Da es sich um Auslagen handelt, besteht für einen nur Gebührenbefreiten hingegen Zahlungspflicht.

6. Verzögerungsgebühr. Die Kosten- oder Gebührenfreiheit umfasst nicht die Verzögerungsgebühr nach 31
§ 32, Nr. 1501 KV.[33] Das gilt wegen des Sanktions- und Strafcharakters der Gebühr auch für die wegen
ihrer Verhängung entstandenen Auslagen (zB Kosten für die Zustellung des Beschlusses nach § 32).

7. Außergerichtliche Kosten. a) Kostenerstattungsanspruch. Die Befreiung erstreckt sich nur auf die Ge- 32
richtskosten, sie hat keinen Einfluss auf die außergerichtlichen Kosten. Ein Kostenerstattungsanspruch
(§§ 80 ff FamFG, § 91 ZPO iVm § 113 Abs. 1 FamFG) bleibt daher unberührt.

b) Übergangene Ansprüche, § 59 RVG. Die nach § 59 RVG auf die Staatskasse übergegangenen Ansprüche 33
sind außergerichtliche Kosten, so dass sie nicht von einer bestehenden Kosten- oder Gebührenfreiheit erfasst werden.[34]

c) Verfahrensbeistände und Umgangspfleger. An Verfahrensbeistände, Umgangs- oder Verfahrenspfleger 34
(§ 9 Abs. 5 FamFG, § 57 ZPO) zu zahlende Beträge werden von einer Kostenfreiheit erfasst, da es sich um
gerichtliche Auslagen handelt (Nr. 2013, 2014 KV).

VI. Streitgenossen

1. Allgemeines. Liegt eine Streitgenossenschaft vor (§§ 59 ff ZPO iVm § 113 Abs. 1 FamFG) oder bestehen 35
Antragsteller bzw Antragsgegner aus mehreren Personen, von denen nur eine Kosten- oder Gebührenfrei-
heit genießt, bleibt nur der auf den Kostenbefreiten entfallende anteilige Kostenanteil unerhoben.[35] Eine
Rückzahlung nach Abs. 3 beschränkt sich gleichfalls nur auf diesen Anteil.

2. Höhe des nicht zu erhebenden Kostenanteils. Maßgeblich für die Höhe des unerhobenen Kostenanteils ist 36
eine im Innenverhältnis bestehende Kostenausgleichspflicht des Kostenbefreiten.[36] Ist der nicht befreite
Streitgenosse im Innenverhältnis völlig von den Kosten freigestellt, können Gerichtskosten von diesem
überhaupt nicht erhoben werden,[37] was auch gilt, wenn der kostenbefreite Beteiligte die Kosten übernommen
hat.[38] Eine Verminderung der Kostenzahlungspflicht tritt jedoch nur insoweit ein, wie die Ausgleichspflicht des
befreiten Streitgenossen auf gesetzlichen Bestimmungen beruht. Ein über den gesetzlichen Anspruch hinausgehender vertraglicher Freistellungsanspruch gegen den kostenbefreiten Streitgenossen wirkt sich auf den
Kostenansatz hingegen nicht aus.[39] Obwohl für den Kostenbeamten keine Verpflichtung besteht, eine solche
Ausgleichspflicht zu prüfen, kann sie im Erinnerungsverfahren (§ 57) eingewendet werden.

29 LG Bremen MDR 1997, 893. **30** OLG Frankfurt JurBüro 1981, 887; OLG Koblenz MDR 2006, 896. **31** *Hartmann*, KostG,
§ 2 GKG Rn 5; *Meyer*, GKG § 2 Rn 10; aA *Oestreich/Hellstab/Trenkle*, GKG § 2 Rn 7. **32** *Meyer*, GKG § 2 Rn 4. **33** OLG
Hamm JurBüro 1970, 417. **34** BGH KostRsp. GKG § 2 Nr. 61; OLG Düsseldorf FamRZ 2000, 1389. **35** BGH Rpfleger 1954,
188; OLG Köln MDR 1978, 678; OLG Karlsruhe OLGR 2003, 13; LG Bayreuth JurBüro 1986, 413. **36** KG MDR 1973, 418;
OLG Köln JurBüro 1978, 888; OLG Düsseldorf JurBüro 1983, 405. **37** OLG Köln MDR 1978, 678; LG Bayreuth JurBüro
1986, 413. **38** OLG Bremen 6.10.1978 – 3 U 12/78, juris. **39** OLG Oldenburg JurBüro 1993, 482.

37 **3. Am Verfahren nicht beteiligte Dritte.** Besitzt ein kostenbefreiter Beteiligter einen Ausgleichsanspruch gegen einen am Verfahren nicht beteiligten Dritten, dem eine Gebühren- oder Kostenfreiheit zusteht, ist er nicht von der Zahlung der Gerichtskosten befreit,[40] denn die Person, gegen die ein solcher Ausgleichsanspruch besteht, muss selbst an dem Verfahren beteiligt sein.

38 **4. Vorschüsse.** Auch hinsichtlich der Leistung von Voraus- oder Vorschusszahlungen ist der auf den kostenbefreiten Beteiligten entfallende Teil nicht zu erheben. Das gilt für Gebühren- und Auslagenvorschüsse. Besteht nur Gebührenfreiheit, sind Vorschüsse für Auslagen in voller Höhe zu erheben. Ist eine Gemeinde, ein Gemeindeverband oder eine sonstige Körperschaft des öffentlichen Rechts Kostenschuldner für den Auslagenvorschuss, ist § 20 Abs. 6 KostVfg zu beachten.

39 **Beispiel:** In einer Familienstreitsache stellen A, B und C in Streitgenossenschaft einen Antrag gegen D. Kostenfreiheit steht nur C zu. Der Verfahrenswert beträgt 6.000 €.

Nach § 14 Abs. 1 ist eine Vorauszahlung zu leisten. Dabei ist nach § 8 Abs. 4 KostVfg zu prüfen, ob der Kostenbetrag zunächst nach Kopfteilen anzufordern ist.

Anzufordern sind:

3,0-Verfahrensgebühr, Nr. 1220 KV (Wert: 6.000 €)	495,00 €
davon haben zu zahlen:	
A:	165,00 €
B:	165,00 €

Der auf C entfallende Anteil von 165 € bleibt wegen § 2 unerhoben. Aufgrund der im Innenverhältnis bestehenden Ausgleichspflicht kann dieser Anteil auch nicht von A und B erhoben werden.

40 **5. Zweitschuldnerhaftung. a) Grundsatz.** Die Kosten- oder Gebührenfreiheit erstreckt sich auch auf die Antragshaftung (§ 21), so dass ein kostenbefreiter Kostenschuldner auch nicht als Zweitschuldner für Gerichtskosten in Anspruch genommen werden kann. Ebenso kann ein nicht befreiter Beteiligter nicht für die Kosten eines befreiten Beteiligten als Zweitschuldner in Anspruch genommen werden,[41] da andernfalls wegen des bestehenden Kostenerstattungsanspruchs der Befreite doch mit den Gerichtskosten belastet werden würde. Im Fall einer Kostenverteilung nach § 100 Abs. 2 ZPO iVm § 113 Abs. 1 FamFG unterbleibt die Inanspruchnahme als Zweitschuldner in Höhe des auf den befreiten Streitgenossen entfallenden Anteils.

41 **Beispiel:** Antrag des kostenbefreiten A gegen B. Dem B werden die Kosten des Verfahrens auferlegt. Ein Kostenvorschuss wurde von A wegen §§ 2, 15 Nr. 2 nicht angefordert. Von B sind sämtliche Gerichtskosten nach § 24 Nr. 1 anzufordern.

Können diese Gerichtskosten von B nicht eingezogen werden, scheidet eine Inanspruchnahme des kostenbefreiten A als Zweitschuldner wegen § 2 aus.

42 **b) Streitgenossen.** Bestehen die Zweitschuldner aus Streitgenossen oder sonst aus mehreren Personen, ist der auf den befreiten Beteiligten entfallende Anteil unberücksichtigt zu lassen. Insoweit kommt eine Inanspruchnahme als Zweitschuldner nicht in Betracht. Maßgeblich ist dabei die im Innenverhältnis bestehende Ausgleichspflicht.

43 **Beispiel 1:** In der selbständigen Familienstreitsache A, B und C gegen D steht dem C Kostenfreiheit zu. Der Verfahrenswert beträgt 6.000 €. Es wird eine Vorauszahlung von 330 € (495 € – 165 €) (Nr. 1220 KV) nach Kopfteilen von je 165 € von A und B angefordert. Der auf C entfallende Kopfteil von 165 € wird wegen § 2 nicht eingefordert. Später werden die Kosten des Verfahrens D auferlegt.

Von D sind wegen der Vorauszahlung des A und B nur noch 165 € anzufordern. Dies entspricht dem auf C entfallenden Kopfteil, für den keine Vorauszahlung erfolgt ist. Kann der Betrag von D nicht eingezogen werden, scheidet eine Inanspruchnahme von A und B und auch des C als Zweitschuldner aus.

44 **Beispiel 2:** In der selbständigen Familienstreitsache A, B und C gegen D steht dem C Kostenfreiheit zu. Der Verfahrenswert beträgt 6.000 €. Es wird eine Vorauszahlung von 330 € (495 € – 165 €) (Nr. 1220 KV) nach Kopfteilen von je 165 € von A und B angefordert. Der auf C entfallende Kopfteil von 165 € wird wegen § 2 nicht eingezogen. Auf Antrag des D werden noch zwei Zeugen vernommen, die aus der Staatskasse eine Entschädigung von 150 € erhalten. Ein Auslagenvorschuss wurde nicht angefordert. Die Kosten des Verfahrens werden dem D auferlegt.

An Gerichtskosten sind entstanden:

3,0-Verfahrensgebühr, Nr. 1220 KV (Wert: 6.000 €)	495,00 €
Zeugenentschädigung, Nr. 2005 KV	150,00 €
Gesamt	**645,00 €**

---

40 OLG Köln KostRsp. GKG § 2 Nr. 8. **41** OLG Brandenburg OLG-NL 2002, 69.

NK-GK/H. Schneider

Abzüglich der von A und B geleisteten Vorschüsse (2 x 165 € = 330 €) sind von D zunächst noch 315 € anzufordern (645 € – 330 €). Kann dieser Betrag nicht von D eingezogen werden, ist wegen der Inanspruchnahme von A und B als Zweitschuldner Folgendes zu beachten:

Zu Nr. 1220 KV: Eine anteilige Inanspruchnahme scheidet aus (vgl Beispiel 1), da es sich um den auf den C entfallenden Kopfteil handelt.

Zu Nr. 2005 KV: Wegen der 150 € sind A und B anteilig als Zweitschuldner in Anspruch zu nehmen. Der auf den kostenbefreiten C entfallende Anteil bleibt unerhoben. Bei einer gesamtschuldnerischen Haftung können von A und B insgesamt noch 100 € (150 € : 3 x 2) erhoben werden.

VII. Rückerstattung gezahlter Kosten (Abs. 3)

1. Allgemeines. Werden einem kostenbefreiten Beteiligten durch gerichtliche Entscheidung die Kosten auferlegt, sind die von einem nicht befreiten Beteiligten gezahlten Kosten zurückzuerstatten (Abs. 3 S. 1). Durch die Kostenrückzahlung wird verhindert, dass der Kostenbefreite durch eine Kostenfestsetzung mit Gerichtskosten belastet wird. Eine Rückerstattung der geleisteten Gerichtskosten erfolgt daher nur im Kostenansatz-, nicht im Kostenfestsetzungsverfahren. Die Gerichtskosten sind sofort nach Erlass der Kostenentscheidung zurückzuzahlen; Rechtskraft oder Wirksamkeit brauchen, außer in den Fällen einer Übernahmeerklärung, nicht abgewartet werden. Die Rückzahlung hat der Kostenbeamte von Amts wegen zu veranlassen, es ist Rückzahlung oder Löschung des Kostensolls zu veranlassen (§ 29 Abs. 3 KostVfg). Wird die Rückzahlung abgelehnt, ist nach § 57 vorzugehen.   45

2. Umfang der Zurückzahlung. Es sind grds. alle von dem Befreiten geleisteten Zahlungen zu erstatten, jedoch erfolgt die Rückzahlung nur insoweit, wie die Gerichtskosten dem kostenbefreiten Beteiligten auferlegt worden sind. Sind Kosten nur teilweise auferlegt, erfolgt eine anteilige Rückzahlung. Handelt es sich um Kosten, für die ausschließlich der nichtbefreite Beteiligte haftet (zB Nr. 2000 KV), erfolgt keine Rückzahlung. Besteht nur Gebührenfreiheit, erfolgt nur die Rückzahlung geleisteter Gebühren.   46

Beispiel 1: Antrag A gegen den kostenbefreiten B. A leistet einen Gebührenvorschuss von 250 €. Mit der Kostenentscheidung werden A 4/10 und B 6/10 der Kosten auferlegt. Gerichtskosten sind iHv 250 € entstanden.   47

Davon hat A zu zahlen	100,00 €
Als Vorschuss bereits gezahlt	250,00 €
Überschuss	**150,00 €**

Der überschüssige Betrag von 150 € ist an A zu erstatten.

Beispiel 2: Antrag A gegen den kostenbefreiten B. A leistet einen Gebührenvorschuss von 250 €. Mit der Kostenentscheidung des Familiengerichts werden A 4/10 und B 6/10 der Kosten auferlegt. Gerichtskosten sind iHv 750 € entstanden.   48

Davon hat A zu zahlen	300,00 €
Als Vorschuss bereits gezahlt	250,00 €
Noch von A zu zahlen	**50,00 €**

Eine Rückzahlung von Gerichtskosten unterbleibt wegen der Resthaftung des A.

3. Kostenübernahme. a) Übernahme durch einen von der Zahlung der Kosten befreiten Beteiligten (Abs. 3 S. 2). Die Verpflichtung zur Rückzahlung besteht auch dann, soweit ein von der Zahlung der Kosten befreiter Beteiligter die Kosten des Verfahrens übernimmt (Abs. 3 S. 2). Dabei stellt der Wortlaut der Norm klar, dass eine Rückzahlung nur erfolgt, wenn der Kostenübernehmer zugleich Verfahrensbeteiligter ist. Übernimmt ein nicht am Verfahren Beteiligter die Kosten, kommt Abs. 3 S. 2 folglich nicht zur Anwendung.   49

Unerheblich ist, ob das Gericht die Kosten nach dem Streit- und Sachstand tatsächlich dem nicht befreiten Beteiligten auferlegt hätte. Eine Rückzahlungspflicht besteht im Falle der Kostenübernahme auch dann noch, wenn das Gericht bereits eine Kostenentscheidung getroffen hatte, diese aber noch nicht rechtskräftig war. Auch bei einer in der Rechtsmittelinstanz erfolgten Kostenübernahme durch einen befreiten Beteiligten sind die für sämtliche Instanzen geleisteten Gerichtskosten zurückzuzahlen, wenn sich die Übernahme auf sämtliche Rechtszüge bezieht. Erfolgt die Übernahme jedoch nach Rechtskraft der Kostenentscheidung, ist die Rückzahlung ausgeschlossen.   50

b) Außergerichtliche Einigung. Die Rückzahlung erfolgt auch wegen einer außergerichtlichen Übernahme, wenn diese noch vor Rechtskraft der Kostenentscheidung erfolgt und vorher bei Gericht eingereicht ist.[42] Abgesehen von der Rechtskraft besteht eine Frist für die Übernahmeerklärung nicht.   51

---

[42] OLG Schleswig JurBüro 1981, 403; LG Berlin JurBüro 1963, 799.

52   **c) Übernahme durch einen Nichtbefreiten.** Hat ein nicht kostenbefreiter Beteiligter die Kosten eines befreiten Beteiligten übernommen, tritt eine Befreiung nicht ein,[43] so dass die Gerichtskosten von dem Nichtbefreiten einzuziehen sind bzw ein Rückerstattungsanspruch nach Abs. 3 entfällt.

53   **4. Kostenfestsetzung.** Im Kostenfestsetzungsverfahren (§§ 103 ff ZPO iVm §§ 85, 113 Abs. 1 FamFG) können Gerichtskosten gegen den kostenbefreiten Gegner nicht festgesetzt werden.[44] Das gilt auch für die Gerichtskosten eines selbständigen Beweisverfahrens, die nach der Kostenentscheidung der Hauptsache von dem Befreiten zu tragen sind.[45]

54   Es besteht stets nur ein Rückzahlungsanspruch gegenüber der Staatskasse.[46] Über den Einwand der Kostenfreiheit, ist daher im Rahmen der Erinnerung oder Beschwerde nach § 57 zu entscheiden.[47] Auch wenn die Kostenfestsetzung nicht erfolgt, ist die Verzinsung der von dem Nichtbefreiten gezahlten Gerichtskosten auf Antrag auszusprechen (§ 104 Abs. 1 S. 2 ZPO iVm §§ 85, 113 Abs. 1 FamFG).[48]

55   **5. Verfahrenskostenhilfe.** Abs. 3 umfasst auch solche Kosten, die ein Nichtbefreiter im Rahmen von VKH geleistet hat, da VKH-Raten oder einmalige Zahlungen aus dem Vermögen gem. Nr. 4.1 S. 2 DB-PKH wie Kostenforderungen zu behandeln sind.

56   **6. Anordnung nach § 81 Abs. 1 FamFG.** Hat das Gericht angeordnet, dass Gerichtskosten ganz oder teilweise nicht erhoben werden (§ 81 Abs. 1 S. 2 FamFG), gilt Abs. 3 S. 1 entsprechend. Bereits gezahlte Gerichtskosten sind zurückzuzahlen, ein Kostenerstattungsanspruch gegenüber dem Gegner besteht nicht.

VIII. Stundung, Erlass und Niederschlagung von Gerichtskosten

57   **1. Allgemeines.** Unabhängig von bestehender gesetzlicher Kosten- oder Gebührenbefreiung kann wegen der entstandenen Gerichtskosten Stundung, Erlass oder Niederschlagung angeordnet werden. Grundlage hierfür bilden die **Landesjustizkostengesetze** und die Bestimmungen der **Landeshaushaltsordnungen** (LHO).

58   **2. Stundung.** Durch Stundung, die nur auf Antrag zu gewähren ist, wird die **Fälligkeit des Anspruchs** hinausgeschoben (vgl § 59 der jeweiligen LHO). Die Bewilligung ist nur unter dem Vorbehalt des jederzeitigen Widerrufs zu gewähren. Zugleich ist Stundungsfrist festzulegen.

59   Zumeist sieht die LHO vor, dass Stundung nur erfolgen darf, wenn die sofortige Einziehung eine **erhebliche Härte** für den Schuldner bedeuten würde. Nach Nr. 1.2 der Bayerischen VV zu Art. 59 BayHO ist eine erhebliche Härte für den Schuldner dann anzunehmen, wenn er sich aufgrund seiner ungünstigen wirtschaftlichen Verhältnisse vorübergehend in ernsthaften Zahlungsschwierigkeiten befindet oder er in solche durch die sofortige Einziehung geraten würde. Die LHO sehen teilweise vor, dass eine Stundung nur gegen **angemessene Verzinsung** ausgesprochen werden soll. In Bayern ist als regelmäßige Verzinsung 2 v.H. über dem bei Bewilligung der Stundung geltenden Basiszinssatz nach § 247 BGB anzunehmen, kann jedoch nach Lage des Einzelfalls herabgesetzt werden (Nr. 1.4 VV zu Art. 59 BayHO). Soweit in der LHO eine **Sicherheitsleistung** vorgesehen ist, kann diese nach § 232 BGB bewirkt werden (Nr. 1.5 VV zu Art. 59 BayHO).

60   **3. Niederschlagung.** Bei der Niederschlagung handelt es sich um eine verwaltungsinterne Maßnahme, durch die von der **Weiterverfolgung des Anspruchs abgesehen** wird, ohne dass der Anspruch erlischt oder eine weitere Rechtsverfolgung ausgeschlossen ist. Die Niederschlagung bedarf keines Antrags. War ein solcher nicht gestellt, unterbleibt eine Mitteilung über erfolgte Niederschlagung an den Schuldner.

61   Die haushaltsrechtlichen Vorschriften weisen ausdrücklich darauf hin, dass im Falle einer Mitteilung über die erfolgte Niederschlagung unbedingt darauf hinzuweisen ist, dass das Recht vorbehalten ist, den Anspruch **später erneut geltend** zu machen. Zu unterscheiden ist weiter zwischen einer **befristeten** und einer **unbefristeten** Niederschlagung. Erstere kommt in Betracht, wenn die Einziehung vorübergehend keinen Erfolg verspricht. Die wirtschaftlichen Verhältnisse oder das Vorliegen der sonstigen Gründe sind in angemessenen Zeitabständen zu überprüfen, wobei jedoch die Verjährungsfristen beachtet werden müssen. Eine unbefristete Niederschlagung setzt voraus, dass die Einziehung dauerhaft ohne Erfolg bleiben wird.

62   **4. Erlass.** Durch Erlass wird auf den **fälligen Anspruch verzichtet.** Zu beachten ist, dass der Anspruch nach § 397 BGB durch den Erlass erlischt. Der Erlass ist regelmäßig nur auf Antrag des Kostenschuldners zu gewähren. Nach den haushaltsrechtlichen Vorschriften hat ein Erlass nur zu erfolgen, wenn eine Stundung nicht in Betracht kommt. Da es sich bei den Gerichtskosten um einen öffentlich-rechtlichen Anspruch handelt, ist der Erlass durch Verwaltungsakt auszusprechen.

---

43 *Oestreich/Hellstab/Trenkle*, GKG § 2 Rn 25.   **44** OLG Düsseldorf JurBüro 1983, 405; OLG Brandenburg OLG-NL 2002, 69.   **45** BGH NJW 2003, 1322.   **46** OLG Frankfurt JurBüro 1977, 1887.   **47** OLG Naumburg 22.10.2001 – 13 W 235/01, juris.   **48** LG Stuttgart NJW-RR 1998, 1691; MüKo-ZPO/*Giebel*, § 104 Rn 61.

5. **Verwaltungsbestimmungen.** Die **Zuständigkeiten** für Stundung, Erlass und Niederschlagung sind in den   63
Ländern durch Verwaltungsvorschriften besonders geregelt. Zu den entsprechenden Fundstellen s. Anhang I. 2. („Weitere Verwaltungsvorschriften [Übersicht]") in diesem Kommentar.

§ 3 Höhe der Kosten

(1) Die Gebühren richten sich nach dem Wert des Verfahrensgegenstands (Verfahrenswert), soweit nichts anderes bestimmt ist.

(2) Kosten werden nach dem Kostenverzeichnis der Anlage 1 zu diesem Gesetz erhoben.

I. Allgemeines

§ 3 enthält allgemeine Grundsätze für die Gerichtskostenberechnung. Abs. 1 regelt die Ermittlung der Ge-   1
bührenhöhe. Für Auslagen gilt die Regelung hingegen nicht, weil sich der konkrete Auslagenbetrag unmittelbar aus dem Kostenverzeichnis ergibt oder der Einzug in voller tatsächlicher Höhe angeordnet ist. Abs. 2 ordnet an, dass die Gerichtskosten nur nach dem Kostenverzeichnis zu erheben sind, das als Anlage 1 (zu § 3 Abs. 2) Teil des FamGKG ist.

II. Gebühren (Abs. 1)

1. **Gebührenarten.** Für die Bestimmung der Gebührenhöhe ist zu unterscheiden zwischen   2

- **Festgebühren.** Ihre Höhe wird durch die jeweilige Vorschrift eindeutig mit einem bestimmten Geldbetrag bestimmt (zB Nr. 1600 KV), der für alle Verfahren, unabhängig vom Umfang des Geschäfts, gleich ist;
- **Wertgebühren.** Für ihre Berechnung bildet der Verfahrenswert die Grundlage (zB Nr. 1110 KV). Aus der Gebührenvorschrift im Kostenverzeichnis ergibt sich lediglich der Gebührensatz, während der konkrete Gebührenbetrag aus der dem Gesetz anliegenden Anlage 2 (zu § 28 Abs. 1) zu entnehmen ist;
- **Rahmengebühren.** Hier wird die Höhe in der Vorschrift jeweils durch Mindest- und Höchstgebühr abgegrenzt.

2. **Verfahrenswert.** Maßgeblich für die wertabhängigen Gebühren ist der Verfahrenswert, der nach der Le-   3
galdefinition in Abs. 1 dem **Wert des Verfahrensgegenstands** entspricht. Der Terminus unterscheidet sich von dem anderer Kostengesetze (GKG: Streitwert; GNotKG: Geschäftswert; RVG: Gegenstandswert). Die Höhe des Verfahrenswerts bestimmt sich nach den §§ 33–52, während sich das Wertfestsetzungsfestsetzungsverfahren nach den §§ 53–56, 59 richtet.

Der für die Gebühren zugrunde gelegte Verfahrenswert ist in der Urschrift der Kostenrechnung anzugeben   4
(§ 24 Abs. 1 Nr. 2 KostVfg). Ebenso in der Reinschrift (Sollstellung), obwohl in § 25 KostVfg nicht mehr ausdrücklich benannt.

III. Kostenverzeichnis (Abs. 2)

Abs. 2 ordnet an, dass Kosten nach dem Kostenverzeichnis (Anlage 1 zu § 3 Abs. 2) erhoben werden. Das   5
Kostenverzeichnis enthält die zu erhebenden Gebühren und Auslagen und bestimmt zugleich deren Höhe. Die in ihm enthaltene Aufzählung ist **abschließend.**[1] Aus dem bestehenden **Analogieverbot** (§ 1 Abs. 1 S. 1) folgt, dass die Anwendung anderer kostenrechtlicher Bestimmungen zu Lasten eines Beteiligten ausscheidet und gerichtliche Handlungen, für die eine Gebühr nicht bestimmt ist, gebührenfrei bleiben.[2] Auch gerichtliche Auslagen können nur eingezogen werden, wenn das Kostenverzeichnis einen entsprechenden Auslagentatbestand vorsieht; fehlt ein solcher, ist auch hier das Analogieverbot zu beachten.[3] Ist ein Gebühren- oder Auslagentatbestand vorhanden, muss zudem beachtet werden, dass der Kosteneinzug nur in der vom Kostenverzeichnis vorgegebenen Höhe zulässig ist.

Das Kostenverzeichnis unterliegt als Teil des Gesetzes der Übergangsregelungen der §§ 63, 64.   6

§ 4 Umgangspflegschaft

Die besonderen Vorschriften für die Dauerpflegschaft sind auf die Umgangspflegschaft nicht anzuwenden.

---

[1] HK-FamGKG/*N. Schneider*, § 3 Rn 22. **2** BGH MDR 2007, 917. **3** OLG München MDR 1985, 782; OLG Karlsruhe MDR 1989, 568.

I. Allgemeines

1 Die Umgangspflegschaft ist kostenrechtlich als Teil des entsprechenden Umgangsverfahrens zu behandeln (Anm. Abs. 2 zu Nr. 1310 KV). § 4 stellt deshalb klar, dass die für Dauerpflegschaften geltenden besonderen Regelungen nicht für die Umgangspflegschaft gelten, und dient damit insb. dem Schutz des minderjährigen Beteiligten, weil sichergestellt wird, dass er nicht als Kostenschuldner haftet.

II. Nicht anzuwendende Regelungen

2 **1. Allgemeines.** Im Einzelnen sind auf die Umgangspflegschaft nicht anzuwenden: § 7 Abs. 1 S. 2, § 10, § 19 Abs. 1 S. 1 Hs 2, § 22, Vorbem. 2 Abs. 3 KV und Anm. Abs. 1 zu Nr. 2000 KV, soweit letztere Vorschrift Regelungen für die Dauerpflegschaften enthält.

3 **2. Verjährung.** Da die Regelung des § 7 Abs. 1 S. 2 keine Anwendung findet, gilt die allgemeine Regelung des § 7 Abs. 1 S. 1, so dass die Verjährung in vier Jahren nach Ablauf des Kalenderjahres, in welchem das Verfahren beendet wurde, eintritt. Maßgeblich ist hier die Beendigung der Umgangspflegschaft, weil erst dann eine endgültige Verfahrensbeendigung eintritt.

4 **3. Fälligkeit.** Die Fälligkeit der Auslagen bestimmt sich nach § 11 Abs. 1, 2 weil § 10 nicht gilt.

5 **4. Nachforderung.** § 19 Abs. 1 ist nicht anzuwenden, soweit er sich auf Dauerpflegschaften bezieht, so dass die allgemeinen Grundsätze der Vorschrift gelten. Wird eine Schlusskostenrechnung im Umgangsverfahren erstellt, ist zwingend darauf hinzuweisen, dass weitere Kosten, nämlich solche nach Nr. 2014 KV, entstehen (§ 24 Abs. 5, § 25 Abs. 2 KostVfg). Es ist dabei unerheblich, dass die Staatskasse bei deren Erstellung noch nicht in der Lage ist, die Kosten genau zu beziffern.

6 **5. Kostenschuldner.** Für die Kosten der Umgangspflegschaft haftet derjenige, der die Kosten des Umgangsverfahrens zu tragen hat. Da die Regelung des § 22 nicht gilt, haftet der Minderjährige für die Gerichtskosten der Umgangspflegschaft in keinem Fall, weder als Entscheidungsschuldner (§ 81 Abs. 3 FamFG) noch als Antragsschuldner, da das Verfahren stets seine Person betrifft (§ 21 Abs. 1 S. 2 Nr. 3).

7 **6. Auslagen.** Die Regelung der Vorbem. 1.3.1 Abs. 2 KV ist nicht anzuwenden. Von dem Minderjährigen können die gerichtlichen Auslagen deshalb auch dann nicht erhoben werden, wenn sein Vermögen nach Abzug sämtlicher Verbindlichkeiten den Betrag von 25.000 € übersteigt. Das gilt auch für die an den Umgangspfleger gezahlten Vergütungen nach Nr. 2014 KV.

8 Hinsichtlich der Dokumentenpauschale gilt Anm. Abs. 1 zu Nr. 2000 KV nicht, soweit sie Dauerpflegschaften betrifft. Es gilt die allgemeine Regelung, so dass eine gesonderte Berechnung nach Rechtszug (§ 29) und Kostenschuldner zu erfolgen hat.

III. Kosten der Umgangspflegschaft

9 Wegen der entstehenden Kosten → Nr. 1310 KV Rn 32 ff. Zur Vergütung des Umgangspflegers und deren Einzug als Gerichtskosten s. Nr. 2014 KV.

§ 5 Lebenspartnerschaftssachen

In Lebenspartnerschaftssachen nach § 269 des Gesetzes über das Verfahren in Familiensachen und in den Angelegenheiten der freiwilligen Gerichtsbarkeit sind für

1. Verfahren nach Absatz 1 Nr. 1 dieser Vorschrift die Vorschriften für das Verfahren auf Scheidung der Ehe,
2. Verfahren nach Absatz 1 Nr. 2 dieser Vorschrift die Vorschriften für das Verfahren auf Feststellung des Bestehens oder Nichtbestehens einer Ehe zwischen den Beteiligten,
3. Verfahren nach Absatz 1 Nr. 3 bis 12 dieser Vorschrift die Vorschriften für Familiensachen nach § 111 Nr. 2, 4, 5 und 7 bis 9 des Gesetzes über das Verfahren in Familiensachen und in den Angelegenheiten der freiwilligen Gerichtsbarkeit und
4. Verfahren nach den Absätzen 2 und 3 dieser Vorschrift die Vorschriften für sonstige Familiensachen nach § 111 Nr. 10 des Gesetzes über das Verfahren in Familiensachen und in den Angelegenheiten der freiwilligen Gerichtsbarkeit

entsprechend anzuwenden.

I. Allgemeines

1 Durch § 5 wird klargestellt, dass für Lebenspartnerschaftssachen, die in § 269 FamFG abschließend benannt sind, die Vorschriften für die entsprechenden Familiensachen Anwendung finden, auch wenn die Ver-

fahren in den jeweiligen Regelungen nicht ausdrücklich benannt sind. Die Vorschrift entspricht damit der Regelung des § 270 FamFG, die Gleiches für das Verfahrensrecht anordnet. § 5 gilt nur für die in § 269 FamFG benannten Verfahren, eine analoge Anwendung auf andere Verfahren verbietet sich.

Der Verweis des § 5 ist allumfassend, so dass er sowohl die allgemeinen als auch die besonderen Regelungen des FamGKG wie etwa zur Fälligkeit, Voraus- und Vorschusspflicht, Kostenschuldnerschaft oder zu den Wertbestimmungen und das gesamte KV einschließt. 2

II. Anzuwendende Vorschriften

1. Aufhebung der Lebenspartnerschaft, § 269 Abs. 1 Nr. 1 FamFG; Feststellung des Bestehens oder Nichtbestehens einer Lebenspartnerschaft, § 269 Abs. 1 Nr. 2 FamFG. Anzuwenden sind die für Ehesachen (§ 121 FamFG) geltenden Regelungen. Die Verfahren nach § 269 Abs. 1 Nr. 1 FamFG sind als Verbundverfahren zu führen, so dass hier § 44 Abs. 1 gilt. Die Fälligkeit bestimmt sich nach § 9, für die Folgesachen gilt § 11. Es besteht nach § 14 Abs. 1 Vorauszahlungspflicht, allerdings nur für die Lebenspartnerschaftssache, nicht für die Folgesachen. Bei der Wertermittlung gelten die §§ 43, 44. Gebühren sind nach Nr. 1110 ff KV zu erheben. 3

2. Kindschaftssachen, § 269 Abs. 1 Nr. 3 FamFG. Sind die Verfahren isoliert anhängig, bestimmt sich die Fälligkeit nach § 11. Eine Vorschusspflicht nach § 14 Abs. 3 besteht nur, wenn auch eine Antragshaftung nach § 21 Abs. 1 vorliegt; hierzu → § 14 Rn 50 ff. Für die Wertermittlung ist § 45 zu beachten. Gebühren sind nach Nr. 1310 ff KV zu erheben. Handelt es sich um eine Folgesache (§ 137 Abs. 3 iVm § 270 Abs. 1 FamFG), besteht eine Vorschusspflicht. Der Wert ist nach § 44 zu bestimmen. Gebühren sind nach Nr. 1110 ff KV zu erheben. 4

3. Adoptionssachen, § 269 Abs. 1 Nr. 4 FamFG. Es handelt sich um FG-Familiensachen. Die Fälligkeit bestimmt sich nach § 11. Es besteht Antragshaftung (§ 21 Abs. 1) und Vorschusspflicht nach § 14 Abs. 3, wenn ein Antragsverfahren vorliegt, was regelmäßig der Fall ist. Die Verfahren wegen der Aufhebung eines Annahmeverhältnisses können sowohl Antrags- als auch Amtsverfahren sein, so dass hier § 14 Abs. 3 und § 21 Abs. 1 nicht gelten. Für die Wertermittlung gilt § 42. Gebühren sind nach Nr. 1320 ff KV zu erheben. Adoptionssachen, die Minderjährige betreffen, sind gebührenfrei. 5

4. Wohnungszuweisungssachen, § 269 Abs. 1 Nr. 5 FamFG. Bei den Verfahren nach §§ 14, 17 LPartG handelt es sich um FG-Familiensachen. Verfahren nach § 14 LPartG sind nicht verbundfähig, da sie den Zeitraum des Getrenntlebens erfassen, während die Verfahren nach § 17 LPartG Folgesache sein können. Handelt es sich um ein isoliertes Verfahren, gilt für die Fälligkeit § 11, es besteht Vorschusspflicht nach § 14 Abs. 3, Gebühren sind nach Nr. 1320 ff KV zu erheben. Liegt eine Folgesache vor, gilt gleichfalls § 11, jedoch besteht keine Vorschusspflicht für die Gebühren, die nach Nr. 1110 ff KV zu berechnen sind. In sämtlichen Verfahren ist für die Wertbestimmung § 48 Abs. 1, 3 einschlägig. 6

5. Haushaltssachen, § 269 Abs. 1 Nr. 6 FamFG. Es handelt sich um FG-Familiensachen. Das Verfahren nach § 13 LPartG kann nicht als Folgesache im Verbund geltend gemacht werden, weil es die Zeit des Getrenntlebens umfasst, während Verfahren nach § 17 LPartG verbundfähig sind (§ 137 Abs. 2 S. 1 Nr. 3 iVm § 270 Abs. 1 FamFG). In den isolierten Verfahren gilt für die Fälligkeit § 11, es besteht Vorschusspflicht nach § 14 Abs. 3, Gebühren sind nach Nr. 1320 ff KV zu erheben. Für die Folgesachen gilt zwar für die Fälligkeit § 11, jedoch besteht keine Vorschusspflicht. Es gelten die Nr. 1110 ff KV. Für sämtliche Verfahren ist bei der Wertermittlung auf § 48 abzustellen. 7

6. Versorgungsausgleichssachen, § 269 Abs. 1 Nr. 7 FamFG. Diese FG-Familiensachen können isoliert oder nach § 137 Abs. 2 S. 1 Nr. 1 iVm § 270 Abs. 1 FamFG als Folgesache anhängig gemacht werden. Als Folgesache gilt für die Fälligkeit § 11, eine Vorschusspflicht besteht nicht, für den Verfahrenswert gilt § 50 Abs. 1 Alt. 1, Gebühren sind nach Nr. 1110 ff KV zu berechnen. In isolierten Verfahren gilt § 11 für die Fälligkeit, es besteht Vorschusspflicht nach § 14 Abs. 3. Der Verfahrenswert ist nach § 50 Abs. 1 Alt. 2, Abs. 2 zu bestimmen. Gebühren sind nach Nr. 1320 ff KV zu berechnen. 8

7. Unterhaltssachen, § 269 Abs. 1 Nr. 8, 9 FamFG. Verfahren wegen der gesetzlichen Unterhaltspflicht für ein gemeinschaftliches minderjähriges Kind der Lebenspartner (§ 269 Abs. 1 Nr. 8 FamFG) oder wegen Unterhalt aufgrund der Lebenspartnerschaft (§ 269 Abs. 1 Nr. 9 FamFG) gehören zu den Familienstreitsachen (§ 112 Nr. 1 FamFG). Sie können isoliert oder als Folgesache (§ 137 Abs. 2 S. 1 Nr. 2 iVm § 270 Abs. 1 FamFG) anhängig gemacht werden. In den isolierten Verfahren bestimmt sich die Fälligkeit nach § 9, es besteht Vorauszahlungspflicht nach § 14 Abs. 1, Gebühren sind nach Nr. 1220 ff KV zu berechnen. In den Folgesachen gilt für die Fälligkeit § 11, eine Vorschusspflicht besteht nicht, Gebühren sind nach Nr. 1110 ff KV zu erheben. Der Verfahrenswert berechnet sich in allen Verfahren nach § 51. 9

8. Güterrechtssachen, § 269 Abs. 1 Nr. 10–12 FamFG. Die Verfahren nach § 269 Abs. 1 **Nr. 10** FamFG sind Familienstreitsachen (§ 112 Nr. 2 FamFG) und können isoliert oder als Folgesache (§ 137 Abs. 2 S. 1 10

Nr. 4 iVm § 270 Abs. 1 FamFG) anhängig gemacht werden. In den isolierten Verfahren gilt für die Fälligkeit § 9, es besteht Vorauszahlungspflicht nach § 14 Abs. 1, Gebühren sind nach Nr. 1220 ff KV zu berechnen. Handelt es sich um eine Folgesache, gilt für die Fälligkeit § 11, eine Vorschusspflicht besteht nicht, Gebühren sind nach Nr. 1110 ff KV zu erheben.

11　Güterrechtssachen nach § 269 Abs. 1 **Nr. 11** FamFG wegen Verfahren nach § 6 LPartG iVm § 1365 Abs. 2, § 1369 Abs. 2, §§ 1382, 1383 BGB, solche nach § 269 Abs. 1 **Nr. 12** FamFG wegen Verfahren nach § 7 LPartG iVm §§ 1426, 1430, 1452 BGB und solche nach § 1519 BGB, Art. 5 Abs. 2, Art. 12 Abs. 2 S. 2, Art. 17 des deutsch-französischen Abkommens über den Güterstand der Wahl-Zugewinngemeinschaft sind FG-Familiensachen. Sie sind stets isoliert anhängig zu machen, mit Ausnahme der Verfahren nach §§ 1382, 1383 BGB, die auch zusammen mit einer Familienstreitsache entschieden werden können (§ 265 FamFG). In den isolierten Verfahren gilt für die Fälligkeit § 11, es besteht Vorschusspflicht nach § 14 Abs. 3, weil es sich um Antragsverfahren handelt, für die Antragshaftung besteht (§ 21 Abs. 1). Für die Wertberechnung gilt § 36. In den Verfahren nach §§ 1382, 1383 BGB ist der Wert nach § 42 zu berechnen, die Regelung des § 52 ist zu beachten.

12　9. Sonstige Lebenspartnerschaftssachen, § 269 Abs. 2, 3 FamFG. Verfahren nach § 269 **Abs. 2** FamFG sind Familienstreitsachen (§ 112 Nr. 3 FamFG) und können nur isoliert anhängig gemacht werden. Die Fälligkeit richtet sich nach § 9, es besteht Vorauszahlungspflicht nach § 14 Abs. 1, die Gebühren sind nach Nr. 1220 ff KV zu berechnen. Handelt es sich um eine Geldforderung, gilt für den Wert § 35, ansonsten ist der Wert nach billigem Ermessen zu bestimmen (§ 42 Abs. 1).

13　Bei den Verfahren nach § 269 **Abs. 3** FamFG handelt es sich um FG-Familiensachen, so dass sich die Fälligkeit nach § 11 bestimmt. Es besteht Vorschusspflicht nach § 14 Abs. 3, da es sich gem. § 8 Abs. 2 LPartG iVm § 1357 Abs. 2 BGB um Antragsverfahren handelt und zugleich Antragshaftung (§ 21 Abs. 1) besteht. Gebühren sind nach Nr. 1320 ff KV zu berechnen. Der Wert ist gem. § 42 Abs. 1 nach billigem Ermessen zu bestimmen.

§ 6 Verweisung, Abgabe, Fortführung einer Folgesache als selbständige Familiensache

(1) ¹Verweist ein erstinstanzliches Gericht oder ein Rechtsmittelgericht ein Verfahren an ein erstinstanzliches Gericht desselben oder eines anderen Zweiges der Gerichtsbarkeit, ist das frühere erstinstanzliche Verfahren als Teil des Verfahrens vor dem übernehmenden Gericht zu behandeln. ²Das Gleiche gilt, wenn die Sache an ein anderes Gericht abgegeben wird.

(2) Wird eine Folgesache als selbständige Familiensache fortgeführt, ist das frühere Verfahren als Teil der selbständigen Familiensache zu behandeln.

(3) ¹Mehrkosten, die durch Anrufung eines Gerichts entstehen, zu dem der Rechtsweg nicht gegeben oder das für das Verfahren nicht zuständig ist, werden nur dann erhoben, wenn die Anrufung auf verschuldeter Unkenntnis der tatsächlichen oder rechtlichen Verhältnisse beruht. ²Die Entscheidung trifft das Gericht, an das verwiesen worden ist.

I. Allgemeines

1　§ 6 regelt die Folgen einer Verweisung wegen der Unzuständigkeit des Gerichts und erfasst zugleich die Abgabe von Verfahren. Er dient dem Schutz des Kostenschuldners, da die Regelung des Abs. 1 verhindert, dass Gebühren für dasselbe Verfahren mehrfach erhoben werden. Abs. 2 dient gleichem Zweck, indem er die Besonderheiten des Verbundverfahrens berücksichtigt und gleichfalls verhindern soll, dass wegen einer Abtrennung aus dem Verbund Mehrkosten entstehen. Durch die Regelung des Abs. 3 werden Kostenschuldner und Staatskasse geschützt, da der Einzug von Mehrkosten zwar angeordnet werden kann, es aber einer verschuldeten Unkenntnis des Antragstellers bedarf.

II. Verweisung und Abgabe (Abs. 1)

2　1. Verweisungen (Abs. 1 S. 1). Abs. 1 S. 1 regelt die Fälle, in denen ein erstinstanzliches Gericht oder ein Rechtsmittelgericht ein Verfahren an ein Familiengericht oder an ein erstinstanzliches Gericht eines anderen Zweigs der Gerichtsbarkeit verweist. Die Verfahrenshandlungen des verweisenden Gerichts wirken fort, was auch für eine erfolgte Bewilligung von VKH gilt.

3　Im Einzelnen wird von Abs. 1 S. 1 erfasst die Verweisung

- wegen örtlicher oder sachlicher Unzuständigkeit in FG-Familiensachen (§ 3 FamFG);

- wegen örtlicher oder sachlicher Unzuständigkeit in Ehe- und Familienstreitsachen (§ 281 ZPO iVm § 113 Abs. 1 FamFG);
- wegen einseitiger Änderung des Aufenthalts des Kindes in Kindschaftssachen (§ 154 FamFG);
- wegen Unzulässigkeit des Rechtswegs (§ 17 a GVG).

2. Abgaben (Abs. 1 S. 2). Abs. 1 S. 2 stellt klar, dass die Regelung des Abs. 1 S. 1 (→ Rn 2 f) auch gilt, wenn   4
eine Familiensache an ein anderes Gericht abgegeben wird, so dass auch in den Fällen der Abgabe an ein
anderes Gericht die Gebühren nur einmal entstehen.

Im Einzelnen wird von Abs. 1 S. 2 erfasst die Abgabe   5

- in FG-Familiensachen (§ 4 FamFG);
- an das Gericht der Ehesache (§§ 123, 153, 202, 233, 263, 268 FamFG);
- eines einstweiligen Anordnungsverfahrens an das zuständige Familiengericht (§ 50 Abs. 2 S. 2 FamFG).[1]

3. Teilverweisungen. Für Teilverweisungen gilt § 6 nicht, da sie wie eine Verfahrenstrennung nach § 20   6
FamFG, § 145 ZPO iVm § 113 Abs. 1 FamFG zu behandeln sind. Die Gerichtsgebühren sind nach der Teilverweisung oder Trennung für jedes Verfahren nach dessen Wert neu zu berechnen.[2]

4. Zurückverweisung. Unanwendbar ist § 6 auch bei Zurückverweisung durch das Rechtsmittelgericht   7
(§ 69 Abs. 1, § 74 Abs. 6, §§ 146, 147 FamFG), da hier § 31 Abs. 1 gilt, der eine einheitliche Behandlung
der Verfahren anordnet.

5. Verfahrensverbindung und -trennung. Die Fälle des § 20 FamFG, §§ 145, 147 ZPO iVm § 113 Abs. 1   8
FamFG werden nicht von § 6 erfasst.

III. Kostenrechtliche Behandlung bei Verweisungen oder Abgabe

1. Einheitliche Behandlung. Das frühere erstinstanzliche Verfahren ist als Teil des Verfahrens vor dem   9
übernehmenden Gericht zu behandeln, und zwar so, als sei es von Anfang an bei dem übernehmenden Gericht anhängig gewesen. Das gilt unabhängig davon, ob das Verfahren an ein Gericht desselben oder eines
anderen Gerichtszweigs überwiesen wird. Es sind ausschließlich die Kostenregelungen (zB Fälligkeit, Vor-
aus- oder Vorschusszahlung, Gebühren- und Auslagentatbestände) anzuwenden, die für das übernehmende
Gericht gelten. Beide Verfahren sind auch als einheitliche Kosteninstanz iSd § 29 zu behandeln, so dass
auch Gerichtsgebühren nur einmal zu erheben sind. Ist für die Wertberechnung der Zeitpunkt des Antragseingangs maßgeblich (§ 34 S. 1), kommt es auf den Eingang bei dem abgebenden Gericht an.[3]

2. Verweisung aus oder in das FamGKG. Wird ein Verfahren, für das das FamGKG nicht gilt (→ § 1   10
Rn 7 ff), in dessen Geltungsbereich verwiesen, sind von Anfang an nur dessen Regelungen anzuwenden. In
den umgekehrten Fällen ist das Verfahren hingegen von dem Zeitpunkt seiner Anhängigkeit an nur nach
dem GKG oder GNotKG zu behandeln. Wird ein Verfahren, für welches nach dem GKG oder GNotKG
keine Vorauszahlungs- oder Vorschusspflicht besteht, in den Geltungsbereich des FamGKG verwiesen,
kann das Gericht in den Fällen des § 14 seine Tätigkeit von der vorherigen Kostenzahlung abhängig machen, da ein Beteiligter, der sich zunächst an ein unzuständiges Gericht gewandt hat, keinen Vorteil daraus
ziehen soll, wenn er dort von Vorauszahlungen befreit war.[4]

3. Zuständigkeit. Erfolgen Verweisung oder Abgabe an das Gericht eines **anderen Bundeslandes**, ist nach   11
§ 6 Abs. 1 KostVfg der Abschnitt I der Vereinbarung über den Ausgleich von Kosten, die von den Justizverwaltungen bekannt gemacht wurde, zu beachten (→ § 18 Rn 3 f). Wegen der Zahlung und des Einzugs von
Vergütungen an im Rahmen der VKH oder an nach § 138 FamFG beigeordneten Anwälten ist gem. § 6
Abs. 2 KostVfg nach Abschnitt II der Vereinbarung zu verfahren.

IV. Abgetrennte Folgesachen (Abs. 2)

1. Allgemeines. a) Verfahrensrecht. Es ist zwischen echter und unechter Abtrennung von Folgesachen zu   12
unterscheiden. Während bei der **echten Abtrennung** die Folgesache als selbständige Familiensache fortgeführt wird, behält sie im Falle der **unechten Abtrennung** ihren Status als Folgesache.

Eine abgetrennte Folgesache ist als selbständige Familiensache fortzuführen, wenn eine Folgesache   13

- wegen Übertragung oder Entziehung der elterlichen Sorge, des Umgangsrechts oder der Herausgabe eines gemeinschaftlichen Kindes der Ehegatten oder wegen des Umgangsrechts eines Ehegatten mit dem
  Kind des anderen Ehegatten abgetrennt wird (§ 137 Abs. 5 FamFG);
- im Falle der Rücknahme des Scheidungsantrags fortzuführen ist (§ 141 S. 3 FamFG);
- im Falle der Abweisung des Scheidungsantrags fortzuführen ist (§ 142 Abs. 2 S. 3 FamFG).

---

1 *Oestreich/Hellstab/Trenkle*, FamGKG § 6 Rn 5. **2** OLG München NJW-RR 1996, 1279. **3** HK-FamGKG/*N. Schneider*, § 6
Rn 17. **4** OLG Brandenburg MDR 1998, 1119.

14   **b) Kostenrechtliche Behandlung.** Liegt eine **echte Abtrennung** vor, ordnet Abs. 2 an, dass das frühere Verfahren der Folgesache als Teil der selbständigen Familiensache zu behandeln ist. Die abgetrennte Folgesache ist so zu behandeln, als sei sie niemals im Verbund gewesen. Sie bleibt deshalb bei der Gebührenberechnung des Verbundverfahrens vollständig unberücksichtigt.[5] Die selbständige Familiensache ist ausschließlich nach den für das entsprechende isolierte Verfahren geltenden Regelungen abzurechnen, während die für das Verbundverfahren geltenden Bestimmungen keine Anwendung mehr finden.

15   Abweichende Regelungen bestehen insb. hinsichtlich Fälligkeit, Vorauszahlungs- und Vorschusspflicht sowie hinsichtlich der Gebührentatbestände. Bei abgetrennten Kindschaftssachen (§ 137 Abs. 3 FamFG) ist zudem zu berücksichtigen, dass der Verfahrenswert für die selbständigen Verfahren nur noch nach § 45, nicht mehr nach § 44 Abs. 2 zu bestimmen ist.

16   **Beispiel:** In dem Verbundverfahren werden neben der Scheidungssache auch die Folgesachen bezüglich Versorgungsausgleich und der elterlichen Sorge durchgeführt. Der Verfahrenswert beträgt für die Scheidungssache 9.000 €, für den Versorgungsausgleich 3.600 € und für die Kindschaftssache 1.800 €. Das Familiengericht trennt die Folgesache elterliche Sorge ab, die als selbständige Familiensache fortgeführt wird. Sowohl Verbundverfahren als auch die Kindschaftssache werden durch begründete Endentscheidung beendet.

I. Für das Verbundverfahren sind entstanden:

2,0-Verfahrensgebühr, Nr. 1110 KV (Wert: 12.600 €)   534,00 €

Hier sind nur die Scheidungssache und die Folgesache Versorgungsausgleich zu berücksichtigen.

II. Für die Kindschaftssache sind entstanden:

0,5-Verfahrensgebühr, Nr. 1310 KV (Wert: 3.000 €)   54,00 €

17   Abs. 2 ist auch anzuwenden, wenn die Abtrennung deshalb erfolgt, weil die Folgesache überhaupt **nicht verbundfähig** ist. Das gilt dann, wenn eine andere als in § 137 Abs. 2, 3 FamFG genannte Familiensache als Folgesache anhängig wird oder Ansprüche für den Trennungszeitraum geltend gemacht werden (zB Trennungsunterhalt, Verfahren nach §§ 1361a, 1361b BGB). Es tritt dann kein Verbund ein, so dass eine entsprechende Unterhaltssache verfahrens- und kostenrechtlich als selbständige Familiensache zu behandeln ist.[6]

18   **2. Fortführung als Folgesache. a) Verfahrensrecht.** Folgesachen nach § 137 Abs. 2 FamFG wegen des Versorgungsausgleichs, Unterhalts, Güterrechts, der Ehewohnung oder Haushaltssache behalten im Falle einer Abtrennung ihren Charakter als Folgesache (§ 137 Abs. 5 S. 1 FamFG). Ist eine Güterrechts- oder Unterhaltssache nach § 140 Abs. 1 FamFG abzutrennen, weil ein Dritter als Beteiligter hinzutritt, gilt gleichfalls § 137 Abs. 5 S. 1 FamFG, so dass sie Folgesache bleiben.[7] In allen vorgenannten Fällen liegt somit nur eine **unechte Abtrennung** vor (§ 137 Abs. 5 S. 1 FamFG).

19   **b) Kostenrechtliche Behandlung. aa) Einheitliches Verfahren.** Da der Verbund bestehen bleibt, sind Scheidungs- und unecht abgetrennte Folgesachen weiterhin als einheitliches Verfahren zu behandeln (§ 44 Abs. 1). Die für die Folgesache bewilligte VKH gilt automatisch fort. Eine Festsetzung der weiteren Vergütung (§ 50 RVG) kann jedoch erst erfolgen kann, wenn sämtliche Verbundteile erledigt sind, auch wenn erst nach langer Zeit mit deren Beendigung zu rechnen ist.[8] Auch die Scheidungsteilentscheidung ist mit einer Kostenentscheidung zu versehen;[9] unterbleibt diese, weil erst nach Entscheidung über die abgetrennten Folgesachen eine einheitliche Kostenentscheidung getroffen werden soll, sind bereits fällige Gerichtskosten von dem Antragsschuldner (§ 21 Abs. 1) einzuziehen.

20   **bb) Verschiedene Fälligkeiten.** Werden die Verbundteile nicht gleichzeitig beendet, sind die verschiedenen Fälligkeitsregelungen zu beachten. Für die Scheidungssache gilt § 9 Abs. 1, für die Folgesachen § 11 Abs. 1, so dass für diese im Zeitpunkt der Abtrennung regelmäßig noch keine Fälligkeit eingetreten ist. Aufgrund der Regelung des § 15 Abs. 1 KostVfg, wonach fällige Kosten unmittelbar einzuziehen sind, ist deshalb ein **teilweiser Kosteneinzug** erforderlich. Es ist zunächst eine **vorläufige Schlusskostenrechnung unter Einzug der fälligen Kosten** aufzustellen. Tritt später auch für die übrigen Verbundteile Fälligkeit ein, ist die Kostenrechnung unter Neuberechnung der Gebühr zu berichtigen. Im Hinblick auf § 19 Abs. 1 sollte in der vorläufigen Kostenrechnung auf die Nachforderung wegen der abgetrennten Folgesache hingewiesen werden. War die abgetrennte Folgesache ausgesetzt, bestimmt sich die Fälligkeit nach § 11 Abs. 1 Nr. 4, so dass die Gebühren für die Folgesache sechs Monate nach der Aussetzung in Ansatz zu bringen sind. Im Übrigen stellt die Abtrennung der Folgesache aber keine anderweitige Erledigung nach § 11 Abs. 1 Nr. 5 dar, so dass die Beendigung durch einen Tatbestand des § 11 Abs. 1 abgewartet werden muss.

---

5 BT-Drucks 16/6308, S. 301.   **6** OLG Nürnberg AnwBl 1980, 163.   **7** BT-Drucks 16/6308, S. 231.   **8** OLG Koblenz MDR 2000, 851.   **9** OLG München NJW-RR 1999, 146.

NK-GK/*H. Schneider*

Beispiel: Es ist ein Verbundverfahren anhängig. Der Verfahrenswert beträgt für die Scheidungssache 7.000 € und **21** für die Folgesachen 2.800 € (Versorgungsausgleich) und 5.700 € (Kindesunterhalt). Das Gericht trennt den Versorgungsausgleich ab. Es ergeht daraufhin zunächst eine begründete Endentscheidung wegen Scheidungssache und Kindesunterhalt. Die Kosten werden gegeneinander aufgehoben. Es ist folgende „vorläufige" Schlusskostenrechnung aufzustellen:

2,0-Verfahrensgebühr, Nr. 1110 KV (Wert: 12.700 €) 534,00 €

Wegen § 19 Abs. 1 ist ein Hinweis auf die weiteren Kosten zu geben.

Später entscheidet das Gericht auch über die abgetrennte Folgesache Versorgungsausgleich durch begründete Endentscheidung. Der Verfahrenswert wird endgültig auf 2.800 € festgesetzt. Die Akten sind dem Kostenbeamten erneut vorzulegen, dieser hat folgende „endgültige" Schlusskostenrechnung aufzustellen:

2,0-Verfahrensgebühr, Nr. 1110 KV (Wert: 15.500 €) 586,00 €

Dabei sind die bereits gezahlten 534 € aus der vorläufigen Kostenrechnung anzurechnen, so dass noch 52 € anzufordern sind.

V. Aufnahme in den Verbund

1. Behandlung als Verfahrensverbindung. Wird eine selbständige Familiensache nachträglich in den Verbund aufgenommen, ist wie bei einer nachträglichen Verfahrensverbindung zu verfahren.[10] Bereits entstandene Einzelgebühren geraten nicht in Wegfall, sondern bleiben bestehen. Gelten im Verbundverfahren andere Wertvorschriften als für die vormals selbständige Familiensache, sind die Verbundvorschriften erst ab dem Zeitpunkt der Verbindung anzuwenden, während für den vorhergehenden Zeitraum die für das isolierte Verfahren geltenden Regelungen gelten.[11] Ist aber eine Familiensache von Amts wegen an das Gericht der Ehesache übergeleitet, gilt hingegen Abs. 1, da eine Verweisung an ein anderes Gericht vorliegt (→ Rn 9 ff).

Beispiel: Es werden selbständige Familiensachen wegen elterlicher Sorge und Kindesunterhalt anhängig. Der Verfahrenswert beträgt für die Unterhaltssache 4.800 € und für die Kindschaftssache 3.000 €.

Es sind zunächst entstanden: In der Unterhaltssache eine 3,0-Verfahrensgebühr nach Nr. 1220 KV (Wert: 4.800 €) iHv 438 €, die mit Antragseingang entstanden ist. In der Kindschaftssache ist eine Fälligkeit der Gebühr wegen § 11 Abs. 1 noch nicht eingetreten, jedoch ist die Gebühr der Nr. 1310 KV (Wert: 3.000 €) iHv 54 € gleichwohl mit Antragseingang entstanden.

Später wird bei demselben Gericht eine Ehesache anhängig. Die selbständigen Familiensachen werden nach Antrag eines der Ehegatten als Folgesache in den Verbund aufgenommen. Der Verfahrenswert für die Scheidungssache beträgt 9.000 €, für die Folgesachen 3.600 € (Versorgungsausgleich), 4.800 € (Kindesunterhalt), 1.800 € (elterliche Sorge). Das Verfahren wird einheitlich durch begründete Endentscheidung beendet.

In die Schlusskostenrechnung sind aufzunehmen:

2,0-Verfahrensgebühr, Nr. 1110 KV (Wert: 12.600 €)
(Scheidung, Versorgungsausgleich) 534,00 €

3,0-Verfahrensgebühr, Nr. 1220 KV (Wert: 4.800 €)
(Kindesunterhalt) 438,00 €

0,5-Verfahrensgebühr, Nr. 1310 KV (Wert: 3.000 €)
(Elterliche Sorge) 54,00 €

Die nachträgliche Verbindung hat auf die bis zum Verbindungszeitpunkt entstandenen Gebühren keinen Einfluss, so dass die 3,0-Gebühr (Nr. 1220 KV) für die Unterhaltssache und die 0,5-Gebühr (Nr. 1310 KV) für das Sorgerechtsverfahren bestehen bleiben. Wegen § 44 Abs. 2 beträgt der Wert für die Kindschaftsfolgesache ab dem Zeitpunkt der Verbindung nur noch 1.800 €.

2. Aufnahme in den Verbund nach Verweisung oder Abgabe. a) Verfahrensrecht. Ist eine Ehesache anhängig, hat von Amts wegen eine Abgabe an das Gericht der Ehesache zu erfolgen bei: Anhängigkeit mehrerer Ehesachen (§ 123 FamFG); Kindschaftssachen (§ 153 FamFG); Ehewohnungs- und Haushaltssachen (§ 202 FamFG); Unterhaltssachen (§ 233 FamFG); Güterrechtssachen (§ 263 FamFG); sonstigen Familiensachen (§ 268 FamFG).

Ist die abgegebene Familiensache **verbundfähig**, wird sie mit Eingang bei dem Gericht der Ehesache zur Folgesache (§ 137 Abs. 4 FamFG). Die Kosten des bisherigen Verfahrens gelten als Teil der Kosten der Folgesache, da § 281 Abs. 3 S. 1 ZPO Anwendung findet (§§ 153 S. 2, 202 S. 2, 233 S. 2, 263 S. 2, 268 S. 2 FamFG).

24

25

---

10 OLG Zweibrücken FamRZ 2006, 1696. **11** OLG Zweibrücken FamRZ 2006, 1696.

26 **b) Gerichtskosten.** Für die Gerichtskosten gilt nicht Abs. 2, sondern Abs. 1, weil er auch bei Überleitung von Familiensachen nach §§ 153, 202, 233, 263 und 268 FamFG Anwendung findet. Die ehemals selbständige Familiensache und die Folgesache bilden einen einheitlichen Rechtszug iSd § 29, so dass Gebühren nur einmal zu erheben sind.[12] Dabei sind die Gebührentatbestände anzuwenden, als wenn das Verfahren von Anfang an als Folgesache behandelt worden wäre,[13] denn die Beteiligten sollen nicht schlechter gestellt werden, als wenn die Familiensache bei dem Gericht der Ehesache als Folgesache anhängig gewesen wäre.[14] Auch wegen der Fälligkeit ist das Verfahren so zu behandeln, als wenn es von Anfang an im Verbund gestanden hätte. Die abweichende Auffassung, wonach die in dem Verfahren vor dem abgebenden Gericht entstanden Gebühren bestehen bleiben sollen,[15] lässt den Grundsatz des Abs. 1, wonach die Verfahren vor dem abgebenden und dem übernehmenden Gericht einheitlich zu behandeln sind und Gebühren nur einmal zu erheben sind, unberücksichtigt. Da Abs. 1 aber keine Differenzierung bei der Abgabe vornimmt, muss er auch für die Fälle der Überleitung an das Gericht der Ehesache gelten, so dass nur die für das Verbundverfahren geltenden Kostenregelungen und Gebühren (Nr. 1110 ff KV) anzuwenden sind.

27 **Beispiel:** Bei dem AG Schönebeck wird eine Unterhaltssache anhängig, der Verfahrenswert beträgt 4.800 €. Später wird bei dem AG Magdeburg eine Ehesache anhängig. Die Unterhaltssache wird von Amts wegen von dem AG Schönebeck an das AG Magdeburg abgegeben. Dort wird sie automatisch zur Folgesache, weil sie verbundfähig ist (§ 137 Abs. 4 FamFG). Im Verbundverfahren beträgt der Verfahrenswert 9.000 € für die Scheidungssache, der Wert für die Unterhaltssache bleibt unverändert. Das Verfahren wird einheitlich durch begründete Endentscheidung beendet.

In die Schlusskostenrechnung sind aufzunehmen:

2,0-Verfahrensgebühr, Nr. 1110 KV (Wert: 13.800 €)   586,00 €

War in der isolierten Unterhaltssache bereits eine Vorauszahlung (§ 14 Abs. 1, Nr. 1220 KV) geleistet, ist diese in voller Höhe anzurechnen.

VI. Mehrkosten (Abs. 3)

28 **1. Allgemeines.** Mehrkosten, dh Kosten, die bei sofortiger Anrufung des zuständigen Gerichts nicht entstanden wären, bleiben grds. unerhoben (Abs. 3). Erfasst sind nur Gerichtskosten, nicht außergerichtliche Kosten. Wären die Kosten auch bei Anrufung des zuständigen Gerichts entstanden, liegen keine Mehrkosten vor. Da Gerichtsgebühren regelmäßig nur einmal anfallen (§ 29), kommen im Regelfall nur Auslagen in Betracht (zB Zustellungskosten oder Kosten für Beweiserhebungen über Fragen der Zuständigkeit).[16]

29 **2. Verschuldete Unkenntnis (Abs. 3 S. 1).** Mehrkosten sind nur einzuziehen, wenn die Anrufung auf **verschuldeter Unkenntnis der tatsächlichen oder rechtlichen Verhältnisse** beruht (Abs. 3 S. 1). Ein Verschulden des Vertreters muss sich der Beteiligte anrechnen lassen (§ 85 S. 1 ZPO iVm § 11 S. 5, § 113 Abs. 1 FamFG). Das Verhalten muss ursächlich für die Anrufung des unzuständigen Gerichts und damit für die Mehrkosten gewesen sein. Dabei hat der Beteiligte Vorsatz und Fahrlässigkeit (§ 276 Abs. 1 BGB) zu vertreten. Wie bei § 20 Abs. 1 S. 3 kann auf den Bildungsgrad oder die Rechtskunde abgestellt werden. Obwohl die Anforderungen an einen nicht anwaltlich Vertretenen nicht zu hoch anzusetzen sind, trifft auch diesen eine angemessene Sorgfaltspflicht für die Verfahrensführung. Insbesondere bei der Verweisung wegen örtlicher Unzuständigkeit kann geprüft werden, ob bei einer genauen Anschriftenermittlung eine Anrufung hätte vermieden werden können. Hat aber erst das OLG die Unzulässigkeit des Rechtswegs erkannt, ist von einer rechtlichen Unkenntnis auszugehen.[17] Anders aber, wenn Verweisungsantrag gestellt wird, obwohl durch das Gericht bereits auf die Unzulässigkeit des Rechtswegs hingewiesen wurde.[18]

30 **3. Entscheidung (Abs. 3 S. 2). a) Verfahren.** Ob Mehrkosten zu erheben sind, hat das Gericht (Richter, Rechtspfleger) zu entscheiden. Der Kostenbeamte ist nicht zur Entscheidung berufen. Die Entscheidung ergeht von Amts wegen oder auf Antrag eines Beteiligten. Hat das Gericht von einer Erhebung abgesehen oder überhaupt keine Entscheidung getroffen, hat der Einzug der Mehrkosten zu unterbleiben. Das Gericht entscheidet durch Beschluss, der auch Bestandteil der Endentscheidung sein kann. Zuvor ist der zahlungspflichtige Beteiligte anzuhören. Der Beschluss ist stets zu begründen.[19]

31 **b) Rechtsbehelfe.** Der Beschluss kann in analoger Anwendung des § 57 Abs. 2 mit der Beschwerde angegriffen werden, so dass der Beschwerdewert 200 € übersteigen oder die Zulassung der Beschwerde erfolgen muss. Hat der Rechtspfleger entschieden, kann der Beschluss stets mit der Erinnerung nach § 11 Abs. 2 RPflG angefochten werden.

---

12 *Meyer*, GKG § 4 Rn 5. 13 *Meyer*, GKG § 4 Rn 5; *Oestreich/Hellstab/Trenkle*, FamGKG § 6 Rn 7. 14 *Meyer*, GKG § 4 Rn 5. 15 *Oestreich/Hellstab/Trenkle*, FamGKG § 6 Rn 13. 16 *Meyer*, GKG § 4 Rn 9; *Oestreich/Hellstab/Trenkle*, FamGKG § 6 Rn 15. 17 *Zöller/Greger*, ZPO, § 281 Rn 22. 18 *Zöller/Greger*, ZPO, § 281 Rn 22. 19 *Hartmann*, KostG, § 4 GKG Rn 16.

4. Kostenentscheidung. Die im Verfahren vor dem unzuständigen Gericht entstandenen Kosten werden als 32
Teil der Kosten vor dem übernehmenden Gericht behandelt (§ 3 Abs. 4 FamFG, § 281 Abs. 3 S. 1 ZPO iVm
§ 113 Abs. 1 FamFG). § 281 Abs. 3 S. 1 ZPO ist auch anzuwenden, wenn das Verfahren von Amts wegen
an das Gericht der Ehesache übergeleitet wird (→ Rn 24 ff). Die Entscheidung über die Mehrkosten ist
nicht im Abgabe- oder Verweisungsbeschluss zu treffen, da diese erst in der Endentscheidung des übernehmenden Gerichts zu berücksichtigen sind.[20] Sie umfasst dann automatisch die Kosten vor dem unzuständigen Gericht, die auch einem Beteiligten allein auferlegt werden können.

§ 281 Abs. 3 S. 2 ZPO, der wegen § 113 Abs. 1 FamFG nur in Ehe- und Familienstreitsachen gilt, ordnet 33
an, dass die Mehrkosten zwingend dem Antragsteller aufzuerlegen sind, auch wenn dieser in der Hauptsache obsiegt. In den anderen Familiensachen gilt für die Kostenverteilung § 81 FamFG. § 17 b Abs. 2 S. 2
GVG gilt in Familiensachen hingegen nicht (§ 17 b Abs. 3 GVG).

§ 7 Verjährung, Verzinsung

(1) ¹Ansprüche auf Zahlung von Kosten verjähren in vier Jahren nach Ablauf des Kalenderjahres, in dem
das Verfahren durch rechtskräftige Entscheidung über die Kosten, durch Vergleich oder in sonstiger Weise
beendet ist. ²Bei Vormundschaften und Dauerpflegschaften beginnt die Verjährung mit der Fälligkeit der
Kosten.

(2) ¹Ansprüche auf Rückerstattung von Kosten verjähren in vier Jahren nach Ablauf des Kalenderjahres, in
dem die Zahlung erfolgt ist. ²Die Verjährung beginnt jedoch nicht vor dem in Absatz 1 bezeichneten Zeitpunkt. ³Durch Einlegung eines Rechtsbehelfs mit dem Ziel der Rückerstattung wird die Verjährung wie
durch Klageerhebung gehemmt.

(3) ¹Auf die Verjährung sind die Vorschriften des Bürgerlichen Gesetzbuchs anzuwenden; die Verjährung
wird nicht von Amts wegen berücksichtigt. ²Die Verjährung der Ansprüche auf Zahlung von Kosten beginnt auch durch die Aufforderung zur Zahlung oder durch eine dem Schuldner mitgeteilte Stundung erneut. ³Ist der Aufenthalt des Kostenschuldners unbekannt, genügt die Zustellung durch Aufgabe zur Post
unter seiner letzten bekannten Anschrift. ⁴Bei Kostenbeträgen unter 25 Euro beginnt die Verjährung weder
erneut noch wird sie gehemmt.

(4) Ansprüche auf Zahlung und Rückerstattung von Kosten werden nicht verzinst.

I. Allgemeines

§ 7 regelt in den Abs. 1, 2 die **Verjährung** wegen der Zahlung oder Rückerstattung von Gerichtskosten. Er 1
gilt für sämtliche Familiensachen und stellt – mit Ausnahme der Vormundschaften und Dauerpflegschaften
(Abs. 1 S. 2) – einheitlich auf den **Zeitpunkt der Beendigung des Verfahrens** ab (Abs. 1 S. 1). Die Norm
dient sowohl dem Schutz der Staatskasse als auch des Kostenschuldners. Soweit ausdrücklichen Regelungen
fehlen, verweist Abs. 3 S. 1 auf die Verjährungsvorschriften des BGB. Abs. 4 stellt klar, dass eine Verzinsung
der Zahlungs- bzw Rückerstattungsansprüche nicht stattfindet.

Die Regelungen des § 7 gelten nur für Gerichtskosten; auf andere kostenrechtliche Ansprüche sind die Vor- 2
schriften der jeweiligen Kostengesetze anzuwenden (zB § 8 GvKostG, § 2 JVEG, § 8 RVG). Die nach § 59
RVG übergegangenen Ansprüche sind keine Gerichtskosten, so dass § 7 nicht gilt.

Handelt es sich um nach Nr. 2000 ff KV einzuziehende Auslagen wie zB Zahlungen an Zeugen und Sach- 3
verständige oder Zahlungen an Gerichtsvollzieher, die noch fristgerecht iSd § 7 eingezogen waren, aber
zum Zeitpunkt ihrer Zahlung bereits nach § 2 JVEG oder § 8 GvKostG erloschen oder verjährt sind, kann
der Kostenschuldner gegen die gerichtliche Kostenrechnung nicht die Einrede der Verjährung nach § 7 erheben, sondern muss im Rahmen des Erinnerungsverfahrens (§ 57) einwenden, dass eine unrichtige Sachbehandlung (§ 20) vorliegt, da das Gericht die Kosten nicht mehr hätte bezahlen dürfen und ein Einzug deshalb zu unterbleiben hat.[1]

II. Ansprüche auf Zahlung von Kosten (Abs. 1)

1. Verjährungsfrist. Der Anspruch auf Zahlung von Gerichtskosten verjährt in **vier Jahren** nach Ablauf des 4
Kalenderjahrs, in dem das Verfahren beendet wird. Hierzu gehören nach Abs. 1 S. 1 die Beendigung durch
rechtskräftige Kostenentscheidung, Vergleich (auch ohne Kostenregelung) sowie die Beendigung in sonstiger Weise.

20 BT-Drucks 16/6308, S. 175. **1** OLG Bremen JurBüro 1976, 1537.

5   **Beispiel:** Das Verfahren wird am 20.5.2016 durch Endentscheidung beendet, die am 29.6.2016 rechtskräftig wird.

Die Verjährungsfrist beginnt am 1.1.2017 zu laufen und endet am 31.12.2020. Verjährung tritt am 1.1.2021 ein.

6   **2. Fristbeginn. a) Allgemeines.** Die Verjährungsfrist beginnt am Anfang des auf die Verfahrensbeendigung folgenden Kalenderjahres, somit stets am 1.1. Der Zeitpunkt des Kostenansatzes ist unerheblich. Der Lauf der Frist setzt aber voraus, dass der Anspruch auch geltend gemacht werden kann, so dass er fällig (§§ 9 ff) sein muss. Die Frist beginnt auch dann zu laufen, wenn fällige Kostenansprüche nur noch nicht beziffert werden können.[2]

7   **b) Rechtskräftige Kostenentscheidung.** Die Kostenentscheidung muss formell rechtskräftig sein, denn vor Rechtskrafteintritt beginnt die Verjährungsfrist nicht. Da es auf die Beendigung des Verfahrens und nicht des einzelnen Rechtszugs ankommt, ist bei eingelegten Rechtsmitteln auf die Rechtskraft der Entscheidung des höheren Rechtszugs abzustellen. Wird das Rechtsmittel zurückgenommen, kommt es auf den Ablauf der Rechtsmittelfrist an. Eine Teilentscheidung ohne Kostenentscheidung lässt den Lauf der Frist nicht beginnen.[3] Die Verfassungsbeschwerde hat keine aufschiebende Wirkung[4] und berührt die Fälligkeit nicht.

8   **c) Vergleich.** Ein Vergleich muss wirksam sein. Ist eine Widerrufsklausel enthalten, muss die Widerrufsfrist abgelaufen sein. Da es auf die Beendigung des gesamten Verfahrens ankommt, lässt ein Teilvergleich allein die Verjährungsfrist nicht zu laufen beginnen. Eine Kostenregelung braucht der Vergleich nicht zu enthalten, da dann automatisch die Kostenfolge des § 83 Abs. 1 FamFG bzw § 98 ZPO iVm § 113 Abs. 1 FamFG eintritt. Haben sich die Beteiligten verglichen, jedoch die Kostenentscheidung dem Gericht überlassen, beginnt die Verjährungsfrist nicht mit der Wirksamkeit des Vergleichs, sondern erst mit Rechtskraft der Kostenentscheidung.

9   **d) Sonstige Verfahrensbeendigung.** Hierzu gehört die Antragsrücknahme, auch wenn keine Kostenentscheidung ergeht. Bei der Rücknahme von Rechtsmitteln beginnt die Verjährungsfrist nur zu laufen, wenn die Rücknahme nach Ablauf der Rechtsmittelfrist erfolgt, andernfalls muss dieser abgewartet werden. Eine Erledigung der Hauptsache lässt die Verjährungsfrist nur beginnen, wenn das Gericht nicht mehr über die Kosten zu entscheiden braucht, weil es dann auf deren Rechtskraft ankommt. Die Weglegung der Akten nach § 7 Abs. 3 AktO-oG und das anschließende tatsächliche Ruhen stellt hingegen keine sonstige Beendigung dar,[5] ebenso genügt die Anordnung des Ruhens wegen außergerichtlicher Einigungsbemühungen nicht.[6] Etwas anderes gilt aber, wenn ein Beschluss über die Verfahrensaussetzung ergeht und die Akten nach Ablauf von sechs Monaten weggelegt werden.[7]

10   **e) Vormundschaften und Dauerpflegschaften (Abs. 1 S. 2).** Hier ordnet Abs. 1 S. 2 an, dass die Verjährung mit der **Fälligkeit** der Kosten beginnt, weil wegen der Jahresgebühren und der langen Verfahrensdauer nicht auf die Verfahrensbeendigung abgestellt werden kann.[8] Nach § 10 S. 1 werden die Jahresgebühren (Nr. 1311, 1312 KV) mit der erstmaligen Anordnung und später jeweils zu Beginn des Kalenderjahres, die Auslagen sofort fällig (§ 10 S. 2), so dass auch die Verjährung zu diesen Zeitpunkten zu laufen beginnt. Die Regelungen des § 16 Abschn. 2 KostVfg und der Anm. Abs. 2 zu Nr. 1311 KV haben auf die Verjährungsfrist keine Auswirkungen.

III. Ansprüche auf Rückerstattung von Kosten (Abs. 2)

11   **1. Frist und Fristbeginn.** Ansprüche wegen Rückzahlung von Kosten verjähren in vier Jahren nach Ablauf des Kalenderjahrs, in dem die Zahlung erfolgt ist (Abs. 2 S. 1). Da jedoch Abs. 2 S. 2 anordnet, dass die Verjährung nicht vor dem in Abs. 1 bezeichneten Zeitpunkt beginnt, ist letztlich doch auf die Verfahrensbeendigung abzustellen. Auf den Zeitpunkt der Aufhebung oder Berichtigung eines falschen Kostenansatzes kommt es nicht an.[9] In den Fällen des § 20 beginnt die Verjährung erst mit der Entscheidung über die Nichterhebung zu laufen.[10]

12   **Beispiel:** Der Antragsteller zahlt am 17.3.2015 Gerichtskosten ein. Die Zahlungen übersteigen die Kostenschuld, so dass ein Anspruch auf Rückerstattung besteht. Das Verfahren wird am 14.7.2016 durch Entscheidung beendet, die am 25.8.2016 rechtskräftig wird.

Obwohl die Zahlung bereits 2015 erfolgt ist, muss wegen Abs. 2 S. 2 gleichwohl auf die Rechtskraft der Kostenentscheidung abgestellt werden. Die Verjährungsfrist beginnt somit am 1.1.2017 zu laufen und endet am 31.12.2020. Verjährung des Rückzahlungsanspruchs tritt am 1.1.2021 ein.

---

2 OLG Karlsruhe MDR 1988, 799. **3** LAG SchlH 23.9.2004 – 2 Ta 178/04, juris. **4** BGH JurBüro 2004, 439. **5** OLG Nürnberg JurBüro 1981, 1230. **6** OLG Köln JurBüro 2015, 37. **7** OLG Schleswig JurBüro 1994, 680. **8** BT-Drucks 16/6308, S. 301. **9** OLG Düsseldorf MDR 1999, 256; OLG Hamm NJW-RR 1999, 1229; LG Frankenthal MDR 1999, 1158. **10** *Hartmann*, KostG, § 5 GKG Rn 4; *Oestreich/Hellstab/Trenkle*, FamGKG § 7 Rn 9.

2. Rechtsbehelfe (Abs. 2 S. 3). Wird ein Rechtsbehelf mit dem Ziel der Rückerstattung von Gerichtskosten 13
eingelegt, wird die Verjährung wie durch Klageerhebung gehemmt (Abs. 2 S. 3). Erfasst sind Erinnerung
und Beschwerde nach § 57 sowie die Beschwerden nach § 58. Die Verfahrenswertbeschwerde (§ 59) ist erfasst, wenn mit ihr ein zu hoher Wert angefochten wird, da seine Herabsetzung zu geringeren Gebühren
und einer Rückzahlung führt. Andere Rechtsmittel und Rechtsbehelfe sind nicht erfasst.

Die Einlegung des Rechtsbehelfs bewirkt die Hemmung der Verjährung wie bei Klageeinreichung, so dass 14
die Verjährungsfrist sechs Monate nach der rechtskräftigen Entscheidung oder der anderweitigen Erledigung des Rechtsbehelfsverfahrens endet (§ 204 Abs. 2 S. 1 BGB).

3. Verfahren bei Rückerstattung von Kosten. Stellt der Kostenbeamte fest, dass der Anspruch auf Rück- 15
erstattung von Gerichtskosten verjährt ist, hat er die Akten dem zur Vertretung der Staatskasse zuständigen
Beamten vorzulegen (§ 31 S. 1 KostVfg). Dieser prüft, ob tatsächlich Verjährung eingetreten ist und seitens
der Staatskasse **Verjährungseinrede** erhoben werden soll. Vor deren Erhebung hat der Vertreter der Staatskasse jedoch die Einwilligung seines unmittelbar vorgesetzten Präsidenten einzuholen (§ 31 S. 2 KostVfg).
Von der Erhebung der Verjährungseinrede kann mit Rücksicht auf die Umstände des Falles abgesehen werden (§ 31 S. 3 KostVfg). Die Anweisung über die Nichterhebung der Einrede ist in der Auszahlungsanordnung zu vermerken.

4. Leistungen in Unkenntnis der Verjährung. Hat die Staatskasse in Unkenntnis bereits eingetretener Ver- 16
jährung geleistet, können die erstatteten Kosten nicht zurückgefordert werden (§ 214 Abs. 1 BGB). Die
Aufrechnung ist hingegen nicht ausgeschlossen, wenn der Kostenanspruch zu diesem Zeitpunkt noch nicht
verjährt war, in dem erstmals aufgerechnet werden konnte (§ 215 BGB).

IV. Berechnung von Hemmung und Neubeginn der Verjährung (Abs. 3)

1. Anzuwendende Vorschriften (Abs. 3 S. 1 Hs 1). Es sind die Verjährungsvorschriften des BGB anzuwen- 17
den (Abs. 3 S. 1 Hs 1), so dass die §§ 194 ff BGB gelten. Im FamGKG enthaltene Sonderregelungen gehen
diesen jedoch vor. Das gilt insb. für die Verjährungsfrist, die sich nur nach Abs. 1 und 2 bestimmt; die
§§ 195, 197 BGB gelten nicht für die Gerichtskosten. Auch die Regelungen des Abs. 3 S. 3, 4 gehen den
allgemeinen BGB-Vorschriften vor.

2. Hemmung der Verjährung. Die Verjährung der Gerichtskosten kann nach §§ 203 ff BGB gehemmt sein. 18
Die Hemmung bewirkt, dass der Zeitraum, in dem die Verjährung gehemmt ist, in die Verjährungsfrist
nicht eingerechnet wird (§ 209 BGB). Keine Hemmung tritt aber ein, wenn der Kostenbeamte in dem Kostenansatz irrtümlich eine Kosten- oder Gebührenfreiheit festgestellt hat.

3. Neubeginn der Verjährung. a) Allgemeines. Nach § 212 Abs. 1 BGB beginnt die Verjährungsfrist in be- 19
stimmten Fällen erneut zu laufen, so insb. bei Teilleistungen (Nr. 1) oder Vollstreckungsmaßnahmen nach
der JBeitrO (Nr. 2). Ein Neubeginn tritt ferner ein, wenn der Kostenschuldner die Kostenforderung in anderer Weise anerkennt (§ 212 Abs. 1 Nr. 1 aE BGB); hierzu zählt auch jedes auf Anerkennung gerichtete konkludente Verhalten. Die bloße Einlegung einer Erinnerung gegen den Kostenansatz kann nicht als Anerkennung gewertet werden, wenn sich diese gegen den gesamten Kostenansatz und nicht auf Einzelpositionen
beschränkt.[11]

b) Aufforderung zur Zahlung (Abs. 3 S. 2 Alt. 1). Neubeginn der Verjährungsfrist tritt auch dann ein, wenn 20
dem Kostenschuldner eine Zahlungsaufforderung übersandt worden ist (Abs. 3 S. 2 Alt. 1), wobei es allein
darauf ankommt, dass dem Kostenschuldner die Aufforderung vor Ablauf der Verjährungsfrist zugeht.[12]
Erfasst sind auch Aufforderungen nach § 7 Abs. 1 EBAO. Die formlose Übersendung der Aufforderung genügt, jedoch muss sie einer zum Empfang berechtigten Person zugehen. Bestreitet der Kostenschuldner den
Zugang der Kostenrechnung, hat die Staatskasse den Zugang zu beweisen. Dabei kann sie nicht geltend
machen, dass es dem ersten Anschein entspreche, ein der Post übergebendes Schriftstück habe dem Empfänger tatsächlich erreicht.[13] Die Verjährung beginnt durch Übersendung einer Zahlungsaufforderung jedoch nur einmal erneut zu laufen, auch wenn es sich um eine solche nach § 5 Abs. 2 JBeitrO handelt.[14]

c) Mitteilung der Stundung (Abs. 3 S. 2 Alt. 2). Die Mitteilung der **Stundung** an den Kostenschuldner lässt 21
die Verjährung erneut beginnen (Abs. 3 S. 2 Alt. 2); Gleiches gilt für eine bewilligte **Ratenzahlung**. Der Neubeginn tritt dann erst mit Ablauf der gewährten Stundung ein. Hingegen führt die Mitteilung über die Einstellung des Einziehungsverfahrens durch die Justizkasse keinen Neubeginn herbei.[15] Zum Mithaftvermerk
→ Rn 29 f.

---

[11] AA *Oestreich/Hellstab/Trenkle*, GKG § 5 Rn 17. [12] OLG Koblenz Rpfleger 1988, 428. [13] OLG Koblenz Rpfleger 1988, 434.
[14] LG Oldenburg NdsRpfl 2008, 143. [15] *Hartmann*, KostG, § 5 GKG Rn 6.

22   **d) Unbekannter Aufenthalt (Abs. 3 S. 3).** Ist die Anschrift des Kostenschuldners unbekannt, genügt die Zustellung der Zahlungsaufforderung durch Aufgabe zur Post (§ 15 Abs. 2 FamFG, § 184 ZPO) an die letzte bekannte Anschrift des Schuldners (Abs. 3 S. 3). Die Anschrift muss tatsächlich nicht zu ermitteln sein, so dass die Zustellungsart nicht genügt, wenn sich in den Akten zwar keine aktuelle Anschrift befindet, sich eine solche aber durch Nachfrage, zB beim Einwohnermeldeamt, ermitteln lässt.

23   Das Schriftstück gilt zwei Wochen nach Aufgabe zur Post als zugestellt (§ 184 Abs. 2 S. 1 ZPO); auf den tatsächlichen Zugang kommt es nicht an. Als Nachweis der Zustellung ist in den Akten zu vermerken, zu welcher Zeit und unter welcher Anschrift das Schriftstück zur Post gegeben wurde (§ 184 Abs. 2 S. 4 ZPO).

24   **e) Wertermittlungsverfahren.** Eine nach § 19 Abs. 2 erfolgte Mitteilung, dass ein Wertermittlungsverfahren eingeleitet worden ist, hat auf die Verjährungsfrist keinen Einfluss. Hemmung oder Neubeginn tritt nicht ein.

25   **4. Nicht voll Geschäftsfähige.** Bei geschäftsunfähigen oder beschränkt geschäftsfähigen Personen ist § 210 Abs. 1 BGB zu beachten. Danach tritt Verjährung nicht vor Ablauf von sechs Monaten nach dem Zeitpunkt ein, in dem die Person unbeschränkt geschäftsfähig oder der Mangel der Vertretung behoben wird. Das gilt jedoch nicht, wenn die beschränkt geschäftsfähige Person verfahrensfähig ist (§ 210 Abs. 2 BGB), so zB in Ehesachen der beschränkt geschäftsfähige Ehegatte (§ 125 Abs. 1 FamFG). Zu beachten sind auch §§ 275, 316 FamFG sowie bei einem Nachlass auch § 211 BGB.

26   **5. Verfahrenskostenhilfe.** Die Bewilligung von VKH führt die Hemmung der Verjährung herbei, da ihre Bewilligung wegen § 122 Abs. 1 ZPO iVm § 76 Abs. 1, § 113 Abs. 1 FamFG wie eine Stundung dazu führt, dass die Staatskasse an der Geltendmachung der Gerichtskosten gehindert ist.[16] Wird die VKH aufgehoben, beginnt die restliche Verjährungsfrist mit der Aufhebung zu laufen (§ 209 BGB).

27   Die Hemmung betrifft auch mögliche **Zweitschuldner**, so dass diese auch dann noch als Zweitschuldner in Anspruch genommen werden können, wenn die Wirkungen der VKH mehr als vier Jahre bestanden haben.[17]

28   **6. Mehrere Kostenschuldner. a) Gesamtschuldner.** Bei mehreren Kostenschuldnern läuft die Verjährungsfrist für jeden von ihnen gesondert. Das gilt auch, wenn diese als Gesamtschuldner haften, da die Umstände, welche eine Hemmung oder Neubeginn der Verjährung nach sich ziehen, nur gegen denjenigen Gesamtschuldner wirken, in dessen Person sie eingetreten sind (§ 425 Abs. 1 BGB).[18]

29   **b) Wirkung des Mithaftvermerks.** Waren die Kosten wegen gesamtschuldnerischer Haftung nach Kopfteilen angefordert (§ 8 Abs. 4 KostVfg), ist der Kostenschuldner unbedingt darauf hinzuweisen, dass der Einzug weiterer Kosten vorbehalten bleibt (§ 24 Abs. 2 S. 2 KostVfg). Einem solchen Hinweis kommt die Wirkung einer Stundung zu,[19] mit der Folge, dass die Verjährung gehemmt wird. Ist ein solcher Hinweis unterblieben und ist hinsichtlich eines Gesamtschuldners Verjährung eingetreten, kann von diesem auch der nicht mehr einziehbare Kopfteil eines anderen Gesamtschuldners nicht mehr eingezogen werden.

30   **Beispiel:** Familienstreitsache wegen Unterhalt. Den Antragsgegnern A, B und C werden als Gesamtschuldner die Kosten auferlegt. Da dem Antragsteller VKH bewilligt war, sind die Gerichtskosten iHv 600 € von den Antragsgegnern nicht einzuziehen. Die Kostenentscheidung wird am 5.3.2016 rechtskräftig.

Nach § 8 Abs. 4 KostVfg werden die Gerichtskosten von A, B und C nach Kopfteilen zu je 200 € eingezogen. Ein Mithaftvermerk unterbleibt. Die Kostenrechnung geht allen drei am 10.4.2016 zu. A und B zahlen den Kostenbetrag. C zahlt nicht, so dass A und B wegen ihrer Mithaft am 5.6.2021 eine weitere Kostenrechnung zugeht, mit welcher der auf C entfallende Kostenanteil angefordert wird.

Diese können jedoch nunmehr begründet die Einrede der Verjährung erheben. Denn die Fristen laufen für alle Kostenschuldner gesondert. Für A und B ist bereits am 1.1.2020 die Verjährung eingetreten, eventuelle Vollstreckungsmaßnahmen gegen C haben keinen Einfluss auf den Lauf der Verjährungsfrist des A und B. Eine Stundung liegt wegen des fehlenden Mithaftvermerks gleichfalls nicht vor, so dass der Anspruch der Staatskasse auf Zahlung der Kosten gegen A und B verjährt ist.

31   **c) Erst- und Zweitschuldner.** Erst- und Zweitschuldner haften gesamtschuldnerisch (§ 26 Abs. 1), so dass die Verjährungsfrist für jeden von ihnen gesondert läuft. Die Frist für den Zweitschuldner beginnt jedoch erst zu dem Zeitpunkt zu laufen, in denen die Voraussetzungen für seine Inanspruchnahme nach § 26 Abs. 2 S. 1 erstmalig vorliegen. Die Verjährung ist hinsichtlich des Zweitschuldners daher solange gehemmt, bis die Justizkasse Kenntnis davon erlangt, dass eine Zwangsvollstreckung in das bewegliche Vermögen des Entscheidungsschuldners erfolglos geblieben ist oder aussichtslos erscheint.[20] Maßgeblich ist nur die **Kenntniserlangung durch die Justizkasse**, auf die Kenntniserlangung des Gerichts kommt es nicht an.[21]

---

16 BGH NJW-RR 1997, 831. **17** OLG Koblenz 23.2.2007 – 7 U 3/01, juris. **18** OLG Schleswig JurBüro 1994, 680. **19** OLG Düsseldorf JurBüro 1979, 872. **20** LG Berlin JurBüro 1982, 885. **21** LG Stendal JurBüro 2005, 317.

Die Justizkasse darf den Beginn der Verjährungsfrist für den Zweitschuldner nicht durch Untätigkeit verzö- 32
gern oder gänzlich vereiteln. Sie muss daher unverzüglich gegen den Erstschuldner vorgehen und ein eingeleitetes Vollstreckungsverfahren sofort und effektiv durchführen, da andernfalls die Verjährungsfrist gegen
den Zweitschuldner in Gang gesetzt wird.

Der Lauf der Frist kann auch nicht dadurch verhindert werden, dass Vollstreckungsversuche nur gegen 33
einen Erstschuldner durchgeführt werden.[22] Sind mehrere Erstschuldner vorhanden, hat die Justizkasse deshalb nach erfolglosen Vollstreckungsversuchen gegen einen von ihnen unverzüglich Maßnahmen gegen die
anderen Erstschuldner einzuleiten. Im Übrigen gilt § 425 BGB. Ist die Verjährungsfrist gegen den Zweitschuldner einmal in Gang gesetzt, haben Vollstreckungsmaßnahmen gegen den Erstschuldner, welche die
Verjährungsfrist ihm gegenüber hemmen oder neu beginnen lassen, auf die Verjährungsfrist des Zweitschuldners keinen Einfluss.[23]

V. Geltendmachung der Verjährung

1. Keine Berücksichtigung von Amts wegen (Abs. 3 S. 1 Hs 2). Die Verjährung wird nicht von Amts wegen 34
beachtet (Abs. 3 S. 1 Hs 2), so dass der Kostenbeamte die Kosten auch anzufordern hat, wenn ihm die Verjährung zweifelsfrei bekannt ist. Hier unterscheidet sich § 7 wesentlich von § 19, weil die Nachforderungsfrist von Amts wegen zu beachten ist.

2. Einrede der Verjährung. Der Kostenschuldner muss bei Eintritt der Verjährung die Verjährungseinrede 35
mit Erinnerung oder Beschwerde (§ 57) einwenden. § 30 a EGGVG gilt nicht, da er nur greift, wenn kein
anderer Rechtsbehelf gegeben ist.[24] Einer ausdrücklichen Bezeichnung bedarf es nicht, da jedes Schreiben,
welches darauf hinweist, dass Zahlungen wegen Zeitablaufs nicht erfolgen werden, als Verjährungseinrede
auszulegen ist.

3. Beitreibungsmaßnahmen. § 7 ist auch anzuwenden, wenn bereits Zwangsmaßnahmen zur Beitreibung 36
der Kosten begonnen haben, da Einwendungen, die den Anspruch selbst betreffen, nach den Vorschriften
über die Erinnerung gegen den Kostenansatz geltend zu machen sind (§ 8 Abs. 1 S. 1 JBeitrO).

4. Arglist. Die Staatskasse kann die Gegeneinrede der Arglist erheben, wenn der Kostenschuldner, der die 37
Verjährungseinrede erhoben hat, durch arglistiges Verhalten vor dem Verjährungseintritt den Kosteneinzug
verhindert hat.[25]

VI. Kleinbeträge (Abs. 3 S. 4)

Hemmung oder Neubeginn tritt nicht ein, wenn die Kostenforderung **weniger als 25 €** beträgt (Abs. 3 S. 4). 38
Dies gilt auch dann, wenn die ursprüngliche Kostenforderung den Betrag übersteigt und nur durch Teilleistung unter 25 € gesunken ist. Da aber nach § 212 Abs. 1 Nr. 1 BGB eine Teilleistung die Verjährung neu
beginnen lässt, ist hinsichtlich des verbleibenden Restbetrags von unter 25 € mit der Zahlung ein Neubeginn der Verjährung eingetreten. Nochmalige Hemmung oder nochmaliger Neubeginn ist danach aber
nicht mehr möglich.

Die Wertgrenze für Bagatellbeträge gilt für jede Rechtssache gesondert. Soweit der Kostenschuldner in ver- 39
schiedenen Verfahren mehrere Einzelbeträge schuldet, die nur im Gesamtbetrag 25 € übersteigen, tritt
Hemmung oder Neubeginn der Verjährung für die einzelnen Beträge nicht ein.

VII. Verzinsung (Abs. 4)

Abs. 4 ordnet an, dass Zahlungs- und Rückerstattungsansprüche nicht zu verzinsen sind. Verzinsung kann 40
deshalb auch dann nicht gewährt werden, wenn dem Kostenschuldner zu Unrecht eingezogene Kosten erst
nach einem längeren Zeitraum zurückerstattet werden.

§ 8 Elektronische Akte, elektronisches Dokument

In Verfahren nach diesem Gesetz sind die verfahrensrechtlichen Vorschriften über die elektronische Akte
und über das elektronische Dokument anzuwenden, die für das dem kostenrechtlichen Verfahren zugrunde
liegende Verfahren gelten.

---

22 OLG Stuttgart JurBüro 2001, 597. **23** OLG Stuttgart JurBüro 2001, 597. **24** LG Stendal JurBüro 2005, 317. **25** *Oestreich/
Hellstab/Trenkle*, FamGKG § 7 Rn 10.

I. Allgemeines

1 § 8 regelt die Führung und Verwendung elektronischer Akten und Dokumente. Damit soll die Übermittlung elektronischer Anträge und Erklärungen und ihre elektronische Bearbeitung auch in den Rechtsbehelfsverfahren der Kostengesetze ermöglicht werden, jedoch nicht in einem größeren Umfange als für das Hauptsacheverfahren vorgesehen.[1] § 8 enthält daher lediglich eine Verweisnorm.

II. Anzuwendende Regelungen

2 **1. Regelungen der Verfahrensordnungen.** § 8 schafft keine eigenständigen Regelungen, sondern verweist lediglich auf Vorschriften von FamFG und ZPO, soweit diese in der entsprechenden Familiensache gelten. Im Bereich der FG-Familiensachen gelten daher:

- § 14 Abs. 1 FamFG iVm § 298 a Abs. 2, 3 ZPO für die Führung elektronischer Akten;
- § 14 Abs. 2, 3 FamFG iVm § 130 a Abs. 1, 3, §§ 130 b, 298 ZPO für elektronische Dokumente;
- § 13 Abs. 5 FamFG iVm § 299 Abs. 3 ZPO wegen Akteneinsicht in elektronische Akten;
- § 30 Abs. 1 FamFG iVm §§ 371 a, 416 a ZPO wegen der Beweiskraft elektronischer Dokumente und Ausdrucken öffentlicher elektronischer Dokumente;
- § 42 Abs. 2 S. 2 FamFG für die Berichtigung von elektronischen Entscheidungen.

In Ehe- und Familienstreitsachen sind die vorgenannten Regelungen der ZPO über die elektronischen Akten und Dokumenten aufgrund von § 113 Abs. 1 FamFG anzuwenden.

3 **2. Rechtsverordnung.** Die Verwendung elektronischer Dokumenten ist nur statthaft, wenn sie durch Rechtverordnung zugelassen wird (§ 14 Abs. 4 FamFG, § 130 a Abs. 2 ZPO iVm § 113 Abs. 1 FamFG). Eine Übersicht über Gerichte und Justizbehörden, bei denen elektronische Dokumente verwendet werden dürfen, findet sich bei www.egvp.de, wo auch die rechtlichen Grundlagen benannt sind.

4 **3. Aktenausdruck und Speicherung.** Von dem elektronischen Dokument kann ein Aktenausdruck gefertigt werden (§ 298 Abs. 1 ZPO), der einen Vermerk mit dem zwingenden Inhalt des § 298 Abs. 2 ZPO enthalten muss. Unabhängig von dem Aktenausdruck muss das Dokument bis zum rechtskräftigen Abschluss des Verfahrens gespeichert werden (§ 298 Abs. 3 ZPO). War das Hauptverfahren schon rechtskräftig, ist auf den Abschluss des Verfahrens nach dem FamGKG abzustellen.

III. Anträge und Erklärungen nach dem FamGKG

5 Soweit die Verfahrensordnungen die Verwendung elektronischer Dokumente zulassen, genügt ihre Verwendung auch für Anträge und Erklärungen nach dem FamGKG. Im Bereich des FamGKG kommt sie daher im Einzelnen in Betracht für: die Erinnerung und die Beschwerde (§ 57 Abs. 1, 2); Anträge auf aufschiebende Wirkung (§ 57 Abs. 6); die Beschwerde gegen die Anordnung einer Vorauszahlung (§ 58); die Beschwerde gegen die Festsetzung des Verfahrenswerts (§ 59 Abs. 1); den Antrag auf Wiedereinsetzung in den vorigen Stand (§ 59 Abs. 2); die Beschwerde gegen die Auferlegung einer Verzögerungsgebühr (§ 60); die Erhebung der Anhörungsrüge (§ 61).

IV. Qualifizierte Signatur

6 Nach § 130 a Abs. 1 S. 2 ZPO iVm § 14 Abs. 2 S. 2, § 113 Abs. 1 FamFG soll das elektronische Dokument mit einer qualifizierten elektronischen Signatur versehen werden. Das gilt aufgrund von § 8 auch für die Verfahren nach dem FamGKG.

7 Der Begriff „qualifizierte Signatur" wird in § 2 SigG definiert, für die technischen Anforderungen gelten §§ 17, 23 SigG. Obwohl als Sollvorschrift ausgestaltet, hat der BGH zu § 130 a Abs. 1 S. 2 ZPO entschieden, dass es sich nicht nur um eine bloße Ordnungsvorschrift handelt, so dass es bei vorbereitenden Schriftsätzen stets einer qualifizierten Signatur bedarf.[2]

V. Hinweispflichten

8 Ist ein elektronisches Dokument nicht zur Bearbeitung geeignet, hat das Empfangsgericht dies dem Absender unter Angabe der geltenden technischen Rahmenbedingungen unverzüglich mitzuteilen (§ 130 a Abs. 1 S. 3 ZPO iVm § 14 Abs. 2, § 113 Abs. 1 FamFG). Die Mitteilung muss deshalb ohne schuldhafte Verzögerung (§ 121 BGB) gefertigt werden. Erfolgt die Mitteilung des § 130 a Abs. 1 S. 3 ZPO verspätet, kann ein Antrag auf Wiedereinsetzung in den vorigen Stand gestellt werden (vgl § 59 Abs. 2).[3]

---

1 BT-Drucks 15/4067, S. 56. **2** BGH NJW 2010, 2134. **3** BT-Drucks 15/4067, S. 31.

VI. Zeitpunkt des Eingangs

Das elektronische Dokument gilt als eingereicht, sobald es die empfangsberechtigte Einrichtung des Gerichts aufgezeichnet hat (§ 130 a Abs. 3 ZPO iVm § 14 Abs. 2, § 113 Abs. 1 FamFG). Maßgebend ist der Zeitpunkt der Speicherung, nicht des Ausdrucks.[4] Das Risiko einer fehlgeschlagenen Übermittlung trägt regelmäßig der Absender;[5] aber → Rn 8. 9

Auch eine **Erklärung zu Protokoll der Geschäftsstelle** kann als elektronisches Dokument weitergeleitet werden.[6] In diesen Fällen hat das Gericht das Dokument unverzüglich an das zuständige Gericht zu übermitteln. Die Wirkung der Handlung tritt dann erst mit Eingang bei dem zuständigen Gericht ein (§ 25 Abs. 3 S. 2 FamFG, § 129 a Abs. 2 S. 2 ZPO iVm § 113 Abs. 1 FamFG). 10

§ 8 a Rechtsbehelfsbelehrung

Jede Kostenrechnung und jede anfechtbare Entscheidung hat eine Belehrung über den statthaften Rechtsbehelf sowie über das Gericht, bei dem dieser Rechtsbehelf einzulegen ist, über dessen Sitz und über die einzuhaltende Form und Frist zu enthalten.

I. Allgemeines

Die Vorschrift des § 8 a wurde durch das Gesetz zur Einführung einer Rechtsbehelfsbelehrung im Zivilprozess und zur Änderung anderer Vorschriften vom 5.12.2012[1] mWz 1.1.2014 eingeführt. Sie soll den Rechtsschutz für den Beteiligten noch wirkungsvoller gestalten. 1

Die Belehrungspflicht umfasst sämtliche Kostenrechnungen sowie alle anfechtbaren Entscheidungen nach diesem Gesetz. Adressaten der Belehrung sind stets diejenigen Personen, an die sich die Kostenrechnung oder die gerichtliche Entscheidung richtet. 2

II. Form und Inhalt

1. Form. Die Belehrung muss stets schriftlich erfolgen, auch wenn der Beteiligte bereits mündlich belehrt wurde. Die Belehrung ist formeller Bestandteil der Entscheidung und muss von der Unterschrift des Richters oder Rechtspflegers erfasst sein.[2] 3

2. Inhalt. In die Rechtsbehelfsbelehrung sind aufzunehmen: (1) der Name des statthaften Rechtsbehelfs; (2) das Gericht, bei dem der Rechtsbehelf einzulegen ist; (3) der Sitz des Gerichts, bei dem der Rechtsbehelf einzulegen ist; (4) die einzuhaltende Frist; und (5) die Form für die Einlegung des Rechtsbehelfs. 4

Die Belehrung muss so gefasst sein, dass auch ein rechtsunkundiger Beteiligter ohne Weiteres in die Lage versetzt wird, den entsprechenden Rechtsbehelf einzulegen.[3] Bei Angabe des Gerichts ist nicht nur dessen Name, sondern auch die vollständige Anschrift aufzunehmen. Besteht für das Rechtsbehelfsverfahren Anwaltszwang (vgl § 58 Abs. 1 S. 3 iVm § 114 FamFG), ist darauf hinzuweisen. 5

3. Fehlerhafte oder unterlassene Belehrung. Wird die Rechtsbelehrung unterlassen, wird die Entscheidung oder der Justizverwaltungsakt (Kostenrechnung) nicht unwirksam. Ist der Rechtsbehelf aber befristet – was jedoch nur für die Beschwerde gegen die Festsetzung des Verfahrenswerts gilt –, ist § 59 Abs. 2 S. 2 zu beachten. Danach wird zwar die Frist für die Einlegung der Beschwerde auch bei Unterlassen der Rechtsbehelfsbelehrung in Gang gesetzt, jedoch kann Antrag auf Wiedereinsetzung gestellt werden. Dabei wird ein Fehlen des Verschuldens vermutet, wenn die Rechtsbehelfsbelehrung unterblieben oder fehlerhaft ist. 6

4. Berichtigung. Ist die Rechtsbehelfsbelehrung unterblieben, kann die Entscheidung berichtigt werden (§ 1 Abs. 2 iVm § 42 FamFG, § 319 ZPO iVm § 113 Abs. 1 FamFG). 7

III. Belehrungen im Kostenansatzverfahren nach § 57

1. Kostenrechnungen. Es findet die **Erinnerung nach § 57 Abs. 1** statt, die bei dem Gericht einzulegen ist, bei dem die Kosten angesetzt waren (§ 57 Abs. 4 S. 3 iVm Abs. 1 S. 1). War das Verfahren bei mehreren Gerichten anhängig, ist die Erinnerung bei dem Gericht einzulegen, bei dem es zuletzt anhängig war (§ 57 Abs. 4 S. 3 iVm Abs. 1 S. 2). Bei Rechtsmittelverfahren ist die Erinnerung bei dem Rechtsmittelgericht einzulegen. Eine Belehrung ist in sämtliche Kostenrechnungen aufzunehmen, nicht nur in die Schlusskostenrechnung. 8

---

4 BT-Drucks 14/4987, S. 24. **5** BT-Drucks 15/4067, S. 31. **6** HK-ZPO/*Wöstmann*, § 129 a ZPO Rn 1. **1** BGBl. 2012 I 2418, 2423. **2** Keidel/*Meyer-Holz*, § 39 FamFG Rn 10. **3** Keidel/*Meyer-Holz*, § 39 FamFG Rn 12.

9   Eine Frist besteht für die Einlegung der Erinnerung nicht, so dass der Hinweis genügt, dass keine Frist existiert.[4]

10   Die Erinnerung ist schriftlich oder zu Protokoll der Geschäftsstelle einzulegen (§ 57 Abs. 4 S. 1). Einer anwaltlichen Vertretung bedarf es auch in den Anwaltsverfahren nicht.

11   **2. Erinnerungsentscheidung.** Gegen die Entscheidung über die Erinnerung findet die **Beschwerde** statt (§ 57 Abs. 2). Sie ist nur zulässig, wenn der Beschwerdewert 200 € übersteigt oder Zulassung erfolgt ist. Die Beschwerde ist bei dem Amtsgericht einzulegen, das die angegriffene Erinnerungsentscheidung erlassen hat (§ 57 Abs. 4 S. 4).

12   Eine Frist besteht für die Einlegung der Beschwerde nicht, so dass der Hinweis genügt, dass keine Frist existiert.[5]

13   Die Beschwerde ist schriftlich einzulegen oder zu Protokoll der Geschäftsstelle zu erklären (§ 57 Abs. 4 S. 1). Einer anwaltlichen Vertretung bedarf es auch in den Anwaltsverfahren nicht.

14   Hat der Rechtspfleger über die Erinnerung entschieden, findet stets die Erinnerung statt (§ 11 Abs. 2 RPflG), wenn die Beschwerde nach § 57 Abs. 2 unstatthaft ist. Mit der Erinnerung kann auch eine unterbliebene Nichtzulassung durch den Rechtspfleger angegriffen werden.

15   **3. Beschwerdeentscheidungen.** Entscheidungen des OLG sind unanfechtbar (§ 57 Abs. 7). Einer Belehrung bedarf es daher in diesen Fällen nicht.[6] Gleiches gilt für die Entscheidungen des BGH.

IV. Belehrungen im Wertfestsetzungsverfahren nach § 55

16   **1. Festsetzungsbeschlüsse.** Beschlüsse nach § 55 Abs. 2, mit denen der Verfahrenswert endgültig durch das Amtsgericht festgesetzt wird, sind mit der Beschwerde anfechtbar (§ 59 Abs. 1). Sie ist nur zulässig, wenn der Beschwerdewert 200 € übersteigt oder die Zulassung erfolgt ist. Die Beschwerde ist bei dem Amtsgericht einzulegen, das die angegriffene Erinnerungsentscheidung erlassen hat (§ 59 Abs. 1 S. 5 iVm § 57 Abs. 4 S. 4).

17   Die Beschwerde muss innerhalb von sechs Monaten, nachdem die Entscheidung in der Hauptsache in Rechtskraft erwachsen ist oder das Verfahren auf sonstige Weise beendet wird, eingelegt werden (§ 59 Abs. 1 S. 3 Hs 1 iVm § 55 Abs. 3 S. 2). War der Verfahrenswert jedoch später als einen Monat vor Ablauf der Sechsmonatsfrist festgesetzt, kann die Beschwerde noch innerhalb eines Monats nach Zustellung oder formloser Mitteilung des Festsetzungsbeschlusses eingelegt werden (§ 59 Abs. 1 S. 3 Hs 2).

18   Die Beschwerde ist schriftlich einzulegen oder zu Protokoll der Geschäftsstelle zu erklären (§ 59 Abs. 1 S. 5 iVm § 57 Abs. 4 S. 1). Einer anwaltlichen Vertretung bedarf es auch in den Anwaltsverfahren nicht.

19   Hat der Rechtspfleger die Wertfestsetzung vorgenommen, findet stets die Erinnerung statt (§ 11 Abs. 2 RPflG), wenn die Beschwerde nach § 57 Abs. 2 unstatthaft ist. Mit der Erinnerung kann auch eine unterbliebene Nichtzulassung durch den Rechtspfleger angegriffen werden.

20   **2. Beschwerdeentscheidungen.** Entscheidungen des OLG sind unanfechtbar (§ 59 Abs. 1 S. 5 iVm § 57 Abs. 7). Einer Belehrung bedarf es daher in diesen Fällen nicht.[7] Gleiches gilt für die Entscheidungen des BGH.

V. Belehrung bei Anordnung einer Vorschuss- oder Vorauszahlung nach §§ 14, 16

21   Hat das Gericht (Richter, Rechtspfleger) angeordnet, dass die gerichtliche Tätigkeit nur nach Zahlung eines Kostenvorschusses durchgeführt wird, findet gegen die Entscheidung die **Beschwerde** statt (§ 58 Abs. 1). Mit der Beschwerde kann auch die Höhe des Vorschusses angegriffen werden. Die Beschwerde ist bei dem Amtsgericht einzulegen, das die angegriffene Entscheidung erlassen hat (§ 58 Abs. 1 S. 2 iVm § 57 Abs. 4 S. 4).

22   Die Beschwerde ist schriftlich einzulegen oder zu Protokoll der Geschäftsstelle zu erklären (§ 58 Abs. 1 S. 2 iVm § 57 Abs. 4 S. 1). Ist in dem Hauptverfahren nach § 114 FamFG eine anwaltliche Vertretung erforderlich, bedarf es einer solchen auch in dem Beschwerdeverfahren (§ 58 Abs. 1 S. 3).

23   § 58 ist jedoch nur anwendbar, wenn das Gericht die Abhängigmachung angeordnet hat. Ist die Anordnung oder Zahlungsaufforderung durch den Kostenbeamten erfolgt, findet die Erinnerung (§ 57) statt (→ Rn 8 ff).

24   Entscheidungen des OLG sind unanfechtbar (§ 58 Abs. 1 S. 2 iVm § 57 Abs. 7). Einer Belehrung bedarf es daher in diesen Fällen nicht.[8] Gleiches gilt für die Entscheidungen des BGH.

---

4 BT-Drucks 17/10490, S. 13.   **5** BT-Drucks 17/10490, S. 13.   **6** BT-Drucks 17/10490, S. 13.   **7** BT-Drucks 17/10490, S. 13.   **8** BT-Drucks 17/10490, S. 13.

VI. Belehrung bei Verhängung der Verzögerungsgebühr nach § 32

Gegen die Entscheidung über die Auferlegung der Verzögerungsgebühr findet die **Beschwerde** statt, wenn der Beschwerdewert 200 € übersteigt oder die Zulassung erfolgt ist (§ 60 S. 1). Die Beschwerde ist bei dem Amtsgericht einzulegen, das die angegriffene Entscheidung erlassen hat (§ 60 S. 2 iVm § 57 Abs. 4 S. 4). 25

Eine Frist besteht für die Einlegung der Beschwerde nicht, so dass der Hinweis genügt, dass keine Frist existiert.[9] 26

Die Beschwerde ist schriftlich einzulegen oder zu Protokoll der Geschäftsstelle zu erklären (§ 60 S. 2 iVm § 57 Abs. 4 S. 1). Einer anwaltlichen Vertretung bedarf es auch in den Anwaltsverfahren nicht. 27

Hat der Rechtspfleger in vereinfachten Unterhaltsverfahren die Verzögerungsgebühr festgesetzt, findet stets die Erinnerung statt (§ 11 Abs. 2 RPflG), wenn die Beschwerde nach § 57 Abs. 2 unstatthaft ist. Mit der Erinnerung kann auch eine unterbliebene Nichtzulassung durch den Rechtspfleger angegriffen werden. 28

VII. Anhörungsrüge

Die Entscheidung, mit der eine Anhörungsrüge verworfen oder zurückgewiesen wird, ist unanfechtbar (§ 61 Abs. 4 S. 4). Einer Belehrung bedarf es daher in diesen Fällen nicht.[10] 29

Abschnitt 2
Fälligkeit

Vorbemerkung zu §§ 9 ff

„Fälligkeit" bezeichnet den Zeitpunkt, von dem an die Staatskasse berechtigt ist, entstandene Kosten geltend zu machen und vom Kostenschuldner einzuziehen. Der **Kosteneinzug** hat gem. § 15 Abs. 1 KostVfg nach Eintritt der Fälligkeit zu erfolgen, soweit nichts anderes bestimmt oder zugelassen ist (zB § 16 Abschn. 2 KostVfg). Für den rechtzeitigen Kosteneinzug ist der **Kostenbeamte** verantwortlich (§ 2 Abs. 1 KostVfg). 1

In Familiensachen bestimmt sich die Fälligkeit nach §§ 9 ff. Andere Regelungen, wie zB das AnfG, greifen nicht ins Verhältnis zwischen Staatskasse und Kostenschuldner ein.[1] Auch § 122 Abs. 1 Nr. 1 Buchst. a ZPO iVm § 76 Abs. 1, § 113 Abs. 1 FamFG beseitigt eine eingetretene Fälligkeit nicht, da unter dem dortigen Begriff „rückständig" die schon fälligen Kosten gemeint sind,[2] die Regelung verhindert somit lediglich deren sofortigen Einzug. 2

Für Fälligkeit und Gebührenerhebung ist zu unterscheiden zwischen den 3

- **Verfahrensgebühren:** Mit ihnen werden sämtliche gerichtliche Handlungen und Maßnahmen des jeweiligen Rechtsgeschäfts abgedeckt; und
- **Aktgebühren:** Sie werden auch „Handlungsgebühren" genannt und setzen stets eine bestimmte gerichtliche Entscheidung oder andere Handlung voraus, die als Gebührentatbestand in der Gebührenvorschrift genannt ist.

Ist einmal Fälligkeit eingetreten, kann sie **nicht mehr nachträglich entfallen**, jedoch kann nachträglich Ermäßigung in Betracht kommen, wenn sie in den Gebührenvorschriften vorgesehen ist. Fehlt es aber an einem Ermäßigungstatbestand, bleibt die Gebühr in voller Höhe bestehen (zB Nr. 1310 KV). 4

Ist Fälligkeit nach §§ 9–11 eingetreten, besteht auch kein Ermessensspielraum des Gerichts, da die Regelungen eindeutig sind.[3] 5

Die Staatskasse kann bereits vor Eintritt der Fälligkeit **Vorschüsse** für Gebühren und Auslagen erheben, wenn das FamGKG oder die Verfahrensordnungen dies zulassen (zB § 14 Abs. 3 FamGKG, §§ 16, 17 FamGKG und § 379 ZPO). 6

§ 9 Fälligkeit der Gebühren in Ehesachen und selbständigen Familienstreitsachen

(1) In Ehesachen und in selbständigen Familienstreitsachen wird die Verfahrensgebühr mit der Einreichung der Antragsschrift, der Einspruchs- oder Rechtsmittelschrift oder mit der Abgabe der entsprechenden Erklärung zu Protokoll fällig.

---

9 BT-Drucks 17/10490, S. 13. **10** BT-Drucks 17/10490, S. 13. **1** OLG Koblenz Rpfleger 1987, 338. **2** OLG Stuttgart MDR 1984, 151. **3** OLG Koblenz MDR 1995, 1269.

NK-GK/H. Schneider

(2) Soweit die Gebühr eine Entscheidung oder sonstige gerichtliche Handlung voraussetzt, wird sie mit dieser fällig.

I. Allgemeines

1 § 9 regelt die Fälligkeit der Gebühren in Ehesachen und selbständigen Familienstreitsachen. Abs. 1 erfasst die Verfahrensgebühren, Abs. 2 die Aktgebühren (zum Begriff jew. → Vor §§ 9 ff Rn 3). Für Auslagen gilt § 9 nicht, sondern § 11. Unberührt bleiben die Regelungen des § 14 Abs. 1, 2 wegen der Vorauszahlung von Gebühren.

II. Geltungsbereich

2 **1. Ehesachen. a) Begriff.** Ehesachen sind die in § 121 FamFG genannten Verfahren. Wegen § 5 Nr. 1, 2 gilt § 9 auch in Lebenspartnerschaftssachen nach § 269 Abs. 1 Nr. 1, 2 FamFG. Im Einzelnen erfasst § 9 daher insb. die Gebühren der Nr. 1110–1132 KV.

3 **b) Eintritt der Fälligkeit.** Die erstinstanzlichen Gebühren werden fällig mit Eingang der Antragsschrift bei Gericht; auf die Zustellung kommt es nicht an.

4 **c) Folgesachen.** Im Verbundverfahren erfasst § 9 nur die Scheidungs- oder Lebenspartnerschaftssache selbst, nicht aber Folgesachen (§ 137 Abs. 2, 3 FamFG). Das gilt auch, wenn es sich um eine Folgesache nach § 137 Abs. 2 S. 1 Nr. 2, 4 FamFG wegen Unterhalt oder Güterrecht handelt. Dies folgt aus dem Wortlaut des Abs. 1, der nur auf „selbständige" Familienstreitsachen abstellt. Aus dieser Fälligkeitsregelung folgt zugleich, dass in Fällen der Bewilligung von VKH mit Zahlungsbestimmungen Raten nur für die Verfahrensgebühr nach dem Wert der Scheidungs- oder Lebenspartnerschaftssache angefordert werden können, für die restlichen Verbundteile hingegen erst nach dortigem Fälligkeitseintritt.[1] Die Fälligkeit der Verfahrensgebühren für Folgesachen richtet sich nach § 11 Abs. 1, so dass im Verbundverfahren verschiedene Fälligkeiten zu beachten sind.

5 **d) Auslagen.** Für Auslagen gilt § 11.

6 **2. Selbständige Familienstreitsachen.** Erfasst sind die in § 112 FamFG genannten Verfahren. § 9 gilt somit für

- Unterhaltssachen nach § 231 Abs. 1 FamFG;
- Güterrechtssachen nach § 261 Abs. 1 FamFG;
- sonstige Familiensachen nach § 266 Abs. 1 FamFG;
- Lebenspartnerschaftssachen nach § 269 Abs. 1 Nr. 8–10, Abs. 2 FamFG.

7 Für die erstinstanzliche Verfahrensgebühr der Nr. 1210 KV im vereinfachte Unterhaltsverfahren (§§ 249 ff FamFG) gilt Abs. 2. Die Fälligkeit der Verfahrensgebühr in Mahnsachen bestimmt sich nach § 6 Abs. 1 GKG, auch wenn familienrechtliche Ansprüche betroffen sind (§ 1 Abs. 1 S. 3). Erst für die nach §§ 696, 700 ZPO eingeleiteten Streitverfahren gilt Abs. 1.

8 Unterhaltssachen nach § 231 Abs. 2 FamFG (Verfahren nach § 3 Abs. 2 BKGG, § 64 Abs. 2 EStG) sowie die Güterrechtssachen nach § 261 Abs. 2 FamFG (Verfahren nach § 1365 Abs. 2, § 1369 Abs. 2, §§ 1382, 1383, 1426, 1430, 1452 BGB) werden nicht von § 9 erfasst, da sie FG-Familiensachen sind; es gilt § 11. Im Einzelnen erfasst Abs. 1 daher insb. Gebühren nach Nr. 1211–1215, 1220–1227, 1910, 1911, 1920–1922 KV. Wegen der Folgesachen im Verbund → Rn 4. Die Fälligkeit der Auslagen bestimmt sich nach § 11.

9 **3. Einstweiliger Rechtsschutz.** Handelt es sich um eine einstweilige Anordnung, die eine Familienstreitsache zum Gegenstand hat, bestimmt sich die Fälligkeit der Verfahrensgebühren (Nr. 1420–1424 KV) nach Abs. 1. Gleiches gilt für Arrestverfahren (§ 119 Abs. 2 FamFG iVm §§ 916 ff ZPO).

10 **4. Selbständiges Beweisverfahren.** Hat das selbständige Beweisverfahren eine Familienstreitsache zum Gegenstand, gilt für die Verfahrensgebühr (Nr. 1503 KV) die Regelung des Abs. 1. Ist eine FG-Familiensache betroffen, gilt § 11 Abs. 1.

III. Fälligkeit der Verfahrensgebühren (Abs. 1)

11 **1. Allgemeines.** Verfahrensgebühren werden fällig, wenn die Antrags-, Einspruchs- oder Rechtsmittelschrift bei Gericht eingeht (Abs. 1). Gleiches gilt, wenn entsprechende Erklärungen zu Protokoll der Geschäftsstelle abgegeben werden.

12 **2. Eingang der Antragsschrift.** Maßgeblich ist allein der Eingang der Antragsschrift bei Gericht. Es kommt daher allein auf den **Zeitpunkt der Anhängigkeit** an, während der Zustellung und somit der Rechtshängig-

---

[1] OLG Koblenz MDR 2000, 604.

NK-GK/H. Schneider

keit keine Bedeutung zukommt,[2] so dass auch eine unmittelbar nach Eingang erfolgte Antragsrücknahme die Fälligkeit nicht mehr beseitigt.[3]

Als **eingegangen** gilt der Antrag bei Gericht, wenn er in der Briefannahmestelle eingeht oder in den Gerichtsbriefkasten eingeworfen wird. Auf den Eingang in der zuständigen Abteilung kommt es nicht an.[4]   **13**

Wird der Antrag durch elektronisches Dokument gestellt und ist eine solche Verwendung zulässig, gilt der Antrag als eingegangen, wenn die für den Empfang bestimmte Einrichtung des Gerichts ihn aufgezeichnet hat (§ 130 a Abs. 3 ZPO iVm § 113 Abs. 1 FamFG), so dass dieser Zeitpunkt für die Fälligkeit nach Abs. 1 maßgeblich ist. Ist die Verwendung elektronischer Dokumente nicht zulässig, wird die Fälligkeit gleichwohl ausgelöst, da es auch für die Entstehung der Gebühren oder den Eintritt der Antragshaftung nicht darauf ankommt, dass der Antrag wirksam oder zulässig ist.   **14**

3. Anforderungen an die Antragsschrift. Antrag iSd Abs. 1 ist jedes Begehren, durch das ein gerichtliches Verfahren in Gang gesetzt werden soll, so dass es eines förmlichen Antrags oder Sachantrags nicht bedarf.[5] Es muss sich jedoch um einen wirksamen Antrag handeln,[6] der daher einer Unterschrift bedarf, da § 253 Abs. 4, § 130 Nr. 6 ZPO auch in Ehesachen und Familienstreitsachen gelten (§ 113 Abs. 1, § 124 S. 2 FamFG).   **15**

Unerheblich ist aber, ob der Antrag entgegen des Anwaltszwangs (vgl § 114 FamFG) nicht durch einen Rechtsanwalt gestellt wird,[7] jedoch kann hier nach § 20 Abs. 1 S. 3 von der Kostenerhebung abgesehen werden.   **16**

Auch auf den Inhalt kommt es nicht an, so dass auch in der Sache vollkommen unbegründete Anträge die Fälligkeit auslösen. Gleiches gilt für unzulässige Anträge, jedoch kann auch hier nach § 20 Abs. 1 S. 3 verfahren werden.   **17**

4. Bedingte Antragstellung. a) Verfahrenskostenhilfe. Der Antrag darf nicht bedingt gestellt sein. Das betrifft insb. solche Verfahren, die unter der Bedingung der Gewährung von VKH gestellt werden. Ist die Antragstellung von der VKH-Bewilligung abhängig, wird zunächst nur das VKH-Bewilligungsverfahren in Gang gesetzt, welches gebührenfrei ist. Die Fälligkeit der Verfahrensgebühr nach Nr. 1110 ff, 1220 ff KV wird hingegen noch nicht ausgelöst.   **18**

Wird die Bewilligung von VKH jedoch neben einem Antrag gestellt, liegt keine bedingte Antragstellung vor, so dass sowohl das VKH-Bewilligungs- als auch das Hauptverfahren in Gang gesetzt werden, mit der Folge, dass auch die Verfahrensgebühr nach Abs. 1 mit Eingang der Antragsschrift bei Gericht fällig wird. Aus dem Antrag muss sich deshalb zweifelsfrei, aber zumindest stillschweigend ergeben, dass dieser nur für den Fall der VKH-Bewilligung gestellt ist. Werden beide Anträge ohne einen solchen Hinweis gestellt, gilt auch der Antrag in der Hauptsache als eingegangen.[8] Die Antragsschrift muss deshalb als **Entwurf** gekennzeichnet oder darf nicht unterschrieben sein. Auch wenn bloß „ferner" VKH beantragt wird, liegt im Regelfall keine bedingte Antragserhebung vor.[9] Es ist auch nicht die Sache des Gerichts, durch Hinweise oder eine großzügige Auslegung der Vorschrift ein Anfallen der Verfahrensgebühr zu verhindern.[10] Wird hingegen gebeten, „vorab" über den VKH-Antrag zu entscheiden, ist regelmäßig von einer bedingten Antragserhebung auszugehen, wenn nicht Umstände wie zB Verjährungsunterbrechung dafür sprechen, dass eine unbedingte Antragstellung gewollt ist.[11] Eine unbedingte Antragstellung liegt zudem vor, wenn der Antrag zwar mit einem VKH-Antrag verbunden wird, aber zugleich Antrag auf sofortige Zustellung nach § 15 Nr. 3 Buchst. b gestellt wird.[12]   **19**

b) Ablehnung des VKH-Gesuchs bei bedingter Antragstellung. Hat das Gericht im Falle der bedingten Antragstellung die Bewilligung von VKH abgelehnt, entstehen Gebühren nicht, da es sich um ein gebührenfreies VKH-Bewilligungsverfahren handelt. Hat das Gericht in dem Schriftsatz irrtümlich einen bedingten Antrag gesehen, ist das Verfahren auch kostenrechtlich so zu behandeln.[13] Danach ist es rechtsfehlerhaft, ein verfahrensrechtlich nur als VKH-Antrag verstandenes und behandeltes Vorbringen nach Ende dieses Verfahrens kostenrechtlich im gegenteiligen Sinn zu interpretieren und nun als isoliert eingereichten und zurückgenommenen Hauptsacheantrag zu behandeln.   **20**

c) Ablehnung des VKH-Gesuchs bei unbedingter Antragstellung. Ist ein unbedingter Antrag gestellt, ist vom Antragsteller nach Versagung der VKH gem. § 14 Abs. 1 zunächst die Vorauszahlung der Verfahrensgebühr mittels Kostenrechnung ohne Sollstellung (vormals Kostennachricht) anzufordern (§ 26 Abs. 1 KostVfg). Erfolgt kein Zahlungseingang, sind die Akten nach Ablauf von sechs Monaten dem Kostenbeam-   **21**

---

2 OLG Schleswig AnwBl 1997, 288; OLG Düsseldorf MDR 1999, 1156; KG NJW-RR 1998, 1375. **3** OLG Oldenburg JurBüro 1995, 317. **4** OLG Hamburg Rpfleger 1962, 235. **5** BT-Drucks 12/6962, S. 67 (zu § 61 GKG aF, der jetzt § 6 GKG und § 9 FamGKG entspricht). **6** *Oestreich/Hellstab/Trenkle*, FamGKG § 9 Rn 9. **7** LG Hamburg 27.9.2004 – 313 O 11/04, juris. **8** KG RVGreport 2004, 158. **9** OLG Schleswig SchlHA 2005, 93. **10** OLG Thüringen OLG-NL 2004, 143. **11** OLG Koblenz MDR 2004, 177. **12** OLG Köln OLGR 2008, 30. **13** OLG Stuttgart Justiz 2000, 300.

ten vorzulegen, der die Verfahrensgebühr insoweit in Ansatz bringt, als sich der Zahlungspflichtige durch Rücknahme des Antrags von der Verpflichtung zur Zahlung befreien kann (§ 26 Abs. 8 S. 3 KostVfg), so dass noch eine 1,0-Gebühr nach Nr. 1221 KV bzw 0,5-Gebühr nach Nr. 1111 KV anzusetzen ist.

22 **5. Doppelte Antragstellung.** Wird die Antragsschrift bei Gericht zeitlich versetzt versehentlich doppelt eingereicht, tritt Fälligkeit im Regelfall für jeden Antrag gesondert ein, so dass die Verfahrensgebühr jeweils gesondert entsteht.[14] Das gilt auch, wenn auf Anforderung des Gerichts eine geänderte Antragsschrift eingereicht wird, jedoch jeglicher Hinweis auf das bereits anhängige Verfahren fehlt.[15] Es muss hinreichend kenntlich gemacht werden, dass kein gesondertes Verfahren in Gang gesetzt werden soll.

23 **6. Antragserweiterung.** Die Erweiterung des Antrags löst mit dessen Eingang bei Gericht gleichfalls die Fälligkeit der Verfahrensgebühr aus; insoweit besteht auch Vorauszahlungspflicht (§ 14 Abs. 1 S. 2). Für die Erweiterung des Antrags in Folgesachen gilt jedoch § 11 Abs. 1.

24 **7. Widerantrag.** Der in selbständigen Familienstreitsachen erhobene Widerantrag führt mit Eingang der Widerantragsschrift bei Gericht ebenfalls nach Abs. 1 die Fälligkeit der Verfahrensgebühr herbei.[16] Es besteht jedoch keine Vorauszahlungspflicht (§ 14 Abs. 2), gleichwohl ist wegen der eingetretenen Fälligkeit die Gebühr mittels Sollstellung anzufordern (§ 15 Abs. 1 KostVfg). Für den in einer Folgesache gestellten Widerantrag gilt § 11 Abs. 1. Wird in der Ehesache selbst ein widerstreitender Antrag gestellt, löst er keine weiteren Verfahrensgebühren aus, auch keine Werterhöhung nach § 39 Abs. 1.

25 **8. Vereinfachtes Unterhaltsverfahren.** Abs. 1 gilt in vereinfachten Unterhaltsverfahren nicht, da keine Verfahrensgebühr entsteht; für die Aktgebühr (Nr. 1210 KV) gilt vielmehr Abs. 2. Lediglich dann, wenn es zur Durchführung des streitigen Verfahrens kommt (§ 255 FamFG), richtet sich die Fälligkeit der Gebühren der Nr. 1220 ff KV nach Abs. 1. Die Fälligkeit tritt dann mit Eingang des Antrags auf Durchführung des streitigen Verfahrens bei Gericht ein, dh nicht schon mit Eingang der Einwendungen nach § 252 FamFG.

26 **9. Mahnverfahren.** Wird das Mahnverfahren an das Streitgericht abgegeben, bestimmt sich die Fälligkeit der Verfahrensgebühr nach Anm. zu Nr. 1220 KV. Danach entsteht die Gebühr mit Eingang der Akten beim Familiengericht und wird deshalb wegen § 9 Abs. 1 dann auch fällig. Auf den Eingang des Antrags auf Durchführung des streitigen Verfahrens oder der Einspruchsschrift bei dem Mahngericht kommt es daher nicht an.

27 **10. Rechtsmittelverfahren.** Es gilt Abs. 1, so dass für den Eintritt der Fälligkeit allein der Eingang der Rechtsmittelschrift bei Gericht maßgebend ist. Auf den Eingang der Begründungsschrift oder des eigentlichen Antrags bei Gericht kommt es nicht an,[17] was der Gesetzgeber bereits bei der Kostenrechtsreform 1994 klarstellen wollte und dazu ausgeführt hat: „... Dementsprechend stellt die herrschende Meinung für das Rechtsmittelverfahren auf den Zeitpunkt der Einlegung des Rechtsmittels und nicht auf den späteren Zeitpunkt des erst in der Rechtsmittelbegründung gestellten Rechtsmittelantrages ab. Durch den Änderungsvorschlag wird der Zeitpunkt der Fälligkeit im Sinne der herrschenden Meinung konkret und damit präziser beschrieben und klargestellt ..."[18]

28 **11. Protokoll zur Geschäftsstelle.** Wird der Antrag zu Protokoll der Geschäftsstelle erklärt, tritt die Fälligkeit mit seiner Abgabe ein, dh wenn das Protokoll unterschrieben ist. Ist ein anderes Gericht für den Antrag zuständig, genügt gleichfalls die Unterschrift; auf den Eintritt der Wirksamkeit nach § 129 a Abs. 2 S. 2 ZPO iVm § 113 Abs. 1 FamFG kommt es nicht an. Wird in Ehesachen und selbständigen Familienstreitsachen entgegen § 114 FamFG versehentlich ein Antrag zu Protokoll der Geschäftsstelle abgegeben, ist er nach § 20 Abs. 1 S. 3 zu behandeln. Bestehende Ausnahmen vom Anwaltszwang sind zu beachten (vgl § 114 Abs. 4 Nr. 1 FamFG, § 569 Abs. 3 Nr. 1 ZPO).

IV. Eintritt der Fälligkeit der Aktgebühren (Abs. 2)

29 **1. Geltungsbereich.** Soweit in Ehesachen und selbständigen Familienstreitsachen Aktgebühren entstehen, gilt für die Fälligkeit Abs. 2. Erfasst sind auch Verfahrensgebühren, die eine bestimmte gerichtliche Handlung voraussetzen (zB Verwerfung eines Rechtsmittels).

30 Im Einzelnen sind von Abs. 2 erfasst:
- Nr. 1140, 1216, 1228 KV (Erlass einer ablehnenden Entscheidung);
- Nr. 1210 KV (Erlass der Entscheidung über den Antrag nach § 249 FamFG);
- Nr. 1500 KV (Abschluss bzw Wirksamwerdens des Vergleichs);
- Nr. 1501 KV (Erlass des Beschlusses, durch den die Gebühr auferlegt wird);

14 OLG Düsseldorf MDR 1999, 1156. **15** OLG Brandenburg OLGR 2006, 555. **16** OLG München MDR 2003, 1077. **17** LG Siegen JurBüro 1992, 744. **18** BT-Drucks 12/6962, S. 67 (zu § 61 GKG aF – wegen Rechtsmittelschriften identisch mit § 9 Abs. 1).

NK-GK/*H. Schneider*

- Nr. 1912, 1923, 1930 KV (Erlass der verwerfenden oder zurückweisenden Entscheidung).

2. Entscheidungen. Ist der Erlass einer gerichtlichen Entscheidung vorausgesetzt, tritt Fälligkeit erst mit   31
ihrem Wirksamwerden ein. Auch auf die Unterschrift durch den Richter oder Rechtspfleger kommt es nicht
an. Maßgeblich ist daher die Verkündung, Zustellung oder formlose Mitteilung. Ist jedoch ein späterer
Zeitpunkt vorgesehen, ist dieser maßgeblich. In Ehesachen tritt die Wirksamkeit erst mit Rechtskraft ein
(§ 116 Abs. 2 FamFG). Gleiches gilt für Familienstreitsachen, wenn nicht die sofortige Wirksamkeit angeordnet ist (§ 116 Abs. 3 FamFG).

3. Vergleiche. Ist der Abschluss eines Vergleichs Gebührengrundlage, tritt Fälligkeit erst ein, wenn das Pro-   32
tokoll mit dem Vergleich verlesen oder vorgelegt wird (§ 162 Abs. 1 S. 2 ZPO iVm § 113 Abs. 1 FamFG).
Wird ein Vergleich mit Widerrufsvorbehalt geschlossen, tritt Fälligkeit erst mit Ablauf der Frist ein, wenn
kein Widerruf erfolgt. Ist das Zustandekommen eines Vergleichs nach § 278 Abs. 6 ZPO iVm § 113 Abs. 1
FamFG durch Beschluss festgestellt, hat dieser nur feststellenden Charakter, so dass es für die Fälligkeit auf
die schriftliche Bekanntgabe des Beschlusses ankommt.

§ 10 Fälligkeit bei Vormundschaften und Dauerpflegschaften

Bei Vormundschaften und bei Dauerpflegschaften werden die Gebühren nach den Nummern 1311
und 1312 des Kostenverzeichnisses erstmals bei Anordnung und später jeweils zu Beginn eines Kalenderjahres, Auslagen sofort nach ihrer Entstehung fällig.

I. Regelungszweck

§ 10 trägt dem Umstand Rechnung, dass Vormundschafts- oder Dauerpflegschaftsverfahren regelmäßig   1
über einen längeren Zeitraum anhängig sind, so dass die Anwendung von § 11 unsachgemäß erscheint. Die
Regelung dient daher dem Schutz von Kostenschuldner und Staatskasse, da eine zeitnahe Kostenabrechnung und Einziehung gewährleistet werden.

II. Geltungsbereich

1. Vormundschaften und Dauerpflegschaften. § 10 gilt nur für Vormundschaften (§§ 1773 ff BGB) und   2
Dauerpflegschaften, auch solche für einen Ausländer (Art. 24 Abs. 1 EGBGB). Es muss sich um eine Kindschaftssache nach § 151 Nr. 4, 5 FamFG handeln, so dass Dauerpflegschaften, die einen Volljährigen betreffen, nicht von § 10 erfasst sind; hier gilt § 8 GNotKG. Ausgenommen sind daher Abwesenheitspflegschaf-
ten (§ 1911 BGB), Pflegschaft für unbekannte Beteiligte (§ 1913 BGB) und Pflegschaften für gesammeltes
Vermögen (§ 1914 BGB). Auch Pflegschaften für einzelne Rechtshandlungen werden nicht erfasst; Fälligkeit
tritt hier nach § 11 ein. Das gilt auch für Entlastungspflegschaften nach § 1630 BGB und für die gerichtliche Bestellung eines sonstigen Vertreters für Minderjährige (zB § 81 AO, § 207 BauBG, § 119 FlurbG,
§ 29 a Landbeschaffungsgesetz, § 15 SGB X, § 16 VwVfG). Umgangspflegschaften sind wegen § 4 gleichfalls ausgenommen, so dass auch in diesem Falle § 11 gilt.

2. Rechtsmittelverfahren. Die Regelung des § 10 gilt nur für Jahresgebühren nach Nr. 1311, 1312 KV. Sie   3
kann darüber hinaus nicht angewendet werden, so dass sie für Gebühren in Rechtsmittelverfahren (insb.
Nr. 1314 ff KV) nicht gilt und sich die Fälligkeit hier nach § 11 Abs. 1 bestimmt. Wegen der Auslagen unterscheidet § 10 hingegen nicht, so dass die Vorschrift auch auf die in den Beschwerdeverfahren entstandenen Auslagen anzuwenden ist. Wegen der Regelung des § 15 Abs. 2 KostVfg sind sie aber gleichfalls erst
nach Beendigung des Rechtsmittelverfahrens anzusetzen, wenn kein Verlust für die Staatskasse zu befürchten ist oder ein Fall des § 15 Abs. 3 KostVfg vorliegt.

III. Eintritt der Fälligkeit der erstmaligen Jahresgebühren

1. Grundsatz. Die Jahresgebühren der Nr. 1311, 1312 KV werden erstmals bei Anordnung fällig.   4

2. Vormundschaften. Vormundschaft ist gem. § 1774 S. 1 BGB von Amts wegen durch Beschluss anzuord-   5
nen. Der Eintritt der Fälligkeit setzt eine **fehlerfreie Anordnung** voraus. So ist etwa die Anordnung einer
Vormundschaft für einen toten Minderjährigen nichtig. Gleiches gilt für eine unter Verletzung des § 1773
BGB ergangene Anordnung. Für solche Vormundschaften, die zudem nach § 1882 BGB sofort beendet werden, tritt keine Fälligkeit der Jahresgebühren ein. Besteht für den Mündel bereits Vormundschaft, wird die
vorläufige Wirksamkeit einer zweiten Vormundschaft nicht behindert, so dass sie erst durch Aufhebung beendet wird. Hat ein örtlich unzuständiges Gericht die Vormundschaft angeordnet, geht ihre Wirkung
gleichfalls erst mit der Aufhebung wieder verloren. Die vorgenannten Anordnungen lösen daher zunächst
die Jahresgebühr aus, jedoch ist hier Nichterhebung nach § 20 Abs. 1 zu prüfen.

6   Ist Vormundschaft kraft Gesetzes eingetreten (§ 1751 Abs. 1, § 1791 c BGB), kommt es auf die erste Tätig-
     keit des Familiengerichts an, so dass hier regelmäßig bereits die Übersendung der Bescheinigung über den
     Eintritt der Vormundschaft (§ 1791 c Abs. 3 BGB, § 190 FamFG) die Fälligkeit herbeiführt.

7   **3. Dauerpflegschaften.** Dauerpflegschaft ist von Amts wegen durch Beschluss anzuordnen (§ 1774 S. 1 iVm
     § 1915 Abs. 1 S. 1 BGB). Auch hier muss eine **fehlerfreie Anordnung** erfolgen, um die Jahresgebühr nach
     Nr. 1311, 1312 KV auszulösen.

IV. Eintritt der Fälligkeit der späteren Jahresgebühren

8   **1. Grundsatz.** Die weiteren Jahresgebühren werden jeweils mit **Beginn des Kalenderjahres** fällig; abzustel-
     len ist dabei nicht auf das Vormundschafts- oder Pflegschaftsjahr. Bestand Vormundschaft oder Dauerpfleg-
     schaft noch am 1.1. des Jahres, ist die vollständige Jahresgebühr fällig geworden, auch wenn das Verfahren
     nur kurze Zeit später beendet wird. Tritt die Beendigung kraft Gesetzes ein, kommt es nur auf diesen Zeit-
     punkt an. Ergeht ein deklaratorischer Beschluss erst im folgenden Kalenderjahr, bleibt dies unbeachtlich.
     Wird das Verfahren hingegen durch Aufhebung beendet, kommt es auf den Zeitpunkt des Erlasses des Be-
     schlusses an.

9   Zu beachten ist ferner Anm. Abs. 2 zu Nr. 1311 KV, wonach für das Kalenderjahr der Anordnung bzw des
     Eintritts der Vormundschaft oder Dauerpflegschaft und das darauffolgende Kalenderjahr nur eine Jahresge-
     bühr erhoben wird.

10   **2. Vormundschaften.** Vormundschaften enden nach § 1882 BGB kraft Gesetzes mit dem Wegfall der für
     ihre Anordnung bestehenden Gründe: dem Eintritt der Volljährigkeit, dem Tod des Mündels oder dem Ein-
     tritt oder dem Wiederaufleben der elterlichen Sorge.

11   Die Volljährigkeit beginnt am 18. Geburtstag um 0 Uhr,[1] so dass ein 18. Geburtstag am 1.1. die Jahresge-
     bühr nicht mehr auslöst. Tritt Volljährigkeit aber erst im Laufe des Kalenderjahres ein, wird die volle Jah-
     resgebühr fällig. Für die Volljährigkeit bei Ausländern ist auf das Recht ihres Heimatstaates abzustellen
     (Art. 7 S. 1 EGBGB). Bei Verschollenheit des Mündels endet die Vormundschaft erst mit Aufhebung durch
     das Familiengericht, im Falle der Todeserklärung des Mündels erst mit Rechtskraft des Beschlusses (§ 1884
     BGB).

12   **3. Pflegschaften.** Eine Pflegschaft für eine unter elterlicher Sorge oder Vormundschaft stehende Person en-
     det gem. § 1918 Abs. 1 BGB kraft Gesetzes, wenn diese beendet sind. Im Übrigen ist die Pflegschaft durch
     Aufhebung zu beenden, wenn die Anordnungsgründe weggefallen sind (§ 1919 BGB).

V. Fälligkeit der Auslagen; Einzug der Jahresgebühren

13   Die gerichtlichen Auslagen (Nr. 2000 ff KV) werden sofort nach ihrer Entstehung fällig.

14   Für den Einzug der Jahresgebühren ist § 16 Abschn. II KostVfg zu beachten, der von § 10 abweichende Re-
     gelungen enthält; dazu → Nr. 1311 KV Rn 29 f.

§ 11 Fälligkeit der Gebühren in sonstigen Fällen, Fälligkeit der Auslagen

(1) Im Übrigen werden die Gebühren und die Auslagen fällig, wenn
1.   eine unbedingte Entscheidung über die Kosten ergangen ist,
2.   das Verfahren oder der Rechtszug durch Vergleich oder Zurücknahme beendet ist,
3.   das Verfahren sechs Monate ruht oder sechs Monate nicht betrieben worden ist,
4.   das Verfahren sechs Monate unterbrochen oder sechs Monate ausgesetzt war oder
5.   das Verfahren durch anderweitige Erledigung beendet ist.

(2) Die Dokumentenpauschale sowie die Auslagen für die Versendung von Akten werden sofort nach ihrer
Entstehung fällig.

I. Regelungszweck

1   § 11 regelt im Einzelnen die Fälligkeit von
     ■   Gebühren, soweit nicht §§ 9, 10 einschlägig sind;
     ■   Auslagen der Nr. 2000–2015 KV für sämtliche Familiensachen, wenn nicht § 10 Hs 2 gilt.

---

1 Palandt/*Ellenberger*, § 2 BGB Rn 1.

II. Anwendungsbereich

1. Gebühren. Es handelt sich um eine **Auffangbestimmung**, die sämtliche Gebühren erfasst, für die §§ 9, 10 **2** nicht gelten. Unerheblich ist dabei, ob es sich um Verfahrens- oder Aktgebühren handelt, da eine Sonderregelung wie in § 9 Abs. 2, der nur für die Ehesachen und selbständigen Familienstreitsachen gilt, nicht besteht.

Abs. 1 regelt daher die Fälligkeit der Gebühren in folgenden Familiensachen: **3**
- Abstammungssachen,
- Adoptionssachen,
- Ehewohnungs- und Haushaltssachen,
- Gewaltschutzsachen,
- Güterrechtssachen nach § 261 Abs. 2 FamFG,
- Kindschaftssachen,
- sonstige Lebenspartnerschaftssachen nach § 266 Abs. 2 FamFG,
- Unterhaltssachen nach § 231 Abs. 2 FamFG,
- Versorgungsausgleichssachen.

Wegen § 5 Nr. 3, 4, gilt Abs. 1 auch für Lebenspartnerschaftssachen nach § 269 Abs. 1 Nr. 3–7, 11, 12, **4** Abs. 3 FamFG. Im Übrigen gilt § 11 auch für Verfahren mit Auslandsbezug (Nr. 1710 ff KV), für selbständige Beweisverfahren, soweit eine FG-Familiensache betroffen ist, für Verfahren wegen der Anordnung von Zwangsmaßnahmen nach § 35 FamFG, für Vollstreckungsverfahren nach §§ 89 ff FamFG sowie für einstweilige Anordnungsverfahren in FG-Familiensachen. Erfasst sind in den vorgenannten Familiensachen stets auch die Rechtsmittelverfahren.

Unter Abs. 1 fallen ferner die Verfahren vor dem OLG nach § 107 FamFG. Folgesachen im Verbund (§ 137 **5** Abs. 2, 3 FamFG) sind gleichfalls nur nach Abs. 1 zu behandeln, auch wenn sie Güterrecht oder Unterhalt betreffen, weil § 9 Abs. 1 nur für „selbständige" Familienstreitsachen gilt. In Vormundschafts- und Dauerpflegschaftsverfahren gilt Abs. 1 hingegen nur für Gebühren der Rechtsmittelverfahren, für die erste Instanz gilt § 10 Hs 1.

2. Auslagen. Die in Abs. 1, 2 für Auslagen enthaltenen Regelungen gelten für sämtliche Familiensachen **6** und für das Verfahren vor dem OLG nach § 107 FamFG, dh auch für Ehesachen und selbständige Familienstreitsachen, weil § 9 nur Gebühren umfasst. Ausgenommen sind nur erstinstanzliche Vormundschaften und Dauerpflegschaften; für sie gilt § 10 Hs 2.

III. Zeitpunkt der Fälligkeit von Gebühren und Auslagen (Abs. 1)

1. Allgemeines. Im Gegensatz zu § 9 verlegt Abs. 1 die Fälligkeit im Regelfall vom Beginn des Verfahrens **7** auf dessen **Beendigung**. Die Fälligkeit der Gebühren und Auslagen tritt danach erst ein, wenn
- eine unbedingte Entscheidung über die Kosten ergangen ist,
- das Verfahren oder der Rechtszug durch Vergleich oder Zurücknahme beendet ist,
- das Verfahren sechs Monate ruht oder sechs Monate nicht betrieben worden ist,
- das Verfahren sechs Monate unterbrochen oder sechs Monate ausgesetzt war oder
- das Verfahren durch anderweitige Erledigung beendet ist.

Hinsichtlich der Auslagen ist auch § 15 Abs. 2 KostVfg zu beachten. Danach sind diese regelmäßig erst bei **8** Beendigung des Rechtszugs anzusetzen, wenn kein Verlust für die Staatskasse zu befürchten ist. Werden im Verfahrensverlauf Gebühren fällig, sollen auch die noch nicht gedeckten Auslagen angesetzt werden. Nach § 15 Abs. 3 KostVfg sind Auslagen jedoch sofort anzusetzen, wenn sie in Verfahren vor einer ausländischen Behörde entstehen oder Auslagen einer nicht an der Sache beteiligten Person zur Last fallen.

2. Unbedingte Kostenentscheidung (Abs. 1 Nr. 1). Fälligkeit tritt ein, wenn eine unbedingte Kostenentschei- **9** dung ergangen ist. Enthält eine Teilentscheidung ausnahmsweise eine unbedingte Kostenentscheidung, tritt zunächst nur hinsichtlich der von ihr erfassten Verfahrensteile Fälligkeit ein.[1] In FG-Familiensachen ist stets über die Kosten zu entscheiden (§ 81 Abs. 1 S. 3 FamFG). Keine Kostenentscheidung von Amts wegen ergeht aber, soweit ein Vergleich abgeschlossen wird (arg. § 83 Abs. 1 FamFG).

Im Übrigen muss die Kostenentscheidung wirksam sein. Wirksamkeit tritt in FG-Familiensachen nach § 40 **10** Abs. 1 FamFG mit der Bekanntgabe an den Beteiligten ein, wenn nicht eine Ausnahmeregelung (zB § 40 Abs. 2, 3, §§ 184, 209, 216 FamFG) eingreift. Der Rechtskraft bedarf es jedoch nicht;[2] sie ist nur in den Fällen des § 116 FamFG beachtlich, wo sie Bedingung für die Wirksamkeit ist.

---

1 *Meyer*, GKG § 9 Rn 7. **2** Binz/Dörndorfer/*Dörndorfer*, FamGKG § 11 Rn 2.

11 Die Kostenentscheidung ergeht gem. § 82 FamFG in der Endentscheidung; in einer Teilentscheidung ist daher regelmäßig nicht über die Kosten zu entscheiden.

12 **3. Vergleich (Abs. 1 Nr. 2 Alt. 1).** Die Fälligkeit setzt einen wirksamen Vergleich voraus. Maßgeblich ist das Verlesen oder die Vorlage des Protokolls (§ 162 Abs. 1 ZPO iVm § 36 Abs. 2 S. 2, § 113 Abs. 1 FamFG). Bei Widerrufsvergleichen ist der Ablauf der Widerrufsfrist abzuwarten. Unerheblich ist hingegen, ob der Vergleich eine Kostenregelung enthält. Haben die Beteiligten dem Gericht den Erlass einer Kostenentscheidung überlassen, tritt Fälligkeit erst mit Erlass dieser ein. Ein Vergleich iSd Nr. 2 liegt auch vor, wenn er nach § 278 Abs. 6 ZPO iVm § 36 Abs. 3, § 113 Abs. 1 FamFG zustande gekommen ist. Auch ein außergerichtlicher Vergleich genügt, wenn er dem Gericht mitgeteilt wird.[3]

13 **4. Beendigung durch Zurücknahme (Abs. 1 Nr. 2 Alt. 2).** Wird das Verfahren oder der Rechtszug durch Zurücknahme beendet, tritt die Fälligkeit ein. Aus dem Wortlaut folgt zugleich, dass der Fälligkeittatbestand erst erfüllt ist, wenn das gesamte Verfahren durch die Rücknahme beendet wird. Teilweise Antrags- oder Rechtsmittelrücknahme lassen die Fälligkeit noch nicht eintreten.[4] Die Rücknahme muss verfahrensrechtlich wirksam sein. In FG-Familiensachen kann sie bis zum Erlass der Endentscheidung ohne Zustimmung der übrigen Beteiligten erfolgen (§ 22 Abs. 1 FamFG). In Familienstreitsachen bedarf die Rücknahme jedoch nach Beginn der mündlichen Verhandlung der Zustimmung des Antragsgegners (§ 269 Abs. 2 ZPO iVm § 113 Abs. 1 FamFG). Ist eine Zustimmung erforderlich, muss diese vorliegen. Die Rücknahme der Beschwerde ist bis zum Erlass der Beschwerdeentscheidung möglich (§ 67 Abs. 4 FamFG); sie wird jedoch erst wirksam, wenn sie bei dem Beschwerdegericht eingeht.

14 Die Rücknahme des Scheidungsantrags bedarf der Zustimmung des Antragsgegners, die widerrufen werden kann (§ 134 Abs. 2 FamFG). Die Wirkung der Rücknahme erstreckt sich auch auf die Folgesachen (§ 141 FamFG), nicht aber auf solche nach § 137 Abs. 3 FamFG, so dass hier zunächst keine Fälligkeit eintritt.

15 **5. Ruhen und Nichtbetrieb (Abs. 1 Nr. 3).** Fälligkeit tritt nach Abs. 1 Nr. 3 ein, wenn das Verfahren sechs Monate ruht oder sechs Monate nicht betrieben wird. Das Ruhen kann gem. § 251 S. 1 ZPO iVm § 113 Abs. 1 FamFG auf Antrag angeordnet werden. Erscheinen oder verhandeln beide Beteiligten in einem Termin nicht, kann gleichfalls Ruhen angeordnet werden (§ 251 a Abs. 3 ZPO iVm § 113 Abs. 1 FamFG). Späteres Weiterbetreiben des Verfahrens hat auf die einmal eingetretene Fälligkeit keinen Einfluss. Dauert das Ruhen oder der Nichtbetrieb weniger als sechs Monate, tritt Fälligkeit nicht ein.

16 Ist VKH bewilligt, ist wegen § 125 ZPO iVm § 76 Abs. 1, § 113 Abs. 1 FamFG nach Nr. 3.3.2 KV iVm Teil B Nr. 1.1. DB-PKH zu verfahren, wonach der Kostenbeamte durch Anfragen bei den Beteiligten festzustellen hat, ob das Verfahren beendet ist. Gibt keiner der Beteiligten binnen angemessener Zeit eine Erklärung ab, können die auf den Gegner des VKH-Beteiligten entfallenen Kosten angesetzt werden. Gleiches gilt, wenn die Beteiligten zwar erklären, dass das Verfahren nicht beendet sei, dieses aber tatsächlich nicht weiterbetreiben oder der Gegner des VKH-Beteiligten erklärt, dass das Verfahren ruht oder beendet ist.

17 **6. Unterbrechung oder Aussetzung des Verfahrens (Abs. 1 Nr. 4).** Erfasst sind insb. Fälle der §§ 21, 136, 221 Abs. 2 FamFG, §§ 239 ff ZPO iVm § 113 Abs. 1 FamFG. Ist das Verfahren unterbrochen oder ausgesetzt, tritt Fälligkeit nach Abs. 1 Nr. 4 erst nach Ablauf von sechs Monaten ein.

18 Im Falle der **Aussetzung** ist maßgebend der Beginn der Aussetzungswirkung, die mit Verkündung oder Mitteilung des Beschlusses eintritt.[5] **Unterbrechung** tritt kraft Gesetzes ein, so dass auch die Wirkung und der Beginn der Sechs-Monats-Frist bereits in dem Augenblick des betreffenden Ereignisses zu laufen beginnen. Wird das Verfahren nach Aussetzung oder Unterbrechung fortgesetzt, fällt die einmal eingetretene Fälligkeit nicht nachträglich weg. Die bereits angesetzten und eingezogenen Gebühren werden daher nicht zurückerstattet, allerdings kann noch ein im Kostenverzeichnis vorgesehener Ermäßigungstatbestand eingreifen.

19 Von Nr. 4 sind auch die Fälle der Unterbrechung nach § 240 ZPO erfasst, so dass hier nach Ablauf der Sechs-Monats-Frist Fälligkeit eintritt. Für den Eintritt der Verjährung von Zahlung oder Rückzahlung von Gerichtskosten (§ 7) genügt die sechsmonatige Unterbrechung hingegen nicht, so dass hier vielmehr im Einzelfall zu prüfen ist, ob der Wille der Parteien erkennbar geworden ist, das Verfahren als erledigt zu betrachten.[6]

20 **7. Beendigung durch anderweitige Erledigung (Abs. 1 Nr. 5).** Ist ein Tatbestand nach Nr. 1–4 nicht erfüllt, tritt Fälligkeit nach Nr. 5 ein, wenn das Verfahren durch anderweitige Erledigung beendet wird. Es handelt sich um eine Auffangbestimmung, die einen Kostenansatz auch in solchen Fällen ermöglichen soll. Eine Beendigung durch anderweitige Erledigung liegt vor, wenn mit einer Fortsetzung des Verfahrens in absehbarer

---

3 *Oestreich/Hellstab/Trenkle*, FamGKG § 11 Rn 4.   **4** *Binz/Dörndorfer/Dörndorfer*, FamGKG § 11 Rn 2; aA *Meyer*, GKG § 9 Rn 9.   **5** *Zöller/Greger*, ZPO, § 246 Rn 7.   **6** OLG Karlsruhe 25.9.2012 – 11 W 34/10, juris.

Weise nicht mehr zu rechnen ist.[7] Hierzu gehören die Erledigung der Hauptsache, wenn keine Kostenentscheidung ergeht, sowie die Beendigung des Rechtsmittelverfahrens durch Zurückweisung, wenn eine Kostenentscheidung für die höhere Instanz nicht getroffen wird.[8]

IV. Dokumenten- und Aktenversendungspauschale (Abs. 2)

1. Fälligkeit. Für die Dokumentenpauschale (Nr. 2000 KV) und Auslagen für die Versendung von Akten (Nr. 2003 KV) enthält Abs. 2 eine besondere Fälligkeitsregelung. Sie gilt für sämtliche vom FamGKG erfasste Verfahren, mit Ausnahme der erstinstanzlichen Vormundschaften und Dauerpflegschaften, für die § 10 gilt, der jedoch insoweit identisch ist. Die genannten Auslagen werden sofort nach ihrer Entstehung fällig. Als Entstehungszeitpunkt gilt bei der Dokumentenpauschale die Fertigstellung der Dokumente. Bei der Aktenversendung kommt es auf die Absendung an. Werden elektronische Dokumente übermittelt, ist die Beendigung des Sendungsvorgangs maßgeblich. **21**

2. Zeitpunkt des Kostenansatzes. Beim Ansatz von Kosten nach Nr. 2000, 2003 KV ist § 15 Abs. 2 KostVfg zu beachten. Eine Abhängigmachung nach § 16 Abs. 2 sowie die Ausübung des Zurückbehaltungsrechts (§ 23 KostVfg) bleiben jedoch unberührt. Die Zuständigkeit für den Kostenansatz der Auslagen nach Nr. 2000, 2003 KV bestimmt sich nach § 18 Abs. 2. **22**

3. Justizverwaltungsverfahren. Keine Anwendung findet Abs. 2 auf eine durch die Justizverwaltung genehmigte Akteneinsicht oder Überlassung von Kopien nach § 13 Abs. 2, § 113 Abs. 1 FamFG iVm § 299 Abs. 2 ZPO. In diesen Fällen bestimmt sich die Fälligkeit nach § 7 JVKostG. Lediglich für das Verfahren vor dem OLG nach § 107 FamFG gilt Abs. 2. **23**

Abschnitt 3
Vorschuss und Vorauszahlung

§ 12 Grundsatz

In weiterem Umfang als das Gesetz über das Verfahren in Familiensachen und in den Angelegenheiten der freiwilligen Gerichtsbarkeit, die Zivilprozessordnung und dieses Gesetz es gestatten, darf die Tätigkeit des Familiengerichts von der Sicherstellung oder Zahlung der Kosten nicht abhängig gemacht werden.

I. Allgemeines

1. Regelungszweck. § 12 soll sicherstellen, dass eine gerichtliche Tätigkeit nur dann von Voraus- oder Vorschusszahlung abhängig gemacht werden darf, wenn das Gesetz eine solche ausdrücklich vorschreibt. Daraus folgt zugleich, dass die betreffenden Vorschriften nicht über ihren Wortlaut hinaus anwendbar sind. Die Kostensicherung umfasst die Zahlung von Vorschüssen, Vorauszahlungen sowie die Ausübung des Zurückbehaltungsrechts (§ 23 KostVfg). **1**

2. Begriffe. Um einen **Vorschuss** handelt es sich, wenn die angeforderten Kosten noch nicht fällig sind, während bei der **Vorauszahlung** die angeforderten Kosten zu diesem Zeitpunkt bereits fällig gewesen sind. **2**

II. Vorschuss- und Vorauszahlungen

1. FamGKG. Das FamGKG erlaubt die Abhängigmachung der gerichtlichen Tätigkeit von der vorherigen Kostenzahlung in folgenden Fällen: **3**

- § 14 Abs. 1 S. 1: Zustellung der Antrags- oder Rechtsmittelschrift in Ehesachen und selbständigen Familienstreitsachen erst nach Zahlung der allgemeinen Verfahrensgebühr;
- § 14 Abs. 1 S. 2: Vornahme einer gerichtlichen Handlung bei Antragserweiterung in Ehesachen und selbständigen Familienstreitsachen erst nach Zahlung der allgemeinen Verfahrensgebühr;
- § 14 Abs. 3: Vornahme einer gerichtlichen Handlung in FG-Familiensachen erst nach Zahlung der allgemeinen Verfahrensgebühr, wenn Antragshaftung (§ 21) besteht;
- § 16 Abs. 1: Vornahme einer mit Auslagen verbundenen gerichtlichen Handlung, die nur auf Antrag vorzunehmen ist, erst nach Zahlung eines Auslagenvorschusses;
- § 16 Abs. 2: Herstellen und Überlassen von Dokumenten oder Versendung bzw Übermittlung von Akten kann von der vorherigen Zahlung eines Auslagenvorschusses abhängig gemacht werden; zu beachten ist hier auch § 23 Abs. 1 KostVfg.

---

7 VGH BW Rpfleger 1981, 222. **8** BGH FamRZ 1981, 253.

4   Darüber hinaus kann das Gericht in den Fällen des § 16 Abs. 3 die Zahlung von Vorschüssen, jedoch keine Abhängigmachung anordnen, wenn für Handlungen, die von Amts wegen vorzunehmen sind, Auslagen entstehen.

5   **2. FamFG.** Hier bestehen keine eigenständigen Regelungen, jedoch wird zT auf die Vorschriften der ZPO verwiesen (→ Rn 6 ff).

6   **3. ZPO.** Abhängigmachung von Vorschusszahlung besteht nach § 379 ZPO für die Vernehmung von Zeugen. Wegen des Verweises in § 402 ZPO kann Abhängigmachung auch angeordnet werden für die Ladung von Sachverständigen und für die Einholung des schriftlichen Gutachtens.

7   Entsprechende Anwendung findet § 379 ZPO auch für die Hinzuziehung von Dolmetschern oder Übersetzern wegen fremdsprachlicher Zeugenaussagen,[1] wenn es sich nicht um eine Hinzuziehung zu einer Verhandlung mit einer ausländischen Partei nach § 185 GVG handelt. Darüber hinaus darf die Regelung jedoch nicht angewendet werden, so dass für andere gerichtliche Handlungen nach der ZPO die Vorschrift des § 16 einschlägig ist (→ § 16 Rn 26 ff).

8   §§ 379, 402 ZPO sind in Ehesachen und Familienstreitsachen wegen § 113 Abs. 1 FamFG anzuwenden, in übrigen Familiensachen nur, wenn nach § 30 Abs. 1 FamFG eine förmliche Beweisaufnahme durchgeführt wird, weil dann die ZPO-Regelungen entsprechend anzuwenden sind; jedoch kann die gerichtliche Handlung hier nicht von der Vorschusszahlung abhängig gemacht werden, wenn das Gericht von Amts wegen tätig werden muss (vgl § 26 FamFG).

9   **4. Weitere Regelungen. a) Grundsatz.** Obwohl § 12 nur auf FamGKG, FamFG und ZPO verweist, ist Abhängigmachung auch statthaft, wenn sie auf anderen gesetzlichen Normen beruht.

10   **b) JVEG.** Nach § 13 JVEG ist in Fällen, in denen eine besondere Vergütung gezahlt werden soll, zuvor ein zur Deckung der gesamten Vergütung ausreichender Betrag einzuzahlen. Wegen § 13 Abs. 3 S. 2 JVEG gilt § 122 Abs. 1 Nr. 1 ZPO nicht, soweit es sich um den die gesetzliche Vergütung übersteigenden Betrag handelt, wenn der VKH-Beteiligte auch ohne diese Bewilligung zur Vorschusszahlung verpflichtet wäre. Den an die Staatskasse zu zahlenden Betrag setzt das Gericht durch unanfechtbaren Beschluss fest (§ 13 Abs. 3 S. 3 JVEG). Eine Zahlung ist jedoch nicht erforderlich, wenn die Heranziehung zur Rechtsverfolgung notwendig und der VKH-Beteiligte zur Zahlung außerstande ist und das Gericht seiner notwendigen Erklärung zur Zahlung der besonderen Vergütung zustimmt (§ 13 Abs. 4 JVEG).

11   **c) ZRHO.** § 81 Abs. 1 S. 1 ZRHO sieht vor, dass Rechtshilfe von der vorherigen Zahlung eines Vorschusses abhängig gemacht werden kann. Es handelt sich aber nicht um eine eigenständige Grundlage zur Vorschussanforderung, da § 81 Abs. 1 S. 1 ZRHO ausdrücklich klarstellt, dass die Abhängigmachung nur zulässig ist, wenn eine andere gesetzliche Grundlage, zB nach der ZPO oder dem FamGKG, besteht. Besteht eine solche nicht, kann auch die Rechtshilfe nicht von der Vorschusszahlung abhängig gemacht werden. Ist eine Abhängigmachung nicht erfolgt, ist jedoch spätestens nach Absendung des Rechtshilfeersuchens ein Vorschuss mittels Sollstellung anzufordern (§ 81 Abs. 2 ZRHO).

III. Ausnahmen von der Kostensicherung

12   **1. Allgemeines.** Andere Bestimmungen über die Zahlung von Kosten bleiben unberührt. Ein Verbot der Kostensicherung besteht daher auch, soweit der Zahlungspflichtige aufgrund anderer Regelungen von der Kostenzahlung befreit ist, auch wenn es sich zunächst nur um eine einstweilige Befreiung handelt.

13   **2. Verfahrenskostenhilfe.** Ist VKH bewilligt, ordnet **§ 15 Nr. 1** an, dass § 14 für den VKH-Beteiligten nicht gilt. Für die von § 14 nicht erfassten Kosten (insb. Auslagen) gilt § 122 Abs. 1 Nr. 1 Buchst. a ZPO iVm § 76 Abs. 1, § 113 Abs. 1 FamFG, der anordnet, dass rückständige und entstehende Gerichts- und Gerichtsvollzieherkosten nur nach Anordnung von Zahlungsbestimmungen eingezogen werden können. Der Gegner ist nach § 122 Abs. 2 ZPO iVm § 76 Abs. 1, § 113 Abs. 1 FamFG einstweilen von der Zahlung der rückständigen und entstehenden Gerichts- und Gerichtsvollzieherkosten befreit, wenn dem Antragsteller, Beschwerde- oder Rechtsbeschwerdeführer VKH ohne Zahlungsbestimmungen bewilligt ist, so dass von diesem keine Voraus- oder Vorschusszahlungen nach §§ 14, 16 erhoben werden können.

14   **3. Kosten- oder Gebührenfreiheit.** Liegt Gebührenfreiheit vor, ist § 14 nicht anzuwenden (**§ 15 Nr. 2**). Hinsichtlich der Auslagen besteht eine Befreiung von der Vorschusszahlung nur, wenn auch Kostenfreiheit besteht. In den Fällen des § 16 Abs. 2, 3 sowie in gleichartigen Fällen hat die Anforderung eines Kostenvorschusses auch zu unterbleiben, wenn Kostenschuldner eine Gemeinde, ein Gemeindeverband oder eine sonstige Körperschaft des öffentlichen Rechts ist (§ 20 Abs. 6 KostVfg). Auch soll das Zurückbehaltungsrecht (§ 23 KostVfg) nicht ausgeübt werden.

---

1 Zöller/*Greger*, ZPO, § 379 Rn 1.

4. Sonstige Regelungen im FamGKG. Nach folgenden Regelungen ist die Anforderung von Vorschüssen 15 oder eine Abhängigmachung unzulässig:

- **§ 13:** In Verfahren nach dem IntFamRVG gelten §§ 14–17 nicht; Abhängigmachung und die Anforderung von Vorschüssen sind unzulässig.
- **§ 14 Abs. 2:** Für einen Widerantrag, den Antrag auf Erlass einer einstweiligen Anordnung und für Anträge auf Erlass eines Arrests darf keine Abhängigmachung angeordnet werden.[2] Wegen der Fälligkeitsregelung des § 9 Abs. 1 und § 15 Abs. 1 KostVfg ist die Gebühr durch Sollstellung anzufordern, wenn eine selbständige Familienstreitsache betroffen ist. Betrifft die einstweilige Anordnung eine FG-Familiensache, kann die Gebühr auch nicht mit Sollstellung angefordert werden, weil sich die Fälligkeit nach § 11 Abs. 1 bestimmt.
- **§ 15 Nr. 3:** Abhängigmachung nach § 14 darf nicht angeordnet werden, wenn das Gericht entscheidet, dass wegen Vorliegens der Voraussetzungen des § 15 Nr. 3 keine Abhängigmachung erfolgen soll.
- **§ 16 Abs. 4:** Die Anordnung einer Haft kann nicht von der Vorschusszahlung abhängig gemacht werden. Hierunter fallen Vorschüsse für entstehende Haftkosten (Nr. 2008, 2009 KV).
- **§ 21 Abs. 1 S. 2 Nr. 1:** In erstinstanzlichen Gewaltschutzsachen und in Verfahren nach dem EUGewSchVG besteht keine Antragshaftung, so dass wegen der Zahlung der Gebühren in diesen Verfahren – trotz ihrer Eigenschaft als Antragsverfahren – keine Abhängigmachung angeordnet werden kann.
- **§ 21 Abs. 1 S. 2 Nr. 3:** Minderjährige haften in Verfahren, die ihre Person betreffen (→ § 21 Rn 45 ff) nicht als Antragsschuldner, so dass von ihnen keine Vorschüsse angefordert werden können, auch wenn sie selbst Antragsteller sind.

Im Übrigen ordnet § 20 Abs. 2 KostVfg an, dass die Akten auch in den Fällen des § 14 dem Gericht vorzulegen sind, wenn sich aus dem Eingang ergibt, dass eine Erledigung ohne Vorauszahlung angestrebt wird. Ist die eingezahlte Voraus- oder Vorschusszahlung nicht ausreichend, ist die Entscheidung des Gerichts herbeizuführen, ob der Sache zunächst ohne Zahlung des Minderbetrags Fortgang zu geben ist (§ 26 Abs. 4 S. 2 KostVfg). 16

IV. Rechtsbehelfe

Beruht die Anordnung der Abhängigmachung auf Vorschriften des FamGKG, ist Beschwerde nach § 58 einzulegen. Ist die Entscheidung aufgrund von FamFG- oder ZPO-Vorschriften ergangen, richtet sich der Rechtsbehelf nach den dortigen Vorschriften (→ § 16 Rn 67). 17

Soll nur die Höhe des Vorschusses angegriffen werden, ist zu unterscheiden, ob diese vom Gericht bestimmt ist oder ob der Kostenbeamten den Vorschuss selbständig angefordert hat (§ 20 Abs. 2 KostVfg). § 58 gilt nur, wenn die Bestimmung durch das Gericht erfolgt, im Übrigen ist Erinnerung (§ 57) einzulegen. Das gilt auch, wenn das Gericht zwar eine Abhängigmachung anordnet, aber die Bestimmung der genauen Höhe des Vorschusses dem Kostenbeamten überlässt.[3] Erinnerung ist auch in den Fällen des § 16 Abs. 2 einzulegen (§ 58 Abs. 2). 18

§ 13 Verfahren nach dem Internationalen Familienrechtsverfahrensgesetz

In Verfahren nach dem Internationalen Familienrechtsverfahrensgesetz sind die Vorschriften dieses Abschnitts nicht anzuwenden.

I. Geltungsbereich

§ 13 ordnet an, dass die §§ 14–17 für Verfahren nach dem IntFamRVG nicht gelten. Er übernimmt die früher in § 52 Abs. 2 IntFamRVG enthaltene Regelung. Die Ausnahme von der Vorschusspflicht soll der Vermeidung von Verfahrensverzögerungen dienen.[1] 1

Begünstigt sind sämtliche Verfahren nach dem IntFamRVG, also insb. die Verfahren 2

- nach dem Haager Kindesentführungsabkommen;
- nach dem Europäischen Sorgerechtsübereinkommen;
- wegen der Aufhebung oder Änderung von Entscheidungen (§ 34 IntFamRVG);
- wegen der Zustimmung zur Unterbringung eines Kindes (§ 45 IntFamRVG);
- wegen der Ausstellung von Bescheinigungen nach § 48 IntFamRVG.

---

2 OLG München MDR 2003, 1077; OLG Thüringen MDR 2008, 593. **3** *Meyer*, GKG § 67 Rn 13. **1** BT-Drucks 15/3981, S. 74.

3 Erfasst sind auch Rechtsmittelverfahren, so dass auch hier keine Gebühren- und Auslagenvorschüsse verlangt werden können.

II. Umfang der Befreiung

4 § 13 verbietet die Anforderung jeglicher Kosten im Rahmen einer Voraus- oder Vorschusszahlung, so dass auch die Anforderung von Auslagenvorschüssen nach den §§ 16, 17 – auch im Wege der selbständigen Anforderung durch den Kostenbeamten (§ 20 KostVfg) – zu unterbleiben hat. Auch Abhängigmachung nach § 16 Abs. 2 wegen beantragter Aktenübersendung oder Herstellung von Dokumenten ist unzulässig.

5 Die Regelung erfasst nur die Bestimmungen des FamGKG, andere Regelungen, insb. der Verfahrensordnungen, bleiben unberührt.

6 Ist eine förmliche Beweisaufnahme durchzuführen (§ 30 Abs. 1 FamFG), kommt aber auch die Anforderung von Vorschüssen nach § 379 ZPO auch iVm §§ 403, 411 ZPO nicht in Betracht, da das Gericht von Amts wegen tätig werden muss.

7 Unberührt von § 13 bleiben auch die Regelungen der §§ 21 ff über die Kostenhaftung und der §§ 80 ff FamFG über Kostenentscheidung und Erstattungspflichten. § 21 Abs. 1 S. 2 Nr. 2 nimmt jedoch bestimmte Verfahren des IntFamRVG von der Antragshaftung aus (→ § 21 Rn 44). Gleiches gilt wegen § 21 Abs. 1 S. 2 Nr. 3 für den Minderjährigen selbst (→ § 21 Rn 45 ff).

§ 14 Abhängigmachung in bestimmten Verfahren

(1) ¹In Ehesachen und selbständigen Familienstreitsachen soll die Antragsschrift erst nach Zahlung der Gebühr für das Verfahren im Allgemeinen zugestellt werden. ²Wird der Antrag erweitert, soll vor Zahlung der Gebühr für das Verfahren im Allgemeinen keine gerichtliche Handlung vorgenommen werden; dies gilt auch in der Rechtsmittelinstanz.

(2) Absatz 1 gilt nicht für den Widerantrag, für den Antrag auf Erlass einer einstweiligen Anordnung und für den Antrag auf Anordnung eines Arrestes.[1]

(3) Im Übrigen soll in Verfahren, in denen der Antragsteller die Kosten schuldet (§ 21), vor Zahlung der Gebühr für das Verfahren im Allgemeinen keine gerichtliche Handlung vorgenommen werden.

1 Geplante Änderung des Abs. 2 durch Art. 10 Nr. 1 des Entwurfs eines Gesetzes zur Durchführung der Verordnung (EU) Nr. 655/2014 sowie zur Änderung sonstiger zivilprozessualer Vorschriften (EuKoPfVODG), BT-Drucks 18/7560, S. 19: „*(2) Absatz 1 gilt nicht für den Widerantrag, ferner nicht für den Antrag auf Erlass einer einstweiligen Anordnung, auf Anordnung eines Arrests oder auf Erlass eines Europäischen Beschlusses zur vorläufigen Kontenpfändung.*" Geplantes Inkrafttreten dieser Änderung: 18.1.2017 (s. Art. 14 Abs. 1 ÄndG). Siehe dazu auch Rn 34 a.

I. Allgemeines

1. Regelungszweck. Die Vorschrift dient der Verminderung des Kostenrisikos der Staatskasse, die vor späteren Ausfällen geschützt werden soll, wofür auch eine Verzögerung des Verfahrens hingenommen wird, wenn die Zustellung oder andere gerichtliche Handlungen von der Kostenzahlung abhängig gemacht werden können. Um entstehende Unbilligkeiten oder Härten zu vermeiden, greift § 15 Nr. 3. 1

2. Geltungsbereich. Abs. 1, 2 regeln die Abhängigmachung in Ehesachen und selbständigen Familienstreitsachen, während Abs. 3 für die übrigen vom FamGKG erfassten Verfahren gilt. Auf andere Verfahren ist die Regelung nicht anzuwenden. Es muss zudem eine Verfahrensgebühr entstehen; für Aktgebühren (zB Nr. 1210, 1500 KV) greift die Regelung nicht. 2

3. Verhältnis zu anderen Vorschriften. § 14 lässt andere Regelungen über die Abhängigmachung oder der Vorschusszahlung (zB § 16, § 379 ZPO) unberührt, bestehende Ausnahmen von der Abhängigmachung oder Kostenzahlung sind zu beachten (→ § 12 Rn 15). Unberührt bleiben auch materiellrechtliche Regelungen wegen bestehender Verpflichtungen zur Zahlung eines Prozesskostenvorschusses für Ehegatten, Lebenspartner oder Verwandte. Solche Ansprüche sind subsidiär und gehen auch der VKH vor, jedoch kann die Staatskasse den Verpflichteten nicht in Anspruch nehmen, so dass auch die direkte Anforderung von Voraus- oder Vorschusszahlungen nach §§ 14 ff unzulässig ist. Nur soweit eine Abhängigmachung nicht erfolgt, kann die Staatskasse den Anspruch auf Zahlung eines Prozesskostenvorschusses pfänden und sich zur Einziehung überweisen lassen.[2] 3

4. Sollvorschrift und Ermessen. Die Regelung ist Sollvorschrift, die dem Gericht ein Ermessen einräumt.[3] Das Gericht muss aber zu erkennen geben, ob es auf einer vorherigen Kostenzahlung besteht, und muss daher entweder die Handlung durchzuführen oder zur Zahlung auffordern.[4] Hat das Gericht die Zustellung oder gerichtliche Handlung entgegen § 14 ohne vorherige Kostenzahlung durchgeführt, hat dies keine verfahrensrechtlichen Auswirkungen. Auch Amtshaftungsansprüche gegenüber Richter oder Rechtspfleger können nicht hergeleitet werden.[5] 4

Erfolgt eine Verweisung des Verfahrens zwischen zwei Gerichten der ordentlichen Gerichtsbarkeit, kann aus der erfolgten Zustellung ohne vorherige Kostenzahlung durch das zunächst angerufene Gericht geschlossen werden, dass dieses sein Ermessen entsprechend ausgeübt hat. Das übernehmende Gericht kann daher seine weitere Tätigkeit nicht mehr von der vorherigen Kostenzahlung abhängig machen, weil der Zahlungspflichtige auf den Bestand dieser Ermessensentscheidung vertrauen darf.[6] Die Gebühren können dann nur mittels Sollstellung angefordert werden. 5

II. Gebühren in Ehesachen (Abs. 1)

1. Geltungsbereich. Abs. 1 erfasst die Ehesachen (§ 121 FamFG) sowie wegen § 5 Nr. 1, 2 auch die Lebenspartnerschaftssachen nach § 269 Abs. 1 Nr. 1, 2 FamFG, so dass eine Vorauszahlungspflicht daher besteht in Verfahren wegen 6

- Scheidung der Ehe (Scheidungssachen),
- Aufhebung der Ehe,
- Feststellung des Bestehens oder Nichtbestehens einer Ehe zwischen den Beteiligten,
- Aufhebung der Lebenspartnerschaft aufgrund des LPartG,
- Feststellung des Bestehens oder Nichtbestehens einer Lebenspartnerschaft.

---

2 *Oestreich/Hellstab/Trenkle*, GKG § 12 Rn 31. **3** KG KGR 2007, 87. **4** HK-FamGKG/*Volpert*, § 14 Rn 9. **5** *Hartmann*, KostG, § 12 GKG Rn 2; aA HK-FamGKG/*Volpert*, § 14 Rn 9. **6** OLG Brandenburg MDR 1998, 1119.

7   Die Zustellung der Antragsschrift soll erst erfolgen, wenn die Verfahrensgebühr der Nr. 1110 KV gezahlt wird. Hat die zuständige Verwaltungsbehörde den Antrag auf Aufhebung der Ehe gestellt (§ 129 Abs. 1 FamFG), ist diese nach § 15 Nr. 2 von der Vorauszahlungspflicht ausgenommen.

8   **2. Folgesachen.** Für Folgesachen (§ 137 Abs. 2, 3 FamFG) gilt Abs. 1 nicht, da er ausdrücklich nur selbständige Familienstreitsachen erfasst. Da auch Abs. 3 nicht gilt, kann eine Vorauszahlung nicht gefordert werden,[7] was auch für Folgesachen nach § 137 Abs. 2 Nr. 2, 4 FamFG gilt. Da sich die Fälligkeit der Gebühren hier nach § 11 Abs. 1 richtet, ist die Gebühr auch nicht durch Sollstellung anzufordern (§ 16 Abschn. III KostVfg). Für das Verbundverfahren darf somit eine Vorauszahlung nur nach dem Wert der Scheidungs- oder Lebenspartnerschaftssache verlangt werden. Zulässig ist aber die Anforderung von Auslagenvorschüssen nach §§ 16, 17 und § 379 ZPO iVm § 113 Abs. 1 FamFG.

9   **Beispiel:** Bei dem Familiengericht wird Scheidungsantrag gestellt. Der Versorgungsausgleich ist durchzuführen. Im Übrigen wird Zahlung von Zugewinnausgleich iHv 20.000 € beantragt. Der vorläufige Verfahrenswert beträgt 13.500 € für Scheidung, 2.000 € für Versorgungsausgleich und 20.000 € für die Güterrechtssache.

Als Vorauszahlung sind zu leisten:

2,0-Verfahrensgebühr, Nr. 1110 KV (Wert: 13.500 €)   586,00 €

Diese sind anzufordern vom Antragsteller (§ 21 Abs. 1) mittels Kostenrechnung ohne Sollstellung (vormals Kostennachricht).

10   **3. Wechselseitige Scheidungsanträge.** Es handelt sich um denselben Verfahrensgegenstand iSd § 39 Abs. 1 (→ § 39 Rn 7). Eine Vorauszahlungspflicht besteht daher für den zweiten Antrag nicht, jedoch haften beide Ehegatten als Gesamtschuldner für die Gebühren. Nimmt ein Ehegatte seinen Antrag zurück, ist der verbleibende Antrag nach den gleichen Grundsätzen wie der Erstantrag zu behandeln, so dass auch Abs. 1 anzuwenden ist.[8] Nach Rücknahme des ersten Antrags ist daher eine Vorauszahlung anzufordern, eine Behandlung als Widerantrag nach Abs. 2 scheidet aus.

11   **4. Rücknahme oder Abweisung des Scheidungsantrags.** Werden Folgesachen nach Rücknahme oder Abweisung des Scheidungsantrags als selbständige Familiensachen fortgesetzt (§§ 141, 142 Abs. 2 FamFG), gilt für diese nunmehr Abs. 1, wenn es sich um Folgesachen nach § 137 Abs. 2 Nr. 2, 4 FamFG gehandelt hat. Eine Vorauszahlung kann aber nur gefordert werden, wenn der Antrag in der Folgesache noch nicht zugestellt war. Andernfalls ist die Gebühr wegen § 9 Abs. 1 und § 15 Abs. 1 KostVfg mittels Sollstellung anzufordern. Handelt es sich um Folgesachen nach § 137 Abs. 2 Nr. 1, 3, Abs. 3 FamFG, gilt für die selbständigen Verfahren Abs. 3, wenn Antragshaftung besteht.

III. Selbständige Familienstreitsachen (Abs. 1)

12   **1. Geltungsbereich.** Abs. 1 gilt auch für die selbständigen Familienstreitsachen (§ 112 FamFG) und wegen § 5 Nr. 3, 4 auch für die entsprechenden Lebenspartnerschaftssachen, so dass die Regelung im Einzelnen gilt für:

- Unterhaltssachen nach § 231 Abs. 1 FamFG,
- Güterrechtssachen nach § 261 Abs. 1 FamFG,
- sonstige Familiensachen nach § 266 Abs. 1 FamFG,
- Lebenspartnerschaftssachen nach § 269 Abs. 1 Nr. 8–10, Abs. 2 FamFG.

13   Unterhaltssachen nach § 231 Abs. 2 FamFG, Güterrechtssachen nach § 261 Abs. 2 FamFG sowie sonstige Familiensachen nach § 266 Abs. 2, 3 FamFG fallen hingegen unter Abs. 3.

14   In den von Abs. 1 erfassten Verfahren soll die Zustellung der Antragsschrift erst erfolgen, wenn die Verfahrensgebühr der Nr. 1220 KV eingezahlt wurde. Die Regelung soll nur begünstigende Handlungen für den Antragsteller ausschließen, so dass eine Nichtzahlung nicht den Erlass eines Beschlusses nach § 269 Abs. 3 ZPO iVm § 113 Abs. 1 FamFG hindert.

15   **2. Höhe der Vorauszahlung.** Anzufordern ist stets eine 3,0-Verfahrensgebühr (Nr. 1220 KV); wegen der Mahnsachen → Rn 19 ff. Das Gericht hat den vorläufigen Verfahrenswert durch Beschluss festzusetzen, wenn nicht eine bestimmte Geldsumme in Euro gefordert ist (§ 55 Abs. 1 S. 1). Ist kein Wert festgesetzt, hat der Kostenbeamte diesen selbständig zu ermitteln. Soweit der Verfahrenswert noch nicht endgültig feststeht, sind für die Berechnung der Vorauszahlung vorläufig die Angaben des Antragstellers zugrunde zu legen, wenn diese nicht offenbar unrichtig sind (§ 26 Abs. 2 KostVfg).

16   **3. Vollstreckungsabwehranträge.** Eine Vorauszahlungspflicht besteht auch für Anträge nach §§ 767, 768, 771 ZPO iVm § 120 Abs. 1 FamFG. Der Antragsteller hat nur die Möglichkeit, eine Entscheidung nach § 15 Nr. 3 herbeizuführen oder VKH zu beantragen. Das Familiengericht kann jedoch die einstweilige Ein-

---

7 BT-Drucks 16/6308, S. 302.   **8** OLG Zweibrücken FamRZ 1999, 941.

stellung der Zwangsvollstreckung schon vor Rechtshängigkeit anordnen. Dies setzt jedoch voraus, dass die Voraussetzungen für eine alsbaldige Antragszustellung erfüllt sein müssen, also entweder Vorauszahlung nach Abs. 1 geleistet, ein Antrag auf VKH-Bewilligung gestellt wird oder ein Antrag nach § 15 Nr. 3 positiv beschieden ist. Liegen diese Voraussetzungen nicht vor, kommt eine Einstellung nach § 769 ZPO nicht in Betracht.[9]

4. Wiederaufnahmeverfahren. Für Verfahren nach §§ 578 ff ZPO iVm § 118 FamFG besteht keine Voraus- **17** zahlungspflicht nach Abs. 1, da es sich um Rechtsbehelfe eigener Art handelt.[10] Auslagenvorschüsse nach §§ 16, 17 und § 379 ZPO iVm § 113 Abs. 1 FamFG können aber gefordert werden.

5. Vereinfachtes Unterhaltsverfahren. Für das erstinstanzliche Verfahren gilt Abs. 1 nicht, da keine Verfah- **18** rensgebühr, sondern eine Aktgebühr (Nr. 1210 KV) anfällt. Da deren Fälligkeit erst mit Erlass der Entschei- dung eintritt (§ 9 Abs. 2), kann die Gebühr auch nicht vorab durch Sollstellung angefordert werden. Ab- hängigmachung nach Abs. 1 ist auch dann unstatthaft, wenn ein Beteiligter die Durchführung des streitigen Verfahrens beantragt hat (§ 255 Abs. 1 FamFG), da das streitige Verfahren bereits mit Zustellung des Fest- setzungsantrags als rechtshängig geworden gilt (§ 255 Abs. 3 FamFG).[11] Da jedoch die Verfahrensgebühr für das streitige Verfahren (Nr. 1220 KV) bereits mit Eingang des Antrags nach § 255 Abs. 1 FamFG fällig wird (§ 9 Abs. 1), ist sie von dem Antragsteller durch Sollstellung anzufordern (§ 15 Abs. 1 KostVfg). Das gilt auch, wenn das minderjährige Kind Antragsteller ist, da es sich nicht um ein seine Person betreffendes Verfahren handelt, und es somit nach § 21 Abs. 1 S. 1 haftet.

6. Mahnsachen. a) Anwendung GKG. Für Mahnverfahren gelten die Regelungen des GKG (§ 1 Abs. 1 **19** S. 3). S. näher die Erl. zu § 12 GKG.

b) Widerspruch. Im Falle des Widerspruchs soll das Mahnverfahren erst nach Zahlung der Verfahrensge- **20** bühr an das Streitgericht abgegeben werden (§ 12 Abs. 3 S. 3, 4 GKG). Anzufordern ist eine 3,0-Verfahrens- gebühr nach Nr. 1220 KV. Es handelt sich um eine Vorschusszahlung, da die Verfahrensgebühr erst mit Eingang der Akten beim Familiengericht fällig wird (Anm. zu Nr. 1220 KV). Vorauszahlungspflicht besteht jedoch nur, wenn der Antragsteller des Mahnverfahrens auch den Antrag auf Durchführung des streitigen Verfahrens stellt. Wird der Antrag hingegen nur durch den Antragsgegner gestellt, besteht für diesen keine Vorschusspflicht.[12]

Beispiel: Antrag des A auf Erlass eines Mahnbescheids gegen B wegen der Zahlung von 6.000 €. Nach Erlass des **21** Mahnbescheids wird Widerspruch erhoben. Der Antragsteller beantragt daraufhin die Durchführung des streiti- gen Verfahrens und Abgabe an das zuständige Familiengericht.

Das Mahngericht hat vom Antragsteller mit Kostenrechnung ohne Sollstellung (vormals Kostennachricht) anzu- fordern:

3,0-Verfahrensgebühr, Nr. 1220 KV (Wert: 6.000 €)	495,00 €
anzurechnen gem. Anm. zu Nr. 1220 KV:	
0,5-Verfahrensgebühr, Nr. 1100 KV GKG (Wert: 6.000 €)	− 82,50 €
Noch zu zahlen	**412,50 €**

c) Einspruch. Wird gegen den Vollstreckungsbescheid Einspruch eingelegt, hat das Mahngericht den **22** Rechtsstreit gem. § 700 Abs. 3 S. 1 ZPO von Amts wegen an das Streitgericht abzugeben. Insoweit besteht weder für Antragsteller noch für Antragsgegner Vorschusspflicht. Aufgrund der nach § 9 Abs. 1 eingetrete- nen Fälligkeit der Verfahrensgebühr ist diese jedoch durch Sollstellung vom Antragsteller anzufordern, da diesem nach § 21 Abs. 1 S. 3 die Antragshaftung trifft. Von dem Einspruchsführer kann die Verfahrensge- bühr nicht angefordert werden.

IV. Antragserweiterung (Abs. 1 S. 2)

1. Begriff. Eine Verpflichtung zur Vorauszahlung besteht auch, wenn der Antrag in einer Ehesache oder **23** selbständigen Familienstreitsache erweitert wird (Abs. 1 S. 2). Vor Kostenzahlung soll keine gerichtliche Handlung vorgenommen werden. Für die **Antragserweiterung** ist auf den kostenrechtlichen Begriff abzu- stellen, so dass jede Erhöhung des Verfahrenswerts darunterfällt, gleich, ob durch objektive Antragshäu- fung (§ 260 ZPO iVm § 113 Abs. 1 FamFG) oder objektive Antragsänderung (§ 264 ZPO iVm § 113 Abs. 1 FamFG). Erfasst ist auch der Zwischenfeststellungsantrag oder ein Übergang vom Feststellungs- zum Leis- tungsantrag.[13] Die Aufnahme von nicht rechtshängigen Ansprüchen in einem Vergleich ist nicht von Abs. 1 S. 2 erfasst.[14] In den Fällen der Antragserweiterung sind Verfahrenswert und Gebühr neu zu berechnen

---

9 OLG Hamburg NJW-RR 1990, 394; OLG Saarbrücken OLGR 2000, 71; OLG Frankfurt EzFamR aktuell 2001, 202. **10** *Hartmann*, KostG, § 12 GKG Rn 4; *Meyer*, GKG § 12 Rn 6. **11** HK-FamGKG/*Volpert*, Nr. 1210 KV Rn 15. **12** *Meyer*, GKG § 12 Rn 23; *Hartmann*, KostG, § 12 GKG Rn 23. **13** *Oestreich/Hellstab/Trenkle*, FamGKG § 14 Rn 29. **14** *Meyer*, GKG § 12 Rn 17.

(→ Nr. 1220 KV Rn 20 f). Wird wegen der Antragserweiterung eine Vorauszahlung von Gebühren angefordert, ist wegen § 15 Abs. 2 KostVfg zugleich zu prüfen, ob hinsichtlich bereits entstandener Auslagen eine Kostenanforderung zu erfolgen hat.[15]

24 **2. Unterlassung gerichtlicher Handlungen.** Vor Zahlung der Verfahrensgebühr soll keine gerichtliche Handlung durchgeführt werden, so dass neben der Zustellung des Erweiterungsantrags auch jegliche Terminierung, Terminsvorbereitungen (§ 273 ZPO), Beweisaufnahme oder auch eine Feststellung nach § 278 Abs. 6 ZPO über das Zustandekommen eines Vergleichs erfasst sind. Abhängigmachung nach Abs. 1 S. 2 besteht aber nur für Verfahrensteile, die von der Antragserweiterung erfasst sind. Auch Verteidigungsmaßnahmen des Antragsgegners werden durch eine Nichtzahlung nicht beeinflusst, so dass ein von diesem gestellter Antrag auf Terminierung oder Erlass einer Versäumnisentscheidung nicht abgewiesen werden darf,[16] da Abs. 1 S. 2 nur solche gerichtlichen Handlungen erfasst, die dem Antragsteller dienen. Bleibt die Gebühr unverändert, weil durch die Antragserweiterung keine höhere Wertstufe nach Anlage 2 zu § 28 Abs. 1 erreicht wird, kann keine Abhängigmachung angeordnet werden.[17] Lässt sich die gerichtliche Handlung nicht nach Ursprungs- und Erweiterungsantrag trennen, ist sie ohne Abhängigmachung durchzuführen, da durch Abs. 1 S. 2 nicht Handlungen für den ursprünglichen Antrag behindert werden dürfen.

25 **3. Versehentliche Zustellung.** Hat das Gericht die Antragserweiterung versehentlich vor der Vorauszahlung zugestellt, muss das Gericht das darin enthaltene Vorbringen berücksichtigen und kann seine Handlungen nicht mehr von der Zahlung abhängig machen.[18] § 16 und § 379 ZPO iVm § 113 Abs. 1 FamFG bleiben jedoch unberührt. Der Antragsteller ist daher auch dann zum Termin zuzulassen, wenn auf Antrag des Antragsgegners eine mündliche Verhandlung anberaumt wurde,[19] so dass wegen der Erweiterung auch eine abweisende Versäumnisentscheidung ergehen kann.

26 **4. Rechtsmittelinstanz (Abs. 1 S. 2 Hs 2).** Abs. 1 S. 2 Hs 1 gilt auch, wenn der Antrag erst in der Rechtsmittelinstanz erweitert wird (Hs 2). Gerichtliche Handlungen können jedoch hier nur insoweit von der Zahlung der Verfahrensgebühr abhängig gemacht werden, als sie die Antragserweiterung betreffen, so dass das übrige Rechtsmittelverfahren unberührt bleibt. Da nur eine Neuberechnung der Verfahrensgebühr erfolgt, sind bei der Nachforderung die für das Rechtsmittelverfahren geltenden Gebühren zugrunde zu legen, so dass bei Antragserweiterung in der Beschwerdeinstanz auch die Vorauszahlung für die Erweiterung nur nach Nr. 1222 KV zu berechnen ist.

27 **5. Unterhaltssache.** Wegen der Wertberechnung bei der Antragserweiterung in einer Unterhaltssache → § 51 Rn 11 ff.

28 **6. Stufenantrag.** Es ist wie bei der Antragserweiterung zu verfahren, wenn bei dem Stufenantrag von der Auskunfts- in die Betragsstufe übergegangen wird und der bei Eingang des ursprünglichen Antrags bestimmte vorläufige Verfahrenswert zu niedrig festgesetzt wurde.

29 **Beispiel:** Es wird Stufenantrag wegen Auskunfts- und Unterhaltszahlung gestellt. Der Leistungsantrag ist noch unbeziffert. Das Gericht setzt den Verfahrenswert vorläufig fest für die Auskunft auf 500 € und für die Leistungsstufe auf 4.200 €. Vom Antragsteller sind als Vorauszahlung zunächst anzufordern (§ 14 Abs. 1, § 38):

3,0-Verfahrensgebühr, Nr. 1220 KV (Wert: 4.200 €)	438,00 €

Nach Auskunftserteilung wird der Leistungsanspruch beziffert. Es wird monatlicher Unterhalt von 500 € beantragt. Der Verfahrenswert für die Leistungsstufe beträgt nunmehr 6.000 €. Da die geleistete Vorauszahlung die Gerichtsgebühren nicht mehr deckt, ist gem. § 14 Abs. 1 S. 2 eine weitere Vorauszahlung zu leisten. Vom Antragsteller sind daher anzufordern:

3,0-Verfahrensgebühr, Nr. 1220 KV (Wert: 6.000 €)	495,00 €
anzurechnen bereits geleistete Vorauszahlung	– 438,00 €
Noch zu zahlen	**57,00 €**

V. Wideranträge und Eilverfahren (Abs. 2)

30 **1. Allgemeines.** Abs. 2 ordnet an, dass Abs. 1 für bestimmte Anträge nicht gilt. Es handelt sich um eine Sonderregelung, die nicht über ihren Wortlaut hinaus anwendbar ist. Sie betrifft nur die Abhängigmachung der gerichtlichen Handlung von der vorherigen Kostenzahlung, lässt also sowohl die Fälligkeitsregelungen als auch andere Vorschriften über den Kosteneinzug unberührt.

---

15 HK-FamGKG/*Volpert*, § 14 Rn 53. **16** *Meyer*, GKG § 12 Rn 10. **17** HK-FamGKG/*Volpert*, § 14 Rn 49. **18** OLG Rostock BauR 2004, 708. **19** BGHZ 62, 174.

2. Wideranträge (Alt. 1). Abs. 1 gilt nicht für Wideranträge. Die Zustellung des Wideranträgs darf daher 31 nicht von der vorherigen Kostenzahlung abhängig gemacht werden. Gleiches gilt für sonstige gerichtliche Handlungen, wie etwa eine Terminanberaumung.[20]

Unberührt bleibt aber die Regelung des § 9 Abs. 1, so dass die Verfahrensgebühr bereits mit Eingang der 32 Widerantragsschrift bei Gericht fällig wird. Wegen § 15 Abs. 1 KostVfg ist die Gebühr daher nach Eingang des Widerantrags von dem Widerantragsteller mittels Sollstellung anzufordern. Insoweit besteht der Unterschied zwischen Antrag und Widerantrag nur darin, dass eine gerichtliche Tätigkeit nicht von der Zahlung der Gebühr abhängig gemacht werden kann.[21] Wegen der Neuberechnung des Verfahrenswerts → § 39 Rn 3 ff. Wegen der Gebühren → Nr. 1220 KV Rn 22 ff.

Beispiel: Familienstreitsache A gegen B wegen Zahlung von 13.000 €. B stellt Widerantrag wegen Zahlung von 33 8.000 €. Antrag und Widerantrag betreffen verschiedene Gegenstände.

I. Von A ist folgende Vorauszahlung (§ 14 Abs. 1) mit Kostenrechnung ohne Sollstellung (vormals Kostennachricht) anzufordern

3,0-Gebühr, Nr. 1220 KV (Wert: 13.000 €)	801,00 €

II. Von B sind mit Sollstellung anzufordern (§ 9 Abs. 1, § 15 Abs. 1 KostVfg)

3,0-Gebühr, Nr. 1220 KV (Wert: 21.000 €)	1.035,00 €
abzgl. bereits gezahlter Betrag	– 801,00 €
Noch zu zahlen	234,00 €

3. Einstweilige Anordnungen (Alt. 2); Arrest (Alt. 3); Europäischer Beschluss zur vorläufigen Kontenpfändung 34 **(Alt. 4).** Für diese Verfahren besteht gleichfalls keine Vorauszahlungspflicht. Eine Abhängigmachung ist daher nicht statthaft, weil dies dem Eilcharakter der Verfahren widerspricht. Betrifft die **einstweilige Anordnung** aber eine Familienstreitsache, tritt Fälligkeit der Verfahrensgebühr (Nr. 1420 KV) gleichwohl bereits mit Antragseingang bei Gericht ein (§ 9 Abs. 1), so dass die Gebühr zu diesem Zeitpunkt mittels Sollstellung vom Antragsteller anzufordern ist (§ 21 Abs. 1, § 15 Abs. 1 KostVfg), wenn nicht die Voraussetzungen des § 15 erfüllt sind, denn lediglich die Abhängigmachung ist ausgeschlossen. Gleiches gilt für **Arrestverfahren.**

Auch in den Verfahren wegen des Erlasses eines **Europäischen Beschlusses zur vorläufigen Kontenpfändung** 34a nach **Art. 5 Buchst. a EuKoPfVO**, die von Nr. 1420 f KV erfasst sind, kann keine Abhängigmachung angeordnet werden – so die geplante Änderung durch den RegE des EuKoPfVODG (geplantes Inkrafttreten: 18.1.2017). Der neue Wortlaut von Abs. 2 soll wie folgt lauten:[22]

„(2) Absatz 1 gilt nicht für den Widerantrag, ferner nicht für den Antrag auf Erlass einer einstweiligen Anordnung, auf Anordnung eines Arrests oder auf Erlass eines Europäischen Beschlusses zur vorläufigen Kontenpfändung."

Obwohl Abs. 2 auf Abs. 1 verweist, der nur Ehesachen und selbständige Familienstreitsachen erfasst, gilt 35 das Verbot der Abhängigmachung nach Abs. 2 Alt. 2 auch dann, wenn die einstweilige Anordnung eine FG-Familiensache betrifft. Unberührt bleiben aber die Regelungen des § 16 bzw § 379 ZPO für Auslagen.

Beispiel: Beantragt ist der Erlass einer einstweiligen Anordnung wegen Unterhaltszahlung. Der vorläufige Verfah- 36 renswert beträgt 1.800 €. Ein Antrag auf VKH-Bewilligung wird nicht gestellt. Abhängigmachung (§ 14 Abs. 1) darf nicht erfolgen, jedoch sind wegen der Fälligkeitsregelung des § 9 Abs. 1 als Vorauszahlung zu leisten: 1,5-Verfahrensgebühr, Nr. 1420 KV (Wert: 1.800 €) = 133,50 €. Anzufordern vom Antragsteller mittels Sollstellung (§ 15 Abs. 1, § 25 KostVfg).

VI. Gebühren in übrigen Verfahren (Abs. 3)

1. Geltungsbereich. Handelt es sich nicht um Ehesachen oder selbständige Familienstreitsachen, gilt Abs. 3. 37 Somit werden von dieser Regelung erfasst:

Abstammungssachen, Adoptionssachen, Ehewohnungs- und Haushaltssachen, Güterrechtssachen nach § 261 Abs. 2 FamFG, Kindschaftssachen, sonstige Familiensachen nach § 266 Abs. 2, 3 FamFG, Unterhaltssachen nach § 231 Abs. 2 FamFG sowie Versorgungsausgleichssachen.

Wegen § 5 Nr. 3, 4 gilt Abs. 3 auch für die Lebenspartnerschaftssachen nach § 269 Abs. 1 Nr. 3–7, 11, 12, 38 Abs. 3 FamFG. Zu den Güterrechtssachen → Rn 49.

---

20 OLG Thüringen MDR 2008, 593. **21** OLG München MDR 2003, 1077. **22** Art. 10 Nr. 1 des Entwurfs eines Gesetzes zur Durchführung der Verordnung (EU) Nr. 655/2014 sowie zur Änderung sonstiger zivilprozessualer Vorschriften (EuKoPfVODG), BT-Drucks 18/7560, S. 19.

39 **2. Voraussetzungen. a) Grundsatz.** Voraussetzung für die Abhängigmachung nach Abs. 3 ist stets, dass für das entsprechende Verfahren Antragshaftung (§ 21 Abs. 1) besteht und eine Verfahrensgebühr anzufordern ist. Entstehen Aktgebühren, ist die Abhängigmachung nicht statthaft.

40 **b) Antragshaftung.** Antragshaftung ist nach § 21 Abs. 1 zu bestimmen, so dass das Verfahren nur auf Antrag einzuleiten ist (→ § 21 Rn 20 ff). Für reine Amtsverfahren besteht somit keine Vorschusspflicht. Kann das Verfahren sowohl von Amts wegen als auch auf Antrag eingeleitet werden, ist auf das konkrete Verfahren abzustellen. Greift eine Ausnahmeregelung nach § 21 Abs. 1 S. 2 Nr. 1–4, ist auch die Abhängigmachung nach Abs. 3 unzulässig.[23] Sie unterbleibt somit

- in erstinstanzlichen Gewaltschutzsachen und in Verfahren nach dem EUGewSchVG (§ 21 Abs. 1 S. 2 Nr. 1);
- in Verfahren nach dem IntFamRVG (§§ 13, 21 Abs. 1 S. 2 Nr. 2);
- für einen Minderjährigen in Verfahren, die seine Person betreffen (§ 21 Abs. 1 S. 2 Nr. 3);
- für einen Verfahrensbeistand (§ 21 Abs. 1 S. 2 Nr. 4).

41 **3. Gerichtliche Handlungen.** Abs. 3 ordnet an, dass vor der Zahlung der Verfahrensgebühr keine gerichtliche Handlung vorgenommen werden soll. Es handelt sich wie bei Abs. 1 um eine Sollvorschrift (→ Rn 4 f). Neben der Zustellung der Antragsschrift gehört auch jede weitere Tätigkeit des Gerichts dazu, wie zB Terminierung, Amtsermittlung, Durchführung einer förmlichen Beweisaufnahme oder Anhörung der Beteiligten und Betroffenen.

42 Da – wie auch für Abs. 1 – der Grundsatz gilt, dass die Abhängigmachung nur dem Antragsteller dienende Maßnahmen verhindern soll, kann aber eine abweisende Entscheidung erlassen werden. Gleiches gilt für eine Kostenentscheidung, wenn der Antragsgegner beantragt, die Kosten dem Antragsteller aufzuerlegen. Es kann zudem nur das Verfahren als Ganzes von der Vorschusszahlung abhängig gemacht werden, hingegen nicht einzelne Verfahrensteile.

43 **4. Einzelfälle. a) Abstammungssachen.** Es handelt sich um reine Antragsverfahren (§ 171 Abs. 1 FamFG). Für die erstinstanzlichen Verfahren besteht Vorschusspflicht. Anzufordern ist eine 2,0-Verfahrensgebühr (Nr. 1320 KV). Ausgenommen sind hiervon nur solche Verfahren, in denen das minderjährige Kind selbst Antragsteller ist (§ 21 Abs. 1 S. 2 Nr. 3), weil Abstammungssachen stets die Person des Kindes betreffen. Vorschusspflicht besteht auch für Verfahren nach § 169 Nr. 2, 3 FamFG.

44 **b) Adoptionssachen.** Verfahren wegen der Annahme Minderjährige sind nicht von Abs. 3 erfasst, da sie gebührenfrei sind. Adoptionssachen, die Volljährige betreffen, sind hingegen vorschusspflichtig, da es sich um Antragsverfahren handelt (§§ 1768, 1771, 1772 BGB). Vorschusspflichtig sind auch Verfahren wegen der Befreiung vom Eheverbot bei Annahme als Kind (§ 1308 BGB). Besteht Vorschusspflicht, ist eine 2,0-Verfahrensgebühr (Nr. 1320 KV) anzufordern.

45 **c) Beweisverfahren.** Für das selbständige Beweisverfahren gilt Abs. 3, wenn es eine FG-Familiensache zum Gegenstand hat und auch für die Hauptsache Vorschusspflicht besteht. Für ein von Amts wegen eingeleitetes Beweisverfahren besteht mangels Antragshaftung keine Vorschusspflicht.

46 **d) Ehewohnungs- und Haushaltssachen.** Wegen § 203 Abs. 1 FamFG handelt es sich um reine Antragsverfahren, so dass Vorschusspflicht nach Abs. 3 besteht. Anzufordern ist eine 2,0-Verfahrensgebühr (Nr. 1320 KV).

47 **e) Folgesachen.** Folgesachen (§ 137 Abs. 2, 3 FamFG) sind keine übrigen Verfahren iSd Abs. 3. Sie sind daher auch dann nicht vorschusspflichtig, wenn sie nur auf Antrag einzuleiten sind.

48 **f) Gewaltschutzsachen und Verfahren nach dem EUGewSchVG.** In den erstinstanzlichen Verfahren in Gewaltschutzssachen und in Verfahren nach dem EUGewSchVG besteht wegen § 21 Abs. 1 S. 2 Nr. 1 keine Antragshaftung, so dass auch Vorschusspflicht nach Abs. 3 nicht vorliegt. In dem Entwurf eines Gesetzes zur Änderung des Sachverständigenrechts und zur weiteren Änderung des Gesetzes über das Verfahren in Familiensachen und in den Angelegenheiten der freiwilligen Gerichtsbarkeit[24] ist vorgesehen, § 214 Abs. 2 FamFG dahin gehend zu ändern, dass die in einem Verfahren auf Erlass einer einstweiligen Anordnung in einer Gewaltschutzsache ergehende Endentscheidung nicht mehr im Parteibetrieb, sondern von Amts wegen zuzustellen ist.[25] Hierzu hat die Geschäftsstelle den Gerichtsvollzieher mit der Zustellung zu beauftragen (§ 214 Abs. 2 S. 2 FamFG-E). Diese Änderung hat zur Folge, dass die Gerichtsvollzieherkosten stets zu Auslagen des gerichtlichen Verfahrens werden (§ 13 Abs. 3 GvKostG) und auch insoweit keine Antragshaftung mehr besteht, weil § 13 Abs. 1 GvKostG keine Anwendung mehr findet.

49 **g) Güterrechtssachen.** Von Abs. 3 erfasst sind nur die Verfahren nach § 1365 Abs. 2, § 1369 Abs. 2, §§ 1382, 1383, 1426, 1430, 1452 BGB sowie nach § 1519 BGB iVm Art. 5 Abs. 2, Art. 12 Abs. 2 S. 2,

---

23 BT-Drucks 16/6308, S. 234. **24** Vgl BR-Drucks 438/15 v. 25.9.2015. **25** Art. 2 Nr. 4 des Gesetzentwurfs.

NK-GK/H. *Schneider*

Art. 17 des deutsch-französischen Abkommens über den Güterstand der Wahl-Zugewinngemeinschaft. Es handelt sich um reine Antragsverfahren, so dass Vorschusspflicht besteht. Es ist eine 2,0-Verfahrensgebühr (Nr. 1320 KV) anzufordern. Sind Verfahren nach §§ 1382, 1383 BGB im Rahmen einer Familienstreitsache geltend gemacht (§ 265 FamFG), besteht für sie keine Vorschusspflicht nach Abs. 3, wenn die Antragsschrift bereits zugestellt war. Für die Familienstreitsachen des § 261 Abs. 2 FamFG gilt Abs. 1.

h) Kindschaftssachen. aa) Grundsatz. Kindschaftssachen können sowohl Antrags- als auch Amtsverfahren 50 sein. Da jedoch nicht auf einen Oberbegriff von Verfahren abgestellt werden kann, kommt es darauf an, ob die konkrete Kindschaftssache als reines Antragsverfahren ausgestaltet ist. Ist die Kindschaftssache als reines Antragsverfahren ausgestaltet, besteht Antragshaftung und folglich auch Vorschusspflicht nach Abs. 3.[26] Nur wenn die konkrete Kindschaftssache ausschließlich von Amts wegen oder alternativ auf Antrag (zB § 1632 Abs. 4 BGB) oder von Amts wegen einzuleiten ist, besteht keine Antragshaftung und auch keine Vorschusspflicht.

bb) Antragsverfahren. Nur auf Antrag einzuleiten sind insb. die Verfahren nach 51

- § 1303 Abs. 2 BGB (Befreiung vom Erfordernis der Volljährigkeit bei Eheschließung),
- § 1315 BGB (Genehmigung zur Eheschließung),
- § 1618 S. 4 BGB (Ersetzung der Einwilligung zur Namenserteilung),
- § 1626 a Abs. 2 BGB (Übertragung der elterlichen Sorge nicht verheirater Eltern),
- § 1626 c Abs. 2 BGB (Ersetzung der Zustimmung zur Sorgeerklärung),
- § 1628 BGB (Übertragung der Entscheidung auf einen Elternteil),
- § 1630 Abs. 3 BGB (Übertragung der elterlichen Sorge auf eine Pflegeperson),
- § 1631 Abs. 3 BGB (Unterstützung der Eltern bei der Personensorge),
- § 1632 Abs. 3 BGB (Streitigkeiten wegen Kindesherausgabe oder Umgang),
- § 1671 BGB (Übertragung der elterlichen Sorge),
- § 1681 Abs. 2 BGB (Rückübertragung der elterlichen Sorge),
- § 1686 BGB (Auskunftsrechte gegenüber anderem Elternteil),
- § 1686 a BGB (Umgangs- und Auskunftsrecht des leiblichen, nicht rechtlichen Vaters),
- § 2 Abs. 3 KErzG (Übertragung der Entscheidungsbefugnis oder Vermittlung).

In diesen Verfahren besteht, weil Antragshaftung (§ 21 Abs. 1) vorliegt, Vorschusspflicht nach Abs. 3. An- 52 zufordern ist eine 0,5-Verfahrensgebühr nach Nr. 1310 KV. Hat jedoch, soweit zulässig, der Minderjährige den Antrag selbst gestellt, scheidet eine Vorschussanforderung wegen § 21 Abs. 1 S. 2 Nr. 3 aus, weil die vorgenannten Verfahren seine Person betreffen. Hierauf kann sich nur der Minderjährige selbst berufen. Haben andere Personen das Verfahren beantragt, sind sie daher vorschusspflichtig, auch wenn es sich um ein die Person des Minderjährigen betreffendes Verfahren handelt.

cc) Amtsverfahren. Amtsverfahren sind: 53

- die Verfahren nach § 1617 Abs. 2, 3, § 1629 Abs. 2, § 1632 Abs. 4, § 1640 Abs. 3, §§ 1643, 1644, 1666, 1667 Abs. 3, §§ 1674, 1678, 1680 Abs. 2, 3, § 1681 Abs. 1, §§ 1684, 1685, 1687 Abs. 2, §§ 1687a, 1687 b, 1688 Abs. 3, §§ 1693, 1696, 1751 Abs. 3 BGB,
- Verfahren wegen familiengerichtlicher Genehmigungen nach § 112 Abs. 1 und 2, §§ 1484, 1491, 1492, 1493, 2275 Abs. 2, § 2282 Abs. 2, § 2290 Abs. 3, § 2347 iVm §§ 2351, 2352 BGB sowie
- Vormundschaften und Pflegschaften.

Mangels Antragshaftung besteht in diesen Verfahren keine Vorschusspflicht nach Abs. 3. Das gilt auch für die **Umgangsverfahren** nach §§ 1684, 1685 BGB, weil es sich um Amtsverfahren handelt.[27]

i) Lebenspartnerschaftssachen. Vorschusspflicht nach Abs. 3 besteht in Wohnungszuweisungssachen 54 (§§ 14, 17 LPartG), Haushaltssachen (§§ 13, 17 LPartG), Versorgungsausgleichsverfahren, Verfahren nach § 6 LPartG iVm § 1365 Abs. 2, § 1369 Abs. 2, §§ 1382, 1383 BGB, Verfahren nach § 7 LPartG iVm §§ 1426, 1430, 1452 BGB sowie für sonstige Lebenspartnerschaftssachen nach § 269 Abs. 3 FamFG, zu denen die Verfahren nach § 8 Abs. 2 LPartG iVm § 1357 Abs. 2 BGB gehören. Für Adoptionssachen besteht Vorschusspflicht, wenn sie einen Volljährigen betreffen. Wegen der Kindschaftssachen nach § 269 Abs. 1 Nr. 3 FamFG → Rn 50 ff. Für Verfahren nach § 269 Abs. 1 Nr. 1, 2, 8–10, Abs. 2 FamFG gelten Abs. 1, 2.

j) Sonstige Familiensachen. Erfasst von Abs. 3 sind nur die Verfahren nach § 266 Abs. 2, 3 FamFG, zu de- 55 nen auch solche nach § 1357 Abs. 2 BGB gehören. Es handelt sich um reine Antragsverfahren, so dass Vorschusspflicht besteht und eine 2,0-Verfahrensgebühr (Nr. 1320 KV) anzufordern ist.

---

26 KG FamRZ 2012, 239. **27** Erman/*Döll*, BGB, 14. Aufl., § 1684 Rn 32, § 1685 Rn 5; Staudinger/*Coester/Rauscher/Salgo*, BGB, Neubearb. 2006, § 1684 Rn 372, § 1685 Rn 28.

56 **k) Unterhaltssachen.** Abs. 3 gilt nur für Unterhaltssachen nach § 231 Abs. 2 FamFG, dh für Verfahren nach § 3 Abs. 2 S. 3 BKGG, § 64 Abs. 2 S. 3 EStG. Es sind reine Antragsverfahren, so dass Vorschusspflicht besteht. Anzufordern ist eine 2,0-Verfahrensgebühr (Nr. 1320 KV). Für Unterhaltssachen nach § 231 Abs. 1 FamFG gelten Abs. 1, 2.

57 **l) Versorgungsausgleichssachen.** Versorgungsausgleichssachen sind von Abs. 3 erfasst. Antragshaftung besteht, wenn es sich um

- Ausgleichsansprüche nach der Scheidung (§§ 20–26 VersAusglG),
- Verfahren wegen Anpassung aufgrund Unterhalts,
- Verfahren der Abänderung einer Entscheidung nach §§ 51, 52 VersAusglG, § 225 Abs. 2, § 226 FamFG und
- Verfahren auf Auskunftserteilung (§ 4 VersAusglG)

handelt. Es besteht Vorschusspflicht, anzufordern ist eine 2,0-Verfahrensgebühr (Nr. 1320 KV). Für Folgesachen nach § 137 Abs. 2 Nr. 1 FamFG gilt Abs. 3 nicht.

58 **m) Verfahren mit Auslandsbezug.** Es handelt sich gleichfalls um übrige Verfahren, die von Abs. 3 erfasst werden. Da es sich um Antragsverfahren handelt, besteht Vorschusspflicht für die Gebühren (Nr. 1710–1714 KV). In Verfahren nach dem IntFamRVG besteht wegen § 13 keine Vorschusspflicht. Die Verfahren vor dem OLG nach § 107 Abs. 5, 6, 8, § 108 Abs. 2 FamFG sind von Abs. 3 nicht erfasst, da eine Aktgebühr (Nr. 1714 KV) erhoben wird.

59 **n) Vollstreckung.** Das FamGKG findet nur Anwendung, wenn es sich um Vollstreckungsmaßnahmen nach §§ 88 ff FamFG handelt und eine Zuständigkeit des Familiengerichts gegeben ist (Vorbem. 1.6 KV und Vorbem. 2 Abs. 4 KV). Im den übrigen Fällen gilt das GKG, so dass sich die Vorschusspflicht hier nach § 12 Abs. 5, 6 GKG bestimmt. Ist das Grundbuchamt als Vollstreckungsgericht zuständig, gilt § 13 GNotKG.

60 Im Geltungsbereich des FamGKG besteht Vorschusspflicht für Nr. 1600 KV wegen der Erteilung einer weiteren vollstreckbaren Ausfertigung.[28] Für Verfahren wegen der Anordnung einer vertretbaren Handlung oder von Zwangs- und Ordnungsmitteln besteht keine Vorschusspflicht, weil es sich bei den Gebühren der Nr. 1601, 1602 KV um Aktgebühren handelt. In Verfahren auf Abnahme der eidesstattlichen Versicherung entsteht zwar eine Verfahrensgebühr (Nr. 1603 KV), da es sich aber nicht um ein reines Antragsverfahren handelt, besteht keine Vorschusspflicht nach Abs. 3. Unberührt bleibt für die Auslagen § 16 Abs. 3, jedoch darf wegen § 16 Abs. 4 für die Anordnung der Haft kein Auslagenvorschuss verlangt werden.

61 **o) Zwangsmaßnahmen.** Keine Vorschusspflicht besteht für Verfahren nach § 35 FamFG, weil das Familiengericht von Amts wegen tätig wird.

VII. Rechtsmittel

62 In Rechtsbehelfs- oder Rechtsmittelverfahren gilt § 14 nicht. Eine Abhängigmachung ist nicht statthaft; lediglich durch Abs. 1 S. 2 wird der Grundsatz teilweise eingeschränkt, soweit in der Beschwerdeinstanz eine Antragserweiterung erfolgt.

63 Da in Ehesachen und selbständigen Familienstreitsachen die Fälligkeit der Verfahrensgebühren bereits mit Eingang der Rechtsmittelschrift eintritt (§ 9 Abs. 1), sind die Gebühren trotz des Verbots der Abhängigmachung von dem Rechtsmittelführer mittels Sollstellung anzufordern (§§ 15 Abs. 1, 25 KostVfg). In den übrigen Verfahren kann jedoch wegen der Fälligkeitsregelungen des § 11 Abs. 1 nicht so verfahren werden, hier sind die Gebühren erst nach Fälligkeitseintritt einzuziehen.

VIII. Anforderung der Voraus- oder Vorschusszahlung

64 **1. Kostenrechnung ohne Sollstellung.** Die nach § 14 vorweg zu erhebenden Gebühren sind von der Geschäftsstelle selbständig ohne Sollstellung anzufordern (§ 26 Abs. 1 KostVfg). Bei der Berechnung der Gebühren sind, wenn der Verfahrenswert noch nicht endgültig feststeht, die Angaben des Antragstellers zugrunde zu legen, sofern sie nicht offensichtlich unrichtig sind (§ 26 Abs. 2 KostVfg). Im Falle des § 14 genügt die formlose Übersendung der Kostenrechnung ohne Sollstellung, da eine Frist nicht in Lauf gesetzt wird (§ 26 Abs. 7 S. 2 KostVfg). Eine Anforderung der Kosten unterbleibt, wenn die Kosten bereits ohne vorherige Anforderung in genauer Höhe eingezahlt sind. Nach Verfahrensbeendigung bedarf es der Übersendung der Schlusskostenrechnung nur, wenn der ohne Sollstellung eingeforderte Vorschuss sich nicht mit der endgültigen Kostenschuld deckt (§ 26 Abs. 9 S. 1 KostVfg).

65 **2. Fernmündliche Anforderung.** Die Zahlungsaufforderung muss zwingend schriftlich erfolgen; die fernmündliche Anforderung des Kostenvorschusses durch den Kostenbeamten genügt nicht.[29]

---

28 BT-Drucks 16/6308, S. 243. **29** OLG Hamburg VersR 2002, 1101.

3. Empfänger. Wird der Kostenschuldner von einem Bevollmächtigten, insb. einem Verfahrensbevollmächtigten, vertreten, ist die Kostenanforderung ohne Sollstellung grds. an diesen zu übersenden (§ 26 Abs. 6 KostVfg); das gilt auch in Ehesachen und selbständigen Familienstreitsachen.   66

4. Berechnung durch das Gericht. Antragsteller und dessen Bevollmächtigter sind nicht verpflichtet, die Höhe der Vorauszahlung selbst zu berechnen.[30] Sie dürfen abwarten, bis ihnen das Gericht eine Zahlungsaufforderung zusendet, auch wenn demnächst eine Zustellung iSd § 167 ZPO iVm § 113 Abs. 1 FamFG bewirkt werden soll.[31] Jedoch darf im Hinblick auf die Wirkungen des § 167 ZPO nicht gänzlich untätig geblieben werden, so dass der Antragsteller spätestens nach drei Wochen bei Gericht nachfragen muss.[32]   67

5. Zahlungsnachweis. Die Beweislast für die Zahlung liegt beim Antragsteller. Ein besonderer Zahlungsnachweis ist nicht erforderlich, jedoch genügt bloße Glaubhaftmachung nicht.[33] Neben verwendeten Gebührenstemplern (in NRW auch elektronische Kostenmarken) können andere Beweise angeführt werden, an die aber strengere Anforderungen zu stellen sind.[34] Sind die Akten wegen längeren Ruhens bereits vernichtet worden, hat der Antragsteller eine frühere Zahlung der Gebühren nachzuweisen.[35]   68

6. Minderbeträge. Hat der Zahlungspflichtige vor Zahlungsaufforderung Beträge geleistet, die zur Deckung der Kostenschuld nicht ausreichen, ist er auf den Minderbetrag hinzuweisen (§ 26 Abs. 4 S. 1 KostVfg). War noch keine Kostenanforderung erfolgt, hat die Anforderung des Minderbetrags mittels Kostenrechnung ohne Sollstellung (vormals Kostennachricht) zu erfolgen (§ 26 Abs. 4 S. 1 KostVfg). Ist der Minderbetrag nur gering, hat der Kostenbeamte die Entscheidung des Richters oder Rechtspflegers herbeizuführen, ob der Sache auch ohne ausreichende Kostendeckung Fortgang zu geben ist (§ 26 Abs. 4 S. 2 KostVfg). Das Gericht kann wegen des von § 14 eingeräumten Ermessens auch bei fehlendem Minderbetrag bestimmen, dass die Zustellung der Antragsschrift zu veranlassen ist. Soll der Sache Fortgang gegeben werden, ist der Minderbetrag durch Sollstellung nachzufordern.   69

Der **Begriff** „Minderbetrag" ist nicht näher bestimmt; auf die Kleinbetragsregelungen kann Bezug genommen werden, aber auch das Verhältnis zur Gesamthöhe der Gebühr sollte beachtet werden.   70

7. Kleinbeträge. In einigen Ländern sehen die erlassenen Verwaltungsbestimmungen vor, dass die geltenden Kleinbetragsgrenzen nicht gelten, wenn es sich um Beträge für eine Vorschuss- oder Vorauszahlung handelt. In diesen Fällen sind daher auch solche Beträge mittels Kostenrechnung ohne Sollstellung (vormals Kostennachricht) anzufordern.   71

8. Aktenvorlage nach Zahlung. Aktenvorlage an den Richter oder Rechtspfleger erfolgt erst, wenn der Kostenvorschuss gezahlt ist. In den Akten ist bei der Vorlage der Vermerk „Kosten gedeckt!" anzubringen. Für die vollständige Kostendeckung ist der Kostenbeamte verantwortlich (§ 2 Abs. 1 KostVfg). Ist der Kostenvorschuss nicht gezahlt worden, kann nach Ablauf von sechs Monaten das Weglegen der Akten angeordnet werden (§ 7 AktO-oG).   72

9. Nichtzahlung des Betrags. a) Sollstellung. Erfolgt aufgrund der Zahlungsaufforderung keine Zahlung, ist die angeforderte Gebühr nur insoweit anzusetzen, als sich der Zahlungspflichtige nicht durch eine Antragsrücknahme von der Zahlungsverpflichtung befreien kann (§ 26 Abs. 8 S. 3 KostVfg). Die Gebühren sind zusammen mit bereits entstandenen Auslagen mittels Sollstellung anzufordern. Wird das gleiche Verfahren später fortgesetzt, sind die bereits angeforderten und gezahlten Gebühren anzurechnen.   73

Nach § 14 anzufordern	Bei Nichtzahlung gem. § 26 Abs. 8 KostVfg noch anzusetzen
Nr. 1110 KV	0,5-Gebühr nach Nr. 1111 KV
Nr. 1220 KV	1,0-Gebühr nach Nr. 1221 KV
Nr. 1310 KV	0,5-Gebühr nach Nr. 1310 KV (da keine Ermäßigung vorgesehen)
Nr. 1320 KV	0,5-Gebühr nach Nr. 1321 KV
Nr. 1600 KV	20 € nach Nr. 1600 KV (da keine Ermäßigung vorgesehen)

Beispiel: Antrag wegen Zahlung von 25.000 €. Wegen der Vorauszahlungspflicht des § 14 Abs. 1 wird die Verfahrensgebühr angefordert. Der Antragsteller zahlt den Gebührenvorschuss nicht. Eine Rücknahme des Antrags erfolgt nicht. Nach Ablauf von sechs Monaten wird das Verfahren weggelegt. Es ist die Schlusskostenrechnung aufzustellen, in die wegen § 26 Abs. 8 S. 3 KostVfg noch aufzunehmen sind: 74

30 OLG Hamburg VersR 2002, 1101. **31** BGH NJW 1993, 2811. **32** Zöller/*Greger*, ZPO, § 167 Rn 15. **33** OLG München Rpfleger 1956, 28. **34** OLG Koblenz JurBüro 1980, 572. **35** *Oestreich/Hellstab/Trenkle*, GKG § 12 Rn 7.

1,0-Verfahrensgebühr, Nr. 1221 Nr. 1 KV (Wert: 25.000 €)   371,00 €

Anzufordern vom Antragsteller mittels Sollstellung.

75   **b) Abgabe nach Mahnverfahren.** Abweichend von § 26 Abs. 8 S. 3 KostVfg ist zu verfahren, wenn eine Vorauszahlung nach Widerspruch gegen den Mahnbescheid und Antragstellung auf Durchführung des streitigen Verfahrens durch den Antragsteller angefordert wurde. Da die Fälligkeit der Gebühr nach Nr. 1220 KV erst mit Eingang der Akten bei dem Familiengericht eintritt (Anm. zu Nr. 1220 KV), verbleibt es im Falle der Nichtzahlung bei der 0,5-fachen Gebühr nach Nr. 1100 KV GKG.

76   **Beispiel:** Antrag auf Erlass des Mahnbescheids wegen Zahlung von 5.000 €. Gegen den Mahnbescheid wird Widerspruch eingelegt. Der Antragsteller beantragt die Durchführung des streitigen Verfahrens wegen 5.000 €. Ein Zahlungseingang erfolgt nicht, das Mahnverfahren wird nach Ablauf von sechs Monaten gem. § 7 AktO-oG weggelegt. Eine Abgabe an das Familiengericht ist nicht erfolgt. Hinsichtlich der Gerichtskosten verbleibt es bei der Gebühr nach Nr. 1100 KV GKG iHv 73 €. Eine Anforderung der Gebühr nach Nr. 1221 KV wegen Rücknahme des Verfahrens unterbleibt, weil die Gebühren erst mit Eingang der Akten bei dem Familiengericht fällig geworden wären.

IX. Rechtsbehelfe

77   Wird die Voraus- oder Vorschusszahlung durch den Kostenbeamten oder die Geschäftsstelle selbständig angefordert (§ 20 Abs. 2, § 26 Abs. 1 KostVfg), findet die Erinnerung nach § 57 statt.[36] Erfolgt die Abhängigmachung jedoch aufgrund gerichtlicher Entscheidung, findet hiergegen Beschwerde nach § 58 statt. Die gerichtliche Abhängigmachung hat regelmäßig durch Beschluss zu erfolgen. Es genügt aber auch die Ablehnung der beantragten Handlung in Form einer richterlichen Verfügung, wenn auch die abhängig gemachte Handlung durch Verfügung ergehen kann.[37]

§ 15 Ausnahmen von der Abhängigmachung

§ 14 gilt nicht,

1. soweit dem Antragsteller Verfahrenskostenhilfe bewilligt ist,
2. wenn dem Antragsteller Gebührenfreiheit zusteht oder
3. wenn die beabsichtigte Rechtsverfolgung weder aussichtslos noch ihre Inanspruchnahme mutwillig erscheint und wenn glaubhaft gemacht wird, dass
   a) dem Antragsteller die alsbaldige Zahlung der Kosten mit Rücksicht auf seine Vermögenslage oder aus sonstigen Gründen Schwierigkeiten bereiten würde oder
   b) eine Verzögerung dem Antragsteller einen nicht oder nur schwer zu ersetzenden Schaden bringen würde; zur Glaubhaftmachung genügt in diesem Fall die Erklärung des zum Bevollmächtigten bestellten Rechtsanwalts.

I. Allgemeines

1   § 15 schafft Ausnahmeregelungen zu § 14. Die Regelungen in Nr. 1 und 2 dienen der Klarstellung, da sich ihre Wirkungen bereits aus anderen Normen ergeben. Nr. 3 enthält hingegen eine echte Sonderregelung, die eine Anwendung des § 14 wegen unbilliger Härten oder Vermeidung von Schäden verbietet. Die Regelungen gelten für sämtliche Familiensachen.[1] Das Gericht hat vor Anforderungen von Voraus- oder Vorschusszahlungen zu prüfen, dass keine Ausnahme nach § 15 vorliegt.[2] Erfasst sind aber nur Zahlungen für Gebühren, so dass §§ 16, 17 und Vorschusspflichten aus anderen Gesetzen (zB § 379 ZPO, § 13 JVEG) unberührt bleiben.

II. Verfahrenskostenhilfe (Nr. 1)

2   **1. Allgemeine Wirkungen.** Für die VKH ergeben sich die allgemeinen Wirkungen bereits aus § 122 ZPO iVm § 76 Abs. 1, § 113 Abs. 1 FamFG, so dass Nr. 1 nur klarstellende Funktion hat. Nach § 122 Abs. 1 Nr. 1 Buchst. a ZPO können rückständige und entstehende Gerichtskosten gegen den VKH-Beteiligten nur im Rahmen der vom Gericht angeordneten Zahlungsbestimmungen (§ 115 ZPO) geltend gemacht werden. Rückständig sind Gerichtskosten, die zum Zeitpunkt des Wirksamwerdens der VKH-Bewilligung bereits fällig, aber noch nicht gezahlt worden sind.[3] Die Regelung erfasst daher auch die nach § 14 zu leistenden Zahlungen, aber auch sonstige Vorschüsse nach §§ 16, 17 oder § 379 ZPO. Wurde VKH mit Zahlungsbe-

---

36 OLG Düsseldorf JurBüro 2009, 542. **37** OLG Brandenburg MDR 1998, 1119. **1** BT-Drucks 16/6308, S. 302. **2** OLG Brandenburg FamRZ 2014, 1223. **3** OLG Düsseldorf JurBüro 2002, 83; OLG Stuttgart Rpfleger 1984, 114.

stimmung bewilligt, ist die Antragszustellung oder sonstige gerichtliche Handlung sofort durchzuführen, ohne dass die angeordneten Raten gezahlt sein müssen.

2. Maßgeblicher Zeitpunkt. Befreiung nach Nr. 1 und § 122 Abs. 1 Nr. 1 Buchst. a ZPO tritt erst ein, wenn   3
die VKH-Bewilligung wirksam wird, so dass auf den Zeitpunkt des Eingangs des VKH-Antrags abzustellen ist, wenn nicht in dem Bewilligungsbeschluss ein späterer Zeitpunkt bestimmt wird.[4] Der bloße Antrag auf VKH löst daher die Befreiung der Nr. 1 noch nicht aus, so dass diese erst nach VKH-Bewilligung eintritt.[5]

3. Umfang der Bewilligung. a) Allgemeines. Die Befreiung nach Nr. 1 und § 122 Abs. 1 Nr. 1 Buchst. a   4
ZPO gilt nur im Umfang der VKH-Bewilligung. Dabei ist auch zu beachten, dass die VKH für jeden Rechtszug gesondert zu bewilligen ist (§ 119 Abs. 1 S. 1 ZPO iVm § 76 Abs. 1, § 113 Abs. 1 FamFG). Hierfür ist auf den kostenrechtlichen Instanzenbegriff iSd § 29 abzustellen.[6] Ist keine Bewilligung erfolgt, besteht daher volle Vorauszahlungs- oder Vorschusspflicht.

b) Teilbewilligung. aa) Gebühren. Erfolgt die Bewilligung nur für Verfahrensteile, schuldet der hilfsbedürf-   5
tige Beteiligte nach der **Differenzmethode** die Gerichtsgebühren nur in Höhe des Differenzbetrags zwischen den Gebühren aus dem Gesamtwert und den Gebühren aus dem von der VKH umfassten Wert,[7] was auch für die Anforderung von Voraus- oder Vorschusszahlungen gilt. Der gegenteiligen Auffassung, wonach die Gebühren nach dem Verhältnis der Verfahrenswerte aufzuteilen sind, ist nicht zu folgen, da sie die Degression der Gebührentabelle unberücksichtigt lässt.[8] Die Wirkungen der VKH-Bewilligung müssen dem Beteiligten für die von ihr erfassten Verfahrensteile zudem in vollem Umfang zur Verfügung stehen und können nicht dadurch beschränkt werden, dass über die VKH-Bewilligung hinaus weitere Ansprüche geltend gemacht werden.[9]

Soweit bei VKH-Teilbewilligung die für den nicht erfassten Verfahrensteil angeforderte Voraus- oder Vor-   6
schusszahlung nicht geleistet wird, soll die Antragszustellung oder Terminierung nur hinsichtlich des von der VKH erfassten Verfahrensteils erfolgen.[10]

Beispiel: In einer selbständigen Familienstreitsache wird ein VKH-Antrag gestellt. Der Verfahrenswert beträgt   7
8.000 €. Wegen 5.000 € erfolgt VKH-Bewilligung, aber auch für die restlichen Ansprüche von 3.000 € soll das Verfahren weiterbetrieben werden, so dass insoweit folgende Vorauszahlung anzufordern ist:

3,0-Verfahrensgebühr, Nr. 1220 KV (Wert: 8.000 €)	609,00 €
abzgl. 3,0-Verfahrensgebühr, Nr. 1220 KV (Wert: 5.000 €)	– 438,00 €
Nach § 14 Abs. 1 vom Antragsteller noch anzufordern	171,00 €

bb) Auslagen. Hinsichtlich der Auslagen ist zu differenzieren: Lassen sie sich allein dem von der VKH-Be-   8
willigung umfassten Verfahrensteil zuordnen, besteht wegen § 122 Abs. 1 Nr. 1 Buchst. a ZPO keine Vorschusspflicht. Ist keine eindeutige Zuordnung der Auslagen möglich, sind sie ausnahmsweise im Verhältnis der Werte anzufordern.[11] Eine Abhängigmachung nach § 16 Abs. 1, § 379 ZPO kommt aber nicht in Betracht, da wegen fehlender Zuordnungsfähigkeit auch die von der VKH umfassten Handlungen betroffen wären.

4. Auswirkungen auf den Antragsgegner. a) Einstweilige Kostenbefreiung. Der Gegner ist nach § 122   9
Abs. 2 ZPO iVm § 76 Abs. 1, § 113 Abs. 1 FamFG einstweilen von der Zahlung der rückständigen oder entstehenden Gerichtskosten befreit, wenn dem Antragsteller, Beschwerde- oder Rechtsbeschwerdeführer VKH ohne Zahlungsbestimmungen bewilligt wird. Solche Kosten sind erst einzuziehen, wenn dem Gegner die Kosten des Verfahrens auferlegt werden oder das Verfahren ohne Kostenentscheidung beendet ist (§ 125 Abs. 2 ZPO). Der Gegner ist daher gleichfalls von der Zahlung von Gebühren- und Auslagenvorschüssen (§§ 14, 16, 17, § 379 ZPO) befreit. Werden dem VKH-Beteiligten jedoch Zahlungen (monatliche Raten oder einmalige Beträge) auferlegt, greift § 122 Abs. 2 ZPO nicht ein. Das gilt auch, wenn der Gegner selbst zum Antragsteller wird, so dass bei Erhebung von Widerantrag Vorauszahlungs- oder Vorschusspflicht besteht.[12]

b) Umfang der Befreiung. Die Befreiung nach § 122 Abs. 2 ZPO umfasst sämtliche Gerichts- und Gerichts-   10
vollzieherkosten. Sie gilt auch für rückständige Kosten, soweit diese vor Bewilligung der VKH noch nicht gezahlt sind. Wurde ein Vorschuss entgegen § 122 Abs. 2 ZPO angefordert, ist er zurückzuerstatten.[13] Handelt es sich um **Folgesachen** nach § 137 Abs. 2, 3 FamFG, ist Antragsteller iSd § 122 Abs. 2 ZPO nur derjenige, der die konkrete Folgesache tatsächlich eingeleitet hat, also nicht stets der Antragsteller der Ehesache.[14]

---

4 Zöller/*Geimer*, ZPO, § 122 Rn 3. **5** HK-FamGKG/*Volpert*, § 15 Rn 13; *Meyer*, GKG § 14 Rn 2. **6** Zöller/*Geimer*, ZPO, § 119 Rn 1. **7** BGH NJW 1954, 1406; OLG München MDR 1997, 298; OLG Schleswig MDR 2006, 175. **8** OLG Schleswig MDR 2006, 175. **9** OLG München MDR 1997, 298. **10** Binz/Dörndorfer/*Zimmermann*, GKG § 14 Rn 5; *Meyer*, GKG § 14 Rn 2. **11** OLG Schleswig MDR 2006, 175. **12** HK-ZPO/*Rathmann/Pukall*, § 122 ZPO Rn 10; Zöller/*Geimer*, ZPO, § 122 Rn 22. **13** OLG Köln JurBüro 1994, 36. **14** OLG Karlsruhe FamRZ 2013, 392.

11   **c) VKH für den Antragsgegner.** § 122 Abs. 2 ZPO ist unanwendbar, wenn dem Antrags-, Beschwerde- oder Rechtsbeschwerdegegner VKH bewilligt wird, so dass in diesen Fällen der Antragsteller weiterhin vorschusspflichtig bleibt. Haftet der Antragsgegner für die Gerichtskosten später als Entscheidungsschuldner, sind die Kosten an den Antragsteller wegen § 26 Abs. 3 S. 1 zurückzuzahlen. Gleiches gilt in den von § 26 Abs. 4 erfassten Fällen der Übernahmehaftung.

12   **5. Verfahren.** Die Befreiung nach Nr. 1 sowie die Wirkungen des § 122 Abs. 1 ZPO sind **von Amts wegen** zu beachten. Hat der Kostenbeamte entgegen dieser Regelungen eine Voraus- oder Vorschusszahlung angefordert, ist dagegen Erinnerung (§ 57) einzulegen. Macht das Gericht entgegen § 122 Abs. 2 ZPO eine Handlung des Antragsgegners nach § 16 Abs. 1 von der Vorschusszahlung abhängig, gilt § 58. Obwohl eine Anordnung nach § 379 ZPO iVm § 30 Abs. 1, § 113 Abs. 1 FamFG unanfechtbar ist, kann sie in den Fällen des § 122 Abs. 2 ZPO ausnahmsweise mit der sofortigen Beschwerde nach § 76 Abs. 2 FamFG in FG-Familiensachen bzw § 127 ZPO iVm § 113 Abs. 1 FamFG in Ehe- und Familienstreitsachen angefochten werden.[15]

13   **6. Aufhebung der VKH.** Mit Aufhebung der VKH entfallen die Wirkungen des § 122 ZPO für die VKH-Beteiligten und dessen Gegner.[16] Soweit der VKH-Beteiligte nach §§ 16, 17, 21 Abs. 1 haftet, sind die bereits entstandenen Kosten gegen ihn zum Soll zu stellen. Abhängigmachung (§ 14) darf nach Aufhebung aber nicht mehr angeordnet werden, wenn der Antrag bereits zugestellt war oder in den Fällen des § 14 Abs. 1 S. 2, Abs. 3 bereits die gerichtliche Handlung vorgenommen wurde.[17]

14   **7. Rückzahlung von Kosten. a) Grundsatz.** Da die Wirkungen der VKH nach § 122 Abs. 1 Nr. 1 Buchst. a ZPO iVm § 76 Abs. 1, § 113 Abs. 1 FamFG nur die rückständigen, dh die noch nicht gezahlten Gerichtskosten umfasst, unterbleibt die Rückzahlung von eingezahlten Gerichtskosten an den VKH-Beteiligten, wenn die Zahlung der Kosten vor der VKH-Bewilligung erfolgt war.[18] Das gilt auch, wenn die angeforderten Kosten noch nicht fällig waren (Vorschusszahlungen).[19]

15   **b) Zahlungen nach VKH-Bewilligung. aa) VKH ohne Zahlungsbestimmung.** Eine Rückzahlung bereits gezahlter Kosten an den VKH-Beteiligten ist nur anzuordnen, wenn diese nach dem Zeitpunkt des Wirksamwerdens der VKH-Bewilligung gezahlt sind (Nr. 3.2 DB-PKH). Waren die Kosten zum Soll gestellt, ist die Sollstellung zu löschen, soweit Kosten noch nicht gezahlt sind (Nr. 3.2 DB-PKH). Der Bewilligungsbeschluss wird mit Verkündung oder Mitteilung an die Beteiligten wirksam, jedoch wird VKH rückwirkend auf den Zeitpunkt der Antragstellung bewilligt, dh den Tag der formgerechten Antragstellung, wenn nicht das Gericht ausdrücklich etwas anderes bestimmt. Hat der Beteiligte mit dem Antrag in der Hauptsache Gerichtskosten eingezahlt und zugleich Antrag auf Bewilligung von VKH gestellt, sind diese nach Bewilligung zu erstatten.[20] Gleiches gilt, wenn noch Kosten nach ratenfreier VKH-Bewilligung gezahlt werden.[21] Keine Rückzahlungspflicht besteht aber dann, wenn der VKH-Antrag erst nach Kostenzahlung gestellt wird.[22] Hat der Antragsteller jedoch vor Wirksamkeit der VKH-Bewilligung eine Voraus- oder Vorschusszahlung für die allgemeine Verfahrensgebühr geleistet, kann, wenn sich diese nachträglich zB nach Nr. 1221 KV ermäßigt, der überschüssige Betrag nicht auf solche Kosten angerechnet werden, die erst nach der Bewilligung der VKH entstanden sind, da dem § 122 Abs. 1 Nr. 1 Buchst. a ZPO entgegensteht.[23]

16   **bb) VKH mit Zahlungsbestimmungen.** Eine Rückzahlung der vor der VKH-Bewilligung geleisteten Zahlungen erfolgt nicht, weil diese erst bei der Prüfung über die vorläufige Zahlungseinstellung wegen der Kostendeckung zu berücksichtigen sind (Nr. 4.3 DB-PKH). Sind Kosten vor der VKH-Bewilligung gegen den VKH-Beteiligten bereits zum Soll gestellt, ist zu prüfen, ob den der Kostenbetrag gezahlt ist. Ist eine Zahlung noch nicht erfolgt, ist die Sollstellung zu löschen bzw auf „Null" zu setzen (Nr. 4.2 DB-PKH). Im Übrigen ist die Staatskasse auch dann zur Rückzahlung verpflichtet, wenn die geleisteten VKH-Raten die Kostendeckung nach § 120 Abs. 3 Nr. 1 ZPO iVm §§ 76 Abs. 1, 113 Abs. 1 FamFG überschreiten,[24] wobei es auf eventuell später fällig werdende Kosten nicht ankommt. Die Rückzahlung überzahlter VKH-Raten ist durch den Kostenbeamten nach § 29 Abs. 3 KostVfg anzuordnen, da die Raten wie Kostenforderungen zu behandeln sind (Nr. 4.1 DB-PKH);[25] eine Zuständigkeit des Rechtspflegers besteht insoweit nicht.

17   **c) Rückzahlung von Kosten an den Gegner.** Ist VKH ohne Zahlungsbestimmungen bewilligt, sind die von dem Gegner gezahlten Gerichtskosten zurückzuzahlen, wenn diesem die Kosten rechtskräftig auferlegt werden (§ 26 Abs. 3 S. 1 und Nr. 3.2 DB-PKH); eine Festsetzung im Kostenfestsetzungsverfahren (§§ 103 ff ZPO iVm §§ 85, 113 Abs. 1 FamFG) ist nicht statthaft.[26] Gleiches gilt bei Vergleichsabschluss in den Fällen

---

15 Zöller/*Greger*, ZPO, § 379 Rn 6. **16** Zöller/*Geimer*, ZPO, § 124 Rn 24. **17** HK-FamGKG/*Volpert*, § 15 Rn 29. **18** KG Rpfleger 1984, 372; OLG Hamburg MDR 1999, 1287; OLG Düsseldorf FamRZ 1999, 299. **19** KG JurBüro 1984, 1849. **20** OLG Düsseldorf Rpfleger 1986, 108; OLG Karlsruhe Justiz 1993, 457; OLG Hamburg MDR 1999, 1287; OLG Saarbrücken r+s 1999, 396; OLG Stuttgart JurBüro 2003, 264; OLG Koblenz MDR 2005, 349. **21** OLG Köln JurBüro 1999, 591. **22** OLG Düsseldorf FamRZ 1990, 299. **23** OLG Hamm AGS 2007, 151. **24** OLG Koblenz MDR 2000, 604. **25** OLG Koblenz MDR 2000, 604. **26** BVerfG NJW 1999, 3186.

des § 26 Abs. 4. Auch die Verrechnung auf die Kostenschuld des VKH-Beteiligten ist unzulässig, und zwar auch dann, wenn der Gegner als Zweitschuldner für die Kosten haftet, da die Inanspruchnahme nach § 26 Abs. 3, 4 ausgeschlossen ist.[27] Eine Rückzahlung unterbleibt nur dann, wenn der VKH-Beteiligte nicht als Entscheidungsschuldner (§ 24 Nr. 1), sondern als Übernahmeschuldner (§ 24 Nr. 2) haftet und kein Fall des § 26 Abs. 4 vorliegt. Ist nur Teil-VKH bewilligt, erfolgt nur eine anteilige Rückzahlung.[28] Eine Rückzahlung unterbleibt auch, wenn es sich um Zahlungen nach § 13 Abs. 1, 3 JVEG handelt (§ 26 Abs. 3 S. 1 Hs 2, Nr. 3.2 Abs. 2 DB-PKH).

III. Kosten- und Gebührenfreiheit (Nr. 2)

1. Allgemeines. Besteht Kosten- oder Gebührenfreiheit, entfällt die Verpflichtung zur Zahlung von Vorschüssen oder Vorauszahlungen nach § 14. Unerheblich ist, ob die Befreiung auf Bundes- oder Landesrecht beruht (§ 2 Abs. 2), jedoch wirkt eine landesrechtliche Befreiung nicht vor Gerichten des Bundes, so dass dort weiter Vorauszahlungs- oder Vorschusspflicht besteht. **18**

2. Umfang der Befreiung. Erfasst sind nur die nach § 14 zu leistenden Zahlungen für Gebühren. Soweit für einen nur Gebührenbefreiten die Verpflichtung zur Zahlung von Auslagen besteht, bleiben §§ 16, 17 und § 379 ZPO unberührt. § 20 Abs. 6 KostVfg ist zu beachten. **19**

3. Mehrere Antragsteller. Sind mehrere Antragsteller vorhanden, von denen einzelne kosten- oder gebührenbefreit sind, greift Nr. 2 nur soweit ein, wie der befreite Beteiligte zur Kostenzahlung verpflichtet gewesen wäre. Der auf den befreiten Antragsteller entfallende Anteil hat daher bei der Anforderung der Voraus- oder Vorschusszahlung unberücksichtigt zu bleiben (→ § 2 Rn 38 f). **20**

4. Antragsgegner. Ist der Antragsgegner befreit, berührt dies eine Voraus- oder Vorschusspflicht des Antragstellers nicht. Von diesem geleistete Kosten sind jedoch nach § 2 Abs. 3 zurückzuzahlen, wenn dem befreiten Gegner die Kosten auferlegt oder von ihm übernommen werden. **21**

5. Verfahren. Die Regelung der Nr. 2 ist **von Amts wegen** zu berücksichtigen. Die Nichtbeachtung ist mit der Erinnerung (§ 57) angreifbar. **22**

IV. Befreiung wegen unbilliger Härte (Nr. 3)

1. Allgemeines. Zur Vermeidung unbilliger Härten sieht Nr. 3 die Befreiung von der Vorauszahlungs- oder Vorschusspflicht vor, wenn die Rechtsverfolgung weder aussichtslos noch ihre Inanspruchnahme mutwillig erscheint und dem Antragsteller **23**

- die alsbaldige Zahlung der Verfahrensgebühr Schwierigkeiten bereiten würde oder
- die Verzögerung dem Antragsteller einen nicht oder nur schwer zu ersetzenden Schaden bringen würde.

Die in Nr. 3 genannten Gründe sind abschließend, weil die Regelung nur als Ausnahmetatbestand für besondere und schwerwiegende Fälle dienen soll. Sinn und Zweck ist es daher nicht, die allgemeinen Grundsätze des § 14 auszuhebeln, da Nr. 3 nicht die bestehende Vorauszahlungs- oder Vorschusspflicht beseitigt, sondern den Antragsteller nur vor den Folgen schützen will, die ihm daraus erwachsen, dass er kurzfristig nicht über ausreichende Liquidität verfügt,[29] so dass auch eine bestehende Antragshaftung unberührt bleibt.[30] **24**

2. Aussichtlose oder mutwillige Rechtsverfolgung. a) Allgemeines. Voraussetzung für die Befreiung nach Nr. 3 ist stets, dass die beabsichtigte Rechtsverfolgung weder aussichtslos noch mutwillig erscheint, so dass beide Ausschlusstatbestände erfüllt sein müssen. Die Regelung lehnt sich an § 114 ZPO an, so dass die hierzu ergangenen Grundsätze herangezogen werden können; auf die ausf. Erl. zu § 114 ZPO in diesem Kommentar wird verwiesen. **25**

b) Mutwilligkeit. Mutwilligkeit liegt insb. vor, wenn ein nicht hilfsbedürftiger und verständiger Beteiligter seine Rechte nicht in dieser Weise durchsetzen würde[31] oder das Antragsziel einfacher zu erreichen ist.[32] Die Geltendmachung einer Folgensache außerhalb des Verbunds ist für sich allein noch nicht als mutwillig anzusehen.[33] **26**

c) Erfolgsaussicht. Erfolgsaussicht ist zu bejahen, wenn das Gericht den Rechtsstandpunkt des Antragstellers aufgrund seiner Sachdarstellung und der vorhandenen Unterlagen für mindestens vertretbar hält und von einer möglichen Beweisführung überzeugt ist.[34] Sie ist insb. auch dann anzunehmen, wenn die Entscheidung von der Beantwortung schwieriger Rechts- oder Tatfragen abhängt.[35] Die Anforderungen an die **27**

---

27 OLG Nürnberg JurBüro 2000, 147. **28** OLG Düsseldorf JurBüro 2000, 425; OLG Koblenz FamRZ 2007, 1758. **29** OLG München FamRZ 2003, 240. **30** OLG Celle OLGR 1998, 140. **31** HK-ZPO/*Rathmann/Pukall*, § 114 ZPO Rn 19. **32** Zöller/*Geimer*, ZPO, § 114 Rn 30. **33** BGH MDR 2005, 930; OLG Naumburg FamRZ 2009, 1423. **34** Zöller/*Geimer*, ZPO, § 114 Rn 19. **35** BGH NJW-RR 2007, 908.

Erfolgsaussicht dürfen nicht überspannt werden.[36] Zudem darf die Prüfung nach Nr. 3 nicht dazu führen, das Ergebnis des Verfahrens vorwegzunehmen.[37]

28   **3. Zahlungsschwierigkeiten (Nr. 3 Buchst. a). a) Vorübergehende Zahlungsunfähigkeit.** Aus dem Wortlaut „alsbald" folgt, dass eine Befreiung nach Nr. 3 Buchst. a nur anzuordnen ist, wenn dem Antragsteller die alsbaldige Zahlung der Kosten mit Rücksicht auf seine Vermögenslage Schwierigkeiten bereiten würde. Es muss sich daher um eine vorübergehende Zahlungsschwierigkeit handeln. Auf eine dauernde Zahlungsunfähigkeit kann sich der Antragsteller nicht berufen,[38] denn hier greift Nr. 3 Buchst. a nicht. Es ist dann auf die Bewilligung von VKH zu verweisen,[39] jedoch kann umgekehrt nicht die VKH-Bewilligung mit der Begründung versagt werden, dass für den Antragsteller die Möglichkeit einer Befreiung nach Nr. 3 Buchst. a bestehe.[40] Im Übrigen ist in einem Antrag auf VKH-Bewilligung noch kein Antrag auf Befreiung nach Nr. 3 Buchst. a zu sehen, weil es sich um eine Ausnahmevorschrift handelt, die solche Fälle erfassen will, in denen angesichts der Art des Vermögens oder der Frage der Flüssigkeit der Mittel die alsbaldige Kostenzahlung Schwierigkeiten bereitet.[41]

29   **b) Vermögenslage und sonstige Gründe.** Die Unfähigkeit der alsbaldigen Kostenzahlung kann sich nach Nr. 3 Buchst. a aus der Vermögenslage des Antragstellers oder aus „sonstigen" Gründen ergeben. In Betracht kommen daher insb. Fälle, in denen der Antragsteller zwar über Vermögen verfügt, dieses aber nicht so einsetzen kann, dass es die erforderlichen Barmittel freisetzt, zB weil dem Antragsteller zustehende Forderungen noch nicht fällig sind oder eine Bankverzögerung vorliegt. Da Sinn und Zweck von Nr. 3 jedoch nicht die Übernahme des Verfahrensrisikos durch die Staatskasse ist, liegt eine vorübergehende Zahlungsunfähigkeit nicht vor, wenn der einzige Vermögenswert der mit dem Verfahren geltend gemachte Anspruch ist.[42]

30   Grundsätzlich ist auch ein Prozesskostenvorschuss auszuschöpfen. Kann dieser aber nicht sofort durchgesetzt werden, liegt ein sonstiger Grund vor, so dass Befreiung nach Nr. 3 Buchst. a angeordnet werden kann,[43] da die Verweisung auf den Prozesskostenvorschuss nicht dazu führen darf, dass der Zugang zum Gericht auf eine nicht zu übersehende Zeit gesperrt wird.

31   **c) Schwierigkeiten.** Die alsbaldige Zahlung der Kosten muss zudem mit Schwierigkeiten verbunden sein. Liegen eine angespannte Vermögenslage oder sonstige Gründe vor, ist es dem Antragsteller daher zuzumuten, sich anderweitig die erforderlichen Geldmittel zu beschaffen, denn Schwierigkeiten sind **mehr als nur bloße Unannehmlichkeiten**.[44] Der Antragsteller ist deshalb auch verpflichtet, sich die Mittel durch **Kreditaufnahme** zu besorgen,[45] es sei denn, aufgrund seiner persönlichen und wirtschaftlichen Verhältnisse erscheint dies unzumutbar oder unbillig.

32   **d) Wegfall der Voraussetzungen.** Fallen die Schwierigkeiten nachträglich weg, entfällt die Befreiung der Nr. 3 Buchst. a. Es ist dann nach § 14 abhängig zu machen, wenn Antragszustellung (§ 14 Abs. 1 S. 1, Abs. 3) oder die sonstige gerichtliche Handlung (§ 14 Abs. 1 S. 2, Abs. 3) noch nicht erfolgt ist. War aber die Antragsschrift wegen einer Befreiung nach Nr. 3 zugestellt, kann eine spätere Terminierung nicht mehr mit diesem Grunde verweigert werden.[46] Es hat dann Sollstellung zu erfolgen.

33   **4. Drohender Verzugsschaden (Nr. 3 Buchst. b). a) Allgemeines.** Ist glaubhaft gemacht, dass dem Antragsteller durch die Verzögerung der Antragszustellung oder Durchführung der sonstigen gerichtlichen Handlung ein nicht oder nur schwer zu ersetzender Schaden entstehen würde, ist keine Abhängigmachung (§ 14) anzuordnen. Verzögerung iSd Nr. 3 Buchst. b ist nur ein **kurzfristiges Hinausschieben** der Zustellung bis zu einer vom Antragsteller zu erwartenden Zahlung der Verfahrensgebühr oder der Bewilligung von VKH.[47] Maßgeblich ist die Situation zur Zeit der Antragstellung.[48]

34   **b) Schaden.** Darunter fällt jede Wirkung, die nicht beseitigt oder ausgeglichen werden kann.[49] Jedoch genügt ein schwer ersetzbarer Schaden, weil der Wortlaut von Nr. 3 Buchst. b diesen ausdrücklich umfasst. Im Übrigen ist die Vorschrift nicht zu eng auszulegen,[50] weil sie den Kostenschuldner schützen will. Das gilt insb., wenn sich die aus der Verzögerung ergebenden Schäden von ihrem Umfang her bei Antragseinreichung noch nicht überblicken lassen. Als Schaden kommen zB in Betracht: Verjährung, drohender Vermögensverfall des Antragsgegners, spätere Undurchsetzbarkeit des Anspruchs oder Rangverlust in der Zwangsversteigerung.[51]

---

36 BGH FamRZ 2005, 2062. **37** OLG Naumburg 13.1.1999 – 8 WF 8/99, juris. **38** OLG Hamm JurBüro 1989, 1273; OLG München FamRZ 2003, 240. **39** OLG Hamm JurBüro 1989, 1273. **40** OLG Celle OLGR 1998, 140. **41** OLG Karlsruhe JurBüro 1992, 249. **42** OLG München FamRZ 2003, 240. **43** KG FamRZ 1987, 303; OLG Karlsruhe 11.4.2005 – 16 WF 44/05, juris. **44** *Meyer*, GKG § 14 Rn 5. **45** HK-FamGKG/*Volpert*, § 15 Rn 38; *Meyer*, § 14 Rn 5; aA *Oestreich/Hellstab/Trenkle*, FamGKG § 15 Rn 9. **46** OLG Celle NdsRpfl 1987, 182. **47** OLG Hamm JurBüro 1989, 1273. **48** BGH MDR 1995, 315. **49** HK-FamGKG/*Volpert*, § 15 Rn 42. **50** *Oestreich/Hellstab/Trenkle*, FamGKG § 15 Rn 13. **51** *Oestreich/Hellstab/Trenkle*, GKG § 14 Rn 9.

c) Antragszustellung. aa) Allgemeines. Bei Prüfung einer Anordnung nach Nr. 3 Buchst. b ist zu beachten, 35
dass auch in Familiensachen der rechtzeitigen Antragszustellung große Bedeutung zukommt. So ist etwa in
Unterhaltssachen die Abänderung von gerichtlichen Entscheidungen nur ab dem Zeitpunkt der Rechtshängigkeit des Antrags zulässig (§ 238 Abs. 3, § 240 Abs. 2 FamFG).

In Ehesachen ist die Zustellung bedeutsam, weil es für die Berechnung des Versorgungsausgleichs auf die 36
Ehezeit ankommt (§ 3 Abs. 1 VersAusglG). Für den Zugewinnausgleich wegen Scheidung ist gleichfalls auf
die Rechtshängigkeit abzustellen (§ 1384 BGB).

bb) Rückwirkung des § 167 ZPO. Soll die Zustellung einer Fristwahrung dienen, kann im Hinblick auf 37
§ 167 ZPO iVm § 113 Abs. 1 FamFG die Anordnung der Befreiung nach Nr. 3 Buchst. b in Betracht kommen.

cc) Abstammungssachen. Die Befreiung nach Nr. 3 Buchst. b kann nicht auf die Versäumung der Anfech- 38
tungsfrist gestützt werden,[52] da die Frist durch Einreichung des Antrags beim Familiengericht gewahrt wird
(§ 171 Abs. 1 FamFG), so dass es der Bekanntgabe an die übrigen Beteiligten nicht mehr bedarf.[53]

5. Glaubhaftmachung. a) Zahlungsschwierigkeiten. Es ist glaubhaft zu machen, dass die alsbaldige Kos- 39
tenzahlung dem Antragsteller aufgrund seiner Vermögenslage oder sonstiger Gründe Schwierigkeiten bereiten würde. Es kann sich aller Beweismittel bedient werden; jedoch ist eine Beweisaufnahme, die nicht sofort
erfolgen kann, unstatthaft (§ 31 FamGKG, § 294 ZPO iVm § 113 Abs. 1 FamFG). In Betracht kommen daher
schriftliche Zeugenerklärungen, unbeglaubigte Kopien und Abschriften von Urkunden sowie die Bezugnahme auf Akten, welche dem Gericht sofort verfügbar sind,[54] und auch die Abgabe der eidesstattlichen Versicherung. Anwaltliche Versicherung genügt nur in den Fällen der Nr. 3 Buchst. b.[55] Sind die Tatsachen amtsbekannt oder aus sich heraus glaubhaft, bedarf es der Glaubhaftmachung nicht.[56]

b) Verzugsschaden. Glaubhaft zu machen hat der Antragsteller auch, dass ihm die Verzögerung einen nicht 40
oder nur schwer zu ersetzenden Schaden bringen würde. Es gilt das in → Rn 33 f Ausgeführte. Abweichend
von Nr. 3 Buchst. a genügt jedoch bei Nr. 3 Buchst. b die Erklärung eines bevollmächtigten Rechtsanwalts.
Diese Beweiserleichterung gilt jedoch nur für Rechtsanwälte, nicht aber für andere Bevollmächtigte etwa
nach § 10 Abs. 2 S. 2 Nr. 1–3 FamFG oder Beistände. Die Tatsachen, welche den Verzögerungsschaden
glaubhaft machen sollen, sind substantiiert darzulegen,[57] jedoch ist dabei nicht zu streng vorzugehen.[58] Die
bloße Behauptung, dass ein Schaden eintreten werde, genügt nicht.[59]

6. Verfahren. a) Antrag. Während die Befreiungen nach Nr. 1 und 2 von Amts wegen zu beachten sind, 41
bedarf es hinsichtlich Befreiung nach der Nr. 3 Buchst. a und Nr. 3 Buchst. b eines **Antrags** und einer ausdrücklichen gerichtlichen Entscheidung. In Ausnahmefällen kann die Befreiung nach Nr. 3 ohne ausdrücklichen Antrag angeordnet werden, wenn sich die Voraussetzungen hierfür aus den Akten ergeben.[60] Der Antrag braucht nicht besonders optisch gekennzeichnet zu werden.[61]

b) Gerichtliche Entscheidung. Die Entscheidung ergeht durch Beschluss, der zügig zu erlassen ist und in 42
den Fällen der Ablehnung stets einer Begründung bedarf. Die Entscheidung trifft der Richter oder Rechtspfleger. Zuständig ist das Gericht, das die von der Kostenzahlung abhängige Handlung vorzunehmen hat.
Das Gericht des streitigen Verfahrens ist aber zuständig, wenn ein Antrag nach Nr. 3 erst nach Einlegung
des Widerspruchs gegen den Mahnbescheid gestellt wird.[62]

c) Staatskasse. Die Staatskasse ist an dem Verfahren trotz ihres erhöhten Kostenrisikos nicht beteiligt. 43
Rechtliches Gehör ist ihr deshalb nicht zu gewähren.

d) Rechtsmittel. Wird eine Befreiung nach Nr. 3 abgelehnt, ist Beschwerde gegeben (§ 58 Abs. 1 S. 1). Be- 44
schwerdeberechtigt ist nur der zahlungspflichtige Antragsteller, nicht die Staatskasse oder der Antragsgegner, wenn eine Befreiung gewährt wird.

§ 16 Auslagen

(1) [1]Wird die Vornahme einer Handlung, mit der Auslagen verbunden sind, beantragt, hat derjenige, der die
Handlung beantragt hat, einen zur Deckung der Auslagen hinreichenden Vorschuss zu zahlen. [2]Das Gericht
soll die Vornahme einer Handlung, die nur auf Antrag vorzunehmen ist, von der vorherigen Zahlung abhängig machen.

---

52 HK-FamGKG/*Volpert*, § 15 Rn 44.   53 BT-Drucks 16/6308, S. 244.   54 *Zöller/Greger*, ZPO, § 294 Rn 5.   55 HK-FamGKG/
Volpert, § 15 Rn 39; *Oestreich/Hellstab/Trenkle*, FamGKG § 15 Rn 12.   56 *Meyer*, GKG § 14 Rn 9.   57 HK-FamGKG/*Volpert*,
§ 15 Rn 45; *Meyer*, GKG § 14 Rn 9.   58 *Meyer*, GKG § 14 Rn 9.   59 *Oestreich/Hellstab/Trenkle*, FamGKG § 15 Rn 12.
60 OLG Schleswig SchlHA 1976, 31.   61 OLG Hamm FamRZ 2004, 1973.   62 KGR 1999, 261.

(2) Die Herstellung und Überlassung von Dokumenten auf Antrag sowie die Versendung von Akten können von der vorherigen Zahlung eines die Auslagen deckenden Vorschusses abhängig gemacht werden.

(3) Bei Handlungen, die von Amts wegen vorgenommen werden, kann ein Vorschuss zur Deckung der Auslagen erhoben werden.

(4) Absatz 1 gilt nicht für die Anordnung einer Haft.

I. Allgemeines

1   **1. Regelungszweck.** Die Vorschrift soll die Staatskasse vor Ausfällen schützen, sie dient aber zugleich dem Schutz des Antragsschuldners (§ 21 Abs. 1), wenn dieser für Kosten haftet, die durch Beweisanträge des Gegners ausgelöst werden. Sie schafft eine eigenständige Kostenhaftung, die wegen § 17 endgültig ist und auch bestehen bleibt, wenn ein Schuldner nach § 24 Nr. 1, 2 hinzutritt. Die Zahlungsverpflichtung nach § 16 tritt daher nicht erst mit Beendigung der Instanz, sondern bereits mit Anordnung der durchzuführenden Handlung ein.[1] Da es sich um Vorschüsse handelt, kommt es auch auf den Eintritt der Fälligkeit nicht an.

2   **2. Geltungsbereich.** § 16 gilt für sämtliche vom FamGKG erfasste Verfahren, jedoch nicht, wenn andere Regelungen als leges speciales vorgehen, wie zB § 379 ggf iVm § 402 ZPO für die Abhängigmachung bei Zeugen oder Sachverständigen[2] bzw für Vorschüsse nach § 13 JVEG.

3   **3. Kostenentstehung.** Die Anforderung eines Vorschusses ist nur zulässig, wenn die durchzuführende Handlung tatsächlich Kosten auslöst. Es muss sich um Gerichtskosten (Nr. 2000 ff KV) handeln. Sind solche Kosten von vornherein nicht zu erwarten, unterbleiben Vorschussanforderung und auch Abhängigmachung nach Abs. 1 S. 2. Es genügt aber, dass erfahrungsgemäß Auslagen entstehen. Verzichtet ein Zeuge oder Sachverständiger wirksam auf die Entschädigung/Vergütung, darf nicht nach Abs. 1 abhängig gemacht werden.[3] Entstehung nur Kosten, deren Erstattung erst im Kostenfestsetzungsverfahren zu berücksichtigen ist (zB Reisekosten von Beteiligten), kann gleichfalls kein Vorschuss gefordert werden.

II. Antragshandlungen (Abs. 1 S. 1)

4   **1. Antrag.** Ist die gerichtliche Handlung auf Antrag eines Beteiligten durchzuführen, ist dieser verpflichtet, einen ausreichenden Auslagenvorschuss zu leisten (Abs. 1 S. 1). Der Antragsbegriff ist weit zu fassen, je-

---

1 OLG Koblenz JurBüro 1990, 618. **2** OLG Dresden JurBüro 2007, 212. **3** HK-FamGKG/*Volpert*, § 16 Rn 10.

doch muss klar erkennbar sein, dass eine bestimmte Handlung durchgeführt werden soll. Ausreichend ist das schriftliche oder mündliche Vorbringen der Beweismittel. Auch der Antritt des Gegenbeweises ist als Antrag anzusehen, wenn Auslagen entstehen.[4] Der Antrag muss sich aber auf die konkrete Handlung beziehen, so dass nicht auf den die Instanz einleitenden Antrag abgestellt werden kann. Die Haftung nach Abs. 1 S. 1 wird auch ausgelöst, wenn die Handlung nur „vorsorglich", ohne „Beweislastübernahme"[5] oder unter „Protest gegen die Kostenlast" beantragt wird.[6]

2. Gerichtliche Handlungen. Durch den Antrag müssen Gerichtskosten entstehen, so dass die Vorschusspflicht insb. besteht für: gerichtliche Inaugenscheinnahme, Durchführung von Terminen außerhalb der Geschäftsstelle, Parteivernehmungen, Zustellungen ins Ausland, Zustellungskosten (Nr. 2002 KV), sonstige Rechtshilfeersuchen ins Ausland, öffentliche Zustellungen, Bekanntmachungen.   5

Wegen der **Auslagen für Zeugen und Sachverständige** gilt § 379 ZPO iVm § 30 Abs. 1, § 113 Abs. 1 FamFG (→ Rn 58 ff), der aber nicht die Reise des Gerichts zur Vernehmung am Wohnort des Zeugen umfasst, so dass wegen der Reisekosten (Nr. 2006 KV) ein Vorschuss nach Abs. 1 S. 1 angefordert werden kann.[7]   6

Im **Vergütungsfestsetzungsverfahren** (§ 11 RVG) kann der Rechtspfleger den Erlass der Entscheidung von der Zahlung eines Auslagenvorschusses für anfallende Zustellungskosten abhängig machen,[8] jedoch kann der Antrag nicht wegen Nichtzahlung als unbegründet oder unzulässig zurückgewiesen werden[9] (→ Nr. 2002 KV Rn 16). Die gezahlten Kosten für die Zustellung des Festsetzungsbeschlusses sind in den Vergütungsfestsetzungsbeschluss aufzunehmen (§ 11 Abs. 2 S. 5 RVG), nicht aber die Kosten für die Zustellung des Vergütungsantrags.[10]   7

3. Vorschusspflichtiger. Die Zahlungspflicht des Abs. 1 S. 1 trifft denjenigen, der die Handlung beantragt. Da die Haftung des Abs. 1 unabhängig von der des § 21 besteht, kommt es auf den Antragsteller der Instanz nicht an, auch wenn dieser für durch Verteidigungsmaßnahmen des Gegners entstandene Kosten haftet. Der Antragsschuldner (§ 21) ist daher nur dann als Vorschusspflichtiger in Anspruch zu nehmen, wenn der konkrete Antrag iSd Abs. 1 S. 1 durch ihn gestellt wird. Er haftet aber als Zweitschuldner, § 26 Abs. 2 gilt für Auslagenvorschüsse nach Abs. 1 entsprechend (§ 17 S. 2).[11] Ist die Handlung durch beide Beteiligte beantragt, haften sie für Vorschüsse als Gesamtschuldner, wenn beide Anträge auch für die Kostenentstehung ursächlich waren (§ 26 Abs. 1).[12] In diesen Fällen hat der Kostenbeamte nach § 8 Abs. 4 S. 1 KostVfg zu prüfen, ob der Vorschuss nach Kopfteilen anzufordern ist, wobei die in § 8 Abs. 4 S. 2 KostVfg genannten Kriterien zu berücksichtigen sind. Hat sich ein Rechtsanwalt für die Auslagen „starkgesagt", wird er zum Übernahmeschuldner für die Kosten.[13] Zahlt der Streithelfer einen Vorschuss für von ihm gestellte Zusatzfragen ein, gilt dies als Zahlung des von ihm unterstützten Beteiligten.[14]   8

4. Beweislast. Die Frage der Beweislast ist für die Bestimmung des Vorschusspflichtigen ohne Bedeutung, da Abs. 1 nur auf den Antrag abstellt. Der beweislastige Beteiligte wird daher nicht zum Vorschusspflichtigen, wenn der Antrag durch den nicht beweislastigen Beteiligten gestellt wird.   9

Strittig ist hingegen, ob es in Fällen, in denen die Vornahme der gerichtlichen Handlung von beiden Beteiligten gestellt wird, auf die Beweislast ankommt. Soweit zu § 379 ZPO auf die Beweislast abgestellt wird,[15] berührt dies jedoch nicht die Auslagenhaftung gegenüber der Staatskasse nach § 16, so dass es bei gesamtschuldnerischer Haftung verbleibt.[16]   10

5. Rechtshilfeersuchen. Für Rechtshilfeersuchen ist § 81 Abs. 1 S. 1 ZRHO zu beachten. Danach ist die Handlung von der Vorschusszahlung abhängig zu machen, wenn dies nach § 379 ZPO iVm § 113 Abs. 1 FamFG oder Abs. 1 S. 2 zulässig ist. Ist Abhängigmachung nicht angeordnet, ist wegen § 81 Abs. 2 ZRHO gleichwohl spätestens bei Absendung des Ersuchens ein angemessener Vorschuss anzufordern. Für dessen Höhe sind neben unmittelbaren Kosten der Rechtshilfe (Nr. 2012 KV) wie Gebühren der Prüfungsstellen (§ 75 ZRHO, Nr. 1320 KV JVKostG) die Kosten der ausländischen Stellen, der deutschen Auslandsvertretungen und Übersetzungskosten zu berücksichtigen.   11

III. Abhängigmachung bei Antragsgeschäften (Abs. 1 S. 2)

1. Allgemeines. Nach Abs. 1 S. 2 kann Abhängigmachung angeordnet, dh die Durchführung der Handlung bis zur Zahlung des Vorschusses zurückgestellt werden. Die Anordnung nur zulässig ist, wenn die gerichtliche Handlung nur auf **Antrag** vorzunehmen ist. Die Anwendung von Abs. 1 S. 2 ist deshalb auf Ehesachen und Familienstreitsachen begrenzt, da in den FG-Familiensachen eine Abhängigmachung nicht angeordnet   12

---

4 OLG Stuttgart MDR 1987, 1035. **5** *Meyer*, GKG § 17 Rn 11. **6** *Hartmann*, KostG, § 17 GKG Rn 10. **7** OLG Düsseldorf 12.9.2006 – I-10 W 87/06, juris. **8** OLG Köln AGS 2000, 208. **9** LG Bonn AGS 2000, 210. **10** LG Lübeck SchlHA 2015, 278. **11** OLG Zweibrücken Rpfleger 1989, 81. **12** OLG Zweibrücken Rpfleger 1989, 81; OLG Stuttgart MDR 1087, 1035; OLG Düsseldorf MDR 1974, 321. **13** OLG Düsseldorf MDR 1991, 128. **14** LG München I IBR 2005, 410. **15** BGH NJW 1999, 2823; OLG Stuttgart NJW-RR 2002, 143. **16** OLG Schleswig SchlHA 2002, 76.

werden kann, wenn die Handlung wegen des Amtsermittlungsgrundsatzes (§ 26 FamFG) von Amts wegen durchzuführen ist.[17] Es gilt dann Abs. 3.

13   **2. Gerichtliche Entscheidung.** Über die Abhängigmachung entscheidet das Gericht (Richter, Rechtspfleger) durch Beschluss; es genügt auch eine richterliche Verfügung.[18] Der beauftragte oder ersuchte Richter kann eine unterbliebene Abhängigmachung nicht nachholen.[19] Die Abhängigmachung muss klar erkennbar sein. Es ist zugleich eine angemessene Zahlungsfrist zu bestimmen. Erfolgt keine Zahlung, wird die beantragte gerichtliche Handlung nicht durchgeführt.

14   **3. Ermessensentscheidung.** Abs. 1 S. 2 ist als Soll-Vorschrift ausgestaltet, so dass die Abhängigmachung im pflichtgemäßen Ermessen des Gerichts steht. Von der Abhängigmachung kann daher insb. abgesehen werden, wenn die Vornahme der Handlung keinen Aufschub duldet oder das Gericht eine Verzögerung des Verfahrens vermeiden will. Es ist auch stets von Amts wegen zu prüfen, ob eine Befreiung von der Vorschusspflicht vorliegt (→ Rn 46 ff).

15   **4. Anforderung des Vorschusses.** Da die Durchführung der Amtshandlung von der Kostenzahlung abhängt, ist der Vorschuss in den Fällen des Abs. 1 S. 2 mit Kostenrechnung ohne Sollstellung (vormals Kostennachricht) anzufordern (§ 26 Abs. 1 KostVfg). Vor der Kosteneinforderung hat der Kostenbeamte jedoch die Entscheidung des Richters oder Rechtspflegers herbeizuführen (§ 20 Abs. 3 KostVfg), da diese zunächst über die Abhängigmachung zu entscheiden haben. Die Übersendung einer separaten Kostenanforderung unterbleibt in den Fällen, in denen das Gericht den Vorschussbetrag und die Zahlungsfrist selbst bestimmt hat (§ 26 Abs. 3 KostVfg). Wird keine Abhängigmachung angeordnet, hat der Kostenbeamte den Vorschuss (Abs. 1 S. 1) durch Sollstellung anzufordern. Für Minderbeträge gilt § 26 Abs. 4 KostVfg.

16   **5. Höhe des Vorschusses.** Die Vorschusshöhe ist so zu bemessen, dass sie die voraussichtlich entstehenden Gerichtskosten deckt. Es ist also sorgfältig zu schätzen, ob und in welcher Höhe Auslagen entstehen. Ist Abhängigmachung angeordnet (Abs. 1 S. 2), hat das Gericht die Höhe des Vorschusses zu bestimmen. Ist nur ein Vorschuss nach Abs. 1 S. 1 anzufordern, bestimmt der Kostenbeamte die Höhe.

17   **6. Rechtsbehelfe.** Gegen die Abhängigmachung (Abs. 1 S. 2) findet die Beschwerde nach § 58 statt, mit der die Anordnung und auch die Vorschusshöhe angegriffen werden können. Wegen § 11 Abs. 1 RPflG findet die Beschwerde auch statt, wenn der Rechtspfleger die Anordnung getroffen hat. Hat der Kostenbeamte den Vorschuss selbständig angefordert, weil keine Abhängigmachung angeordnet war, ist Erinnerung (§ 57) einzulegen.

IV. Dokumenten- und Aktenversendungspauschale (Abs. 2)

18   **1. Allgemeines.** Sind aufgrund eines Antrags Dokumente herzustellen oder Akten zu versenden, besteht die Verpflichtung zur Zahlung eines ausreichenden Vorschusses (Abs. 1 S. 1). Zusätzlich ordnet Abs. 2 an, dass die Überlassung oder Übersendung von der vorherigen Zahlung abhängig gemacht werden kann.

19   **2. Abhängigmachung.** Anders als nach Abs. 1 S. 2 entscheidet über die Abhängigmachung nach Abs. 2 der **Kostenbeamte.** Es handelt sich um eine Ermessensentscheidung, was aus dem Wortlaut „können" folgt. Bei Abhängigmachung erfolgen sowohl die Herstellung als auch die Überlassung der Dokumente bzw Aktenübersendung erst nach der Kostenzahlung, wobei die Kosten ohne Sollstellung (vormals Kostennachricht) angefordert werden (§ 26 Abs. 1 KostVfg).

20   § 20 Abs. 6 KostVfg ist zu beachten, so dass Vorschusserhebung und Abhängigmachung unterbleiben, wenn eine Gemeinde, ein Gemeindeverband oder eine sonstige Körperschaft des öffentlichen Rechts Kostenschuldner ist. Der Zeitpunkt des Kosteneinzugs bestimmt sich hier nach § 15 Abs. 2 KostVfg.

21   **3. Zurückbehaltungsrecht.** Im Fall des Abs. 2 kann auch ein Zurückbehaltungsrecht ausgeübt werden, wonach die Überlassung der Dokumente oder die Rückgabe von eingereichten Urkunden bis zur Vorschusszahlung zurückgestellt werden kann. Konkrete Punkte, die im Rahmen der Ermessensausübung zu berücksichtigen sind, nennt Abs. 2 nicht. Von der Zurückbehaltung wird jedoch regelmäßig abzusehen sein, wenn

- der Eingang der Kosten mit Sicherheit zu erwarten ist;
- glaubhaft gemacht wird, dass die Verzögerung der Herausgabe einem Beteiligten einen nicht oder nur schwer zu ersetzenden Schaden bringen würde und nicht anzunehmen ist, dass die Kosten nicht bezahlt werden sollen;
- das Schriftstück nicht vom Kostenschuldner, sondern von einem Dritten eingereicht ist, dem gegenüber die Zurückbehaltung eine unbillige Härte darstellen würde.

---

17 OLG Celle FamRZ 2013, 241; BT-Drucks 16/6308, S. 302. **18** OLG Brandenburg MDR 1998, 1119. **19** *Meyer,* GKG § 17 Rn 20.

Wird das Zurückbehaltungsrecht ausgeübt, sind die Kosten sobald als möglich anzusetzen. Steht der end- 22
gültige Betrag noch nicht fest, sind die Kosten vorbehaltlich späterer Berichtigung anzusetzen (§ 23 Abs. 2
KostVfg). Die Ausübung des Zurückbehaltungsrechts ist in der Kostenrechnung mit kurzer Begründung zu
vermerken (§ 24 Abs. 6 KostVfg). Obwohl in § 25 KostVfg nicht mehr ausdrücklich benannt, ist der Vermerk über die Ausübung des Zurückbehaltungsrechts auch in die Reinschrift der Kostenrechnung zu übertragen, da der Kostenschuldner hiervon Kenntnis erlangen muss, schon im Hinblick auf die dagegen zulässigen Rechtsbehelfe (§ 57). Ist ein anderer als der Kostenschuldner zum Empfang des Schriftstücks berechtigt, hat der Kostenbeamte ihn von der Ausübung des Zurückbehaltungsrechts zu benachrichtigen (§ 23
Abs. 3 KostVfg).

Die zurückbehaltenen Schriftstücke sind dem Empfangsberechtigten herauszugeben, wenn die Kostenzah- 23
lung erfolgt ist oder die Entscheidung des Kostenbeamten über die Zurückbehaltung durch gerichtliche
Entscheidung aufgehoben wird (§ 23 Abs. 6 KostVfg).

4. Rechtsbehelfe. Gegen die Entscheidung des Kostenbeamten nach Abs. 2 oder der Ausübung des Zurück- 24
behaltungsrechts findet die Erinnerung nach § 57 statt (§ 58 Abs. 2).

5. Höhe des Vorschusses. Die Höhe des Vorschusses bestimmt sich nach Nr. 2000, 2003 KV. Der Kosten- 25
schuldner bestimmt sich nach § 23 Abs. 1, jedoch bleibt in den Fällen des § 23 Abs. 1 S. 1 die Haftung nach
§§ 21 ff unberührt. Für die Aktenübersendung haftet ausschließlich derjenige, der sie beantragt hat (§ 23
Abs. 2).

V. Handlungen von Amts wegen (Abs. 3)

1. Allgemeines. Sind gerichtliche Handlungen von Amts wegen vorzunehmen, ist nur die Abhängigma- 26
chung untersagt.[20] Es kann daher nach Abs. 3 ein Vorschuss gefordert werden, jedoch darf die Durchführung der Handlung nicht von der vorherigen Zahlung abhängig gemacht werden. Für verfahrensrechtlich
unzulässige Beweiserhebungen kann kein Vorschuss verlangt werden.[21]

2. Geltungsbereich. Die Regelung gilt für alle von Amts wegen durchzuführenden Handlungen, so dass ein 27
Vorschuss nach Abs. 3 insb. gefordert werden kann für

- Anordnung der Urkundenvorlegung (§ 142 ZPO),
- Anordnung der Aktenübermittlung (§ 143 ZPO),
- Inaugenscheinnahme, Sachverständigenbegutachtung bei Dritten (§ 144 ZPO),
- Amtsermittlungen in Ehesachen (§ 127 Abs. 1 FamFG),
- Beteiligtenvernehmungen von Amts wegen (§ 128 Abs. 1 FamFG).

Abs. 3 gilt auch für solche vorbereitenden Maßnahmen (§ 273 ZPO iVm § 113 Abs. 1 FamFG), für die kein 28
ausdrücklicher Beteiligtenantrag vorliegt. Hinsichtlich der Zeugen- oder Sachverständigenladung gilt § 379
ZPO iVm § 273 Abs. 3 ZPO, so dass Abhängigmachung und Vorschussanforderung hier nur erfolgen,
wenn das Gericht nicht von Amts wegen und nicht aufgrund eines Beteiligtenantrags tätig wird. In den Fällen des § 358 a ZPO iVm § 30 Abs. 1, § 113 Abs. 1 FamFG besteht gleichfalls eine Vorschusspflicht nach
§ 379 ZPO, so dass Abs. 3 hier nur eingreift, wenn nicht ein Beteiligtenantrag auf Durchführung dieser Beweisaufnahme vorliegt.

3. Amtsermittlungsgrundsatz. Ein Amtsermittlungsgrundsatz besteht in Ehesachen und FG-Familiensachen 29
(§ 26 FamFG), wird aber durch §§ 127, 177 Abs. 1 FamFG für Ehesachen und Abstammungssachen eingeschränkt. Werden im Rahmen der Amtsermittlung gerichtliche Handlungen durchgeführt, für die Kosten
entstehen, kommt nur eine Vorschussanforderung nach Abs. 3 in Betracht; Abs. 1 gilt nicht, dh, es kann
keine Abhängigmachung angeordnet werden. Abs. 3 greift auch ein bei einer Zeugenvernehmung oder bei
der Beauftragung von Sachverständigen bei Amtsermittlung. § 379 ZPO iVm § 30 Abs. 1 FamFG gilt nicht,
da es sich um Amtshandlungen handelt. Ein Vorschuss nach Abs. 3 kann daher auch gefordert werden für
Gutachten in Versorgungsausgleichssachen[22] oder Abstammungssachen,[23] denn es unterbleibt lediglich die
Abhängigmachung.

4. Dolmetscher und Übersetzer. Ist ein Dolmetscher für einen Beteiligten zu laden, findet § 379 ZPO keine 30
Anwendung, da es sich um eine Amtspflicht handelt.[24] Vorschuss kann daher nur nach Abs. 3 verlangt werden, weil die Ladung wegen § 185 GVG von Amts wegen erfolgt. Abhängigmachung ist ausgeschlossen,
und zwar auch dann, wenn der Dolmetscher auf ausdrückliches Verlangen des nicht der deutschen Sprache
mächtigen Beteiligten hinzugezogen wird.[25] Erfolgt die Hinzuziehung jedoch für einen Zeugen, gilt § 379

---

20 OLG Koblenz FamRZ 2002, 685. **21** OLG Düsseldorf JurBüro 1981, 254. **22** OLG Düsseldorf AnwBl 1989, 237. **23** OLG
Hamburg FamRZ 1986, 195. **24** Zöller/*Greger*, ZPO, § 379 Rn 1. **25** KG NJW 1973, 436.

ZPO. Anders verhält es sich nur, wenn ein Amtsermittlungsgrundsatz besteht, weil dann wieder Abs. 3 eingreift.

31 **5. Endgültige Kostenschuld.** Auch die durch Abs. 3 begründete Zahlungspflicht ist eine endgültige Kostenschuld (§ 17), so dass auch für von Amts wegen durchgeführte Handlungen noch nachträglich ein Vorschuss gefordert werden kann.[26]

32 **6. Zahlungspflichtiger.** Im Fall des Abs. 3 ergibt sich der Zahlungspflichtige nicht aus dem Gesetz, so dass seine Bestimmung und Inanspruchnahme nach **billigem Ermessen** zu erfolgen hat.[27] Das Ermessen ist durch den **Kostenbeamten** auszuüben, da ihm die Feststellung des Kostenschuldners obliegt (§ 7 Abs. 1 KostVfg),[28] wenn nicht das Gericht eine Bestimmung vorgenommen hat.

33 Wer **zahlungspflichtig** nach Abs. 3 wird, ist nicht endgültig geklärt. So kann etwa der beweispflichtige Beteiligte vorschusspflichtig sein,[29] aber auch derjenige, in dessen Interesse die Handlung durchgeführt wird[30] oder dem sie nützt.[31] Diese Beteiligten können dann auch nach Kopfteilen in Anspruch genommen werden.[32] Der Antragsschuldner (§ 21) kann jedoch nur wegen der bestehenden Antragshaftung nicht stets von vornherein als vorschusspflichtig nach Abs. 3 angesehen werden.[33] Auch Vermögensverhältnisse der Beteiligten oder der Verfahrenswert bleiben unbeachtlich.[34] Von einem Minderjährigen dürfen keine Vorschüsse angefordert werden, wenn es sich um ein seine Person betreffendes Verfahren handelt, weil § 21 Abs. 1 S. 2 Nr. 3 wegen seines Schutzgedankens analog auf § 16 anzuwenden ist, so etwa in Abstammungssachen.[35]

34 **7. Anforderung des Vorschusses.** Die Erhebung des Vorschusses ordnet der **Kostenbeamte** selbständig an (§ 20 Abs. 2 S. 1 KostVfg).[36] Da die Handlung nicht von der Kostenzahlung abhängt, erfolgt die Anforderung durch Sollstellung. Die Entscheidung des Richters oder Rechtspflegers braucht nicht eingeholt zu werden, weil Abs. 3 nicht von § 20 Abs. 3 KostVfg erfasst wird. Nur in Fällen, in denen der Richter oder Rechtspfleger bereits eine anderweitige Anordnung getroffen hat, geht diese vor, so dass für eine abweichende Ermessensausübung des Kostenbeamten dann kein Raum mehr bleibt.[37]

35 Im Übrigen ist in den Fällen des Abs. 3 der Vorschuss nur anzufordern, wenn die Auslagen **mehr als 25 €** betragen oder ein Verlust für die Staatskasse zu befürchten ist (§ 20 Abs. 5 KostVfg).

36 Ein Vorschuss ist nicht zu erheben, wenn Kostenschuldner eine Gemeinde, ein Gemeindeverband oder eine sonstige Körperschaft des öffentlichen Rechts ist (§ 20 Abs. 6 KostVfg).

37 **8. Höhe des Vorschusses.** Die Höhe des Vorschusses wird durch den Kostenbeamten bestimmt.

38 **9. Rechtsbehelfe.** Gegen die Vorschussanforderung nach Abs. 3 – gleich, ob durch Kostenbeamten oder aufgrund gerichtlicher Anordnung – findet die Erinnerung (§ 57) statt. § 58 Abs. 1 greift nicht, da er nur gilt, wenn auch Abhängigmachung angeordnet ist.

VI. Haftkosten (Abs. 4)

39 **1. Geltungsbereich.** Für die Anordnung einer Haft gilt Abs. 1 nicht, so dass Abhängigmachung und Vorschussanforderung unstatthaft sind (Abs. 4). Die Regelung gilt für alle Fälle von Ordnungs- und Zwangshaft, soweit es sich nicht um Handlungen des Arrest- oder Vollstreckungsgerichts handelt, weil dann Haftkosten nur nach dem GKG zu erheben sind (Vorbem. 2 Abs. 4 KV), wobei § 17 Abs. 4 S. 1 GKG zu beachten ist.

40 Erfasst sind von Abs. 4 daher nur Handlungen nach §§ **88 ff FamFG.** Hier kommt Haftanordnung nach §§ 89, 94 FamFG sowie § 95 Abs. 4 FamFG iVm § 888 ZPO, § 96 Abs. 1 FamFG iVm §§ 890, 891 ZPO in Betracht. Ordnungshaft kann darüber hinaus nach § 380 Abs. 1, § 390 Abs. 1 ZPO iVm § 30 Abs. 1, § 113 Abs. 1 FamFG angeordnet werden.

41 **2. Umfang der Befreiung.** Abs. 4 erfasst nur die für die Haft entstehenden Auslagen nach Nr. 2008, 2009 KV; für andere Kosten gilt er nicht. In der Begründung zu § 68 Abs. 1 S. 3 GKG aF, der Abs. 4 entspricht, heißt es hierzu: „Gemäß der Neufassung des § 911 ZPO (Artikel 12 Nr. 12) entfällt der Haftkostenvorschuß. Der für § 68 Abs. 1 GKG vorgeschlagene neue Satz 3 soll ausschließen, daß wegen der Auslagen der Zwangshaft (Nummer 1909 der Anlage 1 zu § 11 Abs. 1 GKG) ein Auslagenvorschuß verlangt wird."[38]

42 **3. Kosteneinzug.** Ist eine Vorschusserhebung nach Abs. 4 unzulässig, sind die entstandenen Haftkosten nach Beendigung des Verfahrens vom Kostenschuldner (§§ 21 ff) einzuziehen. Wegen der Höhe gelten Nr. 2008, 2009 KV, § 64.

---

26 OLG Stuttgart Rpfleger 1981, 163. **27** OLG Celle FamRZ 2013, 241. **28** OLG Celle FamRZ 2013, 241. **29** OLG Bamberg JurBüro 1979, 879. **30** HK-FamGKG/*Volpert*, § 16 Rn 47. **31** *Meyer*, GKG § 17 Rn 28. **32** HK-FamGKG/*Volpert*, § 16 Rn 47. **33** FG BW EFG 1992, 624. **34** OLG Koblenz FamRZ 2002, 432. **35** OLG Hamm NJW-RR 2012, 904. **36** OLG Koblenz FamRZ 2002, 432. **37** OLG Stuttgart Rpfleger 1981, 163. **38** BT-Drucks 8/693, S. 54 (Zu Nummer 4 Buchst. a).

NK-GK/H. *Schneider*

VII. Verrechnung gezahlter Vorschüsse

1. Verrechnung des Vorschusses. Die angeforderten Vorschüsse sind zunächst auf die Auslagen zu verrech- 43
nen, für welche die Zahlung geleistet wurde, auch wenn in demselben Verfahren noch andere Kostenforderungen bestehen, für die der Vorschusspflichtige haftet.[39] Wird der Vorschuss aber nicht vollständig verbraucht, kann der Überschuss auf andere Kosten desselben oder eines anderen Rechtszugs verrechnet werden, wenn der Vorschusspflichtige hierfür haftet. Die Haftungsgrundlage ist unerheblich. Lediglich bei
Zweitschuldnerhaftung müssen die Voraussetzungen des § 26 Abs. 2 erfüllt sind.[40] Soll der nicht verbrauchte Vorschuss auf Kosten eines anderen Verfahrens verrechnet werden, kann die Staatskasse aufrechnen.

2. Zeitpunkt. Entgegen § 15 Abs. 2 KostVfg, wonach Auslagenvorschüsse bei Beendigung des Rechtszugs 44
abzurechnen sind, wird in der Literatur zu Recht davon ausgegangen, dass die Vorschüsse bereits nach Abschluss der gerichtlichen Handlung abzurechnen sind.[41] Das gilt auch für FG-Familiensachen.

3. Rückzahlung. Ergibt die Abrechnung einen Überschuss, ist dieser sofort an den Einzahler zurückzuzah- 45
len. Er kann auch nicht mit der Begründung zurückbehalten werden, dass in dem Verfahren noch weitere
Kosten entstehen werden. Ist eine Abrechnung aber noch nicht möglich, weil die Kosten von Dritten noch
geltend gemacht werden können, kann eine Rückzahlung erst erfolgen, wenn für die Staatskasse feststeht,
dass Zahlungen an diese Personen nicht mehr geleistet zu werden brauchen. Bei Zeugen und Sachverständigen ist auf die Fristen des § 2 JVEG abzustellen.[42] Die Rückzahlung ist ferner anzuordnen, wenn feststeht,
dass die Handlung nicht mehr durchgeführt wird oder durch sie keine Auslagen erwachsen. Für die Rückzahlung gilt § 29 KostVfg.

VIII. Befreiungen von der Vorschusspflicht

1. Allgemeines. Gericht und Kostenbeamter haben stets von Amts wegen zu prüfen, ob eine Befreiung von 46
der Vorschusspflicht besteht und folglich auch Abhängigmachung unzulässig ist. § 15 gilt nicht, da er nur
Gebühren erfasst. Auch § 15 Nr. 3 ist nicht entsprechend anwendbar, so dass Abhängigmachung auch erfolgen kann, wenn glaubhaft gemacht wird, dass bei Verzögerung ein Schaden eintreten kann oder die Vorschusszahlung vorübergehende Schwierigkeiten bereitet.[43]

2. Kostenfreiheit. Bei Kostenfreiheit (§ 2) besteht auch keine Zahlungsverpflichtung für Auslagen, so dass 47
auch Abhängigmachung unzulässig ist. Die Befreiung bezieht sich jedoch nur auf den Kostenbefreiten
selbst, wenn nicht sachliche Kostenfreiheit vorliegt. Besteht nur Gebührenfreiheit, sind die Auslagen zu zahlen, so dass auch Vorschüsse angefordert oder Abhängigmachung angeordnet werden kann. § 20 Abs. 6
KostVfg ist zu beachten.

3. Verfahrenskostenhilfe. a) VKH-Beteiligter. Ist VKH bewilligt, können von dem VKH-Beteiligten Vor- 48
schüsse nach § 16 nicht mehr angefordert werden, weil § 122 Abs. 1 Nr. 1 Buchst. a ZPO iVm § 76 Abs. 1,
§ 113 Abs. 1 FamFG bewirkt, dass Gerichtskosten nur nach Maßgabe der angeordneten VKH-Zahlungen
eingezogen werden können.

b) Teilbewilligung. Im Falle einer Teilbewilligung sind Vorschüsse nur anzufordern, wenn die Handlung 49
eindeutig dem nicht von der VKH-Bewilligung erfassten Verfahrensteil zugeordnet werden kann. Ist eine
Zuordnung nicht möglich, ist der Vorschuss im Verhältnis der Verfahrenswerte zueinander anzufordern.[44]

Beispiel: In dem Verfahren wegen Zahlung von 9.500 € wird dem Antragsteller Teil-VKH für 3.000 € bewilligt. 50
Der Antragsteller benennt ein Beweismittel, das keinem der beiden Verfahrensteile eindeutig zuzuordnen ist. Die
voraussichtlichen Auslagen betragen 350 €.

Der Auslagenvorschuss (Abs. 1) ist im Verhältnis der Verfahrenswerte wie folgt anzufordern:

3.000 € : 9.500 € x 350 € = 110,53 €

In dieser Höhe greift die Schutzwirkung des § 122 Abs. 1 Nr. 1 Buchst. a ZPO ein, so dass ein Vorschuss (Abs. 1)
nur iHv 239,47 € angefordert werden kann.

c) Gegner. Wird dem Antragsteller oder Rechtsmittelführer VKH ohne Zahlungsbestimmungen bewilligt, 51
ist auch der Gegner einstweilen von der Zahlung der Gerichtskosten befreit (§ 122 Abs. 2 ZPO iVm § 76
Abs. 1, § 113 Abs. 1 FamFG). In diesen Fällen ist ein Kosteneinzug vom Gegner erst zulässig, wenn ihm die
Kosten rechtskräftig auferlegt werden oder das Verfahren ohne Kostenentscheidung beendet wird (§ 125
Abs. 2 ZPO iVm § 76 Abs. 1, § 113 Abs. 1 FamFG). Liegt Streitgenossenschaft vor, muss sämtlichen Streit-
genossen VKH ohne Zahlungsbestimmungen bewilligt sein, damit die Vergünstigung eingreift.[45]

---

39 OLG München JurBüro 1971, 705; OLG Köln Rpfleger 1982, 121. **40** *Meyer*, GKG § 17 Rn 37. **41** Binz/Dörndorfer/*Zimmermann*, GKG § 17 Rn 20; *Hartmann*, KostG, § 17 GKG Rn 19; HK-FamGKG/*Volpert*, § 16 Rn 22; *Meyer*, GKG § 17 Rn 38;
Oestreich/Hellstab/Trenkle, FamGKG § 16 Rn 16. **42** *Meyer*, JurBüro 2002, 240. **43** *Meyer*, GKG § 17 Rn 18. **44** OLG Schleswig MDR 2006, 175. **45** Zöller/*Geimer*, ZPO, § 122 Rn 22.

NK-GK/*H. Schneider*

52 Die Regelung des § 122 Abs. 2 ZPO gilt neben § 16 auch für Auslagenvorschüsse nach §§ 379, 402, 411 ZPO.

53 In **Folgesachen** nach § 137 Abs. 2, 3 FamFG ist **Antragsteller** iSd § 122 Abs. 2 ZPO nur derjenige, der die konkrete Folgesache tatsächlich eingeleitet hat, also nicht stets der Antragsteller der Ehesache.[46]

54 **Beispiel 1:** In einer Familienstreitsache wird dem Antragsteller VKH ohne Zahlungsbestimmungen bewilligt. Antragsteller und Antragsgegner benennen jeweils einen Zeugen.

Anzufordern sind von

a) Antragsteller: keine Vorschüsse wegen § 122 Abs. 1 Nr. 1 Buchst. a ZPO

b) Antragsgegner: keine Vorschüsse wegen § 122 Abs. 2 ZPO

55 **Beispiel 2:** In einer Familienstreitsache wird dem Antragsteller VKH mit Zahlungsbestimmungen bewilligt. Antragsteller und Antragsgegner benennen jeweils einen Zeugen.

Anzufordern sind von

a) Antragsteller: keine Vorschüsse wegen § 122 Abs. 1 Nr. 1 Buchst. a ZPO (nur bei VKH-Ratenzahlung zu berücksichtigen)

b) Antragsgegner: Auslagenvorschuss nach § 379 ZPO iVm § 113 Abs. 1 FamFG hinsichtlich der Auslagen für die vom Antragsgegner benannten Zeugen

56 **d) Rechtsbehelfe.** Die Wirkungen des § 122 ZPO bleiben bestehen, wenn das Gericht in Verkennung der Rechtslage einen Vorschuss fordert.[47] Gegen die Abhängigmachung ist nach § 58 vorzugehen. Wurde der Vorschuss aufgrund § 379 ZPO erhoben, ist in Ehe- und Familienstreitsachen Beschwerde nach § 127 ZPO iVm § 113 Abs. 1 FamFG und in FG-Familiensachen nach § 76 Abs. 2 FamFG einzulegen. War keine Abhängigmachung angeordnet, sondern der Vorschuss durch den Kostenbeamten selbständig angefordert, ist Erinnerung (§ 57) einzulegen.

57 **4. IntFamRVG.** In Verfahren nach dem IntFamRVG ist die Anforderung von Vorschüssen nach § 16 unzulässig (§ 13).

IX. Vorschusserhebung nach der ZPO

58 **1. Allgemeines.** § 16 greift nicht ein, wenn eine Handlung vorliegt, für die eine Vorschusspflicht nach der ZPO besteht, zB für Zeugenvernehmungen (§ 379 ZPO) oder Beweis durch Sachverständige (§ 402 iVm § 379 ZPO). Diese Regelungen gelten wegen § 113 Abs. 1 FamFG auch in Familienstreitsachen, wenn nicht die Handlung von Amts wegen durchzuführen ist. § 379 ZPO ist unanwendbar, wenn der Amtsermittlungsgrundsatz (§ 26 FamFG) besteht, so dass er bei Durchführung einer förmlichen Beweisaufnahme nach § 30 Abs. 1 FamFG nicht gilt[48] und hier nur eine Vorschussanforderung nach Abs. 3 in Betracht kommt. Gleiches gilt wegen § 127 FamFG auch in Ehesachen.[49]

59 **2. Entscheidung.** Bei § 379 ZPO handelt es sich um eine Ermessensvorschrift, so dass die Abhängigmachung nicht zwingend erfolgen muss. Das Gericht hat aber zu berücksichtigen, dass die Norm dem Schutz der Justizkasse dient[50] und auch den Antragsteller als sekundären Kostenschuldner vor kostspieligen Anträgen des Antragsgegners schützen soll. Die Entscheidung obliegt dem Richter oder Rechtspfleger, nicht aber dem Kostenbeamten.

60 **3. Vorschusspflichtiger.** Zahlungspflichtig ist der Beweisführer. Ist das Beweismittel von beiden Beteiligte benannt, kommt es auf die Beweislast an.[51] Unberührt davon bleibt aber die Haftung nach §§ 16, 17, 23, so dass gesamtschuldnerische Haftung eintritt (§ 26 Abs. 1). Bei Beweisantritt eines Streithelfers trifft die Vorschusspflicht nicht den Streithelfer, sondern die unterstützte Partei, da der Streithelfer nur für diese handelt.[52]

61 **4. Fristsetzung.** Das Gericht muss eine Zahlungsfrist setzen. Sie ist Voraussetzung dafür, dass die Erhebung des Beweises wegen Nichtzahlung unterbleiben darf.[53] Ein Verstoß gegen Art. 103 Abs. 1 GG liegt auch vor, wenn die Fristsetzung nur wegen fehlerhafter und unvollständiger Übersendung der richterlichen Vorschussanordnung fehlt.

62 Die Fristsetzung muss angemessen sein;[54] in Anwaltsverfahren ist sie länger zu bemessen. Zwei Wochen sind dabei als zu kurz anzusehen, wenn es sich um einen größeren Vorschuss handelt.[55] Es handelt sich um eine richterliche Frist (§ 224 Abs. 2 ZPO iVm § 113 Abs. 1 FamFG), so dass sie verlängert oder abgekürzt werden kann.[56] Die verspätete Vorlage einer Zahlungsanzeige durch die Justizkasse hat der Beteiligte nicht

---

46 OLG Karlsruhe FamRZ 2013, 392. **47** OLG Bremen KostRsp. GKG aF § 68 Nr. 6. **48** Keidel/*Sternal*, § 30 FamFG Rn 49. **49** Keidel/*Weber*, § 127 FamFG Rn 6. **50** Zöller/*Greger*, ZPO, § 379 Rn 2. **51** BGH NJW-RR 1999, 2823. **52** OLG Jena IBR 2014, 121. **53** BVerfG NJW-RR 2004, 1150. **54** OLG Frankfurt NJW 1986, 731. **55** OLG Frankfurt NJW-RR 2010, 717. **56** Zöller/*Greger*, ZPO, § 379 Rn 6.

zu verantworten.[57] Die Frist ist aber nicht gewahrt, wenn der Betrag am letzten Tag der Frist in bar in den Nachtbriefkasten eingeworfen wird.[58]

5. Nichtzahlung des Vorschusses. Die Nichtzahlung des Vorschusses hat zur Folge, dass eine Zeugenladung   63
oder Sachverständigenbestellung nicht erfolgt. Grober Nachlässigkeit bedarf es nicht.[59] Der Beteiligte ist wegen der Nichtzahlung aber mit dem Beweismittel nicht ausgeschlossen.[60] Ist Termin bereits anberaumt, ist er wegen Nichtzahlung nicht aufzuheben.[61] Verweigert der Beteiligte die Zahlung, weil er den Gegner für beweispflichtig hält, kann ein erneuter oder aufrechterhaltener Beweisantrag als verspätet zurückgewiesen werden.[62]

Im Übrigen hat das Gericht bei Nichtzahlung nach pflichtgemäßem Ermessen zu prüfen, ob es dem Beweis-   64
antrag stattgibt oder ihn bei Vorliegen der Voraussetzungen des § 296 ZPO zurückweist;[63] einer erneuten Fristsetzung bedarf es nicht.[64] Die Nichtzahlung entlastet aber nicht von einer nach §§ 16, 17, 21 ff bestehen Zahlungspflicht. Das gilt auch, wenn der Antragsteller das Verfahren wegen Nichtzahlung des Vorschusses nicht weiterbetreibt.[65] Als Antragsrücknahme kann die Nichtzahlung nicht gewertet werden.[66]

6. Vorschussanforderung. Die Vorschussanforderung erfolgt mit Kostenrechnung ohne Sollstellung (vor-   65
mals Kostennachricht). Sie unterbleibt, wenn das Gericht in seinem Beschluss die Zahlungsfrist selbst bestimmt (§ 26 Abs. 3 KostVfg). Der Beschluss bedarf wegen der Fristsetzung (→ Rn 61 f) der förmlichen Zustellung. Ist eine Fristsetzung nicht durch Beschluss erfolgt, ist die Kostenrechnung ohne Sollstellung förmlich zu übersenden, wenn sie den Fristlauf in Gang setzt (§ 26 Abs. 7 S. 1 KostVfg).

Ein nach § 379 ZPO geforderter Vorschuss kann **erhöht** werden, wenn er zur Kostendeckung nicht aus-   66
reicht.[67] War die Handlung bereits erfolgt, kann sich die Anforderung nur noch auf Abs. 3 stützen, auch wenn zu diesem Zeitpunkt erstmals ein Vorschuss angefordert wird.[68]

7. Rechtsbehelfe. Die Anordnung nach § 379 ZPO ist nicht isoliert anfechtbar,[69] sie kann nur zusammen   67
mit der Hauptsacheentscheidung angegriffen werden.[70] Das gilt auch im selbständigen Beweisverfahren.[71] Der Gegner des Vorschusspflichtigen ist nicht beschwerdeberechtigt.[72] Eine isolierte Anfechtung ist aber ausnahmsweise statthaft, wenn das Gericht eine Abhängigmachung anordnet, obwohl wegen anderer gesetzlicher Regelungen Kostenfreiheit besteht oder VKH bewilligt ist.[73] Die **Vorschusserhebung trotz VKH-Bewilligung** stellt einen wesentlichen **Verfahrensmangel** dar, der zur Aufhebung und Zurückverweisung der Sache führen kann.[74]

§ 17 Fortdauer der Vorschusspflicht

[1]Die Verpflichtung zur Zahlung eines Vorschusses bleibt bestehen, auch wenn die Kosten des Verfahrens einem anderen auferlegt oder von einem anderen übernommen sind. [2]§ 26 Abs. 2 gilt entsprechend.

I. Allgemeines

§ 17 dient der Kostensicherung der Staatskasse. Es soll verhindert werden, dass die Einziehung nicht ge-   1
zahlter Vorschüsse oder Vorauszahlungen nur deshalb unterbleiben muss, weil ein weiterer Kostenschuldner hinzutritt. Die Vorschrift dient zugleich dem Schutz des Zahlungspflichtigen, weil S. 2 die Reihenfolge der Inanspruchnahme regelt.

§ 17 gilt für sämtliche Verfahren, auch FG-Familiensachen,[1] sowie für alle nach §§ 12 ff zu leistenden Vor-   2
schüsse. Dabei ist die Vorschrift über ihren Wortlaut hinaus auch auf Vorauszahlungen (§ 14 Abs. 1) anzuwenden.[2]

II. Umfang der Zahlungspflicht

1. Endgültige Zahlungspflicht. Besteht nach §§ 12 ff Vorauszahlungs- oder Vorschusspflicht, stellt § 17   3
klar, dass es sich um eine endgültige Zahlungsverpflichtung handelt. Sie bleibt daher auch bestehen, wenn

- ein Kostenschuldner nach § 24 Nr. 1, 2 hinzutritt,
- ein anderer Kostenschuldner (zB nach § 21 Abs. 1) vorhanden ist,

---

57 OLG München OLGR 1994, 214. **58** OLG Stuttgart JVBl 1963, 19. **59** OLG Köln JMBl NW 1984, 33. **60** BGH MDR 1982, 1012; OLG Köln NJW-RR 1997, 1291. **61** OLG Düsseldorf NJW-RR 1997, 1085. **62** BGH MDR 1998, 235; OLG Hamm MDR 1973, 592. **63** OLG Hamm NJW-RR 1995, 1151; KG NVZ 2007, 45. **64** BGH MDR 1998, 235. **65** OLG München 30.8.2005 – 1 W 1533/05, juris. **66** OLG Rostock OLGR 2009, 507. **67** OLG München MDR 1978, 412. **68** MüKo-ZPO/*Damrau*, § 379 Rn 7. **69** OLG Köln OLGR 1998, 75; OLG Frankfurt MDR 2004, 1255; OLG Zweibrücken BauR 2005, 910. **70** OLG Köln OLGR 1998, 75. **71** BGH NJW-RR 2009, 1433; OLG Rostock AGS 2007, 575. **72** LG Düsseldorf JurBüro 1987, 1249. **73** OLG Frankfurt OLGR 2004, 100. **74** OLG Hamm MDR 1999, 502. **1** BT-Drucks 16/6308, S. 302 zu § 17. **2** HK-FamGKG/*Volpert*, § 17 Rn 3, 5.

■ die gerichtliche Handlung bereits durchgeführt oder abgeschlossen ist,

■ das Verfahren ohne Kostenentscheidung oder Kostenregelung beendet wird.

4 Vorschüsse oder Vorauszahlungen können daher noch angefordert oder nachgefordert werden, wenn die geleisteten Zahlungen nicht kostendeckend waren.

5 **2. Nachzahlungsverpflichtung.** Waren die angeforderten Vorschüsse noch nicht gezahlt oder überhaupt noch nicht angefordert, besteht für den Vorschusspflichtigen die Verpflichtung zur Nachzahlung. Sie endet erst, wenn die Kosten durch den hinzugetretenen Kostenschuldner nach § 24 Nr. 1, 2 oder einen anderen Zahlungsverpflichteten, mit dem eine gesamtschuldnerische Haftung besteht, gezahlt werden. Darüber hinaus ist der Vorschusspflichtige verpflichtet, weitere Beträge zu leisten, wenn die angeforderten Vorschüsse zur Deckung der Auslagen nicht ausreichen, auch wenn die Instanz bereits abgeschlossen oder die gerichtliche Handlung durchgeführt ist.

6 **Beispiel:** Der Antrag soll im Ausland zugestellt werden. Wegen der Übersetzungskosten wird nach § 16 Abs. 1 vom Antragsteller ein Vorschuss iHv 1.300 € angefordert, der gezahlt wird. An den Übersetzer wird eine Vergütung von 1.700 € gezahlt. Hinzu kommen weitere 20 €, die von der Prüfstelle erhoben werden.

Der Vorschuss deckt die für die Auslandszustellung entstandenen Auslagen iHv 1.720 € (Nr. 2005, 2012 KV) nicht. Die fehlenden 420 € können vom Antragsteller durch Sollstellung nachgefordert werden (§ 17).

7 **3. Kein Rückzahlungsanspruch.** Für bereits gezahlte Vorschüsse besteht kein Rückzahlungsanspruch gegenüber der Staatskasse, wenn nicht ein Fall nach § 2 Abs. 3, § 26 Abs. 3, 4 vorliegt oder das Gericht die Nichterhebung von Gerichtskosten anordnet (§ 20 Abs. 1 oder § 81 Abs. 1 S. 2 FamFG). Auch ein Streithelfer hat keinen Rückzahlungsanspruch, wenn er für eine von ihm beantragte Handlung Vorschüsse geleistet hat.[3] Der Vorschussleistende kann seinen Erstattungsanspruch nur im Kostenfestsetzungsverfahren (§§ 103 ff ZPO iVm §§ 85, 113 Abs. 1 FamFG) geltend machen.

III. Hinzutreten weiterer Kostenschuldner (S. 2)

8 **1. Allgemeines.** Tritt ein weiterer Kostenschuldner hinzu, ist die **Reihenfolge des S. 2** beachten. Sie schränkt insoweit das Ermessen der Staatskasse bei der Kostenanforderung ein, auch wenn gesamtschuldnerische Haftung vorliegt. Die Norm gilt ihrem Wortlaut nach nur für Schuldner nach § 24 Nr. 1 und 2. Für andere Schuldner, auch nach § 24 Nr. 3, gilt sie nicht. Es muss sich um noch nicht gezahlte Vorschüsse oder Vorauszahlungen handeln, so dass S. 2 keinen Rückzahlungsanspruch schafft.

9 **2. Erst- und Übernahmeschuldner.** Ist ein Schuldner nach § 24 Nr. 1, 2 hinzugetreten, kann der Zahlungspflichtige nach § 17 für noch offene Kosten erst dann in Anspruch genommen werden, wenn die Voraussetzungen des § 26 Abs. 2 vorliegen, so dass er zum Zweitschuldner wird. Eine Inanspruchnahme kann danach erst erfolgen, wenn eine Zwangsvollstreckung in das bewegliche Vermögen des Entscheidungs- oder Übernahmeschuldners erfolglos geblieben ist oder aussichtslos erscheint. Dazu → § 26 Rn 20 ff.

10 **Beispiel:** Vom Antragsgegner wird ein Vorschuss (§ 16 Abs. 1) iHv 500 € angefordert. Die tatsächliche Auslagenhöhe beträgt 650 €. Eine Nachforderung erfolgt durch das Gericht nicht. Die Kosten werden dem Antragsteller auferlegt, der zum Entscheidungs- und Erstschuldner wird (§ 26 Abs. 2).

Die noch nicht gedeckten Auslagen sind nun zuerst von dem Antragsteller anzufordern. Der Antragsgegner kann erst in Anspruch genommen werden, wenn die Kosten von dem Antragsteller nicht eingezogen werden können (S. 2).

11 **3. Sonstige Kostenschuldner.** Der Zahlungspflichtige nach § 17 haftet auch mit dem Antragsschuldner (§ 21 Abs. 1) als Gesamtschuldner (§ 26 Abs. 1), jedoch ist keiner von ihnen vorrangig zur Kostenzahlung verpflichtet ist.[4]

12 **4. Haftungsberechnung.** Da geleistete Vorschüsse zunächst auf solche Auslagen zu verrechnen sind, für die sie geleistet wurden,[5] kann auch die Zweitschuldnerhaftung des Vorschusspflichtigen nur insoweit geltend gemacht werden, als für diese Auslagen noch eine offene Kostenschuld besteht.

13 **Beispiel:** In einer Kindschaftssache soll ein Gutachten eingeholt werden. Da Amtsermittlung erfolgt, wird nach § 16 Abs. 3 von Antragsteller und Antragsgegner je ein Auslagenvorschuss iHv 700 € angefordert. Der Sachverständige erhält eine Vergütung von 1.450 €. Die Kosten werden dem Antragsteller auferlegt, der Verfahrenswert beträgt 3.000 €. Eine Vorauszahlung für die Gebühren war wegen § 14 Abs. 3, § 21 Abs. 1 nicht erfolgt.

In dem Verfahren sind folgende Kosten entstanden:

0,5-Verfahrensgebühr, Nr. 1310 KV (Wert: 3.000 €)	54,00 €
Sachverständigenvergütung, Nr. 2005 KV	1.450,00 €
Gesamt	1.504,00 €

---

3 OLG Köln MDR 1993, 807. **4** OLG Düsseldorf JMBl NW 2002, 271. **5** OLG Köln JurBüro 1982, 584.

abzgl. geleisteter Auslagenvorschüsse	– 1.400,00 €
Noch zu zahlen	104,00 €

Dieser Betrag ist zunächst vom Antragsteller anzufordern (§ 24 Nr. 1). Erst wenn die Voraussetzungen des § 26 Abs. 2 vorliegen, kann der Antragsgegner als Zweitschuldner in Anspruch genommen werden.

Seine Haftung ist genau zu berechnen. Für die Gebühr haftet der Antragsgegner nicht. Hinsichtlich der Sachverständigenvergütung iHv 1.450 € haftet er wegen § 16 Abs. 3, § 17 gesamtschuldnerisch mit dem Antragsteller. Die geleisteten Auslagenvorschüsse der Beteiligten sind jedoch zunächst auf die Sachverständigenvergütung zu verrechnen, so dass hier nur noch ein offener Kostenbetrag von 50 € verbleibt. Der Antragsgegner kann daher nur in dieser Höhe als weiterer Schuldner (§ 17) in Anspruch genommen werden.

IV. Wegfall der Zahlungspflicht

1. Kostenfreiheit. Ist der hinzugetretene Kostenschuldner (§ 24 Nr. 1, 2) von der Kostenzahlung befreit,   **14** entfällt auch die Zahlungsverpflichtung nach § 17. In diesem Fall sind auch bereits geleistete Vorschüsse zurückzuerstatten (§ 2 Abs. 3), jedoch ohne Verzinsung (§ 7 Abs. 4). Besteht nur Gebührenfreiheit, erstrecken sich Rückzahlungspflicht und Erlöschen der Zahlungspflicht nicht auf Auslagenvorschüsse.

2. Verfahrenskostenhilfe. Wird einem Entscheidungsschuldner VKH bewilligt, sind geleistete Vorschüsse   **15** zurückzuzahlen (§ 26 Abs. 3, 4), wenn es sich nicht um Zahlungen nach § 13 Abs. 1, 3 JVEG handelt. Unerheblich ist dabei, ob die VKH-Bewilligung mit oder ohne Zahlungsbestimmungen erfolgt. Auch für noch nicht gezahlte Kosten kann der Schuldner nach § 17 nicht mehr in Anspruch genommen werden. Bei Teil-VKH gilt das Vorgesagte nur, soweit die Bewilligung reicht (→ § 16 Rn 49 f). Ist einem Übernahmeschuldner VKH bewilligt, besteht ein Rückzahlungsanspruch nur in den Fällen des § 26 Abs. 4, in den anderen Fällen nicht, so dass auch die Zahlungspflicht nach § 17 bestehen bleibt.

3. Reiseentschädigungen. War an den Schuldner nach § 24 Nr. 1 eine Reiseentschädigung wegen Mittello-   **16** sigkeit gezahlt, kann wegen § 26 Abs. 3 S. 2 für diese Auslagen (Nr. 2007 KV) kein anderer Kostenschuldner als der Entscheidungsschuldner in Anspruch genommen werden, so dass keine Zahlungspflicht nach § 17 besteht. Das gilt auch, wenn einem Übernahmeschuldner in den Fällen des § 26 Abs. 4 eine Reiseentschädigung gewährt wurde.

4. Erlass und Niederschlagung. Durch **Erlass** erlischt das Schuldverhältnis (§ 397 BGB). Für die anderen   **17** Kostenschuldner tritt diese Wirkung aber nur ein, wenn die Vertragsschließenden das ganze Schuldverhältnis aufheben wollten (§ 423 BGB).[6]

Wird die Kostenschuld nur **niedergeschlagen**, handelt es sich um eine verwaltungsinterne Maßnahme,   **18** durch die von der Weiterverfolgung des Anspruchs abgesehen wird. In diesem Fall bleibt die Zahlungspflicht nach § 17 bestehen, weil der Anspruch nicht erlischt und auch die weitere Rechtsverfolgung nicht ausgeschlossen wird.[7]

5. Sonstige Gründe. Hat das Gericht die Nichterhebung von Gerichtskosten angeordnet (§ 81 Abs. 1 S. 2   **19** FamFG), entfällt auch die Zahlungspflicht des § 17. Geleistete Vorschüsse sind unverzinst zurückzuzahlen. Gleiches gilt, wenn die Nichterhebung der Kosten wegen unrichtiger Sachbehandlung angeordnet wird (§ 20) oder der Vergütungsanspruch aufgrund einer gerichtlichen Festsetzung nach § 4 JVEG ganz oder teilweise wegfällt.

V. Rechtsbehelfe

Die Inanspruchnahme nach § 17 kann der Schuldner mit der Erinnerung nach § 57 angreifen. Er kann sich   **20** insb. gegen die erstmalige Anforderung, eine Nachforderung oder die Höhe des Kostenbetrags wenden oder auch vortragen, dass die Voraussetzungen des § 26 Abs. 2 nicht vorliegen.

Abschnitt 4
Kostenansatz

Vorbemerkung zu §§ 18 ff

---

6 HK-FamGKG/*Volpert*, § 17 Rn 6; *Meyer*, GKG § 18 Rn 7; *Oestreich/Hellstab/Trenkle*, GKG § 18 Rn 3. **7** *Hartmann*, KostG, § 18 GKG Rn 6.

I. Begriff des Kostenansatzes

1 **1. Gegenstand.** Der Kostenansatz, für dessen Richtigkeit und Vollständigkeit der **Kostenbeamte** verantwortlich ist, besteht in der **Aufstellung der Kostenrechnung** (§ 4 Abs. 1 KostVfg). Gegenstand sind die Berechnung der Gerichts- oder Justizverwaltungskosten sowie die Feststellung des Kostenschuldners, wobei auch die Reihenfolge ihrer Inanspruchnahme (§ 26 Abs. 2, ggf iVm § 17 S. 2, § 8 KostVfg) zwingend zu befolgen sind. Zu beachten sind auch §§ 114 ff ZPO iVm § 76 Abs. 1, § 113 Abs. 1 FamFG, die den Regelungen des FamGKG **vorgehen**.

2 **2. Wesen des Kostenansatzes.** Der Kostenansatz ist **Justizverwaltungsakt**[1] und damit zugleich Akt der öffentlichen Gewalt, gegen den gem. Art. 19 Abs. 4 GG der Rechtsweg offen steht,[2] was durch § 57 gewahrt ist. Der Kostenschuldner kann im Rahmen dieser Verfahren die Rechtmäßigkeit des Kostansatzes in vollem Umfang gerichtlich überprüfen lassen, was aber die Anrufung anderer Gerichte ausschließt. Wird der Kostenansatz ganz oder teilweise zurückgenommen, weil der Kostenbeamte der Erinnerung abhilft oder der Bezirksrevisor die Änderung anordnet, liegt darin ein begünstigender Verwaltungsakt, so dass die Abhilfe nicht ohne Weiteres zurückgenommen werden kann.[3]

3 **3. Rechtliches Gehör.** Der Kostenschuldner braucht vor der Aufstellung des Kostenansatzes nicht zu gehört werden, jedoch ist eine Anhörung bei Zweifelsfragen nicht ausgeschlossen.[4] Wird aber durch den Vertreter der Landeskasse Erinnerung (§ 57) eingelegt, ist dem Kostenschuldner rechtliches Gehör zu gewähren, nicht aber schon bei einer Anweisung nach § 36 KostVfg.

4 **4. Verwaltungsvorschriften, insb. KostVfg.** Zur Durchführung der Kostengesetze sind entsprechende Verwaltungsbestimmungen ergangen, deren bedeutendste die **KostVfg** ist. Bei der KostVfg handelt es sich um eine **bundeseinheitliche Regelung**, die durch **Zusatzbestimmungen der Länder** ergänzt wird; zu den Fundstellen s. Anhang I. 1. „Kostenverfügung (KostVfg)" in diesem Kommentar. Das Gericht (Richter, Rechtspfleger) ist – anders als der weisungsgebundene Kostenbeamte – nicht an die KostVfg **gebunden**,[5] da sie kein Gesetz iSd Art. 20 Abs. 2, Art. 97 Abs. 1 GG darstellt.[6] Die Aufstellung und regelmäßige Anwendung einer solchen Verwaltungsvorschrift bewirkt jedoch eine **Selbstbindung der Verwaltung**, die ihr Ermessen einschränkt und sie nach dem Gleichheitsgrundsatz (Art. 3 Abs. 1 GG) verpflichtet, im Einzelfall diese Vorschriften zu befolgen und bei der geübten Praxis zu bleiben. Ein Abweichen hiervon kann daher einen **Ermessensfehler** darstellen und zur **Rechtswidrigkeit des Ansatzes** führen.[7] Das gilt insb. für eine abweichende Inanspruchnahme von Gesamtschuldnern nach § 8 KostVfg.[8] Wird die Verwaltungsvorschrift aber den gesetzlichen Regelungen, die durch sie näher geregelt werden sollen, nicht gerecht, wird eine Bindungswirkung für die Gerichte nicht entfaltet.[9]

5 Neben der KostVfg sind weitere Verwaltungsvorschriften zu beachten, wie zB Kleinbetragsregelungen und DB-PKH (§ 4 Abs. 5, § 9 KostVfg). Eine Auflistung relevanter Verwaltungsvorschriften (mit Fundstellenangabe) findet sich in Anhang I. 2. in diesem Kommentar.

---

1 BVerfG NJW 1970, 853; OLG Saarbrücken Rpfleger 2001, 461. **2** BVerfG NJW 1970, 853. **3** OLG Saarbrücken Rpfleger 2001, 461. **4** *Meyer*, GKG § 19 Rn 13. **5** OLG Koblenz MDR 2005, 1079. **6** OLG Brandenburg NJW 2007, 1470. **7** BFH/NV 1997, 603; OLG Koblenz Rpfleger 1988, 384; KG MDR 2002, 1276. **8** OLG München NJW-RR 2000, 1744. **9** OLG Brandenburg NJW 2007, 1470.

5. Zeitpunkt. Kosten sind nach § 15 **Abs. 1 KostVfg** anzusetzen, sobald **Fälligkeit** eintritt (§§ 9 ff), Vor- 6
schüsse und Vorauszahlungen sind zu berechnen, sobald sie zu leisten sind (§§ 12 ff). Darauf soll im Rahmen der Kostenprüfung besonders geachtet werden (§ 41 Abs. 1 Nr. 1 KostVfg). Von § 15 KostVfg kann
abgewichen werden, wenn etwas anderes bestimmt ist, zB § 16 Abschn. II KostVfg für Vormundschaften
und Dauerpflegschaften.

Auslagen sind idR erst bei Beendigung des Rechtszugs anzusetzen, wenn kein Verlust für die Staatskasse zu 7
befürchten ist (§ 15 **Abs. 2 KostVfg**); wegen ihrer Abrechnung aber → § 16 Rn 43 ff. Die Dokumenten-
oder Aktenversendungspauschale wird hingegen sofort nach ihrer Entstehung fällig (§ 11 Abs. 2). § 15
Abs. 2 KostVfg gilt aber nicht für Auslagen, die in Verfahren vor ausländischen Behörden entstehen oder
die einer an der Sache nicht beteiligten Person zur Last fallen (§ 15 Abs. 3 KostVfg), so dass Auslagen hier
stets sofort nach ihrer Entstehung anzusetzen sind.

6. Beschleunigung des Kostenansatzes. In den Ländern zur Beschleunigung des Kostenansatzes erlassene 8
Verwaltungsbestimmungen sind zu beachten. Danach ist dieser vor Aktenversendung wegen Rechtsmitteleinlegung oder anderen Gründen vorher aufzustellen und auch die Sollstellung oder Rückzahlung der Kosten ist zu veranlassen (vgl auch § 15 Abs. 1 S. 1 KostVfg).

7. Kostenrechnung. Hinsichtlich der aufzustellenden Kostenrechnung ist zwischen Urschrift und Rein- 9
schrift zu unterscheiden.

Der Inhalt der **Urschrift** ergibt sich aus § 24 KostVfg, wonach zwingend aufzunehmen sind: 10
- die Angabe der Justizbehörde;
- die Bezeichnung der Sache und Geschäftsnummer;
- die einzelnen Kostenansätze und Kostenvorschüsse unter Hinweis auf angewendete Vorschriften;
- bei Wertgebühren der zugrunde gelegte Wert;
- der Gesamtbetrag der Kosten;
- Name, Anschrift und ggf Geschäftszeichen der Kostenschuldner;
- Vermerke über gesamtschuldnerische Haftung oder dass ein Kostenschuldner die Zwangsvollstreckung
  in bestimmtes Vermögen zu dulden hat;
- die Reihenfolge der Inanspruchnahme von Gesamtschuldnern;
- die Angabe, wo sich Zahlungsnachweise wie zB Gerichtskostenstemplerabdrücke befinden;[10]
- ein Vermerk bei eventuellem Nachforderungsvorbehalt;
- bei durchlaufenden Geldern den Empfänger dieser Beträge.

Sind die Kosten noch nicht oder nicht vollständig gezahlt, hat der Kostenbeamte zugleich zu verfügen, ob 11
die Kosten durch **Sollstellung oder Kostenrechnung ohne Sollstellung** anzufordern sind (§ 4 Abs. 2
KostVfg).

Die Kostenrechnung ist vom Kostenbeamten unter Angabe von Ort, Tag und Amtsbezeichnung zu unter- 12
schreiben (§ 24 Abs. 9 KostVfg). In der Kostenrechnung sind die einzelnen Kostenansätze aufzuführen, die
bloße Angabe des Gesamtbetrags ist nicht ausreichend. Gemäß dem Zitiergebot ist die angewendete Vorschrift stets anzugeben. Eine Angabe von Umsatzsteuerbeträgen entfällt auch dann, wenn eine Umsatzsteuer für Auslagen tatsächlich entstanden ist, so dass stets nur **Bruttobeträge** auszuweisen sind.[11]

Ein **Vorsteuerabzug** kommt für den Kostenschuldner nicht in Betracht, da es an der Voraussetzung des § 15 13
UStG fehlt und die Leistungen wegen des Fehlens einer Rechtsbeziehung zwischen Kostenschuldner und
dem für das Gericht tätig werdende Unternehmen auch nicht für das Unternehmen des Kostenschuldners
erbracht wird.

8. Fertigung der Reinschrift. Ist die Sollstellung angeordnet, hat die Geschäftsstelle für jeden Kostenschuld- 14
ner eine **Reinschrift** der Kostenrechnung fertigen (§ 25 Abs. 2 KostVfg). In die Reinschrift ist auch eine
Rechtsbehelfsbelehrung aufzunehmen. Im Übrigen sind der Zahlungsempfänger mit Anschrift und Bankverbindung sowie das Kassenzeichen anzugeben.

Wird die Sollstellung mittels ADV-Automationsprogramm erzeugt, bedarf es keiner Unterschrift und auch 15
keines Abdrucks des Dienstsiegels. Stattdessen ist jedoch auf der Kostenrechnung zu vermerken, dass diese
mit einer Datenverarbeitungsanlage erstellt wurde und daher nicht unterzeichnet ist.

9. Kostenrechnung ohne Sollstellung. Sind vorweg zu erhebende Gebühren und Auslagen anzufordern, von 16
deren Zahlung die Vornahme einer Handlung, die Einleitung oder der Fortgang eines Verfahrens abhängt

---

10 Vgl in Nordrhein-Westfalen auch: RV d. JM v. 21.1.1985 idF v. 14.6.2002 (5606 - I B.12). **11** Vgl Baden-Württemberg: AV d.
JuM v. 28.1.1976 (5600 - III/276); Nordrhein-Westfalen: RV d. JM v. 22.4.1970 (5607 - I B.3); Rheinland-Pfalz: AV d. JM
v. 4.3.1976 (JBl. S. 106).

(§§ 14, 16 Abs. 1, 2), sind diese nicht mit Sollstellung, sondern durch Kostenrechnung ohne Sollstellung (vormals Kostennachricht) unmittelbar vom Kostenschuldner anzufordern (§ 26 Abs. 1 KostVfg).

17 Ist der Beteiligte durch einen **Bevollmächtigten**, insb. einen Verfahrensbevollmächtigten, vertreten, ist die Kostenrechnung ohne Sollstellung grds. diesem zur Vermittlung der Zahlung zu übersenden (§ 26 Abs. 6 KostVfg).

18 Die Übersendung erfolgt regelmäßig formlos. Ist jedoch an die Zahlung eine Frist geknüpft, wird die Kostenrechnung ohne Sollstellung von Amts wegen förmlich zugestellt. Wird der angeforderte Vorschuss nur teilweise gezahlt, gilt § 26 Abs. 4 KostVfg (→ § 14 Rn 69 f).

19 Waren Kosten mit Kostenrechnung ohne Sollstellung angefordert, unterbleibt die Übersendung einer **Schlusskostenrechnung**, wenn sich der endgültige Kostenbetrag mit dem Vorschuss deckt. Andernfalls ist die Schlusskostenrechnung unverzüglich zu übersenden (§ 26 Abs. 9 KostVfg).

20 **10. Rückzahlung. a) Allgemeines.** Vermindert sich die Kostenforderung oder erlischt sie ganz, hat der Kostenbeamte durch Kassenanordnung die Rückzahlung oder Löschung anzuordnen (§ 29 Abs. 3 KostVfg), die auf der Urschrift der Kostenrechnung zu vermerken ist. Dem Kostenschuldner und Rückzahlungsempfänger ist eine Reinschrift der berichtigten Kostenrechnung zu übersenden. Die Verweigerung der Rückzahlung kann mit der Erinnerung (§ 57) angegriffen werden.[12] Eine Verzinsung erfolgt nicht (§ 7 Abs. 4). Zur VKH → § 15 Rn 14 ff.

21 **b) Rückzahlungsempfänger.** Überschüssige Kosten sind an den **Kostenschuldner** selbst zurückzuzahlen. Ist dieser durch einen **Verfahrensbevollmächtigten** vertreten (§ 81 ZPO iVm §§ 11, 113 Abs. 1 FamFG), ist die Rückzahlung an diesen anzuordnen, es sei denn, der Beteiligte hat der Rückzahlung gegenüber dem Gericht ausdrücklich widersprochen (§ 29 Abs. 4 S. 1 KostVfg). Stimmt der Bevollmächtigte in diesem Fall der Rückzahlung an den Beteiligten nicht zu, sind die Akten dem Prüfungsbeamten zur Entscheidung vorzulegen (§ 29 Abs. 4 S. 2 KostVfg). In dem Verlangen des Beteiligten, von ihm selbst gezahlte Kostenbeträge an sich selbst auszuzahlen, liegt eine wirksame Beschränkung der Prozessvollmacht, was dazu führt, dass der Verfahrensbevollmächtigte nicht mehr zum Geldempfang berechtigt ist. Erfolgt die Rückzahlung dennoch an den Bevollmächtigten, führt dies nicht zur Erfüllung des Rückzahlungsanspruchs des Beteiligten gegen die Gerichtskasse.[13] Für die übrigen Fälle ordnet § 29 Abs. 5 KostVfg an, dass die die Rückzahlung an Bevollmächtigten anzuordnen ist, wenn

- er eine Vollmacht seines Auftraggebers zur Akte einreicht, die ihn allgemein zum Geldempfang oder zum Empfang der zurückzuzahlenden Kosten ermächtigt,
- keine Zweifel bezüglich der Gültigkeit der Vollmacht bestehen oder
- der Bevollmächtigte ein Rechtsanwalt, Notar oder Rechtsbeistand ist und dieser rechtzeitig vor Anordnung der Rückzahlung schriftlich erklärt, dass er die Kosten aus eigenen Mitteln bezahlt hat.

Einer **Rechtsschutzversicherung** steht kein eigener Rückerstattungsanspruch zu.[14]

22 **c) Irrtümliche Rückzahlung.** Wurde die Rückzahlung irrtümlich veranlasst, sind die Kosten erneut anzufordern. Können diese nicht mehr eingezogen werden, kann auch der Zweitschuldner in Anspruch genommen werden, der sich auch nicht auf § 20 berufen kann.[15]

23 **d) Hinzutreten eines neuen Kostenschuldners.** Tritt zu dem in Anspruch genommenen Kostenschuldner ein weiterer hinzu, der wegen § 26 Abs. 2 und § 8 KostVfg vorrangig in Anspruch zu nehmen ist, hat der Kostenbeamte vor Rückzahlung zunächst festzustellen, ob die angeforderten Kosten bereits gezahlt sind. War eine **Kostenzahlung bereits erfolgt**, unterbleibt die Rückzahlung, wenn für den bisherigen Schuldner noch eine Haftungsgrundlage (zB §§ 16, 17, 21) besteht,[16] da sich die Regelung des § 26 Abs. 2 nur auf noch nicht gezahlte Kosten bezieht. Waren die **Kosten noch nicht gezahlt**, ist die Kostenrechnung zu berichtigen und eine neue aufzustellen. Eine bestehende, aber noch nicht bezahlte Sollstellung ist zu löschen, da eine Umschreibung des Kostensolls nicht stattfindet, und gegen den neuen Kostenschuldner ist die Sollstellung des offenen Betrags zu veranlassen.

24 Erlischt die Haftung eines Gesamtschuldners ganz, ist gleichfalls eine berichtigte Kostenrechnung aufzustellen (§ 30 Abs. 2 KostVfg). Die bisherige Sollstellung ist zu löschen, die Rückzahlung bereits gezahlter Kosten ist anzuordnen, soweit kein weiterer Haftungsgrund mehr besteht, und gegen den neuen Kostenschuldner ist Sollstellung zu veranlassen.

25 **11. Behandlung von Kleinbeträgen.** Es sind die erlassenen besonderen Bestimmungen zu beachten (§ 4 Abs. 5, § 29 Abs. 11 KostVfg). Der Kostenbeamte hat auch bei Kleinbeträgen einen Kostenansatz aufzustellen, jedoch in der Urschrift der Kostenrechnung zu vermerken, dass die Einziehung vorbehalten bleibt.

12 OLG Oldenburg JurBüro 1987, 1197. **13** OLG Brandenburg NJW 2007, 1470. **14** OLG Düsseldorf MDR 1983, 321; OLG Stuttgart Rpfleger 1985, 169. **15** LG Frankenthal JurBüro 1993, 97. **16** OLG Karlsruhe 6.4.1978 – 13 W 215/77, juris.

Durch die aktenführende Stelle sind die Blätter, auf denen Kleinbeträge vermerkt sind, auf dem Aktenumschlag zu notieren (§ 3 Abs. 4 Nr. 4 KostVfg). § 3 Abs. 5 KostVfg ordnet zudem ausdrücklich an, dass die Bescheinigung über die erfolgte Kostenprüfung durch den Kostenbeamten auch dann auf dem Aktendeckel auszufüllen ist, wenn Kleinbeträge vorbehalten bleiben.

Ungeachtet der Kleinbetragsgrenze sehen die Verwaltungsbestimmungen einen Kosteneinzug zumeist vor, **26** sobald für den gleichen Kostenschuldner weitere Kostenforderungen entstehen. In Fällen, in denen die Kostengesetze eine Vorauszahlung oder einen Vorschuss vorsehen, ist bei noch fehlenden Kleinbeträgen nach § 26 Abs. 4 KostVfg zu verfahren.

Die ergangenen Bestimmungen regeln auch die **Rückzahlung** von Kleinbeträgen. Danach kann eine Rück- **27** zahlung, unabhängig von der Höhe, nicht verwehrt werden, wenn der Kostenschuldner diese ausdrücklich verlangt.

12. Erlass, Stundung, Niederschlagung. Nicht Gegenstand des Kostenansatzes sind Erlass, Stundung und **28** Niederschlagung von Gerichtskosten oder von nach § 59 RVG auf die Staatskasse übergegangenen Ansprüche. Der Kostenbeamte ist zu einer Entscheidung nicht befugt (→ § 2 Rn 57 ff).

13. Zahlung durch Kostenstempler. a) Zulassung der Verwendung. Die Länder haben durch Verwaltungs- **29** bestimmungen die Verwendung von **Kostenstemplern** zugelassen. Im Gegensatz dazu wurde der Verkauf von **Kostenmarken** eingestellt und die Kostenmarken wurden zur Einziehung aufgerufen (→ Rn 37). Die Verwendung von Kostenstemplern ist nur nach vorheriger **Genehmigung** der Genehmigungsbehörde zulässig. Eine Genehmigung darf nur Rechtsanwälten, Notaren, Rechtsbeiständen, Kreditinstituten, Versicherungen und anderen größeren Firmen mit wirtschaftlich gesicherter Lage erteilt werden. Sie ist widerruflich. Der Antrag auf Genehmigung ist bei dem Präsident des Amts- oder Landgerichts am Amts-, Kanzlei- oder Firmensitz einzureichen.

b) Verwendung von Kostenstemplern. Ist die Genehmigung erteilt, können mit Kostenstemplern Gerichts- **30** kosten in der ordentlichen und in der freiwilligen Gerichtsbarkeit sowie in Justizverwaltungssachen bezahlt werden. In Verfahren der Arbeits-, Finanz-, Sozial- oder Verwaltungsgerichtsbarkeit ist eine Zahlung durch Kostenstempler jedoch nur zulässig, wenn die Kostenstempler für die Zahlung ausnahmsweise und nicht ständig und bewusst verwendet werden.

Der Abdruck des Kostenstemplers ist möglichst auf der Vorderseite des für das Gericht bestimmten Schrift- **31** stücks anzubringen. Auf Antrag ist durch die Stelle, welche den Abdruck entgegennimmt, eine Quittung zu erteilen.

In einigen Ländern ist auch die Zahlung von Geldstrafen, Geldbußen, Geldauflagen und sonstigen nach der **32** EBAO einzuziehenden Geldbeträgen mittels Kostenstempler zugelassen (aber → Rn 33).

c) Freizügige Verwendung. Nach der zwischen den Ländern getroffenen Vereinbarung über die freizügige **33** Verwendung von Gerichtskostenmarken und Gerichtskostenstemplern können auch Kostenstempler **anderer Länder** verwendet werden, soweit es sich um Gerichtskosten in Verfahren der ordentlichen oder freiwilligen Gerichtsbarkeit sowie Justizverwaltungssachen handelt. Auf Ausgleich haben die Länder verzichtet. Für die Zahlung von Geldstrafen, Geldbußen und sonstigen nach der EBAO einzuziehenden Ansprüchen können Kostenstempler anderer Länder nicht verwendet werden.

d) Sollstellung. Waren die Kosten bereits zum Soll gestellt, ist die Verwendung von Kostenstemplern unzu- **34** lässig, wenn nicht ein Ausnahmefall vorliegt und sich der Kostenschuldner nicht ständig und bewusst darüber hinwegsetzt. Eine Umbuchung ist nicht zu veranlassen, jedoch ist die Löschung des Kostensolls anzuordnen (§ 29 Abs. 3, 10 KostVfg).

e) Nichtanerkennung der Zahlung. Kann die Höhe des entrichteten Betrags nicht oder nicht zweifelsfrei er- **35** mittelt werden oder war der Abdruck bereits auf einem anderen Schriftstück angebracht, gilt er nicht als Zahlung. Insbesondere das **Ausschneiden oder Ablösen von Kostenstemplerabdrücken** ist unzulässig. Jeder Justizbedienstete ist gehalten, solche Vorfälle oder einen sonstigen Verdacht des **Missbrauchs** unverzüglich dem Behördenleiter anzuzeigen, der das für die Aufklärung Erforderliche zu veranlassen hat.

Wird nachgewiesen, dass mittels Kostenstempler geleistete Beträge nicht als Zahlung anerkannt oder keine **36** Kosten entstanden sind, kann ein Antrag auf **Erstattung** der Kosten bei der Leitung des Amtsgerichts gestellt werden, an dessen Zahlstelle der Benutzer des Kostenstemplers die Vorauszahlung geleistet hat. In gerichtlichen Verfahren kann wegen des Nachweises auf die Gerichtsakte Bezug genommen werden. Die Höhe des geleisteten Betrags ist glaubhaft zu machen. Die Erstattung erfolgt durch förmliche Kassenanordnung, die durch die Leitung des Amtsgerichts erlassen wird. Antrag und Belege sind zu den über den Kostenstempler geführten Akten bei der Zahlstelle zu nehmen.

14. Kostenmarken. Kostenmarken dürfen nicht mehr verwendet werden, nachdem als letztes Land auch **37** Nordrhein-Westfalen den Verkauf eingestellt hat. Sie können daher als Zahlung nicht mehr angenommen werden. In Nordrhein-Westfalen ist jedoch die Verwendung von **elektronischen Kostenmarken** zulässig, mit denen Gerichtskosten, Kosten in Justizverwaltungssachen und Geldbeträge nach § 1 Abs. 1 EBAO bezahlt werden können.[17]

38 **15. Übergang nach § 59 RVG. a) Allgemeines.** Die Festsetzung der Vergütung der beigeordneten Rechtsanwälte ist ein **eigenständiges Verfahren** und nicht Gegenstand des Kostenansatzes. Für den Einzug der auf die Staatskasse übergangenen Ansprüche finden jedoch die für die Gerichtskosten geltenden Vorschriften Anwendung (§ 59 Abs. 2 S. 1 RVG), so dass Sollstellung erfolgen kann (§ 1 Abs. 1 Nr. 10 JBeitrO). Der Kostenbeamte hat daher in die **Schlusskostenrechnung** auch die nach § 59 RVG übergangenen Ansprüche aufzunehmen (Nr. 7.1 DB-PKH). Er hat die Sollstellung zu veranlassen, jedoch kann gegen einen VKH-Beteiligten der übergangene Anspruch nur im Rahmen der angeordneten Zahlungen erfolgen (§ 122 Abs. 1 Nr. 1 Buchst. b ZPO iVm § 76 Abs. 1, § 113 Abs. 1 FamFG). Gegen den Einzug ist nach § 59 Abs. 2 S. 1 RVG Erinnerung oder Beschwerde einzulegen, für die § 57 entsprechend gilt. Damit kann insb. die Höhe der festgesetzten Vergütung oder der Zeitpunkt des Einzugs (zB Verstoß gegen § 125 ZPO) angegriffen sowie eingewendet werden, dass keine Zahlungspflicht besteht oder ein Übergang auf die Staatskasse überhaupt nicht stattfindet.

39 **b) Streitgenossen; Beratungshilfe.** Die Zahlungsaufforderung an einen ausgleichspflichtigen **Streitgenossen** kann nicht auf § 59 RVG gestützt werden (Nr. 2.4.3 FestsetzungsAV). Eine Sollstellung ist nicht zulässig, so dass der Streitgenosse lediglich zur Zahlung aufzufordern ist. Soweit eine freiwillige Zahlung nicht erfolgt, sind die Akten dem zuständigen Präsidenten vorzulegen, der die Klageerhebung veranlassen kann.

40 Auch bei nach § 9 BerHG übergangenen Ansprüchen handelt es sich nur um einen schuldrechtlichen Anspruch, der gleichfalls nicht mittels Sollstellung angefordert werden kann (Abschnitt B Nr. 2 FestsetzungsAV); es ist wie bei Streitgenossen zu verfahren.

41 **16. Ansprüche nach der EBAO.** Siehe → Nr. 1502 KV Rn 11 ff. Darüber hinaus wird auf die Erl. zur EBAO in diesem Kommentar (Ziff. 13) verwiesen.

II. Kostenbeamter

42 **1. Allgemeines.** Die Aufgaben des Kostenbeamten werden von Beamten des gehobenen oder mittleren Justizdienstes bzw vergleichbaren Beschäftigten wahrgenommen (§ 1 KostVfg). Einzelheiten werden durch Verwaltungsbestimmungen der Länder geregelt. Der Kostenbeamte wird als Teil der Justizverwaltung tätig. Er ist **weisungsgebunden** (§ 18 Abs. 3, § 36 KostVfg), auch wenn ein Beamter des gehobenen Dienstes die Aufgaben des Kostenbeamten wahrnimmt.

43 **2. Befugnisse des Kostenbeamten.** Der Kostenbeamte ist insb. für den rechtzeitigen, richtigen und vollständigen Ansatz der Kosten verantwortlich (§ 2 Abs. 1 KostVfg). Für seine Ermittlungen (zB der Kostenschuldner) stehen ihm alle Mittel zur Verfügung, die bei Amtsermittlung zulässig sind.[18] Er kann also die Beteiligten schriftlich oder mündlich anhören, Behördenauskünfte anfordern oder Akten beiziehen. Auch die Ermittlung des Güterstands oder der Erben eines Kostenschuldners sind Aufgabe des Kostenbeamten, da diese nach § 24 Nr. 3 haften können. Nach erfolgter Sollstellung hat jedoch die Gerichtskasse die Erbenermittlung durchzuführen.[19]

44 Teilt die Gerichtskasse mit, dass sie auch die Heranziehung anderer Gesamtschuldner oder bisher nicht in Anspruch genommene Kostenschuldner für geboten hält, hat sie den Kostenbeamten um **Änderung der Kostenrechnung** zu ersuchen. Dieser prüft, ob die Voraussetzungen für die Inanspruchnahme der Kostenschuldner vorliegen und hat ggf die Änderung der Kostenrechnung zu veranlassen (§ 27 Abs. 2 S. 1 KostVfg). Die Gründe für die Inanspruchnahme des weiteren Kostenschuldners sind in der Kostenrechnung anzugeben (§ 27 Abs. 2 S. 2 KostVfg). Im Hinblick auf die Zuständigkeit des Kostenbeamten der zweiten Instanz gilt § 27 Abs. 2 S. 3 KostVfg.

45 Die Gerichtskasse kann den Kostenbeamten auch um Auskunft ersuchen, ob sich aus den Akten Näheres über Einkommen oder Vermögen des Kostenschuldners ergibt. In diesen Fällen hat der Kostenbeamte die notwendigen Feststellungen zu treffen (§ 27 Abs. 1 S. 1 KostVfg). Sind die Akten beim Rechtsmittelgericht, ist der Kostenbeamte des Rechtsmittelgerichts zuständig (§ 27 Abs. 1 S. 2 KostVfg).

46 **3. Mithilfe der aktenführenden Stelle.** Der Kostenbeamte wird durch die aktenführende Stelle, im Regelfall die Geschäftsstelle, unterstützt, die für die **rechtzeitige Aktenvorlage** an den Kostenbeamten verantwortlich ist (§ 3 Abs. 1 S. 1 KostVfg). Eine Aktenvorlage an den Kostenbeamten hat danach insb. u.a. zu erfolgen (§ 3 Abs. 1 S. 2 KostVfg), wenn

17 Bestimmungen über die Verwendung von Elektronischen Kostenmarken (EKM-B), AV d. JM v. 21.4.2010 (5251 - Z. 12) (JMBl NRW S. 133), zul. geänd. d. AV d. JM v. 17.4.2013 (JMBl NRW S. 98). **18** *Rittmann-Wenz*, GKG § 4 Rn 1. **19** *Rittmann-Wenz*, GKG § 4 Rn 1.

- eine den Rechtszug abschließende gerichtliche Entscheidung ergangen ist,
- die Akten aus einem Rechtsmittelzug zurückkommen,
- der Antrag erweitert oder Widerantrag erhoben wird,
- gezahlte Vorschüsse für Zeugen oder Sachverständige zur Deckung der Ansprüche nicht ausreichen,
- die Akten infolge Einspruchs gegen einen Vollstreckungsbescheid bei Gericht eingehen,
- für den Registraturbeamten Zweifel bestehen, ob Kosten oder Vorschüsse zu berechnen sind.

Im Übrigen hat eine Aktenvorlage zu erfolgen, wenn Kosten eingezahlt werden, die nicht einen vom Kostenbeamten angeforderten Vorschuss betreffen. Gleiches gilt, wenn eine Mitteilung über die Niederschlagung oder den (Teil-)Erlass des Kostensolls eingeht, um das nach § 27 Abs. 4 KostVfg Notwendige zu veranlassen. Nach Nr. 2.4 DB-PKH ist eine Aktenvorlage an den Kostenbeamten auch vorgesehen, wenn **47**

- das Gericht VKH bewilligt hat,
- die Entscheidung über die VKH geändert worden ist,
- das Rechtsmittelgericht andere Zahlungen als das Gericht der Vorinstanz bestimmt hat,
- das Gericht die Entscheidung über die zu leistenden Zahlungen geändert oder die Bewilligung der VKH aufgehoben hat,
- 47 Monatsraten eingegangen sind.

Um die Arbeit des Kostenbeamten zu unterstützen, hat der Registraturbeamte auf dem Aktenumschlag die **Blätter** zu **bezeichnen**, auf denen sich **48**

- Kostenmarken, Abdrucke von Gerichtskostenstemplern oder Aktenausdrucke nach § 696 Abs. 2 ZPO mit Gerichtskostenrechnungen befinden,
- ergibt, dass Vorschüsse zum Soll gestellt oder ohne vorherige Sollstellung gezahlt sind,
- Kostenrechnungen, Zahlungsanzeigen oder Nachrichten der Gerichtskasse über die Löschung des Kostensolls befinden,
- Vermerke über Kleinbeträge gemäß den Kleinbetragsregelungen befinden.

Weiter sind zu erhebende Auslagen in einer ins Auge fallenden Weise zu vermerken, wenn nicht eine Berechnung zu den Akten gelangt (§ 3 Abs. 2 KostVfg). Die **Bewilligung von VKH** ist gem. Teil B Nr. 1.4 DB-PKH auf dem Aktenumschlag zu vermerken. **49**

4. Aktenführung. In Familiensachen sind sämtliche Kostenrechnungen, Beanstandungen der Kostenprüfungsbeamten, Zahlungsanzeigen, Nachrichten der Gerichtskasse über die Löschung des Solls sowie Hinterlegungsquittungen vor dem ersten Aktenblatt einzuheften oder in eine dort einzuheftende Aktentasche lose einzulegen oder, soweit die Akten nicht zu heften sind, unter dem Aktenumschlag lose zu verwahren (§ 3 Abs. 1 AktO-oG, § 3 Abs. 3 KostVfg). Für die Blattzahlen sind römische Zahlen zu verwenden. **50**

5. Weglegung der Akten. Vor Weglegung der Akten hat der Registraturbeamte zu prüfen, ob Anlass für eine Aktenvorlage an den Kostenbeamten besteht und ob die berechneten Kosten zum Soll gestellt oder anderweitig gezahlt sind (§ 3 Abs. 5 KostVfg). Die Prüfung ist unter Bezeichnung des letzten Aktenblattes auf dem Aktenumschlag unter Angabe von Tag und Amtsbezeichnung zu bescheinigen. **51**

III. Abstand vom Kostenansatz

1. Verfahrenskostenhilfe. Ist dem Kostenschuldner VKH bewilligt, wird eine Kostenrechnung nach § 27 nicht erstellt (Nr. 3.1 DB-PKH). Die Landesjustizverwaltungen haben jedoch teilweise angeordnet, dass aus haushaltstechnischen Gründen eine Berechnung und Buchung der Kosten zu erfolgen haben. **52**

2. Kostenabstand nach § 10 KostVfg. a) Allgemeines. Nach § 10 Abs. 1 KostVfg kann der Kostenbeamte vom Kostenansatz absehen, wenn das **dauernde Unvermögen** des Kostenschuldners offenkundig oder aus anderen Akten bekannt ist. Zweck der Regelung ist es, die Staatskasse bereits im Voraus vor unnötigen Kosten von fruchtlosen Zwangsvollstreckungsmaßnahmen zu schützen. Einen Rechtsanspruch auf Kostenabstand gewährt § 10 KostVfg nicht.[20] Erfasst sind auch die Fälle, in denen durch die Gerichtskasse bereits in anderen Verfahren bezüglich desselben Schuldners Zweitschuldneranfragen übersandt worden, zB weil dieser die Vermögensauskunft geleistet hat. Auch der dauernde Aufenthalt an einem Ort, der für eine Beitreibung keinen Erfolg verspricht, kann den Kostenabstand rechtfertigen. Jedoch reicht insb. ein bloßer **Auslands- oder Gefängnisaufenthalt** nicht aus. Die bloße Möglichkeit, dass der Kostenschuldner zu einem späteren Zeitpunkt einmal in die Lage kommen könnte, die Kosten zu zahlen, schließt einen Kostenabstand nur dann aus, wenn Gründe vorliegen, die eine spätere Zahlungsfähigkeit erwarten lassen. Nach § 10 Abs. 2 KostVfg sind in den dort genannten Fällen die Kosten trotz Unvermögens des Kostenschuldners anzusetzen. **53**

---

20 KG Rpfleger 1969, 101.

54 **b) Zuständigkeit.** Über den Kostenabstand nach § 10 KostVfg entscheidet der **Kostenbeamte**, der auch selbständig zu prüfen hat, ob tatsächlich Unvermögen vorliegt, und hierzu auch eigenständig Ermittlungen oder Anfragen durchführt. Anhaltspunkte können auch zu den Akten gereichte Unterlagen wegen VKH-Bewilligung oder über Einkommensverhältnisse in Unterhaltssachen sein; sie entbinden aber nicht von der eigenständigen Prüfung (§ 10 Abs. 3 S. 2 KostVfg).

55 **c) Aktenvermerk.** Der Kostenbeamte hat in den Akten kurz zu vermerken, dass er von einem Ansatz der Kosten abgesehen hat (§ 10 Abs. 4 KostVfg). Dabei sind die Gründe und Aktenstelle, aus der sich diese ergeben, anzugeben. Die Aufstellung einer Kostenrechnung nach § 24 KostVfg entfällt.

56 **d) Erinnerung.** Die Nichtbeachtung von § 10 KostVfg kann nach überwiegender Auffasung nicht mit der Erinnerung angefochten werden.[21] Zwar handelt es sich bei der KostVfg um eine Verwaltungsvorschrift, die eine Selbstbindung für die Verwaltung entfaltet, jedoch kann aus § 10 KostVfg gleichwohl kein subjektiv-öffentliches Recht des Kostenschuldners hergeleitet werden, da die Regelung lediglich das Innenverhältnis zwischen Kostenschuldner und Staatskasse berührt.[22] Es handelt sich bei § 10 KostVfg lediglich um eine Regelung zur Ersparnis von unnötigem Verwaltungsaufwand, da der mit der Erhebung der Gerichtskosten verbundene Aufwand vermieden werden soll, wenn von vornherein feststeht, dass eine Zahlung nicht zu erwarten ist.[23] Nach Aufstellung des Kostenansatzes kann der Kostenbeamte nicht mehr nach § 10 KostVfg von der Kostenerhebung absehen, sondern es muss Stundung, Niederschlagung oder Erlass beantragt werden. Wird deshalb das Zahlungsunvermögen erstmals im Erinnerungsverfahren vorgetragen, ist bereits das Beitreibungsverfahren betroffen.

57 **e) Späterer Ansatz der Kosten.** Werden später Gründe bekannt, die dafür sprechen, dass eine Einziehung Erfolg haben würde, können die außer Ansatz gelassenen Kosten angesetzt werden (§ 10 Abs. 5 KostVfg). Allerdings kann ein Nachforderungsverbot (§ 19) eingreifen, wenn der Kostenabstand nach § 10 KostVfg dem Kostenschuldner zuvor nicht erkennbar gemacht wurde.[24]

IV. Prüfung des Kostenansatzes

58 **1. Allgemeines.** Der Kostenansatz wird durch die Vorstände der Justizbehörden überwacht (§ 34 Abs. 1 KostVfg). Die besondere Prüfung obliegt den Kostenprüfungsbeamten (§ 34 Abs. 2 KostVfg), zu denen nach § 35 KostVfg der **Bezirksrevisor** und die weiter bestellten **Prüfungsbeamten** gehören. Im Übrigen bleiben die dem Rechnungshof zustehenden Befugnisse unberührt (§ 34 Abs. 3 KostVfg).

59 **2. Besondere Kostenprüfung.** Bei jeder Justizbehörde findet einmal im Haushaltsjahr eine unvermutete besondere Prüfung des Kostenansatzes statt (§ 39 Abs. 1 KostVfg). Die in den Ländern ergangenen Zusatzbestimmungen können zeitliche Abweichungen enthalten. Zeit und Reihenfolge der besonderen Prüfung bestimmt der Dienstvorgesetzte des Prüfungsbeamten (§ 39 Abs. 2 KostVfg). Dem Prüfungsbeamten (§ 35 KostVfg) ist u.a. Einsicht in sämtliche Akten, Register, Verzeichnisse oder Rechnungsbelege gestattet (§ 40 Abs. 2 KostVfg), er kann auch mündliche Auskunft von dem Kostenbeamten verlangen (§ 40 Abs. 3 KostVfg). Eine Aktenübersendung an den Dienstsitz des Prüfungsbeamten ist zulässig, jedoch sollen die Akten für anhängige Rechtssachen an Ort und Stelle durchgesehen werden (§ 40 Abs. 4 KostVfg). Stellt der Prüfungsbeamte das Fehlen von Akten fest, hat er dem Behördenvorstand Anzeige zu erstatten (§ 43 Abs. 5 KostVfg).

60 **3. Umfang der Kostenprüfung.** Der Umfang der Kostenprüfung wird durch § 41 KostVfg bestimmt. Danach sind insb. der rechtzeitige, richtige und vollständige Ansatz der Kosten und ihre Anforderung zu prüfen. Zu prüfen ist auch die ordnungsgemäße Verwendung von Gerichtskostenstemplern. Die Kostenprüfung erstreckt sich aber nicht auf Ansatz oder Höhe solcher Auslagen, für deren Prüfung eine andere Dienststelle zuständig ist (§ 41 Abs. 2 KostVfg). Soweit VKH bewilligt wurde, ist auch zu prüfen, ob die nach § 59 RVG übergegangenen Ansprüche in zulässiger Weise eingezogen worden sind, die Aktenvorlage in den Fällen der § 120 Abs. 3, § 120 a Abs. 1, § 124 Nr. 2, 3, 5 ZPO iVm § 76 Abs. 1, § 113 Abs. 1 FamFG erfolgt ist und etwaige Ausgleichsansprüche gegen Streitgenossen geltend gemacht worden.

61 **4. Anordnung der Berichtigung.** Hat die Prüfung Nachteile zuungunsten von Staatskasse oder Kostenschuldner ergeben, hat der Prüfungsbeamte die Berichtigung des Kostenansatzes anzuordnen (§ 43 Abs. 1 KostVfg), soweit sie nach § 18 Abs. 3 und § 36 KostVfg noch statthaft ist. War bereits eine gerichtliche Entscheidung über den Kostenansatz ergangen oder beruhte dieser auf einer Anordnung der Dienstaufsichtsbehörde, unterbleibt eine Berichtigung. In diesen Fällen ist lediglich ein entsprechender Vermerk in die

---

21 Aufgabe der in der Vorauflage (1. Aufl. 2014, aaO) vertretenen Auffassung. **22** HessVGH NVwZ-RR 2012, 585; BFH 18.8.2015 – III E 4/15, juris; OLG Karlsruhe 11.5.2016 – 2 VAs 71715, juris; *Meyer*, GKG § 66 Rn 14; aA KG Rpfleger 1969, 101. **23** OLG Karlsruhe 11.5.2016 – 2 VAs 71715, juris. **24** BGH Rpfleger 1959, 1.

NK-GK/H. Schneider

Niederschrift über die Kostenprüfung aufzunehmen (§ 43 Abs. 2 KostVfg). Die Bestimmungen über Kleinbeträge sind auch bei der besonderen Kostenprüfung zu beachten.

5. Niederschrift über die Kostenprüfung. Die sich ergebenden Beanstandungen sind für jede Sache auf einem besonderen Blatt zu verzeichnen, welches zu den Akten zu nehmen und vor das erste Aktenblatt zu heften ist (§ 3 Abs. 3, § 43 Abs. 3 KostVfg). Die Beanstandungen sind durch den Prüfungsbeamten auch in einer Nachweisung zu vermerken, die durch den Kostenbeamten mit Sollbuchnummern oder sonstigen Erledigungsvermerken zu versehen ist. Die Nachweisungen sind durch den Prüfungsbeamten jahrgangsweise zu verwahren. **62**

Daneben ist eine Niederschrift über die Kostenprüfung anzufertigen, die einen Überblick über Verlauf und Ergebnis der Prüfung ermöglichen soll (§ 44 Abs. 1 KostVfg). Zu erörtern sind nur Einzelfälle, die grundsätzliche Bedeutung besitzen, die abweichend beurteilt werden oder sonst von Erheblichkeit sind. In der Niederschrift sind auch solche Sachen aufzunehmen, in denen durch die Staatskasse die Einlegung der Erinnerung angezeigt erscheint. Je eine Durchschrift der Niederschrift ist dem anordnenden Dienstvorgesetzten vorzulegen (§ 44 Abs. 3 S. 1 KostVfg). **63**

6. Jahresberichte. Über das Gesamtergebnis der Kostenprüfungen im abgelaufenen Haushaltsjahr hat der Prüfungsbeamte seinem Dienstvorgesetzten Bericht zu erstatten (§ 45 Abs. 1 KostVfg). Der Bericht ist bis zum 1. Juni abzugeben. Die für die getroffenen Anordnungen maßgebenden Grundsätze sind darzulegen. Konnte die Kostenprüfung nicht bei allen Dienststellen durchgeführt werden, sind die Gründe dafür kurz anzugeben (§ 45 Abs. 2 KostVfg). Die Jahresberichte sind durch den Präsidenten des LG oder AG an den Präsidenten des OLG mit seiner Stellungnahme vorzulegen (§ 45 Abs. 3 KostVfg). Dieser hat den Jahresbericht zu prüfen und sodann die für seinen Bezirk notwendigen Maßnahmen zu treffen (§ 45 Abs. 4 KostVfg). Über Einzelfragen von allgemeiner Bedeutung ist der Landesjustizverwaltung zu berichten. Eine Mitteilung der Berichte an den Generalstaatsanwalt erfolgt durch den Präsidenten des OLG nur, wenn diese für ihn von Interesse ist. **64**

§ 18 Kostenansatz

(1) [1]Es werden angesetzt:
1. die Kosten des ersten Rechtszugs bei dem Gericht, bei dem das Verfahren im ersten Rechtszug anhängig ist oder zuletzt anhängig war,
2. die Kosten des Rechtsmittelverfahrens bei dem Rechtsmittelgericht.
[2]Dies gilt auch dann, wenn die Kosten bei einem ersuchten Gericht entstanden sind.

(2) Die Dokumentenpauschale sowie die Auslagen für die Versendung von Akten werden bei der Stelle angesetzt, bei der sie entstanden sind.

(3) [1]Der Kostenansatz kann im Verwaltungsweg berichtigt werden, solange nicht eine gerichtliche Entscheidung getroffen ist. [2]Ergeht nach der gerichtlichen Entscheidung über den Kostenansatz eine Entscheidung, durch die der Verfahrenswert anders festgesetzt wird, kann der Kostenansatz ebenfalls berichtigt werden.

I. Regelungszweck

Abs. 1 und 2 regeln die örtliche und sachliche Zuständigkeit für den Kostensatz (§ 4 KostVfg), die durch Verwaltungsbestimmungen ergänzt werden (zB § 6 KostVfg). Zur funktionellen Zuständigkeit → Vor §§ 18 ff Rn 42. Die Regelung des Abs. 3 ermöglicht eine Berichtigung des Kostenansatzes auch im Verwaltungswege. **1**

II. Zuständigkeit (Abs. 1)

1. Erstinstanzliche Kosten (Abs. 1 S. 1 Nr. 1). a) Allgemeines. Erstinstanzliche Gerichtskosten sind bei dem Gericht anzusetzen, bei welchem das Verfahren im ersten Rechtszug anhängig ist oder zuletzt anhängig war. **2**

b) Abgabe und Verweisungen. Aus dem Wortlaut „zuletzt anhängig" folgt, dass bei Abgabe oder Verweisung an ein anderes Gericht für den erstinstanzlichen Kostenansatz nur noch der Kostenbeamte des übernehmenden Gerichts zuständig ist. **3**

Erfolgen Abgabe oder Verweisung an das Gericht eines **anderen Landes**, gilt die „**Vereinbarung über den Ausgleich von Kosten**" (§ 6 Abs. 1 KostVfg).[1] Nach Abschnitt I. und IV. der Vereinbarung gilt Folgendes: **4**

---

[1] Zu den Fundstellen für die einzelnen Bundesländer s. Anhang I. 2. („Weitere Verwaltungsvorschriften") in diesem Kommentar.

- Kosten (Gebühren und Auslagen), die vor Verweisung fällig geworden sind, werden bei dem verweisenden Gericht angesetzt und eingezogen.
- Kostenvorschüsse werden bei dem verweisenden Gericht eingezogen, wenn sie bereits vor Verweisung angesetzt waren oder das Gericht eine Amtshandlung von ihrer Zahlung abhängig gemacht hatte.
- Nach Verweisung fällig werdende Kosten werden stets bei dem Gericht angesetzt und eingezogen, an das das Verfahren verwiesen worden ist.
- Kostenvorschüsse, die zwar vor Verweisung fällig geworden sind, zum Zeitpunkt der Verweisung bei dem verweisenden Gericht aber noch nicht angesetzt waren, werden gleichfalls von dem übernehmenden Gericht eingezogen.
- Sind nach Verweisung Kosten zurückzuzahlen, wird die Rückzahlung bei dem Gericht angeordnet, an das das Verfahren verwiesen worden ist, auch wenn die Kosten bei dem verweisenden Gericht eingezogen worden sind. Die Zurückzahlung der Kosten erfolgt aus den Haushaltsmitteln des Gerichts, an das das Verfahren verwiesen worden ist.

Nach Abschitt IV. Nr. 2 der Vereinbarung haben die Ländern auf eine Erstattung der Kosten verzichtet.

5 **c) Kosten des ersuchten Gerichts (Abs. 1 S. 2).** Vor einem ersuchten Gericht entstandene Kosten sind durch das ersuchende Gericht einzuziehen. Eine Kostenerstattung findet nicht statt. Eine Ausnahme besteht jedoch hinsichtlich der Dokumenten- und Aktenversendungspauschale, die vom ersuchten Gericht anzusetzen sind, wenn die Auslagen dort entstanden sind (Abs. 2).

6 **d) Zurückverweisungen.** Bei Zurückverweisungen sind die Kosten des Rechtsmittelverfahrens bei dem Rechtsmittelgericht anzusetzen. Kosten für das erstinstanzliche Verfahren, auch soweit sie nach Zurückverweisung entstehen, werden vom dortigen Kostenbeamten angesetzt.

7 **2. Rechtsmittelkosten (Abs. 1 S. 1 Nr. 2). a) Allgemeines.** Die Gerichtskosten des Rechtsmittelverfahrens werden vom Kostenbeamten des Rechtsmittelgerichts angesetzt (Abs. 1 S. 1 Nr. 2).

8 **b) Einzug der Kosten.** Die KostVfg sieht keine besonderen Regelungen für den Kosteneinzug vor, so dass auch die Übersendung der Sollstellung durch den Kostenbeamten des Rechtsmittelgerichts erfolgt, sofern nicht besondere anderslautende Landesbestimmungen entgegenstehen.

9 **c) Erinnerung.** Auch wenn die Übersendung der Reinschrift ausnahmsweise durch das erstinstanzliche Gericht erfolgt, bleibt das Rechtsmittelgericht weiter zuständig, über eine Erinnerung (§ 57) zu entscheiden, weil es sich weiterhin um eine Kostenrechnung dieses Gerichts handelt.[2] Das gilt auch, wenn der Kostenbeamte Feststellungen nach § 27 Abs. 2 KostVfg getroffen hat.

10 **d) Zweitschuldnerafragen.** Für die Beantwortung einer Zweitschuldneranfrage der Kasse ist der Kostenbeamte des Rechtsmittelgerichts zuständig, wenn die Anfrage eine Kostenrechnung dieses Gerichts betrifft. Der Kostenbeamte des erstinstanzlichen Gerichts ist zur Beantwortung einer Zweitschuldneranfrage, die eine Kostenrechnung des Rechtsmittelgerichts betrifft, nur befugt, wenn eine Zweitschuldneranfrage nicht besteht (§ 27 Abs. 2 S. 3 KostVfg).

11 **e) Verfahren vor dem BGH.** Kostenrechnungen des BGH sind stets durch den dortigen Kostenbeamten zum Soll zu stellen, da die Kosten nicht der Landes-, sondern der Bundeskasse zustehen. Auch die Löschung oder Rückzahlung solcher Kosten ist durch den Kostenbeamten des BGH zu veranlassen.

12 **3. Ersuchen der Gerichtskasse.** Bei Ersuchen der Vollstreckungsbehörde um Änderung oder Ergänzung einer Kostenrechnung, weil sie eine andere Heranziehung von Gesamtschuldnern oder die Inanspruchnahme von bisher nicht in Anspruch genommenen Kostenschuldnern für geboten hält, hat der Kostenbeamte des Rechtsmittelgerichts alle damit zusammenhängenden Verrichtungen auszuführen, soweit die Kosten des Rechtsmittelverfahrens betroffen sind (§ 27 Abs. 2 S. 1, 2 KostVfg).

III. Zuständigkeit bei Dokumenten- und Aktenversendungspauschale (Abs. 2)

13 Für den Ansatz der Dokumenten- und Aktenversendungspauschale (Nr. 2000, 2003 KV) schafft Abs. 2 eine abweichende Regelung. Danach sind solche Kosten von dem Gericht anzusetzen, bei welchem die Auslagen entstanden sind, so dass auch ein ersuchtes Gericht ausnahmsweise zuständig sein kann.

IV. Berichtigung des Kostenansatzes aufgrund Anordnung (Abs. 3 S. 1)

14 **1. Allgemeines.** Der Kostenansatz kann durch gerichtliche Entscheidung (§ 57) oder, weil es sich um einen Justizverwaltungsakt handelt, auch im Verwaltungswege geändert werden (Abs. 3). Die Änderung des Kostenansatzes ist somit möglich

---

[2] KG Rpfleger 1974, 372.

- durch gerichtliche Entscheidung im Erinnerungs- oder Beschwerdeverfahren (§ 57),
- von Amts wegen durch den Kostenbeamten selbst (§ 28 Abs. 2 S. 1 KostVfg),
- durch Abhilfe seitens des Kostenbeamten im Erinnerungsverfahren (§ 28 Abs. 2 S. 1 KostVfg),
- aufgrund Anweisung des Behördenvorstands oder der Kostenprüfungsbeamten (§ 36 KostVfg).

2. Zulässigkeit der Berichtigung. Die Berichtigung im Verwaltungswege ist nur zulässig, wenn das Gericht 15 (Richter, Rechtspfleger) noch nicht über den Kostenansatz entschieden hat, so dass noch keine Entscheidung über eine Erinnerung oder Beschwerde nach § 57 ergangen sein darf. Sind wertabhängige Gebühren angesetzt, kann hinsichtlich des Verfahrenswerts eine Anordnung nach Abs. 3 nur ergehen, wenn noch keine Wertfestsetzung (§ 55) erfolgt oder eine Entscheidung über eine Verfahrenswertbeschwerde (§ 59) ergangen ist.

Handelt es sich aber um Kosten, die von einer solchen Entscheidung nicht berührt werden, kann eine Be- 16 richtigungsanordnung ergehen, zB bei Kosten, die erst nach der gerichtlichen Entscheidung entstehen. Auch bei Abänderungen von Festsetzungen nach § 4 JVEG, § 55 RVG ist der Kostenansatz zu berichtigen.[3] Die gerichtliche Festsetzung nach § 4 JVEG ist jedoch für das Kostenansatzverfahren nicht bindend, weil sie nicht zu Lasten des Kostenschuldners wirken darf (§ 4 Abs. 9 JVEG), so dass die Kostenhöhe noch mit der Erinnerung nach § 57 angegriffen werden darf.

3. Berichtigung durch den Kostenbeamten. Der Kostenbeamte hat unrichtige Kostenansätze von Amts we- 17 gen oder aufgrund einer Erinnerung zu berichtigen (§ 28 Abs. 2 S. 1 KostVfg). Werden dadurch die Kosten eines anderen Rechtszugs berührt, ist der dortige Kostenbeamte zu benachrichtigen (§ 28 Abs. 1 KostVfg). Vor der Änderung braucht keine Stellungnahme oder das Einverständnis der Kostenprüfungsbeamten eingeholt zu werden. Ist Erinnerung eingelegt (§ 57), kann der Kostenbeamte dieser selbständig, auch zum Nachteil der Staatskasse, abhelfen. Eine Vorlage mit den Akten an den Prüfungsbeamten erfolgt nur, wenn er einer Erinnerung des Kostenschuldners nicht bzw nicht in vollem Umfang abhelfen will oder sich die Erinnerung gegen Kosten richtet, die aufgrund einer Beanstandung des Prüfungsbeamten angesetzt sind (§ 28 Abs. 2 S. 2 KostVfg).

4. Anweisung der Behördenvorstände und Prüfungsbeamten. Zur Anordnung der Berichtigung sind die Be- 18 hördenvorstände (Präsident oder Direktor) und die Kostenprüfungsbeamten befugt (§ 36 KostVfg). Das Gericht (Richter, Kammer, Senat oder Rechtspfleger) ist hingegen nicht befugt, den Kostenansatz von sich aus zu ändern,[4] da es nur über die Erinnerung oder Beschwerde (§ 57) entscheidet. Die Anordnung zur Berichtigung kann auch im Rahmen der Kostenprüfung ergehen, wenn der Prüfungsbeamte Unrichtigkeiten zum Nachteil der Staatskasse oder eines Kostenschuldners feststellt (§ 43 Abs. 1 KostVfg). Die Anordnung unterbleibt jedoch, wenn es sich um Kleinbeträge handelt, von deren Einziehung oder Erstattung nach den darüber getroffenen Bestimmungen abgesehen werden darf.

Auch im Rahmen einer Anordnung nach Abs. 3 iVm §§ 36, 43 Abs. 1 KostVfg ist von Amts wegen das 19 Nachforderungsverbot (§ 19) zu beachten, nicht aber eingetretene Verjährung (§ 7 Abs. 3 S. 1).

Der Anweisung des Behördenvorstands oder der Kostenprüfungsbeamten hat der Kostenbeamte Folge zu 20 leisten. Er ist auch nicht berechtigt, eine Entscheidung des Gerichts herbeizuführen (§ 36 S. 2 KostVfg). Im Dienstaufsichtswege können die Gerichtspräsidenten für die ihrer Dienstaufsicht unterstellten Behörden zudem anordnen, dass Kosten wegen unrichtiger Sachbehandlung nicht zu erheben sind (§ 37 KostVfg).

5. Rechtsbehelfe. Gegen die Anordnung der Berichtigung des Kostenansatzes findet Erinnerung oder Be- 21 schwerde (§ 57) statt, nicht aber ein Rechtsmittel nach § 30 a EGGVG.[5]

V. Berichtigung bei Wertänderung (Abs. 3 S. 2)

Ergeht eine Entscheidung, durch die der Verfahrenswert anders festgesetzt wird, kann der Kostenansatz 22 auch dann noch berichtigt werden, wenn über ihn bereits eine gerichtliche Entscheidung ergangen war (Abs. 3 S. 2).

In diesen Fällen ist der Kostenansatz nach § 28 Abs. 2 KostVfg durch den Kostenbeamten von Amts wegen 23 zu berichtigen, ohne dass es einer Anordnung nach § 36 KostVfg bedarf.

Die Regelung greift ein, wenn das Gericht den Verfahrenswert erstmalig festsetzt (§ 55 Abs. 2), eine Festset- 24 zung von Amts wegen vornimmt (§ 55 Abs. 3) oder über eine Verfahrenswertbeschwerde nach § 59 entschieden hat.

3 *Meyer*, GKG § 19 Rn 16. **4** *Oestreich/Hellstab/Trenkle*, FamGKG § 18 Rn 34. **5** *Meyer*, GKG § 19 Rn 16.

§ 19 Nachforderung

(1) [1]Wegen eines unrichtigen Ansatzes dürfen Kosten nur nachgefordert werden, wenn der berichtigte Ansatz dem Zahlungspflichtigen vor Ablauf des nächsten Kalenderjahres nach Absendung der den Rechtszug abschließenden Kostenrechnung (Schlusskostenrechnung), bei Vormundschaften und Dauerpflegschaften der Jahresrechnung, mitgeteilt worden ist. [2]Dies gilt nicht, wenn die Nachforderung auf vorsätzlich oder grob fahrlässig falschen Angaben des Kostenschuldners beruht oder wenn der ursprüngliche Kostenansatz unter einem bestimmten Vorbehalt erfolgt ist.

(2) Ist innerhalb der Frist des Absatzes 1 ein Rechtsbehelf wegen des Hauptgegenstands oder wegen der Kosten eingelegt oder dem Zahlungspflichtigen mitgeteilt worden, dass ein Wertermittlungsverfahren eingeleitet ist, ist die Nachforderung bis zum Ablauf des nächsten Kalenderjahres nach Beendigung dieser Verfahren möglich.

(3) Ist der Wert gerichtlich festgesetzt worden, genügt es, wenn der berichtigte Ansatz dem Zahlungspflichtigen drei Monate nach der letzten Wertfestsetzung mitgeteilt worden ist.

I. Allgemeines

1 Die Vorschrift schafft zeitliche Begrenzungen für die nachträgliche Forderung von Kosten und dient dem Schutz des Kostenschuldners, dem Vertrauensschutz in die übersandte Schlusskostenrechnung gewährt wird, denn bei berechtigtem Vertrauensschutz des Zahlungspflichtigen in die Richtigkeit der ihm erteilten Kostenrechnung soll nach einem bestimmten Zeitablauf keine Nachforderung mehr möglich sein.[1]

2 Die Nachforderungsfrist ist streng von der Verjährungsfrist des § 7 zu unterscheiden. Liegen die Voraussetzungen des § 19 vor, kann sich der Zahlungspflichtige auch dann auf das Nachforderungsverbot berufen, wenn noch keine Verjährung eingetreten war.

II. Anwendungsbereich

3 **1. Begriff.** Der Begriff der Nachforderung ist weit zu fassen. Die Nachforderung umfasst nicht nur zusätzliche Forderungen, sondern alle Kostenforderungen, die anstelle einer unberechtigten oder fallengelassenen Forderung im Nachhinein geltend gemacht werden.[2] Darunter fällt auch die erneute Anforderung von Kosten, die bereits mit einer früher aufgehobenen Kostenrechnung geltend gemacht sind. Eine Nachforderung

---

1 BT-Drucks 16/3038, S. 50. **2** OLG Düsseldorf MDR 1991, 80.

liegt zudem vor, wenn bislang nicht geltend gemachte Forderungen an die Stelle einer ungerechtfertigten oder nicht mehr erhobenen Kostenforderung treten, da der Schutzzweck der Norm nicht allein auf den Endbetrag der Kostenrechnung abstellt.[3]

Es muss sich um einen **vorbehaltlosen** Kostenansatz handeln und es muss dem Kostenschuldner bereits eine Kostenrechnung zugegangen sein. Waren Kosten überhaupt noch nicht angesetzt, greift § 19 nicht ein, da dann nur Verjährung (§ 7) in Betracht kommt. Eine Nachforderung liegt deshalb nicht vor, wenn die Übersendung der Kostenrechnung für ein abgeschlossenes Verfahren erst nach längerer Zeit erfolgt.[4] 4

2. Gerichtskosten. § 19 gilt für sämtliche Gerichtskosten, auch für Auslagen (Nr. 2000 ff KV), selbst wenn es sich um durchlaufende Gelder handelt. Die Regelung ist wegen § 59 Abs. 2 S. 1 RVG auch auf die übergegangenen Ansprüche entsprechend anzuwenden. 5

3. VKH-Zahlungen. Für VKH-Raten oder einmalige Zahlungen gilt § 19 entsprechend,[5] so dass auch in den Ratenplan aufgenommene Kosten nach Fristablauf des § 19 nicht mehr zuungunsten des VKH-Beteiligten geändert werden können. Es ist daher in die an den Zahlungspflichtigen zu übersendende Kostenrechnung ein Nachforderungsvorbehalt aufzunehmen, wenn noch mit der Inanspruchnahme wegen weiterer Kosten zu rechnen ist (Nr. 7.3 DB-PKH). 6

4. Berichtigung des Kostenansatzes. a) Verwaltungswege. § 19 ist auch zu beachten, wenn eine Berichtigung des unrichtigen Kostenansatzes im Verwaltungswege, auch im Rahmen einer Kostenprüfung, angeordnet wird.[6] 7

b) Erinnerungs- oder Beschwerdeverfahren. Wird der Kostenansatz aufgrund einer Entscheidung nach § 57 abgeändert, gilt § 19 nicht,[7] so dass noch Nachforderung erfolgen kann. In dem Erinnerungsverfahren kann aber eine Änderung des Kostenansatzes zum Nachteil des Kostenschuldners nicht mehr erfolgen, wenn die Erinnerung seitens der Staatskasse nach Ablauf der Nachforderungsfrist des Abs. 1 eingelegt wurde, da andernfalls der Vertrauensschutz untergraben wäre, so dass das Gericht bei seiner Entscheidung prüfen muss, ob die Fristen des § 19 abgelaufen sind.[8] Insoweit trägt die Staatskasse die Beweislast dafür, dass die Erinnerung oder Beschwerde (§ 57) dem Kostenschuldner rechtzeitig zugegangen ist. War die Erinnerung noch innerhalb der Frist des Abs. 1 mitgeteilt, ist eine Erhöhung des Kostenansatzes durch das nach § 57 erkennende Gericht noch nach Fristablauf möglich.[9] 8

III. Verbot der Nachforderung

1. Allgemeine Voraussetzungen. Das Nachforderungsverbot ist an folgende Voraussetzungen geknüpft, die zusammen vorliegen müssen: 9

- Es ist wegen desselben Verfahrens bereits ein vorbehaltloser Kostenansatz erfolgt;
- der vorbehaltlose Kostenansatz konnte durch den Zahlungspflichtigen als endgültig angesehen werden (Schlusskostenrechnung);
- der Kostenansatz stellt sich nachträglich als unrichtig heraus;
- die Nachforderung ist nach Ablauf der Fristen des § 19 erfolgt;
- Zahlungspflichtiger für den unrichtigen Kostenansatz und die Nachforderung ist dieselbe Person.

2. Nachforderungsvorbehalt. Der Kostenansatz darf wegen der Ausnahmeregelung des Abs. 1 S. 2 nicht unter Vorbehalt erfolgt sein. Es muss sich daher um eine **endgültige Kostenrechnung** handeln, die **keinen Vorbehaltsvermerk** enthalten darf. 10

3. Schlusskostenrechnung. a) Begriff. Maßgeblich für den Fristlauf ist nur die Schlusskostenrechnung. Nach der **Legaldefinition** des Abs. 1 S. 1 handelt es sich dabei um die den Rechtszug abschließende Kostenrechnung. Sie kann erst aufgestellt werden, wenn der Rechtszug tatsächlich beendet ist und auch Fälligkeit der entstandenen Kosten nach §§ 9 ff eingetreten ist. Damit ist klargestellt, dass ein Vertrauensschutz in den Kostenansatz erst mit Erhalt der Schlusskostenrechnung entsteht.[10] 11

b) Vorschüsse. Eine Vorschusskostenrechnung kann ein Nachforderungsverbot nicht auslösen. Es muss jedoch für den Kostenschuldner erkenntlich sein, dass es sich um einen Vorschuss handelt, da auch eine Vorschussrechnung, die nicht mit einem solchen Vermerk versehen ist, eine Rechtsscheinwirkung bzgl. der Endgültigkeit der Rechnung auslösen kann.[11] Das gilt insb. dann, wenn dem Kostenschuldner nach Abschluss des Verfahrens keine Schlusskostenrechnung mehr übersandt wird (vgl § 26 Abs. 9 KostVfg) und er die Vorschussrechnung als endgültige Kostenrechnung ansehen durfte.[12] 12

---

3 OLG Düsseldorf MDR 1991, 80. **4** *Meyer*, GKG § 20 Rn 3. **5** OLG Koblenz FamRZ 2000, 761. **6** FG BW EFG 1996, 1057. **7** HK-FamGKG/*Volpert*, § 19 Rn 5; *Meyer*, § 20 GKG Rn 2. **8** *Meyer*, GKG § 20 Rn 15. **9** OLG München JurBüro 1969, 976. **10** BT-Drucks 16/6308, S. 50. **11** OLG Hamm Rpfleger 1987, 38. **12** OLG Hamm Rpfleger 1960, 308.

13   c) **Teilrechnungen.** Ist dem Kostenschuldner eine Teilrechnung erteilt, löst sie das Nachforderungsverbot nur insoweit aus, als die zugrunde liegende Endentscheidung ausnahmsweise eine Kostenentscheidung enthält.[13] Solche Fälle treten häufig im Verbund auf, weil hier für Ehesache und einzelne Folgesachen unterschiedliche Fälligkeitszeitpunkte bestehen. Die Teilkostenrechnung ist deshalb stets mit einem **Nachforderungsvorbehalt** zu versehen, denn auch bei einer Nachforderung nach erteilter Teilkostenrechnung liegt ein unrichtiger Kostenansatz vor, wenn der Kostenschuldner diese nach ihrem objektiven Erklärungswert als endgültige Kostenrechnung ansehen durfte.[14]

14   **4. Unrichtiger Kostenansatz. a) Allgemeines.** Ein unrichtiger Kostenansatz liegt vor, wenn der Ansatz zu einem objektiv unrichtigen Ergebnis führt.[15] Unerheblich ist dabei, worauf diese Unrichtigkeit beruht. Es kommt auch nicht auf einen Irrtum des Gerichts an, sondern allein auf die materielle Unrichtigkeit des Kostenansatzes.[16]

15   b) **Vorliegen des unrichtigen Ansatzes.** Unrichtiger Kostenansatz liegt insb. vor, wenn falsche Gebühren angesetzt werden, aber auch dann, wenn zum Zeitpunkt der Aufstellung des Kostenansatzes entstandene und fällig gewordene Kosten nicht in Ansatz gebracht worden sind. Ferner auch dann, wenn einzelne Kosten überhaupt nicht in die Kostenrechnung aufgenommen werden,[17] da das Nachforderungsverbot alle Kosten erfasst, die zum Zeitpunkt des Kostenansatzes schon entstanden und fällig gewesen, jedoch aus irgendeinem Grund nicht in Ansatz gebracht sind.[18] Denn es ist unerheblich, ob die Kostenanforderung unterblieben ist, weil ein Versehen vorlag oder die Kosten der Staatskasse noch nicht bekannt gewesen sind.[19]

16   Können die Kosten noch nicht beziffert werden, muss sich der Kostenbeamte um eine Bezifferung bemühen oder einen Nachforderungsvorbehalt aufnehmen.[20] Auch die Änderung des Kostenansatzes wegen geänderter Rechtsprechung oder Rechtsauffassung unterliegt dem Nachforderungsverbot.

17   c) **Kein unrichtiger Ansatz.** Bloße und offensichtliche Rechenfehler stellen keine materielle Unrichtigkeit dar. § 19 greift nicht ein, wenn die einzelnen Posten in der Kostenrechnung enthalten sind. Ein unrichtiger Ansatz liegt auch nicht vor, wenn der Gesamtbetrag nur deshalb fehlerhaft ist, weil ein Einzelposten versehentlich nicht in die Betragsspalte übernommen wurde.[21]

18   d) **Kostenabstand.** Wurde vom Kosteneinzug abgesehen (§ 10 KostVfg) und der Kostenabstand dem Kostenschuldner nicht mitgeteilt, so liegt noch kein Kostenansatz vor und auch das Nachforderungsverbot kann nicht eingreifen. Lediglich dann, wenn vom Kostenansatz teilweise nach § 10 KostVfg abgesehen wurde, liegt in der Anforderung der zunächst nicht erhobenen Kosten eine Nachforderung vor.[22]

19   **5. Zahlungspflichtiger. a) Personenidentität.** Eine Nachforderung liegt nur vor, wenn der nachgeforderte Betrag von **demselben Kostenschuldner** angefordert wird,[23] es muss **Personenidentität** vorliegen. Wird der Betrag von einem anderen Kostenschuldner angefordert, greift § 19 nicht. Das gilt auch dann, wenn gegen den anderen Schuldner Posten geltend gemacht werden, die von dem bisher in Anspruch genommenen Kostenschuldner noch nicht angefordert waren. Etwas anderes gilt aber für einen Kostenschuldner, der nach § 24 Nr. 3 kraft Gesetzes für die Kosten eines anderen haftet, so dass die Nachforderungsfrist für den ursprünglichen Kostenschuldner auch für ihn gilt.[24]

20   b) **Mehrere Kostenschuldner.** Liegt gesamtschuldnerische Haftung vor, ist das Nachforderungsverbot für jeden Gesamtschuldner gesondert zu betrachten, so dass die Fristen des § 19 zunächst nur für den Kostenschuldner laufen, der tatsächlich eine endgültige Kostenrechnung erhalten hat. Waren die Kosten zunächst nur von einem Gesamtschuldner angefordert, liegt keine Nachforderung vor, wenn die Kosten nach Fristablauf gegen andere Gesamtschuldner geltend gemacht werden. Sie können nur Verjährung (§ 7) einwenden. Ist jedoch eine Inanspruchnahme nach Kopfteilen erfolgt (§ 8 Abs. 4 KostVfg), ist gem. § 24 Abs. 2 S. 2 KostVfg in jede Kostenrechnung hinsichtlich der auf die anderen Gesamtschuldner entfallenden Kopfteile ein Nachforderungsvorbehalt aufzunehmen. Fehlt ein solcher Vermerk, greift nach Fristablauf das Nachforderungsverbot.[25]

21   c) **Erst- und Zweitschuldner.** Das Nachforderungsverbot erfasst nicht den Eintritt weiterer Haftungsgründe,[26] so dass auch Erst- und Zweitschuldner (§ 26 Abs. 2) **getrennt** zu betrachten sind. Die Inanspruchnahme des Zweitschuldners ist deshalb nicht von § 19 erfasst. Eine erneute Inanspruchnahme des Antragsschuldners kann daher auch noch nach Ablauf der Fristen des § 19 erfolgen. Das gilt selbst dann, wenn geleistete Vorschüsse bereits irrtümlich an diesen zurückerstattet worden sind.[27]

13 *Meyer*, GKG § 20 Rn 9.   **14** OLG Hamm 28.8.1979 – 1 Ws 285/78, juris.   **15** *Meyer*, GKG § 20 Rn 6.   **16** BT-Drucks 16/3038, S. 50.   **17** OLG Celle JurBüro 1964, 270.   **18** OLG Koblenz MDR 1997, 982.   **19** *Oestreich/Hellstab/Trenkle*, FamGKG § 19 Rn 6.   **20** OLG Koblenz MDR 1997, 982.   **21** OLG Celle NdsRpfl 1965, 153.   **22** BGH Rpfleger 1959, 1.   **23** OLG Bamberg JurBüro 1962, 583.   **24** HK-FamGKG/*Volpert*, § 19 Rn 30; *Meyer*, GKG § 20 Rn 5; *Oestreich/Hellstab/Trenkle*, FamGKG § 19 Rn 7.   **25** OLG Hamm NJW 1959, 689.   **26** OLG Celle JurBüro 1982, 1861.   **27** LG Frankenthal JurBüro 1993, 97.

IV. Ausnahmen vom Nachforderungsverbot (Abs. 1 S. 2)

1. Allgemeines. Nach Abs. 1 S. 2 kann eine Nachforderung in Ausnahmefällen auch **nach Fristablauf** erfolgen, wenn — **22**

- sie erfolgt, weil der Kostenschuldner vorsätzlich oder grob fahrlässig falsche Angaben gemacht hat (Abs. 1 S. 2 Alt. 1); oder
- der ursprüngliche Kostenansatz unter einem bestimmten Vorbehalt stand (Abs. 1 S. 2 Alt. 2).

Es genügt dass eine der Alternativen vorliegt. Es kann dann lediglich **Verjährung** (§ 7) in Betracht kommen, die aber nicht von Amts wegen beachtet wird. **23**

2. Falschangaben (Abs. 1 S. 2 Alt. 1). a) Allgemeines. Ist die Nachforderung nur erfolgt, weil der ursprüngliche Kostenansatz auf vorsätzlichen oder grob fahrlässigen Falschangaben des Kostenschuldners beruht, kann sich dieser nicht auf den Vertrauensschutz des § 19 berufen, so dass auch noch nach Fristablauf nachgefordert werden darf. Dabei kommt es nur auf den Kostenschuldner selbst an; haben die Gegenseite oder andere Beteiligte Falschangaben gemacht, bleibt das Schutzbedürfnis des Kostenschuldners bestehen, so dass Abs. 1 S. 2 nicht gilt. Auch bei Gesamtschuldnern muss für jeden von ihnen geprüft werden, ob die Voraussetzungen des Abs. 1 S. 2 Alt. 1 in seiner Person vorliegen. **24**

b) Begriffe. Vorsatz liegt vor, wenn der Kostenschuldner wissentlich und willentlich handelt; im Hinblick auf **Fahrlässigkeit** ist § 276 Abs. 2 BGB zu beachten. Der Kostenschuldner kann mit der Erinnerung (§ 57) einwenden, dass Vorsatz oder Fahrlässigkeit nicht vorlag oder er die falschen Angaben anderweitig nicht zu verantworten hat. **25**

Das **Unterlassen einer Wertangabe** nach § 53 ist kein Fall des Abs. 1 S. 2, so dass das Nachforderungsverbot eingreift.[28] Anders verhält es sich aber bei **täuschenden Angaben**, die den Kostenbeamten zum Ansatz eines geringeren Werts und niedrigerer Gebühren veranlassen.[29] **26**

c) Ursächlichkeit. Die Falschangaben müssen **kausal** für die Nachforderung sein. Wäre die Berichtigung hingegen auch bei richtigen Angaben erfolgt, greift Abs. 1 S. 2 nicht. Betreffen die Falschangaben nur Teilkosten, kommt eine Nachforderung nur insoweit in Betracht. **27**

3. Vorbehalt (Abs. 1 S. 2 Alt. 2). a) Vorbehaltlosigkeit. Das Nachforderungsverbot greift nur, wenn der Kostenansatz nicht unter einem bestimmten Vorbehalt erfolgt ist (Abs. 1 S. 2), also dann nicht, wenn dem Kostenschuldner bereits eine Kostenrechnung zugegangen war, die er als endgültig ansehen konnte. Das gilt auch, wenn die Kosten zum Zeitpunkt des Kostenansatzes der Staatskasse noch nicht bekannt waren oder die genaue Höhe noch nicht feststand, etwa weil sie durch den Berechtigten erst später geltend gemacht werden.[30] Unerheblich ist dabei, ob die Kostenrechnung als „Schlusskostenrechnung" bezeichnet ist, weil auf ihren objektiven Erklärungswert abzustellen ist.[31] **28**

b) Nachforderungsvermerk. Dass die Kostenrechnung unter Vorbehalt erfolgt, ist für den Zahlungspflichtigen kenntlich zu machen, so dass ein Nachforderungsvermerk aufzunehmen ist. Er ist nach § 24 Abs. 5 KostVfg immer anzubringen, wenn sich aus den Akten noch Anhaltspunkte dafür ergeben, dass noch weitere Kosten geltend gemacht werden können. Der Vermerk ist in die Reinschrift zu übertragen (§ 25 Abs. 2 KostVfg). **29**

c) Inhalt des Nachforderungsvermerks. Der Nachforderungsvorbehalt ist so zu fassen, dass der Kostenschuldner eindeutig erkennen kann, dass es sich um eine **vorläufige** Kostenrechnung handelt oder mit Zahlung weiterer Kosten zu rechnen ist. Nach § 24 Abs. 5 KostVfg sind die weiteren Kosten ihrer Art und voraussichtlichen Höhe nach zu bezeichnen. Ist ein genauer Betrag nicht bekannt, genügt die Bezeichnung der Kosten, denn genaue Bezifferung ist nur erforderlich, wenn die Kosten der Staatskasse bereits bekannt sind oder sich ihre Höhe ohne weiteres genau ermitteln lässt. Allgemeine Hinweise wie „Einziehung weiterer Kosten vorbehalten!" oder „Sie haften noch für weitere Beträge!" erfüllen die Anforderungen aber nicht.[32] Anders aber: „Der Einzug von weiteren Auslagen (Sachverständigenvergütung, Nr. 2005 KV) bleibt vorbehalten." **30**

d) Gesamtschuldner. Ein Vermerk ist auch aufzunehmen, wenn eine gesamtschuldnerische Haftung besteht und Kosten zunächst nur nach Kopfteilen angefordert waren (§ 24 Abs. 2 S. 2 KostVfg). Der Vermerk kann wie folgt gefasst werden: „Für diese Kosten haften Sie mit dem ... als Gesamtschuldner. Der Einzug von weiteren Kosten iHv ... Euro bleibt vorbehalten." **31**

e) Wirkungen. Der Nachforderungsvermerk gilt als **Stundung**,[33] so dass ihm die Wirkung des § 7 Abs. 3 S. 2 zukommt und die Verjährung erneut beginnt. Ein inhaltsleerer Vermerk besitzt diese Wirkung jedoch **32**

28 FG BW EFG 1996, 1057. **29** *Oestreich/Hellstab/Trenkle*, FamGKG § 19 Rn 22. **30** OLG Koblenz MDR 1997, 982. **31** OLG Hamm 28.8.1978 – 1 Ws 285/78, juris. **32** *Oestreich/Hellstab/Trenkle*, GKG § 20 Rn 5. **33** OLG Düsseldorf JurBüro 1979, 872.

nicht, da es hierzu einer konkreten Bezeichnung der weiteren Kostenpflicht durch Angabe der Art und Höhe der noch geschuldeten Kosten bedarf, soweit die Höhe bereits bekannt ist.[34]

V. Nachforderungsfrist (Abs. 1 S. 1)

33   **1. Allgemeines.** Eine Nachforderung wegen unrichtigen Ansatzes ist nur zulässig, wenn der berichtigte Ansatz dem Zahlungspflichtigen vor Ablauf des nächsten Kalenderjahres nach Absendung der Schlusskostenrechnung mitgeteilt worden ist (Abs. 1 S. 1). Es handelt sich um eine Ausschlussfrist, die nicht verkürzt oder verlängert werden kann. Für die Einlegung von Rechtsbehelfen oder der gerichtlichen Wertfestsetzung sehen Abs. 2, 3 Sonderbestimmungen vor.

34   **Beispiel 1:** Die Schlusskostenrechnung wird am 25.7.2016 erstmalig an den Zahlungspflichtigen übersandt.
Die Nachforderung muss dem Zahlungspflichtigen spätestens mit Ablauf des 31.12.2017 zugehen.

35   **Beispiel 2:** Es ergeht am 15.10.2015 Endentscheidung, die am 21.11.2015 rechtskräftig wird. Ein Kostenansatz unterbleibt versehentlich. Erst am 3.5.2016 geht dem Zahlungspflichtigen eine Kostenrechnung zu.
Abs. 1 greift nicht, denn Nachforderung liegt nicht vor, da dem Zahlungspflichtigen bisher noch keine Kostenrechnung übersandt wurde. Der Kostenschuldner kann sich nur auf § 7 berufen, jedoch tritt Verjährung nicht ein, wenn die Kostenrechnung dem Zahlungspflichtigen bis zum Ablauf des 31.12.2019 zugeht.

36   **2. Vormundschaft und Dauerpflegschaft.** Bei Vormundschaft und Dauerpflegschaft kommt es wegen Abs. 1 S. 1 Hs 2 auf die Übersendung der jeweiligen Jahresrechnung (§ 10) an. Das Nachforderungsverbot erstreckt sich dann nur auf die Kosten, die in dem betreffenden Jahr angefallen sind. Für Rechtsmittelverfahren gilt jedoch Abs. 1 S. 1 Hs 1, ebenso für Einzel- sowie Umgangspflegschaften (§ 4), so dass hier die allgemeine Frist zur Anwendung kommt.

37   **Beispiel:** In einer Vormundschaftssache wird dem Zahlungspflichtigen am 19.6.2015 die Kostenrechnung für das Jahr 2015 übersandt. Die Vormundschaft ist am 25.10.2017 wegen Volljährigkeit des Mündels beendet.
Eine Nachforderung für die in der Jahresrechnung 2015 enthaltenen Kosten muss dem Zahlungspflichtigen spätestens mit Ablauf des 31.12.2016 zugehen; auf die Beendigung der Vormundschaft kommt es nicht an.

38   **3. Rechtszug.** Maßgeblich ist die Übersendung der Schlusskostenrechnung für den jeweiligen Rechtszug. Es kommt auf den Kostenrechtszug iSd § 29 an. Für Nebenverfahren (zB Zwangsgeldverfahren), die aber eigenständige Kostenrechtszüge darstellen, kommt es auf die Übersendung der dortigen Schlusskostenrechnung an. In Mahnverfahren oder vereinfachten Unterhaltsverfahren beginnt die Frist des Abs. 1 wegen § 696 Abs. 1 S. 5 ZPO iVm § 113 Abs. 2 FamFG bzw § 255 Abs. 5 FamFG erst mit Übersendung der Schlusskostenrechnung für das streitige Verfahren.

39   **4. Wiederaufnahme und Fortsetzung des Verfahrens.** Die Wiederaufnahme eines Verfahrens lässt die Frist des Abs. 1 wiederaufleben.[35] Gleiches gilt für die Fortsetzung von Verfahren, so dass auch Aussetzung, Unterbrechung, Aktenweglegung wegen Ruhens oder die Fortsetzung wegen Unwirksamkeit eines Vergleichs erfasst sind.

40   **5. Verfahrensabtrennung.** Im Falle der Verfahrenstrennung ist die Nachforderungsfrist für jedes neue Verfahren selbständig zu berechnen, auch wenn Folgesachen als selbständige Familiensache fortgeführt werden.

41   **6. Zahlungen nach Fristablauf.** Hat der Kostenschuldner auf eine nach Fristablauf geltend gemachte Nachforderung Zahlungen geleistet, sind diese zurückzuzahlen, da die Zahlungsaufforderung rechtswidrig ergangen ist. Die Regelung des § 214 Abs. 2 BGB kann nicht analog angewendet werden, da es sich bei § 19 nicht um eine Verjährungsregelung handelt und im Gegensatz zu § 7 von Amts wegen zu beachten ist.

VI. Nachforderungsfrist bei Einlegung von Rechtsmitteln (Abs. 2 Alt. 1)

42   **1. Allgemeines.** Ist wegen der Hauptsache oder der Kosten ein Rechtsbehelf eingelegt, ist eine Nachforderung noch bis zum Ablauf des Kalenderjahres nach Beendigung des Rechtsbehelfsverfahrens möglich (Abs. 2), weil Vertrauensschutz in die aufgestellte Schlusskostenrechnung erst dann eintreten kann.[36]

43   Die Regelung gilt über ihren Wortlaut hinaus auch für Rechtsmittelverfahren, da es auf den Sinn und Zweck der Vorschrift ankommt. Wird der Rechtsbehelf oder das Rechtsmittel erst nach Ablauf der Frist des Abs. 1 eingelegt, greift Abs. 2 nicht mehr ein. Ist einmal das Nachforderungsverbot eingetreten, kann es nicht mehr nachträglich entfallen.

44   **2. Anwendungsbereich.** Abs. 2 gilt für alle Rechtsmittel und Rechtsbehelfe nach FamFG, ZPO, RPflG oder auch nach dem FamGKG, so dass auch die Erinnerungsverfahren erfasst sind.[37] Da stets auf den Kosten-

---

[34] OLG Düsseldorf JurBüro 1979, 872. **35** *Meyer*, GKG § 20 Rn 16; *Oestreich/Hellstab/Trenkle*, FamGKG § 19 Rn 26. **36** BT-Drucks 16/3038, S. 50. **37** BT-Drucks 16/6308, S. 685.

rechtszug iSd § 29 abzustellen ist, bleibt das in einem selbständigen Nebenverfahren eingelegte Rechtsmittel auf die Nachforderungsfrist in der Hauptsache ohne Einfluss.

3. Beendigung des Verfahrens. Maßgeblich ist in den Fällen des Abs. 2 nur noch die Beendigung des 45 Rechtsbehelfs- oder Rechtsmittelverfahrens. Eine solche liegt vor, wenn die Entscheidung in formeller Rechtskraft erwachsen ist oder eine anderweitige Beendigung wie Vergleich, Erledigung der Hauptsache oder Rücknahme vorliegt. Erinnerungs- und Beschwerdeverfahren nach § 57 sind mit Erlass der gerichtlichen Entscheidung als beendet anzusehen, da die Entscheidungen nicht mit einem befristeten Rechtsmittel angefochten werden können. Lässt sich die Beendigung nicht aus den Akten feststellen, ist bei den Beteiligten anzufragen, ob das Verfahren beendet ist.[38]

Beispiel 1: Die Schlusskostenrechnung wird am 21.10.2015 erstmalig übersandt. Fristgerecht wird am 1.11.2015 46 Beschwerde gegen die Endentscheidung eingelegt. Das OLG entscheidet am 19.3.2016 über die Beschwerde. Der Beschluss erwächst am 20.4.2016 in formeller Rechtskraft.

Da die Beschwerde vor Ablauf der Nachforderungsfrist des Abs. 1 eingelegt war, greift Abs. 2 ein, so dass die Nachforderung noch bis zum 31.12.2017 statthaft ist.

Beispiel 2: Die Schlusskostenrechnung wird am 18.12.2015 erstmalig übersandt. Am 3.4.2016 wird gegen die 47 Kostenrechnung Erinnerung (§ 57) eingelegt, über die am 5.5.2016 entschieden wird.

Da die Erinnerung erst nach Ablauf der Nachforderungsfrist des Abs. 1 eingelegt wurde, greift Abs. 2 nicht. Eine Nachforderung war daher nur bis zum 31.12.2016 statthaft.

VII. Wertermittlungsverfahren (Abs. 2 Alt. 2)

Wird ein Wertermittlungsverfahren eingeleitet, ist die Nachforderung noch bis zum Ablauf des Kalender- 48 jahres nach dessen Beendigung möglich.

Abs. 2 greift jedoch nur, wenn dem Zahlungspflichtigen eine Mitteilung über die Einleitung des Wertermitt- 49 lungsverfahrens gegeben wurde. Eine formlose Mitteilung genügt; förmliche Zustellung ist nicht erforderlich.

Die Mitteilung muss innerhalb der Frist des Abs. 1 erfolgen. Eine verspätete Mitteilung löst die längere 50 Nachforderungsfrist auch dann nicht aus, wenn das Wertermittlungsverfahren noch innerhalb der Frist des Abs. 1 eingeleitet wurde.

Auch ein bloßer Antrag des Vertreters der Landeskasse auf Verfahrenseinleitung genügt nicht, weil nicht er, 51 sondern nur das zuständige Gericht ein Wertermittlungsverfahren mit der Wirkung des Abs. 2 einleiten kann.[39]

VIII. Verfahrenswertfestsetzung (Abs. 3)

1. Allgemeines. Erfolgt die Nachforderung aufgrund einer Wertfestsetzung, gilt Abs. 3. In diesen Fällen ge- 52 nügt es, wenn der berichtigte Kostenansatz dem Zahlungspflichtigen **drei Monate** nach der letzten Wertfestsetzung mitgeteilt worden ist. Die Frist des Abs. 3 darf aber nicht zur Abkürzung einer Frist nach Abs. 1, 2 führen, weil sie nur eine Erweiterung dieser darstellt. War die Frist des Abs. 1 noch nicht abgelaufen und beträgt die restliche Frist zum Zeitpunkt der Bekanntgabe oder Zustellung des Wertänderungsbeschlusses noch mehr als drei Monate, verbleibt es bei der längeren Frist des Abs. 1.

2. Nachträgliche Wertänderung. Abs. 3 gilt nur, wenn eine **bereits erfolgte** Verfahrenswertfestsetzung mit 53 der Beschwerde (§ 59) oder von Amts wegen (§ 55 Abs. 3) geändert wird.[40] Die erstmalige Wertfestsetzung ist nicht erfasst. Dies ist aus dem Wortlaut der Norm nicht erkennbar, folgt aber aus ihrer Historie. Abs. 3 ist wortgleich mit § 20 Abs. 3 GKG, der in seiner jetzigen Form durch Art. 16 des 2. Justizmodernisierungsgesetzes vom 22.12.2006[41] eingefügt wurde. Vor dieser Änderung lautete § 20 S. 2 GKG aF: „… wenn der berichtigte Ansatz dem Zahlungspflichtigen drei Monate nach der Änderung der Wertfestsetzung mitgeteilt worden ist." Da jedoch keine inhaltliche Änderung beabsichtigt war,[42] ist die Regelung weiterhin nur bei der Änderung bereits erfolgter Wertfestsetzungen anzuwenden.

Hat der Kostenbeamte den Verfahrenswert selbständig ermittelt und **zu niedrig** bestimmt, liegt ein unrichti- 54 ger Kostenansatz iSd Abs. 1 vor, so dass Nachforderungen bei erstmaliger Wertfestsetzung dieser Frist unterliegen.[43] Stand bei der Erstellung der Kostenrechnung der **Wert noch nicht endgültig** fest, hat der Kostenbeamte die Kosten unter dem Vorbehalt einer späteren Berichtigung anzusetzen (§ 15 Abs. 4 KostVfg).

3. Frist. Maßgeblich ist der Zeitpunkt der Festsetzung oder Änderung des Werts, so dass die Frist des 55 Abs. 3 erst mit Verkündung oder Übersendung des Beschlusses an den Kostenschuldner beginnt. Maßgeb-

---

38 *Oestreich/Hellstab/Trenkle*, FamGKG § 19 Rn 21. **39** OLG Frankfurt Rpfleger 1977, 380. **40** HK-FamGKG/*Volpert*, § 19 Rn 26. **41** BGBl. 2006 I 3416. **42** BT-Drucks 16/3038, S. 50. **43** *Oestreich/Hellstab/Trenkle*, FamGKG § 19 Rn 32.

lich ist nur die Mitteilung an den Kostenschuldner oder dessen Verfahrensbevollmächtigten. Unerheblich ist hingegen, wann der Kostenbeamte von der Wertänderung Kenntnis erlangt.[44]

56 Ohne Bedeutung ist für den Fristlauf auch, ob die Zustellung an den Vertreter der Staatskasse erfolgt ist, weil Abs. 3 nicht auf den Zugang der am Wertfestsetzungsverfahren „Beteiligten", sondern nur auf den „Zahlungspflichtigen" abstellt. Einer förmlichen Zustellung an den Vertreter der Landeskasse bedarf es daher nicht.[45]

57 Soweit in den Ländern keine abweichenden Bestimmungen bestehen, hat der Kostenbeamte dem Vertreter der Staatskasse Änderungsbeschlüsse, durch die ein höherer Wert festgesetzt wird, zu übersenden, weil § 38 Abs. 2 KostVfg ausdrücklich auch die Wertfestsetzung umfasst.[46]

58 Die Justizverwaltung hat selbst dafür Sorge zu tragen, dass die Akten zur Berichtigung und Absendung der Kostenrechnung rechtzeitig vorgelegt werden. Verzögerungen gehen nicht zu Lasten des Kostenschuldners. Die aktenführende Stelle ist nach § 3 Abs. 1 S. 1 KostVfg zur rechtzeitigen Vorlage angehalten. Gleiches gilt für die rechtzeitige Vorlage an den Rechtspfleger (Nr. 2.5.4 DB-PKH), denn die Frist des Abs. 3 gilt auch, wenn ein VKH-Ratenplan wegen einer Wertänderung zu berichtigen ist.

59 **4. Fristberechnung.** Für die Fristberechnung gelten die allgemeinen Regelungen des BGB, so dass der Tag der Verkündung oder Zustellung des Änderungsbeschlusses bei der Fristberechnung nicht mitzuzählen ist (§ 187 Abs. 1 BGB).

60 **Beispiel:** Die Schlusskostenrechnung wird am 21.10.2015 erstmalig übersandt. Gegen den Wertfestsetzungsbeschluss wird Beschwerde (§ 59) eingelegt, über die das Gericht am 19.11.2016 entscheidet und den Verfahrenswert erhöht. Der Änderungsbeschluss wird dem Verfahrensbevollmächtigten und dem Vertreter der Staatskasse am 23.11.2016 zugestellt.

Eine Nachforderung wegen der geänderten Wertfestsetzung ist nach Abs. 3 noch bis zum Ablauf des 23.2.2017 statthaft, auch wenn die Frist des Abs. 1 bereits mit Ablauf des 31.12.2016 abgelaufen war.

IX. Rechtsbehelfe

61 Die Fristen des § 19 sind von Amts wegen zu beachten. Ihre Nichtbeachtung kann mit der Erinnerung (§ 57) angegriffen werden.

62 Hat das Gericht in seiner Erinnerungsentscheidung § 19 nicht beachtet, ist die Beschwerde statthaft, wenn die Voraussetzungen des § 57 Abs. 2 vorliegen.

§ 20 Nichterhebung von Kosten

(1) [1]Kosten, die bei richtiger Behandlung der Sache nicht entstanden wären, werden nicht erhoben. [2]Das Gleiche gilt für Auslagen, die durch eine von Amts wegen veranlasste Verlegung eines Termins oder Vertagung einer Verhandlung entstanden sind. [3]Für abweisende Entscheidungen sowie bei Zurücknahme eines Antrags kann von der Erhebung von Kosten abgesehen werden, wenn der Antrag auf unverschuldeter Unkenntnis der tatsächlichen oder rechtlichen Verhältnisse beruht.

(2) [1]Die Entscheidung trifft das Gericht. [2]Solange nicht das Gericht entschieden hat, können Anordnungen nach Absatz 1 im Verwaltungsweg erlassen werden. [3]Eine im Verwaltungsweg getroffene Anordnung kann nur im Verwaltungsweg geändert werden.

---

44 *Oestreich/Hellstab/Trenkle*, FamGKG § 19 Rn 30.   **45** *Meyer*, GKG § 20 Rn 13.   **46** Aufgabe der in der Vorauflage (1. Aufl. 2014, aaO) vertretenen Auffassung.

I. Allgemeines

1. Regelungszweck. Mit der Norm soll sichergestellt sein, dass der Kostenschuldner nicht mit Kosten belastet wird, die bei richtiger Sachbehandlung nicht entstanden wären. Darüber hinaus dient Abs. 1 S. 3 auch der Abwendung von Härten und Unbilligkeiten. Abs. 1 zählt die Fälle, in denen eine Erhebung von Kosten unterbleibt, abschließend auf, während Abs. 2 das Verfahren regelt. **1**

Die Anordnung der Nichterhebung setzt voraus, dass das Gericht mit der betreffenden Sache bereits befasst gewesen ist, so dass zumindest **Anhängigkeit**, nicht aber Rechtshängigkeit vorgelegen haben muss.[1] **2**

2. Anwendungsbereich. Die Regelung ist in allen Familiensachen anwendbar und erfasst sämtliche gerichtliche Gebühren und Auslagen.[2] Da jedoch nur unmittelbare Folgekosten der unrichtigen Sachbehandlung erfasst sind,[3] bleiben nur die in der betroffenen Rechtssache entstandenen Gerichtskosten unerhoben. **3**

Für **außergerichtliche Kosten** gilt § 20 nicht,[4] wozu auch die nach § 59 RVG übergegangenen Ansprüche gehören, denn diese können nur im Rahmen der Amtshaftung geltend gemacht werden.[5] **4**

Nicht erfasst sind auch an **Pfleger** oder **Vormünder** gezahlte Vergütungen.[6] Etwas anderes gilt aber für an Umgangspfleger, Verfahrenspfleger (§ 9 Abs. 5 FamFG, § 57 ZPO) oder Verfahrensbeistände gezahlte Beträge, da es sich um gerichtliche Auslagen handelt (Nr. 2013, 2014 KV). **5**

Auch **Gerichtsvollzieherkosten** werden nicht erfasst.[7] Das gilt jedoch nicht, wenn sie als Auslagen (Nr. 2011 KV) einzuziehen sind, so dass Gerichtsvollzieherkosten, die durch unrichtige Sachbehandlung des Gerichts entstanden sind, nach § 20 niedergeschlagen werden können. § 7 GvKostG betrifft hingegen lediglich die unrichtige Sachbehandlung durch den Gerichtsvollzieher selbst. **6**

II. Unrichtige Sachbehandlung (Abs. 1 S. 1)

1. Begriff. Kosten, die bei richtiger Sachbehandlung nicht entstanden wären, sind nicht zu erheben (Abs. 1 S. 1). Unrichtige Sachbehandlung liegt nur vor, wenn das Gericht gegen eindeutige gesetzliche Normen verstößt und der Verstoß offen zu Tage tritt oder ein **offensichtliches Versehen** vorliegt.[8] Hierzu gehören auch offensichtliche und schwere Verfahrensfehler.[9] Nicht jeder Fehler des Gerichts führt daher zur Nichterhebung,[10] so dass die bloße Annahme einer irrtümlichen Sachlage oder eine unzutreffende rechtliche Beurteilung nicht genügt.[11] Verschulden des Gerichts muss nicht vorliegen.[12] **7**

Soweit eingewendet wird, dass die Vorschrift nicht zu eng auszulegen sei, weil es sich um einen Abwehrmechanismus der Gerichte handele, um eigene Fehler vor Sanktionen zu schützen,[13] kann dem nicht gefolgt werden. Es kann nur eine „offensichtliche" Falschbehandlung durch das Gericht sanktioniert werden, da andernfalls auch jede abweichende rechtliche Beurteilung des Sachverhalts eine Nichterhebung rechtfertigen würde und richterlicher Handlungsraum und Unabhängigkeit zu stark eingeschränkt würden. Auch aus dem Wortlaut „bei richtiger Behandlung der Sache" folgt, dass nur ein **offensichtlicher Normverstoß** erfasst sein kann, da eine abweichende Rechtsauffassung oder Beurteilung keine unrichtige Behandlung darstellt. Gleichwohl hat die Rspr den Anwendungsbereich der Norm in den vergangenen Jahren erweitert und wendet ihn nunmehr auch auf **offensichtliche und schwere Verfahrensfehler** sowie auf **Pflichtverletzungen des Gerichts** an. **8**

2. Keine sachliche Überprüfung. § 20 dient jedoch nicht dazu, Sachentscheidungen des Gerichts im Nachhinein auf sachliche Richtigkeit oder Zweckmäßigkeit zu überprüfen,[14] da hierfür die Rechtsmittelverfahren gegeben sind.[15] Unrichtige Sachbehandlung kann deshalb nicht angenommen werden, wenn eine irrtümliche Beurteilung eines Sachverhalts erfolgt ist oder das Gericht die Änderung einer ursprünglichen Rechtsauffassung vornimmt. **9**

---

1 OLG Düsseldorf MDR 1997, 402. **2** OLG Düsseldorf OLGR 2001, 518; OLG Hamm AnwBl 2003, 252. **3** OLG Düsseldorf JurBüro 1984, 1695. **4** OVG Koblenz NVwZ-RR 1995, 362; OLG Jena JurBüro 1999, 435. **5** LG Saarbrücken NJW-RR 2012, 896. **6** OLG Naumburg FamRZ 1994, 1335. **7** *Hartmann*, KostG, § 21 GKG Rn 1. **8** BGH NJW-RR 2003, 1294; OLG Koblenz MDR 2004, 831; OLG Celle OLGR 2004, 342; KG KGR 2005, 27; OLG Brandenburg FamRZ 2007, 162. **9** BGH NJW-RR 2003, 1294. **10** OLG Bamberg JurBüro 1985, 1067. **11** *Mümmler*, JurBüro 1985, 1068. **12** OLG Köln AnwBl 1966, 133. **13** Rohs/Wedewer/*Waldner*, KostO, § 16 Rn 4. **14** OLG München MDR 1998, 1437; OLG Düsseldorf OLGR 2001, 518; OLG Köln OLGR 2004, 7. **15** OLG Frankfurt JurBüro 1995, 210.

10   **3. Richterliche Unabhängigkeit.** Die richterliche Unabhängigkeit ist zu beachten, so dass nicht schon jede rechtlich oder tatsächlich vom Normalverlauf eines Verfahrens abweichende Handlung als unrichtige Sachbehandlung zu werten ist,[16] denn die Anwendung der Norm ist soweit begrenzt, wie die sachliche Unabhängigkeit im Rahmen einer kostenrechtlichen Nachprüfung angetastet werden darf.[17] Es kann daher auch nicht jede gerichtliche Entscheidung, die sich als unrichtig oder überflüssig erweist, als unrichtige Sachbehandlung behandelt werden, da der Richter frühere Ansichten ständig prüfen und ggf korrigieren muss.[18] Gleiches gilt für lediglich unzweckmäßige Maßnahme.[19]

11   Wegen § 9 RPflG gilt Vorgenanntes auch, wenn der **Rechtspfleger** tätig geworden ist.

12   Hat das Gericht aber Maßnahmen oder Entscheidungen getroffen, welche den breiten richterlichen Handlungs-, Bewertungs- und Entscheidungsspielraum verlassen, kann eine unrichtige Sachbehandlung vorliegen.[20]

13   **4. Mehrkosten.** Es müssen zusätzliche Kosten entstanden sein, für deren Entstehung die unrichtige Sachbehandlung ursächlich gewesen sein muss. Soweit Gerichtskosten auch bei richtiger Behandlung entstanden wären, scheidet eine Nichterhebung aus.[21] Das gilt auch, wenn die Kosten auch bei richtiger Sachbehandlung entstanden wären, aber einem anderen Beteiligten hätten auferlegt werden müssen.[22] Haftet der Kostenschuldner aber nur aufgrund unrichtiger Sachbehandlung, ist er auch dann nicht in Anspruch zu nehmen, wenn die Kosten bei richtiger Sachbehandlung entstanden wären.[23] Dies ist jedoch auszuschließen, wenn eine Haftung nach § 21 Abs. 1 besteht, da dann nicht die gerichtliche Handlung, sondern die Antragstellung die Haftungsgrundlage bildet.

14   **5. Gerichtliche Handlung.** Eine Nichterhebung von Kosten kommt nur in Betracht, wenn ein Angehöriger der staatlichen Rechtspflege tätig geworden ist[24] oder technische Einrichtungen des Gerichts fehlerhaft waren.[25] Unerheblich ist aber, ob die Handlung durch Richter, Beamte, Angestellte oder Arbeiter vorgenommen wurde und auch, ob sie dem einfachen, mittleren oder höheren Justizdienst angehören. Auch bei unrichtiger Sachbehandlung durch die Staatsanwaltschaft gilt § 20.[26] Der gerichtlich bestellte Sachverständige ist hingegen kein Angehöriger der staatlichen Rechtspflege.[27]

15   **6. Mitverschulden.** Eine eventuelle Mitschuld der Beteiligten an der unrichtigen Sachbehandlung ist unerheblich. Gleiches gilt für den Verfahrensbevollmächtigten.[28] Die Nichterhebung ist daher auch anzuordnen, wenn der Beteiligte den Fehler des Gerichts hätte verhindern können.[29]

16   Die Beteiligten können auch darauf vertrauen, dass ihre Schriftsätze sorgfältig gelesen werden, so dass es unerheblich ist, ob noch rechtzeitig Einwände gegen einen Beweisbeschluss erhoben werden.[30]

   7. Weitere Anwendungsfälle A–Z

17   ■   **Abladung.** Kosten einer Abladung sind nicht niederzuschlagen, wenn sie rechtzeitig erfolgt ist. Die Abladung eines Sachverständigen fünf Tage vor dem Termin stellt daher regelmäßig keine unrichtige Sachbehandlung dar.[31] Erhalten jedoch geladene Zeugen von der Abladung keine Kenntnis, weil lediglich im Büro eines Verfahrensbevollmächtigten gebeten wird, eine entsprechende Mitteilung an die Zeugen zu veranlassen, sind gezahlte Zeugenentschädigungen nicht in Ansatz zu bringen.[32]

18   ■   **Abstammungssachen.** Die Einholung eines Blutgruppengutachtens stellt keine unrichtige Sachbehandlung dar.[33] Das gilt auch, wenn ein Gutachten einholt wird, obwohl die Kindesmutter als Zeugin erklärt, dass der Antragsgegner ihr innerhalb der Empfängniszeit nicht beigewohnt hat.[34]

19   ■   **Antragsänderung.** Bei einer vom Gericht angeregten Antragsänderung können die Kosten des Rechtsmittelverfahrens niedergeschlagen werden, wenn dort die unnötige Änderung rückgängig gemacht wird.[35]

19a   ■   **Arrest.** Lehnt das Gericht im Arrestverfahren einen Fall besonderer Dringlichkeit (§ 937 Abs. 2 ZPO iVm § 119 Abs. 2 FamFG) in vertretbarer Weise ab, liegt keine unrichtige Sachbehandlung vor.[36]

20   ■   **Aufklärungspflicht.** Kommt das Gericht seinen Hinweis- und Aufklärungspflichten (§ 139 ZPO iVm § 113 Abs. 1 FamFG) nicht ausreichend nach und weist nicht auf die Vermeidbarkeit von Kosten hin, kann eine unrichtige Sachbehandlung vorliegen.[37] Strittig ist hingegen, ob das Gericht auf eine Verjäh-

---

16 OLG Karlsruhe FamRZ 1999, 1677. **17** *Mümmler*, JurBüro 1980, 407. **18** OLG Koblenz 27.2.1996 – 14 W 108/96, juris. **19** OLG Hamm DAVorm 1992, 970; OLG Koblenz JurBüro 1995, 210. **20** OLG Koblenz FamRZ 2002, 1644. **21** OLG Koblenz AnwBl 1990, 43; OLG Nürnberg JurBüro 1989, 1562. **22** OVG Münster KostRsp. GKG aF § 8 Nr. 100. **23** OLG Frankfurt JurBüro 1979, 406. **24** OLG Hamm AnwBl 2003, 252. **25** *Meyer*, GKG § 21 Rn 4. **26** LG Hildesheim Rpfleger 1962, 454. **27** OLG Hamburg MDR 1978, 237; OLG Köln OLGR 1993, 316; OLG Frankfurt FamRZ 1999, 1437. **28** Binz/Dörndorfer/*Petzold*, GKG § 21 Rn 4. **29** *Schneider*, MDR 2001, 914; aA *Meyer*, GKG § 21 Rn 4. **30** LG Frankfurt JurBüro 1986, 1679; *Meyer*, JurBüro 1999, 204. **31** OLG Koblenz Rpfleger 1987, 435. **32** OLG Hamm KostRsp. GKG § 8 Nr. 107. **34** OLG Düsseldorf JurBüro 1989, 1272. **35** OLG Hamm OLGR 1997, 218. **36** OLG Köln 15.1.2015 – 17 W 314/14, juris. **37** OLG Köln AnwBl 1966, 133; LG Köln JurBüro 1987, 729.

rung hinweisen darf oder sogar muss. Unrichtige Sachbehandlung liegt deshalb regelmäßig nicht vor, wenn der Beteiligte zu einer Verjährungseinrede Tatsachen vorträgt und dadurch der Eindruck entsteht, sie werde nur subsidiär geltend gemacht.[38]

- **Auslandszustellung.** Keine unrichtige Sachbehandlung liegt vor, wenn im Interesse der Verfahrensbe- 21
schleunigung die Übersetzung zuzustellender Schriftstücken angeordnet wird, obwohl die ausländische Behörde ggf auf eine Übersetzung verzichtet hätte.[39]

- **Aussetzung.** Da hierüber erst zu entscheiden ist, wenn hinsichtlich des anderen Verfahrens ausreichende 22
Tatsachen aktenkundig geworden sind, ist eine unrichtige Sachbehandlung nicht schon dann anzunehmen, wenn die Aussetzung zu einem früheren Zeitpunkt möglich gewesen wäre und somit eine Beweisaufnahme vermieden worden wäre.[40]

- **Besetzung.** Ist das Gericht nicht vorschriftsmäßig besetzt, kann dies eine Nichterhebung rechtfertigen, 23
wenn ein Rechtsmittel Erfolg hat, weil an der angefochtenen Entscheidung ein noch nicht in eine Planstelle eingewiesener Richter mitgewirkt hat.[41]

- **Beteiligtenbezeichnung.** Wirkt das Gericht bei unrichtiger Beteiligtenbezeichnung nicht auf eine Berich- 24
tigung hin, kann eine unrichtige Sachbehandlung vorliegen, wenn es seine Auffassung nicht klar zum Ausdruck bringt, sondern es bei einem Hinweis mit möglichen Bedenken belässt.[42]

- **Beweiserhebung.** Ihre fehlende Notwendigkeit kann eingewendet werden, jedoch nur bei offensichtli- 25
chen und schweren Verfahrensfehlern. Keine unrichtige Sachbehandlung liegt daher vor, wenn statt des gewählten Beweismittels kostengünstigere Beweise in Betracht kommen,[43] wenn die Beweisaufnahme überflüssig wird, weil sie wegen späterer Änderung ihrer tatsächlichen oder rechtlichen Beurteilung nicht verwertet wird, oder wenn die Beweiserhebung deshalb überflüssig geworden ist,[44] weil ein inzwischen anders besetztes Gericht den Sachverhalt abweichend beurteilt.[45] Auch dass durch die Aussage eines Zeugen die Tätigkeit eines geladenen Sachverständigen überflüssig wird,[46] rechtfertigt keine Nichterhebung, weil verfahrensleitende Maßnahmen, die aufgrund mündlicher Verhandlung überflüssig werden, keine Falschbehandlung iSd § 20 darstellen, denn das Ziel der Erledigung des Verfahrens in einem Termin ist vorrangig.[47] Führt das Unterlassen notwendiger Beweisaufnahmen dazu, dass das Rechtsmittelgericht nachträglich Gutachten einholen muss, können Rechtsmittelkosten, mit Ausnahme des notwendigen Gutachtens, niedergeschlagen werden.[48]

Eine **Nichterhebung** kommt hingegen in Betracht für die Begutachtung einer unstreitigen Sache,[49] wenn die Beweisaufnahme dem Sach- und Streitstand nach offensichtlich überflüssig war,[50] zB wenn in Unterhaltssachen das Einkommen anhand vorgelegter Urkunden ohne Weiteres ermittelt werden kann,[51] bei einer Beweiserhebung über eine wertneutrale Position beim Zugewinnausgleich[52] oder wenn vor Rechtskraft einer Grundentscheidung in das Betragsverfahren übergegangen und vorzeitig ein Sachverständigengutachten eingeholt wird.[53] Das Beweismittel muss geeignet sein; ist es aus tatsächlichen, wissenschaftlich belegten Gründen für den Strafprozess ungeeignet, fehlt auch für die Beweisführung im Zivilprozess und der freiwilligen Gerichtsbarkeit die Eignung.[54] Solche Kosten sind niederzuschlagen, zB wenn sich ein Sachverständigengutachten auf einen Polygraphentest (Lügendetektor) stützt.[55]

Eine Nichterhebung kommt auch in Betracht, wenn eine Beweiserhebung zu einer Frage erfolgt, die zwischen den Beteiligten unstreitig ist.[56] Letzteres wird jeoch nicht gelten, wenn das Gericht wegen des **Amtsermittlungsgrundsatzes** ermitteln muss. Da das Gericht bei Amtsermittlungspflicht alle entscheidungserheblichen Tatsachen und Umstände ermitteln muss, liegt deshalb keine Falschbehandlung vor, wenn das Kindeswohl betroffen ist und trotz gemeinsamen Vorschlags der Eltern ein kinderpsychologisches Gutachten eingeholt wird.[57] Das Gericht darf aber den eingeräumten weiten Ermessensspielraum des § 26 FamFG nicht überschreiten, so dass Nichterhebung anzuordnen ist, wenn in Umgangsverfahren über einen zusätzlichen Umgangsnachmittag dem Sachverständigen der Zusatzauftrag erteilt wird, zur eventuellen Gefährdung des Kindes aufgrund der Zerstrittenheit der Eltern Stellung zu nehmen.[58]

- **Bundesverfassungsgericht.** Dass die Rechtsansicht des OLG nicht vom BVerfG geteilt wird, stellt regel- 26
mäßig keine unrichtige Sachbehandlung dar.[59]

---

38 OLG Schleswig JurBüro 1995, 43. **39** OLG Koblenz NJW-RR 2004, 1295. **40** OLG Köln OLGR 2004, 7. **41** BGH NJW 1985, 2336. **42** OLG Hamm MDR 1977, 940. **43** OLG Düsseldorf DAVorm 1989, 633. **44** OLG Düsseldorf JurBüro 1995, 45; LG Itzehoe 6.5.2003 – 7 O 198/01, juris. **45** LG Frankenthal KostRsp. GKG aF § 8 Nr. 37. **46** OLG Stuttgart Justiz 1996, 137. **47** OLG Köln KostRsp. GKG aF § 8 Nr. 24. **48** OLG Hamm BauR 2002, 1736. **49** LG Frankfurt JurBüro 1986, 1679; LG Oldenburg KostRsp. GKG aF § 8 Nr. 86. **50** OLG München NJW-RR 2003, 1294. **51** OLG Koblenz FamRZ 2002, 1644. **52** OLG München MDR 1998, 1437. **53** OLG Celle NJW-RR 2003, 787. **54** BGH NJW 2003, 2527. **55** KG 11.10.2010 – 19 WF 136/10, juris. **56** OLG Koblenz MDR 2013, 1366. **57** OLG Zweibrücken FamRZ 1998, 310. **58** OLG Koblenz FF 2009, 329. **59** OLG Hamburg MDR 2004, 474.

27 ■ **Dolmetscher.** Keine unrichtige Sachbehandlung liegt vor, wenn die Zuziehung nur vorsorglich für etwaige Verständigungsschwierigkeiten erfolgt,[60] zB weil nach Aktenlage anzunehmen war, dass die sprachliche Verständigung nicht gesichert ist.[61] Die Prüfung der Hinzuziehung des Dolmetschers steht im pflichtgemäßen Ermessen des Gerichts, so dass die Bestellung bei Beteiligung eines Ausländers auch ohne vorherige Anfrage bei den Beteiligten keinen schweren Verfahrensfehler und auch keine Falschbehandlung iSd § 20 darstellt.[62] Es ist auch Aufgabe des Beteiligten, das Gericht darauf hinzuweisen, dass die Ladung eines Dolmetschers entbehrlich ist.[63]

28 ■ **Einstweilige Anordnung.** Keine unrichtige Sachbehandlung ist gegeben, wenn das Familiengericht in einstweiligen Anordnungsverfahren, deren Entscheidung gem. § 57 FamFG unanfechtbar ist, einen als Beschwerde bezeichneten Schriftsatz dennoch dem OLG vorlegt und nicht als Abänderungsantrag nach § 54 FamFG behandelt.[64]

29 ■ **Entscheidungsgründe.** Unrichtige Sachbehandlung liegt nicht vor, wenn das Gericht die Entscheidung trotz wirksamen Verzichts der Beteiligten dennoch mit einer solchen versieht.[65] Der gegenteiligen Meinung[66] ist nicht zu folgen, da § 38 Abs. 4 FamFG dem Gericht keine Verpflichtung auferlegt, eine Entscheidung ohne Gründe zu erlassen, denn von der Regelung kann abgesehen werden, wenn das Gericht aufgrund der Sachlage zu dem Ergebnis kommt, eine Begründung abfassen zu müssen, um gegenüber den Beteiligten seine Rechtsauffassung darzulegen.[67]

30 ■ **Folgesachen.** Unrichtige Sachbehandlung kann vorliegen, wenn Folgesachen durch das Gericht nicht in den Verbund aufgenommen, sondern als selbständige Verfahren geführt werden.[68] Das gilt auch dann, wenn eine Abgabe an das Gericht der Ehesache nicht erfolgt (§§ 123, 153, 202, 233, 263, 268 FamFG) und die Verfahren daher nicht als Folgesachen fortgeführt werden. Niederzuschlagen sind jedoch nur Mehrkosten, dh die Differenz zwischen den Gebühren der selbständigen Verfahren und den Gebühren bei Behandlung als Folgesache.

31 ■ **Grundentscheidung.** Ergeht sie, obwohl der Rechtsstreit auch der Höhe nach entscheidungsreif gewesen ist, liegt eine unrichtige Sachbehandlung vor.[69]

32 ■ **Identische Antragsschrift.** Wird dieselbe Antragsschrift versehentlich zweimal bei Gericht eingereicht, liegt bei deren gerichtlicher Behandlung keine unrichtige Sachbehandlung vor.[70] Siehe auch → § 9 Rn 22.

33 ■ **Konfliktbewältigung.** Die Beauftragung eines Sachverständigen, den Eltern Hilfestellung für die Konfliktbewältigung zu geben, ist keine unrichtige Sachbehandlung.[71]

34 ■ **Kostenentscheidung.** Eine Nichterhebung wegen fehlender Kostengrundentscheidung scheidet aus, wenn der in Anspruch genommene Kostenschuldner bereits seit Verfahrensbeginn kraft Gesetzes Kostenschuldner ist und auch bei richtiger Sachbehandlung zumindest Zweitschuldner geblieben wäre.[72] Wird die Kostenverteilung beanstandet, kommt eine Nichterhebung nicht in Betracht, wenn die Gerichtskosten in jedem Fall entstanden wären.[73]

35 ■ **Öffentliche Zustellung.** Sie stellt regelmäßig keine unrichtige Sachbehandlung dar, so dass eine Nichterhebung der Kosten auch dann ausgeschlossen sein kann, wenn die Kosten die Forderung um ein Vielfaches übersteigen;[74] allerdings ist bei hohen Auslagen eine Mitteilung oder Vorschussanforderung angezeigt. Ist öffentliche Zustellung aber angeordnet, obwohl diese bereits wegen mitgeteilter Anschriften entbehrlich ist, kommt eine Niederschlagung in Betracht.

36 ■ **Ordnungsmittel.** Kann die Androhung nicht als Grundlage für die Verhängung herangezogen werden, weil sie gesetzlichen Anforderungen nicht genügt, bleiben die Gerichtskosten unerhoben.[75]

37 ■ **Rechnungslegung.** Hat das Gericht wegen personeller Unterbesetzung einen Dritten mit der Rechnungslegung (§ 1843 BGB) beauftragt, liegt unrichtige Sachbehandlung vor.[76]

38 ■ **Rechtliches Gehör.** Bei Aufhebung und Zurückverweisung durch das Beschwerdegericht wegen Verstoßes gegen Art. 103 Abs. 1 GG liegt unrichtige Sachbehandlung vor.[77]

39 ■ **Rechtsgutachten.** Sind sie wegen der Auslegung von inländischem Recht eingeholt, sind die Kosten regelmäßig niederzuschlagen.[78] Anders aber bei ausländischem Recht (zB Scheidungsrecht),[79] insb. in FG-Familiensachen, da hier Art und Weise der Ermittlung seines Inhalts in das pflichtgemäße Ermessen des

60 VGH Hessen JurBüro 1989, 645; aA OLG Nürnberg JurBüro 1989, 1692. **61** OLG Düsseldorf NJW-RR 1998, 1694; OLG Stuttgart FamRZ 2001, 238. **62** OLG Brandenburg FamRZ 2007, 162. **63** OLG Stuttgart FamRZ 2001, 238. **64** OLG Karlsruhe JurBüro 1999, 204 m. zust. Anm. *Meyer* (noch zu § 620c ZPO). **65** OLG Brandenburg AGS 2007, 528. **66** OLG Köln AGS 2007, 529. **67** *E. Schneider*, AGS 2007, 528. **68** *Hartmann*, KostG, § 21 GKG Rn 23. **69** BGH KostRsp. GKG § 8 Nr. 77. **70** OLG Düsseldorf MDR 1999, 1156. **71** OLG Hamm FamRZ 1996, 1557. **72** KG KGR 1998, 36. **73** OLG Stuttgart Rpfleger 1964, 130. **74** LG München JurBüro 1999, 424. **75** OLG Köln KostRsp. GKG aF § 8 Nr. 20. **76** AG Bad Oeynhausen FamRZ 2004, 284. **77** OLG Köln NJW 1979, 1834. **78** OLG Karlsruhe FamRZ 1990, 1367; OLG Brandenburg FamRZ 2004, 1662. **79** OLG Düsseldorf OLGR 2001, 518.

Gerichts gestellt ist und die Gutachteneinholung zu ausländischem Recht keinen Rechtsfehler darstellt.[80]

■ **Rechtsmittelbelehrung.** Eine unrichtige Belehrung über die Zulässigkeit von Rechtsmitteln stellt eine 40 unrichtige Sachbehandlung dar. Allerdings kann von einem Rechtsanwalt erwartet werden, dass er die Zulässigkeit prüft, so dass hier eine Nichterhebung regelmäßig nicht in Betracht kommt.[81]

■ **Reisekosten.** Hat die Staatskasse einem Beteiligten irrtümlich Reisekosten zum Termin erstattet 41 (Nr. 2007 KV), können diese nicht angesetzt werden.[82]

■ **Sachverständiger.** Teilt dieser dem Gericht mit, dass die Gutachterkosten den Vorschuss erheblich über- 42 steigen (§ 407 a ZPO), liegt keine unrichtige Sachbehandlung vor, wenn das Gericht eine Unterrichtung der Beteiligten unterlässt und die Sachverständigenvergütung noch im vertretbaren Verhältnis zum Interesse an der Beweiserhebung steht.[83] Auch wenn es das Gericht versäumt, im Rahmen seiner Leitungstätigkeit den Sachverständigen auf seine Pflichten hinzuweisen, ist eine unrichtige Sachbehandlung nicht gegeben.[84]

■ **Schreibfehler.** Auslassungen oder Schreibfehler in einer Entscheidungsausfertigung können die Nieder- 43 schlagung von Kosten für ein Rechtsmittel rechtfertigen, wenn es nur wegen der fehlerhaften Ausfertigung eingelegt war.[85]

■ **Termine.** Wird eine Verhandlung an zwei Tagen durchgeführt, obwohl möglicherweise auch ein Tag 44 ausgereicht hätte, hat die Staatskasse keine Kosten und Auslagen zu tragen,[86] so dass auch eine Niederschlagung von Gerichtskosten nicht in Betracht kommt.

■ **Übersetzungskosten.** Keine unrichtige Sachbehandlung liegt vor, wenn das Gericht auf die Mitteilung, 45 ein Verfahrensbeteiligter sei der deutschen Sprache nicht mächtig, die Übersetzung von Schriftstücken, wie etwa Fragebögen zum Versorgungsausgleich, veranlasst.[87]

■ **Unzweckmäßigkeit.** War die gerichtliche Maßnahme lediglich unzweckmäßig, liegt eine unrichtige 46 Sachbehandlung regelmäßig nicht vor.[88]

■ **Vereinfachtes Unterhaltsverfahren.** Hat das Gericht entgegen § 250 Abs. 3 FamFG mehrere anhängige 47 Verfahren nicht miteinander verbunden, liegt unrichtige Sachbehandlung vor, so dass die Mehrkosten für die getrennte Verfahrensführung nicht zu erheben sind.[89]

■ **Verfahrenskostenhilfe.** Das Gericht hat bei VKH-Bewilligung zu prüfen, ob die Rechtsverfolgung oder 48 Rechtsverteidigung hinreichende Erfolgsaussicht hat (§ 114 Abs. 1 S. 1 ZPO iVm § 76 Abs. 1, § 113 Abs. 1 FamFG). Wird eine eindeutige Rechtslage und folglich Aussichtslosigkeit nicht erkannt, liegt eine unrichtige Sachbehandlung vor, wenn trotzdem VKH bewilligt wird, so dass eine Nichterhebung erfolgen kann, wenn der Antrag aufgrund fehlerhafter Bewilligung weiterbetrieben wird.[90] Wird der VKH-Antrag zugleich mit abweisender Entscheidung in der Hauptsache abgelehnt, kann dies eine unrichtige Sachbehandlung darstellen,[91] da dem Antragsteller dadurch die Möglichkeit kostensparender Rücknahme genommen wird und zudem eine Verletzung von Art. 103 Abs. 1 GG vorliegen kann.[92]

■ **Verfahrenstrennung.** Erfolgt die Trennung in zahlreiche Einzelverfahren ohne verständigen Grund und 49 ohne Rücksicht auf entstehende Mehrkosten, kann eine unrichtige Sachbehandlung vorliegen.[93] Mehrkosten stellen die Differenz zwischen den Gerichtsgebühren nach dem Gesamtwert und den Einzelgebühren dar. Auch eine unzulässige Trennung eines gegen mehrere Antragsgegner gerichteten Mahnverfahrens kann die Niederschlagung rechtfertigen,[94] jedoch dann nicht, wenn ein Anspruch gegen Gesamtschuldner, der in verschiedenen Mahnverfahren geltend gemacht wird, nach Widerspruch nicht zu einem Verfahren verbunden wird.[95]

■ **Verfahrensunfähigkeit.** Ergeht eine Entscheidung, die wegen Verfahrensunfähigkeit nicht hätte ergehen 50 dürfen, sind die Kosten der ersten Instanz und der Rechtsmittelinstanz niederzuschlagen.[96]

■ **Verfahrenswert.** Seine fehlerhafte Festsetzung stellt nicht ohne Weiteres eine unrichtige Sachbehandlung 51 dar,[97] zB weil ein gestellter Antrag übersehen wurde.

■ **Vergleich.** Wurde ein außergerichtlicher Vergleich mit einer Kostenregelung getroffen, liegt keine un- 52 richtige Sachbehandlung vor, wenn das Gericht noch eine Kostenentscheidung trifft; jedoch sind die Kosten des hiergegen eingelegten Rechtsmittels niederzuschlagen.[98]

---

80 BayObLG NJW-RR 1999, 576. **81** OLG Zweibrücken NStZ-RR 2000, 319. **82** OLG Schleswig Rpfleger 1956, 325. **83** OLG Saarbrücken JurBüro 1995, 316. **84** OLG Koblenz MDR 2004, 831. **85** BGH KostRsp. GKG aF § 8 Nr. 36. **86** OLG Hamburg Rpfleger 1983, 175. **87** OLG Brandenburg FamRZ 2007, 162. **88** OLG Koblenz JurBüro 1995, 210. **89** OLG Celle JurBüro 2011, 431. **90** OLG Braunschweig JurBüro 1979, 870. **91** VGH Kassel NJW 1985, 218; OVG Hamburg Rpfleger 1986, 68; VGH BW Justiz 1988, 437. **92** *E. Schneider*, Anm. zu KostRsp. GKG § 8 Nr. 218; aA KG KGR 2001, 72. **93** OVG Münster NJW 1978, 71; strenger OLG Koblenz MDR 2016, 122, das § 20 in diesen Fällen nur bei offensichtlichen schweren Fehlern anwenden will. **94** OLG Zweibrücken JurBüro 2007, 322. **95** LG Berlin AnwBl BE 1994, 85. **96** LG Kiel SchlHA 2002, 26. **97** BGH AGS 2003, 83. **98** OLG Köln KostRsp. § 8 GKG aF § 8 Nr. 75.

53 ■ **Verkündungsvermerk.** Erfolgt eine Zurückverweisung aufgrund fehlerhafter Verkündung, sind Kosten für das Beschwerdeverfahren niederzuschlagen.[99]

54 ■ **Versorgungsausgleich.** Bei der Ermittlung der Unterlagen zur Berechnung des Versorgungsausgleichs liegt eine unrichtige Sachbehandlung nur vor, wenn eindeutige Verstöße gegen gesetzliche Vorschriften oder ein offensichtliches Versehen vorliegen.[100] Eine nur leichte Falschbehandlung rechtfertigt die Nichterhebung nicht (zB Übersehen von Kindererziehungszeiten).[101] Bei offenkundigen Rechenfehlern des Gerichts ist eine Niederschlagung der Kosten für das Beschwerdeverfahren aber geboten.[102] Ebenso, wenn dem Rentenversicherungsträger eine falsche Ehezeit mitgeteilt wird.[103] Nicht anzusetzen sind auch die Kosten einer Beschwerde, die eingelegt wird, weil das AG bei der Entscheidung einen Antrag auf externe Teilung einer Anwartschaft übergangen oder Anrechte, über die eine Auskunft erteilt worden ist, bei seiner Entscheidung übersehen hat.[104]

55 ■ **Vertretung.** Unrichtige Sachbehandlung vor, wenn das Gericht nicht auf von Amts wegen zu berücksichtigende Bedenken gegen die gesetzliche Vertretung eines Beteiligten aufmerksam macht.[105]

56 ■ **Verzögerung.** Die völlig unberechtigte Verzögerung des Verfahrens kann eine Niederschlagung rechtfertigen.[106] Sie liegt zB vor, wenn über Beweisanträge so spät entschieden wird, dass eine Beweissicherung nicht mehr möglich ist.[107] Gleiches gilt, wenn wegen verzögerter Antragszustellung die Erledigung der Hauptsache nicht mehr erfolgreich erklärt werden kann.[108] Es unterbleibt aber nur der Einzug von Mehrkosten (zB Differenz der Gebühren Nr. 1220, 1221 KV).

Eine unrichtige Sachbehandlung liegt auch vor, wenn der Antrag wegen einer Falschbuchung der Vorauszahlung so spät zugestellt wird, dass Zweifel an der Verjährungshemmung auftreten und der Antrag deshalb zurückgenommen wird.[109]

57 ■ **Vollstreckung.** Ist der Vollstreckungstitel wegen Mängel für die Zwangsvollstreckung ungeeignet, sind die Kosten des Vollstreckungsverfahrens niederzuschlagen.[110] Hat das Gericht es versehentlich unterlassen, ein Teil-Versäumnisurteil für vorläufig vollstreckbar zu erklären, begeht es einen schweren und offensichtlichen Fehler.[111]

58 ■ **Vollstreckungsklausel.** Geht die vom Gläubiger eingereichte vollstreckbare Ausfertigung bei Gericht verloren, ist für die Erteilung einer weiteren vollstreckbaren Ausfertigung keine Gebühr zu erheben, da der Verlust im Verantwortungsbereich des Gerichts eine unrichtige Sachbehandlung darstellt, auch wenn persönliches Verschulden nicht feststellbar ist.[112] Etwas anderes gilt aber, wenn die dem Gläubiger erteilte vollstreckbare Ausfertigung den Umständen nach auf dem Postweg verlorengegangen ist.[113]

59 ■ **Vorschüsse.** Das Unterlassen des Anforderns von Vorschüssen oder Vorauszahlungen ist keine unrichtige Sachbehandlung,[114] auch wenn die Vermögenslosigkeit des Kostenschuldners offenkundig war.

60 ■ **Zeugen.** Werden sie unvernommen entlassen, liegt keine unrichtige Sachbehandlung vor.[115]

61 ■ **Zurückverweisung.** Sie führt regelmäßig zur Nichterhebung der Kosten des Rechtsmittelverfahrens,[116] wenn sie erfolgt, weil die erstinstanzliche Entscheidung wegen wesentlicher Mängel aufgehoben wird,[117] entscheidungserhebliche Beweisantritte übergangen und Sachvortrag unter Verstoß gegen Art. 103 Abs. 1 GG unberücksichtigt gelassen wurde.[118] Ebenso, wenn die sachlich gebotene Zuziehung von Sachverständigen unterbleibt,[119] die Vorinstanz die Zulässigkeit eines Einspruchs gegen den Vollstreckungsbescheid nicht ausdrücklich oder stillschweigend geprüft hat[120] oder gegen eine eindeutige gesetzliche Norm verstoßen wurde,[121] so dass die alleinige Aufhebung durch die höhere Instanz nicht genügt.[122] Nichterhebung kommt auch in Betracht, wenn eine Schlussentscheidung ergangen war, obwohl dem Verfahrensbevollmächtigten erstmals in der Verhandlung Fragen gestellt werden, die dieser nicht ohne Mandanten beantworten kann, denn in diesem Fall leidet die Entscheidung dann an einem wesentlichen Mangel.[123]

62 ■ **Zuständigkeit.** Wird auf die Unzulässigkeit wegen fehlender örtlicher Zuständigkeit nicht hingewiesen, kann eine unrichtige Sachbehandlung vorliegen;[124] nicht aber, wenn zwei Gerichte wegen der Zuständigkeit unterschiedliche Auffassungen vertreten.[125]

99 OLG Brandenburg MDR 1999, 563. **100** OLG Bamberg JurBüro 1985, 1067. **101** OLG Karlsruhe FamRZ 1999, 1677. **102** OLG Naumburg EzFamR aktuell 2001, 253. **103** OLG Nürnberg MDR 1997, 302. **104** OLG Celle FamRZ 2011, 1325. **105** OLG Schleswig JurBüro 1978, 1225. **106** OLG Schleswig JurBüro 1985, 102. **107** LG Frankfurt MDR 1985, 153. **108** OLG Düsseldorf NJW-RR 1993, 828. **109** OLG Frankfurt NJW-RR 2012, 893. **110** OLG Düsseldorf Rpfleger 1956, 181. **111** OLG Frankfurt AGS 2014, 285. **112** KG JurBüro 2008, 3. **113** KG KGR 2009, 718. **114** KG MDR 2004, 56; OLG Düsseldorf KostRsp. GKG § 8 Nr. 46; LG Berlin JurBüro 1985, 259. **115** LAG Schleswig 29.4.1997 – 4 (2) Ta 33/97, juris. **116** OLG Zweibrücken JurBüro 1979, 247; OLG Hamm JurBüro 1980, 104. **117** OLG Düsseldorf MDR 1995, 212; KG JurBüro 1997, 654. **118** OLG Saarbrücken MDR 1996, 1191. **119** OLG Hamm KostRsp. GKG § 8 Nr. 32. **120** BGH NJW 1987, 2588. **121** BGH NJW-RR 2003, 1294; OLG Schleswig JurBüro 1981, 131; OLG München MDR 1990, 348. **122** BGH 27.1.1994 – V ZR 7/92, juris; LG Osnabrück NdsRpfl 1996, 13. **123** OLG Hamm AnwBl 1984, 93. **124** OVG Hamburg KostRsp. GKG aF § 8 Nr. 52. **125** LG Hannover NdsRpfl 1995, 352.

- **Zustellung.** Muss wegen eines Fehlers des Gerichts erneut förmlich zugestellt werden, zB weil eine an- 63
gegebene Anschrift oder mitgeteilte Anschriftenänderungen nicht beachtet werden, bleiben die Kosten
der fehlerhaften Zustellung unerhoben.
- **Zweitschuldner.** Er kann sich nicht auf § 20 stützen und einwenden, der Kostenansatz gegen den Erst- 64
schuldner sei grundlos verzögert worden, mit der Folge, dass seine Inanspruchnahme nicht mehr möglich ist.[126]

III. Verlegung von Terminen oder Vertagung von Verhandlungen (Abs. 1 S. 2)

1. Umfang der Nichterhebung. Nach Abs. 1 S. 2 findet eine Erhebung von **Auslagen** nicht statt, die da- 65
durch entstehen, weil ein Termin oder eine Verhandlung von Amts wegen verlegt bzw vertagt wird. Erfasst
sind sämtliche Auslagen nach Nr. 2000 ff KV, zu denen insb. Kosten für Telegramme (Nr. 2001 KV), Zustellungen (Nr. 2002 KV), Bekanntmachungen (Nr. 2004 KV), an Zeugen, Sachverständige und Dolmetscher gezahlte Entschädigungen/Vergütungen (Nr. 2005 KV) sowie Zahlungen an mittellose Personen
(Nr. 2007 KV) gehören. Weiter können Auslagen nach Nr. 2011 KV erfasst sein, wenn Vorführungskosten
entstanden sind. Außergerichtlichen Kosten sind nicht erfasst.[127]

2. Anordnung des Gerichts. Die Gründe für die Aufhebung oder Vertagung müssen beim Gericht liegen, 66
wie zB Erkrankung von Gerichtspersonen oder sonstige dienstliche Belange,[128] zB weil Akten dem Gericht
nicht vorliegen. Unterbrechung wegen Todes, Insolvenz oder Prozessunfähigkeit (§§ 239 ff ZPO) ist nicht
erfasst, da die Termine zwar von Amts wegen aufzuheben, die Gründe jedoch nicht vom Gericht zu verantworten sind. Hat das Gericht eine Frist (zB Ladungsfrist) nicht eingehalten, greift Abs. 1 S. 2 auch dann ein,
wenn nur aufgrund des Hinweises von Beteiligten Verlegung oder Vertagung erfolgt.

3. Beteiligte. Liegen die Gründe der Verlegung oder Vertagung bei einem Beteiligten, kommt eine Nichter- 67
hebung nicht in Betracht, so etwa bei kurzfristiger Rechtsmittelrücknahme oder wenn wegen außergerichtlicher Verhandlungen das Ruhen des Verfahrens beantragt wird. Gleiches gilt, wenn der Beteiligte zum Termin unentschuldigt nicht erscheint. In diesen Fällen können die Kosten aber dem säumigen Beteiligten auferlegt werden (§ 81 Abs. 2 FamFG bzw § 95 ZPO iVm § 113 Abs. 1 FamFG).

4. Zeugen, Sachverständige. Erscheinen Zeugen oder Sachverständige nicht zum Termin, greift Abs. 1 S. 2 68
nicht, so dass die Gerichtskosten anzusetzen sind; jedoch kann das Gericht ihnen die Kosten auferlegen
(§ 380 Abs. 1 S. 1, § 390 Abs. 1 S. 1, § 409 Abs. 1 S. 1 ZPO iVm § 30 Abs. 1, § 113 Abs. 1 FamFG).

5. Entscheidungsbefugnis des Kostenbeamten. Nach § 11 S. 1 KostVfg ist der Kostenbeamte befugt, die fol- 69
genden Auslagen außer Ansatz zu lassen:

- Auslagen, die durch eine von Amts wegen veranlasste Verlegung eines Termins oder Vertagung einer
Verhandlung entstanden sind (§ 20 Abs. 1 S. 2 FamGKG) (Nr. 1),
- Auslagen, die durch eine vom Gericht fehlerhaft ausgeführte Zustellung angefallen sind (zB doppelte
Ausführung einer Zustellung, fehlerhafte Adressierung) (Nr. 2),
- Auslagen, die entstanden sind, weil eine angeordnete Abladung von Zeugen, Sachverständigen, Über-
setzern usw nicht oder nicht rechtzeitig ausgeführt worden ist (Nr. 3).

Einer gerichtlichen Entscheidung bedarf es insoweit nicht. Allerdings sollen die Akten dem Gericht mit Anregung einer Entscheidung vorlegen werden, wenn dies wegen tatsächlicher oder rechtlicher Schwierigkeiten erforderlich ist. Bei der Aktenvorlage durch den Kostenbeamten handelt es sich lediglich um eine Anregung, so dass für das Gericht keine Pflicht besteht zu entscheiden. Eine vom Kostenbeamten getroffene Entscheidung bindet das Gericht nicht. Der Kostenbeamte kann auch im Verwaltungswege angeordnet werden,
Auslagen nach Abs. 1 S. 2 nicht zu erheben (Abs. 2 S. 2). In einigen Ländern sehen Sonderbestimmungen
zur KostVfg jedoch eine einschränkende Anwendung von § 11 KostVfg vor; bspw ist der Kostenbeamte in
Nordrhein-Westfalen nur befugt, die in § 20 Abs. 1 S. 2 genannten Auslagen außer Ansatz zu lassen.[129]

IV. Unverschuldete Unkenntnis (Abs. 1 S. 3)

1. Allgemeines. Von der Erhebung der Kosten kann auch bei **Antragsrücknahme** oder **abweisenden Ent-** 70
scheidungen abgesehen werden, wenn der Antrag auf unverschuldeter Unkenntnis der tatsächlichen oder
rechtlichen Verhältnisse beruht (Abs. 1 S. 3). Als abweisende Entscheidungen sind Entscheidungen jeder Art
und Form zu verstehen,[130] die in allen Verfahren getroffen werden können.

Abs. 1 S. 3 lässt andere Bestimmungen, wie zB § 81 FamFG, § 91 ZPO iVm § 113 Abs. 1 FamFG, unbe- 71
rührt, so dass Kostenerstattungsansprüche nicht erfasst sind.

126 KG KGR 2005, 27. **127** OLG Düsseldorf MDR 1978, 339. **128** HK-FamGKG/*Thiel*, § 20 Rn 24. **129** AV d. JM
v. 24.2.2014 (JMBl. NRW S. 64) idF d. AV d. JM v. 28.9.2015 (JMBl. NRW S. 346). **130** BFH AGS 2007, 523.

72   **2. Ermessensentscheidung.** Die Entscheidung liegt im Ermessen des Gerichts, so dass jeder Einzelfall genau zu prüfen ist. Dabei kann auch der Bildungsgrad des Antragstellers berücksichtigt werden.[131] In Familiensachen ist außerdem zu berücksichtigen, dass wegen der Bedeutung der Sache und vorhandener großen Emotionen oftmals voreilig Anträge gestellt werden, die von falscher und unverschuldeter Unkenntnis der tatsächlichen oder rechtlichen Verhältnisse herrühren.

73   **3. Unverschuldetheit.** Nichterhebung ist nur anzuordnen, wenn die Unkenntnis unverschuldet besteht. Dabei muss sich der Beteiligte auch Verschulden seines Verfahrensbevollmächtigten anrechnen lassen (§ 85 Abs. 2 ZPO iVm §§ 11, 113 Abs. 1 FamFG).[132] Umgekehrt kann jedoch der Bevollmächtigte nicht einwenden, die entsprechende Handlung sei ohne sein Wissen durch den Beteiligten selbst erfolgt. So erfolgt die Rechtsmittelrücknahme durch den Beteiligten selbst nicht unverschuldet, wenn dieser bei Einlegung anwaltlich vertreten war.[133] Gleiches gilt, wenn ein Rechtsmittel vorsorglich zur Fristwahrung eingelegt wird. Das gilt insb. bei anwaltlicher Vertretung, da die Kenntnis über ein bestehendes Kostenrisiko bei einem Anwalt vorausgesetzt werden kann.[134] Im Übrigen ist es nicht Sinn der Vorschrift, einem Rechtsmittelführer das mit Einlegung seines Rechtsmittels verbundene Kostenrisiko abzunehmen.[135]

74   **4. Sorgfaltspflicht.** Der Beteiligte muss der gebotenen Sorgfaltspflicht nachkommen. Keine unverschuldete Unkenntnis ist daher anzunehmen, wenn der Bevollmächtigte Aktenzeichen nicht überprüft[136] oder die Antragsschrift versehentlich zeitlich versetzt doppelt einreicht.[137] Auch bei längerem Aufenthalt im Ausland muss sich der Beteiligte über ergangene Entscheidungen oder Rechtsmittelbelehrungen informieren, so dass Rechtsmittelkosten nicht wegen unverschuldeter Unkenntnis niederzuschlagen sind. Gleiches gilt, wenn ein anwaltlich vertretener Beteiligter nach Versagung von VKH das Rechtsmittel wegen mangelnder Erfolgsaussicht zurücknimmt.[138]

75   **5. Ablehnende Entscheidung.** Nichterhebung kann auch angeordnet werden, wenn eine ablehnende Entscheidung ergeht und eine Abweisung, Verwerfung oder Zurückweisung auf unverschuldeter Unkenntnis beruht. Wird der Antrag nur deshalb zurückgewiesen, weil der Antragsteller trotz bestehenden Anwaltszwangs (§ 10 Abs. 4, § 114 FamFG) nicht anwaltlich vertreten war, ist für eine Anordnung nach Abs. 1 S. 3 kein Raum mehr, wenn das Gericht vorher einen entsprechenden Hinweis gegeben hat.

V. Anordnung durch gerichtliche Entscheidung (Abs. 2 S. 1)

76   **1. Allgemeines.** In den Fällen des Abs. 1 S. 1, 2 ergeht die Anordnung über die Nichterhebung von Amts wegen. Liegen die dortigen Voraussetzungen vor, hat eine Anordnung zwingend zu ergehen, da insoweit kein Ermessen besteht.[139] Der Kostenschuldner kann auch einen Antrag auf Anordnung der Nichterhebung stellen, der aber lediglich einer Anregung gleichkommt.[140] § 20 schließt nicht aus, bereits in der Kostenentscheidung eine **Nichterhebung der Kosten nach § 81 Abs. 1 S. 2 FamFG** anzuordnen, vielmehr kann eine solche Anordnung schon aus verfahrensökonomischen Gründen notwendig sein.[141] In FG-Familiensachen hat das Gericht im Rahmen einer nach § 81 Abs. 1 S. 2 FamFG zu treffenden Anordnung entsprechend § 20 auch das Kriterium der unrichtigen Sachbehandlung zu berücksichtigen.[142]

77   **2. Anregung.** Hat der Kostenschuldner die Nichterhebung angeregt, liegt ein besonderer Rechtsbehelf vor, der nach hM wie eine Erinnerung (§ 57) zu behandeln ist.[143] Die Anregung ist nicht fristgebunden. Sie ist nicht Teil der materiellrechtlichen Kostenentscheidung im Erkenntnisverfahren,[144] aber auch nicht als Teil des Kostenansatzes zu betrachten, da die Entscheidung nach Abs. 2 S. 1 Rechtsprechung ist und keine Justizverwaltungssache. Auch der Bezirksrevisor kann eine Entscheidung nach § 20 anregen, und zwar bereits vor Aufstellung des Kostenansatzes.[145] In den Fällen des § 20 kann der Kostenbeamte der Erinnerung nicht abhelfen, da die Entscheidung über die Nichterhebung dem Gericht obliegt, vgl § 11 KostVfg. Die Erinnerung ist daher zunächst dem Bezirksrevisor vorzulegen. Er kann eine Stellungnahme abgeben und auch beantragen, den Antrag zurückzuweisen, jedoch wegen § 37 KostVfg kann er keine Anordnung nach § 20 im Verwaltungswege treffen.

78   Die Nichterhebung kann schon **vor dem Zugang der Kostenrechnung** angeregt werden.[146] Es muss aber ein Rechtsschutzbedürfnis vorliegen, so dass eine Anregung erst zulässig ist, wenn feststeht, dass wegen unrichtiger Sachbehandlung tatsächlich Mehrkosten entstanden sind. Der Antragsteller muss zudem schon Kostenschuldner sein, was bei einer Haftung nach §§ 16, 17, 21 stets der Fall ist, da es sich unabhängig vom

---

131 BFH AGS 2007, 523. **132** BGH 25.4.1989 – XI ZR 142/88, juris; OLG Bamberg JurBüro 1987, 731; OLG Düsseldorf MDR 1999, 1156. **133** BFH KostRsp. GKG aF § 8 Nr. 111. **134** OLG Düsseldorf MDR 1997, 402. **135** BFH AGS 2007, 523. **136** OLG Bamberg JurBüro 1987, 731. **137** OLG Düsseldorf MDR 1999, 1156. **138** BGH 25.4.1989 – XI ZR 142/88. **139** HK-FamGKG/*Thiel*, § 20 Rn 11. **140** HK-FamGKG/*Thiel*, § 20 Rn 33. **141** BGH MDR 2015, 350. **142** OLG Frankfurt FamRB 2016, 148. **143** BGH NJW-RR 2003, 1294; BFH AGS 2007, 523; BayObLG JurBüro 1994, 394. **144** OLG Celle NdsRpfl 1989, 13. **145** KG Rpfleger 1977, 227. **146** OLG Koblenz 9.2.1989 – 14 W 89/89, juris.

Hinzutreten weiterer Schuldner um eine endgültige Haftung handelt. Wer nur nach § 24 haftet, kann erst mit Entscheidungserlass oder Kostenübernahme anregen.

3. Zuständigkeit. a) Sachliche Zuständigkeit. Zuständig ist das Gericht, bei dem die Kosten anzusetzen 79 sind. Somit richtet sich die Zuständigkeit nach § 18 Abs. 1. Zuständig sind danach bei

- erstinstanzlichen Kosten das Gericht, bei dem die Sache zuletzt anhängig gewesen ist,
- Gerichtskosten der Rechtsmittelinstanz das Rechtsmittelgericht.

Hat ein Gericht **Rechtshilfe** geleistet, ist es auch dann unzuständig, wenn die unrichtige Sachbehandlung 80 vor dem ersuchten Gericht erfolgt war.[147] Auch der beauftragte Richter ist nicht zur Entscheidung berufen.[148]

Bei **Verweisungen**, auch an das Gericht eines anderen Bundeslandes, gilt gleichwohl § 18 Abs. 1, so dass 81 auch die Entscheidung nach § 20 nur noch das übernehmende Gericht zu treffen hat.

Das **Rechtsmittelgericht** ist nicht befugt, die Nichterhebung erstinstanzlicher Kosten anzuordnen.[149] Es 82 kann Anordnungen nach § 20 nur für solche Kosten treffen, die in der Rechtsmittelinstanz entstanden sind.[150] Anders aber, wenn der Antrag vor dem Rechtsmittelgericht zurückgenommen wird.[151] War das Verfahren jedoch wegen Antrags- oder Rechtsmittelrücknahme nicht mehr an das Rechtsmittelgericht gelangt, entscheidet das erstinstanzliche Gericht auch über die Kosten der höheren Instanz.[152]

b) Funktionelle Zuständigkeit. Es handelt sich um eine Entscheidung des Gerichts, so dass nur der **Richter** 83 oder **Rechtspfleger** zuständig ist. Eine Befangenheit ist nicht schon deshalb gegeben, weil der Richter oder Rechtspfleger über von ihm selbst verursachte Kosten zu entscheiden hat.[153] Der Kostenbeamte ist nicht befugt, eine Entscheidung zu treffen, wenn nicht ein Fall des § 11 KostVfg vorliegt.

4. Entscheidung. Die Entscheidung ergeht durch Beschluss. Es kann aber auch in der Schlussentscheidung 84 entschieden werden. Der Beschluss ist zu begründen, um insb. in den Fällen des Abs. 1 S. 2, 3 festzustellen, ob das Gericht von seinem Ermessen in angemessener und gebotener Weise Gebrauch gemacht hat.

5. Wirkungen. Ist die Nichterhebung angeordnet, hat dies zur Folge, dass im Umfang der Entscheidung 85 Gerichtskosten (Gebühren und Auslagen) nicht erhoben werden dürfen. War der Kostenansatz bereits erfolgt, wird dieser aufgehoben bzw berichtigt. Ist der Kostenansatz noch nicht erfolgt, hindert die Entscheidung nach Abs. 2 S. 1 den Kostenbeamten daran, die Kosten gegen den Kostenschuldner in Ansatz zu bringen.

Beschlüsse nach § 20 erwachsen nicht in formeller Rechtskraft, weil sie nicht mit einem befristeten Rechts- 86 mittel anfechtbar sind.[154]

Die Entscheidung wirkt grds. gegen sämtliche Kostenschuldner, wenn nicht ausdrücklich nur ein bestimm- 87 ter Schuldner von den Kosten befreit wird.

Bereits gezahlte Kosten sind zurückzuerstatten. Für die Rückzahlung beginnt die Verjährungsfrist des § 7 88 Abs. 2 erst mit Erlass der Entscheidung nach § 20 zu laufen.[155]

6. Beschwerde. a) Zulässigkeit. Da bereits die Anregung über die Nichterhebung als Erinnerung zu behan- 89 deln ist (→ Rn 77 f), kann die Entscheidung über die Anordnung nur noch mit der Beschwerde nach § 57 Abs. 2 angefochten werden.[156] Ihre isolierte Anfechtung ist auch dann zulässig, wenn sie in der Endentscheidung getroffen wurde.[157] Die Beschwerde ist nur zulässig, wenn der Beschwerdewert 200 € übersteigt (§ 57 Abs. 2 S. 1) oder Zulassung erfolgt (§ 57 Abs. 2 S. 2) ist. Ist die Nichterhebung durch den Rechtspfleger angeordnet, findet gleichfalls Beschwerde statt. Ist sie unstatthaft, findet wegen § 11 Abs. 2 RPflG stets die befristete Erinnerung statt. Es muss ein Rechtsschutzbedürfnis vorliegen, das nicht besteht, soweit das Gericht die Nichterhebung angeordnet hat. Auch die Staatskasse kann gegen eine Anordnung nach § 20 Beschwerde einlegen,[158] auch wenn die Anordnung der Nichterhebung abgelehnt wird.[159] Die Beschwerde ist nicht fristgebunden, kann aber verwirkt sein (→ § 57 Rn 42).

b) Zuständigkeit. Über die Beschwerde entscheidet das OLG (§ 57 Abs. 3 S. 1); das Familiengericht kann 90 abhelfen. Entscheidungen des OLG sind unanfechtbar (§ 57 Abs. 7). Gleiches gilt für Entscheidungen des BGH.

c) Kosten. Das Beschwerdeverfahren ist gerichtsgebührenfrei (§ 57 Abs. 8 S. 1).[160] Auslagen sind anzuset- 91 zen, jedoch nicht bei begründeten Beschwerden (Vorbem. 2 Abs. 1 KV). Außergerichtliche Kosten werden

---

147 *Oestreich/Hellstab/Trenkle*, FamGKG § 20 Rn 38. **148** *Meyer*, GKG § 21 Rn 16. **149** BGH NJW 2000, 3788; OLG Hamm BauR 2002, 1736; OLG Celle NdsRpfl 1989, 13. **150** BayVGH KostRsp. GKG aF § 8 Nr. 35. **151** OLG Brandenburg FamRZ 2004, 1662. **152** *Meyer*, GKG § 21 Rn 16. **153** OLG Düsseldorf OLGR 1993, 44. **154** *Lappe*, Anm. zu KostRsp. GKG aF § 8 Nr. 65. **155** *Oestreich/Hellstab/Trenkle*, FamGKG § 7 Rn 9. **156** *Meyer*, GKG § 21 Rn 17; *Oestreich/Hellstab/Trenkle*, FamGKG § 21 Rn 42. **157** OLG Düsseldorf JurBüro 1995, 45. **158** OLG Jena JurBüro 1999, 435. **159** KG Rpfleger 1977, 227. **160** OVG Münster KostRsp. GKG aF § 8 Nr. 84.

NK-GK/*H. Schneider*

nicht erstattet (§ 57 Abs. 8 S. 1). Der Staatskasse können Kosten daher auch dann nicht auferlegt werden, wenn die Beschwerde zur Nichterhebung der Kosten führt.

VI. Anordnung im Verwaltungswege (Abs. 2 S. 2)

92 Die Nichterhebung von Kosten kann auch im Verwaltungswege angeordnet werden (Abs. 2 S. 2). Die Anordnung im Verwaltungswege ist nur zulässig, wenn über die Kosten noch keine gerichtliche Entscheidung nach Abs. 2 S. 1 ergangen ist.

93 Die Zuständigkeit bestimmt sich nach § 37 KostVfg. Danach sind die Präsidenten für die ihrer Dienstaufsicht unterstellten Behörden zuständig.

94 Eine im Verwaltungswege getroffene Anordnung kann nicht mit der Erinnerung oder Beschwerde (§ 57) angefochten werden, da sie nur im Verwaltungswege geändert werden kann (Abs. 2 S. 3). Lehnt die nach § 37 KostVfg zuständige Stelle die Anordnung der Nichterhebung ab, wird über diesen Bescheid im Aufsichtswege entschieden.

Abschnitt 5
Kostenhaftung

§ 21 Kostenschuldner in Antragsverfahren, Vergleich

(1) [1]In Verfahren, die nur durch Antrag eingeleitet werden, schuldet die Kosten, wer das Verfahren des Rechtszugs beantragt hat. [2]Dies gilt nicht

1. für den ersten Rechtszug in Gewaltschutzsachen und in Verfahren nach dem EU-Gewaltschutzverfahrensgesetz,
2. im Verfahren auf Erlass einer gerichtlichen Anordnung auf Rückgabe des Kindes oder über das Recht zum persönlichen Umgang nach dem Internationalen Familienrechtsverfahrensgesetz,
3. für einen Minderjährigen in Verfahren, die seine Person betreffen, und
4. für einen Verfahrensbeistand.

[3]Im Verfahren, das gemäß § 700 Abs. 3 der Zivilprozessordnung dem Mahnverfahren folgt, schuldet die Kosten, wer den Vollstreckungsbescheid beantragt hat.

(2) Die Gebühr für den Abschluss eines gerichtlichen Vergleichs schuldet jeder, der an dem Abschluss beteiligt ist.

NK-GK/*H. Schneider*

I. Allgemeines

Abs. 1 S. 1 bestimmt, dass in Verfahren, die nur auf Antrag einzuleiten sind, der Antragsteller des jeweiligen Rechtszugs für die Kosten haftet. Abs. 1 S. 2 enthält Ausnahmen von diesem Grundsatz. Abs. 2 regelt die Kostenhaftung für am gerichtlichen Vergleich beteiligte Personen. Eine einmal begründete Antragshaftung kann nicht entfallen, jedoch wird der Antragsschuldner zum Zweitschuldner, wenn ein Kostenschuldner nach § 24 Nr. 1, 2 hinzutritt (§ 26 Abs. 2 S. 1). **1**

II. Antragsteller

1. Begriff. Antragsteller iSd § 21 ist, wer das Verfahren durch einen Antrag in Gang setzt. Vertreter, die nur im Interesse anderer handeln, werden nicht zum Antragsschuldner. Mehrere Antragsteller haften als Gesamtschuldner, soweit sich ihre Anträge auf denselben Gegenstand beziehen. **2**

2. Beteiligte kraft Amtes. Insolvenz-, Nachlass-, Zwangsverwalter und Testamentsvollstrecker werden für von ihnen gestellte Anträge zum Antragsschuldner. Allerdings haften sie nicht persönlich, da sich die Haftung auf das von ihnen verwaltete Vermögen beschränkt.[1] **3**

3. Nebenintervenient. Der Nebenintervenient ist weder Beteiligter noch gesetzlicher Vertreter des Hauptbeteiligten, sondern dessen Gehilfe kraft eigenen Rechts und somit **Dritter**.[2] Eine Haftung nach Abs. 1 S. 1 kann daher für den Nebenintervenienten nicht eintreten,[3] auch wenn er selbst Angriffs- und Verteidigungsmittel vorbringt. **4**

Auch **Rechtsmittel** kann der Nebenintervenient nicht im eigenen Namen einlegen, so dass auch hier keine Antragshaftung ausgelöst wird. Anders aber bei Rechtsmitteln gegen Entscheidungen, die sich gegen den Nebenintervenienten selbst richten (zB wegen Auferlegung von Kosten). Hier kann er im eigenen Namen Rechtsmittel einlegen und wird dadurch zum Antragsschuldner. **5**

Liegt eine **streitgenössische Nebenintervention** vor (§ 69 ZPO iVm § 113 Abs. 1 FamFG), gilt der Nebenintervenient als Streitgenosse des unterstützten Beteiligten. Er kann selbständig, auch gegen den Willen des Hauptbeteiligten, Verfahrenshandlungen vornehmen, eigene Angriffs- und Verteidigungsmittel vorbringen und selbst Rechtsmittel einlegen. Aufgrund seiner Stellung als Streitgenosse ist der streitgenössische Nebenintervenient daher auch Antragsschuldner für die Kosten, die aufgrund seiner Angriffs- oder Verteidigungsmittel bzw von ihm in Gang gesetzter Rechtsmittelverfahren entstehen. **6**

4. Rechtsschutzversicherung. Eine Rechtsschutzversicherung wird auch dann nicht Schuldner nach Abs. 1 S. 1, wenn sie für ihren Versicherungsnehmer Gerichtskosten zahlt.[4] **7**

5. Streitgenossen. Streitgenossen haften im Rahmen des § 27 als Gesamtschuldner; wegen der Inanspruchnahme gilt § 8 Abs. 4 KostVfg. Sind sie am Verfahren unterschiedlich beteiligt, beschränkt sich die gesamtschuldnerische Antragshaftung auf den Betrag, der entstanden wäre, wenn das Verfahren nur diesen Teil betroffen hätte (§ 27 S. 2). Wird ein Rechtsmittel von mehreren Beteiligten eingelegt, haften sie gleichfalls als Gesamtschuldner.[5] **8**

6. Streitverkünder. Tritt der Streitverkünder nach Streitverkündung dem Verfahren bei, bestimmt sich das Verhältnis nach den Grundsätzen der Nebenintervention, § 74 Abs. 1 ZPO iVm § 113 Abs. 1 FamFG (→ Rn 6). Lehnt der Dritte den Beitritt ab, wird das Verfahren ohne Rücksicht auf ihn fortgesetzt (§ 74 Abs. 2 ZPO iVm § 113 Abs. 1 FamFG), so dass hier keinesfalls Antragshaftung für den Dritten eintreten kann. Die Streitverkündungsschrift ist dem Dritten förmlich zuzustellen und mit ausreichender Anzahl von Abschriften bei Gericht einzureichen. Sind wegen der Nichtbeachtung Kopien zu fertigen, ist Schuldner der Dokumentenpauschale nur der Streitverkünder selbst (§ 23 Abs. 1 S. 2). **9**

---

1 *Oestreich/Hellstab/Trenkle*, FamGKG § 21 Rn 5. **2** *Zöller/Vollkommer*, ZPO, § 67 Rn 1. **3** *Oestreich/Hellstab/Trenkle*, FamGKG § 21 Rn 5. **4** OLG Stuttgart JurBüro 1985, 426. **5** OLG Hamburg OLGR 1997, 218.

10 **7. Verfahrensunfähige Personen.** Stellt ein Verfahrensunfähiger den Antrag, wird keine Antragshaftung ausgelöst.[6] In Ehesachen ist jedoch auch der beschränkt geschäftsfähige Ehegatte als verfahrensfähig anzusehen (§ 125 Abs. 1 FamFG), so dass er Antragsschuldner werden kann. Gleiches gilt wegen § 270 Abs. 1 S. 1 FamFG für Lebenspartnerschaftssachen nach § 269 Abs. 1 Nr. 1, 2 FamFG.

11 **8. Gesetzliche Vertreter.** Eltern (§ 1629 BGB), Betreuer (§ 1902 BGB), Vormünder (§ 1793 BGB) oder Pfleger (§§ 1915, 1793 BGB) von Beteiligten werden nicht persönlich zum Antragsschuldner. Ihre Anträge wirken nicht gegen sie persönlich, sondern für und gegen den Vertretenen, was auch für die gesetzlichen Vertreter juristischer Personen gilt. Machen Eltern jedoch Unterhaltsansprüche des Kindes im eigenen Namen geltend (§ 1629 Abs. 3 S. 1 BGB), sind sie selbst Antragsteller, so dass sie auch persönlich nach Abs. 1 S. 1 haften. Ist das Jugendamt Beistand für ein Kind (§ 1712 BGB), handelt es gleichfalls nur als Vertreter, so dass keine Antragshaftung eintritt.

12 **9. Gewillkürte Vertreter.** Anträge von gewillkürten Vertretern verpflichten im Rahmen der erteilten Vollmacht den Vertretenen unmittelbar, so dass Antragsschuldner nicht der Vertreter, sondern der Vertretene selbst wird. Etwas anderes gilt aber, wenn die Vertreter ohne Vertretungsmacht handeln, da ihre Handlungen dann nur gegen den Vertretenen wirken, wenn dieser nachträglich die Genehmigung erteilt. Wird sie nicht erteilt, wird der Vertreter alleiniger Antragsschuldner, ohne dass es einer gerichtlichen Kostenentscheidung bedarf.[7] Wird ein noch mit dem Beteiligten zu besprechender Antrag versehentlich bei Gericht eingereicht, haftet der Beteiligte nicht als Antragsschuldner, da der Rechtsanwalt ohne Berechtigung handelt.[8] Werden dem vollmachtlosen Vertreter die Kosten auferlegt, ist auch die Kostenrechnung an ihn zu richten.[9] Vertreter ohne Vertretungsmacht haften auch dann als alleinige Antragsschuldner, wenn sie ohne Vollmacht Bevollmächtigte bestellen, deren Handlungen Kosten auslösen, es sei denn, die Handlung wird nachträglich bewilligt oder der Vertretene hatte Kenntnis von der Handlung.

13 Ob und in welchem Umfang eine Bevollmächtigung vorliegt, ist im Kostenansatzverfahren nur zu prüfen, wenn Einwendungen erhoben werden oder berechtigte Zweifel an der Bevollmächtigung bestehen. Der Einwand, dass eine Vollmacht nicht oder nicht in dem Umfang erteilt wurde, kann aber mit der Erinnerung (§ 57) vorgebracht werden. Ist die Vertretung nicht durch einen Verfahrensbevollmächtigten erfolgt, muss die Vollmacht jedoch vorgelegt werden, wenn eine Rückzahlung an den Vertreter erfolgen soll (§ 29 Abs. 5 KostVfg).

14 **10. Rechtsanwälte.** Rechtsanwälte sind gesetzliche Vertreter und haften nicht persönlich als Antragsschuldner (→ Rn 11). Die ihnen erteilte Vollmacht berechtigt auch zur Rechtsmitteleinlegung, denn sie erlischt nicht mit Instanzbeendigung,[10] so dass der Beteiligte nicht einwenden kann, er habe kein Rechtsmittel einlegen wollen. Der Beteiligte wird deshalb auch dann Antragsschuldner, wenn ein nicht bevollmächtigter Anwalt Rechtsmittel einlegt, der Beteiligte aber vom Verfahren Kenntnis hatte und in der Lage war, die Rechtsmitteleinlegung zu verhindern.[11]

15 Ein Beteiligter haftet auch dann nach Abs. 1 S. 1, wenn ohne sein Wissen oder gegen seinen Willen durch den Bevollmächtigten der ersten Instanz ein Vertreter für die Rechtsmittelinstanz bestellt wird, der Rechtsmittel einlegt.[12] Wird ein solches bei einem unzuständigen Gericht eingelegt, wird der Beteiligte auch bei einem Fehler des Anwalts zum Antragsschuldner, weil dessen Verschulden dem Verschulden des Beteiligten gleichsteht (§ 85 Abs. 2 ZPO iVm §§ 11, 113 Abs. 1 FamFG).

III. Antrag

16 **1. Begriff.** Antrag ist jede Handlung, durch die das Verfahren der jeweiligen Instanz in Gang gesetzt wird, also insb. Antrags- oder Rechtsmittelschriften, aber auch Anträge wegen Erlass von einstweiligen Anordnungen, Unterhaltsfestsetzung, Durchführung des streitigen Verfahrens sowie Arrestanträge. Es bedarf dabei keines ausdrücklichen Antrags, da auch konkludentes Handeln des Antragstellers genügt. Solches liegt vor, wenn sich aus dem eingereichten Schriftsatz ergibt, dass gerichtliches Handeln gewollt ist. Für Mahn- und Vollstreckungsbescheide gilt § 22 Abs. 1 GKG (§ 1 Abs. 1 S. 3). Auch **unwirksame oder unzulässige Anträge** lösen die Antragshaftung aus. Soweit Anwaltszwang besteht (§ 10 Abs. 4, § 114 FamFG), besteht auch dann eine Haftung nach Abs. 1 S. 1, wenn der Antrag ohne anwaltliche Vertretung gestellt wird, jedoch kann hier eine Anordnung nach § 20 Abs. 1 S. 3 ergehen.

17 Wird ein schriftlicher Antrag gestellt, bedarf er wegen der Beweisfunktion der **Unterschrift des Antragstellers**, um eine Antragshaftung auszulösen.[13] Handelt es sich aber um eine FG-Familiensache, ist ein nicht unterschriebener Antrag wegen § 23 Abs. 1 S. 5 FamFG nicht von vornherein unwirksam. Das Gericht hat

6 *Oestreich/Hellstab/Trenkle*, GKG § 22 Rn 3. **7** FG BW EFG 1993, 743. **8** OLG Koblenz JurBüro 1997, 536. **9** FG BW EFG 1994, 583. **10** *Zöller/Vollkommer*, ZPO, § 81 Rn 2. **11** BGH MDR 1997, 198. **12** *Oestreich/Hellstab/Trenkle*, FamGKG § 21 Rn 7. **13** *Oestreich/Hellstab/Trenkle*, FamGKG § 21 Rn 3.

in diesen Fällen aber bei Zweifeln von Amts wegen aufzuklären, ob es sich um einen bloßen Entwurf handelt,[14] so dass die Unterschrift nicht zur Voraussetzung für das Entstehen der Gebühr gemacht werden kann. Hat das Gericht das Schreiben als Antrag behandelt, wird in reinen Antragsverfahren auch die Antragshaftung ausgelöst.

2. Elektronische Dokumente. Elektronische Dokumente bewirken eine Antragshaftung, auch wenn ihre **18** Verwendung unzulässig ist, da es auf die Zulässigkeit oder Wirksamkeit nicht ankommt; § 20 Abs. 1 S. 3 kann aber eingreifen. Wegen der Beweisfunktion muss das elektronische Dokument mit qualifizierter Signatur versehen sein.

3. Mündliche Erklärungen. Wird ein Antrag zu **Protokoll der Geschäftsstelle** erklärt, löst der mündliche **19** Antrag die Antragshaftung aus. Das Protokoll muss jedoch vom UdG unterzeichnet sein. Trotz § 25 Abs. 3 S. 2 FamFG, § 129 a Abs. 2 S. 2 ZPO, wonach die Verfahrenshandlung erst wirksam wird, wenn die Niederschrift beim zuständigen Gericht eingeht, tritt eine Haftung nach § 21 bereits mit Unterzeichnung der Niederschrift ein, da es hierfür nicht auf den Eingang beim zuständigen Gericht ankommt. **Fernmündlich** gestellte Anträge können die Antragshaftung nicht auslösen.

IV. Antragsverfahren

1. Antragsverfahren. Die Antragshaftung besteht nur, wenn das Verfahren als reines Antragsverfahren ausgestaltet **20** ist. Kann es sowohl von Amts wegen als auch auf Antrag eingeleitet werden, besteht keine Haftung nach Abs. 1 S. 1, was aus dessen Wortlaut „nur durch Antrag" folgt. Ob ein reines Antragsverfahren vorliegt, ergibt sich aus dem Verfahrens- oder materiellen Recht. Die Ausnahmen des Abs. 1 S. 2 sind zu beachten (→ Rn 41 ff).

2. Ehesachen. Sie sind reine Antragsverfahren (§ 124 FamFG), so dass Antragshaftung besteht. Erfasst sind **21** sämtliche Ehesachen des § 121 FamFG. Die Haftung nach Abs. 1 S. 1 besteht auch für Folgesachen. Das gilt auch für eine Versorgungsausgleichsfolgesache, denn diese wird zwar von Amts wegen, aber doch nur wegen des Scheidungsantrags eingeleitet.

3. Lebenspartnerschaftssachen. Verfahren nach § 269 Abs. 1 Nr. 1, 2 FamFG sind reine Antragsverfahren **22** (§ 270 Abs. 1 iVm § 124 FamFG), so dass Antragshaftung besteht. Auf die übrigen Verfahren nach § 269 Abs. 1 Nr. 3–12 FamFG sind dieselben Bestimmungen wie für die entsprechenden Familiensachen anzuwenden (§ 5 Nr. 3, 4), so dass auf die nachfolgenden Ausführungen verwiesen wird (→ Rn 23 ff).

4. Abstammungssachen. Sie sind Antragsverfahren wegen § 171 Abs. 1 FamFG, so dass Antragshaftung **23** besteht, aber nicht für einen Minderjährigen (S. 2 Nr. 3), weil die Verfahren seine Person betreffen.[15]

5. Adoptionssachen. Sie können sowohl Antrags- als auch Amtsverfahren sein. Es ist daher zu prüfen, ob **24** das konkrete Verfahren als reines Antragsverfahren ausgestaltet ist. Nur in diesen Fällen, zu denen Verfahren der §§ 1308 Abs. 2, 1748, 1749, 1752, 1760, 1768, 1771, 1772 BGB gehören, besteht Antragshaftung. In Verfahren nach § 1763 BGB wegen Aufhebung des Annahmeverhältnisses gilt Abs. 1 nicht, weil es sowohl auf Antrag als auch von Amts wegen eingeleitet werden kann. Ist der Minderjährige selbst Antragsteller (zB § 1308 Abs. 2 BGB), haftet er wegen S. 2 Nr. 3 nicht als Antragsschuldner, da das Verfahren seine Person betrifft.

6. Ehewohnungs- und Haushaltssachen. Es sind reine Antragsverfahren (§ 203 Abs. 1 FamFG), so dass An- **25** tragshaftung beseht. Im Einzelnen sind die nach Verfahren §§ 1361 a, 1361 b, 1568 a, 1568 b BGB erfasst.

7. Gewaltschutzsachen. In erstinstanzlichen Verfahren in Gewaltschutzsachen und in Verfahren nach dem **26** EUGewSchVG besteht wegen Abs. 1 S. 2 Nr. 1 keine Antragshaftung. Anders aber für Rechtsmittelverfahren; für sie gilt Abs. 1 S. 1.

8. Güterrechtssachen. Sowohl Familienstreitsachen als auch Verfahren nach § 1365 Abs. 2, § 1369 Abs. 2, **27** §§ 1382, 1383, 1426, 1430, 1452 BGB sind reine Antragsverfahren. Somit besteht die Haftung nach Abs. 1 S. 1.

9. Kindschaftssachen. a) Allgemeines. Es ist zwischen Antrags- und Amtsverfahren zu unterscheiden. An- **28** tragshaftung besteht nur für Kindschaftssachen, die nur auf Antrag eingeleitet werden.[16] Wird das Verfahren von Amts wegen eingeleitet, auch aufgrund einer Anregung nach § 24 Abs. 1 FamFG, besteht keine Antragshaftung. Kann das Verfahren sowohl durch Antrag als auch von Amts wegen eingeleitet werden (zB § 1632 Abs. 4, § 1682 BGB), haftet der Antragsteller nicht, da Abs. 1 S. 1 von „nur durch Antrag" einzuleitenden Verfahren spricht. Ist ein Verfahren nach unterschiedlichen Voraussetzungen auf Antrag oder von Amts wegen einzuleiten, besteht Antragshaftung, wenn die Kindschaftssache im konkreten Fall aufgrund eines Antrags eingeleitet wurde (zB § 1671 BGB).

---

14 Keidel/*Sternal*, § 23 FamFG Rn 42. **15** OLG Hamm NJW-RR 2012, 904. **16** KG FamRZ 2012, 239.

29   **b) Antragsverfahren.** Zu den Antragsverfahren gehören folgende Verfahren, in denen somit Antragshaftung besteht:

- § 1303 Abs. 2 BGB: Befreiung vom Erfordernis der Volljährigkeit bei Eheschließung;
- § 1315 BGB: Genehmigung zur Eheschließung;
- § 1618 S. 4 BGB: Ersetzung der Einwilligung zur Namenserteilung;
- § 1626 a Abs. 2 BGB: Übertragung der elterlichen Sorge nicht verheirateter Eltern;
- § 1626 c Abs. 2 BGB: Ersetzung der Zustimmung zur Sorgeerklärung;
- § 1628 BGB: Übertragung der Entscheidung auf einen Elternteil;
- § 1630 Abs. 3 BGB: Übertragung der elterlichen Sorge auf eine Pflegeperson;
- § 1631 Abs. 3 BGB: Unterstützung der Eltern bei der Personensorge;
- § 1632 Abs. 3 BGB: Streitigkeiten wegen Kindesherausgabe oder Umgang;
- § 1671 BGB: Übertragung der elterlichen Sorge;[17]
- § 1681 Abs. 3 BGB: Rückübertragung der elterlichen Sorge;
- § 2 Abs. 1, § 3 Abs. 2 RelKErzG: Übertragung der Entscheidungsbefugnis oder Vermittlung.

30   Betrifft ein solches Verfahren die Person des Minderjährigen, ist dieser wegen Abs. 1 S. 2 Nr. 3 von der Antragshaftung ausgenommen (→ Rn 45 ff).

31   **c) Amtsverfahren.** Nicht zu den reinen Antragsverfahren gehören dagegen Verfahren nach § 1617 Abs. 2, 3, § 1629 Abs. 2, § 1632 Abs. 4, § 1640 Abs. 3, §§ 1643, 1644, 1666, 1667 Abs. 3, §§ 1674, 1678, 1680 Abs. 2, 3, § 1681 Abs. 1, §§ 1684, 1685, 1687 Abs. 2, §§ 1687 a, 1687 b, 1688 Abs. 3, §§ 1693, 1696, 1751 Abs. 3 BGB. Eine Antragshaftung besteht somit nicht.

32   Gleiches gilt in Verfahren wegen der Erteilung familiengerichtlicher Genehmigungen nach § 112 Abs. 1, 2, §§ 1484, 1491, 1492, 1493, 2275 Abs. 2, § 2282 Abs. 2, § 2290 Abs. 3, § 2347 iVm §§ 2351, 2352 BGB.

33   Von Amts wegen erfolgt auch die Anordnung der Vormundschaft (§ 1774 BGB) und von Pflegschaften (§§ 1909, 1912, 1913 BGB), so dass auch hier keine Antragshaftung besteht.

34   **10. Sonstige Familiensachen.** Die Familienstreitsachen (§ 269 Abs. 1 FamFG) sind Antragsverfahren, so dass Antragshaftung besteht. Gleiches gilt für Verfahren nach § 1357 Abs. 2 S. 1 BGB.

35   **11. Unterhaltssachen.** Unterhaltssachen nach § 231 Abs. 1 FamFG sind reine Antragsverfahren, auch vereinfachte Unterhaltsverfahren (§ 249 Abs. 1 FamFG) oder Anträge auf Bezifferung eines dynamisierten Unterhaltstitels (§ 245 FamFG). Es besteht jeweils Antragshaftung. Das gilt auch in Unterhaltssachen nach § 231 Abs. 2 FamFG wegen der Verfahren nach § 3 Abs. 2 S. 3 BRKG, § 64 Abs. 2 S. 3 EStG, die ebenfalls reine Antragsverfahren sind.

36   **12. Versorgungsausgleichssachen.** Die Verfahren nach §§ 20–26 VersAusglG wegen Ausgleichsansprüchen nach Scheidung sind reine Antragsverfahren (§ 223 FamFG), so dass Antragshaftung besteht. Das gilt auch für Verfahren wegen Abänderung einer Entscheidung (§§ 51, 52 VersAusglG, § 225 Abs. 2, § 226 FamFG) und Auskunftserteilung (§ 4 VersAusglG).

37   **13. Einstweilige Anordnungen.** Für die Frage, ob ein Antragsverfahren vorliegt, ist wegen § 51 Abs. 1 FamFG auf die betreffende Hauptsache abzustellen. Ist hier ein Antrag zwingend erforderlich, so dann auch für das einstweilige Anordnungsverfahren, so dass Antragshaftung besteht. Von Amts wegen sind aber einzuleiten die Verfahren nach § 156 Abs. 3, § 157 Abs. 3 FamFG, für die Abs. 1 S. 1 nicht gilt. Wegen Abs. 1 S. 2 Nr. 1 besteht Antragshaftung auch nicht, wenn das erstinstanzliche Eilverfahren eine Gewaltschutzsache oder ein Verfahren nach dem EUGewSchVG betrifft.

38   **14. Arrestverfahren.** Sie sind nur aufgrund Arrestgesuchs einzuleiten (§ 920 Abs. 1 ZPO iVm § 119 Abs. 2 FamFG), so dass Antragshaftung besteht. Die Antragshaftung erstreckt sich jedoch nicht auf das nachfolgende Hauptsacheverfahren, weil es sich um verschiedene Kostenrechtszüge iSd § 29 handelt. Abs. 1 S. 2 Nr. 3 gilt nicht, da eine vermögensrechtliche Angelegenheit vorliegt, so dass auch ein Minderjähriger als Antragsschuldner haftet.

39   **15. Verfahren mit Auslandsbezug.** Die von Hauptabschnitt 7 KV erfassten Verfahren mit Auslandsbezug sind Antragsverfahren, so dass eine Antragshaftung besteht. Für Verfahren nach dem IntFamRVG gilt Abs. 1 S. 2 Nr. 2 (→ Rn 44), für minderjährige Antragsteller Abs. 1 S. 2 Nr. 3.

40   **16. Verfahrenskostenhilfe.** Wird der Antrag auf VKH-Bewilligung abgelehnt oder zurückgenommen, gilt § 23 Abs. 3. Für das nach Bewilligung eingeleitete Hauptverfahren besteht Antragshaftung, wenn ein reines Antragsverfahren vorliegt.

---

17 KG FamRZ 2012, 239.

V. Ausnahmen von der Antragshaftung (Abs. 1 S. 2)

1. Allgemeines. Abs. 1 S. 2 schränkt die Antragshaftung für Antragsverfahren ein. Die Regelungen sind abschließend und lassen eine sonstige Haftung nach §§ 22 ff unberührt. Ihre Nichtbeachtung kann nach § 57 angegriffen werden. 41

2. Gewaltschutzsachen und Verfahren nach dem EUGewSchVg (Nr. 1). In Gewaltschutzsachen und den Verfahren nach dem EUGewSchVg besteht für die erstinstanzlichen Verfahren keine Antragshaftung, obwohl es Antragsverfahren sind. Das gilt auch für einstweilige Anordnungsverfahren (§ 214 FamFG). Kostenschuldner ist hier nur derjenige, dem das Gericht die Kosten auferlegt oder der die Kosten übernimmt (§ 24 Nr. 1, 2). Das Gericht kann auch anordnen, dass von der Kostenerhebung abzusehen ist (§ 81 Abs. 1 S. 2 FamFG). 42

Auf Rechtsmittelverfahren ist Nr. 1 nicht anzuwenden, was aus dem Wortlaut „ersten Rechtszugs" folgt, so dass Rechtsmittelführer als Antragsschuldner haften. 43

3. Verfahren nach dem IntFamRVG (Nr. 2). Keine Antragshaftung besteht in Verfahren nach dem IntFamRVG wegen Erlass einer gerichtlichen Anordnung auf Rückgabe des Kindes oder über das Recht zum persönlichen Umgang (Abs. 1 S. 2 Nr. 2). Die Regelung gilt für sämtliche Instanzen. Der Kostenschuldner bestimmt sich nach § 24 Nr. 1, 2. Es kann auch eine Anordnung nach § 81 Abs. 1 S. 2 FamFG ergehen. 44

4. Minderjährige (Nr. 3). Ein Minderjähriger ist in Antragsverfahren, die seine Person betreffen, von der Antragshaftung befreit (Abs. 1 S. 2 Nr. 3). In reinen vermögensrechtlichen Angelegenheiten gilt die Regelung nicht. Betrifft das Verfahren Person und Vermögen, greift Abs. 1 S. 2 Nr. 3 hingegen ein. 45

Reine Personenverfahren sind insb.: Abstammungssachen;[18] Adoptionssachen; Kindschaftssachen nach § 1303 Abs. 2, §§ 1315, 1618, 1626 a, 1628, 1630 Abs. 3, §§ 1631, 1632, 1671, 1681 Abs. 1 BGB, § 2 Abs. 1, § 3 Abs. 2 RelKErzG. 46

Zu den vermögensrechtlichen Angelegenheiten gehören hingegen Unterhaltssachen, auch solche nach § 231 Abs. 2 FamFG. 47

Keine Antragshaftung besteht in Verfahren nach §§ 112, 1493 Abs. 2, § 1640 Abs. 3, §§ 1643, 1644, 1645, 1667 BGB, weil sie zwar das Vermögen betreffen, aber keine reine Antragsverfahren sind. 48

5. Verfahrensbeistand (Nr. 4). Ist ein Verfahrensbeistand nach §§ 158, 174, 191 FamFG bestellt, haftet er für die von ihm selbst gestellten Anträge oder eingelegten Rechtsmittel nicht als Antragsschuldner (Abs. 1 S. 2 Nr. 4). Er kann auch nicht Entscheidungsschuldner sein, weil ihm wegen § 158 Abs. 8 FamFG keine Kosten auferlegt werden dürfen. Nr. 4 gilt neben der ersten Instanz auch für die Rechtsmittelinstanzen.[19] § 158 Abs. 8 FamFG gilt jedoch nicht, wenn der Verfahrensbeistand das Verfahren in eigener Sache betreibt, insb. für Beschwerdeverfahren wegen seiner Vergütung,[20] so dass hier eine Haftung nach §§ 21, 24 Nr. 1 eintreten kann. 49

VI. Instanzenbegriff

1. Allgemeines. Die Antragshaftung beschränkt sich auf das jeweils eingeleitete Verfahren, wobei auf den kostenrechtlichen Instanzenbegriff iSd § 29 abzustellen ist, der nicht zwingend mit dem verfahrensrechtlichen identisch ist.[21] Als besonderer Kostenrechtszug gilt jeder Verfahrensabschnitt, der besondere Kosten verursacht.[22] 50

2. Beweisverfahren. Beweisverfahren sind eigenständige Instanzen; wegen des Verhältnisses zum Hauptverfahren → Nr. 1503 KV Rn 7 f. 51

3. Fortsetzung nach Vergleichsanfechtung. Ficht der Antragsgegner einen gerichtlichen Vergleich an, haftet dieser für die Kosten des Nachverfahrens.[23] Waren überschüssige Kosten bereits an den Antragsteller erstattet, kann die gerichtliche Handlung aber nicht von der Vorauszahlung (§ 14 Abs. 1) durch den Antragsgegner abhängig gemacht werden. Im Hinblick auf § 9 Abs. 1 ist jedoch gegen ihn Sollstellung zu erlassen, wobei nur die Differenz zwischen einer 1,0- und einer 3,0-Verfahrensgebühr (Nr. 1220, 1221 KV) angefordert werden kann. 52

4. Güterrechtssachen, §§ 1382, 1383 BGB. Güterrechtssachen sind gegenüber der Hauptsache stets eigenständige Kostenrechtszüge. Antragsschuldner ist nur derjenige, der die Verfahren beantragt hat. Das gilt auch, wenn in einer Familienstreitsache ein solcher Antrag gestellt wird und nach § 265 FamFG einheitlicher Beschluss ergeht. Die Antragshaftung des Antragstellers der Familienstreitsache für die Verfahrensgebühr beschränkt sich somit auf den Wert des Hauptverfahrens und umfasst nicht die Anträge nach §§ 1382, 1383 BGB. Gleiches gilt für Auslagen, die nur wegen solcher Anträge entstehen. 53

---

18 OLG Hamm FamRZ 2012, 811. **19** BT-Drucks 16/6308, S. 240. **20** *Zimmermann*, FamRZ 2009, 377, 380. **21** OLG Karlsruhe JurBüro 1995, 43. **22** Zöller/*Geimer*, ZPO, § 119 Rn 1. **23** OLG Köln KostRsp. GKG aF § 8 Nr. 25.

54 **5. Kostenfestsetzungsverfahren.** Das Kostensetzungsverfahren ist der ersten Instanz zuzuordnen, es ist keine eigenständige Kosteninstanz.[24] Die Antragshaftung des Antragstellers des erstinstanzlichen Verfahrens umfasst daher auch die Kosten für das Kostenfestsetzungsverfahren. Wird jedoch hier sofortige Beschwerde eingelegt, haftet nur der Beschwerdeführer nach Abs. 1 S. 1.

55 **6. Vergütungsfestsetzung.** Verfahren nach § 11 RVG sind selbständige Verfahren und eigenständige Kostenrechtszüge, die auch nicht dem Kostenfestsetzungsverfahren zugeordnet werden können.[25] Schuldner nach Abs. 1 S. 1 ist nur der Antragsteller nach § 11 Abs. 1 RVG, dh der Rechtsanwalt oder Auftraggeber. Stellen beide den Antrag, haften sie als Gesamtschuldner. Antragsschuldner für das Beschwerdeverfahren ist nur der Beschwerdeführer.

56 **7. Mahnverfahren.** Mahnverfahren und streitiges Verfahren sind **verschiedene Kosteninstanzen,**[26] wobei das Streitverfahren mit Eingang der Akten beim Streitgericht beginnt.[27] Die Antragshaftung kann deshalb auseinanderfallen. Antragsschuldner des Mahnverfahrens ist derjenige, der den Antrag auf Erlass des Mahnbescheids stellt (§ 22 Abs. 1 GKG iVm § 1 Abs. 1 S. 3). Antragsschuldner für das streitige Verfahren ist hingegen, wer die Durchführung des streitigen Verfahrens beantragt. Ein solcher Antrag liegt konkludent vor, wenn die Abgabe an das streitige Gericht beantragt wird.

57 Für den Fall des **Widerspruchs** kommen daher Gläubiger oder Schuldner als Antragsschuldner in Betracht, so dass darauf abzustellen ist, wer den Antrag auf Durchführung des streitigen Verfahrens tatsächlich gestellt hat.[28] Stellen beide den Antrag, haften sie als Gesamtschuldner (§ 26 Abs. 1). Wird der Antrag nur durch den Schuldner gestellt, ist er alleiniger Antragsschuldner.[29]

58 Wird **Einspruch** eingelegt, ist Antragsschuldner derjenige, der den Vollstreckungsbescheid beantragt hat (Abs. 1 S. 3), denn er ist kostenrechtlich dem Antragsteller gleichgestellt, der ohne vorheriges Mahnverfahren einen Antrag stellt.[30] Der Einspruchsführer wird hingegen nicht zum Antragsschuldner, auch wenn der Einspruch unzulässig ist.

59 **8. Rechtsmittel. a) Allgemeines.** Rechtsmittel- oder Rechtsbehelfsverfahren sind stets eigenständige Kosteninstanzen, so dass die Antragshaftung stets gesondert ausgelöst wird, da eine solche nur für den jeweils in Gang gesetzten Rechtszug besteht. Der Antragsteller des erstinstanzlichen Verfahrens haftet deshalb nicht automatisch auch für die Kosten der höheren Rechtszüge.

60 **b) Anschlussrechtsmittel.** Im Falle eines selbständigen oder unselbständigen Anschlussrechtsmittels haftet der Anschlussrechtsmittelführer nur für Kosten des Rechtsmittels nach Abs. 1, soweit diese nach Einreichen der Anschlussschrift entstanden sind. Eine Haftung besteht jedoch nur für von dem Anschlussrechtsmittelführer gestellte Anträge. Sie bleibt auch bestehen, wenn die Anschließung nach §§ 66, 73 FamFG ihre Wirkung verliert, weil die Beschwerde oder Rechtsbeschwerde zurückgenommen oder als unzulässig verworfen wird. Ein Anschluss unter einer Bedingung hat für die Antragshaftung keine Auswirkung, auch wenn die Bedingung (zB der erfolgreiche Ausgang des Rechtsmittels) nicht eintritt.

61 **Beispiel:** Im Verbund legt A Beschwerde wegen Übertragung der elterlichen Sorge (Wert: 1.500 €) ein. B erhebt wegen der Zahlung von Kindesunterhalt (3.500 €) Anschlussbeschwerde.

Obwohl für das einheitliche Beschwerdeverfahren nur eine Verfahrensgebühr nach den zusammengerechneten Werten erhoben wird, besteht Antragshaftung für:

A: 3,0-Gebühr, Nr. 1120 KV (Wert: 1.500 €)	213,00 €
B: 3,0-Gebühr, Nr. 1120 KV (Wert: 3.500 €)	381,00 €

62 **c) Wechselseitige Rechtsmittel.** Bei wechselseitigen Rechtsmitteln besteht eine Haftung des jeweiligen Rechtsmittelführers nur für die wegen seiner Anträge entstandenen Kosten. Ist derselbe Gegenstand betroffen (§ 39 Abs. 2), haften die Rechtsmittelführer als Gesamtschuldner.

63 **d) Anhörungsrüge.** Verfahren nach § 44 FamFG, § 321 a ZPO iVm § 113 Abs. 1 FamFG sind ein eigenständiger Kostenrechtszug.

64 **9. Unterhaltsfestsetzungsverfahren.** Siehe dazu → Nr. 1210 KV Rn 15 f.

65 **10. Verbundverfahren.** Siehe dazu → Nr. 1110 KV Rn 47 ff.

66 **11. Verfahrenstrennung.** In diesem Falle bleibt die Antragshaftung für den Antragsteller des ursprünglichen Verfahrens erhalten. Da Gerichtsgebühren nach der Verfahrenstrennung aus den Einzelwerten entstehen, vergrößert sich die Antragshaftung insoweit. Eine Haftung für den Antragsgegner besteht auch dann nicht, wenn er die Trennung beantragt hat oder Abtrennung wegen Vermögenslosigkeit erfolgt ist.[31]

---

24 AG Rendsburg JurBüro 1996, 318. **25** OLG Köln AGS 2000, 208; LG Bonn AGS 2000, 210; LG Köln AGS 2000, 209. **26** OLG Karlsruhe JurBüro 1995, 42. **27** OLG Düsseldorf JurBüro 2002, 90. **28** OLG Karlsruhe JurBüro 1995, 42. **29** LG Koblenz JurBüro 1996, 205. **30** OLG Düsseldorf JurBüro 2002, 90. **31** OLG Koblenz OLGR 2000, 420.

12. Versäumnisentscheidung. Das Verfahren nach Einspruch stellt keinen eigenständigen Kostenrechtszug   67 dar, sondern ist dem vorgehenden Verfahren zuzuordnen. Der Einspruchsführer wird nicht zum Antragsschuldner für die Verfahrensgebühr.[32]

13. Verweisung und Zurückverweisung; Abgabe. Verfahren vor und nach Verweisung oder Zurückverweisung   68 sung sind ein einheitlicher Kostenrechtszug (§ 31 Abs. 1), so dass die Antragshaftung bleibt. Gleiches gilt bei Abgabe des Verfahrens an ein anderes Gericht (§ 6 Abs. 1 S. 3).

14. Vollstreckung. Eigenständige Kostenrechtszüge sind auch Drittwiderspruchs- (§ 771 ZPO) oder Voll-   69 streckungsabwehranträge (§ 767 ZPO) sowie Anträge wegen Erteilung der Vollstreckungsklausel (§ 732 ZPO). Gleiches gilt für Anträge auf Erteilung von Vollstreckungsklauseln nach §§ 727 ff, 733 ZPO sowie für die Verfahren nach §§ 886–889, 890 ZPO.

15. Widerantrag. Betreffen Antrag und Widerantrag verschiedene Gegenstände, haftet jeder Beteiligte für   70 die Kosten, als wären beide Anträge gesondert geltend gemacht.[33] Daher besteht eine Antragshaftung trotz § 39 Abs. 1 nicht nach dem zusammengerechneten Wert, sondern nur für den Einzelwert von Antrag bzw Widerantrag. Antragshaftung besteht auch nicht für den Unterschiedsbetrag zwischen der sich aus dem Gesamtwert ermittelten Verfahrensgebühr und den addierten Gebühren aus den Einzelwerten.[34]

Ist derselbe Gegenstand betroffen, haften beide Beteiligte als Gesamtschuldner. Liegt nur Teilidentität vor,   71 besteht gesamtschuldnerische Haftung nur für die identischen Teile, jedoch haftet der Antragsteller nicht für Kosten, die nur aufgrund des Widerantrags entstehen (zB Zahlungen an Zeugen oder Sachverständige). Antragshaftung für einen **Hilfswiderantrag** tritt erst ein, wenn über diesen auch entschieden wurde, da Gebühren nur für den Fall einer gerichtlichen Entscheidung entstehen.

Beispiel 1: Familienstreitsache A gegen B wegen Zahlung von 13.000 €. B stellt einen Widerantrag, dem ein Wert   72 von 18.000 € zukommt. Beide Anträge betreffen denselben Streitgegenstand, so dass die Gebühren nur nach dem höheren Wert zu berechnen sind.

Es besteht folgende Antragshaftung für:

A: 3,0-Gebühr, Nr. 1220 KV (Wert: 13.000 €)	801,00 €
B: 3,0-Gebühr, Nr. 1220 KV (Wert: 18.000 €)	957,00 €

Gesamtschuldnerische Haftung besteht für die Gebühr bis zu einem Wert von 13.000 € iHv 801 €, wegen 156 € haftet B allein.

Beispiel 2: Familienstreitsache A gegen B wegen Zahlung von 13.000 €. B stellt einen Widerantrag wegen Zah-   73 lung von 8.000 €. Die Anträge betreffen verschiedene Gegenstände.

Es besteht folgende Antragshaftung für:

A: 3,0-Gebühr, Nr. 1220 KV (Wert: 13.000 €)	801,00 €
B: 3,0-Gebühr, Nr. 1220 KV (Wert: 8.000 €)	609,00 €

Beispiel 3: Familienstreitsache A gegen B wegen Zahlung von 13.000 €. B stellt einen Widerantrag, dem ein Wert   74 von 18.000 € zukommt. Beide Anträge betreffen denselben Gegenstand. B hat für die Durchsetzung des Widerantrags die Vernehmung eines Zeugen beantragt, der eine Entschädigung von 150 € erhält.

Es besteht folgende Antragshaftung für:

A: 3,0-Gebühr, Nr. 1220 KV (Wert: 13.000 €)	801,00 €
B: 3,0-Gebühr, Nr. 1220 KV (Wert: 18.000 €)	957,00 €
Zeugenentschädigung, Nr. 2005 KV	150,00 €

Gesamtschuldnerische Haftung besteht nur für die Gebühr bis zu einem Wert von 13.000 € iHv 801 €, wegen 306 € haftet B allein.

16. Hilfsweise Aufrechnung. Hat der Antragsgegner hilfsweise aufgerechnet, wird der Antragsteller nicht   75 zum Antragsschuldner für die Mehrkosten,[35] aber auch der Antragsgegner haftet nicht als Antragsschuldner.[36] Das folgt im Wesentlichen daraus, dass durch die hilfsweise Aufrechnung Rechtshängigkeit der Aufrechnungsforderung nicht eintritt,[37] so dass auch kein eigenständiger Kostenrechtszug eingeleitet werden kann. Auch die Ansicht, wonach die hilfsweise Aufrechnung als Verteidigungsmittel des Antragsgegners anzusehen ist, führt keine Antragshaftung des Antragstellers herbei, da hier eine einschränkende Auslegung von § 21 geboten ist, denn der Antragsteller darf nicht völlig dem Kostenrisiko der Gegenseite ausgesetzt werden.[38] Erhöht sich der Verfahrenswert wegen einer hilfsweisen Aufrechnung und wird gegen die erstinstanzliche Entscheidung insgesamt Rechtsmittel eingelegt, ist der Rechtsmittelführer für das Rechtsmittelverfahren aber Antragsschuldner nach dem erhöhten Wert.[39]

---

32 OLG München MDR 1984, 947. **33** OLG Hamburg MDR 1989, 272. **34** *Meyer*, GKG § 22 Rn 9. **35** OLG Oldenburg MDR 2006, 839; OLG Frankfurt JurBüro 1983, 891; KG JurBüro 1983, 1226; LG Dortmund JurBüro 1985, 1525. **36** OLG Bamberg JurBüro 1980, 1545; OLG München JurBüro 1983, 1685; OLG Frankfurt JurBüro 1984, 425. **37** BGH NJW-RR 2004, 1000. **38** OLG Oldenburg JurBüro 2006, 147. **39** OLG Düsseldorf AGS 1997, 105.

76 **17. Sprungrechtsbeschwerde.** Das Verfahren auf Zulassung der Sprungrechtsbeschwerde (§ 75 FamFG) ist ein eigenständiger Kostenrechtszug. Wird sie zugelassen, sind die Kosten des Zulassungsverfahrens als Teil der Kosten des Rechtsbeschwerdeverfahrens zu behandeln, so dass derjenige, der den Zulassungsantrag stellt, auch Antragsschuldner des Rechtsbeschwerdeverfahrens ist.

VII. Umfang der Haftung

77 **1. Allgemeines.** Der Antragsschuldner haftet für alle Gerichtskosten, die in der von ihm in Gang gesetzten Instanz entstehen. Eine Inanspruchnahme des Antragsschuldners ist nur möglich, wenn die Kosten bereits fällig sind oder ihn eine Vorauszahlungs- oder Vorschusspflicht trifft (§§ 12 ff, § 379 ZPO).

78 Die Antragshaftung umfasst auch die durch Verteidigungsmaßnahmen des Gegners entstandenen Kosten; allerdings ist die Haftung zunächst **subsidiär,** wenn den Antragsgegner eine Vorschusspflicht nach §§ 16, 17 oder § 379 ZPO trifft. Die Staatskasse hat den Auslagenvorschuss daher zunächst vom Antragsgegner für von ihm veranlasste Handlungen anzufordern. Erst wenn sie von diesem nicht beizutreiben sind, kann nach Eintritt der Fälligkeit (§ 11 Abs. 1) auch der Antragsschuldner in Anspruch genommen werden.

79 **Beispiel 1:** Familienstreitsache A gegen B wegen Zahlung von 10.000 €. B beantragt die Einholung eines Sachverständigengutachtens, von ihm wird ein Auslagenvorschuss iHv 1.200 € angefordert. Der Sachverständige erhält eine Vergütung von 1.500 €.

Es besteht folgende Antrags- bzw Veranlasserhaftung für:

A: 3,0-Gebühr, Nr. 1220 KV (Wert: 10.000 €)	723,00 €
Sachverständigenvergütung, Nr. 2005 KV	1.500,00 €
B: Sachverständigenvergütung, Nr. 2005 KV	1.500,00 €

Wegen der Sachverständigenvergütung haften A und B als Gesamtschuldner: A als Antragsschuldner (§ 21), B als Auslagenschuldner (§§ 16, 17). Der Auslagenvorschuss ist jedoch zunächst von B anzufordern, da die Haftung nach § 21 subsidiär ist.

80 **Beispiel 2:** Familienstreitsache A gegen B wegen Zahlung von 13.000 €. Dem B wird VKH ohne Raten bewilligt. B beantragt die Einholung eines Sachverständigengutachtens. Der Sachverständige erhält eine Vergütung von 1.500 €.

Es besteht folgende Antrags- bzw Veranlasserhaftung für:

A: 3,0-Gebühr, Nr. 1220 KV (Wert: 13.000 €)	801,00 €
Sachverständigenvergütung, Nr. 2005 KV	1.500,00 €
B: Sachverständigenvergütung, Nr. 2005 KV	1.500,00 €

Wegen der Sachverständigenvergütung haften A und B als Gesamtschuldner: A als Antragsschuldner (§ 21), B als Auslagenschuldner (§§ 16, 17). Von B kann ein Auslagenvorschuss nicht angefordert werden, da ihm VKH bewilligt ist (§ 122 Abs. 1 ZPO). Von A kann ein Vorschuss wegen § 125 Abs. 1 ZPO nicht angefordert werden. Werden die Kosten später B auferlegt, scheidet die Inanspruchnahme des A wegen § 26 Abs. 3, 4 aus.

81 **2. Zeugen und Sachverständigen.** Werden Zeugen und Sachverständigen Kosten nach §§ 380, 390, 409 ZPO iVm § 30 Abs. 1, § 113 Abs. 1 FamFG wegen Säumnis oder Verweigerung auferlegt, haftet der Antragsteller der Instanz als Antragsschuldner für entstandene Auslagen wie Zustellungs-, Vorführungs- Gerichtsvollzieher- oder Haftkosten, jedoch ist der Zeuge oder Sachverständige für diese Kosten zunächst als Entscheidungs- und Erstschuldner in Anspruch zu nehmen (§ 24 Nr. 1, § 26 Abs. 2).

82 **3. Ausnahme von der Antragshaftung.** Die Antragshaftung erstreckt sich nicht auf Kosten, die dem Prozessrisiko des Antragstellers nicht zuzurechnen sind, weil sie regelmäßig nicht vorhersehbar sind oder bei einem normalen Verfahrensablauf nicht anfallen.[40]

83 Von der Haftung nach Abs. 1 S. 1 sind daher ausgenommen:

- Pauschale für die Aktenversendung (Nr. 2003 KV), vgl § 23 Abs. 2;
- Dokumentenpauschale (Nr. 2000 KV), soweit diese entsteht, weil es der Antragsgegner unterlassen hat, die erforderliche Anzahl von Abschriften einzureichen, vgl § 23 Abs. 1 S. 2;
- Verzögerungsgebühr (§ 32, Nr. 1501 KV).

84 **4. Übergegangene Ansprüche, § 59 RVG.** Nach § 59 RVG übergegangene Ansprüche werden nicht von der Antragshaftung des § 21 erfasst, da es sich nicht um Gerichtskosten, sondern um **außergerichtliche Kosten** handelt. Ihre Haftung bestimmt sich nur nach der gerichtlichen Kostenentscheidung oder Kostenregelung der Beteiligten.

---

40 *Oestreich/Hellstab/Trenkle,* FamGKG § 21 Rn 15.

5. Reisekosten mittelloser Personen. Die Antragshaftung umfasst auch die an mittellose Personen aus der 85 Staatskasse gezahlten Reisekosten,[41] denn solche Kosten gehören zu den gerichtlichen Auslagen (Nr. 2007 KV). Das gilt auch, wenn eine solche Reiseentschädigung an den Gegner gezahlt wird. Soweit Reisekosten an den Entscheidungsschuldner gezahlt sind, darf jedoch die Haftung eines anderen Kostenschuldners, auch des Antragsschuldners, wegen § 26 Abs. 3 S. 2 nicht geltend gemacht werden. Gleiches gilt für den Übernahmeschuldner in den Fällen des § 26 Abs. 4.

6. Auswirkungen von VKH. a) Allgemeines. Die Bewilligung von VKH für den Antragsteller oder Antrags- 86 gegner hat auf die Antragshaftung keine Auswirkungen. Die Antragshaftung bleibt in voller Höhe bestehen, so dass sie auch nach erfolgter VKH-Bewilligung geltend gemacht werden kann.

Das gilt jedoch nicht, wenn der VKH-Beteiligte als Entscheidungsschuldner (§ 24 Nr. 1) haftet, da dann die 87 Inanspruchnahme des Antragsschuldners wegen § 26 Abs. 3 ausgeschlossen ist. Gleiches gilt für den Übernahmeschuldner in den Fällen des § 26 Abs. 4. Die Wirkung des § 26 Abs. 3, 4 entfällt mit der VKH-Aufhebung, so dass dann der Antragsteller in Anspruch genommen werden kann.

Beispiel: Familienstreitsache A gegen B wegen Zahlung von 8.000 €. A leistet eine Vorauszahlung iHv 609 € (§ 14 88 Abs. 1). B wird VKH ohne Raten bewilligt. Auf Antrag des B werden zwei Zeugen vernommen, die eine Entschädigung iHv 250 € erhalten. Der beigeordnete Anwalt erhält eine Vergütung von 877,63 €. Es ergeht Endentscheidung, die Kosten werden B auferlegt.

An Kosten sind entstanden:

3,0-Verfahrensgebühr, Nr. 1220 KV (Wert: 8.000 €)	609,00 €
Zeugenentschädigung, Nr. 2005 KV	250,00 €
Vergütung des VKH-Anwalts (§ 59 RVG)	877,63 €
Gesamt	**1.736,63 €**

Die von A gezahlten Kosten iHv 609 € sind an diesen zurückzuzahlen (§ 26 Abs. 3, 4). A kann auch nicht als Zweitschuldner in Anspruch genommen kann, weil B als Entscheidungsschuldner (§ 24 Nr. 1) haftet. Von B können Kosten nicht erhoben werden, da ihm VKH ohne Zahlungsbestimmungen bewilligt ist (§ 122 Abs. 1 ZPO). Würde B als Übernahmeschuldner haften (§ 24 Nr. 2), scheidet eine Inanspruchnahme des A als Zweitschuldner unter den Voraussetzungen des § 26 Abs. 4 gleichfalls aus.

Wird die VKH aufgehoben, können die Kosten von B angefordert werden. Die Akten sind dann dem Kostenbeamten vorzulegen, der die Kosten berechnet und mit Sollstellung einzieht (Nr. 9.1 DB-PKH). Sind die Kosten von B nicht beizutreiben, ist zu prüfen, ob weitere Kostenschuldner vorhanden sind. Das ist A als Antragsschuldner. Seine Antragshaftung beträgt 859 € (Nr. 1220, 2005 KV). Für die nach § 59 RVG übergegangenen Ansprüche haftet A nicht als Antragsschuldner, so dass A noch als Zweitschuldner wegen 859 € in Anspruch genommen werden kann.

b) Zweitschuldnerhaftung. Ist dem Antragsteller VKH mit Zahlungsbestimmungen bewilligt, kann seine 89 Antrags- und Zweitschuldnerhaftung im Rahmen der angeordneten Zahlungen geltend gemacht werden. Dabei ist Nr. 4.8 DB-PKH zu beachten. Danach hat der Kostenbeamte nach Eingang einer Zweitschuldneranfrage zu prüfen, ob und in welcher Höhe der VKH-Beteiligte als Zweitschuldner haftet. Liegen die Voraussetzungen für eine Inanspruchnahme vor (§ 26 Abs. 2), ist die Kasse hiervon in Kenntnis zu setzen und die Akten sind mit der Kostenberechnung unverzüglich dem Rechtspfleger vorzulegen, der den Ratenplan ergänzt. Waren die Zahlungen nach § 120 Abs. 3 ZPO bereits vorläufig eingestellt, kann ihre Wiederaufnahme zur Tilgung der Zweitschuldnerhaftung angeordnet werden.[42]

Beispiel: Familienstreitsache A gegen B wegen Zahlung von 6.000 €. Dem A wird VKH mit Zahlungsbestimmun- 90 gen bewilligt. Der dem A beigeordnete Anwalt erhält eine Vergütung iHv 818,13 €. Die Kosten werden B auferlegt. Die Ratenzahlung des A wird vorläufig eingestellt; A hatte bereits 6 Raten á 50 € gezahlt.

An Kosten sind entstanden:

3,0-Verfahrensgebühr, Nr. 1220 KV (Wert: 6.000 €)	495,00 €
Vergütung des VKH-Anwalts (§ 59 RVG)	818,13 €
Gesamt	**1.313,13 €**
abzgl. geleisteter VKH-Raten	– 300,00 €
noch zu zahlen	**1.013,13 €**

Die Kosten werden gegen den B zum Soll gestellt.

Da die Kosten nicht beizutreiben sind, ergeht eine Zweitschuldneranfrage. Die Voraussetzungen für die Inanspruchnahme des A als Zweitschuldner (§ 26 Abs. 2) liegen vor. Der Rechtspfleger hat die Wiederaufnahme der

---

41 OLG Schleswig SchlHA 1990, 75; OLG Zweibrücken JurBüro 1983, 1855. **42** OLG Oldenburg JurBüro 1992, 810; LG Göttingen JurBüro 1990, 1466.

Ratenzahlung anzuordnen. Von A sind danach weitere Kosten iHv 1.013,13 € (20 Raten á 50 €, 1 Rate á 13,13 €) anzufordern.

VIII. Kosten- und Gebührenfreiheit

91 **1. Befreiung des Antragstellers.** Genießt der Antragsteller Kosten- oder Gebührenfreiheit, entfällt die Antragshaftung nicht; allerdings kann sie im Rahmen der Befreiung nicht geltend gemacht werden. Wegen Streitgenossen → § 27 Rn 17 ff.

92 **2. Befreiung des Antragsgegners.** Eine Befreiung des Antragsgegners hat auf die Antragshaftung des Antragstellers keine Auswirkung. Soweit aber dem befreiten Antragsgegner die Kosten ganz oder anteilig auferlegt werden oder dieser Kosten übernimmt, wird der Antragsteller im Umfang des Kostenanteils, der auf den befreiten Beteiligten entfällt, von der Antragshaftung befreit und kann auch nicht als Zweitschuldner in Anspruch genommen werden.[43] Vielmehr sind die von dem Antragsteller geleisteten Zahlungen wegen § 2 Abs. 3 an diesen zurückzuzahlen.

93 **Beispiel:** Familienstreitsache A gegen Land Sachsen-Anhalt wegen Zahlung von 10.000 €.

Variante 1 (Vorschuss): Von dem A ist zunächst eine Vorauszahlung (§ 14 Abs. 1, Nr. 1220 KV) iHv 723 € zu erheben. Die dem Antragsgegner zustehende Kostenfreiheit hat auf die Antragshaftung des A zunächst keine Auswirkung.

Variante 2 (Kosten trägt A): A haftet für die Kosten des Verfahrens als Antragsschuldner und als Entscheidungsschuldner (§ 24 Nr. 1).

Variante 3 (Kosten trägt das Land): Das Land genießt gem. § 2 Kostenfreiheit, so dass Gerichtskosten nicht erhoben werden. Die von A gezahlten Kosten von 723 € sind an A zurückzuzahlen (§ 2 Abs. 3), da die Antragshaftung des A in Höhe der gewährten Kostenbefreiung nicht geltend gemacht werden kann.

IX. Antragshaftung für gerichtliche Vergleiche (Abs. 2)

94 Für die Gerichtskosten eines gerichtlichen Vergleichs haftet jeder, der an seinem Abschluss beteiligt ist (Abs. 2). Es muss sich um Kosten handeln, die ausschließlich wegen des Vergleichs entstanden sind, so dass Abs. 2 nur die Vergleichsgebühr der Nr. 1500 KV, nicht aber die Verfahrensgebühr (zB Nr. 1111, 1221 KV) umfasst; für diese gilt nur Abs. 1. Erfasst sind auch nach § 278 Abs. 6 ZPO iVm § 36 Abs. 3, § 113 Abs. 1 FamFG zustande gekommene Vergleiche.

§ 22 Kosten bei Vormundschaft und Dauerpflegschaft

[1]Die Kosten bei einer Vormundschaft oder Dauerpflegschaft schuldet der von der Maßnahme betroffene Minderjährige. [2]Dies gilt nicht für Kosten, die das Gericht einem anderen auferlegt hat.

I. Allgemeines

1 **1. Regelungszweck.** § 22 schafft für Vormundschaften und Dauerpflegschaften Sonderregelungen, wonach entgegen § 21 Abs. 1 S. 2 Nr. 3 und § 83 Abs. 3 FamFG ausnahmsweise der **Minderjährige selbst als Kostenschuldner haftet**, obwohl die **Verfahren seine Person betreffen**. Für seine Inanspruchnahme bedarf es daher keiner ausdrücklichen gerichtlichen Entscheidung, weil die Haftung des Minderjährigen kraft Gesetzes eintritt.

2 **2. Anwendungsbereich.** Erfasst sind sämtliche Instanzen in Vormundschafts- und Dauerpflegschaftsverfahren, einschließlich ihrer Nebenverfahren. Handelt es sich um Pflegschaften für **einzelne Rechtshandlungen**, gilt die Vorschrift des § 22 nicht (→ Nr. 1313 KV Rn 17 f). Wegen § 4 sind zudem **Umgangspflegschaften** nicht von § 22 erfasst.

II. Kostenhaftung (S. 1)

3 **1. Umfang.** Der Minderjährige haftet in Vormundschafts- oder Dauerpflegschaftsverfahrens neben den Gebühren (insb. Nr. 1311, 1312 KV) auch für Auslagen (Nr. 2000 ff KV). Die Haftung erstreckt sich auf alle Tätigkeiten des Gerichts, die im Rahmen der Vormundschaft oder Dauerpflegschaft anfallen.

4 **2. Kostenschuldner.** Kostenschuldner ist nur der Minderjährige, nicht der Vormund oder Pfleger, wenn die Kosten nicht ihnen oder einem anderen auferlegt werden (→ Rn 7). Auch die Eltern des Minderjährigen haften nicht, auch nicht nach § 24 Nr. 3.

---

43 OLG Brandenburg OLG-NL 2002, 69.

Die Haftung des § 22 entfällt nicht, wenn die Vormundschaft oder Dauerpflegschaft später aufgehoben 5
wird. Das gilt auch, wenn die Voraussetzungen für eine Anordnung der Vormundschaft oder Pflegschaft
von Anfang an nicht vorlagen, weil dann nur eine Anordnung nach § 20 in Betracht kommt.

3. Mittellosigkeit. Unberührt von § 22 bleiben Vorbem. 1.3.1 Abs. 2 KV, Vorbem. 2 Abs. 3 KV sowie Anm. 6
Abs. 1 zu Nr. 1311 KV, die den Kosteneinzug von bestimmten **Vermögensgrenzen** abhängig machen. Sie
sind vor dem Kosteneinzug stets zu prüfen, dabei ist § 12 KostVfg zu beachten. Ist entsprechendes Reinvermögen nicht vorhanden, bleibt der Minderjährige Kostenschuldner nach § 22, denn es unterbleibt nur der
Kosteneinzug.

III. Abweichende Kostenentscheidung (S. 2)

Eine Haftung des Minderjährigen besteht nicht für solche Kosten, die das Gericht einem anderen auferlegt. 7
Das Gericht muss die **Kostenauferlegung auf den Dritten** ausdrücklich ausgesprochen haben. Eine abweichende Kostenentscheidung kommt insb. bei Zwangsgeldverfahren gegen den Vormund oder Pfleger in Betracht,[1] da die ihnen die Kosten schon wegen § 35 Abs. 3 S. 2 FamFG aufzuerlegen sind. S. 2 gilt auch für
die Rechtsmittelverfahren.[2] Hier können dem Vormund oder Pfleger Kosten auferlegt werden, wenn das
Rechtsmittel im eigenen Interesse eingelegt wurde, zB wegen ihrer Vergütung.

§ 23 Bestimmte sonstige Auslagen

(1) [1]Die Dokumentenpauschale schuldet ferner, wer die Erteilung der Ausfertigungen, Kopien oder Ausdrucke beantragt hat. [2]Sind Kopien oder Ausdrucke angefertigt worden, weil der Beteiligte es unterlassen hat,
die erforderliche Zahl von Mehrfertigungen beizufügen, schuldet nur der Beteiligte die Dokumentenpauschale.

(2) Die Auslagen nach Nummer 2003 des Kostenverzeichnisses schuldet nur, wer die Versendung der Akte
beantragt hat.

(3) Im Verfahren auf Bewilligung von Verfahrenskostenhilfe und im Verfahren auf Bewilligung grenzüberschreitender Prozesskostenhilfe ist der Antragsteller Schuldner der Auslagen, wenn

1. der Antrag zurückgenommen oder vom Gericht abgelehnt wird oder
2. die Übermittlung des Antrags von der Übermittlungsstelle oder das Ersuchen um Prozesskostenhilfe
   von der Empfangsstelle abgelehnt wird.

I. Regelungszweck

Die Vorschrift des § 23 schafft für bestimmte Auslagen Sonderregelungen hinsichtlich der Kostenhaftung, 1
indem sie anordnet, dass nur der **Verursacher** haftet. Sie dient damit der Kostengerechtigkeit.[1] Abs. 1 S. 2
und Abs. 2 gehen den §§ 21 ff als **Spezialregelung** vor. Abweichend davon tritt nach Abs. 1 S. 1 lediglich ein
weiterer Kostenschuldner hinzu, während sonstige Haftungsregelungen unberührt bleiben.

II. Dokumentenpauschale (Abs. 1)

1. Allgemeines. Abs. 1 regelt die Haftung für die Dokumentenpauschale Nr. 2000 KV. Dabei ist zwischen 2
S. 1 und 2 zu unterscheiden, da sie verschiedene Auslagentatbestände umfassen. Für die Berechnung und
Ermittlung der Haftung sind auch Anm. Abs. 2 zu Nr. 2000 KV sowie § 191 a Abs. 1 S. 5 GVG zu beach-
ten.

2. Haftung nach Abs. 1 S. 1. Die Regelung des Abs. 1 S. 1 gilt nur, wenn die Dokumentenpauschale ent- 3
steht, weil auf Antrag Ausfertigungen, Kopien oder Ausdrucke gefertigt werden, per Telefax übermittelt
oder an ihrer Stelle elektronisch gespeicherte Dateien überlassen werden. Für die von Nr. 2000 Nr. 1
Buchst. b erfassten Tatbestände gilt hingegen Abs. 1 S. 2. Die Dokumentenpauschale wird sofort nach Entstehung fällig (§ 11 Abs. 2) und kann sofort eingezogen werden.

Für die auf Antrag hergestellten oder überlassenen Dokumente haftet derjenige, der die Herstellung, Über- 4
mittlung oder Überlassung beantragt hat, auch wenn ihm keine Kosten auferlegt worden sind.[2] Antragsteller iSd Abs. 1 S. 1 ist der **Beteiligte selbst**, so dass Verfahrensbevollmächtigte oder sonstige Vertreter nicht
zum Auslagenschuldner werden. Das gilt auch, wenn der Anwalt die Herstellung von Dokumenten beantragt, die er dem Mandanten nicht in Rechnung stellen darf.[3]

---

1 BT-Drucks 16/6308, S. 303. **2** BT-Drucks 16/6308, S. 303. **1** HK-FamGKG/*Mayer*, § 23 Rn 2. **2** BVerwG NJW 1967, 170.
3 *Meyer*, GKG § 28 Rn 6.

5   Der Schuldner nach Abs. 1 S. 1 tritt neben die allgemeinen Kostenschuldner der §§ 21 ff, was aus dem Wort „ferner" folgt. Auch eine Haftung nach § 24 bleibt unberührt, jedoch sind Schuldner nach § 24 Nr. 1, 2 wegen § 26 Abs. 2 zuerst in Anspruch zu nehmen, wenn die Dokumentenpauschale noch nicht angefordert war.[4] In Vormundschafts- und Dauerpflegschaftsverfahren haftet wegen § 22 auch der Minderjährige, in Vollstreckungssachen auch der Schuldner nach § 24 Nr. 4.[5]

6   Abs. 1 S. 1 gilt auch, wenn die Übermittlung von elektronischen Akten beantragt ist, da hierfür keine Aktenversendungspauschale nach Nr. 2003 KV, sondern eine Dokumentenpauschale nach Nr. 2000 Nr. 3 KV entsteht.

7   **3. Schuldhafte Dokumentenpauschale (Abs. 1 S. 2). a) Kostenschuldner.** Sind Kopien oder Ausdrucke nur deshalb gefertigt, weil es ein Beteiligter unterlassen hat, die erforderliche Zahl von Mehrfertigungen beizufügen, gilt nur Abs. 1 S. 2. Für die Auslagen haftet der **Veranlasser allein.** Andere Beteiligte haften für diese Kosten nicht, auch wenn sie nach §§ 21 ff haften würden. Der Antragsschuldner (§ 21) kann daher für solche Kosten nicht als Zweitschuldner in Anspruch genommen werden.

8   **Beispiel:** Antrag A gegen B, die Kosten werden B auferlegt. Vorschüsse sind nicht gezahlt. Die Gerichtsgebühren betragen 100 €, ferner ist eine Dokumentenpauschale iHv 10 € entstanden, weil B es unterlassen hat, einem Schriftsatz die ausreichende Zahl von Mehrfertigungen beizufügen. Gegen B ergeht sodann Sollstellung iHv 110 €. Sofern B nicht zahlt, kann A als Antragsteller und Zweitschuldner nur für 100 € in Anspruch genommen werden. Wegen der 10 € Dokumentenpauschale haftet B allein (Abs. 1 S. 2), so dass A nicht herangezogen werden kann.

9   **b) Beifügungspflicht.** Die Haftung nach Abs. 1 S. 2 besteht nur, wenn eine verfahrensrechtliche Verpflichtung zur Beifügung der Mehrfertigung besteht (→ Nr. 2000 KV Rn 7 f).

10   **c) Telefax.** Werden Mehrfertigungen per Telefax übersandt und vom Empfangsgerät des Gerichts ausgedruckt, tritt eine Haftung nach Abs. 1 S. 2 ein.[6]

11   **d) Elektronische Dokumente.** Ist die Verwendung von elektronischen Dokumenten zulässig, besteht keine Verpflichtung, die erforderliche Anzahl von Abschriften beizufügen (→ Nr. 2000 KV Rn 9), so dass auch die Haftung nach Abs. 1 S. 2 nicht eintreten kann.

III. Aktenversendung (Abs. 2)

12   **1. Allgemeines.** Auslagen nach Nr. 2003 KV schuldet nur derjenige, der die Versendung der Akte beantragt hat (Abs. 2). Aus dem Wortlaut „nur" folgt, dass es sich um eine **abschließende** Regelung handelt, welche die §§ 21 ff verdrängt, denn die Regelung soll eine ungerechtfertigte Haftung der allgemeinen Kostenschuldner vermeiden.[7] Sie können auch nicht als weitere oder Zweitschuldner in Anspruch genommen werden.

13   **2. Kostenschuldner.** Da in Familiensachen den Beteiligten ein eigenständiges Recht auf Akteneinsicht zusteht (§ 13 Abs. 1 FamFG bzw § 299 Abs. 1 ZPO iVm § 113 Abs. 1 FamFG), sind nur die Beteiligten Schuldner nach Abs. 2. Das gilt auch dann, wenn die Aktenübersendung durch einen **Verfahrensbevollmächtigten** beantragt wird,[8] denn die Übersendung an ihn erfolgt, weil er nach § 81 ZPO iVm §§ 11, 113 Abs. 1 FamFG als vom Beteiligten umfassend bevollmächtigt anzusehen ist und die Vollmacht auch die Akteneinsichtnahme umfasst. Daraus folgt nämlich, dass der zuvor gestellte und von der Vollmacht gedeckte Antrag auf Aktenübersendung als im Namen des Beteiligten anzusehen ist und diesen gem. § 85 Abs. 1 ZPO iVm §§ 11 S. 2, 113 Abs. 1 FamFG auch die kostenrechtlichen Folgen treffen.[9] Hat sich der Rechtsanwalt aber persönlich für die Kosten stark gesagt, wird er für die Pauschale der Nr. 2003 KV zugleich Schuldner nach § 24 Nr. 2.

14   Haben mehrere Beteiligte Aktenübersendung beantragt, haftet jeder für die von ihm ausgelöste Pauschale allein. Streitgenossen haften als **Gesamtschuldner**, wenn sie zusammen die Übersendung beantragen. Sind sie aber durch verschiedene Anwälte vertreten, haften sie nicht für Pauschalen der Nr. 2003 KV, die nur durch andere Streitgenossen ausgelöst werden.

15   Hat in einer **Kindschaftssache** ein Minderjähriger die Übersendung beantragt, gilt Vorbem. 2 Abs. 3 KV auch für die Pauschale der Nr. 2003 KV. In **Unterbringungsverfahren** wird eine Dokumentenpauschale wegen Vorbem. 2 Abs. 3 S. 2 KV generell nicht erhoben.

16   **3. Verfahrenskostenhilfe.** Die Wirkungen des § 122 Abs. 1 Nr. 1 Buchst. a ZPO iVm § 76 Abs. 1, § 113 Abs. 1 FamFG erstrecken sich auch auf die Pauschale der Nr. 2003 KV. Hat der VKH-Beteiligte selbst die Aktenübersendung beantragt, haftet allein er nach Abs. 2, jedoch ist der Einzug von ihm nur nach den ge-

---

4 *Meyer*, GKG § 28 Rn 4.   **5** *Oestreich/Hellstab/Trenkle*, FamGKG § 23 Rn 3.   **6** VG BW NJW 2008, 536.   **7** BT-Drucks 12/6962, S. 66.   **8** OLG Düsseldorf JurBüro 2008, 375; LG Bayreuth JurBüro 1997, 433; VG Meiningen JurBüro 2006, 36. **9** OLG Düsseldorf JurBüro 2008, 375.

troffenen VKH-Zahlungsbestimmungen möglich. Hat das Gericht keine Raten angeordnet, ist der Einzug der Pauschale nicht statthaft. Ist VKH mit Zahlungsbestimmungen bewilligt, sind die Kosten durch die VKH-Raten zu begleichen, so dass sie in den Ratenplan aufzunehmen sind. Wurde die Pauschale Nr. 2003 KV von dem beigeordneten Anwalt bereits aus eigenen Mitteln bezahlt, ist sie im Rahmen der festzusetzenden VKH-Vergütung als Auslage (§ 46 RVG) zu erstatten.[10]

Im Einzelnen gilt Folgendes bei Bewilligung von **VKH ohne Zahlungsanordnung:**   17

- Erfolgen Akteneinsicht und Zahlung der Pauschale **vor** VKH-Bewilligung, unterbleibt eine Rückzahlung aus der Landeskasse (Nr. 3.2 DB-PKH). Das gilt auch bei Obsiegen des VKH-Beteiligten, die Kosten sind im Wege der Kostenfestsetzung zu erstatten.
- Erfolgen Akteneinsicht und Zahlung der Pauschale **nach** VKH-Bewilligung, ist die Pauschale an den VKH-Beteiligten zurückzuerstatten.

Bewilligung von **VKH mit Zahlungsanordnung:**   18

- Erfolgt Akteneinsicht **nach** VKH-Bewilligung, unterbleibt die Kostenanforderung. Die Pauschale kann nur im Rahmen der VKH-Raten eingezogen werden.
- War die Pauschale bei VKH-Bewilligung bereits gezahlt, gilt Nr. 4.3 DB-PKH. Hiernach sind Zahlungen vor wirksamer VKH-Bewilligung erst bei der Prüfung nach § 120 Abs. 3 Nr. 1 ZPO (Einstellung der Ratenzahlung bei Kostendeckung) zu berücksichtigen. Eine erfolgte Zahlung nach VKH-Bewilligung ist auf die zu zahlenden Raten anzurechnen.

4. Justizverwaltungssachen. Soll die Aktenübersendung nach rechtskräftigem Verfahrensabschluss erfolgen,   19 entscheidet über das Akteneinsichtsersuchen die Justizverwaltung. Um einen Justizverwaltungsakt handelt es sich auch, wenn der Vorstand des Gerichts einem Dritten Akteneinsicht gewährt (§ 13 Abs. 2 FamFG, § 299 Abs. 2 ZPO). In diesen Fällen werden Auslagen nur nach dem JVKostG erhoben; wegen der Höhe gilt Nr. 9003 KV GKG iVm Vorbem. 2 KV JVKostG. Abs. 3 gilt nicht, da sich der Schuldner nach § 14 Abs. 1 JVKostG bestimmt. Danach haftet derjenige, der die Aktenversendung beantragt.

IV. Verfahrenskostenhilfe (Abs. 3)

1. Geltungsbereich. Erfasst werden von Abs. 3 Verfahren wegen grenzüberschreitender VKH (§§ 1076 ff   20 ZPO), und zwar sowohl ausgehende als auch die eingehende Ersuchen, sowie innerstaatliche Verfahren über die VKH-Bewilligung (§ 118 ZPO iVm §§ 76 Abs. 1, 113 Abs. 1 FamFG).

2. Rücknahme oder Ablehnung des Antrags. Abs. 3 ordnet an, dass in diesen Verfahren derjenige für die   21 gerichtlichen Auslagen haftet, der die Bewilligung der VKH beantragt hat, wenn

- der Antrag zurückgenommen oder vom Gericht abgelehnt wird (Nr. 1),
- die Übermittlung des Antrags von der Übermittlungsstelle abgelehnt (Nr. 2 Alt. 1) oder
- das Ersuchen um VKH-Bewilligung von der Empfangsstelle abgelehnt (Nr. 2 Alt. 2) wird.

Der Antragsteller wird zum alleinigen Schuldner der gerichtlichen Auslagen, Gebühren fallen nicht an. Un-   22 berührt bleiben die Regelungen des § 24 Nr. 2, 3.

Die Regelung des Abs. 3 greift **nicht**, wenn lediglich eine **Teilrücknahme oder Teilablehnung** erfolgt, um   23 eine verhältnismäßige Aufteilung der Auslagen bei einem teilweisen Erfolg im Hinblick auf die damit verbundenen Probleme zu vermeiden.[11]

3. Haftungsumfang. Abs. 3 erfasst sämtliche Auslagen (Nr. 2000 ff KV), jedoch gelten für Nr. 2000, 2003   24 KV die Regelungen der Abs. 2 und 3. Eine Regelung für die Gebühren ist entbehrlich, da solche nicht anfallen, auch nicht beim Abschluss eines Vergleichs (Anm. zu Nr. 1500 KV). Für außergerichtliche Kosten gilt Abs. 3 nicht. Eine Kostenerstattung findet nicht statt (§ 118 Abs. 1 S. 4 ZPO iVm §§ 76 Abs. 1, 113 Abs. 1 FamFG).

In Verfahren auf grenzüberschreitende VKH können **Übersetzungskosten** entstehen, die zunächst von der   25 zuständigen Übermittlungsbehörde zu tragen sind. Da es mit Art. 13 Abs. 6 S. 2 der Richtlinie 2003/8/EG[12] jedoch vereinbar ist, im Falle der Ablehnung des Ersuchens den Antragsteller mit diesen Kosten zu belasten, umfasst Abs. 3 auch diese Übersetzungskosten. Da es sich um gerichtliche Verfahren handelt, ist eine Vergütung ausschließlich nach dem JVEG zu zahlen.

4. Kosten bei VKH-Bewilligung. Abs. 3 gilt nicht, wenn dem Antrag oder dem Ersuchen auf Bewilligung   26 von VKH vollumfänglich oder teilweise stattgegeben wird. In diesem Fall haften für die Auslagen der An-

---

10 *Oestreich/Hellstab/Trenkle*, FamGKG § 23 Rn 17. **11** BT-Drucks 15/3281, S. 15; aA *Meyer*, GKG § 28 Rn 10. **12** Richtlinie 2003/8/EG des Rates vom 27. Januar 2003 zur Verbesserung des Zugangs zum Recht bei Streitsachen mit grenzüberschreitendem Bezug durch Festlegung gemeinsamer Mindestvorschriften für die Prozesskostenhilfe in derartigen Streitsachen (ABl. EG Nr. L 26 S. 41, ber. ABl. EU Nr. L 32 S. 15).

tragsteller, soweit § 21 Abs. 1 Anwendung findet, sowie die Kostenschuldner nach § 24. Der Schuldner der
Nr. 24 Nr. 1 haftet wegen § 118 Abs. 1 S. 5 ZPO iVm §§ 76 Abs. 1, 113 Abs. 1 FamFG auch für im VKH-
Bewilligungsverfahren entstandene Auslagen, die wegen der Heranziehung bzw Beauftragung von Zeugen
oder Sachverständigen entstanden sind.

§ 24 Weitere Fälle der Kostenhaftung

Die Kosten schuldet ferner,

1. wem durch gerichtliche Entscheidung die Kosten des Verfahrens auferlegt sind;
2. wer sie durch eine vor Gericht abgegebene oder dem Gericht mitgeteilte Erklärung oder in einem vor
   Gericht abgeschlossenen oder dem Gericht mitgeteilten Vergleich übernommen hat; dies gilt auch, wenn
   bei einem Vergleich ohne Bestimmung über die Kosten diese als von beiden Teilen je zur Hälfte übernommen anzusehen sind;
3. wer für die Kostenschuld eines anderen kraft Gesetzes haftet und
4. der Verpflichtete für die Kosten der Vollstreckung; dies gilt nicht für einen Minderjährigen in Verfahren,
   die seine Person betreffen.

I. Allgemeines

1 Die Vorschrift bestimmt **weitere Kostenschuldner**. Dabei stellt der Wortlaut „ferner" klar, dass diese zu den
übrigen Schuldnern hinzutreten, so dass eine aufgrund anderer Regelungen bestehende Haftung unberührt
bleibt. Sind noch andere Kostenschuldner (zB §§ 16, 17, 21, 23) vorhanden, besteht gesamtschuldnerische
Haftung (§ 26 Abs. 1), jedoch sind Schuldner nach Nr. 1, 2 als Erstschuldner in Anspruch zu nehmen (§ 26
Abs. 2 S. 1).

II. Entscheidungsschuldner (Nr. 1)

2 **1. Allgemeines.** Werden dem Beteiligten die Verfahrenskosten durch **gerichtliche Entscheidung** auferlegt,
wird er Entscheidungsschuldner (Nr. 1). Die Haftung für die Gerichtskosten tritt kraft Gesetzes ein, so dass
es ihrer ausdrücklichen Nennung nicht bedarf. Der Schuldner nach Nr. 1 ist **Erstschuldner** (§ 26 Abs. 2
S. 1). Er kann sich auch nicht darauf berufen, dass es die Staatskasse versäumt hat, vom Antragsschuldner

notwendige Vorschüsse anzufordern.[1] Die Haftung nach Nr. 1 erlischt nur, wenn die Kostenentscheidung durch eine andere gerichtliche Entscheidung aufgehoben oder abgeändert wird (§ 25 S. 1).

2. Kostenentscheidung. a) Allgemeines. Es muss eine gerichtliche Entscheidung vorliegen, die in FG-Familiensachen nach §§ 80 ff FamFG und in Ehesachen und Familienstreitsachen nach §§ 91 ff ZPO iVm § 113 Abs. 1 FamFG zu treffen ist, wenn nicht Spezialregelungen, wie zB §§ 150, 243 FamFG, vorgehen. In der Entscheidung müssen die Kosten ausdrücklich einem oder mehreren Beteiligten auferlegt werden. 3

b) Bindung. Die Kostenentscheidung ist für das Kostenansatzverfahren **bindend** und kann dort nicht auf ihre Richtigkeit überprüft werden, da hierfür ausschließlich die ordentlichen Rechtsmittel gegeben sind. Arglist der Staatskasse liegt daher nicht vor, wenn eine unrichtige Entscheidung herangezogen wird.[2] Ist in der Kostenentscheidung eine **falsche Person** bezeichnet, kann dieser Einwand nicht mehr mit der Erinnerung nach § 57 beanstandet werden.[3] Es kann auch nicht eingewandt werden, dem Verfahrensbevollmächtigten keinen Auftrag erteilt zu haben.[4] 4

c) Rechtskraft, Wirksamkeit. Es ist unerheblich, ob die Kostenentscheidung rechtskräftig ist,[5] so dass eine Inanspruchnahme nach Nr. 1 noch zulässig ist, wenn bereits Rechtsmittel eingelegt wurde. Das gilt auch, wenn das Gericht die Zwangsvollstreckung eingestellt hat.[6] Wird Erinnerung nach § 57 eingelegt, kann die aufschiebende Wirkung angeordnet werden (§ 57 Abs. 6), die aber nur den Einzug unterbindet, die Haftung aber unberührt lässt. In FG-Familiensachen muss die Kostenentscheidung bekannt gemacht sein (§ 41 FamFG), in Ehesachen und Familienstreitsachen ist Verkündung oder Zustellung erforderlich. Auf die Wirksamkeit nach § 116 FamFG kommt es nicht an. Ist jedoch VKH bewilligt, darf der Kosteneinzug erst nach Rechtskraft erfolgen (§ 125 ZPO iVm § 76 Abs. 1, § 113 Abs. 1 FamFG). 5

d) Unterbrechung, Ruhen. Die Unterbrechung des Verfahrens bleibt für die Inanspruchnahme des Entscheidungsschuldners ohne Einfluss,[7] auch wenn sie wegen Insolvenz,[8] Tod oder sonst nach §§ 241 ff ZPO iVm § 113 Abs. 1 FamFG erfolgt. Lehnt der Insolvenzverwalter die Verfahrensaufnahme ab, trägt ein Gemeinschuldner, der das Verfahren fortführt, bei kostenpflichtiger Verurteilung die gesamte Gerichtskosten.[9] 6

e) Antragsrücknahme. Die Rechtsfolge des § 269 Abs. 3 S. 2 ZPO iVm § 113 Abs. 1 FamFG führt noch keine Haftung nach Nr. 1 herbei. Es bedarf eines Beschlusses nach § 269 Abs. 4 S. 1 ZPO; ergeht er nicht, bleibt es bei der Haftung nach §§ 16, 17, 21, 23. Auch in FG-Familiensachen bedarf es einer Kostenentscheidung, weil § 83 Abs. 2 FamFG anordnet, dass § 81 FamFG entsprechend gilt, so dass auch hier bei Antragsrücknahme nicht automatisch der Antragsteller mit den Kosten belastet wird. 7

Auch für den Einzug **nach § 59 RVG übergegangener Ansprüche** vom Gegner bedarf es stets einer Kostenentscheidung oder Kostenübernahme.[10] Da ein gesetzlicher Übergang der Forderung nach § 59 RVG stattfindet und der Staatskasse auch ein Beitreibungsrecht zusteht, ist ihr auch das Recht zuzubilligen, eine Kostenentscheidung zu beantragen.[11] Ihr Antragsrecht ist jedoch ausgeschlossen, wenn die Beteiligten in einem Vergleich eine Kostenregelung treffen, weil dann kein Übergang nach § 59 RVG stattfindet.[12] Gleiches gilt, wenn im Vergleich vereinbart wurde, keine Kostenanträge zu stellen.[13] Nach § 269 Abs. 4 S. 2 ZPO iVm § 113 Abs. 1 FamFG ist das Gericht in Familienstreitsache verpflichtet, von Amts wegen über die Kosten zu entscheiden, wenn dem Antragsgegner VKH bewilligt worden ist. In FG-Familiensachen ergibt sich die Verpflichtung zum Erlass einer Kostenentscheidung aus § 81 Abs. 1 S. 3 FamFG. 8

3. Umfang der Haftung. Der Haftungsumfang ergibt sich aus der Kostenentscheidung und umfasst sämtliche Gerichtskosten des Verfahrens, wenn nicht bestimmte Kosten ausdrücklich einem anderen auferlegt sind. Besteht für einzelne Kosten aber eine besondere oder ausschließliche Haftung, geht diese vor und schränkt insoweit die Haftung nach Nr. 1 ein. Solche Regelungen bestehen für die Aktenversendungs- und Dokumentenpauschale, wenn es der Beteiligte versäumt, die erforderlichen Abschriften einzureichen (§ 23 Abs. 1 S. 2, Abs. 2), so dass hier keine Haftung nach Nr. 1 besteht. Die Gebühr nach § 32 und Nr. 1501 KV schuldet nur der Beteiligte, dem sie das Gericht auferlegt; sie wird von der Haftung der Nr. 1 also nicht erfasst. 9

4. Dritte. Werden Dritten Kosten auferlegt (§ 81 Abs. 4 FamFG, §§ 95 96 ZPO iVm § 113 Abs. 1 FamFG), haften sie allein nach Nr. 1. Gleiches gilt, wenn einem Zeugen oder Sachverständigen Kosten nach § 380 Abs. 1 S. 1, § 390 Abs. 1 S. 1, § 409 Abs. 1 S. 1 ZPO iVm §§ 30 Abs. 1, 113 Abs. 1 FamFG auferlegt sind. 10

---

1 KG MDR 2004, 143. **2** *Oestreich/Hellstab/Trenkle*, GKG § 29 Rn 20. **3** OLG Koblenz JurBüro 1993, 425. **4** OLG Hamburg JurBüro 1987, 882. **5** OLG Koblenz Rpfleger 1987, 338. **6** *Meyer*, GKG § 29 Rn 11. **7** OLG Stuttgart MDR 1991, 1097. **8** OLG Hamburg MDR 1990, 349. **9** LG Osnabrück NdsRpfl 1993, 364. **10** KG KostRsp. ZPO § 269 Nr. 59; OLG Düsseldorf Rpfleger 1999, 132. **11** LG Aschaffenburg JurBüro 1990, 1020; *Oestreich/Hellstab/Trenkle*, GKG § 29 Rn 7; aA OLG Nürnberg JurBüro 1989, 803; LG Hannover JurBüro 1986, 617. **12** OLG Stuttgart MDR 1989, 774. **13** OLG Oldenburg NdsRpfl 1994, 366.

Der Dritte ist wegen § 26 Abs. 2 S. 1 für diese Kosten als Erstschuldner in Anspruch zu nehmen. Zu den vom Zeugen zu tragenden besonderen Kosten gehören auch die Auslagen Nr. 2007 KV sowie die vom Gerichtsvollzieher mitgeteilten Vorführungskosten (Nr. 2011 KV). Müssen andere Zeugen oder Sachverständige wegen des Ausbleibens nochmals vor Gericht erscheinen, so gehört auch die an sie gezahlte zusätzliche Entschädigung bzw Vergütung hierzu (Nr. 2005 KV). Hingegen können Kosten, die auch bei einem Erscheinen des Zeugen entstanden wären, nicht von diesem eingezogen werden.

11 Bei **Verweisung wegen Unzuständigkeit** sind dem Antragsteller die Mehrkosten auch dann aufzuerlegen, wenn er in der Hauptsache obliegt (§ 281 Abs. 3 ZPO iVm § 113 Abs. 1 FamFG). Unterbleibt eine vorgenannte Kostenauferlegung jedoch, haftet der Schuldner nach Nr. 1 auch für diese Kosten.

12 **5. Umfang der Kostenentscheidung. a) Arrest.** Der Arrestbefehl ist binnen eines Monats ab Zustellung oder Verkündung an den Antragsteller zu vollziehen. Danach ist eine Vollziehung unstatthaft (§ 929 Abs. 2 ZPO iVm § 119 Abs. 2 FamFG). Ist die Frist nicht eingehalten, kann der Entscheidungsschuldner nicht mehr in Anspruch genommen werden.[14]

13 **b) Beweisverfahren.** Siehe dazu → Nr. 1503 KV Rn 7 f.

14 **c) Einstweilige Anordnungen.** Die im Rahmen einstweiliger Anordnungen ergangene Kostenentscheidung begründet keine Haftung nach Nr. 1 für das Hauptverfahren und umgekehrt.

15 **d) Mahnverfahren.** Eine im streitigen Verfahren ergangene Entscheidung umfasst ohne Weiteres auch die Kosten des Mahnverfahrens (§ 696 Abs. 1 S. 5 iVm § 281 Abs. 3 S. 1 ZPO, § 113 Abs. 2 FamFG).

16 **e) Säumniskosten.** In den Fällen des § 344 ZPO iVm § 113 Abs. 1 FamFG können dem Antragsgegner die durch seine Säumnis entstandenen Kosten auferlegt werden. Wird durch eine Versäumnisentscheidung eine Gebührenermäßigung (zB Nr. 1221 KV) verhindert, so ist auch die Differenz zwischen dem 1,0- und 3,0- bzw 2,0-Gebührensatz den Mehrkosten zuzuordnen, weil Verursachung und Verhinderung der Ermäßigung gleich zu behandeln sind.[15] Das gilt auch, wenn in einem Vergleich Säumniskosten übernommen werden.[16]

17 **f) Vereinfachtes Unterhaltsverfahren.** Die im streitigen Verfahren ergangene Kostenentscheidung umfasst automatisch die Kosten des vereinfachten Unterhaltsverfahrens (§ 255 Abs. 5 FamFG).

18 **g) VKH-Verfahren.** Die im Bewilligungsverfahren entstandenen Auslagen für Zeugen oder Sachverständige sind nach § 118 Abs. 1 S. 5 ZPO iVm §§ 76 Abs. 1, 113 Abs. 1 FamFG von demjenigen zu tragen, dem die Kosten des Hauptverfahrens auferlegt werden. Das gilt über den Wortlaut der Norm hinaus auch für andere gerichtliche Auslagen.[17] Eine Kostenentscheidung ist im Bewilligungsverfahren nicht zu treffen,[18] da eine Kostenerstattung nicht stattfindet (§ 118 Abs. 1 S. 4 ZPO iVm §§ 76 Abs. 1, 113 Abs. 1 FamFG). Wird der VKH-Antrag vollumfänglich zurückgenommen oder zurückgewiesen, gilt § 23 Abs. 3.

19 **6. Minderjährige.** Dem Minderjährigen können in FG-Familiensachen, die seine Person betreffen, wegen § 81 Abs. 3 FamFG keine Kosten auferlegt werden. Hierzu gehören Abstammungs-, Adoptions- und Kindschaftssachen nach § 1303 Abs. 2, § 1315, § 1618 S. 4, § 1626 a Abs. 2, § 1626 c Abs. 2, §§ 1628, 1630 Abs. 3, § 1631 Abs. 3, § 1632 Abs. 3, §§ 1666, 1671, 1680 Abs. 2, 3, § 1681 Abs. 2, § 1684 Abs. 4, § 1687 Abs. 2, §§ 1687 a, 1687 b, § 1688 Abs. 3 BGB, § 2 Abs. 1, § 3 RelKErzG.

20 Eine entgegen § 81 Abs. 3 FamFG ergangene Entscheidung ist gleichwohl für den Kostansatz bindend; es muss Beschwerde (§§ 58 ff FamFG) eingelegt werden.

21 **7. Verfahrensbeistand.** Dem Verfahrensbeistand dürfen wegen § 158 Abs. 8 FamFG in allen Rechtszügen keine Kosten auferlegt werden. Die Regelung greift aber nicht, wenn der Verfahrensbeistand Rechtsmittel ausschließlich im eigenen Interesse einlegt, zB wegen seiner Vergütung.

III. Übernahmeschuldner (Nr. 2)

22 **1. Allgemeines.** Für die Kosten haftet auch derjenige, der sie in einer vor Gericht abgegebenen oder dem Gericht mitgeteilten Erklärung übernimmt (Nr. 2). Der Übernahmeschuldner ist nach § 26 Abs. 2 als **Erstschuldner** in Anspruch zu nehmen.

23 **2. Übernahmeerklärung. a) Wesen.** Es handelt es sich um eine einseitige Erklärung, deren Abgabe Verfahrenshandlung ist. Die Übernahmeerklärung kann nach Abgabe oder Zugang beim Gericht nicht mehr widerrufen oder wegen Irrtum oder Täuschung angefochten werden,[19] da gegenüber der Staatskasse mit Zugang oder Abgabe eine rechtsbegründende selbständige Verbindlichkeit entsteht.[20]

24 **b) Form und Frist.** An die Übernahmeerklärung sind keine besonderen Anforderungen gestellt, sie muss jedoch **eindeutig** sein.[21] Sie kann durch Schriftsatz oder durch Erklärung zu Protokoll der Geschäftsstelle ab-

14 OLG Koblenz NJW-RR 2000, 732. **15** HK-ZPO/*Pukall*, § 344 ZPO Rn 2; Zöller/*Herget*, ZPO, § 344 Rn 4. **16** KG KGR 2006, 924; aA OLG Koblenz MDR 2008, 112. **17** *Oestreich/Hellstab/Trenkle*, GKG § 29 Rn 14. **18** OLG Hamm FamRZ 2000, 1514. **19** OLG Düsseldorf NJW-RR 1997, 826. **20** *Oestreich/Hellstab/Trenkle*, GKG § 29 Rn 28. **21** *Meyer*, GKG § 29 Rn 16.

gegeben werden. Dem Wortlaut der Nr. 2 nach ist aber stets eine Erklärung vor Gericht oder der Zugang bei Gericht erforderlich. Der Zugang muss mit dem Willen des Übernehmenden erfolgen. Gelangt sie gegen dessen Willen oder nur zufällig zum Gericht, wird keine Haftung nach Nr. 2 begründet. Wird eine Kostenübernahme unter einer **Bedingung** erklärt, wird sie erst mit deren Eintritt wirksam. Bei einem mit Widerrufsvorbehalt geschlossenen Vergleich ist der Fristablauf abzuwarten.

Eine **Frist** besteht nicht, so dass die Übernahmeerklärung auch noch nach Verfahrensbeendigung abgegeben **25** werden kann. Gerichtskosten eines bereits rechtskräftig abgeschlossenen Verfahrensteils sind nur erfasst, wenn sie ausdrücklich in die Erklärung aufgenommen werden[22] oder es hierfür ausreichende Anhaltspunkte gibt.[23] Durch die Übernahme erlischt eine Haftung nach Nr. 1 nicht (→ § 25 Rn 11 ff).

c) **Verfahrensbevollmächtigte.** Der Verfahrensbevollmächtigte kann wirksam eine Übernahmeerklärung ab- **26** geben, durch die er zum Schuldner nach Nr. 2 wird. Das gilt zB dann, wenn er sich für einen Auslagenvorschuss stark sagt,[24] wobei sich die Haftung dann nur auf die Höhe des Vorschusses beschränkt.[25] Eine Haftung wird aber nicht begründet, wenn der Anwalt um Übersendung der Kostenrechnung bittet, Zahlungen des Mandanten weiterleitet oder erklärt, „die Haftung für den eingereichten Antrag" übernehmen zu wollen, hiermit aber nur eine Sicherheitsleistung nach §§ 108, 110 ZPO gemeint hat.[26]

d) **Rechtsschutzversicherung.** Erteilt die Rechtsschutzversicherung eine Deckungszusage, ist diese als Über- **27** nahmeerklärung zu deuten, die aber nur solche Kosten umfasst, für die der Versicherungsnehmer einzustehen hat.[27] Ohne Abgabe einer solchen Erklärung wird die Rechtsschutzversicherung durch Zahlung jedoch nicht zum Schuldner nach §§ 21, 24.[28]

e) **Dritte.** Dritte können auch dann die Übernahme erklären, wenn sie nicht am Verfahren beteiligt waren. **28** Bleibt es aber auch nach schriftlicher Anhörung unklar, ob der Dritte tatsächlich eine Übernahmeerklärung abgegeben hat, ist er nicht als Kostenschuldner heranzuziehen, wenn noch ein Erstschuldner nach § 26 Abs. 2 vorhanden ist und auch der für die Sachaufklärung zu betreibende Aufwand in keinem Verhältnis zum Kostenbetrag steht.[29]

Übernimmt ein kosten- oder gebührenbefreiter Dritter die Gerichtskosten, entsteht kein Rückzahlungsan- **29** spruch nach § 2 Abs. 3 S. 2, weil die Regelung nur gilt, wenn ein befreiter Verfahrensbeteiligter die Kosten übernimmt.

3. Umfang der Haftung. Die Haftung besteht im Umfang der abgegebenen Übernahmeerklärung. Werden **30** die „Kosten des Verfahrens" übernommen, sind regelmäßig sämtliche Gerichtskosten erfasst, mit Ausnahme der Verzögerungsgebühr (§ 32); für sie muss eine ausdrückliche Erklärung vorliegen. Übernommen werden können auch zukünftige Kosten, wenn sie und der Haftungsumfang hinreichend bestimmbar sind.[30]

4. Vergleich. a) Allgemeines. Die Kostenübernahme in einem Vergleich führt die Haftung nach Nr. 2 her- **31** bei, auch wenn der Vergleich nach § 278 Abs. 6 ZPO iVm § 36 Abs. 3, § 113 Abs. 1 FamFG zustande kommt. Bei der Übernahmehaftung verbleibt es auch, wenn der Vergleich nachträglich geändert wird, denn seine verfahrensrechtliche Wirkung kann nicht durch übereinstimmende Verzichtserklärung der Beteiligten außer Kraft gesetzt werden.[31] Wird im Hauptsacheverfahren wegen vorläufiger Einstellung der Zwangsvollstreckung ein Vergleich unter Vereinbarung der gegenseitigen Kostenaufhebung geschlossen, gilt die Regelung auch für die Kosten des Beschwerdeverfahrens.[32]

Auf die **materiellrechtliche Wirksamkeit** des Vergleichs kommt es nicht an.[33] Wurde jedoch gerichtlich fest- **32** gestellt, dass der Vergleich unwirksam oder nichtig ist, entfaltet die darin enthaltene Übernahme keine Wirkung, so dass auch eine Haftung nach Nr. 2 nicht eintritt.

Ob eine Anfechtung des Vergleichs Erfolg hat, ist nicht im Kostenansatzverfahren oder Erinnerungsverfah- **33** ren (§ 57) zu prüfen.[34]

b) **Außergerichtlicher Vergleich.** Der außergerichtliche Vergleich führt nur dann zur Haftung nach Nr. 2, **34** wenn er dem Gericht mit Wissen und Willen der Beteiligten mitgeteilt wird.

c) **Fehlende Kostenregelung.** Eine Übernahmehaftung tritt auch ein, wenn der Vergleich keine Kostenrege- **35** lung enthält, die Kosten aber von beiden Teilen als je zur Hälfte übernommen anzusehen sind. Im Bereich der FG-Familiensachen folgt dies aus § 83 Abs. 1 S. 1 FamFG, wonach die Gerichtskosten jedem Teil zu gleichen Teilen zur Last fallen, wenn das Verfahren durch Vergleich ohne Kostenregelung erledigt wird. In Ehe- und Familienstreitsachen gilt §§ 98, 92 Abs. 1 ZPO iVm § 113 Abs. 1 FamFG, so dass auch hier die Beteiligten die Gerichtskosten hälftig schulden, wenn keine andere Vereinbarung getroffen wird.

---

22 OLG Frankfurt JurBüro 1980, 451; OLG München MDR 1982, 760; OLG Stuttgart MDR 1989, 1108. **23** OLG Düsseldorf BRAGOreport 2003, 225. **24** OLG Düsseldorf MDR 1991, 161. **25** OLG Düsseldorf NJW-RR 1997, 826. **26** FG BW KostRsp. § 54 GKG § 29 Rn 16. **28** OLG Stuttgart JurBüro 1985, 426. **29** OLG Frankfurt 6.12.1988 – 5 U 98/88, juris. **30** *Oestreich/Hellstab/Trenkle*, GKG § 29 Rn 28. **31** BGH NJW 1964, 1524. **32** OLG Köln AGS 2003, 557. **33** *Hartmann*, KostG, § 29 GKG Rn 18. **34** OLG Brandenburg 19.9.2008 – 6 W 92/08, juris.

36   Erfasst sind sämtliche Gerichtskosten, auch an mittellose Personen gezahlte Reiseentschädigungen.[35] Nach § 59 RVG übergegangene Ansprüche gehören aber zu den außergerichtlichen Kosten, die von jedem Beteiligten selbst zu tragen sind.

IV. Haftung für einen anderen kraft Gesetzes (Nr. 3)

37   **1. Allgemeines.** Nach Nr. 3 ist Kostenschuldner auch derjenige, der **für einen anderen kraft Gesetzes haftet**, gleichgültig, ob aufgrund bürgerlicher oder öffentlich-rechtlicher Grundlage. Die Haftung muss aber in einer gesetzlichen Vorschrift begründet sein, aus der sich eine Haftung gegenüber einem Dritten ergibt. Die bloße Bestimmung von schuldrechtlichen Pflichten oder eine nur mittelbare Haftung genügt nicht,[36] so dass eine im Innenverhältnis bestehende Ausgleichspflicht nicht ausreicht.

38   Besteht nur ein Vertragsverhältnis, kann auch daraus keine Haftung nach Nr. 3 abgeleitet werden, so dass eine Versicherung trotz der Regelung des § 150 VVG nicht zum Kostenschuldner wird.[37] Auch wer in einem Vertrag die Kostenhaftung übernimmt, wird nicht zum Schuldner nach Nr. 3, jedoch kann Nr. 2 eingreifen. Die kraft Gesetzes für andere bestehende Haftung kann nicht zum Nachteil der Staatskasse durch Vertrag ausgeschlossen werden.

39   **2. Inanspruchnahme.** Die Haftung nach Nr. 3 tritt **kraft Gesetzes** ein, so dass es keines besonderen Kostenausspruchs oder Titels bedarf.[38] Der Schuldner nach Nr. 3 kann deshalb durch die Staatskasse direkt in Anspruch genommen werden.

40   Die Feststellung eines Schuldners nach Nr. 3 obliegt dem Kostenbeamten (§ 7 Abs. 1 KostVfg). Dieser kann Akten und Auskünfte anfordern oder den Schuldner mündlich oder schriftlich anhören. Bloße Mutmaßungen genügen jedoch nicht.[39]

41   **3. Verfahrenskostenhilfe.** Der Schuldner nach Nr. 3 kommt für die Kosten nur in dem Umfang auf, wie auch der ursächliche Kostenschuldner haftet. Können Gerichtskosten von diesem aufgrund VKH-Bewilligung nicht eingezogen werden, erstreckt sich die Wirkung des § 122 Abs. 1 ZPO iVm § 76 Abs. 1, § 113 Abs. 1 FamFG auch auf den Dritten, so dass seine Inanspruchnahme ausscheidet.[40] Nimmt der Dritte aber den Rechtsstreit wieder auf, haftet er für die von ihm ausgelösten Kosten (→ Rn 52 ff).

42   **4. Einwendungen.** Der nach Nr. 3 in Anspruch genommene Schuldner kann mit der Erinnerung (§ 57) geltend machen, dass eine Haftung für ihn nicht besteht. Darüber hinaus kann er alle Einwendungen und Einreden geltend machen, wie zB Verjährung, unrichtige Sachbehandlung oder Falschberechnung der Kosten.

43   **5. Anwendungsfälle. a) Ehegatten.** Es ist zunächst zu prüfen, in welchem Güterstand die Eheleute leben. Ist durch Ehevertrag nichts anderes vereinbart, leben die Eheleute im **Güterstand der Zugewinngemeinschaft** (§ 1363 Abs. 1 BGB), wonach das Vermögen der Ehegatten nicht zum gemeinschaftlichen Vermögen wird (§ 1363 Abs. 2 BGB). Der Güterstand der Zugewinngemeinschaft tritt kraft Gesetzes ein. Eine Haftung nach Nr. 3 für die Gerichtskosten tritt für den anderen Ehegatten nicht ein. Das gilt auch dann, wenn eine Genehmigung nach § 1365 Abs. 1, § 1369 Abs. 1 BGB erforderlich ist.[41] Soweit aber Geschäfte im Rahmen der Schlüsselgewalt (§ 1357 BGB) vorgenommen werden, haften beide Ehegatten der Staatskasse gegenüber.[42] Eine im Innenverhältnis bestehende Verpflichtung zur Kostentragung (zB § 1360 a BGB) oder vertragliche Regelungen zwischen den Ehegatten führen keine Haftung nach Nr. 3 herbei, jedoch können die Ansprüche durch die Gerichtskasse gepfändet werden.

44   In den Fällen der **Gütertrennung** (§ 1414 BGB) besteht völlige Trennung der Vermögensmassen, so dass der andere Ehegatte nicht für die Kosten nach Nr. 3 haftet.

45   Bei **Gütergemeinschaft** bestehen drei Vermögensmassen: Gesamtgut (§ 1416 BGB), Sondergut (§ 1417 BGB) und Vorbehaltsgut (§ 1418 BGB). Die Eheleute sollen in dem Ehevertrag bestimmen, ob das Gesamtgut von beiden Ehegatten oder nur von einem allein verwaltet wird. Bei der Verwaltung nur durch einen der Ehegatten tritt eine Haftung des Gesamtguts nur ein, wenn das Rechtsgeschäft durch den Gesamtgutsverwalter vorgenommen wird, dieser zustimmt oder ein Fall der §§ 1429–1433 BGB vorliegt. Der Gesamtgutsverwalter haftet, soweit es sich um Gesamtgutsverbindlichkeiten handelt, für die Kostenforderung auch persönlich (§ 1437 Abs. 2 S. 1 BGB). Erfolgt die Verwaltung durch beide Ehegatten, haftet das Gesamtgut für Verbindlichkeiten aus Rechtsgeschäften, die ein Ehegatte während der Gütergemeinschaft vornimmt, nur dann, wenn der andere Ehegatte diesem Rechtsgeschäft zustimmt oder wenn das Rechtsgeschäft ohne seine Zustimmung wirksam ist (§ 1460 Abs. 1 BGB). Für die Verfahrenskosten haftet das Gesamtgut im Übrigen auch dann, wenn die Entscheidung dem Gesamtgut gegenüber nicht wirksam ist (§ 1438 Abs. 2,

35 OLG München JurBüro 1972, 804; OLG Zweibrücken JurBüro 1983, 1855; aA OLG Schleswig SchlHA 1991, 222. **36** *Hartmann*, KostG, § 29 GKG Rn 21. **37** *Meyer*, GKG § 29 GKG Rn 23; *Oestreich/Hellstab/Trenkle*, GKG § 29 Rn 41. **38** OLG Schleswig SchlHA 1984, 167. **39** *Oestreich/Hellstab/Trenkle*, GKG § 29 Rn 42. **40** KG JurBüro 1986, 894. **41** Rohs/Wedewer/ *Waldner*, KostO, § 3 Rn 21. **42** *Oestreich/Hellstab/Trenkle*, GKG § 29 Rn 58.

§ 1460 Abs. 2 BGB). Ist einem Ehegatten VKH ohne Zahlungsbestimmung bewilligt, kann ein anderer Gesamtschuldner für Gesamtgutsverbindlichkeiten nicht nach Nr. 3 in Anspruch genommen werden.[43] Haben die Eheleute durch Ehevertrag vereinbart, dass die Gütergemeinschaft nach dem Tod eines Ehegatten zwischen dem überlebenden Ehegatten und den gemeinschaftlichen Abkömmlingen fortgesetzt wird (§ 1483 Abs. 1 BGB), erlangt der überlebende Ehegatte die Rechtsstellung des alleinigen Gesamtgutsverwalters, während die anteilsberechtigten Abkömmlinge die rechtliche Stellung des anderen Ehegatten besitzen (§ 1487 Abs. 1 BGB). Es sind dieselben Grundsätze wie bei der alleinigen Gesamtgutsverwaltung anzuwenden.

b) Lebenspartner. Lebenspartner leben kraft Gesetzes im Güterstand der Zugewinngemeinschaft (§ 6 LPartG), wenn nicht durch Lebenspartnerschaftsvertrag etwas anderes geregelt ist. Hier kann Gütertrennung oder Gütergemeinschaft vereinbart werden (§ 7 LPartG); insoweit gelten die Ausführungen zum Eherecht (→ Rn 43 ff). **46**

Zu beachten ist § 21 LPartG. Danach leben Lebenspartner, die am 1.1.2005 im Vermögensstand der Ausgleichsgemeinschaft gelebt haben, von diesem Tage an kraft Gesetzes im Güterstand der Zugewinngemeinschaft, wenn nicht bis zum 31.12.2005 eine abweichende Erklärung gegenüber dem AG abgegeben wurde, dass Gütertrennung gelten soll (§ 21 Abs. 2 LPartG). **47**

c) Eltern. Eltern haften nicht für Gerichtskosten ihrer Kinder. Auch die Vertretungsbefugnis der §§ 1626, 1629 BGB schafft keine Haftung. Unerheblich sind auch Ansprüche im Innenverhältnis, wie zB die Unterhaltspflicht oder die Verpflichtung zur Zahlung von Prozesskostenvorschuss, auch wenn es sich um lebensnotwendige oder bedeutende Verfahren wegen Unterhalt, Ehe-, Abstammungs- oder Kindschaftssachen handelt. Die Gerichtskasse kann sich den Anspruch auf Prozesskostenvorschuss jedoch pfänden lassen. **48**

d) Erben. aa) Allgemeines. Erben des Kostenschuldners haften nach §§ 1967 ff BGB für die Nachlassverbindlichkeiten, mehrere Erben haften als Gesamtschuldner (§ 2058 BGB). Zu den Nachlassverbindlichkeiten gehören auch Gerichtskosten, auch wenn das Verfahren vom Testamentsvollstrecker geführt wurde.[44] Erbschaftskäufer haften gegenüber der Staatskasse vom Abschluss des Kaufvertrages an.[45] **49**

bb) Beschränkung der Erbenhaftung. Der Erbe haftet mit seinem persönlichen Vermögen, jedoch kann er seine Haftung auf den Nachlass beschränken (§§ 1970 ff, 1975 ff, 2014 ff BGB). Die Haftungsbeschränkung muss geltend gemacht werden, sie wird nicht von Amts wegen berücksichtigt. Es handelt sich um Einwendungen im Beitreibungsverfahren, so dass die Haftungsbeschränkung nicht mit der Erinnerung (§ 57) geltend gemacht werden kann.[46] Hier kann nur der Einwand erhoben werden, dass der als Erbe in Anspruch Genommene überhaupt nicht nach Nr. 3 haftet, was von der Geltendmachung der Haftungsbeschränkung zu unterscheiden ist. Auch im Rahmen der Vollstreckung durch die Gerichtskasse erfolgt keine Berücksichtigung von Amts wegen, so dass der Erbe auch hier die Haftungsbeschränkung geltend machen muss (§§ 781 ff ZPO iVm § 6 Abs. 1 JBeitrO). **50**

Soweit im Beitreibungsverfahren Einwendungen erhoben werden, gelten die §§ 767, 769, 770 ZPO (§ 8 Abs. 2 S. 1 JBeitrO), so dass der Erbe folglich Vollstreckungsabwehrantrag stellen kann. Zuständig ist das Gericht, in dessen Bezirk die Vollstreckung stattgefunden hat (§ 8 Abs. 2 S. 2 JBeitrO). Es kann auch die einstweilige Einstellung der Zwangsvollstreckung beantragt werden. **51**

cc) Verfahrenskostenhilfe. Die VKH-Bewilligung erlischt mit dem Tod des VKH-Beteiligten, jedoch entfallen die Wirkungen des § 122 ZPO iVm § 76 Abs. 1, § 113 Abs. 1 FamFG nicht rückwirkend.[47] Von dem Erben können die durch den Erblasser verursachten Kosten nur in dem Umfang der gegen den Erblasser angeordneten VKH-Zahlungen eingezogen werden. War diesem VKH ohne Zahlungsbestimmungen bewilligt, können bis zum Tode des Erblassers entstandene Gerichtskosten nicht vom Erben eingezogen werden.[48] **52**

Auch wenn der Erbe das Verfahren aufnimmt, werden die bis zur Aufnahme entstandenen Gerichtskosten von § 122 ZPO erfasst; der Erbe darf also für diese Kosten nicht herangezogen werden. Er haftet jedoch für danach entstehende Kosten. Das schließt auch die Verfahrensgebühren ein, weil sie durch jede gerichtliche Handlung (zB Verhandlung, Beweisaufnahme, Entscheidung) erneut entstehen,[49] so dass der Erbe für die Gebühr in Anspruch zu nehmen ist. **53**

Kosten für einen noch zu Lebzeiten des Erblassers beauftragten Sachverständigen oder Zeugen können gegen den Erben hingegen nicht angesetzt werden.[50] Die Einzugssperre bezieht sich jedoch nur auf den jeweiligen Auftrag. Wird derselbe Sachverständige mit einem Ergänzungsauftrag beauftragt oder muss er das **54**

---

43 OLG München JurBüro 1984, 1701. **44** OLG Schleswig JurBüro 1984, 1699. **45** *Meyer*, GKG § 29 Rn 29. **46** OLG München JurBüro 1994, 112. **47** OLG Köln JurBüro 1999, 168; *Zöller/Geimer*, ZPO, § 124 Rn 2 a. **48** KG JurBüro 1986, 894; OLG Köln OLGR 1999, 168; OLG Düsseldorf MDR 1999, 830; OLG Koblenz FamRZ 2013, 902. **49** OLG Schleswig JurBüro 1996, 204. **50** OLG Düsseldorf MDR 1987, 1031.

Gutachten mündlich erläutern, liegt ein neuer Auftrag iSd § 2 JVEG vor,[51] dessen Kosten vom Erben einzuziehen sind.

55 **Beispiel 1:** Familienstreitsache A gegen B (Verfahrenswert: 5.000 €). Dem A wird VKH ohne Raten bewilligt. Am 10.5. wird auf Antrag des A ein Sachverständiger beauftragt. Das Gutachten wird am 15.10. vorgelegt, der Sachverständige erhält eine Vergütung von 1.200 €. Am 25.10. verstirbt A. Der Erbe C nimmt das Verfahren wieder auf. Am 20.12. ergeht Endentscheidung, die Kosten trägt C allein, VKH war ihm nicht bewilligt.

Von C sind einzuziehen:

3,0-Verfahrensgebühr, Nr. 1220 KV (Wert: 5.000 €)   438,00 €

Die Sachverständigenkosten sind nicht einzuziehen, da sie noch vor dem Tode des Erblassers entstanden sind.

56 **Beispiel 2:** Familienstreitsache A gegen B (Verfahrenswert: 5.000 €). Dem A wird VKH ohne Zahlungsbestimmung bewilligt. Am 10.5. wird auf Antrag des A ein Sachverständiger beauftragt. Das Gutachten wird am 15.10. vorgelegt, der Sachverständige erhält eine Vergütung von 1.200 €. Am 25.10. verstirbt A. Der Erbe C nimmt das Verfahren wieder auf. Auf Antrag des C wird ein Ergänzungsgutachten angefertigt und am 19.11. vorgelegt. Hierfür wird eine Vergütung von 600 € gezahlt. Am 20.12. ergeht Endentscheidung, die Kosten trägt C allein, dem keine VKH bewilligt war.

Von C sind nunmehr einzuziehen:

3,0-Verfahrensgebühr, Nr. 1220 KV (Wert: 5.000 €)   438,00 €
Sachverständigenvergütung, Nr. 2005 KV   600,00 €

57 **e) Bürge.** Der Bürge haftet nicht kraft Gesetzes, sondern nur vertraglich für die Schuld eines anderen, so dass er nicht Schuldner nach Nr. 3 wird.

V. Vollstreckungsschuldner (Nr. 4)

58 **1. Allgemeines.** Für die Kosten von Vollstreckungsmaßnahmen haftet der **Verpflichtete** (Nr. 4). Die Regelung umfasst die Gebühren der Nr. 1600–1603 KV sowie die in solchen Verfahren entstandenen Auslagen (Nr. 2000 ff KV). Für andere Verfahren oder Vollstreckungsmaßnahmen, die in den Bereich des Vollstreckungs- oder Arrestgerichts fallen, gilt sie nicht. Die Regelung der Nr. 4 umfasst auch nicht die Kosten eines Arrestverfahrens.[52] Sie gilt auch nicht, wenn es sich um Maßnahmen nach der JBeitrO handelt, weil § 11 Abs. 1 JBeitrO nur auf die Regelungen des GKG verweist. Für die wegen einer Mahnung nach § 5 Abs. 2 JBeitrO zu erhebenden Gebühr (Nr. 1403 KV JVKostG) haftet nur derjenige, der gemahnt wird (§ 17 JVKostG).

59 Die Haftung nach Nr. 4 tritt kraft Gesetzes ein, so dass es einer besonderen Entscheidung nicht bedarf. Schuldner ist daher derjenige, gegen den sich der Vollstreckungsakt richtet. Er kann auch dann in Anspruch genommen werden, wenn dem Gläubiger Kostenfreiheit zusteht oder ihm VKH bewilligt wurde.[53] § 26 Abs. 3, 4 gilt nicht.

60 **2. Weitere Schuldner.** Nr. 4 lässt eine auf andere Regelungen beruhende Haftung unberührt. Eine gesetzliche Reihenfolge der Inanspruchnahme besteht nicht, da auch § 26 Abs. 2 den Vollstreckungsschuldner nicht umfasst. Da die Schuldner nach § 21 und Nr. 4 gesamtschuldnerisch haften (§ 26 Abs. 1), gilt § 8 Abs. 4 KostVfg. Erscheint die Inanspruchnahme des Vollstreckungsschuldners aussichtslos, kann der Antragsteller herangezogen werden.

61 **3. Notwendige Kosten.** Es ist der Rechtsgedanke des § 788 ZPO anzuwenden, so dass die Haftung nach Nr. 4 nur besteht, wenn es sich um **notwendige Kosten der Vollstreckung** handelt.[54] Liegt Notwendigkeit nicht vor, scheidet die Inanspruchnahme aus. Ob Notwendigkeit vorliegt, ist nach dem Standpunkt des Gläubigers zum Zeitpunkt der Vornahme der Vollstreckungshandlung zu bestimmen. Dabei ist entscheidend, ob der Gläubiger bei verständiger Würdigung der Sachlage die Maßnahme zur Durchsetzung seines titulierten Anspruchs objektiv für erforderlich halten durfte.[55] Ist für den Gläubiger erkennbar, dass die Maßnahme aussichtslos ist, weil frühere Vollstreckungsversuche fruchtlos verlaufen sind und keine Hinweise auf eine Änderung der Vermögensverhältnisse des Schuldners bestehen, liegt keine Notwendigkeit vor, so dass keine Haftung nach Nr. 4 besteht.[56]

62 Eine Haftung nach Nr. 4 ist auch dann nicht gegeben, wenn Anträge abgelehnt werden oder der Gläubiger erfolglos Rechtsmittel einlegt. Der Schuldner haftet auch nicht für solche Kosten, die durch Vollstreckungsmaßnahmen gegen andere Gesamtschuldner entstehen.[57] Die Rücknahme eines Antrags führt nur dann zur Unzweckmäßigkeit, wenn der Antrag von vornherein aussichtslos war, nicht aber, weil der Verpflichtete geleistet hat.

51 OLG Celle JurBüro 2005, 550. **52** *Meyer*, GKG § 29 Rn 42. **53** *Meyer*, GKG § 29 Rn 38. **54** OLG Hamm JurBüro 1974, 64; OLG Köln JurBüro 1986, 900. **55** BGH MDR 2003, 1381. **56** BGH MDR 2005, 951. **57** LG Lübeck JurBüro 1992, 58.

4. Aufhebung des Titels. Wird der zugrunde liegende Titel aufgehoben, sind dem Schuldner die Vollstre- 63
ckungskosten zu erstatten (§ 788 Abs. 3 ZPO iVm § 95 Abs. 1, § 120 Abs. 1 FamFG). Aus diesem Grund
erlischt auch die Haftung nach Nr. 4, wenn der Titel oder die Maßnahme rückwirkend aufgehoben wird.
Die Aufhebung muss erfolgt sein, weil die Maßnahme unzulässig oder unbegründet war.[58] Erlischt die Haftung nach Nr. 4, sind vom Vollstreckungsschuldner geleistete Kosten an diesen zurückzuzahlen.[59]

5. Rechtsbehelfe. Die Feststellung der Notwendigkeit der Maßnahme ist Teil des Kostenansatzes und kann 64
mit der Erinnerung nach § 57 angegriffen werden.

6. Minderjährige. Nr. 4 ordnet an, dass ein Minderjähriger in Verfahren, die seine Person betreffen, nicht 65
als Vollstreckungsschuldner herangezogen werden kann. Die Regelung knüpft an § 81 Abs. 3 FamFG an.

§ 25 Erlöschen der Zahlungspflicht

[1]Die durch gerichtliche Entscheidung begründete Verpflichtung zur Zahlung von Kosten erlischt, soweit die
Entscheidung durch eine andere gerichtliche Entscheidung aufgehoben oder abgeändert wird. [2]Soweit die
Verpflichtung zur Zahlung von Kosten nur auf der aufgehobenen oder abgeänderten Entscheidung beruht
hat, werden bereits gezahlte Kosten zurückerstattet.

I. Allgemeines

1. Regelungszweck. In S. 1 wird das Erlöschen der Zahlungspflicht des Entscheidungsschuldners geregelt, 1
wenn die zugrunde liegende Entscheidung durch eine andere gerichtliche Entscheidung aufgehoben oder
abgeändert wird. Durch S. 2 wird die sich daraus ergebende Verpflichtung zur Rückzahlung bereits geleisteter Kosten aus der Staatskasse angeordnet. Mit der Regelung sollen Unbilligkeiten vermieden werden, die
dadurch entstehen würden, dass die aufgehobene oder abgeänderte Entscheidung weiterhin als Grundlage
für die Inanspruchnahme des Kostenschuldners herangezogen wird. Sie dient daher dem Schutz des Kostenschuldners, aber auch der Staatskasse, die davor geschützt werden soll, dass zu ihren Ungunsten durch die
Beteiligten Kostenregelungen getroffen werden, weil es ihnen dann gestattet wäre, nach Belieben über einen
bereits entstandenen Kostenanspruch des Staates zu verfügen.[1]

2. Geltungsbereich. Eine Anwendung von § 25 über seinen Wortlaut hinaus ist unzulässig. Die Vorschrift 2
gilt deshalb nur, wenn eine Haftung nach § 24 Nr. 1 besteht, nicht aber für eine Übernahmehaftung nach
§ 24 Nr. 2. Ferner nicht für §§ 16, 17, 21 und 23. Haftet ein Schuldner nach § 24 Nr. 3, so erlischt dessen
Zahlungspflicht jedoch, wenn durch die neue gerichtliche Entscheidung die Entscheidungshaftung der Person beseitigt wird, für die der Schuldner kraft Gesetzes haftet. Für den Vollstreckungsschuldner (§ 24 Nr. 4)
gilt § 25, wenn der zugrunde liegende Vollstreckungstitel aufgehoben wird.[2]

Die Regelung gilt nur für Gerichtskosten, weil sich der Begriff „Kosten" mit dem des § 1 S. 1 deckt.[3] 3

Die nach § 59 RVG übergegangenen Ansprüche sind nicht erfasst. Da ihr Einzug aber eine rechtskräftige 4
Kostenentscheidung voraussetzt (§ 125 Abs. 1 ZPO), ist auch hier nur die endgültige Kostenentscheidung
maßgeblich.

II. Aufhebung oder Abänderung der gerichtlichen Entscheidung (S. 1)

1. Allgemeines. Die Zahlungspflicht nach § 24 Nr. 1 erlischt, wenn die zugrunde liegende Entscheidung, 5
durch eine andere gerichtliche Entscheidung aufgehoben oder abgeändert wird (S. 1). Unerheblich ist dabei,
ob die Aufhebung oder Änderung durch das Gericht desselben oder eines höheren Rechtszugs erfolgt. Die
Haftung erlischt deshalb insb. bei:

- Aufhebung oder Abänderung in der Beschwerde- oder Rechtsbeschwerdeinstanz;
- Aufhebung der Versäumnisentscheidung, wenn danach eine abweichende Kostenentscheidung ergeht;
- Antragsrücknahme vor Rechtskraft der Entscheidung (→ Rn 7 ff);
- einseitiger Erledigungserklärung vor Rechtskraft der Endentscheidung (→ Rn 10);
- Erlass eines Kostenbeschlusses (zB § 91 a ZPO iVm § 113 Abs. 1 FamFG) in der Rechtsmittelinstanz,
  der die erstinstanzliche Entscheidung abändert.

Beispiel: Antrag A gegen B. Es ergeht Endentscheidung, wonach B die Kosten des Verfahrens trägt. Es wird Be- 6
schwerde eingelegt. In der höheren Instanz ergeht Endentscheidung, wonach A die Kosten des Verfahrens trägt.

---

58 *Hartmann*, KostG, § 29 GKG Rn 41; *Meyer*, GKG § 29 Rn 40. **59** *Oestreich/Hellstab/Trenkle*, GKG § 29 Rn 69. **1** OLG Oldenburg NdsRpfl 1989, 295. **2** HK-FamGKG/*Volpert*, § 25 Rn 3; *Meyer*, GKG § 30 Rn 1. **3** OLG Düsseldorf Rpfleger 2001,
87.

Die Zahlungspflicht des B erlischt (§ 25). Die erstinstanzliche Kostenrechnung ist abzuändern und von B bereits gezahlte Kosten an diesen zurückzuerstatten, wenn kein anderer Haftungsgrund für ihn besteht.

7 **2. Antragsrücknahme. a) Familienstreitsachen.** Nach § 269 Abs. 3 S. 1 ZPO iVm § 113 Abs. 1 FamFG gilt das Verfahren als nicht rechtshängig geworden, wenn der Antrag zurückgenommen wird. Eine bereits ergangene, aber noch nicht rechtskräftige Endentscheidung wird wirkungslos, was automatisch zum Erlöschen der darauf beruhenden Zahlungspflicht führt. Unerheblich ist, ob das Gericht noch einen deklaratorischen Beschluss nach § 269 Abs. 4 S. 1 ZPO iVm § 113 Abs. 1 FamFG erlässt.[4] Andernfalls würde die Inanspruchnahme aufgrund der wirkungslosen Endentscheidung erfolgen, was zu solchen Unbilligkeiten führt, die § 25 gerade vermeiden will. Die Regelung des § 25 ist deshalb ihrem Sinn und Zweck nach auch auf die Antragsrücknahme anzuwenden, zumal diese auch keine Übereinkunft der Beteiligten über die Kosten darstellt, vor der die Staatskasse zu schützen wäre.[5]

8 **b) Ehesachen.** Es gilt § 269 ZPO iVm § 113 Abs. 1 FamFG (→ Rn 7). Die Wirkungen der Rücknahme erstrecken sich auf die Folgesachen, wenn sie nicht die Übertragung der elterlichen Sorge wegen Kindeswohlgefährdung betreffen oder ein Beteiligter die Fortführung beantragt hat (§ 141 S. 1 FamFG). Die Kostenfolge des § 150 Abs. 2 FamFG, wonach der Antragsteller bei Antragsrücknahme die Kosten trägt, tritt kraft Gesetzes ein, auch wenn kein deklaratorischer Beschluss mehr ergeht.

9 **c) FG-Familiensachen.** In FG-Familiensachen kann Antragsrücknahme bis zur Rechtskraft der Endentscheidung erfolgen (§ 22 Abs. 1 S. 1 FamFG). Eine bereits ergangene, aber noch nicht rechtskräftige Endentscheidung wird wirkungslos (§ 22 Abs. 2 S. 1 FamFG), ohne dass es einer ausdrücklichen Aufhebung bedarf, so dass die Entscheidungshaftung automatisch erlischt. Da jedoch die Antragsrücknahme in FG-Familiensachen keine zwingende Kostenfolge auslöst,[6] weil das Gericht auch hier nach § 81 FamFG entscheiden muss (§ 83 Abs. 1 FamFG), können Kosten vom Antragsteller ohne Weiteres nur im Rahmen einer Haftung nach § 21 eingezogen werden.

10 **3. Erledigung der Hauptsache.** Durch Erledigung der Hauptsache endet die Rechtshängigkeit; eine zuvor ergangene, aber noch nicht rechtskräftige Entscheidung wird wirkungslos.[7] Sie kann nicht mehr Grundlage für eine Haftung nach § 24 Nr. 1 sein. Wird Erledigung der Hauptsache erst in der Rechtsmittelinstanz erklärt, wird die erstinstanzliche Kostenentscheidung gleichfalls unwirksam, so dass § 25 anzuwenden ist.[8]

11 **4. Vergleich. a) Keine Entscheidung iSd § 25.** Einem Vergleich kommt nicht dieselbe Bedeutung wie einer gerichtlichen Entscheidung zu, so dass er nicht zum Erlöschen der Entscheidungshaftung führt.[9] Die Staatskasse soll durch Ausfälle geschützt werden, die entstehen können, wenn ein VKH-Beteiligter entgegen der Verfahrenslage Kosten übernimmt. War bereits eine gerichtliche Entscheidung vor Vergleichsabschluss ergangen, besteht die daraus resultierende Haftung nach § 24 Nr. 1 fort. Sie wird auch dann nicht beseitigt, wenn der Vergleich in einer höheren Instanz geschlossen war.[10] Es tritt lediglich ein weiterer Schuldner nach § 24 Nr. 2 hinzu. Etwas anderes gilt aber, wenn VKH bewilligt ist (→ Rn 16 ff).

12 Unerheblich ist, ob ein gerichtlicher oder außergerichtlicher Vergleich vorliegt. Auch ein nach § 278 Abs. 6 ZPO iVm § 36 Abs. 3, § 113 Abs. 1 FamFG zustande gekommener Vergleich ist keine gerichtliche Entscheidung iSd § 25. Gleiches gilt für die in einer Scheidungsvereinbarung getroffene Vereinbarung, dass mit dem Vergleich alle gegenseitigen Ansprüche abgegolten sind, so dass auch diese Vereinbarung keine gerichtliche Entscheidung iSd § 25 darstellt.[11]

13 **Beispiel:** In einer Familienstreitsache A gegen B ergeht Endentscheidung. Die Kosten des Verfahrens werden B auferlegt. Noch nicht beglichene Gerichtskosten sind von B einzuziehen, A bleibt Zweitschuldner.

In der Beschwerdeinstanz schließen A und B einen Vergleich, die Kosten werden gegeneinander aufgehoben. Die Kostenrechnung der ersten Instanz ist nicht zu ändern, da die Zahlungspflicht nicht erloschen ist. B haftet der Staatskasse gegenüber weiter nach § 24 Nr. 1.

14 **b) Kostenfestsetzung.** § 25 betrifft nur die **Haftung gegenüber der Staatskasse**, nicht das Verhältnis zwischen den Beteiligten untereinander.[12] Bei der Kostenfestsetzung sind gezahlte Gerichtskosten deshalb allein nach dem materiellen Kostenerstattungsanspruch des Vergleichs auszugleichen. Wird in höherer Instanz ein von der erstinstanzlichen Endentscheidung abweichender Vergleich geschlossen, kann der in erster Instanz unterlegene Beteiligte wegen § 91 Abs. 4 ZPO Festsetzung der Kosten verlangen, da die Staatskasse aufgrund der nicht rechtskräftig gewordenen erstinstanzlichen Endentscheidung an den Gegner gezahlt hat.

4 *Oestreich/Hellstab/Trenkle*, GKG § 30 Rn 3; *Zöller/Vollkommer/Herget*, ZPO, Vor § 91 Rn 4; aA HK-FamGKG/*Volpert*, § 25 Rn 12; *Meyer*, GKG § 30 Rn 5. **5** OLG Düsseldorf Rpfleger 1974, 234. **6** MüKo-FamFG/*Pabst*, § 22 Rn 11. **7** BGH NJW-RR 2006, 929; OLG Hamm MDR 1985, 591; OLG Frankfurt MDR 1989, 459; HK-ZPO/*Gierl*, § 269 ZPO Rn 34. **8** *Oestreich/Hellstab/Trenkle*, GKG § 30 Rn 3. **9** BGH NJW-RR 2001, 285; OLG Naumburg JurBüro 2008, 325; OLG Nürnberg MDR 2004, 417; OLG Karlsruhe NJW-RR 2001, 212; OLG Dresden OLG-NL 2001, 168; OLG Oldenburg NdsRpfl 1989, 295. **10** OLG Braunschweig OLGR 1999, 184; OLG Oldenburg NdsRpfl 1989, 295; LG Osnabrück JurBüro 1993, 483. **11** KG MDR 1976, 318. **12** LAG Hamm 29.11.2000 – 16 Sa 22/00, juris.

Eine Rückfestsetzung unterbleibt aber, wenn die Kosten von der Landeskasse nach S. 2 zurückzuerstatten sind.[13]

Beispiel: Familienstreitsache A gegen B. A leistet Vorauszahlung (§ 14 Abs. 1) iHv 300 €. In erster Instanz ergeht **15** Endentscheidung, die Kosten trägt B allein. In der Schlusskostenrechnung werden die Zahlungen des A in voller Höhe auf die Kosten des B verrechnet.

In der zweiten Instanz schließen A und B einen Vergleich, die Kosten werden gegeneinander aufgehoben.

Der Staatskasse gegenüber haftet B weiterhin für 300 € nach § 24 Nr. 1; § 25 greift nicht. Im Innenverhältnis von A und B ist jedoch die Kostenregelung des Vergleichs maßgeblich, so dass A und B die Gerichtskosten je zur Hälfte tragen. Es sind somit tatsächlich nur 150 € der von A geleisteten Vorauszahlung zu verrechnen, so dass nur in dieser Höhe ein Erstattungsanspruch besteht, der bei der Kostenfestsetzung zu berücksichtigen ist.

c) Verfahrenskostenhilfe. Die Regelungen der §§ 114 ff ZPO iVm § 76 Abs. 1, § 113 Abs. 1 FamFG gehen **16** dem § 25 als leges speciales vor.[14] Ist dem Kostenschuldner VKH bewilligt, können Gerichtskosten wegen § 125 Abs. 1 ZPO vom Gegner des VKH-Beteiligten erst eingezogen werden, wenn die Kostenentscheidung rechtskräftig geworden ist. Tritt Rechtskraft nicht ein, weil in höherer Instanz ein Vergleich geschlossen wird, besteht für die Staatskasse wegen § 125 Abs. 1 ZPO keine Grundlage mehr für eine Inanspruchnahme des Schuldners nach § 24 Nr. 1. Sie kann nur noch den Übernahmeschuldner (§ 24 Nr. 2) in Anspruch nehmen, so dass es entgegen § 25 ausnahmsweise auf die Kostenregelung im Vergleich ankommt.[15]

Unerheblich ist, ob die VKH-Bewilligung mit oder ohne Anordnung von Zahlungsbestimmungen erfolgt, **17** da § 125 Abs. 1 ZPO insoweit nicht differenziert.

Im Übrigen kann auch nicht auf § 125 Abs. 2 ZPO abgestellt werden, wenn es sich bei den von § 24 Nr. 1 **18** umfassten Kosten nicht um solche handelt, von deren Zahlung der Gegner nach § 122 Abs. 2 ZPO einstweilen befreit war.[16]

Beispiel: Antrag A gegen B. Dem A wird VKH bewilligt. Es ergeht Endentscheidung, B trägt die Kosten. Es wird **19** Beschwerde eingelegt. In höherer Instanz schließen die Beteiligten einen Vergleich. Die Kosten werden gegeneinander aufgehoben.

Für den erstinstanzlichen Kosteneinzug ist allein die im Vergleich enthaltene Kostenregelung maßgeblich. Die erstinstanzliche Kostenentscheidung kann nicht Grundlage für den Kosteneinzug sein, weil diese wegen § 125 Abs. 1 ZPO in Rechtskraft erwachsen sein muss. Rechtskraft ist aber wegen des eingelegten Rechtsmittels und Vergleichsabschlusses nicht eingetreten. Die Gerichtskosten der ersten Instanz sind von B zu 1/2 einzuziehen.

III. Wirkungen der Aufhebung oder Abänderung

1. Allgemeines. Mit der Aufhebung oder Abänderung erlischt die Haftung des bisherigen Entscheidungs- **20** schuldners, so dass die Staatskasse ihn nicht mehr in Anspruch nehmen darf. Ist an seine Stelle ein neuer Entscheidungsschuldner getreten, ist zunächst dieser für die noch nicht gezahlten Kosten in Anspruch zu nehmen, auch dann, wenn der bisherige Entscheidungsschuldner noch aufgrund §§ 16, 17, 21 für die Kosten haftet (§ 26 Abs. 2).

2. Zeitpunkt. Die Wirkung tritt bereits mit Erlass der Änderungs- oder Aufhebungsentscheidung ein. Sie **21** muss lediglich verkündet oder bekannt gemacht sein. Bei nicht verkündeten oder nicht mündlich bekannt gemachten Entscheidungen ist somit auf den Zeitpunkt der Weiterleitung durch die Geschäftsstelle zum Zwecke der Zustellung abzustellen.[17] Auf den Eintritt der Rechtskraft kommt es nicht an.

3. Berichtigung des Kostenansatzes. Nach Erlass der Änderungs- oder Aufhebungsentscheidung sind die **22** Akten dem Kostenbeamten vorzulegen, der den Kostenansatz von Amts wegen berichtigen muss (§ 28 Abs. 1 KostVfg). Eine Vorlage an den Kostenbeamten hat wegen § 3 Abs. 1 S. 2 Nr. 5 KostVfg immer zu erfolgen, wenn die Akten vom Rechtsmittelgericht zurückkommen.

IV. Rückzahlung von Kosten (S. 2)

Ist die Haftung nach S. 1 erloschen, hat die Staatskasse bereits gezahlte Kosten zurückzuzahlen, wenn die **23** Haftung nur auf der abgeänderten oder aufgehobenen Entscheidung beruhte. Soweit der vormalige Entscheidungsschuldner aber noch aufgrund einer anderen Regelung haftet (zB §§ 16, 17, 21, 23), besteht in diesem Umfang kein Rückzahlungsanspruch.

Der Rückzahlungsanspruch steht nur dem bisherigen Kostenschuldner oder einem Rechtsnachfolger zu, **24** nicht aber der Rechtsschutzversicherung, da diese grds. nicht Kostenschuldner wird und ihr kein eigenes

---

13 LAG Düsseldorf JurBüro 1992, 470. **14** OLG Brandenburg FamRZ 2011, 1323. **15** OLG Nürnberg NJW 1960, 636; OLG Braunschweig OLGR 2001, 46; OLG Brandenburg AGS 2008, 616. **16** OLG Koblenz FamRZ 2014, 1798; OLG Brandenburg AGS 2008, 616. **17** *Oestreich/Hellstab/Trenkle*, GKG § 30 Rn 2.

Rückzahlungsrecht zusteht,[18] was auch für Rückzahlungen nach S. 2 gilt.[19] Die Verweigerung der Rückzahlung ist mit der Erinnerung nach § 57 anzugreifen.

25 **Beispiel 1:** Familienstreitsache A gegen B. Dem A wird VKH bewilligt, Vorschüsse und sonstige Zahlungen werden nicht geleistet. In der ersten Instanz ergeht Endentscheidung, die Kosten des Verfahrens trägt B. Die Gerichtskosten betragen 500 €, sie werden von B nach Sollstellung gezahlt. In zweiter Instanz ergeht Beschluss, danach trägt A die Kosten des gesamten Rechtsstreits.

Die Kostenrechnung der ersten Instanz ist zu berichtigen. B erhält die gezahlten 500 € vollständig zurück, da seine Haftung ausschließlich auf der aufgehobenen Entscheidung beruht.

26 **Beispiel 2:** Familienstreitsache A gegen B. Dem A steht Gebührenfreiheit zu, Vorschüsse werden nicht geleistet. B beantragt die Vernehmung eines Zeugen und zahlt hierfür einen Vorschuss iHv 100 €. Der Zeuge erhält eine Entschädigung von 100 €. In der ersten Instanz ergeht Endentscheidung. B trägt die Kosten des Verfahrens. Die Gerichtskosten betragen 600 € (Gebühren: 500 €; Zeugenentschädigung: 100 €). Nach Verrechnung des eingezahlten Auslagenvorschusses von B (A genießt nur Gebührenfreiheit!) verbleibt eine Kostenschuld iHv 500 €, die von B nach Sollstellung gezahlt wird. In der zweiten Instanz ergeht Beschluss, danach trägt A die Kosten des gesamten Rechtsstreits.

Die Kostenrechnung der ersten Instanz ist zu berichtigen. B erhält nur 500 € seiner gezahlten 600 € zurück. Seine Haftung beruht nur wegen 500 € allein auf der aufgehobenen Entscheidung. Für die weiteren 100 € wegen der von ihm beantragten Zeugenvernehmung haftet B auch nach §§ 16, 17, so dass hier kein Rückzahlungsanspruch besteht. Insoweit greift auch § 2 Abs. 3 S. 2 nicht ein, weil A nur Gebührenfreiheit zusteht und somit für die Auslagen zahlungspflichtig ist.

§ 26 Mehrere Kostenschuldner

(1) Mehrere Kostenschuldner haften als Gesamtschuldner.

(2) [1]Soweit ein Kostenschuldner aufgrund von § 24 Nr. 1 oder Nr. 2 (Erstschuldner) haftet, soll die Haftung eines anderen Kostenschuldners nur geltend gemacht werden, wenn eine Zwangsvollstreckung in das bewegliche Vermögen des ersteren erfolglos geblieben ist oder aussichtslos erscheint. [2]Zahlungen des Erstschuldners mindern seine Haftung aufgrund anderer Vorschriften dieses Gesetzes auch dann in voller Höhe, wenn sich seine Haftung nur auf einen Teilbetrag bezieht.

(3) [1]Soweit einem Kostenschuldner, der aufgrund von § 24 Nr. 1 haftet (Entscheidungsschuldner), Verfahrenskostenhilfe bewilligt worden ist, darf die Haftung eines anderen Kostenschuldners nicht geltend gemacht werden; von diesem bereits erhobene Kosten sind zurückzuzahlen, soweit es sich nicht um eine Zahlung nach § 13 Abs. 1 und 3 des Justizvergütungs- und -entschädigungsgesetzes handelt und die Partei, der die Verfahrenskostenhilfe bewilligt worden ist, der besonderen Vergütung zugestimmt hat. [2]Die Haftung eines anderen Kostenschuldners darf auch nicht geltend gemacht werden, soweit dem Entscheidungsschuldner ein Betrag für die Reise zum Ort einer Verhandlung, Anhörung oder Untersuchung und für die Rückreise gewährt worden ist.

(4) Absatz 3 ist entsprechend anzuwenden, soweit der Kostenschuldner aufgrund des § 24 Nummer 2 haftet, wenn

1. der Kostenschuldner die Kosten in einem vor Gericht abgeschlossenen Vergleich, gegenüber dem Gericht angenommen oder in einem gerichtlich gebilligten Vergleich übernommen hat,
2. der Vergleich einschließlich der Verteilung der Kosten, bei einem gerichtlich gebilligten Vergleich allein die Verteilung der Kosten, von dem Gericht vorgeschlagen worden ist und
3. das Gericht in seinem Vergleichsvorschlag ausdrücklich festgestellt hat, dass die Kostenregelung der sonst zu erwartenden Kostenentscheidung entspricht.

---

18 OLG Düsseldorf MDR 1983, 321. **19** OLG Stuttgart Rpfleger 1985, 169.

I. Allgemeines

Die Regelung bestimmt das Verhältnis, wenn mehrere Schuldner für dieselben Gerichtskosten haften. **1**
Abs. 1 ordnet gesamtschuldnerische Haftung an, jedoch schränkt Abs. 2 das Ermessen der Staatskasse bei
der Reihenfolge der Inanspruchnahme ein. Abs. 3 und 4 regeln die Sonderfälle der VKH-Bewilligung und
den Ansatz von Auslagen nach Nr. 2007 KV.

II. Gesamtschuldnerische Haftung (Abs. 1)

1. Anwendungsbereich. Mehrere Kostenschuldner haften als Gesamtschuldner (Abs. 1). Eine solche Haf- **2**
tung tritt ein, wenn mehrere Beteiligte aufgrund verschiedener oder derselben Regelung für denselben Kostenbetrag haften; bei Streitgenossen in Familienstreitsachen ist jedoch § 27 zu beachten.

Sind Kosten nach Quoten verteilt, besteht eine gesamtschuldnerische Haftung nur soweit, wie die Beteilig- **3**
ten danach für denselben Kostenbetrag zusammen haften. Haftet etwa der Antragsteller für sämtliche Kosten (§ 21), der Antragsgegner aufgrund der Entscheidung nur für 1/4 der Kosten, besteht auch eine gesamtschuldnerische Haftung nur für 1/4 der Kosten.

Gesamtschuldnerschaft nach Abs. 1 liegt insb. vor im Verhältnis zwischen **4**

- Antragsschuldner und Entscheidungs- oder Übernahmeschuldner (§§ 21, 24 Nr. 1, 2);
- Antragsschuldner und Veranlassungsschuldner (§ 16 Abs. 1);
- beiden Antragstellern, wenn Antrag und Widerantrag denselben Gegenstand betreffen[1] oder wenn bei
  wechselseitigen Rechtsmitteln Gegenstandsgleichheit besteht;[2]
- beiden Beteiligten, wenn im Mahn- oder vereinfachten Unterhaltsverfahren von beiden das streitige
  Verfahren beantragt wird;
- Vorschusspflichtigem nach § 16 und hinzugetretenem Schuldner nach § 24 Nr. 1, 2;
- Antragsschuldner und Vollstreckungsschuldner (§ 24 Nr. 4).[3]

Für die **Vergleichsgebühr** (Nr. 1500 KV) haften alle am Vergleichsabschluss Beteiligten gesamtschuldnerisch **5**
(§ 21 Abs. 2). Haben mehrere Beteiligte im Fall des § 13 Abs. 6 JVEG der **erhöhten Vergütung** zugestimmt,
haften sie hierfür als Gesamtschuldner und lediglich im Innenverhältnis nach Kopfteilen (§ 13 Abs. 6 S. 1
JVEG).

2. Instanzengleichheit. Gesamtschuldnerische Haftung nach Abs. 1 tritt nur ein, wenn derselbe Kosten- **6**
rechtszug iSd § 29 betroffen ist, also nicht, wenn es sich um Kosten erster und zweiter Instanz handelt.

3. BGB-Regelungen. Es gelten die §§ 421 ff BGB, jedoch wird § 421 S. 1 BGB durch Abs. 2 und § 8 **7**
KostVfg eingeschränkt (→ Rn 9 ff). Gesamtschuldner bleiben bis zur Zahlung der gesamten Kostenschuld
zur Bewirkung der ganzen Leistung verpflichtet (§ 421 S. 2 BGB). Soweit die Kosten durch einen Gesamtschuldner gezahlt werden, wirkt die Erfüllung auch gegen die anderen Schuldner (§ 422 Abs. 1 S. 1 BGB).
Ein zwischen der Staatskasse und einem Gesamtschuldner vereinbarter Erlass wirkt jedoch nur dann für die
übrigen Gesamtschuldner, wenn die Vertragsschließenden das ganze Schuldverhältnis aufheben wollten
(§ 423 BGB).

Im Innenverhältnis sind die Schuldner zu gleichen Teilen verpflichtet (§ 426 Abs. 1 S. 1 BGB). Zahlt einer **8**
der Gesamtschuldner die Kosten ganz oder über seinen zu zahlenden Anteil hinaus, kann er von den übrigen Gesamtschuldnern Ausgleich verlangen (§ 426 Abs. 2 BGB).

4. Inanspruchnahme. Die Regelung des § 421 S. 1 BGB, wonach die Staatskasse nach ihrem Belieben von **9**
jedem Schuldner die Kosten ganz oder zu einem Teil fordern kann, wird durch Abs. 2 und § 8 Abs. 4
KostVfg verdrängt. **Abs. 2** regelt dabei das Verhältnis zwischen Erst- und Zweitschuldner (→ Rn 14 ff),

---

1 OLG Hamm JurBüro 1970, 422. **2** OLG München JurBüro 1975, 1230. **3** *Meyer*, GKG § 31 Rn 4.

während in allen anderen Fällen der gesamtschuldnerischen Haftung der Kostenbeamte nach pflichtgemäßem Ermessen entscheidet, ob die Kosten von einem Kostenschuldner ganz oder von mehreren nach Kopfteilen angefordert werden (§ 7 Abs. 2, § 8 Abs. 4 S. 1 KostVfg). Eine solche Anordnung lässt das Innenverhältnis unberührt.[4] Bei der Prüfung durch den Kostenbeamten, ob eine Inanspruchnahme nach Kopfteilen erfolgt, ist wegen § 8 Abs. 4 S. 2 Nr. 5 KostVfg auch zu berücksichtigen, ob einer der Gesamtschuldner zur Zahlung überhaupt nicht oder nur in Teilbeträgen in der Lage ist. In diesem Fall sind die gesamten Kosten zunächst nur von den Übrigen anzufordern. Hierfür genügt die Annahme der Zahlungsunfähigkeit.

10 Anders als § 8 Abs. 3 KostVfg aF gibt der jetzige § 8 Abs. 4 KostVfg keine zwingende **Reihefolge** der Inanspruchnahme bei **gesamtschuldnerischer Kostenhaftung** mehr vor. Der Kostenbeamte hat nach pflichtgemäßem Ermessen zu bestimmen, ob der Kostenbetrag von einem Kostenschuldner ganz oder von mehreren nach Kopfteilen angefordert werden soll. Dabei sind die in § 8 Abs. 4 S. 2 KostVfg genannten Kriterien zu berücksichtigen, so dass die Anforderung nach Kopfteilen in den dort genannten Fällen unterbleiben kann.

11 Es ist daher nach § 8 Abs. 4 S. 2 KostVfg insb. zu berücksichtigen:
- welcher Kostenschuldner die Kosten im Verhältnis zu den übrigen endgültig zu tragen hat,
- welcher Verwaltungsaufwand durch die Inanspruchnahme nach Kopfteilen entsteht,
- ob bei einer Verteilung nach Kopfteilen Kleinbeträge oder unter der Vollstreckungsgrenze liegende Beträge anzusetzen wären,
- ob die Kostenschuldner in Haushaltsgemeinschaft leben,
- ob anzunehmen ist, dass einer der Gesamtschuldner nicht zur Zahlung oder nur zu Teilzahlungen in der Lage ist.

12 Erfolgt die Inanspruchnahme nach Kopfteilen, ordnet § 24 Abs. 2 S. 2 KostVfg an, dass in der Kostenrechnung ein eindeutiger **Vorbehalt** über die Möglichkeit einer weiteren Inanspruchnahme aufzunehmen ist. Der Vorbehalt muss, da es einer Außenwirkung bedarf, auch in die Reinschrift (Sollstellung, Kostenrechnung ohne Sollstellung) aufgenommen werden.

13 **5. Rechtsbehelfe.** Jeder in Anspruch genommene Kostenschuldner kann mit der Erinnerung (§ 57) einwenden, dass das Ermessen des § 8 Abs. 4 KostVfg nicht richtig ausgeübt wurde.[5] Da das Aufstellen verwaltungsinterner Vorschriften und ihre ständige Befolgung eine **Selbstbindung der Behörde** bewirken, die ihr Ermessen einschränkt und sie nach dem Gleichheitsgrundsatz (Art. 3 Abs. 1 GG) verpflichten, im Einzelfall diese Vorschriften zu befolgen und bei der geübten Praxis zu bleiben, stellt das Abweichen von § 8 Abs. 4 KostVfg einen **Ermessensfehler** dar, der die Verfügung rechtswidrig machen kann.[6] Der Kostenansatz ist aber nur dann als rechtswidrig abzuändern bzw aufzuheben, wenn die gesetzlichen Grenzen des Ermessens überschritten sind oder aber von dem Ermessen in einer den Zwecken der Ermächtigung nicht entsprechenden Weise Gebrauch gemacht wurde.[7] Aus diesem Grunde ist in der Urschrift der Kostenrechnung kurz anzugeben, wie die einzelnen Gesamtschuldner zunächst in Anspruch genommen werden, und die Gründe hierfür (§ 24 Abs. 2 S. 2, 3 KostVfg).

III. Erst- und Zweitschuldner (Abs. 2)

14 **1. Allgemeines.** Erstschuldner sind nach der abschließenden Regelung des Abs. 2 S. 1 nur Entscheidungs- und Übernahmeschuldner (§ 24 Nr. 1, 2). Im Verhältnis zu diesen Schuldnern haften alle übrigen Schuldner (zB nach §§ 16, 17, 21) für denselben Kostenbetrag als Zweitschuldner. Auch Schuldner nach § 24 Nr. 3, 4 können über den Wortlaut des Abs. 2 hinaus Zweitschuldner sein.[8] Erst- und Zweitschuldner sind in der Urschrift der Kostenrechnung als solche zu bezeichnen (§ 24 Abs. 2 S. 4 KostVfg).

15 **2. Reihenfolge der Inanspruchnahme.** Obwohl Erst- und Zweitschuldner nach Abs. 1 als Gesamtschuldner haften, schränkt Abs. 2 den Ermessensspielraum der Staatskasse bei der Inanspruchnahme (§ 421 S. 1 BGB; → Rn 9 f) ein. Abs. 2 S. 1, § 8 Abs. 1 S. 1 KostVfg, die zwingend zu beachten sind, ordnen an, dass zunächst der Erstschuldner in Anspruch zu nehmen ist, der Zweitschuldner dagegen erst, wenn die Voraussetzungen des Abs. 2 S. 1 Hs 2 vorliegen. Sind mehrere Erst- oder Zweitschuldner vorhanden, gilt für sie untereinander Abs. 2 nicht. Da aber auch sie wegen Abs. 1 und ggf § 27 gesamtschuldnerisch haften, gilt für die Inanspruchnahme mehrerer Erstschuldner die Regelung des § 8 Abs. 4 KostVfg.

16 **3. Nicht gezahlte Kosten.** Abs. 2 verschafft dem Zweitschuldner keinen Rückzahlungsanspruch, weil sich die Reihenfolge nur auf die Inanspruchnahme für **noch nicht gezahlte** Gerichtskosten bezieht.[9] Sind die Kosten vom Zweitschuldner bereits gezahlt (zB §§ 14, 16, 17 oder § 379 ZPO), werden diese nicht zurückgezahlt, sondern auf die **Kostenschuld des Erstschuldners** verrechnet, wenn kein Fall der Abs. 3, 4 oder des

4 OLG Düsseldorf JurBüro 2004, 605. **5** OLG Koblenz Rpfleger 1988, 384; OLG Hamm 18.1.2007 – 3 W 154/06, juris. **6** OLG Koblenz Rpfleger 1988, 384; KG MDR 2002, 1276. **7** OLG Frankfurt JurBüro 1982, 585. **8** HK-FamGKG/*Volpert*, § 26 Rn 36. **9** BGH MDR 1989, 903; OLG Koblenz Rpfleger 1980, 444; OLG Düsseldorf JMBl NW 1996, 262.

§ 2 Abs. 3 vorliegt. Soweit Kostenverrechnung erfolgt, können die vom Zweitschuldner geleisteten und auf die Kostenschuld des Erstschuldners verrechneten Kosten im Kostenfestsetzungsverfahren gegen den Erstschuldner geltend gemacht werden.

Abs. 2 findet auch Anwendung, wenn Vorschüsse oder Vorauszahlungen vom Zweitschuldner mit Sollstel- **17** lung angefordert waren. Tritt später ein Erstschuldner hinzu, hat der Kostenbeamte zu prüfen, ob die Sollstellung gegen den Zweitschuldner bereits gezahlt ist (§ 30 Abs. 1 KostVfg). Ist sie noch offen, muss die Sollstellung gelöscht werden, wenn nicht anzunehmen ist, dass der Erstschuldner zahlungsunfähig ist. War aber bereits Zahlung erfolgt, ist wieder auf die Kostenschuld des Erstschuldners zu verrechnen.

Beispiel 1 (Zahlung von Vorschüssen): In dem Verfahren A gegen B leistet A eine Vorauszahlung (§ 14) **18** iHv 267 €. Die Kosten des Verfahrens werden B auferlegt.

Für die Kosten haften A und B als Gesamtschuldner. B haftet nach § 24 Nr. 1 und ist Erstschuldner. A haftet gem. § 21 als Antrags- und Zweitschuldner. Da sich Abs. 2 nur auf noch nicht bezahlte Kosten bezieht, erfolgt keine Rückzahlung an A. Die durch ihn gezahlten Kosten sind auf die Kostenschuld des B zu verrechnen und können von A gegen B nur im Kostenfestsetzungsverfahren geltend gemacht werden.

Beispiel 2 (Sollstellung): In dem Verfahren A gegen B legt B Beschwerde (§ 58 FamFG) ein. Die Gebühren **19** iHv 388 € werden von B mit Sollstellung angefordert und gezahlt. Die Beschwerde ist erfolgreich, die Kosten werden A auferlegt.

Im Beschwerdeverfahren ist A Entscheidungs- und Erstschuldner. B ist Zweitschuldner. War die Sollstellung bereits gezahlt, ist die Zahlung auf die Kostenschuld des A zu verrechnen. Ist noch keine Zahlung erfolgt, ist die Sollstellung in Höhe der Nichtzahlung zu löschen und A in Anspruch zu nehmen.

4. Inanspruchnahme des Zweitschuldners (Abs. 2 S. 1). a) Allgemeines. Der Zweitschuldner soll erst in An- **20** spruch genommen werden, wenn die Zwangsvollstreckung in das bewegliche Vermögen des Erstschuldners **erfolglos** geblieben ist oder **aussichtslos** erscheint (Abs. 2 S. 1). Auf unbewegliches Vermögen kommt es nicht an. Liegen diese Voraussetzungen einmal vor, können sie nicht mehr nachträglich entfallen. Deshalb kann der Zweitschuldner nach erfolglosen Vollstreckungsversuchen nicht einwenden, dass sich die Vermögensverhältnisse des Erstschuldners gebessert hätten. Der Zweitschuldner kann auch noch herangezogen werden, wenn vom Erstschuldner geleistete Kosten irrtümlich an diesen zurückgezahlt worden sind[10] oder der Zweitschuldner bereits einen Prozesskostenvorschuss an den Entscheidungsschuldner geleistet hat.[11]

b) Prüfung. Die Voraussetzungen des Abs. 2 S. 1 hat der Kostenbeamte zu prüfen. Wird der Zweitschuld- **21** ner vor dem Erstschuldner in Anspruch genommen, sind die Gründe in der Kostenrechnung kurz anzugeben (§ 24 Abs. 2 S. 5 KostVfg).

Zuständig für die Beantwortung der Zweitschuldneranfrage ist der Kostenbeamte des ersten Rechtszugs, je- **22** doch bei Kosten eines höheren Rechtszugs der Kostenbeamte dieses Gerichts, falls eine Zweitschuldnerhaftung besteht (§ 27 Abs. 2 S. 2 KostVfg), andernfalls verbleibt es bei der Zuständigkeit des Beamten des ersten Rechtszugs. Auch die Rücksendung der Zweitschuldneranfrage und das mitgeteilte Ergebnis sind auf der Urschrift der Kostenrechnung zu vermerken. Abweichend hiervon kann auch eine Kopie der Zweitschuldneranfrage, auf der das mitgeteilte Ergebnis vermerkt ist, zur Sachakte genommen werden (§ 27 Abs. 6 KostVfg).

c) Erfolglose Vollstreckungsversuche. Es kommt nur auf das **bewegliche Vermögen** des Erstschuldners an; **23** unbewegliches Vermögen bleibt unberücksichtigt.[12] Es kommen daher nur Maßnahmen nach §§ 802 a–863 ZPO in Betracht, so dass der Zweitschuldner nicht einwenden kann, dass eine Immobiliarvollstreckung möglich und auch erfolgreich wäre. Die Staatskasse braucht nur **einen** Vollstreckungsversuch gegen den Erstschuldner zu unternehmen, mehrere Versuche sind nicht erforderlich.[13]

Auch der Einwand, dass der Kostenansatz gegen den Erstschuldner so lange verzögert wurde, dass eine Bei- **24** treibung gegen diesen keinen Erfolg mehr verspricht, greift nicht.[14] Die Staatskasse ist aber nach Aufstellung des Kostenansatzes gehalten, unverzüglich gegen den Erstschuldner vorzugehen und dabei die Vollstreckung spätestens vor Ablauf eines Jahres einzuleiten und diese unverzüglich und effektiv zu betreiben.[15]

d) Erfolglosigkeit der Vollstreckung. aa) Allgemeines. Es genügt bereits die Aussichtslosigkeit einer Vollstre- **25** ckung. Sie muss nicht endgültig feststehen, sondern es ist ausreichend, dass die Vollstreckung mit einer gewissen Wahrscheinlichkeit erfolglos bleiben wird.[16] Die Vermutung genügt. Gleiches gilt, wenn die Aussichtslosigkeit offenkundig ist oder der Gerichtsvollzieher bereits in früheren Verfahren die Fruchtlosigkeit von Vollstreckungsversuchen mitgeteilt hat.

10 LG Frankenthal JurBüro 1993, 97. **11** OLG Celle NdsRpfl 1996, 157. **12** HK-FamGKG/*Volpert*, § 26 Rn 41. **13** OLG Saarbrücken OLGR 2001, 416. **14** KG KGR 2005, 27. **15** LG Stendal JurBüro 2005, 317. **16** HK-FamGKG/*Volpert*, § 26 Rn 43.

26 **bb) Vollstreckung im Ausland.** Die Vollstreckung ist nicht allein deshalb aussichtslos, weil sie im Ausland erfolgen müsste.[17] Obwohl § 8 Abs. 1 S. 2, 3 KostVfg in diesen Fällen von Aussichtslosigkeit ausgeht, kann sie gleichwohl nur angenommen werden, wenn eine Vollstreckung im Ausland erfahrungsgemäß lange Zeit dauern würde oder mit unverhältnismäßigen Kosten verbunden wäre.[18] Kostenrechnung und Mahnung sind daher zunächst an den ausländischen Erstschuldner zu übersenden, wenn dessen Anschrift ohne große Umstände ermittelt werden kann.[19] Das gilt auch, wenn im Ausland nicht vollstreckt werden kann.[20] Dem Schuldner ist eine angemessene Zahlungspflicht zu setzen.[21] Unerheblich sind verwaltungsinterne Anordnungen, nach denen die Vollstreckung im Ausland bei bestimmten Beträgen unterbleibt.[22]

27 **cc) Eidesstattliche Versicherung.** Wurde eine eidesstattliche Versicherung abgegeben, liegt Aussichtslosigkeit vor.[23] Die Abgabe einer Vermögensauskunft soll jedoch kein Indiz für die Aussichtslosigkeit mehr darstellen, weil eine fruchtlose Vollstreckungshandlung nicht mehr vorliegt,[24] es kommt daher auf die verzeichneten Vermögensgegenstände an.

28 **dd) Elektronische Mahnung.** Keine Aussichtslosigkeit liegt vor, wenn die Zahlung aufgrund einer E-Mail der Landeskasse unterbleibt, weil schon nicht zweifelsfrei geklärt werden kann, ob diese dem Schuldner überhaupt zugegangen ist.[25]

29 **ee) Erbausschlagung.** Teilt das Nachlassgericht mit, dass nur Erbausschlagungen vorliegen, kann der Zweitschuldner in Anspruch genommen werden.[26]

30 **ff) Insolvenz des Erstschuldners.** Die Voraussetzungen des Abs. 2 S. 1 liegen vor, wenn über das Vermögen des Erstschuldners das Insolvenzverfahren eröffnet ist.[27] Die Staatskasse braucht die offenen Gerichtskosten nicht als Forderung im Insolvenzverfahren anzumelden, sondern kann den Zweitschuldner in Anspruch nehmen,[28] wenn die Kosten zum Zeitpunkt der Eröffnung bereits fällig gewesen sind. Gerichtskosten sind aber Massekosten (§§ 53, 55 InsO), wenn das Verfahren nach § 240 ZPO vom Insolvenzverwalter aufgenommen wird.

31 **gg) Verfahrenskostenhilfe.** Die VKH-Bewilligung für den Erstschuldner lässt die Vollstreckung gegen ihn regelmäßig aussichtslos erscheinen, so dass ein Zweitschuldner herangezogen werden kann.[29] Jedoch ist die Inanspruchnahme nur zulässig, wenn Abs. 3, 4 nicht entgegenstehen (→ Rn 43 ff).

32 Ist VKH mit Zahlungsbestimmungen bewilligt, hat der Kostenbeamte zunächst zu prüfen, ob und inwieweit der VKH-Beteiligte als Zweitschuldner haftet. Besteht eine solche Haftung und liegen die Voraussetzungen des Abs. 2 S. 1 vor, ist die Gerichtskasse zu benachrichtigen und die Akten sind dem Rechtspfleger vorzulegen (Nr. 4.9 DB-PKH). Dieser hat die Kosten, für die die Zweitschuldnerhaftung besteht, in den Ratenplan aufzunehmen und ggf Wiederaufnahme der Ratenzahlung anzuordnen.[30] § 115 Abs. 1, § 120 a Abs. 1 S. 4 ZPO iVm § 76 Abs. 1, § 113 Abs. 1 FamFG sind zu beachten, so dass eine Wiederaufnahme nicht zulässig ist, wenn seit der rechtskräftigen oder sonstigen Beendigung des Verfahrens vier Jahre vergangen sind.

33 Hinsichtlich der Vergütung des beigeordneten Anwalts ist zu unterscheiden, ob dieser für den Gegner oder den VKH-Beteiligten selbst bestellt war. Die Inanspruchnahme als Zweitschuldner für die an den gegnerischen VKH-Anwalt gezahlte Vergütung ist nicht zulässig, da die nach § 59 RVG übergegangenen Ansprüche nicht von der Antragshaftung des § 21 erfasst sind, Kostenschuldner iSd Abs. 2 aber nur solche nach §§ 21 ff sind.[31] War der Anwalt hingegen dem VKH-Beteiligten, der als Zweitschuldner in Anspruch genommen werden soll, selbst beigeordnet, ist der nach § 59 RVG übergegangene Betrag im Rahmen der VKH-Zahlungen von diesem einzuziehen, wenn die Gerichtskasse mitteilt, dass ein Einzug nicht vom Erstschuldner erfolgen konnte.[32]

34 **Beispiel:** Antrag A gegen B. Dem A wird VKH mit Raten bewilligt und ein Anwalt beigeordnet. Es ergeht Endentscheidung. Die Kosten des Verfahrens trägt B. Der beigeordnete Anwalt erhält aus der Landeskasse eine Vergütung iHv 900 €, die Gerichtskosten betragen 400 €. Vorschüsse sind nicht gezahlt.

Von B werden Gerichtskosten und ein übergegangener Anspruch eingezogen. Später erfolgt eine Zweitschuldneranfrage, da gegen B ein Insolvenzverfahren eröffnet ist. Kosten sind bisher nicht gezahlt.

Nach Wiederaufnahme der Ratenzahlung sind von A die Gerichtskosten und die nach § 59 RVG übergegangenen Ansprüche als Zweitschuldner einzuziehen.

35 **hh) Sozialleistungen.** Werden Sozialleistungen bezogen, kann die Vollstreckung aussichtslos erscheinen.[33]

---

17 LG Hamburg IPRsp. 1985, 527. **18** OLG Naumburg OLGR 2003, 334; OLG Koblenz MDR 2005, 1079. **19** OLG Köln MDR 2005, 1079. **20** KG KGR 2005, 881. **21** OLG Düsseldorf JurBüro 1994, 111. **22** OLG Naumburg 13.8.2002 – 6 U 1986/97, juris. **23** OLG Saarbrücken OLGR 2001, 416. **24** HK-FamGKG/*Volpert*, § 26 Rn 44. **25** OLG Koblenz MDR 2005, 1079. **26** OLG Brandenburg FamRZ 2004, 384. **27** OLG Koblenz JurBüro 2006, 651. **28** OLG Düsseldorf JMBl NW 1996, 262. **29** LG Münster JurBüro 1991, 1507. **30** OLG Köln FamRZ 1986, 926; OLG Brandenburg FamRZ 2004, 384. **31** OLG Oldenburg JurBüro 1987, 1834. **32** OLG Köln FamRZ 1986, 926; OLG Oldenburg JurBüro 1987, 1834. **33** OLG Düsseldorf OLGR 2002, 277.

ii) Unbekannter Aufenthalt. Ist der Aufenthaltsort des Erstschuldners unbekannt, ist regelmäßig Aussichts- 36
losigkeit anzunehmen. Der Gerichtskasse sind auch weitere Ermittlungen nicht zuzumuten, wenn die übersandte Zahlungsaufforderung zurückkommt, weil der Erstschuldner unter den jeweiligen Zustelladressen
nicht wohnhaft bzw ermittelbar ist und sich auch sonst keine sonstigen Anhaltspunkte für seinen tatsächlichen Aufenthaltsort ergeben.[34]

5. Ermittlung der Zweitschuldnerhaftung. Die Haftung des Zweitschuldners ermittelt sich wie folgt: 37
Antragshaftung

> abzgl. Entscheidungshaftung

> abzgl. bereits angerechneter Vorschüsse/Vorauszahlungen

ergibt die Resthaftung (Zweitschuldnerhaftung).

Hat der Zweitschuldner **bereits Zahlungen geleistet**, wird er in dieser Höhe von der Haftung aufgrund an- 38
derer Vorschriften befreit. Das gilt wegen Abs. 2 S. 2 auch dann, wenn sich seine Haftung nur auf einen
Teilbetrag bezieht.

Beispiel: Antrag A gegen B (Wert: 3.500 €). A benennt den Zeugen C, durch B wird Zeuge D benannt. A leistet 39
eine Vorauszahlung iHv 381 € (Nr. 1220 KV). Für den Zeugen C zahlt A einen Vorschuss iHv 50 €. Für den Zeugen D zahlt B einen Vorschuss iHv 70 €. Es ergeht Endentscheidung, die Kosten trägt A.

Entstanden sind folgende Kosten:

3,0-Gebühr, Nr. 1220 KV (Wert: 3.500 €)	381,00 €
Zeugenentschädigung für C, Nr. 2005 KV	75,00 €
Zeugenentschädigung für D, Nr. 2005 KV	100,00 €

Die Zweitschuldnerhaftung des B errechnet sich wie folgt:

Antragshaftung	100,00 €	(§§ 16, 17 für Zeugen D)
abzgl. Entscheidungshaftung	0,00 €	(die Kosten sind allein A auferlegt)
abzgl. geleisteter Zahlungen	− 70,00 €	(Vorschuss für Zeugen D)

Es verbleiben 30 € Resthaftung, die der Zweitschuldnerhaftung des B entspricht.

6. Rechtsbehelfe. Gegen die Inanspruchnahme kann sich der Zweitschuldner mit der Erinnerung oder Be- 40
schwerde (§ 57) wehren, § 30 a EGGVG gilt nicht.[35] Er kann insb. einwenden, dass die Voraussetzungen
des Abs. 2 nicht vorliegen oder dass seine Haftung wegen geleisteter Zahlungen erloschen ist.

Soweit noch nicht geschehen, muss der Kostenbeamte im Erinnerungsverfahren auch die Gründe für die In- 41
anspruchnahme offenlegen.

Sind Auslagenvorschüsse (§ 16 bzw § 379 ZPO) gezahlt, ist zu beachten, dass diese zunächst auf die Kosten 42
zu verrechnen sind, für die sie geleistet worden sind (→ § 16 Rn 43).

IV. Verfahrenskostenhilfe und Entscheidungshaftung (Abs. 3 S. 1)

1. Allgemeines. Die Haftung eines anderen Kostenschuldners darf nicht geltend gemacht werden, wenn 43
dem Erstschuldner VKH bewilligt ist (Abs. 3 S. 1). Gleiches gilt wegen Abs. 4 für bestimmte Fälle der Übernahmehaftung (→ Rn 52 ff). Die Regelung gilt für sämtliche Verfahren. Dabei ist unerheblich, ob VKH mit
oder ohne Zahlungsbestimmung bewilligt wird.[36] Die Regelung setzt eine BVerfG-Entscheidung[37] um und
soll sicherstellen, dass § 122 Abs. 1 ZPO nicht dadurch unterlaufen wird, dass sich ein bemittelter Beteiligter in den Fällen seines Obsiegens gezahlte Gerichtskosten gegen den armen Beteiligten nach §§ 103 ff ZPO
festsetzen lässt.

2. Entscheidungsschuldner. Abs. 3 S. 1 gilt nur, wenn ein Entscheidungsschuldner (§ 24 Nr. 1) haftet. Für 44
den Übernahmeschuldner (§ 24 Nr. 2) ist Abs. 4 zu beachten. Haften mehrere Entscheidungsschuldner gesamtschuldnerisch und ist nur einem von ihnen VKH bewilligt, steht Abs. 3 der Inanspruchnahme des bemittelten Erstschuldners nicht entgegen, so dass er auch als Zweitschuldner herangezogen werden kann.[38]

3. Rückzahlungspflicht (Abs. 3 S. 1 Hs 2). Die Regelung des Abs. 3 S. 1 Hs 2 ordnet die Rückzahlung der 45
durch den bemittelten Beteiligten gezahlten Gerichtskosten an, wenn dieser aufgrund der gerichtlichen Entscheidung nur noch als Zweitschuldner haftet. Eine Festsetzung von Gerichtskosten gegen den VKH-Beteiligten im Kostenfestsetzungsverfahren ist unstatthaft,[39] so dass sich der Bemittelte nur an die Staatskasse
halten kann.

Soweit die Voraussetzungen des Abs. 3 S. 1 vorliegen, umfasst die Rückzahlungspflicht der Staatskasse 46
sämtliche geleistete Vorschüsse, also auch solche nach §§ 16, 17 oder § 379 ZPO.[40]

---

[34] OLG Düsseldorf 29.1.2009 – 10 W 104/08, juris. [35] LG Stendal JurBüro 2005, 317 (zu Art. XI § 1 Abs. 2 KostÄndG
v. 26.7.1957, BGBl. I 861). [36] OLG Dresden MDR 2001, 1073; OLG Stuttgart 7.2.2011 – 8 WF 7/11, juris. [37] BVerfG NJW
1999, 3186. [38] OLG Düsseldorf FamRZ 2009, 1617. [39] OLG Naumburg JurBüro 2002, 149. [40] KG KGR 2001, 256.

47 **Beispiel:** Verfahren A gegen B. A leistet eine Vorauszahlung iHv 438 €. Dem B wird VKH bewilligt. Es ergeht Endentscheidung. Die Kosten des Verfahrens trägt B.

Die von A geleistete Vorauszahlung iHv 438 € ist aus der Staatskasse vollständig an A zurückzuerstatten. A ist zwar Antragsteller (§ 21) und folglich Zweitschuldner, jedoch verhindert Abs. 3 S. 1 dessen Inanspruchnahme und somit auch die Verrechnung seiner gezahlten Kosten auf B, weil diesem VKH bewilligt ist und er aufgrund der Kostenentscheidung als Entscheidungsschuldner (§ 24 Nr. 1) haftet.

48 **4. Keine Rückzahlungspflicht bei Zahlungen nach § 13 JVEG.** Keine Verpflichtung zur Rückzahlung besteht, wenn es sich um **Zahlungen nach § 13 Abs. 1 und 3 JVEG** handelt und der VKH-Beteiligte der besonderen Vergütung zugestimmt hat. Zurückzahlen sind die Beträge aber, wenn die Zustimmung anstelle des VKH-Beteiligten durch das Gericht erfolgt ist[41] oder nur die Zustimmung des Beteiligten vorliegt, dem keine VKH bewilligt war (§ 13 Abs. 2 JVEG).

49 **5. Teil-VKH.** Aus dem Wort „soweit" folgt, dass sich Abs. 3 S. 1 nicht auf solche Kosten bezieht, für die dem Entscheidungsschuldner keine VKH bewilligt ist. Für Kosten, die wegen nicht von der Bewilligung erfasster Verfahrensteile entstehen, kann ein Zweitschuldner herangezogen werden.

50 **Beispiel:** A gegen B wegen Zahlung von 8.000 €. A leistet eine Vorauszahlung iHv 609 €. Dem B wird später Teil-VKH wegen 4.000 € bewilligt. Es ergeht Endentscheidung, die Kosten des Verfahrens trägt B.

Es ist eine 3,0-Gebühr nach Nr. 1220 KV (Wert: 8.000 €) iHv 609 € entstanden. Nach der Differenzmethode sind von B 228 € einzuziehen (Differenz der 3,0-Gebühr Nr. 1220 KV aus den Werten von 8.000 € = 609 € und 4.000 € = 381 €).

Abs. 3 S. 1 und § 122 Abs. 1 ZPO erstrecken sich nicht auf diese Kosten, da dem B insoweit keine VKH bewilligt ist. Folglich kann A, der nach § 21 haftet, als Zweitschuldner hierfür in Anspruch genommen werden. Von der geleisteten Vorauszahlung des A sind folglich 228 € auf die Kostenschuld des B zu verrechnen. 381 € sind an A zurückzuerstatten.

51 **6. Aufhebung der VKH.** Die Aufhebung der VKH bewirkt, dass die Schutzwirkung des Abs. 3 entfällt.[42]

V. Verfahrenskostenhilfe und Übernahmehaftung (Abs. 4)

52 **1. Anwendung von Abs. 3.** Die Regelung des Abs. 3 ist entsprechend anzuwenden, wenn ein Übernahmeschuldner (§ 24 Nr. 2) für die Kosten haftet. Voraussetzung ist jedoch, dass

- der Kostenschuldner die Kosten in einem vor Gericht abgeschlossenen, gegenüber dem Gericht angenommenen oder in einem gerichtlich gebilligten Vergleich übernommen hat (**Nr. 1**),
- der Vergleich einschließlich der Verteilung der Kosten, bei einem gerichtlich gebilligten Vergleich allein die Verteilung der Kosten, von dem Gericht vorgeschlagen worden ist (**Nr. 2**) und
- das Gericht in seinem Vergleichsvorschlag ausdrücklich festgestellt hat, dass die Kostenregelung der sonst zu erwartenden Kostenentscheidung entspricht (**Nr. 3**).

53 Die in Abs. 4 genannten Voraussetzungen müssen **kumulativ** vorliegen.[43] Lediglich innerhalb der Nr. 1 liegen drei Varianten vor, weil Abs. 4 eingreift, wenn es sich um einen vor Gericht abgeschlossenen oder gegenüber dem Gericht angenommenen oder einen gerichtlich gebilligten Vergleich handelt. Es genügt daher, dass eine Variante der Nr. 1 vorliegt, zu der jedoch die weiteren Voraussetzungen der Nr. 2 und 3 stets hinzutreten müssen.

54 Dass die Voraussetzungen des Abs. 4 vorliegen, muss sich aus der Gerichtsakte ergeben. Es ist daher dort aktenkundig zu machen, dass der Vergleich vom Gericht vorgeschlagen worden ist (Nr. 2). Bei einem gerichtlich gebilligten Vergleich genügt, dass allein die Kostenverteilung vom Gericht vorgeschlagen wurde. Weiter muss sich aus der Gerichtsakte ergeben, dass das Gericht in seinem Vergleichsvorschlag ausdrücklich festgestellt hat, dass die in dem Vergleich getroffene Kostenregelung der sonst zu erwartenden Kostenentscheidung entspricht (Nr. 3). Die Feststellung muss bereits Teil des gerichtlichen Vergleichsvorschlags sein und kann nicht nachgeholt werden.[44] Wurde der Vergleich in der mündlichen Verhandlung aufgenommen, sind die entsprechenden Formulierungen in das Protokoll aufzunehmen. Das aufzunehmende Protokoll muss in Familiensachen wegen § 36 Abs. 2 S. 2, § 113 Abs. 1 FamFG den §§ 159 ff ZPO entsprechen. Ist eine vom Gericht getroffene Feststellung oder Billigung in das Protokoll nicht aufgenommen, kann daher auch die Berichtigung des Protokolls nach § 164 ZPO beantragt werden, mit der auch eine Unvollständigkeit vorgetragen werden kann.

55 **Beispiel 1:** In der mündlichen Verhandlung schlägt das Gericht den Abschluss eines Vergleichs vor. Dabei wird zugleich vorgeschlagen, die Kosten gegeneinander aufzuheben. Hierzu wird erklärt, dass diese Kostenregelung auch der zu treffenden gerichtlichen Kostenentscheidung entsprechen würde.

---

41 BT-Drucks 16/6308, S. 51. **42** LG Saarbrücken 20.7.2009 – 5 T 172/08, juris. **43** HK-FamGKG/*Volpert*, § 26 Rn 68. **44** OLG Bamberg FamRZ 2015, 525.

Die Beteiligten schließen daraufhin einen Vergleich und vereinbaren auch, dass die Kosten gegeneinander aufgehoben werden.

Die Voraussetzungen des Abs. 4 liegen vor.

Beispiel 2: In der mündlichen Verhandlung schlägt das Gericht den Abschluss eines Vergleichs vor. Dabei wird zugleich vorgeschlagen, die Kosten gegeneinander aufzuheben. Hierzu wird erklärt, dass diese Kostenregelung auch der zu treffenden gerichtlichen Kostenentscheidung entsprechen würde. **56**

Die Beteiligten schließen daraufhin einen Vergleich und vereinbaren, dass die Kosten der Antragsteller zu 2/3, der Antragsgegner zu 1/3 trägt.

Die Voraussetzungen des Abs. 4 liegen nicht vor, da die getroffene Kostenregelung von dem gerichtlichen Vergleichsvorschlag abweicht.

Liegen die Voraussetzungen des Abs. 4 vor, darf die Haftung eines anderen Kostenschuldners nicht geltend gemacht werden, wenn dem Übernahmeschuldner VKH bewilligt ist (Abs. 4 iVm Abs. 3 S. 1). Es ist auch bei Abs. 4 unerheblich, ob VKH mit oder ohne Zahlungsbestimmung bewilligt wird. Eine Festsetzung von Gerichtskosten im Kostenfestsetzungsverfahren ist unstatthaft. Es besteht vielmehr eine Rückzahlungspflicht nach Abs. 3 S. 1 Hs 2 iVm Abs. 4, wenn es sich nicht um Zahlungen nach § 13 Abs. 1, 3 JVEG handelt und der VKH-Beteiligte der besonderen Vergütung zugestimmt hat (→ Rn 48). **57**

Beispiel 1: Verfahren A gegen B. A leistet eine Vorauszahlung iHv 438 €. Dem B wird VKH bewilligt. A und B schließen vor Gericht einen Vergleich, die Kosten werden gegeneinander aufgehoben. Es liegt ein Fall des Abs. 4 Nr. 1 vor. Die Gerichtsgebühr beträgt 146 € (Nr. 1221 KV). **58**

Die von A geleistete Vorauszahlung von 438 € kann auf die eigene Kostenschuld des A verrechnet werden, die 73 € beträgt (146 € : 2). Im Übrigen hat die Rückzahlung aus der Staatskasse zu erfolgen. A haftet zwar wegen seiner Antragshaftung (§ 21) als Zweitschuldner, jedoch verhindert Abs. 4 iVm Abs. 3 S. 1 dessen Inanspruchnahme und somit auch die Verrechnung seiner gezahlten Kosten auf B.

Beispiel 2: Verfahren A gegen B. A leistet eine Vorauszahlung iHv 438 €. Dem B wird VKH bewilligt und ein Rechtsanwalt beigeordnet. A und B schließen vor Gericht einen Vergleich, die Kosten übernimmt B. Es liegt ein Fall des Abs. 4 Nr. 1 vor. Die Gerichtsgebühr beträgt 146 € (Nr. 1221 KV), der beigeordnete Anwalt erhält aus der Landeskasse eine Vergütung iHv 700 €. **59**

B haftet aufgrund seiner Übernahme der Staatskasse gegenüber für insgesamt 846 € (146 € Gebühr, 700 € nach § 59 RVG übergegangene Ansprüche). Ein Einzug der Kosten von ihm unterbleibt jedoch nach § 122 Abs. 1 ZPO. Als Zweitschuldner haftet A. Die Zweitschuldnerhaftung umfasst aber nur die Gebühr der Nr. 1221 KV iHv 146 €, nicht auch die nach § 59 RVG übergegangenen Ansprüche. Wegen der Regelung des Abs. 4 iVm Abs. 3 S. 1 kann jedoch A für seine Zweitschuldnerhafung nicht in Anspruch genommen werden, so dass die von A geleistete Vorauszahlung iHv 438 € in voller Höhe an A zurückzuzahlen ist.

Zur **Teil-VKH** → Rn 49 f. **60**

Mit der **Aufhebung der VKH** entfällt die Schutzwirkung des Abs. 4.[45] **61**

2. Keine Schutzwirkung. Liegt eine Übernahmehaftung vor und handelt es sich nicht um einen von Nr. 1–3 erfassten Vergleich, greift die Schutzwirkung der Abs. 3, 4 nicht ein. Ein Anspruch des bemittelten Beteiligten auf Rückzahlung geleisteter Vorschüsse besteht dann nicht.[46] Allerdings kann er die von ihm geleisteten Gerichtskosten gegen den VKH-Beteiligten im Kostenfestsetzungsverfahren nach §§ 103 ff ZPO festsetzen lassen, soweit dieser sie im Vergleich übernommen hat.[47] **62**

War der bemittelte Beteiligte vor Vergleichsabschluss bereits für nach § 59 RVG übergegangene Ansprüche in Anspruch genommen worden, hat die Staatskasse die Kosten zu erstatten, wenn die Inanspruchnahme über die vereinbarte Kostenquote hinausgeht.[48] **63**

Beispiel 1: Verfahren A gegen B. A leistet eine Vorauszahlung iHv 495 €. Dem B wird VKH bewilligt. Es wird ein Vergleich geschlossen, wonach B die Kosten des Verfahrens trägt. Der Vergleich entspricht nicht den Anforderungen des Abs. 4. **64**

Die Gerichtsgebühr beträgt 165 € (Nr. 1221 KV).

Die von A gezahlte Vorauszahlung ist nicht vollständig zurückzuerstatten. Abs. 4 iVm Abs. 3 S. 1 ist trotz der VKH-Bewilligung für B nicht anzuwenden, da dieser als Übernahmeschuldner (§ 24 Nr. 2) haftet und kein Fall des Abs. 4 vorliegt. Der von A geleistete Vorschuss ist folglich mit der Kostenschuld des B iHv 165 € zu verrechnen, so dass an A nur 330 € (495 € – 165 €) zu erstatten sind.

Beispiel 2: Verfahren A gegen B. A leistet eine Vorauszahlung iHv 495 €. Dem B wird VKH bewilligt und ein Rechtsanwalt beigeordnet. In dem Beschluss nach § 278 Abs. 6 ZPO stellt das Gericht jedoch nicht ausdrücklich **65**

45 LG Saarbrücken 20.7.2009 – 5 T 172/08, juris. **46** LG Berlin JurBüro 2003, 542. **47** BGH NJW 2004, 66; OLG Celle NdsRpfl 2004, 45. **48** OLG Düsseldorf Rpfleger 2001, 87.

fest, dass die Kostenregelung der späteren Kostenentscheidung folgen würde, so dass ein Fall des Abs. 4 nicht vorliegt.

Die Gerichtsgebühr beträgt 165 € (Nr. 1221 KV), der beigeordnete Anwalt erhält aus der Landeskasse eine Vergütung iHv 700 €.

B haftet aufgrund seiner Übernahme der Staatskasse für insgesamt 865 € (165 € Gebühr, 700 € nach § 59 RVG übergegangene Ansprüche). Ein Einzug der Kosten von ihm unterbleibt jedoch nach § 122 Abs. 1 ZPO. Als Zweitschuldner haftet A. Die Zweitschuldnerhaftung umfasst jedoch nur die Gebühr (Nr. 1211 KV) iHv 165 €, nicht auch die nach § 59 RVG übergegangenen Ansprüche. Auf die Kostenschuld des B kann die Vorauszahlung des A nur iHv 165 € verrechnet werden, 330 € sind an A zurückzuerstatten (495 € – 165 €). Abs. 4 iVm Abs. 3 S. 1 ist trotz der VKH-Bewilligung für B nicht anzuwenden, da dieser als Übernahmeschuldner (§ 24 Nr. 2) haftet und kein Fall des Abs. 4 vorliegt.

VI. Reiseentschädigungen (Abs. 3 S. 2)

66   Abs. 3 S. 2 ordnet an, dass die Haftung eines anderen Kostenschuldners nicht geltend gemacht werden darf, soweit dem Entscheidungsschuldner eine Reiseentschädigung gewährt worden ist. Wegen Abs. 4 gilt die Regelung auch in dort aufgeführten Fällen der Übernahmehaftung.

67   Erfasst sind zudem nur die Auslagen der Nr. 2007 Nr. 1 KV, wenn es sich um Reiseentschädigungen nach den Bestimmungen über die Gewährung von **Reiseentschädigungen an mittellose Personen** handelt. Für Zahlungen nach § 3 JVEG gilt Abs. 3 S. 2 nicht. Der Zweitschuldner kann daher für alle sonst entstandenen Gerichtskosten als Zweitschuldner in Anspruch genommen werden, auch wenn Reiseentschädigung gewährt wurde. Dass nur solche Kosten erfasst sind, folgt aus dem Wortlaut „soweit". Auch der Gesetzgeber hat ausgeführt, dass die Regelung den Zweitschuldner „von der Haftung für Auslagen entlasten soll, die dadurch entstanden sind, dass einem mittellosen Entscheidungsschuldner Reiseentschädigungen gewährt worden sind".[49]

§ 27 Haftung von Streitgenossen

[1]Streitgenossen haften als Gesamtschuldner, wenn die Kosten nicht durch gerichtliche Entscheidung unter sie verteilt sind. [2]Soweit einen Streitgenossen nur Teile des Streitgegenstands betreffen, beschränkt sich seine Haftung als Gesamtschuldner auf den Betrag, der entstanden wäre, wenn das Verfahren nur diese Teile betroffen hätte.

I. Allgemeines

1   § 27 enthält ergänzende Regelungen für Streitgenossen. Es muss sich um eine Streitgenossenschaft nach §§ 59 ff ZPO handeln, so dass sie nur für Familienstreitsachen gilt. Erfasst sind sowohl freiwillige als auch notwendige Streitgenossenschaft, ebenso streitgenössische Nebenintervention (§ 69 ZPO). Unerheblich ist, ob die Streitgenossenschaft von Anfang besteht oder erst später durch Beteiligtenerweiterung oder Verfahrensverbindung entsteht.

II. Kostenhaftung

2   **1. Allgemeines.** Streitgenossen haften als Gesamtschuldner, wenn die Kosten nicht durch Entscheidung unter ihnen verteilt werden (**S. 1**) oder sie nur Teile des Gegenstands betreffen, an denen der einzelne Streitgenosse nicht beteiligt war.

3   **2. Antragshaftung. a) Grundsatz.** Besteht für Streitgenossen Antragshaftung (§ 21 Abs. 1), haften sie der Staatskasse gegenüber als Gesamtschuldner. Wegen der Regelung des S. 2 darf die aus S. 1 resultierende Haftung aber nicht auf solche Verfahrensgegenstände erweitert werden, an die der einzelne Streitgenosse nicht beteiligt ist. Die gesamtschuldnerische Haftung ist daher auf die Kosten begrenzt, die entstanden wären, wenn der Streitgenosse das Verfahren allein betrieben hätte. Hat die Staatskasse Zahlungen eines Streitgenossen zulässigerweise auf die Kostenschuld des anderen verrechnet, bleibt die gesamtschuldnerische Haftung bestehen.[1] Bei der Kostenfestsetzung sind Streitgenossen im Hinblick auf die Erstattung der von ihnen verauslagten Gerichtskosten nach Maßgabe der Kostengrundentscheidung gegenüber dem unterlegenen Antragsgegner und Entscheidungsschuldner als Gesamtgläubiger anzusehen.[2]

---

49 BT-Drucks 12/6962, S. 66. **1** OLG Hamm OLGR 2003, 410. **2** OLG Hamm AGS 2001, 237.

b) Verschiedene Beteiligung. Weicht der Haftungsumfang nach § 21 Abs. 1 aufgrund unterschiedlicher Be- **4**
teiligung der Streitgenossen ab, hat die Kostenanforderung von den Streitgenossen im Verhältnis zu den Gebührenanteilen zu erfolgen.[3]

Beispiel 1: In einer Familienstreitsache treten A und B als Streitgenossen gegen C auf. Es wird Zahlung von **5**
5.000 € beantragt. A und B sind Gesamtgläubiger.

Die Haftung nach § 21 Abs. 1 beträgt:

3,0-Verfahrensgebühr, Nr. 1220 KV (Wert: 5.000 €)   438,00 €

Für diesen Betrag haften A und B als Gesamtschuldner voller Höhe.

Beispiel 2: In einer Familienstreitsache treten A und B als Streitgenossen gegen C auf. Beantragt wird die Zahlung **6**
von 5.000 €. Hinsichtlich 4.000 € sind A und B Gesamtgläubiger, während weitere 1.000 € von A allein geltend
gemacht werden. Gerichtskosten sind iHv 438 € entstanden (Nr. 1220 KV).

Die Haftung nach § 21 Abs. 1 beträgt:

A: 3,0-Verfahrensgebühr, Nr. 1220 KV (Wert: 5.000 €)   438,00 €
B: 3,0-Verfahrensgebühr, Nr. 1220 KV (Wert: 4.000 €)   381,00 €

Wegen der Inanspruchnahme von A und B ist nach dem Verhältnis der Gebührenwerte wie folgt aufzuteilen:[4]

A: (438 € x 438 € : 819 €)   234,24 €
B: (381 € x 438 € : 819 €)   203,76 €

Die Staatskasse kann B wegen §§ 21, 27 nur bis zu einem Betrag von höchstens 381 € in Anspruch nehmen. Bleibt
die Beitreibung gegen A erfolglos, können von B noch 177,24 € eingezogen werden: 381,00 € (Haftung) –
203,76 € (Inanspruchnahme).

c) Verschiedenartige Verfahrensbeendigung. Wird das Verfahren bzgl der einzelnen Streitgenossen auf ver- **7**
schiedene Weise beendet, zB Endentscheidung, Antragsrücknahme oder Anerkenntnisentscheidung, ist
gleichfalls S. 2 anzuwenden.

Beispiel: Es wird Zahlung von 5.000 € beantragt. Wegen 4.000 € sind A und B Gesamtgläubiger, wegen eines **8**
weiteren Anspruchs von 1.000 € ist nur C Gläubiger. Es ergeht wegen des ersten Anspruchs streitige Endentscheidung, während hinsichtlich des anderen Anspruchs Anerkenntnisentscheidung ergeht.

Die Haftung nach § 21 Abs. 1 beträgt für:

A und B: 3,0-Verfahrensgebühr, Nr. 1220 KV (Wert: 4.000 €)   381,00 €
C: 1,0-Verfahrensgebühr, Nr. 1221 KV (Wert: 1.000 €)   53,00 €

3. Auslagenhaftung. § 27 ist auch für gerichtliche Auslagen anzuwenden. Entstehen sie durch gemeinsame **9**
Handlungen der Streitgenossen, besteht gesamtschuldnerische Haftung, anders aber, wenn die Auslagen nur
durch einen Streitgenossen ausgelöst werden. Die Vorschusspflicht nach §§ 16, 17 trifft daher auch nur den
Streitgenossen, der die jeweilige Handlung beantragt. Die Haftung nach § 23 Abs. 1 S. 2, Abs. 2 trifft nur
den Streitgenossen, der die Aktenversendungs- oder schuldhafte Dokumentenpauschale auslöst, gesamtschuldnerische Haftung tritt also nicht ein.

4. Entscheidungshaftung. a) Grundsatz. Für die Haftung gegenüber der Staatskasse gilt ausschließlich **10**
§ 27, denn § 100 Abs. 1 ZPO iVm § 113 Abs. 1 FamFG, wonach die unterlegenen Streitgenossen nach
Kopfteilen haften, regelt nur die Erstattungspflicht der Beteiligten untereinander. Die Staatskasse kann daher unterlegene Streitgenossen nach § 27 als Gesamtschuldner in Anspruch nehmen.

b) Entscheidung nach § 100 Abs. 2, 3 ZPO. Hat das Gericht eine Entscheidung nach § 100 Abs. 2, 3 ZPO **11**
getroffen, weil hinsichtlich der Beteiligung der Streitgenossen eine erhebliche Verschiedenheit vorliegt oder
ein Streitgenosse ein besonderes Angriffs- oder Verteidigungsmittel geltend gemacht hat, tritt gesamtschuldnerische Haftung nach § 27 nicht ein, da der Wortlaut des S. 1 („… wenn die Kosten nicht durch gerichtliche Entscheidung unter sie verteilt sind") diese Fälle ausdrücklich ausschließt. Hier tritt gesamtschuldnerische Haftung nur in Höhe der Kosten ein, die entstanden wären, wenn der Streitgenosse die Anträge allein
gestellt hätte oder sich der Antrag allein gegen ihn gerichtet hätte. Ein Streitgenosse, der nicht an dem Antrag beteiligt war, haftet nicht gesamtschuldnerisch.[5]

Ergeht eine Entscheidung nach § 100 Abs. 3 ZPO, muss das Gericht darin die Aussonderung der Kosten **12**
aussprechen. Eine spätere Berichtigung ist weder im Kostenfestsetzungsverfahren noch im Kostenansatzverfahren möglich. Wurde keine Entscheidung nach § 100 Abs. 3 ZPO getroffen, sind die Gerichtskosten –
auch für eine Beweisaufnahme – auf alle Streitgenossen entsprechend der nach § 100 Abs. 2 ZPO getroffenen Kostenquotelung zu verteilen.[6]

---

3 *Oestreich/Hellstab/Trenkle*, FamGKG § 27 Rn 5. **4** Beispiel nach *Oestreich/Hellstab/Trenkle*, FamGKG § 27 Rn 5. **5** VGH
BW 9.8.1982 – 3 S 1038/02, juris. **6** OLG München JurBüro 1989, 385.

13   **c) Gesonderte Ansprüche.** Sind gegen einzelne Streitgenossen gesonderte Ansprüche geltend gemacht, haften sie auch dann nur für die auf ihren Anspruch entfallenden Kosten, wenn das Gericht keine Kostenentscheidung nach § 100 Abs. 2 ZPO trifft.[7] Das gilt auch, wenn aus dem Wertbeschluss ersichtlich ist, dass sich der festgesetzte Gesamtwert aus Einzelstreitwerten der Streitgenossen in unterschiedlicher Höhe zusammensetzt.[8]

14   **d) Rechtsmittelverfahren.** § 27 gilt auch für Rechtsmittelverfahren, wenn alle oder mehrere Streitgenossen daran beteiligt sind. Ist das Rechtsmittel von den Streitgenossen **gemeinsam eingelegt**, haften sie als Gesamtschuldner. Legen zwei Streitgenossen Beschwerde ein und lautet die Kostenentscheidung: „Die Kosten der Beschwerde tragen die Beschwerdeführer", besteht eine gesamtschuldnerische Haftung für die gesamten und nicht nur die hälftigen Gerichtskosten.[9]

15   Werden Rechtsmittel von den Streitgenossen **getrennt eingelegt**, zB weil eine Teilentscheidung ergangen ist, haftet jeder Streitgenosse für die Gerichtskosten des von ihm in Gang gesetzten Verfahrens allein nach § 21 Abs. 1.

16   **5. Übernahmehaftung.** Übernimmt ein Streitgenosse Kosten, bemisst sich dessen Haftung nach Maßgabe der abgegebenen Erklärung (§ 24 Nr. 2), wenn er nicht auch aufgrund anderer Bestimmungen haftet (zB §§ 16, 17, 21).

17   **6. Kosten- und Gebührenfreiheit.** Der auf einen befreiten Streitgenossen entfallende Kopfteil der Gerichtskosten ist gänzlich außer Ansatz zu lassen. Ein Einzug unterbleibt wegen der im Innenverhältnis bestehenden Ausgleichspflicht (§ 426 BGB) auch von den anderen Streitgenossen. Ist der befreite Streitgenosse im Innenverhältnis verpflichtet, den nicht befreiten Streitgenossen von Gerichtskosten freizuhalten, sind auch die auf die nicht befreiten Beteiligten entfallenden Kosten nicht in Ansatz zu bringen.[10] Genießt der Streitgenosse nur Gebührenfreiheit, ist der Kopfteil hinsichtlich der Gebühren unberücksichtigt zu lassen, entstandene gerichtliche Auslagen sind gänzlich einzuziehen.

18   **Beispiel 1:** Antrag A gegen B und C als Gesamtschuldner wegen Zahlung von 8.000 €. Vorauszahlungen werden nicht geleistet. Es ergeht Endentscheidung, die Kosten tragen B und C als Gesamtschuldner. B genießt Kostenfreiheit. Auch im Innenverhältnis tragen B und C die Kosten hälftig.

Entstanden ist eine 3,0-Verfahrensgebühr, Nr. 1220 KV (Wert: 8.000 €)	609,00 €
Davon können 1/2 eingezogen werden von C	304,50 €

Von B sind wegen § 2 keine Gerichtskosten zu erheben. Auch von C ist nur der auf ihn entfallende hälftige Anteil zu erheben, da sich dieser andernfalls wegen der nach § 426 BGB bestehenden Ausgleichspflicht iHv 304,50 € an B halten könnte, womit die Befreiung des § 2 untergraben wäre.

19   **Beispiel 2:** Antrag A gegen B und C als Gesamtschuldner wegen Zahlung von 8.000 €. Vorauszahlungen wurden nicht geleistet. Es wird eine Sachverständigenvergütung iHv 900 € ausgezahlt. Es ergeht Endentscheidung, die Kosten tragen B und C als Gesamtschuldner. B genießt Gebührenfreiheit. Auch im Innenverhältnis tragen B und C die Kosten hälftig.

Es sind folgende Gerichtskosten entstanden:

3,0-Gebühr, Nr. 1220 KV (Wert: 8.000 €)	609,00 €
Sachverständigenvergütung, Nr. 2005 KV	900,00 €

Davon können eingezogen werden:

von B: nur hälftige Auslagen	450,00 €
von C: hälftige Gebühren und Auslagen	754,50 €

20   **7. Verfahrenskostenhilfe. a) Schutzwirkung des § 26 Abs. 3, 4.** Ist einem Schuldner nach § 24 Nr. 1 VKH bewilligt, darf wegen § 26 Abs. 3 S. 1 die Haftung eines anderen Kostenschuldners nicht geltend gemacht werden. Gleiches gilt für den Übernahmeschuldner (§ 24 Nr. 2) in den Fällen des § 26 Abs. 4. Diese Regelungen gelten auch für die von § 27 erfassten Fälle,[11] da eine mittelbare Inanspruchnahme des VKH-Beteiligten für die Gerichtskosten verhindert werden soll[12] und nicht erkennbar ist, weshalb dieser Grundsatz bei ausgleichspflichtigen Streitgenossen keine Anwendung finden soll. Entsprechend ist wegen § 26 Abs. 3 S. 2 bei Zahlung einer Reiseentschädigung (Nr. 2007 KV) zu verfahren.

21   **b) Gegner.** Die einstweilige Befreiung des Gegners von der Zahlung der Gerichtskosten (§ 122 Abs. 2 ZPO) tritt nur dann ein, wenn sämtlichen Streitgenossen auf Antragstellerseite VKH ohne Zahlungsbestimmungen bewilligt ist.[13]

---

7 *Oestreich/Hellstab/Trenkle*, FamGKG § 27 Rn 15.   **8** FG Bremen EFG 1998, 410.   **9** OLG Koblenz NJW-RR 2000, 71.
10 OLG Karlsruhe OLGR 2003, 13.   **11** *Oestreich/Hellstab/Trenkle*, FamGKG § 27 Rn 2; OLG Frankfurt EzFamR aktuell 2001, 270.   **12** BVerfG MDR 1999, 1089.   **13** Zöller/*Geimer*, ZPO, § 122 Rn 22.

III. Inanspruchnahme der Streitgenossen

1. Kopfteile. Haften die Streitgenossen als Gesamtschuldner, gilt für den Kosteneinzug § 8 Abs. 4 KostVfg. 22 Danach hat der Kostenbeamte nach pflichtgemäßem Ermessen zu entscheiden, ob der Kostenbetrag von einem Kostenschuldner ganz oder von mehreren nach Kopfteilen angefordert werden soll (→ § 26 Rn 10 ff).[14] In die Kostenrechnung sind im Hinblick auf das Nachforderungsverbot des § 19 entsprechende Vermerke aufzunehmen (§ 24 Abs. 2, § 25 Abs. 2 KostVfg). Zu Vorauszahlungen und Vorschüssen → § 2 Rn 35 ff.

2. Verjährung. Die an einen Streitgenossen gerichtete Zahlungsaufforderung setzt die Verjährungsfrist für 23 andere Streitgenossen nicht erneut in Lauf (§ 425 BGB).[15] Die Frist beginnt für die anderen Streitgenossen nicht erst zu laufen, wenn die Beitreibung gegen einen von ihnen erfolglos geblieben war, sondern schon nach Eintritt der Fälligkeit für alle zum gleichen Zeitpunkt. Soll deshalb Neubeginn der Verjährungsfrist durch Zahlungsaufforderung eintreten (§ 7 Abs. 3), ist diese an sämtliche Streitgenossen zu senden.

Abschnitt 6
Gebührenvorschriften

§ 28 Wertgebühren

(1) [1]Wenn sich die Gebühren nach dem Verfahrenswert richten, beträgt die Gebühr bei einem Verfahrenswert bis 500 Euro 35 Euro. [2]Die Gebühr erhöht sich bei einem

Verfahrenswert bis … Euro	für jeden angefangenen Betrag von weiteren … Euro	um … Euro
2.000	500	18
10.000	1.000	19
25.000	3.000	26
50.000	5.000	35
200.000	15.000	120
500.000	30.000	179
über 500.000	50.000	180

[3]Eine Gebührentabelle für Verfahrenswerte bis 500.000 Euro ist diesem Gesetz als Anlage 2 beigefügt.
(2) Der Mindestbetrag einer Gebühr ist 15 Euro.

I. Allgemeines

Abs. 1 bestimmt für die wertabhängigen Gebühren den genauen Gebührenbetrag, jedoch ordnet zugleich 1 Abs. 2 die Erhebung von Mindestgebühren an.

II. Wertgebühren (Abs. 1)

1. Allgemeines. Für die nach dem Kostenverzeichnis zu erhebenden Wertgebühren (§ 3 Abs. 1) bestimmen 2 Abs. 1 S. 1 und Abs. 2 die Gebührenbeträge. Dabei wird durch Abs. 1 S. 3 auf Anlage 2 verwiesen, aus der die jeweiligen Beträge bis zu einem Verfahrenswert von 500.000 € zu entnehmen sind. Bei den in der Anlage 2 benannten Beträgen handelt es sich jeweils um einen 1,0-Gebührensatz, so dass bei niedrigeren oder höheren Gebührensätzen die Gebührenbeträge entsprechend zu berechnen sind. Das Wort „bis" ist als „bis einschließlich" zu lesen, so dass etwa erst bei einem Wert von 500,01 € die nächst höhere Gebührenstufe erreicht ist. Die Höhe des maßgeblichen Verfahrenswerts bestimmt sich wiederum nach §§ 33 ff.

2. Degression der Gebührentabelle. Die Gebührentabelle ist degressiv, so dass die Gebührensumme aus 3 Einzelwerten höher ist, als wenn die Gebühr nach den zusammengerechneten Werten erhoben wird. Die Degression ist auch bei der Bewilligung von Teil-VKH zu beachten, so dass der nicht von der VKH erfasste Gebührenanteil nicht anteilmäßig zu ermitteln ist, sondern aus der Differenz zwischen den Gebühren nach dem Verfahrenswert für den von der VKH erfassten und dem nicht hiervon erfassten Verfahrensteil.[1]

3. Verfahrenswerte über 500.000 €. Dass der Gesetzgeber in der Anlage 2 nur die Werte bis 500.000 € be- 4 rücksichtigt hat, lässt nicht den Umkehrschluss zu, dass höhere Gebühren nicht zu erheben sind. Die

---

14 KG MDR 2002, 1276. **15** OLG Schleswig JurBüro 1994, 681. **1** OLG München MDR 1997, 229; OLG Schleswig MDR 2006, 175.

Höchstgrenzen der Gebühren werden vielmehr nur durch die Wertvorschriften selbst bestimmt, soweit diese Höchstwerte vorsehen (zB § 33 Abs. 2, § 36 Abs. 1, § 43 Abs. 1 S. 2).

5   Beträgt der Wert mehr als 500.000 €, ist der Gebührenbetrag daher selbständig zu ermitteln. Dabei ist wie folgt vorzugehen: Von dem Verfahrenswert sind 500.000 € abzuziehen. Der verbleibende Betrag ist auf volle 50.000er abzurunden. Er ist sodann durch 50.000 zu dividieren und mit 150 zu multiplizieren. Dem Ergebnis sind 3.121 € hinzuzufügen. Das erzielte Ergebnis stellt eine 1,0fache Gebühr dar.

6   **Beispiel:** Der Verfahrenswert beträgt 835.500 €. Es ist eine 3,0-Gebühr nach Nr. 1220 KV zu ermitteln.
Berechnung des konkreten Gebührenbetrags:

835.500 € abzgl. 500.000 €	335.500 €
Aufrundung auf	350.000 €
350.000 € : 50.000 € = 7	
7 x 180 €	1.260 €
Grundbetrag addieren	4.796 € (1.260 € + 3.536 €)
3,0-Gebühr nach Nr. 1220 KV	14.388 € (4.796 € x 3)

III. Mindestgebühr (Abs. 2)

7   **1. Allgemeines.** Die **Mindesthöhe** einer Gebühr beträgt nach Abs. 2 stets **15 €,** auch wenn die Gebührenhöhe nach dem Kostenverzeichnis nur einen Bruchteil beträgt (zB 0,25 nach Nr. 1500 KV). Durch die Regelung soll der Ansatz von Gebühren, die den gerichtlichen Aufwand decken, sichergestellt werden. Es ist auf die **einzelne Gebühr** und nicht auf die Gesamtsumme aller zu erhebenden Gebühren abzustellen.[2]

8   Die Regelung gilt nur für die im Kostenverzeichnis enthaltenen **Wertgebühren,** nicht aber für Festgebühren, da eine solche Regelung entbehrlich ist, weil alle Gebühren betragsmäßig abschließend im Kostenverzeichnis bestimmt sind.[3]

9   Die **Nichtbeachtung des Abs. 2** kann nach § 57 mit der Erinnerung beanstandet werden.

10   **Beispiel:** In einer Familienstreitsache wird ein Vergleich geschlossen. Der Verfahrenswert beträgt 10.000 € und der Vergleichswert 10.600 €.
Die 0,25-Vergleichsgebühr Nr. 1500 KV würde bei dem Mehrwert von 600 € nur 13,25 € betragen. Wegen Abs. 2 sind jedoch 15 € anzusetzen.

11   **2. Mehrere Kostenschuldner.** Die Regelung des Abs. 2 bezieht sich nur auf die insgesamt in Ansatz zu bringende Gebühr. Werden die Gebühren wegen des Vorhandenseins von mehreren Kostenschuldnern nur anteilig erhoben, etwa bei der Inanspruchnahme von Kopfteilen nach § 8 Abs. 4 KostVfg, beträgt die Mindestgebühr insgesamt 15 € und nicht für jeden von den Kostenschuldnern einzeln eingezogenen Bruchteilen. Der Kostenbeamte hat insoweit die **Verwaltungsbestimmungen über die Behandlung von Kleinbeträgen** zu beachten (§ 4 Abs. 5 KostVfg).

12   **3. Auslagen.** Für die Auslagen gilt Abs. 2 nicht,[4] da hier stets der genaue Auslagenbetrag oder die sich aus dem Kostenverzeichnis ergebenden Pauschalen anzusetzen sind.

§ 29 Einmalige Erhebung der Gebühren

Die Gebühr für das Verfahren im Allgemeinen und die Gebühr für eine Entscheidung werden in jedem Rechtszug hinsichtlich eines jeden Teils des Verfahrensgegenstands nur einmal erhoben.

I. Allgemeines

1   Die Vorschrift soll sicherstellen, dass Gebühren für jede Instanz und jeden Verfahrensgegenstand nur einmal erhoben werden. Eine Definition des Begriffs „Rechtszug" enthält das Gesetz nicht, so dass es seiner Auslegung bedarf. Die §§ 15–19 RVG können in Zweifelsfällen herangezogen werden.[1]

II. Rechtszug

2   **1. Begriff.** Kosten- und verfahrensrechtlicher Rechtszug sind nicht identisch, so dass auch § 29 nicht auf den Rechtszug nach dem FamFG oder der ZPO abstellt.[2] Gleiches gilt für die VKH-Bewilligung, da auch

---

2 *Meyer,* GKG § 34 Rn 28.   **3** BT-Drucks 16/6308, S. 305.   **4** HK-FamGKG/*N. Schneider,* § 28 Rn 21.   **1** *Oestreich/Hellstab/ Trenkle,* FamGKG § 29 Rn 2.   **2** BGH 18.5.1995 – X ZR 52/93, juris; OLG Bamberg JurBüro 1988, 71.

§ 119 ZPO iVm § 76 Abs. 1, § 113 Abs. 1 FamFG nur den Kostenrechtszug iSd § 29 meint.[3] Hierzu gehören sämtliche Verfahrensabschnitte, die besondere Kosten verursachen.[4] Auch der Rechtszug iSd Anm. zu Nr. 2002 KV ist derjenige nach § 29. Liegt derselbe Kostenrechtszug vor, dürfen Verfahrens- oder Entscheidungsgebühr nur einmal erhoben werden. Soweit aber für gerichtliche Handlungen desselben Verfahrens verschiedene Gebühren entstehen können, greift § 29 nicht, zB wenn Verfahrens- und Vergleichsgebühr entstehen. Bei Vormundschaften und Dauerpflegschaften ist als Rechtszug iSd § 29 auf das jeweilige Kalenderjahr abzustellen, wenn Jahresgebühren nach Nr. 1311, 1312 KV zu erheben sind.

2. Verschiedene Rechtszüge. Verschiedene Rechtszüge liegen iSd § 29 insb. vor bei: 3
- Rechtsmitteln und Rechtsbehelfen,
- Mahnverfahren und streitigem Verfahren,
- vereinfachtem Unterhaltsverfahren und streitigem Verfahren (§ 255 FamFG),
- einstweiligen Anordnungsverfahren,
- Arrestverfahren,
- Vergütungsfestsetzungsverfahren (§ 11 RVG),
- Verfahren nach §§ 767, 770, 771 ZPO,
- Zwangsvollstreckungsverfahren,
- Verhängung von Zwangsmitteln (§ 35 FamFG),
- Verfahren wegen Erteilung einer weiteren Vollstreckungsklausel (§ 733 ZPO),
- Abänderungs- oder Aufhebungsverfahren (§ 31 Abs. 2 S. 1) mit Ausnahme der Verfahren nach § 166 Abs. 2, 3 FamFG (§ 31 Abs. 2 S. 2).

Auch **Scheidungssachen und Folgesachen** sind gesonderte Rechtszüge. § 44 Abs. 1 ordnet jedoch an, dass   4 der **Verbund** für die Wert- und folglich auch die Gebührenberechnung als Einheit zu behandeln ist.

3. Gleicher Rechtszug. Zum selben Kostenrechtszug gehören: 5
- Kostenfestsetzungsverfahren (§§ 103 ff ZPO),
- Ergänzung oder Berichtigung von Entscheidungen (§§ 42, 43 FamFG, §§ 319, 321 ZPO),
- Fortsetzung nach Anfechtung eines Vergleichs,
- sämtliche Stufen eines Stufenantrags,
- Fortsetzung nach Ruhen oder Unterbrechung,[5]
- das Verfahren nach Einspruch gegen Versäumnisentscheidung,
- das Nachverfahren in Urkunden- oder Wechselverfahren (§ 113 Abs. 2 FamFG),
- Verfahren nach erfolgter Abgabe (§ 6 Abs. 1 S. 2).

Für **abgetrennte Folgesachen**, die als selbständige Familiensache fortgeführt werden, gilt § 6 Abs. 2 (→ § 6   6 Rn 12 ff).

4. Beginn und Beendigung der Instanz. Der Kostenrechtszug **beginnt** mit Eingang der Antrags-, Ein-   7 spruchs- oder Rechtsmittelschrift bei Gericht oder mit Unterzeichnung eines Protokolls der Geschäftsstelle. In Amtsverfahren kommt es auf den Eingang der ersten Schrift an, die zu gerichtlichen Handlungen Anlass bietet.

Beendet ist der Rechtszug insb. mit Antragsrücknahme, Abschluss eines wirksamen Vergleichs oder Ver-   8 kündung bzw Bekanntmachung der Endentscheidung. Allerdings sind danach durchgeführte Nebenverfahren wegen Kostenfestsetzung, Erteilung von einfachen Vollstreckungsklausel oder Rechtskraftzeugnisses noch demselben Rechtszug zuzurechnen.

Die **Rechtsmittelinstanz** iSd § 29 beginnt mit Einreichung der Rechtsmittelschrift und endet mit Rechtsmit-   9 telrücknahme, Endentscheidung oder Vergleichsabschluss.[6]

Ist der Rechtszug tatsächlich beendet, leitet eine **erneute Verfahrenshandlung** einen selbständigen Rechtszug   10 ein, so dass bei einem nach Antragsrücknahme erneut gestelltem Antrag verschiedene Rechtszüge iSd § 29 vorliegen.

Auch Anträge auf **Abänderung der Entscheidung** lösen einen neuen Kostenrechtszug aus (§ 31 Abs. 2 S. 1),   11 wenn nicht § 31 Abs. 2 S. 2, Vorbem. 1.3.2 Abs. 2 KV und Vorbem. 1.4 KV eingreifen.

5. Mehrere Beteiligte. Rechtszug ist das Verfahren als Ganzes, auf einzelne Beteiligte (zB Streitgenossen)   12 kommt es nicht an, so dass die Gebühren auch bei mehreren Beteiligten nur einmal zu erheben sind. Das gilt auch, wenn in demselben Verfahren verschiedene Gegenstände anhängig sind, allerdings kommt es

---

3 *Büttner/Wrobel-Sachs/Gottschalk/Dürbeck*, Prozess- und Verfahrenskostenhilfe, Beratungshilfe, Rn 308; MüKo-ZPO/*Wax*, § 119 Rn 2; Zöller/*Geimer*, ZPO, § 119 Rn 1. **4** Zöller/*Geimer*, ZPO, § 119 Rn 1. **5** *Meyer*, GKG § 35 Rn 4. **6** OLG Bamberg JurBüro 1988, 71.

dann auf den zusammengerechneten Wert an (§ 33 Abs. 1). In Kindschaftssachen entsteht die Gebühr auch dann nur einmal, wenn **mehrere Kinder** betroffen sind, da § 29 auch insoweit gilt.[7]

13   **6. Einstweilige Anordnungen und Adoptionssachen. Einstweilige Anordnungen** sind stets ein gesonderter Kostenrechtszug, auch wenn die Hauptsache anhängig ist (§ 51 Abs. 3 FamFG). Vorbem. 1.4 S. 1 KV ordnet aber an, dass für Verfahren über den Erlass einer einstweiligen Anordnung und über deren Aufhebung oder Änderung Gebühren nur einmal erhoben werden. Das gilt wegen Vorbem. 1.4 S. 2 KV auch für Arrestverfahren. In **Adoptionssachen** werden wegen Vorbem. 1.3.2 Abs. 2 KV für das Verfahren auf Ersetzung der Einwilligung zur Annahme neben den Gebühren für das Verfahren über die Annahme als Kind keine gesonderten Gebühren erhoben.

14   **7. Rechtsmittelverfahren.** Bei Rechtsmittelverfahren handelt es sich stets um besondere Rechtszüge, auch wenn sie gebührenfrei sind oder die Rechtsmittel von demselben Beteiligten bei verschiedenen Gerichten eingelegt werden,[8] denn die Einlegung von Rechtsmitteln gegen verschiedene Entscheidungen leitet stets selbständige Kostenrechtszüge ein. Verschiedene Rechtszüge liegen auch vor, wenn verschiedene Teilentscheidungen angefochten werden oder wenn nach Beendigung des Rechtsmittelverfahrens erneut ein Rechtsmittel gegen dieselbe Entscheidung eingelegt wird. Wird hingegen dieselbe Entscheidung von verschiedenen Beteiligten angegriffen, liegt nur ein Rechtszug vor, so dass Gebühren nur einmal zu erheben sind. Gleiches gilt für ein Anschlussrechtsmittel.

15   **8. Zwangsvollstreckung.** Die Verfahren, auch solche nach §§ 88 ff FamFG, sind eigenständige Rechtszüge. Zu ihnen gehören insb. Verfahren wegen: Verhängung von Zwangsmitteln (§ 35 FamFG); Einwendungen gegen die Erteilung der Vollstreckungsklausel (§ 732 ZPO); Erteilung weiterer Vollstreckungsklauseln (§ 733 ZPO); Eintragung einer Zwangshypothek (§§ 867, 870 a ZPO); Herausgabe von Sachen (§§ 883 ff ZPO); vertretbarer oder nicht vertretbarer Handlungen (§§ 887, 888 ZPO); Abgabe der eidesstattlichen Versicherung (§ 94 FamFG, § 889 ZPO); Ordnungsgeld- oder Ordnungshaft (§ 89 FamFG, § 890 ZPO); Vollziehungsmaßnahmen wegen Vollziehung des Arrests.

16   Auch die anderen Verfahren nach dem 8. Buch ZPO stellen gegenüber dem Erkenntnisverfahren besondere Rechtszüge dar. Allerdings gilt das GKG, wenn die Handlungen durch das Vollstreckungs- oder Arrestgericht durchgeführt wird (Vorbem. 1.6 S. 2, Vorbem. 2 Abs. 4 KV). Die einstweilige Einstellung der Zwangsvollstreckung (§ 242 FamFG iVm § 769 ZPO) ist jedoch Bestandteil des Verfahrens, besondere Gebühren entstehen nicht.

III. Einzelfälle A–Z

17   ▪ **Abänderungsverfahren.** Es gilt § 31 Abs. 2 (→ § 31 Rn 7 ff).

18   ▪ **Abgabe.** Die Verfahren vor dem abgebenden und übernehmenden Gericht sind ein einheitlicher Kostenrechtszug. § 6 Abs. 1 ist zu beachten.

19   ▪ **Anhörungsrüge.** Die Verfahren nach § 44 FamFG bzw § 321 a ZPO iVm § 113 Abs. 1 FamFG bilden keinen gesonderten Rechtszug, wenn das Verfahren aufgrund begründeter Rüge fortgesetzt wird. Wird die Rüge aber in vollem Umfang verworfen oder zurückgewiesen, liegt ein besonderer Rechtszug vor, da wegen Nr. 1800 KV gesonderte Kosten entstehen.

20   ▪ **Antragsänderung.** Sie führt keinen gesonderten Rechtszug herbei, auch wenn die Zustimmung nach § 263 ZPO iVm § 113 Abs. 1 FamFG erforderlich war. Auch bei einer Antragserweiterung wird nur eine Verfahrensgebühr erhoben, die jedoch wegen der eingetretenen Wertänderung neu zu berechnen ist.

21   ▪ **Aussetzung des Verfahrens.** Das danach fortgesetzte Verfahren bleibt Bestandteil des ursprünglichen Verfahrens.

22   ▪ **Berichtigung.** Verfahren nach § 36 Abs. 4, § 42 FamFG bzw § 319 ZPO iVm § 113 Abs. 1 FamFG sind keine eigenständigen Rechtszüge, anders aber die Beschwerdeverfahren. Gleiches gilt für das Ergänzungsverfahren nach § 43 FamFG, § 321 ZPO iVm § 113 Abs. 1 FamFG.

23   ▪ **Beweisverfahren.** Verfahren nach §§ 485 ff ZPO iVm § 30 Abs. 1, § 113 Abs. 1 FamFG sind eigene Kostenrechtszüge, auch wenn dessen Kosten als Teil der Kosten der Hauptsache gelten.

24   ▪ **Drittwiderspruchsantrag.** Es handelt sich um einen eigenständigen Rechtszug, so dass die Gebühren der Nr. 1220 ff KV erneut entstehen.

25   ▪ **Einspruch.** Das Verfahren nach Einspruch gegen Versäumnisentscheidung gehört zum selben Rechtszug. Gesonderte Gebühren entstehen nicht, auch wenn Säumniskosten einem Beteiligten allein auferlegt sind (§ 344 ZPO iVm § 113 Abs. 1 FamFG).

---

7 BT-Drucks 16/6308, S. 311.   **8** OLG Bamberg JurBüro 1987, 71.

- **Erinnerungsverfahren.** ZB nach § 57, § 11 Abs. 2 RPflG, § 56 RVG, § 573 ZPO sind besondere Kosten-   **26** rechtszüge, auch wenn sie gebührenfrei sind.
- **Genehmigungen.** Verfahren auf Erteilung einer familiengerichtlichen Genehmigung sind eigenständige   **27** Rechtszüge. Jedoch sind mehrere Erklärungen, die denselben Gegenstand betreffen, als ein Gegenstand zu bewerten (§ 36 Abs. 2), so dass auch Gebühren nur einmal entstehen. Fällt das Verfahren in den Rahmen einer Pflegschaft oder Vormundschaft, gilt Anm. Abs. 1 zu Nr. 1310 KV, so dass keine gesonderten Gebühren entstehen.
- **Hilfsweise Aufrechnung.** Sie löst keinen gesonderten Rechtszug aus, jedoch ist die Gebühr im Fall des   **28** § 39 Abs. 1 S. 2 neu zu berechnen.
- **Kostenansatz.** Er ist Bestandteil der jeweiligen Instanz. Erinnerung oder Beschwerde nach §§ 57–60   **29** sind jedoch eigenständige Rechtszüge.
- **Kostenfestsetzung.** Verfahren nach §§ 103 ff ZPO iVm § 85, § 113 Abs. 1 FamFG gehören zum erstin-   **30** stanzlichen Verfahren.
- **Mahnverfahren.** Es ist im Hinblick auf das streitige Verfahren ein besonderer Rechtszug. Die Anrech-   **31** nungsvorschrift der Anm. zu Nr. 1220 KV ist zu beachten.
- **Pflegschaften.** Eine für die Vertretung in Verfahren notwendige Ergänzungspflegschaft (§ 1909 BGB) ist   **32** ein selbständiger Rechtszug und lässt Gebühren gesondert entstehen. Die Umgangspflegschaft gehört aber zum Umgangsverfahren (Anm. Abs. 2 zu Nr. 1310 KV).
- **Stufenantrag.** Es liegt nur ein Kostenrechtszug vor, auch wenn mehrere Stufen durchgeführt werden.   **33** Für den Wert gilt § 38.
- **Unterbrechung des Verfahrens.** Wiederaufgenommene Verfahren gehören zum ursprünglichen Rechts-   **34** zug. Gleiches gilt, wenn Verfahren nach langem Ruhen weiterbetrieben werden.
- **Unterhaltsverfahren.** Das vereinfachte und das streitige Unterhaltsverfahren sind verschiedene Kosten-   **35** rechtszüge. Allerdings sind die Kosten des vereinfachten Verfahrens als Teil der Kosten des streitigen Verfahrens zu behandeln (§ 255 Abs. 5 FamFG).
- **Verfahrenstrennung.** Sie lässt verschiedene Rechtszüge entstehen, so dass gesonderte Gebühren zu erhe-   **36** ben sind.[9]
- **Verfahrensverbindung.** Ab Verbindung handelt es sich um einen Rechtszug. Bis zur Verbindung entstan-   **37** dene Einzelgebühren bleiben jedoch bestehen.
- **Vergleich.** Wird das Verfahren wegen Unwirksamkeit des Vergleichs fortgesetzt, liegt ein einheitlicher   **38** Rechtszug vor, wenn nicht ein Verfahren wegen des Streits um die Auslegung des Inhalts vorliegt.[10]
- **Vergütungsfestsetzung.** Verfahren nach § 11 RVG sind eigenständige Rechtszüge trotz Gebührenfreiheit   **39** nach § 11 Abs. 2 S. 4 RVG.
- **Vermittlungsverfahren.** Im Hinblick eines anschließenden Umgangsverfahrens liegen verschiedene   **40** Rechtszüge vor. § 165 Abs. 5 S. 3 FamFG ist zu beachten.
- **Vertreter.** Die Bestellung eines Vertreters (§§ 57, 58 ZPO iVm § 9 Abs. 5, § 113 Abs. 1 FamFG) gehört   **41** zum selben Rechtszug.[11] Gleiches gilt für Verfahrensbeistande (§§ 158, 174, 191 FamFG).
- **Vollstreckungsabwehrantrag.** Er ist ein eigenständiger Rechtszug, die Gebühren der Nr. 1220 ff KV ent-   **42** stehen erneut.
- **Vollstreckungsklausel.** Die Erteilung von einfachen Klauseln gehört zum selben Rechtszug, nicht aber   **43** die Erteilung von qualifizierten Klauseln (§§ 726 ff ZPO) oder die Erteilung weiterer vollstreckbarer Ausfertigungen (§ 733 ZPO). Gleiches gilt für die Verfahren nach §§ 731, 732 ZPO.
- **Wiederaufnahme.** Das nach Nichtigkeits- oder Restitutionsantrag aufgenommene Verfahren, auch nach   **44** § 48 FamFG, ist ein eigenständiger Rechtszug, der gesonderte Gebühren auslöst. Das gilt auch, wenn die Verfahren vor dem Rechtsmittelgericht durchgeführt werden.[12] Ebenso für die Verfahren nach § 185 FamFG in **Abstammungssachen** sowie bei den Verfahren nach §§ 578 ff ZPO iVm § 118 FamFG in **Ehe- und Familienstreitsachen**.
- **Zurückverweisung.** Das weitere Verfahren nach Zurückweisung stellt keinen besonderen Rechtszug dar   **45** (§ 31 Abs. 1).
- **Zuständigkeit.** Die Entscheidung über die Zuständigkeit des Gerichts (§ 5 FamFG, § 36 ZPO iVm   **46** § 113 Abs. 1 FamFG) gehört zum selben Rechtszug.
- **Zwischenstreit.** Verfahren vor und nach der Entscheidung über den Zwischenstreit gehören zum selben   **47** Rechtszug.

---

9 OLG Nürnberg OLGR 2005, 262. **10** *Meyer*, GKG § 35 Rn 5. **11** *Oestreich/Hellstab/Trenkle*, FamGKG § 29 Rn 5. **12** BGH 18.5.1995 – X ZR 52/93, juris.

§ 30 Teile des Verfahrensgegenstands

(1) Für Handlungen, die einen Teil des Verfahrensgegenstands betreffen, sind die Gebühren nur nach dem Wert dieses Teils zu berechnen.

(2) Sind von einzelnen Wertteilen in demselben Rechtszug für gleiche Handlungen Gebühren zu berechnen, darf nicht mehr erhoben werden, als wenn die Gebühr von dem Gesamtbetrag der Wertteile zu berechnen wäre.

(3) Sind für Teile des Gegenstands verschiedene Gebührensätze anzuwenden, sind die Gebühren für die Teile gesondert zu berechnen; die aus dem Gesamtbetrag der Wertteile nach dem höchsten Gebührensatz berechnete Gebühr darf jedoch nicht überschritten werden.

I. Allgemeines

1   Die Regelung soll den Kostenschuldner vor einer Überteuerung des Verfahrens schützen. Sie ist von Amts wegen zu beachten, die Nichtbeachtung kann nach § 57 angegriffen wenden.

II. Gebühren nach einem Teilwert (Abs. 1)

2   Betrifft die gerichtliche Handlung lediglich einen Teil des Verfahrensgegenstands, werden Gebühren nur nach dem Wert dieses Teils berechnet. Abs. 1 gilt auch, wenn die Gebühr für eine gerichtliche Handlung entsteht, die sich nur auf Teile des Verfahrensgegenstands bezieht.

3   Im Einzelnen sind erfasst:

- **Entscheidungsgebühr nach Nr. 1210 KV**, weil sie nur zu erheben ist, wenn eine Entscheidung über den Antrag ergeht. Die Gebühr ist nur nach dem Wert der von der Entscheidung erfassten Verfahrensgegenständen zu berechnen.
- **Verfahrensgebühren nach Nr. 1140, 1216, 1228, 1319, 1328 KV**, denn diese sind nur soweit zu erheben, wie der Antrag auf Zulassung der Sprungrechtsbeschwerde abgelehnt wird, so dass nur dieser Wert zugrunde zu legen ist.
- **Verfahrensgebühr nach Nr. 1229 KV**, denn die Gebühr ist nur zu erheben, soweit der Antrag auf Zulassung der Sprungrechtsbeschwerde zurückgenommen oder das Verfahren durch anderweitige Erledigung beendet wird, so dass nur dieser Wert maßgeblich ist.

III. Gebühren für gleiche Handlungen (Abs. 2)

4   Abs. 2 findet nur Anwendung, wenn in demselben Rechtszug iSd § 29 für gleiche Handlungen aus einzelnen Wertteilen jeweils gesonderte Gebühren erhoben werden. Eine Anwendung kommt praktisch nicht vor, weil für denselben Kostenrechtszug Gebühren nur einmal erhoben werden dürfen. Das gilt auch für Antragserweiterung, Antrag und Widerantrag sowie wechselseitige Rechtsmittel oder Anschlussrechtsmittel. Sie fallen daher nicht unter Abs. 2, weil die Verfahrensgebühr nur einmal zu erheben ist, die aufgrund eingetretener Wertänderung lediglich neu zu berechnen ist.[1]

5   Abs. 2 erfasst auch die **Vergleichsgebühr** der Nr. 1500 KV. Werden in einem Verfahren mehrere Vergleiche geschlossen, die jeweils die Vergleichsgebühr gesondert auslösen, dürfen die Einzelgebühren den Gebührenbetrag nicht übersteigen, der bei Erhebung einer 0,25-Gebühr aus dem Gesamtwert entstanden wäre.[2] Wegen des Vergleichs auch → Rn 8 f.

IV. Verschiedene Gebührensätze (Abs. 3)

6   **1. Anwendungsbereich.** Sind für Teile des Verfahrensgegenstands unterschiedliche Gebührensätze anzuwenden, ordnet Abs. 3 an, dass die zu erhebenden Einzelgebühren den Gebührenbetrag nicht übersteigen dürfen, der bei Ansatz einer nach dem höchsten Gebührensatz und dem Gesamtwert berechneten Gebühr entstanden wäre. Sind die Einzelgebühren geringer, so sind sie in voller Höhe anzusetzen.[3]

7   Anwendung findet die Vorschrift im

- **Verbundverfahren**, wenn nur für einzelne Verbundteile Ermäßigungstatbestände erfüllt sind und deshalb nur eine Teilermäßigung nach Nr. 1111, 1122, 1132 KV eintritt;
- Verfahren auf **Zulassung der Sprungrechtsbeschwerde in isolierten Familienstreitsachen**, weil hier im selben Verfahren Gebühren nach Nr. 1228 und 1229 KV entstehen können.

Zu Berechnungsbeispielen → Nr. 1110–1111 KV Rn 17 ff und → Nr. 1228–1229 KV Rn 7 f.

---

1 HK-FamGKG/*N. Schneider*, § 30 Rn 26; aA Binz/Dörndorfer/*Zimmermann*, GKG § 36 Rn 4. **2** HK-FamGKG/*N. Schneider*, § 30 Rn 29. **3** LAG Berlin AnwBl 1999, 132.

2. Verhältnis zur Vergleichsgebühr. Abs. 3 ist wegen der Anm. S. 2 zu Nr. 1500 KV auch für das Verhältnis **8** von Verfahrensgebühr und Vergleichsgebühr anzuwenden. Verfahrens- und Vergleichsgebühr dürfen danach nicht den Gesamtbetrag übersteigen, der bei Anwendung des höchsten Gebührensatzes nach dem Gesamtwert entstehen würde.

Beispiel: Antrag wegen Zahlung von 19.200 €. Das Verfahren wird durch Vergleich beendet, mit dem auch nicht **9** rechtshängige Ansprüche von 1.500 € verglichen werden.

An Gerichtsgebühren sind entstanden:

1,0-Verfahrensgebühr, Nr. 1221 KV (Wert: 19.200 €)	345,00 €
0,25-Vergleichsgebühr, Nr. 1500 KV (Wert: 1.500 €)	17,75 €
Wegen § 30 Abs. 3 aber höchstens: 1,0 nach einem Wert von 20.700 €	345,00 €

Anzusetzen ist lediglich die 1,0-Verfahrensgebühr (Nr. 1221 KV).

§ 31 Zurückverweisung, Abänderung oder Aufhebung einer Entscheidung

(1) Wird eine Sache an ein Gericht eines unteren Rechtszugs zurückverwiesen, bildet das weitere Verfahren mit dem früheren Verfahren vor diesem Gericht einen Rechtszug im Sinne des § 29.

(2) [1]Das Verfahren über eine Abänderung oder Aufhebung einer Entscheidung gilt als besonderes Verfahren, soweit im Kostenverzeichnis nichts anderes bestimmt ist. [2]Dies gilt nicht für das Verfahren zur Überprüfung der Entscheidung nach § 166 Abs. 2 und 3 des Gesetzes über das Verfahren in Familiensachen und in den Angelegenheiten der freiwilligen Gerichtsbarkeit.

I. Allgemeines

Die Regelung ergänzt § 29. Abs. 1 regelt die Fälle der Zurückverweisung und soll sicherstellen, dass Gebüh- **1** ren nicht doppelt erhoben werden. Abs. 2 regelt die Verfahren wegen der Abänderung oder Aufhebung von Entscheidung und stellt klar, dass es sich um eigenständige Rechtszüge iSd § 29 handelt, wenn nicht das Kostenverzeichnis Ausnahmen vorsieht oder es sich um Verfahren nach § 166 Abs. 2 und 3 FamFG handelt.

II. Zurückverweisung (Abs. 1)

1. Geltungsbereich. Abs. 1 erfasst ausschließlich die Zurückverweisung nach § 69 Abs. 1 S. 2 und 3, § 74 **2** Abs. 6 S. 2, 3 FamFG durch Beschwerde- oder Rechtsbeschwerdegericht sowie die Fälle des § 146 FamFG. Ferner die Zurückverweisung durch das BVerfG;[1] in diesem Fall ist auch der BGH Gericht eines unteren Rechtszugs.[2] Nicht erfasst ist hingegen Abgabe oder Verweisung, für die § 6 Abs. 1 gilt. Die Regelung gilt nur für die Gerichtskosten,[3] für Rechtsanwaltskosten gilt § 21 RVG.

2. Einheitlicher Kostenrechtszug. Das Verfahren nach Zurückverweisung bildet mit dem früheren Verfah- **3** ren einen einheitlichen Kostenrechtszug iSd § 29, so dass Gebühren für beide Verfahren nur einmal entstehen. Es ist unerheblich, ob an dasselbe oder ein anderes Gericht zurückverwiesen wird. Im Verhältnis zum Rechtsmittelverfahren gilt Abs. 1 nicht, so dass dieses ein selbständiger Kostenrechtszug bleibt, der besondere Gerichtsgebühren auslöst. Das Rechtsmittelgericht muss daher eine Anordnung nach § 20 treffen, wenn es den Ansatz der Gerichtskosten verhindern will.

3. Wertberechnung. Unberührt bleibt § 34, so dass es in Antragsverfahren auch bei Zurückverweisung für **4** den Zeitpunkt der Wertberechnung nur auf die Antragstellung im ursprünglichen Verfahren ankommt.[4] Erhöht sich der Wert aber aufgrund einer Antragserweiterung, ist die Gebühr nach dem neu zu bestimmenden Wert zu berechnen. Handelt es sich um ein Amtsverfahren, ist für die Wertberechnung auf den Zeitpunkt der Fälligkeit abzustellen (§ 34 S. 2). Bestimmt sich diese nach § 11 Abs. 1, ist nicht auf die aufgehobene Entscheidung, sondern auf den Zeitpunkt der Entscheidung nach erfolgter Zurückverweisung abzustellen.

4. Erneutes Rechtsmittelverfahren. Wird gegen die in im Verfahren nach Zurückverweisung ergangene **5** Endentscheidung erneut Rechtsmittel eingelegt, handelt es sich bei diesen Rechtsmittelverfahren stets um eigenständige Kostenrechtszüge.

5. Verfahrenskostenhilfe. Wegen Abs. 1 bedarf es für das nach Zurückverweisung durchgeführte Verfahren **6** keiner besonderen VKH-Bewilligung, da auch ein einheitlicher Rechtszug iSd § 119 Abs. 1 ZPO iVm § 76

---

1 OLG Hamburg MDR 2004, 474. **2** *Oestreich/Hellstab/Trenkle*, GKG § 37 Rn 3. **3** OLG Celle AnwBl 1971, 107. **4** HK-FamGKG/N. *Schneider*, § 31 Rn 22.

Abs. 1, § 113 Abs. 1 FamFG vorliegt,[5] auch bei Zurückweisung durch das BVerfG.[6] Das Rechtsmittelgericht kann jedoch keine VKH für das frühere oder weitere Verfahren vor dem Gericht der unteren Instanz bewilligen, so dass sich dessen Bewilligung dann nur auf das Rechtsmittelverfahren, in dem die Zurückweisung erfolgt ist, erstreckt.[7]

III. Abänderungs- und Aufhebungsverfahren (Abs. 2)

7   **1. Geltungsbereich.** Abs. 2 erfasst Aufhebungs- oder Änderungsverfahren nach § 48 Abs. 1 FamFG, zu denen auch solche nach § 54 Abs. 1, 2 FamFG in EAO-Verfahren, nach §§ 225 ff FamFG in Versorgungsausgleichssachen oder nach §§ 238–240 FamFG in Unterhaltssachen gehören. Erfasst sind auch Verfahren nach § 166 Abs. 1 FamFG iVm § 1696 BGB und solche nach § 1680 Abs. 2, § 1681 Abs. 1, 2 BGB, bei denen es sich um eigenständige Rechtszüge handelt, welche Gebühren erneut auslösen.

8   Nicht erfasst sind hingegen Wiederaufnahmeverfahren (§ 48 Abs. 2, § 118 FamFG) sowie Verfahren auf Verlängerungen von familiengerichtlichen Maßnahmen (zB § 1 S. 2 GewSchG, § 1631 b BGB);[8] sie sind schon von sich aus stets als eigenständige Rechtszüge iSd § 29 zu behandeln.

9   **2. Eigenständiger Rechtszug (Abs. 2 S. 1).** Abänderungs- und Aufhebungsverfahren sind besondere Verfahren und eigene Kostenrechtszüge iSd § 29, so dass Gebühren erneut entstehen (Abs. 2 S. 1). Das gilt auch für mehrere Abänderungs- oder Aufhebungsverfahren untereinander. Auch die Kostenschuldnerschaft (zB § 21) ist für diese Verfahren gesondert zu ermitteln. Das Gericht hat für Ausgangs- und Abänderungs- oder Aufhebungsverfahren auch gesonderte Kostenentscheidungen und Wertfestsetzungen vorzunehmen.

10   **Beispiel:** In einer Unterhaltssache ergeht Endentscheidung. Der Verfahrenswert beträgt 8.600 €. Nach einem Jahr wird durch den Unterhaltspflichtigen Abänderungsantrag gestellt (§ 238 FamFG). Auch dieses Verfahren wird durch Endentscheidung erledigt, der Verfahrenswert beträgt 7.000 €.

An Gerichtsgebühren sind entstanden:

3,0-Verfahrensgebühr für das Ursprungsverfahren, Nr. 1220 KV (Wert: 8.600 €)	666,00 €
3,0-Verfahrensgebühr für das Abänderungsverfahren, Nr. 1220 KV (Wert: 7.000 €)	552,00 €

11   **3. Ausnahmeregelungen. a) Allgemeines.** Abweichend von Abs. 2 S. 1 bilden Abänderungs- oder Aufhebungsverfahren mit dem ursprünglichen Verfahren einen einheitlichen Kostenrechtszug, wenn

- im Kostenverzeichnis abweichende Regelungen bestehen (Abs. 2 S. 1 aE),
- es sich um ein Verfahren nach § 166 Abs. 2 oder 2 FamFG handelt (Abs. 2 S. 2).

12   Gebühren entstehen für beide Verfahren nur einmal. Derselbe Rechtszug liegt auch iSd Anm. zu Nr. 2002 KV vor.

13   **b) Regelungen im Kostenverzeichnis (Abs. 2 S. 1 aE).** Entsprechende Regelungen sind derzeit im Kostenverzeichnis nicht vorhanden. Soweit Vorbem. 1.4 S. 1 KV anordnet, dass in Verfahren über den Erlass einer **einstweiligen Anordnung** und in Verfahren über ihre Aufhebung oder Änderung (§ 54 FamFG) Gebühren nur einmal zu erheben sind, wird dadurch nur die Gebührenerhebung geregelt, jedoch keine Anodnung getroffen, dass es sich auch um einen einheitlichen Rechtszug iSd § 29 handelt.[9] Gleiches gilt für die in Vorbem. 1.3.2 KV genannten Adoptionssachen.

14   **c) Verfahren nach § 166 Abs. 2, 3 FamFG (Abs. 2 S. 2).** Nach Abs. 2 S. 2 bilden Abänderungsverfahren nach § 166 Abs. 2 und 3 FamFG mit dem ursprünglichen Verfahren einen einheitlichen Kostenrechtszug. Damit soll das wiederholte Entstehen der Gebühr durch verfassungsrechtlich gebotene Überprüfung vermieden werden.[10] Es handelt sich um eine abschließende Aufzählung, so dass nur die Verfahren nach § 166 Abs. 2, 3 FamFG, nicht auch solche nach § 166 Abs. 1 FamFG erfasst sind.

15   Waren in dem Ursprungsverfahren bereits Gebühren erhoben, ist eine nochmalige Gebührenerhebung ausgeschlossen. Waren Gebühren hingegen noch nicht erhoben, auch weil das Gericht eine Anordnung nach § 81 Abs. 1 S. 2 FamFG getroffen hat, können im Überprüfungsverfahren Gebühren erhoben werden, weil nur ein wiederholter Gebührenanfall verhindert werden soll. Es bedarf insoweit einer weiteren Anordnung nach § 81 Abs. 1 S. 2 FamFG. Im Hinblick auf die Anm. zu Nr. 2002 KV liegt stets ein einheitlicher Rechtszug vor.

16   **Beispiel 1:** In einer Kindschaftssache werden durch Endentscheidung Maßnahmen nach § 1666 BGB getroffen. Die Kosten werden dem Elternteil A auferlegt, der Verfahrenswert beträgt 3.000 €. Es sind 7 förmliche Zustellungen angefallen. Später wird ein Überprüfungsverfahren durchgeführt (§ 1696 Abs. 2 BGB, § 166 Abs. 2 FamFG). Die ursprüngliche Anordnung wird aufgehoben. Die Kosten werden dem Elternteil A auferlegt, der Verfahrens-

---

5 OLG Düsseldorf JurBüro 1987, 453; OLG Schleswig NJW-RR 2015, 192. **6** OVG Münster JurBüro 1994, 176. **7** MüKoZPO/*Motzer*, § 119 Rn 32; Zöller/*Geimer*, ZPO, § 119 Rn 5. **8** HK-FamGKG/*N. Schneider*, § 31 Rn 47. **9** HK-FamGKG/*N. Schneider*, § 31 Rn 44. **10** BT-Drucks 16/6308, S. 304.

wert beträgt 3.000 €. Es ist eine Sachverständigenvergütung iHv 650 € gezahlt und weitere 6 förmliche Zustellungen sind angefallen.

Für das Ursprungs- und das Überprüfungsverfahren sind an Gerichtskosten zusammen entstanden:

0,5-Verfahrensgebühr, Nr. 1310 KV (Wert: 3.000 €)	54,00 €
Zustellungskosten, Nr. 2002 KV	10,50 €
Sachverständigenvergütung, Nr. 2005 KV	650,00 €

Angefallen sind 13 Zustellungen. Da beide Verfahren als ein Rechtszug gelten, bleiben 10 Zustellungen unerhoben (Anm. zu Nr. 2002 KV), so dass nur 3 x 3,50 € anzusetzen sind.

Beispiel 2: Das Familiengericht überträgt auf Antrag des Kindesvaters die elterliche Sorge auf beide Elternteile gemeinsam (§ 1626 a Abs. 2 BGB). Es ergeht entsprechende Endentscheidung. Der Verfahrenswert wird auf 3.000 € festgesetzt. **17**

Für das Verfahren sind an Gerichtsgebühren anzusetzen:

0,5-Verfahrensgebühr, Nr. 1310 KV (Wert: 3.000 €)	54,00 €

Zwei Jahre später beantragt die Kindesmutter, dass die elterliche Sorge ihr allein übertragen wird. Das Familiengericht entscheidet daraufhin antragsgemäß (§ 1696 Abs. 1, § 1671 Abs. 1 BGB).

Für das Änderungsverfahren sind an Gerichtsgebühren anzusetzen:

0,5-Verfahrensgebühr, Nr. 1310 KV (Wert: 3.000 €)	54,00 €

Ein Fall des Abs. 2 S. 2 liegt nicht vor, da Verfahren nach § 1696 Abs. 1 iVm § 1671 Abs. 1 BGB nicht von § 166 Abs. 2, 3 FamFG erfasst sind. Es gilt Abs. 2 S. 1.

§ 32 Verzögerung des Verfahrens

[1]Wird in einer selbständigen Familienstreitsache außer im Fall des § 335 der Zivilprozessordnung durch Verschulden eines Beteiligten oder seines Vertreters die Vertagung einer mündlichen Verhandlung oder die Anberaumung eines neuen Termins zur mündlichen Verhandlung nötig oder ist die Erledigung des Verfahrens durch nachträgliches Vorbringen von Angriffs- oder Verteidigungsmitteln, Beweismitteln oder Beweiseinreden, die früher vorgebracht werden konnten, verzögert worden, kann das Gericht dem Beteiligten von Amts wegen eine besondere Gebühr mit einem Gebührensatz von 1,0 auferlegen. [2]Die Gebühr kann bis auf einen Gebührensatz von 0,3 ermäßigt werden. [3]Dem Antragsteller, dem Antragsgegner oder dem Vertreter stehen der Nebenintervenient und sein Vertreter gleich.

I. Allgemeines

1 Mit der Verzögerungsgebühr erhält das Gericht die Möglichkeit, eine schuldhafte Verfahrensverzögerung zu ahnden. Die Gebühr ist eine Strafgebühr,[1] ihr kommt echter Strafcharakter zu.[2] Es handelt sich daher nicht um eine echte Kostenvorschrift, sondern um eine **Verfahrensgebühr mit Sanktionscharakter.**[3] Insbesondere leichtfertige, gewissenlose und gleichgültige Beteiligte sollen mit § 32 sanktioniert werden.[4] Zugleich trägt sie aber auch dem Interesse der Allgemeinheit an der zügigen Abwicklung von Rechtsstreitigkeiten Rechnung.[5]

2 Die Sanktionsmöglichkeit besteht unabhängig von solchen der Verfahrensordnung (zB §§ 95, 296 ZPO iVm § 113 Abs. 1 FamFG), so dass sie **nebeneinander** bestehen können. Die Norm ist nicht verfassungswidrig, jedoch muss **rechtliches Gehör** gewährt worden sein.

II. Anwendungsbereich

3 **1. Familienstreitsachen.** Die Gebühr kann nach S. 1 nur in selbständigen Familienstreitsachen (§ 112 FamFG) verhängt werden. Es handelt sich um eine abschließende Regelung, so dass die Anwendung von § 32 in FG-Familiensachen oder in Ehesachen unstatthaft ist. Auch in Folgesachen nach § 137 Abs. 2 Nr. 2, 4 FamFG ist eine Verhängung unzulässig, da es sich nicht um selbständige Familienstreitsachen handelt. Erfasst sind aber vereinfachte Unterhaltsverfahren sowie Arrest- und einstweilige Anordnungsverfahren, wenn sie eine selbständige Familienstreitsache zum Gegenstand haben.[6] Wegen § 5 Nr. 3, 4 gilt § 32 auch in Lebenspartnerschaftssachen nach § 269 Abs. 1 Nr. 8–10, Abs. 2 FamFG.

4 **2. Beteiligte. a) Allgemeines.** Die Verzögerungsgebühr ist dem Beteiligten (Antragsteller oder Antragsgegner) aufzuerlegen, der für die Verzögerung verantwortlich ist. Das kann auch ein minderjähriger Beteiligter sein, wenn die Verfahren nicht seine Person betreffen.[7] Haben mehrere Beteiligte die Verzögerung hervorgerufen, können diese gleichzeitig mit einer Verzögerungsgebühr sanktioniert werden.[8]

5 **b) Nebenintervenient (S. 3).** Gegen einen Nebenintervenient kann gleichfalls die Verzögerungsgebühr verhängt werden, was durch S. 3 klargestellt wird.[9]

6 **c) Streitgenossen.** Streitgenossen kann die Gebühr auferlegt werden, jedoch muss dabei das jeweilige Maß ihres Verschuldens berücksichtigt werden. Sind Streitgenossen zu unterschiedlichen Teilen an dem Verfahren beteiligt, ist dies auch bei der Gebührenberechnung nach § 32 zu berücksichtigen. Bei Streitgenossen ist die Verzögerungsgebühr deshalb nur nach dem Wert des Anspruchs zu bemessen, der von oder gegen den Streitgenossen geltend gemacht wurde.[10]

7 **d) Bevollmächtigte.** Die Gebühr kann nur einem Beteiligten, nicht dessen Vertreter auferlegt werden. Das gilt auch dann, wenn die Gebühr dem Beteiligten nur deshalb aufzuerlegen ist, weil er sich das Verhalten seines Vertreters anrechnen lassen muss (→ Rn 23).

III. Voraussetzungen (S. 1)

8 **1. Allgemeines.** Vor der Auferlegung der Gebühr sind die objektiven und subjektiven Voraussetzungen zu prüfen. Die objektiven Voraussetzungen ergeben sich aus der Norm selbst, so dass die Gebühr auferlegt werden kann bei

- Vertagung einer angesetzten mündlichen Verhandlung,
- Anberaumung eines neuen Termins zur mündlichen Verhandlung,
- Verzögerung des Verfahrens durch nachträgliches Vorbringen von Angriffs-, Verteidigungs- oder Beweismitteln bzw Beweiseinreden, die früher vorgebracht werden konnten.

9 Es genügt, dass einer der Tatbestände erfüllt ist, jedoch tritt als weitere objektive Voraussetzung die Kausalität des Handelns des Beteiligten hinzu. Subjektive Voraussetzung ist stets, dass schuldhaftes Verhalten vorliegt.

10 **2. Objektive Voraussetzungen. a) Vertagung einer mündlichen Verhandlung.** Vertagung liegt vor, wenn ein bereits begonnener Termin vor dessen Schluss unter Bestimmung eines Fortsetzungstermins beendet wird.[11] Es muss schon Aufruf zur Sache erfolgt sein, die Verlegung des Termins vor Aufruf der Sache ist nicht ausreichend.[12] War noch kein Termin bestimmt, kommt die Auferlegung einer Verzögerungsgebühr nicht in Betracht.[13]

---

1 OLG Stuttgart Rpfleger 1964, 131. 2 OLG Düsseldorf FamRZ 1997, 692. 3 OLG Hamm JurBüro 1970, 417. 4 OLG Hamm Rpfleger 1989, 303. 5 OLG München Rpfleger 1961, 422. 6 HK-FamGKG/*Thiel*, § 32 Rn 4. 7 HK-FamGKG/*Thiel*, § 32 Rn 8. 8 OLG München Rpfleger 1961, 422. 9 BT-Drucks 16/6308, S. 395. 10 OLG Nürnberg Rpfleger 1965, 300. 11 Zöller/*Stöber*, ZPO, § 227 Rn 3. 12 *Meyer*, GKG § 38 Rn 5. 13 OLG Hamm MDR 1975, 587.

Ausgenommen sind ausdrücklich die Fälle des § 335 ZPO, weil hier eine fehlerhafte Vorbereitung durch das Gericht erfolgt. 11

Erfasst sind auch alle weiteren Termine. Nicht jedoch ein nach § 279 Abs. 2 ZPO zur Beweisaufnahme bestimmter Termin, wenn nicht ein Fall des § 370 Abs. 1 ZPO vorliegt, sowie eine Güteverhandlung und Verkündungstermine.[14] 12

Das Verhalten des Beteiligten muss für die Vertagung verantwortlich sein, so dass die Verhängung der Verzögerungsgebühr unzulässig ist, wenn die Vertagung auch ohne Säumnis des Beteiligten notwendig geworden wäre.[15] Gleiches gilt, wenn die Einlassungsfrist zu kurz bemessen war.[16] Liegt ein schuldhaftes Verhalten vor, ist es unerheblich, ob aufgrund dieses Verhaltens die Vertagung von Amts wegen oder auf Antrag eines Beteiligten erfolgt ist. 13

b) Anberaumung eines neuen Termins zur mündlichen Verhandlung. Wird wegen der Verlegung die Anberaumung eines neuen Termins zur mündlichen Verhandlung erforderlich, kann eine Verzögerungsgebühr verhängt werden. Erfasst sind auch die Fälle des § 156 Abs. 1 ZPO,[17] aber nicht die zwingenden Wiederaufnahmegründe nach § 156 Abs. 2 ZPO.[18] Kein Fall liegt vor bei Anberaumung eines neuen Verkündungstermins.[19] 14

Das Gericht kann eine Verzögerungsgebühr auch dann verhängen, wenn der Beteiligte einen Termin zur Begutachtung mit einem Sachverständigen nicht einhält und die Akten deshalb erneut an diesen versandt werden müssen. Die Sanktion der Gebühr gegenüber den in § 380 ZPO verhängten Maßnahmen stellt nämlich das mildere Mittel dar.[20] 15

c) Verzögerung der Erledigung des Verfahrens. Wird die Erledigung des Verfahrens verzögert, zB weil **nachträglich Angriffs- oder Verteidigungsmittel, Beweismittel oder Beweiseinreden** vorgetragen werden, welche bereits zu einem früheren Zeitpunkt hätten vorgebracht werden können, kann eine Verzögerungsgebühr verhängt werden. Auf die Entscheidungsreife des Verfahrens kommt es nicht an.[21] 16

§ 282 ZPO iVm § 113 Abs. 1 FamFG ist zu beachten, so dass ein Angriffs- oder Verteidigungsmittel so rechtzeitig vorzubringen ist, wie es nach der Verfahrenslage einer sorgfältigen und auf die Verfahrensförderung bedachten Verfahrensführung entspricht. Im Falle der Vorbereitung durch Schriftsätze sind Angriffs- und Verteidigungsmittel, auf welche der Gegner voraussichtlich ohne vorherige Erkundigungen keine Erklärungen abgeben kann, so zeitig mitzuteilen, dass dieser die notwendigen Erkundigungen noch einholen kann. Auch muss der Schriftsatz so eingereicht werden, dass noch die Fristen des § 132 ZPO gewahrt werden können. In den Fällen der §§ 251 a, 283 ZPO iVm § 113 Abs. 1 FamFG ist keine Verzögerungsgebühr zu verhängen.[22] 17

Erfasst sind insb. Behauptungen, Einwendungen, Einreden, Beweismittel, Beweiseinreden und Bestreiten. Nicht erfasst sind hingegen Sachanträge, so dass auch bei einer Änderung des Antrags oder Widerantrags keine Verzögerungsgebühr aufzuerlegen ist.[23] Die Verhängung scheidet auch aus, wenn hilfsweise Aufrechnung erfolgt,[24] Verjährungseinrede erhoben oder Rechtsausführungen vorgetragen werden.[25] Die Auferlegung einer Verzögerungsgebühr kann hingegen bei verspäteter Beauftragung eines Anwalts erfolgen,[26] da es sich nach § 114 Abs. 1 FamFG bei den selbständigen Familienstreitsachen um Anwaltsverfahren handelt. Gleiches gilt bei Terminsvertagung wegen Nichtzahlung eines Vorschusses nach § 379 ZPO,[27] bei wiederholtem Nichterscheinen des Rechtsanwalts,[28] bei der Benennung eines Zeugen erst am Terminstage[29] oder bei Vorbringen eines Ablehnungsgesuchs kurz vor Verhandlungstermin, obwohl die Ablehnungsgründe lange bekannt waren.[30] 18

Die Verhängung ist unzulässig, wenn zwar eine unnötige Mehrarbeit verursacht wird, sich dadurch aber die Erledigung des Verfahrens nicht verzögert.[31] Auch muss die eingetretene Verzögerung bei der Erledigung des Verfahrens praktisch ins Gewicht fallen,[32] nur theoretische Auswirkungen genügen nicht. Hat das Gericht ein verspätet vorgetragenes Angriffs- oder Verteidigungsmittel nach § 296 Abs. 2 ZPO iVm § 113 Abs. 1 FamFG zurückgewiesen, liegt keine Verzögerung vor. Gleiches gilt, wenn neben dem verspäteten Vorbringen auch andere Gründe für die Verzögerung verantwortlich sind, zB wenn ein Anwalt eigenmächtig Zeugen ablädt und ohnehin ein neuer Termin erforderlich war.[33] 19

---

14 HK-FamGKG/*Thiel*, § 32 Rn 16. **15** OLG Nürnberg Rpfleger 1966, 291. **16** OLG Nürnberg Rpfleger 1956, 297. **17** Binz/Dörndorfer/*Zimmermann*, GKG § 38 Rn 3; aA *Meyer*, GKG § 38 Rn 7. **18** *Meyer*, GKG § 38 Rn 7. **19** *Meyer*, GKG § 38 Rn 7. **20** LG Flensburg JurBüro 1996, 44. **21** OLG München NJW-RR 2001, 71. **22** *Meyer*, GKG § 38 Rn 9 a. **23** OLG Hamm JurBüro 1967, 55; Binz/Dörndorfer/*Zimmermann*, GKG § 38 Rn 5. **24** OLG Celle MDR 2001, 350. **25** Binz/Dörndorfer/*Zimmermann*, GKG § 38 Rn 5. **26** OLG Koblenz MDR 1975, 587. **27** OLG Düsseldorf VersR 1977, 726. **28** OLG Koblenz JurBüro 1984, 1063. **29** OLG Schleswig Rpfleger 1962, 394. **30** OLG Düsseldorf 21.5.2015 – 6 W 46/15, juris. **31** OLG Hamm Rpfleger 1989, 303. **32** OLG Hamm NJW 1975, 2026. **33** OLG Neustadt Rpfleger 1957, 237.

NK-GK/H. *Schneider*

20   **d) Versäumnisentscheidungen.** Ergeht eine Versäumnisentscheidung oder muss der Erlass einer Entscheidung nach Aktenlage zurückgewiesen werden (§ 335 ZPO), darf wegen S. 1 keine Verzögerungsgebühr verhängt werden.

21   **e) Kausalität.** Das Verhalten des Beteiligten muss **kausal** gewesen sein. Liegen die Gründe für Vertagung, Verlegung oder Verzögerung nicht im Verhalten des Beteiligten, kann eine Verzögerungsgebühr nicht verhängt werden, zB wegen Erkrankung des Richters.[34]

22   **3. Subjektive Voraussetzungen. a) Verschuldensbegriff.** Es muss stets schuldhaftes Verhalten des Beteiligten oder seines Vertreters vorliegen. Dabei ist auf § 276 BGB abzustellen, so dass der Beteiligte **Vorsatz** und **Fahrlässigkeit** zu vertreten hat, weil jeder Grad des Verschuldens genügt.[35] Dazu zählt es auch, dass die im Verfahren gebotene Sorgfaltspflicht außer Acht gelassen wird (§ 276 Abs. 2 BGB). Unerheblich ist, ob unabsichtlich gehandelt wurde, weil es nicht auf bloßen Vorsatz ankommt. Das Gericht muss aber das Verschulden des Beteiligten oder seines Vertreters zweifelsfrei festgestellt haben.[36] Im Falle der Vertagung wird Verschulden dann anzunehmen sein, wenn keine Gründe ersichtlich oder glaubhaft gemacht sind, die das schuldhafte Verhalten als verständlich und entschuldbar erscheinen lassen.[37] Glaubhaftmachung verlangt § 32 nicht.[38] Das Einverständnis des Gegners mit der Handlung schließt die Auferlegung der Verzögerungsgebühr nicht aus.[39]

23   **b) Verhalten des Vertreters.** Ist das Verhalten des Vertreters für die Verzögerung verantwortlich, hat der Beteiligte gleichwohl dafür **einzustehen**, was S. 1 klarstellt. Für den Fall der Vertretung durch Verfahrensbevollmächtigte ergibt sich dies schon aus § 85 Abs. 2 ZPO iVm § 113 Abs. 1 FamFG. Kostenschuldner ist daher niemals der Vertreter, sondern der Beteiligte selbst. Das gilt auch, wenn die Vertagung durch ein Verschulden des Bevollmächtigten erforderlich wird.[40] Erfasst sind sowohl gesetzliche als auch rechtsgeschäftliche Vertreter. Für Handlungen des Nebenintervenienten haften andere Beteiligte aber nicht, weil gegen ihn nach S. 3 eine selbständige Verhängung der Gebühr statthaft ist.

24   **c) Zeugen und Sachverständige.** Für das Verhalten von Zeugen und Sachverständigen haftet der Beteiligte nicht, auch wenn er sie benannt hat. Da Zeugen, Sachverständige und Dritte nach § 142 Abs. 1, § 144 Abs. 1 ZPO iVm § 113 Abs. 1 FamFG auch keine Beteiligte sind, kann die Verzögerungsgebühr gegen sie nicht verhängt werden. Schuldhaftes Verhalten kann bei Zeugen und Sachverständigen nur nach §§ 380, 390, 409, 411 Abs. 2 ZPO, bei Dritten nur nach § 142 Abs. 2, § 144 Abs. 2 ZPO iVm § 390 ZPO sanktioniert werden.

4. Einzelfälle A–Z

25 ■ **Antragsbegründung.** Vertagung wegen verspäteter Einreichung der Antragsbegründung rechtfertigt die Verzögerungsgebühr.[41]

26 ■ **Antragserwiderung.** Erfolgt die Vertagung wegen verspäteter Einreichung der Erwiderungsschrift, liegt schuldhaftes Verhalten nur vor, wenn die gesetzte Erwiderungsfrist ohne Weiteres als ausreichend anzusehen ist.[42]

27 ■ **Aufrechnung.** Sie stellt keine Verzögerung des Verfahrens dar.[43]

28 ■ **Auslagenvorschuss.** Wird eine Vertagung notwendig, weil ein nach § 379 ZPO unter Fristsetzung angeforderter Auslagenvorschuss nicht gezahlt wird, kommt die Verhängung der Verzögerungsgebühr in Betracht.[44]

29 ■ **Beauftragung des Rechtsanwalts.** Ist ein Rechtsanwalt in Anwaltsverfahren verspätet beauftragt, kann die Verzögerungsgebühr gerechtfertigt sein, wenn eine angemessene Frist zur Antragserwiderung gesetzt war.[45]

30 ■ **Beteiligtenvernehmung.** Das Nichterscheinen eines Beteiligten zu seiner Vernehmung rechtfertigt die Verhängung der Verzögerungsgebühr noch nicht.[46]

31 ■ **Einlassung.** Hat sich der Antragsgegner nicht auf das Verfahren eingelassen, kann keine Verzögerungsgebühr verhängt werden.[47]

32 ■ **Flucht in die Säumnis.** Sie rechtfertigt keine Verzögerungsgebühr, da die Beteiligten lediglich von einer im Gesetz vorgesehenen Möglichkeit Gebrauch machen und durch § 32 nur normwidriges Verhalten sanktioniert wird.[48] Wegen § 335 ZPO → Rn 11.

---

34 Binz/Dörndorfer/*Zimmermann*, GKG § 38 Rn 7. 35 OLG Koblenz JurBüro 1975, 1354. 36 OLG Neustadt Rpfleger 1963, 35. 37 OLG Celle VersR 1969, 525. 38 OLG Hamm Rpfleger 1989, 303. 39 OLG München Rpfleger 1961, 422. 40 OLG Bamberg JurBüro 1985, 425. 41 FG Düsseldorf EFG 1975, 378. 42 OLG München NJW 1974, 707. 43 OLG Celle MDR 2001, 350. 44 OLG Düsseldorf VersR 1977, 726. 45 OLG Bamberg JurBüro 1970, 50; OLG Koblenz MDR 1975, 587. 46 OLG Celle NdsRpfl 1961, 204. 47 OLG Celle Rpfleger 1964, 231. 48 OLG Hamm NJW-RR 1995, 1406; LAG Hamm NZA-RR 2001, 383; Binz/Dörndorfer/*Zimmermann*, GKG § 38 Rn 6; HK-FamGKG/*Thiel*, § 32 Rn 28; aA OLG Celle MDR 2007, 1345.

- **Information.** Muss die Verhandlung vertagt werden, weil der ordnungsgemäß geladene Antragsgegner einen Anwalt erst so spät informiert, dass dieser einen Verlegungsantrag stellen muss, kann eine Verzögerungsgebühr verhängt werden.[49] Dies gilt aber nicht, wenn die Terminsverlegung auch aus anderem Grund erfolgt war.[50] **33**
- **Richterablehnung.** Wird ein offensichtlich unbegründetes Ablehnungsgesuch gestellt, das zur Verfahrensverzögerung führt, kann eine Verzögerungsgebühr verhängt werden.[51] Das gilt insb. dann, wenn es kurz vor der mündlichen Verhandlung gestellt wird und dadurch der Termin verlegt werden muss, obwohl der Partei die Ablehnungsgründe lange bekannt waren.[52] **34**
- **Vertretung.** Muss erneut vertagt werden, weil der Rechtsanwalt wiederholt nicht erscheint und auch keinen sachinformierten Vertreter beauftragt, kann eine Verzögerungsgebühr auferlegt werden.[53] **35**
- **Zeugen.** Benennt der Beteiligte erst am Tage des angesetzten Termins neue Zeugen, kommt eine Verzögerungsgebühr in Betracht, wenn das Verfahren dadurch in dem anberaumten Termin nicht beendet werden kann.[54] **36**

IV. Verfahren

1. Prüfung. Die Verhängung einer Verzögerungsgebühr ist **von Amts wegen** zu prüfen, so dass es keines Antrags eines Beteiligten bedarf. Ein Beteiligter kann eine Verhängung zwar **anregen**, ein förmliches Antragsrecht steht aber weder den Beteiligten noch der Staatskasse zu. Die Gebühr kann in jeder Lage des Verfahrens verhängt werden,[55] aber nicht mehr nach Verkündung der Endentscheidung[56] oder sonstiger Verfahrensbeendigung. **37**

2. Ermessensentscheidung. Ob die Gebühr verhängt wird, liegt im Ermessen des Gerichts. Es ist daher nicht zur Verhängung verpflichtet, auch wenn die Voraussetzungen des § 32 erfüllt sind. Das Gericht hat bei der Prüfung und Bewertung des Sachverhalts an alle Beteiligten denselben Maßstab anzusetzen. Dabei sind keine anderen Maßstäbe anzusetzen, als sie das Gericht an sich selbst stellt.[57] **38**

3. Verfahrensförderungspflicht des Gerichts. Das Gericht muss alle Möglichkeiten ausschöpfen, um eine Verzögerung zu verhindern,[58] denn im Rahmen der Entscheidungsfindung des § 32 ist auch die Verfahrensförderungspflicht des Gerichts zu berücksichtigen, die es wahrnehmen muss. Ist ihr nicht nachgekommen, scheidet die Verhängung der Verzögerungsgebühr aus,[59] weil dem Gericht keine Wahlmöglichkeit zwischen den in der ZPO vorgesehenen Maßnahmen und der Verzögerungsgebühr zusteht.[60] Das Gericht ist daher auch verpflichtet, soweit dies zumutbar erscheint, vorbereitende Maßnahmen anzuordnen, um eine eingetretene Verspätung auszugleichen, oder Maßnahmen nach §§ 139, 273, 283, 296 ZPO iVm § 113 Abs. 1 FamFG zu prüfen. Erst wenn nach Prüfung und sorgfältiger Abwägung feststeht, dass eine Anordnung solcher Maßnahmen nicht in Betracht kommt, ist die Verhängung der Verzögerungsgebühr statthaft.[61] **39**

4. Rechtliches Gehör. Vor der Verhängung der Verzögerungsgebühr ist dem betreffenden Beteiligten zwingend rechtliches Gehör zu gewähren.[62] Ihm ist daher Gelegenheit zu geben, zu dem Vorwurf des schuldhaften Verhaltens Stellung zu nehmen.[63] Wird rechtliches Gehör nicht gewährt, kann dies zur Aufhebung der Verzögerungsgebühr führen, jedoch nicht, wenn rechtliches Gehör im Beschwerdeverfahren (§ 60) nachgeholt werden kann.[64] Das Gericht hat auch in Anwaltsverfahren die Absicht, eine Verzögerungsgebühr zu verhängen, dem Beteiligten selbst mitzuteilen und diesem stets selbst Gelegenheit zur Stellungnahme zu geben.[65] Soweit rechtliches Gehör in der mündlichen Verhandlung gewährt wurde, ist ein entsprechender Vermerk ins Protokoll aufzunehmen. **40**

Bei Nichtgewährung des rechtlichen Gehörs ist zunächst Beschwerde nach § 60 einzulegen. Ist sie nicht statthaft, greift § 61. **41**

Da die Staatskasse am Verfahren nicht beteiligt ist, muss ihr kein rechtliches Gehör gewährt werden. **42**

5. Entscheidung. a) Beschluss. Die Entscheidung ergeht durch Beschluss. Einer mündlichen Verhandlung bedarf es nicht, jedoch ist sie freigestellt. Die Gebühr kann auch noch in der Endentscheidung verhängt werden und bedarf dann keines gesonderten Beschlusses.[66] Nach Verkündung der Endentscheidung ist die Verhängung der Gebühr jedoch unzulässig.[67] Gleiches gilt für Verfahrensteile, die bereits durch Teilerledigung beendet sind. **43**

49 OLG Celle Rpfleger 1964, 231. **50** OLG Hamm JurBüro 1968, 901. **51** BFH 30.3.1987 – IX B 88/85, juris; OLG Düsseldorf MDR 1984, 857. **52** OLG Düsseldorf 21.5.2015 – 6 W 46/15, juris. **53** OLG Koblenz JurBüro 1984, 1063. **54** OLG Schleswig Rpfleger 1962, 394. **55** BFH/NV 2007, 931; OLG Celle MDR 2007, 1345. **56** LAG Düsseldorf MDR 1996, 1196. **57** OLG Frankfurt OLGR 1997, 155. **58** OLG Hamm NJW 1971, 1662; OLG Düsseldorf NJW-RR 1999, 147. **59** OLG München NJW-RR 2001, 71; OLG Düsseldorf NJW-RR 1999, 147. **60** OLG Düsseldorf NJW-RR 1999, 859. **61** *Oestreich/Hellstab/Trenkle*, GKG § 38 Rn 17. **62** OLG Schleswig Rpfleger 1962, 394; OLG Köln Rpfleger 1963, 362; OLG Stuttgart NJW 1970, 1611; OLG Bamberg JurBüro 1973, 361. **63** LG Essen JurBüro 1971, 256. **64** OLG Köln MDR 1962, 489. **65** OLG München NJW 1965, 306. **66** OLG Celle MDR 2001, 350. **67** LAG Düsseldorf MDR 1996, 1196.

44   **b) Inhalt.** Der Beteiligte, dem die Gebühr auferlegt wird, ist genau zu bezeichnen. Bei Streitgenossen muss eindeutig bestimmt sein, ob diese anteilig oder als Gesamtschuldner haften, denn der Haftungsumfang muss sich stets zweifelsfrei ergeben. Auch die Höhe der verhängten Gebühr ist genau zu bezeichnen, wobei es dem Gericht überlassen bleibt, den genauen Geldbetrag oder nur den Gebührensatz (0,3–1,0fach) anzugeben.

45   **c) Begründung.** Der Beschluss bedarf stets einer Begründung.[68] Darin sind insb. die Umstände und Verhaltensweisen des Beteiligten zu benennen, die zur Verzögerung geführt haben. Zugleich ist auszuführen, weshalb das Verhalten für die Verzögerung, Vertagung oder Anberaumung eines neuen Termins ursächlich war. Auszuführen ist auch, weshalb das Gericht eine Erklärung oder Entschuldigung des Beteiligten nicht als entlastend gewertet hat.[69]

46   **6. Zuständigkeit.** Zuständig ist das Gericht (Richter, Rechtspfleger), nicht aber der Kostenbeamte. Sachlich ist das Gericht zuständig, bei dem der Rechtsstreit zum Zeitpunkt der Verzögerung anhängig war.

47   **7. Zustellung.** Der Beschluss ist gem. § 329 Abs. 3 ZPO iVm § 113 Abs. 1 FamFG förmlich zuzustellen, da er zugleich Vollstreckungstitel ist.[70] Ist die Entscheidung aufgrund mündlicher Verhandlung ergangen, bedarf es der Verkündung (§ 329 Abs. 1 ZPO iVm § 113 Abs. 1 FamFG).

48   **8. Rechtsmittel.** Gegen den Beschluss findet die Beschwerde nach § 60 statt, soweit der Beschwerdewert 200 € übersteigt oder Zulassung erfolgt.

V. Die Verzögerungsgebühr

49   **1. Höhe der Gebühr.** Es handelt sich um eine wertabhängige Gebühr. Sie ist im **Regelfall** mit einem **1,0-Gebührensatz** aufzuerlegen,[71] also nicht nur in Ausnahmefällen oder bei besonders schweren Verstößen.

50   Es kann eine **Ermäßigung** des Gebührensatzes **auf bis zu 0,3** erfolgen (S. 2), wenn die Umstände des Einzelfalls eine solche rechtfertigen oder notwendig erscheinen lassen. Bei der Bemessung des Gebührensatzes sind insb. zu berücksichtigen: das Maß des Verschuldens, die Bedeutung der Verzögerung und die Vermögenslage des verursachenden Beteiligten.[72]

51   Die Ermäßigung steht im pflichtgemäßen Ermessen des Gerichts und darf nicht willkürlich vorgenommen werden; sie soll die Ausnahme bilden.[73] Wird vom 1,0-Gebührensatz abgewichen, sollte die Abweichung begründet werden.[74] Da der Gebührensatz in dem Beschluss über die Anordnung auszusprechen ist, kommt eine nachträgliche Ermäßigung nicht von Amts wegen in Betracht, denn der Beschluss kann nur aufgrund Beschwerde (§ 60) geändert werden. Die Gebührensätze von 1,0 und 0,3 stellen zugleich **Höchst- und Mindestgrenzen** dar, die nicht über- oder unterschritten werden können.

52   **2. Verfahrenswert.** Für die Verzögerungsgebühr ist auf den Wert der Hauptsache abzustellen. Ändert sich dieser zB durch Teilerledigung oder Antragserweiterung, kommt es nur auf den Zeitpunkt der Verzögerung an. Der Zeitpunkt des Erlasses des Anordnungsbeschlusses ist unerheblich.[75] Sind nur Teile des Verfahrens von der Verzögerung erfasst, ist nur der Wert dieses Verfahrensteils maßgeblich. Ist die Gebühr gegen Streitgenossen verhängt, ist sie nur nach dem Wert des Gegenstands zu bemessen, der von dem oder gegen den Streitgenossen geltend gemacht wurde.[76] In dem Beschluss muss der maßgebliche Wert nicht bestimmt werden.

53   **3. Kostenschuldner.** Für die Gebühr haftet nur der Beteiligte, dem sie das Gericht auferlegt hat. Die allgemeinen Regelungen der §§ 21 ff gelten nicht, so dass der Antragsteller nicht als Zweitschuldner haftet. Auch ein Entscheidungsschuldner (§ 24 Nr. 1) haftet nicht. Die Übernahmehaftung (§ 24 Nr. 2) erstreckt sich nur dann auf die Verzögerungsgebühr, wenn diese Kosten zweifelsfrei übernommen werden. Eine Inanspruchnahme des Kostenschuldners nach § 24 Nr. 3 ist aber möglich.[77]

54   **4. Kostenfreiheit.** Kosten- oder Gebührenfreiheit hindern die Auferlegung der Gebühr nicht.[78]

55   **5. Verfahrenskostenhilfe.** Eine im Hauptverfahren bewilligte VKH umfasst nicht die Verzögerungsgebühr, da dies dem Sinn und Zweck der Vorschrift zuwiderlaufen würde.

56   **6. Fälligkeit.** Die Verzögerungsgebühr wird mit Erlass des Anordnungsbeschlusses fällig (§ 9 Abs. 2) und ist unmittelbar danach anzufordern (§ 15 Abs. 1 KostVfg).

57   **7. Kosteneinzug.** Nach Erlass des Anordnungsbeschlusses sind die Akten unverzüglich dem Kostenbeamten vorzulegen, der Kostenrechnung (§ 24 KostVfg) erstellt. Darin ist die Verzögerungsgebühr in der vom Gericht bestimmten Höhe (Nr. 1501 KV) aufzunehmen. Ist nur der Gebührensatz bestimmt, obliegt die Fest-

---

68 OLG Hamm JurBüro 1968, 655; OLG Stuttgart NJW 1970, 1611. **69** *E. Schneider*, JurBüro 1976, 5, 15. **70** OLG Düsseldorf OLGR 1965, 191. **71** LG Koblenz AnwBl 1978, 103. **72** OLG Neustadt Rpfleger 1957, 237; OLG Hamm Rpfleger 1966, 129. **73** OLG Düsseldorf 12.2.2015 – 6 W 1/15, juris. **74** LG Koblenz AnwBl 1978, 103. **75** *Meyer*, GKG § 38 Rn 23. **76** OLG Nürnberg JurBüro 1965, 300. **77** *Oestreich/Hellstab/Trenkle*, GKG § 38 Rn 22. **78** OLG Hamm JurBüro 1970, 417.

stellung des genauen Zahlbetrags dem Kostenbeamten. Er ist an den vom Gericht bestimmten Gebühren-satz gebunden. Die Gebühr ist durch Sollstellung anzufordern. Da es sich um eine wertabhängige Gebühr handelt, greift die Anm. Nr. 2002 KV.

8. Kostenerstattung. Die Verzögerungsgebühr gehört nicht zu den Kosten des Rechtsstreits iSd § 91 ZPO iVm § 113 Abs. 1 FamFG, so dass für eine Kostenfestsetzung kein Raum ist. | 58

Abschnitt 7
Wertvorschriften

Unterabschnitt 1
Allgemeine Wertvorschriften

§ 33 Grundsatz

(1) [1]In demselben Verfahren und in demselben Rechtszug werden die Werte mehrerer Verfahrensgegenstän-de zusammengerechnet, soweit nichts anderes bestimmt ist. [2]Ist mit einem nichtvermögensrechtlichen An-spruch ein aus ihm hergeleiteter vermögensrechtlicher Anspruch verbunden, ist nur ein Anspruch, und zwar der höhere, maßgebend.

(2) Der Verfahrenswert beträgt höchstens 30 Millionen Euro, soweit kein niedrigerer Höchstwert bestimmt ist.

I. Allgemeines

Die Vorschrift enthält allgemeine Regelungen für die Wertberechnung, lässt aber bestehende Sonderregelun-gen (zB §§ 38, 39) unberührt. Abs. 1 erfasst die Fälle, dass in demselben Verfahren mehrere Gegenstände geltend gemacht werden. Abs. 2 bestimmt einen Höchstwert. | 1

II. Wertaddition bei verschiedenen Gegenständen (Abs. 1 S. 1)

1. Grundsatz. Werden in demselben Verfahren und in demselben Rechtszug mehrere Verfahrensgegenstän-de geltend gemacht, sind ihre Werte **zusammenzurechnen**, wenn dem **einzelnen Gegenstand** ein **eigener Wert** zukommt. | 2

Bei verschiedenen Verfahren erfolgt eine Zusammenrechnung nur, wenn sie **verbunden** werden; das gilt al-lerdings nicht, wenn eine unechte Verfahrensverbindung vorliegt, weil eine solche nur beschlossen wird, um die Verfahren gemeinsam zu verhandeln, nicht aber gemeinsam zu entscheiden.[1] Für den **Verbund** ordnet § 44 Abs. 1 an, dass Scheidungssachen und Folgesachen als ein Verfahren gelten, so dass auch hier die Wer-te addiert werden. | 3

2. Anhängigkeit zu verschiedenen Zeitpunkten. Die Wertaddition setzt nicht voraus, dass die Gegenstände während der gesamten Verfahrensdauer nebeneinander anhängig gewesen sind. Soweit Gebühren für das gesamte Verfahren erhoben werden, sind daher die Werte aller anhängig gewesenen Teile des Gegenstands zu addieren, auch wenn sie niemals gleichzeitig anhängig waren.[2] Werden Gebühren nur für Teile des Ver-fahrens erhoben, kommt es hingegen nur auf die Ansprüche an, die zum Zeitpunkt der Entstehung der Ge-bühr noch anhängig sind. | 4

Beispiel: Wegen Zahlung von 4.500 € wird am 15.3. Antrag gestellt. Er wird am 19.5. um 5.000 € erweitert und der Antrag zugleich wegen der ursprünglichen Forderung iHv 4.500 € zurückgenommen. Eine mündliche Ver-handlung findet am 20.7. statt. | 5
Die Gerichtsgebühr (Nr. 1220 KV) und die anwaltliche Verfahrensgebühr sind jeweils nach einem Wert von 9.500 € zu berechnen, während für die anwaltliche Terminsgebühr nur 4.500 € zugrunde zu legen sind.

3. Mehrere Beteiligte. Liegt eine subjektive Antragshäufung vor, erfolgt keine Wertaddition, wenn der Ge-genstand von Gesamtgläubigern oder gegen Gesamtschuldner geltend gemacht wird. Besteht jedoch keine gesamtschuldnerische Haftung, ist zusammenzurechnen, weil mehrere Ansprüche vorliegen, so zB, wenn in-haltsgleiche Unterlassungsansprüche gegen mehrere Verpflichtete geltend gemacht werden.[3] Legen mehrere Streitgenossen, die keine Gesamtschuldner oder Gesamtgläubiger sind, gegen die sie beschwerende Ent-scheidung ein Rechtsmittel ein, so werden die auf die einzelnen Streitgenossen entfallenden Werte addiert.[4] | 6

1 OLG München JurBüro 1990, 393. **2** OLG Celle JurBüro 1986, 741; OLG Hamm AGS 2007, 516. **3** OLG München OLGR 2001, 291. **4** OLG Naumburg 9.8.2005 – 12 U 27/05, juris.

7 **4. Unterhaltssachen.** Die Werte von bei Antragseinreichung fälligen Beträgen und laufenden Unterhalt sind zu addieren (§ 51 Abs. 2 S. 1). Wird Unterhalt für verschiedene Kinder geltend gemacht, liegen verschiedene Ansprüche vor, so dass die Werte für jedes Kind gesondert zu ermitteln und nach Abs. 1 S. 1 zu addieren sind. Trennungs- und nachehelicher Unterhalt (auch nach §§ 12, 16 LPartG) sind verschiedene Ansprüche, die nach § 51 selbständig zu berechnen und nach Abs. 1 S. 1 zu addieren sind,[5] weil die Entscheidung über den Trennungsunterhalt nicht den Unterhaltsanspruch für die nacheheliche Zeit umfasst.[6] Bei einem Abänderungsantrag nach § 240 FamFG sind die Werte für Anträge auf Änderung und Rückzahlung zuviel geleisteten Unterhalts nicht zusammenzuaddieren.[7]

8 **5. Kindschaftssachen.** Siehe dazu → § 45 Rn 11 ff.

9 **6. Abstammungssachen.** Siehe dazu → § 47 Rn 5 f.

10 **7. Vollstreckungsabwehr.** Wird beantragt, die Zwangsvollstreckung wegen einer noch offenen Restforderung für unzulässig zu erklären, und gleichzeitig Herausgabe des Titels verlangt, sind die Werte zu addieren.[8] Liegt den Schuldtiteln die gleiche Hauptforderung zugrunde, so findet eine Wertaddition nicht statt, wenn sowohl persönlicher als auch dinglicher Schuldner gemeinsam Vollstreckungsabwehrantrag stellen.[9] Soll die Vollstreckung nach § 767 ZPO iVm § 120 FamFG für unzulässig erklärt werden und wird zugleich Rückgewähr einer im Titel verbrieften Sicherung verlangt, ist für den Wert nur die Forderung maßgeblich; der Wert der Sicherheit bleibt unberücksichtigt.[10] Wird Vollstreckungsabwehr und Herausgabe der Bürgschaftserklärung beantragt, bleibt Letztere für den Wert unbeachtlich.[11]

III. Verbot der Wertaddition (Abs. 1 S. 2)

11 **1. Allgemeines.** Eine Wertaddition unterbleibt, wenn abweichende Regelungen bestehen (Abs. 1 S. 1 Hs 2), zB nach

- § 33 Abs. 1 S. 2 bei Geltendmachung eines nichtvermögensrechtlichen Anspruchs und eines aus ihm hergeleiteten vermögensrechtlichen Anspruchs;
- § 36 Abs. 2 wegen der Genehmigung mehrerer Erklärungen, die denselben Gegenstand betreffen;
- § 37 für Nebenforderungen (Früchte, Nutzungen, Kosten, Zinsen);
- § 38 für Stufenanträge;
- § 39 Abs. 1 wegen Antrag- und Widerantrag, wenn Gegenstandsidentität vorliegt;
- § 39 Abs. 2 für wechselseitige Rechtsmittel;
- § 45 Abs. 2 für bestimmte Kindschaftssachen, wenn mehrere Kinder betroffen sind.

12 Darüber hinaus unterbleibt die Wertaddition auch, wenn derselbe Gegenstand betroffen ist, dh **wirtschaftliche Identität** vorliegt,[12] zB wenn mit Zahlantrag auch Freigabe eines in der Gesamtsumme enthaltenen Teilbetrags verlangt wird.[13]

13 Abs. 1 S. 1 Hs 2 und S. 2 gelten wegen § 23 Abs. 1 RVG auch für die **Berechnung der Anwaltsgebühren.**

14 **2. Vermögens- und nichtvermögensrechtliche Ansprüche. a) Allgemeines.** Eine Wertaddition findet nicht statt, wenn mit einem nichtvermögensrechtlichen Anspruch ein aus ihm hergeleiteter vermögensrechtlicher Anspruch verbunden wird (Abs. 1 S. 2). Es ist dann allein der höhere Wert für die Gebührenberechnung maßgeblich.

15 **b) Abstammungssachen.** Abs. 1 S. 2 greift auch, wenn eine Abstammungssache mit einer Unterhaltssache nach § 179 Abs. 1 S. 2 FamFG verbunden wird, so dass es auch hier allein auf den höheren Wert ankommt.[14] Dabei verbleibt es auch, wenn die Abstammungssache zurückgewiesen oder zurückgenommen wird.[15]

16 **Beispiel:** Mit dem Antrag auf Vaterschaftsfeststellung wird ein monatlicher Kindesunterhalt iHv 250 € ab Geburt des Kindes geltend gemacht. Das Kind ist am 15.4. geboren, beide Anträge gehen am 25.8. bei Gericht ein.
Der Verfahrenswert beträgt für die Abstammungssache 2.000 € (§ 47 Abs. 1) und für den Unterhalt 4.250 € (§ 51 Abs. 1, 2, 5 x 250 € Rückstand + 12 x 250 € lfd. Unterhalt). Wegen Abs. 1 S. 2 erfolgt keine Wertaddition, so dass eine 2,0-Verfahrensgebühr (Nr. 1320 KV) nach einem Wert von 4.250 € entstanden ist.

17 **c) Getrennte Verfahren.** Beide Ansprüche müssen in demselben Verfahren und Rechtszug anhängig sein. Handelt es sich um getrennte Verfahren, die auch nicht miteinander verbunden werden, sind die Einzelwerte maßgeblich.

---

5 OLG Hamburg FamRZ 1984, 1250; OLG Hamm FamRZ 1988, 402. **6** BGH MDR 1981, 392. **7** OLG Hamburg JurBüro 1994, 493. **8** LG Bonn BRAGOreport 2002, 80. **9** OLG Schleswig JurBüro 1987, 267. **10** BGH MDR 1969, 134. **11** BGH WM 1968, 1377. **12** OLG Düsseldorf MDR 2000, 543. **13** OLG Frankfurt KostRsp. ZPO § 5 Nr. 93. **14** OLG München JurBüro 1981, 1376; OLG Hamm FamRZ 1994, 641; OLG Karlsruhe DAVorm 1995, 129; OLG Koblenz JurBüro 1998, 417; OLG Köln FamRZ 2001, 779. **15** OLG Bremen OLGR 1996, 330.

Beispiel: Im März 2014 wird ein Vaterschaftsfeststellungsantrag gestellt. Das Verfahren wird im September 2014 18 beendet. Der Wert beträgt 2.000 €. Im November 2014 wird ein Unterhaltsverfahren eingeleitet, der Wert beträgt hier 4.800 €.

Abs. 1 S. 2 greift nicht ein, weil beide Ansprüche nicht miteinander verbunden waren, sondern als getrennte Verfahren behandelt wurden. Sie sind auch getrennt abzurechnen. In der Abstammungssache ist eine 2,0-Verfahrensgebühr (Nr. 1320 KV) nach einem Wert von 2.000 €, in der Unterhaltssache eine 3,0-Verfahrensgebühr (Nr. 1220 KV) nach einem Wert von 4.800 € zu erheben.

d) **Kindschaftssachen.** Abs. 1 S. 2 gilt nicht, wenn neben einer Kindschaftssache auch Kindesunterhalt gel- 19 tend gemacht wird, da es sich stets um getrennte Verfahren handelt. Das gilt auch, wenn in einem Scheidungsfolgenvergleich eine Regelung hinsichtlich der elterlichen Sorge und des Kindesunterhalts getroffen wird, so dass für den Vergleichswert beide Werte zusammenzuaddieren sind.[16]

IV. Höchstwert (Abs. 2)

1. Allgemeines. Der Verfahrenswert beträgt höchstens 30 Mio. €, soweit kein niedrigerer Höchstwert be- 20 stimmt ist (Abs. 2). Damit soll sichergestellt sein, dass bei hohen Werten keine unverhältnismäßig hohen Gebühren entstehen und das mit der Verfahrensführung verbundene Kostenrisiko auf ein angemessenes Maß zurückgeführt wird.[17] Die Regelung ist auf sämtliche Verfahren anzuwenden. Sie ist, auch im Hinblick auf die Vergütung der Rechtsanwälte, verfassungsgemäß.[18]

Der Höchstwert gilt auch, wenn das Gericht abweichend von einem Festwert einen höheren Wert bestim- 21 men kann (zB § 44 Abs. 3, § 45 Abs. 3, § 46 Abs. 3, § 47 Abs. 2, § 48 Abs. 3, § 49 Abs. 2, § 50 Abs. 3, § 51 Abs. 3) sowie bei Geltendmachung von Geldforderungen (§ 35).

Sind die Werte mehrerer Gegenstände nach Abs. 1 S. 1 zusammenzuaddieren, gilt der Höchstwert auch für 22 den **Gesamtwert**.

2. Abweichende Werthöchstgrenzen. Wird durch andere Regelungen ein niedrigerer Verfahrenswert be- 23 stimmt, gehen diese als leges speciales der Regelung des Abs. 2 vor, zB

- § 36 Abs. 3 (Genehmigung einer Erklärung oder deren Ersetzung): höchstens 1 Mio. €, auch wenn die in § 36 Abs. 1 genannten Regelungen des GNotKG herangezogen werden;
- § 42 Abs. 2 (Auffangwert für nichtvermögensrechtliche Angelegenheiten): höchstens 500.000 €;
- § 43 Abs. 1 (Ehesachen und Lebenspartnerschaftssachen nach § 269 Abs. 1 Nr. 1, 2 FamFG): höchstens 1 Mio. €;
- § 44 Abs. 2 (Folgesachen nach § 137 Abs. 3 FamFG): höchstens 3.000 €;
- § 46 Abs. 3 (übrige Kindschaftssachen): 1 Mio. €.

3. Anwaltsgebühren. Der Gegenstandswert bestimmt sich nach den für die Gerichtsgebühren maßgeblichen 24 Vorschriften (§ 23 Abs. 1 RVG). Es gilt daher auch hier Abs. 2, und zwar sowohl für die Gebühren in gerichtlichen Verfahren als auch für solche Tätigkeiten, die auch Gegenstand eines gerichtlichen Verfahrens sein können. Jedoch bleibt nach § 23 Abs. 1 S. 4 RVG die Regelung des § 22 Abs. 2 S. 2 RVG unberührt.

§ 34 Zeitpunkt der Wertberechnung

[1]Für die Wertberechnung ist der Zeitpunkt der den jeweiligen Verfahrensgegenstand betreffenden ersten Antragstellung in dem jeweiligen Rechtszug entscheidend. [2]In Verfahren, die von Amts wegen eingeleitet werden, ist der Zeitpunkt der Fälligkeit der Gebühr maßgebend.

I. Allgemeines

Die Vorschrift regelt den **maßgeblichen Zeitpunkt** für die Wertberechnung. Dabei unterscheiden die Sätze 1 1 und 2 zwischen Antrags- und Amtsverfahren. Kann das Verfahren alternativ Antrags- oder Amtsverfahren sein, kommt es auf die tatsächliche Einleitung an, da S. 2 im Gegensatz zu § 21 Abs. 1 nicht auf „nur" auf Antrag einzuleitende Verfahren abstellt. Die Regelung soll der Vereinfachung der Wertberechnung dienen. Sie ist sowohl vom Gericht bei der förmlichen Wertfestsetzung als auch vom Kostenbeamten bei der selbständigen Wertermittlung zu berücksichtigen. Die Nichtbeachtung kann bei förmlicher Festsetzung mit der Beschwerde (§ 59), bei Ermittlung durch den Kostenbeamten mit der Erinnerung (§ 57) angegriffen werden.

---

16 OLG Schleswig JurBüro 1977 m. zust. Anm. *Mümmler*. **17** BT-Drucks 15/1971, S. 154 (zum regelungsgleichen § 39 Abs. 2 GKG). **18** BVerfG NJW 2007, 1179.

II. Antragsverfahren (S. 1)

2 **1. Anwendungsbereich.** S. 1 gilt nur für Antragsverfahren, dh für Ehe-, Unterhalts-, Güterrechts-, Abstammungs-, Ehewohnungs-, Haushalts-, Gewaltschutz-, Versorgungsausgleichs- und sonstige Familiensachen sowie für Arrest- und einstweilige Anordnungsverfahren, soweit die Hauptsache auf Antrag einzuleiten ist (§ 51 Abs. 1 S. 1 FamFG). S. 1 gilt auch für Adoptionssachen mit Ausnahme solcher wegen der Aufhebung des Annahmeverhältnisses, da sie Alternativverfahren sind. In Kindschaftssachen sind von S. 1 die Verfahren nach § 1303 Abs. 2, § 1315, § 1618 S. 4, § 1626 a Abs. 2, § 1626 c Abs. 2, § 1628, § 1630 Abs. 3, § 1631 Abs. 3, § 1632 Abs. 3, § 1671, § 1681 Abs. 2 BGB und § 2 Abs. 3 RKErzG erfasst.

3 **2. Zeitpunkt der Antragstellung. a) Allgemeines.** In Antragsverfahren ist für die Wertberechnung der Zeitpunkt der verfahrenseinleitenden Antragstellung maßgeblich. Damit soll eine spätere Neuberechnung des Werts vermieden werden.[1]

4 Zum Antrag iSd S. 1 gehören der Eingang der Antragsschrift (§ 23 FamFG, § 253 ZPO iVm § 113 Abs. 1 FamFG), der Antragserweiterungs- und Widerantragsschrift, ferner Anträge auf Einleitung eines Beweisverfahrens (§§ 485 ff ZPO) oder Anträge in Eilverfahren.[2] Bei einem Antrag zu Protokoll der Geschäftsstelle kommt es darauf an, wann der Antragsteller seine Unterschrift leistet. Es genügt, dass der Gegenstand **anhängig** wird; auf die **Rechtshängigkeit** kommt es **nicht** an.

5 **b) Antragserweiterung oder Widerantrag.** Hinsichtlich des zusätzlich eingeführten Verfahrensgegenstands ist auf den Zeitpunkt des Eingangs des ankündigenden Schriftsatzes oder der Antragstellung in der mündlichen Verhandlung abzustellen. Auf die Rechtshängigkeit kommt es nicht an.[3]

6 **c) Mahnverfahren.** Wegen § 1 Abs. 1 S. 3 gilt § 40 GKG. Für das streitige Verfahren greift hingegen S. 1. Abzustellen ist auf den Eingang des Antrags auf Durchführung des streitigen Verfahrens. War dieser bereits im Mahnantrag gestellt, ist darauf abzustellen. Im Falle des Einspruchs ist der Eingang der Einspruchsschrift entscheidend.[4] Maßgeblich ist stets der Eingang beim Mahn-, nicht beim Familiengericht.

7 **d) Vereinfachtes Unterhaltsverfahren.** Es kommt auf den Eingang des Festsetzungsantrags an. Wird später das streitige Verfahren durchgeführt, bleibt es wegen § 255 Abs. 3 FamFG bei diesem Zeitpunkt.[5] Wird der Antrag im Streitverfahren erhöht, liegt eine Antragserweiterung vor (→ Rn 5).

8 **e) Rechtsmittelverfahren.** Es kommt auf den Eingang der Rechtsmittelschrift an; bei der Beschwerde (§§ 58 ff FamFG) ist bereits der Eingang beim Familiengericht (§ 64 Abs. 1 FamFG) maßgeblich, so dass es hier auf den tatsächlichen Eingang beim OLG nicht ankommt. S. 1 erfasst jedoch nicht die Fälle, in denen sich der Wert des unverändert gebliebenen Gegenstands im Rechtsmittelverfahren erhöht.[6] Wird das Rechtsmittel nur noch wegen Nebenforderungen eingelegt, kommt es auch für die Zinsen gleichfalls nur auf den Eingangszeitpunkt der Rechtsmittelschrift bei Gericht und nicht auf den Zeitpunkt der Beendigung der Instanz an.[7]

9 **f) Stufenantrag.** Maßgeblich ist der Zeitpunkt der ersten Antragstellung, weil neben der Auskunftsstufe auch die Leistungsstufe sofort anhängig wird.[8]

10 **g) Verbundverfahren.** Der Eingang des Scheidungsantrags ist nur für die Scheidungssache maßgeblich, für die Folgesachen kommt es auf den Eingang dieser Anträge an. Im Hinblick auf § 43 Abs. 2 ist auf die Einkommensverhältnisse der letzten drei Monate vor Antragseingang abzustellen.[9]

11 **h) Beweisverfahren.** Der vom Antragsteller bei Antragstellung geschätzte Wert ist weder bindend noch maßgebend,[10] jedoch kann ihm vorläufige Bedeutung zukommen.[11] Der Wert ist daher nach den sich aus dem Gutachten ergebenden Mängelbeseitigungskosten, bezogen auf den Zeitpunkt der Verfahrenseinleitung, und dem Interesse des Antragstellers zu bestimmen. Dabei entspricht der Wert des Beweisverfahrens dem Wert der Hauptsache und nicht nur einem bloßen Bruchteil.[12]

12 **i) Verfahrensverbindung, Verfahrenstrennung.** Hier kommt es nicht auf den Zeitpunkt der Verbindung, sondern auf den Zeitpunkt der Antragstellung in dem früheren Einzelverfahren an. Entsprechendes gilt für die Verfahrenstrennung.

13 **3. Antragserweiterung.** Maßgeblich für den ursprünglichen Antrag bleibt dessen Eingangszeitpunkt, während es für die Erweiterung auf deren Eingang ankommt.

---

1 BT-Drucks 12/6962, S. 62. **2** OLG Frankfurt MDR 1999, 1464. **3** OLG Jena FamFR 2012, 330. **4** HK-FamGKG/N. Schneider, § 34 Rn 36. **5** HK-FamGKG/N. Schneider, § 34 Rn 60. **6** BGH NJW-RR 1998, 1452. **7** N. Schneider, in: Schneider/Herget, Rn 6433. **8** HK-FamGKG/N. Schneider, § 34 Rn 48. **9** OLG Nürnberg MDR 2009, 511; OLG Oldenburg FamRZ 1177. **10** OLG Hamburg NJW-RR 2000, 827; OLG Dresden OLG-NL 2003, 71. **11** OLG Stuttgart OLGR 1999, 294. **12** BGH NJW 2004, 3488; OLG Naumburg BauR 2008, 144; OLG Schleswig SchlHA 2005, 279; OLG Düsseldorf OLGR 2001, 332.

4. Antragsänderung. Eine spätere Änderung des Antrags wird nicht von S. 1 erfasst,[13] da dieser nur solche Fälle regelt, in denen sich der Wert des Gegenstands, nicht aber der Gegenstand selbst ändert. 14

5. Kursänderungen. Während des laufenden Verfahrens eintretende Kursänderungen (zB Devisen, Wertpapiere) sind unerheblich. Maßgeblich ist stets der Wert zum Zeitpunkt des Eingangs der Antragstellung der jeweiligen Instanz.[14] 15

6. Fehlende Bemessungsgrundlage; Streithelfer. S. 1 gilt auch, wenn dem Antragsteller die Bemessungsgrundlagen für seine Forderung nicht exakt bekannt waren, so dass es dann auf dessen Vorstellungen zu Beginn der Instanz ankommt, nicht auf das Ergebnis der späteren Beweisaufnahme.[15] 16

Auch der spätere Eintritt eines Streithelfers hat keinen Einfluss auf den Verfahrenswert, so dass es allein auf das Interesse des Antragstellers zum Zeitpunkt der Verfahrenseinleitung ankommt.[16] 17

7. Besondere Umstände bei der Wertbestimmung. Soweit das Gesetz eine vom Regelwert abweichende Wertfestsetzung wegen besonderer Umstände zulässt (zB § 44 Abs. 3, § 45 Abs. 3, § 47 Abs. 2, § 48 Abs. 3, § 49 Abs. 2, § 50 Abs. 3, § 51 Abs. 3), kommt es entgegen S. 1 nicht auf den bloßen Zeitpunkt des einleitenden Antrags an.[17] Es kann hier auf das **Ende des Verfahrens** abgestellt werden. 18

III. Amtsverfahren (S. 2)

1. Anwendungsbereich. S. 2 regelt die von Amts wegen einzuleitenden Verfahren. Erfasst sind insb.: 19

- Kindschaftssachen nach § 1617 Abs. 2, 3, § 1629 Abs. 2, § 1632 Abs. 4, § 1640 Abs. 3, §§ 1643, 1644, 1666, § 1667 Abs. 3, §§ 1674, 1678, § 1680 Abs. 2, 3, § 1681 Abs. 1, §§ 1684, § 1685, 1687 Abs. 2, §§ 1687 a, 1687 b, § 1688 Abs. 3, §§ 1693, 1696, § 1751 Abs. 3 BGB sowie
- die Verfahren auf Erteilung von familiengerichtlichen Genehmigungen nach § 112 Abs. 1, 2, §§ 1484, 1491, 1492, 1493, 2275 Abs. 2, § 2282 Abs. 2, § 2290 Abs. 3, § 2347 iVm §§ 2351, 2352 BGB.

2. Fälligkeit. Maßgeblicher Zeitpunkt für die Wertberechnung ist in Amtsverfahren der **Eintritt der Fälligkeit der Gebühr**, so dass auf § 11 Abs. 1 abzustellen ist. Das gilt auch dann, wenn für das Verfahren zunächst keine Gebühren angefallen sind oder ein Ansatz wegen VKH-Bewilligung zunächst nicht erfolgt war. Wird ein Rechtsmittelverfahren durch Erledigung der Hauptsache beendet, so ist dieser Zeitpunkt für die Wertberechnung maßgebend.[18] Im Verfahrensverlauf eintretende werterhöhende oder mindernde Umstände sind zu berücksichtigen. 20

§ 35 Geldforderung

Ist Gegenstand des Verfahrens eine bezifferte Geldforderung, bemisst sich der Verfahrenswert nach deren Höhe, soweit nichts anderes bestimmt ist.

I. Allgemeines

Die Regelung soll sicherstellen, dass auch in Familiensachen, für die eine Verweisung auf § 3 ZPO fehlt, der allgemeine Grundsatz gilt, dass sich der Wert bei Zahlung einer bestimmten Geldforderung nach dieser richtet. Besondere Wertvorschriften bleiben unberührt. 1

II. Bezifferte Geldforderungen

1. Allgemeines. § 35 ist nur einschlägig, wenn es sich um eine **bezifferte** Geldforderung handelt. Ein bestimmter Antrag auf Zahlung braucht aber nicht gestellt zu sein, da es nur darauf ankommt, dass die **Geldforderung** Gegenstand des Verfahrens ist.[1] Dabei kann es sich auch um eine Geldforderung in Fremdwährung handeln. Auch Feststellungsanträge sind nach § 35 zu bewerten. Ist aber nicht die Geldforderung selbst Verfahrensgegenstand, gilt § 35 nicht. 2

2. Einzelfälle A–Z

- **Arrestverfahren.** Da nicht die Geldforderung selbst, sondern nur der Anspruch auf deren Sicherung betroffen ist, gilt § 35 nicht, sondern § 42 Abs. 1.[2] 3
- **Ehewohnungs- und Haushaltssachen.** Ist eine solche nach § 1361 b Abs. 3 BGB geltend gemacht, gilt § 48 Abs. 1, nicht aber §§ 42, 35.[3] Wird der Antrag nach rechtskräftiger Scheidung gestellt, liegt jedoch 4

---

13 KG KGR 2007, 162. **14** BGH NJW-RR 1998, 1452. **15** KG MDR 2010, 888. **16** OLG Celle NJW-RR 2011, 1296. **17** HK-FamGKG/*N. Schneider*, § 34 Rn 71 ff. **18** BayObLG JurBüro 1983, 227. **1** HK-FamGKG/*N. Schneider*, § 35 Rn 3. **2** OLG Celle FamRZ 2011, 759. **3** OLG Bamberg FamRZ 2011, 1424; OLG Koblenz AGS 2013, 287; OLG Brandenburg FamRZ 2013, 1980.

keine Ehewohnungs-, sondern eine sonstige Familiensache vor, so dass § 48 dann nicht gilt und nach § 42 Abs. 1 zu bewerten ist.[4] Ist die Forderung beziffert, gilt § 35.

5 ▪ **Eltern-Kind-Verhältnisse.** Soweit die Ansprüche das Kindesvermögen betreffen, gilt § 42 Abs. 1. Ist eine bezifferte Geldforderung geltend gemacht, greift § 35.

6 ▪ **Rückgabe von Geschenken.** Es gilt § 42 Abs. 1. Wird aber eine bezifferte Geldforderung geltend gemacht, gilt § 35.[5]

7 ▪ **Schadensersatz.** Wird er als bezifferte Geldforderung geltend gemacht, gilt § 35. Geht es jedoch um die Feststellung, ob ein Schadensersatzanspruch besteht oder nicht besteht, gilt § 42 Abs. 1. Ist neben der bezifferten Schadensersatzforderung auch die Feststellung einer Ersatzpflicht für weitere Schäden beantragt, liegen verschiedene Gegenstände vor, die gem. § 33 Abs. 1 S. 1 zusammenzurechnen sind. Für den Feststellungsantrag gilt § 42 Abs. 1.

8 ▪ **Unterhaltssachen.** Für sie gilt § 51. Wird aber Rückzahlung von Unterhalt verlangt, ist der Wert nach § 35 zu bestimmen. Gleiches gilt für Ansprüche nach § 1615 l Abs. 1 oder § 1615 m BGB.

9 ▪ **Verfahren nach §§ 1382, 1383 BGB.** Es ist nicht nach § 35, sondern nach § 42 zu bewerten (→ § 42 Rn 48, 50 f).

10 ▪ **Zugewinn.** Ist er als Geldforderung geltend gemacht, gilt § 35. Wird nach §§ 1385, 1386 BGB vorzeitiger Zugewinnausgleich verlangt, gilt § 42 Abs. 1.

III. Höhe der Geldforderung

11 Die **Höhe** des Verfahrenswerts wird durch die Höhe der geltend gemachten Geldforderung bestimmt. Abschläge sind unzulässig.[6]

12 Maßgeblich für den **Bewertungszeitpunkt** ist § 34, so dass in Antragsverfahren auf den Zeitpunkt der verfahrenseinleitenden Antragstellung abzustellen ist. Änderungen des Gegenstands im Verfahrensverlauf bleiben ohne Auswirkung auf den Wert, wenn nicht eine Antragsänderung vorgenommen wird.

IV. Abweichende Bestimmungen

13 Bestehende **Sonderregelungen** gehen § 35 vor. Hierzu zählen insb.:

▪ § 33 Abs. 2: Der Höchstwert beträgt stets 30 Mio. €, auch wenn eine höhere Geldforderung geltend gemacht wird;

▪ § 37 Abs. 1: Geldforderungen, die als Nebenforderung geltend gemacht werden (zB Kosten, Zinsen), bleiben für den Wert unberücksichtigt;

▪ § 37 Abs. 2, 3: Sind Früchte, Nutzungen, Zinsen oder Kosten ohne Hauptgegenstand betroffen, darf deren Wert den des Hauptgegenstands nicht übersteigen;

▪ § 39 Abs. 1: Eine Zusammenrechnung von mit Antrag und Widerantrag geltend gemachten Geldforderungen unterbleibt, wenn sie denselben Gegenstand betreffen;

▪ § 39 Abs. 3: Bei hilfsweiser Aufrechnung mit einer bestrittenen Gegenforderung erhöht sich der Wert lediglich um den Wert der Gegenforderung;

▪ § 40 Abs. 2: Der Wert für ein Rechtsmittelverfahren ist auf den Wert der ersten Instanz beschränkt, wenn nicht eine Antragserweiterung stattfindet;

▪ § 51: Bei wiederkehrenden Leistungen ist der für die ersten zwölf Monate nach Einreichung des Antrags geforderte Betrag maßgeblich. Fällige Beträge jedoch sind vollständig hinzuzurechnen.

§ 36 Genehmigung einer Erklärung oder deren Ersetzung

(1) [1]Wenn in einer vermögensrechtlichen Angelegenheit Gegenstand des Verfahrens die Genehmigung einer Erklärung oder deren Ersetzung ist, bemisst sich der Verfahrenswert nach dem Wert des zugrunde liegenden Geschäfts. [2]§ 38 des Gerichts- und Notarkostengesetzes und die für eine Beurkundung geltenden besonderen Geschäftswert- und Bewertungsvorschriften des Gerichts- und Notarkostengesetzes sind entsprechend anzuwenden.

---

4 HK-FamGKG/*Thiel*, Verfahrenswert-ABC Rn 213 („Nutzungsentschädigung nach Rechtskraft des Scheidungsbeschlusses"); *Thiel*, AGS 2011, 197; aA OLG Hamm FamRZ 2013, 1421. **5** HK-FamGKG/*Thiel*, Verfahrenswert-ABC Rn 153 („Geschenke"). **6** HK-FamGKG/*N. Schneider*, § 35 Rn 33.

(2) Mehrere Erklärungen, die denselben Gegenstand betreffen, insbesondere der Kauf und die Auflassung oder die Schulderklärung und die zur Hypothekenbestellung erforderlichen Erklärungen, sind als ein Verfahrensgegenstand zu bewerten.

(3) Der Wert beträgt in jedem Fall höchstens 1 Million Euro.

I. Anwendungsbereich

Die Vorschrift regelt den Wert für bestimmte Genehmigungsverfahren. Sie gilt nur für Gerichtskosten und wegen § 23 Abs. 1 S. 1 RVG auch für Anwaltsgebühren. Entstehen Notarkosten, ist der Geschäftswert nach den Wertvorschriften des GNotKG zu ermitteln. 1

§ 36 ist nur anwenden, wenn es sich um die Genehmigung oder Ersetzung von Erklärungen in einer **vermögensrechtlichen** Angelegenheit handelt, auch wenn eine Kindschaftssache betroffen ist, da § 36 insoweit § 46 Abs. 1 verdrängt. Ist eine nichtvermögensrechtliche Angelegenheit betroffen, ist der Wert nach § 42 Abs. 2, 3 zu bestimmen.[1] 2

Unanwendbar ist die Norm auch, wenn das Verfahren ausdrücklich von einer anderen Regelung erfasst wird, zB Einwilligungsverfahren nach § 1598 a Abs. 3 BGB, weil sie Abstammungssachen sind und somit § 47 Abs. 1 Hs 2 gilt.

Im Einzelnen ergeben sich für § 36 folgende Anwendungsfälle: 3

- **§ 112 Abs. 1 BGB:** Genehmigung der Ermächtigung zum Betrieb eines Erwerbsgeschäfts;
- **§ 112 Abs. 2 BGB:** Genehmigung der Rücknahme der Ermächtigung;
- **§ 1365 Abs. 2 BGB:** Ersetzung der Zustimmung zur Verfügung über das Vermögen im Ganzen;
- **§ 1369 Abs. 2 BGB:** Ersetzung der Zustimmung zur Verfügung über Haushaltsgegenstände;
- **§ 1426 BGB:** Ersetzung der Zustimmung wegen ordentlicher Verwaltung des Gesamtguts;
- **§ 1430 BGB:** Ersetzung der Zustimmung des Verwalters;
- **§ 1452 BGB:** Ersetzung der Zustimmung zu Rechtsgeschäften wegen ordnungsmäßiger Verwaltung des Gesamtguts;
- **§ 1458 BGB:** Ersetzung von Zustimmungen nach §§ 1426, 1430 BGB, weil der andere Ehegatte noch minderjährig ist und unter elterlicher Sorge steht;
- **§ 1484 Abs. 2 BGB:** Genehmigung der Ablehnung der fortgesetzten Gütergemeinschaft;
- **§ 1491 Abs. 3 BGB:** Genehmigung des Verzichts auf den Gesamtgutsanteil;
- **§ 1492 Abs. 3 BGB:** Genehmigung der Aufhebung der fortgesetzten Gütergemeinschaft;
- **§ 1639 Abs. 2 BGB:** Ersetzung der Zustimmung eines Dritten zur Abweichung bei der Vermögensverwaltung;
- **§ 1643 BGB:** Genehmigung von Rechtsgeschäften;
- **§ 2282 Abs. 2 BGB:** Genehmigung der Anfechtung eines Erbvertrags;
- **§ 2290 Abs. 3 BGB:** Genehmigung des Aufhebungsvertrags zum Erbvertrag;
- **§ 2291 Abs. 1 BGB:** Genehmigung der Aufhebung des Erbvertrags durch Testament;
- **§ 2292 BGB:** Genehmigung der Aufhebung des Erbvertrags durch gemeinschaftliches Testament;
- **§ 2347 BGB:** Genehmigung des Erbverzichts;
- **§ 2351 BGB:** Genehmigung eines Vertrages zur Aufhebung des Erbverzichts;
- **§ 2352 BGB:** Genehmigung eines Vertrages zum Verzicht auf Zuwendungen.

II. Wertberechnung

1. Grundsatz. Der Verfahrenswert ist nach dem Wert des zugrunde liegenden Geschäfts zu bestimmen. Da die Gebühren unabhängig von der Erteilung oder Versagung der Genehmigung oder der Ersetzung entstehen, kann der Wert nicht auf den genehmigten Teil beschränkt werden. Der Wert beträgt höchstens 1 Mio. € (Abs. 3). 4

2. Regelungen des GNotKG (Abs. 1 S. 2). Für die Wertberechnung verweist Abs. 1 S. 2 auf bestimmte Regelungen des GNotKG. Danach sind die für eine Beurkundung geltenden besonderen Geschäftswert- und Bewertungsvorschriften anzuwenden, so dass §§ 40–45 GNotKG sowie §§ 97–111 GNotKG entsprechend gelten. Es wird auf die Erl. zu den entsprechenden Vorschriften des GNotKG verwiesen. 5

Daneben gilt für die Wertberechnung auch § 38 GNotKG. Danach werden Verbindlichkeiten, die auf einer Sache oder auf einem Recht lasten, bei Ermittlung des Werts nicht abgezogen, sofern nichts anderes bestimmt ist (§ 38 S. 1 GNotKG). Dies gilt auch für Verbindlichkeiten eines Nachlasses, einer sonstigen Vermögensmasse und im Fall einer Beteiligung an einer Personengesellschaft auch für deren Verbindlichkeiten 6

1 BT-Drucks 16/6308, S. 304.

(§ 38 S. 2 GNotKG). So beträgt der Verfahrenswert einer familiengerichtlichen **Genehmigung der Ausschlagung einer Erbschaft** wegen Überschuldung 0 €,[2] so dass die Gebühr nach der Gebührenstufe bis 500 € zu berechnen ist.

7   Ergibt sich aus den Verweisungsnormen kein Wert, gelten auch die allgemeinen Bewertungsvorschriften der §§ 46–54 GNotKG, da § 97 Abs. 1 GNotKG anordnet, dass sich der Geschäftswert bei der Beurkundung von Verträgen und Erklärungen nach dem Wert des Rechtsverhältnisses bestimmt, das Beurkundungsgegenstand ist.[3]

8   Danach gelten insb. folgende Grundsätze:

- Verbindlichkeiten sind nicht abzuziehen (§ 38 S. 1 GNotKG).
- Der Wert einer Sache bestimmt sich nach dem Verkehrswert, dh dem Preis, der bei einer gewöhnlichen Veräußerung zu erzielen gewesen wäre (§ 46 Abs. 1 GNotKG).
- Bei Grundbesitz ist gleichfalls der Verkehrswert maßgeblich, jedoch ist hier für dessen Ermittlung auch § 46 Abs. 3 GNotKG heranzuziehen.
- Für Erbbaurechte gilt § 49 Abs. 2 GNotKG.
- Für Wohnungs- und Teileigentum gilt § 42 GNotKG.
- Der Wert eines Pfandrechts bestimmt sich nach dem Wert der Forderung (§ 53 Abs. 2 GNotKG). Für Hypotheken und Grundschulden ist der Nennbetrag der Schuld für die Wertermittlung maßgeblich (§ 53 Abs. 1 GNotKG).
- Bei wiederkehrenden Leistungen oder Nutzungen gilt § 52 GNotKG.
- Für Miet-, Pacht- und Dienstverträge gilt § 99 GNotKG.

Es gelten die Übergangsvorschriften des § 63 Abs. 1 S. 3. Die Regelungen der §§ 134, 136 GNotKG gelten nicht.

9   **3. Mitberechtigung.** Ist der Betroffene an dem Gegenstand nur **mitberechtigt** oder an dem Rechtsgeschäft nur **mitbeteiligt**, ist zunächst der Wert des gesamten zugrunde liegenden Geschäfts zu ermitteln. Wegen § 98 Abs. 2 GNotKG iVm Abs. 1 S. 2 ist der Wert sodann dem Anteil der Beteiligung nach zu reduzieren, gleich, ob die Genehmigung für einen Minderjährigen oder Volljährigen zu erteilen ist. So beschränkt sich der Wert der Zustimmung zum Verkauf eines im Miteigentum stehenden Gegenstands nach dem Wert des Anteils der Mitberechtigung des Zustimmungspflichtigen.[4] Liegt ein Gesamthandsverhältnis vor (zB Ehegatten wegen Gesamtgut, Miterben, GbR), ist gleichfalls nur die Beteiligung an dem Gesamthandsvermögen maßgebend (§ 98 Abs. 2 S. 3 GNotKG).

10   So sollte auch verfahren werden, wenn keine Mitbeteiligung, sondern eine **Mitverpflichtung** vorliegt, weil eine eindeutige Regelung fehlt und nicht ersichtlich ist, weshalb hier verschärfte Kriterien gelten sollten. Es kommt daher etwa bei einer Kreditaufnahme einer Erbengemeinschaft gleichfalls nur auf den Erbteil des Betroffenen an.[5]

III. Mehrheit von Geschäften

11   **1. Grundsatz.** Sind mehrere Genehmigungen zu erteilen, liegen mehrere Gegenstände vor, für die jeweils ein gesonderter Wert zu bestimmen ist. Die einzelnen Werte sind wegen § 33 Abs. 1 S. 1 zusammenzurechnen, wenn nicht eine Ausnahme nach Abs. 2 vorliegt. Gerichtsgebühren (Nr. 1310, 1320 KV) entstehen für jede erteilte Genehmigung gesondert.

12   **2. Additionsverbot (Abs. 2).** Betreffen mehrere Erklärungen **denselben Gegenstand**, sind sie als **ein Verfahrensgegenstand** zu bewerten (Abs. 2). Es ist daher nicht auf die Sache oder den Leistungsgegenstand, sondern auf das **Rechtsverhältnis** abzustellen.[6] Wird daher zunächst ein Kaufvertrag und später für denselben Gegenstand erneut ein (anderer) Kaufvertrag genehmigt, liegen verschiedene Gegenstände vor. Im Übrigen gelten wegen Abs. 1 S. 2 die Regelungen des § 109 GNotKG über denselben Beurkundungsgegenstand (s. dort).

13   Denselben Gegenstand haben Erklärungen, wenn sie sich auf dasselbe Recht oder Rechtsverhältnis beziehen oder wenn sich bei mehreren Rechtsverhältnissen aus der Gesamtheit der Erklärungen ein Hauptgeschäft heraushebt und das weitere Rechtsgeschäft mit diesem in einem inneren Zusammenhang steht.[7] Folglich betreffen alle zur Begründung, Feststellung, Anerkennung, Übertragung, Aufhebung, Erfüllung oder Sicherung eines Rechtsverhältnisses niedergelegten Erklärungen der Partner des Rechtsverhältnisses samt allen Erfüllungs- und Sicherungsgeschäften, auch dritter Personen oder zu Gunsten dritter Personen,

---

2 OLG München FamRZ 2013, 904. **3** Für eine Anwendung von §§ 46–54 GNotKG auch HK-FamGKG/*Thiel*, § 36 Rn 32. **4** OLG Karlsruhe FamRZ 2014, 1225. **5** Korintenberg/*Lappe*, KostO, 18. Aufl., § 95 Rn 33. **6** Bormann/Diehn/Sommerfeldt/ *Sommerfeldt*, GNotKG, § 60 Rn 23. **7** BGH NJW 2006, 2045.

denselben Gegenstand.[8] Als einheitlicher Verfahrensgegenstand sind insb. auch Verpflichtungs- und Erfüllungsgeschäft zu behandeln, jedoch sind die im Gesetz genannten Geschäfte wie **Kauf** und **Auflassung** bzw **Schulderklärung** und die **Erklärungen über die Bestellung der Grundpfandrechte** lediglich beispielhaft.

Beispiel: Für ein unter elterlicher Sorge stehendes Kind werden die Erklärungen über die Aufnahme eines Darlehens von 50.000 € und die Bestellung einer Grundschuld in gleicher Höhe genehmigt. 14

Der Verfahrenswert ist mit 50.000 € zu bewerten, weil derselbe Gegenstand betroffen ist. Da der Fall in Abs. 2 ausdrücklich genannt wird, ist ältere Rspr insoweit überholt.[9] Entstanden ist eine 0,5-Gebühr (Nr. 1310 KV) iHv 273 €.

IV. Höchstwert (Abs. 3)

Der Wert ist unabhängig von seiner tatsächlichen Höhe auf höchstens 1 Mio. € festzusetzen (Abs. 3). Es 15 handelt sich um eine abweichende Regelung iSd § 33 Abs. 2 aE. Die Höchstgrenze gilt nur, wenn derselbe Gegenstand und dasselbe Verfahren betroffen sind. Die Nichtbeachtung des Abs. 3 kann mit der Beschwerde nach § 59 gerügt werden. Hat der Kostenbeamte den Wert selbst ermittelt, ist Erinnerung nach § 57 einzulegen.

Beispiel: Für ein unter elterlicher Sorge stehendes Kind wird der Kaufvertrag für ein Grundstück, dessen Wert 16 750.000 € beträgt, genehmigt. Zwei Jahre später wird das Grundstück erneut verkauft und der Vertrag erneut genehmigt. Der Wert des Grundstücks ist unverändert geblieben.

Es handelt sich um zwei verschiedene Genehmigungsverfahren, so dass die Höchstgrenze des Abs. 3 nicht eingreift. Der Verfahrenswert beträgt jeweils 750.000 €. Es ist für jedes Genehmigungsverfahren eine 0,5-Gebühr (Nr. 1310 KV) iHv 2.218 € entstanden.

§ 37 Früchte, Nutzungen, Zinsen und Kosten

(1) Sind außer dem Hauptgegenstand des Verfahrens auch Früchte, Nutzungen, Zinsen oder Kosten betroffen, wird deren Wert nicht berücksichtigt.

(2) Soweit Früchte, Nutzungen, Zinsen oder Kosten ohne den Hauptgegenstand betroffen sind, ist deren Wert maßgebend, soweit er den Wert des Hauptgegenstands nicht übersteigt.

(3) Sind die Kosten des Verfahrens ohne den Hauptgegenstand betroffen, ist der Betrag der Kosten maßgebend, soweit er den Wert des Hauptgegenstands nicht übersteigt.

I. Allgemeines

Die Vorschrift regelt die Wertberechnung bei der Geltendmachung von bestimmten Nebenforderungen, ohne jedoch eigene Bewertungsregelungen aufzustellen. Dabei ist zwischen drei Varianten zu unterscheiden: 1

- **Var. 1:** Früchte, Nutzungen, Zinsen oder Kosten werden neben dem Hauptgegenstand in demselben Verfahren anhängig gemacht: Es gilt **Abs. 1**, so dass deren Wert unberücksichtigt bleibt;
- **Var. 2:** Früchte, Nutzungen, Zinsen oder Kosten werden ohne Hauptgegenstand anhängig gemacht oder es ist ein nachträglicher (auch Teil-)Wegfall des Hauptanspruchs eingetreten: Es gilt **Abs. 2**, so dass sich der Verfahrenswert nach dem Wert der Nebenforderungen bestimmt, soweit dieser den Wert des Hauptgegenstands nicht überschreitet;
- **Var. 3:** Kosten des Verfahrens sind ohne Hauptgegenstand anhängig: Es gilt **Abs. 3**, so dass die Kosten des Verfahrens wertbestimmend sind, soweit diese nicht den Wert des Hauptgegenstands übersteigen.

Die Regelung gilt für sämtliche Familiensachen und auch, wenn in einem Vergleich Haupt- und Nebenforderungen einbezogen sind.[1] Das folgt jedoch aus der Anwendung von § 30 Abs. 3, der wegen der Anm. S. 2 2 zu Nr. 1500 KV auch für das Verhältnis von Verfahrens- und Vergleichsgebühr gilt. Wären die Nebenforderungen nämlich Gegenstand des gerichtlichen Verfahrens gewesen, so wären sie wegen Abs. 1 für den Wert unberücksichtigt geblieben und hätten auch die Verfahrensgebühr nicht erhöht. Aus diesem Grund darf auch für den Mehrvergleich über bloße Nebenforderungen keine Gebühr nach Nr. 1500 KV erhoben werden.[2]

---

8 BGH MDR 2003, 355. **9** OLG Nürnberg FamRZ 2007, 1761. **1** HK-FamGKG/N. *Schneider*, § 37 Rn 46. **2** HK-FamGKG/ *N. Schneider*, § 37 Rn 46.

II. Nebenforderungen

3 **1. Begriff.** Nebenforderungen sind von der Hauptforderung abhängig. Sie sind in demselben Verfahren von demselben Beteiligten und gegen denselben Gegner geltend zu machen.[3] Die Nebenforderung muss in einem sachlich-rechtlichen Abhängigkeitsverhältnis zur Hauptforderung stehen. Besteht hingegen nach dem maßgeblichen materiellen Recht auch im Hinblick auf die Entstehung eine Gleichrangigkeit der Forderungen, ist keine von ihnen als Nebenforderung zu behandeln.[4]

4 **2. Erfasste Nebenforderungen. a) Allgemeines.** § 37 gilt nur für Früchte, Nutzungen, Zinsen oder Kosten; auf andere Nebenforderungen ist er nicht anzuwenden,[5] so dass diese bei dem Wert zu berücksichtigen sind. Für Früchte gilt § 99 BGB, für Nutzungen § 100 BGB.

5 **b) Zinsen.** Erfasst sind gesetzliche und vertragliche Zinsen,[6] einschließlich eventueller Umsatzsteuer.[7] Sie bleiben auch dann unberücksichtigt, wenn sie als Kapitalbetrag ausgerechnet sind, aber noch von der im Streit befindlichen Hauptforderung abhängen,[8] oder mit der Hauptforderung in einem Gesamtbetrag geltend gemacht sind.[9] Auch in einem Verfahren über die Vollstreckbarerklärung eines ausländischen Titels bleiben die Zinsen bei der Wertberechnung unberücksichtigt, wenn sie dem Titel nach nur Nebenforderungen sind.[10]

6 Zinsen aus einem nicht oder nicht mehr im Streit stehenden Hauptanspruch sind hingegen Hauptforderungen, auch wenn ein anderer Teil des Hauptanspruchs noch in demselben Rechtszug anhängig ist.[11] Werden mit dem Antrag aber auch als entgangen geltend gemachte Anlagezinsen geltend gemacht, gilt Abs. 1 nicht, weil es sich um eine eigenständige Schadensposition handelt.[12] Wird ein Bereicherungsanspruch geltend gemacht, sind Zinsen und Nutzungen nur dann Teil der Hauptforderung, wenn sie Gegenstand eines einheitlichen Gesamtanspruchs sind.[13]

7 **c) Kosten.** Es ist zu unterscheiden zwischen vorgerichtlichen Kosten (Abs. 1, 2) und Verfahrenskosten (Abs. 3); wegen Letzterer → Rn 11 ff. Bei **vorgerichtlichen Kosten** handelt es sich um Nebenkosten. Hierzu gehören alle Kosten, die der Antragsteller zur vorgerichtlichen Rechtsverfolgung aufgewendet hat, zB vorgerichtliche Mahnkosten,[14] Inkassokosten,[15] Kosten eines Vorprozesses[16] oder Kosten für ein Privatgutachten.[17] Sie werden daher nur berücksichtigt, wenn sie ohne Hauptgegenstand betroffen sind. Auch Kosten eines vorangegangenen Beweisverfahrens sind Nebenkosten und wirken nicht werterhöhend.[18]

8 Vorprozessual aufgewendete Kosten zur Durchsetzung des im laufenden Verfahren geltend gemachten Hauptanspruchs wirken nicht werterhöhend. Das gilt unabhängig davon, ob diese Kosten der Hauptforderung hinzugerechnet werden oder neben der im Antragswege geltend gemachten Hauptforderung Gegenstand eines eigenen Antrags sind.[19] Auch bei der **vorprozessualen Geschäftsgebühr** handelt es sich daher um eine Nebenforderung, die nicht werterhöhend wirkt.[20] Die **vorprozessualen Anwaltskosten** sind jedoch als werterhöhender Hauptanspruch zu berücksichtigen, soweit der geltend gemachte Hauptanspruch übereinstimmend für erledigt erklärt wurde.[21]

III. Nebenforderungen und Hauptgegenstand (Abs. 1)

9 Sind Früchte, Kosten, Nutzungen oder Zinsen **neben** der Hauptforderung geltend gemacht, ordnet Abs. 1 – abweichend von § 33 Abs. 1 S. 1 – an, dass sie bei der Wertermittlung unberücksichtigt bleiben. Sind solche Forderungen ohne Hauptanspruch betroffen, gelten Abs. 2 und 3.

IV. Nebenforderungen ohne Hauptgegenstand (Abs. 2)

10 Sind Früchte, Kosten, Nutzungen oder Zinsen **ohne** den Hauptanspruch betroffen, ist ihr Wert maßgeblich, jedoch nur, soweit der Wert des Hauptgegenstands nicht überschritten wird (Abs. 2). Ist bereits Teilerledigung eingetreten, kommt es auf den noch verbleibenden Hauptgegenstand an.[22] Waren mit dem Antrag von Anfang an nur die Nebenforderungen geltend gemacht, gilt Abs. 2 nicht, da die Nebenforderungen dann selbst Hauptgegenstand sind. Entfällt der Hauptgegenstand erst im Verfahrensverlauf, berechnet sich der Wert ab diesem Zeitpunkt nach den Nebenforderungen. Der Hauptgegenstand ist noch als betroffen anzusehen, wenn noch ein Widerantrag anhängig ist oder bei wechselseitigen Rechtsmitteln nur eines erledigt ist.[23]

---

3 Zöller/*Herget*, ZPO, § 4 Rn 8. **4** BGH MDR 1976, 649. **5** HK-FamGKG/*N. Schneider*, § 37 Rn 6. **6** BGH NJW 1998, 2060. **7** BGH MDR 1977, 220. **8** BGH 25.11.2004 – III ZR 325/03, juris. **9** BGH NJW-RR 1995, 706. **10** OLG Frankfurt JurBüro 1994, 117. **11** BGH MDR 1994, 720; OLG Düsseldorf JurBüro 1981, 920. **12** OLG Frankfurt 7.6.2010 – 1 W 30/10, juris. **13** BGH NJW-RR 2000, 1015. **14** BGH GRUR-RR 2012, 136 (Abmahnkosten); OLG Bamberg JurBüro 1985, 589. **15** OLG Köln BB 1974, 1414. **16** Hamburg OLGR 2008, 183. **17** Binz/Dörndorfer/*Dörndorfer*, GKG § 43 Rn 2. **18** OLG Frankfurt OLGR 2009, 931. **19** BGH NJW 2007, 389. **20** BGH NJW-RR 2008, 374; OLG München JurBüro 2007, 545; OLG Frankfurt AGS 2006, 251. **21** BGH NJW 2008, 999. **22** *Meyer*, GKG § 43 Rn 16. **23** *Hartmann*, KostG, § 43 GKG Rn 12.

V. Kosten des Verfahrens (Abs. 3)

1. Allgemeines. Kosten des anhängigen Verfahrens sind Nebenforderung, sie bleiben unberücksichtigt. Zu 11 diesen Kosten gehören sämtliche Gerichtskosten (Gebühren und Auslagen) sowie die außergerichtlichen Kosten aller Beteiligten (Anwalts- und Beteiligtenkosten), die zur Führung des Verfahrens aufgewendet wurden. Sind sie ohne den Hauptgegenstand betroffen, sind sie für den Wert maßgeblich, soweit der Wert des Hauptgegenstands nicht überschritten wird (Abs. 3). Auch ein noch anhängiger Widerantrag betrifft noch den Hauptgegenstand, so dass die Kosten unberücksichtigt bleiben.[24] Es dürfen nur noch die **Verfahrenskosten** betroffen sein; Abs. 3 gilt daher nicht, wenn noch über andere Nebenforderungen, wie zB sonstige Kosten und Zinsen, zu entscheiden ist.[25] Für die vorprozessualen Kosten gelten Abs. 1 und 2 (→ Rn 8).

2. Erledigung der Hauptsache. Bei einer übereinstimmenden Erklärung (§ 91 a ZPO) bemisst sich der Wert 12 nur noch nach den gerichtlichen und außergerichtlichen Kosten; der Wert des Hauptgegenstands darf nicht überschritten werden. Liegt eine einseitige Erledigungserklärung vor, ist ab diesem Zeitpunkt nur noch der Wert der bis dahin entstandenen Kosten maßgebend.[26]

Bei der Wertermittlung sind die bis dahin angefallenen Gerichts- und Rechtsanwaltskosten aller Beteiligten, 13 einschließlich der Beteiligtenkosten, einzubeziehen.[27] Ist VKH bewilligt, sind die Anwaltsgebühren gleichwohl in Höhe des § 13 Abs. 1 RVG zu berücksichtigen.

Beispiel: Familienstreitsache wegen Zahlung von 8.000 €. Das Verfahren wird übereinstimmend für erledigt er- 14 klärt. Die Erklärungen gehen am 18.5. und 20.5. bei Gericht ein. Es wurde mündlich auch über die Hauptforderung verhandelt. Das Gericht hat Sachverständigengutachten eingeholt, für das eine Vergütung iHv 900 € gezahlt wurde. Es ergeht Beschluss nach § 91 a ZPO.

In dem Verfahren sind bis zur Erledigung der Hauptsache folgende Kosten entstanden:

I. Gerichtskosten (Verfahrenswert: 8.000 €)

3,0-Verfahrensgebühr, Nr. 1220 KV	609,00 €
Sachverständigenvergütung, Nr. 2005 KV	900,00 €
Gesamt	**1.509,00 €**

II. Rechtsanwaltskosten (Gegenstandswert: 8.000 €)

Verfahrensgebühr, Nr. 3100 VV RVG	592,80 €
Terminsgebühr, Nr. 3104 VV RVG	547,20 €
Auslagenpauschale, Nr. 7002 VV RVG	20,00 €
Umsatzsteuer, Nr. 7008 VV RVG	220,40 €
Kosten eines Rechtsanwalts	**1.380,40 €**

Da jedoch beide Beteiligte anwaltlich vertreten waren, sind die Anwaltskosten beider Anwälte zu berücksichtigen, so dass die Anwaltskosten mit insgesamt 2.760,80 € anzusetzen sind. Die gesamten Kosten (Anwalts- und Gerichtskosten) des anhängigen Verfahrens betragen demnach 4.269,80 €.

Der Verfahrenswert ist danach bis zum 19.5. auf 8.000 € und ab dem 20.5. auf 4.269,80 € festzusetzen.

VI. Gestaffelte Wertfestsetzung

Tritt die Änderung des Werts nach Abs. 2, 3 nachträglich ein, weil wegen **Wegfalls der Hauptsache** nur 15 noch die Nebenkosten maßgeblich sind, ist der Wert gestaffelt festzusetzen. Auf die Verfahrensgebühr bleibt die Wertänderung ohne Einfluss. Der geänderte Wert ist aber für solche Gebühren maßgebend, die erst nach dem wertändernden Ereignis entstehen, was nur auf die Anwaltsgebühren (zB Terminsgebühr) zutrifft. Ist keine gestaffelte Festsetzung erfolgt, steht dem Anwalt nach § 32 Abs. 2 RVG ein eigenes Antrags- und Beschwerderecht zu, ggf ist nach § 33 RVG vorzugehen.

§ 38 Stufenantrag

Wird mit dem Antrag auf Rechnungslegung oder auf Vorlegung eines Vermögensverzeichnisses oder auf Abgabe einer eidesstattlichen Versicherung der Antrag auf Herausgabe desjenigen verbunden, was der Antragsgegner aus dem zugrunde liegenden Rechtsverhältnis schuldet, ist für die Wertberechnung nur einer der verbundenen Ansprüche, und zwar der höhere, maßgebend.

24 OLG Oldenburg MDR 1989, 1727. **25** OLG München JurBüro 1994, 745. **26** BGH NJW-RR 1996, 1210; KG JurBüro 2006, 201; OLG Nürnberg JurBüro 2006, 478; aA OLG Schleswig SchlHA 2006, 176; OLG Brandenburg AGS 2001, 205. **27** OLG Frankfurt AGS 2001, 84.

I. Allgemeines

1 **1. Anwendungsbereich.** Die Vorschrift regelt die Wertberechnung, wenn ein Stufenantrag gestellt wird. Es muss ein echter **Stufenantrag nach § 254 ZPO** iVm § 113 Abs. 1 FamFG vorliegen, auch wenn er als Folgesache (§ 137 Abs. 2 Nr. 2, 4 FamFG) anhängig wird. § 38 gilt nicht, wenn nur ein Antrag wegen Auskunft und Abgabe der eidesstattlichen Versicherung[1] oder wegen vorzeitigen Zugewinnausgleichs (§ 1386 BGB) und Auskunft (§ 1379 BGB) gestellt wird.[2]

2 § 38 erfasst nur **Familienstreitsachen** (§ 112 FamFG), was aus dem ursprünglichen Wortlaut „Stufenklageantrag" folgt, der im Rahmen des 2. KostRMoG lediglich aus redaktionellen Gründen in „Stufenantrag" angepasst wurde. Die Regelung findet aber ausnahmsweise auch auf **Versorgungsausgleichssachen** entsprechende Anwendung, so dass sich ein in Verfahren nach § 4 VersAusglG geltend gemachter Auskunftsanspruch nicht werterhöhend auswirkt.[3]

3 **2. Verfahrensrecht.** Bei dem Stufenantrag liegt **objektive Antragshäufung** vor. Rechtshängigkeit tritt sofort sowohl hinsichtlich des Hilfs- als auch des noch unbezifferten Leistungsanspruchs ein. Ein Stufenantrag ist nur zulässig, wenn ein **Auskunftsanspruch** besteht (vgl § 1379 Abs. 1, §§ 1435, 1580, 1698, 1799, 1839, 1890, 1891 BGB). Das Verfahren besteht regelmäßig aus **drei Stufen:** Auskunftsstufe, Antrag auf Abgabe der eidesstattlichen Versicherung und Leistungsstufe. Fehlt die Leistungsstufe, liegt kein Stufenantrag vor, so dass auch § 38 nicht gilt.[4]

4 **3. Anwaltsgebühren.** Wegen § 23 Abs. 1 RVG gilt § 38 auch für die Berechnung der Anwaltsgebühren. Sind Gebühren nur in einer bestimmten Stufe entstanden (zB Terminsgebühr), sind sie nur nach dem Wert der jeweiligen Stufe zu berechnen.[5]

II. Festsetzung des Verfahrenswerts

5 **1. Additionsverbot.** Liegt ein Stufenantrag vor, ordnet § 38 an, dass für die Wertberechnung nur **einer der verbundenen Ansprüche**, und zwar der **höhere**, maßgebend ist. Es handelt sich insoweit um eine von § 33 Abs. 1 S. 1 abweichende Regelung. Mit dem Additionsverbot wird berücksichtigt, dass Auskunft und eidesstattliche Versicherung den Leistungsanspruch nur vorbereiten.[6] Der höhere Wert der Leistungsstufe ist auch dann maßgeblich, wenn es nicht mehr zu einer Bezifferung des Antrags oder zu einer mündlichen Verhandlung hierüber kommt.

6 **2. Wertstaffelung.** Trotz der Regelung des § 38 kommt jeder Stufe ein eigenständiger Wert zu, da die Regelung nur ein Additionsverbot ausspricht. Obwohl sich die Gerichtsgebühren nur nach dem höheren Wert richten, ist gleichwohl die **Festsetzung von Einzelwerten** geboten, da sich bestimmte anwaltliche Gebühren nur nach dem Wert der derjenigen Stufe bestimmen, in der sie entstanden sind.[7] In dem Wertfestsetzungsbeschluss ist daher für jede Stufe ein gesonderter Wert festzusetzen.

III. Höhe des Verfahrenswerts

7 **1. Auskunft.** Es gilt § 42 Abs. 1; der Wert für Auskunft und Rechnungslegung ist somit nach billigem Ermessen zu bestimmen. Da es sich um Hilfsansprüche handelt, die den Leistungsanspruch nur vorbereiten, ist nur ein **Bruchteil des Zahlungsanspruchs** festzusetzen,[8] auch dann, wenn es nicht mehr zu einer Bezifferung des Leistungsanspruchs kommt.[9] Dieser ist nach objektiven Gründen zu bestimmen, wobei das wirtschaftliche Interesse des Antragstellers an der Auskunft zu berücksichtigen ist.[10] Die Höhe des Bruchteils ist mit 1/10–1/4 des Hauptanspruchs anzusetzen.[11] Nur wenn für die Höhe des Anspruchs keine oder nicht genügend Anhaltspunkte bestehen, kann auf § 42 Abs. 3 zurückgegriffen werden.[12]

8 **2. Eidesstattliche Versicherung.** Eine eidesstattliche Versicherung kann im Regelfall außer Acht bleiben,[13] da der Wert des Auskunftsanspruchs regelmäßig auch die Abgabe der eidesstattlichen Versicherung umfasst.[14] Ist aber eine Wertfestsetzung erforderlich, gilt § 42 Abs. 1, so dass das Interesse des Antragstellers an der Abgabe der eidesstattlichen Versicherung maßgeblich ist.[15] Dabei ist ein Teil des Werts für die Auskunft, regelmäßig 1/2, zugrunde zu legen.[16]

1 OLG Bamberg FamRZ 1997, 40. **2** OLG Nürnberg JurBüro 1998, 262. **3** OLG Hamburg FamRZ 1981, 1095; OLG Frankfurt FamRZ 2000, 99. **4** HK-FamGKG/N. *Schneider*, § 38 Rn 6. **5** OLG Jena FamFR 2012, 447; OLG Bamberg JurBüro 1986, 1062. **6** KG FamRZ 2007, 69. **7** OLG Bamberg JurBüro 1984, 1375. **8** OLG Celle MDR 2003, 55; OLG Koblenz FuR 2005, 462. **9** OLG Karlsruhe Justiz 1985, 354; OLG Düsseldorf JurBüro 1987, 736. **10** OLG Zweibrücken 15.3.2000 – 5 WF 20/00, juris. **11** Für 1/10: OLG Stuttgart FamRZ 2008, 533; 1/10–2/10: OLG Schleswig JurBüro 2002, 80; 1/8–1/4: OLG Koblenz AGS 1997, 132; 1/5: OLG Brandenburg FamRZ 2007, 71; OLG München OLGR 1995, 131; 1/4: OLG Köln VersR 1976, 1154; OLG Bamberg JurBüro 1985, 576. **12** OLG Jena AGS 2014, 338. **13** OLG Düsseldorf NJW 1961, 2022; OLG Zweibrücken JurBüro 1973, 444. **14** OLG Frankfurt JurBüro 1973, 766. **15** HK-FamGKG/N. *Schneider*, § 38 Rn 19. **16** HK-FamGKG/N. *Schneider*, § 38 Rn 19.

3. Leistungsstufe. a) Maßgeblicher Zeitpunkt. Auch wenn der Leistungsantrag zunächst noch unbeziffert 9
ist, wird für ihn eine Wertfestsetzung wegen § 14 Abs. 1 oder §§ 9, 47 RVG sogleich nach Eingang des unbezifferten Antrags erforderlich. Der Wert für den Leistungsanspruch ist zunächst zu **schätzen**. Auszugehen
ist von den Erwartungen des Antragstellers, die dieser zu Beginn des Stufenantrags hat.[17] Beginn iSd § 34
ist aber bereits der ursprüngliche Antrag und nicht erst der bezifferte Antrag, weil Rechtshängigkeit des
Leistungsanspruchs sofort eintritt.[18]

b) Werthöhe. Für die Werthöhe ist der Betrag maßgeblich, der zu Beginn der Instanz bei objektiver Würdi- 10
gung des Vorbringens durch den Antragsteller erwartet werden kann.[19] Es sind die vom Antragsteller zur
Begründung seines Antrags vorgebrachten Behauptungen zugrunde zu legen.[20] Stellt sich später heraus,
dass das Gericht den geschätzten Wert falsch festgesetzt hat, kann er jederzeit geändert werden. Wird der
Leistungsantrag später beziffert, ist der Zahlbetrag maßgeblich. Das gilt auch, wenn der Betrag von den
ursprünglichen Erwartungen abweicht.[21] Auf das bloße Ergebnis des Verfahrens kann nicht abgestellt werden.[22] Ist der geltend gemachte Zahlbetrag nur deshalb geringer, weil zugleich teilweise Antragsrücknahme
oder Teilerledigung erklärt wird, ist auf den zu erwartenden Gesamtbetrag abzustellen.

c) Fehlen der Bezifferung. Kommt es wegen eines „steckengebliebenen" Stufenantrags nicht mehr zur Be- 11
zifferung des Leistungsanspruchs, zB weil nach Erledigung der Auskunft eine Antragsrücknahme erfolgt,
ein Vergleich geschlossen, das Verfahren nicht betrieben, unterbrochen oder das Ruhen angeordnet wird,
ist als höherer Anspruch iSd § 38 gleichwohl der noch nicht bezifferte Leistungsanspruch anzusehen, weil
es sich bei den anderen Ansprüchen nur um Hilfsansprüche handelt und Rechtshängigkeit auch für den unbezifferten Leistungsanspruch eingetreten ist. Kommt es nicht mehr zur Bezifferung des Leistungsantrags,
ist daher der geschätzte Wert des noch nicht bezifferten Zahlungsantrags und nicht nur der bloße Wert des
Auskunftsanspruchs maßgeblich.[23] Es ist dabei von der Anspruchshöhe auszugehen, so dass solche Forderungen maßgeblich sind, die nach Auskunftserteilung Gegenstand der Leistungsstufe geworden wären.[24]
Ein unkalkulierbares Kostenrisiko für den Antragsteller wird nicht herbeigeführt, weil dieser wegen durch
verspäteter Auskunftserteilung entstandener zusätzlicher Kosten einen materiellrechtlichen Schadensersatzanspruch besitzt, der im Wege der Antragsänderung festgestellt werden kann.[25]

d) Unterhaltsrückstände. Werden auch Unterhaltsrückstände geltend gemacht, sind sie nach § 51 Abs. 2 zu 12
berücksichtigen. Dabei ist auf den Eingang des Stufenantrags abzustellen, nicht auf die Bezifferung des
Leistungsanspruchs.[26] Das gilt auch, wenn zunächst kein bestimmter Unterhalt gefordert war oder der Antrag rückwirkend erweitert wird.[27]

4. Rechtsmittelverfahren. a) Auskunft. Wird nur der Auskunftsanspruch angefochten, gilt § 42 Abs. 1. 13
Wehrt sich der Antragsgegner gegen die Verpflichtung zur Auskunftserteilung, ist auf sein Interesse abzustellen, welches er an der Nichtabgabe hat, wobei auch der Kosten- und Zeitaufwand zu berücksichtigen
ist.[28] Bei dem bloßen Wert der Auskunft verbleibt es auch, wenn das Rechtsmittelgericht den Antragsgegner zur Auskunft verurteilt und zugleich wegen weiterer Stufen an das untere Gericht zurückverweist.[29]
War nur der Auskunftsanspruch Gegenstand der Beschwerde, kommt eine nachträgliche Erhöhung des
Werts für das Rechtsmittelverfahren auch dann nicht in Betracht, wenn das Beschwerdegericht den gesamten Stufenantrag, unter Einbeziehung der noch in der ersten Instanz anhängigen Stufen, abweist.[30] Wurde
aber neben dem Auskunfts- auch der Leistungsanspruch zurückgewiesen, weil eine materiellrechtliche
Grundlage für die Ansprüche fehlt, ist der höhere Wert des Leistungsanspruchs maßgebend.[31]

b) Eidesstattliche Versicherung. Der Wert für das Rechtsmittelverfahren ist nach dem weiterbestehenden 14
Auskunftsinteresse des Antragstellers zu bestimmen, das nach § 42 Abs. 1 zu schätzen ist. Legt der zur Abgabe Verpflichtete Beschwerde (§§ 58 ff FamFG) ein, richtet sich der Wert nach dem Aufwand an Zeit und
Kosten, den die Abgabe verursacht.[32]

c) Leistungsanspruch. Wird die Entscheidung über den bezifferten Leistungsanspruch angegriffen, ist dieser 15
für den Wert maßgebend, auch dann, wenn der Leistungsanspruch bereits in der ersten Stufe abgewiesen
wird und sämtliche Stufen in die höhere Instanz gelangen.

17 OLG Hamm FamRZ 2011, 582; OLG Schleswig MDR 2014, 1345. 18 OLG München OLGR 2007, 415. 19 KG JurBüro
1985, 575; OLG Düsseldorf JurBüro 1987, 736; OLG Hamm JurBüro 1989, 1004; OLG München OLGR 1997, 235; OLG
Dresden MDR 1998, 64; OLG Brandenburg FamRZ 2007, 71. 20 OLG Frankfurt JurBüro 1985, 443. 21 HK-FamGKG/
N. Schneider, § 38 Rn 22. 22 LAG Düsseldorf JurBüro 1990, 41. 23 OLG Hamm JurBüro 1989, 1004; OLG München MDR
1989, 646; OLG Düsseldorf FamRZ 1992, 1095; OLG Celle FamRZ 1997, 99; OLG Dresden MDR 1998, 64; OLG Brandenburg FamRZ 2003, 240; OLG Köln JMBl NW 2003, 95; OLG Koblenz FuR 2005, 462; KG FamRZ 2007, 69; OLG Stuttgart
FamRZ 2008, 533. 24 OLG Bamberg JurBüro 1982, 1246. 25 BGH NJW 1994, 2895; KG FamRZ 2007, 69. 26 OLG Düsseldorf JurBüro 1984, 1864; KG JurBüro 1989, 576; OLG Bamberg JurBüro 1991, 108; OLG Hamm FamRZ 1998, 312; OLG
Schleswig AGS 2000, 93. 27 OLG Hamburg MDR 1983, 1032. 28 BGH NJW-RR 1993, 1423. 29 BGH NJW-RR 2002,
3477. 30 KG KGR 1997, 152. 31 BGH NJW 2002, 71. 32 BGH NJW-RR 1994, 898.

16 **5. Vergleichswert.** Der Vergleichswert bestimmt sich nach den Ansprüchen, die von der Einigung erfasst werden. Wird sich nur über den Auskunftsanspruch verglichen, ist nur dieser maßgeblich. Sind auch die unbezifferten Leistungsansprüche enthalten, kommt es nur auf ihren Wert an.

IV. Berechnung der Gerichtsgebühren

17 **1. Grundsatz.** Auch die entstehenden pauschalen Verfahrensgebühren sind nach dem höchsten Wert zu berechnen.[33] **Sämtliche Stufen** sind als **einheitlicher Kostenrechtszug** iSd § 29 zu behandeln, so dass der Ansatz von Einzelgebühren unzulässig ist und die Verfahrensgebühr einmal nach dem höchsten Wert zu erheben ist.[34] Das gilt auch, wenn der Stufenantrag „steckenbleibt",[35] selbst wenn sich die Beteiligten außergerichtlich vergleichen und das Verfahren nicht weiterbetreiben.[36]

18 **2. Fälligkeit.** Wird der Stufenantrag als isolierte Familienstreitsache gestellt, tritt Fälligkeit der Verfahrensgebühr – auch für die noch unbezifferte Leistungsstufe – bereits mit Eingang der Stufenantragsschrift bei Gericht ein (§ 9 Abs. 1). Wird Stufenantrag in einer Folgesache gestellt, gilt § 11 Abs. 1.

19 **3. Vorauszahlung.** Die Vorauszahlung nach § 14 Abs. 1 ist nach dem höheren Wert zu berechnen, so dass auf den Wert der Leistungs-, nicht auf den Wert der Auskunftsstufe abzustellen ist. Steht der Wert für die Leistungsstufe bei Einreichung des Antrags noch nicht fest, ist er zu schätzen und vorläufig festzusetzen (§ 55 Abs. 1). Steht nach Bezifferung des Leistungsanspruchs fest, dass der geschätzte Wert zu niedrig war, ist wegen des erhöhten Werts wie bei einer Antragserweiterung nach § 14 Abs. 1 S. 2 zu verfahren, so dass die Zustellung des bezifferten Antrags erst nach Zahlung der weiteren Gebühren vorgenommen werden soll. Da jedoch zugleich ein Minderbetrag vorliegt, ist § 26 Abs. 4 KostVfg zu beachten.

20 **Beispiel:** Stufenantrag wegen Auskunftserteilung und Zahlung von Unterhalt. Der Wert für die Auskunftsstufe wird auf 500 € festgesetzt, für die Zahlungsstufe wird er geschätzt und zunächst auf 3.000 € festgesetzt. Folgende Vorauszahlung (§ 14 Abs. 1) ist anzufordern:

3,0-Verfahrensgebühr, Nr. 1220 KV (Wert: 3.000 €)   324,00 €

Nach Auskunft wird der Leistungsanspruch beziffert. Der Wert für die Leistungsstufe wird jetzt auf 6.000 € festgesetzt. Es ist nach § 14 Abs. 1 S. 2 zu verfahren und eine weitere Vorauszahlung vom Antragsteller mit Kostenrechnung ohne Sollstellung (vormals Kostennachricht) anzufordern:

3,0-Verfahrensgebühr, Nr. 1220 KV (Wert: 6.000 €)   495,00 €
Anzurechnen   – 324,00 €
Noch zu zahlen   **171,00 €**

21 **4. Gebührenermäßigung.** Siehe dazu → Nr. 1221 KV Rn 17 ff.

V. Kostenentscheidung

22 **1. Einheitliche Entscheidung.** Für das gesamte Stufenantragsverfahren ist eine einheitliche Kostenentscheidung zu treffen. Ergeht zunächst nur eine Teilentscheidung, ist diese nicht mit einer Kostenentscheidung zu versehen.[37] Auch bei Erledigung der Hauptsache ist eine Kostenentscheidung nur statthaft, wenn das gesamte Verfahren erledigt ist, also nicht dann, wenn nur der Auskunftsanspruch übereinstimmend für erledigt erklärt wird.[38]

23 **2. Gerichtskosten.** Ist eine Kostenentscheidung wegen eines „steckengebliebenen" Antrags (→ Rn 11) nicht ergangen, verbleibt es zunächst bei der Haftung nach § 21. Der Antragsschuldner ist dann auch in Anspruch zu nehmen, wenn die Auskunftsstufe erfolgreich war. Von dem Antragsgegner sind Kosten nur einzuziehen, soweit er nach §§ 16, 17, 23 haftet oder er ausnahmsweise nach § 21 haftet (zB Widerantrag).

24 **3. Ansprüche nach § 59 RVG.** Auch nach § 59 RVG übergegangene Ansprüche können mangels Kostenentscheidung nicht vom Gegner des VKH-Beteiligten eingezogen werden. Der Nichtbetrieb des Stufenantrags stellt aber eine Verfahrenserledigung iSd § 125 ZPO iVm § 76 Abs. 1 FamFG dar, so dass Gerichtskosten, von deren Zahlung der Gegner nach § 122 Abs. 2 ZPO iVm § 76 Abs. 1, § 113 Abs. 1 FamFG einstweilen befreit war, einzuziehen sind. Der Kostenbeamte hat dann nach Nr. 3.2.2 DB-PKH zu verfahren. Wird danach ein Verfahren, in dem VKH ohne Zahlungsbestimmung bewilligt ist, mehr als sechs Monate nicht betrieben, ohne dass das Ruhen des Verfahrens (§ 251 ZPO) angeordnet ist, stellt der Kostenbeamte durch Anfrage bei den Beteiligten fest, ob das Verfahren beendet ist. Gibt keiner der Beteiligten binnen angemessener Zeit eine Erklärung ab, setzt der Kostenbeamte die dem Gegner zur Last fallenden Kosten an. Das Gleiche gilt, wenn die Beteiligten das Verfahren trotz der Erklärung, dass es nicht beendet ist, auch jetzt nicht weiterbetreiben oder wenn der Gegner erklärt, das Verfahren ruhe oder sei beendet. War dem An-

---

33 OLG Bamberg JurBüro 1986, 1062; OLG Köln OLGR 2003, 207. **34** OLG Düsseldorf OLGR 1993, 28. **35** OLG Köln JMBl NW 2003, 95. **36** OLG Schleswig JurBüro 2002, 80. **37** OLG Frankfurt NJW-RR 1998, 1536. **38** OLG Düsseldorf JurBüro 1993, 1876.

tragsgegner VKH bewilligt, hat das Gericht zudem eine **Kostenentscheidung von Amts wegen** zu treffen (§ 269 Abs. 4 S. 2 ZPO iVm § 113 Abs. 1 FamFG), so dass der Übergang (§ 59 RVG) durch die Staatskasse geltend gemacht werden kann.

4. Verfahrenskostenhilfe. Die VKH-Bewilligung darf nicht auf die Auskunftsstufe beschränkt werden, sie ist von Anfang an für alle Stufen einheitlich zu bewilligen.[39] Es darf auch nicht von Stufe zu Stufe bewilligt werden.[40] Einer ausdrücklichen Erstreckung auf sämtliche Stufen bedarf es daher im Bewilligungsbeschluss nicht. Ist die Bewilligung nicht unter einer Einschränkung erfolgt, gilt sie automatisch für alle Stufen, auch wenn der Leistungsantrag noch nicht beziffert war.[41]

§ 39 Antrag und Widerantrag, Hilfsanspruch, wechselseitige Rechtsmittel, Aufrechnung

(1) ¹Mit einem Antrag und einem Widerantrag geltend gemachte Ansprüche, die nicht in getrennten Verfahren verhandelt werden, werden zusammengerechnet. ²Ein hilfsweise geltend gemachter Anspruch wird mit dem Hauptanspruch zusammengerechnet, soweit eine Entscheidung über ihn ergeht. ³Betreffen die Ansprüche im Fall des Satzes 1 oder des Satzes 2 denselben Gegenstand, ist nur der Wert des höheren Anspruchs maßgebend.

(2) Für wechselseitig eingelegte Rechtsmittel, die nicht in getrennten Verfahren verhandelt werden, ist Absatz 1 Satz 1 und 3 entsprechend anzuwenden.

(3) Macht ein Beteiligter hilfsweise die Aufrechnung mit einer bestrittenen Gegenforderung geltend, erhöht sich der Wert um den Wert der Gegenforderung, soweit eine der Rechtskraft fähige Entscheidung über sie ergeht.

(4) Bei einer Erledigung des Verfahrens durch Vergleich sind die Absätze 1 bis 3 entsprechend anzuwenden.

I. Allgemeines

Die Vorschrift regelt die Wertberechnung in besonderen Fällen. § 39 geht insoweit dem § 33 Abs. S. 1 als Spezialregelung vorgeht. Damit soll den Beteiligten zugutekommen, dass das Gericht zwar über mehrere

---

[39] OLG Nürnberg FamRZ 1997, 100; OLG Celle FamRZ 1997, 99; OLG Brandenburg FamRZ 1998, 1177; OLG Köln FamRZ 1998, 1601; OLG Bamberg FamRZ 1998, 1602; OLG Düsseldorf AnwBl 2000, 59; OLG Karlsruhe FamRZ 2004, 547; OLG München FamRZ 2005, 42; OLG Thüringen FamRZ 2005, 1186; OLG Hamm FamRZ 2007, 152; KG FamRZ 2008, 702. [40] OLG Koblenz FamRZ 1985, 953. [41] OLG München Rpfleger 1981, 34; KG FamRZ 2008, 702.

Anträge entscheiden muss, sich dafür aber im Wesentlichen auf die Beurteilung des gleichen Streitstoffes beschränken kann und dadurch Arbeitsaufwand erspart.[1]

2 Im Einzelnen werden von § 39 abschließend erfasst:
- Antrag und Widerantrag (Abs. 1 S. 1),
- die hilfsweise Geltendmachung von Ansprüchen im Verhältnis zum Hauptantrag (Abs. 1 S. 2),
- wechselseitige Rechtsmittel (Abs. 2),
- hilfsweise Aufrechnung (Abs. 3),
- Erledigung des Verfahrens in den Fällen der Abs. 1–3 durch Vergleich (Abs. 4).

II. Widerantrag (Abs. 1 S. 1)

3 **1. Allgemeines.** Abs. 1 S. 1 regelt die Wertberechnung bei Antrag und Widerantrag, die nur in Familienstreitsachen und Ehesachen zulässig sind. In FG-Familiensachen gilt § 33 Abs. 1, so dass auch hier eine Wertaddition gleichwohl unterbleibt, wenn derselbe Gegenstand betroffen ist.

4 **2. Wertberechnung.** Betreffen Antrag und Widerantrag verschiedene Gegenstände, werden die Werte zusammengerechnet (Abs. 1 S. 1). Ist derselbe Gegenstand betroffen, findet eine Wertaddition nicht statt, weil sich der Wert dann nur nach dem Wert des höheren Anspruchs bestimmt (Abs. 1 S. 3).

5 **3. Gegenstandsgleichheit. a) Identitätsformel.** Es ist nicht auf den verfahrensrechtlichen Begriff abzustellen, weil eine **wirtschaftliche Betrachtungsweise** erforderlich ist.[2] Nach der Identitätsformel liegt derselbe Gegenstand vor, wenn die mit Antrag und Widerantrag geltend gemachten Ansprüche nicht nebeneinander bestehen können, also das Stattgeben des einen notwendigerweise die Abweisung des anderen Antrags nach sich zieht.[3]

6 **b) Teilansprüche.** Die Werte sind aber zusammenzurechnen, wenn Antrag und Widerantrag Teilansprüche aus demselben Rechtsverhältnis betreffen, die sich nicht decken,[4] insb. wenn sie dasselbe Rechtsverhältnis betreffen und sich diese nicht decken, sondern ergänzen.[5] Die Werte sind deshalb auch zu addieren, wenn über Ansprüche, die über den Antrag hinausgehen, ein negativer Feststellungswiderantrag gestellt wird.[6]

7 **c) Ehesachen.** Wird ein Antrag von beiden Ehegatten gestellt, liegt Gegenstandsgleichheit vor. Werden aber wechselseitig verschiedene Ehesachen (zB Scheidung und Aufhebung) anhängig, liegen verschiedene Gegenstände vor, deren Werte zusammenzurechnen sind.[7] Das gilt auch, wenn in einem Verfahren wegen der Feststellung des Bestehens oder Nichtbestehens der Ehe die Scheidung nur hilfsweise beantragt wird.[8]

8 **d) Unterhaltssachen.** Anträge auf Erhöhung und solche wegen Herabsetzung des Unterhalts betreffen jeweils nur Teilansprüche aus demselben Rechtsverhältnis, so dass eine Wertaddition stattfindet.[9] Beschränkt sich aber ein negativer Feststellungswiderantrag auf die Leugnung des Unterhaltsanspruchs, kommt ihm kein eigenständiger Wert zu.[10] Im Übrigen gilt Abs. 1 auch, wenn ein **Stufenwiderantrag** gestellt wird.[11] Wechselseitige Auskunftsansprüche betreffen verschiedene Gegenstände.[12]

9 **e) Zugewinnausgleich.** Die Werte von Antrag und Widerantrag sind im Falle des Zugewinnausgleichs zusammenzurechnen, da sie verschiedene Teile desselben Streitgegenstands betreffen.[13] Der Wert ist nach den von beiden Beteiligten geforderten Summen zu berechnen.[14] Zusammenzurechnen ist auch, wenn um die Bewertung des Anfangs- und Endvermögens der beiden Beteiligten gestritten wird, weil aufgrund unterschiedlichen Tatsachenvortrags verschiedene Ansätze erfolgt sind.[15]

10 **f) Weitere Einzelfälle.** Keine Gegenstandsgleichheit liegt vor bei:
- Antrag auf **Auflassung** und Widerantrag auf Zahlung der restlichen Kaufpreissumme;[16]
- **Drittwiderspruchsantrag** mit dem Ziel, die Zwangsvollstreckung aus einer Sache für unzulässig zu erklären, und Widerantrag wegen Herausgabe dieser Sache an den Gerichtsvollzieher;[17]
- **Löschung des Erbbaurechts** und Einräumung eines neuen Erbbaurechts;[18]
- **Löschung einer Kaufgeldhypothek** und die Geltendmachung von restlicher Kaufpreiszahlung;[19]
- **Erteilung einer Quittung** und Zahlung einer Restforderung.[20]

1 BGH NJW-RR 2006, 378. **2** BGH NJW-RR 2005, 506. **3** BGH NJW 1965, 440; OLG Rostock NJ 2008, 82; KG KGR 2007, 759. **4** OLG Celle Rpfleger 1964, 230; OLG Nürnberg JurBüro 1983, 105. **5** OLG Nürnberg JurBüro 1983, 105. **6** OLG Düsseldorf MDR 2003, 236. **7** OLG Zweibrücken FamRZ 2002, 255. **8** HK-FamGKG/*Türck-Brocker*, § 43 Rn 71. **9** OLG München FamRZ 2007, 750; OLG Naumburg JurBüro 2004, 379; aA OLG Hamm AGS 2004, 30. **10** OLG Brandenburg FamRZ 2004, 962. **11** OLG München OLGR 1995, 131. **12** HK-FamGKG/*N. Schneider*, § 39 Rn 16 Stichw. „Unterhalt". **13** OLG München FamRZ 1997, 41; OLG Karlsruhe FamRZ 1998, 574; OLG Stuttgart FamRZ 2006, 1055; OLG Celle MDR 2011, 492; OLG Köln FamRZ 2014, 1800. **14** OLG Bamberg NJW-RR 1995, 258. **15** OLG Köln MDR 2001, 941. **16** OLG Karlsruhe MDR 1988, 1067. **17** LG Saarbrücken JurBüro 1999, 309. **18** OLG Saarbrücken AnwBl 1978, 106. **19** OLG Frankfurt 15.2.2000 – 15 W 8/00, juris. **20** *Meyer*, GKG § 45 Rn 13.

Hingegen ist Gegenstandsgleichheit gegeben bei: 11

- Antrag und Widerantrag auf Einwilligung des jeweiligen Gegners zur **Auszahlung eines Bausparguthabens;**[21]
- Antrag auf Gewährleistung und Widerantrag auf Herausgabe der zur Sicherung dieses Anspruchs übergebenen **Bürgschaftsurkunde;**[22] Gleiches gilt, wenn Sicherheit für ein Pachtverhältnis geleistet war[23] oder es sich um eine Gewährleistungsbürgschaft handelt;[24]
- Erteilung der Zustimmung zur Löschung der Auflassungsvormerkung wegen eines Erbbaurechts und Widerantrag wegen eines Heimfallanspruchs auf Eintragung des Erbbauberechtigten;[25]
- Antrag auf **Herausgabe einer vollstreckbaren Urkunde** und Widerantrag wegen Zahlung des in dieser Urkunde vereinbarten Kaufpreises;[26]
- **Herausgabe eines Pkw** und Widerantrag auf Herausgabe des Kfz-Briefs;[27]
- **Herausgabe von Sachen und Geltendmachung von Schadensersatz** nach fruchtlosem Fristablauf zur Herausgabe;[28]
- **Eintragung einer Hypothek** und Widerantrag auf Löschung der Vormerkung für die Hypothek;[29]
- **Rückzahlung eines Kredits** und Herausgabe eines damit in Verbindung stehenden Grundschuldbriefs.[30]

4. Eintritt der Wirkungen. Die Werterhöhung tritt mit Stellung des Widerantrags ein, so dass es auf den 12 Eingang bei Gericht oder auf die Antragstellung in der mündlichen Verhandlung ankommt, nicht aber auf die Zustellung des Antrags.[31] Ist eine Erhöhung einmal eingetreten, entfällt sie nachträglich nicht mehr, so dass es unerheblich bleibt, ob das Gericht über den Widerantrag entscheidet. Wegen der Vorauszahlungspflicht → § 14 Rn 31 ff. Zur Fälligkeit der Gebühren → § 9 Rn 24.

5. Hilfswiderantrag. Der Widerantrag kann hilfsweise von einer auflösenden oder aufschiebenden Bedin- 13 gung abhängig gemacht werden (**Eventualwiderantrag**). Für die Wertberechnung gilt Abs. 1 S. 1, so dass auch die Werte von Antrag und Hilfswiderantrag zusammenzurechnen sind, wenn sie verschiedene Gegenstände betreffen und der Eventualfall eingetreten ist.[32] Ist derselbe Gegenstand betroffen, unterbleibt eine Wertaddition wegen Abs. 1 S. 3 in jedem Fall.[33] Anzuwenden ist aber auch Abs. 1 S. 2, so dass eine Wertaddition zudem nur erfolgt, wenn über den Hilfswiderantrag entschieden wird, nicht aber dann, wenn der Antrag abgewiesen[34] oder der Hilfswiderantrag vor einer Entscheidung zurückgenommen wird.[35] In der Entscheidung braucht nicht materiellrechtlich über den Hilfswiderantrag entschieden zu werden, auch eine Abweisung wegen Unzulässigkeit genügt. Ein **Vergleich** steht der Entscheidung gleich (Abs. 4).

6. Drittwiderantrag. Ein Drittwiderantrag wird von Abs. 1 S. 1, 3 erfasst, so dass eine Wertaddition statt- 14 findet, wenn verschiedene Gegenstände betroffen sind.[36]

III. Hilfsanträge (Abs. 1 S. 2)

1. Allgemeines. Die Werte für den Hauptanspruch und hilfsweise geltend gemachte Ansprüche werden zu- 15 sammengerechnet, wenn

- über den Hilfsantrag eine Entscheidung ergeht (Abs. 1 S. 2) oder ein Vergleich geschlossen wird (Abs. 4),
- Haupt- und Hilfsantrag nicht denselben Gegenstand betreffen (Abs. 1 S. 3).

Auf die Zulässigkeit oder Begründetheit des Hilfsantrags kommt es nicht an.[37] Eines förmlichen Hilfsan- 16 trags bedarf es nicht. Vielmehr liegt ein solcher immer dann vor, wenn der Anspruch einen anderen und zusätzlichen Gegenstand als den Hauptantrag beinhaltet.[38] Ist dem Hauptantrag stattgegeben, wird infolgedessen über den Hilfsantrag nicht mehr entschieden und auch eine Wertaddition unterbleibt. Gleiches gilt, wenn der Eventualfall nicht eintritt, weil dem Hauptantrag stattgegeben wurde. Zum Hilfswiderantrag → Rn 13.

2. Gegenstandsgleichheit. Betreffen Haupt- und Hilfsantrag denselben Gegenstand, findet eine Wertadditi- 17 on wegen Abs. 1 S. 3 nicht statt. Das gilt insb. dann, wenn beide Anträge auf demselben Lebenssachverhalt beruhen.[39] Entscheidend ist aber nicht, ob die Ansprüche auf den gleichen Anspruchsgrundlagen beruhen, sondern nur, dass sie sich einander ausschließen (→ Rn 5 ff).[40]

---

21 OLG Düsseldorf JurBüro 1984, 1868. **22** OLG Stuttgart MDR 1980, 678. **23** OLG Stuttgart OLGR 2000, 42. **24** OLG Stuttgart OLGR 1998, 427. **25** OLG Nürnberg 1992, 52. **26** KG Rpfleger 1981, 31. **27** OLG Frankfurt Rpfleger 1961, 338; aA OLG Nürnberg Rpfleger 1963, 179. **28** OLG Köln MDR 1984, 501. **29** OLG Nürnberg JurBüro 1968, 543. **30** OLG München MDR 1968, 769. **31** OLG Jena FamFR 2012, 330; OLG Hamburg OLGR 2001, 49. **32** BGH NJW 1973, 98. **33** OLG Celle OLGR 2000, 247. **34** OLG Köln JurBüro 1990, 246; LG Wuppertal JurBüro 1979, 1550; LG Bielefeld NJW 1968, 1938. **35** LG Freiburg Rpfleger 1982, 357. **36** OLG Düsseldorf AGS 1999, 92. **37** LAG RhPf MDR 1999, 1392. **38** OLG Celle OLGR 2001, 47. **39** BGH BRAGOreport 2003, 183. **40** BGH NJW-RR 2003, 713; OLG Rostock NJ 2008, 82.

18 **3. Entscheidung. a) Allgemeines.** Eine wertmäßige Berücksichtigung des Hilfsanspruchs erfolgt nur in dem Umfang, wie über ihn eine Entscheidung ergeht,[41] die zudem rechtskraftfähig sein muss.[42] Das Gericht muss sich zusprechend oder aberkennend mit dem Hilfsantrag befasst haben,[43] so dass es nicht genügt, wenn das Gericht die Zulässigkeit der Aufrechnung verneint.[44]

b) Einzelfälle A–Z

19 ▪ **Abweisung.** War ein Hilfsantrag nur für den Fall der Begründetheit des Antrags gestellt und wird dieser abgewiesen, ist für eine Entscheidung über den Hilfsantrag kein Raum mehr, so dass eine Werterhöhung nicht erfolgt.[45]

20 ▪ **Antragsänderung.** Wird der Hilfsanspruch im Rahmen einer Änderung des Antrags gestellt, liegt keine Entscheidung iSd Abs. 1 S. 2 vor, wenn die Änderung vom Gericht nicht zugelassen wird.[46]

21 ▪ **Erledigungserklärung.** Sie schließt eine Wertaddition aus, wenn eine Entscheidung über den Hilfsantrag noch nicht ergangen war.

22 ▪ **Rücknahme.** Erfolgt die Rücknahme des Hauptantrags, bevor über den Hilfsantrag entschieden wird, findet eine Wertaddition nicht statt.[47] Anders verhält es sich aber, wenn nach Rücknahme des Hauptantrags der Hilfsantrag allein weiterverfolgt wird, weil dann eine Antragsänderung vorliegt.

23 ▪ **Zulässigkeit des Antrags.** Hat das Gericht die Zulässigkeit des Antrags offen gelassen, findet keine Wertaddition statt, wenn der Hilfsantrag nur für den Fall der Verneinung der Zuständigkeit gestellt war.[48]

24 **4. Vergleich (Abs. 4).** Einer Entscheidung steht der Abschluss eines Vergleichs gleich (Abs. 4), wobei eine Wertaddition sowohl für den Verfahrens- als auch den Vergleichswert zu erfolgen hat.[49]

25 **5. Wirksamkeit der Werterhöhung.** Die Werterhöhung nach Abs. 1 S. 2 tritt für die jeweilige Instanz zum Zeitpunkt der Verkündung der Entscheidung über den Hilfsantrag mit rückwirkender Kraft ein. Es besteht daher keine Vorauszahlungspflicht (§ 14) für Hilfsanträge. Auch kann die erhöhte Gebühr nicht schon bei Eingang des Hilfsantrags von dem Antragsteller mittels Sollstellung angefordert werden.

26 **6. Unechte Hilfsanträge.** Abs. 1 S. 2 erfasst nicht unechte Hilfsanträge,[50] weil diese nicht in einem Eventualverhältnis zum Hauptantrag stehen, sondern auf diesen aufbauen. Wird dem Hauptantrag stattgegeben, so dann auch dem unechten Hilfsantrag und umgekehrt. Eine Wertaddition von Haupt- und unechten Hilfsantrag findet daher nicht statt; maßgeblich ist nur der höhere Anspruch.[51]

27 **7. Anwaltsgebühren.** Abs. 1 S. 2 gilt auch für die Anwaltsgebühren (§ 23 Abs. 1 S. 1 RVG). Somit findet auch hier keine Wertaddition statt, wenn über den Hilfsantrag keine Entscheidung ergeht oder ein Vergleich geschlossen wird.[52]

IV. Wechselseitige Rechtsmittel (Abs. 2)

28 **1. Allgemeines.** Abs. 2 gilt für sämtliche Rechtsmittel und Rechtsbehelfe. Mit der Regelung soll der Wert niedrig gehalten werden, wenn sich durch die gemeinschaftliche Behandlung der Rechtsmittel die Arbeit des Gerichts vereinfacht hat.[53] Unerheblich ist, ob das Rechtsmittel bedingt eingelegt wird oder es zulässig war. § 40 bleibt unberührt.

29 **2. Begriff.** Wechselseitige Rechtsmittel liegen vor, wenn verschiedene Beteiligte gegen dieselbe Entscheidung Rechtsmittel, auch Anschlussrechtsmittel, einlegen. Richtet sich das Rechtsmittel hingegen gegen verschiedene Entscheidungen, liegen eigenständige Verfahren vor, auch wenn die Entscheidungen im selben Verfahren ergangen sind, zB Grund-, Zwischen- und Endentscheidung oder im Verhältnis zu Teil- und Endentscheidung. Gleiches gilt, wenn gegen die Entscheidung durch denselben Beteiligten mehrfach Rechtsmittel eingelegt wird.[54]

30 **3. Wertberechnung. a) Allgemeines.** Abs. 2 ordnet an, dass Abs. 1 S. 1 und 3 entsprechend anzuwenden ist. Die Gegenstände der wechselseitigen Rechtsmittel sind daher zusammenzurechnen, wenn sie nicht in getrennten Verfahren verhandelt werden. Eine Wertaddition findet daher statt, wenn

41 OLG Frankfurt Rpfleger 1986, 409. **42** OLG Brandenburg OLGR 1998, 70. **43** OLG München OLGR 1997, 153. **44** *Kurpat*, in: Schneider/Herget, Rn 1309. **45** OLG Köln VersR 1995, 679. **46** OLG München JurBüro 1980, 739; OLG Schleswig AGS 2002, 64. **47** OLG Köln JurBüro 1997, 435. **48** BGH NJW-RR 1999, 1157. **49** LAG Berlin NZA-RR 2004, 492. **50** LAG Hamm MDR 1988, 994. **51** *Anders/Gehle/Kunze*, Streitwert-Lexikon, Stichw. „Unechte Hilfsanträge" Rn 5. **52** OLG Karlsruhe AGS 2007, 470; LAG Berlin NZA-RR 2004, 374. **53** OLG Celle MDR 2007, 1286. **54** *Hartmann*, KostG, § 45 GKG Rn 37.

- wechselseitige Rechtsmittel vorliegen,
- diese in demselben Verfahren verhandelt bzw behandelt werden,
- keine Gegenstandsgleichheit vorliegt.

Alle drei Voraussetzungen müssen kumulativ vorliegen.

b) Gegenstandsgleichheit. Eine Wertaddition findet nicht statt, wenn der Erfolg des einen Rechtsmittels **31** zwangsläufig den Misserfolg des anderen zur Folge hat.[55] Sie findet aber statt, wenn Teilansprüche aus demselben Rechtsverhältnis mit wechselseitigen Rechtsmitteln angegriffen werden[56] oder die Entscheidung hinsichtlich Antrag und Widerantrag angegriffen wird und keine Gegenstandsgleichheit vorliegt. Wird aber die Entscheidung einer Ehesache angegriffen, liegt Gegenstandsgleichheit vor. Sind verschiedene Gegenstände betroffen, bleibt die Werterhöhung auch bestehen, wenn ein unselbständiges **Anschlussrechtsmittel** infolge der Rücknahme des Hauptrechtsmittels seine Wirkung verliert.[57]

Bei **Streitgenossenschaft** liegt Gegenstandsgleichheit vor, wenn dem Antrag für einen Streitgenossen stattge- **32** geben, gegen den anderen aber der Antrag abgewiesen wurde und die Entscheidung sowohl vom beschwerten Streitgenossen als auch von dem Antragsteller angegriffen wird. Legen Streitgenossen, die an dem Verfahren in unterschiedlichem Maße beteiligt sind, gegen dieselbe Entscheidung Rechtsmittel ein, handelt es sich im Regelfall nicht um denselben Gegenstand.

Zur Einlegung des Rechtsmittels von **Hauptbeteiligten** und **Nebenintervenienten** → § 40 Rn 16. **33**

4. Einheitliches Verfahren. Die wechselseitigen Rechtsmittel müssen in einem einheitlichen Verfahren be- **34** handelt werden. Die Verbindung von mehreren Rechtsmittelverfahren hat auf bereits entstandene Gebühren keinen Einfluss, da Abs. 2 insoweit nur für danach durchgeführte Handlungen anwendbar ist. Werden Rechtsmittelverfahren nachträglich getrennt, sind die Werte ab dem Zeitpunkt der Trennung für jedes Verfahren gesondert zu berechnen.

V. Hilfsweise Aufrechnung (Abs. 3)

1. Allgemeines. Ob eine Aufrechnung vorliegt, ist aufgrund rechtlicher Würdigung festzustellen, denn die **35** Bezeichnung als Aufrechnung genügt nicht,[58] weil auf den sachlichen Inhalt der Rechtsverteidigung abzustellen ist.[59]

Liegt tatsächlich eine Aufrechnung vor, muss zwischen Primär- und Eventualaufrechnung unterschieden **36** werden:

- **Eventualaufrechnung:** Die Antragsforderung wird durch den Antragsgegner bestritten. Für den Fall, dass seine Verteidigung erfolglos bleibt, rechnet er mit einer Gegenforderung auf.
- **Primäraufrechnung:** Die Antragsforderung wird durch den Antragsgegner bestritten. Er trägt dabei vor, die Forderung sei durch eine außergerichtliche Aufrechnung erloschen, jedoch ist auch eine direkte Aufrechnung im Verfahren statthaft.

2. Wertberechnung. Einfluss auf den Wert besitzt nur die Eventualaufrechnung; auf die Primäraufrechnung **37** ist Abs. 3 hingegen nicht anzuwenden.[60]

Liegt eine Eventualaufrechnung vor, erhöht sich der Wert um den Wert der Gegenforderung, wenn **38**

- die Gegenforderung, mit der aufgerechnet wird, bestritten ist und
- eine der Rechtskraft fähige Entscheidung über die Gegenforderung ergeht oder ein Vergleich geschlossen wird, der die Gegenforderung einschließt.

Die beiden Voraussetzungen müssen kumulativ vorliegen.

Wird die Gegenforderung teils unbedingt und teils hilfsweise erklärt, ist die Werterhöhung um den Betrag **39** zu vermindern, hinsichtlich dessen die Aufrechnung unbedingt erfolgt.[61] Rechnet der Antragsgegner zunächst hilfsweise mit einer Gegenforderung auf und geht später zur Primäraufrechnung über, ist eine Werterhöhung nach Abs. 3 zu keinem Zeitpunkt eingetreten,[62] auch wenn über die Primäraufrechnung eine Entscheidung ergeht.[63] Auch für die bis zum Übergang zur Primäraufrechnung verstrichene Zeit kommt eine Werterhöhung nicht in Betracht, weil es am Erlass einer rechtskraftfähigen Entscheidung mangelt.

3. Zeitpunkt. Die Werterhöhung wirkt auf den Zeitpunkt der erstmaligen Geltendmachung der hilfsweisen **40** Aufrechnung in dem Verfahren zurück. Sind Verfahrensgebühren zu erheben, sind diese nur nach dem erhöhten Wert zu berechnen, weil sie für das gesamte Verfahren nur einmal entstehen.

---

55 OLG Celle AGS 2008, 39. **56** OLG Bamberg JurBüro 1984, 255. **57** LG Berlin JurBüro 1985, 259. **58** OLG Köln KostRsp. GKG § 19 Nr. 81. **59** OLG Koblenz JurBüro 1985, 1847. **60** LG Bayreuth JurBüro 1980, 1374. **61** OLG Köln JurBüro 1994, 495. **62** OLG Hamm JurBüro 2002, 316; OLG München JurBüro 1987, 1055; aA OLG Dresden MDR 1999, 119. **63** OLG Karlsruhe NJW-RR 1999, 223.

41 **4. Bestrittene Gegenforderung.** Die Gegenforderung, mit der aufgerechnet wird, muss bestritten sein, so dass eine vom Antragsteller nicht bestrittene Forderung nicht zu einer Werterhöhung führt.[64] Gleiches gilt für eine unbedingte Aufrechnung.[65]

42 **5. Rechtskraftfähige Entscheidung. a) Wirkungen des § 322 ZPO.** Im Hinblick auf § 322 Abs. 2 ZPO iVm § 113 Abs. 1 ZPO verlangt Abs. 3 den Erlass einer rechtskraftfähigen Entscheidung. Danach ist eine Entscheidung, mit der das Nichtbestehen der Gegenforderung festgestellt wird, bis zur Höhe des Betrags, für den die Aufrechnung geltend gemacht wurde, der Rechtskraft fähig. § 322 Abs. 2 ZPO ist auch dann anzuwenden, wenn in der Entscheidung festgestellt wird, dass die Gegenforderung bestanden hat, aber durch Aufrechnung erloschen ist.[66]

43 **b) Inhaltliche Entscheidung.** Es muss eine inhaltliche Entscheidung über die Gegenforderung ergangen sein, Das Gericht muss zu dem Ergebnis gelangt sein, dass die zur Aufrechnung geeignete Gegenforderung durch Aufrechnung mit der Antragsforderung erloschen ist. Es genügt auch, dass in einer Sachentscheidung festgestellt wird, dass eine zur Aufrechnung geeignete Gegenforderung überhaupt nicht besteht. Eine Wertaddition scheidet daher aus, wenn eine Rechtskraftwirkung nicht vorliegt, weil eine Entscheidung über die Begründetheit der Aufrechnung nicht ergeht, weil schon ein unzulässige oder unbegründete Antrag abgewiesen wurde.[67] Das gilt auch, wenn das Gericht nicht entscheidet, ob dem Antragsteller die Antragsforderung zusteht, und der Antrag nur mit der Begründung abgewiesen wird, dass die Gegenforderung begründet sei.[68]

44 Wird die Antragsforderung zuerkannt, obwohl eine Eventualaufrechnung erfolgt ist, müssen die Gründe der Entscheidung herangezogen werden, um festzustellen, ob eine rechtskraftfähige Entscheidung über die Gegenforderung ergangen ist. Eine solche liegt vor, wenn durch das Gericht festgestellt wird, dass die Antragsforderung mangels Aufrechnungslage nicht erloschen ist. Hingegen liegt keine Entscheidung vor, wenn die Eventualaufrechnung für unzulässig erachtet wurde.

45 **c) Eintritt der Rechtskraft.** Abs. 3 verlangt nur den Erlass einer rechtskraftfähigen Entscheidung; auf den tatsächlichen Eintritt der Rechtskraft kommt es nicht an.[69] Die Wirkung der Werterhöhung tritt deshalb bereits mit Erlass der Entscheidung ein. Sie bleibt auch bestehen, wenn die Rechtskraft nicht mehr eintreten kann, weil die Entscheidung wegen Antragsrücknahme wirkungslos geworden ist (§ 269 Abs. 3 S. 1 ZPO iVm § 113 Abs. 1 FamFG) oder in der zweiten Instanz ein Vergleich geschlossen wird.[70]

d) Einzelfälle A–Z

46 ▪ **Abrechnungsverhältnis.** Es wird von § 322 Abs. 2 ZPO nicht erfasst,[71] so dass eine Werterhöhung unterbleibt, wenn das Gericht eine zur Aufrechnung gestellte Gegenforderung lediglich als Rechnungsposten im Rahmen einer Abrechnung würdigt.[72] Kein bloßes Abrechnungsverhältnis liegt vor, wenn mit dem Anspruch aus einem Vertragsstrafenversprechen wegen nicht gehöriger Erfüllung aufgerechnet wird.[73]

47 ▪ **Anerkenntnis.** Soweit hilfsweise Aufrechnung erklärt wurde, findet keine Werterhöhung statt, wenn eine Anerkenntnisentscheidung ergeht und über die Gegenforderung keine rechtskraftfähige Entscheidung erlassen wird.[74]

48 ▪ **Antragsrücknahme.** Erfolgt sie nach Erklärung der Eventualaufrechnung, findet eine Werterhöhung nach Abs. 3 nicht mehr statt.

49 ▪ **Aufrechnungsverbot.** Steht ein solches – gleich, ob gesetzlicher (zB §§ 390, 393, 394 BGB) oder vertraglicher Natur – der Aufrechnung entgegen, ist keine Werterhöhung vorzunehmen.[75] Das gilt auch bei einem Aufrechnungsverbot nach § 96 Abs. 1 Nr. 1 InsO.[76]

50 ▪ **Gleichartigkeit.** Bleibt die Aufrechnung ohne Erfolg, weil es der Gegenforderung an Gleichartigkeit mangelt, kommt eine Werterhöhung mangels rechtskraftfähiger Entscheidung nicht in Betracht.[77]

51 ▪ **Individualisierung.** Wird die hilfsweise Aufrechnung in analoger Anwendung des § 253 Abs. 2 Nr. 2 ZPO iVm § 113 Abs. 1 FamFG als unzulässig zurückgewiesen, weil sie nicht hinreichend individualisiert ist, fehlt es an einer Rechtskraftwirkung, so dass eine Werterhöhung nicht erfolgt.[78]

52 ▪ **Substantiierung.** Werterhöhung tritt ein, wenn das Gericht die Gegenforderung für nicht ausreichend substantiiert hält und sie deshalb als unschlüssig und unbegründet behandelt.[79]

---

[64] OLG Hamm MDR 2000, 296. [65] OLG Frankfurt OLGR 2004, 162. [66] BGH NJW 2002, 900. [67] OLG Frankfurt JurBüro 1986, 1848; OLG Köln JurBüro 1990, 246. [68] OLG Oldenburg OLGR 1998, 268. [69] OLG Frankfurt MDR 2001, 776. [70] OLG Frankfurt MDR 2001, 776. [71] BGH NJW 1992, 317; OLG Düsseldorf BauR 1984, 308. [72] BGH NJW-RR 2000, 285. [73] OLG Nürnberg NJW-RR 1999, 1671. [74] OLG Hamm AGS 2001, 111. [75] BGH NJW-RR 1991, 127. [76] Kurpat, in: Schneider/Herget, Rn 1313. [77] OLG Dresden JurBüro 2003, 475; OLG Frankfurt JurBüro 1991, 1387; aA OLG Düsseldorf MDR 1996, 1299; OLG Celle AnwBl 1984, 311. [78] OLG Karlsruhe MDR 1998, 1249; OLG Koblenz JurBüro 2002, 197. [79] OLG Koblenz JurBüro 2002, 197; OLG München JurBüro 1989, 137.

- **Unzulässigkeit.** Keine Werterhöhung, wenn das Gericht die Aufrechnung für unzulässig erachtet. 53
- **Verfahrensvoraussetzungen.** Bei einer Beschränkung auf verfahrensrechtliche Voraussetzungen, wie zB 54 die internationale Zuständigkeit, liegt kein werterhöhendes Vorbringen nach Abs. 3 vor, da als bestrittene Gegenforderung iSd Abs. 3 nur ein sachliches Bestreiten der materiellrechtlichen Forderung gemeint ist.[80]
- **Versäumnisentscheidung.** Ergeht eine solche über die Antragsforderung, mangelt es an einer rechts- 55 kraftfähigen Entscheidung über die Gegenforderung, so dass eine Werterhöhung ausscheidet.[81]
- **Verspätetes Vorbringen.** Wird die Gegenforderung wegen verspäteter Hilfsaufrechnung nach §§ 296, 56 296 a ZPO iVm § 113 Abs. 1 FamFG zurückgewiesen, findet eine Werterhöhung nicht statt.[82]
- **Vollstreckungsabwehr.** Abs. 3 gilt auch für Vollstreckungsabwehranträge,[83] da § 322 Abs. 2 ZPO und 57 Abs. 3 insoweit über ihren Wortlaut hinaus anzuwenden sind.[84] Eine Werterhöhung tritt jedoch nicht ein, wenn der Antrag darauf gestützt wird, dass die titulierte Forderung zwischenzeitlich durch Aufrechnung, zB mit Kostenerstattungsansprüchen, erloschen sei, weil dann die titulierte Forderung selbst unstreitig bleibt und nur eine Primäraufrechnung vorliegt.[85]
- **Vorbehaltsentscheidung (§ 302 ZPO).** Wird in einer solchen über die Eventualaufrechnung entschieden, 58 erhöht sich der Wert nicht, weil die Entscheidung nur der formellen Rechtskraft unterliegt. Das gilt für eine Vorbehaltsentscheidung im Urkunden- oder Wechselverfahren; allerdings kann eine Werterhöhung eintreten, wenn die Vorbehaltsentscheidung in dem Nachverfahren bestätigt wird.[86]

6. Wertberechnung. a) Grundsatz. Tritt eine Werterhöhung nach Abs. 3 ein, ist der Wert der Gegenforde- 59 rung nur bis zur Höhe der begründeten Antragsforderung zu berücksichtigen. Das gilt auch, wenn der Wert der zur Aufrechnung gestellten Gegenforderung den Wert der begründeten Antragsforderung übersteigt.[87]

Beispiel 1: Antrag wegen Zahlung von 6.000 €. Die Forderung wird durch den Antragsgegner bestritten, der mit 60 einer Gegenforderung von 4.000 € aufrechnet. Der Antrag wird abgewiesen. Aus den Entscheidungsgründen ergibt sich, dass die Antragsforderung begründet, aber durch Aufrechnung erloschen ist.

Der Wert beträgt (§ 35 und Abs. 3):

Antragsforderung	6.000,00 €
Gegenforderung	4.000,00 €
Gesamt	**10.000,00 €**

Beispiel 2: Antrag wegen Zahlung von 6.000 €. Die Forderung wird durch den Antragsgegner bestritten, der mit 61 einer Gegenforderung iHv 5.000 € aufrechnet. Das Gericht weist den Antrag als unbegründet zurück, so dass keine Entscheidung über die Aufrechnung ergeht.

Der Wert beträgt 6.000 €, denn die Gegenforderung bleibt mangels Entscheidung unberücksichtigt.

b) Mehrere Gegenforderungen. Rechnet der Antragsgegner mit mehreren Gegenforderungen **hilfsweise** auf, 62 erhöht sich der Verfahrenswert wegen jeder dieser Forderungen, wenn eine rechtskraftfähige Entscheidung über sie ergeht.[88] Die Werterhöhung ist jedoch für jede Gegenforderung durch den Wert der Antragsforderung beschränkt.[89] Hat das Gericht über eine dieser Gegenforderungen nicht mehr entschieden, weil die Antragsforderung bereits durch eine vorherige Gegenforderung erloschen ist, bleibt diese bei der Wertberechnung unberücksichtigt. Werden dennoch weitere Forderungen geprüft, kann eine unrichtige Sachbehandlung (§ 20) vorliegen.[90]

Bei der Prüfung mehrerer Gegenforderungen ist die vom Antragsgegner getroffene **Reihenfolge** maßge- 63 bend.[91] Stehen die geltend gemachten Gegenforderungen im Eventualverhältnis zueinander, handelt es sich nur hinsichtlich der ersten Gegenforderung um eine Primäraufrechnung, denn im Verhältnis zu allen weiteren Gegenforderungen ist die Antragsforderung als mit dem Tilgungseinwand der Primäraufrechnung bestritten anzusehen.[92]

Beispiel 1: Antrag wegen einer Zahlung von 10.000 €. Der Antragsgegner rechnet mit Gegenforderungen von 64 13.000 €, 9.000 € und 11.000 € auf. Das Gericht stellt hinsichtlich der ersten beiden Gegenforderungen fest, dass die Antragsforderung mangels Aufrechnungslage nicht erloschen ist. Hinsichtlich der dritten Gegenforderung wird festgestellt, dass diese besteht und wirksam aufgerechnet werden kann.

80 OLG Karlsruhe NJW-RR 1999, 223; KG RVG-B 2005, 21. **81** LAG RhPf KostRsp. GKG § 19 Nr. 10. **82** OLG Hamm OLGR 1999, 178. **83** OLG Karlsruhe MDR 1995, 643; OLG Düsseldorf MDR 1999, 496; OLG Köln OLGR 2004, 140. **84** LG Marburg JurBüro 2002, 533. **85** OLG Köln FamRZ 1992, 1461. **86** OLG Hamburg BRAGOreport 2001, 139. **87** OLG Hamburg JurBüro 1981, 406; OLG Bamberg JurBüro 1977, 380. **88** BGH NJW 1992, 912; OLG Nürnberg JurBüro 1982, 1380; OLG Schleswig JurBüro 1987, 737. **89** OLG Düsseldorf NJW-RR 1994, 1279. **90** *Meyer*, GKG § 45 Rn 37. **91** *Hartmann*, KostG, § 45 GKG Rn 47. **92** BGH NJW 1992, 912.

Der Wert beträgt (§ 35 und Abs. 3):

Antragsforderung	10.000,00 €
Gegenforderung 1	10.000,00 €
Gegenforderung 2	9.000,00 €
Gegenforderung 3	10.000,00 €
Gesamt	**39.000,00 €**

65 **Beispiel 2:** Antrag wegen einer Zahlung von 10.000 €. Der Antragsgegner rechnet mit Gegenforderungen von 12.000 €, 8.000 € und 12.000 € auf. Das Gericht stellt fest, dass die Antragsforderung aufgrund der ersten Gegenforderung erloschen ist. Eine Prüfung der zweiten und dritten Gegenforderung erfolgt nicht, so dass auch keine Entscheidung darüber ergeht.

Der Wert beträgt (§ 35 und Abs. 3):

Antragsforderung	10.000,00 €
Gegenforderung 1	10.000,00 €
Gesamt	**20.000,00 €**

Die zweite und dritte Gegenforderung bleibt für den Wert unbeachtlich, weil keine rechtskraftfähige Entscheidung ergangen ist.

66 **c) Nachträgliche Antragsreduktion.** Ist der Antrag nur **teilweise begründet**, wird auch die Gegenforderung nur insoweit berücksichtigt, wie die Antragsforderung selbst begründet ist.[93] Auch für den Fall der Aufrechnung mit verschiedenen, jedoch unbegründeten Gegenforderungen ist die Erhöhung für jede Gegenforderung auf den Wert der begründeten Antragsforderung beschränkt. Dies gilt auch, wenn sich die Antragsforderung durch **Teilrücknahme** oder durch **Teilerledigungserklärung** reduziert.

67 **Beispiel:** Antrag wegen einer Zahlung von 10.000 €. Der Antragsgegner rechnet mit Gegenforderungen von 13.000 € und 9.000 € auf. Das Gericht weist den Antrag unabhängig von den Gegenforderungen wegen 6.000 € ab, wegen 4.000 € hält es den Antrag für begründet. Hinsichtlich der beiden Gegenforderungen stellt es fest, dass die Antragsforderung mangels Aufrechnungslage nicht erloschen ist.

Der Wert beträgt (§ 35 und Abs. 3):

Antragsforderung	10.000,00 €
Gegenforderung 1	4.000,00 €
Gegenforderung 2	4.000,00 €
Gesamt	**18.000,00 €**

Die Gegenforderung sind jeweils nur mit 4.000 € zu berücksichtigen, weil auch die Antragsforderung nur in dieser Höhe begründet war.

68 **7. Rechtsmittelinstanz.** Der Verfahrensgegenstand ist für jeden Rechtszug gesondert zu bestimmen. Ob eine Werterhöhung nach Abs. 3 eingetreten ist, muss für **jede Instanz gesondert** geprüft werden.[94]

69 Die Gegenforderung erhöht den Wert nur in dem Rechtszug, in dem auch über die Gegenforderung entschieden wird.[95] Eine in der ersten Instanz eingetretene Werterhöhung entfällt daher nicht nachträglich, wenn das Rechtsmittelgericht die Antragsforderung als unbegründet abweist und über die Gegenforderung nicht mehr entscheidet.[96] Umgekehrt erhöht sich nur der Wert für die Rechtsmittelinstanz, wenn nur dort eine rechtskraftfähige Entscheidung über die Gegenforderung ergeht,[97] auch wenn diese erstmalig in der Rechtsmittelinstanz eingeführt wird. Kommt es dort wegen der Rücknahme des Rechtsmittels nicht mehr zu einer Entscheidung, tritt keine Werterhöhung ein.[98] Gleiches gilt, wenn das Rechtsmittel als unzulässig verworfen wird.[99]

70 **Beispiel:** Antrag wegen einer Forderung von 10.000 €. Der Antragsgegner rechnet mit einer Gegenforderung von 13.000 € auf. In der ersten Instanz wird dem Antrag vollumfänglich stattgegeben und über die Gegenforderung entschieden, diese aber für unbegründet befunden. In der Rechtsmittelinstanz wird festgestellt, dass die Antragsforderung gänzlich unbegründet ist, eine Entscheidung über die Gegenforderung ergeht daher nicht.

Für das erstinstanzliche Verfahren beträgt der Wert 20.000 € (10.000 € Antrag zzgl. 10.000 € Gegenforderung).

Für das Rechtsmittelverfahren beträgt der Wert nur 10.000 €, da eine rechtskraftfähige Entscheidung über die Gegenforderung nicht ergangen ist.

Die Begrenzung des § 40 Abs. 2 greift nicht, weil Abs. 3 und 4 als Spezialregelungen vorgehen,[100] auch im Hinblick auf die Berechnung einer Beschwer.[101]

---

[93] OLG Schleswig JurBüro 1983, 257; OLG Köln JurBüro 1993, 163; OLG Düsseldorf NJW-RR 1994, 1279. [94] OLG Schleswig JurBüro 1986, 1064. [95] BGH MDR 1987, 117; OLG Köln JurBüro 1995, 485; OLG Saarbrücken MDR 1980, 411. [96] LG Kassel NJW-RR 1992, 831; OLG München MDR 1990, 934; aA OLG Frankfurt JurBüro 1981, 248. [97] KG JurBüro 1981, 1232. [98] OLG Brandenburg JurBüro 2006, 595; OLG Düsseldorf MDR 1998, 497; OLG Köln NJW-RR 1995, 827; OLG Celle JurBüro 1987, 1053; OLG Schleswig JurBüro 1982, 1863. [99] OLG Düsseldorf OLGR 1996, 236; KG MDR 1990, 259. [100] OLG Brandenburg JurBüro 2005, 595. [101] BGH MDR 1991, 240.

NK-GK/H. Schneider

VI. Vergleich (Abs. 4)

1. Allgemeines. Abs. 1–3 sind entsprechend anzuwenden, wenn das Verfahren durch Vergleich beendet **71** wird (Abs. 4). Da der Vergleich der Rechtskraft nicht fähig ist, kann eine Werterhöhung nur eintreten, wenn der Vergleich auch Regelungen über die zur Aufrechnung gestellten Forderungen enthält,[102] durch welche die zur Aufrechnung gestellten Gegenforderungen endgültig erledigt werden.[103] Eine bloße Aufklärung des Rechtsverhältnisses genügt nicht, weil der Wille zur Bereinigung aller Ansprüche aus dem Vergleich hervorgehen muss.[104]

Es muss sich um einen **gerichtlichen Vergleich** handeln,[105] der auch nach § 278 Abs. 6 ZPO iVm § 113 **72** Abs. 1 FamFG zustande kommen kann. Ein **außergerichtlicher Vergleich** genügt nicht.[106] Der Vergleich kann aber in einem anderen Verfahren abgeschlossen werden.[107] Eine Werterhöhung tritt auch ein, wenn ein anderes Gericht für die Prüfung zuständig gewesen wäre.[108]

2. Wertberechnung. Liegen die Voraussetzungen der Abs. 1–3 iVm Abs. 4 vor, ist nicht nur der **Verfahrens-**, **73** sondern auch der **Vergleichswert** zu erhöhen.[109] Dabei sind unterschiedliche **Bewertungsmethoden** heranzuziehen: Für den Verfahrenswert bleibt es bei dem allgemeinen Grundsatz, dass Gegenforderungen nur bis zur Höhe der begründeten Antragsforderung zu berücksichtigen sind (→ Rn 59 ff).[110] Für den Vergleichswert sind die in den Vergleich einbezogenen Gegenforderungen hingegen in voller Höhe, ohne Beschränkung auf den Wert des begründeten Antrags, zu berücksichtigen.[111]

Übersteigt der Vergleichswert den Verfahrenswert, ist eine Vergleichsgebühr (Nr. 1500 KV) zu erheben. **74**

Beispiel: Antrag wegen einer Zahlung von 10.000 €. Der Antragsgegner rechnet mit einer Gegenforderung von **75** 13.000 € auf. Die Beteiligten vergleichen sich vollumfänglich über die Antrags- und Gegenforderung. Der Verfahrenswert beträgt (§ 35 und § 39 Abs. 3, 4) 20.000 € (Antragsforderung: 10.000 €; Gegenforderung: 10.000 €). Der Vergleichswert beträgt 23.000 €.

Es sind folgende Gerichtskosten entstanden:

1,0-Verfahresgebühr, Nr. 1221 KV (Wert: 20.000 €)	345,00 €
0,25-Vergleichsgebühr, Nr. 1500 KV (Wert: 3.000 €)	27,00 €
Gesamt	372,00 €

Wegen § 30 Abs. 3, Nr. 1500 Anm. S. 2 KV aber höchstens 371 € (1,0-Gebühr nach einem Wert von 23.000 €).

VII. Verfahrenskostenhilfe

Für den Widerantrag muss VKH gesondert beantragt und bewilligt werden (§ 119 Abs. 1 ZPO iVm § 113 **76** Abs. 1 FamFG). Das gilt auch für Hilfswider- und Wider-Wideranträge. Auch die VKH-Bewilligung des Antragstellers erstreckt sich nicht automatisch auf die Verteidigung eines danach gestellten Widerantrags.[112] Für die VKH-Vergütung gilt § 48 Abs. 5 S. 2 Nr. 4 RVG.

Keiner besonderen VKH-Bewilligung bedarf es für die Aufrechnung, da sie zum selben Rechtszug gehört.[113] **77** Auch im Hinblick auf die Vergütung des beigeordneten Anwalts bedarf es keiner ausdrücklichen Bewilligung, eine entsprechende Anwendung des § 48 Abs. 5 S. 2 Nr. 4 RVG auf die hilfsweise Aufrechnung erfolgt nicht.[114]

§ 40 Rechtsmittelverfahren

(1) [1]Im Rechtsmittelverfahren bestimmt sich der Verfahrenswert nach den Anträgen des Rechtsmittelführers. [2]Endet das Verfahren, ohne dass solche Anträge eingereicht werden, oder werden, wenn eine Frist für die Rechtsmittelbegründung vorgeschrieben ist, innerhalb dieser Frist Rechtsmittelanträge nicht eingereicht, ist die Beschwer maßgebend.

(2) [1]Der Wert ist durch den Wert des Verfahrensgegenstands des ersten Rechtszugs begrenzt. [2]Dies gilt nicht, soweit der Gegenstand erweitert wird.

(3) Im Verfahren über den Antrag auf Zulassung der Sprungrechtsbeschwerde ist Verfahrenswert der für das Rechtsmittelverfahren maßgebende Wert.

---

102 OLG Saarbrücken OLGR 2008, 364. **103** LG Bayreuth JurBüro 1980, 1219. **104** VGH München NVwZ-RR 2004, 619. **105** *Meyer*, GKG § 45 Rn 40. **106** OLG Hamm AGS 2004, 27. **107** OLG Hamm JurBüro 1983, 1680. **108** KG Rpfleger 1983, 505. **109** OLG München AGS 2000, 10. **110** OLG Frankfurt MDR 1980, 64; OLG Düsseldorf JurBüro 1987, 1383. **111** OLG Saarbrücken OLGR 2008, 364; OLG München AnwBl 1999, 132; OLG Bamberg JurBüro 1983, 105. **112** OLG Karlsruhe AnwBl 1987, 340; LAG Halle JurBüro 2006, 320. **113** Zöller/*Philippi*, ZPO, § 119 Rn 6. **114** LG Frankenthal JurBüro 1983, 1843 m. zust. Anm. *Mümmler*; LG Berlin AnwBl 1979, 273.

I. Allgemeines

1   Die Vorschrift regelt die Wertberechnung in Rechtsmittelverfahren, schafft aber nur ergänzende Sonderregelungen, so dass im Übrigen die §§ 33 ff gelten. Wegen § 23 Abs. 1 S. 1 RVG ist § 40 auch für die Anwaltsgebühren anzuwenden.

II. Maßgeblicher Antrag (Abs. 1 S. 1)

2   **1. Allgemeines.** In Rechtsmittelverfahren bestimmt sich der Wert nach den vom Rechtsmittelführer gestellten Anträgen (Abs. 1 S. 1), unabhängig davon, ob sie zulässig oder begründet sind. Die Wertbegrenzung des Abs. 2 S. 1 ist zu beachten. Für die konkrete Bewertung gelten die §§ 33 ff. Auf die Beschwer kommt es nur an, wenn das Verfahren ohne Antragstellung endet oder eine Antragstellung in der Rechtsmittelbegründungsfrist unterbleibt. Ist der Antrag unklar gestellt, muss er ausgelegt werden.[1]

3   **2. Begriff.** Der Begriff des Antrags ist weit zu fassen. Ist die Stellung eines bestimmten Antrags nicht vorgeschrieben, ist zu ermitteln, in welchem Umfang die Entscheidung angefochten wird. Lässt sich dabei aber auch nicht durch konkludentes Handeln entnehmen, dass nur ein Teil der Entscheidung angefochten werden soll, ist auf die Beschwer abzustellen.[2] Ist aber ein Antrag vorgeschrieben (§ 71 Abs. 3 Nr. 1, § 117 Abs. 1 S. 1 FamFG), ist auf diesen abzustellen. Werden Anträge nicht fristgerecht gestellt, ist die Beschwer maßgeblich. Wird uneingeschränkt ein Antrag auf Abänderung der Entscheidung gestellt, bemisst sich der Wert nach dem Verurteilungsbetrag, auch wenn eingewandt wird, der Betrag sei zwischenzeitlich im Wesentlichen beglichen.[3]

4   **3. Bewertungszeitpunkt.** Es gilt § 34 S. 1, so dass auf den Zeitpunkt der ersten Antragstellung in dem Rechtsmittelverfahren abzustellen ist. Eine **Wertminderung** nach Rechtsmitteleinlegung ist unerheblich. **Werterhöhungen** sind nur zu berücksichtigen, wenn eine Änderung des Gegenstands erfolgt, da Abs. 2 S. 2 insoweit klarstellt, dass im Falle der Gegenstandserweiterung die Begrenzung auf den erstinstanzlichen Wert nicht gilt. Eine im Laufe des Rechtsmittelverfahrens eintretende Wertveränderung, zB durch gestiegene Wechselkurse, ist unbeachtlich.[4] Zur Vorschusszahlung für Gebühren → Nr. 1222 KV Rn 22 ff.

5   **4. Wechselseitige Rechtsmittel.** Die Vorschrift des § 39 Abs. 2 ist zu beachten (→ § 39 Rn 28 ff).

6   **5. Streitgenossen.** Haben mehrere Streitgenossen, die weder Gesamtgläubiger noch Gesamtschuldner sind, gegen dieselbe Entscheidung Rechtsmittel eingelegt, bestimmt sich der Wert nach Addition der auf die einzelnen Beteiligten entfallenden Anträge.[5] Waren Streitgenossen als Gesamtgläubiger in Anspruch genommen, ist der volle Verurteilungsbetrag auch dann zugrunde zu legen, wenn Teilentscheidungen ergangen sind.[6] Eine Wertaddition erfolgt auch, wenn wechselseitige Rechtsmittel eingelegt werden, weil aufgrund derselben Entscheidung ein Streitgenosse verurteilt, gegen den anderen der Antrag abgewiesen wurde.

7   **6. Zurückbehaltungsrecht.** Wird ein Zurückbehaltungsrecht mit dem Rechtsmittel allein geltend gemacht, ist auf den Wert des behaupteten Gegenrechts abzustellen.[7]

8   **7. Eventualaufrechnung.** Wurde der Antrag nur wegen der geltend gemachten Aufrechnung abgewiesen, ist nur der Wert der Gegenforderung maßgeblich. Auch für den Antragsgegner ist gleichfalls nur der Wert der Gegenforderung maßgeblich, wenn aufgrund der Aufrechnung Abweisung des Antrags erfolgt. Wird dem Antrag jedoch trotz erfolgter Aufrechnung stattgegeben, bestimmt sich der Wert nach zuerkanntem Betrag und der Gegenforderung.

9   **8. Zug-um-Zug-Leistung.** Ist die Zug-um-Zug-Leistung noch zu erbringen und allein Gegenstand des Rechtsmittels, ist sie, begrenzt durch den Antragsanspruch, für den Wert maßgeblich.[8] Wird der Antrag teilweise gegen Zug-um-Zug-Leistung zuerkannt, bestimmt sich die Beschwer nach den Werten der Teilabweisung und der Zug-um-Zug-Leistung, begrenzt auf den geltend gemachten Anspruch.[9] Wendet sich der Antragsgegner gegen die Erbringung einer Gegenleistung, kommt es auf den Wert dieser Gegenleistung an, wobei auf das Interesse des Antragsgegners an der Beseitigung dieser erstinstanzlichen Entscheidung abzustellen und der Wert auf den der ersten Instanz begrenzt ist (Abs. 2 S. 1).

10   **9. Unterhalt.** Der Antrag des Rechtsmittelführers ist nach § 51 zu bewerten, Rückstände sind in entsprechender Anwendung von § 51 Abs. 2 S. 1 hinzuzurechnen.[10] Zu berücksichtigen sind jedoch auch im Rechtsmittelverfahren nur die vor Einreichung des Antrags aufgelaufenen Beträge. Nach Antragserhebung fällig gewordene Unterhaltsleistungen bleiben auch im Rechtsmittelverfahren unberücksichtigt.[11] Wird die Entscheidung nur wegen eines Zeitraums angegriffen, der nach den ersten zwölf Monaten des Antragsein-

---

1 Binz/Dörndorfer/*Dörndorfer*, GKG § 47 Rn 2.   **2** HK-FamGKG/*N. Schneider*, § 40 Rn 12.   **3** OLG Köln MDR 1972, 791.   **4** OLG Hamburg JurBüro 1981, 1546.   **5** OLG Naumburg 9.8.2005 – 12 U 27/05, juris.   **6** *Noethen*, in: Schneider/Herget, Rn 4728.   **7** BGH NJW-RR 1995, 1340; OLG Hamm JurBüro 1981, 1545.   **8** BGH NJW 1973, 654; OLG Celle OLGR 1996, 96; LAG Berlin MDR 1980, 612.   **9** BGH MDR 1985, 1022.   **10** OLG München JAmt 2001, 150.   **11** BGH NJW 1960, 1459; OLG Frankfurt 30.1.1980 – 3 UF 332/79, juris.

gangs liegt, ist für den Wert des Rechtsmittelverfahrens nicht auf die ersten zwölf Monate nach Antragseingang, sondern auf die ersten zwölf noch im Streit befindlichen Monaten abzustellen.[12]

10. Scheinanträge. Siehe hierzu → Rn 17 ff. 11

III. Maßgeblichkeit der Beschwer (Abs. 1 S. 2)

1. Allgemeines. Endet das Rechtsmittelverfahren, ohne dass Anträge gestellt werden, ist der Wert nach der 12
Beschwer des Rechtsmittelführers zu bestimmen (Abs. 1 S. 2). Das gilt auch für die Beschwerde in Ehesachen und Familienstreitsachen (§ 117 Abs. 1 S. 1, 3 FamFG) und für die Rechtsbeschwerde (§ 71 Abs. 2, 3 Nr. 1 FamFG). Bei fakultativer Antragstellung und Begründung nach § 65 Abs. 1 FamFG gilt die Regelung jedoch nicht, so dass es hier bei verspäteten Anträgen bei Abs. 1 S. 1 verbleibt.

Die **Beschwer** ist daher für den Verfahrenswert nur maßgebend, wenn 13
- das Rechtsmittelverfahren ohne Antragstellung endet;
- in dem Rechtsbeschwerdeverfahren innerhalb der Begründungsfrist keine Anträge gestellt werden;
- nur rechtsmissbräuchlich begrenzte Anträge („Scheinanträge") gestellt sind.

2. Beschwer. Es ist zu unterscheiden zwischen formeller und materieller Beschwer. Für Abs. 1 S. 2 kommt 14
es nur auf die **formelle Beschwer** an.[13] Sie liegt vor, wenn der Beteiligte durch die von ihm angefochtene Entscheidung benachteiligt wird und sich die Höhe aus der Differenz zwischen gestelltem Antrag und der Entscheidung ergibt. Da § 40 keine Regelungen für die **Berechnung der Beschwer** enthält, ist auf andere Vorschriften zurückzugreifen. Dabei können §§ 3 ff ZPO herangezogen werden, die in Ehesachen und Familienstreitsachen wegen § 113 Abs. 1 FamFG gelten und für FG-Familiensachen analog herangezogen werden können.[14] Die Höhe muss nicht derjenigen der Vorinstanz entsprechen, jedoch ist sie wegen Abs. 2 S. 1 gleichwohl darauf beschränkt.

3. Widerantrag. Ist der Antragsgegner Widerantragsteller, kommt es auf seine formelle Beschwer für diesen 15
Antrag an. Legen beide Beteiligte wegen Antrag und Widerantrag Rechtsmittel ein, ist die Beschwer für jeden gesondert zu ermitteln, jedoch erfolgt eine Wertaddition nur dann, wenn Gegenstandsidentität fehlt (→ § 39 Rn 5 ff).

4. Nebenintervention. Hat der Nebenintervenient mit dem Hauptbeteiligten Rechtsmittel eingelegt, handelt 16
es sich um ein einheitliches Verfahren, so dass die Beschwer nicht zusammenzurechnen ist.[15] Maßgeblich ist daher nur die Beschwer des unterstützten Hauptbeteiligten. Auf das wirtschaftliche Interesse des Nebenintervenienten am Obsiegen des Hauptbeteiligten kommt es nicht an.[16] Auch bei streitgenössischer Nebenintervention (§ 69 ZPO) unterbleibt wegen des einheitlichen Streitgegenstands und der Entscheidungswirkungen eine Wertaddition der Beschwer.[17]

5. Scheinanträge. a) Keine Antragsbeschränkung. Abs. 1 S. 1 greift nicht, wenn der gestellte Antrag offen- 17
sichtlich nicht auf die Durchführung des Rechtsmittels gerichtet ist, sondern bloßer Kostenersparnis dienen soll.[18] Gleiches gilt, wenn der reduzierte Antrag erkennen lässt, dass es nicht mehr um eine Sachentscheidung des Gerichts geht,[19] denn die Vorschrift ist restriktiv auszulegen und eine willkürliche Vorgehensweise des Rechtsmittelführers daher unbeachtlich.[20] Sinn der Regelung ist es auch nicht, einem Rechtsmittelführer, der sein Rechtsmittel überhaupt nicht mehr verfolgen will, zu einer Verringerung der Kostenlast zu verhelfen.[21] Sind solche Scheinanträge rechtsmissbräuchlich gestellt, kommt es daher in Abweichung von Abs. 1 S. 1 nicht auf die Antragshöhe, sondern auf die Beschwer des Rechtsmittelführers an, wobei die **volle Beschwer** maßgeblich ist.[22] Unerheblich bleibt dann auch, dass der Rechtsmittelgegner gebeten wurde, vorläufig noch keinen Anwalt zu beauftragen,[23] oder erstmals nach Rechtsmittelrücknahme eine förmliche Wertfestsetzung beantragt wird.[24]

b) Rechtsmissbrauch. Auf die Beschwer kann nur abgestellt werden, wenn der Antrag oder dessen Herab- 18
setzung **rechtsmissbräuchlich** ist. Somit reicht nicht schon jeder geringe oder von der Beschwer abweichende Antrag aus, da es im Ermessen des Beteiligten selbst steht, in welchem Umfang Rechtsmittel eingelegt wird. Wird der Antrag daher von vornherein beschränkt und begründet, bleibt allein der gestellte Antrag maßgebend.[25]

---

12 BGH FamRZ 2003, 1274. **13** OLG Stuttgart NJW-RR 2005, 507. **14** HK-FamGKG/N. *Schneider*, § 40 Rn 30. **15** BGJ NJW 2001, 2638; KG VersR 1985, 551. **16** KG MDR 2004, 1445; aA OLG Köln MDR 2004, 1025. **17** BGH NJW 2001, 2638. **18** BGH NJW 1978, 1263; OLG Hamburg NJW 2012, 3523; OLG Düsseldorf JurBüro 2001, 642; OLG Saarbrücken MDR 2000, 1157; OLG München JurBüro 1992, 252. **19** BGH NJW-RR 1998, 355. **20** OLG Koblenz FamRZ 2005, 1767. **21** OLG Düsseldorf JurBüro 2001, 642. **22** OLG Hamburg OLGR 2004, 24. **23** OLG Hamm OLGR 1994, 252. **24** OLG Hamm MDR 1979, 591. **25** OLG Schleswig JurBüro 1989, 683.

19 Ob Rechtsmissbrauch vorliegt, muss für den **Einzelfall** geklärt werden.[26] Von einem Missbrauch ist insb. dann auszugehen, wenn sachliche Gründe für die Antragsbeschränkung fehlen,[27] der Antrag willkürlich eingeschränkt wird, um die Kostenbelastung auf ein Mindestmaß zu reduzieren,[28] oder ein Anfechtungsbetrag genau auf den Zulässigkeitswert der Beschwerde beschränkt wird und eine Rücknahme sofort nach Antragstellung erfolgt.[29] Ebenso, wenn der Antrag in der Begründungsfrist ohne nachvollziehbare Gründe auf die Kosten beschränkt wird und einen Tag nach Fristablauf die Rücknahme erfolgt[30] oder wenn in einem Schriftsatz, der einen einschränkenden Antrag enthält, zugleich die Rechtsmittelrücknahme erklärt wird.[31]

IV. Versehentliche Einlegung

20 Wird das Rechtsmittel durch einen Nichtbeschwerten versehentlich eingelegt, kann nach hM nur ein Wert bis 500 € angenommen werden,[32] so dass sich die Gebühren nach der geringsten Gebührenstufe bestimmen. Beruht der Irrtum darauf, dass dem Beteiligten ein unrichtiger Entscheidungstenor übersandt wurde, liegt zudem eine unrichtige Sachbehandlung (§ 20) vor.[33] Stellt sich erst im Laufe des Rechtsmittelverfahrens heraus, dass der Zulässigkeitswert nicht erreicht ist und erfolgt daraufhin die Rechtsmittelrücknahme, ist hingegen der tatsächliche Wert festzusetzen.[34]

V. Beschränkung auf den erstinstanzlichen Wert (Abs. 2)

21 **1. Wertbeschränkung.** Der Wert des Rechtsmittelverfahrens ist durch den Wert des ersten Rechtszugs begrenzt (Abs. 2 S. 1). Das gilt auch dann, wenn das maßgebliche Interesse des Antragsgegners höher als das des Antragstellers zu bewerten ist.[35] Die Regelung gilt im Übrigen nur, wenn der Verfahrensgegenstand unverändert bleibt, denn bei einer Gegenstandserweiterung besteht wegen Abs. 2 S. 2 keine Wertbegrenzung auf den erstinstanzlichen Wert.

22 **2. Gegenstandsänderung.** Die Begrenzung des Abs. 2 gilt nicht, wenn in dem Rechtsmittelverfahren ein Widerantrag gestellt wird und aufgrund verschiedener Gegenstände nach § 39 Abs. 1 eine Wertaddition erfolgt. Gleiches gilt, wenn in dem Rechtsmittelverfahren eine Eventualaufrechnung erfolgt, die nach § 39 Abs. 3, 4 den Wert erhöht, oder für Antrag und Hilfswiderantrag, wenn der Eventualfall in dem Rechtsmittelverfahren eintritt.

23 **3. Antragserweiterung (Abs. 2 S. 2).** Wird der Gegenstand in der Rechtsmittelinstanz erweitert, erfolgt keine Begrenzung auf den erstinstanzlichen Wert (Abs. 2 S. 2). Ob die Antragserweiterung zulässig oder begründet ist, bleibt unerheblich. Auch bleibt der erstinstanzliche Wert unberührt, denn er erhöht sich erst, wenn die Antragserweiterung auch in die erste Instanz tatsächlich eingebracht wird.[36] Der Wert für den im Wege der Antragserweiterung geltend gemachten Anspruch ist nach den §§ 33 ff zu bestimmen. In Ehesachen und selbständigen Familienstreitsachen ist § 14 Abs. 1 S. 2 Hs 2 zu beachten.

24 **4. Verbund.** Wird die Verbundentscheidung nur hinsichtlich einer Kindschaftsfolgesache (§ 137 Abs. 3 FamFG) angefochten, ist der Wert des Rechtsmittels nach § 45 und nicht mehr nach § 44 Abs. 2 zu bestimmen, so dass hier abweichend von Abs. 2 S. 1 auch ein höherer Wert als in der ersten Instanz zulässig ist.[37]

VI. Sprungrechtsbeschwerde (Abs. 3)

25 Für das Verfahren über den Antrag auf Zulassung der Sprungrechtsbeschwerde ist der Wert nach dem für das Rechtsmittel maßgebenden Regelungen zu bestimmen (Abs. 3). Es verbleibt daher bei den Grundsätzen der Abs. 1 und 2.

26 Wird dem Antrag stattgegeben, wird das Verfahren als Rechtsbeschwerdeverfahren fortgesetzt (§ 75 Abs. 2 S. 2 FamFG iVm § 566 Abs. 7 S. 1 ZPO). Der Zulassungsantrag gilt dann als form- und fristgerechter Antrag auf Einlegung der Rechtsbeschwerde. Es ist somit unmittelbar nach Abs. 1 und 2 zu verfahren. Zu berücksichtigen ist im Hinblick auf Abs. 1 S. 2, dass die Begründungsfrist des § 71 Abs. 2 FamFG erst mit Zustellung der Zulassungsentscheidung zu laufen beginnt (§ 75 Abs. 2 FamFG iVm § 566 Abs. 7 S. 3 ZPO). Die Begründungsfrist der Beschwerde in Ehesachen und Familienstreitsachen beginnt im Regelfall mit der schriftlichen Bekanntgabe des Beschlusses (§ 117 Abs. 1 S. 3 FamFG).

---

26 HK-FamGKG/N. *Schneider*, § 40 Rn 18. **27** OLG Hamm OLGR 1993, 252. **28** OLG Bamberg AGS 1998, 106. **29** OLG München JurBüro 1992, 252. **30** OLG Hamburg OLGR 2005, 181. **31** OLG Thüringen OLGR 1998, 130. **32** *Meyer*, GKG § 47 Rn 5. **33** OLG Köln JurBüro 1972, 243. **34** OLG Bamberg JurBüro1986, 1220. **35** BVerwG JurBüro 1993, 738. **36** OLG Schleswig SchlHA 1977, 15. **37** OLG München FamRZ 2006, 632; OLG Dresden RVGreport 2010, 472; aA OLG Karlsruhe FamRZ 200, 631.

Abs. 3 ist auch für die **Anwaltsgebühren** anzuwenden (§ 23 Abs. 1 S. 1 RVG), auch wenn es sich um ein von   27
Nr. 1930 KV erfasstes Verfahren handelt, da die Wertvorschriften des FamGKG auch bei der Erhebung von
Festgebühren entsprechende Anwendung finden (§ 23 Abs. 1 S. 2 RVG).

§ 41 Einstweilige Anordnung

[1]Im Verfahren der einstweiligen Anordnung ist der Wert in der Regel unter Berücksichtigung der geringeren
Bedeutung gegenüber der Hauptsache zu ermäßigen. [2]Dabei ist von der Hälfte des für die Hauptsache bestimmten Werts auszugehen.

I. Allgemeines

§ 41 regelt die Wertfestsetzung für einstweilige Anordnungsverfahren. Die Norm gilt für sämtliche Famili-   1
ensachen, nicht aber für Arrestverfahren. Es handelt sich um eine eigenständige Wertvorschrift, die berücksichtigen soll, dass dem Eilverfahren im Verhältnis zur Hauptsache regelmäßig nur geringere Bedeutung zukommt. § 41 gilt auch, wenn es sich um ein Rechtsmittelverfahren handelt, jedoch ist dann auch § 40 zu
beachten.[1]

II. Wertbestimmung

Aufgrund der geringeren Bedeutung soll der Wert des einstweiligen Anordnungsverfahrens gegenüber dem   2
Wert der Hauptsache ermäßigt werden (S. 1). Dabei ist vom hälftigen Hauptsachewert auszugehen (S. 2).
Es handelt sich jedoch nicht um eine feste statische Regelung,[2] so dass auch höher oder niedriger als die
Hälfte festgesetzt werden kann.[3] Dabei sind die Gesamtumstände des Einzelfalls abzuwägen.[4]

Aus dem Wortlaut „in der Regel" folgt zudem, dass in Einzelfällen der Wert der Hauptsache fast oder ganz   3
erreicht werden kann, insb. dann, wenn durch das Eilverfahren die Regelung der Hauptsache vorweggenommen wird oder sich diese erübrigt.[5] Auch ein hoher Arbeitsaufwand kann einen höheren als den hälftigen Wert rechtfertigen.[6]

Für die konkrete Werthöhe gelten die §§ 33 ff. Hiernach wird der Hauptsachewert bestimmt, der dann ent-   4
sprechend § 41 zu reduzieren ist. Gilt für das Hauptverfahren § 42, ist auch der Auffangwert des Abs. 3 im
Regelfall um die Hälfte zu reduzieren.[7]

III. Einzelfälle A–Z

1. Arrestverfahren. Für sie gilt § 41 nicht.[8] Es liegt auch keine unbewusste Regelungslücke vor, die eine   5
analoge Anwendung rechtfertigen würde.[9] Der Wert ist daher nach § 42 Abs. 1 und 3 zu bestimmen (→
§ 42 Rn 29).

2. Aufhebungsverfahren. § 41 gilt sowohl für Anordnungs- als auch für Aufhebungs- oder Abänderungs-   6
verfahren.[10] Trotz der Regelung der Vorbem. 1.4 KV kann eine Wertfestsetzung hier im Hinblick auf die
Anwaltsgebühren erforderlich sein (vgl § 17 Nr. 4 Buchst. d RVG).

3. Gewaltschutzsachen. Es ist regelmäßig der hälftige Wert des § 49 anzunehmen. Wird in dem Eilverfah-   7
ren ein Vergleich geschlossen, der eine endgültige Vereinbarung enthält, ist der Vergleichswert dem der
Hauptsache gleichzusetzen.[11]

4. Kindschaftssachen. Bei der Bemessung des Hauptsachewerts ist von § 45 auszugehen, weil einstweilige   8
Anordnungsverfahren stets selbständige Verfahren sind, so dass die Besonderheiten des Verbunds, die § 44
Abs. 2 erfassen will, nicht vorliegen. Für Eilverfahren wegen Übertragung oder Entziehung der elterlichen
Sorge, des Umgangsrechts oder der Kindesherausgabe ist daher regelmäßig von 1.500 € auszugehen, auch
wenn mehrere Kinder betroffen sind (§ 45 Abs. 2). Wird in einem Eilverfahren der Umgang in einer Vereinbarung endgültig geregelt, ist der Vergleichswert auf den Wert der Hauptsache, regelmäßig 3.000 €, festzusetzen.[12] Werden in einem **Eilverfahren nach § 1666 BGB** wechselseitige Anträge gestellt, tritt regelmäßig
keine Werterhöhung ein.[13]

5. Unterhaltssachen. a) Wiederkehrende Leistungen. § 41 gilt auch, wenn die einstweilige Anordnung eine   9
Unterhaltssache (§§ 246 ff FamFG) betrifft. Es ist daher nur der Unterhaltsbetrag für die ersten sechs Mo-

---

1 *Hartmann*, KostG, § 41 FamGKG Rn 1; HK-FamGKG/*Fölsch*, § 41 Rn 8. **2** BT-Drucks 16/6308, S. 305. **3** OLG Saarbrücken FamRZ 2010, 1936. **4** OLG Brandenburg FamRZ 2010, 1937. **5** OLG Stuttgart FamRZ 2011, 757. **6** *Meyer*, FamGKG § 41 Rn 5. **7** BT-Drucks 16/6308, S. 305. **8** OLG Celle AGS 2010, 555. **9** OLG Brandenburg FamRZ 2011, 758. **10** BT-Drucks 16/6308, S. 305. **11** OLG Schleswig NJW-Spezial 2011, 220. **12** OLG Nürnberg FamRZ 2011, 756. **13** OLG Schleswig FamRZ 2014, 237.

nate nach Antragseingang bei Gericht zugrunde zu legen, wobei auch im einstweiligen Anordnungsverfahren Rückstände hinzuzurechnen sind.[14] Zielt die einstweilige Anordnung jedoch darauf ab, die Hauptsache vorwegzunehmen, weil eine endgültige Regelung angestrebt oder erreicht wird, fehlt eine Rechtfertigung, den Wert nach S. 1 herabzusetzen,[15] so dass dann auf den Wert der Hauptsache (zwölfmonatiger Betrag nach § 51 Abs. 1) anzuheben ist. Maßgeblich ist dabei, dass die Beteiligten die Entscheidung des Eilverfahrens gelten lassen wollen und ein Hauptsacheverfahren nicht gewollt ist. Steht hingegen nicht fest, dass sie sich mit dem Ausspruch im einstweiligen Anordnungsverfahren zufriedengeben, sondern aus Gründen der Bedarfssicherung nur eine vorläufige Regelung bis zur Hauptsacheentscheidung anstreben, kommt eine Werterhöhung über den hälftigen Hauptsachewert hinaus nicht in Betracht.[16]

10   **b) Kostenvorschuss.** Ist ein Eilverfahren wegen Zahlung eines Kostenvorschusses anhängig, ist als Wert der geforderte Betrag maßgebend (§ 35).[17] Eine Reduzierung auf die Hälfte des Kostenbetrags erscheint hier schon deshalb nicht angebracht, weil die einstweilige Anordnung bei der Zahlung des Kostenvorschusses regelmäßig die Hauptsache vorwegnimmt.[18]

11   **c) Einstellung der Vollstreckung.** Dem Eilverfahren wegen der einstweiligen Einstellung der Zwangsvollstreckung (§ 242 FamFG iVm § 769 ZPO) kommt regelmäßig kein eigenständiger Wert zu. Es entstehen keine gesonderten Gerichts- oder Anwaltsgebühren (§ 19 Abs. 1 Nr. 11 RVG). Ist eine Wertbestimmung ausnahmsweise erforderlich, weil über das Einstellungsverfahren eine eigenständige Verhandlung ergeht und dadurch eine Terminsgebühr (Nr. 3328 VV RVG) ausgelöst wird, ist nicht auf § 41 abzustellen, sondern nach § 42 Abs. 1, 3 zu bestimmen, wobei regelmäßig von 1/5 der Hauptsache auszugehen ist.[19]

12   **6. Vergleich.** Wird in dem Eilverfahren ein Vergleich geschlossen, mit dem zugleich eine Regelung der Hauptsache erfolgt, fließt diese in den Vergleichswert ein, so dass er dann regelmäßig den Verfahrenswert für das Eilverfahren übersteigt, weil die Werte für das Eil- und Hauptverfahren zu addieren sind.[20] Hinsichtlich des Mehrwerts ist eine Vergleichsgebühr (Nr. 1500 KV) zu erheben, wenn kein Hauptsacheverfahren anhängig ist.

§ 42 Auffangwert

(1) Soweit in einer vermögensrechtlichen Angelegenheit der Verfahrenswert sich aus den Vorschriften dieses Gesetzes nicht ergibt und auch sonst nicht feststeht, ist er nach billigem Ermessen zu bestimmen.

(2) Soweit in einer nichtvermögensrechtlichen Angelegenheit der Verfahrenswert sich aus den Vorschriften dieses Gesetzes nicht ergibt, ist er unter Berücksichtigung aller Umstände des Einzelfalls, insbesondere des Umfangs und der Bedeutung der Sache und der Vermögens- und Einkommensverhältnisse der Beteiligten, nach billigem Ermessen zu bestimmen, jedoch nicht über 500.000 Euro.

(3) Bestehen in den Fällen der Absätze 1 und 2 keine genügenden Anhaltspunkte, ist von einem Wert von 5.000 Euro auszugehen.

---

14 OLG Köln AGS 2015, 422. **15** OLG Düsseldorf NJW 2010, 105. **16** OLG Köln FamRZ 2011, 758. **17** OLG Köln FamRZ 2015, 526; OLG Bremen FamRZ 2015, 526; OLG Frankfurt (3. Senat) MDR 2014, 902; OLG Düsseldorf AGS 2014, 237; OLG Hamm RVGreport 2014, 365; OLG Bamberg AGS 2011, 454; aA OLG Celle FamRZ 2016, 164; OLG Frankfurt (5. Senat) FamRZ 2014, 1801. **18** OLG Bamberg AGS 2011, 454; OLG Frankfurt (3. Senat) MDR 2014, 902; aA OLG Celle MDR 2013, 1356. **19** Hartung/Schons/Enders/*Hartung*, Nr. 3328 VV RVG Rn 21. **20** OLG Köln JurBüro 2015, 644.

I. Regelungszweck

Die Norm dient als Auffangvorschrift, wenn der Wert nicht anhand der §§ 33 ff bestimmt werden kann. **1** Bestehen dort Regelungen, gehen diese stets vor, da § 42 **subsidiär** ist. Für eine bezifferte Geldforderung gilt nur § 35, wenn die Geldforderung selbst Verfahrensgegenstand ist (→ § 35 Rn 2 ff). Andere Auffangvorschriften, wie etwa § 3 ZPO, sind nicht anzuwenden. § 42 gilt auch, wenn sich in den Fällen der §§ 36, 46 der Wert auch nicht anhand der dortigen Verweisungsnormen im GNotKG bestimmen lässt. § 36 GNotKG gilt nicht.

Die Regelung gilt für **sämtliche Instanzen**, jedoch ist in Rechtsmittelverfahren § 40 Abs. 2 zu beachten. **2** Auch **einstweilige Anordnungsverfahren** sind erfasst, wenn sich die Bewertung der Hauptsache nach § 42 richten würde.[1]

§ 42 unterscheidet zwischen vermögensrechtlichen (Abs. 1) und nichtvermögensrechtlichen Angelegenheiten **3** (Abs. 2). Die Vorschrift gibt jedoch – mit Ausnahme von Abs. 3 – **keine konkrete Werthöhe** vor, sondern regelt nur, nach welchen Maßstäben der Wert zu bestimmen ist.

II. Vermögensrechtliche Angelegenheiten (Abs. 1)

1. Begriff. Unter vermögensrechtliche Angelegenheiten fallen sämtliche Ansprüche, **4**
- die auf geldwerte Leistungen gerichtet sind,
- denen ein unmittelbarer wirtschaftlicher Wert zukommt,
- die im Wesentlichen der Wahrung wirtschaftlicher Interessen dienen sollen.[2]

Bei **geldwerten Leistungen** ist aber nach § 35 zu bewerten, wenn die Geldforderung selbst Verfahrensgegen- **5** stand ist (→ § 35 Rn 2 ff). Zur **Wahrung wirtschaftlicher Interessen** dienen u.a. Ansprüche, welche die Geltendmachung, Sicherung oder Verfolgung von wirtschaftlichen Werten betreffen oder sie vorbereiten sollen. Hierzu gehören auch Auskunftsansprüche, wenn diese der späteren Geltendmachung von vermögensrechtlichen Gegenständen dienen. Nicht erfasst sind aber nichtvermögensrechtliche Angelegenheiten, selbst wenn sich aus ihnen auch vermögensrechtliche Ansprüche herleiten lassen (zB Adoptionssachen); hier gilt nur Abs. 2.

Im Einzelnen erfasst Abs. 1 zB Arrestverfahren, Auskunftsansprüche oder die Abgabe einer eidesstattlichen **6** Versicherung, wenn sie der Geltendmachung von vermögensrechtlichen Ansprüchen dienen, Herausgabeansprüche,[3] Unterlassungsansprüche, die vermögensrechtliche Interessen betreffen,[4] Güterrechtssachen nach §§ 1382, 1383 BGB, nicht aber nach § 1365 Abs. 2, § 1369 Abs. 2, §§ 1426, 1430, 1452 BGB, da hier § 36 gilt.

2. Kriterien der Wertermittlung. Der Wert ist nach billigem Ermessen zu bestimmen. Dabei sind die Um- **7** stände des Einzelfalls zu berücksichtigen,[5] insb. der Wert des zugrunde liegenden Gegenstands oder die wirtschaftliche Bedeutung des Geschäfts für die Beteiligten oder das wirtschaftliche Interesse.

Ist der Wert eines Gegenstands zu ermitteln, kann auf §§ 46 ff GNotKG zurückgegriffen werden. Sie gelten **8** zwar nicht unmittelbar, jedoch können die dortigen Regelungen gleichwohl Anhaltspunkte für die Bewertung des Geschäfts oder Gegenstands sein. Steht der Wert des Gegenstands nach Ermittlung fest, besteht für das Gericht aber noch ein Ermessensspielraum, ob es nur einen anteiligen Wert zugrunde legt.[6]

3. Ermessen. Das Gericht muss von seinem Ermessen Gebrauch machen, so dass es zunächst zwingend ver- **9** suchen muss, den Wert nach Abs. 1 zu ermitteln. Dabei kann es sich auf den Akteninhalt, auf Tatsachen, die dem Gericht aus anderen Verfahren bekannt sind, oder auf Angaben der Beteiligten stützen. Nach § 53 ist der Antragsteller verpflichtet, den Wert auch in den Fällen des Abs. 1 in der Antragsschrift oder auf Verlangen des Gerichts mitzuteilen. Eine solche Angabe entbindet das Gericht zwar nicht von seiner eigenen Prüfungspflicht, jedoch können begründete Angaben Anhaltspunkte für die Wertfestsetzung bieten.

Die Ermessensentscheidung nach Abs. 1 kann in den Fällen des § 59 durch das Beschwerdegericht nur da- **10** hingehend geprüft werden, ob das Ermessen ausgeübt wurde, dessen Grenzen eingehalten und alle wesentlichen Umstände berücksichtigt sind.[7] Überprüft werden kann insoweit auch, ob das Gericht von ungenügenden oder verfahrenswidrig zustande gekommenen Feststellungen ausgegangen ist oder wesentliche Umstände unerörtert gelassen hat.[8] Auch kann die Beschwerde darauf gestützt werden, dass das Gericht eine willkürliche Wertfestsetzung vorgenommen hat.[9]

---

1 BT-Drucks 16/6308, S. 305. **2** Meyer, GKG § 48 Rn 7. **3** OLG Köln AGS 2011, 251. **4** HK-FamGKG/*Thiel*, § 42 Rn 32. **5** BT-Drucks 16/6308, S. 305. **6** HK-FamGKG/*Thiel*, § 42 Rn 38. **7** BGH NJW-RR 2009, 228. **8** OLG Hamm JurBüro 2009, 493. **9** OLG Köln JurBüro 1965, 389.

11 **4. Begründung.** Eine Wertfestsetzung nach Abs. 1 ist, zumindest kurz, zu begründen, damit die für die Wertbestimmungen maßgeblichen Kriterien ersichtlich sind und um den Beteiligten und dem Beschwerdegericht die Prüfung zu ermöglichen, ob und inwieweit vom Ermessensspielraum Gebrauch gemacht wurde.

12 **5. Höchstwert.** Es gilt § 33 Abs. 2, so dass der Wert **höchstens 30 Mio. €** beträgt. Die Regelung des Abs. 2 gilt nicht. Ebenso ist eine analoge Anwendung von § 36 Abs. 3, § 46 Abs. 3 ausgeschlossen. Einen **Mindestwert** sieht Abs. 1 nicht vor; auch führt Abs. 3 nicht dazu, den dort genannten Regelwert von 5.000 € als Mindestwert auszulegen (→ Rn 25).

13 **6. Mehrere Ansprüche.** Sind **mehrere** vermögensrechtliche Ansprüche betroffen, ist für jeden von ihnen ein eigenständiger Wert nach Abs. 1 zu bestimmen. Werden sie in demselben Verfahren geltend gemacht, sind die Werte zusammenzurechnen (§ 33 Abs. 1 S. 1).

III. Nichtvermögensrechtliche Angelegenheiten (Abs. 2)

14 **1. Allgemeines.** Für nichtvermögensrechtliche Angelegenheiten gilt Abs. 2. Erfasst sind Verfahren, die nicht auf Geld oder Geldeswert gerichtet sind und auch nicht aus einem vermögensrechtlichen Verhältnis stammen.[10] Maßgeblich ist die Rechtsnatur des geltend gemachten Anspruchs.[11]

15 Der Wert ist nach billigem Ermessen unter Berücksichtigung aller Umstände des Einzelfalls zu bestimmen. Die maßgeblichen Kriterien werden durch Abs. 2 bestimmt, so dass der Umfang und die Bedeutung der Sache sowie die Vermögens- und Einkommensverhältnisse der Beteiligten zu berücksichtigen sind.

16 Eine **Rangfolge** zwischen den Kriterien besteht nicht, sie sind **gleichwertig.** Aus dem Wortlaut „insbesondere" folgt jedoch, dass es sich nicht um eine abschließende Aufzählung handelt oder das Gericht stets alle Kriterien berücksichtigen muss. Das Gericht darf jedoch, wenn zu sämtlichen Kriterien Anhaltspunkte vorliegen, seine Wertfestsetzung nicht nur auf ein Kriterium stützen.

17 **2. Einzelne Bewertungskriterien. a) Umfang der Sache.** Es kommt wie bei § 43 nur auf das gerichtliche Verfahren an, während vor- oder außergerichtlicher Aufwand unberücksichtigt bleibt.[12] Unerheblich ist auch der Umfang anderer Gerichtsverfahren. Führt eine außergerichtliche Tätigkeit zu einer schnellen Erledigung, sollte dies nicht zu einer Wertminderung führen, weil der Wert nach Abs. 2 auch für die Anwaltsgebühren maßgeblich ist (§ 23 Abs. 1 S. 1 RVG), die für eine dem Gericht Arbeit ersparende Tätigkeit nicht auch noch zu benachteiligen sind. Im Einzelnen sind eine ungewöhnlich lange Verfahrensdauer, eine umfangreiche oder schwierige Beweisaufnahme und auch ein sonst hoher Arbeitsaufwand des Gerichts, wenn er in der Erledigung der konkreten Angelegenheit begründet ist, zu berücksichtigen. Auch tatsächliche Schwierigkeiten, wie etwa die Tatsache, dass sich Beteiligte oder Zeugen im Ausland aufhalten und nur schwer erreichbar sind, können einfließen.

18 **b) Bedeutung der Sache.** Die Bedeutung der Sache ergibt sich aus den tatsächlichen und wirtschaftlichen Folgen, welche die konkrete Angelegenheit für die Beteiligten hat. Dabei kann die Stellung der Beteiligten im öffentlichen Leben einfließen. Auch weitreichende Änderungen, wie der Ausschluss des Erbrechts in Adoptionssachen, können zu berücksichtigen sein.[13]

19 **c) Einkommen und Vermögen der Beteiligten.** Einkommen und Vermögen sind bei der Wertermittlung zu berücksichtigen, stellen aber nur einen Anhaltspunkt dar. Abs. 2 gibt hierfür keine konkreten Berechnungsgrößen vor, jedoch kann ein bestimmter Prozentsatz des bereinigten Vermögens oder Nettoeinkommens herangezogen werden.[14] § 43 Abs. 2 gilt nicht.

20 **3. Ermessen.** Das Ermessen muss durch das Gericht ausgeübt werden, so dass stets eine Wertermittlung durchzuführen ist. Nur in Fällen, in denen sich auch unter Berücksichtigung aller Umstände des Einzelfalls und der in Abs. 2 genannten Kriterien kein Wert ermitteln lässt oder überhaupt keine Angaben vorliegen, darf auf Abs. 3 zurückgegriffen werden. Das Gericht kann sich bei der Wertermittlung auf den Akteninhalt, auf andere Verfahren oder auf Angaben der Beteiligten stützen, wobei die Verpflichtung des § 53 zur Wertangabe durch die Beteiligten auch in von § 42 erfassten Verfahren gilt. Zur Prüfung durch das Beschwerdegericht → Rn 10. Zur Begründungspflicht → Rn 11.

21 **4. Höchstwert.** Der Wert nach Abs. 2 darf auf **höchstens 500.000 €** festgesetzt werden (Abs. 2 Hs 2), auch wenn konkrete Anhaltspunkte für einen höheren Wert bestehen. § 33 Abs. 2 gilt nicht, weil es sich bei Abs. 2 Hs 2 um die speziellere Regelung handelt. Einen **Mindestwert** gibt es nicht.

---

10 *Noethen*, in: Schneider/Herget, Rn 4284. **11** HK-FamGKG/*Thiel*, § 42 Rn 52. **12** OLG Dresden FamRZ 2003, 1677; OLG Düsseldorf FamRZ 1992, 708; OLG Bamberg JurBüro 1987, 1694; OLG Köln JMBl NW 1977, 179. **13** LG Darmstadt FamRZ 2008, 1876. **14** LG Darmstadt FamRZ 2003, 248.

5. **Mehrere Ansprüche.** Sind **mehrere** nichtvermögensrechtliche Ansprüche betroffen, ist für jeden ein eigenständiger Wert nach Abs. 2 zu bestimmen, die zusammenzurechnen sind, wenn sie in demselben Verfahren geltend gemacht werden (§ 33 Abs. 1 S. 1). **22**

IV. Regelwert (Abs. 3)

1. **Anwendungsbereich.** Fehlen in den Fällen der Abs. 1 und 2 genügend Anhaltspunkte für eine Wertfestsetzung, ist nach Abs. 3 von einem Wert von 5.000 € auszugehen. Die Regelung gilt daher für vermögens- und nichtvermögensrechtliche Angelegenheiten. **23**

2. **Subsidiäre Regelung.** Die Regelung ist nur heranzuziehen, wenn sich der Wert nicht anhand einer Schätzung nach Abs. 1 und 2 bestimmen lässt. Sie ist subsidiärer Natur, so dass die Abs. 1 und 2 im Zweifel Vorrang haben.[15] Das Gericht muss daher, bevor es auf den Auffangwert zurückgreift, zunächst stets versuchen, den Wert anhand der Abs. 1 und 2 zu **schätzen**, denn von einer solchen Schätzung kann nur abgesehen werden, wenn nach vernünftigem Ermessen und im Rahmen des Wertermittlungsverfahrens keinerlei Anhaltspunkte für eine Schätzung gewonnen werden.[16] **24**

3. **Regelwert.** Strittig ist hingegen, ob Abs. 3 einen Festwert oder nur einen Regelwert vorgibt, denn nur bei Letzterem kann auch ein niedrigerer oder höherer Wert festgesetzt werden, während bei einem Festwert stets von 5.000 € auszugehen wäre. **25**

Der gegenüber dem ursprünglichen § 30 Abs. 2 KostO geänderte Wortlaut spricht zunächst für die Annahme, dass ein Festwert gewollt war. In der alten Regelung heißt es „regelmäßig", während Abs. 3 nunmehr vorschreibt, dass von einem Wert von 5.000 € „auszugehen [ist]". Der Gesetzgeber hat jedoch ausgeführt, dass im Grundsatz die Regelung des § 30 KostO übernommen werden sollte, also insb. keine einschränkende Änderung zur alten Rechtslage gewollt war, da sich auch aus der konkreten Begründung zu Abs. 3 ergibt, dass nur ein Regelwert gewollt ist. Hierzu hat der Gesetzgeber ausgeführt: „Nur wenn es für diese Entscheidung keine genügenden Anhaltspunkte gibt, soll auf den Auffangwert ... zurückgegriffen werden. Dies bedeutet aber nicht, dass dieser Wert im konkreten Fall anzunehmen ist, vielmehr ist er Ausgangswert für die individuelle Festsetzung."[17] Daraus folgt, dass das Gericht auch bei Anwendung von Abs. 3 einen **niedrigeren oder höheren Wert** bestimmen kann.[18] **26**

V. Zusammentreffen von Angelegenheiten nach Abs. 1 und 2

Betrifft ein Verfahren sowohl vermögens- als auch nichtvermögensrechtliche Angelegenheiten, sind sie zunächst gesondert nach Abs. 1 und 2 zu bewerten. Fehlt es an hinreichenden Anhaltspunkten, ist für jeden Gegenstand ein gesonderter Wert nach Abs. 3 zu bestimmen. Aufgrund von § 33 Abs. 1 S. 1 sind die Werte zusammenzurechnen; § 33 Abs. 1 S. 2, §§ 38, 39 sind zu beachten. **27**

VI. Einzelfälle A–Z

■ **Adoptionssachen.** Eine ausdrückliche Wertvorschrift fehlt, so dass nach Abs. 2 zu bewerten ist,[19] denn es handelt sich um nichtvermögensrechtliche Angelegenheiten.[20] Zwischen Minderjährigen- und Volljährigenadoptionen wird nicht unterschieden. Bei der Wertermittlung sind u.a. zu berücksichtigen die gesellschaftliche Stellung und das Ansehen des Annehmenden,[21] die wirtschaftliche Situation von Annehmenden und Anzunehmenden[22] sowie die Auswirkungen auf die Erbfolge.[23] Die Festsetzung des Regelwerts (Abs. 3) kommt auch in Adoptionssachen nur in Betracht, wenn für die Ermittlung nach Abs. 2 keine ausreichenden Anhaltspunkte vorhanden sind.[24] § 42 ist nur für die Gerichtskosten und wegen § 23 Abs. 1 S. 1 RVG für die Anwaltsgebühren maßgeblich, nicht für Notargebühren. **28**

■ **Arrestverfahren.** Es ist nach Abs. 1 zu bewerten, § 41 gilt nicht.[25] Dabei ist auf das Interesse des Antragstellers an der Sicherung seiner Forderung abzustellen. Unerheblich ist das Abwehrinteresse des Antragsgegners. Der Wert für den Arrest darf den Wert der Hauptsache nicht übersteigen, so dass in Unterhaltssachen bei laufenden oder zukünftigen Unterhalt der Jahreswert des § 51 Abs. 1 nicht überschritten werden darf,[26] auch wenn Unterhalt für mehrere Jahre gesichert wird.[27] **29**

Für den Wert ist ein Bruchteil von 1/4–1/2, aber im Regelfall 1/3[28] der zu sichernden Höhe zugrunde zu legen. Die Erhöhung auf 1/2 ist nur in Einzelfallen vorzunehmen. In Ausnahmefällen kann auch der

15 KG KGR 2008, 358. **16** KG KGR 2008, 358 (für den inhaltsgleichen § 30 Abs. 2 KostO). **17** BT-Drucks 16/6308, S. 305. **18** AA HK-FamGKG/*Thiel*, § 42 Rn 88. **19** OLG Celle AGS 2013, 420; OLG Bamberg FamRZ 2012, 737; OLG Düsseldorf NJW-RR 2010, 1661. **20** LG Darmstadt FamRZ 2008, 1876. **21** LG Darmstadt FamRZ 2008, 1876. **22** OLG Bamberg FamRZ 2012, 737; BayObLG Rpfleger 1981, 247; LG Darmstadt FamRZ 2003, 248. **23** LG Darmstadt FamRZ 2008, 1876. **24** OLG Celle FamRZ 2013, 2008; OLG Düsseldorf NJW-RR 2010, 1661. **25** OLG Celle AGS 2010, 555. **26** OLG Dresden FamRZ 2011, 1810; OLG Köln FamRZ 2001, 432; OLG Bamberg JurBüro 1989, 1605. **27** OLG Düsseldorf FamRZ 1985, 1155. **28** OLG München FamRZ 2011, 746; OLG Brandenburg FamRZ 2011, 758.

volle Wert der Hauptsache angesetzt werden, insb. wenn der Gläubiger durch den Arrest volle Befriedigung erlangt und sich das Hauptsacheverfahren erübrigt oder das Arrestverfahren durch Erledigungserklärung beendet wird.[29] Soll mit dem Arrest der Unterhalt mehrerer Jahre gesichert werden, kommt ein bloßer Bruchteil vom Jahreswert des § 51 Abs. 1 nicht in Betracht, so dass hier ausnahmsweise vom gesamten Jahreswert auszugehen ist.[30]

Die vorgenannten Grundsätze sind auch anwendbar, wenn es sich um ein Verfahren auf Erlass eines **Europäischen Beschlusses zur vorläufigen Kontenpfändung** nach Art. 5 Buchst. a EuKoPfVO handelt.

30 ■ **Aufhebung der Gütergemeinschaft.** Für Anträge nach §§ 1447 ff BGB gilt Abs. 1. Es ist das Interesse an der Aufhebung der Gemeinschaft maßgeblich, wobei 1/4 des Anteils des Antragstellers an der Gemeinschaft zugrunde gelegt werden kann.[31]

31 ■ **Auseinandersetzung der Gütergemeinschaft.** Anträge nach §§ 1471 ff BGB sind nach Abs. 1 zu bewerten, wobei auf den Wert des begehrten Anteils abgestellt werden kann und 1/2 des Aktivvermögens zugrunde zu legen ist.[32]

32 ■ **Auskunftsanspruch.** Wird Auskunft in einem isolierten Antrag gefordert, ist der Wert in den Fällen, in denen vermögensrechtliche Ansprüche betroffen sind (§§ 1605, 1580, 1361 Abs. 4 BGB), nach Abs. 1 zu bestimmen. Handelt es sich um eine Auskunft in einer nichtvermögensrechtlichen Angelegenheit, gilt Abs. 2.[33] Für Kindschaftssachen wegen Auskunftsrechten nach §§ 1686, 1686 a BGB gilt § 45 Abs. 1 Nr. 3.

33 ■ **Eidesstattliche Versicherung.** In vermögensrechtlichen Angelegenheiten ist der Wert nach Abs. 1 zu bestimmen. Dabei ist das Interesse des Antragstellers an ihrer Abgabe maßgeblich,[34] das mit einem Bruchteil des Werts für den Auskunftsanspruch, regelmäßig 1/2, zu bewerten ist.[35]

34 ■ **Einbenennung.** Verfahren nach § 1618 BGB sind nach Abs. 2 zu bewerten. Ist es von Umfang, Bedeutung und Schwierigkeit durchschnittlich gelagert, kann der Regelwert des Abs. 3 zugrunde gelegt werden.[36] Da jedoch Kindschaftssachen nach § 151 Nr. 1 FamFG wegen § 45 Abs. 1 nur mit einem Regelwert von 3.000 € zu bewerten sind, sollte auch in Verfahren nach § 1618 BGB, die nur einen Teil der Sorge betreffen, der Wert 3.000 € nicht überschreiten.

35 ■ **Einstellung der Zwangsvollstreckung.** Siehe → § 41 Rn 11.

36 ■ **Eltern-Kind-Verhältnis.** Werden daraus herrührende Ansprüche geltend gemacht (§ 266 Abs. 1 Nr. 4 FamFG), gilt § 35, wenn eine konkrete Geldsumme geltend gemacht wird, zB bezifferte Aufwendungsersatzansprüche (§ 1648 BGB) oder bezifferte Schadensersatzansprüche aus Anlass der Verwaltung des Kindesvermögens. Im Übrigen ist Abs. 1 anzuwenden.

37 ■ **Freistellung.** Wird Freistellung von Unterhaltszahlungen beantragt, gilt Abs. 1.[37] Obwohl § 51 nicht unmittelbar anzuwenden ist, kann der zwölfmonatige Unterhaltsbetrag als Anhaltspunkt herangezogen werden.[38] Ist der Freistellungsantrag beziffert, gelten §§ 35, 51.[39] Erfolgt nur die Freistellung von möglichen Ansprüchen, ist nur ein Bruchteil anzusetzen.[40]

38 ■ **Genehmigungen.** Ist die Genehmigung einer Erklärung oder deren Ersetzung in einer vermögensrechtlichen Angelegenheit betroffen, gilt § 36. Handelt es sich um die Genehmigung in einer nichtvermögensrechtlichen Angelegenheit, ist der Wert nach Abs. 2 zu bestimmen.

39 ■ **Getrenntleben.** Anträge wegen des Rechts auf Getrenntleben sind nach Abs. 2 zu bewerten. Dabei können die Grundsätze des § 43 herangezogen werden. Jedoch sollte ein Abschlag vorgenommen werden, weil Anträgen nach § 1353 BGB eine geringere Bedeutung zukommt.

40 ■ **Grundbuchberichtigungsanspruch.** Anträge nach § 1416 Abs. 3 BGB sind nicht nach Abs. 1, sondern nach § 36 Abs. 1 zu bewerten.[41] Maßgeblich ist der Wert des zugrunde liegenden Geschäfts, wobei wegen § 36 Abs. 1 S. 2 die Wertvorschriften des GNotKG gelten.

41 ■ **Kindschaftssachen.** Lässt sich der Wert nicht nach den §§ 36, 44 Abs. 2, §§ 45, 46 bestimmen, gilt § 42. Es bleiben praktisch nur Verfahren übrig, die nichtvermögensrechtliche Angelegenheiten betreffen. Sind hinreichende Anhaltpunkte nicht vorhanden, kann der Regelwert (Abs. 3) zugrunde gelegt werden. Da jedoch Kindschaftssachen nach § 151 Nr. 1 FamFG wegen § 45 Abs. 1 nur mit einem Regelwert von 3.000 € zu bewerten sind, sollte auch in den von § 42 erfassten Kindschaftsachen (zB solche nach § 1618 BGB, die nur einen Teil der Sorge betreffen) der Verfahrenswert 3.000 € nicht überschreiten.

---

29 OLG Dresden AGS 2007, 259. **30** OLG Karlsruhe OLGR Karlsruhe 1998, 386. **31** *Keske*, Das neue FamGKG, Kap. 17 Rn 79. **32** OLG Nürnberg EzFamR aktuell 2002, 205. **33** *Thiel*, in: Schneider/Herget, Rn 6944 ff. **34** HK-FamGKG/*N. Schneider*, § 38 Rn 19; *Meyer*, GKG § 44 Rn 9. **35** HK-FamGKG/*N. Schneider*, § 38 Rn 19. **36** OLG Dresden FamRZ 2011, 1810; OLG Zweibrücken FamRZ 2004, 285. **37** BGH NJW 1974, 2128; OLG Oldenburg JurBüro 1992, 253; HK-FamGKG/*Thiel*, Verfahrenswert-ABC Rn 138 („Freistellung, unbeziffert"). **38** OLG Oldenburg JurBüro 1992, 253. **39** HK-FamGKG/*Thiel*, Verfahrenswert-ABC Rn 137 („Freistellung, beziffert"); HK-FamGKG/*N. Schneider*, § 51 Rn 131. **40** Schulte-Bunert/*Keske*, § 51 FamFG Rn 25. **41** HK-FamGKG/*Thiel*, Verfahrenswert-ABC Rn 203 („Mitwirkung bei der Grundbuchberichtigung").

Erfasst sind im Einzelnen Verfahren nach § 1303 Abs. 2, § 1315 Abs. 1, §§ 1618, 1626 c, 1631 Abs. 3, § 1673 Abs. 2, §§ 1674, 1682, 1687 Abs. 2, § 1687 a, § 1688 Abs. 3, § 1693 BGB,[42] aber auch die Verfahren nach § 19 Staatsangehörigkeitsgesetz und § 3 Abs. 1 TSG. Verfahren nach §§ 2, 7 KErzG hingegen nur, wenn nicht die Entscheidungsbefugnis auf einen Elternteil beantragt ist oder das Gericht die elterliche Sorge ganz oder teilweise entzieht, weil dann § 45 einschlägig ist. Für das Verfahren wegen Auskunft nach § 1686 BGB gilt § 45 Abs. 1 Nr. 3, so dass der Wert auf 3.000 € festzusetzen ist;[43] Gleiches gilt für Verfahren nach § 1686 a Abs. 1 Nr. 2 BGB wegen des dortigen Auskunftsrechts.

■ **Lebensbedarf.** Bei Anträgen nach § 1357 Abs. 2 BGB wegen Aufhebung einer Beschränkung oder des **42** Ausschlusses, Geschäfte mit Wirkung für den anderen Ehegatten zu besorgen, handelt es sich um vermögensrechtliche Angelegenheiten, die nach Abs. 1 zu bewerten ist. Dabei kann ein Bruchteils des Werts des maßgeblichen Geschäfts zugrunde gelegt werden. Bei der Bewertung des Gegenstandswerts kann wiederum in analoger Anwendung der §§ 36, 46 auf die Regelungen des GNotKG zurückgegriffen werden.

■ **Mitarbeit.** Bei Ansprüchen auf unentgeltliche Mitarbeit im Beruf oder Geschäft des anderen Ehegatten **43** handelt es sich um Unterhaltssachen nach § 231 Abs. 1 Nr. 2 FamFG. Da jedoch keine wiederkehrende Unterhaltsleistung gefordert ist, greift § 51 nicht. Der Wert ist daher nach Abs. 1 zu bestimmen. Dabei sind bei der Wertbestimmung die zu erbringende Arbeitsleistung sowie die durch die Mitarbeit ersparten Lohnkosten, die bei Einstellung einer Fremdperson entstanden wären, zu berücksichtigen.

■ **Mitbenutzung.** Anträge wegen des Rechts auf Mitbenutzung von Ehewohnung und Haushaltsgegen- **44** ständen sind nach Abs. 1, nicht nach § 48 zu bewerten, da eine sonstige Familiensache vorliegt. Abzustellen ist auf den Wert der betroffenen Gegenstände, bei der Ehewohnung auf den Wert der Nutzung, wie evtl gesparte Miete.

■ **Nutzungsentschädigung.** Ist eine solche nach § 1361 b Abs. 3 BGB geltend gemacht, gilt § 48 Abs. 1, **45** nicht aber §§ 42, 35.[44] Wird der Antrag nach rechtskräftiger Scheidung gestellt, liegt jedoch keine Ehewohnungs-, sondern eine sonstige Familiensache vor, so dass § 48 dann nicht gilt und nach Abs. 1 zu bewerten ist.[45] Ist die Forderung beziffert, gilt § 35.

■ **Realsplitting.** Ansprüche auf Zustimmung zum Realsplitting (§ 10 Abs. 1 a, § 22 Nr. 1 Buchst. a EStG) **46** sind nach Abs. 1 zu bewerten. Dabei ist auf die sich ergebenden Steuervorteile abzustellen.[46] Da jedoch der Antragsteller verpflichtet ist, dem Antragsgegner die mit der Abgabe der Zustimmung zum begrenzten Realsplitting verbundenen Nachteile zu ersetzen, sind von den Steuervorteilen die dem Antragsgegner entstandenen Nachteile abzusetzen.[47]

■ **Schadensfreiheitsrabatt.** Das Verfahren wegen dessen Übertragung ist nach Abs. 1 zu bewerten, da keine **47** bezifferte Geldforderung betroffen ist. Maßgeblich ist das wirtschaftliche Interesse, was zumeist der Höhe der ersparten Versicherungsprämien entspricht.

■ **Sicherheitsleistung (§ 1382 BGB).** Es gilt Abs. 1. Der Antrag kann mit 1/10 der zu sichernden Forde- **48** rung bewertet werden.[48] Zum Abänderungsverfahren (§ 1382 Abs. 6 BGB) → Rn 50.

■ **Sicherheitsleistung (§ 1585 a BGB).** Es handelt sich im Hinblick auf die Unterhaltsforderung um einen **49** gesonderten Anspruch, der nach Abs. 1 zu bestimmen ist. Dabei ist ein Bruchteil der geforderten Sicherheit zugrunde zu legen,[49] der wie auch bei § 1382 BGB mit 1/10 angenommen werden kann.

■ **Stundung.** Anträge nach § 1382 Abs. 1 BGB sind nach Abs. 1 zu bewerten. Dabei ist das Stundungsin- **50** teresse maßgeblich, welches nach der Zeitdauer der Stundung und der Höhe der ersparten Zinsen zu berechnen ist. Soweit die Höhe der zu zahlenden Zinsen nicht feststeht, kann auch ein Bruchteil von 1/6 des Ausgleichungsanspruchs[50] oder ein bestimmter Jahreszins für die Dauer der Stundung zugrunde gelegt werden.[51] Für Abänderungsverfahren nach § 1382 Abs. 6 BGB ist ein gesonderter Wert festzusetzen, der sich nach o.g. Grundsätzen bestimmt. Es handelt sich zugleich um einen eigenständigen Kostenrechtszug (§ 31 Abs. 2 S. 1), so dass auch gesonderte Gebühren entstehen. Ist der Antrag in einer Familienstreitsache gestellt, ist § 52 zu beachten.

■ **Übertragung von Vermögensgegenständen.** In dem Verfahren nach § 1383 Abs. 1 BGB ist der Wert **51** nach Abs. 1 zu bestimmen. Dabei ist der Wert der zu übertragenden Gegenstände zugrunde zu legen, es kann nicht auf einen bloßen Bruchteil abgestellt werden.[52] Das Interesse, anstelle der Geldforderung

---

42 *Klüsener/Otto/Killmann*, Die FGG-Reform: Das neue Kostenrecht, 2008, Anh. 5.   **43** OLG Hamm MDR 2013, 1285.   **44** OLG Bamberg FamRZ 2011, 1424; OLG Koblenz AGS 2013, 287; OLG Brandenburg FamRZ 2013, 1980; OLG Celle FamRZ 2015, 1193.   **45** HK-FamGKG/*Thiel*, Verfahrenswert-ABC Rn 213 („Nutzungsentschädigung nach Rechtskraft des Scheidungsbeschlusses"); *Thiel*, AGS 2011, 197; aA OLG Hamm FamRZ 2013, 1421.   **46** OLG Düsseldorf JurBüro 1995, 254.   **47** OLG Frankfurt 22.11.2008 – 3 WF 256/08, juris.   **48** *Korintenberg/Lappe*, KostO, 17. Aufl., § 97 Rn 18.   **49** *Thiel*, in: Schneider/Herget, Rn 8490.   **50** *Groß*, Anwaltsgebühren in Ehe- und Familiensachen, Rn 362.   **51** OLG Köln AGS 2003, 362.   **52** OLG Frankfurt MDR 1990, 58.

einen Gegenstand zu erhalten, kann auch mit einem Bruchteil des Ausgleichanspruchs bewertet werden.[53] Ist der Antrag im Rahmen einer Familienstreitsache gestellt, ist § 52 zu beachten.

52 ■ **Umgangsrecht.** Wird wegen aus ihm herrührender Ansprüche ein bezifferter Schadensanspruch geltend gemacht (§ 280 Abs. 1, § 823 Abs. 1 BGB), gilt § 35. In den übrigen Fällen ist nach Abs. 1 zu bewerten, weil es sich um vermögensrechtliche Angelegenheiten handelt. Für die Verfahren nach § 151 Nr. 2 FamFG gilt § 45.

53 ■ **Unterhaltsverzicht.** Wird der Verzicht vereinbart, während über den Unterhalt kein Verfahren anhängig ist, gilt nicht § 51; vielmehr ist der Wert nach Abs. 1 zu bestimmen, wobei es auf das Interesse an dem Verzicht ankommt.[54] Obwohl hierfür pauschale Wertansätze unstatthaft sind, weil die Umstände des Einzelfalls zu berücksichtigen sind,[55] hat die Rspr dennoch für Regelfälle pauschale Werte festgelegt, die 1.200 €–2.400 € betragen.[56] Wird ein wechselseitiger Verzicht erklärt, während die Unterhaltssache anhängig ist, kommt es auf den Wert der anhängigen Unterhaltsforderung an.[57]

54 ■ **Verbotene Eigenmacht (§ 861 BGB).** Siehe → § 48 Rn 9.

55 ■ **Verlobung.** Verfahren nach §§ 1298, 1299 BGB wegen der Ersatzpflicht bei Rücktritt vom Verlöbnis sind nach Abs. 1 zu bewerten. Wird ein bezifferter Schadensersatzanspruch (§§ 1298, 1299, 823, 825, 826 BGB) geltend gemacht, gilt § 35. Bei bereicherungsrechtlichen Ansprüchen (§§ 812 ff BGB) ist nach Abs. 1 bzw bei bezifferten Geldforderungen nach § 35 zu bewerten. Wird die Rück- oder Herausgabe von Verlobungsgeschenken (§ 1301 BGB) verlangt, ist gleichfalls nach Abs. 1 zu bewerten, wobei der Wert der Gegenstände zugrunde zu legen ist.

56 ■ **Zugewinnausgleich.** Für Anträge wegen vorzeitigen Zugewinnausgleichs (§§ 1385, 1386 BGB) gilt Abs. 1. Maßgeblich ist das Interesse des Antragsgegners an der Aufhebung des gesetzlichen Güterstands, wobei 1/4–1/5 der Ausgleichsforderung zugrunde zu legen sind.[58] Ist die Scheidungssache bereits anhängig, kann der Wert geringer angesetzt werden.[59] Wird mit dem vorzeitigen Zugewinnausgleich zugleich die Ausgleichsforderung geltend gemacht, liegen verschiedene Gegenstände vor, für die jeweils Werte zu bestimmen und gem. § 33 Abs. 1 S. 1 zusammenzurechnen sind. Teilweise wird auch vertreten, dass der Auffangwert des Abs. 3 anzuwenden sei,[60] jedoch wird dieser nur dann in Betracht kommen, wenn nach Abs. 1 kein Wert ermittelt werden kann.

Unterabschnitt 2
Besondere Wertvorschriften

§ 43 Ehesachen

(1) ¹In Ehesachen ist der Verfahrenswert unter Berücksichtigung aller Umstände des Einzelfalls, insbesondere des Umfangs und der Bedeutung der Sache und der Vermögens- und Einkommensverhältnisse der Ehegatten, nach Ermessen zu bestimmen. ²Der Wert darf nicht unter 3.000 Euro und nicht über 1 Million Euro angenommen werden.

(2) Für die Einkommensverhältnisse ist das in drei Monaten erzielte Nettoeinkommen der Ehegatten einzusetzen.

---

53 HK-FamGKG/N. *Schneider*, § 52 Rn 57. **54** *Thiel*, in: Schneider/Herget, Rn 8518. **55** OLG Dresden MDR 1999, 1201. **56** OLG Düsseldorf JurBüro 1992, 52; OLG Jena FuR 1999, 492; OLG Hamm JurBüro 1985, 1360 (2.400 DM); OLG Köln FamRZ 1998, 310 (3.500 DM); OLG Karlsruhe AGS 2000, 112 (4.800 DM). **57** *Thiel*, in: Schneider/Herget, Rn 8510. **58** BGH NJW 1973, 369 (1/4); OLG Karlsruhe AGS 2015, 34 (1/4), OLG Nürnberg FamRZ 1998, 685 (1/5). **59** BGH NJW 1973, 369. **60** OLG Köln MDR 2014, 1091; OLG Schleswig FamRZ 2012, 897.

I. Allgemeines

Die Vorschrift regelt die Wertberechnung in Ehesachen, bei denen es sich um nichtvermögensrechtliche Angelegenheiten handelt. Die Norm ist nicht verfassungswidrig.[1] § 43 erfasst nur die in § 121 FamFG genannten Ehesachen, aber wegen § 5 Nr. 1, 2 auch die entsprechenden Lebenspartnerschaftssachen. Der Wert ist auch dann nach § 43 zu bestimmen, wenn es sich um Scheidungssachen handelt, die nach ausländischem Recht zu behandeln sind. Die Regelung greift jedoch nur für die Scheidungssache, während für Folgesachen die jeweiligen Wertvorschriften gelten; dabei ist für die Kindschaftssachen abweichend § 44 Abs. 2 zu beachten. Nicht von § 43 erfasst sind Verfahren wegen der Herstellung des ehelichen Lebens, weil es sich dabei um sonstige Familiensachen iSv § 266 FamFG handelt. **1**

Die Regelung gilt auch für **Rechtsmittelverfahren**. Werden Folgesachen wegen Zurückweisung des Scheidungsantrags gegenstandslos (§ 142 Abs. 2 ZPO), ist für das Rechtsmittel nur noch der Wert der Ehesache maßgebend.[2] **2**

II. Grundsätze der Wertberechnung (Abs. 1 S. 1)

1. Maßgebliche Kriterien. Abs. 1 S. 1 ordnet an, dass der Wert in Ehesachen unter Berücksichtigung aller Umstände des Einzelfalls zu bestimmen ist. Dabei sind insb. der Umfang und die Bedeutung der Sache sowie die Einkommens- und Vermögensverhältnisse der Eheleute zu berücksichtigen. **3**

Eine Wertigkeit der Kriterien besteht nicht, denn sie sind **gleichwertig**.[3] Auch Vermögen und Einkommen genießen keinen Vorrang, so dass sie nicht allein heranzuziehen sind[4] und das Gericht auch Umfang und Bedeutung der Sache berücksichtigen muss.[5] Ebenso kann nicht auf eine Einbeziehung des Vermögens verzichtet werden, auch wenn dessen Wert streitig ist oder das Vorhandensein von Vermögen erst im Verlauf des Beschwerdeverfahrens bekannt wird.[6] **4**

2. Ermessen. Das Gericht hat den Wert nach Ermessen festzusetzen. Lediglich für das Einkommen grenzt Abs. 2 den Ermessensspielraum ein, weil es den Bewertungszeitraum auf drei Monate begrenzt. Im Übrigen wird das Ermessen auch durch den Mindestwert (3.000 €) und Höchstwert (1 Mio. €) eingeschränkt. Im Beschwerdeverfahren (§ 59) ist zu überprüfen, ob das Gericht die in Abs. 1 genannten Kriterien in angemessenem Umfang berücksichtigt und nicht nur auf das Einkommen abgestellt hat.[7] **5**

3. Verfahrenskostenhilfe. Es ist allein nach § 43 zu bewerten, die Vorschriften über die VKH können nicht herangezogen werden.[8] Auch können aus der VKH-Bewilligung keine Rückschlüsse für den Verfahrenswert der Ehesache nach § 43 gezogen werden.[9] **6**

4. Wechselseitige Anträge. Siehe → § 39 Rn 7. **7**

III. Bewertungszeitpunkt

1. Allgemeines. Es gilt § 34 S. 1, so dass es auf die **erste Antragstellung im jeweiligen Rechtszug** ankommt.[10] Eine im Verfahrenslauf eintretende Minderung oder Erhöhung des Einkommens bleibt unbeachtlich.[11] Bei VKH-Bewilligung kommt es nur auf den unbedingten Scheidungsantrag, nicht schon auf den Eingang des VKH-Antrags an.[12] **8**

2. Einkommensverhältnisse (Abs. 2). Nach Abs. 2 ist das in den **letzten drei Monaten vor Antragseinreichung** bei Gericht erzielte Einkommen maßgeblich. Änderungen im Laufe des Verfahrens bleiben unbeachtlich, auch wenn bereits feststeht, dass durch eine eintretende Arbeitslosigkeit eine deutliche Einkommensminderung eintreten wird.[13] **9**

3. Umfang und Bedeutung der Sache. Hier kann nicht auf § 34 S. 1 abgestellt werden, da sich der Verfahrensumfang erst bei Beendigung der Instanz abschließend bewerten lässt. **10**

4. Rechtsmittelverfahren. Im Hinblick auf Abs. 2 kommt es auf das in den letzten drei Monaten vor Einreichung der Beschwerdeschrift bei Gericht erzielte Einkommen an. Der Verfahrenswert kann für beide In- **11**

---

1 BVerfG NJW 1989, 1985. **2** von Eicken, AGS 1997, 39. **3** OLG Düsseldorf FamRZ 1992, 708; OLG München JurBüro 1992, 349. **4** OLG Nürnberg JurBüro 1966, 697; OLG Bamberg JurBüro 1987, 1694. **5** OLG Oldenburg NdsRpfl 1977, 62. **6** OLG Brandenburg FF 2015, 80. **7** OLG Dresden FamRZ 2003, 1677; OLG Brandenburg NJ 2016, 28. **8** OLG Düsseldorf JurBüro 1982, 1700. **9** BVerfG NJW 2005, 2980. **10** OLG Brandenburg MDR 2013, 1043; OLG Hamm FamRZ 2006, 806; OLG Dresden FamRZ 2002, 1640; OLG Zweibrücken FamRZ 2002, 255. **11** OLG Koblenz FamRZ 2003, 1681. **12** OLG Oldenburg FamRZ 2009, 1177. **13** OLG Düsseldorf JurBüro 1985, 419.

stanzen verschieden hoch festgesetzt werden,[14] jedoch ist § 40 Abs. 2 zu beachten, so dass der Verfahrenswert für die Rechtsmittelinstanz den erstinstanzlichen Verfahrenswert nicht übersteigen darf.

IV. Einkommensverhältnisse (Abs. 2)

12   **1. Allgemeines.** Einkommen ist nach Abs. 2 zu bewerten. Maßgeblich ist das **in drei Monaten erzielte Nettoeinkommen beider Eheleute.** Eine zu kleinliche Berechnung ist zu vermeiden.[15] Da es sich nur um eines von mehreren Kriterien handelt,[16] darf der Wert für die Ehesache nicht schematisch auf das Dreimonatseinkommen festgesetzt werden, sondern muss auch die sonstigen Verhältnisse der Eheleute berücksichtigen.[17]

13   **2. Einkommensbegriff.** Der Begriff „Einkommen" wird im Gesetz nicht definiert. Zum Einkommen gehören alle Arten von Einnahmen aus Erwerbstätigkeit oder selbständiger Tätigkeit, aber auch Renten, Pensionen, Honorare, Vergütungen, Einkünfte aus Vermietung, Verpachtung oder Kapitalvermögen (zB Zinsen, Dividenden), Steuerrückzahlungen, Trinkgelder, Auslöse sowie Krankengeld.

14   Auf die Einkommensteuerverhältnisse kommt es nicht an.[18] Maßgeblich sind aber nur tatsächliche Einnahmen, kein fiktives Einkommen. Ist das Einkommen nicht nur für einen Monat gezahlt, kann es nur **anteilig** bewertet werden.

3. Einzelfälle A–Z

15   ▪   **Arbeitslosenhilfe.** Es ist als Einkommen zu berücksichtigen.[19]

16   ▪   **Auslösen.** Sie sind zu berücksichtigen.[20]

17   ▪   **BAföG.** Es ist Einkommen, soweit es nicht darlehensweise gezahlt wird.[21]

18   ▪   **Blindengeld.** Es ist Sozialleistung, so dass es zum Einkommen rechnet.[22]

19   ▪   **Elterngeld.** Es ist Einkommen. Gleiches gilt für **Betreuungsgeld.**

20   ▪   **Kindergeld.** Es ist als Einkommen zu bewerten.[23] Die Berücksichtigung erscheint insb. dann gerechtfertigt, wenn Unterhaltsfreibeträge für unterhaltsberechtigte Kinder abgesetzt werden.

21   ▪   **Krankengeld.** Es ist Einkommen und daher bei der Wertbemessung zu berücksichtigen.[24]

22   ▪   **Landwirte.** Das Einkommen ist zu schätzen, wobei auf den Lebenszuschnitt abzustellen ist. Eine Gewinnberechnung genügt nicht, da diese nur steuerrechtliche Gegebenheiten berücksichtigt, tatsächliche Einkünfte aber außer Acht lässt.[25]

23   ▪   **Pfändungen.** Ist Einkommen gepfändet, kommt es nur noch auf den vom Drittschuldner ausgezahlten Betrag an.

24   ▪   **Sachbezüge oder sonstige geldwerte Leistungen.** Sie sind zu berücksichtigen. Hierzu gehört zB die unentgeltliche Verpflegung oder das mietfreie Überlassen von Wohnraum oder Kfz.

25   ▪   **Selbständige.** Es ist das dreimonatige Nettoeinkommen maßgeblich.[26] Soweit es nicht feststeht, ist eine Schätzung durchzuführen, die sich am Lebenszuschnitt orientieren kann. Steuerbescheide und Auskünfte von Steuerberatern ohne detaillierte Erläuterungen genügen nicht.[27] Auch kann aus einem ausgewiesenen Verlust für ein Vorjahr nicht gefolgert werden, dass ein solcher auch im Folgejahr zu erwarten ist.[28] Entnahmen aus dem Gewerbebetrieb sind auch dann als Einkommen zu bewerten, wenn der Betrieb nach steuerrechtlichen Kriterien mit Verlust arbeitet.[29]

26   ▪   **Sozialleistungen.** Ihre Berücksichtigung ist strittig. Da der Gesetzgeber in § 43 jedoch keine ausdrücklichen Einschränkungen vorgenommen hat, sind Sozialleistungen als Einkommen zu werten,[30] da es auf das tatsächliche zur Verfügung stehende Geldeinkommen ankommt und auch Sozialleistungen die wirtschaftliche Situation der Beteiligten beeinflussen.[31]

27   ▪   **Steuerfreibetrag.** Kein Einkommen, da er nur einen geringeren Steuerabzug bewirkt.[32]

---

14 OLG Nürnberg Rpfleger 1966, 290. **15** OLG Köln JurBüro 1970, 421. **16** OLG Bamberg JurBüro 1976, 54; OLG Koblenz FamRZ 1993, 827. **17** OLG Stuttgart Justiz 1978, 235; OLG Hamm JurBüro 1989, 1303. **18** OLG München NJW 1966, 458. **19** OLG Schleswig FamRZ 2009, 75. **20** *Oestreich/Hellstab/Trenkle,* Stichw. „Ehesachen". **21** OLG München JurBüro 1980, 892. **22** OLG Saarbrücken JurBüro 1991, 983. **23** OLG Brandenburg MDR 2007, 1321; OLG Hamm FamRZ 2006, 806; OLG Karlsruhe FamRZ 2002, 1135; aA OLG Düsseldorf FamRZ 2006, 807. **24** *Hartmann,* KostG, § 43 FamGKG Rn 30. **25** OLG Bamberg JurBüro 1977, 241. **26** OLG Frankfurt JurBüro 1977, 701. **27** OLG München OLGR 1993, 41. **28** OLG Nürnberg JurBüro 1965, 296. **29** KG JurBüro 1970, 680. **30** OLG Köln (4. Senat) JurBüro 2016, 94; OLG Brandenburg NJ 2016, 28; OLG Hamm NZFam 2015, 1072; OLG Zweibrücken NJW 2011, 1235; OLG Celle NJW 2010, 3587; OLG Frankfurt (6. Senat) NJW-RR 2008, 310; OLG Düsseldorf (8. Senat) FamRZ 2009, 453; HK-FamGKG/*Türck-Brocker,* § 43 Rn 47; aA OLG Frankfurt (4. Senat) FamRZ 2015, 1749; OLG Karlsruhe Justiz 2015, 176; OLG Düsseldorf (2. Senat) FamRZ 2014, 1802; OLG Köln (12. Senat) AGS 2013, 588; OLG Saarbrücken MDR 2013, 1231; OLG Bremen FamRZ 2012, 239; OLG Dresden FamRZ 2010, 1939; OLG Naumburg FamRZ 2009, 639. **31** OLG Frankfurt NJW-RR 2008, 310. **32** OLG Karlsruhe 19.2.1979 – 16 WF 87/78, juris.

- **Trinkgelder.** Sie sind Einkommen und beim Wert zu berücksichtigen.[33] 28

- **Unterhaltsvorschuss.** Er ist als Einkommen zu berücksichtigen, insb. wenn Unterhaltsfreibeträge für die 29
Kinder abgezogen werden.[34]

- **Urlaubs- und Weihnachtsgeld.** Es ist dem Nettoeinkommen hinzuzurechnen,[35] jedoch wird es nur antei- 30
lig berücksichtigt.[36] Gleiches gilt für Prämien wegen langer Dienst- oder Betriebszugehörigkeit.

- **Vermögenswirksame Leistungen.** Sie sind Einkommen.[37] 31

- **Wohngeld.** Es ist als Einkommen zu berücksichtigen und stellt auch keine Sozialleistung dar.[38] 32

- **Zuwendungen von Dritten.** Sie werden nur berücksichtigt, wenn sich dadurch die Lebensverhältnisse 33
verbessern.[39]

4. Abzüge. Es ist nur das **Nettoeinkommen** maßgeblich, so dass sämtliche **Steuern** und **Sozialversicherungs-** 34
beiträge, wie Renten-, Arbeits- und Krankenversicherung, von dem Einkommen in Abzug zu bringen
sind.[40] Abzuziehen ist auch der Vorsorgeaufwand,[41] wie zB Beiträge für private Kranken-[42] oder Lebensversicherung. Im Übrigen sind Versicherungsbeiträge aber nur zu berücksichtigen, wenn sie der Altersvorsorge
dienen,[43] so dass insb. Haftpflicht-, Kasko- oder Gebäudeversicherungen den Wert nicht mindern. Das gilt
auch für gewöhnliche berufsbedingte Unkosten,[44] pauschale Werbungskosten sind daher nicht abzuziehen.
Im Rahmen von besonderen Belastungen können auch Ratenzahlungen für bestehende Verbindlichkeiten,[45]
Kosten für Kinderbetreuung (zB Kindergarten) oder krankheitsbedingte Belastungen abgesetzt werden.

5. Unterhalt. Unterhaltsleistungen sind wertmindernd zu berücksichtigen. Erfasst ist dabei sowohl der Un- 35
terhalt an Kinder und an den Ehegatten[46] als auch an andere Verwandte. Inwieweit der zum Barunterhalt
Verpflichtete tatsächlich leistet, ist unerheblich.[47] Dabei wird in der Rspr überwiegend ein Freibetrag je
Kind und Monat von 250 €–300 € zugrunde gelegt.[48] Eine Gegenrechnung mit dem für die Kinder gewährten Kindergeld unterbleibt, wenn dieses schon zum Einkommen gerechnet wurde.

V. Vermögen

1. Allgemeines. Nach Abs. 1 S. 1 sind auch die Vermögensverhältnisse zu berücksichtigen. Wegen § 34 S. 1 36
kommt es dabei auf den Zeitpunkt des ersten Antragseingangs bei Gericht an.

2. Vermögen. Es ist sämtliches Vermögen einzubeziehen, insb. Grund- und Kapitalvermögen wie Bargeld, 37
Spareinlagen oder Wertpapiere und Nutzungsrechte. Maßgeblich ist der **Verkehrswert**, nicht der Wiederbe-
schaffungswert. Steuerliche Aspekte sind unbeachtlich. Auf den Wert der Nutzung des Vermögens kommt
es nicht an.[49] Betriebsvermögen ist mit seinem Bestand, nicht nur seinem Betrag nach zu berücksichtigen,[50]
wobei auch immaterielle Werte (zB Konzessionen, Patente) einzubeziehen sind.[51] **Kurzlebige Wirtschaftsgü-**
ter wie Möbel und Kraftfahrzeuge,[52] Haushaltsgegenstände aller Art, wenn ihnen nicht ein besonders hoher Wert (Antiquitäten) zukommt, bleiben unberücksichtigt. Auch geringfügiges Kapitalvermögen kann bei
der Wertermittlung außen vor bleiben.[53] Nicht verwertbares Vermögen, wie zB Anteile an Personengesellschaften, ist nicht einzubeziehen, wohl aber die daraus erzielten Einnahmen.[54] Auch **Schonvermögen** nach
§ 115 ZPO oder nach sozialrechtlichen Vorschriften (zB § 90 SGB XII) ist zu berücksichtigen, da sich etwas
anderes aus § 43 nicht ergibt.[55] Das Gericht hat die Möglichkeit, Unbilligkeiten über Freibeträge (→ Rn 40)
zu berücksichtigen.

3. Grundbesitz. Grundbesitz ist mit dem **Nettoverkehrswert** anzusetzen,[56] der Einheitswert ist unerheb- 38
lich.[57] Ist das Grundstück mit Grundpfandrechten belastet, sind diese vom Wert abzuziehen, soweit sie valutiert sind. Auch andere dingliche Belastungen sind wertmindernd zu berücksichtigen, so dass etwa der
Wert eines mit einem lebenslangen Nießbrauchsrecht belasteten Grundstücks unberücksichtigt bleiben
kann.[58] Bei dem selbst genutzten Grundstück wird unterschiedlich bewertet: Teilweise wird auf den Verkehrswert abgestellt,[59] teilweise nur auf eine für drei Monate, nach Abzug von eventuellen Kapitalbelastun-

33 *Oestreich/Hellstab/Trenkle*, Stichw. „Ehesachen". 34 *Thiel*, in: Schneider/Herget, Rn 7145; aA OLG Düsseldorf FamRZ
2006, 807. 35 OLG Zweibrücken NJW-RR 2004, 355. 36 KG NJW 1976, 899. 37 OLG Zweibrücken NJW-RR 2004, 355.
38 OLG Hamm FamRZ 2006, 718. 39 KG JurBüro 1969, 537. 40 KG NJW 1976, 899. 41 OLG Schleswig AGS 2000, 54.
42 OLG Schleswig JurBüro 1985, 1674. 43 OLG Bamberg JurBüro 1976, 217. 44 OLG Saarbrücken JurBüro 1991, 983.
45 OLG Hamm JurBüro 1984, 733. 46 OLG Hamburg MDR 2003, 830; OLG Oldenburg AGS 2002, 231; OLG Karlsruhe
FamRZ 2002, 1135; OLG Düsseldorf FamRZ 2001, 432; OLG Hamm OLGR 2000, 291; OLG Koblenz JurBüro 1999, 475;
OLG Thüringen FamRZ 1999, 1678; OLG München JurBüro 1990, 1332. 47 OLG Karlsruhe FamRZ 2006, 1055. 48 OLG
Karlsruhe FamRZ 2006, 1055; OLG Dresden FamRZ 2006, 1053 (250 €); OLG Zweibrücken OLGR Zweibrücken 2008, 747;
OLG Brandenburg MDR 2007, 1321; OLG Hamm FamRZ 2006, 806 (300 €). 49 OLG Karlsruhe FamRZ 1999, 1288.
50 OLG Nürnberg JurBüro 1989, 1723. 51 *Oestreich/Hellstab/Trenkle*, Stichw. „Ehesachen". 52 OLG Frankfurt JurBüro 1977,
703. 53 OLG Schleswig SchlHA 2003, 103. 54 *Thiel*, in: Schneider/Herget, Rn 7196. 55 OLG Celle FamRZ 2013, 149; OLG
Hamm FamRZ 2015, 1748. 56 OLG Nürnberg JurBüro 1989, 1723; OLG Köln OLGR 1996, 121. 57 OLG München JurBüro
1971, 701. 58 OLG Düsseldorf JurBüro 1975, 505. 59 OLG Dresden FamRZ 2006, 1053; OLG Brandenburg FamRZ 2011,
755.

gen, eingetretene Mietersparnis.[60] Da es sich bei dem Hausgrundstück jedoch um (nicht unerhebliches) Vermögen handelt, sollte der Grundstückswert maßgeblich sein.

39 **4. Verbindlichkeiten.** Da von den tatsächlichen Vermögensverhältnissen auszugehen ist und es sich bei Verbindlichkeiten um einen wertbeeinflussenden Umstand iSd Abs. 1 handelt,[61] sind Verbindlichkeiten wertmindernd zu berücksichtigen,[62] was auch für **Steuerschulden** gilt.[63] Werden Schulden durch **Ratenzahlungen** getilgt, wirken sich diese mindernd auf das Nettoeinkommen iSd Abs. 2 aus,[64] soweit tatsächlich gezahlt wird.[65] Das gilt insb., wenn das Einkommen durch Verbindlichkeiten nicht unwesentlich gemindert wird.[66] Ist die genaue Höhe der Zahlungen nicht zu ermitteln, kann auch ein prozentualer Betrag der Kreditsumme angesetzt werden.[67]

40 **5. Freibeträge.** Bei dem um die Verbindlichkeiten reduzierten Vermögen sind zusätzlich Freibeträge für die Ehegatten und gemeinschaftlichen Kinder in Abzug zu bringen.[68] Ihre Höhe, die nach billigem Ermessen zu bestimmen ist, kann zwischen 15.000 €–60.000 € für jeden Ehegatten[69] und 7.500 €–30.000 € je Kind[70] betragen.

41 **6. Anteilige Berücksichtigung.** Das nach Abzug der Freibeträge verbleibende Vermögen ist nur anteilig mit 5 %–10 % anzusetzen.[71]

42 **Beispiel:** Es ist eine Scheidungssache anhängig, für die der Verfahrenswert zu bestimmen ist. Die Wertberechnung ist folgendermaßen vorzunehmen:

I. Einkommen

1. Nettoeinkommen (Ehemann)	1.950,00 €
2. Nettoeinkommen (Ehefrau)	2.100,00 €
3. Weihnachtsgeld (anteilig: 1.680 € : 12)	140,00 €
4. Kindergeld	190,00 €
5. abzgl. Belastungen und Freibeträge	
a) Versicherung für Altersfürsorge	– 210,00 €
b) Kinderfreibetrag	– 300,00 €
c) Ratenzahlungen für Verbindlichkeiten	– 400,00 €
Gesamt	**3.470,00 €**
x 3 (da dreimonatiges Nettoeinkommen maßgeblich)	10.410,00 €

II. Vermögen

1. Aktivvermögen	210.000,00 €
2. abzgl. Verbindlichkeiten und Freibeträge	
a) Verbindlichkeiten	– 30.000,00 €
b) Freibetrag (Ehemann)	– 60.000,00 €
c) Freibetrag (Ehefrau)	– 60.000,00 €
d) Freibetrag (Kind)	– 30.000,00 €
Gesamt	**30.000,00 €**
Davon sind 5 % anzusetzen	1.500,00 €

Ergebnis: Der Verfahrenswert beträgt insgesamt 11.910 € (dreimonatiges Nettoeinkommen: 10.410 € zzgl. Vermögen: 1.500 €).

VI. Umfang und Bedeutung der Angelegenheit

43 **1. Allgemeines.** Umfang und Bedeutung der Sache, gleich ob rechtlicher oder tatsächlicher Art, sind zu berücksichtigen. Sie können eine Herauf- oder Herabsetzung des Werts rechtfertigen.

44 **2. Umfang der Sache.** Es kommt nur auf den Umfang des gerichtlichen Verfahrens an; vor- oder außergerichtlicher Aufwand der Beteiligten bleibt unberücksichtigt.[72] Hat jedoch eine außergerichtliche Tätigkeit zu einer schnellen Erledigung geführt, kann es unbillig erscheinen, dann den gem. § 23 Abs. 1 S. 1 RVG

---

60 OLG Schleswig SchlHA 2003, 103. **61** OLG Bamberg JurBüro 1983, 1539. **62** KG FamRZ 2010, 829. **63** OLG Nürnberg JurBüro 1977, 376. **64** OLG Düsseldorf JurBüro 1985, 1357; OLG Köln FamRZ 2005, 1765; OLG Oldenburg 5.6.2008 – 2 WF 99/08, juris. **65** OLG Hamm FamRZ 2006, 718. **66** OLG Düsseldorf FamRZ 1986, 706. **67** OLG Düsseldorf JurBüro 1986, 740. **68** OLG Bamberg JurBüro 1982, 286; OLG München AnwBl 1985, 203; OLG Düsseldorf FamRZ 1986, 706; OLG Nürnberg JurBüro 1987, 398; OLG Köln JurBüro 1988, 1355. **69** OLG Stuttgart FamRZ 2010, 1940; OLG München FamRZ 2009, 1703; OLG Koblenz FamRZ 2003, 1681 (60.000 €); OLG Hamm FamRZ 2015, 1748; KG AGS 2015, 132; OLG Brandenburg FamRZ 2011, 755; OLG Dresden FamRZ 2006, 1053 (30.000 €); OLG Zweibrücken FamRZ 2008, 2052 (20.000 €); OLG Karlsruhe AGS 2013, 472 (15.000 €). **70** OLG München FamRZ 2009, 1703 (30.000 €); KG AGS 2015, 132; OLG Zweibrücken FamRZ 2008, 2052; OLG Dresden FamRZ 2006, 1053 (10.000 €); OLG Karlsruhe AGS 2013, 472 (7.500 €). **71** OLG Nürnberg FamRZ 1986, 194; OLG Düsseldorf FamRZ 1994, 249; OLG Frankfurt AnwBl 1994, 47; OLG Karlsruhe FamRZ 1999, 1288; OLG Koblenz FamRZ 2003, 1681; OLG Dresden MDR 2003, 535; OLG Hamm FamRZ 2006, 353; KG AGS 2015, 132; OLG Schleswig SchlHA 2015, 163; OLG Stuttgart FamRZ 2016, 164. **72** OLG Dresden FamRZ 2003, 1677; OLG Düsseldorf FamRZ 1992, 708; OLG Bamberg JurBüro 1987, 1694; OLG Köln JMBl NW 1977, 179.

auch für die Anwaltsvergütung maßgebenden Wert herabzusetzen.[73] Hat eine Aussöhnung stattgefunden, ist zu berücksichtigen, dass der hierfür entstandene Aufwand des Anwalts durch die Aussöhnungsgebühr (Nr. 1001 VV RVG) berücksichtigt wird. Auch eine Tätigkeit in anderen, mit der Trennung zusammenhängenden Familiensachen bleibt für die Ehesache unerheblich.[74]

3. Bedeutung der Sache. Die Bedeutung der Angelegenheit ergibt sich aus den tatsächlichen und wirtschaft- 45 lichen Folgen, welche die Scheidung für die Beteiligten hat. Für eine hohe Bedeutung kann eine lange Ehezeit[75] oder die Stellung der Beteiligten im öffentlichen Leben sprechen.[76]

4. Folgesachen. Art, Anzahl und Umfang der Folgesachen beeinflussen den Wert der Scheidungssache 46 nicht.[77]

5. Wertherabsetzung. Die Herabsetzung des Werts wegen geringen Umfangs setzt ein **deutliches Abweichen** 47 vom Umfang einer normalen Scheidungssache voraus[78] Eine Wertherabsetzung kommt deshalb nicht schon in Betracht bei bloßer VKH-Bewilligung oder wenn die Erledigung der Ehesache in kurzer Zeit, zB nur eine Verhandlung, erfolgt.[79] **Vergleichsmaßstab** ist die einverständliche, nicht die streitige Ehescheidung,[80] so dass das Fehlen von widersprechenden Anträgen noch keine Wertminderung rechtfertigt.[81]

Der **Umfang der Wertminderung** steht im Ermessen des Gerichts. Sie darf nicht nach starren Quoten erfol- 48 gen, sondern muss dem Einzelfall angepasst sein,[82] so dass sich allgemeine oder pauschale Regelungen nicht aufstellen lassen. Die Rspr hält eine Wertminderung von 1/4 bis zu 2/7–3/7 für angemessen.[83] Eine Herabsetzung unter den Mindestwert von 3.000 € ist nicht statthaft.

Der Mindestwert kann im Übrigen nicht schon deshalb angesetzt werden, weil einem oder beiden Ehegat- 49 ten **VKH ohne Zahlungsbestimmungen** bewilligt wird. Auch hier verbleibt es bei dem dreimonatigen Nettoeinkommen;[84] nur wenn dieses tatsächlich 3.000 € nicht erreicht, ist der Mindestwert festzusetzen.[85]

6. Werterhöhung. Eine Werterhöhung ist nur gerechtfertigt, wenn der Umfang ein normales Verfahren 50 **überdurchschnittlich übersteigt**, auch wegen langer Verfahrensdauer[86] oder Antragsstützung auf § 1565 Abs. 2, § 1568 BGB (Härteklausel).[87] Eine nur geringfügige Abweichung genügt nicht, auch nicht lediglich ungewöhnlich lange Schriftsätze der Beteiligten.[88] Da es sich bei Ehesachen um eine nichtvermögensrechtliche Angelegenheit handelt, kann eine Werterhöhung auch gerechtfertigt sein, wenn die übrigen Umstände wie die Bedeutung der Sache oder die wirtschaftlichen Verhältnisse für den Mindestwert sprechen.[89]

Eine umfangreiche **Beweisaufnahme** kann eine Werterhöhung rechtfertigen.[90] Allerdings genügt die Anhö- 51 rung im Wege der Rechtshilfe oder die Verhängung von Zwangsmitteln gegen Eheleute, Zeugen oder Sachverständige noch nicht.

Auch bei **Anwendung ausländischen Rechts** kann eine Werterhöhung erfolgen,[91] wenn tatsächlich ein höhe- 52 rer Aufwand erforderlich war,[92] zB bei Anwendung eines weniger bekannten außereuropäischen Sachenrechts.[93] Eine nach türkischem Recht durchzuführende Klage auf Rückkehr der Ehefrau in die Wohnung kann sich wertmindernd auswirken, da diese noch nicht auf die Auflösung der Ehe abzielt,[94] anders aber ein Antrag auf Trennung von Tisch und Bett nach italienischem Recht.[95]

§ 44 Verbund

(1) Die Scheidungssache und die Folgesachen gelten als ein Verfahren.

(2) ¹Sind in § 137 Abs. 3 des Gesetzes über das Verfahren in Familiensachen und in den Angelegenheiten der freiwilligen Gerichtsbarkeit genannte Kindschaftssachen Folgesachen, erhöht sich der Verfahrenswert nach § 43 für jede Kindschaftssache um 20 Prozent, höchstens um jeweils 3.000 Euro; eine Kindschaftssa-

---

73 *Thiel*, in: Schneider/Herget, Rn 7277 ff. **74** OLG Schleswig SchlHA 1976, 132. **75** OLG Hamm JurBüro 1973, 452. **76** *Thiel*, in: Schneider/Herget, Rn 7239. **77** OLG Brandenburg FamRZ 1997, 34; OLG Dresden FamRZ 2003, 1677. **78** OLG Oldenburg AGS 2002, 231. **79** OLG Thüringen FamRZ 1999, 1678. **80** OLG Dresden FamRZ 2003, 1677. **81** OLG Brandenburg FamRZ 2008, 1206; OLG Hamm FamRZ 2006, 52; OLG Dresden FamRZ 2003, 465; OLG Frankfurt JurBüro 1996, 194; OLG München JurBüro 1992, 349; OLG Düsseldorf JurBüro 1983, 407; OLG Karlsruhe JurBüro 1981, 404; a A OLG Koblenz JurBüro 1999, 475. **82** OLG Bamberg JurBüro 1976, 485. **83** OLG Düsseldorf JurBüro 1999, 421; OLG Saarbrücken JurBüro 1991, 983; OLG Köln JurBüro 1988, 1355; OLG Frankfurt JurBüro 1976, 797 (1/4); OLG München JurBüro 1972, 1091 (2/10–3/10); OLG Zweibrücken JurBüro 1983, 1537 (3/10); KG KGR 2000, 24 (1/3); OLG Koblenz AGS 1993, 37 (2/7–3/7). **84** BVerfG NJW 2005, 2980. **85** OLG Celle FamRZ 2006, 1690; OLG Nürnberg MDR 2006, 597; OLG Hamm FamRZ 2006, 806; OLG Schleswig FamRZ 2006, 52; OLG Köln FamRZ 2005, 1765; OLG Koblenz OLGR Koblenz 2004, 127; OLG Zweibrücken NJW-RR 2004, 355; KG KGR 2003, 384; OLG Karlsruhe AGS 2003, 515; OLG Celle NdsRpfl 2002, 265; OLG Hamburg AGS 2001, 203. **86** OLG Hamburg JurBüro 1963, 412. **87** OLG Schleswig JurBüro 1985, 1675. **88** OLG Nürnberg JurBüro 1963, 553. **89** OLG Nürnberg JurBüro 1963, 171. **90** KG AnwBl BE 1993, 275. **91** OLG Hamm FamRZ 1996, 501; OLG Zweibrücken JurBüro 1984, 899. **92** OLG Stuttgart FamRZ 1999, 604. **93** OLG Karlsruhe FamRZ 2007, 751. **94** OLG Stuttgart FamRZ 2005, 303. **95** OLG Karlsruhe AGS 1999, 136.

che ist auch dann als ein Gegenstand zu bewerten, wenn sie mehrere Kinder betrifft. [2]Die Werte der übrigen Folgesachen werden hinzugerechnet. [3]§ 33 Abs. 1 Satz 2 ist nicht anzuwenden.

(3) Ist der Betrag, um den sich der Verfahrenswert der Ehesache erhöht (Absatz 2), nach den besonderen Umständen des Einzelfalls unbillig, kann das Gericht einen höheren oder einen niedrigeren Betrag berücksichtigen.

I. Allgemeines

1   Die Regelung betrifft die Wertfestsetzung im Verbundverfahren (§ 137 FamFG). Abs. 1 ordnet an, dass die Scheidungssache und die Folgesachen auch kostenrechtlich als ein Verfahren zu behandeln sind. Abs. 2 und 3 regeln die konkrete Bewertung für Kindschaftsfolgesachen (§ 137 Abs. 3 FamFG). Wegen § 5 Nr. 1 gilt § 44 auch für die Lebenspartnerschaftssachen nach § 269 Abs. 1 Nr. 1 FamFG.

II. Kostenrechtliche Behandlung (Abs. 1)

2   **1. Einheitlichkeit des Verfahrens.** Die Scheidungssache und die Folgesachen gelten als **ein Verfahren** iSd § 29 (Abs. 1). Der Ansatz von Einzelgebühren ist unzulässig, denn die Verfahrensgebühr darf nur **einmal aus dem zusammengerechneten Wert aller Verbundteile** erhoben werden. § 33 Abs. 1 S. 2 gilt nicht (Abs. 2 S. 3), so dass im Verbundverfahren auch vermögens- und nichtvermögensrechtliche Ansprüche zusammenzurechnen sind.

3   **Beispiel:** Mit der Scheidungssache sind die Folgesachen Kindesunterhalt und Versorgungsausgleich anhängig. Alle Verbundteile werden durch begründeten Beschluss entschieden. Der Wert beträgt für die Scheidung 7.000 €, den Kindesunterhalt 4.000 € und den Versorgungsausgleich 2.100 €.
Die Verfahrensgebühr (Nr. 1110 KV) ist nur einmal nach einem Wert von 13.100 € zu erheben.

4   **2. Bewertung der Folgesachen.** Für die Verbundteile sind gesonderte Werte festzusetzen, die im Festsetzungsbeschluss einzelnen anzugeben sind. Da § 44 mit Ausnahme der Kindschaftssachen keine konkreten Wertregelungen enthält, gelten die §§ 33 ff (→ Nr. 1110 KV Rn 55).

5   **3. Verfahrenskostenhilfe.** Die Scheidungssache und die Folgesachen sind verschiedene Rechtszüge iSd § 119 ZPO iVm § 113 Abs. 1 FamFG, so dass es einer besonderen Bewilligung bedarf. Die Bewilligung für die Scheidungssache erstreckt sich nur auf die Versorgungsausgleichsfolgesache automatisch, wenn sie nicht ausdrücklich ausgeschlossen wird (§ 149 FamFG). Zu beachten ist auch § 48 Abs. 3 RVG.

6   **4. Abtrennung von Folgesachen aus dem Verbund.** Siehe → § 6 Rn 12 ff.

III. Rechtsmittel

7   § 44 gilt auch für Rechtsmittelverfahren, so dass die Werte der angegriffenen Verbundteile auch hier zusammenzurechnen sind. Wird jedoch nur die **Scheidungssache** angegriffen, bleibt der Wert der Folgesachen unberücksichtigt;[1] das gilt auch, wenn durch die Abweisung des Scheidungsantrags die Folgesachen gegenstandslos werden würden.[2]

8   Wird nur eine **Folgesache** angegriffen, ändert dies nichts an ihrem Charakter als Folgesache,[3] es bleibt also bei den für Folgesachen maßgeblichen Bewertungsregelungen. Beim **Versorgungsausgleich** gilt § 50 Abs. 1 S. 1 Alt. 1, so dass auf 10 % des dreimonatigen Nettoeinkommens abzustellen ist.[4] Wird jedoch nur eine **Kindschaftssache** angegriffen, ist nach § 45 und nicht mehr nach zu bewerten.[5]

IV. Kindschaftsfolgesachen (Abs. 2 S. 1, Abs. 3)

9   **1. Allgemeines.** Für Folgesachen nach § 137 Abs. 3 FamFG schafft Abs. 2 S. 1 konkrete Bewertungsregelungen. § 45 gilt nicht, da er nur isolierte Kindschaftssachen erfasst. Mit der Regelung sollen soziale Unbilligkeiten vermieden werden.[6] Wird eine Kindschaftssache erst nachträglich in den Verbund aufgenommen, gilt Abs. 2 erst ab diesem Zeitpunkt, während für die Zeit vor der Aufnahme in den Verbund § 45 gilt. Mögliche Gebührenunterschiede sind dabei wie bei einer Verfahrensverbindung zu behandeln.[7] Wird im Verbund eine Regelung über eine Kindschaftssache getroffen, ohne dass sie als Folgesache anhängig war, gilt § 45.[8]

1 OLG Stuttgart Justiz 1987, 379; OLG Frankfurt JurBüro 1985, 1211; OLG Bamberg JurBüro 1985, 421. **2** OLG Stuttgart Justiz 1987, 379. **3** BGH NJW 1981, 1047. **4** HK-FamGKG/N. *Schneider*, § 44 Rn 22. **5** OLG Dresden RVGreport 2010, 472; OLG München NJW 2006, 383; aA OLG Karlsruhe FamRZ 2006, 631. **6** BT-Drucks 16/6308, S. 306. **7** OLG Zweibrücken FamRZ 2006, 1696. **8** OLG Karlsruhe AGS 2015, 456.

2. Höhe (Abs. 2 S. 1 Hs 1). Der Wert für die Scheidungssache erhöht sich für jede Folgesache nach § 137   10
Abs. 3 FamFG um **20 %**, höchstens aber um 3.000 € (Abs. 2 S. 1 Hs 1). Es handelt sich um einen Regelsatz,
von dem in Einzelfällen abgewichen werden kann (Abs. 3).

Beispiel 1 (Höchstwert wird nicht erreicht): Mit der Scheidung werden auch die Folgesachen Versorgungsaus-   11
gleich und elterliche Sorge anhängig. Der Wert der Scheidungssache beträgt 10.500 €. Für die Kindschaftsfolgesache sind daher als Verfahrenswert 2.100 € anzusetzen (20 % von 10.500 €).

Beispiel 2 (Übersteigen des Höchstwerts): Mit der Ehesache werden auch die Folgesachen Versorgungsausgleich   12
und elterliche Sorge anhängig. Der Wert der Scheidungssache beträgt 25.500 €. Für die Kindschaftssache wären
20 % von 25.500 € = 5.100 € anzusetzen. Der Höchstwert beträgt jedoch 3.000 €, so dass der Wert nur in dieser
Höhe festzusetzen ist.

3. Verfahrensmehrheit. Sind verschiedene Gegenstände betroffen, zB Sorge und Umgangsrecht, ist jeweils   13
ein gesonderter Wert nach Abs. 2 S. 1 zu bestimmen, was aus dem Wortlaut „jeweils" folgt.

Beispiel: Mit der Ehesache werden auch die Folgesachen elterliche Sorge und Umgang anhängig. Der Wert der   14
Scheidungssache beträgt 10.500 €.

Für die Kindschaftssachen sind gesonderte Werte festzusetzen. Er beträgt jeweils 2.100 € (20 % von 10.500 €), so
dass zum Wert der Scheidung weitere 4.200 € (2.100 € Sorge zzgl. 2.100 € Umgang) hinzuzurechnen sind.

4. Mehrere Kinder (Abs. 2 S. 1 Hs 2). Eine Folgesache ist auch dann als ein Gegenstand zu bewerten, wenn   15
sie verschiedene Kinder betrifft (Abs. 2 S. 1 Hs 2). Es verbleibt dann beim einfachen Regelwert.

Beispiel: Mit der Ehesache werden auch die Folgesachen Versorgungsausgleich und elterliche Sorge anhängig. Das   16
Sorgerecht soll für die beiden minderjährigen Kinder geregelt werden. Der Wert der Scheidungssache beträgt
14.000 €. Für die Kindschaftssache beträgt der Wert 2.800 € (20 % von 14.000 €), eine Verdoppelung ist nicht
zulässig.

5. Abweichender Wert (Abs. 3). Vom Regelwert des Abs. 2 kann abgewichen werden, wenn er nach den   17
besonderen Umständen des Einzelfalls unbillig erscheint (Abs. 3). Es handelt es sich um eine **Ausnahmeregelung** und **Ermessensentscheidung** des Gerichts. Es kann sowohl ein **höherer** als auch ein **niedrigerer** Wert
bestimmt werden.

Von Bedeutung kann zB der Umfang der Sache oder die Bedeutung der Angelegenheit sein. Ein höherer   18
Wert kann gerechtfertigt sein, wenn für mehrere Kinder abweichende Entscheidungen zu treffen sind und
auch die tatsächlichen Verhältnisse, wie zB Aufenthaltsorte, verschieden waren.[9] Die Einholung eines Sachverständigengutachtens rechtfertigt für sich allein noch keine Werterhöhung.[10] Wird ein abweichender Wert
festgesetzt, sind die Gründe in dem Wertfestsetzungsbeschluss anzugeben.

§ 45 Bestimmte Kindschaftssachen

(1) In einer Kindschaftssache, die
1. die Übertragung oder Entziehung der elterlichen Sorge oder eines Teils der elterlichen Sorge,
2. das Umgangsrecht einschließlich der Umgangspflegschaft,
3. das Recht auf Auskunft über die persönlichen Verhältnisse des Kindes oder
4. die Kindesherausgabe

betrifft, beträgt der Verfahrenswert 3.000 Euro.

(2) Eine Kindschaftssache nach Absatz 1 ist auch dann als ein Gegenstand zu bewerten, wenn sie mehrere
Kinder betrifft.

(3) Ist der nach Absatz 1 bestimmte Wert nach den besonderen Umständen des Einzelfalls unbillig, kann
das Gericht einen höheren oder einen niedrigeren Wert festsetzen.

I. Anwendungsbereich

§ 45 regelt die Wertberechnung für die in Abs. 1 genannten Kindschaftssachen, wenn sie isoliert anhängig   1
sind, einschließlich der Rechtsmittelverfahren. Für Folgesachen (§ 137 Abs. 3 FamFG) gilt § 44 Abs. 2, 3.
Über den Wortlaut von Abs. 1 Nr. 1–4 hinaus kann die Regelung nicht angewendet werden, auch nicht analog. Für die nicht von § 45 erfassten Kindschaftssachen gelten daher:

- § 36 für vermögensrechtliche Verfahren, welche die Genehmigung einer Erklärung oder deren Ersetzung betreffen;
- § 46 Abs. 1 für nicht von § 36 erfasste vermögensrechtliche Verfahren;

---

9 OLG Hamm 20.3.2001 – 2 WF 83/01, juris. **10** OLG Hamm RVGreport 2012, 313.

- § 46 Abs. 2 für Pflegschaften wegen einzelner Rechtshandlungen;
- § 42 Abs. 2, 3 für nichtvermögensrechtliche Verfahren, die nicht von §§ 44, 45 erfasst werden;
- § 44 Abs. 2 für Folgesachen nach § 137 Abs. 3 FamFG.

Im Übrigen bleiben die §§ 33 ff unberührt. Für einstweilige Anordnungen gilt § 41.

II. Übertragung oder Entziehung der elterlichen Sorge (Abs. 1 Nr. 1)

2 Abs. 1 Nr. 1 erfasst die Verfahren wegen der Übertragung oder Entziehung der elterlichen Sorge, auch dann, wenn nur Teile davon betroffen sind.

3 Im Einzelnen gehören dazu die Verfahren nach § 1617 Abs. 2,[1] § 1626 a Abs. 2, § 1628,[2] § 1630 Abs. 3, § 1666 Abs. 3, § 1671, § 1673 Abs. 2, §§ 1678, 1680, 1681, § 1751 Abs. 3, § 1764 Abs. 4 BGB. Verfahren nach § 1667 BGB sind nur erfasst, wenn die Vermögenssorge ganz oder teilweise entzogen wird.

4 Verfahren wegen der **Ersetzung einer Erklärung oder deren Zustimmung** werden nicht erfasst, so dass für Verfahren nach §§ 1618, 1626 c BGB mangels anderer Regelungen auf § 42 Abs. 2, 3 zurückzugreifen ist. Ist eine vermögensrechtliche Angelegenheit betroffen, gilt § 36.

5 Nicht umfasst werden auch Verfahren nach § 1674 Abs. 1, 2 BGB wegen des **Ruhens der elterlichen Sorge** (→ § 42 Rn 41).

III. Umgangsverfahren (Abs. 1 Nr. 2)

6 Abs. 1 Nr. 2 erfasst die Verfahren nach § 151 Nr. 2 FamFG, zu denen im Einzelnen diejenigen nach § 1632 Abs. 2–4, § 1685 Abs. 3 BGB gehören. Erfasst ist auch das Umgangsvermittlungsverfahren (§ 165 FamFG),[3] für das § 23 Abs. 3 S. 2 RVG nicht einschlägig ist.[4]

7 Ist Umgangspflegschaft angeordnet, wird sie gleichfalls von Nr. 2 erfasst, jedoch kommt ihr neben dem Umgangsverfahren kein eigener Wert zu.

8 Nicht erfasst sind hingegen Verfahren wegen aus dem Umgangsrecht herrührender Ansprüche (zB Schadensersatzanspruch wegen Nichteinhaltens der Umgangsregelung), weil es sich um sonstige Familiensachen handelt (§ 266 Abs. 1 Nr. 5 FamFG). Ist eine Geldforderung geltend gemacht, gilt dann § 35.

IV. Auskunft über persönliche Verhältnisse des Kindes (Abs. 1 Nr. 3)

9 Nr. 3 wurde durch das Gesetz zur Stärkung der Rechte des leiblichen, nicht rechtlichen Vaters vom 4.7.2013 eingefügt.[5] Sie erweitert den Anwendungsbereich des § 45 auch auf Verfahren, die das Recht auf Auskunft über die persönlichen Verhältnisse des Kindes zum Gegenstand haben. Im Einzelnen sind daher die Verfahren nach §§ 1686, 1686 a BGB erfasst. Der Verfahrenswert beträgt deshalb im Regelfall 3.000 €, wenn nicht ein Fall des Abs. 3 vorliegt. Abs. 2 ist zu beachten.

V. Kindesherausgabe (Abs. 1 Nr. 4)

10 Von Abs. 1 Nr. 4 werden die Verfahren des § 151 Nr. 3 FamFG erfasst, so dass er im Einzelnen gilt in Verfahren wegen Kindesherausgabe (§ 1632 Abs. 2, 3 BGB) und Verbleibensanordnung (§ 1632 Abs. 4, § 1682 BGB).

11 Auch Verfahren über den Streit der Sorgeberechtigten um die Herausgabe der Leiche des Kindes und den Bestattungsort sind Kindschaftssachen nach § 151 Nr. 3 FamFG,[6] so dass nach Abs. 1 Nr. 4 zu bewerten ist.

VI. Mehrheit von Geschäften

12 **Gegenstandsmehrheit.** Jeder in Abs. 1 genannten Kindschaftssache kommt ein eigenständiger Wert zu. Werden in einem Verfahren verschiedene Gegenstände (zB Sorgerecht und Umgangsrecht) geltend gemacht oder werden solche Verfahren nach § 20 FamFG verbunden, sind jeweils gesonderte Werte zu bestimmen, die nach § 33 Abs. 1 S. 1 zusammenzurechnen sind.

13 **Gegenstandsgleichheit.** Betreffen die Verfahren denselben Gegenstand, zB weil beide Elternteile die Übertragung des Sorgerechts beantragen, unterbleibt eine Wertaddition.[7] Um denselben Gegenstand handelt es sich auch bei Kindesherausgabe und Verbleibensanordnung.[8] Eine Einzelbewertung und Wertaddition unterbleiben auch bei der Stellung von Haupt- und Hilfsanträgen oder dann, wenn verschiedene Teilbereiche der elterlichen Sorge gegenständlich sind.[9] Dabei bleibt es auch, wenn mehrere Verfahren, die Teilbereiche der

1 *Klüsener/Otto/Killmann*, Die FGG-Reform: Das neue Kostenrecht, 2008, Anh. 5. **2** OLG Brandenburg FamRZ 2015, 1750. **3** OLG Karlsruhe FamRZ 2013, 722. **4** OLG Zweibrücken AGS 2008, 467. **5** BGBl. 2013 I 2176. **6** *Keidel/Engelhardt*, § 151 FamFG Rn 9. **7** OLG Schleswig SchlHA 2013, 489. **8** OLG Stuttgart FamRZ 2006, 139. **9** OLG Celle JurBüro 2012, 426.

elterlichen Sorge betreffen, miteinander verbunden werden,[10] jedoch beträgt der Wert bis zum Zeitpunkt der Verbindung für jedes Verfahren jeweils 3.000 €.[11]

Abänderungsverfahren. Sie sind gleichfalls nach § 45 zu bewerten, wenn das ursprüngliche Verfahren von   14
Abs. 1 erfasst war. Es handelt sich dabei auch um eine eigenständige Angelegenheit (§ 31 Abs. 2 S. 1), wenn es sich nicht um Verfahren nach § 166 Abs. 2, 3 FamFG handelt (§ 31 Abs. 2 S. 2). Näher → § 31 Rn 14 ff.

VII. Mehrere Fürsorgeberechtigte (Abs. 2)

Betrifft eine Kindschaftssache nach Abs. 1 **mehrere Kinder**, ist das Verfahren gleichwohl als **ein Gegenstand**   15
zu bewerten (Abs. 2). Die Regelung verbietet jedoch nicht die Festsetzung eines vom Regelwert des Abs. 1 abweichenden Werts, sondern ordnet nur an, dass nicht für jedes Kind gesondert bewertet und zusammengerechnet wird. Eine erhöhte Festsetzung des Werts nach Abs. 3 ist daher nicht ausgeschlossen, kommt aber nur in Ausnahmefällen in Betracht, zB weil die Kinder aus verschiedenen Beziehungen der Mutter stammen.[12]

VIII. Abweichende Wertfestsetzung (Abs. 3)

1. Allgemeines. Vom Regelwert kann abgewichen werden, wenn er den besonderen Umständen des Einzel-   16
falls nach unbillig erscheint (Abs. 3). Es handelt sich um eine **Ermessensentscheidung** des Gerichts, so dass die abweichende Wertfestsetzung stets einer Begründung bedarf. Das Gericht kann sowohl einen **höheren** als auch einen **niedrigeren** Wert festsetzen. Der **Höchstwert** ergibt sich aus § 33 Abs. 2.

2. Ausnahmeregelung. Vom Regelwert des Abs. 1 soll nur in Ausnahmefällen abgewichen werden, wenn   17
der zu entscheidende Fall hinsichtlich des Arbeitsaufwands für das Gericht und für die Verfahrensbevollmächtigten **erheblich von einem durchschnittlichen Verfahren abweicht**.[13] Ein nur geringes Abweichungen oder Erschweren genügt nicht.

3. Werterhöhung. Nach Abs. 3 kann ein höherer Wert festgesetzt werden. Da es sich um eine Ausnahmere-   18
gelung handelt, kommt eine höhere Wertfestsetzung zB nur in Betracht, wenn der Arbeitsaufwand der Kindschaftssache von einem durchschnittlichen Verfahren überdurchschnittlich abweicht, etwa weil die Sachverhaltsaufklärung besonders arbeits- oder zeitaufwändig gestaltet.[14] Auch eine besondere rechtliche oder tatsächliche Schierigkeit kann einen höheren Wert rechtfertigen,[15] zB bei umfangreicher oder sehr schwieriger Beweisaufnahme,[16] und dann, wenn die nach dem Regelwert des Abs. 1 berechneten Gebühren im Hinblick auf den Arbeitsaufwand unangemessen niedrig sind.[17] Gleiches gilt, wenn für mehrere Kinder abweichende Entscheidungen zu treffen sind und zudem verschiedene tatsächliche Verhältnisse (zB Aufenthaltsorte) bestehen.[18] Eine Werterhöhung tritt jedoch nicht ein, wenn der Rechtsanwalt in dem Verfahren beide Elternteile vertritt.[19] Auch mehrere Termine genügen noch nicht.[20] Ebenso wenig genügt, dass mehrere Teilbereiche der elterlichen Sorge (zB Aufenthalt, Gesundheitssorge) gegenständlich werden.[21] Auch rechtfertigt allein die **Einholung eines Sachverständigengutachtens** regelmäßig und für sich alleine noch keine Werterhöhung,[22] vielmehr muss das Verfahren besonders schwierig oder umfangreich gewesen sein und deshalb insoweit von einem durchschnittlichen Verfahren abweichen, wofür – was im Einzelfall zu prüfen ist – die Einholung eines Gutachtens aber ein Indiz sein kann.

4. Wertminderung. Sind nur Einzelaspekte der elterlichen Sorge oder des Umgangsrechts betroffen, kann   19
ein niedrigerer Wert festgesetzt werden. Das gilt etwa dann, wenn nur eine Übernachtungsregelung,[23] die Änderung einer bereits bestehenden Umgangsregelung[24] oder nur die Vermögenssorge betroffen ist.[25] Eine Wertminderung kommt aber auch hier nur in Betracht, wenn die Verfahren vom Umfang und der Bedeutung von durchschnittlichen Kindschaftssachen abweichen. Auch die Tatsache, dass die Beteiligten über ein niedriges Einkommen verfügen, kann eine abweichende Wertfestsetzung rechtfertigen.[26]

§ 46 Übrige Kindschaftssachen

(1) Wenn Gegenstand einer Kindschaftssache eine vermögensrechtliche Angelegenheit ist, gelten § 38 des Gerichts- und Notarkostengesetzes und die für eine Beurkundung geltenden besonderen Geschäftswert- und Bewertungsvorschriften des Gerichts- und Notarkostengesetzes entsprechend.

---

10 OLG Hamm AGS 2013, 585. **11** OLG Hamm AGS 2013, 585. **12** OLG Karlsruhe NJW-RR 2009, 592. **13** OLG Celle NJW 2011, 126. **14** KG FamRZ 2013, 723. **15** BT-Drucks 16/6308, S. 306. **16** OLG Frankfurt NJW-RR 2000, 952. **17** OLG Hamm FamRZ 2011, 574. **18** OLG Hamm 20.3.2001 – 2 WF 83/01, juris. **19** OLG Karlsruhe AGS 2007, 522. **20** OLG Koblenz FamRZ 2009, 1433. **21** OLG Brandenburg FamRZ 2011, 1873. **22** OLG Koblenz FamRZ 2015, 1751; OLG Düsseldorf MDR 2015, 38; OLG Hamm FamRZ 2012, 1971; aA OLG Celle NJW 2011, 126. **23** KG FamRZ 2011, 199. **24** OLG Schleswig FamRZ 2005, 1578. **25** OLG Brandenburg JurBüro 2012, 589. **26** BT-Drucks 16/6308, S. 306.

(2) ¹Bei Pflegschaften für einzelne Rechtshandlungen bestimmt sich der Verfahrenswert nach dem Wert des Gegenstands, auf den sich die Rechtshandlung bezieht. ²Bezieht sich die Pflegschaft auf eine gegenwärtige oder künftige Mitberechtigung, ermäßigt sich der Wert auf den Bruchteil, der dem Anteil der Mitberechtigung entspricht. ³Bei Gesamthandsverhältnissen ist der Anteil entsprechend der Beteiligung an dem Gesamthandvermögen zu bemessen.

(3) Der Wert beträgt in jedem Fall höchstens 1 Million Euro.

I. Anwendungsbereich

1   Abs. 1 dient als Auffangregelung in vermögensrechtlichen Kindschaftssachen, wenn der Wert aus keiner anderen Vorschrift zu ermitteln ist. Nicht erfasst sind daher solche Verfahren, welche die Genehmigung einer Erklärung oder deren Ersetzung betreffen, da hierfür § 36 gilt. Ausgenommen sind auch solche Kindschaftssachen, die zwar die Vermögenssorge betreffen, aber von § 44 Abs. 2, § 45 Abs. 1 Nr. 1 erfasst werden (zB Entzug der Vermögenssorge nach §§ 1666, 1667 BGB).

2   Abs. 1 gilt daher insb. für die Verfahren nach:

- § 1493 Abs. 2 BGB: Gestattung der späteren Auseinandersetzung;
- § 1640 Abs. 3 BGB: Anordnung zur Einreichung eines Vermögensverzeichnisses;
- § 1644 BGB: Genehmigung zur Überlassung von Gegenständen;
- § 1645 BGB: Genehmigung eines neuen Erwerbsgeschäfts;
- § 1667 BGB: Anordnungen bei Gefährdung des Kindesvermögens.

3   Abs. 2 gilt für Pflegschaften für einzelne Rechtshandlungen, wobei unerheblich ist, ob sie vermögens- oder nichtvermögensrechtliche Angelegenheit betreffen. § 46 gilt zudem für die von ihm erfassten Rechtsmittelverfahren.

II. Vermögensrechtliche Angelegenheiten (Abs. 1)

4   **1. Allgemeines.** Der Wert bestimmt sich nach dem Recht oder den Gegenständen. Für deren Bewertung verweist Abs. 1 auf die für eine Beurkundung geltenden besonderen Geschäftswert- und Bewertungsvorschriften des GNotKG, so dass §§ 40–45 GNotKG sowie §§ 97–111 GNotKG entsprechend gelten. Auf die Erl. zu diesen Vorschriften wird verwiesen.

5   Ergibt sich aus den Verweisungsnormen kein Wert, gelten auch die allgemeinen Bewertungsvorschriften der §§ 46–54 GNotKG, da § 97 Abs. 1 GNotKG anordnet, dass sich der Geschäftswert bei der Beurkundung von Verträgen und Erklärungen nach dem Wert des Rechtsverhältnisses bestimmt, das Beurkundungsgegenstand ist.

6   Daneben gilt für die Wertberechnung auch § 38 GNotKG. Danach werden Verbindlichkeiten, die auf einer Sache oder auf einem Recht lasten, bei der Ermittlung des Werts nicht abgezogen, sofern nichts anderes bestimmt ist (§ 38 S. 1 GNotKG). Dies gilt auch für Verbindlichkeiten eines Nachlasses, einer sonstigen Vermögensmasse und im Fall einer Beteiligung an einer Personengesellschaft auch für deren Verbindlichkeiten (§ 38 S. 2 GNotKG).

7   Der Wert beträgt jedoch höchstens 1 Mio. € (Abs. 3), § 33 Abs. 2 Hs 1 gilt nicht.

8   **2. Anordnungen bei Gefährdung des Kindesvermögens, § 1667 BGB.** Zugrunde zu legen ist der Wert des Kindesvermögens. Verbindlichkeiten sind nicht abzuziehen (§ 38 GNotKG). Bezieht sich die Anordnung auf Teile des Vermögens, sind nur diese wertbestimmend.

9   **3. Anordnung zur Einreichung eines Vermögensverzeichnisses, § 1640 Abs. 3 BGB.** Maßgeblich ist der Wert des Nachlasses, jedoch ist er auf den Anteil des Kindes zu beschränken. Nur wenn das Kind Alleinerbe ist, darf der gesamte Nachlass angesetzt werden. Da jedoch nicht die Übertragung, sondern nur ein Verzeichnis des Vermögens Gegenstand des Verfahrens ist, scheint es angezeigt, einen Bruchteil des Vermögens (zB 1/5) zugrunde zu legen.[1]

10   **4. Genehmigung zur Überlassung von Gegenständen, § 1644 BGB.** Für den Wert ist auf die zu überlassenden Gegenstände abzustellen. Ist das Kind an dem Gegenstand nur mitberechtigt, ist nur der Wert des Anteils maßgeblich. Ist der Wert des Vermögens bestimmt, sollte der Verfahrenswert, wie auch bei § 1640 Abs. 3 BGB (→ Rn 9), mit einem Bruchteil des Vermögens bestimmt werden, da nur die Genehmigung selbst Gegenstand des Verfahrens ist.

11   **5. Genehmigung eines neuen Erwerbsgeschäfts, § 1645 BGB.** Es ist der Wert des Erwerbsgeschäfts maßgeblich; bei einer bloßen Mitberechtigung oder bei Gesamthandsverhältnissen ist der Anteil des Kindes

---

[1] OLG Zweibrücken AGS 2015, 431.

maßgeblich (§ 98 Abs. 2 S. 3 GNotKG). Handelt es sich um eine Personengesellschaft (OHG, KG), kommt es auf das Verhältnis der Kapitalanteile an, bei einer GmbH auf das der Gesellschaftsanteile. Bei BGB-Gesellschaften ist hingegen anzunehmen, dass alle Gesellschafter zu gleichen Teilen berechtigt sind, so dass es auf den entsprechenden Anteil ankommt.

6. Gestattung der späteren Auseinandersetzung, § 1493 Abs. 3 BGB. Wie bei den Verfahren auf Auseinandersetzung der Gütergemeinschaft ist auf den entsprechenden Anteil des Vermögens abzustellen,[2] so dass es auf den Vermögenswert ankommt, den das Kind für sich beanspruchen kann. **12**

III. Pflegschaften für einzelne Rechtshandlungen (Abs. 2)

1. Wertberechnung (Abs. 2 S. 1). Es ist zwischen Dauerpflegschaften und Pflegschaften für einzelne Rechtshandlungen zu unterscheiden, da Abs. 2 nur Letztere erfasst. Zur Abgrenzung → Nr. 1313 KV Rn 1 ff. Für die Einzelpflegschaft ist der Wert der zugrunde liegenden Rechtshandlung maßgeblich, nicht das bloße Interesse des Fürsorgebedürftigen. **13**

Für die Ermittlung des Werts der Rechtshandlung gelten wegen Abs. 1 die §§ 40–45 GNotKG sowie §§ 97–111 GNotKG entsprechend. Das Abzugsverbot für Verbindlichkeiten nach § 38 GNotKG ist zu beachten. Ergibt sich aus den Verweisungsnormen kein Wert, gelten auch die allgemeinen Bewertungsvorschriften der §§ 46–54 GNotKG, da § 97 Abs. 1 GNotKG anordnet, dass sich der Geschäftswert bei der Beurkundung von Verträgen und Erklärungen nach dem Wert des Rechtsverhältnisses bestimmt, das Beurkundungsgegenstand ist. **14**

Kann der Wert des Rechtsgeschäfts nicht ermittelt werden, gilt § 42 Abs. 1, 3. Ist eine nichtvermögensrechtliche Angelegenheit betroffen (zB Ergänzungspflegschaft wegen Vertretungsausschlusses in einer Abstammungssache, Pflegschaft wegen § 52 Abs. 2 StPO), gilt § 42 Abs. 2, 3. **15**

Der Wert darf 1 Mio. € nicht übersteigen (Abs. 3), unabhängig davon, ob der Fürsorgebedürftige an dem Geschäft allein oder nur mitberechtigt ist oder ein Gesamthandsverhältnis besteht. **16**

2. Mitberechtigung und Gesamthandsvermögen (Abs. 2 S. 2 und 3). Steht dem Fürsorgebedürftigen nur eine **Mitberechtigung** zu, ist nur der Bruchteil maßgeblich, der seinem Anteil entspricht (Abs. 2 S. 2). **17**

Auch bei **Gesamthandsverhältnissen** ist nicht der Gesamtwert, sondern nur der Anteil des Fürsorgebedürftigen entsprechend seiner Beteiligung maßgeblich (Abs. 2 S. 3). Hierunter fallen zB Kaufverträge oder Auseinandersetzungen über den Nachlass, so dass stets nur der Anteil zugrunde zu legen ist. Für eine Pflegschaft wegen Vertretung des Minderjährigen bei der Auseinandersetzung einer Erbengemeinschaft ist nur der Anteil des Fürsorgebedürftigen am Nachlass, nicht aber der gesamte Nachlass maßgeblich.[3] Ist eine Personengesellschaft (zB OHG, KG) betroffen, ist das Verhältnis der Kapitalanteile, bei einer GmbH das der Gesellschaftsanteile maßgebend. Bei dem bloßen Anteil verbleibt es auch, wenn der Fürsorgebedürftige als Gesellschafter eine BGB-Gesellschaft gründen will.[4] **18**

Beispiel: Es soll ein Grundstück veräußert werden. Als Eigentümer sind das Kind und die Kindesmutter in Bruchteilsgemeinschaft zu je 1/2 eingetragen. Der Kaufpreis soll 250.000 € betragen. Wegen des Vertretungsausschlusses der Kindesmutter wird eine Ergänzungspflegschaft angeordnet. **19**

Der Wert der Rechtshandlung ist gem. Abs. 1 nach § 97 iVm § 46 GNotKG zu bestimmen. Maßgeblich ist der Kaufpreis von 250.000 €, wegen Abs. 2 S. 2 jedoch nur der Anteil des Kindes iHv 1/2, also 125.000 €. Der Wert für die Pflegschaft beträgt demnach 125.000 €.

3. Mehrheit von Geschäften. Ist die Pflegschaft für mehrere Fürsorgeberechtigte angeordnet, sind die Werte zusammenzurechnen (Anm. Abs. 1 S. 1 zu Nr. 1313 KV). Ist für jedes Kind ein gesonderter Pfleger zu bestellen, sind die Werte nicht zu addieren, da dann mehrere Einzelpflegschaften vorliegen, die jeweils nur ein Kind betreffen. Ist die Pflegschaft für mehrere einzelne Rechtsgeschäfte angeordnet, sind die Werte der einzelnen Geschäfte zusammenzuaddieren (§ 33 Abs. 1 S. 1). **20**

Beispiel: Die Erbengemeinschaft, an der die Mutter zu 1/2 und die beiden minderjährigen Kinder zu je 1/4 beteiligt sind, möchte sich auseinandersetzen. Der Nachlasswert beträgt 300.000 €. Wegen des Vertretungsausschlusses der Kindesmutter wird für jedes Kind eine Ergänzungspflegschaft angeordnet und es werden auch verschiedene Pfleger ausgewählt und bestellt. **21**

Es ist vom Nachlasswert auszugehen, wobei Verbindlichkeiten wegen Abs. 1 iVm § 38 GNotKG nicht abzuziehen sind. Maßgeblich ist wegen Abs. 2 S. 2 nur der jeweilige Anteil der Kinder iHv 1/4. Der Wert für die Pflegschaften beträgt jeweils 75.000 €.

---

2 HK-FamGKG/*Thiel*, Verfahrenswert-ABC Rn 62 („Auseinandersetzung der Gütergemeinschaft"), Rn 63 („Auseinandersetzung der Gütergemeinschaft nach Scheidung"). **3** BayObLG Rpfleger 1989, 62; KG MDR 1989, 750. **4** OLG Köln OLGR 1997, 292.

22   **4. Bewertungszeitpunkt.** Da es sich stets um Amtsverfahren handelt, gilt § 34 S. 2. Maßgeblicher Bewertungszeitpunkt ist daher der Eintritt der Fälligkeit der Gebühren (§ 11 Abs. 1).

IV. Höchstwert (Abs. 3)

23   Der Höchstwert beträgt, abweichend von § 33 Abs. 2, in jedem Fall höchstens 1 Mio. € (Abs. 3). Er gilt für das gesamte Pflegschaftsverfahren, nicht nur für einzelne Gegenstände. Sind jedoch verschiedene Pflegschaften angeordnet, gilt die Wertgrenze jeweils gesondert. Abs. 3 gilt wegen § 23 Abs. 1 S. 1 RVG auch für Anwaltsgebühren.

§ 47 Abstammungssachen

(1) In Abstammungssachen nach § 169 Nr. 1 und 4 des Gesetzes über das Verfahren in Familiensachen und in den Angelegenheiten der freiwilligen Gerichtsbarkeit beträgt der Verfahrenswert 2.000 Euro, in den übrigen Abstammungssachen 1.000 Euro.

(2) Ist der nach Absatz 1 bestimmte Wert nach den besonderen Umständen des Einzelfalls unbillig, kann das Gericht einen höheren oder einen niedrigeren Wert festsetzen.

I. Allgemeines

1   Die Vorschrift regelt den Verfahrenswert in Abstammungssachen. Abs. 1 bestimmt Festwerte, wobei zwischen Verfahren nach § 169 Nr. 1, 4 und solchen nach § 169 Nr. 2, 3 FamFG zu unterscheiden ist. Abs. 2 erlaubt eine abweichende Festsetzung in Ausnahmefällen.

2   Erfasst sind nur die in § 169 FamFG abschließend benannten Verfahren, nicht etwaige Nebenverfahren, wie zB Ergänzungspflegschaften; für sie gilt § 46 Abs. 2. Jedoch kann in solchen Verfahren für die Bewertung des Geschäfts § 47 herangezogen werden. Ausgenommen sind auch Verfahren wegen familiengerichtlicher Genehmigungen (§ 1596 Abs. 1, § 1597 Abs. 3, § 1599 Abs. 2 BGB), denn sie sind Kindschaftssachen und daher nach § 42 Abs. 2, 3 zu bewerten.

II. Höhe des Verfahrenswerts (Abs. 1)

3   **1. Abstammungssachen nach § 169 Nr. 1, 4 FamFG.** Erfasst sind die Verfahren auf

- Feststellung des Bestehens oder Nichtbestehens eines Eltern-Kind-Verhältnisses, insb. der Wirksamkeit oder Unwirksamkeit einer Vaterschaftsanerkennung (§ 169 Nr. 1 FamFG);
- Anfechtung der Vaterschaft (§ 169 Nr. 4 FamFG).

Der Verfahrenswert ist im Regelfall auf 2.000 € festzusetzen.

4   Nach § 179 Abs. 1 FamFG ist die **Verbindung** von Abstammungssachen zulässig, wenn sie dasselbe Kind betreffen. Handelt es sich um verschiedene Verfahren nach § 169 FamFG, liegen verschiedene Gegenstände vor, die jeweils gesondert zu bewerten und zusammenzurechnen sind (§ 33 Abs. 1).

5   Die Verbindung von Abstammungssachen, die verschiedene Kinder betreffen, ist unzulässig. Es sind daher stets Einzelverfahren durchzuführen, für die jeweils ein gesonderter Wert von 2.000 € zu bestimmen ist. Wurde unzulässigerweise verbunden, sind die Werte nach § 33 Abs. 1 S. 1 zusammenzurechnen.[1] Wegen der **Verbindung mit einer Unterhaltssache** (§ 179 Abs. 1 S. 2 FamFG) → § 33 Rn 14 ff.

6   **Beispiel:** Es werden getrennte Verfahren auf Vaterschaftsanfechtung und auf Anerkennung der Vaterschaft anhängig. Da sie dasselbe Kind betreffen, erfolgt Verfahrensverbindung.

Für beide Gegenstände ist ein Festwert iHv 2.000 € festzusetzen. Es erfolgt eine Wertaddition, so dass der Wert für das verbundene Verfahren 4.000 € beträgt.

Da die Gebühren, unabhängig von der Fälligkeitsregelung des § 11 Abs. 1, bereits mit Eingang der jeweiligen Antragsschrift bei Gericht entstanden sind, bleibt es beim Ansatz der beiden Einzelgebühren (Nr. 1320 KV) nach einem Wert von 2.000 €.

7   **2. Abstammungssachen nach § 169 Nr. 2, 3 FamFG.** Derartige Abstammungssachen sind Verfahren auf

- Ersetzung der Einwilligung in eine genetische Abstammungsuntersuchung und Anordnung der Duldung einer Probeentnahme (§ 169 Nr. 2 FamFG);
- Einsicht in ein Abstammungsgutachten oder Aushändigung einer Abschrift (§ 169 Nr. 3 FamFG).

---

1 *Thiel*, in: Schneider/Herget, Rn 6634.

Der Verfahrenswert ist im Regelfall auf 1.000 € festzusetzen. Mit dem geringeren Wert wird die geringere Bedeutung der Verfahren berücksichtigt.[2]

Verfahren nach § 169 Nr. 2, 3 FamFG sind auch im Verhältnis zueinander **verschiedene Ansprüche**, so dass jeweils ein gesonderter Wert von 1.000 € festzusetzen ist. Ist eine **Verbindung** erfolgt (§ 179 Abs. 1 FamFG), sind die Werte zusammenzurechnen (§ 33 Abs. 1 S. 1). Anspruchsmehrheit liegt auch vor, wenn Verfahren nach § 169 Nr. 2, 3 FamFG mit einem nach § 169 Nr. 1, 4 FamFG verbunden werden.   8

III. Abweichungen vom Regelwert (Abs. 2)

1. Allgemeines. Von den Regelwerten kann abgewichen werden, wenn diese nach den Umständen des Einzelfalls unbillig sind (Abs. 2). Es handelt sich um eine Ausnahmeregelung, mit der verhindert werden soll, dass unverhältnismäßig hohe oder niedrige Kosten entstehen.[3] Die Regelung gilt für sämtliche Abstammungssachen, auch für Verfahren nach § 169 Nr. 2, 3 FamFG. Die abweichende Wertfestsetzung liegt im Ermessen des Gerichts. Der Beschluss bedarf daher stets einer Begründung. Das Gericht kann sowohl einen höheren als auch einen niedrigeren Wert bestimmen. Der Höchstwert des § 33 Abs. 2 ist zu beachten.   9

2. Kriterien. Abgestellt werden kann auf die Bedeutung der Sache, den Umfang des Verfahrens oder auf das Vermögen und Einkommen der Beteiligten. Im Hinblick auf das Kriterium der Bedeutung der Sache darf nicht auf Abstammungssachen allgemein abgestellt werden, sondern darauf, dass gerade dem konkreten Verfahren eine besondere Bedeutung zugekommen ist.   10

3. Wertherabsetzung. Aufgrund des Ausnahmecharakters der Regelung muss im Einzelfall genau geprüft werden, ob sich das konkrete Verfahren vom Durchschnitt einer Abstammungssache unterscheidet. Zu berücksichtigen ist zudem, dass sich die Entscheidung nicht nur statusrechtlich, sondern auch auf die Vermögens- und Erbverhältnisse auswirkt[4] sowie großen Einfluss auf die gesellschaftliche Stellung der Betroffenen besitzen kann.[5]   11

Eine Herabsetzung des Regelwerts kann jedoch gerechtfertigt erscheinen, wenn es sich um ein rechtlich und tatsächlich einfach gelagertes Verfahren handelt.[6] Ein solches liegt aber nicht schon vor, weil sich die gerichtliche Entscheidung überwiegend auf das Sachverständigengutachten stützt. Auch die VKH-Bewilligung rechtfertigt keine Herabsetzung, auch nicht die Tatsache, dass ein im Ausland lebender Ausländer beteiligt ist.[7]   12

4. Werterhöhung. Eine Erhöhung des Werts kann gerechtfertigt sein bei einer Vernehmung von mehreren Verkehrszeugen, der Einholung verschiedener Gutachten oder einem über den üblichen Umfang hinausgehenden Sachverhalt. Auch wenn die Feststellung der Abstammung für das Kind wegen der weit überdurchschnittlichen Einkommens- und Vermögensverhältnisse des Antragsgegners von besonderem Interesse ist, kommt eine Erhöhung des Werts in Betracht,[8] wobei auch die Auswirkungen hinsichtlich des Unterhalts und des Erbrechts zu berücksichtigen sind.[9] Auch dass sich die Beweisaufnahme sehr stark verzögert, weil sich ein Beteiligter weigert, zur Blutentnahme zu erscheinen, kann eine Werterhöhung rechtfertigen.   13

§ 48 Ehewohnungs- und Haushaltssachen

(1) In Ehewohnungssachen nach § 200 Absatz 1 Nummer 1 des Gesetzes über das Verfahren in Familiensachen und in den Angelegenheiten der freiwilligen Gerichtsbarkeit beträgt der Verfahrenswert 3.000 Euro, in Ehewohnungssachen nach § 200 Absatz 1 Nummer 2 des Gesetzes über das Verfahren in Familiensachen und in den Angelegenheiten der freiwilligen Gerichtsbarkeit 4.000 Euro.

(2) In Haushaltssachen nach § 200 Absatz 2 Nummer 1 des Gesetzes über das Verfahren in Familiensachen und in den Angelegenheiten der freiwilligen Gerichtsbarkeit beträgt der Wert 2.000 Euro, in Haushaltssachen nach § 200 Absatz 2 Nummer 2 des Gesetzes über das Verfahren in Familiensachen und in den Angelegenheiten der freiwilligen Gerichtsbarkeit 3.000 Euro.

(3) Ist der nach den Absätzen 1 und 2 bestimmte Wert nach den besonderen Umständen des Einzelfalls unbillig, kann das Gericht einen höheren oder einen niedrigeren Wert festsetzen.

---

2 BT-Drucks 16/9733, S. 300. **3** BT-Drucks 16/6308, S. 306. **4** OLG Schleswig NJW 1958, 1733; *Thiel*, in: Schneider/Herget, Rn 6627. **5** OLG Köln JurBüro 1967, 139. **6** OLG Bamberg JurBüro 1971, 178. **7** OLG Hamm JurBüro 1994, 364. **8** BT-Drucks 16/6308, S. 306. **9** *Thiel*, in: Schneider/Herget, Rn 6627.

I. Regelungszweck

1 Die Vorschrift bestimmt in Abs. 1 und 2 Festwerte für Ehewohnungs- und Haushaltssachen. Abs. 3 ermöglicht eine abweichende Wertfestsetzung. Aufgrund von § 23 Abs. 1 S. 1 RVG gilt die Regelung auch für die Anwaltsgebühren.

II. Ehewohnungssachen (Abs. 1)

2 **1. Anwendungsbereich.** Die Ehewohnungssachen sind in § 200 Abs. 1 FamFG abschließend benannt, so dass Abs. 1 im Einzelnen gilt für die Verfahren nach

- § 1361 b Abs. 1 BGB (Überlassung der Ehewohnung während des Getrenntlebens),
- § 1361 b Abs. 3 BGB (Zahlung einer Nutzungsentschädigung),
- § 1568 a Abs. 1 BGB (Überlassung der Ehewohnung anlässlich der Scheidung).

3 Wegen § 5 Nr. 3 gilt Abs. 1 auch für die entsprechenden Lebenspartnerschaftssachen nach

- § 14 Abs. 1 LPartG (Wohnungszuweisung bei Getrenntleben),
- § 14 Abs. 3 LPartG (Zahlung einer Nutzungsvergütung),
- § 17 LPartG iVm § 1568 a Abs. 1 BGB (Überlassung der Wohnung anlässlich der Aufhebung der Lebenspartnerschaft).

4 Abs. 1 gilt auch für die **Rechtsmittelverfahren** (§§ 58 ff, 70 ff FamFG). Ferner auch, wenn Ansprüche nach § 1568 a Abs. 1 BGB, ggf iVm § 17 LPartG, im **Verbundverfahren** geltend gemacht werden.

5 **2. Höhe des Verfahrenswerts. a) Verfahren nach § 200 Abs. 1 Nr. 1 FamFG.** Hierzu gehören die Verfahren nach § 1361 b BGB bzw § 14 LPartG, für die ein Festwert von 3.000 € bestimmt ist, vom dem jedoch nach Abs. 3 abgewichen werden kann.

6 Da auch die Nutzungsansprüche nach § 1361 b Abs. 3 BGB bzw § 14 Abs. 3 LPartG unter die Regelung des § 200 Abs. 1 Nr. 1 FamFG fallen, gilt der Festwert von 3.000 € auch in solchen Verfahren. Auf andere Regelungen wie § 35 kann nicht zurückgegriffen werden.[1] Das Gericht hat aber die Möglichkeit, nach Abs. 3 einen höheren Wert festzusetzen, etwa wenn eine hohe Vergütung für die Nutzung beansprucht wird. Handelt es sich aber um eine Nutzungsentschädigung wegen der Zeit nach Rechtskraft der Scheidung, gilt § 48 jedoch nicht, da Anspruchsgrundlage der nicht von § 200 Abs. 1 FamFG erfasste § 745 Abs. 2 BGB ist.[2] Wegen der einzelnen Beträge gilt dann § 42 Abs. 1, die dann wegen § 35 die Bewertungsgrundlage darstellen.[3]

7 **b) Verfahren nach § 200 Abs. 1 Nr. 2 FamFG.** Erfasst sind die Verfahren nach § 1568 a Abs. 1 BGB, auch iVm § 17 LPartG. Der Verfahrenswert beträgt hier im Regelfall 4.000 €. Eine abweichende Festsetzung nach Abs. 3 ist möglich.

8 **c) Abänderungsverfahren.** Verfahren auf Abänderung einer Entscheidung in Ehewohnungssachen sind gleichfalls nach Abs. 1 zu bewerten. Es handelt sich zudem wegen § 31 Abs. 2 S. 1 stets um einen eigenen Kostenrechtszug iSd § 29, so dass ein eigenständiger Wert zu ermitteln ist und auch Gebühren gesondert zu erheben sind.

9 **3. Verbotene Eigenmacht.** Keine Ehewohnungssache, sondern eine sonstige Familiensache (§ 266 Abs. 1 Nr. 2 FamFG) liegt vor, wenn ein Ehegatte den anderen aus der Ehewohnung **aussperrt** und dieser ohne Trennungsabsicht die **Wiedereinräumung des Mitbesitzes** (§ 861 BGB) verlangt.[4] § 48 ist daher nicht einschlägig, sondern der Wert ist nach § 42 Abs. 1 zu bestimmen. Dabei ist von dem Interesse an der Wiedereinräumung des Mitbesitzes auszugehen. Fehlen hierfür Anhaltspunkte, kann der Regelwert des § 42 Abs. 3 von 5.000 € zugrunde gelegt werden.

III. Haushaltssachen

10 **1. Anwendungsbereich.** Durch § 200 Abs. 2 FamFG sind die Haushaltssachen abschließend benannt, so dass erfasst sind die Verfahren nach

- § 1361 a Abs. 1 S. 1 BGB (Herausgabe von Haushaltsgegenständen bei Getrenntleben),
- § 1361 a Abs. 1 S. 2 BGB (Gebrauchsüberlassung von Haushaltsgegenständen bei Getrenntleben),
- § 1361 a Abs. 2 BGB (Verteilung von Haushaltsgegenständen),
- § 1361 a Abs. 3 BGB (Festsetzung einer Nutzungsvergütung),

---

1 OLG Brandenburg AGS 2015, 183; OLG Celle FamRZ 2015, 1193; OLG Bamberg AGS 2011, 197; HK-FamGKG/*Türck-Brocker*, § 48 Rn 23. **2** HK-FamGKG/*Türck-Brocker*, § 48 Rn 25. **3** OLG Hamm (1. Senat) FamRB 2015, 286; HK-FamGKG/*Türck-Brocker*, § 48 Rn 25; aA OLG Hamm (6. Senat) FamRZ 2013, 1421, der § 48 anwendet. **4** MüKo-FamFG/*Erbarth*, § 200 Rn 27.

- § 1568 b Abs. 1 BGB (Überlassung und Übereignung von Haushaltsgegenständen anlässlich der Scheidung).

Darüber hinaus ist Abs. 2 wegen § 5 Nr. 3 anzuwenden auf die Lebenspartnerschaftssachen nach 11

- § 13 LPartG (Verteilung der Haushaltsgegenstände bei Getrenntleben),
- § 1568 b BGB iVm § 17 LPartG (Überlassung und Übereignung von Haushaltsgegenständen anlässlich der Aufhebung der Lebenspartnerschaft).

Abs. 2 gilt auch für die **Rechtsmittelverfahren** (§§ 58 ff, 70 ff FamFG). Ferner auch, wenn Ansprüche nach 12 § 1568 b Abs. 1 BGB, ggf iVm § 17 LPartG, im **Verbundverfahren** geltend gemacht werden.

2. Höhe des Verfahrenswerts. a) Verfahren nach § 200 Abs. 2 Nr. 1 FamFG. Hierzu gehören die Verfahren 13 nach § 1361 a BGB bzw § 13 LPartG. In diesen Fällen beträgt der Verfahrenswert im Regelfall 2.000 €, von dem nach Abs. 3 abgewichen werden kann.

Erfasst sind auch die Verfahren nach § 1361 a Abs. 3 S. 2 BGB bzw § 13 Abs. 2 S. 2 LPartG wegen der 14 Festsetzung einer Nutzungsvergütung. Ihr kommt ein eigenständiger Wert zu, der sich nach Abs. 2 und nicht nach § 35 richtet. Dabei kann eine Erhöhung des Werts nach Abs. 3 in Betracht kommen, der danach bis auf die Höhe der geforderten oder festgesetzten Vergütung heraufgesetzt werden kann. Der Wert für die Vergütung ist mit dem Wert für das Verfahren über die Verteilung der Haushaltsgegenstände zusammenzurechnen (§ 33 Abs. 1 S. 1).

b) Verfahren nach § 200 Abs. 2 Nr. 2 FamFG. Für die Verfahren nach § 1568 b Abs. 1 BGB, ggf iVm § 17 15 LPartG, ist im Regelfall ein Festwert von 3.000 € zu bestimmen. Von diesem kann nach Abs. 3 abgewichen werden.

3. Haustiere. Nach Abs. 2 ist auch zu bewerten, wenn Haustiere betroffen sind, da es sich nach der über- 16 wiegenden Auffassung gleichfalls um Haushaltsgegenstände handelt, wenn sie nicht der Gewinnerzielung dienen.[5]

IV. Mehrheit von Geschäften

1. Gegenstandsmehrheit. Wird neben einer Ehewohnungssache auch eine Haushaltssache anhängig ge- 17 macht, handelt es sich um verschiedene Gegenstände, für die jeweils ein eigenständiger Wert zu bestimmen ist. Die Werte sind nach § 33 Abs. 1 S. 1 zusammenzurechnen. Verschiedene Gegenstände liegen auch vor, wenn die Ansprüche sowohl den Zeitraum des Getrenntlebens (§§ 1361 a, 1361 b BGB) als auch die Zeit nach rechtskräftiger Scheidung (§§ 1568 a, 1568 b BGB) umfassen. Die Werte sind nach § 33 Abs. 1 S. 1 zusammenzurechnen, wenn die Ansprüche in demselben Verfahren geltend gemacht werden.

2. Gegenstandsgleichheit. Um denselben Gegenstand handelt es sich jedoch, wenn beide Ehegatten in dem- 18 selben Verfahren jeweils die Überlassung desselben Haushaltsgegenstands beantragen.[6] Gleiches gilt, wenn von beiden Ehegatten die Wohnungsüberlassung angestrebt wird.[7]

V. Abweichungen vom Regelwert (Abs. 3)

Erscheint der Wert der Abs. 1 und 2 aufgrund der Umstände des Einzelfalls unbillig, kann das Gericht nach 19 Abs. 3 einen **höheren oder niedrigeren Wert** bestimmen. Es handelt sich um eine **Ermessensentscheidung**, die stets einer Begründung bedarf. Die Vorschrift hat Ausnahmecharakter. Sie soll verhindern, dass unvertretbar hohe oder unangemessen niedrige Kosten entstehen.

Neben dem Umfang der Sache kann auch der Wert der Haushaltsgegenstände berücksichtigt werden. Sehr 20 viele oder wertvolle Gegenstände können eine Erhöhung rechtfertigen. Handelt es sich hingegen um nur für die Betroffenen wichtige, aber sonst wertlose Haushaltsgegenstände, kann ein niedriger Wert festgesetzt werden.[8] In den Ehewohnungssachen kann der Wert der Wohnung Einfluss haben, so dass bei besonders teuren Wohnungen eine Werterhöhung in Betracht kommt.[9]

Die Geltendmachung von **Nutzungsvergütungen** kann gleichfalls eine Werterhöhung rechtfertigen. Da ihr 21 jedoch ein eigenständiger Wert zukommt, der neben dem Wert für ein Überlassungsverfahren festzusetzen ist, wird der Wert hierfür nicht zu erhöhen sein. Für das Verfahren über die Vergütung selbst kann jedoch nach Abs. 3 ein höherer als in Abs. 1 oder 2 bestimmter Wert festgesetzt werden; er kann sich dem Wert der geforderten oder zugebilligten Vergütung ganz annähern.

---

5 *Thiel*, in: Schneider/Herget, Rn 7846 mwN. **6** *Thiel*, in: Schneider/Herget, Rn 7832. **7** *Thiel*, in: Schneider/Herget, Rn 7323.
8 BT-Drucks 16/6308, S. 307. **9** BT-Drucks 16/6308, S. 307.

NK-GK/*H. Schneider*

§ 49 Gewaltschutzsachen

(1) In Gewaltschutzsachen nach § 1 des Gewaltschutzgesetzes und in Verfahren nach dem EU-Gewalt-schutzverfahrensgesetz beträgt der Verfahrenswert 2.000 Euro, in Gewaltschutzsachen nach § 2 des Gewalt-schutzgesetzes 3.000 Euro.

(2) Ist der nach Absatz 1 bestimmte Wert nach den besonderen Umständen des Einzelfalls unbillig, kann das Gericht einen höheren oder einen niedrigeren Wert festsetzen.

I. Anwendungsbereich

1   Die Vorschrift regelt den Wert in **Gewaltschutzsachen**, die abschließend in § 210 FamFG genannt sind. § 49 gilt daher nur für Verfahren nach §§ 1, 2 GewSchG, einschließlich der Rechtsmittelverfahren. Nicht erfasst sind hingegen Kindschaftssachen (§ 3 Abs. 1 GewSchG) oder Verfahren wegen sonstiger Ansprüche der ver-letzten Personen (§ 3 Abs. 2 GewSchG). Für die strafrechtlichen Verfahren (§ 4 GewSchG) gilt ausschließ-lich das GKG.

Erfasst sind auch die Verfahren nach dem **EU-Gewaltschutzverfahrensgesetz (EUGewSchVG)**, so dass § 49 auch gilt für Verfahren wegen

- Anerkennung von ausländischen Titeln (§ 4 EUGewSchVG),
- Anerkennung einer Europäischen Schutzanordnung (§ 7 EUGewSchVG),
- Aufhebung oder Änderung von nach § 9 Abs. 1 EUGeSchVG getroffenen Maßnahmen (§§ 11, 12 EUGewSchVG),
- Anpassung eines ausländischen Titels (§ 20 EUGewSchVG),
- Anträge auf Versagung der Anerkennung oder Vollstreckung (§ 21 EUGewSchVG),
- Vollstreckungsabwehranträge (§ 23 EUGewSchVG).

II. Höhe des Verfahrenswerts (Abs. 1)

2   **1. § 1 GewSchG.** Der Wert beträgt im Regelfall 2.000 €, wenn eine oder mehrere Anordnungen nach § 1 GewSchG betroffen sind. Mit dem niedrigeren Wert soll die geringere Bedeutung der Angelegenheit berück-sichtigt werden.[1] Bei **Verlängerungsverfahren** (§ 1 Abs. 1 S. 2 GewSchG) handelt es sich um einen eigenstän-digen Kostenrechtszug iSd § 29. Es ist ein eigenständiger Wert festzusetzen, der im Regelfall 2.000 € be-trägt, und auch gesonderte Gebühren zu erheben (§ 31 Abs. 2 S. 1).

3   **2. § 2 GewSchG.** Der Wert beträgt im Regelfall 3.000 €. Bei **Verlängerungsverfahren** (§ 2 Abs. 2 GewSchG) liegt ein eigenständiger Kostenrechtszug iSd § 29 vor, so dass auch ein eigenständiger Wert zu bestimmen ist, der im Regelfall gleichfalls 3.000 € beträgt. Es entstehen gesonderte Gebühren (§ 31 Abs. 2 S. 1).

4   **3. Verfahren nach dem EUGewSchVG.** Der Wert für Verfahren nach dem EUGewSchVG bestimmt sich nach Abs. 1, so dass der Wert für die Verfahren (→ Rn 2) im Regelfall 2.000 € beträgt; davon kann nach Abs. 3 aber abgewichen werden.

5   **4. Verfahrenshäufung.** Hat das Gericht Maßnahmen nach § 1 und § 2 GewSchG getroffen, liegen verschie-dene Ansprüche vor, für die jeweils gesonderte Werte zu bestimmen sind,[2] die gem. § 33 Abs. 1 S. 1 zusam-mengerechnet werden.[3] Ebenso ist zu verfahren, wenn verschiedene Ansprüche nach dem EUGewSchVG betroffen sind. Beantragen **mehrere Personen** Maßnahmen nach dem GewSchG, so liegen verschiedene Ge-genstände vor, die einzeln zu bewerten und gem. § 33 Abs. 1 S. 2 zusammenzurechnen sind.[4]

Beispiel: Das Familiengericht untersagt dem Ehemann, die Ehewohnung zu betreten. Zugleich überlässt es die Wohnung der Ehefrau zur Nutzung und befristet die Nutzungsüberlassung auf sechs Monate.

Der Verfahrenswert beträgt insgesamt 5.000 € (Anordnung nach § 1 GewSchG: 2.000 €; Anordnung nach § 2 GewSchG: 3.000 €).

6   Werden durch beide Beteiligte **gegenläufige Anträge** gestellt, handelt es sich um denselben Verfahrensgegen-stand,[5] so dass nur ein Wert zu bestimmen ist, der aber nach Abs. 2 erhöht werden kann.

7   Wird durch den Antragsteller eine **Nutzungsvergütung** (§ 2 Abs. 5 GewSchG) verlangt, liegt ein besonderer Gegenstand vor, der gesondert zu bewerten ist.[6] Die Werte für die Wohnungsüberlassung und Nutzungsver-gütung sind wegen § 33 Abs. 1 S. 1 zusammenzurechnen.

8   **4. Aufhebung oder Abänderung von Entscheidungen.** Soll eine nach §§ 1, 2 GewSchG ergangene Entschei-dung geändert werden, ist das Aufhebungs- oder Abänderungsverfahren ein eigenständiger Kostenrechtszug

---

[1] BT-Drucks 16/6308, S. 308.   [2] OLG Frankfurt AGS 2014, 522; OLG Dresden FamRZ 2006, 803.   [3] OLG Nürnberg MDR 2008, 773.   [4] OLG Frankfurt AGS 2016, 189; *N. Schneider*, NZFam 2016, 77.   [5] *Thiel*, in: Schneider/Herget, Rn 7759. [6] *Thiel*, in: Schneider/Herget, Rn 7760.

(§ 31 Abs. 2 S. 1), für das ein gesonderter Verfahrenswert nach Abs. 1 festzusetzen ist. Es entstehen gesonderte Gebühren.

5. Einstweilige Anordnungen. Für die Verfahren (§ 214 FamFG) gilt § 49, jedoch sind die Festwerte des **9** Abs. 1 wegen § 41 im Regelfall zu halbieren. Soweit mit dem Eilverfahren aber eine endgültige Regelung vorweggenommen oder die Beteiligten wegen der Regelung im Eilverfahren von einem zunächst angestrebten Hauptsacheverfahren absehen, kann der Wert bis zur Höhe des vollen Werts nach Abs. 1 bestimmt werden. Der Vergleichswert für eine im Eilverfahren geschlossene endgültige Regelung ist mit dem Hauptsachewert anzugeben.[7]

III. Abweichungen vom Regelwert (Abs. 2)

Das Gericht kann einen von Abs. 1 abweichenden höheren oder niedrigeren Wert bestimmen (Abs. 2). Es **10** handelt sich um eine **Ermessensentscheidung**, die stets einer Begründung bedarf. Der Höchstwert des § 33 Abs. 2 ist zu beachten.

Es handelt sich um eine Ausnahmeregelung. Eine abweichende Wertfestsetzung kann erfolgen, wenn die **11** Festwerte des Abs. 1 den Umständen des Einzelfalls nach unbillig erscheinen. Dabei kann die ungewöhnliche Schwere der Gewalttat, eine umfangreiche Beweisaufnahme, das Vorhandensein von Kindern[8] oder die gesellschaftliche Stellung der Beteiligten einen höheren Wert rechtfertigen.[9]

IV. Kindschaftssachen

Verfahren wegen des zivilrechtlichen Schutzes von Minderjährigen gegenüber den Eltern oder anderen sor- **12** geberechtigten Personen sind keine Gewaltschutzsachen. Es gelten wegen § 3 Abs. 1 GewSchG die für das Sorge-, Vormundschafts- oder Pflegschaftsverhältnis maßgeblichen Vorschriften (zB § 1666 Abs. 3 Nr. 3, 4 BGB). Bei dem Verfahren handelt es sich um Kindschaftssachen.[10] Da es sich aber nicht um den Entzug der elterlichen Sorge handelt, gilt § 45 nicht. Der Wert ist nach § 42 Abs. 2, 3 zu bestimmen, weil es sich um eine nichtvermögensrechtliche Angelegenheit handelt, wobei der Regelwert des § 42 Abs. 3 angenommen werden kann.

§ 50 Versorgungsausgleichssachen

(1) [1]In Versorgungsausgleichssachen beträgt der Verfahrenswert für jedes Anrecht 10 Prozent, bei Ausgleichsansprüchen nach der Scheidung für jedes Anrecht 20 Prozent des in drei Monaten erzielten Nettoeinkommens der Ehegatten. [2]Der Wert nach Satz 1 beträgt insgesamt mindestens 1.000 Euro.

(2) In Verfahren über einen Auskunftsanspruch oder über die Abtretung von Versorgungsansprüchen beträgt der Verfahrenswert 500 Euro.

(3) Ist der nach den Absätzen 1 und 2 bestimmte Wert nach den besonderen Umständen des Einzelfalls unbillig, kann das Gericht einen höheren oder einen niedrigeren Wert festsetzen.

I. Allgemeines

Die Vorschrift regelt die Wertberechnung in Versorgungsausgleichssachen (§ 217 FamFG). Es sind folgende **1** Anwendungsfälle zu unterscheiden:

- Wertausgleich bei Scheidung (Abs. 1 S. 1 Alt. 1),
- Ausgleichsansprüche nach Scheidung (Abs. 1 S. 1 Alt. 2),
- Auskunftsansprüche (Abs. 2 Alt. 1),
- Abtretung von Versorgungsansprüchen (Abs. 2 Alt. 1).

§ 50 gilt für Folgesachen und selbständige Familiensachen sowie für Rechtsmittelverfahren. Eine Anwend- **2** barkeit scheidet allerdings aus, wenn keine Zuständigkeit des Familiengerichts besteht, so zB bei Verfahren nach §§ 109 Abs. 1, 5, 149 Abs. 4 SGB V, § 4 a BetrAVG. Gleiches gilt, wenn die Durchführung des Verfahrens dem Versorgungsträger selbst obliegt (zB § 36 Abs. 1, § 38 Abs. 1 VersAusglG). § 50 ist verfassungskonform.[1]

---

7 OLG Schleswig NJW-Spezial 2011, 220. **8** *Meyer*, FamGKG § 49 Rn 5. **9** *Thiel*, in: Schneider/Herget, Rn 7763. **10** Keidel/ *Giers*, § 210 FamFG Rn 3. **1** OLG Zweibrücken FamRZ 2011, 993.

II. Wertausgleich bei der Scheidung (Abs. 1 S. 1 Alt. 1)

3 **1. Höhe des Werts.** Für Verfahren wegen des Wertausgleichs bei der Scheidung (§§ 9–19 VersAusglG) ist für jedes Anrecht ein Wert von 10 % des in drei Monaten erzielten Nettoeinkommens der Ehegatten anzusetzen. Der Wert beträgt mindestens 1.000 €. Ein Höchstwert ist nicht vorgesehen, so dass § 33 Abs. 2 gilt.

4 Im Falle der **Abtrennung einer Folgesache** (§ 140 FamFG) vom Verbund bleibt sie Folgesache (§ 137 Abs. 5 S. 1 FamFG), so dass weiterhin nach Abs. 1 S. 1 Alt. 1 mit 10 % zu bewerten ist, da es sich weiterhin um einen Ausgleich bei der Scheidung handelt.[2] Abs. 1 S. 1 Alt. 1 gilt auch, wenn es sich um Verfahren nach §§ 33, 34 VersAusglG handelt, weil die Regelung des Abs. 1 S. 1 Alt. 2 nur die Verfahren nach den §§ 20 ff VersAusglG erfassen will.[3]

5 **2. Verfahren nach Art. 17 Abs. 3 EGBGB.** Verfahren nach Art. 17 Abs. 3 EGBGB sind nach Abs. 1 S. 1 Alt. 1 mit 10 % je Anrecht zu bewerten, da Ansprüche nach den §§ 9–19 VersAusglG vorliegen.[4] Ist aber aufgrund ausländischen Rechts mangels eines Antrags nach Art. 17 Abs. 3 EGBGB kein Versorgungsausgleich durchzuführen, fehlt es hingegen an einer Grundlage für die Festsetzung eines Verfahrenswerts nach § 50.[5]

6 **3. Zu berücksichtigende Anrechte. a) Allgemeines.** Abzustellen ist auf die nach § 2 VersAusglG auszugleichenden Anrechte, so dass bestehende Anwartschaften und Ansprüche auf Versorgungen aus der gesetzlichen Rentenversicherung, aus anderen Regelsicherungssystemen (zB Beamten- oder berufsständische Versorgung), aus betrieblicher Altersversorgung oder aus privater Alters- und Invaliditätsvorsorge auch für den Wert zu berücksichtigen sind. Unerheblich ist, ob die Anrechte im In- oder Ausland erworben sind. Abs. 1 stellt zudem nicht auf die Arten von Anrechten iSd § 2 Abs. 1 VersAusglG ab, sondern erfasst tatsächlich jedes einzelne Anrecht.[6] Die interne Aufsplittung in verschiedene „Unteranrechte" führt nicht zu mehreren Anrechten iSd Abs. 1, so dass sie nur einmal zu bewerten sind.[7] Sind in der gesetzlichen Rentenversicherung sowohl Entgeltpunkte als auch **Entgeltpunkte Ost** erworben, handelt es sich für die Wertbemessung um verschiedene Anrechte, da es sich nicht um Anrechte gleicher Art iSd § 10 Abs. 2 VersAusglG handelt (§ 120 f Abs. 2 SGB VI).[8]

7 **Beispiel:** Das dreimonatige Nettoeinkommen der Ehegatten beträgt 12.000 €. Der Versorgungsausgleich wird bei der Scheidung durchgeführt. Die Ehefrau besitzt ein Anrecht aus der gesetzlichen Rentenversicherung. Der Ehemann besitzt ein Anrecht aus der Beamtenversorgung und aus einer privaten Altersversorgung.

Gegenständlich sind drei Anrechte geworden. Der Verfahrenswert ist auf insgesamt 3.600 € festzusetzen (12.000 € x 0,1 = 1.200 € x 3).

8 **b) Nicht auszugleichende Anrechte.** Aus dem Wortlaut „für jedes Anrecht" folgt, dass jedes verfahrensgegenständliche Anrecht zu berücksichtigen ist, und zwar auch dann, wenn es im Ergebnis nicht zu einem Ausgleich im Wege interner oder externer Teilung des Anrechts kommt.[9] Wertbestimmend sind daher nicht nur die tatsächlich auszugleichenden Ansprüche.[10] Auch Anrechte nach § 2 Abs. 3 VersAusglG sind zu bewerten.[11] Ergibt sich aus den Auskünften des Versorgungsträgers aber zweifelsfrei, dass Anrechte in der Ehezeit nicht erworben worden sind, bleiben sie wertmäßig unberücksichtigt.[12]

9 Auch im Hinblick auf die Ermittlung des **Beschwerdewerts** sind alle Anrechte in die Wertberechnung einzubeziehen,[13] jedoch bleiben Anrechte, die nicht Gegenstand der Beschwerde sind, bei der Wertermittlung nach § 50 für das **Rechtsmittelverfahren** unberücksichtigt.[14]

10 **4. Einkommen.** Für den Wert ist auf das **in drei Monaten erzielte Nettoeinkommen der Ehegatten** abzustellen. Insoweit entspricht Abs. 1 S. 1 inhaltlich § 43 Abs. 2 (→ § 43 Rn 12 ff), so dass neben Erwerbseinkommen auch Sozialleistungen und Kapitaleinkünfte zu berücksichtigen sind.[15] Die Regelung stellt aber anders als § 43 Abs. 2 nicht auf Vermögen ab, das daher unberücksichtigt bleibt.[16] Maßgeblich ist das Einkommen bei Einreichung des Scheidungsantrags,[17] da Versorgungsausgleichsfolgesachen zwar von Amts wegen eingeleitet werden, aber nur zwingende Folge des Scheidungsantrags darstellen.[18]

11 Von dem Einkommen sind sämtliche **Abgaben** (Steuern, Sozialversicherung) abzuziehen, denn es kommt nur auf das „Nettoeinkommen" an. Andere Abzüge sind jedoch unzulässig, auch keine Freibeträge für Kinder, da der für Versorgung und Betreuung der Kinder entstehende Aufwand nicht im Zusammenhang mit

2 OLG Nürnberg FamRZ 2011, 132; OLG Hamm FamRZ 2011, 995. **3** OLG Karlsruhe Justiz 2015, 176; OLG Celle FamRZ 2012, 1812; OLG Stuttgart AGS 2012, 354; OLG Bremen JurBüro 2012, 588. **4** Thiel, in: Schneider/Herget, Rn 8752. **5** OLG Celle 20.9.2012 – 10 WF 235/12, juris. **6** OLG Brandenburg FamRZ 2015, 529. **7** OLG Stuttgart FamRZ 2012, 1718. **8** OLG Jena NJW 2010, 3310; OLG Stuttgart FamRZ 2010, 2098; OLG Nürnberg NJW 2011, 620; aA OLG Brandenburg FamRZ 2014, 128. **9** BT-Drucks 16/11903, S. 61. **10** OLG Stuttgart NJW 2011, 540. **11** Thiel, in: Schneider/Herget, Rn 8804. **12** OLG Hamburg MDR 2012, 1229. **13** OLG Bamberg RVGreport 2011, 191. **14** OLG Köln FamRZ 2012, 1306. **15** Thiel, in: Schneider/Herget, Rn 8777. **16** OLG Stuttgart NJW-RR 2010, 1376; OLG Koblenz JurBüro 2011, 305; OLG Bamberg FamRZ 1424; aA OLG Nürnberg FamRZ 2010, 2101. **17** OLG Thüringen FamRZ 2010, 2009. **18** OLG Brandenburg FamRZ 2011, 1812.

V. Auskunft und Abtretungsansprüche (Abs. 2)

23 Abs. 2 regelt den Verfahrenswert für Verfahren wegen
- materiellrechtlicher Auskunftsansprüche (§ 4 VersAusglG) und
- Ersetzung der Abtretungserklärung des Ausgleichspflichtigen (§ 21 VersAusglG).

Der Wert beträgt im Regelfall 500 €. Nach Abs. 3 kann jedoch auch ein höherer oder niedrigerer Wert bestimmt werden.

VI. Abänderungsverfahren

24 **1. Allgemeines.** Die Abänderungsverfahren (§§ 225–227 FamFG) sind nach Abs. 1 S. 1 Alt. 1 zu bewerten, wenn Ansprüche nach §§ 9–19 VersAusglG betroffen sind,[34] im Übrigen gilt Abs. 1 S. 1 Alt. 2. Bei der Bewertung des Abänderungsverfahrens sind nur Anrechte zu berücksichtigen, die dort gegenständlich werden.[35] Abs. 3 bleibt unberührt. Ist der Versorgungsausgleich wegen **Unterhaltszahlung** anzupassen, ist nach § 42 Abs. 1 zu bewerten, wobei die Regelungen des § 50 berücksichtigt werden können.[36]

25 **2. Maßgeblicher Bewertungszeitpunkt.** Es handelt sich um Antragsverfahren, so dass auf den Zeitpunkt des Eingangs des Abänderungsantrags abzustellen ist (§ 34 S. 1), nicht auf den Eingang des Antrags im ursprünglichen Verfahren.

26 **3. Eigenständiger Kostenrechtszug.** Die Abänderungsverfahren sind eigenständige Kostenrechtszüge (§ 31 Abs. 2 S. 1), somit sind Gebühren gesondert zu erheben und es bedarf auch stets einer eigenständigen Wertfestsetzung.

VII. Abweichende Wertfestsetzung (Abs. 3)

27 **1. Allgemeines.** Ist der Verfahrenswert aufgrund besonderer Umstände des Einzelfalls unbillig, kann das Gericht abweichend von Abs. 1, 2 einen höheren oder niedrigeren Wert festsetzen (Abs. 3); in den Fällen des Abs. 1 allerdings kann der Mindestwert des Abs. 1 S. 2 nicht unterschritten werden. Die Regelung ist auf Ausnahmefälle zu beschränken.[37] Die Entscheidung steht im Ermessen des Gerichts und bedarf stets einer Begründung.

28 **2. Kriterien.** Das Verfahren muss sich **erheblich von einer durchschnittlichen Versorgungsausgleichssache abheben**, denn Abs. 3 greift nur, wenn der nach Abs. 1 und 2 festzusetzende Wert im Verhältnis zu Umfang, Schwierigkeit und Bedeutung der Sache in keinem vertretbaren Verhältnis steht.[38] Die Regelung dient aber nicht dazu, weitere, von Abs. 1 nicht erfasste Wertkriterien einzubeziehen, so dass bspw hohe Vermögensverhältnisse keine Werterhöhung rechtfertigen.[39]

29 **3. Werterhöhung.** Eine Werterhöhung kann erfolgen, wenn **ausländische Anwartschaften** vorhanden sind oder in den Fällen des § 27 VersAusglG eine **Beweisaufnahme** durchzuführen ist.[40] Darüber hinaus auch bei hohem Zeitaufwand, der dadurch entsteht, dass ein Ehegatte die Auskunftserteilung immer wieder verzögert. Allein die Verhängung von Zwangsgeld (§ 35 FamFG) genügt aber noch nicht, denn der dadurch entstehende Mehraufwand wird durch gesonderte Gerichts- und Anwaltsgebühren abgegolten. Allein die Tatsache, dass Auskünfte bei **mehreren Versorgungsträgern** einzuholen sind, rechtfertigt im Regelfall noch keine Werterhöhung.[41]

30 **4. Wertminderung.** Von einem **unterdurchschnittlichen Verfahren** ist auszugehen, wenn die Folgesache durch Rücknahme des Scheidungsantrags so rechtzeitig gegenstandslos wird, dass überhaupt keine Auskünfte eingeholt wurden.[42]

31 Keine Wertminderung ist aber vorzunehmen, wenn Anrechte wegen Geringfügigkeit nicht auszugleichen sind, weil auch hier Auskunft einzuholen und eine rechtliche Prüfung vorzunehmen ist[43] und es für den Wert nicht allein auf die Berücksichtigung einzelner Anrechte, sondern auf die sachliche Prüfung der erteilten Auskünfte durch Gericht und Verfahrensbevollmächtigte ankommt.[44] Aus dem gleichen Grund scheidet eine Wertminderung in den anderen Fällen des § 224 Abs. 3 FamFG aus.

---

34 OLG Hamm MDR 2013, 1465. **35** *Thiel*, in: Schneider/Herget, Rn 8760. **36** OLG Karlsruhe FamRZ 2014, 1805. **37** OLG Hamburg ZFE 2011, 232. **38** OLG Schleswig FamRZ 2011, 133; OLG Stuttgart FamRZ 2012, 1647; BT-Drucks 16/10144, S. 111. **39** OLG Stuttgart NJW 2010, 2221. **40** *Thiel*, in: Schneider/Herget, Rn 8828. **41** OLG Hamm MDR 2013, 1465 (bei fünf Versorgungsträgern). **42** *Thiel*, in: Schneider/Herget, Rn 8831. **43** OLG Schleswig FamRZ 2011, 133; OLG Stuttgart NJW 2011, 540; aA OLG Hamburg ZFE 2011, 232. **44** OLG Stuttgart NJW 2011, 540.

NK-GK/*H. Schneider*

der Höhe der Versorgungsanrechte steht.[19] Soweit aber **Kindergeld** als Einkommen gerechnet wird, sollte auch ein Abzug für die Kinder vorgenommen werden.[20] Unzulässig ist es auch, individuelle Zuschläge vorzunehmen,[21] auch wenn ungewöhnlich hohes Vermögen vorhanden ist.[22]

5. Nichtdurchführung des Wertausgleichs. Ein Wertausgleich bei der Scheidung findet nicht statt, wenn   **12**
- die Ehe nur kurze Zeit bestand (§ 3 Abs. 3 VersAusglG),
- eine Vereinbarung über den Versorgungsausgleich getroffen wurde (§§ 6 ff VersAusglG),
- ein geringer Ausgleichswert besteht (§ 18 Abs. 1 VersAusglG),
- die Durchführung grob unbillig wäre (§ 27 VersAusglG).

Hier hat ein Feststellungsbeschluss zu ergehen, so dass es auch in diesen Fällen einer Wertfestsetzung bedarf, weil das Gericht gleichwohl eine materiellrechtliche Feststellung über die Nichtdurchführung des Versorgungsausgleichs treffen muss.[23] Das gilt auch, wenn ein Antrag wegen § 3 Abs. 3 VersAusglG nicht gestellt wurde[24] oder in den Fällen des § 18 VersAusglG.[25]   **13**

6. Vereinbarung der Ehegatten. Ist der Versorgungsausgleich durch Vereinbarung ausgeschlossen, muss gleichwohl von Amts wegen eine Folgesache eingeleitet werden, weil die Wirksamkeit zu prüfen ist (§ 8 VersAusglG iVm § 26 FamFG).[26] Es ist daher ein Wert nach Abs. 1 zu bestimmen.   **14**

7. Wiederaufgenommene Verfahren. Bei nach § 2 VAÜG ausgesetzten und nunmehr wiederaufgenommenen Verfahren handelt es sich trotz Art. 111 Abs. 4 FGG-RG um Ausgleichsansprüche nach der Scheidung,[27] so dass nach Abs. 1 S. 1 Alt. 1 zu bewerten ist und auch der Mindestwert des Abs. 1 S. 2 nicht von vorherein angesetzt werden kann.[28]   **15**

III. Ausgleichsansprüche nach Scheidung (Abs. 1 S. 1 Alt. 2)

1. Höhe des Werts. Für Verfahren wegen Ausgleichs nach Scheidung (§§ 20–26 VersAusglG) gilt Abs. 1 S. 1 Alt. 2. Danach sind für jedes Anrecht, auch wenn es nicht ausgeglichen wird, **20 %** des in drei Monaten erzielten Nettoeinkommens der Ehegatten zugrunde zu legen. Der höhere Wert soll berücksichtigen, dass die Verfahren häufig mit einem höheren Aufwand verbunden sind und oftmals komplexe, zeitlich weit zurückliegende Sachverhalte erneut aufgerollt werden müssen.[29] Der Wert beträgt mindestens 1.000 € (Abs. 1 S. 2).   **16**

Abs. 1 S. 1 Alt. 2 greift nur, wenn es sich um Ansprüche nach §§ 20–26 VersAusglG handelt, nicht aber, wenn ein Ausgleich nach §§ 9–19 VersAusglG zeitlich nach der Scheidung erfolgt.[30]   **17**

Zur Berechnung des Einkommens → Rn 10 f. Maßgeblich ist der Zeitpunkt des ersten Antrags (§ 34 S. 1), da es sich um reine Antragsverfahren handelt.   **18**

2. Abfindungs- und Kapitalzahlungen. Abs. 1 S. 1 Alt. 2 gilt auch für Verfahren wegen Zahlung des Ausgleichswerts (§ 22 VersAusglG) oder der Abfindung (§§ 23, 24 VersAusglG), weil es sich gleichfalls um Ausgleichsansprüche nach der Scheidung handelt und die Regelung nicht zwischen einzelnen Verfahren des Abschnitts 3 VersAusglG differenziert. Soweit sich daraus Unbilligkeiten ergeben, ist Abs. 3 zu prüfen.[31]   **19**

IV. Mindestwert (Abs. 1 S. 2)

Der Wert des Abs. 1 S. 1 beträgt mindestens 1.000 € (Abs. 1 S. 2). Der Höchstwert gilt nicht für einzelne Anrechte, sondern für die gesamte Versorgungsausgleichssache. Die Regelung schränkt als lex specialis auch Abs. 3 ein, so dass eine Unterschreitung des Mindestwerts in Verfahren des Abs. 1 unzulässig ist.[32]   **20**

Der Mindestwert ist nur anzusetzen, wenn aufgrund des Einkommens der Ehegatten ein niedrigerer Wert festzusetzen wäre, nicht aber, wenn aufgrund des Umfangs oder der Bedeutung der Sache von Abs. 1 abgewichen werden soll; in diesem Fall gilt allein Abs. 3. Die Festsetzung des Mindestwerts ist auch nicht gerechtfertigt, nur weil ein Verfahren nach § 2 VAÜG wiederaufgenommen wird.[33]   **21**

Beispiel: Das dreimonatige Nettoeinkommen der Ehegatten beträgt 4.000 €. Der Versorgungsausgleich wird als Scheidungsfolgesache durchgeführt. Insgesamt werden zwei Anrechte gegenständlich.   **22**

Der Wert beträgt insgesamt 1.000 € (4.000 € x 0,1 = 400 € x 2 = 800 €, aber wegen Abs. 1 S. 1 mindestens 1.000 €).

---

19 OLG Nürnberg MDR 2012, 588; OLG Koblenz JurBüro 2011, 305. **20** OLG Nürnberg FamRZ 2010, 2101. **21** OLG Stuttgart NJW-RR 2010, 1376. **22** OLG Stuttgart NJW 2010, 2221. **23** OLG Celle FamRZ 2010, 397. **24** OLG Düsseldorf FamRZ 2010, 525; OLG Karlsruhe FamRZ 2011, 668; OLG Jena AGS 2011, 387. **25** OLG Brandenburg JurBüro 2012, 588. **26** OLG München FamRZ 2011, 1813. **27** OLG Hamm FamRZ 2011, 995; OLG Celle FamR 2012, 86. **28** OLG Nürnberg FamRZ 2011, 995. **29** BT-Drucks 16/11903, S. 61. **30** OLG Nürnberg FamRZ 2011, 132. **31** HK-FamGKG/*Thiel*, § 50 Rn 73. **32** *Schneider/Thiel*, FamR 2010, 407. **33** OLG Nürnberg FamRZ 2011, 995.

zen.[2] Auf den Gesamtbetrag ist nur abzustellen, wenn die geforderte Leistung den zwölfmonatigen Betrag nicht übersteigt.

6   **Beispiel:** Es wird Unterhalt iHv monatlich 250 € beantragt. Rückstände werden nicht geltend gemacht. Der Antrag geht am 15.10. bei Gericht ein. – Der Verfahrenswert beträgt 3.000 € (12 x 250 €).

7   **3. Bewertungszeitpunkt.** Für den laufenden Unterhalt ist ausschließlich auf die ersten zwölf Monate nach Eingang der Antragsschrift bei Gericht abzustellen. Unerheblich sind der Eintritt der Rechtshängigkeit oder außergerichtliche Aufforderungen. Der Eingang eines VKH-Antrags steht unter den Voraussetzungen des Abs. 2 S. 2 dem Eingang der (Haupt-)Antragsschrift gleich. Im Übrigen gilt § 34 S. 1, weil es sich um Antragsverfahren handelt, so dass nachträgliche Wertänderungen unbeachtlich bleiben, wenn keine nachträgliche Antragsänderung oder -erweiterung vorliegt.

8   Erst im Verfahrensverlauf geleistete Zahlungen reduzieren den Wert nicht. Wird der Antrag daraufhin teilweise zurückgenommen oder wird Teilerledigung erklärt, verringert sich der Wert erst ab dem Zeitpunkt der Rücknahme oder Erledigungserklärung, was jedoch auf die Gerichtsgebühren ohne Einfluss bleibt.

9   **4. Unzulässiger Antrag.** Bei dem Wert nach Abs. 1, 2 verbleibt es auch, wenn sich nachträglich herausstellt, dass der Antrag teilweise unzulässig war.[3] Das gilt auch, wenn in einem vereinfachten Unterhaltsverfahren mehr als der 1,2fache Mindestunterhalt geltend gemacht wird.

10   **5. Freiwillige Leistungen.** Die Leistung von freiwilligen Zahlungen reduziert den Wert nicht, denn nur die gestellten Anträge sind maßgeblich.[4] Es kann auch nicht auf das bloße Titulierungsinteresse der Spitzenbeträge abgestellt werden.[5] Wird der Antrag jedoch so formuliert, dass Unterhalt nur über freiwillig geleistete Beträge hinaus geltend gemacht wird, liegt ein Teilantrag mit der Folge vor, dass die freiwillig gezahlten Beträge nicht in den Wert einfließen.[6] Im Übrigen kann eine Beschränkung des Werts auf den über die freiwilligen Zahlungen hinausgehenden Mehrbetrag auch erfolgen, wenn aus dem Antrag eine solche Beschränkung zum Ausdruck kommt[7] oder sich aus ihm ergibt, dass der Antragsteller wegen der freiwilligen Leistungen auf Titulierung verzichten will.[8] Ist eine Beschränkung aber nicht eindeutig erfolgt, bleibt der gesamte Unterhaltsanspruch maßgeblich.[9] Wurde beschränkt, führt auch eine lediglich der Klarstellung dienende Nennung des Gesamtbetrags nicht zur Werterhöhung.[10]

11   **6. Antragserweiterung.** Im Falle der Antragserweiterung ist die Berechnung des Werts umstritten. Folgende Auffassungen werden vertreten:

- **Auffassung 1:** Der für den Zeitraum der ersten zwölf Monate nach Antragseingang berechnete Wert wird von der Antragserweiterung nur soweit berührt, als sie den Unterhalt in den ersten 12 Monaten nach Einreichung des ursprünglichen Antrags betrifft.[11]
- **Auffassung 2:** Für den Zeitraum des Abs. 1 S. 1 ist auf die ersten zwölf Monate nach Eingang der jeweiligen Antragserweiterung abzustellen, so dass der zwölfmonatige Differenzbetrag zwischen ursprünglichem und erweitertem Antrag hinzuzurechnen ist.[12] Fällige Beträge sind den ursprünglichen Rückständen (Abs. 2 S. 1) hinzuzurechnen, wobei es auf die Zeit vor Eingang der Antragserweiterung ankommt.

12   Es ist der zweiten Auffassung zu folgen, da nur sie dem allgemeinen Grundsatz gerecht wird, dass es bei Antragsänderungen als Bewertungszeitraum iSd § 34 S. 1 nicht auf den ursprünglichen Antragseingang, sondern auf den Eingang des jeweiligen Änderungsantrags ankommt, was Abs. 1 nicht einschränken oder gar aushebeln will. Eine Werterhöhung findet wegen § 40 Abs. 2 S. 2 auch statt, wenn die Erweiterung in der Rechtsmittelinstanz erfolgt.[13]

13   **Beispiel 1:** Beantragt wird die Zahlung von monatlichem Unterhalt iHv 350 € ab Januar 2016. Der Antrag geht am 15.3.2016 bei Gericht ein.

Der Wert beträgt zunächst:

Laufender Unterhalt (Abs. 1)	4.200,00 €	(12 x 350 €)
Rückstände (Abs. 2)	1.050,00 €	(3 x 350 € für Januar–März)
Gesamt	**5.250,00 €**	

Im August 2016 wird der Antrag erweitert und nunmehr ab September 2016 Unterhalt iHv 450 € monatlich gefordert.

---

2 OLG Hamburg FamRZ 2003, 1198; OLG Celle FamRZ 2003, 1683. **3** OLG Düsseldorf JurBüro 1981, 1048; OLG München FamRZ 1990, 778. **4** OLG Oldenburg FamRZ 1979, 64; OLG Frankfurt AnwBl 1982, 198; OLG Bamberg JurBüro 1983, 914; OLG München FamRZ 1990, 778 OLG Düsseldorf AGS 1993, 79; OLG Braunschweig FamRZ 1997, 38; OLG Celle FamRZ 2003, 1683. **5** OLG Celle FamRZ 2003, 465. **6** OLG Bamberg FamRZ 1993, 457. **7** OLG Koblenz JurBüro 1978, 554; OLG Bamberg JurBüro 1985, 740. **8** OLG Saarbrücken JurBüro 1985, 912. **9** OLG München FamRZ 1998, 573. **10** OLG Saarbrücken 19.6.1991 – 9 WF 101/91, juris. **11** OLG München FamRZ 2001, 239; OLG Schleswig AGS 2001, 35; OLG Nürnberg JurBüro 2008, 33. **12** OLG Köln AGS 2004, 32; HK-FamGKG/N. *Schneider*, § 51 Rn 69 ff; *Thiel*, in: Schneider/Herget, Rn 8462 ff. **13** OLG Celle FamRZ 2009, 74.

§ 51 Unterhaltssachen und sonstige den Unterhalt betreffende Familiensachen

(1) [1]In Unterhaltssachen und in sonstigen den Unterhalt betreffenden Familiensachen, soweit diese jeweils Familienstreitsachen sind und wiederkehrende Leistungen betreffen, ist der für die ersten zwölf Monate nach Einreichung des Antrags geforderte Betrag maßgeblich, höchstens jedoch der Gesamtbetrag der geforderten Leistung. [2]Bei Unterhaltsansprüchen nach den §§ 1612 a bis 1612 c des Bürgerlichen Gesetzbuchs ist dem Wert nach Satz 1 der Monatsbetrag des zum Zeitpunkt der Einreichung des Antrags geltenden Mindestunterhalts nach der zu diesem Zeitpunkt maßgebenden Altersstufe zugrunde zu legen.

(2) [1]Die bei Einreichung des Antrags fälligen Beträge werden dem Wert hinzugerechnet. [2]Der Einreichung des Antrags wegen des Hauptgegenstands steht die Einreichung eines Antrags auf Bewilligung der Verfahrenskostenhilfe gleich, wenn der Antrag wegen des Hauptgegenstands alsbald nach Mitteilung der Entscheidung über den Antrag auf Bewilligung der Verfahrenskostenhilfe oder über eine alsbald eingelegte Beschwerde eingereicht wird. [3]Die Sätze 1 und 2 sind im vereinfachten Verfahren zur Festsetzung von Unterhalt Minderjähriger entsprechend anzuwenden.

(3) [1]In Unterhaltssachen, die nicht Familienstreitsachen sind, beträgt der Wert 500 Euro. [2]Ist der Wert nach den besonderen Umständen des Einzelfalls unbillig, kann das Gericht einen höheren Wert festsetzen.

I. Allgemeines

Die Vorschrift regelt in Abs. 1 und 2 die Wertberechnung in Unterhaltssachen, wenn **wiederkehrende Leistungen** geltend gemacht sind. Abs. 3 regelt den konkreten Wert in Unterhaltssachen nach § 231 Abs. 2 FamFG. Da Abs. 1, 2 keine Regelungen für die konkrete Werthöhe enthalten, ist auf die §§ 33 ff zurückzugreifen. Für die einzelne Geldleistung gilt § 35, auch § 33 Abs. 1 S. 2, §§ 38, 39 bleiben unberührt. **1**

Abs. 1 und 2 gelten nur, wenn wiederkehrende Leistungen als beziffert Geldbetrag oder Prozentsatz des Mindestunterhalts geltend gemacht sind, **nicht** aber bei **Rückforderung von Unterhalt**, Schadensersatzansprüchen, Freistellung von Unterhalt, Sonderbedarf, Beerdigungskosten (§ 1615 m BGB), Sicherheitsleistung (§ 1585 a BGB) oder Naturalunterhalt. Sind hier feste Geldbeträge gefordert, gilt § 35, ansonsten ist auf § 42 Abs. 1 zurückzugreifen.[1] **2**

II. Wiederkehrende Leistungen (Abs. 1)

1. Allgemeines. Ist Unterhalt als **wiederkehrende Leistung** geltend gemacht, ist für den Wert zu unterscheiden zwischen **3**

- den künftigen, bei Eingang des Antrags noch nicht fälligen Leistungen (Abs. 1), und
- den bei Eingang des Antrags bereits fälligen Leistungen – Rückstände (Abs. 2).

Es handelt sich um verschiedene Ansprüche, für die jeweils gesonderte Werte zu bestimmen sind. Diese sind nach Abs. 2 S. 1 zusammenzurechnen. **4**

2. Berechnung. Künftige Leistungen sind für den Wert nur zu berücksichtigen, wenn sie für den Zeitraum der ersten zwölf Monate nach Einreichung der Antragsschrift bei Gericht geltend gemacht werden (Abs. 1 S. 1). Wird diese nach dem Monatsersten eingereicht, ist dieser Monat schon den Rückständen zuzurechnen. Erfasst sind zudem nur Monate, für die tatsächlich Unterhalt verlangt wird. Ist für Monate innerhalb des zwölfmonatigen Zeitraums kein Unterhalt geltend gemacht, sind diese durch spätere Monate zu erset- **5**

---

1 HK-FamGKG/N. *Schneider*, § 51 Rn 9.

Der Wert ist wie folgt neu zu berechnen:

Laufender Unterhalt (ursprünglicher Antrag)	4.200,00 €	(12 x 350 €)
Laufender Unterhalt (Antragserweiterung)	1.200,00 €	(12 x 100 €)
Rückstände	1.050,00 €	(12 x 350 €)
Gesamt	**6.450,00 €**	

Beispiel 2: Beantragt wird die Zahlung von monatlichem Unterhalt iHv 250 € ab Januar 2016. Der Antrag geht am 15.3.2016 bei Gericht ein. **14**

Der Wert beträgt zunächst:

Laufender Unterhalt (Abs. 1)	3.000,00 €	(12 x 250 €)
Rückstände (Abs. 2)	750,00 €	(3 x 250 €)
Gesamt	**3.750,00 €**	

Im Juli 2016 wird der Antrag erweitert und nunmehr ab Januar 2016 Unterhalt iHv 350 € monatlich gefordert.

Der Wert ist wie folgt neu zu berechnen:

I. Ursprünglicher Antrag

Laufender Unterhalt	3.000,00 €	(12 x 250 €)
Fällige Beträge (Januar–März 2016)	750,00 €	(3 x 250 €)

II. Antragserweiterung

Laufender Unterhalt	1.200,00 €	(12 x 100 €)
Fällige Beträge (Januar–Juli 2016)	700,00 €	(7 x 100 €)
Gesamt	**5.650,00 €**	

7. Anspruchsmehrheit. Sind verschiedene Gegenstände betroffen, sind eigenständige Werte zu bestimmen, die gem. § 33 Abs. 1 S. 1 zusammenzurechnen sind. § 39 bleibt unberührt. Anspruchsmehrheit liegt insb. vor bei Geltendmachung von Kindes- und Ehegattenunterhalt oder von Trennungs- und nachehelichem Unterhalt.[14] Bestehende Wertadditionsverbote sind zu berücksichtigen, zB § 38 bei einem Stufenantrag und § 33 Abs. 1 S. 2 bei einer Verbindung von Abstammungs- und Unterhaltssache. Anspruchsmehrheit liegt auch vor, wenn Unterhalt für verschiedene Kinder geltend gemacht wird. Es sind daher gesonderte Werte zu bestimmen, die nach § 33 Abs. 1 S. 1 zusammenzurechnen sind. **15**

8. Mindestunterhalt. Die Höhe des Mindestunterhalts ist entsprechend dem Alter des Kindes nach **Altersstufen** gestaffelt und beträgt gem. § 1612 a Abs. 1 S. 3 Nr. 1–3 BGB **16**

- bis Vollendung des sechsten Lebensjahres (erste Altersstufe) 87 %,
- für die Zeit vom siebten bis zur Vollendung des zwölften Lebensjahres (zweite Altersstufe) 100 %,
- vom 13. Lebensjahr an (dritte Altersstufe) 117 %

des steuerfrei zu stellenden Existenzminimums des minderjährigen Kindes, das sich nach § 32 Abs. 6 S. 1 EStG bestimmt. Die Höhe des Mindestunterhalts wird durch Verordnung festgelegt (§ 1612 a Abs. 4 BGB). Danach beträgt der Mindestunterhalt[15]

ab	1. Altersstufe	2. Altersstufe	3. Altersstufe
1.1.2016	335 €	384 €	450 €
1.1.2017	342 €	393 €	460 €

Bei diesen Beträgen handelt es sich um den Mindestunterhalt iHv 100 %. Wird ein höherer Unterhalt verlangt, sind die Beträge auch für den Wert entsprechend zu erhöhen. Der Geldbetrag ist auf volle Euro aufzurunden (§ 1612 a Abs. 2 S. 2 BGB).

Für die Berechnung der laufenden Leistungen gilt Abs. 1 S. 2. Danach sind für die ersten zwölf Monate nach Antragseinreichung bei Gericht die Monatsbeträge der zu diesem Zeitpunkt maßgebenden Altersstufe zugrunde zu legen,[16] und zwar stets in der tatsächlich geforderten Höhe.[17] Unerheblich bleiben spätere Erhöhungen des Mindestunterhalts durch Gesetzesänderungen oder der Eintritt in eine höhere Altersstufe. **Kindergeld** ist in Abzug zu bringen (→ Rn 19). Für die **Rückstände** gilt Abs. 2 S. 1, auch wenn es sich um ein vereinfachtes Unterhaltsverfahren handelt (Abs. 2 S. 3). **17**

Beispiel: Für ein zehnjähriges Kind wird die Zahlung von Kindesunterhalt iHv 100 % des Mindestunterhalts ab Juli 2016 beantragt. Der Antrag geht im Juni 2016 bei Gericht ein. **18**

---

14 OLG Hamburg FamRZ 1984, 1250; OLG Hamm 1988, 402. **15** Verordnung zur Festlegung des Mindestunterhalts minderjähriger Kinder nach § 1612 a Absatz 1 des Bürgerlichen Gesetzbuchs (Mindestunterhaltsverordnung) v. 3.12.2015 (BGBl. I 2188), in Kraft getreten am 1.1.2016. **16** OLG Oldenburg NdsRpfl 2007, 332. **17** OLG Karlsruhe OLGR 2000, 258.

Das Kind gehört der zweiten Altersstufe an, der einfache Mindestunterhalt beträgt 384 €. Der Verfahrenswert beträgt somit 4.608 € (12 x 384 €).

19 **9. Kindergeld.** Für die Wertberechnung ist anteiliges Kindergeld abzurechnen, da es nur auf den tatsächlichen Zahlbetrag ankommt.[18] Ist die Anrechnung nach § 1612 b BGB zwingend vorzunehmen, hat sie bei der Wertberechnung auch dann zu erfolgen, wenn sie im Antrag nicht erfolgt ist.[19] Auch bei Abänderungsverfahren ist nicht nur die bloße Differenz der Beträge zugrunde zu legen, sondern es ist auf die nach Berücksichtigung des Kindergeldes zu leistenden Zahlbeträge abzustellen.[20]

20 **10. Rechtsmittel.** Maßgeblich sind die Anträge des Beschwerdeführers (§ 40 Abs. 1 S. 1), die nach Abs. 1 und 2 zu bewerten sind, wenn Gegenstand eine wiederkehrende Leistung ist. Erfolgt nur eine Teilanfechtung, ist nur auf den streitigen Betrag für die ersten zwölf Monate nach Eingang der Beschwerde abzustellen. Das gilt zB dann, wenn der Unterhalt lediglich für die Zeit der ersten zwölf Monate nach Antragseinreichung angegriffen wird.[21] Erfolgt in der Beschwerdeinstanz eine Antragserweiterung, besteht keine Beschränkung auf den erstinstanzlichen Wert (§ 40 Abs. 2 S. 2), so dass ein Wert zu bestimmen und hinzuzurechnen ist.[22] Ist nur die Befristung des Unterhalts angefochten, ist der Jahresbetrag nach Abs. 1 maßgeblich.[23] Wird im Wege der Anschlussbeschwerde die Verlängerung oder der Wegfall der Befristung angestrebt, liegt Gegenstandidentität iSd § 39 Abs. 2 vor, so dass nur der höhere Wert maßgeblich ist.[24]

11. Weitere Einzelfälle A–Z

21 ■ **Abänderungsanträge.** Für Verfahren nach §§ 238 ff FamFG gilt § 51, wenn wiederkehrende Leistungen betroffen sind. Maßgeblich ist dabei der Betrag, in dessen Höhe Herab- oder Heraufsetzung verlangt wird. Wird Abänderung auch für einen vor der Antragseinreichung gelegenen Zeitraum geltend gemacht oder hierfür Rückzahlung von Unterhalt verlangt, liegen fällige Beträge vor, für die Abs. 2 gilt. Hier ist ein Wert auch dann festzusetzen, wenn die Abänderung für diesen Zeitraum unzulässig ist (zB für die Zeit vor Erhebung des Anschlussrechtsmittels).[25]

Beispiel: Es besteht ein Titel, wonach monatlicher Unterhalt iHv 450 € zu zahlen ist. Beantragt wird nunmehr die Zahlung von 650 € ab Mai 2016. Der Antrag geht im Juli 2016 bei Gericht ein.

Maßgeblich ist nur der Heraufsetzungsbetrag von 200 € (650 € – 450 €), so dass der Wert beträgt:

Laufender Unterhalt (August 2016–Juli 2017)	2.400 €	(12 x 200 €)
Fällige Beträge (Mai–Juli 2016)	600 €	(3 x 200 €)
Gesamt	**3.000 €**	

Werden mit Antrag und Widerantrag wechselseitig Herauf- und Herabsetzung verlangt, liegen verschiedene Gegenstände vor, die gesondert zu bewerten und nach § 39 Abs. 1 zusammenzurechnen sind.

22 ■ **Arrest.** Es gilt § 42 Abs. 1 (→ § 42 Rn 29).

23 ■ **Auskunft.** Wird sie mit isoliertem Antrag gefordert (§ 1580, §§ 1361 Abs. 4, 1605 BGB), gilt § 42 Abs. 1 (→ § 38 Rn 7). Wird Auskunft für mehrere Unterhaltsberechtigte gefordert, sind jeweils gesonderte Werte zu bestimmen, die zusammenzurechnen sind.[26]

24 ■ **Ausländische Währung.** Ist Unterhalt in fremder Währung geltend gemacht, ist dieser nach dem Briefumrechnungskurs in Euro umzurechnen.[27] Maßgeblich ist der Kurs zum Zeitpunkt der Einreichung des Antrags (§ 34 S. 1),[28] im Verfahrensverlauf eintretende Kursänderungen bleiben unbeachtlich.

25 ■ **Beerdigungskosten.** In den Fällen des § 1615 m BGB ist die geltend gemachte Forderung maßgeblich (§ 35).

26 ■ **Einstweilige Anordnungen.** Neben Abs. 1 und 2 ist § 41 zu beachten (→ § 41 Rn 9 ff).

27 ■ **Feststellung.** Es ist nach Abs. 1, 2 zu bewerten, so dass der zwölfmonatige Unterhaltsbetrag maßgeblich ist.[29] Liegt ein negativer Feststellungsantrag vor, ist gleichwohl kein Abschlag vorzunehmen.[30] Bei einem positiven Feststellungsantrag ist nach Abs. 1, 2 zu bewerten, so dass es auf die zwölffachen Monatsbeträge der künftigen Leistungen ankommt.[31] Rückstände sind werterhöhend zu berücksichtigen,[32] auch wenn es sich um eine negative Feststellung handelt.[33] Ein sich auf die Leugnung des Unterhaltsanspruchs beschränkender Widerantrag besitzt keinen eigenständigen Wert.[34]

---

[18] OLG Karlsruhe JurBüro 2001, 254; OLG München FamRZ 2001, 1385; OLG Köln FamRZ 2002, 684; OLG Brandenburg FamRZ 2004, 962; OLG Oldenburg NdsRpfl 2007, 332. [19] OLG Brandenburg FamRZ 2001, 1385. [20] OLG München FamRZ 2005, 1766. [21] BGH NJW-RR 2003, 1657. [22] OLG Celle FamRZ 2009, 74. [23] BGH FamRZ 2003, 1274; OLG Oldenburg FamRZ 2009, 73. [24] OLG Oldenburg FamRZ 2009, 73. [25] OLG Karlsruhe FamRZ 1999, 1289. [26] HK-FamGKG/ *N. Schneider*, § 51 Rn 92. [27] *Meyer*, § 51 FamGKG Rn 15. [28] BGH NJW-RR 1998, 1452. [29] OLG Schleswig JurBüro 1992, 488. [30] OLG Düsseldorf MDR 2003, 236. [31] *Groß*, Anwaltsgebühren in Ehe- und Familiensachen, Rn 341; HK-FamGKG/ *N. Schneider*, § 51 Rn 144. [32] *Thiel*, in: Schneider/Herget, Rn 8487. [33] OLG Köln FamRZ 2001, 1385. [34] OLG Brandenburg FamRZ 2004, 962.

- Freistellung. Siehe → § 42 Rn 37.   28
- Freiwillige Zahlungen. Sie bleiben bei der Wertfestsetzung unbeachtlich und führen folglich nicht zu   28a
einer Wertminderung, wenn mit dem Antrag weiterhin der vollständige Unterhalt geltend gemacht
wird.[35]
- Geburt. Für Verfahren nach § 1615 l Abs. 1 BGB ist wegen § 35 auf die geforderte Geldforderung abzu-   29
stellen. Handelt es sich hingegen um Ansprüche nach § 1615 l Abs. 2, 4 BGB, ist nach Abs. 1, 2 zu bewerten, weil wiederkehrende Leistungen geltend gemacht werden.
- Naturalunterhalt. Die Leistungen sind nach § 42 Abs. 1 zu bewerten. Werden sie wiederkehrend geltend   30
gemacht, sind die Rechtsgedanken der Abs. 1, 2 heranzuziehen.[36]
- Realsplitting. Siehe → § 42 Rn 46.   31
- Regelunterhalt. Ist in Altverfahren noch ein Regelunterhalt nach der RegelbetragVO geltend gemacht,   32
bestimmt sich der Wert nach § 42 Abs. 1 S. 2 GKG aF. Maßgeblich sind die Altersstufe, der das Kind
bei Klageeinreichung angehört hat, und die Höhe des geforderten Prozentsatzes. Die konkreten Beträge
(100 %) ergeben sich aus § 1 RegelbetragVO und für das Beitrittsgebiet einschließlich Berlin aus § 2
RegelbetragVO. Laufendem Unterhalt sind gem. 42 Abs. 5 GKG aF die fälligen Beträge hinzuzufügen.

Regelbeträge (§ 1 RegelbetragVO)

ab	1. Altersstufe	2. Altersstufe	3. Altersstufe
1.7.1998	349 DM	424 DM	502 DM
1.7.1999	355 DM	431 DM	510 DM
1.7.2001	366 DM	444 DM	525 DM
1.1.2002	188 €	228 €	269 €
1.7.2003	199 €	241 €	284 €
1.7.2005	204 €	247 €	291 €
1.7.2007	202 €	245 €	288 €

Regelbeträge (§ 2 RegelbetragVO)

ab	1. Altersstufe	2. Altersstufe	3. Altersstufe
1.7.1998	314 DM	380 DM	451 DM
1.7.1999	324 DM	392 DM	465 DM
1.7.2001	340 DM	411 DM	487 DM
1.1.2002	174 €	211 €	249 €
1.7.2003	183 €	222 €	262 €
1.7.2005	188 €	228 €	269 €
1.7.2007	186 €	226 €	267 €

- Rückzahlung. Es gilt § 35, so dass es auf den geforderten Rückzahlungsbetrag ankommt. Eine Be-   33
schränkung auf den zwölfmonatigen Monatsbetrag ist unzulässig.[37] Wird der Rückzahlungsantrag mit
einem negativen Feststellungsantrag verbunden, liegt Gegenstandsidentität vor, so dass eine Wertaddition unterbleibt und nur der höchste Wert zugrunde zu legen ist.[38] Gleiches gilt, wenn mit der Rückzahlung zugleich Abänderungsantrag gestellt wird.[39] Ist mit der Anfechtung der Vaterschaft auch die Rückzahlung von geleisteten Unterhaltszahlungen verlangt, handelt es sich um verschiedene Ansprüche, die
nach § 47 (Abstammung) und § 35 (Geldforderung) zu bewerten sind.[40] Wegen § 33 Abs. 1 S. 2 erfolgt
jedoch keine Wertaddition, es ist nur der höhere Wert heranzuziehen.[41]

35 OLG Hamm AGS 2014, 522; OLG Hamburg MDR 2013, 600; OLG Karlsruhe JurBüro 2011, 529; OLG Celle FamRZ
2003, 465. **36** HK-FamGKG/*Thiel*, Verfahrenswert-ABC Rn 207 („Naturalunterhalt"). **37** HK-FamGKG/N. *Schneider*, § 51
Rn 156. **38** OLG Karlsruhe FamRZ 1997, 39. **39** *Groß*, Anwaltsgebühren in Ehe- und Familiensachen, Rn 343. **40** HK-
FamGKG/N. *Schneider*, § 51 Rn 172. **41** HK-FamGKG/N. *Schneider*, § 51 Rn 172.

34 ▪ **Sicherheitsleistung.** Siehe → § 42 Rn 49.

35 ▪ **Sonderbedarf.** Maßgeblich ist der geforderte Geldbetrag (§ 35).[42]

36 ▪ **Stufenantrag.** Es gilt § 38.

37 ▪ **Trennungsunterhalt.** Für den laufenden Unterhalt ist nach Abs. 1 S. 1 auf den zwölfmonatigen Betrag abzustellen, auch wenn die Scheidung vor Ablauf eines Jahres rechtskräftig wird.[43] Fällige Beträge sind nach Abs. 2 hinzuzurechnen.

38 ▪ **Vereinfachtes Verfahren.** Laufende Leistungen sind nach Abs. 1 zu bewerten. Ist entgegen § 249 FamFG in unzulässiger Weise mehr als das 1,2Fache des Mindestunterhalts geltend gemacht, ist für den Verfahrenswert gleichwohl auf den vollen geforderten Unterhaltsbetrag abzustellen. Für die fälligen Beträge gilt wegen Abs. 2 S. 3 die Regelung des Abs. 2 S. 1, 2.

39 ▪ **Verfahrenskostenvorschuss.** Maßgeblich ist der geforderte Geldbetrag (§ 35).

40 ▪ **Vergleich.** Es gelten Abs. 1, 2. Maßgeblich ist der Gegenstand, über den der Vergleich ergeht, nicht der Betrag, auf den sich geeinigt wurde.[44] Wird der Vergleich angefochten und der Streit im selben Verfahren fortgesetzt, können dem Wert weitere Rückstände nicht hinzugerechnet werden,[45] im Hinblick auf Abs. 2 S. 1 verbleibt es bei dem Eingang des ursprünglichen Antrags.

41 ▪ **Vertraglicher Unterhalt.** Er ist von § 51 erfasst, wenn es sich um familienrechtliche Ansprüche handelt (§ 266 Abs. 1 FamFG).[46] Es ist nach Abs. 1, 2 zu bewerten.

42 ▪ **Verzicht.** Zu unterscheiden ist zwischen anhängigen und nicht anhängigen Ansprüchen. Bei anhängigen Ansprüchen ist der Wert des Verfahrensgegenstands zugrunde zu legen,[47] der sich regelmäßig nach Abs. 1, 2 bestimmt. Wird hingegen Verzicht oder Abfindung über nicht anhängige Ansprüche vereinbart, ist der Wert nach § 42 Abs. 1 zu bestimmen (→ § 42 Rn 53).[48] Der vereinbarte Abfindungsbetrag ist nicht maßgeblich,[49] denn für die Wertberechnung kommt es nicht darauf an, worauf sich die Beteiligten geeinigt haben, sondern worüber die Einigung erzielt wurde. Pauschale Sätze sind ungeeignet, da die Umstände des Einzelfalls zu berücksichtigen sind, insb. in welcher Höhe ein zukünftiger Anspruch möglich wäre.[50] Wird über Unterhalt, der nicht streitig war, ein wechselseitiger Verzicht vereinbart, kann nach § 52 GNotKG bewertet werden.[51]

43 ▪ **Vollstreckbarerklärung.** Der Wert bestimmt sich nach dem für vollstreckbar erklärten Anspruch, wobei bei wiederkehrenden Leistungen nach Abs. 1, 2 zu bewerten ist.[52] Dabei sind auch die titulierten fälligen Beträge zu berücksichtigen, wenn sie nicht erst nach Erlass der zu vollstreckenden Entscheidung aufgelaufen sind.[53]

44 ▪ **Vollstreckungsabwehr.** Ist titulierter und laufender Unterhalt betroffen, ist der zwölfmonatige Unterhaltsbetrag ab Eingang des Antrags maßgeblich (Abs. 1 S. 1). Bereits fällige und titulierte Beträge sind nach Abs. 2 hinzuzurechnen.[54] Die Grundsätze gelten auch für vollstreckbare Urkunden.[55]

45 ▪ **Widerantrag.** Siehe → § 39 Rn 8.

III. Fällige Beträge (Abs. 2)

46 **1. Allgemeines (Abs. 2 S. 1).** Den laufenden Unterhaltsbeträgen sind die bei Einreichung der Antragsschrift fälligen Beträge **hinzuzurechnen** (Abs. 2 S. 1). Im Gegensatz zu Abs. 1 sieht Abs. 2 für die fälligen Beträge keine Wertgrenze vor, so dass auch solche Rückstände zu bewerten sind, die über einen Zeitraum von zwölf Monaten hinausgehen. Erst im Verfahrensverlauf auflaufende Rückstände bleiben unberücksichtigt.[56] Es gilt daher daher der Höchstwert des § 33 Abs. 2.

47 **2. VKH-Antrag (Abs. 2 S. 2).** Dem Eingang der Antragsschrift steht die Einreichung eines VKH-Antrags gleich (Abs. 2 S. 2), wenn der Antrag wegen des Hauptgegenstands (1) alsbald nach Mitteilung der Entscheidung über den VKH-Antrag oder (2) über eine alsbald Beschwerde eingereicht wird.

48 Der zwischen VKH-Antrag und Einreichung oder Zustellung der Antragsschrift in der Hauptsache aufgelaufene Unterhalt zählt daher nicht zu den fälligen Beträgen iSd Abs. 2 S. 1. Der VKH-Antrag bleibt auch maßgeblich, wenn über diesen nicht mehr entschieden wird, weil dieser zurückgenommen oder die Bewilligung mangels Erfolgsaussicht verweigert wird.[57]

42 HK-FamGKG/N. *Schneider*, § 51 Rn 161. **43** KG FamRZ 2011, 755; OLG Frankfurt FamRZ 2007, 749; OLG München FamRZ 1998, 573; OLG Hamm FamRZ 1996, 502; aA OLG Schleswig FamRZ 2006, 1560. **44** OLG Schleswig JurBüro 1991, 584; OLG Bamberg JurBüro 1991, 222. **45** OLG Saarbrücken JurBüro 1990, 97. **46** BT-Drucks 16/6308, S. 307. **47** HK-FamGKG/N. *Schneider*, § 51 Rn 196. **48** *Thiel*, in: Schneider/Herget, Rn 8499. **49** OLG Karlsruhe AGS 2000, 112. **50** OLG Dresden MDR 1999, 1201. **51** HK-FamGKG/N. *Schneider*, § 51 Rn 197. **52** OLG Dresden FamRZ 2006, 563. **53** BGH MDR 2009, 173; OLG Düsseldorf FamRZ 2008, 190; OLG Dresden FamRZ 2006, 563; OLG Hamburg OLGR 1997, 164; OLG Zweibrücken JurBüro 1986, 1404. **54** OLG Frankfurt JurBüro 2005, 97. **55** OLG Karlsruhe FamRZ 2004, 1226. **56** OLG Nürnberg JurBüro 2008, 33. **57** OLG Bamberg FamRZ 2001, 779.

Der Begriff „alsbald" entspricht dem in § 696 Abs. 3 ZPO[58] und soll sicherstellen, dass **außergerichtliche** 49 **Vergleichsverhandlungen** nicht im Wege stehen, solange die Einreichung des Antrags wegen des Hauptgegenstands noch in einem den Umständen angemessenen Zeitraum erfolgt. Da auf § 167 ZPO abzustellen ist,[59] kommt es darauf an, dass der Antragsteller alles ihm Zumutbare getan hat, um den Antrag wegen des Hauptgegenstands bei Gericht einzureichen. War VKH-Beschwerde eingelegt, genügt nicht nur die bloße rechtzeitige Beschwerdeeinlegung, denn nach Mitteilung der Beschwerdeentscheidung muss auch der Antrag in der Hauptsache alsbald eingereicht werden.[60]

3. Vereinfachtes Unterhaltsverfahren (Abs. 2 S. 3). Abs. 2 S. 1, 2 sind im vereinfachten Verfahren entspre- 50 chend anzuwenden (Abs. 2 S. 3), so dass auch die bei Einreichung des Festsetzungsantrags (§ 250 FamFG) fälligen Beträge den laufenden Beträgen hinzuzurechnen sind. Der Eingang des Festsetzungsantrags bleibt auch dann maßgeblich, wenn später das streitige Verfahren durchgeführt wird, weil es bereits mit der Zustellung des Feststellungsantrags als rechtshängig geworden gilt (§ 255 Abs. 3 FamFG).[61]

4. Mahnverfahren. Der Eingang des Antrags auf Erlass des Mahnbescheids ist dem Eingang der Antrags- 51 schrift gleichzusetzen.[62]

5. Stufenantrag. Siehe → § 38 Rn 12. 52

6. Einstweilige Anordnung. Auch in Verfahren über einstweilige Anordnungen sind dem laufenden Unter- 53 halt die bei Antragseingang bereits fälligen Beträge nach Abs. 2 hinzuzurechnen.[63]

7. Vollstreckungsabwehrantrag. Die bei Eingang eines Vollstreckungsabwehrantrags fälligen Beträge sind 54 nach Abs. 2 dem laufenden Unterhalt hinzuzurechnen.[64]

8. Beteiligtenwechsel. Ein Beteiligtenwechsel führt keine Werterhöhung herbei, so dass die in dem Zeit- 55 raum zwischen Einreichen der Antragsschrift und des Eintritts des Beteiligtenwechsels fälligen Unterhaltsbeträge den Rückständen nicht hinzuzurechnen sind.[65]

IV. Unterhaltssachen, die nicht Familienstreitsachen sind (Abs. 3)

1. Festwert (Abs. 3 S. 1). Abs. 3 erfasst die Unterhaltssachen nach § 231 Abs. 2 FamFG. Er gilt somit für 56 Verfahren nach § 3 Abs. 2 S. 3 BKGG und § 64 Abs. 2 S. 3 EStG gilt, einschließlich der Rechtsmittelverfahren. In solchen Unterhaltssachen beträgt der Verfahrenswert regelmäßig 500 €.

2. Abweichende Wertfestsetzung (Abs. 3 S. 2). Das Gericht kann vom Regelwert abweichen, wenn dieser 57 nach den besonderen Umständen des Einzelfalls unbillig erscheint. Es handelt sich um eine Ausnahmeregelung, deren Ausübung im Ermessen des Gerichts steht. Eine abweichende Wertfestsetzung ist stets zu begründen. Das Gericht kann nur einen **höheren Wert** bestimmen, nicht aber einen geringeren. Es müssen besondere Umstände vorliegen, zB ein sehr umfangreiches Verfahren oder die Notwendigkeit einer Beweisaufnahme.[66] Nur leichte Abweichungen von einem normalen Verfahrensverlauf genügen nicht. Auch die Summe des in der Zeit der Bestimmung anfallenden Kindergeldes rechtfertigt keine Werterhöhung, vielmehr ist auf sämtliche konkreten Umstände des Verfahrens, insb. aber dessen Umfang und Intensität abzustellen.[67]

3. Gegenstandsmehrheit. Hat das Gericht eine Entscheidung nach § 3 Abs. 2 S. 3 BKGG oder § 64 Abs. 2 58 S. 3 EStG für **mehrere Kinder** zu treffen, sind für jedes Kind gesonderte Werte nach Abs. 3 zu bestimmen, die gem. § 33 Abs. 1 S. 1 zusammenzurechnen sind.[68] Werden von den bezugsberechtigten Personen **widerstreitende Anträge** gestellt, liegt jedoch Gegenstandsidentität vor, so dass hier nur ein Wert zu bestimmen ist.

§ 52 Güterrechtssachen

[1]Wird in einer Güterrechtssache, die Familienstreitsache ist, auch über einen Antrag nach § 1382 Abs. 5 oder nach § 1383 Abs. 3 des Bürgerlichen Gesetzbuchs entschieden, handelt es sich um ein Verfahren. [2]Die Werte werden zusammengerechnet.

I. Allgemeines

Die Vorschrift erfasst die Fälle des § 265 FamFG und ordnet hierfür an, dass Familienstreitsache und die 1 Verfahren nach § 1382 Abs. 5, § 1383 Abs. 3 BGB als ein Verfahren iSd § 29 zu behandeln sind. Konkrete Bewertungsregeln enthält die Norm aber nicht. Somit richtet sich die Wertbestimmung nach den §§ 33 ff.

---

58 BT-Drucks 12/6962, S. 62. 59 BGH NJW 2009, 1213. 60 HK-FamGKG/N. *Schneider*, § 51 Rn 39. 61 OLG Celle FamRZ 2014, 1810. 62 OLG Karlsruhe OLGR 2000, 206. 63 OLG Brandenburg FamRZ 2001, 779. 64 OLG Frankfurt JurBüro 2005, 97. 65 OLG Karlsruhe NJW-RR 1999, 582. 66 *Thiel*, in: Schneider/Herget, Rn 7886. 67 OLG Celle FamRZ 2014, 415. 68 OLG Dresden FamRZ 2014, 1055.

II. Voraussetzungen

2 **1. Allgemeines.** § 52 kommt nur zur Anwendung, wenn die Anträge nach § 1382 Abs. 5, § 1383 Abs. 3 BGB und die Familienstreitsache

- in demselben Verfahren behandelt werden,
- tatsächlich durch eine einheitliche Entscheidung entschieden werden und
- denselben Teil der beanspruchten Forderung betreffen.[1]

§ 52 gilt auch, wenn die Verfahren nach §§ 1382, 1383 BGB im Rahmen einer Scheidungsfolgesache gestellt werden.

3 **2. Gleiches Verfahren.** Werden die Anträge nach § 1382 Abs. 5, § 1383 Abs. 3 BGB als isolierte Verfahren geltend gemacht, greift § 52 nicht ein, es sei denn, dass das Verfahren später mit der Familienstreitsache verbunden wird. In diesen Fällen ist jedoch für die Verfahren nach §§ 1382, 1383 BGB gleichwohl eine gesonderte Gebühr (Nr. 1320 KV) zu erheben, da diese trotz der Fälligkeitsregelung des § 11 Abs. 1 bereits mit Antragseingang bei Gericht entstanden war.

4 § 52 gilt auch, wenn die Anträge in der Familienstreitsache erstmals im Beschwerdeverfahren gestellt werden. Werden die Verfahren nach § 1382 Abs. 5, § 1383 Abs. 3 BGB hingegen erst nach Abschluss der Familienstreitsache eingeleitet, gilt § 52 nicht.

5 **3. Entscheidung.** Über Stundungs- oder Zuweisungsantrag muss eine positive oder negative Sachentscheidung ergehen, reine Kosten- oder verfahrensleitende Entscheidungen genügen nicht, so dass § 52 nicht gilt, wenn eine Antragsrücknahme erfolgt.[2]

III. Behandlung als einheitliches Verfahren

6 Sind Familienstreitsache und die Verfahren nach §§ 1382, 1383 BGB als einheitliches Verfahren iSd § 29 zu behandeln, werden Gerichtsgebühren nur einmal erhoben. Da eine Antragstellung wegen § 1382 Abs. 5 BGB nur in der Familienstreitsache zulässig ist, sind Gebühren ausschließlich nach Nr. 1220 ff KV zu erheben, nicht nach Nr. 1320 ff KV.

7 **Beispiel:** Antrag A gegen B wegen Zahlung des Zugewinnausgleichs iHv 30.000 €. B stellt Stundungsantrag (§ 1382 BGB). Das Gericht entscheidet in der Familienstreitsache über beide Anträge durch einheitliche Endentscheidung. Der Verfahrenswert wird auf 36.000 € festgesetzt (Ausgleichsforderung: 30.000 €; Stundung: 6.000 €). An Gerichtskosten sind entstanden:

3,0-Verfahrensgebühr, Nr. 1220 KV (Wert: 36.000 €)   1.428,00 €

A haftet gem. § 21 nach einem Wert von 30.000 €, B nach 6.000 €. A und B haften nach einem Wert von 6.000 € zugleich als Gesamtschuldner.

IV. Höhe der Verfahrenswerte

8 Da Regelungen für die konkrete Werthöhe in § 52 nicht enthalten sind, ist auf die Wertbestimmungen der §§ 33 ff zurückzugreifen.

9 Ist die Ausgleichsforderung als bezifferte Geldforderung geltend gemacht, gilt § 35. Ist kein bezifferter Geldbetrag gefordert, ist der Wert nach § 42 Abs. 1 zu bestimmen, da es sich um vermögensrechtliche Angelegenheiten handelt (→ § 42 Rn 48, 50).

10 Für Güterrechtssachen nach § 1365 Abs. 2, § 1369 Abs. 2, §§ 1426, 1430, 1452 BGB gilt § 36.

Unterabschnitt 3
Wertfestsetzung

§ 53 Angabe des Werts

[1]Bei jedem Antrag ist der Verfahrenswert, wenn dieser nicht in einer bestimmten Geldsumme besteht, kein fester Wert bestimmt ist oder sich nicht aus früheren Anträgen ergibt, und nach Aufforderung auch der Wert eines Teils des Verfahrensgegenstands schriftlich oder zu Protokoll der Geschäftsstelle anzugeben. [2]Die Angabe kann jederzeit berichtigt werden.

---

1 HK-FamGKG/*N. Schneider*, § 52 Rn 16. **2** HK-FamGKG/*N. Schneider*, § 52 Rn 26.

I. Allgemeines

Die Regelung verpflichtet den Antragsteller in bestimmten Fällen zur Angabe des Werts und soll damit dem **1** Gericht Anhaltspunkte für die Wertfestsetzung geben. § 53 gilt für alle Verfahren, in denen Wertgebühren entstehen, so dass die Verpflichtung entfällt, wenn das Verfahren gebührenfrei ist oder Festgebühren auslöst.[1] Besteht lediglich persönliche Kosten- oder Gebührenfreiheit für den Antragsteller, wird eine Wertfestsetzung trotzdem erforderlich, so dass die Verpflichtung zur Wertangabe nicht entfällt.[2]

§ 53 ist reine **Ordnungsvorschrift**, die nicht erzwungen werden kann. Der Antrag wird durch das Unterlas- **2** sen nicht unzulässig und auch die Zustellung oder die Durchführung anderer gerichtlicher Handlungen können nicht zurückgestellt werden. Wird jedoch infolge der fehlenden Wertangabe eine **Schätzung** nach § 56 erforderlich, kann das Gericht die Kosten hierfür dem Beteiligten auferlegen. Der Antragsteller muss es ferner hinnehmen, dass das Gericht einen für ihn **nachteiligen Verfahrenswert festsetzt**, jedoch steht ihm das Beschwerderecht nach §§ 58, 59 zu.

Bei **falscher Wertangabe** kann § 19 Abs. 1 S. 2 eingreifen, denn die **Nachforderungsfrist** gilt nicht, wenn die **3** Nachforderung der Gerichtskosten auf vorsätzlich oder grob fahrlässig Falschangaben des Kostenschuldners beruht. Hingegen kommt das Nachforderungsverbot dann zur Anwendung, wenn **überhaupt keine Angaben** erfolgt sind.[3]

Führt das Fehlen der Wertangabe zu einer Verzögerung des Verfahrens, kann in Familienstreitsachen auch **4** eine **Verzögerungsgebühr** nach § 32 auferlegt werden.[4]

II. Erforderlichkeit der Wertangabe (S. 1)

1. Allgemeines. Der Wert ist nach S. 1 bei jedem Antrag anzugeben, wenn **5**
- nicht eine bestimmte Geldsumme gefordert wird,
- kein Festwert bestimmt ist,
- sich der Wert in vorgenannten Fällen auch nicht aus früheren Anträgen ergibt.

Es besteht eine **Verpflichtung zur Wertangabe**, so dass es **keiner Aufforderung des Gerichts** bedarf.

2. Antrag. Antrag iSd S. 1 ist jede gebührenpflichtige Handlung, so dass neben einem verfahrenseinleiten- **6** den Antrag (§ 23 FamFG, § 253 ZPO iVm § 113 Abs. 1 FamFG) auch jede Antragserweiterung, ein Widerantrag, die Rechtsmitteleinlegung oder selbständige Beweisverfahren erfasst sind. Wird ein Amtsverfahren lediglich angeregt (§ 24), gilt S. 1 nicht.

3. Geldforderung. Ist eine bestimmte Geldsumme geltend gemacht, ist eine Wertangabe nicht erforderlich. **7** Es muss sich um einen Geldbetrag in Euro handeln, da das Gericht sonst den Fremdwährungsbetrag umrechnen und einen Wert festsetzen muss. Wird Unterhalt als wiederkehrende Leistung geltend gemacht, ist eine Wertangabe entbehrlich, da die Forderung hinreichend bestimmt ist, was auch für Prozentsätze des Mindestunterhalts gilt, weil der Geldbetrag aus dem Gesetz entnommen werden kann.

4. Festwerte. Sind Festwerte vorgesehen (§§ 45, 47, 48, 49, § 50 Abs. 2, § 51 Abs. 3), besteht keine Pflicht **8** zur Wertangabe. Es genügt, dass der Festwert für den Regelfall vorgesehen ist, auch wenn aufgrund der vorgenannten Vorschriften wegen besonderer Umstände ein höherer oder niedrigerer Wert festgesetzt werden kann. Hingegen genügt es nicht, dass das Gesetz nur feste Grundsätze für die Wertberechnung aufstellt (zB § 43 Abs. 2). Greift § 42 Abs. 3, bedarf es einer Wertangabe, weil die Vorschrift nicht für den Regelfall vorgesehen ist, sondern zunächst zu versuchen ist, den Wert nach § 42 Abs. 1, 2 zu bestimmen. Besitzt in diesen Fällen auch der Antragsteller keine ausreichenden Anhaltspunkte, kann er auf § 42 Abs. 3 zurückzugreifen, muss aber die Gründe hierfür zumindest kurz benennen.

5. Folgeanträge. Kann der Wert aus einem früheren Antrag entnommen werden, bedarf es der Wertangabe **9** nicht. Hierzu gehören etwa Restitutions- und Vollstreckungsabwehranträge, wenn sich der Wert aus dem zugrunde liegenden Titel eindeutig ergibt. Ist für den Wert auf das Einkommen der Beteiligten abzustellen (§ 43 Abs. 2, § 50 Abs. 1), bedarf es stets einer erneuten Wertangabe, weil es auf das Einkommen zum Eingangszeitpunkt des neuen Antrags ankommt (§ 34 S. 1).

III. Wertangabe

1. Form. Die Wertangabe hat **schriftlich** oder **zu Protokoll der Geschäftsstelle** zu erfolgen, so dass es einer **10** anwaltlichen Mitwirkung auch dann nicht bedarf, wenn Anwaltszwang besteht (§ 114 Abs. 4 Nr. 6 FamFG iVm § 78 Abs. 3 ZPO). Für die Abgabe zu Protokoll der Geschäftsstelle gelten § 25 FamFG, § 129 a ZPO

---

1 HK-FamGKG/N. *Schneider*, § 53 Rn 6. **2** HK-FamGKG/N. *Schneider*, § 53 Rn 8. **3** FG BW EFG 1996, 1057. **4** *Hartmann*, KostG, § 61 GKG Rn 11.

iVm § 113 Abs. 1 FamFG. Der Wert ist bereits in dem Schriftsatz abzugeben, der den Antrag enthält, denn Antragseingang und Wertangabe sollen gleichzeitig erfolgen. Die Wertangabe kann nachgeholt werden.

11 **2. Inhalt.** Der Wert ist genau und als **bezifferter Betrag** anzugeben; die bloße Einzahlung einer Voraus- oder Vorschusszahlung genügt nicht.[5] Obwohl eine konkrete Berechnung nicht erforderlich ist, müssen die Gründe für die Werthöhe für das Gericht nachvollziehbar sein, so dass sich eine **kurze Begründung** empfiehlt. Ist das Einkommen Berechnungsgrundlage, muss es mit seiner Höhe angegeben werden. Sind **mehrere Anträge** gestellt, ist der Wert für jeden einzelnen Antrag anzugeben; eine bloße Angabe des Gesamtwerts genügt nicht, was auch für den Stufenantrag gilt.[6] Erfolgt keine Angabe von Teilwerten, kann das Gericht den Antragsteller zur Wertangabe für den Verfahrensteil auffordern.

12 **3. Verpflichteter.** Zur Wertangabe ist nur der Antragsteller, nicht der Antragsgegner oder andere Beteiligte verpflichtet. Antragsteller ist derjenige, der die gebührenauslösende Handlung beantragt, so dass bei einem Widerantrag insoweit nur der Antragsgegner verpflichtet ist.

IV. Bedeutung der Wertangabe

13 **1. Keine Bindungswirkung.** Die Wertangabe nach § 53 entfaltet keine Bindungswirkung, so dass sie weder Beteiligte noch Gericht bindet.[7] Das Gericht ist deshalb nicht von eigenen Ermittlungen entbunden, wenn es die Wertfestsetzung (§ 55) vornimmt oder über eine Erinnerung oder Beschwerde (§§ 57 ff) entscheidet. Der Angabe kommt insb. dann keine Bedeutung zu, wenn sie einer gefestigten Rechtsprechung zum Verfahrenswert widerspricht.[8] Sie ist selbst dann nicht bindend, wenn sie in Übereinstimmung mit sämtlichen Beteiligten erfolgt.

14 **2. Kostenbeamte.** Auch der Kostenbeamte ist an den angegebenen Wert nicht gebunden, wenn er offensichtlich unrichtig ist (§ 26 Abs. 2 KostVfg).

15 **3. Berichtigung (S. 2).** Als Folge der fehlenden Bindungswirkung sieht S. 2 vor, dass der Antragsteller seine Wertangabe jederzeit berichtigen kann, wobei der ursprüngliche Wert auch herabgesetzt werden kann. Die Berichtigung kann schriftlich oder zu Protokoll der Geschäftsstelle erfolgen.

16 Ist der Wert bereits endgültig festgesetzt, ist eine berichtigte Angabe als Beschwerde nach § 59 **auszulegen**, was ggf durch Anfrage zu ermitteln ist. Die berichtigte Wertangabe kann aber auch als Anregung angesehen werden, den Wert nach § 55 Abs. 3 zu ändern; was jedoch nur innerhalb der Frist des § 55 Abs. 3 S. 2 statthaft ist.

§ 54 Wertfestsetzung für die Zulässigkeit der Beschwerde

Ist der Wert für die Zulässigkeit der Beschwerde festgesetzt, ist die Festsetzung auch für die Berechnung der Gebühren maßgebend, soweit die Wertvorschriften dieses Gesetzes nicht von den Wertvorschriften des Verfahrensrechts abweichen.

I. Regelungszweck

1 Ist der Wert für die Zulässigkeit der Beschwerde festgesetzt, ist dieser auch für die Gebühren maßgeblich, wenn die Vorschriften des FamGKG nicht von denen der Verfahrensordnung abweichen. Damit soll sichergestellt sein, dass Beschwerde- und Verfahrenswert identisch sind, wenn die gleichen Regelungen gelten. In Familiensachen muss der Zulässigkeitswert erreicht sein in den Fällen des § 61 Abs. 1 FamFG und der § 91 a Abs. 2, § 99 Abs. 2, § 104 Abs. 3, § 269 Abs. 5, § 567 Abs. 2 ZPO iVm § 113 Abs. 1 FamFG.

II. Entscheidung

2 Die Wirkung des § 54 tritt nur ein, wenn das Beschwerdegericht tatsächlich über den Zulässigkeitswert entscheidet. Es muss sich ausdrücklich mit der Zulässigkeit befasst haben, auch wenn die Entscheidung nicht durch separaten Beschluss, sondern in der Endentscheidung über die Beschwerde getroffen wird. Dabei genügt die Feststellung, dass die Zulässigkeit der Beschwerde vorliegt. Einer betragsmäßigen Festsetzung bedarf es nicht. Fehlt aber wenigstens ein Ausspruch über die Zulässigkeit, liegt keine Entscheidung iSd § 54 vor, so dass der Beschluss dann lediglich Hinweisfunktion hat.[1]

5 AA HK-FamGKG/N. *Schneider*, § 53 Rn 52. **6** HK-FamGKG/N. *Schneider*, § 53 Rn 24. **7** BGH NJW 2004, 3488; OLG Naumburg MDR 1999, 1093; OLG Köln OLGR 1999, 356; OLG Rostock OLGR 2009, 799. **8** OLG Koblenz WRP 1981, 333. **1** OLG Koblenz OLGR 2005, 602.

III. Bindungswirkung

1. Allgemeines. Die Festsetzung bindet das Gericht hinsichtlich der Wertfestsetzung für die Gerichtsgebühren, so dass es hierfür keiner endgültigen Festsetzung mehr bedarf, wenn der Zulässigkeitswert beziffert war (§ 55 Abs. 2). Die Bindung wirkt nur für die Instanz, in der über den Zulässigkeitswert entschieden wurde. Da § 54 von „Berechnung der Gebühren" spricht, tritt Bindung auch für das Kostenansatz- und das Kostenfestsetzungsverfahren ein sowie für den UdG bei der VKH-Vergütung. Ein nach § 54 bindender Wert ist wegen § 23 Abs. 1 S. 1 RVG auch für die Anwaltsgebühren maßgeblich.[2] **3**

2. Identische Vorschriften. a) Allgemeines. Bindungswirkung tritt nur ein, wenn die Wertvorschriften für Zulässigkeits- und Gebührenwert identisch sind. Im FamFG fehlen ausdrückliche Regelungen und auch die Regelungen des FamGKG sind nicht anwendbar, weil sie nur für die Gerichtsgebühren und Anwaltsgebühren gelten.[3] In Ehe- und Familienstreitsachen sind aber die §§ 3 ff ZPO iVm § 113 Abs. 1 FamFG unmittelbar,[4] in vermögensrechtlichen FG-Familiensachen analog, anzuwenden.[5] **4**

b) Abweichende Regelungen. Hat das Gericht den Zulässigkeitswert nach freiem Ermessen zu bestimmen (§ 3 ZPO), kann es die Regelungen des FamGKG als Anhaltspunkt heranziehen, so dass dann identische Regelungen vorliegen und Bindungswirkung eintritt. **Abweichungen** ergeben sich aber durch **5**

- § 5 Hs 1 ZPO. Danach werden mehrere Gegenstände, die in demselben Verfahren geltend gemacht werden, stets zusammengerechnet; hier kann eine Abweichung von § 33 Abs. 1 S. 2, § 38 eintreten;
- § 5 Hs 2 ZPO. Danach werden die Werte von Antrag und Widerantrag nicht zusammengerechnet; hier kann eine Abweichung von § 39 eintreten;
- § 9 ZPO. Bei wiederkehrenden Leistungen wird auf den dreieinhalbfachen Jahresbetrag abgestellt; hier besteht eine Abweichung von § 51.

Eine Abweichung kann sich auch für die **Unterhaltssachen nach § 231 Abs. 2 FamFG** ergeben, da hierfür ein Regelwert von 500 € besteht (§ 51 Abs. 3 S. 1), der jedoch nur für die Kostenerhebung gilt. Der Beschwerdewert des § 61 Abs. 1 FamFG ist deshalb unabhängig und losgelöst von § 51 Abs. 3 zu bestimmen.[6] Er kann dann jedoch nicht für die Kosten bindend sein, da eine Abweichung von § 51 Abs. 1 S. 1 vorliegt, wenn nicht eine Werterhöhung nach § 51 Abs. 1 S. 2 vorgenommen wird. **5a**

3. Umfang der Bindung. Liegen identische Wertvorschriften vor, ist hinsichtlich der Bindungswirkung zu unterscheiden: **6**

- **Der Zulässigkeitswert ist konkret beziffert:** Bindung tritt in Höhe des bezifferten Werts ein.
- **Der Wert ist nicht beziffert, die Zulässigkeit bejaht:** Bindung besteht in Höhe des Zulässigkeitswerts, so dass die Gebühren nicht nach einem niedrigeren, wohl aber einem höheren Wert berechnet werden dürfen.
- **Der Wert ist nicht beziffert, die Zulässigkeit verneint:** Bindung besteht insoweit, als die Gebühren nicht nach einem höheren Wert als dem Zulässigkeitswert berechnet werden dürfen.

IV. Anfechtung

Die Entscheidung über den Zulässigkeitswert ist nicht isoliert anfechtbar,[7] sondern kann nur mit dem gegen die Hauptsache zulässigen Rechtsmittel angefochten werden. Dieses kann auch nicht auf die Anfechtung des Werts beschränkt werden, denn es muss die Hauptsacheentscheidung in der Sache angegriffen werden. **7**

§ 55 Wertfestsetzung für die Gerichtsgebühren

(1) ¹Sind Gebühren, die sich nach dem Verfahrenswert richten, mit der Einreichung des Antrags, der Einspruchs- oder der Rechtsmittelschrift oder mit der Abgabe der entsprechenden Erklärung zu Protokoll fällig, setzt das Gericht sogleich den Wert ohne Anhörung der Beteiligten durch Beschluss vorläufig fest, wenn Gegenstand des Verfahrens nicht eine bestimmte Geldsumme in Euro ist oder für den Regelfall kein fester Wert bestimmt ist. ²Einwendungen gegen die Höhe des festgesetzten Werts können nur im Verfahren über die Beschwerde gegen den Beschluss, durch den die Tätigkeit des Gerichts aufgrund dieses Gesetzes von der vorherigen Zahlung von Kosten abhängig gemacht wird, geltend gemacht werden.

2 *Riedel/Sußbauer*, § 9 BRAGO Rn 21. **3** *Thiel*, in: Schneider/Herget, Rn 7021. **4** HK-FamGKG/*N. Schneider*, § 40 Rn 30. **5** HK-FamGKG/*N. Schneider*, § 40 Rn 30; *Thiel*, in: Schneider/Herget, Rn 7021. **6** OLG Köln AGS 2015, 135; OLG Hamm FamRZ 2014, 595. **7** OLG Stuttgart MDR 2007, 422; OLG Koblenz MDR 2004, 709; OLG Karlsruhe MDR 2003, 1071.

(2) Soweit eine Entscheidung nach § 54 nicht ergeht oder nicht bindet, setzt das Gericht den Wert für die zu erhebenden Gebühren durch Beschluss fest, sobald eine Entscheidung über den gesamten Verfahrensgegenstand ergeht oder sich das Verfahren anderweitig erledigt.

(3) [1]Die Festsetzung kann von Amts wegen geändert werden

1. von dem Gericht, das den Wert festgesetzt hat, und

2. von dem Rechtsmittelgericht, wenn das Verfahren wegen des Hauptgegenstands oder wegen der Entscheidung über den Verfahrenswert, den Kostenansatz oder die Kostenfestsetzung in der Rechtsmittelinstanz schwebt.

[2]Die Änderung ist nur innerhalb von sechs Monaten zulässig, nachdem die Entscheidung wegen des Hauptgegenstands Rechtskraft erlangt oder das Verfahren sich anderweitig erledigt hat.

I. Allgemeines

1 Die Vorschrift bestimmt das Verfahren für die gerichtliche Festsetzung des Verfahrenswerts, jedoch mit Ausnahme der zulässigen Rechtsbehelfe; diese sind in § 59 geregelt. Abs. 1 regelt die vorläufige, Abs. 2 die endgültige Wertfestsetzung. Abs. 3 stellt Regelungen für die nachträgliche Änderung der endgültigen Festsetzung auf. Die Festsetzung nach § 55 gilt für die Gerichtsgebühren, ist aber wegen § 23 Abs. 1 S. 1, 2 RVG auch für die Anwaltsgebühren maßgeblich, wenn kein Fall des § 33 Abs. 1 RVG vorliegt. Nicht in § 55 geregelt ist die selbständige Wertermittlung durch den Kostenbeamten.

II. Vorläufige Wertfestsetzung (Abs. 1)

2 **1. Voraussetzungen. a) Allgemeines.** Das Gericht hat den Verfahrenswert **vorläufig** festzusetzen, wenn

- in dem Verfahren wertabhängige Gebühren erhoben werden,
- die Gebühren bereits mit Einreichung der Antrags-, Einspruchs- oder Rechtsmittelschrift bei Gericht fällig werden,
- Gegenstand nicht eine bestimmte Geldforderung in Euro ist oder für das Verfahren im Regelfall kein Festwert bestimmt ist.

Es müssen alle drei Voraussetzungen gleichzeitig erfüllt sein. Entstehen Festgebühren, erfolgt keine Festsetzung nach Abs. 1.

3 **b) Fälligkeit.** Es kommt auf §§ 9 ff an, nicht auf §§ 12 ff oder den Zeitpunkt der Entstehung der Gebühren, so dass eine Festsetzung nach Abs. 1 zu erfolgen hat in

- Ehesachen, aber nicht für Folgesachen, da für sie § 9 Abs. 1 nicht gilt;
- selbständigen Familienstreitsachen, mit Ausnahme der vereinfachten Unterhaltsverfahren, da hier Aktgebühren entstehen, für die § 9 Abs. 2 gilt;
- einstweiligen Anordnungs- oder selbständigen Beweisverfahren, wenn Gegenstand eine Ehesache oder selbständige Familienstreitsache ist;
- Arrestverfahren.

In den übrigen Familiensachen bedarf es keiner vorläufigen Festsetzung, da §§ 10, 11 Abs. 1 gelten und die **4** Fälligkeit danach erst zu einem späteren Zeitpunkt eintritt.

c) Geldforderung. Die vorläufige Wertfestsetzung ist entbehrlich, wenn Gegenstand des Verfahrens eine **be- 5 stimmte Geldsumme in Euro** ist, auch wenn mehrere Forderungen geltend gemacht sind, weil sie im Regelfall zusammenzurechnen sind (§ 33 Abs. 1 S. 1). Es muss ein konkreter Geldbetrag gefordert sein. Handelt es sich um wiederkehrende Leistungen oder ist Unterhalt als Prozentsatz des Mindestunterhalts geltend gemacht, ist keine konkrete Gesamtsumme beantragt, weil sie nach § 51 zu ermitteln ist, so dass nach Abs. 1 festzusetzen ist. Sind Nebenforderungen und Hauptsache zusammen geltend gemacht, genügt es, dass die Hauptforderung beziffert ist. Besteht die Forderung in ausländischer Währung, ist nach Abs. 1 festzusetzen.

d) Festwerte. Festwerte sind in Ehe- und Familienstreitsachen nicht vorgesehen. § 43 Abs. 2 wird nicht er- **6** fasst, da es sich um einen Mindestwert, nicht um einen Regelwert handelt. Gleiches gilt für § 42 Abs. 3.

2. Amtspflicht. Liegen die Voraussetzungen des Abs. 1 vor, hat die vorläufige Festsetzung **von Amts wegen 7** zu erfolgen, ohne dass es eines Antrags bedarf. Es besteht daher ein Rechtsanspruch der Beteiligten. Über den Wortlaut des Abs. 1 hinaus ist das Gericht jedoch nicht verpflichtet, einen vorläufigen Wert festzusetzen, aber auch nicht an einer vorläufigen Festsetzung gehindert.

3. Entscheidung. Die vorläufige Festsetzung erfolgt durch Beschluss, der den Beteiligten bekannt zu geben **8** ist, aber keiner förmlichen Zustellung bedarf, da ein befristeter Rechtsbehelf nicht gegeben ist. Bloßer Aktenvermerk genügt nicht. Die vorherige Anhörung der Beteiligten oder Staatskasse ist nicht erforderlich, kann aber vorgenommen werden.

4. Einwendungen. Gegen die vorläufige Festsetzung findet nur die Beschwerde nach § 58 statt (Abs. 1 **9** S. 2),[1] mit der nicht nur der vorläufige Wert, sondern auch die Anordnung der Vorauszahlung (§ 14) angegriffen werden kann.[2] Die Beschwerde kann nur der Vorauszahlungspflichtige einlegen.[3] Die Wertbeschwerde (§ 59) ist unzulässig.[4] Zum Verfahrensbevollmächtigten → § 59 Rn 14.

5. Änderung von Amts wegen. Der vorläufige Wert kann jederzeit von Amts wegen geändert werden, wo- **10** bei die Amtsprüfung auch durch Anregung von Beteiligten oder der Staatskasse eingeleitet werden kann. Kann dann aber schon eine endgültige Festsetzung nach Abs. 2 erfolgen, kommt nur noch sie in Betracht. Ist eine Änderung des Verfahrensgegenstands zB durch Antragserweiterung oder Widerantrag eingetreten, hat eine vorläufige Festsetzung auch für den geänderten Wert von Amts wegen zu erfolgen. Bei einem Stufenantrag ist der vorläufige Wert der Betragsstufe zu berichtigen, wenn sich aus dem Zahlantrag ein anderer Wert ergibt.

6. Kostenbeamter. Ist eine vorläufige Festsetzung nicht erfolgt, hat der Kostenbeamte den Wert selbständig **11** zu ermitteln. Er kann die Akten dem Gericht mit der Bitte um Wertfestsetzung vorlegen; dies ist jedoch lediglich eine Anregung, da das Gericht aufgrund einer solchen Vorlage – anders als bei Anregungen der Beteiligten – nicht zur Festsetzung verpflichtet ist.[5]

Bei seiner Wertermittlung hat der Kostenbeamte die **Angaben des Antragstellers** zugrunde zu legen, wenn **12** sie nicht offensichtlich unrichtig sind (§ 26 Abs. 2 KostVfg). Gebühren sind auch dann nach dem vorläufigen Wert zu erheben, wenn bei Eintritt der Fällig noch keine endgültige Wertfestsetzung erfolgt ist (§ 15 Abs. 4 KostVfg). Der durch den Kostenbeamten ermittelte Wert ist mit der **Erinnerung** (§ 57) anzugreifen.

III. Endgültige Wertfestsetzung (Abs. 2)

1. Allgemeines. Eine **endgültige** Wertfestsetzung hat zu erfolgen, wenn eine Entscheidung über den gesam- **13** ten noch anhängigen Verfahrensgegenstand ergeht oder das Verfahren anderweitig erledigt wird. Eine Festsetzung nach Abs. 2 muss in jedem Verfahren erfolgen, auch wenn es dort keiner vorläufigen Festsetzung nach Abs. 1 bedurfte. Lediglich bei erfolgter Wertfestsetzung, die nach § 54 bindet, bedarf es keiner Festsetzung mehr. Das Gericht kann auch festsetzen, wenn zwar keine Gerichts-, aber Anwaltsgebühren entstanden sind.[6] Die Festsetzung ist zudem dann erforderlich, wenn bereits nach Abs. 1 festgesetzt war, weil die

---

1 OLG Köln AGS 2005, 79. **2** OLG Brandenburg 29.4.2002 – 10 WF 3/02, juris. **3** OLG Düsseldorf AGS 2002, 92. **4** OLG Hamm FamRZ 2005, 1767; OLG Bremen MDR 2006, 418; OLG Düsseldorf OLGR 2008, 688. **5** OLG Frankfurt JurBüro 1982, 1701. **6** OLG Koblenz Rpfleger 1956, 146; OLG Saarbrücken KostRsp. KostO § 31 Nr. 6.

Festsetzung nach Abs. 2 dem Kostenbeamten die Mühe ersparen soll, anhand der Akten zu prüfen, ob im Verfahrensverlauf eine Wertänderung eingetreten ist.[7]

14 **2. Anhängigkeit.** Die Festsetzung nach Abs. 2 kommt nur in Betracht, soweit der Gegenstand bei Gericht anhängig war oder ein gerichtlicher Vergleich geschlossen wurde,[8] andernfalls erfolgt keine Wertfestsetzung. Auch für Folgesachen erfolgt eine Festsetzung nur dann, wenn sie tatsächlich anhängig geworden sind, auch wenn die Folgesache von Amts wegen einzuleiten war.[9]

15 **3. Zeitpunkt. a) Endentscheidung.** Mit dem Erlass der Endentscheidung hat die Festsetzung nach Abs. 2 zu erfolgen, jedoch muss über den gesamten noch anhängigen Gegenstand entschieden sein. Rechtskraft oder Wirksamkeit braucht nicht vorzuliegen.

16 **b) Teilentscheidung.** Eine Teilentscheidung macht eine Festsetzung noch nicht erforderlich, wenn nicht gleichzeitig die übrigen Gegenstände anderweitig erledigt werden; anders aber eine Vorbehalts- oder Teilentscheidung im Verbund, wenn sie ergeht, weil Folgesachen abgetrennt werden. Da sie zugleich mit der Kostenentscheidung zu versehen ist,[10] ist für die erledigten Verbundteile auch nach Abs. 2 festzusetzen. In Fällen der §§ 141, 142 FamFG kann eine endgültige Festsetzung nur für die Scheidung und die durch Rücknahme bzw Abweisung erledigten Folgesachen erfolgen. Mahnverfahren und vereinfachtes Unterhaltsverfahren sind erst mit Beendigung des streitigen Verfahrens iSd Abs. 2 erledigt.

17 **c) Anderweitige Erledigung.** Dem Erlass einer Entscheidung steht es gleich, wenn das gesamte Verfahren durch anderweitige Erledigung beendet wird, zB durch Rücknahme, Erledigung der Hauptsache oder bloße Kostenentscheidungen nach §§ 81 ff FamFG, § 91 a, § 269 Abs. 3 ZPO iVm § 113 Abs. 1 FamFG. Ein vor Gericht geschlossener Vergleich beendet das Verfahren, wenn er wirksam wird. Gleiches gilt für die Aussetzung oder Anordnung des Ruhens, jedoch tritt Beendigung hier erst ein, wenn sechs Monate seit der Anordnung vergangen sind.[11] Auch die Anordnung des Weglegens der Akten wegen Nichtbetriebs (§ 7 Abs. 3 AktO-oG) oder Nichtzahlung eines Vorschusses ist eine anderweitige Erledigung.

18 **4. Amtspflicht.** Aus dem Wortlaut „hat" folgt, dass die endgültige Wertfestsetzung zwingend **von Amts wegen** erfolgen muss. Ein Ermessen besteht nicht. Abs. 2 sieht ein Antragsrecht nicht vor, so dass nur die Beteiligten oder die Staatskasse eine Festsetzung anregen können. Eines besonderen Rechtsschutzbedürfnisses bedarf es nicht. Die Festsetzung hat deshalb auch dann zu erfolgen, wenn sich der Wert aus den Anträgen oder der Entscheidung zweifelsfrei ergibt. Anregen kann auch der Kostenschuldner nach § 24 Nr. 3. Wurde ein Vergleich geschlossen, kann jeder, der an seinem Abschluss beteiligt war, die Wertfestsetzung für das Verfahren und den Vergleich anregen. Auch der Kostenbeamte, Rechtspfleger oder der UdG wegen der VKH-Vergütung kann die Festsetzung anregen.

19 **5. Rechtsanwälte.** Der im Verfahren tätige Rechtsanwalt kann die Festsetzung aus eigenem Recht beantragen (§ 32 Abs. 2 S. 1 RVG). Ihm steht zudem ein eigenes Beschwerderecht nach § 59 zu, wenn ein eigenes Interesse an der Änderung der Wertfestsetzung besteht. Ist eine Festsetzung entbehrlich, zB weil Festgebühren entstehen oder ein Wert nach dem FamGKG nicht vorhanden ist, muss der Anwalt Antrag nach § 33 Abs. 1 RVG stellen.

20 **6. Zuständigkeit. a) Sachliche Zuständigkeit.** Zuständig für die endgültige Festsetzung ist das Gericht, bei dem das Verfahren zuletzt anhängig war. Es kann jedoch den Wert nur für den Rechtszug festsetzen, mit dem es befasst war, so dass das erstinstanzliche Gericht nicht den Wert für eine höhere Instanz festsetzen kann. Umgekehrt ist aber auch die erstmalige Festsetzung für die erste Instanz durch das Rechtsmittelgericht nicht zulässig, auch wenn es sich um einen in erster Instanz abgeschlossenen Vergleichs handelt.[12]

21 Eine von dem Rechtsmittelgericht für die Rechtsmittelinstanz vorgenommene Festsetzung bindet die untere Instanz nicht, so dass für die Instanzen verschiedene Werte festgesetzt werden können. Auch ist das erstinstanzliche Gericht nicht verpflichtet, seine Festsetzung zu ändern, wenn für den höheren Rechtszug ein anderer Wert bestimmt wird.[13] Das Rechtsmittelgericht kann aber den erstinstanzlichen Wert nach Abs. 3 S. 1 Alt. 2 abändern.

22 Bei Verweisung ist wegen abgetrennter Verfahrensteile das übernehmende Gericht für die endgültige Festsetzung zuständig.[14] Für Verfahren der Zwangsvollstreckung hat das Vollstreckungsgericht festzusetzen. In Beweisverfahren ist das Gericht zuständig, bei dem das Beweisverfahren anhängig war, und nicht das Gericht, welches das Beweisergebnis verwertet hat.[15]

23 Ist eine **Beschwerde** nicht zum Beschwerdegericht gelangt, bleibt das Ausgangsgericht für Kostenentscheidung und Wertfestsetzung des Beschwerdeverfahrens zuständig.[16]

7 BT-Drucks 12/6962, S. 64. **8** OLG Hamm JurBüro 1980, 238. **9** OLG Düsseldorf JurBüro 1986, 1854; OLG Hamm 8.10.1978 – 1 WF 440/78, juris. **10** OLG Hamm AnwBl 1978, 423; OLG München NJW-RR 1999, 146. **11** *Meyer*, GKG § 63 Rn 12. **12** OLG Bamberg JurBüro 1984, 1398. **13** OLG Köln VersR 1972, 205; KG JurBüro 1981, 1232 m. zust. Anm. *Mümmler*. **14** OLG Bamberg FamRZ 2001, 240. **15** OLG Hamm NJW 1976, 116. **16** OLG Karlsruhe OLGR 2001, 461.

b) Funktionelle Zuständigkeit. Funktionell zuständig ist der Richter oder Rechtspfleger. Von der Festset- 24
zung des Werts nach § 55 ist der Rechtspfleger jedoch ausgeschlossen, wenn er den Kostenansatz zuvor als
Kostenbeamter aufgestellt hat.[17] An die Stelle des ausgeschlossenen Rechtspflegers tritt jedoch nicht der
Richter, sondern der Vertreter des Rechtspflegers. Unzuständig ist auch der ersuchte oder beauftragte Richter, der Kostenbeamte, der UdG oder der Rechtspfleger, der nur die Kostenfestsetzung durchführt. Sie haben den Wert allerdings selbständig zu ermitteln, wenn keine gerichtliche Festsetzung erfolgt.

7. Rechtliches Gehör. Vor der endgültigen Festsetzung muss rechtliches Gehör stets gewährt werden;[18] 25
Abs. 1 S. 1 gilt für die endgültige Wertfestsetzung nicht. Wird der Antrag auf Wertfestsetzung durch den
Anwalt gestellt, ist wegen des bestehenden Interessenkonflikts zwischen ihm und seinem Mandanten auch
Letzterer anzuhören.[19] Die Versagung des rechtlichen Gehörs kann mit der Beschwerde (§ 59) angegriffen
werden. Ist die Beschwerde nicht statthaft, findet die Anhörungsrüge (§ 61) statt; bei Entscheidungen des
Rechtspflegers ist jedoch stets die Erinnerung nach § 11 Abs. 2 RPflG gegeben.

Ist der Wert nach freiem Ermessen zu bestimmen und beantragen die Beteiligten eine von ihren Angaben 26
abweichende Festsetzung, kann das Gericht von ihnen die Begründung oder Glaubhaftmachung verlangen,
inwieweit die ursprüngliche Wertangabe nicht den Tatsachen entsprach.[20]

Vertrauliche Unterlagen sind nur solange verwertbar, bis sich ein Beteiligter gegen die aufgrund der vertrau- 27
lichen Angaben gestützte Wertfestsetzung wendet oder seinerseits in einem offenen Schriftsatz Unterlagen
für die Festsetzung vorlegt.[21]

8. Entscheidung. a) Form. Die endgültige Wertfestsetzung erfolgt durch Beschluss. Sie kann auch zusam- 28
men in der Endentscheidung über den Hauptgegenstand ergehen, und zwar im Tenor[22] oder am Ende der
Entscheidungsgründe.[23] Zeitraubende und kostenintensive Beweise brauchen nicht erhoben zu werden, so
dass die notwendigen Angaben aus dem Verfahrensmaterial zu entnehmen sind.[24] Das Gericht kann über
die Wertfestsetzung auch mündlich verhandeln.[25] Der Beschluss erwächst nicht in formeller Rechtskraft.[26]

b) Inhalt. Aus dem Beschluss muss sich der Wert zweifelsfrei ergeben, und zwar für die gesamte Verfah- 29
rensdauer.[27] Weicht der Wert für einzelne Verfahrensabschnitte ab, zB wegen Teilrücknahme, Antragserweiterung oder Erledigung der Hauptsache, ist zudem die Festsetzung für die einzelnen Abschnitte erforderlich,
wenn sich auch die Anwaltsgebühren nach verschiedenen Werten berechnen,[28] so zB beim Stufenantrag.[29]
Ist ein Vergleich geschlossen, sollte ein eventueller Mehrwert gesondert angegeben werden.[30] Im Verbund
sind die Werte für die Ehesache und die einzelnen Folgesachen gesondert anzugeben.

c) Begründung. Da es sich um eine beschwerdefähige Entscheidung handelt, ist der Beschluss zu begrün- 30
den, insb. dann, wenn sich die Überlegungen des Gerichts nicht ohne Weiteres aus dem Streitstoff, der Entscheidung bzw aus sonstigen Aktenteile ergeben[31] oder die Beteiligten sonst nicht in der Lage sind, ihr Beschwerderecht auszuüben.[32] Die Begründung kann kurz oder stichwortartig abgefasst sein, wenn die Gründe, auch unter Verweis auf Aktenteile, nachvollziehbar sind.[33] Von der Begründung kann aber abgesehen
werden, wenn die Festsetzung in Höhe von übereinstimmenden Angaben der Beteiligten erfolgt.[34]

Wird die Festsetzung mit der Beschwerde (§ 59) angegriffen, ist die Begründung spätestens in der Nichtab- 31
hilfeentscheidung vorzunehmen,[35] weil für das Beschwerdegericht die maßgebenden Gesichtspunkte für die
Festsetzung erkennbar sein müssen.[36] Fehlt eine Begründung sowohl in der Festsetzungs- als auch in der
Abhilfeentscheidung, kann dies zur Aufhebung und Zurückverweisung führen,[37] insb. dann, wenn auch
den persönlichen und finanziellen Verhältnissen des Antragstellers nachgegangen werden muss (zB § 43
Abs. 2, § 50 Abs. 1).

d) Bekanntgabe. Der Festsetzungsbeschluss ist den Beteiligten schriftlich bekannt zu geben. Einer förmli- 32
chen Zustellung bedarf es im Regelfall nicht, weil die Beschwerde des § 59 nicht befristet ist und auch § 59
Abs. 1 S. 3 nicht zwingend auf die Zustellung abstellt. Eine förmliche Zustellung ist aber erforderlich in den
Fällen des § 107 ZPO iVm §§ 85, 113 Abs. 1 FamFG.

e) Kein Spruchrichterprivileg. Die Festsetzung nach Abs. 2 unterliegt nicht dem Spruchrichterprivileg des 33
§ 839 Abs. 2 BGB.[38] Unter Berücksichtigung der richterlichen Unabhängigkeit findet eine Einschränkung

---

17 OLG München NJW-RR 2015, 638; BayObLG Rpfleger 1974, 391. **18** LG Mosbach MDR 1985, 593; HK-FamGKG/*Stollenwerk*, § 55 Rn 14. **19** OLG Koblenz JurBüro 2002, 310. **20** OLG Neustadt Rpfleger 1963, 35. **21** OLG Frankfurt NJW
1962, 1921. **22** OVG Saarlouis JurBüro 1997, 199. **23** OVG Koblenz WPM 1984, 1581. **24** OLG Nürnberg Rpfleger 1963,
179. **25** *Meyer*, GKG § 63 Rn 17. **26** FG Köln EFG 2001, 1073. **27** OLG Schleswig Rpfleger 1962, 394. **28** OLG Celle
NdsRpfl 1962, 257. **29** OLG Zweibrücken 15.3.2000 – 5 WF 20/00, juris. **30** OLG Nürnberg JurBüro 1964, 207. **31** OLG
Bamberg JurBüro 1984, 1375. **32** OLG Bamberg JurBüro 1981, 1863. **33** VGH BW Justiz 1988, 109. **34** Gerold/Schmidt/
Mayer, § 32 RVG Rn 63. **35** OLG Oldenburg NdsRpfl 1980, 200; OLG Frankfurt AnwBl 1990, 99. **36** OLG Bamberg
JurBüro 1985, 1849. **37** OLG Frankfurt JurBüro 1988, 888 m. zust. *Mümmler*; OLG Bamberg JurBüro 1987, 256; OLG Saar-
brücken DAVorm 1987, 686; LAG BW JurBüro 1990, 1272; OLG Köln JurBüro 1991, 1689. **38** Palandt/*Sprau*, § 839 BGB
Rn 65.

NK-GK/H. *Schneider*

der Haftung aber insoweit statt, als dass nur bei groben Verstößen, also Vorsatz oder grobe Fahrlässigkeit, ein Schuldvorwurf gemacht werden kann.[39] Eine Amtspflichtverletzung liegt deshalb nicht schon vor, wenn bei der Festsetzung einem von den Beteiligten selbst eingebrachten Betrag gefolgt wird.[40]

34   **9. Bindungswirkung. a) Allgemeines.** Die endgültige Festsetzung wirkt für und gegen alle an dem Verfahren Beteiligte, jedoch nur für die jeweilige Instanz. Die Bindung erfasst auch die Festsetzungsverfahren nach §§ 103 ff ZPO iVm §§ 85, 113 Abs. 1 FamFG bzw §§ 11, 55 RVG und dem Kostenansatz. Das gilt auch, wenn die Wertfestsetzung auf einer Normverletzung beruht, da diese nur mit den Rechtsbehelfen nach § 59, § 11 Abs. 2 RPflG angegriffen werden kann oder eine Berichtigung nach § 42 FamFG, § 319 ZPO beantragt werden muss.[41] Die Bindungswirkung gilt nicht nur für den Wertbetrag, sondern auch für die vom Gericht zugrunde gelegten Elemente der Wertfestsetzung, zB für Berechnungsmethoden oder zugrunde gelegte Angaben der Beteiligten.[42]

35   **b) Kostenfestsetzung.** Die Festsetzung nach Abs. 2 bindet auch im Kostenfestsetzungsverfahren (§§ 103 ff ZPO iVm §§ 85, 113 Abs. 1 FamFG). Die Abänderung der Wertfestsetzung nach Abs. 3 durchbricht aber wegen § 107 Abs. 1 ZPO die Rechtskraft des Kostenfestsetzungsbeschlusses. Ist eine Festsetzung nicht erfolgt, hat der Rechtspfleger den Wert selbständig zu ermitteln; Einwendungen, die sich erkennbar gegen den zugrunde gelegten Wert richten, sind jedoch dann als Anregung auf erstmalige Wertfestsetzung auszulegen.[43] Ein solcher Schriftsatz ist zugleich als Antrag nach § 107 ZPO aufzufassen.[44] Eine unrichtige Wertfestsetzung kann im Kostenfestsetzungsverfahren nicht korrigiert werden. Sie bleibt Grundlage der Kostenfestsetzung, wenn sie nicht mehr nach Abs. 3 geändert werden kann.[45]

36   **c) VKH-Vergütung.** Der UdG ist bei der Festsetzung der VKH-Vergütung an die Festsetzung gebunden, auch wenn sie unrichtig ist.[46] Er darf auch von einem festgesetzten Vergleichswert nicht abweichen.[47] Ist eine Festsetzung nicht erfolgt, hat der UdG den Wert selbständig zu ermitteln. Ermittlungen des Kostenbeamten binden ihn nicht.

37   **10. Rechtsbehelfe.** Die endgültige Festsetzung ist mit der Beschwerde nach § 59 angreifbar. Ist die Beschwerde nicht statthaft, kann Anhörungsrüge (§ 61) erhoben werden, wenn in dem Wertfestsetzungsverfahren das rechtliche Gehör in entscheidungserheblicher Weise verletzt wurde. Bei einer Festsetzung durch den Rechtspfleger findet bei unstatthafter Beschwerde nach § 59 stets die befristete Erinnerung (§ 11 Abs. 2 RPflG) statt.

38   **11. Vereinbarungen über den Wert.** Von Beteiligten getroffene Vereinbarungen über den Wert binden das Gericht nicht, da die Wertfestsetzung für die Gerichtsgebühren nicht der Beteiligtendisposition unterliegt.[48] Auch frühere Anwälte, die an einer Vereinbarung nicht beteiligt waren, sind nicht an eine solche Vereinbarung gebunden.[49]

IV. Abänderung der endgültigen Wertfestsetzung (Abs. 3)

39   **1. Allgemeines.** Die endgültige Festsetzung kann von Amts wegen geändert werden (Abs. 3). Die Änderung ist von Amts wegen durchzuführen, so dass es keines besonderen Antrags bedarf; vielmehr genügt die Anregung eines Beteiligten. Eine Änderung iSd Abs. 3 liegt nicht vor, wenn eine Berichtigung wegen offensichtlicher Unrichtigkeiten (§ 42 FamFG, § 319 ZPO iVm § 113 Abs. 1 FamFG) erfolgt.[50] Auch wenn der Wert durch den Kostenbeamten selbständig ermittelt wurde, gilt Abs. 3 nicht, so dass der Kostenansatz noch zu einem späteren Zeitpunkt – unter Beachtung der §§ 7, 19 – berichtigt werden kann.

40   **2. Zuständigkeit (Abs. 3 S. 1). a) Allgemeines.** Zuständig für die Änderung nach Abs. 3 S. 1 ist das Gericht, welches den abzuändernden Wert festgesetzt hat, oder das Rechtsmittelgericht, wenn das Verfahren wegen bestimmter Rechtsbehelfe in der Rechtsmittelinstanz schwebt.

41   Andere Gerichte können eine Wertänderung nicht vornehmen. Die Befugnis des erstinstanzlichen Gerichts zur Wertänderung endet auch dann, wenn der Wert durch ein Rechtsmittelgericht nach § 59 festgesetzt oder nach Abs. 3 abgeändert wurde.[51]

42   **b) Rechtsmittelgericht.** Das Rechtsmittelgericht ist ausnahmsweise zur Änderung des erstinstanzlichen Werts berechtigt, wenn das Verfahren wegen eines Rechtsmittels über (1) den Hauptgegenstand, (2) den Verfahrenswert, (3) den Kostenansatz oder (4) die Kostenfestsetzung in der Rechtsmittelinstanz schwebt.

---

39 BGH MDR 2003, 1353; OLG Koblenz OLGR 2005, 211. **40** OLG Koblenz OLGR 2005, 211. **41** KG JurBüro 1984, 578. **42** OLG Hamburg JurBüro 1978, 1018. **43** OLG Koblenz 5.6.2001 – 14 W 384/01, juris. **44** OLG Düsseldorf JurBüro 1988, 1176. **45** OLG Frankfurt OLGR 1999, 43; OLG Brandenburg 24.5.2007 – 6 W 63/07, juris. **46** OLG Bamberg FamRZ 2004, 46. **47** OLG Düsseldorf JurBüro 1966, 334. **48** OLG Frankfurt JurBüro 1980, 579. **49** OLG Frankfurt JurBüro 1980, 579. **50** *Meyer*, GKG § 63 Rn 33. **51** OLG Frankfurt JurBüro 1982, 747.

Eine Änderungsbefugnis besteht auch, wenn nur die Kostenentscheidung nach § 91 a Abs. 2, § 99 Abs. 2 **43** ZPO, § 269 Abs. 5 ZPO angefochten wird.[52] Das Rechtsmittelgericht muss jedoch sachlich mit dem Rechtsmittel befasst sein;[53] eine teilweise sachliche Befassung genügt.[54] Keine Änderungsbefugnis wird daher eröffnet, wenn das Rechtsmittel unzulässig ist[55] oder das Verfahren trotz Rechtsmittelverzichts vorgelegt wurde.[56] In diesen Fällen hat das erstinstanzliche Gericht eine Änderung nach Abs. 3 zu prüfen. Das Rechtsmittelgericht ist zur Wertänderung verpflichtet, wenn es die Unrichtigkeit erkennt.[57] Nach **Abschluss des Rechtsmittelverfahrens** ist das Rechtsmittelgericht nicht mehr zur Abänderung des erstinstanzlichen Werts befugt,[58] jedoch in Familienstreitsachen erst mit der Mitteilung der Entscheidung nach § 516 Abs. 3 ZPO iVm § 117 Abs. 2 S. 1 FamFG.[59]

c) **Kostenfestsetzung.** Abs. 3 S. 1 erfasst sämtliche Beschwerden in Verfahren nach §§ 103 ff ZPO iVm **44** §§ 85, 113 Abs. 1 FamFG, bei Vergütungsfestsetzung (§ 11 RVG) und der Festsetzung der VKH-Vergütung (§ 56 RVG).[60] Ist das Rechtsmittelgericht hingegen mit einer Beschwerde nach § 76 Abs. 2 FamFG, § 127 ZPO iVm § 113 Abs. 1 FamFG im VKH-Bewilligungsverfahren befasst, besteht eine Änderungsbefugnis nicht.[61]

d) **Kostansatz.** Zur Änderung nach Abs. 3 ist auch das Beschwerdegericht nach § 57 Abs. 2 befugt. **45**

3. Frist (Abs. 3 S. 2). a) Allgemeines. Die Änderung der Festsetzung ist nur **innerhalb von sechs Monaten** **46** zulässig, nachdem die Entscheidung wegen des Hauptgegenstands formelle Rechtskraft erlangt oder das Verfahren sich anderweitig erledigt hat (Abs. 3 S. 2). Die Frist soll Rechtssicherheit schaffen und unbefristete Wertänderungen verhindern. Für die Fristwahrung kommt es nur darauf an, dass das Rechtsmittel, der Rechtsbehelf oder die Anregung auf Wertänderung noch innerhalb der Frist des Abs. 3 S. 2 bei Gericht eingeht. Bei rechtzeitigem Eingang ist das Gericht dann noch zur Änderung nach Fristablauf berufen.[62] Es handelt sich um eine **Ausschlussfrist**, deren Ausschlusswirkung auch dann eintritt, wenn der Wertfestsetzungsbeschluss nicht an einen Streithelfer übersandt wurde.[63]

b) **Endgültige Festsetzung.** Abs. 3 S. 2 gilt nur für die endgültige Festsetzung nach Abs. 2. War nur eine vor- **47** läufige Festsetzung nach Abs. 1 erfolgt oder ist ein Wert überhaupt noch nicht festgesetzt, kann das Gericht auch noch nach Ablauf der Sechs-Monats-Frist die erstmalige Festsetzung nach Abs. 2 vornehmen.[64]

c) **Späte Festsetzung.** Den Beteiligten und der Staatskasse ist auch in den Fällen, in denen die endgültige **48** Wertfestsetzung kurz vor oder bereits nach Ablauf der Frist des Abs. 3 S. 2 erfolgt, gleichwohl eine angemessene Frist zur Überprüfung der Festsetzung einzuräumen.[65] Angemessen ist regelmäßig eine Frist von einem Monat ab Zugang des Festsetzungsbeschlusses, so dass das Gericht in diesen Fällen ausnahmsweise noch nach Fristablauf des Abs. 3 S. 2 eine Wertänderung vornehmen kann. Darüber hinaus ist eine Änderung oder die Einlegung der Beschwerde (§ 59) aber ausgeschlossen, und zwar auch dann, wenn die Festsetzung auf unrichtigen Beteiligtenangaben beruht.[66] Aus diesem Grund bestimmt § 59 Abs. 1 S. 3, dass die Beschwerde gegen die Wertfestsetzung noch innerhalb eines Monats nach Zustellung oder formloser Mitteilung des Festsetzungsbeschlusses eingelegt werden kann, wenn die endgültige Festsetzung später als einen Monat vor Ablauf der Frist des Abs. 3 S. 2 erfolgt ist.

d) **Fristberechnung.** Für die Fristberechnung sind gem. § 222 Abs. 1 ZPO iVm § 16 Abs. 2, § 113 Abs. 1 **49** FamFG die Vorschriften der §§ 186 ff BGB anzuwenden. Für den Fristbeginn gilt § 187 Abs. 2 BGB,[67] nicht aber § 187 Abs. 1 BGB.

Beispiel: Die Endentscheidung wird dem letzten Beteiligten am 17.3. zugestellt. Da Beschwerde nicht eingelegt **50** wird, tritt formelle Rechtskraft am 18.4. ein (§ 63 Abs. 1 FamFG). Die Änderung der Wertfestsetzung nach Abs. 3 ist bis zum 17.10. (24.00 Uhr) statthaft, wenn nicht innerhalb dieser Frist eine Beschwerde nach §§ 57, 59 oder Beschwerde nach § 104 Abs. 3 gegen die Kostenfestsetzung eingelegt wird.

4. Rechtskraft wegen des Hauptgegenstands. Maßgeblich ist der Hauptgegenstand einschließlich Nebenfor- **51** derungen und Kosten.[68] Die Endentscheidung muss in formeller Rechtskraft erwachsen sein (§ 45 FamFG, § 705 ZPO iVm § 113 Abs. 1 FamFG), so dass der Ablauf der Rechtsmittelfristen der §§ 63, 71 FamFG abzuwarten ist. Maßgeblich ist nur die Erledigung des gesamten Verfahrens, einschließlich sämtlicher Rechtszüge, so dass die Frist erst in Lauf gesetzt wird, wenn auch der letzte Rechtszug beendet ist. Eine Teilrechtskraft ist unbeachtlich, mit Ausnahme des Verbunds (→ Rn 61). Auch auf eventuell anhängige Ne-

---

52 OLG Karlsruhe Justiz 1988, 158; OLG Brandenburg JurBüro 1998, 648. **53** OLG München JurBüro 1983, 890; aA OLG Oldenburg OLGR 1997, 184. **54** VGH Hessen AnwBl 1988, 179. **55** OLG Nürnberg Rpfleger 1963, 179; BayObLG JurBüro 1982, 1709; OLG Stuttgart Justiz 1986, 413. **56** OLG München OLGR 1997, 119. **57** OLG Köln VersR 1972, 205. **58** BGH MDR 1984, 899; VGH Hessen DÖV 1990, 119. **59** OLG Stuttgart NJW 2015, 421. **60** KG Rpfleger 1978, 392; OLG Köln JurBüro 1981, 1011. **61** *E. Schneider*, Anm. zu KostRsp. GKG aF § 25 Nr. 53. **62** BGH MDR 1964, 483. **63** LG Düsseldorf JurBüro 1985, 105. **64** OLG Nürnberg Rpfleger 1966, 291. **65** BGH MDR 1979, 577. **66** OLG Nürnberg NJW-RR 1999, 653. **67** VGH BW 1996, 645. **68** *Meyer*, GKG § 63 Rn 35.

benverfahren, wie zB Kostenfestsetzung oder Maßnahmen der Zwangsvollstreckung, auch solche nach §§ 888 ff ZPO, kommt es nicht an.

52 **5. Anderweitige Erledigung.** Eine anderweitige Erledigung liegt vor, wenn die Hauptsacheentscheidung keine Rechtskraft mehr erlangen kann.[69] Hierzu gehört zB Erledigung der Hauptsache, Antragsrücknahme oder Abschluss eines Vergleichs, wenn dadurch das gesamte Verfahren beendet wird. Erfolgt nur eine Teilrücknahme, kommt es auf die Rechtskraft der noch verbleibenden anhängigen Gegenstände an.

6. Weitere Anwendungsfälle A–Z

53 ▪ **Antragsrücknahme.** Im Falle der Rücknahme eines Antrags beginnt die Frist nach Abs. 3 S. 2 erst mit Erlass der Kostenentscheidung nach § 83 Abs. 2 FamFG bzw § 269 Abs. 3 ZPO iVm § 113 Abs. 1 FamFG zu laufen, wenn diese binnen zwei Wochen nach Rücknahme beantragt wird und auch eine endgültige Wertfestsetzung erfolgt ist.[70] Bei Teilrücknahme wird die Frist erst mit Rechtskraft der Endentscheidung oder mit anderweitiger Verfahrenserledigung hinsichtlich der noch anhängigen Gegenstände in Lauf gesetzt.

54 ▪ **Arrest.** Die Frist wird erst in Lauf gesetzt, wenn der Antrag rechtskräftig zurückgewiesen oder ihm stattgegeben wurde oder wenn im Falle der Aufrechterhaltung des Arrests das Hauptverfahren endgültig abgeschlossen ist.[71]

55 ▪ **Beteiligtenwechsel.** Er beendet das Verfahren nicht, auch wenn er wegen Todes des Beteiligten eintritt.[72]

56 ▪ **Beweisverfahren.** Wird nach dessen Abschluss das Hauptsacheverfahren durchgeführt, ist nur die dortige Beendigung maßgeblich,[73] weil das Beweisverfahren nur als Nebenverfahren des Hauptverfahrens zu betrachten ist und die Kosten des Beweisverfahrens regelmäßig als Kosten der Hauptsache gelten. Das gilt auch, wenn ein Beweisverfahren eingeleitet wird, obwohl das Hauptverfahren bereits anhängig ist.[74] Ist die Frist des Abs. 3 S. 2 für das Hauptverfahren abgelaufen, kommt eine Änderung auch dann nicht mehr in Betracht, wenn für Beweis- und Hauptverfahren bei identischem Streitgegenstand widersprüchliche Werte festgesetzt worden sind; insoweit tritt auch für die Kostenfestsetzung Bindung ein.[75]

Findet ein Hauptverfahren nicht statt, ist auf die Beendigung des Beweisverfahrens abzustellen, so dass die Frist mit Übersendung des Gutachtens an die Beteiligten[76] oder mit der Beendigung der mündlichen Anhörung des Sachverständigen oder Zeugen beginnt. Hat das Gericht Frist nach § 494 a ZPO iVm § 30 Abs. 1, § 113 Abs. 1 FamFG gesetzt, ist deren Ablauf maßgeblich.

57 ▪ **Einstweilige Anordnung.** Maßgeblich ist nur die Erledigung des Eilverfahrens, auf die Hauptsache kommt es nicht an. Anderslautende ältere Rspr ist nicht mehr anzuwenden, da einstweilige Anordnungen nunmehr selbständige Verfahren sind (§ 51 Abs. 3 S. 1 FamFG).

58 ▪ **Erledigung der Hauptsache.** Die Frist des Abs. 3 S. 2 beginnt erst mit Eingang der letzten Erledigungserklärung bei Gericht. Unerheblich ist der Eintritt der Rechtskraft eines nach § 91 a ZPO iVm § 113 Abs. 1 FamFG erlassenen Beschlusses.[77]

59 ▪ **Nichtbetrieb.** Ein langes Nichtbetreiben des Verfahrens kann die Frist des Abs. 3 S. 2 in Gang setzen,[78] wobei auf den Weglegungszeitraum von sechs Monaten gem. § 7 Abs. 3 AktO-oG abgestellt werden kann. Anderweitige Erledigung wird jedoch nur vermutet, so dass die Frist als noch nicht beendet gilt, wenn das Verfahren später weiterbetrieben wird.[79]

60 ▪ **Offensichtliche Unrichtigkeiten.** Berichtigung der Wertfestsetzung nach § 42 FamFG bzw § 319 ZPO iVm § 113 Abs. 1 FamFG ist noch nach Ablauf der Frist statthaft.[80]

61 ▪ **Scheidungsverbund.** Ist wegen der Abtrennung von Folgesachen nur eine Teilentscheidung ergangen und auch nur eine Festsetzung von Teilwerten erfolgt, ist für die Frist des Abs. 3 S. 2 nur die Rechtskraft dieser Verfahrensteile – ohne Rücksicht auf den Zeitpunkt der Erledigung der abgetrennten Folgesachen – maßgeblich.[81] Wird der Scheidungsantrag zurückgenommen oder abgewiesen und werden die Folgesachen nach §§ 141, 142 FamFG als selbständige Verfahren fortgeführt, wird die Frist für die Scheidungssache und die erledigten Folgesachen mit der Kostenentscheidung in Lauf gesetzt; auf die Erledigung der selbständigen Verfahren kommt es nicht an.

---

69 HK-FamGKG/*Stollenwerk*, § 55 Rn 34. **70** OLG Rostock MDR 1995, 212. **71** OLG Frankfurt Rpfleger 1961, 338; KG WRP 1982, 582; OLG Koblenz JurBüro 1988, 1727. **72** *Meyer*, GKG § 63 Rn 35. **73** OLG Celle MDR 1993, 1019; OLG Düsseldorf MDR 1997, 692; OLG Naumburg MDR 1999, 1093; OLG Braunschweig BauR 2000, 1907; KG MDR 2002, 1453; LG Saarbrücken JurBüro 1989, 1006; aA OLG Nürnberg MDR 2002, 538. **74** *E. Schneider*, MDR 2000, 1230. **75** OLG Düsseldorf JurBüro 2006, 143. **76** OLG Saarbrücken OLGR Saarbrücken 1999, 409; OLG Koblenz MDR 2005, 825. **77** OVG Münster NVwZ-RR 2006, 649; Binz/Dörndorfer/*Dörndorfer*, GKG § 63 Rn 11. **78** OLG Zweibrücken FamRZ 2000, 1520. **79** *Meyer*, GKG § 63 Rn 35. **80** OLG Celle JurBüro 1976, 1338. **81** OLG Schleswig SchlHA 1981, 119; OLG München JurBüro 1991, 951; aA OLG Bamberg OLGR 2005, 207.

■ **Streitgenossen.** Die Frist des Abs. 3 S. 2 wird erst in Lauf gesetzt, wenn das Verfahren als Ganzes, dh 62
für sämtliche Streitgenossen, erledigt ist.

■ **Teilentscheidungen.** Da sie das Verfahren nicht als Ganzes erledigen, wird die Frist des Abs. 3 S. 2 auch 63
für die durch Teilentscheidung erledigten Gegenstände nicht in Gang gesetzt, was auch für die Beschwerdefrist des § 59 Abs. 1 S. 3 gilt.[82]

■ **Unterbrechung.** Sie stellt keine anderweitige Erledigung des Verfahrens dar und setzt die Frist des 64
Abs. 3 nicht in Lauf.[83]

■ **Unterhaltsfestsetzung.** Kommt es zum streitigen Verfahren (§ 255 FamFG), kommt es nur auf dessen 65
Beendigung an.

7. Entscheidung. Über die Abänderung wird durch Beschluss entschieden, der regelmäßig zu begründen ist, 66
um den Beteiligten ihre Überprüfung zu ermöglichen. In dem Abänderungsverfahren sind alle wesentlichen
Umstände zu berücksichtigen, wobei im Regelfall nur veränderte Umstände eine korrigierte Festsetzung
rechtfertigen.[84]

8. Bekanntgabe. Der Abänderungsbeschluss bedarf keiner förmlichen Zustellung, da ein befristetes Rechts- 67
mittel nicht vorgesehen ist. War jedoch bereits eine Kostenfestsetzung erfolgt, ist wegen § 107 Abs. 2 ZPO
iVm §§ 85, 113 Abs. 1 FamFG die förmliche Zustellung erforderlich. Gleiches gilt, wenn der Rechtspfleger
den Änderungsbeschluss erlassen hat und Beschwerde nach § 59 nicht mehr zulässig ist, weil die Entscheidung dann noch mit der sofortigen Erinnerung (§ 11 Abs. 2 RPflG) angegriffen werden kann. Wird der
Wert zuungunsten der Staatskasse abgeändert, ist der Beschluss dem Vertreter der Staatskasse mitzuteilen
(§ 38 Abs. 2 S. 1 KostVfg).

9. Verschlechterungsverbot. Das Verschlechterungsverbot gilt für das Abänderungsverfahren nach Abs. 3 68
nicht. Kommt das Gericht zum Ergebnis, dass der festgesetzte Wert unrichtig ist, kann innerhalb der Frist
des Abs. 3 S. 2 also auch zum Nachteil des mit den Kosten belasteten Beteiligten oder der Staatskasse abgeändert werden.

10. Rechtliches Gehör. Im Abänderungsverfahren ist eine Anhörung von Beteiligten oder der Staatskasse 69
nicht vorgeschrieben, jedoch gebietet sich aus Gründen der Rechtsstaatlichkeit gleichwohl die vorherige
Anhörung. Unterbleibt sie, kann Anhörungsrüge nach § 61 statthaft sein.

11. Aktenvorlage nach Wertänderung. Die Akten sind nach Wertänderung unverzüglich dem Kostenbeam- 70
ten vorzulegen, der den unrichtig gewordenen Kostenansatz von Amts wegen zu berichtigen hat (§ 28
Abs. 1 KostVfg), auch wenn über diesen bereits eine gerichtliche Entscheidung ergangen war (§ 18 Abs. 3
S. 2). Erhöht sich die Kostenforderung, ist der **Mehrbetrag** nachzufordern (§ 29 Abs. 2 KostVfg), wobei
§ 19 Abs. 3 zu beachten ist. Bei **Minderung** ist Teillöschung oder Rückzahlung zu veranlassen (§ 29 Abs. 3
KostVfg).

Im Falle von VKH-Bewilligung sind die Akten wegen Nr. 2.5.4 DB-PKH dem Rechtspfleger vorzulegen, der 71
eine Überprüfung und ggf Änderung des Ratenplans sowie der Vorlagefrist zur vorläufigen Einstellung der
Raten vorzunehmen hat. Die Änderung der Kostenfestsetzung erfolgt nur auf Antrag (§ 107 Abs. 1 ZPO
iVm §§ 85, 113 Abs. 1 FamFG).

12. Kostenentscheidung. Eine Änderung nach Abs. 3 ist auch noch statthaft, wenn dadurch eine getroffene 72
Kostenentscheidung unrichtig wird.[85] Diese kann dann nicht – auch nicht unter analoger Anwendung von
§ 42 FamFG, § 319 ZPO iVm § 113 Abs. 1 FamFG – berichtigt werden, weil das Gericht an seine Entscheidung gebunden ist und eine Ergänzung nur unter den Voraussetzungen des § 43 Abs. 1 FamFG bzw § 321
Abs. 1 ZPO iVm § 113 Abs. 1 FamFG statthaft ist.[86]

V. Kosten

Für das Wertfestsetzungsverfahren entstehen keine gesonderten Gebühren. Fallen Auslagen, insb. Zustel- 73
lungskosten, an, haftet hierfür der Kostenschuldner des Hauptverfahrens, mit Ausnahme der Kosten für
eine Schätzung des Werts (§ 56). Eine Erstattung außergerichtlicher Kosten ist ausgeschlossen.

---

82 OLG Bamberg JurBüro 1980, 1865. **83** OLG Hamm 11.1.2005 – 21 U 34/04, juris. **84** BayVGH BayVBl 1977, 677.
85 OLG Düsseldorf NJW-RR 1992, 1407; OLG Zweibrücken OLGR 2002, 137; OLG Köln FamRZ 2007, 163; LG Hechingen
VersR 1975, 93; aA OLG Celle AGS 2001, 142. **86** BGH MDR 2008, 129; OLG Bamberg NJW 1970, 1610; OLG Stuttgart
MDR 2001, 892; OLG Köln FamRZ 2007, 163; OLG Stuttgart NJW 2015, 421; LG Frankfurt MDR 1997, 407; MüKo-ZPO/
Musielak, § 319 Rn 10.

§ 56 Schätzung des Werts

[1]Wird eine Abschätzung durch Sachverständige erforderlich, ist in dem Beschluss, durch den der Verfahrenswert festgesetzt wird (§ 55), über die Kosten der Abschätzung zu entscheiden. [2]Diese Kosten können ganz oder teilweise dem Beteiligten auferlegt werden, welcher die Abschätzung durch Unterlassen der ihm obliegenden Wertangabe, durch unrichtige Angabe des Werts, durch unbegründetes Bestreiten des angegebenen Werts oder durch eine unbegründete Beschwerde veranlasst hat.

I. Allgemeines

1 Ist die Feststellung des Verfahrenswerts mit anderen Mitteln unmöglich, kann das Gericht Beweisaufnahme anordnen und die Kosten des Wertschätzungsverfahrens ganz oder teilweise einem Beteiligten auferlegen. Durchführung der Beweisaufnahme und Kostenauferlegung sind nur zulässig, wenn

- die Notwendigkeit für eine Beweisaufnahme besteht,
- die Wertfestsetzung für die Gebührenberechnung erforderlich ist (bloßes Interesse der Beteiligten genügt nicht)[1] und
- der Beteiligte schuldhaft gehandelt hat.

2 Die **Beweisaufnahme** muss **notwendig** sein. Allerdings wird ihre Notwendigkeit im Regelfall zu verneinen sein, weil die notwendigen Angaben den Verfahrensunterlagen und den Angaben der Beteiligten entnommen werden sollen. Sie ist aber erforderlich, wenn entsprechende Anhaltspunkte für den Wert nicht vorhanden und die Beteiligtenangaben zudem offensichtlich unrichtig sind. Nach § 56 kann etwa verfahren werden, wenn die Beteiligten vom Verkehrswert eines Grundstücks abweichen und sich auch aus den Akten keine Klarheit über den Wert ergibt.[2] Auch wenn aufgrund widerstreitender Angaben der Beteiligten in Ehesachen keine Grundlagen für eine Wertfestsetzung gewonnen werden können, kann nach § 56 verfahren werden.[3] Fehlen Angaben der Beteiligten, hat das Gericht zunächst nach § 53 bzw § 253 Abs. 3 ZPO iVm § 113 Abs. 1 FamFG zur Wertangabe aufzufordern. Erfolgt daraufhin keine Bezifferung, sollte das Gericht unter Hinweis auf die Kostenfolge des § 56 und Fristsetzung nochmals erinnern. Nach fruchtlosem Fristablauf kann das Wertschätzungsverfahren durchgeführt werden.

II. Verfahren (S. 1)

3 Die Entscheidung, ob eine Wertschätzung durchgeführt wird, obliegt dem Gericht (Richter, Rechtspfleger). Der Kostenbeamte oder UdG kann ein solches Verfahren hingegen nicht durchführen.

4 Das Gericht hat den Beteiligten vor Anordnung von kostenauslösenden Maßnahmen Gelegenheit zu geben, die entsprechenden Angaben einzureichen, zu berichtigen oder zu ergänzen. Vor der Bestellung von Sachverständigen ist rechtliches Gehör zu gewähren.

5 Die Beweisaufnahme ist durch Beweisbeschluss anzuordnen, der an die Beteiligten schriftlich bekanntzugeben ist.

III. Kostenentscheidung und Kostenschuldner (S. 2)

6 **1. Allgemeines.** Die Kosten des Wertschätzungsverfahrens sind grds. von der Staatskasse zu tragen. § 56 ermöglicht lediglich die Auferlegung von Kosten auf die Beteiligten, schreibt diese aber nicht zwingend vor. Sie steht daher im pflichtgemäßen Ermessen des Gerichts. Ist eine Entscheidung nach § 56 nicht erfolgt, sind die Kosten aus dem Justizhaushalt zu zahlen und können nicht von Kostenschuldnern nach §§ 21 ff eingezogen werden.

7 **2. Kostenentscheidung.** Über die Kosten ist zwingend zu entscheiden. Die Kostenentscheidung ist in dem Beschluss über die Wertfestsetzung (§ 55 Abs. 2) zu treffen. Sie bedarf einer Begründung. Aus der Entscheidung muss klar erkennbar sein, wem die Kosten auferlegt sind. Werden sie nicht einem Beteiligten auferlegt, ist auszusprechen, dass die Staatskasse die Kosten trägt. Ist eine Kostenentscheidung versehentlich unterblieben, kann nach § 43 Abs. 1 FamFG, § 321 Abs. 1 ZPO iVm § 113 Abs. 1 FamFG ergänzt werden. Da ohne Kostenentscheidung ein Kosteneinzug nicht möglich ist, steht auch der Staatskasse ein Antragsrecht zu.

8 **3. Haftung.** § 56 schafft eine eigenständige Haftungsgrundlage. Für die Kosten der Wertschätzung haftet ausschließlich der Kostenschuldner nach S. 2, nicht die allgemeinen Kostenschuldner nach §§ 21 ff. Beteiligte iSd S. 2 sind neben Antragsteller und Antragsgegner alle weiteren Personen, die nach §§ 7, 172, 188,

---

1 Gerold/Schmidt/*Mayer*, 21. Aufl, § 32 RVG Rn 104. **2** OLG Düsseldorf JurBüro 1985, 256. **3** OLG Brandenburg FF 2015, 80.

204, 212, 219 FamFG Verfahrensbeteiligte sein können. Einem Vertreter können Kosten jedoch nicht auferlegt werden, es sei denn, dass der Anwalt das Verfahren aus eigenem Recht nach § 32 Abs. 2 RVG betreibt.[4]

4. Beteiligte. Das Gericht kann die Kosten einem Beteiligten ganz oder teilweise auferlegen und kann sie auch zwischen Antragsteller und Antragsgegner anteilmäßig verteilen.[5] Sind Streitgenossen vorhanden, können die Kosten quotenmäßig verteilt oder es kann eine gesamtschuldnerische Haftung ausgesprochen werden.   9

5. Voraussetzungen für die Kostenauferlegung. a) Schuldhaftes Verhalten. Die Kostenauferlegung auf einen Beteiligten ist nur unter den Voraussetzungen des S. 2 statthaft, jedoch muss auch schuldhaftes Verhalten des Beteiligten vorliegen.[6] Er muss die Wertschätzung durch sein Verhalten „**veranlasst**" haben, wobei hiermit **bewusst oder grob fahrlässig gemachte Angaben** gemeint sind.[7] Die Kostenauferlegung hat deshalb zu unterbleiben, wenn der Beteiligte irrtümlich eine unrichtige Wertangabe macht. Ein Verschulden seitens des Vertreters trifft den vertretenen Beteiligten (§ 85 Abs. 2 ZPO iVm §§ 11, 113 Abs. 1 FamFG). Auf ein Verschulden kommt es ausnahmsweise dann nicht an, wenn die Schätzung erforderlich wird, weil eine unbegründete Beschwerde eingelegt wird.[8]   10

Nach S. 2 kann eine Kostenauferlegung erfolgen, wenn (1) die Angabe des Werts unterlassen wird, (2) unrichtige Angaben über den Wert gemacht werden, (3) der angegebene Wert unbegründet bestritten wird oder (4) unbegründet Beschwerde eingelegt wird.   11

b) Fehlende Wertangabe. Ist trotz der nach § 53 bestehenden Verpflichtung keine Wertangabe erfolgt, kann schuldhaftes Verhalten erst angenommen werden, wenn das Gericht zur Wertangabe aufgefordert hat.   12

c) Unrichtige Wertangabe. Hat der Beteiligte vorsätzlich oder grob fahrlässig eine falsche Wertangebe vorgenommen, können ihm die Kosten der Wertschätzung auferlegt werden. Dem Beteiligten ist zuvor Gelegenheit zur Berichtigung zu geben.   13

d) Unbegründetes Bestreiten. Wird die Höhe des Werts unbegründet durch den Antragsteller oder Antragsgegner bestritten, ist die Kostenauferlegung gerechtfertigt. Das Bestreiten ist dann als begründet anzusehen, wenn ein Kosteninteresse des bestreitenden Beteiligten anzunehmen ist.   14

e) Unbegründete Beschwerde. Eine Kostenauferlegung ist zulässig, wenn der Beteiligte eine unbegründete Beschwerde nach § 59 eingelegt hat. Ist eine Entscheidung nach S. 2 ergangen, besteht für diese Kosten auch keine Antragshaftung (§ 21) des Beschwerdeführers.[9] Die Kosten eines im Beschwerdeverfahren nach § 56 eingeholten Sachverständigengutachtens können dem Beschwerdeführer bei unbegründeter Beschwerde ausnahmsweise auch dann auferlegt werden, wenn er nicht schuldhaft gehandelt hat.[10]   15

6. Staatskasse. Hat kein Beteiligter die Abschätzung des Verfahrenswerts veranlasst, sind die Schätzungskosten der Staatskasse aufzuerlegen.[11] Die Kosten können dann auch nicht als Kosten des Verfahrens behandelt werden. Im Übrigen trägt die Staatskasse die Kosten auch, wenn eine Kostenentscheidung nach § 56 überhaupt nicht getroffen wurde.[12]   16

IV. Kosten der Wertschätzung

Die Kostenentscheidung nach S. 2 umfasst nur das **Wertschätzungsverfahren**. Gerichtsgebühren entstehen nicht, jedoch Auslagen. Hierzu gehören über den Wortlaut von S. 1 hinaus sämtliche in Nr. 2000 ff KV genannten Auslagen, wenn sie im Rahmen der Wertschätzung anfielen; neben der Sachverständigenvergütung (Nr. 2005 KV) auch die Kosten für notwendig anfallende Zustellungskosten (Nr. 2002 KV).   17

Die **Fälligkeit** der Auslagen bestimmt sich nach § 11 Abs. 1 Nr. 1. Sie sind daher nach Erlass der Kostenentscheidung des S. 2 einzuziehen. Auf den Eintritt der Fälligkeit im Hauptverfahren kommt es nicht an.   18

V. Rechtsbehelf

Die Kostenentscheidung des S. 2 ist isoliert mit der Beschwerde nach § 59 anfechtbar und muss nicht zusammen mit der Hauptsache angefochten werden.[13] Wendet sich der Beteiligte gegen die Höhe der Kosten, ist Erinnerung (§ 57) einzulegen.   19

---

4 OLG München OLGR 1994, 96. **5** OLG München OLGR 1994, 96. **6** HK-FamGKG/N. *Schneider*, § 56 Rn 5; Gerold/Schmidt/*Mayer*, § 32 RVG Rn 111; *Hartmann*, KostG, § 64 GKG Rn 11; aA Binz/Dörndorfer/*Dörndorfer*, FamGKG § 56 Rn 2; *Meyer*, GKG § 63 Rn 9. **7** Gerold/Schmidt/*Mayer*, § 32 RVG Rn 112. **8** HK-FamGKG/N. *Schneider*, § 56 Rn 5. **9** OLG Köln JurBüro 1987, 1058. **10** VGH BW JurBüro 1991, 1242. **11** LG Saarbrücken KostRsp. GKG § 26 Nr. 1. **12** OLG Köln JurBüro 1987, 1058. **13** *Schneider*, in: Schneider/Herget, Rn 132.

Abschnitt 8
Erinnerung und Beschwerde

§ 57 Erinnerung gegen den Kostenansatz, Beschwerde

(1) [1]Über Erinnerungen des Kostenschuldners und der Staatskasse gegen den Kostenansatz entscheidet das Gericht, bei dem die Kosten angesetzt sind. [2]War das Verfahren im ersten Rechtszug bei mehreren Gerichten anhängig, ist das Gericht, bei dem es zuletzt anhängig war, auch insoweit zuständig, als Kosten bei den anderen Gerichten angesetzt worden sind.

(2) [1]Gegen die Entscheidung des Familiengerichts über die Erinnerung findet die Beschwerde statt, wenn der Wert des Beschwerdegegenstands 200 Euro übersteigt. [2]Die Beschwerde ist auch zulässig, wenn sie das Familiengericht, das die angefochtene Entscheidung erlassen hat, wegen der grundsätzlichen Bedeutung der zur Entscheidung stehenden Frage in dem Beschluss zulässt.

(3) [1]Soweit das Familiengericht die Beschwerde für zulässig und begründet hält, hat es ihr abzuhelfen; im Übrigen ist die Beschwerde unverzüglich dem Oberlandesgericht vorzulegen. [2]Das Oberlandesgericht ist an die Zulassung der Beschwerde gebunden; die Nichtzulassung ist unanfechtbar.

(4) [1]Anträge und Erklärungen können ohne Mitwirkung eines Rechtsanwalts schriftlich eingereicht oder zu Protokoll der Geschäftsstelle abgegeben werden; § 129 a der Zivilprozessordnung gilt entsprechend. [2]Für die Bevollmächtigung gelten die Regelungen des Gesetzes über das Verfahren in Familiensachen und in den Angelegenheiten der freiwilligen Gerichtsbarkeit entsprechend. [3]Die Erinnerung ist bei dem Gericht einzulegen, das für die Entscheidung über die Erinnerung zuständig ist. [4]Die Beschwerde ist bei dem Familiengericht einzulegen.

(5) [1]Das Gericht entscheidet über die Erinnerung und die Beschwerde durch eines seiner Mitglieder als Einzelrichter. [2]Der Einzelrichter überträgt das Verfahren dem Senat, wenn die Sache besondere Schwierigkeiten tatsächlicher oder rechtlicher Art aufweist oder die Rechtssache grundsätzliche Bedeutung hat.

(6) [1]Erinnerung und Beschwerde haben keine aufschiebende Wirkung. [2]Das Gericht oder das Beschwerdegericht kann auf Antrag oder von Amts wegen die aufschiebende Wirkung ganz oder teilweise anordnen; ist nicht der Einzelrichter zur Entscheidung berufen, entscheidet der Vorsitzende des Gerichts.

(7) Entscheidungen des Oberlandesgerichts sind unanfechtbar.

(8) [1]Die Verfahren sind gebührenfrei. [2]Kosten werden nicht erstattet.

I. Allgemeines

1. Regelungszweck. Der Kostenansatz (§ 18) kann mit der Erinnerung und Beschwerde nach § 57 angegrif- **1** fen und es kann eine gerichtliche Entscheidung herbeigeführt werden. Es handelt sich um eigenständige Rechtsbehelfe, welche die allgemeinen Rechtsmittel von FamFG und ZPO **verdrängen**. Die Regelungen des § 57 gehen den Vorschriften von FamFG oder ZPO vor (§ 1 Abs. 2). Der Leistungsklage auf Rückerstattung zu Unrecht gezahlter Gerichtskosten fehlt das Rechtsschutzbedürfnis, weil zuerst nach § 57 vorzugehen ist.[1] Neben der Erinnerung kann aber stets Dienstaufsichtsbeschwerde eingelegt werden.

§ 57 gilt für sämtliche Verfahren. Greift er ausnahmsweise nicht, kann über den Kostenansatz als Justizver- **2** waltungsakt gleichwohl nach § 30 a EGGVG eine gerichtliche Entscheidung herbeigeführt werden.

2. Bindungswirkung. Soweit eine gerichtliche Entscheidung nach §§ 20, 57, 59 ergeht, ist der Kostenansatz **3** dem Handeln der Justizverwaltung entzogen, weil die Entscheidung bindet (§ 18 Abs. 3). Ist noch keine gerichtliche Entscheidung nach §§ 20, 57 ff ergangen, kann die Justizverwaltung die Änderung des Kostenansatzes anweisen (§ 18 Abs. 3 S. 1), hat aber § 19, der die Fristen für die Nachforderung von Kosten regelt, zu beachten.

II. Gegenstand der Erinnerung (Abs. 1)

1. Verletzung des Kostenrechts. Mit der Erinnerung kann nur der **Kostenansatz**, nicht aber die Verletzun- **4** gen des materiellen Kostenrechts angefochten werden.[2] Die Erinnerung kann sich daher nicht nur gegen die Höhe der Kosten, sondern gegen jede Verletzung von Vorschriften des FamGKG und der maßgeblichen Verwaltungsvorschriften wenden. Hingegen können Einwendungen, die nicht den Kostenansatz betreffen, nicht Gegenstand der Erinnerung sein. Insbesondere dienen die Verfahren des § 57 nicht dazu, die Hauptsache- oder Kostenentscheidung anzugreifen, weil hier allein die Rechtsmittel der Verfahrensordnungen einzulegen sind.[3] Der Erinnerungsführer kann daher nicht vortragen, dass eine Kostentragungspflicht für ihn nicht besteht,[4] jedoch kann er einwenden, aufgrund seiner Anträge oder der Kostenentscheidung nicht nach §§ 21 ff zu haften.

2. Beitreibung. Nach § 8 Abs. 1 S. 1 JBeitrO sind nach den Vorschriften über die Erinnerung auch solche **5** Einwendungen geltend zu machen, die den beizutreibenden Anspruch selbst, seine Haftung oder die Verpflichtung zur Duldung der Vollstreckung betreffen. Auch das Vorbringen, der angeforderte Kostenbetrag sei ganz oder teilweise geleistet, kann nach § 57 geltend gemacht werden. Soweit aber Einwendungen aufgrund der §§ 781–784, 786 ZPO erhoben werden, ist nach §§ 767, 769, 770 ZPO vorzugehen (§ 8 Abs. 2 S. 1 JBeitrO).

3. Vorschüsse. Richten sich Einwendungen gegen die Anordnung von Voraus- oder Vorschusszahlung, ist **6** Beschwerde nach § 58 Abs. 1 einzulegen. Erinnerung nach § 57 kann dann nur eingelegt werden, wenn der Kostenbeamte die Höhe des Vorschusses selbständig bestimmt.[5] Gleiches gilt wegen § 58 Abs. 2 auch, wenn die Herstellung oder Überlassung von Dokumenten oder die Versendung von Akten gem. § 16 Abs. 2 von der Zahlung eines Vorschusses abhängig gemacht wurde.

4. Kostenschuldnerschaft. Mit der Erinnerung kann eine aufgrund des FamGKG bestehende Kostenhaftung **7** angegriffen werden. Das gilt für sämtliche Arten der Haftung nach §§ 21 ff. Es kann jedoch nur geltend gemacht werden, dass der Kostenbeamte den Kostenschuldner nicht richtig bestimmt hat, einschließlich der Nichtbeachtung von § 26 und § 8 KostVfg. Ein Zweitschuldner kann einwenden, dass die Voraussetzungen des § 26 Abs. 2 nicht vorliegen oder § 26 Abs. 3, 4 verletzt wurde. Haftet der Erinnerungsführer nach § 24 Nr. 3, kann er auch seine Zahlungspflicht überprüfen lassen.[6] Gleiches gilt für den Vollstreckungsschuldner (§ 24 Nr. 4), der mit der Erinnerung einwenden kann, dass die Voraussetzungen des § 788 ZPO nicht erfüllt sind.

5. Kostenentscheidung. Die Kostenentscheidung kann nicht mit der Erinnerung angegriffen werden.[7] Das **8** gilt auch dann, wenn eine Anfechtung der Kostenentscheidung nach der Verfahrensordnung nicht mehr zulässig ist; jedoch ist hier § 20 zu prüfen. Wird eine **falsche Person** für die Kosten herangezogen, kann vor

---

1 OLG Brandenburg RVGreport 2008, 236. **2** BGH JurBüro 2008, 43; LG Göttingen ZInsO 2007, 1359. **3** BGH NJW 2014, 2509. **4** BGH AGS 2003, 267. **5** OLG Stuttgart Justiz 1984, 366. **6** BGH Rpfleger 1959, 1. **7** BGH NJW 2014, 2509.

Erlass der Kostenentscheidung die Rüge der Heranziehung einer falschen Person erhoben werden.[8] Hat hingegen der Kostenbeamte irrtümlich eine falsche Person für die Kosten herangezogen, kann sich der Dritte mit der Erinnerung wehren.

9 **6. Verfahrenswert.** Der zugrunde gelegte Wert kann mit der Erinnerung angegriffen werden,[9] so dass diese darauf gestützt werden kann, dass bei der Erstellung des Kostenansatzes von einem zu hohen Wert ausgegangen sei.[10] Ist aber bereits Festsetzung (§ 59) erfolgt, kann der Wert nicht mehr mit der Erinnerung angegriffen werden. Dem Kostenbeamten steht insoweit auch kein Abhilferecht zu, da er an die Wertfestsetzung gebunden ist. Auch eine Berichtigung im Verwaltungswege kommt nicht mehr in Betracht (§ 18 Abs. 3, § 36 KostVfg), so dass nur noch die Beschwerde nach § 59 verbleibt. Eine Erinnerung, die sich gegen den Wert richtet, ist daher ggf von Amts wegen als Beschwerde (§ 59) auszulegen.[11]

10 Eine **Aussetzung** der Verfahren nach § 57 ist möglich, wenn ein Wertfestsetzungsverfahren nach § 55 Abs. 2, 3 oder eine Beschwerde nach § 59 anhängig ist.

11 **7. Verzögerungsgebühr.** Gegen die Auferlegung einer Verzögerungsgebühr findet die Beschwerde nach § 60 statt, so dass wegen der Auferlegung als solche und der festgesetzten Höhe keine Erinnerung statthaft ist. Nur gegen die Tätigkeit des Kostenbeamten findet Erinnerung statt (→ § 60 Rn 5).

8. Weitere Anwendungsfälle A–Z

12 ■ **Aufrechnung.** Ihre Erklärung durch den Kostenschuldner ist als Erinnerung auszulegen, jedoch müssen die Zulässigkeitsvoraussetzungen des § 8 Abs. 1 S. 2 JBeitrO vorliegen,[12] so dass eine Aufrechnung nur statthaft ist, wenn die zur Aufrechnung gestellte Gegenforderung anerkannt oder gerichtlich festgestellt ist.

13 ■ **Auslandshilfe.** Die von den deutschen Auslandsvertretungen für ihre Tätigkeiten erhobenen Kosten können mit der Erinnerung angegriffen werden, jedoch können Notwendigkeit und Höhe der Kosten vom Gericht nicht nachgeprüft werden.[13] Gleiches gilt für die Kosten, die von ausländischen Behörden geltend gemacht worden sind.

14 ■ **Endentscheidung.** Eine Überprüfung oder Anfechtung der gerichtlichen Entscheidung, welche dem Kostenansatz zugrunde liegt, ist im Erinnerungsverfahren nicht statthaft,[14] denn sie bindet sowohl den Kostenbeamten als auch das Erinnerungsgericht. Eine Überprüfung kann auch nicht auf § 8 Abs. 1 S. 1 JBeitrO gestützt werden.[15]

15 ■ **Erbenhaftung.** Der Einwand der beschränkten Erbenhaftung kann mit der Erinnerung geltend gemacht werden,[16] denn sie ist nach § 8 Abs. 2 S. 1 JBeitrO im Klageverfahren geltend zu machen.[17] Für Einwendungen nach §§ 781–784, 786 ZPO gelten die §§ 767, 769, 770 ZPO sinngemäß, wobei für die Klage das Gericht zuständig ist, in dessen Bezirk die Vollstreckung stattgefunden hat. Auch auf die Ausschlagung des Nachlasses kann sich der Rechtsnachfolger eines Erblassers nicht berufen, wenn er selbst eine erfolglose Beschwerde einlegt und deshalb Kostenschuldner für das Beschwerdeverfahren geworden ist.[18]

16 ■ **Erlass und Stundung.** Hierüber kann im Erinnerungsverfahren keine Entscheidung getroffen werden.[19] Es handelt sich um Justizverwaltungsverfahren (→ § 2 Rn 57 ff).

17 ■ **Fälligkeit.** Mit der Erinnerung kann geltend gemacht werden, dass die Kosten zum Zeitpunkt der Anforderung noch nicht fällig waren.

18 ■ **JVEG.** Die in der Kostenrechnung enthaltenen Zahlungen nach dem JVEG (Nr. 2005 KV) können angefochten werden, zB **zuviel gezahlte Beträge an Zeugen.**[20] Da die Beteiligten nicht an dem Verfahren nach § 4 JVEG beteiligt sind, können sie Einwendungen gegen die Zahlung nach dem JVEG nur im Wege der Erinnerung nach § 57 geltend machen.[21] Wegen der Regelung des § 4 Abs. 9 JVEG, wonach dort ergangene Festsetzungsbeschlüsse nicht zu Lasten des Kostenschuldners wirken, kann Erinnerung auch noch eingelegt werden, wenn eine gerichtliche Festsetzung nach § 4 JVEG[22] oder eine Zahlung an den Sachverständigen bereits erfolgt ist.[23] Einwendungen des erstattungspflichtigen Gegners bei der Kostenfestsetzung (§§ 103 ff ZPO iVm §§ 85, 113 Abs. 1 FamFG), dass Zahlungen an den Sachverständigen zu Unrecht geleistet seien, kann dieser gegenüber der Staatskasse mit der Erinnerung (§ 57) geltend machen.[24] Die Erinnerungsentscheidung über die JVEG-Zahlungen ist für das Kostenfestsetzungsverfahren

8 OLG Koblenz JurBüro 1993, 425. **9** BFH 27.10.2000 – VII E 10/00, juris. **10** OLG Schleswig Rpfleger 1956, 234. **11** OLG Oldenburg JurBüro 1992, 169. **12** BFH 6.12.2001 – VII R 40/99, juris; OLG Celle NJW 2013, 486. **13** OLG Hamburg Rpfleger 1958, 35. **14** OLG Frankfurt JurBüro 1987, 728. **15** BFH 6.9.2004 – VII E 5/04, juris. **16** OLG München JurBüro 1994, 112. **17** KG Rpfleger 1962, 117. **18** BFH 10.10.2003 – V E 2/03, juris. **19** VG München 28.5.1997 – M 4 K 94.5600, juris; LG Schwerin 12.4.2010 – 2 S 121/09, juris. **20** OLG Schleswig Rpfleger 1962, 393. **21** OLG Frankfurt MDR 1985, 152. **22** OLG Düsseldorf JurBüro 1996, 43. **23** OLG Koblenz zfs 2002, 247. **24** OLG Koblenz JurBüro 1985, 135; OLG Schleswig SchlHA 1995, 301.

bindend.[25] Auch das Ziel, von den Kosten eines nicht verwertbaren Gutachtens freizukommen, kann nur mit der Erinnerung verfolgt werden; ein materiellrechtlicher Anspruch nach § 823 BGB besteht nicht.[26]

- **Kostenabstand.** Die Nichtbeachtung des § 10 KostVfg kann nicht mit der Erinnerung angefochten werden (ausf. → Vor §§ 18 ff Rn 56).[27] **19**

- **Kostenentscheidung.** Sie kann nicht im Erinnerungsverfahren angefochten werden.[28] **20**

- **Kostenfreiheit.** Mit der Erinnerung kann eingewendet werden, dass eine bestehende Kosten- oder Gebührenfreiheit (s. § 2) nicht beachtet wurde, auch wenn der Befreite die Kosten bereits bezahlt hat.[29] **21**

- **Kostenverfügung.** Die Erinnerung kann auch auf die Verletzung von Vorschriften der Kostenverfügung gestützt werden. Ein Verstoß gegen § 24 KostVfg ist aber unschädlich.[30] **22**

- **Mandatsverhältnis.** Nicht zum Gegenstand der Erinnerung können Einwendungen gemacht werden, die das Mandatsverhältnis des Kostenschuldners zu seinem Bevollmächtigten betreffen,[31] zB es sei überhaupt kein Mandat erteilt worden.[32] **23**

- **Masseunzulänglichkeit.** Der Einwand kann vom Insolvenzverwalter erhoben werden und ist als Erinnerung anzusehen.[33] **24**

- **Nachforderungsverbot.** Ein Verstoß gegen § 19 ist mit der Erinnerung geltend zu machen. **25**

- **Rechnungsgebühren.** Soweit wegen § 63 noch auf Altfälle anwendbar, gilt § 62 Abs. 2 aF; die Erinnerung ist nicht zulässig. **26**

- **Reiseentschädigung.** Die Entscheidung über die Zahlung einer Reiseentschädigung an mittellose Personen kann nicht mit der Erinnerung angefochten werden.[34] Da die Zahlungen jedoch gerichtliche Auslagen sind (Nr. 2007 KV), kann jedoch ein solcher Ansatz angegriffen werden, zB weil die gezahlten Beträge überhöht sind. **27**

- **Reisekosten des Gerichts.** Der Kostenschuldner kann nicht einwenden, dass ein Termin außerhalb des Gerichts nicht erforderlich gewesen oder ein auswärtiger Termin ohne seine Zustimmung anberaumt worden sei.[35] **28**

- **Rückzahlung.** Wird die Rückzahlung eines geleisteten Vorschusses ohne Grundlage einer Kostenrechnung verweigert, ist Erinnerung statthaft.[36] Liegt eine ordnungsgemäße Kostenrechnung tatsächlich nicht vor, ist die Verfügung über die verweigerte Rückzahlung aufzuheben. **29**

- **Sozialhilfe.** Eine Nichtberücksichtigung sozialrechtlicher Bestimmungen beim Kostenansatz kann nicht angegriffen werden,[37] es sei denn, das Gesetz schreibt eine solche Beachtung ausdrücklich vor (zB Anm. zu Nr. 2013 KV wegen § 1836 c BGB). **30**

- **Übergegangene Ansprüche.** Gegen den Einzug der nach § 59 RVG übergegangenen Ansprüche kann Erinnerung eingelegt werden. Das Erinnerungsverfahren richtet sich wegen § 59 Abs. 2 S. 1 RVG in vom FamGKG erfassten Verfahren gleichfalls nach § 57. Es kann nur eingewendet werden, dass die gezahlte Vergütung zu hoch gewesen ist[38] bzw Gebühren oder Auslagen zu Unrecht festgesetzt worden sind. Auch die bindende Feststellung § 46 Abs. 2 RVG kann nicht Gegenstand der Erinnerung sein. **31**

- **Unrichtige Sachbehandlung (§ 20).** Sie kann mit der Erinnerung nach § 57 eingewendet werden. Siehe auch → § 20 Rn 77 f. **32**

- **Verfahrensbeistand.** Einwendungen gegen die Vergütung des Verfahrensbeistands können nur mit der Erinnerung (§ 57) angegriffen werden, da die Beteiligten nicht am Festsetzungsverfahren (§ 168 FamFG) beteiligt sind. Neben dem Einwand, dass § 158 Abs. 1 FamFG nicht erfüllt ist, kann die Erinnerung auch darauf gestützt werden, dass die gezahlte Vergütung die Pauschale des § 158 Abs. 7 FamFG übersteigt, zB weil neben der Pauschale noch Umsatzsteuer oder Auslagen festgesetzt sind. Eingewendet werden kann auch, dass dem Verfahrensbeistand keine Aufgaben nach § 158 Abs. 4 S. 3 FamFG übertragen worden sind und ihm deshalb die erhöhte Pauschale von 550 € nicht zusteht. Vorgetragen werden kann auch, dass der Verfahrensbeistand überhaupt noch nicht tätig geworden ist und die Vergütung noch nicht entstanden ist. Hingegen können Einwendungen, welche die Art und Weise der Tätigkeit des Verfahrensbeistands betreffen, nicht vorgetragen werden, denn die fehlerhafte Amtsausübung ist mit dem Rechtsmittel, das gegen die erlassene Sachentscheidung statthaft ist, anzugreifen.[39] **33**

---

25 OLG Naumburg JurBüro 2001, 374. **26** BGH MDR 1984, 305. **27** Aufgabe der in der Vorauflage (1. Aufl. 2014, aaO) vertretenen Auffassung. **28** BGH JurBüro 2008, 43; OLG Frankfurt AnwBl 1988, 178; LG Göttingen ZInsO 2007, 1359. **29** LG Berlin JurBüro 1983, 1535. **30** BGH Rpfleger 1975, 432. **31** BGH NJW-RR 1998, 503. **32** OLG Koblenz VersR 1985, 672; OLG Frankfurt JurBüro 1987, 728. **33** OLG Düsseldorf Rpfleger 1990, 134; ThürLAG 6.1.2005 – 1 Sa 43/02, juris. **34** OLG Hamm Rpfleger 1955, 256. **35** OLG Schleswig Rpfleger 1956, 324. **36** OLG Schleswig SchlHA 1990, 57. **37** LG Paderborn JurBüro 1979, 565. **38** BGH MDR 1978, 214. **39** OLG Frankfurt FamRZ 2013, 1331; OLG München Rpfleger 2012, 205.

33a ▪ **Verfahrenstrennung.** Eine Verletzung des Kostenrechts liegt nicht vor, wenn aufgrund einer Verfahrenstrennung Mehrkosten entstehen, da dem Kostenansatz die Verfahrensgestaltung des Gerichts zugrunde zu legen ist.[40] Allenfalls kommt eine Anordnung nach § 20 in Betracht, jedoch rechtfertigen Kostennachteile, die den Beteiligten durch die Verfahrenstrennung entstehen, eine Nichterhebung nicht.[41]

34 ▪ **Verjährungseinrede.** Sie ist im Erinnerungsverfahren zu erheben, § 30 a EGGVG gilt nicht.[42]

35 ▪ **Vertretung.** Nicht eingewendet werden kann, dass die Gegenseite in dem Erkenntnisverfahren nicht ordnungsgemäß vertreten gewesen sei.[43] Siehe auch → Rn 23.

36 ▪ **VKH.** Mit der Erinnerung kann nur eingewendet werden, dass der Einzug von Kosten wegen § 122 ZPO iVm §§ 76 Abs. 1, 113 Abs. 1 FamFG unstatthaft ist. Die Entscheidung über die VKH-Bewilligung selbst kann nicht Gegenstand der Erinnerung sein. Wegen § 59 RVG → Rn 31.

37 ▪ **Zahlungen.** Der Erinnerungsführer kann einwenden, dass er bereits Zahlungen geleistet hat oder geleistete Zahlungen im Kostenansatz nicht berücksichtigt sind. Die Zahlung ist zu beweisen, bloße Glaubhaftmachung genügt nicht.[44] Der Zahlungsbeweis kann auch mit anderen Beweisen als Kostenmarken oder Gebührenstemplern geführt werden kann, jedoch sind strenge Anforderungen zu stellen.[45]

38 ▪ **Zweitschuldner.** Er kann seine Inanspruchnahme mit der Erinnerung angreifen.[46]

III. Zulässigkeitsvoraussetzungen der Erinnerung

39 **1. Beschwer.** Der Erinnerungsführer muss durch den angegriffenen Kostenansatz **beschwert** sein; zur Beschwer der Staatskasse → Rn 52 f. Er muss durch die Staatskasse unmittelbar in Anspruch genommen und zur Zahlung aufgefordert worden sein.[47] Es genügt daher nicht, dass eine Inanspruchnahme zu einem späteren Zeitpunkt in Betracht kommen kann.[48] Ein Zweitschuldner kann Erinnerung zwar grds. einlegen, muss aber bereits in Anspruch genommen sein. Ein nach § 80 FamFG bzw § 91 ZPO iVm § 113 Abs. 1 FamFG erstattungspflichtiger Beteiligter kann seine Einwendungen im Kostenfestsetzungsverfahren geltend machen.[49]

40 Maßgeblich ist der **Zeitpunkt** der Verfügung der Absendung der Kostenrechnung an den Kostenschuldner oder der formlosen Bekanntgabe an diesen.[50]

41 Eine Beschwer ist gegeben, wenn der aufgestellte Kostenansatz **fehlerhaft** ist und aufgrund dieses Fehlers höhere oder niedrigere Kosten entstehen. Auch **Rechenfehler** können zu einer Beschwer führen, allerdings nur dann, wenn das Gesamtergebnis der Kostenrechnung dadurch unrichtig wird. Es ist auch ausreichend, wenn sich die Beschwer auf einzelne Teile des Kostenansatzes bezieht.

42 **2. Frist.** Die Erinnerung ist **nicht fristgebunden.** Obwohl auch bloßer Zeitablauf das Recht zur Einlegung der Erinnerung nicht beseitigt, kann diese gleichwohl **verwirkt** sein. §§ 7, 19 können hierfür aber nicht herangezogen werden, weil der Gesetzgeber keine Erinnerungsfrist geschaffen hat. Verwirkung ist deshalb anzunehmen, wenn sich aus dem Einzelfall ergibt, dass aufgrund der vorliegen Umstände anzunehmen war, dass Kostenschuldner oder Staatskasse Erinnerung nicht mehr einlegen wollten. Auch darf die Einlegung der Erinnerung nicht absichtlich verzögert werden.[51] Eine eingetretene Verjährung (§ 7) schließt die Erinnerung nicht aus. Gleiches gilt, wenn die Kosten bereits gezahlt sind[52] oder die Staatskasse zu viel geleistete Kosten bereits erstattet oder Löschung des Solls veranlasst hat.[53]

43 **3. Begründung.** Eine Verpflichtung zur Begründung der Erinnerung besteht nicht.[54] Gleichwohl empfiehlt sich eine solche, damit ersichtlich ist, welches Rechtsschutzziel und Anliegen verfolgt werden. Da ein unrichtiger Kostenansatz auch von Amts wegen zu berichtigen ist, muss der Kostenbeamte aber auch bei unbegründeten Erinnerungen prüfen, ob der angegriffene Kostenansatz zu berichtigen ist. Er hat den Erinnerungsführer ggf aufzufordern, er möge darlegen, inwieweit der Kostenansatz angegriffen wird. Der Erinnerungsführer ist aber nicht verpflichtet, konkrete Anträge zu stellen oder gar den seiner Auffassung nach richtigen Kostenansatz zu beziffern.

44 **4. Form (Abs. 4 S. 1).** Die Erinnerung ist **schriftlich** einzureichen oder zu **Protokoll der Geschäftsstelle** zu erklären (Abs. 4 S. 1 Hs 1). Es gilt § 129 a ZPO entsprechend (Abs. 4 S. 1 Hs 2), so dass die Erklärung zur Geschäftsstelle jedes Amtsgerichts abgegebenen werden kann (§ 129 a Abs. 1 ZPO), jedoch tritt bei Abgabe vor einem unzuständigen Gericht die Wirkung frühestens ein, wenn das Protokoll beim zuständigen Ge-

40 KG GWR 2010, 294. **41** KG GWR 2010, 294. **42** OLG Hamm NJW-RR 2001, 1656; LG Stendal Rpfleger 2005, 220 (noch zu Art. XI § 1 KostÄndG v. 26.7.1957, BGBl. I 861). **43** BFH 29.4.2008 – I K 9/08, juris. **44** OLG München Rpfleger 1956, 28. **45** OLG Koblenz JurBüro 1980, 572. **46** LG Stendal JurBüro 2005, 317. **47** OLG Schleswig JurBüro 1981, 403; OLG Düsseldorf Rpfleger 1985, 255; LG Wuppertal JurBüro 1992, 480. **48** *Oestreich/Hellstab/Trenkle*, FamGKG § 57 Rn 38; aA HK-FamGKG/*Volpert*, § 57 Rn 27. **49** OLG Düsseldorf Rpfleger 1985, 255. **50** KG NJW-RR 2003, 1723. **51** KG Rpfleger 1962, 117. **52** LG Dortmund 3.8.2015 – 3 O 136/15, juris; OLG Koblenz ZAP EN-Nr. 244/2004. **53** KG Rpfleger 1962, 117. **54** BFH/NV 2003, 333.

richt eingeht (§ 129 a Abs. 2 S. 2 ZPO). Von der aufgenommenen Erklärung ist dem Erinnerungsführer kostenfrei eine Abschrift auszuhändigen. Unter den Voraussetzungen des § 8 können auch elektronische Dokumente verwendet werden. Auch eine nur mittels **E-Mail** eingelegte Erinnerung genügt nicht, wenn sie weder eine in Kopie wiedergegebene Unterschrift enthält noch mit einer qualifizierten elektronischen Signatur versehen ist.[55] Darauf sollte der Erinnerungsführer hingewiesen werden.

Eine ausdrückliche Bezeichnung als Erinnerung ist nicht erforderlich, so dass eine **Falschbezeichnung** unschädlich ist. Es ist daher jedes Schreiben als Erinnerung auszulegen, durch welches der Kostenansatz in irgendeiner Weise angegriffen wird, bspw wenn der Kostenschuldner die Kostenrechnung „zurückweist",[56] sich weigert, einen Teil der Kosten zu zahlen, oder den Schriftsatz als Vorstellung bezeichnet.[57] Wendet sich die Erinnerung gegen die Wertfestsetzung, kann sie als Beschwerde nach § 59 gedeutet werden.[58] **45**

5. Empfangsgericht (Abs. 4 S. 3). Die Erinnerung ist bei dem Gericht einzulegen, welches nach Abs. 1 über die Erinnerung zu entscheiden hat (→ Rn 62 ff). Ist die Einlegung bei einem unzuständigen Gericht erfolgt, hat Abgabe an das zuständige Gericht zu erfolgen. **46**

6. Vertretung (Abs. 4 S. 2). Eine anwaltliche Vertretung ist im Erinnerungsverfahren nicht erforderlich, auch wenn ein Anwaltsverfahren (§ 10 Abs. 4, § 114 FamFG) vorliegt, was durch den Wortlaut des Abs. 4 S. 1 „ohne Mitwirkung eines Rechtsanwalts" klargestellt ist. Insoweit werden §§ 10, 114 FamFG verdrängt (§ 1 Abs. 2). **47**

Ist der Erinnerungsführer gleichwohl anwaltlich vertreten, gelten die Regelungen der §§ 10 f FamFG (Abs. 4 S. 2). Wegen der **Vollmacht** verweist § 11 FamFG auf §§ 81–87, 89 ZPO. In Ehe- und Familienstreitsachen gelten §§ 80 ff ZPO iVm § 113 Abs. 1 FamFG. Die in dem zugrunde liegenden Verfahren erteilte Verfahrensvollmacht umfasst auch das Erinnerungs- oder Beschwerdeverfahren nach § 57, so dass es einer besonderen Bevollmächtigung nicht bedarf. Soweit jedoch der Anwalt nur für das Verfahren nach § 57 bestellt wird, ist die erteilte Vollmacht bei Gericht vorzulegen,[59] Unterbleibt dies, sind Erinnerung oder Beschwerde als unzulässig zurückzuweisen.[60] **48**

Wird der Kostenschuldner **gesetzlich vertreten**, so sind die Vertreter (zB Eltern, Vormund, Pfleger, Betreuer) zur Einlegung der Erinnerung oder Beschwerde berechtigt. **49**

7. Bedingungsfeindlichkeit. Die Erinnerung kann nicht unter Bedingung eingelegt werden.[61] **50**

IV. Erinnerungs- und Beschwerdeberechtigte

1. Kostenschuldner. Der Kostenschuldner ist zur Einlegung der Erinnerung berechtigt. Kostenschuldner iSd Abs. 1 S. 1 ist jeder Schuldner nach den §§ 21 ff. Voraussetzung ist jedoch, dass der Kostenansatz als Justizverwaltungsakt Außenwirkung erlangt hat, so dass die Kostenrechnung daher an den Schuldner übersandt und dieser zur Zahlung aufgefordert worden sein muss.[62] Das gilt auch für den Fall gesamtschuldnerischer Haftung. Auch dem Zweitschuldner steht daher ein Erinnerungsrecht erst zu, wenn die Zweitschuldnerrechnung an ihn übersandt wurde. Die bloße Ankündigung eines Kostenansatzes genügt nicht, denn sie ist nicht anfechtbar,[63] ebenso wenig wie ein lediglich zur gerichtsinternen Prüfung aufgestellter Kostenansatz.[64] **51**

2. Staatskasse. Der Staatskasse steht ein Erinnerungsrecht zu. Allerdings soll sie Erinnerung nur einlegen, wenn dies wegen der **grundsätzlichen Bedeutung der Sache** angezeigt ist (§ 38 Abs. 1 KostVfg). Die Vertretung der Staatskasse ist durch besondere Verwaltungsbestimmungen geregelt. Bestehen keine ausdrücklichen Weisungen des Behördenvorstands, entscheidet der **Bezirksrevisor** nach pflichtgemäßem Ermessen, ob Erinnerung einzulegen ist. Im Falle der Verjährungseinrede ist § 31 KostVfg zu beachten (→ § 7 Rn 15). Der Vertreter der Staatskasse kann Erinnerung bereits einlegen, wenn der Kostenansatz noch nicht an den Kostenschuldner bekanntgegeben wurde.[65] Auch kann durch die Staatskasse ein Antrag auf Nichterhebung der Kosten nach § 20 schon vor Aufstellung des Kostenansatzes gestellt werden.[66] **52**

Die Staatskasse kann auch **zugunsten des Kostenschuldners** Erinnerung einlegen,[67] weil sich ein solches Recht schon aus dem **Grundsatz der ordentlichen Haushaltsführung** sowie Treu und Glauben herleitet. Im Übrigen ergibt sich auch aus § 43 Abs. 1 S. 1 KostVfg, dass die Anordnung zur Berichtigung eines unrichtigen Kostenansatzes auch dann zu treffen ist, wenn er zum Nachteil des Kostenschuldners aufgestellt wurde. **53**

---

55 BGH NJW-RR 2015, 1209; VG Arnsberg Rpfleger 2014, 31. **56** BFH 3.8.2004 – I E 1/04, juris. **57** OLG Celle NdsRpfl 1965, 47. **58** OLG Düsseldorf JurBüro 1972, 1021. **59** BFH JurBüro 1992, 545. **60** *Oestreich/Hellstab/Trenkle*, FamGKG § 57 Rn 25. **61** BFH 14.7.2003 – VIII E 2/02, juris. **62** OLG Schleswig SchlHA 1981, 403; OLG Düsseldorf JurBüro 1985, 1065; KG NJW-RR 2003, 1723; *Meyer*, GKG § 66 Rn 9; *Oestreich/Hellstab/Trenkle*, FamGKG § 57 Rn 39; aA OLG München JurBüro 1990, 357; *Binz/Dörndorfer/Zimmermann*, GKG § 66 Rn 17; HK-FamGKG/*Volpert*, § 57 Rn 27. **63** OLG Karlsruhe Justiz 1980, 419. **64** KG NJW-RR 2003, 1723. **65** KG JurBüro 2004, 325. **66** KG JurBüro 1977, 1587. **67** KG JurBüro 1977, 1587.

54 **3. Erstattungspflichtige.** Personen, die dem Kostenschuldner zur Erstattung der gezahlten Gerichtskosten verpflichtet sind, besitzen kein eigenständiges Erinnerungsrecht, wenn sie nicht selbst als Kostenschuldner durch die Staatskasse in Anspruch genommen werden. Insbesondere der nach §§ 80 ff FamFG, § 91 ZPO iVm § 113 Abs. 1 FamFG Erstattungspflichtige kann keine Erinnerung einlegen. Allerdings kann er im Kostenfestsetzungsverfahren vorbringen, dass die angemeldeten Gerichtskosten bei einem richtig aufgestellten Kostenansatz nicht entstanden wären und deshalb eine Verpflichtung zur Kostenerstattung nicht besteht.[68]

55 **4. Unbeteiligte.** Wurde eine Person **irrtümlich** als **Kostenschuldner** bezeichnet und zur Zahlung der Kosten aufgefordert, steht ihr ein Erinnerungsrecht zu. Sie kann die Erinnerung aber nur auf die zu Unrecht ergangene Inanspruchnahme stützen. Eine Korrektur für den wahren Kostenschuldner kann sie nicht verlangen.

56 **5. Rechtsanwälte.** Rechtsanwälten steht kein Erinnerungsrecht zu, auch nicht, wenn die Rückzahlung von Kosten unterbleibt, die der Anwalt aus eigenen Mitteln geleistet hat.[69] Die Akten sind nach § 29 Abs. 4 KostVfg jedoch dem Prüfungsbeamten zur Entscheidung vorzulegen, wenn der durch einen Rechtsanwalt vertretene Beteiligte dem Gericht gegenüber der Rückzahlung an diesen widersprochen hat und der Rechtsanwalt der Rückzahlung an den Beteiligten nicht zustimmt. Auch einem im Wege der VKH beigeordneten Rechtsanwalt steht ein eigenes Erinnerungsrecht nicht zu, wenn dieser den Einwand erhebt, dass sich aufgrund des falschen Kostenansatzes die Zahlung der weiteren Vergütung (§ 50 RVG) verringert oder verzögert.

57 **6. Rechtsschutzversicherung.** Hat die Rechtsschutzversicherung für den Kostenschuldner Gerichtskosten geleistet, steht ihr ausnahmsweise ein Erinnerungsrecht zu, wenn mit dem Kostenansatz die Rückzahlung von Kosten an den Kostenschuldner persönlich angeordnet wird.[70]

V. Das Erinnerungsverfahren

58 **1. Verfahren.** Das Erinnerungsverfahren richtet sich nach § 57, dessen Regelungen den für das entsprechende Verfahren geltenden Vorschriften der Verfahrensordnung vorgehen (§ 1 Abs. 2). Daraus folgt zugleich, dass im Übrigen die Regelungen von FamFG bzw ZPO gelten, soweit sich aus § 57 nichts Abweichendes ergibt.

59 **2. Abhilferecht.** Nach Eingang der Erinnerung sind die Akten zunächst dem Kostenbeamten vorzulegen. Dieser kann ganz oder teilweise abhelfen (§ 28 Abs. 2 S. 2 KostVfg). Ein Abhilferecht besteht aber nur, soweit noch keine Anordnung im Dienstaufsichtsweg oder eine gerichtliche Entscheidung über den Kostenansatz oder Verfahrenswert ergangen ist. Die Abhilfe kann auch zuungunsten der Staatskasse erfolgen. Kein Abhilferecht besteht, wenn mit der Erinnerung eine Anordnung nach § 20 angestrebt wird, weil für solche Entscheidungen das Gericht (Richter, Rechtspfleger) zuständig ist, ausgenommen die Fälle des § 11 KostVfg.

60 **3. Vertreter der Staatskasse.** Will der Kostenbeamte der Erinnerung **nicht oder nur teilweise abhelfen**, hat er die Erinnerung mit den Akten dem Prüfungsbeamten vorzulegen (§ 28 Abs. 2 S. 2 KostVfg). Gleiches gilt, wenn sich die Erinnerung gegen eine Anordnung des Prüfungsbeamten richtet. Prüfungsbeamte sind nach § 35 KostVfg der Bezirksrevisor sowie die weiter bestellten Prüfungsbeamten. Die Staatskasse ist in jedem Falle zu beteiligen, wenn der Erinnerung durch den Kostenbeamten nicht oder nicht vollständig abgeholfen wird. Die Vorlage an den Vertreter der Staatskasse hat durch das Gericht aber auch dann zu erfolgen, wenn die Akten entgegen § 28 Abs. 2 S. 2 KostVfg dem Gericht sofort zur Entscheidung vorgelegt worden sind. Der Prüfungsbeamte hat die Erinnerung zu prüfen. Er kann in einer abzugebenden Stellungnahme entweder Richtigstellung des Kostenansatzes anordnen (§ 36 KostVfg), Zurückweisung der Erinnerung beantragen oder aufgrund der Aktenvorlage auch selbstständig Erinnerung gegen den Kostenansatz einlegen (aber → Rn 52 f).

61 Soweit der Kostenbeamte der Erinnerung **abhelfen** will, ist eine Vorlage an den Vertreter der Staatskasse nicht erforderlich, soweit anders lautende Dienstanweisungen nicht ergangen sind.

62 **4. Zuständigkeiten. a) Sachliche und örtliche Zuständigkeit (Abs. 1).** Über die Erinnerung entscheidet nach Abs. 1 S. 1 das Gericht, bei dem die Kosten angesetzt sind. War das Verfahren innerhalb eines Rechtszugs bei verschiedenen Gerichten anhängig, entscheidet das Gericht, bei dem das Verfahren zuletzt anhängig war und die Schlusskostenrechnung erstellt hat. Das gilt nach Abs. 1 S. 2 ausdrücklich auch für solche Kosten, die durch das abgebende Gericht angesetzt sind.

63 Handelt es sich um Kosten eines Rechtsmittels, ist für die Entscheidung wegen § 18 Abs. 1 S. 1 Nr. 2 das Rechtsmittelgericht zuständig. Daraus folgt, dass für den Fall, dass der Kostenansatz verschiedener Instan-

68 OLG Celle AGS 2010, 359. **69** OLG Oldenburg 27.2.1978 – 13 U 21/85, juris. **70** OLG Düsseldorf MDR 1983, 321.

zen angegriffen wird, verschiedene Gerichte für die Erinnrungsentscheidung zuständig sind. Es ist dabei auch der für das jeweilige Gericht zuständige Vertreter der Staatskasse zu hören.

Im Falle der **Rechtshilfe** verbleibt es bei der Zuständigkeit des ersuchenden Gerichts; ein beauftragter oder 64 ersuchter Richter ist nicht zuständig.[71]

b) Funktionelle Zuständigkeit (Abs. 5). Zuständig ist der **Familienrichter**. Ist das OLG zuständig, entschei- 65 det es durch den Einzelrichter, der das Verfahren jedoch nach Abs. 5 S. 2 dem Senat übertragen kann, wenn die Sache besondere Schwierigkeiten tatsächlicher oder rechtlicher Art aufweist oder die Rechtssache grundsätzliche Bedeutung hat.

Handelt es sich um ein Verfahren, das dem **Rechtspfleger** übertragen ist, ist dieser zuständig. Jedoch ist er 66 von der Entscheidung ausgeschlossen, wenn er selbst als Kostenbeamter tätig war.[72] In diesen Fällen kann er aber das Abhilferecht (§ 28 Abs. 2 S. 2 KostVfg) ausüben. An die Stelle des Rechtspflegers tritt nicht der Familienrichter, sondern der Vertreter des ausgeschlossenen Rechtspflegers.[73]

5. Rechtliches Gehör. Den Beteiligten ist rechtliches Gehör zu gewähren, wenn sie durch die Abänderung 67 des Kostenansatzes benachteiligt sein können. Soweit der Erinnerung abgeholfen wird, braucht dem Kostenschuldner kein rechtliches Gehör gewährt zu werden. Gleiches gilt für den Zweitschuldner, wenn er noch nicht in Anspruch genommen war. Der Staatskasse ist stets rechtliches Gehör zu gewähren, wenn der Erinnerung nicht durch den Kostenbeamten abgeholfen wird. Rechtliches Gehör wird durch die **Vorlage** nach § 28 Abs. 2 S. 2 KostVfg gewährt. Hat der Vertreter der Staatskasse Zurückweisung der Erinnerung beantragt oder namens der Staatskasse Erinnerung eingelegt, ist dem Kostenschuldner rechtliches Gehör zu gewähren. Die **Verletzung** des rechtlichen Gehörs kann, wenn eine Beschwerde (Abs. 2) nicht zulässig ist, mit der Anhörungsrüge (§ 61) angegriffen werden; bei Rechtspflegerentscheidungen, die nicht mehr nach § 57 angreifbar sind, greift § 11 Abs. 2 RPflG.

6. Entscheidung. Über die Erinnerung entscheidet das Gericht durch begründeten Beschluss. Einer förmli- 68 chen Zustellung bedarf es nicht, da ein befristeter Rechtsbehelf nicht gegeben ist. Mit der Entscheidung kann der Kostenansatz geändert oder der Kostenbeamte angewiesen werden, den Kostenansatz zu ändern, jedoch ist dann zugleich auszusprechen, wie die Berichtigung zu erfolgen hat.

Der Sachverhalt ist im Erinnerungs- oder Beschwerdeverfahren **von Amts wegen aufzuklären**.[74] Das Gericht 69 hat deshalb auch in solchen Fällen, in denen der Vertreter der Staatskasse die Erinnerung für begründet hält, selbständig zu prüfen, ob es dem Rechtsbehelf stattgeben will. Auch ist das Gericht nicht gehalten, seiner Entscheidung den vom Kostenbeamten berechneten Streitwert zugrunde zu legen.[75]

7. Unrichtigkeiten. Liegt eine offensichtliche Unrichtigkeit vor, kann die Entscheidung über die Erinnerung 70 nach § 42 FamFG, § 319 iVm § 113 Abs. 1 FamFG berichtigt werden.

8. Unterbrechung. Das Erinnerungsverfahren wird durch den **Tod** des Erinnerungsführers gem. § 239 71 Abs. 1 ZPO bis zur Aufnahme durch den Rechtsnachfolger unterbrochen.[76] Der Rechtsnachfolger ist danach durch Beschluss aufzufordern, sich zur Aufnahme zu erklären. Wird eine Erklärung innerhalb der gesetzten **Frist nicht abgegeben**, ist entsprechend § 239 Abs. 4 ZPO über die Erinnerung zu entscheiden. Unterbrechung tritt auch durch **Insolvenzeröffnung** ein (§ 240 ZPO).[77]

9. Verschlechterungsverbot. Erfolgt die Berichtigung des Kostenansatzes von Amts wegen, kann er unter 72 Berücksichtigung der §§ 7, 19 auch **zum Nachteil des Kostenschuldners** geändert werden. Gleiches gilt, wenn der Vertreter der Staatskasse Erinnerung einlegt. Soweit aber der Kostenschuldner selbst Erinnerung oder Beschwerde nach § 57 eingelegt hat, ist das Verschlechterungsverbot zu beachten. Anderslautende ältere Rspr[78] ist als überholt anzusehen, weil der Gesetzgeber schon mit dem KostRÄndG 1975 klargestellt hat, dass eine nachteilige Abänderung nicht zulässig ist, und dazu ausgeführt hat: „… Damit wird dem Erinnerungsführer ein Anspruch auf eine endgültige gerichtliche Entscheidung gegeben und klargestellt, daß der Kostenansatz auf Grund der Erinnerung der Erinnerung des Erinnerungsführers nicht zu dessen Nachteil geändert werden darf."[79] Diese Klarstellung gilt auch für § 57, da er die entsprechenden Regelungen des GKG übernimmt.

10. Weitere Erinnerungen. Soweit eine gerichtliche Entscheidung über die Gerichtskosten ergangen ist, 73 kann der betreffende Teil des Kostenansatzes nicht mehr Gegenstand eines weiteren Erinnerungsverfahrens sein. Gegen die Erinnerungsentscheidung kann nur noch Beschwerde nach Abs. 2 eingelegt werden. Kosten, die noch nicht Gegenstand eines Verfahrens nach §§ 57, 59 waren, können jedoch mit einer erneuten Erinnerung angegriffen werden.

71 *Meyer*, GKG § 66 Rn 22. **72** BayObLG Rpfleger 1990, 245. **73** Binz/Dörndorfer/*Zimmermann*, GKG § 66 Rn 33. **74** OLG Hamburg JurBüro 1973, 544. **75** OLG Düsseldorf Rpfleger 1956, 181. **76** BayVGH KostRsp. GKG § 5 aF Nr. 39. **77** OLG Jena OLG-NL 1997, 23. **78** LG Bayreuth JurBüro 1975, 1624; OLG Hamburg JurBüro 1973, 1188. **79** BT-Drucks 7/2016, S. 111.

VI. Beschwerde (Abs. 2)

74 **1. Allgemeines.** Gegen die Entscheidung über die Erinnerung ist die Beschwerde nach Abs. 2 statthaft, wenn

- der Beschwerdeführer durch die Entscheidung beschwert ist und
- der Beschwerdewert 200 € übersteigt oder
- das Familiengericht die Beschwerde zugelassen hat.

75 Entscheidungen des **OLG** sind unanfechtbar (Abs. 7), auch wenn sie den Kostenansatz des OLG selbst betreffen. Gleiches gilt für Entscheidungen des **BGH**.

76 Hat über die Erinnerung der **Rechtspfleger** entschieden, ist gleichfalls Beschwerde nach Abs. 2 einzulegen (§ 11 Abs. 1 RPflG). Ist sie in diesen Fällen unzulässig, kann stets Erinnerung nach § 11 Abs. 2 RPflG eingelegt werden, weil Entscheidungen des Rechtspflegers stets richterlicher Überprüfung unterliegen müssen.

77 Das Beschwerdeverfahren richtet sich nach § 57, dessen Regelungen den für das entsprechende Verfahren geltenden Vorschriften der Verfahrensordnung vorgehen (§ 1 Abs. 2). Es gelten daher im Übrigen die Regelungen von FamFG und ZPO, soweit sich aus § 57 nichts Abweichendes ergibt.

78 **2. Beschwerdewert. a) Allgemeines.** Die Beschwerde ist nur statthaft, wenn der **Wert des Beschwerdegegenstands 200 € übersteigt.** Der Beschwerdewert ist für jedes Verfahren und jeden Rechtszug gesondert zu bestimmen, auch wenn gleichzeitig Beschwerde oder mehrere Beschwerden eingelegt sind. Ist der Beschwerdewert nicht erreicht, wird die Beschwerde nicht dadurch statthaft, dass in der Beschwerdeinstanz weitere Anträge gestellt werden. Der Beschwerdewert wird durch die Höhe des Verfahrensgegenstands nach oben begrenzt, wobei die im Erinnerungsverfahren entstandenen Kosten nicht hinzuzurechnen sind.[80]

79 **b) Berechnung.** Der Beschwerdewert berechnet sich aus der Differenz der Höhe der Kostenforderung aufgrund der Erinnerungsentscheidung und dem angestrebten Zahlungsbetrag.

80 **Beispiel:** In der Kostenrechnung ist eine 3,0-Gebühr (Nr. 1220 KV) nach einem Wert von 7.000 € angesetzt. Hiergegen wurde Erinnerung eingelegt mit dem Ziel, nur eine 1,0-Gebühr (Nr. 1221 KV) in Ansatz zu bringen. Die Erinnerung wurde zurückgewiesen, es bleibt bei der 3,0-Gebühr. Hiergegen wird Beschwerde eingelegt und weiter der Ansatz einer 1,0-Gebühr angestrebt.

Der Beschwerdewert beträgt 368 €, er berechnet sich aus der Differenz von 552 € (3,0-Gebühr) und 184 € (1,0-Gebühr).

81 **c) Teilabhilfe.** Hat das AG der Beschwerde teilweise abgeholfen (Abs. 3 S. 1), hat es das Verfahren auch dann dem OLG vorzulegen, wenn der ursprünglich über 200 € liegende Beschwerdewert nicht mehr erreicht wird. Die einmal zulässige Beschwerde wird also durch Teilabhilfe nicht unzulässig, was der Gesetzgeber eindeutig klargestellt hat. Er hat zum inhaltsgleichen § 66 GKG ausgeführt: „Durch Halbsatz 2 soll klargestellt werden, dass auch in den Fällen, in denen durch eine Teilabhilfe der Wert des verbleibenden Beschwerdegegenstands 200 Euro nicht übersteigt, der Vorgang dem Beschwerdegericht zur Entscheidung über den restlichen Teil der Beschwerde vorzulegen ist, ohne dass es hierzu einer besonderen Zulassung bedarf."[81]

82 **3. Anschlussbeschwerde.** Der Beschwerdewert erhöht sich nicht durch eine vom Gegner eingelegte Beschwerde, denn der Beschwerdewert ist für jede Beschwerde gesondert zu bestimmen.

83 **4. Zulassung der Beschwerde. a) Zulassungsvoraussetzungen (Abs. 2 S. 2).** Die Beschwerde ist auch zulässig, wenn sie das Familiengericht, das über die Erinnerung entschieden hat, zulässt (Abs. 2 S. 2). **Zulassung kann nur wegen der grundsätzlichen Bedeutung der zur Entscheidung stehenden Frage** erfolgen. Sie soll einer einheitlichen Rechtsprechung sowie der Vermeidung von Divergenzen in den von der Rechtsprechung für die Entscheidungsfindung zugrunde gelegten Rechtssätzen dienen. Zudem soll die Zulassung die Korrektur von Rechtsanwendungsfehlern ermöglichen, die über den Einzelfall hinaus die Interessen der Allgemeinheit nachhaltig berühren.[82] Ist auslaufendes Recht betroffen, muss dargelegt werden, inwieweit ihm auch für zukünftige Rechtssachen Bedeutung zukommt.[83]

84 **b) Zeitpunkt.** Die Zulassung muss zwingend in der Erinnerungsentscheidung erfolgen; eine nachträgliche Zulassung ist nicht statthaft. Das Gericht hat über die Zulassung von Amts wegen zu entscheiden. Ist keine ausdrückliche Entscheidung ergangen, muss von Nichtzulassung ausgegangen werden.[84]

85 **c) Bindung (Abs. 3 S. 2).** Die Zulassung bindet das Beschwerdegericht (Abs. 3 S. 2 Hs 1) in jedem Fall. Es muss deshalb die Sache auch dann zur Entscheidung annehmen, wenn ein Zulassungsgrund tatsächlich nicht vorliegt oder dieser nach Aktenvorlage entfallen ist. Aber auch die Nichtzulassung kann nicht ange-

---

80 OLG Frankfurt Rpfleger 1965, 162. **81** BT-Drucks 15/1971, S. 157. **82** BGH MDR 2007, 1213. **83** BGH NJW 2003, 1943. **84** Binz/Dörndorfer/*Zimmermann*, GKG § 66 Rn 51.

fochten werden (Abs. 3 S. 2 Hs 2). Da es sich um einen Akt der Rechtsprechung handelt, greift auch § 30 a EGGVG nicht.

d) Rechtspfleger. Hat der Rechtspfleger über die Erinnerung entschieden, so hat er auch über die Zulassung der Beschwerde zu entscheiden, wenn der Beschwerdewert nicht erreicht ist. Lässt der Rechtspfleger die Beschwerde nicht zu, ist gegen diese Entscheidung Erinnerung nach § 11 Abs. 2 RPflG gegeben;[85] jedoch steht dem Rechtspfleger ein Abhilferecht zu (§ 11 Abs. 2 S. 5 RPflG). Soweit er nicht abhilft, hat er die Sache dem Richter zur Entscheidung vorzulegen (§ 11 Abs. 2 S. 6 RPflG). **86**

5. Beschwerdeberechtigte. Zu den Beschwerdeberechtigten gehören Kostenschuldner und Staatskasse, soweit sie durch die angegriffene Entscheidung über die Erinnerung beschwert sind. Im Falle gesetzlicher Vertretung können die gesetzlichen Vertreter (zB Eltern, Vormund, Pfleger, Betreuer) des Kostenschuldners für diesen Beschwerde einlegen. **87**

6. Form und Frist. Es gelten dieselben Anforderungen wie für die Erinnerung selbst, so dass Abs. 4 gilt (näher → Rn 42 ff). Falschbezeichnung ist unschädlich. Einer ausdrücklichen Begründung bedarf es nicht, jedoch muss das konkrete Rechtsschutzziel ersichtlich sein. Eine anwaltliche Vertretung ist auch im Beschwerdeverfahren nicht erforderlich. Die Beschwerde ist nicht an eine Frist gebunden, sie kann aber wie die Erinnerung verwirkt sein (→ Rn 42). **88**

7. Empfangsgericht (Abs. 4 S. 3). Die Beschwerde ist bei dem AG einzulegen, das den angegriffenen Beschluss erlassen hat (Abs. 4 S. 3). Ist sie versehentlich beim Beschwerdegericht eingelegt, ist sie an das Familiengericht weiterzuleiten, weil diesem ein Abhilferecht zusteht. **89**

8. Beschwerdeverfahren. a) Abhilferecht (Abs. 3 S. 1). Dem Familiengericht steht ein Abhilferecht zu (Abs. 3 S. 1). Es hat daher nach Beschwerdeeingang zunächst zu prüfen, ob die Beschwerde zulässig und begründet ist. Hält es sie für zulässig und begründet, so hat es ihr abzuhelfen, wobei auch Teilabhilfe zulässig ist. Voraussetzung für eine Abhilfe ist neben der Begründetheit stets, dass auch die Zulässigkeitsvoraussetzungen vorliegen, denn aus dem Wortlaut „und" folgt, dass beide Tatbestände vorliegen müssen. Ist die Beschwerde unzulässig, ist ein Abhilferecht nicht gegeben. **90**

b) Vorlage. Hilft das Familiengericht der Beschwerde nicht oder nur teilweise ab, hat es die Akten unverzüglich dem Beschwerdegericht zur Entscheidung vorzulegen. Beschwerdegericht ist das OLG, denn Abs. 3 folgt § 119 GVG und schließt die Vorlage an das LG in Familiensachen aus. **91**

c) Rechtliches Gehör. Vor der Entscheidung haben das Familiengericht oder OLG den Beschwerdegegner anzuhören. Ist die Anhörung unterblieben, kann Anhörungsrüge (§ 61) in Betracht kommen. Hat der Kostenschuldner die Beschwerde eingelegt, ist auch dem Vertreter der Staatskasse rechtliches Gehör zu gewähren, wobei auch der für das OLG zuständige Vertreter anzuhören ist. **92**

d) Entscheidung. Die Entscheidung über die Beschwerde ergeht durch begründeten Beschluss. Einer förmlichen Zustellung bedarf es nicht. Das OLG entscheidet durch eines seiner Mitglieder als Einzelrichter. Dieser kann das Verfahren aber wegen besonderer Schwierigkeiten tatsächlicher oder rechtlicher Art auf den Senat übertragen (Abs. 5 S. 2). Vor der Übertragung, die unanfechtbar ist, brauchen die Beteiligten nicht gehört zu werden. Das Beschwerdegericht ist an die Anträge des Beschwerdeführers gebunden, jedoch hat es den Sachverhalt **von Amts wegen aufzuklären**. Eine mündliche Verhandlung ist nicht vorgesehen, aber freigestellt.[86] **93**

e) Verschlechterungsverbot. Das Verschlechterungsverbot ist auch im Beschwerdeverfahren zu beachten, so dass Änderungen zum Nachteil des Beschwerdeführers ausgeschlossen sind. **94**

9. Weitere Beschwerde. Eine weitere Beschwerde ist nicht statthaft, weil die Entscheidungen des OLG unanfechtbar sind (Abs. 7). Beschwerde zum BGH ist in keinem Falle zulässig. Hierzu hat der Gesetzgeber ausgeführt: „Eine weitere Beschwerde zum Bundesgerichtshof soll – entsprechend der Regelung in § 66 Abs. 3 Satz 3 GKG – nicht zulässig sein. Dies soll durch den zusätzlich eingefügten Absatz 7 klargestellt werden."[87] Die Rechtsbeschwerde ist auch dann unstatthaft, wenn das Beschwerdegericht sie ausnahmsweise zugelassen hat. **95**

VII. Aufschiebende Wirkung (Abs. 6)

1. Allgemeines. Erinnerung und Beschwerde haben keine aufschiebende Wirkung (Abs. 6 S. 1), so dass der Kostenschuldner die Kostenforderung trotz eingelegter Erinnerung oder Beschwerde zahlen muss. Auch durch eine Verfassungsbeschwerde tritt keine aufschiebende Wirkung ein.[88] Die Regelung soll verhindern, dass Verfahren nach § 57 nur deshalb angestrengt werden, um die Kostenzahlung hinauszuschieben. **96**

---

[85] BT-Drucks 15/1971, S. 157. [86] *Meyer*, GKG § 66 Rn 60. [87] BT-Drucks 16/6308, S. 308. [88] BGH JurBüro 2004, 439.

97 **2. Antrag des Erinnerungsführers.** Das Gericht kann die aufschiebende Wirkung aufgrund eines **Antrags** des Erinnerungs- oder Beschwerdeführers ganz oder teilweise anordnen (Abs. 6 S. 2 Hs 1). Der Antrag auf Anordnung der aufschiebenden Wirkung muss nicht ausdrücklich bezeichnet sein, so dass das Gericht jede Äußerung des Kostenschuldners, dass er eine Aufschiebung begehrt, zB „Antrag auf Aussetzung der Vollziehung des Gerichtskostenansatzes",[89] als Antrag iSd Abs. 6 S. 2 auszulegen hat. Für den Antrag gelten die Formvorschriften des Abs. 4.

98 **3. Anordnung von Amts wegen.** Das Gericht kann die aufschiebende Wirkung auch **von Amts wegen** ganz oder teilweise anzuordnen (Abs. 6 S. 2 Hs 1). Liegen die Voraussetzungen für eine Anordnung vor, etwa weil die Beitreibung eine unzumutbare Härte darstellen würde oder Erinnerung bzw Beschwerde ganz offensichtlich begründet sind, trifft die Anordnung das Gericht (Richter, Rechtspfleger), aber nicht der Kostenbeamte. Auch die Vollstreckungsbehörde kann, soweit Einwendungen gegen die Vollstreckung erhoben werden, von weiteren Vollstreckungsmaßnahmen absehen, Maßnahmen einstweilen einstellen oder aufheben, bis über die Einwendungen endgültig entschieden ist (§ 9 Abs. 1 JBeitrO).

99 **4. Entscheidung.** Die Anordnung ergeht durch Beschluss. Es handelt sich um eine **Ermessensentscheidung**, die zu jedem Zeitpunkt des Erinnerungs- oder Beschwerdeverfahrens ergehen kann. Freiwillig geleistete Zahlungen des Kostenschuldners hindern die Anordnung nicht,[90] können ihr aber das Rechtsschutzbedürfnis nehmen.

100 Hat das Gericht bereits über Erinnerung oder Beschwerde entschieden, kann die Anordnung der aufschiebenden Wirkung nicht mehr ergehen, so dass sich ein Antrag nach Abs. 6 S. 1 bei Zurückweisung der Erinnerung automatisch erledigt[91] und eine entsprechende Maßnahme nur noch durch die Justizverwaltung (zB Erlass, Stundung, Ratenzahlung) getroffen werden kann.

101 **5. Zuständigkeit.** Über den Antrag entscheidet das Gericht, das für die Entscheidung über die Erinnerung zuständig ist. Im Falle der Beschwerde kann auch das OLG entscheiden. Wegen der funktionellen Zuständigkeit gilt Abs. 5 (→ Rn 65 f). War die Entscheidung über die Beschwerde dem Senat übertragen, entscheidet der Vorsitzende (Abs. 6 S. 2 Hs 2). Ist das Verfahren dem Rechtspfleger übertragen, entscheidet dieser über den Antrag. War er selbst Kostenbeamte, ist er auch von der Entscheidung nach Abs. 6 ausgeschlossen.

102 **6. Versagung.** Hält das Gericht den Antrag für unbegründet, kann es ihn zurückweisen und die Anordnung der aufschiebenden Wirkung ablehnen. Zurückweisung ist insb. dann angebracht, wenn Erinnerung oder Beschwerde offensichtlich unbegründet sind.[92] Teilversagung ist zulässig.

103 **7. Rechtsbehelfe.** Gegen die ablehnende Entscheidung findet eine Beschwerde nicht statt.[93] Hat aber der Rechtspfleger die Anordnung der aufschiebenden Wirkung abgelehnt, ist diese Entscheidung mit der Erinnerung anfechtbar (§ 11 Abs. 2 RPflG).

VIII. Kosten (Abs. 8)

104 **1. Gerichtsgebühren.** Erinnerungs- und Beschwerdeverfahren sind gerichtsgebührenfrei (Abs. 8 S. 1). Gleiches gilt für Erinnerungsverfahren nach § 11 Abs. 2 RPflG. Handelt es sich jedoch um eine generell unstatthafte Beschwerde (zB gegen Entscheidungen des OLG, BGH; → Rn 95), besteht hingegen keine Gebührenfreiheit,[94] so dass eine Gebühr nach Nr. 1912 KV zu erheben ist.

105 **2. Auslagen.** Die nach Abs. 8 S. 1 bestehenden Befreiung umfasst nicht die gerichtlichen Auslagen. Wird die Erinnerung bzw Beschwerde verworfen oder zurückgewiesen, hat der Erinnerungs-/Beschwerdeführer die Auslagen zu tragen. Er haftet hierfür nach § 21 Abs. 1 S. 1 als Antragsschuldner kraft Gesetzes, so dass es keiner Kostenentscheidung bedarf. Bei **Minderjährigen** ist § 21 Abs. 1 S. 2 Nr. 3 zu beachten, wenn das zugrunde liegende Verfahren seine Person betrifft. Liegt ein teilweise unbegründeter Rechtsbehelf vor und lassen sich die Auslagen nicht eindeutig auf den begründeten und unbegründeten Teil ausscheiden, bleiben sie gänzlich unerhoben.[95] Sind die Auslagen einzuziehen, sind anfallende Zustellungskosten in voller Höhe anzusetzen, da das Verfahren gebührenfrei bleibt bzw eine Festgebühr zu erheben ist und es sich um einen eigenständigen Rechtszug iSd Nr. 2002 KV handelt. Auch der **Verfahrensbeistand** haftet wegen § 21 Abs. 1 S. 2 Nr. 4 nicht als Antragsschuldner, wenn er den Rechtsbehelf für den Minderjährigen einlegt.

106 **3. Außergerichtliche Kosten.** Eine Erstattung von Kosten findet nicht statt (Abs. 8 S. 2), was sowohl für Beteiligten- als auch Rechtsanwaltskosten gilt. Eine Erstattung durch die Staatskasse kommt auch dann nicht in Betracht, wenn das Erinnerungs- oder Beschwerdeverfahren erfolgreich war.[96] Die Regelung ist nicht verfassungswidrig.[97]

---

89 BFH/NV 1987, 186. **90** FG BW EFG 1995, 228. **91** BFH 30.7.2007 – II E 1/07, juris. **92** OVG Magdeburg 15.1.1992 – 2 K 5/92, juris. **93** OLG München MDR 1985, 333. **94** BGH NJW 2003, 69; OLG Koblenz NJW-RR 2000, 1239. **95** OLG Frankfurt JurBüro 1978, 1848. **96** OLG Nürnberg JurBüro 1973, 355. **97** OLG München JurBüro 1977, 538.

§ 58 Beschwerde gegen die Anordnung einer Vorauszahlung

(1) [1]Gegen den Beschluss, durch den die Tätigkeit des Familiengerichts nur aufgrund dieses Gesetzes von der vorherigen Zahlung von Kosten abhängig gemacht wird, und wegen der Höhe des in diesem Fall im Voraus zu zahlenden Betrags findet stets die Beschwerde statt. [2]§ 57 Abs. 3, 4 Satz 1 und 4, Abs. 5, 7 und 8 ist entsprechend anzuwenden. [3]Soweit sich der Beteiligte in dem Verfahren wegen des Hauptgegenstands vor dem Familiengericht durch einen Bevollmächtigten vertreten lassen muss, gilt dies auch im Beschwerdeverfahren.

(2) Im Fall des § 16 Abs. 2 ist § 57 entsprechend anzuwenden.

I. Allgemeines

Die Regelung stellt sicher, dass die gerichtliche Anordnung, wonach die Durchführung gerichtlicher Handlungen von einer Vorschuss- oder Vorauszahlung abhängig gemacht wird, angefochten werden kann, wenn Abhängigmachung aufgrund der §§ 12 ff erfolgt. § 58 schließt die Erinnerung (§ 57) aus; aber → Rn 20. **1**

II. Zulässigkeit der Beschwerde (Abs. 1 S. 1)

1. FamGKG-Vorschrift. Die Abhängigmachung muss auf Vorschriften des FamGKG beruhen. Ergeht sie nach FamFG oder ZPO, greift § 58 nicht, weil Abs. 1 S. 1 nur Regelungen „**aufgrund dieses Gesetzes**" erfasst. Die Beschwerde nach § 58 ist deshalb in den Fällen der Abhängigmachung nach § 14 Abs. 1 S. 1, 2, Abs. 3, § 16 Abs. 1 FamFG zulässig. **2**

2. Gegenstand des Verfahrens. Mit der Beschwerde kann eingewendet werden, dass eine Abhängigmachung nicht hätte angeordnet werden dürfen, weil eine Voraus- oder Vorschusspflicht nach den §§ 12 ff nicht besteht. Auch kann der angeforderte Kostenbetrag angegriffen werden, wenn er überhöht ist. Ebenso kann ein Verstoß gegen § 13 geltend gemacht werden. Ferner kann eingewendet werden, dass eine Verpflichtung zur Kostenzahlung aufgrund bestehender **Kosten- oder Gebührenfreiheit** nicht besteht. **3**

Bei **VKH-Bewilligung** kann ein Verstoß gegen § 122 Abs. 1 ZPO iVm § 76 Abs. 1, § 113 Abs. 1 FamFG angegriffen werden. Ein Verstoß gegen § 122 Abs. 2 ZPO ist gleichfalls nach § 58 anfechtbar, wenn der Vorschuss aufgrund §§ 14, 16 angeordnet war; beruht er auf § 379 ZPO, ist Beschwerde nach § 127 ZPO einzulegen. **4**

In den Fällen des **§ 14 Abs. 3** kann eingewendet werden, dass eine Antragshaftung (§ 21) nicht besteht und die Regelung folglich nicht eingreift. Bei **Anordnung von Haft** kann ein Verstoß gegen § 16 Abs. 4 gerügt werden. Hat das Gericht eine Ausnahme von der Abhängigmachung nach § **15 Nr. 3** abgelehnt, findet gleichfalls die Beschwerde nach § 58 statt. **5**

Eine **vorläufige Wertfestsetzung** kann mit der Beschwerde nach § 58 angegriffen werden (§ 55 Abs. 1 S. 2), jedoch ist eine isolierte Anfechtung nicht zulässig, so dass sich die Einwendungen auch gegen die Anordnung der Abhängigmachung oder die Höhe des angeforderten Kostenbetrags richten müssen.[1] **6**

3. Gerichtliche Tätigkeit. Die Beschwerde nach § 58 setzt eine gerichtliche Entscheidung über die Anordnung der Voraus- oder Vorschusszahlung voraus. Im Regelfall ergeht sie durch Beschluss, jedoch genügt auch eine Anordnung durch gerichtliche Verfügung.[2] Beruht die Abhängigmachung auf einer Vorschrift außerhalb des FamGKG, mit der Folge, dass § 58 nicht gilt, muss die gesetzliche Regelung, auf der die Abhängigmachung beruht, in dem Beschluss ausdrücklich angegeben werden oder ihm zumindest zweifellos positiv zu entnehmen sein.[3] **7**

Liegt nur eine Tätigkeit des Kostenbeamten vor, greift § 58 nicht, weil es sich nicht um eine Anordnung des Gerichts handelt. Das gilt auch, wenn die Anforderung des Vorschusses nach § 20 Abs. 2 KostVfg selbständig erfolgt ist. In diesen Fällen ist Erinnerung oder Beschwerde nach § 57 einzulegen.[4] **8**

4. Beschwerdeberechtigte. Es muss eine **Beschwer** vorliegen, so dass die Beschwerde nur derjenige einlegen kann, dem das Gericht die Zahlung auferlegt. Der Gegner ist nicht beschwert. Bei gesamtschuldnerischer Haftung, insb. bei Streitgenossen, ist jeder Kostenschuldner beschwerdeberechtigt. Die Staatskasse besitzt kein Beschwerderecht,[5] auch nicht, wenn eine Abhängigmachung abgelehnt wurde oder der angeordnete Zahlungsbetrag zu gering ist. **9**

---

1 OLG Köln AGS 2005, 79; OLG Frankfurt AGS 2007, 256; OLG Rostock JurBüro 2011, 208. **2** OLG Brandenburg MDR 1998, 1119. **3** OLG Celle FamRZ 2013, 241. **4** OLG Stuttgart JurBüro 1985, 1370. **5** Binz/Dörndorfer/*Zimmermann*, GKG § 67 Rn 5; *Hartmann*, KostG, § 67 GKG Rn 3.

III. Beschwerdeverfahren (Abs. 1 S. 2 und 3)

10 **1. Allgemeines.** Abs. 1 S. 2 verweist wegen des Verfahrens auf § 57 Abs. 3, 4 S. 1 und 4, Abs. 5, 7 und 8. Diese Regelungen verdrängen wegen § 1 Abs. 2 die allgemeinen Vorschriften der Verfahrensordnung. Im Übrigen bleiben aber die FamFG- bzw ZPO-Vorschriften unberührt.

11 **2. Form und Frist.** Abs. 1 S. 2 verweist auf § 57 Abs. 4 S. 1, 4, so dass die Beschwerde **schriftlich** einzulegen oder zu Protokoll der Geschäftsstelle zu erklären ist. Die Beschwerde ist **unbefristet**.

12 **3. Beschwerdewert.** Ein bestimmter Beschwerdewert braucht nicht erreicht zu sein, da § 58 nicht auf § 57 Abs. 2 verweist.

13 **4. Anwaltliche Vertretung.** Nach Abs. 1 S. 3 muss sich der Beschwerdeführer anwaltlich vertreten lassen, wenn für das zugrunde liegende Hauptverfahren Anwaltszwang besteht. In diesen Fällen ist auch die Einlegung zu Protokoll der Geschäftsstelle unzulässig. Hat der Beteiligte die Beschwerde ohne Anwalt eingelegt, ist wegen der Hinweispflicht des Gerichts (§ 139 ZPO) auf die Notwendigkeit der Vertretung hinzuweisen, bevor die Beschwerde als unzulässig verworfen wird.

14 Nach Abs. 1 S. 3 iVm § 114 Abs. 1 FamFG besteht eine anwaltliche Vertretungspflicht in Ehe- und Familienstreitsachen, aber nicht in einstweiligen Anordnungs- (§ 114 Abs. 4 Nr. 1 FamFG) und VKH-Bewilligungsverfahren (§ 114 Abs. 4 Nr. 5) oder in Verfahren vor dem Rechtspfleger (§ 13 RPflG). Wegen der anwaltlichen Vertretung gelten in Ehesachen und Familienstreitsachen §§ 78 ff ZPO iVm § 113 Abs. 1 FamFG und nicht §§ 10, 11 FamFG, weil ein Verweis auf § 57 Abs. 4 S. 2 fehlt.

15 **5. Abhilferecht.** Das Familiengericht hat der Beschwerde abzuhelfen, wenn es sie für begründet und zulässig hält (Abs. 1 S. 2 iVm § 57 Abs. 3 S. 1). Es müssen beide Voraussetzungen vorliegen. Erfolgt keine Abhilfe, ist die Beschwerde unverzüglich dem OLG als Beschwerdegericht vorzulegen. Über die Abhilfe entscheidet der Familienrichter bzw der Rechtspfleger.

16 **6. Entscheidung und Zuständigkeit.** Die Entscheidung ergeht durch begründeten Beschluss, der keiner förmlichen Zustellung bedarf. Das OLG entscheidet durch den Einzelrichter, der das Verfahren aber dem Senat übertragen kann, wenn die Sache besondere Schwierigkeiten tatsächlicher oder rechtlicher Art aufweist oder die Rechtssache grundsätzliche Bedeutung hat (Abs. 1 S. 2 iVm § 57 Abs. 5 S. 2).

17 **7. Aufschiebende Wirkung.** Die Beschwerde hat aufschiebende Wirkung, weil eine Verweisung auf § 57 Abs. 6 fehlt.[6] Einer Zahlung des Kostenbetrags bedarf es daher bis zur Entscheidung über die Beschwerde nicht. Auch darf das Gericht keine Sanktionen verhängen.[7] Die gerichtliche Handlung ist aber zurückzustellen, bis der begründeten Beschwerde stattgegeben oder der Kostenbetrag gezahlt wird.

18 **8. Kosten.** Das Verfahren nach § 58 ist **gebührenfrei** (Abs. 1 S. 2 iVm § 57 Abs. 8 S. 1). Im Falle einer erfolglosen Beschwerde sind entstandene Auslagen (Nr. 2000 ff KV) von dem Beschwerdeführer als Antragsschuldner (§ 21) einzuziehen (Vorbem. 2 Abs. 1 KV). Einer Kostenentscheidung bedarf es nicht, weil die Haftung kraft Gesetzes eintritt. Ausgeschlossen ist auch eine Erstattung von außergerichtlichen Kosten (Abs. 1 S. 2 iVm § 57 Abs. 8 S. 2), so dass sie der Staatskasse auch im Falle einer begründeten Beschwerde nicht auferlegt werden können.

19 **9. Weitere Beschwerde.** Eine weitere Beschwerde findet nicht statt, weil die Entscheidungen des OLG unanfechtbar sind (Abs. 1 S. 2 iVm § 57 Abs. 7).

IV. Aktenversendungs- und Dokumentenpauschale (Abs. 2)

20 Abs. 2 ordnet an, dass nicht Beschwerde nach § 58, sondern Erinnerung nach § 57 einzulegen ist, wenn ein Fall des § 16 Abs. 2 vorliegt, also die Herstellung und Überlassung von auf Antrag gefertigten Dokumenten oder die Versendung von Akten von der Zahlung eines Auslagenvorschusses abhängig gemacht wird. In diesen Fällen ergeht nämlich keine gerichtliche Entscheidung, weil der Kostenbeamte eine solche Anordnung selbständig trifft.

§ 59 Beschwerde gegen die Festsetzung des Verfahrenswerts

(1) [1]Gegen den Beschluss des Familiengerichts, durch den der Verfahrenswert für die Gerichtsgebühren festgesetzt worden ist (§ 55 Abs. 2), findet die Beschwerde statt, wenn der Wert des Beschwerdegegenstands 200 Euro übersteigt. [2]Die Beschwerde findet auch statt, wenn sie das Familiengericht wegen der grundsätzlichen Bedeutung der zur Entscheidung stehenden Frage in dem Beschluss zulässt. [3]Die Beschwerde ist nur zulässig, wenn sie innerhalb der in § 55 Abs. 3 Satz 2 bestimmten Frist eingelegt wird; ist der Verfahrens-

---

6 HK-FamGKG/*Volpert*, § 58 Rn 18. **7** *Meyer*, GKG § 67 Rn 13.

wert später als einen Monat vor Ablauf dieser Frist festgesetzt worden, kann sie noch innerhalb eines Monats nach Zustellung oder formloser Mitteilung des Festsetzungsbeschlusses eingelegt werden. [4]Im Fall der formlosen Mitteilung gilt der Beschluss mit dem dritten Tag nach Aufgabe zur Post als bekannt gemacht. [5]§ 57 Abs. 3, 4 Satz 1, 2 und 4, Abs. 5 und 7 ist entsprechend anzuwenden.

(2) [1]War der Beschwerdeführer ohne sein Verschulden verhindert, die Frist einzuhalten, ist ihm auf Antrag vom Oberlandesgericht Wiedereinsetzung in den vorigen Stand zu gewähren, wenn er die Beschwerde binnen zwei Wochen nach der Beseitigung des Hindernisses einlegt und die Tatsachen, welche die Wiedereinsetzung begründen, glaubhaft macht. [2]Ein Fehlen des Verschuldens wird vermutet, wenn eine Rechtsbehelfsbelehrung unterblieben oder fehlerhaft ist. [3]Nach Ablauf eines Jahres, von dem Ende der versäumten Frist an gerechnet, kann die Wiedereinsetzung nicht mehr beantragt werden.

(3) [1]Die Verfahren sind gebührenfrei. [2]Kosten werden nicht erstattet.

I. Allgemeines

Die Vorschrift ermöglicht die Anfechtung von Beschlüssen über die endgültige Festsetzung des Verfahrenswerts (§ 55 Abs. 2) und stellt damit sicher, dass auch diese einer gerichtlichen Kontrolle unterliegt. Abs. 1 regelt die Zulässigkeitsvoraussetzungen, Abs. 2 die Wiedereinsetzung in den vorigen Stand. Abs. 3 enthält Kostenregelungen. Die Regelungen der § 32 Abs. 2, § 33 RVG bleiben unberührt.   1

II. Gegenstand der Beschwerde

1. Endgültige Wertfestsetzung. Mit § 59 kann nur die **endgültige** Wertfestsetzung (§ 55 Abs. 2) angegriffen   2
werden, nicht aber die vorläufige Festsetzung nach § 55 Abs. 1, weil § 58 anzuwenden ist.[1] Das gilt auch für Anwälte, weil auch § 32 Abs. 2 RVG keine über die Regelungen der Gerichtskostengesetze hinausgehende Beschwerdemöglichkeit schafft.[2] Unanwendbar ist § 59 auch bei der Wertfestsetzung für die Zulässigkeit der Beschwerde (§ 54), denn Beschlüsse, die der Klarstellung der Zulässigkeit oder Unzulässigkeit eines Rechtsmittels dienen, sind nicht mit der Beschwerde anfechtbar.[3] Lehnt das Gericht die Wertfestsetzung ab, ist **Untätigkeitsbeschwerde** statthaft,[4] für die der Beschwerdewert des Abs. 1 S. 1 nicht erreicht sein muss.[5]

---

1 OLG Stuttgart 28.10.2015 – 9 W 65/15, juris. **2** OLG Hamm MDR 2005, 1309. **3** OLG Frankfurt MDR 1992, 612. **4** *Schneider*, in: Schneider/Herget, Rn 233 ff. **5** OLG Schleswig Rpfleger 1962, 393.

3   **2. Gerichtliche Tätigkeit.** Der Wert muss durch das Gericht (Richter, Rechtspfleger) festgesetzt worden sein. Es genügt, dass die Festsetzung in der Endentscheidung erfolgt ist.[6] Wurde der Wert hingegen lediglich durch den UdG oder Kostenbeamten selbständig ermittelt, liegt keine förmliche Wertfestsetzung vor, so dass § 59 nicht eingreift (→ Rn 4).

4   **3. Kostenbeamter.** Hat der Kostenbeamte den Wert selbständig ermittelt, muss Erinnerung (§ 57) eingelegt werden, die aber in eine Beschwerde nach § 59 umgedeutet werden kann.[7] Ist eine Entscheidung nach §§ 55, 59 nicht ergangen, hat der Kostenbeamte den ermittelten Wert und den Kostenansatz von Amts wegen zu berichtigen, wenn sich dessen Unrichtigkeit herausstellt (§ 28 Abs. 2 S. 1 KostVfg). Er kann dann auch im Rahmen seiner Abhilfebefugnis den Wert aufgrund einer Erinnerung abändern, wenn noch keine gerichtliche Wertfestsetzung erfolgt war. Ebenso können die Prüfungsbeamten oder der Behördenvorstand im Verwaltungswege die Berichtigung anordnen (§§ 35, 36 KostVfg), wenn noch nicht nach §§ 57, 59 entschieden wurde.

5   **4. Kostenfestsetzung.** Ist eine Wertfestsetzung nicht erfolgt, hat auch der **Rechtspfleger** für die Kostenfestsetzung eine selbständige Wertermittlung vorzunehmen. Darin liegt noch keine gerichtliche Festsetzung iSd Abs. 1. Wird gegen den Kostenfestsetzungsbeschluss Beschwerde oder Erinnerung eingelegt, können sie als Antrag auf erstmalige Wertfestsetzung (§ 55 Abs. 2) und zugleich als Abänderungsantrag nach § 107 ZPO iVm §§ 85, 113 Abs. 1 FamFG zu behandeln sein.[8] Gleiches gilt, wenn der UdG für die VKH einen selbständig ermittelten Wert zugrunde legt.

6   **5. Unrichtigkeiten.** In der Wertfestsetzung enthaltene offensichtliche Unrichtigkeiten (zB **Schreib- oder Rechenfehler**) sind nach § 42 FamFG, § 319 ZPO iVm § 113 Abs. 1 FamFG zu **berichtigen**. Die Berichtigung ist auch noch nach Ablauf der Frist des Abs. 1 S. 3 zulässig.[9] Unrichtigkeit liegt auch vor, wenn die Urschrift des zugestellten Beschlusses von der verkündeten Festsetzung, die dem Willen des Richters entsprach, abweicht.[10] Die Entscheidung ergeht durch Beschluss, wobei die Beteiligten regelmäßig anzuhören sind. Zuständig ist das Gericht, welches den zu berichtigenden Beschluss erlassen hat. Der Berichtigungsbeschluss ist förmlich zuzustellen, bei Änderung zu Ungunsten der Staatskasse auch dem Vertreter der Staatskasse (§ 38 Abs. 2 S. 1 KostVfg). Der Beschluss ist auf der berichtigten Entscheidung und seiner Ausfertigungen zu vermerken (§ 42 Abs. 2 S. 1 FamFG, § 319 Abs. 2 S. 1 ZPO iVm § 113 Abs. 1 FamFG).

7   **6. Ermessensentscheidungen.** Soweit die Wertfestsetzung auf einer Ermessensentscheidung des Gerichts beruht (zB § 42), kann lediglich vorgebracht werden, dass das Gericht von seinem Ermessen nicht richtig Gebrauch gemacht oder gar willkürlich gehandelt hat.[11]

III. Zulässigkeit der Beschwerde (Abs. 1)

8   **1. Allgemeines.** Die Zulässigkeit wird durch Abs. 1 geregelt. Sie ist stets von Amts wegen zu prüfen und muss auch dann vorliegen, wenn das Gericht der Beschwerde abhelfen will (Abs. 1 S. 5 iVm § 57 Abs. 3 S. 1). Die Beschwerde ist nur zulässig, wenn

- der Beschwerdeführer durch die angefochtene Entscheidung beschwert ist und
- die Ausschlussfristen des Abs. 1 S. 3 gewahrt sind und
- der Wert des Beschwerdegegenstands 200 € übersteigt (Abs. 1 S. 1) oder
- das Gericht die Beschwerde zugelassen hat (Abs. 1 S. 2).

9   Über Abs. 1 hinaus können keine weiteren Zulässigkeitsvoraussetzungen hinzugefügt werden. Liegen diese vor, ist die Beschwerde auch dann statthaft, wenn die Hauptsacheentscheidung nicht mehr anfechtbar ist,[12] so dass auch die Wertfestsetzung wegen einer nicht anfechtbaren einstweiligen Anordnung angegriffen werden kann.[13]

10   Ist die Beschwerde nach Abs. 1 unzulässig, so kann das Gericht aber noch eine Änderung des Werts von Amts wegen vornehmen, wenn die Voraussetzungen des § 55 Abs. 3 vorliegen. Eine Änderung kann jedoch nicht erfolgen, wenn das Rechtsmittel nicht sachlich in der Rechtsmittelinstanz schwebt, weil die Zulässigkeitsvoraussetzungen nicht erfüllt sind.[14] Auch hindert die Unterbrechung des Hauptverfahrens nach §§ 239 ff ZPO iVm § 113 Abs. 1 FamFG nicht die Durchführung eines Beschwerdeverfahrens nach § 59.[15]

11   **2. Beschwer. a) Beteiligte.** Der Beteiligte ist beschwert, wenn der Wert **zu hoch** festgesetzt ist, weil sich in diesen Fällen die zu zahlenden Gerichts- und Anwaltsgebühren nach dem Wert richten. An der Beschwer

---

6 OLG Koblenz WPM 1984, 1581. **7** OLG Oldenburg JurBüro 1992, 169. **8** OLG Frankfurt JurBüro 1979, 1873; OLG Bamberg JurBüro 1985, 1848; OLG Düsseldorf JurBüro 1988, 1176. **9** KG FPR 1996, 314. **10** VGH Hessen 11.7.1988 – 10 TE 2506/88, juris. **11** OLG Köln JurBüro 1965, 389. **12** E. Schneider, MDR 1987, 107. **13** KG FamRZ 1980, 1142; aA OLG Schleswig SchlHA 2001, 119. **14** OLG Nürnberg Rpfleger 1963, 179; OLG Celle JurBüro 1964, 274; OLG München JurBüro 1983, 890. **15** OLG Karlsruhe MDR 1993, 471.

fehlt es aber, wenn die Heraufsetzung des Werts verlangt wird,[16] und zwar unabhängig vom Inhalt der Kostenentscheidung,[17] oder wenn mit der Erhöhung lediglich ein anderes Rechtsmittel zulässig gemacht werden soll.[18] Ausnahmsweise kann aber ein Rechtsschutzbedürfnis für eine höhere Wertfestsetzung vorliegen, wenn der obsiegende Beteiligte, der aufgrund einer Honorarvereinbarung ein die gesetzlichen Gebühren übersteigendes Honorar schuldet, mit der Erhöhung einen höheren Kostenerstattungsanspruch durchzusetzen versucht.[19] Hat das Gericht einen bereits festgesetzten Wert erhöht, ist auch der obsiegende Beteiligte beschwert, da auch er seinem Anwalt Gebühren schuldet.[20]

Eine Beschwer ist auch gegeben, wenn der Beteiligte nicht mit Kosten belastet ist, aber die Inanspruchnahme als Zweitschuldner mit Sicherheit feststeht.[21] Wegen der bestehenden Befristung nach Abs. 1 S. 3 braucht der Zeitpunkt für eine Inanspruchnahme nach § 26 Abs. 2 nicht abgewartet zu werden. Einem obsiegenden VKH-Beteiligten fehlt die Beschwer aber, wenn der Gegner die Kostenansprüche befriedigt und der arme Beteiligte den Kostenerstattungsanspruch an den Anwalt abgetreten hat.[22]   **12**

b) Staatskasse. Die Staatskasse ist im Regelfall beschwert, wenn der Verfahrenswert **zu gering** festgesetzt wurde, weil sie dann wegen der wertabhängigen Gebühren mit Einnahmeausfällen rechnen muss. Ist der Wert zu hoch festgesetzt, ist die Staatskasse nicht beschwert, wenn nicht eine VKH-Vergütung zu zahlen ist.[23] Um die Beschwerdeeinlegung zu ermöglichen, hat der Kostenbeamte alle beschwerdefähigen Entscheidungen, einschließlich der Wertfestsetzungen, durch die der Kostenansatz zuungunsten der Staatskasse geändert wird, dem Vertreter der Staatskasse mitzuteilen (§ 38 Abs. 2 S. 1 KostVfg).   **13**

c) Verfahrensbevollmächtigte. Der Verfahrensbevollmächtigte ist nur beschwert, wenn der Wert **zu niedrig** festgesetzt ist, so dass die im Namen des Anwalts eingelegte Beschwerde unzulässig ist, wenn mit ihr die Herabsetzung des Werts begehrt wird.[24] Wird ein höherer Wert angestrebt, kann der Bevollmächtigte aber auch dann noch Beschwerde einlegen, wenn das Gericht in der Festsetzung den in der Antragsschrift gemachten Angaben folgt.[25] Hingegen kann der Anwalt nicht für den von ihm vertretenen Beteiligten Beschwerde mit dem Ziel der Werterhöhung einlegen.[26] Allerdings sollte vor einer Zurückweisung geprüft werden, ob der Anwalt nicht Beschwerde nach § 33 RVG einlegen wollte. Zumindest ist nach § 139 ZPO Gelegenheit zur Klarstellung oder Rücknahme zu geben,[27] wenn sich nicht aus der vom Anwalt gefertigten Beschwerde eindeutig ergibt, dass er sie namens des Beteiligten einlegt.[28]   **14**

3. Beschwerdewert (Abs. 1 S. 1). a) Allgemeines. Die Beschwerde findet nur statt, wenn der **Beschwerdewert 200 €** übersteigt (Abs. 1 S. 1). Maßgeblich ist dabei der Beschwerdewert zum **Zeitpunkt** des Eingangs der Beschwerde. Eine Erweiterung der Beschwerde mit der Folge eines erhöhten Beschwerdewerts ist zulässig, wenn sie nicht rechtsmissbräuchlich ist.[29]   **15**

b) Berechnung. Der Beschwerdewert errechnet sich aus dem Unterschiedsbetrag der Kosten, die sich bei Zugrundelegung des festgesetzten und des behaupteten Werts ergeben.[30] Er ist deshalb nicht schon dann erreicht, wenn der vom Beschwerdeführer angestrebte Wert die angegriffene Wertfestsetzung um 200 € übersteigt.[31]   **16**

Bei der Berechnung sind nur die Gebühren der Instanz zu berücksichtigen, deren Festsetzung angegriffen wird.[32] Die Gebühren können auch nur insoweit maßgeblich sein, wie sie von dem Beschwerdeführer zu entrichten sind oder er für sie haftet. Hat der **unterlegene Beteiligte**, der auch sämtliche Kosten (auch Gerichtskosten) zu tragen hat, Beschwerde eingelegt, sind die gesamten Gerichts- und Anwaltsgebühren beider Beteiligte zu berücksichtigen, da sich die begehrte Wertänderung auf sämtliche Kosten auswirkt. Legt hingegen der **obsiegende Beteiligte** Beschwerde ein, sind für den Beschwerdewert nur die Anwaltsgebühren des eigenen Anwalts maßgebend, jedoch sind auch hier die Gerichtsgebühren einzubeziehen, wenn der obsiegende Beteiligte für solche Kosten haftet, auch wenn es sich nur um eine Zweitschuldnerhaftung handelt.   **17**

Beispiel: In der Familienstreitsache A gegen B hat das Gericht den Verfahrenswert endgültig auf 16.000 € festgesetzt. Die Kosten trägt B. Dieser legt Beschwerde gegen die Festsetzung ein, der Verfahrenswert soll auf 9.000 € festgesetzt werden.   **18**

Für den Beschwerdewert sind die Gerichts- und Anwaltsgebühren von A und B zu berücksichtigen, da B die gesamten Kosten zu tragen hat. Der Beschwerdewert ist wie folgt zu errechnen:

---

16 OLG Frankfurt OLGR 1998, 300; OLG Koblenz JurBüro 2002, 310; OLG Brandenburg MDR 2005, 47. **17** OVG Bremen JurBüro 1983, 1350. **18** LG Freiburg NJW 1969, 700; LG Bayreuth JurBüro 1979, 405. **19** OLG Düsseldorf MDR 2006, 297; *Hartmann*, KostG, § 68 GKG Rn 7 („Honorarvereinbarung"); HK-FamGKG/*N. Schneider*, § 59 Rn 39. **20** OLG Saarbrücken DAVorm 1987, 686; KG NVersZ 1999, 165. **21** OLG Frankfurt JurBüro 1975, 367. **22** OLG Neustadt Rpfleger 1963, 35. **23** KG JurBüro 1985, 575; OLG Brandenburg JurBüro 2001, 143. **24** OLG Köln JMBl NW 2004, 82. **25** OLG Koblenz WRP 1981, 333. **26** OLG Zweibrücken JurBüro 1985, 1850; VGH BW MDR 1992, 254. **27** *E. Schneider*, Anm. zu KostRspr. GKG § 25 aF. **28** OLG Nürnberg JurBüro 1963, 476. **29** *Hartmann*, KostG, § 68 GKG Rn 10. **30** OVG Hamburg AnwBl 1981, 501. **31** OLG Karlsruhe JurBüro 2005, 543; LG Freiburg WuM 1991, 504. **32** HK-FamGKG/*N. Schneider*, § 59 Rn 45.

I. Gerichtsgebühren

3,0-Gebühr, Nr. 1220 KV (Wert: 16.000 €)	879,00 €
3,0-Gebühr, Nr. 1220 KV (Wert: 9.000 €)	666,00 €
Differenz	**213,00 €**

II. Anwaltsvergütung

1,3-Verfahrensgebühr, Nr. 3100 VV RVG (Wert: 16.000 €)	845,00 €
1,2-Terminsgebühr, Nr. 3104 VV RVG (Wert: 16.000 €)	780,00 €
Postentgeltpauschale, Nr. 7002 VV RVG	20,00 €
Umsatzsteuer (19 % aus 1.632,50 €), Nr. 7008 VV RVG	312,55 €
Gesamt	**1.957,55 €**
1,3-Verfahrensgebühr, Nr. 3100 VV RVG (Wert: 9.000 €)	659,10 €
1,2-Terminsgebühr, Nr. 3104 VV RVG (Wert: 9.000 €)	608,40 €
Postentgeltpauschale, Nr. 7002 VV RVG	20,00 €
Umsatzsteuer (19 % aus 1.287,50 €), Nr. 7008 VV RVG	244,63 €
Gesamt	**1.532,13 €**
Differenz: 425,42 € x 2 (für jeden RA)	**850,84 €**

Der Beschwerdewert beträgt danach insgesamt 1.063,84 € (Gerichtskosten: 213 €; Anwaltsgebühren 850,84 €).

19   c) **Umsatzsteuer.** Sie ist bei der Berechnung des Beschwerdewerts mit zu berücksichtigen.[33]

20   d) **Verfahrenskostenhilfe.** Ist einem Beteiligten VKH bewilligt, sind wegen §§ 124, 125 ZPO iVm § 76 Abs. 1, § 113 Abs. 1 FamFG für den Beschwerdewert die Regelgebühren nach § 13 RVG, nicht die ermäßigten nach § 49 RVG, zugrunde zu legen.[34]

21   e) **Kostenfreiheit.** Besteht für den Beschwerdeführer Kosten- oder Gebührenfreiheit, bleiben Gerichtskosten insoweit für den Beschwerdewert unberücksichtigt.[35]

22   f) **Staatskasse.** Legt die Staatskasse Beschwerde ein, ist nur der Unterschiedsbetrag der Gerichtsgebühren maßgeblich, weil sie nicht für Anwaltskosten haftet. Etwas anderes gilt nur, wenn einem Beteiligten VKH bewilligt war, weil dann die VKH-Vergütung aus der Staatskasse zu zahlen ist.

23   g) **Fehlender Gebührensprung.** Wird durch die Beschwerde die vorhandene Wertstufe nicht übersprungen, so wird der Beschwerdewert nicht erreicht, da sich die Gebühren auch im Falle der erfolgreichen Beschwerde nicht ändern.[36] Sind Gerichts- und Anwaltsgebühren betroffen, muss der Gebührensprung aber nach RVG und FamGKG ausgeschlossen sein.

24   h) **Mehrere Beteiligte.** Wird die Beschwerde durch verschiedene Beteiligte eingelegt, muss der Beschwerdewert für jeden einzelnen Beschwerdeführer erreicht sein, denn eine Addition der einzelnen Beschwerdesummen findet nicht statt. Das gilt auch, wenn Streitgenossen Beschwerde einlegen oder Verfahrensbevollmächtigter und Verkehrsanwalt beschwert sind.[37]

25   i) **Teilabhilfe.** Hat das Gericht teilweise abgeholfen, kommt es für den Beschwerdewert nur noch auf die verbleibende Beschwerdesumme an;[38] auf den Wert zum Zeitpunkt des Beschwerdeeingangs (→ Rn 15 ff) kommt es dann nicht an.[39] Liegt der verbleibende Wert unter 200,01 €, wird die Beschwerde unzulässig, allerdings muss gleichwohl Vorlage an das OLG erfolgen, weil nur das Beschwerdegericht eine unzulässige Beschwerde verwerfen kann.[40]

26   **4. Zulassung der Beschwerde wegen grundsätzlicher Bedeutung (Abs. 1 S. 2).** Die Beschwerde ist unabhängig vom Erreichen des Beschwerdewerts statthaft, wenn sie das Familiengericht im Wertfestsetzungsbeschluss zulässt; die nachträgliche Zulassung ist nicht statthaft. Eine Zulassung kommt in Betracht, wenn der zur Entscheidung stehenden Frage eine **grundsätzliche Bedeutung** zukommt; näher → § 57 Rn 83 ff. Das OLG ist an die Zulassung gebunden (Abs. 1 S. 5 iVm § 57 Abs. 3 S. 2), nicht aber, wenn sie unzulässigerweise nachträglich erfolgt. Die Ablehnung der Zulassung ist unanfechtbar; hat aber der Rechtspfleger entschieden, so ist die Erinnerung nach § 11 Abs. 2 RPflG statthaft.

27   **5. Verzichtserklärung.** Auf die Einlegung der Beschwerde kann wirksam verzichtet werden, allerdings erst nach erfolgter Wertfestsetzung. Der Verzicht muss ausdrücklich erklärt werden, so dass ein solcher nicht vorliegt, wenn sich die Beteiligten oder die Bevollmächtigten dem Gericht gegenüber mit der Festsetzung eines Werts einverstanden erklärt haben[41] oder der Beteiligte in seinem Kostenfestsetzungsantrag den fest-

---

33 OVG Hamburg AnwBl 1981, 501; LG Stade AnwBl 1982, 438; VGH Hessen AGS 1998, 26. 34 OLG Frankfurt AGS 2012, 347; OLG Schleswig JurBüro 1978, 1361. 35 HK-FamGKG/*N. Schneider*, § 59 Rn 49. 36 BayVGH 13.11.2008 – 23 C 08.2944, juris. 37 Gerold/Schmidt/*Mayer*, RVG, § 32 Rn 90. 38 OLG Koblenz JurBüro 1986, 893. 39 OLG Hamm JurBüro 1982, 582. 40 Binz/Dörndorfer/*Zimmermann*, GKG § 68 Rn 10. 41 OLG München JurBüro 1981, 892; OLG Köln AGS 2000, 154; OLG München JurBüro 2001, 141.

gesetzten Wert zugrunde gelegt hat. Ein wirksamer Verzicht hindert das Gericht jedoch nicht, den Wert von Amts wegen nach § 55 Abs. 3 zu berichtigen.[42]

IV. Beschwerdeverfahren

1. Beschwerdeberechtigte. Den **Beteiligten** steht ein Beschwerderecht zu. Hierzu gehören neben Antragsteller und Antragsgegner auch Nebenintervenient,[43] Streithelfer und die weiteren Beteiligten (§§ 7, 139, 172, 188, 204, 212, 219 FamFG). Der **Staatskasse** steht in jedem Verfahren ein Beschwerderecht zu. **Anwälte** der Beteiligten sind nach § 32 Abs. 2 RVG selbst beschwerdeberechtigt, wenn sie im Rahmen der VKH oder nach § 138 FamFG beigeordnet sind. Richten sich die Gerichtsgebühren nicht nach dem Wert oder fehlt es für sie an einem Wert fehlt, ist eine Festsetzung nach § 33 Abs. 1 RVG zulässig. Gegen die Entscheidung nach § 33 RVG findet jedoch nicht die Beschwerde nach § 59, sondern nach § 33 Abs. 3 RVG statt. **28**

2. Frist (Abs. 1 S. 3 und 4). a) Allgemeines. Die Beschwerde muss innerhalb der in § 55 Abs. 3 S. 2 bestimmten Frist eingelegt werden (**Abs. 1 S. 3 Hs 1**). Es handelt sich um eine **Ausschlussfrist**, so dass die Beschwerde zwingend innerhalb von **sechs Monaten** seit Eintritt der Rechtskraft der Entscheidung wegen des Hauptgegenstands oder sonstigen Erledigung des Verfahrens einzulegen ist. Die Frist gilt auch, wenn der Anwalt im eigenen Namen Beschwerde einlegt. Die Frist ist nur für die Einlegung der Beschwerde von Bedeutung, so dass das Beschwerdegericht den Wert auch noch nach Fristablauf ändern kann, wenn die Beschwerde selbst fristgerecht eingelegt wurde.[44] Da § 32 RVG eine Frist für die Einlegung der Beschwerde nicht bestimmt, sondern nur auf die Frist für die Beschwerde gegen die Wertfestsetzung für die Gerichtsgebühren verweist, ist die Regelung des § 32 identisch mit der Frist des Abs. 1 S. 3.[45] **29**

b) Späte Wertfestsetzung. Wird der Wert so spät festgesetzt, dass bis zum Ablauf der Frist des Abs. 1 S. 3 kein ganzer Monat mehr verbleibt, kann die Beschwerde noch innerhalb eines Monats nach der Zustellung oder formlosen Mitteilung des Festsetzungsbeschlusses eingelegt werden, auch wenn dadurch die Sechs-Monats-Frist überschritten wird (**Abs. 1 S. 3 Hs 2**). Dabei ist es unerheblich, ob es sich um eine erstmalige (§ 55 Abs. 2) oder um eine abändernde Wertfestsetzung (§ 55 Abs. 3) handelt.[46] **30**

Ist eine förmliche Zustellung des Festsetzungsbeschlusses nicht erfolgt, gilt der Beschluss mit dem **dritten Tage nach Aufgabe zur Post als bekannt gemacht (Abs. 1 S. 4)**. Jedoch kommt es nicht auf die Weiterleitung an die Poststelle des Gerichts, sondern auf die Ablieferung bei der Post an.[47] **31**

Das Gericht hat die **Fristwahrung** als Zulässigkeitsvoraussetzung **von Amts wegen** zu prüfen. Wurde die Frist schuldlos versäumt, kann Wiedereinsetzung in den vorigen Stand gewährt werden. **32**

c) Fristberechnung. Für die Fristberechnung gelten die allgemeinen Vorschriften des BGB (§ 222 Abs. 1 ZPO iVm § 16 Abs. 2, § 113 Abs. 1 FamFG). Soweit es auf die Rechtskraft ankommt, gilt § 187 Abs. 2 BGB. Ist ein in den Verlauf des Tages fallendes Ereignis maßgeblich (zB Zustellung), gilt § 187 Abs. 1 BGB. **33**

Beispiel 1: Die Endentscheidung wird am 15.5. rechtskräftig. – Die Verfahrenswertbeschwerde muss bis zum 14.11., 24.00 Uhr, eingelegt werden. **34**

Beispiel 2: Die Endentscheidung wird am 15.5. rechtskräftig. Das Gericht setzt den Wert erst am 20.10. endgültig fest. Der Beschluss wird dem Anwalt gegen Empfangsbekenntnis zugestellt. Die letzte Zustellung erfolgte am 24.10. – Die Verfahrenswertbeschwerde muss bis zum 24.11., 24.00 Uhr, eingelegt werden, weil die endgültige Fristsetzung später als einen Monat vor Ablauf der Sechs-Monats-Frist (14.11., 24.00 Uhr) erfolgt ist. **35**

3. Form (Abs. 1 S. 5). Die Beschwerde ist **schriftlich** einzureichen oder **zu Protokoll der Geschäftsstelle** zu erklären (Abs. 1 S. 5 iVm § 57 Abs. 4 S. 1). § 129 a ZPO gilt entsprechend. Die Erklärung kann daher vor der Geschäftsstelle jedes Amtsgerichts abgegeben werden und muss dann unverzüglich an das zuständige Gericht weitergeleitet werden. Wegen der Beschwerdefrist ist jedoch zu beachten, dass die Wirkung der Erklärung erst eintritt, wenn das Protokoll beim zuständigen Gericht eingeht (§ 129 a Abs. 2 S. 2 ZPO). Die Beschwerde ist bei dem Familiengericht einzulegen (Abs. 1 S. 5 iVm § 57 Abs. 4 S. 4). **36**

4. Vertretung. Einer anwaltlichen Vertretung bedarf es auch in den Anwaltsverfahren nicht, da § 10 Abs. 4, § 114 FamFG durch Abs. 1 S. 5 iVm § 57 Abs. 4 S. 1, § 1 Abs. 2 verdrängt werden. Soweit aber eine anwaltliche Vertretung erfolgt, gelten §§ 10 ff FamFG und in Ehe- und Familienstreitsachen §§ 80 ff ZPO iVm § 113 Abs. 1 FamFG (Abs. 1 S. 5 iVm § 57 Abs. 4 S. 2). **37**

5. Rechtliches Gehör. Es ist auch im Beschwerdeverfahren stets zu gewähren, so dass das Gericht den durch die Wertänderung beschwerten Beteiligten anhören muss. Ist Beschwerde durch den Anwalt im eigenen Namen eingelegt, ist wegen des bestehenden Interessenstreits auch der vertretene Beteiligte persönlich **38**

---

42 OVG Münster 28.1.1995 – 3 E 410/97, juris. **43** OLG Koblenz WuM 2011, 131–133. **44** OLG Celle NdsRpfl 1981, 231. **45** OLG Hamm AGS 2002, 276. **46** OLG Düsseldorf Rpfleger 1990, 272. **47** Zöller/Stöber, ZPO, § 184 Rn 8.

zu hören.[48] Der Staatskasse ist rechtliches Gehör zu gewähren, denn sie ist bei einer Wertherabsetzung wegen der Gerichtsgebühren beschwert und in den Fällen der Heraufsetzung dann, wenn VKH-Vergütung zu zahlen ist. Bei Nichtgewährung von rechtlichem Gehör kann die Anhörungsrüge (§ 61) in Betracht kommen.

39   **6. Abhilfe.** Das AG, auch der Rechtspfleger, kann der Beschwerde ganz oder teilweise abhelfen, wenn es sie für zulässig und begründet hält (Abs. 1 S. 5 iVm § 57 Abs. 3 S. 1). Wird nicht abgeholfen, ist die Beschwerde unverzüglich dem OLG vorzulegen (Abs. 1 S. 5 iVm § 57 Abs. 3 S. 1). In der Entscheidung muss zumindest eine kurze Darstellung der für die Nichtabhilfe maßgebenden Erwägungen enthalten sein.[49] Ist in dem Beschluss über die Wertfestsetzung eine Begründung nicht erfolgt, ist die Begründung nach Einlegung einer Beschwerde nach § 59 spätestens mit der Abhilfeentscheidung oder der Vorlage an das OLG zu begründen.[50] Der Begründung bedarf es auch, wenn der Beschwerde gänzlich abgeholfen wird, weil dann der andere Beteiligte beschwert sein kann und sich ihm die Gründe für die Änderung erschließen müssen.

40   **7. Entscheidung.** Das OLG entscheidet über die Beschwerde durch Beschluss. Es kann die Beschwerde als unzulässig verwerfen, als unbegründet zurückweisen oder ihr stattgeben, indem es die angegriffene Wertfestsetzung abändert. Es handelt sich um eine **weitere Tatsacheninstanz**,[51] so dass das OLG bei der Entscheidungsfindung **eigenes Ermessen** auszuüben hat[52] und voll an die Stelle des erstinstanzlichen Gerichts tritt.[53]

41   Das OLG entscheidet durch eines seiner Mitglieder als Einzelrichter, der die Angelegenheit jedoch dem Senat überträgt, wenn die Sache besondere Schwierigkeiten tatsächlicher oder rechtlicher Art aufweist oder die Rechtssache grundsätzliche Bedeutung hat (Abs. 1 S. 5 iVm § 57 Abs. 5). Die Beschwerde hat **keine aufschiebende Wirkung**, die auch nicht auf Antrag oder von Amts wegen angeordnet werden kann, weil Abs. 1 S. 5 nicht auf § 57 Abs. 6 verweist. Ein Verfahren nach § 57 kann wegen eines anhängigen Beschwerdeverfahrens **ausgesetzt** werden.

42   **8. Zurückverweisung.** Das Beschwerdegericht kann die Sache an das AG zurückverweisen, insb. dann, wenn der angegriffene Festsetzungsbeschluss keine Begründung enthält, obwohl die Beteiligten ohne eine solche nicht in der Lage sind, ihr Beschwerderecht richtig auszuüben.[54] Gleiches gilt, wenn das erstinstanzliche Gericht die unbegründete Wertfestsetzung erneut ohne Begründung ändert.[55]

43   **9. Zustellung.** Die Entscheidung des OLG ist förmlich zuzustellen, wenn der Wert abgeändert wird und bereits eine Kostenfestsetzung (§ 104 ZPO iVm §§ 85, 113 Abs. 1 FamFG) erfolgt war, weil diese nur auf Antrag geändert wird (§ 107 Abs. 1 ZPO iVm §§ 85, 113 Abs. 1 FamFG). Der Antrag ist fristgebunden und muss binnen eines Monats ab Zustellung oder Verkündung des Wertänderungsbeschlusses gestellt werden. Unterbleibt Verkündung oder Zustellung, wird die Frist nicht in Lauf gesetzt. Da eine formlose Zustellung nicht genügt[56] und eine Verkündung im Regelfall nicht erfolgt, bedarf es zwingend der förmlichen Zustellung nach §§ 166 ff ZPO iVm § 15 Abs. 2, § 113 Abs. 1 FamFG.

44   **10. Verschlechterungsverbot.** Das Verschlechterungsverbot gilt im Beschwerdeverfahren nicht,[57] so dass der Wert zuungunsten des Beschwerdeführers geändert werden kann.

45   **11. Weitere Beschwerde.** Die Entscheidung des **OLG** ist unanfechtbar (Abs. 1 S. 5 iVm § 57 Abs. 7), gleich, ob es erstmals festgesetzt hat (§ 55 Abs. 2) oder nach § 59 entscheidet. Eine weitere Beschwerde findet nicht statt, selbst wenn, eine greifbare Gesetzeswidrigkeit oder die Verletzung eines Verfahrensgrundrechts vorliegt.[58] § 61 bleibt aber unberührt. Ebenso sind Entscheidungen des **BGH** unanfechtbar. Unerheblich ist dann auch, ob gegen die Hauptsache noch ein Rechtsmittel gegeben ist.[59] Der Gesetzgeber hat, anders als in § 68 GKG, die weitere Beschwerde bewusst nicht zugelassen.[60] Lässt das OLG versehentlich die weitere Beschwerde zu, ist der BGH daran nicht gebunden.

46   **12. Gegenvorstellung.** Sie ist statthaft, auch wenn die Wertfestsetzung durch den BGH erfolgt ist.[61] Eingelegt werden kann sie durch die Beteiligten, die Staatskasse oder den Anwalt im eigenen Namen.[62]

47   Ist eine Abänderung des angegriffenen Beschlusses nicht mehr möglich, weil die in Abs. 1 S. 3 iVm § 55 Abs. 3 S. 2 bestimmte Frist abgelaufen ist und daher auch eine Abänderung des Werts von Amts wegen nicht mehr möglich ist, ist auch die Gegenvorstellung unzulässig.[63] Maßgeblich ist der Zeitpunkt des Eingangs bei Gericht.

---

48 OLG Bamberg JurBüro 1991, 1692; OLG Koblenz JurBüro 2002, 310. **49** OLG Hamm Rpfleger 1989, 104. **50** OLG Celle Rpfleger 1964, 230; OLG Bamberg JurBüro 1987, 256; OLG Dresden JurBüro 1998, 317. **51** HK-FamGKG/N. *Schneider*, § 59 Rn 100. **52** LAG Nds NdsRpfl 1983, 77. **53** OLG Hamm JMBl NW 1963, 98. **54** OLG Bamberg JurBüro 1981, 1863; OLG Frankfurt JurBüro 1982, 888. **55** OLG Saarbrücken DAVorm 1987, 686. **56** OLG München Rpfleger 1991, 340. **57** OLG Bremen Rpfleger 1957, 272; OLG München MDR 1977, 935; OLG Düsseldorf JurBüro 1985, 255; LAG Köln MDR 1987, 169; VGH BW JurBüro 1990, 1207. **58** BGH ZInsO 2002, 432. **59** OLG Frankfurt JurBüro 1971, 954; OLG Stuttgart Justiz 1981, 205; KG NJW 1983, 2950. **60** BT-Drucks 16/6308, S. 698. **61** BGH MDR 1986, 654. **62** BayObLG JurBüro 1974, 198. **63** OLG München JurBüro 1987, 564.

V. Wiedereinsetzung in den vorigen Stand (Abs. 2)

1. Allgemeines. War der Beschwerdeführer ohne sein Verschulden an der Einhaltung der Frist des Abs. 1 S. 3 verhindert, ist ihm auf Antrag Wiedereinsetzung in den vorigen Stand zu gewähren (Abs. 2 S. 1). Die Wiedereinsetzung stellt keine Verlängerung oder Neueröffnung der abgelaufenen Frist dar, sondern erbringt nur die Fiktion, dass die Beschwerde als rechtzeitig erhoben gilt. Durch sie wird nur die Fristversäumung, nicht aber andere Mängel der verspäteten Beschwerdeschrift geheilt.[64] An die Wiedereinsetzung sind unter Abwägung von Rechtssicherung und Gerechtigkeit keine strengen Anforderungen zu stellen. **48**

2. Wiedereinsetzungsgründe. a) Schuldhaftes Verhalten. Ein Verschulden des Beschwerdeführers muss in jedem Fall ausgeschlossen sein, denn er muss die Frist **schuldlos versäumt** haben. Dabei ist auf die von einem ordentlichen Beteiligten geübte Sorgfalt abzustellen[65] und das Verhalten nach objektiv-abstrakten Maßstäben zu beurteilen. Schuldhaftes Verhalten liegt allerdings nicht nur bei grober Fahrlässigkeit vor, da besondere Leichtfertigkeit oder extreme Nachlässigkeit nicht erforderlich ist. Eine nach § 104 Nr. 2 BGB geschäftsunfähige Person trifft kein Verschulden für die Fristversäumung.[66] Im Übrigen können die zu § 233 ZPO bestehenden Grundsätze herangezogen werden. **49**

Nach **Abs. 2 S. 2**[67] wird das **Fehlen eines Verschuldens vermutet** wird, wenn in dem Beschluss über die Wertfestsetzung die nach § 8 a vorgeschriebene Rechtsbehelfslehrung **fehlt** oder diese **fehlerhaft** ist. In diesen Fällen bedarf es daher keines weiteren Vortrags des Beschwerdeführers, wenn er auf eine fehlerhafte oder unterbliebene Belehrung verweist. **50**

b) Vertreter. Ein Verschulden des Vertreters steht einem solchen des Beschwerdeführers gleich (§ 85 Abs. 2 ZPO iVm § 11 S. 5, § 113 Abs. 1 FamFG), wenn dieser wirksam Vollmacht besaß.[68] Das gilt auch dann, wenn mehrere Bevollmächtigte bestellt sind (zB Verkehrsanwalt und Unterbevollmächtigter). Büropersonal und juristische Hilfskräfte sind hingegen Dritte, deren Verschulden nicht den Beteiligten trifft.[69] Gleiches gilt für Ehegatten oder Kinder.[70] **51**

c) Postlauf. Auch die Post ist Dritter, so dass **Verzögerungen in der Briefbeförderung oder Briefzustellung** nicht zu Lasten des Beschwerdeführers wirken. Es ist daher Wiedereinsetzung zu gewähren, da der Beteiligte auf normale Postlaufzeiten vertrauen darf.[71] Er hat jedoch dafür Sorge zu tragen, dass ihm Post zugehen kann. Wurde die Beschwerdefrist bis zum letzten Tag ausgenutzt, erhöht sich die Sorgfaltspflicht des Beschwerdeführers. **52**

d) Unkenntnis der Frist. Eine Unkenntnis der Frist rechtfertigt regelmäßig keine Wiedereinsetzung. Da wegen § 8 a jedoch eine Verpflichtung besteht, anfechtbare Entscheidungen mit einer Rechtsbehelfsbelehrung zu versehen, die auch einen Hinweis auf eine bestehende Frist zur Einlegung des Rechtsbehelfs beinhalten muss, ist ältere Rspr, wonach Gericht oder Kostenbeamter nicht verpflichtet ist, auf die Beschwerdefrist hinzuweisen,[72] überholt. Ist die Belehrung unterblieben oder fehlerhaft, ist ein Verschulden nicht anzunehmen (Abs. 2 S. 2). Ledglich in diesen Fällen spielt die Unkenntnis der Frist keine Rolle, weil sie dann als unverschuldet gilt. Wurde jedoch richtig belehrt und ist der Beschwerdeführer trotzdem in Unkenntnis, etwa weil er die Belehrung nicht richtig gelesen oder falsch verstanden hat, liegt keine unverschuldete Unkenntnis der Frist vor. **53**

e) Abwesenheit. Ist der Beschwerdeführer abwesend und hat er somit nicht die Möglichkeit, Beschwerde einzulegen, kommt eine Wiedereinsetzung nicht in Betracht, da der Beteiligte auch dann für die Fristwahrung Sorge zu tragen hat. **54**

f) Krankheit. Tritt eine Krankheit akut oder plötzlich ein, kann sie die Wiedereinsetzung rechtfertigen, wenn Kausalität vorliegt. **55**

g) Gerichtsfehler. Sind für die Fristversäumung Handlungen des Gerichts ursächlich, sind sie dem Beschwerdeführer nicht zuzurechnen. Das gilt zB dann, wenn das Gericht entgegen § 129 a Abs. 2 S. 2 ZPO eine zu Protokoll aufgenommene Erklärung nicht unverzüglich weiterleitet. Auch für die Funktion eines Telefaxgeräts trägt die Justiz Sorge, da die Störung des Empfangsgeräts nicht den Beteiligten trifft.[73] **56**

3. Antrag. Wiedereinsetzung ist nur auf Antrag zu gewähren, nicht von Amts wegen. Obwohl Abs. 2 keine Regelung für die Form enthält und die Verweisungsnorm in Abs. 1 S. 5 nur für die Beschwerde gilt, ist die Regelung des § 57 S. 1, 2 analog anzuwenden, weil an den Antrag auf Wiedereinsetzung keine strengeren Anforderung zu stellen sind. Der Antrag kann daher schriftlich eingereicht oder zu Protokoll der Geschäftsstelle erklärt werden. Es bedarf deshalb auch keiner anwaltlichen Vertretung, auch nicht in Anwaltsverfah- **57**

---

64 Zöller/*Greger*, ZPO, § 233 Rn 1. **65** MüKo-ZPO/*Gehrlein*, § 233 Rn 50. **66** BGH NJW 1987, 440. **67** Eingefügt durch das Gesetz zur Einführung einer Rechtsbehelfsbelehrung im Zivilprozess und zur Änderung anderer Vorschrifte v. 5.12.2012 (BGBl. I 2418) mWz 1.1.2014. **68** BGH NJW 1987, 440. **69** MüKo-ZPO/*Gehrlein*, § 233 Rn 50. **70** Zöller/*Greger*, ZPO, § 233 Rn 13. **71** BVerfG NJW 1979, 641. **72** OVG Hamburg NVwZ-RR 1993, 167. **73** MüKo-ZPO/*Gehrlein*, § 233 Rn 67.

ren; insoweit wird § 114 FamFG wegen § 1 Abs. 2 verdrängt. Der Wiedereinsetzungsantrag kann bei dem FamFG eingereicht werden.[74]

58 **4. Glaubhaftmachung.** Der Antragsteller hat die Tatsachen, welche die Wiedereinsetzung begründen, glaubhaft zu machen. Glaubhaftmachung kann noch bis zur abschließenden Entscheidung nachgeholt werden. Im Übrigen ist der Antragsteller stets nach § 139 ZPO auf eine zu erfolgende Glaubhaftmachung hinzuweisen, bevor eine ablehnende Entscheidung ergeht. Für die Glaubhaftmachung kann sich der Antragsteller aller Beweismittel bedienen (§ 294 Abs. 1 ZPO iVm § 30 Abs. 1, § 113 Abs. 1 FamFG), auch der eidesstattlichen Versicherung.

59 **5. Frist.** Der Antrag auf Wiedereinsetzung muss binnen **zwei Wochen nach der Beseitigung des Hindernisses** gestellt werden (Abs. 2 S. 1). Zudem ist die **Ausschlussfrist des Abs. 2 S. 2** zu beachten, so dass der Antrag unzulässig ist, wenn seit dem Ende der versäumten Frist ein Jahr vergangen ist. Dabei ist unerheblich, ob der Beschwerdeführer von dem Hindernis Kenntnis hatte. Für die Berechnung der Fristen gelten die allgemeinen Bestimmungen des BGB.

60 **6. Rechtsmittel.** Gegen die Ablehnung der Wiedereinsetzung findet ein Rechtsmittel nicht statt, denn Abs. 2 sieht, anders als § 68 Abs. 2 S. 3 GKG, eine Beschwerde gegen die ablehnende Entscheidung nicht vor. Der Gesetzgeber ist damit der Systematik des § 57 Abs. 7 gefolgt, wonach Entscheidungen des OLG unanfechtbar sind.[75] Auch der Beschwerdegegner kann bei Gewährung der Wiedereinsetzung kein Rechtsmittel einlegen, auch nicht, wenn Wiedereinsetzung gesetzeswidrig gewährt wurde.[76]

61 **7. Entscheidung.** Über den Antrag entscheidet das OLG durch Beschluss. Die Entscheidung ergeht durch eines seiner Mitglieder als Einzelrichter. Eine Übertragung auf den Senat ist unter den Voraussetzungen des § 57 Abs. 5 S. 2 möglich. Einer förmlichen Zustellung bedarf die Entscheidung nicht, da ein befristetes Rechtsmittel nicht vorgesehen ist. Das AG kann keine Wiedereinsetzung gewähren.

VI. Kosten (Abs. 3)

62 **1. Gerichtskosten (Abs. 3 S. 1).** Beschwerde- und Wiedereinsetzungsverfahren sind gerichtsgebührenfrei (Abs. 3 S. 1). Jedoch gilt die Befreiung nicht, wenn die Beschwerde unzulässig oder überhaupt unstatthaft ist;[77] es ist dann eine Gebühr nach Nr. 1912 KV (60 €) zu erheben.[78] Wurde die Beschwerde verworfen, zurückgewiesen oder zurückgenommen, sind Auslagen (Nr. 2000 ff KV) anzusetzen. Zustellungskosten sind von der ersten Zustellung an in voller Höhe einzuziehen. Einer Kostenentscheidung bedarf es nicht, da die Kostenhaftung des Beschwerdeführers kraft Gesetzes eintritt (§ 21 Abs. 1). War die Beschwerde hingegen begründet, bleiben auch Auslagen unerhoben (Vorbem. 2 Abs. 1 KV).

63 **2. Kostenerstattung (Abs. 3 S. 2).** Kosten werden nicht erstattet (Abs. 3 S. 2), so dass es keiner Kostenentscheidung bedarf.[79] Der Beschwerdeführer kann auch bei erfolgreicher Beschwerde keine Kostenerstattung von der Gegenseite oder der Staatskasse verlangen. Auch können der Staatskasse die Kosten selbst bei einer erfolgreichen Beschwerde nicht auferlegt werden. War die Beschwerde hingegen unstatthaft, können die Kosten ausnahmsweise nach § 84 FamFG, § 97 ZPO iVm § 113 Abs. 1 FamFG dem Beschwerdeführer auferlegt werden.[80]

64 Der für die Berechnung der Anwaltsgebühren maßgebliche Wert des Beschwerdeverfahrens entspricht im Regelfall dem Wert der Beschwer. Der Wert einer unzulässigen Beschwerde, die durch einen nicht mit den Kosten belasteten Beteiligten eingelegt wird, bestimmt sich nur nach dem Unterschiedsbetrag der Anwaltsgebühren hinsichtlich des festgesetzten und begehrten Werts des Beschwerdeführers.[81]

§ 60 Beschwerde gegen die Auferlegung einer Verzögerungsgebühr

[1]Gegen den Beschluss des Familiengerichts nach § 32 findet die Beschwerde statt, wenn der Wert des Beschwerdegegenstands 200 Euro übersteigt oder das Familiengericht die Beschwerde wegen der grundsätzlichen Bedeutung in dem Beschluss der zur Entscheidung stehenden Frage zugelassen hat. [2]§ 57 Abs. 3, 4 Satz 1, 2 und 4, Abs. 5, 7 und 8 ist entsprechend anzuwenden.

74 HK-FamGKG/N. *Schneider*, § 59 Rn 80 a. **75** BT-Drucks 16/6308, S. 308. **76** OLG Celle 20.9.2012 – 10 WF 235/12, juris; *Meyer*, GKG § 68 Rn 21. **77** BGH AGS 2004, 120; OLG Koblenz NJW-RR 2000, 1239. **78** OLG Celle 20.9.2012 – 10 WF 235/12, juris. **79** OLG Düsseldorf JurBüro 1988, 1176. **80** OLG Koblenz NJW-RR 2000, 1239. **81** OLG München JurBüro 1974, 1591.

I. Allgemeines

§ 60 regelt die Beschwerde gegen die Auferlegung einer Verzögerungsgebühr nach § 32, eine Anfechtung **1**
mit anderen Rechtsmitteln ist somit nicht statthaft. Ist die Verzögerungsgebühr in der Endentscheidung auferlegt, kann dieser Teil separat nach § 60 angegriffen werden.[1] Die bloße Ankündigung der Auferlegung ist nicht mit der Beschwerde anfechtbar.

II. Gegenstand des Verfahrens

1. Auferlegung und Höhe. Mit der Beschwerde können die Auferlegung und die Höhe der Gebühr ange- **2**
griffen werden. Der Beschwerdeführer kann nochmals einwenden, dass eine Verzögerung nicht eingetreten oder die Ursächlichkeit hierfür nicht in seiner Person begründet ist. Im Beschwerdeverfahren können **neue Tatsachen und Beweise** vorgetragen werden.[2]

2. Rechtliches Gehör. Eingewendet werden kann auch, dass kein rechtliches Gehör gewährt wurde, wobei **3**
die Nichtgewährung zur Aufhebung der Anordnung führen kann.[3] In dem Beschwerdeverfahren kann rechtliches Gehörs **nachgeholt** werden,[4] soweit dies ohne Nachteil für den Zahlungspflichtigen möglich ist.[5]

3. Verfahrenswert. Soll lediglich der für die Gebühr maßgebliche Wert angegriffen werden, gilt § 59 und **4**
nicht § 60.[6]

4. Kostenansatz. Richten sich die Einwendungen gegen den Kostenansatz, ist Erinnerung oder Beschwerde **5**
(§ 57) einzulegen. Hierzu gehören etwa folgende Einwendungen:

- Der Gebührensatz in der Kostenrechnung stimmt nicht mit der gerichtlichen Festlegung der Verzögerungsgebühr überein.
- Der zugrunde gelegte Verfahrenswert weicht von einer gerichtlichen Festsetzung (§ 55) ab.
- Es ist ein anderer als im Auferlegungsbeschluss bestimmter Kostenschuldner in Anspruch genommen.
- Der Antragsteller ist irrtümlich als Zweitschuldner für eine gegen den Antragsgegner auferlegte Verzögerungsgebühr in Anspruch genommen.
- Es wird die Einrede der Verjährung (§ 7) erhoben.
- Das Nachforderungsverbot des § 19 wurde nicht beachtet.
- Bereits geleistete Zahlungen wurden nicht berücksichtigt.

III. Verfahren

1. Zulässigkeit der Beschwerde (S. 1). a) Allgemeines. Die Beschwerde ist nur zulässig, wenn der **Wert des** **6**
Beschwerdegegenstands 200 € übersteigt oder das Gericht die Beschwerde **wegen grundsätzlicher Bedeutung zugelassen** hat (S. 1). Ist die Auferlegung der Verzögerungsgebühr durch den Rechtspfleger erfolgt, findet gleichfalls Beschwerde nach § 60 statt. Ist diese nicht statthaft, etwa weil der Beschwerdewert nicht erreicht wird, kann stets Erinnerung nach § 11 Abs. 2 RPflG eingelegt werden. Die Auferlegung einer Verzögerungsgebühr durch das **OLG** oder den **BGH** kann nicht angegriffen werden.

b) Beschwerdewert. Der Beschwerdewert ist identisch mit der Höhe der auferlegten Verzögerungsgebühr, **7**
wenn die Auferlegung als solche angegriffen wird. Bei Teilanfechtung, zB wegen der Höhe des bestimmten Gebührensatzes, beschränkt sich der Beschwerdewert hierauf, so dass dann die Differenz zwischen auferlegten und angestrebten Gebührensatz maßgeblich ist.

c) Zulassung der Beschwerde wegen grundsätzlicher Bedeutung. Die Zulassung hat in dem Beschluss zu er- **8**
folgen, durch den die Verzögerungsgebühr auferlegt wird. Eine nachträgliche Zulassung ist unstatthaft. Die Nichtzulassung ist unanfechtbar (S. 2 iVm § 57 Abs. 3 S. 2 Hs 2). Hat aber der Rechtspfleger über die Zulassung entschieden, findet Erinnerung nach § 11 Abs. 2 RPflG statt. Das OLG ist an die Zulassung gebunden (S. 2 iVm § 57 Abs. 3 S. 2 Hs 1).

2. Beschwerdeberechtigung. a) Zahlungspflichtiger. Beschwerde kann nur derjenige einlegen, dem die Ver- **9**
zögerungsgebühr auferlegt wurde. Maßgeblich ist dabei der Beschluss und nicht die übersandte Kostenrechnung, weil ein nur irrtümlich in Anspruch genommener Beteiligter Erinnerung (§ 57) einlegen muss. Lediglich ein nach § 24 Nr. 3 haftender Kostenschuldner kann gleichfalls beschwerdeberechtigt sein.[7] Er muss allerdings die Auferlegung angreifen; wendet er nur ein, nicht nach § 24 Nr. 3 zu haften, muss er Erinnerung (§ 57) einlegen.

---

1 OLG Celle MDR 2001, 350. **2** *E. Schneider*, JurBüro 1976, 6. **3** OLG Schleswig Rpfleger 1962, 394. **4** *E. Schneider*, JurBüro 1976, 6. **5** OLG Köln MDR 1962, 489. **6** HK-FamGKG/*N. Schneider*, § 60 Rn 18. **7** HK-FamGKG/*N. Schneider*, § 60 Rn 3.

10   **b) Streitgenossen.** Wird Streitgenossen die Verzögerungsgebühr als Gesamtschuldner auferlegt, ist jeder von ihnen beschwerdeberechtigt, unabhängig davon, ob sie auch durch den Kostenbeamten in Anspruch genommen worden sind.

11   **c) Fehlende Beschwer.** Staatskasse und Gegenpartei sind nicht beschwert. Auch ein Vertreter, dessen Verschulden für die Verhängung der Verzögerungsgebühr maßgeblich war, ist nicht beschwert. Etwas anderes gilt aber, wenn der Vertreter ohne Vertretungsmacht gehandelt hat und die Kosten deshalb ihn treffen. Das Gericht braucht folglich neben dem Beschwerdeführer keinem anderen Beteiligten rechtliches Gehör zu gewähren. Gleiches gilt für die Staatskasse, auch wenn die Gebühr herabgesetzt oder aufgehoben werden soll.[8]

12   **3. Form und Frist.** Die Beschwerde ist schriftlich bei dem AG einzulegen, das die Verzögerungsgebühr auferlegt hat (S. 2 iVm § 57 Abs. 4 S. 4). Sie kann auch zu Protokoll der Geschäftsstelle erklärt werden; hierfür gilt § 129 a ZPO (S. 2 iVm § 57 Abs. 4 S. 1 Hs 2). Die Beschwerde unterliegt keiner Frist.

13   **4. Vertretung.** Einer anwaltlichen Vertretung bedarf es auch in Anwaltsverfahren nicht, was aus dem Wortlaut „ohne Mitwirkung eines Rechtsanwalts" folgt. Insoweit verdrängt S. 2 iVm § 57 Abs. 4 S. 1 die Regelung des § 114 FamFG (§ 1 Abs. 2). Lässt sich der Beschwerdeführer gleichwohl anwaltlich vertreten, gelten in Ehe- und Familienstreitsachen §§ 80 ff FamFG iVm § 113 Abs. 1 FamFG (S. 2 iVm § 57 Abs. 4 S. 2).

14   **5. Abhilfe und Entscheidung.** Das Familiengericht hat ein **Abhilferecht** (S. 2 iVm § 57 Abs. 3 S. 1). Es hat der Beschwerde danach zwingend abzuhelfen, wenn es sie für zulässig und begründet hält. Dabei kann die Auferlegung gänzlich aufgehoben, der Gebührensatz reduziert oder die Gebühr einem anderen Beteiligten auferlegt werden. **Teilabhilfe** ist möglich.

15   Wird der Beschwerde nicht abgeholfen, sind die Akten unverzüglich dem OLG als Beschwerdegericht zur **Entscheidung** vorzulegen. Dieses entscheidet durch eines seiner Mitglieder als Einzelrichter, der die Sache aber auf den Senat überträgt, wenn sie besondere Schwierigkeiten tatsächlicher oder rechtlicher Art aufweist oder die Rechtssache grundsätzliche Bedeutung hat. Die Entscheidung ergeht durch begründeten Beschluss.

16   **6. Weitere Beschwerde.** Die Entscheidung des Beschwerdegerichts ist unanfechtbar (S. 2 iVm § 57 Abs. 7), so dass eine weitere Beschwerde zum BGH nicht statthaft ist.[9]

IV. Kosten

17   **1. Gerichtskosten.** Es gilt wegen S. 2 die Regelung des § 57 Abs. 8 S. 1, so dass das Beschwerdeverfahren **gebührenfrei** bleibt. Ist die Beschwerde aber unbegründet oder unzulässig, sind vom Beschwerdeführer die entstandenen Auslagen (Nr. 2000 ff KV) als Antragsschuldner (§ 21) einzuziehen.

18   Es handelt sich um eine eigenständige Kosteninstanz iSd § 29 oder § 119 ZPO iVm § 113 Abs. 1 FamFG.

19   **2. Außergerichtliche Kosten.** Eine Erstattung außergerichtlicher Kosten findet nicht statt (S. 2 iVm § 57 Abs. 8 S. 2). Es bedarf daher auch keiner Kostenentscheidung, da ein echter Gegner iSd §§ 80 ff FamFG, §§ 91 ff ZPO iVm § 113 Abs. 1 FamFG nicht vorhanden ist.[10] Auch der Staatskasse können keine Kosten auferlegt werden, selbst wenn die Beschwerde ganz oder teilweise erfolgreich war.[11]

§ 61 Abhilfe bei Verletzung des Anspruchs auf rechtliches Gehör

(1) Auf die Rüge eines durch die Entscheidung beschwerten Beteiligten ist das Verfahren fortzuführen, wenn

1. ein Rechtsmittel oder ein anderer Rechtsbehelf gegen die Entscheidung nicht gegeben ist und
2. das Gericht den Anspruch dieses Beteiligten auf rechtliches Gehör in entscheidungserheblicher Weise verletzt hat.

(2) [1]Die Rüge ist innerhalb von zwei Wochen nach Kenntnis von der Verletzung des rechtlichen Gehörs zu erheben; der Zeitpunkt der Kenntniserlangung ist glaubhaft zu machen. [2]Nach Ablauf eines Jahres seit Bekanntmachung der angegriffenen Entscheidung kann die Rüge nicht mehr erhoben werden. [3]Formlos mitgeteilte Entscheidungen gelten mit dem dritten Tage nach Aufgabe zur Post als bekannt gemacht. [4]Die Rüge ist bei dem Gericht zu erheben, dessen Entscheidung angegriffen wird; § 57 Abs. 4 Satz 1 und 2 gilt entsprechend. [5]Die Rüge muss die angegriffene Entscheidung bezeichnen und das Vorliegen der in Absatz 1 Nr. 2 genannten Voraussetzungen darlegen.

---

8 AA *Meyer*, GKG § 69 Rn 3.   **9** BT-Drucks 16/6308, S. 308.   **10** OLG Karlsruhe Justiz 1971, 103.   **11** OLG Karlsruhe Justiz 1971, 103.

(3) Den übrigen Beteiligten ist, soweit erforderlich, Gelegenheit zur Stellungnahme zu geben.

(4) [1]Das Gericht hat von Amts wegen zu prüfen, ob die Rüge an sich statthaft und ob sie in der gesetzlichen Form und Frist erhoben ist. [2]Mangelt es an einem dieser Erfordernisse, so ist die Rüge als unzulässig zu verwerfen. [3]Ist die Rüge unbegründet, weist das Gericht sie zurück. [4]Die Entscheidung ergeht durch unanfechtbaren Beschluss. [5]Der Beschluss soll kurz begründet werden.

(5) Ist die Rüge begründet, so hilft ihr das Gericht ab, indem es das Verfahren fortführt, soweit dies aufgrund der Rüge geboten ist.

(6) Kosten werden nicht erstattet.

I. Allgemeines

Die Regelung setzt den Plenarbeschluss des BVerfG vom 30.4.2003 um[1] und soll sicherstellen, dass Entscheidungen, die unter Verletzung des Grundrechts auf rechtliches Gehör ergehen, auch dann noch einer gerichtlichen Abhilfemöglichkeit unterliegen, wenn reguläre Rechtsmittel oder Rechtsbehelfe nicht mehr zulässig sind. **1**

II. Statthaftigkeit der Anhörungsrüge (Abs. 1)

1. Allgemeines. Die Anhörungsrüge ist nach Abs. 1 nur statthaft, wenn **2**

- ein Rechtsmittel oder ein anderer Rechtsbehelf gegen die Entscheidung nicht gegeben ist (Nr. 1) und
- das Gericht den Anspruch dieses Beteiligten auf rechtliches Gehör in entscheidungserheblicher Weise verletzt hat (Nr. 2).

Aus dem Wortlaut „und" folgt, dass beide Voraussetzungen **kumulativ** vorliegen müssen. Die Anhörungsrüge kann auch erhoben werden, wenn die Verletzung erstmals in der Rechtsmittelinstanz erfolgt ist. **3**

2. Subsidiarität (Abs. 1 Nr. 1). a) Allgemeines. Es handelt sich um einen subsidiären Rechtsbehelf, der nur **4** erhoben werden kann, wenn reguläre Rechtsbehelfe oder Rechtsmittel nicht oder nicht mehr gegeben sind. Die Nichtgewährung von rechtlichem Gehör muss daher zunächst nach §§ 57 ff geltend gemacht werden, auch wenn die Verletzung offensichtlich ist.

Die Anhörungsrüge kann in allen Verfahren nach dem FamGKG erhoben werden, jedoch ist sie wegen **5** Abs. 1 Nr. 1 nur statthaft, wenn

- die Beschwerde ist unzulässig ist, weil der Beschwerdewert 200 € nicht übersteigt und keine Zulassung erfolgt ist (§ 57 Abs. 2, § 59 Abs. 1, § 60 S. 1);
- die Beschwerde gegen die Verfahrenswertfestsetzung unzulässig ist, weil die nach § 59 Abs. 1 S. 3 iVm § 55 Abs. 3 S. 2 bestimmte Frist abgelaufen ist;
- es sich um eine unanfechtbare Entscheidung des OLG (vgl § 57 Abs. 7, ggf iVm § 58 Abs. 1 S. 2, § 59 Abs. 1 S. 5, § 60 S. 2) oder des BGH handelt.

In anderen Fällen ist zunächst Erinnerung (§ 57 Abs. 1) oder Beschwerde (§ 57 Abs. 2, § 58 Abs. 1, § 59 **6** Abs. 1, § 60) einzulegen. Handelt es sich um die Anordnung einer Vorauszahlung, ist immer Beschwerde nach § 58 gegeben, weil dort ein Beschwerdewert nicht erreicht sein muss. Bei der vorläufigen Wertfestsetzung (§ 55 Abs. 1) ist die Anhörungsrüge hingegen nicht statthaft, da eine Anhörung der Beteiligten nach § 55 Abs. 1 S. 1 nicht erfolgt.

b) Rechtspfleger. Hat der Rechtspfleger die Entscheidung erlassen, ist die Anhörungsrüge stets unzulässig, **7** weil in Fällen, in denen ein Rechtsbehelf oder Rechtsmittel nicht oder nicht mehr stattfindet, die Erinnerung nach § 11 Abs. 2 RPflG zulässig ist.[2]

c) Teilanfechtung. Die Anhörungsrüge kann auf einen Teil des Gegenstands beschränkt werden, so dass sie **8** auch dann erhoben werden kann, wenn das reguläre Rechtsmittel nur deshalb unzulässig ist, weil der Beschwerdewert durch die Teilanfechtung nicht erreicht wird.

d) Offensichtliche Unrichtigkeit. Wird die offensichtliche Unrichtigkeit der gerichtlichen Entscheidung **9** nach §§ 57 ff gerügt, ist nicht nach § 61, sondern nach § 42 FamFG, § 319 ZPO iVm § 113 Abs. 1 FamFG zu verfahren. Ist ein solcher Beschluss unanfechtbar, muss Anhörungsrüge nach § 44 FamFG, § 321 a ZPO iVm § 113 Abs. 1 FamFG erhoben werden.

e) Analogieverbot. Auf andere Grundrechtsverletzungen kann die Anhörungsrüge nicht gestützt werden. **10** Eine analoge Anwendung von § 61 scheidet insoweit aus. Insbesondere dient die Anhörungsrüge nicht dazu, die rechtliche Beurteilung des Gerichts durch die eigene Beurteilung des Rügeführers zu ersetzen.[3] Auch ein mit der Anhörungsrüge vorgetragener neuer Sachverhalt kann nicht berücksichtigt werden.

---

1 BVerfG NJW 2003, 1924. **2** *Lappe*, Rpfleger 2005, 306. **3** BGH FamRZ 2007, 1463.

11   **3. Verletzung in entscheidungserheblicher Weise (Abs. 1 Nr. 2).** Der Anspruch auf rechtliches Gehör muss in entscheidungserheblicher Weise verletzt worden sein. Ein solcher Verstoß liegt immer dann vor, wenn nicht ausgeschlossen werden kann, dass das Gericht **ohne die Verletzung zu einer anderen Entscheidung gelangt** wäre.[4] Wird im Rügeverfahren festgestellt, dass ein reguläres Rechtsmittel aus anderen Gründen erfolglos geblieben wäre, liegt keine Verletzung in entscheidungserheblicher Weise vor.[5] Kann die Entscheidungserheblichkeit aber nicht mit Sicherheit ausgeschlossen werden, ist eine solche anzunehmen.[6]

12   Da es sich bei Abs. 1 Nr. 2 um eine Zulässigkeitsvoraussetzung handelt, hat das Gericht das Vorliegen einer Entscheidungserheblichkeit nach Abs. 4 **von Amts wegen** zu prüfen. Der Rügeführer hat zudem in der Rügeschrift darzulegen, dass eine Verletzung in entscheidungserheblicher Weise vorliegt (Abs. 2 S. 5).

III. Verfahren (Abs. 2)

13   **1. Form.** § 57 Abs. 4 S. 1, 2 gilt entsprechend (Abs. 2 S. 4 Hs 2). Die Anhörungsrüge ist danach **schriftlich** einzureichen oder **zu Protokoll der Geschäftsstelle** zu erklären, hierfür gilt § 129 a ZPO.

14   Einer **anwaltlichen Vertretung** bedarf es wegen § 114 Abs. 4 Nr. 6 FamFG iVm § 78 Abs. 3 ZPO auch in den Anwaltsverfahren nicht. Ist der Beschwerdeführer gleichwohl anwaltlich vertreten, gelten wegen S. 2 iVm § 57 Abs. 4 S. 2 in FG-Familiensachen die Regelungen der §§ 10 ff FamFG und in Ehe- und Familienstreitsachen die §§ 78 ff ZPO iVm § 113 Abs. 1 FamFG.

15   **2. Inhalt.** Eine Falschbezeichnung ist unschädlich, so dass es einer ausdrücklichen Bezeichnung als Rügeschrift nicht bedarf. Zwingend anzugeben ist nach **Abs. 2 S. 5** jedoch die **angegriffene Entscheidung**. Dabei sind das Gericht und der angegriffene Beschlusses anzugeben, wobei sich die Angabe von Datum und Aktenzeichen der Entscheidung empfiehlt.[7]

16   Weiter ist nach **Abs. 2 S. 5** zwingend darzulegen, dass die **Voraussetzungen des Abs. 1 Nr. 2** vorliegen, dh dass die Verletzung des Gehöranspruchs in entscheidungserheblicher Weise erfolgt ist. Erforderlich ist eine substantiierte Darlegung der Verletzung, so dass auch die einzelnen Umstände der Verletzung zu benennen sind und auch dazulegen ist, warum aus der Sicht des Rügeführers das Gericht bei Gewährung des rechtlichen Gehörs anders entschieden hätte.[8] Ferner ist der **Zeitpunkt der Kenntniserlangung** von der Verletzung des Anspruchs auf rechtliches Gehör anzugeben und dieser ist glaubhaft zu machen (Abs. 2 S. 1 Hs 2).

17   **3. Frist (Abs. 2 S. 1–3).** Die Anhörungsrüge ist innerhalb von **zwei Wochen** nach Kenntniserlangung von der Verletzung des rechtlichen Gehörs zu erheben (**Abs. 2 S. 1 Hs 1**). Nach **Ablauf eines Jahres** seit Bekanntmachung der angegriffenen Entscheidung kann die Anhörungsrüge nicht mehr erhoben werden (**Abs. 2 S. 2**), auch wenn die Kenntnis von der Verletzung tatsächlich erst später eintritt. Es handelt sich um eine **Ausschlussfrist.**[9] Das Gericht hat daher neben der Zweiwochen- auch die Jahresfrist zu prüfen.

18   **Bekanntmachung** erfolgt in den Fällen der §§ 57 ff regelmäßig durch formlose Mitteilung der Entscheidung, so dass die Entscheidung mit dem dritten Tage nach Aufgabe zur Post als bekannt gemacht gilt (**Abs. 2 S. 3**). Ist ausnahmsweise eine förmliche Zustellung erfolgt, ist allein das Zustellungsdatum maßgebend. An den Bezirksrevisor ist durch Vorlage der Akten zuzustellen, wobei die Zustellung erst dann als bewirkt gilt, wenn der Vertreter der Staatskasse das Empfangsbekenntnis mit Datum und Unterschrift vollzieht.[10]

19   **4. Wiedereinsetzung in den vorigen Stand.** Wiedereinsetzung kann nach Ablauf der Zweiwochenfrist nicht beantragt werden, denn es handelt sich nicht um eine Notfrist,[11] da Abs. 2 S. 1 nicht ausdrücklich als solche benannt ist. Gleiches gilt bei Ablauf der Jahresfrist des Abs. 2 S. 2, weil eine Ausschlussfrist einer Wiedereinsetzung nicht zugänglich ist. Der Gesetzgeber hat zum inhaltsgleichen § 321 a Abs. 2 S. 2 ZPO ausgeführt: „Im Interesse der Rechtssicherheit sieht Satz 2 eine Ausschlussfrist von einem Jahr seit Bekanntgabe der angegriffenen Entscheidung vor. Die Frist ist – wie ihre Entsprechungen in § 234 Abs. 3, § 586 Abs. 2 Satz 2 ZPO – als materielle Ausschlussfrist der Wiedereinsetzung nicht zugänglich."[12]

20   **5. Glaubhaftmachung (Abs. 2 S. 1 Hs 2).** Der Zeitpunkt der Kenntniserlangung ist glaubhaft zu machen (Abs. 2 S. 1 Hs 2). Maßgeblich ist nur Kenntnis von der Verletzung, nicht hingegen, dass dem Beteiligten die Möglichkeit der Anhörungsrüge unbekannt war. Der Rügeführer kann sich aller Beweismittel, auch der Versicherung an Eides statt, bedienen (§ 31 FamFG, § 294 ZPO iVm § 113 Abs. 1 FamFG). Bei Vertretung durch einen Rechtsanwalt genügt dessen Versicherung.[13]

21   **6. Empfangsgericht (Abs. 2 S. 4 Hs 1).** Die Anhörungsrüge ist bei dem Gericht zu erheben, dessen Entscheidung angegriffen wird (Abs. 2 S. 4 Hs 1), so dass es auch für die Wahrung der Fristen des Abs. 2 nur auf

---

4 BT-Drucks 15/3706, S. 16.   **5** OLG Düsseldorf OLGR 2008, 688.   **6** HK-FamGKG/*Thiel*, § 61 Rn 19.   **7** HK-ZPO/*Saenger*, § 321 a ZPO Rn 8.   **8** Zöller/*Vollkommer*, ZPO, § 321 a Rn 13.   **9** *Meyer*, GKG § 69 a Rn 4.   **10** LG Göttingen JurBüro 1990, 1326.   **11** HK-FamGKG/*Thiel*, § 61 Rn 29.   **12** BT-Drucks 15/3706, S. 16.   **13** *Meyer*, GKG § 69 a Rn 4.

den dortigen Eingang ankommt. Wird die Rügeschrift bei einem unzuständigen Gericht eingereicht, tritt Wirksamkeit erst mit Eingang bei dem zuständigen Gericht ein. Das gilt auch, wenn die Erklärung zu Protokoll der Geschäftsstelle bei einem anderen AG abgegeben und unverzüglich weiterleitet wird (§ 129 a Abs. 2 S. 2 ZPO).

7. Stellungnahme (Abs. 3). Soweit erforderlich, ist den übrigen Beteiligten Gelegenheit zur Stellungnahme zu geben (Abs. 3). Notwendigkeit liegt vor, wenn die angegriffene Entscheidung aufgrund der Anhörungsrüge zum Nachteil des Gegners abzuändern wäre.[14]   **22**

8. Entscheidung (Abs. 4 S. 4, 5). Über die Anhörungsrüge entscheidet das Gericht durch Beschluss (Abs. 4 S. 4), der kurz zu begründen ist (Abs. 4 S. 5). Einer förmlichen Zustellung bedarf der Beschluss nicht, da keine Frist in Lauf gesetzt wird. Ist die Rüge an sich unstatthaft oder nicht form- oder fristgerecht eingelegt, ist die Rüge als unzulässig zu verwerfen (Abs. 4 S. 2). Ist die Rüge unbegründet, erfolgt Zurückweisung.   **23**

9. Verfahrensfortsetzung (Abs. 5). Ist die Rüge begründet, hat ihr das Gericht abzuhelfen, indem es das Verfahren fortführt, soweit es aufgrund der Rüge geboten ist (Abs. 5). Gegenstand des fortgesetzten Erinnerungs- oder Beschwerdeverfahrens kann deshalb nur noch der Verfahrensteil sein, der durch die Verletzung des Anspruchs auf rechtliches Gehör in entscheidungserheblicher Weise verletzt wurde. Einer förmlichen Entscheidung über die Fortsetzung bedarf es nicht.[15] Das Verschlechterungsverbot gilt im fortgesetzten Verfahren nicht,[16] weil das Verfahren nur in die Ausgangsentscheidung zurückversetzt wird.[17] Eine zur Verhinderung einer nachteiligen Entscheidung vorgenommene Beschränkung der Anhörungsrüge ist zulässig.   **24**

10. Rechtsmittel (Abs. 4 S. 4). Die Entscheidung über die Anhörungsrüge ist **unanfechtbar** (Abs. 4 S. 4), auch wenn die Rüge als unzulässig verworfen wird.[18] Es bleibt dann nur noch die Verfassungsbeschwerde.[19]   **25**

IV. Kosten (Abs. 6)

1. Gerichtskosten. Das Anhörungsrügeverfahren ist **gerichtsgebührenfrei**, weil ein entsprechender Gebührentatbestand fehlt. Nr. 1800 KV kann nicht herangezogen werden, da er nur die Rügen nach den Verfahrensordnungen erfasst.[20] Wird die Rüge aber als unzulässig oder unbegründet verworfen bzw zurückgewiesen, sind entstandene gerichtlichen **Auslagen** einzuziehen. Kostenschuldner ist der Rügeführer nach § 21 Abs. 1. Einer Kostenentscheidung bedarf es nicht, da die Haftung kraft Gesetzes eintritt.   **26**

2. Kostenerstattung. Kosten werden nicht erstattet (Abs. 6), so dass die Entscheidung keiner Kostenentscheidung bedarf. Die Kostenerstattung ist auch dann ausgeschlossen, wenn das Rügeverfahren erfolgreich war, denn auch der Staatskasse können in keinem Fall Kosten auferlegt werden.   **27**

Abschnitt 9
Schluss- und Übergangsvorschriften

§ 61 a Verordnungsermächtigung

[1]Die Landesregierungen werden ermächtigt, durch Rechtsverordnung zu bestimmen, dass die von den Gerichten der Länder zu erhebenden Verfahrensgebühren in solchen Verfahren, die nur auf Antrag eingeleitet werden, über die im Kostenverzeichnis für den Fall der Zurücknahme des Antrags vorgesehene Ermäßigung hinaus weiter ermäßigt werden oder entfallen, wenn das gesamte Verfahren oder bei Verbundverfahren nach § 44 eine Folgesache nach einer Mediation oder nach einem anderen Verfahren der außergerichtlichen Konfliktbeilegung durch Zurücknahme des Antrags beendet wird und in der Antragsschrift mitgeteilt worden ist, dass eine Mediation oder ein anderes Verfahren der außergerichtlichen Konfliktbeilegung unternommen wird oder beabsichtigt ist, oder wenn das Gericht den Beteiligten die Durchführung einer Mediation oder eines anderen Verfahrens der außergerichtlichen Konfliktbeilegung vorgeschlagen hat. [2]Satz 1 gilt entsprechend für die im Beschwerdeverfahren von den Oberlandesgerichten zu erhebenden Verfahrensgebühren; an die Stelle der Antragsschrift tritt der Schriftsatz, mit dem die Beschwerde eingelegt worden ist.

§ 61 a ist mWv 26.7.2012 durch das Gesetz zur Förderung der Mediation und anderer Verfahren der außergerichtlichen Konfliktbeilegung vom 21.7.2012[1] in das FamGKG eingefügt worden. Dieses Gesetz dient der Umsetzung der Richtlinie 2008/52/EG des Europäischen Parlaments und des Rates vom 21. Mai 2008 über   **1**

---

[14] *Meyer*, GKG § 69 a Rn 5. [15] MüKo-ZPO/*Musielak*, § 321 a Rn 16. [16] MüKo-ZPO/*Musielak*, § 321 a Rn 16; Zöller/*Vollkommer*, ZPO, § 321 a Rn 18. [17] OLG Frankfurt NJW 2004, 165. [18] OLG Stuttgart 17.5.2006 – 12 W 23/06, juris. [19] HK-FamGKG/*Thiel*, § 61 Rn 36 ff; Zöller/*Vollkommer*, ZPO, § 321 a Rn 17. [20] OLG Karlsruhe AGS 2015, 175. [1] BGBl. I 1577, 1581.

bestimmte Aspekte der Mediation in Zivil- und Handelssachen.[2] Durch § 61 a soll ein weiterer Beitrag zur Förderung der außergerichtlichen Mediation geleistet werden.

2   Die Landesregierungen sind in § 61 a ermächtigt worden, durch Rechtsverordnung die Gerichtskosten zu ermäßigen. Die von den Gerichten der Länder zu erhebenden Verfahrensgebühren in solchen Verfahren, die nur auf Antrag eingeleitet werden, können über die im Kostenverzeichnis für den Fall der Zurücknahme des Antrags vorgesehene Ermäßigung hinaus **weiter ermäßigt** werden oder **entfallen**. Voraussetzungen nach S. 1 sind:

- Das gesamte Verfahren oder bei Verbundverfahren nach § 44 eine Folgesache wird nach einer Mediation oder nach einem anderen Verfahren der außergerichtlichen Konfliktbeilegung durch Zurücknahme des Antrags beendet und
- in der Antragsschrift ist mitgeteilt worden, dass eine Mediation oder ein anderes Verfahren der außergerichtlichen Konfliktbeilegung unternommen wird oder beabsichtigt ist, oder
- das Gericht hat den Beteiligten die Durchführung einer Mediation oder eines anderen Verfahrens der außergerichtlichen Konfliktbeilegung vorgeschlagen.

3   § 61 b sieht zwar vor, die Verfahrensgebühr in Verfahren, die nur auf Antrag eingeleitet werden (s. die Erl. zu § 14), über die im Kostenverzeichnis für den Fall der Zurücknahme des Antrags vorgesehene Ermäßigung hinaus noch weiter zu ermäßigen, wenn das gesamte Verfahren nach einer Mediation oder nach einem anderen Verfahren der außergerichtlichen Konfliktbeilegung durch Zurücknahme des Antrags beendet wird. Allerdings ist hierfür eine Rechtsverordnung der Landesregierung erforderlich, die zB in Nordrhein-Westfalen (bislang) nicht vorhanden ist.

4   Für die Mediation oder ein anderes Verfahren der außergerichtlichen Konfliktbeilegung fällt **keine besondere Gerichtsgebühr** an. Vielmehr werden diese Verfahren durch die Verfahrensgebühr des Verfahrens abgegolten.

5   S. 2 bestimmt, dass die weitere Gebührenermäßigung auch für die Verfahrensgebühren der **Beschwerdeverfahren vor dem OLG** durch Rechtsverordnung angeordnet werden kann.

§ 62 (aufgehoben)

§ 62 a Bekanntmachung von Neufassungen

[1]Das Bundesministerium der Justiz und für Verbraucherschutz kann nach Änderungen den Wortlaut des Gesetzes feststellen und als Neufassung im Bundesgesetzblatt bekannt machen. [2]Die Bekanntmachung muss auf diese Vorschrift Bezug nehmen und angeben

1. den Stichtag, zu dem der Wortlaut festgestellt wird,
2. die Änderungen seit der letzten Veröffentlichung des vollständigen Wortlauts im Bundesgesetzblatt sowie
3. das Inkrafttreten der Änderungen.

1   § 62 a räumt dem Bundesministerium der Justiz und für Verbraucherschutz die allgemeine Erlaubnis zur Bekanntmachung von Neufassungen des FamGKG ein, weil das FamGKG wegen seiner Abhängigkeit von Verfahrensgesetzen häufigen Änderungen unterliegt. Die Auswirkung der Vorschrift auf die Kostenrechtspraxis dürfte gering sein. Maßgeblich für die Übergangsvorschriften der §§ 63, 64 bleibt der in dem jeweiligen Änderungsgesetz bestimmte Zeitpunkt.

§ 63 Übergangsvorschrift

(1) [1]In Verfahren, die vor dem Inkrafttreten einer Gesetzesänderung anhängig geworden oder eingeleitet worden sind, werden die Kosten nach bisherigem Recht erhoben. [2]Dies gilt nicht im Verfahren über ein Rechtsmittel, das nach dem Inkrafttreten einer Gesetzesänderung eingelegt worden ist. [3]Die Sätze 1 und 2 gelten auch, wenn Vorschriften geändert werden, auf die dieses Gesetz verweist.

2 ABl. L 136 v. 24.5.2008, S. 3.

(2) In Verfahren, in denen Jahresgebühren erhoben werden, und in Fällen, in denen Absatz 1 keine Anwendung findet, gilt für Kosten, die vor dem Inkrafttreten einer Gesetzesänderung fällig geworden sind, das bisherige Recht.

I. Allgemeines

1. Regelungszweck. Die Vorschrift enthält Übergangsvorschriften für den Fall einer Änderung des **1** FamGKG und solcher Vorschriften, auf die es verweist. Es soll Rechtssicherheit geschaffen werden. Aus diesem Grund wird ein allgemein geltendes Rückwirkungsverbot ausgesprochen, welches rechtsstaatlich geboten erscheint. § 63 gilt nur für nach Inkrafttreten des FamGKG erfolgte Änderungen. Übergangsvorschriften aus Anlass des Inkrafttretens des FamGKG selbst ergeben sich aus Art. 111 FGG-RG (→ Rn 21 ff). Die Nichtbeachtung von § 63 und Art. 111 FGG-RG ist nach § 57 angreifbar.

2. Geltungsbereich. § 63 gilt für alle von § 1 erfassten Verfahren, wobei jeder eigenständige Kostenrechts- **2** zug iSd § 29 zugleich eigenständiges Verfahren iSd § 63 ist. Nicht unter § 63 fallen deshalb das Mahnverfahren und solche Vollstreckungshandlungen, für die Kosten nach dem GKG zu erheben sind (vgl § 1 Abs. 1 S. 3, Vorbem. 1.6 S. 2 KV), weil hier § 71 GKG eingreift.

3. Kosten. Die Vorschrift erfasst sämtliche nach dem FamGKG zu erhebende Kosten, so dass sie für Ge- **3** bühren und Auslagen gilt und auch für Letztere nicht auf die Fälligkeit, sondern auf die Anhängigkeit des Verfahrens abzustellen ist. Das gilt auch, wenn sich die Höhe von Pauschalen (zB Nr. 2002 KV) ändert oder gänzlich neue Auslagentatbestände eingeführt werden. Wegen der Haftkosten (Nr. 2008, 2009 KV) ist auch § 64 zu beachten. Außergerichtliche Kosten werden nicht von § 63 umfasst. Ausgenommen sind daher auch die nach § 59 RVG übergegangenen Ansprüche, für die § 60 Abs. 1 S. 3 RVG gilt.

II. Anhängigkeit (Abs. 1 S. 1)

1. Allgemeines. Die Kosten werden nach bisherigem Recht erhoben, wenn das Verfahren vor Inkrafttreten **4** einer Gesetzesänderung anhängig geworden oder eingeleitet worden ist (Abs. 1 S. 1). Handelt es sich um ein Amtsverfahren, ist auf den Zeitpunkt der Verfahrenseinleitung abzustellen. Wegen der Regelung des Abs. 1 S. 2 ist jeder Instanzenzug gesondert zu behandeln. Auf die Rechtshängigkeit kommt es nicht an. Ist das Verfahren einmal anhängig gemacht, bleiben spätere Antragsänderungen unbeachtlich, so dass Wideranträge nach dem Recht abzurechnen sind, das für den ursprünglichen Antrag gilt. Das gilt auch für langes Ruhen oder Unterbrechung. Wird der Antrag aber wirksam zurückgenommen und später erneut gestellt, gilt für den späteren Antrag neues Recht.

2. Abänderungsverfahren. Sie sind nach § 31 Abs. 2 S. 1 eigenständige Rechtszüge iSd § 29, so dass das **5** zum Zeitpunkt der Anhängigkeit des Aufhebungs- oder Änderungsverfahren maßgebliche Recht gilt. Das gilt insb. für Verfahren nach §§ 48, 238 ff FamFG oder für Wiederaufnahmeverfahren nach §§ 578 ff ZPO iVm § 118 FamFG. In Unterbringungssachen (§ 151 Nr. 6, 7 FamFG) gelten auch die Verfahren auf Überprüfung oder Verlängerung der Maßnahme als eigenständige Kosteninstanzen, so dass es nur auf den Zeitpunkt ihrer Einleitung ankommt, nicht aber auf die erstmalige Anordnung der Unterbringung.

3. Mahnverfahren. Es gilt § 71 GKG. Kommt es aber zum streitigen Verfahren, gilt § 63. Maßgeblich ist **6** die Anhängigkeit des Mahnverfahrens, auch wenn das streitige Verfahren nach Inkrafttreten der Gesetzesänderung eingeleitet wird.[1] Auch die Tatsache, dass beide Verfahren verschiedene Kostenrechtszüge iSd § 29 bilden, führt (ausnahmsweise) zu keinem anderen Ergebnis, da die Kosten des Mahnverfahrens gem. § 696 Abs. 1 S. 5 iVm § 281 Abs. 3 S. 1 ZPO, § 113 Abs. 1 FamFG als Teil der Kosten des streitigen Verfahrens gelten und auch wegen der nach Nr. 1220 KV vorzunehmenden Anrechnungen ein enger Zusammenhang beider Verfahren besteht.[2]

4. Unterhalt. Die für Mahnverfahren geltenden Grundsätze (→ Rn 6) finden auch für vereinfachte Unter- **7** haltsverfahren (§§ 249 ff FamFG) Anwendung, wenn sich ein streitiges Verfahren anschließt. Denn auch hier besteht ein enger Zusammenhang, weil die Rechtshängigkeit bereits mit Zustellung des Festsetzungsantrags als eingetreten gilt (§ 255 Abs. 3 FamFG) und die Kosten des vereinfachten Verfahrens als Teil der Kosten des streitigen Verfahrens zu behandeln sind (§ 255 Abs. 5 FamFG).

5. Stufenantrag. Das gesamte Verfahren ist einheitlich iSd § 63 zu betrachten, weil mit dem Antrag zur **8** Auskunftsstufe auch die noch nicht bezifferte Leistungsstufe rechtshängig wird (§ 254 ZPO iVm § 113 Abs. 1 FamFG). Anzuwenden in allen Stufen ist daher das Recht, welches zum Zeitpunkt der Anhängigkeit der ersten Stufe gilt.

---

[1] OLG Koblenz MDR 1996, 969; OLG München MDR 1995, 1072; aA LG Bayreuth JurBüro 1995, 148. [2] OLG München MDR 1995, 1072.

8a   **6. Umgangsvermittlungsverfahren.** Maßgeblich ist der Antrag auf Durchführung des Vermittlungsverfahrens, wenn die Kosten dieses Verfahrens nach § 165 Abs. 5 S. 2 FamFG Teil der Kosten des sich anschließenden Umgangsverfahrens sind, weil ein entsprechendes Verfahren von Amts wegen oder auf einen binnen eines Monats gestellten Antrag eines Elternteils eingeleitet wird. Liegen die Voraussetzungen des § 165 Abs. 5 S. 2 FamFG nicht vor, kommt es hingegen für jedes Verfahren auf den jeweiligen Antrags- bzw Einleitungszeitpunkt an.

9   **7. Urkundenverfahren.** Das Urkundenverfahren und das Nachverfahren (§ 113 Abs. 2 FamFG iVm §§ 592 ff ZPO) gelten auch iSd § 63 als ein Verfahren, so dass es nur auf die Anhängigkeit des Urkundenverfahrens ankommt.

10   **8. Verfahrenswert.** § 63 gilt auch, wenn sich Wertvorschriften ändern, so dass stets das zum Zeitpunkt der Anhängigkeit des Verfahrens maßgebende Recht gilt, auch dann, wenn es gem. § 34 S. 2 für die Wertfestsetzung auf den Zeitpunkt der Fälligkeit der Gebühren ankommt. Für die Rechtsmittelinstanz gilt Abs. 1 S. 2.

III. Rechtsmittel (Abs. 1 S. 2)

11   **1. Einlegung.** Für Rechtsmittelverfahren gilt Abs. 1 S. 2. Die Regelung erfasst sämtliche Rechtsmittel und Rechtsbehelfe sowohl im Haupt- als auch in Nebenverfahren, so dass nicht nur die Verfahren nach §§ 58 ff, 70 ff FamFG, sondern zB auch Beschwerden nach §§ 91 a, 99, 269 ZPO iVm § 113 Abs. 1 FamFG oder sofortige Beschwerden erfasst sind. Abzustellen ist allein auf den Zeitpunkt des Rechtsmitteleingangs, auch wenn das Rechtsmittel zunächst ohne Anträge gestellt wird und diese erst in der Begründungschrift gestellt werden. Maßgeblich ist nur der Eingang beim zuständigen Empfangsgericht (vgl § 64 Abs. 1, § 71 Abs. 1 FamFG, § 569 Abs. 1 ZPO).[3] Es kann für die Instanzen verschiedenes Recht zur Anwendung kommen.

12   **2. Zurückverweisung.** Die Zurückverweisung löst keinen eigenständigen Kostenrechtszug aus (§ 31 Abs. 1), so dass es nur auf den Zeitpunkt der Anhängigkeit des früheren Verfahrens ankommt. Ein neues Verfahren iSd § 63 liegt aber vor, wenn nach erfolgter Zurückverweisung gegen die Entscheidung des weiteren Verfahrens Rechtsmittel eingelegt wird.[4]

13   **3. Rechtsbehelfe nach dem FamGKG.** § 63 erfasst auch die nach diesem Gesetz vorgesehenen Rechtsbehelfe, auch Beschwerden nach § 59.[5] Ist das Verfahren noch vor einer Änderung der §§ 57 ff anhängig geworden, finden die bisherigen Regelungen auch dann Anwendung, wenn Erinnerung oder Beschwerde nach einer Gesetzesänderung eingelegt wird.[6]

14   **4. Anschlussrechtsmittel.** Ein Anschlussrechtsmittel löst kein eigenständiges Verfahren iSd Abs. 1 S. 2 aus. Es kommt also nur auf den Eingang des Hauptrechtsmittels an. Dies gilt auch, wenn es sich um ein selbständiges Anschlussrechtsmittel handelt und später wegen Rücknahme des Hauptrechtsmittels nur noch dieses anhängig ist.

IV. Verweisungen (Abs. 1 S. 3)

15   Die Regelungen des Abs. 1 S. 1 und 2 gelten auch, wenn sich Vorschriften ändern, auf die das FamGKG verweist. So wird insb. verwiesen auf

- § 90 Abs. 2 Nr. 8 SGB XII durch Vorbem. 1.3.1 Abs. 2 KV, Anm. Abs. 1 zu Nr. 1311 KV, Vorbem. 2 Abs. 3 KV;
- § 1836 c BGB durch Nr. 2013 KV;
- das JVEG durch Nr. 2005, 2007 KV;
- das AKostG durch Nr. 2010 KV.

16   Die Nr. 2008 und 2009 KV verweisen zudem auf landesrechtlichen Regelungen über die Höhe des Haftkostenbeitrags. Wegen der Haftkosten ist auch die Übergangsregelung des § 64 zu beachten.

17   Ändert sich eine solche Vorschrift, ist sie gleichfalls noch in der alten Fassung anzuwenden, wenn die Änderung erst nach dem maßgeblichen Zeitpunkt des Abs. 1 S. 1, 2 in Kraft tritt.

V. Vormundschaften und Dauerpflegschaften (Abs. 2)

18   Für Vormundschaften und Dauerpflegschaften ist zu unterscheiden: Sind in dem Verfahren Jahresgebühren (Nr. 1311, 1312 KV) zu erheben, gilt die Sonderregelung des Abs. 2. Danach ist auf den Zeitpunkt der Fälligkeit der einzelnen Kosten abzustellen, die sich nach § 10 richtet. Es kann danach in dem Verfahren für das gleiche Kalenderjahr verschiedenes Recht zur Anwendung kommen, weil die Jahresgebühren mit Beginn des Kalenderjahrs fällig werden, die Auslagen aber zum Zeitpunkt ihrer Entstehung.

---

3 *Hartmann*, KostG, § 71 GKG Rn 6; *Meyer*, GKG § 71 Rn 6. **4** OLG Köln JMBl NW 1997, 287. **5** BayVGH FamRZ 2006, 634. **6** OLG Brandenburg OLGR 2008, 360.

Unanwendbar ist Abs. 2 aber dann, wenn in dem Vormundschafts- oder Dauerpflegschaftsverfahren keine 19
Jahresgebühren entstehen, also in den Rechtsmittel- oder Nebenverfahren (zB nach § 35 FamFG). Dann gilt
Abs. 1. Nicht erfasst von Abs. 2 sind zudem Pflegschaften für einzelne Rechtshandlungen oder Umgangs-
pflegschaften.

Für die von Abs. 2 erfassten Verfahren ist die Regelung des Abs. 1 S. 3 analog anzuwenden, da eine Schlech- 20
terstellung nicht beabsichtigt ist. Maßgeblich ist dann gleichfalls der Zeitpunkt der Fälligkeit.

VI. Regelungen aus Anlass des Inkrafttretens des FamGKG

1. Gesetzestext Art. 111 FGG-RG

Artikel 111 FGG-RG Übergangsvorschrift

(1) [1]Auf Verfahren, die bis zum Inkrafttreten des Gesetzes zur Reform des Verfahrens in Familiensachen und in
den Angelegenheiten der freiwilligen Gerichtsbarkeit eingeleitet worden sind oder deren Einleitung bis zum Inkrafttreten des Gesetzes zur Reform des Verfahrens in Familiensachen und in den Angelegenheiten der freiwilligen
Gerichtsbarkeit beantragt wurde, sind weiter die vor Inkrafttreten des Gesetzes zur Reform des Verfahrens in Familiensachen und in den Angelegenheiten der freiwilligen Gerichtsbarkeit geltenden Vorschriften anzuwenden.
[2]Auf Abänderungs-, Verlängerungs- und Aufhebungsverfahren finden die vor Inkrafttreten des Gesetzes zur Reform des Verfahrens in Familiensachen und in den Angelegenheiten der freiwilligen Gerichtsbarkeit geltenden Vorschriften Anwendung, wenn die Abänderungs-, Verlängerungs- und Aufhebungsverfahren bis zum Inkrafttreten
des Gesetzes zur Reform des Verfahrens in Familiensachen und in den Angelegenheiten der freiwilligen Gerichtsbarkeit eingeleitet worden sind oder deren Einleitung bis zum Inkrafttreten des Gesetzes zur Reform des Verfahrens in Familiensachen und in den Angelegenheiten der freiwilligen Gerichtsbarkeit beantragt wurde.

(2) Jedes gerichtliche Verfahren, das mit einer Endentscheidung abgeschlossen wird, ist ein selbständiges Verfahren
im Sinne des Absatzes 1 Satz 1.

(3) Abweichend von Absatz 1 Satz 1 sind auf Verfahren in Familiensachen, die am 1. September 2009 ausgesetzt
sind oder nach dem 1. September 2009 ausgesetzt werden oder deren Ruhen am 1. September 2009 angeordnet ist
oder nach dem 1. September 2009 angeordnet wird, die nach Inkrafttreten des Gesetzes zur Reform des Verfahrens in Familiensachen und in den Angelegenheiten der freiwilligen Gerichtsbarkeit geltenden Vorschriften anzuwenden.

(4) [1]Abweichend von Absatz 1 Satz 1 sind auf Verfahren über den Versorgungsausgleich, die am 1. September
2009 vom Verbund abgetrennt sind oder nach dem 1. September 2009 abgetrennt werden, die nach Inkrafttreten
des Gesetzes zur Reform des Verfahrens in Familiensachen und in den Angelegenheiten der freiwilligen Gerichtsbarkeit geltenden Vorschriften anzuwenden. [2]Alle vom Verbund abgetrennten Folgesachen werden im Fall des Satzes 1 als selbständige Familiensachen fortgeführt.

(5) Abweichend von Absatz 1 Satz 1 sind auf Verfahren über den Versorgungsausgleich, in denen am 31. August
2010 im ersten Rechtszug noch keine Endentscheidung erlassen wurde, sowie auf die mit solchen Verfahren im
Verbund stehenden Scheidungs- und Folgesachen ab dem 1. September 2010 die nach Inkrafttreten des Gesetzes
zur Reform des Verfahrens in Familiensachen und in den Angelegenheiten der freiwilligen Gerichtsbarkeit geltenden Vorschriften anzuwenden.

2. Anwendungsbereich aus Anlass des Inkrafttretens des FamGKG.
Übergangsregelungen aus Anlass der 21
Einführung des FamGKG ergeben sich aus Art. 111 FGG-RG, weil eigene Regelungen im FamGKG selbst
fehlen und das Gesetz als Art. 2 Teil des FGG-RG[7] ist und somit die dortigen Übergangsregelungen gelten.
Liegen die dortigen Voraussetzungen für eine Anwendung des neuen Rechts nicht vor, sind auf die betreffende Familiensache die Bestimmungen von GKG oder KostO anzuwenden. Das bisherige Recht ist anzuwenden, wenn das Verfahren vor dem Inkrafttreten des FGG-RG am 1.9.2009 beantragt oder eingeleitet
wurde (Art. 111 Abs. 1 S. 1 FGG-RG), so dass es unerheblich ist, ob es sich um ein Amts- oder Antragsverfahren handelt.

Von diesem **Grundsatz** macht Art. 111 Abs. 3–5 FGG-RG jedoch **Ausnahmen**. Danach ist das FamGKG 22
auch anzuwenden, wenn

- die Familiensache vor dem 1.9.2009 eingeleitet wurde, aber am 1.9.2009 ausgesetzt ist oder erst nach
  dem 1.9.2009 ausgesetzt und später wieder aufgenommen wird (Art. 111 Abs. 3 Alt. 1 FGG-RG);
- die Familiensache vor dem 1.9.2009 eingeleitet wurde, aber deren Ruhen am 1.9.2009 angeordnet war
  oder deren Ruhen nach dem 1.9.2009 angeordnet wird und später die Wiederaufnahme erfolgt
  (Art. 111 Abs. 3 Alt. 2 FGG-RG);

---

[7] Gesetz zur Reform des Verfahrens in Familiensachen und in den Angelegenheiten der freiwilligen Gerichtsbarkeit (FGG-Reformgesetz – FGG-RG) v. 17.12.2008 (BGBl. I 2586), zul. geänd. d. G v. 30.7.2009 (BGBl. I 2449).

■ eine Folgesache über den Versorgungsausgleich am 1.9.2009 vom Verbund abgetrennt war oder später abgetrennt wurde (Art. 111 Abs. 4 FGG-RG).

23 Art. 111 Abs. 5 FGG-RG ordnet zudem an, dass neues Recht seit dem 1.9.2010 anzuwenden ist, wenn in einem Verbundverfahren, das vor dem 1.9.2009 eingeleitet wurde, die Folgesache Versorgungsausgleich am 31.8.2010 in der ersten Instanz noch nicht durch Endentscheidung beendet war. Das neue Recht ist dann ab dem 1.9.2010 auf sämtliche noch anhängige Verbundteile anzuwenden und kann nicht nur auf die Folgesache Versorgungsausgleich beschränkt werden.

24 **3. Rechtsmittel.** Der **Verfahrensbegriff** des Art. 111 FGG-RG umfasst **sämtliche Instanzen**, so dass das alte Recht auch auf ein nach dem 1.9.2009 eingeleitetes Rechtsmittelverfahren anzuwenden ist, wenn das erstinstanzliche Verfahren noch nach dem Altrecht eingeleitet wurde. Der Gesetzgeber hat dazu ausgeführt: „Die Übergangsregelung erstreckt sich einheitlich auf die Durchführung des Verfahrens in allen Instanzen gleichermaßen. Ist das Verfahren in erster Instanz noch nach dem bisherigen Recht eingeleitet worden, so erfolgt auch die Durchführung des Rechtsmittelverfahrens nach dem bisher geltenden Recht. Dies betrifft auch den nach bisherigem Recht geltenden Instanzenzug. Ausschließlich soweit auch bereits das erstinstanzliche Verfahren nach den Vorschriften des FGG-Reformgesetzes durchzuführen war, richtet sich auch die Durchführung des Rechtsmittelverfahrens nach den Regelungen des FGG-Reformgesetzes."[8]

25 **4. Abänderungs-, Verlängerungs- oder Aufhebungsverfahren.** Auf solche Verfahren ist das neue Recht anzuwenden, wenn sie nach dem 1.9.2009 eingeleitet sind (Art. 111 Abs. 1 S. 2 FGG-RG). Einleitung des ursprünglichen Verfahrens oder Erlass der abzuändernden Entscheidung sind unerheblich. Die Regelung gilt auch für Änderungen von Unterhaltstiteln (§§ 238 ff FamFG), von Sorge- und Umgangsrechtsentscheidungen oder sonstige Verfahren nach § 166 FamFG, so dass auch hier das FamGKG anzuwenden ist.

26 **5. Einstweilige Anordnungen.** Ist das Verfahren nach dem 31.8.2009 eingeleitet, gilt neues Recht. Wurde jedoch vor dem 1.9.2009 ein Verfahren auf Erlass der einstweiligen Anordnung zusammen mit der Hauptsache eingeleitet oder dessen Einleitung beantragt, ist auch auf das Hauptsacheverfahren noch das alte Recht anzuwenden, auch wenn das Hauptsacheverfahren erst nach dem 31.8.2009 betrieben wurde.[9]

27 **6. Vormundschaften und Dauerpflegschaften.** Art. 111 Abs. 2 FGG-RG bestimmt, das jedes gerichtliche Verfahren, das mit einer Endentscheidung abgeschlossen wird, als selbständiges Verfahren iSd Art. 111 Abs. 1 S. 1 FGG-RG anzusehen ist. Daraus folgt, dass für Bestandsverfahren das neue Recht Anwendung findet, auch wenn die Anordnung der Vormundschaft oder Dauerpflegschaft vor dem 1.9.2009 erfolgt ist, so dass in solchen Verfahren die Regelungen des FamGKG anzuwenden sind, wenn das Familiengericht nach dem 1.9.2009 Tätigkeiten ausübt wie etwa die Prüfung der Rechnungslegung oder der Anforderung des Berichts über die persönlichen Verhältnisse des Mündels.

28 **Beispiel:** Die Vormundschaft wurde im Jahr 2007 angeordnet. Es ist wie folgt abzurechnen:
1. Für die Kalenderjahre 2007/2008 sind Kosten nach der KostO zu erheben.
2. Für das Kalenderjahr 2009 ist ebenfalls noch der Jahresgebühr des § 92 KostO zu erheben, weil sie bereits mit Beginn des Kalenderjahres am 1.1.2009 fällig geworden ist (§ 92 Abs. 1 S. 6 KostO). Auslagen werden unmittelbar nach ihrer Entstehung fällig (§ 7 KostO, § 10 FamGKG), so dass für die vor dem 1.9.2009 entstandenen Auslagen noch die KostO, für die danach anfallenden Auslagen aber schon das FamGKG gilt.
3. Von dem Kalenderjahr 2010 ab sind sowohl Jahresgebühr als auch Auslagen nur noch nach dem FamGKG anzusetzen.

29 **7. Rechtsbehelfe nach dem FamGKG.** Gilt aufgrund der Regelungen des Art. 111 FGG-RG noch altes Recht, sind die Bestimmungen des GKG und der KostO auch anwenden, wenn Erinnerung und Beschwerde nach den Kostengesetzen eingelegt werden.[10] Insoweit sind die §§ 66–69 a GKG bzw §§ 14, 31, 157 a KostO anzuwenden.

30 **8. Versorgungsausgleich.** Nach Art. 111 Abs. 4 FGG-RG sind für alle Versorgungsausgleichssachen, die am 1.9.2009 abgetrennt waren oder nach dem 1.1.2009 abgetrennt werden, die Regelungen des FamGKG anzuwenden. Erfasst sind auch Abtrennungen nach § 628 Nr. 1, 2 ZPO,[11] so dass das FamGKG auch für solche abgetrennten Folgesachen gilt, die nach Art. 111 Abs. 4 S. 2 FGG-RG als selbständige Familiensachen fortzuführen sind, denn die Übergangsvorschriften betreffen sowohl das materielle als auch das Verfahrensrecht.

31 In den Fällen der Fortführung als selbständige Familiensache gilt § 6 Abs. 2, so dass die frühere Folgesache als Teil der selbständigen Familiensache zu behandeln ist. Für die selbständige Versorgungsausgleichssache sind Gebühren nach Nr. 1320 ff KV zu erheben. Waren im alten Verbundverfahren bereits Verfahrensgebühren für den Versorgungsausgleich erhoben, sind diese auf die Gebühren im selbständigen Verfahren an-

---

8 BT-Drucks 16/6308, S. 359.   **9** BT-Drucks 16/6308, S. 359.   **10** KG FamRZ 2011, 754.   **11** BT-Drucks 16/11903, S. 57; *Holzwarth*, FamRZ 2009, 1884.

NK-GK/H. Schneider

zurechnen,[12] denn die Fortführung als selbständige Familiensache bewirkt, dass diese so zu behandeln ist, als sei sie nie Teil des Verbundverfahrens gewesen, und hat deshalb bei der Gebührenberechnung des Scheidungsverfahrens unberücksichtigt zu bleiben.[13]

Beispiel: Das Scheidungsverfahren wird am 15.4.2008 anhängig. Es ergeht am 10.1.2009 Urteil, mit welchem die Ehe geschieden und der Versorgungsausgleich ausgesetzt und abgetrennt wird. Der Streitwert wird auf 9.500 € für die Ehescheidung und 1.000 € (vorläufig) den Versorgungsausgleich festgesetzt.   32

Am 20.10.2013 wird die Versorgungsausgleichssache fortgesetzt und als selbständige Familiensache geführt. Es ergeht Endentscheidung, der Verfahrenswert wird auf 2.850 € festgesetzt.

Es ist wie folgt abzurechnen:

I. Scheidungsverbund (Altverfahren)

Hier ist bereits eine folgende vorläufige Schlusskostenrechnung ergangen, in die auch der Versorgungsausgleich aufzunehmen war, weil seit Aussetzung mehr als sechs Monate vergangen waren und somit Fälligkeit der Gebühr eingetreten ist (§ 9 Abs. 2 Nr. 4 GKG).

2,0-Verfahrensgebühr, Nr. 1310 KV GKG aF (Wert: 10.500 €)	438,00 €

II. Nach der Fortführung des Versorgungsausgleichs ist die Kostenrechnung im Scheidungsverfahren abzuändern:

2,0-Verfahrensgebühr, Nr. 1310 KV GKG aF (Wert: 9.500 €)	392,00 €
Bereits gezahlt	– 438,00 €
Zu viel gezahlt	**46,00 €**

III. In der selbständigen Versorgungsausgleichssache ist wie folgt abzurechnen:

2,0-Verfahrensgebühr, Nr. 1320 KV (Wert: 2.850 €)	216,00 €
Anzurechnen (Überschuss aus Verbundverfahren)	– 46,00 €
Noch zu zahlen	**170,00 €**

§ 64 Übergangsvorschrift für die Erhebung von Haftkosten

Bis zum Erlass landesrechtlicher Vorschriften über die Höhe des Haftkostenbeitrags, der von einem Gefangenen zu erheben ist, sind die Nummern 2008 und 2009 des Kostenverzeichnisses in der bis zum 27. Dezember 2010 geltenden Fassung anzuwenden.

§ 64 wurde durch Art. 14 Nr. 3 des Gesetzes zur Umsetzung der Dienstleistungsrichtlinie in der Justiz und   1
zur Änderung weiterer Vorschriften vom 22.12.2010[1] eingefügt. Zugleich wurden Nr. 2008 und 2009 KV durch Art. 14 Nr. 4 Buchst. d und e des vorgenannten Gesetzes geändert und damit die bisherige Verweisung auf § 50 StVollzG aufgehoben, weil die Gesetzgebungskompetenz für den Strafvollzug auf die Länder übergegangen ist. Die Höhe des Haftkostenbeitrags wird seitdem durch Landesgesetze geregelt.

In Ländern, in denen entsprechende Regelungen noch nicht ergangen sind, bestimmt sich die Höhe der   2
nach Nr. 2008, 2009 KV einzuziehenden Auslagen weiterhin nach dem bis zum 27.12.2010 geltenden Recht, so dass § 50 Abs. 2, 3 StVollzG und für Nr. 2009 KV auch § 50 Abs. 1 StVollzG zu beachten ist.

Bestehen landesrechtliche Regelungen, sind diese seit dem 28.12.2010 anzuwenden (Art. 19 G.   3
v. 22.12.2010); dabei ist § 63 zu beachten. Entsprechende Regelungen sind bisher in folgenden Bundesländern ergangen:

Baden-Württemberg: § 51 Justizvollzugsgesetzbuch (JVollzGB);[2] **Bayern:** Art. 49 Bayerisches Strafvollzugsgesetz (BayStVollzG);[3] **Bremen:** § 62 Bremisches Strafvollzugsgesetz;[4] **Hamburg:** § 49 Hamburgisches Strafvollzugsgesetz (HmbStVollzG);[5] **Hessen:** § 43 Hessisches Strafvollzugsgesetz (HStVollzG);[6] **Mecklenburg-Vorpommern:** § 61 Strafvollzugsgesetz M-V (StrafvollzG-M-V);[7] **Niedersachsen:** § 52 Niedersächsisches Justizvollzugsgesetz (NJVollzG);[8] **Nordrhein-Westfalen:** § 39 Strafvollzugsgesetz (StVollzG NRW);[9] **Rheinland-Pfalz:** § 71 Landesjustizvollzugsgesetz (LJVollzG);[10] **Saarland:** § 61 Saarländisches Strafvollzugsgesetz (SLStVollzG);[11] **Sachsen:** § 61 Sächsisches Strafvollzugsgesetz (SächsStVollzG);[12] **Sachsen-Anhalt:** § 72 Justizvollzugsgesetzbuch Sachsen-Anhalt (JVollzGB LSA);[13] **Thüringen:** § 72 Thüringer Strafvollzugsgesetz (ThürJVollzGB).[14]

---

12 AG Bad Iburg JurBüro 2010, 541. **13** BT-Drucks 16/6308, S. 301. **1** BGBl. 2010 I 2248, 2252. **2** GBl. 2009, 545. **3** GVBl. 2007, 866. **4** Brem. GBl. 2014, 639. **5** Hmb. GVBl. 2009, 257. **6** GVBl. I 2010, 185. **7** GVOBl. M-V 2013, 322. **8** Nds. GVBl. 2014, 106. **9** GV NRW 2015, 76. **10** GVBl. 2013, 79. **11** ABl. I 2013, 116. **12** Sächs. GVBl. 2013, 250. **13** GOVBl. LSA, 666. **14** GVBl. 2014, 13.

Anlage 1
(zu § 3 Absatz 2)

Kostenverzeichnis

Gliederung

---

1 Geplante Änderung durch Art. 10 Nr. 2 Buchst. a des Entwurfs eines Gesetzes zur Durchführung der Verordnung (EU) Nr. 655/2014 sowie zur Änderung sonstiger zivilprozessualer Vorschriften (EuKoPfVODG), BT-Drucks. 18/7560, S. 19: „*Abschnitt 2. Einstweilige Anordnung in den übrigen Familiensachen, Arrest und Europäischer Beschluss zur vorläufigen Kontenpfändung*". Geplantes Inkrafttreten dieser Änderung: 18.1.2017 (s. Art. 14 Abs. 1 ÄndG).

Teil 1
Gebühren

Hauptabschnitt 1
Hauptsacheverfahren in Ehesachen einschließlich aller Folgesachen

Abschnitt 1
Erster Rechtszug

Nr.	Gebührentatbestand	Gebühr oder Satz der Gebühr nach § 28 FamGKG
1110	Verfahren im Allgemeinen	2,0
1111	Beendigung des Verfahrens hinsichtlich der Ehesache oder einer Folgesache durch	
	1. Zurücknahme des Antrags	
	a) vor dem Schluss der mündlichen Verhandlung,	
	b) in den Fällen des § 128 Abs. 2 ZPO vor dem Zeitpunkt, der dem Schluss der mündlichen Verhandlung entspricht,	
	c) im Fall des § 331 Abs. 3 ZPO vor Ablauf des Tages, an dem die Endentscheidung der Geschäftsstelle übermittelt wird,	
	2. Anerkenntnis- oder Verzichtsentscheidung oder Endentscheidung, die nach § 38 Abs. 4 Nr. 2 und 3 FamFG keine Begründung enthält oder nur deshalb eine Begründung enthält, weil zu erwarten ist, dass der Beschluss im Ausland geltend gemacht wird (§ 38 Abs. 5 Nr. 4 FamFG), mit Ausnahme der Endentscheidung in einer Scheidungssache,	
	3. gerichtlichen Vergleich oder	
	4. Erledigung in der Hauptsache, wenn keine Entscheidung über die Kosten ergeht oder die Entscheidung einer zuvor mitgeteilten Einigung über die Kostentragung oder einer Kostenübernahmeerklärung folgt,	
	es sei denn, dass bereits eine andere Endentscheidung als eine der in Nummer 2 genannten Entscheidungen vorausgegangen ist:	
	Die Gebühr 1110 ermäßigt sich auf	0,5
	(1) Wird im Verbund nicht das gesamte Verfahren beendet, ist auf die beendete Ehesache und auf eine oder mehrere beendete Folgesachen § 44 FamGKG anzuwenden und die Gebühr nur insoweit zu ermäßigen.	
	(2) Die Vervollständigung einer ohne Begründung hergestellten Endentscheidung (§ 38 Abs. 6 FamFG) steht der Ermäßigung nicht entgegen.	
	(3) Die Gebühr ermäßigt sich auch, wenn mehrere Ermäßigungstatbestände erfüllt sind.	

I. Allgemeines

1 **1. Anwendungsbereich.** Hauptabschnitt 1 KV (Nr. 1110–1140 KV) findet Anwendung in Ehesachen einschließlich der Folgesachen im Verbundverfahren. **Ehesachen** sind nach § 121 FamFG die Verfahren

- auf Scheidung der Ehe (Scheidungssachen),
- auf Aufhebung der Ehe und
- auf Feststellung des Bestehens oder Nichtbestehens einer Ehe zwischen den Beteiligten.

2 Darüber hinaus gelten Nr. 1110–1140 KV wegen der Verweisungsnorm des § 5 Nr. 1, 2 auch für die entsprechenden **Lebenspartnerschaftssachen** nach § 269 Abs. 1 Nr. 1, 2 FamFG. Ferner dann, wenn die Ehesache nach **ausländischem Recht** durchzuführen ist, auch wenn für diese nach deutschem Recht kein entsprechendes Verfahren vorgesehen ist, zB gerichtliche Rückkehraufforderung nach türkischem Recht[1] oder Verfahren auf Trennung von Tisch und Bett nach italienischem Recht.

3 Für Anträge auf Herstellung des ehelichen Lebens (§ 1353 BGB) gelten Nr. 1220 ff KV, für die Anerkennung von ausländischen Entscheidungen (§ 107 FamFG) gilt Nr. 1714 KV.

4 **2. Verfahrensgebühr Nr. 1110 KV.** Für das erstinstanzliche Verfahren entsteht eine 2,0-Gebühr nach Nr. 1110 KV, die sich nach Nr. 1111 KV auf einen 0,5-Gebührensatz ermäßigen kann. Es handelt sich jeweils um pauschale Verfahrensgebühren, die sämtliche Tätigkeiten des Gerichts abdecken. Daneben werden Gebühren nur erhoben, wenn das Kostenverzeichnis die Erhebung ausdrücklich vorschreibt (zB Nr. 1500 KV).

II. Verbund

5 **1. Einheitliches Verfahren.** Scheidungssachen und Folgesachen bilden ein Verbundverfahren (§ 137 Abs. 1 FamFG). **Verbundfähig** sind nur die in § 137 Abs. 2, 3 FamFG genannten Verfahren, wenn eine Entscheidung aus Anlass der Ehescheidung zu treffen ist. Nr. 1110, 1111 KV entstehen für sämtliche Verbundteile, so dass sie auch für die Folgesachen, unabhängig davon, ob es sich um Familienstreitsachen oder FG-Familiensachen handelt, anzusetzen sind. Werden Folgesachen aber als selbständige Familiensachen geltend gemacht, gelten Nr. 1110, 1111 KV nicht, sondern die jeweiligen Gebühren der Nr. 1220 ff KV bzw Nr. 1310, 1320 ff KV.

6 § 44 Abs. 1 bestimmt zudem, dass Scheidungssachen und Folgesachen als **ein Verfahren** gelten, so dass die Verfahrensgebühr nur einmal zu erheben ist und der Ansatz von Einzelgebühren unstatthaft ist. Die Gebühren der Nr. 1110, 1111 KV sind deshalb nach dem zusammengerechneten Werten der einzelnen Verbundteile zu erheben.

7 **Beispiel:** Mit dem Antrag auf Ehescheidung werden die Folgesachen Versorgungsausgleich und elterliche Sorge anhängig. Die Verfahrenswerte betragen: 13.500 € (Ehescheidung), 5.400 € (Versorgungsausgleich) und 2.700 € (elterliche Sorge). Das Verfahren wird einheitlich durch Beschluss (Endentscheidung) beendet, welcher zu allen Verfahrensteilen auch Tatbestand und Entscheidungsgründe enthält.

Es ist eine 2,0-Verfahrensgebühr (Nr. 1110 KV) nach einem Wert von 21.600 € zu erheben.

8 **2. Abtrennung aus und Aufnahme in den Verbund.** Zur Abtrennung aus dem Verbund → § 6 Rn 12 ff. Zur Aufnahme in den Verbund → § 6 Rn 22 ff.

9 **3. Differenzierte Kostenentscheidung.** Wird die Ehe geschieden, hat das Familiengericht die Kosten der Scheidungssache und der Folgesachen gegeneinander aufzuheben (§ 150 Abs. 1 FamFG). Von diesem Grundsatz kann jedoch abgewichen werden, wenn die Kostenverteilung zu **Unbilligkeiten** führen würde (§ 150 Abs. 4 S. 1 FamFG), so dass dann für einzelne Verbundteile eine abweichende Kostenentscheidung ergeht. In diesen Fällen sind Anwalts- und Gerichtskosten nach der **Differenzmethode** zu berechnen.[2] Die von § 150 Abs. 1 FamFG abweichende Kostenregelung erstreckt sich danach nur auf die **Mehrkosten**, die durch die entsprechende Folgesache verursacht worden sind.[3] Es sind daher zunächst die Gebühren nach dem Verfahrenswert aller Verbundteile zu berechnen und sodann die Gebühren ohne den Verfahrenswert der entsprechenden Folgesache zu ermitteln. Der Differenzbetrag entspricht dem Mehrbetrag, der von § 150 Abs. 4 FamFG erfasst wird.

10 **Beispiel:** Es ist ein Verbundverfahren anhängig. Die Verfahrenswerte betragen: Scheidungssache 9.000 €, Versorgungsausgleich 3.600 €, Kindesunterhalt 4.500 €.

---

[1] OLG Stuttgart FamRZ 2005, 1696.   [2] OLG Köln FamRZ 2007, 647.   [3] OLG München MDR 1999, 101.

Im Anschluss an die mündliche Verhandlung ergeht zu allen Verbundteilen begründete Endentscheidung. Hinsichtlich der Scheidungs- und Versorgungsausgleichssache werden die Kosten gegeneinander aufgehoben. Die Kosten der Unterhaltssache trägt der Antragsgegner allein.

Es ist zunächst der Differenzbetrag zu ermitteln.

Insgesamt sind entstanden:

2,0-Verfahrensgebühr, Nr. 1110 KV (Wert: 17.100 €)	638,00 €

Ohne die Folgesache Kindesunterhalt wären entstanden:

2,0-Verfahrensgebühr, Nr. 1110 KV (Wert: 12.600 €)	534,00 €
Der Differenzbetrag beträgt	104,00 €

Für einen Betrag von 534 € haften Antragsteller und Antragsgegner zu je 1/2 als Entscheidungsschuldner. Für den Differenzbetrag haftet hingegen lediglich der Antragsgegner als Entscheidungsschuldner.

III. Mehrheit von Geschäften

Werden **wechselseitige Scheidungsanträge** gestellt, entsteht die Verfahrensgebühr nur einmal, auch wenn die Anträge zunächst in getrennten Verfahren behandelt wurden, da die Erhebung eines Scheidungsgegenantrags als Anschluss an den Scheidungsantrag auszulegen ist.[4] Gleichfalls kommt eine Werterhöhung nach § 39 Abs. 1 nicht in Betracht, da Gegenstandsgleichheit vorliegt. **11**

Werden jedoch **gänzlich verschiedene Ehesachen** geltend gemacht, zB Scheidung und Aufhebung der Ehe, liegen verschiedene Gegenstände vor, deren Werte zusammenzurechnen sind.[5] Werden solche Anträge in demselben Verfahren gestellt, entsteht die Verfahrensgebühr nur einmal, jedoch nach dem zusammengerechneten Wert. Die Gebühr ist wie bei einer Antragserweiterung neu zu berechnen und die Differenz von dem Antragsteller des zweiten Antrags nachzufordern. War zuerst der Aufhebungsantrag gestellt, so kann aber für den Scheidungsantrag keine Abhängigmachung (§ 14 Abs. 1) angeordnet werden, weil das Gericht bei Konkurrenz beider Anträge nur die Aufhebung der Ehe aussprechen soll (§ 126 Abs. 3 FamFG). **12**

IV. Ermäßigung nach Nr. 1111 KV

1. Allgemeines. Ist die Verfahrensgebühr mit Antragseingang einmal entstanden, kann sie nicht mehr entfallen, sondern sich nur nach Nr. 1111 KV auf einen 0,5-Gebührensatz ermäßigen. Die dort benannten Ermäßigungstatbestände sind **abschließend**. Da es sich um eine Sonderregelung zu Nr. 1110 KV handelt, können die Regelungen nicht analog auf andere Tatbestände erweitert werden. Eine Ermäßigung der Gebühr tritt danach ein bei Beendigung der Ehesache oder einer Folgesache durch: **13**

- rechtzeitige Zurücknahme des Antrags (Nr. 1);
- Anerkenntnis- oder Verzichtsentscheidung (Nr. 2 Alt. 1);
- Endentscheidung, welche nach § 38 Abs. 4 Nr. 2, 3 FamFG keine Begründung enthält, mit Ausnahme der Endentscheidung in einer Scheidungssache (Nr. 2 Alt. 2);
- Endentscheidung, welche nur deshalb eine Begründung enthält, weil zu erwarten ist, dass der Beschluss im Ausland geltend gemacht wird (Nr. 2 Alt. 2);
- gerichtlichen Vergleich (Nr. 3);
- Erledigungserklärung, wenn keine Kostenentscheidung ergeht oder diese einer zuvor mitgeteilten Einigung der Beteiligten oder einer Kostenübernahmeerklärung folgt (Nr. 4).

Es darf jedoch noch keine andere Entscheidung als eine in Nr. 1111 Nr. 2 KV genannte Entscheidung ergangen sein. **14**

2. Umfang der Ermäßigung. Ermäßigung tritt bereits ein, wenn lediglich die Ehesache oder einzelne Folgesachen durch einen oder mehrere Ermäßigungstatbestände beendet werden, jedoch beschränkt sie sich dann auf diese Verbundteile. Insoweit ordnet **Anm. Abs. 1** zu Nr. 1111 KV an, dass auf die erledigte Ehesache und auf eine oder mehrere beendete Folgesachen § 44 Abs. 1 anzuwenden ist. Wird der einzelne Verbundteil nur teilweise erledigt, tritt keine Ermäßigung ein, allerdings ist Beendigung durch **mehrere Ermäßigungstatbestände** statthaft (**Anm. Abs. 3** zu Nr. 1111 KV). **15**

Beispiel: Neben dem Scheidungsantrag werden die Folgesachen Versorgungsausgleich und Kindesunterhalt anhängig. Die Verfahrenswerte betragen: Scheidung 19.000 €, Versorgungsausgleich 7.600 €, Kindesunterhalt 3.600 €. **16**

Ein Ermäßigungstatbestand liegt nur für die Folgesache Kindesunterhalt vor.

---

4 MüKo-FamFG/*Hilbig*, § 126 Rn 6. **5** OLG Zweibrücken FamRZ 2002, 255.

Es sind folgende Gebühren zu erheben:

2,0-Verfahrensgebühr, Nr. 1110 KV (Wert: 26.600 €)	812,00 €
0,5-Verfahrensgebühr, Nr. 1111 KV (Wert: 3.600 €)	63,50 €
Gesamt	**875,50 €**

17 3. **Verschiedene Gebührensätze.** Sind wegen Teilerledigung für den Verbund Nr. 1110 und 1111 KV anzuwenden, ist § 30 Abs. 3 zu beachten. Danach darf die Summe der beiden Einzelgebühren die Gebührensumme nicht überschreiten, die bei Ansatz einer 2,0-Gebühr nach dem gesamten Wert entstanden wäre. Die Regelung ist von Amts wegen zu beachten. Eine Nichtbeachtung kann mit der Erinnerung (§ 57) angegriffen werden.

18 **Beispiel 1:** Es ist ein Verbundverfahren anhängig. Die Verfahrenswerte betragen: Scheidung 7.000 €, Versorgungsausgleich 2.800 €, Kindesunterhalt 3.600 €, Zugewinnausgleich 20.000 €.

Über den Kindesunterhalt ergeht ein Vergleich, der die gesamte Folgesache beendet. Hinsichtlich der übrigen Verbundteile ergeht begründete Endentscheidung.

An Gerichtsgebühren sind entstanden:

2,0-Verfahrensgebühr, Nr. 1110 KV (Wert: 29.800 €)	812,00 €
0,5-Verfahrensgebühr, Nr. 1111 Nr. 3 KV (Wert: 3.600 €)	63,50 €
Gesamt	**875,50 €**

§ 30 Abs. 3 ist zu beachten, so dass die Einzelgebühren eine 2,0-Verfahrensgebühr nach einem Wert von 33.400 € iHv 882 € nicht überschreiten dürfen. Da die Einzelgebühren geringer sind, verbleibt es beim Ansatz der Einzelgebühren.

19 **Beispiel 2:** Es ist ein Verbundverfahren anhängig. Die Verfahrenswerte betragen: Scheidung 7.000 €, Versorgungsausgleich 2.800 €, Sorgerecht 1.400 €, Zugewinnausgleich 16.000 €.

Vor Schluss der mündlichen Verhandlung wird die Folgesache Sorgerecht zurückgenommen. Hinsichtlich der übrigen Verbundteile ergeht Endentscheidung mit Begründung.

An Gerichtsgebühren sind entstanden:

2,0-Verfahrensgebühr, Nr. 1110 KV (Wert: 25.800 €)	812,00 €
0,5-Verfahrensgebühr, Nr. 1111 Nr. 1 KV (Wert: 1.400 €)	35,50 €
Gesamt	**847,50 €**

§ 30 Abs. 3 ist zu beachten, so dass die Einzelgebühren eine 2,0-Verfahrensgebühr nach einem Wert von 27.200 € iHv 812 € nicht überschreiten dürfen. Da die Einzelgebühren höher sind, ist lediglich eine Verfahrensgebühr nach Nr. 1110 KV iHv 812 € anzusetzen.

20 4. **Antragsrücknahme (Nr. 1111 Nr. 1 KV). a) Allgemeines.** Wird der Antrag in der Ehesache oder hinsichtlich einer Folgesache zurückgenommen, tritt Ermäßigung ein. Dabei geht der kostenrechtliche Begriff über den verfahrensrechtlichen hinaus, so dass als **Rücknahme** iSd Nr. 1111 Nr. 1 KV jedes ausdrückliche oder stillschweigende Verhalten des Antragstellers zu werten ist, durch welches er zu erkennen gibt, von einer gerichtlichen Entscheidung des Falls absehen zu wollen.[6]

21 Die Rücknahme muss innerhalb der Zeiträume der Nr. 1 **verfahrensrechtlich wirksam** vorliegen. In Ehesachen oder Folgesachen, die Familienstreitsachen sind, bedarf es der Zustimmung des Gegners, wenn die mündliche Verhandlung bereits begonnen hatte (§ 269 Abs. 1 ZPO iVm § 113 Abs. 1 FamFG). In Folgesachen, die FG-Familiensachen sind, bedarf es der Zustimmung der übrigen Beteiligten nur, wenn bereits Endentscheidung ergangen war (§ 22 Abs. 1 S. 2 FamFG) und die Folgesache nicht von Amts wegen eingeleitet wurde.

22 **b) Kostenentscheidung.** Die Kostenentscheidung hindert die Ermäßigung nicht, da eine Nr. 1221 Nr. 1 KV vergleichbare Regelung fehlt. Ebenso liegt eine die Ermäßigung auslösende Beendigung der gesamten Folgesache vor, wenn in der Endentscheidung über die noch verbleibenden Verbundteile eine Kostenentscheidung ergeht, die auch die zurückgenommene Folgesache umfasst, selbst wenn diese nach § 150 Abs. 4 FamFG differenziert ergeht.

23 **c) Zeitpunkt.** Die Rücknahme muss rechtzeitig erfolgen, so dass sie **vor** dem in Nr. 1111 **Nr. 1 Buchst. a–c** KV genannten Zeitpunkt wirksam bei Gericht eingehen muss.

24 Wurde eine mündliche Verhandlung durchgeführt, hat die Rücknahme bis zum Schluss der mündlichen Verhandlung zu erfolgen (**Buchst. a**); danach ist eine Ermäßigung ausgeschlossen, auch wenn noch keine Endentscheidung ergangen war. Hat das Gericht die mündliche Verhandlung wieder aufgenommen, kommt es nur noch auf die erneute Schließung an.

---

6 *Oestreich/Hellstab/Trenkle*, FamGKG Nr. 1110–1140 KV Rn 56.

In einer Folgesache kann das Gericht mit Zustimmung der Beteiligten ohne mündliche Entscheidung ent- **25** scheiden (§ 128 Abs. 2 ZPO iVm § 113 Abs. 1 FamFG). Es hat dann den Zeitpunkt zu bestimmen, bis zu dem Schriftsätze eingereicht werden können, und zugleich den Termin zur Verkündung der Entscheidung zu bestimmen. Maßgeblich für den Eintritt der Gebührenermäßigung ist dann, dass die Rücknahme bis zum Ablauf des Tages, bis zu dem die Schriftsätze eingereicht werden können, bei Gericht eingeht (vgl **Buchst. b**).

Handelt es sich um eine Folgesache aus dem Bereich der Familienstreitsachen, ergeht gegen den Antrags- **26** gegner auf Antrag des Antragstellers eine Versäumnisentscheidung, wenn nicht die Verteidigungsanzeige rechtzeitig bei Gericht eingeht. In diesen Fällen ordnet **Buchst. c** an, dass die Rücknahme bis zum Ablauf des Tages eingehen muss, an dem die Endentscheidung der Geschäftsstelle übermittelt wird. Maßgeblich ist dabei der Eingang der Versäumnisentscheidung, auf die Endentscheidung für die übrigen Verbundteile kommt es nicht an. Da auf den Ablauf des Tages der Übergabe abgestellt wird, tritt die Ermäßigung auch ein, wenn die Rücknahme zwar nach Eingang der Versäumnisentscheidung auf der Geschäftsstelle, aber noch vor Ablauf des Tages der Übergabe eingeht.

d) Verbund. Bei Rücknahme des Scheidungsantrags erstrecken sich deren Wirkungen auch auf die Folgesa- **27** chen (§ 141 S. 1 FamFG), so dass Ermäßigung für sämtliche Verbundteile eintritt, ausgenommen solcher Verbundteile, in denen bereits eine andere als in Nr. 1111 Nr. 2 KV genannte Entscheidung ergangen ist.

Werden Folgesachen aufgrund der Rücknahme **als selbständige Familiensachen fortgeführt** (§ 141 S. 3 **28** FamFG), liegt insoweit eine **echte Abtrennung** vor, so dass § 6 Abs. 2 eingreift und für die vormaligen Fol- gesachen keine Gebühren mehr nach Nr. 1110, 1111 KV zu erheben sind.

Beispiel: Es ist ein Verbundverfahren anhängig. Die Verfahrenswerte betragen für Scheidung 7.000 €, Versor- **29** gungsausgleich 2.800 €, Kindesunterhalt 3.500 €.

Der Scheidungsantrag wird zurückgenommen, jedoch erklärt der Antragsteller, die Folgesache Kindesunterhalt fortführen zu wollen. Entscheidungen waren im Verbund noch nicht ergangen. Aufgrund der Rücknahme und der Erklärung des Antragstellers wird der Kindesunterhalt als selbständige Familienstreitsache fortgeführt. Dort wird durch streitige Endentscheidung entschieden.

An Gerichtsgebühren sind entstanden:

I. Verbund

0,5-Verfahrensgebühr, Nr. 1111 KV (Wert: 9.800 €)   120,50 €

II. Kindesunterhalt

Er ist in dem Verbundverfahren nicht mehr zu berücksichtigen (§ 6 Abs. 2).

Für das Verfahren sind entstanden:

3,0-Verfahrensgebühr, Nr. 1220 KV (Wert: 3.500 €)   381,00 €

5. Bestimme Endentscheidungen (Nr. 1111 Nr. 2 KV). a) Allgemeines. Nach Nr. 1111 Nr. 2 KV tritt Ermä- **30** ßigung auch ein, wenn das Verfahren beendet wird durch

- Anerkenntnisentscheidung,
- Verzichtsentscheidung,
- Endentscheidung, die nach § 38 Abs. 4 Nr. 2, 3 FamFG keine Begründung enthält oder nur deshalb eine Begründung enthält, weil ein Fall des § 38 Abs. 5 Nr. 4 FamFG vorliegt.

Versäumnisentscheidungen lösen keine Gebührenermäßigung aus. Im Übrigen gilt der allgemeine Grund- **31** satz, dass sich der jeweilige Verbundteil gänzlich durch die privilegierte Entscheidung oder einen anderen Ermäßigungstatbestand erledigen muss.

b) Endentscheidung ohne Begründung. Nach **§ 38 Abs. 4 Nr. 2, 3 FamFG** bedarf es einer Begründung **32** nicht, soweit

- gleichgerichteten Anträgen der Beteiligten stattgegeben wird,
- der Beschluss dem erklärten Willen eines Beteiligten nicht widerspricht,
- der Beschluss in Gegenwart aller Beteiligten mündlich bekannt gegeben wurde und alle Beteiligten auf Rechtsmittel verzichtet haben.

In diesen Fällen tritt Ermäßigung der Verfahrensgebühr ein. Das gilt auch, wenn in einem solchen Fall nur **33** deshalb eine Begründung erfolgt, weil der Beschluss im Ausland geltend gemacht werden wird. Ermäßigung tritt zudem auch dann ein, wenn nach § 38 Abs. 6 FamFG eine zunächst ohne Begründung ergangene Ent- scheidung wegen der Geltendmachung im Ausland nachträglich mit einer Begründung versehen wird (**Anm. Abs. 2 zu Nr. 1111 KV**).

Ergeht die Endentscheidung hinsichtlich der Scheidung ohne Begründung, ist eine Ermäßigung aber inso- **34** weit ausgeschlossen, was aus dem Wortlaut **„mit Ausnahme der Endentscheidung in einer Scheidungssa- che"** folgt. Damit hat der Gesetzgeber die zum bisherigen Gebührenrecht bestehende Streitfrage geklärt und eine Ermäßigung ausgeschlossen,[7] weil der Verzicht auf Rechtsmittel oder einer Begründung hauptsächlich im eigenen Interesse der Eheleute erfolgt.[8] Da ein Begründungsverzicht nur wegen der Scheidungssache zulässig ist, nicht aber in anderen Ehesachen (§ 38 Abs. 5 Nr. 1 FamFG), ist hier eine Ermäßigung gleichfalls ausgeschlossen. Sie kommt daher nur für Folgesachen in Betracht, allerdings bedarf auch die Entscheidung über den Versorgungsausgleich stets einer Begründung (§ 224 Abs. 2 FamFG).

35 Erfolgt trotz wirksamen Verzichts der Beteiligten eine Begründung, liegt darin noch keine unrichtige Sachbehandlung iSd § 20 (→ § 20 Rn 29).

36 **Beispiel 1:** Mit dem Scheidungsantrag wird die Folgesache Versorgungsausgleich anhängig. Die Eheleute verzichten auf Begründung und Rechtsmittel, so dass die Endentscheidung nur wegen der Folgesache mit Begründung ergeht.

Es verbleibt für das gesamte Verbundverfahren bei einer 2,0-Verfahrensgebühr nach Nr. 1110 KV.

37 **Beispiel 2:** Mit dem Scheidungsantrag werden die Folgesachen Versorgungsausgleich und Kindesunterhalt anhängig. Die Verfahrenswerte betragen für Scheidung 6.000 €, Versorgungsausgleich 2.400 €, Kindesunterhalt 5.500 €.

Die Eheleute verzichten auf Begründung und Rechtsmittel. Die Endentscheidung ergeht folglich wegen Scheidungssache und Kindesunterhalt ohne und wegen des Versorgungsausgleichs mit Begründung.

An Gebühren sind entstanden:

2,0-Verfahrensgebühr, Nr. 1110 KV (Wert: 8.400 €)	444,00 €
0,5-Verfahrensgebühr, Nr. 1111 KV (Wert: 5.500 €)	82,50 €
Gesamt	**526,50 €**

Eine Ermäßigung ist nur für die Folgesache Kindesunterhalt eingetreten. Für die Scheidungssache ist eine Ermäßigung trotz des Fehlens von Entscheidungsgründen ausgeschlossen.

38 **6. Gerichtlicher Vergleich (Nr. 1111 Nr. 3 KV).** Ein gerichtlicher Vergleich löst eine Ermäßigung aus (Nr. 1111 Nr. 3 KV), auch wenn er nach § 278 Abs. 6 ZPO iVm § 36 Abs. 3, § 113 Abs. 1 FamFG zustande gekommen ist. Der Vergleich muss **wirksam** geworden sein, so dass bei **Widerrufsvergleichen** die Widerrufsfrist abzuwarten ist. Bedarf der Vergleich einer gerichtlichen Genehmigung, hindert diese nicht die Gebührenermäßigung.

39 Es muss sich um einen gerichtlichen Vergleich handeln, ein **außergerichtlicher Vergleich** genügt nicht, auch wenn er dem Gericht mitgeteilt wird. Soweit er aber zur Anlage eines gerichtlichen Protokolls gemacht wird (§ 160 Abs. 5 iVm § 36 Abs. 2, § 113 Abs. 1 FamFG), führt er eine Ermäßigung herbei,[9] weil er dann zum Protokollinhalt wird. In den übrigen Fällen führt der mitgeteilte außergerichtliche Vergleich aber zu einer Erledigung in der Hauptsache, so dass eine Ermäßigung nach Nr. 1111 Nr. 4 KV in Betracht kommen kann. Schließen die Beteiligten einen Vergleich ohne Kostenregelung und führen sie ausdrücklich eine gerichtliche Entscheidung über die Kosten herbei, tritt eine Gebührenermäßigung nur ein, wenn die Voraussetzungen der Nr. 1111 Nr. 4 KV erfüllt sind.

40 **7. Erledigung der Hauptsache (Nr. 1111 Nr. 4 KV).** Eine Erledigung der Hauptsache tritt in der Ehesache ein, wenn ein Ehegatte verstirbt, bevor die ergangene Endentscheidung rechtskräftig geworden ist (§ 131 FamFG). Tritt die Hauptsachenerledigung ein, sind regelmäßig auch die Folgesachen als erledigt anzusehen,[10] so dass eine Ermäßigung nach Nr. 1111 Nr. 4 KV für den gesamten Verbund eintritt, ausgenommen solche Verbundteile, in denen bereits eine andere als in Nr. 1111 Nr. 2 KV genannte Entscheidung ergangen war.

41 Die Erledigung erstreckt sich nicht auf die Kosten, so dass das Gericht im Regelfall noch eine **Kostenentscheidung** zu treffen hat. Der Erlass einer solchen Entscheidung, die nach § 132 oder § 150 FamFG ergeht, hindert die Ermäßigung, wenn sie nicht einer zuvor mitgeteilten Einigung über die Kostentragung oder einer Kostenübernahmeerklärung folgt.

42 Werden Folgesachen auf Antrag der Erben oder des überlebenden Ehegatten als selbständige Familiensache fortgeführt, liegt insoweit eine echte Abtrennung vor, so dass § 6 Abs. 2 eingreift (→ § 6 Rn 12 ff).

43 **8. Folgen der Ermäßigung.** Siehe dazu → Nr. 1221 KV Rn 72 ff.

---

7 OLG Köln AGS 2008, 140; KG NJW 2007, 90; OLG Zweibrücken NJW 2006, 2564; OLG Stuttgart FamRZ 2006, 719; aA OLG Karlsruhe FamRZ 2008, 1874; OLG Nürnberg FamRZ 2006, 634. **8** BT-Drucks 16/6308, S. 309. **9** *Oestreich/Hellstab/Trenkle*, FamGKG Nr. 1110–1140 KV Rn 65. **10** MüKo-ZPO/*Hilbig*, § 131 FamFG Rn 10.

V. Fälligkeit; Vorauszahlungspflicht

Zur Fälligkeit → § 9 Rn 4.   44

Eine Vorauszahlungspflicht besteht nach § 14 Abs. 1 S. 1 für die Ehesache, so dass im Verbundverfahren nur für   45
die Scheidungssache eine Vorauszahlung zu leisten ist (→ § 14 Rn 8 f). Für die Folgesachen besteht keine
Vorauszahlungspflicht. Da hier auch noch keine Fälligkeit eingetreten ist, kommt auch eine Sollstellung der
Gebühr nicht in Betracht. Erfolgt aufgrund der Zahlungsaufforderung für die Ehesache keine Zahlung, ist vor
Weglegung der Akte eine 0,5-Gebühr nach Nr. 1111 KV zum Soll zu stellen (§ 26 Abs. 8 S. 3 KostVfg).

Hinsichtlich der Auslagen besteht Vorschusspflicht nach §§ 16, 17 bzw § 379 ZPO iVm § 113 Abs. 1   46
FamFG, was auch für die Folgesachen gilt. § 16 Abs. 1 bzw § 379 ZPO gelten jedoch nicht, wenn das Gericht die Handlung von Amts wegen durchführen muss; in diesem Fall greift nur § 16 Abs. 3.

VI. Kostenschuldner

1. Antragshaftung. a) Grundsatz. Antragshaftung (§ 21 Abs. 1) besteht in Ehesachen, da es sich um reine   47
Antragsverfahren handelt (§ 124 FamFG). Bei Stellung wechselseitiger Scheidungsanträge oder bei einver-
ständlicher Ehescheidung haften beide Eheleute gesamtschuldnerisch als Antragsschuldner.

Wird die Aufhebung der Ehe durch die **Verwaltungsbehörde** beantragt (§ 129 Abs. 1 FamFG), haftet sie als   48
Antragsschuldnerin, jedoch ist zu beachten, dass Kosten- oder Gebührenfreiheit (§ 2) besteht. Ist die Ver-
waltungsbehörde in einem Verfahren nach § 1316 Abs. 1 Nr. 1 BGB zu unterrichten (§ 129 Abs. 2 S. 1
FamFG), kann sie das Verfahren auch dann betreiben, wenn sie nicht Antragstellerin ist. Durch das bloße
Betreiben wird jedoch keine Antragshaftung ausgelöst, anders aber, wenn die Behörde selbständige Anträge
stellt oder Rechtsmittel einlegt. Hat in den Fällen der §§ 1306, 1316 Abs. 1 Nr. 1 BGB eine **dritte Person** die
Anträge gestellt, ist sie Antragsschuldner.

b) Folgesachen. Folgesachen gelten trotz § 44 Abs. 1 als eigenständige Rechtszüge iSd § 29 sowohl im Ver-   49
hältnis zur Scheidungssache als auch zu anderen Folgesachen. Der Antragsteller der Scheidungssache haftet
deshalb nur für von ihm beantragte Folgesachen. Für die nur vom Antragsgegner beantragten Folgesachen
haftet er nicht, sondern hier haftet der Antragsgegner als alleiniger Antragsschuldner.[11] Für die von Amts
wegen einzuleitende Versorgungsausgleichsfolgesache haftet der Antragsteller der Scheidungssache als Antragsschuldner, da die Einleitung von Amts wegen nur aufgrund des eingereichten Scheidungsantrags erfolgt. An den Folgesachen zu beteiligende Dritte haften nicht als Antragsschuldner.

Beispiel: Der Ehemann beantragt die Scheidung, zugleich werden auf seinen Antrag hin die Folgesachen Sorge-   50
recht und Kindesunterhalt anhängig. Der Versorgungsausgleich wird von Amts wegen eingeleitet. Auf Antrag der
Ehefrau wird die Folgesache Umgangsrecht anhängig. Das Gericht entscheidet über alle Verbundteile durch begründete Endentscheidung.

Die Verfahrenswerte betragen für Scheidung 15.000 €, Versorgungsausgleich 6.000 €, Sorgerecht 3.000 €, Kindesunterhalt 4.560 €, Umgangsrecht 3.000 €.

An Gerichtsgebühren sind entstanden:

2,0-Verfahrensgebühr, Nr. 1110 KV (Wert: 31.560 €)   882,00 €

Der Ehemann haftet als Antragsschuldner gem. § 21 Abs. 1 für die Scheidungssache und die Folgesachen Versorgungsausgleich, Sorgerecht und Kindesunterhalt. Seine Haftungshöhe beträgt 812 € (2,0-Gebühr, Nr. 1110 KV;
Wert: 28.560 €).

Für die Folgesache Umgangsrecht haftet der Ehemann nicht als Antragsschuldner. Hier haftet nur die Ehefrau als
Antragsschuldnerin. Ihre Antragshaftung beträgt 216 € (2,0-Gebühr, Nr. 1110 KV; Wert: 3.000 €).

2. Sonstige Kostenschuldner. Im Übrigen haften die Kostenschuldner nach §§ 23, 24. Die Reihenfolge der   51
Inanspruchnahme (§ 26 Abs. 2) ist zu beachten.

Für die Kostenentscheidung gelten die §§ 91 ff ZPO (§ 113 Abs. 1 FamFG), jedoch gehen bestehende Son-   52
derregelungen des FamFG vor. Solche bestehen für die Aufhebung der Ehe (§ 132 FamFG) und für Schei-
dungs- und Folgesachen (§ 150 FamFG).

Wird die Ehe geschieden, sind die Kosten der Scheidungssache und der Folgesachen gegeneinander aufzuhe-   53
ben (§ 150 Abs. 1 FamFG). Die Eheleute haften dann für die Gerichtskosten je zur Hälfte als Antragsschuldner, ihre außergerichtlichen Kosten haben sie selbst zu tragen (§ 113 Abs. 1 FamFG iVm § 92 Abs. 1
S. 2 ZPO). Ist eine abweichende Verteilung der Kosten nach § 150 Abs. 4 FamFG nicht erfolgt, umfasst der
Kostenausspruch und damit auch die Entscheidungshaftung sämtliche Verbundteile. Ist der Scheidungsantrag abgewiesen oder zurückgenommen, hat der Antragsteller die Kosten der Scheidungs- und Folgesachen
zu tragen (§ 150 Abs. 2 S. 1 FamFG), jedoch sind die Kosten gegeneinander aufzuheben, wenn die Schei-

---

11 OLG Karlsruhe AGS 2012, 583.

dungsanträge beider Ehegatten abgewiesen oder zurückgenommen werden. Gleiches gilt, wenn das Verfahren in der Hauptsache erledigt ist.

54   Hat das Gericht die Aufhebung der Ehe ausgesprochen, sind die Kosten gleichfalls gegeneinander aufzuheben (§ 132 Abs. 1 S. 1 FamFG), jedoch kann das Gericht bei Unbilligkeiten auch eine andere Kostenverteilung vornehmen. Eine Aufhebung der Kosten ist jedoch unstatthaft, wenn die Verwaltungsbehörde oder im Fall des § 1306 BGB ein Dritter den Aufhebungsantrag gestellt hat (§ 132 Abs. 2 FamFG).

VII. Verfahrenswert

55   Für die Ehesache gilt § 43. Für das Verbundverfahren richtet sich die Bestimmung des Verfahrenswerts nach § 44 Abs. 1. Hinsichtlich der Folgesachen bestimmt sich der Wert nach folgenden Vorschriften:

- Versorgungsausgleich: § 50;
- Unterhalt: § 51;
- Ehewohnungs- und Haushaltssachen: § 48;
- Güterrechtssachen: §§ 35, 52;
- Kindschaftssachen: § 44 Abs. 2, 3.

Abschnitt 2
Beschwerde gegen die Endentscheidung wegen des Hauptgegenstands

Nr.	Gebührentatbestand	Gebühr oder Satz der Gebühr nach § 28 FamGKG
	Vorbemerkung 1.1.2: Dieser Abschnitt ist auch anzuwenden, wenn sich die Beschwerde auf eine Folgesache beschränkt.	
1120	Verfahren im Allgemeinen	3,0
1121	Beendigung des gesamten Verfahrens durch Zurücknahme der Beschwerde oder des Antrags, bevor die Schrift zur Begründung der Beschwerde bei Gericht eingegangen ist: Die Gebühr 1120 ermäßigt sich auf .... Die Erledigung in der Hauptsache steht der Zurücknahme gleich, wenn keine Entscheidung über die Kosten ergeht oder die Entscheidung einer zuvor mitgeteilten Einigung über die Kostentragung oder einer Kostenübernahmeerklärung folgt.	0,5
1122	Beendigung des Verfahrens hinsichtlich der Ehesache oder einer Folgesache, wenn nicht Nummer 1121 erfüllt ist, durch 1. Zurücknahme der Beschwerde oder des Antrags a) vor dem Schluss der mündlichen Verhandlung oder, b) falls eine mündliche Verhandlung nicht stattfindet, vor Ablauf des Tages, an dem die Endentscheidung der Geschäftsstelle übermittelt wird, 2. Anerkenntnis- oder Verzichtsentscheidung, 3. gerichtlichen Vergleich oder 4. Erledigung in der Hauptsache, wenn keine Entscheidung über die Kosten ergeht oder die Entscheidung einer zuvor mitgeteilten Einigung über die Kostentragung oder einer Kostenübernahmeerklärung folgt, es sei denn, dass bereits eine andere als eine der in Nummer 2 genannten Endentscheidungen vorausgegangen ist: Die Gebühr 1120 ermäßigt sich auf .... (1) Wird im Verbund nicht das gesamte Verfahren beendet, ist auf die beendete Ehesache und auf eine oder mehrere beendete Folgesachen § 44 FamGKG anzuwenden und die Gebühr nur insoweit zu ermäßigen. (2) Die Gebühr ermäßigt sich auch, wenn mehrere Ermäßigungstatbestände erfüllt sind.	1,0

       NK-GK/H. Schneider

I. Allgemeines

1. Anwendungsbereich. Wird gegen die Endentscheidung wegen des Hauptgegenstands in der Ehesache   1
oder Folgesache Beschwerde (§§ 58 ff) eingelegt, entstehen Gebühren nach Nr. 1120–1122 KV. Rechtsbe-
helfs- oder Rechtsmittelverfahren wegen Neben- oder Zwischenentscheidungen werden nicht erfasst; hier
können Gebühren nach Nr. 1910 ff KV entstehen.

Ist in einer Folgesache **Versäumnisentscheidung** ergangen, findet zunächst der Einspruch statt. Das **Ein-**   2
spruchsverfahren stellt keinen eigenständigen Kostenrechtszug iSd § 29 dar und löst auch keine gesonderten
Gebühren aus. Der Beschwerde nach §§ 58 ff FamFG unterliegen aber wegen § 117 Abs. 2 S. 1 FamFG iVm
§ 514 Abs. 2 S. 1 ZPO zweite Versäumnisentscheidungen, so dass hierfür Gebühren nach Nr. 1120 ff KV
entstehen.

2. Einzelne Folgesachen (Vorbem. 1.1.2 KV). Die Gebühren Nr. 1120 ff KV gelten auch, wenn sich die Be-   3
schwerde nur gegen einzelne Folgesachen richtet (Vorbem. 1.1.2 KV). Damit soll klargestellt werden, dass
die gegenüber angefochtenen isolierten Familienstreitsachen reduzierten Gebührensätze zur Anwendung
kommen. Umgekehrt ist jedoch auch die Verteuerung hinzunehmen, wenn nur eine Kindschaftsfolgesache
angefochten wird.

3. Verbund. Die Regelung des § 44 Abs. 1 gilt auch, wenn mehrere Verbundteile mit der Beschwerde ange-   4
griffen werden, so dass der Verbund unter ihnen fortbesteht. Der Ansatz von Einzelgebühren ist deshalb
unstatthaft, vielmehr sind die Gebühren der Nr. 1120 ff KV nach den zusammengerechneten Werten der angegriffenen Verbundteile zu berechnen.

4. Antragserweiterung. Wird in einer Folgesache der Antrag in der Beschwerdeinstanz erweitert, sind auch   5
für die erstmalig eingeführten Ansprüche Gebühren nur nach Nr. 1120 ff KV, nicht nach Nr. 1110 f KV zu
berechnen. Eine Vorauszahlungspflicht nach § 14 Abs. 2 besteht nicht, auch wenn Familienstreitsachen betroffen sind, weil die Regelung nicht für Folgesachen gilt.

5. Wiedereinsetzung in den vorigen Stand. Wird Antrag auf Wiedereinsetzung gestellt (§ 233 ZPO iVm   6
§ 113 Abs. 1 FamFG), entstehen für das Wiedereinsetzungsverfahren keine gesonderten Gebühren, weil es
bereits durch die Verfahrensgebühr des ursprünglichen Verfahrens abgegolten ist.[1] Wird aber ein Antrag
auf Einlegung eines Rechtsmittels mit einem Wiedereinsetzungsantrag verbunden, werden beide Verfahren
in Lauf gesetzt, so dass die Gebühren der Nr. 1120 ff KV entstehen.[2]

II. Verfahrensgebühr Nr. 1120 KV

Bei den Gebühren der Nr. 1120–1122 KV handelt es sich um Verfahrensgebühren, die sämtliche Handlun-   7
gen des Gerichts abdecken. Für das Beschwerdeverfahren entsteht eine Verfahrensgebühr Nr. 1120 KV mit
einem Gebührensatz von 3,0, der sich unter den Voraussetzungen der Nr. 1121, 1122 KV auf einen 0,5-
bzw 1,0-Gebührensatz ermäßigen kann.

Sind **wechselseitige Rechtsmittel** eingelegt, entsteht die Verfahrensgebühr nur einmal, wenn die Beschwer-   8
den in demselben Verfahren behandelt werden. Das gilt auch für eingelegte Anschlussrechtsmittel. Für die
Wertberechnung bei der Einlegung von wechselseitigen Rechtsmitteln gilt § 39 Abs. 2 (→ § 39 Rn 28 ff).

III. Ermäßigung nach Nr. 1121 KV

1. Allgemeines. Die Verfahrensgebühr Nr. 1120 KV ermäßigt sich nach Nr. 1121 KV auf einen 0,5-Gebüh-   9
rensatz, wenn das gesamte Verfahren vor Einreichung der Beschwerdebegründung beendet wird durch

- Zurücknahme der Beschwerde oder des Antrags;
- Erledigung der Hauptsache, ohne dass eine streitige Kostenentscheidung ergeht.

Es handelt sich um eine abschließende Aufzählung, eine analoge Anwendung auf andere Tatbestände schei-   10
det aus. Erfolgt die Begründung zusammen mit der Beschwerdeschrift, kommt Nr. 1121 KV nicht mehr zur
Anwendung.

2. Beendigung des gesamten Verfahrens. Durch die Rücknahme oder Hauptsacheerledigung muss das **ge-**   11
samte Beschwerdeverfahren beendet werden, weil Nr. 1121 KV – anders als Nr. 1111, 1122 KV – auf die
„Beendigung des gesamten Verfahrens" abstellt. Bloße **Teilerledigung** einer Folgesache genügt nicht und
führt auch keine Teilermäßigung herbei. Ist Nr. 1121 KV auch nur für einen noch so unbedeutenden Teil
des Beschwerdeverfahrens unanwendbar, verbleibt es bei Nr. 1120, 1122 KV. Gleiches gilt, wenn bloß ein
Anschluss- oder wechselseitig eingelegtes Rechtsmittel zurückgenommen wird. Wurde der Antrag einer Fol-

---

1 Zöller/*Greger*, ZPO, § 238 Rn 12.   **2** OLG Dresden OLGR 2007, 801.

gesache in der Beschwerdeinstanz **erweitert**, führt auch die bloße Rücknahme der Erweiterung zu keiner Teilermäßigung.

12 **3. Beschwerdebegründung.** Nach dem Eingang der Beschwerdebegründung ist die Ermäßigung nach Nr. 1121 KV ausgeschlossen, es kann dann nur noch Ermäßigung nach Nr. 1122 KV eintreten. Da der Wortlaut des Gesetzes nur auf den **Eingang** der Begründung abstellt, ist der bloße Fristablauf (§ 117 Abs. 1 S. 3 FamFG) unbeachtlich, so dass eine Ermäßigung nach Nr. 1121 KV auch noch eintritt, wenn die Rücknahme zwar nach Ablauf der Begründungsfrist, aber vor dem tatsächlichem Eingang der Begründungsschrift erfolgt. Maßgeblich ist dabei der Eingang bei dem Beschwerdegericht. Hat das Gericht aber bereits einen Zurückweisungsbeschluss (§ 522 Abs. 1 S. 2 ZPO iVm § 117 Abs. 1 S. 4 FamFG) erlassen, ist eine Ermäßigung ausgeschlossen, es verbleibt bei der 3,0-Verfahrensgebühr nach Nr. 1120 KV. Da Nr. 1121 KV – anders als Nr. 1122 KV – nicht auf die Beendigung einzelner Folgesachen abstellt, kommt Nr. 1121 KV bei Rücknahme nach Begründungseingang auch für solche Teile des Beschwerdeverfahrens nicht mehr zur Anwendung, für die noch keine Beschwerdebegründung eingegangen war.

13 **Beispiel 1:** Mit der Beschwerde wird die Verbundendentscheidung angefochten. Der Verfahrenswert für das Beschwerdeverfahren beträgt 12.500 €. Am 12.4. wird die Beschwerde vollumfänglich zurückgenommen, eine Begründung der Beschwerde war noch nicht beim Beschwerdegericht eingegangen.
An Gerichtsgebühren sind entstanden:
0,5-Verfahrensgebühr, Nr. 1121 KV (Wert: 12.500 €)   133,50 €

14 **Beispiel 2:** Wie Beispiel 1, jedoch geht am 13.5. eine Beschwerdebegründung bei dem Beschwerdegericht ein. Am 14.5. wird die Beschwerde vollständig zurückgenommen.
An Gerichtsgebühren sind entstanden:
1,0-Verfahrensgebühr, Nr. 1122 Nr. 1 KV (Wert: 12.500 €)   267,00 €
Die Rücknahme ist verspätet iSd Nr. 1121 KV, jedoch noch rechtzeitig iSd Nr. 1122 Nr. 1 KV.

15 **4. Erledigung der Hauptsache (Anm.).** Die Erledigung der Hauptsache steht der Zurücknahme gleich (Anm. zu Nr. 1121 KV), jedoch tritt die Ermäßigung nach Nr. 1121 KV nur ein, wenn dadurch das gesamte Beschwerdeverfahren erledigt wird. Die Ermäßigung ist jedoch ausgeschlossen, wenn das Gericht eine Kostenentscheidung erlässt, es sei denn, dass diese einer zuvor mitgeteilten Einigung über die Kostentragung oder einer Kostenübernahmeerklärung folgt.

IV. Ermäßigung nach Nr. 1122 KV

16 **1. Allgemeines.** Nach Eingang der Beschwerdebegründung kann sich die Verfahrensgebühr Nr. 1122 KV noch auf einen 1,0-Gebührensatz ermäßigen, wenn das Verfahren beendet wird durch
- rechtzeitige Rücknahme der Beschwerde oder des Antrags (Nr. 1),
- Erlass einer Anerkenntnis- oder Verzichtsentscheidung (Nr. 2),
- Abschluss eines gerichtlichen Vergleichs (Nr. 3),
- Erledigung der Hauptsache, wenn keine Kostenentscheidung ergeht oder diese einer zuvor mitgeteilten Einigung über die Kostentragung oder einer Kostenübernahmeerklärung folgt (Nr. 4).

17 **2. Umfang der Ermäßigung.** Die Gebühr ermäßigt sich auch, wenn nur die Ehesache oder eine Folgesache vollständig beendet wird. Die Ermäßigung beschränkt sich dann auf diese Beschwerdeteile.

18 Sind für das Beschwerdeverfahren verschiedene Gebührensätze der Nr. 1120, 1122 KV anzuwenden, ist § 30 Abs. 3 zu beachten (→ Rn 17 ff).

19 Anm. Abs. 1 ordnet ferner an, dass auf eine oder mehrere beendete Folgesachen § 44 Abs. 1 anzuwenden ist, so dass keine Einzelgebühren, sondern die ermäßigte Gebühr nach den zusammengerechneten Werten zu berechnen ist. Wird der Verbundteil dadurch vollumfänglich beendet, weil mehrere Ermäßigungstatbestände erfüllt sind, tritt gleichfalls eine Gebührenermäßigung ein (**Anm. Abs. 2**).

20 Eine Ermäßigung ist aber **ausgeschlossen**, wenn bereits eine andere als eine der in Nr. 2 genannte Endentscheidung vorausgegangen ist, auch wenn durch die Rücknahme die Endentscheidung wirkungslos wird. Auch Zurückweisungsbeschlüsse nach § 522 Abs. 1 S. 2 ZPO iVm § 117 Abs. 1 S. 4 FamFG schließen folglich eine Ermäßigung aus,[3] nicht aber der Erlass eines Hinweisbeschlusses.

21 **3. Rücknahme (Nr. 1122 Nr. 1 KV).** Die Rücknahme muss für Beschwerde oder Antragserweiterung beim Beschwerdegericht eingehen, bevor die mündliche Verhandlung geschlossen wird. Findet eine solche nicht statt, kann die Rücknahme noch bis zum Ablauf des Tages erfolgen, an dem die Endentscheidung der Ge-

[3] KG NJW-RR 2004, 1223; LG Koblenz FamRZ 2007, 230.

schäftsstelle übermittelt wird. Maßgeblich ist der Vermerk nach § 38 Abs. 3 S. 3 FamFG. Die Rücknahme muss zu den in Nr. 1 genannten Zeiträumen wirksam sein (→ Nr. 1111 KV Rn 23 ff).

4. Anerkenntnis- oder Verzichtsentscheidung (Nr. 1122 Nr. 2 KV). Die Beendigung durch Anerkenntnis-   22 oder Verzichtsentscheidung führt eine Gebührenermäßigung herbei, nicht aber Versäumnisentscheidungen, Beschlüsse nach § 522 Abs. 1 ZPO iVm § 117 Abs. 1 S. 4 FamFG oder Endentscheidung ohne Begründung (§ 38 Abs. 4 FamFG), weil ein solcher Tatbestand, anders als in Nr. 1111 KV nicht genannt ist.

5. Gerichtlicher Vergleich (Nr. 1122 Nr. 3 KV). Ein gerichtlicher Vergleich führt nach Nr. 1122 Nr. 3 KV   23 die Gebührenermäßigung herbei (→ Nr. 1111 KV Rn 38 f).

6. Erledigung der Hauptsache (Nr. 1122 Nr. 4 KV). Die Erledigung der Hauptsache führt nach Nr. 1122   24 Nr. 4 KV zu einer Gebührenermäßigung, jedoch darf das Gericht keine Kostenentscheidung mehr treffen oder diese muss einer zuvor mitgeteilten Einigung über die Kostentragung oder einer Kostenübernahmeerklärung folgen. Über ihren Wortlaut hinaus kommt die Regelung nicht zur Anwendung, so dass bei Hauptsacheerledigung eine Ermäßigung auch dann nicht in Betracht kommt, wenn die Parteien auf eine Begründung der Kostenentscheidung sowie auf Rechtsmittel hiergegen verzichten.[4]

V. Entstehen der Verfahrensgebühr

Die Verfahrensgebühr Nr. 1120 KV entsteht wegen § 64 Abs. 1 FamFG bereits mit Eingang der Beschwer-   25 deschrift bei dem Ausgangsgericht, nicht erst mit Eingang beim OLG. Unerheblich ist hingegen der Eingang der Begründung oder die Zustellung. Die Gebühr kann nach Eingang der Beschwerdeschrift nicht mehr entfallen, sondern sich nur noch nach Nr. 1121, 1122 KV ermäßigen.

Auf die Statthaftigkeit oder Zulässigkeit der Beschwerde kommt es nicht an. Die Gebühr entsteht deshalb   26 auch, wenn die Beschwerde entgegen § 114 Abs. 1 FamFG nicht durch einen Anwalt eingelegt wird.[5] Da die Beschwerde jedoch bedingungsfeindlich ist, wird die Gebühr nicht ausgelöst, wenn das Rechtsmittel unter einer Bedingung eingelegt wird, zB dass Beschwerde nur für den Fall der VKH-Bewilligung eingelegt werden soll, was ggf durch Auslegung der Beschwerdeschrift zu klären ist.[6]

VI. Fälligkeit, Vorauszahlung

Fälligkeit tritt für die Ehesache mit Eingang der Rechtsmittelschrift bei Gericht ein (§ 9 Abs. 1), während   27 für die Folgesachen § 11 Abs. 1 gilt.

Vorauszahlungspflicht nach § 14 besteht für das Beschwerdeverfahren nicht, auch wenn die Ehesache ange-   28 griffen wird, weil § 14 nicht für Rechtsmittelverfahren gilt. Da jedoch wegen der Ehesache bereits mit Eingang der Beschwerdeschrift Fälligkeit eingetreten ist, muss die Gebühr vom dem Wert der Ehesache mit Sollstellung angefordert werden (§ 15 Abs. 1 S. 1 KostVfg); wegen des Zeitpunkts → Nr. 1222 KV Rn 21 ff. Sind zugleich oder ausschließlich Folgesachen angegriffen, dürfen für diese keine Gebührenvorschüsse angefordert werden. Für Auslagen gilt jedoch § 16.

VII. Kostenschuldner

Auf die Erl. in → Nr. 1110 KV Rn 47 ff kann verwiesen werden. Wird die Beschwerde nicht durch einen   29 Ehegatten, sondern durch einen weiteren beschwerdeberechtigten Beteiligten eingelegt, wird dieser zum Antragsschuldner (§ 21 Abs. 1), nicht die Ehegatten. Hat jedoch ein nach § 60 FamFG beschwerdeberechtigter Minderjähriger eine Folgesache nach § 137 Abs. 3 FamFG angefochten, wird er nicht zum Antragsschuldner, weil das Verfahren seine Person betrifft (§ 21 Abs. 1 S. 2 Nr. 3). Wegen Anschlussrechtsmittel und wechselseitiger Beschwerden → § 21 Rn 62.

VIII. Verfahrenswert

Maßgeblich sind die durch den Beschwerdeführer gestellten Anträge (§ 40 Abs. 1). Wegen der konkreten   30 Werthöhe gelten die erstinstanzlichen Vorschriften (→ Nr. 1110 KV Rn 55).

---

4 OLG Oldenburg NJW-RR 2012, 1467; OLG Braunschweig AGS 2015, 400 (jew. zur inhaltsgleichen Nr. 1211 KV GKG). **5** LG Koblenz MDR 2005, 1197 (zu Nr. 1220 KV GKG; aber auch hier anwendbar). **6** BGH MDR 2009, 760.

Abschnitt 3
Rechtsbeschwerde gegen die Endentscheidung wegen des Hauptgegenstands

Nr.	Gebührentatbestand	Gebühr oder Satz der Gebühr nach § 28 FamGKG
Vorbemerkung 1.1.3: Dieser Abschnitt ist auch anzuwenden, wenn sich die Rechtsbeschwerde auf eine Folgesache beschränkt.		
1130	Verfahren im Allgemeinen	4,0
1131	Beendigung des gesamten Verfahrens durch Zurücknahme der Rechtsbeschwerde oder des Antrags, bevor die Schrift zur Begründung der Rechtsbeschwerde bei Gericht eingegangen ist:	
	Die Gebühr 1130 ermäßigt sich auf	1,0
	Die Erledigung in der Hauptsache steht der Zurücknahme gleich, wenn keine Entscheidung über die Kosten ergeht oder die Entscheidung einer zuvor mitgeteilten Einigung über die Kostentragung oder einer Kostenübernahmeerklärung folgt.	
1132	Beendigung des Verfahrens hinsichtlich der Ehesache oder einer Folgesache durch Zurücknahme der Rechtsbeschwerde oder des Antrags vor Ablauf des Tages, an dem die Endentscheidung der Geschäftsstelle übermittelt wird, wenn nicht Nummer 1131 erfüllt ist:	
	Die Gebühr 1130 ermäßigt sich auf	2,0
	Wird im Verbund nicht das gesamte Verfahren beendet, ist auf die beendete Ehesache und auf eine oder mehrere beendete Folgesachen § 44 FamGKG anzuwenden und die Gebühr nur insoweit zu ermäßigen.	

I. Allgemeines

1 Für Rechtsbeschwerden (§§ 70 ff FamFG) gegen die Entscheidung über eine Beschwerde wegen des Hauptgegenstands (§§ 58 ff FamFG) in Ehe- oder Folgesachen entstehen Gebühren nach Nr. 1130–1132 KV. Dies gilt auch dann, wenn sich die Rechtsbeschwerde auf **einzelne Folgesachen** beschränkt (**Vorbem. 1.1.3 KV**). Handelt es sich um eine Neben- oder Zwischenentscheidung, gelten Nr. 1920–1924 KV.

2 § 44 Abs. 1, wonach die Scheidungssache und die Folgesachen als ein Verfahren gelten, gilt auch für Rechtsbeschwerden. Der Ansatz von Einzelgebühren ist daher nicht statthaft, vielmehr sind die Gebühren nach den zusammengerechneten Werten der angegriffenen Verbundteile zu berechnen.

II. Verfahrensgebühr Nr. 1130 KV

3 Es handelt sich um pauschale Verfahrensgebühren, die sämtliche gerichtliche Handlungen, einschließlich der Entscheidung, abgelten. Die Gebühr der Nr. 1130 KV entsteht mit einem 4,0-Gebührensatz, der sich nach Nr. 1131 KV auf einen 1,0- bzw nach Nr. 1132 KV auf einen 2,0-Gebührensatz ermäßigen kann.

III. Ermäßigung nach Nr. 1131 KV

4 **1. Rücknahme.** Die Gebühr ermäßigt sich auf einen 1,0-Gebührensatz, wenn die Rechtsbeschwerde durch Rücknahme beendet wird, bevor die Rechtsbeschwerdebegründungsschrift bei Gericht eingeht. Nach § 71 Abs. 2 S. 1 FamFG ist die Rechtsbeschwerde binnen einen Monats zu begründen. Für die Ermäßigung kommt es nur auf den tatsächlichen Eingang an, so dass sie auch noch eintritt, wenn die Rücknahme zwar nach Fristablauf, aber noch vor Eingang der Begründung erfolgt. Erfolgt die Begründung zusammen mit der Rechtsbeschwerdeschrift kommt Nr. 1131 KV nicht mehr zur Anwendung.

5 Erlässt das Gericht in den Fällen der Rücknahme noch eine **Kostenentscheidung**, steht dies einer Ermäßigung nicht entgegen, weil Nr. 1131 KV nicht auf die Beendigung ohne Endentscheidung abstellt.

6 **2. Erledigung der Hauptsache (Anm.).** Die Erledigung der Hauptsache steht der Zurücknahme gleich (Anm.), jedoch ist eine Ermäßigung ausgeschlossen, wenn das Gericht noch eine Kostenentscheidung erlässt, die nicht einer zuvor mitgeteilten Einigung über die Kostentragung oder einer Kostenübernahmeerklärung folgt. Insoweit liegt also eine Verschärfung gegenüber der Rücknahme vor.

NK-GK/*H. Schneider*

3. Umfang der Ermäßigung. Durch Rücknahme oder Hauptsachenerledigung muss das gesamte Rechtsbe-   7
schwerdeverfahren beendet werden, so dass eine **Teilrücknahme** nur die Ermäßigung nach Nr. 1132 KV
herbeiführen kann. Eine Teilermäßigung tritt nicht ein.

IV. Ermäßigung nach Nr. 1132 KV

Wird das Verfahren nach Eingang der Begründung durch Zurücknahme beendet, ermäßigt sich die Gebühr   8
auf einen 2,0-Gebührensatz, wenn die Rücknahme bis zum Ablauf des Tages erfolgt, an dem die Endentscheidung der Geschäftsstelle übermittelt wird (Nr. 1132 KV). Maßgeblich ist der nach § 38 Abs. 3 S. 3
FamFG angebrachte Vermerk.

Die Gebührenermäßigung tritt auch ein, wenn sich die Zurücknahme auf die Ehesache oder einzelne Folge-   9
sachen beschränkt, also im Verbund nicht das gesamte Verfahren beendet wird, so dass die Ermäßigung der
Gebühr in diesen Fällen auf diese Teile beschränkt ist (**Anm. Abs. 1**).

Über ihren Wortlaut hinaus ist Nr. 1132 KV nicht anwendbar, so dass auch keine Ermäßigung eintritt,   10
wenn das Verfahren nach Eingang der Begründung aus anderen Gründen ohne Endentscheidung beendet
wird.

V. Fälligkeit und Entstehen der Gebühren

Ist die Ehesache angegriffen, tritt die **Fälligkeit** mit Eingang der Rechtsbeschwerdeschrift ein, nicht erst mit   11
dem Eingang der konkreten Anträge oder der Begründung (§ 9 Abs. 1). Werden Folgesachen angefochten,
gilt § 11 Abs. 1.

Unabhängig von der Fälligkeit **entstehen** die Gebühren für alle Verbundteile mit Eingang der Rechtsbe-   12
schwerdeschrift, so dass diese danach nicht mehr entfallen können, sondern nur noch Ermäßigung nach
Nr. 1131, 1132 KV eintreten kann. Zulässigkeit oder Statthaftigkeit der Rechtsbeschwerde ist unerheblich,
so dass die Gebühr auch entsteht, wenn § 114 FamFG über die Verpflichtung zur anwaltlichen Vertretung
nicht beachtet wird. Die Rechtsbeschwerdeschrift muss aber unterschrieben sein. Auch löst eine unter der
Bedingung einer VKH-Bewilligung eingelegte Rechtsbeschwerde keine Gebühren aus, wenn die Bewilligung
nicht eintritt.

VI. Vorauszahlung, Vorschuss, Kostenschuldner, Verfahrenswert

Hinsichtlich der Vorauszahlungs- und Vorschusspflicht → Nr. 1120–1122 KV Rn 28. Hinsichtlich der Be-   13
stimmung der Kostenschuldner → Nr. 1110–1111 KV Rn 47 ff. Zum Verfahrenswert wird auf die Erl. in →
Nr. 1110–1111 KV Rn 55 verwiesen.

Abschnitt 4
Zulassung der Sprungrechtsbeschwerde gegen die Endentscheidung
wegen des Hauptgegenstands

Nr.	Gebührentatbestand	Gebühr oder Satz der Gebühr nach § 28 FamGKG
1140	Verfahren über die Zulassung der Sprungrechtsbeschwerde: Soweit der Antrag abgelehnt wird	1,0

I. Allgemeines

Für das Verfahren auf Zulassung der Sprungrechtsbeschwerde (§ 75 FamFG) bei Anfechtung einer Ehesa-   1
che (§ 121 FamFG) oder von Folgesachen (§ 137 Abs. 2, 3 FamFG) wegen des Hauptgegenstands gilt
Nr. 1140 KV. Es handelt sich um eine pauschale Verfahrensgebühr mit einem 1,0-Gebührensatz. Nr. 1140
KV gilt auch, wenn die Zulassung der Sprungrechtsbeschwerde für eine einzelne Folgesache erfolgt, weil
dieser Grundsatz schon für die Rechtsbeschwerde selbst gilt (s. Vorbem. 1.1.3 KV).

II. Entstehen der Gebühr

1. Ablehnungsentscheidung. Trotz der Ausgestaltung als Verfahrensgebühr entsteht die Gebühr erst mit Er-   2
lass der den Zulassungsantrag **ablehnenden Entscheidung**. Endet das Verfahren ohne eine solche Entscheidung (zB durch Rücknahme, Vergleich, Erledigung der Hauptsache oder durch Zulassung), bleibt das Zu-

lassungsverfahren gebührenfrei. Auslagen sind in diesen Fällen jedoch einzuziehen, die aber bei Zulassung als Teil der Kosten des sich anschließenden Rechtsbeschwerdeverfahrens zu behandeln sind.

3   **2. Teilablehnung.** Erfolgt nur eine teilweise Zulassung, während im Übrigen der Zulassungsantrag abgelehnt wird, ist die Gebühr nur nach dem Wert der ablehnenden Verfahrensteile zu erheben (§ 30 Abs. 1), was aus dem Wortlaut „soweit" folgt.

4   **3. Zulassung und nachfolgendes Rechtsbeschwerdeverfahren.** Wird der Antrag zugelassen, ist das Verfahren **als Rechtsbeschwerdeverfahren fortzusetzen** (§ 566 Abs. 7 S. 1 ZPO iVm § 75 Abs. 2 S. 2 FamFG); die Gebühr der Nr. 1140 KV entsteht nicht. Soweit die Zulassung erfolgt, sind für das Rechtsbeschwerdeverfahren Gebühren nach Nr. 1130 ff KV zu erheben.

5   Handelt es sich um eine **Ehesache,** wird die Gebühr der Nr. 1130 KV rückwirkend fällig, weil dann der form- und fristgerechte Antrag auf Zulassung der Sprungrechtsbeschwerde als Rechtsbeschwerdeantrag gilt (§ 566 Abs. 7 S. 2 ZPO iVm § 75 Abs. 2 S. 2 FamFG). Da keine Vorauszahlungspflicht besteht, ist die Gebühr der Nr. 1130 KV für die Ehesache mittels Sollstellung vom Antragsteller des Zulassungsverfahrens anzufordern (§ 15 Abs. 1 S. 1 KostVfg), weil dieser zum Antragsteller des Rechtsbeschwerdeverfahrens wird. Für **Folgesachen** gilt § 11 Abs. 1, so dass hier zum Zeitpunkt der Zulassung noch keine Fälligkeit eintritt und folglich auch keine Sollstellung erfolgen darf.

III. Fälligkeit, Kostenschuldner, Verfahrenswert

6   Ist der Zulassungsantrag für die Ehesache gestellt, gilt § 9 Abs. 2, so dass die **Fälligkeit** mit Erlass der Ablehnungsentscheidung eintritt. Bei Folgesachen bestimmt sich die Fälligkeit nach § 11 Abs. 1, so dass sie gleichfalls mit Erlass der Ablehnungsentscheidung eintritt.

7   Der Antragsteller **haftet** nach § 21 Abs. 1 als Antragsschuldner. Dies gilt aber nicht für den nach § 60 FamFG beschwerdeberechtigten Minderjährigen, wenn eine Kindschaftsfolgesache betroffen ist, da diese die Person des Minderjährigen betrifft (§ 21 Abs. 1 S. 2 Nr. 3). Gleiches gilt für den nach § 158 FamFG bestellten Verfahrensbeistand, der im Interesse des Kindes den Zulassungsantrag stellt (§ 21 Abs. 1 S. 2 Nr. 4). Im Übrigen gelten §§ 23, 24.

8   Für die Wertermittlung gilt § 40 Abs. 3, so dass sich der **Wert** nach dem für das Rechtsmittelverfahren maßgeblichen Wert bestimmt (→ Nr. 1110–1111 KV Rn 55).

Hauptabschnitt 2
Hauptsacheverfahren in selbständigen Familienstreitsachen

Abschnitt 1
Vereinfachtes Verfahren über den Unterhalt Minderjähriger

Unterabschnitt 1
Erster Rechtszug

Nr.	Gebührentatbestand	Gebühr oder Satz der Gebühr nach § 28 FamGKG
1210	Entscheidung über einen Antrag auf Festsetzung von Unterhalt nach § 249 Abs. 1 FamFG mit Ausnahme einer Festsetzung nach *§ 254 Satz 2 FamFG*[1]	0,5

I. Allgemeines

1   In vereinfachten Verfahren über den Unterhalt Minderjähriger (§§ 249 ff FamFG) entstehen besondere Gebühren nach Nr. 1210–1216 KV. Die Nr. 1220 ff KV gelten nicht. Auf andere Verfahren sind Nr. 1210 ff KV nicht anwendbar, insb. nicht auf Unterhaltssachen nach § 231 Abs. 2 FamFG; für diese gelten Nr. 1320 ff KV. Soll eine im vereinfachten Unterhaltsverfahren ergangene Endentscheidung abgeändert werden, ist ein reguläres Abänderungsverfahren nach §§ 238, 240 FamFG anzustrengen, für das Gebühren nach Nr. 1220 ff KV entstehen.

---

1 *Kursive Hervorhebung:* Die Angabe „§ 254 Satz 2 FamFG" wird mWz 1.1.2017 durch die Angabe „§ 253 Abs. 1 Satz 2 FamFG" ersetzt (Art. 4 G v. 20.11.2015, BGBl. I 2018, 2020).

II. Aktgebühr

1. Entstehen der Gebühr. Für das erstinstanzliche Verfahren fällt eine wertabhängige Aktgebühr mit einem   2
0,5-Gebührensatz an. Die Gebühr entsteht mit **Erlass der Entscheidung über den Festsetzungsantrag.** Einer
mündlichen oder schriftlichen Bekanntgabe oder des Eintritts der Wirksamkeit bedarf es – anders als bei
der Fälligkeit – nicht. Der Inhalt der Entscheidung ist unerheblich, so dass die Gebühr auch für eine zurückweisende Entscheidung nach § 250 Abs. 2 S. 1 FamFG entsteht. Ausgenommen sind jedoch Teilfestset-
zungsbeschlüsse nach § 254 S. 2 FamFG (→ Rn 6 ff).

Wird das Verfahren durch **Rücknahme, Vergleichsabschluss** oder auf sonstige Weise wie Nichtbetrieb been-   3
det, bleibt es gebührenfrei. Auch der Ansatz einer Vergleichsgebühr (Nr. 1500 KV) ist unzulässig, es sei
denn, in dem Vergleich werden auch Gegenstände geregelt, die nicht in dem vereinfachten oder anderen
noch laufenden Verfahren anhängig gemacht sind. Bleibt das Verfahren gebührenfrei, sind **Auslagen** gleichwohl einzuziehen, auch entstandene Zustellungskosten. Anm. Nr. 2002 KV greift in den Fällen der Gebührenfreiheit nicht ein, weil es an der Erhebung einer wertabhängigen Gebühr fehlt.

Die Gebühr entsteht nur **insoweit,** wie eine gerichtliche Entscheidung über den Festsetzungsantrag ergeht,   4
so dass sie nur nach dem Wert der Gegenstände berechnet wird, über die tatsächlich eine Entscheidung ergeht (§ 30 Abs. 1). Ursprünglich gestellte Anträge, über die das Gericht nicht entscheidet, bleiben unberücksichtigt,[2] zB bei Teilrücknahme.

Beispiel: Beantragt wird die Festsetzung von Unterhalt. Der Verfahrenswert beträgt 3.500 €. Später wird der An-   5
trag um insgesamt 600 € zurückgenommen. Das Gericht erlässt für den noch verbleibenden Antrag Festsetzungsbeschluss.

Anzusetzen ist:

0,5-Verfahrensgebühr, Nr. 1210 KV (Wert: 2.900 €)	54,00 €

2. Teilfestsetzung. Hat sich der Antragsgegner nach § 252 Abs. 2 S. 1, 2 FamFG freiwillig zur Zahlung von   6
Unterhalt verpflichtet, setzt das Gericht den Unterhalt durch Beschluss fest, wenn der Antragsteller dies be-
antragt (**§ 254 S. 2 FamFG**). Ein Teilfestsetzungsbeschluss löst die Gebühr nicht aus, weil der Wortlaut der
Norm diesen ausdrücklich von der Gebührenpflicht ausnimmt.

Ergeht nach erfolgter Teilfestsetzung wegen der noch streitigen Gegenstände ein Festsetzungsbeschluss nach   7
§ 253 FamFG, etwa weil der Antragsgegner die Einwendungen zurücknimmt, ist die Gebühr nur nach dem
Wert der Ansprüche zu berechnen, die Gegenstand dieses Festsetzungsbeschlusses sind (§ 30 Abs. 1). Wird
der Festsetzungsantrag hinsichtlich der nicht anerkannten Ansprüche zurückgenommen, bleibt das gesamte
Verfahren gebührenfrei.

Beispiel 1: Beantragt wird die Festsetzung von Unterhalt. Der Verfahrenswert beträgt 3.500 €. Wegen 2.000 € er-   8
geht ein Teilfestsetzungsbeschluss nach § 254 S. 2 FamFG. Später wird der Antrag hinsichtlich der verbleibenden
1.500 € zurückgenommen.

Das Verfahren bleibt gebührenfrei, da es durch Teilfestsetzung (§ 254 S. 2 FamFG) und Rücknahme beendet ist.

Beispiel 2: Beantragt wird die Festsetzung von Unterhalt. Der Verfahrenswert beträgt 3.500 €. Wegen 2.000 € er-   9
geht ein Teilfestsetzungsbeschluss nach § 254 S. 2 FamFG. Später wird hinsichtlich der verbleibenden streitigen
1.500 € ein Festsetzungsbeschluss nach § 253 FamFG erlassen.

Anzusetzen ist:

0,5-Verfahrensgebühr, Nr. 1210 KV (Wert: 1.500 €)	35,50 €

Hinsichtlich der durch die Teilfestsetzung nach § 254 S. 2 FamFG erledigten Verfahrensteile bleibt das Verfahren
gebührenfrei. Die Gebühr ist wegen § 30 Abs. 1 nur nach dem Wert der Gegenstände zu berechnen, für die noch
Festsetzung nach § 253 FamFG erfolgt ist.

3. Verbindung von Unterhaltsfestsetzungsverfahren. Nach § 250 Abs. 3 FamFG hat das Gericht mehrere   10
vereinfachte Unterhaltsverfahren zwingend miteinander zu verbinden, auch wenn sie andere Kinder des Antragsgegners betreffen oder geleistete Unterhaltsvorschüsse geltend gemacht sind. Da zum Zeitpunkt der
Verbindung noch keine Aktgebühren entstanden sind (§ 9 Abs. 2), ist die Gebühr Nr. 1210 KV nur einmal,
jedoch nach dem zusammengerechneten Wert, zu erheben.

Ist eine Verbindung entgegen § 250 Abs. 3 FamFG unterblieben, ist hinsichtlich der entstandenen Mehrkos-   11
ten die Nichterhebung nach § 20 Abs. 1 S. 1 anzuordnen.[3] Mehrkosten sind die Differenz zwischen den
Einzelgebühren und dem Gebührenbetrag, der bei Erhebung der Gebühr nach dem zusammengerechneten
Wert entstanden wäre.

---

2 OLG Brandenburg FamRZ 2000, 1159. **3** OLG Celle AGS 2011, 301.

12 **4. Bezifferung des Festsetzungsbeschlusses.** Das Verfahren über den Antrag auf Bezifferung des Festsetzungsbeschlusses (§ 245 FamFG) ist gebührenfrei, da ein entsprechender Gebührentatbestand fehlt (§ 1 Abs. 1). Auslagen sind nach den Nr. 2000 ff KV einzuziehen. Für das Verfahren über die sofortige Beschwerde (§ 245 Abs. 3 FamFG) entsteht eine Festgebühr nach Nr. 1723 Nr. 2 KV.

III. Fälligkeit, Vorschuss, Kostenschuldner, Verfahrenswert

13 **1. Fälligkeit.** Sie tritt nach § 9 Abs. 2 mit Erlass der Entscheidung ein. Diese muss nicht rechtskräftig, aber wirksam sein. Wirksamkeit tritt mit Rechtskraft des Festsetzungsbeschlusses ein (§ 116 Abs. 3 S. 1 FamFG), wenn nicht die sofortige Wirksamkeit angeordnet ist (§ 116 Abs. 3 S. 3 FamFG).

14 **2. Vorschuss.** § 14 Abs. 1 gilt nicht, da es sich zwar um eine selbständige Familienstreitsache handelt, aber keine Verfahrensgebühr entsteht. Vorschusspflicht besteht deshalb für die erstinstanzlichen Verfahren nicht.[4] Für Auslagen gelten §§ 16, 17 bzw § 379 ZPO iVm § 113 Abs. 1 FamFG.

15 **3. Kostenschuldner.** Es besteht Antragshaftung (§ 21 Abs. 1), weil das Verfahren nur auf Antrag hin eingeleitet wird (§ 249 Abs. 1 FamFG). Die Regelung des § 21 Abs. 1 S. 2 Nr. 3 greift nicht ein, da das Verfahren nicht die Person des Minderjährigen betrifft, er kann deshalb auch als Antragsschuldner in Anspruch genommen werden. Ist der Unterhalt hingegen im Namen eines Elternteils geltend gemacht (§ 1629 Abs. 3 S. 1 BGB), haftet der Elternteil als Antragsschuldner, nicht das Kind, da es nicht als Antragsteller auftritt. Antragsschuldner kann auch ein Sozialhilfeträger sein, wenn er übergegangene Ansprüche geltend macht, jedoch besteht für diese persönliche Kostenfreiheit (§ 64 Abs. 3 S. 2 SGB X). Daneben haften die Kostenschuldner nach §§ 23, 24.

16 **4. Verfahrenswert.** Für die Wertbestimmung gilt § 51 Abs. 1, 2, da es sich um wiederkehrende Leistungen handelt. Die bis zum Antragseingang fälligen Rückstände sind dem laufenden Unterhalt hinzuzurechnen.

Unterabschnitt 2
Beschwerde gegen die Endentscheidung wegen des Hauptgegenstands

Nr.	Gebührentatbestand	Gebühr oder Satz der Gebühr nach § 28 FamGKG
1211	Verfahren über die Beschwerde nach § 256 FamFG gegen die Festsetzung von Unterhalt im vereinfachten Verfahren	1,0
1212	Beendigung des gesamten Verfahrens ohne Endentscheidung: Die Gebühr 1211 ermäßigt sich auf .... (1) Wenn die Entscheidung nicht durch Verlesen der Entscheidungsformel bekannt gegeben worden ist, ermäßigt sich die Gebühr auch im Fall der Zurücknahme der Beschwerde vor Ablauf des Tages, an dem die Endentscheidung der Geschäftsstelle übermittelt wird. (2) Eine Entscheidung über die Kosten steht der Ermäßigung nicht entgegen, wenn die Entscheidung einer zuvor mitgeteilten Einigung über die Kostentragung oder einer Kostenübernahmeerklärung folgt.	0,5

I. Allgemeines

1 In Verfahren über die Beschwerde gegen eine Endentscheidung im vereinfachten Unterhaltsverfahren entstehen Gebühren nach Nr. 1211, 1212 KV. Erfasst sind nur Beschwerden nach § 256 iVm §§ 58 ff FamFG. Die Überschrift des Unterabschnitts 2 wurde durch das 2. KostRMoG geändert und dadurch klargestellt, dass nur Beschwerden, die sich gegen die Endentscheidung wegen des Hauptgegenstands richten, von Nr. 1211, 1212 KV erfasst sind. Daraus folgt, dass für Beschwerden, die sich gegen Zwischen- oder Nebenentscheidungen richten, Nr. 1912 KV gilt.

2 Wird mit der Beschwerde die Unrichtigkeit der Kostenentscheidung angegriffen, gelten gleichfalls Nr. 1211, 1212 KV. Handelt es sich aber um Beschwerden nach § 91a Abs. 2, § 99 Abs. 2, § 269 Abs. 5 ZPO iVm § 113 Abs. 1 FamFG, gelten Nr. 1910, 1911 KV, weil dann keine Beschwerde nach §§ 58 ff FamFG iVm § 256 FamFG vorliegt. Wird die Kostenfestsetzung angegriffen, liegt keine Endentscheidung über den

---

4 HK-FamGKG/*Volpert*, § 14 Rn 19 ff.

Hauptgegenstand vor, so dass Nr. 1211, 1212 KV nicht gelten, sondern Nr. 1912 KV. Zur Erinnerung (§ 11 Abs. 2 RPflG) → Rn 16 f.

II. Verfahrensgebühr Nr. 1211 KV

1. Höhe und Entstehen der Gebühr. Es handelt sich bei Nr. 1211 KV um eine pauschale Verfahrensgebühr   3
mit einem 1,0-Gebührensatz, die sämtliche Handlungen des Gerichts abdeckt.

Die Gebühr entsteht mit **Eingang der Beschwerdeschrift beim Familiengericht** (§ 9 Abs. 1), nicht erst mit   4
Eingang beim OLG. Wird die Beschwerde zu Protokoll der Geschäftsstelle erklärt (§ 257 S. 1 FamFG), entsteht die Gebühr mit Abschluss der Niederschrift durch die Unterschriften des Urkundsbeamten der Geschäftsstelle und des Beschwerdeführers. Auf die Zulässigkeit oder Begründetheit der Beschwerde kommt es nicht an, jedoch muss die Beschwerde wegen § 64 Abs. 2 S. 4 FamFG zwingend vom Beschwerdeführer oder von dessen Bevollmächtigten unterzeichnet sein. Die Gebühr fällt auch an, wenn der Beschwerdewert (§ 61 Abs. 1 FamFG) nicht erreicht wird. Die Einlegung unter einer Bedingung ist unzulässig. Wird die Beschwerde von der VKH-Bewilligung abhängig gemacht, entsteht die Gebühr erst nach Bewilligung. Die Gebühr fällt unabhängig vom Ausgang des Verfahrens an. Sie kann nach erstmaligem Entstehen nicht mehr entfallen, sondern sich nur nach Nr. 1212 KV ermäßigen.

2. Antragserweiterung. Wird der Antrag im Beschwerdeverfahren erweitert, finden nur Nr. 1211, 1212 KV   5
Anwendung, nicht Nr. 1210 KV.

3. Anschlussrechtsmittel und wechselseitige Rechtsmittel. Wird ein Anschlussrechtsmittel oder durch die   6
Beteiligten wechselseitig Rechtsmittel eingelegt, entsteht die Gebühr nur einmal, wenn die Beschwerden in demselben Verfahren behandelt werden. Für die Wertberechnung gilt § 39 Abs. 2.

III. Ermäßigung nach Nr. 1212 KV

1. Allgemeines. Die Gebühr Nr. 1211 KV ermäßigt sich nach Nr. 1212 KV auf einen 0,5-Gebührensatz,   7
wenn das Verfahren ohne Endentscheidung beendet wird, zB durch **Vergleichsabschluss oder Rücknahme** von Beschwerde oder Antrag. Es muss aber das gesamte Beschwerdeverfahren erledigt werden; **Teilrücknahme** genügt nicht, eine Teilermäßigung tritt deshalb nicht ein. Die Erledigung der Hauptsache wird nur erfasst, wenn keine streitige Kostenentscheidung mehr ergeht (→ Rn 9).

2. Endentscheidung. Nur Endentscheidungen iSd § 38 FamFG schließen die Ermäßigung aus, nicht aber   8
bloße Zwischen- oder Nebenentscheidungen. Beschlüsse nach § 278 Abs. 6 ZPO iVm § 113 Abs. 1 FamFG sind keine Endentscheidung, weil nur das Zustandekommen des Vergleichs festgestellt wird.

Auch eine bloße **Kostenentscheidung** ist Endentscheidung iSd § 38 FamFG, so dass sie der Ermäßigung ent-   9
gegensteht, wenn die Entscheidung nicht einer zuvor mitgeteilten Einigung über die Kostentragung oder einer Kostenübernahmeerklärung folgt (**Anm. Abs. 2**). Eine Ermäßigung tritt deshalb nicht ein, wenn das Gericht bei Rücknahme, Vergleichsabschluss oder Hauptsacheerledigung noch eine streitige Kostenentscheidung erlässt.

3. Rücknahme. Die Rücknahme der Beschwerde oder des Antrags muss bis zur Bekanntgabe der Endent-   10
scheidung durch Verlesen der Entscheidungsformel erfolgen, danach tritt keine Ermäßigung mehr ein. Erfolgt die Bekanntgabe nicht durch Verlesen der Entscheidungsformel, ermäßigt sich die Gebühr auch, wenn die Rücknahme bis zum Ablauf des Tages erfolgt, an dem die Endentscheidung der Geschäftsstelle übergeben wird (**Anm. Abs. 1**). Maßgeblich sind dabei der postalische Eingang der Rücknahme bei dem Beschwerdegericht und der Vermerk nach § 38 Abs. 3 S. 3 FamFG. Die Rücknahme muss wirksam sein, also auch durch den Beschwerdeführer oder dessen Bevollmächtigten unterschrieben sein. Zeitliche Verzögerungen aufgrund versehentlichen Eingangs bei einem anderen Gericht gehen zu Lasten des Beschwerdeführers.

Bei rechtzeitiger Rücknahme des Antrags gilt § 269 Abs. 3 S. 1 ZPO iVm § 113 Abs. 1 FamFG, so dass eine   11
ergangene, aber noch nicht rechtskräftige Endentscheidung wirkungslos wird, ohne dass es einer ausdrücklichen Aufhebung bedarf. Die wirkungslose Kostenentscheidung kann folglich nicht mehr Grundlage für den Kosteneinzug sein.

IV. Fälligkeit, Vorschuss, Kostenschuldner, Verfahrenswert

Die Gebühr wird mit Eingang der Beschwerdeschrift bei Gericht oder mit dem Abschluss der Erklärung zur   12
Niederschrift der Geschäftsstelle **fällig** (§ 9 Abs. 1).

Vorauszahlungspflicht nach § 14 besteht nicht, weil die Regelung nicht die Rechtsmittelverfahren erfasst.   13
Aufgrund der Fälligkeitsregelung des § 9 Abs. 1 ist die 1,0-Verfahrensgebühr der Nr. 1211 KV spätestens nach Eingang der Beschwerdebegründung gegen den Beschwerdeführer zum Soll zu stellen (§ 15 Abs. 1 S. 1

KostVfg), wenn kein Fall des § 15 vorliegt. Für Auslagen gelten §§ 16, 17 bzw § 379 ZPO iVm § 113 Abs. 1 FamFG.

14   Zum **Kostenschuldner** wird auf die Erl. in → Nr. 1210 KV Rn 15 f verwiesen.

15   Der **Verfahrenswert** bestimmt sich nach den durch den Beschwerdeführer gestellten Anträge, begrenzt durch den Wert des erstinstanzlichen Verfahrensgegenstands (§ 40 Abs. 1, 2). Für die konkrete Wertberechnung gilt § 51.

V. Erinnerungsverfahren

16   Ist gegen die erstinstanzliche Entscheidung des Rechtspflegers kein Rechtsmittel gegeben, findet die Erinnerung nach § 11 Abs. 2 S. 1 RPflG statt. Sie ist gegeben in den Fällen nach

- § 250 Abs. 2 S. 1, 3 FamFG wegen Unanfechtbarkeit der Zurückweisung des Festsetzungsantrags;
- § 256 FamFG, wenn die Beschwerde unzulässig ist, weil der Beschwerdewert 600 € nicht übersteigt und auch keine Zulassung erfolgt war (§ 61 Abs. 1, 2 FamFG);
- § 61 Abs. 2 FamFG bei der Entscheidung über die Nichtzulassung der Beschwerde durch den Rechtspfleger.[1]

17   Das Erinnerungsverfahren ist gerichtsgebührenfrei (§ 11 Abs. 4 RPflG). Auslagen (Nr. 2000 ff KV) sind von dem Erinnerungsführer als Antragsschuldner (§ 21 Abs. 1) einzuziehen, wenn die Erinnerung unbegründet war. Ist die Erinnerung begründet, können die Auslagen nur vom Gegner eingezogen werden, wenn das Gericht ihm die Kosten des Erinnerungsverfahrens auferlegt hat (§ 24 Nr. 1 iVm Vorbem. 2 Abs. 1 KV).

Unterabschnitt 3
Rechtsbeschwerde gegen die Endentscheidung wegen des Hauptgegenstands

Nr.	Gebührentatbestand	Gebühr oder Satz der Gebühr nach § 28 FamGKG
1213	Verfahren im Allgemeinen	1,5
1214	Beendigung des gesamten Verfahrens durch Zurücknahme der Rechtsbeschwerde oder des Antrags, bevor die Schrift zur Begründung der Rechtsbeschwerde bei Gericht eingegangen ist:	
	Die Gebühr 1213 ermäßigt sich auf	0,5
1215	Beendigung des gesamten Verfahrens durch Zurücknahme der Rechtsbeschwerde oder des Antrags vor Ablauf des Tages, an dem die Endentscheidung der Geschäftsstelle übermittelt wird, wenn nicht Nummer 1214 erfüllt ist:	
	Die Gebühr 1213 ermäßigt sich auf	1,0

I. Allgemeines

1   Nr. 1213–1215 KV erfassen die Verfahren über Rechtsbeschwerden (§§ 70 ff FamFG) gegen die Endentscheidung im vereinfachten Unterhaltsverfahren. Die Regelungen gelten jedoch nur, wenn eine Endentscheidung wegen des Hauptgegenstands angegriffen wird, was durch die durch das 2. KostRMoG geänderte Überschrift zu Unterabschnitt 3 klargestellt wird. Richtet sich die Rechtsbeschwerde gegen eine Nebenoder Zwischenentscheidung, gelten Nr. 1923, 1924 KV.

II. Verfahrensgebühr Nr. 1213 KV

2   Es handelt sich bei Nr. 1213 KV um eine pauschale Verfahrensgebühr mit einem 1,5-Gebührensatz, die sämtliche gerichtliche Handlungen abdeckt. Sie entsteht mit **Eingang der Rechtsbeschwerdeschrift bei Gericht.** Auf ihre Zustellung oder den Eingang der Begründung kommt es nicht an, auch die Zulässigkeit oder Begründetheit sind unerheblich. Nach § 71 Abs. 1 S. 3 FamFG bedarf die Rechtsbeschwerdeschrift jedoch

---

[1] BT-Drucks 16/6308, S. 205.

       NK-GK/H. Schneider

zwingend einer Unterschrift; fehlt sie, wird die Gebühr nicht ausgelöst.[1] Wird die Rechtsbeschwerde unter der Bedingung von VKH-Bewilligung eingelegt, entsteht die Gebühr erst mit erfolgter Bewilligung.

Nach ihrem erstmaligen Entstehen kann die Gebühr nicht mehr nachträglich entfallen, sondern sich nur   3
noch nach Nr. 1214, 1215 KV ermäßigen.

Die Gebühr entsteht bei Einlegung von wechselseitigen Rechtsmitteln oder Anschlussrechtsmitteln nur ein-   4
mal, wenn diese in demselben Verfahren behandelt werden. Die Wertberechnung richtet sich nach § 39
Abs. 2.

III. Ermäßigung nach Nr. 1214 KV

Die Gebühr ermäßigt sich nach Nr. 1214 KV auf einen 0,5-Gebührensatz, wenn das gesamte Verfahren   5
durch **Rücknahme** der Rechtsbeschwerde oder des Antrags beendet wird, bevor die Schrift zur Begründung
bei Gericht eingegangen ist, danach greift nur noch Nr. 1215 KV. Maßgeblich ist nur der tatsächliche Eingang der Begründungsschrift, so dass eine Ermäßigung auch dann noch eintritt, wenn die Rücknahme nach
Ablauf der Frist des § 71 Abs. 2 S. 1 FamFG eingeht und noch keine Endentscheidung ergangen war. Umgekehrt tritt keine Ermäßigung mehr ein, wenn die Begründung vor Ablauf der Begründungsfrist eingeht oder
die Begründung sogleich in der Rechtsbeschwerdeschrift erfolgt.

Durch die Rücknahme muss sich das **gesamte Rechtsbeschwerdeverfahren** beenden, so dass eine **Teilrück-**   6
nahme nicht genügt und auch keine Teilermäßigung eintritt.

Eine nach Rücknahme ergangene Kostenentscheidung steht der Ermäßigung nicht entgegen, weil Nr. 1214   7
KV eine anderweitige Regelung nicht enthält. Auch Nr. 1215 KV greift nicht, weil die Rücknahme in diesen
Fällen gerade vor Übermittlung der Endentscheidung an die Geschäftsstelle erfolgt.

IV. Ermäßigung nach Nr. 1215 KV

Ist die Rechtsbeschwerdebegründung eingegangen, tritt eine Ermäßigung der Gebühr auf einen 1,0-Gebüh-   8
rensatz ein, wenn die Rechtsbeschwerde oder der Antrag bis zum Ablauf des Tages zurückgenommen wird,
an dem die Endentscheidung der Geschäftsstelle übermittelt wird (Nr. 1215 KV). Maßgeblich sind der postalische Eingang der Rücknahme bei dem Rechtsbeschwerdegericht sowie der Vermerk nach § 38 Abs. 3
S. 3 FamFG. Die Rücknahme muss verfahrensrechtlich wirksam sein.

Aufgrund des Wortlauts verhindert nur eine **Endentscheidung** iSd § 38 FamFG die Ermäßigung, zu denen   9
auch die Beschlüsse nach §§ 74 Abs. 1, 74 a FamFG gehören, nicht aber Zwischen- oder Nebenentscheidungen. Auch eine Teilendentscheidung schließt die Ermäßigung aus. Endentscheidung ist auch eine Kostenentscheidung, so dass auch sie einer Ermäßigung entgegensteht, auch wenn das Gericht einer mitgeteilten Einigung der Beteiligten folgt, weil eine entsprechende Regelung wie in Anm. Abs. 2 zu Nr. 1324 KV
fehlt.

Durch die Rücknahme muss das **gesamte Rechtsbeschwerdeverfahren** beendet werden, so dass eine Teil-   10
rücknahme nicht genügt und Teilermäßigung nicht eintritt.

V. Fälligkeit, Vorschuss, Kostenschuldner, Verfahrenswert

Die Gebühr wird gem. § 9 Abs. 1 mit Eingang der Rechtsbeschwerdeschrift und nicht mit Eingang der Be-   11
gründung **fällig**.

Vorschusspflicht nach § 14 besteht nicht, weil die Regelung nur erstinstanzliche Verfahren erfasst. Auf-   12
grund der Regelung des § 9 Abs. 1 ist die Gebühr der Nr. 1213 KV spätestens nach Eingang der Rechtsbeschwerdebegründung gegen den Rechtsbeschwerdeführer zum Soll zu stellen (§ 15 Abs. 1 S. 1 KostVfg). Für
Auslagen gelten §§ 16, 17 bzw § 379 ZPO iVm § 113 Abs. 1 FamFG.

Der Rechtsbeschwerdeführer **haftet** als Antragsschuldner (§ 21 Abs. 1). § 21 Abs. 1 S. 2 Nr. 3 gilt nicht, da   13
die Verfahren nicht die Person des Minderjährigen betreffen. Daneben haften die Kostenschuldner nach
§§ 23, 24.

Der **Verfahrenswert** bestimmt sich nach den durch den Rechtsbeschwerdeführer gestellten Anträge, be-   14
grenzt durch den Wert des erstinstanzlichen Verfahrensgegenstands (§ 40 Abs. 1, 2).

---

1 HK-FamGKG/*Volpert*, Nr. 1325 KV Rn 11.

Unterabschnitt 4
Zulassung der Sprungrechtsbeschwerde gegen die Endentscheidung
wegen des Hauptgegenstands

Nr.	Gebührentatbestand	Gebühr oder Satz der Gebühr nach § 28 FamGKG
1216	Verfahren über die Zulassung der Sprungrechtsbeschwerde: Soweit der Antrag abgelehnt wird	0,5

I. Allgemeines

1 Die Gebühr Nr. 1216 KV entsteht ausschließlich für Verfahren auf Zulassung der Sprungrechtsbeschwerde (§ 75 FamFG), wenn eine **Endentscheidung** in einem vereinfachten Unterhaltsverfahren (§§ 249 ff FamFG) angegriffen wird. Durch das 2. KostRMoG wurde die Überschrift zu Unterabschnitt 4 geändert und damit klargestellt, dass die Gebühr nur entsteht, wenn sich die Sprungrechtsbeschwerde gegen eine Endentscheidung wegen des Hauptgegenstands richtet. Ist wegen einer Neben- oder Zwischenentscheidung ein Antrag nach § 75 FamFG zulässig, gilt Nr. 1930 KV.

II. Entstehen der Gebühr

2 **1. Ablehnungsentscheidung.** Für das Zulassungsverfahren fällt eine pauschale Verfahrensgebühr mit einem 1,0-Gebührensatz an. Die Gebühr entsteht jedoch erst mit dem Erlass der den Zulassungsantrag **ablehnenden Entscheidung.** Endet das Verfahren, ohne dass eine solche Entscheidung ergeht (zB durch Rücknahme, Vergleich oder Hauptsacheerledigung), bleibt das Verfahren gebührenfrei. Die Gebühr entsteht in diesen Fällen auch dann nicht, wenn das Gericht noch über die Kosten des Zulassungsverfahrens entscheiden muss, denn eine bloße Kostenentscheidung führt nicht zum Ansatz der Gebühr. Gerichtliche Auslagen sind jedoch auch einzuziehen, wenn das Verfahren gebührenfrei bleibt, jedoch gelten diese bei Zulassung der Sprungrechtsbeschwerde als Teil der Kosten des sich anschließenden Rechtsbeschwerdeverfahrens.

3 **2. Teilablehnung.** Wird der Antrag auf Zulassung der Sprungrechtsbeschwerde teilweise abgelehnt, ist die Gebühr nur nach dem Wert des von der Ablehnung erfassten Verfahrensteils zu erheben (§ 30 Abs. 1), was aus dem Wortlaut „soweit" folgt.

4 **Beispiel:** Beantragt ist die Zulassung der Sprungrechtsbeschwerde. Der Verfahrenswert beträgt 3.500 €. Später erfolgt wegen 1.000 € die Rücknahme des Antrags, hinsichtlich der verbleibenden 2.500 € lehnt das Gericht die Zulassung der Sprungrechtsbeschwerde ab.
An Gerichtsgebühren sind entstanden:
0,5-Verfahrensgebühr, Nr. 1216 KV (Wert: 2.500 €)   54,00 €

5 **3. Zulassung und nachfolgendes Rechtsbeschwerdeverfahren.** Hat das Gericht die Sprungrechtsbeschwerde zugelassen, ist das Verfahren **als Rechtsbeschwerdeverfahren fortzusetzen** (§ 566 Abs. 7 S. 1 ZPO iVm § 75 Abs. 2 S. 2 FamFG). Eine Gebühr nach Nr. 1216 KV entsteht nicht. Die Kosten des Zulassungsverfahrens sind als Teil der Kosten des sich anschließenden Rechtsbeschwerdeverfahrens zu behandeln, für welches Gebühren nach Nr. 1213–1215 KV entstehen.

III. Fälligkeit, Vorschuss, Kostenschuldner, Verfahrenswert

6 **Fälligkeit** tritt gem. § 9 Abs. 2 mit Erlass der ablehnenden Entscheidung ein. Für Auslagen gilt § 11 Abs. 1, 2.

7 Eine **Vorschusspflicht** nach § 14 besteht nicht, weil die Regelung nicht für Rechtsmittelverfahren gilt. Aufgrund der Fälligkeitsregelung kann die Gebühr auch nicht vorab mittels Sollstellung angefordert werden.

8 Der Antragteller **haftet** als Antragsschuldner (§ 21 Abs. 1), § 21 Abs. 1 S. 2 Nr. 3 gilt nicht. Im Übrigen haften die Kostenschuldner der §§ 23, 24.

9 Für die Wertbestimmung gilt § 40 Abs. 3, so dass sich der **Verfahrenswert** nach dem für das Rechtsmittelverfahren maßgeblichen Wert bemisst.

Abschnitt 2
Verfahren im Übrigen

Unterabschnitt 1
Erster Rechtszug

Nr.	Gebührentatbestand	Gebühr oder Satz der Gebühr nach § 28 FamGKG
1220	Verfahren im Allgemeinen	3,0
	Soweit wegen desselben Verfahrensgegenstands ein Mahnverfahren vorausgegangen ist, entsteht die Gebühr mit dem Eingang der Akten beim Familiengericht, an das der Rechtsstreit nach Erhebung des Widerspruchs oder Einlegung des Einspruchs abgegeben wird; in diesem Fall wird eine Gebühr 1100 des Kostenverzeichnisses zum GKG nach dem Wert des Verfahrensgegenstands angerechnet, der in das Streitverfahren übergegangen ist.	

I. Anwendungsbereich

Für erstinstanzliche Verfahren in **Familienstreitsachen** entsteht die Verfahrensgebühr nach Nr. 1220 KV. Familienstreitsachen sind nach § 112 Nr. 1–3 FamFG folgende Familiensachen: 1

- Unterhaltssachen nach § 231 Abs. 1 FamFG,
- Güterrechtssachen nach § 261 Abs. 1 FamFG,
- sonstige Familiensachen nach § 266 Abs. 1 FamFG,
- Lebenspartnerschaftssachen nach § 269 Abs. 1 Nr. 8, 9, 10, Abs. 2 FamFG.

Nr. 1220 KV gilt somit **nicht**, wenn es sich um Unterhaltssachen nach § 231 Abs. 2 FamFG, Güterrechtssachen nach § 261 Abs. 2 FamFG, sonstige Familiensachen nach § 266 Abs. 2 oder Lebenspartnerschaftssachen nach § 269 Abs. 1 Nr. 11, 12, Abs. 3 FamFG handelt, weil dann Nr. 1320 f KV (Vorbem. 1.3.2 Abs. 1 Nr. 6 KV) eingreift.   2

3   Die Gebühr nach Nr. 1220 KV entsteht auch, wenn wegen eines in § 112 FamFG genannten Anspruchs anhängig sind

- Vollstreckungsabwehranträge (§ 767 ZPO),
- Anträge gegen die Erteilung der Vollstreckungsklausel (§ 768 ZPO),
- Drittwiderspruchsanträge (§§ 771–774 ZPO),
- Vollstreckungsabwehranträge nach § 66 AUG,
- Urkunden- und Wechselverfahren,
- Wiederaufnahmeverfahren (§§ 578 ff ZPO).

4   In Unterhaltssachen und Güterrechtssachen ist Nr. 1220 KV im Einzelnen anzuwenden für Anträge wegen:

- Zahlung von Kindesunterhalt, mit Ausnahme der vereinfachten Verfahren nach §§ 249 ff FamFG,
- Freistellung von einer Unterhaltsverpflichtung,
- Zahlung von Elternunterhalt,
- Zahlung von Unterhalt der Enkel, Großeltern und entfernter Verwandter,
- Ehegattenunterhalts, zu denen auch Streitigkeiten wegen Haushalts- und Taschengeld gehören,
- Abänderungsverfahren nach §§ 238–240 FamFG,
- Auskunftsansprüche nach § 1361 Abs. 4, §§ 1580, 1605 BGB,
- Erstattung verauslagter Krankheitskosten,
- Erstattung der Kosten eines Vaterschaftsanfechtungsverfahrens,
- Streitigkeiten über Abfindungen (§ 1585 Abs. 2 BGB),
- Sicherheitsleistungen (§ 1585 a BGB),
- Schadensersatz wegen Nichterfüllung der Unterhaltspflicht (§ 1585 b BGB),
- Unterhalt aus Anlass der Geburt (§ 1615 l BGB),
- Beerdigungskosten der Mutter (§ 1615 m BGB),
- Leistung oder Rückzahlung eines Verfahrenskostenvorschuss (§§ 1360 a, 1361, 1610 BGB),
- Erstattung oder Rückgewähr von erbrachter Unterhaltsleistungen,
- Geltendmachung von Sonderbedarf,
- Geltendmachung von übergeleiteten Ansprüchen (zB nach SGB II, SGB III, SGB XII, UVG),
- Ausgleichs des Zugewinns,
- Auskunftsansprüche nach § 1379 BGB oder wegen illoyaler Vermögensminderung,
- Aufhebung und Auseinandersetzung des Gesamtguts,
- vorzeitige Aufhebung der Zugewinngemeinschaft,
- vorzeitiger Zugewinnausgleich,
- Ansprüchen bei Eigentums- und Vermögensgemeinschaft (FGB-DDR).

5   **Nicht** erfasst von Nr. 1220 KV sind hingegen:

- Folgesachen nach § 137 Abs. 2 FamFG (s. Nr. 1110 ff KV),
- einstweilige Anordnungsverfahren (s. Nr. 1420 ff KV),
- Arrestverfahren (s. Nr. 1420 ff KV),
- Verfahren wegen Vollstreckbarerklärung ausländischer Entscheidungen (s. Nr. 1710 ff KV),
- Mahnverfahren nach §§ 688 ff ZPO (s. § 1 Abs. 1 S. 3, Nr. 1100 KV GKG),
- vereinfachte Unterhaltsverfahren nach §§ 249 ff FamFG (s. Nr. 1210 KV),
- selbständige Beweisverfahren (s. Nr. 1503 KV),
- Zwangs- und Ordnungsgeldverfahren nach §§ 883 ff ZPO (s. Vorbem 1.6 KV, Nr. 2111 KV GKG).

II. Pauschale Verfahrensgebühr

6   **1. Höhe und Abgeltung.** Es handelt sich bei Nr. 1220 KV um eine pauschale Verfahrensgebühr mit einem 3,0-Gebührensatz, die sämtliche Handlungen des Gerichts abgilt. Gesonderte Gebühren entstehen nur, wenn dies im Kostenverzeichnis ausdrücklich angeordnet wird, zB

- Vergleichsgebühr (Nr. 1500 KV),
- Verzögerungsgebühr (Nr. 1501 KV),
- Ordnungs- und Zwangsmittel (Vorbem. 1.6 KV, Nr. 2111 KV GKG),
- Erteilung weiterer vollstreckbarer Ausfertigungen (Nr. 1600 KV),
- Ausstellung einer Bescheinigung nach § 57 AVAG (Nr. 1711 KV),
- Erteilung einer Bestätigung nach § 1079 ZPO (Nr. 1712 KV).

7   Gebührenfrei bleiben hingegen VKH-Bewilligungsverfahren (§ 118 ZPO iVm § 113 Abs. 1 FamFG).

2. Entstehen der Gebühr. a) Einreichung der Antragsschrift. Entstehen und Fälligkeit der Gebühr Nr. 1220   8
KV fallen wegen § 9 Abs. 1 zusammen, so dass diese mit **Eingang der Antragsschrift bei Gericht** eintreten.
Ist ein **Mahnverfahren** vorausgegangen, kommt es auf den Zeitpunkt des Eingangs der Akten beim Familiengericht an (**Anm.** zu Nr. 1220 KV). Auch bei einer **Antragserweiterung** und bei einem **Widerantrag** ist
auf den Eingang dieser Schriftsätze bei Gericht abzustellen.

Da der erste Eingang bei Gericht genügt,[1] reicht es aus, dass der Antrag in der Briefannahmestelle eingeht   9
oder Einwurf in den Gerichtsbriefkasten erfolgt. Unerheblich ist dagegen der Eingang in der zuständigen
Abteilung.[2] Auch die Einreichung per Telefax lässt die Gebühr entstehen.[3]

Auf die Rechtshängigkeit kommt es nicht an,[4] so dass die Gebühr auch nicht entfällt, wenn die Rücknahme   10
schon unmittelbar nach Antragseingang erfolgt.[5] Gleiches gilt, wenn der Antrag nur versehentlich bei Gericht eingereicht wurde. Insoweit besteht auch kein Ermessensspielraum für das Gericht oder den Kostenbeamten.[6]

b) Doppelte Einreichung. Wird die Antragsschrift zu verschiedenen Zeitpunkten doppelt eingereicht, wird   11
die Gebühr Nr. 1220 KV für jeden Antrag gesondert ausgelöst.[7] Der Antragsteller muss deshalb stets dafür
Sorge tragen, dass für das Gericht ersichtlich bleibt, dass nicht die Anhängigkeit eines weiteren Verfahrens
angestrebt wird. Die Gebühr entsteht deshalb auch gesondert, wenn eine geänderte Antragsschrift auf Anforderung des Gerichts eingereicht wird, aber jeglicher Hinweis auf das bereits anhängige Verfahren fehlt.[8]

War es jedoch für das Gericht **offensichtlich** oder bekannt, dass die erneute Antragseinreichung **versehent-**   12
lich erfolgt, ist die Gebühr nicht nochmals zu erheben.[9] Hierzu gehört es auch, dass der Antrag zunächst
per Telefax eingereicht und dort der Hinweis gegeben wird „Vorab per FAX" oder „Original wird nachgereicht", weil dann offensichtlich ist, dass ein identischer Schriftsatz folgt und hier die Gerichtsorganisation
für eine reibungslose Zuordnung verantwortlich ist. In anderen Fällen besteht aber für das Gericht keine
Verpflichtung zu prüfen, ob der in dem Schriftsatz enthaltene Sachverhalt bereits früher Gegenstand eines
Verfahrens war.[10]

c) Zulässigkeit/Begründetheit; Formerfordernisse. Ob der Antrag zulässig oder begründet ist, ist unerheb-   13
lich, so dass die Gebühr Nr. 1220 KV unabhängig davon entsteht. Die Gebühr wird ferner ausgelöst, wenn
der Antrag entgegen § 114 FamFG nicht durch einen Anwalt gestellt wird,[11] jedoch kann hier eine Nichterhebung nach § 20 Abs. 1 S. 3 geprüft werden. Auch ein entgegen § 253 Abs. 2 Nr. 2 ZPO **unbestimmter
Antrag** ist gebührenpflichtig. Gleiches gilt, wenn dem Antrag ein Verfahrenshindernis (zB anderweitige
Rechtshängigkeit oder Rechtskraft) entgegensteht. Als einzige Zulässigkeitsvoraussetzung muss aber die
Unterschrift vorliegen, so dass ein nicht unterschriebener Antrag keine Gebühr auslöst.[12]

d) Bedingter Antrag. Der Antrag kann nicht von **Bedingungen**, die außerhalb des Verfahrens liegen, abhän-   14
gig gemacht werden.[13] Sie führen zwar zur Unzulässigkeit des Antrags, lösen aber gleichwohl die Gebühr
aus.[14]

Einzelne Anträge können aber **hilfsweise** gestellt werden (→ Rn 22 ff). Wird jedoch der gesamte Antrag,   15
etwa ein Vollstreckungsabwehrantrag, nur „hilfsweise" für den Fall erhoben wird, dass Einwendungen in
einem anderen Verfahren erfolglos bleiben, entsteht die Gebühr.[15]

Obwohl die Erhebung des Antrags auch nicht unter der Bedingung der **VKH-Bewilligung** erfolgen kann,[16]   16
ist zu beachten, dass das bloße Bewilligungsverfahren nach § 118 ZPO iVm § 113 Abs. 1 FamFG gebührenfrei ist, also die Gebühr noch nicht auslöst. Nur in Fällen, in denen VKH- und Hauptantrag zeitgleich eingereicht werden und der Antragsteller nicht eindeutig zu erkennen gibt, dass der Antrag nur für den Fall
der VKH-Bewilligung als gestellt gelten sein soll, wird bereits mit Eingang der Schriftsätze die Gebühr ausgelöst[17] (→ § 9 Rn 18 ff).

e) Zuständigkeit. Unerheblich für das Entstehen der Gebühr ist die sachliche oder örtliche Zuständigkeit.   17
Ist sie nicht gegeben, entsteht deshalb gleichwohl die Gebühr Nr. 1220 KV. Erfolgen danach Abgabe oder
Verweisung an das zuständige Gericht, gelten § 6 Abs. 1 bzw § 4 GKG.

3. Einmaliges Entstehen. Die Gebühr darf für jeden Rechtszug iSd § 29 nur einmal erhoben werden, auch   18
wenn sie im Verfahrensverlauf durch jede Handlung des Gerichts (zB Anordnungen nach § 273 ZPO iVm

---

1 LG Düsseldorf MDR 1999, 1156; KG NJW-RR 1998, 1375; OLG Schleswig AnwBl 1997, 288; OLG München MDR 1996,
1075; OLG Oldenburg JurBüro 1995, 317. **2** OLG Hamburg Rpfleger 1962, 235. **3** OLG Celle AGS 2009, 341. **4** OLG
Schleswig AnwBl 1997, 288; OLG Düsseldorf MDR 1999, 1156; KG NJW-RR 1998, 1375. **5** KG NJW-RR 1998, 1375; OLG
München MDR 1996, 1075; OLG Oldenburg JurBüro 1995, 317. **6** OLG Koblenz MDR 1995, 1269. **7** OLG Düsseldorf
MDR 1999, 1156. **8** OLG Brandenburg OLGR 2006, 555. **9** HK-FamGKG/*Volpert*, Nr. 1220 KV Rn 12. **10** OLG Köln AGS
2009, 595. **11** OLG Celle AGS 2009, 341. **12** Stuttgart MDR 2011, 635. **13** HK-ZPO/*Saenger*, § 253 Rn 1. **14** KG
RVGreport 2004, 158. **15** OLG Köln MDR 2006, 112; KG RVGreport 2004, 158; OLG Zweibrücken NJW-RR 2001, 1653;
OLG Koblenz FamRZ 1998, 312. **16** HK-ZPO/*Saenger*, § 253 Rn 4; Zöller/*Greger*, ZPO, § 253 Rn 1. **17** KG RVGreport 2004,
158.

§ 113 Abs. 1 FamFG, Erlass von Entscheidungen) immer wieder erneut ausgelöst wird. Das stetige erneute Auslösen der Gebühr hat aber zur Folge, dass diese auch gegen einen Kostenschuldner anzusetzen ist, dessen Kosten- oder Gebührenfreiheit im Verfahrensverlauf entfällt.[18]

19 Um einen einheitlichen Kostenrechtszug iSd § 29 handelt es sich auch, wenn ein Verfahren nach **Unterbrechung** (§§ 239 ff ZPO iVm § 113 Abs. 1 FamFG) oder **Anordnung des Ruhens** wiederaufgenommen wird, so dass keine gesonderte Verfahrensgebühr entsteht, selbst wenn eine neue registermäßige Erfassung erfolgt.[19]

III. Besondere Verfahren

20 **1. Antragserweiterung.** Tritt durch die Erweiterung eine Werterhöhung ein, ist die Gebühr neu zu berechnen. Ein Ansatz von Einzelgebühren ist unzulässig,[20] da ursprünglicher Antrag und Erweiterung als einheitlicher Rechtszug iSd § 29 gelten. Wegen § 14 Abs. 1 S. 2 besteht auch für die Antragserweiterung Vorauszahlungspflicht, so dass die Differenz zwischen dem bisherigen und dem neu berechneten Gebührenbetrag unmittelbar nach Eingang der Antragserweiterungsschrift mittels Kostenrechnung ohne Sollstellung (vormals Kostennachricht) anzufordern ist. Ist nur ein Minderbetrag nachzufordern, ist § 26 Abs. 4 KostVfg zu beachten.

21 **Beispiel:** Antrag A gegen B wegen Zahlung von 15.000 €. Der Antrag wird später von A um 4.000 € erweitert. In dem Verfahren war zunächst eine 3,0-Verfahrensgebühr (Nr. 1220 KV; Wert: 15.000 €) iHv 879 € angefordert. Nach der Antragserweiterung erhöht sich der Wert auf 19.000 €. Die Verfahrensgebühr ist wie folgt neu zu berechnen:

3,0-Verfahrensgebühr, Nr. 1220 KV (Wert: 19.000 €)	957,00 €
bereits gezahlt	– 879,00 €
noch zu zahlen	78,00 €

Der Betrag ist vom Antragsteller mittels Kostenrechnung ohne Sollstellung (vormals Kostennachricht) anzufordern.

22 **2. Widerantrag und Hilfsansprüche.** Ein Widerantrag und Hilfsansprüche machen die Neuberechnung der Gebühr nur erforderlich, wenn eine Werterhöhung nach § 39 eintritt (s. ausf. die Erl. dort). Der Ansatz von Einzelgebühren ist nicht statthaft,[21] jedoch ist für die Antragshaftung des Widerantragstellers (§ 21 Abs. 1) nur auf den Wert des Widerantrags abzustellen (→ § 21 Rn 70 ff).

23 **Beispiel:** Antrag A gegen B wegen Zahlung von 25.000 €. A leistet eine Vorauszahlung iHv 1.113 €. Später stellt B Widerantrag wegen Zahlung von 5.000 €. Gegenstandsidentität liegt nicht vor, der Wert erhöht sich deshalb auf 30.000 € (§ 39 Abs. 1).

Die Gebühr ist wie folgt neu zu berechnen:

3,0-Verfahrensgebühr, Nr. 1220 KV (Wert: 30.000 €)	1.218,00 €
bereits gezahlt	– 1.113,00 €
noch zu zahlen	105,00 €

Der Betrag ist vom Widerantragsteller B mittels Sollstellung anzufordern.

24 Tritt eine Werterhöhung ein, wird die erhöhte Gebühr bereits mit Eingang des **Widerantrags** bei Gericht fällig (§ 9 Abs. 1), die Zustellung ist unerheblich.[22] Obwohl keine Abhängigmachung angeordnet werden darf (§ 14 Abs. 2), ist die Differenz zwischen dem ursprünglichen und dem neu berechneten Gebührenbetrag aufgrund der Fälligkeitsregelung unmittelbar nach Eingang des Widerantrags von dem Widerantragsteller mittels Sollstellung anzufordern (§ 15 Abs. 1 S. 1 KostVfg); → § 14 Rn 32.

25 Ist **Hilfswiderantrag** gestellt, tritt eine Werterhöhung nur ein, wenn über den Antrag entschieden wird (§ 39 Abs. 1 S. 2), so dass hier Fälligkeit des erhöhten Gebührenbetrags erst mit Erlass der Entscheidung eintritt. Gleiches gilt für die Geltendmachung von **Hilfsansprüchen**. In beiden Fällen können daher – anders als beim Widerantrag – Gebührenbeträge nicht schon nach Antragseingang nachgefordert werden.

26 **3. Verfahrenstrennung. a) Einzelgebühren.** Ordnet das Gericht die Trennung des Verfahrens an (§ 145 ZPO iVm § 113 Abs. 1 FamFG), entstehen ab dem Zeitpunkt der Trennung Einzelgebühren, die sich nach den Werten der einzelnen Verfahren berechnen. Eine Wahlmöglichkeit zwischen dem Ansatz der Einzelgebühren und der nach dem Gesamtwert berechneten Gebühr besteht für die Staatskasse nicht. Werden Antrag und Widerantrag getrennt, gilt § 39 nicht mehr,[23] so dass Einzelgebühren auch dann zu erheben sind,

18 BVerwG NJW 1960, 1973; OLG München 1.12.1995 – 11 W 2897/95, juris. **19** *Oestreich/Hellstab/Trenkle*, FamGKG Nr. 1220 KV Rn 26. **20** So auch HK-FamGKG/*N. Schneider*, § 30 Rn 26; aA Binz/Dörndorfer/*Zimmermann*, § 36 GKG Rn 4; *Oestreich/Hellstab/Trenkle*, FamGKG Nr. 1220 KV Rn 31. **21** HK-FamGKG/*Volpert*, Nr. 1220 KV Rn 39. **22** OLG Hamburg OLGR 2001, 49. **23** *Meyer*, GKG § 45 Rn 11.

wenn derselbe Gegenstand betroffen ist. Hebt das Gericht die Trennung wieder auf (§ 150 ZPO iVm § 113 Abs. 1 FamFG), verbleibt es bei den Einzelgebühren.[24]

Beispiel: Antrag wegen Zahlung von 9.000 €. Das Gericht trennt wegen Ansprüchen von 4.000 € Verfahrensteile   **27** ab. Für die beiden Einzelverfahren sind an Gerichtsgebühren entstanden:

a) 3,0-Verfahrensgebühr, Nr. 1220 KV (Wert: 5.000 €)	438,00 €
b) 3,0-Verfahrensgebühr, Nr. 1220 KV (Wert: 4.000 €)	381,00 €
Gesamt	**819,00 €**

b) Vorauszahlungen. War zum Zeitpunkt der Trennung bereits eine Vorauszahlung geleistet (§ 14 Abs. 1),   **28** ist diese auf die beiden neuen Verfahren im Verhältnis ihrer Werte zueinander aufzuteilen.[25] Die sich aus der Degression der Gebührentabelle ergebende Deckungslücke ist durch Nachforderung der fehlenden Beträge mittels Sollstellung zu schließen (§ 15 Abs. 1 S. 1 KostVfg). War die Antragsschrift noch nicht zugestellt, ist mit Kostenrechnung ohne Sollstellung nachzufordern.

Beispiel:[26] Antrag wegen Zahlung von 6.500 €. Es wird Vorauszahlung iHv 552 € geleistet (§ 14 Abs. 1, Nr. 1220   **29** KV). Durch Beschluss wird ein Teil des Antrags iHv 3.000 € abgetrennt.

Die geleistete Vorauszahlung ist wie folgt zu verrechnen:

Verfahren 1 (Wert: 3.500 €) = 297,23 € (3.500 € : 6.500 € x 552 €)

Verfahren 2 (Wert: 3.000 €) = 254,77 € (3.000 € : 6.500 € x 552 €)

Aufgrund der Trennung sind daher noch nachzufordern:

Verfahren 1:

3,0-Verfahrensgebühr, Nr. 1220 KV (Wert: 3.500 €)	381,00 €
anzurechnen	297,23 €
Von dem Antragsteller noch anzufordern	83,77 €

Verfahren 2:

3,0-Verfahrensgebühr, Nr. 1220 KV (Wert: 3.000 €)	324,00 €
anzurechnen	254,77 €
Von dem Antragsteller noch anzufordern	69,23 €

4. Verfahrensverbindung. Die Verbindung mehrerer Verfahren miteinander (§ 147 ZPO iVm § 113 Abs. 1   **30** FamFG) entfaltet keine rückwirkende Kraft, so dass die wegen § 9 Abs. 1 vor diesem Zeitpunkt entstandenen Einzelgebühren bestehen bleiben.[27] Unzulässig ist der Ansatz einer nach den zusammengerechneten Werten berechneten Gebühr. Wegen der Verbindung nach einem vorausgegangenen Mahnverfahren → Rn 52 ff.

Beispiel: Bei Gericht werden zwei Anträge anhängig: Verfahren 1 wegen Zahlung von 4.500 € und Verfahren 2   **31** wegen Zahlung von 6.000 €. Beide Verfahren werden miteinander verbunden.

Mit Eingang der Antragsschriften bei Gericht sind zunächst Einzelgebühren entstanden (§ 9 Abs. 1), die durch die nachträgliche Verbindung nicht entfallen können. Anzusetzen sind daher:

Für Verfahren 1: 3,0-Verfahrensgebühr, Nr. 1220 KV (Wert: 4.500 €)	438,00 €
Für Verfahren 2: 3,0-Verfahrensgebühr, Nr. 1220 KV (Wert: 6.000 €)	495,00 €
Gesamt	**933,00 €**

5. Stufenantrag. Bei einem Stufenantrag handelt sich um einen einheitlichen Rechtszug iSd § 29, auch wenn   **32** mehrere Stufen anhängig sind, so dass die Gebühr nur einmal entsteht. § 38 ist zu beachten, so dass sich die Gebühr nur nach dem Wert des höchsten der verbundenen Ansprüche berechnet, was im Regelfall der Leistungsstufe entspricht. Das gilt auch dann, wenn es sich um einen **steckengebliebenen Stufenantrag** handelt.[28]

6. Urkunden- und Wechselverfahren. a) Allgemeines. Vorbehalts- und Nachverfahren bilden einen einheit-   **33** lichen Kostenrechtszug iSd § 29, so dass nur eine Gebühr angesetzt werden darf. Auch erstreckt sich die VKH für das Urkunden- auf das Nachverfahren, ohne dass es einer ausdrücklichen Beantragung oder Bewilligung bedarf.[29]

Beispiel: Es wird ein Urkundenverfahren durchgeführt. Der Wert wird auf 5.000 € festgesetzt. Es ergeht Vorbe-   **34** haltsbeschluss.

An Gerichtsgebühren sind entstanden:

3,0-Verfahrensgebühr, Nr. 1220 KV (Wert: 5.000 €)	438,00 €

---

24 *Oestreich/Hellstab/Trenkle*, FamGKG Nr. 1220 KV Rn 37.   **25** *Oestreich/Hellstab/Trenkle*, FamGKG Nr. 1220 KV Rn 37. **26** Nach *Oestreich/Hellstab/Trenkle*, FamGKG Nr. 1220 KV Rn 37.   **27** OLG Hamm JurBüro 2005, 598; OLG Oldenburg JurBüro 2003, 322; OLG Hamburg 25.11.2010 – 4 W 269/10, juris. **28** OLG Köln JMBl. NW 2003, 95. **29** *Zöller/Greger*, ZPO, § 600 Rn 6.

Der Antragsgegner macht seine Rechte später im Nachverfahren geltend. Dieses endet gleichfalls durch Endentscheidung.

Für das Urkunden- und das Nachverfahren entsteht die Verfahrensgebühr nur einmal, so dass keine weiteren Gerichtsgebühren zu erheben sind.

35   **b) Kostenschuldner.** Der Kostenschuldner bestimmt sich nach §§ 21, 24. Da eine Änderung der Beteiligtenstellung im Nachverfahren nicht eintritt,[30] wird der Antragsgegner auch dann nicht zum Antragsschuldner, wenn er seine Ansprüche im Nachverfahren geltend macht.

36   Die in der Vorbehaltsentscheidung ergangene Kostenentscheidung umfasst ohne Weiteres auch das Nachverfahren, wenn sie im Nachverfahren für vorbehaltlos erklärt wird. Wird die Vorbehaltsentscheidung hingegen aufgehoben, erlischt auch eine sich daraus begründete Kostenhaftung (§ 25 S. 1). Bereits gezahlte Kosten sind zurückzuzahlen, soweit nicht noch ein weiterer Haftungsgrund besteht (§ 25 S. 2).

37   **c) Verfahrenswert.** Für Vorbehalts- und Nachverfahren ist ein einziger Wert festzusetzen und keine gestaffelte Wertfestsetzung vorzunehmen.[31] Der Wert für das Nachverfahren bestimmt sich nach dem Wert der Gegenstände, für die dem Antragsgegner die Ausführung seiner Rechte vorbehalten wurde.[32] Durch einen im Nachverfahren gestellten Widerantrag kann aber eine Werterhöhung eintreten (§ 39).[33] Es ist dann eine Neuberechnung der Verfahrensgebühr vorzunehmen.

38   **7. Einheitsentscheidung in Güterrechtssachen.** Ist mit einer Güterrechtssache wegen einer Ausgleichsforderung zugleich ein Verfahren nach § 1382 Abs. 5, § 1383 Abs. 3 BGB anhängig, ergeht eine einheitliche Entscheidung (§ 265 FamFG). Parallel dazu ordnet § 52 an, dass beide Anträge auch kostenrechtlich als einheitliches Verfahren zu behandeln sind. Es ist dann nur einmal eine Gebühr nach Nr. 1220 KV zu erheben, die sich allerdings nach den zusammengerechneten Werten berechnet (§ 33 Abs. 1 S. 1). Der Ansatz von Einzelgebühren ist nicht statthaft. Nr. 1320 KV gilt nicht, da der Antrag in der Güterrechtssache in der Familienstreitsache gestellt wird.

39   **Beispiel:** Es ist ein Antrag wegen Zahlung der Zugewinnausgleichsforderung iHv 35.000 € gestellt. Der Antragsgegner beantragt die Stundung der Ausgleichsforderung. Das Gericht entscheidet über beide Anträge in der Endentscheidung. Der Verfahrenswert wird auf insgesamt 42.000 € festgesetzt (35.000 € für die Forderung und 7.000 € für den Stundungsantrag).

An Gerichtsgebühren sind entstanden:

3,0-Verfahrensgebühr, Nr. 1220 KV (Wert: 42.000 €)   1.533,00 €

IV. Fälligkeit, Vorauszahlungspflicht, Kostenschuldner, Verfahrenswert

40   **1. Fälligkeit.** Die Fälligkeit bestimmt sich nach § 9 Abs. 1 und tritt danach mit Eingang der Antragsschrift bei Gericht ein (→ § 9 Rn 12 ff). Wird der Antrag erweitert oder ein Widerantrag gestellt, tritt Fälligkeit mit Eingang der jeweiligen Antragsschrift bei Gericht ein. Ist ein **Mahnverfahren** vorausgegangen, gilt die Sonderregelung der Anm. zu Nr. 1220 KV, so dass die Gebühr erst mit Eingang der Akten beim Familiengericht entsteht (→ Rn 47 f). Für Auslagen gilt § 11.

41   **2. Vorauszahlungspflicht.** Es besteht Vorauszahlungspflicht nach § 14 Abs. 1 S. 1, so dass die Zustellung der Antragsschrift von der vorherigen Zahlung der Gebühr Nr. 1220 KV abhängig gemacht werden soll (→ § 14 Rn 12 ff). Vorauszahlungspflicht besteht wegen § 14 Abs. 1 S. 2 auch in den Fällen der Antragserweiterung (→ § 14 Rn 23 ff). Hinsichtlich des Widerantrags besteht keine Vorauszahlungspflicht, es darf auch keine Abhängigmachung angeordnet werden; jedoch sind die Gebühren wegen der Regelung des § 9 Abs. 1 nach Eingang der Widerantragsschrift zum Soll zu stellen, § 15 Abs. 1 S. 1 KostVfg (→ § 14 Rn 31 ff).

42   Für Auslagen gelten §§ 16, 17 und § 379 ZPO iVm § 113 Abs. 1 FamFG.

43   **3. Kostenschuldner.** Es haften die Schuldner der §§ 21, 24, bei Streitgenossen gilt § 27. Für Auslagen können Schuldner nach §§ 16, 17, 23 hinzutreten.

44   **4. Verfahrenswert.** Es gelten zunächst die allgemeinen Regelungen der §§ 33–42. Da es sich um reine Antragsverfahren handelt, ist für die Wertberechnung auf den Zeitpunkt der ersten Antragstellung abzustellen (§ 34 S. 1). Werden in demselben Verfahren mehrere Ansprüche geltend gemacht, sind ihre Werte zusammenzurechnen (§ 33 Abs. 1 S. 1). Für Widerantrag, Hilfsansprüchen und Aufrechnungen gilt § 39. Weitere Additionsverbote können sich zudem aus § 33 Abs. 1 S. 2 und § 38 ergeben.

45   Für bestimmte Unterhaltssachen ist § 51 zu beachten. § 52 gilt, wenn in einer Güterrechtssache auch Ansprüche nach §§ 1382, 1383 BGB geltend gemacht sind. Ist eine bezifferte Geldforderung beantragt, ist ihre Höhe maßgebend (§ 35).

---

30 Zöller/*Greger*, ZPO, § 600 Rn 3.   **31** *N. Schneider*, in: Schneider/Herget, Rn 5380.   **32** *N. Schneider*, in: Schneider/Herget, Rn 5380.   **33** *N. Schneider*, in: Schneider/Herget, Rn 5382.

V. Verfahren nach vorausgegangenem Mahnverfahren (Anm.)

1. Allgemeines. In Familienstreitsachen können bestimmte Ansprüche auch im Mahnverfahren nach   46
§§ 688 ff ZPO geltend gemacht werden (§ 113 Abs. 2 FamFG). Für das **Mahnverfahren** selbst sind die
Amtsgerichte (Mahngericht) zuständig. Kosten werden hier nur nach dem **GKG** erhoben (§ 1 Abs. 1 S. 3),
so dass eine 0,5-Gebühr nach Nr. 1100 KV GKG sowie Auslagen nach Nr. 9000 ff KV GKG entstehen. Das
FamGKG findet nur für das **streitige Verfahren** Anwendung.

2. Entstehen der Gebühr. a) Eingang beim Familiengericht. Abweichend von § 9 Abs. 1 ordnet die **Anm.** zu   47
Nr. 1220 KV an, dass die Gebühr erst mit dem Eingang der Akten beim Familiengericht als streitiges Gericht entsteht. Der bloße Antrag auf Durchführung des streitigen Verfahrens löst die Gebühr deshalb noch
nicht aus, wenn es nicht mehr zu einem Eingang beim Familiengericht kommt, zB wegen Rücknahme des
Antrags auf Durchführung des streitigen Verfahrens, des Widerspruchs oder Nichtleistung der Vorauszahlung nach § 12 Abs. 3 GKG. In diesen Fällen verbleibt es bei der 0,5-Gebühr der Nr. 1100 KV GKG, auch
darf keine weitere 0,5-Gebühr nach Nr. 1221 KV angesetzt werden.

Beispiel: Antrag auf Erlass des Mahnbescheids wegen 12.000 €. Nach dessen Erlass wird Widerspruch eingelegt.   48
Antrag auf Durchführung des streitigen Verfahrens wird nicht gestellt. Die Akten werden nach 6 Monaten weggelegt.

Es verbleibt bei der 0,5-Verfahrensgebühr der Nr. 1100 KV GKG.

b) Teilrücknahme. Erfolgt vor der Abgabe an das Streitgericht die Teilrücknahme und wird auch der An-   49
trag auf Durchführung des streitigen Verfahrens nur für die verbleibenden Ansprüche gestellt, ist die Gebühr nur nach dem Wert des verbleibenden Anspruchs zu berechnen.[34]

Beispiel: Antrag auf Erlass des Mahnbescheids wegen 15.000 €. Nach dessen Erlass wird der Mahnantrag um   50
5.000 € zurückgenommen. Wegen des verbleibenden Teils wird Antrag auf Durchführung des streitigen Verfahrens gestellt, so dass wegen 10.000 € Eingang beim Familiengericht erfolgt.

Entstanden sind folgende Gerichtskosten:

0,5-Verfahrensgebühr, Nr. 1100 KV GKG (Wert: 15.000 €)	146,50 €
3,0-Verfahrensgebühr, Nr. 1220 KV FamGKG (Wert: 10.000 €)	723,00 €
abzgl. nach Anm. zu Nr. 1220 KV FamGKG anzurechnender 0,5-Verfahrensgebühr,	
Nr. 1100 KV GKG (Wert: 10.000 €)	– 120,50 €
Gesamt	**749,00 €**

c) Einspruch. Wird gegen den Vollstreckungsbescheid Einspruch eingelegt, hat das Mahngericht die Akten   51
von Amts wegen an das Familiengericht abzugeben (§ 700 Abs. 3 ZPO), ohne dass es eines Antrags auf
Durchführung des streitigen Verfahrens bedarf. Die Gebühr Nr. 1220 KV entsteht auch in diesem Fall erst
mit Eingang der Akten beim Familiengericht, für die als Antragsschuldner nicht der Einspruchsführer, sondern der Antragsteller haftet (§ 21 Abs. 1 S. 3).

d) Verschiedene Mahnverfahren. Werden verschiedene Mahnverfahren nach Widerspruch und Eingang der   52
Akten beim Familiengericht miteinander verbunden, entstehen die Gebühren der Nr. 1100 KV GKG,
Nr. 1220 KV FamGKG für jedes Verfahren gesondert. Sie sind jeweils nach dem Einzelwert unter Beach-
tung der Anrechnungsvorschrift der Anm. zu Nr. 1220 KV zu berechnen.[35]

Beispiel: Beantragt ist der Erlass des Mahnbescheids A wegen 15.000 € und eines Mahnbescheids B wegen   53
10.000 €. Es wird nach Widerspruch die Durchführung des streitigen Verfahrens beantragt. Es erfolgt Abgabe an
das Familiengericht, wo zwei verschiedene Familienstreitsachen geführt werden.

I. Wegen des Anspruchs A sind entstanden:

0,5-Verfahrensgebühr, Nr. 1100 KV GKG (Wert: 15.000 €)	146,50 €
3,0-Verfahrensgebühr, Nr. 1220 KV FamGKG (Wert: 15.000 €)	879,00 €
abzgl. nach Anm. zu Nr. 1220 KV FamGKG anzurechnender 0,5-Verfahrensgebühr,	
Nr. 1100 KV GKG (Wert: 15.000 €)	– 146,50 €
Gesamt	**879,00 €**

II. Wegen des Anspruchs B sind entstanden:

0,5-Verfahrensgebühr, Nr. 1100 KV GKG (Wert: 10.000 €)	120,50 €
3,0-Verfahrensgebühr, Nr. 1220 KV FamGKG (Wert: 10.000 €)	723,00 €
abzgl. nach Anm. zu Nr. 1220 KV FamGKG anzurechnender 0,5-Verfahrensgebühr,	
Nr. 1100 KV GKG (Wert: 10.000 €)	– 120,50 €
Gesamt	**723,00 €**

---

34 OLG Rostock MDR 2002, 665; OLG Hamburg MDR 2001, 294. **35** OLG Oldenburg JurBüro 2003, 322.

54   Erfolgt nach Abgabe an das Familiengericht die **Verbindung** der Verfahren, bleiben die Einzelgebühren der Nr. 1100 KV GKG bestehen. Das gilt auch für die unter Anrechnung der Mahngebühr berechneten Einzelgebühren der Nr. 1220 KV, weil diese bereits mit Eingang der Akten bei dem Familiengericht entstanden sind und die nachträgliche Verbindung keine rückwirkende Kraft entfaltet.[36]

55   Kommt es nach Abgabe an das Familiengericht zur **Trennung** der Verfahren, ist für jedes Verfahren eine Einzelgebühr zu erheben, auf welche die Mahngebühr nach dem jeweiligen Wert anzurechnen ist. War die Trennung aber verfahrensfehlerhaft, zB weil ein gegen mehrere Schuldner gerichtetes Mahnverfahren sogleich und ohne Beschluss in mehrere Verfahren getrennt wird, darf die Gebühr nicht mehrfach verlangt werden.[37]

56   **e) Urkunden- oder Wechselmahnverfahren.** Wird in solchen Verfahren Widerspruch eingelegt, kann dieser darauf beschränkt werden, dem Antragsgegner die Ausführung seiner Rechte vorzubehalten (§ 703 a Abs. 2 Nr. 4 ZPO). Der Vollstreckungsbescheid ist sodann unter diesem Vorbehalt zu erlassen. Gegen diesen findet kein Einspruch statt, sondern es erfolgt von Amts wegen die Abgabe an das Familiengericht.[38] Die Abgabe kann deshalb trotz eingelegten Widerspruchs nicht von der vorherigen Zahlung der weiteren Gebühr Nr. 1220 KV abhängig gemacht werden. Diese entsteht mit Eingang der Akten beim Familiengericht und ist dort von demjenigen mittels Sollstellung anzufordern, der den Erlass des Vollstreckungsbescheids beantragt hat (§ 21 Abs. 1 S. 3).

57   **3. Anrechnung. a) Allgemeines.** Wird die Mahnsache an das Familiengericht abgegeben, ist die im Mahnverfahren entstandene Gebühr Nr. 1100 KV GKG auf die im streitigen Verfahren entstehende Gebühr Nr. 1220 KV anzurechnen (**Anm.**). Die Anrechnung erfolgt nur nach dem Wert des Verfahrensgegenstands, der in das Streitverfahren übergegangen ist. Sie ist sowohl bei der Anforderung der Vorauszahlung durch das Mahngericht (§ 12 Abs. 3 S. 3, 4 GKG) als auch bei Erstellung der Schlusskostenrechnung durch das Familiengericht vorzunehmen.

58   **b) Identische Verfahrensgegenstände.** Besteht für Mahnverfahren und Streitverfahren Gegenstandsidentität, ist die 0,5-Gebühr der Nr. 1100 KV GKG nach dem gesamten Wert und somit in voller Höhe auf die im Streitverfahren entstehende Gebühren der Nr. 1220, 1221 KV anzurechnen.

59   **Beispiel:** Beantragt und erlassen wird Mahnbescheid wegen Zahlung von 6.000 €. Nach Widerspruch und Antrag auf Durchführung des streitigen Verfahrens gehen die Akten beim Familiengericht ein.

An Gerichtsgebühren sind entstanden:

0,5-Verfahrensgebühr, Nr. 1100 KV GKG (Wert: 6.000 €)	82,50 €
3,0-Verfahrensgebühr, Nr. 1220 KV FamGKG (Wert: 6.000 €)	495,00 €
abzgl. nach Anm. zu Nr. 1220 KV FamGKG anzurechnender 0,5-Verfahrensgebühr, Nr. 1100 KV GKG (Wert: 6.000 €)	− 82,50 €
Für das streitige Verfahren noch anzufordern (§ 12 Abs. 3 GKG)	412,50 €

60   **c) Teilwiderspruch und Teileinspruch.** Wird nicht der gesamte Gegenstand des Mahnverfahrens in das Streitverfahren übergeleitet, weil nur Teilwiderspruch, -einspruch oder -rücknahme erfolgt, ist die 0,5-Gebühr der Nr. 1100 KV GKG nur nach dem Wert der übergegangenen Gegenstände anzurechnen. Auch die Gebühren der Nr. 1220, 1221 KV sind nur nach dem noch verbleibenden und übergeleiteten Restwert zu berechnen.[39] Ermäßigt sich der Wert der übergeleiteten Ansprüche durch Teilrücknahme des Mahnantrags, Widerspruchs oder Einspruchs, muss die Wertminderung noch **vor** Eingang der Akten beim Familiengericht erfolgen. Geht die Rücknahme erst **nach** Eingang der Akten beim Familiengericht ein, ist die Gebühr für das Streitverfahren nach dem gesamten Wert zu berechnen, weil sie mit dem Eingang der Akten auch für die später zurückgenommenen Verfahrensteile entstanden ist. Es tritt dann auch keine Teilermäßigung der Gebühr im streitigen Verfahren ein, da Nr. 1221 KV eine vollständige Beendigung des Verfahrens voraussetzt.

61   **Beispiel 1:** Beantragt und erlassen wird Mahnbescheid wegen Zahlung von 6.000 €. Nach Teilwiderspruch und Antrag auf Durchführung des streitigen Verfahrens gehen die Akten beim Familiengericht wegen einer Teilforderung von 3.000 € ein.

An Gerichtsgebühren sind entstanden:

0,5-Verfahrensgebühr, Nr. 1100 KV GKG (Wert: 6.000 €)	82,50 €
3,0-Verfahrensgebühr, Nr. 1220 KV FamGKG (Wert: 3.000 €)	324,00 €
abzgl. nach Anm. zu Nr. 1220 KV FamGKG anzurechnender 0,5-Verfahrensgebühr, Nr. 1100 KV GKG (Wert: 3.000 €)	− 54,00 €
Für das streitige Verfahren noch anzufordern (§ 12 Abs. 3 GKG)	270,00 €

---

36 *Oestreich/Hellstab/Trenkle*, FamGKG Nr. 1220 KV Rn 55. **37** OLG Zweibrücken JurBüro 2007, 322. **38** Zöller/*Vollkommer*, ZPO, § 703 a Rn 8. **39** OLG Dresden JurBüro 2004, 378; OLG Rostock MDR 2002, 665; OLG Hamburg MDR 2001, 294.

Beispiel 2: Beantragt und erlassen wird Mahnbescheid wegen Zahlung von 6.000 €. Wegen des Gesamtanspruchs **62**
wird Widerspruch eingelegt. Wegen eines Antrags auf Durchführung des streitigen Verfahrens gehen die Akten
beim Familiengericht. Kurz nachdem die Akten dort eingegangen sind, wird der Widerspruch wegen 3.000 € zurückgenommen.

An Gerichtsgebühren sind entstanden:

0,5-Verfahrensgebühr, Nr. 1100 KV GKG (Wert: 6.000 €)	82,50 €
3,0-Verfahrensgebühr, Nr. 1220 KV FamGKG (Wert: 6000 €)	495,00 €
abzgl. nach Anm. zu Nr. 1220 KV FamGKG anzurechnender 0,5-Verfahrensgebühr,	
Nr. 1100 KV GKG (Wert: 6.000 €)	– 82,50 €
Für das streitige Verfahren noch anzufordern (§ 12 Abs. 3 GKG)	412,50 €

Bei dem Gebührenbetrag von 412,50 € (Nr. 1220 KV) bleibt es auch nach der erfolgten Teilrücknahme des Widerspruchs, weil diese erst nach Eingang der Akten beim Familiengericht eingegangen ist, so dass die Teilrücknahme
keine Auswirkung auf die mit Akteneingang entstandene Verfahrensgebühr hat. Nr. 1221 KV kommt nicht zur
Anwendung, weil nur eine Teilerledigung vorliegt. Eine Gebührenermäßigung kann aber eintreten, wenn das Verfahren auch wegen des verbleibenden Restanspruchs durch einen Ermäßigungstatbestand der Nr. 1221 KV beendet wird.

d) Teilerledigung. Erfolgt **Teilzahlung,** tritt insoweit die Erledigung des Mahnverfahrens ein. Zahlungen **63**
auf die Hauptsache stellen in dieser Höhe zugleich eine Rücknahme des Antrags auf Durchführung des
streitigen Verfahrens dar,[40] so dass hinsichtlich der Gebühr wie bei Teilwiderspruch oder Teilrücknahme zu
verfahren ist (→ Rn 60 ff).

Wird im Mahnverfahren auf die **gesamte Hauptforderung** gezahlt, werden beim Streitgericht nur noch Zin- **64**
sen und Kosten rechtshängig, so dass nur noch diese für die Wertberechnung des Streitverfahrens maßgeblich sind (§ 37 Abs. 2, 3).[41] Bei Teilerledigung ist hingegen nur noch der Wert der verbleibenden Hauptforderung – ohne die auf den erledigten Teil entfallenden Zinsen und Kosten – maßgeblich.[42]

e) Werterhöhung. Tritt nach Eingang der Akten beim Familiengericht eine Werterhöhung ein, zB wegen **65**
Antragserweiterung oder **Widerantrag,** ist die Gebühr der Nr. 1220 KV neu zu berechnen. Auf die im
Mahnverfahren entstandene Gebühr (Nr. 1100 KV GKG) bleibt die Werterhöhung jedoch ohne Einfluss, so
dass auch die nach Anm. zu Nr. 1220 KV vorzunehmende Anrechnung nur in Höhe der tatsächlich entstandenen Gebühr der Nr. 1100 KV GKG vorzunehmen ist.

Beispiel: Beantragt und erlassen wird Mahnbescheid wegen Zahlung von 8.000 €. Nach Widerspruch und Antrag **66**
auf Durchführung des streitigen Verfahrens gehen die Akten beim Familiengericht ein. Dort erhöht der Antragsteller seinen Antrag um 2.000 €, so dass sich der Wert auf 10.000 € erhöht.

I. Im Rahmen der Vorauszahlung sind zunächst anzufordern:

0,5-Verfahrensgebühr, Nr. 1100 KV GKG (Wert: 8.000 €)	101,50 €
3,0-Verfahrensgebühr, Nr. 1220 KV FamGKG (Wert: 8.000 €)	609,00 €
abzgl. nach Anm. zu Nr. 1220 KV FamGKG anzurechnender 0,5-Verfahrensgebühr,	
Nr. 1100 KV GKG (Wert: 8.000 €)	– 101,50 €
Für das streitige Verfahren noch anzufordern (§ 12 Abs. 3 GKG)	507,50 €

II. Nach Eingang der Klageantragserweiterung ist die Verfahrensgebühr neu zu berechnen und wegen § 14 Abs. 1
   S. 2 folgende weitere Vorauszahlung anzufordern:

0,5-Verfahrensgebühr, Nr. 1100 KV GKG (Wert: 8.000 €)	101,50 €
3,0-Verfahrensgebühr, Nr. 1220 KV FamGKG (Wert: 10.000 €)	723,00 €
abzgl. nach Anm. zu Nr. 1220 KV FamGKG anzurechnender 0,5-Verfahrensgebühr,	
Nr. 1100 KV GKG (Wert: 8.000 €)	– 101,50 €
abzgl. bereits geleisteter Vorauszahlung für das streitige Verfahren	– 507,50 €
Nachzufordern	114,00 €

4. Vorauszahlungspflicht. a) Allgemeines. Die Abgabe an das Streitgericht soll von der vorherigen Zahlung **67**
der Gebühr der Nr. 1220 KV abhängig gemacht werden (§ 12 Abs. 3 S. 3, 4 GKG). Vorauszahlungspflicht
besteht jedoch nur, wenn die Abgabe aufgrund Widerspruchs und Antrags auf Durchführung des streitigen
Verfahrens erfolgt, nicht aber, wenn Einspruch gegen den Vollstreckungsbescheid eingelegt wird. Zuständig
für die Berechnung und Anforderung ist das Mahngericht. Dieses muss zur Zahlung auffordern, weil für
den Antragsteller auch im Hinblick auf § 693 Abs. 2 ZPO keine gesetzliche Verpflichtung besteht, ohne
Zahlungsaufforderung die weitere Gebühr zu zahlen.[43] Geht ein Antrag nach § 15 Nr. 3 wegen Befreiung
von der Zahlungspflicht ein, entscheidet das Familiengericht.[44]

---

40 OLG Karlsruhe MDR 1988, 1066. **41** OLG Karlsruhe MDR 1988, 1066. **42** LG Bayreuth JurBüro 1987, 1692 m. zust.
Anm. *Mümmler.* **43** BGH NJW 1993, 2811. **44** KG KGR 1999, 261.

68 **b) Widerspruch.** Wird rechtzeitig Widerspruch gegen den Mahnbescheid eingelegt, erfolgt die Abgabe an das Familiengericht erst, wenn ein Beteiligter die Durchführung des streitigen Verfahrens beantragt (§ 696 Abs. 1 S. 1 ZPO). Wird der Antrag allein durch den Antragsteller gestellt, ist dieser vorauszahlungspflichtig. Die Abgabe erfolgt erst nach Kostenzahlung. Wegen des Urkunden- und Wechselmahnverfahrens → Rn 56.

69 Ist der Antrag hingegen nur vom Antragsgegner gestellt, besteht für ihn keine Vorauszahlungspflicht.[45] Die Akte ist ohne vorherige Kostenzahlung an das Streitgericht abzugeben. Strittig ist jedoch, ob der Antragsgegner durch seinen Antrag auf Durchführung des streitigen Verfahrens zum Antragsschuldner (§ 21 Abs. 1) wird. Soweit das Mahn- und das streitige Verfahren als verschiedene Kostenrechtszüge angesehen werden, wird eine Antragshaftung zu bejahen sein.[46] Richtig dürfte jedoch die Auffassung sein, dass der Antragsgegner nicht zum Antragsschuldner wird, weil das Mahnverfahren lediglich eine Vorstufe zum streitigen Verfahren darstellt und auch für den Fall des Einspruchs gegen den Vollstreckungsbescheid nach § 21 Abs. 1 S. 3 nur eine Antragshaftung für den Gläubiger besteht.[47]

70 Haben Antragsteller und Antragsgegner die Durchführung des streitigen Verfahrens beantragt, besteht gleichfalls keine Vorauszahlungspflicht. § 12 Abs. 3 S. 3, 4 GKG greift nicht ein, weil er nur die Fälle der alleinigen Antragstellung durch den Antragsgegner regelt. Die Mahnakte ist ohne Kostenzahlung an das Familiengericht abzugeben. Da die Antragshaftung des Antragstellers durch den Antrag des Antragsgegners nicht entfällt, ist die Verfahrensgebühr Nr. 1220 KV mittels Sollstellung durch das Familiengericht von dem Antragsteller des Mahnverfahrens anzufordern.[48]

71 **c) Einspruch.** Wird Einspruch gegen den Vollstreckungsbescheid eingelegt, ist die Sache von Amts wegen an das Streitgericht abzugeben (§ 700 Abs. 3 ZPO). Vorauszahlungspflicht nach § 12 Abs. 3 S. 3, 4 GKG besteht nicht, so dass die Mahnakten ohne vorherige Anforderung und Kostenzahlung abzugeben sind. Bei dem Familiengericht ist die weitere Gebühr (Nr. 1220 KV) mittels Sollstellung anzufordern. Schuldner ist der Antragsteller des Mahnverfahrens, weil dieser den Vollstreckungsbescheid beantragt hat (§ 21 Abs. 1 S. 3), nicht der Einspruchsführer.

72 **5. Verschiedene Streitgerichte.** Wird ein gegen mehrere Antragsgegner betriebenes Mahnverfahren nach Übergang ins Streitverfahren bei verschiedenen Gerichten anhängig, liegt **Verfahrenstrennung** vor (§ 145 ZPO iVm § 113 Abs. 1 FamFG); somit sind Einzelgebühren anzusetzen. Dabei ist für beide Streitverfahren eine Anrechnung nach Anm. zu Nr. 1220 KV vorzunehmen. Da jedoch die Anrechnung nur in Höhe der tatsächlich erfolgten Zahlung erfolgen kann, ist die gezahlte Gebühr Nr. 1100 KV GKG **jeweils anteilig im Verhältnis der Werte** anzurechnen.[49]

73 Um eine **Doppelanrechnung** zu **vermeiden**, ordnet § 5 Abs. 5 KostVfg an, dass der Kostenbeamte des abgebenden Gerichts den Kostenbeamten der übernehmenden Gerichte eine beglaubigte Abschrift der Kostenrechnung zu übersenden und sie über das sonst von ihm Veranlasste zu unterrichten hat. Die Übersendung von Zahlungsanzeigen oder sonstigen Zahlungsnachweisen erfolgt durch beglaubigte Ablichtungen.

74 **Beispiel:** Beantragt und erlassen wird Mahnbescheid gegen A und B wegen Zahlung von 6.000 €. Nach Widerspruch und Antrag auf Durchführung des streitigen Verfahrens gehen die Akten bei verschiedenen Gerichten ein. Hinsichtlich A erfolgt Abgabe ans AG Magdeburg wegen 4.000 €, hinsichtlich B erfolgt Abgabe ans AG Halle wegen 2.000 €.

Im Mahnverfahren wurde zunächst eine 0,5-Verfahrensgebühr (Nr. 1100 KV GKG) iHv 82,50 € nach einem Streitwert von 6.000 € angefordert. Sie kann nicht in beiden Streitverfahren in voller Höhe angerechnet werden. Die Anrechnung ist im Verhältnis der Verfahrenswerte zueinander wie folgt vorzunehmen:

Verfahren wegen A (Wert: 4.000 €) = 55,00 €   (4.000 € : 6.000 € x 82,50 €)
Verfahren wegen B (Wert: 2.000 €) = 27,50 €   (2.000 € : 6.000 € x 82,50 €)

Für das an das AG Magdeburg abzugebende Verfahren sind noch anzufordern:

3,0-Verfahrensgebühr, Nr. 1220 KV FamGKG (Wert: 4.000 €)	381,00 €
abzgl. nach Anm. zu Nr. 1220 KV FamGKG anzurechnender 0,5-Verfahrensgebühr, Nr. 1100 KV GKG	– 55,00 €
Für das streitige Verfahren noch anzufordern (§ 12 Abs. 3 GKG)	326,00 €

Für das an das AG Halle abzugebende Verfahren sind noch anzufordern:

3,0-Verfahrensgebühr, Nr. 1220 KV FamGKG (Wert: 2.000 €)	267,00 €
abzgl. nach Anm. zu Nr. 1220 KV FamGKG anzurechnender 0,5-Verfahrensgebühr, Nr. 1100 KV GKG	– 27,50 €
Für das streitige Verfahren noch anzufordern (§ 12 Abs. 3 GKG)	239,50 €

45 OLG Celle NdsRpfl 1985, 278. **46** OLG Karlsruhe JurBüro 1995, 42; OLG Düsseldorf JurBüro 1984, 1696. **47** OLG Koblenz MDR 2015, 1096. **48** OLG Hamm NJW-RR 2003, 357. **49** *Oestreich/Hellstab/Trenkle*, FamGKG Nr. 1220 KV Rn 57.

VI. Verfahren nach vorausgegangenem Unterhaltsverfahren

1. Keine Anrechnung. Geht auf Antrag eines Beteiligten das vereinfachte Unterhaltsverfahren in das streitige Verfahren über (§ 255 Abs. 1 S. 1 FamFG), entsteht für das Streitverfahren eine Gebühr nach Nr. 1220 KV. Einer Anrechnungsvorschrift bedarf es nicht, weil das vereinfachte Verfahren bei Übergang ins streitige Verfahren mangels Entscheidung gebührenfrei bleibt, was ausdrücklich auch für den Erlass eines Teilfestsetzungsbeschlusses nach § 254 S. 2 FamFG gilt.   75

2. Gebühren im Streitverfahren. Die Gebühr der Nr. 1220 KV berechnet sich jedoch nur nach dem Wert solcher Verfahrensgegenstände, die tatsächlich Gegenstand des streitigen Verfahrens werden. Ist ein Teilfestsetzungsbeschluss (§ 254 S. 2 FamFG) ergangen, werden darin festgesetzte Ansprüche nicht mehr Gegenstand des streitigen Verfahrens, so dass sie dort für den Wert und die Gebührenberechnung nicht mehr zu berücksichtigen sind.   76

3. Keine Abhängigmachung. Die Durchführung des Streitverfahrens kann nicht von der Zahlung der Gebühr abhängig gemacht werden, da das Streitverfahren bereits mit Zustellung des Festsetzungsantrags als rechtshängig geworden gilt (§ 255 Abs. 3 FamFG).[50] Aufgrund der Regelung des § 9 Abs. 1 wird die Verfahrensgebühr jedoch mit Eingang des Antrags auf Durchführung des Streitverfahrens fällig, so dass sie wegen § 15 Abs. 1 S. 1 KostVfg vom Antragsteller mittels Sollstellung anzufordern ist. Da kein Wechsel der Beteiligtenstellung eintritt, haftet der Antragsteller des vereinfachten Unterhaltsverfahrens auch für die Gebühr des Streitverfahrens (§ 21 Abs. 1).   77

Da keine Abhängigmachung angeordnet werden kann, sind in den Fällen, in denen die Bearbeitung der vereinfachten Unterhaltsverfahren auf ein Amtsgericht konzentriert sind, die Akten auch ohne vorherige Kostenzahlung an das für das Streitverfahren zuständige Familiengericht abzugeben. § 12 Abs. 3, 4 GKG kann nicht, auch nicht analog, herangezogen werden.   78

Nr.	Gebührentatbestand	Gebühr oder Satz der Gebühr nach § 28 FamGKG

1221	Beendigung des gesamten Verfahrens durch
	1. Zurücknahme des Antrags
	  a) vor dem Schluss der mündlichen Verhandlung,
	  b) in den Fällen des § 128 Abs. 2 ZPO vor dem Zeitpunkt, der dem Schluss der mündlichen Verhandlung entspricht,
	  c) im Fall des § 331 Abs. 3 ZPO vor Ablauf des Tages, an dem die Endentscheidung der Geschäftsstelle übermittelt wird,
	  wenn keine Entscheidung nach § 269 Abs. 3 Satz 3 ZPO über die Kosten ergeht oder die Entscheidung einer zuvor mitgeteilten Einigung über die Kostentragung oder einer Kostenübernahmeerklärung folgt,
	2. Anerkenntnis- oder Verzichtsentscheidung oder Endentscheidung, die nach § 38 Abs. 4 Nr. 2 oder 3 FamFG keine Begründung enthält oder nur deshalb eine Begründung enthält, weil zu erwarten ist, dass der Beschluss im Ausland geltend gemacht wird (§ 38 Abs. 5 Nr. 4 FamFG),
	3. gerichtlichen Vergleich oder
	4. Erledigung in der Hauptsache, wenn keine Entscheidung über die Kosten ergeht oder die Entscheidung einer zuvor mitgeteilten Einigung über die Kostentragung oder einer Kostenübernahmeerklärung folgt,
	es sei denn, dass bereits eine andere Endentscheidung als eine der in Nummer 2 genannten Entscheidungen vorausgegangen ist:
	Die Gebühr 1220 ermäßigt sich auf ....
	(1) Die Zurücknahme des Antrags auf Durchführung des streitigen Verfahrens (§ 696 Abs. 1 ZPO), des Widerspruchs gegen den Mahnbescheid oder des Einspruchs gegen den Vollstreckungsbescheid stehen der Zurücknahme des Antrags (Nummer 1) gleich.
	(2) Die Vervollständigung einer ohne Begründung hergestellten Endentscheidung (§ 38 Abs. 6 FamFG) steht der Ermäßigung nicht entgegen.
	(3) Die Gebühr ermäßigt sich auch, wenn mehrere Ermäßigungstatbestände erfüllt sind.
		
		1,0

---

50 HK-FamGKG/*Volpert*, Nr. 1210 KV Rn 15.

I. Allgemeines

1   **1. Gebührentatbestände.** Die Gebühr Nr. 1220 KV ermäßigt sich auf einen 1,0-Gebührensatz, wenn das gesamte Verfahren durch einen oder mehrere Ermäßigungstatbestände der Nr. 1221 KV beendet wird. Bei Nr. 1221 KV handelt es sich um eine Ausnahmeregelung, weil sie Ausnahmen vom Grundsatz der Nr. 1220 KV schafft, so dass die Tatbestände eng auszulegen sind.[1] Es handelt sich um eine abschließende Aufzählung,[2] eine Anwendung über ihren Wortlaut hinaus verbietet sich daher.[3] Ihre Nichtbeachtung kann nach § 57 angegriffen werden.

2   Ermäßigung tritt nach Nr. 1221 KV nur ein bei Verfahrensbeendigung durch

- rechtzeitige Zurücknahme des Antrags, wenn keine Kostenentscheidung nach § 269 Abs. 3 S. 3 ZPO ergeht oder diese einer zuvor mitgeteilten Einigung der Beteiligten oder einer Kostenübernahmeerklärung folgt (Nr. 1);
- Anerkenntnis- oder Verzichtsentscheidung (Nr. 2 Alt. 1);
- Endentscheidung, welche nach § 38 Abs. 4 Nr. 2 oder 3 FamFG keine Begründung enthält (Nr. 2 Alt. 2);
- Endentscheidung, welche nur deshalb eine Begründung enthält, weil zu erwarten ist, dass der Beschluss im Ausland geltend gemacht wird (Nr. 2 Alt. 2);
- gerichtlichen Vergleich (Nr. 3);
- Erledigungserklärung, wenn keine Kostenentscheidung ergeht oder diese einer zuvor mitgeteilten Einigung der Beteiligten oder einer Kostenübernahmeerklärung folgt (Nr. 4);
- Zurücknahme des Antrags auf Durchführung des streitigen Verfahrens (Anm. Abs. 1 Var. 1);
- Zurücknahme des Widerspruchs gegen den Mahnbescheid (Anm. Abs. 1 Var. 2);
- Zurücknahme des Einspruchs gegen den Vollstreckungsbescheid (Anm. Abs. 1 Var. 3).

3   **2. Beendigung des gesamten Verfahrens. a) Allgemeines.** Eine Ermäßigung tritt nur ein, wenn das **gesamte Verfahren** durch einen oder mehrere Ermäßigungstatbestände beendet wird. Eine **Teilerledigung** genügt nicht; verbleibt daher auch nur ein noch so geringer Verfahrensteil, der nicht von Nr. 1221 KV erfasst wird, bleibt es für das gesamte Verfahren bei der Gebühr Nr. 1220 KV. Das gilt auch, wenn eine **Antragserweiterung** oder ein **Widerantrag** in vollem Umfang durch einen solchen Ermäßigungstatbestand beendet wird, so dass auch in diesen Fällen für das gesamte Verfahren eine 3,0-Gebühr nach Nr. 1220 KV entsteht; allerdings können sich Auswirkungen auf die Antragshaftung ergeben (→ Rn 74).

4   **Beispiel:** Antrag wegen Zahlung von Kindesunterhalt. Der Wert beträgt insgesamt 6.500 € (laufender Unterhalt: 3.500 €; Rückstände: 3.000 €). Der Antrag wird später wegen der Rückstände zurückgenommen. Wegen der laufenden Ansprüche ergeht begründete Endentscheidung.

---

1 OLG Karlsruhe MDR 2007, 1104. **2** OLG Köln JurBüro 2011, 489. **3** OLG Nürnberg MDR 1997, 400.

Es verbleibt bei einer 3,0-Verfahrensgebühr nach Nr. 1220 KV, die auch nach einem Wert von 6.500 € zu berechnen ist. Nr. 1221 KV greift nicht ein, da durch die Rücknahme nicht das gesamte Antragsverfahren beendet wird.

b) Streitgenossen. Sind mehrere Beteiligte vorhanden, tritt die Gebührenermäßigung nur ein, wenn sich das **5** Verfahren hinsichtlich **aller Beteiligten** durch einen oder mehrere Ermäßigungstatbestände erledigt hat.[4] Ein gerichtlicher Vergleich, eine Antragsrücknahme oder Hauptsacheerledigung müssen daher die gesamten Ansprüche aller Beteiligten umfassen.[5] Liegen hinsichtlich der Beteiligten verschiedene Ermäßigungstatbestände vor, die aber das gesamte Verfahren vollständig erledigen, tritt gleichwohl Ermäßigung ein (**Anm. Abs. 3**).

Die vorgenannten Grundsätze gelten bei jeder Form von Streitgenossenschaft, auch bei unterschiedlicher **6** Beteiligung am Verfahren. Eine Ermäßigung ist deshalb ausgeschlossen, wenn wegen Teilrücknahme nur noch hinsichtlich eines Beteiligten eine andere als in Nr. 2 genannte Entscheidung erlassen werden muss.[6]

Beispiel: Es ist Antrag wegen Zahlung von Kindesunterhalt gestellt. Antragsteller sind die Kinder A und B. Der **7** Verfahrenswert beträgt insgesamt 7.200 € (Ansprüche Kind A und B jeweils 3.600 €). Hinsichtlich Kind A wird der Antrag zurückgenommen, eine Kostenentscheidung ergeht nicht. Wegen Kind B ergeht begründete Endentscheidung.

An Gerichtsgebühren sind entstanden:

3,0-Verfahrensgebühr, Nr. 1220 KV (Wert: 7.200 €)   609,00 €

c) Vorauszahlung. Da die Teilrücknahme keine Ermäßigung herbeiführt, ist die 3,0-Verfahrensgebühr für **8** eine nach § 14 Abs. 1 anzufordernde Vorauszahlung auch dann nach dem vollen Verfahrenswert zu berechnen, wenn der Antrag unmittelbar nach Eingang bei Gericht teilweise zurückgenommen wird.[7]

Beispiel: Es wird Antrag wegen Zahlung von 25.000 € gestellt. Noch vor Anforderung der Vorauszahlung wird **9** der Antrag wegen 10.000 € zurückgenommen.

Die Vorauszahlung (§ 14 Abs. 1, Nr. 1221 KV) ist nach dem Wert von 25.000 € anzufordern.

3. Erlass bestimmter Endentscheidungen. Die Ermäßigung ist trotz Vorliegens eines oder mehrerer Tatbe- **10** stände ausgeschlossen, wenn bereits eine andere als in Nr. 2 genannte Endentscheidung vorausgegangen ist, selbst wenn diese im Verfahrensverlauf aufgehoben wird, zB Versäumnisentscheidungen[8] oder Zwischenentscheidungen über die Zulässigkeit eines Beteiligtenwechsels.[9] Da der Wortlaut „eine andere Endentscheidung" eng auszulegen ist,[10] folgt, dass jede nicht in Nr. 2 genannte Endentscheidung eine Ermäßigung ausschließt, auch wenn sie nur einen Teil des Verfahrensgegenstands umfasst.

Da auf die **Endentscheidung** abgestellt wird, schließen **Nebenentscheidung wie Beweis- oder VKH-Be- **11** schlüsse** die Ermäßigung nicht aus, anders aber Versäumnisbeschlüsse oder Zwischenendentscheidungen über die Kostensicherheit.

4. Mehrere Ermäßigungstatbestände (Anm. Abs. 3). Gebührenermäßigung tritt auch ein, wenn sich das ge- **12** samte Verfahren durch mehrere Ermäßigungstatbestände erledigt, zB Beendigung durch Teilrücknahme und Teilanerkenntnisentscheidung oder Teilvergleich und Teilrücknahme.

5. Zurückverweisung. Wird das Verfahren durch Beschwerde- und Rechtsbeschwerdegericht zurückverwie- **13** sen (§ 69 Abs. 1, § 74 Abs. 6 FamFG), bilden das ursprüngliche und das nach Zurückverweisung durchgeführte Verfahren einen einheitlichen Kostenrechtszug (§ 31 Abs. 1). Die Gebühr ist nur einmal zu erheben. War im ursprünglichen Verfahren bereits eine andere als in Nr. 2 genannte Endentscheidung ergangen, ist eine Ermäßigung auch ausgeschlossen, wenn das gesamte Verfahren nach Zurückverweisung durch einen Ermäßigungstatbestand der Nr. 1221 KV beendet wird.[11]

6. Verfahrenstrennung. Durch die Verfahrenstrennung entstehen selbständige Verfahren, so dass es für die **14** Ermäßigung jedes einzelnen Verfahrens nur auf dessen Beendigung ankommt. Erfolgt die Verfahrenstrennung jedoch erst, nachdem bereits eine andere als in Nr. 2 genannte Entscheidung ergangen war, bleibt es für sämtliche abgetrennte Verfahren bei Nr. 1220 KV, auch wenn diese durch Rücknahme beendet werden.[12]

7. Verfahrensverbindung. Wird das verbundene Verfahren durch einen oder mehrere Ermäßigungstatbe- **15** stände ganz beendet, verbleibt es bei den vor der Verbindung entstandenen Einzelgebühren, die sich allerdings jeweils auf einen 1,0-Gebührensatz reduzieren.[13] Dieser Auffassung ist zu folgen, weil es dem anerkannten Grundsatz entspricht, dass durch Verbindung vorher entstandene Einzelgebühren unberührt bleiben. Würde sich die Gebühr Nr. 1221 KV nach dem Gesamtwert der verbundenen Verfahren berechnen,

---

4 KG WM 2012, 527; *Oestreich/Hellstab/Trenkle*, FamGKG Nr. 1211 KV Rn 5. **5** OLG Köln JMBl NW 2009, 254. **6** KG NJW-RR 2009, 1079. **7** OLG Köln JurBüro 2011, 489. **8** KG FamRZ 2012, 1165. **9** LG Osnabrück NJW-RR 2014, 1343. **10** OLG Karlsruhe MDR 2007, 1104. **11** OLG Nürnberg MDR 2003, 416. **12** OLG München NJW-RR 2007, 287. **13** OLG München NJW-RR 1999, 1232; Binz/Dörndorfer/*Zimmermann*, Nr. 1211 KV GKG Rn 38; HK-FamGKG/N. *Schneider*, Nr. 1221 KV Rn 12.

hätte dies eine nachträgliche Gebührenprivilegierung zur Folge, die im Falle der Verbindung gerade verhindert werden soll.[14]

16 **Beispiel:** Eingereicht werden zwei separate Anträge wegen Zahlung von 5.000 € und 4.000 €. Für die Verfahren entstehen zunächst Einzelgebühren nach Nr. 1220 KV, für die wegen § 14 Abs. 1 Vorauszahlungen angefordert werden. Später werden beide Verfahren miteinander verbunden. Danach wird der Antrag vollumfänglich zurückgenommen.
An Gerichtsgebühren sind entstanden:

1,0-Verfahrensgebühr, Nr. 1221 KV (Wert: 5.000 €)	146,00 €
1,0-Verfahrensgebühr, Nr. 1221 KV (Wert: 4.000 €)	127,00 €

17 **8. Stufenantrag.** Eine Ermäßigung nach Nr. 1221 KV kann wegen der Einheitlichkeit des Verfahrens nur eintreten, wenn das gesamte Stufenantragsverfahren durch einen oder mehrere Ermäßigungstatbestände beendet wird. Sie ist daher ausgeschlossen, wenn in der Auskunftsstufe bereits eine andere als in Nr. 1221 Nr. 2 KV genannte Endentscheidung ergangen ist,[15] auch wenn in der Leistungsstufe die Antragsrücknahme erfolgt oder ein Vergleich geschlossen wird.

18 Zur Fälligkeit und Vorauszahlung der Gebühr → § 38 Rn 18 ff.

19 **Beispiel 1:** Es wird Stufenantrag wegen Auskunft und Unterhaltszahlung gestellt. In der Auskunftsstufe ergeht streitige Teilendentscheidung. Danach wird der Leistungsantrag beziffert und monatlicher Unterhalt von 450 € verlangt. Hier ergeht gleichfalls streitige Endentscheidung. Der Verfahrenswert wird auf 500 € (Auskunft) und 5.400 € (Unterhalt) festgesetzt.
An Gerichtskosten sind entstanden:

3,0-Verfahrensgebühr, Nr. 1220 KV (Wert: 5.400 €)	495,00 €

20 **Beispiel 2:** Sachverhalt wie Beispiel 1. Jedoch ergeht hier in der Leistungsstufe eine Anerkenntnis-Teilendentscheidung.
Es verbleibt bei der 3,0-Verfahrensgebühr Nr. 1220 KV, da durch die Anerkenntnisentscheidung nicht das gesamte Verfahren beendet wurde.

21 **Beispiel 3:** Sachverhalt wie Beispiel 1. Jedoch ergeht hier in der Auskunftsstufe eine Anerkenntnis-Teilendentscheidung. In der Leistungsstufe schließen die Beteiligten einen Vergleich, der sämtliche Ansprüche umfasst.
Es ist nunmehr das gesamte Verfahren durch mehrere Ermäßigungstatbestände der Nr. 1221 KV beendet, so dass anzusetzen ist:

1,0-Verfahrensgebühr, Nr. 1221 KV (Wert: 5.400 €)	165,00 €

22 **9. Urkunden- und Wechselverfahren.** Die Einheitlichkeit der Verfahren (→ Nr. 1220 KV Rn 33 ff) ist auch im Hinblick auf eine Gebührenermäßigung nach Nr. 1221 KV zu beachten. Die Ermäßigung kann deshalb nur eintreten, wenn sich sowohl Vorbehalts- als auch Nachverfahren durch einen oder mehrere Ermäßigungstatbestände erledigen. Ist Anerkenntnis-Vorbehaltsendentscheidung ergangen, tritt die Ermäßigung ein, wenn im Nachverfahren keine andere als in Nr. 1221 Nr. 2 KV genannte Entscheidung mehr ergeht.[16]

23 **Beispiel 1:** Im Vorbehaltsverfahren ergeht Anerkenntnis-Vorbehaltsentscheidung, im Nachverfahren streitige Endentscheidung.
Es bleibt bei der 3,0-Verfahrensgebühr Nr. 1220 KV, da nicht das gesamte Verfahren durch einen oder mehrere Tatbestände der Nr. 1221 KV beendet wurde.

24 **Beispiel 2:** Im Vorbehaltsverfahren ergeht Anerkenntnis-Vorbehaltsentscheidung, im Nachverfahren erfolgt Antragsrücknahme.
Es ist eine 1,0-Verfahrensgebühr Nr. 1221 KV entstanden, weil das gesamte Verfahren durch mehrere Tatbestände der Nr. 1221 KV beendet wurde.

II. Antragsrücknahme (Nr. 1)

25 **1. Begriff.** Die Antragsrücknahme führt zur Ermäßigung der Gebühr, wenn keine Kostenentscheidung nach § 269 Abs. 3 S. 3 ZPO iVm § 113 Abs. 1 FamFG mehr ergeht (→ Rn 44). Abzustellen ist nicht auf den verfahrens-, sondern auf den kostenrechtlichen Begriff des § 29, so dass eine Rücknahme iSd Nr. 1221 KV bereits vorliegt, wenn sich aus dem Verhalten des Antragstellers ausdrücklich oder stillschweigend ergibt, dass er eine Entscheidung des Gerichts nicht mehr anstrebt.[17] Entscheidend ist, dass dem Gericht ein Eindringen in den Streitstoff oder eine Auseinandersetzung mit dem Verfahrensgegenstand erspart bleibt.

---

14 *Oestreich/Hellstab/Trenkle*, FamGKG Nr. 1221 KV Rn 37; aA *Meyer*, JurBüro 1999, 239. **15** OLG Karlsruhe FamRZ 2004, 1663. **16** OLG Hamburg OLGR 2004, 456. **17** *Oestreich/Hellstab/Trenkle*, FamGKG Nr. 1221 KV Rn 12.

Anm. Abs. 1 benennt weitere Handlungen, die der **Rücknahme gleichstehen** (→ Rn 37 ff). Nicht ausreichend ist aber bloßes Nichtbetreiben wegen **Unterbrechung** oder **Verfahrensaussetzung**, auch wenn die Weglegung der Akten erfolgt.[18]   26

2. Wirksamkeit der Rücknahme. Die Rücknahme muss **verfahrensrechtlich wirksam** sein.[19] Nach § 269 Abs. 1 ZPO iVm § 113 Abs. 1 FamFG kann der Antrag bis zum Beginn der mündlichen Verhandlung ohne Zustimmung des Antragsgegners zurückgenommen werden. § 114 Abs. 1 FamFG (Anwaltszwang) ist zu beachten. Sind mehrere Antragsgegner vorhanden, kommt es auf den Eingang der letzten Einverständniserklärung bei Gericht an.[20] Nach Beginn der mündlichen Verhandlung ist die schriftliche Einwilligung des Antragsgegners erforderlich (§ 269 Abs. 1 ZPO iVm § 113 Abs. 1 FamFG). Sie gilt als erteilt, wenn der Antragsgegner innerhalb zwei Wochen ab Zustellung der Rücknahmeschrift nicht widerspricht und er zuvor auf diese Folge hingewiesen wurde (§ 269 Abs. 2 S. 4 ZPO). Liegen die vorgenannten Voraussetzungen nicht vor, tritt keine Gebührenermäßigung ein.[21]   27

3. Zeitpunkt der Rücknahme. a) Allgemeines. Die Rücknahme muss rechtzeitig erfolgen, wobei auf den in Nr. 1 genannten Zeitpunkt abzustellen ist. Später kommt eine Ermäßigung nicht mehr in Betracht, ein Ermessensspielraum besteht nicht. Zu unterscheiden ist zwischen Verfahren mit mündlicher Verhandlung (Buchst. a) und Verfahren, in denen ohne eine solche entschieden wird (Buchst. b und c).   28

b) Schluss der mündlichen Verhandlung (Nr. 1 Buchst. a). Hat eine mündliche Verhandlung stattgefunden, kann die Antragsrücknahme **bis zum Schluss der mündlichen Verhandlung** erfolgen (Nr. 1 Buchst. a). Maßgeblich ist dabei der in § 136 Abs. 4 ZPO iVm § 113 Abs. 1 FamFG genannte Zeitpunkt. Nach dieser Regelung schließt der Richter die Verhandlung, wenn nach seiner Ansicht nach die Sache vollständig erörtert ist und die Verkündung der Entscheidung erfolgt. Die Rücknahme kann deshalb noch rechtzeitig bis zum Schluss der Verhandlung erfolgen, auf der die Endentscheidung ergeht.[22] Ermäßigung tritt deshalb auch ein, wenn die Rücknahme nach Schluss einer mündlichen Verhandlung erklärt wird, nach der nach Aktenlage aber eine weitere mündliche Verhandlung stattfinden muss. Auf den Schluss einer Güteverhandlung kommt es nicht an, weil diese noch nicht Teil der mündlichen Verhandlung ist (§ 279 Abs. 1 ZPO). Die Schließung kann ausdrücklich oder durch schlüssiges Verhalten, zB durch Bestimmung eines Verkündungstermins, erfolgen. Wurde ein Verkündungstermin anberaumt, ist jedoch nicht in jedem Fall von der Schließung der mündlichen Verhandlung auszugehen, etwa wenn nicht die Endentscheidung, sondern ein Beweisbeschluss verkündet wird.   29

Keine Schließung der mündlichen Verhandlung stellt die **Vertagung** dar (§§ 227, 275 Abs. 2, § 278 Abs. 4, § 335 Abs. 2, § 337 ZPO iVm § 113 Abs. 1 FamFG),[23] so dass danach der Antrag noch rechtzeitig iSd Nr. 1221 KV zurückgenommen werden kann.[24]   30

Hat das Gericht die **Wiederaufnahme der mündlichen Verhandlung** angeordnet (§ 156 ZPO iVm § 113 Abs. 1 FamFG), kann der Antrag noch rechtzeitig bis zur erneuten Schließung zurückgenommen werden.   31

c) Verfahren ohne mündliche Verhandlung (Nr. 1 Buchst. b). Mit Einverständnis der Beteiligten kann das Gericht die Entscheidung **ohne mündliche Verhandlung** treffen (§ 128 Abs. 2 S. 1 ZPO iVm § 113 Abs. 1 FamFG). Für diese Fälle bestimmt Nr. 1 Buchst. b, dass die Rücknahme bis zu dem Zeitpunkt erfolgen muss, der dem Schluss der mündlichen Verhandlung entspricht. Maßgeblich ist daher die den Beteiligten vom Gericht gesetzte **Frist, bis zu dem Schriftsätze eingereicht** werden können. Hat das Gericht einen bestimmten Tag festgesetzt, ist der Tagesablauf maßgeblich. Ergeht gegen den Antragsgegner **schriftliche Versäumnisentscheidung** (§ 331 Abs. 3 ZPO iVm § 113 Abs. 1 FamFG), kann der Antrag noch bis zum Ablauf des Tages, an dem die Endentscheidung der Geschäftsstelle übermittelt wird, zurückgenommen werden. Maßgeblich ist der Vermerk nach § 38 Abs. 3 S. 3 FamFG.   32

d) Erlass von Entscheidungen (Nr. 1221 aE). Die Ermäßigung ist auch ausgeschlossen, wenn die Antragsrücknahme erfolgt, nachdem bereits eine **andere Endentscheidung als eine der in Nr. 2 genannte Entscheidung** ergangen war. Es verbleibt deshalb für das gesamte Verfahren bei Nr. 1220 KV, wenn nach Erlass einer streitigen Teilendentscheidung eine Teilrücknahme erfolgt.[25]   33

Beispiel: Wegen einer Teilforderung ergeht Versäumnisentscheidung. Einspruch wird nicht eingelegt. Wegen der restlichen Forderung erfolgt Antragsrücknahme.   34

Es verbleibt für das gesamte Verfahren bei der 3,0-Verfahrensgebühr Nr. 1220 KV.

---

18 OLG Köln JurBüro 2015, 37; *Meyer*, GKG Nr. 1211 KV Rn 30.   **19** OLG Koblenz AnwBl 2003, 187.   **20** Zöller/*Greger*, ZPO, § 128 Rn 13.   **21** OLG Koblenz AnwBl 2003, 187.   **22** OLG München MDR 1997, 402.   **23** Zöller/*Greger*, ZPO, § 136 Rn 4.   **24** AG Warburg AGS 1996, 106.   **25** OLG Hamburg OLGR 1999, 408.

35   Wird ein Antrag gegen **mehrere Antragsgegner** gestellt, scheidet eine Ermäßigung auch aus, wenn sich der Antrag hinsichtlich eines Streitgenossen vollständig durch Rücknahme erledigt, aber hinsichtlich der anderen Streitgenossen noch Versäumnisentscheidung ergeht.[26]

36   **Beispiel:** A stellt Antrag gegen B und C. Wegen 4.500 € sollen B und C gesamtschuldnerisch zahlen sowie C allein weitere 2.000 €. Hinsichtlich B wird der Antrag vollumfänglich zurückgenommen. Wegen C ergeht Endentscheidung.

An Gerichtsgebühren sind entstanden:

3,0-Verfahrensgebühr, Nr. 1220 KV (Wert: 6.500 €)   552,00 €

37   **4. Der Rücknahme gleichstehende Handlungen (Anm. Abs. 1).** Der Antragsrücknahme stehen nach Anm. Abs. 1 gleich die Zurücknahme des

- Antrags auf Durchführung des streitigen Verfahrens nach § 696 Abs. 1 ZPO,
- Widerspruchs gegen den Mahnbescheid,
- Einspruchs gegen den Vollstreckungsbescheid.

38   Es bedarf insoweit einer vollständigen Rücknahme, so dass die **Teilrücknahme** von Widerspruch oder Einspruch keine Ermäßigung herbeiführt, es sei denn, dass auch die übrigen Verfahrensteile durch andere Ermäßigungstatbestände der Nr. 1221 KV beendet werden.

39   Gleiches gilt, wenn nach der Überleitung in das streitige Verfahren eine **Antragserweiterung** oder ein **Widerantrag** erfolgt, weil dann mit der Rücknahme eines in Anm. Abs. 1 genannten Antrags oder Rechtsbehelfs nicht mehr das gesamte Verfahren beendet wird.

40   Soweit aber Nr. 1221 KV die Beendigung des **gesamten Verfahrens** verlangt, kommt es nur auf das streitige Verfahren an. Geht nur ein Teil des Mahnverfahrens in das streitige Verfahren über, ist auch die Gebühr nur nach den übergeleiteten Ansprüchen entstanden, so dass die Ermäßigung nach Nr. 1221 KV auch eintritt, wenn die Rücknahme eines bloßen Teilwiderspruchs oder Teileinspruchs zur Beendigung des gesamten streitigen Verfahrens führt.

41   **5. Antragserweiterung.** Wird der Antrag erweitert, führt die bloße Rücknahme der Erweiterung zu keiner Ermäßigung, selbst wenn der Erweiterungsschriftsatz noch nicht zugestellt war.[27] Auch eine Teilermäßigung findet nicht statt.

42   **6. Widerantrag.** Hat sich die Verfahrensgebühr wegen des Widerantrags erhöht, tritt keine Ermäßigung ein, auch wenn der gesamte Widerantrag zurückgenommen wird.[28] Ermäßigung kann nur eintreten, wenn die noch verbleibenden Verfahrensteile gleichfalls durch einen oder mehrere Tatbestände der Nr. 1221 KV beendet werden. Da der Widerantrag für die Antragshaftung (§ 21 Abs. 1) so zu bewerten ist, als wären Antrag und Widerantrag gesondert geltend gemacht,[29] hat die Rücknahme des Widerantrags, unabhängig vom Ausschluss einer Ermäßigung, gleichwohl Auswirkungen auf die Höhe der Antragshaftung,[30] so dass der Widerantragsteller nach § 21 nur noch für eine 1,0-Gebühr haftet.[31]

43   **7. VKH-Verfahren.** War zunächst ein VKH-Prüfungsverfahren (§ 118 ZPO) durchgeführt, löst die Rücknahme des VKH-Antrags keine Gebühren aus, so dass auch keine ermäßigte Gebühr nach Nr. 1221 KV angesetzt werden darf. War jedoch der Antrag nicht ausdrücklich von der VKH-Bewilligung abhängig gemacht, ist die Verfahrensgebühr entstanden, da Haupt- und Bewilligungsverfahren parallel in Gang gesetzt sind. Wird in solchen Fällen der Antrag nach Versagung von VKH zurückgenommen, ist eine 1,0-Gebühr nach Nr. 1221 KV anzusetzen.[32] Sind beide Verfahren nebeneinander in Gang gesetzt, liegt zudem nur eine Teilrücknahme vor, wenn das Gericht nur teilweise VKH bewilligt und der Antragsgegner daraufhin den Antrag wegen des nicht von der VKH-Bewilligung erfassten Teils zurücknimmt, so dass die Gebühr gleichwohl nach dem vollen Wert entstanden ist.[33] Die Ermäßigung nach Nr. 1221 KV kann dann nur eintreten, wenn auch die verbleibenden Verfahrensteile durch einen oder mehrere Ermäßigungstatbestände beendet werden.

44   **8. Kostenentscheidung.** Die Ermäßigung ist ausgeschlossen, wenn das Gericht nach Rücknahme noch eine Kostenentscheidung nach § 269 Abs. 3 S. 3 ZPO iVm § 113 Abs. 1 FamFG erlässt, da hier unter Berücksichtigung des bisherigen Sach- und Streitstands nach billigem Ermessen zu entscheiden ist. Hat das Gericht jedoch nur deklaratorischen Beschluss nach § 269 Abs. 3 S. 2 ZPO erlassen, tritt eine Ermäßigung ein, weil solche Entscheidungen vom Wortlaut nicht erfasst sind. Soweit die Auffassung vertreten wird, dass in Unterhaltssachen wegen § 243 FamFG die Regelung des § 269 Abs. 3 ZPO nicht gilt, sondern nur dessen

---

26 KG NJW-RR 2009, 1079. **27** OLG München MDR 1997, 688. **28** OLG Stuttgart MDR 2002, 298. **29** OLG Hamburg MDR 1989, 272. **30** OLG Stuttgart MDR 2002, 298. **31** *Oestreich/Hellstab/Trenkle*, FamGKG Nr. 1221 KV Rn 15. **32** OLG Zweibrücken JurBüro 2008, 94; OLG Koblenz FamRZ 1998, 312; OLG Köln NJW-RR 1997, 637. **33** OLG Brandenburg FamRZ 2007, 1999.

Rechtsgedanken heranzuziehen sind, tritt auch hier analog Ermäßigung ein, wenn das Gericht lediglich deklaratorisch ausspricht, dass der Antragsteller die Kosten zu tragen hat.

III. Bestimmte Endentscheidungen (Nr. 2)

1. Allgemeines. Nach Nr. 2 tritt die Gebührenermäßigung auch ein, wenn das Verfahren beendet wird   45
durch

- Anerkenntnisentscheidung,
- Verzichtsentscheidung,
- Endentscheidung, die nach § 38 Abs. 4 Nr. 2 oder 3 FamFG keine Begründung enthält,
- Endentscheidung, die nur deshalb eine Begründung enthält, weil zu erwarten ist, dass der Beschluss im Ausland geltend gemacht wird.

Auf andere Endentscheidungen ist die Regelung nicht anzuwenden. Eine Ermäßigung ist deshalb auch aus-   46
geschlossen, wenn eine Zwischenentscheidung über die Kostensicherheit[34] oder über die Wirksamkeit eines Beteiligtenwechsels erfolgt,[35] weil ein anderes Ergebnis der Verpflichtung zur engen Auslegung der Vorschrift (→ Rn 1) zuwiderlaufen würde.

2. Anerkenntnisentscheidungen. Der Erlass einer Anerkenntnisentscheidung (§ 307 ZPO iVm § 113 Abs. 1   47
FamFG) führt zur Ermäßigung der Gebühr, jedoch genügt eine Teilanerkenntnisentscheidung nicht, wenn nicht auch die verbleibenden Verfahrensteile durch einen Ermäßigungstatbestand beendet werden. Keine Ermäßigung tritt daher ein, wenn eine Anerkenntnisentscheidung nur wegen eines Antragsgegners ergeht, während für die übrigen Streitgenossen streitige Endentscheidung erlassen wird.[36] Unbilligkeiten können hier nur über die Kostenentscheidung verhindert werden, so dass der anerkennende Streitgenosse auf die Anwendung von § 100 Abs. 3 ZPO hinwirken muss. Ein Ausgleich über den Kostenansatz findet nicht statt.

Eine Ermäßigung tritt auch ein, wenn das Anerkenntnis unter Verwahrung gegen die Kostenlast (§ 93 ZPO)   48
erfolgt,[37] weil die Norm nicht zwischen verschiedenen Arten der Anerkenntnis unterscheidet. Auch eine im Urkunden- oder Wechselverfahren ergangene Vorbehalts-Anerkenntnisentscheidung führt zur Ermäßigung,[38] wenn sich das Verfahren auch im Nachverfahren durch einen oder mehrere Tatbestände der Nr. 1221 KV erledigt. Sind mehrere Teilanerkenntnisentscheidungen ergangen, tritt gleichfalls Ermäßigung ein.[39]

3. Verzichtsentscheidungen. Eine Verfahrensbeendigung durch Erlass einer Verzichtsentscheidung (§ 306   49
ZPO iVm § 113 Abs. 1 FamFG) führt zur Ermäßigung der Gebühr.

4. Entscheidungen ohne Begründung. Eine Ermäßigung tritt auch ein, wenn eine Endentscheidung ergeht,   50
die nach § 38 Abs. 4 Nr. 2 oder 3 FamFG **ohne Begründung** ergeht. Ein solcher Verzicht ist danach möglich, wenn

- gleichgerichteten Anträgen der Beteiligten stattgegeben wird (Nr. 2 Alt. 1) oder
- der Beschluss nicht dem erklärten Willen eines Beteiligten widerspricht (Nr. 2 Alt. 2) oder
- der Beschluss in Gegenwart aller Beteiligten mündlich bekannt gegeben wurde und alle Beteiligten auf Rechtsmittel verzichtet haben (Nr. 3).

Da § 38 Abs. 4 FamFG dem Gericht keine Verpflichtung auferlegt, die Entscheidung ohne Begründung zu   51
erlassen, verbleibt es bei Nr. 1220 KV, wenn trotz Vorliegens der Voraussetzungen oder Beteiligtenerklärungen eine begründete Endentscheidung ergeht. Auch ein Fall des § 20 (unrichtige Sachbehandlung) liegt dann regelmäßig nicht vor.[40]

Eine Ermäßigung kommt zudem nur in Betracht, wenn eine Begründung gänzlich fehlt, so dass auch eine   52
nur zu einzelnen Verfahrensgegenständen abgefasste Begründung die Anwendung von Nr. 1221 Nr. 2 KV ausschließt. Die nach § 39 FamFG zwingend anzubringende Rechtsbehelfsbelehrung hindert die Ermäßigung nicht.

Enthält der Beschluss nur deshalb eine Begründung, weil er im **Ausland** geltend gemacht wird (§ 38 Abs. 5   53
Nr. 4 FamFG), wird die Ermäßigung dadurch nicht ausgeschlossen, wenn die Beteiligten zuvor ausdrücklich

---

34 OLG Karlsruhe MDR 2007, 1104; OLG Düsseldorf MDR 1999, 764; aA OLG München MDR 2003, 115. **35** LG Osnabrück NJW-RR 2014, 1343. **36** KG 19.10.2011 – 5 W 220/11, juris. **37** OLG Stuttgart AGS 2009, 248; OLG Hamm JurBüro 2007, 151; OLG Naumburg JurBüro 2004, 324; OLG Köln FamRZ 2003, 1766; OLG Bremen JurBüro 2001, 373; OLG München MDR 1998, 242; OLG Karlsruhe MDR 1997, 399. **38** OLG Hamburg OLGR 2004, 456. **39** OLG Hamburg MDR 2001, 1261. **40** OLG Brandenburg AGS 2007, 528.

erklärt hatten, auf eine Begründung zu verzichten. Sollte der Beschluss aber unabhängig von der Geltendmachung im Ausland begründet werden, tritt keine Ermäßigung ein.

54 Wurde nach § 38 Abs. 4 Nr. 2 oder 3 FamFG von der Begründung abgesehen, bleibt es bei der Ermäßigung auch dann, wenn nachträglich gem. § 38 Abs. 6 FamFG eine Begründung eingefügt wird (**Anm. Abs. 3**). Es gelten die für die Vervollständigung von Versäumnis- und Anerkenntnisentscheidungen geltenden Vorschriften entsprechend, so dass nach § 30 AVAG vorzugehen ist. Verfahren nach § 30 AVAG bleiben gebührenfrei, da ein Gebührentatbestand in Nr. 1710 ff KV fehlt.

55 **5. Versäumnisentscheidungen.** Der Erlass von Versäumnisentscheidungen schließt die Ermäßigung aus,[41] weil sie nicht ausdrücklich in Nr. 2 genannt sind. Das gilt unabhängig davon, ob die Entscheidung nach § 331 ZPO gegen den Antragsgegner oder nach § 330 ZPO gegen den Antragsteller ergeht.[42] Im Übrigen verhindert auch der Erlass einer Teil-Versäumnisentscheidung die Ermäßigung.[43] Die Regelung ist nicht verfassungswidrig, weil sie nicht gegen den Gleichbehandlungsgrundsatz, das Verhältnismäßigkeitsprinzip oder das Willkürverbot verstößt.[44] Eine entsprechende Vorlage[45] hat das BVerfG nicht angenommen[46] und dabei auch auf seine Rechtsprechung zur Frage der Verfassungsmäßigkeit von Gebührenmaßstäben, Gebührensätzen oder Gebührenhöhen, insb. zur sachgerechten Verknüpfung zwischen Kosten und Gebührenhöhe, und dem Kostendeckungsprinzip verwiesen. Auch der Gesetzgeber hat ausdrücklich erklärt, eine Gebührenprivilegierung für Versäumnisurteile ausschließen zu wollen.[47]

IV. Gerichtlicher Vergleich (Nr. 3)

56 **1. Allgemeines.** Wird das Verfahren durch gerichtlichen Vergleich beendet, ermäßigt sich die Gebühr (Nr. 3). Für den Vergleich müssen die verfahrens- und materiellrechtlichen Voraussetzungen erfüllt sein.[48] Auf die Erl. in → Nr. 1500 KV Rn 4 ff wird verwiesen.

57 **2. Wirksamkeit des Vergleichs.** Der Vergleich muss wirksam sein. Wird er bei Vereinbarung einer Widerrufsfrist fristgerecht widerrufen und ergeht danach noch eine Endentscheidung, tritt eine Ermäßigung nicht ein. Ist eine gerichtliche Genehmigung erforderlich, etwa weil der Vergleich durch einen Vormund, Pfleger oder Betreuer geschlossen wird (§ 1822 Nr. 12, ggf iVm § 1915 Abs. 1, § 1908 i Abs. 1 BGB), muss diese vorliegen.

58 **3. Gesamtbeendigung.** Durch den Vergleich muss der gesamte Streitstoff beendet werden. Haben die Beteiligten keine Einigung über die Kosten getroffen, scheidet eine Ermäßigung daher aus, wenn das Gericht noch eine Kostenentscheidung treffen muss.[49] Das gilt auch, wenn die Beteiligten auf eine Begründung der Entscheidung verzichten.[50] Da aber Erledigung der Hauptsache vorliegt, kann die Ermäßigung nach Nr. 4 eintreten, wenn die Kostenentscheidung einer zuvor mitgeteilten Einigung über die Kostentragung folgt.

59 **Beispiel 1:** Die Beteiligten schließen einen Vergleich, durch den sämtliche Streitgegenstände erledigt werden. Eine Kostenregelung wird nicht getroffen. – Ergebnis: Es ist eine 1,0-Verfahrensgebühr nach Nr. 1221 Nr. 3 KV anzusetzen.

60 **Beispiel 2:** Die Beteiligten schließen einen Vergleich, durch den sämtliche Streitgegenstände erledigt werden. Eine Kostenregelung wird nicht getroffen, so dass noch eine Entscheidung über die Kosten ergeht. – Ergebnis: Es ist eine 3,0-Verfahrensgebühr nach Nr. 1220 KV anzusetzen.

61 Da Gesamtbeendigung eintreten muss, scheidet eine Ermäßigung auch aus, wenn durch den Vergleich nicht der Streit mit sämtlichen Antragsgegnern beigelegt werden kann.[51]

62 Eine Ermäßigung ist auch ausgeschlossen, wenn dem Vergleich eine andere als in Nr. 2 genannte Teilentscheidung vorausgeht,[52] auch wenn es sich dabei um eine Versäumnisentscheidung handelt.[53]

63 **Beispiel:** Es ergeht zunächst Versäumnisentscheidung. Dagegen wird rechtzeitig Einspruch eingelegt. Die Versäumnisentscheidung wird aufgehoben und ein Vergleich abgeschlossen, durch den das gesamte Verfahren beendet wird. – Ergebnis: Es entsteht eine 3,0-Verfahrensgebühr nach Nr. 1220 KV.

64 **4. Vergleich nach § 278 Abs. 6 ZPO.** Ein gerichtlicher Vergleich iSd Nr. 3 liegt auch vor, wenn das Gericht dessen Zustandekommen nach § 278 Abs. 6 ZPO iVm § 113 Abs. 1 FamFG feststellt.[54] Der Beschluss kann nicht angefochten werden, jedoch kann die Berichtigung inhaltlicher Mängel analog § 164 ZPO iVm § 113 Abs. 1 FamFG beantragt werden.[55] Ergeht deswegen noch eine Entscheidung durch Beschluss, beseitigt die-

---

41 KG FamRZ 2012, 1165; OLG Hamm BRAGOreport 2002, 80. **42** OLG Köln OLGR 2006, 881; KG RVGreport 2007, 159. **43** OLG Schleswig OLGR 2001, 482; OLG Hamburg MDR 2000, 111. **44** KG JurBüro 1999, 152. **45** LG Tübingen JurBüro 1997, 650. **46** BVerfG NJW 1999, 146. **47** BT-Drucks 12/6962, S. 70. **48** *Oestreich/Hellstab/Trenkle*, FamGKG Nr. 1221 KV Rn 28. **49** OLG Köln NJW-RR 1998, 1293. **50** OLG Hamburg MDR 1997, 103. **51** OLG Köln JMBl NW 2009, 254. **52** OLG Koblenz OLGR 2007, 879. **53** KG MDR 2006, 596; OLG Hamburg OLGR 2006, 533; LG Osnabrück NdsRpfl 2006, 279. **54** OLG Köln OLGR 2007, 194. **55** *Zöller/Greger*, ZPO, § 278 Rn 25.

ser nicht die Ermäßigung. Davon zu unterscheiden ist aber der Antrag auf Fortsetzung des Verfahrens wegen Unwirksamkeit des Vergleichs (→ Rn 66 ff).

5. Außergerichtlicher Vergleich. Aus dem eindeutigen Wortlaut der Nr. 3 folgt, dass nur ein gerichtlicher   65
Vergleich eine Ermäßigung herbeiführen kann. Ein außergerichtlicher Vergleich genügt nicht, auch wenn eine Mitteilung an das Gericht erfolgt.[56] Wird aber der Antrag anschließend zurückgenommen, tritt Ermäßigung nach Nr. 1 ein. Im Übrigen ist zu beachten, dass die Mitteilung des außergerichtlichen Vergleichs zur Erledigung der Hauptsache führt, so dass dann Ermäßigung nach Nr. 4 eintreten kann.

6. Fortsetzung des Verfahrens. Wird nach Abschluss eines Vergleichs die Fortsetzung des Verfahrens beantragt,   66
bilden Ursprungsverfahren und Fortsetzungsverfahren eine einheitliche Kosteninstanz iSd § 29, so dass die Gebühren nur einmal zu erheben sind.[57] Durch die Fortsetzung kann jedoch eine nach Nr. 1221 KV eingetretene Ermäßigung entfallen. Wird das Verfahren durch Feststellungsbeschluss beendet, mit dem festgestellt wird, dass das Verfahren durch den Vergleich beendet wurde, ist für das gesamte Verfahren eine 3,0-Gebühr nach Nr. 1220 KV anzusetzen.[58] Gleiches gilt, wenn festgestellt wird, dass der Vergleich unwirksam war und das Verfahren daraufhin fortgesetzt wird und streitige Endentscheidung ergeht.

Stellt der Antragsgegner Antrag auf Feststellung der Unwirksamkeit, wird er dadurch nicht zum Antragsteller   67
iSd § 21 Abs. 1, weil das Verfahren nur fortgesetzt wird, ohne dass es zur Änderung der Beteiligtenstellung kommt. Auch im Hinblick auf § 119 ZPO iVm § 113 Abs. 1 FamFG bilden Ursprungsverfahren und Fortsetzungsverfahren einen einheitlichen Rechtszug, so dass es keiner besonderen VKH-Bewilligung bedarf.[59]

Beispiel: Antrag A gegen B wegen Zahlung von 8.000 €. Das Verfahren wird durch Vergleich beendet. Später beantragt   68
B festzustellen, dass durch den Vergleich keine Beendigung erfolgt ist. Das Gericht stellt durch Endentscheidung fest, dass das Verfahren durch den Vergleich beendet wurde.
An Gerichtskosten sind entstanden:

3,0-Verfahrensgebühr, Nr. 1220 KV (Wert: 8.000 €)   609,00 €

V. Erledigung der Hauptsache (Nr. 4)

Wird das Verfahren durch Erledigung der Hauptsache beendet, tritt eine Ermäßigung nach Nr. 4 ein, wenn   69
keine Entscheidung mehr über die Kosten ergeht oder diese einer zuvor mitgeteilten Einigung über die Kostentragung oder einer Kostenübernahmeerklärung folgt. Ermäßigung tritt auch ein, wenn eine streitige Kostenentscheidung ohne Begründung ergeht,[60] weil kein Grund ersichtlich ist, eine nach § 38 Abs. 4 Nr. 2 oder 3 FamFG ohne Begründung ergehende Endentscheidung anders zu behandeln, zumal auch bloße Kostenentscheidungen eine Endentscheidung iSd § 38 FamFG darstellen.

Enthält der Beschluss aber eine Begründung, ist die Ermäßigung ausgeschlossen, wenn nicht die Entscheidung   70
einer zuvor mitgeteilten Einigung über die Kostentragung oder einer Kostenübernahmeerklärung folgt. Umfang oder eventueller geringer Arbeitsaufwand sind unerheblich. Gleiches gilt, wenn das Gericht in den Fällen der einseitigen Erledigungserklärung noch eine andere als in Nr. 2 genannte Entscheidung erlässt.

Der Begriff „**folgt**" iSd Nr. 4 stellt auf den **Inhalt** und nicht den Zeitpunkt des Erlasses der Kostenentscheidung   71
ab. Aus der Gesetzesbegründung wird deutlich, dass nicht auf die zeitliche Reihenfolge abgestellt werden soll, sondern eine Gebührenermäßigung nur für die Fälle gelten soll, in denen die Kostenentscheidung tatsächlich der mitgeteilten Einigung oder Kostenübernahmeerklärung folgt, weil nur dann ein verringerter Aufwand für das Gericht eintritt. Der Gesetzgeber hat im Jahr 2004 eine entsprechende Regelung im Rahmen des KostRMoG für Nr. 1211 KV GKG geschaffen und diese inhaltsgleich in das FamGKG übernommen. Hierzu wurde ausgeführt:[61] „Erledigungserklärungen nach § 91 a ZPO sind zwar grds. allein für sich betrachtet noch nicht geeignet, einen der Abfassung eines Urteils vergleichbaren richterlichen Arbeitsaufwand bei der abschließenden Verfahrensentscheidung entbehrlich werden zu lassen, weil das Gericht über die Kosten unter Berücksichtigung des bisherigen Sach- und Streitstands nach billigem Ermessen zu entscheiden hat. Dieser Aufwand entfällt aber nicht nur, wenn das Gericht keine Kostenentscheidung treffen muss, sondern auch, wenn es bei seiner Entscheidung einer zuvor von den Parteien mitgeteilten Einigung in der Kostenfrage uneingeschränkt folgt. In diesen Fällen reicht zur Begründung der Entscheidung eine Bezugnahme auf die aktenkundig gemachte Einigung aus. Gleiches gilt, wenn eine Partei ihre Bereitschaft zur

---

56 Binz/Dörndorfer/*Zimmermann*, Nr. 1211 KV GKG Rn 28; *Oestreich/Hellstab/Trenkle*, FamGKG Nr. 1221 Rn 28. **57** *Meyer*, GKG § 35 Rn 4 Stichw. „Vergleich". **58** LG Stuttgart JurBüro 2005, 656. **59** Zöller/*Geimer*, ZPO, § 119 Rn 25. **60** OLG München MDR 2003, 1443; LG Bonn MDR 2004, 476; HK-FamGKG/*N. Schneider*, Nr. 1221 KV Rn 58; aA *Oestreich/Hellstab/Trenkle*, FamGKG Nr. 1221 KV Rn 34. **61** BT-Drucks 15/1971, S. 159 zu Nr. 1211 KV GKG.

Übernahme der Kosten erklärt hat." Der gegenteiligen Auffassung,[62] die auf die zeitliche Reihenfolge abstellt, ist deshalb entschieden entgegenzutreten.

VI. Folgen der Ermäßigung

72   Unter den Voraussetzungen der Nr. 1221 KV ermäßigt sich die Gebühr auf einen 1,0-Gebührensatz. Die nachträgliche Ermäßigung bewirkt, dass die Gebühr rückwirkend von Anfang an nur in dieser Höhe entstanden ist.

73   War wegen § 14 Abs. 1 bereits eine 3,0-Gebühr gezahlt, ist die Betragsdifferenz zurückzuzahlen (§ 29 Abs. 3 KostVfg), wenn der Einzahler nicht auch für andere Gerichtskosten haftet. Da der Kostenansatz von Amts wegen zu berichtigen ist, bedarf es keines Antrags auf Rückzahlung. Im Übrigen gelten für den Anspruch auf Rückzahlung der Kosten § 7 Abs. 2–4 sowie § 31 KostVfg.

74   Durch die nachträgliche Ermäßigung reduziert sich auch die **Antragshaftung** (§ 21 Abs. 1) auf einen 1,0-Gebührensatz, auch im Rahmen der Geltendmachung der Zweitschuldnerhaftung.

Unterabschnitt 2
Beschwerde gegen die Endentscheidung wegen des Hauptgegenstands

Nr.	Gebührentatbestand	Gebühr oder Satz der Gebühr nach § 28 FamGKG
1222	Verfahren im Allgemeinen	4,0

I. Allgemeines

1   Für **Beschwerden** (§§ 58 ff FamFG) in Familienstreitsachen, die sich gegen die Endentscheidung wegen des Hauptgegenstands richten, entstehen Gebühren nach Nr. 1222–1224 KV. Erfasst sind sämtliche in § 112 FamFG genannten Verfahren mit Ausnahme vereinfachter Unterhaltsverfahren, für die Nr. 1211, 1212 KV gelten.

2   Es muss sich um **isolierte Familienstreitsachen** handeln. Wird die Entscheidung einer Folgesache nach § 137 Abs. 2 FamFG angegriffen, gelten Nr. 1120–1122 KV, auch wenn sich die Beschwerde ausschließlich gegen eine Folgesache richtet (Vorbem. 1.1.2 KV).

3   Wird nur eine **Zwischen- oder Nebenentscheidung** mit der sofortigen Beschwerde angegriffen, findet Nr. 1912 KV Anwendung. Für die Beschwerde gegen die Endentscheidung bei einem **Zwischenstreit über die Nebenintervention** (§ 71 Abs. 2 ZPO iVm § 113 Abs. 1 FamFG) gelten Nr. 1910, 1911 KV.

4   Wird gegen eine **Kostenentscheidung** Beschwerde nach § 91 a Abs. 2, § 99 Abs. 2, § 269 Abs. 5, § 494 a Abs. 2 ZPO iVm § 113 Abs. 1 FamFG eingelegt, gelten Nr. 1910, 1911 KV. Liegt eine solche Entscheidung aber nicht vor, wird teilweise auch in Familienstreitsachen die isolierte Anfechtung der Kostenentscheidung mit der Beschwerde nach §§ 58 ff FamFG für zulässig gehalten.[1] In diesen Fällen entstehen Gebühren nach Nr. 1222–1224 KV, auch wenn die Beschwerde für unzulässig gehalten wird. Nr. 1910, 1911 KV gelten dann nicht, weil es sich um eine Beschwerden nach §§ 58 ff FamFG handelt.

II. Verfahrensgebühr Nr. 1222 KV

5   **1. Höhe und Abgeltung.** Es entsteht eine pauschale Verfahrensgebühr mit einem 4,0-Gebührensatz, die sämtliche gerichtlichen Handlungen einschließlich der Entscheidung abdeckt. Gesonderte Gebühren entstehen nur, soweit sie im Kostenverzeichnis ausdrücklich vorgesehen sind (zB Nr. 1500, 1502 KV).

6   **2. Entstehen der Gebühr. a) Eingang der Beschwerdeschrift.** Die Gebühr Nr. 1222 KV entsteht mit **Eingang der Beschwerdeschrift bei Gericht.** Da die Beschwerde in Familienstreitsachen beim Familiengericht einzulegen ist, wird die Gebühr bereits ausgelöst, wenn die Beschwerdeschrift bei dem AG eingeht, so dass es auf den Eingang beim OLG nicht ankommt.

7   Ist die Gebühr einmal entstanden, kann sie nicht mehr nachträglich entfallen, sondern sich nur noch nach Nr. 1223, 1224 KV ermäßigen. Auch eine nur zum Zwecke der Fristwahrung eingelegte Beschwerde löst die Gebühr aus.[2] Gleiches gilt, wenn die Beschwerde nur unter Vorbehalt der Aufnahme eines unterbroche-

---

62 OLG Koblenz JurBüro 2012, 485. **1** OLG Bremen FamRZ 2011, 1615; OLG Stuttgart 2.8.2011 – 18 UF 223/11, juris. **2** OLG Düsseldorf MDR 1997, 402.

nen Verfahrens[3] oder die Beschwerde zusammen mit einem Wiedereinsetzungsantrag (§§ 233 ff FamFG iVm § 117 Abs. 5 FamFG) eingelegt wird.[4]

b) Zulässigkeit/Begründetheit der Beschwerde. Auf die Zulässigkeit oder Begründetheit der Beschwerde   **8** kommt es nicht an.[5] Die Gebühr entsteht deshalb auch, wenn die Beschwerdeeinlegung durch einen nicht postulationsfähigen Anwalt erfolgt.[6] Gleiches gilt, wenn die Beschwerde entgegen § 114 Abs. 1 FamFG gänzlich ohne anwaltliche Vertretung eingelegt wird,[7] da auch ein Rechtsmittel, das unter Missachtung des anwaltlichen Vertretungszwangs eingelegt wird, zur Einleitung eines gerichtlichen Verfahrens und damit grds. auch zu einer gerichtlichen Entscheidung über das Rechtsmittel führt.[8] In diesen Fällen kann jedoch das Gericht, nicht der Kostenbeamte, prüfen, ob Kosten nach § 20 Abs. 1 S. 3 unerhoben bleiben (→ § 20 Rn 70 ff).

c) Zweifelhafte Einlegung der Beschwerde. Ist unklar, ob Beschwerde überhaupt eingelegt ist, hat das Ge-   **9** richt ggf im Wege der Auslegung der Beschwerdeschrift und der sonst vorliegenden Unterlagen hierüber zu entscheiden, wobei alle Umstände des Einzelfalls zu berücksichtigen sind.[9] Kommt das Gericht danach zu dem Ergebnis, dass Beschwerde eingelegt ist, wird die Gebühr auch ausgelöst, wenn das Rechtsmittel unzulässig ist oder der Schriftsatz nicht den formalen Anforderungen einer Beschwerdeschrift genügt.[10]

d) Falschbezeichnung. Die lediglich falsche Bezeichnung des Rechtsmittels löst die Gebühr nicht aus, wenn   **10** es tatsächlich nicht als Beschwerde behandelt wird. So hat das Familiengericht eine entgegen § 514 Abs. 1 ZPO iVm § 117 Abs. 2 S. 1 FamFG gegen eine Versäumnisentscheidung eingelegte Beschwerde als Einspruch zu behandeln, welcher noch zum erstinstanzlichen Verfahren gehört.

3. Mehrere Beschwerden. a) Allgemeines. Werden mehrere Beschwerden in demselben Verfahren behan-   **11** delt, wird die Gebühr nur einmal ausgelöst; aber → Rn 13 f. Ist die spätere Beschwerde erst eingelegt, nachdem das frühere Beschwerdeverfahren bereits wegen Rücknahme oder durch Endentscheidung abgeschlossen war, entsteht die Gebühr erneut. Erfolgt in der Beschwerdeinstanz eine Verfahrenstrennung, entstehen Einzelgebühren. Zur Berechnung und Anrechnung von geleisteten Vorschüssen → Nr. 1220 KV Rn 26 ff.

b) Berechnung. Betreffen die Rechtsmittel **denselben** Gegenstand, tritt keine Wert- oder Gebührenerhö-   **12** hung ein, da nur der Wert des höheren Anspruchs maßgeblich ist (§ 39 Abs. 2). Beide Beteiligte haften dann für die Gebühr gesamtschuldnerisch, soweit ihre Anträge denselben Gegenstand betreffen.

Sind durch die Beschwerden **verschiedene** Gegenstände betroffen, sind die Werte zusammenzurechnen (§ 39   **13** Abs. 2 und Abs. 1 S. 1). In diesen Fällen haften die Beschwerdeführer für die Gebühr nur insoweit, als sie auch entstanden wären, wenn das Verfahren nur wegen ihres Rechtsmittels durchgeführt worden wäre.

Beispiel: Das Familiengericht erlässt Beschluss, wonach der Antragsgegner 15.000 € zu zahlen hat. Im Übrigen   **14** wird der Antrag iHv 20.000 € zurückgewiesen.

Gegen den Beschluss legt zunächst der Antragsgegner und jetzige Beschwerdeführer Beschwerde ein (Beschwer: 15.000 €). Es ist zunächst anzusetzen und gem. § 9 Abs. 1 und § 15 Abs. 1 KostVfg mittels Sollstellung anzufordern:

4,0-Verfahrensgebühr, Nr. 1222 KV (Wert: 15.000 €)	1.172,00 €

Später legt auch der Antragsteller und jetzige Beschwerdegegner Beschwerde ein (Beschwer: 20.000 €). Beide Beschwerden werden in demselben Verfahren behandelt, so dass die Verfahrensgebühr nur einmal entsteht. Da jedoch verschiedene Gegenstände betroffen sind, ist die Gebühr neu zu berechnen, und zwar nach den zusammengerechneten Werten:

4,0-Verfahrensgebühr, Nr. 1222 KV (Wert: 35.000 €)	1.764,00 €
bereits angefordert	– 1.172,00 €
noch anzufordern	592,00 €

Anzufordern sind die 592 € vom Antragsteller und Beschwerdegegner.

Für die Antragshaftung (§ 21 Abs. 1) ist zu beachten, dass der Antragsgegner und Beschwerdeführer für die Gebühr nur nach einem Wert von 15.000 €, also iHv 1.172 € haftet. Der Antragsteller und Beschwerdegegner haftet nach einem Wert von 20.000 €, also iHv 1.380 €.

c) Anschlussbeschwerde. Dieselben Grundsätze gelten auch, wenn eine Anschlussbeschwerde (§ 66   **15** FamFG) eingelegt wird. Da die Gebühr bereits mit Eingang der Anschlussbeschwerdeschrift bei Gericht fällig wird (§ 9 Abs. 1), entfällt die neuberechnete Verfahrensgebühr und die eingetretene Antragshaftung auch dann nicht, wenn die Anschlussbeschwerde wegen der Rücknahme oder Zurückweisung der Beschwerde gegenstandslos wird (§ 66 S. 2 FamFG).

---

3 OLG Köln AGS 2009, 567.   **4** OLG Dresden OLGR 2007, 801.   **5** OLG Dresden OLGR 2007, 801.   **6** LG Koblenz MDR 2005, 1197.   **7** LG Koblenz FamRZ 2005, 1768.   **8** OLG Zweibrücken JurBüro 2007, 372.   **9** BGH NJW 2002, 1352. **10** OLG Köln AGS 2009, 567.

16 **4. Antragserweiterung.** Wird der Antrag in der Beschwerdeinstanz erweitert, entstehen auch für die Erweiterung Gebühren nur nach Nr. 1222–1224 KV; die Nr. 1220, 1221 KV gelten nicht. Die Gebühr ist jedoch neu zu berechnen (→ Nr. 1220 KV Rn 20 f). Sie wird fällig mit Eingang der Antragserweiterungsschrift bei Gericht (§ 9 Abs. 1). Wegen der Antragserweiterung besteht zudem Vorauszahlungspflicht, § 14 Abs. 1 S. 2 (→ § 14 Rn 23 ff).

17 **5. Widerantrag.** Wird Widerantrag in der Beschwerdeinstanz gestellt, ist die Gebühr der Nr. 1222 KV neu zu berechnen (→ Nr. 1220 KV Rn 22 ff). Abhängigmachung darf nicht erfolgen (§ 14 Abs. 2). Da die Gebühr jedoch mit Eingang der Widerantragsschrift bei Gericht fällig wird (§ 9 Abs. 1), hat Sollstellung gegen den Widerantragsteller zu erfolgen (§ 15 Abs. 1 S. 1 KostVfg).

18 **6. Zurückverweisung.** Die Gebühr entsteht auch, wenn das Beschwerdegericht die Sache an das Gericht des ersten Rechtszugs zurückverweist (§ 538 Abs. 2 ZPO iVm § 117 Abs. 2 S. 1 FamFG). § 31 Abs. 1 greift nicht ein, weil sie nur das Verfahren vor dem Gericht des unteren Rechtszugs betrifft, so dass die Gebühr der Nr. 1222 KV bestehen bleibt. Das Gericht kann aber nach § 20 Abs. 1 S. 1 anordnen, dass die Kosten des Beschwerdeverfahrens unerhoben bleiben (→ § 20 Rn 61). Ergeht nach Zurückverweisung eine neue Endentscheidung, gegen die erneut Beschwerde eingelegt wird, handelt es sich um ein separates Beschwerdeverfahren, für das Gebühren der Nr. 1222–1224 KV gesondert entstehen.

19 **7. Einstweilige Anordnung und Arrest.** Erlässt das Beschwerdegericht eine einstweilige Anordnung (§ 64 Abs. 3 FamFG), entstehen gesonderte Gebühren nach Nr. 1420, 1421 KV. Das gilt auch, wenn das Beschwerdegericht über einen Arrestantrag (§ 943 Abs. 1 ZPO iVm § 119 Abs. 2 FamFG) entscheidet. Die bloße Anordnung, dass die Vollziehung des angefochtenen Beschlusses ausgesetzt wird, löst jedoch keine gesonderten Gebühren aus.

III. Fälligkeit, Vorauszahlung, Kostenschuldner, Verfahrenswert

20 **1. Fälligkeit.** Die Gebühr wird mit Eingang der Beschwerdeschrift bei Gericht fällig (§ 9 Abs. 1). Maßgeblich ist bereits der Eingang bei dem Familiengericht, nicht erst beim OLG. Eingang der Begründung oder Zustellung sind unerheblich.

21 **2. Vorauszahlung.** Vorauszahlungspflicht besteht für Beschwerdeverfahren nicht, da § 14 nicht für Rechtsmittelverfahren gilt. Das Gericht darf deshalb keine gerichtlichen Handlungen von der vorherigen Kostenzahlung abhängig machen. Eine Ausnahme gilt nur, wenn der Antrag in der Beschwerdeinstanz erweitert wird (§ 14 Abs. 1 S. 2), jedoch dürfen hier nur Handlungen von der Zahlung abhängig gemacht werden, welche die Antragserweiterung betreffen.

22 Aufgrund der Regelung des § 9 Abs. 1 ist die Gebühr der Nr. 1222 KV nach Eingang der Beschwerdeschrift bei Gericht gegen den Beschwerdeführer zum Soll zu stellen (§ 15 Abs. 1 S. 1 KostVfg). Da sich jedoch der für die Gebührenberechnung maßgebliche Verfahrenswert nach den gestellten Anträgen bestimmt (§ 40 Abs. 1), empfiehlt es sich, mit der Sollstellung abzuwarten, bis die konkreten Beschwerdeanträge bei Gericht eingegangen sind,[11] um unnötige Mehrarbeit des Gerichts zu vermeiden, welches bei geringeren Anträgen die eingezogenen Kosten sofort zurückzuzahlen bzw Teillöschung der Sollstellung zu veranlassen hätte. Gehen Anträge nicht ein, ist die Sollstellung spätestens nach Ablauf der Begründungsfrist zu veranlassen.[12] Die Frist beträgt zwei Monate und beginnt mit der schriftlichen Bekanntgabe des angefochtenen Beschlusses (§ 117 Abs. 1 S. 3 FamFG). Konnte der Beschluss nicht schriftlich bekannt gemacht werden, beginnt die Frist spätestens mit Ablauf von fünf Monaten nach Erlass des Beschlusses zu laufen.

23 Gehen Beschwerden, die denselben Gegenstand betreffen, zur gleichen Zeit bei Gericht ein, hat der Kostenbeamte aufgrund der vorliegenden gesamtschuldnerischen Haftung beider Beschwerdeführer zu prüfen, ob die Vorauszahlung von einem Kostenschuldner allein oder nach Kopfteilen angefordert werden soll (§ 8 Abs. 4 KostVfg).

24 **3. Zuständigkeit für den Kostenansatz.** Kosten des Beschwerdeverfahrens werden vom Beschwerdegericht angesetzt (§ 18 Abs. 1 S. 1 Nr. 2), so dass auch die Anforderung der Vorauszahlung durch die Geschäftsstelle des OLG zu veranlassen ist.

25 **4. Auslagen.** Es gelten §§ 16, 17 bzw § 379 ZPO iVm § 113 Abs. 1 FamFG.

26 **5. Kostenschuldner.** Der Beschwerdeführer haftet gem. § 21 Abs. 1 als Antragsschuldner für die Kosten, weil es sich um reine Antragsverfahren handelt. § 21 Abs. 1 S. 2 Nr. 3 gilt nicht, weil auch die Verfahren

---

11 *Oestreich/Hellstab/Trenkle*, Streitwert, Stichw. „Rechtsmittel" sowie FamGKG Nr. 1222–1224 KV Rn 14; Binz/Dörndorfer/ *Zimmermann*, Nr. 1220 KV GKG Rn 11; aA HK-FamGKG/*Volpert*, Nr. 1222 KV Rn 35 ff. **12** *Oestreich/Hellstab/Trenkle*, Streitwert, Stichw. „Rechtsmittel.

nach § 231 Abs. 1 FamFG nicht die Person des Minderjährigen betreffen. Daneben haften die Kosten-schuldner nach §§ 23, 24.

6. Verfahrenswert. Er bestimmt sich nach den durch den Beschwerdeführer gestellten Anträgen, begrenzt   27
durch den Wert des erstinstanzlichen Verfahrensgegenstands (§ 40 Abs. 1, 2).

Nr.	Gebührentatbestand	Gebühr oder Satz der Gebühr nach § 28 FamGKG
1223	Beendigung des gesamten Verfahrens durch Zurücknahme der Beschwerde oder des Antrags, bevor die Schrift zur Begründung der Beschwerde bei Gericht eingegangen ist: Die Gebühr 1222 ermäßigt sich auf .... Die Erledigung in der Hauptsache steht der Zurücknahme gleich, wenn keine Entscheidung über die Kosten ergeht oder die Entscheidung einer zuvor mitgeteilten Einigung über die Kostentragung oder einer Kostenübernahmeerklärung folgt.	1,0

1224	Beendigung des gesamten Verfahrens, wenn nicht Nummer 1223 erfüllt ist, durch
	
	1. Zurücknahme der Beschwerde oder des Antrags
	   a) vor dem Schluss der mündlichen Verhandlung oder,
	   b) falls eine mündliche Verhandlung nicht stattfindet, vor Ablauf des Tages, an dem die Endentscheidung der Geschäftsstelle übermittelt wird,
	2. Anerkenntnis- oder Verzichtsentscheidung,
	3. gerichtlichen Vergleich oder
	4. Erledigung in der Hauptsache, wenn keine Entscheidung über die Kosten ergeht oder die Entscheidung einer zuvor mitgeteilten Einigung über die Kostentragung oder einer Kostenübernahmeerklärung folgt,
	
	es sei denn, dass bereits eine andere Endentscheidung als eine der in Nummer 2 genannten Entscheidungen vorausgegangen ist:
	
	Die Gebühr 1222 ermäßigt sich auf ....
	
	Die Gebühr ermäßigt sich auch, wenn mehrere Ermäßigungstatbestände erfüllt sind.
		2,0

I. Ermäßigung nach Nr. 1223 KV

1. Anwendungsbereich. Die Gebühr Nr. 1222 KV ermäßigt sich nach Nr. 1223 KV auf einen 1,0-Gebüh-   1
rensatz, wenn die Beschwerde oder der Antrag zurückgenommen wird, bevor die Beschwerdebegründungs-schrift bei Gericht eingeht; darüber hinaus ist Nr. 1223 KV nicht anwendbar. Das gilt auch, wenn die Betei-ligten noch vor Eingang der Begründung einen Vergleich schließen oder dessen Zustandekommen nach § 278 Abs. 6 ZPO iVm § 113 Abs. 1 FamFG festgestellt wird, weil dem Nr. 1224 Nr. 3 KV entgegensteht.[1] Wird aber nach Vergleichsabschluss die Erledigung der Hauptsache erklärt, kann noch Ermäßigung nach Anm. zu Nr. 1223 KV eintreten (→ Rn 12).

2. Umfang der Rücknahme. Die Rücknahme oder die Hauptsacheerledigung muss das **gesamte Verfahren**   2
beenden. **Teilrücknahme** genügt nicht, so dass auch keine Teilermäßigung eintritt. Eine Ermäßigung nach Nr. 1223 KV tritt aber ein, wenn das gesamte Verfahren durch Teilrücknahme und Teilerledigungserklä-rung der Hauptsache ohne streitige Kostenentscheidung beendet wird. Ist jedoch für Teile des Verfahrens Nr. 1224 KV einschlägig, ist die Gebühr der Nr. 1224 KV für das gesamte Beschwerdeverfahren anzusetzen, auch wenn Teile von Nr. 1223 KV erfasst wären.

Maßgeblich ist die Gesamtbeendigung des Beschwerdeverfahrens, so dass es bei einer Beschwerde gegen   3
eine Teilendentscheidung genügt, dass die Rücknahme das gesamte Beschwerdeverfahren beendet, obwohl Teile des Verfahrens in der ersten Instanz anhängig bleiben. Das gilt zB bei **Stufenanträgen**, wenn die Be-schwerde nur gegen die Teilendentscheidung in der Auskunftsstufe eingelegt wird.

---

[1] OLG Köln OLGR 2007, 194; aA OLG Dresden MDR 2009, 1074.

4   **Beispiel:** Wegen eines Stufenantrags ergeht in der Auskunftsstufe eine Teilendentscheidung. Dagegen wird Beschwerde eingelegt. Die Beschwerde wird noch vor Eingang der Begründung vollumfänglich zurückgenommen. – Ergebnis: Für das Beschwerdeverfahren entsteht eine 1,0-Verfahrensgebühr nach Nr. 1223 KV.

5   **3. Begründung.** In Familienstreitsachen muss der Beschwerdeführer zur Begründung der Beschwerde konkrete Sachanträge stellen und diese begründen (§ 117 Abs. 1 S. 1 FamFG). Für die Ermäßigung kommt es nur auf die Begründung, nicht auf den Sachantrag an. Maßgeblich ist auch nur der tatsächliche Eingang der Begründungsschrift beim OLG, so dass der Ablauf der Begründungsfrist nach § 117 Abs. 1 S. 3 FamFG unerheblich ist. Eine Ermäßigung ist deshalb auch ausgeschlossen, wenn die Begründung noch vor Fristablauf eingeht oder sogleich in der Beschwerdeschrift erfolgt. Umgekehrt kann die Ermäßigung aber noch nach Fristablauf eintreten, jedoch nicht mehr, wenn das Gericht die Beschwerde nach § 522 Abs. 1 ZPO iVm § 117 Abs. 1 S. 4 FamFG als unzulässig verworfen hat. In diesen Fällen verbleibt es bei Nr. 1222 KV.

6   **4. Zurücknahme. a) Zeitpunkt.** Die Rücknahme der Beschwerde oder des Antrags muss bis zum Eingang der Begründungsschrift erfolgen. Erfolgt sie zu einem späteren Zeitpunkt, greift nur noch Nr. 1224 KV ein. Wird der Antrag in der Beschwerdeinstanz erweitert oder war Widerantrag gestellt, müssen auch diese Anträge bis zum Eingang der Begründung zurückgenommen sein, da andernfalls nur eine Teilrücknahme vorliegt. Maßgeblich ist der postalische Eingang beim Beschwerdegericht, nicht aber auch der Eingang in der zuständigen Abteilung des Gerichts.

7   **Beispiel 1:** Am 10.5. wird Beschwerde eingelegt. Sie wird am 19.6. vollständig zurückgenommen. Eine Begründungsschrift ist noch nicht eingegangen und auch noch keine Endentscheidung ergangen.
Die Rücknahme ist rechtzeitig vor Eingang der Beschwerdebegründung erfolgt. Die Gebühr ermäßigt sich auf einen 1,0-Gebührensatz (Nr. 1223 KV).

8   **Beispiel 2:** Am 19.7. wird Beschwerde eingelegt. Die Beschwerdebegründung geht am 29.7. bei Gericht ein. Am 30.7. wird die Beschwerde vollständig zurückgenommen.
Die Rücknahme ist nach Eingang der Beschwerdebegründung verspätet erfolgt, so dass eine Ermäßigung nach Nr. 1223 KV nicht mehr eintreten kann. War noch keine Endentscheidung ergangen, tritt eine Ermäßigung nach Nr. 1224 Nr. 1 KV ein.

9   **b) Wirksamkeit der Rücknahme.** Die Rücknahme muss **verfahrensrechtlich wirksam** sein und ist deshalb nach § 67 Abs. 4 FamFG gegenüber dem Gericht zu erklären. Hierzu bedarf es in Familienstreitsachen anwaltlicher Vertretung (§ 114 Abs. 1 FamFG).

10   **c) Mehrere Beschwerden.** Haben mehrere Beteiligte Beschwerde eingelegt, genügt die rechtzeitige Rücknahme nur durch einen Beteiligten nicht,[2] denn auch die andere Beschwerde muss bis zum Eingang der Begründung zurückgenommen werden. Ist Anschlussbeschwerde eingelegt, die mit Rücknahme der Beschwerde automatisch gegenstandslos wird (§ 66 S. 2 FamFG), bedarf es der ausdrücklichen Rücknahme der Anschlussbeschwerde jedoch nicht. Anders aber, wenn es sich um eine selbständige Anschlussbeschwerde handelt, die auch nach Rücknahme der Beschwerde aufrechterhalten bleibt.

11   **d) Beschluss nach § 516 Abs. 3 ZPO.** Die Rücknahme hat nach § 516 Abs. 3 ZPO iVm § 117 Abs. 2 S. 1 FamFG den Verlust des Rechtsmittels und die Verpflichtung zur Tragung der Kosten zur Folge. Ein solcher Beschluss steht der Ermäßigung nicht entgegen.

12   **5. Erledigung der Hauptsache (Anm.).** Die Erledigung der Hauptsache steht der Zurücknahme gleich, wenn durch sie das gesamte Verfahren beendet wird. Eine Ermäßigung tritt jedoch nur ein, wenn das Gericht keine Kostenentscheidung mehr trifft, es sei denn, dass sie einer zuvor mitgeteilten Einigung über die Kostentragung oder einer Kostenübernahmeerklärung folgt (**Anm.**).

II. Ermäßigung nach Nr. 1224 KV

13   **1. Anwendungsbereich.** Nach Eingang der Begründungsschrift kann sich die Verfahrensgebühr Nr. 1222 KV noch auf einen 2,0-Gebührensatz ermäßigen, wenn das gesamte Verfahren beendet wird durch
- rechtzeitige Rücknahme der Beschwerde oder des Antrags (Nr. 1),
- Anerkenntnis- oder Verzichtsentscheidung (Nr. 2),
- gerichtlichen Vergleich (Nr. 3),
- Erledigung der Hauptsache, ohne dass streitige Kostenentscheidung ergeht (Nr. 4).

14   Wie auch bei Nr. 1221 KV handelt es sich um eine Ausnahmeregelung zu Nr. 1222 KV, so dass die Vorschrift nicht über ihren Wortlaut hinaus anwendbar ist. Es handelt sich um eine abschließende Aufzählung von Ermäßigungstatbeständen.

---

[2] OLG München FamRZ 2006, 53.

2. Vorangegangene Endentscheidungen. a) Ausschluss der Gebührenermäßigung. Eine Ermäßigung ist aus- **15** geschlossen, wenn bereits eine **andere Endentscheidung als eine Anerkenntnis- oder Verzichtsentscheidung** ergangen ist (Nr. 1224 aE KV). Das gilt auch, wenn die Entscheidung nur einen Teil des Beschwerdeverfahrens endgültig erledigt. Hat eine mündliche Verhandlung nicht stattgefunden, kann die Beschwerde noch bis zum Ablauf des Tages zurückgenommen werden, an dem die Endentscheidung der Geschäftsstelle übermittelt wird (Nr. 1224 Nr. 1 Buchst. b KV).

b) Nebenentscheidungen. Bloße Nebenentscheidungen stehen der Ermäßigung nicht entgegen, denn Nr. 1 **16** meint die Beschwerdeentscheidung nach § 69 FamFG, zu denen aber auch Zurückweisungs- oder Kostenentscheidungen gehören.

Zu den Nebenentscheidung gehören etwa **Beweisbeschlüsse** oder **VKH-Beschlüsse**, nicht aber Versäumnis- **17** oder Zwischenentscheidungen über die Kostensicherheit.

3. Umfang der Erledigung. Es muss sich das **gesamte Verfahren** erledigen, wobei auf das jeweilige Be- **18** schwerdeverfahren abzustellen ist. Wird nur eine **Teilendentscheidung** angefochten, tritt Ermäßigung auch ein, wenn sich zwar das gesamte Beschwerdeverfahren, nicht aber das gesamte Antragsverfahren erledigt. Im Übrigen reicht aber eine **Teilrücknahme** oder **Teilerledigung** der Beschwerde nicht aus. Das gilt auch, wenn nur eine Antragserweiterung, Anschlussbeschwerde oder ein anderes wechselseitiges Rechtsmittel zurückgenommen wird.

4. Mehrere Ermäßigungstatbestände (Anm.). Die Ermäßigung tritt auch ein, wenn sich das gesamte Be- **19** schwerdeverfahren durch mehrere in Nr. 1224 KV genannte Tatbestände vollumfänglich erledigt (Anm.).

5. Die einzelnen Ermäßigungstatbestände der Nr. 1224 KV. a) Zurücknahme der Beschwerde oder des An- **20** **trags (Nr. 1).** Die Beschwerde kann nach § 67 Abs. 4 FamFG bis zum Erlass der Beschwerdeentscheidung zurückgenommen werden. Für die Gebührenermäßigung kommt es darauf an, dass die Rücknahme **bis zum Schluss der mündlichen Verhandlung** erfolgt ist (**Buchst. a**), so dass die maßgebliche Erklärung in wirksamer Form bis zu diesem Zeitpunkt bei Gericht vorliegen muss. Hat keine mündliche Verhandlung stattgefunden, kann Rücknahme noch rechtzeitig bis zum Ablauf des Tages erfolgen, an dem die **Endentscheidung der Geschäftsstelle übermittelt** wird (**Buchst. b**). Dabei ist auf den nach § 38 Abs. 3 S. 3 FamFG anzubringenden Vermerk abzustellen.

b) Anerkenntnis- oder Verzichtsentscheidung (Nr. 2). Im Beschwerdeverfahren führt lediglich der Erlass **21** einer Anerkenntnis- oder Verzichtsentscheidung zur Gebührenermäßigung. Wegen § 69 Abs. 2 FamFG fehlt ein Tatbestand für unbegründete Endentscheidungen. Da die Regelung nicht über ihren Wortlaut hinaus anwendbar ist, kann auch eine nach § 539 ZPO ergangene Versäumnisentscheidung – gleich, ob gegen Beschwerdeführer oder Beschwerdegegner – keine Ermäßigung herbeiführen.[3] Auch bloße Zurückweisungsbeschlüsse sind nicht privilegiert,[4] anders aber ein Beschluss, mit dem auf die Unzulässigkeit der Beschwerde hingewiesen wird.[5]

c) Gerichtlicher Vergleich (Nr. 3). Ein gerichtlicher Vergleich führt die Gebührenermäßigung herbei, wenn **22** er wirksam abgeschlossen wird. Dazu näher → Nr. 1221 KV Rn 57.

d) Erledigung der Hauptsache (Nr. 4). Wird die Hauptsache wirksam für erledigt erklärt bzw. liegen die **23** entsprechenden Erklärungen des Gegners vor, tritt die Gebührenermäßigung ein, wenn das Gericht eine Kostenentscheidung erlässt, die einer zuvor mitgeteilten Einigung über die Kostentragung oder einer Kostenübernahmeerklärung folgt. Ergeht eine streitige Kostenentscheidung, ist eine Ermäßigung ausgeschlossen, unabhängig davon, ob sie mit oder ohne Begründung ergeht. Anderslautende zu Nr. 1222 KV GKG ergangene Rechtsprechung kann nicht analog herangezogen werden, weil – anders als dort – nach Nr. 1224 KV unbegründete Endentscheidungen nicht privilegiert sind, sich die Anwendung über den Wortlaut der Norm hinaus verbietet und das Gericht nach billigem Ermessen nach Sach- und Streitstand über die Kosten entscheiden muss.

Der Begriff „folgt" iSd Nr. 4 stellt auf den **Inhalt** und nicht den Zeitpunkt des Erlasses der Kostenentschei- **24** dung ab. Aus der Gesetzesbegründung wird deutlich, dass nicht auf die zeitliche Reihenfolge abgestellt werden soll, sondern eine Gebührenermäßigung nur in den Fällen eintritt, in denen die Kostenentscheidung tatsächlich der mitgeteilten Einigung oder Kostenübernahmeerklärung folgt, weil nur dann ein verringerter Aufwand für das Gericht eintritt. Der Gesetzgeber hat im Jahr 2004 eine entsprechende Regelung im Rahmen des KostRMoG für Nr. 1211 KV GKG geschaffen und diese inhaltsgleich in das FamGKG übernommen. Hierzu wurde ausgeführt:[6] „Erledigungserklärungen nach § 91 a ZPO sind zwar grds. allein für sich betrachtet noch nicht geeignet, einen der Abfassung eines Urteils vergleichbaren richterlichen Arbeitsauf-

---

3 AA HK-FamGKG/*N. Schneider*, Nr. 1224 KV Rn 19. **4** OLG Brandenburg MDR 2009, 1363. **5** OLG Koblenz MDR 2007, 619. **6** BT-Drucks 15/1971, S. 159 zu Nr. 1211 KV GKG.

wand bei der abschließenden Verfahrensentscheidung entbehrlich werden zu lassen, weil das Gericht über die Kosten unter Berücksichtigung des bisherigen Sach- und Streitstands nach billigem Ermessen zu entscheiden hat. Dieser Aufwand entfällt aber nicht nur, wenn das Gericht keine Kostenentscheidung treffen muss, sondern auch, wenn es bei seiner Entscheidung einer zuvor von den Parteien mitgeteilten Einigung in der Kostenfrage uneingeschränkt folgt. In diesen Fällen reicht zur Begründung der Entscheidung eine Bezugnahme auf die aktenkundig gemachte Einigung aus. Gleiches gilt, wenn eine Partei ihre Bereitschaft zur Übernahme der Kosten erklärt hat." Der gegenteiligen Auffassung,[7] die auf die zeitliche Reihenfolge abstellt, ist deshalb entgegenzutreten.

Unterabschnitt 3
Rechtsbeschwerde gegen die Endentscheidung wegen des Hauptgegenstands

Nr.	Gebührentatbestand	Gebühr oder Satz der Gebühr nach § 28 FamGKG
1225	Verfahren im Allgemeinen	5,0
1226	Beendigung des gesamten Verfahrens durch Zurücknahme der Rechtsbeschwerde oder des Antrags, bevor die Schrift zur Begründung der Rechtsbeschwerde bei Gericht eingegangen ist: Die Gebühr 1225 ermäßigt sich auf .... Die Erledigung in der Hauptsache steht der Zurücknahme gleich, wenn keine Entscheidung über die Kosten ergeht oder die Entscheidung einer zuvor mitgeteilten Einigung über die Kostentragung oder einer Kostenübernahmeerklärung folgt.	1,0
1227	Beendigung des gesamten Verfahrens durch Zurücknahme der Rechtsbeschwerde oder des Antrags vor Ablauf des Tages, an dem die Endentscheidung der Geschäftsstelle übermittelt wird, wenn nicht Nummer 1226 erfüllt ist: Die Gebühr 1225 ermäßigt sich auf	3,0

I. Allgemeines

1 Für das Verfahren über die Rechtsbeschwerde (§§ 70 ff FamFG) in einer Familienstreitsache (§ 112 FamFG), die sich gegen die Endentscheidung richtet, entstehen Gebühren nach Nr. 1225–1227 KV. Das gilt auch, wenn sich die Rechtsbeschwerde gegen eine in der Beschwerdeinstanz ergangene Versäumnisentscheidung richtet.[1] Es muss sich aber um **isolierte Familiensachen** handeln, weil für die Rechtsbeschwerde gegen Endentscheidungen in Folgesachen (§ 137 Abs. 2 FamFG) Gebühren nach Nr. 1130–1132 KV zu erheben sind, auch wenn ausschließlich eine Folgesache angegriffen wird (Vorbem. 1.1.3 KV).

2 Die Überschrift des Unterabschnitts 3 wurde durch das 2. KostRMoG geändert und damit klargestellt, dass Nr. 1225–1227 KV nur gelten, wenn sich die Rechtsbeschwerde gegen eine Endentscheidung wegen des Hauptgegenstands richtet. Wird nur eine **Zwischen- oder Nebenentscheidung** angegriffen, gelten Nr. 1923, 1924 KV. Für eine Rechtsbeschwerde nach § 71 Abs. 1, § 91 a Abs. 1, § 99 Abs. 2, § 269 Abs. 4, § 494 a Abs. 2 ZPO iVm § 113 Abs. 1 FamFG gelten Nr. 1920–1922 KV.

II. Verfahrensgebühr Nr. 1225 KV

3 **1. Höhe der Gebühr.** Bei der Gebühr Nr. 1225 KV handelt es sich um eine pauschale Verfahrensgebühr mit einem 5,0-Gebührensatz, durch die sämtliche gerichtliche Handlungen des Gerichts abgegolten werden. Gesonderte Gebühren entstehen nur, soweit sie ausdrücklich vorgeschrieben sind (zB Nr. 1500, 1501 KV).

4 **2. Entstehen und Fälligkeit.** Die Gebühr **entsteht** und wird **fällig** mit **Eingang der Rechtsbeschwerdeschrift** (§ 71 Abs. 1 FamFG) bei Gericht (§ 9 Abs. 1). Auf die Stellung konkreter Anträge oder den Eingang der Begründung nach § 71 Abs. 3 FamFG kommt es nicht an. Das gilt auch, wenn die Rechtsbeschwerde nur zur Fristwahrung eingelegt wird.[2] Die Rechtsbeschwerdeschrift bedarf aber zwingend der Unterschrift (§ 71

---

7 OLG Koblenz JurBüro 2012, 485. **1** HK-FamGKG/*Volpert*, Nr. 1225 KV Rn 7. **2** BGH FamRZ 1989, 958.

     NK-GK/*H. Schneider*

Abs. 1 S. 3 FamFG). Fehlt sie, entsteht die Gebühr nicht. Unerheblich für das Entstehen ist jedoch, ob die Rechtsbeschwerde begründet, zulässig oder ob sie überhaupt statthaft ist.

Bei Nr. 1225 KV verbleibt es auch, wenn das Gericht die Rechtsbeschwerde, auch ohne mündliche Ver-   5
handlung (§ 74 a FamFG), zurückweist. Die Gebühr entsteht zudem, wenn die Rechtsbeschwerde entgegen § 114 Abs. 2 FamFG nicht durch einen beim BGH zugelassenen Anwalt eingereicht wird. Gleiches gilt, wenn eine Falschbezeichnung vorliegt, der Schriftsatz aber als Rechtsbeschwerde behandelt wird.

Ist die Gebühr einmal entstanden, kann sie nicht mehr nachträglich entfallen, sondern sich nur noch nach   6
Nr. 1226, 1227 KV ermäßigen.

3. Wechselseitige Rechtsmittel. Wird Rechtsbeschwerde wechselseitig eingelegt, ist die Gebühr Nr. 1225   7
KV nur einmal zu erheben, wenn sie in demselben Verfahren behandelt werden. Gleiches gilt, wenn Anschlussrechtsbeschwerde (§ 73 FamFG) eingelegt wird. Sind jedoch verschiedene Gegenstände betroffen und tritt eine Werterhöhung ein, ist die Gebühr neu zu berechnen. Die Fälligkeit der Gebühr tritt dann mit Eingang der jeweiligen Schriftsätze ein. Für die Wertberechnung gilt § 39 Abs. 2.

4. Zurückverweisung. Hat das Rechtsbeschwerdegericht die Sache an das Beschwerde- oder Familienge-   8
richt zurückverwiesen (§ 74 Abs. 6 S. 2 FamFG), bleibt das Rechtsbeschwerdeverfahren gebührenpflichtig. Die Zurückverweisung hat daher keinen Einfluss auf die Entstehung der Gebühr, auch entfällt sie nicht nachträglich. Nach § 20 Abs. 1 S. 1 kann der BGH jedoch anordnen, dass Gerichtskosten für das Rechtsbeschwerdeverfahren nicht zu erheben sind (→ § 20 Rn 61). Wird gegen die nach erfolgter Zurückverweisung ergangene neue Entscheidung erneut Rechtsbeschwerde eingelegt, liegt ein eigenständiges Rechtsbeschwerdeverfahren vor, für das Gebühren der Nr. 1225–1227 KV gesondert entstehen.

III. Vorauszahlung, Auslagen, Verfahrenswert

Vorschusspflicht nach § 14 Abs. 1, 3 besteht nicht, weil die Regelung nur für erstinstanzliche Verfahren gilt.   9
Da die Gebühr jedoch bereits mit Eingang der Rechtsbeschwerdeschrift bei Gericht fällig wird (§ 9 Abs. 1), ist die Gebühr der Nr. 1225 KV durch Sollstellung von dem Rechtsbeschwerdeführer anzufordern. Die Sollstellung ist zwingend durch den Kostenbeamten bei dem BGH zu veranlassen (§ 18 Abs. 1 S. 1 Nr. 2), da die eingenommenen Gerichtskosten der Bundes-, nicht der Landeskasse zustehen.

Aufgrund der Regelung des § 40 Abs. 1, wonach sich der für die Gebührenberechnung maßgebliche Wert   10
nach den gestellten Anträgen bestimmt, empfiehlt es sich auch hier, die Sollstellung solange zurückzustellen, bis die konkreten Beschwerdeanträge bei Gericht eingehen[3] (→ Nr. 1222 KV Rn 22). Sind wechselseitige Rechtsbeschwerden, die denselben Gegenstand betreffen, zur gleichen Zeit eingegangen, hat der Kostenbeamte aufgrund der vorliegenden gesamtschuldnerischen Haftung beider Rechtsbeschwerdeführer zu prüfen, ob die Vorauszahlung von einem Kostenschuldner allein oder nach Kopfteilen angefordert werden soll (§ 8 Abs. 4 KostVfg).

Hinsichtlich der **Auslagen** gelten §§ 16, 17 bzw § 379 ZPO iVm § 113 Abs. 1 FamFG.   11

Die **Wertfestsetzung** im Rechtsbeschwerdeverfahren richtet sich nach § 40.   12

IV. Ermäßigung nach Nr. 1226 KV

1. Rücknahme. Die Gebühr Nr. 1225 KV ermäßigt sich auf einen 1,0-Gebührensatz, wenn die Rechtsbe-   13
schwerde oder der Antrag zurückgenommen wird, **bevor** die Rechtsbeschwerdebegründungsschrift bei Gericht eingeht. Da es nur auf den tatsächlichen Eingang der Begründung ankommt, tritt die Ermäßigung auch ein, wenn die Rücknahme nach Ablauf der Begründungsfrist (§ 71 Abs. 2 S. 1 FamFG) eingeht, aber noch keine Begründung eingegangen war.

Ist aber bereits eine Endentscheidung ergangen, zu denen auch Kostenentscheidungen gehören, greift   14
Nr. 1226 KV nicht mehr ein. Hierzu gehören auch Fälle, in denen die Rechtsbeschwerde verworfen oder zurückgewiesen wird (§§ 74 Abs. 1, 74 a FamFG), so dass allenfalls noch eine Ermäßigung nach Nr. 1227 KV eintreten kann. War die Begründung sogleich mit der Rechtsbeschwerdeschrift erfolgt, kommt eine Ermäßigung nach Nr. 1227 KV gleichfalls nicht mehr in Betracht.

2. Erledigung der Hauptsache (Anm.). Die Erledigung der Hauptsache steht der Zurücknahme gleich,   15
wenn sie vor Eingang der Begründungsschrift erklärt wird (**Anm.**). Abzustellen ist jedoch nicht auf den Zeitpunkt der Erklärungsabgabe; maßgeblich ist vielmehr, dass die Schriftsätze vor Eingang der Begründung bei Gericht vorliegen, im Falle der einseitigen Erledigungserklärung auch die entsprechenden Erklärungen des Antragsgegners. Erlässt das Gericht noch eine Kostenentscheidung, tritt Ermäßigung nur ein,

---

3 *Oestreich/Hellstab/Trenkle*, Streitwert, Stichw. „Rechtsmittel" sowie FamGKG Nr. 1222–1224 KV Rn 14; *Binz/Dörfer/Zimmermann*, Nr. 1220 KV GKG Rn 11; aA HK-FamGKG/*Volpert*, Nr. 1222 KV Rn 35 ff.

wenn das Gericht darin einer zuvor mitgeteilten Einigung über die Kostentragung oder einer Kostenübernahmeerklärung folgt. Das Gericht muss der Erklärung **inhaltlich** folgen, auf die zeitliche Reihenfolge kommt es nicht an (→ Nr. 1224 KV Rn 24).

16 **3. Gesamtbeendigung.** Durch die Rücknahme oder Hauptsacheerledigung muss sich das **gesamte Verfahren** erledigen. **Teilrücknahme** oder **Teilerledigung** genügt nicht, so dass auch keine Teilermäßigung eintritt. Das gilt auch, wenn wechselseitig eingelegte Rechtsbeschwerden oder eine Anschlussrechtsbeschwerde vollumfänglich beendet werden, das Hauptrechtsmittel aber nicht. Gebührenermäßigung tritt aber ein, wenn das gesamte Verfahren durch Teilrücknahme und Teilerledigung und ohne streitige Kostenentscheidung beendet wird.[4] War mit der Rechtsbeschwerde die Endentscheidung nur teilweise angefochten, ist für den Eintritt der Ermäßigung nur maßgeblich, dass das gesamte Rechtsbeschwerdeverfahren durch Rücknahme oder Hauptsacheerledigung beendet wird.

V. Ermäßigung nach Nr. 1227 KV

17 **Nach** Eingang der Rechtsbeschwerdebegründungsschrift bei Gericht kann sich die Gebühr Nr. 1225 KV noch auf einen 3,0-Gebührensatz ermäßigen, wenn die Rechtsbeschwerde oder der Antrag vor Ablauf des Tages zurückgenommen wird, an dem die Endentscheidung der Geschäftsstelle übermittelt wird (Nr. 1227 KV). Maßgeblich ist der Vermerk nach § 38 Abs. 3 S. 3 FamFG. Die Rücknahme muss bis zum Tagesablauf bei dem BGH eingegangen und verfahrensrechtlich wirksam sein.

18 **Beispiel:** Am 15.8. wird die Endentscheidung der Geschäftsstelle übergeben. Am 15.8. um 22.00 Uhr geht die Rücknahme beim BGH ein.

Entstanden ist eine 3,0-Verfahrensgebühr nach Nr. 1227 KV.

19 Mit der Rücknahme muss das **gesamte Rechtsbeschwerdeverfahren** beendet werden. Eine Teilrücknahme genügt nicht. Erledigt sich das gesamte Verfahren nur, weil Ermäßigungstatbestände der Nr. 1226 und 1227 KV erfüllt sind, ist eine 3,0-Verfahrensgebühr anzusetzen.

VI. Zuständigkeit für den Kostenansatz

20 Für den Kostenansatz ist der Kostenbeamte beim BGH zuständig (§ 18 Abs. 1 S. 1 Nr. 2). Da die einzuziehenden Kosten der Bundes-, nicht der Landeskasse zustehen, ist auch die Sollstellung durch den BGH zu veranlassen.

21 Ist dem Kostenschuldner **VKH** bewilligt, werden nach § 120 ZPO iVm § 76 Abs. 1 FamFG zu leistende Zahlungen gleichfalls von der Geschäftsstelle des BGH angefordert und überwacht (Nr. 4.5.2 DB-PKH). Im Übrigen ist Nr. 5.3 DB-PKH zu beachten. Danach hat der Kostenbeamte des Familiengerichts dem BGH Nachricht zu geben, sobald sich ergibt, dass Kosten durch die Bundeskasse einzuziehen sind (vgl Nr. 5.3.1–5.3.3 DB-PKH). In der Mitteilung ist auch anzugeben, ob und ggf in welcher Höhe an die Landeskasse nach § 120 ZPO iVm § 76 Abs. 1 FamFG geleistete Zahlungen auf das Rechtsbeschwerdeverfahren anzurechnen sind (Nr. 5.4 DB-PKH).

22 Durch den Kostenbeamten des BGH sind auch solche nach **§ 59 RVG übergegangene Ansprüche** einzuziehen, die aus der Bundeskasse gezahlt sind. In diesen Fällen hat der Urkundsbeamte der Geschäftsstelle des ersten Rechtszugs zwar die VKH-Vergütung festzusetzen (§ 45 Abs. 1, 3 RVG), jedoch dem BGH ein Exemplar der Festsetzung zu übersenden, damit dort die Auszahlung veranlasst werden kann (Nr. 1.3.1 VergütungsfestsetzungsAV). Waren die Akten bereits zurückgesandt, ist dem Familiengericht auch eine beglaubigte Abschrift des (BGH-)Festsetzungsbeschlusses zu übersenden (Nr. 5.3.2 DB-PKH).

---

4 HK-FamGKG/*N. Schneider*, Nr. 1226 KV Rn 14.

         NK-GK/H. Schneider

Unterabschnitt 4
Zulassung der Sprungrechtsbeschwerde gegen die Endentscheidung wegen des Hauptgegenstands

Nr.	Gebührentatbestand	Gebühr oder Satz der Gebühr nach § 28 FamGKG
1228	Verfahren über die Zulassung der Sprungrechtsbeschwerde: Soweit der Antrag abgelehnt wird	1,5
1229	Verfahren über die Zulassung der Sprungrechtsbeschwerde: Soweit der Antrag zurückgenommen oder das Verfahren durch anderweitige Erledigung beendet wird .... Die Gebühr entsteht nicht, soweit die Sprungrechtsbeschwerde zugelassen wird.	1,0

I. Allgemeines

Im Verfahren auf Zulassung der Sprungrechtsbeschwerde (§ 75 FamFG) entstehen Gebühren nach Nr. 1228, 1229 KV, wenn sie sich gegen die **Endentscheidung** wegen des Hauptgegenstands in einer **selbständigen Familienstreitsache** richtet. Ausgenommen sind die vereinfachten Unterhaltsverfahren, für die Nr. 1216 KV gilt. Ist eine Folgesache betroffen, findet Nr. 1140 KV Anwendung. **1**

Gebührenpflichtig ist das Zulassungsverfahren nur, wenn **2**
- der Antrag auf Zulassung abgelehnt (Nr. 1228 KV),
- der Antrag auf Zulassung zurückgenommen (Nr. 1229 Alt. 1 KV) oder
- das Zulassungsverfahren durch anderweitige Erledigung beendet wird (Nr. 1229 Alt. 2 KV).

Der Grund der Ablehnung ist unerheblich. Auch der Erlass einer Kostenentscheidung nach Rücknahme oder anderweitiger Erledigung des Zulassungsverfahrens (Vergleichsabschluss oder Erledigung der Hauptsache) hindert den Ansatz einer Gebühr nach Nr. 1229 KV. **3**

II. Zulassung der Sprungrechtsbeschwerde

Soweit die Sprungrechtsbeschwerde zugelassen wird, bleibt das Zulassungsverfahren gebührenfrei (Anm. zu Nr. 1229 KV). Das Verfahren ist als Rechtsbeschwerdeverfahren fortzusetzen (§ 566 Abs. 7 S. 1 ZPO iVm § 75 Abs. 2 S. 2 FamFG). Hierfür entstehen Gebühren nach Nr. 1225–1227 KV. Im Zulassungsverfahren entstandene gerichtliche Auslagen sind als Teil der Kosten des Rechtsbeschwerdeverfahrens zu behandeln. **4**

III. Verfahrensgebühren

Bei Nr. 1228, 1229 KV handelt es sich um pauschale Verfahrensgebühren, die sämtliche gerichtliche Handlungen des Gerichts abgelten. An diesem Charakter ändert auch der Umstand nichts, dass an ihre Entstehung bestimmte Handlungen geknüpft sind. Anm. zu Nr. 2002 KV ist anzuwenden, da wertabhängige Gebühren entstehen, so dass Zustellungskosten für die ersten zehn Zustellungen nicht zu erheben sind. Die Gebühren entstehen in Höhe eines 1,5- (Nr. 1228 KV) bzw 1,0-Gebührensatzes (Nr. 1229 KV). **5**

IV. Teilerledigung

1. Allgemeines. Aus dem Wortlaut „soweit" folgt jeweils, dass die Gebühren Nr. 1228, 1229 KV nur nach dem Wert der Gegenstände zu berechnen sind, für die eine Ablehnung, Rücknahme oder sonstige Erledigung des Zulassungsverfahrens erfolgt. Es ist daher möglich, dass ein Verfahrensteil gebührenpflichtig ist, während der andere Teil wegen Zulassung gebührenfrei bleibt. **6**

2. Ansatz verschiedener Gebühren. Sind für das Verfahrens sowohl Nr. 1228 KV als auch Nr. 1229 KV anzuwenden, müssen beide Gebühren nach dem jeweiligen Teil des Gegenstands berechnet werden, so dass für dasselbe Zulassungsverfahren, aber niemals für denselben Gegenstand, beide Gebühren nebeneinander angesetzt werden können. Dabei ist § 30 Abs. 3 zu beachten, so dass beim Ansatz der Einzelgebühren höchstens der Gebührenbetrag eingezogen werden darf, der entstanden wäre, wenn eine 1,5-Gebühr nach dem Gesamtwert angesetzt worden wäre. **7**

8   **Beispiel:** In einer Familienstreitsache wegen Zahlung von 20.000 € wird in vollem Umfang Antrag auf Zulassung der Sprungrechtsbeschwerde gestellt. Hinsichtlich 8.000 € wird der Antrag zurückgenommen, wegen der verbleibenden 12.000 € wird der Antrag abgelehnt.

An Gerichtsgebühren sind entstanden:

1,5-Verfahrensgebühr, Nr. 1228 KV (Wert: 12.000 €)	400,50 €
1,0-Verfahrensgebühr, Nr. 1229 KV (Wert: 8.000 €)	203,00 €
höchstens aber eine 1,5-Verfahrensgebühr nach einem Wert von 20.000 €	517,50 €

V. Fälligkeit, Vorauszahlung, Kostenschuldner, Verfahrenswert

9   **1. Fälligkeit.** Für die Gebühr der **Nr. 1228 KV** gilt § 9 Abs. 2, weil ihre Entstehung an die Vornahme einer gerichtlichen Handlung, nämlich den Erlass einer Ablehnungsentscheidung, geknüpft ist. Die Gebühr wird unmittelbar mit der Bekanntgabe der Entscheidung fällig. Für die Gebühr der **Nr. 1229 KV** kommt eine unmittelbare Anwendung von § 9 Abs. 2 hingegen nicht in Betracht, weil diese Bestimmung nur auf eine Entscheidung oder gerichtliche Handlung abstellt. Es kommt aber die Anwendung von § 11 Abs. 1 in Betracht, weil es sich dabei um eine Auffangvorschrift handelt, so dass sie eingreift, wenn sich aus §§ 9, 10 keine Fälligkeitsregelung ergibt. Die Gebühr der Nr. 1229 KV wird daher fällig mit Erlass einer Kostenentscheidung, dem Abschluss eines Vergleichs oder in den Fällen der Rücknahme ohne Entscheidung über die Kosten mit dem Eingang einer wirksamen Rücknahme.

10   **2. Vorauszahlung und Vorschuss.** Vorauszahlungspflicht besteht nicht, weil § 14 Abs. 1 nur für erstinstanzliche Verfahren, nicht aber für das Zulassungsverfahren gilt. Da die Gebühr nur bei Ablehnung, Rücknahme oder anderweitiger Erledigung entsteht, kommt auch eine Sollstellung der Gebühr nicht in Betracht.

11   Für die Auslagen gelten §§ 16, 17 bzw § 379 ZPO iVm § 113 Abs. 1 FamFG.

12   **3. Kostenschuldner.** Für die Kosten haften der Antragsteller des Zulassungsantrags (§ 21 Abs. 1) sowie die Kostenschuldner der §§ 23, 24.

13   **4. Verfahrenswert.** Es gilt § 40 Abs. 3. Danach bemisst sich der Verfahrenswert nach dem für das Rechtsmittelverfahren maßgeblichen Wert.

Hauptabschnitt 3
Hauptsacheverfahren in selbständigen Familiensachen der freiwilligen Gerichtsbarkeit

Abschnitt 1
Kindschaftssachen

Vorbemerkung zu Nr. 1310 ff KV

I. Begriff der Kindschaftssachen

1   Kindschaftssachen sind in § 151 FamFG benannt. Es entstehen Gebühren nach Nr. 1310–1319 KV, wenn es sich um ein Hauptsacheverfahren handelt. Für einstweilige Anordnungsverfahren gelten Nr. 1410 ff KV, für Folgesachen Nr. 1110 ff KV und für Verfahren nach dem IntFamRVG Nr. 1710 ff KV.

II. Die einzelnen Verfahren

2   **1. Sorgerechtsverfahren, § 151 Nr. 1 FamFG.** Die Gebühren für Sorgerechtsverfahren richten sich nach Nr. 1310 ff KV. Unter die Sorgerechtsverfahren fallen insb. Verfahren nach

- § 112 BGB: Genehmigung oder Rücknahme der Ermächtigung zum Betrieb eines Erwerbsgeschäfts,
- § 113 BGB: Ersetzung der Ermächtigung zum Betrieb eines Erwerbsgeschäfts,
- § 1303 BGB: Befreiung vom Erfordernis der Volljährigkeit bei Eheschließung,
- § 1313 BGB: Genehmigung der Eheschließung oder Ersetzung der Zustimmung zur Fortsetzung der Ehe,
- § 1484 BGB: Genehmigung der Ablehnung der fortgesetzten Gütergemeinschaft bei Minderjährigen,
- § 1491 BGB: Genehmigung des Verzichts auf den Gesamtgutsanteil bei Minderjährigen,
- § 1492 BGB: Genehmigung der Aufhebung der fortgesetzten Gütergemeinschaft,
- § 1493 BGB: Tätigkeit bei Wiederverheiratung bei Gütergemeinschaft,
- § 1596 BGB: Genehmigung der Anerkennung der Vaterschaft,
- § 1596 BGB: Genehmigung der Zustimmung der Mutter zur Anerkennung der Vaterschaft,

- § 1597 BGB: Genehmigung des Widerrufs der Anerkennung,
- § 1599 BGB: Genehmigung der Zustimmung des Ehemanns der Mutter zur Anerkennung,
- § 1617 BGB: Übertragung des Namensbestimmungsrechts bzw Fristsetzung zur Ausübung,
- § 1618 BGB: Ersetzung der Einwilligung zur Namenserteilung,
- § 1626 a BGB: Übertragung der elterlichen Sorge bei nicht miteinander verheirateten Eltern,
- § 1626 c BGB: Ersetzung der Zustimmung zur Sorgeerklärung,
- § 1628 BGB: Übertragung der Entscheidung auf einen Elternteil,
- § 1629 BGB: Entziehung der Vertretung,
- § 1630 BGB: Übertragung der elterlichen Sorge auf eine Pflegeperson,
- § 1639 BGB: Genehmigung zu Abweichungen bei der Vermögensverwaltung bzw Ersetzung der Zustimmung eines Dritten zu Abweichungen bei der Vermögensverwaltung,
- § 1640 BGB: Aufnahme eines Vermögensverzeichnisses,
- § 1643 BGB: Genehmigung von Rechtsgeschäften,
- § 1644 BGB: Genehmigung der Überlassung von Gegenständen,
- § 1645 BGB: Genehmigung zu einem Erwerbsgeschäft,
- § 1666 BGB: Maßnahmen bei Kindeswohlgefährdung,
- § 1667 BGB: Anordnungen zur Vermögensverwaltung,
- § 1671 BGB: Übertragung der elterlichen Sorge,
- § 1673 BGB: Übertragung der Entscheidung bei Ruhen der elterlichen Sorge,
- § 1674 BGB: Feststellung des Ruhens bzw Beendigung des Ruhens der elterlichen Sorge,
- §§ 1678, 1680, 1681 BGB: Übertragung der elterlichen Sorge,
- § 1686 BGB: Auskunft über die persönlichen Verhältnisse des Kindes,
- § 1686 a BGB: Auskunfts- und Umgangsrecht des leiblichen, nicht rechtlichen Vaters,
- §§ 1687, 1687 a BGB: Einschränkung, Ausschließung der Entscheidungsbefugnis,
- § 1688 BGB: Einschränkung, Ausschließung der Entscheidungsbefugnis der Pflegeperson,
- § 1693 BGB: Maßnahmen bei Verhinderung der Eltern,
- § 1696 Abs. 1 BGB: Änderung von Sorgerechtsentscheidungen,
- § 1 Abs. 6 HöfeO: Genehmigung der vom gesetzlichen Vertreter abgegebenen Erklärung,
- § 2 Abs. 1, 3 RelKErzG: Übertragung der Entscheidungsbefugnis bzw Vermittlung oder Entscheidung des Familiengerichts,
- § 3 Abs. 3 RelKErzG: Genehmigung der Bestimmungen,
- § 7 RelKErzG: Einschreiten des Gerichts bei Kindeswohlgefährdung,
- § 19 Staatsangehörigkeitsgesetz: Genehmigung der Entlassung aus der Staatsbürgerschaft,
- § 3 Abs. 1 Transsexuellengesetz: Genehmigung zur Antragstellung.

Nicht zu den Adoptions- oder Nachlasssachen, sondern zu den Kindschaftssachen und damit in den Geltungsbereich der Nr. 1310 ff KV fallen auch die Verfahren nach **3**

- § 1751 Abs. 1 BGB: Einschränkung, Ausschließung der Befugnis des Annehmenden,
- § 1751 Abs. 3 BGB: Übertragung der elterlichen Sorge,
- § 1764 Abs. 4 BGB: Rückübertragung der elterlichen Sorge,
- § 2282 Abs. 2 BGB: Genehmigung der Anfechtung des Erbvertrages,
- § 2290 Abs. 3 BGB: Genehmigung des Aufhebungsvertrags,
- §§ 2347, 2351, 2352 BGB: Genehmigung des Erbverzichts- bzw Aufhebungsvertrages.

2. Umgangsrechtsverfahren, § 151 Nr. 2 FamFG. Zu den Umgangsrechtsverfahren gehören insb. die Verfahren wegen Entscheidung nach **4**

- § 1632 BGB bei Streitigkeiten über den Umgang,
- § 1684 BGB über den Umgang mit den Eltern,
- § 1685 BGB über den Umgang mit Bezugspersonen,
- § 165 FamFG (Umgangsvermittlungsverfahren).

3. Kindesherausgabe, § 151 Nr. 3 FamFG. Hierunter fallen Verfahren wegen Kindesherausgabe (§ 1632 **5** BGB), wozu auch Verfahren über den Streit der Sorgeberechtigten um die Herausgabe der Leiche des Kindes und um den Bestattungsort gehören.[1] Soweit ein Pfleger oder Vormund die Kindesherausgabe verlangt (§§ 1800, 1915 BGB), entstehen keine gesonderten Gebühren (Anm. Abs. 1 zu Nr. 1310 KV).

---

[1] Keidel/*Engelhardt*, § 151 FamFG Rn 9.

6   **4. Vormundschaften und Pflegschaften, § 151 Nr. 4, 5 FamFG.** In Verfahren, die die Vormundschaft oder Pflegschaft für einen Minderjährigen betreffen, entstehen Gebühren nach Nr. 1311–1313 KV bzw in Rechtsmittelverfahren nach Nr. 1314–1319 KV.

7   **5. Bestellung von gesetzlichen Vertretern.** Verfahren, die die Bestellung eines gesetzlichen Vertreters betreffen, sind Kindschaftssachen nach § 151 Nr. 5 FamFG, wenn die Bestellung für Minderjährige erfolgt. Da es sich nicht um Pflegschaften handelt, gilt Nr. 1310 KV. Zu diesen Verfahren gehören insb. solche nach § 81 Abs. 1 AO, § 207 BauGB, § 119 FlurbG, § 29 a Abs. 1 Landbeschaffungsgesetz, § 15 SGB X und § 16 VwVfG.

8   **6. Unterbringungssachen, § 151 Nr. 6, 7 FamFG.** Verfahren über die Genehmigung oder der Anordnung der Unterbringung eines Minderjährigen sind Kindschaftssachen. Sie bleiben gebührenfrei nach Vorbem. 1.3.1 Abs. 1 Nr. 2 KV (→ Vorbem. 1.3.1 KV Rn 4).

9   **7. Aufgaben nach dem JGG, § 151 Nr. 8 FamFG.** Soweit dem Familiengericht Aufgaben nach dem JGG obliegen, handelt es sich um Kindschaftssachen (§ 151 Nr. 8 FamFG), die jedoch gebührenfrei sind (Vorbem. 1.3.1 Abs. 1 Nr. 3 KV) (→ Vorbem. 1.3.1 KV Rn 5).

Nr.	Gebührentatbestand	Gebühr oder Satz der Gebühr nach § 28 FamGKG
Vorbemerkung 1.3.1:		
(1) Keine Gebühren werden erhoben für		
1. die Pflegschaft für eine Leibesfrucht,		
2. ein Verfahren, das die freiheitsentziehende Unterbringung eines Minderjährigen betrifft, und		
3. ein Verfahren, das Aufgaben nach dem Jugendgerichtsgesetz betrifft.		
(2) Von dem Minderjährigen werden Gebühren nach diesem Abschnitt nur erhoben, wenn sein Vermögen nach Abzug der Verbindlichkeiten mehr als 25.000 Euro beträgt; der in § 90 Abs. 2 Nr. 8 des Zwölften Buches Sozialgesetzbuch genannte Vermögenswert wird nicht mitgerechnet.		

I. Gebührenfreie Verfahren (Abs. 1)

1   **1. Allgemeines.** Nach Vorbem. 1.3.1 Abs. 1 KV besteht sachliche Gebührenfreiheit für sämtliche Verfahrensbeteiligte in Verfahren wegen

- der Pflegschaft für eine Leibesfrucht (Nr. 1),
- der freiheitsentziehenden Unterbringung eines Minderjährigen (Nr. 2),
- Aufgaben nach dem JGG (Nr. 3).

2   Die Gebührenfreiheit gilt für sämtliche Rechtszüge, so dass auch Beschwerde- und Rechtsbeschwerdeverfahren gebührenfrei sind. Zu den Auslagen → Rn 6.

3   **2. Pflegschaft für eine Leibesfrucht (Nr. 1).** Die Pflegschaft für eine Leibesfrucht (§ 1912 BGB) ist gebührenfrei, die Erhebung von Jahresgebühren ist nicht statthaft (Vorbem. 1.3.1 Abs. 1 Nr. 1 KV). Sind im Rahmen der Pflegschaft familiengerichtliche Genehmigungen zu erteilen, ist auch für diese Verfahren keine Gerichtsgebühr zu erheben (Anm. Abs. 1 zu Nr. 1310 KV).

4   **3. Unterbringungsverfahren (Nr. 2).** Unterbringungsverfahren nach § 151 Nr. 6, 7 FamFG sind gebührenfrei (Vorbem. 1.3.1 Abs. 1 Nr. 2 KV). Unerheblich ist, ob die Anordnung auf Bundes- oder Landesrecht beruht.

5   **4. Aufgaben nach dem JGG (Nr. 3).** Verfahren nach § 151 Nr. 8 FamFG sind gebührenfrei. Hierzu gehören insb. die

- Anordnung von Erziehungsmaßregeln (§§ 53, 104 Abs. 4 JGG),
- Entziehung des Rechts des gesetzlichen Vertreters auf Wahl eines Verteidigers oder für die Einlegung von Rechtsmitteln (§ 67 Abs. 4 JGG),
- Anordnung und Führung der Pflegschaft für das Strafverfahren (§ 67 Abs. 4 JGG),
- Mitteilungen durch den Familienrichter an den Staatsanwalt (§ 70 JGG).

Gebührenfrei ist auch die Führung einer Pflegschaft nach § 67 Abs. 4 JGG.

6   **5. Auslagen.** Vorbem. 1.3.1 Abs. 1 KV erfasst nur Gerichtsgebühren. Für Auslagen gilt Vorbem. 2 Abs. 3 S. 2, 3 KV, wonach die in Vorbem. 1.3.1 Abs. 1 KV genannten Kindschaftssachen auch **auslagenfrei** bleiben. Die sachliche Befreiung gilt für sämtliche Verfahrensbeteiligte und Instanzen. Ausgenommen sind aber Auslagen nach Nr. 2013 KV wegen der an **Verfahrensbeistände** (§ 158 FamFG) gezahlten Beträge, die auch

in den von Vorbem. 1.3.1 Abs. 1 KV erfassten Verfahren einzuziehen sind (Vorbem. 2 Abs. 3 S. 3 KV). Ist der Minderjährige Kostenschuldner – was jedoch wegen § 81 Abs. 3 FamFG, § 21 Abs. 1 S. 2 Nr. 3 kaum vorkommen dürfte, weil die Verfahren ausnahmslos die Person des Minderjährigen betreffen –, ist ein Einzug nur nach den Bestimmungen des § 1836 c BGB möglich (→ Nr. 2013 KV Rn 6 ff). Der Regelung kommt aber in Vormundschafts- und Dauerpflegschaftsverfahren Bedeutung zu, da hier der Minderjährige selbst für die Kosten haftet (§ 10).

II. Minderjähriger Kostenschuldner (Abs. 2 Hs 1)

1. Allgemeines. Haftet für die Gerichtsgebühren der Kindschaftssache ein Minderjähriger, können sie von diesem nur eingezogen werden, wenn sein Vermögen nach Abzug von Verbindlichkeiten mehr als 25.000 € beträgt (Abs. 2 Hs 1). Gleiches gilt für gerichtliche Auslagen (Vorbem. 2 Abs. 3 S. 1 KV) mit Ausnahme von Auslagen nach Nr. 2013 KV, für die § 1836 c BGB gilt.   7

Die Regelungen gelten für sämtliche Kindschaftssachen und Instanzen, so dass sämtliche Gebühren der Nr. 1310–1319 KV erfasst sind. Vorbem. 1.3.1 Abs. 2 KV ist stets von Amts wegen zu beachten. Die Nichtbeachtung kann mit der Erinnerung (§ 57) gerügt werden.   8

Auf die Freigrenze kann sich nur der minderjährige Kostenschuldner berufen, nicht aber andere Beteiligte als Kostenschuldner (zB Eltern).   9

2. Bewertungszeitpunkt. a) Fälligkeit. Maßgeblich ist der Wert des Vermögens zum Zeitpunkt der Fälligkeit der Gebühren,[1] so dass beim Ansatz von Gebühren nach Nr. 1310, 1313–1319 KV auf den in § 11 Abs. 1 genannten Zeitpunkt abzustellen ist.   10

b) Jahresgebühren. Sind Gebühren nach Nr. 1311, 1312 KV zu erheben, kommt es wegen § 10 auf den Zeitpunkt der Anordnung der Vormundschaft oder Dauerpflegschaft bzw bei einer kraft Gesetzes eingetretenen Vormundschaft auf die erste Tätigkeit des Familiengerichts an. Für die später zu erhebenden Jahresgebühren ist jeweils auf den Beginn des Kalenderjahres (1.1.) abzustellen. Für die Auslagen kommt es hingegen auf den Zeitpunkt ihrer Entstehung an (§ 10 Hs 2). Erwirbt der Mündel im Verlaufe der Vormundschaft oder Dauerpflegschaft Vermögen, bleibt dieses für bereits fällige Jahresgebühren unbeachtlich, so dass ein Vermögenszuwachs erst bei der Berechnung der nächsten Jahresgebühr berücksichtigt werden kann.[2]   11

3. Vermögen. a) Begriff „Vermögen". Vermögen ist im kostenrechtlichen Sinn die Gesamtheit der einer Person zustehenden Güter und Rechte von wirtschaftlichem Wert, wozu vor allem Eigentum an Grundstücken und beweglichen Sachen, Forderungen und sonstige Rechte, die geldwert sind, zählen. Erfasst sind auch Immaterialgüterrechte, sofern es sich nicht um reine Persönlichkeitsrechte oder persönliche Familienrechte handelt.[3] Zu bewerten ist auch Vermögen, das einer Testamentsvollstreckung unterliegt,[4] selbst wenn (beschränkte) Vorerbschaft besteht.[5] Ausgenommen von der Bewertung ist nur das in Abs. 2 Hs 2 genannte Vermögen (→ Rn 16 ff). Für die Bewertung nach Abs. 2 kommt es stets auf das Gesamtvermögen an, so dass nicht auf einen bloßen Vermögensteil abgestellt werden kann.   12

b) Anzuwendende Regelungen. Für die Wertberechnung sind die allgemeinen Regelungen heranzuziehen. Dabei ist auf § 46 Abs. 1 zurückzugreifen, da wegen Abs. 2 ein vermögensrechtlicher Bezug besteht. Da im Übrigen im FamGKG konkrete Bewertungsregelungen fehlen, dürfte der Verweis auf die Regelungen des GNotKG zumindest analog anzuwenden sein.   13

Für die Bewertung der Vermögensgegenstände gelten sind daher §§ 40–45, 97–111 GNotKG anzuwenden. Nicht anzuwenden ist jedoch die Regelung des § 38 GNotKG, da Abs. 2 ausdrücklich den **Abzug von Verbindlichkeiten** vorschreibt und nur auf das Reinvermögen abstellt. Verbindlichkeiten werden daher abgezogen, gleich auf welchem Grund sie beruhen. Grundpfandrechte sind zu berücksichtigen, soweit sie valutiert sind.[6]   14

c) Fehlende Vermögensangaben. Werden trotz mehrfacher Aufforderung des Gerichts keine Vermögensangaben getätigt, muss das Vermögen **geschätzt** werden.[7]   15

4. Angemessenes Hausgrundstück (Abs. 2 Hs 2). a) Allgemeines. Bei der Vermögensberechnung wird der in § 90 Abs. 2 Nr. 8 SGB XII genannte Vermögenswert nicht mitgerechnet (Abs. 2 Hs 2). Bei dem Verweis handelt es sich nicht nur um eine bloße überflüssige Klarstellung, sondern um eine **konstitutive Ausnahmeregelung**. Die Regelung kann deshalb nicht dahin gehend ausgelegt werden, dass auch anderes sozialrechtliches Schonvermögen unangetastet bleiben soll.[8]   16

---

1 OLG Hamm Rpfleger 1995, 541; LG Koblenz FamRZ 2006, 138. **2** LG Koblenz FamRZ 2006, 138. **3** OLG Hamm Rpfleger 1995, 541. **4** OLG Hamm Rpfleger 1973, 451. **5** LG Koblenz FamRZ 2006, 138. **6** Rohs/Wedewer/*Waldner*, KostO, § 92 Rn 15. **7** LG Koblenz 28.6.2006 – 2 T 454/06, juris. **8** OLG Hamm Rpfleger 1995, 541.

NK-GK/*H. Schneider*

17 **b) Erfasster Grundbesitz.** Unberücksichtigt bleibt ein angemessenes Hausgrundstück, welches von dem Minderjährigen allein oder zusammen mit Angehörigen ganz oder teilweise bewohnt wird. Es genügt daher nicht, dass das Haus oder die Wohnung nur im Eigentum des Minderjährigen steht, wenn es nicht selbst genutzt wird.[9] Erfasst sind neben Einfamilienhäuser auch Eigentumswohnungen, jedoch nicht Mehrfamilienhäuser, selbst wenn diese allein von dem Minderjährigen bewohnt sind.[10] Es genügt auch nicht, dass das Haus nur gelegentlich genutzt wird, Ferienhäuser sind daher zu berücksichtigen.[11]

18 **c) Angemessenheit.** Die Angemessenheit bestimmt gem. § 90 Abs. 2 Nr. 8 S. 2 SGB XII nach

- der Zahl der Bewohner,
- dem Wohnbedarf (zB behinderte, blinde oder pflegebedürftige Menschen),
- der Grundstücks- und Hausgröße,
- dem Zuschnitt und der Ausstattung des Wohngebäudes sowie
- dem Wert des Grundstücks einschließlich des Wohngebäudes.

19 Es kann daher nicht allein auf den Verkehrswert abgestellt werden, weil die Unangemessenheit eines dieser Kriterien nicht automatisch zur Unangemessenheit des Hausgrundstücks führt.[12]

20 **d) Wohnfläche.** Bezogen auf die Wohnfläche können bei einem Vier-Personenhaushalt 120 qm als angemessen anzusehen sein. Für jede weitere Person sind 20 qm hinzuzurechnen, für weniger Personen jeweils 20 qm in Abzug zu bringen. Herangezogen werden können auch die in den Ländern ergangenen Bestimmungen über die soziale Wohnraumförderung.[13] So sind nach der in Niedersachsen erlassenen Regelung[14] als angemessen anzusehen für

- Haushalte mit bis zu zwei Personen: bis zu 90 qm
- Haushalte mit drei bis zu fünf Personen: bis zu 130 qm
- jedes weitere Haushaltsmitglied: bis zu 10 qm zusätzlich.

21 Für jeden schwerbehinderten Menschen erhöht sich der Wohnraum um jeweils weitere 10 qm. Die angemessene Wohnfläche kann sich zudem um 10 qm erhöhen, soweit besonderer persönlicher oder beruflicher Bedarf nachgewiesen wird.

22 **e) Verkehrswert.** Bei dem Wert ist auf den Verkehrswert abzustellen.[15] Teilweise wird von Festwerten (150.000 €–200.000 €) ausgegangen, jedoch lässt sich eine feste und pauschale Wertgrenze mit § 90 Abs. 2 Nr. 8 SGB XII nicht mehr vereinbaren.[16]

23 **5. Kostenansatz.** Die Feststellung des Vermögens ist Teil des Kostenansatzes, so dass für die Ermittlung der **Kostenbeamte** zuständig ist. Er kann sich für seine Ermittlungen auf sämtliche Akteninhalte stützen und auch Anfragen an die Beteiligten richten. § 12 KostVfg ist zu beachten; hiernach bedarf es in den Kindschaftssachen, in denen der Minderjährige als Kostenschuldner haftet, einer Ermittlung des Kindsvermögens nicht, wenn sich aus der Akte keine Anhaltspunkte dafür ergeben, dass das Kindsvermögen 25.000 € überschreitet.

Unterabschnitt 1
Verfahren vor dem Familiengericht

Nr.	Gebührentatbestand	Gebühr oder Satz der Gebühr nach § 28 FamGKG
1310	Verfahren im Allgemeinen	0,5
	(1) Die Gebühr entsteht nicht für Verfahren,	
	1. die in den Rahmen einer Vormundschaft oder Pflegschaft fallen,	
	2. für die die Gebühr 1313 entsteht oder	
	3. die mit der Anordnung einer Pflegschaft enden.	
	(2) Für die Umgangspflegschaft werden neben der Gebühr für das Verfahren, in dem diese angeordnet wird, keine besonderen Gebühren erhoben.	

---

9 OLG Koblenz FamRZ 2009, 1506. **10** *Schollhorn*, SGB XII, § 90 Rn 72, 74; LAG Hamm AE 2010, 59. **11** OLG Stuttgart OLGR 2006, 366. **12** BSG NVwZ-RR 2010, 152; *Schollhorn*, SGB XII, § 90 Rn 68. **13** OLG Celle FamRZ 2009, 532; VG Gießen 8.9.2006 – 3 E 1587/05, juris. **14** Richtlinie über die Soziale Wohnraumförderung in Niedersachsen RdErl. d. MS v. 27.6.2003 – 54-25 100-3/7 idF v. 1.8.2008 (NdsMBl S. 862). **15** *Schollhorn*, SGB XII, § 90 Rn 81. **16** *Schollhorn*, SGB XII, § 90 Rn 81.

NK-GK/*H. Schneider*

dann als Teil der Kosten des anschließenden Verfahrens, wenn der Antrag eines Elternteils binnen einen Monats gestellt oder das Verfahren von Amts wegen eingeleitet wird (§ 165 Abs. 5 S. 3 FamFG). Eine besondere Gerichtsgebühr entsteht in diesen Fällen für das anschließende Sorge- oder Umgangsverfahren nicht. Liegt jedoch kein Amtsverfahren vor oder wird der Antrag verspätet gestellt, greift die Privilegierung des § 165 Abs. 5 S. 3 FamFG nicht, so dass die Verfahrensgebühr für das anschließende Umgangsverfahren gesondert entsteht. Hinsichtlich der Anwaltsvergütung sind § 17 Nr. 8 RVG, Anm. Abs. 3 zu Nr. 3100 VV RVG zu beachten.

12   **5. Abänderung von Entscheidungen. a) Gesonderte Gebühren.** Die Verfahrensgebühr Nr. 1310 KV entsteht gesondert, wenn wegen desselben Kindes erneut ein Sorge- oder Umgangsrechtsverfahren anhängig wird. Das gilt auch für Verfahren wegen Aufhebung oder Abänderung gerichtlicher Entscheidungen oder gerichtlich genehmigter Vergleiche (§ 31 Abs. 2 S. 1). Betroffen sind zB Verfahren nach § 1680 Abs. 2 S. 1, § 1681 Abs. 1, 2 BGB, auch wenn die Überprüfung gem. § 1696 Abs. 1 S. 1 BGB von Amts wegen erfolgt.

13   **Beispiel:** Die elterliche Sorge wird auf Antrag des Kindesvaters auf beide Elternteile gemeinsam übertragen (§ 1626 a Abs. 2 BGB). Der Verfahrenswert beträgt 3.000 €.

An Gerichtsgebühren sind anzusetzen:

0,5-Verfahrensgebühr, Nr. 1310 KV (Wert: 3.000 €)   54,00 €

Zwei Jahre später beantragt die Kindesmutter, dass ihr die elterliche Sorge allein übertragen wird. Das Familiengericht erlässt entsprechenden Beschluss (§ 1671 Abs. 1, § 1696 Abs. 1 BGB).

Für das neue Sorgerechtsverfahren sind an Gerichtsgebühren entstanden:

0,5-Verfahrensgebühr, Nr. 1310 KV (Wert: 3.000 €)   54,00 €

14   **b) Verfahren nach § 166 Abs. 2 und 3 FamFG.** Verfahren nach § 166 Abs. 2 FamFG (Überprüfung von kindesschutzrechtlichen Maßnahmen) und nach § 166 Abs. 3 FamFG (Überprüfung von Entscheidungen wegen Kindeswohlgefährdung nach §§ 1666–1667 BGB) gelten nicht als besondere Verfahren (§ 31 Abs. 2 S. 2). Siehe → § 31 Rn 14 ff.

II. Entstehen und Fälligkeit der Gebühr

15   **1. Antragsverfahren.** In reinen Antragsverfahren entsteht die Gebühr mit **Eingang der Antragsschrift** (§ 23 Abs. 1 FamFG) bei Gericht. Ist der Antrag nicht unterschrieben, ist er wegen § 23 Abs. 1 S. 4 FamFG gleichwohl nicht von vornherein unwirksam. Das Gericht hat in diesen Fällen aber bei Zweifeln von Amts wegen aufzuklären, ob es sich um einen bloßen Entwurf handelt,[4] so dass die Unterschrift nicht zur Voraussetzung für das Entstehen der Gebühr gemacht werden kann. Hat das Gericht das Schreiben als Antrag behandelt, wird die Gebühr ausgelöst. Ist der Antrag unter der Bedingung der VKH-Bewilligung gestellt, wird die Gebühr erst nach Bewilligung ausgelöst. Wurde der Antrag zu Protokoll der Geschäftsstelle erklärt (§ 25 FamFG), entsteht die Gebühr mit Abschluss des Protokolls durch die Unterschrift des Antragstellers bzw Urkundsbeamten. Das gilt auch, wenn die Erklärung zulässigerweise bei einem unzuständigen Amtsgericht abgegeben wurde (§ 25 Abs. 2 FamFG), so dass es für die Entstehung der Gebühr nicht auf den Eingang beim zuständigen Familiengericht ankommt.

16   **2. Amtsverfahren.** Ist das Verfahren nur von Amts wegen einzuleiten, entsteht die Gebühr erst, wenn das Gericht das Verfahren auch tatsächlich einleitet. Das Verfahren beginnt danach erst, wenn das Gericht erkennbar nach außen tätig wird, zB indem es Ermittlungen aufnimmt.[5] Die Unterrichtung des Betroffenen ist hingegen nicht erforderlich. Die Gebühr entsteht deshalb auch, wenn zwar das Gericht Ermittlungen aufnimmt, aber relativ früh zu dem Ergebnis gelangt, dass familiengerichtliche Maßnahmen nicht erforderlich sind. Eine alleinige Mitteilung nach § 24 Abs. 2 FamFG löst die Gebühr aber noch nicht aus, weil dann noch keine Verfahrenseinleitung erfolgt war. Anders nur, wenn der Mitteilung bereits eine gerichtliche Ermittlung vorausgegangen war.

17   **3. Alternativverfahren.** In Verfahren, die sowohl auf Antrag als auch von Amts wegen eingeleitet werden können (zB § 1632 Abs. 4 BGB), kommt es darauf an, wie das konkrete Verfahren tatsächlich eingeleitet wurde. Ist Antrag nach § 23 FamFG gestellt, entsteht die Gebühr bereits mit Antragseingang.

18   **4. Fälligkeit.** Unabhängig von der Entstehung bestimmt sich die Fälligkeit der Gebühr nach § 11 Abs. 1. Für Auslagen gilt § 11 Abs. 1, 2.

III. Vorschuss

19   Soweit in Kindschaftssachen eine Antragshaftung besteht, weil das Verfahren nur auf Antrag einzuleiten ist, sind diese nach § 14 Abs. 3 vorschusspflichtig, so dass das Gericht vor Zahlung der Verfahrensgebühr der

---

4 Keidel/*Sternal*, § 23 FamFG Rn 42. **5** Keidel/*Sternal*, § 24 FamFG Rn 4.

                   NK-GK/H. Schneider

I. Verfahrensgebühr

1. Höhe und Abgeltung. Es entsteht eine pauschale 0,5-Verfahrensgebühr, die sämtliche Handlungen des   1
Gerichts abdeckt. Eine Ermäßigung der Gebühr ist nicht vorgesehen, so dass es bei dem 0,5-Gebührensatz
unabhängig vom Verfahrensausgang verbleibt. Auch Rücknahme, Vergleichsabschluss oder eine sonstige
Erledigung (zB Ruhen, Nichtbetrieb) führen nicht zum Wegfall der Gebühr.

2. Mehrere Fürsorgebedürftige. Betrifft die Kindschaftssache mehrere Kinder, entsteht die Gebühr nur ein-   2
mal, was aus § 29 folgt.[1] Ergänzend tritt § 45 Abs. 2 hinzu, wonach die Kindschaftssache auch für den
Wert als ein Gegenstand zu bewerten ist, wenn sie mehrere Kinder betrifft.

Beispiel: Es wird die Übertragung der elterlichen Sorge für zwei Kinder beantragt. Das Gericht erlässt Endent-   3
scheidung. Der Verfahrenswert beträgt 3.000 € (§ 45 Abs. 1, 2).

An Gerichtsgebühren sind entstanden:

0,5-Verfahrensgebühr, Nr. 1310 KV (Wert: 3.000 €)   54,00 €

3. Mehrere Angelegenheiten. a) Gesonderte Gebühren. Werden hinsichtlich eines Kindes mehrere Geschäf-   4
te wie Sorge- und Umgangsrecht in getrennten Verfahren anhängig, liegen verschiedene Gegenstände vor,
die auch die Verfahrensgebühr gesondert entstehen lassen. Auch für die Wertberechnung sind Sorge- und
Umgangsrecht als verschiedene Angelegenheiten getrennt nach § 45 Abs. 1 zu bewerten.[2]

Beispiel: Es wird die Übertragung der elterlichen Sorge für ein Kind beantragt. Der andere Elternteil beantragt die   5
Gewährung von Umgangsrecht. In beiden Verfahren ergeht Endentscheidung.

An Gerichtsgebühren sind entstanden:

I. Sorgerechtsverfahren

0,5-Verfahrensgebühr, Nr. 1310 KV (Wert: 3.000 €)   54,00 €

II. Umgangsrechtsverfahren

0,5-Verfahrensgebühr, Nr. 1310 KV (Wert: 3.000 €)   54,00 €
Gesamt   **108,00 €**

b) Verfahrensverbindung. Die Verbindung von Verfahren (§ 20 FamFG) hat auf die bis zum Verbindungs-   6
zeitpunkt entstandenen Verfahrensgebühren keinen Einfluss. Da die Gebühr der Nr. 1310 KV bereits mit
dem Antragseingang bzw mit der Einleitung entsteht, bleiben die Einzelgebühren auch nach der Verbindung bestehen, der Ansatz einer Verfahrensgebühr nach dem zusammengerechneten Wert ist daher nicht
statthaft.

Beispiel: Es wird die Übertragung der elterlichen Sorge für ein Kind beantragt. Der andere Elternteil beantragt die   7
Gewährung von Umgangsrecht. Beide Verfahren werden miteinander verbunden. Danach ergeht Endentscheidung. Der Verfahrenswert beträgt 6.000 € (je 3.000 € für Sorge- und Umgangsrecht).

An Gerichtsgebühren sind entstanden:

I. Sorgerechtsverfahren

0,5-Verfahrensgebühr, Nr. 1310 KV (Wert: 3.000 €)   54,00 €

II. Umgangsrechtsverfahren

0,5-Verfahrensgebühr, Nr. 1310 KV (Wert: 3.000 €)   54,00 €
Gesamt   **108,00 €**

c) Genehmigungs- oder Ersetzungsverfahren. Betrifft die Genehmigung oder ihre Ersetzung eine vermö-   8
gensrechtliche Angelegenheit, ist § 36 Abs. 2 zu beachten. Danach sind mehrere Erklärungen, die den denselben Gegenstand betreffen, als ein Verfahrensgegenstand zu bewerten, so dass auch die Gebühr nach
Nr. 1310 KV nur einmal zu erheben ist. Liegt aber ein Fall des § 36 Abs. 2 nicht vor, wird die Gebühr für
jedes Ersetzungs- oder Genehmigungsverfahren gesondert erhoben.

Beispiel: Für ein unter elterlicher Sorge stehendes Kind werden die Erklärungen über die Aufnahme eines Darle-   9
hens von 50.000 € und die Bestellung einer Grundschuld in gleicher Höhe genehmigt.

Der Verfahrenswert beträgt 50.000 €, weil derselbe Gegenstand betroffen ist. Es ist eine 0,5-Gebühr (Nr. 1310
KV) iHv 273 € anzusetzen.

4. Vermittlungsverfahren, § 165 FamFG. Für das Verfahren nach § 165 FamFG entsteht die Gebühr der   10
Nr. 1310 KV.[3] Da es sich um eine eigenständige Kosteninstanz iSd § 29 handelt, findet keine Anrechnung
der in dem ursprünglichen Umgangsverfahren entstandenen Gebühr statt. Das Gericht kann aber eine Anordnung nach § 81 Abs. 1 S. 2 FamFG treffen.

Kommt eine einvernehmliche Regelung nicht zustande, ist von Amts wegen oder auf Antrag eines Eltern-   11
teils ein **Sorge- oder Umgangsrechtsverfahren** einzuleiten. Die Kosten des Vermittlungsverfahrens gelten

---

1 BT-Drucks 16/6308, S. 311. **2** OLG Zweibrücken AGS 2002, 125. **3** OLG Karlsruhe FamRZ 2013, 722.

Nr. 1310 KV keine Handlung vornehmen soll.[6] Zurückzustellen sind neben der Zustellung der Antrags-schrift auch die Beweisaufnahme und Terminierung, jedoch kann eine antragsabweisende Entscheidung er-lassen werden.[7] Für einen minderjährigen Antragsteller besteht jedoch wegen § 21 Abs. 1 S. 2 Nr. 3 keine Vorschusspflicht. Wegen der einzelnen Verfahren → § 14 Rn 50 ff. Für **Auslagen** gelten §§ 16, 17.[8]

IV. Kostenschuldner

1. Antragsschuldner. Zum Antragsschuldner in den von Nr. 1310 KV erfassten Verfahren → § 21 Rn 28 ff. **20**
Wegen der Verfahren, in denen eine Antragshaftung für den Minderjährigen nicht besteht, weil es sich um Personenverfahren handelt, → § 21 Rn 45 ff.

2. Sonstige Fälle der Kostenhaftung. Im Übrigen haften die Kostenschuldner der §§ 23, 24. Einem Minder- **21**
jährigen dürfen jedoch keine Kosten auferlegt werden, wenn das Verfahren seine Person betrifft (§ 81 Abs. 3 FamFG). Bei minderjährigen Kostenschuldnern sind Vorbem. 1.3.1 Abs. 2 KV und Vorbem. 2 Abs. 3 KV zu beachten (→ Vorbem. 1.3.1 KV Rn 7 ff).

3. Verfahrensbeistand. Zur Kostenhaftung des nach § 158 FamFG bestellten Verfahrensbeistands → § 21 **22**
Rn 49.

V. Verfahrenswert

1. Elterliche Sorge. In Verfahren, welche die ganze oder teilweise Übertragung der elterlichen Sorge betref- **23**
fen, bestimmt sich der Verfahrenswert nach § 45 Abs. 1 Nr. 1 (→ § 45 Rn 2 ff).

2. Umgangsrecht. Kindschaftssachen, die das Umgangsrecht betreffen, sind nach § 45 Abs. 1 Nr. 2 zu be- **24**
werten (→ § 45 Rn 6 ff).

3. Kindesherausgabe. Verfahren wegen Kindesherausgabe sind nach § 45 Abs. 1 Nr. 3 zu bewerten (→ § 45 **25**
Rn 9 f).

4. Übrige Kindschaftssachen. a) Vermögensrechtliche Angelegenheit. Ist in einer nicht von § 45 erfassten **26**
Kindschaftssache eine vermögensrechtliche Angelegenheit betroffen, ist nach § 46 Abs. 1 zu bewerten. Kann danach ein Wert nicht bestimmt werden, gilt § 42 Abs. 1, 3. Ist eine Erklärung zu genehmigen oder zu ersetzen, gilt § 36.

b) Nichtvermögensrechtliche Angelegenheit. Eine nichtvermögensrechtliche Angelegenheit ist nach § 42 **27**
Abs. 2, 3 zu bewerten. Dabei sind alle Umstände des Einzelfalls, insb. Umfang und Bedeutung der Sache sowie die Einkommens- und Vermögensverhältnisse der Beteiligten, zu berücksichtigen. Sind hinreichende Anhaltspunkte für eine solche Wertfestsetzung vorhanden, ist der Verfahrenswert auf 5.000 € festzusetzen (§ 42 Abs. 3). Erfasst sind im Einzelnen die Verfahren nach § 1303 Abs. 2, § 1315 Abs. 1, §§ 1618, 1626 c, 1631 Abs. 3, § 1673 Abs. 2, §§ 1674, 1682, 1686, 1687 Abs. 2, § 1687 a, § 1688 Abs. 3, § 1693 BGB.

VI. Gebührenfreiheit bei Pflegschaft oder Vormundschaft (Anm. Abs. 1 Nr. 1)

1. Allgemeines. Fällt die Kindschaftssache in den Rahmen einer **Pflegschaft** oder **Vormundschaft**, wird eine **28**
gesonderte Verfahrensgebühr nicht erhoben (Anm. Abs. 1 Nr. 1). Erfasst sind überwiegend Genehmigungs-verfahren, da diese bereits mit den Gebühren der Nr. 1311–1313 KV abgegolten werden. Unerheblich ist, um was für eine Pflegschaft es sich handelt, so dass Gebührenfreiheit sowohl für Dauer- als auch Einzel-pflegschaften besteht.

2. Gegenstandsgleichheit. Aus dem Wortlaut „im Rahmen" folgt, dass das Geschäft nur dann gebührenfrei **29**
ist, wenn bereits eine Pflegschaft oder Vormundschaft besteht und diese auch den von der Kindschaftssache betroffenen Gegenstand umfasst. Ist Dauerpflegschaft angeordnet, die sich nicht auf das Vermögen des Kin-des bezieht, sind Genehmigungsverfahren nach § 1643 BGB gebührenpflichtig. Gleiches gilt, wenn die Dau-erpflegschaft nur solche Teile des Vermögens betrifft, die nicht Gegenstand des Genehmigungsverfahrens sind. Gebührenfreiheit besteht aber für solche Kindschaftssachen, die mit der **Anordnung der Pflegschaft** enden (Anm. Abs. 1 Nr. 3) (→ Rn 35 ff).

3. Einzelgeschäfte (Anm. Abs. 1 Nr. 1). Bei vorliegender Gegenstandsgleichheit (→ Rn 29) bleiben nach **30**
Anm. Abs. 1 Nr. 1 gebührenfrei die Verfahren nach § 112 Abs. 1–3, § 1411 Abs. 1, 2, § 1484 Abs. 2, § 1491 Abs. 3, § 1492 Abs. 3, § 1630 Abs. 2, § 1666 iVm § 1837 Abs. 4, § 1666 a iVm § 1837 Abs. 4, §§ 1796, 1810, 1819–1824, 1846, § 2275 Abs. 2, § 2282 Abs. 2, § 2290 Abs. 3, § 2292 iVm § 2290 Abs. 3, § 2347, § 2351 iVm § 2347 Abs. 2, § 2352 BGB, § 1 Abs. 6 HöfeO, § 2 NamÄndG, § 3 Abs. 2, § 7 RelKEG, § 17 Abs. 3 SachenRBerG, § 56 Abs. 3 SGB VIII, § 19 Abs. 1 StAG, § 3 Abs. 1 TSG, § 16 Abs. 3, 40 VerschG, § 181 ZVG.

---

6 KG FamRZ 2012, 239. **7** Korintenberg/*Lappe*, KostO, § 8 Rn 14. **8** OLG Celle JurBüro 2012, 433.

31 Sind Gegenstand der Verfahren jedoch Erklärungen der Eltern, weil eine Vormundschaft oder Pflegschaft nicht besteht, sind sie gebührenpflichtig nach Nr. 1310 KV, zB Verfahren nach §§ 112, 113, 1492 Abs. 3, § 2282 Abs. 2, § 2290 Abs. 3, §§ 2292, 2347, 2351, 2352 BGB, § 1 Abs. 6 HöfeO, § 19 Abs. 1 StAG, § 3 Abs. 1 TSG, § 16 Abs. 3, § 40 VerschG.

VII. Umgangspflegschaft (Anm. Abs. 2)

32 Die Umgangspflegschaft ist kostenrechtlich als Teil des Umgangsverfahrens zu behandeln.[9] § 4 ordnet daher an, dass die für Dauerpflegschaften bestehenden besonderen Regelungen nicht gelten, so dass § 7 Abs. 1 S. 2, § 10, § 19 Abs. 1 S. 1 letzter Hs, § 22, Vorbem. 2 Abs. 3 KV, Anm. zu Nr. 2000 KV, soweit Dauerpflegschaften betreffend, nicht anzuwenden sind.

33 Für die Umgangspflegschaft entstehen keine gesonderten Gerichtsgebühren (Anm. Abs. 2), weder nach Nr. 1310 KV noch nach Nr. 1311 ff KV. Die Befreiung umfasst sowohl die Anordnung als auch die Führung der Pflegschaft. Sämtliche gerichtliche Handlungen im Rahmen der Umgangspflegschaft sind durch die in dem Umgangsverfahren entstandene Verfahrensgebühr abgegolten. Werden Gebühren in dem Umgangsverfahren nicht erhoben, etwa weil VKH bewilligt oder Anordnung nach § 81 Abs. 1 S. 2 FamFG getroffen wurde, bleibt die Gebührenbefreiung für das Pflegschaftsverfahren gleichwohl unberührt.

34 Gerichtliche **Auslagen** der Umgangspflegschaft sind jedoch einzuziehen. Hierzu gehören auch die an den Umgangspfleger geleisteten Zahlungen (Nr. 2014 KV). Sie sind von dem Kostenschuldner des Umgangsverfahrens einzuziehen.

VIII. Verfahren endet mit Pflegschaftsanordnung (Anm. Abs. 1 Nr. 3)

35 Die Gebühr der Nr. 1310 KV ist auch für solche Verfahren nicht zu erheben, die mit der Anordnung einer Pflegschaft enden (Anm. Abs. 1 Nr. 3). Hierunter fallen zB Verfahren nach § 1666 BGB, nicht aber solche nach § 1630 Abs. 3 BGB, weil die Familienpflegschaft keine Pflegschaft iSd §§ 1915 ff BGB darstellt. Unerheblich ist, ob Dauer- oder Einzelpflegschaft angeordnet wird. Es werden dann nur die Jahresgebühren der Nr. 1311, 1312 KV bzw die Verfahrensgebühr der Nr. 1313 KV erhoben.

36 Ist die Pflegschaft aber nur als **Nebenverfahren** anzuordnen, etwa weil in dem Hauptverfahren ein Vertretungsausschluss besteht, greift die Befreiungsregelung nicht. Auch wenn die Kindschaftssache ohne Anordnung einer Pflegschaft endet, bleibt das Verfahren gebührenpflichtig, unbeschadet einer Anordnung nach § 81 Abs. 1 S. 2 FamFG über die Nichterhebung von Gerichtskosten.

37 Nr. 3 erfasst ausdrücklich nur die Pflegschaften, erwähnt die Vormundschaft nicht. Aufgrund des Regelungszecks der Norm, nämlich eine doppelte Gebührenerhebung zu vermeiden, ist Anm. Abs. 1 Nr. 3 auch auf solche Kindschaftssachen anzuwenden, die mit der **Anordnung einer Vormundschaft** enden.

Nr.	Gebührentatbestand	Gebühr oder Satz der Gebühr nach § 28 FamGKG
1311	Jahresgebühr für jedes angefangene Kalenderjahr bei einer Vormundschaft oder Dauerpflegschaft, wenn nicht Nummer 1312 anzuwenden ist .... (1) Für die Gebühr wird das Vermögen des von der Maßnahme betroffenen Minderjährigen nur berücksichtigt, soweit es nach Abzug der Verbindlichkeiten mehr als 25.000 Euro beträgt; der in § 90 Abs. 2 Nr. 8 des Zwölften Buches Sozialgesetzbuch genannte Vermögenswert wird nicht mitgerechnet. Ist Gegenstand der Maßnahme ein Teil des Vermögens, ist höchstens dieser Teil des Vermögens zu berücksichtigen. (2) Für das bei Anordnung der Maßnahme oder bei der ersten Tätigkeit des Familiengerichts nach Eintritt der Vormundschaft laufende und das folgende Kalenderjahr wird nur eine Jahresgebühr erhoben. (3) Erstreckt sich eine Maßnahme auf mehrere Minderjährige, wird die Gebühr für jeden Minderjährigen besonders erhoben. (4) Geht eine Pflegschaft in eine Vormundschaft über, handelt es sich um ein einheitliches Verfahren.	5,00 € je angefangene 5.000,00 € des zu berücksichtigenden Vermögens – mindestens 50,00 €

9 BT-Drucks 16/6308, S. 301.

I. Anwendungsbereich

1. Vormundschaft. In Kindschaftssachen nach § 151 Nr. 4 FamFG wegen der Vormundschaft werden im 1
erstinstanzlichen Verfahren Gebühren nach Nr. 1311 KV erhoben. Da die Vormundschaft stets auch die
Vermögenssorge umfasst, kommt ein Ansatz von Nr. 1312 KV nicht in Betracht. Vormundschaften sind
auch gebührenpflichtig, wenn sie nach § 1751 Abs. 1, § 1791 c BGB kraft Gesetzes eingetreten sind oder für
einen Ausländer Vormundschaft anzuordnen ist (Art. 24 EGBGB).

2. Pflegschaften. a) Allgemeines. Erfasst sind die Pflegschaften nach §§ 1909 ff BGB, auch solche für Aus- 2
länder (Art. 24 EGBGB). Zu unterscheiden ist zwischen Dauerpflegschaften und Pflegschaften für einzelne
Rechtshandlungen, weil Nr. 1311 KV nur für **Dauerpflegschaften** gilt, für Einzelpflegschaften hingegen
Nr. 1313 KV. Es muss sich zudem um eine Dauerpflegschaft handeln, die auch das **Vermögen ganz oder
teilweise** umfasst, weil Nr. 1311 KV nur in diesen Fällen eingreift. Ist das Vermögen nicht betroffen, entstehen Gebühren nach Nr. 1312 KV.

Für die Anordnung und Führung der Pflegschaft muss das **Familiengericht** zuständig sein. Ist für Minder- 3
jährige Pflegschaft nach § 96 GBO angeordnet, tritt an die Stelle des Familiengerichts das Grundbuchamt,
so dass keine Kosten nach dem FamGKG entstehen. Gleiches gilt, wenn einem minderjährigen Versicherten
im Insolvenzfall ein Pfleger bestellt wird (§ 317 Abs. 1 VAG), weil dann das Insolvenzgericht zuständig ist.

b) Familienpflege. In Verfahren nach § 1630 Abs. 3 BGB entstehen Gebühren nach Nr. 1310 KV. Für die 4
Führung der Familienpflegschaft entstehen keine Gebühren nach Nr. 1311 ff KV, weil es am Charakter
einer förmlichen Pflegschaft fehlt.[1]

c) Vertreter. Ist für einen Minderjährigen die Bestellung eines Vertreters erforderlich (zB § 81 AO, § 207 5
BauGB, § 119 FlurbG, § 29 a LandbeschaffungsG, § 15 SGB X, § 16 VwVfG), sind Gebühren nach
Nr. 1310 KV zu erheben, nicht aber nach Nr. 1311 ff KV.[2]

d) Strafsachen. Die Bestellung eines Pflegers für das Strafverfahren (§ 67 Abs. 4 S. 3 JGG) bleibt gebühren- 6
und auslagenfrei (Vorbem. 1.3.1 Abs. 1 Nr. 3 KV, Vorbem. 2 Abs. 3 S. 2 KV), soweit nicht Auslagen nach
Nr. 2013 KV betroffen sind. Ist aufgrund eines Vertretungsausschlusses nach § 52 Abs. 2 StPO Ergänzungspflegschaft anzuordnen, besteht Gebührenpflicht nach Nr. 1313 KV.

e) Pflegschaft für eine Leibesfrucht. Verfahren nach § 1912 BGB sind gebührenfrei (Vorbem. 1.3.1 Abs. 1 7
Nr. 1 KV). Soweit nach der Geburt des Kindes eine neue Pflegschaft oder sogar Vormundschaft angeordnet
wird, gelten Nr. 1311 ff KV.

f) Pflegschaft für unbekannten minderjährigen Beteiligten. Für Pflegschaftsverfahren nach § 1913 BGB ent- 8
stehen Gebühren nach Nr. 1311, 1312 KV, wenn das Familiengericht zuständig ist, weil es sich um einen
unbekannten minderjährigen Beteiligten handelt.

g) Umgangspflegschaft. Siehe dazu → Rn 32 ff. 9

h) Verfahrensbeistand. Bestellung und Aufhebung eines Verfahrensbeistands sind gebührenfrei, weil die Be- 10
stellung stets Teil des Verfahrens ist, für das die Bestellung erfolgt. Sie ist durch die für das jeweilige Verfahren zu erhebende Verfahrensgebühr abgegolten.[3] Ist das jeweilige Verfahren gebührenfrei, werden für die
Bestellung des Verfahrensbeistands gleichwohl keine Gebühren erhoben.

II. Jahresgebühr

1. Abgeltungsbereich. Bei der Gebühr der Nr. 1311 KV handelt es sich um eine Jahresgebühr, die für **jedes 11
angefangene Kalenderjahr**, in dem die Vormundschaft oder Dauerpflegschaft besteht, zu erheben ist. Mit
der Jahresgebühr werden sämtliche Handlungen abgegolten, die sich aus der Führung der Vormundschaft
oder Dauerpflegschaft ergeben. Hierzu gehören neben Anordnung, Auswahl, Bestellung und Aufhebung
auch alle sonstigen Überwachungs- und Beratungspflichten des Gerichts sowie notwendige gerichtliche Genehmigungen. Aus diesem Grund ordnet Anm. Abs. 1 Nr. 1 zu Nr. 1310 KV an, dass eine gesonderte Verfahrensgebühr nicht entsteht, wenn eine Kindschaftssache in den Rahmen einer Pflegschaft oder Vormundschaft fällt (→ Rn 30 f). Nicht durch die Jahresgebühren abgegolten werden aber Zwangsmittelverfahren
(§ 35 FamFG); für diese entstehen gesonderte Gebühren (Nr. 1502 KV).

2. Höhe der Gebühr. Die Jahresgebühr der Nr. 1311 KV berechnet sich nach dem Vermögen des Mündels. 12
Dabei sind je angefangene 5.000 € des zu berücksichtigenden Vermögens 5 € anzusetzen, mindestens aber
50 €, auch wenn die konkrete Berechnung einen geringeren Betrag ergibt.

Beispiel 1: Es ist Vormundschaft angeordnet. Das Kind verfügt über Reinvermögen von 80.000 €. 13

---

[1] MüKo-BGB/*Huber*, § 1630 Rn 29. [2] *Otto/Klüsener/Killmann*, Die FGG-Reform: Das neue Kostenrecht, 2008, Anh. 5. [3] BT-
Drucks 16/6308, S. 311.

Für die Gebühr maßgeblich sind 55.000 € Vermögen (80.000 € abzgl. 25.000 €). Die Jahresgebühr beträgt 55 € (55.000 € : 5.000 € = 11 x 5 €).

14   **Beispiel 2:** Es ist Vormundschaft angeordnet. Das Kind verfügt über Reinvermögen von 35.000 €.

Für die Gebühr maßgeblich sind 10.000 € Vermögen (35.000 € abzgl. 25.000 €). Die Jahresgebühr beträgt 50 € (10.000 € : 5.000 € = 2 x 5 €, aber Mindestgebühr 50 €).

15   Übersteigt das Mündelvermögen den in Anm. Abs. 1 genannten Betrag nicht, so bleibt das Verfahren gebührenfrei und wegen Vorbem. 2 Abs. 3 iVm Vorbem. 1.3.1 Abs. 1 KV auch auslagenfrei. Lediglich Auslagen nach Nr. 2013 KV wegen der an einen Verfahrensbeistand gezahlten Beträge können nach Maßgabe des § 1836 c BGB von dem Minderjährigen eingezogen werden (Vorbem. 2 Abs. 3 S. 3 KV).

16   **Beispiel 3:** Es ist Vormundschaft angeordnet. Das Kind verfügt über Reinvermögen von 2.000 €. Ein Verfahrensbeistand war nicht bestellt.

Zu berücksichtigendes Vermögen ist nicht vorhanden. Das Verfahren bleibt gebühren- und auslagenfrei.

III. Vermögensberechnung (Anm. Abs. 1)

17   **1. Vermögensgrenze.** Die Berechnungsgrundlagen ergeben sich aus **Anm. Abs. 1 S. 1.** Danach wird Vermögen nur berücksichtigt, soweit es nach Abzug von Verbindlichkeiten **mehr als 25.000 €** beträgt (Hs 1). Die in § 90 Abs. 2 Nr. 8 SGB XII genannten Vermögenswerte bleiben unberücksichtigt (Hs 2). Hierzu und zu den maßgeblichen Bewertungsregelungen → Vorbem. 1.3.1 KV Rn 13 f. Zum Vermögensbegriff → Vorbem. 1.3.1 KV Rn 12.

18   Ist Vormundschaft oder Dauerpflegschaft für **mehrere Mündel** angeordnet, ist das Vermögen jeweils gesondert zu berechnen, weil auch gesonderte Gebühren entstehen. Sind diese an Vermögenswerten zu Bruchteilen beteiligt, ist bei der Vermögensermittlung nur der jeweilige Anteil des Mündels zu berücksichtigen. Sind Mündel Gesamtgläubiger, ist gleichwohl nur der jeweilige Anteil bei der Berechnung zu berücksichtigen, denn ein Vermögensgegenstand oder ein Vermögensteil darf nicht doppelt, dh nicht zugleich bei mehreren Mündeln berücksichtigt werden.

19   **2. Teile des Vermögens.** Erstreckt sich eine Dauerpflegschaft nur auf Teile des Vermögens, ist die Gebühr nur nach diesem **Vermögensteil** zu berechnen (**Anm. Abs. 1 S. 2**). Maßgeblich ist der Aufgabenkreis. Erstreckt er sich auf das gesamte Vermögen oder die gesamte elterliche Sorge, ist das Vermögen als Ganzes betroffen und auch bei der Gebührenberechnung zugrunde zu legen. Ist von der Dauerpflegschaft Vermögen überhaupt nicht betroffen, ist eine Jahresgebühr nach Nr. 1312 KV zu erheben.

20   **3. Zeitpunkt.** Maßgeblich für die Vermögensberechnung ist der Zeitpunkt der Fälligkeit der Jahresgebühr (§ 34 S. 2), also die Anordnung bzw Eintritt der Vormundschaft oder Dauerpflegschaft.[4] Für spätere Jahresgebühren kommt es auf den Beginn des Kalenderjahres an (§ 10). Eine im Kalenderjahr eintretende **Vermehrung des Vermögens** bleibt somit für die Jahresgebühr des betreffenden Kalenderjahrs unerheblich, so dass ein Vermögenszuwachs nach Fälligkeit der Jahresgebühr erst bei der Berechnung der nächsten Jahresgebühr berücksichtigt werden kann.[5] Daran ändert es auch nichts, dass der Einzug wegen § 16 Abschn. II KostVfg später erfolgt ist, weil diese Regelung § 10 nicht außer Kraft setzt. Die Höhe der Jahresgebühren ist für jedes Kalenderjahr gesondert zu ermitteln, da wegen § 10 jeweils auf einen anderen Bewertungsstichtag abzustellen ist.[6]

21   **4. Absehen von der Wertermittlung.** Nach § 12 KostVfg kann von einer Wertermittlung abgesehen werden, wenn sich aus der Akte keine Anhaltspunkte dafür ergeben, dass das Reinvermögen des Mündels mehr als 25.000 € beträgt. In diesen Fällen bedarf es der Aufstellung einer förmlichen Kostenrechnung (§ 24 KostVfg) nicht, jedoch hat der Kostenbeamte in der Akte unter Bezug auf § 12 KostVfg zu vermerken, weshalb vom Kosteneinzug abgesehen wurde. Wird später bekannt, dass das Reinvermögen den Freibetrag übersteigt, können die Kosten nachträglich angesetzt werden. Nachforderung iSd § 19 liegt nicht vor, weil eine Kostenrechnung an den Kostenschuldner noch nicht versandt wurde, jedoch kann Verjährung (§ 7) eintreten, die aber nicht von Amts wegen zu beachten ist.

IV. Entstehen und Fälligkeit der Gebühr

22   **1. Entstehen der Gebühr. a) Erstmalige Anordnung.** Die Gebühr Nr. 1311 KV entsteht mit der Anordnung der Dauerpflegschaft (§ 1915 iVm § 1774 BGB) oder Vormundschaft (§ 1774 BGB). Ist Vormundschaft kraft Gesetzes eingetreten (§ 1751 Abs. 1, § 1791 c Abs. 2 BGB), entsteht die Jahresgebühr mit der ersten auf die Führung der Vormundschaft gerichteten Tätigkeit des Familiengerichts, also regelmäßig mit der

---

4 BayObLG Rpfleger 1991, 525; LG Koblenz FamRZ 2006, 138. **5** LG Koblenz FamRZ 2006, 138. **6** BayObLG FamRZ 2004, 1305.

Übersendung der Bescheinigung über den Eintritt (§ 1791 c Abs. 3 BGB, § 190 FamFG). Die bloße Anregung einer Pflegschaft oder die Kenntniserlangung von der Notwendigkeit einer Anordnung genügt nicht. Im Übrigen muss eine fehlerfreie Anordnung vorliegen, weil ansonsten eine Jahresgebühr nicht entsteht (→ § 10 Rn 5 f).

b) Erstes Kalenderjahr nach Anordnung (Anm. Abs. 2). Für das Kalenderjahr, in dem die erstmalige Anordnung oder der Eintritt der Vormundschaft bzw Dauerpflegschaft erfolgt, und für das darauf folgende Kalenderjahr wird nur eine Jahresgebühr erhoben (Anm. Abs. 2). **23**

Beispiel: Für das Kind wird am 15.9.2016 Vormundschaft angeordnet. **24**

Für die Kalenderjahre 2016 und 2017 wird die Jahresgebühr insgesamt nur einmal erhoben. Für das Kalenderjahr 2017 ist deshalb keine separate Jahresgebühr anzusetzen (Anm. Abs. 2), so dass erst wieder ab dem Kalenderjahr 2018 eine Jahresgebühr zu erheben ist.

c) Spätere Kalenderjahre. Die Jahresgebühr entsteht für jedes angefangene Kalenderjahr gesondert, so dass sie erneut entsteht, wenn am 1.1. noch Pflegschaft oder Vormundschaft angeordnet war. Auf das Pflegschafts- oder Vormundschaftsjahr ist nicht abzustellen. **25**

Unerheblich ist auch, ob das Verfahren kurz nach Beginn des Kalenderjahres beendet wird, so dass auch **keine anteilsmäßige Kürzung** der Jahresgebühren erfolgt. **26**

d) Beendigung. Mit Beendigung durch Aufhebung oder kraft Gesetzes endet auch die Gebührenpflicht. Spätere Abwicklungstätigkeiten wie Schlussbericht oder Rechnungslegung sind unerheblich und lösen die Jahresgebühren nicht mehr aus.[7] Tritt die Beendigung kraft Gesetzes ein, kommt es nur auf diesen Zeitpunkt an, nicht auf den Erlass des deklaratorischen Beschlusses. Zur Beendigung → § 10 Rn 10 ff. **27**

Beispiel: Für das Kind ist Vormundschaft angeordnet. Am 28.12.2016 tritt die Volljährigkeit ein, damit ist die Vormundschaft beendet. Die Prüfung der Schlussrechnung erfolgt erst 2017. **28**

Die Jahresgebühr ist letztmalig für das Kalenderjahr 2016 zu erheben. Für das Kalenderjahr 2017 entsteht keine Gebühr.

2. Fälligkeit der Gebühr. Die Fälligkeit bestimmt sich nach § 10 und tritt danach erstmals mit der Anordnung und später jeweils mit Beginn des Kalenderjahres ein. Auslagen werden sofort nach ihrer Entstehung fällig. Aufgrund der Regelung des § 16 Abschn. II KostVfg ist der spätere Einzug der Jahresgebühren zum Zeitpunkt der Prüfung der jährlichen Rechnungslegung zulässig. Um die rechtzeitige Sicherstellung des Kostenansatzes zu gewährleisten, sind die in Betracht kommenden Verfahren in ein entsprechendes Verzeichnis einzutragen (§ 16 Abschn. II KostVfg), welches mindestens aus den nachfolgenden Spalten besteht: **29**

Lfd. Nr.	Aktenzeichen	Bezeichnung der Sache	Jahresgebühr berechnet am
1	2	3	4

Bei der im Rahmen der besonderen Kostenprüfung durch den Prüfungsbeamten zu kontrollierenden Akten ist gem. § 42 Abs. 1 S. 2 KostVfg auch das Verzeichnis nach § 16 Abschn. II KostVfg zu berücksichtigen. **30**

V. Mehrheit von Personen (Anm. Abs. 3)

1. Mehrere Mündel. Ist Vormundschaft oder Dauerpflegschaft für mehrere Mündel angeordnet, ist die Jahresgebühr für jeden Minderjährigen gesondert zu erheben (Anm. Abs. 3), auch wenn nach § 1775 S. 2 BGB für alle Mündel nur ein Vormund bestellt ist. Soweit nach Nr. 1311 KV das Mündelvermögen für die Gebührenhöhe maßgeblich ist, sind auch die Vermögen gesondert zu berechnen, wobei der in Anm. Abs. 1 genannte Vermögensfreibetrag von 25.000 € jedem Mündel gesondert zusteht. **31**

Beispiel 1: Für die Kinder A und B wird Vormundschaft angeordnet. A besitzt Reinvermögen von 50.000 €, das Reinvermögen von B beträgt 35.000 €. **32**

Das zu berücksichtigende Vermögen des A beträgt 25.000 € (50.000 € abzgl. 25.000 €), so dass für A eine Jahresgebühr Nr. 1311 KV iHv 50 € (Mindestgebühr) zu erheben ist.

Das zu berücksichtigende Vermögen des B beträgt 10.000 € (35.000 € abzgl. 25.000 €), so dass auch für B eine Jahresgebühr Nr. 1311 KV iHv 50 € (Mindestgebühr) zu erheben ist.

Beispiel 2: Für die Kinder A und B wird Vormundschaft angeordnet. A besitzt Reinvermögen von 50.000 €, das Reinvermögen von B beträgt 10.000 €. **33**

---

[7] HK-FamGKG/*Volpert*, Nr. 1311 KV Rn 21.

Das zu berücksichtigende Vermögen des A beträgt 25.000 € (50.000 € abzgl. 25.000 €), so dass für A eine Jahresgebühr Nr. 1311 KV iHv 50 € (Mindestgebühr) zu erheben ist.

Das Reinvermögen des B übersteigt hingegen 25.000 € nicht, so dass für die Gebührenberechnung kein Vermögen vorhanden ist. Eine Jahresgebühr ist von B nicht zu erheben.

34 **2. Mehrheit von Vormündern.** Sind mehrere Vormünder bestellt (§ 1775 BGB), entsteht die Gebühr der Nr. 1311 KV gleichwohl nur einmal. Das gilt auch, wenn das Gericht die Führung der Vormundschaft nach bestimmten Wirkungskreisen verteilt (§ 1797 Abs. 2 BGB). Die Bestellung eines Gegenvormunds (§ 1799 BGB) bleibt für die Gebührenerhebung ohne Einfluss. Wird im Rahmen einer Vormundschaft die Anordnung einer Ergänzungspflegschaft erforderlich, bleibt das Pflegschaftsverfahren gebührenfrei (Anm. Abs. 3 zu Nr. 1313 KV).

VI. Übergang einer Pflegschaft in eine Vormundschaft (Anm. Abs. 4)

35 Ist Dauerpflegschaft angeordnet, die später in eine Vormundschaft übergeht, sind beide als einheitliches Verfahren zu behandeln (Anm. Abs. 4). Es ist daher im Kalenderjahr des Übergangs für die Vormundschaft keine gesonderte Jahresgebühr zu erheben. Eine Nachforderung unterbleibt auch dann, wenn die für die Vormundschaft zu erhebende Jahresgebühr der Nr. 1311 KV höher gewesen wäre. Hierzu gehören zB Fälle, in denen zunächst nur Teile der elterlichen Sorge entzogen waren und nun nach vollständigem Entzug eine Vormundschaft erforderlich wird. Erfasst sind auch die Fälle nach § 1791 c Abs. 2, § 1909 Abs. 3 BGB, wenn zuerst Ersatzpflegschaft, dann Vormundschaft angeordnet wird.

36 **Beispiel:** Für das Kind wird am 1.10.2016 Dauerpflegschaft mit dem Wirkungskreis „Aufenthalt" angeordnet. Am 1.8.2017 wird den Eltern das gesamte Sorgerecht entzogen und Vormundschaft angeordnet.

Neben der für das Kalenderjahr 2016 erhobenen Jahresgebühr nach Nr. 1312 KV ist keine weitere Gebühr zu erheben. Ab dem Kalenderjahr 2017 ist für die Vormundschaft eine Jahresgebühr nach Nr. 1311 KV anzusetzen.

VII. Vorschuss, Kostenschuldner

37 Vorschusspflicht nach § 14 Abs. 3 besteht nicht, weil Antragshaftung nach § 21 Abs. 1 nicht besteht.

38 Für die Kosten der Vormundschaft oder Dauerpflegschaft haftet der von ihr betroffene Minderjährige (§ 22 S. 1), s. dort. Die Vorbem. 1.3.1 Abs. 2 KV und Vorbem. 2 Abs. 3 KV sind zu beachten. Der Minderjährige haftet nicht für solche Kosten, die das Gericht einem anderen auferlegt (§ 22 S. 2).

Nr.	Gebührentatbestand	Gebühr oder Satz der Gebühr nach § 28 FamGKG
1312	Jahresgebühr für jedes angefangene Kalenderjahr bei einer Dauerpflegschaft, die nicht unmittelbar das Vermögen oder Teile des Vermögens zum Gegenstand hat	200,00 € – höchstens eine Gebühr 1311

I. Allgemeines

1 Für Dauerpflegschaften, die **nicht unmittelbar das Vermögen oder Teile davon** zum Gegenstand haben, entstehen Jahresgebühren nach Nr. 1312 KV. Für entsprechende Einzelpflegschaften gilt Nr. 1313 KV. Der Gesetzgeber hat die in § 92 Abs. 1 S. 4 KostO[1] bestehende Privilegierung für Dauerpflegschaften ohne Vermögensbezug übernommen, weil die Regelung eine Vorgabe des BVerfG umsetzt. Dieses hatte festgestellt, dass die Gebührenberechnung insoweit nicht mit Art. 3 Abs. 1 GG vereinbar ist, soweit sie für die Berechnung der Gebühr auch bei Fürsorgemaßnahmen, die sich auf die Personensorge beschränken, unbegrenzt das reine Vermögen zugrunde legt.[2] Nr. 1312 KV und die nach der Anm. vorgesehene Beschränkung auf eine Gebühr nach Nr. 1311 KV dienen daher der Gewährleistung einer verfassungsgemäßen Berechnung der Gerichtsgebühren.

1 Jetzt: Nr. 11102 KV GNotKG. **2** BVerfG NJW 2006, 2246.

II. Dauerpflegschaft ohne Vermögenssorge

Die Vermögenssorge darf von der Dauerpflegschaft nicht betroffen sein, so dass sich der Aufgabenkreis da- **2** her **ausschließlich** auf die **Personensorge oder Teile davon** beschränken muss. Nr. 1312 KV gilt aber auch, wenn sich aus einem solchen Aufgabenkreis für den Pfleger Aufgaben ergeben, die vermögensrechtlicher Natur sind, weil aus dem Wortlaut der Norm folgt, dass nur eine **unmittelbare** Befassung mit vermögensrechtlichen Angelegenheiten zur Anwendung der Nr. 1311 KV führt.[3] Liegt der Aufgabenkreis „**Aufenthaltsbestimmungsrecht**" vor, bleibt es daher auch dann bei Nr. 1312 KV, wenn der Pfleger wegen des Heimvertrages und der Heimkosten tätig wird.[4] Gleiches gilt, wenn wegen des Aufgabenkreises „**Gesundheitsfürsorge**" vermögensrechtliche Angelegenheiten zu regeln sind.

Da die Anwendung der Nr. 1311 KV jedoch nicht voraussetzt, dass die Dauerpflegschaft ausschließlich für **3** das Vermögen des Mündels angeordnet wird, greift Nr. 1311 KV, nicht Nr. 1312 KV auch dann, wenn die Dauerpflegschaft mehrere Aufgabenkreise umfasst, von denen einer oder mehrere unmittelbar das Vermögen betreffen.

Beispiel: Es wird Dauerpflegschaft mit den Aufgabenkreisen „Aufenthaltsbestimmungsrecht" und „Vermögens- **4** sorge" angeordnet. – Ergebnis: Es entsteht eine Jahresgebühr nach Nr. 1311 KV.

III. Jahresgebühr

1. Abgeltungsbereich, Entstehen, Fälligkeit. Es handelt sich um eine Jahresgebühr, die sämtliche Handlun- **5** gen des Gerichts abdeckt (→ Nr. 1311 KV Rn 11). Zur Entstehung und Fälligkeit der Jahresgebühr → Nr. 1311 KV Rn 22 ff.

2. Höhe der Gebühr. Die Gebühr beträgt 200 €. Eine Überschreitung ist nicht zulässig, jedoch kann der **6** Betrag im Rahmen der durchzuführenden Vergleichsrechnung unterschritten werden (→ Rn 7 ff).

3. Höchstgebühr. Der Gebührenbetrag darf den Betrag nicht übersteigen, der entstanden wäre, wenn für **7** das Verfahren eine Jahresgebühr nach Nr. 1311 KV angesetzt worden wäre, was sich aus dem Wortlaut der Nr. 1312 KV („höchstens eine Gebühr 1311") ergibt. Für die Vergleichsberechnung ist deshalb das Vermögen des Mündels heranzuziehen, wobei die in Anm. Abs. 1 zu Nr. 1311 KV aufgestellten Grundsätze heranzuziehen sind. Der Gebührenbetrag von 200 € ist deshalb erst erreicht, wenn das Mündelvermögen mehr als 225.000 € beträgt, weil auch im Rahmen der Vergleichsberechnung der Freibetrag von 25.000 € zu berücksichtigen ist.

Beispiel 1: Es ist Dauerpflegschaft angeordnet, die den Wirkungskreis „Aufenthaltsbestimmung" umfasst. Das **8** Kind verfügt über Reinvermögen iHv 80.000 €.

Da sich die Pflegschaft nicht auf Teile des Vermögens erstreckt, gilt Nr. 1312 KV. Die Jahresgebühr darf jedoch eine nach Nr. 1311 KV zu erhebende Gebühr nicht übersteigen.

Bei der Gebühr der Nr. 1311 KV wäre Reinvermögen von 55.000 € zu berücksichtigen (80.000 € abzgl. 25.000 €), so dass die Gebühr 55 € betragen würde (55.000 € : 5.000 € = 11 x 5) und folglich auch für die vorliegende Pflegschaft eine Gebühr nach Nr. 1312 KV iHv 55 € anzusetzen ist.

Beispiel 2: Es ist Dauerpflegschaft angeordnet, die den Wirkungskreis „Aufenthaltsbestimmung" umfasst. Das **9** Kind verfügt über Reinvermögen iHv 280.000 €.

Da sich die Pflegschaft nicht auf Teile des Vermögens erstreckt, gilt Nr. 1312 KV. Die Jahresgebühr darf jedoch eine nach Nr. 1311 KV zu erhebende Gebühr nicht übersteigen.

Bei der Gebühr nach Nr. 1311 KV wäre Reinvermögen von 255.000 € zu berücksichtigen (280.000 € abzgl. 25.000 €), so dass die Gebühr 255 € betragen würde (255.000 € : 5.000 € = 51 x 5).

Für die Pflegschaft ist folglich eine Gebühr nach Nr. 1312 KV iHv 200 € anzusetzen.

Vorbem. 1.3.1 Abs. 2 KV gilt auch für die Gebühr der Nr. 1312 KV, so dass ein Ansatz nur erfolgt, wenn **10** das **Reinvermögen** des Mündels **25.000 € übersteigt.** Gleiches gilt für Auslagen (Vorbem. 2 Abs. 3 KV), mit Ausnahme der Auslagen nach Nr. 2013 KV, für die § 1836 c BGB gilt. Einer Wertermittlung bedarf es jedoch nicht, wenn keine Anhaltspunkte dafür bestehen, dass das Vermögen mehr als 25.000 € beträgt (§ 12 KostVfg). Sind hingegen Anhaltspunkte dafür vorhanden, dass die Freibetragsgrenze überschritten wird, ist die Gebühr mit 200 € anzusetzen, wenn auch keine Auskunft über das Vermögen erteilt wird.[5]

Beispiel 3: Es ist Dauerpflegschaft angeordnet, die den Wirkungskreis „Aufenthaltsbestimmung" umfasst. Das **11** Kind verfügt über Reinvermögen iHv 15.000 €.

---

3 BT-Drucks 16/3038, S. 53; vgl wegen der einzelnen Aufgabenkreise auch *Hille*, Rpfleger 2008, 114. **4** BT-Drucks 16/3038, S. 53. **5** *Hille*, Rpfleger 2008, 114, 117.

Da sich die Pflegschaft nicht auf Teile des Vermögens erstreckt, gilt Nr. 1312 KV. Eine Gebühr kann jedoch nicht angesetzt werden, weil das Reinvermögen 25.000 € nicht übersteigt. Gleiches gilt für die Auslagen, so dass das Pflegschaftsverfahren kostenfrei bleibt.

12   **4. Mindestgebühr.** Wegen der Vergleichsberechnung beträgt die Gebühr der Nr. 1312 KV gleichfalls mindestens 50 €.

13   **Beispiel:** Es ist Dauerpflegschaft angeordnet, die den Wirkungskreis „Aufenthaltsbestimmung" umfasst. Das Kind verfügt über Reinvermögen iHv 50.000 €.

Da sich die Pflegschaft nicht auf Teile des Vermögens erstreckt, gilt Nr. 1312 KV. Die Jahresgebühr Nr. 1312 KV darf jedoch eine nach Nr. 1311 KV zu erhebende Gebühr nicht übersteigen.

Bei der Gebühr nach Nr. 1311 KV wäre ein Reinvermögen von 25.000 € zu berücksichtigen (50.000 € abzgl. 25.000 €). Danach ergibt sich ein Gebührenbetrag von 25 € (25.000 € : 5.000 € = 5 x 5), jedoch beträgt die Mindestgebühr 50 €, so dass auch für die vorliegende Pflegschaft eine Gebühr Nr. 1312 KV iHv 50 € zu erheben ist.

14   **5. Vorschuss, Kostenschuldner.** Zur Vorschusspflicht → Nr. 1311 KV Rn 37. Zum Kostenschuldner → Nr. 1311 KV Rn 38.

Nr.	Gebührentatbestand	Gebühr oder Satz der Gebühr nach § 28 FamGKG
1313	Verfahren im Allgemeinen bei einer Pflegschaft für einzelne Rechtshandlungen .... (1) Bei einer Pflegschaft für mehrere Minderjährige wird die Gebühr nur einmal aus dem zusammengerechneten Wert erhoben. Minderjährige, von denen nach Vorbemerkung 1.3.1 Abs. 2 keine Gebühr zu erheben ist, sind nicht zu berücksichtigen. Höchstgebühr ist die Summe der für alle zu berücksichtigenden Minderjährigen jeweils maßgebenden Gebühr 1311. (2) Als Höchstgebühr ist die Gebühr 1311 in der Höhe zugrunde zu legen, in der sie bei einer Vormundschaft entstehen würde. (3) Die Gebühr wird nicht erhoben, wenn für den Minderjährigen eine Vormundschaft oder eine Dauerpflegschaft, die sich auf denselben Gegenstand bezieht, besteht.	0,5 – höchstens eine Gebühr 1311

I. Pflegschaft für einzelne Rechtshandlungen/Abgrenzung zur Dauerpflegschaft

1   Nr. 1313 KV gilt ausschließlich für Pflegschaften, die für **einzelne Rechtshandlungen** angeordnet werden, so dass für die Gebührenerhebung eine **Abgrenzung** zu **Dauerpflegschaften** vorzunehmen ist. Dabei ist darauf abzustellen, ob bei der Bestellung des Pflegers dessen Wirkungskreis im Einzelnen bestimmt ist oder ob das Gericht angeordnet hat, dass sich die Wahrnehmung durch den Pfleger auf einen bestimmten Kreis von Interessen und Aufgaben erstrecken soll.[1] Bei Letzterem liegt Dauerpflegschaft vor, was auch gilt, wenn das Gericht ganz allgemein die Interessenvertretung des Mündels anordnet.[2] Unerheblich ist aber, wie lange die Tätigkeit des Pflegers voraussichtlich dauern wird oder ob sich die Pflegschaft auf das ganze Vermögen oder nur auf Vermögensteile erstreckt.[3]

2   Als **Pflegschaft für einzelne Rechtshandlungen** sind danach anzusehen die nach § 1909 BGB anzuordnenden Ergänzungspflegschaften für einzelne Rechtsgeschäfte wegen Verhinderung des gesetzlichen Vertreters (§ 1629 Abs. 2, §§ 1795, 181 BGB) oder der Vertretung in einem gerichtlichen Verfahren (§ 1629 Abs. 2, 2 a, § 1795 BGB). Gleiches gilt für Pflegschaften, die angeordnet werden für **einzelne Realakte** wie die Aufstellung eines Vermögensverzeichnisses oder wegen tatsächlicher Verhinderung der Eltern, wenn der Wirkungskreis auf einzelne, genau bezeichnete Angelegenheiten beschränkt ist.

3   Hat der Pfleger jedoch einen **bestimmten Kreis von Angelegenheiten** und nicht einzeln bestimmte Angelegenheiten zu erledigen, liegt Dauerpflegschaft vor. Das gilt zB bei einem Wirkungskreis „Gesundheitsfürsorge" oder „Aufenthaltsbestimmung",[4] weil sich die Pflegschaft dann auf alle genannten Rechtshandlungen erstreckt, die sich aus dem Kreis der Angelegenheit ergeben können. Aus diesem Grund kann auch eine nach § 1909 BGB angeordnete **Ergänzungspflegschaft** Dauerpflegschaft sein, zB wenn der Wirkungskreis die Wahrnehmung der Rechte auf Auskunftserteilung und Rechnungslegung durch den Testamentsvollstre-

---

1 *Assenmacher/Mathias*, KostO, Stichw. „Pflegschaft" Nr. 2; HK-FamGKG/*Volpert*, Nr. 1313 KV Rn 4; BayObLG Rpfleger 1981, 125. **2** *Assenmacher/Mathias*, KostO, Stichw. „Pflegschaft" Nr. 2. **3** BayObLG Rpfleger 1981, 125. **4** BayObLG Rpfleger 1997, 86.

           NK-GK/H. Schneider

cker umfasst.[5] **Abwesenheitspflegschaft** für Minderjährige ist Dauerpflegschaft.[6] Ebenso **Ersatzpflegschaft** nach § 1909 Abs. 3 BGB, wenn sie nicht wegen der Eilbedürftigkeit auf einzelne und konkret bezeichnete Angelegenheiten beschränkt wird.

II. Verfahrensgebühr

1. Höhe und Abgeltungsbereich. Es entsteht eine pauschale Verfahrensgebühr mit einem 0,5-Gebührensatz.   4
Sie deckt sämtliche gerichtliche Handlungen des Gerichts ab. Abgegolten sind auch zu erteilende familiengerichtliche Genehmigungen, wenn sie von der angeordneten Einzelpflegschaft betroffen sind, so dass hierfür eine Gebühr nach Nr. 1310 KV nicht anfällt (Anm. Abs. 1 Nr. 1 zu Nr. 1310 KV). Die Gebühr entsteht unabhängig vom Ausgang des Verfahrens, auch eine Ermäßigung ist nicht vorgesehen.

2. Entstehen der Gebühr. Es handelt sich um reine Amtsverfahren, so dass die Gebühr erst entsteht, wenn   5
das Familiengericht tatsächlich ein Verfahren einleitet. Die bloße Mitteilung an das Gericht, dass die Anordnung erforderlich sein könnte, oder auch die unmittelbare Aufforderung oder Bitte, eine solche anzuordnen, stellen nur Anregungen iSd § 24 FamFG dar, so dass sie die Gebühr der Nr. 1313 KV noch nicht auslösen. Auch löst die bloße Prüfung, ob Pflegschaft anzuordnen ist, die Gebühr noch nicht aus, so dass diese auch nicht entsteht, wenn das Gericht die Anordnung der Pflegschaft ablehnt. Ebenso löst die Mitteilung nach § 24 Abs. 2 FamFG noch keine Gebühr aus.

Die Anordnung der Pflegschaft muss wirksam gewesen sein. Wird die Anordnung aufgehoben, weil das Beschwerdegericht feststellt, dass die Voraussetzungen für eine Anordnung nicht vorlagen, bleibt das Verfahren gleichfalls gebührenfrei, ggf ist eine Anordnung nach § 20 Abs. 1 S. 1 zu treffen.   6

3. Fälligkeit. Es gilt § 11 Abs. 1, nicht § 10, so dass die Gebühr der Nr. 1313 KV nicht schon mit der Anordnung der Pflegschaft fällig wird. Für Auslagen gilt § 11 Abs. 1, 2.   7

4. Mehrere Pflegschaften. Die Gebühr Nr. 1313 KV entsteht für jede angeordnete Einzelpflegschaft gesondert, auch dann, wenn sie nacheinander angeordnet werden. Davon zu unterscheiden ist aber die **bloße Erweiterung des Wirkungskreises**, mit der kein eigenständiges Pflegschaftsverfahren auslöst wird.[7] Auch ein **Wechsel in der Person des Pflegers** bleibt für die Gebührenerhebung unerheblich. Umfasst der Wirkungskreis des Pflegers mehrere Angelegenheiten, liegt nur eine Pflegschaft vor,[8] so dass die Gebühr nur einmal nach dem zusammengerechneten Wert der einzelnen Angelegenheiten entsteht (§ 33 Abs. 1, § 46 Abs. 2).   8

5. Mehrere Mündel (Anm. Abs. 1). Wird wegen der derselben Angelegenheit oder desselben Gegenstands für mehrere Fürsorgebedürftige eine einheitliche Einzelpflegschaft angeordnet, liegt nur ein Pflegschaftsverfahren vor, so dass auch die Gebühr nur einmal entsteht. Das gilt auch dann, wenn für jeden Fürsorgebedürftigen ein eigener Pfleger bestellt ist.[9] Anm. Abs. 3 zu Nr. 1311 KV kann nicht analog herangezogen werden. Sind mehrere Mündel vorhanden, ist für jeden von ihnen zudem gesondert zu prüfen, ob die Vermögensfreigrenze der Vorbem. 1.3.1 Abs. 2 KV übersteigt. Übersteigt das Vermögen eines Mündels diese Freigrenze nicht, wird der Wert der Rechtshandlung, der auf diesen Minderjährigen entfällt, nicht mit einberechnet. Die Gebühr der Nr. 1313 KV berechnet sich dann nur nach dem Wert der Rechtshandlung, der auf die vermögenden Minderjährigen entfällt.   9

Beispiel: Wegen einer Erbauseinandersetzung wird eine Ergänzungspflegschaft angeordnet. Für die Kinder A und   10
B werden jeweils gesonderte Pfleger bestellt.

Es handelt sich um dieselbe Angelegenheit, so dass die Gebühr der Nr. 1313 KV nur einmal entsteht.

6. Höchstgebühr (Anm. Abs. 2). Die Gebührenhöhe der Nr. 1313 KV ist auf den Betrag begrenzt, der entstanden wäre, wenn für das Verfahren eine Jahresgebühr nach Nr. 1311 KV anzusetzen wäre (Anm. Abs. 2). Die Regelung soll sicherstellen, dass die für eine Einzelmaßnahme anzusetzende Gebühr nicht höher ist als die Gebühr für eine alles umfassende Fürsorgemaßnahme.[10] Unzulässig ist ein Vergleich mit der Gebühr Nr. 1312 KV, auch wenn diese für eine vergleichbare Dauerpflegschaft entstanden wäre. Bei der Vergleichsberechnung ist dabei nicht auf den Geschäftswert der Einzelpflegschaft, sondern auf das Vermögen des Betroffenen abzustellen. Der Gesetzgeber hatte hierzu mit der Einführung der Vergleichsberechnung zu § 93 KostO Folgendes ausgeführt: *„Damit für Betreuungen und Pflegschaften für einzelne Rechtshandlungen keine höheren Gebühren als bei einer Dauerbetreuung oder -pflegschaft anfallen, soll die Gebühr auf die Höhe einer sich nach dem Vermögen ergebenden Jahresgebühr nach § 92 Abs. 1 Satz 2 bzw. Absatz 2 KostO beschränkt sein. Es ist nicht sachgerecht, wenn die Gebühr für eine Einzelmaßnahme höher sein kann als die Gebühr für eine alles umfassende Fürsorgemaßnahme.“*[11] Bei der Vergleichsberech-   11

---

5 BayObLG Rpfleger 1981, 263; im Einzelfall lag eine Dauerpflegschaft vor, weil der Wirkungskreis des Pflegers die Wahrnehmung der Rechte auf Auskunftserteilung und Rechnungslegung durch den Testamentsvollstrecker umfasste. **6** *Assenmacher/Mathias*, KostO, Stichw. „Pflegschaft" Nr. 2. **7** MüKo-BGB/*Schwab*, Vor § 1909 Rn 4. **8** HK-FamGKG/*Volpert*, Nr. 1313 KV Rn 19. **9** KG MDR 1989, 750. **10** BT-Drucks 16/3038, S. 53 (zu § 93 KostO). **11** BT-Drucks 16/3038, S. 53 (zu § 93 KostO).

nung ist außerdem die Freibetragsgrenze der Anm. Abs. 1 zu Nr. 1311 KV zu beachten, wonach Vermögen des Minderjährigen nur berücksichtigt wird, wenn es mehr als 25.000 € beträgt, wobei der in § 90 Abs. 2 Nr. 8 SGB XII genannte Vermögenswert nicht mitgerechnet wird. Sind mehrere Minderjährige vorhanden, ist die Gebühr Nr. 1311 KV für jeden von ihnen gesondert zu berechnen und die Einzelwerte sind dann zusammenzurechnen, denn nach Anm. Abs. 1 S. 2 ist Höchstgebühr die Summe der für alle zu berücksichtigenden Minderjährigen jeweils maßgeblichen Gebühr Nr. 1311 KV. Übersteigt das Vermögen eines Minderjährigen die in Vorbem. 1.3.1 Abs. 2 KV genannte Freigrenze nicht, kann auch bei der Vergleichsberechnung für diesen keine Gebühr Nr. 1311 KV berücksichtigt werden, da auch eine solche Jahresgebühr wegen des geringen Vermögens nicht angesetzt worden wäre.

12   Die **Vergleichsrechnung** ist von Amts wegen vorzunehmen. Die Nichtbeachtung kann mit der Erinnerung (§ 57) angegriffen werden.

13   **Beispiel:** Es ist Ergänzungspflegschaft angeordnet. Der Verfahrenswert wird auf 70.000 € festgesetzt. Das Reinvermögen des Betroffenen beträgt 120.000 €.

An Gerichtsgebühren sind entstanden:

0,5-Verfahrensgebühr, Nr. 1313 KV (Wert: 70.000 €)	393,00 €
Vergleichsberechnung:	
Jahresgebühr nach Nr. 1311 KV (95.000 € : 5.000 € = 19 x 5 €)	95,00 €

Von dem Reinvermögen sind zunächst 25.000 € abzuziehen. Aufgrund der Vergleichsrechnung darf die Gebühr für die Einzelpflegschaft höchstens 95 € betragen und nur in dieser Höhe angesetzt werden (Anm. Abs. 2).

III. Nichterhebung wegen Dauerpflegschaft oder Vormundschaft (Anm. Abs. 3)

14   Die Gebühr der Nr. 1313 KV wird nicht erhoben, wenn für den Minderjährigen bereits eine Vormundschaft oder eine Dauerpflegschaft besteht und sich die Einzelpflegschaft auf denselben Gegenstand bezieht (Anm. Abs. 3). Hiervon sind insb. die Fälle der **Unterpflegschaft** bei tatsächlicher oder rechtlicher Verhinderung des Pflegers umfasst (§ 1915 Abs. 1, § 1909 Abs. 1 BGB) oder Ergänzungspflegschaften wegen rechtlicher Verhinderung des Vormunds (§§ 1795, 1909 Abs. 1 BGB). Solche Pflegschaften bleiben gebühren-, aber nicht auslagenfrei, jedoch ist Vorbem. 2 Abs. 3 KV zu beachten.

15   War die Einzelpflegschaft bereits vor Anordnung der Vormundschaft oder Dauerpflegschaft angeordnet, bleibt die Gebühr der Nr. 1313 KV jedoch bestehen.[12] Es findet dann auch keine Anrechnung der Gebühr Nr. 1313 KV auf die Gebühren nach Nr. 1311, 1312 KV statt.

IV. Kostenschuldner

16   **1. Antragshaftung.** Die Pflegschaftsverfahren sind ausschließlich von Amts wegen einzuleiten, so dass auch ausdrücklich gestellte Anträge nur als Anregung iSd § 24 FamFG zu bewerten sind. Eine Antragshaftung (§ 21 Abs. 1) besteht daher nicht.

17   **2. Entscheidungshaftung.** § 22 gilt für von Nr. 1313 KV erfasste Pflegschaften nicht. Für die Gerichtskosten haftet deshalb nur derjenige, dem sie durch gerichtliche Entscheidung auferlegt werden oder der sie übernimmt (§ 24 Nr. 1, 2). Die Kostenübernahme kann auch in der notariellen Urkunde über das abzuschließende oder zu genehmigende Rechtsgeschäft enthalten sein. Sie muss dem Gericht jedoch vorgelegt werden.

18   Nach § 81 Abs. 1 S. 3 FamFG ist das Gericht auch in den Pflegschaftsverfahren verpflichtet, stets über die Kosten zu entscheiden. Dem Minderjährigen selbst dürfen keine Kosten auferlegt werden, wenn die Pflegschaft ausschließlich seine Person betrifft (§ 81 Abs. 3 FamFG), zB Ergänzungspflegschaften wegen Vertretungsausschlusses in einer Abstammungssache. Ist der Minderjährige ausnahmsweise Kostenschuldner nach § 24, ist ein Kosteneinzug von diesem nur statthaft, wenn sein Reinvermögen nach Abzug der Verbindlichkeiten mehr als 25.000 € beträgt (Vorbem. 1.3.1 Abs. 2 KV, Vorbem. 2 Abs. 3 S. 1 KV). Für Auslagen nach Nr. 2013 KV gilt § 1836 c BGB.

V. Vorschuss, Verfahrenswert

19   Eine **Vorschusspflicht** nach § 14 Abs. 3 für die Verfahrensgebühr besteht nicht, weil es an einer Antragshaftung mangelt. Im Übrigen gilt in dem Pflegschaftsverfahren der Amtsermittlungsgrundsatz (§ 26 FamFG), so dass gerichtliche Handlungen auch nicht von der vorherigen Zahlung eines Auslagenvorschusses abhängig gemacht werden können. Es kann jedoch Vorschuss nach § 16 Abs. 3 verlangt werden, jedoch darf die Durchführung der Handlung nicht von der vorherigen Zahlung abhängig gemacht werden.

20   Der **Verfahrenswert** bestimmt sich nach § 46 Abs. 2, 3 (→ § 46 Rn 13 ff).

---

12 *Assenmacher/Mathias*, KostO, Stichw. „Pflegschaft" Nr. 6; HK-FamGKG/*Volpert*, Nr. 1313 KV Rn 31.

Unterabschnitt 2
Beschwerde gegen die Endentscheidung wegen des Hauptgegenstands

Nr.	Gebührentatbestand	Gebühr oder Satz der Gebühr nach § 28 FamGKG
1314	Verfahren im Allgemeinen	1,0
1315	Beendigung des gesamten Verfahrens ohne Endentscheidung: Die Gebühr 1314 ermäßigt sich auf	0,5
	(1) Wenn die Entscheidung nicht durch Verlesen der Entscheidungsformel bekannt gegeben worden ist, ermäßigt sich die Gebühr auch im Fall der Zurücknahme der Beschwerde vor Ablauf des Tages, an dem die Endentscheidung der Geschäftsstelle übermittelt wird.	
	(2) Eine Entscheidung über die Kosten steht der Ermäßigung nicht entgegen, wenn die Entscheidung einer zuvor mitgeteilten Einigung über die Kostentragung oder einer Kostenübernahmeerklärung folgt.	
	(3) Die Billigung eines gerichtlichen Vergleichs (§ 156 Abs. 2 FamFG) steht der Ermäßigung nicht entgegen.	

I. Allgemeines

1. Anwendungsbereich. In Beschwerden (§§ 58 ff FamFG) gegen Endentscheidungen wegen des Hauptgegenstands in Kindschaftssachen entstehen Gebühren nach Nr. 1314, 1315 KV. Gebührenpflicht besteht auch für entsprechende Beschwerden in Vormundschaften und Pflegschaften. Die Gebühr entsteht deshalb auch, wenn die Beschwerde durch den Minderjährigen selbst eingelegt wird, auch wenn dieser nicht zum Kostenschuldner wird.   1

Es muss sich um eine isolierte Kindschaftssache handeln. Wird eine Folgesache angefochten, gelten Nr. 1120–1122 KV. Ist eine Endentscheidung in einem einstweiligen Anordnungsverfahren betroffen, gelten Nr. 1411, 1412 KV. Für Beschwerden gegen Zwischen- und Nebenentscheidungen gilt Nr. 1912 KV.   2

2. Gebührenfreiheit. Für die in Vorbem. 1.3.1 Abs. 1 KV genannten Verfahren bleiben auch die Beschwerdeverfahren gebührenfrei und wegen Vorbem. 2 Abs. 3 KV auch auslagenfrei, mit Ausnahme der Auslagen nach Nr. 2013 KV.   3

3. Wiedereinsetzungsantrag. Der Antrag auf Wiedereinsetzung löst keine gesonderte Gebühr aus. Wird aber ein Antrag auf Einlegung eines Rechtsmittels mit einem Wiedereinsetzungsantrag (§§ 17 ff FamFG) verbunden, werden beide Verfahren in Lauf gesetzt, so dass Gebühren nach Nr. 1314, 1315 KV entstehen.[1]   4

II. Verfahrensgebühr Nr. 1314 KV

1. Höhe und Abgeltung. Es handelt sich um eine pauschale Verfahrensgebühr, mit der sämtliche Handlungen des Gerichts abgegolten werden. Sie entsteht in Höhe eines 1,0-Gebührensatzes.   5

2. Entstehen der Gebühr. Die Gebühr Nr. 1314 KV entsteht mit **Eingang der Beschwerdeschrift bei Gericht**. Obwohl die Beschwerdeschrift gem. § 64 Abs. 1 S. 1 FamFG auch in Familiensachen – trotz fehlenden Abhilferechts – bei dem Ausgangsgericht einzulegen ist, entsteht die Gebühr bereits, wenn die Beschwerde unmittelbar beim OLG eingelegt wird. Gleiches gilt, wenn die Beschwerde noch vor der Weiterleitung an das OLG wieder zurückgenommen wird.   6

Unerheblich ist auch, ob die Beschwerde statthaft oder zulässig ist, jedoch muss die Beschwerdeschrift zwingend durch den Beschwerdeführer oder seinen Bevollmächtigten unterschrieben sein (§ 64 Abs. 2 S. 4 FamFG).[2] Es muss sich um eine unbedingte Beschwerde handeln, so dass eine unter der Bedingung der VKH-Bewilligung eingelegte Beschwerde die Gebühr noch nicht auslöst.   7

Ist die Gebühr einmal entstanden, kommt ein nachträglicher Wegfall nicht mehr in Betracht, sondern nur noch Ermäßigung nach Nr. 1315 KV.   8

3. Wechselseitige Beschwerden. Wechselseitige Beschwerden lassen die Gebühr nur einmal entstehen, wenn sie in demselben Verfahren behandelt werden. Das gilt auch für eingelegte Anschlussrechtsmittel. Für die Wertberechnung gilt § 39 Abs. 2 (→ § 39 Rn 28 ff).   9

---

1 OLG Dresden OLGR 2007, 801. 2 HK-FamGKG/*Volpert*, Nr. 1314 KV Rn 13.

10 **4. Fälligkeit.** Die Fälligkeit der Gebühr richtet sich nach § 11 Abs. 1. Das gilt auch für die Beschwerden in Vormundschaften und Dauerpflegschaften, weil § 10 nur die Jahresgebühren der Nr. 1311, 1312 KV erfasst. Für Auslagen gilt § 11 Abs. 1, 2.

III. Ermäßigung nach Nr. 1315 KV

11 **1. Beendigung ohne Endentscheidung.** Die Verfahrensgebühr Nr. 1314 KV ermäßigt sich nach Nr. 1315 KV auf einen 0,5-Gebührensatz, wenn das Beschwerdeverfahren **ohne Endentscheidung** beendet wird. Es muss sich um eine Endentscheidung iSd § 38 FamFG handeln, denn bloße Zwischen- oder Nebenentscheidungen verhindern die Ermäßigung nicht. Ist die Hauptsache nicht mehr anhängig, stellt auch eine bloße Kostenentscheidung eine Endentscheidung dar. Erfasst sind insb. die Rücknahme von Beschwerde oder Antrag oder der Abschluss eines **Vergleichs**, auch wenn noch eine familiengerichtliche Genehmigung erforderlich ist. Aus diesem Grund ordnet Anm. Abs. 3 ausdrücklich an, dass die Billigung eines gerichtlichen Vergleichs (§ 156 Abs. 2 FamFG) der Ermäßigung nicht entgegensteht. Gleiches gilt für die Erledigung der Hauptsache, wenn keine streitige Kostenentscheidung mehr ergeht (Anm. Abs. 2). Da es nicht auf den Eingang einer etwaigen Beschwerdebegründung ankommt, kann die Ermäßigung auch noch nach Eingang der Begründungsschrift eintreten.

12 Es muss das **gesamte Beschwerdeverfahren** ohne Endentscheidung beendet werden, so dass es bei Nr. 1314 KV auch verbleibt, wenn nur eine Teilendentscheidung ergeht. Eine Teilermäßigung findet nicht statt.

13 **2. Rücknahme (Anm. Abs. 1).** Die Beschwerde oder der Antrag kann bis zur Bekanntmachung der Endentscheidung durch Verlesen zurückgenommen werden. Erfolgt die Bekanntgabe nicht durch Verlesen der Entscheidungsformel, tritt die Ermäßigung auch noch ein, wenn die Rücknahme bis zum Ablauf des Tages erfolgt, an dem die Endentscheidung der Geschäftsstelle übermittelt wird (**Anm. Abs. 1**). Maßgeblich ist der Vermerk nach § 38 Abs. 3 S. 3 FamFG.

14 **3. Kostenentscheidung (Anm. Abs. 2).** Ist die Hauptsache weggefallen, ist auch die Kostenentscheidung als Endentscheidung iSd § 38 FamFG anzusehen,[3] so dass sie grds. eine Ermäßigung nach Nr. 1315 KV ausschließt, es sei denn, dass sie einer zuvor mitgeteilten Einigung über die Kostentragung oder einer Kostenübernahmeerklärung folgt (**Anm. Abs. 2**). Da das Beschwerdegericht wegen § 81 Abs. 1 S. 3 FamFG zum Erlass einer Kostenentscheidung verpflichtet ist, kann die Ermäßigung in den Fällen der Rücknahme der Beschwerde oder des Antrags nur eintreten, wenn sie zugleich mit der Erklärung verbunden ist, die Kosten des Beschwerdeverfahrens zu übernehmen.[4]

IV. Kostenschuldner

15 **1. Antragshaftung.** Für die Kosten haftet der Beschwerdeführer nach § 21 Abs. 1, bei Minderjährigen ist § 21 Abs. 1 S. 2 Nr. 3 zu beachten, so dass der Minderjährige nicht als Antragsschuldner haftet, wenn das Verfahren seine Person betrifft. Ausgenommen von der Antragshaftung ist auch ein nach § 158 FamFG bestellter Verfahrensbeistand, wenn er das Rechtsmittel im Interesse des Kindes eingelegt hat (§ 21 Abs. 1 S. 2 Nr. 4). Bei einer durch das Jugendamt eingelegten Beschwerde haftet auch dieses als Antragsschuldner, weil es eine Beteiligtenstellung besitzt, jedoch wird hier Kosten- oder Gebührenbefreiung nach Bundes- oder Landesrecht bestehen.

16 **2. Entscheidungs- und Übernahmeschuldner.** Daneben haften die Kostenschuldner des § 24. Einem Minderjährigen dürfen keine Kosten auferlegt werden, wenn das Verfahren ganz oder teilweise seine Person betrifft (§ 81 Abs. 3 FamFG). Gleiches gilt für den Verfahrensbeistand (§ 158 Abs. 8 FamFG), wenn er im Interesse des Kindes tätig geworden ist. Hat das Jugendamt eine Beteiligtenstellung, können auch ihm Kosten auferlegt werden,[5] so dass es zum Entscheidungsschuldner werden kann,[6] jedoch ist wegen der Gerichtskosten eine bestehende Kosten- oder Gebührenfreiheit nach Bundes- oder Landesrecht zu prüfen. Um Unbilligkeiten zu vermeiden, sollte hier auch eine Anordnung nach § 81 Abs. 1 S. 2 FamFG geprüft werden.

17 **3. Kosteneinzug von Minderjährigen.** Vorbem. 1.3.1 Abs. 1 KV und Vorbem. 2 Abs. 3 KV gelten auch für Beschwerdeverfahren. Für die Auslagen nach Nr. 2013 KV gilt § 1836 c BGB.

V. Vorschuss, Verfahrenswert

18 **Vorschusspflicht** nach § 14 Abs. 3 besteht nicht, weil die Regelung nur die erstinstanzlichen Verfahren umfasst. Aufgrund der Fälligkeitsregelung ist auch ein Einzug der Gebühr mittels Sollstellung unzulässig. Für Auslagen gelten §§ 16, 17.

---

3 BT-Drucks 16/6308, S. 195. **4** OLG Celle FamRZ 2012, 1969. **5** Keidel/*Zimmermann*, § 81 FamFG Rn 39. **6** OLG Dresden JAmt 2004, 162.

Für die **Wertbestimmung** gilt § 40 Abs. 1, so dass die durch den Beschwerdeführer gestellten Anträge maß- 19
geblich sind. Wegen der konkreten Werthöhe gelten die erstinstanzlichen Vorschriften (→ Rn 23 ff).

Unterabschnitt 3
Rechtsbeschwerde gegen die Endentscheidung wegen des Hauptgegenstands

Nr.	Gebührentatbestand	Gebühr oder Satz der Gebühr nach § 28 FamGKG
1316	Verfahren im Allgemeinen ………………………………………	1,5
1317	Beendigung des gesamten Verfahrens durch Zurücknahme der Rechtsbeschwerde oder des Antrags, bevor die Schrift zur Begründung der Beschwerde bei Gericht eingegangen ist: Die Gebühr 1316 ermäßigt sich auf ………………………………	0,5
1318	Beendigung des gesamten Verfahrens durch Zurücknahme der Rechtsbeschwerde oder des Antrags vor Ablauf des Tages, an dem die Endentscheidung der Geschäftsstelle übermittelt wird, wenn nicht Nummer 1317 erfüllt ist: Die Gebühr 1316 ermäßigt sich auf ………………………………	1,0

I. Allgemeines

Für Verfahren über die Rechtsbeschwerde gegen Endentscheidungen wegen des Hauptgegenstands in Kind- 1
schaftssachen entstehen Gebühren nach Nr. 1316–1318 KV. Handelt es sich um Zwischen- und Nebenentscheidungen, gelten Nr. 1923, 1924 KV.

Es muss sich um eine **isolierte Kindschaftssache** handeln. Wird eine Folgesache angegriffen, gelten 2
Nr. 1130–1132 KV, auch wenn nur die Kindschaftsfolgesache angefochten wird (Vorbem. 1.1.3 KV).

Gebührenfrei bleiben die Rechtsbeschwerden in den in Vorbem. 1.3.1 Abs. 1 KV genannten Verfahren. We- 3
gen der Auslagen gilt Vorbem. 2 Abs. 3 KV.

II. Verfahrensgebühr

1. Höhe und Abgeltung. Bei der Gebühr der Nr. 1316 KV handelt es sich um eine Verfahrensgebühr, die 4
mit einem 1,5-Gebührensatz entsteht. Sie deckt sämtliche Handlungen des Gerichts ab.

2. Entstehen der Gebühr. Die Gebühr entsteht mit **Eingang der Rechtsbeschwerdeschrift bei Gericht**. Sie ist 5
gem. § 71 Abs. 1 S. 1 bei dem BGH als Rechtsbeschwerdegericht einzulegen. Jedoch entsteht die Gebühr
auch, wenn sie versehentlich bei einem anderen Gericht eingelegt wird.

Auf Zulässigkeit und Statthaftigkeit kommt es nicht an, so dass die Gebühr auch entsteht, wenn die 6
Rechtsbeschwerde entgegen § 10 Abs. 4 FamFG ohne anwaltliche Vertretung eingelegt wird. Die Rechtsbeschwerdeschrift muss gem. § 71 Abs. 1 S. 3 FamFG zwingend unterschreiben werden und unbedingt eingelegt sein. Wird sie unter der Bedingung der VKH-Bewilligung eingelegt, wird die Gebühr erst nach VKH-
Bewilligung ausgelöst.

Ist die Gebühr einmal entstanden, kommt ein nachträglicher Wegfall nicht mehr in Betracht, sondern nur 7
noch Ermäßigung nach Nr. 1317, 1318 KV.

3. Wechselseitige Rechtsbeschwerden. Werden Rechtsbeschwerden wechselseitig eingelegt, entsteht die Ver- 8
fahrensgebühr nur einmal, wenn sie in demselben Verfahren behandelt werden. Das gilt auch für eingelegte
Anschlussrechtsmittel. Wegen des Werts gilt § 39 Abs. 2 (→ § 39 Rn 28 ff).

4. Fälligkeit. Es gilt § 11 Abs. 1, auch wenn es sich um eine Vormundschaft oder Dauerpflegschaft handelt. 9
Für die Auslagen gilt § 11 Abs. 1, 2.

III. Ermäßigung nach Nr. 1317 KV

Die Gebühr Nr. 1316 KV ermäßigt sich nach Nr. 1317 KV auf einen 0,5-Gebührensatz, wenn die Rechtsbe- 10
schwerde oder der Antrag vor Eingang der Begründung der Rechtsbeschwerde bei Gericht zurückgenommen wird. Maßgeblich ist nur der Eingang, nicht hingegen der Ablauf der Begründungsfrist des § 71 Abs. 2

NK-GK/H. *Schneider*   1327

S. 2 FamFG, so dass die Ermäßigung auch noch nach Fristablauf eintreten kann, wenn noch keine Endentscheidung ergangen war. Ist die Begründung sogleich mit der Rechtsbeschwerdeschrift erfolgt, scheidet eine Ermäßigung nach Nr. 1317 KV aus, es kann dann nur noch Nr. 1318 KV eingreifen. Unerheblich ist auch die Bekanntgabe nach § 71 Abs. 4 FamFG.

11 Erfasst von Nr. 1317 KV ist nur die **Rücknahme**, so dass eine sonstige Beendigung ohne Endentscheidung keine Ermäßigung auslöst. Unerheblich ist für die Ermäßigung aber, dass das Gericht nach der Rücknahme noch eine Kostenentscheidung trifft, weil eine entsprechende Anm. wie zu Nr. 1315 KV fehlt.

12 Durch die Rücknahme muss das **gesamte Verfahren** beendet werden, so dass eine Teilrücknahme die Ermäßigung nicht auslöst, auch findet eine Teilermäßigung nicht statt. Wird ein Teil der Rechtsbeschwerde vor und der verbleibende Teil nach Eingang der Begründung zurückgenommen, greift nur noch Nr. 1318 KV.

IV. Ermäßigung nach Nr. 1318 KV

13 Wird die Rechtsbeschwerde oder der Antrag nach Eingang der Begründungsschrift zurückgenommen, ermäßigt sich die Gebühr auf einen 1,0-Gebührensatz, wenn die Rücknahme **vor Ablauf des Tages** erfolgt, an dem die **Endentscheidung der Geschäftsstelle übergeben** wird; dabei ist auf den Vermerk des § 38 Abs. 3 S. 3 FamFG abzustellen. Maßgeblich ist der Eingang der Begründung bei dem Rechtsbeschwerdegericht.

14 Es muss sich um eine **Endentscheidung** iSd § 38 FamFG handeln. Hierzu gehören Beschlüsse nach §§ 74, 74 a FamFG und bloße Kostenentscheidungen, nicht aber Zwischen- oder Nebenentscheidungen.

15 Durch die Rücknahme muss das **gesamte Verfahren** beendet werden. Eine Ermäßigung tritt deshalb nicht ein, wenn nur eine Teilendentscheidung ergeht. Es verbleibt dann für das gesamte Verfahren bei der Gebühr nach Nr. 1316 KV.

V. Vorschuss, Kostenschuldner, Verfahrenswert

16 Vorschusspflicht nach § 14 Abs. 3 besteht nicht, auch kann die Gebühr wegen der Fälligkeitsregelung nicht vorab von dem Rechtsbeschwerdeführer mittels Sollstellung angefordert werden. Für Auslagen gelten §§ 16, 17. Es haften insb. die Kostenschuldner nach §§ 21, 24 (→ Nr. 1314–1315 KV Rn 15 ff).

17 Für die Wertbestimmung gilt § 40 Abs. 1, so dass es auf die durch den Rechtsbeschwerdeführer gestellten Anträge ankommt. Für die konkrete Werthöhe sind die erstinstanzlichen Vorschriften anzuwenden (→ Nr. 1310 KV Rn 23 ff).

Unterabschnitt 4
Zulassung der Sprungrechtsbeschwerde gegen die Endentscheidung
wegen des Hauptgegenstands

Nr.	Gebührentatbestand	Gebühr oder Satz der Gebühr nach § 28 FamGKG
1319	Verfahren über die Zulassung der Sprungrechtsbeschwerde: Soweit der Antrag abgelehnt wird	0,5

I. Allgemeines

1 In Verfahren auf Zulassung der Sprungrechtsbeschwerde (§ 75 FamFG) entsteht eine Gebühr nach Nr. 1319 KV, wenn eine **Kindschaftssache** betroffen ist. Erfasst sind sämtliche in § 151 **FamFG** genannten Verfahren. Die Sprungrechtsbeschwerde muss sich gegen die Endentscheidung wegen des Hauptgegenstands richten; für Nebenentscheidungen gilt Nr. 1930 KV. Es handelt sich um eine pauschale Verfahrensgebühr mit einem 0,5-Gebührensatz, die sämtliche Handlungen des Gerichts abdeckt. Ist eine Folgesache betroffen, gilt Nr. 1140 KV. In Verfahren nach Vorbem. 1.3.1 Abs. 1 KV fällt die Gebühr nicht an.

II. Entstehen der Gebühr

2 **1. Ablehnungsentscheidung.** Die Gebühr entsteht erst mit Erlass der den Zulassungsantrag ablehnenden Entscheidung. Wird das Zulassungsverfahren ohne eine solche Entscheidung beendet (zB durch Rücknahme, Erledigung der Hauptsache oder Zulassung), bleibt es gerichtsgebührenfrei. Auslagen sind aber einzuziehen, jedoch gelten diese bei Zulassung als Teil der Kosten des sich anschließenden Rechtsbeschwerdeverfahrens.

2. Teilablehnung. Wird der Zulassungsantrag nur teilweise abgelehnt, ist die Gebühr nur nach dem Wert   3
des von der Ablehnung erfassten Verfahrensteils zu berechnen (§ 30 Abs. 1), was aus dem Wortlaut „soweit" folgt.

3. Zulassung und nachfolgendes Rechtsbeschwerdeverfahren. Erfolgt die Zulassung der Sprungrechtsbe-   4
schwerde, ist das Verfahren als **Rechtsbeschwerdeverfahren fortzusetzen** (§ 566 Abs. 7 S. 1 ZPO iVm § 75
Abs. 2 S. 2 FamFG). Eine Gebühr nach Nr. 1319 KV ist nicht zu erheben. Für das Rechtsbeschwerdeverfahren entstehen Gebühren nach Nr. 1316–1318 KV.

III. Fälligkeit, Kostenschuldner, Verfahrenswert

Die **Fälligkeit** bestimmt sich nach § 11 Abs. 1, so dass sie mit Erlass der Ablehnungsentscheidung eintritt.   5
Für Auslagen gilt § 11 Abs. 1, 2.

Der Antragsteller **haftet** nach § 21 Abs. 1, jedoch nicht der Minderjährige, wenn das Verfahren ganz oder   6
teilweise seine Person betrifft (§ 21 Abs. 1 S. 2 Nr. 3). Gleiches gilt für den nach § 158 FamFG bestellten
Verfahrensbeistand, der im Interesse des Kindes den Zulassungsantrag stellt (§ 21 Abs. 1 S. 2 Nr. 4). Im Übrigen haften die Kostenschuldner der §§ 23, 24.

Es gilt § 40 Abs. 3, so dass sich der **Verfahrenswert** nach dem für das Rechtsmittelverfahren maßgeblichen   7
Wert bestimmt.

Abschnitt 2
Übrige Familiensachen der freiwilligen Gerichtsbarkeit

Nr.	Gebührentatbestand	Gebühr oder Satz der Gebühr nach § 28 FamGKG
Vorbemerkung 1.3.2:		
(1) Dieser Abschnitt gilt für		
1. Abstammungssachen,		
2. Adoptionssachen, die einen Volljährigen betreffen,		
3. Ehewohnungs- und Haushaltssachen,		
4. Gewaltschutzsachen,		
5. Versorgungsausgleichssachen sowie		
6. Unterhaltssachen, Güterrechtssachen und sonstige Familiensachen (§ 111 Nr. 10 FamFG), die nicht Familienstreitsachen sind.		
(2) In Adoptionssachen werden für Verfahren auf Ersetzung der Einwilligung zur Annahme als Kind neben den Gebühren für das Verfahren über die Annahme als Kind keine Gebühren erhoben.		
(3) Für Verfahren über Bescheinigungen nach Abschnitt 3 Unterabschnitt 2 EUGewSchVG bestimmen sich die Gebühren nach Teil 1 Hauptabschnitt 7.		

I. Anwendungsbereich

In FG-Familiensachen, die nicht Kindschaftssachen sind, entstehen Gebühren nach Nr. 1320–1328 KV,   1
wenn es sich um selbständige Familiensachen handelt. Für Folgesachen gelten Nr. 1110 ff KV, für einstweilige Anordnungsverfahren Nr. 1420 ff KV.

II. Die einzelnen Verfahren (Abs. 1)

1. Abstammungssachen (Nr. 1). Erfasst sind die Verfahren nach § 169 FamFG, auch solche wegen Aner-   2
kennung ausländischer Entscheidungen[1] und einschließlich der Verfahren nach Art. 12 § 3 NEhelG.[2] Genehmigungsverfahren nach §§ 1596, 1597, 1599 BGB sind keine Abstammungssachen, sondern Kindschaftssachen, für die gesonderte Gebühren nach Nr. 1310 KV entstehen. Gleiches gilt für erforderliche Ergänzungspflegschaften, für die Gebühren nach Nr. 1313 KV anfallen.

2. Adoptionssachen (Nr. 2). a) Allgemeines. Adoptionssachen werden in § 186 FamFG abschließend be-   3
nannt. Von den Gebühren nach Nr. 1320 ff KV sind somit erfasst die Verfahren wegen der

■ Annahme als Kind (§§ 1741 ff BGB);

■ Ersetzung der Einwilligung zur Annahme als Kind (§ 1746 Abs. 3, §§ 1748, 1749 BGB);

---

1 Baumbach/*Lauterbach*, § 169 FamFG Rn 4. **2** HK-FamGKG/*Volpert*, Vorbem. 1.3.2 KV Rn 19.

- Aufhebung des Annahmeverhältnisses (§§ 1760, 1763, 1765 BGB);
- Befreiung vom Eheverbot des § 1308 Abs. 1 BGB.

4   Keine Adoptionssachen, sondern Kindschaftssachen sind Verfahren nach § 1751 Abs. 1 S. 4 iVm § 1688 Abs. 3, § 1764 Abs. 4 BGB (Nr. 1310 KV) sowie die gesetzliche Vormundschaft nach § 1751 Abs. 1 S. 2 BGB oder Vormundschaft oder Pflegschaft nach § 1764 Abs. 4 BGB (Nr. 1311, 1312 KV).

5   **b) Minderjährigenadoptionen.** Aus dem Wortlaut der Nr. 2 „die einen Volljährigen betreffen" folgt, dass Adoptionssachen, die einen Minderjährigen betreffen, **gebührenfrei** bleiben. Die Befreiung umfasst auch **Nebenverfahren** wegen Namensänderungen, des Offenbarungs- und Ausforschungsverbots und der Ersetzung einer Einwilligung oder Zustimmung zur Annahme. Die Gebührenfreiheit erstreckt sich auf **sämtliche Instanzen**, so dass auch für Beschwerden oder Rechtsbeschwerden keine Gebühren entstehen, wenn eine Minderjährigenadoption betroffen ist. Da es sich um eine sachliche Befreiung handelt, gilt sie für jeden Verfahrensbeteiligten.

6   Es besteht nur Gebührenfreiheit, so dass die in dem Verfahren entstandenen **Auslagen** einzuziehen sind. Hierzu gehören auch die an einen nach § 191 FamFG beigeordneten Verfahrensbeistand gezahlten Beträge (Nr. 2013 KV).

7   **Beispiel:** Beantragt wird, die Annahme eines minderjährigen Kindes auszusprechen. In dem Verfahren fallen drei förmliche Zustellungen an. Der Verfahrensbeistand erhält eine Vergütung von 350 €.

An Gerichtskosten sind entstanden:

Zustellungskosten, Nr. 2002 KV (3 x 3,50 €)	10,50 €
Vergütung des Verfahrensbeistands, Nr. 2013 KV	350,00 €
Gesamt	**360,50 €**

8   **c) Adoptionswirkungsgesetz (AdWirkG).** Die Vorschriften des AdWirkG bleiben unberührt (§ 199 FamFG). Gebühren werden für Verfahren nach § 2 Abs. 1, § 3 AdWirkG nicht erhoben.[3] Das AdWirkG findet jedoch keine Anwendung, wenn es sich um eine Volljährigenadoption handelt, so dass die Anerkennung nach § 108 Abs. 2 FamFG erfolgt und Nr. 1714, 1715, 1720 ff KV gelten.

9   **3. Ehewohnungs- und Haushaltssachen (Nr. 3).** Zu ihnen gehören gem. § 200 FamFG die Verfahren nach §§ 1361 a, 1361 b, 1568 a, 1568 b BGB.

10   **4. Gewaltschutzsachen und Verfahren nach dem EUGewSchVG (Nr. 4). Gewaltschutzsachen** sind Verfahren nach den §§ 1 und 2 GewSchG (§ 210 FamFG). Nicht hierher gehören Verfahren nach § 3 Abs. 1 GewSchG wegen des zivilrechtlichen Schutzes von Minderjährigen gegenüber Eltern und anderen sorgeberechtigten Personen; bei diesen handelt es sich um Kindschaftssachen, für die Nr. 1310 ff KV gelten.

11   Erfasst sind auch die **Verfahren nach dem EUGewSchVG**, da der Gesetzgeber eine weitreichende Gleichstellung mit den Verfahren nach § 210 FamFG angestrebt hat. Nr. 1320 ff KV gelten deshalb auch für

- die Anerkennung einer Europäischen Schutzanordnung (§ 7 EUGewSchVG),
- die Aufhebung oder Änderung von nach § 9 Abs. 1 EUGewSchVG getroffenen Maßnahmen (§§ 11, 12 EUGewSchVG),
- die Anpassung eines ausländischen Titels (§ 20 EUGewSchVG),
- Anträge auf Versagung der Anerkennung oder Vollstreckung (§ 21 EUGewSchVG),
- Vollstreckungsabwehranträge (§ 23 EUGewSchVG).

12   Trifft das Gericht in einem Verfahren nach § 7 EUGewSchVG nach der Anerkennung der Europäischen Schutzanordnung gem. § 9 EUGewSchVG noch Maßnahmen nach § 1 GewSchG, so entsteht dafür keine gesonderte Verfahrensgebühr nach Nr. 1320 KV, da es sich um ein einheitliches Verfahren handelt.

13   Für die Verfahren wegen der Aufhebung oder Änderung einer nach § 9 Abs. 1 EUGewSchVG getroffenen Maßnahme (§§ 11, 12 EUGewSchVG) entstehen wegen § 31 Abs. 2 S. 1 jedoch gesonderte Gebühren, da ein neuer Kostenrechtszug vorliegt. Etwas anderes gilt aber dann, wenn eine getroffene Maßnahme nach § 1 S. 2 GewSchG lediglich verlängert werden soll.

14   Für die **Beschwerdeverfahren nach §§ 58 ff FamFG** gelten Nr. 1322–1324 KV, so dass im Einzelnen erfasst sind die Beschwerden gegen die Entscheidung über die

- Anerkennung einer Europäischen Schutzanordnung (§ 8 EUGewSchVG),
- Anpassung eines ausländischen Titels (§ 20 Abs. 4 EUGewSchVG),
- Versagung der Anerkennung oder Vollstreckung (§ 21 Abs. 4 EUGewSchVG).

---

3 *Klüsener/Otto/Killmann*, Die FGG-Reform: Das neue Kostenrecht, 2008, Anh. 5; HK-FamGKG/*Volpert*, Vorbem. 1.3.2 KV Rn 26.

Handelt es sich um Verfahren über Bescheinigungen nach Abschnitt 3 Unterabschnitt 2 EUGewSchVG, gel-   15
ten jedoch Nr. 1711, 1723 KV (**Vorbem. 1.3.2 Abs. 3 KV, Vorbem. 1.7 KV**).

5. Versorgungsausgleichssachen (Nr. 5). Erfasst sind Verfahren nach § 217 FamFG. Es muss sich um ein   16
isoliertes Verfahren handeln, so dass die Verfahren nach §§ 4, 20 ff, 31 ff VersAusglG, aber auch die nach
Art. 111 Abs. 4 FGG-RG wiederaufgenommenen Verfahren erfasst sind.

6. Unterhaltssachen, Güterrechtssachen, sonstige Familiensachen (Nr. 6). Soweit es sich nicht um Familien-   17
streitsachen (§ 112 FamFG) handelt, sind auch die Unterhaltssachen, Güterrechtssachen und sonstige Familiensachen (§ 111 Nr. 10 FamFG) erfasst (§ 231 Abs. 2, § 261 Abs. 2, § 266 Abs. 3 FamFG). Im Einzeln
gehören hierher die Verfahren nach § 3 Abs. 2 S. 3 BKGG, § 64 Abs. 2 S. 3 EStG, § 1357 Abs. 2 S. 1, § 1365
Abs. 2, § 1369 Abs. 2, §§ 1382, 1383, 1426, 1430, 1452 BGB, Art. 5 Abs. 2, Art. 12 Abs. 2 S. 2 und Art. 17
des deutsch-französischen Abkommens über den Güterstand der Wahl-Zugewinngemeinschaft.

Wird während der Anhängigkeit einer Familienstreitsache wegen Güterrechts ein Antrag nach § 1382   18
Abs. 5 oder § 1383 Abs. 3 BGB gestellt, ist durch einheitliche Entscheidung zu entscheiden (§ 265 FamFG).
Aus diesem Grund ordnet § 52 an, dass die Güterrechtssachen (§ 261 Abs. 1, 2 FamFG) als einheitliches
Verfahren zu behandeln sind. Die Werte sind zusammenzurechnen (§ 33 Abs. 1 S. 1). Für das Verfahren ent-
stehen Verfahrensgebühren nur nach Nr. 1220 ff KV, so dass Nr. 1320 ff KV nur Anwendung finden, wenn
ein Verfahren nach §§ 1382, 1383 BGB isoliert geltend gemacht wird.

7. Lebenspartnerschaftssachen. Aufgrund von § 5 Nr. 3, 4 werden von Nr. 1320 ff KV auch Verfahren nach   19
§ 269 Abs. 1 Nr. 3–7, 11, 12, Abs. 3 FamFG erfasst.

III. Ersetzungsverfahren in Adoptionssachen (Abs. 2)

Abs. 2 bestimmt, dass in Adoptionssachen für die Verfahren auf Ersetzung der Einwilligung zur Annahme   20
als Kind neben den Gebühren für das Verfahren über die Annahme als Kind keine gesonderten Gebühren
entstehen. Ausführlich hierzu → Nr. 1320 KV Rn 16 f.

IV. Bescheinigungen nach Abschnitt 3 Unterabschnitt 2 EUGewSchVG (Abs. 3)

Siehe hierzu die Ausführungen in → Rn 15.   21

Unterabschnitt 1
Erster Rechtszug

Nr.	Gebührentatbestand	Gebühr oder Satz der Gebühr nach § 28 FamGKG
1320	Verfahren im Allgemeinen	2,0

I. Verfahrensgebühr

1. Abgeltungsbereich. Es handelt sich um eine pauschale Verfahrensgebühr mit einem 2,0-Gebührensatz,   1
durch die sämtliche gerichtliche Handlungen abgegolten werden. Ist in Abstammungs- und Adoptionssachen ein Verfahrensbeistand zu bestellen (§§ 174, 191 FamFG), ist die Bestellung Teil des Verfahrens, für
das die Bestellung erfolgt. Gesonderte Gebühren entstehen nicht, Auslagen sind nach Nr. 2013 KV einzuziehen. Eine nach § 180 FamFG in Abstammungssachen erfolgte Anerkennung der Vaterschaft zur Niederschrift des Gerichts löst keine gesonderten Gebühren aus, auch nicht nach Nr. 1500 KV. Sind aber familiengerichtliche Genehmigungen erforderlich, entstehen hierfür gesonderte Gebühren nach Nr. 1310 KV. Anm.
Abs. 1 Nr. 1 zu Nr. 1310 KV ist zu beachten, so dass die Gebühr nicht anfällt, wenn die Genehmigung im
Rahmen einer Ergänzungspflegschaft erteilt wird.

2. Entstehen der Gebühr. a) Antragseingang. Es handelt sich ausnahmslos um **Antragsverfahren**, so dass   2
die Verfahrensgebühr mit **Eingang der Antragsschrift bei Gericht** entsteht. Das gilt auch für Adoptionssachen, denn nur die gebührenfreien Aufhebungsverfahren (§ 1763 BGB) können auch von Amts wegen eingeleitet werden. Ist die Gebühr einmal entstanden, kann sie nicht mehr entfallen, sondern sich nur noch
nach Nr. 1321 KV ermäßigen.

b) Zulässigkeit des Antrags. Wegen der Regelung des § 23 Abs. 1 S. 5 FamFG ist auch ein nicht unterschrie-   3
bener Antrag nicht von vornherein als unwirksam anzusehen, so dass die Gebühr auch hier mit Antragseingang entsteht, wenn das Gericht zu dem Ergebnis kommt, dass es sich nicht um einen bloßen Entwurf handelt, und das Schreiben als Antrag behandelt hat. Der Antrag muss jedoch unbedingt gestellt sein, denn ein

Antrag, der unter der Bedingung der VKH-Bewilligung gestellt ist, lässt die Gebühr erst nach Bewilligung entstehen. Zulässigkeit oder Statthaftigkeit des Antrags sind unbeachtlich, s. aber § 20 Abs. 1 S. 3.

4 **c) Protokoll der Geschäftsstelle.** Wird der Antrag zu Protokoll der Geschäftsstelle gegeben, entsteht die Gebühr Nr. 1320 KV mit dem Abschluss des Protokolls durch die Unterschrift des Antragstellers bzw Urkundsbeamten. Das gilt auch, wenn die Erklärung nach § 25 Abs. 2 FamFG bei einem anderen Amtsgericht abgegeben wurde, so dass es für das Entstehen der Gebühr nicht auf den Eingang beim zuständigen Familiengericht ankommt.

5 **3. Verfahrensmehrheit. a) Abstammungssachen.** Die Verfahrensgebühr entsteht für jede Abstammungssache gesondert, auch wenn dasselbe Kind betroffen ist. Erfolgt eine Verbindung nach §§ 20, 179 FamFG, bleibt es bei dem Ansatz der zum Verbindungszeitpunkt bereits entstandenen Einzelgebühren. Wird eine Abstammungssache jedoch mit einer Unterhaltssache verbunden (§ 179 Abs. 1 S. 2 FamFG), entsteht eine Gebühr nur nach Nr. 1320 KV, nicht nach Nr. 1220 KV, weil die Abstammungssache führendes Verfahren bleibt, denn der Unterhalt ist vom Ergebnis der Abstammungssache abhängig, und für die Wertberechnung zudem § 33 Abs. 1 S. 2 zu beachten ist (→ § 33 Rn 15 f).

6 **b) Adoptionssachen.** Betrifft die Annahme mehrere Personen, liegen verschiedene Verfahren vor, für welche gesonderte Gebühren entstehen. Zu den erforderlichen gerichtlichen Genehmigungen → Vorbem. 1.3.2 KV Rn 4.

7 **c) Ehewohnungs- und Haushaltssachen.** Es handelt sich um verschiedene Angelegenheiten, so dass die Gebühr gesondert entsteht, wenn die Ansprüche in verschiedenen Verfahren geltend gemacht werden. Werden diese nach § 20 FamFG nachträglich verbunden, bleiben die bereits entstandenen Einzelgebühren bestehen. Sind die Ansprüche jedoch in einem Verfahren geltend gemacht, ist die Gebühr der Nr. 1320 KV nur einmal nach dem zusammengerechneten Wert zu erheben.

8 **Beispiel:** Beantragt ist die Überlassung der Ehewohnung während des Getrenntlebens. Der Verfahrenswert beträgt 3.000 €. Später wird auch die Überlassung von Haushaltsgegenständen beantragt, der Verfahrenswert beträgt 2.000 €.
An Gerichtsgebühren sind entstanden:
2,0-Verfahrensgebühr, Nr. 1320 KV (Wert: 5.000 €) 292,00 €
Der Ansatz von Einzelgebühren unterbleibt, da nur ein einheitliches Verfahren vorliegt.

9 **d) Gewaltschutzsachen.** Maßnahmen nach §§ 1 und 2 GewSchG sind verschiedene Gegenstände, so dass für jeden Anspruch ein gesonderter Wert festzusetzen ist.[1] Werden die Ansprüche in demselben Verfahren geltend gemacht, ist nur eine Gebühr Nr. 1320 KV nach dem zusammengerechneten Wert anzusetzen.

10 **e) Unterhaltssachen.** Hat das Gericht Bestimmungen nach § 3 Abs. 2 S. 3 BKGG, § 64 Abs. 2 S. 3 EStG für verschiedene Kinder zu treffen, liegen verschiedene Ansprüche vor. Für jedes Verfahren entsteht eine gesonderte Verfahrensgebühr.

11 **f) Güterrechtssachen.** Verfahren nach § 261 Abs. 2 FamFG sind jeweils verschiedene Gegenstände, welche die Gebühr gesondert auslösen. Auch jeder erneute Antrag lässt die Gebühr erneut entstehen. Zu beachten ist jedoch § 36 Abs. 2, wonach mehrere Erklärungen, die denselben Gegenstand betreffen, als ein Verfahrensgegenstand zu bewerten sind, so dass hier die Verfahrensgebühr nur nach dem einfachen Wert zu berechnen ist.

12 **g) Sonstige Familiensachen.** Bei sonstigen Familiensachen (§ 111 Nr. 10 FamFG) löst jeder Antrag nach § 1357 Abs. 2 S. 1 BGB die Gebühr gesondert aus.

13 **4. Abänderungs-/Aufhebungsverfahren.** Sie gelten als besondere Verfahren (§ 31 Abs. 2 S. 1), so dass die Gebühr erneut und gesondert entsteht. Hierzu gehören die Verfahren nach § 48 Abs. 1 FamFG, die in sämtlichen von Vorbem. 1.3.2 Abs. 1 KV erfassten Familiensachen zulässig sind, sowie Abänderungsverfahren nach §§ 225 ff FamFG in Versorgungsausgleichssachen, so dass auch hier gesonderte Gebühren entstehen. Handelt es sich um Wiederaufnahmeverfahren nach § 48 Abs. 2 FamFG, einschließlich **Restitutionsanträge nach § 185 FamFG**, liegt gleichfalls ein neuer Kostenrechtszug iSd § 29 vor, der gesonderte Gebühren auslöst. Auch die Verfahren wegen **Verlängerungen von familiengerichtlichen Maßnahmen nach dem GewSchG** stellen stets eigenständige Kostenrechtszüge iSd § 29 dar, so dass hierfür die Verfahrensgebühr erneut entsteht.

14 **5. Verfahrensverbindung.** Die Verbindung mehrerer Verfahren (§ 20 FamFG) entfaltet keine rückwirkende Kraft, so dass die bis dahin entstandenen Einzelgebühren bestehen bleiben. Der Ansatz einer Verfahrensgebühr nach dem zusammengerechneten Wert ist unzulässig. In den von Nr. 1320 KV erfassten Verfahren ent-

[1] OLG Dresden FamRZ 2006, 803.

steht die Gebühr bereits mit Antragseingang bei Gericht, so dass eine spätere Verbindung ohne Auswirkungen auf die Einzelgebühren bleibt.

6. Verfahrenstrennung. Ist Verfahrenstrennung erfolgt, sind für die selbständigen Verfahren Einzelgebühren   15
nach dem jeweiligen Verfahrenswert zu erheben.

7. Ersetzungsverfahren in Adoptionssachen (Vorbem. 1.3.2 Abs. 2 KV). Für Adoptionssachen ordnet Vor-   16
bem. 1.3.2 Abs. 2 KV an, dass in Verfahren auf Ersetzung der Einwilligung zur Annahme als Kind keine
gesonderten Gebühren erhoben werden. Sie bleiben daher gebührenfrei. Auslagen sind nach Nr. 2000 ff KV
einzuziehen. Erfasst sind Verfahren nach § 186 Nr. 2 FamFG, zu denen im Einzelnen gehören die Ersetzung
der Einwilligung

- des Vormunds oder Pflegers (§ 1746 Abs. 3 BGB),
- eines Elternteils (§ 1748 BGB),
- des Ehegatten des Annehmenden (§ 1749 Abs. 1 BGB).

Beispiel: Es wird beantragt, die Annahme eines Volljährigen auszusprechen. Zugleich wird die Ersetzung der Zu-   17
stimmung des anderen Ehegatten beantragt. Das Gericht ersetzt die Zustimmung durch Beschluss und spricht später die Annahme als Kind aus.

Anzusetzen ist lediglich eine 2,0-Verfahrensgebühr nach Nr. 1320 KV, die auch das Ersetzungsverfahren abdeckt.

8. Fälligkeit. Die Fälligkeit der Gebühr bestimmt sich nach § 11 Abs. 1. Für die Auslagen gilt § 11   18
Abs. 1, 2.

II. Kostenschuldner

1. Antragshaftung. a) Allgemeines. Soweit es sich um reine Antragsverfahren handelt, haftet der Antrag-   19
steller als Antragsschuldner (§ 21 Abs. 1). Eine solche Haftung besteht demnach in folgenden Verfahren:

- Abstammungssachen (§ 171 Abs. 1 FamFG) (→ Rn 23),
- Adoptionssachen (→ Rn 20),
- Ehewohnungs- und Haushaltssachen,
- Versorgungsausgleichssachen,
- Unterhaltssachen nach § 231 Abs. 2 FamFG,
- Güterrechtssachen nach § 261 Abs. 2 FamFG,
- sonstige Familiensachen nach § 266 Abs. 2 FamFG.

Bei Abschluss eines Vergleichs gilt § 21 Abs. 2.

b) Adoptionssachen. In Verfahren wegen Aufhebung des Annahmeverhältnisses bei Minderjährigen   20
(§ 1763 BGB) besteht keine Antragshaftung, weil das Verfahren auch von Amts wegen eingeleitet werden
kann.

c) Gewaltschutzsachen und Verfahren nach dem EUGewSchVG. In den erstinstanzlichen Verfahren nach   21
dem GewSchG und dem EUGewSchVG besteht keine Antragshaftung (§ 21 Abs. 1 S. 2 Nr. 1). Es handelt
sich um eine sachliche Befreiung, auf die sich jeder Antragsteller berufen kann.

d) Jugendamt. Das Jugendamt als Beistand für das Kind (§ 1712 Abs. 1 BGB) ist lediglich gesetzlicher Ver-   22
treter (§ 173 FamFG), so dass es nicht zum Antragsschuldner wird.

e) Minderjährige. Für Minderjährige besteht keine Antragshaftung, wenn es sich um eine Abstammungssa-   23
che[2] oder Adoptionssache handelt, weil sie die Person des Minderjährigen betreffen (§ 21 Abs. 1 S. 2 Nr. 3).
Andere Antragsteller können sich auf die persönliche Befreiung nicht berufen.

f) Verfahrensbeistand. Er haftet nicht als Antragsschuldner (§ 21 Abs. 1 S. 2 Nr. 4).   24

2. Sonstige Kostenschuldner. Daneben haften die Kostenschuldner der §§ 23, 24. In Adoptionssachen und   25
Abstammungssachen dürfen dem Minderjährigen keine Kosten auferlegt werden, weil das Verfahren seine
Person betrifft (§ 81 Abs. 3 FamFG). § 183 FamFG ordnet zusätzlich an, dass in Verfahren wegen Anfech-
tung der Vaterschaft dem Minderjährigen keine Gerichtskosten auferlegt werden dürfen.

III. Vorschusspflicht

In den reinen Antragsverfahren besteht Vorschusspflicht nach § 14 Abs. 3, so dass das Gericht vor Zahlung   26
der Verfahrensgebühr keine gerichtliche Handlung vornehmen soll (→ § 14 Rn 41 f). Da Gebühren nur für
Volljährigenadoptionen entstehen (Vorbem. 1.3.2 Abs. 1 Nr. 2 KV), besteht folglich eine Vorschusspflicht
nur für solche Verfahren. Der Vorschuss ist mittels Kostenrechnung ohne Sollstellung anzufordern (§ 26
Abs. 1 KostVfg); ausf. → § 14 Rn 64 ff. Wird der Kostenanforderung keine Folge geleistet, ist gegen den

---

2 OLG Hamm NJW-RR 2012, 904.

Antragsteller eine 0,5-Gebühr nach Nr. 1321 KV in Ansatz zu bringen und mittels Sollstellung einzuziehen (§ 26 Abs. 8 KostVfg). Im Hinblick auf die Auslagen gelten §§ 16, 17.

Nr.	Gebührentatbestand	Gebühr oder Satz der Gebühr nach § 28 FamGKG
1321	Beendigung des gesamten Verfahrens 1. ohne Endentscheidung, 2. durch Zurücknahme des Antrags vor Ablauf des Tages, an dem die Endentscheidung der Geschäftsstelle übermittelt wird, wenn die Entscheidung nicht bereits durch Verlesen der Entscheidungsformel bekannt gegeben worden ist, oder 3. wenn die Endentscheidung keine Begründung enthält oder nur deshalb eine Begründung enthält, weil zu erwarten ist, dass der Beschluss im Ausland geltend gemacht wird (§ 38 Abs. 5 Nr. 4 FamFG): Die Gebühr 1320 ermäßigt sich auf .... (1) Die Vervollständigung einer ohne Begründung hergestellten Endentscheidung (§ 38 Abs. 6 FamFG) steht der Ermäßigung nicht entgegen. (2) Die Gebühr ermäßigt sich auch, wenn mehrere Ermäßigungstatbestände erfüllt sind.	0,5

I. Allgemeines

1 Die Verfahrensgebühr Nr. 1320 KV ermäßigt sich nach Nr. 1321 KV auf einen 0,5-Gebührensatz, wenn das gesamte Verfahren beendet wird
- ohne Endentscheidung (Nr. 1),
- durch rechtzeitige Antragsrücknahme (Nr. 2),
- durch Endentscheidung ohne Begründung (Nr. 3 Alt. 1),
- durch eine nur aufgrund von § 38 Abs. 5 Nr. 4, Abs. 6 FamFG begründete Endentscheidung (Nr. 3 Alt. 2).

2 Darüber hinaus ist Nr. 1321 KV nicht anwendbar, weil es sich um eine Ausnahmeregelung und eine abschließende Aufzählung handelt.

3 Eine Gebührenermäßigung tritt nur ein, wenn das **gesamte Verfahren** durch einen in Nr. 1321 KV genannten Tatbestand beendet wird. Jedoch genügt es, dass das gesamte Verfahren auch durch **mehrere Ermäßigungstatbestände** beendet wird (**Anm. Abs. 2**). Verbleibt jedoch auch nur ein noch so unbedeutender Verfahrensteil, der nicht von Nr. 1321 KV erfasst wird, bleibt es für das gesamte Verfahren bei der 2,0-Gebühr der Nr. 1320 KV. Eine Teilermäßigung kann folglich nicht eintreten.

II. Die einzelnen Ermäßigungstatbestände

4 **1. Beendigung ohne Endentscheidung (Nr. 1).** Es muss sich um eine Endentscheidung iSd § 38 FamFG handeln, so dass bloße Zwischen- oder Nebenentscheidungen eine Ermäßigung nicht verhindern. Auf die Wirksamkeit oder Rechtskraft kommt es nicht an, was aus Nr. 2 folgt. Erfasst ist von Nr. 1 daher insb. die Beendigung durch wirksamen Vergleich; bei Antragsrücknahme greift Nr. 2.

5 Endentscheidung ist auch eine **Kostenentscheidung**, wenn nur noch über die Kosten zu entscheiden ist. Ermäßigung tritt daher nicht ein, wenn das Gericht nach Erledigung der Hauptsache noch über die Kosten entscheiden muss. Unerheblich ist der Inhalt der Kostenentscheidung, so dass sie auch dann der Ermäßigung entgegensteht, wenn sie einer mitgeteilten Einigung der Beteiligten folgt, weil es eine Privilegierung wie in Anm. Abs. 2 zu Nr. 1324 KV nicht gibt. Ermäßigung tritt folglich nicht ein, wenn das Verfahren durch **Vergleich** beendet wird, der keine Kostenregelung enthält, weil das Gericht über die Kosten entscheiden soll.

6 **2. Rücknahme des Antrags (Nr. 2).** Die Zurücknahme des Antrags führt zu einer Gebührenermäßigung, jedoch muss sie rechtzeitig iSd Nr. 2 erfolgen. Handelt es sich um eine Endentscheidung, die durch **Verlesen der Entscheidungsformel** bekanntgemacht wird (§ 41 Abs. 2 FamFG), führt eine danach erfolgte Rücknahme keine Ermäßigung mehr herbei.

Wird die Endentscheidung nicht durch Verlesen der Entscheidungsformel bekannt gegeben, tritt eine Ermä- **7**
ßigung noch ein, wenn die Rücknahme **vor Ablauf des Tages** erfolgt, an dem die **Endentscheidung der Geschäftsstelle übermittelt** wurde. Dabei ist auf den postalischen Eingang der Rücknahme bei dem zuständigen Gericht und den Vermerk nach § 38 Abs. 3 S. 3 FamFG abzustellen. Zu beachten ist § 22 Abs. 2 S. 1
FamFG, wonach eine erlassene, aber nicht rechtskräftige Endentscheidung automatisch wirkungslos wird,
ohne dass es der ausdrücklichen Aufhebung bedarf. Sie kann folglich nicht mehr als Grundlage für den
Kosteneinzug zugrunde gelegt werden.

Der Begriff der Rücknahme iSd Nr. 2 ist nicht verfahrens-, sondern kostenrechtlich zu verstehen. Maßgeb- **8**
lich ist deshalb, dass dem Gericht ein Eindringen in oder eine Auseinandersetzung mit dem Verfahrensgegenstand erspart bleibt, so dass eine Ermäßigung auch in solchen Fällen eintritt, in denen der Antragsteller
ausdrücklich oder stillschweigend zu erkennen gibt, keine gerichtliche Entscheidung mehr anzustreben.[1]
Nicht ausreichend ist aber bloßes Nichtbetreiben wegen **Unterbrechung** oder die **Verfahrensaussetzung**,
auch wenn die Weglegung der Akten erfolgt.[2]

3. Endentscheidung ohne Begründung (Nr. 3). Die Ermäßigung tritt nach **Nr. 3 Alt. 1** auch ein, wenn das **9**
Verfahren durch Endentscheidung beendet wird, die keine Begründung enthält, auf die in den von Vorbem.
1.3.2 Abs. 1 Nr. 2 KV erfassten Verfahren nach § 38 Abs. 4 Nr. 2, 3 FamFG verzichtet werden kann. In
Abstammungs- und Versorgungsausgleichssachen ist jedoch ein Verzicht auf die Begründung nicht zulässig
(§ 38 Abs. 5 Nr. 2, § 224 Abs. 2 FamFG). In Adoptionssachen ist § 197 FamFG zu beachten. Auch eine
bloße Teilbegründung schließt die Ermäßigung aus.

Ist eine Begründung nur erfolgt, weil zu erwarten ist, dass der Beschluss im **Ausland** geltend gemacht wird **10**
(§ 38 Abs. 5 Nr. 4 FamFG), tritt nach **Nr. 3 Alt. 2** gleichwohl eine Ermäßigung ein. Unerheblich ist dabei,
ob es tatsächlich zu einer solchen Geltendmachung kommt. Hat das Gericht zunächst auf die Begründung
verzichtet und wird eine solche später nur deshalb angefügt, weil der Beschluss im Ausland geltend gemacht werden soll (§ 38 Abs. 6 FamFG), verbleibt es bei der eingetretenen Gebührenermäßigung (**Anm.
Abs. 1**).

III. Folgen der Ermäßigung

Die Gebühr entsteht nachträglich nur mit einem 0,5-Gebührensatz. Zuviel gezahlte Kosten sind an den An- **11**
tragsteller zurückzuzahlen, wenn dieser nicht auch für andere Gerichtskosten haftet. Auch die Antragshaftung (§ 21 Abs. 1) reduziert sich nachträglich auf einen 0,5-Gebührensatz. Bei der Zweitschuldnerhaftung
darf folglich der Differenzbetrag zwischen dem 2,0- und dem 0,5-Gebührensatz nicht berücksichtigt werden.[3] Die Nichtbeachtung der Ermäßigung kann nach § 57 mit der Erinnerung angegriffen werden.

Unterabschnitt 2
Beschwerde gegen die Endentscheidung wegen des Hauptgegenstands

Nr.	Gebührentatbestand	Gebühr oder Satz der Gebühr nach § 28 FamGKG
1322	Verfahren im Allgemeinen	3,0
1323	Beendigung des gesamten Verfahrens durch Zurücknahme der Beschwerde oder des Antrags, bevor die Schrift zur Begründung der Beschwerde bei Gericht eingegangen ist: Die Gebühr 1322 ermäßigt sich auf	0,5
1324	Beendigung des gesamten Verfahrens ohne Endentscheidung, wenn nicht Nummer 1323 erfüllt ist: Die Gebühr 1322 ermäßigt sich auf	1,0
	(1) Wenn die Entscheidung nicht durch Verlesen der Entscheidungsformel bekannt gegeben worden ist, ermäßigt sich die Gebühr auch im Fall der Zurücknahme der Beschwerde vor Ablauf des Tages, an dem die Endentscheidung der Geschäftsstelle übermittelt wird.	

---

1 *Oestreich/Hellstab/Trenkle*, GKG Nr. 1211 KV Rn 12. **2** OLG Köln JurBüro 2015, 37; *Meyer*, GKG Nr. 1211 KV Rn 30 (jew.
zur inhaltsgleichen Nr. 1211 KV GKG). **3** *Oestreich/Hellstab/Trenkle*, FamGKG Nr. 1221 KV Rn 39.

Nr.	Gebührentatbestand	Gebühr oder Satz der Gebühr nach § 28 FamGKG
	(2) Eine Entscheidung über die Kosten steht der Ermäßigung nicht entgegen, wenn die Entscheidung einer zuvor mitgeteilten Einigung über die Kostentragung oder einer Kostenübernahmeerklärung folgt.	

I. Allgemeines

1 **1. Anwendungsbereich.** Für Beschwerdeverfahren (§§ 58 ff FamFG) gegen die Endentscheidung wegen der Hauptsache in einer von Vorbem. 1.3.2 Abs. 1 KV genannten Familiensache entstehen Gebühren nach Nr. 1322–1324 KV. Für Zwischen- oder Nebenentscheidung gilt Nr. 1912 KV. Es muss sich um eine isolierte Familiensache handeln; für Folgesachen gelten Nr. 1120 ff KV, auch wenn ausschließlich die Folgesache angegriffen wird (Vorbem. 1.1.2 KV).

2 **2. Kostenentscheidungen.** Auch wenn Kostenentscheidungen isoliert angefochten werden, sind Gebühren ausschließlich nach Nr. 1322–1324 KV zu erheben, da es sich um ein Beschwerdeverfahren nach §§ 58 ff FamFG handelt, so dass Nr. 1910–1911 KV nicht gelten.

3 **3. Adoptionssachen.** Betrifft die Adoptionssache einen Minderjährigen, bleibt das Beschwerdeverfahren gebührenfrei (Vorbem. 1.3.2 Abs. 1 Nr. 2 KV), weil diese Regelung aufgrund ihrer Stellung im Gesetz, nämlich als Voranstellung zu Abschnitt 2, für sämtliche Instanzenzüge gilt. Es handelt sich um eine sachliche Befreiung, so dass es unerheblich bleibt, durch wen die Beschwerde einlegt wird. Auslagen sind unter Beachtung von Vorbem. 2 Abs. 1 KV einzuziehen.

4 **4. Wiedereinsetzungsantrag.** Ein Antrag auf Wiedereinsetzung (§§ 17 ff FamFG) löst keine Gebühren nach Nr. 1322–1324 KV aus. Ist aber der Beschwerdeantrag mit einem Wiedereinsetzungsantrag verbunden, werden beide Verfahren in Lauf gesetzt, so dass Gebühren nach Nr. 1322 ff KV entstehen.[1]

II. Verfahrensgebühr Nr. 1322 KV

5 **1. Höhe und Abgeltung.** Es handelt sich bei Nr. 1322 KV um eine pauschale Verfahrensgebühr, die mit einem 3,0-Gebührensatz entsteht und sämtliche Handlungen des Gerichts abgilt.

6 **2. Entstehen der Gebühr.** Die Gebühr entsteht mit **Eingang der Beschwerdeschrift**, die gem. § 64 Abs. 1 FamFG beim Familiengericht einzureichen ist. Auf den Eingang bei dem OLG kommt es daher nicht an, so dass die Gebühr der Nr. 1322 KV auch entsteht, wenn die Beschwerde noch vor Eingang beim Beschwerdegericht zurückgenommen wird. Zulässigkeit oder Statthaftigkeit der Beschwerde sind unerheblich. Die Gebühr entsteht deshalb auch, wenn in einer vermögensrechtlichen Angelegenheit der Beschwerdewert (§ 61 Abs. 1 FamFG) nicht erreicht ist. Unerheblich ist ferner, durch welchen Beteiligten die Beschwerde eingelegt wird, so dass die Gebühr auch entsteht, wenn das betroffene Kind Beschwerde einlegt.

7 Fehlt der Beschwerdeschrift die nach § 64 Abs. 2 S. 4 FamFG zwingend erforderliche Unterschrift des Beschwerdeführers oder seines Bevollmächtigten, wird die Gebühr nicht ausgelöst. Gleiches gilt, wenn die Beschwerde unter einer Bedingung eingelegt wird, so dass eine unter Bedingung der VKH-Bewilligung eingelegte Beschwerde die Gebühr erst nach Bewilligung auslöst.

8 Die Gebühr der Nr. 1322 KV entsteht unabhängig vom Inhalt der Entscheidung des Beschwerdegerichts, also auch, wenn die Beschwerde **zurückgewiesen** oder **verworfen** wird.

9 Ist die Gebühr einmal entstanden, kann sie nicht mehr nachträglich entfallen, sondern sich nur nach Nr. 1323, 1324 KV ermäßigen.

10 **3. Einstweilige Anordnung.** Das Beschwerdegericht kann nach § 64 Abs. 3 FamFG vor Erlass der Entscheidung eine einstweilige Anordnung erlassen. Sie ist von der Verfahrensgebühr der Nr. 1322 KV nicht abgegolten, sondern es entstehen gesonderte Gebühren nach Nr. 1420, 1421 KV, weil es sich trotz der Entscheidung durch das OLG um ein erstinstanzliches einstweiliges Anordnungsverfahren handelt. Die bloße Anordnung, dass die Vollziehung des angefochtenen Beschlusses ausgesetzt wird, löst noch keine Gebühren nach Nr. 1420, 1421 KV aus.

11 **4. Antragserweiterung.** Wird der Antrag in dem Beschwerdeverfahren erweitert, ist einheitlich nach Nr. 1322–1324 KV abzurechnen, ein teilweiser Ansatz nach Nr. 1320–1321 KV erfolgt nicht.

---

[1] OLG Dresden OLGR 2007, 801.

             NK-GK/*H. Schneider*

5. Anschlussrechtsmittel, wechselseitige Rechtsmittel. Sind sie eingelegt, entsteht die Gebühr Nr. 1322 KV   12
nur einmal, wenn die Beschwerden in demselben Verfahren behandelt werden. Wegen der Wertberechnung
ist § 39 Abs. 2 zu beachten (→ § 39 Rn 28 ff). Werden die Rechtsmittel in verschiedenen Verfahren behandelt, entstehen die Gebühren jedoch gesondert. Das gilt auch, wenn die zweite Beschwerde eingelegt wird,
nachdem das andere Beschwerdeverfahren bereits beendet war. Verbindet das Gericht verschiedene Beschwerdeverfahren später miteinander, bleibt es beim Ansatz der Einzelgebühren, da die Verbindung keine
rückwirkende Kraft entfaltet und die Gebühren bereits mit Eingang der Beschwerdeschrift entstanden sind.

III. Ermäßigung nach Nr. 1323 KV

Die Gebühr Nr. 1322 KV ermäßigt sich auf einen 0,5-Gebührensatz, wenn die Beschwerde oder der Antrag   13
vor Eingang der Beschwerdebegründungsschrift bei Gericht **zurückgenommen** wird und dadurch das gesamte Verfahren beendet wird (Nr. 1323 KV). Eine Teilrücknahme genügt nicht, Teilermäßigung tritt also
nicht ein.

Eine gesetzliche Frist für die Einreichung der Begründung besteht nicht, jedoch kann das Gericht eine sol-   14
che bestimmen (§ 65 Abs. 2 FamFG). Maßgeblich für den Eintritt der Gebührenermäßigung ist jedoch nur
der tatsächliche Eingang der Begründungsschrift, auch wenn das Gericht eine Frist nach § 65 Abs. 2
FamFG bestimmt hat. Die Ermäßigung kann deshalb auch noch nach Fristablauf eintreten, wenn die Begründung noch nicht bei Gericht eingereicht war. Hat das Gericht aber bereits die Zurückweisungsentscheidung erlassen, scheidet die Ermäßigung aus. Gleiches gilt, wenn das Gericht noch eine **Kostenentscheidung**
trifft, die nicht unter Anm. Abs. 2 zu Nr. 1324 KV fällt. Erfolgt die Begründung sogleich in der Beschwerdeschrift, ist die Ermäßigung nach Nr. 1323 KV ausgeschlossen.

Beispiel 1: Am 16.6. wird Beschwerde eingelegt. Sie wird am 21.7. vollständig zurückgenommen. Eine Begrün-   15
dungsschrift ist noch nicht eingegangen, auch eine Endentscheidung war noch nicht ergangen.

Die Rücknahme ist vor Eingang der Beschwerdebegründung erfolgt. Die Gebühr Nr. 1322 KV ermäßigt sich nach
Nr. 1323 KV auf einen 0,5-Gebührensatz.

Beispiel 2: Am 21.4. wird Beschwerde eingelegt. Die Beschwerdebegründung geht am 14.5. bei Gericht ein. Da-   16
nach wird die Beschwerde vollständig zurückgenommen.

Die Rücknahme ist nach Eingang der Beschwerdebegründung verspätet erfolgt. Somit scheidet eine Ermäßigung
nach Nr. 1323 KV aus. War noch keine Endentscheidung ergangen, greift aber Nr. 1324 KV ein.

IV. Ermäßigung nach Nr. 1324 KV

1. Allgemeines. Nach Eingang der Beschwerdebegründung bei Gericht kann sich die Gebühr Nr. 1322 KV   17
nach Nr. 1324 KV auf einen 1,0-Gebührensatz ermäßigen, wenn das Verfahren **ohne Endentscheidung** beendet wird. Es muss das **gesamte Beschwerdeverfahren** erledigt werden, so dass eine Teilerledigung nicht
ausreicht und keine Teilermäßigung eintritt. **Konkurrieren** Nr. 1323 KV und Nr. 1324 KV miteinander, ist
Letztere anzusetzen.

2. Endentscheidung. Es muss sich um eine Endentscheidung iSv § 38 FamFG handeln, Zwischen- oder Ne-   18
benentscheidungen verhindern die Ermäßigung also nicht. Auf die Wirksamkeit oder Rechtskraft kommt es
nicht, was aus **Anm. Abs. 1** folgt. Erfasst werden insb. die Beendigung durch Rücknahme nach Eingang der
Begründung, wirksamen Vergleichsabschluss oder durch Hauptsacheerledigung, wenn keine streitige Kostenentscheidung ergeht. Beschlüsse nach § 278 Abs. 6 ZPO iVm § 36 Abs. 3 FamFG sind keine Endentscheidung. Gleiches gilt, wenn das Gericht die für den Vergleich erforderlichen Genehmigungen erteilt.

Eine bloße **Kostenentscheidung** ist Endentscheidung iSd § 38 FamFG, so dass sie einer Gebührenermäßi-   19
gung entgegensteht. Eine solche tritt daher nicht ein, wenn das Gericht nach Erledigung der Hauptsache
noch über die Kosten entscheiden muss; wegen der Rücknahme der Beschwerde → Rn 20 f. Folgt die Kostenentscheidung aber einer zuvor mitgeteilten Einigung über die Kostentragung oder einer Kostenübernahmeerklärung, steht sie einer Ermäßigung nicht entgegen (**Anm. Abs. 2**).

3. Rücknahme. Die Rücknahme der Beschwerde muss bis zur Bekanntgabe der Endentscheidung durch   20
Verlesen der Entscheidungsformel erfolgen. Danach tritt keine Ermäßigung mehr ein. Wurde die Endent-
scheidung nicht durch Verlesen bekannt gemacht, tritt Ermäßigung auch ein, wenn die Rücknahme bis zum
Ablauf des Tages erfolgt, an dem die Endentscheidung der Geschäftsstelle übergeben wurde (**Anm. Abs. 1**).
Maßgeblich sind der postalische Eingang der Rücknahme beim OLG und der Vermerk nach § 38 Abs. 3
S. 3 FamFG. Der versehentliche Eingang bei einem anderen als dem Beschwerdegericht geht zu Lasten des
Beschwerdeführers. Wegen der Wirkungen der Rücknahme (§ 22 Abs. 2) → Nr. 1321 KV Rn 7.

21 Da das Beschwerdegericht wegen § 81 Abs. 1 S. 3 FamFG zum Erlass einer Kostenentscheidung verpflichtet ist, kann die Gebührenermäßigung in den Fällen der Rücknahme nur eintreten, wenn sie zugleich mit der Erklärung verbunden ist, die Kosten des Beschwerdeverfahrens zu übernehmen.[2]

V. Fälligkeit, Vorschuss

22 Die Fälligkeit der Gebühren bestimmt sich nach § 11 Abs. 1. Für die Auslagen gilt § 11 Abs. 1, 2.

23 Die Vorschusspflicht des § 14 Abs. 3 gilt für Beschwerdeverfahren nicht, so dass das OLG seine Tätigkeit nicht von der Zahlung der Gebühr abhängig machen darf. Aufgrund der Fälligkeitsregelung des § 11 Abs. 1 kann die Gebühr auch nicht mittels Sollstellung vom Antragsteller angefordert werden. Für die Auslagen gelten §§ 16, 17.

VI. Kostenschuldner

24 **1. Antragshaftung.** Der Beschwerdeführer haftet nach § 21 Abs. 1 als Antragsschuldner. Das gilt auch in Gewaltschutzsachen, weil § 21 Abs. 1 S. 2 Nr. 1 nur für erstinstanzliche Verfahren gilt. Ausgenommen ist jedoch ein Minderjähriger in Abstammungssachen und Adoptionssachen, weil diese Verfahren seine Person betreffen (§ 21 Abs. 1 S. 2 Nr. 3). Auch ein Verfahrensbeistand (§§ 174, 191 FamFG) haftet nicht als Antragsschuldner, wenn er im Interesse des Kindes handelt (§ 21 Abs. 1 S. 2 Nr. 4).

25 **2. Weitere Kostenschuldner.** Daneben haften die Kostenschuldner nach §§ 23, 24. Einem Minderjährigen dürfen in Verfahren, die seine Person betreffen, keine Kosten auferlegt werden (§§ 81 Abs. 3, 183 FamFG).

26 §§ 81 ff FamFG sind auch heranzuziehen, wenn Beteiligter eine Behörde ist, so dass auch einem beteiligten **Versorgungsträger** Kosten auferlegt werden können,[3] auch die außergerichtlichen Kosten des Gegners.[4] Da die Kostenentscheidung des Gerichts, anders als noch § 13 a FGG, ausdrücklich auch die Gerichtskosten umfasst (§ 80 S. 1 FamFG), haftet der Versorgungsträger auch für die Gerichtskosten nach § 24 Nr. 1. Eine Kostenbefreiung nach § 2 Abs. 1, 2 besteht im Regelfall nicht, so dass sich auch **kommunale Versorgungs- und Versorgungszusatzkassen** nicht auf eine Gebührenbefreiung nach Landesrecht berufen können.[5]

27 Auch dem **Jugendamt** können Kosten auferlegt werden. Das Jugendamt kann daher gleichfalls Entscheidungsschuldner sein; zu prüfen ist dann, ob eine Kostenbefreiung nach Landesrecht vorliegt. Auf § 2 Abs. 1 können sich die Jugendämter nicht stützen, weil die Vorschrift nicht die kommunalen Behörden erfasst; anders nur in Berlin und Hamburg (→ § 2 Rn 6).

VII. Verfahrenswert

28 Der Verfahrenswert bestimmt sich nach den durch den Beschwerdeführer gestellten Anträgen, begrenzt durch den Wert des erstinstanzlichen Verfahrensgegenstands (§ 40 Abs. 1, 2).

Unterabschnitt 3
Rechtsbeschwerde gegen die Endentscheidung wegen des Hauptgegenstands

Nr.	Gebührentatbestand	Gebühr oder Satz der Gebühr nach § 28 FamGKG
1325	Verfahren im Allgemeinen	4,0
1326	Beendigung des gesamten Verfahrens durch Zurücknahme der Rechtsbeschwerde oder des Antrags, bevor die Schrift zur Begründung der Rechtsbeschwerde bei Gericht eingegangen ist: Die Gebühr 1325 ermäßigt sich auf	1,0
1327	Beendigung des gesamten Verfahrens durch Zurücknahme der Rechtsbeschwerde oder des Antrags vor Ablauf des Tages, an dem die Endentscheidung der Geschäftsstelle übermittelt wird, wenn nicht Nummer 1326 erfüllt ist: Die Gebühr 1325 ermäßigt sich auf	2,0

2 OLG Celle FamRZ 2012, 1969. **3** Keidel/*Zimmermann*, § 81 FamFG Rn 36 ff. **4** Keidel/*Zimmermann*, § 81 FamFG Rn 39. **5** LG Düsseldorf Rpfleger 1977, 115.

I. Allgemeines

In Verfahren über Rechtsbeschwerden (§§ 70 ff FamFG) gegen Endentscheidungen wegen des Hauptgegen- 1
stands entstehen Gebühren nach Nr. 1325–1327 KV, wenn es sich um ein in Vorbem. 1.3.2 Abs. 1 KV genanntes Verfahren handelt. Handelt es sich um Adoptionssachen, die einen Minderjährigen betreffen, bleibt
das Rechtsbeschwerdeverfahren gebührenfrei, da die in Vorbem. 1.3.2 Abs. 1 Nr. 2 KV angeordnete sachliche Gebührenfreiheit für sämtliche Instanzen gilt. Es muss sich um eine isolierte Familiensache handeln; ist
eine Folgesachen angegriffen, gelten Nr. 1130–1132 KV, auch wenn nur diese angefochten ist (Vorbem.
1.1.3 KV). Wird eine Neben- oder Zwischenentscheidung angegriffen, gelten Nr. 1923, 1924 KV.

II. Verfahrensgebühr Nr. 1325 KV

1. Höhe und Entstehen der Gebühr. Es handelt sich bei Nr. 1325 KV um eine pauschale Verfahrensgebühr 2
mit einem 4,0-Gebührensatz. Sie deckt sämtliche Handlungen des Gerichts ab.

Die Gebühr entsteht mit **Eingang der Rechtsbeschwerdeschrift bei Gericht.** Es genügt der bloße Antrag; auf 3
den Eingang der Begründung oder konkrete Anträge kommt es nicht an. Ebenso wenig kommt es auf die
Zulässigkeit oder Statthaftigkeit der Rechtsbeschwerde an. Die Gebühr entsteht deshalb auch, wenn die
Rechtsbeschwerde entgegen § 114 Abs. 2 FamFG ohne anwaltliche Vertretung eingelegt wird. Nach § 71
Abs. 1 S. 3 FamFG bedarf die Rechtsbeschwerdeschrift zwingend einer Unterschrift; fehlt sie, wird die Gebühr nicht ausgelöst.[1] Gleiches gilt, wenn die Rechtsbeschwerde unter einer Bedingung (zB VKH-Bewilli-
gung) eingelegt wird.

Ist die Gebühr einmal entstanden, kommt ein nachträglicher Wegfall nicht mehr in Betracht, sondern nur 4
noch Ermäßigung nach Nr. 1326, 1327 KV.

2. Wechselseitige Rechtsbeschwerden, Anschlussrechtsmittel. Die Gebühr Nr. 1325 KV entsteht bei Einle- 5
gung von wechselseitigen Rechtsmitteln nur einmal, wenn sie in demselben Verfahren behandelt werden.
Das gilt auch für Anschlussrechtsmittel. Wegen der Wertberechnung ist § 39 Abs. 2 zu beachten (→ § 39
Rn 28 ff).

III. Fälligkeit, Vorschuss

Die Fälligkeit bestimmt sich nach § 11 Abs. 1. Für die Auslagen gilt § 11 Abs. 1, 2. 6

Vorschusspflicht nach § 14 Abs. 3 besteht nicht, weil die Regelung nur für erstinstanzliche Verfahren gilt. 7
Wegen der Fälligkeitsregelung darf die Gebühr vom Rechtsbeschwerdeführer auch nicht vorab mittels Sollstellung angefordert werden. Für die Auslagen gelten §§ 16, 17.

IV. Ermäßigung nach Nr. 1326 KV

Die Gebühr Nr. 1325 KV ermäßigt sich nach Nr. 1326 KV auf einen 1,0-Gebührensatz, wenn die Rechtsbe- 8
schwerde oder der Antrag **zurückgenommen** wird, **bevor** die Rechtsbeschwerdebegründung bei Gericht eingeht. Die Begründungsfrist beträgt einen Monat, jedoch kann das Gericht die Frist mit Einwilligung des
Gegners auch verlängern (§ 71 Abs. 2 S. 3 FamFG iVm § 551 Abs. 2 S. 5 ZPO). Für den Eintritt der Gebührenermäßigung ist allein auf den tatsächlichen Eingang der Begründungsschrift abzustellen, auf den Fristablauf kommt es nicht an. Die Gebühr ermäßigt sich deshalb auch noch, wenn die Rücknahme nach Fristablauf, aber noch vor Eingang der Begründung bei Gericht eingeht. Hat das Gericht bereits Endentscheidung
erlassen, kann nur noch Nr. 1327 KV eingreifen. War die Begründung sogleich in der Rechtsbeschwerdeschrift enthalten, ist eine Ermäßigung nach Nr. 1326 KV gleichfalls ausgeschlossen.

Durch die Rücknahme muss das **gesamte Verfahren** beendet werden. Eine bloße Teilrücknahme genügt 9
nicht, so dass auch keine Teilermäßigung eintritt.

V. Ermäßigung nach Nr. 1327 KV

Eine Ermäßigung der Gebühr Nr. 1325 KV auf einen 2,0-Gebührensatz tritt nach Nr. 1327 KV ein, wenn 10
die Rechtsbeschwerde oder der Antrag **vor Ablauf des Tages zurückgenommen** wird, an dem die **Endentscheidung der Geschäftsstelle übermittelt** wird. Maßgeblich sind postalischer Eingang bei dem Rechtsbeschwerdegericht sowie der nach § 38 Abs. 3 S. 3 FamFG anzubringende Übergabevermerk.

Nur eine **Endentscheidung** iSd § 38 FamFG verhindert die Ermäßigung, nicht aber Zwischen- oder Neben- 11
entscheidungen. Zu den Endentscheidungen gehören auch Beschlüsse nach §§ 74 Abs. 1, 74 a FamFG sowie

---

[1] HK-FamGKG/*Volpert*, Nr. 1325 KV Rn 11.

bloße **Kostenentscheidungen**. Eine Ermäßigung tritt deshalb nicht ein, wenn das Gericht nach Erledigung der Hauptsache noch über die Kosten entscheiden muss.

12   Ermäßigung tritt nur ein, wenn die Rücknahme das **gesamte Rechtsbeschwerdeverfahren** beendet. Eine Teilrücknahme genügt nicht, Teilermäßigung tritt somit nicht ein.

13   Ist für Teile des Verfahrens Nr. 1326 KV und für andere Nr. 1327 KV anzuwenden, ist **einheitlich nach Nr. 1327 KV** zu berechnen.

14   **Beispiel:** Es wird Rechtsbeschwerde eingelegt. Die Begründungsschrift geht wenig später bei Gericht ein. Noch vor Erlass der Endentscheidung wird die Rechtsbeschwerde vollständig zurückgenommen. Der Verfahrenswert beträgt 2.000 €. Die Rücknahme erfolgt vor Erlass der Endentscheidung, aber nach Eingang der Begründungsschrift. An Gerichtsgebühren sind entstanden:

2,0-Verfahrensgebühr, Nr. 1327 KV (Wert: 2.000 €)   178,00 €

VI. Kostenschuldner, Verfahrenswert

15   Es haften insb. die Kostenschuldner nach §§ 21, 24 (→ Nr. 1320 KV Rn 19 ff).

16   Es gilt § 40 Abs. 1, so dass es auf die durch den Rechtsbeschwerdeführer gestellten Anträge ankommt. Der Wert ist dabei auf den erstinstanzlichen Wert begrenzt, wenn in der Beschwerdeinstanz keine Erweiterung erfolgt war (§ 40 Abs. 2).

Unterabschnitt 4
Zulassung der Sprungrechtsbeschwerde gegen die Endentscheidung wegen des Hauptgegenstands

Nr.	Gebührentatbestand	Gebühr oder Satz der Gebühr nach § 28 FamGKG
1328	Verfahren über die Zulassung der Sprungrechtsbeschwerde: Soweit der Antrag abgelehnt wird	1,0

I. Allgemeines

1   Die Gebühr Nr. 1328 KV gilt ausschließlich für Verfahren auf Zulassung der Sprungrechtsbeschwerde (§ 75 FamFG), wenn ein in Vorbem. 1.3.2 Abs. 1 KV benanntes Verfahren betroffen ist und es sich um eine isolierte Familiensache handelt. Für die Folgesachen gilt Nr. 1140 KV. Die Sprungrechtsbeschwerde muss sich gegen eine Endentscheidung wegen der Hauptsache richten. Wird eine Nebenentscheidung angegriffen, gilt Nr. 1930 KV.

II. Verfahrensgebühr

2   **1. Ablehnungsentscheidung.** Für das Zulassungsverfahren ist eine pauschale Verfahrensgebühr mit einem 1,0-Gebührensatz zu erheben. Die Gebühr entsteht erst mit Erlass der den Zulassungsantrag **ablehnenden Entscheidung.** Endet das Zulassungsverfahren ohne eine solche, etwa durch Rücknahme, Erledigung der Hauptsache oder durch Zulassung der Sprungrechtsbeschwerde, bleibt das Zulassungsverfahren gerichtsgebührenfrei. Eine bloße Kostenentscheidung führt nicht zum Ansatz der Gebühr. Gerichtlichen Auslagen sind jedoch auch dann einzuziehen, wenn das Verfahren gebührenfrei bleibt, jedoch gelten diese bei Zulassung der Sprungrechtsbeschwerde als Teil der Kosten des sich anschließenden Rechtsbeschwerdeverfahrens.

3   **2. Teilablehnung.** Wird der Zulassungsantrag nur teilweise abgelehnt, folgt aus dem Wortlaut „soweit", dass die Gebühr nur nach dem Wert des von der Ablehnung erfassten Verfahrensteils entsteht (§ 30 Abs. 1).

4   **3. Zulassung und anschließendes Rechtsbeschwerdeverfahren.** Wird die Sprungrechtsbeschwerde zugelassen, ist das Verfahren **als Rechtsbeschwerdeverfahren fortzusetzen** (§ 566 Abs. 7 S. 1 ZPO iVm § 75 Abs. 2 S. 2 FamFG). Eine Gebühr nach Nr. 1328 KV entsteht nicht, vielmehr sind für das Rechtsbeschwerdeverfahren die Gebühren nach Nr. 1325–1327 KV anzusetzen.

III. Fälligkeit, Vorschuss, Kostenschuldner, Verfahrenswert

5   **Fälligkeit** tritt gem. § 11 Abs. 1 mit Erlass der ablehnenden Entscheidung ein. Für die Auslagen gilt § 11 Abs. 1, 2.

Eine **Vorschusspflicht** besteht nicht, weil § 14 Abs. 3 nicht für Rechtsmittelverfahren gilt. Aufgrund der Fälligkeitsregelung kann die Gebühr auch nicht vorab mittels Sollstellung angefordert werden.   6

Der Antragsteller der Zulassung **haftet** nach § 21 Abs. 1, jedoch nicht der Minderjährige in Adoptions- oder Abstammungssachen, weil die Verfahren seine Person betreffen (§ 21 Abs. 1 S. 2 Nr. 3). Gleiches gilt für nach §§ 174, 191 FamFG bestellte Verfahrensbeistände, die im Interesse des Kindes den Zulassungsantrag stellen (§ 21 Abs. 1 S. 2 Nr. 4). Im Übrigen haften die Kostenschuldner der §§ 23, 24.   7

Es gilt § 40 Abs. 3. Danach bemisst sich der **Verfahrenswert** nach dem für das Rechtsmittelverfahren maßgeblichen Wert.   8

Hauptabschnitt 4
Einstweiliger Rechtsschutz

Nr.	Gebührentatbestand	Gebühr oder Satz der Gebühr nach § 28 FamGKG
Vorbemerkung 1.4:		
Im Verfahren über den Erlass einer einstweiligen Anordnung und über deren Aufhebung oder Änderung werden die Gebühren nur einmal erhoben. Dies gilt entsprechend im Arrestverfahren.		

Geplante Fassung ab 18.1.2017 (gem. EuKoPfVODG, BT-Drucks 18/7560):[1]

Nr.	Gebührentatbestand	Gebühr oder Satz der Gebühr nach § 28 FamGKG
Vorbemerkung 1.4:		
(1) Im Verfahren zur Erwirkung eines Europäischen Beschlusses zur vorläufigen Kontenpfändung werden Gebühren nach diesem Hauptabschnitt nur im Fall des Artikels 5 Buchstabe a der Verordnung (EU) Nr. 655/2014 erhoben. In den Fällen des Artikels 5 Buchstabe b der Verordnung (EU) Nr. 655/2014 bestimmen sich die Gebühren nach den für die Zwangsvollstreckung geltenden Vorschriften des GKG.		
(2) Im Verfahren auf Erlass einer einstweiligen Anordnung und über deren Aufhebung oder Änderung werden die Gebühren nur einmal erhoben. Dies gilt entsprechend im Arrestverfahren und im Verfahren nach der Verordnung (EU) Nr. 655/2014.		

Abschnitt 1
Einstweilige Anordnung in Kindschaftssachen

Unterabschnitt 1
Erster Rechtszug

Nr.	Gebührentatbestand	Gebühr oder Satz der Gebühr nach § 28 FamGKG
1410	Verfahren im Allgemeinen	0,3
	Die Gebühr entsteht nicht für Verfahren, die in den Rahmen einer Vormundschaft oder Pflegschaft fallen, und für Verfahren, die die freiheitsentziehende Unterbringung eines Minderjährigen betreffen.	

---

[1] Geplante Änderung durch Art. 10 Nr. 2 Buchst. b des Entwurfs eines Gesetzes zur Durchführung der Verordnung (EU) Nr. 655/2014 sowie zur Änderung sonstiger zivilprozessualer Vorschriften (EuKoPfVODG), BT-Drucks 18/7560, S. 19. Geplantes Inkrafttreten dieser Änderung: 18.1.2017 (s. Art. 14 Abs. 1 ÄndG). Siehe dazu näher Nr. 1420–1421 KV Rn 1 a.

I. Verfahrensgebühr

1 **1. Abgeltungsbereich.** Für das erstinstanzliche Verfahren entsteht eine pauschale Verfahrensgebühr iHv 0,3, die sämtliche Handlungen des Gerichts, einschließlich der Entscheidung, abdeckt.

2 **2. Gebührenfreie Geschäfte (Anm.).** Einstweilige Anordnungsverfahren, die in den Rahmen einer **Vormundschaft** oder **Pflegschaft** fallen (zB § 1666 BGB iVm § 1837 Abs. 4, § 1915 Abs. 1 BGB), sind gebührenfrei (Anm.). Gleiches gilt für einstweilige Anordnungen wegen der **Unterbringung eines Minderjährigen** (§ 151 Nr. 6, 7 FamFG), was durch die Anm. zu Nr. 1410 KV ausdrücklich klargestellt wird.

II. Entstehen der Gebühr

3 Die Gebühr Nr. 1410 KV entsteht in Antragsverfahren mit **Eingang der Antragsschrift** (§ 23 FamFG), in Amtsverfahren, wenn das **Gericht erstmals tätig** wird. Ist die Gebühr einmal entstanden, kann sie nicht mehr nachträglich entfallen; auch eine **Ermäßigung** ist **nicht** vorgesehen, so dass es bei der 0,3-Gebühr unabhängig vom Ausgang des Verfahrens verbleibt. Die Gebühr ermäßigt sich deshalb auch nicht bei Beendigung des Verfahrens durch Antragsrücknahme, Ruhen, Nichtbetrieb, Unterbrechung oder Vergleichsabschluss. Jeder Antrag auf Erlass einer einstweiligen Anordnung löst die Gebühr gesondert aus. Werden die Verfahren später verbunden (§ 20 FamFG), bleibt es bei dem Ansatz von Einzelgebühren, weil diese zum Verbindungszeitpunkt schon entstanden sind. Zum Aufhebungs- oder Abänderungsverfahren → Rn 6 ff.

III. Hauptsacheverfahren

4 Einstweilige Anordnung und Hauptsache sind **selbständige Verfahren**, auch wenn sie zeitgleich anhängig sind (§ 51 Abs. 3 S. 1 FamFG). Es handelt sich stets um verschiedene Kostenrechtszüge iSd § 29 bzw § 119 ZPO iVm § 76 Abs. 1 FamFG, so dass auch VKH gesondert beantragt und bewilligt werden muss. Die Antragshaftung des Antragstellers des einstweiligen Anordnungsverfahrens umfasst nur die Kosten dieses Verfahrens, während für Kosten des Hauptsacheverfahrens nur der dortige Antragsteller als Antragsschuldner haftet. Auch umfasst die Kostenentscheidung des einstweiligen Anordnungsverfahrens nicht die Hauptsache und umgekehrt. Im Hauptsacheverfahren entstehen Gebühren nach Nr. 1310 ff KV.

5 **Beispiel:** Verfahren wegen einstweiliger Anordnung wegen der Übertragung der elterlichen Sorge. Der Verfahrenswert beträgt 1.500 €. Nach Erlass der einstweiligen Anordnung wird durch den Antragsteller das Hauptsacheverfahren eingeleitet. Der Verfahrenswert beträgt hier 3.000 €. Beide Verfahren werden durch Endentscheidung beendet.

An Gerichtsgebühren sind entstanden:
I. Einstweiliges Anordnungsverfahren
0,3-Verfahrensgebühr, Nr. 1410 KV (Wert: 1.500 €)   21,30 €
II. Hauptsacheverfahren
0,5-Verfahrensgebühr, Nr. 1310 KV (Wert: 3.000 €)   54,00 €

IV. Aufhebungs- oder Änderungsverfahren (Vorbem. 1.4 KV)

6 Aufhebungs- oder Änderungsverfahren nach § 54 Abs. 1 FamFG sind **selbständige Verfahren**, jedoch ordnet **Vorbem. 1.4 KV** abweichend von § 31 Abs. 2 S. 1 an, dass die Gebühren für das Anordnungs- und das spätere Änderungs- bzw Aufhebungsverfahren nur **einmal** zu erheben sind.

7 **Abzugrenzen** sind jedoch andere Rechtsbehelfe: Wird Aufhebung oder Änderung durch **Beschwerde** angestrebt (§ 54 Abs. 4, § 57 FamFG), entstehen Gebühren nach Nr. 1411, 1412 KV, auch wenn die Beschwerde unstatthaft ist. Hat das Gericht nach § 54 Abs. 2 FamFG erneut zu entscheiden, weil es zunächst ohne mündliche Verhandlung entschieden hat, entstehen keine gesonderten Gebühren, weil es sich noch um denselben Kostenrechtszug iSd § 29 handelt.

8 Ändert das Gericht die Entscheidung ab, so muss es über die Kosten entscheiden, wenn es auch die in der ursprünglichen Entscheidung getroffene **Kostenentscheidung** nicht mehr aufrechterhalten will. Aufgrund der Regelung des § 25 bleibt die aufgrund der ursprünglichen Entscheidung eingetretene Entscheidungshaftung gegenüber der Staatskasse solange aufrechterhalten, bis die Kostenentscheidung durch eine andere gerichtliche Entscheidung abgeändert oder aufgehoben wird.

V. Vergleich

9 Wird das Verfahren durch Vergleich beendet, bleibt es bei der 0,3-Verfahrensgebühr der Nr. 1410 KV. Ist mit dem Vergleich lediglich eine vorläufige Regelung getroffen, kommt der Ansatz einer **Vergleichsgebühr Nr. 1500 KV** nicht in Betracht. Soweit in dem Vergleich aber auch über die vorläufige Regelung hinausgehend Vereinbarungen getroffen werden, zB zur Hauptsache, ist regelmäßig eine Vergleichsgebühr zu erheben, weil es sich bei der Hauptsache um nicht anhängige Ansprüche handelt. Es ist dann neben der Verfahrensgebühr Nr. 1410 KV auch eine Vergleichsgebühr nach Nr. 1500 KV anzusetzen.

War aber zum Zeitpunkt des Vergleichsabschlusses bereits ein Hauptsacheverfahren anhängig, kann keine   10
Vergleichsgebühr der Nr. 1500 KV erhoben werden, wenn sich auch über die Hauptsache verglichen wird, weil der Hauptanspruch dann bereits anhängig ist.

Beispiel: Beantragt wird der Erlass einer einstweiligen Anordnung wegen Umgangsrecht. Das Verfahren wird   11
durch Vergleich beendet, der familiengerichtlich genehmigt wird. In dem Vergleich wird auch eine endgültige Regelung zum Umgang getroffen. Der Verfahrenswert beträgt 1.500 €. Für den Vergleich wird der Wert auf 4.500 € festgesetzt, weil hier sowohl die vorläufige (1.500 €) als auch die endgültige Regelung (3.000 €) enthalten ist.

An Gerichtsgebühren sind entstanden:

0,3-Verfahrensgebühr, Nr. 1410 KV (Wert: 1.500 €)	21,30 €
0,25-Vergleichsgebühr, Nr. 1500 KV (Wert: 3.000 €)	27,00 €

Ist in dem Vergleich nur noch die endgültige Regelung enthalten und deshalb der Vergleichswert nur noch   12
mit dem Wert der Hauptsache festgesetzt, ist die Vergleichsgebühr der Nr. 1500 KV gleichwohl nach dem Wert der Hauptsache zu erheben, weil insoweit nicht anhängige Ansprüche vorliegen. Ein Wertabzug für das einstweilige Anordnungsverfahren ist nicht vorzunehmen.

Beispiel: Beantragt wird der Erlass einer einstweiligen Anordnung wegen Umgangsrecht. Das Verfahren wird   13
durch Vergleich beendet, der familiengerichtlich genehmigt wird. In dem Vergleich wird nur eine endgültige Regelung zum Umgang getroffen. Der Verfahrenswert beträgt 1.500 €. Für den Vergleich wird der Wert 3.000 € festgesetzt (Wert der Hauptsache).

An Gerichtsgebühren sind entstanden:

0,3-Verfahrensgebühr, Nr. 1410 KV (Wert: 1.500 €)	21,30 €
0,25-Vergleichsgebühr, Nr. 1500 KV (Wert: 3.000 €)	27,00 €

VI. Fälligkeit, Vorschuss, Kostenschuldner, Verfahrenswert

Die Fälligkeit bestimmt sich nach § 11 Abs. 1. Zum Vorschuss → § 14 Rn 34 ff.   14

In reinen Antragsverfahren besteht Antragshaftung (→ § 21 Rn 13). Betrifft das Verfahren die Person eines   15
Minderjährigen, besteht für ihn keine Antragshaftung (§ 21 Abs. 1 S. 2 Nr. 3). Im Übrigen haften die Kostenschuldner nach §§ 23, 24.

Der Verfahrenswert bestimmt sich nach § 41; auf die dortigen Erl. wird verwiesen.   16

Unterabschnitt 2
Beschwerde gegen die Endentscheidung wegen des Hauptgegenstands

Nr.	Gebührentatbestand	Gebühr oder Satz der Gebühr nach § 28 FamGKG
1411	Verfahren im Allgemeinen	0,5
1412	Beendigung des gesamten Verfahrens ohne Endentscheidung: Die Gebühr 1411 ermäßigt sich auf	0,3
	(1) Wenn die Entscheidung nicht durch Verlesen der Entscheidungsformel bekannt gegeben worden ist, ermäßigt sich die Gebühr auch im Fall der Zurücknahme der Beschwerde vor Ablauf des Tages, an dem die Endentscheidung der Geschäftsstelle übermittelt wird.	
	(2) Eine Entscheidung über die Kosten steht der Ermäßigung nicht entgegen, wenn die Entscheidung einer zuvor mitgeteilten Einigung über die Kostentragung oder einer Kostenübernahmeerklärung folgt.	

I. Anwendungsbereich

Nr. 1411, 1412 KV gelten für Beschwerdeverfahren nach § 56 Abs. 3 S. 2, § 57 FamFG. Gebührenpflicht   1
besteht auch dann, wenn gegen eine Abänderungs- oder Aufhebungsentscheidung Beschwerde eingelegt wird. Die Beschwerde muss sich gegen eine Endentscheidung wegen des Hauptgegenstands in dem einstweiligen Anordnungsverfahren richten. Werden bloße Nebenentscheidungen angegriffen, gilt Nr. 1912 KV.

II. Verfahrensgebühr Nr. 1411 KV

2 Bei der Gebühr der Nr. 1411 KV handelt es sich um eine pauschale Verfahrensgebühr, die sämtliche Handlungen des Gerichts abdeckt. Sie entsteht in Höhe eines 0,5-Gebührensatzes.

3 Die Gebühr entsteht mit **Eingang der Beschwerdeschrift bei Gericht.** Auf den Eingang der fakultativen Begründung oder der Zustellung kommt es nicht an. Auch die sachliche Befassung durch das Beschwerdegericht ist unerheblich, so dass auch die Rücknahme der Beschwerde vor Akteneingang beim OLG die Gebühr auslöst. Statthaftigkeit oder Zulässigkeit der Beschwerde sind unbeachtlich. Nach Entstehung kann die Gebühr nicht mehr entfallen, sondern sich nur noch ermäßigen (Nr. 1412 KV). Die Fälligkeit bestimmt sich nach § 11 Abs. 1.

III. Ermäßigung nach Nr. 1412 KV

4 **1. Beendigung ohne Endentscheidung.** Die Gebühr Nr. 1411 KV ermäßigt sich nach Nr. 1412 KV auf einen 0,3-Gebührensatz, wenn das Beschwerdeverfahren **ohne Endentscheidung** iSd § 38 FamFG beendet wird, zB durch **Antragsrücknahme** oder **Vergleichsabschluss,** wobei hier auch eine zu erteilende familiengerichtliche Genehmigung der Ermäßigung nicht entgegensteht. Die Erledigung der Hauptsache führt nur dann zur Ermäßigung, wenn keine streitige Kostenentscheidung ergeht (→ Rn 8).

5 Es muss das **gesamte** Beschwerdeverfahren ohne Endentscheidung beendet werden. Daher verbleibt es bei der 0,5-Verfahrensgebühr der Nr. 1411 KV, wenn auch nur über einen Teil durch Endentscheidung entschieden wird. Eine bloße Teilrücknahme genügt also nicht.

6 **2. Rücknahme der Beschwerde (Anm. Abs. 1).** Ist bereits eine Endentscheidung ergangen, scheidet eine Gebührenermäßigung aus. Wurde die Endentscheidung jedoch nicht durch Verlesen der Entscheidungsformel bekannt gegeben, ist die Rücknahme der Beschwerde noch bis zum Ablauf des Tages, an dem die Endentscheidung der Geschäftsstelle übermittelt wird, zulässig (Anm. Abs. 1). Maßgeblich ist der nach § 38 Abs. 3 S. 3 FamFG anzubringende Vermerk.

7 **Beispiel:** Am 15.8. ergeht Endentscheidung, die nicht durch Verlesen der Entscheidungsformel bekannt gemacht wird. Der Beschluss geht am 16.8. auf der Geschäftsstelle ein. Am 16.8. um 17.00 Uhr geht bei dem Beschwerdegericht die Rücknahme der Beschwerde ein.

Es ist eine 0,3-Verfahrensgebühr (Nr. 1412 KV) anzusetzen, weil die Rücknahme noch vor Ablauf des Tages erfolgt ist, an dem die Endentscheidung der Geschäftsstelle übergeben wurde.

8 **3. Kostenentscheidung (Anm. Abs. 2).** Eine Kostenentscheidung ist als Endentscheidung iSd § 38 FamFG anzusehen,[1] wenn die Hauptsache weggefallen ist, so dass sie der Ermäßigung nach Nr. 1412 KV entgegensteht, wenn sie nicht einer zuvor mitgeteilten Einigung über die Kostentragung oder einer Kostenübernahmeerklärung folgt (Anm. Abs. 2).

Abschnitt 2
Einstweilige Anordnung in den übrigen Familiensachen und Arrest[1]

Nr.	Gebührentatbestand	Gebühr oder Satz der Gebühr nach § 28 FamGKG
Vorbemerkung 1.4.2: Dieser Abschnitt gilt für Familienstreitsachen und die in Vorbemerkung 1.3.2 genannten Verfahren.		

1 **Nr. 1420–1424 KV** finden nach Vorbem. 1.4.2 KV Anwendung, wenn die **einstweilige Anordnung** eine Familienstreitsache (§ 112 FamFG) oder eine in Vorbem. 1.3.2 Abs. 1 KV genannte Familiensache zum Gegenstand hat. Es sind im Einzelnen folgende Verfahren erfasst:

- Unterhaltssachen nach § 231 Abs. 1 FamFG,
- Güterrechtssachen nach § 261 Abs. 1 FamFG,
- sonstige Familiensachen nach § 266 Abs. 1 FamFG,

---

1 BT-Drucks 16/6308, S. 195. 1 Geplante Änderung der Überschrift durch Art. 10 Nr. 2 Buchst. c des Entwurfs eines Gesetzes zur Durchführung der Verordnung (EU) Nr. 655/2014 sowie zur Änderung sonstiger zivilprozessualer Vorschriften (EuKoPfVODG), BT-Drucks 18/7560, S. 19: *„Abschnitt 2. Einstweilige Anordnung in den übrigen Familiensachen, Arrest und Europäischer Beschluss zur vorläufigen Kontenpfändung".* Geplantes Inkrafttreten dieser Änderung: 18.1.2017 (s. Art. 14 Abs. 1 ÄndG). Siehe dazu näher Nr. 1420–1421 KV Rn 1 a.

- Abstammungssachen,
- Adoptionssachen, die einen Volljährigen betreffen,
- Ehewohnungs- und Haushaltssachen,
- Gewaltschutzsachen,
- Versorgungsausgleichssachen,
- Unterhaltssachen, Güterrechtssachen und sonstige Familiensachen (§ 111 Nr. 10 FamFG), die nicht Familienstreitsachen sind.

Darüber hinaus gelten die Gebühren der Nr. 1420–1424 KV auch in **Arrestverfahren** (§ 119 Abs. 2   2 FamFG).

Unterabschnitt 1
Erster Rechtszug

Nr.	Gebührentatbestand	Gebühr oder Satz der Gebühr nach § 28 FamGKG
1420	Verfahren im Allgemeinen	1,5
1421	Beendigung des gesamten Verfahrens ohne Endentscheidung:	
	Die Gebühr 1420 ermäßigt sich auf	0,5
	(1) Wenn die Entscheidung nicht durch Verlesen der Entscheidungsformel bekannt gegeben worden ist, ermäßigt sich die Gebühr auch im Fall der Zurücknahme des Antrags vor Ablauf des Tages, an dem die Endentscheidung der Geschäftsstelle übermittelt wird.	
	(2) Eine Entscheidung über die Kosten steht der Ermäßigung nicht entgegen, wenn die Entscheidung einer zuvor mitgeteilten Einigung über die Kostentragung oder einer Kostenübernahmeerklärung folgt.	

I. Verfahrensgebühr Nr. 1420 KV

1. Abgeltungsbereich. Zu den von Nr. 1420 KV erfassten Verfahren s. die Erl. zu Vorbem. 1.4.2 KV. Bei   1 der Gebühr Nr. 1420 KV handelt es sich um eine pauschale Verfahrensgebühr. In Gewaltschutzsachen deckt sie auch die Weiterleitung der Entscheidung an die Gerichtsvollzieherverteilerstelle ab (§ 214 Abs. 2 FamFG), allerdings entstehen für die Tätigkeit des Gerichtsvollziehers gesonderte Kosten nach dem GvKostG.

Mit dem geplanten Inkrafttreten des EuKoPfVODG[1] ist hinsichtlich der **Verfahren nach der EuKoPfVO** zu-   1a nächst zwischen den beiden Verfahren, die Art. 5 EuKoPfVO zulässt, zu unterscheiden. Danach kann in den folgenden Situationen ein **Europäischer Beschluss zur vorläufigen Kontenpfändung** erwirkt werden:

- bevor der Gläubiger ein Hauptsacheverfahren einleitet oder, wenn ein Hauptsacheverfahren anhängig ist, bis in diesem Verfahren eine gerichtliche Entscheidung erlassen oder ein gerichtlicher Vergleich gebilligt oder geschlossen wird (Art. 5 Buchst. a EuKoPfVO);
- nachdem der Gläubiger eine gerichtliche Entscheidung, einen gerichtlichen Vergleich oder eine öffentliche Urkunde erwirkt hat (Art. 5 Buchst. b EuKoPfVO).

Betrifft das Verfahren wegen des Erlasses eines Europäischen Beschlusses zur vorläufigen Kontenpfändung familienrechtliche Ansprüche, findet das FamGKG Anwendung, jedoch nur dann, wenn es sich um ein Verfahren nach **Art. 5 Buchst. a EuKoPfVO** handelt (Vorbem. 1.4 Abs. 1 S. 1 KV-E; zum geplanten neuen Wortlaut s. dort). Handelt es sich hingegen um ein Verfahren nach Art. 5 Buchst. b EuKoPfVO, findet das GKG Anwendung, dort Nr. 2111 KV GKG.

In den Verfahren nach Art. 5 Buchst. a EuKoPfVO, die familienrechtliche Ansprüche betreffen, entsteht eine Verfahrensgebühr nach Nr. 1420 KV. Die Gebühr fällt auch dann nur einmal an, wenn Konten bei verschiedenen Banken betroffen sind (vgl Art. 19 Abs. 4 EuKoPfVO) oder der Beschluss gegen Gesamtschuldner erlassen werden soll.

---

1 Vgl hierzu den Entwurf eines Gesetzes zur Durchführung der Verordnung (EU) Nr. 655/2014 sowie zur Änderung sonstiger zivilprozessualer Vorschriften (EuKoPfVODG), BT-Drucks 18/7560. Das Gesetz soll voraussichtlich am 18.1.2017 in Kraft treten.

Durch die Gebühr Nr. 1420 KV werden sämtliche gerichtliche Handlungen des Gerichts abgegolten, neben dem Erlass des Europäischen Beschluss zur vorläufigen Kontenpfändung auch:

- die Anordnung der Fristverlängerung zum Nachweis der rechtzeitigen Einleitung des Hauptsacheverfahrens auf Antrag des Schuldners (Art. 10 Abs. 1 EuKoPfVO),
- die Anforderung des Gerichts nach Art. 12 Abs. 1 EuKoPfVO an den Gläubiger, für die geforderte Leistung eine ausreichende Sicherheitsleistung zu leisten,
- die nach Art. 12 Abs. 3 EuKoPfVO vorzunehmende Mitteilung des Gerichts an den Gläubiger über die zulässigen Formen der Sicherheitsleistung,
- die Einräumung einer Frist nach Art. 17 Abs. 3 EuKoPfVO, den Antrag zu vervollständigen oder zu berichtigen,
- die Anordnung der Freigabe der vorläufig gepfändeten Ansprüche nach Art. 38 Abs. 1 Buchst. a EuKoPfVO wegen Erbringung einer Sicherheitsleistung durch den Schuldner.

Für die Verfahren wegen des **Widerrufs oder der Abänderung** nach Art. 10 Abs. 2, Art. 33 Abs. 1, 2, Art. 35 Abs. 1 EuKoPfVO entstehen keine gesonderten Gebühren (Vorbem. 1.4 Abs. 2 KV-E; zum geplanten neuen Wortlaut s. dort). Zur Vorauszahlungspflicht → Rn 11. Zum Verfahrenswert → Rn 13.

Ist die Hauptsache in der Beschwerdeinstanz anhängig, ist das **Beschwerdegericht** in den Fällen des Art. 5 Buchst. a EuKoPfVO für den Erlass des Europäischen Beschlusses zur vorläufigen Kontenpfändung zuständig (§ 120 Abs. 1 FamFG iVm § 946 Abs. 1 S. 2, § 943 Abs. 1 ZPO). Auch in diesen Fällen entstehen für das Verfahren wegen des Erlasses des Europäischen Beschlusses zur vorläufigen Kontenpfändung Gebühren nach Nr. 1420 KV, nicht nach Nr. 1422 KV, da es sich insoweit weiterhin um ein erstinstanzliches Verfahren handelt. Die Gebühren fallen zudem gesondert neben denen für das Beschwerdeverfahren der Hauptsache an, da es sich um verschiedene Kostenrechtszüge iSd § 29 handelt.

2   **2. Änderungs- oder Aufhebungsverfahren.** Für die Verfahren nach § 54 FamFG sind gesonderte Gebühren nach Nr. 1420, 1421 KV nicht zu erheben (Vorbem. 1.4 KV) (→ Nr. 1410 KV Rn 6 ff). Wird eine Aufhebung oder Abänderung im Beschwerdeverfahren (§ 57 FamFG) angestrebt, sind Gebühren nach Nr. 1422–1424 KV anzusetzen. Vorbem. 1.4 KV ist auf die Arrestverfahren entsprechend anzuwenden. Gesonderte Gebühren sind deshalb nicht zu erheben, wenn es sich um Verfahren nach § 926 Abs. 1, 2, § 927 ZPO handelt oder das Arrestverfahren nach Widerspruch fortgesetzt wird (§ 924 ZPO). Kommt es in den Fällen des § 926 Abs. 1 ZPO iVm § 119 Abs. 2 FamFG jedoch zum Hauptverfahren, gelten hierfür Nr. 1220 ff KV.

3   **3. Verhältnis zur Hauptsache.** Im Verhältnis zur Hauptsache handelt es sich bei der einstweiligen Anordnung stets um ein eigenständiges Verfahren (§ 51 Abs. 3 S. 1 FamFG). Auf die Erl. in → Nr. 1410 KV Rn 4 f wird daher verwiesen.

4   **4. Schadensersatzansprüche.** Hat sich die Anordnung einer einstweiligen Anordnung oder eines Arrests als von Anfang an als ungerechtfertigt erwiesen oder wird eine angeordnete Maßregel nach § 926 Abs. 2 ZPO aufgehoben, ist der Beteiligte, der die Anordnung erwirkt hat, zum Schadensersatz an den Gegner verpflichtet (§ 945 ZPO). Der Anspruch kann in einem eigenständigen Verfahren oder im Hauptsacheverfahren durch Aufrechnung geltend gemacht werden. Für die Verfahren entstehen gesonderte Gebühren nach Nr. 1220 ff KV.

5   **5. Vollstreckung.** Verfahren nach § 242 FamFG iVm § 769 ZPO bleiben gebührenfrei, da sie von der allgemeinen Verfahrensgebühr der Nr. 1220 KV abgegolten sind.

6   **6. Vergleich.** Wird das Verfahren durch Vergleich beendet, greift Nr. 1421 KV ein (→ Rn 7 ff). Ist mit dem Vergleich lediglich eine vorläufige Regelung getroffen, kommt der Ansatz einer **Vergleichsgebühr Nr. 1500 KV** nicht in Betracht. Soweit in dem Vergleich aber auch über die vorläufige Regelung hinausgehend Vereinbarungen getroffen werden, zB zur Hauptsache, ist regelmäßig eine Vergleichsgebühr zu erheben, weil es sich bei der Hauptsache um nicht anhängige Ansprüche handelt. Zur Höhe der Vergleichsgebühr → Nr. 1410 KV Rn 9 ff. War aber die Hauptsache bereits anhängig, kann keine Vergleichsgebühr angesetzt werden.

II. Ermäßigung nach Nr. 1421 KV

7   Die Gebühr Nr. 1420 KV ermäßigt sich nach Nr. 1421 KV auf einen 0,5-Gebührensatz, wenn das Verfahren **ohne Endentscheidung** iSd § 38 FamFG beendet wird, zB durch **Antragsrücknahme** oder **Vergleichsabschluss**. Wird das Verfahren durch **Erledigung der Hauptsache** beendet, tritt eine Ermäßigung jedoch nur ein, wenn keine streitige Kostenentscheidung ergeht. Es muss das **gesamte** Verfahren beendet werden. Hat das Gericht auch über einen noch so geringen Anspruch zu entscheiden, verbleibt es bei Nr. 1420 KV. Eine bloße Teilrücknahme genügt also nicht.

8   Ist bereits eine Endentscheidung ergangen, scheidet eine Ermäßigung aus. Wird die Endentscheidung jedoch nicht durch Verlesen der Entscheidungsformel bekannt gegeben, ist die Rücknahme der Beschwerde noch

bis zum Ablauf des Tages zulässig, an dem die Endentscheidung der Geschäftsstelle übermittelt wird (**Anm. Abs. 1**).

Ist die Hauptsache weggefallen, ist auch die **Kostenentscheidung** eine Endentscheidung iSd § 38 FamFG.[2]   9
Sie schließt daher eine Gebührenermäßigung aus, wenn sie nicht einer zuvor mitgeteilten Einigung über die Kostentragung oder einer Kostenübernahmeerklärung folgt (**Anm. Abs. 2**).

III. Fälligkeit, Vorschuss, Kostenschuldner, Verfahrenswert

In Familienstreitsachen tritt **Fälligkeit** der Gebühr bereits mit Eingang der Antragsschrift bei Gericht ein   10
(§ 9 Abs. 1). Ist ein in Vorbem. 1.3.2 Abs. 1 KV genanntes Verfahren betroffen, bestimmt sich die Fälligkeit nach § 11 Abs. 1, jedoch entsteht die Gebühr auch hier bereits mit Eingang des Antrags bei Gericht. Handelt es sich um ein Amtsverfahren, entsteht die Gebühr mit der ersten Tätigkeit des Gerichts.

Eine **Vorauszahlungs- oder Vorschusspflicht** nach § 14 Abs. 1, 3 besteht nicht (→ § 14 Rn 34 ff). Für die   11
Auslagen gelten §§ 16, 17 bzw § 379 ZPO iVm § 51 Abs. 2, § 30 Abs. 1, § 113 Abs. 1 FamFG. Auch in den Verfahren nach Art. 5 Buchst. a EuKoPfVO besteht keine Vorauszahlungspflicht hinsichtlich der Verfahrensgebühr (§ 14 Abs. 2).

In Antragsverfahren besteht **Antragshaftung** (§ 21), jedoch nicht in Gewaltschutzsachen (§ 21 Abs. 1 S. 2   12
Nr. 1). Im Übrigen haften die Kostenschuldner der §§ 23, 24.

Für die Bestimmung des **Verfahrenswerts** gilt § 41. Hiernach ist im Verfahren der einstweiligen Anordnung   13
der Wert in der Regel unter Berücksichtigung der geringeren Bedeutung gegenüber der Hauptsache zu ermäßigen (§ 41 S. 1). Dabei ist von der Hälfte des für die Hauptsache bestimmten Werts auszugehen (§ 41 S. 2). Auf die Erl. zu § 41 wird verwiesen.

In den **Verfahren nach Art. 5 Buchst. a EuKoPfVO** bestimmt sich der Verfahrenswert nach § 42 Abs. 1. Da   13a
auch der Europäische Beschluss zur vorläufigen Kontenpfändung nur der Sicherung der Forderung dient, ist nur ein Bruchteil der zu sichernden Forderung zugrunde zu legen, wobei die in Rspr und Lit. für den Arrest aufgestellten Grundsätze anwendbar sind; hiernach sind 1/4–1/2, aber im Regelfall 1/3[3] der zu sichernden Höhe zugrunde zu legen. Die Erhöhung auf 1/2 ist nur in Einzelfällen vorzunehmen.

IV. Arrestverfahren

1. Gebühren. Für erstinstanzliche Verfahren gelten Nr. 1420, 1421 KV. Die Gebühr der Nr. 1420 KV ent-   14
steht mit Eingang des Arrestantrags bei Gericht und ist für jedes Verfahren, durch ein eigenständiger Arrest beantragt wird, gesondert zu erheben. Wird der Arrestantrag erst gestellt, nachdem in der Hauptsache Beschwerde eingelegt war, ist das Beschwerdegericht zuständig (§ 943 Abs. 2, § 919 ZPO iVm § 119 Abs. 2 FamFG). Es sind auch hier gesonderte Gebühren zu erheben. Da es sich weiterhin um ein erstinstanzliches Verfahren handelt, sind Gebühren nur nach Nr. 1420, 1421 KV anzusetzen.[4] Für ein anschließendes Hauptsacheverfahren entstehen gesonderte Gebühren nach Nr. 1220 KV.

Zu den Verfahren wegen der Aufhebung oder Abänderung des Arrests → Nr. 1410 KV Rn 6 ff.   15

2. Vollziehung. Hat das Familiengericht als Arrestgericht vollstreckungsrechtliche Handlungen vorzuneh-   16
men, entstehen gesonderte Gebühren, die sich nach dem GKG richten (Vorbem. 1.6 S. 2 KV). Auch die Auslagen sind nach dem GKG zu erheben (Vorbem. 2 Abs. 4 KV).

Erlässt das Arrestgericht zugleich einen **Pfändungsbeschluss** (§ 829 ZPO), ist neben der Gebühr der   17
Nr. 1420 KV zugleich eine Festgebühr nach Nr. 2111 KV GKG iHv 20 € anzusetzen.

Für die Eintragung einer **Arresthypothek** (§ 932 ZPO) entsteht eine 1,0-Gebühr nach Nr. 14121 KV   18
GNotKG (Tabelle B). Der Geschäftswert bestimmt sich nach dem Nennwert der Schuld (§ 53 Abs. 1 GNotKG).

Die Vollziehung des **persönlichen Arrests** erfolgt gem. § 933 ZPO iVm § 119 Abs. 2 FamFG iVm §§ 802 g,   19
802 h, 802 j Abs. 1, 2 ZPO. Ist Haft angeordnet (§ 802 g ZPO), erfolgt die Verhaftung durch den Gerichtsvollzieher (§ 802 g Abs. 2 S. 1 ZPO), der hierfür eine Gebühr nach Nr. 270 KV GvKostG iHv 39 € erhält. Haftkosten sind nach Nr. 2008 KV einzuziehen.

3. Fälligkeit. Sie richtet sich nach § 9 Abs. 1, so dass sie bereits mit Eingang des Arrestantrags bei Gericht   20
eintritt. Für Auslagen gilt § 11.

4. Vorauszahlungspflicht. Eine Vorauszahlungspflicht besteht auch nach § 14 Abs. 1, 3 nicht (→ § 14   21
Rn 34 ff). Aufgrund der Fälligkeitsregelung des § 9 Abs. 1 ist die Gebühr der Nr. 1420 KV jedoch gegen den Antragsteller zum Soll zu stellen ist (§ 15 Abs. 1 S. 1 KostVfg, § 21 Abs. 1).

---

2 BT-Drucks 16/6308, S. 195. **3** OLG München FamRZ 2011, 746; OLG Brandenburg FamRZ 2011, 758. **4** *Oestreich/Hellstab/Trenkle*, FamGKG Nr. 1410–1425 KV Rn 14.

22 **5. Kostenschuldner.** Für die Kosten haftet der Antragsteller (§ 21 Abs. 1), da es sich um reine Antragsverfahren handelt (§ 920 Abs. 1 ZPO iVm § 119 Abs. 2 FamFG). Auch ein minderjähriger Antragsteller haftet als Antragsschuldner, weil das Arrestverfahren eine vermögensrechtliche Angelegenheit ist. Im Übrigen haften die Kostenschuldner der §§ 23, 24.

23 **6. Verfahrenswert.** Für die Bestimmung des Verfahrenswerts gilt § 42 (→ § 42 Rn 29).

Unterabschnitt 2
Beschwerde gegen die Endentscheidung wegen des Hauptgegenstands

Nr.	Gebührentatbestand	Gebühr oder Satz der Gebühr nach § 28 FamGKG
1422	Verfahren im Allgemeinen	2,0
1423	Beendigung des gesamten Verfahrens durch Zurücknahme der Beschwerde oder des Antrags, bevor die Schrift zur Begründung der Beschwerde bei Gericht eingegangen ist: Die Gebühr 1422 ermäßigt sich auf	0,5
1424	Beendigung des gesamten Verfahrens ohne Endentscheidung, wenn nicht Nummer 1423 erfüllt ist: Die Gebühr 1422 ermäßigt sich auf	1,0
	(1) Wenn die Entscheidung nicht durch Verlesen der Entscheidungsformel bekannt gegeben worden ist, ermäßigt sich die Gebühr auch im Fall der Zurücknahme der Beschwerde vor Ablauf des Tages, an dem die Endentscheidung der Geschäftsstelle übermittelt wird. (2) Eine Entscheidung über die Kosten steht der Ermäßigung nicht entgegen, wenn die Entscheidung einer zuvor mitgeteilten Einigung über die Kostentragung oder einer Kostenübernahmeerklärung folgt.	

I. Verfahrensgebühr Nr. 1422 KV

1 **1. Abgeltungsbereich.** Für Beschwerdeverfahren nach § 56 Abs. 3, § 57 FamFG entsteht eine pauschale 2,0-Verfahrensgebühr nach Nr. 1422 KV, die sich nach Nr. 1423, 1424 KV ermäßigen kann. Mit der Gebühr sind sämtliche Handlungen des Gerichts, einschließlich der Entscheidung, abgegolten. Nr. 1422–1424 KV gelten auch, wenn ein Arrestverfahren betroffen ist. Die Beschwerde muss sich gegen eine Endentscheidung wegen des Hauptgegenstands in dem einstweiligen Anordnungs- oder Arrestverfahren richten. Für Beschwerden gegen Nebenentscheidungen gilt Nr. 1912 KV. Ist Gegenstand der einstweiligen Anordnung eine Familienstreitsache oder handelt es sich um ein Arrestverfahren, gelten auch Nr. 1910, 1911 KV, wenn eine Beschwerde nach § 91 a Abs. 1, § 99 Abs. 2, § 269 Abs. 4 ZPO iVm § 113 Abs. 1 FamFG eingelegt ist.
Nr. 1422–1424 KV gelten auch, wenn es sich um ein **Verfahren nach Art. 5 Buchst. a EuKoPfVO** handelt (näher → Nr. 1420–1421 KV Rn 1 a). Erfasst sind die Rechtsmittel nach §§ 953, 956 ZPO, soweit das Gericht des ersten Rechtszugs zuständig ist. Für Nebenentscheidungen, zB PKH-Bewilligung, gilt Nr. 1422 KV nicht, da sie nur die nach der EuKoPfVO zulässigen Rechtsmittel erfassen will. Es findet Nr. 1912 KV Anwendung.

2 **2. Entstehen und Fälligkeit.** Die Gebühr der Nr. 1422 KV entsteht mit **Eingang der Beschwerdeschrift bei Gericht**. Auf den Eingang einer Begründung, der Zustellung oder einer sachlichen Befassung durch das Beschwerdegericht kommt es nicht an, so dass die Gebühr auch bei Rücknahme der Beschwerde vor Akteneingang beim OLG die Gebühr entsteht. Statthaftigkeit oder Zulässigkeit der Beschwerde sind unerheblich. Nach ihrem Entstehen kann die Gebühr nicht mehr entfallen, sondern sich nur nach Nr. 1423, 1424 KV ermäßigen. Die Fälligkeit der Gebühr bestimmt sich nach § 11 Abs. 1, in Familienstreitsachen gilt § 9 Abs. 1.

II. Ermäßigung nach Nr. 1423 KV

3 Die Gebühr der Nr. 1422 KV ermäßigt sich nach Nr. 1423 KV auf einen 0,5-Gebührensatz, wenn das Beschwerdeverfahren durch **Rücknahme** der Beschwerde oder des Antrags beendet wird. Der Erlass einer **Kostenentscheidung** steht der Ermäßigung nicht entgegen, auch wenn sie nicht einer zuvor mitgeteilten Ei-

nigung der Beteiligten folgt, weil die Anm. Abs. 2 zu Nr. 1424 KV nicht auf Nr. 1423 KV anzuwenden ist. Durch die Rücknahme muss das **gesamte** Beschwerdeverfahren beendet werden, eine bloße Teilrücknahme genügt daher nicht.

Die Rücknahme muss vor Eingang der Beschwerdebegründung erfolgen, auch wenn keine Begründungs-   4 pflicht besteht. Geht keine Begründung ein, kann die Rücknahme noch bis zum Erlass einer Endentscheidung erfolgen. Wird die Begründung zugleich mit der Beschwerdeschrift abgegeben, ist die Ermäßigung nach Nr. 1423 KV ausgeschlossen, es greift dann nur noch Nr. 1424 KV. Hat das Gericht eine Frist zur Beschwerdebegründung gesetzt (§ 65 Abs. 2 FamFG), ist der Fristablauf unerheblich, weil es nur auf den Eingang der Begründung ankommt.

III. Ermäßigung nach Nr. 1424 KV

Die Gebühr der Nr. 1422 KV ermäßigt sich nach Nr. 1424 KV auf einen 1,0-Gebührensatz, wenn das Be-   5 schwerdeverfahren **ohne Endentscheidung** iSd § 38 FamFG beendet wird, zB durch **Antragsrücknahme** oder **Vergleichsabschluss**. Die Erledigung der Hauptsache führt nur dann zur Ermäßigung, wenn keine streitige Kostenentscheidung ergeht. Es muss das **gesamte** Beschwerdeverfahren ohne Endentscheidung beendet werden, so dass auch eine Teilendentscheidung der Ermäßigung entgegensteht.

Ist bereits eine Endentscheidung ergangen, scheidet die Gebührenermäßigung nach Nr. 1424 KV aus. Wur-   6 de die Endentscheidung jedoch nicht durch Verlesen der Entscheidungsformel bekannt gegeben, ist die Rücknahme der Beschwerde noch bis zum Ablauf des Tages zulässig, an dem die Endentscheidung der Geschäftsstelle übermittelt wird (**Anm. Abs. 1**).

Ist die Hauptsache weggefallen, ist auch die **Kostenentscheidung** als Endentscheidung iSd § 38 FamFG an-   7 zusehen,[1] so dass sie der Gebührenermäßigung nach Nr. 1424 KV entgegensteht, wenn die Entscheidung nicht einer zuvor mitgeteilten Einigung über die Kostentragung oder einer Kostenübernahmeerklärung folgt (**Anm. Abs. 2**).

IV. Verfahrenswert

Für die Ermittlung des Verfahrenswerts gelten § 40 Abs. 1, 2 und § 41. Auf die dortigen Erl. wird verwie-   8 sen.

Hauptabschnitt 5
Besondere Gebühren

Nr.	Gebührentatbestand	Gebühr oder Satz der Gebühr nach § 28 FamGKG
1500	Abschluss eines gerichtlichen Vergleichs: Soweit ein Vergleich über nicht gerichtlich anhängige Gegenstände geschlossen wird .... Die Gebühr entsteht nicht im Verfahren über die Verfahrenskostenhilfe. Im Verhältnis zur Gebühr für das Verfahren im Allgemeinen ist § 30 Abs. 3 FamGKG entsprechend anzuwenden.	0,25

I. Allgemeines

Abschluss und Protokollierung eines gerichtlichen Vergleichs sind grds. gebührenfrei. Soweit jedoch ein   1 Vergleich über **nicht gerichtlich anhängige Ansprüche** abgeschlossen wird, ist insoweit eine Vergleichsgebühr nach Nr. 1500 KV zu erheben. Die Gebühr entsteht in jedem von § 1 erfassten Verfahren, auch wenn es sich nicht um **familienrechtliche Gegenstände** handelt, für die das GKG oder das GNotKG gelten würde. Werden hingegen in einem vom GKG erfassten Verfahren familienrechtliche Ansprüche geregelt, gilt nur Nr. 1900 KV GKG. Im Bereich des GNotKG ist Nr. 17005 KV GNotKG einschlägig.

---

1 BT-Drucks 16/6308, S. 195.

II. Entstehungsvoraussetzungen

2 **1. Allgemeines.** Die Gebühr der Nr. 1500 KV entsteht nur dann, wenn

- ein gerichtlicher Vergleich in einem Verfahren abgeschlossen wird,
- es sich um einen materiellrechtlichen Vergleich (§ 779 BGB) handelt,
- der Vergleich wirksam ist,
- der Vergleichsgegenstand (auch) nicht anhängige Verfahrensgegenstände umfasst (Mehrwert) (→ Rn 13 ff).

3 **2. Gerichtlicher Vergleich.** Nur gerichtliche Vergleiche, auch wenn sie nach § 278 Abs. 6 ZPO iVm § 36 Abs. 3, § 113 Abs. 1 FamFG zustande kommen, lösen die Gebühr der Nr. 1500 KV aus, nicht aber **außergerichtliche Vergleiche.** Dies gilt selbst dann, wenn der außergerichtliche Vergleich dem Gericht mitgeteilt wird. Wird ein solcher Vergleich jedoch nach § 160 Abs. 5 ZPO dem Protokoll als Anlage beigefügt, wird er so zum gerichtlichen Vergleich und es gilt dann Nr. 1500 KV.[1]

4 **3. Materiellrechtlicher Vergleich. a) Begriff.** Da die Regelung den Abschluss eines „Vergleichs" fordert, genügt bloßer Vertrag oder Einigung nicht, sondern es muss ein Vergleich im materiell- und verfahrensrechtlichen Sinn vorliegen. Nach § 779 Abs. 1 BGB ist der Vergleich ein materiellrechtlicher Vertrag, durch den Streit oder Ungewissheit der Beteiligten über ein Rechtsverhältnis im Wege gegenseitigen Nachgebens beseitigt wird. Ein Vollstreckungstitel nach § 794 Abs. 1 Nr. 1 ZPO bzw § 86 Abs. 1 Nr. 1 FamFG muss aber nicht vorliegen, so dass die Vergleichsgebühr auch entsteht, wenn aus dem gerichtlichen Vergleich nicht vollstreckt werden kann.[2] Ein Vergleich im materiellrechtlichen Sinne liegt daher vor, wenn

- Streit oder Ungewissheit über ein zwischen den Beteiligten bestehendes Rechtsverhältnis herrscht,
- die Beteiligten gegenseitig nachgeben und Streit oder Ungewissheit dadurch beseitigt werden,
- der Gegenstand der Dispositionsbefugnis der Beteiligten unterliegt.

5 Ist das Gericht **irrtümlich** von diesen Voraussetzungen ausgegangen, entsteht die Vergleichsgebühr gleichwohl, wenn ein Vergleich durch den Richter oder Rechtspfleger protokolliert wurde.[3] Wird aber eingewendet und gerichtlich festgestellt, dass ein Vergleich tatsächlich nicht zustande gekommen ist, bleibt die Gebühr wegen unrichtiger Sachbehandlung außer Ansatz (§ 20 Abs. 1), bereits geleistete Zahlungen sind zurückzuerstatten.[4]

6 **b) Voraussetzungen. aa) Streit oder Ungewissheit.** Streit oder Ungewissheit können tatsächlicher oder rechtlicher Art sein, die Beteiligten müssen aber mindestens teilweise widersprechender Auffassung sein. Ungewissheit setzt keinen Streit voraus. Der Ungewissheit über ein Rechtsverhältnis steht es gleich, wenn die Verwirklichung eines Anspruchs unsicher ist (§ 779 Abs. 2 BGB).

7 **bb) Gegenseitiges Nachgeben.** An das Nachgeben sind keine hohen Anforderungen zu stellen, es genügt jedes noch so geringfügige Zugeständnis der Beteiligten.[5] Das Nachgeben kann sich auf Nebenforderungen wie Zinsen oder auf die Gewährung von Ratenzahlungen beschränken, auch ein Verzicht auf vermeintliche Ansprüche genügt.[6] Bloßes Anerkenntnis ist ausreichend, weil über dieses hinaus auch ein Vollstreckungstitel geschaffen wird.[7] Da Gegenseitigkeit vorliegen muss, haben beide Beteiligte Zugeständnisse zu machen.

8 **cc) Rechtsverhältnis.** Der Begriff „Rechtsverhältnis" ist weit zu fassen, es muss aber zwischen den Beteiligten bestehen.[8] Ist über das Rechtsverhältnis bereits rechtskräftig entschieden, begründet eine anderweitige Vereinbarung nur ein neues Rechtsverhältnis, so dass ein Vergleich nicht vorliegt[9] und auch keine Vergleichsgebühr entsteht. Es muss weiter Dispositionsbefugnis bestehen, jedoch kann auch für Umgangsrechtvereinbarungen die Vergleichsgebühr entstehen.[10]

9 **dd) Wirksamkeit des Vergleichs.** Der Vergleich muss wirksam sein. Eine spätere Aufhebung des wirksamen Vergleichs bleibt für die Gebühr ohne Einfluss. Anders aber, wenn der Vergleich zB wegen Irrtums oder Täuschung angefochten wird und das Gericht das Verfahren daraufhin fortsetzt, weil die Anfechtung zu Recht erfolgt ist.[11]

10 Ist der Vergleich unter einer **Bedingung** geschlossen, tritt die Wirksamkeit erst mit ihrem Eintritt ein. Sind für die Wirksamkeit behördliche oder gerichtliche Genehmigungen erforderlich, kann die Gebühr erst erhoben werden, wenn diese erteilt sind, zB § 1822 Nr. 12 BGB, ggf iVm § 1915 Abs. 1, § 1908 i Abs. 1 BGB bei Abschluss durch einen Vormund, Pfleger oder Betreuer, da es sich um einen schuldrechtlichen Vertrag handelt (§ 1829 BGB).

1 *Oestreich/Hellstab/Trenkle*, FamGKG Nr. 1900 KV Rn 13. **2** OLG Koblenz FamRZ 2005, 737. **3** Binz/Dörndorfer/*Zimmermann*, Nr. 1900 KV FamGKG Rn 3; *Meyer*, FamGKG Nr. 1900 KV Rn 153. **4** Binz/Dörndorfer/*Zimmermann*, Nr. 1900 KV FamGKG Rn 3. **5** BGH NJW-RR 2005, 1303. **6** Palandt/*Sprau*, § 779 BGB Rn 9 mwN. **7** BGH NJW-RR 2005, 1303. **8** Palandt/*Sprau*, § 779 BGB Rn 5. **9** Palandt/*Sprau*, § 779 BGB Rn 7. **10** OLG Koblenz FamRZ 1995, 1282; OLG München FamRZ 1991, 850. **11** HK-FamGKG/*N. Schneider*, Nr. 1500 KV Rn 13.

ee) Verfahrensvoraussetzungen. Auch die Verfahrensvoraussetzungen müssen erfüllt sein, insb. die ord- 11
nungsgemäße Protokollierung (vgl § 160 Abs. 3, § 162 Abs. 1, § 163 Abs. 1 ZPO iVm § 36 Abs. 2, § 113
Abs. 1 FamFG). Sie sind zwingend einzuhalten; ein Verstoß führt zur Unwirksamkeit, so dass keine Vergleichsgebühr entsteht.[12] Wird der Vergleich in einem **Anwaltsverfahren** ohne Anwalt abgeschlossen, ist er
unwirksam, die Gebühr entsteht nicht. Keiner anwaltlichen Vertretung bedarf es hingegen für einen vor
dem ersuchten Richter abgeschlossenen Vergleich (§ 78 Abs. 3 ZPO, § 114 Abs. 4 Nr. 6 FamFG).

III. Gebührenerhebung

1. Höhe der Gebühr. Bei der Vergleichsgebühr Nr. 1500 KV handelt sich um eine **Wertgebühr**. Der Gebüh- 12
rensatz beträgt 0,25, unabhängig davon, ob der Vergleich in erster oder höherer Instanz geschlossen wird.
Die Gebühr beträgt mindestens 15 € (§ 28 Abs. 2). Mit ihr wird pauschal die Mitwirkung des Gerichts
beim Vergleichsabschluss abgegolten, wobei der geringe Gebührensatz den verminderten Aufwand des Gerichts und der beabsichtigten Förderung der vergleichsweisen Erledigung von Verfahren Rechnung trägt.[13]

2. Nicht anhängige Ansprüche. a) Allgemeines. Die Vergleichsgebühr wird nur erhoben, soweit der Ver- 13
gleichsgegenstand **nicht anhängige Ansprüche** umfasst, so dass sie auf den Wert dieser Gegenstände beschränkt ist. Der **Vergleichswert** ist nach den §§ 33 ff zu bestimmen, wobei die Höchstwerte der § 33
Abs. 2, § 36 Abs. 3, § 42 Abs. 2, § 46 Abs. 3 zu beachten sind. Maßgeblich ist dabei nicht, auf was sich die
Beteiligten geeinigt haben, sondern **worüber** sie sich verglichen haben.

Beispiel: Antrag wegen Zahlung von 35.000 €. Es wird ein Vergleich geschlossen, mit dem auch weitere, nicht 14
anhängige Ansprüche erledigt werden. Der Vergleichswert beträgt 45.000 €, der sich aus 35.000 € für die rechtshängigen und aus 10.000 € für die nicht anhängigen Ansprüche zusammensetzt.

An Gerichtsgebühren sind entstanden:

1,0-Verfahrensgebühr, Nr. 1221 KV (Wert: 35.000 €)	441,00 €
0,25-Vergleichsgebühr, Nr. 1500 KV (Wert: 10.000 €)	60,25 €

b) Unterhalt. Der Vergleichswert für einen **Unterhaltsvergleich** ist nach § 51 zu bestimmen. Das gilt auch, 15
wenn im Vergleich eine Abfindungsregelung getroffen wird, so dass es daher nicht auf die Abfindungssum-
me, sondern auf den zwölfmonatigen Unterhalt nach Antragseinreichung und wegen § 51 Abs. 2 auf den
rückständigen Unterhalt ankommt.[14]

Beispiel: Antrag wegen Zahlung von monatlichem Unterhalt iHv 500 €, Rückstände werden nicht geltend ge- 16
macht. Es wird ein Vergleich geschlossen, mit dem zur Abgeltung des Unterhaltsanspruchs die Zahlung einer Abfindung von 20.000 € vereinbart wird.

Der Vergleichswert ist auf 6.000 € (§ 51 Abs. 1) festzusetzen. Eine Vergleichsgebühr nach Nr. 1500 KV ist nicht
entstanden, da der Vergleichsgegenstand nur anhängige Ansprüche umfasst.

c) Scheidungsverbund. Hier liegt ein Mehrvergleich vor, wenn sich die Beteiligten über Folgesachen verglei- 17
chen, die weder im Verbund noch als selbständige Verfahren anhängig geworden sind. Eine Vergleichsgebühr entsteht daher nicht, wenn sich über den Gegenstand einer zurückgenommenen Folgesache verglichen
wird, da hier bereits eine Verfahrensgebühr nach Nr. 1111 KV entstanden ist.[15]

Beispiel 1: Neben der Scheidung sind Folgesachen wegen Versorgungsausgleich, elterlicher Sorge und Kindesun- 18
terhalt anhängig. Es wird ein Vergleich über den Kindesunterhalt geschlossen.

Eine Vergleichsgebühr Nr. 1500 KV ist nicht entstanden, da der Vergleichsgegenstand die anhängigen Ansprüche
des Kindesunterhalts umfasst.

Beispiel 2: Neben der Scheidung sind Folgesachen wegen Versorgungsausgleich und Kindesunterhalt anhängig. Es 19
wird ein Vergleich über den Kindesunterhalt geschlossen und zugleich eine Regelung über das Umgangsrecht getroffen.

Der Verfahrenswert wird festgesetzt für Scheidung (17.000 €), Versorgungsausgleich (6.800 €) und Kindesunterhalt (3.600 €). Der Vergleichswert beträgt 6.600 € (Kindesunterhalt 3.600 €, Umgangsrecht 3.000 €).

An Gerichtsgebühren sind entstanden:

2,0-Verfahrensgebühr, Nr. 1110 KV (Wert: 23.800 €)	742,00 €
0,5-Verfahrensgebühr, Nr. 1111 KV (Wert: 3.600 €)	63,50 €
0,25-Vergleichsgebühr, Nr. 1500 KV (Wert: 3.000 €)	27,00 €

Die Vergleichsgebühr Nr. 1500 KV ist nur nach einem Wert von 3.000 € entstanden, da der Vergleichsgegenstand
nur hinsichtlich des Umgangsrechts nicht anhängige Ansprüche umfasst. Der mitverglichene Kindesunterhalt ent-

---

12 Binz/Dörndorfer/*Zimmermann*, Nr. 1900 KV FamGKG Rn 3. **13** OLG München MDR 2009, 894. **14** OLG Hamburg
FamRZ 1987, 184; OLG Düsseldorf JurBüro 1992, 51; OLG Frankfurt FamRB 2002, 233. **15** HK-FamGKG/*N. Schneider*,
Nr. 1500 KV Rn 18 f.

spricht hingegen dem Verfahrensgegenstand der Folgesache, hier tritt lediglich Ermäßigung der Verfahrensgebühr ein.

20 **d) Andere gerichtliche Verfahren.** Ist der Vergleichsgegenstand Gegenstand eines anderen anhängigen Verfahrens gewesen, entsteht keine Vergleichsgebühr, auch wenn es sich bei dem Gerichtsverfahren nicht um eine Familiensache handelt. Die Gebühr wird aber ausgelöst, wenn das andere Verfahren zum Zeitpunkt des Vergleichsabschlusses bereits beendet war, zB wegen Antragsrücknahme, weil es sich dann nicht mehr um einen anhängigen Anspruch handelt.[16]

21 **Beispiel:** Vor dem Familiengericht sind zwei Familienstreitsachen anhängig. In dem Verfahren A wird die Zahlung von Kindesunterhalt beantragt, das Verfahren B betrifft den Zugewinnausgleich. Der Verfahrenswert wird für das Verfahren A auf 3.600 € und für das Verfahren B auf 25.000 € festgesetzt.

In dem Verfahren A schließen die Beteiligten einen Vergleich, mit dem sie sich über den Kindesunterhalt und den Zugewinn einigen. Der Vergleichswert wird auf 28.600 € festgesetzt.

In beiden Verfahren ist eine 1,0-Verfahrensgebühr (Nr. 1221 KV) entstanden. Obwohl der Vergleichswert den Gegenstand des Verfahrens A um 25.000 € übersteigt, ist eine Vergleichsgebühr nicht zu erheben, da es sich bei dem Zugewinnausgleich um einen anhängigen Anspruch handelt und im Verfahren B bereits eine Verfahrensgebühr entstanden ist.

22 **e) Nebenforderungen.** Sind Nebenforderungen (zB Zinsen) im Vergleich aufgenommen, bleiben sie unberücksichtigt (§ 37).[17] Das gilt auch für eine etwaige Kostenregelung der Beteiligten, selbst wenn einer von ihnen die Kosten vollständig übernimmt.[18]

23 **3. Fälligkeit.** Es handelt sich um eine Aktgebühr, die in Ehesachen und Familienstreitsachen mit **wirksamer Protokollierung** des Vergleichs fällig wird (§ 9 Abs. 2). Für die sonstigen Verfahren gilt § 11 Abs. 1. Ist der Vergleich mit einem Widerrufsvorbehalt geschlossen, tritt die Fälligkeit erst mit Fristablauf ein, wenn kein Widerruf erfolgt. Eines Nachweises bedarf es regelmäßig nicht, da sich dieser aus den Verfahrensakten ergibt. Sind gerichtliche oder behördliche Genehmigungen erforderlich (→ Rn 10), müssen sie vorliegen, um die Fälligkeit auszulösen.

24 **4. Kostenschuldner.** Es gelten § 21 Abs. 2 (→ § 21 Rn 94) und § 24 Nr. 2 (→ § 24 Rn 22 ff).

IV. Verhältnis zur Verfahrensgebühr (Anm. S. 2)

25 Anm. S. 2 bestimmt, dass im Verhältnis zur Gebühr für das Verfahren im Allgemeinen (Verfahrensgebühr) § 30 Abs. 3 entsprechend anzuwenden ist. Danach dürfen Verfahrens- und Vergleichsgebühr nicht den Gesamtbetrag übersteigen, der bei Anwendung des höchsten Gebührensatzes nach dem Gesamtwert entstehen würde (ausf. → § 30 Rn 8 f).

V. Besondere Verfahren

26 **1. VKH-Verfahren (Anm. S. 1).** Wird ein Vergleich im VKH-Bewilligungsverfahren (§ 118 ZPO iVm § 76 Abs. 1, § 113 Abs. 1 FamFG) geschlossen, entsteht keine Vergleichsgebühr (Anm. S. 1). Das gilt selbst dann, wenn in dem Vergleich Gegenstände geregelt werden, die nicht Gegenstand des Prüfungsverfahrens waren.[19]

27 **2. Einstweilige Anordnungen und Arrest.** Die Vergleichsgebühr entsteht auch, wenn in dem Vergleich Gegenstände geregelt werden, die Inhalt eines einstweiligen Anordnungsverfahrens sein können oder der Vergleich in einem solchen Verfahren abgeschlossen wird. Wird in dem Vergleich auch die Hauptsache geregelt, ist eine Vergleichsgebühr nach dem Wert der Hauptsache zu erheben, da insoweit nicht anhängige Ansprüche vorliegen, weil das Eilverfahren nur die vorläufige Regelung betrifft (→ Nr. 1410 KV Rn 9 ff). Etwas anderes gilt nur, wenn ein Hauptsacheverfahren ebenfalls anhängig ist.

28 **3. Vollstreckung.** Eine Vergleichsgebühr ist auch dann zu erheben, wenn der Vergleich in einem Vollstreckungsverfahren geschlossen wird. Ist für die Vollstreckung aber nicht das Familiengericht, sondern das Arrest- oder Vollstreckungsgericht zuständig, gilt Nr. 1900 KV GKG (§ 1, Vorbem. 1.6 KV).

---

16 *Oestreich/Hellstab/Trenkle*, FamGKG Nr. 1500 KV Rn 31. **17** *Kurpat*, in: Schneider/Herget, Rn 5517. **18** OLG Düsseldorf JurBüro 1984, 1865. **19** BT-Drucks 16/6308, S. 314.

Nr.	Gebührentatbestand	Gebühr oder Satz der Gebühr nach § 28 FamGKG
1501	Auferlegung einer Gebühr nach § 32 FamGKG wegen Verzögerung des Verfahrens	wie vom Gericht bestimmt

Nr. 1501 KV enthält den Gebührentatbestand für die **Verzögerungsgebühr** (§ 32), mit der das Gericht in **1** selbständigen Familienstreitsachen die schuldhafte Verfahrensverzögerung ahnden kann. Die Höhe der Gebühr (Gebührensatz) wird durch das Gericht bestimmt. Es ist im Regelfall ein 1,0-Gebührensatz festzusetzen, der jedoch auf bis zu einem 0,3-Gebührensatz ermäßigt werden kann. Im Übrigen wird auf die ausf. Erl. in § 32 wird verwiesen.

Nr.	Gebührentatbestand	Gebühr oder Satz der Gebühr nach § 28 FamGKG
1502	Anordnung von Zwangsmaßnahmen durch Beschluss nach § 35 FamFG: je Anordnung	20,00 €

I. Anwendungsbereich

Die Gebühr der Nr. 1502 KV entsteht, wenn in FG-Familiensachen Zwangsmittel nach § 35 FamFG verhängt werden, so dass im Einzelnen erfasst sind: **1**

- Zwangsgeld (§ 35 Abs. 1 S. 1 FamFG),
- Zwangshaft (§ 35 Abs. 1 S. 2, 3 FamFG),
- Maßnahmen nach §§ 883, 886, 887 ZPO, wenn sie an die Stelle von Maßnahmen nach § 35 Abs. 1 FamFG treten (§ 35 Abs. 4 FamFG).

Erfasst sind auch die Fälle des § 1788 BGB, ggf iVm § 1915 Abs. 1 BGB, wegen der Verhängung von **2** Zwangsgeld gegen Vormünder und Pfleger. Im Bereich der Ehe- und Familienstreitsachen gilt § 35 FamFG nicht, jedoch können in Folgesache nach § 137 Abs. 2 Nr. 1, 3, Abs. 3 FamFG Zwangsmittel nach § 35 FamFG festgesetzt werden, so dass Nr. 1502 KV insoweit anzuwenden ist. Für Anordnungen nach §§ 88 ff FamFG gelten Nr. 1601–1603 KV. Die Verhängung von Ordnungsmitteln gegen Beteiligte, Sachverständige oder Zeugen nach §§ 141, 380, 390, 409, 411 ZPO iVm § 33 Abs. 1, § 113 Abs. 1, § 178 Abs. 2 FamFG ist gebührenfrei, jedoch sind Auslagen zu erheben.

II. Gebührenerhebung

1. Entstehen und Höhe der Gebühr. Für die Anordnung von Zwangsmitteln wird eine Festgebühr von 20 € **3** erhoben. Es handelt sich um eine **Aktgebühr**, die erst entsteht, wenn das Gericht den Anordnungsbeschluss mit Bekanntgabe durch Verlesen oder Zustellung (§ 41 FamFG) erlässt. Die bloße Einleitung des Verfahrens löst die Gebühr noch nicht aus. Ergeht keine Anordnung nach § 35 FamFG, bleibt das Verfahren gebührenfrei, ebenso bei bloßer Androhung einer Zwangsmaßnahme.

2. Auslagen. Auslagen sind neben der Gebühr einzuziehen. Da es sich um eine Festgebühr handelt, sind **4** Zustellungskosten in voller Höhe anzusetzen, die Freigrenze der Anm. Nr. 2002 KV gilt nicht. Daneben sind Gerichtsvollzieherkosten (Nr. 2011 KV) und bei Anordnung von Haft auch Haftkosten (Nr. 2008 KV) einzuziehen.

Beispiel: Die Kindesmutter kommt der Aufforderung zur Erstellung eines Nachlassverzeichnisses (§ 1640 BGB) **5** nicht nach. Nach Androhung wird gegen die Kindesmutter ein Zwangsgeld iHv 500 € verhängt und es werden ihr sogleich die Kosten auferlegt. In dem Verfahren waren zwei förmliche Zustellungen, und zwar für die Androhung und den Anordnungsbeschluss, erforderlich.

In die Kostenrechnung sind aufzunehmen (§ 4 Abs. 1 EBAO):

Zwangsgeld	500,00 €
Gebühr für die Anordnung, Nr. 1502 KV	20,00 €
Zustellungskosten, Nr. 2002 KV	7,00 €
Gesamt	**527,00 €**

Anzufordern von der Kindesmutter mit Kostenrechnung ohne Sollstellung (vormals Kostennachricht); Sollstellung darf nicht erfolgen (→ Rn 13).

6   **3. Mehrere Anordnungen.** Die Gebühr ist für **jede Anordnung gesondert** zu erheben, auch wenn sie wegen derselben Verpflichtung oder denselben Verpflichteten ergehen, so dass die Gebühr für jede wiederholte Anordnung erneut entsteht. Das gilt auch dann, wenn in dem Beschluss Zwangsgeld und ersatzweise Zwanghaft festgesetzt werden, da es sich um zwei Anordnungen handelt.[1] Werden die Zwangsmittel gegen mehrere Verpflichtete angeordnet, entsteht die Gebühr **für jede Person gesondert**,[2] auch wenn ein einheitlicher Beschluss ergeht.[3]

7   **4. Aufhebung der Anordnung.** Wird der Beschluss über die Zwangsmittelanordnung aufgrund eines Rechtsmittels aufgehoben, entfällt die Gebühr der Nr. 1502 KV rückwirkend, weil es dann an einer die Gebühr auslösenden Anordnung fehlt. Hebt das Gericht das Zwangsmittel aber nur deshalb auf, weil der Verpflichtete seiner Verpflichtung zwischenzeitlich nachgekommen ist, bleibt die Gebühr bestehen.

8   **5. Fälligkeit, Vorschuss.** Fälligkeit tritt nach § 11 Abs. 1 mit Erlass des Zwangsmittelbeschlusses ein. Vorschusspflicht besteht nicht, da es sich um ein Amtsverfahren und eine Aktgebühr handelt.

9   **6. Kostenschuldner.** Das Gericht hat mit der Anordnung die Kosten des Anordnungsverfahrens dem Verpflichteten aufzuerlegen (§ 35 Abs. 3 S. 2 FamFG), der als Entscheidungsschuldner (§ 24 Nr. 1) für die Gerichtskosten des Zwangsverfahrens haftet. Weitere Kostenschuldner sind nicht vorhanden, insb. kein Antragsschuldner, weil ein Amtsverfahren vorliegt. Da es sich bei dem Verfahren nach § 35 FamFG um einen eigenständigen Rechtszug iSd § 29 handelt, haftet auch der Antragsteller des Hauptsacheverfahrens nicht für die Kosten des Zwangsverfahrens.

10   **7. Rechtsmittel.** Gegen den Beschluss über die Anordnung findet die sofortige Beschwerde nach §§ 567 ff ZPO statt (§ 35 Abs. 5 FamFG). Für das Verfahren gilt Nr. 1912 KV.

III. Kosteneinzug

11   **1. Allgemeines.** Für den Einzug von Zwangsgeld und Gerichtskosten gilt die Einforderungs- und Beitreibungsanordnung (**EBAO**). Die Einforderung und Beitreibung erfolgen danach durch das Gericht, das die Zwangsmaßnahme angeordnet hat, als **Vollstreckungsbehörde** (§ 1 Abs. 4 iVm § 2 Nr. 2 EBAO).

12   **2. Einforderung.** Sobald die Anordnung vollstreckbar ist, hat die Vollstreckungsbehörde die Einforderung von Geldbetrag (Zwangsgeld) und der Kosten anzuordnen (§ 3 Abs. 1 EBAO). Dabei ist eine Zahlungsfrist festzusetzen, die regelmäßig zwei Wochen betragen soll (§ 3 Abs. 2 EBAO). Bei fruchtlosem Fristablauf ist der Verpflichtete zu mahnen, wenn nicht damit zu rechnen ist, dass dies unbeachtet bleiben wird (§ 7 Abs. 2 EBAO). Die Mahnung löst eine weitere Gebühr nach Nr. 1403 KV JVKostG aus, da § 5 Abs. 2 JBeitrO gilt.

13   **3. Kostenrechnung.** Ist die Kosteneinziehung angeordnet, hat der Kostenbeamte bei der Vollstreckungsbehörde die Urschrift der Kostenrechnung aufzustellen (§ 4 Abs. 1, 3 EBAO, § 24 KostVfg), in die sämtliche Geldbeträge und Kosten aufzunehmen sind. Mit seiner Unterschrift übernimmt der Kostenbeamte die Verantwortung für die Vollständigkeit und Richtigkeit der Kostenrechnung. Die Beträge sind durch Zahlungsaufforderung (Kostenrechnung ohne Sollstellung) anzufordern (§ 5 EBAO); Sollstellung ist nicht zulässig.

14   **4. Beitreibung.** Ist die Zahlungsaufforderung versandt, hat die Vollstreckungsbehörde die Beitreibung des Zwangsgeldes anzuordnen, wenn auch eine Woche nach Ablauf der Zwei-Wochen-Frist (§ 3 Abs. 2 EBAO) und erfolgloser Mahnung keine Zahlung erfolgt. Welche Vollstreckungsmaßnahmen einzuleiten sind, bestimmt die Vollstreckungsbehörde. In Familiensachen kommen dabei §§ 6 ff JBeitrO in Betracht, zB auch der Erlass eines Pfändungs- und Überweisungsbeschlusses (§ 8 Abs. 5 EBAO, § 6 Abs. 2 JBeitrO), für den eine zusätzliche Gebühr nach Nr. 2111 KV GKG entsteht (§ 11 Abs. 1 JBeitrO).

15   **5. Lösung von Geldbetrag und Kosten.** Die Verbindung von Geldbetrag und Kosten kann gelöst werden (§ 15 Abs. 1 EBAO), wenn sich die Beitreibung des Geldbetrags erledigt hat und für die Kostenforderung Beitreibungsmaßnahmen erforderlich werden oder die Vollstreckungsbehörde die Lösung anordnet. Ist die Lösung angeordnet, können die entstandenen Gerichtskosten zum Soll gestellt werden (§ 1 Abs. 5 EABO), aber niemals auch das Ordnungs- oder Zwangsgeld. In die Reinschrift der Kostenrechnung ist der Vermerk nach § 16 Abs. 1 EABO aufzunehmen. Von dem Kostenansatz kann nach § 10 KostVfg abgesehen werden (§ 16 Abs. 2 EBAO).

---

1 HK-FamGKG/*Volpert*, Nr. 1502 KV Rn 4.   **2** *Oestreich/Hellstab/Trenkle*, FamGKG Nr. 1502 KV Rn 4.   **3** HK-FamGKG/*Volpert*, Nr. 1502 KV Rn 8.

Nr.	Gebührentatbestand	Gebühr oder Satz der Gebühr nach § 28 FamGKG
1503	Selbständiges Beweisverfahren	1,0

I. Allgemeines

Die Beweisaufnahme löst grds. keine gesonderten Gebühren aus, jedoch entstehen für selbständige Beweis-   1
verfahren (§§ 485 ff ZPO iVm § 30 Abs. 1, § 113 Abs. 1 FamFG) Gebühren nach Nr. 1503 KV, auch wenn
Gegenstand eine FG-Familiensache ist. Für die Rechtsmittelverfahren in den Fällen des § 494 a Abs. 2 ZPO
gelten Nr. 1910, 1911, 1920–1922 KV.

II. Verfahrensgebühr

1. Höhe und Entstehen. Für das Verfahren entsteht eine 1,0-Verfahrensgebühr. Eine Ermäßigung oder ein   2
nachträglicher Wegfall ist nicht vorgesehen, so dass die Gebühr auch bei Rücknahme des Antrags oder bei
Zurückweisung zu erheben ist. Für die Gebührenhöhe ist es unerheblich, ob das Hauptverfahren bereits anhängig ist. Die Gebühr erhöht sich auch nicht, wenn das Beweisverfahren in einer höheren Instanz eingeleitet wird.[1]

Es handelt sich um eine Verfahrensgebühr, die bereits mit **Eingang des Antrags bei Gericht** entsteht. Sie   3
deckt sämtliche Handlungen des Gerichts ab, auch die Bestellung eines Vertreters nach § 494 Abs. 2 ZPO,
die Fristsetzung zur Antragseinreichung (§ 494 a Abs. 1 ZPO) oder eine Kostenentscheidung nach § 494 a
Abs. 2 ZPO.

2. Mehrheit von Geschäften. Die Gebühr der Nr. 1503 KV entsteht für jeden Antrag gesondert, so dass   4
mehrere Beweisanträge die Gebühr mehrfach entstehen lassen, nicht aber die bloße Ergänzung oder Berichtigung des Beweisantrags. Hierzu gehören insb. Fälle, in denen bereits vernommene oder beauftragte Zeugen bzw Sachverständige in dem noch laufenden Beweisverfahren zu weiteren Sachverhalten herangezogen
werden.[2] Soll aber über neue Tatsachen Beweis erhoben werden, wird ein neues gebührenpflichtiges Verfahren eingeleitet.[3]

3. Beweisantrag des Antragsgegners. Soweit der Antragsgegner eigenständige Beweisanträge stellt, leitet er   5
ein neues Beweisverfahren ein, auch wenn es nicht ausdrücklich mit dem Verfahren des Antragstellers verbunden und verhandelt wird.[4] Die Gebühr entsteht daher für solche Anträge erneut. Betreffen die Beweisanträge des Antragsgegners jedoch keinen anderen neuen Beweisgegenstand, sondern zielen sie lediglich darauf ab, das auf Antrag des Antragstellers gewonnene Beweisergebnis zu ergänzen, wird kein neues Beweisverfahren eingeleitet.[5]

III. Kostenhaftung

1. Antragshaftung. Handelt es sich um ein reines Antragsverfahren, haftet derjenige, der das Beweisverfah-   6
ren durch seinen Antrag in Gang gesetzt hat (§ 21 Abs. 1). Der Antragsgegner wird hinsichtlich der von
ihm gestellten Beweisanträge zum Antragsschuldner.[6] Da in dem Beweisverfahren regelmäßig keine Kostenentscheidung ergeht und die Entscheidung nach § 494 a Abs. 2 ZPO nicht die Gerichtskosten umfasst,[7] ist
der Antragsteller in Anspruch zu nehmen. Der Antragsgegner haftet für seine eigenständigen Beweisanträge
als Antragsschuldner.[8] Ist das Beweisverfahren hingegen von Amts wegen durchzuführen, besteht eine Antragshaftung nicht, so dass es hier einer ausdrücklichen Kostenentscheidung bedarf. Für einen minderjährigen Antragsteller gilt § 21 Abs. 1 S. 2 Nr. 3, wenn das Verfahren seine Person betrifft.

2. Hauptverfahren. Die Gerichtskosten des Beweisverfahrens gehören zu denen des Hauptverfahrens, wenn   7
Beteiligte und Gegenstand beider Verfahren identisch sind.[9] Gegenstandsidentität liegt auch vor, wenn nur
Teile des Beweisverfahrens zum Gegenstand des anschließenden Hauptverfahrens gemacht werden; auf die
bloße Identität der Werte kommt es nicht an.[10] Die Kostenentscheidung der Hauptsache umfasst dann auch
die Kosten des Beweisverfahrens,[11] ebenso eine zwischen den Beteiligten getroffene Kostenregelung,[12] auch
wenn in dem Beweisverfahren zwei Antragsgegner vorhanden waren und nur noch gegen einen von ihnen
Klageantrag gestellt wird.

---

1 Zöller/Herget, ZPO, § 490 Rn 9. **2** Oestreich/Hellstab/Trenkle, GKG Nr. 1610 KV Rn 4. **3** Hartmann, KostG, Nr. 1610 KV GKG Rn 4. **4** OLG Koblenz NJW-RR 1997, 1024. **5** OLG Schleswig SchlHA 2001, 221. **6** OLG Koblenz NJW-RR 1997, 1024. **7** LG Flensburg JurBüro 2007, 39. **8** OLG Koblenz NJW-RR 1997, 1024. **9** BGH NJW-RR 2006, 810. **10** OLG Düsseldorf BauR 2006, 1179. **11** BGH NJW-RR 2006, 810. **12** OLG Braunschweig OLGR 2004, 403.

NK-GK/H. Schneider

8   Werden in dem Hauptverfahren die Kosten nicht ausschließlich dem Antragsteller des Beweisverfahrens auferlegt, ist der Kostenansatz des Beweisverfahrens von Amts wegen zu berichtigen. Eine Rückzahlung gezahlter Kosten erfolgt jedoch nicht, da die Vorzugsstellung des Antrags- und Zweitschuldners nur für noch nicht gezahlte Gerichtskosten gilt. Anders aber, wenn ein Beteiligter von der Zahlung der Kosten oder Gebühren befreit ist, weil dann der ganz oder teilweise obsiegende Beteiligte von dem Befreiten nicht die Erstattung des nach der Kostenentscheidung des Hauptverfahrens auf ihn entfallenden Gerichtskostenanteils des Beweisverfahrens verlangen kann.[13]

IV. Vergleich

9   Gegenstand des Beweisverfahrens ist nur die Sicherung des Beweismittels, so dass die Hauptsache nicht zugleich anhängig wird. Schließen die Beteiligten in dem Beweisverfahren einen Vergleich (§ 492 Abs. 3 ZPO), mit dem auch die Hauptsache verglichen wird, ist eine Vergleichsgebühr der Nr. 1500 KV nach dem Wert der Hauptsache anzusetzen.[14]

10   **Beispiel:** Es wird wegen einer Zugewinnausgleichssache ein selbständiges Beweisverfahren durchgeführt. Der Wert beträgt 40.000 €. In dem Verfahren schließen die Beteiligten einen Vergleich, der die Hauptsache regelt. Der Vergleichswert beträgt 40.000 €.

An Gerichtsgebühren sind entstanden:

1,0-Verfahrensgebühr, Nr. 1503 KV (Wert: 40.000 €)	476,00 €
0,25-Vergleichsgebühr, Nr. 1500 KV (Wert: 40.000 €)	119,00 €
Gesamt	**595,00 €**

V. Fälligkeit, Vorschuss, Verfahrenswert

11   Die **Fälligkeit** bestimmt sich in Ehesachen und Familienstreitsachen nach § 9 Abs. 1, sonst nach § 11 Abs. 1.

12   Es gilt § 14 Abs. 3, so dass eine **Voraus- oder Vorschusszahlung** zu leisten ist, wenn in dem Hauptverfahren, das Gegenstand des Beweisverfahrens ist, Antragshaftung besteht. Für die Auslagen gelten §§ 16, 17 sowie § 379 ZPO.

13   Der **Verfahrenswert** ist nach dem vollen Wert des Hauptverfahrens zu bestimmen, auf einen bloßen Bruchteil ist nicht abzustellen.[15] Dabei ist der von dem Antragsteller nach § 53 angegebene Wert nicht bindend oder maßgeblich, denn das Gericht hat den Hauptsachewert nach Einholung des Gutachtens, bezogen auf den Zeitpunkt der Verfahrenseinleitung, und dem Interesse des Antragstellers festzusetzen.[16]

Hauptabschnitt 6
Vollstreckung

Nr.	Gebührentatbestand	Gebühr oder Satz der Gebühr nach § 28 FamGKG
Vorbemerkung 1.6: Die Vorschriften dieses Hauptabschnitts gelten für die Vollstreckung nach Buch 1 Abschnitt 8 des FamFG, soweit das Familiengericht zuständig ist. Für Handlungen durch das Vollstreckungs- oder Arrestgericht werden Gebühren nach dem GKG erhoben.		
1600	Verfahren über den Antrag auf Erteilung einer weiteren vollstreckbaren Ausfertigung (§ 733 ZPO) .... Die Gebühr wird für jede weitere vollstreckbare Ausfertigung gesondert erhoben. Sind wegen desselben Anspruchs in einem Mahnverfahren gegen mehrere Personen gesonderte Vollstreckungsbescheide erlassen worden und werden hiervon gleichzeitig mehrere weitere vollstreckbare Ausfertigungen beantragt, wird die Gebühr nur einmal erhoben.	20,00 €

13 BGH NJW 2003, 1322. **14** *Oestreich/Hellstab/Trenkle*, FamGKG Nr. 1610 KV Rn 5. **15** BGH MDR 2005, 162; OLG Celle FamRZ 2008, 1197; OLG Naumburg BauR 2008, 873. **16** BGH MDR 2005, 162; OLG Celle FamRZ 2008, 1197.

I. Allgemeines

Die Gebühr entsteht für das Verfahren nach § 733 ZPO wegen der Erteilung einer **weiteren vollstreckbaren**   **1**
Ausfertigung. Gebührenfrei bleiben daher Verfahren wegen der Erteilung qualifizierter Klauseln (§§ 726 ff
ZPO); jedoch sind diese Verfahren nicht auslagenfrei. Gebührenfrei bleibt auch das Verfahren wegen Einwendungen gegen die Zulässigkeit der vom Jugendamt erteilten Vollstreckungsklausel (§ 59 Abs. 1
SGB VIII), jedoch gilt Nr. 1600 KV, wenn Anträge auf Erteilung einer weiteren vollstreckbaren Ausfertigung von solchen Urkunden gestellt werden, die aus den bei dem Familiengericht geführten Akten zu bearbeiten sind.

Für den Antrag auf **Klauselerteilung** (§ 731 ZPO iVm § 95 Abs. 1, § 120 Abs. 1 FamFG) gelten Nr. 1220 ff   **2**
KV. Für **notarielle Urkunden** gelten Nr. 23800 ff KV GNotKG.

II. Verfahrensgebühr

1. Höhe und Entstehen. Für das Verfahren wird eine Festgebühr nach Nr. 1600 KV von 20 € erhoben. Es   **3**
handelt sich um eine Verfahrensgebühr, die **unabhängig vom Ausgang des Verfahrens** anfällt, also auch bei
Ablehnung der Klauselerteilung oder Antragsrücknahme.

2. Mehrere Titel (Anm. S. 1). Die Gebühr Nr. 1600 KV entsteht für jedes Verfahren auf Erteilung einer   **4**
weiteren vollstreckbaren Ausfertigung **gesondert** (Anm. S. 1). Sie ist daher auch dann **mehrfach** zu erheben,
wenn in demselben Verfahren mehrere Titel ergangen sind, für die weitere vollstreckbare Ausfertigungen
beantragt werden.

Beispiel: In dem Verfahren wird wegen einer Endentscheidung (§ 38 FamFG) und des Kostenfestsetzungsbeschlus-   **5**
ses eine vollstreckbare Ausfertigung erteilt. Später wird die Erteilung einer weiteren vollstreckbaren Ausfertigung
hinsichtlich der Endentscheidung und des Kostenfestsetzungsbeschlusses beantragt.

Die Gebühr ist für jedes Klauselverfahren nach § 733 ZPO gesondert entstanden, so dass 2 x 20 € anzusetzen
sind.

3. Vollstreckungsbescheide (Anm. S. 2). Eine Ausnahme gilt jedoch, wenn wegen desselben Anspruchs in   **6**
einem **Mahnverfahren** gegen mehrere Personen gesonderte Vollstreckungsbescheide ergangen sind, von denen mehrere weitere Vollstreckungsklauseln erteilt werden sollen (Anm. S. 2). Der Antrag für die verschiedenen Ausfertigungen muss dann aber gleichzeitig gestellt werden. Gehen die Anträge nicht unmittelbar
nacheinander ein, fällt die Gebühr daher gesondert an.[1]

Beispiel: In einem Mahnverfahren sind drei Antragsgegner vorhanden. Es werden drei Vollstreckungsbescheide   **7**
erlassen. Der Antragsteller beantragt später, ihm von jedem Vollstreckungsbescheid eine weitere vollstreckbare
Ausfertigung zu erteilen.

Die Gebühr nach Nr. 1600 KV ist nur einmal iHv 20 € entstanden (Anm. S. 2).

4. Fälligkeit. In Ehesachen und selbständigen Familienstreitsachen tritt Fälligkeit mit Antragseingang bei   **8**
Gericht ein (§ 9 Abs. 1), sonst gilt § 11 Abs. 1, so dass es auf die Erteilung der weiteren vollstreckbaren
Ausfertigung, die Antragsrücknahme oder eine sonstige Beendigung ankommt.

5. Vorwegleistungspflicht. Die Erteilung der Klausel ist von der vorherigen Zahlung der Gebühr der   **9**
Nr. 1600 KV abhängig (§ 14 Abs. 3),[2] die durch die Geschäftsstelle selbständig mittels Kostenrechnung ohne Sollstellung (vormals Kostennachricht) anzufordern ist (§ 26 Abs. 1 KostVfg). Vor der Zahlung der Gebühr soll das Gericht keine Handlung vornehmen, so dass auch eine eventuelle Anhörung des Schuldners
oder eine Information des Gegners nicht erfolgt.[3]

Wird der Zahlungsaufforderung keine Folge geleistet, ist die Gebühr gegen den Antragsteller zum Soll zu   **10**
stellen, da sich dieser nicht durch Rücknahme des Antrags von der Verpflichtung zur Zahlung befreien
kann (§ 26 Abs. 8 KostVfg).

6. Kostenschuldner. Für die Gerichtskosten haften der Antragsteller (Gläubiger) als Antragsschuldner (§ 21   **11**
Abs. 1) und der Schuldner als Vollstreckungsschuldner (§ 24 Nr. 4). Der Minderjährige kann jedoch nicht
als Vollstreckungsschuldner in Anspruch genommen werden, wenn es sich um ein seine Person betreffendes
Verfahren handelt (§ 24 Nr. 4 Hs 2).

Eine Inanspruchnahme des **Vollstreckungsschuldners** kommt nur in Betracht, wenn es sich um notwendige   **12**
Kosten der Zwangsvollstreckung iSd § 788 ZPO handelt,[4] was im Wege der Erinnerung (§ 57) geprüft werden kann.[5] Hat der Gläubiger unnötige Anträge gestellt, bleibt er Alleinschuldner.[6] Fällt der Verlust der ers-

---

1 *Meyer,* GKG Nr. 2110 KV Rn 3.   **2** HK-FamGKG/*Volpert,* § 14 Rn 112.   **3** *Oestreich/Hellstab/Trenkle,* GKG Nr. 2110 KV
Rn 5.   **4** *Meyer,* GKG § 29 Rn 37, 39.   **5** *Schneider,* JurBüro 2004, 632.   **6** *Meyer,* GKG § 29 Rn 38.

ten vollstreckbaren Ausfertigung in den Verantwortungsbereich des Gerichts, bleibt die Gebühr der Nr. 1600 KV nach § 20 unerhoben,[7] aber nicht, wenn sie auf dem Postwege verloren gegangen ist.[8]

Nr.	Gebührentatbestand	Gebühr oder Satz der Gebühr nach § 28 FamGKG
1601	Anordnung der Vornahme einer vertretbaren Handlung durch einen Dritten	20,00 €

1 Für Anordnungen wegen der **Vornahme vertretbarer Handlung durch Dritte** ist eine Festgebühr iHv 20 € zu erheben. Sie entsteht nur, wenn das Gericht tatsächlich eine Anordnung trifft, also nicht, wenn die Anordnung abgelehnt oder der Antrag zurückgenommen wird. Die Gebühr ist für jede Anordnung gesondert zu erheben. In den **Rechtsmittelverfahren** gilt Hauptabschnitt 9 KV,[1] so dass Nr. 1912 KV bzw Nr. 1923, 1924 KV Anwendung finden.

2 Im Einzelnen erfasst Nr. 1601 KV die **Verfahren nach § 887 ZPO**[2] oder die Erstellung von Verzeichnissen nach § 1640 BGB.[3] Es muss sich aber um ein Verfahren handeln, für das nach §§ 86–96 a FamFG das Familiengericht zuständig ist. In anderen Fällen ist das GKG anzuwenden, dort Nr. 2111 KV GKG (**Vorbem. 1.6 KV**).

3 Die Gebühr **entsteht** mit der Anordnung. Die **Fälligkeit** bestimmt sich nach § 11 Abs. 1. Eine **Vorschusspflicht** nach § 14 Abs. 3 besteht nicht, da es sich um eine Aktgebühr handelt. Zur **Kostenhaftung** → Nr. 1602 KV Rn 8 f.

Nr.	Gebührentatbestand	Gebühr oder Satz der Gebühr nach § 28 FamGKG
1602	Anordnung von Zwangs- oder Ordnungsmitteln: je Anordnung .... Mehrere Anordnungen gelten als eine Anordnung, wenn sie dieselbe Verpflichtung betreffen. Dies gilt nicht, wenn Gegenstand der Verpflichtung die wiederholte Vornahme einer Handlung oder eine Unterlassung ist.	20,00 €

I. Anwendungsbereich

1 Die Gebühr der Nr. 1602 KV gilt für die Anordnung von Zwangs- und Ordnungsmitteln. Da nur Verfahren nach §§ 86 ff FamFG erfasst sind, entsteht die Gebühr im Einzelnen bei

- Ordnungs- oder Ordnungshaft nach § 89 FamFG,
- Ordnungs- oder Ordnungshaft nach § 96 FamFG iVm § 890 ZPO in Gewaltschutzsachen,
- Zwangsmaßnahmen nach § 96 a Abs. 2 FamFG in Abstammungssachen.

2 Darüber hinaus auch bei Zwangsmitteln nach § 95 FamFG neben oder anstelle einer Räumungsvollstreckung in Ehewohnungs- und Haushaltssachen,[1] bei der Haushaltsverteilung oder einem hier bestehenden Auskunftsanspruch[2] sowie in Versorgungsausgleichssachen (§ 4 Abs. 1 VersAusglG).[3] Für die **Rechtsmittelverfahren** gilt Hauptabschnitt 9 KV,[4] dort Nr. 1912 KV (Beschwerden), Nr. 1923, 1924 KV (Rechtsbeschwerden).

II. Gebühr

3 **1. Höhe und Entstehen.** Es entsteht eine Festgebühr von 20 €. Es handelt sich um eine Aktgebühr, die erst entsteht, wenn das Ordnungs- oder Zwangsmittel **angeordnet** wird. Lehnt das Gericht die Anordnung ab oder wird der Antrag zurückgenommen, entsteht die Gebühr nicht. Nach Anordnung entfällt die Gebühr nicht dadurch, dass der Verpflichtete die Handlung durchführt.[5]

7 KG JurBüro 2008, 43. **8** KG RVGreport 2009, 319. **1** BT-Drucks 16/6308, S. 315. **2** *Oestreich/Hellstab/Trenkle*, FamGKG Nr. 1600–1603 KV Rn 11. **3** HK-FamGKG/*Volpert*, Nr. 1600–1603 KV Rn 12. **1** *Cirullies*, Vollstreckung in Familiensachen, 2009, Rn 448. **2** *Cirullies*, Vollstreckung in Familiensachen, 2009, Rn 465 f. **3** *Cirullies*, Vollstreckung in Familiensachen, 2009, Rn 490. **4** BT-Drucks 16/6308, S. 315. **5** HK-FamGKG/*Volpert*, Nr. 1600–1603 KV Rn 18.

NK-GK/*H. Schneider*

2. Mehrheit von Geschäften. Die Gebühr der Nr. 1602 KV entsteht für jede Anordnung gesondert, jedoch　4
gelten **mehrere** Anordnungen als eine Anordnung, wenn sie dieselbe Verpflichtung betrifft (**Anm.**). Erfolgt
eine gesonderte Anordnung aber deshalb, weil der Verpflichtete die Handlung wiederholt vorzunehmen
oder zu unterlassen hat, entsteht die Gebühr gesondert.

Beispiel 1: Wegen Verstoßes gegen eine Umgangsregelung wird Ordnungsgeld iHv 1.000 € verhängt. Der Be-　5
schluss wird dem Verpflichteten zugestellt (§ 41 Abs. 1 FamFG) und diesem werden die Kosten auferlegt.

In die Kostenrechnung sind aufzunehmen (§ 4 Abs. 1 EBAO):

Ordnungsgeld	1.000,00 €
Gebühr, Nr. 1602 KV	20,00 €
Zustellungskosten, Nr. 2002 KV	3,50 €
Gesamt	**1.023,50 €**

Anzufordern vom Verpflichteten durch Kostenrechnung ohne Sollstellung (vormals Kostennachricht). Sollstellung
ist unzulässig.

Beispiel 2: Wegen Verstoßes gegen eine Umgangsregelung wird Ordnungsgeld iHv 1.000 € verhängt. Der Be-　6
schluss wird dem Verpflichteten zugestellt (§ 41 Abs. 1 FamFG) und diesem werden die Kosten auferlegt. Nach
Anordnung des Ordnungsgeldes wird das Umgangsrecht ordnungsgemäß gewährt. Zwei Monate später wird jedoch erneut gegen die Umgangsregelung verstoßen. Daraufhin wird erneut ein Ordnungsgeld iHv 1.000 € verhängt.

Es liegen verschiedene Anordnungen vor, da die zweite Anordnung zwar dieselbe Verpflichtung betrifft, aber hier
Gegenstand der Anordnung die Unterlassung einer Handlung gewesen ist. Die Gebühr der Nr. 1602 KV ist jeweils
gesondert zu erheben.

3. Fälligkeit, Vorschuss. Die Fälligkeit richtet sich nach § 11 Abs. 1. Die Gebühr wird mit der Anordnung　7
des Ordnungsmittels fällig, jedoch muss die Entscheidung nach § 41 FamFG bekannt gemacht sein. Vorschusspflicht nach § 14 Abs. 3 besteht nicht, da es sich um eine Aktgebühr handelt.[6]

4. Kostenschuldner. a) Antragshaftung. Das Gericht hat über die Anordnung eines Ordnungsmittels so-　8
wohl von Amts wegen als auch ausnahmsweise auf Antrag eines Berechtigten zu entscheiden, so dass keine
Antragshaftung besteht, da § 21 Abs. 1 lediglich Verfahren erfasst, die „nur durch Antrag eingeleitet werden".

b) Entscheidungsschuldner. Sind die Kosten dem Verpflichteten oder dem Antragsteller auferlegt, haften　9
diese nach § 24 Nr. 1 als Entscheidungsschuldner. Das Familiengericht hat mit der Festsetzung des Ordnungsmittels die Kosten des Vollstreckungsverfahrens dem Verpflichteten aufzuerlegen (§ 92 Abs. 2
FamFG). Handelt es sich um ein Antragsverfahren, ist über die Kosten nach §§ 80–82, 84 FamFG zu entscheiden (§ 87 Abs. 5 FamFG).[7] Einem Minderjährigen dürfen keine Kosten auferlegt werden, wenn es sich
um ein seine Person betreffendes Verfahren handelt (§ 81 Abs. 3 FamFG), zu denen auch die Kindesherausgabe und der Umgang gehören. Das Gericht hat die Kosten dem Verpflichteten in jeder wiederholt getroffenen Anordnung erneut aufzuerlegen. Werden in Gewaltschutzsachen Ordnungsmittel nach § 890 ZPO angeordnet, gilt § 891 ZPO (§ 96 Abs. 1 S. 3 FamFG), so dass sich die Kostenentscheidung nach §§ 91 ff ZPO
richtet.

5. Auslagen. Auslagen sind nach Nr. 2000 ff KV einzuziehen. Da es sich bei der Gebühr der Nr. 1602 KV　10
um eine Festgebühr handelt, sind **Zustellungskosten** in voller Höhe anzusetzen; die Freigrenze der Anm. zu
Nr. 2002 KV gilt nicht.

Einzuziehen sind auch **Gerichtsvollzieherkosten** (Nr. 2011 KV), da sie als Auslagen des Vollstreckungsver-　11
fahrens gelten (§ 13 Abs. 3 GvKostG, § 19 KostVfg). Der Gerichtsvollzieher erhält für die Verhaftung des
Verpflichteten eine Festgebühr von 39 € (Nr. 270 KV GvKostG). Für die Beseitigung einer andauernden
Zuwiderhandlung gegen eine Anordnung nach § 1 GewSchG (§ 96 Abs. 1 FamFG) sowie die Anwendung
von unmittelbarem Zwang auf Anordnung des Gerichts im Fall des § 90 FamFG erhält der Gerichtsvollzieher eine Festgebühr iHv 52 € (Nr. 250 KV GvKostG), neben der auch ein Zeitzuschlag nach Nr. 500 KV
GvKostG anfallen kann. Es handelt sich um durchlaufende Gelder (§§ 32, 24 Abs. 7, § 19 KostVfg). Der
Gerichtsvollzieher hat seine Kosten ohne Rücksicht auf die ihm aus der Landeskasse zu erstattenden Kosten
dem Gericht mitzuteilen (Nr. 6 Abs. 2 DB-GvKostG).

Hat das Gericht Ordnungshaft angeordnet, sind die **Haftkosten** nach Nr. 2009 KV einzuziehen, bei　12
Zwangshaft gilt Nr. 2008 KV. Die Übergangsregelung des § 64 ist zu beachten.

---

6 HK-FamGKG/*Volpert*, Nr. 1600–1603 KV Rn 20. **7** Keidel/*Giers*, § 92 FamFG Rn 4.

III. Kosteneinzug nach der EBAO

13   Der Einzug des Ordnungsgeldes und der Gerichtskosten für das Vollstreckungsverfahren bestimmt sich nach der JBeitrO und der EBAO (§ 1 Abs. 1 Nr. 3 JBeitrO, § 1 Abs. 1 Nr. 3 EBAO).[8] Danach erfolgen die Einforderung und Beitreibung durch das Familiengericht, welches das Ordnungsgeld angeordnet hat, als Vollstreckungsbehörde (§ 1 Abs. 4, § 2 Nr. 2 EBAO) (→ Nr. 1502 KV Rn 11 ff).

14   Vollstreckung und Beitreibung des Zwangsgelds erfolgen nicht von Amts wegen, sondern auf Antrag des Gläubigers.[9]

IV. Einstellung der Vollstreckung

15   Das Familiengericht kann die Vollstreckung von Ordnungsmitteln einstellen, beschränken oder die Maßnahmen gänzlich aufheben (§ 93 Abs. 1 FamFG). Die Entscheidung nach § 93 FamFG ist gerichtsgebührenfrei. Anwaltsgebühren entstehen nicht, da das Verfahren nach § 19 Abs. 1 S. 2 Nr. 12 RVG zum selben Rechtszug gehört. Eine Kostenentscheidung ist deshalb entgegen § 81 Abs. 1 S. 3 FamFG nicht notwendig.[10]

16   Wird die zu vollstreckende Entscheidung aufgrund eines in § 93 Abs. 1 FamFG genannten Tatbestands aufgehoben, hat das Gericht auch bereits getroffene Vollstreckungsmaßnahmen aufzuheben. Wird die Anordnung eines Ordnungsgeldes aufgehoben, ist dieses von Amts wegen zurückzuzahlen.[11]

Nr.	Gebührentatbestand	Gebühr oder Satz der Gebühr nach § 28 FamGKG
1603	Verfahren zur Abnahme einer eidesstattlichen Versicherung (§ 94 FamFG) .... Die Gebühr entsteht mit der Anordnung des Gerichts, dass der Verpflichtete eine eidesstattliche Versicherung abzugeben hat, oder mit dem Eingang des Antrags des Berechtigten.	35,00 €

I. Allgemeines

1   Die Regelung gilt nur für Verfahren nach § 94 FamFG, wonach die Abgabe der eidesstattlichen Versicherung angeordnet werden kann, wenn die herauszugebende Person nicht vorgefunden wird. Für Verfahren nach §§ 802 a ff ZPO ist sie nicht anwendbar. In den Rechtsmittelverfahren gilt Hauptabschnitt 9 KV,[1] dort Nr. 1912 KV (Beschwerden), Nr. 1923, 1924 KV (Rechtsbeschwerden).

II. Gebührenerhebung

2   **1. Höhe und Abgeltung.** Es entsteht eine Festgebühr iHv 35 €, welche die gesamte gerichtliche Tätigkeit abgilt, einschließlich des Erlasses eines Haftbefehls oder Aufhebungsbeschlusses, jedoch werden für die Tätigkeit des Gerichtsvollziehers zusätzliche Kosten erhoben (Nr. 2011 KV).

3   **2. Entstehen der Gebühr (Anm.).** Es ist nach Anm. zu unterscheiden, ob das Gericht nur von Amts wegen tätig geworden ist, denn in diesem Fall entsteht die Gebühr erst mit Erlass der gerichtlichen Anordnung. Ergeht eine solche Anordnung nicht, bleibt das Verfahren gebühren-, aber nicht auslagenfrei. Ist das Gericht hingegen aufgrund eines Antrags des Berechtigten tätig geworden, entsteht die Gebühr bereits mit Eingang des Antrags des Berechtigten bei Gericht, so dass der Ausgang des Verfahrens hier ohne Einfluss auf die Gebühr bleibt und die Gebühr auch bei Rücknahme oder Zurückweisung erhoben wird.

4   **3. Personenmehrheit.** Da die Gebühr der Nr. 1603 KV für die Anordnung bzw das Anordnungsverfahren erhoben wird, entsteht sie unabhängig von der Anzahl der herauszugebenden Kinder nur einmal, wenn das Gericht in demselben Verfahren entscheidet. Wird aber erst nach Erlass der Anordnung für das erste Kind ein Verfahren für ein weiteres Kind eingeleitet, entsteht die Gebühr gesondert. Sind verschiedene Schuldner vorhanden, die zur Abgabe der eidesstattlichen Versicherung verpflichtet werden, entsteht die Gebühr auch für jeden Verpflichteten gesondert.

---

8 Keidel/*Giers*, § 89 FamFG Rn 18; Zöller/*Stöber*, ZPO, § 890 Rn 23.   **9** BGH NJW 1983, 1859; OLG Stuttgart FamRZ 1997, 1495; OLG Frankfurt JurBüro 1986, 1259.   **10** Keidel/*Giers*, § 93 FamFG Rn 11.   **11** Keidel/*Giers*, § 93 FamFG Rn 15.   **1** BT-Drucks 16/6308, S. 315.

4. Verfahrensmehrheit. Ist das Verfahren beendet, entsteht die Gebühr gesondert, wenn das Gericht erneut   5
die Verpflichtung zur Abgabe der eidesstattlichen Versicherung anordnet oder ein Beteiligter erneut einen
entsprechenden Antrag stellt.

5. Auslagen. Auslagen sind nach Nr. 2000 ff KV einzuziehen. **Zustellungskosten (Nr. 2002 KV)** sind in vol-   6
ler Höhe anzusetzen, da es sich um eine Festgebühr handelt; die Freigrenze der Anm. zu Nr. 2002 KV gilt
nicht. Die **Gerichtsvollzieherkosten** sind gesondert anzusetzen (Nr. 2011 KV). Der Gerichtsvollzieher erhält
für die Abnahme der eidesstattlichen Versicherung eine Festgebühr iHv 38 € (Nr. 262 KV GvKostG) und
für die Verhaftung des Verpflichteten eine Festgebühr iHv 39 € (Nr. 270 KV GvKostG). Wegen des Einzugs
der Auslagen → Nr. 1602 KV Rn 10 ff. **Haftkosten** sind nach Nr. 2008 KV einzuziehen, dabei ist die Übergangsregelung des § 64 zu beachten.

6. Fälligkeit, Vorschuss. Die Fälligkeit der Gebühr bestimmt sich nach § 11 Abs. 1. Es darf kein Vorschuss   7
nach § 14 Abs. 3 verlangt werden.

7. Kostenschuldner. Eine Antragshaftung nach § 21 Abs. 1 besteht nicht, da die Verfahren nach § 94   8
FamFG sowohl Amts- als auch Antragsverfahren sein können.[2] Im Rechtsmittelverfahren haftet der Beschwerdeführer jedoch als Antragsschuldner, aber nicht ein Minderjähriger, weil das Verfahren seine Person
betrifft (§ 21 Abs. 1 S. 2 Nr. 3, 4). Kostenschuldner der Gebühren und Auslagen ist daher derjenige, dem
das Gericht die Kosten auferlegt hat (§ 24 Nr. 1).

Auf das Verfahren nach § 94 FamFG ist § 92 Abs. 2 FamFG entsprechend anzuwenden.[3] Das Gericht hat   9
daher bereits in dem Anordnungsbeschluss die Kosten des Verfahrens dem Verpflichteten aufzuerlegen.
Auch das Beschwerdegericht hat gem. § 81 Abs. 1 S. 3 FamFG gleichfalls zwingend über die Kosten nach
§§ 80 ff zu entscheiden.

Hauptabschnitt 7
Verfahren mit Auslandsbezug

Nr.	Gebührentatbestand	Gebühr oder Satz der Gebühr nach § 28 FamGKG
Vorbemerkung 1.7: In Verfahren nach dem EUGewSchVG, mit Ausnahme der Verfahren über Bescheinigungen nach Abschnitt 3 Unterab-schnitt 2 EUGewSchVG, bestimmen sich die Gebühren nach Teil 1 Hauptabschnitt 3 Abschnitt 2.		

Zu den EUGewSchVG-Verfahren, deren Gebühren sich nach Teil 1 Hauptabschnitt 3 Abschnitt 2 KV   1
(= Nr. 1320 ff KV) bestimmen, s. die Ausführungen in → Vorbem. 1.3.2 KV Rn 11 ff.

Abschnitt 1
Erster Rechtszug

Nr.	Gebührentatbestand	Gebühr oder Satz der Gebühr nach § 28 FamGKG
1710	Verfahren über Anträge auf 1. Erlass einer gerichtlichen Anordnung auf Rückgabe des Kindes oder über das Recht zum persönlichen Umgang nach dem IntFamRVG, 2. Vollstreckbarerklärung ausländischer Titel, 3. Feststellung, ob die ausländische Entscheidung anzuerkennen ist, einschließlich der Anordnungen nach § 33 IntFamRVG zur Wiederherstellung des Sorgeverhältnisses, 4. Erteilung der Vollstreckungsklausel zu ausländischen Titeln und 5. Aufhebung oder Abänderung von Entscheidungen in den in den Nummern 2 bis 4 genannten Verfahren	240,00 €

---

2 *Bumiller/Harders*, § 94 FamFG Rn 1. **3** *Keidel/Giers*, § 92 FamFG Rn 4.

I. Gebührentatbestände

1   **1. IntFamRVG (Nr. 1).** Von Nr. 1 sind nur Anträge auf Erlass einer Anordnung auf Rückgabe des Kindes oder über das Recht zum persönlichen Umgang erfasst. Für Verfahren nach §§ 16 ff IntFamRVG (Zulassung der Zwangsvollstreckung im ersten Rechtszug) gilt Nr. 4, für § 33 IntFamRVG (Anordnung auf Herausgabe des Kindes) Nr. 3 und für § 48 IntFamRVG (Ausstellung von Bescheinigungen) Nr. 1711 KV. Ist nach Ablehnung der Rückgabe eines Kindes ein Sorgerechtsverfahren einzuleiten (Art. 11 Abs. 6 und 7 Brüssel IIa-VO), gelten die Nr. 1310 ff KV. Nach § 47 IntFamRVG von dem Familiengericht zu erteilende Genehmigungen sind als Unterbringungssachen gebühren- und auslagenfrei (Vorbem. 1.3.1 Abs. 1 Nr. 2, Vorbem. 2 Abs. 3 KV). Werden Ordnungsmittel angeordnet (§ 44 IntFamRVG), gelten die §§ 88 ff FamFG, so dass Gebühren nach Nr. 1602 KV entstehen.

2   **2. Vollstreckbarerklärung ausländischer Titel (Nr. 2).** Unter Nr. 2 fallen Verfahren nach §§ 722 f ZPO und § 110 Abs. 2 FamFG. Keine Gebühr entsteht, wenn die Vollstreckbarerklärung aufgrund völkerrechtlicher Vereinbarungen erfolgt, so dass das Verfahren gebührenfrei bleibt.[1]

3   **3. Anerkennung ausländischer Entscheidungen (Nr. 3).** Die Gebühr der Nr. 1710 KV wird auch erhoben, wenn es sich um eine Anordnung nach § 33 IntFamRVG zur Wiederherstellung eines Sorgeverhältnisses handelt. Für die Anerkennungsverfahren nach § 108 Abs. 2 FamFG gilt Nr. 1714 KV, im Verhältnis zu Österreich kann Nr. 1713 KV einschlägig sein.

4   **4. Erteilung der Vollstreckungsklausel zu ausländischen Titeln (Nr. 4).** Erfasst sind auch Verfahren nach der Verordnung (EG) Nr. 44/2001 (EuGVVO), mit Ausnahme der Bescheinigungen nach § 57 AVAG; für sie gilt Nr. 1711 KV. Die Gebühr entsteht auch in den Fällen des § 20 Abs. 1 IntFamRVG, auch wenn die Erteilung nach § 20 Abs. 3 IntFamRVG abgelehnt wird.

5   **5. Aufhebung- oder Abänderungsverfahren (Nr. 5).** Die Gebühr entsteht gesondert, wenn es sich um ein Aufhebungs- oder Abänderungsverfahren handelt. Es handelt sich daher stets um gesonderte Kostenrechtszüge iSd § 29. Ausgenommen sind aber Verfahren, die einen in Nr. 1 genannten Gegenstand betreffen, sie bleiben gebührenfrei.

II. Gebührenerhebung

6   **1. Höhe und Entstehen.** Bei der Gebühr der Nr. 1710 KV handelt es sich um eine **Festgebühr**, die stets 240 € beträgt. Zustellungskosten sind daher in voller Höhe anzusetzen, die Freigrenze der Anm. zu Nr. 2002 KV gilt nicht.

7   Die Gebühr entsteht bereits mit **Antragseingang bei Gericht**. Sie kann nach ihrer Entstehung nicht mehr entfallen, sich aber nach Nr. 1715 KV **ermäßigen**. Die Gebühr entsteht unabhängig vom Ausgang des Verfahrens, auch wenn der Antrag abgelehnt oder zurückgewiesen wird. Bei Rücknahme kann Nr. 1715 KV eingreifen.

8   **2. Fälligkeit, Vorschuss.** Die Fälligkeit der Gebühr bestimmt sich nach § 11 Abs. 1, für die Auslagen gilt § 11 Abs. 1, 2. Vorschusspflicht besteht nach § 14 Abs. 3; die §§ 16, 17 bleiben unberührt. Handelt es sich jedoch um Verfahren nach § 33 IntFamRVG, dürfen Vorschüsse wegen § 13 nicht verlangt werden.

9   **3. Kostenschuldner.** Die Bestimmung des Kostenschuldners richtet sich nach den §§ 21 ff, bei Verfahren nach Nr. 1 ist § 21 Abs. 1 S. 2 Nr. 2 zu beachten. In Verfahren nach Nr. 4 haftet zudem der Vollstreckungsschuldner (§ 24 Nr. 4), wenn es sich um notwendige Kosten der Zwangsvollstreckung iSv § 788 ZPO handelt. Bei Verfahren nach Nr. 3 kann der Antragsteller Ersatz der Gerichtskosten als notwendige Zwangsvollstreckungskosten vom Vollstreckungsschuldner verlangen (§ 8 Abs. 1 S. 4 AVAG iVm § 788 Abs. 1 ZPO).

Nr.	Gebührentatbestand	Gebühr oder Satz der Gebühr nach § 28 FamGKG
1711	Verfahren über den Antrag auf Ausstellung einer Bescheinigung nach § 57 AVAG, § 48 IntFamRVG oder § 14 EUGewSchVG oder auf Ausstellung des Formblatts oder der Bescheinigung nach § 71 Abs. 1 AUG	15,00 €

---

1 HK-FamGKG/*Thiel*, Nr. 1710 KV Rn 5.

Nr. 1711 KV erfasst Verfahren nach 1

- § 57 AVAG (Bescheinigungen nach Art. 54, 57, 58 EuGVVO),
- § 48 IntFamRVG (Bescheinigungen nach Art. 39, 41 und 42 der Brüssel IIa-Verordnung),
- § 14 EUGewSchVG (Bescheinigungen nach Art. 5, 14 der Verordnung (EU) Nr. 606/2013), s. auch Vorbem. 1.3.2 Abs. 3 KV,
- § 71 Abs. 1 AUG (Ausstellung von Formblatt oder Bescheinigung).

Die Gebühren entstehen neben dem **Hauptverfahren**, in dem die zugrundeliegende Entscheidung ergangen 2 ist. **Berichtigungsverfahren** sind gebührenfrei, da nur Verfahren über die **Ausstellung** von Bescheinigungen oder des Formblatts gebührenpflichtig sind. Auch die Bezifferung oder die Vervollständigung nach § 30 AVAG ist gebührenfrei.[1]

Zu erheben ist eine **Festgebühr** von 15 €. Zustellungskosten sind in voller Höhe einzuziehen, die Freigrenze 3 der Anm. zu Nr. 2002 KV gilt nicht. Die Gebühr entsteht mit **Antragseingang bei Gericht**. Sie kann nicht nachträglich entfallen. Eine Ermäßigung ist ausgeschlossen, Nr. 1715 KV gilt nicht. Unerheblich ist der Ausgang des Verfahrens, so dass die Gebühr auch bei einer Ablehnung oder Rücknahme des Antrags entsteht.

Die **Fälligkeit** richtet sich nach § 11 Abs. 1. Ist die Erteilung einer Bescheinigung nach § 57 AVAG, § 71 4 Abs. 1 AUG beantragt, besteht eine **Vorschusspflicht** nach § 14 Abs. 3. Hinsichtlich der Auslagen bleiben §§ 16, 17 unberührt. Für Anträge nach § 14 EUGewSchVG dürfen keine Gebührenvorschüsse verlangt werden, da wegen § 21 Abs. 1 S. 2 Nr. 1 keine Antragshaftung besteht. Bei Anträgen nach § 48 IntFamRVG ist die Erhebung von Gebühren- und Auslagenvorschüssen unzulässig (§ 13).

Der **Kostenschuldner** ist nach den §§ 21 ff zu bestimmen. In den Fällen des § 14 EUGewSchVG ist § 21 5 Abs. 1 S. 2 Nr. 1 zu beachten. Die Regelung des § 21 Abs. 1 S. 2 Nr. 2 greift hingegen nicht, da er Bescheinigungen nach § 48 IntFamRVG nicht umfasst. Im Übrigen haftet der Vollstreckungsschuldner nach § 24 Nr. 4, wenn es sich um notwendige Zwangsvollstreckungskosten iSv § 788 ZPO handelt.

Nr.	Gebührentatbestand	Gebühr oder Satz der Gebühr nach § 28 FamGKG
1712	Verfahren über den Antrag auf Ausstellung einer Bestätigung nach § 1079 ZPO	20,00 €

I. Anwendungsbereich

Nr. 1712 KV gilt für Anträge auf Ausstellung einer Bescheinigung nach § 1079 ZPO. Im Einzelnen sind da- 1 her erfasst die Verfahren wegen Erteilung von Bescheinigungen über die

- Bestätigung als europäischer Vollstreckungstitel,
- Nichtvollstreckbarkeit,
- Beschränkung der Vollstreckbarkeit,
- Ersatzbestätigung nach Art. 6 Abs. 2, 3, Art. 9 Abs. 1 der VO (EG) Nr. 805/2004.

Das gilt auch, wenn die Bestätigung für einen gerichtlichen Vergleich erfolgt (Art. 24 Abs. 1 VO (EG) 2 Nr. 805/2004). Für notarielle Urkunden gelten Nr. 23805 KV GNotKG.

II. Gebührenerhebung

1. Höhe und Entstehen. Nach Nr. 1712 KV ist eine **Festgebühr** von 20 € zu erheben, die mit **Antragsein-** 3 **gang** bei Gericht entsteht. Ein nachträglicher Wegfall oder eine Ermäßigung sind ausgeschlossen, Nr. 1715 KV gilt nicht. Die Gebühr fällt unabhängig vom Ausgang des Verfahrens, also auch bei Rücknahme oder Zurückweisung (§ 1080 Abs. 2 ZPO) an. Abgegolten ist auch die Zustellung an den Antragsgegner (§ 1080 Abs. 1 ZPO), jedoch sind anfallende Zustellungskosten in voller Höhe anzusetzen, da die Freigrenze der Anm. zu Nr. 2002 KV wegen der Entstehung einer Festgebühr nicht gilt.

2. Mehrere Anträge. Die Gebühr ist für jeden Antrag und jeden Titel gesondert zu erheben, so dass zB bei 4 Endentscheidung und Kostenfestsetzungsbeschluss zwei Gebühren entstehen. Das gilt auch, wenn besondere Bescheinigungen auszustellen sind, weil sich das Verfahren über mehrere Rechtszüge erstreckt.[1]

---

1 BT-Drucks 15/5222, S. 16. **1** BT-Drucks 15/5222, S. 16.

5   **3. Berichtigung und Widerruf.** Verfahren wegen Bezifferung (§ 245 FamFG) bleiben gebührenfrei.[2] Das gilt auch für Verfahren über die Berichtigung oder den Widerruf der Bestätigung als Europäischer Vollstreckungstitel (§ 1081 ZPO), weil sie weitgehend an das Verfahren nach § 319 ZPO und für die notariellen und behördlichen Urkunden an § 797 Abs. 3 ZPO angelehnt worden sind.[3]

6   **4. Fälligkeit, Vorschuss.** Die Fälligkeit richtet sich nach § 11 Abs. 1. Es besteht Vorschusspflicht nach § 14 Abs. 3, für die Auslagen gilt § 16 Abs. 1.

7   **5. Kostenschuldner.** Es haften der Antragsteller (§ 21 Abs. 1)[4] und der Schuldner nach § 24 Nr. 4, da die Kosten regelmäßig als notwendig iSd § 788 ZPO anzusehen sind.

Nr.	Gebührentatbestand	Gebühr oder Satz der Gebühr nach § 28 FamGKG
1713	Verfahren nach 1. § 3 Abs. 2 des Gesetzes zur Ausführung des Vertrags zwischen der Bundesrepublik Deutschland und der Republik Österreich vom 6. Juni 1959 über die gegenseitige Anerkennung und Vollstreckung von gerichtlichen Entscheidungen, Vergleichen und öffentlichen Urkunden in Zivil- und Handelssachen in der im Bundesgesetzblatt Teil III, Gliederungsnummer 319-12, veröffentlichten bereinigten Fassung, das zuletzt durch Artikel 23 des Gesetzes vom 27. Juli 2001 (BGBl. I S. 1887) geändert worden ist, und 2. § 34 Abs. 1 AUG	 60,00 €

1   Nr. 1713 KV erfasst in **Nr. 1** die Verfahren nach dem ZPVtrAUTAG,[1] so dass sie nur noch für gerichtliche Entscheidungen, Vergleiche und öffentliche Urkunden gilt, die vor dem 01.03.2002 ergangen sind, da seit diesem Zeitpunkt die Verordnung (EG) Nr. 44/2001[2] gilt.

2   Darüber hinaus entsteht die Gebühr auch, wenn nach § 34 Abs. 1 AUG beantragt wird, den vollstreckungsfähigen Inhalt eines ausländischen Titels zu bestimmen (**Nr. 2**). In diesen Fällen deckt die Gebühr neben der Entscheidung auch die fakultative mündliche Verhandlung sowie die Verbindung mit dem Titel und die Zustellung an den Schuldner (§ 34 Abs. 2 AUG) ab. Anfallende Zustellungskosten sind jedoch gesondert anzusetzen.

3   Es handelt sich um eine **Festgebühr** von 60 €, die bereits mit **Antragseingang** bei Gericht entsteht, und zwar unabhängig vom Ausgang des Verfahrens, auch bei Antragsrücknahme. Nachträglicher Wegfall oder eine Ermäßigung sind ausgeschlossen, Nr. 1715 KV gilt nicht. Jeder Antrag und Titel löst die Gebühr gesondert aus.

4   Für die **Fälligkeit** gilt § 11 Abs. 1. Vorschusspflicht besteht nach § 14 Abs. 3. Der **Kostenschuldner** ist nach § 24 zu bestimmen, daneben auch nach § 21 Abs. 1, da es sich um Antragsverfahren handelt (§ 3 Abs. 2 S. 1 ZPVtrAUTAG).

5   Anfallende **Zustellungskosten**, zB § 34 Abs. 2 AUG, sind in voller Höhe anzusetzen, die Freigrenze der Anm. zu Nr. 2002 KV gilt nicht, da es sich um eine Festgebühr handelt. Nach § 2 Abs. 2 iVm § 3 Abs. 2 ZPVtrAUTAG sind dem Antrag erforderliche Abschriften beizufügen, so dass bei Nichtbeachtung die Pauschale der Nr. 2000 Nr. 1 Buchst. b KV entsteht.

---

2 BT-Drucks 15/5222, S. 16. **3** BT-Drucks 15/5222, S. 16. **4** BT-Drucks 16/6308, S. 303. **1** Gesetz zur Ausführung des Vertrages zwischen der Bundesrepublik Deutschland und der Republik Österreich vom 6. Juni 1959 über die gegenseitige Anerkennung und Vollstreckung von gerichtlichen Entscheidungen, Vergleichen und öffentlichen Urkunden in Zivil- und Handelssachen vom 8. März 1960 (BGBl. I 169). **2** Verordnung (EG) Nr. 44/2001 des Rates vom 22. Dezember 2000 über die gerichtliche Zuständigkeit und die Anerkennung und Vollstreckung von Entscheidungen in Zivil- und Handelssachen (ABl. EG Nr. L 12 v. 16.1.2001, S. 1).

Nr.	Gebührentatbestand	Gebühr oder Satz der Gebühr nach § 28 FamGKG
1714	Verfahren über den Antrag nach § 107 Abs. 5, 6 und 8, § 108 Abs. 2 FamFG:	
	Der Antrag wird zurückgewiesen	240,00 €

I. Anwendungsbereich

Nr. 1714 KV erfasst nur die Verfahren vor dem OLG nach § 107 Abs. 5, 6 und 8 FamFG und nach § 108   **1** Abs. 2 FamFG, während für das Justizverwaltungsverfahren das JVKostG gilt.

II. Justizverwaltungsverfahren

1. Gebühren. Für die Feststellung durch die Landesjustizverwaltung wird eine Rahmengebühr von 15–   **2** 305 € erhoben (Nr. 1331 KV JVKostG). Ihre konkrete Höhe wird durch die zuständige Behörde festgelegt (§ 4 Abs. 2 JVKostG). Von der Erhebung kann nach § 10 JVKostG abgesehen werden. Die Entscheidungsbefugnis obliegt in beiden Fällen dem Beamten, der die Sachentscheidung zu treffen hat (§ 46 KostVfg).

Bei der **Bestimmung der konkreten Gebührenhöhe** sind nach § 4 Abs. 2 S. 2 JVKostG insb. zu berücksichti-   **3** gen:

- die Bedeutung der Angelegenheit für die Beteiligten,
- der Umfang und die Schwierigkeit der Amtshandlung,
- die wirtschaftlichen Verhältnisse (Einkommen und Vermögen) des Kostenschuldners; für diese sieht bereits das Antragsformular die freiwillige Angabe des Einkommens vor. Unterbleiben die Angaben, geht dies zu Lasten des Antragstellers, so dass auch die Höchstgebühr angesetzt werden kann.[1]

2. Rücknahme des Antrags. Wird der Antrag zurückgenommen, bevor die Justizverwaltung entscheidet,   **4** oder wird der Antrag zurückgewiesen, kann eine Anordnung nach § 4 Abs. 3 JVKostG getroffen werden.[2] Danach kann dem Antragsteller eine Gebühr auferlegt werden, deren Höhe bis zur Hälfte der für die Vornahme der Amtshandlung bestimmten Gebühr betragen kann, jedoch nicht weniger als der Mindestbetrag von 15 €. Die Entscheidung trifft der mit der Sachentscheidung befasste Beamte (§ 46 KostVfg).

3. Aufhebung der Entscheidung. Die Gebühr wird auch erhoben, wenn die Entscheidung der Landesjustiz-   **5** verwaltung von dem OLG oder in der Rechtsbeschwerdeinstanz aufgehoben wird und das OLG in der Sache selbst entscheidet (Anm. zu Nr. 1331 KV JVKostG). Über die Höhe der Gebühr entscheidet die Justizverwaltung und nicht das OLG. Hinsichtlich der Bemessung ist davon auszugehen, als hätte die Justizverwaltung die Feststellung selbst getroffen.

4. Auslagen. Auslagen sind neben der Gebühr gesondert einzuziehen. Dabei gelten Nr. 2000 ff KV   **6** JVKostG, im Übrigen gelten Nr. 9000 ff KV GKG (Vorbem. 2 KV JVKostG).

5. Fälligkeit, Vorschuss, Kostenschuldner. Kosten (Gebühren und Auslagen) werden mit der Beendigung   **7** des gebührenpflichtigen Geschäfts, also dem Erlass des Bescheids, fällig (§ 6 Abs. 1 JVKostG). Für die Dokumentenpauschale und die Aktenversendungspauschale gilt abweichend § 7 JVKostG. Ein Vorschuss, von dessen Zahlung die Entscheidung abhängig gemacht werden darf, kann nach § 8 Abs. 1, 2 JVKostG gefordert werden. Es handelt sich um eine Ermessensentscheidung, die dem mit der Sachentscheidung betrauten Beamten obliegt (§ 46 KostVfg). Auch das Zurückbehaltungsrecht kann ausgeübt werden (§ 9 JVKostG). Der Kostenschuldner bestimmt sich nach § 18 JVKostG.

6. Einwendungen. Werden Einwendungen gegen die Gebührenhöhe, den Kostenansatz oder Maßnahmen   **8** nach §§ 8, 9 JVKostG erhoben, entscheidet das AG, in dessen Bezirk die Justizbehörde ihren Sitz hat (§ 22 Abs. 1 S. 1 JVKostG). §§ 5 a, 5 b, § 66 Abs. 2–8, §§ 67, 69 a GKG sind entsprechend anzuwenden (§ 22 Abs. 1 S. 2 JVKostG).

7. Verjährung. Für Verjährung und Ansprüche auf Rückerstattung gilt § 5 JVKostG.   **9**

8. Verfahrenskostenhilfe. Sie kann für Verfahren vor der Landesjustizverwaltung nicht bewilligt werden, da   **10** es sich nicht um ein gerichtliches Verfahren handelt.[3]

---

1 Keidel/*Zimmermann*, § 107 FamFG Rn 36. **2** BT-Drucks 16/6308, S. 339. **3** Keidel/*Zimmermann*, § 107 FamFG Rn 33.

III. Verfahren nach § 107 Abs. 5, 6, 8 und § 108 Abs. 2 FamFG

11 **1. Gerichtsgebühren.** Für das Verfahren vor dem OLG nach § 107 Abs. 5, 6 und 8 FamFG und nach § 108 Abs. 2 FamFG entsteht eine Festgebühr von 240 €. Es handelt sich um eine Aktgebühr, die nur entsteht, wenn der Antrag zurückgewiesen wird. Wird dem Antrag stattgegeben, bleibt das Verfahren gebührenfrei. Bei Antragsrücknahme ermäßigt sich die Gebühr Nr. 1714 KV nach Nr. 1715 KV.

12 **2. Fälligkeit, Vorschuss, Kostenschuldner.** Die Fälligkeit richtet sich nach § 11 Abs. 1. Vorschusspflicht besteht nicht nach § 14 Abs. 3, da es sich um eine Aktgebühr handelt.[4] Für die Auslagen gelten §§ 16, 17. In einem Verfahren nach § 108 Abs. 2 FamFG besteht jedoch der Amtsermittlungsgrundsatz, so dass hier keine Abhängigmachung erfolgen darf, sondern nur Vorschuss nach § 16 Abs. 3 verlangt werden kann.

13 Der Kostenschuldner ergibt sich aus §§ 21, 24. In den Fällen des § 108 Abs. 2 FamFG ist § 21 Abs. 1 S. 2 Nr. 3 zu beachten, wenn das zugrunde liegende Verfahren seine Person betrifft (§ 21 Abs. 1 Nr. 3).

Nr.	Gebührentatbestand	Gebühr oder Satz der Gebühr nach § 28 FamGKG
1715	Beendigung des gesamten Verfahrens durch Zurücknahme des Antrags vor Ablauf des Tages, an dem die Endentscheidung der Geschäftsstelle übermittelt wird, wenn die Entscheidung nicht bereits durch Verlesen der Entscheidungsformel bekannt gegeben worden ist: Die Gebühr 1710 oder 1714 ermäßigt sich auf	90,00 €

1 Nr. 1715 KV schafft einen Ermäßigungstatbestand für die Gebühren nach Nr. 1710 und 1714 KV. Die Aufzählung ist abschließend, so dass sie auf die Nr. 1711–1713 KV nicht anzuwenden ist. Mit der Regelung soll ein Anreiz gegeben werden, dem Gericht durch die rechtzeitige Rücknahme Arbeitsaufwand zu sparen.[1]

2 Die Gebühren Nr. 1710, 1714 KV ermäßigen sich auf 90 €, wenn der entsprechende Antrag durch **Zurücknahme** beendet wird. Wurde die Endentscheidung nicht durch Verlesen bekannt gemacht, muss die Rücknahme bis zum Ablauf des Tages erfolgen, an dem die Endentscheidung der Geschäftsstelle übermittelt wird. Maßgeblich ist dabei der in dem Übergabevermerk nach § 38 Abs. 3 S. 3 FamFG vermerkte Zeitpunkt. Wurde die Endentscheidung durch Verlesen der Entscheidungsformel bekannt gegeben, ist eine Ermäßigung ausgeschlossen; es sei denn, dass die Antragsrücknahme vor Verlesen der Entscheidungsformel erfolgt ist.

3 Durch die Rücknahme muss sich das **gesamte** Verfahren erledigt haben, eine bloße Teilrücknahme genügt also nicht.

4 Neben der förmlichen Antragsrücknahme führt auch **jedes andere Verhalten der Beteiligten**, durch das zum Ausdruck gebracht wird, dass das Verfahren beendet sei, zu einer Gebührenermäßigung.[2] Hat das Gericht aber noch über die Kosten entschieden, liegt gleichfalls eine Endentscheidung nach § 38 FamFG vor,[3] die einer Gebührenermäßigung entgegensteht.

---

4 HK-FamGKG/*Volpert*, § 14 Rn 117. **1** HK-FamGKG/*Thiel*, Nr. 1715 KV Rn 1. **2** *Hartmann*, Nr. 1511 KV GKG Rn 1; aA HK-FamGKG/*Thiel*, Nr. 1715 KV Rn 5. **3** BT-Drucks 16/6308, S. 195 zu § 38 FamFG.

Abschnitt 2
Beschwerde und Rechtsbeschwerde gegen die Endentscheidung
wegen des Hauptgegenstands

Nr.	Gebührentatbestand	Gebühr oder Satz der Gebühr nach § 28 FamGKG
1720	Verfahren über die Beschwerde oder Rechtsbeschwerde in den in den Nummern 1710, 1713 und 1714 genannten Verfahren	360,00 €
1721	Beendigung des gesamten Verfahrens durch Zurücknahme der Beschwerde, der Rechtsbeschwerde oder des Antrags, bevor die Schrift zur Begründung des Rechtsmittels bei Gericht eingegangen ist: Die Gebühr 1720 ermäßigt sich auf	90,00 €
1722	Beendigung des gesamten Verfahrens ohne Endentscheidung, wenn nicht Nummer 1721 erfüllt ist: Die Gebühr 1720 ermäßigt sich auf .... (1) Wenn die Entscheidung nicht durch Verlesen der Entscheidungsformel bekannt gegeben worden ist, ermäßigt sich die Gebühr auch im Fall der Zurücknahme der Beschwerde oder der Rechtsbeschwerde vor Ablauf des Tages, an dem die Endentscheidung der Geschäftsstelle übermittelt wird. (2) Eine Entscheidung über die Kosten steht der Ermäßigung nicht entgegen, wenn die Entscheidung einer zuvor mitgeteilten Einigung über die Kostentragung oder einer Kostenübernahmeerklärung folgt.	180,00 €
1723	Verfahren über die Beschwerde in 1. den in den Nummern 1711 und 1712 genannten Verfahren, 2. Verfahren nach § 245 FamFG oder 3. Verfahren über die Berichtigung oder den Widerruf einer Bestätigung nach § 1079 ZPO: Die Beschwerde wird verworfen oder zurückgewiesen	60,00 €

I. Gebühr Nr. 1720 KV

1. Geltungsbereich. Die Regelung gilt für Beschwerde- und Rechtsbeschwerdeverfahren gegen die Endentscheidung wegen des Hauptgegenstands in einem von Nr. 1710, 1713 und 1714 KV erfassten Verfahren. Die Gebührenhöhe beträgt stets 360 €, und zwar unabhängig davon, ob es sich um eine Beschwerde oder Rechtsbeschwerde handelt. **1**

Im Einzelnen sind daher von der Gebühr Nr. 1720 KV erfasst die Beschwerden und Rechtsbeschwerden in Verfahren **2**

- wegen des Erlasses einer gerichtlichen Anordnung auf Rückgabe des Kindes oder über das Recht zum persönlichen Umgang nach dem IntFamRVG;
- wegen der Vollstreckbarerklärung ausländischer Titel;
- über die Feststellung, ob die ausländische Entscheidung anzuerkennen ist, einschließlich der Anordnungen nach § 33 IntFamRVG zur Wiederherstellung des Sorgeverhältnisses;
- nach § 3 Abs. 2 ZPVtrAUTAG;[1]
- nach § 34 Abs. 1 AUG;
- über Anträge nach § 107 Abs. 5, 6 und 8, § 108 Abs. 2 FamFG.

Für Beschwerden in Verfahren nach § 57 AVAG, § 48 IntFamRVG, § 14 EUGewSchVG, § 1079 ZPO oder § 245 FamFG gilt Nr. 1720 KV nicht, sondern Nr. 1723 KV. Wird nur eine Nebenentscheidung angegriffen, **3**

[1] Gesetz zur Ausführung des Vertrages zwischen der Bundesrepublik Deutschland und der Republik Österreich vom 6. Juni 1959 über die gegenseitige Anerkennung und Vollstreckung von gerichtlichen Entscheidungen, Vergleichen und öffentlichen Urkunden in Zivil- und Handelssachen vom 8. März 1960 (BGBl. I 169).

gelten Nr. 1912 KV (Beschwerde) bzw Nr. 1923, 1924 KV (Rechtsbeschwerde), Nr. 1930 KV (Sprung-rechtsbeschwerde).

4   **2. Entstehen der Gebühr.** Es handelt sich um eine Verfahrensgebühr, die sämtliche Handlungen des Gerichts abdeckt. Sie entsteht bereits mit Eingang der Beschwerde- oder Rechtsbeschwerdeschrift bei Gericht und kann danach nicht mehr entfallen, sondern sich nur noch nach Nr. 1721, 1722 KV ermäßigen.

5   Die Gebühr fällt, soweit Nr. 1721, 1722 KV nicht eingreifen, unabhängig vom Ausgang des Verfahrens an, also auch dann, wenn die Beschwerde oder Rechtsbeschwerde begründet ist.

6   **3. Fälligkeit, Vorschuss.** Die Fälligkeit bestimmt sich nach § 9 Abs. 1. Ist Gegenstand eine FG-Familiensache, gilt § 11 Abs. 1. Eine Abhängigmachung nach § 14 Abs. 3 von der Gebührenzahlung kann nicht angeordnet werden, da die Regelung nur für erstinstanzliche Verfahren gilt.

7   **4. Kostenschuldner.** Kostenschuldner ist der Beschwerde- oder Rechtsbeschwerdeführer als Antragsschuldner (§ 21 Abs. 1 S. 1). Das gilt jedoch nicht in Verfahren wegen des Erlasses einer gerichtlichen Anordnung auf Rückgabe des Kindes oder über das Recht zum persönlichen Umgang nach dem IntFamRVG, da § 21 Abs. 1 S. 2 Nr. 2 ausdrücklich anordnet, dass insoweit eine Antragshaftung nicht besteht. Im Übrigen haften die Kostenschuldner nach §§ 23, 24.

II. Ermäßigung nach Nr. 1721 KV

8   Die Verfahrensgebühr Nr. 1720 KV ermäßigt sich nach Nr. 1721 KV auf 90 €, wenn die Beschwerde, Rechtsbeschwerde oder der Antrag zurückgenommen wird, bevor die Beschwerde- oder Rechtsbeschwerdebegründungsschrift bei Gericht eingeht.

9   Für den Eintritt der Gebührenermäßigung ist allein der Eingang der Begründungsschrift maßgebend, auf den Ablauf der Begründungsfrist des § 71 Abs. 2 S. 1 FamFG kommt es nicht an. Erfolgt die Rücknahme erst nach Eingang der Begründungsschrift, kommt nur noch eine Ermäßigung nach Nr. 1722 KV in Betracht. War aber bereits eine Endentscheidung ergangen, kann eine Gebührenermäßigung nicht mehr eintreten. Es bleibt dann bei Nr. 1720 KV.

10   Durch die Rücknahme muss sich das gesamte Beschwerde- oder Rechtsbeschwerdeverfahren erledigen; eine Teilrücknahme genügt nicht.

III. Ermäßigung nach Nr. 1722 KV

11   Nach Eingang der Begründungsschrift ermäßigt sich die Gebühr Nr. 1720 KV nach Nr. 1722 KV auf 180 €, wenn das gesamte Beschwerde- oder Rechtsbeschwerdeverfahren ohne Endentscheidung beendet wird. Hierunter fallen insb. die Fälle der Rücknahme oder des Vergleichsabschlusses. Tritt die Beendigung ohne Endentscheidung noch vor Eingang der Begründungsschrift ein, gilt Nr. 1721 KV.

12   Die Rücknahme muss bis zum Verlesen der Entscheidungsformel erfolgen. Ergeht die Bekanntgabe schriftlich, kann die Rücknahme noch bis zum Ablauf des Tages, an dem die Endentscheidung der Geschäftsstelle übermittelt wird, erfolgen (Anm. Abs. 1). Maßgeblich ist der nach § 38 Abs. 3 S. 3 FamFG anzubringende Übergabevermerk.

13   Endentscheidungen sind auch Beschlüsse nach § 74 Abs. 1, § 74 a FamFG, nicht aber Beschlüsse, mit denen lediglich das Zustandekommen eines gerichtlichen Vergleichs festgestellt wird. Auch bloße Kostenentscheidungen sind Endentscheidung, so dass auch sie den Eintritt einer Ermäßigung hindern, wenn nicht die Kostenentscheidung einer zuvor mitgeteilten Einigung über die Kostentragung oder einer Kostenübernahmeerklärung folgt (Anm. Abs. 2).

IV. Gebühr Nr. 1723 KV

14   Die Gebührenregelung gilt für Beschwerden in Verfahren nach § 57 AVAG, § 48 IntFamRVG, § 1079 ZPO und § 245 FamFG sowie wegen Vorbem. 1.3.2 Abs. 3 KV für Verfahren nach § 14 EUGewSchVG.

15   Es handelt sich um eine pauschale Verfahrensgebühr, die sämtliche gerichtliche Handlungen abdeckt. Die Gebühr beträgt 60 €. Die Gebühr entsteht jedoch nur dann, wenn die Beschwerde verworfen oder zurückgewiesen wird. Es genügt auch eine Teilverwerfung oder Teilzurückweisung. In diesen Fällen kann das Gericht auch nicht anordnen, dass die Gebühr nicht zu erheben oder auf die Hälfte zu ermäßigen ist, da eine der Anm. zu Nr. 1912 KV entsprechende Regelung nicht besteht. In den Fällen des § 48 IntFamRVG, § 14 EUGewSchVG bleibt aber eine nach § 81 Abs. 1 S. 2 FamFG zu treffende Anordnung über die Nichterhebung von Gerichtskosten unberührt.

16   Ist die Beschwerde begründet, entsteht die Gebühr nicht. In diesen Fällen bleiben auch die gerichtlichen Auslagen unerhoben, wenn nicht das Gericht die Kosten dem Beschwerdegegner auferlegt hat (Vorbem. 2 Abs. 1 KV).

Die Fälligkeit bestimmt sich nach § 9 Abs. 1. In Verfahren nach § 14 EUGewSchVG gilt § 11 Abs. 1, ebenso   17
in Verfahren nach § 48 IntFamRVG, wenn eine FG-Familiensache betroffen ist. Eine Abhängigmachung
von der Gebührenzahlung kann nicht nach § 14 Abs. 3 angeordnet werden. Für die Kosten haften der Beschwerdeführer als Antragsschuldner (§ 21 Abs. 1) sowie die Kostenschuldner der §§ 23, 24.

Hauptabschnitt 8
Rüge wegen Verletzung des Anspruchs auf rechtliches Gehör

Nr.	Gebührentatbestand	Gebühr oder Satz der Gebühr nach § 28 FamGKG
1800	Verfahren über die Rüge wegen Verletzung des Anspruchs auf rechtliches Gehör (§§ 44, 113 Abs. 1 Satz 2 FamFG, § 321 a ZPO): Die Rüge wird in vollem Umfang verworfen oder zurückgewiesen	60,00 €

I. Anwendungsbereich

Die Regelung der Nr. 1800 KV erfasst die Anhörungsrügen nach § 44 FamFG und § 321 a ZPO iVm § 113   1
Abs. 1 FamFG in sämtlichen vom FamGKG erfassten Verfahren, einschließlich denen nach den Hauptab-
schnitten 1–7 und 9 KV, auch wenn es sich um Nebenentscheidungen handelt. Über § 44 FamFG, § 321 a
ZPO hinaus gilt die Vorschrift aber nicht, so dass auch für die Verfahren nach § 61,[1] § 4 a JVEG und § 12 a
RVG keine Gerichtsgebühr erhoben werden darf.

II. Gebührenerhebung

1. Entstehen und Höhe. Es handelt sich um eine Aktgebühr, die nur entsteht, wenn die Rüge in vollem Um-   2
fang verworfen oder zurückgewiesen wird. Teilverwerfung oder Teilzurückweisung lösen die Gebühr nicht
aus. Nach ihrer Entstehung kann die Gebühr nicht mehr nachträglich entfallen oder sich ermäßigen. Die
Gebühr deckt sämtliche gerichtliche Handlungen ab. Sie entsteht für jedes Rügeverfahren gesondert. Wird
aber dieselbe Entscheidung durch mehrere Beteiligte angegriffen, fällt die Gebühr nur einmal an.[2]

Die Festgebühr beträgt stets 60 €. Eine Ermäßigung ist nicht vorgesehen und kann vom Gericht auch nicht   3
angeordnet werden. In FG-Familiensachen bleibt jedoch § 81 Abs. 1 S. 2 FamFG unberührt.

2. Auslagen. Vorbem. 2 Abs. 1 KV ist analog anzuwenden, so dass Auslagen unerhoben bleiben, wenn die   4
Rüge begründet ist. Wird die Rüge hingegen zurückgenommen, sind die Auslagen von dem Rügeführer einzuziehen. Es bedarf hierzu keiner ausdrücklichen Kostenentscheidung, weil die Haftung kraft Gesetzes eintritt (§ 21 Abs. 1 S. 1).[3] Zustellungskosten sind neben der Gebühr in voller Höhe anzusetzen, da es sich um
eine Festgebühr handelt.

3. Fälligkeit, Vorschuss. Die Fälligkeit bestimmt sich in Ehesachen und Familienstreitsachen nach § 9   5
Abs. 2, sonst nach § 11 Abs. 1. Vorschusspflicht nach § 14 Abs. 1, 3 besteht nicht.

4. Kostenschuldner. Antragsschuldner (§ 21 Abs. 1) ist der Rügeführer, aber nicht der Minderjährige, wenn   6
das Verfahren seine Person betrifft, oder ein Verfahrensbeistand (§ 21 Abs. 1 S. 2 Nr. 3, 4). Im Übrigen haftet der Entscheidungsschuldner (§ 24 Nr. 1). Soweit § 44 FamFG Anwendung findet, hat das Gericht in den
Fällen der Zurückweisung oder Verwerfung zwingend über die Kosten des Rügeverfahrens zu entscheiden
(§ 81 Abs. 1 S. 3 FamFG). Da das Anhörungsrügeverfahren einen eigenständigen kostenrechtlichen Rechtszug iSd § 119 ZPO iVm § 76 Abs. 1, § 113 Abs. 1 FamFG, § 29 darstellt, muss VKH gesondert beantragt
und bewilligt werden.[4]

---

1 OLG Karlsruhe AGS 2015, 175.   **2** HK-FamGKG/*Thiel*, Nr. 1800 KV Rn 8.   **3** OLG Düsseldorf AGS 2010, 194.   **4** Zöller/
Geimer, ZPO, § 119 Rn 18 a; *H. Schneider*, JurBüro 2005, 513, 515.

Hauptabschnitt 9
Rechtsmittel im Übrigen

Abschnitt 1
Sonstige Beschwerden

Nr.	Gebührentatbestand	Gebühr oder Satz der Gebühr nach § 28 FamGKG
1910	Verfahren über die Beschwerde in den Fällen des § 71 Abs. 2, § 91 a Abs. 2, § 99 Abs. 2, § 269 Abs. 5 oder § 494 a Abs. 2 Satz 2 ZPO	90,00 €
1911	Beendigung des gesamten Verfahrens ohne Endentscheidung: Die Gebühr 1910 ermäßigt sich auf	60,00 €
	(1) Wenn die Entscheidung nicht durch Verlesen der Entscheidungsformel bekannt gegeben worden ist, ermäßigt sich die Gebühr auch im Fall der Zurücknahme der Beschwerde vor Ablauf des Tages, an dem die Endentscheidung der Geschäftsstelle übermittelt wird.	
	(2) Eine Entscheidung über die Kosten steht der Ermäßigung nicht entgegen, wenn die Entscheidung einer zuvor mitgeteilten Einigung über die Kostentragung oder einer Kostenübernahmeerklärung folgt.	

I. Anwendungsbereich

1 Nr. 1910 KV erfasst die Beschwerden nach § 71 Abs. 2, § 91 a Abs. 2, § 99 Abs. 2, § 269 Abs. 5, § 494 a Abs. 2 S. 2 ZPO iVm § 113 Abs. 1 FamFG. Die Aufzählung ist abschließend, darüber hinaus ist die Norm nicht anwendbar; es gelten somit für von dieser Vorschrift nicht erfasste Beschwerden die Regelungen der Hauptabschnitte 1–7 KV, hilfsweise Nr. 1912 KV als Auffangvorschrift.

2 Wird in **FG-Familiensachen** eine Kostenentscheidung, die im Hauptsachebeschluss ergangen ist, selbständig angegriffen oder eine isolierte Kostenentscheidung angefochten, so greift Nr. 1910 KV nicht ein. In diesen Fällen liegt aber auch kein Rechtsmittel wegen des Hauptgegenstands vor, so dass auch die Gebühren der jeweiligen Rechtsmittelverfahren (zB Nr. 1314, 1322 KV) keine Anwendung finden. Das hat der Gesetzgeber mit der Änderung des KV durch das 2. KostRMoG klarstellen wollen, als er den Überschriften zu den jeweiligen Abschnitten der Rechtsmittelverfahren im KV jeweils die Wörter „wegen des Hauptgegenstands" angefügt hat. Hierzu hat der Gesetzgeber jeweils auf die Begründung zum geänderten § 19 verwiesen und dazu ausgeführt: „Die Änderung dient der systematischen Abgrenzung zwischen „Hauptsache" und „einstweiligem Rechtsschutz" einerseits und dem Verfahren „wegen des Hauptgegenstands" und zum Beispiel wegen der Kosten oder wegen der Festsetzung einer Vergütung für einen Vormund andererseits. Diese Abgrenzung ist insbesondere bei den Gebührenregelungen für die Rechtsmittelverfahren im Kostenverzeichnis von Bedeutung."[1] In den FG-Familiensachen ist deshalb auf die Auffangregelungen der Nr. 1912 KV bzw Nr. 1923, 1924 KV zurückzugreifen.[2]

3 In **Ehe- und Familienstreitsachen** kann hingegen die in der Hauptsacheentscheidung ergangene Kostenentscheidung nicht isoliert angegriffen werden, sondern nur zusammen mit der Hauptsache (§ 99 Abs. 1 ZPO iVm § 113 Abs. 1 FamFG). Wird gleichwohl unzulässigerweise die Kostenentscheidung isoliert angegriffen, sollen gleichwohl Nr. 1912, 1923, 1924 KV anzuwenden sein, weil es sich dann nicht um ein Rechtsmittel wegen des Hauptgegenstands handelt.[3] Eine analoge Anwendung von Nr. 1910, 1911, 1920–1922 KV scheidet jedoch aus, da sie nur für die dort ausdrücklich genannten Fälle gelten.

II. Gebühr Nr. 1910 KV

4 **1. Entstehen und Höhe.** Es handelt es sich um eine Fest- und Verfahrensgebühr, die sämtliche gerichtliche Handlungen abdeckt, soweit nicht ausdrücklich weitere Gebühren (zB Nr. 1500 KV) vorgesehen sind. Die Gebühr beträgt stets 90 €. Eine Ermäßigung kann nur nach Nr. 1911 KV eintreten. Für die Gebührenhöhe bleibt es ohne Einfluss, wenn die Beschwerde auf Teile der Entscheidung beschränkt wird. Da es sich um

---

1 BT-Drucks 17/11471 (neu), S. 250. **2** HK-FamGKG/*Volpert*, Vor Hauptabschn. 9 KV Rn 9. **3** HK-FamGKG/*Volpert*, Vor Hauptabschn. 9 KV Rn 8.

eine Festgebühr handelt, sind Zustellungskosten (Nr. 2002 KV) in voller Höhe anzusetzen, die Freigrenze von 10 Zustellungen gilt nicht.

Die Gebühr entsteht mit **Eingang der Beschwerdeschrift.** Da die Beschwerde beim Ausgangsgericht einzule-   5
gen ist, genügt es, dass sie dort eingeht; auf den Eingang beim Beschwerdegericht kommt es nicht an. Ist die Gebühr einmal entstanden, kann sie nicht mehr entfallen, sondern sich nur noch nach Nr. 1911 KV ermäßigen. Das Verfahren bleibt deshalb nicht nur bei Verwerfung oder Zurückweisung gebührenpflichtig, sondern auch, wenn die Beschwerde zurückgenommen oder ihr stattgegeben wird. Auch unzulässige oder unstatthafte Beschwerden lösen die Gebühr aus. Einer ausdrücklichen Bezeichnung als Beschwerde bedarf es nicht.

2. Verfahrensmehrheit. Sind mehrere **Beschwerden gegen verschiedene Entscheidungen** eingelegt, entsteht   6
die Gebühr jeweils gesondert, auch wenn über beide Beschwerden in einem Beschluss entschieden wird[4] oder die Beschwerdeverfahren nachträglich verbunden werden.

Beispiel: Es ergeht Beschluss nach § 91 a ZPO. Am 15.11. legt der Antragsgegner Beschwerde ein, die aber schon am 19.11. zurückgenommen wird. Am 25.11. legt der Antragsteller Beschwerde gegen denselben Beschluss ein, die als unbegründet zurückgewiesen wird.

Für jedes Beschwerdeverfahren entstehen gesonderte Gebühren. Die Gebühr beträgt im Beschwerdeverfahren des Antragsgegners 60 € (Nr. 1911 KV) und im Beschwerdeverfahren des Antragstellers 90 € (Nr. 1910 KV).

Legen mehrere Beteiligte **Beschwerde gegen dieselbe Entscheidung** ein, entsteht die Gebühr nur einmal,   7
wenn das erste Beschwerdeverfahren noch nicht beendet war. Das gilt auch, wenn Anschlussbeschwerde eingelegt wird. War das ursprüngliche Beschwerdeverfahren jedoch bereits beendet, löst eine danach eingelegte Beschwerde die Gebühr erneut aus.[5]

Beispiel: Es ergeht Beschluss nach § 91 a ZPO. Am 15.11. legt der Antragsgegner Beschwerde gegen den Beschluss ein, am 20.11. auch der Antragsteller.

Die Gebühr nach Nr. 1910 KV ist nur einmal entstanden. Beide Beteiligten haften für diese als Antragsschuldner gesamtschuldnerisch (§ 21 Abs. 1, § 26 Abs. 1).

3. Fälligkeit. In Beschwerdeverfahren nach § 71 Abs. 2, § 91 a Abs. 2, § 99 Abs. 2, § 269 Abs. 5 ZPO be-   8
stimmt sich die Fälligkeit nach § 9 Abs. 1. Im Hinblick auf die Beschwerde nach § 494 a Abs. 2 S. 2 ZPO ist zu unterscheiden: Betrifft der Gegenstand eine Ehesache oder Familienstreitsache, gilt gleichfalls § 9 Abs. 1. Ist Gegenstand jedoch eine FG-Familiensache, gilt § 11 Abs. 1. Für die Auslagen gilt einheitlich § 11.

4. Vorauszahlungen. Der Fortgang des Verfahrens kann nicht nach § 14 Abs. 1, 3 von der Gebührenzah-   9
lung abhängig gemacht werden. Soweit § 9 Abs. 1 gilt, ist die Gebühr aber nach Eingang der Beschwerde gegen den Beschwerdeführer zum Soll zu stellen (§ 15 Abs. 1 S. 1 KostVfg). Für die Auslagen bleiben §§ 16, 17 unberührt.

5. Kostenschuldner. Für die Kosten haften die Schuldner der §§ 21, 24. Handelt es sich bei einer Beschwer-   10
de nach § 494 a Abs. 2 S. 2 ZPO iVm § 30 Abs. 1 FamFG um einen Gegenstand, der die Person des Minderjährigen betrifft, scheidet dieser als Antragsschuldner wegen § 21 Abs. 1 S. 2 Nr. 3 aus.

III. Ermäßigung nach Nr. 1911 KV

1. Allgemeines. Die Gebühr der Nr. 1910 KV ermäßigt sich auf 60 €, wenn das gesamte Beschwerdeverfah-   11
ren ohne Endentscheidung beendet wird (Nr. 1911 KV). Erfasst ist insb. die Beendigung durch Zurücknahme der Beschwerde oder Vergleichsabschluss.

2. Endentscheidung. Es muss sich um eine Endentscheidung iSd § 38 Abs. 1 FamFG handeln, so dass mit   12
ihr das Beschwerdeverfahren ganz oder teilweise erledigt sein muss. Bloße verfahrensleitende Entscheidungen schließen die Ermäßigung nicht aus. Erfolgt die Rücknahme erst nach Erlass der Endentscheidung, verbleibt es bei der Gebühr der Nr. 1910 KV. Wird die Endentscheidung durch Verlesen bekannt gemacht, ist von diesem Zeitpunkt an eine Ermäßigung ausgeschlossen.[6]

3. Verlesen der Endentscheidungsformel (Anm. Abs. 1). Wird die Endentscheidung nicht durch Verlesen be-   13
kannt gegeben, kann Beschwerderücknahme noch bis zum Ablauf des Tages erfolgen, an dem die Endentscheidung der Geschäftsstelle übergeben wird (Anm. Abs. 1). Erst danach ist eine Ermäßigung ausgeschlossen. Maßgeblich ist der Übergabevermerk nach § 38 Abs. 3 S. 3 FamFG.

4. Kostenentscheidung (Anm. Abs. 2). Endentscheidung ist auch eine bloße Kostenentscheidung, so dass es   14
auch dann bei Nr. 1910 KV verbleibt, wenn nur noch über die Kosten zu entscheiden war. Folgt das Ge-

---

4 HK-FamGKG/*Volpert*, Nr. 1910–1911 KV Rn 14.   **5** HK-FamGKG/*Volpert*, Nr. 1910–1911 KV Rn 14.   **6** HK-FamGKG/ *Volpert*, Nr. 1910–1911 KV Rn 17.

richt darin aber einer zuvor von den Beteiligten mitgeteilten Kostenübernahmeerklärung, tritt Ermäßigung ein (Anm. Abs. 2).

Nr.	Gebührentatbestand	Gebühr oder Satz der Gebühr nach § 28 FamGKG
1912	Verfahren über eine nicht besonders aufgeführte Beschwerde, die nicht nach anderen Vorschriften gebührenfrei ist: Die Beschwerde wird verworfen oder zurückgewiesen .... Wird die Beschwerde nur teilweise verworfen oder zurückgewiesen, kann das Gericht die Gebühr nach billigem Ermessen auf die Hälfte ermäßigen oder bestimmen, dass eine Gebühr nicht zu erheben ist.	60,00 €

I. Allgemeines

1   **1. Regelungszweck.** Die Vorschrift schafft einen Auffanggebührentatbestand für alle nicht ausdrücklich im Kostenverzeichnis aufgeführten Beschwerden, so dass sie für alle Beschwerden anwendbar ist, für die sich ein Gebührentatbestand nicht aus den Hauptabschnitten 1–8 KV ergibt und die auch nicht aufgrund anderer Vorschriften gebührenfrei sind. Wegen § 1 Abs. 1 S. 2 findet Nr. 1912 KV auch Anwendung, wenn ein Beschwerdeverfahren geführt wird, das ein Nebenverfahren zu einer Familiensache betrifft. Über ihren Wortlaut hinaus gilt die Regelung jedoch nicht, so dass sie keine Anwendung findet für Widerspruchs- oder Einspruchsverfahren sowie Verfahren über Erinnerungen, Gegendarstellungen oder Dienstaufsichtsbeschwerden.[1]

2   **2. Einzelne Anwendungsfälle.** Im Einzelnen sind erfasst im Bereich der **FG-Familiensachen** Beschwerden nach

- § 6 Abs. 2 FamFG: Ausschließung und Ablehnung von Gerichtspersonen,[2]
- § 7 Abs. 5 FamFG: Ablehnung der Hinzuziehung als Beteiligter,
- § 21 Abs. 2 FamFG: Aussetzung oder Ablehnung der Verfahrensaussetzung,
- § 30 Abs. 1 FamFG iVm § 380 Abs. 3, § 387 Abs. 3, § 390 Abs. 3, § 406 Abs. 5, § 409 Abs. 2 ZPO: Ordnungsmittel gegen Zeugen und Sachverständige, Ablehnung von Sachverständigen,
- § 33 Abs. 3 FamFG: Verhängung eines Ordnungsmittels gegen ordnungsgemäß geladene Beteiligte,
- § 35 Abs. 5 FamFG: Anordnung von Zwangsmaßnahmen,[3]
- § 42 Abs. 3 FamFG: Berichtigung eines Beschlusses,
- § 76 Abs. 2 FamFG: Entscheidungen im VKH-Verfahren,[4]
- § 85 FamFG iVm § 104 Abs. 3 ZPO: Kostenfestsetzungsbeschluss,
- § 87 Abs. 4 FamFG: Entscheidungen im Vollstreckungsverfahren nach den §§ 86 ff FamFG,
- § 155 c FamFG: Beschleunigungsbeschwerde.[5]

3   Im Bereich der **Ehesachen und selbständigen Familienstreitsachen** gilt Nr. 1912 KV für Beschwerden nach

- § 46 Abs. 2 ZPO:[6] Entscheidungen über ein Ablehnungsgesuch,
- § 78 b Abs. 2 ZPO: Ablehnung der Bestellung eines Notanwalts,
- § 78 c Abs. 3 ZPO: Auswahl des Notanwalts,
- § 104 Abs. 3 ZPO: Kostenfestsetzung,
- § 109 Abs. 4 ZPO: Sicherheitsleistung,
- § 127 Abs. 2 ZPO: VKH-Entscheidungen,
- § 135 Abs. 3 ZPO: Zwischenendscheidungen,
- § 252 ZPO: Aussetzung des Verfahrens,
- § 319 Abs. 3 ZPO: Berichtigung von Beschlüssen,
- § 380 Abs. 3 ZPO: Ordnungsmittel gegen ausbleibende Zeugen,
- § 387 Abs. 3 ZPO: Zwischenentscheidung,
- § 390 Abs. 3 ZPO: Ordnungsmittel wegen Zeugnisverweigerung,
- § 406 Abs. 5 ZPO: Ablehnung von Sachverständigen,

---

1 HK-FamGKG/*Volpert*, Nr. 1912 KV Rn 1. **2** OLG Naumburg 9.7.2012 – 8 WF 201/12, juris. **3** BT-Drucks 16/6308, S. 314. **4** OLG Koblenz 13.8.2012 – 11 WF 21/12, juris. **5** Vgl BT-Drucks 18/9092, S. 21 (Zu Nummer 6, letzter Absatz). **6** Jeweils iVm § 113 Abs. 1 FamFG.

- § 409 Abs. 2 ZPO: Ordnungsmittel wegen Ausbleibens oder Gutachtenverweigerung,
- § 573 Abs. 2 ZPO: Beschwerde gegen Erinnerung über Entscheidung des Urkundsbeamten der Geschäftsstelle.

Die Gebühr kann auch in Beschwerdeverfahren nach § 33 RVG wegen der Wertfestsetzung für Anwaltsgebühren entstehen.[7]   4

II. Gebührenerhebung

1. Entstehen und Höhe. Es handelt sich um eine Aktgebühr, da ihre Entstehung den Erlass einer Verwer-   5
fungs- oder Zurückweisungsentscheidungen voraussetzt. Die Gebühr entsteht daher nicht bereits mit Eingang der Beschwerde, sondern erst, wenn eine entsprechende Entscheidung ergeht. Die Gebühr ist auch zu erheben, wenn die Beschwerde eingelegt wird, obwohl sie unstatthaft oder unzulässig ist,[8] zB Beschwerden gegen unanfechtbare Beschlüsse nach § 5 Abs. 3, § 10 Abs. 3, § 13 Abs. 4 S. 3, § 19 Abs. 2, § 22 Abs. 2 S. 3, § 42 Abs. 3 S. 1 FamFG oder § 336 Abs. 2 ZPO iVm § 113 Abs. 1 FamFG. Die Gebühr beträgt 60 € (aber → Rn 7 ff).

Endet das Verfahren ohne Verwerfungs- oder Zurückweisungsentscheidung, etwa wegen Beschwerderück-   6
nahme oder Vergleichsabschlusses, bleibt es gebührenfrei. War die Beschwerde begründet, wird die Gebühr ebenfalls nicht erhoben; hierzu zählen auch die Fälle, in denen die angefochtene Entscheidung aufgehoben und das Verfahren zurückverwiesen wird.[9] Bei Einlegung mehrerer Beschwerden → Nr. 1910 KV Rn 4 ff.

2. Teilzurückweisung oder Teilverwerfung (Anm.). Die Gebühr der Nr. 1912 KV ist auch zu erheben, wenn   7
die Beschwerde nur **teilweise** verworfen oder zurückgewiesen wird.[10] In diesen Fällen kann das Gericht jedoch anordnen, dass die Gebühr auf die Hälfte zu ermäßigen oder überhaupt keine Gebühr zu erheben ist (Anm.). Es handelt sich um eine **Ermessensentscheidung**, die Staatskasse ist nicht zu beteiligen. Hat das Gericht keine Anordnung getroffen, ist die Gebühr in voller Höhe in Ansatz zu bringen. Aus dem Wortlaut „auf die Hälfte" wird deutlich, dass eine Reduzierung nur auf 30 € statthaft ist, über oder unter diesem Betrag kann also keine Zahlung bestimmt werden. Auslagen werden von der Entscheidung nach Anm. nicht umfasst, jedoch bleibt in FG-Familiensachen § 81 Abs. 1 S. 2 FamFG unberührt.

Beispiel 1: Es wird sofortige Beschwerde (§ 104 ZPO) eingelegt. Das Beschwerdegericht hält sie für teilweise be-   8
gründet und ändert den Beschluss insoweit ab. Im Übrigen wird die Beschwerde als unbegründet zurückgewiesen. Der Beschluss wird förmlich zugestellt.
An Gerichtskosten sind entstanden:

Gebühr, Nr. 1912 KV	60,00 €
Zustellungskosten, Nr. 2002 KV	3,50 €

Die Gebühr ist ohne Ermäßigung anzusetzen, weil das Gericht keine Entscheidung nach Anm. zu Nr. 1912 getroffen hat.

Beispiel 2: Es wird Beschwerde (§ 104 ZPO) eingelegt. Das Beschwerdegericht hält sie für begründet und ändert   9
den Festsetzungsbeschluss ab. Die Kosten werden dem Gegner auferlegt.
Eine Gebühr nach Nr. 1912 KV ist nicht entstanden, da die Beschwerde nicht zurückgewiesen oder verworfen wurde. Gerichtliche Auslagen sind von dem Beschwerdegegner einzuziehen (§ 24 Nr. 1). Die Bestimmungen über die Einziehung von Kleinbeträgen sind zu beachten (§ 4 Abs. 5 KostVfg).

3. Fälligkeit, Vorschuss. Die Gebühr wird mit Erlass der zurückweisenden oder verwerfenden Entscheidung   10
fällig, das folgt in Ehesachen und selbständigen Familienstreitsachen aus § 9 Abs. 2, in FG-Familiensachen aus § 11 Abs. 1. Für Auslagen gilt einheitlich § 11.

Vorschusspflicht nach § 14 Abs. 1, 3 besteht nicht. §§ 16, 17 bleiben unberührt.   11

4. Kostenschuldner. Es haften die Schuldner nach §§ 21, 24. Betrifft das Verfahren die Person des Minder-   12
jährigen, haftet dieser nicht als Antrags- oder Entscheidungsschuldner (§ 21 Abs. 1 Nr. 3, § 81 Abs. 3 FamFG).

5. Auslagen. Auslagen sind nach Nr. 2000 ff KV einzuziehen. Da es sich um eine Festgebühr handelt, sind   13
Zustellungskosten ohne Freigrenze in voller Höhe einzuziehen. Ist das Beschwerdeverfahren gebührenfrei, weil die Beschwerde begründet war oder zurückgenommen wird, bleiben die Auslagen unerhoben, es sei denn, die Kosten des Beschwerdeverfahrens sind dem Gegner auferlegt (Vorbem. 2 Abs. 1 KV). Im Falle der Rücknahme der Beschwerde sind die Auslagen von dem Beschwerdeführer in voller Höhe einzuziehen, da er als Antragsschuldner haftet; die Ausnahme des § 21 Abs. 1 S. 2 Nr. 3, 4 ist aber zu beachten.

---

7 Gerold/Schmidt/*Mayer*, § 33 RVG Rn 12; HK-FamGKG/*Volpert*, § 1 Rn 20. **8** HK-FamGKG/*Volpert*, Nr. 1912 KV Rn 2.
9 HK-FamGKG/*Volpert*, Nr. 1912 KV Rn 4. **10** OLG Koblenz 13.8.2012 – 11 WF 21/12, juris.

III. Gebührenfreie Beschwerden

14 Die Gebühr entsteht nicht, wenn das Beschwerdeverfahren nach anderen Vorschriften gebührenfrei ist. Gebührenfrei sind Erinnerung oder Beschwerde gegen

- den Kostenansatz (§ 57 Abs. 8 S. 1),
- die Anordnung einer Vorauszahlung (§ 58 Abs. 1 S. 2 iVm § 57 Abs. 8 S. 1),
- die Festsetzung des Verfahrenswerts (§ 59 Abs. 3 S. 1),
- die Auferlegung einer Verzögerungsgebühr (§ 60 S. 2 iVm § 57 Abs. 8 S. 1),
- die gerichtliche Festsetzung im JVEG-Verfahren (§ 4 Abs. 8 S. 1 JVEG),[11]
- die Festsetzung der Vergütung des beigeordneten Anwalts (§ 56 Abs. 2 S. 2 RVG).

15 Eine Gebührenfreiheit liegt jedoch nur vor, wenn die Beschwerde in den vorgenannten Fällen statthaft war. In anderen Fällen, zB nach § 57 **Abs. 7 unstatthafte Beschwerde** zum BGH, besteht Gebührenpflicht nach Nr. 1912 KV.[12]

16 Die Verfahren sind zudem nur gebühren-, nicht aber gänzlich kostenfrei, so dass Auslagen nach den Nr. 2000 ff KV (zB Zustellungskosten) in voller Höhe einzuziehen sind. War die Beschwerde oder Erinnerung begründet, bleiben die Auslagen unerhoben (Vorbem. 2 Abs. 1 KV). Kostenschuldner ist der Erinnerungs- oder Beschwerdeführer (§ 21 Abs. 1), aber niemals ein Minderjähriger, wenn das Hauptverfahren seine Person betrifft (§ 21 Abs. 1 S. 2 Nr. 3). Für den Verfahrensbeistand ist § 21 Abs. 1 S. 2 Nr. 4 zu beachten.

Abschnitt 2
Sonstige Rechtsbeschwerden

Nr.	Gebührentatbestand	Gebühr oder Satz der Gebühr nach § 28 FamGKG
1920	Verfahren über die Rechtsbeschwerde in den Fällen des § 71 Abs. 1, § 91 a Abs. 1, § 99 Abs. 2, § 269 Abs. 4 oder § 494 a Abs. 2 Satz 2 ZPO	180,00 €
1921	Beendigung des gesamten Verfahrens durch Zurücknahme der Rechtsbeschwerde oder des Antrags, bevor die Schrift zur Begründung der Rechtsbeschwerde bei Gericht eingegangen ist: Die Gebühr 1920 ermäßigt sich auf	60,00 €
1922	Beendigung des gesamten Verfahrens durch Zurücknahme der Rechtsbeschwerde oder des Antrags vor Ablauf des Tages, an dem die Endentscheidung der Geschäftsstelle übermittelt wird, wenn nicht Nummer 1921 erfüllt ist: Die Gebühr 1920 ermäßigt sich auf	90,00 €

I. Allgemeines

1 Die Vorschriften erfassen die Rechtsbeschwerden nach § 71 Abs. 1, § 91 a Abs. 1, § 99 Abs. 2, § 269 Abs. 4, § 494 a Abs. 2 S. 2 ZPO. Es handelt sich um eine abschließende Aufzählung, so dass die Gebührenvorschriften darüber hinaus nicht anwendbar sind. Für andere Rechtsbeschwerden gelten die Regelungen der Hauptabschnitte 1–7 KV, hilfsweise Nr. 1923, 1924 KV als Auffangvorschrift.

II. Gebühr Nr. 1920 KV

2 **1. Entstehen und Höhe.** Es handelt sich um Verfahrens- und Festgebühren, die sämtliche Handlungen des Gerichts abdecken. Zustellungskosten sind daher in voller Höhe anzusetzen, die Freigrenze der Anm. zu Nr. 2002 KV greift nicht. Die Gebühr beträgt stets 180 €.

3 Die Gebühr der Nr. 1920 KV entsteht mit **Eingang der Rechtsbeschwerdeschrift**. Ist sie einmal entstanden, kann sie nicht mehr nachträglich entfallen, sondern sich nur noch nach Nr. 1921, 1922 KV ermäßigen. Hat das Gericht durch Endentscheidung entschieden, bleibt es bei der Gebühr der Nr. 1920 KV, gleich welchen

---

11 *H. Schneider*, JVEG, § 4 Rn 55 ff. **12** BGH NJW 2014, 1597.

Inhalt die Entscheidung hat, also auch bei Verwerfung, Zurückweisung oder bei begründeter Beschwerde. Auch eine bloße Kostenentscheidung schließt eine Gebührenermäßigung aus, ebenso die Beendigung durch Vergleichsabschluss.

2. Fälligkeit, Vorschuss. Die Fälligkeit bestimmt sich nach § 9 Abs. 1. Ist bei einer Rechtsbeschwerde nach § 494 a Abs. 2 S. 2 ZPO eine FG-Familiensache betroffen, gilt § 11 Abs. 1. Für Auslagen gilt einheitlich § 11. **4**

Der Fortgang des Verfahrens kann nicht nach § 14 Abs. 1, 3 von der Gebührenzahlung abhängig gemacht werden. Soweit § 9 Abs. 1 gilt, ist die Gebühr aber nach Eingang der Beschwerde gegen den Beschwerdeführer zum Soll zu stellen (§ 15 Abs. 1 S. 1 KostVfg). §§ 16, 17 bleiben unberührt. **5**

3. Kostenschuldner. Es haften die Schuldner nach §§ 21, 24. Handelt es sich bei einer Rechtsbeschwerde nach § 494 a Abs. 2 S. 2 ZPO iVm § 30 Abs. 1 FamFG um einen Gegenstand, der die Person des Minderjährigen betrifft, scheidet er als Kostenschuldner aus (§ 21 Abs. 1 S. 2 Nr. 3, § 81 Abs. 3 FamFG). **6**

III. Ermäßigung nach Nr. 1921, 1922 KV

1. Allgemeines. Die Gebühr der Nr. 1920 KV ermäßigt sich, wenn die Rechtsbeschwerde oder der Antrag zurückgenommen wird. Dabei fällt die Ermäßigung umso größer aus, je zeitiger die Rücknahme erfolgt. Durch die Rücknahme muss sich das gesamte Rechtsbeschwerdeverfahren erledigen, bloße Teilrücknahme genügt nicht. **7**

2. Rücknahme vor Begründung (Nr. 1921 KV). Die Verfahrensgebühr Nr. 1920 KV ermäßigt sich nach Nr. 1921 KV auf 60 €, wenn die Rechtsbeschwerde oder der Antrag zurückgenommen wird, bevor die Begründungsschrift bei dem Gericht eingeht. Maßgeblich ist nur der tatsächliche Eingang, so dass es auf den Ablauf der Begründungsfrist nicht ankommt. Ermäßigung tritt deshalb auch ein, wenn noch keine Begründung eingegangen war, obwohl die Frist abgelaufen ist. Erfolgt die Begründung sogleich in der Rechtsbeschwerdeschrift, ist die Ermäßigung nach Nr. 1921 KV ausgeschlossen. **8**

3. Rücknahme nach Begründung (Nr. 1922 KV). War die Begründung der Rechtsbeschwerde bereits bei Gericht eingegangen, ermäßigt sich die Gebühr der Nr. 1920 KV auf 90 € (Nr. 1922 KV), wenn die Rücknahme vor Ablauf des Tages erfolgt, an dem die Endentscheidung der Geschäftsstelle übergeben wird. Maßgeblich ist der Übergabevermerk nach § 38 Abs. 3 S. 3 FamFG. **9**

Nr.	Gebührentatbestand	Gebühr oder Satz der Gebühr nach § 28 FamGKG
1923	Verfahren über eine nicht besonders aufgeführte Rechtsbeschwerde, die nicht nach anderen Vorschriften gebührenfrei ist:	
	Die Rechtsbeschwerde wird verworfen oder zurückgewiesen	120,00 €
	Wird die Rechtsbeschwerde nur teilweise verworfen oder zurückgewiesen, kann das Gericht die Gebühr nach billigem Ermessen auf die Hälfte ermäßigen oder bestimmen, dass eine Gebühr nicht zu erheben ist.	
1924	Verfahren über die in Nummer 1923 genannten Rechtsbeschwerden:	
	Beendigung des gesamten Verfahrens durch Zurücknahme der Rechtsbeschwerde oder des Antrags vor Ablauf des Tages, an dem die Endentscheidung der Geschäftsstelle übermittelt wird	60,00 €

I. Allgemeines

Die Regelung der Nr. 1923 KV ist eine Auffangbestimmung für die Rechtsbeschwerden, die nicht von Hauptabschnitt 1–7 KV oder Nr. 1920–1922 KV erfasst werden und auch nicht nach anderen Vorschriften gebührenfrei sind. Sie gilt insb. für Rechtsbeschwerden, die sich gegen Entscheidungen richten, die in einem von Nr. 1912 KV erfassten Beschwerdeverfahren ergehen. **1**

II. Gebühr Nr. 1923 KV

1. Höhe und Entstehen. Es handelt sich um eine Festgebühr, die stets 120 € beträgt, wenn nicht eine Anordnung nach der Anm. getroffen ist. Die Höhe bleibt auch unverändert, wenn sich die Rechtsbeschwerde **2**

nur auf Teile der angefochtenen Entscheidung bezieht. Zustellungskosten sind in voller Höhe anzusetzen, die Freigrenze (Anm. zu Nr. 2002 KV) gilt wegen der Festgebühr nicht.

3   Es handelt sich um eine Aktgebühr, die nur entsteht, wenn eine Verwerfungs- oder Zurückweisungsentscheidung ergeht. Die Gebühr entsteht daher nicht bereits mit Eingang der Rechtsbeschwerde, sondern erst mit **Erlass der Verwerfungs- oder Zurückweisungsentscheidung.** Auf die Zulässigkeit, Statthaftigkeit oder die Bezeichnung als Rechtsbeschwerde kommt es nicht an. Für eine erfolgreiche Rechtsbeschwerde besteht keine Gebührenpflicht. Gleiches gilt bei Beendigung durch Vergleichsabschluss oder Erledigung der Hauptsache, weil die bloße Kostenentscheidung keine Verwerfungs- oder Zurückweisungsentscheidung darstellt. In den Fällen der rechtzeitigen Rücknahme gilt Nr. 1924 KV. Die Gebühr deckt sämtliche Handlungen des Rechtsbeschwerdegerichts ab.

4   **2. Teilzurückweisung oder Teilverwerfung (Anm.).** Wird die Rechtsbeschwerde nur teilweise verworfen oder zurückgewiesen, kann das Gericht bestimmen, dass die Gebühr auf die Hälfte ermäßigt wird oder keine Gebühr zu erheben ist (Anm.). Die Anordnung steht im Ermessen des Gerichts, kann aber von den Beteiligten angeregt werden. Die Staatskasse ist nicht zu beteiligen. Hat das Gericht keine Anordnung getroffen, ist die Gebühr in voller Höhe anzusetzen. Aus dem Wortlaut **„auf die Hälfte"** wird deutlich, dass eine Reduzierung nur auf 60 € statthaft, nicht aber über oder unter diesen Betrag. Die getroffene Entscheidung umfasst nur die Gebühr, Auslagen sind stets in voller Höhe einzuziehen. Handelt es sich um eine Rechtsbeschwerde in FG-Familiensachen, kann eine Anordnung nach § 81 Abs. 1 S. 2 FamFG ergehen.

5   **3. Fälligkeit, Vorschuss.** Die Gebühr wird mit Erlass der zurückweisenden oder verwerfenden Entscheidung fällig. In Ehesachen und selbständigen Familienstreitsachen gilt § 9 Abs. 2, in FG-Familiensachen § 11 Abs. 1. Für die Auslagen gilt einheitlich § 11.

6   Vorschusspflicht nach § 14 Abs. 1, 3 besteht nicht. §§ 16, 17 bleiben unberührt.

7   **4. Erhebung von Auslagen.** Siehe dazu → Nr. 1912 KV Rn 13.

III. Ermäßigung nach Nr. 1924 KV

8   Wird das gesamte Verfahren durch Rücknahme der Rechtsbeschwerde oder des Antrags beendet, entsteht eine Festgebühr von 60 € (Nr. 1924 KV). Die Rücknahme muss bis zum Ablauf des Tages erfolgen, an dem die Endentscheidung der Geschäftsstelle übermittelt ist. Dabei ist auf den Übergabevermerk (§ 38 Abs. 3 S. 3 FamFG) abzustellen.

9   Es muss sich das gesamte Verfahren erledigen, so dass eine Teilrücknahme keine Ermäßigung herbeiführt. Es handelt sich bei Nr. 1924 KV um einen **eigenständigen Gebührentatbestand,**[1] so dass die Gebühr auch dann entsteht, wenn das Gericht in der Endentscheidung die Beschwerde für begründet erachtet oder nur noch über die Kosten entschieden hat.

Abschnitt 3
Zulassung der Sprungrechtsbeschwerde in sonstigen Fällen

Nr.	Gebührentatbestand	Gebühr oder Satz der Gebühr nach § 28 FamGKG
1930	Verfahren über die Zulassung der Sprungrechtsbeschwerde in den nicht besonders aufgeführten Fällen: Wenn der Antrag abgelehnt wird	60,00 €

1   Für alle Sprungrechtsbeschwerden, für die in den Hauptabschnitten 1–4 KV kein Gebührentatbestand besteht, schafft Nr. 1930 KV eine **Auffangvorschrift.** Sie greift aber nicht ein, wenn das Verfahren nach einer anderen Vorschrift gebührenfrei ist. Auf die Zulässigkeit und Statthaftigkeit der Sprungrechtsbeschwerde und die Bezeichnung kommt es nicht an, so dass die Gebühr auch dann zu erheben ist, wenn ein Antrag auf Zulassung der Sprungrechtsbeschwerde nicht vorgesehen ist.

2   Es handelt sich um eine **Aktgebühr,** die nur entsteht, wenn der **Antrag abgelehnt** wird. Wird die Sprungrechtsbeschwerde zugelassen, ist das Verfahren als Rechtsbeschwerdeverfahren fortzusetzen, so dass dann

---

1 HK-FamGKG/*Volpert*, Nr. 1923–1924 KV Rn 8.

nur die Gebühren für die Rechtsbeschwerde zu erheben sind. Die Gebühr der Nr. 1930 KV entsteht daher nicht schon mit Eingang des Zulassungsantrags, sondern erst mit Erlass der ablehnenden Entscheidung.

Zu erheben ist eine **Festgebühr**, die stets 60 € beträgt. Eine Gebührenermäßigung ist nicht vorgesehen. Entstandene Zustellungskosten sind in voller Höhe anzusetzen, die Freigrenze der Nr. 2002 KV gilt nicht.   3

Die **Fälligkeit** bestimmt sich nach § 11 Abs. 1, in Ehesachen und Familienstreitsachen nach § 9 Abs. 2. Eine   4
Vorschusspflicht nach § 14 Abs. 3 besteht nicht. Für die Auslagen gelten §§ 16, 17. Der **Kostenschuldner** bestimmt sich nach §§ 21, 24. Betrifft das Verfahren die Person des Minderjährigen, scheidet dieser wegen § 21 Abs. 1 S. 2 Nr. 3 und § 81 Abs. 3 FamFG als Kostenschuldner aus. In FG-Familiensachen kann auch eine Anordnung nach § 81 Abs. 1 S. 2 FamFG getroffen werden.

Teil 2
Auslagen

Nr.	Auslagentatbestand	Höhe
	Vorbemerkung 2:	
	(1) Auslagen, die durch eine für begründet befundene Beschwerde entstanden sind, werden nicht erhoben, soweit das Beschwerdeverfahren gebührenfrei ist; dies gilt jedoch nicht, soweit das Beschwerdegericht die Kosten dem Gegner des Beschwerdeführers auferlegt hat.	
	(2) Sind Auslagen durch verschiedene Rechtssachen veranlasst, werden sie auf die mehreren Rechtssachen angemessen verteilt.	
	(3) In Kindschaftssachen werden von dem Minderjährigen Auslagen nur unter den in Vorbemerkung 1.3.1 Abs. 2 genannten Voraussetzungen erhoben. In den in Vorbemerkung 1.3.1 Abs. 1 genannten Verfahren werden keine Auslagen erhoben, für die freiheitsentziehende Unterbringung eines Minderjährigen gilt dies auch im Verfahren über den Erlass einer einstweiligen Anordnung. Die Sätze 1 und 2 gelten nicht für die Auslagen 2013.	
	(4) Bei Handlungen durch das Vollstreckungs- oder Arrestgericht werden Auslagen nach dem GKG erhoben.	
2000	Pauschale für die Herstellung und Überlassung von Dokumenten:	
	1. Ausfertigungen, Kopien und Ausdrucke bis zur Größe von DIN A3, die	
	a) auf Antrag angefertigt oder auf Antrag per Telefax übermittelt worden sind oder	
	b) angefertigt worden sind, weil die Partei oder ein Beteiligter es unterlassen hat, die erforderliche Zahl von Mehrfertigungen beizufügen; der Anfertigung steht es gleich, wenn per Telefax übermittelte Mehrfertigungen von der Empfangseinrichtung des Gerichts ausgedruckt werden:	
	für die ersten 50 Seiten je Seite	0,50 €
	für jede weitere Seite	0,15 €
	für die ersten 50 Seiten in Farbe je Seite	1,00 €
	für jede weitere Seite in Farbe	0,30 €
	2. Entgelte für die Herstellung und Überlassung der in Nummer 1 genannten Kopien und Ausdrucke in einer Größe von mehr als DIN A3	in voller Höhe
	oder pauschal je Seite	3,00 €
	oder pauschal je Seite in Farbe	6,00 €
	3. Überlassung von elektronisch gespeicherten Dateien oder deren Bereitstellung zum Abruf anstelle der in den Nummern 1 und 2 genannten Ausfertigungen, Kopien und Ausdrucke:	
	je Datei	1,50 €
	für die in einem Arbeitsgang überlassen, bereitgestellten oder in einem Arbeitsgang auf denselben Datenträger übertragenen Dokumente insgesamt höchstens	5,00 €
	(1) Die Höhe der Dokumentenpauschale nach Nummer 1 ist in jedem Rechtszug, bei Vormundschaften und Dauerpflegschaften in jedem Kalenderjahr und für jeden Kostenschuldner nach § 23 Abs. 1 FamGKG gesondert zu berechnen; Gesamtschuldner gelten als ein Schuldner.	

Nr.	Auslagentatbestand	Höhe
	(2) Werden zum Zweck der Überlassung von elektronisch gespeicherten Dateien Dokumente zuvor auf Antrag von der Papierform in die elektronische Form übertragen, beträgt die Dokumentenpauschale nach Nummer 2 nicht weniger, als die Dokumentenpauschale im Fall der Nummer 1 betragen würde. (3) Frei von der Dokumentenpauschale sind für jeden Beteiligten und seine bevollmächtigten Vertreter jeweils 1. eine vollständige Ausfertigung oder Kopie oder ein vollständiger Ausdruck jeder gerichtlichen Entscheidung und jedes vor Gericht abgeschlossenen Vergleichs, 2. eine Ausfertigung ohne Begründung und 3. eine Kopie oder ein Ausdruck jeder Niederschrift über eine Sitzung. § 191 a Abs. 1 Satz 5 GVG bleibt unberührt.	

I. Allgemeines

1   Nr. 2000 KV regelt die Auslagenpflicht für die Herstellung und Überlassen von Dokumenten. Die Vorschrift enthält verschiedene Tatbestände, so dass zu unterscheiden ist zwischen

- Herstellung und Überlassung von auf Antrag gefertigten Dokumenten bis zur Größe von DIN A3 (**Nr. 1 Buchst. a**),
- Herstellung von Dokumenten bis zur Größe von DIN A3, weil ein Beteiligter seiner Verpflichtung zur Beifügung von Mehrfertigungen nicht nachgekommen ist (**Nr. 1 Buchst. b**),
- Herstellen und Überlassen von Dokumenten, deren Format DIN A3 übersteigt (**Nr. 2**),
- Überlassung von elektronisch gespeicherten Dateien oder deren Bereitstellung zum Abruf (**Nr. 3**).

2   Hinsichtlich der Herstellung und Überlassung von Papierausdrucken ist somit zwischen Formaten, die größer als DIN A3 sind, und solchen, die dieses Format nicht erreichen, zu differenzieren. Ferner ist zu unterscheiden zwischen Schwarz-Weiß-Kopien und Farbkopien.

II. Antragspauschale (Nr. 1 Buchst. a)

3   **1. Allgemeines.** Die Pauschale entsteht, wenn Ausfertigungen, Kopien oder Ausdrucke **auf Antrag** anzufertigen sind oder die beantragten Dokumente mittels Telefax an den Antragsteller übermittelt werden (Nr. 1 Buchst. a), wenn nicht die Herstellung oder Überlassung nach Anm. Abs. 2 auslagenfrei zu erfolgen hat. Es kann sich um Aktenauszüge, Entscheidungen, Vergleiche oder Verfügungen handeln.

4   **2. Ausfertigungen, Kopien und Ausdrucke.** Die Unterscheidung zwischen Ausfertigung und Kopie ist für die Kostenerhebung unerheblich, da beide auslagenpflichtig sind. Der kostenrechtliche Begriff der **Ausfertigung** geht über den verfahrensrechtlichen hinaus, so dass auch jedes andere gerichtliche Schriftstück mit urkundlichem Charakter als Ausfertigung iSd Nr. 2000 KV zu verstehen ist. Neben einer Ausfertigung lässt auch jede erteilte **Kopie** oder jede Abschrift die Pauschale entstehen. Ob eine einfache oder beglaubigte Abschrift erteilt wird, ist für die Höhe der Auslagen unbeachtlich. Auch der **Ausdruck** elektronischer Dokumente löst die Pauschale aus. Wird das Dokument in elektronischer Form überlassen, gilt Nr. 3.

5   **3. Urschrift.** Die Herausgabe der Urschrift lässt die Pauschale nicht entstehen, so dass den Beteiligten erteilte Zeugnisse oder Bescheinigungen (zB Notfristzeugnis, Rechtskraftzeugnis, Bescheinigung des Zustellungszeitpunkts, Vollstreckungsklausel) auslagenfrei anzufertigen sind. Sie lösen die Pauschale nur aus, wenn auch die Entscheidung nochmals hergestellt und ausgefertigt wird und die in Nr. 2 genannten Freiexemplare bereits ausgeschöpft sind.

III. Verschuldete Dokumentenpauschale (Nr. 1 Buchst. b)

6   **1. Allgemeines.** Hat ein Beteiligter es unterlassen, die erforderliche Zahl von Mehrfertigungen beizufügen, ist die Pauschale zu erheben, wenn das Gericht Ausfertigungen, Kopien oder Ausdrucke herstellen muss. Die Pauschale nach Nr. 1 Buchst. b kann jedoch nur erhoben werden, wenn nach der Verfahrensordnung eine **Verpflichtung zur Beifügung** der Mehrfertigungen besteht. Bei Erklärungen zu Protokoll der Geschäftsstelle sind die erforderlichen Abschriften auslagenfrei von der Geschäftsstelle des Gerichts anzufertigen.

7   **2. FG-Familiensachen.** In FG-Familiensachen besteht hinsichtlich des verfahrenseinleitenden Antrags (§ 23 FamFG) keine Verpflichtung, Mehrfertigungen bei Gericht einzureichen, insb. ergibt sie sich auch nicht aus § 23 Abs. 1 S. 3 FamFG. Der Gesetzgeber hat dazu ausgeführt: „Die Einreichung von Abschriften in der für die Übermittlung notwendigen Anzahl wird nicht verlangt, da häufig die Zahl der zu Beteiligenden noch

gar nicht feststeht.“[1] Eine Pauschale nach Nr. 1 Buchst. b kann daher in diesen Verfahren nicht erhoben werden, was auch für die Fertigung von Kopien für eingereichte Urkunden gilt. Für Kostenfestsetzungsanträge besteht aber Beifügungspflicht (§ 103 Abs. 2 S. 2 ZPO iVm § 85 FamFG).

3. Ehesachen und Familienstreitsachen. In Verfahren in Ehesachen und Familienstreitsachen gelten die Re- **8**
gelungen der ZPO, so dass – stets iVm § 113 Abs. 1, § 124 S. 2 FamFG – Beifügungspflicht besteht für

- Schriftsätze (§ 133 Abs. 1 ZPO), auch bei formloser Zustellung;[2]
- Beifügung von Urkunden (§ 131 ZPO);
- Antragsschrift (§ 253 Abs. 5 ZPO);
- Einspruchsschrift gegen Versäumnisentscheidung (§ 340 a S. 3 ZPO);
- Kostenfestsetzungsanträge (§ 103 Abs. 2 ZPO), aber nicht bei vereinfachter Festsetzung (§ 105 Abs. 3 ZPO).

Die Beifügungspflicht umfasst auch sämtliche Anlagen.

4. Elektronische Dokumente. Für elektronische Dokumente besteht in Ehesachen und Familienstreitsachen **9**
keine Beifügungspflicht (§ 133 Abs. 1 S. 2 ZPO iVm § 113 Abs. 1 FamFG), da erforderliche Mehrfertigungen auslagenfrei durch das Gericht anzufertigen sind. Das gilt auch für die Zustellung der Antragsschrift (§ 253 Abs. 5 S. 2 ZPO iVm § 113 Abs. 1, § 124 S. 2 FamFG). Dabei entfällt nicht nur die Zahlung nach Nr. 1 Buchst. a, sondern auch die Verpflichtung, die Auslagen für den Medientransfer zu zahlen.[3] Voraussetzung ist aber stets, dass die Verwendung elektronischer Dokumente durch entsprechende Rechtsverordnung zugelassen ist.

5. Telefax. Die Pauschale nach Nr. 1 Buchst. b ist auch zu erheben, wenn Mehrfertigungen per Telefax **10**
übermittelt und von der Empfangseinrichtung des Gerichts ausgedruckt werden.[4] Hierzu hat der Gesetzgeber ausgeführt: „Mit der Änderung soll erreicht werden, dass die Dokumentenpauschale auch dann erhoben wird, wenn die Partei die Mehrfertigungen für die Zustellung an den Gegner (§ 133 Abs. 1 ZPO) in der Weise „beifügt“, dass die Schriftsätze mehrfach gefaxt werden. In diesen Fällen entstehen der Justiz zusätzliche Kosten für Papier und Drucker.“[5] Hat der Beteiligte zunächst nur das Original per Telefax übermittelt, muss er die schriftlichen Mehrfertigungen unverzüglich nachsenden und zudem darauf hinzuweisen, dass die Schriftsätze nachgereicht werden. Auslagenpflicht besteht nur für Mehrfertigungen, nicht aber für den ersten gefaxten Schriftsatz.[6]

IV. Auslagenfreie Dokumente (Anm. Abs. 3 S. 1)

1. Allgemeines. Anm. Abs. 3 S. 1 ordnet an, dass auslagenfrei zu überlassen sind **11**

- eine vollständige Ausfertigung oder Kopie oder ein vollständiger Ausdruck von jeder gerichtlichen Entscheidung und eines jeden vor Gericht abgeschlossenen Vergleichs (Nr. 1),
- eine Ausfertigung ohne Begründung (Nr. 2),
- eine Kopie oder ein Ausdruck jeder Sitzungsniederschrift (Nr. 3).

Die Aufzählung ist abschließend, über den Wortlaut hinaus kann die Vorschrift nicht angewandt werden; **12**
jedoch werden auch die seit der Änderung von § 317 Abs. 2 ZPO mWz 1.7.2014 zuzustellenden beglaubigten Abschriften auslagenfrei erteilt. In diesen Fällen bleibt dann auch die nur auf Antrag des Beteiligten zu erteilende Ausfertigung auslagenfrei, auch wenn sie mit Tatbestand und Entscheidungsgründe gefertigt wird. Die in Anm. Abs. 3 S. 1 genannten Dokumente sind für jeden Beteiligten und seine bevollmächtigten Vertreter jeweils **einmal auslagenfrei** zu erteilen. Da die Regelung auch die von Amts wegen zuzustellenden oder bekannt zu machenden Entscheidungen einschließt, sind die Freidokumente regelmäßig bereits mit Zustellung oder Bekanntmachung verbraucht.

2. Gerichtliche Entscheidungen (Nr. 1). Erfasst sind sämtliche Beschlüsse, nicht nur Endentscheidungen. **13**
Hingegen sind verfahrensleitende Verfügungen ausgenommen.[7]

3. Gerichtliche Vergleiche (Nr. 1). Gerichtliche Vergleiche sind auslagenfrei auch dann zu überlassen, wenn **14**
sie nach § 278 Abs. 6 ZPO iVm § 36 Abs. 3, § 113 Abs. 1 FamFG zustande kommen. Eine Ausfertigung ist jeder am Vergleich beteiligten Person auslagenfrei zu überlassen, und zwar unerheblich davon, ob sie Beteiligte am Verfahren ist. Auf die Wirksamkeit des Vergleichs kommt es nicht an. Werden in dem Verfahren mehrere Vergleiche abgeschlossen, ist jeder auslagenfrei zu überlassen. Außergerichtliche Vergleiche sind nicht erfasst.

4. Entscheidungen ohne Begründung (Nr. 2). Zusätzlich zu den in Nr. 1 genannten Entscheidungen ist den **15**
Beteiligten eine Ausfertigung der Entscheidung ohne Begründung auslagenfrei zu überlassen (Nr. 2). Diese

---

1 BT-Drucks 16/6308, S. 186. **2** BT-Drucks 15/1971, S. 176. **3** BT-Drucks 15/4067, S. 31. **4** VGH BW NJW-RR 2008, 536.
5 BT-Drucks 16/3038, S. 52. **6** OLG Naumburg MDR 2013, 124. **7** OVG NRW 26.9.1980 – 17 B 1132/80, juris.

Regelung erfasst nur die Endentscheidung und gilt für die nach § 317 Abs. 2 ZPO iVm § 113 Abs. 1 FamFG erteilten abgekürzten Ausfertigungen sowie die nach § 46 S. 3 FamFG in Ehesachen und Abstammungssachen zu erteilenden Ausfertigungen ohne Begründung.

16 **5. Sitzungsniederschriften (Nr. 3).** Kopien oder Ausdrucke über Sitzungsniederschriften sind auslagenfrei zu erteilen, auch dann, wenn die Verhandlung vor ersuchten oder beauftragten Richtern stattgefunden hat. Muss die Niederschrift wegen Unrichtigkeit berichtigt werden (§ 164 ZPO iVm § 36 Abs. 4, § 113 Abs. 1 FamFG), ist der anzubringende Vermerk auslagenfrei zu erteilen. Auslagenfrei sind auch die erforderlichen Ausfertigungen und Abschriften der nach § 180 FamFG gefertigten Niederschriften zu erteilen.

17 **6. Beteiligte. a) Allgemeines.** Der Anspruch nach Anm. Abs. 3 S. 1 auf auslagenfreie Überlassung steht jedem Beteiligten gesondert zu. Dies gilt auch für eine Streitgenossenschaft und zwar unabhängig davon, ob sie nur durch einen Bevollmächtigten vertreten wird. Außerhalb der Ehe- und Familienstreitsachen bestimmt sich die Beteiligtenstellung nach § 7 FamFG. Beteiligte sind danach in Antragsverfahren der Antragsteller sowie die nach § 7 Abs. 2 FamFG hinzuzuziehenden Beteiligten. Wer lediglich anzuhören ist oder eine Auskunft zu erteilen hat, wird noch nicht zum Beteiligten (§ 7 Abs. 6 FamFG). Der Nebenintervenient gilt als Beteiligter, so dass auch ihm die Freidokumente auslagenfrei zu überlassen sind.

18 **b) Vertreter.** Auch einem bevollmächtigten Vertreter sind die in Anm. Abs. 3 S. 1 genannten Dokumente auslagenfrei zu überlassen. Die Freidokumente sind zusätzlich zu denen der vertretenen Beteiligten zu erteilen, weil der Anspruch von Beteiligten und Bevollmächtigten nebeneinander besteht. **Bevollmächtigte Vertreter**, auch **VKH- oder Notanwälte** (§ 78 b ZPO) haben Anspruch auf die Freidokumente, nicht jedoch ein Verkehrsanwalt oder Terminsvertreter.[8] Wird der Beteiligte von mehreren Bevollmächtigten vertreten, hat jeder von ihnen Anspruch auf die Freidokumente, wenn es sich nicht um eine Sozietät handelt. Das gilt auch, wenn volljährige Familienangehörige, Notare oder Beschäftige des Beteiligten bevollmächtigt werden (§ 10 Abs. 2 FamFG), nicht aber, wenn die Bevollmächtigung solcher Personen unzulässig ist und sie vom Gericht zurückgewiesen wird. Ein zunächst zulässiger Bevollmächtigter hat keinen Anspruch auf Freidokumente wegen solcher Entscheidungen, die nach Erlass eines Beschlusses nach § 10 Abs. 3 S. 3 FamFG ergehen. **Beistände** (§ 12 FamFG) sind keine Bevollmächtigte iSd Anm. Abs. 2, so dass kein Anspruch auf auslagenfreie Überlassung besteht.

19 Einem **gesetzlichen Vertreter** stehen keine zusätzlichen Freidokumente zu, so dass Kind und Eltern bzw Pfleger/Vormund/Betreuer und Mündel/Betreuten die Dokumente nur einmal auslagenfrei zu erteilen sind. Gleiches gilt für Vereine, Kapital- oder Personengesellschaften, da die Freidokumente nur ihnen, nicht aber auch den Mitgliedern oder Gesellschaftern zustehen.

20 Auch der nach § 138 FamFG **beigeordnete Anwalt** erlangt nur die Stellung eines Beistands (§ 138 Abs. 2 FamFG). Obwohl eine wirksame Zustellung an ihn nicht erfolgen kann, sind ihm die Abschriften von Schriftstücken und Entscheidungen gleichwohl zu überlassen, um eine ordnungsgemäße Erfüllung seiner Aufgaben zu gewährleisten. Er hat daher ausnahmsweise gleichfalls einen Anspruch auf auslagenfreie Überlassung der Dokumente.[9]

21 **c) Verfahrensbeistand.** Der Verfahrensbeistand erlangt mit der Bestellung die Stellung eines Beteiligten (§ 158 Abs. 3 S. 2 FamFG), so dass ihm die in Anm. Abs. 3 genannten Dokumente auslagenfrei zu überlassen sind, da er auch nicht zum gesetzlichen Vertreter des Kindes wird (§ 158 Abs. 4 S. 6 FamFG).

22 **d) Einzelne Verfahren.** Weitere Beteiligte oder rechtsmittelberechtigt mit Anspruch auf auslagenfreie Überlassung können sein in

- **Abstammungssachen:** Beteiligte (§ 172 FamFG), Jugendamt (§ 176 Abs. 2 FamFG).
- **Adoptionssachen:** Beteiligte (§ 188 FamFG), Jugendamt, Landesjugendamt (§ 194 Abs. 2, § 195 Abs. 2 FamFG).
- **Ehesachen:** Neben Ehegatten können weitere Personen beteiligt sein, die gleichfalls einen Anspruch auf auslagenfreie Erteilung der in Anm. Abs. 3 genannten Dokumente besitzen. § 139 Abs. 1 FamFG ist zu beachten. Gleiches gilt für die Zustellung von Entscheidungen an dritte Personen, die zur Rechtsmitteleinlegung berechtigt sind. Die Verwaltungsbehörde ist Beteiligte, wenn sie die Aufhebung der Ehe beantragt (§ 129 FamFG).
- **Gewaltschutzsachen:** Jugendamt (§ 213 Abs. 2 FamFG).
- **Kindschaftssachen:** Jugendamt (§ 162 Abs. 2, 3 FamFG); Kinder, die bei Erlass der Entscheidung das 14. Lebensjahr vollendet haben und auch nicht geschäftsunfähig sind (§§ 60, 164 FamFG); Pflegepersonen (§ 161 FamFG); Umgangspfleger.

---

8 *Meyer*, GKG Nr. 9000 KV Rn 30. **9** *Schneider*, FamRB 2010, 384.

- **Versorgungsausgleichssachen:** Weitere Beteiligte (§ 219 FamFG), jedoch begründet die bloße Abgabe der verfahrensrechtlichen Auskunft (§ 220 FamFG) noch keine Beteiligtenstellung (§ 7 Abs. 6 FamFG). Für die von den Versorgungsträgern und sonstigen Stellen eingereichten Auskünfte kann eine Pauschale nach Nr. 1 nicht erhoben werden. Im Übrigen ist eine Beifügungsverpflichtung für die Auskünfte nach § 220 FamFG nicht vorgesehen.
- **Wohnungszuweisungssachen:** Dritte (§ 204 FamFG), Jugendamt (§ 205 Abs. 2 FamFG).

V. Blinde oder sehbehinderte Personen (Anm. Abs. 3 S. 2)

Die Regelung des § 191 a Abs. 1 S. 5 GVG bleibt unberührt (Anm. Abs. 3 S. 2). Eine blinde oder sehbehin-   23
derte Person kann danach verlangen, dass ihr die für sie bestimmten gerichtlichen Dokumente in einer für sie wahrnehmbaren Form zugänglich gemacht werden. Auslagen wie besondere Herstellungs- oder Übersetzungskosten können nicht angesetzt werden. Zum Personenkreis → Nr. 2005 KV Rn 21.

Hat es die blinde oder sehbehinderte Person unterlassen, für ihre Schriftsätze die erforderlichen Mehrferti-   24
gungen einzureichen, haftet sie für die schuldhafte Dokumentenpauschale nach Nr. 1 Buchst. b.

VI. Auslagenhöhe

1. Höhe der Pauschale. Es ist zu unterscheiden zwischen: 25

- schwarz-weiß: 0,50 € je Seite für die ersten 50 Seiten
                    0,15 € für jede weitere Seite
- Farbe: 1,00 € je Seite für die ersten 50 Seiten
                    0,30 € für jede weitere Seite

Die vorgenannten Pauschalen entstehen nur, wenn das Format von Kopie, Ausdruck oder Ausfertigung   26
DIN A3 nicht übersteigt. Das Format DIN A3 ist folglich eingeschlossen.

Bei einer Größe von **mehr als DIN A3** kann das Gericht die tatsächlichen Herstellungskosten (zB Kopier-   27
shop) in Ansatz bringen oder eine Dokumentenpauschale in folgender Höhe ansetzen:

- schwarz-weiß: 3,00 € je Seite für jede Seite
- Farbe: 6,00 € je Seite für jede Seite

Die Art der Herstellung ist unerheblich,[10] so dass die Pauschale neben Fotokopien auch durch Ausdrucke,   28
Schreibmaschinen-, handschriftlich gefertigte Abschriften oder ausgefüllte Vordrucke ausgelöst wird. Der für die ersten 50 Seiten höhere Satz soll berücksichtigen, dass durch die Herstellung weniger Ablichtungen ein verhältnismäßig höherer Personalaufwand verursacht wird und der für den Sachaufwand maßgebliche Auslastungsrad der Kopiergeräte schwer zu ermitteln ist.[11] Auch Seiten, die nur Ausfertigungs- oder Beglaubigungsvermerke wiedergeben, sind auslagenpflichtig.[12]

2. Umfang der Pauschale. Mit der Pauschale werden Herstellungskosten wie Anschaffung oder Anmietung   29
der Kopierer, Strom- und Papierverbrauch sowie die anderen Arbeitsvorgänge der Justiz abgegolten. Auch die für die Überlassung der Dokumente entstehenden Kosten werden abgegolten, so dass für die Übersendung der Dokumente, auch mittels Telefax, weitere Kosten nicht zu erheben sind. Werden beglaubigte Abschriften hergestellt, ist eine besondere Beglaubigungsgebühr nicht zu erheben.

Beispiel: Insgesamt wurden 65 Schwarz-Weiß-Kopien hergestellt. Die Pauschale beträgt: 30

50 Seiten á 0,50 €	25,00 €
15 Seiten á 0,15 €	2,25 €
Gesamt	**27,25 €**

3. Rechtszüge (Anm. Abs. 1). Die Pauschale ist für jeden Rechtszug gesondert zu berechnen (Anm. Abs. 1)   31
Maßgeblich ist der Kostenrechtszug (§ 29). Handelt es sich um eine Vormundschaft oder Dauerpflegschaft, ist die Pauschale für jedes Kalenderjahr gesondert zu berechnen.

Beispiel: Für den Antragsteller werden hergestellt: in erster Instanz 70 Schwarz-Weiß-Kopien, in der Beschwerde-   32
instanz 25 Schwarz-Weiß-Kopien. Die Pauschale beträgt:

I. Erster Rechtszug	
50 Seiten á 0,50 €	25,00 €
20 Seiten á 0,15 €	3,00 €

---

10 BT-Drucks 10/5113, S. 48. **11** BT-Drucks 10/5113, S. 48. **12** *Oestreich/Hellstab/Trenkle*, FamGKG Nr. 2000 KV Rn 29.

II. Beschwerdeinstanz
25 Seiten á 0,50 €   12,50 €
Gesamt   40,50 €

33 **4. Berechnung nach Kostenschuldnern (Anm. Abs. 1).** Die Pauschale ist auch für jeden Kostenschuldner des § 23 Abs. 1 gesondert zu berechnen. Haften mehrere Beteiligte als Gesamtschuldner (§ 26 Abs. 1), ist die Pauschale für diese einheitlich zu berechnen, wenn die Haftung auf derselben Vorschrift beruht, so dass Antrags- und Entscheidungsschuldner zwar als Gesamtschuldner haften, die Berechnung der Pauschale aber gleichwohl getrennt erfolgt. Besteht hingegen gesamtschuldnerische Haftung nach § 27, weil Streitgenossenschaft besteht, ist die Pauschale für die Streitgenossen einheitlich zu berechnen (Anm. Abs. 1 Hs 2).

VII. Elektronische Dokumente (Nr. 3; Anm. Abs. 2)

34 Für die Überlassung elektronisch gespeicherter Gerichtsdokumente entsteht die Pauschale der Nr. 3, wenn sie in elektronischer Form erfolgt und es sich nicht um Freidokumente nach Anm. Abs. 3 handelt. Sie entsteht auch, wenn die Dokumente auf Datenträger gespeichert werden.

35 Die Pauschale der Nr. 3 beträgt je überlassener Datei 1,50 €. Werden mehrere Dokumente in einem Arbeitsgang überlassen, beträgt die Pauschale, unabhängig von der tatsächlichen Anzahl der überlassenen Dokumente, stets 5,00 €. Unerheblich ist benötigter Speicherumfang oder Druckseitenzahl.

36 Werden elektronische Akten übermittelt, ist gleichfalls die Pauschale nach Nr. 3 und nicht nach Nr. 2003 KV zu erheben.

37 Nach **Anm. Abs. 2** beträgt die Pauschale der Nr. 3 nicht weniger als die nach Nr. 1 zu erhebende Pauschale, wenn zum Zweck der Überlassung von elektronisch gespeicherten Dateien Dokumente **zuvor auf Antrag von der Papierform in die elektronische Form übertragen** werden. Obwohl Anm. Abs. 2 auf Nr. 2 verweist, ist Nr. 3 gemeint, weil ein redaktionelles Versehen vorliegt. Durch Beschluss des Bundestages wurde in Nr. 2000 KV die Nr. 2 neu eingefügt, jedoch versehentlich vergessen, den geplanten Abs. 2 der Anm. entsprechend anzupassen.

Nr.	Auslagentatbestand	Höhe
2001	Auslagen für Telegramme	in voller Höhe

1 Entgelte für **Telegramme** sind nach Nr. 2001 KV in voller Höhe einzuziehen, während für **andere Telekommunikationsdienstleistungen**, gleich welcher Art (zB **Telefon- oder Faxentgelte**), ein Einzug unterbleibt. Für Zustellungen nach § 168 Abs. 1 ZPO gilt Nr. 2002 KV. Ist das Telegramm für mehrere Rechtssachen gleichzeitig veranlasst, sind die Auslagen angemessen zu verteilen (Vorbem. 2 Abs. 2).

2 Das Absenden des Telegramms muss **notwendig** gewesen sein, wobei dem Gericht stets ein Ermessensspielraum zuzubilligen ist. Insbesondere bei kurzfristigen Ab- oder Umladungen liegt Notwendigkeit vor. Sie ist zudem geboten, wenn die anordnende Person davon ausgehen konnte oder befürchten muss, dass eine andere Form der Benachrichtigung dem Empfänger nicht mehr rechtzeitig zugeht. Unerheblich ist, ob das Telegramm an Beteiligte, Zeugen oder Sachverständige übersandt wird. Wird ein Telegramm nur erforderlich, weil **Terminsverlegung oder Abladung von Amts wegen** erfolgt ist, sind die Auslagen nach § 20 Abs. 1 S. 2 nicht zu erheben. Zur Entscheidung ist der Kostenbeamte wegen § 11 Abs. 1 Nr. 1 KostVfg selbst befugt.

3 Die **Fälligkeit** bestimmt sich nach § 11 Abs. 1. Im Übrigen gilt § 15 Abs. 2 KostVfg, wonach die Auslagen regelmäßig erst bei Beendigung des Rechtszugs anzusetzen sind, wenn kein Verlust für die Staatskasse zu befürchten ist. § 16 Abs. 1 bleibt unberührt, jedoch wird wegen der Eilbedürftigkeit von einer Vorschusszahlung und einer Abhängigmachung der Amtshandlung abzusehen sein.

4 Für die Bestimmung des **Kostenschuldners** gelten die allgemeinen Regelungen der §§ 21 ff. Hat das Gericht eine Kostenentscheidung nach § 95 ZPO iVm § 113 Abs. 1 FamFG getroffen, werden auch die Auslagen der Nr. 2001 KV erfasst. Es ist von Amts wegen in der Endentscheidung, nicht in einem gesonderten Beschluss zu entscheiden. Das Gericht darf dabei keine Quoten oder Prozentzahlen angeben, sondern hat die Kosten einzeln anzugeben,[1] so dass der **Tenor** etwa lauten kann:

▶ Die Kosten des Verfahrens trägt der Antragsgegner. Der Antragsteller hat die infolge seines Verschuldens für die Verlegung der Verhandlung vom ... entstandenen Kosten zu tragen. ◀

---

[1] MüKo-ZPO/*Giebel*, § 95 Rn 5.

Nr.	Auslagentatbestand	Höhe
2002	Pauschale für Zustellungen mit Zustellungsurkunde, Einschreiben gegen Rückschein oder durch Justizbedienstete nach § 168 Abs. 1 ZPO je Zustellung .... Neben Gebühren, die sich nach dem Verfahrenswert richten, wird die Zustellungspauschale nur erhoben, soweit in einem Rechtszug mehr als 10 Zustellungen anfallen.	3,50 €

I. Allgemeines

Auslagen für Postdienstleistungen sind einzuziehen, wenn es sich um förmliche Zustellungen (§§ 166 ff ZPO) oder Einschreiben gegen Rückschein handelt. Andere Entgelte, zB für formlose Schreiben, dürfen nicht angesetzt werden, sie werden durch die Gebühren abgegolten. Für Telegramme gilt Nr. 2001 KV. **1**

Der Einzug setzt voraus, dass die Zustellung notwendig bzw erforderlich war. Kosten versehentlicher Zustellungen fallen unter § 20 Abs. 1 S. 1, zB solche, die noch an eine alte Anschrift gerichtet waren, obwohl eine aktuelle Anschrift bereits zu den Akten gelangt war. Hier ist der Kostenbeamte selbst befugt, die Auslagen außer Ansatz zu lassen (§ 11 S. 1 Nr. 2 KostVfg). Bei der Prüfung von Notwendigkeit und sachgemäßer Behandlung durch das Gericht ist zu beachten, dass ein Schriftstück über die gesetzlichen Fälle auch dann von Amts wegen zuzustellen ist, wenn das Gericht (Richter, Rechtspfleger) die Zustellung nach pflichtgemäßem Ermessen anordnet (§ 168 Abs. 2 ZPO iVm § 15 Abs. 2, § 113 Abs. 1 FamFG). **2**

II. Auslagentatbestände

Die Pauschale entsteht, wenn die Geschäftsstelle ein nach § 33 Abs. 1 Postgesetz beliehenes Unternehmen mit der Zustellung beauftragt oder Justizbedienstete (zB Wachtmeister) die Zustellung ausführen. Bei Letzterem deckt die Pauschale auch die Reisekosten der Bediensteten, die nicht gesondert anzusetzen sind. **3**

Das Gericht (Richter, Rechtspfleger) kann nach § 168 Abs. 2 ZPO **Gerichtsvollzieher** oder **andere Behörden** (zB Gemeinde, Polizei) mit der Zustellung beauftragen, wenn die Zustellung nach § 168 Abs. 1 ZPO keinen Erfolg verspricht. Für solche Zustellungen gilt Nr. 2002 KV nicht, weil sie nur auf § 168 Abs. 1 ZPO verweist. Die von den Behörden oder Gerichtsvollziehern geltend gemachten Auslagen sind nach Nr. 2011 KV einzuziehen. Da der Gerichtsvollzieher als gesetzliches Zustellungsorgan tätig wird, findet das GvKostG keine Anwendung.[1] **4**

Erfolgt die Zustellung durch **Einschreiben gegen Rückschein** (§ 175 ZPO), auch bei Auslandszustellung, ist die Pauschale anzusetzen, nicht aber bei Zustellung durch Einschreiben ohne Rückschein. **5**

Für die Zustellung durch Aushändigung des Schriftstücks an der **Amtsstelle** (§ 173 ZPO) entsteht die Pauschale nicht. Es handelt sich auch nicht um eine Zustellung durch Justizbedienstete nach § 168 ZPO. Auch bei einer Zustellung gegen **Empfangsbekenntnis** (§ 174 ZPO) oder Zustellung durch Aufgabe zur Post (§ 15 Abs. 2 FamFG, § 184 ZPO) sind keine Auslagen nach Nr. 2002 KV zu erheben. Ferner ist die **öffentliche Zustellung** (§§ 185 ff ZPO) nicht erfasst, so dass Bewilligung, Entscheidung und Ausführung (§ 186 ZPO) gebührenfrei sind. Für das Beschwerdeverfahren gilt Nr. 1912 KV. Soweit aber andere Auslagen, wie zB Übersetzungs- oder Bekanntmachungskosten, anfallen, sind sie nach Nr. 2000 ff KV einzuziehen. **6**

III. Auslagenhöhe

Für jede Zustellung sind pauschal 3,50 € anzusetzen. Sind mehrere Zustellungen ausgeführt, ist die Pauschale jeweils gesondert zu erheben. **7**

Es handelt sich um einen **pauschalen Auslagenersatz**, so dass höhere Kosten nicht zu berücksichtigen sind. Auf die Tarife der einzelnen Postunternehmen kommt es nicht an. Die Pauschale soll der Vereinfachung dienen, weil durch die Einführung einer Pauschale die Notwendigkeit entfällt, bei jeder Zustellung die Höhe der entstandenen Auslagen aktenkundig zu machen.[2] **8**

IV. Wertabhängige Gebühren (Anm.)

1. Allgemeines. Neben Gebühren, die sich nach dem **Verfahrenswert** richten, werden Zustellungskosten nur erhoben, soweit in dem Rechtszug mehr als 10 Zustellungen anfallen (Anm.), da die Zustellungskosten insoweit bereits in den Gebühren einberechnet sind.[3] In diesen Fällen sind die Auslagen somit erst **ab der elf-** **9**

---

1 *Oestreich/Hellstab/Trenkle*, FamGKG Nr. 2002 KV Rn 6. **2** BT-Drucks 16/3038, S. 52. **3** BT-Drucks 15/5091, S. 36.

ten **Zustellung** an zu erheben. Sind hingegen Festgebühren (zB Nr. 1502 KV) zu erheben, sind Zustellungskosten von der ersten Zustellung an in voller Höhe anzusetzen.

10 **2. Vormundschaft und Dauerpflegschaften.** Die Gebühren der Nr. 1311, 1312 KV bestimmen sich nicht nach dem Verfahrenswert, so dass Zustellungskosten in voller Höhe anzusetzen sind, jedoch ist Vorbem. 2 Abs. 3 KV zu beachten.

11 **3. Gebührenfreiheit.** Werden Gebühren für das Verfahren nicht erhoben, sind die Zustellungskosten von der ersten Zustellung an in voller Höhe zu erheben. Das gilt auch dann, wenn eine Gebühr nur deshalb nicht erhoben wird, weil das Verfahren durch Rücknahme erledigt ist (zB Nr. 1210 KV).

12 **4. Beschwerdeverfahren.** Handelt es sich um eine begründete Beschwerde, gilt Vorbem. 2 Abs. 1 KV. Danach können in gebührenfreien Beschwerdeverfahren (zB Nr. 1912 KV) Zustellungskosten nicht angesetzt werden, wenn nicht das Beschwerdegericht die Kosten dem Gegner auferlegt hat.

13 **5. Rechtszug. a) Begriff.** Maßgeblich ist der kostenrechtliche Begriff (§ 29), bei Zurückverweisung gilt § 31 Abs. 1. Unterschiedliche Rechtszüge sind aber insb. Rechtsmittelverfahren, Verfahren nach Nr. 1600 ff, 1710 ff KV und Verfahren nach § 35 FamFG. Soweit eine Vollstreckungsmaßnahme oder Entscheidung durch das Vollstreckungs- oder Arrestgericht getroffen wird, sind Zustellungskosten gem. Vorbem. 2 Abs. 4 KV nach Nr. 9002 KV GKG anzusetzen.

14 **b) Mahn- und Unterhaltsfestsetzungsverfahren.** Die Kosten dieser Verfahren gelten als Teil der Kosten des streitigen Verfahrens (§ 696 Abs. 1 S. 5 iVm § 281 Abs. 3 S. 1 ZPO, § 255 Abs. 5 FamFG), so dass es sich um einen einheitlichen Rechtszug iSd Nr. 2002 KV handelt. Gleiches gilt für Vermittlungsverfahren (§ 165 FamFG), wenn die Kosten als Teil der Kosten einer fristgerecht oder von Amts wegen eingeleiteten Umgangssache zu behandeln sind (§ 165 Abs. 5 S. 3 FamFG).

15 **c) Kostenfestsetzung.** Verfahren nach §§ 103 ff ZPO iVm §§ 85, 113 Abs. 1 FamFG gehören zum erstinstanzlichen Rechtszug, so dass neben wertabhängigen Gebühren Zustellungskosten erst angesetzt werden können, wenn durch das Festsetzungsverfahren die Freigrenze von zehn Zustellungen überschritten wird.

16 **d) Vergütungsfestsetzung.** Das Verfahren nach § 11 RVG ist ein eigenständiger Rechtszug iSd § 29. Da das Verfahren gebührenfrei ist (§ 11 Abs. 2 S. 4 RVG), sind Zustellungskosten in voller Höhe anzusetzen.[4] Die Festsetzung soll gem. § 16 Abs. 1 von der vorherigen Zahlung der voraussichtlich anfallenden Zustellungskosten abhängig gemacht werden. Die Entscheidung über die Abhängigmachung obliegt dem Rechtspfleger. Die Zahlungsaufforderung erfolgt mittels Kostenrechnung ohne Sollstellung (§ 26 Abs. 1 KostVfg). Nichtzahlung hat das Ruhen des Verfahrens zur Folge,[5] der Antrag kann jedoch nicht als unbegründet oder unzulässig zurückgewiesen werden.[6] Die für die Zustellung des Beschlusses, nicht für den Antrag,[7] geleisteten Zustellungskosten sind in dem Festsetzungsbeschluss aufzunehmen, ohne dass es eines besonderen Antrags bedarf (§ 11 Abs. 2 S. 5 RVG).

Nr.	Auslagentatbestand	Höhe
2003	Pauschale für die bei der Versendung von Akten auf Antrag anfallenden Auslagen an Transport- und Verpackungskosten je Sendung .... Die Hin- und Rücksendung der Akten durch Gerichte gelten zusammen als eine Sendung.	12,00 €

I. Allgemeines

1 Die Akteneinsicht durch die Beteiligten (§ 13 Abs. 1 FamFG, § 299 Abs. 1 ZPO iVm § 113 Abs. 1 FamFG) auf der Geschäftsstelle des Gerichts ist kostenfrei. Für die Versendung oder Übermittlung entsteht die Pauschale der Nr. 2003 KV, mit der die Aufwendungen des Gerichts pauschal abgegolten werden, die dadurch entstehen, dass Akteneinsicht an einem anderen Ort als dem der aktenführenden Stelle gewünscht wird.[1] Verfassungsrechtliche Bedenken bestehen nicht,[2] auch die berufliche Freiheit des Anwalts wird nicht berührt, da die kostenfreie Einsicht auf der Geschäftsstelle unberührt bleibt.[3]

2 Nr. 2003 KV erfasst lediglich die Fälle, in denen eine Papierakte übersandt wird. Für die Übersendung von elektronischen Akten gilt die Regelung nicht (→ Rn 10 f).

4 LG Köln AGS 2000, 209; LG Bonn AGS 2000, 210; AG Rendsburg JurBüro 1996, 318; AG Pankow JurBüro 1998, 31. **5** LG Bonn AGS 2000, 210. **6** OLG Köln AGS 2000, 208; LG Bonn AGS 2000, 210. **7** LG Lübeck JurBüro 2015, 83. **1** BT-Drucks 12/6962, S. 87. **2** BVerfG NJW 1995, 3177. **3** OLG Koblenz MDR 1997, 202.

11   Wird eine elektronische Akte übermittelt, entstehen keine Auslagen nach Nr. 2003 KV, sondern es ist die Pauschale nach Nr. 2000 Nr. 3 KV anzusetzen.

IV. Kostenerstattung

12   Die Aktenversendungspauschale ist dem Anwalt vom Auftraggeber nach Vorbem. 7 Abs. 1 S. 2 VV RVG iVm §§ 670, 675 BGB zu erstatten. Es handelt sich um Aufwendungen, die nicht zu den Portokosten nach Nr. 7001, 7002 VV RVG oder den allgemeinen Geschäftskosten gehören.[16] Die Rechnungsstellung durch den Anwalt unterliegt der Umsatzsteuer (§ 10 Abs. 1 UStG), da es sich nicht um einen durchlaufenden Posten handelt.[17] Hat der Anwalt die Umsatzsteuer für die Pauschale geltend gemacht, ist sie Teil seiner gesetzlichen Vergütung und daher vom Rechtsschutzversicherer zu erstatten.[18]

Nr.	Auslagentatbestand	Höhe
2004	Auslagen für öffentliche Bekanntmachungen .... Auslagen werden nicht erhoben für die Bekanntmachung in einem elektronischen Informations- und Kommunikationssystem, wenn das Entgelt nicht für den Einzelfall oder nicht für ein einzelnes Verfahren berechnet wird.	in voller Höhe

I. Allgemeines

1   Die Regelung stellt sicher, dass bare Aufwendungen für die öffentliche Bekanntmachung eingezogen werden können. Erfasst ist insb. die bei der öffentlichen Zustellung getroffene Anordnung, dass die Benachrichtigung (§ 186 Abs. 2 ZPO iVm § 15 Abs. 2, § 113 Abs. 1 FamFG) einmal oder mehrfach im Bundesanzeiger oder in anderen Blättern, wie zB in der örtlichen Tagespresse oder Fachorganen, zu veröffentlichen ist.

II. Auslagenhöhe

2   **1. Vollständiger Kostenersatz.** Die Bekanntmachungskosten sind in voller Höhe einzuziehen. Hierunter fallen insb. die Kosten für Veröffentlichungen in Tageszeitungen oder im elektronischen Bundesanzeiger. Der Aushang an der Gerichtstafel ist auslagenfrei. Ist die Bekanntmachung für verschiedene Rechtssachen erfolgt und lässt sich ein Kostenbetrag deshalb nicht aussondern, sind die Bekanntmachungskosten angemessen auf die einzelnen Rechtssachen zu verteilen. Neben den in Nr. 2004 KV genannten Kosten scheidet einen Kostenansatz aus, so dass zB **Portokosten** unerhoben bleiben.

3   **2. Elektronische Systeme (Anm.).** Erfolgt die Bekanntmachung in einem elektronischen Informations- und Kommunikationssystem, werden Auslagen nicht erhoben, wenn das Gericht hierfür ein Entgelt nicht zu zahlen braucht oder dieses nicht für ein einzelnes Verfahren oder einen Einzelfall berechnet wird. Hierunter fallen insb. justiz- bzw landeseigene Internetseiten. Ist jedoch für die betreffende Rechtssache ein Entgelt zu zahlen, ist dieses einzuziehen.

4   Ist lediglich eine **Sammelrechnung** erfolgt, greift die Befreiungsregelung nicht. Der Gesetzgeber hat dazu ausgeführt: „Nicht erfasst werden sollen hingegen die Fälle, in denen zwar die Abrechnung gegenüber der Justizbehörde mittels einer Sammelrechnung erfolgt, das Entgelt jedoch für jede Veröffentlichung oder jedes Verfahren gesondert bemessen wird, sei es einzelfallbezogen anhand bestimmter Kriterien (z.B. dem Umfang des Bekanntmachungstextes) oder als Festbetrag. Hier ist eine Pauschalierung nicht erforderlich, da die tatsächlichen Veröffentlichungsauslagen mit vertretbarem Aufwand festgestellt ... werden können.“[1]

III. Fälligkeit, Vorschuss, Kostenschuldner

5   Die Fälligkeit richtet sich nach § 11 Abs. 1, bei Vormundschaften und Dauerpflegschaften nach § 10 Hs 2.

6   Für die Vorschusserhebung gilt § 16 Abs. 1. Die öffentliche Bekanntmachung kann von der vorherigen Zahlung eines Kostenvorschusses abhängig gemacht werden, wenn keine Amtshandlung vorliegt. Bei Amtshandlungen gilt § 16 Abs. 3.

7   Der Kostenschuldner bestimmt sich nach den allgemeinen Grundsätzen der §§ 21 ff.

---

16 LG Potsdam JurBüro 2012, 470. **17** BGH MDR 2011, 758. **18** BGH MDR 2011, 758. **1** BT-Drucks 15/1971, S. 177 zu Nr. 9004 KV-GKG.

Fällt die Versendung in den Bereich der **Justizverwaltung**, gilt das JVKostG. Für die Anfertigung von Akten- 3 auszügen (§ 13 Abs. 3 FamFG, § 299 Abs. 1 ZPO iVm § 113 Abs. 1 FamFG) gilt Nr. 2000 KV.

II. Aktenversendung

1. Tatbestand. Die Auslagenpauschale deckt die mit der Aktenversendung verbundenen Aufwendungen ab, 4 insb. Porto- oder Transportkosten sowie Verwaltungsaufwand für Begleitschreiben, Anlage des Retents, Verpacken der Akten, Fristenkontrolle und Mahnung bei Fristüberschreitung.[4] Es müssen jedoch tatsächlich bare Aufwendungen entstehen, so dass die Pauschale nur erhoben werden kann, wenn die Akten an einen Postdienstleister oder Kurierdienst übergeben werden.[5] Das bloße Verlassen aus dem Organisationsbereich der Geschäftsstelle genügt nicht. Keine Pauschale fällt deshalb an, wenn die Aktenversendung lediglich über die Anwaltsfachanlage erfolgt, da eine Versendung iSd Nr. 2003 KV nicht stattfindet.[6] Gleiches gilt, wenn die Akte durch den Anwalt selbst oder einen seiner Mitarbeiter bei Gericht abgeholt wird,[7] die Aktenübersendung durch ein eigenes Dienstfahrzeug der Justiz erfolgt[8] oder die Akte an ein anderes Gericht übersandt und dort in das Gerichtsfach des Anwalts eingelegt wird.[9]

2. Hin- und Rücksendung (Anm.). Hin- und Rücksendung der Akten gelten als **eine Sendung** (Anm.), wor- 5 aus jedoch nur folgt, dass die Pauschale für beides nur einmal erhoben werden kann. Ein Anspruch, wonach auch die Kosten des Antragstellers für die Rücksendung mit der Pauschale abgegolten sein sollen, lässt sich jedoch nicht herleiten, da die Pauschale nur die besondere Serviceleistung der Justiz abdecken soll und nicht etwaige Kosten auf Seiten des Antragstellers.[10] Die Akten können deshalb nicht auf die Kosten des Gerichts zurückgesandt werden, auch kann die Pauschale nicht um diese Kosten gemindert werden.[11] Hierzu hat der Gesetzgeber ausgeführt: „Durch die Änderung in Absatz 1 der Anmerkung soll klargestellt werden, dass mit den Kosten der Rücksendung nur Kosten gemeint sind, die einem Gericht oder einer Staatsanwaltschaft entstehen. Dies ist zB der Fall, wenn die Übersendung der Akten an ein anderes Gericht oder an eine andere Staatsanwaltschaft zum Zwecke der Akteneinsicht verlangt wird und die Akten nach Einsichtnahme an das zuständige Gericht oder die Staatsanwaltschaft zurückgegeben. Werden die Akten einem Dritten (z.B. einem Rechtsanwalt) zur Einsichtnahme übersandt, hat die Rücksendung auf Kosten des Dritten zu erfolgen."[12]

3. Höhe der Pauschale. Die Pauschale beträgt 12 € für jede Aktenversendung. Sie ist für Hin- und Rück- 6 sendung nur einmal zu erheben. Auf die tatsächlichen Portokosten kommt es nicht an, so dass auch der Umfang der Akte, auch mehrere Aktenbände, unerheblich ist.

Abgedeckt ist nur **eine Aktenversendung**, so dass die Pauschale für jede weitere Versendung erneut entsteht, 7 auch wenn sie in demselben Verfahren oder Rechtszug erfolgt. Ist eine erneute Versendung aber nur erforderlich, weil das Gericht versehentlich Aktenbestandteile nicht mit übersandt hat, kann die Pauschale im Hinblick auf § 20 Abs. 1 S. 1 nicht nochmals eingezogen werden. Anders aber, wenn das Gericht darauf hinweist, dass bestimmte Aktenteile nicht oder erst später versandt werden können.

4. Ersuchen. Die Pauschale ist nur zu erheben, wenn die Aktenversendung auf Antrag erfolgt.[13] Liegt ein 8 Amtshilfe- oder Rechtshilfeersuchen vor, scheidet ein Ansatz aus,[14] bspw, wenn die Trägerin der gesetzlichen Unfallversicherung um Aktenübersendung ersucht.[15]

5. Fälligkeit, Vorschuss, Kostenschuldner. Die Pauschale wird sofort nach mit ihrer Entstehung, also dem 9 Versand der Akten, fällig (§ 11 Abs. 2) (→ § 11 Rn 21 ff). Die Aktenversendung kann gem. § 16 Abs. 2 von der vorherigen Zahlung eines Kostenvorschusses abhängig gemacht werden (→ § 16 Rn 18 ff). Der Kostenschuldner ergibt sich aus § 23 Abs. 2 (→ § 23 Rn 12 ff).

III. Überlassung elektronischer Akten

Die Akteneinsicht elektronischer Akten erfolgt durch Erteilung eines Aktenausdrucks, Wiedergabe auf 10 einem Bildschirm oder Übermittlung von elektronischen Dokumenten (§ 299 Abs. 3 S. 1 ZPO iVm § 13 Abs. 5, § 113 Abs. 1 FamFG). Die **Bildschirmwiedergabe** ist auslagenfrei.

---

4 OLG Düsseldorf StRR 2010, 277; OLG Hamm NJW 2006, 306. **5** OLG Saarbrücken JurBüro 2016, 31; LG Kleve JurBüro 2015, 419. **6** LG Chemnitz AGS 2010, 444; LG Göttingen NJW-RR 1996; 190; LG Münster AnwBl 1995, 378; LArbG Kiel NJW 2007, 2510; VG Meiningen JurBüro 2006, 36; AG Osnabrück JurBüro 1995, 315; AG Göttingen NdsRpfl 1996, 61; AG Düsseldorf JurBüro 1997, 433; AG Moers AGS 2000, 160. **7** LG Detmold NJW 1995, 2801; LG Göttingen NJW-RR 1996, 190. **8** OLG Koblenz JurBüro 2014, LG Arnsberg JurBüro 2015, 77. Aufgabe der in der Vorauflage (1. Aufl. 2014, aaO) vertretenen Auffassung. **9** OLG Düsseldorf StRR 2010, 277; LG Frankenthal MDR 1996, 104. **10** OLG Hamm NJW 2006, 306. **11** OLG Jena JurBüro 2007, 598; OLG Celle NdsRpfl 2007, 60; OLG Hamm NJW 2006, 1076; OLG Koblenz JurBüro 2006, 207; LG Lübeck SchlHA 2006, 444; LG Berlin NStZ 2006, 412; AG Leipzig JurBüro 2005, 547. **12** BT-Drucks 16/3038, S. 52. **13** OLG Jena VRR 2008, 243. **14** OLG Naumburg NStZ-RR 2009, 296. **15** OLG Brandenburg JMBl Bbg 2007, 114; OLG Jena VRR 2008, 243.

Nr.	Auslagentatbestand	Höhe
2005	Nach dem JVEG zu zahlende Beträge	in voller Höhe
	(1) Die Beträge werden auch erhoben, wenn aus Gründen der Gegenseitigkeit, der Verwaltungsvereinfachung oder aus vergleichbaren Gründen keine Zahlungen zu leisten sind. Ist aufgrund des § 1 Abs. 2 Satz 2 JVEG keine Vergütung zu zahlen, ist der Betrag zu erheben, der ohne diese Vorschrift zu zahlen wäre.	
	(2) Auslagen für Übersetzer, die zur Erfüllung der Rechte blinder oder sehbehinderter Personen herangezogen werden (§ 191 a Abs. 1 GVG), und für Gebärdensprachdolmetscher (§ 186 Abs. 1 GVG) werden nicht erhoben.	

I. Allgemeines

Nr. 2005 KV ermöglicht den Einzug sämtlicher nach dem JVEG geleisteten Zahlungen. Dabei dient die Re-   1
gelung zugleich dem Schutz des Kostenschuldners, weil sie die Höhe der wieder einzuziehenden Auslagen
ihrer Höhe nach begrenzt.

II. Zahlungen nach dem JVEG

1. Allgemeines. Nach dem JVEG erhalten von dem Gericht herangezogene Sachverständige, Dolmetscher   2
und Übersetzer eine Vergütung, während Zeugen und Dritten eine Entschädigung zu zahlen ist (§ 1 Abs. 1
S. 1 JVEG). Dritte sind solche Personen, die aufgrund einer gerichtlichen Anordnung nach § 142 Abs. 1
S. 1, § 144 Abs. 1 ZPO iVm § 30 Abs. 1, § 113 Abs. 1 FamFG Urkunden, Unterlagen oder Gegenstände
vorlegen oder deren Inaugenscheinnahme dulden müssen (§ 23 Abs. 1 JVEG). Ein Vergütungs- oder Entschädigungsanspruch nach dem JVEG besteht nur für den Fall einer gerichtlichen Heranziehung oder Beauftragung.

2. Höhe der Zahlungen. Zu unterscheiden ist zwischen Entschädigung und Vergütung. Der Umfang der an   3
Zeugen und Dritten zu zahlenden Entschädigung bestimmt sich nach § 19 Abs. 1, § 23 JVEG. Die an Sachverständige, Dolmetscher und Übersetzer zu zahlende Vergütung richtet sich nach § 8 Abs. 1 JVEG. Hinsichtlich der Vergütung ist zwischen der gesetzlichen und der besonderen Vergütung (§ 13 JVEG) zu unterscheiden. Eine von den §§ 8 ff JVEG abweichende Vergütung darf nur unter den Voraussetzungen des § 13
JVEG gewährt werden.

III. Wiedereinziehung der Zahlungen

1. Allgemeines. Die nach dem JVEG zu zahlenden Beträge können nach Nr. 2005 KV von dem Kosten-   4
schuldner wieder eingezogen werden. Sie sind dabei in voller Höhe in Ansatz zu bringen, jedoch dürfen dabei die durch das JVEG vorgesehenen Sätze nicht überschritten werden. Maßgeblich sind daher nicht die
vom Gericht tatsächlich geleisteten Zahlungen, sondern nur die Beträge, die das Gericht im Rahmen des
JVEG zahlen musste.[1] Ist eine besondere Vergütung gem. § 13 JVEG zu zahlen, sind die nach dieser Vorschrift zulässigen Zahlungen in Ansatz zu bringen, jedoch müssen auch die Voraussetzungen für ihre Zahlung nach § 13 vorgelegen haben (zB Vorschusszahlung oder Zustimmung).

2. Überhöhte Zahlungen. Hat das Gericht über das JVEG hinausgehende Zahlungen geleistet, obwohl eine   5
Vereinbarung nach § 13 JVEG nicht getroffen wurde oder dessen Voraussetzungen nicht vorlagen, so können die Auslagen, soweit sie die gesetzliche Vergütung oder Entschädigung übersteigen, nicht von dem Kostenschuldner eingezogen werden.[2] Das Gericht hat dann die Nichterhebung wegen unrichtiger Sachbehandlung nach § 20 Abs. 1 zu prüfen; die Entscheidung kann auch im Verwaltungswege getroffen werden (§ 36
KostVfg).

Ein Einzug scheidet auch aus, wenn der Sachverständige seinen Vergütungsanspruch verloren hat (zB § 8 a   6
JVEG), etwa wegen Untätigkeit oder Befangenheit.[3] Unerheblich ist dabei, ob eine Rückforderung nach § 2
Abs. 4 JVEG noch möglich ist, denn eine verspätete Rückzahlungsaufforderung des Gerichts geht nicht zu
Lasten des Kostenschuldners. Die Anspruchsbegründung ist daher erneut zu prüfen, wenn der Kosten-
schuldner im Erinnerungsverfahren einwendet, eine Vergütung sei wegen erfolgreicher Befangenheitsableh-
nung nicht zu zahlen.[4]

3. Verhältnis zu § 4 JVEG. Die gerichtliche Festsetzung der nach dem JVEG zu zahlenden Vergütung oder   7
Entschädigung wirkt nicht zu Lasten des Kostenschuldners (§ 4 Abs. 9 JVEG). Der Kostenschuldner ist da-

---

1 OLG Düsseldorf BauR 2005, 1973. **2** BayObLG Rpfleger 2004, 525. **3** OLG Düsseldorf BauR 2005, 1973. **4** OLG Koblenz
AGS 2006, 304.

her trotz erfolgter gerichtlicher Festsetzung berechtigt, mit der Erinnerung nach § 57 die Höhe der geleisteten Zahlungen anzugreifen.[5]

8   **4. Beteiligtenkosten.** Zahlungen nach dem JVEG können nur dann als Gerichtskosten behandelt werden, wenn eine Heranziehung nach § 1 JVEG erfolgt ist. Soweit es sich um Beteiligtenkosten handelt, besteht ein Anspruch nach dem JVEG nicht, so dass Nr. 2005 KV nicht greift. Dies gilt neben eingeholten Privatgutachten auch für Aufwendungen eines Beteiligten zur Vorbereitung eines gerichtlichen Gutachtens[6] oder für Übersetzungskosten, weil das Gericht die Übersetzung einer fremdsprachigen Urkunde verlangt hat.[7]

9   **5. Dolmetscher- und Übersetzungskosten. a) Gerichtssprache.** Die Gerichtssprache ist deutsch (§ 184 S. 1 GVG). Diese Regelung gilt auch für die Verfahren der freiwilligen Gerichtsbarkeit.[8] Wegen der Heimatkreise der sorbischen Bevölkerung ist § 184 S. 2 GVG zu beachten. Es ist daher ein Dolmetscher hinzuzuziehen, wenn unter Beteiligung von Personen verhandelt wird, die der deutschen Sprache nicht mächtig sind (§ 185 Abs. 1 S. 1 GVG). Der Dolmetscher ist Gehilfe des Richters, besitzt aber gleichwohl einen Vergütungsanspruch nach dem JVEG, dessen Höhe sich nach § 8 Abs. 1 JVEG bestimmt. Die nach dem JVEG zu zahlenden Beträge für Dolmetscher und Übersetzer sind in voller Höher von dem Kostenschuldner einzuziehen, auch wenn es sich um einen Ausländer handelt. Eine der Anm. Abs. 4 zu Nr. 9005 KV GKG entsprechende Befreiungsvorschrift wie für den Beschuldigten oder Betroffenen in Straf- oder OWi-Verfahren fehlt.

10   **b) Nichterhebung von Kosten.** Über die Hinzuziehung des Dolmetschers hat das Gericht von Amts wegen nach pflichtgemäßem Ermessen zu entscheiden. Musste das Gericht jedoch anhand der Akten davon ausgehen, dass eine Verständigung mit einem Beteiligten nicht möglich ist, kommt eine Nichterhebung nach § 20 nicht in Betracht,[9] da es Aufgabe der Beteiligten ist, auf die Entbehrlichkeit hinzuweisen.[10] Gleiches gilt, wenn das Gericht die Übersetzung von an die Beteiligten gerichteten Schriftstücke veranlasst hat, weil zuvor mitgeteilt wurde, dass ein Beteiligter der deutschen Sprache nicht mächtig sei.[11] Eine Übersetzung der in deutscher Sprache zu ergehenden gerichtlichen Entscheidungen ist jedoch auch dann nicht von Amts wegen beizufügen, wenn der Beteiligte nicht der deutschen Sprache mächtig ist.

11   **c) Rechtshilfe mit dem Ausland.** § 26 ZRHO regelt die Übersetzung für **ausgehende Ersuchen** an ausländische Stellen. Diesen sind Übersetzungen beizufügen, sofern sich nicht aus dem Länderteil etwas anderes ergibt. Wird im Rahmen des vertraglichen Rechtshilfeverkehrs nur die formlose Zustellung beantragt, so braucht eine Übersetzung der Anlagen nicht beigefügt zu werden. Besteht Grund zu der Annahme, dass der Zustellungsempfänger der deutschen Sprache nicht mächtig ist und durch Übersetzungen seine Bereitschaft zur Annahme der Schriftstücke herbeigeführt werden kann, so sollen Übersetzungen der zuzustellenden Schriftstücke beigefügt werden (§ 26 Abs. 2 S. 2 ZRHO).

12   Bei Ersuchen, die durch die **deutsche Auslandsvertretung** in eigener Zuständigkeit erledigt werden können, sind Übersetzungen des Ersuchens und der Anlagen nicht erforderlich (§ 27 S. 1 ZRHO). Hat das Gericht im Sinne der Verfahrensbeschleunigung eine Übersetzung vornehmen lassen, obwohl die ausländische Stelle eventuell auf eine solche verzichtet hätte, kommt eine Nichterhebung nach § 20 nicht in Betracht.[12]

13   Erfolgt die Zustellung **in einen Staat der EG-Zustellungsverordnung**,[13] so sind die §§ 33 ff ZRHO zu beachten. Die EG-Zustellungsverordnung verlangt zwar keine Übersetzung des zuzustellenden Schriftstücks (§ 38 Abs. 1 S. 1 ZRHO), jedoch kann der Empfänger die Annahme innerhalb eines zweiwöchigen Annahmeverweigerungsrechts verweigern, wenn das zuzustellende Schriftstück nicht in einer Amtssprache des Empfängerstaates übersetzt wurde (vgl § 38 Abs. 1 S. 2 ZRHO). Der Verfahrensbeteiligte, in dessen Interesse die Zustellung vorgenommen wird, entscheidet darüber, ob eine Übersetzung anzufertigen ist (§ 38 Abs. 2 S. 1 ZRHO). Er ist auf das Annahmeverweigerungsrecht hinzuweisen (§ 38 Abs. 2 S. 2 ZRHO). Die Übersetzung ist auf Kosten des Beteiligten vorzunehmen (Art. 5 Abs. 2 EG-Zustellungsverordnung). Gibt der Beteiligte keine Erklärung zur Frage der Übersetzung ab, sind keine Übersetzungen anzufertigen (§ 38 Abs. 3 S. 1 ZRHO).

14   **d) Anordnungen nach § 142 ZPO.** Hat das Gericht gem. § 142 Abs. 3 ZPO die Übersetzung von fremdsprachlichen Urkunden angeordnet, so ist die Übersetzung durch den Beteiligten auf seine Kosten zu veranlassen.[14] Es handelt sich nicht um Gerichtskosten.[15] Die Übersetzungskosten zählen regelmäßig zu den nach § 91 ZPO erstattungsfähigen Kosten;[16] der Beteiligte ist allerdings gehalten, die Kosten niedrig zu halten.[17]

---

5 OLG Düsseldorf JurBüro 1996, 43. **6** OLG Koblenz MDR 2004, 1025. **7** OLG Koblenz AGS 2002, 137. **8** OLG Brandenburg FamRZ 2001, 290. **9** OLG Düsseldorf NJW-RR 1998, 374. **10** OLG Stuttgart FamRZ 2001, 238. **11** OLG Brandenburg FamRZ 2007, 162. **12** OLG Koblenz NJW-RR 2004, 1295. **13** Verordnung (EG) Nr. 1393/2007 des Europäischen Parlaments und des Rates vom 13. November 2007 über die Zustellung gerichtlicher und außergerichtlicher Schriftstücke in Zivil- oder Handelssachen in den Mitgliedstaaten (Zustellung von Schriftstücken) und zur Aufhebung der Verordnung (EG) Nr. 1348/2000 des Rates (ABl. EU Nr. L 324 v. 10.12.2007, S. 79–120). **14** OLG Brandenburg NJW-RR 2002, 1290. **15** OLG Koblenz AGS 2002, 137. **16** OLG Frankfurt MDR 1981, 58; LG Bielefeld zfs 1989, 267; LG Paderborn zfs 1991, 198. **17** BVerfG NJW 1990, 3072.

Ist der Übersetzer jedoch durch das Gericht beauftragt worden und besteht folglich ein Vergütungsanspruch, so sind die nach dem JVEG gezahlten Beträge von dem Kostenschuldner nach Nr. 2005 KV einzuziehen.

IV. Nichtzahlung wegen Verwaltungsvereinfachung (Anm. Abs. 1)

1. Behörden und sonstige öffentliche Stellen. Das JVEG findet gem. § 1 Abs. 2 S. 1 JVEG auch dann Anwendung, wenn Behörden oder sonstige öffentliche Stellen zu Sachverständigenleistungen herangezogen werden. Zu den „sonstigen Stellen" zählen Einrichtungen, die einer Körperschaft, Anstalt oder Stiftung des öffentlichen Rechts angehören, aber nicht selbst Behörde iSd § 1 Abs. 2 VwVfG sind. Ein Vergütungsanspruch besteht auch dann, wenn die Behörde im Rahmen der Amtshilfe tätig wird.[18] Hingegen besteht kein Vergütungsanspruch, wenn die Behörde oder sonstige öffentliche Stelle kraft Gesetzes verpflichtet ist, gutachterliche Stellungnahmen abzugeben. So kann etwa das **Jugendamt** für die in Familiensachen eingeholten Stellungnahmen und Äußerungen keine Vergütung verlangen, auch die gutachterliche Äußerung der **Adoptionsvermittlungsstelle** ist kostenfrei zu erstellen (§ 189 FamFG). Gleiches gilt in Versorgungsausgleichssachen, wenn das Familiengericht gem. § 220 FamFG über Grund und Höhe der Anrechte Auskünfte einholt. Die **Gesundheitsämter** sind hingegen nicht gesetzlich verpflichtet, Gutachten oder gutachterliche Stellungnahmen abzugeben, so dass ihnen eine Vergütung zu gewähren ist.   15

Besteht ein Vergütungsanspruch nach § 1 Abs. 2 S. 1 JVEG, kann die Behörde gleichwohl nur eine Zahlung nach den Bestimmungen des JVEG verlangen, andere Gebührenordnungen finden keine Anwendung. Übersteigen ihre Beträge die nach dem JVEG zu leistenden Zahlungen, kann der Mehrbetrag nicht vom Kostenschuldner eingezogen werden, anders aber, wenn wirksam eine besondere Vergütung nach § 13 JVEG vereinbart wurde.   16

2. Dienstaufgaben (Anm. Abs. 1 S. 2). Wurde das Gutachten von dem Angehörigen einer Behörde oder einer sonstigen öffentlichen Stelle erstellt, so kann dieser selbst keine Vergütung nach dem JVEG verlangen (§ 1 Abs. 2 S. 2 JVEG). So nehmen etwa die bei den Gesundheitsämtern bediensteten Ärzte stets Dienstaufgaben wahr, wenn sie für ein Gericht Gutachten erstellen. Ein Vergütungsanspruch steht aber der Behörde oder der sonstigen öffentlichen Stelle selbst zu. Ist ein Vergütungsanspruch nicht geltend gemacht worden, weil Dienstaufgaben erfüllt wurden, so ist der Betrag zu erheben, der ohne die Regelung des § 1 Abs. 2 S. 2 JVEG zu zahlen gewesen wäre. Der Betrag ist durch den Kostenbeamten zu ermitteln.   17

3. Verwaltungsvereinfachung (Anm. Abs. 1 S. 1). In den haushaltsrechtlichen Bestimmungen der Länder ist oftmals aus Gründen der Verwaltungsvereinfachung ein Zahlungsverzicht vorgesehen. Ist tatsächlich ein Zahlungsverzicht vorgesehen, so wird dem heranziehenden Gericht lediglich eine Kostenrechnung übersandt und zugleich mitgeteilt, dass keine Zahlungen zu leisten sind. Entsprechende Regelungen bestehen etwa in Bayern (VV Nr. 2.2.1, 2.3 zu § 61 BayHO). Hiernach wird zwischen den bayerischen Landesbehörden keine Auszahlung vorgenommen, sondern die Kosten nur zu den Sachakten mitgeteilt. In Baden-Württemberg ist wegen der Erstellung von Gutachten und ärztlicher Zeugnisse durch die Gesundheitsämter die Bekanntmachung des Justizministeriums vom 21.01.2008 (3134/0236) zu beachten. Danach sind für die in Familiensachen im Rahmen der Dienstaufgaben zu erstellenden Gutachten (zB in Unterbringungssachen, Kindschaftssachen nach §§ 1666, 1671, 1673 ff BGB oder in Unterhaltssachen wegen der Arbeits- und Erwerbsfähigkeit) zwar die Regelungen des JVEG anzuwenden, jedoch unterbleibt eine Kostenerstattung, wenn es sich um ein baden-württembergisches Gericht handelt. Die Kosten werden lediglich mitgeteilt. Im Übrigen sehen die Bestimmungen der Länder zumeist vor, dass von einer Kostenanforderung abzusehen ist, wenn der Betrag **weniger als 25 €** beträgt oder **Gegenseitigkeit** vorliegt, etwa wenn sich der Anspruch gegen den Bund oder ein anderes Bundesland richtet.   18

Ist ein Zahlungsverzicht vorgesehen, so sind die mitgeteilten Kosten gem. Anm. Abs. 1 gleichwohl gegen den Kostenschuldner in voller Höhe in Ansatz zu bringen, soweit die Sätze des JVEG nicht überschritten werden. Die eingezogenen Kosten verbleiben im Justizhaushalt, wenn nicht die haushaltsrechtlichen Bestimmungen etwas anderes vorsehen oder die Behörde oder sonstige öffentliche Stelle eine Zahlung für den Fall verlangt, dass die Kosten von einem Kostenschuldner eingezogen worden sind.   19

V. Blinde oder sehbehinderte Personen (Anm. Abs. 2 Alt. 1)

1. Allgemeines. Nach § 191 a Abs. 1 GVG kann eine blinde oder sehbehinderte Person verlangen, dass die für sie bestimmten gerichtlichen Dokumente auch in einer für sie wahrnehmbaren Form zugänglich gemacht werden. Unter welchen Voraussetzungen und in welcher Weise die Überlassung erfolgt, ist gem. § 191 a Abs. 2 GVG durch Rechtsverordnung bestimmt. Zu beachten ist daher die „Verordnung zur barrie-   20

---

[18] OLG Hamburg NJW 1987, 1095.

refreien Zugänglichmachung von Dokumenten für blinde und sehbehinderte Personen in gerichtlichen Verfahren (**Zugänglichmachungsverordnung – ZMW**) vom 26.2.2007.[19] Die zusätzliche Übermittlung erfolgt nur auf Antrag, wobei die Behörde die Person auf ihr Antragsrecht hinzuweisen hat (§ 4 Abs. 2 S. 2 ZMW). Das Verlangen kann in jedem Verfahrensabschnitt gestellt werden, es ist aktenkundig zu machen und im weiteren Verfahrensablauf von Amts wegen zu beachten. Die Dokumente können der Person schriftlich (in Blindenschrift oder in Großdruck), elektronisch, akustisch, mündlich, fernmündlich oder in anderer geeigneter Weise zugänglich gemacht werden (§ 3 Abs. 1 ZMW).

21   **2. Personenkreis.** Als **blind** oder **sehbehindert** sind solche Personen anzusehen, die auch unter Benutzung gängiger Hilfsmittel wie Brillen, Lupen etc. nicht in der Lage sind, die betreffenden Dokumente wahrzunehmen.[20] Die Regelung erstreckt sich nur auf Verfahrensbeteiligte. Dies sind neben den Beteiligten und ihren Vertretern auch Zeugen und Sachverständige. Rechtsanwälte jedoch nur, soweit sie eigene (prozessuale) Rechte wahrnehmen.[21] Ob eine Blindheit oder Sehbehinderung vorliegt, hat das Gericht nach pflichtgemäßem Ermessen zu entscheiden.

22   **3. Umfang des Anspruchs.** Der Anspruch nach § 191 a Abs. 1 S. 1, Abs. 2 GVG umfasst gem. § 2 Abs. 1 ZMW alle Dokumente, die der Person zuzustellen oder formlos bekannt zu geben sind. Nicht erfasst sind jedoch die den von § 2 Abs. 1 ZMV erfassten Dokumenten beigefügten Anlagen, die nicht in Schriftzeichen wiedergegeben werden können (zB Zeichnungen, Darstellungen). Die Auslagen für die Herstellung einer für die blinde oder sehbehinderte Person wahrnehmbaren Form sind nach § 191 a Abs. 1 S. 5 GVG nicht zu erheben. Entsprechend dieser Regelung untersagt **Anm. Abs. 2** zu Nr. 2005 KV die Erhebung solcher Auslagen, die zur Erfüllung der Rechte solcher Personen entstanden sind.

23   **4. Umfang der Auslagenbefreiung.** Die Auslagenbefreiung umfasst neben den Kosten für die Übersetzer auch die Dokumentenpauschale (vgl Anm. Abs. 3 S. 2 zu Nr. 2000 KV). Für die mit der Herstellung der besonderen Form anfallenden Auslagen kann weder die blinde oder sehbehinderte Person selbst noch ein anderer Kostenschuldner herangezogen werden. Erfolgt die Zugänglichmachung gem. § 3 Abs. 3 ZMW durch Übermittlung eines elektronischen Dokuments, so darf auch die Pauschale nach Nr. 2000 Nr. 3 KV nicht erhoben werden.

VI. Gebärdensprachdolmetscher (Anm. Abs. 2 Alt. 2)

24   **1. Allgemeines.** Eine hör- oder sprachbehinderte Person kann gem. § 186 Abs. 1 GVG die Verständigung in einer Verhandlung mündlich, schriftlich oder mit Hilfe einer die Verständigung ermöglichenden Person führen. Ihr steht insoweit ein Wahlrecht zu, auf welches das Gericht hinzuweisen hat. Für eine geistig behinderte Person gilt die Vorschrift nicht.[22] Hat die Person von ihrem Wahlrecht keinen Gebrauch gemacht oder ist die gewählte Form nicht oder nur mit unverhältnismäßig hohem Aufwand möglich, so kann das Gericht eine schriftliche Verständigung oder die Heranziehung eines Dolmetschers verlangen (§ 186 Abs. 2 GVG).

25   **2. Umfang der Auslagenbefreiung.** Anm. Abs. 2 Alt. 2 ordnet an, dass die Kosten für die Heranziehung des **Gebärdensprachdolmetschers** in den Fällen des § 186 Abs. 1 GVG nicht von dem Kostenschuldner eingezogen werden können. Die Befreiung gilt daher nicht nur für die betroffene Person selbst, sondern für alle Kostenschuldner.

26   Die Auslagenbefreiung nach Anm. Abs. 2 ist nicht auf den reinen Wortlaut beschränkt. Eine Befreiung gilt daher nicht nur für die Kosten eines Gebärdensprachdolmetschers, sondern auch die Kosten anderer, nach § 186 GVG hinzugezogener Sprachmittler wie **Schrift- oder Oraldolmetscher** bleiben unerhoben. Unerheblich für die Kostenbefreiung ist auch, ob die Hinzuziehung solcher Personen nach § 186 Abs. 1 oder 2 GVG erfolgt. Hat das Gericht den Sprachmittler herangezogen, so besitzt dieser gem. § 1 JVEG einen Vergütungsanspruch gegenüber der Staatskasse. Der Umfang bestimmt sich nach § 8 Abs. 1 JVEG, wobei das Honorar nach § 9 Abs. 3 JVEG zu bestimmen ist. Die zu zahlende Vergütung kann wegen Anm. Abs. 2 nicht von dem Kostenschuldner eingezogen werden, so dass ein Einzug sowohl von der behinderten Person als auch von dem kostenpflichtigen Gegner ausscheidet.

27   **3. Technische Hilfsmittel.** Kosten für die von der hör- oder sprachbehinderten Person gewählten technischen Hilfsmittel wie Geräte zur Simultanübertragung oder Tonbandgeräte können gleichfalls nicht erhoben werden, da ein entsprechender Auslagentatbestand im Kostenverzeichnis fehlt (§ 1 Abs. 1).

---

19 BGBl. I 215, geänd. d. Art. 20 G v. 10.10.2013 (BGBl. I 3786, 3797). **20** *Kissel/Mayer*, GVG, 6. Aufl. 2010, § 191 a Rn 3. **21** MüKo-ZPO/*Zimmermann*, § 191 a GVG Rn 3. **22** *Zöller/Lückemann*, ZPO, § 186 GVG Rn 2.

VII. Fälligkeit, Vorschuss, Kostenschuldner

Die Fälligkeit bestimmt sich nach § 11 Abs. 1 sowie § 15 Abs. 2, 3 KostVfg. Für den Auslagenvorschuss   28
gelten §§ 16, 17 sowie die Regelungen der Verfahrensordnungen. Die Haftung der Kostenschuldner bestimmt sich nach §§ 21 ff.

Nr.	Auslagentatbestand	Höhe
2006	Bei Geschäften außerhalb der Gerichtsstelle	
	1. die den Gerichtspersonen aufgrund gesetzlicher Vorschriften gewährte Vergütung (Reisekosten, Auslagenersatz) und die Auslagen für die Bereitstellung von Räumen	in voller Höhe
	2. für den Einsatz von Dienstkraftfahrzeugen für jeden gefahrenen Kilometer	0,30 €

I. Allgemeines

Nr. 2006 KV ermöglicht den teilweisen Kostenersatz für Geschäfte, die das Gericht außerhalb der Gerichts-   1
stelle (→ Rn 2 f) durchführt. Im Einzelnen ist ein Kostenansatz statthaft für die an Gerichtspersonen gezahlten Reisekosten (Nr. 1 Alt. 1), die Kosten für die Bereitstellung von Räumen (Nr. 1 Alt. 2) sowie die Kosten
für den Einsatz von Dienstkraftfahrzeugen (Nr. 2). Darüber hinaus scheidet ein Kosteneinzug wegen fehlender Auslagentatbestände aus (§ 1 Abs. 1).

II. Gerichtsstelle

Gerichtsstelle ist regelmäßig das Gerichtsgebäude, aber auch jeder andere Raum, in dem üblicherweise und   2
regelmäßig Sitzungen des betreffenden Gerichts stattfinden,[1] einschließlich seiner Außen- und Nebenstellen.[2] Das gilt auch dann, wenn das Gericht die Räumlichkeiten nur vorübergehend nutzt, etwa wegen Bauarbeiten. Sind nach Landesrecht Gerichtstage möglich, ist der Ort dessen Abhaltung gleichfalls Gerichtsstelle.

Termine sind gem. § 219 Abs. 1 ZPO iVm § 32 Abs. 1 S. 2, § 113 Abs. 1 FamFG an der Gerichtsstelle abzu-   3
halten, wobei der Begriff „Gerichtsstelle" iSd Vorschriften weit auszulegen ist. Die vorgenannte Regelung
lässt jedoch auch Termine außerhalb der Gerichtsstelle (**Lokaltermine**) zu, wenn eine „sonstige Handlung"
erforderlich ist, die nicht an der Gerichtsstelle vorgenommen werden kann. Lokaltermine sind insb. erforderlich bei Einnahme eines Augenscheins oder wenn die Verhandlung mit einer am Erscheinen vor Gericht
verhinderten Person durchgeführt werden soll. So kann das Gericht einen Beteiligten, wenn er aufgrund seiner körperlichen oder geistigen Verfassung nicht geladen werden kann, zur Sachverhaltsaufklärung an seinem Aufenthaltsort oder einem anderen Ort außerhalb des Gerichts anhören. Auch eine Anhörung in der
üblichen Umgebung des Betroffenen kann erforderlich sein.[3] In diesen Fällen greift Nr. 2006 KV ein.

III. Umfang der Auslagenerhebung

1. Auslagentatbestände. Wird ein Geschäft außerhalb der Gerichtsstelle durchgeführt, können die hierfür   4
entstehenden Auslagen nur nach Nr. 2006 KV eingezogen werden. Ein Kostenansatz ist danach nur möglich hinsichtlich

- der den Gerichtspersonen gewährten Vergütung (Nr. 1 Alt. 1),
- der Auslagen für die Bereitstellung von Räumen (Nr. 1 Alt. 2) und
- der für den Einsatz von Dienstkraftfahrzeugen entstandenen Kosten (Nr. 2).

Im Übrigen fehlt es an einen Auslagentatbestand. Waren die Auslagen für mehrere Rechtssachen entstan-   5
den, so gilt Vorbem. 2 Abs. 2 KV.

2. Vergütungen für Gerichtspersonen (Nr. 1 Alt. 1). a) Allgemeines. Erhalten die Gerichtspersonen für die   6
Durchführung des Geschäfts eine Vergütung, ist diese nach Nr. 1 einzuziehen. Die Vergütung muss aber
ausschließlich wegen dieses Geschäfts entstanden sein. Soweit die Gerichtsperson solche Zahlungen auch
unabhängig von dem Lokaltermin erhalten würde, scheidet ein Kostenansatz aus.

b) Gerichtspersonen. Zu den in Familiensachen tätigen Gerichtspersonen gehören insb. Richter, Rechtspfle-   7
ger, Urkundsbeamte der Geschäftsstelle, Gerichtswachtmeister. Nur die an solche Personen zu zahlenden

---

1 Stein/Jonas/*Roth*, ZPO, § 219 Rn 1 f. **2** HK-ZPO/*Wöstmann*, § 219 Rn 1. **3** BT-Drucks 16/6308, S. 191.

Vergütungen können nach Nr. 1 eingezogen werden. Nicht hierher gehören dagegen die den Beteiligten und ihren Anwälten entstandenen Kosten, da ihre Erstattungsfähigkeit im Kostenfestsetzungsverfahren (§§ 103 ff ZPO iVm §§ 85, 113 Abs. 1 FamFG) zu klären ist. Auch Zeugen, Sachverständige und Dolmetscher sind keine Gerichtspersonen; soweit sie eine Entschädigung oder Vergütung nach dem JVEG erhalten, gilt Nr. 2005 KV.

8   **c) Höhe der Vergütungen.** Der Kosteneinzug nach Nr. 1 ist nur im Rahmen der gesetzlichen Vorschriften statthaft, die für die Zahlung der Vergütung gelten. Somit sind die entsprechenden Landesreisekostengesetze maßgeblich. Handelt es sich um ein Gericht des Bundes, gilt das BRKG. Einzuziehen sind daher insb. Tagegelder, Reisekosten sowie in Ausnahmefällen notwendige Übernachtungskosten. Das volle Tagegeld für die Dienstreise ist auch dann in Ansatz zu bringen, wenn wegen der Gewährung von Trennungsgeld eine niedrigere Zahlung erfolgt.[4]

9   In den Ländern sind folgende Bestimmungen anzuwenden:[5] **Baden-Württemberg:** Landesreisekostengesetz (LRKG); **Bayern:** Bayerisches Reisekostengesetz (BayRKG); **Berlin:** Bundesreisekostengesetz (BRKG); **Brandenburg:** Bundesreisekostengesetz (BRKG); **Bremen:** Bremisches Reisekostengesetz (BremRKG); **Hamburg:** Hamburgisches Reisekostengesetz (HmbRKG); **Hessen:** Hessisches Reisekostengesetz (HRKG); **Mecklenburg-Vorpommern:** Landesreisekostengesetz (LRKG M-V); **Niedersachsen:** Bundesreisekostengesetz (BRKG); **Nordrhein-Westfalen:** Landesreisekostengesetz (LRK); **Rheinland-Pfalz:** Landesreisekostengesetz (LRK); **Saarland:** Saarländisches Reisekostengesetz (SRKG); **Sachsen:** Sächsisches Reisekostengesetz (SächsRKG); **Sachsen-Anhalt:** Bundesreisekostengesetz (BRKG); **Schleswig-Holstein:** Bundesreisekostengesetz (BRKG); **Thüringen:** Thüringer Reisekostengesetz (ThürRKG).

10   **3. Bereitstellung von Räumen (Nr. 1 Alt. 2).** Kosten für die Bereitstellung von Räumen können nach Nr. 1 Alt. 2 in Ansatz gebracht werden, wenn diese für die Erledigung des Geschäfts erforderlich waren. Hierzu zählen insb. die Kosten für Miete, Heizung, Beleuchtung und Reinigung. Es müssen jedoch tatsächlich Auslagen entstanden sein. Für eine unentgeltliche Nutzung sind daher Auslagen nicht zu erheben, auch fiktive Kosten können nicht angesetzt werden. Hat das Gericht Pauschalen, etwa für die Nebenkosten, zu leisten, sind diese jedoch ansatzfähig. Kommt es wegen eines durch einen Beteiligten zu vertretenden Grundes nicht mehr zu einer Raumnutzung (zB Antragsrücknahme, Antrag auf Terminsverlegung, Erledigung der Hauptsache), so sind die Kosten gleichwohl anzusetzen. Für von Amts wegen verlegte oder vertagte Termine gelten § 20 Abs. 1 S. 2 und § 11 KostVfg.

11   **4. Einsatz von Dienstkraftfahrzeugen (Nr. 2).** Sind Dienstkraftfahrzeuge für die Durchführung des Geschäfts genutzt worden, so sind diese Kosten nur nach Maßgabe der Nr. 2 anzusetzen. Für jeden gefahrenen Kilometer sind 0,30 € in Ansatz zu bringen. Soweit keine anders lautenden Bestimmungen ergangen sind, hat die Fahrbereitschaft die angefallenen Kilometer zu der Rechtssache mitzuteilen. Neben der Kilometerpauschale können keine weiteren Kosten eingezogen werden, auch nicht bare Auslagen wie etwa Parkentgelte.

12   Auch die Kosten für den **Kraftfahrer** sind mit der Pauschale abgegolten. Erhält er aber eine Vergütung für die Dienstreise (zB Tagegeld), so ist diese nach Nr. 1 gesondert anzusetzen. Der Gesetzgeber hat dazu ausgeführt: „Kosten eines bei der Dienstfahrt eingesetzten Dienstkraftfahrers sollen nur dann angesetzt werden können, wenn diesem nach Satz 1 der Vorschrift besondere Vergütungen gewährt werden."[6]

IV. Verhandlung im Wege der Ton- und Bildübertragung

13   Unter den Voraussetzungen des § 128 a ZPO iVm § 113 Abs. 1 FamFG ist es den Beteiligten in Ehe- und Familienstreitsachen erlaubt, sich während der Verhandlung an einem anderen Ort aufzuhalten und dort Verfahrenshandlungen vorzunehmen (**Video-Verhandlung** oder **Video-Vernehmung**). Für die Inanspruchnahme von Videokonferenztechnik durch das Gericht entsteht eine Pauschale nach Nr. 2015 KV. Bild- und Tonübertragungen gelten auch nicht als „Geschäfte außerhalb der Gerichtsstelle". Auch die Kosten für Telekommunikationsentgelte können nicht erhoben werden, da das Kostenverzeichnis einen entsprechenden Auslagentatbestand nicht vorsieht.

V. Fälligkeit, Vorschuss, Kostenschuldner

14   Die Fälligkeit richtet sich nach § 11 Abs. 1, für die Vormundschaften und Dauerpflegschaften gilt § 10 Hs 2. Das Gericht kann die Durchführung des Geschäfts von einer vorherigen Vorschusszahlung abhängig machen, wenn es sich um eine Antragshandlung handelt (§ 16 Abs. 1). Für Amtshandlungen gelten § 16 Abs. 3 und § 20 Abs. 2, 6 KostVfg.

---

4 *Oestreich/Hellstab/Trenkle*, GKG Nr. 9006 KV Rn 7.   **5** Soweit nachfolgend das Bundesreisekostengesetz angegeben ist, ergibt sich die Verweisung aus landesrechtlichen Vorschriften.   **6** BT-Drucks 12/6962, S. 88.

Der Kostenschuldner bestimmt sich nach §§ 21 ff, abweichende Regelungen bestehen nicht. Wegen der   15
Minderjährigen in Kindschaftssachen gilt Vorbem. 2 Abs. 3. In Verfahren, welches freiheitsentziehende Unterbringung eines Minderjährigen betrifft, werden keine Auslagen nach Nr. 2006 KV erhoben.

Nr.	Auslagentatbestand	Höhe
2007	Auslagen für	
	1. die Beförderung von Personen	in voller Höhe
	2. Zahlungen an mittellose Personen für die Reise zum Ort einer Verhandlung oder Anhörung und für die Rückreise	bis zur Höhe der nach dem JVEG an Zeugen zu zahlenden Beträge

I. Allgemeines

Nr. 2007 KV regelt die Auslagenerhebung für die Beförderung von Personen (Nr. 1) und den Einzug der an   1
mittellose Beteiligte gezahlten Beträge (Nr. 2). Es handelt sich bei den Kosten in vollem Umfang um gerichtliche Auslagen.

II. Auslagen für Personenbeförderung (Nr. 1)

Nr. 1 erfasst insb. Kosten wegen des **Gefangenentransports** zu Gerichtsterminen. Die Kosten sind in voller   2
Höhe einzuziehen, wobei die in den Ländern erlassenen Anweisungen für die Benutzung von Dienstkraftfahrzeugen zu beachten sind, die zumeist eine pauschale Kilometerentschädigung vorsehen. Eine Beschränkung auf reisekostenrechtliche Vorschriften oder das JVEG sieht Nr. 1 nicht vor. Erfolgt keine pauschale Abrechnung, können u.a. Kraftstoffkosten, Vergütungen für Kraftfahrer und notwendige Begleitpersonen sowie bare Reiseaufwendungen (zB Parkentgelte) in Ansatz gebracht werden. Sind wegen einer angeordneten Vorführung **Gerichtsvollzieherkosten** entstanden, gilt hierfür Nr. 2011 KV.

Für den Transport von Gefangen gelten die **Gefangentransportvorschriften** (GTV), wenn ein vollzugliches   3
Gewahrsamsverhältnis besteht.[1] Gefangene sind grds. im **Sammeltransport** zu befördern (Nr. 5 Abs. 1
GTV), jedoch sind Ausnahmen zugelassen (Nr. 5 Abs. 2, 3 GTV). Die Höhe der Transportkosten bei Sammeltransport regelt Nr. 14 Abs. 4 GTV, wonach pauschal 0,30 € je Transportkilometer und beförderter Person zu berechnen sind. Soweit erforderlich, gehören auch die Kosten für einen Einzeltransport zu den gerichtlichen Auslagen.[2] In Nordrhein-Westfalen ist ausschließlich die Transportbehörde um Mitteilung der Transportkosten zu ersuchen.[3] Soweit ein **Einzeltransport** erfolgt, gehören die Fahrzeugkosten, die anteiligen Personalkosten für Fahrer und begleitende Bedienstete, deren Reisekostenvergütungen und sonstige notwendige bare Aufwendungen zu den Transportkosten.

III. Zahlungen an mittellose Personen (Nr. 2)

1. Allgemeines. Mittellosen Beteiligten können auf Antrag Mittel für die Reise zum Ort einer Verhandlung,   4
Vernehmung oder Untersuchung und für die Rückreise gewährt werden. Es gelten die in den Ländern erlassenen bundeseinheitlichen Verwaltungsvorschriften (**VwV Reiseentschädigung**); zu den Fundstellen der Verwaltungsbestimmungen s. Anhang II in diesem Kommentar. Es handelt sich um einen Akt der Rechtsprechung.[4] Nur in Eilfällen entscheidet das Amtsgericht, in dessen Bezirk sich der Antragsteller aufhält, im Justizverwaltungswege. Reiseentschädigung kann auch für die Teilnahme an Beweisterminen oder einer Blutentnahme oder für Fahrten zum Verfahrensbeistand gewährt werden.

Hat das Gericht (Richter, Rechtspfleger) den Antrag positiv beschieden, erfolgt die Festsetzung gem.   5
Nr. 1.1.1 VwV Reiseentschädigung mittels Erlass einer Auszahlungsanordnung durch die zuständige Anweisungsstelle. Der UdG hat die Höhe der zu gewährenden Reiseentschädigung zu berechnen. Eine Durchschrift der Kassenanordnung oder ein Nachweis über die Gewährung der Reiseentschädigung ist zu den Sachakten zu nehmen (Nr. 1.1.4 VwV Reiseentschädigung).

---

1 OLG Hamm 23.2.2011 – 3 Ws 301/09, juris. **2** OLG Hamm NStZ-RR 2000, 320. **3** RV d. JM v. 19.10.2005 (5605 - Z. 31).
4 BGH NJW 1975, 1124; OLG Brandenburg NJW-RR 2004, 63.

6   Nr. 2 erfasst nur die an mittellose Beteiligte gezahlten Reiseentschädigungen; handelt es sich um einen Vorschuss an nach § 3 JVEG berechtigte Personen, gilt Nr. 2005 KV.

7   **2. Kosteneinzug.** Die an mittellose Beteiligte gezahlten Reiseentschädigungen gehören zu den Kosten des Verfahrens. Es handelt sich um gerichtliche Auslagen auch iSd § 122 Abs. 1 Nr. 1 Buchst. a ZPO.[5] Die Kosten sind bis zur Höhe der an Zeugen nach dem JVEG zu zahlenden Beträge einzuziehen. Übersteigen die tatsächlichen Zahlungen diese Beträge, ist der Kosteneinzug gleichwohl auf die nach dem JVEG zu zahlenden Beträge beschränkt. Hierzu hat der Gesetzgeber ausgeführt: „In welcher Höhe diese Auslagen als Gerichtskosten angesetzt werden können, soll sich aus Gründen der Rechtssicherheit nach einem Maßstab richten, der vom Gesetzgeber aufgestellt wird."[6] Die Höhe des Kosteneinzugs wird daher durch den Umfang des § 19 Abs. 1 JVEG beschränkt. Hinsichtlich der Fahrtkosten ist, soweit besondere Umstände vorliegen, § 5 Abs. 3 JVEG zu beachten. Verdienstausfall kann der mittellosen Partei gem. Nr. 1.1.2 VwV Reiseentschädigung nicht gewährt werden, was auch für einen VKH-Beteiligten gilt.[7]

8   Ist der Grund der Reise weggefallen, ist die **Rückzahlung** der Reiseentschädigung zu veranlassen. Wird einer freiwilligen Zahlungsaufforderung keine Folge geleistet, richtet sich das Beitreibungsverfahren nach der JBeitrO. Die zurückgeforderten Kosten können nicht mehr nach Nr. 2 in Ansatz gebracht werden. War eine **rechtzeitige Abladung** des mittellosen Beteiligten nicht mehr möglich, sind die Kosten jedoch anzusetzen, wenn der Grund nicht bei dem Gericht lag. Ist der Reisegrund wegen eines von Amts wegen verlegten Termins weggefallen, kommt eine Nichterhebung nach § 20 Abs. 1 S. 2 bzw § 11 KostVfg in Betracht.

9   **3. Kostenschuldner.** Für die Bestimmung des Kostenschuldners gelten die §§ 21 ff, so dass der Kostenschuldner des Verfahrens in vollem Umfang auch für die Auslagen nach Nr. 2 haftet.[8]

10   Haben die Beteiligten einen Vergleich ohne Kostenregelung getroffen, fallen die Gerichtskosten jedem Teil zu gleichen Teilen zur Last (§ 83 Abs. 1 FamFG, §§ 98, 92 Abs. 1 ZPO iVm § 113 Abs. 1 FamFG), was auch die Kosten nach Nr. 2 umfasst, da es sich um Gerichtskosten handelt.[9] Soll die Reisentschädigung ausgeschlossen sein, bedarf es einer ausdrücklichen Erklärung in dem Vergleich.

11   Ein **Zweitschuldner** haftet grds. auch für die nach Nr. 2 einzuziehenden Auslagen,[10] jedoch ist § 26 Abs. 3 S. 2 zu beachten. Danach darf die Haftung eines anderen Kostenschuldners nicht geltend gemacht werden, soweit dem Erstschuldner eine Reiseentschädigung gewährt wurde.

Nr.	Auslagentatbestand	Höhe
2008	Kosten einer Zwangshaft, auch aufgrund eines Haftbefehls in entsprechender Anwendung des § 802 g ZPO .... Maßgebend ist die Höhe des Haftkostenbeitrags, der nach Landesrecht von einem Gefangenen zu erheben ist.	in Höhe des Haftkostenbeitrags

I. Allgemeines

1   Nr. 2008 KV regelt den Einzug von Haftkosten wegen **Zwangshaft**; für die Ordnungshaft gilt Nr. 2009 KV. Zwangshaft kann in Familiensachen angeordnet werden in

- Zwangsmittelverfahren (§ 35 Abs. 1 FamFG),
- Familienstreitsachen und Ehesachen (§ 888 Abs. 1 ZPO iVm § 120 Abs. 1 FamFG),
- FG-Familiensachen (§ 95 Abs. 4, § 96 Abs. 1 FamFG iVm §§ 888, 890 ZPO).

2   **2. Haftbefehl nach § 802 g ZPO.** Nr. 2008 KV gilt auch, wenn der Haftbefehl in entsprechender Anwendung von § 802 g ZPO erlassen wird. Danach kann gegen einen Schuldner, welcher die Abgabe Vermögensauskunft verweigert, auf Antrag des Gläubigers Haftbefehl erlassen werden. In Familiensachen kann die Abgabe der eidesstattlichen Versicherung angeordnet werden, wenn eine herauszugebende Person nicht vorgefunden wird (§ 94 FamFG). Wird in diesen Fällen Haftbefehl gegen den Verpflichteten erlassen, sind Haftkosten nach Nr. 2008 KV einzuziehen. Ist die eidesstattliche Versicherung nach § 889 ZPO iVm § 95 Abs. 1, § 120 Abs. 1 FamFG abzugeben, kann Zwangshaft nach § 888 Abs. 2 ZPO angeordnet werden, so dass gleichfalls Nr. 2008 KV gilt. In Arrestsachen kann das Gericht den **persönlichen Sicherheitsarrest** anordnen (§ 918 ZPO iVm § 119 Abs. 2 FamFG). Die Vollziehung richtet sich gem. § 933 ZPO iVm § 119 Abs. 2 FamFG nach § 802 g ZPO, so dass die Haftkosten nach Nr. 2008 KV einzuziehen sind.

---

5 OLG Brandenburg NJW-RR 2004, 63.   **6** BT-Drucks 12/6962, S. 88.   **7** OLG Frankfurt MDR 1984, 500; *H. Schneider*, JVEG, Anh. 4 VwV Reiseentschädigung.   **8** OLG München JurBüro 1972, 804.   **9** AA OLG Schleswig SchlHA 1991, 222.   **10** OLG Schleswig SchlHA 1990, 75.

II. Kosten der Zwangshaft

Die Kosten sind in Höhe des Haftkostenbeitrags einzuziehen, wobei die nach Landesrecht zu erhebenden **3** Beträge maßgeblich sind (**Anm.**). Ist eine den § 50 StVollzG ersetzende Vorschrift noch nicht erlassen, ist Nr. 2008 KV wegen § 64 in der bis zum 27.12.2010 geltenden Fassung weiter anzuwenden (§ 64). Wegen der erlassenen Landesregelungen → § 64 Rn 3.

Ist noch § 50 Abs. 2, 3 StVollzG heranzuziehen, wird der maßgebliche Haftkostenbeitrag durch das BMJ **4** für jedes Kalenderjahr im Bundesanzeiger veröffentlicht und durch die Justizverwaltungen der Länder durch Bekanntmachung mitgeteilt. Die genaue Höhe wird durch die Justizvollzugsanstalt ermittelt. Die Regelung des § 50 Abs. 1 StVollzG über die Nichterhebung des Betrags gilt für die Zwangshaft nicht.

Über die landesrechtlichen Regelungen bzw § 50 Abs. 2, 3 StVollzG hinausgehende Kosten können nicht **5** erhoben werden. Für die Kosten für die Gefangenenbeförderung gilt Nr. 2007 KV.

III. Fälligkeit, Vorschuss, Kostenschuldner

Die **Fälligkeit** richtet sich nach § 11 Abs. 1. Maßgeblich ist die Beendigung des Verfahrens nach § 35 **6** FamFG bzw § 888 ZPO, auf den Abschluss des Hauptverfahrens kommt es nicht an.

Das Gericht darf die Anordnung der Zwangshaft nicht von einer vorherigen **Vorschusszahlung** abhängig **7** machen (§ 16 Abs. 4) (→ § 16 Rn 39 ff).

Für die Bestimmung des **Kostenschuldners** gelten §§ 21 ff. In dem Beschluss nach § 35 FamFG sind dem **8** Verpflichteten zugleich die Verfahrenskosten aufzuerlegen (§ 35 Abs. 3 S. 2 FamFG). Ist die Zwangshaft nach § 888 Abs. 1 ZPO angeordnet, richtet sich die Kostenentscheidung nach § 891 ZPO. Hat das Gericht die Kosten dem Verpflichteten auferlegt, ist er als Entscheidungs- und Erstschuldner nach § 24 Nr. 1, § 26 Abs. 2 in Anspruch zu nehmen. Zweitschuldner bleibt in den Fällen des § 21 der Antragsteller.

Nr.	Auslagentatbestand	Höhe
2009	Kosten einer Ordnungshaft .... Maßgebend ist die Höhe des Haftkostenbeitrags, der nach Landesrecht von einem Gefangenen zu erheben ist. Diese Kosten werden nur angesetzt, wenn der Haftkostenbeitrag auch von einem Gefangenen im Strafvollzug zu erheben wäre.	in Höhe des Haftkosten-beitrags

I. Allgemeines

Nr. 2009 KV regelt den Einzug der entstehenden Kosten einer **Ordnungshaft** und erfasst im Einzelnen die **1** Haft nach

- § 380 Abs. 1 ZPO bei Ausbleiben von Zeugen,
- § 390 Abs. 1 ZPO bei Zeugnisverweigerung,
- § 890 Abs. 1 ZPO zur Erzwingung von Unterlassungen und Duldungen,
- § 89 Abs. 1 FamFG bei Herausgabe von Personen und bei Regelung des Umgangs.

II. Ansatz der Haftkosten

1. Landesrecht. Mit dem Inkrafttreten des Gesetzes zur Änderung des Grundgesetzes vom 28.08.2006[1] ist **2** die Gesetzgebungskompetenz für den Strafvollzug auf die Länder übergegangen. Infolge der Gesetzesänderung sind in einigen Ländern bereits entsprechende Vorschriften ergangen, die auch die bisherige Regelung des § 50 StVollzG über den Einzug der Haftkosten ersetzen. Soweit landesrechtliche Regelungen über die Haftkostenbeiträge ergangen sind, bestimmt sich der Einzug der Haftkosten nur nach diesen Vorschriften. Zu den erlassenen Landesregelungen → § 64 Rn 3.

2. Einzug nach § 50 StVollzG. Sind landesrechtliche Bestimmungen noch nicht ergangen, ist Nr. 2009 KV **3** wegen § 64 in der bis zum 27.12.2010 geltenden Fassung anzuwenden. Danach ist der Einzug in Höhe des Haftkostenbeitrags nach § 50 Abs. 2, 3 StVollzG zulässig. Jedoch ist ein Ansatz nur statthaft, wenn die Haftkosten nach § 50 Abs. 1 StVollzG anzusetzen wären (Anm. zu Nr. 2009 aF). Diese Regelung gilt nur für die Ordnungshaft nach Nr. 2009 KV. Ein Einzug der Haftkosten unterbleibt daher, wenn der Gefangene (1) Bezüge nach dem StVollzG erhält, (2) ohne sein Verschulden nicht arbeiten kann oder (3) nicht arbeitet, weil er nicht zur Arbeit verpflichtet ist.

---

1 BGBl. I 2034.

4 Sind Kosten nach § 50 Abs. 1 S. 2 Nr. 2, 3 StVollzG während eines zusammenhängenden Zeitraumes von mehr als einem Monat nicht zu erheben und hat der Gefangene auf diese Zeit entfallende Einkünfte, hat er den Haftkostenbeitrag für diese Zeit bis zur Höhe des auf sie entfallenden Einkommens zu zahlen (§ 50 Abs. 1 S. 3 StVollzG). Bezüge nach dem StVollzG sind Arbeitsentgelt (§ 43 StVollzG), Ausbildungsbeihilfen (§ 44 StVollzG) und Verletztengeld.[2] Nicht zur Arbeit verpflichtet sind gem. § 41 Abs. 1 S. 3 StVollzG Gefangene, die über 65 Jahre alt sind, sowie werdende und stillende Mütter, soweit gesetzliche Beschäftigungsverbote zum Schutze erwerbstätiger Mütter bestehen. Ein Verstoß gegen § 50 Abs. 1 StVollzG kann im Verfahren nach § 57 geltend gemacht werden. §§ 109 ff StVollzG finden keine Anwendung.

Nr.	Auslagentatbestand	Höhe
2010	Nach dem Auslandskostengesetz zu zahlende Beträge	in voller Höhe

I. Allgemeines

1 Die Regelung soll sicherstellen, dass Gebühren und Auslagen nach dem Auslandskostengesetz (AKostG)[1] und der Auslandskostenverordnung (AKostV),[2] die durch das Auswärtige Amt und die deutschen Auslandsvertretungen für ihre Tätigkeit erhoben werden (s. § 76 ZRHO), vom Kostenschuldner eingezogen werden können. Nr. 2010 KV greift auch, wenn es sich um Tätigkeiten bei der Erledigung von Zustellungsanträgen und Rechtshilfeersuchen handelt, denn Amtshilfe nach § 8 AKostG liegt nicht vor.

II. Verfahren

2 **1. Erstattungspflicht.** Die §§ 76 ff ZRHO regeln die Zahlung der Gebühren und Auslagen, die von deutschen Auslandsvertretungen erhoben werden. Es handelt sich nicht um durchlaufende Gelder, so dass sie nach Eingang der Kostenrechnung bei Gericht unverzüglich unter Angabe der Kostenrechnungsnummer zu überweisen sind (§ 78 Abs. 1 S. 1 ZRHO). Die Zahlung hat auch zu erfolgen, wenn ein Kostenschuldner nicht vorhanden ist (§ 78 Abs. 1 S. 2 ZRHO) oder angeforderte Vorschüsse nicht eingegangen sind (§ 81 ZRHO). Kostengläubiger ist die Bundesrepublik Deutschland (§ 12 AKostG). Wird die Amtshandlung von einem Honorarkonsularbeamten vorgenommen, so ist dieser der Kostengläubiger. Bei nicht fristgerechter Zahlung können gem. § 18 AKostG Säumniszuschläge entstehen. Auslandsvertretungen können Auslagenerstattung auch dann verlangen, wenn Gebühren nicht zu erheben sind, Gebührenbefreiung besteht oder wenn von der Gebührenerhebung abgesehen wird (§ 7 Abs. 3 AKostG). Sind die Auslagen bereits in eine Gebühr eingezogen, können diese nicht separat angefordert werden (§ 7 Abs. 4 AKostG). Bund und Länder genießen gem. § 9 Abs. 1 AKostG persönliche Gebührenfreiheit, jedoch nicht, wenn diese berechtigt sind, die Gebühren Dritten aufzuerlegen (§ 9 Abs. 2 AKostG), wozu auch die Fälle gehören, in denen Kosten nach §§ 21 ff von einem Kostenschuldner eingezogen werden können. Wird persönliche Gebührenbefreiung in Anspruch genommen, so ist in dem an die Auslandsvertretung gerichteten Ersuchen oder in dem Begleitschreiben hierauf hinzuweisen (§ 77 ZRHO).

3 **2. Bewilligung von VKH.** Wird einem Verfahrensbeteiligten VKH bewilligt, ist dies der Auslandsgebührenstelle des Bundesverwaltungsamtes in Köln unverzüglich unter Angabe der Kostenrechnungsnummer mitzuteilen (§ 78 Abs. 2 S. 1 ZRHO). Die Kosten brauchen in diesem Falle vorerst nicht überwiesen zu werden (§ 78 Abs. 2 S. 2 ZRHO). Können sie nach rechtskräftigem Abschluss des Verfahrens von keinem Kostenschuldner eingezogen werden, so ist die Auslandsgebührenstelle hiervon unmittelbar zu benachrichtigen (§ 78 Abs. 2 S. 3 ZRHO). Es brauchen dann nur die Auslagen, nicht aber auch die Gebühren der Auslandsstelle überwiesen zu werden (§ 78 Abs. 2 S. 4 ZRHO). Die Regelung des § 78 Abs. 2 ZRHO ist nur in den Fällen von **VKH** anzuwenden. Ist aus anderen Gründen Kosteneinzug nicht möglich, zB bei Vermögensverfall des Kostenschuldners, sind Gebühren und Auslagen zu zahlen.

III. Auslagenhöhe

4 **1. Vollständiger Kostenersatz.** Die nach dem AKostG und der AKostV gezahlten Beträge sind in voller Höhe wieder einzuziehen. Obwohl es sich um Kosten des Rechtshilfeverkehrs handelt, gilt nur Nr. 2010 KV, nicht Nr. 2012 KV. Die Höhe der Gebühren und Auslagen bestimmt sich gem. § 2 AKostG nach der AKostV. Kosteneinzug erfolgt in voller Höhe, so dass sich eine Begrenzung des Kosteneinzugs nur aus der

2 Callies/*Müller-Dietz*, StVollzG, § 50 Rn 3. **1** Vom 21.2.1978 (BGBl. I 301). **2** Vom 20.12.2001 (BGBl. I 4161).

1396   NK-GK/*H. Schneider*

AKostV selbst ergibt. Der Kosteneinzug setzt aber stets die Kostenmitteilung durch das Bundesverwaltungsamt voraus, eine selbständige Ermittlung durch den Kostenbeamten unterbleibt.

2. Vertrauensanwalt. Wird ein Vertrauensanwalt nach § 3 Abs. 3 Konsulargesetz durch einen Berufskonsularbeamten hinzugezogen, ist seine Vergütung nach Nr. 2010 KV einzuziehen.[3]   **5**

3. Überhöhte Zahlungen. Der Kostenschuldner kann nach § 57 einwenden, dass die Kosten die nach AKostG und AKostV zu erhebenden Sätze übersteigen, weil ihr Einzug nur in der gesetzlichen Höhe zulässig ist. Eingehende Rechnungen des Bundesverwaltungsamtes sind daher gleichwohl sachlich und rechnerisch zu prüfen. Handelt es sich um Amtshandlungen des Auswärtigen Amtes, bestimmt sich die Höhe der Auslagen nach § 7 Abs. 2 AKostG. Säumniszuschläge nach § 18 AKostG können nicht nach Nr. 2010 KV vom Kostenschuldner eingezogen werden.   **6**

4. Verjährung. Die Verjährung richtet sich nach § 20 AKostG. Ist Verjährung eingetreten, ist sie von Amts wegen zu beachten, da eine § 7 Abs. 3 S. 1 Hs 2 eine entsprechende Regelung in § 20 AKostG fehlt. Mit Kosten, die danach verjährt sind, darf der Kostenschuldner nach Nr. 2010 KV nicht belastet werden. Er kann daher nach § 57 einwenden, dass die Kosten wegen Verjährungseintritts nach § 20 AKostG durch das Bundesverwaltungsamt nicht mehr hätten geltend gemacht werden dürfen.   **7**

Nr.	Auslagentatbestand	Höhe
2011	An deutsche Behörden für die Erfüllung von deren eigenen Aufgaben zu zahlende Gebühren sowie diejenigen Beträge, die diesen Behörden, öffentlichen Einrichtungen oder deren Bediensteten als Ersatz für Auslagen der in den Nummern 2000 bis 2009 bezeichneten Art zustehen .... Die als Ersatz für Auslagen angefallenen Beträge werden auch erhoben, wenn aus Gründen der Gegenseitigkeit, der Verwaltungsvereinfachung oder aus vergleichbaren Gründen keine Zahlungen zu leisten sind.	in voller Höhe, die Auslagen begrenzt durch die Höchstsätze für die Auslagen 2000 bis 2009

I. Allgemeines

Kosten, die aufgrund gerichtlicher Aufträge oder Ersuchen an inländische Behörden, öffentlichen Einrichtungen oder Bediensteten entstehen, können nach Nr. 2011 KV eingezogen werden. Soweit keine besonderen haushaltsrechtlichen Bestimmungen bestehen, haben die Behörden und Einrichtungen einen Erstattungsanspruch nach Maßgabe ihres Verlangens, so dass es sich nicht um durchlaufende Gelder handelt. Nr. 2011 KV greift jedoch nur, wenn ihr kein anderer Auslagentatbestand nach den Nr. 2000 ff KV **vorgeht**. Wurde die Behörde oder öffentliche Einrichtung zu Sachverständigenleistungen herangezogen (§ 1 Abs. 2 JVEG), gilt Nr. 2005 KV. Handelt es sich um ausländische Behörden, gilt Nr. 2012 KV. War eine deutsche Behörde im Rahmen der internationalen Rechtshilfe tätig, sind die Kosten nur nach Nr. 2010, 2012 KV einzuziehen.   **1**

II. Höhe des Kosteneinzugs

Es können sowohl Gebühren als auch Auslagen der anderen Behörde oder öffentlichen Einrichtung einge- zogen werden.   **2**

Handelt es sich um Gebühren, sind diese in voller Höhe einzuziehen. Handelt es sich aber um Kosten, welche die andere Behörde oder öffentliche Einrichtung als Ersatz für die Auslagen nach Nr. 2000–2009 KV geltend macht, ist der Ersatz auf die nach Nr. 2000–2009 KV einzuziehenden Beträge begrenzt. Übersteigen die Kosten diese Beträge, sind sie insoweit, ungeachtet einer Zahlungsverpflichtung des Gerichts, nicht anzusetzen. Die Begrenzung gilt auch, wenn die inländischen Stellen sie nach der für sie geltenden Gebührenordnung oder Verwaltungskostengesetzen geltend gemacht haben. Der Kostenbeamte hat daher die ausscheidbaren Kosten zu ermitteln.   **3**

Der Kostenschuldner kann nach § 57 einwenden, dass über die Höchstgrenzen der Nr. 2000–2009 KV gezahlte Beträge in Ansatz gebracht wurden. Auch die Notwendigkeit einer Auslagen verursachenden Maßnahme kann überprüft werden.   **4**

---

3 BT-Drucks 15/1971, S. 177.

5   Sind aus Gründen der Gegenseitigkeit, der Verwaltungsvereinfachung oder aus vergleichbaren Gründen keine tatsächlichen Zahlungen zu leisten, sind die Kosten gleichfalls in Ansatz zu bringen (**Anm.**).

III. Kosten des Gerichtsvollziehers

6   **1. Allgemeines.** Hat das Gericht dem Gerichtsvollzieher einen Auftrag erteilt, gelten dessen Kosten als Auslagen des gerichtlichen Verfahrens (§ 13 Abs. 3 GvKostG). Hierzu gehören insb. die Kosten für eine angeordnete Vorführung, die erfolgen kann für

- Beteiligte (§ 33 Abs. 3 FamFG), auch in Ehesachen (§ 128 Abs. 4 FamFG);
- Personen für Untersuchungen zur Feststellung der Abstammung (§ 178 Abs. 2 FamFG);
- Personen bei wiederholter Weigerung zur Entnahme einer Blut- oder Speichelprobe in den Fällen des § 1598 a BGB (§ 96 a Abs. 2 FamFG);
- Zeugen (§ 380 ZPO iVm §§ 30, 113 Abs. 1 FamFG).

7   **2. Kostenmitteilung.** Gerichtsvollzieherkosten sind nach Nr. 2011 KV anzusetzen, wenn der Gerichtsvollzieher nicht anzeigt, dass er sie bereits eingezogen hat (§ 19 KostVfg). Eine Verpflichtung zur Kostenmitteilung an das auftraggebende Gericht besteht nach Nr. 6 Abs. 2 DB-GvKostG auch, wenn der Gerichtsvollzieher Zahlungen nach § 11 Abs. 3 GVO erhalten hat. Die Mitteilung erfolgt unter Verwendung des Formulars GV 10 (§ 77 a Abs. 2 GVO).

8   **3. Kosteneinzug.** Die durch das Gericht eingezogenen Gerichtsvollzieherkosten sind durch die Kasse an den Gerichtsvollzieher abzuführen (§ 58 S. 1 GVO). Es handelt sich jedoch um durchlaufende Gelder, die erst abgeführt werden, wenn die übrigen Kosten vollständig gezahlt sind. Eine Auszahlungsanordnung ist daher durch den Kostenbeamten erst nach Eingang der Zahlung oder Zahlungsnachweis im elektronischen Haushaltsystem zu erteilen (§ 32 Abs. 1, 2 KostVfg). Die Anordnung der Zahlung ist durch rot zu unterstreichenden Vermerk auf der Urschrift der Kostenrechnung oder auf dem Zahlungsnachweis zu vermerken (§ 32 Abs. 3 KostVfg). Die durchlaufenden Gelder sind in die Kostenrechnung aufzunehmen, der empfangsberechtigte Gerichtsvollzieher ist zu bezeichnen (§ 24 Abs. 7 KostVfg). War VKH bewilligt, verbleiben die nachträglich von der Kasse eingezogenen Gerichtsvollzieherkosten in voller Höhe der Landeskasse (§ 58 S. 3 GVO). Die Kosten sind wie sonstige Gerichtskosten zu behandeln (Nr. 5.2 iVm Abschn. B Nr. 1.1 DB-PKH).

9   **4. Höhe.** Der Gerichtsvollzieher berechnet seine Kosten nach dem GvKostG. Handelt es sich um Gebühren, sind diese in voller Höhe einzuziehen. Sind Auslagen nach dem GvKostG als Ersatz für die Auslagen nach Nr. 2000–2009 KV geltend gemacht, wird der Kostenansatz nach Nr. 2011 KV durch die Höchstgrenze nach den Nr. 2000–2009 KV begrenzt.

IV. Kosten der Polizei

10   Die der Polizei durch gerichtliche Ersuchen entstandenen Kosten sind nach Nr. 2011 KV einzuziehen. Der in Strafsachen bestehende Verzicht auf Auslagenerstattung besteht in Familiensachen allgemein nicht, so dass die Kosten, wenn nicht andere haushaltsrechtliche Regelungen bestehen, zu erstatten sind.

Nr.	Auslagentatbestand	Höhe
2012	Beträge, die ausländischen Behörden, Einrichtungen oder Personen im Ausland zustehen, sowie Kosten des Rechtshilfeverkehrs mit dem Ausland ..... Die Beträge werden auch erhoben, wenn aus Gründen der Gegenseitigkeit, der Verwaltungsvereinfachung oder aus vergleichbaren Gründen keine Zahlungen zu leisten sind.	in voller Höhe

I. Allgemeines

1   Der Auslagentatbestand erfasst an ausländische Stellen zu zahlende Beträge sowie die Kosten des Rechtshilfeverkehrs mit dem Ausland, die ohne Beschränkungen auf die Höchstsätze der Nr. 2000–2009 KV einzuziehen sind.

2   Eine Nachprüfung der an ausländische Stellen gezahlten Beträge findet nicht statt; sie kann auch nicht nach § 57 verlangt werden,[1] weil wegen des zumeist anders gearteten ausländischen Kostenrechts ein Vergleich mit dem deutschen Recht oft nicht möglich ist.[2] Eine Änderung ist durch den Kostenschuldner bei der aus-

---

[1] LG Baden-Baden JurBüro 1991, 1677. **2** BT-Drucks 7/2016, S. 96.

ländischen Stelle zu erwirken. Gleichwohl kann der Kostenschuldner aber eine unrichtige Sachbehandlung durch das deutsche Gericht einwenden (§ 20 Abs. 1).

II. Rechtshilfeverkehr

1. Allgemeines. Kosten des Rechtshilfeverkehrs mit dem Ausland werden von Nr. 2012 KV erfasst, wenn   3
nicht andere Regelungen vorgehen, zB Kosten nach AKostG (Nr. 2010 KV) oder Übersetzungskosten (Nr. 2005 KV).

2. Prüfungsstellen. Die Prüfungsstellen, welche die ausgehenden Ersuchen prüfen (§ 9 ZRHO), erheben für   4
ihre Tätigkeit Gebühren, die nach Nr. 2012 KV einzuziehen sind. Ihre Höhe bestimmt sich nach Nr. 1320
KV JVKostG. Für die Erledigung von Rechtshilfeersuchen nach dem Ausland entsteht eine Rahmengebühr
von 15–55 €. Die genaue Höhe wird durch die Behörde bestimmt (§ 4 Abs. 2 S. 1 JVKostG), dort durch
den Beamten, der die Sachentscheidung trifft (§ 46 KostVfg). Die Höhe bestimmt sich jedoch in den Regel-
fällen nach § 75 Abs. 2 ZRHO. Handelt es sich um eine Sache von außergewöhnlichem Umfang, mit hohem Wert oder von besonderer Bedeutung, kann der Regelgebührensatz überschritten werden. Die Gebühren zieht die Prüfungsstelle nicht selbst ein, sondern die Justizbehörde, bei der die Rechtssache anhängig ist.
Die Einnahmen verbleiben in dem Haushalt der einziehenden Behörde. Nur in den Fällen, in denen das Verfahren nicht bei Gericht anhängig ist, zieht die Prüfungsstelle die Kosten ein (§ 75 Abs. 3 ZRHO).

3. Ausländische Stellen. a) Allgemeines. Kosten, die deutsche Justizbehörden zu zahlen haben, sind von   5
Nr. 2012 KV erfasst. Dabei ergibt sich aus dem Länderteil der ZRHO, welche Kosten angefordert werden
können (§§ 79, 80 ZRHO). Im Rahmen des gemeinschaftsrechtlichen (EU-Staaten) Rechtshilfeverkehrs
sind die vertraglichen Regelungen zu beachten.

b) Gemeinschaftsrechtlicher Rechtshilfeverkehr. aa) EU-Verordnungen. Im Verhältnis zu den EU-Staaten   6
sind Art. 11 EuZVO und Art. 18 EuBVO zu beachten. Für die Zustellung von Schriftstücken aus einem anderen Mitgliedsstaat können danach keine Gebühren und Auslagen verlangt werden (Art. 11 Abs. 1
EuZVO), es sei denn, dass eine Amtsperson oder sonstige zuständige Person an der Zustellung mitwirkt
oder eine besondere Form der Zustellung eingehalten wird (Art. 11 Abs. 2 EuZVO). Handelt es sich um ein
Ersuchen im Rahmen der EG-Beweisaufnahmeverordnung, darf die Erstattung von Gebühren und Auslagen nicht verlangt werden (Art. 18 Abs. 1 EuBVO) mit Ausnahme der Aufwendungen für Sachverständige
und Dolmetscher (Art. 18 Abs. 2 EuBVO). Eine Erstattung kann auch verlangt werden, wenn gem. Art. 10
Abs. 3, 4 EuBVO ersucht wurde, die Beweisaufnahme nach einer besonderen Form des deutschen Rechts zu
erledigen, oder die ausländische Einrichtung gebeten wurde, die Beweisaufnahme unter Verwendung von
Kommunikationstechnologien (insb. Video-, Telekonferenz) durchzuführen. Vorschuss oder Kaution kann
jedoch nur verlangt werden, wenn die Stellungnahme eines Sachverständigen eingeholt werden soll (Art. 18
Abs. 3 EuBVO).

bb) Gerichtsvollzieher. Gerichtsvollzieher können nach Art. 11 Abs. 2 EuZVO für die Erledigung von Zu-   7
stellungsaufträgen die Kostenerstattung und auch Zahlung von Vorschüssen verlangen. Die deutsche Justizbehörde hat die angeforderten Kosten unmittelbar zu erstatten und kann die Zahlung eines Auslagenvorschusses oder die spätere Einziehung vom Kostenschuldner nicht abwarten; § 32 KostVfg gilt nicht. Die an
ausländische Gerichtsvollzieher geleisteten Kosten sind in voller Höhe nach Nr. 2012 KV wieder einzuziehen.

cc) Frankreich. Für Frankreich und die überseeischen Departments[3] gelten Art. 11 EuZVO und Art. 18   8
EuBVO. Für die übrigen französischen Gebiete (zB Frz.-Polynesien, Neukaledonien, Saint Pierre und Mi-
quelon, Wallis und Fortuna) gelten Art. 14, 26 Haager Beweisaufnahmeübereinkommen und Art. 12 Haager Zustellabkommen.

dd) Niederlande. Für die Niederlande gelten grds. Art. 11 EuZVO und Art. 18 EuBVO. Finden sie jedoch   9
keine Anwendung, gilt der deutsch-niederländische Vertrag vom 30.08.1962.[4] Für Aruba gelten Art. 14, 26
Haager Beweisaufnahmeübereinkommen und Art. 12 Haager Zustellabkommen. Für die Niederländischen
Antillen gelten Art. 7, 16, 24 Haager Zivilprozessübereinkommen.

III. Verwaltungsvereinfachung (Anm.)

Die den ausländischen Stellen entstandenen Kosten sind auch dann einzuziehen, wenn eine tatsächliche   10
Zahlung nicht erfolgt, weil Kosten aus Gründen der Gegenseitigkeit oder Verwaltungsvereinfachung nicht
zu leisten sind. Ein Einzug setzt aber stets voraus, dass eine Mitteilung durch die ausländische Stelle erfolgt.

---

3 Hierzu gehören: Guadeloupe, Französisch-Guayana, Martinique und Réunion, Mayotte, Saint-Barthélemy und Saint-Martin.
4 BGBl. II 1964, 468.

Eine selbständige Ermittlung durch den Kostenbeamten erfolgt nicht. Entsprechende Vereinbarungen über eine Mitteilungspflicht bei gleichzeitigem Erstattungsverzicht bestehen insb. nach

- Art. 3 Abs. 5, 7 deutsch-norwegische Vereinbarung vom 17.6.1977;[5] an Zeugen und Sachverständige gezahlte Beträge (aber nicht für Blutgruppengutachten) sind jedoch zu erstatten;
- Art. 13 deutsch-marokkanischer Vertrag über Rechtshilfe vom 29.10.1985;[6]
- Art. 5 deutsch-österreichische Zusatzvereinbarung vom 6.6.1959;[7]
- Art. 3, 5, 6 deutsch-niederländischer Vertag vom 30.8.1962;[8]
- Art. 6 deutsch-belgische Vereinbarung vom 25.4.1959;[9] an Sachverständige gezahlte Beträge sind jedoch zu zahlen.

IV. Vorschüsse

11 Soweit Vorschüsse angefordert werden können (zB § 16 oder §§ 379, 402 ZPO), kann auch die Erledigung der Rechtshilfeersuchen von der Zahlung abhängig gemacht werden (§ 81 Abs. 1 ZRHO). Der Vorschuss hat auch die Kosten der ausländischen Stellen oder deutschen Auslandsvertretungen zu umfassen. Handelt es sich um ein von Amts wegen vorzunehmendes Geschäft, gilt § 16 Abs. 3, so dass Abhängigmachung nicht statthaft ist; insoweit ist § 20 Abs. 2, 6 KostVfg zu beachten. Hat das Gericht nach §§ 379, 402 ZPO keine Anordnung getroffen, so ist gleichfalls unmittelbar nach Absendung des Ersuchens ein Vorschuss anzufordern (§ 81 Abs. 2 ZRHO). Die erhobenen Vorschüsse sind unmittelbar nach Erledigung des Rechtshilfeersuchens abzurechnen, denn § 15 Abs. 2 S. 2 KostVfg gilt nicht für die Kosten in Verfahren vor ausländischen Behörden (§ 15 Abs. 3 KostVfg).

Nr.	Auslagentatbestand	Höhe
2013	An den Verfahrensbeistand zu zahlende Beträge .... Die Beträge werden von dem Minderjährigen nur nach Maßgabe des § 1836 c BGB erhoben.	in voller Höhe

I. Einzug der Auslagen

1 **1. Allgemeines.** Die an nach §§ 158, 174, 191 FamFG bestellte Verfahrensbeistände gezahlte Vergütung oder ein Aufwendungsersatz sind Gerichtskosten[1] und nach Nr. 2013 KV vom Kostenschuldner einzuziehen.

2 **2. Zeitpunkt.** Die Kosteneinforderung kann erfolgen, sobald sie den Vergütungsanspruch erfüllt hat,[2] jedoch sind die Fälligkeitsregelungen zu beachten. § 1837 e BGB kommt nicht zur Anwendung, da die Zahlung stets aus der Landeskasse erfolgt und deshalb ein gesetzlicher Forderungsübergang auf diese ausgeschlossen ist und der Einzug über das Kostenrecht geregelt wird.[3]

3 **3. Kostenschuldner.** Für die Bestimmung des Kostenschuldners gelten §§ 21 ff. Der Regelungsinhalt der **Anm.** erschöpft sich in der einschränkenden Kostenhaftung des **Minderjährigen**, ohne dass sie zugleich die Inanspruchnahme eines Kostenschuldners verbietet.[4] Haftet der Minderjährige, kann er nur in Anspruch genommen werden, wenn die Voraussetzungen des § 1836 c BGB erfüllt sind. Die Anm. sowie Vorbem. 2 Abs. 3 KV schaffen jedoch keine eigene Haftungsgrundlage, da hierfür nur §§ 21 ff gelten. In Kindschafts-, Adoptions- und Abstammungssachen scheidet die Haftung des Minderjährigen wegen § 21 Abs. 1 S. 2 Nr. 3 und § 81 Abs. 3 FamFG daher aus. Gleiches gilt in Unterbringungssachen (§ 151 Nr. 6, 7 FamFG), da auch hier § 21 Abs. 1 S. 2 Nr. 3 und § 81 Abs. 3 FamFG eingreifen und eine dem § 26 Abs. 3 GNotKG vergleichbare Regelung im FamGKG fehlt. Lediglich bei Vormundschaften und Dauerpflegschaften besteht für den Minderjährigen eine Kostenhaftung nach § 22.

4 **4. Höhe.** Der Kosteneinzug ist nur in Höhe der sich aus § 158 Abs. 7 FamFG ergebenden gesetzlichen Vergütung bzw in Höhe des Auslagenersatzes zulässig. Voraussetzung für den Kosteneinzug ist stets, dass die gezahlten Beträge für solche Tätigkeiten geleistet sind, die zum **gesetzlichen Aufgabenkreis** des Verfahrensbeistands gehören. Wird dieser überschritten, kann die Vergütung insoweit nicht eingezogen werden.[5] Die Höhe von Vergütung oder Aufwendungsersatz ist daher im Kostenansatzverfahren eigenständig zu prüfen.[6] Der Schuldner kann hier auch einwenden, dass eine Übertragung von Aufgaben nach § 158 Abs. 4 S. 3

5 BGBl. II 1292. **6** BGBl. II 1988, 1054, II 1994, 1192. **7** BGBl. II 1523. **8** BGBl. II 1964, 468. **9** BGBl. II 1525. **1** OLG Köln FamRZ 2003, 245. **2** LG Limburg Rpfleger 2005, 361. **3** BayObLG FamRZ 2005, 828. **4** OLG Stuttgart FamRZ 2004, 1305; OLG Köln FamRZ 2003, 245. **5** OLG Stuttgart FamRZ 2004, 1305. **6** BayObLG FamRZ 2005, 828.

FamFG nicht erfolgt ist. Der Verfahrensbeistand ist nicht am Kostenansatz- oder Erinnerungsverfahren beteiligt.[7]

5. Fälligkeit, Vorschuss. Für die Fälligkeit gelten § 11 Abs. 1 und § 15 Abs. 2 KostVfg, in Vormundschaften **5** und Dauerpflegschaften gilt § 10. Die Bestellung des Verfahrensbeistands kann nicht von einer Vorschusszahlung abhängig gemacht werden; § 16 Abs. 1 gilt nicht, da die Bestellung stets von Amts wegen zu erfolgen hat.

II. Einzug bei Minderjährigen nach § 1836 c BGB (Anm.)

1. Allgemeines. Haftet ein Minderjähriger für die Kosten, ist der Einzug von Auslagen nach der Anm. zu **6** Nr. 2013 KV nur im Rahmen des § 1836 c BGB zulässig, der wiederum auf sozialrechtliche Vorschriften verweist. Danach hat der Minderjährige einzusetzen

- **Einkommen** nach Maßgabe des § 87 SGB XII und
- **Vermögen** nach Maßgabe des § 90 SGB XII.

Andere sozialrechtliche Normen finden keine Anwendung,[8] jedoch sind die Durchführungsverordnungen **7** zu §§ 82, 90 SGB XII zu beachten. Ein Kosteneinzug von dem Minderjährigen ist daher nur zulässig, wenn auch ein Einsatz nach den §§ 82, 85 Abs. 1, §§ 86, 87, 90 SGB XII zu erfolgen hat. Für einen volljährigen Kostenschuldner gilt § 1836 c BGB nicht. Ob die Voraussetzungen des § 1836 c BGB vorliegen, ist im Kostenansatzverfahren zu prüfen, einer gerichtlichen Bestimmung des Betrags nach § 168 Abs. 1 S. 2 FamFG bedarf es nicht. Die Nichtbeachtung des § 1836 c BGB kann mit der Erinnerung (§ 57) gerügt werden.

2. Einkommen. a) Vorschriften. Maßgeblich sind die §§ 82, 85 Abs. 1, § 86 SGB XII. Der Einkommensbe- **8** griff ergibt sich aus § 82 SGB XII und der dazu erlassenen Durchführungsverordnung.[9]

b) Berechnung. Nach § 1 VO zählen sämtliche Einkünfte in Geld oder Geldeswert, unabhängig von ihrer **9** Herkunft oder Rechtsnatur. Unerheblich ist auch, ob sie dem EStG oder einer anderen Steuerpflicht unterliegen. Für Einkünfte aus Kapitalvermögen gilt § 6 VO, bei Vermietungen und Verpachtungen ist § 7 VO zu beachten. Von dem Einkommen sind die in § 82 Abs. 2 SGB XII genannten Abgaben abzuziehen; hierzu zählen insb. Einkommensteuern und Sozialversicherungsbeiträge.

Die maßgebliche Einkommensgrenze bestimmt sich nach § 85 Abs. 1 SGB XII; sie berechnet sich aus **10**

- einem Grundbetrag in Höhe des Zweifachen der Regelbedarfsstufe 1 nach der Anlage zu § 28 SGB XII,
- den Kosten der Unterkunft, soweit die Aufwendungen hierfür den der Besonderheit des Einzelfalls angemessenen Umfang nicht übersteigen.

Der zweifache Satz der Regelbedarfsstufe 1 nach der Anlage 1 zu § 28 SGB XII beträgt vom[10] **11**

- 01.01.2011–31.12.2011:   728,00 €
- 01.01.2012–31.12.2012:   748,00 €
- 01.01.2013–31.12.2013:   764,00 €
- 01.01.2014–31.12.2014:   782,00 €
- 01.01.2015–31.12.2015:   798,00 €
- seit 01.01.2016   808,00 €

Für die Frage, welcher Regelsatz anwendbar ist, kann auf die Grundsätze zum Vermögenseinsatz abgestellt **12** werden (dazu → Rn 16).

Hat der Fürsorgebedürftige andere Personen zu unterhalten, ist ein auf volle Euro aufzurundender Familienzuschlag von 70 v.H. des Regelsatzes zu berücksichtigen. Das über der Einkommensgrenze liegende Einkommen ist bei dem Kosteneinzug angemessen zu berücksichtigen (§ 87 Abs. 1 SGB XII). **13**

3. Vermögen. a) Vorschriften. Einzusetzen ist nach § 1836 c Nr. 2 BGB auch das Vermögen des Minderjäh- **14** rigen nach Maßgabe des § 90 SGB XII. Zu berücksichtigen ist auch die zu § 90 Abs. 2 Nr. 9 SGB XII erlassene Durchführungsverordnung.[11]

b) Begriff. Vermögen sind alle Gegenstände und vermögenswerte Rechte, soweit sie einen wirtschaftlichen **15** Wert besitzen (zB Bargeld, Buchgeld, Wertpapiere, Immobilien, Forderungen). Das Vermögen muss aber verwertbar sein. Kann die Verwertung nicht in angemessener Zeit durchgeführt werden, ist der Vermögensgegenstand nicht verwertbar,[12] wobei sowohl rechtliche als auch tatsächliche Hindernisse entgegenstehen

---

7 OLG Stuttgart FamRZ 2004, 1305. **8** BayObLG FamRZ 2002, 701; OLG Köln FamRZ 2007, 1043; OLG Hamm FamRZ 2004, 1324. **9** Verordnung zur Durchführung des § 82 des Zwölften Buches Sozialgesetzbuch v. 28.11.1962 (BGBl. I 692), zul. geänd. d. Art. 8 G v. 22.12.2015 (BGBl. I 2557, 2561). **10** Vgl für 2016: Regelbedarfsstufen-Fortschreibungsverordnung 2016 (RBSFV 2016) v. 22.10.2015 (BGBl. I 1788). **11** Verordnung zur Durchführung des § 90 Abs. 2 Nr. 9 des Zwölften Buches Sozialgesetzbuch v. 11.2.1988 (BGBl. I 150) idF des Gesetzes v. 27.12.2003 (BGBl. I 3022). **12** LG Gießen FamRZ 2007, 1689.

können. Es ist nur das Aktivvermögen zu berücksichtigen, nicht hingegen (auch titulierte) Verbindlichkeiten.[13] Ein Kapitalbetrag, den der Minderjährige aufgrund eines gerichtlichen Vergleichs als Abfindung für einen laufenden Unterhaltsanspruch erhalten hat und auf dessen Einsatz er ratenweise zur Deckung seines laufenden Unterhaltsbedarfs angewiesen ist, braucht nicht eingesetzt zu werden.[14]

16 **c) Maßgeblicher Bewertungszeitpunkt.** Das einzusetzende Vermögen ist nach dem Zeitpunkt des Tages der Entscheidung in der letzten Tatsacheninstanz zu bewerten.[15] Maßgeblich ist daher der Tag der Endentscheidung bzw bei Einlegung von Rechtsmitteln der Erlass der Endentscheidung in dieser Instanz.

17 **d) Schonvermögen.** Von der Verwertung des Vermögens nimmt § 90 Abs. 2 SGB XII besondere Gegenstände aus. Danach brauchen nicht verwertet zu werden:

- kleinere Barbeträge (nach § 1 Abs. 1 S. 1 Nr. 1 Buchst. b VO: 2.600 €) oder sonstige Geldwerte;
- ein angemessenes Hausgrundstück, das von dem Fürsorgebedürftigen allein oder zusammen mit seinen Angehörigen bewohnt wird;
- angemessener Hausrat, wobei die bisherigen Lebensverhältnisse zu berücksichtigen sind;
- Gegenstände, die zur Aufnahme oder Fortsetzung der Berufsausbildung oder der Erwerbstätigkeit unentbehrlich sind;
- Familien- und Erbstücke, deren Veräußerung für den Fürsorgebedürftigen oder dessen Familie eine besondere Härte bedeuten würde;
- Vermögen, das aus öffentlichen Mitteln zur Gründung eines Hausstands erbracht wurde;
- Kapital einschließlich seiner Erträge, das der zusätzlichen Altersvorsorge im Sinne des § 10 a oder des Abschnitts XI des Einkommensteuergesetzes dient und dessen Ansammlung staatlich gefördert wurde.

Nr.	Auslagentatbestand	Höhe
2014	An den Umgangspfleger sowie an Verfahrenspfleger nach § 9 Abs. 5 FamFG, § 57 ZPO zu zahlende Beträge	in voller Höhe

I. Allgemeines

1 Nach Nr. 2014 KV können von dem Kostenschuldner auch die Beträge eingezogen werden, die an den Umgangspfleger oder an den Verfahrenspfleger ausgezahlt sind. Es handelt sich bei diesen Beträgen folglich um Gerichtskosten.

II. Umgangspfleger

2 **1. Allgemeines.** Ist Umgangspflegschaft angeordnet (§ 1684 Abs. 3, § 1685 Abs. 3 BGB), hat das Familiengericht zugleich einen Pfleger auszuwählen und zu bestellen. Der Umgangspfleger erhält bei berufsmäßiger Führung eine Vergütung, bei ehrenamtlicher Führung Aufwendungsersatz. Die Beträge sind stets aus der Staatskasse zu zahlen. Die gezahlten Beträge sind Gerichtskosten und nach Nr. 2014 KV einzuziehen. Sie gehören zu den Kosten des Umgangsverfahrens, in dem die Umgangspflegschaft angeordnet war (Anm. Abs. 2 zu Nr. 1310 KV).

3 **2. Höhe.** Die an den Umgangspfleger gezahlten Beträge sind in voller Höhe wieder einzuziehen, jedoch ist der Einzug gleichwohl nur insoweit statthaft, als der Aufwendungssatz die nach § 277 FamFG iVm § 1835 BGB zu zahlenden Beträge bzw die Vergütung die nach dem VBVG zulässigen Sätze nicht übersteigt. Höhere Zahlungen kann der Kostenschuldner mit der Erinnerung (§ 57) angreifen. Es kann auch eingewendet werden, dass der Vergütungsanspruch nach § 2 VBVG erloschen ist, weil er nicht binnen 15 Monaten nach seiner Entstehung beim Familiengericht geltend gemacht wurde.

4 **3. Fälligkeit, Vorschuss, Kostenschuldner.** Für die Fälligkeit gilt § 11 Abs. 1, da § 10 nicht eingreift (§ 4). Die Anordnung der Umgangspflegschaft erfolgt von Amts wegen, sie kann deshalb nicht von einer vorherigen Vorschusszahlung abhängig gemacht werden. Auslagen der Nr. 2014 KV sind vom Kostenschuldner des Umgangsverfahrens einzuziehen.

III. Verfahrenspfleger

5 In Familiensachen kann ein Verfahrenspfleger nach §§ 57, 58 ZPO iVm § 9 Abs. 5, § 113 Abs. 1 FamFG bestellt werden. Dieser kann nach § 45 Abs. 1 RVG eine Vergütung aus der Landeskasse fordern. Ist eine

---

13 BayObLG FamRZ 2004, 308. **14** OLG Hamm FGPrax 2003, 223. **15** OLG München FamRZ 2007, 1188; LG Gießen FamRZ 2007, 1689.

solche Vergütung gezahlt, findet zwar kein Übergang nach § 59 RVG statt, weil Zahlungen an einen Verfahrenspfleger dort nicht erfasst werden. Allerdings kann die Staatskasse die geleisteten Beträge als Gerichtskosten von dem Kostenschuldner des Verfahrens, in dem der Verfahrenspfleger bestellt ist, einziehen. Da es sich um gerichtliche Auslagen handelt, sind die Kosten von den Kostenschuldnern der §§ 21 ff einzuziehen.

Nr.	Auslagentatbestand	Höhe
2015	Pauschale für die Inanspruchnahme von Videokonferenzverbindungen: je Verfahren für jede angefangene halbe Stunde	15,00 €

Wird eine Videoverhandlung oder Videovernehmung (§ 128 a ZPO) durchgeführt, ist für die Inanspruchnahme von Videokonferenztechnik durch das Gericht eine Pauschale von 15 € je angefangener halber Stunde anzusetzen. Eine Kürzung der Pauschale findet nicht statt, wenn die Inanspruchnahme weniger als eine halbe Stunde dauert. Aus dem Wortlaut „je Verfahren" folgt, dass die Pauschale auch dann in ungekürzter Höhe anzusetzen ist, wenn die Videokonferenztechnik am selben Tag für mehrere Verfahren verwendet wird, auch eine anteilige Aufteilung der Pauschale nach Vorbem. 2 Abs. 2 KV findet nicht statt.   **1**

Es handelt sich um Gerichtskosten, so dass die Kostenschuldner der §§ 21 ff haften. Fälligkeit tritt nach § 11 Abs. 1 ein. Ein Auslagenvorschuss kann nach § 16 Abs. 1, 3 gefordert werden.   **2**

Anlage 2
(zu § 28 Absatz 1 Satz 3)

Verfahrenswert bis ... €	Gebühr ... €	Verfahrenswert bis ... €	Gebühr ... €
500	35,00	50 000	546,00
1 000	53,00	65 000	666,00
1 500	71,00	80 000	786,00
2 000	89,00	95 000	906,00
3 000	108,00	110 000	1 026,00
4 000	127,00	125 000	1 146,00
5 000	146,00	140 000	1 266,00
6 000	165,00	155 000	1 386,00
7 000	184,00	170 000	1 506,00
8 000	203,00	185 000	1 626,00
9 000	222,00	200 000	1 746,00
10 000	241,00	230 000	1 925,00
13 000	267,00	260 000	2 104,00
16 000	293,00	290 000	2 283,00
19 000	319,00	320 000	2 462,00
22 000	345,00	350 000	2 641,00
25 000	371,00	380 000	2 820,00
30 000	406,00	410 000	2 999,00
35 000	441,00	440 000	3 178,00
40 000	476,00	470 000	3 357,00
45 000	511,00	500 000	3 536,00

Gesetz über Kosten der freiwilligen Gerichtsbarkeit für Gerichte und Notare (Gerichts- und Notarkostengesetz – GNotKG)

Vom 23. Juli 2013 (BGBl. I 2586)[1] (FNA 361-6)
zuletzt geändert durch Art. 4 Abs. 46 des Gesetzes zur Aktualisierung der Strukturreform des
Gebührenrechts des Bundes vom 18. Juli 2016 (BGBl. I 1666, 1667)

Kapitel 1
Vorschriften für Gerichte und Notare

Abschnitt 1
Allgemeine Vorschriften

§ 1 Geltungsbereich

(1) Soweit bundesrechtlich nichts anderes bestimmt ist, werden Kosten (Gebühren und Auslagen) durch die Gerichte in den Angelegenheiten der freiwilligen Gerichtsbarkeit und durch die Notare für ihre Amtstätigkeit nur nach diesem Gesetz erhoben.

(2) Angelegenheiten im Sinne des Absatzes 1 sind auch

1. Verfahren nach den §§ 98, 99, 132, 142, 145, 258, 260, 293 c und 315 des Aktiengesetzes,
2. Verfahren nach § 51 b des Gesetzes betreffend die Gesellschaften mit beschränkter Haftung,
3. Verfahren nach § 26 des SE-Ausführungsgesetzes,
4. Verfahren nach § 10 des Umwandlungsgesetzes,
5. Verfahren nach dem Spruchverfahrensgesetz,
6. Verfahren nach den §§ 39 a und 39 b des Wertpapiererwerbs- und Übernahmegesetzes über den Ausschluss von Aktionären,
7. Verfahren nach § 8 Absatz 3 Satz 4 des Gesetzes über die Mitbestimmung der Arbeitnehmer in den Aufsichtsräten und Vorständen der Unternehmen des Bergbaus und der Eisen und Stahl erzeugenden Industrie,
8. Angelegenheiten des Registers für Pfandrechte an Luftfahrzeugen,
9. Verfahren nach der Verfahrensordnung für Höfesachen,
10. Pachtkreditsachen nach dem Pachtkreditgesetz,
11. Verfahren nach dem Verschollenheitsgesetz,
12. Verfahren nach dem Transsexuellengesetz,
13. Verfahren nach § 84 Absatz 2 und § 189 des Versicherungsvertragsgesetzes,
14. Verfahren nach dem Personenstandsgesetz,
15. Verfahren nach § 7 Absatz 3 des Erbbaurechtsgesetzes,
16. Verteilungsverfahren, soweit sich die Kosten nicht nach dem Gerichtskostengesetz bestimmen,
17. Verfahren über die Bewilligung der öffentlichen Zustellung einer Willenserklärung und die Bewilligung der Kraftloserklärung von Vollmachten (§ 132 Absatz 2 und § 176 Absatz 2 des Bürgerlichen Gesetzbuchs),
18. Verfahren über Anordnungen über die Zulässigkeit der Verwendung von Verkehrsdaten,
19. Verfahren nach den §§ 23 bis 29 des Einführungsgesetzes zum Gerichtsverfassungsgesetz,
20. Verfahren nach § 138 Absatz 2 des Urheberrechtsgesetzes und
21. gerichtliche Verfahren nach § 335 Absatz 4 des Handelsgesetzbuchs.

(3) [1]Dieses Gesetz gilt nicht in Verfahren, in denen Kosten nach dem Gesetz über Gerichtskosten in Familiensachen zu erheben sind. [2]*In Verfahren nach der Verordnung (EU) Nr. 655/2014 des Europäischen Parlaments und des Rates vom 15. Mai 2014 zur Einführung eines Verfahrens für einen Europäischen Beschluss zur vorläufigen Kontenpfändung im Hinblick auf die Erleichterung der grenzüberschreitenden Eintreibung von Forderungen in Zivil- und Handelssachen werden Kosten nach dem Gerichtskostengesetz erhoben.*[1]

---

1 Verkündet als Art. 1 des 2. Kostenrechtsmodernisierungsgesetzes v. 23.7.2013 (BGBl. I 2586). 1 *Kursive Hervorhebung:* Geplante Ergänzung durch Art. 11 des Entwurfs eines Gesetzes zur Durchführung der Verordnung (EU) Nr. 655/2014 sowie zur Änderung sonstiger zivilprozessualer Vorschriften (EuKoPfVODG), s. BT-Drucks 18/7560, S. 20. Geplantes Inkrafttreten: 18.1.2017 (s. Art. 14 Abs. 1 ÄndG). Siehe dazu Rn 25 a.

(4) Kosten nach diesem Gesetz werden auch erhoben für Verfahren über eine Beschwerde, die mit einem der in den Absätzen 1 und 2 genannten Verfahren im Zusammenhang steht.

(5) Soweit nichts anderes bestimmt ist, bleiben die landesrechtlichen Kostenvorschriften unberührt für

1. in Landesgesetzen geregelte Verfahren und Geschäfte der freiwilligen Gerichtsbarkeit sowie
2. solche Geschäfte der freiwilligen Gerichtsbarkeit, in denen nach Landesgesetz andere als gerichtliche Behörden oder Notare zuständig sind.

(6) Die Vorschriften dieses Gesetzes über die Erinnerung und die Beschwerde gehen den Regelungen der für das zugrunde liegende Verfahren geltenden Verfahrensvorschriften vor.

I. Gesetzliche Systematik

§ 1 bestimmt den Anwendungsbereich des GNotKG. Die allgemeine Regelung des **Abs. 1** erfasst jedenfalls 1
die in § 23 a Abs. 2 Nr. 1–10 GVG ausdrücklich als Angelegenheiten der freiwilligen Gerichtsbarkeit bezeichneten Angelegenheiten.

Nach **Abs. 2** sind – dies ist als Klarstellung zu verstehen – auch die dort genannten Verfahren, die nicht in 2
§ 23 a Abs. 2 Nr. 1–10 GVG genannt sind, Angelegenheiten der freiwilligen Gerichtsbarkeit nach Abs. 1
und damit im Anwendungsbereich des GNotKG. Die Nr. 1–20 des § 23 a Abs. 2 GVG nennen dabei zum
einen solche Verfahren, bei denen Zweifel bestehen könnten, ob es sich um eine Angelegenheit der freiwilligen Gerichtsbarkeit handelt, etwa solche Verfahren, bei denen das FamFG nur kraft Verweisung gilt. Zum
anderen werden Angelegenheiten aufgeführt, die als „sonstige Angelegenheiten der freiwilligen Gerichtsbarkeit" iSv § 23 a Abs. 2 Nr. 11 GVG einzuordnen sind. Zu den einzelnen Verfahren → Rn 24 ff.

Abs. 3 grenzt den Anwendungsbereich des GNotKG negativ gegenüber dem des FamGKG ab. **Abs. 4** stellt 3
klar, dass Kosten in solchen Beschwerdeverfahren, die in Verfahren der freiwilligen Gerichtsbarkeit als Nebenverfahren „eingebettet"[2] sind, nach dem GNotKG erhoben werden. **Abs. 5 Nr. 1** ist aufgrund der Vielfalt landesrechtlich geregelter Geschäfte der freiwilligen Gerichtsbarkeit und entsprechender Kostenvorschriften erforderlich. Die Regelung in **Abs. 5 Nr. 2** betrifft zB die Ortsgerichte in Hessen.

Abs. 6 soll die Frage des Verhältnisses der Verfahrensvorschriften des Kostenrechts zu den Verfahrensvor- 4
schriften der für das jeweilige Verfahren geltenden Vorschriften klären. Demnach gehen kostenrechtliche
Vorschriften als die spezielleren Vorschriften grds. vor. Im Übrigen, dh soweit das GNotKG keine Regelungen trifft (Beispiele: Zulassung der Rechtsbeschwerde nach § 574 ZPO; Anwendung der Vorschriften über
den Einzelrichter), gelten die Vorschriften des FamFG.

II. Geltungsbereich (Abs. 1 und 2)

1. Allgemeines. § 1 bestimmt den **sachlichen Geltungsbereich** des GNotKG und dient damit der **Abgren-** 5
zung gegenüber anderen Kostengesetzen, insb. gegenüber dem GKG und dem FamGKG. Das GNotKG gilt
nur, „soweit bundesrechtlich nichts anderes bestimmt ist" (vgl Abs. 1). Derartige Bestimmungen finden sich
in anderen Kostengesetzen, zB im GKG (vgl § 1 Abs. 1 S. 1 Nr. 1 GKG, wonach das GKG für Verfahren in
den Angelegenheiten der freiwilligen Gerichtsbarkeit und Verfahren nach dem FamGKG gilt, soweit das Vollstreckungs- oder Arrestgericht zuständig ist). Als Klarstellung ist insoweit Vorbem. 1.8 KV zu verstehen.
Lediglich für Vollstreckungen nach Buch 1 Abschnitt 8 (§§ 86–96 a) des FamFG ist das GNotKG anwendbar. Weitere Regelungen finden sich in kostenrechtlichen Nebengesetzen, wie zB dem LwVG, dem AktG
und dem SpruchG. Kostenrechtliche Regelungen in materiell- oder verfahrensrechtlichen Gesetzen finden
sich darüber hinaus selten; Beispiele sind § 100 SachenRBerG oder § 13 GBMaßnG.

2. Angelegenheiten der freiwilligen Gerichtsbarkeit. Der Begriff „freiwillige Gerichtsbarkeit", eine wörtli- 6
che Übersetzung von *jurisdictio voluntaria*,[3] ist nicht gesetzlich definiert. Was darunter im Gegensatz zur
streitigen Gerichtsbarkeit zu verstehen ist, bestimmt vielmehr allein die unmittelbare oder mittelbare Zuweisung durch Gesetz, etwa durch Bezeichnung der Sache als Angelegenheit der freiwilligen Gerichtsbarkeit, durch Übertragung einer Angelegenheit auf die Organe der freiwilligen Gerichtsbarkeit (Nachlassgericht, Familiengericht, Betreuungsgericht, Registergericht) oder durch sonstige verfahrensrechtliche Zuordnung, insb. durch Anordnung der Anwendbarkeit des Verfahrens der freiwilligen Gerichtsbarkeit.

Zur freiwilligen Gerichtsbarkeit gehören nach § 23 a Abs. 2 Nr. 1–10 GVG u.a. Tätigkeiten des Betreuungs- 7
gerichts, Nachlasssachen, Personenstandssachen, bestimmte Familiengerichtssachen, Verfahren im Bereich
des Wohnungseigentums (WEG), Grundbuchsachen (GBO), Registersachen, Verfahren der §§ 23 ff
EGGVG (Anfechtung von Justizverwaltungsakten) u.v.m.[4]

---

2 Vgl BR-Drucks 550/06, S. 112. **3** Digesten I, 16, 2 pr. **4** Vgl *Zimmermann*, Praktikum der freiwilligen Gerichtsbarkeit, S. 1.

8   **Beispiel:**[5] Die Eintragung einer Zwangshypothek nach §§ 866 ff ZPO ist materiellrechtlich eine Maßnahme der Zwangsvollstreckung in das unbewegliche Vermögen. Formell hingegen ist sie Angelegenheit der freiwilligen Gerichtsbarkeit: Das Grundbuchamt wird bei der Eintragung als Grundbuchbehörde und damit als Organ der freiwilligen Gerichtsbarkeit und nach den Regelungen der GBO tätig. Geschäftswert und Gebühr für die Eintragung der Zwangshypothek bestimmen sich nach § 53 und Nr. 14120 ff KV.

9   **Abs. 2** zählt die in § 23 a Abs. 2 Nr. 11 GVG nur summarisch als „sonstige Angelegenheiten der freiwilligen Gerichtsbarkeit" genannten Regelungen einzeln auf, um den besonderen Anforderungen an das **Bestimmtheitsgebot** im Kostenrecht gerecht zu werden.[6]

10   „Angelegenheiten der freiwilligen Gerichtsbarkeit" sind die konkreten Verfahren nach dem FamFG einschließlich der Neben- und Folgeverfahren der jeweiligen Angelegenheit (Prozesskostenhilfe, Beschwerde, Kostenfestsetzung, Zwangsvollstreckung).

11   Aus der Formulierung des Abs. 1, dass „Kosten … durch die Gerichte" erhoben werden, ergibt sich, dass das GNotKG in dieser Hinsicht nur die **Kosten gerichtlicher Tätigkeit** regelt. Kosten von Justizverwaltungsakten innerhalb der Verfahren der freiwilligen Gerichtsbarkeit, bspw die Legalisation von Urkunden, sind hinsichtlich Justizbehörden des Bundes im JVKostG geregelt (vgl § 1 Abs. 1 JVKostG; hinsichtlich der Justizverwaltungsakte von Landesbehörden ist § 1 Abs. 2 JVKostG zu beachten; darüber hinaus haben die einzelnen Bundesländer entsprechende Regelungen[7] erlassen). Kosten für Hinterlegungsgeschäfte sind in den landesrechtlichen Kostenvorschriften enthalten. Gebühren für die Beurkundung nach dem Konsulargesetz (vgl § 1 Abs. 2 BeurkG) sind im AKostG und in der AKostV geregelt.[8] Die Vergütung der Gerichtsvollzieher wiederum ist im GvKostG geregelt, die Vergütung der Rechtsanwälte in Angelegenheiten der freiwilligen Gerichtsbarkeit bestimmt sich nach dem RVG.

12   Nach § 135 Abs. 2 gilt der Begriff der freiwilligen Gerichtsbarkeit in Baden-Württemberg auch für andere als gerichtliche Behörden, denen die Aufgaben des Grundbuchamts, des Betreuungs- oder des Nachlassgerichts übertragen sind.

13   **3. Amtstätigkeit der Notare. a) Allgemeines.** Die Kosten der Notare werden nach Abs. 1 Alt. 2 „für ihre Amtstätigkeit" erhoben. Erfasst sind damit alle (höchstpersönlichen) Tätigkeiten der Notare selbst,[9] vgl §§ 20–24 BNotO. Das Kostenverzeichnis regelt, für welche dieser Tätigkeiten Gebühren anfallen. Tätigkeiten der Mitarbeiter des Notars, etwa im Rahmen des Vollzugs, werden unproblematisch erfasst, sofern eine Tätigkeit des Notars im Zuge von Beratung, Beurkundung, Beglaubigung etc. hinzutritt. (Isolierte) Auskünfte, Beratungen etc. von Mitarbeitern des Notars, die einer Rechtsberatung gleichkommen, lösen hingegen keine Beratungsgebühr aus. Reisekosten entstehen nur für Dienstreisen des Notars.[10]

14   **b) Abgrenzung von Anwalts- und Notartätigkeit im Bereich des Anwaltsnotariats.** Für Anwälte, die neben ihrer Amtstätigkeit als Notar zugleich rechtsanwaltliche Tätigkeiten ausüben, kann es im Einzelfall fraglich sein, ob die jeweils erbrachte Leistung nach dem GNotKG oder dem RVG abzurechnen ist.

15   Unproblematisch Notartätigkeit sind all jene Amtsgeschäfte, die nach den §§ 20–22 BNotO allein den Notaren zugewiesen sind, namentlich Beurkundungen, Beglaubigungen, die Ausstellung bestimmter Bescheinigungen, die Abnahme von Eiden usw. Gleiches gilt für die Fälle des § 23 BNotO (Verwahrungstätigkeiten).[11] Schwierig kann die Abgrenzung hingegen bei der sonstigen Betreuung der Beteiligten sein, die sich an der Schnittstelle zwischen anwaltlicher und notarieller Tätigkeit abspielt, also insb. (vgl § 24 Abs. 1 BNotO) in den Fällen der Beratung, vgl §§ 36 und 120 sowie Nr. 24200–24203 KV, bzw der Entwurfstätigkeit, vgl §§ 92 und 119 sowie Nr. 24100–24103 KV, die *in Zusammenhang* mit einem der in den §§ 20 ff BNotO genannten Amtsgeschäfte stehen.

16   Zur **Abgrenzung** ist in einem ersten Schritt nach der Art der Tätigkeit zu fragen, wobei der Schwerpunkt auf den Begriff der „vorsorgenden Rechtspflege" zu legen ist: Erbringt der Anwaltsnotar nicht allein eine juristische Erläuterung eines Vertrags oder eine Beratung in die Interessen aller Beteiligten berücksichtigender Form, sondern eher eine dem anwaltlichen Berufsbild entsprechende einseitige Interessenvertretung bzw Verhandlungsführung, ist kein Raum mehr für die Anwendung der Vermutungsregelungen des § 24 Abs. 1 BNotO.[12] Dazu muss es sich nicht nur nach der Meinung der Beteiligten und des Anwaltsnotars, sondern auch nach den objektiven Umständen um eine Tätigkeit handeln, die mit einer (neutralen) notariellen Amtstätigkeit nicht in Einklang zu bringen ist.[13] Hier muss der Anwaltsnotar seine Tätigkeit nicht als Notar vornehmen, sondern kann sie als Anwalt erbringen und dementsprechend nach dem RVG abrechnen.

5 Bei Rohs/Wedewer/*Waldner*, KostO, § 1 Rn 5. **6** BT-Drucks 17/11471 (neu), S. 156. **7** Vgl zB für Bayern das Landesjustizkostengesetz (LJKostG) idF der Bek. v. 19.5.2005 (GVBl S. 159). **8** Korintenberg/*Lappe*, KostO, § 1 Rn 1; AKostG v. 21.2.1978 (BGBl. I 301); AKostV v. 20.12.2001 (BGBl. I 4161); vgl Korintenberg/*Lappe*, KostO, Anh. B II. **9** Vgl Korintenberg/*Bengel/Tiedtke*, KostO, Vor §§ 140–157 Rn 5. **10** Vgl BT-Drucks 17/11471 (neu), S. 154. **11** Vgl *Filzek*, KostO, § 1 Rn 10. **12** Vgl BGH DNotZ 1969, 503, 506; Korintenberg/*Bengel/Tiedtke*, KostO, § 147 Rn 24. **13** BGH DNotZ 1997, 221; BGH DNotZ 1998, 634; Korintenberg/*Bengel/Tiedtke*, KostO, § 147 Rn 25; *Filzek*, KostO, § 1 Rn 13.

Handelt es sich hingegen um eine sonstige Betreuung der Beteiligten auf dem Gebiet vorsorgender Rechts- 17
pflege, sind die Vermutungsregeln des § 24 Abs. 2 BNotO anzuwenden: Ist die Handlung des Anwaltsnotars dazu bestimmt, Amtsgeschäfte der in den §§ 20–23 BNotO bezeichneten Art vorzubereiten oder auszuführen, gilt nach § 24 Abs. 2 S. 1 BNotO die unwiderlegbare Vermutung, dass es sich um eine notarielle
Tätigkeit handelt; entsprechend ist das GNotKG anzuwenden.[14] Das Amtsgeschäft muss dem jeweiligen
Anwaltsnotar **selbst** aufgetragen sein; es genügt demgegenüber nicht für die Anwendung des S. 1, dass
einem anderen Notar oder dem Gericht die Amtshandlung übertragen ist.[15] Im Übrigen ist nach § 24 Abs. 2
S. 2 BNotO im Zweifel anzunehmen (widerlegbare Vermutung), dass der Anwaltsnotar als Rechtsanwalt
tätig geworden ist.

Weiterhin wird zur Frage der Abgrenzung auf die Kommentierungen zu §§ 36, 92, 119 und 120 sowie auf 18
die Erläuterungen zu Hauptabschnitt 4 KV (Entwurf und Beratung, Nr. 24100–24203 KV) verwiesen.

4. Kosten. a) Gebühren und Auslagen. Nach der Legaldefinition des Abs. 1 S. 1 sind **Kosten** Gebühren und 19
Auslagen. **Gebühren** sind öffentliche Abgaben, die aus Anlass besonderer, individuell zurechenbarer Inanspruchnahme oder Leistung des Staates erhoben werden.[16] Die von den Notaren für ihre Amtstätigkeit zu
erhebenden Gebühren (§ 17 Abs. 1 BNotO) sind Einkünfte aus einer selbstständigen freiberuflichen Tätigkeit iSv § 18 Abs. 1 S. 2 EStG, der die Ausübung eines öffentlich-rechtlichen Amtes zugrunde liegt (§ 1
BNotO).[17]

Auslagen iSd GNotKG, sämtlich geregelt in Teil 3 KV, sind Aufwendungen des Gerichts bzw des Notars, 20
die diesem im Zusammenhang mit der Befassung in der jeweiligen Angelegenheit entstehen.[18] Erfasst sind
bare und unbare Auslagen, dh nicht nur Gelder, die zur Erbringung einer Leistung verwendet werden, für
die der Leistungserbringer in Vorlage tritt, sondern auch pauschalisierte Erstattungsbeträge[19] etwa für die
Herstellung und Überlassung von Dokumenten nach Nr. 31000 ff KV (Gerichte) bzw Nr. 32000 ff KV (Notare), Fahrtkosten (Notare) nach Nr. 32006 KV, Entgelte für Post- und Telekommunikationsdienstleistungen (Notare) nach Nr. 32004 und 32005 KV (Pauschale) oder an Dritte zu zahlende Beträge, vgl
Nr. 31007 ff KV (Gerichte).

b) Kodifikationsgrundsatz; kostenrechtliches Analogieverbot. In Abs. 1 kommt der Kodifikationsgrundsatz 21
des Kostenrechts („**Analogieverbot**") zum Ausdruck: Gebühren und Auslagen in Angelegenheiten der freiwilligen Gerichtsbarkeit und der Notare für ihre Amtstätigkeit werden demnach ausschließlich nach den
Bestimmungen des GNotKG erhoben, sofern nicht bundesrechtlich etwas anderes geregelt ist. Sieht das Gesetz im Kostenverzeichnis (vgl § 3 Abs. 2) folglich keinen ausdrücklichen Kostentatbestand für das jeweilige
Verfahren bzw die jeweilige Tätigkeit vor, besteht (je nach Ausgestaltung) Gebühren- und/oder Auslagenfreiheit.

Beispiele: Die Einsicht in das Handels-, Partnerschafts- oder Genossenschaftsregister beim Gericht ist kostenfrei, 22
da das GNotKG hierzu keinen Gebührentatbestand enthält (früher ausdrücklich geregelt in § 90 KostO). Die Einsicht über den Notar ist wiederum kostenpflichtig, vgl Nr. 25209 KV.

Das Analogieverbot gilt für Gerichte und Notare gleichermaßen; eine dem § 147 Abs. 2 KostO entspre- 23
chende Auffangvorschrift kennt das GNotKG – trotz vielfältiger Kritik im Laufe des Gesetzgebungsverfahrens zum 2. KostRMoG vonseiten der Länder und Verbände – nicht. Zugleich ist jedoch anzumerken, dass
über die Schaffung eines besonderen Gebührentatbestands für die notarielle Beratung (vgl Nr. 24200–
24203 KV) zahlreiche der früher unter § 147 Abs. 2 KostO subsumierten Fälle aufgefangen werden können; auch für künftig neu auftretende Tätigkeiten bietet sich zumindest dann, wenn der Schwerpunkt der
Tätigkeit im beratenden Bereich liegt, hier eine „neue Auffanggebühr" an.

5. Fälle des Abs. 2. Angelegenheiten iSd Abs. 1 sind nach Abs. 2 auch die nachfolgend kurz dargestellten, 24
im GNotKG letztlich deklaratorisch aufgezählten[20] Verfahren. Dabei handelt es sich um Verfahren, die in
den Anwendungsbereich des GNotKG fallen, aber nicht in § 23 a Abs. 2 Nr. 1–10 GVG ausdrücklich als
Angelegenheiten der freiwilligen Gerichtsbarkeit bezeichnet sind.

- **Abs. 2 Nr. 1 – Verfahren nach den §§ 98, 99, 132, 142, 145, 258, 260, 293 c und 315 AktG:** Die Gebühren für die in Abs. 2 Nr. 1 aufgeführten Verfahren (§§ 98, 99 AktG: Verfahren über die Zusammensetzung des Aufsichtsrats der AG; § 132 AktG: gerichtliche Entscheidung über das Auskunftsrecht des
  Aktionärs in der Hauptversammlung; §§ 142, 145, 258, 260 AktG: gerichtliche Bestellung etc. von
  Sonderprüfern; § 293 c AktG: gerichtliche Bestellung von Vertragsprüfern bei Unternehmensverträgen;
  § 315 AktG: gerichtliche Bestellung von Sonderprüfern im Rahmen eines Beherrschungsvertrags) finden

---

14 Dazu Korintenberg/Bengel/Tiedtke, KostO, § 147 Rn 22. **15** OLG Hamm DNotZ 1977, 49, 51; *Arndt/Lerch/Sandkühler*,
BNotO, § 24 Rn 62. **16** Vgl OLG Koblenz Rpfleger 1975, 447; *Oestreich/Hellstab/Trenkle*, GKG § 1 Rn 62. **17** *Korintenberg/
Lappe*, KostO, § 1 Rn 10. **18** HK-FamGKG/*Volpert*, § 1 Rn 25. **19** Vgl *Filzek*, KostO, § 1 Rn 21. **20** Vgl BT-Drucks 17/11471
(neu), S. 156.

sich in Teil 1 Hauptabschnitt 3 Abschnitt 5 (Nr. 13500–13504) KV (vgl Vorbem. 1.3.5 S. 1 Nr. 2 Buchst. a KV).

■ **Abs. 2 Nr. 2 – Verfahren nach § 51 b GmbHG:** Die Gesellschafter der GmbH haben ein umfassendes Auskunfts- und Einsichtsrecht in alle Angelegenheiten der GmbH (vgl § 51 a GmbHG), über die das Gericht nach § 51 b GmbHG entscheidet. Die Gebührentatbestände für dieses Verfahren finden sich in Teil 1 Hauptabschnitt 3 Abschnitt 5 (Nr. 13500–13504) KV (vgl Vorbem. 1.3.5 S. 1 Nr. 2 Buchst. b KV).

■ **Abs. 2 Nr. 3 – Verfahren nach § 26 SEAG:** Gerichtliche Entscheidung über die Zusammensetzung des Verwaltungsrats; zu den Gebührentatbeständen s. Teil 1 Hauptabschnitt 3 Abschnitt 5 (Nr. 13500–13504) KV (vgl Vorbem. 1.3.5 S. 1 Nr. 2 Buchst. c KV).

■ **Abs. 2 Nr. 4 – Verfahren nach § 10 UmwG:** Gerichtliche Auswahl und Bestellung der Verschmelzungs-prüfer; zu den Gebührentatbeständen s. Teil 1 Hauptabschnitt 3 Abschnitt 5 (Nr. 13500–13504) KV (vgl Vorbem. 1.3.5 S. 1 Nr. 2 Buchst. d KV).

■ **Abs. 2 Nr. 5 – Verfahren nach dem SpruchG:** Gerichtliche Überprüfung der Höhe von Ausgleichs- und Abfindungszahlungen an Minderheitsaktionäre bei Strukturmaßnahmen (zB Umwandlung von Gesell-schaften) oder im Rahmen eines Squeeze-out; zu den Gebührentatbeständen s. Teil 1 Hauptabschnitt 3 Abschnitt 5 (Nr. 13500–13504) KV (vgl Vorbem. 1.3.5 S. 2 Nr. 2 Buchst. e KV).

■ **Abs. 2 Nr. 6 – Verfahren nach den §§ 39 a und 39 b WpÜG:** Gerichtliches Verfahren für den Ausschluss von Minderheitsaktionären (sog. übernahmerechtlicher Squeeze-out); zu den Gebührentatbeständen s. Teil 1 Hauptabschnitt 3 Abschnitt 5 (Nr. 13500–13504) KV (vgl Vorbem. 1.3.5 S. 1 Nr. 2 KV).

■ **Abs. 2 Nr. 7 – Verfahren nach § 8 Abs. 3 S. 4 MontanMitbestG:** Gerichtliche Entscheidung zur Berechti-gung der Ablehnung der Wahl von Aufsichtsratsmitgliedern (in Bergbauunternehmen, Stahlindustrie etc., vgl § 1 MontanMitbestG); zu den Gebührentatbeständen s. Teil 1 Hauptabschnitt 3 Abschnitt 5 (Nr. 13500–13504) KV (vgl Vorbem. 1.3.5 S. 1 Nr. 3 KV).

■ **Abs. 2 Nr. 8 – Angelegenheiten des Registers für Pfandrechte an Luftfahrzeugen:** Zu den Gebührentat-beständen s. Teil 1 Hauptabschnitt 4 Abschnitt 3 KV (= Nr. 14310–14341 KV).

■ **Abs. 2 Nr. 9 – Verfahren nach der HöfeVfO:** Zu den Gebührentatbeständen vgl Teil 1 Hauptabschnitt 5 Abschnitt 1 KV (Nr. 15110 ff KV).

■ **Abs. 2 Nr. 10 – Pachtkreditsachen nach dem PachtkredG:** Zu den Gebührentatbeständen vgl Teil 1 Hauptabschnitt 5 Abschnitt 1 KV (Nr. 15110 ff KV).

■ **Abs. 2 Nr. 11 – Verfahren nach dem VerschG:** Todeserklärung und Feststellung des Todeszeitpunkts; zum Gebührentatbestand vgl Nr. 15210, 15211 KV.

■ **Abs. 2 Nr. 12 – Verfahren nach dem TSG:** Zum Gebührentatbestand vgl Nr. 15210, 15211 KV.

■ **Abs. 2 Nr. 13 – Verfahren nach § 84 Abs. 2 und § 189 VVG:** Gerichtliche Ernennung von Sachverstän-digen; zum Gebührentatbestand s. Nr. 15212 Nr. 2 KV.

■ **Abs. 2 Nr. 14 – Verfahren nach dem PStG:** Zum Gebührentatbestand s. Nr. 15212 Nr. 5 KV.

■ **Abs. 2 Nr. 15 – Verfahren nach § 7 Abs. 3 ErbbauRG:** Zum Gebührentatbestand vgl Nr. 15212 KV.

■ **Abs. 2 Nr. 16 – Verteilungsverfahren, soweit sich die Kosten nicht nach dem GKG bestimmen:** Im GKG geregelt sind die Kosten für folgende Verteilungsverfahren: Schifffahrtsrechtliches Verteilungsverfahren (vgl §§ 13, 25, 59 GKG) und Verteilungsverfahren nach dem ZVG (vgl § 54 GKG). Das GNotKG gilt demnach für Verteilungsverfahren nach §§ 65, 119 BauGB, nach §§ 74 Nr. 3, 75 FlurbG, nach § 94 BBergG, nach § 55 BLG, nach § 8 EnSiGEntschV und nach § 54 LBG. Zum Gebührentatbestand s. Nr. 15212 KV aE.

■ **Abs. 2 Nr. 17 – Verfahren über die Bewilligung der öffentlichen Zustellung einer Willenserklärung und die Bewilligung der Kraftloserklärung von Vollmachten (§ 132 Abs. 2 und § 176 Abs. 2 BGB):** Zum Ge-bührentatbestand s. Nr. 15212 Nr. 6 KV.

■ **Abs. 2 Nr. 18 – Verfahren über Anordnungen über die Zulässigkeit der Verwendung von Verkehrsdaten:** Betroffen sind Verfahren nach § 140 b Abs. 9 PatG, § 24 b Abs. 9 GebrMG, auch iVm § 9 Abs. 2 HalblSchG, § 19 Abs. 9 MarkenG, § 101 Abs. 9 UrhG, § 46 Abs. 9 GeschmMG, § 37 b Abs. 9 Sor-tenSchG. Zum Gebührentatbestand s. Nr. 15213 KV.

■ **Abs. 2 Nr. 19 – Verfahren nach den §§ 23–29 EGGVG:** Gerichtliche Entscheidung zur Anfechtung von Justizverwaltungsakten, für die im ersten Rechtszug das Oberlandesgericht zuständig ist (vgl § 25 Abs. 1 EGGVG); zu den Gebührentatbeständen s. Teil 1 Hauptabschnitt 5 Abschnitt 3 KV (Nr. 15300 und 15301 KV).

■ **Abs. 2 Nr. 20 – Verfahren nach § 138 Abs. 2 UrhG:** Gerichtliche Entscheidung über die Eintragung in das Register anonymer und pseudonymer Werke; zu den Gebührentatbeständen s. Teil 1 Hauptab-schnitt 5 Abschnitt 3 KV (Nr. 15300 und 15301 KV).

■ **Abs. 2 Nr. 21 – gerichtliche Verfahren nach § 335 Abs. 4 HGB:** Entscheidung über die Beschwerde gegen gerichtliche Entscheidungen betreffend bestimmte Ordnungsgeldverfahren gegen Mitglieder des vertretungsberechtigten Organs einer Kapitalgesellschaft; zum Gebührentatbestand vgl Nr. 19115 KV.

III. Abgrenzung zum FamGKG (Abs. 3); Abgrenzung zum GKG

Abs. 3 bestimmt, dass das GNotKG nicht in Verfahren gilt, in denen Kosten nach dem **FamGKG** zu erheben sind. Nach § 1 Abs. 1 S. 1 FamGKG gilt dieses „in Familiensachen einschließlich der Vollstreckung durch das Familiengericht und für Verfahren vor dem Oberlandesgericht nach § 107 [*FamFG* – Anerkennung ausländischer Entscheidungen in Ehesachen] ..., soweit nichts anderes bestimmt ist", sowie für Verfahren über eine Beschwerde, die mit einem solchen Verfahren in Zusammenhang steht. Für das Mahnverfahren verweist § 1 Abs. 1 S. 3 FamGKG ausdrücklich auf das GKG. Was „Familiensache" ist, bestimmt sich wiederum nach § 111 FamFG. Liegt keine Familiensache vor und gilt das FamFG, ist hinsichtlich der Kosten das GNotKG anwendbar. **25**

Mit Wirkung zum 18.1.2017 ist geplant, Abs. 3 um den Satz 2 zu ergänzen, wonach in Verfahren nach der „Verordnung (EU) Nr. 655/2014 des Europäischen Parlaments und des Rates vom 15. Mai 2014 zur Einführung eines Verfahrens für einen Europäischen Beschluss zur vorläufigen Kontenpfändung im Hinblick auf die Erleichterung der grenzüberschreitenden Eintreibung von Forderungen in Zivil- und Handelssachen"[21] (**Europäische Kontenpfändungsverordnung – EuKoPfVO**) Kosten nach dem **GKG** erhoben werden.[22] Die Ergänzung dient der Klarstellung, dass sich die Gebühren auch dann nach dem GKG bestimmen, wenn das Gericht der Hauptsache, zB bei der Kostenfestsetzung in FamFG-Angelegenheiten, ein Gericht der freiwilligen Gerichtsbarkeit ist.[23] **25a**

IV. Kostenerhebung in bestimmten Beschwerdeverfahren (Abs. 4)

Abs. 4 entspricht § 1 S. 2 KostO (sowie § 1 Abs. 4 GKG und § 1 Abs. 1 S. 2 FamGKG), der im Zuge des 2. Justizmodernisierungsgesetzes (2. JuMoG) vom 22.12.2006[24] neu in die KostO eingefügt wurde. Die Regelung stellt klar, dass Kosten in solchen Beschwerdeverfahren, die in Verfahren der freiwilligen Gerichtsbarkeit als Nebenverfahren „eingebettet"[25] sind, nach dem GNotKG erhoben werden. Die Gesetzesbegründung des JuMoG[26] nennt beispielhaft das Beschwerdeverfahren gegen Ordnungsmittel wegen Ungebühr (§ 181 GVG), die Beschwerde bei Ablehnung der Rechtshilfe (§ 159 GVG) und Beschwerdeverfahren nach § 33 RVG. Weiterhin ist das Beschwerdeverfahren nach § 159 GVG bei Entscheidungen zur Rechtshilfe zu nennen. **26**

Demnach findet das GNotKG auch dann Anwendung, wenn nicht schon das erstinstanzliche Verfahren, sondern erst das Beschwerdeverfahren eine Angelegenheit der freiwilligen Gerichtsbarkeit ist. **27**

V. Landesrecht (Abs. 5)

Kostenrecht unterfällt der konkurrierenden Gesetzgebung (vgl Art. 74 Abs. 1 Nr. 1 GG: Sachgebiete des bürgerlichen Rechts, des gerichtlichen Verfahrens und des Notariats).[27] **28**

1. Landesrechtlich geregelte Verfahren und Geschäfte der freiwilligen Gerichtsbarkeit (Nr. 1). Soweit nichts anderes bestimmt ist, bleiben die landesrechtlichen Kostenvorschriften für in Landesgesetzen geregelte Verfahren und Geschäfte der freiwilligen Gerichtsbarkeit unberührt (Abs. 5 Nr. 1). Soweit also das GNotKG für durch landesrechtliche Vorschriften geregelte Verfahren und Geschäfte der freiwilligen Gerichtsbarkeit keine Gebührenvorschrift enthält (zB für die in § 50 Abs. 1 Nr. 2 KostO erfasste Mitwirkung bei Abmarkungen) oder das Geschäft nicht ausdrücklich gebührenfrei stellt, können landesrechtliche Kostenvorschriften (Regelungen betreffend Gebühren und Auslagen)[28] erlassen werden. Die praktische Bedeutung der Vorgängervorschrift des § 158 Abs. 1 Nr. 2 KostO war gering.[29] Künftig soll jedoch, wie die Begründung des Referentenentwurfs ausführt, die „Gebührenregelungen"[30] für landesrechtlich bestimmte Verfahren der freiwilligen Gerichtsbarkeit dem Landesrecht überlassen werden. Davon umfasst sind neben den Gerichts- auch die Notargebühren, zB die früher in § 50 Abs. 1 Nr. 2 KostO erfasste (freilich praktisch kaum relevante) Mitwirkung bei Abmarkungen. **29**

2. Geschäfte der freiwilligen Gerichtsbarkeit mit nach Landesrecht nicht den Gerichten oder Notaren zukommender Zuständigkeit (Nr. 2). Während Abs. 5 Nr. 1 die allein landesrechtlich geregelten Verfahren **30**

---

21 ABl. EU L 189 v. 27.6.2014, S. 59. **22** BT-Drucks 18/7560, S. 20. **23** Begr. RegE, BT-Drucks 18/7560, S. 50. **24** BGBl. 2006 I 3416. **25** Vgl BR-Drucks 550/06, S. 112. **26** Vgl BR-Drucks 550/06, S. 112. **27** Vgl BT-Drucks 17/11471 (neu), S. 136. **28** Vgl demgegenüber missverständlich die Begründung in BT-Drucks 17/11471 (neu), S. 156, die nur von „Gebührenregelungen für landesrechtlich bestimmte Verfahren" spricht. **29** Vgl Korintenberg/*Lappe*, KostO, § 158 Rn 3 und Anhang B. **30** Gemeint sind nicht nur Gebühren-, sondern auch Auslagenregelungen, vgl den Wortlaut des § 1 Abs. 5: „landesrechtlichen Kostenvorschriften".

und Geschäfte der freiwilligen Gerichtsbarkeit erfasst, kommt es für den Anwendungsbereich der Nr. 2 nicht auf den Gesetzgeber an – sie betrifft sowohl bundesrechtlich als auch landesrechtlich geregelte Fälle –, sondern nur darauf, ob das Geschäft (bzw das Verfahren; die formulatorische Ungleichheit ist ein Redaktionsversehen) einer anderen Behörden als einem Gericht oder einem Notar zugewiesen ist. Abs. 5 Nr. 2 übernimmt damit inhaltlich die Regelung aus § 159 S. 1 KostO.

31   Relevant ist die Vorschrift derzeit lediglich in einzelnen Bundesländern. So sind bspw in Hessen auch die **Ortsgerichtsvorsteher** nach § 13 Abs. 1 OGG[31] für die Beglaubigung von Abschriften, Ablichtungen und sogar von Unterschriften zuständig; die entsprechenden Gebühren sind in der Gebührenordnung für die Ortsgerichte[32] geregelt. In Baden-Württemberg wiederum sind die **Ratschreiber** nach § 32 Abs. 1 LFGG[33] u.a. zur Beglaubigung von Abschriften und nach § 32 Abs. 4 LFGG sogar zur Beurkundung verschiedener grundbuchrelevanter Erklärungen und Verträge befugt; die entsprechenden Gebühren sind im Landesjustizkostengesetz[34] geregelt.

VI. Verhältnis der Verfahrensvorschriften (Abs. 6)

32   Abs. 6 regelt die Frage nach dem Verhältnis der Verfahrensvorschriften des Kostenrechts zu Erinnerung und Beschwerde (Beschwerde und weitere Beschwerde, vgl Kapitel 2 Abschnitt 3 GNotKG [§§ 81–83], in dem unter der Überschrift „Erinnerung und Beschwerde" beide Beschwerdearten geregelt sind) zu den Verfahrensvorschriften der für das jeweilige Verfahren geltenden Vorschriften dahin gehend, dass die **kostenrechtlichen Vorschriften als leges speciales** vorgehen. Zu allen in den Verfahrensvorschriften des GNotKG geregelten Bereichen – sachliche Zuständigkeit, Wertgrenzen, Zulassung zur weiteren Beschwerde, Einzelrichterzuständigkeit etc. – ist das FamFG folglich nicht anwendbar. Im Übrigen gelten dessen Vorschriften subsidiär, zB die Regelungen zu Bekanntgabe und Zustellung gerichtlicher Entscheidungen.

VII. Verweisungen in das GNotKG

33   Zur Regelung kostenrechtlicher Fragen verweisen derzeit auf das GNotKG: §§ 36 Abs. 1 S. 2, 46 Abs. 1 FamGKG, § 12 Abs. 1 S. 1 GvKostG, § 23 Abs. 3 S. 1 RVG, § 11 Abs. 1 S. 2 GräberG, § 7 Abs. 2 Nr. 2 AuslandsKostG, § 30 a Abs. 1 S. 1, Abs. 2 S. 3, Abs. 3 S. 1 GVG, §§ 28, 58 Abs. 3 S. 1, 64 Abs. 4 S. 2, 104 Abs. 1 S. 3 und 4 BNotO, §§ 13 Abs. 1 S. 1, 26 a Abs. 2 S. 1 und 3 GBMaßnG, § 100 Abs. 1, Abs. 3 S. 1 und 2 SachenRBerG, § 12 S. 2 VerkFlBerG, § 45 Abs. 2 EGHGB, § 62 Abs. 5–7 AuslWBG, § 71 Abs. 2 LBG, § 4 Abs. 3 S. 2 Nr. 1 Buchst. c RechtsfachwPrV, § 64 Abs. 2 S. 2 SGB X, § 2 Abs. 1 Nr. 2 GebOSt.

§ 2 Kostenfreiheit bei Gerichtskosten

(1) [1]Der Bund und die Länder sowie die nach Haushaltsplänen des Bundes oder eines Landes verwalteten öffentlichen Anstalten und Kassen sind von der Zahlung der Gerichtskosten befreit. [2]Bei der Vollstreckung wegen öffentlich-rechtlicher Geldforderungen ist maßgebend, wer ohne Berücksichtigung des § 252 der Abgabenordnung oder entsprechender Vorschriften Gläubiger der Forderung ist.

(2) Sonstige bundesrechtliche oder landesrechtliche Vorschriften, die eine sachliche oder persönliche Befreiung von Gerichtskosten gewähren, bleiben unberührt.

(3) [1]Soweit jemandem, der von Gerichtskosten befreit ist, Kosten des Verfahrens auferlegt werden, sind Kosten nicht zu erheben; bereits erhobene Kosten sind zurückzuzahlen. [2]Das Gleiche gilt, außer in Grundbuch- und Registersachen, soweit ein von der Zahlung der Kosten befreiter Beteiligter die Kosten des Verfahrens übernimmt.

(4) Die persönliche Kosten- oder Gebührenfreiheit steht der Inanspruchnahme nicht entgegen, wenn die Haftung auf § 27 Nummer 3 beruht oder wenn der Kostenschuldner als Erbe nach § 24 für die Kosten haftet.

(5) Wenn in Grundbuch- und Registersachen einzelnen von mehreren Gesamtschuldnern Kosten- oder Gebührenfreiheit zusteht, so vermindert sich der Gesamtbetrag der Kosten oder der Gebühren um den Betrag, den die befreiten Beteiligten den Nichtbefreiten ohne Berücksichtigung einer abweichenden schuldrechtlichen Vereinbarung aufgrund gesetzlicher Vorschrift zu erstatten hätten.

---

31 Ortsgerichtsgesetz v. 2.4.1980 (GVBl. I 1980, 114), zul. geänd. d. Art. 2 G v. 23.7.2015 (GVBl. S. 315). **32** Gebührenordnung für die Ortsgerichte v. 12.2.1975 (GBl. S. 116), zul. geänd. d. Art. 4 G v. 17.12.2015 (GBl. 2016 S. 1, 2). **33** Landesgesetz über die freiwillige Gerichtsbarkeit v. 12.2.1975 (GBl. S. 116), zul. geänd. d. Art. 4 G v. 17.12.2015 (GBl. 2016 S. 1, 2). **34** Gesetz v. 15.1.1993 (GBl. 1993, 109), zul. geänd. d. Art. 5 G v. 10.2.2015 (GBl. S. 89, 94).

I. Gesetzliche Systematik und Anwendungsbereich

§ 2 regelt die Kostenfreiheit bei Gerichtskosten (= Freiheit von Gebühren und Auslagen, vgl § 1 Abs. 1) im **1** Rahmen der freiwilligen Gerichtsbarkeit, unabhängig davon, ob die einschlägige Gerichtskostenregelung im GNotKG oder in einem anderen Gesetz enthalten ist oder ob ein anderes Gesetz das GNotKG insoweit für anwendbar erklärt. Auf notarielle Tätigkeiten ist die Regelung mit Ausnahme der in § 135 Abs. 1 geregelten Fälle (Notargebühren in Baden-Württemberg, solange diese dort der Staatskasse zufließen)[1] nicht anwendbar. Eine weitere Regelung zur (persönlichen) Gebührenfreiheit findet sich für die Landwirtschaftsbehörde und die Genehmigungsbehörde nach dem GrdstVG sowie deren übergeordnete Behörde und die Siedlungsbehörde in Vorbem. 1.5.1 Abs. 2 KV.

Ratio der Regelung des § 2 ist die Vereinfachung der Kostenpraxis durch Vermeidung von Zahlungen von **2** der einen in die andere Kasse der öffentlichen Hand.[2] Da dieser Vorteil jedoch zum einen gering ausfällt, zum anderen durch den Aufwand für die nicht immer einfache Prüfung der Tatbestandsvoraussetzungen konterkariert wird und die Regelung hinsichtlich des Prinzips der Waffengleichheit im Verfahren zumindest bedenklich ist,[3] ist die Vorschrift nicht unumstritten. Zum einen ist die Ermittlung und Feststellung der Kostenbefreiung häufig mit beträchtlichem Verwaltungsaufwand verbunden, zum anderen verstößt die persönliche Befreiung gegen den verfahrensrechtlichen Grundsatz der Chancen- und Waffengleichheit.[4] Insbesondere angesichts des erstgenannten Punktes wurde im Vorfeld des 2. KostRMoG gerade von Seiten der Länder – freilich erfolglos – die Abschaffung der Kostenbefreiung gefordert.

Abs. 1 betrifft ausschließlich die persönliche Kostenfreiheit des Bundes und der Länder sowie der öffentli- **3** chen Anstalten und Kassen, die Teil des Fiskus selbst sind, für alle Angelegenheiten. Hintergrund der Regelung ist die Vermeidung überflüssiger Buchungsvorgänge zwischen Bund und Ländern, da Errichtung und Unterhaltung der Gerichtsorganisation ohnehin von diesen getragen werden.[5]

Die in **Abs. 2** genannten, sonstigen bundes- und landesrechtlichen Vorschriften sind im Gegensatz zu Abs. 1 **4** sowohl persönliche als auch sachliche Befreiungstatbestände (zu den wichtigsten landesrechtlichen Vorschriften → Rn 33 ff). Auch sehen nicht alle Befreiungstatbestände außerhalb des GNotKG volle Kosten-, sondern teils lediglich Gebührenfreiheit vor. Abs. 2 erfasst auch vorkonstitutionelles Bundes- und Landesrecht (Art. 123–125 GG), wobei Kostenbefreiungstatbestände für die Kirchen nicht umfasst sind.[6] Die Regelung erfasst sowohl dem GNotKG zeitlich vorausgehende als auch nachfolgende Regelungen.[7]

Abs. 3 S. 1 stellt klar, dass bei einem entgegen der Kostenbefreiung erfolgten Kostenansatz zulasten des Be- **5** freiten Kosten nicht erhoben werden bzw. soweit Kosten bereits erhoben wurden, diese zurückzuzahlen sind. Nach Abs. 3 S. 2 gilt dies auch, wenn ein von der Zahlung der Kosten befreiter Beteiligter – nicht also

---

1 Für Amts- und Bezirksnotare in Baden-Württemberg ist solange § 2 statt § 91 anwendbar. Nach dem 31.12.2017 (vgl Gesetz zur Reform des Notariats- und Grundbuchwesens in Baden-Württemberg v. 29.7.2012, GBl. S. 555) und dem Übergang zum freiberuflichen Nur-Notariat auch in Baden-Württemberg gilt dann für Notargebühren allein § 91. **2** Vgl *Hartmann*, KostG, § 11 KostO Rn 3. **3** Dazu *Korintenberg/Hellstab*, KostO, § 11 Rn 10; *Filzek*, KostO, § 11 Rn 3; *Rohs/Wedewer/Waldner*, KostO, Vorb. § 11 Rn 14. **4** HK-FamGKG/*Volpert*, § 2 Rn 3; *Korintenberg/Lappe*, KostO, § 11 Rn 10. **5** BGH JurBüro 1997, 373; *Meyer*, GKG § 2 Rn 1. **6** *Korintenberg/Hellstab*, KostO, § 11 Rn 9. **7** So zum alten Recht bereits *Korintenberg/Hellstab*, KostO, § 11 Rn 9.

ein am Verfahren nicht beteiligter Dritter – sie übernommen hat. Für Grundbuch- und Registerangelegenheiten gilt die Sonderregelung des Abs. 5 (→ Rn 72 ff).

6 **Abs. 4** sieht Einschränkungen von der Gerichtskostenbefreiung für bestimmte Fälle vor:

- § 27 Nr. 3: Haftung für die Kostenschuld eines anderen kraft Gesetzes;
- § 24: Kostenhaftung als Erbe.

7 **Abs. 5** gewährleistet, dass eine Gerichtskostenbefreiung in Grundbuch- und Registersachen auch dann erhalten bleibt, wenn ein nicht von den Gerichtskosten befreiter Gesamtschuldner in Anspruch genommen würde, um dann iRd Gesamtschuldnerausgleichs den Befreiten in Regress nehmen zu können.

II. Kostenfreiheit (Abs. 1)

8 **1. Allgemeines und Rechtsfolge der Kostenbefreiung.** Die Befreiung von der Zahlung der Kosten nach dem GNotKG[8] (Gebühren und Auslagen, vgl § 1 Abs. 1) hat nicht die Nichtentstehung der Kosten zur Folge, sondern lediglich deren Nichteinziehung von dem zum Zeitpunkt der Kostenfälligkeit (vgl § 9) von der Zahlung befreiten Kostenschuldner.[9] Zu unterscheiden ist dabei zwischen Kostenfreiheit und Gebührenfreiheit: Bei **Kostenfreiheit** ist der Kostenschuldner von der Zahlung sowohl der Gebühren als auch der Auslagen befreit, bei **Gebührenfreiheit** bleibt er hingegen zur Zahlung von Auslagen verpflichtet.

9 **2. Persönliche und sachliche Kostenbefreiung.** Zu unterscheiden sind persönliche Kostenbefreiung (sowohl Abs. 1 als auch Abs. 2) und sachliche Befreiung (nur Abs. 2, je nach Regelung). Die **persönliche Kostenbefreiung** hängt – unabhängig von der betroffenen Sache – allein von der Person des Kostenschuldners ab (Bund, Land, bundeseigene Körperschaft etc.). Die persönliche Kostenbefreiung hat zur Folge, dass sämtliche nach dem GNotKG und den sie ergänzenden Gesetzen anfallenden Gebühren und Auslagen (bei vollständiger Kostenbefreiung) nicht erhoben werden.[10] Ob das jeweilige Verfahren oder Geschäft sinnvoll oder notwendig war, ist irrelevant.

10 Für eine **sachliche Kostenbefreiung** kommt es demgegenüber nur auf den Gegenstand des Verfahrens bzw Geschäfts an (vgl etwa § 151 Abs. 1 BauGB zu städtebaulichen Sanierungsmaßnahmen, bestimmten Erwerbsvorgängen etc.); sie ist nicht an die Person des Kostenschuldners gebunden. Wie weit die sachliche Kostenbefreiung jeweils reicht, hängt vom Einzelfall ab. Grundsätzlich bewirkt die Befreiung lediglich die Kostenfreiheit hinsichtlich des durchgeführten Verfahrens bzw des vorgenommenen Geschäfts, nicht hingegen hinsichtlich der Zurückweisung und Zurücknahme eines Antrags und einer Beschwerde.[11] Andererseits können auch Nebengeschäfte, wie zB die Fertigung gesonderter Abschriften, erfasst werden.[12] Hingegen nicht von der sachlichen Kostenbefreiung erfasst sind bei Aktgebühren (Grundbucheintragungen, Registereintragungen etc.) die Kosten der Zurückweisung oder Zurücknahme von Anträgen oder die Kosten von Rechtsbehelfen.[13]

11 **Persönlich befreit** sind nach **Abs. 1 S. 1** lediglich der **Bund** und die **Länder** (Bundesrepublik Deutschland und Länder als juristische Personen öffentlichen Rechts), unabhängig von hoheitsrechtlicher oder privatrechtlicher Natur des Handelns. **Nicht befreit** sind hingegen die **Gemeinden** und **Gemeindeverbände**, sofern sie in ihrem eigenen Wirkungskreis tätig werden.[14] Werden sie im übertragenen Wirkungskreis tätig, nehmen sie also staatliche Aufgaben wahr, ist die Kostenbefreiung umstritten.[15] Richtigerweise ist auch dies zu verneinen: Für die persönliche Kostenbefreiung kommt es allein darauf an, ob der befreite Beteiligte Kostenschuldner wäre oder nicht. Wird ein Beteiligter lediglich *im Interesse* eines nach Abs. 1 Befreiten tätig, hat dies keine Kostenfreiheit zur Folge.[16] Unabhängig von dieser Frage bleiben landesrechtliche Kostenbefreiungen natürlich möglich.

12 Die Nichtbefreiung der Gemeinden ist vor allem für die Stadtstaaten von Bedeutung. **Berlin** und **Hamburg** genießen Kostenbefreiung in allen Angelegenheiten, da dort alle öffentlichen Angelegenheiten zugleich Landesangelegenheiten sind (die Verfassungen nehmen insoweit keine Trennung vor); eine Unterscheidung zu Gemeindeangelegenheiten wird nicht getroffen.[17] **Bremen** hingegen besteht aus selbstständigen Gemeinden (Bremen und Bremerhaven); Abs. 1 ist hier also nur hinsichtlich Landesangelegenheiten anwendbar.

13 Befreit sind neben Bund und Ländern auch deren „**öffentliche Anstalten und Kassen**", also sowohl Anstalten als auch Körperschaften des öffentlichen Rechts. Auf die Rechtsfähigkeit kommt es nicht an. Entschei-

---

[8] Die Kosten- oder Gebührenfreiheit nach § 2 hat nicht die Freiheit von der Zahlung der Vergütung für einen im Wege der Verfahrenskostenbeihilfe beigeordneten Rechtsanwalt zur Folge, vgl § 59 Abs. 1 S. 2 RVG und BGH NJW 1965, 538. [9] KG RVGreport 2007, 439; OLG Hamburg MDR 1993, 183; HK-FamGKG/*Volpert*, § 2 Rn 2. [10] Korintenberg/*Hellstab*, KostO, § 11 Rn 37. [11] Korintenberg/*Hellstab*, KostO, § 11 Rn 38; *Lappe*, KostRsp. Nr. 63 Anm. [12] OLG Frankfurt NJW 1954, 1248; OLG Karlsruhe Rpfleger 1957, 46. [13] Vgl *Lappe*, KostRsp. Nr. 63 Anm. [14] OLG Hamm Rpfleger 1983, 503. [15] Dafür: OLG Oldenburg NdsRpfl 1995, 43; BayObLG MDR 1961, 778; dagegen: OLG München NVwZ-RR 2010, 90. [16] BGH JurBüro 2009, 371; Rohs/Wedewer/*Waldner*, KostO, § 11 Rn 4. [17] BGHZ 13, 207; 14, 305; Rohs/Wedewer/*Waldner*, KostO, § 11 Rn 7; HK-FamGKG/*Volpert*, § 2 Rn 12.

dendes Kriterium für die Kostenbefreiung ist (zu Einzelfällen → Rn 16 ff), dass sämtliche Einnahmen und Ausgaben dem Haushalt des Bundes oder Landes zuzurechnen sind, dem die Anstalt oder Körperschaft angehört.[18] Sofern die Anstalt oder Körperschaft hingegen einen eigenen Haushalt hat, ist Abs. 1 nicht anwendbar.[19] Ist eine Anstalt nicht rechtsfähig und der Bund oder das Land folglich als ihr Rechtsträger zugleich Kostenschuldner, ändert dies in diesem Fall nichts an der Nichtanwendbarkeit der Kostenbefreiung.[20]

Abs. 1 S. 2 regelt – nur für die **Vollstreckung** –, dass es für die Eröffnung des persönlichen Anwendungsbereichs der Vorschrift darauf ankommt, wer materiell Gläubiger der Forderung ist; § 252 AO oder entsprechende Vorschriften finden keine Anwendung. Hauptanwendungsfall ist die Eintragung von Zwangssicherungshypotheken (Gebührentatbestand: Nr. 14121 KV). Ein weiterer Fall ist zB die Pfändung einer Buchhypothek, vgl § 830 Abs. 1 S. 3 ZPO.   14

3. Erstattungsansprüche der Beteiligten. § 2 regelt allein das Verhältnis zwischen dem Kostenschuldner und der Staatskasse als Kostengläubiger nach dem GNotKG, nicht jedoch das Verhältnis der Kostenerstattung zwischen den Beteiligten. Auch eine Kostenbefreiung nach § 2 bewirkt demnach nicht, dass ein Kostenbefreiter von der Erstattung der außergerichtlichen Kosten des anderen Beteiligten befreit wird.   15

4. Einzelfälle A–Z

■ **Amtshilfe:** Da Amtshilfe (vgl Art. 35 Abs. 1 GG) keine Angelegenheit der freiwilligen Gerichtsbarkeit iSd § 1 Abs. 1 und die ersuchende Behörde nicht Beteiligter des Verfahrens ist, ist der Anwendungsbereich von Abs. 1 nicht eröffnet. Ohnehin erfüllt die Amtshilfetätigkeit als solche idR keinen Kostentatbestand des GNotKG.[21]   16

■ **Bundesagentur für Arbeit (BA):** Keine Kostenbefreiung, da die BA einen eigenen Haushalt hat (→ Rn 13), § 367 Abs. 1 SGB III.[22]   17

■ **Bundesanstalt für Immobilienaufgaben (BImA):** Keine Kostenbefreiung, da die BImA einen eigenen Haushalt hat (→ Rn 13),[23] vgl § 2 BImAG.[24]   18

■ **Bundesanstalt für Post und Telekommunikation:** Keine Kostenbefreiung, vgl Art. 1 § 30 PTNeuOG.[25]   19

■ **Bundesanstalt für vereinigungsbedingte Sonderaufgaben (BvS):** Keine Kostenbefreiung.[26]   20

■ **Bundesautobahn- und Bundesstraßenverwaltungen, Landesstraßenverwaltungen:** Kostenbefreiung, da kein eigener Haushalt (→ Rn 13).[27]   21

■ **Bundesbahn/Bundeseisenbahnvermögen/Deutsche Bahn AG:** Die Bundesverwaltung, insb. das Bundeseisenbahnvermögen (Art. 1 ENeuOG)[28] und das Eisenbahn-Bundesamt (Art. 3 Abs. 2 ENeuOG), genießen Kostenbefreiung. Nicht kostenbefreit ist die Deutsche Bahn AG, vgl Art. 2 ENeuOG.[29]   22

■ **Bundesbank:** Keine Kostenbefreiung, da eigener Haushalt (→ Rn 13 und §§ 26 ff BBankG).[30]   23

■ **Bundespost/Deutsche Post AG/Deutsche Telekom AG/Postbank AG:** Die Bundesverwaltung ist befreit.[31] Keine Kostenbefreiung genießen die Deutsche Post AG, die Deutsche Telekom AG und die Deutsche Postbank AG, vgl Art. 3 § 1 PTNeuOG.   24

■ **Deutsches Rotes Kreuz:** Keine Kostenbefreiung.[32]   25

■ **Kirchengut:** Nach § 1 RGGebFrhV[33] sind (u.a.) rechtsfähige Vereine oder sonst in rechtsfähiger Form errichtete Träger von Kirchengut vor dem BGH von Gerichtsgebühren befreit.[34]   26

■ **Landeszentralbanken:** Keine Kostenbefreiung, da jeweils eigener Haushalt (→ Rn 13; vgl zB Art. 25 BayLBG).[35]   27

■ **PKH-Anwaltskosten:** Gebühren- oder Kostenfreiheit erfasst nicht die wie Gerichtskosten einzuziehende Vergütung der Prozesskostenhilfeanwälte (§ 59 Abs. 2 RVG).[36]   28

■ **Rentenversicherungsträger:** Keine Kostenbefreiung, da weder § 64 SGB X noch andere Vorschriften ergeben, dass der Rentenversicherungsträger in Verfahren über den Versorgungsausgleich keine Gerichtskosten zu tragen hätte.[37]   29

---

18 BGH Rpfleger 1956, 97. **19** BGH MDR 1997, 503. **20** BGH Rpfleger 1982, 145. **21** Korintenberg/*Hellstab*, KostO, § 11 Rn 12. **22** OLG München NJW-RR 2005, 1230. **23** BGH JurBüro 2009, 371; Rohs/Wedewer/*Waldner*, KostO, § 11 Rn 10. **24** Gesetz über die Bundesanstalt für Immobilienaufgaben v. 9.12.2004 (BGBl. I 3235), geänd. d. Art. 15 Abs. 83 G v. 5.2.2009 (BGBl. I 160). **25** Postneuordnungsgesetz v. 14.9.1994 (BGBl. I 2325; 1996 I 103), geänd. d. Art. 2 Abs. 29 G v. 17.12.1997 (BGBl. I 3108). **26** BGH JurBüro 1997, 373; OLG München JurBüro 1996, 548. **27** Vgl Rohs/Wedewer/*Waldner*, KostO, § 11 Rn 9. **28** Eisenbahnneuordnungsgesetz v. 27.12.1993 (BGBl. I 2378), zul. geänd. d. Art. 107 G v. 8.7.2016 (BGBl. I 1594, 1606). **29** Rohs/Wedewer/*Waldner*, KostO, § 11 Rn 9. **30** Gesetz über die Deutsche Bundesbank idF der Bekanntmachung v. 22.10.1992 (BGBl. I 1782), zul. geänd. d. Art. 23 G v. 4.7.2013 (BGBl. I 1981, 2158). **31** Korintenberg/*Hellstab*, KostO, § 11 Rn 17. **32** OLG Hamburg OLGR 2006, 610. **33** VO v. 24.12.1883 (BGBl. III 364-1). **34** Vgl BGH NJW-RR 2007, 644; *Schmidt-Räntsch*, ZfIR 2006, 360. **35** Gesetz über die Bayerische Landesbank idF der Bekanntmachung v. 1.2.2003 (GVBl. 2003, S. 54). **36** Korintenberg/*Hellstab*, KostO, § 11 Rn 8. **37** OLG Naumburg FamRZ 2006, 437.

30   ■   **Sozialhilfeträger:** Kostenbefreiung, sofern das in Frage stehende Verfahren einen engen, sachlichen Bezug mit der gesetzlichen Tätigkeit hat.[38]

31   **5. Notare.** Abs. 1 gilt auch für die Notare im Landesdienst Baden-Württembergs, insb. im badischen Rechtsgebiet, soweit ihnen die Gebühren nicht selbst zufließen (vgl § 135 Abs. 1). Auf Gebührennotare ist § 2 hingegen nicht anwendbar; für sie gelten die Gebührenermäßigungsregelungen des § 91.

III. Sonstige Kostenbefreiung durch Bundes- oder Landesrecht (Abs. 2)

32   **1. Bundesrecht.** Sowohl im GNotKG (vgl etwa Vorbem. 1.5.1 Abs. 2 KV oder Vorbem. 2 Abs. 3 KV, die an die Stelle des § 55 a KostO getreten ist) als auch in sonstigen bundesrechtlichen Regelungen (vgl etwa § 79 BauGB bzgl „Geschäfte[n] und Verhandlungen, die der Durchführung oder Vermeidung der Umlegung dienen, einschließlich der Berichtigung der öffentlichen Bücher") finden sich weitere – teils persönliche, teils sachliche – Kostenbefreiungstatbestände. Eine detaillierte Auflistung findet sich bei Korintenberg/*Hellstab*, GNotKG, Anhang. Die bundesrechtlich gewährte Kostenfreiheit gilt in Verfahren vor Bundesgerichten ebenso wie vor Gerichten der Bundesländer.[39]

33   **2. Landesrecht. a) Allgemeines.** Sonstige landesrechtliche Vorschriften, die eine sachliche oder persönliche Kostenbefreiung vorsehen, bleiben nach Abs. 2 unberührt. Die meisten Bundesländer haben Landesgebührenbefreiungsgesetze erlassen. Sie enthalten meist eine Positivliste der zum Zeitpunkt ihres Erlasses geltenden landesrechtlichen Kostenbefreiungsvorschriften (→ Rn 35 ff).

34   Während bundesrechtliche Gebühren- oder Kostenbefreiungstatbestände für alle Gerichte (Justizbehörden) in Bund und Ländern gelten, können sich landesrechtliche Befreiungen, bedingt durch die verfassungsrechtliche Kompetenzordnung, nicht auf die Gerichte des Bundes erstrecken.[40] Die landesrechtlichen Kostenbefreiungen setzen jedoch überwiegend nicht voraus, dass der persönlich oder sachlich Befreite seinen Sitz im jeweiligen Land hat.[41]

35   **b) Kosten- und Gebührenbefreiungsgesetze der einzelnen Bundesländer.** Die nachstehenden landesrechtlichen Kostenbefreiungen gelten grds. unabhängig davon, ob der Kostenschuldner aus demselben oder einem anderen Bundesland kommt. Die Kostenbefreiung setzt im letztgenannten Fall jedoch in Brandenburg, Hessen, Mecklenburg-Vorpommern, Sachsen-Anhalt und Thüringen Gegenseitigkeit voraus. Die Kostenbefreiungen gelten – da insoweit bundesrechtliche Kostenregelungen greifen – naturgemäß nicht für Gerichtskosten vor Bundesgerichten.[42]

36   **Baden-Württemberg:** Landesjustizkostengesetz idF vom 15.1.1993 (GBl. S. 109, 244), zuletzt geändert durch Art. 4 G vom 17.12.2015 (GBl. 2016 S. 1, 2): Gebührenfreiheit für Gemeinden. Sonstige landesrechtliche Befreiungsvorschriften (unterschiedlich in Baden, Württemberg und Hohenzollern) gelten nach § 8 BWLJKG fort, soweit sie durch das BWLJKG nicht ausdrücklich aufgehoben worden sind.

37   **Bayern:** Landesjustizkostengesetz idF vom 19.5.2005 (GVBl. S. 159), zuletzt geändert durch § 1 ÄndG vom 25.4.2014 (GVBl. S. 166). Daneben bleiben weitere landesrechtliche Kostenbefreiungsvorschriften unberührt, vgl Art. 10 BayLJKostG.

38   **Berlin:** Gesetz über Gebührenbefreiung, Stundung und Erlass von Kosten im Bereich der Gerichtsbarkeiten vom 24.11.1970 (GVBl. S. 1934), zuletzt geändert durch Art. 13 Nr. 6 G über die Neuordnung von Vorschriften über die Justiz vom 16.12.2014 (Nds. GVBl. S. 436): Gebührenfreiheit für Gemeinden. Nach § 4 des Gesetzes gelten die dort genannten landesrechtlichen Befreiungsvorschriften fort.

39   **Brandenburg:** Justizkostengesetz vom 3.6.1994 (GVBl. I S. 172), zuletzt geändert durch Art. 1 G vom 10.7.2014 (GVBl. I/14 [Nr. 35]): Gebührenfreiheit für Gemeinden. Sonstige landesrechtliche Vorschriften bleiben nach § 9 unberührt.

40   **Bremen:** Justizkostengesetz idF vom 4.8.1992 (GBl. S. 257), zuletzt geändert durch Art. 2 G zur Änd. des Gesetzes zur Ausführung des GerichtsverfassungsG und des JustizkostenG vom 4.11.2014 (Brem. GBl. S. 447): Gebührenfreiheit für Gemeinden.

41   **Hamburg:** Landesjustizkostengesetz vom 18.10.1957 (HmbBL I 34-a), zuletzt geändert durch Gesetz vom 3.9.2014 (HmbGVBl. S. 418): keine Gebührenfreiheit für Gemeinden und Gemeindeverbände. Sonstige landesrechtliche Befreiungsvorschriften gelten nach § 13 fort.

42   **Hessen:** Justizkostengesetz vom 15.5.1958 (GVBl. S. 60), zuletzt geändert durch Art. 1 G zur Änd. des Justizkostengesetzes und des Hinterlegungsgesetzes vom 25.3.2015 (GVBl. S. 126): keine Gebührenfreiheit für

---

38 BGH NJW-RR 2006, 717. **39** *Oestreich/Hellstab/Trenkle*, GKG § 2 Rn 9, 11 und 29. **40** BGH NJW-RR 2007, 644; BGH NJW-RR 1998, 1222; BGH Rpfleger 1972, 53; BGH Rpfleger 1978, 305. **41** Vgl Korintenberg/*Hellstab*, KostO, Anhang I Rn 1. **42** BGH MDR 1972, 308; BGH MDR 1998, 680.

Gemeinden. Sonstige landesrechtliche Befreiungsvorschriften gelten fort; dabei sind in den einzelnen Landesteilen Hessens unterschiedliche Bestimmungen zu beachten, vgl § 9 JKostG HE.

Mecklenburg-Vorpommern: Landesjustizkostengesetz vom 7.10.1993 (GVOBl. S. 843), zuletzt geändert **43** durch Art. 1 G zur Änd. des LandesjustizkostenG und des Schiedsstellen- und SchlichtungsG vom 11.11.2015 (GVOBl. M–V S. 462): Gebührenfreiheit für Gemeinden. Nach § 10 LJKostG MV sind Vorschriften des Rechts der ehemaligen DDR, die als Landesrecht fortgelten, nicht anzuwenden, wenn sie eine über § 7 LJKostG MV hinausgehende Kostenbefreiung vorsehen.

Niedersachsen: Gesetz über Gebührenbefreiung, Stundung und Erlass von Kosten in der Gerichtsbarkeit **44** vom 10.4.1973 (GVBl. S. 111), zuletzt geändert durch Art. 13 Nr. 6 G über die Neuordnung von Vorschriften über die Justiz vom 16.12.2014 (Nds. GVBl. S. 436): Gebührenfreiheit für Gemeinden. Die dort in § 5 genannten Befreiungsvorschriften gelten fort.

Nordrhein-Westfalen: Gesetz über die Gebührenbefreiung, Stundung und Erlass von Kosten im Bereich der **45** Rechtspflege vom 21.10.1969 (GVBl. S. 725), zuletzt geändert durch Art. 2 Nr. 48 JuModG vom 26.1.2010 (GV. NRW. S. 30): Gebührenfreiheit für Gemeinden. Die dort in § 1 Abs. 4 genannten landesrechtlichen Befreiungsvorschriften sind weiterhin anwendbar.

Rheinland-Pfalz: Justizgebührenbefreiungsgesetz vom 5.10.1990 (GVBl. S. 281), zuletzt geändert durch Gesetz **46** vom 9.7.2010 (GVBl. S. 167): Gebührenfreiheit für Gemeinden. Nach § 1 Abs. 3 des Gesetzes gelten sonstige landesrechtliche Befreiungsvorschriften fort, wobei – wie in Hessen – unterschiedliche Regelungen für unterschiedliche Landesteile zu beachten sind.

Saarland: Landesjustizkostengesetz vom 30.6.1971 (ABl. I S. 473), zuletzt geändert durch Gesetz vom **47** 12.2.2014 (Amtsbl. I S. 146): Gebührenfreiheit für Gemeinden. Die dort in § 8 genannten landesrechtlichen Befreiungsvorschriften sind weiterhin anwendbar.

Sachsen: Justizgesetz vom 24.11.2000 (GVBl. S. 482), zuletzt geändert durch Gesetz vom 9.7.2014 (Sächs- **48** GVBl. S. 405). Nach § 63 SächsJG bleiben die dort genannten landesrechtlichen Befreiungsvorschriften unberührt.

Sachsen-Anhalt: Justizkostengesetz vom 23.8.1993 (GVBl. S. 449), zuletzt geändert durch Art. 7 G vom **49** 5.12.2014 (GVBl. LSA S. 512): Gebührenfreiheit für Gemeinden. Sonstige landesrechtliche Befreiungsvorschriften bleiben mangels Ausschlussregelung unberührt.

Schleswig-Holstein: Gesetz über Gebührenfreiheit, Stundung und Erlass von Kosten im Bereich der Ge- **50** richtsbarkeiten vom 23.12.1969 (GVOBl. 1970 S. 4), zuletzt geändert durch Art. 2 G zur Änd. des JustizverwaltungskostenG und anderer Gesetze vom 17.3.2014 (GVBl. S. 70): keine Gebührenfreiheit für Gemeinden. Die in § 4 des Gesetzes genannten landesrechtlichen Befreiungsvorschriften gelten fort.

Thüringen: Justizkostengesetz in der Form vom 22.10.1992 (GVBl. S. 527), zuletzt geändert durch Art. 2 G **51** zur Änd. des Gesetzes zur Ausführung des GerichtsverfassungsG und des JustizkostenG vom 4.11.2014 (Brem. GBl. S. 447 (2014)): Gebührenfreiheit für Gemeinden. Sonstige landesrechtliche Befreiungsvorschriften bleiben nach § 8 des Gesetzes unberührt.

IV. Folgen der Kostenbefreiung und Rückerstattung bereits gezahlter Kosten (Abs. 3)

Dass einer von mehreren Kostenschuldnern von der Zahlung von Kosten befreit ist, soll grds. keinen Ein- **52** fluss auf die Kostenhaftung der übrigen (nicht befreiten) Kostenschuldner haben, darf diese also weder begünstigen noch belasten.

1. Rechtsfolgen für den befreiten Beteiligten. Nach **Abs. 3 S. 1** sind Kosten dann nicht zu erheben, wenn **53** einem von Gerichtskosten befreiten Kostenschuldner die Kosten (als Entscheidungsschuldner nach § 27 Nr. 1) auferlegt werden. Ist der Kostenschuldner lediglich von den Gebühren, nicht aber von den Auslagen befreit, können letztere ohne Weiteres erhoben werden.[43] Haftet der Kostenbefreite nur für einen Teil der Kosten, bleibt die Kostenhaftung der Nichtbefreiten bzgl des übrigen Teils unberührt.[44]

Nach **Abs. 3 S. 2** gelten die Rechtsfolgen des Abs. 3 S. 1 auch dann, wenn ein Kostenbefreiter die Kosten **54** des Verfahrens übernimmt (und somit nach § 27 Nr. 2 zum Kostenschuldner wird), zB im Rahmen eines Vergleichs oder einer sonstigen Einigung, es sei denn, die Kostenübernahme findet in Grundbuch- und Registersachen statt. In der Lit. und Rspr. wurden bislang unterschiedliche Rechtsauffassungen zu der Frage vertreten, ob der mit Abs. 3 S. 2 gleichlautende § 2 Abs. 5 S. 2 GKG auch dann Anwendung finden sollte, wenn ein nicht am Verfahren beteiligter (zur Frage der Verfahrensbeteiligung vgl §§ 7, 8 FamFG) kostenbefreiter Dritter die Kosten übernimmt.[45] Der Gesetzgeber hat diese Streitfrage nun – auch im GNotKG – ge-

---

43 Vgl OLG Saarbrücken OLGR 2001, 393. **44** OLG Koblenz JurBüro 2008, 209. **45** *Oestreich/Hellstab/Trenkle*, GKG § 2 Rn 24; *Meyer*, GKG § 2 Rn 29.

klärt: Ist der Verfahrensbeteiligte nicht selbst kostenbefreit, sondern hat nur einen Erstattungs- bzw Freistellungsanspruch gegen einen kostenbefreiten Dritten, greift die Ratio des § 2 nicht ein. Entsprechend ist es nachvollziehbar, dass diesem Dritten keine Gerichtskostenfreiheit gewährt wird.[46]

55 Ebenfalls können im Fall einer kraft Gesetzes bestehenden Kostenhaftung eines Befreiten (vgl § 27 Nr. 3) von diesem keine Kosten erhoben werden.[47]

56 **2. Rechtsfolgen für den nicht befreiten Beteiligten. a) Befreiter Beteiligter trägt sämtliche Kosten.** Abs. 3 regelt hinsichtlich der Erhebung der Kosten vom nicht befreiten Beteiligten nur die Fälle, dass bereits eine Kostenentscheidung zu Lasten des befreiten Beteiligten oder eine Kostenübernahme durch diesen oder einen nichtbeteiligten Dritten (→ Rn 53) erfolgt ist.[48] Der nicht befreite Beteiligte ist nicht als Zweitschuldner in Anspruch zu nehmen. Bereits erhobene Kosten sind dann von Amts wegen an den nicht befreiten Beteiligten zurückzuerstatten. Unterbleibt die Erstattung, kann sie im Wege der Erinnerung nach § 81 geltend gemacht werden.[49] Vom befreiten Beteiligten kann der nicht befreite Beteiligte die Erstattung allerdings nicht fordern, sondern ist auf den Rückzahlungsanspruch gegen die Staatskasse zu verweisen.[50]

57 **b) Befreiter Beteiligter trägt Teil der Kosten.** Trägt der befreite Beteiligte als Entscheidungs- oder Übernahmeschuldner die Kosten nur teilweise, gelten die Rechtsfolgen des Abs. 3 nur für diesen Teil.

58 **Beispiel:** Dem kostenbefreiten Beteiligten werden durch Kostenentscheidung 50 % der Verfahrenskosten (insgesamt 1.000 €) auferlegt. Der nicht kostenbefreite Antragsteller hat die gesamten Verfahrenskosten bereits durch Vorschuss eingezahlt.

Die eingezahlten 1.000 € werden zu 50 % auf die eigene Kostenschuld des Antragstellers verrechnet; die verbleibenden 500 € werden hingegen nicht auf die Kostenschuld des kostenbefreiten Beteiligten verrechnet, sondern im Wege der Rückerstattung an den Antragsteller ausgezahlt.

59 **c) Nicht befreiter Beteiligter trägt sämtliche Kosten.** In dieser Konstellation ändert die Kostenbefreiung des anderen Beteiligten nichts an der Erhebung der Kosten vom nicht befreiten Beteiligten. Zahlt der nicht befreite Beteiligte jedoch nicht, können die Kosten nicht vom befreiten Beteiligten als Zweitschuldner erhoben werden.

60 **d) Verhältnis zu § 28.** Kein Fall von Abs. 3, sondern von § 28 S. 1 liegt vor, wenn ein nicht befreiter Beteiligter als Entscheidungsschuldner in Anspruch genommen worden ist, diese Kostenhaftung jedoch nachträglich durch die Aufhebung dieser Entscheidung erlischt: Der Erstattungsanspruch des Entscheidungsschuldners ergibt sich hier nicht aus Abs. 3 S. 1 Hs 2, sondern aus § 28 S. 2.

61 Ohne Auswirkung auf die Kostenhaftung des nicht befreiten Beteiligten in einer Vorinstanz bleiben hingegen entsprechende Vereinbarungen der Beteiligten in einem Vergleich oder einer Kostenübernahme (da hierdurch die Kostenentscheidung unberührt bleibt), es sei denn, es liegt ein Fall der vorrangigen Sonderregelung des Abs. 3 vor.

62 **Beispiel:** Dem nicht befreiten Beteiligten werden in der ersten Instanz die Kosten vollständig auferlegt. Im Beschwerdeverfahren vereinbaren er und der kostenbefreite andere Beteiligte im Rahmen eines Vergleichs hälftige Kostentragung.

Wäre der andere Beteiligte nicht kostenbefreit, wäre allein § 28 S. 1 anwendbar; in der Folge müsste der nicht befreite Beteiligte die Kosten der ersten Instanz *im Außenverhältnis* allein tragen; der Vergleich in der zweiten Instanz könnte nur *im Innenverhältnis* der Beteiligten die Kostenhaftung auch für die erste Instanz regeln. Da jedoch Kostenbefreiung vorliegt, greift Abs. 3 S. 1 und es sind dem nicht befreiten Beteiligten bereits für die erste Instanz gezahlte Beträge entsprechend dem Vergleich zur Hälfte auf seine Kostenschuld zu verrechnen, im Übrigen jedoch zurückzuerstatten. Hat er noch nicht gezahlt, kann von ihm auch für die erste Instanz nur die Hälfte der Kosten erhoben werden.

63 Der Anwendungsbereich der Regelung des Abs. 3 S. 1 Hs 2 liegt daher v.a. im Bereich der allgemeinen Kostenhaftung nach § 22 Abs. 1 (Antragstellerhaftung).

64 **3. Bestand der Vorschusspflicht nach § 13 S. 1.** Nach § 16 Nr. 2 darf eine beantragte Handlung nicht von der Sicherstellung oder Zahlung der Kosten abhängig gemacht werden, wenn dem Antragsteller Gebührenfreiheit zusteht. Umgekehrt ändert es nichts an der Vorschusspflicht eines nicht kostenbefreiten Antragstellers nach § 13, dass ein anderer Beteiligter nach § 2 kostenbefreit ist. Die Kostenbefreiung wirkt sich für den nicht kostenbefreiten Beteiligten erst dann aus, wenn der kostenbefreite Beteiligte iSv Abs. 3 zum Entscheidungs- oder Übernahmeschuldner wird: Bereit gezahlte Vorschüsse sind nach Abs. 3 S. 1 Hs 2 zu erstatten; § 17 (Fortbestand der Vorschusspflicht) ist nicht anwendbar.[51]

46 Vgl *Oestreich/Hellstab/Trenkle*, GKG § 2 Rn 28; *Meyer*, GKG § 2 Rn 34; ebenso OLG Köln JurBüro 1979, 463. **47** Dazu *Oestreich/Hellstab/Trenkle*, GKG § 2 Rn 24; *Meyer*, GKG § 2 Rn 30. **48** HK-FamGKG/*Volpert*, § 2 Rn 44. **49** Vgl BGH NJW 2003, 1322; *Meyer*, GKG § 2 Rn 34; HK-FamGKG/*Volpert*, § 2 Rn 44. **50** BGH NJW 2003, 1322. **51** KG RVG-Report 2008, 439; HK-FamGKG/*Volpert*, § 2 Rn 50.

§ 20 Abs. 6 KostVfg regelt, dass in den Fällen des § 14 Abs. 2 und in gleichartigen Fällen ein Vorschuss 65 nicht zu erheben ist, wenn eine Gemeinde, ein Gemeindeverband oder eine sonstige Körperschaft des öffentlichen Rechts Kostenschuldner ist. Da die Gemeinden und Gemeindeverbände in den meisten Bundesländern lediglich gebühren-, jedoch nicht auslagenbefreit sind (→ Rn 11 f), sichert diese Regelung auch ihre Auslagenvorschussfreiheit.[52]

V. Einschränkungen der Kosten- oder Gebührenfreiheit (Abs. 4)

Abs. 4 übernimmt die Regelung des § 12 Abs. 1 KostO, erweitert diese jedoch von der reinen Gebührenbe- 66 freiung auch auf die Fälle der Kostenbefreiung.

1. Haftungsschuldner, § 27 Nr. 3. Der Haftungsschuldner (§ 27 Nr. 3) muss kraft Gesetzes für die Schuld 67 eines anderen einstehen (s. im Einzelnen § 27). Infolge der Zahlung des Haftungsschuldners entsteht ein Regressanspruch gegen den ersten Schuldner (Beispiel: § 110 HGB) oder der Anspruch geht im Wege der *cessio legis* auf ihn über (§ 426 Abs. 2 BGB). Um zu verhindern, dass die persönliche Kostenbefreiung des Haftungsschuldners letztlich nicht diesem, sondern dem nicht befreiten ersten Schuldner zugutekommt, schließt Abs. 4 die Kostenfreiheit hier aus.[53]

2. Haftung des Erben, § 24. In den Fällen des § 24 haftet der Erbe – vorbehaltlich der Geltendmachung der 68 beschränkten Erbenhaftung (§§ 1975 ff BGB) mit dem Nachlass; entsprechend besteht kein Grund für die Begünstigung nach Abs. 1. Diese Einschränkung gilt auch für Kostenfreiheitstatbestände aufgrund Landesrechts.[54]

Beispiel: Eine Gemeinde schuldet, sofern sie Erbe wird, Gebühren und Auslagen einer Testamentseröffnung (§ 24 69 Nr. 1).

Gegenbeispiel: Die gleiche Gemeinde schuldet keine Gebühr für den Erbschein, da dieser in § 24 nicht aufgeführt 70 ist und die Regelung als Ausnahmetatbestand (Analogieverbot!) restriktiv auszulegen ist.[55]

Auf den Übernahmeschuldner (der die geschuldeten Kosten von einer befreiten Person übernommen hat) ist 71 Abs. 4 mangels Verweises auf § 27 Nr. 2 nicht anwendbar.

VI. Kosten- oder Gebührenfreiheit für einzelne Gesamtschuldner (Abs. 5)

1. Allgemeines. Abs. 5 übernimmt inhaltlich § 13 KostO hinsichtlich Grundbuch- und Registersachen, er- 72 weitert die Vorschrift jedoch (wie schon Abs. 4) auf alle Kostenbefreiten. Die Regelung gewährleistet, dass die persönlichen Kostenbefreiung der Abs. 1 und 2 auch im Fall einer gesamtschuldnerischen Haftung erhalten bleibt (allgemeiner Grundsatz):[56] Ist von mehreren Gesamtschuldnern nur einer (bzw sind von mehreren nicht alle) kostenbefreit, so würde der Befreite nicht von der Kostenbefreiung profitieren, wenn er von einem nicht befreiten Kostenschuldner aufgrund gesetzlicher Vorschrift in Regress genommen wird. Um dies zu verhindern, vermindert sich nach Abs. 5 der Gesamtbetrag der Kosten oder der Gebühren um den Betrag, den die befreiten den nicht befreiten Beteiligten aufgrund gesetzlicher Vorschrift zu erstatten hätten. Der Befreite hat jedoch im Ergebnis dann Kosten zu tragen, wenn seine Kostenhaftung auf einer (vertraglichen) Kostenübernahme beruht und diese Übernahme von der Regelung abweicht, die gelten würde, wenn zwischen ihm und dem Nichtbefreiten keine Vereinbarung getroffen worden wäre.[57] Keine Anwendung findet die Regelung jedoch, wenn der Befreite als Antragsteller allein für die Kosten haftet. Dann greift die Kostenbefreiung in jedem Fall.

„Gesetzliche Vorschriften", aufgrund derer der Befreite von den nicht befreiten Beteiligten in Anspruch ge- 73 nommen werden könnte, sind nach hM[58] alle gesetzlichen Regelungen, welche die Kostentragungspflicht im Verhältnis der Beteiligten untereinander unmittelbar regeln.[59] In Betracht kommen insb.: § 426 Abs. 1 BGB (Gesamtschuldnerausgleich); § 448 Abs. 2 BGB (Kostentragung durch den Käufer bzgl der Beurkundung des Kaufvertrags und der Auflassung, der Eintragung ins Grundbuch und der zu der Eintragung erforderlichen Erklärungen); § 480 BGB (Tausch, bei dem die kaufrechtlichen Vorschriften und damit auch § 448 Abs. 2 BGB entsprechend anzuwenden sind); § 788 ZPO (Kosten der Zwangsvollstreckung).

Nach abweichender Auffassung[60] sind unter „gesetzlichen Vorschriften" hingegen nur *zwingende* gesetzli- 74 che Regelungen zu verstehen („zu erstatten *hätten*"), folglich Vorschriften des Verfahrensrechts über die Kostenentscheidung, Vorschriften des Verfahrensrechts, die – ohne ausdrückliche Entscheidung – eine Erstattungspflicht begründen (Beispiel: § 788 ZPO), sowie zwingende Vorschriften des Privatrechts (Beispiel:

---

52 Vgl HK-FamGKG/*Volpert*, § 2 Rn 51. **53** Korintenberg/*Hellstab*, KostO, § 12 Rn 1. **54** LG Hannover Rpfleger 1989, 64; Rohs/Wedewer/*Waldner*, KostO, § 12 Rn 2. **55** LG Osnabrück NdsRpfl 1999, 149. **56** Dazu Rohs/Wedewer/*Waldner*, KostO, § 13 Rn 2. **57** Vgl BT-Drucks 17/11471 (neu), S. 156. **58** OLG Köln Rpfleger 1967, 97; OLG Frankfurt DNotZ 1956, 217; vgl Rohs/Wedewer/*Waldner*, KostO, § 13 Rn 6; *Filzek*, KostO, § 13 Rn 4. **59** Rohs/Wedewer/*Waldner*, KostO, § 13 Rn 3. **60** Vgl bisher Korintenberg/*Lappe*, KostO, § 13 Rn 2 ff.

§§ 412, 403 BGB) und des öffentlichen Rechts. Gegen diese Auslegung des Abs. 5 spricht jedoch, dass für die Regelung so nur ein enger, praktisch kaum relevanter Anwendungsbereich verbliebe.[61]

75   2. Einzelfälle. a) Zwei Gesamtschuldner haften gem. § 426 BGB im Verhältnis zueinander grds. zu gleichen Anteilen. Kommt nur einer von ihnen in den Genuss der Kostenbefreiung, können von dem Nichtbefreiten nur 50 % der Kosten erhoben werden. Würde man die vollen Kosten erheben, könnte der Nichtbefreite nach § 426 Abs. 1 BGB vom Befreiten die Hälfte der Kosten beanspruchen, so dass die Kostenbefreiung faktisch ausgehebelt würde.

76   b) Nach § 448 Abs. 2 BGB hat der **Käufer eines Grundstücks** die Kosten der Beurkundung des Kaufvertrags und der Auflassung, der Eintragung ins Grundbuch und der zu der Eintragung erforderlichen Erklärungen zu tragen. Hierzu gehören die unmittelbar mit der Veräußerung (Eigentumsübertragung, dh Auflassung und Eintragung) des Grundstücks verbundenen Kosten[62] einschließlich der Auflassungsvormerkung[63] und der Grunderwerbsteuer. Nicht zu den Kosten iSv § 448 Abs. 2 BGB gehören hingegen die Kosten der Vermessung oder Aufwendungen zur Schaffung der Voraussetzungen der Übereignung, insb. also Grundbuchberichtigungen oder die Lastenfreistellung. Ist der Käufer von den Kosten befreit, werden diese Kosten nicht erhoben, hätte doch der Verkäufer gegen den Käufer einen gesetzlichen Erstattungsanspruch.[64] Für die Eintragungsgebühren beim Grundbuchamt kommt es infolge der Antragshaftung (§ 22 Abs. 1) nur darauf an, wer den Antrag gestellt hat.

77   c) § 448 Abs. 2 BGB gilt nicht für die **Beurkundung eines Kaufvertragsangebots**, wenn dieses Angebot nicht angenommen wird, da es hier an einer speziellen gesetzlichen Haftungsvorschrift fehlt. Es handelt sich ausschließlich um ein Geschäft des Anbietenden; §§ 670, 448 Abs. 2 BGB kommen als gesetzliche Erstattungsvorschriften nicht in Betracht.[65] Einschlägig ist lediglich § 426 Abs. 1 BGB in den Fällen, in denen sowohl Anbietender als auch Angebotsempfänger Kostenschuldner sind.

78   d) Bei der **Eintragung einer Zwangshypothek** haftet neben dem Antragsteller (§ 22 Abs. 1) auch der Verpflichtete (§ 27 Nr. 4 GNotKG, § 788 ZPO) gesamtschuldnerisch für die Kosten der Zwangsvollstreckung. Der Verpflichtete hat jedoch (§ 788 ZPO) keinen Erstattungsanspruch gegen den Antragsteller und kann sich folglich auch nicht auf dessen Kostenbefreiung berufen, sofern er in Anspruch genommen wird.[66]

79   3. Ausnahmen. Abs. 5 ist nicht anwendbar, wenn der Kostenbefreite gem. Abs. 4 in Anspruch genommen werden kann. Weiterhin liegt kein Fall des Abs. 5 vor, wenn ein befreiter Beteiligter durch vertragliche Vereinbarung Kosten, die nach den gesetzlichen Vorschriften ein nicht befreiter Beteiligter zu tragen hätte, übernimmt: Der nicht befreite Beteiligte bleibt weiterhin zahlungspflichtig; beide Beteiligten haften nun gesamtschuldnerisch.[67]

§ 3 Höhe der Kosten

(1) Die Gebühren richten sich nach dem Wert, den der Gegenstand des Verfahrens oder des Geschäfts hat (Geschäftswert), soweit nichts anderes bestimmt ist.

(2) Kosten werden nach dem Kostenverzeichnis der Anlage 1 zu diesem Gesetz erhoben.

I. Gesetzliche Systematik

1   § 3 bildet den Ausgangspunkt für die Berechnung von Wertgebühren im System des GNotKG und bestimmt in Abs. 1 den Wert des Verfahrens oder Geschäfts als maßgebliches Kriterium. Die **Wertgebühr** ist daher der Regelfall im GNotKG.

2   Neben den Wertgebühren ist iSd Abs. 1 insoweit „**etwas anderes bestimmt**", als das Gesetz

- zahlreiche **Festgebühren** (zB Nr. 12100 KV: Festgebühr von 75 € für die Annahme einer Verfügung von Todes wegen in besondere amtliche Verwahrung; Nr. 25101 KV: Festgebühr von 20 € für die Beglaubigung von Unterschriften oder Handzeichen unter bestimmten Erklärungen) und sogar – als Sonderfall einer Zusatzgebühr –

- **zeitabhängige Gebühren** (vgl Nr. 26002 KV: Zusatzgebühr von 50 € für jede angefangene halbe Stunde, wenn die Tätigkeit des Notars auf Verlangen eines Beteiligten außerhalb der Geschäftsstelle des Notars vorgenommen wird)

vorsieht.

61 Rohs/Wedewer/*Waldner*, KostO, § 13 Rn 5. **62** Vgl Palandt/*Weidenkaff*, BGB, § 448 mwN. **63** OLG Hamm NJW 1965, 303; BayObLG NJW 1960, 1953. **64** Rohs/Wedewer/*Waldner*, KostO, § 13 Rn 3 a. **65** So OLG Karlsruhe JurBüro 2006, 490. **66** Vgl Rohs/Wedewer/*Waldner*, KostO, § 13 Rn 10. **67** Vgl Rohs/Wedewer/*Waldner*, KostO, § 13 Rn 9.

Abs. 2 verweist hinsichtlich der einzelnen Kostentatbestände auf die Anlage 1 zum GNotKG. 3

II. Wertgebühren im GNotKG

Trotz einer zahlenmäßigen Zunahme von Festgebühren im GNotKG gegenüber der KostO sind die meisten 4 Gebühren des GNotKG weiterhin Wertgebühren. Wertgebühren werden als Produkt eines Gebührensatzes, der im GNotKG entsprechend den sonstigen modernen Kostengesetzen als Dezimalzahl ausgedrückt wird (0,5-Gebühren, 1,0-Gebühren, 2,0-Gebühren etc.) und eines Werts in einer Gebührentabelle (Anlage zu § 34; das GNotKG kennt zwei Gebührentabellen: Tabelle A und Tabelle B) nach einem Geschäftswert berechnet.

Kapitel 1 Abschnitt 7 des GNotKG (§§ 35–54) enthält die für Gerichte und Notare gleichermaßen gelten- 5 den Wertvorschriften. Unterabschnitt 1 (§§ 35–39) umfasst dabei die allgemeinen Wertvorschriften, Unterabschnitt 2 (§§ 40–45) die besonderen **Geschäftswert**vorschriften. Unterabschnitt 3 (§§ 46–54) enthält sämtliche **Bewertungs**vorschriften.

Im Gegensatz zur KostO führt das GNotKG eine strenge **terminologische Differenzierung** zwischen *Ge-* 6 *schäftswert*vorschriften auf der einen Seite und *Bewertungs*vorschriften auf der anderen Seite ein: *Bewertungs*vorschriften sprechen stets von dem *Wert*, während *Geschäftswert*vorschriften den Begriff des *Geschäftswerts* verwenden.

In einem **ersten Schritt** ist anhand der einschlägigen Geschäftswertvorschrift zu bestimmen, wie sich der für 7 eine bestimmte Gebühr maßgebliche **Geschäftswert** berechnet. Dabei ist wie folgt vorzugehen:

- Ausgangspunkt ist die allgemeine Geschäftswertvorschrift des § 36, die immer dann anzuwenden ist, wenn es für den Einzelfall keine besondere Geschäftswertvorschrift gibt.
- Gibt es hingegen für den zu beurteilenden Fall eine besondere Geschäftswertvorschrift, so ist diese heranzuziehen.

In einem **zweiten Schritt** ist mit dem so gefundenen Ansatzpunkt der **Wert des Gegenstands** zu berechnen. 8 In beiden vorgenannten Fällen (Anwendung des § 36 als allgemeine Geschäftswertvorschrift oder bei der Anwendung einer besonderen Geschäftswertvorschrift, wie etwa des § 40 für den Erbschein) richtet sich die Bewertung von Sachen und Rechten nach den Bewertungsvorschriften in Kapitel 1 Abschnitt 7 Unterabschnitt 3 des GNotKG (§§ 46–54).

Im Vergleich zur KostO sieht das GNotKG zahlreiche neue Geschäftswertvorschriften vor, deren Grundsät- 9 ze im Wesentlichen der bisherigen Kostenrechtsprechung entnommen bzw als (korrigierende) Reaktion darauf gefasst wurden.[1]

In einem **dritten Schritt** ist mittels des unter Zugrundelegung des Gegenstandswerts ermittelten Geschäfts- 10 werts die Gebührenberechnung nach § 34 iVm dem jeweiligen Tatbestand des Kostenverzeichnisses durchzuführen. Zu beachten sind die verschiedenen Mindest- und Höchstgeschäftswerte des GNotKG (zB §§ 35 Abs. 2, 73, 105 Abs. 1 S. 2) sowie die allgemeine Mindestgebühr von 15 € nach § 34 Abs. 5 und spezielle Mindest- und Höchstgebühren (zB Nr. 12211–12240 KV).

Der Grundsatz der Wertgebühr verstößt nicht gegen Verfassungsrecht.[2] Die Ziele des Wertgebührensystems 11 (Berücksichtigung von Arbeitsaufwand, Haftungsrisiken, Ausgleich zwischen Geschäften mit niedrigen und hohen Geschäftswerten, wobei jeweils eine gleichbleibende Qualität der Bearbeitung gewährleistet werden soll, wirtschaftliche Bedeutung für die Beteiligten, Berücksichtigung der Leistungsfähigkeit des Gebührenschuldners iSd Sozialstaatsprinzips) berechtigen den Gesetzgeber, die Gebühren ohne Verstoß gegen das Äquivalenzprinzip als Wertgebühren auszugestalten.[3] Aus europarechtlicher Sicht musste das Gebührensystem der Handelsregistergebührenverordnung (HRegGebV) wegen der Gesellschaftssteuerrichtlinie[4] und den zu ihr ergangenen Gerichtsentscheidungen vollständig überarbeitet werden. An die Stelle einer Mischung von Fest- und Wertgebühren ist nun ein System aufwandsbezogener Festgebühren getreten. Abgesehen davon sind Wertgebühren jedoch auch bei Kostenschuldnern aus dem EU-Ausland kein Verstoß gegen europäisches Recht.[5]

III. Gegenstand des Verfahrens oder Geschäfts (Abs. 1)

1. **Wert des Verfahrens oder Gegenstands.** Abs. 1 stellt den Grundsatz auf, dass sich die Gebühren nach 12 dem Wert des Verfahrens oder des Geschäfts richten. Rein persönliche Interessen der Beteiligten bleiben au-

---

1 BT-Drucks 17/11471 (neu), S. 140. **2** Vgl BVerfG FGPrax 2005, 43; BVerfG NJW 2004 3321; BVerfGE 85, 337, 346; Korintenberg/*Schwarz*, KostO, Vorb. §§ 18 ff Rn 1 a. **3** Dazu Rohs/Wedewer/*Rohs*, KostO, § 18 Rn 1 a. **4** Richtlinie 69/335/EWG des Rates vom 17. Juli 1969 betreffend die indirekten Steuern auf die Ansammlung von Kapital (ABl. L 249 v. 3.10.1969, S. 25) idF der Richtlinie 85/303/EWG des Rates vom 10. Juni 1985 (ABl. L 156 v. 15.6.1985, S. 23). **5** Vgl die Nachweise bei *Filzek*, KostO, Vorb. § 18 Rn 2.

ßer Betracht.[6] Der Wert ist unter Beachtung der einschlägigen Wertvorschriften von Seiten des Kostenbeamten oder Notars zu bestimmen, wobei er die entsprechenden Informationen zu beschaffen und zu beurteilen hat. Angaben der Beteiligten können dabei (vgl etwa § 46 Abs. 2 Nr. 2) eine wichtige Rolle spielen.

13   **2. Begriff des Verfahrens oder Geschäfts.** Der Begriff des **Gegenstands des Verfahrens** oder **des Geschäfts** entspricht dem des **Streitgegenstands** iSv ZPO und GKG. Der **Geschäftswert** des GNotKG entspricht dem **Streitwert** der ZPO.[7]

14   Im **gerichtlichen Verfahren** ist zu unterscheiden: Während sich der Gegenstand in Antragsverfahren grds. durch den Antrag der Beteiligten bestimmt, ist es in Amtsverfahren das Gericht selbst, das den Verfahrensgegenstand festlegt. In endgültiger Bestimmtheit ergibt sich der Gegenstand des Verfahrens oder Geschäfts angesichts der grundsätzlichen Freiheit des Gerichts häufig erst aus der gerichtlichen Entscheidung.[8]

15   Im **notariellen Verfahren** bestimmt sich der Gegenstand nach der von den Beteiligten beantragten Amtshandlung des Notars.

16   Da die Gerichtsgebühren entsprechend der Regelungstechnik im FamGKG weitestgehend als Verfahrensgebühren ausgestaltet sind[9] und auch die meisten Notargebühren von Akt- auf Verfahrensgebühren umgestellt wurden (vgl § 85),[10] hat der **Begriff** des **Verfahrens** auch Eingang in die Vorschrift des § 3 gefunden:

- **Gerichtliches Verfahren** ist der durch Antrag oder Aufnahme von Amts wegen begonnene Vorgang, mit dem ein bestimmtes Ziel verfolgt wird (Eintragung ins Grundbuch, Beurkundung eines Vertrags, Eröffnung einer Verfügung von Todes wegen etc.).
- **Notarielles Verfahren** ist nach § 85 Abs. 1 sowohl das Beurkundungsverfahren (Teil 2 Hauptabschnitt 1 KV) als auch jedes der Verfahren, für welche Gebühren in Teil 2 Hauptabschnitt 3 KV geregelt sind.

17   „Geschäft" iSv Abs. 1 meint das Geschäft des Gerichts oder des Notars, dh die jeweilige amtliche Handlung, nicht jedoch das Rechtsgeschäft der Beteiligten. Der Gegenstand des Geschäfts ist daher nicht zwangsläufig identisch mit dem Gegenstand, auf den sich das Rechtsgeschäft der Beteiligten bezieht. Maßgeblich kann bspw sowohl der Wert der Sache als auch der Wert des Rechts sein, auf den sich die Erklärungen der Beteiligten beziehen.[11]

18   Die Werte **mehrerer Verfahrensgegenstände** werden grds. addiert (§ 35 Abs. 1), es sei denn, es liegt Gegenstandsgleichheit vor (§ 109 Abs. 1 S. 1) oder es greift eine gesetzliche Ausnahmeregelung wie zB § 37 bzgl Früchten, Nutzungen, Zinsen, Vertragsstrafen, sonstigen Nebengegenständen und Kosten ein.

IV. Kostenverzeichnis (Abs. 2)

19   Nach Abs. 2 werden Kosten nach dem Kostenverzeichnis der Anlage 1 zum GNotKG erhoben. Kosten sind nach § 1 Abs. 1 (Legaldefinition) Gebühren und Auslagen (→ § 1 Rn 19). Das Kostenverzeichnis ist sowohl bzgl der Gebühren als auch bzgl der Auslagen abschließend (→ § 1 Rn 21 ff). Damit gilt: Sieht das Kostenverzeichnis für eine Tätigkeit, ein Verfahren, eine Auslage keinen Kostentatbestand vor, ist von Kostenfreiheit auszugehen (Ausnahme: öffentlich-rechtliche Gebührenvereinbarung, § 126). Analogien sind unzulässig.

§ 4 Auftrag an einen Notar

Die Erteilung eines Auftrags an einen Notar steht der Stellung eines Antrags im Sinne dieses Kapitels gleich.

1   Die Regelung des § 4 ist neu; die KostO enthielt keine entsprechende Vorschrift. Sie war nicht erforderlich, da nach § 141 KostO für die Kosten der Notare die Vorschriften des Ersten Teils der KostO grds. entsprechend anzuwenden waren, was eine gesonderte Regelung zum Begriff des **Antrags** entbehrlich machte. Anders im GNotKG: Kapitel 1 des Gesetzes, das gemeinsame Vorschiften für Gerichte enthält, verwendet für verfahrenseinleitende Erklärungen grds. den Begriff des **Antrags**. § 4 stellt klar, dass die Bestimmungen dieses Kapitels auch für eine notarielle Tätigkeit aufgrund eines dem Notar erteilten **Auftrags** gelten (in der KostO fand sich dieser Begriff bereits in den §§ 145 ff). Der Begriff meint nicht ein bürgerlich-rechtliches Auftragsverhältnis iSv §§ 662 ff BGB, sondern (entsprechend der öffentlich-rechtlichen Amtstätigkeit des Notars) ein öffentlich-rechtliches Auftragsverhältnis, von dem etwa in § 19 Abs. 1 S. 2 BNotO die Rede ist. Demnach ist Auftrag das Ersuchen an den Notar um die Erbringung einer Amtstätigkeit.[1] Im Rahmen des § 19 BNotO wird der Begriff des Auftraggebers noch erweitert um jeden, dem gegenüber der Notar selb-

---

6 BayObLG JurBüro 1985, 583; Rohs/Wedewer/*Rohs*, KostO, § 18 Rn 2. **7** Korintenberg/*Schwarz*, KostO, § 18 Rn 1; Rohs/ Wedewer/*Rohs*, KostO, § 18 Rn 3. **8** Korintenberg/*Schwarz*, KostO, § 18 Rn 2. **9** Vgl BT-Drucks 17/11471 (neu), S. 2. **10** Vgl BT-Drucks 17/11471 (neu), S. 180. **11** Rohs/Wedewer/*Rohs*, KostO, § 18 Rn 3 a. **1** BGH NJW 1999, 2183, 2184.

ständig und ausdrücklich Amtspflichten übernimmt. Diese Erweiterung hat allerdings haftungsrechtliche Gründe und ist für den Bereich des Kostenrechts unpassend.[2]

Nach § 29 Nr. 1 schuldet die Notarkosten u.a., wer den **Auftrag** erteilt oder den **Antrag** gestellt hat. Da das GNotKG außerhalb des Kapitels 1 den Begriff des Antrags nicht in Bezug auf notarielle Tätigkeiten verwendet, wäre die Vorschrift insofern nicht erforderlich. Allerdings unterscheiden andere Gesetze nicht immer trennscharf zwischen den Begriffen, bspw sprechen § 363 Abs. 1 FamFG und § 54 a BeurkG (Letzterer bzgl des verfahrenseinleitenden Auftrags an den Notar) insofern weiter vom „Antrag" an den Notar bzgl der Vermittlung der Nachlassauseinandersetzung. **2**

§ 5 Verweisung, Abgabe

(1) [1]Verweist ein erstinstanzliches Gericht oder ein Rechtsmittelgericht ein Verfahren an ein erstinstanzliches Gericht desselben oder eines anderen Zweiges der Gerichtsbarkeit, ist das frühere erstinstanzliche Verfahren als Teil des Verfahrens vor dem übernehmenden Gericht zu behandeln. [2]Gleiches gilt, wenn die Sache an ein anderes Gericht abgegeben wird.

(2) [1]Mehrkosten, die durch Anrufung eines Gerichts entstehen, zu dem der Rechtsweg nicht gegeben ist oder das für das Verfahren nicht zuständig ist, werden nur dann erhoben, wenn die Anrufung auf verschuldeter Unkenntnis der tatsächlichen oder rechtlichen Verhältnisse beruht. [2]Die Entscheidung trifft das Gericht, an das verwiesen worden ist.

(3) Verweist der Notar ein Teilungsverfahren an einen anderen Notar, entstehen die Gebühren für jeden Notar gesondert.

I. Gesetzliche Systematik und Anwendungsbereich

Die Vorschrift entspricht der Regelung über die Verweisung und Abgabe in § 6 Abs. 1 und 3 FamGKG. Die KostO enthielt keine vergleichbare Regelung, da dort idR Entscheidungsgebühren vorgesehen waren und insofern zum Zeitpunkt der Verweisung oder Abgabe bei dem abgebenden Gericht noch keine Gebühren entstanden waren. Die Vorschrift übernimmt aber zT den Regelungsgehalt des § 92 Abs. 4 KostO für Dauerbetreuungen (insoweit waren bereits früher für die Berechnung der Jahresgebühren einige Fürsorgemaßnahmen als ein Verfahren behandelt worden).[1] **1**

§ 5 ist Ausfluss des Gedankens der Einheitlichkeit der Justiz.[2] Die Vorschrift regelt in **Abs. 1** zum einen die **förmliche Verweisung** des gesamten Verfahrens von dem zunächst angerufenen, jedoch unzuständigen, an das zuständige Gericht (S. 1), zum anderen die **formlose Abgabe** an ein anderes Gericht (S. 2) und soll die Entstehung von Mehrkosten durch Anrufung eines unzuständigen Gerichts verhindern. Beide Verfahren bilden kostenrechtlich eine einheitliche Instanz, dh, es können alle Kosten nur einmal erhoben werden. Dies gilt jedoch nur für das erstinstanzliche Verfahren. Verweist erst das Rechtsmittelgericht an das zuständige Gericht erster Instanz, hat dies nicht etwa die Einheitlichkeit von erstinstanzlichem und Rechtsmittelverfahren zur Folge. **2**

Abs. 2 S. 1 regelt ergänzend zu Abs. 1 die Tragung von durch die Anrufung eines unzuständigen Gerichts entstandenen Mehrkosten, wenn die Anrufung auf verschuldeter Unkenntnis der tatsächlichen oder rechtlichen Verhältnisse beruhte. Hierüber entscheidet das Empfangsgericht (Abs. 2 S. 2). **3**

Abs. 3 regelt die gesonderte Entstehung von Gebühren in Teilungssachen, wenn infolge einer Verweisung aufgrund Unzuständigkeit mehrere Notare mit der Sache befasst sind. **4**

II. Verweisung und Abgabe (Abs. 1)

1. Allgemeines. In Betracht kommen **Verweisungen** insb. wegen Unzulässigkeit des Rechtswegs gem. § 17 Abs. 3, 4 GVG und wegen sachlicher oder örtlicher Unzuständigkeit gem. § 3 FamFG. Bei **Abgaben** ist insb. an die Abgabe nach § 4 FamFG (Abgabe aus wichtigem Grund und bei Bereiterklärung des anderen Gerichts), nach § 50 FamFG (Abgabe in besonders dringenden Fällen in Verfahren der einstweiligen Anordnung), nach § 273 FamFG (Abgabe in einer Betreuungssache bei Änderung des gewöhnlichen Aufenthalts des Betroffenen) sowie nach § 314 FamFG (Abgabe in Unterbringungssachen bei Aufenthalt des Betroffenen im Bezirk und bei Bereiterklärung des anderen Gerichts) zu denken, wenn das Gericht das Verfahren an das Gericht des Aufenthalts abgibt. **5**

---

2 Vgl BGH NJW 1999, 2183, 2184; *Arndt/Lerch/Sandkühler*, BNotO, § 19 Rn 194. **1** S. dazu Korintenberg/*Lappe*, KostO, § 92 Rn 45 ff. **2** Vgl BGHZ 11, 57; dazu *Oestreich/Hellstab/Trenkle*, GKG § 4 Rn 1.

6   Verweisungen bzw Abgaben können sowohl durch das erstinstanzliche Gericht als auch durch das Rechtsmittelgericht erfolgen.

7   Wie sich aus der Stellung der Regelung im GNotKG ergibt, gilt sie nur für Verweisungen an ein Gericht der freiwilligen Gerichtsbarkeit. Wird an ein anderes Gericht verwiesen, regelt die kostenrechtlichen Folgen der Verweisung das Kostenrecht des Empfangsgerichts (→ Rn 15).[3]

8   § 5 gilt nicht nur für Verweisungen an andere Gerichte, sondern auch (sinngemäß) für die Abgabe aus Gründen der **Geschäftsverteilung** innerhalb desselben Gerichts an eine andere Kammer bzw einen anderen Senat, zB im Fall der Verweisung von der Zivilkammer des LG an die für Notarbeschwerden nach § 15 Abs. 2 BNotO zuständige Kammer.[4] Gleiches gilt für eine Zurückverweisung bzw -abgabe durch das Empfangsgericht, das sich nicht an die Verweisung/Abgabe gebunden fühlt.[5]

9   Abs. 1 S. 2 stellt die (formlose) **Abgabe** an ein anderes Gericht kostenrechtlich der Verweisung gleich; auch in diesem Fall entstehen Kosten also nur einmal. Eine formlose Abgabe kann vor Rechtshängigkeit oder aus wichtigem Grund (§ 4 FamFG) erfolgen.[6]

10   Die Verweisung kann auch noch in der Rechtsmittelinstanz erfolgen. In diesem Fall bilden die Verfahren vor dem unzuständigen und dem zuständigen Gericht erster Instanz eine Einheit.[7] Die Behandlung der Kosten der Rechtsmittelinstanz richtet sich dann ausschließlich nach Abs. 2.

11   **2. Fallgruppen. a) Ausgangspunkt.** Die kostenrechtliche Einheit der Verfahren setzt sich auch in der Kostenberechnung fort. Da das frühere erstinstanzliche Verfahren nach Abs. 1 als Teil des Verfahrens vor dem übernehmenden (zuständigen) Gericht zu behandeln ist, gilt auch allein das für letzteres Gericht maßgebliche Kostenrecht. Dabei sind sowohl die allgemeinen Regelungen zur Kostenschuldnerschaft, zur Fälligkeit etc. als auch die besonderen Gebührentatbestände so anzuwenden, als hätte das Verfahren unmittelbar vor dem zuständigen Gericht begonnen. Die Verfahrensbeteiligten sollen durch die Verweisung weder besser noch schlechter gestellt werden, als wenn das Verfahren von Beginn an vor dem zuständigen Gericht angestrengt worden wäre.[8]

12   Zu unterscheiden sind **drei Fallgruppen** der Verweisung bzw Abgabe: (1) Verweisungen innerhalb des Anwendungsbereichs des GNotKG; (2) Verweisungen in den Anwendungsbereich des GNotKG hinein; und (3) Verweisungen aus dem Anwendungsbereich des GNotKG hinaus.

13   **b) Verweisung innerhalb des Anwendungsbereichs des GNotKG.** Gilt sowohl für das Verfahren vor dem unzuständigen als auch vor dem zuständigen Gericht das GNotKG, werden Kosten naturgemäß ausschließlich nach dem GNotKG erhoben. Der Kostenschuldner wird so gestellt, als hätte er unmittelbar das zuständige Gericht angerufen. Sofern Rückzahlungen (Gebührenvorschüsse o.Ä.) zu leisten sind, ist dies von Seiten des übernehmenden (zuständigen) Gericht zu veranlassen, unabhängig davon, bei welchem Gericht die Zahlungen erhoben und geleistet wurden. Dies gilt auch dann, wenn die Zahlungen vom Justizfiskus eines anderen Landes vereinnahmt wurden (vgl dazu § 6 KostVfg).[9]

14   **c) Verweisung in den Anwendungsbereich des GNotKG hinein.** Hat der Kostenschuldner sich zunächst an ein (unzuständiges) Gericht gewandt, für das nicht das GNotKG, sondern ein anderes Kostengesetz gilt (zB das GKG bei einem Gericht der streitigen Zivilgerichtsbarkeit), gilt das vorstehend Ausgeführte (→ Rn 13): Kosten werden für das gesamte Verfahren nur nach dem GNotKG erhoben. Sofern für eine Tätigkeit des ursprünglich angerufenen Gerichts zwar im (zB) für dieses Gericht anwendbaren GKG, nicht jedoch im GNotKG Gebühren vorgesehen sind, können hierfür iE keine Gebühren erhoben werden bzw sind sie, sofern bereits erhoben, zurückzuzahlen.

15   **d) Verweisung aus dem Anwendungsbereich des GNotKG hinaus.** Hat der Kostenschuldner zB ein Gericht der freiwilligen Gerichtsbarkeit, für welches das GNotKG gilt, angerufen, obwohl ein Gericht der streitigen Zivilgerichtsbarkeit, für welches das GKG gilt, oder ein Familiengericht, auf dessen Verfahren das FamGKG Anwendung findet, zuständig ist, bestimmen sich die Kosten ausschließlich nach dem für das zuständige Gericht geltenden Kostenrecht (vgl § 4 GKG und § 6 Abs. 1 und 3 FamGKG). Kosten nach dem GNotKG sind folglich nicht zu erheben.

16   **3. Rechtsfolge: Berechnung als ein Verfahren.** Abs. 1 S. 1 sieht vor, dass das frühere erstinstanzliche Verfahren als Teil des Verfahrens vor dem übernehmenden Gericht und damit kostenrechtlich als **ein Verfahren** zu behandeln ist, obgleich ein Verfahren vor mehreren Gerichten stattgefunden hat. Folglich sind die Gebühren nach § 55 Abs. 1 (mit der Ausnahme in § 55 Abs. 2 für Eintragungen in das Vereinsregister, Güterrechtsregister, Grundbuch, Schiffs- und Schiffbauregister und in das Register für Pfandrechte an Luftfahr-

---

3 Vgl HK-FamGKG/*N. Schneider*, § 6 Rn 11 f.   **4** Vgl OLG Köln FGPrax 2007, 285, 286.   **5** Vgl zu § 4 GKG *Hartmann*, KostG, § 4 GKG Rn 5.   **6** *Meyer*, FamGKG § 6 Rn 3.   **7** Zur inhaltsgleichen Regelung in § 4 GKG vgl RGZ 95, 281; BayObLG NJW 1949, 223; *Oestreich/Hellstab/Trenkle*, GKG § 4 GKG Rn 4.   **8** Vgl *Meyer*, FamGKG § 6 Rn 5 mit Hinweis auf OLG Nürnberg Rpfleger 1956, 297; KG JurBüro 1962, 34.   **9** Vgl Binz/Dörndorfer/*Petzold*, § 4 GKG Rn 11.

zeugen) nur einmal nach den Vorschriften des Empfangsgerichts zu erheben. Es gilt also für das gesamte Verfahren das GNotKG. Sämtliche von Seiten des verweisenden Gerichts bereits erhobenen Kosten sind im weiteren Verfahren vor dem übernehmenden Gericht so zu behandeln, als wären sie von diesem Gericht erhoben worden. Mit der Verweisung geht auch die Zuständigkeit für den Kostenansatz auf das übernehmende Gericht über.

Für den **Zeitpunkt der Wertberechnung** gilt § 59, dh, es ist nach § 59 S. 1 bei Antragsverfahren der Zeit- **17** punkt der jeweiligen den Verfahrensgegenstand betreffenden ersten Antragstellung in dem jeweiligen Rechtszug entscheidend, hier also der Zeitpunkt der Antragstellung vor dem verweisenden bzw abgebenden Gericht und nicht etwa vor dem Empfangsgericht. In Amtsverfahren ist nach § 59 S. 2 der Zeitpunkt der Fälligkeit der Gebühr nach §§ 8 ff maßgebend, dh, die Verweisung bzw Abgabe spielt idR keine Rolle.

Gehört das Empfangsgericht einem **anderen Bundesland** an als das zunächst mit dem Verfahren befasste **18** Gericht, ändert dies nichts an der geschilderten kostenrechtlichen Bewertung. Ggf bereits an die Landeskasse des verweisenden Gerichts gezahlte Gebühren entgehen der Landeskasse des Empfangsgerichts. Auch hat die Landeskasse des Empfangsgerichts durch die Landeskasse des verweisenden Gerichts zu viel vereinnahmte Vorschüsse etc. zu erstatten; ein Ausgleich unter den Ländern findet insoweit nicht statt.[10]

III. Mehrkosten infolge Anrufung eines nicht zuständigen Gerichts (Abs. 2)

1. Allgemeines. Mehrkosten, die durch Anrufung eines unzuständigen Gerichts entstanden sind, werden im **19** Grundsatz nicht erhoben. Eine Ausnahme gilt nach Abs. 2 dann, wenn die Anrufung dieses Gerichts auf verschuldeter Unkenntnis des Anrufenden der tatsächlichen oder rechtlichen Verhältnisse beruht. Es handelt sich um den umgekehrten Fall des § 21 Abs. 1 S. 2, wobei dort ein Ermessensspielraum für das Gericht besteht („kann ... abgesehen werden"), während Abs. 2 S. 1 eine zwingende Rechtsfolge vorsieht („werden ... erhoben").[11]

2. Voraussetzungen. a) Mehrkosten. Mehrkosten sind Kosten, die unmittelbar oder mittelbar **durch Anru-** **20** **fung des unzuständigen Gerichts** entstanden sind, insb. die Kosten einer Beweiserhebung zur Frage der Zuständigkeit (wenn die Kosten bei unmittelbarer Anrufung des zuständigen Gerichts nicht entstanden wären)[12] sowie die Kosten der Rechtsmittelinstanz, wenn erst in dieser an das zuständige Gericht verwiesen wird. Keine Mehrkosten in diesem Sinne sind Unterschiede in der Höhe der nach den jeweils einschlägigen Kostengesetzen zu erhebenden Gebühren. Da die Gebühren für das gesamte Verfahren gem. Abs. 1 S. 1 nach dem GNotKG zu berechnen sind und weder Verweisungsbeschluss noch formlose Abgabe nach dem Kostenverzeichnis zum GNotKG gebührenpflichtig sind, können Mehrkosten grds. nur für Auslagen entstehen. Eine Ausnahme gilt dann, wenn erst im Beschwerderechtszug (vgl § 17 a Abs. 4 GVG) eine Verweisung oder Abgabe erfolgt, für den besondere Gebühren angefallen sind (vgl dazu auch § 1 Abs. 4).

b) Verschulden. Verschulden iSv Abs. 2 S. 1 meint ein Verschulden gegen sich selbst, dh eine Obliegenheit **21** des Antragstellers. Die Unkenntnis der tatsächlichen oder rechtlichen Verhältnisse ist „verschuldet", wenn das Verhalten des Anrufenden ursächlich für die fehlerhafte Anrufung des Gerichts war. Verschulden meint **prozessuales Verschulden**, umfasst also auch einfach fahrlässiges Verhalten (Vernachlässigung der für einen gewissenhaften Antragsteller/Verfahrensführer gebotenen Sorgfaltspflicht).[13] Verschuldet ist also die vorsätzliche Handlung ebenso wie die Außerachtlassung der im Verkehr erforderlichen Sorgfalt; grobe Fahrlässigkeit ist damit nicht erforderlich. Gerade bei komplexeren Zuständigkeitsregelungen dürfen hier jedoch keine überzogenen Anforderungen an die Kenntnisse des Kostenschuldners gestellt werden. Wie bei § 276 BGB, der sinngemäß anwendbar ist, ist vielmehr ein **objektiv-abstrakter Maßstab** zugrunde zu legen, dh, im Einzelfall ist nach dem Grad der Bildung, der Rechtskenntnis bzw der allgemeinen Gewandtheit im Geschäftsverkehr zu fragen. Ein Rechtsanwalt bspw hat die berufsbedingt strenge Sorgfalt eines ordentlichen Rechtsanwalts zu wahren, auch wenn er selbst der Antragsteller iSd § 5 ist.[14]

Das Verschulden des Rechtsanwalts hat sich die Partei nach § 9 Abs. 4 FamFG, § 85 ZPO analog (prozes- **22** suales Verschulden) zurechnen zu lassen.[15]

Ein Verschulden liegt etwa dann vor, wenn der Kostenschuldner den letzten Wohnsitz des Erblassers (vgl **23** § 343 Abs. 1 FamFG) nicht sorgfältig genug ermittelt hat[16] oder er trotz einer Belehrung bzw eines Hinweises von Seiten des Gerichts auf dem Standpunkt der Zuständigkeit des angerufenen Gerichts beharrt. Ein Verschulden ist hingegen bspw dann zu verneinen, wenn im Vorfeld der Antragstellung eine Behörde durch

---

10 Zur identischen Rechtslage nach dem FamGKG vgl HK-FamGKG/*N. Schneider*, § 6 Rn 21. **11** Vgl *Meyer*, FamGKG § 6 Rn 6. **12** *Meyer*, GKG § 4 Rn 9. **13** *Oestreich/Hellstab/Trenkle*, GKG § 4 Rn 16; *Hartmann*, KostG, § 4 GKG Rn 12. **14** Zum Verschuldensbegriff der Parallelvorschrift des § 4 GKG s. *Oestreich/Hellstab/Trenkle*, GKG § 4 Rn 16; zum vergleichbaren Verschuldensbegriff in § 233 ZPO s. MüKo-ZPO/*Gehrlein*, § 233 Rn 21 (zu BGH NJW 1985, 1710 f); BGH 14.7.1998 – XI ZB 42/97, nv. **15** *Oestreich/Hellstab/Trenkle*, GKG § 4 Rn 16. **16** Vgl OLG Frankfurt MDR 1998, 1122.

fehlerhafte Hinweise zum zuständigen Gericht im Rahmen einer Rechtsbehelfsbelehrung zur Anrufung des unzuständigen Gerichts Anlass gegeben hat.

24 Verschuldete Unkenntnis muss zur Überzeugung des Gerichts gegeben sein. Hat das Gericht hingegen Zweifel darüber, ob zum Zeitpunkt der Anrufung des Gerichts beim Kostenschuldner Unkenntnis bzw Verschulden dieser Unkenntnis gegeben waren, entstehen keine Mehrkosten.[17]

25 Die Anrufung des unzuständigen Gerichts muss **allein** auf dem Verschulden des Anrufenden beruhen. Trifft das Gericht ein **Mitverschulden** an der Anrufung, zB durch Erteilung einer fehlerhaften Auskunft im Vorfeld eines Antrags, ist die Ausnahmevorschrift des Abs. 2 nicht anwendbar. Mehrkosten bleiben folglich unerhoben.

26 3. Entscheidung und Rechtsmittel. Zuständig für die Kostenentscheidung nach Abs. 2 ist das Gericht, an das verwiesen oder abgegeben wurde (**Abs. 2 S. 2**). Dem Antragsteller ist dabei rechtliches Gehör zu gewähren, Art. 2 Abs. 1, 20 Abs. 3 GG (Rechtspfleger) bzw Art. 103 Abs. 1 GG (Richter).[18] Die Entscheidung kann von Amts wegen oder auf Anregung eines Beteiligten ergehen; sie ist nicht fristgebunden und kann auch durch separaten Beschluss ergehen.

27 Gegen die Entscheidung des Gerichts ist in entsprechender Anwendung des § 81 die **Beschwerde** zulässig.[19] Gegenstand des Beschwerdeverfahrens ist die Höhe der angesetzten Kosten. Richtet sich die Beschwerde gegen den Grund der Kostentragungspflicht, etwa die Frage des Verschuldens der Anrufung des unzuständigen Gerichts, ist das Gericht der Hauptsache zu befassen.[20]

IV. Verweisungen in Teilungsverfahren (Abs. 3)

28 Anwendungsbereich des Abs. 3 ist die Verweisung einer Teilungssache wegen örtlicher Unzuständigkeit des Notars, vgl Nr. 23902 KV: Nach § 344 Abs. 4 a FamFG ist für die Auseinandersetzung eines Nachlasses jeder Notar zuständig, der seinen Amtssitz im Bezirk des Amtsgerichts hat, in dem der Erblasser seinen letzten Wohnsitz hatte. Sofern der Erblasser keinen Wohnsitz im Inland hat, ist jeder Notar zuständig, der seinen Amtssitz im Bezirk eines Amtsgerichts hat, in dem sich Nachlassgegenstände befinden. Von mehreren örtlich zuständigen Notaren ist derjenige zur Vermittlung berufen, bei dem zuerst ein auf Auseinandersetzung gerichteter Antrag eingeht. Darüber hinaus können die an der Auseinandersetzung Beteiligten grds. Vereinbarungen zur Zuständigkeit eines Notars schließen (vgl § 344 Abs. 4 a S. 4 FamFG).

29 Ist ein Notar auf Grundlage dieser Regelungen nicht zuständig und verweist er die Teilungssache an einen anderen Notar, würden in Abwesenheit des Abs. 3 für das Verfahren nur einmal Gebühren entstehen, obwohl zwei Notare tätig geworden sind und Nr. 23902 KV eine eigene (1,5-)Gebühr für den Notar vorsieht, der das Verfahren an einen anderen Notar verweist.

§ 6 Verjährung, Verzinsung

(1) [1]Ansprüche auf Zahlung von Gerichtskosten verjähren in vier Jahren nach Ablauf des Kalenderjahrs, in dem das Verfahren durch rechtskräftige Entscheidung über die Kosten, durch Vergleich oder in sonstiger Weise beendet ist. [2]Bei Betreuungen und Pflegschaften, die nicht auf einzelne Rechtshandlungen beschränkt sind (Dauerbetreuungen, Dauerpflegschaften), sowie bei Nachlasspflegschaften, Nachlass- oder Gesamtgutsverwaltungen beginnt die Verjährung hinsichtlich der Jahresgebühren am Tag vor deren Fälligkeit, hinsichtlich der Auslagen mit deren Fälligkeit. [3]Ansprüche auf Zahlung von Notarkosten verjähren in vier Jahren nach Ablauf des Kalenderjahrs, in dem die Kosten fällig geworden sind.

(2) [1]Ansprüche auf Rückzahlung von Kosten verjähren in vier Jahren nach Ablauf des Kalenderjahres, in dem die Zahlung erfolgt ist. [2]Die Verjährung beginnt jedoch nicht vor dem jeweiligen in Absatz 1 bezeichneten Zeitpunkt. [3]Durch die Einlegung eines Rechtsbehelfs mit dem Ziel der Rückzahlung wird die Verjährung wie durch Klageerhebung gehemmt.

(3) [1]Auf die Verjährung sind die Vorschriften des Bürgerlichen Gesetzbuchs anzuwenden; die Verjährung wird nicht von Amts wegen berücksichtigt. [2]Die Verjährung der Ansprüche auf Zahlung von Kosten beginnt auch durch die Aufforderung zur Zahlung oder durch eine dem Schuldner mitgeteilte Stundung erneut; ist der Aufenthalt des Kostenschuldners unbekannt, so genügt die Zustellung durch Aufgabe zur Post unter seiner letzten bekannten Anschrift. [3]Bei Kostenbeträgen unter 25 Euro beginnt die Verjährung weder erneut noch wird sie oder ihr Ablauf gehemmt.

(4) Ansprüche auf Zahlung und Rückzahlung von Gerichtskosten werden nicht verzinst.

---

17 *Hartmann*, KostG, § 4 GKG Rn 13. **18** BVerfG 101, 404 (bzgl Rechtspfleger); *Hartmann*, KostG, § 4 GKG Rn 15. **19** Vgl *Hartmann*, KostG, § 4 GKG Rn 17; *Meyer*, GKG § 4 Rn 17. **20** Vgl *Meyer*, GKG § 4 Rn 17.

I. Gesetzliche Systematik

§ 6 regelt Fragen der **Verjährung** und **Verzinsung** von Ansprüchen auf Zahlung und Rückzahlung von Ge- 1
richts- und Notarkosten. Abs. 1 normiert die Verjährung von Zahlungsansprüchen auf Gerichts- (S. 1
und 2) und Notarkosten (S. 3) unterschiedlich. Abs. 2 wiederum regelt Rückzahlungsansprüche für Kosten
(Gerichts- und Notarkosten) ebenso wie die Hemmung der Verjährung durch Einlegung eines Rechtsbehelfs
einheitlich. Auf die Verjährung sind die Vorschriften des BGB anzuwenden (Abs. 3 S. 1 Hs 1).

Von der Verjährung zu unterscheiden ist die **Nachforderung** bzw das Nachforderungsverbot von Kosten, 2
das nur hinsichtlich Gerichtskosten in § 20 speziell geregelt ist. Hinsichtlich Notarkosten gilt die allgemeine
Regelung in Abs. 1 S. 3, dh, eine Nacherhebung ist stets in den Grenzen der Verjährungsregelungen möglich.

Neben der Verjährung kommt theoretisch auch eine **Verwirkung** von Zahlungs- bzw Rückzahlungsansprü- 3
chen in Betracht,[1] was jedoch praktisch ausgeschlossen ist: Für Gerichtskosten besteht nach § 20 ausdrücklich (für Notarkosten innerhalb der kurzen Verjährungsfristen) die Möglichkeit der Nachforderung, so dass
ein Kostenschuldner auch dann, wenn Gericht oder Notar Kosten bislang nicht geltend gemacht haben,
nicht von der fortgesetzten Nichterhebung ausgehen kann.[2]

Hinsichtlich der Rückzahlungsansprüche kann gemäß des Grundsatzes der Gesetzmäßigkeit der Verwal- 4
tung (Art. 20 Abs. 3 GG) die Verjährung nur dann geltend gemacht werden, wenn sie durch eine Verletzung
der Mitwirkungspflicht des Kostenschuldners verursacht wurde,[3] vgl § 95 (Notare) und § 27 FamFG iVm
§ 1 Abs. 6 (Gerichte).

Eine **Verzinsung** erfolgt nach Abs. 4 nicht hinsichtlich der Zahlung und Rückzahlung von Gerichtskosten. 5
Ansprüche auf Zahlung von Notarkosten werden hingegen nach Maßgabe des § 88 verzinst; die frühere
Ausnahmeregelung des § 143 KostO wurde nicht in das GNotKG übernommen. Für die Verzinsung von
Rückzahlungsansprüchen hinsichtlich Notarkosten gilt § 90 Abs. 1 S. 3, 4 (s. dort).

II. Verjährung des Kostenanspruchs (Abs. 1)

1. Allgemeines. Abs. 3 S. 1 erklärt die Vorschriften des BGB zur Verjährung (§§ 202–206, 209–212, 214– 6
217 BGB) für anwendbar (Hs 1) und stellt klar, dass die Verjährung **nicht von Amts wegen** berücksichtigt
wird (Hs 2). Gerichts- und Notarkosten sind damit privatrechtlichen Forderungen gleichgestellt; Verjährung ist daher als der Zeitablauf zu verstehen, der für den Schuldner das Recht begründet, die Leistung zu
verweigern (Einrede der Verjährung),[4] und führt nicht – wie im öffentlichen Recht (vgl § 232 AO) – zum
Erlöschen der Forderung.[5]

---

[1] Korintenberg/*Lappe*, KostO, § 17 Rn 3. [2] Vgl LG München I MittBayNot 1956, 80; OLG Düsseldorf MittBayNot 2007, 430;
Rohs/Wedewer/*Waldner*, KostO, § 17 Rn 4; Korintenberg/*Bengel/Tiedtke*, KostO, § 143 Rn 11. [3] Korintenberg/*Lappe*, KostO,
§ 17 Rn 30. [4] Vgl Palandt/*Ellenberger*, BGB, Vorb. §§ 194 ff Rn 5. [5] Vgl Korintenberg/*Lappe*, KostO, § 17 Rn 1.

7 Hat der Kostenschuldner vor Ablauf der Verjährung arglistig die Erhebung oder die Nacherhebung von Kosten verhindert, kann dem Kostenschuldner die **Gegeneinrede der Arglist** entgegengesetzt werden.[6]

8 **Beispiel:** Der Kostenschuldner hat durch bewusst falsche Angaben zum Wert des Verfahrensgegenstands die Nichterhebung von Gebühren herbeigeführt.[7]

9 Die Verjährung tritt folglich nicht ein. Die Einrede der Verjährung ist dem Kostenschuldner auch dann versagt, wenn sein Verhalten nicht arglistig war, er jedoch damit unabsichtlich dazu beigetragen hat, dass der Notar (bzw das Gericht, für das das Gleiche gelten muss) die Verjährungsfrist hat verstreichen lassen.[8]

10 **2. Gegenstand der Verjährung und Verjährungsfrist. a) Allgemeines.** Gegenstand der Verjährung ist jeweils der einzelne Anspruch auf Zahlung einer Gebühr oder einer Auslage.[9] Eine Kostenforderung verjährt grds. (Abs. 1 S. 1) vier Jahre nach Ende des Kalenderjahres, in das die (rechtskräftige) Beendigung des Verfahrens fällt (**Ultimo-Verjährung**).

11 Hinsichtlich der in Abs. 1 S. 2 erfassten Verfahren mit Jahresgebühren (Betreuungen und Pflegschaften, die nicht auf einzelne Rechtshandlungen beschränkt sind [**Dauerbetreuungen, Dauerpflegschaften**], sowie **Nachlasspflegschaften, Nachlass- oder Gesamtgutsverwaltungen**) dient mangels Beendigung des Verfahrens die Fälligkeit der Gebühr nach § 8 als Anknüpfungspunkt. Hierunter sind Betreuungen und Pflegschaften zu subsumieren, die nicht auf einzelne Rechtshandlungen beschränkt sind, also etwa die Bestellung eines Betreuers oder Ergänzungspflegers für mehrere, zeitlich grds. nicht begrenzte Rechtsgeschäfte und nicht lediglich anlässlich einer einzigen (oder einzelner zeitlich begrenzter) Rechtshandlung(en) wie etwa dem Verkauf einer bestimmten Immobilie. Mit der Anknüpfung an den Tag vor der Fälligkeit wird klargestellt, dass das Jahr, zu dessen Beginn die Jahresgebühr fällig wird, bei der Berechnung der vierjährigen Frist mitzählt.[10]

Abs. 1 S. 1 ist **lex specialis** gegenüber § 197 Nr. 3 BGB (dreißigjährige Verjährungsfrist); zu § 197 Abs. 1 Nr. 4 BGB aber → Rn 13. Die Ultimo-Verjährung dient der Vereinfachung des Rechtsverkehrs und vermeidet eine Mehrzahl unterschiedlicher Verjährungsabläufe in ein und demselben Verfahren.

12 **b) Keine dreißigjährige Verjährungsfrist für vor dem 1.1.2002 fällig gewordene Notarkosten.** Auch für vor dem 1.1.2002 (Inkrafttreten der Schuldrechtsreform) fällig gewordene notarielle Kostenforderungen, deren Kostenberechnung nach § 156 Abs. 3 S. 1 KostO unanfechtbar geworden sind,[11] gilt die vierjährige und nicht etwa eine dreißigjährige Verjährungsfrist.[12]

13 **c) Dreißigjährige Verjährungsfrist bei Bestätigung der notariellen Kostenrechnung im Verfahren nach §§ 127 ff.** § 197 Abs. 1 Nr. 4 BGB (dreißigjährige Verjährungsfrist) ist entsprechend anwendbar, wenn eine notarielle Kostenrechnung im Verfahren nach §§ 127 ff bestätigt und dem Kostenschuldner eine vollstreckbare Ausfertigung der bestätigten Kostenrechnung zugestellt worden ist. Letztere Voraussetzung ist auch dann erfüllt, wenn die bestätigte Kostenrechnung nicht von einer dem Kostenschuldner zuvor zugestellten vollstreckbaren Ausfertigung abweicht.[13] Verjährungsbeginn ist nach § 194 Abs. 1 Nr. 4 BGB entsprechend der Zeitpunkt der Zustellung.

14 **3. Beginn der Verjährung.** Die Verjährungsfrist beginnt nach Abs. 1 S. 1 grds. mit dem auf die (rechtskräftige) Beendigung des Verfahrens folgenden Kalenderjahr, also jeweils am 1.1.

15 **Beispiel (Verjährungsbeginn):** Die Kostenentscheidung des Gerichts wird am 16.1.2016 rechtskräftig. Die Verjährungsfrist beginnt somit am 1.1.2017 und endet am 31.12.2029, so dass am 1.1.2021 Verjährung eingetreten ist. Ist zuvor ein Nachforderungsverbot nach § 20 eingetreten, ist dies natürlich zu beachten.

16 Der Beginn der Verjährung setzt voraus, dass der Anspruch geltend gemacht werden kann, dh die Kosten nach § 15 Abs. 1 KostVfg gegen den Kostenschuldner angesetzt werden können.[14] Die Verjährungsfrist beginnt somit nicht zu laufen, solange dem Kostenschuldner Verfahrenskostenhilfe ohne Zahlungsbestimmung bewilligt ist: Hier können nach § 76 Abs. 1 FamFG iVm § 122 Abs. 1 Nr. 1 Buchst. a ZPO gegen ihn keine Kosten angesetzt werden.[15] In diesem Fall beginnt die Verjährung gem. § 76 Abs. 1 FamFG, § 124 ZPO erst mit der Aufhebung der Bewilligung (es sei denn, dieser Zeitpunkt liegt noch innerhalb des Kalenderjahres, mit dessen Ablauf die Verjährung im Normalfall, dh ohne Verfahrenskostenhilfe, begonnen hät-

---

6 OLG Frankfurt MittBayNot 2002, 412; OLG Düsseldorf JurBüro 1994, 164; BayObLG JurBüro 1970, 332, 336; Rohs/Wedewer/*Waldner*, KostO, § 17 Rn 4, 25. **7** So im Fall LG Berlin DNotZ 1942, 275. **8** KG OLGR 2005, 797, 799; OLG Hamm Rpfleger 1962, 26; Rohs/Wedewer/*Waldner*, KostO, § 17 Rn 4, 25. **9** Auch Vorschussforderungen sind erfasst, vgl § 14. Praktisch relevant wird dies jedoch nicht: Zum einen wird die Amtshandlung in diesen Fällen von der Entrichtung des Vorschusses abhängig gemacht, wobei kaum anzunehmen ist, dass ein Antragsteller ein Verfahren aus diesem Grund vier Jahre ruhen lässt (bzw bei Amtsverfahren nach § 14 Abs. 3 vier Jahre kein Auslagenvorschuss gezahlt wird). Zum anderen verjährt in diesem Fall nur der Vorschuss-, nicht jedoch der eigentliche Zahlungsanspruch hinsichtlich der Kosten. **10** BT-Drucks 17/11471 (neu), S. 155. **11** Zum alten Recht s. OLG Hamburg MittBayNot 1996, 450; OLG München MittBayNot 1991, 178. **12** BGH ZNotP 2004, 492 mwN der Rspr. **13** OLG Schleswig DNotZ 1983, 578; Rohs/Wedewer/*Waldner*, KostO, § 17 Rn 23; aA LG Frankfurt JurBüro 1985, 759. **14** BGH JurBüro 2004, 439. **15** HK-FamGKG/*Klos*, § 7 Rn 10.

te). Wurde die Prozesskostenhilfe hingegen mit Ratenzahlung bewilligt, beginnt die Verjährungsfrist hinsichtlich jeder einzelnen Rate mit dem Zeitpunkt ihrer Fälligkeit (§ 76 Abs. 1 FamFG, § 122 Abs. 1 Nr. 1 Buchst. a ZPO). Gleiches gilt für den Notar, der nach § 17 Abs. 2 BNotO einem Beteiligten, dem nach der ZPO Prozesskostenhilfe zu bewilligen wäre, seine Urkundstätigkeit in sinngemäßer Anwendung der Vorschriften der ZPO vorläufig gebührenfrei oder gegen Zahlung der Gebühren in Monatsraten gewährt.[16]

Der Zeitpunkt der Beendigung des Verfahrens ist identisch mit dem Fälligkeitszeitpunkt nach § 9. Bei Jahresgebühren ist hingegen nach Abs. 1 S. 2 für den Beginn der Verjährung hinsichtlich der Gerichtskosten der Tag vor deren Fälligkeit maßgeblich, so dass das Kalenderjahr, zu dessen Beginn die Gebühren fällig werden, mitzurechnen ist. Ansonsten würden Jahresgebühren, die nach § 8 S. 1 erstmals bei Anordnung und später jeweils zu Beginn eines Kalenderjahres fällig werden, nach der ersten Erhebung stets ein Jahr später verjähren. Bei Auslagen in diesen Verfahren beginnt die Verjährung hingegen sofort mit deren Fälligkeit, nach § 8 S. 2 also im Zeitpunkt ihrer Entstehung.   **17**

Der nach früherem Recht geltende Aufschub des Verjährungsbeginns bei Verfügungen von Todes wegen gem. § 46 Abs. 5 S. 2 KostO wurde nicht in das GNotKG übernommen. Auch die früher aufschiebend bedingte Gebührenbefreiung nach § 107 a Abs. 1 KostO ist weggefallen; Sonderregelungen zum Verjährungsbeginn sind damit nicht mehr erforderlich.   **18**

Hinzuweisen ist bei Gerichtskosten auf die unterschiedlichen Anlaufzeitpunkte bzgl der Verjährungsfrist (§ 6) und der Nachforderungsfrist (§ 20 Abs. 1): Für Letztere kommt es nicht auf die Beendigung des Verfahrens bzw (bei Jahresgebühren) auf die Fälligkeit der Gebühren an, sondern auf den Zeitpunkt der Absendung der den Rechtszug abschließenden Kostenrechnung bzw der Jahresrechnung. Infolge der kürzeren Frist für Nachforderungen nach § 20 Abs. 1 (ein Jahr) wird bei deren Ablauf die Verjährungsfrist idR noch nicht abgelaufen sein.   **19**

Nach § 19 Abs. 1 S. 2 ist der Beginn der Verjährungsfrist bei **Notarkosten** nicht von der **Mitteilung der Berechnung** abhängig. Die Übersendung einer den Maßgaben von § 19 Abs. 1, 2 entsprechenden Kostenberechnung führt als Zahlungsaufforderung zum Neubeginn der Verjährung nach Abs. 3 S. 2 (→ Rn 35 ff). Relevant wird dies freilich nur, wenn die Kostenberechnung nicht noch im Jahr der Fälligkeit der Kosten zugeht; infolge der Ultimo-Verjährung hat sie somit keinen Einfluss auf den Verjährungsbeginn.   **20**

4. Rückforderung von auf einen verjährten Anspruch geleisteten Zahlungen. Eine auf einen bereits verjährten Anspruch geleistete Zahlung kann auch dann nicht zurück gefordert werden, wenn die Leistung in Unkenntnis der Verjährung erbracht wurde (Abs. 3 S. 1 Hs 1 iVm § 214 Abs. 2 BGB entsprechend). Anderes gilt nur, wenn der Kostenschuldner die Leistung unter Vorbehalt oder zur Abwendung einer sonst drohenden zwangsweisen Beitreibung erbracht hat.[17]   **21**

5. Verjährung bei unrichtiger Wertangabe in Verfügungen von Todes wegen, § 46 Abs. 5 S. 2 KostO. Die Regelung des § 46 Abs. 5 S. 2 KostO ist nicht in das GNotKG übernommen worden. Nach früherem Recht begann die Verjährung im Fall einer unrichtigen Wertangabe in einer Verfügung von Todes wegen erst mit dem Ablauf des Jahres, in dem die Verfügung eröffnet oder zurückgegeben wurde. Nach Eintritt der Verjährung konnte der Notar jedoch allein wegen der fehlerhaften Wertangabe nicht die Einwendung der unzulässigen Rechtsausübung erheben, da § 46 Abs. 5 S. 2 KostO insoweit abschließend war.[18] Wie die Gesetzesbegründung zum 2. KostRMoG ausführt,[19] trägt dieses Argument nach Wegfall der Regelung nun nicht mehr: Es ist treuwidrig, wenn sich der Erbe als Kostenschuldner gegenüber einer Nachforderung auf Verjährung beruft, obgleich der Erblasser im Rahmen des Beurkundungsverfahrens hinsichtlich der Verfügung von Todes wegen fehlerhafte Werte angegeben hat. Damit kann der Notar die Einwendung der unzulässigen Rechtsausübung erheben.   **22**

III. Verjährung des Anspruchs auf Rückzahlung von Kosten (Abs. 2)

1. Beginn der Verjährungsfrist (Abs. 2 S. 1 und 2). Zuviel gezahlte Kosten sind dem Kostenschuldner zurückzuzahlen (Ausprägung des allgemeinen öffentlich-rechtlichen Erstattungsanspruchs).[20] Die Verjährung beginnt nach Abs. 2 S. 1 nach Ablauf des Kalenderjahrs, in dem die Zahlung erfolgt ist, frühestens jedoch (Abs. 2 S. 2) mit dem nach Abs. 1 maßgeblichen Zeitpunkt.[21]   **23**

Bei vom Kostenschuldner zuviel gezahlten Kosten kommen **vier Fallkonstellationen** in Betracht: **24**

1. (Teilweise) ohne Rechtsgrund gezahlter Vorschuss nach § 13 (Gerichtskosten) oder § 15 (Notarkosten): Verjährungsbeginn ist hier der Ablauf des Kalenderjahres, in dem das Verfahren bzw das Geschäft be-

---

16 Vgl dazu Schippel/Bracker/*Schäfer*, BNotO, § 17 Rn 31 ff. **17** Rohs/Wedewer/*Waldner*, KostO, § 17 Rn 3; OLG Köln NJW-RR 1992, 1056. **18** Korintenberg/*Reimann*, KostO, § 46 Rn 37; dazu BT-Drucks 17/11471 (neu), S. 157 mit Verweis auf OLG Frankfurt 27.3.2001 – 20 W 146/97. **19** BT-Drucks 17/11471 (neu), S. 157. **20** Rohs/Wedewer/*Waldner*, KostO, § 17 Rn 5; BayObLG FGPrax 1999, 39, 40. **21** Zum alten Recht vgl Rohs/Wedewer/*Waldner*, KostO, § 17 Rn 6 ff.

endet wurde, für das der Vorschuss bezahlt wurde (Gerichtskosten, Abs. 2 S. 2 iVm Abs. 1 S. 1),[22] bzw in dem die Kosten fällig geworden sind (Notarkosten, Abs. 2 S. 2 iVm Abs. 1 S. 3).

2. Nachträgliche Berichtigung des gerichtlichen Kostenansatzes nach § 18 im Verwaltungsweg oder in einer notariellen Kostenberechnung nach § 19: Maßgeblich für den Verjährungsbeginn ist hier richtigerweise der Zeitpunkt der Berichtigung, da der Kostenschuldner auf die Richtigkeit des Kostenansatzes vertraut hat, oder der unrichtige Kostenansatz auf einer später geänderten Bewertung beruht.[23]

3. Nachträgliche Berichtigung des gerichtlichen oder notariellen Kostenansatzes im Rechtsweg: Maßgeblich für den Verjährungsbeginn ist hier die Zahlung bzw die spätere Beendigung des Verfahrens (Gerichtskosten) bzw die Fälligkeit der Kosten (Notarkosten). Da nach Abs. 2 S. 3 durch die Einlegung eines Rechtsbehelfs mit dem Ziel der Rückzahlung die Verjährung wie durch Klageerhebung gehemmt wird, muss die Verjährung schon zuvor eingesetzt haben. Auch geht der Kostenschuldner bei Einlegung eines Rechtsbehelfs selbst von einer Überzahlung aus.[24]

4. Absehen von der Erhebung von Kosten gem. § 21 Abs. 1 S. 3 bei abweisenden Entscheidungen oder bei Zurücknahme eines Antrags: Verjährungsbeginn ist die Anordnung des Absehens der Kostenerhebung, nicht bereits die frühere Zahlung.[25]

25 Gegenstand der Verjährung ist stets ein bestimmter Betrag: Bei Vorschüssen entspricht er dem insoweit nach §§ 13, 15 zu viel festgesetzten und bezahlten Vorschuss, in allen sonstigen Fällen bestimmt er sich nach dem den Rückzahlungsanspruch begründenden Verwaltungsakt.[26]

26 Mangels Umformulierung des Abs. 2 S. 2 nicht beseitigt wurde im Rahmen der Neuregelung eine Abs. 2 S. 1, 2 zuzuordnende Streitfrage: Ein Kostenschuldner kann nach Ablauf der Verjährungsfrist durch eine Erinnerung nach § 81 oder ein Verfahren nach § 127 bei Erhebung der Verjährungseinrede durch den Staat bzw Notar nach dem Gesetzeswortlaut auch dann keine Rückzahlung von Kosten verlangen, wenn die Überzahlung auf eine unrichtige Sachbehandlung (§ 21) zurückzuführen ist. Der iRd KostRMoG 2004 eingefügte Abs. 2 S. 2 ist dabei wörtlich zu verstehen: Er stellt allein auf die Fälligkeit des Zahlungs- und nicht des Rückzahlungsanspruchs ab – eine Gebühr, die nie entstanden ist, kann aber auch nie fällig geworden sein; für Rückzahlungsansprüche bleibt es also bei Abs. 2 S. 1 (Überzahlung als maßgeblich für den Verjährungsbeginn).[27] Vorgeschlagen wurde, die Erhebung der Verjährungseinrede durch die Staatskasse als unzulässige Rechtsausübung anzusehen, wenn sie die Berichtigung der Kostenrechnung verhindert.[28] Richtig erscheint hingegen, dass infolge der Niederschlagung der Kosten ein eigenständiger öffentlich-rechtlicher Erstattungsanspruch entsteht, der in entsprechender Anwendung des Abs. 2 S. 1 erst in vier Jahren ab Berichtigung verjährt.[29]

27 **2. Hemmung der Verjährung des Rückzahlungsanspruchs aufgrund Rechtsbehelfs (Abs. 2 S. 3).** Durch Einlegung eines Rechtsbehelfs mit dem Ziel der Rückzahlung (Erinnerung, Antrag auf gerichtliche Entscheidung, Beschwerde und weitere Beschwerde [vgl §§ 81 und 127–129] sowie Gegenvorstellung)[30] wird nach Abs. 2 S. 3 die Verjährung wie durch Klageerhebung gehemmt, vgl § 204 Abs. 1 Nr. 1 BGB. Läuft die Verjährungsfrist noch nicht, wird ihr Beginn durch die Einlegung des Rechtsbehelfs hinausgeschoben.[31] Zur Wirkung der Hemmung → Rn 28.

IV. Hemmung, Ablaufhemmung, Neubeginn, Geltendmachung der Verjährung (Abs. 3)

28 **1. Hemmung der Verjährung.** Die Hemmung der Verjährung bewirkt ihr einstweiliges Ruhen (§ 209 BGB). Die Verjährung beginnt also nicht von Neuem; es verschiebt sich lediglich der Zeitpunkt ihres Ablaufs nach hinten. Wann eine Hemmung eintritt, richtet sich gem. Abs. 3 S. 1 nach den Vorschriften des BGB, hier also nach §§ 203 ff BGB.

29 Der Eintritt der Hemmung setzt bei **Notarkosten** grds. eine iSd § 19 Abs. 1, 2 ordnungsgemäße Kostenrechnung voraus. Verstöße gegen die Sollvorschrift des § 19 Abs. 3 sind insoweit unschädlich, da sie nach § 19 Abs. 4, 5 nur zur Aufhebbarkeit der Kostenrechnung führen, nicht jedoch zu ihrer Unwirksamkeit. Die Rspr zum alten Recht (§ 154 Abs. 2 KostO) verlangte noch eine unbedingte Einhaltung der Vorschriften zur Kostenberechnung;[32] mit der in § 19 vorgenommenen Differenzierung zwischen Muss- und Soll-Vorschriften hat sich dies jedoch erledigt. Eine Besonderheit gilt bei Hemmung durch Einleitung des Verfahrens nach § 127 Abs. 1 durch den Notar: Sie tritt auch dann ein, wenn es an einer § 19 Abs. 1, 2 entsprechenden

22 Korintenberg/*Lappe*, KostO, § 17 Rn 23. **23** HK-FamGKG/*Klos*, § 7 Rn 16. **24** HK-FamGKG/*Klos*, § 7 Rn 15. **25** Korintenberg/*Lappe*, KostO, § 17 Rn 26 mit Hinweis auf KG JW 1933, 1071; KG JW 1935, 304; zur inhaltsgleichen Regelung im GKG: *Oestreich/Hellstab/Trenkle*, GKG § 5 Rn 9. **26** Vgl Korintenberg/*Lappe*, KostO, § 17 Rn 29. **27** Korintenberg/*Lappe*, KostO, § 17 Rn 24; Rohs/Wedewer/*Waldner*, § 17 Rn 8. **28** Korintenberg/*Lappe*, KostO, § 17 Rn 24. **29** So Rohs/Wedewer/*Waldner*, KostO, § 17 Rn 8 mit Hinweis auf KG JW 1933, 1071; KG 3.9.1937 – 1 a Wx 986/37. **30** Vgl Korintenberg/*Lappe*, KostO, § 17 Rn 27 und § 14 Rn 195. **31** HK-FamGKG/*Klos*, § 7 Rn 19. **32** Vgl BGH DNotZ 2006, 223; OLG Düsseldorf OLGR 2001, 146.

Kostenberechnung fehlt[33] – ähnlich einer Klage auf Begleichung einer mangels Vorliegens einer Anspruchsvoraussetzung derzeit nicht gegebenen Forderung.[34]

§ 203 BGB (**Verhandlungen** über den Anspruch oder die den Anspruch begründenden Umstände) spielt bei Gerichtskosten naturgemäß kaum eine Rolle. Hinsichtlich notarieller Kostenforderungen kommen hier zB die einer Beurkundung nachfolgenden Ermittlungen des Geschäftswerts in Betracht.[35] Hiervon umfasst ist nicht allein das förmliche Wertermittlungsverfahren nach § 79, sondern jegliche Wertermittlungen, die der Notar im Zuge des Verfahrens anstellt. Die Verjährungshemmung endet, sobald dem Notar oder dem Beamten bzw Angestellten der Justizkasse die Erstellung einer abschließenden Kostenrechnung aus objektiver Sicht möglich ist.[36]

Aus den in **§ 204 Abs. 1 BGB** (**Hemmung der Verjährung durch Rechtsverfolgung**) geregelten Fallkonstellationen sind die nachfolgend genannten von besonderer praktischer Relevanz:

- **Nr. 1:** entsprechende Anwendung bei Antrag des Notars auf Entscheidung des Landgerichts infolge einer Beanstandung des Kostenschuldners gem. § 127 Abs. 1 oder auf Anweisung der vorgesetzten Dienstbehörde nach § 130 Abs. 2.[37] Ob dies auch bei Antrag auf Entscheidung durch den Kostenschuldner selbst gilt, ist strittig:[38] Nach einer teilweise vertretenen Ansicht soll weder durch Einleitung eines Erinnerungs- bzw eines Beschwerdeverfahrens nach §§ 81 ff noch eines Verfahrens nach §§ 127 ff die Verjährung von Kostenansprüchen gehemmt werden: Abs. 2 S. 3 sehe eine Hemmungswirkung ausdrücklich nur für den Fall der „Einlegung eines Rechtsbehelfs mit dem Ziel der Rückzahlung" vor; eine entsprechende Regelung für den Fall der Verjährung von Zahlungsansprüchen nach Abs. 1 fehle.[39] Bei Notarkosten ist dem entgegenzuhalten, dass die Verfahren nach §§ 127 ff echte Rechtsmittelverfahren sind, in denen der Notar die Stellung einer Partei einnimmt, die gegenüber dem Kostenschuldner entgegengesetzte Interessen verfolgt.[40] Daher wird die Verjährung durch Einleitung des Verfahrens richtigerweise nach §§ 127 ff gehemmt.
- Unstreitig tritt Hemmung hingegen ein durch den im Verfahren nach § 129 Abs. 1 gestellten Antrag des Notars auf Zurückweisung der Beschwerde gegen die Entscheidung des Landgerichts.[41] Was Rückzahlungsansprüche angeht, wird die Verjährung hingegen bis sechs Monate nach der Entscheidung über den Rechtsbehelf gehemmt (vgl § 204 Abs. 2 S. 1 BGB).
- **Nr. 5:** Geltendmachung der Aufrechnung des Anspruchs im Prozess.
- **Nr. 6:** Zustellung der Streitverkündung: Die Streitverkündung im Kostenbeschwerdeverfahren unterbricht die Verjährung gegenüber einem (noch) nicht in Anspruch genommenen Kostenschuldner (zB Fall der Gesamtschuldnerschaft der Urkundsbeteiligten nach § 30 Abs. 1 oder der Haftung des Übernehmers neben den Beteiligten nach § 30 Abs. 3); nicht ausreichend ist es, wenn der weitere Kostenschuldner im Kostenbeschwerdeverfahren von Amts wegen beteiligt wird.[42]
- **Nr. 10:** Anmeldung des Anspruchs im Insolvenzverfahren oder im Schifffahrtsrechtlichen Verteilungsverfahren.

Im Gegensatz zu § 205 BGB ist für eine **Stundung von Gerichtskosten** keine Vereinbarung zwischen Kostenschuldner und Fiskus erforderlich. Vielmehr genügt die Mitteilung durch das Gericht (= Justizverwaltungsakt).[43] Bei Notaren muss die Mitteilung als öffentlich-rechtliche Bewilligung[44] durch den Notar selbst erfolgen; die Mitteilung durch einen (hierzu nicht bevollmächtigten) Mitarbeiter genügt nicht.[45] Auch bewirkt eine Stundung der Forderung nach Abs. 3 S. 2 nicht – wie in § 205 BGB – die Hemmung der Verjährung, sondern hat deren Neubeginn zur Folge.[46] Der Stundung muss eine § 19 Abs. 1, 2 (Mussvorschriften, vgl § 19 Abs. 4) entsprechende Kostenrechnung vorausgehen.[47] Ein Verstoß gegen die Sollvorschriften ist nach § 19 Abs. 5 hingegen unschädlich, wodurch eine missbräuchliche Anwendung des Beschwerderechts ausgeschlossen werden soll.[48] Vgl auch die Regelung zur Stundung von Gebühren für den Serienentwurf (Vorbem. 2.4.1 Abs. 7 KV).

30

31

32

---

33 Vgl Rohs/Wedewer/*Waldner*, KostO, § 17 Rn 31, der auf eine entsprechende Entscheidung des BGH im Bereich der Anwaltsvergütung verweist (BGH NJW 1998, 3486). **34** Vgl dazu BGH NJW-RR 2003, 784; Palandt/*Heinrichs*, BGB, § 204 Rn 5. **35** BGH DNotZ 1988, 448; vgl auch *Filzek*, KostO, § 19 Rn 5 mwN; Korintenberg/*Lappe*, KostO, § 17 Rn 15. **36** Dazu OLG Zweibrücken NJW-RR 1999, 1015. **37** Vgl OLG Düsseldorf JurBüro 2007, 93, 94; OLG Hamm DNotZ 1980, 243; Rohs/Wedewer/*Waldner*, KostO, § 17 Rn 28; aA Korintenberg/*Lappe*, KostO, § 17 Rn 35. **38** Str; aA BayObLG Rpfleger 1992, 498; OLG Düsseldorf Rpfleger 1977, 461; Rohs/Wedewer/*Waldner*, KostO, § 17 Rn 29; wie hier OLG Hamm DNotZ 1990, 318; OLG Schleswig DNotZ 1996, 474. **39** Korintenberg/*Lappe*, KostO, § 17 Rn 10; Rohs/Wedewer/*Waldner*, KostO, § 17 Rn 1 mit Gesetzesbegründung. **40** Streifzug KostO (9. Aufl.), Rn 714 mit Hinweis auf *Wudy*, NotBZ 2009, 250, 251; *Tiedtke/Diehn*, ZNotP 2009, 385; *Leßniak*, MittBayNot 2009, 495. **41** OLG Schleswig DNotZ 1996, 474. **42** OLG Jena NotBZ 2006, 434. **43** Korintenberg/*Lappe*, KostO, § 17 Rn 12. **44** Vgl OLG Köln KostRsp. § 154 Nr. 41 m. Anm. *Lappe*. **45** Rohs/Wedewer/*Waldner*, KostO, § 17 Rn 11; *Lappe*, NJW 1986, 2250, 2258; aA OLG Düsseldorf MittRhNotK 1984, 223. **46** Streifzug KostO (9. Aufl.), Rn 595; Korintenberg/*Lappe*, KostO, § 17 Rn 12; Rohs/Wedewer/*Waldner*, KostO, § 17 Rn 11. **47** Vgl zum früheren Recht BGH NJW 2006, 1138. **48** BT-Drucks 17/11471 (neu), S. 160.

33 Ob die Mitteilung an den Kostenschuldner über laufende (objektiv erforderliche) Wertermittlungen die Verjährung hemmt, ist strittig. Dafür spricht, dass eine Kostenrechnung vor Beendigung der Wertermittlung noch gar nicht erstellt werden kann und der Kostenschuldner mangels Kostenberechnung auch zur Verweigerung der Leistung berechtigt wäre; § 205 BGB ist daher analog anzuwenden.[49] Natürlich gilt dies nur dann, wenn die Wertermittlung von Angaben und Unterlagen abhängt, welche die Beteiligten schulden, und nicht bei einer lediglich zögerlichen Wertermittlung durch Gericht oder Notar.[50]

34 **2. Ablaufhemmung.** Bei der Ablaufhemmung tritt der Ablauf der Verjährung nicht vor Ende einer Mindestfrist von sechs Monaten nach einem bestimmten Ereignis ein, insb. nach § 210 BGB bei Ansprüchen gegen **nicht voll geschäftsfähige Personen** (Ereignis: Eintritt der unbeschränkten Geschäftsfähigkeit oder Behebung des Mangels der Vertretung), es sei denn, der Kostenschuldner ist prozessfähig (vgl § 210 Abs. 2 BGB; in der freiwilligen Gerichtsbarkeit gilt statt der Prozessfähigkeit der Begriff der Verfahrensfähigkeit, vgl § 9 FamFG), und nach § 211 BGB gegen einen **Nachlass** (Ereignis: Annahme der Erbschaft, Eröffnung des Nachlassinsolvenzverfahrens oder Möglichkeit der Geltendmachung gegen einen Vertreter). Auch gegen einen nicht Geschäftsfähigen beginnt die Verjährung gem. § 210 Abs. 2 BGB hingegen zu laufen, wenn dieser nach dem FamFG, zB §§ 167 Abs. 3, 275 FamFG, verfahrensfähig ist.

35 **3. Neubeginn der Verjährung.** Der Neubeginn der Verjährung (iRd Schuldrechtsreform 2002 hat dieser Begriff den der „Unterbrechung" ersetzt) bewirkt, dass die bis zu dem den Neubeginn auslösenden Ereignis abgelaufene Zeit für die Berechnung des Verjährungsablaufs nicht mitgerechnet wird. Der Neubeginn bewirkt allerdings einen neuen Verjährungslauf ab sofort; es tritt keine neue Ultimo-Verjährung ein.[51]

36 Der Neubeginn richtet sich nach § 212 BGB. Nach § 212 Abs. 1 Nr. 1 BGB beginnt die Verjährung erneut, wenn der Kostenschuldner den Anspruch durch „Abschlagszahlung, Zinszahlung, Sicherheitsleistung oder in anderer Weise" anerkennt.[52] Nach § 212 Abs. 1 Nr. 2 BGB führt auch die Vornahme oder Beantragung einer gerichtlichen (bzw notariellen) Vollstreckungsmaßnahme zum Neubeginn. Im letztgenannten Fall genügt noch nicht die Zustellung der für vollstreckbar erklärten Kostenberechnung, da dies noch außerhalb des Vollstreckungsverfahrens liegt. Erforderlich ist vielmehr mindestens der Antrag auf Vollstreckung.

37 Nach der § 205 BGB vorgehenden Regelung des **Abs. 3 S. 2 Hs 1 Alt. 2** beginnt die Verjährung auch durch eine **dem Schuldner mitgeteilte Stundung** erneut (→ Rn 32 f).

38 Im Unterschied zu den Verjährungsregeln des BGB bewirkt nach **Abs. 3 S. 2 Hs 1 Alt. 1** auch die Aufforderung des Kostenschuldners zur Zahlung den Neubeginn der Verjährung. **Zahlungsaufforderung** ist der Kostenansatz nach § 18, die schriftliche Leistungsaufforderung nach § 5 Abs. 2 JBeitrO und die notarielle Kostenberechnung nach § 19, soweit sie eine Zahlungsaufforderung enthält, bzw deren vollstreckbare Ausfertigung;[53] allerdings ist – sofern zuvor eine formgerechte Kostenberechnung (ohne Zahlungsaufforderung, zB unterhalb der Urkunde) zugegangen ist – sowohl bei Gerichts- als auch bei Notarkosten eine formlose Zahlungsaufforderung möglich.[54] Erforderlich ist der Zugang der Zahlungsaufforderung beim Schuldner, wofür die Beweislast beim Kostengläubiger liegt. Der Zugang kann auf jede Art nachgewiesen werden (zB verschiedene Arten des Einschreibens); förmliche Zustellung ist nicht erforderlich.[55]

39 Ist der **Aufenthalt des Kostenschuldners nicht bekannt**, gilt **Abs. 3 S. 2 Hs 2**: Es genügt die Aufgabe zur Post unter seiner letzten bekannten Anschrift, wobei zur Dokumentation ein Vermerk des Beamten oder Angestellten der Justizkasse oder des Notars bzw eines seiner Mitarbeiter mit Zeitpunkt der Aufgabe und verwendeter Anschrift genügt (vgl § 184 Abs. 2 S. 3 ZPO). Der Zugang gilt zwei Wochen nach Aufgabe zur Post als erfolgt (vgl § 184 Abs. 2 S. 1 ZPO).

40 Bei Kostenschuldnern mit **Wohnsitz im Ausland** empfiehlt sich für den Notar vor dem Hintergrund der dort meist problematischen Zustellung – falls nicht mit Kostenvorschuss gearbeitet wird – die Benennung eines Zustellungsbevollmächtigten im Inland bereits in der Urkunde.[56]

41 Der notariellen Zahlungsaufforderung muss eine iSd § 19 Abs. 1, 2 **ordnungsgemäße Kostenberechnung** vorausgegangen sein (zur Unbeachtlichkeit von Verstößen gegen die Sollvorschrift des § 19 Abs. 3 → Rn 28).

42 Der Neubeginn der Verjährung infolge einer Zahlungsaufforderung tritt **nur ein Mal** ein; ihre Wiederholung bewirkt also nicht den wiederholten Neubeginn (zur Zahlungsaufforderung noch im Jahr der Fälligkeit der Kosten → Rn 20). Bei Ersetzung der ersten durch eine neue Kostenberechnung, etwa im Beschwer-

---

49 So OLG Zweibrücken NJW-RR 1999, 1015; Korintenberg/*Lappe*, KostO, § 17 Rn 10; aA (ohne Begründung) Rohs/Wedewer/*Waldner*, KostO, § 17 Rn 12. **50** Streifzug KostO (9. Aufl.), Rn 713. **51** Rohs/Wedewer/*Waldner*, KostO, § 17 Rn 10. **52** AA Korintenberg/*Lappe*, KostO, § 17 Rn 12 und § 14 Rn 52; wie hier Rohs/Wedewer/*Waldner*, KostO, § 17 Rn 27 mit Verweis auf LG Berlin DNotZ 1941, 344. **53** Rohs/Wedewer/*Waldner*, KostO, § 17 Rn 26 a; OLG Hamm DNotZ 1990, 318, 319. **54** Rohs/Wedewer/*Waldner*, KostO, § 17 Rn 26 mwN. **55** KG ZNotP 1998, 431 m. Anm. *Tiedtke*; Rohs/Wedewer/*Waldner*, KostO, § 17 Rn 12. **56** Dazu Streifzug KostO (9. Aufl.), Rn 723.

deverfahren oder wenn der Notar eine versehentlich nicht berechnete Tätigkeit in der Berechnung ergänzt, gilt dies naturgemäß nur für die von Beginn an berechneten Kosten. Hinsichtlich der erstmals berechneten Kosten beginnt die Verjährung hingegen von Neuem. Wird die Zahlungsaufforderung im Rechtsweg aufgehoben, hat dies in entsprechender Anwendung des § 212 Abs. 2 BGB den Wegfall des Neubeginns der Verjährung zur Folge.[57]

4. Besonderheiten. a) Verjährung bei Beträgen unter 25 € (Abs. 3 S. 3). Nach Abs. 3 S. 3 beginnt die Verjährung bei Kostenbeträgen unter 25 € weder erneut noch wird sie gehemmt. Gegenstand der Verjährung ist zwar (→ Rn 10 ff) jeweils der einzelne Anspruch auf Zahlung einer Gebühr oder einer Auslage. Dennoch bezieht sich die Regelung auf den Gesamtbetrag des Kostenansatzes und nicht auf die einzelnen Teilbeträge.[58] Sinkt die Kostenschuld jedoch erst infolge einer Teilleistung unter 25 €, bewirkt dies den Neubeginn der Verjährung nach § 212 BGB, da sich die Teilzahlung noch auf den über 25 € liegenden Betrag bezieht.[59]   **43**

b) Verjährung bei Gesamtschuldnern. Beginn, Hemmung und Neubeginn der Verjährung bestimmen sich bei Gesamtschuldnern gegenüber jedem Schuldner einzeln (§ 425 Abs. 2 BGB). Bei Kostenansprüchen gegenüber mehreren Kostenschuldnern verläuft die Verjährungsfrist daher für jeden Kostenschuldner gesondert und unabhängig vom Lauf der Frist gegenüber anderen Kostenschuldnern.[60] Dies gilt auch dann, wenn einer der Gesamtschuldner der Geschäftsführer des anderen Gesamtschuldners (GmbH) ist.[61]   **44**

Werden Gesamtschuldner nur zu einem Teil (etwa nach Kopfteilen, vgl § 8 Abs. 4 KostVfg) in Anspruch genommen, liegt in einem Hinweis gegenüber diesem Gesamtschuldner auf die weitergehende Mithaft eine Stundung iSv § 205 BGB, die den Neubeginn der Verjährung zur Folge hat.[62]   **45**

c) Verjährung bei Zweitschuldnern. Gegenüber einem Zweitschuldner (anderer Kostenschuldner neben Erstschuldner iSv § 33 Abs. 1 S. 1) beginnt die Verjährung bei Vorliegen der Voraussetzungen des Abs. 1. Die Regelung des § 33 Abs. 1 S. 1 (Haftung des Zweitschuldners soll nur geltend werden können, wenn eine Zwangsvollstreckung in das bewegliche Vermögen des Erstschuldners erfolglos geblieben ist oder aussichtslos erscheint) bewirkt entgegen der bislang hM in der kostenrechtlichen Lit.[63] (und mit der hM in der zivilrechtlichen Lit. und der neueren Rspr)[64] keine Hemmung der Verjährung nach § 205 BGB analog. Die abweichende Ansicht argumentiert, dass ohne eine Hemmung die Staatskasse bzw der Notar den Zweitschuldner zunächst wegen § 33 Abs. 1 nicht in Anspruch nehmen könne, um ihn nach Vorliegen der Voraussetzungen womöglich infolge Verjährung nach Abs. 3 ebenfalls nicht mehr in Anspruch nehmen zu können. Dies widerspreche dem Grundsatz, dass eine Verjährung nicht zu laufen beginne, bevor der Kostenschuldner überhaupt in Anspruch genommen werden kann. Allerdings stützt sie sich dabei auf Entscheidungen, die auf Basis der Vorgängernorm des § 202 Abs. 1 BGB aF ergangen sind, nach der im Gegensatz zu § 205 BGB noch andere der Geltendmachung entgegenstehende Hindernisse eine Verjährungshemmung begründeten. Der Gesetzgeber hat sich mit § 205 BGB bewusst von einer Abkehr der sonstigen Hemmungsgründe des § 202 Abs. 1 BGB entschlossen.[65] Eine analoge Anwendung ist daher ausgeschlossen.   **46**

5. Geltendmachung der Verjährungseinrede (Abs. 3 S. 1 Hs 2); Rechtsweg. Die Verjährungseinrede hinsichtlich des **Kostenanspruchs** nach Abs. 1 muss vom Kostenschuldner **geltend gemacht** werden (Abs. 3 S. 1 Hs 2); einer besonderen Form bedarf dies nicht.[66]   **47**

Rechtsbehelf zur Geltendmachung der Einrede ist bei Gerichtskosten die Erinnerung bzw die Beschwerde nach § 81, bei Notarkosten das Verfahren nach § 127.   **48**

Eine gerichtliche Hinweispflicht nach § 139 ZPO analog hinsichtlich der Verjährung besteht richtigerweise nicht; dies liefe der Zielsetzung von Abs. 3 S. 1 Hs 2 gerade zuwider.[67] Umgekehrt müssen weder Gericht noch Notar die Verjährung eines Rückzahlungsanspruchs von Amts wegen berücksichtigen. Bei Gerichtskosten ist in einem solchen Fall das in § 31 KostVfg geregelte Verfahren einzuhalten. Die Rechtmäßigkeit der Geltendmachung der Verjährungseinrede kann im Verfahren nach § 81 gerichtlich überprüft werden;[68] rechtsmissbräuchlich ist sie hingegen nur in Ausnahmefällen: Mit zunehmendem zeitlichem Abstand von der Leistung verliert der dem Rückzahlungsanspruch zugrunde liegende Gesetzmäßigkeitsgrundsatz der Verwaltung an Gewicht, während umgekehrt die für die Verjährung streitenden Gründe der Rechtssicher-   **49**

---

57 Korintenberg/*Lappe*, KostO, § 17 Rn 12.   **58** Korintenberg/*Lappe*, KostO, § 17 Rn 18.   **59** Rohs/Wedewer/*Waldner*, § 17 Rn 13; aA Korintenberg/*Lappe*, KostO, § 17 Rn 18, 8.   **60** OLG Naumburg 29.4.2011 – 2 W 105/10, BeckRS 2011, 17005; OLG Stuttgart JurBüro 2001, 597; OLG Düsseldorf OLGR 2008, 232; OLG Celle JurBüro 2008, 324; vgl auch AG Bremen 16.7.2008 – 40 IK 197/01, juris.   **61** OLG Schleswig JurBüro 1976, 225, *Meyer*, GKG § 5 Rn 16.   **62** Korintenberg/*Lappe*, KostO, § 17 Rn 17.   **63** Vgl HK-FamGKG/*Klos*, § 7 Rn 11; *Hartmann*, KostG, § 5 GKG Rn 6; *Meyer*, GKG § 5 Rn 16; *Oestreich/Hellstab/Trenkle*, GKG § 5 Rn 22; OLG Schleswig JurBüro 1984, 1699; LG Berlin JurBüro 1982, 885.   **64** OLG München ZIP 2009, 1310; OLG Celle OLGR 2008, 760; AG Bremen 16.7.2008 – 40 IK 197/01, juris; AG Neuruppin JurBüro 2001, 375; Palandt/*Heinrichs*, BGB, § 205 Rn 3; MüKo-BGB/*Grothe*, § 205 Rn 8 ff; unklar Bamberger/*Roth*, BGB, § 205 Rn 7.   **65** Vgl BT-Drucks 14/6040, S. 118.   **66** Vgl OLG Hamm Rpfleger 1987, 38.   **67** Vgl zu den unterschiedlichen Auffassungen *Prütting*, NJW 1980, 361, 365.   **68** Vgl Rohs/Wedewer/*Waldner*, KostO, § 17 Rn 16, § 14 Rn 9 mwN.

heit und des Rechtsfriedens an Bedeutung gewinnen.[69] Im Rahmen der weiteren Beschwerde nach § 81 Abs. 4 (Gerichtskosten) und der Rechtsbeschwerde nach § 129 Abs. 2 (Notarkosten) kann die Einrede der Verjährung als neue Tatsache hingegen nicht erstmals erhoben werden.[70] Bei Gerichtskosten kann die Einrede dann jedoch wieder gegen die Beitreibung nach § 8 Abs. 1 JBeitrO erhoben werden; hier greift die Präklusion nicht.[71]

50   Bei eingetretener Verjährung kann der Kostenschuldner die **Leistung verweigern** (§ 214 Abs. 1 BGB), wobei der Gläubiger berechtigt bleibt, Aufrechnungs- und Zurückbehaltungsrechte weiter geltend zu machen, sofern der Anspruch in dem Zeitpunkt noch nicht verjährt war, in dem erstmals aufgerechnet oder die Leistung verweigert werden konnte, § 215 BGB. Auch kann er gem. § 216 BGB weiterhin die Befriedigung aus gesicherten Rechten (Sicherungshypothek o.Ä.) betreiben. Gegenüber dem Notar hat der Kostenschuldner mangels Erlöschen des Kostenanspruchs zwar keinen Anspruch auf Herausgabe der vollstreckbaren Kostenberechnung; allerdings muss der Notar auf Verlangen des Kostenschuldners den Verzicht auf die Vollstreckung erklären.[72]

51   Die Verjährung des **Rückzahlungsanspruchs** nach Abs. 2 muss ebenfalls durch Erhebung der Verjährungseinrede geltend gemacht werden (Abs. 3 S. 1 Hs 1). Nach dem Grundsatz der Gesetzmäßigkeit der Verwaltung gem. Art. 20 Abs. 3 GG kann die Staatskasse die Einrede jedoch nur erheben, wenn der Kostenschuldner den Eintritt der Verjährung durch Verletzung seiner Mitwirkungspflicht zumindest mitverursacht hat.[73]

V. Verzinsung (Abs. 4)

52   Nach Abs. 4 werden weder Ansprüche auf Zahlung noch solche auf Rückzahlung von **Gerichtskosten** verzinst.[74] Vor Einführung der Vorgängerregelung (§ 17 Abs. 4 KostO) im Rahmen des ERJuKoG[75] vertrat die Rspr seit BayObLG, NJW 1999, 1194 mehrheitlich die Auffassung, dass rechtsgrundlos gezahlte Gebühren entsprechend § 238 AO mit 6 % jährlich zu verzinsen seien (nicht jedoch ein zurückzuzahlender Vorschuss).[76] Nach der Übergangsvorschrift des § 161 KostO (jetzt: § 134 GNotKG)[77] sind damit alle Rückzahlungsansprüche, die vor dem Inkrafttreten des ERJuKoG am 15.12.2001 entstanden sind, weiterhin zu verzinsen.[78]

53   Für **Notare** ist Abs. 4 nicht anwendbar; dies gilt (entgegen der Vorgängerregelung des § 17 Abs. 4 KostO) auch für die Notare in Baden-Württemberg, denen die Gebühren selbst zufließen (auch hier fallen keine „Gerichtskosten" an; die Ausnahmeregelung des § 143 Abs. 1 KostO zu § 17 Abs. 4 KostO wurde nicht ins GNotKG übernommen). Ansprüche auf Zahlung von Notarkosten werden nach Maßgabe des § 88 verzinst, wonach Voraussetzung für das Entstehen von Verzugszinsen iHv 5 Prozentpunkten über dem Basiszinssatz nach § 247 BGB ist, dass dem Kostenschuldner eine vollstreckbare Ausfertigung der Kostenberechnung (§ 19) zugestellt worden ist, die Angaben über die Höhe der zu verzinsenden Forderung, den Verzinsungsbeginn und den Zinssatz enthält. Die Verzinsung beginnt dann einen Monat nach der Zustellung (zu Einzelheiten dieser – praktisch weitgehend bedeutungslosen – Zinsregelung s. die Erl. zu § 88). Ansprüche auf Rückzahlung von Notarkosten (infolge Abänderung der Kostenrechnung oder übererhobenen Vorschusses) sind nach § 90 Abs. 1 S. 2 und 3 zu verzinsen, wenn der Kostenschuldner einen Antrag auf Entscheidung des Landgerichts nach § 127 Abs. 1 innerhalb eines Monats nach der Zustellung der vollstreckbaren Ausfertigung der Kostenrechnung gestellt hat (vom Tag des Antragseingangs ab).

54   Für die Verjährung von **Zinsen** gilt § 217 BGB, dh, sie verjähren mit der Hauptforderung. Das gilt auch dann, wenn die Zinsen bereits auf den Vorschuss entstanden sind, da insoweit ebenfalls die Verjährungsfrist erst mit der Fälligkeit beginnt.[79]

VI. Übergangsrecht

55   Nach § 134 (allgemeine Übergangsvorschrift) und § 136 (spezielle Übergangsvorschrift zum 2. KostRMoG) ist wie folgt zu unterscheiden:

56   **1. Gerichtskosten. a) Allgemeines.** Nach § 134 Abs. 1 S. 1 und § 136 Abs. 1 Nr. 1 gilt in gerichtlichen Verfahren, die vor dem Inkrafttreten einer Gesetzesänderung (§ 136 Abs. 1 Nr. 1: 2. KostRMoG) anhängig geworden oder eingeleitet worden sind, das bisherige Recht. Bzgl Jahresgebühren (vgl Abs. 1 S. 2: bei Betreu-

---

[69] KG JurBüro 2003, 31, 35. [70] KG DNotZ 1995, 788, 790; OLG Hamm Rpfleger 1987, 38. [71] Rohs/Wedewer/*Waldner*, KostO, § 17 Rn 14. [72] Vgl *Filzek*, § 17 Rn 3; *Lappe*, NotBZ 2003, 57 f. [73] Korintenberg/*Lappe*, KostO, § 17 Rn 30. [74] Vgl dazu *Filzek*, KostO, § 17 Rn 10 mwN der Rspr; Korintenberg/*Lappe*, KostO, § 17 Rn 45. [75] Gesetz über elektronische Register und Justizkosten für Telekommunikation v. 10.12.2001 (BGBl. I 3422). [76] BayObLG FGPrax 2003, 192; OLG Hamm JMBlNRW 2006, 128. [77] AA Korintenberg/*Lappe*, § 17 Rn 46: Es fehle an einer Übergangsvorschrift, da § 161 KostO nach Wortlaut und Normzweck den vorgenannten Regelungsgegenstand nicht erfasse; einer analogen Anwendung zulasten des Kostenschuldners stehe das Analogieverbot des Kostenrechts entgegen. [78] *Filzek*, KostO, § 17 Rn 10. [79] Korintenberg/*Lappe*, KostO, § 217 Rn 48.

ungen und Pflegschaften, die nicht auf einzelne Rechtshandlungen beschränkt sind [**Dauerbetreuungen, Dauerpflegschaften**], sowie bei **Nachlasspflegschaften, Nachlass- oder Gesamtgutsverwaltungen**) ist zu unterscheiden: Für den Übergang von KostO zu GNotKG gilt § 136 Abs. 1 Nr. 3, wonach das bisherige Recht auf Jahresgebühren anzuwenden ist, die vor dem Datum des Inkrafttretens fällig geworden sind. Für künftige Rechtsänderungen greift hingegen § 134 Abs. 2 S. 4, wonach ausschlaggebend ist, wann das Verfahren anhängig geworden oder sonst eingeleitet worden ist; Letzteres gilt auch für sonstige von § 134 Abs. 1 S. 1 und 2 nicht erfasste Verfahren. Handelt es sich bei dem Verfahren hingegen um ein Rechtsmittel, das nach dem Inkrafttreten einer Gesetzesänderung eingelegt worden ist, gilt das neue Recht (§ 134 Abs. 1 S. 2 und § 136 Abs. 1 Nr. 2). In allen sonstigen Fällen ist für den Übergang von KostO zum GNotKG noch § 136 Abs. 1 Nr. 5 zu beachten, wonach die KostO anzuwenden ist, wenn die Kosten vor dem dem Tag des Inkrafttretens vorangehenden Tag fällig geworden sind.

Außer in den vorgenannten Rechtsmittelverfahren ergibt sich daraus für Verjährung und Verzinsung von Gerichtskosten, was folgt: **57**

b) **Verjährung.** Für Kosten, die **bis zum 1.1.2002 fällig** geworden sind, gelten nach § 134 Abs. 1 S. 1 **58** GNotKG, §§ 161 S. 1, 17 Abs. 1–3 KostO aF die §§ 196 Abs. 1 Nr. 15, 201 BGB aF. Die Verjährung tritt also nach zwei Jahren ein (die Neuregelung der Dreijahresfrist in § 195 BGB ist für laufende Verjährungsfristen nicht relevant, vgl Art. 229 § 6 Abs. 3 EGBGB).

Für Kosten, die **zwischen dem 1.1.2002 und dem 31.8.2009 fällig** geworden sind, gilt § 17 Abs. 1–3 KostO **59** nach § 134 Abs. 1 S. 1 GNotKG und § 161 S. 1 KostO in der bis 31.8.2009 gültigen Fassung, wonach die vierjährige Verjährungsfrist mit dem Schluss des Jahres begann, *in dem die Kosten fällig geworden sind.*

Für Kosten, die **zwischen dem 1.9.2009 und dem Tag des Inkrafttretens des GNotKG fällig** geworden sind, **60** gilt nach § 136 Abs. 1 Nr. 1–3, 5 GNotKG der § 17 Abs. 1–3 KostO in vor dem Tag des Inkrafttretens gültigen Fassung, wonach die vierjährige Verjährungsfrist mit Abschluss des Jahres begann, *in dem das Verfahren durch rechtskräftige Entscheidung über die Kosten, durch Vergleich oder in sonstiger Weise beendet wurde.*

c) **Verzinsung.** Vor dem 15.12.2001 (Inkrafttreten des ERJuKoG und Einführung des Verzinsungsaus- **61** schlusses in § 17 Abs. 4 KostO) fällig gewordene Rückzahlungen werden nach der mehrheitlichen OLG-Rspr in Anlehnung an § 238 AO mit 6 % p.a. verzinst, beginnend vom Tag der Zahlung bis zum Tag der Rückzahlung.[80] Nicht verzinst werden hingegen auch vor dem 15.12.2001 fällig gewordene Vorschussrückzahlungen.[81]

2. Notarkosten. Bei Notarkosten ist nach § 134 Abs. 2 und § 136 Abs. 1 Nr. 4 der Zeitpunkt der Auftrags- **62** erteilung ausschlaggebend (zum Begriff s. die Erl. zu § 134). Liegt dieser Zeitpunkt vor dem Inkrafttreten einer Gesetzesänderung, werden die Kosten nach bisherigem Recht erhoben, andernfalls nach neuem Recht.

a) **Verjährung.** Für Kosten, die bis zum 31.8.2009 fällig geworden sind, → Rn 59 bzgl Gerichtskosten. **63**

Für Kosten bzgl notarieller Verfahren oder Geschäfte, für die ein Auftrag zwischen dem 1.9.2009 und dem **64** Tag vor dem Inkrafttreten des GNotKG erteilt worden ist, gilt nach § 136 Abs. 1 Nr. 4 der § 17 Abs. 1–3 KostO in der bis zu diesem Zeitpunkt gültigen Fassung, wonach die vierjährige Verjährungsfrist mit Abschluss des Jahres begann, *in dem das Verfahren durch rechtskräftige Entscheidung über die Kosten, durch Vergleich oder in sonstiger Weise beendet ist.*

b) **Verzinsung.** Für bis zum 14.12.2001 (Inkrafttreten des ERJuKoG und Einführung des Verzinsungsaus- **65** schlusses in § 17 Abs. 4 KostO am 15.12.2001) fällig gewordene Notarkosten galt nach der Rspr des BGH unter Hinweis auf ein Fehlen einer Verzinsungsregelung in der KostO, dass Verzugszinsen nicht anfielen.[82]

Für zwischen dem 15.12.2001 und dem 30.6.2004 (Inkrafttreten des KostRMoG am 1.7.2004) fällig ge- **66** wordene Notarkosten war die Ausnahme vom Verzinsungsverbot zwar bereits in §§ 143 Abs. 1, 17 Abs. 4 KostO aF geregelt, die Sonderregelung des § 154 a KostO für Notare jedoch noch nicht geschaffen. Damit traf das Argument des BGH gegen eine Verzinsung von Notarkosten nicht mehr zu; folglich waren vom 15.12. bis 31.12.2001 die §§ 284, 285, 288 BGB aF analog, vom 1.1.2002 (Inkrafttreten des Schuldrechtsmodernisierungsgesetzes) bis zum 30.6.2004 die §§ 286, 288 BGB analog anzuwenden.[83]

Für Kosten bzgl notarieller Verfahren oder Geschäfte, für die ein Auftrag zwischen dem 1.7.2004 und dem **67** 31.7.2013 (Tag vor dem Inkrafttreten des GNotKG) erteilt worden ist, gilt nach § 136 Abs. 1 Nr. 4 wiederum § 154 a KostO, inhaltsgleich übernommen in § 88 GNotKG (s. im Einzelnen die Erl. zu § 88).

---

80 BayObLG NJW 1999, 1194; OLG Zweibrücken Rpfleger 2000, 128, 129; OLG Frankfurt NJW-RR 2001, 1579; OLG Dresden Rpfleger 2002, 485; OLG Hamm FGPrax 2001, 90; aA KG Rpfleger 2003, 149, 152. **81** AG Bad Kreuznach NJW-RR 2000, 951; Rohs/Wedewer/*Waldner*, KostO, § 17 Rn 17. **82** BGH NJW 1989, 2615; BGH NJW 1982, 1277; aA in der Lit., vgl Korintenberg/*Bengel/Tiedtke*, KostO, § 154 Rn 1. **83** Vgl *Filzek*, KostO, § 17 Rn 12.

§ 7 Elektronische Akte, elektronisches Dokument

In Verfahren nach diesem Gesetz sind die verfahrensrechtlichen Vorschriften über die elektronische Akte und über das elektronische Dokument anzuwenden, die für das dem kostenrechtlichen Verfahren zugrunde liegende Verfahren gelten.

I. Gesetzliche Systematik

1   Elektronische Dokumente (zum Begriff → Rn 5) wahren im Verfahrensrecht grds. die Schriftform (vgl § 14 FamFG, §§ 81 und 135 GBO, § 130 a ZPO). Zur elektronischen Akte (zum Begriff → Rn 4) sieht das Verfahrensrecht an verschiedenen Stellen Regelungen betreffend die Führung und Handhabung vor (vgl §§ 298, 298 a ZPO, § 135 GBO). Zusammen bilden sie die Grundlage des **elektronischen Rechtsverkehrs**.[1]

2   § 7 führt die elektronische Akte und das elektronische Dokument in das GNotKG ein und ermöglicht damit auch für die kostenrechtlichen Verfahren der freiwilligen Gerichtsbarkeit und der Notare die möglichst umfassende **elektronische Aktenführung** und damit den elektronischen Rechtsverkehr.[2]

3   Die Regelung gilt als allgemeine Vorschrift iSd Kapitel 1 Abschnitt 1 für das gesamte GNotKG und damit auch für die Rechtsbehelfsverfahren nach §§ 81 ff (nicht jedoch nach §§ 127 ff; → Rn 8). Weitere Regelungen, die sich mit elektronischen Dokumenten bzw elektronischer Aktenführung befassen, finden sich im GNotKG in § 58 Abs. 1 Nr. 4 und in Anm. Abs. 2 zu Nr. 25102 KV. Das GNotKG enthält jedoch keine eigenen Verfahrensregelungen zur elektronischen Akte bzw zum elektronischen Dokument, sondern verweist dazu auf die Vorschriften des dem kostenrechtlichen Verfahren zugrunde liegenden Verfahrens, also auf das Verfahren, in dem die Kosten anfielen (zu den maßgeblichen Verfahrensvorschriften → Rn 9).

II. Verweis auf das dem kostenrechtlichen Verfahren zugrunde liegende Verfahren

4   **1. Begriffe. a) Begriff der „elektronischen Akte".** Die elektronische Akte ersetzt die papierbasierte Gerichtsakte, dh, sie ist nicht mehr physisches Objekt im Sinne einer Sammlung einzelner verfahrensrelevanter Papiere, sondern ist in elektronischer Form auf einem Datenträger beliebiger Art gespeichert. Die Akte kann nur auf elektronischen Darstellungsmedien wie Bildschirmen etc. dargestellt und bearbeitet werden;[3] dies hindert nicht den Ausdruck einzelner elektronischer Dokumente oder Akten (vgl etwa § 298 ZPO). Maßgeblich ist jedoch allein die elektronische Form.

5   **b) Begriff des „elektronischen Dokuments".** Eine gesetzliche Definition des Begriffs des „elektronischen Dokuments" liegt nicht vor, weder im GNotKG noch an anderer Stelle. Vor dem Hintergrund der an verschiedenen Stellen gesetzlich vorgesehenen Verwendung elektronischer Dokumente ergibt sich jedoch nachstehende Definition: Ein elektronisches Dokument ist eine im Wege elektronischer Signalverarbeitung erstellte, potenziell dauerhafte Datei, die auf einem Datenträger aufgezeichnet werden kann, wobei die elektronische Form maßgeblich ist.

6   Bei einem „gerichtlichen elektronischen Dokument" iSv § 130 b ZPO muss Ersteller des Dokuments ein Richter, Rechtspfleger, Urkundsbeamter der Geschäftsstelle oder Gerichtsvollzieher sein, dessen handschriftliche Unterschrift jeweils durch Hinzufügung ihres Namens und Versehen des Dokuments mit einer elektronischen Signatur ersetzt wird.

7   Das elektronische Dokument kann bei Anträgen und Erklärungen der Beteiligten in den dem kostenrechtlichen Verfahren zugrunde liegenden Verfahren zum Einsatz kommen, sei es im Rahmen des FamFG, des Grundbuchverfahrens iRd GBO oder im Rahmen der Rechtsbehelfsverfahren nach dem GNotKG.

8   **2. Anwendung auf kostenrechtliche Verfahren nach dem GNotKG.** § 7 gilt für elektronische Akten und Dokumente „in Verfahren nach diesem Gesetz". Damit sind sämtliche – allerdings auch nur diese – Verfahren nach dem GNotKG erfasst:

- Ansatz der Gerichtskosten (§ 18);
- Notarkostenberechnung und -einforderung (§ 19);
- Wertfestsetzung (§ 79);
- Verfahren über die Erinnerung gegen den Kostenansatz und nachfolgendes Beschwerdeverfahren (§ 81);
- Verfahren über die Beschwerde gegen die Anordnung einer Vorauszahlung (§ 82);
- Verfahren über die Beschwerde gegen die Festsetzung des Geschäftswerts (§ 83);
- Verfahren über die Rüge bei Verletzung des Anspruchs auf rechtliches Gehör (§ 84).

9   Keine Anwendung findet § 7 hingegen auf die Verfahren über den Antrag auf gerichtliche Entscheidung gegen die Kostenberechnung des Notars nach § 127 (ggf iVm § 90 Abs. 2) und auf Beschwerde- und Rechts-

---

1 Vgl Keidel/*Sternal*, FamFG, § 14 Rn 1. **2** Vgl HK-FamGKG/*Volpert*, § 8 Rn 1 ff. **3** Vgl HK-FamGKG/*Volpert*, § 8 Rn 5.

beschwerdeverfahren in Notarkostensachen nach § 129. Wie sich aus § 130 Abs. 3 ergibt, sind neben den in §§ 127 ff enthaltenen Regelungen die Vorschriften des FamFG direkt anwendbar (es handelt sich um kostenrechtlich modifizierte Verfahren nach dem FamFG), so dass hinsichtlich elektronischer Akte und elektronischem Dokument unmittelbar auf § 8 FamFG zurückzugreifen ist.

3. Zugrundeliegende verfahrensrechtliche Vorschriften. In kostenrechtlichen Verfahren nach dem GNotKG   **10** sind nach § 7 diejenigen (alle) verfahrensrechtlichen Vorschriften über die elektronische Akte und das elektronische Dokument anzuwenden, die in dem Verfahren gelten, für das die Kosten anfielen (das „dem kostenrechtlichen Verfahren zugrunde liegende Verfahren"). Demnach gelten insb. folgende Vorschriften:

- Kosten im Beurkundungsverfahren: §§ 39 a, 42 BeurkG;
- Kosten in Grundbuchsachen: zum elektronisch („maschinell") geführten Grundbuch vgl §§ 126 ff GBO;
- Kosten im Handelsregisterverfahren: vgl §§ 8, 8 a, 12 HGB;
- Kosten im Genossenschaftsregisterverfahren: vgl § 11 Abs. 4 GenG iVm § 12 Abs. 2 HGB;
- Kosten im Partnerschaftsregisterverfahren: § 5 Abs. 2 PartGG iVm § 12 HGB;
- Kosten im Unternehmensregisterverfahren: §§ 8, 8 b, 12 HGB.

In landesrechtlichen Angelegenheiten (→ § 1 Rn 28 ff) kann der Landesgesetzgeber die Regelung des § 7 für   **11** entsprechend anwendbar erklären.

§ 7 a Rechtsbehelfsbelehrung

Jede Kostenrechnung, jede anfechtbare Entscheidung und jede Kostenberechnung eines Notars hat eine Belehrung über den statthaften Rechtsbehelf sowie über die Stelle, bei der dieser Rechtsbehelf einzulegen ist, über deren Sitz und über die einzuhaltende Form und Frist zu enthalten.

I. Voraussetzungen für die Erteilung einer Rechtsbehelfsbelehrung (Anwendungsbereich)

1. Gerichte. § 7 a bestimmt, dass sowohl gerichtliche Kostenrechnungen und anfechtbare Gerichtsentschei-   **1** dungen als auch jede Kostenberechnung eines Notars eine Rechtsbehelfsbelehrung zu enthalten hat. „Kostenrechnung" ist dabei die Reinschrift der Kostenrechnung (des Kostenansatzes iSv § 18), dh das Rechnungsexemplar, das dem Kostenschuldner zugeht. Auch spätere Berichtigungen des Kostenansatzes iSv § 18 Abs. 6 und Nachforderungen nach § 20 fallen unter die Rechtsbehelfsbelehrungspflicht des § 7 a. Die Regelung wurde mWz 1.1.2014 eingeführt.[1]

Ebenfalls erfasst ist die **Kostenanforderung ohne Sollstellung** (§ 26 Abs. 1 S. 1 KostVfg), dh die Benachrich-   **2** tigung an den Kostenschuldner, dass das Gericht eine beantragte oder sonstige gerichtliche Handlung von der Zahlung eines Vorschusses in Höhe der für die Handlung oder der für das Verfahren im Allgemeinen bestimmten Gebühr dem Grunde nach abhängig macht (§ 13, ggf auch § 14 wegen Auslagenvorschuss), ohne den Betrag des Vorschusses und die Zahlungsfrist selbst zu bestimmen (vgl § 26 Abs. 3 KostVfg). Der konkrete Vorschussbetrag wird in der Folge durch den Kostenbeamten festgelegt.

Nicht von § 7 a erfasst wird hingegen die Geltendmachung des gem. § 59 Abs. 1 RVG auf die Staatskasse   **3** **übergegangenen Vergütungsanspruchs eines Rechtsanwalts** (insb. Fälle der Prozesskostenhilfe). § 59 Abs. 2 RVG ordnet an, dass der übergegangene Vergütungsanspruch entsprechend der Vorschriften über die Einziehung der Kosten des gerichtlichen Verfahrens erfolgt.[2] Allerdings gilt hier der ebenfalls zum 1.1.2014 in Kraft getretene – mit § 7 a GNotKG inhaltsgleiche – § 5 b GKG, da sich die einschlägigen Rechtsbehelfe – Erinnerung und die Beschwerde – gem. § 59 Abs. 2 S. 4 RVG ausschließlich nach den Vorschriften des GKG richten.

„Anfechtbare Entscheidung" iSd § 7 a ist zum einen jede gerichtliche Entscheidung, die nach dem GNotKG   **4** ergeht und mit einem der dort vorgesehenen Rechtsbehelfe – Erinnerung, Beschwerde, weitere Beschwerde oder Rechtsbeschwerde – angefochten werden kann. Dabei ist – im Gegensatz zum Zivilprozess (vgl § 232 ZPO) – unbeachtlich, ob der Kostenschuldner bzw der Verfahrensbeteiligte **durch einen Rechtsanwalt vertreten** ist oder nicht: Eine Rechtsbehelfsbelehrung ist in jedem Fall zu erteilen. Der Gesetzgeber begründet dies damit, dass in Kostenentscheidungen die Interessen des Anwalts und seines Mandanten auseinanderfallen können.[3] Ebenfalls erfasst sind Entscheidungen des Rechtspflegers, die nur mit der Erinnerung nach § 11 RPflG angegriffen werden können.

---

1 Art. 9 des Gesetzes zur Einführung einer Rechtsbehelfsbelehrung im Zivilprozess und zur Änderung anderer Vorschriften v. 5.12.2012 (BGBl. I 2418, 2422), geänd. d. Art. 41 des 2. KostRMoG v. 23.7.2013 (BGBl. I 2586, 2708). **2** Dazu Gerold/Schmidt/*Müller-Rabe*/*Mayer*, RVG, § 59 Rn 34. **3** BT-Drucks 17/10490, S. 11.

5   Ist eine Entscheidung nicht anfechtbar, bedarf es hingegen keiner Belehrung (**keine Pflicht zur „Negativbelehrung"**).[4] Gegen die Aufnahme einer Formulierung, wonach der vorliegende Beschluss unanfechtbar ist, spricht indes nichts. Vielmehr können so ggf unzulässige Rechtsbehelfseinlegungen verhindert werden.[5]

6   Der Inhalt der Entscheidung ist für die Frage, ob eine Rechtsbehelfsbelehrung zu erteilen ist, grds. nicht relevant; insb. ist nicht von Bedeutung, ob mit der Einlegung eines Rechtsbehelfs zu rechnen ist.[6] Insofern ist auch derjenige Beteiligte zu belehren, der durch die Entscheidung nicht beschwert ist.[7]

7   § 7 a ist denknotwendig nicht auf die **Nichtgewährung rechtlichen Gehörs** anwendbar. Die Rüge wendet sich gerade nicht gegen eine anfechtbare Entscheidung, sondern gegen ein – untechnisch gesprochen – „gerichtliches Unterlassen". Ebenfalls nicht von § 7 a erfasst ist die **Wiedereinsetzung in den vorigen Stand**: Auch hier wendet sich der Kostenschuldner nicht gegen eine anfechtbare Entscheidung, sondern entschuldigt ein eigenes Fristversäumnis. Schließlich ist nicht über die **Gegenvorstellung** zu belehren. Auch über die **Verfassungsbeschwerde** – die gerade keine Anfechtung einer Entscheidung ist – ist keine Belehrung erforderlich.

8   **2. Notare.** Weiterhin findet § 7 a Anwendung auf alle **Kostenberechnungen des Notars iSv § 19**; auch hier gilt die Pflicht zur Rechtsbehelfsbelehrung für jede dem Kostenschuldner übermittelte Kostenberechnung. Dies gilt sowohl für Fälle der nach dem Kostenverzeichnis zum GNotKG erhobenen Gebühren als auch für nach Maßgabe einer **öffentlich-rechtlichen Gebührenvereinbarung** (§ 126) geltend gemachte Vergütungsansprüche. Demgegenüber ist keine gesonderte Rechtsbehelfsbelehrung erforderlich bei Erteilung der **vollstreckbaren Ausfertigung** der Kostenberechnung.

II. Form und Inhalt der Rechtsbehelfsbelehrung

9   **1. Allgemeines.** Durch die Darstellung über Form, Frist und zuständiges Gericht zur Einlegung eines Rechtsbehelfs soll die Pflicht zur Rechtsbehelfsbelehrung auch im Kostenrecht den Verfahrensbeteiligten die Orientierung im gerichtlichen Instanzenzug erleichtern und unzulässige Rechtsbehelfe vermeiden helfen.[8] Das Gesetz gibt den Inhalt der Rechtsmittelbelehrung insoweit vor, als diese den statthaften Rechtsbehelf, das Gericht der Einlegung, dessen Sitz und die dabei einzuhaltende Form und Frist darstellen muss.

10   Um dem Rechtssuchenden die vom Gesetz gewollte **Orientierung zu ermöglichen,** muss die Rechtsbehelfsbelehrung aus sich heraus verständlich sein, so dass der Adressat ohne Hinzuziehung eines Rechtsanwalts den zulässigen Rechtsbehelf einzulegen im Stande ist.[9] Es reicht daher nicht aus, lediglich auf die einschlägige Norm zu verweisen. Auch muss die Belehrung **auf den konkreten Einzelfall bezogen** sein, darf also nicht etwa die gesamte Palette der Rechtsbehelfe des Kostenrechts auflisten.[10]

11   **2. Gerichte. a) Form der Rechtsbehelfsbelehrung.** Die Rechtsbehelfsbelehrung muss gem. § 7 a Bestandteil der Kostenrechnung, der anfechtbaren Gerichtsentscheidung bzw der Kostennachricht (→ Rn 4) sein (vgl Wortlaut: „hat … zu enthalten"). Sie muss daher im Fall der anfechtbaren Entscheidung durch die **Unterschrift des erkennenden Richters bzw des Rechtspflegers** gedeckt sein;[11] nicht ausreichend ist ein vor der Unterschrift befindlicher Verweis auf eine als Anhang beigefügte Belehrung.[12] Separat unterschrieben werden muss die Rechtsbehelfsbelehrung indes nicht. Im Fall der gerichtlichen Kostenrechnung (Kostenansatz) bzw der Kostennachricht (Justizverwaltungsakt) muss die Belehrung von der Unterschrift des Kostenbeamten abgedeckt sein.

12   Die Rechtsbehelfsbelehrung hat **in deutscher Sprache** zu erfolgen (vgl § 184 GVG). Eine Übersetzung ist nicht erforderlich, selbst wenn der Adressat erkennbar der deutschen Sprache nicht mächtig ist.[13] Nichtsdestotrotz ist in diesem Fall eine zusätzliche Übersetzung der Belehrung zweckmäßig, kann doch bei sprachbedingtem Unverständnis der Belehrung durch den Rechtsuchenden ein Wiedereinsetzungsgrund gegeben sein.[14]

13   **b) Bezeichnung des statthaften Rechtsbehelfs.** Der statthafte Rechtsbehelf ist – **bezogen auf den Einzelfall** – konkret zu benennen. In Betracht kommen folglich die Rechtsbehelfe der Erinnerung (§ 81 GNotKG bzw die **Rechtspflegererinnerung** nach § 11 RPflG), der Beschwerde oder der weiteren Beschwerde (§ 81 Abs. 2 und 4; § 82 Abs. 1 S. 1 und S. 6). Nicht ausreichend ist (→ Rn 10) die Auflistung aller abstrakt in Betracht kommenden Rechtsmittel, da dies der **Orientierungshilfefunktion** der Rechtsbehelfsbelehrung nicht gerecht würde.

---

4 BT-Drucks 17/10490, S. 13; vgl auch BGH NJW 2002, 2171, 2173. **5** S. Keidel/*Meyer-Holz*, FamFG, § 39 Rn 11. **6** Vgl dazu BeckOK-FamFG/*Gutjahr*, § 39 Rn 2 a; *Hartmann*, NJW 2009, 321, 322. **7** Vgl dazu BeckOK-FamFG/*Gutjahr*, § 39 Rn 2 a. **8** BT-Drucks 17/10490, S. 11. **9** Vgl BGH NJW-RR 2010, 1297 Rn 14. **10** Vgl zur Regelung der Rechtsbehelfsbelehrung in § 39 FamFG: Keidel/*Meyer-Holz*, FamFG, § 39 Rn 12; OLG Karlsruhe MDR 2011, 919. **11** Vgl BAG NJW 1980, 1871. **12** Vgl BAG NJW 1994, 3181; OLG Oldenburg FamRZ 2012, 1080; Keidel/*Meyer-Holz*, FamFG, § 39 Rn 10; BeckOK-FamFG/*Gutjahr*, § 39 Rn 24. **13** BVerfG NJW 1976, 1021; BeckOK-FamFG/*Gutjahr*, § 39 Rn 25. **14** BVerfG NJW 1975, 1597.

Die Belehrung muss bei durch Beschwerde anfechtbaren gerichtlichen Entscheidungen auf einen ggf erfor- 14
derlichen **Mindestbeschwerdewert** hinweisen. Der Mindestbeschwerdewert im Fall der Beschwerde gegen
den Kostenansatz nach § 81 bzw der Beschwerde gegen die Festsetzung des Geschäftswerts nach § 83 ist
ausweislich § 81 Abs. 2 S. 1 und § 83 Abs. 1 S. 1 keine bloße Zulässigkeits-, sondern Statthaftigkeitsvoraus-
setzung. Das heißt jedoch nicht, dass die Rechtsbehelfsbelehrung konkrete Aussagen über das Erreichen des
erforderlichen Beschwerdewerts machen müsste (auch dann nicht, wenn der Beschwerdewert nach Ansicht
des Gerichts im konkreten Fall nicht erreicht werden kann) – allein schon vor dem Hintergrund der Tatsache, dass der Beschwerdewert vom Antrag des Beschwerdeführers abhängig ist, wäre dies auch gänzlich unmöglich. Eine Entscheidung darüber, ob der Beschwerdewert erreicht ist, obliegt zudem allein dem Beschwerdegericht.

Bei der Rechtsbehelfsbelehrung bzgl einer Entscheidung des Rechtspflegers ist sowohl über die Beschwerde 15
als auch über die **Rechtspflegererinnerung** zu belehren (die statthaft ist, wenn der Beschwerdewert nicht erreicht ist), § 11 RPflG.

c) Bezeichnung der Stelle, bei welcher der Rechtsbehelf einzulegen ist, und deren Sitz. Wesentlich für den 16
Adressaten der Belehrung ist die Kenntnis über die Stelle, bei welcher der Rechtsbehelf einzulegen ist. Die
Belehrung hat daher das Gericht konkret zu bezeichnen. Da nur die **Bezeichnung des Gerichts** und seines
Sitzes (zB „Amtsgericht Traunstein") vor dem Hintergrund des Ziels der Rechtsbehelfsbelehrung, dem
Rechtssuchenden eine Orientierungshilfe zu geben, nicht ausreicht, muss die Belehrung die **vollständige An-
schrift** des Gerichts enthalten. Nur so wird der Adressat in die Lage versetzt, sich an die tatsächlich zustän-
dige Stelle zu wenden.[15] Welches Gericht zuständig ist, ergibt sich aus den einschlägigen Regelungen des
GNotKG iVm den zugrunde liegenden verfahrensrechtlichen Vorschriften (§ 81 Abs. 5 S. 3, 4, ggf iVm
§§ 82, 83).

d) Hinweis auf einzuhaltende Rechtsmittelfristen. Ist der statthafte Rechtsbehelf **fristgebunden**, so hat die 17
Rechtsbehelfsbelehrung darauf hinzuweisen, um einer verspäteten Einlegung entgegenzuwirken. Damit der
Rechtsuchende die Frist berechnen kann, ist nicht nur ihre **Dauer** (zB sechs Monate, § 83 Abs. 1 S. 1, 3 iVm
§ 79 Abs. 2 S. 2), sondern auch ihr **Beginn** (zB Zustellung der Entscheidung, § 83 Abs. 1 S. 6) aufzuführen.
Eine abstrakte Belehrung (dh Benennung eines Ereignisses, zB Bekanntgabe der Entscheidung, ohne konkretes Datum) ist ausreichend. Die konkrete Berechnung fällt in die Eigenverantwortlichkeit des Beteiligten
bzw des von ihm beauftragten Anwalts. Sie wäre dem Gericht idR auch gar nicht möglich, sofern die Frist
erst zum Zeitpunkt der Bekanntgabe oder Zustellung der Entscheidung beginnt, die dem Gericht bei Absendung der Rechtsbehelfsbelehrung idR noch nicht bekannt ist.[16]

Nicht hinzuweisen ist hingegen auf die **Besonderheiten der Fristberechnung nach § 16 FamFG,** §§ 222, 224 18
Abs. 2, 3 und § 225 ZPO (Rechtsbehelfsfrist endet erst mit Ablauf des folgenden Werktags, wenn das Fristende auf einen Sonntag, einen allgemeinen Feiertag oder einen Samstag fällt). Wie das BVerfG entschieden
hat, bleibt „die konkrete Berechnung [des Laufs der Frist] der eigenen Verantwortlichkeit des Betroffenen
überlassen …; es ist kaum möglich, aber auch nicht erforderlich, in einer Rechtsmittelbelehrung auf sämtliche Modalitäten einer Fristberechnung hinzuweisen".[17]

Ohnehin ist eine Belehrung über Fristen angesichts der grundsätzlichen Unbefristung von Rechtsbehelfen 19
im Kostenrecht nur in zwei Fällen erforderlich:

- **Beschwerde gegen die Festsetzung des Geschäftswerts (§ 83 Abs. 1 S. 1, 3 iVm § 79 Abs. 2 S. 2):** Einlegung nur innerhalb von sechs Monaten, nachdem die Entscheidung wegen des Hauptgegenstands
  Rechtskraft erlangt oder das Verfahren sich anderweitig erledigt hat. Nach § 83 Abs. 1 S. 3 Hs 2 kann
  die Beschwerde noch innerhalb eines Monats nach Zustellung oder formloser Mitteilung des Festsetzungsbeschlusses eingelegt werden, wenn der Geschäftswert später als einen Monat vor Ablauf der Monatsfrist des § 83 Abs. 1 S. 1 Hs 1 festgesetzt worden ist.
- **Weitere Beschwerde gegen die Festsetzung des Geschäftswerts (§ 83 Abs. 1 S. 6):** Einlegung nur innerhalb eines Monats nach Zustellung der Entscheidung des Beschwerdegerichts.

e) Erläuterung der einzuhaltenden Form der Rechtsbehelfseinlegung. Die Belehrung hat über die bei der 20
Einlegung des Rechtsbehelfs zu beachtende **Form** aufzuklären. Folglich hat sie darauf hinzuweisen, dass
Erinnerung, Beschwerde oder weitere Beschwerde (§§ 81–83) **schriftlich** oder **zu Protokoll der Geschäftsstelle**
eingelegt werden können, vgl § 81 Abs. 5 (auf den in §§ 82 und 83 verwiesen wird). Über § 1 Abs. 6 sind
die Verfahrensvorschriften des FamFG anwendbar; dementsprechend ist bei Beschwerden die angefochtene
Entscheidung bzw der **angefochtene Kostenansatz zu bezeichnen** und zu erklären, dass gegen diesen das
entsprechende **Rechtsmittel** eingelegt wird (vgl § 64 Abs. 2 S. 3 FamFG). Die Einlegung der Beschwerde ist

---

15 Vgl BGH NJW 2011, 2887; BGH NJW-RR 2010, 1297; Keidel/*Meyer-Holz*, FamFG, § 39 Rn 13. **16** Vgl Sodan/Ziekow/*Czy-bulka*, VwGO, § 58 Rn 55 mwN. **17** BVerfGE 31, 388, 390.

vom Beschwerdeführer selbst oder von seinem Bevollmächtigten zu **unterzeichnen** (§ 64 Abs. 2 S. 4 FamFG); die Beschwerde **soll begründet** werden (§ 65 Abs. 1 FamFG). All dies ist in der Rechtsmittelbelehrung zur Beschwerde zu erwähnen.[18]

21   Dass zur Einlegung **keine anwaltliche Vertretung erforderlich** ist („Negativbelehrung"), vgl § 81 Abs. 5 S. 1, ist hingegen nicht erforderlich, da es sich gerade nicht um eine einzuhaltende Form handelt.

22   Hinzuweisen ist bei Beteiligten, die der deutschen Sprache erkennbar nicht oder nicht hinreichend mächtig sind, im Hinblick auf § 184 GVG grds. darauf, dass die Einlegung des Rechtsbehelfs **in deutscher Sprache** zu erfolgen hat.[19]

23   Hinsichtlich der **Rechtsmittelbelehrung des Beschwerdegerichts** ist § 130 Abs. 3 GNotKG iVm § 39 FamFG zu beachten. Demnach hat das Beschwerdegericht eine Rechtsbehelfsbelehrung nur dann in seine Entscheidung aufzunehmen, wenn es die Rechtsbeschwerde zum BGH zulässt; eine „Negativbelehrung" (→ Rn 5) darüber, dass ein Rechtsmittel mangels Zulassung nicht statthaft ist, ist nicht erforderlich. Wiederum zu belehren ist über den nach § 130 Abs. 3 GNotKG iVm 10 Abs. 4 FamFG gegebenen **Anwaltszwang vor dem BGH** (freilich nicht gegenüber dem Notar).

24   **3. Notare. a) Form der Rechtsbehelfsbelehrung.** Die Rechtsbehelfsbelehrung nach § 7 a muss **Bestandteil der Kostenberechnung nach § 19** sein („hat ... zu enthalten"), muss also mit ihr verbunden und durch die **Unterschrift des Notars** (§ 19 Abs. 1) gedeckt sein. Ein vor der Unterschrift erteilter Hinweis auf eine als Anhang zur Kostenberechnung nachfolgende Belehrung ist grds. nicht ausreichend,[20] es sei denn, der Anhang ist wiederum durch den Notar separat unterzeichnet.

25   **b) Bezeichnung des statthaften Rechtsbehelfs.** Eine Notarkostenberechnung nach § 19 muss eine Rechtsbehelfsbelehrung dahin gehend enthalten, dass gegen die Kostenberechnung die **Entscheidung des Landgerichts nach § 127** beantragt werden kann. Demgegenüber ist keine gesonderte Rechtsbehelfsbelehrung erforderlich bei Erteilung der vollstreckbaren Ausfertigung der Kostenberechnung (→ Rn 18).

26   Kein Rechtsbehelf, sondern eine **formlose Beanstandung** ist eine gegenüber dem Notar vom Kostenschuldner vorgetragene Kritik oder Beschwerde gegen die Kostenberechnung. Ob der Notar hierzu eine Formulierung in seine Rechtsbehelfsbelehrung aufnehmen sollte, ist letztlich Geschmackssache: Dafür spricht, dass sie ggf präventiv gegen unnötige (auf bloße Verständnisprobleme zurückzuführende) Anträge auf gerichtliche Entscheidung wirken kann. Allerdings darf die Rechtsbehelfsbelehrung dabei nicht die Einlegung eines Rechtsbehelfs subjektiv erschweren, dh, jeglicher Zusatz darf nicht dazu geeignet sein, bei dem Kostenschuldner oder seinem Bevollmächtigten einen Irrtum über die Voraussetzungen für eine wirksame Einlegung eines Rechtsbehelfs hervorzurufen und sie dadurch von der rechtzeitigen Antragstellung abzuhalten.[21]

27   **c) Bezeichnung der Stelle, bei welcher der Rechtsbehelf einzulegen ist, und deren Sitz.** Bzgl der Bezeichnung der **Stelle samt vollständiger Anschrift**, bei welcher der Rechtsbehelf einzulegen ist, ist auf die Ausführungen zur gerichtlichen Rechtsbehelfsbelehrung zu verweisen (→ Rn 16). Das **zuständige Gericht** ergibt sich bei Notarkostensachen aus § 127 Abs. 1, § 130 Abs. 3 S. 2 GNotKG iVm § 64 Abs. 1 und § 71 Abs. 1 S. 1 FamFG.

28   **d) Hinweis auf einzuhaltende Fristen.** Nach § 127 Abs. 2 S. 1 kann der Antrag auf gerichtliche Entscheidung gegen die notarielle Kostenberechnung grds. nur **bis zum Ende des Kalenderjahres** gestellt werden, das auf das Jahr folgt, in dem die vollstreckbare Ausfertigung der Kostenberechnung zugestellt ist – es sei denn (§ 127 Abs. 2 S. 2), die Einwendungen gegen den Kostenanspruch beruhen auf Gründen, die nach der Zustellung der vollstreckbaren Ausfertigung entstanden sind: In diesem Fall können sie auch nach Ablauf der Frist nach S. 1 geltend gemacht werden. Die Ausführungen in → Rn 17 f gelten entsprechend.

29   **e) Erläuterung der einzuhaltenden Form der Rechtsbehelfseinlegung.** Auf besondere Formerfordernisse muss die Rechtsbehelfsbelehrung des Notars nicht hinweisen, da nach § 130 Abs. 3 hinsichtlich des Antrags auf gerichtliche Entscheidung das FamFG gilt, nach dem eine besondere Form nicht zwingend vorgeschrieben ist. § 23 Abs. 1 FamFG enthält insofern nur Sollvorschriften. Allerdings sollte darauf verwiesen werden, dass der Antrag schriftlich oder zur Niederschrift der Geschäftsstelle gestellt werden kann (vgl § 25 Abs. 1 FamFG).

30   **f) Muster: Notarielle Rechtsbehelfsbelehrung.** Die Rechtsmittelbelehrung durch den Notar kann nach den vorstehend dargelegten Anforderungen wie folgt lauten:

▶ „Gegen diese Kostenberechnung kann die Entscheidung des Landgerichts ... [Bezeichnung des Landgerichts und vollständige Anschrift] (Gericht) nach § 127 des Gerichts- und Notarkostengesetzes beantragt werden. Der Antrag ist zulässig innerhalb eines Jahres nach Ablauf des Kalenderjahres, in dem die vollstreckbare Ausfertigung dieser

---

18 Vgl BeckOK-FamFG/*Gutjahr*, § 39 Rn 24.   **19** Vgl BeckOK-FamFG/*Gutjahr*, § 39 Rn 20.   **20** Dafür: BSGE 6, 1, 2; *Meyer-Ladewig/Keller/Leitherer*, § 66 SGG Rn 4; dagegen: BAG NJW 1994, 3181 mit dem Argument des „zeitlichen Abschlusses" durch die Unterschrift.   **21** Vgl hierzu etwa BVerwGE 57, 188, 190 = NJW 1979, 1670; OVG Münster NJW 1998, 2844.

Kostenberechnung zugestellt ist, und muss innerhalb dieser Frist bei dem Gericht eingehen. Der Antrag kann schriftlich oder zur Niederschrift der Geschäftsstelle des Gerichts gestellt werden." ◄

Um dem Kostenschuldner die Möglichkeit zu verdeutlichen, die Kostenberechnung auch vorab und **formlos** 31 **gegenüber dem Notar zu beanstanden** (→ Rn 26), *kann* (nicht: muss) zB folgender Zusatz hinzugefügt werden:

▶ „Die Kostenberechnung kann auch formlos gegenüber dem Notar beanstandet werden." ◄

III. Rechtsfolgen einer fehlerhaften oder gänzlich unterbliebenen Rechtsbehelfsbelehrung

1. Gerichte. Ist eine Rechtsbehelfsbelehrung **fehlerhaft** erfolgt oder gänzlich **unterblieben**, läuft dennoch 32 die für den jeweiligen Rechtsbehelf maßgebliche Frist. Allerdings wird hinsichtlich der Beschwerde und der weiteren Beschwerde gegen die Festsetzung des Geschäftswerts (§ 83 Abs. 1) bei Fristversäumung im Fall der Gewährung der **Wiedereinsetzung in den vorigen Stand** ein Fehlen des Verschuldens vermutet, § 83 Abs. 2 S. 2. Diese Vermutung ist **unwiderlegbar**, dh, sie gilt insb. auch dann, wenn eindeutig ein Verschulden des Beschwerdeführers vorliegt.

2. Notare. Wird die Rechtsbehelfsbelehrung unterlassen oder fehlerhaft erteilt, hat dies **keine Auswirkun-** 33 **gen auf den Fristlauf** nach § 127 Abs. 2 (der freilich ohnehin kaum relevant werden wird, da der Notar in den seltensten Fällen dem Kostenschuldner sofort eine vollstreckbare Ausfertigung der Kostenberechnung zustellen, sondern ihm zunächst eine einfache Berechnung nach § 19 Abs. 1 übermitteln wird).

Für die Notarkosten ist eine dem § 83 Abs. 2 S. 2 entsprechende Regelung nicht im GNotKG enthalten; 34 allerdings ist sie bereits im nach § 130 Abs. 3 S. 1 GNotKG anwendbaren **§ 17 Abs. 2 FamFG** enthalten, so dass eine Sonderregelung im GNotKG nicht erforderlich war. Natürlich wird auch die Dienstaufsicht den Notar zur Erteilung korrekter Rechtsbehelfsbelehrungen anhalten.

Abschnitt 2
Fälligkeit

§ 8 Fälligkeit der Kosten in Verfahren mit Jahresgebühren

[1]In Betreuungssachen und betreuungsgerichtlichen Zuweisungssachen werden die Jahresgebühren 11101, 11102 und 11104 des Kostenverzeichnisses, in Nachlasssachen die Jahresgebühr 12311 des Kostenverzeichnisses erstmals bei Anordnung und später jeweils zu Beginn eines Kalenderjahres fällig. [2]In diesen Fällen werden Auslagen sofort nach ihrer Entstehung fällig.

I. Anwendungsbereich und Grundsätzliches

§ 8 regelt als Fälligkeitsvorschrift den **Zahlungszeitpunkt** der gerichtlichen Jahresgebühren für **Betreuungs-** 1 **sachen, betreuungsgerichtlichen Zuweisungssachen** (§ 340 FamFG) sowie **Nachlasssachen.** Ebenfalls unter § 8 fallen die **Nachlasspflegschaft,** die **Nachlassverwaltung** und die **Gesamtgutsverwaltung,** da für diese Verfahren mit dem GNotKG ebenfalls Jahresgebühren eingeführt wurden.[1] § 8 führt nunmehr nach dem GKG und dem FamGKG erstmals auch in den Verfahren der freiwilligen Gerichtsbarkeit die Verweisung auf das Kostenverzeichnis als Quelle der einzelnen Gebührentatbestände ein. Er verweist hinsichtlich der Jahresgebühren auf Nr. 11101, 11102, 11104 und 12311 KV.

Verfahren mit Jahresgebühren sind Dauerverfahren, dh, sie werden idR für einen längeren Zeitraum ange- 2 ordnet bzw bei ihnen ist die Dauer des Verfahrens im Vorhinein meist nicht absehbar.[2] Vor diesem Hintergrund ist eine von § 9, der die Fälligkeit von gerichtlichen Gebühren und Auslagen im Grundsatz für das Ende des Verfahrens anordnet, abweichende Fälligkeitsregelung erforderlich.[3] Anders ist dies naturgemäß bei der Fälligkeit von Gebühren in Betreuungs- bzw Pflegschaftsmaßnahmen „für einzelne Rechtshandlungen", die sich nach der allgemeinen Regelung des § 9 iVm Nr. 11100, 11103 bzw 11105 KV bestimmt.

Die Fälligkeit von **Auslagen**erstattungsansprüchen richtet sich nach **S. 2.** 3

II. Fälligkeit, Kostenansatz, Schuldner, Auslagen

1. Fälligkeit, Kostenansatz. § 8 unterstellt die Fälligkeit dieser Jahresgebühren den gleichen Regelungen, 4 wie sie für Dauerbetreuungen und Dauerpflegschaften gelten. Die ersten Jahresgebühren werden mit der Anordnung, dh mit dem Entstehen der Dauerbetreuung bzw der Dauerpflegschaft, **vorab fällig,** die folgen-

---

[1] BT-Drucks 17/11471, S. 199. [2] Vgl HK-FamGKG/*Klos*, § 10 Rn 1; BDS/*Sommerfeldt*, § 8 Rn 8. [3] So auch Korintenberg/*Klüsener*, § 8 Rn 4.

den Jahresgebühren am 1. Januar jedes auf die Anordnung folgenden Jahres. Dies stellt eine Abweichung von dem in §§ 9 und 10 geregelten Grundsatz dar, wonach die Gebühren mit dem Abschluss eines Verfahrens oder Geschäfts fällig werden (s. dort).

5   Die Fälligkeit wirkt auf mehrerlei Weise: Mit ihr entsteht das Recht zur Einziehung der erst jetzt endgültig zu bestimmenden Gebühren. Sie löst zudem erst den Beginn der Verjährungsfrist des Gebührenanspruchs aus, so dass bis zum Fälligkeitszeitpunkt lediglich die Möglichkeiten der §§ 11–14, 16 und 17 zur Sicherstellung der Kosten bestehen. Der jeweilige Geschäftswert ist zum Zeitpunkt der Fälligkeit zu bestimmen, ebenso der anzuwendende Umsatzsteuersatz.

6   Aufgrund der Eigenheiten der in Nr. 11101, 11102, 11104 und 12311 KV angesprochenen Verfahren erscheint die gegenüber den §§ 9 und 10 speziellere Fälligkeitsregelung auch interessengerecht.

7   Die Fälligkeit nach § 8 erfolgt mit der **Anordnung**. Diese ist zu verkünden bzw ordnungsgemäß bekannt zu machen. Der Kostenansatz erfolgt im Zeitpunkt der Anordnung, soweit nicht notwendigerweise Wertabweichungen von Bilanzen oder Vermögensverzeichnissen, die für einen anderen Zeitpunkt erstellt wurden, geschätzt werden müssen.

8   Auch wenn die Fälligkeit der Gebühr nach § 8 bereits eingetreten ist, wird die Gebühr idR erst dann angesetzt werden können, wenn auf der Basis eines vorgelegten Vermögensverzeichnisses bereits der Geschäftswert ermittelt worden ist, vgl § 16 Abschn. II S. 1 KostVfg: „Die bei Vormundschaften, Dauerbetreuungen und -pflegschaften sowie bei Nachlasssachen zu Beginn eines jeden Kalenderjahres fällig werdenden Gebühren können, wenn kein Verlust für die Staatskasse zu besorgen ist, gelegentlich der Prüfung der jährlichen Rechnungslegung angesetzt werden."

9   **2. Schuldner.** Kostenschuldner der **Betreuungsgebühr** ist gem. § 23 Nr. 1 der Betreute, der Pfleger nach § 23 Nr. 2 mit dem gesammelten Vermögen für die **Pflegschaftsgebühr**. Die Gebühren können vom Pfleger innerhalb der Einschränkungen der ihm zugewiesenen Wirkungskreise aus dem verwalteten Vermögen zu zahlen sein.

10   **3. Auslagen (S. 2).** Auslagen (Nr. 31000–31015 KV) werden zusätzlich zu den Gebühren gem. Nr. 11101, 11102, 11104 und 12311 KV erhoben. Ist der Mündel mittellos, so kann der Vormund Vorschuss und Ersatz aus der Staatskasse verlangen.

11   Die Auslagen werden sämtlich sofort nach ihrer Entstehung fällig (S. 2). Dies entspricht der allgemeinen Fälligkeitsregelung in § 9 Abs. 2 bzgl der Dokumentenpauschale und Aktenversendungspauschale. Hinsichtlich der sonstigen Auslagen iSv Teil 3 Hauptabschnitt 1 KV unterscheidet sich die Fälligkeitsregelung für Auslagen hingegen von dem für sonstige Verfahren geltenden § 9: Dort werden Auslagen grds. erst mit dem Ende des Verfahrens fällig (vgl § 9 Abs. 1).

§ 9 Fälligkeit der Gerichtsgebühren in sonstigen Fällen, Fälligkeit der gerichtlichen Auslagen

(1) Im Übrigen werden die gerichtlichen Gebühren und Auslagen fällig, wenn

1. eine unbedingte Entscheidung über die Kosten ergangen ist,
2. das Verfahren oder der Rechtszug durch Vergleich oder Zurücknahme beendet ist,
3. das Verfahren sechs Monate ruht oder sechs Monate nicht betrieben worden ist,
4. das Verfahren sechs Monate unterbrochen oder sechs Monate ausgesetzt war oder
5. das Verfahren durch anderweitige Erledigung beendet ist.

(2) Die Dokumentenpauschale sowie die Auslagen für die Versendung von Akten werden sofort nach ihrer Entstehung fällig.

I. Anwendungsbereich und Grundsätzliches

1   § 9 regelt den **Fälligkeitszeitpunkt** für Gebühren als Voraussetzung für die Einforderung der Kosten durch Kostenansatz (§ 18) und für die Vollstreckung. Relevant ist die Vorschrift weiter für den Geschäftswert und Fragen der Verjährung der Gebühren und Auslagen (→ § 8 Rn 10 f). Der einleitende Wortlaut des Abs. 1 „Im Übrigen …" verdeutlicht den Regelungscharakter von § 9 als Auffangvorschrift, so dass zunächst zu prüfen ist, ob kein Fall der Sonderregelung des § 8 vorliegt, also eine abweichende Fälligkeit der Gebühren hiernach gegeben ist. Sicherungsmaßnahmen nach den §§ 11–14, 16 und 17 sind von der Fälligkeit zu unterscheiden (s. jeweils dort).

2   Die Vorschrift regelt die Fälligkeit der Auslagen für sämtliche Gerichtsverfahren der freiwilligen Gerichtsbarkeit, die nach § 1 dem Geltungsbereich des GNotKG unterfallen.

Die Auslagen und die Dokumentenpauschale für die Aktenversendung (Nr. 31000 und 31003 KV) werden **3** nach der Spezialregelung des Abs. 2 fällig. Auch hiervon sind die Kostensicherungsmaßnahmen nach den §§ 11–14, 16 und 17 zu unterscheiden.

§ 9 entspricht im Aufbau der Regelung des § 11 FamGKG über die Fälligkeit der Gebühren in sonstigen **4** Fällen und über die Fälligkeit von Auslagen.[1]

II. Zeitpunkt der Fälligkeit, Gebühren in sonstigen Fällen, Auslagen (Abs. 1)

1. Zeitpunkt der Fälligkeit. Im Anwendungsbereich des Abs. 1 ist den in den Nr. 1–5 geregelten Fällen ge- **5** mein, dass die Fälligkeit der Gebühren in dem Zeitpunkt eintritt, in dem die Instanz beendet ist bzw in Ermangelung einer vorliegenden Erledigung der Sache zum Zwecke der Kostenberechnung als beendet anzusehen ist. Der Zeitpunkt der Beendigung im kostenrechtlichen Sinn ist in den Nr. 1–5 bestimmt.[2] Hiervon abzugrenzen ist der Zeitpunkt, zu welchem der Geschäftswert ermittelt wird: bei Auftragsgeschäften zum Zeitpunkt der Antragstellung (§ 59 S. 1) und bei Aktgebühren zum Zeitpunkt der Vornahme des Aktes auch bei späterer Fälligkeit. Dagegen herrscht bei Amtsgeschäften nach § 59 S. 2 Identität zwischen dem Zeitpunkt der Geschäftswertermittlung und der Fälligkeit. Die Fälligkeit ist für jeden Gebührentatbestand gesondert zu ermitteln.[3]

2. Gebühren in sonstigen Fällen. a) Angelegenheiten der freiwilligen Gerichtsbarkeit. Abs. 1 gilt grds. für **6** die Gebühren in allen Verfahren der freiwilligen Gerichtsbarkeit, die dem Kostenregime des GNotKG unterworfen sind (→ § 1 Rn 1 ff) und welche nicht dem Anwendungsbereich des vorrangigen § 8 unterfallen, bei denen es sich also nicht um Betreuungssachen, betreuungsgerichtliche Zuweisungssachen oder Nachlasssachen mit Jahresgebühren handelt.[4] Ebenso verhält es sich mit den Auslagen in Verfahren der freiwilligen Gerichtsbarkeit. Die Regelung des § 9 führt regelmäßig zu einem Auseinanderfallen des Entstehungs- und des Fälligkeitszeitpunkts der Auslagen. Auch hier besteht die Möglichkeit der Kostensicherung nach § 14, soweit nicht § 16 greift (→ § 16 Rn 1 f).

b) Unbedingte Kostenentscheidung (Nr. 1). Unter Nr. 1 fallen sämtliche Entscheidungen über die Kosten, **7** die nicht unter einer Bedingung stehen, wobei hierunter nicht die fehlende Rechtskraft einer Entscheidung zu verstehen ist.[5] Auch die Einlegung eines Rechtsmittels gegen die Entscheidung ändert an der Gebührenfälligkeit nach Nr. 1 nichts. Lediglich eine wirksame, dh eine verkündete bzw ordnungsgemäß bekannt gegebene Entscheidung ist Voraussetzung für die Fälligkeit nach Nr. 1.

Sofern nur ein Teil des Verfahrens von der Entscheidung umfasst ist, wird auch nur hinsichtlich des „ent- **8** schiedenen Teils" die Fälligkeit nach Nr. 1 herbeigeführt.[6]

c) Vergleich oder Zurücknahme (Nr. 2). Der Wortlaut der Nr. 2 differenziert hinsichtlich der Vergleichsar- **9** ten nicht, so dass die Beendigung nicht nur durch einen **gerichtlichen Vergleich**, sondern auch durch einen **außergerichtlichen Vergleich** herbeigeführt werden kann.[7] Letzterer muss dem Umstand entsprechen, wie die Entscheidung nach Nr. 1 den Parteien und dem Gericht bekannt gegeben werden, damit er prozessuale Wirkung entfalten kann.

Nr. 2 setzt voraus, dass „das Verfahren oder der Rechtszug durch Vergleich oder Zurücknahme **beendet"** **10** ist. Eine prozessbeendigende Wirkung (Beendigung der Rechtshängigkeit unmittelbar und ohne gerichtliche Entscheidung) tritt jedoch nur bei Wirksamkeit des Vergleichs ein.[8] Da eine taugliche Anfechtung des Vergleichs das Verfahren wieder in den Stand vor dem Vergleichsschluss versetzt, entfällt in diesem Fall auch die Fälligkeit rückwirkend.

Ein Vergleich muss „das Verfahren oder den Rechtszug beenden".[9] Insofern sind **Zwischenvergleiche** nicht **11** und Vergleiche unter **Widerrufsvorbehalt** erst mit Ablauf der Widerrufsfrist ausreichend.[10] Enthält der Vergleich keine Kostenregelung, so ergibt § 83 Abs. 1 FamFG die hälftige Kostenteilung zwischen den Parteien.

Auch die **Antragsrücknahme** bzw die **Zurücknahme des Rechtsmittels** führen zu einer tatsächlichen Verfah- **12** rensbeendigung, was zB dann nicht gegeben ist, wenn die Antragsrücknahme bzw die Rechtsmittelzurücknahme zustimmungsbedürftig ist.

d) Ruhen des Verfahrens oder dessen Nichtbetreiben (Nr. 3). Kein Fall der tatsächlichen Verfahrensbeendi- **13** gung ist das in Nr. 3 geregelte Ruhen des Verfahrens oder dessen Nichtbetreibung. Das FamFG als maßgeb-

---

1 Vgl BT-Drucks 17/11471, S. 156. **2** Vgl für die inhaltsgleiche Regelung im FamGKG HK-FamGKG/*Klos*, § 11 Rn 3. **3** So auch Korintenberg/*Klüsener*, § 9 Rn 2; BDS/*Sommerfeldt*, § 9 Rn 24. **4** Vgl BDS/*Sommerfeldt*, § 9 Rn 1. **5** S. Korintenberg/*Klüsener*, § 9 Rn 2; HK-FamGKG/*Klos*, § 11 Rn 9 mwN; *Meyer*, GKG § 9 Rn 4. **6** Korintenberg/*Klüsener*, § 9 Rn 2; für § 11 FamGKG *Keske*, Das neue FamGKG, 1. Aufl. 2009, §§ 9–11 Rn 18. **7** Korintenberg/*Klüsener*, § 9 Rn 6; BDS/*Sommerfeldt*, § 9 Rn 11. **8** Vgl MüKo-BGB/*Habersack*, § 779 Rn 79; Korintenberg/*Klüsener*, § 9 Rn 7; BDS/*Sommerfeldt*, § 9 Rn 12. **9** Korintenberg/ *Klüsener*, § 9 Rn 5 aE; vgl auch *Keske*, Das neue FamGKG, §§ 9–11 Rn 19. **10** *Meyer*, GKG § 9 Rn 8; HK-FamGKG/*Klos*, § 11 Rn 13.

liche Verfahrensordnung enthält keine Regelung über das Ruhen des Verfahrens. Dennoch ist anerkannt, dass das Gericht auch in Sachen der freiwilligen Gerichtsbarkeit entsprechend § 251 ZPO auf übereinstimmenden Antrag der Beteiligten das Ruhen des Verfahrens in echten Streitsachen anordnen kann,[11] sofern anzunehmen ist, dass die Verfahrensruhe wegen des Schwebens von Vergleichsverhandlungen oder aus sonstigen Gründen zweckmäßig ist.[12] Um eine **Streitsache** in diesem Sinne handelt es sich bei Verfahren, in denen das Gericht materiell rechtskräftig über subjektiv private Rechte von Verfahrensbeteiligten entscheidet, die sich mit entgegen gesetzten Interessen gegenüberstehen, auch wenn die Anrufung des Gerichts einverständlich erfolgt und keine streitige Verhandlung stattfindet.[13]

14   Auch von Amts wegen ist in echten Streitsachen die Anordnung der Verfahrensruhe möglich – analog § 251 a Abs. 3 ZPO –, sofern eine vorgesehene mündliche Verhandlung am grundlosen Nichterscheinen der Beteiligten scheitert.[14]

15   Da auch in Fällen, in denen verfahrensrechtlich noch keine vollständige Beendigung vorliegt, das Interesse des Staates an der Kostenbeitreibung besteht, werden die Gebühren und Auslagen nach Nr. 3 zum einen **sechs Monate** nach der förmlichen Anordnung des Verfahrens durch das Gericht fällig. Zum anderen werden die Gebühren und Auslagen fällig, sobald die Parteien das Verfahren für sechs Monate nicht betrieben haben, denn hierdurch bringen sie zum Ausdruck, dass an der weiteren Rechtsverfolgung anscheinend kein Interesse mehr besteht.[15] Für ein rückwirkendes Entfallen der Fälligkeit besteht indes kein Bedürfnis bei Wiederaufnahme des Verfahrens, da ja nur die bislang entstandenen Kosten (Gebühren und Auslagen) abgerechnet wurden.

16   **e) Unterbrechung oder Aussetzung des Verfahrens (Nr. 4).** Während Nr. 3 noch auf das Nichtbetreiben der Parteien abstellt, regelt Nr. 4 die Fälle, in denen das Verfahren aus Gründen, die nicht in dem Handeln oder Unterlassen der Parteien liegen, nicht betrieben wird. Dies kann etwa aus Rechtsgründen, wie zB der Eröffnung eines Insolvenzverfahrens nach § 240 ZPO, geschehen.[16] Die auch in Nr. 4 normierte Sechsmonatsfrist beginnt entweder mit dem objektiven Eintritt der Unterbrechung oder der förmlichen Anordnung der Unterbrechung[17] bzw Anordnung der Aussetzung nach §§ 21, 370, 381 FamFG.

17   **f) Beendigung des Verfahrens durch anderweitige Erledigung (Nr. 5).** Nr. 5 stellt eine Auffangvorschrift dar, die zur Fälligkeit der Gebühren und Auslagen führt, sobald keine der Nr. 1–4 einschlägig ist, das Verfahren jedoch gleichwohl erledigt ist. In Betracht kommt etwa die Erledigungserklärung ohne Kostenentscheidung oder die Rückverweisung des Verfahrens durch die Rechtsmittelinstanz ohne Kostenentscheidung an die untere Instanz.[18] Ebenfalls von Nr. 5 erfasst sind Fälle der Einzelpflegschaft – Fälligkeit dort mit Erledigung der Angelegenheit, § 1918 Abs. 3 BGB bzw Aufhebung durch das Gericht – und Fälle der Einzelbetreuung, Fälligkeit hier nach förmlicher Aufhebung der Betreuung oder Beendigung durch Tod des Betreuten. Weitere Beispiele[19] sind:

- die Eintragung in Grundbuchsachen, Schiffsbau- und Schiffsbauregistersachen, Registersachen für Pfandrechte an Luftfahrzeugen;
- die Eintragung in Registersachen, da hier keine Endentscheidungen durch Beschluss ergehen, § 38 Abs. 1 S. 2 FamFG;
- die nachträgliche Erteilung eines Hypotheken-, Grundschuld- oder Rentenschuldbriefes, Herstellung eines Teilbriefes oder eines neuen Briefes sowie die Ergänzung des Inhalts der genannten Briefe, Erteilung des Schiffszertifikats oder des Schiffbriefs einschließlich des Vermerks von Veränderungen;
- die Anordnung der Annahme einer Verfügung von Todes wegen in besondere amtliche Verwahrung sowie die Anordnung auf deren Herausgabe;
- die Eröffnung einer Verfügung von Todes wegen;
- die Entgegennahme von Erklärungen, die nach gesetzlicher Vorschrift dem Nachlassgericht gegenüber abzugeben sind (Nr. 12410 KV);
- die Anordnung über die Zulässigkeit der Verwendung von Verkehrsdaten (Nr. 15213 KV).

III. Dokumentenpauschale und Auslagen (Abs. 2)

18   Die Fälligkeitsvorschrift des Abs. 2 bezieht sich auf die Dokumentenpauschale nach Nr. 31000 KV und die Versendung von Akten nach Nr. 31003 KV. Im Gegensatz zum Regelfall der nachgelagerten Fälligkeit nach Abs. 1 lässt Abs. 2 als Ausnahme hiervon den Kostenansatz bereits während des Verfahrens zu und be-

---

11 Keidel/*Sternal*, FamFG, § 21 Rn 41. **12** BayObLG NJW-RR 1988, 16. **13** BGH FamRZ 1983, 44; BayObLG FamRZ 1989, 886; Keidel/*Sternal*, FamFG, § 1 Rn 33. **14** Musielak/*Borth*, FamFG, § 21 Rn 9 mwN; Keidel/*Sternal*, FamFG, § 21 Rn 42. **15** Korintenberg/*Klüsener*, § 9 Rn 13; vgl auch HK-FamGKG/*Klos*, § 11 Rn 15. **16** Vgl HK-FamGKG/*Klos*, § 11 Rn 16. **17** *Meyer*, GKG § 9 Rn 12. **18** Aufzählung bei HK-FamGKG/*Klos*, § 11 Rn 17 mwN. **19** Beispiele nach Korintenberg/*Klüsener*, § 9 Rn 20.

stimmt als Fälligkeitszeitpunkt die Entstehung der Auslagen (s. hierzu die Kommentierung bei Nr. 31000 und 31003 KV).

§ 10 Fälligkeit der Notarkosten

Notargebühren werden mit der Beendigung des Verfahrens oder des Geschäfts, Auslagen des Notars und die Gebühren 25300 und 25301 sofort nach ihrer Entstehung fällig.

I. Anwendungsbereich und Grundsätzliches

§ 10 regelt als **Fälligkeitsvorschrift** die Leistungszeit für die **Notarkosten** (Gebühren und Auslagen). Die **1** Norm unterscheidet zwischen der Fälligkeit der Gebühren einerseits und der Fälligkeit der Auslagen sowie der Notargebühren für die Verwahrung von Geldbeträgen nach Nr. 25300 KV und für die Entgegennahme von Wertpapieren und Kostbarkeiten zur Verwahrung nach Nr. 25301 KV andererseits. Für die Fälligkeit der Gebühren (ohne Nr. 25300 und 25301 KV) bestimmt § 10 grds. den Zeitpunkt der Beendigung des Verfahrens oder des Geschäfts. Auslagen und Gebühren nach Nr. 25300 und 25301 KV werden dagegen sofort nach ihrer Entstehung fällig.

Die Fälligkeit der Notargebühren hat Auswirkungen auf die Kostenberechnung nach § 19, auf die Verjäh- **2** rung nach § 6 und auf den Geschäftswert (Zeitpunkt der Wertberechnung, § 96), ist jedoch wegen der Möglichkeit, gem. § 15 einen Vorschuss zu fordern, praktisch weniger bedeutsam.[1]

§ 10 ist in seinem Anwendungsbereich auf Notargebühren und Auslagen verengt. Die auf gerichtliche Ge- **3** bühren und Auslagen bezogenen Fälligkeitsregelungen finden sich in den §§ 8 und 9. Die Aufnahme des Begriffs des „Verfahrens" in § 10 trug der Tatsache Rechnung, dass das GNotKG gegenüber der KostO für viele Notargebühren eine Umstellung von Aktgebühren auf Verfahrensgebühren vorsah. Zudem differenziert das GNotKG – anders als die KostO – trennscharf zwischen notariellen Verfahren und Geschäften: Zu unterscheiden ist somit zwischen:

- Beurkundungsverfahren (Teil 2 Hauptabschnitt 1, Nr. 21100 ff KV);
- Vollzugs- und Betreuungstätigkeiten (gehören zu den notariellen Verfahren, Teil 2 Hauptabschnitt 2, Nr. 22100 ff KV);
- sonstigen notariellen Verfahren (Teil 2 Hauptabschnitt 3, Nr. 23100 ff KV);
- Entwurf und Beratung (notarielle Geschäfte iSd GNotKG, Teil 2 Hauptabschnitt 4, Nr. 24100 ff KV);
- sonstigen (notariellen) Geschäften (Teil 2 Hauptabschnitt 5, Nr. 25100 ff KV); und
- Zusatzgebühren (Teil 2 Hauptabschnitt 6, Nr. 26000 ff KV).

II. Fälligkeitszeitpunkt der Gebühren

1. Beendigung des Verfahrens oder Geschäfts. Die Gebühren entstehen durch die Verwirklichung des jewei- **4** ligen im Kostenverzeichnis des GNotKG verwirklichten Gebührentatbestands, dh, beendigt iSd Vorschrift ist ein Verfahren oder Geschäft, wenn die jeweilige Tätigkeit vollendet[2] bzw das jeweilige Verfahren beendigt, also der jeweilige Gebührentatbestand nach dem KV verwirklicht ist,[3] auch wenn es sich aus Sicht der Beteiligten als ein einheitlicher wirtschaftlicher Vorgang darstellt.

2. Einzelfälle. Eine **Beurkundung** ist nach § 13 Abs. 3 BeurkG **mit der Unterschrift des Notars** unter der **5** Niederschrift beendet, weshalb die jeweilige Gebühr nach Teil 2 Hauptabschnitt 1 Abschnitte 2 und 3 KV auch schon dann fällig wird und nicht erst mit Vollzug der Urkunde.[4] Selbiges gilt für **Beglaubigungen** hinsichtlich der Unterschrift unter den Beglaubigungsvermerk. Nicht entscheidend hingegen ist die Erteilung einer Ausfertigung bzw Aushändigung der Urkunde.

Die **Entwurfsgebühr** nach Teil 2 Hauptabschnitt 4 Abschnitt 1 KV entstehen nach der Vorbem. 2.4.1 **6** Abs. 1 KV, „wenn ein Entwurf gefertigt worden ist". Hierunter ist die Fertigstellung des Entwurfs im engeren Sinne, nicht jedoch zusätzlich dessen Aushändigung an den Auftraggeber zu verstehen.[5] Der Entwurf muss noch nicht einmal geschrieben worden sein, um die Fälligkeit der Gebühr auszulösen.[6] Ein **Diktat** ist nach einhelliger Meinung der Rspr und Lit. ausreichend.[7] Die Form der Abfassung ist hierbei im Hinblick auf die sich ständig erweiternden Möglichkeiten der Datenverarbeitung in zeitgemäßen Bürobetrieben uner-

---

1 Vgl BDS/*Diehn*, § 10 Rn 2. **2** Vgl schon für die KostO Rohs/Wedewer/*Waldner*, KostO, § 7 Rn 3. **3** BDS/*Diehn*, § 10 Rn 7. **4** Rohs/Wedewer/*Waldner*, KostO, § 7 Rn 4 mwN; LG Wuppertal BeckRS 2015, 02587. **5** Korintenberg/*Diehn*, Vorbem. 2.4.1 KV Rn 44; *Hartmann*, KostG, KVfG 24100–24103 Rn 7; BayObLG DNotZ 1979, 632. **6** *Filzek*, KostO, § 7 Rn 13. **7** Korintenberg/*Diehn*, Vorbem. 2.4.1 KV Rn 43; *Hartmann*, KostG, KVfG 24100–24103 Rn 9; OLG Naumburg DNotZ 1928, 214 (Stenogramm); KG RNotZ 2006, 302 (Tonbandkassette).

heblich. War früher schon ein Stenogramm oder ein Diktat auf Tonbandkassette ausreichend, muss dies heutzutage auch für ein elektronisch abgespeichertes Diktat gelten. Ebenso unerheblich ist, ob der Notar selbst die Entwurfserstellung übernimmt, sich hierfür seiner Angestellten oder eines Dritten bedient. Auch die Verwendung eines Vordrucks, der auszufüllen oder zu ergänzen ist, oder eines Formularbuchs ist zulässig, genau wie die Zugrundelegung eines überreichten Konzepts.[8]

7　Von der Fälligkeit der **Vollzugsgebühr** nach Teil 2 Hauptabschnitt 2 Abschnitt 1 KV ist auszugehen, sobald die Vollzugstätigkeit des Notars beendet ist.[9] Das GNotKG nimmt eine Erweiterung der Gebührentatbestände, welche eine Vollzugsgebühr auslösen, vor. Es werden nicht mehr nur Grundstücksgeschäfte erfasst (s. iE die Erl. bei Vorbem. 2.2.1.1 KV). Ging die hM zum alten Recht noch davon aus, dass die Fälligkeit der Vollzugsgebühr eintritt, sobald der Notar **sämtliche** zum Vollzug erforderlichen Unterlagen angefordert hat,[10] so umfasst eine Vollzugstätigkeit nach den Tatbestandsmerkmalen der Nr. 1, 2, 4–10 bei Abs. 1 der Vorbem. 2.2.1.1 KV jeweils die „Anforderung *und* Prüfung" der dort genannten Unterlagen. Nr. 3 regelt die Fertigung, Änderung oder Ergänzung der Liste der Gesellschafter oder Übernehmer. Die Vollzugsgebühr entsteht hier mit der Fertigstellung der jeweiligen Liste und nicht erst mit deren elektronischen Einreichen beim Handelsregister.

8　Die Gebühren für **Betreuungstätigkeiten** nach Teil 2 Hauptabschnitt 2 Abschnitt 2 KV werden mit der Beendigung der jeweiligen Betreuungstätigkeit fällig. Im Falle der Betreuungsgebühr nach Nr. 22200 KV sind sieben Arten zu unterscheiden (Nr. 22200 Nr. 1–7 KV). Zur Beendigung der jeweiligen Betreuungstätigkeit s. die Erl. zu Nr. 22200 KV.

9　**3. Verfahren mit mehreren Einzeltätigkeiten.** Ist für ein Verfahren oder ein Geschäft, welches aus mehreren Einzeltätigkeiten besteht, nach § 93 Abs. 1 nur eine Gebühr zu erheben, so wird diese Gebühr nach der Beendigung der letzten Tätigkeit fällig.[11]

III. Fälligkeit der Gebühren bei vorzeitiger Beendigung

10　Auch bei vorzeitiger Beendigung des Beurkundungsverfahrens iSd Vorbem. 2.1.3 KV werden die Verfahrensgebühren fällig. Eine solche liegt hiernach vor, wenn der Beurkundungsauftrag zurückgenommen oder zurückgewiesen wird, bevor die notarielle Unterschrift erfolgt ist. Vorzeitige Beendigung liegt auch vor, wenn der Notar davon überzeugt ist, dass aus nicht in seiner Person liegenden Gründen nicht mehr mit der Beurkundung zu rechnen ist. Regelmäßig ist dies bei einem Zeitraum von mehr als 6 Monaten, in dem das Verfahren von den Beteiligten nicht mehr betrieben wird, anzunehmen (vgl Vorbem. 2.1.3 Abs. 1 S. 3 KV). Siehe im Einzelnen die dortige Kommentierung.

IV. Fälligkeit der Auslagen und der Gebühren nach Nr. 25300 und 25301 KV

11　Die Auslagen (Nr. 32000 ff KV) und die Gebühren nach Nr. 25300 und 25301 KV werden sofort nach ihrem „Entstehen" fällig, dh ohne Rücksicht darauf, ob das Verfahren oder Geschäft im Ganzen beendet ist. Im Falle der Dokumentenpauschale nach Nr. 32001 KV ist die tatsächliche Aushändigung der hergestellten Ausfertigung, Kopie oder des Ausdrucks für den Fälligkeitseintritt weiterhin nicht erforderlich;[12] sie darf lediglich nicht beim Notar verbleiben bzw die Herstellung auf Antrag erfolgen.

12　Die Gebühr nach Nr. 25300 KV wird mit Vollzug der Auszahlung fällig und kann hierbei einbehalten werden. Die Gebühr nach Nr. 25301 KV wird mit Übergabe der Gegenstände an den Notar fällig.

V. Sonderregelung zur Stundung bei Serienentwürfen

13　Das GNotKG sieht bei Gebühren für Serienentwürfe in Abs. 7 der Vorbem. 2.4.1 KV eine besondere Stundungsregelung vor: Die Entwurfsgebühr für einen Serienentwurf kann nach Abs. 7 der Vorbem. 2.4.1 KV bis zu ein Jahr nach Fälligkeit iSv § 10 gestundet werden. Auf sie sind Verfahrensgebühren, die für nachfolgende Beurkundungen auf Basis des Serienentwurfs anfallen, anzurechnen, vgl Nr. 24103 KV.

14　**Stundung** ist das Hinausschieben der Fälligkeit einer Forderung über den Zeitpunkt, der sich ansonsten aus Vereinbarung oder Gesetz ergeben würde, bei fortbestehender Erfüllbarkeit.[13] **Serienentwurf** iSd GNotKG ist ein Entwurf zur beabsichtigten Verwendung für mehrere gleichartige Rechtsgeschäfte (Legaldefinition nach Vorbem. 2.4.1 Abs. 5 S. 1 KV). Weder muss der Entwurf dazu die Namen der Käufer noch die Kaufpreise oder die Zahlungsmodalitäten enthalten. Entbehrlich sind auch Detailangaben zB zum konkret erfassten Objekt im Rahmen eines Gesamtprojekts.[14] Vielmehr genügt die konkrete Bezeichnung des Gesamt-

---

8 Korintenberg/*Diehn*, Vorbem. 2.4.1 KV Rn 43. **9** So Korintenberg/*Hey'l*, § 10 Rn 6. **10** Rohs/Wedewer/*Waldner*, KostO, § 7 Rn 4; *Filzek*, KostO, § 7 Rn 9; aA *Werner*, NotBZ 2006, 392, 393: Eingang. **11** Vgl für die KostO: Rohs/Wedewer/*Waldner*, KostO, § 7 Rn 6. **12** Korintenberg/*Hey'l*, § 10 Rn 13; früher schon Rohs/Wedewer/*Waldner*, KostO, § 7 Rn 14. **13** BeckOK-BGB/*Unberath*, § 271 Rn 13; BGH NJW 1998, 2060, 2061. **14** Vgl Korintenberg/*Diehn*, Vorbem. 2.4.1 KV Rn 69.

objekts. Dass einzelne Vertragsbestimmungen in Verhandlungen Veränderungen erfahren, ist unschädlich.[15]
Wie viele „gleichartige Rechtsgeschäfte" beabsichtigt sind, wird sich in den meisten Fällen problemlos ermitteln lassen (zB Anzahl der Wohnungen in einem Wohnblock o.Ä.).

Durch die Stundungsregelung des Abs. 7 der Vorbem. 2.4.1 KV wird die Praxis unter der KostO gleichsam   15
umgekehrt:[16] Während nach § 145 Abs. 1 S. 1 KostO die Gebühr für den Serienentwurf auf die Beurkundungsgebühren der einzelnen Geschäfte angerechnet werden musste (problematisch wegen der unterschiedlichen Kostenschuldner von Entwurfs- und Beurkundungsgebühr), wurden für den Serienentwurf idR keine
Gebühren erhoben.[17]

Abschnitt 3
Sicherstellung der Kosten

§ 11 Zurückbehaltungsrecht

[1]Urkunden, Ausfertigungen, Ausdrucke und Kopien sowie gerichtliche Unterlagen können nach billigem Ermessen zurückbehalten werden, bis die in der Angelegenheit entstandenen Kosten bezahlt sind. [2]Dies gilt
nicht, soweit § 53 des Beurkundungsgesetzes der Zurückbehaltung entgegensteht.

Schrifttum: *Grziwotz/Heinemann* (Hrsg.), BeurkG, Kommentar, 2. Aufl. 2015; *Schwarz*, Die Zurückbehaltung
von Urkundsabschriften und Unterlagen gemäß § 10 KostO, MittBayNot 2004, 157.

I. Allgemeines

Die Vorschrift steht in Kapitel 1 des GNotKG und findet daher auf Gerichte und Notare Anwendung.   1

Das Zurückbehaltungsrecht hat Bedeutung bei Antragsgeschäften, soweit sie nicht von einem Vorschuss   2
abhängig gemacht wurden (§§ 13, 15), ein solcher nicht bezahlt wurde oder zu niedrig bemessen war, aber
auch, wenn ein Amtsgeschäft vorlag. Bei Letzteren kann ein Vorschuss nämlich nur bzgl der Auslagen verlangt werden (§ 14 Abs. 3).

Nur die aufgeführten Gegenstände, nicht aber das Verfahren und die Entscheidung selbst dürfen zurückbe-   3
halten werden. Übertragen auf den Notar bedeutet dies, dass das beantragte Geschäft vorgenommen werden muss. Dies unterscheidet das Zurückbehaltungsrecht von der Abhängigmachung (§§ 12 ff).

Gemäß § 23 Abs. 1 S. 2 KostVfg ist bei Gericht der Kostenbeamte für die Entscheidung über die Ausübung   4
des Zurückbehaltungsrechts zuständig.

II. Zurückbehaltungsrecht (S. 1)

1. Gegenstand der Zurückbehaltung. Der Wortlaut der Norm erfasst ausdrücklich auch „**gerichtliche Un-**   5
terlagen", die nicht unter die anderen aufgezählten Begriffe fallen. Erfasst sind alle „Schriftstücke, die Teil
der staatlichen Leistung sind".[1] Das Zurückbehaltungsrecht erfasst sowohl aus Anlass des Geschäfts eingereichte als auch deshalb **angefertigte Urkunden**. Es sind auch Urkunden erfasst, die auf Antrag an Dritte
herauszugeben sind, zB die **vollstreckbare Ausfertigung** der Grundschuld, die an den Gläubiger zu versenden ist.[2]

Auch Unterlagen, die der Notar von Dritten erhalten hat, dürfen zurückbehalten werden.[3]   6

Ist die Erteilung einer Ausfertigung Teil des Verfahrens, etwa wenn die gerichtliche Entscheidung erst durch   7
Zustellung einer Ausfertigung wirksam wird, verbietet der Vorrang des Verfahrens eine Zurückbehaltung
(→ Rn 3).[4]

Das Recht zur **Akteneinsicht** darf nicht unter Berufung auf das Zurückbehaltungsrecht verweigert werden.   8
Im Hinblick auf dessen grundrechtliche Gewährleistung (Art. 103 Abs. 1 GG) wäre eine Einschränkung allein unter Gesichtspunkten der staatlichen (oder gar rein privaten) Kostenbeitreibung unverhältnismäßig.[5]

Einzelfälle: Unbedenklichkeitsbescheinigung des Finanzamtes nach Rückabwicklung oder Aufhebung des   9
Vertrages;[6] Genehmigungen, Bescheinigungen und Bestätigungen von Behörden;[7] Zinsabschlagsbescheinigungen der Bank bei Notaranderkonten;[8] Urschrift im Fall von § 45 BeurkG;[9] Hypothekenbrief, der
zwecks Vermerkens von Veränderungen (von Dritten) eingereicht wurde;[10] Erbschein; Grundbuchauszug;

---

15 OLG Düsseldorf DNotZ 1984, 118. **16** Dazu *Fackelmann*, Notarkosten, Fall 188. **17** BT-Drucks 17/11471, S. 229. **1** BT-Drucks 17/11471, S. 156. **2** Korintenberg/*Klüsener*, § 11 Rn 10. **3** Korintenberg/*Klüsener*, § 11 Rn 11; BDS/*Diehn*, § 11 Rn 2.
4 Korintenberg/*Klüsener*, § 11 Rn 12 ff. **5** Korintenberg/*Klüsener*, § 11 Rn 16. **6** Str, LG Bremen KostRsp. Nr. 2. **7** OLG Dresden NotBZ 2005, 111; LG Chemnitz NotBZ 2005, 117. **8** Korintenberg/*Klüsener*, § 11 Rn 11; BDS/*Diehn*, § 11 Rn 2.
9 *Schwarz*, MittBayNot 2004, 157. **10** OLG Düsseldorf JurBüro 1982, 1383.

Ausfertigungen von Beurkundungsniederschriften; vollstreckbare Ausfertigungen, Vergleichsausfertigungen; Ausdrucke/Kopien von Terminsprotokollen; Satzungen im Registerverfahren; Grundschuldbriefe.[11]

10 **Nicht** zurückbehalten werden darf aufgrund Gesetzes von Amts wegen Mitzuteilendes oder Einzureichendes: Bestallungsurkunden, Benachrichtigungen über Grundbuch-/Registereintragung, abzuliefernde Testamente oder ggf Erbverträge, soweit die amtliche Verwahrung nicht ausgeschlossen wurde.

11 **2. Begriff der „Angelegenheit".** Der Begriff der „Angelegenheit" ist weiter gefasst als der des Geschäftes. Er ist analog zur „Konnexität" bei § 273 BGB zu bestimmen. Erfasst ist nicht nur das den Kostentatbestand auslösende Geschäft, sondern auch die im Zusammenhang stehenden Geschäfte. Der Zusammenhang kann durch einen einheitlichen Antrag hergestellt werden, bspw Eintragung von Vormerkung und Grundschuld, nach § 16 Abs. 2 GBO verknüpfte Anträge oder bei Verknüpfung kraft Gesetzes (zB § 2 Abs. 4 HRegGebV).

12 Bei **Amtsgeschäften** ist eine einheitliche Angelegenheit anzunehmen, wenn das eine Amtsgeschäft zwingend Folge des anderen ist.

13 **Einzelfälle:** Beurkundung von Kaufvertrag, Auflassung und Erfüllungs- und Vollzugstätigkeiten, und auch Finanzierungsgrundschuld kraft Sachzusammenhangs;[12] Eintragung der Grundschuld und Erteilung des Grundschuldbriefs; Eintragung bei Haupt- und Zweigniederlassung; Löschungsanordnung gem. § 393 FamFG und Löschung im Register. **Nicht:** Zwei getrennt beurkundete Kaufverträge.[13]

14 Bei der **Umschreibung einer Vollstreckungsklausel** hinsichtlich eines Teilbetrags kann der Notar das Zurückbehaltungsrecht wegen der Kosten der Bestellung nur insoweit geltend machen, als die Kosten bei einer Bestellung der Grundschuld in Höhe des Teilbetrags entstanden wären.[14]

15 **3. Sonstige Voraussetzungen; Einzelfragen.** Das Zurückbehaltungsrecht setzt eine **fällige Kostenschuld** („entstanden") gem. §§ 8–10 voraus. Die Nichtzahlung eines verlangten Kostenvorschusses genügt nicht. Bei mehreren Kostenschuldnern müssen alle zur Zahlung aufgefordert worden sein, bevor das Zurückbehaltungsrecht geltend gemacht wird.[15] Die **Verjährung der Kostenforderung** steht der Geltendmachung des Zurückbehaltungsrechts entsprechend § 215 BGB nur entgegen, wenn der Anspruch des Herausgabeberechtigten erst nach Eintritt der Verjährung entstanden ist.[16]

16 Ein **Rechtsnachfolger** muss das entstandene Zurückbehaltungsrecht im Umfang der Rechtsnachfolge gegen sich gelten lassen.[17]

17 Die Folgen einer **Insolvenz des Kostenschuldners** auf das Zurückbehaltungsrecht sind umstritten. Eine Ansicht meint dem Insolvenzverwalter sind Ausfertigungen gegen Erstattung der Dokumentenpauschale stets zu erteilen.[18] Zur Begründung wird § 51 Nr. 2 und 3 InsO angeführt, der eine abschließende Regelung darstelle. Richtigerweise kommt es auf diesen jedoch nur an, wenn der Gegenstand des Zurückbehaltungsrechts zur Insolvenzmasse, dh zum Vermögen des Schuldners gem. § 35 InsO gehört. Dies ist bei den Gegenständen des § 11 regelmäßig nicht der Fall.[19] Eine Ausnahme bildet etwa der Grundschuldbrief, bei dem ein Zurückbehaltungsrecht gegenüber dem Insolvenzverwalter nicht besteht.[20] Die Kostenforderung selbst ist Insolvenzforderung.

18 Gegenüber einem **Dritten** kann das Zurückbehaltungsrecht ebenfalls geltend gemacht werden, soweit diesem kein gesetzlicher Anspruch auf Erteilung des Schriftstücks zusteht (→ Rn 25). Wurden Urkunden von einem Dritten eingereicht, so ist danach zu fragen, ob dieser eine Verpflichtung des Kostenschuldners zur Einreichung erfüllt hat, dann wäre die Zurückbehaltung zulässig, oder ob die Einreichung aus anderem Grund erfolgte und daher mangels „Konnexität" die Zurückbehaltung ausscheidet.

19 **4. Ermessensausübung.** Über die Ausübung des Zurückbehaltungsrechts ist nach „billigem Ermessen" zu entscheiden. Grundsätzlich gegeneinander abzuwägen sind die möglichen Risiken und Nachteile für den Kostenschuldner gegen das Risiko eines Zahlungsausfalls. Die ehemals in § 10 Abs. 2 KostO aufgeführten Voraussetzungen, unter denen von der Ausübung des Zurückbehaltungsrecht abzusehen ist, sollen im Rahmen der Ausübung des Ermessens nach wie vor Berücksichtigung finden.[21] Dies muss im Sinne eines „intendierten Ermessens" zu verstehen sein. Wenn also der Eingang der Kosten mit Sicherheit zu erwarten ist, etwa bei juristischen Personen des öffentlichen Rechts oder bei der Kostenübernahme durch Notare oder Rechtsanwälte, ist von der Zurückbehaltung im Normalfall abzusehen. Dasselbe gilt, wenn ein schwer zu

11 Korintenberg/*Klüsener*, § 11 Rn 10. **12** Korintenberg/*Klüsener*, § 11 Rn 27; *Schwarz*, MittBayNot 2004, 157, 159. **13** *Schwarz*, MittBayNot 2004, 157, 159. **14** LG Düsseldorf JurBüro 1985, 749; *Schwarz*, MittBayNot 2004, 157, 159. **15** Korintenberg/*Klüsener*, § 11 Rn 37, § 8 Rn 12; *Schwarz*, MittBayNot 2004, 157, 158. **16** BGHZ 48, 116; OLG Düsseldorf MittRhNotK 1985, 80; *Lappe*, NotBZ 2001, 63. **17** LG Düsseldorf JurBüro 1985, 749; *Lappe*, NotBZ 2000, 374. **18** Zur unveränderten Rechtslage nach KostO: Rohs/Wedewer/*Waldner*, KostO, § 10 Rn 8 a; *Filzek*, KostO, § 10 Rn 12; *Assenmacher/ Mathias*, KostO, „Zurückbehaltungsrecht", S. 1183. **19** Korintenberg/*Klüsener*, § 11 Rn 17; *Schwarz*, MittBayNot 2004, 157, 159. **20** BGH NJW 2002, 2313; LGPräs. Hamburg DNotZ 1937, 158. **21** BT-Drucks 17/11471, S. 156.

ersetzender Schaden glaubhaft gemacht würde und keine Anhaltspunkte für eine vorsätzliche Kostenentziehung vorliegen, oder wenn Schriftstücke von Dritten eingereicht sind und ihnen gegenüber die Zurückbehaltung eine unbillige Härte bedeuten würde. Wird eine sofortige Herausgabe oder Weiterleitung an Dritte zugesagt, besteht **Ermessensbindung.**[22]

Keine ordnungsgemäße Ermessensausübung liegt vor, wenn das Zurückbehaltungsrecht generell, etwa durch formularmäßige Aufnahme in die Kostenrechnung, ausgeübt wird.[23]   **20**

5. Rechtsweg. Die Ausübung des Zurückbehaltungsrechts ist in § 81 ausdrücklich aufgeführt. Die **Erinnerung**, und im Weiteren die **Beschwerde**, sind statthafte Rechtsbehelfe gegen den Kostenansatz auch wegen der Ausübung des Zurückbehaltungsrechts durch das Gericht.   **21**

Hinsichtlich der gerichtlichen Kontrolle der Ermessensausübung gelten die allgemeinen Grundsätze, da es sich bei der Entscheidung des Kostenbeamten (§ 23 Abs. 1 S. 2 KostVfg) um einen Verwaltungsakt handelt. Das Gericht darf keine eigene Ermessensentscheidung treffen, sondern die Entscheidung nur auf Ermessensfehler hin überprüfen.[24]   **22**

III. Besonderheiten für Notare

1. Verweis auf § 53 BeurkG (S. 2). Die Regelung in S. 2 räumt dem § 53 BeurkG ausdrücklich Vorrang ein.[25] Bei sog. **Vollzugsreife** sind Urkunden daher beim Grundbuchamt oder Registergericht einzureichen. Vollzugsreife ist eingetreten, wenn alle zur Vollziehung notwendigen formellen und materiellen Voraussetzungen beim Notar vorliegen.[26]   **23**

Will der Notar die Urkunde trotz Vollzugsreife bis zur Kostenzahlung zurückbehalten, ist dies nur unter Anweisung aller Beteiligten möglich; der Notar soll vorher jedoch auf die „mit einer Verzögerung verbundenen Gefahren", etwa mögliche finanzielle Nachteile (zB Kostenhaftung für Hausgeld), hinweisen.[27]   **24**

2. Zurückbehaltung gegenüber Dritten; Treuhandauflage. Bei der Erteilung von vollstreckbaren Ausfertigungen an Dritte wird kein gesetzlicher Anspruch erfüllt (vgl § 51 Abs. 2 BeurkG); die Geltendmachung des Zurückbehaltungsrechts ist daher zulässig.[28]   **25**

Umstritten ist, ob bei der Beglaubigung von **Verwalterzustimmungen** und ähnlichen Zustimmungserklärungen eine Zurückbehaltung der Urkunde gegenüber den Kaufvertragsparteien zulässig ist. Eine Ansicht lehnt dies ab.[29] Die praxishäufige Gestaltung einer **Treuhandauflage** an den Vertragsnotar, die Zustimmungserklärung erst nach Begleichung der Kosten zu verwenden, wäre dieser Ansicht zufolge unzulässig. Zur Begründung wird angeführt, dass „Adressat der Zurückbehaltung der Kostenschuldner" sei. Diesem Argument ist zuzugeben, dass mangels Kostenhaftung jedenfalls nicht vom „interessierten Dritten" die Kosten verlangt werden können. Der Fall unterscheidet sich aber nur durch das besondere Interesse des Dritten an der Urkunde vom Standardfall der Aushändigung an einen Dritten (→ Rn 18, 25); ein originärer Anspruch auf Herausgabe der Urkunde besteht idR nicht. Der „interessierte Dritte" kann durch eine Leistung gem. § 267 BGB das Zurückbehaltungsrecht jederzeit beseitigen. Eine besondere Schutzwürdigkeit des „interessierten Dritten" ist daher nicht erkennbar. Die Gestaltung über eine Treuhandauflage muss deshalb als ein Weniger gegenüber der Zurückbehaltung am Amt oder gar der Abhängigmachung von einem Vorschuss zulässig sein.[30] Die neuere Kommentarliteratur äußert sich dazu bisher nicht.   **26**

3. Sonstiges; Rechtsweg. Ein **Verzicht** des Notars auf die Ausübung des Zurückbehaltungsrechts hat die Grenzen der §§ 125, 126 zu beachten. Bei sicherer oder wahrscheinlicher Zahlungsunfähigkeit ist die Ausübung daher idR geboten.[31]   **27**

Statthafter Rechtsbehelf ist der Antrag auf richterliche Entscheidung gem. § 127. Zur Überprüfung des notariellen Ermessens gelten die in → Rn 22 dargelegten Grundsätze entsprechend.[32]   **28**

§ 12 Grundsatz für die Abhängigmachung bei Gerichtskosten

In weiterem Umfang, als das Verfahrensrecht und dieses Gesetz es gestatten, darf die Tätigkeit des Gerichts von der Zahlung der Kosten oder von der Sicherstellung der Zahlung nicht abhängig gemacht werden.

---

22 *Schwarz*, MittBayNot 2004, 157. **23** Korintenberg/*Klüsener*, § 11 Rn 30. **24** Zur unveränderten Rechtslage nach KostO: Korintenberg/*Lappe*, KostO, § 14 Rn 76. **25** BGH 16.10.2014 – V ZB 223/12. **26** Grziwotz/*Heinemann*, § 53 BeurkG Rn 8; Eylmann/Vaasen/*Limmer*, § 53 BeurkG Rn 5. **27** OLG Naumburg NotBZ 2003, 241. **28** LG München II JurBüro 1983, 420. **29** Korintenberg/*Lappe*, KostO, § 10 Rn 29; *Ländernotarkasse*, NotBZ 2008, 339. **30** Rohs/Wedewer/*Waldner*, KostO, § 10 Rn 4; *Filzek*, KostO, § 10 Rn 7. **31** *Schwarz*, MittBayNot 2004, 157. **32** OLG Düsseldorf MittRhNotK 1995, 358; OLG Köln MittRhNotK 1991, 226.

I. Allgemeines

1 **1. Anwendungsbereich.** § 12 gilt nur für Gerichtskosten. Die Vorschrift entspricht inhaltlich § 10 GKG; die Formulierung ist an § 12 FamGKG angelehnt.[1] Grundsätzlich ist Rechtsschutz von staatlicher Seite ohne vorherige Zahlung oder Sicherstellung der Gerichtskosten zu gewähren (→ GKG § 10 Rn 1).[2] Nur in ausdrücklich gesetzlich geregelten Fällen sind Ausnahmen zulässig. Die Aufzählung der Ausnahmen ist enumerativ; eine analoge Anwendung ist unzulässig.[3]

Die Vorschrift schränkt nur die Abhängigmachung, nicht die Vorschusserhebung ein. Eine ausdrückliche Rechtsgrundlage für die **Vorschusserhebung ohne Abhängigmachung** gibt es nur hinsichtlich der Auslagen (§ 14 Abs. 1 S. 1). Als „Weniger" zur Abhängigmachung muss sie jedoch auch hinsichtlich der Gebühren zulässig sein (→ § 13 Rn 4).

2 **2. Begriffsbestimmung.** Ein **Vorschuss** wird erhoben, wenn Zahlung von Gebühren oder Auslagen bereits vor deren gesetzlicher Fälligkeit gem. §§ 8–10 verlangt wird.

Eine **Abhängigmachung/Vorauszahlungspflicht** liegt vor, wenn die Vornahme des beantragten Geschäfts bis zur Zahlung oder anderweitigen Sicherstellung des verlangten Vorschusses versagt wird.

II. Ausnahmen vom Verbot der Abhängigmachung

3 In den vom GNotKG (§§ 13, 14) und dem **Verfahrensrecht** zugelassenen Fällen ist eine Abhängigmachung ausnahmsweise zulässig. Verfahrensrecht iSd § 11 ist die Gesamtheit aller Verfahrensvorschriften, die auf gerichtliche Handlungen anzuwenden sind, welche Kosten nach dem GNotKG auslösen. Dies sind jedenfalls die Vorschriften des FamFG, der ZPO, der GBO sowie die Vorschriften zu den Verfahren, auf die § 1 Abs. 2 Bezug nimmt. Beispiele sind etwa der Zeugenvorschuss gem. § 379 ZPO und der Sachverständigenvorschuss gem. § 402 ZPO, die in Verbindung mit § 30 Abs. 1 FamFG anwendbar sein könnten. Weitere Ausnahmen bilden § 9 JVEG und § 4 GvKostG (→ GKG § 10 Rn 13 f).

III. Rechtsbehelfe

4 Gegen den gerichtlichen Beschluss, der eine Abhängigmachung enthält, findet die Beschwerde gem. § 82 Abs. 1 statt (→ § 13 Rn 17). Dies gilt jedoch nur, wenn die Vorauszahlungsanordnung aufgrund der Bestimmungen des GNotKG erlassen wurde. Erging die Anordnung aufgrund anderer Vorschriften, sind die dort jeweils vorgesehenen Rechtsbehelfe statthaft. Erfolgt die Abhängigmachung durch den Kostenbeamten (vgl § 14 Abs. 2), findet die Erinnerung gem. § 81 statt.

§ 13 Abhängigmachung bei Gerichtsgebühren

[1]In erstinstanzlichen gerichtlichen Verfahren, in denen der Antragsteller die Kosten schuldet (§ 22 Absatz 1), kann die beantragte Handlung oder eine sonstige gerichtliche Handlung von der Zahlung eines Vorschusses in Höhe der für die Handlung oder der für das Verfahren im Allgemeinen bestimmten Gebühr abhängig gemacht werden. [2]Satz 1 gilt in Grundbuch- und Nachlasssachen jedoch nur dann, wenn dies im Einzelfall zur Sicherung des Eingangs der Gebühr erforderlich erscheint.

Schrifttum: *Heckschen/Wagner*, Zur Anforderung von Kostenvorschüssen durch die Grundbuchämter, NotBZ 2001, 83.

I. Allgemeines

1 Die Vorschrift gilt nur in erstinstanzlichen **Antragsverfahren** und nur in Verfahren, in denen gem. § 22 Abs. 1 der Antragsteller die Kosten schuldet. Ist ein anderer Kostenschuldner (zB § 23 Nr. 5, 12), ist sowohl die Abhängigmachung wegen des Fehlens einer gesonderten Rechtsgrundlage (→ Rn 4), aber auch die Vorschusserhebung unzulässig.[1] Die Vorschrift gilt nur hinsichtlich der Gerichtskosten. Bei von Amts wegen vorzunehmenden Verfahren ist eine Abhängigmachung generell unzulässig.

2 Die Vorschrift ist verfassungsgemäß.[2] Ihre Anwendung muss jedoch verfassungskonform erfolgen. Angesichts der meist effektiven Möglichkeit der Durchführung eines Verwaltungszwangsverfahrens ist die Grundrechtsverwirklichung bei der Entscheidung über die Abhängigmachung zu berücksichtigen, etwa

---

1 BT-Drucks 17/11471, S. 156. **2** *Oestreich/Hellstab/Trenkle*, GKG § 10 Rn 2. **3** OLG Düsseldorf NJW-RR 2000, 368; HK-FamGKG/*Volpert*, § 12 Rn 1. **1** OLG Saarbrücken NJW-RR 2003, 1684. **2** BVerfG NJW 1960, 331.

wenn die Eintragung ins Vereinsregister von den Gebühren Nr. 13100, 13101 KV abhängig gemacht wird, Art. 9 GG.[3]

Die Vorschrift verstößt nicht gegen die Niederlassungsfreiheit gem. Art. 49 AEUV und die Richtlinie zur **3** Offenlegung von Zweigniederlassungen.[4] Dies hat der EuGH zur Vorgängervorschrift in der KostO hinsichtlich der Veröffentlichungskosten der Eintragung einer Zweigniederlassung in einem anderen Mitgliedstaat entschieden.[5]

II. Regelungsinhalt

1. Vorschuss. Ein Vorschuss wird erhoben, wenn Zahlung von Gebühren oder Auslagen bereits vor deren **4** gesetzlicher Fälligkeit gem. §§ 8–10 verlangt wird. Ein Vorschuss kann auch ohne Abhängigmachung verlangt werden. Zu weiteren Einzelheiten → GKG § 10 Rn 2 ff.

Die **Höhe des Vorschusses** bemisst sich an den voraussichtlich in der Sache entstehenden Gebühren. Ist die **5** Gebührenhöhe nur nach Beibringung von Unterlagen durch den Antragsteller zu errechnen, müssen die voraussichtlichen Gebühren ggf geschätzt werden. Hinsichtlich der zu erwartenden Auslagen ist § 14 maßgeblich. Bei einer späteren unerwarteten Gebührenerhöhung kann der Betrag nachgefordert werden. Wenn der Antragsteller einzelne Maßnahmen, etwa eine Beweisaufnahme, **nicht gesondert beantragt** hat, diese jedoch zur ordnungsgemäßen Erledigung des beantragten Geschäfts erforderlich sind, kann auch insoweit ein Vorschuss verlangt werden.[6] Grundsätzlich sind alle Gebühren vorauszuzahlen.[7]

Schuldner des Vorschusses ist der Zahlungspflichtige. Dies ist zunächst der Antragsteller selbst (§ 22 **6** Abs. 1). Ist kraft Gesetzes ein anderer als der Antragsteller Kostenschuldner (zB § 23 Nr. 5, 12), entfällt die Möglichkeit zur Vorschusserhebung (→ Rn 1). Haftet ein anderer, weil er eine Übernahmeerklärung abgegeben hat oder weil das Gericht ihm die Kosten auferlegt hat, bleibt der Antragsteller Schuldner des Vorschusses (§ 17). Mehrere Vorschusspflichtige haften als Gesamtschuldner (§ 32 Abs. 1).

Eine Vorschusszahlung kann auch im **Beschwerdeverfahren** verlangt werden, da es sich insoweit um Antragsverfahren handelt.[8] Dem steht nicht entgegen, dass die Beschwerde in einzelnen Fällen bei Erfolg kostenfrei bleibt (zB § 25 Abs. 1). Dadurch entfällt das Kostensicherungsinteresse des Staates im Einzelfall nicht. **7**

2. Abhängigmachung. Eine Abhängigmachung/Vorauszahlungspflicht liegt vor, wenn die Vornahme des beantragten Geschäfts bis zur Zahlung oder anderweitigen Sicherstellung des verlangten Vorschusses für die Kosten des Geschäfts versagt wird. **8**

Das **Geschäft insgesamt** muss abhängig gemacht werden. Die Abhängigmachung nur von Teilen – etwa der **9** Beweisaufnahme oder des Aufgebotsverfahrens gem. § 2358 Abs. 2 BGB im Erbscheinsverfahren – ist unzulässig.[9]

Ist der **Antrag abweisungsreif**, kann dennoch die Entscheidung der Rechtssache abhängig gemacht werden. **10**

Zahlt der Vorschusspflichtige nicht, darf der Antrag nur zurückgewiesen werden, wenn dies vom Gesetz **11** ausdrücklich zugelassen ist, etwa in Grundbuchsachen wegen §§ 17, 18 GBO.[10] Aus dem Verfahrensrecht kann sich auch ergeben, dass ein Antrag als zurückgenommen gilt.[11] In allen anderen Fällen, etwa in Güterrechtsregistersachen,[12] **ruht** das Verfahren;[13] die Akten werden nach Fristablauf weggelegt.

Bei **mehreren Antragstellern** darf wegen Nichtzahlung des Vorschusses nur zurückgewiesen werden, wenn **12** alle Antragsteller zur Zahlung des Vorschusses aufgefordert worden sind.[14]

Ob eine Abhängigmachung erfolgt, steht im **Ermessen** des Gerichts. Grundsätzlich gegeneinander abzuwä- **13** gen sind die möglichen Risiken und Nachteile für den Kostenschuldner durch die Verzögerung des Verfahrens gegen das Risiko eines Zahlungsausfalls. Weisungen der Justizverwaltung sind unzulässig.[15] Der Kostenbeamte ist jedoch an Weisungen des Richters/Rechtspflegers gebunden bzw hat dessen Entscheidung vor Vorschusserhebung einzuholen (§ 14 Abs. 3; vgl auch § 20 KostVfg).

In **Grundbuch- und Nachlasssachen** soll die Abhängigmachung der „absolute Ausnahmefall" sein.[16] Es **14** müssen daher konkrete Anhaltspunkte für einen drohenden Gebührenausfall, wie zB offenkundige Vermögenslosigkeit, Zahlungsausfälle in der Vergangenheit oder anhängige Zwangsvollstreckungsmaßnahmen,

---

3 Korintenberg/*Lappe*, KostO, § 8 Rn 15. **4** Elfte Richtlinie 89/666/EWG des Rates vom 21. Dezember 1989 über die Offenlegung von Zweigniederlassungen, die in einem Mitgliedstaat von Gesellschaften bestimmter Rechtsformen errichtet wurden, die dem Recht eines anderen Staates unterliegen. **5** EuGH NJW 2006, 3195. **6** OLG Zweibrücken JurBüro 2007, 491. **7** KG JFGErg. 20, 1. **8** BT-Drucks 17/11471, S. 157; aA Korintenberg/*Klüsener*, § 13 Rn 12; KG HRR 1940 Nr. 752. **9** LG Berlin Rpfleger 1982, 487. **10** KG JFG 15, 314, 315. **11** BVerfG NJW 1960, 331. **12** OLG Frankfurt Rpfleger 1993, 26. **13** BVerfG NJW 1960, 331; BayObLGZ 1971, 289, 292; KG NJW-RR 1998, 370 f; OLG Düsseldorf NJW-RR 1998, 588; OLG Düsseldorf BayObLGZ 2000, 340, 342; OLG Frankfurt Rpfleger 1993, 26; aA LG Osnabrück NdsRpfl 1973, 51. **14** BGH DNotZ 1982, 238. **15** *Lappe*, NJW 1998, 1112, 1115. **16** BT-Drucks 17/11471, S. 156 f.

vorliegen.[17] Die Rspr bejaht solche Anhaltspunkte zB bei beantragten Sicherungshypotheken und legt auch der Höhe der zu erwartenden Gebühren Gewicht bei.[18] „Zeiten allgemeiner geringer Zahlungsbereitschaft" genügen für eine Abhängigmachung nicht.[19]

15   **3. Verfahren; Rechtsbehelfe.** Die Vorschussanforderung ist **Kostenansatz** gem. § 18 Abs. 1. Für die Zuständigkeit und das Verfahren gelten die §§ 20, 26 KostVfg. Statt Zahlung des Vorschusses kann Sicherstellung gem. § 21 KostVfg erfolgen. Eine ausdrückliche Anspruchsgrundlage für die Rückzahlung eines zu hoch bemessenen Vorschusses besteht im GNotKG nicht. Insoweit wäre wohl ein (öffentlich-rechtlicher) Anspruch aus Bereicherung gegeben (→ § 17 Rn 7).

16   Gegen die Vorschussanforderung – ohne Abhängigmachung – als Justizverwaltungsakt des Kostenbeamten (§ 20 Abs. 2 S. 1 KostVfg) ist gem. § 81 die Erinnerung statthaft. Die weitere Beschwerde kann zugelassen werden; nach Wegfall der Verweisung auf die Grundbuchbeschwerde ist dies jedoch auch bei der Abhängigmachung möglich.[20] Eine Überprüfung des Ermessens ist nur auf Ermessensfehler hin zulässig.

17   Die Abhängigmachung ist eine gerichtliche Entscheidung (Beschluss) des zuständigen Rechtspflegers oder Richters (§ 20 Abs. 3 KostVfg). Gegen die Abhängigmachung ist die Kostenbeschwerde gem. § 82 statthaft; in der Folge die weitere Beschwerde zum OLG ohne Divergenzvorlage an den BGH (§ 81 Abs. 4, Abs. 3 S. 3). Die Beschwerde kann sich sowohl gegen die Abhängigmachung an sich, als auch gegen die Höhe des Vorschusses richten.

18   Wurde der Geschäftswert bereits gem. § 79 festgesetzt, ist das Gericht bei der Bemessung des Vorschusses daran gebunden. Werden in einem solchen Fall Einwendungen gegen die Höhe des Vorschusses vorgetragen, kann darin eine Beschwerde gegen die Geschäftswertfestsetzung gem. § 83 liegen.[21]

19   Der **Prüfungsumfang des Beschwerdegerichts** umfasst neben der Frage, ob das Kostenrecht richtig angewendet wurde (insb. Abhängigmachung an sich und Höhe des Vorschusses), auch die Frage, ob die vom Gericht beabsichtigte Sachbehandlung die Kostenforderung rechtfertigt (§ 21). Das erstinstanzliche Gericht wird durch die Entscheidung des Beschwerdegerichts aber nicht in der Sachbehandlung gebunden; durch die Beschwerde kann nur die Abhängigmachung verhindert werden. Das Beschwerdegericht kann die Ermessensentscheidung des Ausgangsgerichts durch eine **eigene Ermessensentscheidung** ersetzen.[22]

20   Liegt eine unzulässige Abhängigmachung vor – etwa wenn nur Teile des Verfahrens abhängig gemacht werden (zB Beweisaufnahme) –, ist ebenfalls die Beschwerde gem. § 82 statthaft. Wurde der Antrag zurückgewiesen (→ Rn 11 f), ist die Abhängigmachung gegenstandslos geworden. Möglich ist nur noch die Sachbeschwerde gegen die Zurückweisung des Antrags.[23] Diese kann auf die nachträgliche Einzahlung des Vorschusses gestützt werden.[24] Die ursprüngliche Rangstelle wird jedoch nicht gewahrt.[25]

21   Gegen die unzulässige Vorschussanforderung durch das Grundbuchamt beim Notar kann auch Dienstaufsichtsbeschwerde eingelegt werden; insofern liegt ein Justizverwaltungsakt vor.[26]

22   Die spätere Kostenrechnung bleibt isoliert anfechtbar, auch wenn Sie nur auf die Vorschussanforderung verweist. Aus dem Beschwerdeverfahren gegen die Abhängigmachung ergeben sich keine Rechtsbindungen.

§ 14 Auslagen des Gerichts

(1) ¹Wird eine gerichtliche Handlung beantragt, mit der Auslagen verbunden sind, hat derjenige, der die Handlung beantragt hat, einen zur Deckung der Auslagen ausreichenden Vorschuss zu zahlen. ²Das Gericht soll eine Handlung, die nur auf Antrag vorzunehmen ist, von der vorherigen Zahlung abhängig machen; § 13 Satz 2 gilt entsprechend.

(2) Die Herstellung und Überlassung von Dokumenten auf Antrag sowie die Versendung von Akten können von der vorherigen Zahlung eines die Auslagen deckenden Vorschusses abhängig gemacht werden.

(3) ¹Bei Handlungen, die von Amts wegen vorgenommen werden, kann ein Vorschuss zur Deckung der Auslagen erhoben werden. ²Im gerichtlichen Verfahren nach dem Spruchverfahrensgesetz ist ein solcher Vorschuss zu erheben.

(4) Absatz 1 gilt nicht in Freiheitsentziehungssachen und für die Anordnung einer Haft.

---

17 BDS/*Diehn*, § 13 Rn 6. **18** OLG München 30.9.2015 – 34 Wx 293/15. **19** LG Düsseldorf KostRsp. Nr.15. **20** OLG Celle DNotZ 1972, 441. **21** BayObLGZ 1970, 25. **22** BayObLG NJW-RR 1990, 202; KG FamRZ 1972, 42. **23** OLG Hamm Rpfleger 2000, 268. **24** LG Hannover JurBüro 1972, 904; LG Düsseldorf Rpfleger 1986, 175. **25** LG Köln MittRhNotK 1985, 216. **26** *Lappe*, NotBZ 2005, 178.

I. Allgemeines

Abs. 1 regelt die Vorschusszahlung und Abhängigmachung hinsichtlich der Auslagen des Gerichts in Antragsverfahren. Die Vorschrift beschränkt den Anwendungsbereich nicht wie § 13 auf die Fälle des § 22. Das heißt, auch wenn kraft Gesetzes ein anderer als der Antragsteller die Kosten schuldet, kann vom Antragsteller ein Auslagenvorschuss verlangt werden. Zur Verfassungs- und Europarechtskonformität → § 13 Rn 2 f. **1**

II. Auslagenvorschuss (Abs. 1 S. 1)

Zum Begriff des Vorschusses → § 13 Rn 4. Die Regelung des Abs. 1 S. 1 enthält im Gegensatz zu § 13 eine ausdrückliche gesetzliche Grundlage für die Pflicht zur Vorschussleistung auch ohne Abhängigmachung (→ § 13 Rn 4). **2**

Die **Höhe des Vorschusses** bemisst sich an den voraussichtlich in der Sache entstehenden Auslagen. Zur Höhe des Vorschusses auch → § 13 Rn 5. **3**

Zur Zahlung des Auslagenvorschusses ist der **Antragsteller** verpflichtet. Auch wenn ein anderer Kostenschuldner ist – etwa bei einer Übernahmeerklärung gem. § 27 Nr. 2 – bleibt der Antragsteller Schuldner des Auslagenvorschusses. **4**

Eine Vorschusszahlung kann auch im Beschwerdeverfahren verlangt werden (→ § 13 Rn 7). **5**

III. Abhängigmachung (Abs. 1 S. 2)

Zum Begriff und zum Umfang der Abhängigmachung, zur Abhängigmachung bei abweisungsreifen Anträgen und zur Verfahrensweise bei Nichtzahlung des Vorschusses → § 13 Rn 10–17. Die Regelung des Abs. 1 S. 2 räumt **kein Ermessen** ein; die Abhängigmachung ist der Regelfall. Eine Einzelfallprüfung hinsichtlich der Gefahr eines Ausfalls der Kosten wird nicht durchgeführt. Eine Ausnahme gilt aufgrund der Verweisung auf § 13 S. 2 für Grundbuch- und Nachlasssachen (→ § 13 Rn 14). **6**

IV. Herstellung und Überlassung von Dokumenten sowie Aktenversendung (Abs. 2)

Abs. 2 ist Ausnahmevorschrift zu § 12 und lässt eine Abhängigmachung hinsichtlich der Auslagen gem. Nr. 31000, 31003 KV zu. Die Vorschrift räumt **Ermessen** ein. **7**

Die **elektronische Übermittlung von Akten** ist nicht selbständig aufgeführt, da diese keinen eigenen Auslagentatbestand begründet.[1] Es fällt jedoch stets die Dokumentenpauschale Nr. 31000 Nr. 2 KV an, wegen der auch abhängig gemacht werden kann. **8**

Zur alten Rechtslage hat die Rspr entschieden, dass der Versand von Abschriften, die zur Rechtsverfolgung erforderlich sind (zB ein psychiatrisches Gutachten in einer Betreuungssache), nicht von der Vorschusszahlung abhängig gemacht werden darf.[2] Diese Rspr ist angesichts des grundrechtsrelevanten Bereichs auch nach der ausdrücklichen Neuregelung in Abs. 2 im Sinne einer **Ermessensreduzierung auf Null** zu berücksichtigen. **9**

V. Auslagenvorschuss bei von Amts wegen vorzunehmenden Handlungen (Abs. 3)

Die Vorschrift umfasst nicht nur Amtsverfahren, sondern auch alle von Amts wegen vorzunehmenden gerichtlichen Handlungen in Antragsverfahren. Abs. 3 S. 1 enthält eine gesetzliche Grundlage für die Pflicht zur Zahlung eines Auslagenvorschusses in Amtsverfahren. **Vorschussschuldner** ist in diesem Fall der vom Gesetz jeweils vorgesehene Kostenschuldner, zB gem. § 23 Nr. 11 der Eigentümer. Eine **Abhängigmachung** ist bei Amtsgeschäften, auch wegen der Auslagen, **nicht zulässig**. Gegen eine dennoch erfolgte Abhängigmachung ist gem. § 83 die Beschwerde statthaft.[3] **10**

Der Auslagenvorschuss darf nur erhoben werden, wenn die Vornahme des Geschäfts sicher erfolgt. Dem Gericht wird – anders als im Antragsverfahren – ein **Ermessen** eingeräumt; zur Ausübung → § 13 Rn 13. **11**

Abs. 3 S. 2 enthält wiederum die Gegenausnahme für **Verfahren nach dem SpruchG**, in denen hinsichtlich der Anforderung eines Auslagenvorschusses kein Ermessen besteht. Die Verfahren nach dem SpruchG sind Antragsverfahren, bei denen schon nach Abs. 1 kein Ermessen besteht (→ Rn 11). Die Vorschrift bekräftigt dies und legt eine Vorschusspflicht für alle von Amts wegen vorzunehmenden gerichtlichen Handlungen innerhalb des SpruchG, etwa die Durchführung von Beweisaufnahmen, fest. **12**

---

1 BT-Drucks 17/11471, S. 157. **2** OLG Düsseldorf OLGReport 1997, 11. **3** OLG Zweibrücken FamRZ 1982, 530.

13   Die Vorschusserhebung im Amtsverfahren kann auch dazu dienen, die Beteiligten zu einem verfahrensöko-nomisch sinnvollen Verhalten anzuhalten, indem ihnen die jeweils entstehenden Kosten vor Augen geführt werden. Dies kann **Ermessenserwägung** sein.

VI. Freiheitsentziehungssachen, Haftsache (Abs. 4)

14   In Freiheitsentziehungssachen gem. § 415 FamFG kann kein Auslagenvorschuss verlangt werden. Dasselbe gilt in Fällen, in denen eine Zwangs- oder Ordnungshaft angeordnet wird, die Gebühren nach dem GNotKG auslöst (Nr. 18003, 18004 KV). Dem Wortlaut nach ist das Beschwerdeverfahren erfasst.

§ 15 Abhängigmachung bei Notarkosten

Die Tätigkeit des Notars kann von der Zahlung eines zur Deckung der Kosten ausreichenden Vorschusses abhängig gemacht werden.

I. Allgemeines

1   Die Abhängigmachung hat bei Notargebühren kaum praktische Bedeutung, sieht man einmal von der übli-chen Abrechnung der Vollzugs- und Betreuungsgebühr schon vor Vollzug gleichzeitig mit der Beurkun-dungsgebühr ab. Der Notar ist zur Vorschusserhebung ohne Abhängigmachung berechtigt, auch wenn da-für keine ausdrückliche gesetzliche Grundlage existiert, da die Vorschusserhebung ein „Weniger" gegenüber der Abhängigmachung ist. § 15 gilt für alle notariellen Kosten, dh für **Gebühren und Auslagen**.

II. Einzelfragen

2   Es gibt grds. keine **Amtspflicht des Notars** zur Vorschusserhebung, da dem Notar ein Ermessen eingeräumt ist. Eine Amtspflicht zur Vorschusserhebung kann aber bei einer Ermessensreduzierung auf Null, also zB bei sicher erscheinendem Ausfall der Gebühren (zB umfangreiche Vollstreckungsmaßnahmen oder offen-kundige Zahlungsunfähigkeit, bereits bestehende erhebliche Gebührenrückstände) und daraus resultieren-der Inanspruchnahme eines anderen Urkundsbeteiligten als Gesamtschuldner, anzunehmen sein.

3   Zu weiteren Einzelfragen der Vorschusserhebung s. die Kommentierung zu §§ 13, 14.

4   Einen Überschuss, der sich durch einen zu hoch bemessenen Vorschuss ergeben hat, hat der Notar gem. § 90 Abs. 1 S. 1 zurückzuzahlen; der **Rückzahlungsanspruch** wird nicht verzinst (§ 90 Abs. 1 S. 4).

III. Rechtsbehelfe

5   Gegen die Vorschusserhebung ohne Abhängigmachung ist der Antrag auf gerichtliche Entscheidung gem. § 127 statthaft. Gegen die Abhängigmachung ist die Beschwerde gem. § 15 BNotO zu erheben.[1]

§ 16 Ausnahmen von der Abhängigmachung

Die beantragte Handlung darf nicht von der Sicherstellung oder Zahlung der Kosten abhängig gemacht werden,

1. soweit dem Antragsteller Verfahrenskostenhilfe bewilligt ist oder im Fall des § 17 Absatz 2 der Bundes-notarordnung der Notar die Urkundstätigkeit vorläufig gebührenfrei oder gegen Zahlung der Gebühren in Monatsraten zu gewähren hat,

2. wenn dem Antragsteller Gebührenfreiheit zusteht,

3. wenn ein Notar erklärt hat, dass er für die Kostenschuld des Antragstellers die persönliche Haftung übernimmt,

4. wenn die Tätigkeit weder aussichtslos noch ihre Inanspruchnahme mutwillig erscheint und wenn glaub-haft gemacht wird, dass

    a) dem Antragsteller die alsbaldige Zahlung der Kosten mit Rücksicht auf seine Vermögenslage oder aus sonstigen Gründen Schwierigkeiten bereiten würde oder

    b) eine Verzögerung dem Antragsteller einen nicht oder nur schwer zu ersetzenden Schaden bringen würde; zur Glaubhaftmachung genügt in diesem Fall die Erklärung des zum Bevollmächtigten be-stellten Rechtsanwalts,

---

1 Korintenberg/*Klüsener*, § 16 Rn 10; BDS/*Diehn*, § 15 Rn 6.

5. wenn aus einem anderen Grund das Verlangen nach vorheriger Zahlung oder Sicherstellung der Kosten nicht angebracht erscheint, insbesondere wenn die Berichtigung des Grundbuchs oder die Eintragung eines Widerspruchs beantragt wird oder die Rechte anderer Beteiligter beeinträchtigt werden.

I. Allgemeines

§ 16 gilt sowohl für die Abhängigmachung bei Gerichtsgebühren als auch für Notargebühren. Entsprechend der Legaldefinition des § 1 Abs. 1 („Kosten") gilt die Norm auch für Auslagenvorschüsse gem. § 14. Die Vorschrift gilt nur für Antragsverfahren. Wenn die Voraussetzungen einer der aufgezählten Varianten (Nr. 1–5) vorliegen, ist die Abhängigmachung **unzulässig**. Wird gegen § 14 verstoßen, ist bei Gerichtskosten die Beschwerde gem. § 82, bei Notarkosten die Beschwerde gem. § 15 BNotO statthafter Rechtsbehelf (→ § 15 Rn 5).   1

II. Regelungsinhalt

1. Verfahrenskostenhilfe (Nr. 1). Die Abhängigmachung ist unzulässig, wenn dem Antragsteller Verfahrenskostenhilfe bewilligt ist (§§ 76 ff FamFG); bei Notarkosten, wenn die Voraussetzungen des § 17 Abs. 2 BNotO vorliegen. Nach dieser Vorschrift hat der Notar die Urkundstätigkeit in sinngemäßer Anwendung der Vorschriften der ZPO über die Prozesskostenhilfe vorläufig gebührenfrei oder gegen Zahlung der Gebühren in Monatsraten zu gewähren. Wenn mehrere Antragsteller als Gesamtschuldner gem. § 32 Abs. 1 haften, müssen die Voraussetzungen der Nr. 1 bei allen vorliegen.[1]   2

2. Gebührenfreiheit (Nr. 2). Wenn dem Antragsteller Gebührenfreiheit zusteht, ist die Abhängigmachung unzulässig. Für Gerichtsgebühren legt § 2 die Kostenfreiheit fest. Bei Notargebühren gelten die Gesetze der Länder. Wenn nicht allen als Gesamtschuldner Haftenden die Gebührenfreiheit zusteht, richtet sich die Vorschusspflicht nach § 2 Abs. 5.   3

3. Haftungsübernahme durch Notar (Nr. 3). Wenn ein Notar erklärt, die persönliche Haftung für die Kostenschuld des Antragstellers zu übernehmen, ist die Abhängigmachung unzulässig. Das sog. „Gutsagen" als Übernahme einer selbstschuldnerischen Bürgschaft durch den Notar genügt nicht.[2]   4

4. Glaubhaftmachung von Schwierigkeiten oder eines drohenden Schadens (Nr. 4). a) Allgemeine Voraussetzungen. Die Anwendung der Nr. 4 setzt allgemein voraus, dass keine aussichtslose oder mutwillige Rechtsverfolgung vorliegt. Die Norm knüpft dabei an den Wortlaut der Verfahrenskostenhilfebestimmungen des § 76 Abs. 1 FamFG iVm § 114 ZPO an, so dass Rspr und Lit. zu diesen Vorschriften entsprechend angewendet werden können.   5

Die **Erfolgsaussichten** sind im Rahmen einer summarischen Prüfung zu ermitteln; Sachverhaltsermittlungen sind auf ein Minimum zu beschränken.[3] Die Anforderungen an die Erfolgsaussichten dürfen dabei nicht zu hoch angelegt sein.[4] Es reicht aus, wenn der Erfolg der beanspruchten Rechtsverfolgung in gewissem Maße wahrscheinlich ist.[5]   6

Maßstab für die Beurteilung der Frage, ob die Rechtsverfolgung **mutwillig** ist, ist ein verständiger, sachlich und vernünftig denkender Beteiligter. Es kommt darauf an, wie sich dieser in einem gleichgelagerten Fall verhalten würde, wenn das Gericht eine Abhängigmachung von der Vorschusszahlung beschließen würde. Würde er an seinem bisherigen Vorgehen festhalten, wäre die Mutwilligkeit zu verneinen.[6] Mutwilligkeit wäre hingegen zu bejahen, wenn der Beteiligte einen anderen Weg der Rechtsverfolgung wählen, von einem Verfahren gänzlich absehen oder nur einen Teilanspruch geltend machen würde.[7]   7

b) Besondere Voraussetzungen der Nr. 4 Buchst. a. Die Vorschrift der **Nr. 4 Buchst. a** setzt zudem voraus, dass der Antragsteller glaubhaft macht, dass ihm die alsbaldige Zahlung mit Rücksicht auf seine Vermögenslage oder aus sonstigen Gründen Schwierigkeiten bereitet.   8

Die **„alsbaldige" Zahlung** muss schwierig sein; die Schwierigkeiten dürfen also nur vorübergehend sein. Liegt dauerhafte Zahlungsunfähigkeit vor, kann Nr. 4 Buchst. a nicht einschlägig sein; hier käme vielleicht Nr. 1 in Betracht. Zweck der Vorschrift der Nr. 4 Buchst. a ist der Schutz des an sich vermögenden, nur vorübergehend nicht liquiden Antragstellers vor der unzumutbaren oder gar unmöglichen Umwandlung von gebundenem Vermögen in Barvermögen.[8] Keine vorübergehende, sondern dauerhafte Zahlungsunfähigkeit liegt vor, wenn der Antragsteller argumentiert, bei Erfolg der beabsichtigten Rechtsverfolgung wäre ein Vermögenswert vorhanden, dieser Erfolg jedoch unsicher ist.[9] Denkbar ist die Anwendung der Nr. 4 Buchst. a aber zB bei Erteilung eines Testamentsvollstreckerzeugnisses, wenn der Nachlass werthaltig ist.   9

---

1 Korintenberg/*Hey'l*, § 16 Rn 3. **2** OLG Hamm DNotZ 1975, 757. **3** OLG Celle NdsRpfl 2002, 362. **4** BVerfG NJW 2003, 576. **5** OLG Karlsruhe FamRZ 2003, 50. **6** OLG Köln NJW-RR 2001, 869. **7** HK-FamGKG/*Volpert*, § 15 Rn 34. **8** OLG München FamRZ 2003, 241; OLG Hamm AnwBl 1990, 46. **9** OLG München FamRZ 2003, 241.

3 GNotKG § 17   Kapitel 1 | Vorschriften für Gerichte und Notare

10 **Sonstige Gründe** iSd Nr. 4 Buchst. a sind solche, die die Vermögenslage nur mittelbar betreffen, etwa Hindernisse bei der Umwandlung von gebundenem Vermögen zu Barvermögen, wie zB Devisen- oder Transferschwierigkeiten.[10]

11 **Schwierigkeiten** bei der Beschaffung von Barmitteln sind gegenüber bloßen Unannehmlichkeiten abzugrenzen. Hier verbleibt letztlich ein gewisser Einschätzungsspielraum. Die Verpflichtung zur Aufnahme eines Darlehens – auch unter der vagen Einschränkung der „zumutbaren Darlehensbedingungen" – geht jedoch zu weit.[11]

12 Für die **Glaubhaftmachung** sind § 31 FamFG bzw § 294 ZPO maßgeblich. Es sind also alle Beweismittel des Strengbeweisverfahrens und zusätzlich die Abgabe einer eidesstattlichen Versicherung denkbar. Die Erleichterung der Glaubhaftmachung durch Erklärung des Verfahrensbevollmächtigten gilt nur im Fall der Nr. 4 Buchst. b.

13 Eine **Nachholung der Abhängigmachung** nach Wegfall der Schwierigkeiten ist denkbar, wenn die beantragte Tätigkeit noch nicht begonnen wurde. Eine nachträgliche „Teilabhängigmachung" ist unzulässig wegen der Selbstbindung durch Ermessensausübung.[12] In diesen Fällen ist aber an das Zurückbehaltungsrecht des § 11 zu denken.

14 **c) Besondere Voraussetzungen der Nr. 4 Buchst. b.** Die „Vorbilder" der neu ins GNotKG eingefügten Norm sind in den Kostengesetzen der streitigen Gerichtsbarkeit (§ 14 GKG, § 15 FamGKG) zu finden. Dementsprechend lag der Hauptanwendungsfall dieser „Vorbildnormen" in der verzögerten Zustellung des Klageantrags mit der Folge des Verjährungseintritts.[13]

15 Vorstellbar sind im Bereich der freiwilligen Gerichtsbarkeit etwa die Eintragung einer Finanzierungsgrundschuld oder die Einhaltung steuerlicher Fristen durch die vorzunehmende Handlung.[14] Insbesondere dem Notar ist deshalb Zurückhaltung bei der Abhängigmachung zu empfehlen.

16 Eine **Verzögerung** liegt vor bei einem kurzfristigen Hinausschieben der gerichtlichen Handlung oder notariellen Tätigkeit. Im Fall der Abhängigmachung ist diese Voraussetzung stets unproblematisch erfüllt.

17 Zur **Glaubhaftmachung durch den bevollmächtigten Rechtsanwalt** gem. Nr. 4 Buchst. b Hs 2 genügt nicht allein eine einfache Behauptung. Es ist substantiierter Vortrag erforderlich; der Verfahrensbevollmächtigte muss die seiner Behauptung zugrunde liegenden Tatsachen angeben.[15]

18 Die Vorschrift begründet eine drittschützende Amtspflicht (iSd § 839 BGB); ihre Verletzung kann also Amtshaftungsansprüche auslösen.

19 **5. Vorauszahlung aus sonstigen Gründen unangebracht (Nr. 5).** Die Regelung der Nr. 5 enthält einen offenen Tatbestand, der in besonders gelagerten Fällen eine Abhängigmachung verbietet. Konkretisiert werden die Voraussetzungen nur durch die beiden genannten Beispielsfälle der **Grundbuchberichtigung** und der **Eintragung eines Widerspruchs.** Aus den gesetzlichen Beispielen folgt, dass an die Bestimmung der Nr. 5 insb. zu denken ist bei Fällen, in denen ein **Gutglaubenstatbestand** verhindert werden soll,[16] oder wenn ein Rechtsgeschäft vorzunehmen ist, zu dem der Antragsteller verpflichtet ist (etwa bei erzwingbaren Registeranmeldungen). Auch wenn die Bezahlung der Kosten mit Sicherheit zu erwarten ist – etwa bei Antragstellern aus dem kirchlichen oder öffentlichen Bereich – oder wenn das Risiko eines Einnahmeausfalls in keinem Verhältnis zur Verzögerung der Vornahme des beantragten Geschäfts steht, kann Nr. 5 einschlägig sein.

20 Bei Erlass des GNotKG neu hinzugefügt wurde die Alternative der **Beeinträchtigung von Rechten anderer Beteiligter.** Dabei wurde etwa an den Fall der Beschwerde gegen Entscheidungen im Erbscheinsverfahren gedacht, da die Abhängigmachung die Erteilung des von anderen Beteiligten beantragten Erbscheins verzögern würde.[17]

§ 17 Fortdauer der Vorschusspflicht

[1]Die Verpflichtung zur Zahlung eines Vorschusses auf die Gerichtskosten bleibt bestehen, auch wenn die Kosten des Verfahrens einem anderen auferlegt oder von einem anderen übernommen sind. [2]§ 33 Absatz 1 gilt entsprechend.

---

10 *Oestreich/Hellstab/Trenkle,* GKG § 14 Rn 7. **11** *Oestreich/Hellstab/Trenkle,* GKG § 14 Rn 7; aA *Meyer,* GKG § 14 Rn 7. **12** BGH NJW 1974, 1287; OLG München NJW-RR 1989, 64; OLG Celle NdsRpfl 1987, 182. **13** BGH NJW-RR 1995, 252, 253; OLG Hamm AnwBl 1990, 46. **14** Korintenberg/*Hey'l,* § 16 Rn 8. **15** BGH NJW-RR 1995, 252, 253; *Oestreich/Hellstab/ Trenkle,* GKG § 14 Rn 10. **16** Korintenberg/*Hey'l,* § 16 Rn 9. **17** BT-Drucks 17/11471, S. 157.

I. Allgemeines

Die Fortdauer der Vorschusspflicht dient der Sicherung des Kostenanspruchs der Staatskasse. Die Regelung gilt nur für **Vorschüsse auf Gerichtskosten**. Sie gilt sowohl für den Gebührenvorschuss (§ 13) als auch für den Auslagenvorschuss (§ 14). Hinsichtlich des Auslagenvorschusses gilt sie in Antragsverfahren und in Amtsverfahren. § 17 setzt eine bestehende Vorschusspflicht voraus, er begründet keine. **1**

II. Regelungsinhalt

1. Endgültige Kostenhaftung. § 17 begründet eine endgültige Kostenhaftung des Vorschussschuldners; dieser haftet neben den übrigen im Gesetz bestimmten Kostenschuldnern auch nach Beendigung des Verfahrens in der Instanz.[1] Dies bedeutet, dass der Vorschussschuldner weiter zur Zahlung eines etwa noch nicht geleisteten Vorschusses verpflichtet ist, dass bei zu gering bemessenem Vorschuss eine Nachforderung möglich ist (→ Rn 6 und → § 13 Rn 5), aber auch, dass für geleistete Zahlungen des Vorschussschuldners weiterhin ein **Rechtsgrund** besteht. **2**

§ 17 hindert die Rückzahlung des Vorschusses *auch*, wenn ein vom Vorschussschuldner abweichender Kostenschuldner durch das Gericht bestimmt wird (§ 27 Nr. 1) oder dieser die Kostenhaftung übernimmt (§ 27 Nr. 2). Die Verwendung des Wortes „auch" schließt ein, dass die Vorschusshaftung des Antragstellers für Auslagen gem. § 14 auch dann nicht entfällt, wenn ein anderer schon kraft Gesetzes (zB gem. § 24) für die Kosten haftet. Ein Vorschuss für Gebühren darf nach § 13 in diesen Fällen nicht verlangt werden, da dieser die Möglichkeit der Vorschusspflicht auf die Fälle der Kostenhaftung gem. § 22 beschränkt (→ § 13 Rn 1). **3**

2. Nachforderung auf den Vorschuss. Die Verwendung des Begriffs „Vorschuss" ist missverständlich, da aufgrund des § 17 der Vorschussschuldner für **entstandene Kosten** in Anspruch genommen werden kann. Dass die Vorschusspflicht nicht durch die Beendigung des Verfahrens in der betroffenen Instanz entfällt, beinhaltet als „Weniger", dass die Vorschusspflicht auch nicht nach Vornahme der die Kosten auslösenden gerichtlichen Handlung entfällt. **4**

Bei einer späteren unerwarteten Gebührenerhöhung kann der Vorschuss nachträglich erhöht werden. **5**

Wenn die **Instanz beendet** ist und eine abweichende Kostenhaftung gem. § 27 Nr. 1 oder 2 vorliegt, ist eine Inanspruchnahme des Vorschussschuldners, auch bei zu gering bemessenem Vorschuss, nur mehr unter Beachtung des § 33 Abs. 1 möglich (→ Rn 12 ff). **6**

3. Rückzahlung eines Überschusses. § 17 hindert nicht die Rückzahlung eines **Überschusses**, der nach Verrechnung der tatsächlich entstandenen Kosten mit dem geleisteten Vorschuss verbleibt. Der Vorschuss ist zunächst auf die Gebühren und Auslagen zu verrechnen, für die er erhoben wurde.[2] Ein etwaiger Überschuss darf auch mit anderen fälligen Kosten desselben Verfahrens, auch in anderen Instanzen, verrechnet werden, für die der Vorschussschuldner haftet.[3] Ergibt sich danach ein Überschuss, ist dieser unverzüglich auszuzahlen; eine ausdrückliche Anspruchsgrundlage dafür enthält das GNotKG jedoch nicht. Eine **Verzinsung** des auszuzahlenden Überschusses erfolgt gem. § 6 Abs. 4 nicht. Im Hinblick auf zukünftig entstehende Kosten darf ein Überschuss nicht einbehalten werden.[4] **7**

Nach Beendigung der Instanz sind bei der Verrechnung die Grundsätze des § 33 Abs. 1 einzuhalten. Mit der Kostenschuld anderer Beteiligter darf nur unter Einverständnis des Vorschussschuldners verrechnet werden. Eine Verrechnung mit den Kosten aus anderen Verfahren erfolgt nicht; die Kasse muss insoweit aufrechnen.[5] Gegen die Aufrechnung ist das Rechtsmittel des jeweils einschlägigen Kostengesetzes statthaft. **8**

4. Entfallen der Vorschusshaftung. Die Vorschusshaftung des Antragstellers entfällt auch, wenn die **Kostenhaftung erlischt**.[6] Dies ist etwa gem. § 25 der Fall, wenn ein Rechtsmittel ganz oder teilweise mit Erfolg eingelegt worden ist und das Gericht keine Kostenentscheidung getroffen hat, und auch keine Kostenübernahme gem. § 27 Nr. 2 vorliegt. **9**

Wird dem Schuldner gem. § 27 Nr. 1 bzw Nr. 2 die Kostenforderung **erlassen oder gestundet**, ohne dass Erlass oder Stundung ausdrücklich auf diesen beschränkt wurde, entfällt auch die Vorschusshaftung des Antragstellers.[7] Andernfalls sähe sich der vom Gericht begünstigte Schuldner Erstattungsansprüchen des Vorschussschuldners gegenüber.[8] **10**

Wenn die Vorschusshaftung entfällt, ist der Vorschuss an den Vorschussschuldner zurückzuzahlen. Der Anspruch ist gem. § 6 Abs. 4 unverzinslich. **11**

---

1 BT-Drucks 17/11471, S. 157. **2** OLG Köln Rpfleger 1982, 121. **3** HK-FamGKG/*Volpert*, § 16 Rn 22. **4** OLG Hamm AGS 2007, 151. **5** HK-FamGKG/*Volpert*, § 16 Rn 23. **6** BT-Drucks 17/11471, S. 157. **7** HK-FamGKG/*Volpert*, § 17 Rn 6; *Oestreich/Hellstab/Trenkle*, GKG, § 18 Rn 3; aA *Hartmann*, KostG, § 18 GKG Rn 6; *Binz/Dörndorfer/Petzold/Zimmermann*, § 18 GKG Rn 5. **8** HK-FamGKG/*Volpert*, § 17 Rn 6.

12   **5. Verweis auf § 33 Abs. 1 – Verhältnis der Kostenschuldner (S. 2).** Der Vorschussschuldner soll nur **nachrangig** nach dem sog. Erstschuldner, dh dem vom Gericht bestimmten Schuldner (§ 27 Nr. 1) bzw dem Übernahmeschuldner (§ 27 Nr. 2) als „Zweitschuldner" haften. Erst wenn die Zwangsvollstreckung in das bewegliche Vermögen des Erstschuldners erfolglos geblieben ist oder aussichtslos erscheint, ist die Inanspruchnahme des Vorschussschuldners zulässig. Dies ergibt sich aus der von S. 2 angeordneten entsprechenden Anwendung des § 33 Abs. 1.

13   Der Verweis auf § 33 Abs. 1 begründet **keine vorläufige Rückzahlungspflicht** gegenüber dem Zweitschuldner. Dessen Voraussetzungen müssen erst nach Abschluss des Verfahrens in der betroffenen Instanz vorliegen bzw frühestens dann, wenn die Kostenhaftung des Erstschuldners entstanden ist.

14   Der Zweitschuldner hat einen **Erstattungsanspruch** gegen den Erstschuldner aus Gesamtschuldnerausgleich, wobei § 33 Abs. 1 die Kostenlast im Innenverhältnis dem Erstschuldner auferlegt. Der Erstattungsanspruch kann im Kostenfestsetzungsverfahren gem. § 85 FamFG iVm §§ 103 ff ZPO geltend gemacht werden.[9]

15   Wenn dem Erstschuldner Verfahrenskostenhilfe bewilligt wird, ist ein vom Zweitschuldner geleisteter Vorschuss nicht zurückzuzahlen, da eine gesetzliche Verweisung auf § 33 Abs. 2 fehlt.[10] Eine weitere Inanspruchnahme des Zweitschuldners scheidet aufgrund der Solvenz des Erstschuldners schon aufgrund des § 33 Abs. 1 aus.

III. Rechtsbehelfe

16   Gegen die Inanspruchnahme durch den Kostenbeamten auf der Grundlage des § 17 ist die Erinnerung und im Weiteren die Beschwerde gem. § 81 statthafter Rechtsbehelf.

Abschnitt 4
Kostenerhebung

§ 18 Ansatz der Gerichtskosten

(1) ¹Im gerichtlichen Verfahren werden angesetzt
1. die Kosten des ersten Rechtszuges bei dem Gericht, bei dem das Verfahren im ersten Rechtszug anhängig ist oder zuletzt anhängig war,
2. die Kosten des Rechtsmittelverfahrens bei dem Rechtsmittelgericht.
²Dies gilt auch dann, wenn die Kosten bei einem ersuchten Gericht entstanden sind.

(2) ¹Die Kosten für
1. die Eröffnung von Verfügungen von Todes wegen und
2. die Beurkundung der Ausschlagung der Erbschaft oder der Anfechtung der Ausschlagung der Erbschaft
werden auch dann von dem nach § 343 des Gesetzes über das Verfahren in Familiensachen und in den Angelegenheiten der freiwilligen Gerichtsbarkeit zuständigen Nachlassgericht erhoben, wenn die Eröffnung oder Beurkundung bei einem anderen Gericht stattgefunden hat. ²Für Beurkundungen nach § 31 des Internationalen Erbrechtsverfahrensgesetzes vom 29. Juni 2015 (BGBl. I S. 1042) gilt Absatz 1.

(3) ¹Für die Eintragung oder Löschung eines Gesamtrechts sowie für die Eintragung der Veränderung eines solchen Rechts bei mehreren Grundbuchämtern werden die Kosten im Fall der Nummer 14122, 14131 oder 14141 des Kostenverzeichnisses bei dem Gericht angesetzt, bei dessen Grundbuchamt der Antrag zuerst eingegangen ist. ²Entsprechendes gilt für die Eintragung oder Löschung eines Gesamtrechts sowie für die Eintragung der Veränderung eines solchen Rechts bei mehreren Registergerichten im Fall der Nummer 14221, 14231 oder 14241 des Kostenverzeichnisses.

(4) Die Kosten für die Eintragung in das Schiffsregister bei Verlegung des Heimathafens oder des Heimatorts werden nur von dem Gericht des neuen Heimathafens oder Heimatorts angesetzt.

(5) Die Dokumentenpauschale sowie die Auslagen für die Versendung von Akten werden bei der Stelle angesetzt, bei der sie entstanden sind.

(6) ¹Der Kostenansatz kann im Verwaltungsweg berichtigt werden, solange keine gerichtliche Entscheidung getroffen ist. ²Ergeht nach der gerichtlichen Entscheidung über den Kostenansatz eine Entscheidung, durch die der Geschäftswert anders festgesetzt wird, kann der Kostenansatz ebenfalls berichtigt werden.

---

9 HK-FamGKG/*Volpert*, § 17 Rn 13; *Hartmann*, KostG, § 18 GKG Rn 3.   **10** AA HK-FamGKG/*Volpert*, § 17 Rn 13.

I. Allgemeines

Die Vorschrift regelt die örtliche Zuständigkeit für den Kostenansatz und in Abs. 6 die Berichtigung des 1 Kostenansatzes im Verwaltungsweg.

Kostenansatz ist die Kostenrechnung des Kostenbeamten.[1] Der Begriff der **Rechnung** wird bewusst nicht 2 benutzt, weil es sich bei dem Kostenansatz um einen Justizverwaltungsakt nach § 30 a EGVG handelt.

Während die **Gerichtskosten** gem. § 18 angesetzt werden, werden die Notarkosten vom Notar durch eine 3 von ihm unterschriebene Berechnung eingefordert, § 19. § 18 betrifft also nicht die Notarkosten. Demgemäß gelten die eingehenden Vorschriften für die Ausgestaltung der Notarkostenrechnung in § 19 Abs. 2 und 3 nicht für den Kostenansatz durch das Gericht (Kostenbeamter).

Die Einzelheiten sind geregelt in der **Kostenverfügung (KostVfg)**.[2] 4

Zu berücksichtigen sind übergreifend die anerkannten Grundsätze des Verwaltungsverfahrens, wie sie im 5 VwVfG, in der AO und im SGB X ihren Niederschlag gefunden haben.[3]

In Übereinstimmung mit den übrigen Kostengesetzen geht **Abs. 1 S. 1** davon aus, dass zentral das Gericht 6 **örtlich zuständig** ist, bei dem der jeweilige Rechtszug zuletzt anhängig war. Dort werden auch die Kosten, die bei einem ersuchten Gericht entstanden sind, angesetzt (**Abs. 1 S. 2**).

Da nach § 348 Abs. 1 S. 1 FamFG Verfügungen von Todes wegen grds. von dem Gericht eröffnet werden, 7 das die betreffende Verfügung verwahrt, also in einem Todesfall mehrere Gerichte derartige Verfügungen eröffnen können, bestimmt **Abs. 2 S. 1**, dass die Kosten der Eröffnung zentral von dem nach § 343 FamFG **zuständigen Nachlassgericht** angesetzt werden. Diese zentrale Zuständigkeit des nach § 343 FamFG örtlich zuständigen Nachlassgerichts für die Kostenberechnung betrifft neben den Kosten für die Eröffnung von Verfügungen von Todes wegen (Abs. 2 S. 1 **Nr. 1**) auch die Kosten für die Beurkundung der Ausschlagung der Erbschaft oder der Anfechtung der Ausschlagung der Erbschaft (Abs. 2 S. 1 **Nr. 2**).

Gesamtrechte an Grundstücken und grundstücksgleichen Rechten werden bei jedem Recht eingetragen, al- 8 so ggf. auch bei mehreren Grundbuchämtern. Da nicht mehr wie früher für jede Eintragung eine eigene Gebühr entsteht, die von dem jeweiligen Grundbuchamt angesetzt wird, bestimmt **Abs. 3 S. 1**, dass das Gericht zuständig ist, bei dessen **Grundbuchamt der Antrag zuerst eingegangen** ist. Entsprechendes gilt dann bei der Eintragung oder Löschung eines Gesamtrechts bei mehreren **Registergerichten (Abs. 3 S. 2)**. Die zunächst streitige Frage, ob Entsprechendes auch bei Änderung der Belastung gilt, zB Abtretung eines bei mehreren Grundbüchern eingetragenen Gesamtrechts,[4] ist durch den Gesetzgeber durch Einfügung eines entsprechenden Gebührentatbestands der Nr. 14131 KV[5] mWz 4.7.2015 geklärt worden.

Verlegt ein Schiff seinen Heimathafen oder seinen Heimatort, wird die Eintragung im Schiffsregister des 9 bisherigen Heimathafens oder Heimatorts gelöscht und beim Schiffsregister des neuen Heimathafens oder Heimatorts neu eingetragen, die dafür entstehende einheitliche Gebühr wird vom Gericht des **neuen Heimathafens oder Heimatorts** angesetzt (**Abs. 4**).

Abs. 5 übernimmt die Zuständigkeitsregelung für den Ansatz der **Dokumentenpauschale** und der Auslagen 10 für die **Versendung von Akten** den Regelungen in § 19 Abs. 4 GKG und § 18 Abs. 2 FamGKG mit dem Unterschied, dass ein Kostenansatz für die elektronische Übermittlung von Akten nicht mehr vorgesehen ist, weil für diese Tätigkeit nur noch die Dokumentenpauschale anfällt (Nr. 31000 Ziff. 2 KV). Zuständig für den Kostenansatz ist jeweils die Stelle, bei der die Dokumentenpauschale bzw die Auslagen für die Aktenversendung entstanden sind.

Abs. 6 regelt schließlich die **Berichtigung** des Kostenansatzes im Verwaltungswege, die grds. bis zu einer ge- 11 richtlichen Entscheidung möglich ist.

§ 18 ist textlich angelehnt an § 18 FamGKG mit dem Unterschied, dass die Sonderregelungen über Verfü- 12 gungen von Todes wegen (Abs. 2), Gesamtrechte (Abs. 3) und Schiffsregister (Abs. 4) im FamGKG nicht enthalten sein konnten.

II. Zuständiges Gericht (Abs. 1–5)

1. Zuständigkeit im ersten Rechtszug (Abs. 1 S. 1 Nr. 1). Die Kostenrechnung ist ein **Justizverwaltungsakt** 13 (→ Rn 2) der erlassenden Behörde. Das ist die Justizverwaltung bei dem Gericht des ersten Rechtszugs. Be-

---

1 *Hartmann*, KostG, § 19 GKG Rn 1. **2** Bundeseinheitliche Neufassung, in Kraft getreten am 1.4.2014. Abgedruckt ist in diesem Kommentar (Anhang I. 1.): Fassung NRW, AV d. JM vom 24. Februar 2014 (5607 - Z. 3), JMBl. NRW S. 64, idF vom 28. September 2015. Mit Übersicht über die Fundstellenangaben der KostVfg der Bundesländer. **3** Korintenberg/*Hellstab*, § 18 Rn 3 f. **4** Ablehnend: KG ZfIR 2014, 203 m. abl. Anm. *Wilsch*; bejahend: OLG Dresden ZNotP 2014, 359. **5** Art. 13 Nr. 10 Buchst. m) des Gesetzes v. 29.6.2015 (BGBl. I 1042, 1055).

zeichnet wird die den Verwaltungsakt erlassende „Behörde" richtigerweise mit „Amtsgericht – Kostenbeamter".

14   Im ersten Rechtszug ist zuständig der Kostenbeamte bei dem Gericht, bei dem das Verfahren im ersten Rechtszug anhängig ist oder zuletzt anhängig war.

15   Die **Anhängigkeit** wird begründet durch den Eingang des Antrags beim Gericht.[6] In Amtsverfahren beginnt die Anhängigkeit mit der ersten gerichtlichen Handlung.[7]

16   **2. Zuständigkeit im Rechtsmittelverfahren (Abs. 1 S. 1 Nr. 2).** Für den Kostenansatz im Rechtsmittelverfahren ist der Kostenbeamte des Rechtsmittelgerichts zuständig.

17   Welches Gericht **Rechtsmittelgericht** ist, ergibt sich aus § 81: Bei der Erinnerung ist das Rechtsmittelgericht das Gericht, bei dem die Kosten angesetzt sind. Waren also die Kosten beim Amtsgericht durch den Kostenbeamten des Amtsgerichts angesetzt, ist das Amtsgericht Rechtsmittelgericht der Erinnerung.

18   Bei der Beschwerde ist zunächst wiederum das Amtsgericht Rechtsmittelgericht, denn nach § 81 Abs. 3 entscheidet zunächst das Gericht, das die Erinnerungsentscheidung erlassen hat, über die Abhilfemöglichkeit.

19   Mit der Vorlage durch das Gericht, das über die Erinnerung entschieden hat, an das Beschwerdegericht (nächsthöhere Gericht) wird das Beschwerdegericht Rechtsmittelgericht iSv Abs. 1 Nr. 2 (§ 81 Abs. 3).

20   **3. Sonderfälle. a) Ersuchtes Gericht (Abs. 1 S. 2).** Entstehen Kosten bei einem ersuchten Gericht, werden diese Kosten nicht dort festgesetzt, sondern bei dem für den Kostenansatz allgemein nach Abs. 1 S. 1 zuständigen Gericht des ersten Rechtszugs oder des Rechtsmittelverfahrens (Abs. 1 S. 2).

21   **b) Verweisung, Abgabe.** Bei **Verweisung** wird die Angelegenheit beim verwiesenen Gericht anhängig, sobald der Verweisungsbeschluss den Beteiligten mitgeteilt wird, bei **Abgabe** mit dem Eingang der Akten beim Gericht, an das abgegeben wird.

22   **4. Eröffnung von Verfügungen von Todes wegen (Abs. 2 S. 1 Nr. 1); Beurkundung der Ausschlagung der Erbschaft/Anfechtung der Ausschlagung (Abs. 2 S. 1 Nr. 2).** Nach § 344 Abs. 6 FamFG ist für die Eröffnung einer Verfügung von Todes wegen das Gericht zuständig, das die Verfügung von Todes wegen in amtlicher Verwahrung hat. Nach § 344 Abs. 1 S. 2 FamFG ist das das vom Erblasser bestimmte Gericht, im Übrigen bei notariellen Testamenten und Erbverträgen das Gericht, in dessen Bezirk der Notar seinen Amtssitz hat (§ 344 Abs. 1 S. 1 Nr. 1, Abs. 3 FamFG).

23   Für die Nachlasssache selbst ist gem. **§ 343 FamFG** ein bestimmtes Nachlassgericht zuständig, und zwar primär das **Nachlassgericht**, in dessen Bezirk der Erblasser im Zeitpunkt seines Todes seinen **gewöhnlichen Aufenthalt** hatte (§ 343 Abs. 1 FamFG), hilfsweise das Nachlassgericht, in dessen Bezirk der Erblasser zur Zeit des Erbfalles seinen **letzten gewöhnlichen Aufenthalt** im Inland hatte (§ 343 Abs. 2 FamFG), weiter hilfsweise, wenn der Erblasser Deutscher ist oder sich Nachlassgegenstände im Inland befinden, das Amtsgericht Schöneberg in Berlin (§ 343 Abs. 3 S. 1 FamFG), das die Sache aus wichtigem Grund aber an ein anderes Nachlassgericht verweisen kann (§ 343 Abs. 3 S. 2 FamFG).

Die Zuständigkeit für den Kostenansatz der **Eröffnung der Testamente (Abs. 2 S. 1 Nr. 1)** und der Beurkundung der **Ausschlagung der Erbschaft** oder der **Anfechtung der Ausschlagung** der Erbschaft **(Abs. 2 S. 1 Nr. 2)** wird bei diesem nach § 343 FamFG örtlich zuständigen Nachlassgericht konzentriert.

24   **5. Beurkundung nach § 31 IntErbRVG (Abs. 2 S. 2).** Durch das am 17.8.2015 in Kraft getretene Internationale Erbrechtsverfahrensgesetz (IntErbRVG) hat die Bundesrepublik Regelungen zur Durchführung der Europäischen Erbrechtsverordnung (Verordnung (EU) Nr. 650/2012) geschaffen. In § 31 IntErbRVG ist geregelt, welches Nachlassgericht örtlich für die **Entgegennahme einer Erklärung** zuständig ist, mit der eine Erbschaft ausgeschlagen oder angenommen wird. Das Nachlassgericht händigt dem Erklärenden die Urschrift der Niederschrift oder die Urschrift der Erklärung in öffentlich beglaubigter Form aus (§ 31 S. 1 Hs 1 IntErbRVG), wobei das Nachlassgericht auf letzterer den Ort und das Datum der Entgegennahme zu vermerken hat (§ 31 S. 3 Hs 2 IntErbRVG). Für die Kosten dieser Beurkundungen gilt Abs. 1 **(Abs. 2 S. 2).** Auf die dortigen Erl. wird daher verwiesen (→ Rn 13–21).

25   **6. Eintragung, Löschung und Änderung von Gesamtrechten (Abs. 3).** Während früher für die Eintragung und Löschung eines Gesamtrechts (zB Gesamtgrundschuld) immer dann die volle gesonderte Eintragungs- oder Löschungsgebühr entstand, wenn die **Grundstücke** auf mehrere Grundbuchämter verteilt waren, also mehrere Grundbuchämter die Eintragungen vorzunehmen hatten, entsteht nunmehr nach **Abs. 3 S. 1** nur noch eine, wenn auch durch die Zahl der Eintragungen erhöhte Gebühr bei der **Eintragung** eines Gesamtrechts bei mehreren Grundbuchämtern – Nr. 14122 KV. Entsprechendes gilt für die **Löschung** eines Gesamtrechts, das bei verschiedenen Grundbuchämtern zu löschen ist – Nr. 14141 KV. Für die bei mehreren Grundbuchämtern einzutragende **Änderung** eines Gesamtrechts gilt Nr. 14131 KV.

---

6 Korintenberg/*Hellstab*, § 18 Rn 15.   **7** Korintenberg/*Hellstab*, § 18 Rn 15.

Die Regelung des Abs. 3 S. 1 gilt entsprechend für Gesamtrechte an **Schiffen** oder **Schiffsbauwerken** gem. Nr. 14221 KV (Eintragung), Nr. 14231 KV (Eintragung der Veränderung) und Nr. 14241 KV (Löschung) (**Abs. 3 S. 2**).

Da nur noch eine (wenn auch erhöhte) Gebühr in Ansatz gebracht wird, muss der Kostenansatz in diesen **26** Fällen zentralisiert werden. Nach Abs. 3 erfolgt diese Zentralisierung bei dem Gericht, bei dessen Grundbuchamt/Schiffsregister der **Antrag zuerst eingegangen** ist. Der Antrag ist eingegangen, wenn er einer zur Entgegennahme zuständigen Person vorgelegt ist. Bei elektronischer Übermittlung ist maßgeblich der Zeitpunkt der Aufzeichnung durch die für den Empfang bestimmte Einrichtung nach § 135 Abs. 1 S. 2 GBO.[8]

Die beteiligten Grundbuchämter können ohne Weiteres aus dem Antrag auf Eintragung eines Gesamtrechts **27** entnehmen, welche weiteren Grundbuchämter beteiligt sind. Alsdann haben sie untereinander abzustimmen, bei welchem Grundbuchamt der Antrag zuerst eingegangen ist, was anhand des **Zeiteingangsstempels** ohne Weiteres möglich sein wird, auch wenn der Verwaltungsaufwand nicht unerheblich sein dürfte.

Schwieriger könnte die Bestimmung der Reihenfolge des Antragseingangs bei **elektronischer Übermittlung** **28** sein. Wenn es möglich ist, mit einer elektronischen Sendung derartige Anträge an mehrere Grundbuchämter zu versenden, wird die Reihenfolge des Eingangs schwer zu bestimmen sein. Es liegt nahe, dann das Grundbuchamt für zuständig zu erachten, das in der Übersendungsdatei als erstes Empfangsgericht genannt ist, weil das eine logische Sekunde früher die Nachricht erhalten dürfte.

7. Schiffsverlegung (Abs. 4). Bei der Verlegung des Heimathafens oder des Heimatorts eines Schiffs erfolgt **29** beim bisherigen Schiffsregister die Eintragung der Verlegung unter Schließen des Blattes, das neue Registergericht erhält davon eine beglaubigte Abschrift und legt ein neues Blatt an. Für die dadurch entstehenden Gebühren (Eintragung des Schiffs Nr. 14210 KV, Vermerk von Veränderungen auf dem Schiffszertifikat oder dem Schiffsbrief Nr. 14261 KV) ist ausschließlich das **Schiffsregister des neuen Heimathafens oder Heimatorts** zuständig.

8. Dokumentenpauschale und Aktenversendung (Abs. 5). Für die Herstellung und Überlassung von Ausfertigungen, Kopien und Ausdrucken sowie für die Überlassung von elektronisch gespeicherten Dateien erhält **30** das Gericht die in Nr. 31000 KV im Einzelnen geregelte Dokumentenpauschale. Für die auf Antrag erfolgte Versendung von Akten erhält das Gericht nach Nr. 31003 KV eine Pauschale von 12 €.

Derartige Auslagen des Gerichts entstehen häufig außerhalb konkreter Angelegenheiten. Abs. 5 bestimmt **31** daher generell, dass die Dokumentenpauschale und die Auslagen für die Versendung von Akten bei der **Stelle** angesetzt werden, **bei der sie entstanden** sind.

Der in den Parallelvorschriften § 19 Abs. 4 GKG und § 18 Abs. 2 FamGKG noch vorgesehene Kostenansatz **32** für die elektronische Übermittlung von Akten ist entfallen, weil für diese Tätigkeit eine gesonderte Auslagenvorschrift nicht vorgesehen ist, demgemäß gesonderte Kosten nicht angesetzt werden. Es entsteht in derartigen Fällen die Dokumentenpauschale für die Überlassung von elektronisch gespeicherten Dateien nach Nr. 31000 Ziff. 2 KV.

III. Berichtigung des Kostenansatzes (Abs. 6)

Abs. 6 regelt die Berichtigung des Kostenansatzes im Verwaltungsweg, unabhängig davon, ob sie von einem **33** Beteiligten beantragt worden ist oder die Berichtigung von Amts wegen erfolgt.

Zu unterscheiden sind Berichtigungen zugunsten des Kostenschuldners und zu dessen Lasten: **34**

Änderungen **zugunsten** des Kostenschuldners sind in weitem Umfang zulässig und geboten, wenn der ur- **35** sprüngliche Kostenansatz (rechtlich oder tatsächlich) unzutreffend war. Zwar übernimmt Abs. 6 S. 1 die schon seit langem in § 14 Abs. 10 KostO enthaltene Einschränkung, dass eine Änderung nur bis zur gerichtlichen Entscheidung zulässig ist. Dazu wurde aber bereits früher die Auffassung vertreten, dass nach dem Grundsatz der Gesetzmäßigkeit der Verwaltung (Art. 20 Abs. 3 GG) auch nach für den Kostenschuldner negativer Entscheidung im Rechtsmittelverfahren eine Berichtigung jedenfalls dann zulässig und geboten ist, wenn sich der Kostenansatz nachträglich als rechtswidrig erweist.[9] Da der Gesetzgeber die frühere Rechtslage durch wörtliche Übernahme in Abs. 6 beibehalten wollte, wird nunmehr eine Änderung zugunsten des Kostenschuldners von Amts wegen oder auf Antrag, auch aufgrund einer Dienstaufsichtsbeschwerde, trotz entgegenstehender Entscheidung des Rechtsmittelgerichts zulässig sein.

Die Änderung **zu Ungunsten** des Kostenschuldners darf selbstverständlich nicht von einer gerichtlichen Ent- **36** scheidung abweichen und ist im Übrigen zeitlich nur in den Grenzen von § 20 zulässig.

Die gerichtliche Entscheidung, die grds. eine Berichtigung ausschließt, ist die Entscheidung des Rechtspfle- **37** gers im Erinnerungsverfahren nach § 81 Abs. 1.[10]

---

8 Korintenberg/*Hellstab*, § 18 Rn 21. **9** Korintenberg/*Hellstab*, § 18 Rn 29. **10** *Hartmann*, KostG, § 19 GKG Rn 5.

38   Wird durch eine anderweitige Entscheidung über den Geschäftswert die Grundlage des Kostenansatzes verändert, muss der Kostenansatz berichtigt werden. Die an das Gericht als Behörde gerichtete „Kann"-Anweisung ist als bindende Verpflichtung zur Berichtigung zu verstehen.[11] Zu beachten ist, dass der Geschäftswert nur innerhalb von sechs Monaten nach Rechtskraft der Entscheidung wegen des Hauptgegenstandes oder anderweitiger Erledigung des Verfahrens geändert werden kann (§ 79 Abs. 2 S. 2).

§ 19 Einforderung der Notarkosten

(1) [1]Die Notarkosten dürfen nur aufgrund einer dem Kostenschuldner mitgeteilten, von dem Notar unterschriebenen Berechnung eingefordert werden. [2]Der Lauf der Verjährungsfrist ist nicht von der Mitteilung der Berechnung abhängig.

(2) Die Berechnung muss enthalten

1.   eine Bezeichnung des Verfahrens oder Geschäfts,
2.   die angewandten Nummern des Kostenverzeichnisses,
3.   den Geschäftswert bei Gebühren, die nach dem Geschäftswert berechnet sind,
4.   die Beträge der einzelnen Gebühren und Auslagen, wobei bei den jeweiligen Dokumentenpauschalen (Nummern 32000 bis 32003) und bei den Entgelten für Post- und Telekommunikationsdienstleistungen (Nummer 32004) die Angabe des Gesamtbetrags genügt, und
5.   die gezahlten Vorschüsse.

(3) Die Berechnung soll enthalten

1.   eine kurze Bezeichnung des jeweiligen Gebührentatbestands und der Auslagen,
2.   die Wertvorschriften der §§ 36, 40 bis 54, 97 bis 108, 112 bis 124, aus der sich der Geschäftswert für die jeweilige Gebühr ergibt, und
3.   die Werte der einzelnen Gegenstände, wenn sich der Geschäftswert aus der Summe der Werte mehrerer Verfahrensgegenstände ergibt (§ 35 Absatz 1).

(4) Eine Berechnung ist nur unwirksam, wenn sie nicht den Vorschriften der Absätze 1 und 2 entspricht.

(5) Wird eine Berechnung durch gerichtliche Entscheidung aufgehoben, weil sie nicht den Vorschriften des Absatzes 3 entspricht, bleibt ein bereits eingetretener Neubeginn der Verjährung unberührt.

(6) Der Notar hat eine Kopie oder einen Ausdruck der Berechnung zu seinen Akten zu nehmen oder die Berechnung elektronisch aufzubewahren.

I. Allgemeines

1   § 19 regelt die formale Seite der Einforderung der Notarkosten, insb. die Anforderungen an den Inhalt der notariellen Kostenrechnung, für welche das GNotKG den Begriff „Kosten*berechnung*" verwendet. Die darin liegende Abweichung vom allgemeinen Sprachgebrauch, der unter Kostenberechnung mehr den Vorgang der Ermittlung der angefallenen Kosten als dessen Endprodukt versteht und für Letzteres daher eher den Begriff „**Kostenrechnung**" gebrauchen würde, erklärt sich aus der Fortführung der tradierten Termino-

---

11 *Hartmann*, KostG, § 19 GKG Rn 5.

logie der Kostenordnung. Im Rahmen dieser Kommentierung soll nichtsdestotrotz der Gesetzesterminologie folgend einheitlich und ausschließlich der Begriff „**Kostenberechnung**" verwendet werden.

Über die inhaltlichen Vorgaben hinaus enthält § 19 auch die Folgen deren Verletzung und zwar namentlich, was die Wirksamkeit und Aufhebbarkeit der Kostenberechnung sowie die Verjährung der Kostenforderung anbelangt. **2**

Die detaillierten Anforderungen an den Inhalt der notariellen Kostenberechnung werden v.a. durch die Folgeregelung des § 89 gerechtfertigt, wonach der Notar seine Kostenberechnung zum Zwecke der Beitreibung im Wege der Zwangsvollstreckung titulieren kann, indem er sie mit einer Vollstreckungsklausel versieht. **3**

II. Notarkosten als Gegenstand der Kostenberechnung

Gemäß Abs. 1 S. 1 werden die „Notarkosten" mittels der Kostenberechnung eingefordert, sie bilden somit den Gegenstand der Kostenberechnung. Unter **Notarkosten** sind alle Kosten zu verstehen, welche auf der Grundlage des GNotKG eingefordert werden, wobei „Kosten" nach der Legaldefinition in § 1 Abs. 1 S. 1 wiederum den Oberbegriff für **Gebühren und Auslagen** darstellen. **4**

Die **Umsatzsteuer** auf die Notarkosten stellt nach Nr. 32014 KV Auslagen dar und ist somit ebenfalls in die Kostenberechnung aufzunehmen. **5**

Ausweislich Nr. 32015 KV sind auch **sonstige Aufwendungen**, die der Notar aufgrund eines ausdrücklichen Auftrags und für Rechnung eines Beteiligten erbringt, im Rahmen der Auslagen aufnahmefähig. Der Begriff der sonstigen Aufwendungen ist dabei weit zu verstehen. Er betrifft im Wesentlichen die sog. **durchlaufenden Posten**. Darunter fallen nicht nur die **verauslagten Gerichtskosten**, sondern bspw auch die vom Notar verauslagten Gebühren in Angelegenheiten des Zentralen Vorsorge- oder Testamentsregisters oder verauslagte Kosten für eine Vorkaufsrechtsnegativbescheinigung gem. § 28 BauGB. **6**

III. Dem Kostenschuldner mitgeteilt

Die Kostenberechnung ist dem Kostenschuldner mitzuteilen. **7**

1. Kostenschuldner. Wer Kostenschuldner ist, ergibt sich aus den entsprechenden Bestimmungen des GNotKG (§§ 29 ff), ebenso in welchem Umfang der Notar einzelne von mehreren Schuldnern in Anspruch nehmen kann und welche Ermessensgesichtspunkte er dabei beachten muss. **8**

Soweit der Notar demgemäß **mehrere Kostenschuldner** als Gesamtschuldner ohne Einschränkungen in Anspruch nehmen kann, obliegt die Ausgestaltung der Kostenberechnung seinem Ermessen. Beispielsweise kann er **9**

- eine (einzige) einheitliche Kostenberechnung über die Gesamtkosten erstellen, in der als Adressat alle Gesamtschuldner angegeben sind, und diese sodann einem ausgewählten Gesamtschuldner übermitteln,[1] oder
- jeweils eine einheitliche Kostenberechnung über die Gesamtkosten erstellen, in der als Adressat alle Gesamtschuldner angegeben sind, und diese jedem Gesamtschuldner oder einzelnen ausgewählten Gesamtschuldnern übermitteln, oder
- eine Kostenberechnung über die Gesamtkosten erstellen, in der als Adressat ein bestimmter Gesamtschuldner angegeben ist, und sie diesem übermitteln (und hinsichtlich der anderen Gesamtschuldner entsprechend verfahren oder insoweit ganz oder teilweise davon absehen), oder
- hinsichtlich des jeweiligen Gesamtschuldners eine Kostenberechnung über den Anteil erstellen, der im Verhältnis der Gesamtschuldner auf den Adressaten entfällt, und sie diesem übermitteln.

Wenn eine einheitliche Kostenberechnung für mehrere Schuldner als Gesamtschuldner ergeht, muss sie alle Schuldner mit hinreichender Bestimmtheit bezeichnen. Dabei sollen pauschale Sammelbezeichnungen (wie zB „Grundstücksgemeinschaft Meier", „Erbengemeinschaft nach Hans Müller") nicht ausreichend sein.[2] Insoweit wird man aber differenzieren müssen und jedenfalls dann eine Sammelbezeichnung ausreichen lassen, wenn die in der Kostenberechnung bezeichnete Personengesamtheit unter der entsprechenden Bezeichnung selbst auch im Rechtsverkehr auftritt (wie zB Außen-GbR, Wohnungseigentümergemeinschaft, Erbengemeinschaft).

2. Mitteilung der Kostenberechnung. Die Kostenberechnung muss dem Schuldner mitgeteilt werden. Entscheidend ist der **Zugang** (vgl § 130 Abs. 1 S. 1 BGB) beim Adressaten. In der Praxis ist die Übersendung der Kostenberechnung mittels einfachen Briefs üblich, idR zusammen mit der Abschrift oder Ausfertigung **10**

---

1 Strenger Leipziger-GNotKG/*Klingsch*, § 19 Rn 5 f, der dies nur bei „offensichtlichen Gesamtschuldnern wie Ehegatten" für zulässig ansieht. **2** Leipziger-GNotKG/*Klingsch*, § 19 Rn 4.

der zugrunde liegenden Urkunde(n); eine Übermittlung per Fax wird man aber auch genügen lassen können.[3]

IV. Kostengläubiger

11 Kostengläubiger ist der Notar, dessen Amtstätigkeit Grundlage der Kostenerhebung ist. Bei **Einzelnotariaten** bedarf dies keiner weiteren Ausführung mehr.

12 In **Notarsozietäten** ist darauf zu achten, dass die Kostenberechnung eindeutig den Notar erkennen lässt, für dessen Amtstätigkeit sie Kosten einfordert. Insoweit bestanden bereits zur vormaligen Rechtslage Zweifel, ob es bei einer Kostenberechnung, in deren Kopfleiste alle in Sozietät verbundenen Notare aufgeführt sind, ausreicht, dass der Notar, der Kostengläubiger ist, die Rechnung unterzeichnet, oder ob eine zusätzliche Hervorhebung des betroffenen Notars erforderlich ist.[4] Es empfiehlt sich daher bei Sozietäten eine Kostenberechnung, die im Briefkopf nur den Notar bezeichnet, dessen Amtstätigkeit sie betrifft.

V. Inhalt der Kostenberechnung

13 Die Regelung des § 19 unterscheidet, was den Inhalt anbelangt, zwischen dem Muss-Inhalt des Abs. 2 und dem Soll-Inhalt des Abs. 3. Diese Unterscheidung ist v.a. wegen der unterschiedlichen Rechtsfolgen bei entsprechenden Verstößen von Bedeutung (→ Rn 51 ff).

14 1. **Muss-Inhalt (Abs. 2).** Der Muss-Inhalt der Kostenberechnung ist **abschließend** in Abs. 2 geregelt. Ein Verstoß gegen die dortigen Vorgaben führt gem. Abs. 4 zur Unwirksamkeit der Kostenberechnung (→ Rn 52).

15 a) **Bezeichnung des Verfahrens oder Geschäfts (Nr. 1).** Die Regelung in Nr. 1, dass in jede Berechnung eine Bezeichnung des Verfahrens oder des Geschäfts aufzunehmen ist, soll gemäß der Begründung des Regierungsentwurfs „nicht nur die Transparenz der Berechnung erhöhen, sondern die Anwendung des Zitiergebots erleichtern".

16 Die Begründung des Regierungsentwurfs weist ausdrücklich darauf hin, dass dadurch nicht die EDV-gestützte Erstellung der Kostenberechnung erschwert werden soll. Eine Individualisierung im bisher praktizierten Umfang wie zB „Kaufvertrag", „Ehevertrag", „Grundschuld" ist also ausreichend. Weitere Angaben, wie etwa die Urkundenrollennummer und das Datum der Urkunde, sind nicht erforderlich, aber natürlich möglich und in der Praxis auch die Regel. Wichtig ist, dass die gewählte Schlagwortbezeichnung **unverwechselbar** ist. Geeignet ist ausweislich der Begründung des Regierungsentwurfs und der dortigen Beispielsberechnung auch eine Bezeichnung **im Eingang** bzw in der **Betreffzeile** der Kostenberechnung.

17 Sind **mehrere Verfahren oder Geschäfte desselben Kostenschuldners** auf einem Rechnungsdokument zusammengefasst (zB Kauf und Finanzierungsgrundschuld), sind alle einzelnen Verfahren bzw Geschäfte anzugeben und **deutlich voneinander abzugrenzen**, so dass bei Beachtung der besagten Vorgabe keine Bedenken gegen eine solche Vorgehensweise bestehen.

18 b) **Nummern des Kostenverzeichnisses (Nr. 2).** Gemäß der Regelung in Nr. 2 sind die angewandten Nummern des Kostenverzeichnisses anzugeben, also die in der **äußersten linken Spalte des Kostenverzeichnisses angegebene Nummer.** Keine Rolle spielen insoweit die manchen Abschnitten des Kostenverzeichnisses vorangestellten Vorbemerkungen sowie die (erläuternden) Anmerkungen in der mittleren Spalte des Kostenverzeichnisses[5] – freilich können solche Angaben vom Notar fakultativ aufgenommen werden. In engem Zusammenhang zur Regelung der Nr. 2 steht die Soll-Vorschrift des Abs. 3 Nr. 1, wonach zusätzlich zur Nummer des Kostenverzeichnisses auch der dort behandelte Tatbestand kurz zu bezeichnen ist (→ Rn 32).

19 Der **Gebührensatz** (zB 1,0 oder 0,5) hingegen fällt **nicht** unter das Zitiergebot (auch nicht bei Rahmengebühren; → Rn 28). Er lässt sich anhand der anzugebenden Nummer des Kostenverzeichnisses (äußerste rechte Spalte) ablesen.

20 Wenn die einschlägige Nummer des Kostenverzeichnisses **eine einzige andere Nummer in Bezug** nimmt, muss die Bezugsnummer nicht angegeben werden: Dies ist bspw bei Nr. 22111 KV der Fall ist, die sich ausschließlich auf Nr. 22110 KV bezieht; insoweit ist die Angabe von Nr. 22111 KV ausreichend, ohne dass Nr. 22110 KV mit angeben werden muss.

21 Anderes liegt es, wenn eine Nummer des Kostenverzeichnisses **verschiedene andere Nummern in Bezug** nimmt, wie dies bspw bei Nr. 21303 KV der Fall ist, die einen Bezug sowohl auf Nr. 21102 KV als auch auf Nr. 21200 KV vorsieht. In einem solchen Fall muss auch die konkret einschlägige Bezugsnummer des Kos-

---

3 Leipziger-GNotKG/*Klingsch*, § 19 Rn 10 gegen KG MittBayNot 2005, 248. **4** BayObLG DNotZ 1969, 684; BayObLG MittBayNot 1981, 44; BayObLG MittBayNot 1986, 212; OLG Düsseldorf ZNotP 2001, 206 = RNotZ 2001, 174; Korintenberg/*Tiedtke*, § 19 Rn 18. **5** Korintenberg/*Tiedtke*, § 19 Rn 25.

tenverzeichnisses angegeben werden, da sonst der Adressat der Kostenberechnung nicht nachvollziehen kann, welcher Gebührentatbestand schlussendlich herangezogen wurde. Allerdings wird man einen großzügigeren Maßstab anlegen können, wenn aus der schlagwortartigen Angabe des Gebührentatbestands nach Abs. 3 Nr. 1 für den Adressaten die zugrunde liegende Bezugsnummer des Kostenverzeichnisses klar hervorgeht (so wird man es bspw als noch ausreichend ansehen können, wenn die Kostenberechnung zwar nur Nr. 21303 KV angibt, daneben aber erläuternd ausführt „Vorzeitige Beendigung des Beurkundungsverfahrens über eine Vertragsaufhebung", weil sich daraus der Rückschluss auf Nr. 21102 KV zweifelsfrei ergibt).

Bei einschlägigen **Höchstbeträgen** muss allerdings der korrekte Bezug hergestellt werden, zB muss im Rahmen der Nr. 22112 und 22113 KV die einschlägige Ausgangsgebühr, also Nr. 22110 KV oder Nr. 22111 KV, ebenfalls angegeben werden, da Fehler durch Anwendung der falschen Ausgangsgebühr für den Kostenschuldner nicht ersichtlich wären. So würde bei einem Geschäftswert von 20.000 € bspw für die Gebühr von 0,5 nach Nr. 22110 KV zu 53,50 € der Höchstbetrag gem. Nr. 22112 KV von 50 € eingreifen, für die Gebühr von 0,3 nach Nr. 22111 KV zu 32,10 € hingegen nicht. **22**

Bei einem sog. **wachsenden Höchstbetrag**, wie ihn Nr. 22112 und Nr. 22113 KV vorsehen, empfehlen sich nähere Angaben zu den für die Addition der einzelnen Höchstbeträge verantwortlichen Tätigkeiten, etwa durch Angabe der in Bezug genommenen Bestimmungen der Vorbemerkung, ohne dass dies jedoch als zwingend anzusehen ist, da sonst die Kostenberechnung durch eine Überdimensionierung untergeordneter Aspekte überfrachtet würde. **23**

c) **Geschäftswert (Nr. 3).** Die nach der Regelung in Nr. 3 vorgeschriebene Angabe des Geschäftswerts ist v.a. in Zusammenschau mit Abs. 3 Nr. 3 zu lesen, wonach die einzelnen Geschäftswerte betragsmäßig aufzuschlüsseln sind, wenn sich der Geschäftswerts, welcher der eingeforderten Gebühr zugrunde liegt, aus der Addition mehrerer Einzelwerte ergibt (→ Rn 42). **24**

Bei sog. **Annexgebühren** wie zB Nr. 25204, 2600 oder 26001 KV ist die Angabe des Geschäftswerts bei der „Hauptgebühr" (also der Gebühr, auf welche sich die Annexgebühr bezieht) ausreichend. Nr. 3 erfasst, wie bereits der Wortlaut zeigt, nur Gebühren, nicht jedoch Auslagen, da Letztere nicht nach Geschäftswerten bemessen werden. **25**

d) **Beträge der Gebühren und Auslagen (Nr. 4).** Der Betrag der eingeforderten Gebühren und Auslagen stellt für den Kostenschuldner die entscheidende Information innerhalb der Kostenberechnung dar, denn dadurch wird ihm mitgeteilt, in welcher Höhe seine Zahlungspflicht besteht. **26**

Dass bei den jeweiligen Dokumentenpauschalen (Nr. 32000–32003 KV) und bei den Entgelten für Post- und Telekommunikationsdienstleistungen (Nr. 32004 KV) die Angabe des Gesamtbetrags genügt, ist zu begrüßen, weil es der Verständlichkeit der Kostenberechnung für den Adressaten keinen Abbruch tut und überbordenden Formalismus vermeidet. Das bedeutet zugleich, dass im Rahmen der **Dokumentenpauschalen** eine Angabe der **Anzahl der betroffenen Seiten nicht** erforderlich ist (sie ergibt sich zudem mittelbar aus dem Gesamtbetrag der betroffenen Auslagen). **27**

Ferner muss bei **Rahmengebühren nicht** der konkret veranschlagte **Gebührensatz** (äußerste rechte Spalte des Kostenverzeichnisses) angegeben werden (auch dieser ergibt sich mittelbar aus dem betroffenen Geschäftswert und dem Betrag der eingeforderten Gebühr) – freilich kann der Notar eine solche Angabe fakultativ in seine Kostenberechnung aufnehmen. **28**

e) **Gezahlte Vorschüsse (Nr. 5).** Die Vorgabe der Nr. 5, wonach die bereits gezahlten Vorschüsse anzugeben sind, leuchtet unmittelbar ein, da sonst der Adressat der Kostenberechnung den von ihm tatsächlich zu zahlenden Betrag (eingeforderter Gesamtbetrag der Kostenberechnung abzüglich des Gesamtbetrags der bereits entrichteten Vorschüsse) nicht der Kostenberechnung selbst entnehmen könnte, sondern auf vorangegangene Unterlagen zurückgreifen müsste, was ihm nicht zugemutet werden soll. **29**

Die Vorschrift ist entsprechend auf alle Zahlungen anzuwenden, die der Notar im Rahmen der in Rechnung gestellten Beurkundung erhalten hat,[6] was insb. dann Bedeutung erlangen kann, wenn der Notar dem Kostenschuldner zunächst eine zu niedrige Gebühr in Rechnung stellt, dies später erkennt und sodann dem Kostenschuldner eine entsprechend korrigierte höhere Kostenberechnung übermittelt. **30**

2. **Soll-Inhalt (Abs. 3).** Der Soll-Inhalt der Kostenberechnung ist **abschließend** in Abs. 3 geregelt. Ein Verstoß gegen die dortigen Vorgaben führt gem. Abs. 5 nicht zur Unwirksamkeit der Kostenberechnung, sondern nur zu deren gerichtlicher Aufhebbarkeit (→ Rn 53 f). **31**

a) **Kurzbezeichnung des Gebühren- bzw Auslagentatbestands (Nr. 1).** Nr. 1 verlangt, dass die Kostenberechnung eine kurze Bezeichnung des jeweiligen Gebührentatbestands und der Auslagen enthalten muss. **32**

---

6 BayObLG MittBayNot 2004, 299; OLG Düsseldorf RNotZ 2001, 174; Leipziger-GNotKG/*Klingsch*, § 19 Rn 18.

33   Anzugeben ist das in der mittleren Spalte des Kostenverzeichnisses der einschlägigen (und gem. Abs. 2 Nr. 2 ebenfalls anzugebenden) Kostenverzeichnisnummer zugeordnete **Schlagwort**, bspw bei der im Rahmen eines Kaufvertrags erhobenen Beurkundungsgebühr nach Nr. 21100 KV das Schlagwort „Beurkundungsverfahren" oder „Beurkundung" (oder konkreter „Kaufvertrag", „Testament", „Gesellschafterbeschluss") oder bei der zur Abwicklung des Kaufvertrags für die Einholung der Löschung eines am Vertragsgegenstand lastenden Grundpfandrechts nach Nr. 22110 KV erhobenen Vollzugsgebühr das Schlagwort „Vollzugsgebühr" oder „Vollzug" oder „Einholung Löschungsbewilligung".

34   **b) Angabe der maßgebenden Wertvorschrift (Nr. 2).** Die Regelung der Nr. 2 bewirkt, dass der Notar in der Kostenberechnung angeben muss, nach welchen Vorschriften er den Geschäftswert ermittelt hat.[7]

35   Die Neuregelung bringt zu begrüßende Rechtssicherheit für den Notar, da sie den Kreis der zu zitierenden Wertvorschriften **abschließend** aufführt: Anzugeben sind ausschließlich die Wertvorschriften der §§ 36, 40–54, 97–108, 112–124. Andere Vorschriften bleiben somit außer Betracht.

36   Zu zitieren sind nach Nr. 2 die Wertvorschriften, aus denen sich der Geschäftswert für die jeweilige Gebühr ergibt. **Verweisungsketten** sind bei echten Verweisungen nachzuvollziehen (zB ist bei § 109 auch die Geschäftswertvorschrift zu zitieren, auf welche sich der Entwurf bezieht), während bei unechten Verweisungen die Zitation der Ausgangswertbestimmung zusammen mit der Angabe des Bezugswerts genügt (zB genügt bei der Beurkundung einer Vollmacht die Zitation des § 93 Abs. 1 samt Benennung des Bezugswerts).

37   Die Frage, in welchem Umfang die Zitation zu erfolgen hat, wenn für die Ermittlung einer Gebühr **mehrere Geschäftswertvorschriften** Anwendung finden, ist anhand der ratio legis zu beantworten, welche dem Kostenschuldner die Prüfung ermöglichen soll, ob der maßgebende Wert richtig ermittelt wurde.

38   Bei **zusammengesetzten Geschäftswerten**, für welche die Bestimmung der Nr. 3 eine Aufschlüsselung vorschreibt (→ Rn 42), ist jedem aufgeschlüsselten Einzelwert die einschlägige Geschäftswertvorschrift zuzuordnen, auch wenn dies in Einzelfällen eher zur Überforderung denn zur Aufklärung des Kostenschuldners beitragen kann. Soweit sich der Wert (wie zumeist) aus der **Kombination einer Geschäftswertermittlungsvorschrift** wie bspw § 97 **und einer Bewertungsvorschrift** wie bspw § 46 ergibt, sind beide Vorschriften anzugeben. Bei der schenkungsweisen Überlassung eines Grundstücks sollte die Angabe daher „§§ 46, 97" lauten. Andererseits kann dort großzügiger verfahren werden, wo die über die zitierte Geschäftswertvorschrift hinaus angewandten Geschäftswertvorschriften für den Kostenschuldner infolge von in derselben Kostenberechnung in anderem Zusammenhang erfolgten Zitationen auf der Hand liegen.

39   Die Angabe des einschlägigen Paragrafen genügt. **Absätze** oder gar einzelne **Sätze, Halbsätze, Nummern, Alternativen oder Varianten** müssen **nicht** angegeben werden.[8] Denn auch einem im Kostenrecht unbewanderten Rechnungsempfänger erschließt sich bei der Lektüre eines ohne Bezugnahme auf eine Untergliederung zitierten Paragrafen unschwer, welche konkrete Einzelpassage einschlägig ist. Dies gewährleistet der verständliche Aufbau der einschlägigen Wertvorschriften.

40   **Höchstgeschäftswertbestimmungen** sind zu zitieren, soweit sie zum Kreis der in Nr. 2 genannten Bestimmungen gehören (also zB §§ 106, 107 im Gegensatz zum allgemeinen Höchstwert des § 35 Abs. 2) und der Höchstwert tatsächlich erreicht ist. **Mindestgeschäftswertbestimmungen** sind dann anzugeben, wenn der eigentliche Geschäftswert den Mindestwert nicht erreicht hätte. Ausreichend ist die Angabe des Paragrafen, welcher die Mindest- oder Höchstgeschäftswertbestimmung enthält, da – wie ausgeführt (→ Rn 39) – keine Paragrafenuntergliederungen angegeben werden müssen.

41   Eine **Zuordnung** der Geschäftswertbestimmungen zur Wertangabe gem. Abs. 1 Nr. 3 ist gesetzlich **nicht** vorgeschrieben. Es würde bspw auch eine einleitende Aufzählung der für die Geschäftswertermittlung angewandten Bestimmungen genügen, zB:

▶ „Die nachfolgend angegebenen Gebühren wurden aufgrund der folgenden Wertvorschriften ermittelt: …" ◀

42   **c) Aufschlüsselung eines zusammengesetzten Geschäftswerts (Nr. 3).** Gemäß der Regelung in Nr. 3 sollen bei einem aus mehreren Einzelwerten zusammengesetzten Geschäftswert die Einzelwerte in der Kostenrechnung erläuternd aufgeschlüsselt werden.

43   Nach dem Wortlaut der Vorschrift ist die Pflicht zur Einzelaufschlüsselung nur einschlägig, wenn es sich um **mehrere Verfahrensgegenstände** handelt. In diesem Zusammenhang erstaunt es zunächst, dass in § 19, der ja ausschließlich die Einforderung von Notarkosten behandelt, an den Begriff des Verfahrensgegenstandes gem. § 35 Abs. 1 anknüpft und nicht an den näher liegenden Begriff des Beurkundungsgegenstands gem. § 86. Letztlich handelt es sich um eine redaktionelle Ungenauigkeit, die sich der Sache nach aber nicht auswirkt. Entscheidend für die in Nr. 3 angeordnete Rechtsfolge ist das Vorliegen mehrerer Beurkundungsgegenstände iSd § 86, bspw in den Fällen der §§ 110, 111. Im Gegenschluss muss, wenn sich im Rahmen

---

[7] BGH DNotZ 2009, 315 = MittBayNot 2009, 321 m. Anm. *Diehn.*   [8] *Korintenberg/Tiedtke*, § 19 Rn 42.

desselben Beurkundungsgegenstands (§§ 86, 109) der Geschäftswert aus mehreren Wertteilen zusammensetzt, eine solche Einzelaufschlüsselung nicht erfolgen.

3. **Umsatzsteuerliche Anforderungen.** Einzelne Vorschriften des Umsatzsteuergesetzes sehen weitere inhaltliche Vorgaben für die Kostenberechnung vor. Sie werden im Folgenden nur insoweit behandelt, als sich aus ihnen über die Vorgaben des § 19 hinausgehende Anforderungen ergeben. 44

In der Kostenberechnung ist gem. § 14 Abs. 4 S. 1 Nr. 2 UStG die **Umsatzsteuernummer** (oder die vom Bundesamt für Finanzen erteilte Umsatzsteuer-Identifikationsnummer) des Notars anzugeben. 45

Ferner schreibt § 14 Abs. 4 S. 1 Nr. 4 UStG zur Wahrung der Vorsteuerabzugsmöglichkeit die Angabe einer **Rechnungsnummer** vor, wobei es sich um „eine fortlaufende Nummer mit einer oder mehreren Zahlenreihen, die zur Identifizierung der Rechnung vom Rechnungsaussteller einmalig vergeben wird", handeln muss. Dazu würde grds. die in der Praxis ohnehin übliche Angabe der Urkundenrollennummer oder Kostenregisternummer ausreichen (wenn erkennbar gemacht ist, dass sie auch als Rechnungsnummer dienen soll), ggf (bspw, wenn zu derselben Urkunde mehrere Rechnung gestellt werden) ist eine Unterdifferenzierung (zB durch sog. Bruchnummern) erforderlich.[9] Praktisch wird es aber einfacher sein (da EDV-basiert ohne Weiteres möglich), jede Rechnung mit einer eigenen fortlaufenden Nummer zu versehen. 46

§ 14 Abs. 4 S. 1 Nr. 9 UStG begründet ferner eine **Hinweispflicht**, wenn der Rechnungsempfänger die Kostenberechnung gem. § 14 b Abs. 1 S. 5 UStG (iVm § 14 Abs. 2 S. 1 Nr. 1 UStG) aufbewahren muss, was bei einer „Leistung im Zusammenhang mit einem Grundstück" der Fall ist. Dabei ist strittig, ob die notarielle Beurkundungstätigkeit (insb. die Beurkundung eines Grundstückskaufvertrags) hierunter zu subsumieren ist.[10] 47

Bei bestimmten Leistungen, die an ausländische Unternehmen erbracht werden, sind § 3 a UStG weitere Vorgaben zu beachten.[11] 48

Die Missachtung der vorstehend beschriebenen umsatzsteuerrechtlichen Anforderungen lässt die kostenrechtliche Wirksamkeit der Kostenberechnung unberührt,[12] sondern die Rechtsfolgen sind rein umsatzsteuerlicher Natur, zumeist droht eine Versagung der Vorsteuerabzugsmöglichkeit. 49

VI. Unterschrift des Notars

Gemäß Abs. 1 S. 1 muss die Kostenberechnung vom Notar unterschrieben werden. Die Unterschrift muss eigenhändig erfolgen (ein Faksimile-Stempel o.Ä. reicht somit nicht aus) und sollte die Kostenberechnung räumlich abschließen.[13] Letzteres erlangt v.a. dann Bedeutung, wenn einzelne Teile der Kostenberechnung in begleitende Schriftstücke (zB Erläuterungsschreiben) ausgelagert werden sollen – soweit es sich um fakultative Angaben handelt, bestehen gegen eine solche Vorgehensweise keine Bedenken, soweit jedoch Vorgaben des § 19 betroffen sind, sollten diese in jedem Fall in der Kostenberechnung selbst und räumlich oberhalb der Unterschrift des Notars aufgeführt werden. 50

VII. Rechtsfolgen von Verstößen

1. **Allgemeines.** Die Rechtsfolgen von Verstößen gegen die inhaltlichen und formalen Anforderungen des § 19 sind in Abs. 4 und (jedenfalls mittelbar) in Abs. 5 enthalten. § 19 führt damit erstmals eine der vormaligen Rechtslage unbekannte Abstufung bei den Folgen einzelner Verstöße ein, da nicht mehr jeder Verstoß zur Unwirksamkeit gem. Abs. 4 führt, sondern bestimmte als weniger schwer eingestufte Verstöße die Kostenberechnung lediglich gerichtlich aufhebbar machen (Abs. 5). Ausweislich der Begründung des Regierungsentwurfs soll dadurch der „Kritik an den überzogenen Anforderungen des geltenden Zitiergebots begegnet werden". 51

2. **Unwirksamkeit (Abs. 4).** Nach Abs. 4 ist die Kostenberechnung bei **Verstoß gegen die Vorschriften der Abs. 1 und 2** ipso iure unwirksam. Sie ist maW ein juristisches Nullum. Sie kann demgemäß keine Zahlungspflicht des Adressaten begründen und diesen nicht in Verzug setzen. Sie bildet keine Grundlage einer wirksamen Titulierung nach § 89, so dass aus ihr keine Zwangsvollstreckung erfolgen darf. Werden auf ihrer Grundlage (unzulässigerweise) Vollstreckungsmaßnahmen durchgeführt, bewirken diese keinen Neubeginn der infolge Abs. 1 S. 1 ohne Rücksicht auf die Mitteilung der Kostenberechnung anlaufenden Verjährung gem. § 212 BGB. 52

3. **Gerichtliche Aufhebbarkeit (Abs. 5).** Aus Abs. 5 ergibt sich, dass ein **Verstoß gegen die Vorgaben des Abs. 3** nicht die Unwirksamkeit der Kostenberechnung bewirkt, sondern sie lediglich einer gerichtlichen 53

9 BMF-Schreiben v. 29.6.2004 – IV B 7-S 7280a-41/04 (vgl DNotI-Report 2004, 123). **10** Bejahend: BMF-Schreiben v. 24.11.2004 (IV A 5-S 7280-21/04); verneinend: BNotK-Rundschreiben Nr. 42/2004 v. 16.11.2004. **11** Einzelheiten s. DNotI-Report 2010, 173. **12** BNotK DNotZ 2002, 162. **13** BDS/Neie, § 19 Rn 13.

Aufhebung zugänglich macht. Sofern der Adressat eine gegen die Soll-Vorgaben des Abs. 3 verstoßende Kostenberechnung nicht gerichtlich angreift (§ 127), entfaltet sie die einer Kostenberechnung zukommenden Rechtswirkungen. Insbesondere kann aus ihr nach Titulierung gem. § 89 vollstreckt werden und führen die entsprechenden Vollstreckungsmaßnahmen auch zu einem Neubeginn der **Verjährung**. Ein solcher Verjährungsneubeginn wird, was Abs. 5 ausdrücklich bestimmt, auch durch eine spätere gerichtliche Aufhebung der Kostenberechnung nicht rückwirkend vernichtet. In andere Bereiche lässt sich dieser Rechtsgedanke jedoch nicht ausdehnen, insb. wird ein von der aufgehobenen Kostenberechnung zunächst begründeter Verzug des Kostenschuldners durch die gerichtliche Aufhebungsentscheidung mit Wirkung ex tunc beseitigt.

54 Dienstrechtlich ist die Soll-Vorschrift des Abs. 3 – wie bei allen Sollvorschriften – ungeachtet der vorstehenden Ausführungen als Muss-Vorschrift zu verstehen. Der Notar kann also mit allen berufs- bzw. dienstrechtlichen Mitteln zur Einhaltung der entsprechenden Vorgaben bestimmt werden.

55 **4. Nachträgliche Berichtigung.** Dass der Notar eine unrichtige Kostenberechnung nachträglich berichtigen kann und, sobald er die Unrichtigkeit erkennt, auch muss, bedarf keiner weiteren Vertiefung.

VIII. Aufbewahrung (Abs. 6)

56 Abs. 6 regelt die Aufbewahrung der Kopie bzw des Ausdrucks der Kostenberechnung. Nachdem die Vorschrift sogar eine **elektronische Aufbewahrung** ausreichen lässt, genügt – was die papiermäßige Aufbewahrung anbelangt – eine Aufbewahrung bei den **Nebenakten**.

IX. Rechtsbehelfsbelehrung

57 Gemäß § 7 a muss jede Kostenberechnung eine Rechtsbehelfsbelehrung enthalten.

§ 20 Nachforderung von Gerichtskosten

(1) [1]Wegen eines unrichtigen Ansatzes dürfen Gerichtskosten nur nachgefordert werden, wenn der berichtigte Ansatz dem Zahlungspflichtigen vor Ablauf des nächsten Kalenderjahres nach Absendung der den Rechtszug abschließenden Kostenrechnung (Schlusskostenrechnung), bei Verfahren, in denen Jahresgebühren erhoben werden, nach Absendung der Jahresrechnung, mitgeteilt worden ist. [2]Dies gilt nicht, wenn die Nachforderung auf vorsätzlich oder grob fahrlässig falschen Angaben des Kostenschuldners beruht oder wenn der ursprüngliche Kostenansatz unter einem bestimmten Vorbehalt erfolgt ist.

(2) Ist innerhalb der Frist des Absatzes 1 ein Rechtsbehelf wegen des Hauptgegenstands oder wegen der Kosten eingelegt oder dem Zahlungspflichtigen mitgeteilt worden, dass ein Wertermittlungsverfahren eingeleitet ist, ist die Nachforderung bis zum Ablauf des nächsten Kalenderjahres nach Beendigung dieser Verfahren möglich.

(3) Ist der Wert gerichtlich festgesetzt worden, genügt es, wenn der berichtigte Ansatz dem Zahlungspflichtigen drei Monate nach der letzten Wertfestsetzung mitgeteilt worden ist.

I. Allgemeines

1 Die Vorschrift regelt die zeitliche Begrenzung von Nachforderungen. In Abs. 2 wird der Beginn der Frist für die Nachforderungen herausgeschoben, wenn ein Rechtsbehelf gegen die den Kostenansatz zugrunde liegenden Entscheidung eingelegt worden ist.

II. Zeitliche Begrenzung der Nachforderung

2 **1. Nachforderung wegen unrichtigen Ansatzes (Abs. 1 S. 1).** Gerichtskosten dürfen grds. nur bis zum Ende des nachfolgenden Kalenderjahres nachgefordert werden, der Kostenschuldner genießt also **Vertrauensschutz** nach spätestens 24 Monaten.[1]

3 Die Vorschrift betrifft ausschließlich die **Gerichtskosten**, nicht die Notarkosten, was in der Überschrift und in dem Wortlaut „Gerichtskosten" klargestellt ist. Die Nachforderung von Notarkosten ist nur durch den Eintritt der Verjährung begrenzt.

4 Nachgefordert werden kann nur, wenn zunächst die Gerichtskosten **angefordert** worden sind, demgemäß setzt die zeitliche Begrenzung der Nachforderung voraus, dass eine **Schlusskostenrechnung** bzw bei Verfahren, in denen Jahresgebühren erhoben werden, eine **Jahresrechnung** übersandt worden ist.

---

1 Korintenberg/*Hellstab*, § 20 Rn 2.

NK-GK/*Teubel*

Fehlt es an einem Kostenansatz, greift wiederum ausschließlich die **Verjährung**. Die Verjährungsfrist für Gerichtskosten beträgt gem. § 6 vier Jahre nach Ablauf des Kalenderjahres, in dem das Verfahren durch rechtskräftige Entscheidung über die Kosten, durch Vergleich oder in sonstiger Weise beendet ist. 5

Die **Anforderung eines Vorschusses** auf die Gerichtskosten gem. § 13 löst nicht die zeitliche Begrenzung der Nachforderung gem. § 20 aus, es sei denn, ausnahmsweise stellte sich das Verhalten des Kostenbeamten als „Schlussrechnung" dar, ohne dass eine förmliche Schlussrechnung erstellt worden ist. Das soll dann der Fall sein, wenn nach Beendigung der Angelegenheit keine Schlusskostenrechnung erstellt wird und daher der Vorschuss sich als Kostenansatz darstellt (§ 26 Abs. 1 und 9 KostVfg).[2] 6

Ausgelöst wird die Ausschlussfrist durch die **Absendung** (nicht den Eingang) der den Rechtszug abschließenden Kostenrechnung (Schlusskostenrechnung). Das Gesetz stellt nunmehr ab auf den **formalen Akt der Schlusskostenrechnung**, die den Rechtszug abschließt, aber nicht mehr auf die abschließende Kostenrechnung nach endgültiger Erledigung des Geschäfts. Zweifelsfälle dann, wenn das Geschäft entgegen der Annahme des Rechnungsausstellers noch nicht abgeschlossen ist, werden auf diese Weise vermieden. Nur dann, wenn sich aus der Kostenrechnung ergibt, dass der Rechtszug noch nicht abgeschlossen ist, also im selben Rechtszug noch weitere Kosten in Rechnung gestellt werden, wird die Frist nicht in Gang gesetzt. 7

Dauerhafte Verfahren bedingen „**Teilschlussrechnungen**", bei denen es angemessen ist, einen bestimmten Zeitraum abschließend abzurechnen, wiederum mit der Folge des Vertrauensschutzes gem. Abs. 1. Daher ist bei Verfahren, in denen **Jahresgebühren** erhoben werden, die Absendung der **Jahresrechnung** maßgeblich. Jahresgebühren entstehen in **Betreuungssachen** (Nr. 11101 ff KV), **Nachlasspflegschaft** (Nr. 12311 KV). 8

Maßgeblich ist der Zeitpunkt der Absendung der Rechnung, nicht der Zeitpunkt des Eingangs,[3] so dass bei einer am 30.12.2016 abgesandten Kostenrechnung, die am 2.1.2017 eingeht, die Nachforderungsfrist am 31.12.2017 abläuft. 9

Bei mehreren, als **Gesamtschuldner** haftenden Kostenschuldnern wird die Frist für den einzelnen Gesamtschuldner nur in Kraft gesetzt, wenn an ihn eine Kostenrechnung übersandt ist. Wenn also bei zwei Kostenschuldnern die Schlusskostenrechnung nur an den einen Schuldner gerichtet ist (bewusst oder irrtümlich), läuft die Frist für den zweiten Gesamtschuldner nicht, ihm kann also auch nach mehr als zwei Jahren eine Kostenrechnung übersandt werden. 10

Das gilt wiederum nicht bei dem „Übernahmeschuldner", der kraft Gesetzes für eine fremde Kostenschuld haftet (§§ 29 Nr. 2, 30 Abs. 3). In diesen Fällen ist regelmäßig auf die Übersendung der Kostenrechnung an den „Hauptschuldner" abzustellen. 11

2. Verlängerung der Nachforderungsfrist. a) Falsche Angabe des Kostenschuldners (Abs. 1 S. 2 Alt. 1). Der Vertrauensschutz greift nicht ein, wenn der Kostenschuldner vorsätzlich oder grob fahrlässig falsche Angaben gemacht hat, insb. zum Geschäftswert. Eine solche falsche Angabe liegt auch vor, wenn er vorsätzlich oder grob fahrlässig den falschen Angaben eines Dritten, der zur Ermittlung des Werts gehört worden ist, nicht widerspricht.[4] 12

b) Vorbehalt bei ursprünglichem Kostenansatz (Abs. 1 S. 2 Alt. 2). Rechnet der Kostenbeamte damit, dass möglicherweise noch weitere Kosten anfallen – ein Sachverständiger hat noch nicht vollständig abgerechnet – oder möchte der Kostenbeamte bestimmte Geschäftswerte noch näher aufklären, kann er den Lauf der Nachforderungsfrist dadurch vermeiden, dass er seinen ersten Kostenansatz unter einen bestimmten Vorbehalt stellt. Der Vorbehalt muss sich also auf eine bestimmte Angabe im Kostenansatz beziehen; es ist nicht zulässig, den gesamten Kostenansatz unspezifiziert unter Vorbehalt zu stellen.[5] 13

c) Rechtsbehelf (Abs. 2). Die Nachforderungsfrist verlängert sich auch dadurch, dass vor Ablauf der Frist nach Abs. 1 ein Rechtsbehelf eingelegt worden ist. **Rechtsbehelf** sind Erinnerung, Beschwerde, Anhörungsrüge und Gegenvorstellung.[6] 14

Nicht jeder Rechtsbehelf verlängert die Frist, sondern nur Rechtsbehelfe wegen des Hauptgegenstandes oder wegen der Kosten. 15

Die frühere Begrenzung auf einen Rechtsbehelf in der Hauptsache ist mit Rücksicht auf die fehlende Unterscheidung zwischen Rechtsmitteln in der Haupt- und in der Nebensache nach FamFG dahin gehend abgeändert worden, dass nunmehr auf den Rechtsbehelf „**wegen des Hauptgegenstands**" abzustellen ist. 16

Gleichgestellt werden alle Rechtsbehelfe **wegen der Kosten**, also wegen solcher Entscheidungsteile oder selbständigen Entscheidungen, die Einfluss auf den Kostenansatz haben. Es reicht daher nicht aus, dass Be- 17

---

2 OLG Hamm NJW 1959, 589; OLG Hamm Rpfleger 1987, 38. **3** Korintenberg/*Hellstab*, § 20 Rn 20. **4** Korintenberg/*Hellstab*, § 20 Rn 30. **5** OLG Celle NdsRpfl 1975, 68. **6** Korintenberg/*Hellstab*, § 20 Rn 22, 25.

schwerde gegen die Entscheidung über die Erstattung von außergerichtlichen Kosten eingelegt wird. Das berührt nicht den Kostenansatz für die Gerichtskosten.

18   Der Einlegung eines Rechtsbehelfs steht gleich die Mitteilung an den Zahlungspflichtigen, dass ein Wertermittlungsverfahren eingeleitet ist.

19   Sowohl bei einem Rechtsbehelf als auch bei einem Wertermittlungsverfahren beginnt die Nachforderungsfrist mit Beendigung dieser Verfahren.

20   **3. Gerichtliche Wertfestsetzung (Abs. 3).** Wird der Wert gerichtlich festgesetzt, muss diese Wertfestsetzung im Kostenansatz grds. zugrunde gelegt werden. Sind die Kosten ohne gerichtliche Wertfestsetzung angesetzt worden oder wird der gerichtlich festgesetzte Wert später geändert, muss der Kostenansatz **binnen drei Monaten** nach der letzten gerichtlichen Wertfestsetzung korrigiert und dieser berichtige Ansatz dem Zahlungspflichtigen innerhalb der Drei-Monats-Frist mitgeteilt werden.

§ 21 Nichterhebung von Kosten

(1) [1]Kosten, die bei richtiger Behandlung der Sache nicht entstanden wären, werden nicht erhoben. [2]Das Gleiche gilt für Auslagen, die durch eine von Amts wegen veranlasste Verlegung eines Termins oder Vertagung einer Verhandlung entstanden sind. [3]Für abweisende Entscheidungen sowie bei Zurücknahme eines Antrags kann von der Erhebung von Kosten abgesehen werden, wenn der Antrag auf unverschuldeter Unkenntnis der tatsächlichen oder rechtlichen Verhältnisse beruht.

(2) [1]Werden die Kosten von einem Gericht erhoben, trifft dieses die Entscheidung. [2]Solange das Gericht nicht entschieden hat, können Anordnungen nach Absatz 1 im Verwaltungsweg erlassen werden. [3]Eine im Verwaltungsweg getroffene Anordnung kann nur im Verwaltungsweg geändert werden.

I. Allgemeines

1   Kernaussage des § 21 ist, dass Kosten, die bei richtiger Sachbehandlung nicht entstanden wären, nicht erhoben werden dürfen. Dieser Kerngehalt betrifft, wie Wortlaut und systematische Stellung zeigen, sowohl die Gerichts- als auch die Notarkosten. Der allgemeine Gerechtigkeitsgehalt des Abs. 1 S. 1 ist evident und fußt direkt im Gesetzmäßigkeitsgrundsatz des Art. 20 Abs. 3 GG. Die übrigen Bestimmungen des § 21 befassen sich ausschließlich mit den Gerichtskosten.

2   § 21 entspricht § 20 FamGKG und weitestgehend auch § 21 GKG, § 11 JVKostG und § 7 GvKostG, so dass jeweils auch auf die dortigen Auslegungserkenntnisse zurückgegriffen werden kann.

II. Begriff der unrichtigen Sachbehandlung (Abs. 1 S. 1)

3   Entscheidende Bedeutung für die Anwendung des Abs. 1 S. 1 kommt der Auslegung des Begriffs der „richtigen" bzw „unrichtigen" Sachbehandlung zu. Insoweit sind folgende Gesichtspunkte von Belang:

4   **1. Rechtmäßigkeit.** Zum einen ist „richtig" nicht stets mit „rechtmäßig" und „unrichtig" demzufolge nicht stets mit „rechtswidrig" gleichzusetzen. So kann eine rechtmäßige Maßnahme bzw Entscheidung kostenrechtlich eine unrichtige Sachbehandlung darstellen, während eine unrechtmäßige Maßnahme bzw Entscheidung kostenrechtlich nicht zwingend unrichtig sein muss.[1] Für Letzteres wird als erläuterndes Beispiel angeführt, dass sonst in jedem Fall die Nichterhebung von Kosten die Folge wäre, wenn die höhere Instanz die Rechtsauffassung der unteren nicht teilt und deren Entscheidung aufhebt.[2] Allerdings **indiziert** die **Rechtswidrigkeit** einer Maßnahme bzw Entscheidung **deren kostenrechtliche Unrichtigkeit** und es müssen besondere Rechtfertigungsgründe einschlägig sein, warum dies ausnahmsweise anders sein soll.

5   Ist die Rechtswidrigkeit „bloß" im standesrechtlichen Sinne gegeben, wird dies zumeist nicht zur kostenrechtlichen Unrichtigkeit der betroffenen Maßnahme führen.[3] Beispielsweise kann ein Notar, der einen Grundstückskaufvertrag unter Missachtung des § 17 Abs. 2 a S. 1 Nr. 2 BeurkG beurkundet (also ohne dass dem vertragsbeteiligten Verbraucher mindestens zwei Wochen vorher ein Entwurf vorgelegen hat), insoweit die angefallenen Beurkundungs- und sonstigen Kosten ohne Verstoß gegen § 21 erheben (allerdings kann der Verbraucher, wenn er bei Wahrung der Zwei-Wochen-Frist von der Beurkundung abgesehen hätte, einen Schadensersatzanspruch gegen den Notar haben, der auch die Erstattung der Notarkosten erfasst; → Rn 13).

---

1 Korintenberg/*Tiedtke*, § 21 Rn 38; BDS/*Neie*, § 21 Rn 26 verlangt einen „offensichtlichen und schweren Verfahrensfehler" oder eine „offensichtliche, eindeutige Verkennung des materiellen Rechts". **2** Vgl LG Berlin NJOZ 2007, 445. **3** Korintenberg/*Tiedtke*, § 21 Rn 44.

Umgekehrt **indiziert** die **Rechtmäßigkeit** der Maßnahme **nicht** deren **kostenrechtliche Richtigkeit**. Beispiels- 6
weise liegt in der getrennten Beglaubigung mehrerer Unterschriften, dh der Notar fertigt je Unterschrift
einen eigenständigen Beglaubigungsvermerk (§§ 39 f BeurkG), ein beurkundungsrechtlich zulässiges, mithin
rechtmäßiges Verhalten des Notars, das nichtsdestotrotz kostenrechtlich eine unrichtige Sachbehandlung
darstellt, wenn die kostengünstigere Fertigung eines einheitlichen Beglaubigungsvermerks für mehrere Unterschriften ebenso möglich gewesen wäre.[4]

2. Wirksamkeit. Zum anderen sind nicht alle wirksamen Maßnahmen bzw Entscheidungen zugleich auch 7
richtig iSd § 21. Demgegenüber kann man allerdings ausgehen, dass **jede unwirksame Maßnahme** bzw Entscheidung **zugleich auch kostenrechtlich unrichtig** ist, insb. eine unwirksame notarielle Beurkundungsverhandlung. Allerdings muss in einem solchen Fall der Kostenschuldner dem Notar Gelegenheit zur Nachbesserung geben. Erfolgt die besagte Nachbesserung, kann der Notar die Kosten der nunmehr berichtigten
Sachbehandlung erheben. Letztlich können demnach bei unwirksamer Beurkundung die Kosten erhoben
werden, die bei wirksamer Beurkundung anfallen, wenn die wirksame Beurkundung nachgeholt wird (wozu die Kostenschuldner dem Notar Gelegenheit geben müssen).[5] Dies gilt auch in anderen Fällen, wo eine
Nachbesserung möglich und dem Kostenschuldner zumutbar ist (→ Rn 29).

3. Erforderlichkeit. Was unnötig bzw überflüssig ist, ist stets zugleich unrichtig iSd Abs. 1 S. 1 (vgl die Bei- 8
spiele in → Rn 27: Einholung einer unnötigen Vorkaufsrechtsbescheinigung, unnötige Anderkontenabwick-
lung, unnötige Aufnahme einer Rechtswahlvereinbarung), es sei denn, der Kostenschuldner hat ungeachtet
der entsprechenden notariellen Belehrung darauf bestanden.

4. Antragstellung/Auftragserteilung. Hingegen muss sich nicht alles, was der Kostenschuldner nicht (oder 9
jedenfalls nicht ausdrücklich) beantragt bzw beauftragt hat, als unrichtig darstellen. Denn der Notar ist im
Hinblick auf seine Amtsstellung und Unabhängigkeit grds. befugt, alles zur Auftragsdurchführung Erforderliche oder zweckmäßigerweise Übliche zu veranlassen, ohne dass er insoweit einen ausdrücklichen Auftrag des Kostenschuldners benötigt. Oder anders ausgedrückt: Deckt der Auftrag zur Vornahme einer bestimmten Amtshandlung grds. alles hierzu Erforderliche und Zweckmäßige ab, wenn kein anderer Wille
des Auftraggebers erkennbar ist?

Unrichtigkeit liegt allerdings dann vor, wenn der Kostenschuldner eindeutig zu erkennen gegeben hat, dass 10
er die kostenpflichtig vorgenommene Maßnahme nicht wünscht oder der Notar sie trotz entsprechender
Anhaltspunkte ohne Rücksprache vornimmt oder der Notar ohne triftigen Grund, ohne Rücksprache oder
ohne entsprechenden Hinweis von dem erteilten Auftrag abweicht.[6]

5. Subjektive Komponente. Ein **Verschulden** ist für das Vorliegen einer unrichtigen Sachbehandlung **nicht** 11
erforderlich.[7] Ferner ist nicht erforderlich, dass dem Kostenschuldner ein (über die übermäßige Kostenbelastung hinausgehender) **Schaden** entstanden ist.[8] Die kostenrechtlichen Kategorien „richtig" und „unrichtig" sind mithin objektiv aus der Sicht eines **ordentlichen und gewissenhaften Durchschnittsangehörigen** des
Kreises der betroffenen Normadressaten zu beurteilen und zwar ex ante (→ Rn 14 f). Entscheidend ist mithin, ob sich ein ordentlicher und gewissenhafter Durchschnittsnotar bzw Durchschnittsrichter oder -rechts-
pfleger in der konkreten Situation anders verhalten hätte, also die zu prüfende Maßnahme bzw Entscheidung anders oder gar nicht vorgenommen oder getroffen hätte.

In diesem Zusammenhang kommt der **notariellen Unabhängigkeit** (§ 1 BNotO) bzw der **richterlichen Unab-** 12
hängigkeit (Art. 97 Abs. 1 GG) besondere Bedeutung zu. Dem daraus resultierenden **weiten Entscheidungs-**
ermessen muss bei der in → Rn 11 beschriebenen Prüfung Rechnung getragen werden. Beispielsweise gilt
für den Notar bei der Ausübung seines Gestaltungsermessens stets im Zweifel Sicherheit vor Kostenersparnis, so dass es kostenrechtlich hingenommen werden muss, wenn der Notar sich für eine bestimmte Gestaltung entscheidet, die teurer kommt als andere objektiv weniger sichere Gestaltungsalternativen.

Trifft den Notar hinsichtlich der kostenrechtlich als unrichtig zu beurteilenden Maßnahme ein Verschulden, 13
können für den Kostenschuldner auch Haftungsansprüche (§ 19 BNotO) gegen den Notar in Betracht kommen. Soweit dem Notar in einem solchen Haftungsfall auch nach Anwendung des Abs. 1 S. 1 noch eine
Kostenforderung zusteht (nämlich, soweit Kosten auch bei richtiger Sachbehandlung angefallen wären),
kann der Kostenschuldner dagegen mit seinen Ansprüchen aus der Amtspflichtverletzung aufrechnen bzw.
Erstattung der bereits entrichteten Kosten verlangen.[9]

6. Ex-ante-Betrachtung. Die in → Rn 11 f beschriebene Prüfung, wie sich ein ordentlicher und gewissen- 14
hafter Durchschnittsnotar bzw Durchschnittsrichter oder -rechtspfleger unter Berücksichtigung des ihm

---

4 OLG Oldenburg NdsRpfl 1975, 18. **5** BGH DNotZ 2002, 539 = NJW 2002, 1655; KG MittBayNot 2006, 362 = RNotZ
2005, 555. **6** BayObLG MittBayNot 1994, 250 (Kaufvertrag statt Kaufangebot). **7** OLG Köln JMBl NRW 1966, 179; Leipzi-
ger-GNotKG/*Wudy*, § 21 Rn 12. **8** Leipziger-GNotKG/*Wudy*, § 21 Rn 12. **9** Vgl BGH NJW 2013, 1451 zum Verstoß gegen
§ 17 Abs. 2 a S. 1 Nr. 2 BeurkG (Einhaltung der Zwei-Wochen-Frist).

aufgrund seiner Unabhängigkeit zuzugestehenden weiten Entscheidungsermessens verhalten hätte, findet aus einer ex ante-Perspektive statt, also aus dem Blickwinkel **vor** Durchführung der zu beurteilenden Maßnahme bzw Vornahme der zu beurteilenden Entscheidung. Da die (insb. gerichtliche) Beurteilung der vorgenommenen Maßnahme freilich immer erst nach deren Durchführung und kostenrechtlichen Einforderung, also ex post, vorgenommen wird, hat die Prüfungsinstanz (spätere) bessere Erkenntnisse, wie sie ihr regelmäßig vorliegen dürften, außer Betracht zu lassen.

15 In diesen Zusammenhang ist auch Frage einzuordnen, ob ein Notar bzw Richter oder Rechtspfleger „sehenden Auges" die Anwendung des Abs. 1 S. 1 in Anspruch nehmen kann, also eine bestimmte Maßnahme vornehmen bzw Entscheidung treffen kann, obgleich er erkennt, dass es sich kostenrechtlich um eine unrichtige Sachbehandlung handelt.[10] Beispielsweise ist in der notariellen Praxis vereinzelt zu beobachten, dass Rangrücktrittserklärungen von Leibgedingsberechtigten (Altenteiler) nicht in die Grundschuldbestellungsurkunde aufgenommen werden (obwohl dies wegen der Anwesenheit der Altenteiler bei der Beurkundung der Grundschuld möglich gewesen wäre), sondern getrennt beurkundet bzw entwurfsmäßig beglaubigt werden – und zwar in Kenntnis des Umstandes, dass die Aufnahme des Rangrücktritts in die Grundschuld wegen Gegenstandsgleichheit gem. § 109 Abs. 1 S. 4 Nr. 3 den Rangrücktritt kostenrechtlich unberücksichtigt lassen würde – und sodann die eigentlich einzufordernden Notarkosten des getrennt erklärten Rangrücktritts wegen unrichtiger Sachbehandlung niedergeschlagen werden. Den Hintergrund bildet zumeist das bei den nicht selten bereits hochbetagten Altenteilern oft anzutreffende und kaum ausräumbare Fehlverständnis, sich durch Mitunterzeichnung der Grundschuldbestellungsurkunde zugleich in eine Mithaftung für die zugrunde liegenden Schulden begeben zu müssen; solche Ängste und Befürchtungen werden vermieden, wenn die Altenteilern nicht die Grundschuldsamt Rangrücktritt, sondern nur den Rangrücktritt als gesondertes Schriftstück unterzeichnen. Es muss – trotz allem Verständnis für die zugrunde liegenden, durchaus ehrbaren Motive – nicht betont werden, dass ein solches Vorgehen nicht im Sinne des Erfinders (des § 21) ist.

16 **7. Kostengünstigste Gestaltung.** Bekanntlich lautet ein allgemeiner Lehrsatz, dass der Notar von mehreren gleich geeigneten Gestaltungen die kostengünstigste wählen soll.[11] Diese Vorgabe ist praktisch allerdings nur bedingt tauglich,[12] da selten alle zur Verfügung stehenden Wege gleich geeignet (v.a. selten gleich sicher, effektiv oder schnell) sind und dem Notar ein weites Ermessen zusteht (→ Rn 12). Praktisch kommen Verstöße hauptsächlich bei getrennter Beurkundung sachlich verbundener Rechtsgeschäfte ohne hinreichenden Grund vor (s. die Beispiele in → Rn 27). Im Übrigen ist der beschriebene Lehrsatz eher im Hinblick auf die Hinweis- bzw Rückfragepflicht (→ Rn 17) bei annähernd gleich geeigneten Gestaltungswegen von Bedeutung.

17 **8. Hinweispflicht?** Vor allem im Bereich der notariellen Amtstätigkeit wird die Frage aufgeworfen, ob und inwieweit die Vornahme einer Amtshandlung ohne Hinweis auf die dadurch verursachten Kosten ein unrichtige Sachbehandlung darstellt. Grundsätzlich muss der Notar überhaupt nicht darauf hinweisen, dass seine Tätigkeit kostenpflichtig ist.[13] Er darf dies als bekannt voraussetzen.

18 Nur in folgenden Ausnahmefällen besteht eine entsprechende Hinweispflicht:

- Wenn der Kostenschuldner den Notar nach den anfallenden Kosten fragt.
- Wenn für den Notar Anhaltspunkte erkennbar sind, wonach sich der Kostenschuldner im Irrtum über die anfallenden Kosten befinden könnte.
- Wenn zur Erreichung des beauftragten Gestaltungsziels mehrere Maßnahmen in Betracht kommen, die *annähernd* gleich sicher sind, zwischen denen aber nicht nur unerhebliche kostenrechtliche Unterschiede bestehen, sollte der Notar nachfragen, ob die Beteiligten zur Kostenersparnis mit der unwesentlich weniger sicheren Maßnahme vorlieb nehmen, sonst kann er für seine Kostenerhebung auf die Kosten der günstigeren Maßnahme beschränkt sein.[14] Voraussetzung ist allerdings, dass die Maßnahmen hinsichtlich ihrer Sicherungswirkung nur unbedeutende Unterschiede, bei den Kosten jedoch bedeutende Unterschiede aufweisen, da sonst der Notar den sichersten Weg auswählen muss und auch ohne Rückfrage darf (→ Rn 12).
- Wenn an sich nicht beurkundungsbedürftige Erklärungen mitbeurkundet werden, insb. wenn sich der Notar bei der Bestellung eines dinglichen Rechts nicht auf die Beurkundung der Grundbucherklärungen

---

10 Korintenberg/*Tiedtke*, § 21 Rn 41 („systematische Anwendung nicht zulässig"); Leipziger-GNotKG/*Wudy*, § 21 Rn 28 („Grenzfall zur unzulässigen Gebührenbegünstigung"). **11** BayObLG JurBüro 2001, 151; Korintenberg/*Tiedtke*, § 21 Rn 22. **12** So zu recht Schippel/Bracker/*Schäfer*, BNotO, § 17 Rn 12. **13** BGH WM 1968, 1942; BayObLG MittBayNot 1988, 140; OLG Zweibrücken MittBayNot 1999, 402; BDS/*Neie*, § 21 Rn 4. **14** BDS/*Neie*, § 21 Rn 6.

beschränkt, sondern auch die zugrunde liegenden schuldrechtlichen Vereinbarungen in seiner Niederschrift mitaufnimmt.[15]

■ Hinsichtlich der nach Nr. 32013 KV zu erstattenden Haftpflichtversicherungsprämie (bei Geschäftswerten über 60 Mio. €), wenn deren Höhe im Verhältnis zur wirtschaftlichen Bedeutung des Beurkundungsgegenstands für den Kostenschuldner nicht erkennbar nur von untergeordnetem Interesse ist.[16]

Verletzt der Notar eine solche ausnahmsweise bestehende Hinweispflicht oder gibt er eine falsche Kostenauskunft, stellt dies eine unrichtige Sachbehandlung dar. Er darf dann allerdings weiterhin die bei richtiger Sachbehandlung angefallenen Kosten erheben (→ Rn 28). Dabei ist von Bedeutung, ob und in welchem Umfang der Kostenschuldner die Amtstätigkeit auch bei zutreffendem Kostenhinweis des Notars beauftragt hätte.[17] **19**

9. Fazit. Die hM definiert die unrichtige Sachbehandlung als offen zu Tage tretenden Verstoß gegen eindeutige gesetzliche Normen oder offensichtliches Versehen.[18] Allerdings ist mit dieser Formel wenig gewonnen; sie beschreibt eher Erscheinungsformen der unrichtigen Sachbehandlung denn selbige zu definieren. **20**

Nach den vorangegangenen Überlegungen liegt eine unrichtige Sachbehandlung vor, wenn bei objektiver ex ante-Betrachtung ein ordentlicher, gewissenhaften, durchschnittlicher Normadressat (Notar, Richter, Rechtspfleger) unter Berücksichtigung des ihm infolge seiner gesetzlich garantierten Unabhängigkeit zukommenden weiten Entscheidungsermessens die zu prüfende Maßnahme bzw Entscheidung anders oder gar nicht durchgeführt bzw getroffen hätte. **21**

10. Beispiele

a) Gerichte

aa) Verfahrensrecht

■ Nichterhebung von Gerichtskosten im Verfahren vor dem Oberlandesgericht, wenn dieses nicht das richtige Erstbeschwerdegericht ist (Vorlage durch das Amtsgericht erfolgte in Verkennung der Rechtslage);[19] **22**

■ Nichterhebung der Kosten des Verfahrens der weiteren Beschwerde, wenn die landgerichtliche Beschwerdeentscheidung keinen Sachverhalt enthält;[20]

■ Verletzung des rechtlichen Gehörs;[21]

■ Verletzung der Aufklärungs- oder Hinweispflicht gem. § 139 ZPO;[22]

■ unrichtige Besetzung der Richterbank;[23]

■ Einholung eines unverhältnismäßig teuren Sachverständigengutachtens durch Einzelrichter ohne vorherige Rücksprache mit den übrigen Mitgliedern der Kammer;[24]

■ Nichtabladung von Zeugen nach Vergleichsschluss;[25]

■ unzulässige Rechtsmittelzulassung.[26]

bb) Grundbuchsachen

■ Überlange Bearbeitungsdauer, wenn bei rechtzeitiger Eintragung Kostenbefreiung (§ 1 WohnGebBefrG) gegeben gewesen wäre;[27] **23**

■ unterlassener Hinweis auf eine nahe liegende Änderung von Eintragungsanträgen, welche für den Kostenschuldner zu geringeren Gebühren geführt hätte;[28]

■ Eintragung eines neuen Eigentümers statt der kostengünstigeren bloßen Berichtigung der Bezeichnung des bisherigen Eigentümers (identitätswahrender Formwechsel einer GbR in KG).[29]

cc) Registersachen

■ Unterlassener Hinweis auf die Überflüssigkeit eines Mehrkosten verursachenden Eintragungsantrags zum Handelsregister;[30] **24**

■ Eintragung einer Gesellschaft als Neugründung statt kostenfreie Eintragung einer Umwandlung.[31]

---

15 OLG Frankfurt JurBüro 1987, 745 (Bestellung eines Wohnungsrechts); Leipziger-GNotKG/*Wudy*, § 21 Rn 28; der Entscheidung des BayObLG JurBüro 1985, 1392 hinsichtlich der Bestellung eines dinglichen Vorkaufsrechts wird man wegen § 311 b Abs. 1 BGB allerdings nur folgen können, wenn die schuldrechtliche Verpflichtung zur Bestellung des dinglichen Vorkaufsrechts bereits durch eine andere Notarurkunde formwirksam begründet wurde. **16** BDS/*Neie*, § 21 Rn 9. **17** Vgl LG Hannover JurBüro 2004, 327. **18** BGH NJW 1962, 2107; OLG Hamm Rpfleger 1979, 153; OLG Koblenz JurBüro 1980,406; BayObLGZ 1981, 165; BDS/*Neie*, § 21 Rn 26. **19** OLG Köln FGPrax 2010, 56. **20** OLG Köln NJW-RR 1987, 223. **21** BGH KostRsp. GKG aF § 7 Nr. 23. **22** OLG Köln JurBüro 1969, 1211. **23** OLG Brandenburg NJW-RR 2000, 1380; OLG Jena NotBZ 2005, 296. **24** OLG Frankfurt NJW 1971, 1757. **25** OLG Stuttgart OLGZ 1969, 188. **26** BGH NJW 1973, 1239. **27** OLG Bremen Rpfleger 1965, 340. **28** KG NJW 1968, 508. **29** BayObLG MittBayNot 2002, 309 = NJW-RR 2002, 1363. **30** OLG Düsseldorf Rpfleger 1983, 357. **31** OLG Brandenburg OLG-NL 1995, 260.

dd) Familienrechtssachen

25
- Bestellung eines Verfahrenspflegers bei offensichtlich fehlender Genehmigungsfähigkeit der betroffenen Maßnahmen;[32]
- unrichtige Sachbehandlung im Zusammenhang mit der Einholung eines Sachverständigengutachtens im Sorgerechtsverfahren;[33]
- Erhebung von Gerichtskosten durch das Landgericht als Beschwerdegericht trotz Aufhebung der Ausgangsentscheidung wegen Fehlens der Voraussetzungen der vorläufigen Unterbringungsanordnung von Anfang an;[34]
- beschlusswesse Veranlassung einer Auskunftserteilung, obwohl die gegenständliche Auskunft bereits zu den Ehescheidungsakten erteilt war;[35]
- Einholung eines unnötigen Sachverständigengutachtens in Umgangssachen.[36]

ee) Nachlasssachen

26
- Getrennte Eröffnung von Testamenten mangels Einsicht ins Namensverzeichnis;[37]
- Erhebung einer Gebühr für einen später infolge Unrichtigkeit wieder einzuziehenden Erbschein bei Erkennbarkeit der Unrichtigkeit;[38]
- Kürzung der unverhältnismäßig hohen Kosten eines Sachverständigengutachtens (Auslandsberührung) bei unterbliebenem Hinweis auf die voraussichtliche Höhe der Kosten;[39]
- bei getrennter Beurkundung mehrerer Ausschlagungserklärungen idR keine unrichtige Sachbehandlung;[40]
- Nichterhebung von Kosten im Beschwerdeverfahren bei Erlass eines unzulässigen Vorbescheids im Erbscheinsverfahren;[41]

b) Notare

27
- Beurkundung trotz zweifelsfreier Geschäftsunfähigkeit[42] (dies gilt jedoch nicht, wenn nur Zweifel an der Geschäftsfähigkeit bestehen);
- Beurkundung von Erklärungen, mit denen das Gewollte rechtlich nicht erreicht werden kann (Beurkundung des Angebots zum Eintritt in eine Kommanditgesellschaft ohne Einverständnis aller Gesellschafter);[43]
- unwirksame Beurkundung (→ Rn 7);[44]
- Beurkundung trotz unzureichender Grundbucheinsicht[45] (anders wenn die Beteiligten trotz Hinweis darauf bestanden, § 21 Abs. 1 S. 2 BeurkG);
- Abwicklung eines Kaufvertrags über Anderkonto ohne Vorliegen eines berechtigten Sicherungsinteresses (§ 54 a Abs. 2 Nr. 1 BeurkG);[46]
- getrennte Beurkundung von Kaufvertrag und Auflassung *ohne* hinreichenden Grund (anders, wenn dies aus Gründen erhöhter Sicherheit für die Vertragsbeteiligten zu rechtfertigen ist);[47]
- Beurkundung des abstrakten Schuldanerkenntnisses des die „stehen gelassene" Grundschuld übernehmenden Käufers in der Kaufvertragsurkunde, wenn dies (im Vergleich zur getrennten Beurkundung) zur Erhöhung der kaufvertraglichen Vollzugsgebühr führt;
- getrennte Beurkundung von innerlich zusammengehörendem Kauf- und Werkvertrag;[48]
- getrennte Beurkundung von Verschmelzungsvertrag und Verzichtserklärung einzelner Rechtsinhaber *ohne* hinreichenden Grund;[49]
- getrennte Protokollierung der Zustimmungsbeschlüsse der an einem Umwandlungsvorgang beteiligten Rechtsträger *ohne* hinreichenden Grund;[50]
- getrennte Beurkundung einer Zustimmungserklärung, wenn die Mitbeurkundung innerhalb der Urkunde über das zugrunde liegende Rechtsgeschäft möglich gewesen wäre;[51]

---

32 LG Berlin NJOZ 2007, 445. **33** OLG Frankfurt FamRZ 1999, 1437. **34** BayObLGZ 1989, 17. **35** OLG Düsseldorf 7.11.1980 – 5 UF 257/80. **36** OLG Koblenz 22.4.2009 – 13 WF 207/09. **37** KG JFGErg. 15, 36 = JW 1936, 2583; vgl aber auch LG Wuppertal JurBüro 1982, 1064. **38** BayObLG FamRZ 2000, 174. **39** BayObLG FGPrax 2004, 138 = Rpfleger 2004, 525. **40** LG Potsdam NotBZ 2005, 451. **41** OLG Köln NJW 2011, 320. **42** LG Berlin KostRsp. § 2 Nr. 4. **43** KG DNotZ 1970, 437. **44** OLG Düsseldorf DNotI-Report 1994, Heft 22, S. 7; OLG Hamm MittBayNot 2000, 59. **45** OLG Celle Rpfleger 1964, 293. **46** OLG Schleswig JurBüro 1982, 587; LG Lübeck JurBüro 1988, 886; LG Darmstadt JurBüro 1988, 1196; OLG Hamm MittBayNot 2002, 208. **47** OLG Düsseldorf DNotZ 1981, 74; OLG Schleswig JurBüro 1997, 435; BayObLG MittBayNot 2000, 575 m. Anm. *Tiedtke*. **48** OLG Stuttgart MittBayNot 1971, 269 = BWNotZ 1970, 129. **49** OLG Zweibrücken MittBayNot 2003, 160. **50** *Reimann*, MittBayNot 1995, 1, 3. **51** LG Darmstadt KostRsp. Nr. 9 (zur Ehegattenzustimmung gem. § 1365 BGB).

- Vornahme einer unnötigen gebührenpflichtigen Nebentätigkeit, zB Anfrage wegen eines offensichtlich nicht einschlägigen Vorkaufsrechts[52] oder Einholung eines Negativzeugnisses zu einer offenkundig nicht erforderlichen Genehmigung;[53]
- notarielle Einholung einer Apostille zu einer unterschriftsbeglaubigten Erklärung ohne Hinweis, dass der Kostenschuldner die Apostille auch selbst beim Landgericht einholen kann;[54]
- Aufnahme einer Mehrkosten auslösenden Rechtswahlvereinbarung, wenn unzweifelhaft ohnehin die gewählte Rechtsordnung Anwendung findet;[55]
- Beurkundung einer Auseinandersetzung einer Miteigentümergemeinschaft durch Realteilung mittels gemeinsamer Vereinbarung aller Miteigentümer (§§ 747 S. 2, 752 BGB) anstelle des ebenso möglichen Tauschs von Miteigentumsanteilen;[56]
- kostenrechtlich ungünstige Gestaltung der zeitlichen Abfolge der Beurkundungsvorgänge (zB zunächst Beurkundung der Hofübergabe und erst anschließende Beurkundung des Erbvertrags des Hofübernehmers mit der Folge, dass der übergebende Hof dessen Vermögen und damit den Geschäftswert des Erbvertrags erhöht).[57]

III. Folgen der unrichtigen Sachbehandlung

Nach Abs. 1 S. 1 dürfen die Kosten bei unrichtiger Sachbehandlung nur in dem Umfang erhoben werden, in   28
dem sie auch bei unterstellter richtiger Behandlung der Sache angefallen wären. Es ist demgemäß ein **Kostenvergleich** zwischen den tatsächlich (infolge der unrichtigen Sachbehandlung) angefallenen Kosten mit denjenigen, die bei richtiger Sachbehandlung angefallen wären, durchzuführen. Letztere Kosten können ungeachtet der unrichtigen Sachbehandlung zulässig eingefordert werden. Hätte ex ante ein ordentlicher und gewissenhafter, durchschnittlicher Normadressat (→ Rn 11) von jeglichem Tätigwerden abgesehen, dürfen keinerlei Kosten erhoben werden.

Aus diesem Zusammenhang folgt auch die Obliegenheit des Kostenschuldners, dem Notar Gelegenheit zur   29
„Nachbesserung" zu geben, soweit die unrichtige Sachbehandlung nachträglich berichtigt werden kann (→ Rn 7). Im Ergebnis sollen sowohl der Notar als auch der Kostenschuldner nachträglich weitest möglich so gestellt werden, als habe es die unrichtige Sachbehandlung nie gegeben: Der Kostenschuldner erhält das gewünschte Ergebnis der beauftragten Amtstätigkeit und der Notar den entsprechenden Kostenanspruch. Verwehrt der Kostenschuldner ungeachtet eines entsprechenden Angebots eine Berichtigungsmöglichkeit, handelt er treuwidrig und kann somit der notariellen Kostenforderung Abs. 1 S. 1 nicht entgegen halten.

IV. Auslagen bei Terminverlegung oder Vertagung (Abs. 1 S. 2)

Gemäß Abs. 1 S. 2 dürfen Auslagen nicht erhoben werden, die durch eine **von Amts wegen** veranlasste Ter-   30
minverlegung oder Vertagung verursacht sind. In Betracht kommen dabei v.a. Auslagen nach Nr. 31002 KV oder Nr. 31004 KV. Erfolgt die Verlegung bzw Vertragung hingegen auf Veranlassung der Beteiligten oder ist sie schwerpunktmäßig deren Sphäre zuzurechnen, findet die Vorschrift keine Anwendung. Eine mangelnde Rücksichtnahme auf berechtigte Belange der Beteiligten bei der Erstterminierung ist dabei schwerpunktmäßig der gerichtlichen Sphäre zuzurechnen und führt demgemäß zur Nichterhebung entsprechender Auslagen.[58]

V. Absehen von Kostenerhebung (Abs. 1 S. 3)

Gemäß Abs. 1 S. 3 kann von der Erhebung von Kosten abgesehen werden, wenn ein abgewiesener oder zu-   31
rückgenommener Antrag auf unverschuldeter Unkenntnis der tatsächlichen oder rechtlichen Verhältnisse beruht. In der Grundbuch- und Registerpraxis wird von dem eingeräumten Ermessen großzügig Gebrauch gemacht, bspw wenn die Rücknahme oder Zurückweisung wegen eines zeitlich kurz zuvor eingereichten, dem Antragsteller bzw dessen Vertreter unbekannten Eintragungsantrags erfolgt, oder wegen versehentlich verfrühter Vorlage (zB wenn der erforderliche Vorvollzug durch den Notar der Vorurkunde wider Erwarten noch nicht beantragt wurde).

VI. Entscheidungszuständigkeit bei Gerichtskosten (Abs. 2)

Abs. 2 regelt Zuständigkeiten im Zusammenhang mit der Nichterhebung von **Gerichtskosten.**   32
1. Entscheidung durch Gericht. Die Entscheidung trifft das Gericht der Hauptsache bzw, wenn der Rechts-   33
pfleger zuständig ist, der Rechtspfleger der Hauptsache. Sobald allerdings die Hauptsache bei einem

---

52 BayObLG Rpfleger 1980, 316; LG Osnabrück JurBüro 1984, 430. **53** BayObLG DNotZ 1969, 119. **54** LG Düsseldorf RNotZ 2016, 127. **55** Korintenberg/*Bengel/Tiedtke*, KostO, § 16 Rn 36 a. **56** BayObLG MittBayNot 2001, 412 m. Anm. Prüfungsabteilung der Notarkasse. **57** BayObLG MittBayNot 1985, 89. **58** LG Bamberg JurBüro 1970, 498.

Rechtsmittelgericht anhängig ist, entscheidet das Rechtsmittelgericht[59] und zwar einschließlich der Kosten der Vorinstanz(en).[60] Wenn sich das Rechtsmittel vor Vorlage an das Rechtsmittelgericht erledigt, bleibt es bei der Entscheidungszuständigkeit des Erstgerichts.

34 **2. Anordnung im Verwaltungsweg.** Hinsichtlich der Grundsätze der Entscheidungszuständigkeit der Justizverwaltung in Kostensachen wird auf die Kommentierung zu § 18 Abs. 6 Bezug genommen. Solange noch keine gerichtliche Entscheidung erfolgt ist, kann der Kostenbeamte der Justizverwaltung die Entscheidung über die Nichterhebung treffen. Die Entscheidung ergeht als begünstigender Justizverwaltungsakt. Die Vorschrift erlangt v.a. im Bereich der gerichtlichen Auslagen Bedeutung.

**Abschnitt 5
Kostenhaftung**

**Unterabschnitt 1
Gerichtskosten**

Vorbemerkung zu §§ 22 ff

1 Die Vorschriften des Abschnitts 5 Unterabschnitt 1 (§§ 22–28) regeln, wer gegenüber der Staatskasse für die anfallenden Kosten haftet. Dabei handelt es sich um ein öffentlich-rechtliches Kostenschuldverhältnis.[1] Die Geltendmachung der Kosten erfolgt durch Verwaltungsakt (→ § 18 Rn 2, 13) mittels Kostenansatzes, die Einziehung durch Verwaltungszwang (§ 1 Abs. 1 Nr. 4, Abs. 2 JBeitrO).[2]

2 Von der Kostenhaftung gegenüber der Staatskasse zu unterscheiden ist eine eventuelle Kostenausgleichspflicht zwischen den Verfahrensbeteiligten. Eine solche kommt in Betracht, sofern das Gericht eine Kostenentscheidung getroffen hat (zB § 81 FamFG) oder wenn die Beteiligten bei Abschluss eines Vergleichs keine Bestimmung über die Kosten getroffen haben (§ 83 Abs. 1 FamFG).

§ 22 Kostenschuldner in Antragsverfahren, Vergleich

(1) In gerichtlichen Verfahren, die nur durch Antrag eingeleitet werden, schuldet die Kosten, wer das Verfahren des Rechtszugs beantragt hat, soweit nichts anderes bestimmt ist.
(2) Die Gebühr für den Abschluss eines gerichtlichen Vergleichs schuldet jeder, der an dem Abschluss beteiligt ist.

I. Gesetzliche Systematik

1 Im Gegensatz zu Verfahren in bürgerlichen Rechtsstreitigkeiten, die grds. nur auf Antrag eingeleitet werden, sind Verfahren in Angelegenheiten der freiwilligen Gerichtsbarkeit idR Amtsverfahren, für deren Einleitung es keines Antrags bedarf. **Abs. 1** regelt die Kostenschuldnerhaftung für solche Verfahren, die nicht von Amts wegen eingeleitet werden können, sondern für deren Einleitung es eines Antrags bedarf. **Abs. 2** bestimmt die Haftung für die Gebühr für den Abschluss eines Vergleichs, der über nicht gerichtlich anhängige Gegenstände geschlossen wird.

II. Antragstellerhaftung (Abs. 1)

2 **1. Normzweck und Anwendungsbereich.** In Verfahren der freiwilligen Gerichtsbarkeit, die **ausschließlich auf Antrag** eingeleitet werden, gilt nach Abs. 1 der auch sonst maßgebliche Grundsatz, dass der Veranlasser des Verfahrens für die Kosten haftet. Kann ein Verfahren von Amts wegen eingeleitet werden, scheidet verfahrensrechtlich die Möglichkeit eines Antrags aus. In diesen Fällen ist es lediglich möglich, die Verfahrenseinleitung anzuregen (§ 24 Abs. 1 FamFG). Wird ein Verfahren von Amts wegen eingeleitet – auch wenn dies auf Anregung erfolgt –, greift die Kostenschuldnerhaftung nach dem Wortlaut von Abs. 1 („nur durch Antrag") nicht.

3 Eine Antragstellerhaftung wird bspw nicht begründet für die Anregung einer Betreuung, durch Abgabe einer Verfügung von Todes wegen beim Nachlassgericht zur Eröffnung oder bei der Anregung auf Festset-

59 OLG Hamm NJW 1969, 243. **60** BGH NJW 1958, 1186. **1** BGH MDR 1997, 198; Korintenberg/*Hellstab*, § 22 Rn 2; BDS/*Sommerfeldt*, § 22 Rn 4; HK-FamGKG/*Mayer*, § 21 Rn 1. **2** Korintenberg/*Hellstab*, § 22 Rn 3.

zung von Zwangs- oder Ordnungsgeld, es sei denn, die Festsetzung erfolgt ausschließlich auf Antrag.[1] Dagegen handelt es sich bei der Löschung des Hofvermerks aufgrund Eigentümererklärung gem. § 3 Abs. 1 Nr. 2 HöfeVfO nicht um ein Amtsverfahren, auch wenn das Landwirtschaftsgericht das Ersuchen um Löschung von Amts wegen an das Grundbuchamt stellt, so dass der Eigentümer nach Abs. 1 für die beim Grundbuchamt anfallenden Kosten haftet.[2]

Werden durch gerichtliche Entscheidung später **einem anderen die Kosten auferlegt**, bleibt die Haftung des **4** Antragstellers bestehen.[3] Hieran ändert auch der Halbsatz „soweit nichts anderes bestimmt ist" nichts. Dieser soll lediglich klarstellen, dass von dem allgemeinen Grundsatz der Antragstellerhaftung abweichende Regelungen in besonderen Kostenvorschriften, insb. § 23, enthalten sein können.[4] Nach § 27 Nr. 1 ist Kostenschuldner, wem durch gerichtliche Entscheidung die Kosten des Verfahrens auferlegt sind. Allerdings regelt § 27, wer „ferner" für die Kosten haftet, also neben einen sonstigen Kostenschuldner tritt, so dass eine gerichtliche Entscheidung die Antragstellerschuldnerhaftung nicht entfallen lässt.

Ohne Einfluss auf die Antragstellerhaftung ist die **Zurücknahme des Antrags**,[5] dh, der Antragsteller haftet **5** trotz Antragsrücknahme für die Kosten.

Auch ein unzulässiger Antrag begründet die Kostenschuldnerhaftung des Antragstellers nach Abs. 1.[6] **6**

Zur Haftung des Antragstellers im **Verfahren auf Bewilligung von Verfahrenskostenhilfe** → § 26 Rn 26. **7**

2. Antragsteller. Als **Antragsteller** haftet diejenige Person, die das Verfahren der jeweiligen Instanz durch **8** Antragstellung (zB Erbscheinsantrag, Antrag auf Durchführung eines Aufgebotsverfahrens, Eintragungsantrag im Grundbuch, Anmeldung zum Register, Beschwerde) in Gang gesetzt hat.[7]

Wird der Antragsteller gesetzlich oder durch einen Bevollmächtigten **vertreten**, haftet nach Abs. 1 nur der **9** Vertretene.[8] Etwas anderes gilt nur, sofern die Vertretungsmacht fehlt. In diesem Fall haftet der Vertreter persönlich,[9] es sei denn, der vertretene Beteiligte genehmigt oder muss sich die Handlung des Vertreters nach Rechtsscheingrundsätzen zurechnen lassen.[10] Bei Personenhandelsgesellschaften nimmt die Verfahrenshandlung regelmäßig der Gesellschafter im eigenen Namen vor, so dass ausschließlich der antragstellende Gesellschafter haftet. Handelt eine Partei kraft Amtes (Insolvenzverwalter, Testamentsvollstrecker, Nachlassverwalter), haftet diese mit dem verwalteten Vermögen.[11]

Mehrere Antragsteller haften als Gesamtschuldner (§ 31 Abs. 1). Die gesamtschuldnerische Haftung ist je- **10** doch beschränkt und besteht nicht für Mehrkosten, die durch einen besonderen Antrag eines Beteiligten entstanden sind (§ 31 Abs. 2).

3. Umfang der Haftung. Die Haftung des Antragstellers erstreckt sich auf die Kosten iSv § 1 Abs. 1, somit **11** auf sämtliche Gebühren und Auslagen (→ § 1 Rn 19 f), die in der von ihm beantragten Instanz entstanden sind.

4. Rechtszug. Der Antragsteller haftet für die Kosten des Verfahrens des von ihm eingeleiteten Rechtszugs, **12** also der Instanz.[12] Als Rechtszug ist der kostenrechtliche Begriff wie in § 35 Abs. 1 zu verstehen (→ § 35 Rn 12 f). Jeder Instanzenzug (Ausgangsinstanz, Beschwerde, Rechtsbeschwerde) ist im Verhältnis zur Vorinstanz ein eigener Rechtszug, in dem die Gebühren und Auslagen gesondert erhoben werden.[13] Der verfahrensrechtliche und der kostenrechtliche Rechtszugsbegriff können voneinander abweichen.[14]

III. Haftung für Vergleichsgebühr (Abs. 2)

1. Regelungsvergleich mit GKG und FamGKG. Abs. 2 entspricht § 22 Abs. 1 S. 4 GKG und § 21 Abs. 2 **13** FamGKG. Die Aufnahme der Regelung für Verfahren der freiwilligen Gerichtsbarkeit erfolgte erstmals durch das 2. KostRMoG und dürfte vorrangig dem Zweck dienen, eine einheitliche Regelungstechnik zwischen GKG, FamGKG und GNotKG herzustellen.

2. Normzweck und Anwendungsbereich. Werden in einem gerichtlichen Vergleich auch Ansprüche vergli- **14** chen, die bisher nicht Gegenstand eines gerichtlichen Verfahrens waren, haften nach Abs. 2 für die Gebühr nach Nr. 17005 KV alle am Vergleichsschluss Beteiligten, auch Dritte. Es handelt sich insoweit um eine An-

1 Vgl BT-Drucks 17/11471, S. 160. **2** OLG Celle 28.1.2015 – 7 W 1/15 (L), juris. **3** OLG Köln MDR 2010, 596; BDS/*Sommerfeldt*, § 22 Rn 13; *Meyer*, GKG § 22 Rn 3; Binz/Dörndorfer/*Dörndorfer*, § 22 GKG Rn 1; HK-FamGKG/*Mayer*, § 21 Rn 2. **4** BT-Drucks 17/11471, S. 160. **5** Vgl LG Mainz NZI 1998, 311; *Meyer*, GKG § 22 Rn 3. **6** Korintenberg/*Hellstab*, § 22 Rn 6; BDS/*Sommerfeldt*, § 22 Rn 7. **7** HK-FamGKG/*Mayer*, § 21 Rn 4; BDS/*Sommerfeldt*, § 22 Rn 7. **8** KGJ 34 B 9, 37 B 59; OLG Brandenburg JurBüro 2008, 659; Korintenberg/*Hellstab*, § 22 Rn 7; Binz/Dörndorfer/*Dörndorfer*, § 22 GKG Rn 2 mwN. **9** OLG Hamburg MDR 2001, 1192; OLG Köln NJW-RR 2003, 66, 67; HK-FamGKG/*Mayer*, § 21 Rn 4; Binz/Dörndorfer/*Dörndorfer*, § 22 GKG Rn 2. **10** *Paulus/Henkel*, NJW 2003, 1692; HK-FamGKG/*Mayer*, § 21 Rn 4; Binz/Dörndorfer/*Dörndorfer*, § 22 GKG Rn 2. **11** Binz/Dörndorfer/*Dörndorfer*, § 22 GKG Rn 2; *Hartmann*, KostG, § 22 GKG Rn 6; Korintenberg/*Hellstab*, § 22 Rn 7. **12** HK-FamGKG/*Mayer*, § 21 Rn 7; Binz/Dörndorfer/*Dörndorfer*, § 22 GKG Rn 8. **13** HK-FamGKG/*N. Schneider*, Vor §§ 28 ff Rn 9; Binz/Dörndorfer/*Dörndorfer*, § 22 GKG Rn 8. **14** OLG Karlsruhe JurBüro 1995, 42 f; *Hartmann*, KostG, § 22 GKG Rn 12; HK-FamGKG/*Mayer*, § 21 Rn 7.

tragstellerhaftung.[15] Dies gilt unabhängig davon, ob der Vergleich in einem Amts- oder einem Antragsverfahren geschlossen wird.[16]

15   Für sonstige Kosten, die im Zusammenhang mit dem Vergleichsschluss anfallen, wird keine Haftung begründet; insoweit ist der Wortlaut der Regelung eindeutig.[17]

16   **Mehrere Beteiligte** haften als Gesamtschuldner (§ 32 Abs. 1). Haben die Beteiligten in dem Vergleich eine Vereinbarung über die Kostentragungspflicht getroffen, kann zur Haftung als Antragsteller eine weitere Kostenhaftung nach § 27 Nr. 2 hinzukommen. Allerdings hat dies lediglich Bedeutung dafür, ob eine Inanspruchnahme als Erst- oder als Zweitschuldner erfolgen kann.[18]

17   Der Anwendungsbereich der Regelung dürfte äußerst gering sein, da in Verfahren der freiwilligen Gerichtsbarkeit der Verfahrensgegenstand typischerweise nicht der Disposition der Beteiligten unterliegt. Beispielsweise obliegt die Auswahl der Person des Betreuers allein dem Gericht. Auch die Entscheidung darüber, ob die Voraussetzungen zur Erteilung eines Erbscheins vorliegen, ist einer vergleichsweisen Einigung nicht zugänglich. Der Abschluss eines Vergleichs kommt in Betracht in Verfahren in Teilungssachen und in unternehmensrechtlichen Verfahren, zB einem Dispacheverfahren.

§ 23 Kostenschuldner in bestimmten gerichtlichen Verfahren

Kostenschuldner

1. in Betreuungssachen und betreuungsgerichtlichen Zuweisungssachen ist der Betroffene, wenn ein Betreuer oder vorläufiger Betreuer bestellt oder eine Pflegschaft angeordnet worden ist;
2. bei einer Pflegschaft für gesammeltes Vermögen ist der Pfleger, jedoch nur mit dem gesammelten Vermögen;
3. für die Gebühr für die Entgegennahme von Forderungsanmeldungen im Falle des § 2061 des Bürgerlichen Gesetzbuchs ist derjenige Miterbe, der die Aufforderung erlassen hat;
4. für die Gebühr für die Entgegennahme
   a) einer Erklärung über die Anfechtung eines Testaments oder Erbvertrags,
   b) einer Anzeige des Vorerben oder des Nacherben über den Eintritt der Nacherbfolge,
   c) einer Anzeige des Verkäufers oder Käufers einer Erbschaft über den Verkauf, auch in den Fällen des § 2385 des Bürgerlichen Gesetzbuchs,
   d) eines Nachlassinventars oder einer Erklärung nach § 2004 des Bürgerlichen Gesetzbuchs oder
   e) der Erklärung eines Hoferben über die Wahl des Hofes gemäß § 9 Absatz 2 Satz 1 der Höfeordnung
   ist derjenige, der die Erklärung, die Anzeige oder das Nachlassinventar abgegeben hat;
5. *(aufgehoben)*
6. *(aufgehoben)*
7. in Handels-, Genossenschafts-, Partnerschafts- und Vereinsregistersachen bei Verfahren, die von Amts wegen durchgeführt werden, und bei Eintragungen, die von Amts wegen erfolgen, ist die Gesellschaft oder der Kaufmann, die Genossenschaft, die Partnerschaft oder der Verein;
8. für die Gebühr für die Entgegennahme, Prüfung und Aufbewahrung der zum Handels- oder Genossenschaftsregister einzureichenden Unterlagen ist das Unternehmen, für das die Unterlagen eingereicht werden;
9. im Verfahren zum Zweck der Verhandlung über die Dispache, soweit das Verfahren mit der Bestätigung der Dispache endet, sind die an dem Verfahren Beteiligten;
10. im Verfahren über die gerichtliche Entscheidung über die Zusammensetzung des Aufsichtsrats, das sich nach den §§ 98 und 99 des Aktiengesetzes richtet, ist die Gesellschaft, soweit die Kosten nicht dem Antragsteller auferlegt sind;
11. im Verfahren über die Eintragung als Eigentümer im Wege der Grundbuchberichtigung von Amts wegen aufgrund des § 82 a der Grundbuchordnung ist der Eigentümer;
12. für die Eintragung des Erstehers als Eigentümer ist nur dieser;
13. für die Eintragung der Sicherungshypothek für Forderungen gegen den Ersteher sind der Gläubiger und der Ersteher;

15 HK-FamGKG/*Mayer*, § 21 Rn 19; Binz/Dörndorfer/*Dörndorfer*, § 22 FamGKG Rn 7. **16** Begr. RegE zum FamGKG, BT-Drucks 16/6308, S. 303; BDS/*Sommerfeldt*, § 22 Rn 14. **17** BDS/*Sommerfeldt*, § 22 Rn 14. **18** HK-FamGKG/*Mayer*, § 21 Rn 20; *Meyer*, GKG § 22 Rn 30.

14. im Verfahren nach dem Spruchverfahrensgesetz ist nur der Antragsgegner, soweit das Gericht die Kosten den Antragstellern auferlegt hat, auch diese und

15. in Freiheitsentziehungssachen sind nur der Betroffene sowie im Rahmen ihrer gesetzlichen Unterhaltspflicht die zu seinem Unterhalt Verpflichteten, wenn die Kosten nicht der Verwaltungsbehörde auferlegt sind.

I. Allgemeines

Mit § 23 wird für bestimmte gerichtliche Verfahren der freiwilligen Gerichtsbarkeit der Kostenschuldner besonders bestimmt. Die besondere Kostenhaftung kann von der Antragstellerhaftung abweichen oder diese ergänzen.[1] Soweit im Einzelfall keine besondere Bestimmung getroffen ist (zB Nr. 8 – Haftung nur für die Gebühren), erstreckt sich die Kostenhaftung nach § 23 auf die für das gerichtliche Verfahren anfallenden Gebühren und auf die damit im Zusammenhang stehenden Auslagen. **1**

Die Regelung gilt nur für die im **erstinstanzlichen Verfahren** anfallenden Kosten, da § 25 Abs. 3 die Anwendbarkeit im Rechtsmittelverfahren ausdrücklich ausschließt. **2**

II. Regelungen im Einzelnen

1. Betreuungssachen und betreuungsgerichtliche Zuweisungssachen (Nr. 1). a) Anwendungsbereich. Da Betreuungs- und Pflegschaftsverfahren Amtsverfahren sind, also nicht durch Antrag eingeleitet werden können, ist ein Antragstellerschuldner nach § 22 Abs. 1 nicht vorhanden. Nr. 1 begründet eine originäre Kostenschuldnerhaftung. **3**

Betreuungssachen sind gem. § 271 FamFG **4**

- Verfahren zur Bestellung eines Betreuers und zur Aufhebung der Betreuung (§ 271 Nr. 1 FamFG);
- Verfahren zur Anordnung eines Einwilligungsvorbehaltes (§ 271 Nr. 2 FamFG);
- sonstige Verfahren, die die rechtliche Betreuung eines Volljährigen (§§ 1896–1908 a BGB) betreffen, wenn es sich nicht um eine Unterbringungssache handelt (§ 271 Nr. 3 FamFG).

Betreuungsgerichtliche Zuweisungssachen sind gem. § 340 FamFG **5**

- Verfahren, die die Pflegschaft mit Ausnahme der Pflegschaft für Minderjährige oder für eine Leibesfrucht betreffen (§ 340 Nr. 1 FamFG);
- Verfahren, die die gerichtliche Bestellung eines sonstigen Vertreters für einen Volljährigen betreffen (§ 340 Nr. 2 FamFG);
- sonstige dem Betreuungsgericht zugewiesene Verfahren (§ 340 Nr. 3 FamFG),

soweit es sich nicht um Betreuungs- oder Unterbringungssachen handelt.

Die Anordnung einer Nachlasspflegschaft als Maßnahme der Nachlasssicherung (§ 1960 Abs. 2 BGB) ist nach § 342 Abs. 1 Nr. 2 FamFG Nachlasssache. Kostenschuldner in diesem Fall sind nur die Erben (§ 24 Nr. 2). **6**

Zur Abgrenzung: **Unterbringungssachen** sind nach § 312 S. 1 FamFG Verfahren, die **7**

- die Genehmigung einer freiheitsentziehenden Unterbringung und die Genehmigung einer Einwilligung in eine ärztliche Zwangsmaßnahme (§ 1906 Abs. 1–3 a BGB) eines Betreuten oder einer Person, die einen Dritten dazu bevollmächtigt hat (§ 1906 Abs. 5 BGB) (§ 312 S. 1 Nr. 1 FamFG),
- die Genehmigung einer freiheitsentziehenden Maßnahme nach § 1906 Abs. 4 BGB (§ 312 S. 1 Nr. 2 FamFG) oder
- eine freiheitsentziehende Unterbringung und eine ärztliche Zwangsmaßnahme eines Volljährigen nach den Landesgesetzen über die Unterbringung psychisch Kranker (§ 312 S. 1 Nr. 3 FamFG)

betreffen.

b) Betroffener; Umfang der Haftung. In Betreuungssachen ist diejenige Person Betroffener, für die ein Betreuer bestellt wurde. Eine Kostenhaftung des Betroffenen entsteht nur, wenn ein Betreuer bestellt wurde. Dies gilt unabhängig davon, ob die Bestellung in einem Hauptsacheverfahren erfolgte oder ein vorläufiger Betreuer im Wege der einstweiligen Anordnung bestellt wurde.[2] **8**

Betroffener in Pflegschaftssachen ist der Pflegling. Betrifft die Pflegschaft einen Minderjährigen, handelt es sich um eine Kindschaftssache (§ 151 Nr. 5 FamFG) und die Kostenhaftung richtet sich nach § 22 FamGKG. **9**

Neben der Gebühr haftet der Kostenschuldner für die anfallenden Auslagen. **10**

---

1 BT-Drucks 17/11471, S. 160. **2** BDS/*Sommerfeldt*, § 23 Rn 4 mwN.

11 Stellt sich im Rahmen der Amtsermittlung heraus, dass die Voraussetzungen für die Bestellung eines Betreuers nicht vorliegen (zB weil eine ausreichende Vorsorgevollmacht vorliegt), und wird das Verfahren ohne Betreuerbestellung beendet, wird eine Haftung des Betroffenen nicht begründet. Da idR ein Antragstellerschuldner nicht vorhanden ist (→ § 22 Rn 1, 3), kann in den genannten Fällen eine Kostenschuldnerhaftung lediglich nach § 27 Nr. 1 bestehen, wenn das Gericht die Kosten einem Beteiligten oder Dritten auferlegt hat.

12 **2. Pflegschaft für gesammeltes Vermögen (Nr. 2). a) Normzweck und Anwendungsbereich.** Eine Pflegschaft für gesammeltes Vermögen (§ 1914 BGB) hat die Besonderheit, dass nicht zwangsläufig die Interessen einer natürlichen oder juristischen Person wahrgenommen werden. Aus diesem Grund ist es möglich, dass ein Kostenschuldner nach Nr. 1 nicht vorhanden ist. Nr. 2 bestimmt daher ausdrücklich, dass Kostenschuldner der Pfleger ist.

13 **b) Umfang der Haftung.** Der Pfleger haftet für die anfallenden Gebühren (Nr. 11101–11105 KV) und Auslagen. Seine Haftung ist jedoch auf das von ihm verwaltete Vermögen beschränkt.

14 **3. Aufgebot der Nachlassgläubiger: Entgegennahme von Forderungsanmeldungen (Nr. 3). a) Normzweck und Anwendungsbereich.** Nach § 2061 Abs. 1 BGB kann der Erbe die Nachlassgläubiger zur Anmeldung ihrer Forderungen öffentlich auffordern. Die Forderungsanmeldung erfolgt beim Erben oder bei dem Nachlassgericht. Meldet ein Nachlassgläubiger seine Forderungen beim Nachlassgericht an, entsteht für die Entgegennahme eine Gebühr nach Nr. 12410 Abs. 1 Nr. 1 KV. Für diese haftet der Miterbe, der die Aufforderung erlassen hat. Diese Regelung korrespondiert mit der materiellrechtlichen Vorschrift des § 2061 Abs. 2 S. 3 BGB.

15 **b) Umfang der Haftung.** Eine Haftung für die Auslagen wird durch Nr. 3 nicht begründet. Allerdings ist der Anfall von Auslagen praktisch ohne Bedeutung, da die gerichtliche Tätigkeit auf die Entgegennahme der Forderungsanmeldung beschränkt ist. Möchte der Erbe eine Ausfertigung, eine Kopie oder einen Ausdruck der Forderungsanmeldung, haftet er für die anfallende Dokumentenpauschale nach § 26 Abs. 1.

16 **4. Entgegennahme von Erklärungen und Anzeigen in Nachlass- und Teilungssachen (Nr. 4). a) Normzweck und Anwendungsbereich.** Anwendung findet die Haftungsregelung in den Fällen, in denen eine Gebühr nach Nr. 12410 Abs. 1 Nr. 2, 3 und 5–7 KV anfällt. Die ausdrückliche Bestimmung der Haftung desjenigen, der die Erklärung, die Anzeige oder das Nachlassinventar gegenüber dem Nachlassgericht abgibt, wurde mit dem 2. KostRMoG zur Klarstellung eingeführt.

17 **b) Zu den einzelnen Erklärungen. aa) Testamentsanfechtung (Nr. 4 Buchst. a).** Die Anfechtung einer letztwilligen Verfügung erfolgt durch Erklärung gegenüber dem Nachlassgericht (§ 2081 Abs. 1 BGB); ebenso die Anfechtung eines Erbvertrags, soweit sie nach dem Tod des Vertragspartners erfolgt (§ 2281 Abs. 2 BGB). Der Anfechtende haftet für die Gebühr Nr. 12410 Abs. 1 Nr. 2 KV sowie für anfallende Auslagen (zB Dokumentenpauschale oder Zustellauslagen).

18 **bb) Nacherbfolge (Nr. 4 Buchst. b).** Der Eintritt der Nacherbfolge ist von dem Vorerben oder dem Nacherben dem Nachlassgericht anzuzeigen (§ 2146 Abs. 1 BGB). Der Anzeigende haftet für die nach Nr. 12410 Abs. 1 Nr. 3 KV anfallende Gebühr.

19 **cc) Erbschaftskauf (Nr. 4 Buchst. c).** Nach § 2384 Abs. 1 BGB hat der Verkäufer den Verkauf der Erbschaft (dies gilt wegen § 1922 Abs. 2 BGB auch für den Verkauf von Erbteilen) dem Nachlassgericht anzuzeigen. Statt des Verkäufers kann die Anzeige auch durch den Käufer erfolgen. Für die Gebühr Nr. 12410 Abs. 1 Nr. 5 KV haftet der Anzeigende.

20 **dd) Nachlassinventar (Nr. 4 Buchst. d).** Zur Abgrenzung der verschiedenen Möglichkeiten der Inventarerrichtung → § 24 Rn 14 ff. Die Bestimmung der Haftung in Nr. 4 Buchst. d gilt für die Fälle, in denen der Erbe ein Nachlassinventar selbst errichtet und es bei Gericht einreicht (§§ 1993, 2002 BGB) oder wenn ein Erbe erklärt, dass er sich auf ein bei Gericht bereits vorhandenes Inventar bezieht und dieses als von ihm eingereicht gelten soll (§ 2004 BGB). Es fällt eine Gebühr nach Nr. 12410 Abs. 1 Nr. 6 KV an, für die der Erbe haftet, der das Inventar eingereicht hat, bzw der Erbe, der sich auf ein bereits vorliegendes Inventar bezieht.

21 **ee) Hofwahl (Nr. 4 Buchst. e).** Hinterlässt der Erblasser mehrere Höfe iSd HöfeO, besteht ein Wahlrecht der Hoferben (§ 9 Abs. 1 HöfeO). Die Wahl ist nach § 9 Abs. 2 S. 1 HöfeO gegenüber dem Gericht zu erklären. Für die Entgegennahme der Erklärung fällt eine Gebühr Nr. 12410 Abs. 1 Nr. 7 KV an. Kostenschuldner ist der sein Wahlrecht ausübende Hoferbe, also der Erklärende.

22 **5. Amtsverfahren und Eintragungen von Amts wegen in Registersachen (Nr. 7). a) Allgemeines.** Die Regelung begründet eine Haftung nicht nur in von Amts wegen eingeleiteten Verfahren, sondern auch dann, wenn von Amts wegen eine Eintragung vorgenommen wird. Neben dem Kostenschuldner nach Nr. 7 ist, da es sich um Amtsverfahren handelt, ein Antragstellerschuldner nicht vorhanden.

b) Anwendungsbereich. Die Regelung ist in folgenden Verfahren anwendbar: 23

aa) Zwangsgeldverfahren. Zwangsgeldverfahren zur Erzwingung einer **gesetzlichen Anmeldeverpflichtung** 24
nach §§ 388 ff FamFG. Im Falle der Festsetzung von Zwangsgeld entsteht eine Gebühr Nr. 13310 KV. Das
Zwangsgeld richtet sich gegen die natürliche Person, die es unterlassen hat, eine anmeldepflichtige Tatsache
zum Register anzumelden, also gegen den Kaufmann, gegen den Gesellschafter bei Personengesellschaften,
gegen das Vorstandsmitglied der Aktiengesellschaft, gegen den Geschäftsführer oder Liquidator der GmbH
usw. Das Gericht hat dem Beteiligten, also derjenigen natürlichen Person, gegen die das Zwangsgeld festgesetzt wird, nach § 389 Abs. 2 FamFG zugleich die Kosten aufzuerlegen. Der Zwangsgeldverpflichtete ist also Kostenschuldner nach § 27 Nr. 1.

Daneben wird durch Nr. 7 die Haftung der von ihm vertretenen Gesellschaft, Genossenschaft oder des Ver- 25
eins begründet. Die Haftung erstreckt sich auch auf anfallende Auslagen. Dies können insb. Zustellauslagen sein. Die Haftung der Gesellschaft, der Genossenschaft, der Partnerschaft oder des Vereins ist gerechtfertigt, da die Verfahren (auch) im Interesse der Gesellschaft eingeleitet oder von der Gesellschaft verursacht werden.[3]

Dieser Gedanke spricht allerdings gegen eine Haftung der Gesellschaft, der Genossenschaft, der Partner- 26
schaft oder des Vereins für die Gebühr Nr. 13311 KV im Falle der **Verwerfung eines Einspruchs** (§ 390
Abs. 4 FamFG). Für diese Gebühr sollte nach dem Normzweck von der Anwendung von Nr. 7 abgesehen
werden, so dass nur der Einspruchsführer als Antragsteller nach § 22 Abs. 1 haftet und daneben als Entscheidungsschuldner nach § 27 Nr. 1, wenn ihm die Kosten des Einspruchs auferlegt werden.

Nimmt der Anmeldepflichtige die erzwungene Anmeldung vor, ist die darauf vorgenommene Eintragung 27
keine, die von Amts wegen vorgenommen wird. Vielmehr liegt der Eintragung dann eine – wenn auch erzwungene – Anmeldung zugrunde. Für die **Kosten der Eintragung** besteht keine Haftung nach Nr. 7.

bb) Firmenmissbrauchsverfahren. In Firmenmissbrauchsverfahren nach § 392 FamFG iVm § 37 Abs. 1 28
HGB, §§ 388 ff FamFG kann gegen denjenigen, der eine ihm nicht zustehende Firma gebraucht, von Amts
wegen ein Ordnungsgeldverfahren eingeleitet werden. Wird ein Ordnungsgeld festgesetzt, haftet für die Gebühren und Auslagen die Gesellschaft, der Kaufmann, die Genossenschaft, die Partnerschaft oder der Verein, die/der rechtsmissbräuchlich die Firma gebraucht hat.

cc) Löschung einer Firma. Die Löschung einer Firma nach § 393 FamFG kann von Amts wegen oder auf 29
Antrag der berufsständischen Organe im Handelsregister eingetragen werden. Weil die Möglichkeit einer
amtswegigen Verfahrenseinleitung besteht, führt der Antrag eines berufsständischen Organs nicht zu dessen
Haftung nach § 22 Abs. 1 (→ § 22 Rn 2). Für das Löschungsverfahren selbst fallen Gebühren nur im Falle
des Widerspruchs gegen eine beabsichtigte Löschung nach Nr. 13400 KV an. Für diese haftet der Widerspruchsführer nach § 22 Abs. 1. Für die Löschung der Firma im Register fallen Gebühren an. Die besondere Kostenhaftung aus Nr. 7 kann sich daher nur auf etwa anfallende Auslagen erstrecken. Entsprechendes gilt für sonstige **Löschungsverfahren** nach §§ 394–398 FamFG sowie für **Auflösungsverfahren** nach
§ 399 FamFG.

dd) Entziehung der Rechtsfähigkeit eines Vereins. Sie kann nach § 74 BGB von Amts wegen erfolgen, wenn 30
die Zahl der Vereinsmitglieder unter drei herabsinkt und der Vorstand nicht innerhalb von drei Monaten
beantragt, dem Verein die Rechtsfähigkeit zu entziehen. Wird innerhalb der ersten drei Monate vom Vorstand ein entsprechender Antrag gestellt, haftet der Verein als Antragsteller nach § 22 Abs. 1. Danach haftet der Verein nach Nr. 7 für die Gebühr Nr. 13400 KV und für anfallende Auslagen. Für die Eintragung
der Entziehung der Rechtsfähigkeit wird nach Anm. Abs. 3 Nr. 5 zu Nr. 13101 KV keine Gebühr erhoben.

6. Entgegennahme, Prüfung und Aufbewahrung von beim Handels- oder Genossenschaftsregister einzurei- 31
chenden Unterlagen (Nr. 8). Die Haftung erstreckt sich auf die Gebühren Nr. 5000–5007 HRegGebV.
Schuldner ist die zur Einreichung der Unterlagen verpflichtete Kapitalgesellschaft. Nach dem Wortlaut der
Norm wird eine Haftung für Auslagen ausdrücklich nicht begründet. Für etwa anfallende Auslagen haftet
die Kapitalgesellschaft ggf nach § 22 Abs. 1.

7. Bestätigung der Dispache (Nr. 9). Das Verfahren zur Bestätigung der Dispache wird nur auf Antrag ein- 32
geleitet (§ 405 Abs. 1 FamFG). Mit der Haftungsregel der Nr. 9 wird die Haftung weiterer Beteiligter neben
dem Antragstellerschuldner nach § 22 Abs. 1 begründet. Voraussetzung für die besondere Haftung der an
der Dispache Beteiligten ist, dass die Dispache bestätigt wird. Es wird eine Gebühr Nr. 13500 KV fällig. Die
Ermäßigungstatbestände in Nr. 13501–13504 KV greifen jeweils nur dann, wenn das Verfahren zur Verhandlung über die Dispache ohne deren Bestätigung endet und können daher nicht Gegenstand der Haftung der besonderen Kostenschuldner nach Nr. 9 sein. Die Beteiligten haften nicht nur für die Gebühr, son-

---

3 Vgl BT-Drucks 17/11471, S. 333.

dern auch für anfallende Auslagen. Die Haftungsregelung ist vergleichbar mit der Haftung nach § 22 Abs. 2, wonach für die Kosten für den Abschluss eines gerichtlichen Vergleichs, der sich auf nicht gerichtlich geltend gemachte Ansprüche erstreckt, alle Vergleichsschließenden haften.

33   Nicht in den Anwendungsbereich der Nr. 9 fallen sonstige unternehmensrechtliche Verfahren im Zusammenhang mit einer Dispache. Die gerichtliche Entscheidung bei Weigerung eines Dispacheurs zur Aufmachung der Dispache (§ 403 FamFG) oder die Aushändigung von Schriftstücken oder die Entscheidung über das Einsichtsrecht in eine Dispache (§ 404 FamFG) löst zwar eine Gebühr nach Nr. 13500 KV aus, eine Haftung der sonstigen Beteiligten, die nicht als Antragsteller haften, wird nicht begründet.

34   **8. Gerichtliche Entscheidung über die Zusammensetzung des Aufsichtsrats (Nr. 10).** Nach § 98 AktG entscheidet auf Antrag das Gericht über die Zusammensetzung des Aufsichtsrats, wenn streitig oder ungewiss ist, nach welchen gesetzlichen Vorschriften der Aufsichtsrat zusammenzusetzen ist. Da das Verfahren nur auf Antrag eingeleitet wird, tritt die besondere Kostenhaftung der Gesellschaft nach Nr. 10 neben die Haftung des Antragstellers nach § 22 Abs. 1. Für das Verfahren entstehen gem. Vorbem. 1.3.5 Nr. 2 Buchst. a KV Gebühren nach Teil 1 Hauptabschnitt 3 Abschnitt 5 KV (= Nr. 13500–13504 KV). Die Haftung der Gesellschaft erstreckt sich auf Gebühren und Auslagen. Werden die Kosten durch gerichtliche Entscheidung (§ 99 Abs. 6 S. 1 AktG) dem Antragsteller auferlegt, wird die besondere Haftung der Gesellschaft jedoch nicht begründet.

35   Die Haftungsregelung soll nicht nur dann Anwendung finden, wenn die Entscheidung die Zusammensetzung des Aufsichtsrats einer Aktiengesellschaft betrifft, sondern erfasst auch Verfahren für andere Gesellschaften, sofern für sie auf die §§ 98 und 99 AktG verwiesen wird.[4]

36   **9. Grundbucheintragung von Amts wegen (Nr. 11).** Wird nach § 82 a GBO die infolge Rechtsübergangs unrichtig gewordene Eintragung des Eigentümers von Amts wegen **berichtigt**, fehlt es an einem Antragsschuldner nach § 22 Abs. 1. Nach Nr. 11 haftet der Eigentümer für die nach Nr. 14111 KV anfallende Gebühr sowie für eventuell anfallende Auslagen. Entsprechendes gilt auch, wenn sich die Eintragung des Eigentums auf grundstücksgleiche Rechte bezieht, also bei bestehenden Erbbaurechten oder Wohnungs- und Teileigentum, da diese wie Grundstücke behandelt werden. Nach Vorbem. 1.4 Abs. 1 KV fällt auch bei grundstücksgleichen Rechten eine Gebühr Nr. 14111 KV an.

37   Die Eintragung eines **Nacherben- oder Testamentsvollstreckervermerks** (§§ 51, 52 GBO), die zusammen mit der Eintragung des Erben von Amts wegen erfolgt, ist gebührenfrei.[5]

38   Neben der Gebühr für die Grundbuchberichtigung wird für das Berichtigungsverfahren keine Gebühr erhoben, weder bei dem Grundbuchamt noch beim Nachlassgericht (Anm. zu Nr. 14111 KV).

39   Allerdings haftet der Erbe für Auslagen, die zur Ermittlung der Erben beim Nachlassgericht entstehen, nach § 24 Nr. 9 (→ § 24 Rn 21).

40   **10. Eintragung des Erstehers als Eigentümer (Nr. 12) oder von Sicherungshypotheken gegen den Ersteher (Nr. 13).** Die Regelungen gelten für die Eintragung des Erstehers im Grundbuch als Eigentümer (Nr. 12) sowie für die Eintragung von Sicherungshypotheken gegen den Ersteher im Grundbuch (Nr. 13).

41   Die **Eintragung des Erstehers als Eigentümer (Nr. 12)** erfolgt auf Ersuchen des Vollstreckungsgerichts (§ 38 GBO, § 130 ZVG). Sie löst eine Gebühr nach Nr. 14110 KV aus. Für die Kosten, also die Gebühr und ggf anfallende Auslagen,[6] der Eintragung als Eigentümer haftet nur der Ersteher. Dies entspricht der Kostenhaftung für die Zuschlagskosten (§ 26 Abs. 2 S. 1 Hs 1 GKG). Durch die Formulierung „nur" wird jede weitere Kostenhaftung ausgeschlossen.

42   Auch die **Eintragung der Sicherungshypothek (Nr. 13)** erfolgt auf Ersuchen des Vollstreckungsgerichts (§ 38 GBO, §§ 128, 130 ZVG). Für die anfallende Gebühr Nr. 14121 KV sowie eventuell anfallende Auslagen haften der Gläubiger und der Ersteher als Gesamtschuldner, § 32 Abs. 1.

43   **11. Verfahren nach dem SpruchG (Nr. 14).** Die besondere Haftungsregel ist für alle Verfahren nach § 1 SpruchG maßgeblich. Bei diesen Verfahren geht es um die Höhe von Abfindungs- und Ausgleichszahlungen für Gesellschafter (zum Anwendungsbereich → § 74 Rn 1). Es haftet immer der Antragsgegner. Die Haftung erstreckt sich auf die Kosten, also auf die Gebühren (Nr. 13500 KV, ggf ermäßigt Nr. 13503 KV) und Auslagen.

44   Neben der Haftung nach Nr. 14 kann der Antragsgegner auch als Auslagenschuldner nach §§ 14 Abs. 3 S. 2, 17 haften. Eine Antragstellerschuldnerhaftung für die Gebühren nach § 22 Abs. 1 kann daneben nicht geltend gemacht werden („nur der Antragsgegner"). Allerdings kann das Gericht dem Antragsteller die Kosten ganz oder teilweise auferlegen (§ 15 Abs. 1 SpruchG). In diesem Fall wird der Antragsteller Entscheidungsschuldner nach § 27 Nr. 1 und haftet neben dem Antragsgegner. Sie haften nach § 31 Abs. 1 als

---

4 BT-Drucks 17/11471, S. 161.   **5** BT-Drucks 17/11471, S. 210.   **6** BT-Drucks 17/11471, S. 161.

Gesamtschuldner. Auch wenn die Kosten insgesamt dem Antragsteller auferlegt werden, bleibt die Haftung des Antragsgegners bestehen. Vom Antragsgegner geleistete Zahlungen werden im Wege des Kostenausgleichs unter den Verfahrensbeteiligten berücksichtigt (→ Vor §§ 22 ff Rn 2).

12. Freiheitsentziehungssachen (Nr. 15). a) Allgemeines und Anwendungsbereich. Die Haftungsregel gilt **45** für **Freiheitsentziehungssachen iSv § 415 FamFG.** Dies sind Freiheitsentziehungen aufgrund Bundesrechts, für die das Verfahren bundesrechtlich nicht besonders geregelt ist. Keine Freiheitsentziehungssachen iSv § 415 FamFG sind die zivilrechtliche und öffentlich-rechtliche Unterbringung, für die §§ 312 ff FamFG das Verfahren regeln, oder auch Freiheitsentziehungen im Rahmen der Strafrechtspflege.[7] Die praktisch bedeutsamste Freiheitsentziehung iSv § 415 FamFG ist die **Abschiebungshaft** nach § 62 AufenthG.

Mögliche Entscheidungen in Freiheitsentziehungssachen sind die Anordnung einer Freiheitsentziehung **46** (§ 417 Abs. 1 FamFG), die Aussetzung des Vollzugs oder der Widerruf der Aussetzung (§ 424 Abs. 1 und 2 FamFG), die Anordnung der Verlängerung/Fortdauer der Freiheitsentziehung (§ 425 Abs. 3 FamFG) sowie die Aufhebung der Unterbringung (§ 426 FamFG). Jede der genannten Entscheidungen ist ein eigenständiges Verfahren, für das Gebühren anfallen, und die Haftung ist jeweils gesondert festzustellen. In Freiheitsentziehungssachen fallen Gebühren nach Nr. 15212 Nr. 4 KV an.

b) Kostenschuldner und Umfang der Haftung. Nach der besonderen Haftungsregel der Nr. 15 haftet für **47** die anfallenden Kosten, also für Gebühren und Auslagen (§ 1 Abs. 1), **nur** der **Betroffene.** Neben dem Betroffenen begründet die Regelung eine Haftung von **Unterhaltspflichtigen,** aber nur von solchen, die dem Betroffenen gesetzlich zum Unterhalt verpflichtet sind, „im Rahmen ihrer gesetzlichen Unterhaltspflicht". Für den Kostenbeamten wird es kaum möglich sein festzustellen, wer dem Betroffenen aufgrund gesetzlicher Vorschriften zum Unterhalt verpflichtet ist und ob die Inanspruchnahme für die Kosten im Rahmen der gesetzlichen Unterhaltspflicht liegt. Liegen Anhaltspunkte für das Bestehen einer gesetzlichen Unterhaltspflicht vor, werden im Zweifel die Kosten gegen den vermeintlichen Kostenschuldner angesetzt werden müssen. Besteht keine Haftung oder nicht in der angesetzten Höhe, kann der Kostenschuldner Erinnerung gegen den Kostenansatz nach § 81 erheben.[8]

Die Anordnung einer Freiheitsentziehung erfolgt zwar ausschließlich auf Antrag der Verwaltungsbehörde **48** (§ 417 Abs. 1 FamFG). Allerdings wird eine Antragstellerschuldnerhaftung der **Verwaltungsbehörde** nach § 22 Abs. 1 durch den Wortlaut „nur" bewusst ausgeschlossen.[9] Die weiteren Entscheidungen (→ Rn 46) können auch von Amts wegen getroffen werden, so dass eine Antragstellerhaftung nach § 22 Abs. 1 nicht bestehen kann (→ § 22 Rn 2). Im Ergebnis kann die Verwaltungsbehörde nicht als Kostenschuldner gem. § 22 Abs. 1 in Anspruch genommen werden. Werden allerdings der Verwaltungsbehörde die Kosten durch gerichtliche Entscheidung auferlegt – in Übereinstimmung mit § 430 FamFG müssten die Kosten wohl der Körperschaft, der die Verwaltungsbehörde angehört, auferlegt werden –, ist sie Entscheidungsschuldnerin nach § 27 Nr. 1 und die Haftung des Betroffenen und der Unterhaltspflichtigen entfällt.

Infrage zu stellen ist, ob das Gericht der Verwaltungsbehörde überhaupt die Gerichtskosten auferlegen **49** kann oder ob § 430 FamFG als lex specialis der Regelung des § 81 FamFG vorgeht. Haftet die Verwaltungsbehörde als Entscheidungsschuldnerin kann sie nicht in Anspruch genommen werden, sofern sie Kostenfreiheit nach § 2 Abs. 1 genießt.[10]

§ 24 Kostenhaftung der Erben

Kostenschuldner im gerichtlichen Verfahren

1. über die Eröffnung einer Verfügung von Todes wegen;
2. über die Nachlasssicherung;
3. über eine Nachlasspflegschaft nach § 1961 des Bürgerlichen Gesetzbuchs, wenn diese angeordnet wird;
4. über die Errichtung eines Nachlassinventars;
5. über eine Nachlassverwaltung, wenn diese angeordnet wird;
6. über die Pflegschaft für einen Nacherben;
7. über die Ernennung oder Entlassung eines Testamentsvollstreckers;
8. über die Entgegennahme von Erklärungen, die die Bestimmung der Person des Testamentsvollstreckers oder die Ernennung von Mitvollstreckern betreffen, oder über die Annahme, Ablehnung oder Kündigung des Amtes als Testamentsvollstrecker sowie

---

7 BR-Drucks 309/07, S. 655. **8** Korintenberg/*Lappe*, KostO, 18. Aufl., § 128 d Rn 8. **9** BT-Drucks 17/11471, S. 161; BDS/*Sommerfeldt*, § 23 Rn 23. **10** BT-Drucks 17/11471, S. 161; BDS/*Sommerfeldt*, § 23 Rn 23.

9. zur Ermittlung der Erben (§ 342 Absatz 1 Nummer 4 des Gesetzes über das Verfahren in Familiensachen und in den Angelegenheiten der freiwilligen Gerichtsbarkeit)

sind nur die Erben, und zwar nach den Vorschriften des Bürgerlichen Gesetzbuchs über Nachlassverbindlichkeiten, wenn das Gericht nichts anderes bestimmt.

I. Gesetzliche Systematik

1 **1. Anwendungsbereich und Grundsätzliches.** § 24 begründet die **alleinige Haftung der Erben** für die anfallenden Kosten in den genannten Verfahren des Nachlassgerichts. Neben anfallenden Gebühren erstreckt sich die Haftung auch auf die anfallenden Auslagen.

2 Nicht ohne Weiteres ist die Frage zu beantworten, ob jeweils die Haftung sämtlicher Erben begründet wird oder nur einzelner Erben. Bereits der Wortlaut spricht für eine **Haftung aller Erben.** Zwar hatte sich die Bundesregierung offenbar von dem Gedanken leiten lassen, dass derjenige Kostenschuldner sein soll, in dessen Interesse das gerichtliche Verfahren durchgeführt wird. Dies ergibt sich zumindest aus der Stellungnahme der Bundesregierung zu dem Vorschlag des Bundesrates, in Verfahren über eine Nachlasspflegschaft nach § 1961 BGB nicht nur die Erben als Kostenschuldner zu bestimmen, sondern deren Haftung neben der des Antragstellers festzulegen.[1] Aber auch dies führt zu keinem anderen Ergebnis. In den in § 24 genannten Fällen sind die entstehenden Kosten Nachlassverbindlichkeiten. Die Einschränkung des § 2046 Abs. 2 BGB, wonach die Berichtigung von Nachlassverbindlichkeiten, die nur einigen Miterben zur Last fallen, nur aus dem belasteten Teil zu berichtigen sind, gilt lediglich im Innenverhältnis der Erben. Im Außenverhältnis können Nachlassgläubiger Befriedigung aus dem ungeteilten Nachlass von sämtlichen Miterben verlangen (§ 2059 Abs. 2 BGB). Auch dies spricht dafür, dass die Haftung *aller* Erben begründet wird.

3 Neben der Haftungsbegründung dient die Vorschrift einer **Einschränkung der Haftung** der Erben. Sie haften für die Kosten nach den Vorschriften des BGB über Nachlassverbindlichkeiten und haben damit die Möglichkeit, eine Haftungsbeschränkung herbeizuführen. Eine Haftungsbeschränkung ist beim Ansatz der Kosten nur zu berücksichtigen, wenn sie zu diesem Zeitpunkt feststeht.[2] Im Übrigen hat der Kostenschuldner die Möglichkeit, eine Haftungsbeschränkung in der Zwangsvollstreckung geltend zu machen (§§ 6 Abs. 1 Nr. 1, 8 Abs. 2 JBeitrO, § 781 ZPO).[3]

4 Soweit nach § 24 „**nur**" die Erben eingeschränkt haften, haftet kein anderer Kostenschuldner, also bspw. nicht der Antragsteller in Antragsverfahren nach § 22 Abs. 1. Allerdings kann statt der Erben oder neben den Erben die Haftung weiterer Kostenschuldner durch gerichtliche Entscheidung begründet werden. Nach § 81 Abs. 1 FamFG kann das Gericht die Kosten nach billigem Ermessen ganz oder teilweise einem Beteiligten auferlegen. Dies gilt nach § 83 Abs. 2 FamFG auch, wenn das Verfahren auf sonstige Weise als durch Entscheidung erledigt wird oder bei Rücknahme eines Antrags.

5 Die Aufzählung der Verfahrensgegenstände, für welche die eingeschränkte Erbenhaftung gilt, ist **abschließend.** Eine analoge Anwendung auf vergleichbare Fälle ist nicht möglich (→ § 1 Rn 21 ff).

6 Die Regelung, dass das Gericht eine abweichende Bestimmung über die Kostenhaftung treffen kann, dient dem Zweck, Fälle der Antragsrücknahme oder -zurückweisung zu erfassen.[4]

7 Die Kostenhaftungsregel des § 24 gilt nur im **erstinstanzlichen Verfahren.** Für das Rechtsmittelverfahren gilt § 24 wegen § 25 Abs. 3 nicht.

II. Einzelne Verfahrensgegenstände

8 **1. Eröffnung einer Verfügung von Todes wegen (Nr. 1).** Die Haftung der Erben erstreckt sich auf die anfallende Gebühr Nr. 12101 KV sowie auf die im Zusammenhang mit dem Geschäft anfallenden Auslagen. Dies können insb. Zustellauslagen sein, die für eine Terminsladung nach § 348 Abs. 2 S. 1 FamFG oder die Benachrichtigung der Beteiligten nach § 348 Abs. 3 S. 1 FamFG entstehen.

9 Es haftet derjenige, der Erbe geworden ist, bei mehreren Erben alle, unabhängig davon, ob die Erbenstellung durch die eröffnete Verfügung von Todes wegen begründet wurde oder auf andere Weise.

10 Nicht zum Eröffnungsverfahren gehört die Beibringung des zu eröffnenden Testaments und somit nicht die Anordnung von Zwangsmaßnahmen durch das Nachlassgericht zur Durchsetzung der Ablieferungspflicht (§ 2259 Abs. 1 BGB, § 358 FamFG).

11 **2. Nachlasssicherung (Nr. 2).** Nach § 1960 Abs. 2 BGB gehört zu den Maßnahmen der Nachlasssicherung insb. die Anlegung von Siegeln, die Hinterlegung von Geld, Wertpapieren und Kostbarkeiten, die Anordnung der Aufnahme eines Nachlassverzeichnisses oder die Bestellung eines Nachlasspflegers für den Erben.

---

1 BT-Drucks 17/11471, S. 333. **2** BDS/*Sommerfeldt*, § 24 Rn 1. **3** OLG Düsseldorf Rpfleger 1990, 134 (zum massearmen Konkursverwalter); BDS/*Sommerfeldt*, § 24 Rn 1. **4** BT-Drucks 17/11471, S. 161; BDS/*Sommerfeldt*, § 24 Rn 1.

Für die genannten Maßnahmen fallen Gebühren nach Nr. 12310, 12311 oder 12312 KV an, für die die Erben haften. Die Haftung erstreckt sich auch auf anfallende Auslagen.

3. Nachlasspflegschaft nach § 1961 BGB (Nr. 3). In Nr. 3 wird ausdrücklich nur die Nachlasspflegschaft **12** nach § 1961 BGB, also die **Nachlasspflegschaft auf Antrag** eines Berechtigten zur gerichtlichen Geltendmachung eines Anspruchs gegen den Nachlass, genannt. Bei Anordnung der Nachlasspflegschaft fällt eine Gebühr Nr. 12311 KV an. Kostenschuldner sind nur die Erben; die Haftung des Antragstellers nach § 22 Abs. 1 wird verdrängt.[5] Problematisch ist dabei, dass bei mittellosem Nachlass die Kosten häufig der Staatskasse zur Last fallen. Ist Verfahrensgegenstand eine Nachlasspflegschaft als Maßnahme der Nachlasssicherung (§ 1960 BGB), haften die Erben nach Nr. 2.[6]

Die Haftung der Erben besteht nur, wenn die Nachlasspflegschaft **angeordnet** wird, und beschränkt sich **13** auf die Haftung für Nachlassverbindlichkeiten nach den Vorschriften des BGB. Wird der Antrag **zurückgenommen oder zurückgewiesen**, fällt eine Gebühr Nr. 12310 KV an. Für diese haftet der Antragsteller nach § 22 Abs. 1 und, soweit ihm die Kosten durch gerichtliche Entscheidung auferlegt werden, ggf nach § 27 Nr. 1; eine Haftung der Erben nach § 24 wird in diesen Fällen nicht begründet.

4. Errichtung eines Nachlassinventars (Nr. 4). Im Zusammenhang mit der Errichtung eines Nachlassinventars sind drei verschiedene Fallgruppen zu unterscheiden: **14**

- Der Erbe kann ein Verzeichnis des Nachlasses, ein Inventar, selbst errichten und bei Gericht einreichen (§§ 1993, 2002 BGB).
- Der Erbe kann auch die amtliche Aufnahme eines Nachlassinventars beantragen (§ 2003 BGB).
- Darüber hinaus besteht die Möglichkeit, dass ein Erbe sich auf ein bei Gericht vorhandenes Inventar bezieht und erklärt, dass dieses als von ihm eingereicht gelten soll (§ 2004 BGB).

Die Haftung der Nr. 4 gilt nur für Verfahren nach § **2003 BGB**, also für die **amtliche Aufnahme eines** **15** **Nachlassinventars**. Für die anderen Möglichkeiten ergibt sich die Kostenhaftung aus § 23 Nr. 4 Buchst. d.

Hat ein Erbe die amtliche Aufnahme des Inventars beantragt und wird der Antrag nicht zurückgenommen **16** oder zurückgewiesen, erfolgt die Inventarerrichtung nach § 2003 Abs. 1 S. 1 BGB durch einen vom Nachlassgericht beauftragten Notar. Für die nach Nr. 12412 KV anfallende Gebühr haften die Erben.

5. Nachlassverwaltung (Nr. 5). Wie bei Nr. 3 wird die Kostenhaftung der Erben nur begründet, wenn die **17** beantragte Nachlassverwaltung **angeordnet** wird. Bei Anordnung der Nachlassverwaltung fällt eine Gebühr Nr. 12311 KV an, für die die Erben beschränkt haften. Wird der Antrag **zurückgenommen oder zurückgewiesen**, fällt eine Gebühr Nr. 12310 KV an. Für diese haftet der **Antragsteller** nach § 22 Abs. 1. Die Nachlassverwaltung kann durch die Erben nur gemeinschaftlich beantragt werden (§§ 1981 Abs. 1, 2062 BGB) oder durch einen Nachlassgläubiger (§ 1981 Abs. 2 BGB).

6. Pflegschaft für einen Nacherben (Nr. 6). Die Pflegschaft für einen Nacherben kann nach § 1913 S. 2 **18** BGB angeordnet werden. Es handelt sich um eine betreuungsgerichtliche Zuweisungssache. Die Anordnung erfolgt bei Vorliegen der Voraussetzungen von Amts wegen und löst eine Gebühr nach Nr. 11104 KV (nicht nach Nr. 12311 KV, da es sich nicht um eine Nachlasspflegschaft handelt).[7] Wird die Pflegschaft nur für einzelne Rechtshandlungen angeordnet, fällt eine Gebühr nach Nr. 11105 KV an. In beiden Fällen haften nur die Erben, dagegen nicht der Betroffene, für den die Pflegschaft angeordnet wurde.

7. Ernennung oder Entlassung eines Testamentsvollstreckers (Nr. 7). In Verfahren über die Ernennung oder **19** Entlassung eines Testamentsvollstreckers fällt in erster Instanz eine Gebühr nach Nr. 12420 KV an, für die die Erben haften. Die Haftung erstreckt sich auch auf anfallende Auslagen.

8. Entgegennahme von Erklärungen im Zusammenhang mit einer Testamentsvollstreckung (Nr. 8). Die **20** Haftung der Erben für die Entgegennahme von Erklärungen, die die **Bestimmung der Person des Testamentsvollstreckers** oder die **Ernennung von Mitvollstreckern** betreffen, oder über die **Annahme, Ablehnung** oder **Kündigung des Amtes** als Testamentsvollstrecker erstreckt sich auf die hierfür anfallende Gebühr nach Nr. 12410 Anm. Abs. 1 Nr. 4 KV. Nachdem sich die Tätigkeit des Gerichts auf die Entgegennahme der entsprechenden Erklärung beschränkt und das gerichtliche Verfahren damit beendet ist, ist der Anfall von Auslagen kaum denkbar.

9. Ermittlung der Erben (Nr. 9). Die Regelung bestimmt, dass die Erben für die Kosten in Verfahren zur **21** **Ermittlung der Erben** haften. Ein Gebührentatbestand für die Erbenermittlung existiert nicht, so dass Gebühren nicht anfallen. Die Haftung der Erben beschränkt sich daher auf die im Zusammenhang mit der Ermittlung der Erben anfallenden Auslagen.

---

5 BDS/*Sommerfeldt*, § 24 Rn 5. **6** BT-Drucks 17/11471, S. 161. **7** Zustimmend: BDS/*Sommerfeldt*, § 24 Rn 8; aA Korintenberg/
Hellstab, § 24 Rn 8.

§ 25 Kostenschuldner im Rechtsmittelverfahren, Gehörsrüge

(1) Die nach § 22 Absatz 1 begründete Haftung für die Kosten eines Rechtsmittelverfahrens erlischt, wenn das Rechtsmittel ganz oder teilweise mit Erfolg eingelegt worden ist und das Gericht nicht über die Kosten entschieden hat oder die Kosten nicht von einem anderen Beteiligten übernommen worden sind.

(2) [1]Richtet sich eine Beschwerde gegen eine Entscheidung des Betreuungsgerichts und ist sie von dem Betreuten oder dem Pflegling oder im Interesse dieser Personen eingelegt, so schuldet die Kosten nur derjenige, dem das Gericht die Kosten auferlegt hat. [2]Entsprechendes gilt für ein sich anschließendes Rechtsbeschwerdeverfahren und für das Verfahren über die Rüge wegen Verletzung des Anspruchs auf rechtliches Gehör.

(3) Die §§ 23 und 24 gelten nicht im Rechtsmittelverfahren.

I. Gesetzliche Systematik

1   Rechtsmittelverfahren werden nur auf Antrag eingeleitet. Der Rechtsmittelführer haftet nach § 22 Abs. 1 für den jeweiligen Rechtszug als Antragsteller. Seine Kostenhaftung erstreckt sich auf sämtliche anfallenden Gebühren und Auslagen (→ § 22 Rn 11). Ist der Tatbestand des Abs. 1 erfüllt, **entfällt die Haftung des Antragstellers** nach § 22 Abs. 1 nachträglich.

2   Abs. 1 soll dem Umstand Rechnung tragen, dass seit Inkrafttreten des GNotKG die Gebühren für Rechtsmittel wegen des Hauptgegenstands unabhängig vom Ausgang des Verfahrens entstehen.[1] Dies trifft nicht für alle Gebühren in Rechtsmittelverfahren zu, weshalb die **Regelung nicht unproblematisch** ist: Auch nach dem GNotKG gibt es weiterhin Gebühren im Beschwerde- bzw Rechtsbeschwerdeverfahren, die nur dann entstehen, wenn die Beschwerde verworfen oder zurückgewiesen wird (Nr. 13320, 14510, 15225, 19112, 19115, 19116, 19123, 19126 KV). Für die Gebühren, die nur bei Erfolglosigkeit des Rechtsmittels entstehen, ist idR als Anmerkung zum Gebührentatbestand im KV vorgesehen, dass bei nur teilweiser Verwerfung oder Zurückweisung des Rechtsmittels das Gericht die Höhe der Gebühr ermäßigen kann oder bestimmen kann, dass die Gebühr nicht zu erheben ist. Soweit es sich um Wertgebühren handelt und die Zurückweisung sich nur auf einen Teil bezieht, wird dem Teilerfolg dadurch Rechnung getragen, dass die Gebühr nur aus dem Wert des zurückgewiesenen Teils entsteht. Eine Anwendung von Abs. 1 auf solche **Rechtsmittelverfahren**, bei denen die **Gebühr abhängig vom Ausgang des Verfahrens** entsteht, widerspricht dem Sinn und Zweck der Regelung.

3   Die Regelung des Abs. 1 steht weiter im **Widerspruch zum Rechtsgedanken des § 22 Abs. 1:** Da zum Tatbestand des Abs. 1 gehört, dass weder ein Entscheidungs- noch ein Übernahmeschuldner (§ 27 Nr. 1 oder 2) vorhanden sein darf, führt der Wegfall der Antragstellerschuldnerhaftung dazu, dass im Rechtsmittelverfahren überhaupt kein Kostenschuldner vorhanden ist und die Kostenlast die Staatskasse trifft. Dies steht im Widerspruch zum Gedanken des § 22 Abs. 1, wonach den Veranlasser das Risiko der Kostenlast treffen soll, unabhängig davon, wie ein Rechtszug endet.

4   Mit **Abs. 1** soll erreicht werden, dass der Beschwerdeführer im Falle des Obsiegens nicht für die Kosten haftet, wenn das Gericht keine Kostenentscheidung getroffen hat. Nach der Begründung der Bundesregierung soll der obsiegende Beschwerdeführer auch nicht mit Kosten belastet werden, wenn der Entscheidungsschuldner nicht zahlungsfähig ist.[2] Dieses Ziel wird mit der Regelung jedoch nicht erreicht, da die Antragstellerschuldnerhaftung nach dem eindeutigen Wortlaut der Vorschrift nur dann entfällt, wenn das Gericht keine Kostenentscheidung getroffen hat; das Vorhandensein eines (zahlungsunfähigen) Entscheidungsschuldners setzt aber gerade eine gerichtliche Kostenentscheidung voraus.

5   Für Rechtsmittelverfahren gegen Entscheidungen des Betreuungsgerichts, die vom Betroffenen, also dem Betreuten oder dem Pflegling oder im Interesse dieser Personen, eingeleitet werden, bestimmt **Abs. 2**, dass ausschließlich eine Kostenhaftung des Entscheidungsschuldners (§ 27 Nr. 1) bestehen kann. Anders als in den Fällen des Abs. 1 entfällt die Antragstellerhaftung nicht nachträglich; sie besteht grundsätzlich, kann jedoch nicht geltend gemacht werden. Dass „nur" der Entscheidungsschuldner haftet, gilt auch, wenn der Betreute oder der Pflegling Gehörsrüge erhebt.

6   Abs. 3 bestimmt, dass im Rechtsmittelverfahren die besonderen Kostenhaftungsvorschriften der §§ 23 und 24 nicht gelten.

II. Erlöschen der Antragstellerschuldnerhaftung (Abs. 1)

7   **1. Voraussetzungen. a) Erfolgreiches Rechtsmittel.** Damit die Rechtsfolge des Abs. 1 eintreten kann, muss der Rechtsmittelführer **ganz oder teilweise erfolgreich** gewesen sein. Bei nur teilweisem Erfolg ist unerheb-

---

1 BT-Drucks 17/11471, S. 161. **2** BT-Drucks 17/11471, S. 198.

lich, ob der Erfolg den Nichterfolg überwiegt. Jeder noch so kleine Erfolg reicht aus, um die Antragstellerhaftung nachträglich entfallen zu lassen.

Liegt ein extremes Missverhältnis vor, kann die Enthaftung des Antragstellers nur dadurch verhindert werden, dass das Gericht eine Entscheidung über die Kosten trifft. Fallen Gebühren im Rechtsmittelverfahren überhaupt erst an, wenn der Beschwerdeführer ganz oder teilweise erfolglos ist, ist die Nichtanwendung der Enthaftungsvorschrift geboten (→ Rn 2). **8**

b) **Keine Kostenentscheidung des Gerichts und kein Übernahmeschuldner.** Die Norm setzt nach ihrem **9** Wortlaut weiter voraus, dass das Gericht nicht über die Kosten entschieden hat oder die Kosten nicht von einem anderen Beteiligten übernommen worden sind. Als **Entscheidung des Gerichts über die Kosten** kommt in Betracht, dass diese nach § 81 Abs. 1 S. 1 FamFG einem Beteiligten ganz oder teilweise auferlegt worden sind. Von dieser Möglichkeit wird das Gericht insb. dann Gebrauch machen, wenn mehrere Beteiligte im Rechtsmittelverfahren unterschiedliche Interessen geltend machen und das Rechtsmittelverfahren dadurch streitentscheidenden Charakter hat. Sind am Rechtsmittelverfahren mehrere beteiligt, wird das Gericht im Fall des erfolgreichen Rechtsmittels die Kosten dem Beschwerdegegner auferlegen. In diesem Fall kann sich der Rechtsmittelführer verauslagte Kosten, für die er wegen des Vorliegens einer Kostenentscheidung weiter haftet, gegen den Beschwerdegegner festsetzen lassen (§ 85 FamFG, §§ 103–107 ZPO).

Gleiches gilt dann, wenn die **Kosten von einem anderen Beteiligten übernommen** worden sind, der andere **10** also nach § 27 Nr. 2 haftet. Ebenfalls eine Entscheidung über die Kosten ist eine solche nach § 81 Abs. 1 S. 2 FamFG, wenn bestimmt wird, dass von der Erhebung der Kosten abzusehen ist. Dann entfällt zwar nicht die Haftung des Antragstellers nach Abs. 1, aber aufgrund der gerichtlichen Entscheidung kann seine Haftung nicht geltend gemacht werden.

2. **Rechtsfolge.** Liegen die Voraussetzungen vor, entfällt die Haftung des Antragstellers nach § 22 Abs. 1 **11** **nachträglich** und **rückwirkend**. Hatte der Antragsteller gem. §§ 13, 14 einen Vorschuss geleistet, ist dieser zurückzuzahlen.[3]

Nicht berührt von der Regelung des Abs. 1 werden die Haftung des Auslagenschuldners nach § 17 und **12** nach § 26 sowie die Haftung des Vergleichsschuldners nach § 22 Abs. 2.

III. Rechtsmittel in Betreuungsverfahren (Abs. 2)

1. **Voraussetzungen (Abs. 2 S. 1). a) Beschwerde gegen eine Entscheidung des Betreuungsgerichts.** Die Be **13** schwerde muss sich **gegen eine Entscheidung des Betreuungsgerichts** richten. Abs. 2 findet also nur in Verfahren, die den Betreuungsgerichten zugewiesen sind, Anwendung. Entscheidet bei einer Nachlasspflegschaft das Nachlassgericht, findet die Regelung des Abs. 1 ebenfalls Anwendung.[4]

b) **Beschwerde vom bzw im Interesse des Betreuten/Pfleglings.** Die Beschwerde muss **vom Betreuten bzw** **14** **Pflegling eingelegt** sein. Handelt statt des Betreuten/Pfleglings ein Vertreter im Namen des Betreuten/Pfleglings, ist Beschwerdeführer der Betreute/Pflegling. Dies gilt auch dann, wenn der Betreuer oder der Vorsorgebevollmächtigte im Namen des Betreuten bzw Vertretenen Beschwerde einlegt, wozu er berechtigt ist (§§ 303 Abs. 4, 335 Abs. 3 FamFG).

Legt nicht der Betreute/Pflegling Beschwerde ein, sondern ein anderer Beteiligter, findet Abs. 2 Anwendung, **15** wenn die Beschwerde **im Interesse des Betreuten bzw Pfleglings** eingelegt wird.

Nicht nur wegen eigener Interessen, sondern auch im Interesse des Betreuten sind beschwerdeberechtigt die **16** zuständige Behörde (§§ 303 Abs. 1, 335 Abs. 4 FamFG), der Verfahrenspfleger (§§ 303 Abs. 3, 335 Abs. 2 FamFG) und der Betreuer oder Vorsorgebevollmächtigte (§§ 303 Abs. 4, 3 FamFG). Legt einer der Vorgenannten Beschwerde ein, kommt es für die Anwendbarkeit von Abs. 2 darauf an, ob der Beschwerdeführer eigene Interessen verfolgt oder die des Betreuten.

Die Verfolgung **eigener Interessen** – und damit Unanwendbarkeit von Abs. 2 – liegt unzweifelhaft vor, wenn **17** der Betreuer sich gegen die Nichtbewilligung einer Vergütung, gegen die Anordnung der Rechnungslegungspflicht oder gegen seine Entlassung beschwert. Auch die Beschwerde des Betreuers gegen Anordnungen des Betreuungsgerichts, die sich gegen den Betreuer selbst richten, zB die Anordnung von Maßregeln bei Gefährdung der Person oder des Vermögens des Betreuten,[5] erfolgt im eigenen Interesse. Legt der Betreuer Beschwerde gegen eine gegen ihn gerichtete Maßnahme ein, um ihre Auswirkungen von dem Betreuten abzuwenden, ist Abs. 2 dagegen anwendbar.[6]

Ausschließlich **im Interesse des Betreuten** kann Beschwerde eingelegt werden von nahen Angehörigen oder **18** von einer Vertrauensperson des Betreuten, wenn sie im ersten Rechtszug beteiligt worden sind (§§ 303

---

3 BT-Drucks 17/11471, S. 157. **4** Korintenberg/*Hellstab*, § 25 Rn 6; BayObLG Rpfleger 1981, 327. **5** Korintenberg/*Hellstab*, § 25 Rn 7; KG JVBl. 1941, 175. **6** Korintenberg/*Hellstab*, § 25 Rn 6; OLG Braunschweig FamRZ 1973, 268.

Abs. 2, 335 Abs. 1 Nr. 1 und 2 FamFG), und in Unterbringungsverfahren zusätzlich vom Leiter der Einrichtung, in der der Betroffene lebt und der am Verfahren beteiligt wurde (§ 335 Abs. 1 Nr. 3 FamFG).

19 **c) Kostenentscheidung des Gerichts.** Das Gericht muss die **Kosten** einem Beteiligten oder Dritten **auferlegt** haben. Nach § 81 Abs. 1 S. 1 FamFG kann es die Kosten nach billigem Ermessen den Beteiligten ganz oder zum Teil auferlegen. In den in § 81 Abs. 2 FamFG genannten Fällen soll es die Kosten ganz oder teilweise einem Beteiligten auferlegen. Die Kosten eines erfolglos eingelegten Rechtsmittels sollen nach § 84 FamFG dem Rechtsmittelführer auferlegt werden.

20 **2. Rechtsfolge und Umfang der Haftung.** Sind alle Voraussetzungen erfüllt, kann die Haftung des Beschwerdeführers nach § 22 Abs. 1 nicht geltend gemacht werden. Es haftet vielmehr ausschließlich („nur") der Entscheidungsschuldner nach § 27 Nr. 1 und zwar für die anfallenden Gebühren (Nr. 11200 ff KV) und Auslagen.

21 **3. Unanwendbarkeit von Abs. 2. a) Beschwerde eines anderen Beteiligten im eigenen Interesse.** Wird die Beschwerde nicht vom Betreuten/Pflegling oder in dessen Interesse eingelegt (→ Rn 16, 18), sondern von einem anderen Beteiligten im eigenen Interesse, findet die Ausnahme von der Geltendmachung der Haftung nach Abs. 2 keine Anwendung. Der Beschwerdeführer haftet in diesen Fällen von Anfang an nach § 22 Abs. 1 als Antragstellerschuldner für die anfallenden Gebühren und Auslagen, auch dann, wenn das Gericht keine Kostenentscheidung trifft.

22 **b) Fehlende Kostenentscheidung bei Beschwerde des Betreuten/Pfleglings.** Ist Beschwerdeführer der Betreute/Pflegling oder handelt der Beschwerdeführer im Interesse des Betreuten/Pfleglings und trifft das Gericht **keine Entscheidung über die Kosten,** kann die Haftung des Beschwerdeführers nach § 22 Abs. 1 nicht geltend gemacht werden. Es fehlt in den betreffenden Beschwerdeverfahren an einem Kostenschuldner, der in Anspruch genommen werden könnte. In der Konsequenz sind solche Verfahren kostenfrei.[7] Die Gebührenfreiheit gilt wegen der gesetzlichen Systematik auch für unstatthaft eingelegte Rechtsmittel.[8]

23 **4. Rechtsbeschwerdeverfahren und Gehörsrüge (Abs. 2 S. 2).** Die Erl. in → Rn 13–19 gelten entsprechend in Rechtsbeschwerdeverfahren und in Verfahren über die **Rüge wegen Verletzung des Anspruchs auf rechtliches Gehör.**

IV. Keine besondere Kostenhaftung im Rechtsmittelverfahren (Abs. 3)

24 Nach dem eindeutigen Wortlaut des **Abs. 3** sind die besonderen Kostenhaftungsvorschriften der §§ 23 und 24 im Rechtsmittelverfahren unanwendbar. Andere Kostenhaftungsvorschriften bleiben unberührt und gelten auch im Rechtsmittelverfahren. Es haftet auch in den in den §§ 23 und 24 genannten Verfahrensgegenständen regelmäßig der Antragsteller nach § 22 Abs. 1 und ggf der Entscheidungsschuldner nach § 27 Nr. 1.

§ 26 Bestimmte sonstige gerichtliche Auslagen

(1) [1]Die Dokumentenpauschale schuldet ferner, wer die Erteilung der Ausfertigungen, Kopien oder Ausdrucke beantragt hat. [2]Sind in einem gerichtlichen Verfahren Kopien oder Ausdrucke angefertigt worden, weil der Beteiligte es unterlassen hat, die erforderliche Zahl von Mehrfertigungen beizufügen, schuldet nur der Beteiligte die Dokumentenpauschale.

(2) Die Auslagen nach Nummer 31003 des Kostenverzeichnisses schuldet nur, wer die Versendung der Akte beantragt hat.

(3) In Unterbringungssachen schuldet der Betroffene nur Auslagen nach Nummer 31015 des Kostenverzeichnisses und nur, wenn die Gerichtskosten nicht einem anderen auferlegt worden sind.

(4) Im Verfahren auf Bewilligung von Verfahrenskostenhilfe und im Verfahren auf Bewilligung grenzüberschreitender Prozesskostenhilfe ist der Antragsteller Schuldner der Auslagen, wenn

1. der Antrag zurückgenommen oder vom Gericht abgelehnt wird oder
2. die Übermittlung des Antrags von der Übermittlungsstelle oder das Ersuchen um Prozesskostenhilfe von der Empfangsstelle abgelehnt wird.

(5) Die Auslagen einer öffentlichen Zustellung in Teilungssachen schulden die Anteilsberechtigten.

---

7 BT-Drucks 17/11471, S. 162. **8** BGH 7.5.2014 – XII ZB 540/13, juris.

I. Allgemeines

§ 26 regelt die Haftung für bestimmte Auslagen und entspricht – abgesehen von Abs. 3 und 5 – inhaltlich   **1**
§ 23 FamGKG sowie § 28 GKG.

Durch die Regelung wird in **Abs. 1** für die Dokumentenpauschale sowie in **Abs. 2** für die Aktenversen-   **2**
dungspauschale ein eigener Schuldner geschaffen,[1] der allein („nur") oder neben anderen Kostenschuldnern
(„ferner") haftet.

Auch **Abs. 3** schafft einen eigenen Kostenschuldner und zwar für bestimmte Auslagen in Unterbringungssa-   **3**
chen. Für Unterbringungssachen (§ 315 FamFG) existiert kein Gebührentatbestand, so dass diese Verfahren
gebührenfrei sind. Eine allgemeine Kostenhaftung in § 23 wurde nicht aufgenommen, weshalb die Haftung
der Auslagen gesondert geregelt ist. **Abs. 4** bestimmt den Antragsteller in Verfahren auf Bewilligung von
Verfahrenskostenhilfe und grenzüberschreitender Prozesskostenhilfe im Fall der Antragsrücknahme oder
-ablehnung als Auslagenschuldner. **Abs. 5** bestimmt den Auslagenschuldner für die öffentliche Zustellung in
Teilungsverfahren, für die nach § 492 Abs. 1 S. 5 FamFG die Gerichte zuständig sind.

Die Regelungen in Abs. 1 und 2 dienen der Kostengerechtigkeit, Abs. 1 S. 2 zusätzlich der Kostendämp-   **4**
fung.[2] Die Abs. 3, 4 und 5 sind erforderlich, weil in den Verfahren, in denen sie Anwendung finden, keine
Gebühren entstehen und eine allgemeine Kostenhaftungsregelung nicht existiert, es jedoch gerechtfertigt ist
– wohl ebenfalls aus Gründen der Kostengerechtigkeit –, für bestimmte Auslagen einen Schuldner zu bestimmen.

II. Auslagenhaftungen im Einzelnen

1. Haftung für die Dokumentenpauschale (Abs. 1 S. 1)

a) Anwendungsbereich. Für die Herstellung und Überlassung von Ausfertigungen, Kopien und Ausdrucken   **5**
(Dokumente), auch wenn die Überlassung in elektronischer Form erfolgt, werden Auslagen nach Nr. 31000
KV als Pauschale erhoben. Auf diese Auslagen findet Abs. 1 Anwendung. Die Herstellung von Dokumenten
erfolgt **auf Antrag** (Nr. 31000 Nr. 1 Buchst. a KV) oder wenn Urkunden, die zu den Akten gegeben wurden,
von dem Beteiligten zurückgefordert werden und für die Akten eine Kopie der Urkunde zurückbehalten
werden muss (Nr. 31000 Nr. 1 Buchst. b KV).

b) Antragsteller iSv Abs. 1 S. 1. Antragsteller iSv Abs. 1 S. 1 und damit Auslagenschuldner ist derjenige, der   **6**
die Herstellung der Dokumente oder die Rückgabe der Urkunde (→ Rn 5) beantragt hat. Hiervon zu unterscheiden ist der Antragsteller iSv § 22.

Wird der Antrag auf Herstellung und Übersendung von Dokumenten nicht von einem Beteiligten selbst ge-   **7**
stellt, sondern von dessen Verfahrensbevollmächtigtem, ist nach den Gesamtumständen zu beurteilen, ob
der Beteiligte oder der Verfahrensbevollmächtigte selbst Antragsteller ist.[3]

Bestellt der **Verfahrensbevollmächtige** Abschriften, die er seinem Auftraggeber nicht in Rechnung stellen   **8**
kann, wird unterschiedlich beurteilt, wer Kostenschuldner der Dokumentenpauschale ist. Die Auffassung,
dass in diesen Fällen nur der Verfahrensbevollmächtigte haftet,[4] mag dem Gedanken der Kostengerechtigkeit entsprechen. Dagegen – und somit für eine Haftung des vertretenen Beteiligten[5] – spricht jedoch, dass
das Innenverhältnis dem Kostenbeamten in vielen Fällen nicht bekannt sein wird und ihn ggf eine Nachfor-
schungspflicht treffen könnte. Im Verhältnis zur Staatskasse darf das Innenverhältnis keine Rolle spielen,
sonst wäre im Rahmen des Kostenansatzes eine Prüfung und Bewertung der Haftung im Innenverhältnis
erforderlich, um den Auslagenschuldner festzustellen.

c) Häufigster Anwendungsfall. Der praktisch häufigste Anwendungsfall für Abs. 1 S. 1 dürfte sein, dass   **9**
sich ein **Berechtigter** nach § 13 Abs. 3 FamFG **Abschriften aus der Akte** erteilen lässt. Wird einer nicht am
Verfahren beteiligten Person Akteneinsicht bewilligt, gehört sie auch zum Kreis der Berechtigten, die Abschriften aus der Akte verlangen können (§ 13 Abs. 2 und 3 FamFG). Auch für diese nicht am Verfahren
beteiligten Dritte findet die Haftungsregel des Abs. 1 S. 1 Anwendung.[6]

Daneben ist denkbar, dass ein **Beteiligter mehr Abschriften** beantragt, als ihm nach Anm. Abs. 3 zu   **10**
Nr. 31000 KV auslagenfrei erteilt werden.

Nach § 14 besteht Vorschusspflicht für den Antragsteller.   **11**

---

1 *Hartmann*, KostG, § 28 GKG Rn 1; BGH NJW 2011, 3041. **2** Für den Schuldner der Dokumentenpauschale nach Abs. 1 S. 1
vgl HK-FamGKG/*Mayer*, § 23 Rn 2; *Hartmann*, KostG, § 28 GKG Rn 2; Binz/Dörndorfer/*Dörndorfer*, § 28 GKG Rn 1. **3** HK-
FamGKG/*Mayer*, § 23 Rn 3; *Meyer*, GKG § 28 Rn 6; Binz/Dörndorfer/*Dörndorfer*, § 28 GKG Rn 2. **4** BDS/*Sommerfeldt*, § 26
Rn 3; HK-FamGKG/*Mayer*, § 23 Rn 10; Binz/Dörndorfer/*Dörndorfer*, § 28 GKG Rn 2; *Hartmann*, KostG, § 28 GKG Rn 3. **5** So
Meyer, GKG § 28 Rn 6. **6** Entgegen HK-FamGKG/*Mayer*, § 23 Rn 7, wonach für Nichtbeteiligte Nr. 2000 KV JVKostG gilt.
Das JVKostG findet auf Justizverwaltungsakte der Justizbehörden des Bundes Anwendung, gilt aber für Justizbehörden der Län-
der nur in bestimmten Fällen, zB den Datenabruf vom Grundbuch.

12 **d) Verhältnis zu sonstigen Kostenschuldnern.** Der Auslagenschuldner nach Abs. 1 S. 1 tritt nach dem Wortlaut („ferner") neben sonstige vorhandene Kostenschuldner. Allerdings hat das **Nebeneinander** von weiteren Schuldnern aus den **unterschiedlichen Haftungsregelungen** (§§ 22 ff, 27) in Verfahren der freiwilligen Gerichtsbarkeit praktisch keine Relevanz. Zwar gilt nach § 32 Abs. 1 der Grundsatz, dass mehrere Kostenpflichtige als Gesamtschuldner haften. Aber nach § 32 Abs. 2 ist die **Gesamthaft anderer Kostenschuldner** für Mehrkosten (→ § 32 Rn 18 f), die durch besondere Anträge eines Beteiligten entstanden sind, **ausgeschlossen.** Die Dokumentenpauschale für die Erteilung von Abschriften auf Antrag sind solche Mehrkosten. Anders ist dies in Zivil- und Familienverfahren, da weder das GKG noch das FamGKG eine § 32 Abs. 2 entsprechende Regelung kennt.

13 **e) Verhältnis zwischen mehreren Auslagenschuldnern.** Beantragen mehrere Berechtigte die Erteilung **derselben Abschriften**, sind sie jeweils Auslagenschuldner nach Abs. 1 S. 1 und haften nach § 31 Abs. 1 als Gesamtschuldner. Die Dokumentenpauschale wird nur einmal erhoben (Anm. Abs. 1 S. 2 zu Nr. 31000 KV).

14 Beantragen mehrere Berechtigte **gesondert** Abschriften (auch wenn jeder die gleichen Abschriften beantragt), haftet jeder für sich und wegen § 32 Abs. 2 idR allein. Die Dokumentenpauschale wird für jeden Kostenschuldner gesondert berechnet (Anm. Abs. 1 S. 1 zu Nr. 31000 KV).

15 **2. Haftung für die Dokumentenpauschale (Abs. 1 S. 2).** Der Gesetzgeber verfolgte mit dem 2. KostRMoG das Ziel, das Kostenrecht zu vereinfachen.[7] Hierzu wurde versucht, das GNotKG an die übrigen Kostengesetze anzugleichen.[8] Wohl aus diesem Grund wurde Abs. 1 S. 2 aufgenommen, der § 23 Abs. 1 S. 2 FamGKG und § 28 Abs. 1 S. 2 GKG entspricht. Bei der Anpassung der Kostengesetze wurde offenbar übersehen, dass die Systematik der ZPO und des FamFG abweichen. Im Zivilprozess und in Ehe- sowie Familienstreitsachen hat der Kläger/Antragsteller nach § 133 Abs. 1 ZPO Schriftstücke, die von Amts wegen zuzustellen sind, in der erforderlichen Anzahl einzureichen. Unterlässt er dies, muss das Gericht die Abschriften herstellen. Für die insoweit anfallende Dokumentenpauschale ist es gerechtfertigt, dass nur derjenige haften soll, der pflichtwidrig die Einreichung der erforderlichen Abschriften unterlassen hat. Eine Pflicht des Antragstellers, Mehrfertigungen von Schriftstücken vorzulegen, ist im Verfahren der freiwilligen Gerichtsbarkeit nicht vorgesehen, weshalb die **Regelung in Abs. 1 S. 2 ins Leere** geht.

16 Selbst wenn für sonstige Verfahren, für die die Vorschriften des FamFG entsprechend gelten, eine § 133 ZPO entsprechende Regelung enthalten sein sollte, ist die Bestimmung eines gesonderten Auslagenschuldners ohne Bedeutung. Im Gegensatz zu den Regelungen im GKG und FamGKG kann in dem Fall, dass ein Beteiligter Schriftstücke nicht in der erforderlichen Zahl eingereicht hat und das Gericht Dokumente herstellen muss, um eine von Amts wegen erforderliche Zustellung vornehmen zu können, keine Dokumentenpauschale erhoben werden, da dieser Tatbestand nicht von Nr. 31000 KV erfasst wird.

17 Im Ergebnis ergibt sich für Abs. 1 S. 2 **kein Anwendungsbereich**. Die Aufnahme der Regelung führt nur optisch zu einem Gleichlauf mit den übrigen Kostengesetzen. Keinesfalls darf aus Abs. 1 S. 2 geschlossen werden, dass auch in Verfahren der freiwilligen Gerichtsbarkeit der Antragsteller Mehrfertigungen von zuzustellenden Schriftstücken vorzulegen hat.

18 **a) Anwendungsbereich.** Die Pauschale für die Versendung von Akten nach Nr. 31003 KV schuldet nur, wer die Versendung beantragt hat. Durch diese Regelung soll vermieden werden, dass ein allgemeiner Kostenschuldner wie bspw der Antragstellerschuldner nach § 22 Abs. 1 ungerechtfertigt haftet.[9] Nach § 14 besteht Vorschusspflicht für die Aktenversendungspauschale.

19 Wird der Antrag auf Akteneinsicht durch den Verfahrensbevollmächtigten gestellt, ist Kostenschuldner derjenige, der mit seiner Antragserklärung gegenüber der aktenführenden Stelle die Aktenversendung unmittelbar veranlasst hat,[10] also regemäßig der Rechtsanwalt.[11] Die Aktenversendungspauschale fällt nicht an, wenn die Akte lediglich in ein vorhandenes Gerichtsfach eingelegt wird.[12] Die Versendung von Akten an Behörden erfolgt idR aufgrund eines Ersuchens und nicht aufgrund eines Antrags iSv Abs. 2 und somit auslagenfrei im Wege der Amtshilfe.[13]

20 Die elektronische Übermittlung der Akte löst die Aktenversendungspauschale nicht aus, so dass sie nicht in den Anwendungsbereich von Abs. 2 fällt. Für die elektronische Aktenübermittlung fällt nur die Dokumentenpauschale an.[14]

21 **b) Mehrere Beteiligte.** Beantragen **mehrere Beteiligte** gemeinschaftlich die Versendung der Akte an eine Stelle, haften die Antragsteller jeweils nach Abs. 2 und wegen § 32 Abs. 1 als Gesamtschuldner für die anfallende Auslagenpauschale.

7 BT-Drucks 17/11471, S. 133. **8** BT-Drucks 17/11471, S. 133. **9** HK-FamGKG/*Mayer*, § 23 Rn 15; Binz/Dörndorfer/*Dörndorfer*, § 28 GKG Rn 4; vgl auch BT-Drucks 12/6962, S. 66 (Begr. zu § 23 Abs. 2 FamGKG). **10** BGH NJW 2011, 3041 **11** BDS/*Sommerfeldt*, § 26 Rn 8. **12** HK-FamGKG/*Mayer*, § 23 Rn 18; Binz/Dörndorfer/*Dörndorfer*, § 28 GKG Rn 4. **13** Korintenberg/*Hellstab*, § 26 Rn 8; BDS/*Sommerfeldt*, § 26 Rn 7. **14** BT-Drucks 17/11471, S. 162.

c) Teil der Akten. Wird nur ein **Teil der Akten** versandt, existieren für die Frage des **Verhältnisses zu Abs. 1** 22
S. 1 verschiedene Ansätze. Die Auffassung, dass bereits die Versendung von mehr als einem einzelnen Dokument eine Aktenversendung darstelle,[15] ist abzulehnen. Sie ist bereits nicht mit der Höhe der Pauschale in Einklang zu bringen, auch wenn diese lediglich ein Mittelwert ist und die tatsächlichen Auslagen im Einzelfall deutlich höher oder niedriger sein können. Verlangt das Gericht in jedem Fall, in dem lediglich ein einzelnes Dokument versandt wird, die Pauschale nach Nr. 31003 KV, würde dies zu einer unverhältnismäßigen und daher unzulässigen Überdeckung der Kosten führen. Der Ansicht, dass darauf abzustellen ist, ob die versandte Akte nach Akteneinsichtnahme wieder zurückgegeben werden soll, ist der Vorzug zu geben.[16]

4. Auslagenschuldner in Unterbringungssachen (Abs. 3). In Unterbringungssachen (§ 312 FamFG) entste- 23
hen keine Gebühren. Von der Regelung einer allgemeinen Kostenschuldnerhaftung in § 23 konnte daher abgesehen werden. Abs. 3 regelt die Haftung des Betroffenen (Unterzubringenden oder Untergebrachten) für bestimmte Auslagen. Die Haftung ist beschränkt auf die an den Verfahrenspfleger zu zahlenden Beträge nach **Nr. 31015 KV.** Wegen der Anm. zu Nr. 31015 KV können die genannten Auslagen vom Betroffenen per se nur erhoben werden, wenn dessen Mittel (Einkommen und Vermögen) die in § 1836 c BGB festgelegten Grenzen übersteigen, der Betroffene also nicht mittellos ist.

Nach Abs. 3 haftet der Betroffene allerdings nur, wenn die Kosten **nicht einem anderen auferlegt** worden 24
sind. Die Auslagenhaftung des Betroffenen nach Abs. 3 kann daher nicht neben einem Entscheidungsschuldner bestehen. Nach § 337 FamFG kann das Gericht die Kosten des Unterbringungsverfahrens in bestimmten Fällen der Staatskasse bzw der betroffenen Körperschaft auferlegen. Existiert ein Entscheidungsschuldner, können von diesem sämtliche Auslagen erhoben werden, nicht nur die nach Nr. 31015 KV. Außerdem kommt es für die Erhebung der Auslagen nach Nr. 31015 KV von einem Entscheidungsschuldner nicht darauf an, ob der Betroffene mittellos ist oder vermögend.

a) Tatbestand. Abs. 4 **Nr. 1** bestimmt, dass der Antragsteller von Verfahrenskostenhilfe für die Auslagen 25
haftet, wenn sein Antrag abgelehnt wird oder er den Antrag zurücknimmt. Die Regelung entspricht den gleichlautenden in § 23 Abs. 3 FamGKG und § 28 Abs. 3 GKG. Gebühren entstehen im isolierten Verfahren auf Bewilligung von Verfahrenskostenhilfe nicht.

b) Verhältnis zu § 22 Abs. 1. In welchem **Verhältnis zu § 22 Abs. 1** die Regelung steht und welche Funktion 26
sie hat, ist fraglich. Da Verfahrenskostenhilfe nur auf Antrag bewilligt wird, drängt sich auf, dass der Antragsteller – unabhängig vom Ausgang des Verfahrens – nach § 22 Abs. 1 Kostenschuldner ist. In § 2 Nr. 1 a KostO wurde eine Regelung zur Einschränkung der allgemeinen Antragstellerhaftung gesehen.[17] Eine entsprechende Einschränkung im Wortlaut der Vorschrift (zB haftet „nur") war und ist jedoch nicht enthalten, so dass der Antragsteller schon nach § 22 Abs. 1 für die Kosten, also Gebühren und Auslagen, haftet. Betrachtet man die Historik der Vorschrift, lässt sich auch daraus eine Einschränkung der allgemeinen Antragstellerhaftung nicht begründen. Die Regelung wurde mit dem Gesetz zur Umsetzung gemeinschaftsrechtlicher Vorschriften über die grenzüberschreitende Prozesskostenhilfe in Zivil- und Handelssachen in den Mitgliedstaaten (EG-Prozesskostenhilfegesetz) vom 15.12.2004[18] eingeführt. Durch Aufnahme von § 2 Nr. 1 a KostO sollte auch für innerstaatliche Verfahren auf Bewilligung von Verfahrenskostenhilfe die Kostenhaftung des Antragstellers im Fall der Rücknahme oder Ablehnung des Antrags geregelt werden. Die Einschränkung auf Antragsrücknahme und Ablehnung wurde nur deshalb vorgenommen, um im Falle der teilweisen Bewilligung von Verfahrenskostenhilfe Probleme bei der Aufteilung der Auslagen zu vermeiden.[19] Aufteilungsprobleme gibt es nicht, wenn dem Antragsteller in vollem Umfang Verfahrenskostenhilfe bewilligt wird. Dass bei Bewilligung von Verfahrenskostenhilfe eine Haftung für die Kosten nach § 22 Abs. 1, die natürlich nur im Rahmen und im Umfang einer getroffenen Zahlungsbestimmung von dem Betroffenen erhoben werden können, nicht bestehen soll, ergibt sich nicht. Im Fall der Bewilligung von Prozesskostenhilfe haftet der Antragsteller nach § 22 Abs. 1 für die Kosten des Bewilligungsverfahrens.

a) Allgemeines und Anwendungsbereich. Entgegen der Systematik des FamFG, das statt von „Prozesskos- 27
tenhilfe" von „Verfahrenskostenhilfe" spricht, wurde der Begriff der Prozesskostenhilfe beibehalten, der auch in der Richtlinie 2003/8/EG des Rates vom 27. Januar 2003 verwendet wird.[20] Das Verfahren bei grenzüberschreitender Prozesskostenhilfe ist in den §§ 1076–1078 ZPO geregelt. Die Vorschriften sind über § 76 Abs. 1 FamFG auch in Verfahren der freiwilligen Gerichtsbarkeit anwendbar oder jedenfalls analog, sofern eine Anwendbarkeit über § 76 Abs. 1 FamFG abgelehnt wird.

Die Zahl der Fälle, in denen in Verfahren der freiwilligen Gerichtsbarkeit grenzüberschreitende Prozesskos- 28
tenhilfe beantragt wird, dürfte überschaubar sein. Es sind zwei Fälle zu unterscheiden: Der Antragsteller kann im Inland einen Antrag auf Übermittlung eines Prozesskostenhilfeantrages in ein EU-Land stellen

---

15 *Hartmann*, KostG, § 28 GKG Rn 8. **16** HK-FamGKG/*Mayer*, § 23 Rn 20. **17** Korintenberg/*Lappe*, KostO, 18. Aufl., § 2
Rn 18. **18** BGBl. 2004 I 3392. **19** BT-Drucks 15/3281, S. 15. **20** BT-Drucks 17/11471, S. 162.

(ausgehender Antrag) oder es wird ein Antrag auf Bewilligung von Prozesskostenhilfe im Inland aus einem EU-Land übermittelt (eingehender Antrag).

29 **b) Übermittlung eines ausgehenden Antrags.** Die Übermittlung eines ausgehenden Antrags kann von dem inländischen Gericht (Übermittlungsstelle) abgelehnt werden, wenn der Antrag offensichtlich unbegründet ist oder nicht in den Anwendungsbereich der RL 2003/8/EG fällt (§ 1017 Abs. 3 ZPO).

30 Im Fall der **Ablehnung der Übermittlung** trifft den Antragsteller die Auslagenhaftung nach Abs. 4 **Nr. 2, 1. Alt.** Er haftet jedoch auch bei **Antragsrücknahme** oder wenn die **Empfangsstelle** des anderen Mitgliedstaates die **Prozesskostenhilfe ablehnt** nach Abs. 4 Nr. 1, da es sich um Alternativen handelt. Der Fall der Antragsrücknahme wurde aus Billigkeitserwägungen aufgenommen, um eine Besserstellung des Antragstellers zu vermeiden, der seinen offensichtlich unbegründeten Antrag zurücknimmt, bevor eine Entscheidung getroffen wird.[21]

31 Ist der Antrag auf Übermittlung des Prozesskostenhilfeantrages nicht offensichtlich unbegründet, veranlasst das Gericht von Amts wegen die Übersetzung des Antrags und der mit diesem zu übermittelnden Unterlagen in die Amtssprache der Empfangsstelle (§ 1077 Abs. 4 ZPO).

32 **c) Eingehender Antrag auf Bewilligung grenzüberschreitender Prozesskostenhilfe.** Geht ein **Antrag auf Bewilligung grenzüberschreitender Prozesskostenhilfe** ein, entscheidet das inländische Gericht (Empfangsstelle) über die Bewilligung von Prozesskostenhilfe. Wird der Antrag abgelehnt, weil die Voraussetzungen nach § 1078 Abs. 1 iVm §§ 114–116 ZPO nicht vorliegen, haftet der Antragsteller für die Auslagen nach Abs. 4 **Nr. 2, 2. Alt.** sowie bei Antragsrücknahme nach Abs. 4 Nr. 1 (→ Rn 30).

33 **d) Umfang der Haftung.** Nach dem Wortlaut haftet der Antragsteller für sämtliche Auslagen, die bei Antragsrücknahme, Ablehnung der Übermittlung durch die Übermittlungsstelle oder bei Ablehnung des Ersuchens durch die Empfangsstelle entstehen. Diese Regelung geht über das hinaus, was die RL 2003/8/EG zulässt. Nach Art. 13 Abs. 6 S. 2 der RL 2003/8/EG darf jeder Mitgliedstaat festlegen, dass die bei der Übermittlungsstelle angefallenen Übersetzungskosten vom Antragsteller zurückgefordert werden dürfen, wenn der Antrag auf Bewilligung von Prozesskostenhilfe von der Empfangsstelle abgelehnt wird. Im Übrigen darf von der Übermittlungsstelle kein Entgelt vom Antragsteller verlangt werden (Art. 13 Abs. 6 S. 1 RL 2003/8/EG). Nach Ansicht des Gesetzgebers ist die Kostenhaftung bei Ablehnung der Übermittlung sowie bei Antragsrücknahme mit der RL 2003/8/EG vereinbar.[22] Zumindest bei Ablehnung der Übermittlung erscheint dies fraglich. Jedenfalls nicht von der Richtlinie umfasst ist die Haftung für sämtliche Auslagen. Die Vorschrift ist daher **europarechtskonform** dahin gehend **auszulegen**, dass eine Haftung nur für **Auslagen** begründet wird, die **für die Übersetzung** des Antrags und der Unterlagen bei der Übermittlungsstelle entstehen. Für sonstige Auslagen (Zustellauslagen, Dokumentenpauschale usw) darf der Antragsteller nicht in Anspruch genommen werden.

34 **7. Öffentliche Zustellung in Teilungssachen (Abs. 5).** Mit dem Gesetz zur Übertragung von Aufgaben im Bereich der freiwilligen Gerichtsbarkeit auf Notare vom 26.6.2013[23] wurde geregelt, dass für Verfahren in Teilungssachen nach § 342 Abs. 2 Nr. 1 FamFG nicht mehr die Nachlassgerichte, sondern seit 1.9.2013 ausschließlich Notare zuständig sind. Sofern im Rahmen eines Teilungsverfahrens eine öffentliche Zustellung erforderlich wird, wird diese nach § 492 Abs. 1 S. 5 FamFG auf Ersuchen des Notars durch das Amtsgericht durchgeführt. Für die öffentliche Zustellung entstehen bei Gericht keine Gebühren, jedoch können Auslagen für die Ausführung der öffentlichen Zustellung anfallen. Nach Abs. 5 haften für die gerichtlichen Auslagen alle Anteilsberechtigten. Mehrere Anteilsberechtigte haften wegen § 31 Abs. 1 als Gesamtschuldner.

§ 27 Weitere Fälle der Kostenhaftung

Die Kosten schuldet ferner,

1. wem durch gerichtliche Entscheidung die Kosten des Verfahrens auferlegt sind;
2. wer sie durch eine vor Gericht abgegebene oder dem Gericht mitgeteilte Erklärung oder in einem vor Gericht abgeschlossenen oder dem Gericht mitgeteilten Vergleich übernommen hat; dies gilt auch, wenn bei einem Vergleich ohne Bestimmung über die Kosten diese als von beiden Teilen je zur Hälfte übernommen anzusehen sind;
3. wer für die Kostenschuld eines anderen kraft Gesetzes haftet und
4. der Verpflichtete für die Kosten der Vollstreckung.

21 BT-Drucks 15/3281, S. 15.   **22** BT-Drucks 15/3281, S. 15.   **23** BGBl. 2013 I 1800.

I. Allgemeines

Die Vorschrift bestimmt weitere Kostenschuldner. Besteht eine Kostenhaftung nach § 27, kann der Ver- **1**
pflichtete neben („ferner") sonstige Kostenschuldner treten, die aus anderen Vorschriften (zB Antragsteller
nach § 22 Abs. 1) zur Kostentragung verpflichtet sind.[1] Dies gilt jedoch nicht, sofern ein Nebeneinander
durch andere Regelungen (zB § 24) ausgeschlossen ist. Sind **mehrere Kostenschuldner** vorhanden, haften sie
nach § 31 Abs. 1 als Gesamtschuldner.[2] Für die **Reihenfolge** ihrer Inanspruchnahme ist § 33 zu beachten.
§ 33 Abs. 1 regelt, dass Kostenschuldner nach § 27 Nr. 1 und 2 Erstschuldner sind, deren Haftung vorrangig geltend zu machen ist.

Derselbe Kostenschuldner kann auch aus verschiedenen Gründen für dieselben Kosten haften. So kann zB **2**
der Antragsteller nach § 22 Abs. 1 für alle anfallenden Kosten haften, zusätzlich kann er Vorschussschuldner nach §§ 14, 17 für bestimmte Auslagen sein und gleichzeitig Entscheidungsschuldner nach § 27 Nr. 1.

Eine genaue Feststellung, für welche Kosten aufgrund welcher Vorschrift ein Beteiligter in Anspruch ge- **3**
nommen werden kann, ist wichtig und ist zB für die Frage der Reihenfolge der Inanspruchnahme (§ 33)
oder das Erlöschen der Zahlungspflicht (§ 28) unerlässlich.

Die Regelung entspricht denen des § 29 GKG und § 24 FamGKG. In Nr. 2 ist die Kostenhaftung aufgrund **4**
einer gesetzlichen Kostenverteilung bei Vergleichsschluss ohne Bestimmung über die Kosten geregelt. Nach
§ 83 Abs. 1 FamFG gelten in diesem Fall die Kosten als anteilig nach Köpfen verteilt.

II. Tatbestände im Einzelnen

1. Entscheidungsschuldner (Nr. 1). a) Gerichtliche Entscheidung. Nr. 1 bestimmt, dass ferner die Kosten **5**
schuldet, wem sie durch gerichtliche Entscheidung auferlegt sind. Ein Kostenschuldner nach Nr. 1 setzt voraus, dass eine **Kostengrundentscheidung** getroffen wurde. Anders als in Zivilverfahren oder in Familiensachen ist in Verfahren der freiwilligen Gerichtsbarkeit nicht in jeder Endentscheidung auch über die Kosten
des Verfahrens zu entscheiden. Eine Kostenscheidung in Verfahren der freiwilligen Gerichtsbarkeit ist eher
die Ausnahme. In vielen Fällen ist eine Kostenentscheidung entbehrlich, weil sich der Schuldner der Gerichtskosten aus dem Gesetz ergibt und ein zweiter Beteiligter, mit dem die Kosten ausgeglichen werden
könnten, nicht vorhanden ist.

Nach § 81 Abs. 1 S. 1 FamFG kann das Gericht die Kosten einem Beteiligten nach billigem Ermessen ganz **6**
oder zum Teil auferlegen. Beteiligter iSv § 81 Abs. 1 S. 1 FamFG ist jeder Verfahrensbeteiligte. Unter bestimmten Voraussetzungen soll das Gericht die Kosten einem Verfahrensbeteiligten ganz oder teilweise auferlegen (§ 81 Abs. 2 FamFG). Am Verfahren nicht beteiligten Dritten können nach § 81 Abs. 4 FamFG die
Kosten des Verfahrens auferlegt werden, jedoch nur, wenn sie die Tätigkeit des Gerichts grob schuldhaft
veranlasst haben. Nur vereinzelt liegt es nicht im Ermessen des Gerichts, ob es eine Kostenentscheidung
trifft, sondern es muss eine solche treffen (§§ 35 Abs. 3 S. 2, 92 Abs. 2, 353 Abs. 1, 389 Abs. 2 FamFG).

Die Kostenentscheidung hat nach § 82 FamFG **in der Endentscheidung** (Beschluss) zu erfolgen. Fehlt eine **7**
Kostenentscheidung, kann der Beschluss auf Antrag nachträglich um die Kostenentscheidung ergänzt werden (§ 43 Abs. 1 FamFG).

Die Haftung als Entscheidungsschuldner tritt mit Wirksamwerden der Entscheidung ein, unabhängig da- **8**
von, ob sie rechtskräftig oder vollstreckbar ist.[3] Die Wirksamkeit einer Endentscheidung und damit auch
der darin enthaltenen Kostenentscheidung richtet sich grds. nach § 40 Abs. 1 FamFG und tritt im Regelfall
mit Bekanntgabe an den Betroffenen ein. Hiervon sind Ausnahmen geregelt, zB in Betreuungsverfahren
oder im Erbscheinsverfahren.

b) Umfang der Haftung und Verhältnis zu anderen Kostenschuldnern. Die Haftung nach Nr. 1 kann nur in **9**
dem Umfang begründet werden, wie sie dem Kostenschuldner durch gerichtliche Entscheidung auferlegt
wurde.[4] Werden einem Schuldner die Kosten nur **teilweise auferlegt,** haftet er nur im Umfang des vom Gericht bestimmten Teils.[5] Eine Entscheidung dahin gehend, dass die Kosten gegeneinander aufgehoben werden, ist im Verfahren der freiwilligen Gerichtsbarkeit nicht vorgesehen.

Die gerichtliche Kostengrundentscheidung ist **bindend,** auch wenn sie unrichtig ist.[6] Eine spätere Änderung **10**
durch Kostenübernahme oder Vereinbarung zwischen den Beteiligten bewirkt nicht, dass die Kostenhaftung

1 HK-FamGKG/*Mayer*, § 24 Rn 2; Binz/Dörndorfer/*Dörndorfer*, § 29 GKG Rn 1; *Meyer*, GKG § 29 Rn 2; *Hartmann*, KostG,
§ 29 GKG Rn 1. **2** HK-FamGKG/*Mayer*, § 24 Rn 3; Binz/Dörndorfer/*Dörndorfer*, § 29 GKG Rn 1; *Meyer*, GKG § 29 Rn 3.
3 KG MDR 2004, 56; OLG Nürnberg NJW 1960, 636; HK-FamGKG/*Mayer*, § 24 Rn 6; Binz/Dörndorfer/*Dörndorfer*, § 29
GKG Rn 3. **4** OLG Bamberg JurBüro 1999, 648; HK-FamGKG/*Mayer*, § 24 Rn 7; Binz/Dörndorfer/*Dörndorfer*, § 29 GKG
Rn 4; *Meyer*, GKG § 29 Rn 6. **5** HK-FamGKG/*Mayer*, § 24 Rn 8; Binz/Dörndorfer/*Dörndorfer*, § 29 GKG Rn 4. **6** HK-
FamGKG/*Mayer*, § 24 Rn 9; Binz/Dörndorfer/*Dörndorfer*, § 29 GKG Rn 4.

nach Nr. 1 gegenüber der Staatskasse nach § 28 S. 1 erlischt, da Voraussetzung für das Erlöschen ist, dass die Abänderung durch gerichtliche Entscheidung erfolgt.[7]

11 Der Entscheidungsschuldner kann zu Schuldnern, die aufgrund anderer Haftungsvorschriften für die Kosten in Anspruch genommen werden können, hinzutreten. In einigen Fällen führt die Bestimmung eines Entscheidungsschuldners sogar dazu, dass die Haftung sonstiger Kostenschuldner entfällt, nicht entsteht oder nicht geltend gemacht werden kann. Dies gilt nach § 23 Nr. 15 für den Betroffenen und dessen Unterhaltspflichtigen in Freiheitsentziehungssachen (→ § 23 Rn 47), nach § 25 Abs. 2 für den Antragsteller eines Rechtsmittelverfahrens in Betreuungssachen, wenn das Rechtsmittel vom Betroffenen oder in dessen Interesse eingelegt wird (→ § 25 Rn 14 f), und nach § 26 Abs. 3 für den Auslagenschuldner in Unterbringungssachen (→ § 26 Rn 23 f). Sofern mehrere Kostenschuldner nebeneinander stehen, haften sie nach § 32 Abs. 1 als Gesamtschuldner, wobei der Entscheidungsschuldner nach § 33 Abs. 1 als Erstschuldner vorrangig in Anspruch zu nehmen ist (→ Rn 1). Wurde dem Entscheidungsschuldner Verfahrenskostenhilfe bewilligt, ist uU die Inanspruchnahme weiterer Kostenschuldner nach § 33 Abs. 2 ausgeschlossen.

12 **2. Übernahmeschuldner (Nr. 2). a) Allgemeines.** Kostenübernahme bedeutet nicht, dass eine bereits bestehende fremde Kostenschuld übernommen wird. Vielmehr wird bei wirksamer Übernahmeerklärung eine eigene Kostenschuld begründet, die der Staatskasse einen unmittelbaren Anspruch gegen den Übernahmeschuldner gibt.[8]

13 **b) Übernahmeerklärung.** Kostenschuldner ist nach Nr. 2 auch derjenige, der die Übernahme der Kosten vor Gericht erklärt (Alt. 1) oder eine entsprechende Erklärung dem Gericht mitteilt (Alt. 2).

14 Einer bestimmten **Form** bedarf die Erklärung vor Gericht, die Kosten zu übernehmen, nicht.[9] Sie kann mündlich zu Protokoll abgegeben werden. Wird die Erklärung dem Gericht gegenüber mitgeteilt, kann dies in einem Schriftsatz erfolgen oder durch Übermittlung einer privaten oder öffentlichen Urkunde, die eine entsprechende Erklärung enthält.[10] Eine fernmündliche Mitteilung dürfte nicht ausreichen. Zur Wirksamkeit muss die Erklärung lediglich zugehen; einer Annahmeerklärung durch das Gericht bedarf es nicht.[11]

15 Die Erklärung ist **Verfahrenshandlung** und kann nach Zugang weder widerrufen werden, noch kann sie wegen Irrtums oder Täuschung angefochten werden.[12] Als Verfahrenshandlung kann sie ausgelegt werden.[13] Es ist möglich, sie bedingt abzugeben, so dass die Kostenschuld erst mit Eintritt der Bedingung entsteht.[14]

16 Übernahmeschuldner kann nicht nur jeder Verfahrensbeteiligte sein. Auch Dritte können die Kosten durch Erklärung übernehmen. Gibt der Verfahrensbevollmächtigte eine Übernahmeerklärung ab, ist zu unterscheiden, ob er die Erklärung für den von ihm vertretenen Beteiligten abgibt oder für sich selbst.

17 **c) Vergleich.** Eine Übernahmeschuldnerhaftung wird auch dadurch begründet, dass im Rahmen eines Vergleichs eine **Kostenvereinbarung** getroffen wird. Der Vereinbarung steht die **gesetzliche Kostenverteilung** gem. § 83 Abs. 1 FamFG gleich, nach der die Gerichtskosten anteilig nach Köpfen zu tragen sind, wenn die Betroffenen im Vergleich keine Vereinbarung über die Kosten treffen. Auch ein außergerichtlicher Vergleich, der mit dem Willen des zur Kostenzahlung verpflichteten Beteiligten dem Gericht mitgeteilt wird, führt zu einer Übernahmeschuldnerhaftung.[15]

18 Eine nachträgliche Änderung des Vergleichs ändert an der erklärten Kostenübernahme nichts, auch wenn der Vergleich insgesamt durch die Beteiligten aufgehoben wird.[16] Jedoch entfällt die Kostenhaftung gegenüber der Staatskasse rückwirkend, wenn der Vergleich unwirksam (zB durch Widerruf oder Anfechtung) wird oder von Anfang an nichtig war.[17]

19 **d) Umfang der Haftung und Verhältnis zu anderen Kostenschuldnern.** Durch eine Übernahmeerklärung können die Kosten ganz oder teilweise übernommen werden,[18] wobei die teilweise Übernahme nicht nur auf einen Bruchteil beschränkt werden kann, sondern auch auf Auslagen oder einzelne Gebühren.[19] Der Umfang der Kostenhaftung im Fall eines Vergleichs richtet sich danach, was die Beteiligten im Vergleich vereinbart haben.[20] Für den **Umfang** der Haftung kommt es daher auf die Erklärung des Übernahmeschuldners an. Im Fall der gesetzlichen Kostenverteilung nach § 83 Abs. 1 FamFG haften die Beteiligten nach Köpfen.

---

7 BGH NJW-RR 2001, 285; HK-FamGKG/*Mayer*, § 24 Rn 7; Binz/Dörndorfer/*Dörndorfer*, § 29 GKG Rn 4; *Meyer*, GKG § 29 Rn 6. **8** Korintenberg/*Hellstab*, § 27 Rn 14. **9** BDS/*Sommerfeldt*, § 27 Rn 5; HK-FamGKG/*Mayer*, § 24 Rn 12; Binz/Dörndorfer/*Dörndorfer*, § 29 GKG Rn 5. **10** HK-FamGKG/*Mayer*, § 24 Rn 14. **11** HK-FamGKG/*Mayer*, § 24 Rn 12; Binz/Dörndorfer/*Dörndorfer*, § 29 GKG Rn 5; *Meyer*, GKG § 29 Rn 16. **12** HK-FamGKG/*Mayer*, § 24 Rn 13; Binz/Dörndorfer/*Dörndorfer*, § 29 GKG Rn 5; *Meyer*, GKG § 29 Rn 16. **13** BGH NJW-RR 1994, 568; HK-FamGKG/*Mayer*, § 24 Rn 13; Binz/Dörndorfer/*Dörndorfer*, § 29 GKG Rn 5. **14** *Meyer*, GKG § 29 Rn 16. **15** HK-FamGKG/*Mayer*, § 24 Rn 16; Binz/Dörndorfer/*Dörndorfer*, § 29 GKG Rn 6. **16** HK-FamGKG/*Mayer*, § 24 Rn 17; Binz/Dörndorfer/*Dörndorfer*, § 29 GKG Rn 6; *Meyer*, GKG § 29 Rn 19. **17** HK-FamGKG/*Mayer*, § 24 Rn 17; *Meyer*, GKG § 29 Rn 19. **18** HK-FamGKG/*Mayer*, § 24 Rn 12; Binz/Dörndorfer/*Dörndorfer*, § 29 GKG Rn 5. **19** *Meyer*, GKG § 29 Rn 14. **20** Binz/Dörndorfer/*Dörndorfer*, § 29 GKG Rn 6.

Übernahmeschuldner haften „ferner" für die Kosten und **treten neben andere Kostenschuldner** als weitere 20
zusätzliche Schuldner hinzu. Anders als beim Entscheidungsschuldner (→ Rn 11) wirkt sich eine Kostenübernahme nicht auf die Haftung anderer Kostenschuldner aus. Mehrere Kostenschuldner haften als Gesamtschuldner (§ 32 Abs. 1). Der Übernahmeschuldner haftet wie der Entscheidungsschuldner als **Erstschuldner** (§ 33 Abs. 1).

Eine Reihenfolge der Inanspruchnahme zwischen Entscheidungs- und Übernahmeschuldner ist nicht gere- 21
gelt und gem. § 421 BGB kann die Schuld nach Belieben von jedem Schuldner ganz oder teilweise verlangt
werden. Die **Reihenfolge der Inanspruchnahme** liegt im pflichtgemäßen Ermessen des Kostenbeamten. Um
dem Willen der Parteien zu entsprechen, erscheint es sachgerecht, den Übernahmeschuldner vor dem Entscheidungsschuldner in Anspruch zu nehmen.[21]

War dem Übernahmeschuldner, dessen Haftung auf einer vergleichsweisen Vereinbarung beruht, Verfah- 22
renskostenhilfe bewilligt, darf die Haftung eines anderen Kostenschuldners nach § 33 Abs. 3 iVm § 33
Abs. 2 unter **eng bestimmten Voraussetzungen** nicht geltend gemacht werden, nämlich wenn das Gericht
den Vergleich einschließlich der Kostenhaftung vorgeschlagen hatte und festgestellt hat, dass die Kostenregelung der ansonsten zu erwartenden gerichtlichen Kostenentscheidung entspricht. Liegt eine der Voraussetzungen nicht vor, gilt die Einschränkung der Inanspruchnahme nicht.

3. Gesetzliche Kostenhaftung (Nr. 3). a) Allgemeines. Die Kostenschuld kraft gesetzlicher Haftpflicht kann 23
nur von einem originären Kostenschuldner abgeleitet werden. Die Haftpflicht kann sowohl im bürgerlichen
als auch im öffentlichen Recht begründet sein und muss zur unmittelbaren Haftung gegenüber einem Dritten führen.[22] Eine mittelbare Haftung, wie zB ein unterhaltsrechtlicher Anspruch auf Vorschuss der Verfahrenskosten, reicht nicht aus.[23]

Ebenfalls nicht zu einer Kostenhaftung nach Nr. 3 führt eine privatrechtliche Verpflichtung, die Kosten für 24
einen anderen zu übernehmen. Eine solche Verpflichtung kann jedoch zu einer Übernahmeschuldnerhaftung nach Nr. 2 führen,[24] wenn sie vom Verpflichteten als Übernahmeerklärung in das gerichtliche Verfahren eingebracht wurde.

Ein Formwechsel des Kostenschuldners ist kein Identitätswechsel; es bleibt dabei, dass der Kostenschuldner 25
– wenn auch in einer anderen Form – unverändert haftet.[25]

Der Umfang der Haftung richtet sich nach dem Umfang der Kostenschuld desjenigen, für dessen Schuld der 26
Haftete einzutreten hat. Ihm stehen auch die Einreden des anderen Kostenschuldners zu.[26]

Der Kostenschuldner nach Nr. 3 kann von der Staatskasse unmittelbar in Anspruch genommen werden, oh- 27
ne dass es einer Entscheidung bedarf.[27]

Die Feststellung des Bestehens der gesetzlichen Haftung erfolgt ggf nach Erhebung von Einwendungen im 28
Erinnerungsverfahren nach § 81.[28]

b) Einzelfälle der gesetzlichen Haftung

- Der Gesellschafter einer (Außen-)**GbR** für die Kostenschuld der Gesellschaft (§§ 128, 130 HGB ent- 29
  sprechend).[29]
- Der persönlich haftende Gesellschafter der **OHG** oder **KG** für die Kostenschuld der Gesellschaft
  (§§ 128, 161 HGB) sowie der Kommanditist in Höhe der noch nicht erbrachten Einlage (§ 171 HGB).
- Bei **Übernahme eines Handelsgeschäfts** und Firmenfortführung der Übernehmer (§ 25 HGB) für die im
  Betrieb des Handelsgeschäfts begründeten Verbindlichkeiten des früheren Inhabers. Gleichsam der Erbe
  bei Geschäftsfortführung (§ 27 HGB).
- Der persönlich haftende Gesellschafter einer **KGaA** (§ 278 AktG) für eine Gesellschaftsschuld.
- Der **Erbe** (§ 1967 BGB) für eine Gerichtskostenschuld des Erblassers. Allerdings kann er die Haftung
  für Nachlassverbindlichkeiten nach den Regelungen des BGB einschränken. Der **Erbschaftskäufer** haf-
  tet nach §§ 2382, 2383 BGB.
- Ein **Ehegatte** allerdings nur bei Gütergemeinschaft und fortgesetzter Gütergemeinschaft (§§ 1415 ff
  BGB) für den anderen Ehegatten. Eine gesetzliche Haftung der Eltern für die Kostenschuld ihrer Kinder
  besteht nicht. Der unterhaltsrechtliche Anspruch auf Verfahrenskostenvorschuss führt nicht zu einer
  Dritten gegenüber unmittelbar wirkenden Haftung (→ Rn 23).

21 So auch *Meyer*, GKG § 29 Rn 15. **22** HK-FamGKG/*Mayer*, § 24 Rn 20; Binz/Dörndorfer/*Dörndorfer*, § 29 GKG Rn 7; *Meyer*, GKG § 29 Rn 23. **23** HK-FamGKG/*Mayer*, § 24 Rn 20; Binz/Dörndorfer/*Dörndorfer*, § 29 GKG Rn 7; *Meyer*, GKG § 29 Rn 23. **24** Binz/Dörndorfer/*Dörndorfer*, § 29 GKG Rn 7; *Meyer*, GKG § 29 Rn 23. **25** Korintenberg/*Lappe*, KostO, 18. Aufl., § 3 Rn 26. **26** *Meyer*, GKG § 29 Rn 24. **27** Korintenberg/*Hellstab*, § 27 Rn 29. **28** *Meyer*, GKG § 29 Rn 25. **29** BGH NJW 2001, 1056; BGH NJW 2003, 1445.

■ Für eine Kostenschuld des **nicht rechtsfähigen Vereins** (§ 54 BGB) kann nicht ein Mitglied des Vorstands in Anspruch genommen werden.[30]

30 **4. Vollstreckungskosten (Nr. 4).** Durch die Regelung wird eine unmittelbare Haftung des Vollstreckungsschuldners für die Kosten der Zwangsvollstreckung im Verhältnis zur Staatskasse begründet. Im Innenverhältnis zum Vollstreckungsgläubiger haftet der Vollstreckungsschuldner nach § 95 Abs. 1 FamFG iVm § 788 ZPO. Der Vollstreckungsschuldner haftet nur für die notwendigen Kosten der Zwangsvollstreckung. Im Zwangsvollstreckungsverfahren werden gem. Vorbem. 1.8 S. 2 KV vom Vollstreckungsgericht Gebühren nach dem GKG erhoben. Es können Gebühren nach Teil 2 KV GKG entstehen. Die Erhebung von angefallenen Auslagen richtet sich nach dem KV GNotKG. Neben dem Vollstreckungsschuldner haftet der Antragsteller nach § 22 Abs. 1.

§ 28 Erlöschen der Zahlungspflicht

[1]Die durch gerichtliche Entscheidung begründete Verpflichtung zur Zahlung von Kosten erlischt, soweit die Entscheidung durch eine andere gerichtliche Entscheidung aufgehoben oder abgeändert wird. [2]Soweit die Verpflichtung zur Zahlung von Kosten nur auf der aufgehobenen oder abgeänderten Entscheidung beruht hat, werden bereits gezahlte Kosten zurückerstattet.

I. Allgemeines

1 Mit der Vorschrift werden Auswirkungen einer späteren Aufhebung oder Abänderung einer gerichtlichen Kostenentscheidung auf die Zahlungspflicht des früheren Entscheidungsschuldners nach § 27 Nr. 1 geregelt. Die Haftung des früheren Entscheidungsschuldners erlischt, wenn und soweit die Kosten mit späterer gerichtlicher Entscheidung einem anderen auferlegt werden (S. 1).

2 In S. 2 wird darüber hinaus festgelegt, dass Zahlungen des früheren Entscheidungsschuldners an diesen zurückzuerstatten sind, wenn er nicht auch aufgrund einer anderen Haftungsregelung zahlungspflichtig war. Zweck der Regelung ist es, eine unbillige Inanspruchnahme eines Kostenschuldners zu vermeiden.[1]

3 Die Vorschrift entspricht § 25 FamGKG sowie § 30 GKG.

II. Erlöschen der Entscheidungsschuldnerhaftung (S. 1)

4 **1. Anwendungsbereich.** Die Vorschrift ist nur unter den sich aus dem Wortlaut ergebenden engen Voraussetzungen anwendbar. Diese sind: Eine **gerichtliche Entscheidung** über die Kostenhaftung wird durch eine **andere gerichtliche Entscheidung** aufgehoben oder abgeändert. Da in Verfahren der freiwilligen Gerichtsbarkeit gerichtliche Kostenentscheidungen eine untergeordnete Rolle spielen (→ § 27 Rn 5 f), ist auch der Anwendungsbereich von § 28 nicht nur wegen der erforderlichen Voraussetzungen eher gering.

5 **2. Voraussetzungen. a) Frühere Entscheidungsschuldnerhaftung.** § 28 setzt voraus, dass es einen (früheren) Entscheidungsschuldner gibt, dessen Haftung durch eine neue gerichtliche Entscheidung geändert oder aufgehoben werden kann. Hatte ein Schuldner die Kosten durch Übernahmeerklärung übernommen (§ 27 Nr. 2) und werden die Kosten später durch gerichtliche Entscheidung einem anderen auferlegt, hat dies keine Auswirkung auf die Haftung des Übernahmeschuldners.

6 **b) Abändernde gerichtliche Entscheidung.** Ausschließlich eine **abändernde gerichtliche Entscheidung** führt zum Erlöschen der Haftung des früheren Entscheidungsschuldners. Wurden die Kosten durch gerichtliche Entscheidung einem Verfahrensbeteiligten auferlegt und später übernimmt ein Beteiligter die Kosten im Vergleich, findet die Regelung keine Anwendung.[2]

7 **c) Wirkungen.** Liegen die Voraussetzungen vor, erlischt die Zahlungspflicht des früheren Entscheidungsschuldners, dh, er haftet nicht mehr für die **noch nicht gezahlten** Kosten.[3] Die **Wirkungen** treten nur ein hinsichtlich der **Haftung des früheren Entscheidungsschuldners**. War der frühere Entscheidungsschuldner gleichzeitig Antragstellerschuldner, erlischt zwar seine Entscheidungsschuldnerhaftung nach § 27 Nr. 1, die Haftung als Antragsteller nach § 22 Abs. 1 bleibt dagegen bestehen. Bereits gezahlte Kosten müssen nach S. 2 ggf zurückerstattet werden, wenn der frühere Entscheidungsschuldner nicht noch nach anderen Haftungsbestimmungen haftet. Die Wirkungen treten ein, sobald die neue Kostenentscheidung wirksam wird,[4] was idR mit Bekanntgabe nach § 40 Abs. 1 FamFG gegeben ist.

---

30 BVerwG JurBüro 1999, 598; aA VGH BW JurBüro 1999, 205; Binz/Dörndorfer/*Dörndorfer*, § 29 GKG Rn 8; *Meyer*, GKG § 29 Rn 35. **1** Binz/Dörndorfer/*Dörndorfer*, § 30 GKG Rn 1; *Meyer*, GKG § 30 Rn 1. **2** BGH NJW-RR 2001, 285; OLG Nürnberg NJW-RR 2004, 1007 = MDR 2004, 417; Binz/Dörndorfer/*Dörndorfer*, § 30 GKG Rn 2; *Meyer*, GKG § 30 Rn 4. **3** HK-FamGKG/*Mayer*, § 25 Rn 8. **4** Binz/Dörndorfer/*Dörndorfer*, § 30 GKG Rn 2; *Meyer*, GKG § 30 Rn 7.

III. Erstattung bereits gezahlter Kosten (S. 2)

Eine Rückzahlung der vom früheren Kostenschuldner geleisteten Zahlungen aus der Staatskasse erfolgt   8
dann, wenn die frühere Haftung **nur** auf der aufgehobenen Entscheidung beruhte.[5] Begründete sich die
Haftung des früheren Entscheidungsschuldners daneben aus einer anderen Haftungsvorschrift (zB § 14 iVm
§ 17, § 22 Abs. 1), muss eine Rückerstattung nicht erfolgen. Dies deshalb, weil Haftungen aufgrund sonstiger Vorschriften von S. 1 nicht berührt werden. Der frühere Kostenschuldner kann sich im Wege der Kostenfestsetzung die verauslagten Kosten gegen den nun haftenden Beteiligten festsetzen lassen.

Unterabschnitt 2
Notarkosten

§ 29 Kostenschuldner im Allgemeinen

Die Notarkosten schuldet, wer
1. den Auftrag erteilt oder den Antrag gestellt hat,
2. die Kostenschuld gegenüber dem Notar übernommen hat oder
3. für die Kostenschuld eines anderen kraft Gesetzes haftet.

I. Allgemeines

1. Haftungstrias. § 29 regelt, aus welchen Gründen die Schuldnerschaft für Notarkosten entstehen kann.   1
Die Norm lässt sich dabei als „**Haftungstrias**" lesen:
- Nr. 1 knüpft an die Frage an, wer die betreffende notarielle Tätigkeit in Auftrag gegeben oder beantragt
  hat, wer sie also im kostenrechtlichen Sinne „veranlasst" hat („**Veranlassungsschuldner**"),[1]
- Nr. 2 stellt auf eine ausdrückliche Kostenübernahmeerklärung ab („**Übernahmeschuldner**") und
- Nr. 3 bestimmt, dass Kostenschuldner außerdem ist, wer kraft Gesetzes für die Kosten eines anderen
  haftet („**Haftungsschuldner**").

2. Normzusammenhang. Zum Veranlassungsschuldner enthält § 30 Abs. 1 und 2 konkretisierende Rege-   2
lungen. Dies gilt insb. für den Grundsatz, dass für die Kosten der Beurkundung eines Rechtsgeschäfts jeder
haftet, dessen Erklärungen beurkundet worden sind, § 30 Abs. 1 („**Erklärungsschuldner**").

Die Haftung aufgrund Kostenübernahme aus Nr. 2 ist von der Haftung aus § 30 Abs. 3 zu unterscheiden.   3
Eine Legaldefinition des Begriffs „Notarkosten" enthält § 1 Abs. 1 (Gebühren und Auslagen); zu „Auftrag"
und „Antrag" findet sich eine Regelung in § 4.

3. Öffentlich-rechtliches Kostenschuldverhältnis. Das Kostenschuldverhältnis zwischen Kostenschuldner   4
und Notar ist **öffentlich-rechtlicher Natur**.[2] Für das Entstehen der Kostenhaftung knüpfen deshalb §§ 29,
30 nicht an eine gebührenbezogene Vereinbarung zwischen den Beteiligten und dem Notar an, sondern an
das Vorliegen bestimmter tatsächlicher Umstände. **Kostenschuldner** ist nach dem Haftungssystem des
GNotKG also **jeder, dessen Verhalten einen der in §§ 29, 30 geregelten Tatbestände verwirklicht**; einer darüber hinaus gehenden (ausdrücklichen oder konkludenten) **Willenserklärung bedarf es nicht**.[3] Dieser
Grundsatz lässt sich u.a. aus einem Umkehrschluss zu den Regelungen in Nr. 2 und § 30 Abs. 3 ablesen: Die
dortigen Bestimmungen wären überflüssig, wenn die Haftung gegenüber dem Notar ohnehin nur aufgrund
einer (ausdrücklich gebührenbezogenen) Vereinbarung begründet werden könnte.

4. Folgerungen, Geschäfts- und Verfahrensfähigkeit. Aus dem Grundsatz, dass Kostenschuldner ist, wer   5
den gesetzlichen Tatbestand einer Kostenhaftung verwirklicht, ohne dass es dafür einer besonderen Erklärung bedarf, folgt zunächst, dass diese gesetzliche Haftung durch eine „**Negativerklärung**" (sinngemäß: „…
Kosten übernehme ich nicht …") nicht ausgeschlossen werden kann.[4]

Außerdem gilt: Haften für eine Amtstätigkeit mehrere Kostenschuldner und treffen diese untereinander eine   6
vertragliche Vereinbarung, wer in welchem Umfang die Notarkosten zu tragen hat, hat diese Regelung
zwar Bedeutung für das Innenverhältnis der Beteiligten, begrenzt aber nicht die gesetzliche (gesamtschuldnerische, § 32) Haftung gegenüber dem Notar (→ Rn 9).

---

5 HK-FamGKG/*Mayer*, § 25 Rn 23; Binz/Dörndorfer/*Dörndorfer*, § 30 GKG Rn 3; *Meyer*, GKG § 30 Rn 11. **1** Der Wortlaut legt
nahe, insoweit auch von einer „Auftraggeber- bzw Antragstellerhaftung" zu sprechen: BeckOK KostR/*Toussaint*, GNotKG, § 29
Rn 3 (mit dem Argument: „Veranlasserhaftung" knüpfe an den Wortlaut der außer Kraft getretenen KostO an; § 2 Nr. 1
KostO). **2** Korintenberg/*Gläser*, § 29 Rn 2. **3** Korintenberg/*Gläser*, § 29 Rn 3; BDS/*Neie*, § 29 Rn 4. **4** *Tiedtke/Sikora*, in: Würzburger Notarhandbuch, 2. Aufl., Teil 1, Kap. 5 Rn 104.

7 Schließlich folgt aus diesem „Tatbestands-Prinzip", dass Kostenschuldner und Notar zur Kostenhaftung **keine Dispositionsfreiheit** haben: Zwar können aus Erklärungen iSd Nr. 2 oder iSd § 30 Abs. 3 weitere Kostenschuldner neben den Veranlassungs-, Erklärungs- oder Haftungsschuldner treten, der Notar darf einen Kostenschuldner aber nur im Rahmen der gesetzlichen Vorschriften aus seiner Haftung entlassen oder freistellen.[5]

8 Fraglich ist, wie sich der in → Rn 4 geschilderte Grundsatz auswirkt, wenn ein gesetzlicher Kostentatbestand durch eine **geschäftsunfähige Person** verwirklicht wird. Während eine ältere Ansicht davon ausgeht, die Haftung für Notarkosten setze Geschäftsfähigkeit voraus,[6] wollen andere Stimmen jedenfalls den **unerkannt Geschäftsunfähigen** als Kostenschuldner in Anspruch nehmen.[7] Für die zuletzt genannte Meinung spricht, dass der Notar idR zur Beurkundung verpflichtet ist, wenn nicht andere Ablehnungsgründe vorliegen und er die Geschäftsunfähigkeit nicht erkennen kann, § 15 Abs. 1 S. 1 BNotO. Ein Schutz des unerkannt Geschäftsunfähigen erscheint deshalb weniger zwingend als in Privatrechtsverhältnissen (§§ 104 ff BGB).[8] Seit Einführung des GNotKG streitet für diese Ansicht zusätzlich, dass der Gesetzgeber in Kenntnis des Problems eine entsprechende Ausnahme von der grundsätzlichen Kostenhaftung nicht angeordnet hat.[9]

9 **5. Gesamtschuld.** Sind im Rahmen einer notariellen Tätigkeit seitens **mehrerer Beteiligter** Tatbestände aus §§ 29, 30 verwirklicht, haften diese dem Notar nicht etwa anteilig, sondern gem. § 32 **gesamtschuldnerisch.** Vertragliche Vereinbarungen der Kostenschuldner untereinander (zB: „Die Kosten der heutigen Übergabe beim Notar trägt der Erwerber") haben – soweit sich nicht aus § 30 Abs. 3 anderes ergibt (mögliche zusätzliche Haftung, → § 30 Rn 25) – nur für das Innenverhältnis der Vertragsteile Bedeutung (→ Rn 6).

II. Veranlassungsschuldner (Nr. 1)

10 **1. Rechtsgeschäfte und sonstige Willenserklärungen.** Für die Beurkundung von Rechtsgeschäften und sonstigen Willenserklärungen (und damit für einen hauptsächlichen Schwerpunkt der notariellen Tätigkeit) enthält § 30 Abs. 1 zum Grundsatz der Veranlasserhaftung aus Nr. 1 eine praxisbedeutsame Konkretisierung: Kostenschuldner ist nach den dortigen Bestimmungen jeder, dessen Erklärungen beurkundet werden.

11 Der Wortlaut von § 30 Abs. 1 („ferner") bringt jedoch zum Ausdruck, dass darin die Kostenschuld für die dort geregelten Fälle nicht abschließend geregelt ist. Neben Nr. 2 und 3 behält damit auch Nr. 1 bei der Beurkundung von Rechtsgeschäften und sonstigen Willenserklärungen einen eigenständigen Anwendungsbereich:

12 Auch wer in einer Urkunde **keine Erklärungen** abgibt, kann Kostenschuldner für die betreffende notarielle Amtstätigkeit sein. Für die Kostenhaftung aus Nr. 1 kommt es allein darauf an, ob der Kostenschuldner den Auftrag für die notarielle Tätigkeit erteilt oder den Antrag dazu gestellt hat (§ 4). Als Beispiel wird u.a. auf den **Gläubiger** verwiesen, der den Notar mit der Beurkundung eines Schuldanerkenntnisses oder einer bestimmten Grundschuld beauftragt und ihm dazu Entwürfe übersendet.[10]

13 Mit der Formulierung „… schuldet ferner …" bringt der Gesetzgeber des GNotKG zum Ausdruck, dass für das Beurkundungsverfahren § 30 Abs. 1 keinesfalls als „verdrängende lex specialis" zu Nr. 1 gelesen werden kann. Eher lässt sich § 30 Abs. 1 als nicht abschließendes „Regelbeispiel" verstehen: Der Erklärungsschuldner nach § 30 Abs. 1 kann mit dem Veranlassungsschuldner gem. Nr. 1 identisch sein; ebenso ist aber denkbar, dass der Veranlassungsschuldner (gesamtschuldnerisch, § 32) neben den Erklärungsschuldner tritt.

14 Zur näheren Bestimmung, wann die Tatbestandsvoraussetzungen der Nr. 1 verwirklicht sind, unter welchen Voraussetzungen also davon auszugehen ist, dass im Sinne dieser Vorschrift ein „Auftrag erteilt" oder ein „Antrag gestellt" ist, wird auf die bisher zu § 2 Nr. 1 KostO entwickelten Grundsätze zurückgegriffen werden können. Danach kommt es maßgeblich darauf an, ob „das Verhalten des Kostenschuldners für den Notar nach Treu und Glauben mit Rücksicht auf die Verkehrssitte (§§ 133, 157 BGB) den Schluss zulässt, es werde ihm ein Auftrag mit der gesetzlichen Kostenfolge erteilt".[11] Diese Frage ist unter „Heranziehung und Wertung aller Umstände des Einzelfalls" zu beantworten.[12] Im Schrifttum zum GNotKG findet sich zwischenzeitlich die Formel: Auftraggeber ist derjenige, „welcher dem Notar durch Wort und Schrift zu er-

5 Korintenberg/*Gläser*, § 29 Rn 3. **6** Korintenberg/*Lappe*, KostO, § 2 Rn 100 (ohne Geschäftsfähigkeit keine Verfahrensfähigkeit). **7** Allg. zum Streitstand *Filzek*, KostO, § 2 Rn 2. **8** *Tiedtke/Sikora*, in: Würzburger Notarhandbuch, 2. Aufl., Teil 1, Kap. 5 Rn 120. **9** Mit ähnlicher Begründung bejahen die Kostenschuldnerschaft des unerkannt Geschäftsunfähigen: BDS/*Neie*, § 29 Rn 8 und BeckOK KostR/*Toussaint*, GNotKG, § 29 Rn 6; so nunmehr auch Korintenberg/*Gläser*, § 29 Rn 7. **10** Korintenberg/*Gläser*, § 29 Rn 19; BeckOK KostR/*Toussaint*, GNotKG, § 29 Rn 8. – *Filzek*, KostO, 4. Aufl., § 2 Rn 5 scheint demgegenüber davon auszugehen, der Grundpfandrechtsgläubiger könne seine Haftung ausschließen, wenn er zum betreffenden Auftrag vermerkt, dass er keine Kosten übernehme („Ausschlusserklärung"). Argument: Angesichts der Ausschlusserklärung könne der Notar nicht davon ausgehen, ihm sei ein kostenpflichtiger Auftrag erteilt (zu den dafür maßgeblichen Kriterien s. Rn 14). **11** Zum GNotKG so auch: LG Duisburg 17.6.2015 – 11 OH 59/14, RNotZ 2015, 598, 599. Zur früheren Rechtslage *Tiedtke/Sikora*, in: Würzburger Notarhandbuch, 2. Aufl., Teil 1, Kap. 5 Rn 103. **12** *Tiedtke/Sikora*, in: Würzburger Notarhandbuch, 2. Aufl., Teil 1, Kap. 5 Rn 103.

22   Anderes gilt außerdem für die **Verwalterzustimmung zu einem Wohnungskaufvertrag**: Aus § 30 Abs. 1 folgt, dass für Kosten der betreffenden Beglaubigung neben der Wohnungseigentümergemeinschaft (auch) die Vertragsparteien, also Käufer und Verkäufer, haften („Kosten des Vollzugs").[25]

III. Übernahmeschuldner (Nr. 2)

23   Übernahmeschuldner iSv Nr. 2 ist nur, wer ausdrücklich **gegenüber dem Notar** – innerhalb oder außerhalb einer Urkunde – durch einseitige Erklärung deutlich macht, dass er die Kosten der betreffenden Beurkundung übernimmt. Vertragliche Vereinbarungen der Urkundsbeteiligten, die nur für das zwischen ihnen bestehende zivilrechtliche Innenverhältnis die Frage klären sollen, wer in welchem Umfang die Kosten der Beurkundung trägt, sind dagegen nicht ausreichend, um eine Kostenhaftung aus Nr. 2 zu begründen; erfolgt die betreffende Vereinbarung in der Urkunde, wird allerdings häufig § 30 Abs. 3 eingreifen, so dass eine entsprechende Abgrenzung für das Ergebnis nicht erforderlich ist.

24   Als praktische Anwendungsfälle sind insb. Vorgänge denkbar, bei denen inhaltlich Interessen mehrerer Parteien berührt sind, aber nur die Erklärung einer Seite der Beurkundung oder Beglaubigung bedarf: ZB wird aus Nr. 2 haften, wer sich als Gläubiger einer Forderung für die Begleichung der Notarkosten eines **abstrakten Schuldanerkenntnisses** stark sagt, das sein Schuldner ihm gegenüber zu notarieller Urkunde erklärt. Entsprechendes gilt zB, wenn der Eigentümer eines mit einer Dienstbarkeit belasteten Grundstücks die Kosten der auf diese Dienstbarkeit bezogenen **Löschungsbewilligung** übernimmt (möglicherweise deshalb, weil der Dienstbarkeitsberechtigte die Verwendung seiner Erklärung im Wege der Treuhandauflage an den Notar gerade von der Kostenzahlung durch den Eigentümer des belasteten Grundstücks abhängig macht).

Um die Kostenhaftung aus Nr. 2 zu begründen, ist die **formelle oder materielle Beteiligung** an der betreffenden Beurkundung gerade nicht erforderlich.[26] Darauf zu achten ist allerdings, **welchem Notar gegenüber** die Übernahme erklärt wird: So haften die Vertragsteile eines Kaufvertrags nicht dafür, wenn – für die nach § 12 WEG erforderliche Verwalterzustimmung – der Verwalter einen zweiten Notar mit der Erstellung des Entwurfs für die Verwalterzustimmung beauftragt (→ § 30 Rn 12).

25   Eine bestimmte **Form** ist für die Übernahmeerklärung nicht erforderlich;[27] aus Beweisgründen empfiehlt sich die Schriftform.

26   **Rechtsfolge** einer Übernahmeerklärung ist nicht etwa, dass gegenüber dem Notar die aus sonstigen Tatbeständen zur Zahlung Verpflichteten aus der Haftung entlassen werden.[28] Stattdessen ist von einer gesamtschuldnerischen Haftung auszugehen: Der Gesetzgeber bringt in § 31 durch seine Wortwahl („nur") ausdrücklich zum Ausdruck, dass für bestimmte Fälle nur ganz bestimmte Kostenschuldner haften. Entsprechendes ist § 29 nicht zu entnehmen. Weiter gilt: Wer die Kostenschuld eines nicht befreiten Kostenschuldners übernimmt, kann sich nicht auf eine ihm sonst zustehende Gebührenermäßigung berufen.[29]

IV. Haftungsschuldner (Nr. 3)

27   Als Haftungsschuldner gem. Nr. 3 kommt in Betracht, wer allgemein „kraft Gesetzes" für die Kostenschuld eines anderen haftet. Eine solche **Haftung für fremde Schuld** kann sich insb. aus dem BGB oder dem Handelsrecht ergeben. Beispielsfälle sind:[30]

- Haftung der BGB-Gesellschafter für die Kostenschuld der zwischen ihnen bestehenden GbR gem. §§ 714, 738 Abs. 1 S. 1 BGB;
- Haftung der Gesellschafter einer OHG oder der persönlich haftenden Gesellschafter einer KG gem. §§ 128, 129, 161 HGB;
- Haftung des Erben für die Kostenschuld des Erblassers aus § 1967 BGB;
- Haftung des Ehegatten bei Gütergemeinschaft gem. §§ 1415 ff BGB;
- Haftung des Testamentsvollstreckers aus § 2213 BGB, § 748 ZPO (begrenzt auf den Nachlass).

28   Der Haftungsschuldner haftet dem Notar unmittelbar als öffentlich-rechtlicher Schuldner.[31] Das Verhältnis zu den übrigen Kostenschuldnern bestimmt sich nach § 32. Ist zwar der Haftungsschuldner nach § 91 gebührenbegünstigt, nicht aber der eigentliche („originäre") Kostenschuldner, kann sich der Haftungsschuldner nicht auf die Ermäßigungsvorschrift berufen.[32]

---

25 So zur Verwalterzustimmung unter Geltung der KostO: *Filzek*, KostO, § 2 Rn 10.   **26** Korintenberg/*Gläser*, § 29 Rn 25.   **27** Korintenberg/*Gläser*, § 29 Rn 26.   **28** Korintenberg/*Gläser*, § 29 Rn 31.   **29** Korintenberg/*Gläser*, § 29 Rn 31.   **30** Korintenberg/*Gläser*, § 29 Rn 35.   **31** Korintenberg/*Gläser*, § 29 Rn 33.   **32** Korintenberg/*Gläser*, § 29 Rn 37.

kennen gegeben hat, dass in seinem Interesse eine bestimmte Beurkundung bzw. Entwurfserstellung vorgenommen werden soll."[13] Der Auftrag kann dabei auch **stillschweigend** erteilt werden.[14]

2. Vertreter ohne Vertretungsmacht. Zur Haftung als Veranlassungsschuldner beim Handeln eines **Vertre-** 15 **ters ohne Vertretungsmacht** → §30 Rn 13.

3. Entwürfe. Erstellt der Notar einen Vertragsentwurf und händigt ihn aus, wird der Entwurf aber nicht 16 beurkundet, scheidet es aus, §30 Abs. 2 anzuwenden (→ §30 Rn 15). Demnach verbleibt es für die Kostenschuld insoweit – wenn kein Fall von Nr. 2 oder 3 vorliegt – bei der Veranlasserhaftung aus Nr. 1. Kostenschuldner für den Entwurf (bzw [→ §30 Rn 15] für die Gebühren aus Nr. 21300 ff KV: vorzeitige Beendigung des Beurkundungsverfahrens) ist demnach **nur der unmittelbare Auftraggeber** (nicht also etwaige weitere Beteiligte).[15]

Beispiel: Ein Kaufinteressent beauftragt den Notar mit der Erstellung eines Kaufvertrags über eine Doppelhaus- 17 hälfte. Der Notar erstellt den Entwurf und übersendet ihn – wie vom Kaufinteressenten erbeten – nicht nur an den Käufer selbst, sondern auch an den potenziellen Verkäufer. Wenige Tage später wird der bereits vereinbarte Beurkundungstermin ohne Angaben von Gründen abgesagt, Änderungswünsche wurden bis dahin nicht vorgetragen. Hier haftet für die Gebühr nach Nr. 21302 KV allein der Kaufinteressent.

Abgrenzungsfrage ist, welches Verhalten eines weiteren (Vertrags-)Beteiligten dazu führt, dass er selbst – 18 neben dem ursprünglichen Auftraggeber – iSd Nr. 1 als „Veranlasser" anzusehen ist und also für die Entwurfsgebühr ebenfalls haftet. Maßgeblich wird es dabei auf die in → Rn 14 genannten Kriterien (**Gesamtbetrachtung**) ankommen; es ist für die Kostenhaftung jedenfalls nicht zwingende Voraussetzung, dass auch ein (ausdrücklicher) Beurkundungsauftrag erteilt wurde.[16] Unter Geltung der KostO war zur entsprechenden Tatfrage der Notar **beweispflichtig**;[17] weder der Wortlaut der Nr. 1 noch die Gesetzesgründung weisen darauf hin, dass der Gesetzgeber diesen Umstand ändern wollte.

Weitere Beispiele: Zur KostO war anerkannt, dass allein die **Bitte, neben dem eigentlichen Auftraggeber in** 19 **den Verteiler für den Vertragsentwurf aufgenommen zu werden,** nicht ausreicht, um eine Haftung für die Entwurfsgebühr zu begründen.[18] Außerdem war herrschendes Verständnis, dass der Beteiligte eines Geschäfts nur nach den Grundsätzen des Vertretungsrechts haftet, wenn ein am Geschäft selbst **nicht beteiligter Dritter** den Entwurf beauftragt hat (**Beispiel:** der Kaufinteressent ist nicht Kostenschuldner, wenn ein Makler – anders als im Regelfall [→ Rn 20] – im eigenen Namen, nicht aber namens des Kaufinteressenten den Notar beauftragt hat,[19] → §30 Rn 7 und 13; s. dort auch zum **vollmachtlosen Vertreter**). Als „**Mitauftraggeber**" war nach den zur KostO entwickelten Grundsätzen zu behandeln, wer in die Entwurfsarbeiten dergestalt eingreift, dass er dem Notar **Änderungswünsche mitteilt** und um Übersendung des geänderten Entwurfs bittet (als nicht ausreichend wurde es insoweit jedoch angesehen, wenn der weitere Beteiligte sein Änderungswünsche nur dem ursprünglichen Antragsteller mitteilt und dieser sie an den Notar weiterleitet).[20]

Für den **Makler** soll für den Regelfall davon auszugehen sein, dass er nicht im eigenen Namen handelt, son- 20 dern aufgrund des Maklervertrags für seinen Auftraggeber. Damit haftet für die betreffenden Entwürfe – das Bestehen der auf die Entwurfsanforderung gerichteten Vollmacht oder eines entsprechenden Auftrags an den Makler vorausgesetzt (sonst gelten die Grundsätze für den vollmachtlosen Vertreter[21]) – für die Entwurfserstellung ausschließlich der den Makler beauftragende Verkäufer oder Käufer.[22] Dass der Makler ein wirtschaftliches Eigeninteresse am Zustandekommen des von ihm vermittelten Vertrags hat, genügt nach einer Entscheidung des LG Freiburg für ein Auftreten im eigenen Namen nicht.[23]

4. Unterschriftsbeglaubigungen. Liegt kein Fall von Nr. 2 oder §30 Abs. 3 vor, haftet bei Unterschriftsbe- 21 glaubigungen nur derjenige für die Kosten des Notars, **dessen Unterschrift beglaubigt wird.** Anderes gilt, wenn derjenige, dessen Unterschrift beglaubigt wird, nicht im eigenen Namen handelt, sondern zB als Geschäftsführer einer GmbH oder als Vorstand einer Bank. Dann haftet für die betreffenden Kosten beim Notar nur derjenige, der vom Unterzeichner vertreten wird (also die in den genannten Fällen die Gesellschaft oder die Bank).[24]

13 Korintenberg/*Gläser*, §29 Rn 18. **14** LG Duisburg 17.6.2015 – 11 OH 59/14, RNotZ 2015, 598, 599. **15** Korintenberg/*Lappe*, KostO, §2 Rn 46; *Tiedtke/Sikora*, in: Würzburger Notarhandbuch, 2. Aufl., Teil 1, Kap. 5 Rn 116. **16** Korintenberg/*Bengel/Tiedtke*, KostO, §145 Rn 70a, 72. **17** Korintenberg/*Bengel/Tiedtke*, KostO, §145 Rn 70. **18** Korintenberg/*Bengel/Tiedtke*, KostO, §145 Rn 71; *Tiedtke/Sikora*, in: Würzburger Notarhandbuch, 2. Aufl., Teil 1, Kap. 5 Rn 116. **19** Korintenberg/*Bengel/Tiedtke*, KostO, §145 Rn 70; BDS/*Neie*, §29 Rn 7. **20** Korintenberg/*Bengel/Tiedtke*, KostO, §145 Rn 70a. – Zum GNotKG offen gelassen bei LG Duisburg 17.6.2015 – 11 OH 59/14, RNotZ 2015, 598, 600. **21** LG Freiburg 15.2.2016 – 3 OH 29/15. **22** Korintenberg/*Gläser*, §29 Rn 23 – so auch schon das herrschende Verständnis zur KostO: *Tiedtke/Sikora*, in: Würzburger Notarhandbuch, 2. Aufl., Teil 1, Kap. 5 Rn 116. **23** LG Freiburg 15.2.2016 – 3 OH 29/15. **24** Korintenberg/*Gläser*, §29 Rn 8.

Gründungsgesellschafter vereinbaren untereinander die Gesellschaftsgründung und regeln ihre gesellschaftsrechtlichen Beziehungen. Das betreffende Beurkundungsverfahren hat also nicht Willenserklärungen der Gesellschaft zum Gegenstand, sondern solche der Gründungsgesellschafter.[2] Enthält die Urkunde allerdings eine Regelung, wonach die Gründungskosten von der Gesellschaft getragen werden, haftet die Gesellschaft (neben den Gründungsgesellschafter) aus Abs. 3 (→ Rn 25 ff).

- Wird der **Gesellschaftsvertrag einer Personengesellschaft** in Vertragsform **geändert**, sind ebenfalls die Gesellschafter Erklärungsschuldner, da diese die betreffenden Erklärungen im eigenen Namen abgeben.[3]
- Erfolgt dagegen bei einer **GmbH oder AG** eine Änderung des Satzung durch **Beschluss**, ist Erklärungsschuldner nur die Gesellschaft: Die Gesellschafter (bzw Aktionäre) treten insoweit als Beschlussorgan auf, woraus kostenrechtlich zu schließen ist, dass die Gesellschafter keine „eigenen" Erklärungen abgeben.[4] Auch bei einer Personengesellschaft ist die Gesellschaft für die Änderung des Gesellschaftsvertrags Erklärungsschuldner, wenn der Gesellschaftsvertrag eine Änderung durch Beschluss vorsieht.[5]
- Erklärungsschuldner ist eine GmbH oder AG auch dann, wenn sie **aufgrund organschaftlicher Vertretung Erklärungen** abgibt, zB ein Kaufvertrag unter Beteiligung einer durch ihren Geschäftsführer vertretenen GmbH (§ 35 Abs. 1 GmbHG) geschlossen wird oder der Vorstand einer Aktiengesellschaft (§ 78 Abs. 1 AktG) eine **Registeranmeldung** für diese zeichnet.[6] Stellt der Geschäftsführer einer GmbH einen Beurkundungsantrag für die Gesellschaft, obwohl diese zahlungsunfähig ist, kann das zwar einen Schadensersatzanspruch des Notars auslösen, begründet aber keine unmittelbare Kostenhaftung des Geschäftsführers.[7]
- Schließt eine **Personengesellschaft** einen Kaufvertrag oder nimmt sie im Rahmen ihrer Rechtsfähigkeit unter ihrer Firma ein sonstiges Rechtsgeschäft vor, ist ebenfalls die Gesellschaft Erklärungsschuldner: Die Gesellschafter handeln nicht im eigenen Namen, sondern für die Gesellschaft.[8] Die Gesellschafter haften aber aus § 29 Nr. 3.
- Für **Registeranmeldungen von Personenhandelsgesellschaften** wird wie folgt unterschieden: Handelt es sich um die Anmeldung einer **Änderung des Gesellschaftsvertrags**, sind die Gesellschafter Erklärungsschuldner; betrifft die Anmeldung dagegen ein Rechtsgeschäft der Gesellschaft (zB die Anmeldung einer **Prokura** oder die Änderung nicht des satzungsmäßigen Sitzes, sondern der **Geschäftsanschrift**), haftet die OHG oder KG als Erklärungsschuldner iSd Abs. 1 (und haften außerdem die persönlich haftenden Gesellschafter als Haftungsschuldner gem. § 29 Nr. 3).[9]
- Für **Kommanditisten** gilt, dass die auf Verpflichtungen der Gesellschaft bezogene Haftungsbegrenzung des § 171 HGB nicht greift, wenn die Tätigkeit des Notars einen Vorgang betrifft, der kostenrechtlich als persönliche Erklärung der Gesellschafter zu behandeln ist (s. zB oben erstmalige Vereinbarung oder spätere Abänderung eines Gesellschaftsvertrags).[10]

10 **3. Vertretung.** Wird eine natürliche oder juristische Personen bei der Abgabe einer Erklärung im Rahmen eines Beurkundungsverfahrens vertreten, **haftet als Erklärungsschuldner nicht der Vertreter, sondern die vertretene Person.** Der Wortlaut von Abs. 1 stellt nicht auf die bloße Teilnahme am Beurkundungsverfahren ab, sondern sieht ausschließlich denjenigen in der kostenmäßigen Verantwortung, „dessen" Erklärungen beurkundet worden sind. Für die Haftung aus Abs. 1 kommt es also darauf an, wem die im Beurkundungsverfahren abgegebenen Erklärungen rechtlich zuzuordnen sind.

11 Zur organschaftlichen Vertretung von juristischen Personen → Rn 9. Beispiele für eine gesetzliche oder rechtsgeschäftliche Vertretung sind:[11]
- die Vertretung des Vollmachtgebers durch den von ihm rechtsgeschäftlich Bevollmächtigten;
- das gesetzliche Vertretungsrecht der Eltern für ihr minderjähriges Kind;
- die gesetzliche Vertretung des Betreuten durch seinen Betreuer;
- die Vertretung der Gemeinde durch ihren Bürgermeister;
- das Handeln eines Ergänzungspflegers für sein Mündel.

12 Zur Haftung für die **Verwalterzustimmung zu einem Wohnungskaufvertrag** → § 29 Rn 22. Die dortigen Ausführungen gelten jedoch nur hinsichtlich der Unterschriftsbeglaubigung, die der Notar auf einer im Rahmen der Vollzugstätigkeit bereits entworfenen Erklärung vornimmt. Beauftragt dagegen der Verwalter einen anderen Notar als denjenigen, der den Kaufvertrag beurkundet hat, damit, einen **Entwurf für die Ver-**

2 Korintenberg/*Gläser*, § 30 Rn 8. **3** Korintenberg/*Lappe*, KostO, § 2 Rn 49; *Tiedtke/Sikora*, in: Würzburger Notarhandbuch, 2. Aufl., Teil 1, Kap. 5 Rn 111. **4** Korintenberg/*Gläser*, § 30 Rn 8 – mit Hinweisen auch zur (abzulehnenden Gegenauffassung, wonach es darauf ankommt, ob nach § 36 BeurkG beurkundet wird oder nach §§ 8 ff BeurkG). **5** Korintenberg/*Gläser*, § 30 Rn 8. **6** Korintenberg/*Gläser*, § 30 Rn 8. **7** Korintenberg/*Gläser*, § 30 Rn 8. **8** *Tiedtke/Sikora*, in: Würzburger Notarhandbuch, 2. Aufl., Teil 1, Kap. 5 Rn 111. **9** *Tiedtke/Sikora*, in: Würzburger Notarhandbuch, 2. Aufl., Teil 1, Kap. 5 Rn 110. **10** Korintenberg/*Lappe*, KostO, § 2 Rn 54. **11** *Tiedtke/Sikora*, in: Würzburger Notarhandbuch, 2. Aufl., Teil 1, Kap. 5 Rn 113.

§ 30 Haftung der Urkundsbeteiligten

(1) Die Kosten des Beurkundungsverfahrens und die im Zusammenhang mit dem Beurkundungsverfahren anfallenden Kosten des Vollzugs und der Betreuungstätigkeiten schuldet ferner jeder, dessen Erklärung beurkundet worden ist.

(2) Werden im Beurkundungsverfahren die Erklärungen mehrerer Beteiligter beurkundet und betreffen die Erklärungen verschiedene Rechtsverhältnisse, beschränkt sich die Haftung des Einzelnen auf die Kosten, die entstanden wären, wenn die übrigen Erklärungen nicht beurkundet worden wären.

(3) Derjenige, der in einer notariellen Urkunde die Kosten dieses Beurkundungsverfahrens, die im Zusammenhang mit dem Beurkundungsverfahren anfallenden Kosten des Vollzugs und der Betreuungstätigkeiten oder sämtliche genannten Kosten übernommen hat, haftet insoweit auch gegenüber dem Notar.

I. Grundsätzliches

Die Bestimmungen in **Abs. 1** konkretisieren für die Gebühren des Beurkundungsverfahrens (Nr. 21100 ff **1** KV) die „Veranlasserhaftung" aus § 29 Nr. 1: Wessen Erklärungen beurkundet werden, haftet dem Notar für die durch die Beurkundung seiner Erklärungen entstandenen Kosten (einschließlich derjenigen Kosten, die durch die mit der Beurkundung im Zusammenhang stehenden Vollzugs- und Betreuungstätigkeiten ausgelöst werden; → Rn 18 ff).

Dem Umstand, dass in einem einheitlichen Beurkundungsvorgang häufig auch mehrere – mitunter auch **2** weitgehend voneinander unabhängige – Sachverhalte zusammen behandelt werden, trägt die Bestimmung in **Abs. 2** Rechnung: Werden in einer Urkunde Erklärungen gemeinsam behandelt, die „verschiedene Rechtsverhältnisse" betreffen, haftet der jeweilige Beteiligte nur insoweit, als die Kosten durch die ihn betreffenden Erklärungen veranlasst sind (→ Rn 20 ff).

Abs. 3 führt zu einer Kostenhaftung aus Übernahmegesichtspunkten (→ Rn 25 ff).   **3**

II. Erklärungsschuldner (Abs. 1)

1. Grundsatz. Gemäß Abs. 1 sind alle am Beurkundungsverfahren (§ 85 Abs. 2) beteiligten Personen Kos- **4** tenschuldner, deren Erklärungen beurkundet worden sind. Somit haften bei zwei- oder mehrseitigen Verträgen grds. sämtliche Vertragsteile für die Beurkundungsgebühr (Nr. 21100 ff KV). Diese „**Erklärungsschuldner**" des Abs. 1 werden in der Praxis regelmäßig zugleich die „Veranlassungsschuldner" iSd § 29 Nr. 1 darstellen (→ § 29 Rn 13). Eine zwingende Deckungsgleichheit besteht zwischen Erklärungs- und Veranlassungsschuldner jedoch nicht (s. zB die nachfolgend näher erläuterten Fälle „**Makler**" und „**Grundpfandrechtsgläubiger**").

Abs. 1 erstreckt sich nicht nur auf die Beurkundungsgebühr (Nr. 21100 ff KV), sondern auch auf die Ge- **5** bühren für die mit dem beurkundeten Rechtsgeschäft verbundenen Vollzugs- und Betreuungstätigkeiten des Notars (Nr. 22110 ff KV) (→ Rn 16 ff).

2. Einzelfälle. Bei einem **Kaufvertrag** sind sowohl Käufer als auch Verkäufer Kostenschuldner gem. Abs. 1, **6** bei der Überlassung oder einem Schenkungsvertrag Übergeber und Erwerber bzw Schenker und Beschenkter.

Für einen **Makler** kann dagegen – sofern er im Kaufvertrag nicht eigene Erklärungen abgibt (was jedoch **7** äußerst selten vorkommen dürfte) – aus Abs. 1 keine Kostenschuldnerschaft begründet werden. Allenfalls kommt eine Haftung des Maklers aus § 29 Nr. 1 in Betracht, wenn er nämlich das Tätigwerden des Notars erkennbar nicht in Vertretung der Vertragsteile veranlasst, sondern im eigenen Interesse in Auftrag gibt (zu **Vertragsentwürfen** → § 29 Rn 19 f). In diesem Fall ist der Makler dann aber Veranlassungsschuldner, ohne dass es auf die Frage ankommt, ob eine solche Haftung nicht deshalb scheitert, weil der Makler kein Beteiligter des zur Beurkundung beauftragten Rechtsgeschäfts ist: Der Wortlaut von § 29 Nr. 1 setzt weder eine formelle noch eine materielle Beteiligung des Veranlassers an der beantragten Amtstätigkeit voraus.

Handelt bei der Bestellung einer (Finanzierungs-)**Grundschuld** der Schuldner nicht nur im eigenen Namen, **8** sondern auch für den Verkäufer der vom ihm gekauften Immobilie, haftet gem. Abs. 1 neben dem Käufer auch der Verkäufer für die Beurkundungsgebühr.[1]

In **Gesellschaftssachen** ist für die Feststellung des Erklärungsschuldners stets darauf zu achten, **in wessen** **9** **Namen** die Erklärungen im Beurkundungsverfahren abgegeben werden:

- Bei der Beurkundung eines Gesellschaftsvertrags für die **Gründung einer (Personen- oder Kapital-)Gesellschaft** sind **alle Gründungsgesellschafter** Erklärungsschuldner, nicht aber die Gesellschaft selbst: Die

---

[1] So auch BDS/*Neie*, § 30 Rn 4.

walterzustimmung zu fertigen, schuldet der Verwalter dem zweiten Notar die hierdurch anfallenden Kosten (insoweit handelt es sich nicht um „Kosten des Vollzugs", so dass § 29 Nr. 1 und nicht § 30 Abs. 1 gilt). Etwas anderes folgt auch nicht aus Abs. 3, da die betreffende Übernahmeerklärung nur Wirkung gegenüber dem Urkundsnotar des Kaufvertrags entfaltet und nicht auch gegenüber dem zweiten, vom Verwalter beauftragten Notar.[12]

Tritt bei einer Beurkundung ein **Vertreter ohne Vertretungsmacht** auf, ist zu unterscheiden: Genehmigt der   13 Vertretene das Handeln des Vertreters nach, wird der Vertretene nach dem in → Rn 11 genannten Grundsatz Erklärungsschuldner.[13] Scheitert die Nachgenehmigung dagegen, ist **weder der Vertretene noch der vollmachtlose Vertreter Erklärungsschuldner**: der Vertretene nicht, weil keine ihm zurechenbare wirksame Erklärung vorliegt,[14] der vollmachtlose Vertreter nicht, weil er keine Erklärung im eigenen Namen abgegeben hat. Sowohl der Vertretene als auch der Vertreter kommen aber als **Veranlassungsschuldner** iSd § 29 Nr. 1 in Betracht: Kann der Vertreter beweisen, dass er von seinem Auftraggeber bevollmächtigt war, die Beurkundungstätigkeit des Notars zu veranlassen (oder ergibt sich dies bspw aus einem vom Notar mit dem Vertretenen zur Vorbereitung der Beurkundung geführten Schriftverkehr), haftet (ausschließlich) der Vertretene als Veranlassungsschuldner. Dagegen haftet der **Vertreter als Veranlassungsschuldner**, wenn

- er gegenüber dem Notar zwar vorgegeben hat, die Beurkundung für einen Auftraggeber zu veranlassen, ihm aber tatsächlich eine solche „Veranlasservollmacht" gefehlt hat (Rechtsgedanke des § 179 BGB);[15] oder

- er sich gegenüber dem Notar in einer Weise verhalten hat, die der Notar unter Einbeziehung aller Umstände nach Treu und Glauben so verstehen musste, als wolle der Vertreter selbst die Beurkundung beauftragen[16] (zur **Haftung des Maklers** für die Beauftragung eines Entwurfs → § 29 Rn 19).

Haftet der vollmachtlos Vertretene als Erklärungsschuldner, weil er die in seinem Namen vorgenommenen   14 Willenserklärungen nachgenehmigt, **beseitigt dies nicht nachträglich** eine schon entstandene Veranlasserhaftung seines Vertreters: Der Vertreter erscheint insoweit nicht schutzwürdig, da er selbst beeinflussen kann, unter welchen Vorzeichen er die Tätigkeit des Notars veranlasst; die Freistellung durch den Vertretenen betrifft eine Frage des Innenverhältnisses.[17]

4. Entwürfe. Der Wortlaut des Abs. 1 stellt auf eine Erklärung ab, die beurkundet worden ist. Eine Kosten-   15 haftung für sog. „isolierte Entwürfe" (Nr. 24100 ff KV) kann aus dieser Vorschrift deshalb nicht abgeleitet werden. Insoweit verbleibt es bei der Veranlasserhaftung nach § 29 (→ § 29 Rn 16 ff). Der Wortlaut von Abs. 1 spricht außerdem dafür, auch für diejenigen Gebühren, die bei vorzeitiger Beendigung des Beurkundungsverfahrens entstehen (Nr. 21300 ff KV), den Kostenschuldner ausschließlich nach § 29 zu bestimmen:[18] Zwar sind diese Gebühren im Kostenverzeichnis dem Abschnitt zum „Beurkundungsverfahren" zugeordnet, jedoch kommt es in diesen Fällen gerade nicht zu einer Beurkundung von Erklärungen, was der unter Verwendung der Vergangenheitsform formulierte Wortlaut des § 30 aber voraussetzt.

5. Vollzugs- und Betreuungstätigkeiten. Sind aufgrund eines Beurkundungsverfahrens Vollzugs- oder Be-   16 treuungstätigkeiten durch den Notar zu erledigen, haften im Verhältnis zum Notar gem. Abs. 1 auch für diese Tätigkeiten sämtliche Erklärungsschuldner. Es muss also insoweit nicht danach gefragt (und ggf unterschieden werden), wer Veranlasser für die betreffende Tätigkeit ist (nunmehr § 29 Nr. 1); ausreichend für die Haftung eines Urkundsbeteiligten ist vielmehr, dass die betreffende Tätigkeit im Zusammenhang mit einer Beurkundungsverhandlung steht, in deren Rahmen auch Erklärungen dieses Beteiligten beurkundet worden sind.[19]

Die Erklärungsschuldner-Haftung für Vollzugs- und Betreuungstätigkeiten unterscheidet nach dem aus-   17 drücklichen Wortlaut von Abs. 1 weder danach, in wessen Interesse die betreffende Vollzugsmaßnahme erfolgt, noch dahin gehend, ob eine Vertragsseite rechtlich verpflichtet ist, den betreffenden Vollzugsschritt herbeizuführen (zB der Verkäufer zur Lastenfreistellung; der unter Betreuung stehende Erwerber zur Beibringung der erforderlichen gerichtlichen Genehmigung).[20]

In der Regel werden also bei zwei- oder mehrseitigen Verträgen **sämtliche Urkundsbeteiligte gesamtschuld-**   18 **nerisch** für die zugehörigen Vollzugs- und Betreuungstätigkeiten haften. Die Empfehlung, für das Innenver-

---

12 LG Düsseldorf 8.1.2015 – 25 T 623/13, RNotZ 2015, 596. **13** Entsprechend während der Geltungszeit der KostO: *Filzek*, KostO, § 2 Rn 16; Korintenberg/*Lappe*, KostO, § 2 Rn 31. **14** So im Fall des LG Duisburg 17.6.2015 – 11 OH 59/14, RNotZ 2015, 598, 599. **15** Korintenberg/*Lappe*, KostO, § 2 Rn 30. Nach LG Freiburg 15.2.2016 – 3 OH 29/15 kann der Notar insoweit ggf aber zur Rückfrage verpflichtet sein. **16** Korintenberg/*Lappe*, KostO, § 2 Rn 56, der diese Voraussetzung beim Handeln eines Vertreters ohne Vertretungsmacht „üblicherweise" als gegeben ansieht: „… bei der offenen Vertretung ohne Vertretungsmacht veranlasst üblicherweise der Vertreter die Beurkundung und schuldet daher die Kosten." **17** Str, Nachweise zum Streitstand unter Geltung der KostO: *Tiedtke/Sikora*, in: Würzburger Notarhandbuch, 2. Aufl., Teil 1, Kap. 5 Rn 115. **18** Korintenberg/*Gläser*, § 29 Rn 4. **19** So auch BDS/*Neie*, § 30 Rn 8. **20** Zu den entsprechenden Abgrenzungen entzündeten sich unter Geltung der KostO zahlreiche Streit- und Zweifelsfragen, vgl *Filzek*, KostO, § 5 Rn 7 ff.

hältnis der Vertragsteile zu regeln, wer die jeweilige Vollzugs- oder Betreuungstätigkeit bezahlt, behält ihre Gültigkeit.[21] Die (unterschiedslose) Haftung der Erklärungsschuldner für die mit dem beurkundeten Rechtsgeschäft verbundenen Vollzugs- und Betreuungstätigkeiten ist eine bewusste gesetzgeberische Entscheidung.[22]

19   Erfasst werden von Abs. 1 die in Nr. 22110 ff KV (Vollzugsgebühren) und Nr. 22200 ff KV (Betreuungsgebühren und Treuhandauflagen) geregelten Gebühren. Auch zu den Gebühren für die Abgabe einer **Erklärung in fremder Sprache** und zu den Auslagen für die **Hinzuziehung eines Dolmetschers** gilt die gesamtschuldnerische Haftung aller Erklärungsschuldner.

III. Haftungsbeschränkung (Abs. 2)

20   Abs. 2 ist eine **haftungsbeschränkende Ausnahmevorschrift** zum Grundsatz der gesamtschuldnerischen Haftung der Erklärungsschuldner gem. Abs. 1. Die Regelung des Abs. 2 geht § 32 vor: Ergibt sich aus Abs. 2, dass ein Beteiligter für die Notarkosten zu einem Rechtsverhältnis, das in einer Urkunde geregelt worden ist, zu der auch er selbst Erklärungen abgegeben hat, nicht haftet, kann insoweit – mangels „mehrerer" Kostenschuldner – in Bezug auf diesen Beteiligten kein Gesamtschuldverhältnis entstehen.

21   Die gesamtschuldnerische Haftung der Erklärungsschuldner wird durch Abs. 2 „rechtsverhältnisbezogen" eingeschränkt: Sind an einer Urkunde mehrere beteiligt und enthält die Urkunde gegenstandsverschiedene Erklärungen, werden aber nicht alle gegenstandsverschiedenen Erklärungen von allen Beteiligten abgegeben, beschränkt sich die Haftung des jeweiligen Beteiligten auf diejenigen Kosten, die für das Rechtsverhältnis entstehen, an dem er beteiligt ist.

22   **Beispiel:** A veräußert aus dem Ausgangsgrundstück G ein Teilgrundstück G 1 zum Kaufpreis K 1 an B und das Restgrundstück G 2 zum Kaufpreis K 2 an C. Beides geschieht in einer Urkunde.

Aus Abs. 2 folgt, dass A für die Beurkundungsgebühr aus dem Gesamtkaufpreis (K 1 + K 2) haftet, B dagegen nur für die Beurkundungsgebühr aus dem Kaufpreis K 1 und C nur für die Beurkundungsgebühr aus dem Kaufpreis K 2.

Entsprechendes gilt für die anfallenden Vollzugs- und Betreuungsgebühren.

23   Weitere **Beispielsfälle** für die Anwendung von Abs. 2 nennt unmittelbar die Gesetzesbegründung (dabei wird zugleich deutlich, dass die haftungsbeschränkende Wirkung des Abs. 2 nach dem Willen des Gesetzgebers auch zugunsten eines Kostenschuldners greifen kann, der eine Erklärung abgegeben hat, die nach § 109 an sich **gegenstandsgleich zum Hauptgeschäft** wäre; um in den Genuss der Privilegierung aus Abs. 2 zu kommen, ist es also nicht Voraussetzung, eine zum Hauptgeschäft gegenstandsverschiedene Erklärung abgegeben zu haben[23]):

- Stimmt ein Ehegatten lediglich nach **§ 1365 BGB** einem Rechtsgeschäft zu, an dem er im Übrigen nicht beteiligt ist, haftet er nicht nach Abs. 1 für die gesamten Kosten des betreffenden Beurkundungsverfahrens (sondern er haftet lediglich für die Kosten seiner Zustimmung).[24]
- Auch der Verwalter, der gem. § 12 WEG einem Kaufvertrag zwischen Dritten zustimmt, haftet nicht für die durch die Beurkundung des Kaufvertrags ausgelösten Gebühren.[25]
- Erklärt ein Nießbraucher zu einer Grundpfandrechtsbestellungen den Rangrücktritt mit seinem Recht, begründet dies keine Haftung für Kosten der Grundpfandrechtsbestellung.[26]
- Ein Vorkaufsberechtigter, der in einem Kaufvertrag auf die Vorkaufsrechtsausübung verzichtet, haftet nicht für Kosten des Kaufvertrags.[27]

24   *Ratio* des Abs. 2 ist es ausweislich der Gesetzesbegründung, „unbillige und überraschende" Haftungsfolgen zu vermeiden. Außerdem soll verhindert werden, dass sinnvolle Zusammenfassungen mehrerer Erklärungen in einer Niederschrift nur deshalb unterbleiben, um unerwünschte Kostenfolgen zu vermeiden.[28]

IV. Haftungsübernahme (Abs. 3)

25   Die Regelung in Abs. 3 ergänzt die Notarkostenhaftung um einen (gegenüber der früheren Rechtslage) neuen Aspekt: Während unter Geltung der KostO streng zwischen der ausdrücklichen Haftungsübernahme gegenüber dem Notar einerseits und der nur für das Innenverhältnis der Beteiligten bedeutsamen Abrede zur Kostenverteilung andererseits unterschieden wurde,[29] haftet nach dem GNotKG auch derjenige unmittelbar gegenüber dem Notar, der sich in einer notariellen Urkunde einem Dritten gegenüber zur Zahlung der Kosten dieses Beurkundungsverfahrens (bzw zur Tragung von Kosten des Vollzugs und der Betreuungstätigkei-

21 Korintenberg/*Gläser*, § 30 Rn 3. 22 BR-Drucks 517/12, S. 232. 23 Korintenberg/*Gläser*, § 30 Rn 9. 24 BR-Drucks 517/12, S. 233 (die Zustimmung ist gem. § 109 Nr. 1 gegenstandsgleich zum Hauptgeschäft). 25 BR-Drucks 517/12, S. 233. 26 BR-Drucks 517/12, S. 233. 27 BR-Drucks 517/12, S. 233. 28 BR-Drucks 517/12, S. 233. 29 *Tiedtke/Sikora*, in: Würzburger Notarhandbuch, 2. Aufl., Teil 1, Kap. 5 Rn 105.

ten) verpflichtet hat.[30] Eine **ausdrückliche Erklärung** (zusätzlich) gegenüber dem beurkundenden Notar (§ 29 Nr. 2) ist für diese „Übernahmehaftung" **nicht (mehr) erforderlich**. Ein Beteiligter, der gegenüber einem anderen Beteiligten zur Niederschrift des Notars Kosten übernimmt, soll sich nach dem ausdrücklichen Willen des Reformgesetzgebers nicht darauf berufen können, dass diese Übernahme nur zwischen den Urkundsbeteiligten gelten soll.[31]

Als praxisnahes Beispiel kann die häufig in Kaufverträgen verwendete Formel: *„Die Kosten dieser Urkunde* **26** *beim Notar trägt der Käufer"* dienen. Eine **Einschränkung** ergibt sich nach der Rspr, wenn bei einem Kaufvertrag über eine Eigentumswohnung zwar eine Vertragsseite im vorgenannten Sinne die Kosten übernommen hat, der Verwalter der Wohnungseigentümergemeinschaft für seine Zustimmung gem. § 12 WEG jedoch einen zweiten Notar beauftragt, die betreffende Erklärung zu entwerfen: Auf das Verhältnis zum „Zweit-Notar" soll sich nach dieser Rspr die Übernahmeerklärung nicht beziehen, sondern allein auf die Kostenschuldnerschaft gegenüber dem „ursprünglichen" Urkundsnotar (→ Rn 12).[32]

Aus der in → Rn 25 geschilderten, in der Gesetzesbegründung zum Ausdruck kommenden gesetzgeberi- **27** schen Intention folgt, dass Abs. 3 **keine Ausnahme zum Grundsatz der gesamtschuldnerischen Haftung** gem. § 32 begründen kann und soll: Der Schuldner aus Abs. 3 steht – im Verhältnis zum Notar – nicht in verdrängender Weise ausschließend zum Erklärungsschuldner, sondern kumulativ neben diesem.[33] Wollte der Gesetzgeber anderes, müsste er formulieren: *„Übernimmt in einer notariellen Urkunde ein Beteiligter die Kosten dieses Beurkundungsverfahrens, haftet nur dieser gegenüber dem Notar"*. In §§ 30 Abs. 2 und 31 Abs. 1–3 hat der Gesetzgeber Grenzen für die gesamtschuldnerische Haftung formuliert und das auch im jeweiligen Wortlaut der betreffenden Vorschrift eindeutig gekennzeichnet; im Vergleich zu diesen Normen wird besonders deutlich, dass der Wortlaut des Abs. 3 nicht „haftungsbeschränkend", sondern ausschließlich „haftungsbegründend" gemeint ist.

Abs. 3 kann also nicht den Kreis der Erklärungsschuldner verkleinern, wohl aber verdeutlichen, dass gegen- **28** über dem Notar auch haftet, wer zwar nicht materiell an einem beurkundeten Rechtsgeschäft beteiligt ist, in der Urkunde aber gleichwohl erklärt, die Kosten der Beurkundungsverhandlung zu übernehmen (zB der Treugeber für ein auf seine Weisung ausgeführtes Geschäft des Treuhänders). Ein „haftungsbeschränkendes" Verständnis des Abs. 3 würde zudem die Frage der Kostenhaftung für Notarkosten der Disposition der Beteiligten zugänglich machen. Dies widerspricht aber dem öffentlich-rechtlichen Charakter dieser Kostenschuld.

§ 31 Besonderer Kostenschuldner

(1) Schuldner der Kosten, die für die Beurkundung des Zuschlags bei der freiwilligen Versteigerung eines Grundstücks oder grundstücksgleichen Rechts anfallen, ist vorbehaltlich des § 29 Nummer 3 nur der Ersteher.

(2) Für die Kosten, die durch die Errichtung eines Nachlassinventars und durch Tätigkeiten zur Nachlasssicherung entstehen, haften nur die Erben, und zwar nach den Vorschriften des Bürgerlichen Gesetzbuchs über Nachlassverbindlichkeiten.

(3) ¹Schuldner der Kosten der Auseinandersetzung eines Nachlasses oder des Gesamtguts nach Beendigung der ehelichen, lebenspartnerschaftlichen oder fortgesetzten Gütergemeinschaft sind die Anteilsberechtigten; dies gilt nicht, soweit der Antrag zurückgenommen oder zurückgewiesen wurde. ²Ferner sind die für das Amtsgericht geltenden Vorschriften über die Kostenhaftung entsprechend anzuwenden.

I. Allgemeines

§ 31 ist Spezialnorm zu §§ 29 und 30: Für einige Sonderbereiche notarieller Tätigkeit schreibt die Vor- **1** schrift bestimmte („besondere") Kostenschuldner fest, so dass es in diesen Fällen weder notwendig (noch – jedenfalls zu Abs. 1 und 2 – möglich) ist, auf den „Veranlassungsschuldner" gem. §§ 29 Nr. 1, 30 Abs. 1 zurückzugreifen. Den **abschließenden Charakter** der Regelungen in Abs. 1 und 2 gegenüber §§ 29, 30 macht deren Wortlaut deutlich („nur"). Auch die Regelung in Abs. 1 Hs 2 wäre nicht erforderlich, wenn §§ 29, 31 „nebeneinander" anwendbar wären. Es kann insoweit also kein Gesamtschuldverhältnis zwischen einem besonderen Kostenschuldner nach § 31 und einem Veranlassungsschuldner nach § 29 Nr. 1 entstehen.

---

30 BR-Drucks 517/12, S. 233. **31** BR-Drucks 517/12, S. 233. **32** LG Düsseldorf 8.1.2015 – 25 T 623/13, RNotZ 2015, 596.
33 Korintenberg/*Gläser*, § 30 Rn 1.

2   Klärungsbedürftig ist, ob aus dem grds. abschließenden Charakter des § 31 auch folgt, dass es für die dort geregelten Fälle keinen „Übernahmeschuldner" iSd § 29 Nr. 2 (und auch keinen Kostenschuldner nach § 30 Abs. 3) geben kann. Jedenfalls für die in Abs. 1 geregelten Fälle liegt dies nahe, sieht man davon ab, dem Gesetzgeber bei seiner ausdrücklichen Bezugnahme (nur) auf „§ 29 Nummer 3" einen Verweisungsfehler zu unterstellen.

3   Zweifelhaft könnte außerdem sein, ob der in → Rn 1 beschriebene abschließende Charakter von § 31 tatsächlich **sowohl in haftungsbegrenzender als auch haftungsbegründender** Hinsicht gilt: Die Verweisung in Abs. 1 (nur) auf „29 Nummer 3" und die amtliche Überschrift der Norm („Besondere Kostenschuldner") lassen jedoch vermuten, dass § 31 selbst als haftungsbegründende Vorschrift gemeint ist (und also nicht etwa eine Haftung nach §§ 29, 30 voraussetzt).[1]

II. Zuschlagsbeurkundungen (Abs. 1)

4   Gemeint ist die – bei der **freiwilligen Versteigerung** (→ Rn 6) – nach §§ 156, 311 b BGB erforderliche Beurkundung der zum Vertragsabschluss führenden Annahmeerklärung („Zuschlag") des Versteigerers (Nr. 23603 KV).

5   Auf die Zwangsversteigerung von Grundstücken nach dem ZVG ist § 156 BGB nicht anwendbar.[2]

6   Wird bei einer freiwilligen Versteigerung der Zuschlag erteilt, kommt ein Vertragsverhältnis zwischen Ver- und Ersteiger zustande, zB bei der freiwilligen Versteigerung eines Grundstücks ein Kaufvertrag; der Zuschlag hat also die Funktion einer Annahmeerklärung.[3] Aus § 29 Nr. 1 könnte nun zu folgern sein, dass deshalb für die Kosten der Zuschlagsbeurkundung sowohl der Versteigerer als auch der Ersteher haften. Hiervon ordnet Abs. 1 jedoch abweichend an, dass die betreffende Beurkundungsgebühr allein der Ersteher zu entrichten hat. Mehrere Ersteher eines Grundstücks haften als Gesamtschuldner.[4]

III. Nachlassinventar und Tätigkeiten der Nachlasssicherung (Abs. 2)

7   Errichtet der Notar ein **Nachlassverzeichnis** (zB nach § 2314 Abs. 1 S. 3 BGB oder – in der Praxis weniger häufig anzutreffen – nach §§ 1993, 2003 BGB), sind dem Notar die Erben Kostenschuldner, also nicht etwa auch der Pflichtteilsberechtigte (§ 2314 BGB) oder der Nachlassgläubiger (§ 2003 BGB). Die betreffenden **Gebührentatbestände** sind in Nr. 23500 ff KV geregelt. Weil der Nachlassgläubiger nicht Kostenschuldner ist, kann der Notar für die Inventarerrichtung seine Tätigkeit nicht davon abhängig machen, dass der Gläubiger als Antragsteller einen Kostenvorschuss einbezahlt.[5]

8   Die Bezugnahme auf die „Vorschriften des Bürgerlichen Gesetzbuchs über Nachlassverbindlichkeiten" (§§ 1967 ff, 2058 ff BGB) soll den Erben nach der Gesetzesbegründung[6] die Möglichkeit der Haftungsbeschränkung eröffnen. Ein Vorbehalt bzgl der beschränkten Erbenhaftung ist bei der Kostenrechnung jedoch nicht erforderlich; die Erben müssen diese einwendungsweise geltend machen.[7]

9   Aus § 2058 BGB folgt idR eine **gesamtschuldnerische Haftung der Erben**; auf die Erbquote kommt es also hinsichtlich der Kostentragung gegenüber dem Notar nicht an, insb. richtet sich nicht die Haftungsquote des jeweiligen Erben nach seinem Beteiligungsumfang.

10   Ist zutreffend, dass § 31 auch in haftungsbegründender Hinsicht abschließend ist (→ Rn 3), könnte zu folgern sein, dass es überhaupt keinen Kostenschuldner gibt, wenn beim Notar die Aufstellung eines Nachlassinventars beantragt wird, dann aber – vor endgültiger Errichtung des Verzeichnisses – eine **Antragsrücknahme oder Zurückweisung** erfolgt. Für diese Lesart spricht zwar zusätzlich der Wortlautvergleich zu Abs. 3 Hs 2 (eine entsprechende Bestimmung fehlt zu Abs. 2). Demgegenüber erscheint aber überzeugender, dass insoweit doch ein Rückgriff auf die allgemeinen Regelungen (und insb. auf § 29 Nr. 1) möglich ist: Kommt es zur Antragsrücknahme oder -zurückweisung, liegt nämlich ein notarielles Verfahren, für das § 31 als spezielle Regelung gedacht ist, gar nicht vor. Damit bleibt in diesen Fällen der Rückgriff auf § 29 selbst dann möglich, wenn § 31 auch in haftungsbegründender Hinsicht als abschließend zu verstehen ist.

IV. Vermittlung einer Auseinandersetzung (Abs. 3)

11   Die Zuständigkeit des Notars für die in Abs. 3 beschriebenen Verfahren („**Teilungssachen**") ergibt sich aus § 23 a Abs. 3 GVG, § 342 Abs. 2 Nr. 1 FamFG, § 20 Abs. 1 S. 2 BNotO. Die frühere Zuständigkeit nach landesrechtlichen Vorschriften (§ 487 Abs. 1 Nr. 3 FamFG, § 20 Abs. 5 BNotO aF) ist durch das Gesetz zur Übertragung von Aufgaben im Bereich der freiwilligen Gerichtsbarkeit auf Notare[8] überholt. Ist der Notar

---

1 AA Korintenberg/*Gläser*, § 31 Rn 3; BDS/*Neie*, § 31 Rn 6 für die in § 31 Abs. 2 geregelten Fälle. **2** Palandt/*Ellenberger*, § 156 BGB Rn 2; Soergel/*Wolf*, BGB, 13. Aufl., § 156 Rn 12. **3** Soergel/*Wolf*, BGB, 13. Aufl., § 156 Rn 1. **4** BDS/*Neie*, § 31 Rn 3. **5** Korintenberg/*Gläser*, § 31 Rn 4. **6** BR-Drucks 517/12, S. 233. **7** Korintenberg/*Lappe*, KostO, § 6 Rn 11. **8** Vom 26.6.2013 (BGBl. I 1800); *Preuß*, DNotZ 2013, 740, 744 ff.

im Rahmen einer solchen Teilungssache (§§ 363–373 FamFG) tätig, haften ihm gem. Abs. 3 S. 1 Hs 1 als Kostenschuldner die „**Anteilsberechtigten**", also bei der Auseinandersetzung eines Nachlasses die Miterben und bei der Auseinandersetzung des Gesamtguts einer Gütergemeinschaft die Ehegatten bzw Lebenspartner (bzw – bei fortgesetzter Gütergemeinschaft – der Ehegatte/Lebenspartner und die Erben des verstorbenen Ehegatten/Lebenspartners). Für diese Kostenschuldnerschaft kommt es nach dem Wortlaut von Abs. 3 nicht darauf an, dass der Anteilsberechtigte aufgrund des Vermittlungsverfahrens tatsächlich einen Anteil erhält.[9]

Voraussetzung für die Anwendbarkeit der besonderen Haftungsregelung des Abs. 3 ist, dass ein **förmliches** **12** **Auseinandersetzungsverfahren** iSd §§ 363–373 FamFG durchgeführt wird; nicht erfasst sind demgegenüber die in der notariellen Praxis (jedenfalls bislang) stark überwiegenden Fälle der einvernehmlichen Auseinandersetzung: bei solchen einvernehmlichen Regelungen folgt die Kostenschuldnerschaft aus den allgemeinen Bestimmungen zum Kostenschuldner, insbesondere aus den §§ 29 Nr. 1, 30 Abs. 1.[10] Die **Gebührentatbestände** für Teilungssachen iSd § 342 Abs. 2 Nr. 1 FamFG finden sich in Nr. 23900 ff KV.

Ist Abs. 3 anwendbar und haften aus dieser Norm – wie im Regelfall – dem Notar mehrere Kostenschuldner, **13** kommt es für deren jeweiligen Haftungsumfang nicht auf ihre Beteiligungshöhe an. Da Abs. 3 insoweit nichts abweichendes (zB anteilige Haftung im Außenverhältnis entsprechend der Erbquote) anordnet, verbleibt es bei der allgemeinen Regelung des § 32 und damit bei der **gesamtschuldnerischen Haftung** aller am auseinandergesetzten Gesamtgut Beteiligten.[11] Eine analoge Anwendung der in Abs. 2 angeordneten Verweisung auf die „Vorschriften des Bürgerlichen Gesetzbuchs über Nachlassverbindlichkeiten" (Haftungsbegrenzung auf den Nachlass) scheidet aus: Der Gesetzgeber hätte leicht Entsprechendes regeln können. Er hat dies aber nicht getan, so dass insoweit von einer bewussten gesetzgeberischen Entscheidung auszugehen ist.

Eine **Ausnahme** von der gesamtschuldnerischen Haftung der Gesamthandsberechtigten hat der Gesetzgeber **14** lediglich für den Fall der **Antragsrücknahme oder -zurückweisung** angeordnet (**Abs. 3 S. 1 Hs 2**). Bei Antragsrücknahme oder -zurückweisung haftet allein der Antragsteller; dass insoweit ein Rückgriff auf § 29 Nr. 1 möglich bleiben muss, zeigt der Wortlautvergleich zu Abs. 1 und 2: Anders als diese beiden Absätze enthält Abs. 3 kein „nur"[12] (aber → Rn 16).

Mit Inkrafttreten des Gesetzes zur Übertragung von Aufgaben im Bereich der freiwilligen Gerichtsbarkeit **15** wurde Abs. 3 durch die Verweisungsregelung in S. 2 ergänzt.[13] Eine erste Stellungnahme in der Lit. versteht **Abs. 3 S. 2** dahin gehend, dass neben der aus Abs. 3 folgenden Kostenschuldnerschaft der Anteilsberechtigten eine Kostenhaftung (auch) nach den für das Amtsgericht gültigen Bestimmungen besteht (§§ 22, 25 und 27).[14] Ausweislich der Gesetzesbegründung soll die neu eingefügte Verweisung insb. klarstellen, dass für die in Teilungssachen dem Notar geschuldeten Gebühren auch § 33 anwendbar sein soll.[15]

Ist zutreffend, dass Abs. 3 S. 2 so zu lesen ist, dass dort u.a. auf § 22 verwiesen wird, bedarf es seit Einfü- **16** gung dieser Regelung für die Fälle der Antragsrücknahme oder -zurückweisung nicht mehr des in → Rn 14 geschilderten Rückgriffs auf § 29 Nr. 1. Wird dagegen das Teilungsverfahren antragsgemäß durchgeführt, wird die in Abs. 3 S. 2 angeordnete Verweisung im Regelfall nicht zu einer Ausweitung der Kostenschuldner führen: Zumeist wird der Antragsteller aus dem Kreis der Gesamthands- bzw Anteilsberechtigten stammen, so dass sich keine Personenverschiedenheit ergibt. Solches ist aber zB denkbar, wenn nicht ein Miterbe den Antrag auf Vermittlung der Auseinandersetzung des Nachlasses stellt, sondern ein Dritter, dem ein Pfandrecht oder ein Nießbrauch an einem Erbteil zusteht (§ 363 Abs. 2 FamFG).[16]

Unterabschnitt 3
Mehrere Kostenschuldner

§ 32 Mehrere Kostenschuldner

(1) Mehrere Kostenschuldner haften als Gesamtschuldner.
(2) Sind durch besondere Anträge eines Beteiligten Mehrkosten entstanden, so fallen diese ihm allein zur Last.

---

9 BDS/*Neie*, § 31 Rn 9. **10** BDS/*Neie*, § 31 Rn 8. **11** So auch BDS/*Neie*, § 31 Rn 10 und Korintenberg/*Gläser*, § 31 Rn 7. **12** Für die Anwendbarkeit des § 29 Nr. 1 spricht sich (bei Antragsrücknahme bzw -zurückweisung) auch BDS/*Neie*, § 31 Rn 11 aus; ebenso Korintenberg/*Gläser*, § 31 Rn 8. **13** Das Gesetz zur Übertragung von Aufgaben im Bereich der freiwilligen Gerichtsbarkeit auf Notare v. 26.6.2013 (BGBl. I 1800) wurde insoweit geändert durch Art. 44 des 2. KostRMoG v. 23.7.2013 (BGBl. I 2586). **14** BDS/*Neie*, § 31 Rn 12. **15** BT-Drucks 17/13537, S. 272. **16** Korintenberg/*Gläser*, § 31 Rn 6 will den Gläubiger aufgrund verfassungskonformer Auslegung nur höchstens aus dem Wert seines Pfandrechts haften lassen.

I. Anwendungsbereich und Grundsätzliches

1 Die Vorschrift regelt das Verhältnis von verschiedenen Kostenschuldnern untereinander. § 32 setzt eine Mehrheit von Kostenschuldnern voraus, für die eine gesetzliche Gesamtschuldnerschaft angeordnet wird, und gilt sowohl für Gerichts- als auch für Notarkosten.[1]

2 Die Anordnung der Gesamtschuldnerschaft bedeutet einerseits die Kostenhaftung jedes einzelnen Kostenschuldners für die vollen Gebühren, andererseits aber auch, dass die einfordernde Stelle die Kosten auch nur einmal beitreiben darf.

3 Hinsichtlich Gebührenfreiheit bzw Gebührenermäßigung gehen dem § 32 die besonderen Regelungen des § 2 Abs. 5 bzgl Gerichtskosten und des § 91 Abs. 2 bzgl Notarkosten vor.

II. Regelungsinhalt

4 **1. Gesamtschuldner (Abs. 1). a) Allgemeines.** § 32 regelt für den Fall, in welchem mehrere Kostenschuldner denselben Kostenbetrag voll schulden, dass diese im Außenverhältnis Gesamtschuldner iSv §§ 421 ff BGB sind. Dies gilt selbst dann, wenn materiellrechtlich keine echte Gesamthaft besteht,[2] insb. in den Fällen des § 29 Nr. 3 (Haftung für die Notarkostenschuld eines anderen kraft Gesetzes). Beispiele:[3]
- OHG und KG: persönliche haftender Gesellschafter und Gesellschaft für die Kostenschuld der Gesellschaft (§§ 128, 130, 161, 28 HGB);
- KG: Kommanditist und Gesellschaft für die Kostenschuld der Gesellschaft (vgl §§ 171 ff, 28, 139 HGB);
- EWIV: Mitglieder und EWIV für Kostenschuld der EWIV (vgl Art. 24 Abs. 1 EWIV-VO, § 1 EWIV-AG);
- Partnerschaftsgesellschaft: Partner und Partnerschaftsgesellschaft für Kostenschuld der Partnerschaftsgesellschaft (vgl § 8 Abs. 1 PartGG).

5 Auf welchen Haftungstatbestand der §§ 22–27 (Gerichtskosten) bzw der §§ 29–31 (Notarkosten) sich die Haftung gründet, ist dabei irrelevant. So kann etwa Kostenschuldner A als Antragsteller nach § 22 Abs. 1, Kostenschuldner B als Entscheidungsschuldner nach § 27 Nr. 1 haften.[4] Jedoch beschränkt etwa § 30 Abs. 2 die Haftung des einzelnen Kostenschuldners bei der Beurkundung mehrerer gegenstandsverschiedener Erklärungen unterschiedlicher Beteiligter in einer Urkunde auf diejenigen Kosten, die den Beurkundungsgegenstand (iSv § 86 Abs. 1) seiner Erklärungen bilden.[5]

6 **b) Gerichtskosten.** Es steht grds. im Ermessen der Staatskasse, die Forderung von jedem der Schuldner vollständig oder nur teilweise einzufordern, § 421 S. 1 BGB. Gleichwohl besteht aber schon eine Bindung der kostenbeitreibenden Hoheitsträger durch die allgemeinen Grundsätze der Ermessensausübung im öffentlichen Recht.[6] Eine Reihenfolge der Inanspruchnahme sieht auch das Gesetz in § 33 vor (→ § 33 Rn 3). Eine den Kostenbeamten im Übrigen bindende Weisung sieht § 8 Abs. 4 KostVfg vor.

7 Die Ausübung des Ermessens hinsichtlich der Inanspruchnahme nach § 421 S. 1 BGB unterliegt der gerichtlichen Nachprüfung (s. dazu die Erl. zu § 81). Da der Kostenansatz einen einheitlichen Verwaltungsakt darstellt, ist eine separate Anfechtung der Entscheidung des Kostenbeamten nach § 8 Abs. 4 KostVfg nach § 30 a EGGVG nicht möglich. Vielmehr besteht ein einheitlicher Rechtsweg.

8 Im Zuge der Ausübung ordnungsgemäßen Ermessens kann Ermessenskriterium neben der Solvenz des jeweiligen Kostenschuldners auch sein, zunächst diejenigen Schuldner zu belasten, denen das Geschäft hauptsächlich von Nutzen ist,[7] so etwa bei einer Publikumsgesellschaft mit einer Vielzahl von Gesellschaftern denjenigen mit dem höchsten Gesellschaftsanteil oder denjenigen Kostenschuldner, der von einer gerichtlichen Entscheidung im größten Maße wirtschaftlich profitiert.

9 Der Kostenschuldner kann seiner gesamtschuldnerischen Inanspruchnahme auf die Kosten auch nicht entgegenhalten, es sei versäumt worden, von dem anderen Beteiligten, der im Innenverhältnis die Tragung der Kosten übernommen hat, einen Kostenvorschuss anzufordern.[8]

10 **c) Notarkosten.** Auch der Notar kann als Kostengläubiger die gesamtschuldnerische Leistung nach seinem Belieben von jedem der Schuldner ganz oder zu einem Teil fordern, vgl § 421 S. 1 BGB. § 33 gilt nur für Gerichtskosten; ein „Erstschuldner" für Notarkosten ist im Gesetz nicht vorgesehen.[9] Daher kann der Kostenschuldner dem Notar auch nicht entgegenhalten, bei der Rechtsverfolgung gegenüber einem anderen Gesamtschuldner nachlässig gewesen zu sein – selbst dann nicht, wenn der andere Schuldner (insb. beim Grundstückskauf wegen § 448 BGB) im Innenverhältnis allein haftet.[10] Der Notar unterliegt im Außenver-

1 Vgl Korintenberg/*Gläser*, § 32 Rn 1; BDS/*Bormann*, § 32 Rn 1. 2 Korintenberg/*Gläser*, § 32 Rn 2. 3 Noch zum alten Recht Korintenberg/*Lappe*, KostO, § 3 Rn 29. 4 Vgl dazu Binz/Dörndorfer/*Dörndorfer*, § 31 GKG Rn 2. 5 Vgl BDS/*Bormann*, § 32 Rn 2. 6 Zu Recht unter Verweis auf § 40 VwVfG BDS/*Bormann*, § 32 Rn 9. 7 So auch Korintenberg/*Gläser*, § 32 Rn 3. 8 OLG Hamm FGPrax 2005, 42, 43. 9 BayObLGZ 1992, 26. 10 BGH BB 1967, 476; BGH NJW 1983, 1423.

hältnis keinerlei Bindungswirkung durch vertragliche Vereinbarungen der Parteien oder dispositives Gesetzesrecht.[11] Das gilt bis an die Grenze der Arglist, § 242 BGB.[12] Auch die Insolvenz eines der Kostenschuldner ist lediglich eine Tatsache, die nur in dessen Person wirkt (§ 425 Abs. 1 BGB), so dass sie der andere Kostenschuldner dem Notar nicht entgegenhalten kann.[13] Allerdings darf der Notar nicht umgekehrt nur den zahlungsunfähigen und nicht den zahlungsfähigen Kostenschuldner in Anspruch nehmen: Darin liegt ein Verstoß gegen § 125 (Verbot der Gebührenvereinbarung).[14]

Bei der Ermessensausübung ist auf Zweck- und Verhältnismäßigkeit zu achten. Die Überprüfung der Zahlungspflicht ist als Ermessensausübung im Rechtsweg des § 127 Abs. 1 S. 1 anfechtbar. Ein nicht eingeforderter Vorschuss kann auch dem Notar nicht entgegengehalten werden.[15] **11**

2. Teilgesamtschuldner. Von Gesamtschuldverhältnissen „eigener Art" spricht die Praxis in den Fällen, in denen mehrere einen Betrag anteilig schulden, die Summe der Teile aber den Gesamtbetrag übersteigt.[16] Hintergrund dieses Mehrbetrags ist die Gebührendegression: Beide Gebührentabellen des GNotKG sind degressiv, dh, die Gebührenhöhe steigt bei wachsender Bezugsgröße (= Geschäftswert) langsamer an. Die Folge ist, dass die Gebühr auf eine Summe von zwei Werten (vgl § 35 Abs. 1) geringer ist als die für die Einzelwerte berechneten Gebühren. Zum einen wird in diesen Fällen eine Gesamtschuld hinsichtlich der sich deckenden Teile angenommen; ergänzt wird dies jedoch noch über einen Vorrang der Einzelschuld vor der Gesamtschuld (Rechtsgedanke des § 366 Abs. 2 BGB).[17] **12**

Beispiel:[18] A und B sind Teilgesamtschuldner von Notargebühren. Die insgesamt entstandenen Notargebühren betragen 2.000 €, für die A und B aufgrund § 30 Abs. 2 zu unterschiedlichen Anteilen haften: A für 1.700 €, B für 1.500 €. **13**

Zunächst ist in Höhe der sich deckenden Beträge Gesamtschuld anzunehmen, hier also iHv 1.500 €. Die darüber hinausgehenden 200 € des A sind dessen Einzelschuld. Zahlt nun A 1.500 € an den Notar, wird nicht etwa B gänzlich von seiner Schuld (Außenverhältnis) frei. Vielmehr hat A entsprechend dem Rechtsgedanken des § 366 Abs. 2 BGB primär auf seine Einzelschuld gezahlt (200 €); auf die Gesamtschuld sind lediglich 1.300 € entfallen. Der Anspruch des Notars gegen B beträgt folglich weiterhin 200 €.

Die Terminologie darf jedoch nicht darüber hinwegtäuschen, dass auch hierbei eine „echte" Gesamtschuld vorliegt, welche nachfolgend dargestellte Ausgleichsansprüche begründen kann. **14**

3. Ausgleichsanspruch. Die Zahlung eines Gesamtschuldners kann für diesen einen Ausgleichsanspruch gem. § 426 BGB iVm § 27 Nr. 1 und der Kostenentscheidung gegen die Mitschuldner begründen. Voraussetzung der Kostenfestsetzung nach § 85 FamFG bzw §§ 103 ff ZPO ist eine Kostenentscheidung (→ § 27 Rn 5). Der Ausgleichsanspruch ist grds. im Zivilrechtsweg zu verfolgen.[19] **15**

Im Hinblick auf die nach § 426 Abs. 2 BGB übergegangene Forderung für die Staatskasse bestehende Sicherungsrechte wie eine Hypothek an Grundstücken der Mitschuldner oder Pfandrechte an beweglichen Sachen oder Rechten gehen nach §§ 491, 412 BGB in Höhe des Ausgleichsanspruchs auf den Zahlenden über.[20] **16**

4. Verfahrenskostenhilfe. Die früher diskutierte Frage nach einer entsprechenden Anwendung des § 31 Abs. 3 GKG bei der Beteiligung eines Gesamtschuldners, dem Verfahrenskostenhilfe bewilligt wurde, wurde nun durch die Einführung des Abs. 2 gesetzlich normiert. Hiermit hat der Gesetzgeber des 2. KostRMoG die Wertungen des BVerfG auch für den Anwendungsbereich des GNotKG bestätigt, dass durch die Verfahrenskostenhilfe „ein umfassender Schutz der mittellosen Partei angelegt werden soll":[21] Nach § 31 Abs. 3 S. 1 GKG ist die Inanspruchnahme eines Gesamtschuldners ausgeschlossen, wenn durch dessen Haftung letztlich ein anderer Gesamtschuldner belastet würde (Innenregress), dem Verfahrenskostenhilfe ohne Eigenleistung bewilligt worden ist. **17**

5. Mehrkosten (Abs. 2). Abs. 2 nimmt Kosten, die durch besondere Anträge eines Beteiligten entstanden sind, von der gesamtschuldnerischen Haftung der Beteiligten nach Abs. 1 aus (Hauptanwendungsfall in der Praxis: Auslagen, die durch einen der Beteiligten entstanden sind, zB nach dem JVEG zu zahlende Beträge, Nr. 31005 KV). Die Regelung begründet jedoch keine selbständige Kostenschuld:[22] Nur soweit durch die Anträge Gebühren und Auslagen nach dem GNotKG entstanden „sind", werden diese dem Antragsteller allein auferlegt. **18**

11 OLG Düsseldorf MittRhNotK 1994, 84. **12** OLG Düsseldorf MittBayNot 1986, 212. **13** BDS/*Bormann*, § 32 Rn 12. **14** Ebenso Korintenberg/*Gläser*, § 32 Rn 6. **15** BayObLGZ 1992, 26, 28. **16** Vgl Leipziger-GNotKG/*Bauer*, § 32 Rn 2. **17** Zum alten Recht Korintenberg/*Lappe*, KostO, § 5 Rn 6. **18** Nach Korintenberg/*Lappe*, KostO, § 5 Rn 7. **19** *Heinemann*, MittBayNot 2004, 160, 162. **20** Korintenberg/*Lappe*, KostO, § 5 Rn 3. **21** BVerfG NJW 1999, 3186. **22** Vgl Korintenberg/*Gläser*, § 32 Rn 10.

19   Keine Mehrkosten iSv Abs. 2 sind Kosten für die Beurkundung in einer fremden Sprache (Nr. 26001 KV): Diese Kosten sind nicht durch besondere Anträge eines Beteiligten iSv Mehrkosten entstanden, sondern sind – wie die Gesetzesbegründung klarstellt – Kosten des einheitlichen Beurkundungsverfahrens.[23]

§ 33 Erstschuldner der Gerichtskosten

(1) [1]Soweit ein Kostenschuldner im gerichtlichen Verfahren aufgrund von § 27 Nummer 1 oder Nummer 2 (Erstschuldner) haftet, soll die Haftung eines anderen Kostenschuldners nur geltend gemacht werden, wenn eine Zwangsvollstreckung in das bewegliche Vermögen des Erstschuldners erfolglos geblieben ist oder aussichtslos erscheint. [2]Zahlungen des Erstschuldners mindern seine Haftung aufgrund anderer Vorschriften dieses Gesetzes auch dann in voller Höhe, wenn sich seine Haftung nur auf einen Teilbetrag bezieht.

(2) [1]Soweit einem Kostenschuldner, der aufgrund von § 27 Nummer 1 haftet (Entscheidungsschuldner), Verfahrenskostenhilfe bewilligt worden ist, darf die Haftung eines anderen Kostenschuldners nicht geltend gemacht werden; von diesem bereits erhobene Kosten sind zurückzuzahlen, soweit es sich nicht um eine Zahlung nach § 13 Absatz 1 und 3 des Justizvergütungs- und -entschädigungsgesetzes handelt und der Beteiligte, dem die Verfahrenskostenhilfe bewilligt worden ist, der besonderen Vergütung zugestimmt hat. [2]Die Haftung eines anderen Kostenschuldners darf auch nicht geltend gemacht werden, soweit dem Entscheidungsschuldner ein Betrag für die Reise zum Ort einer Verhandlung, Anhörung oder Untersuchung und für die Rückreise gewährt worden ist.

(3) Absatz 2 ist entsprechend anzuwenden, soweit der Kostenschuldner aufgrund des § 27 Nummer 2 haftet und wenn

1. der Kostenschuldner die Kosten in einem vor Gericht abgeschlossenen oder durch Schriftsatz gegenüber dem Gericht angenommenen Vergleich übernommen hat,
2. der Vergleich einschließlich der Verteilung der Kosten von dem Gericht vorgeschlagen worden ist und
3. das Gericht in seinem Vergleichsvorschlag ausdrücklich festgestellt hat, dass die Kostenregelung der sonst zu erwartenden Kostenentscheidung entspricht.

I. Anwendungsbereich und Grundsätzliches

1   Die Vorschrift ergänzt die Regelung des § 32 über das Verhältnis von verschiedenen Kostenschuldnern untereinander. Sie gilt ausschließlich für Gerichtskosten und beschränkt das Auswahlermessen.

2   Abs. 1 und 2 entsprechen in redaktioneller Anpassung § 26 Abs. 2 und 3 FamGKG. Abs. 3 ist neu und wurde durch das 2. KostRMoG zugleich als § 31 Abs. 4 in das GKG und als § 26 Abs. 4 in das FamGKG eingeführt.

II. Erstschuldner, Zweitschuldner (Abs. 1)

3   **1. Erstschuldner.** Abs. 1 S. 1 regelt die Reihenfolge für die Inanspruchnahme von Gesamtschuldnern bei Gerichtskosten, indem dort der Entscheidungsschuldner nach § 27 Nr. 1 und der Übernahmeschuldner nach § 27 Nr. 2 als Erstschuldner bestimmt werden. Vorrangig ist daher durch den Kostenbeamten die zwischen den Beteiligten herrschende Kostentragungspflicht zu verwirklichen.

4   Beim Übernahmeschuldner nach § 27 Nr. 2 ist Hs 2 der Regelung zu beachten: Enthält ein Vergleich keine Regelung zur Kostenverteilung, sind die Kosten als von beiden Teilen je zur Hälfte übernommen anzusehen. Damit sind beide Beteiligten Erstschuldner iSv Abs. 1 je zur Hälfte. Für sie gilt – wie für alle Erstschuldner: Mehrere Erstschuldner können nach § 32 als Gesamtschuldner in Anspruch genommen werden, ohne dass einer verlangen könnte, dass zuerst die anderen Kostenschuldner bzw er selbst nur auf den Teil in Anspruch genommen werden sollte, der ihn im Innenverhältnis gegenüber den anderen Erstschuldnern trifft.[1] Hat der nachrangig in Anspruch zu nehmende Zweitschuldner die Kosten bereits beglichen, so entfällt in dieser Höhe die Haftung des Erstschuldners.[2]

5   Nicht von § 33 erfasst ist der Schuldner, der für die Kostenschuld eines anderen kraft Gesetzes haftet (§ 27 Nr. 3 GNotKG, vgl zB § 128 HGB; → § 32 Rn 6 f); Gleiches gilt für den Vollstreckungsschuldner nach § 27 Nr. 4.

---

23 Str; BT-Drucks 17/11471, S. 233 f; Korintenberg/*Gläser*, § 32 Rn 10; HK-GNotKG/*Hering*, § 32 Rn 20; aA Leipziger-GNotKG/*Bauer*, § 32 Rn 3; BDS/*Bormann*, § 32 Rn 7. **1** OLG Düsseldorf 2.4.2009 – I-10 W 23/09, 10 W 23/09 (zur insoweit inhaltsgleichen Vorschrift des § 31 GKG); *Meyer*, GKG § 31 Rn 15; iE *Hartmann*, KostG, § 31 GKG Rn 4. **2** Vgl BDS/*Bormann*, § 33 Rn 2.

Wie § 26 Abs. 2 FamGKG enthält auch Abs. 1 keine Verpflichtung zur Rückzahlung geleisteter Kostenvor- 6
schüsse. Hierin liegt keine verbotene Geltendmachung der Zweitschuldnerhaftung, vielmehr würde dies
dem Sicherungszweck der Vorschusspflichten widersprechen und ist deshalb in § 17 ausdrücklich geregelt
(s. dort).[3] Dies entspricht auch § 30 Abs. 1 S. 1 KostVfg. Anderes gilt nur dann, wenn dem als Erstschuldner haftenden Entscheidungsschuldner Verfahrenskostenhilfe bewilligt ist (→ Rn 18 ff).

2. Zweitschuldner. a) Allgemeines. Im Verhältnis zu den in Abs. 1 genannten Erstschuldnern sind die Kos- 7
tenschuldner nach den übrigen Vorschriften nur nachrangig in Anspruch zu nehmen und deshalb Zweitschuldner (Zweitschuldner ist letztlich jeder Kostenschuldner, der nicht Erstschuldner ist, zB der Antragsschuldner nach § 22 Abs. 1).[4] Mehrere Zweitschuldner haften untereinander als Gesamtschuldner nach
§ 32 (zur Haftung mehrerer Erstschuldner → Rn 4).

Die Haftung des Zweitschuldners „soll" nur geltend gemacht werden, wenn die Zwangsvollstreckung in 8
das bewegliche Vermögen aller Erstschuldner erfolglos geblieben ist oder aussichtslos erscheint. Die Vorschrift begründet entgegen ihrem Wortlaut „soll" eine Rechtspflicht für den Kostenbeamten.[5]

b) Voraussetzungen der Inanspruchnahme. Nach Abs. 1 S. 1 setzt die Inanspruchnahme des Zweitschuld- 9
ners voraus, dass eine Zwangsvollstreckung in das **bewegliche Vermögen** des Erstschuldners erfolglos geblieben ist oder aussichtslos erscheint. Damit kommt es nur auf das bewegliche, nicht jedoch auf das unbewegliche Vermögen des Schuldners an.[6] Auch der Eintritt einer vom Erstschuldner abgeschlossenen Rechtsschutzversicherung in die Haftung muss nicht abgewartet werden.[7]

Ein einziger **fruchtloser Vollstreckungsversuch** durch den Gerichtsvollzieher reicht aus, damit die Zwangs- 10
vollstreckung in das bewegliche Vermögen aller Erstschuldner als „erfolglos geblieben" iSd Vorschrift anzusehen ist.[8] Die Abgabe der eidesstattlichen Versicherung nach altem Recht (§ 807 ZPO aF bis 31.12.2012)
konnte nicht verlangt werden,[9] jedoch kam ihr eine Indizwirkung zu.[10] Die Vermögensauskunft nach
§ 802 c ZPO ist allerdings damit nicht gleichzusetzen, da ein erfolgloser Vollstreckungsversuch keine Voraussetzung hierfür ist. Sie kann nicht verlangt werden.[11]

Es genügt zur Inanspruchnahme des Zweitschuldners bereits, dass die **Zwangsvollstreckung aussichtslos er-** 11
scheint (eine sichere Feststellung ist nicht erforderlich, ebenso wenig wie ein Vollstreckungsversuch),[12] was
anhand der Umstände des Einzelfalls abzuwägen ist.[13] Grundsätzlich erscheint die Zwangsvollstreckung
dann als aussichtslos, wenn mit gewisser Wahrscheinlichkeit zu vermuten ist, dass mit einer raschen und
sicheren – auch nur teilweisen – Verwirklichung des Anspruchs der Justizkasse gegen den Schuldner nicht
zu rechnen ist.[14] Die Ermittlungspflichten des Kostenbeamten halten sich dabei grds. in Grenzen: Seine
pflichtgemäß vorzunehmenden Ermittlungen zu den Einkommens- und Vermögensverhältnissen und zum
Vorhandensein pfändbarer Ansprüche des Erstschuldners beschränken sich auf die Durchsicht der Sachakten (ggf auch auf zusätzlich von ihm beizuziehender weiterer Gerichtsakten). Die von der Justizkasse unternommenen Maßnahmen muss er nicht überprüfen; daher muss er die Akten zu den Vollstreckungsvorgän-
gen der Justizkasse auch weder anfordern noch prüfen, bevor der Zweitschuldner in Anspruch genommen
wird.[15]

Grundsätzlich können die zu § 31 GKG entwickelten Fallgruppen herangezogen werden, etwa wenn der 12
Gerichtsvollzieher den Vollstreckungsauftrag der Staatskasse mit dem Bemerken, dass der Schuldner amtsbekannt unpfändbar ist, zurückgibt oder ein Insolvenzeröffnungsantrag gestellt wurde[16] oder die Verfahrenseröffnung mangels Masse abgelehnt wurde.[17] Anders, wenn die Gerichtskosten Masseschulden iSv
§§ 53, 55 InsO sind und ihre Begleichung zu erwarten ist: Hier ist noch Aussichtslosigkeit gegeben.[18]

Ist der Aufenthaltsort des Erstschuldners unbekannt, muss zunächst auf bekanntes und verwertbares be- 13
wegliches Vermögen zugegriffen werden.

Eine **Auslandsvollstreckung** durch die Staatskasse begründet für sich alleine genommen noch keine Aus- 14
sichtslosigkeit,[19] auch wenn § 8 Abs. 1 S. 2 KostVfg hier noch eine andere Aussage trifft. Nach der Rspr
verbietet sich aber eine pauschale Anwendung dieser Vorschrift: Die Regelung gilt nur verwaltungsintern;
Aussichtslosigkeit der Vollstreckung iSv Abs. 1 S. 1 ist nur gegeben, wenn die Vollstreckung in dem jeweiligen Staat erfahrungsgemäß lange Zeit in Anspruch nehmen würde oder mit unverhältnismäßig hohen Kos-

---

3 Vgl BT-Drucks 17/11471, S. 157.   **4** HK-FamGKG/*Volpert*, § 26 Rn 36; *Meyer*, GKG § 31 Rn 16; Binz/Dörndorfer/*Dörndor-*
fer, § 31 GKG Rn 3.   **5** OLG Stuttgart JurBüro 2001, 597; HK-FamGKG/*Volpert*, § 26 Rn 41.   **6** So auch Korintenberg/*Gläser*,
§ 33 Rn 9; Leipziger-GNotKG/*Wortmann*, § 33 Rn 5; BDS/*Bormann*, § 33 Rn 3.   **8** Vgl
für den damaligen § 58 Abs. 2 GKG: KG NJOZ 2003, 2211, 2212.   **9** OLG Koblenz JurBüro 2000, 542; *Hartmann*, KostG,
§ 31 GKG Rn 15 mwN.   **10** HK-FamGKG/*Volpert*, § 26 Rn 44 mwN.   **11** Leipziger-GNotKG/*Wortmann*, § 33 Rn 5; Korinten-
berg/*Gläser*, § 33 Rn 7.   **12** KG JurBüro 1979, 735, 737.   **13** KG JurBüro 1979, 735, 737; VGH Mannheim NJW 2002, 1516.
14 KG NJOZ 2003, 2211, 2212; Korintenberg/*Gläser*, § 33 Rn 10.   **15** Dazu KG NJOZ 2003, 2211, 2213.   **16** AG Paderborn
Rpfleger 1993, 366.   **17** OLG München ZIP 1987, 48.   **18** HK-FamGKG/*Volpert*, § 26 Rn 44; *Oestreich/Hellstab/Trenkle*, GKG
§ 31 Rn 16.   **19** OLG München NJW 1960, 539; OLG Hamm NJW 1966, 2277; OLG Koblenz NJOZ 2005, 2255, 2256.

ten verbunden wäre.[20] Erscheint die Auslandsvollstreckung jedoch unverhältnismäßig kostspielig oder zeitaufwendig, ist sie der Staatskasse nicht zuzumuten.[21]

15   Weiterhin erscheint die Zwangsvollstreckung aussichtslos, wenn dem Erstschuldner Verfahrenskostenhilfe bewilligt ist, gleich, ob mit oder ohne Ratenzahlung.[22] Hier ist allerdings Abs. 2 zu beachten, der einer Inanspruchnahme des Zweitschuldners entgegenstehen kann.

16   **c) Zweitschuldnerhaftung bei Haftung für einen Teilbetrag (Abs. 1 S. 2).** Abs. 1 S. 2 stellt klar, dass eine Zweitschuldnerhaftung nur für den Betrag besteht, um den die Antragstellerhaftung die Entscheidungshaftung übersteigt. Hierdurch wird der Grundsatz der effektiven Kostenbetreibung, welcher noch hinsichtlich der Auslandsvollstreckung so hoch gehalten wurde, etwas aufgeweicht. Der Staatskasse soll die Einwendung, die erfolgte Zahlung werde nur auf solche Kosten angerechnet, für die eine Zweitschuldnerhaftung nicht besteht, verwehrt werden und der Umfang der Tilgung der Erstschuldnerhaftung soll in vollem Umfang die Zweitschuldnerhaftung einer Partei mindern.[23]

17   **d) Rechtsschutz gegen die Inanspruchnahme als Zweitschuldner.** Wird der Zweitschuldner unter Verstoß gegen Abs. 1 beansprucht, steht ihm die Erinnerung nach § 81 Abs. 1 zur Verfügung. Ob die Voraussetzungen des Abs. 1 S. 1 gegeben waren – insb. ob die Zwangsvollstreckung aussichtslos ist –, beurteilt sich nach dem Zeitpunkt der Entscheidung über die Erinnerung bzw die ggf nachfolgende Beschwerde des Zweitschuldners, nicht jedoch nach dem Zeitpunkt des Kostenansatzes.[24] Dass die Inanspruchnahme des Erstschuldners wegen eines verzögerten Kostenansatzes gescheitert ist, ist dabei kein Grund zur Annahme einer unrichtigen Sachbehandlung iSv § 21 Abs. 1 S. 1.[25]

III. Auswirkungen von Verfahrenskostenhilfe (Abs. 2)

18   Abs. 2 verbietet („darf ... nicht") die Inanspruchnahme des Zweitschuldners dann, wenn dem Entscheidungsschuldner (§ 27 Nr. 1), der als Erstschuldner haftet, die Verfahrenskostenhilfe bewilligt (**S. 1**) oder eine Reiseentschädigung aus der Staatskasse gewährt worden ist (**S. 2**). Ob die Hilfe mit oder ohne Zahlungsbestimmungen bewilligt wurde, ist unbedeutend.[26]

19   Die Regelung soll verhindern, dass der hilfebedürftige Erstschuldner, der wegen der Bewilligungswirkungen durch die Staatskasse nicht oder nur eingeschränkt in Anspruch genommen werden darf, vom haftenden Zweitschuldner im Wege des Innenregresses (§ 426 BGB) erstattungspflichtig gemacht wird. Konsequenterweise sind bereits erhobene Kosten ohne Zinsen an den Zweitschuldner zurückzuzahlen (Abs. 2 S. 1 Hs 2), da sonst der Entscheidungsschuldner ggf über das in § 122 Abs. 1 Nr. ZPO festgelegte Maß hinaus (durch den Zweitschuldner) in Anspruch genommen werden könnte. Dieser Regelung liegt eine Entscheidung des BVerfG[27] zugrunde, das es zur Gleichstellung aller PKH-Parteien unabhängig von ihrer prozessualen Stellung für geboten hält, dass der Haftungsausschluss für den Zweitschuldner auch auf schon gezahlte Gerichtskostenvorschüsse erstreckt wird.

20   Die Rückzahlungspflicht entfällt, soweit die erhobenen Kosten die besondere Vergütung eines Sachverständigen oder Dolmetschers nach § 13 Abs. 1 und 3 JVEG betreffen und die Partei, der Verfahrenskostenhilfe bewilligt worden ist, zugestimmt hat.

21   Wurde die Verfahrenskostenhilfe nur teilweise bewilligt, sperrt Abs. 2 S. 1 die Inanspruchnahme des Zweitschuldners nur im Umfang der Bewilligung.[28]

22   Ebenfalls nicht geltend gemacht werden kann gem. Abs. 2 S. 2 die Zweitschuldnerhaftung, soweit dem Entscheidungsschuldner ein Betrag für Hin- und Rückreise zum Ort der Verhandlung, Anhörung oder Untersuchung gewährt worden ist.

23   Unanwendbar ist Abs. 2, wenn der Hilfebedürftige nach § 27 Nr. 2 als **Übernahmeschuldner** haftet, weil er die Kosten übernommen hat.[29] Die Nichterwähnung des Übernahmeschuldners in Abs. 2 S. 1 beruht auf einer bewusst getroffenen Entscheidung des Gesetzgebers. Das BVerfG hat in seiner diesbezüglichen Entscheidung zu § 58 Abs. 2 GKG aF festgestellt, dass zum einen bei einer Beendigung des Rechtsstreits durch gerichtlichen Vergleich die Gefahr einer Manipulation der Prozessparteien hinsichtlich der Gerichtskosten zulasten der Staatskasse bestehe.[30] Zum anderen beruhe die Haftung der bedürftigen Partei für die von der Gegenseite verauslagten Gerichtskosten im Falle eines Vergleichs auf ihrer privatautonomen Entscheidung

---

20 Vgl OLG Naumburg NJOZ 2003, 1421 mit Verweis auf VGH Mannheim NJW 2002, 1516 mwN; OLG Koblenz NJOZ 2005, 2255 (jew. zur inhaltsgleichen Vorschrift § 31 Abs. 2 GKG bzw § 58 Abs. 2 GKG). **21** OLG Hamm NJW 1966, 2277. **22** Dazu OLG Düsseldorf 29.4.2003 – 10 WF 03/03, BeckRS 2003, 30316892; Leipziger-GNotKG/*Wortmann*, § 33 Rn 7. **23** Vgl für den entsprechenden § 26 Abs. 2 S. 2 FamGKG: Prütting/Helms/*Klüsener*, FamFG, § 26 FamGKG Rn 10. **24** HK-FamGKG/*Volpert*, § 26 Rn 45 mwN. **25** KGReport Berlin 2005, 27; HK-FamGKG/*Volpert*, § 26 Rn 45. **26** OLG München 29.9.2000 – 11 W 2200/00, BeckRS 2000, 08803 (Rn 7); OLG Stuttgart 7.2.2011 – 8 WF 7/11, BeckRS 2011, 03143. **27** BVerfG NJW 1999, 3186. **28** Vgl OLG Düsseldorf 10.2.2000 – 5 W 67/99, BeckRS 2000, 10981 (Rn 16). **29** HM; BVerfG NJW 2000, 3271; BGH NJW 2004, 366. **30** BVerfG NJW 2000, 3271.

zum Abschluss eines Prozessvergleichs; deshalb handele es sich bei einer derartigen Kostentragungspflicht qualitativ um etwas anderes als eine gerichtliche Entscheidung, auch wenn sich die im Vergleich getroffene Kostenregelung möglicherweise an dem verhältnismäßigen Obsiegen und Unterliegen nach dem Erkenntnisstand des Gerichts zum Zeitpunkt des Vergleichsabschlusses orientiere.[31]

IV. Auswirkungen bei einem Vergleich (Abs. 3)

Der Gesetzgeber beabsichtigt durch die Regelung des Abs. 3, die Vergleichsbereitschaft auch bei bewilligter Verfahrenskostenhilfe zu stärken.[32] **24**

1. Alte Rechtslage (bis 31.7.2013). Die auf den Entscheidungsschuldner beschränkte[33] Regelung des § 31 Abs. 3 GKG und des § 26 Abs. 3 FamGKG nach alter Rechtslage machte einer Partei, der die Prozess- oder Verfahrenskostenhilfe bewilligt war, den Abschluss eines gerichtlichen Vergleichs ganz erheblich schwerer: Lagen die Voraussetzungen zum Abschluss eines Vergleichs vor, musste die bedürftige Partei entweder in Kauf nehmen, dass ihr durch die Kostenregelung im Vergleich insoweit der Schutz vor Zahlung von Gerichtskosten verloren ging, oder sie musste die Kostenregelung ausdrücklich ausklammern und insoweit auf gerichtlicher Entscheidung bestehen.[34] Eine Ausklammerung der Kostenregelung führte in Verfahren mit mehreren Beteiligten dazu, dass auch Beteiligte, denen keine Verfahrenskostenhilfe bewilligt worden war, durch einen Vergleich nicht in den Genuss der Gebührenermäßigung kamen. Dies führte zu einer nur eingeschränkten Vergleichsbereitschaft der Beteiligten und zwar auch in Fällen, in welchen der Vergleich auf einem gerichtlichen Vorschlag beruhte. **25**

2. Geltende Rechtslage (seit 1.8.2013): Entsprechende Anwendung von Abs. 2 auf den Übernahmeschuldner. Vergegenwärtigt man sich vor diesem Hintergrund die staatliche Verpflichtung des Gerichts (außer in Gewaltschutzsachen), in jeder Lage des Verfahrens auf eine gütliche Einigung bedacht zu sein (§ 36 Abs. 1 S. 2 FamFG), so entspann sich nach der früheren Rechtslage der Widerspruch, dass dem verfahrenskostenhilfeberechtigten Antragsgegner von Gerichts wegen zu einem Vergleich zu raten war und, wenn der Empfehlung gefolgt wurde, der Antragsgegner sodann damit beschwert wurde, dem Antragsteller im Wege des Regresses den Gerichtskostenvorschuss erstatten zu müssen.[35] **26**

Dies wurde von dem Gesetzgeber erkannt, weshalb Abs. 3 ein dem Abs. 2 entsprechendes Verbot der Inanspruchnahme des Zweitschuldners auch in Fällen des Übernahmeschuldners nach § 27 Nr. 2 anordnet. Um der Missbrauchsgefahr zulasten der Staatskasse zu begegnen, wurden die weiteren Voraussetzungen der Nr. 1–3 eingefügt, die **kumulativ** vorliegen müssen. **27**

Der bedürftige Übernahmeschuldner muss nach **Nr. 1** die Kosten in einem vor Gericht abgeschlossenen oder durch Schriftsatz gegenüber dem Gericht angenommenen **Vergleich** übernommen haben (→ § 27 Rn 17). **28**

Zudem muss nach **Nr. 2** der Vergleich einschließlich der Kostenregelung **von dem Gericht vorgeschlagen** worden sein. Hierdurch wachen diejenigen, die der Staat selbst mit der Konfliktregelung betraut hat, darüber, dass der Vergleich interessengerecht ist, auch in der Kostenregelung. Das Merkmal des Vorschlags durch das Gericht ist restriktiv auszulegen, um das Missbrauchspotenzial zu minimieren. Eine inhaltliche Abweichung von dem Vergleichsvorschlag des Gerichts lässt die Schutzwirkung des Abs. 3 entfallen.[36] **29**

Schließlich muss nach **Nr. 3** das Gericht in seinem Vergleichsvorschlag ausdrücklich festgestellt haben, dass die getroffene **Kostenregelung** der sonst zu erwartenden **Kostenentscheidung entspricht**. Ziel dieses Merkmals ist es, die Belastung der Staatskasse zu begrenzen. Da die kostenrechtlichen Wirkungen des so geschlossenen Vergleichs denjenigen entsprechen, die im Fall einer gerichtlichen Entscheidung ohnehin eintreten würden, wird für den Kostenbeamten klargestellt, dass die in einem Vergleich enthaltene materielle Kostenregelung des Bedürftigen nicht als Missbrauch zulasten der Staatskasse angesehen werden kann. **30**

Da der Kostenbeamte im Kostenfestsetzungsverfahren überprüfen muss, ob sich Vergleichsvorschlag und Vergleich decken, ist darauf zu achten, dass der Vergleichsvorschlag präzise protokolliert wird, sofern ihn das Gericht den Parteien nicht bereits schriftlich unterbreitet hat. **31**

Vor dem Hintergrund, dass mit der Aufnahme dieser Tatbestandsmerkmale das Ziel verfolgt wurde, das Missbrauchspotenzial einer vergleichsweisen Erledigung zulasten der Staatskasse einzudämmen, wird in der Lit. kritisiert, dass der Vergleich in seiner Gesamtheit von den Parteien übernommen werden muss.[37] **32**

In der Praxis wird dies jedoch nur in Fällen, in welchen die Parteien den Vergleich tatsächlich zulasten der Staatskasse missbrauchen wollen, relevant werden. Das Merkmal des **vom Gericht vorgeschlagenen Ver-** **33**

---

31 BVerfG NJW 2000, 3271. **32** Vgl BR-Drucks 517/12, S. 238. **33** Dies war str; hM BVerfG NJW 2000, 3271; BGH NJW 2004, 366; aA OLG Frankfurt NJW 2000, 1120, 1121. **34** Vgl zum Ganzen *Schneider*, NJW-Spezial 2010, 219, 220. **35** Vgl OLG Zweibrücken 1.3.2010 – 5 UF 147/08, BeckRS 2011, 17697. **36** Vgl BT-Drucks 17/11471, S. 163. **37** Vgl *Wiese*, NJW 2012, 3126, 3128.

gleichs (Nr. 2) ist nämlich noch immer erfüllt, wenn das Gericht etwa einen Vergleich vorgeschlagen hat, die Parteien Änderungswünsche äußern und das Gericht daraufhin einen neuen, nunmehr den Vorstellungen der Parteien entsprechenden Vergleichsvorschlag unterbreitet. Im Gesetzeswortlaut lassen sich hiergegen keine Anhaltspunkte finden, wird doch lediglich auf den Vorschlag des Gerichts abgestellt und der Vorgang, der zu einem solchen Vorschlag geführt hat, nicht erwähnt. Auch eine teleologische Betrachtungsweise führt zu keinem anderen Ergebnis, da es selbst bei Gestaltungsanteilen der Parteien an dem Vergleich weiterhin dem Gericht überlassen bleibt, ob es sich die zugrundeliegenden **Anregungen der Parteien** in seinem (neuerlichen) Vergleichsvorschlag **zu eigen macht** oder nicht. Für die parallele Regelung in § 31 Abs. 4 GKG kommt noch hinzu, dass eine gegenteilige Sichtweise zu einer erheblichen Beschneidung der Privatautonomie der Parteien führen würde, die weit über das staatliche Interesse an Missbrauchsprävention zulasten der Staatskasse hinausgehen würde und daher auch nicht erforderlich ist, um die gewünschten Effekte zu erzielen.

34 Zwar muss ein Vergleich nicht begründet werden, was zu einer Entlastung des Gerichts gegenüber der Ausformulierung einer Entscheidungsbegründung führen dürfte. Die aufzunehmende Feststellung, dass die getroffene Kostenregelung der sonst zu erwartenden Kostenentscheidung entspricht, führt jedoch dazu, dass sich der Richter die gleichen Gedanken wie bei der Ausformulierung einer Kostenentscheidung machen muss, sofern dieses Merkmal nicht zu einer bloßen Förmelei verkommen soll.

35 Hinzu kommt, dass der Vergleich sich, auch über die Kostenquote hinaus, mit allen Details einer vergleichsweisen Beendigung des Rechtsstreits befassen muss. Mit anderen Worten muss das Gericht bei der vollständigen Abfassung eines Vergleichs die Sach- und Rechtslage – zumindest kursorisch – prüfen, um zu dem den Vergleich charakterisierenden **beidseitigen Nachgeben** der Parteien zu gelangen. Dies dürfte dem Ziel der Arbeitsentlastung der Gerichte durch Vergleichsschlüsse nicht eben zuträglich sein.

Abschnitt 6
Gebührenvorschriften

§ 34 Wertgebühren

(1) Wenn sich die Gebühren nach dem Geschäftswert richten, bestimmt sich die Höhe der Gebühr nach Tabelle A oder Tabelle B.

(2) [1]Die Gebühr beträgt bei einem Geschäftswert bis 500 Euro nach Tabelle A 35 Euro, nach Tabelle B 15 Euro. [2]Die Gebühr erhöht sich bei einem

Geschäftswert bis … Euro	für jeden angefangenen Betrag von weiteren … Euro	in Tabelle A um … Euro	in Tabelle B um … Euro
2.000	500	18	4
10.000	1.000	19	6
25.000	3.000	26	8
50.000	5.000	35	10
200.000	15.000	120	27
500.000	30.000	179	50
über 500.000	50.000	180	
5.000.000	50.000		80
10.000.000	200.000		130
20.000.000	250.000		150
30.000.000	500.000		280
über 30.000.000	1.000.000		120

(3) Gebührentabellen für Geschäftswerte bis 3 Millionen Euro sind diesem Gesetz als Anlage 2 beigefügt.

(4) Gebühren werden auf den nächstliegenden Cent auf- oder abgerundet; 0,5 Cent werden aufgerundet.

(5) Der Mindestbetrag einer Gebühr ist 15 Euro.

I. Allgemeines

1 § 34 regelt die Berechnung von Wertgebühren. **Abs. 1** bestimmt dazu die Geltung zweier Gebührentabellen (Tabelle A und Tabelle B), deren Anwendung vom jeweils gebührenpflichtigen Verfahren oder Geschäft abhängt. Das Kostenverzeichnis in Anlage 1 zum GNotKG, auf das § 3 Abs. 2 verweist, enthält in der jeweili-

gen Überschrift der rechten Verzeichnisspalte eine Kennzeichnung, welche der beiden Tabellen im konkreten Fall anzuwenden ist.

Abs. 2 enthält die Regelungen zur Berechnung von Wertgebühren. S. 1 bestimmt dabei den Ausgangspunkt   2
(Geschäftswerte bis 500 €), S. 2 gibt an, um welchen Betrag sich die Gebühr bei steigenden Geschäftswerten jeweils erhöht. In Verfahren der freiwilligen Gerichtsbarkeit, die mit den Verfahren vergleichbar sind, für die Gebühren im FamGKG geregelt sind, und in Verfahren mit Streitentscheidungscharakter gilt dabei Tabelle A (vergleichbar den Tabellen nach § 28 Abs. 1 FamGKG und § 34 Abs. 1 GKG). Insbesondere in Nachlasssachen, Grundbuchsachen, Registersachen, deren Gebühren sich nicht nach der HRegGebV richten, sowie in notariellen Verfahren und Geschäften gilt hingegen Tabelle B. **Abs. 3** verweist – auch zur Vermeidung von Auslegungsstreitigkeiten – auf die als Anlage 2 dem GNotKG beigefügte Tabelle, welche Gebühren bis zu einem Geschäftswert von 3 Mio. € enthält.

Abs. 4 enthält eine kaufmännische Rundungsvorschrift. Nach **Abs. 5** beträgt die Mindestgebühr nach beiden Tabellen 15 €.   3

II. Wertgebühren und unterschiedliche Tabellen (Abs. 1, 2)

Bei den Gebühren nach dem GNotKG sind Wertgebühren, Festgebühren und Zeitgebühren (zB Nr. 26002   4
KV) zu unterscheiden. Der weit überwiegende Teil der Gebühren sind dabei Wertgebühren, deren Höhe sich nach dem Geschäftswert richtet, dh dem Wert, den der jeweilige Verfahrens- oder Geschäftsgegenstand hat (vgl § 3 Abs. 1). Die Wertgebühren bestimmen sich nach der jeweils anwendbaren Tabelle A oder B. Welche der beiden Tabellen im konkreten Fall anwendbar ist, ergibt sich aus der Überschrift der rechten Spalte des Kostenverzeichnisses (Anlage 1 zum GNotKG iVm § 3 Abs. 2).

Tabelle A gilt ausschließlich für Gerichtsgebühren, zB in Betreuungssachen und betreuungsgerichtlichen   5
Zuweisungssachen (Nr. 11100 ff KV), Verfahren der Nachlasssicherung (Nr. 12310 ff KV) und Registersachen nach Nr. 13500 ff KV. Damit richten sich die Gebühren in Verfahren der freiwilligen Gerichtsbarkeit mit Streitentscheidungscharakter, in Nachlasssachen und in allen Familiensachen weitgehend nach einer einheitlichen Gebührentabelle.

Insbesondere im Erbscheinsverfahren, in Grundbuchsachen und in solchen Registersachen, deren Gebühren   6
sich nicht nach der HRegGebV richten (zB Schiffs- und Schiffsbauregistersachen, Angelegenheiten des Registers für Pfandrechte an Luftfahrzeugen), bestimmen sich die Gebühren hingegen nach **Tabelle B** (also im Grundsatz nach der früheren KostO-Tabelle). Gleiches gilt für Notargebühren.

Hinsichtlich der Wertstufen sind die Tabellen bis zu einem Wert von 5 Mio. € aneinander angeglichen.   7

Beide Tabellen sind **degressiv**, dh, die Gebührenhöhe steigt bei wachsender Bezugsgröße (= Geschäftswert)   8
langsamer an. Die Folge ist, dass die Gebühr auf eine Summe von zwei Werten (vgl § 35 Abs. 1) geringer ist als die für die Einzelwerte berechneten Gebühren. Tabelle B ist dabei im Hinblick auf die in den ihr unterfallenden Verfahren und Geschäften zT sehr hohen Werte deutlich degressiver ausgestaltet als Tabelle A. Der Gesetzgeber hat sich – trotz einiger Kritik im Gesetzgebungsverfahren – für eine Aufsplittung der Gebührentabellen entschieden, da eine gemeinsame Gebührentabelle für alle Verfahren und Amtshandlungen wegen der unterschiedlich starken Degression der ehemaligen Tabellen (KostO-Tabelle und GKG-Tabelle) zT zu erheblichen Veränderungen des Gebührenniveaus geführt hätte, die sachlich kaum zu rechtfertigen gewesen wären. Um eine übersichtlichere Struktur zu erhalten, wurden jedoch die Wertstufen der Tabelle B bis zu einem Wert von 5.000.000 € an die Tabellen des GKG bzw FamGKG angepasst.

III. Gebührenhöhe (Abs. 2–4)

1. Allgemeines und Berechnung. Die Kostenberechnung erfolgt grds. in drei Schritten: 9

(1) Ermittlung des Geschäftswerts mit Bewertung des Verfahrens- bzw Geschäftsgegenstands;
(2) Ermittlung des Gebührensatzes im Kostenverzeichnis;
(3) Berechnung der Gebührenhöhe nach § 34.

Ausgangspunkt für die **Ermittlung des Geschäftswerts** (vgl § 3 Abs. 1) ist die allgemeine Geschäftswertvor-   10
schrift des § 36 (s. die dortigen Erl.), soweit keine Sonderregelungen greifen (zB § 40 für Erbscheine, Testamentsvollstreckerzeugnisse etc.; § 97 für Verträge und Erklärungen). In beiden Fällen richtet sich die Bewertung des Verfahrens- oder Geschäftsgegenstands nach den Bewertungsvorschriften des GNotKG, zB bei Sachen und Rechten nach den Bewertungsvorschriften in Kapitel 1 Abschnitt 7 Unterabschnitt 3 (§§ 46–54).

Die **Ermittlung des Gebührensatzes** erfolgt anhand des für das konkrete Verfahren oder Geschäft einschlä-   11
gigen Gebührentatbestands des Kostenverzeichnisses (vgl § 3 Abs. 2). Neben der in § 34 geregelten 1,0-Gebühr gibt es anteilige ("Bruchteils-")Gebühren, wie etwa die 0,5-Vollzugsgebühr nach Nr. 22110 KV oder die 0,3-Verfahrensgebühr für die Rückgabe eines Erbvertrags aus der notariellen Verwahrung nach

Nr. 23100 KV. Darüber hinaus enthält das Kostenverzeichnis mehrfache Gebührensätze, wie etwa die 1,5-Verfahrensgebühr für Rechtsbeschwerden in Nachlass- und Teilungssachen nach Nr. 12330 KV oder die 2,0-Beurkundungsgebühr nach Nr. 21100 KV.

12 Nach Ermittlung von Geschäftswert und Gebührensatz wird im dritten Schritt anhand von § 34 die **Höhe der Gebühr** berechnet. Dazu ist wie folgt vorzugehen: Ausgangspunkt ist der in Abs. 2 S. 1 genannte Grundbetrag für Geschäftswerte bis 500 € (Tabelle A: 35 €, Tabelle B: 15 €). Bei einem 500 € übersteigenden Geschäftswert ist für jeden Gebührenschritt im jeweiligen Geschäftswertbereich (Spalten 1 und 2 der in Abs. 2 S. 2 enthaltenen Tabelle) der in Spalte 3 oder 4 (je nach Tabelle) genannte Betrag zu addieren.

13 Beispiel: Bei einer notariellen Beurkundung eines Kaufvertrags fallen nach Nr. 21100 KV aus dem nach § 97 Abs. 3 (Geschäftswert) iVm §§ 46, 47 (Bewertung) bestimmten Geschäftswert iHv 200.000 € 2,0-Gebühren nach Tabelle B an. Die Gebührenhöhe (zunächst für 1,0-Gebühren) berechnet sich nach § 34 Abs. 2 wie folgt:

Grundbetrag nach Abs. 2 S. 1	15 €
Gebühren für Geschäftswert bis 2.000 € (3 x 4 €)	12 €
Gebühren für Geschäftswert bis 10.000 € (8 x 6 €)	48 €
Gebühren für Geschäftswert bis 25.000 € (5 x 8 €)	40 €
Gebühren für Geschäftswert bis 50.000 € (5 x 10 €)	50 €
Gebühren für Geschäftswert bis 200.000 € (10 x 27 €)	270 €
Summe	**435 €**

14 Der so errechnete Betrag einer 1,0-Gebühr ist entsprechend dem zuvor ermittelten Gebührensatz, hier 2,0-Gebühren nach Nr. 21100 KV, zu multiplizieren, so dass im Beispiel eine Beurkundungsgebühr iHv 870 € anfällt.

15 Die 7. Zeile der Tabelle nach Abs. 2 („über 500.000 €") enthält eine nur für Gebühren nach Tabelle A geltende Regelung: Demnach erhöht sich die Gebühr bei Geschäftswerten über 500.000 € für jeden angefangenen Betrag von weiteren 50.000 € um 150 €. Alle weiteren Erhöhungsstufen (Zeilen 8–12) gelten ausschließlich für Gebühren nach Tabelle B. Bei Gebühren nach Tabelle A bleibt es auch bei diesen Stufen bei einer Erhöhung um 150 € für jeden der angefangenen Beträge.

16 Beispiel: Der Geschäftswert beträgt für eine nach Tabelle A zu berechnende Gebühr 10 Mio. €, der anwendbare Gebührensatz beträgt 1,0. Nach § 34 Abs. 2 ist der Wert wie folgt zu berechnen:

Grundbetrag nach Abs. 2 S. 1	35 €
Gebühren für Geschäftswert bis 2.000 € (3 x 18 €)	54 €
Gebühren für Geschäftswert bis 10.000 € (8 x 19 €)	152 €
Gebühren für Geschäftswert bis 25.000 € (5 x 26 €)	130 €
Gebühren für Geschäftswert bis 50.000 € (5 x 35 €)	175 €
Gebühren für Geschäftswert bis 200.000 € (10 x 120 €)	1.200 €
Gebühren für Geschäftswert bis 500.000 € (10 x 179 €)	1.790 €
Gebühren für Geschäftswert über 500.000 € (190 x 180 €)	34.200 €
Gesamtbetrag	**37.736 €**

17 **2. Auf- und Abrundung (Abs. 4).** Nach Abs. 4 werden Gebühren auf den nächstliegenden Cent auf- oder abgerundet; 0,5 Cent werden aufgerundet (kaufmännische Auf- und Abrundung). Die Regelung ist neben **Gebühren** über ihren Wortlaut hinaus richtigerweise auch auf **Auslagen** und die zu berechnende **Umsatzsteuer** anzuwenden, da Bruchteile eines Cents nicht bezahlt werden können.

18 **3. Geschäftswert in DM.** Liegt ein Wert bzw Geschäftswert nur in DM vor, ist dieser in den für § 32 allein maßgeblichen Euro-Betrag umzurechnen. Die Umrechnung ist zu dem am 1.1.1999 festgelegten Kurs von 1 € = 1,95583 DM vorzunehmen. Eine Rundung ist nicht zulässig; Gleiches gilt für die Bildung inverser Kurse (1 DM = x €). Die Umrechnung erfolgt allein durch Multiplikation bzw Division mit dem Umrechnungskurs von 1,95583. Zu runden sind nach Art. 5 VO (EG) 1103/97[1] zu zahlende oder zu verbuchende Geldbeträge auf die nächstliegende Währungseinheit (Cent oder Pfennig); bei einem Resultat genau in der Mitte wird aufgerundet.

19 **4. Geschäftswert in ausländischer Währung.** Liegt ein Wert bzw Geschäftswert nur in einer ausländischen Währung vor, ist der Kurs mit dem zum Zeitpunkt der Fälligkeit (§§ 8–10) gültigen Umrechnungskurs in Euro umzurechnen.

---

1 Verordnung (EG) Nr. 1103/97 des Rates vom 17. Juni 1997 über bestimmte Vorschriften im Zusammenhang mit der Einführung des Euro (ABl. Nr. L 162 v. 19.6.1997, S. 1 ff).

IV. Mindestgebühr (Abs. 5)

Abs. 5 enthält eine allgemeine Regelung zu Mindestgebühren. Der Betrag dieser allgemeinen Mindestge-   20
bühr wird auf 15 € festgelegt. Die Vorschrift gilt ausschließlich für Gebühren, nicht für Auslagen. Sie gilt
nur insoweit, als nicht an anderer Stelle des GNotKG spezielle Mindestgebühren geregelt werden, zB in
Nr. 11101 KV für die Jahresgebühr bei Dauerbetreuung (mindestens 50 €) oder in Nr. 24100 KV für die
Fertigung eines Vertragsentwurfs (mindestens 120 €). Die Mindestgebühr gilt auch dann, wenn der Geschäftswert Null oder negativ ist.[2]

Der Betrag der Mindestgebühr nach Abs. 5 gilt für jede einzelne Gebühr, auch wenn in einem Verfahren   21
mehrere Gebühren nebeneinander anfallen, deren Gesamtbetrag über der Mindestgebühr liegt. Werden Gebühren auf mehrere Beteiligte eines Verfahrens aufgeteilt, so gilt die Mindestgebühr nur für den Gesamtbetrag der Gebühr, nicht jedoch für die von den einzelnen Beteiligten zu entrichtenden Gebührenteile unter
15 €.

Während nach § 34 Abs. 2 S. 1 die Gebühr bis zu einem Geschäftswert von 500 € nach Tabelle A 35 €,   22
nach Tabelle B 15 € beträgt, beträgt nach Abs. 5 der Mindestbetrag einer Gebühr 15 €. Die Regelung der
Mindestgebühr in Abs. 5 neben Abs. 2 S. 1 ist erforderlich, da die letztgenannte Vorschrift lediglich die Höhe der 1,0-Gebühr betrifft, jedoch keine Aussage zu Gebührensätzen unterhalb von 1,0 trifft. Abs. 5 gilt
demgegenüber für die konkrete Gebühr.

Abschnitt 7
Wertvorschriften

Unterabschnitt 1
Allgemeine Wertvorschriften

§ 35 Grundsatz

(1) In demselben Verfahren und in demselben Rechtszug werden die Werte mehrerer Verfahrensgegenstände
zusammengerechnet, soweit nichts anderes bestimmt ist.

(2) Der Geschäftswert beträgt, wenn die Tabelle A anzuwenden ist, höchstens 30 Millionen Euro, wenn die
Tabelle B anzuwenden ist, höchstens 60 Millionen Euro, wenn kein niedrigerer Höchstwert bestimmt ist.

I. Gesetzliche Systematik

Die Vorschrift enthält allgemeine **Grundsätze der Wertberechnung**. Abs. 1 geht auf § 39 Abs. 1 GKG sowie   1
§ 33 Abs. 1 FamGKG zurück und regelt die **Zusammenrechnung** der Werte mehrerer Verfahrensgegenstände innerhalb eines einheitlichen Verfahrens bzw Rechtszugs. Abs. 2 legt **Höchstgeschäftswerte** für die Tabelle A und die Tabelle B fest.

Eine Regelung, dass die Werte mehrerer Verfahrensgegenstände grds. zu addieren sind, fehlte in der KostO.   2
Da die meisten **anderen Kostengesetze** diese Zusammenrechnung vorsehen (vgl § 39 Abs. 1 GKG, § 33
Abs. 1 S. 1 FamGKG) und dieser Grundsatz für den Rechtsanwaltsgebühren-, Rechtsmittel- sowie Zuständigkeitswert ebenfalls maßgeblich ist (vgl § 22 Abs. 1 RVG, § 5 ZPO),[1] soll er auch im Rahmen der Ge-
richts- und Notarkosten zur Anwendung kommen.[2]

Die Bestimmung eines **allgemeinen Höchstwerts** geht auf das Erste Gesetz zur Modernisierung des Kosten-   3
rechts vom 5.5.2004[3] idF des Zweiten Gesetzes zur Modernisierung der Justiz vom 22.12.2006[4] zurück.[5]
Die Unterscheidung zwischen dem Höchstwert der Tabelle A und dem Höchstwert der Tabelle B entspricht
den unterschiedlichen Höchstwerten in § 39 Abs. 2 GKG bzw § 33 Abs. 2 FamGKG einerseits, dem
Höchstwert nach § 18 Abs. 1 S. 2 KostO andererseits. Dass der Höchstwert nach Tabelle B über demjenigen der Tabelle A liegt, beruht weiterhin auf der deutlich **stärker ausgeprägten Degression** der Tabelle B.

II. Zusammenrechnung (Abs. 1)

1. Allgemeines. Die Vorschrift ist keine eigenständige Vorschrift zur Ermittlung des Geschäftswerts, son-   4
dern stellt eine **Berechnungsregel** dar, wenn das Verfahren aus mehreren Gegenständen besteht.[6] Aufgrund
der Zusammenrechnung führt sie wegen der degressiv gestaffelten Gebührentabelle effektiv zu einer Ge-

---

2 BT-Drucks 17/11471 (neu), S. 165 f. **1** Binz/Dörndorfer/*Dörndorfer*, § 39 GKG Rn 1, § 33 FamGKG Rn 1. **2** BT-Drucks 17/11471, S. 164. **3** BGBl. 2004 I 718. **4** BGBl. 2006 I 3416. **5** BT-Drucks 15/1971, S. 154, 195, 235. **6** HK-FamGKG/ *N. Schneider*, § 33 Rn 1.

bührenermäßigung.[7] Allerdings sind die zahlreichen vorrangigen Sonderregeln zu beachten, die ein Additionsverbot enthalten oder Höchstwerte aufstellen.

5   **2. Anwendungsbereich.** Die Zusammenrechnung mehrerer Einzelwerte erfasst sowohl das **gerichtliche** als auch das **notarielle** Verfahren. Aus diesem Grund ist abweichend von § 39 Abs. 1 GKG und entsprechend § 33 Abs. 1 S. 1 FamGKG nicht vom Wert „mehrerer Streitgegenstände", sondern vom Wert „mehrerer Verfahrensgegenstände" die Rede.[8]

6   Die Zusammenrechnung erfolgt sowohl im ersten Rechtszug bzw im Beurkundungsverfahren als auch in **allen weiteren Rechtszügen**, also insb. auch im Beschwerde- und Rechtsbeschwerdeverfahren.

7   Die Vorschrift gilt aber nur für solche Gebühren, die sich nach dem Geschäftswert richten (Wertgebühren, vgl § 34). Dies ist bei **Festgebühren** sowie **Jahresgebühren** nicht der Fall.[9] Trotz des unklaren Wortlauts findet Abs. 1 aber auf die Ermittlung des **Vergleichsgegenstands** nach Nr. 17005 KV Anwendung, da dieser in Abgrenzung zum Geschäftswert des Verfahrensgegenstands ermittelt werden muss.[10]

8   **3. Voraussetzungen. a) Dasselbe Verfahren. aa) Allgemeines.** Es muss sich jeweils um dasselbe Verfahren handeln, wobei zwischen **Gerichtsverfahren**, die von Amts wegen, und Gerichtsverfahren, die auf Antrag durchgeführt werden, sowie zwischen **Beurkundungsverfahren**, die stets nur auf Antrag durchgeführt werden, zu unterscheiden ist.

9   **bb) Gerichtsverfahren.** Bei **amtswegigen Gerichtsverfahren** bestimmt das Gericht auch den Verfahrensgegenstand von Amts wegen, die Beteiligten können hierauf nur mittelbar, nämlich durch Anregungen nach § 24 FamFG, Einfluss nehmen. Insbesondere können die Beteiligten keine eigenständigen Rechtsmittel gegen eine **Verfahrensverbindung oder -trennung** nach § 20 FamFG einlegen.

10   Bei **Antragsverfahren** bestimmt der Antragsteller die Verfahrensgegenstände und kann im Wege der Antragshäufung mehrere Verfahrensgegenstände bei Gericht anhängig machen, zB zwei Erbscheinsanträge nach zwei Erblassern (zB nach dem Tod beider Elternteile) in einem Verfahren geltend machen. Unerheblich ist, dass der weitere Verfahrensgegenstand erst **nachträglich** mit dem ursprünglichen Antrag verbunden wird oder dass ein Antrag nachträglich geändert wird. Allerdings kann das Gericht die Verfahren ohnehin nach § 20 FamFG **trennen**, ohne dass der Antragsteller oder die anderen Beteiligten mit Rechtsmitteln hiergegen vorgehen könnten.[11]

11   **cc) Beurkundungsverfahren.** Es muss sich um ein **Beurkundungsverfahren** bzw eine entsprechend zu behandelnde Unterschriftsbeglaubigung, Entwurfsfertigung oder Beratungsleistung handeln.[12] Inwieweit die Vorschrift auf sonstige notarielle Geschäfte anwendbar ist, muss im Einzelfall beurteilt werden.[13] Unanwendbar ist sie auf Verwahrungen (weil diese stets getrennt durchgeführt werden müssen) sowie auf Geschäfte, die mit Akt- oder Festgebühren abgegolten werden (zB Bescheinigungen und bestimmte Beglaubigungen).[14] Bei Beurkundungsverfahren bestimmen die Beteiligten den Beurkundungsgegenstand. Es ist von der **Einheitlichkeit der Beurkundungsverhandlung** auszugehen, dh, was in einer Urkunde protokolliert ist, wurde aufgrund desselben Verfahrens beurkundet. Allerdings leitet der Notar die Beurkundungsverhandlung nach **pflichtgemäßem Ermessen**,[15] so dass er mehrere Beurkundungsgegenstände trennen und in gesonderten Verhandlungen beurkunden kann, sofern nicht aus materiellrechtlichen Gründen eine einheitliche Beurkundungsverhandlung geboten ist. Im Übrigen verhindert § 93 Abs. 2 S. 1 eine **missbräuchliche Verfahrensverbindung**, die allein aus Kostengesichtspunkten erfolgt (→ Rn 29). Liegt eine solche Missbrauchsgestaltung vor, sind die Beurkundungsgegenstände trotz Abs. 1 kostenrechtlich als besondere Gegenstände zu behandeln (→ Rn 29).

12   **b) Derselbe Rechtszug.** Die Zusammenrechnung erfolgt im Gerichtsverfahren nur innerhalb desselben Rechtszugs, also **nicht rechtszugübergreifend**. Erfolgt eine Verfahrensverbindung bzw -trennung oder eine Antragsänderung erst im Beschwerdeverfahren, so hat dies keine Auswirkungen auf die Kostenberechnung des erstinstanzlichen Verfahrens.

13   Wird allerdings eine Sache vom **Rechtsmittelgericht** an eine untere Instanz zurückverwiesen, so handelt es sich nach § 57 Abs. 1 um ein einheitliches Verfahren iSd § 55. Dies bedeutet aber auch, dass abweichend von Abs. 1 von demselben Verfahrensgegenstand auszugehen ist.

14   **c) Mehrere Verfahrensgegenstände. aa) Allgemeines.** Es muss sich um mehrere, also **verschiedene Verfahrensgegenstände** handeln. Eine genauere Abgrenzung liefert das Gesetz für gerichtliche Verfahren nicht, aus

---

7 BeckOK KostR/*Soutier*, GNotKG, § 35 Vorbemerkung.   **8** BT-Drucks 17/11471, S. 164.   **9** Leipziger-GNotKG/*Otto*, § 35 Rn 2; HK-FamGKG/*N. Schneider*, § 33 Rn 5.   **10** HK-FamGKG/*N. Schneider*, § 33 Rn 6.   **11** Ebenso BeckOK KostR/*Soutier*, GNotKG, § 35 Rn 1.   **12** LG Bochum NJOZ 2016, 582, 583; BeckOK KostR/*Soutier*, GNotKG, § 35 Rn 1; BDS/*Diehn*, § 35 Rn 10; Korintenberg/*Bormann*, § 35 Rn 3, 10.   **13** Zu pauschal BeckOK KostR/*Soutier*, GNotKG, § 35 Rn 1; Korintenberg/*Bormann*, § 35 Rn 9.   **14** BDS/*Diehn*, § 35 Rn 8.   **15** Nicht nach bloß eigenem Ermessen, wie BDS/*Diehn*, § 35 Rn 6 und Korintenberg/*Bormann*, § 35 Rn 13 annehmen.

§ 56 lässt sich allenfalls folgern, dass auch ein einheitlicher Verfahrensgegenstand aus mehreren Teilen bestehen kann. Die Abgrenzung muss daher **formal** erfolgen. Abzulehnen ist hingegen die Auffassung, dass wirtschaftlich identische Gegenstände einen einheitlichen Verfahrensgegenstand darstellen.[16] So ist die Beantragung eines zusammengefassten Erbscheins, obwohl es sich wirtschaftlich betrachtet um denselben Nachlass handelt, als verschiedene Verfahrensgegenstände zu behandeln.

bb) Gerichtsverfahren. Im **Amtsverfahren** legt das Gericht durch die anfängliche oder nachträgliche Verbindung fest, ob es sich um einen oder mehrere Gegenstände handelt. Da sich die Zusammenrechnung kostenrechtlich vorteilhaft für die Beteiligten auswirkt, werden sie diesbezüglich keine Einwände haben. **15**

Im **Antragsverfahren** legt der Antragsteller den Verfahrensgegenstand fest (vgl § 77, der eine entsprechende Wertangabe des Antragstellers fordert). Bei einer echten Antragshäufung liegen also verschiedene Gegenstände vor, während eine **unechte Antragshäufung** vorliegt, soweit in zulässiger Weise Hilfs- oder Eventualanträge gestellt werden. Wird zB über denselben Nachlass ein Erbscheinsantrag gestellt und im Falle von dessen Ablehnung ein Hilfsantrag, so handelt es sich um denselben Verfahrensgegenstand. **16**

Besonderheiten bestehen nach § 55 Abs. 2 für **Register- und Grundbuchverfahren.** Hier werden die Gebühren für jede Eintragung gesondert erhoben, auch wenn die zugrunde liegenden Eintragungsanträge in demselben Rechtszug gestellt werden. Es findet also keine Zusammenrechnung der einzelnen Werte statt. **17**

cc) Beurkundungsverfahren. Für die **Beurkundungsverhandlung** ist nach § 86 Abs. 2 davon auszugehen, dass verschiedene Beurkundungsgegenstände vorliegen, wenn es sich um mehrere Rechtsverhältnisse Tatsachen oder Vorgänge handelt. Allerdings sind die Sonderregeln der §§ 109, 110 zu beachten, die für bestimmte Gegenstände festlegen, ob es sich um denselben oder um verschiedene Beurkundungsgegenstände handelt. Besondere Beurkundungsgegenstände nach § 93 Abs. 2, § 111 stellen stets auch verschiedene Verfahrensgegenstände dar. **18**

4. Rechtsfolge. Verschiedene Verfahrensgegenstände werden innerhalb eines Rechtszugs addiert. Damit ergibt sich regelmäßig aufgrund der nicht linearen Progression der Gebührentabelle eine **Gebührenersparnis** für den Kostenschuldner. **19**

Fraglich ist, ob bei **Vorliegen eines sachlichen Grundes** iSd § 93 Abs. 2 die Pflicht besteht, mehrere verschiedene Beurkundungsgegenstände zu **einem Verfahren zu verbinden,** allein um diese Gebührenersparnis zu erreichen. Da der Notar das Beurkundungsverfahren nach pflichtgemäßem Ermessen gestaltet, besteht **keine allgemeine Pflicht,** mehrere Beurkundungsgegenstände allein aus Kostengründen zusammenzufassen, zB weil an den Rechtsgeschäften jeweils die gleichen Personen beteiligt sind oder weil die Rechtsgeschäfte auch bei Niederlegung in einer einheitlichen Urkunde vollzogen werden können.[17] Eine solche Pflicht kann sich allenfalls aus dem **materiellen Recht** ergeben, insb. wenn die einzelnen Beurkundungsgegenstände nach dem Willen der Beteiligten eine rechtliche Einheit bilden sollen, so dass die getrennte Beurkundung die Unwirksamkeit des gesamten Rechtsgeschäfts zur Folge hätte. Allerdings kann auch in diesen Situationen aus materieller Sicht eine getrennte Beurkundung genügen, sofern der Verknüpfungswille in beiden Verfahren hinreichend beurkundet worden ist.[18] Von einer unrichtigen Sachbehandlung iSd § 21 Abs. 1 S. 1 kann also nur dann ausgegangen werden, wenn sich für die getrennte Beurkundung **keine pflichtgemäßen Ermessensgründe** finden lassen.

5. Vorrangige Sonderregelungen. Die Zusammenrechnung von Geschäftswerten verschiedener Verfahrensgegenstände gilt nur, soweit keine anderweitigen Regeln bestehen. Im Unterschied zu Abs. 2 können vorrangige Sonderregelungen auch zu einer **höheren Gebühr** als bei Anwendung des Grundsatzes führen. **20**

Auch wenn die Voraussetzungen des Abs. 1 vorliegen, ist eine **Zusammenrechnung** in folgenden Fällen **verboten:** **21**

- § 37 Abs. 1: Keine Addition von Früchten, Nutzungen, Zinsen, Vertragsstrafen und Kosten;
- § 43: Keine Zusammenrechnung vom Wert des Erbbaurechts und dem Wert des nach § 52 errechneten Erbbauzinses;
- § 44: Keine Zusammenberechnung bei Einbeziehung oder Entlassung eines Grundpfandrechts aus der Mithaft mit anderen Grundstücken;
- § 45: Keine Zusammenrechnung von vor- und zurücktretenden Rechten;
- § 52 Abs. 4: Keine Zusammenrechnung des Werts eines Rechts, das mehreren Berechtigten eingeräumt wird;
- § 52 Abs. 7: Keine Zusammenrechnung mit Preisklauseln und bedingten Rechtsänderungen;

---

16 Binz/Dörndorfer/*Dörndorfer,* § 39 GKG Rn 2. **17** Anders offenbar Korintenberg/*Bormann,* § 35 Rn 14, der allerdings das vom Gesetz aufgestellte Verhältnis umkehrt, wenn er die Trennung von Beurkundungsgegenständen nur dann für zulässig hält, soweit ein sachlicher Grund hierfür vorliegt. **18** Vgl *Opgenhoff,* RNotZ 2006, 257, 266 ff.

- § 55 Abs. 2: Mehrere Eintragungen in das Vereins-, Güterrechtsregister, Grundbuch, Schiffs- und Schiffsbauregister werden nicht zusammengerechnet, auch wenn es sich um verbundene Anträge handelt (s. aber § 69!);
- § 56 Abs. 1: Keine Zusammenrechnung von Teilwerten, soweit diese nicht den ganzen Verfahrensgegenstand betreffen;
- § 60 Abs. 2: Mehrere Erklärungen, die denselben Gegenstand betreffen, sind als ein Verfahrensgegenstand zu behandeln;
- § 93 Abs. 2: Keine Zusammenrechnung missbräuchlich zusammengefasster verschiedener Beurkundungsgegenstände;
- § 94 Abs. 1 Hs 1: Keine Zusammenrechnung einzelner Beurkundungsgegenstände, auf die verschiedene Gebührensätze anzuwenden sind;
- § 97 Abs. 3: Keine Zusammenrechnung von Leistung und Gegenleistung;
- § 109: Keine Zusammenrechnung, weil derselbe Beurkundungsgegenstand fingiert wird.

22   Auch wenn die Voraussetzungen des Abs. 1 nicht vorliegen, ist eine **Zusammenrechnung** nach Abs. 1 in folgenden Fällen **geboten**:

- § 42 Abs. 1: Addition von Grundstückswert und Wert des (zu errichtenden) Bauwerks;
- § 47 S. 2: Hinzurechnung vorbehaltener Nutzungen und übernommener Leistungen zum Kaufpreis einer Sache;
- § 56 Abs. 2: Zusammenrechnung der Teilwerte, wenn dies günstiger ist als die Erhebung aus den jeweiligen Teilwerten;
- § 56 Abs. 3: Zusammenrechnung der Teilwerte bei verschiedenen Gebührensätzen, wenn dies günstiger ist als die Erhebung aus den jeweiligen Teilwerten;
- § 57 Abs. 1: Zusammenrechnung bei Zurückverweisung des Rechtsmittelgerichts an eine untere Instanz;
- § 57 Abs. 2: Antrag auf Abänderung oder Aufhebung einer Entscheidung gilt stets als besonderer Verfahrensgegenstand;
- § 68: Zusammenrechnung der Schadensanteile der an einer Dispache beteiligten Personen;
- § 69: Zusammenrechnung bestimmter Geschäftswerte in Grundbuch- bzw Schiffs- und Schiffsbauregistersachen, wenn die Eintragungsanträge am selben Tag eingehen;
- § 73: Zusammenrechnung des Werts aller auszuschließenden Aktien;
- § 74: Zusammenrechnung des Werts aller Abfindungsbeträge;
- § 94 Abs. 1 Hs 2: Zusammenrechnung der Werte einzelner Beurkundungsgegenstände mit verschiedenen Gebührensätzen, wenn dies günstiger ist als die Gebührenerhebung aus den jeweiligen Einzelgeschäftswerten;
- § 99: Zusammenrechnung des Werts aller Leistungen des Mieters, Pächters oder der Bezüge des Verpflichteten während der Vertragslaufzeit;
- § 100 Abs. 1: Zusammenrechnung des Vermögens beider Ehegatten bzw Lebenspartner;
- § 110: Zusammenrechnung, weil verschiedene Beurkundungsgegenstände fingiert werden;
- § 111: Zusammenrechnung, weil besondere Beurkundungsgegenstände fingiert werden;[19]
- § 117: Zusammenrechnung der Werte der zu versteigernden Sachen und Rechte;
- § 118 a S. 2: Zusammenrechnung der Werte mehrerer selbständiger Vermögensmassen bei der Auseinandersetzung mehrerer Nachlässe in demselben Verfahren;
- § 118 a S. 3: Zusammenrechnung des Werts des Gesamtguts und des übrigen Nachlasses bei Zusammentreffen der Auseinandersetzung einer Gütergemeinschaft mit Auseinandersetzung des Nachlasses;
- § 120: Zusammenrechnung der Werte der zu fassenden Beschlüsse;
- § 123: Zusammenrechnung des Werts aller Einlagen.

III. Höchstgeschäftswerte (Abs. 2)

23   **1. Allgemeines.** Der **allgemeine Höchstwert** soll verhindern, dass bei hohen Geschäftswerten **unverhältnismäßig hohe Gebühren** entstehen. Für die Beteiligten soll das mit dem Verfahren verbundene Kostenrisiko auf ein angemessenes Maß reduziert werden sowie kalkulierbar bleiben. Da die Degression der Wertgebühren innerhalb der Tabelle B deutlich stärker als in Tabelle A ausfällt, ist die **Unterscheidung von zwei Höchstwerten** geboten. Grundlage sind dabei einerseits die allgemeine Wertgrenze des § 39 Abs. 2 GKG bzw § 33 Abs. 2 FamGKG, andererseits die frühere allgemeine Wertgrenze des § 18 Abs. 1 S. 2 KostO. Für die Verwahrungsgebühr gilt der Höchstwert nicht (Vorbem. 2.5.3 Abs. 2 KV).

---

19 LG Bochum NJOZ 2016, 582, 583.

Übernommen wurde der durch das Zweite Gesetz zur Modernisierung der Justiz vom 22.12.2006[20] ange- 24
passte Wortlaut, wonach der allgemeine Höchstwert nur dann maßgeblich ist, soweit **kein niedrigerer
Höchstwert** bestimmt ist. Auf diese Weise soll ausgeschlossen werden, dass sich durch Sonderregelungen
ein höherer Geschäftswert als der nach Abs. 2 festgelegte allgemeine Höchstwert errechnet.[21] Es handelt
sich also bei Abs. 2 um **absolute Höchstwerte**.

2. Anwendungsbereich. a) Vergleichsgebühr, Aktgebühr. Die allgemeine Höchstgebühr gilt trotz des inso- 25
fern missverständlichen Wortlauts auch für den der Vergleichsgebühr nach Nr. 17005 KV zugrunde liegenden **Wert des Vergleichsgegenstands**.[22] Auf **Aktgebühren** (zB nach § 55 Abs. 2) ist die Vorschrift ebenfalls
anwendbar.[23]

b) Mehrere Verfahrensgegenstände. Liegen mehrere Verfahrensgegenstände vor, so gilt der Höchstge- 26
schäftswert sowohl für jeden einzelnen Verfahrensgegenstand als auch für die nach Abs. 1 **zusammengerechneten Geschäftswerte.**[24]

c) Mehrere Beurkundungsgegenstände. aa) Allgemeines. Entsprechend gilt der allgemeine Höchstwert bei 27
mehreren **verschiedenen Beurkundungsgegenständen** (§ 86 Abs. 2) für den Geschäftswert jedes einzelnen
Beurkundungsgegenstands als auch für die zusammengerechneten Geschäftswerte.[25]

bb) Gesamtbetrag der Werte bei verschiedenen Gebührensätzen. Dass der allgemeine Höchstwert die Ein- 28
zel- und Gesamtwerte begrenzt, gilt auch für den nach § 94 Abs. 1 zu ermittelnden **Gesamtbetrag der Werte**
bei verschiedenen Beurkundungsgegenständen, auf die **verschiedene Gebührensätze** anzuwenden sind (→
§ 94 Rn 7).[26] Denn § 94 Abs. 1 stellt nur einen auf Abs. 1 aufbauenden Günstigkeitsvergleich dar.[27]

cc) Verbindung mehrerer Gegenstände ohne sachlichen Grund. § 93 Abs. 2 S. 1 will eine **missbräuchliche** 29
Zusammenfassung mehrerer Beurkundungsgegenstände verhindern.[28] Werden mehrere Beurkundungsgegenstände **ohne sachlichen Grund** zusammengefasst, so handelt es sich trotz der Einheitlichkeit der Beurkundungsverhandlung gebührenrechtlich um besondere Verfahren.[29] Dies bedeutet im Rahmen des Abs. 2,
dass sich der allgemeine Höchstwert **nicht aus dem zusammengerechneten Geschäftswert**, sondern jeweils
aus den einzelnen Geschäftswerten bestimmt.[30] Aus der gebührenrechtlichen Fiktion des § 93 Abs. 2 S. 1
ergeben sich **keine verfahrens- oder gar dienstrechtlichen Konsequenzen**. Der Notar gestaltet das Beurkundungsverfahren nach **pflichtgemäßem Ermessen**. Soweit eine Zusammenbeurkundung verschiedener Gegenstände zweckmäßig erscheint, ist diese auch dann zulässig, wenn es an einem sachlichen Grund iSd § 93
Abs. 2 fehlt. Der Höchstwert berechnet sich dann freilich aus den Einzelwerten.

d) Berechnung von Teilwerten. Die Geschäftswerte berechnen sich oftmals nur aus dem Teil (meistens aus 30
einem Vomhundertsatz) eines anderen Werts, vgl § 40 Abs. 2–5, § 49 Abs. 2, § 50, § 51, § 62 S. 2, § 63 S. 2
und 3, § 65, § 70 Abs. 2, § 76 Nr. 3, § 98, § 100 Abs. 2–4, § 102, § 104, § 105 Abs. 4 Nr. 1, § 118 a S. 1
usw. Für die Berechnung des Teilwerts ist von dem **tatsächlich maßgeblichen Wert** ohne Berücksichtigung
des allgemeinen Höchstwerts auszugehen.[31] Erst auf den dermaßen ermittelten Teilwert findet Abs. 2 Anwendung. Dies ergibt sich unmittelbar daraus, dass Abs. 2 nur auf den **ermittelten Geschäftswert**, nicht
aber auf den der Ermittlung zugrunde liegenden Wert abstellt.

Dieselben Erwägungen gelten für die Berechnung von **Teilwerten** und die Berechnung des **Gesamtbetrags** 31
der Wertteile nach § 56. Für die Ermittlung des Höchstwerts nach Abs. 2 sind also der tatsächliche Teilwert
bzw der tatsächliche Gesamtbetrag der Wertteile maßgeblich.

e) Gebühren aus dem Höchstwert der Tabelle A. Der Geschäftswert der Tabelle A beträgt **allerhöchstens** 32
30 Mio. €, so dass sich hieraus folgende Gebühren ergeben:

- 0,25-Gebühr: 27.434,00 €
- 0,3-Gebühr: 32.920,80 €
- 0,5-Gebühr: 54.868,00 €
- 1,0-Gebühr: 109.736,00 €
- 1,5-Gebühr: 164.604,00 €
- 2,0-Gebühr: 219.472,00 €
- 3,0-Gebühr: 329.208,00 €
- 4,0-Gebühr: 438.944,00 €

---

20 BGBl. 2006 I 3416. **21** BT-Drucks 16/3038, S. 51; in diesem Sinne bereits OLG Frankfurt a. M. ZNotP 2005, 440. **22** HK-
FamGKG/*N. Schneider*, § 33 Rn 37. **23** OLG Dresden NJW-RR 2015, 448; OLG Saarbrücken FGPrax 2015, 186; AG Plauen
BeckRS 2014, 22507. **24** HK-FamGKG/*N. Schneider*, § 33 Rn 35; aA BDS/*Diehn*, § 35 Rn 17; Korintenberg/*Bormann*, § 35
Rn 19; Leipziger-GNotKG/*Otto*, § 35 Rn 13: § 35 Abs. 2 gilt nur für den zusammengerechneten Geschäftswert, nicht für die
Einzelwerte der Verfahrensgegenstände. **25** Ebenso BeckOK KostR/*Soutier*, GNotKG, § 35 Rn 8. **26** So auch zur alten Rechts-
lage Korintenberg/*Schwarz*, KostO, § 18 Rn 3 d. **27** BT-Drucks 17/11471, S. 180. **28** BT-Drucks 17/11471, S. 179. **29** BT-
Drucks 17/11471, S. 179. **30** BT-Drucks 17/11471, S. 179. **31** Vgl OLG Frankfurt a. M. FGPrax 2013, 80, 83.

33 **f) Gebühren aus dem Höchstwert der Tabelle B.** Der Geschäftswert der Tabelle B beträgt **allerhöchstens 60 Mio. €**, so dass sich hieraus folgende Gebühren ergeben:

- 0,1-Gebühr: 2.658,50 €
- 0,2-Gebühr: 5.317,00 €
- 0,3-Gebühr: 7.975,50 €
- 0,5-Gebühr: 13.292,50 €
- 1,0-Gebühr: 26.585,00 €
- 1,3-Gebühr: 34.560,50 €
- 1,5-Gebühr: 39.877,50 €
- 2,0-Gebühr: 53.170,00 €
- 3,0-Gebühr: 79.755,00 €
- 6,0-Gebühr: 159.510,00 €

34 **3. Vorrangige Sonderregelungen. a) Besondere Höchstwerte.** Im Rahmen des GNotKG finden sich zahlreiche **besondere Höchstwerte**, die nach Abs. 2 („wenn kein niedrigerer Höchstwert bestimmt ist") **vorrangig** zu beachten sind. Einerseits finden sich zahlenmäßig **bestimmte Höchstwerte**:

- § 36 Abs. 2: Bestimmung des Geschäftswerts in nichtvermögensrechtlichen Angelegenheiten nach billigem Ermessen auf höchstens 1 Mio. €;
- § 60 Abs. 3: Der Wert einer Genehmigung bzw einer die Genehmigung oder eine Erklärung ersetzenden Entscheidung beträgt höchstens 1 Mio. €;
- § 73: Geschäftswert bei Ausschlussverfahren nach dem WpÜG höchstens 7,5 Mio. €;
- § 74: Geschäftswert für Verfahren nach dem SpruchG höchstens 7,5 Mio. €;
- § 98 Abs. 4: Geschäftswert für Vollmachten und Zustimmungserklärungen höchstens 1 Mio. €;
- § 105 Abs. 5: Geschäftswert für Registeranmeldungen ohne wirtschaftliche Bedeutung höchstens 5.000 €;
- § 106: Höchstwert für Anmeldungen nach § 105 beträgt 1 Mio. €;
- § 107 Abs. 1 S. 1: Höchstwert für gesellschaftsrechtliche Verträge und Satzungen sowie für Pläne und Verträge nach dem UmwG beträgt 10 Mio. €;
- § 107 Abs. 2: Höchstwert bei Verträgen zwischen verbundenen Unternehmen, die nicht lediglich vermögensverwaltend tätig sind, beträgt 10 Mio. €;
- § 108 Abs. 5: Höchstwert für Beschlüsse beträgt 5 Mio. €;
- § 120 S. 2: Höchstwert für die Beratung bei einer Haupt- oder Gesellschafterversammlung beträgt 5 Mio. €;
- § 123 S. 2: Höchstwert für eine Gründungsprüfung beträgt 10 Mio. €.

35 Teilweise finden sich keine bestimmten Höchstwerte, jedoch **relative Höchstwerte**, die im Regelfall ebenfalls hinter dem allgemeinen Höchstwert zurückbleiben werden:

- § 37 Abs. 2, 3: Soweit Früchte, Nutzungen, Zinsen, Vertragsstrafen oder Kosten alleiniger Verfahrensgegenstand sind, werden diese höchstens bis zum Wert des Hauptgegenstands angesetzt;
- § 45 Abs. 1: Bei Vorrang- oder Gleichrangeinräumung ist höchstens der Wert des zurücktretenden Rechts maßgeblich;
- § 48 Abs. 1: Bei Zuwendung eines land- oder forstwirtschaftlichen Betriebs mit Hofstelle beträgt der Geschäftswert höchstens das Vierfache des letzten Einheitswerts;
- § 52: Beschränkungen des Werts eines Nutzungs- oder Leistungsrechts;
- § 53 Abs. 2: Beschränkung des Werts von Sicherheiten (mit Ausnahme von Grundpfandrechten) nach dem geringeren Wert des Sicherungsgegenstands;
- § 61 Abs. 2: Wert des ersten Rechtszugs begrenzt den Wert des Rechtsmittelverfahrens bei unverändertem Verfahrensgegenstand;
- § 64 Abs. 2: Beschränkung des Werts einer Nachlasspflegschaft oder Gesamtgutsverwaltung auf den Wert des von der Verwaltung betroffenen Vermögens;
- § 56 Abs. 2 und 3: Vergleichsberechnung bei Teilgegenständen bzw bei verschiedenen Gebührensätzen;
- § 94: Vergleichsberechnung bei verschiedenen Gebührensätzen;
- § 99: Beschränkung des Werts von Miet-, Pacht- und Dienstverträgen.

36 **b) Besondere Höchstgebühren der Tabelle B.** Für die Tabelle B gibt es zahlreiche Höchstgebühren, die also unabhängig von der Höhe des Geschäftswerts allerhöchstens erhoben werden dürfen. Bei den **Gerichtsgebühren** gibt es folgende besondere Höchstgebühren:

- Nr. 12211 KV: Bei Beendigung des Verfahrens auf Erteilung eines Erbscheins oder anderen Zeugnisses beträgt die Gebühr in bestimmten Fällen höchstens 200 €;

- Nr. 12212 KV: Bei Beendigung des Verfahrens nach Nr. 12211 KV in allen anderen Fällen beträgt die Gebühr höchstens 400 €;
- Nr. 12214 KV: Bei Beendigung des Verfahrens auf Erteilung eines weiteren Testamentsvollstreckerzeugnisses ohne Zeugniserteilung beträgt die Gebühr höchstens 200 €;
- Nr. 12215 KV: Die Gebühr des Verfahrens über die Einziehung oder Kraftloserklärung bestimmter Zeugnisse beträgt höchstens 400 €;
- Nr. 12220 KV: Die Gebühr des Beschwerdeverfahrens in Erbscheinsverfahren und Verfahren auf Erteilung anderer Zeugnisse beträgt höchstens 800 €;
- Nr. 12221 KV: Bei Beendigung des Beschwerdeverfahrens vor Beschwerdebegründung beträgt die Gebühr höchstens 200 €;
- Nr. 12222 KV: Bei Beendigung des Beschwerdeverfahrens ohne Endentscheidung beträgt die Gebühr höchstens 400 €;
- Nr. 12230 KV: Die Gebühr des Rechtsbeschwerdeverfahrens in Erbscheinsverfahren und Verfahren auf Erteilung anderer Zeugnisse beträgt höchstens 1.200 €;
- Nr. 12231 KV: Bei Beendigung des Rechtsbeschwerdeverfahrens vor Beschwerdebegründung beträgt die Gebühr höchstens 400 €;
- Nr. 12232 KV: Bei Beendigung des Rechtsbeschwerdeverfahrens vor Übermittlung der Endentscheidung an die Geschäftsstelle beträgt die Gebühr höchstens 800 €;
- Nr. 12240 KV: Die Gebühr bei Ablehnung des Antrags auf Zulassung der Sprungrechtsbeschwerde beträgt höchstens 400 €;
- Nr. 14400 KV: Die Gebühr bei Zurückweisung eines Antrags in Grundbuch- und Schiffsregistersachen beträgt höchstens 400 €;
- Nr. 14401 KV: Die Gebühr bei Zurücknahme eines Antrags vor Übermittlung der Endentscheidung an die Geschäftsstelle beträgt höchstens 250 €;
- Nr. 14510 KV: Die Gebühr des Beschwerdeverfahrens in Grundbuch- und Schiffsregistersachen beträgt höchstens 800 €;
- Nr. 14511 KV: Bei Beendigung des Beschwerdeverfahrens ohne Endentscheidung beträgt die Gebühr höchstens 400 €;
- Nr. 14520 KV: Die Gebühr des Rechtsbeschwerdeverfahrens in Grundbuch- und Schiffsregistersachen beträgt höchstens 1.200 €;
- Nr. 14521 KV: Bei Beendigung des Rechtsbeschwerdeverfahrens vor Beschwerdebegründung beträgt die Gebühr höchstens 400 €;
- Nr. 14522 KV: Bei Beendigung des Rechtsbeschwerdeverfahrens vor Übermittlung der Endentscheidung an die Geschäftsstelle beträgt die Gebühr höchstens 800 €;
- Nr. 14530 KV: Die Gebühr bei Ablehnung des Antrags auf Zulassung der Sprungrechtsbeschwerde beträgt höchstens 400 €.

Bei den **Notargebühren** bestehen folgende besondere Höchstgebühren: 37
- Nr. 22112 KV: Die Vollzugsgebühr für die Anforderung und Prüfung einer behördlichen oder gerichtlichen Entscheidung nach Vorbem. 2.2.1.1 Abs. 1 Nr. 1 und 2 KV beträgt höchstens 50 €;
- Nr. 22113 KV: Die Vollzugsgebühr für die Fertigung, Änderung oder Ergänzung einer Gesellschafterliste beträgt höchstens 250 €;
- Nr. 22114 KV und Nr. 22125 KV: Die Vollzugsgebühr für die Erstellung strukturierter elektronischer Datensätze beträgt höchstens 250 €;
- Nr. 23902 KV: Die Gebühr für die Verweisung des Teilungsverfahrens an einen anderen Notar wegen Unzuständigkeit beträgt höchstens 100 €;
- Nr. 25100 KV: Die Gebühr für die Beglaubigung einer Unterschrift oder eines Handzeichens beträgt höchstens 70 €;
- Nr. 26000 KV: Die Zusatzgebühr für die Vornahme eines Geschäfts außerhalb der üblichen Bürozeiten beträgt höchstens 30 €.

IV. Mindestwerte und Mindestgebühren

1. Mindestwerte. Das GNotKG kennt nicht nur Höchstgeschäftswerte, sondern auch **Mindestgeschäftswer-** 38 te, die also nicht unterschritten werden dürfen. Es handelt sich um folgende Tatbestände:
- § 73: Geschäftswert bei Ausschlussverfahren nach dem WpÜG mindestens 200.000 €;
- § 74: Geschäftswert für Verfahren nach dem SpruchG mindestens 200.000 €;

- § 105 Abs. 1, Abs. 4 Nr. 1: Geschäftswert bei bestimmten Anmeldungen zum Handelsregister mindestens 30.000 €; vgl aber § 105 Abs. 6, wonach dieser Mindestwert nicht für eine mit Musterprotokoll gegründete Unternehmergesellschaft gilt;
- § 107 Abs. 1 S. 1: Geschäftswert für gesellschaftsrechtliche Verträge und Satzungen sowie für Pläne und Verträge nach dem UmwG mindestens 30.000 €; vgl aber § 107 Abs. 1 S. 2, wonach dieser Mindestwert nicht für eine mit Musterprotokoll gegründete Unternehmergesellschaft gilt.

39 **2. Mindestgebühren.** Neben Mindestwerten kennt das GNotKG auch **Mindestgebühren**, die also in jedem Fall mindestens erhoben werden müssen. Der allgemeine Mindestbetrag einer Wertgebühr ist in § 34 Abs. 5 auf 15 € festgelegt (→ § 34 Rn 20 ff). Daneben finden sich im Kostenverzeichnis weitere Mindestgebührensätze:

- Nr. 11101 KV: Jahresgebühr für eine Dauerbetreuung beträgt mindestens 20 €;
- Nr. 11104 KV: Jahresgebühr für eine Dauerpflegschaft beträgt mindestens 20 €;
- Nr. 12311 KV: Jahresgebühr für eine Dauernachlasspflegschaft, eine Nachlass- oder Gesamtgutsverwaltung beträgt mindestens 200 €;
- Nr. 14400 KV: Die Gebühr bei Zurückweisung eines Antrags in Grundbuch- und Schiffsregistersachen beträgt mindestens 15 €;
- Nr. 14401 KV: Die Gebühr bei Zurücknahme eines Antrags vor Übermittlung der Endentscheidung an die Geschäftsstelle beträgt mindestens 15 €;
- Nr. 21100 KV: Die Beurkundungsgebühr für Verträge und Beschlüsse beträgt mindestens 120 €;
- Nr. 21101 KV: Die Beurkundungsgebühr für die Annahme eines Angebots oder für ein Verfügungsgeschäft zu einem vom selben Notar beurkundeten Rechtsgeschäft beträgt mindestens 30 €;
- Nr. 21102 KV: Die Beurkundungsgebühr für ein Verfügungsgeschäft, das nicht unter Nr. 21101 KV fällt, oder für die Aufhebung eines Vertrags beträgt mindestens 60 €;
- Nr. 21200 KV: Die Beurkundungsgebühr für eine sonstige Erklärung beträgt mindestens 60 €;
- Nr. 21201 KV: Die Beurkundungsgebühr für bestimmte Anträge beträgt mindestens 30 €;
- Nr. 21302 KV: Die Gebühr bei vorzeitiger Beendigung eines Verfahrens nach Nr. 21100 KV beträgt mindestens 120 €;
- Nr. 21303 KV: Die Gebühr bei vorzeitiger Beendigung eines Verfahrens nach Nr. 21102, 21200 KV beträgt mindestens 60 €;
- Nr. 21304 KV: Die Gebühr bei vorzeitiger Beendigung eines Verfahrens nach Nr. 21101, 21201 KV beträgt mindestens 30 €;
- Nr. 24100 KV: Die Entwurfsgebühr für Beurkundungen mit einem Gebührensatz zu 2,0 Gebühren beträgt mindestens 120 €
- Nr. 24101 KV: Die Entwurfsgebühr für Beurkundungen mit einem Gebührensatz zu 1,0 Gebühren beträgt mindestens 60 €;
- Nr. 24102 KV: Die Entwurfsgebühr für Beurkundungen mit einem Gebührensatz zu 0,5 Gebühren beträgt mindestens 30 €;
- Nr. 25100 KV: Die Gebühr für die Beglaubigung einer Unterschrift oder eines Handzeichens beträgt mindestens 20 €;
- Nr. 25102 KV: Die Gebühr für eine Abschriftsbeglaubigung beträgt mindestens 10 €;
- Nr. 25206 KV: Die Gebühr für eine Gründungsprüfung beträgt mindestens 1.000 €.

V. Festwerte und Festgebühren

40 **1. Absolute Festwerte.** Teilweise legt das Gesetz den Geschäftswert ausdrücklich fest. Es kann sich dabei um **absolute Festwerte** handeln, die also ohne jede weitere Prüfung der Kostenberechnung zugrunde gelegt werden müssen. Hier sind zu nennen:

- § 75: Der Geschäftswert im gerichtlichen Verfahren über die Zusammensetzung des Aufsichtsrats beträgt 50.000 €;
- § 101: Der Geschäftswert in Angelegenheiten, die die Annahme eines Minderjährigen betreffen, beträgt 5.000 €;
- § 105 Abs. 1: Der Geschäftswert bestimmter Anmeldungen zu bestimmten Registern bestimmt sich nach den dort genannten Beträgen;
- § 105 Abs. 3: Der Geschäftswert erster Anmeldungen zu bestimmten Registern bestimmt sich nach den dort genannten Beträgen;
- § 105 Abs. 4: Der Geschäftswert späterer Anmeldungen zu bestimmten Registern bestimmt sich nach den dort genannten Beträgen;

- § 108 Abs. 1–4: Der Geschäftswert für Organbeschlüsse bestimmt sich nach den dort genannten Beträgen.

2. Relative Festwerte (Regelwerte). Es kann sich aber auch um **relative Festwerte** oder **Regelwerte** handeln, 41 von denen nur in Ermangelung abweichender Anhaltspunkte für eine anderweitige Wertbestimmung auszugehen ist oder von denen aufgrund **billiger Ermessensentscheidung** abgewichen werden kann:

- § 36 Abs. 1–3: Der allgemeine Geschäftswert beträgt in Ermangelung anderer Anhaltspunkte 5.000 €; er kann nach billigem Ermessen festgesetzt werden;
- § 51 Abs. 3: Der Geschäftswert eines Erwerbs- und Veräußerungsrechts oder einer Verfügungsbeschränkung kann nach Billigkeit höher oder niedriger als nach § 51 Abs. 1 oder 2 angesetzt werden;
- § 67 Abs. 1 Nr. 1: Der Geschäftswert in unternehmensrechtlichen Verfahren über die Ernennung oder Abberufung einer Person einer Kapitalgesellschaft oder eines VVaG beträgt 60.000 €; nach § 67 Abs. 3 kann nach Billigkeit ein höherer oder niedrigerer Wert festgesetzt werden;
- § 67 Abs. 1 Nr. 2: Der Geschäftswert in unternehmensrechtlichen Verfahren über die Ernennung oder Abberufung einer Person einer Personenhandels- oder Partnerschaftsgesellschaft sowie einer Genossenschaft beträgt 30.000 €; nach § 67 Abs. 3 kann nach Billigkeit ein höherer oder niedrigerer Wert festgesetzt werden;
- § 67 Abs. 1 Nr. 3: Der Geschäftswert in unternehmensrechtlichen Verfahren über die Ernennung oder Abberufung einer Person eines Vereins oder einer Stiftung beträgt 5.000 €; nach § 67 Abs. 3 kann nach Billigkeit ein höherer oder niedrigerer Wert festgesetzt werden;
- § 67 Abs. 1 Nr. 4: Der Geschäftswert über die Ernennung oder Abberufung einer Person in sonstigen unternehmensrechtlichen Verfahren beträgt 10.000 €; nach § 67 Abs. 3 kann nach Billigkeit ein höherer oder niedrigerer Wert festgesetzt werden;
- § 67 Abs. 2: Der Geschäftswert über die Verpflichtung des Dispacheurs zur Aufmachung der Dispache beträgt 10.000 €; nach § 67 Abs. 3 kann nach Billigkeit ein höherer oder niedrigerer Wert festgesetzt werden;
- § 72: Der Geschäftswert über die abschließenden Feststellungen eines Sonderprüfers bestimmt das Gericht nach billigem Ermessen;
- § 98 Abs. 3 S. 1: Der Geschäftswert einer allgemeinen Vollmacht ist nach billigem Ermessen zu bestimmen;
- § 102 Abs. 5: Der Geschäftswert für die Änderung einer Verfügung von Todes wegen oder eines Erb- bzw Pflichtteilsverzichts kann niedriger angesetzt werden, wenn die Bewertung nach § 102 Abs. 1–4 zu unbilligen Ergebnissen führt.

Allerdings unterliegen absolute und relative Festwerte oftmals wiederum einem **besonderen Höchstwert**, vgl 42 § 36 Abs. 2, § 72 Abs. 1 S. 2, § 98 Abs. 3 S. 2, § 106, § 108 Abs. 5.

Soweit bei relativen Festwerten kein besonderer Höchstwert besteht, entspricht eine Festsetzung des **allgemeinen Höchstwerts** nicht mehr billiger Ermessensausübung.[32]   43

3. Festgebühren. Schließlich kennt das GNotKG zahlreiche **Festgebühren**, die unabhängig vom Geschäftswert sind, vgl Nr. 12100, 12101, 12410–12412, 13100–13332, 14142, 14151, 14160, 14211, 14212, 14341, 15213, 15214, 15215, 15225–15227, 17000–17006, 18001–19111, 19115–19122, 19126–19200, 21300, 22124, 23800, 23804–23808, 25101, 25103, 25105, 25200, 25207–25214, 26002, 26003 KV.   44

Für die **Handelsregistergebühren**, die ebenfalls Festgebühren darstellen, gilt ausschließlich die HRegGebV 45 als lex specialis.

§ 36 Allgemeiner Geschäftswert

(1) Soweit sich in einer vermögensrechtlichen Angelegenheit der Geschäftswert aus den Vorschriften dieses Gesetzes nicht ergibt und er auch sonst nicht feststeht, ist er nach billigem Ermessen zu bestimmen.

(2) Soweit sich in einer nichtvermögensrechtlichen Angelegenheit der Geschäftswert aus den Vorschriften dieses Gesetzes nicht ergibt, ist er unter Berücksichtigung aller Umstände des Einzelfalls, insbesondere des Umfangs und der Bedeutung der Sache und der Vermögens- und Einkommensverhältnisse der Beteiligten, nach billigem Ermessen zu bestimmen, jedoch nicht über 1 Million Euro.

(3) Bestehen in den Fällen der Absätze 1 und 2 keine genügenden Anhaltspunkte für eine Bestimmung des Werts, ist von einem Geschäftswert von 5.000 Euro auszugehen.

---

32 HK-FamGKG/N. *Schneider*, § 33 Rn 41.

(4) ¹Wenn sich die Gerichtsgebühren nach den für Notare geltenden Vorschriften bestimmen, sind die für Notare geltenden Wertvorschriften entsprechend anzuwenden. ²Wenn sich die Notargebühren nach den für Gerichte geltenden Vorschriften bestimmen, sind die für Gerichte geltenden Wertvorschriften entsprechend anzuwenden.

I. Gesetzliche Systematik

1 Die Vorschrift steht als **allgemeine Geschäftswertvorschrift** an der Spitze der Wertbestimmungen, weil sie immer einschlägig ist, sofern und soweit keine Sonderbestimmungen bestehen.[1]

2 In **Abs. 1** findet sich die allgemeine Geschäftswertbestimmung in **vermögensrechtlichen Angelegenheiten**. Einen besonderen Höchstbetrag gibt es nicht, es gilt insoweit § 35 Abs. 2.

3 In **Abs. 2** findet sich die allgemeine Geschäftswertbestimmung in **nichtvermögensrechtlichen Angelegenheiten**. Der allgemeine Höchstwert wird durch den besonderen Höchstwert von 1 Mio. € verdrängt.

4 Fehlt es an Anhaltspunkten für eine Geschäftswertbestimmung nach Abs. 1 oder 2, so bestimmt **Abs. 3** einen **Auffangwert** iHv 5.000 €.

5 Abs. 4 stellt klar, dass die Geschäftswertvorschriften, die für Gerichts- bzw Notargebühren gelten, **entsprechend für die Notare bzw Gerichte gelten**, wenn sich deren Gebühren ausnahmsweise nach den Gebührenvorschriften der Notare bzw Gerichte richten.

II. Allgemeiner Geschäftswert

6 **1. Bedeutung der Vorschrift.** Die Vorschrift ist **keine subsidiäre Bewertungsvorschrift** mehr, sondern stellt die Grundnorm der Geschäftswertbestimmung dar. Sie erhält nach Ansicht der Gesetzesbegründung eine Funktion, die der des § 3 ZPO entspricht.[2] Allerdings wird sie von **vorrangigen Sonderregelungen** verdrängt, wie sich schon aus dem Wortlaut von Abs. 1 und 2 („soweit sich ... der Geschäftswert aus den Vorschriften dieses Gesetzes nicht ergibt") folgt.

7 Da das GNotKG aber zahlreiche besondere Geschäftswertvorschriften kennt, ist der **Anwendungsbereich** der Abs. 1–3 nicht größer als der des früheren § 30 KostO, sondern bei genauer Betrachtung sogar **geringer** als dieser. Es ist daher – entgegen der Gesetzesbegründung[3] – nicht erforderlich, stets in einem ersten Schritt den allgemeinen Geschäftswert nach § 36 als Ausgangspunkt der Geschäftswertbestimmung zu ermitteln. Steht nämlich ein bestimmter Wert fest, erübrigt sich eine Ermessensentscheidung nach Abs. 1 oder 2.

8 Aus dem **Regelcharakter** der Norm folgt, dass diese **stets gilt** und deren Geltung nicht erst durch ausdrückliche Verweisung angeordnet werden muss, wie früher in der KostO, vgl § 48 Abs. 2, § 67 Abs. 3, § 88 Abs. 2 S. 2, § 113 S. 2, § 122 Abs. 2, § 128 Abs. 2, § 128 a Abs. 2, § 128 c Abs. 2, § 131 Abs. 4, § 146 Abs. 4 KostO.

9 **2. Verhältnis zu den besonderen Wertvorschriften.** Die besonderen Geschäftswertvorschriften gehen Abs. 1–3 als **leges speciales** vor. Dabei handelt es sich zum einen um die besonderen Geschäftswertvor-

---

1 BT-Drucks 17/11471, S. 164. **2** BT-Drucks 17/11471, S. 138. **3** Vgl BT-Drucks 17/11471, S. 138.

schriften, die für **Gerichts- und Notarkosten** gleichermaßen gelten, also die §§ 40–45, aber natürlich mittelbar auch um die **Bewertungsvorschriften** der §§ 46–54. Auch wenn der Gesetzgeber eine klare Trennung zwischen Geschäftswert und Wertbestimmung ziehen wollte, so bestimmt sich der Geschäftswert trotzdem nach diesen Wertvorschriften und eben nicht nach Abs. 1–3.

Für die **Gerichtskosten** gehen die allgemeinen und besonderen Geschäftswertvorschriften der §§ 60–76 der   **10**
allgemeinen Geschäftswertvorschrift vor. Für die **Notarkosten** sind die unsystematisch zusammenfassten
Geschäftswertvorschriften der §§ 97–108 sowie die §§ 112–124 vorrangig zu beachten. Durch Abs. 4 ist
aber klargestellt, dass diese besonderen Geschäftswertvorschriften **wechselseitig** gelten, sofern die Kosten
der Gerichte bzw der Notare sich nach den Vorschriften der Notare bzw der Gerichte bestimmen.

3. Verhältnis zwischen Abs. 1, Abs. 2 und Abs. 3. Innerhalb des § 36 sind die Abs. 1 und 2 gegenüber dem   **11**
Auffangwert nach Abs. 3 **vorrangig.** Erst wenn sich keinerlei Anhaltspunkte für eine billige Ermessensentscheidung finden lassen, darf auf den Auffangbetrag von 5.000 € zurückgegriffen werden. In der Praxis
muss eine Geschäftswertbestimmung nach Abs. 3 sowohl in vermögens- als auch in nichtvermögensrechtlichen Angelegenheiten die **absolute Ausnahme** darstellen.

Abs. 3 darf also nicht als Ausgangspunkt für eine Bewertung nach Abs. 1 und 2 genommen werden, er stellt   **12**
keinen Regel- oder Durchschnittswert dar.[4] Es handelt sich schließlich um **keine Vereinfachungsvorschrift,**
die eine umfassende Ermessensausübung erübrigen soll, sondern um einen **fiktiven Geschäftswert,** falls das
Gericht oder der Notar aus tatsächlichen oder rechtlichen Gründen keinerlei Anhaltspunkte für eine Geschäftswertermittlung nach Abs. 1 oder 2 haben.

4. Zusammentreffen von Angelegenheiten nach Abs. 1 und Abs. 2. Treffen innerhalb eines Verfahrens ver-   **13**
mögensrechtliche und nichtvermögensrechtliche Angelegenheiten zusammen, so sind die Geschäftswerte für
beide Angelegenheiten **selbstständig** zu ermitteln. Anschließend sind diese Werte unter Beachtung des § 35
Abs. 1 sowie der Ausnahmevorschriften hierzu zusammenzurechnen.[5]

III. Geschäftswert in vermögensrechtlichen Angelegenheiten (Abs. 1)

1. Vermögensrechtliche Angelegenheit. Abs. 1 gilt nur für vermögensrechtliche Angelegenheiten. Vermö-   **14**
gensrechtlich ist die Sache, wenn ihr ein **wirtschaftlicher Wert** zukommt, was immer dann der Fall ist, wenn
sie auf Geld oder Geldeswert gerichtete Ansprüche zum Gegenstand hat.[6]

Die **Abgrenzung** zu nichtvermögensrechtlichen Angelegenheiten ist nicht immer einfach und muss anhand   **15**
objektiver Kriterien getroffen werden, die Beteiligten haben diesbezüglich kein Wahlrecht. Soweit die Angelegenheit einen – wenn auch geringfügigen – vermögensrechtlichen Bezug aufweist, handelt es sich um eine
Vermögenssache. Nur soweit vermögensrechtliche Gesichtspunkte **völlig ausscheiden,** weil es sich um eine
Angelegenheit handelt, die ausschließlich ideeller oder personenrechtlicher Natur ist, muss von einer nichtvermögensrechtlichen Angelegenheit ausgegangen werden.[7]

2. Fehlen eines feststehenden Werts. Die Geschäftswertermittlung nach Abs. 1 setzt voraus, dass sich der   **16**
Geschäftswert nicht aus einer speziellen Bestimmung des GNotKG ergibt oder auch sonst nicht feststeht.
Vorrangige Vorschriften zur Ermittlung des Geschäftswerts einer vermögensrechtlichen Angelegenheit sind
§§ 40–45, § 60 Abs. 1, §§ 61, 62, §§ 63–76, §§ 97–100, §§ 102–108, §§ 112–124.

Selbst wenn es an einer vorrangigen Geschäftswertvorschrift fehlt, kann der Wert der Angelegenheit **aus**   **17**
sonstigen Gründen feststehen.[8] Dies ist insb. der Fall, wenn einer der nach §§ 46–54 zu bewertenden Gegenstände Verfahrensgegenstand ist.[9] Außerdem kann auch für Gegenstände, die im GNotKG gar nicht erwähnt sind, deren Wert feststehen, zB bei Abtretung einer Forderung oder Übertragung eines Urheber- oder
Patentrechts, soweit diese zu einem bestimmten Preis erfolgen. Schließlich kann der Geschäftswert aufgrund anderer bundes- oder landesrechtlicher Bestimmungen (vgl § 1 Abs. 1) feststehen.[10]

3. Ermessensausübung. Nur soweit sich ein Wert des Gegenstands nicht auf die vorstehende Weise feststel-   **18**
len lässt, muss dieser im Wege der Ermessensentscheidung bestimmt werden. Die Ermessensausübung erfolgt nicht frei, sondern entsprechend § 315 Abs. 1 BGB nach **billigem Ermessen.**[11]

Dabei ist von **objektiven Kriterien** auszugehen; die subjektive Bewertung bzw Bedeutung der Angelegenheit   **19**
aus Sicht der Beteiligten ist nicht maßgeblich, kann aber als Ausgangspunkt für die Ermessensentscheidung
dienen.[12] Als die Ermessensausübung leitende Kriterien können berücksichtigt werden der Umfang der Angelegenheit, das Haftungsrisiko für Gericht und Notar, das Interesse der Beteiligten und die Bedeutung der

---

[4] Falsch daher BT-Drucks 17/11471, S. 302; Korintenberg/*Bormann,* § 36 Rn 7.   **5** Wie hier BeckOK KostR/*Soutier,* GNotKG,
§ 36 Rn 1; Korintenberg/*Bormann,* § 36 Rn 8.   **6** BDS/*Diehn,* § 36 Rn 6.   **7** Zust. BeckOK KostR/*Soutier,* GNotKG, § 36 Rn 1.
8 Krit. zu diesem Ausdruck im Rahmen des FamGKG: HK-FamGKG/*Thiel,* § 42 Rn 22.   **9** BT-Drucks 17/11471, S. 138.   **10** HK-FamGKG/*Thiel,* § 42 Rn 22.   **11** AA BDS/*Diehn,* § 36 Rn 8, der keinen Unterschied hierbei festzustellen glaubt.   **12** Ebenso BDS/*Diehn,* § 36 Rn 12.

Angelegenheit für die Beteiligten.[13] Berücksichtigungsfähig, weil möglicher Ausgangspunkt eines Teilwerts (→ Rn 20), sind auch die Einkommens- und Vermögensverhältnisse der Beteiligten.[14] Eine angemessene Bewertungsgrundlage können auch Angaben der Beteiligten sein, selbst wenn sie diese nachträglich korrigieren.[15] Herangezogen werden können auch Vergleichswerte aus ähnlich gelagerten Geschäften oder gerichts- bzw notarbekannte Werte aus anderen Quellen.[16] Eine **umfassende Berücksichtigung** der Umstände des Einzelfalls, wie sie Abs. 2 fordert, ist im Rahmen des Abs. 1 jedenfalls **nicht geboten**. Bei der Ermessensausübung kann also auch von pauschalen Werten, von Erfahrungswerten oder von Vergleichswerten ausgegangen werden.

20 Auch **Teilwerte** eines feststehenden Werts dürfen weiterhin gebildet werden. Der Gesetzgeber hat nur im Bereich der Vollzugs- und Betreuungstätigkeiten die Bildung von Teilwerten abgeschafft,[17] nicht jedoch insgesamt. Vielmehr greift das Gesetz selbst bei der Geschäftswertbestimmung auf Teilwerte zurück (vgl § 50, § 104). Als **Beziehungswert** für die Teilwertbildung wird oftmals der Verkehrswert des Gegenstands (vgl § 46 Abs. 1) dienen, es kann jedoch auch auf andere feststehende Werte zurückgegriffen werden, solange diese aufgrund einer pflichtgemäßen Ermessensentscheidung überhaupt einen Bezug zum zu bewertenden Verfahrensgegenstand aufweisen.[18]

21 **4. Überprüfung der Ermessensentscheidung.** Die Ermessensentscheidung nach Abs. 1 kann vom **Beschwerdegericht** grds. **voll überprüft** werden. Außerdem kann das Beschwerdegericht anstelle des erstinstanzlichen Gerichts eine eigene Ermessensentscheidung treffen.

22 In der **Rechtsbeschwerdeinstanz** kann jedoch nur geprüft werden, ob das Ermessen überhaupt ausgeübt wurde und ob es sich im Rahmen einer billigen Ermessensausübung bewegt. Eine eigene Ermessensentscheidung darf der BGH nicht treffen.[19]

23 Die vorstehenden Grundsätze erfahren in **Notarkostensachen** eine erhebliche Einschränkung. § 128 Abs. 2 sieht eine gerichtliche Ermessensentscheidung nur noch für die Festlegung einer Rahmengebühr nach § 92 Abs. 1 vor. Daraus folgt im Umkehrschluss, dass im Rahmen des § 36 das LG und das Beschwerdegericht die Ermessensentscheidung des Notars nur darauf überprüfen können, ob er überhaupt sein Ermessen ausgeübt und ob er die Grenzen der Billigkeit eingehalten hat.[20] Die Gerichte können – anders als nach früherer Rechtslage – **keine eigene Ermessensentscheidung** treffen.[21]

24 **5. Kein besonderer Höchstwert.** Anders als im Rahmen des Abs. 2 gibt es für vermögensrechtliche Angelegenheiten **keinen besonderen Höchstwert**, wie nach § 30 Abs. 2 KostO, mehr. Ein solcher wäre nach Auffassung der Gesetzesbegründung mit dem allgemeinen Charakter des Abs. 1 unvereinbar. Diese Einschätzung ist zutreffend, der allgemeine Höchstwert nach § 35 Abs. 2 sorgt für eine ausreichende Begrenzung des Kostenrisikos.

6. Geschäftswert-ABC: Vermögensrechtliche Angelegenheiten

24a ■ **Abänderungsantrag:** Wert der bezifferten Geldforderung bzw Teilwert aus dem Wert des abzuändernden Rechtsverhältnisses.
■ **Abstandsflächendienstbarkeit:** § 52, maßgeblich sind Größe und Wert der beanspruchten Fläche.
■ **Abtretung der Kaufpreisforderung:** Höhe der abgetretenen Forderung, keine Teilwertbildung.
■ **Abtretungsverbot:** Teilwert (10–30 %) vom Nennbetrag der Forderung bzw des (Grund-)Pfandrechts.[22]
■ **Akteneinsichtsverlangen:** Teilwert (10–30 %) aus dem Wert des Interesses des Antragstellers.[23]
■ **Adoption:** § 101 bzgl eines Minderjährigen; ansonsten Teilwert aus dem Vermögen des Annehmenden (10–30 %).[24]
■ **Alternativverhältnisse:** Wert der höchsten Leistung,[25] bei Eventual- und Hilfsanträgen Wert des höchsten Antrags, also keine Zusammenrechnung mehrerer Werte nach § 35 Abs. 1.
■ **Änderungen:** Hat die Änderung einen bestimmten Geldwert, ist dieser maßgeblich; fehlt es hieran, ist ein Teilwert aus dem Wert des bestehenden Rechtsgeschäfts oder Rechtsverhältnisses zugrunde zu legen;[26] zB bei Änderung eines Gesellschaftsvertrags vor Eintragung im Handelsregister oder bei Änderung einer Gemeinschaftsordnung sind 10–30 % des ursprünglichen Werts angemessen;[27] Gleiches gilt bei der Verlängerung einer abgelaufenen Angebots- oder Optionsfrist.[28]

13 BeckOK KostR/*Soutier*, GNotKG, § 36 Rn 5; BDS/*Diehn*, § 36 Rn 11; Leipziger-GNotKG/*Hüttinger*, § 36 Rn 10. **14** AA BDS/*Diehn*, § 36 Rn 13; Leipziger-GNotKG/*Hüttinger*, § 36 Rn 10. **15** OLG Celle BeckRS 2015, 12410. **16** OLG Celle BeckRS 2015, 12410. **17** BT-Drucks 17/11471, S. 190. **18** Vgl Korintenberg/*Bormann*, § 36 Rn 14, 15. **19** Ebenso BeckOK KostR/*Soutier*, GNotKG, § 36 Rn 6. **20** Ähnl. OLG Celle BeckRS 2015, 12410. **21** Ebenso BeckOK KostR/*Soutier*, GNotKG, § 36 Rn 6; BDS/*Diehn*, § 36 Rn 9; Leipziger-GNotKG/*Hüttinger*, § 36 Rn 4, 6. **22** BDS/*Diehn*, § 36 Rn 29. **23** OLG Braunschweig NJOZ 2015, 1164. **24** Vgl BDS/*Diehn*, § 36 Rn 29 und Korintenberg/*Bormann*, § 36 Rn 28, die aber Teilwerte zwischen 30–50 % annehmen. **25** BDS/*Diehn*, § 36 Rn 29; Korintenberg/*Bormann*, § 36 Rn 26. **26** BDS/*Diehn*, § 36 Rn 29; Korintenberg/*Bormann*, § 36 Rn 27. **27** Leipziger-GNotKG/*Hüttinger*, § 36 Rn 30. **28** Vgl LG Schwerin NotBZ 2015, 117, das einen Teilwert von 40 % des Kaufpreises für ermessensgerecht hält.

- **Anerkennung einer ausländischen Entscheidung:** Wert des Rechtsverhältnisses.
- **Angebotsannahme** durch Benennung eines Dritten: Teilwert (10–30 %) aus dem Wert des Angebots.
- **Ankaufsrecht:** § 51 Abs. 1.
- **Arbeitsplatzgarantie:** Teilwert (10–30 %) aus dem nach § 99 ermittelten Arbeitseinkommen.
- **Arbeitsvertrag:** §§ 97 Abs. 3, 99.
- **Aufhebung einer Verfügungsbeschränkung** nach § 12 WEG: Teilwert (30 %) aus dem Wert aller Wohnungs- und Teileigentumseinheiten, analog § 51 Abs. 2.
- **Aufhebungsausschluss einer Miteigentümergemeinschaft:** § 51 Abs. 2.
- **Aufzahlungsverpflichtung:** s. Nachzahlungsverpflichtung.
- **Auskunftsanspruch:** Teilwert aus dem Leistungsantrag.
- **Ausscheiden eines BGB-Gesellschafters:** Grundbuchberichtigung aus dem Wert des ausscheidenden Anteils am Grundstück, bei Anwachsung des gesamten Grundstücks an den letzten Gesellschafter aus dem Wert des Grundstücks.[29]
- **Baubeschreibung:** Teilwert (10–50 %) aus der Werkleistung.
- **Baubetreuungsvertrag:** §§ 97 Abs. 3, 99; maßgeblich ist das Honorar des Baubetreuers.[30]
- **Bauherstellungsvertrag:** §§ 97 Abs. 3, 99; maßgeblich ist der Werklohn.
- **Bauverpflichtung:** § 50 Nr. 3.
- **Bebauungsbeschränkung:** § 50 Nr. 2.
- **Bedingte Verpflichtung:** § 50, ansonsten Teilwert (10–90 %) aus dem Wert der Verpflichtung, abhängig nach der Eintrittswahrscheinlichkeit;
- **Benutzungs- und Verwaltungsregelung, Aufhebungsausschluss:** § 51 Abs. 2.
- **Beratung:** Teilwert des Werts des zu beurkundenden Gegenstands.[31]
- **Beratung einer Haupt- oder Gesellschafterversammlung:** § 120.
- **Beschäftigungsverpflichtung:** Teilwert (10–30 %) aus dem nach § 99 ermittelten Arbeitseinkommen.[32]
- **Beschlüsse von Organen:** § 108.
- **Besitzeinräumung:** Teilwert aus dem Wert der Sache (§ 46) oder der verbrieften Forderung (§ 53).
- **Bestandteilszuschreibung:** s. Grundstücksvereinigung.
- **Betreuungssachen:** § 63.[33]
- **Betreuungstätigkeit des Notars:** § 113.
- **Betreuungsverfügung:** soweit auch vermögensrechtlicher Natur, Teilwert aus dem Vermögen des Erklärenden.
- **Bürgschaft:** § 53 Abs. 2.
- **Darlehensvertrag:** § 97 Abs. 3, Wert der Darlehensforderung.
- **Dienstbarkeit:** § 52.
- **Dienstvertrag:** §§ 97 Abs. 3, 99. Bei der Übernahme eines bestehenden Vertrags ist ein Teilwert in Höhe von höchstens 10 % auf die voraussichtliche Vergütung für die Restlaufzeit des Vertrags anzusetzen.[34]
- **Dispache:** § 68.
- **Eid/eidesstattliche Versicherung:** Teilwert aus dem Gegenstand, auf den sich die Versicherung bezieht; in Ermangelung von Anhaltspunkten gilt § 36 Abs. 3, s. Nr. 23300 ff KV; eidesstattliche Versicherungen zu Erbscheinen und Europäischen Nachlasszeugnissen bestimmen sich nach § 40.
- **Ehevertrag:** § 100.
- **Eigenurkunde des Notars:** Wert des betroffenen Rechtsverhältnisses.
- **Einheimischenmodell:** § 50.
- **Einstweilige Anordnung:** § 62.
- **Entwurf:** § 119.
- **Erbbaurecht:** bei Bestellung Vergleich zwischen dem Wert des Erbbaurechts (§ 49 Abs. 2) und dem nach § 52 ermittelten Wert des Erbbauzinses (§ 43), ansonsten ist § 49 Abs. 2 maßgeblich.
- **Erb- und Pflichtteilsverzicht:** § 102 Abs. 4.
- **Erbschein:** § 40.
- **Erbvertrag:** § 102.

---

29 BeckOK KostR/*Soutier*, GNotKG, § 36 Rn 20. **30** Diff. Korintenberg/*Bormann*, § 36 Rn 33. **31** AA BDS/*Diehn*, § 36 Rn 30: Es ist stets der volle Geschäftswert anzusetzen, wenn Gegenstand der Beratung ein beurkundungsfähiges Rechtsgeschäft ist. **32** AA BDS/*Diehn*, § 36 Rn 30, der § 50 Nr. 4 analog anwendet. **33** AA LG Frankfurt/Oder FamRZ 2015, 786; LG Zwickau BeckRS 2014, 18575: Wert nach § 36 Abs. 3. **34** OLG Hamm BeckRS 2016, 09593.

- **Ergebnisabführungsvertrag:** Teilwert (10–30 %) aus dem Wert des voraussichtlichen Gewinns bzw Verlusts über die gesamte Vertragslaufzeit[35] unter Beachtung der Mindest- und Höchstwerte nach § 107 Abs. 1.
- **Erschließungsvertrag:** Gesamtaufwendungen des Erschließungsträgers,[36] die ggf aus dem Wert der Bauleistungen und sonstigen übernommenen Verpflichtungen zu schätzen sind.
- **Erschließungskostenvorauszahlung:** mit dem vollen Wert der Zahlung anzusetzen, kein Teilwert.[37]
- **Erwerbsrecht:** § 51 Abs. 2.
- **Europäisches Nachlasszeugnis:** § 40.
- **Eventualanträge:** s. Alternativverhältnisse.
- **Falschbezeichnung:** Richtigstellung versehentlich falsch bezeichneter Grundstücke bestimmt sich aus einem Teilwert (10–30 %) aus dem Wert des richtigen Vertragsgegenstands.[38]
- **Fassungsbeschwerde:** 5.000 € (§ 36 Abs. 3).[39]
- **Firmenänderung:** im Falle der Grundbuchberichtigung Teilwert (10–30 %) aus dem Grundstückswert, soweit nicht Gebührenbefreiung besteht.
- **Forderungen:** Besicherte Forderungen bestimmen sich nach § 53, ansonsten ist der Nennbetrag der Forderung maßgeblich; wird hierfür eine Gegenleistung erbracht, ist § 97 Abs. 3 zu beachten; kein Abschlag, auch wenn Ausfall der Forderung zu befürchten ist.
- **Freistellung aus Verbindlichkeiten:** Wert der Forderung.
- **Fremdenverkehrsdienstbarkeit:** § 52, der Jahreswert ist nach dem zu erwartenden Mietertrag zu bemessen.[40]
- **Genehmigung bzw Ersetzung einer Erklärung:** §§ 60, 98.
- **Gesamtgutverwaltung:** § 64.
- **Geschäftsbesorgungsvertrag:** §§ 97 Abs. 3, 99.
- **Gesellschaftsrechtliche Verträge:** § 107.
- **Gewerbebetriebsbeschränkung:** § 50 Nr. 2.[41]
- **Gewinnabführungsvertrag:** s. Ergebnisabführungsvertrag.
- **Grundbuchberichtigungsantrag:** Wert des Grundstücks, § 46.
- **Grundpfandrechte:** §§ 53 Abs. 1, 71.
- **Grundstücksvereinigung:** Teilwert (10–30 %) aus dem Wert der zu vereinigenden Grundstücke.
- **Gründungsprüfung:** § 123.
- **Gütergemeinschaft:** Wert des Gesamtguts ohne Abzug von Verbindlichkeiten, § 118 a, vgl auch § 40 Abs. 4; ist nur das Vorbehaltsgut betroffen, so ist nur dessen Wert maßgeblich, bei künftigen Ansprüchen ist dieser zu schätzen.
- **Güterrechtsregister:** § 100.
- **Handelsregister:** Festgebühren nach der HRegGebV und zwar auch in den Rechtsmittelverfahren, s. Nr. 19112–19114, Nr. 19123–19125 KV.[42]
- **Heimstättenvermerk:** Teilwert aus dem Wert des Grundstücks, § 46.
- **Hilfsanträge:** s. Alternativverhältnisse.
- **Höfeordnung:** § 76; wenn die Hofbestimmung zu notarieller Urkunde erfolgt, ist der Wert des Hofs unter Berücksichtigung von § 48 ohne Schuldenabzug und ohne Teilwertbildung zu ermitteln.[43]
- **Hoffolgezeugnis:** § 40.
- **Identitätserklärung:** Teilwert (10–30 %) aus dem Wert des Grundstücks (§ 46) bzw des Grundpfandrechts (§ 53 Abs. 1).
- **Identitätswechsel:** Berichtigung des Grundbuchs durch Formwechsel nach dem UmwG oder durch sonstigen Formwechsel (zB Umwandlung einer GbR in eine KG) berechnet sich aus einem Teilwert (10–30 %) des Grundstückswerts.[44]
- **Investitionsverpflichtung:** § 50 Nr. 4.
- **Kapitalgesellschaft:** § 54. Handelt es sich um eine vermögensverwaltende Kapitalgesellschaft, so ist deren Wert nach dem Aktivvermögen ohne Berücksichtigung von Verbindlichkeiten zu bestimmen.

---

35 AA BDS/*Diehn*, § 36 Rn 31; Korintenberg/*Bormann*, § 36 Rn 53: Ermittlung nach § 52. **36** BDS/*Diehn*, § 36 Rn 31; Korintenberg/*Bormann*, § 36 Rn 54. **37** AA BDS/*Diehn*, § 36 Rn 31; Korintenberg/*Bormann*, § 36 Rn 55: Teilwert von 20 %. **38** Leipziger-GNotKG/*Hüttinger*, § 36 Rn 28. **39** OLG München BeckRS 2014, 18695 (zur Fassung eines Erbscheins). **40** BDS/*Diehn*, § 36 Rn 32. **41** AA BDS/*Diehn*, § 36 Rn 33; Korintenberg/*Bormann*, § 36 Rn 58: § 52 anwendbar. **42** Abwegig daher OLG Hamm BeckRS 2014, 18313; OLG Nürnberg BeckRS 2015, 01707, die § 36 Abs. 3 anwenden. **43** OLG Celle BeckRS 2016, 04629; aA OLG Köln BeckRS 2016, 06093: doppelter Einheitswert; OLG Celle RdL 2015, 136: einfacher Einheitswert; BDS/*Diehn*, § 36 Rn 34: 20–30 % des Verkehrswerts. **44** OLG Nürnberg MDR 2016, 488 = BeckRS 2016, 04078: 25 % des Verkehrswerts der Grundstücke.

- **Kaufoption:** Einräumung und Übertragung bestimmen sich nach §§ 46, 47, 51 Abs. 1, 97 Abs. 3.
- **Kaufvertrag, bedingter:** wie unbedingter Kaufvertrag, §§ 47, 97 Abs. 3.
- **Kirchengrundstücke:** §§ 46, 47.
- **Kirchenaustritt:** Teilwert aus dem nach § 52 zu ermittelnden Einkommen.[45]
- **Kommanditgesellschaft:** § 54. Handelt es sich um eine vermögensverwaltende Kommanditgesellschaft, so ist deren Wert nach dem Aktivvermögen ohne Berücksichtigung von Verbindlichkeiten zu bestimmen.
- **Konsortialvertrag:** Wert der zusammengeschlossenen Anteile (die ggf nach § 54 zu ermitteln sind), unter Beachtung der Mindest- und Höchstwerte nach § 107 Abs. 1.
- **Kraftfahrzeuge:** Wert des Kraftfahrzeugs; bei Erlaubnis bzw Vollmacht zur Überführung Teilwert (10–30 %) hieraus.
- **Kreditbeschaffungsverpflichtung:** Teilwert aus der zu beschaffenden Kreditsumme.
- **Land- und forstwirtschaftliche Grundstücke:** § 48.
- **Landwirtschaftsgerichtssachen:** § 76.
- **Lebenspartnerschaftsvertrag:** § 100 Abs. 4.
- **Leihvertrag:** § 52.
- **Letztwillige Verfügung:** § 102.
- **Liefervertrag:** §§ 97 Abs. 3, 99, also Wert der Gesamtleistungen; bei einseitiger Verpflichtung (zB Bierbezugsverpflichtung) ist der Gesamtwert der zu erbringenden Lieferungen maßgeblich,[46] bei Austauschverträgen (zB Bierlieferungsvertrag) ist der Wert nach § 97 Abs. 3 zu ermitteln.
- **Löschungs- und Auflösungsverfahren** nach §§ 393–399 FamFG: 5.000 € (§ 36 Abs. 3).[47]
- **Mediation:** Wert des Rechtsverhältnisses, der nach den besonderen Geschäftswertvorschriften zu bestimmen ist, ggf Teilwert; s. § 126.
- **Mietvertrag:** §§ 97 Abs. 3, 99.
- **Nacherbenanwartschaft:** Teilwert (10–90 %) aus dem Nachlasswert ohne Schuldenabzug, bei Austauschvertrag § 97 Abs. 3.
- **Nachlassgerichtliche Erklärungen:** § 103.
- **Nachlasspflegschaft/Nachlassverwaltung:** § 64.
- **Nachlassverzeichnis:** § 115.
- **Nachzahlungsverpflichtung:** voller Wert der Zahlungspflicht.[48]
- **Namensänderung:** s. Firmenänderung.
- **Nichtvalutierungserklärung:** § 53.
- **Notarbestätigung:** §§ 53, 122.
- **Notarkostenbeschwerde:** Höhe der angegriffenen Kostenrechnung.[49]
- **Nutzungsentschädigung:** § 52.
- **Öffentliche Sachen:** §§ 46, 47.
- **Pachtvertrag:** §§ 97 Abs. 3, 99.
- **Personengesellschaft:** Aktivvermögen ohne Berücksichtigung von Verbindlichkeiten, bei nicht vermögensverwaltenden Kommanditgesellschaften gilt § 54.
- **Pflichtteilsverzicht:** s. Erbverzicht; § 102 Abs. 4 ist auch für den gegenständlich beschränkten Pflichtteilsverzicht unmittelbar anwendbar, vgl § 102 Abs. 1 S. 1.
- **Photovoltaikdienstbarkeit:** § 52, maßgeblich ist der Pachtzins; soweit ein solcher fehlt, ist die Einspeisevergütung zugrunde zu legen.
- **Poolvertrag:** s. Konsortialvertrag.
- **Rangbescheinigung:** § 122.
- **Reallast:** § 52.
- **Realsplitting:** § 52.
- **Rechtsmittelverfahren:** § 61.
- **Rechtswahl:** § 104.
- **Registeranmeldungen:** § 105.
- **Rückgewähranspruch:** Teilwert (10–30 %) des Nennbetrags der Grundschuld.
- **Schenkung auf den Todesfall:** Verkehrswert der geschenkten Sache.

---

45 AA BDS/*Diehn*, § 36 Rn 36: Ermittlung der Kirchensteuerersparnis durch Ansatz des 20fachen Werts aus § 52 Abs. 4. **46** AA BDS/*Diehn*, § 36 Rn 37: Maßgeblich ist das Gewinninteresse des Lieferanten. **47** OLG Hamburg BeckRS 2015, 09800. **48** AA Korintenberg/*Bormann*, § 36 Rn 67: Teilwert je nach Grad der Wahrscheinlichkeit des Bedingungseintritts. **49** OLG Karlsruhe notar 2015, 198.

- **Schiedsvertrag:** Wert des Rechtsverhältnisses, der nach den besonderen Geschäftswertvorschriften zu bestimmen ist, ggf Teilwert (10–50 %); s. § 126.
- **Schiffs- und Schiffsbauregister:** §§ 46 ff, vgl § 49 Abs. 1.[50]
- **Schlichtung:** Wert des Rechtsverhältnisses, der nach den besonderen Geschäftswertvorschriften zu bestimmen ist, ggf Teilwert (10–50 %); s. § 126.
- **Schuldübernahmeerklärung:** Wert der Forderung.
- **Siegelung:** § 115.
- **Steuererstattungsforderungen und Steuerschulden:** Wert der (geschätzten) Beträge.
- **Stundung des Pflichtteilsanspruchs:** Wert des Pflichtteilsanspruchs.
- **Teilungssachen:** § 118 a.
- **Testament:** § 102.
- **Testamentsvollstrecker:** § 65.
- **Testamentsvollstreckerzeugnis:** § 40.
- **Testamentsvollstreckung:** isolierte Anordnung in einer Verfügung von Todes wegen mit Teilwert (30 % aus dem Reinnachlass, analog § 51 Abs. 2); Benennung bzw Änderung der Person des Testamentsvollstreckers analog § 65.[51]
- **Treuhandauflage:** § 113 Abs. 2.
- **Treuhandvertrag:** Wert der Geschäftsanteile.
- **Übergabeverpflichtung:** Wert des zu übergebenden Gegenstands, §§ 46 ff.
- **Umwandlung Buch- in Briefrecht (und umgekehrt):** Teilwert (10–30 %) aus dem Nennbetrag des Grundpfandrechts (§ 53 Abs. 1).
- **Unterhaltsansprüche:** § 52.
- **Unternehmensrechtliche Verfahren:** § 67.
- **Vereins- und Stiftungssachen:** § 67.[52]
- **Vereinsregister:** 10.000 € analog § 67 Nr. 4; bei wirtschaftsstarken Vereinen kann ein entsprechend höherer Wert angesetzt werden; für Entziehung der Rechtsfähigkeit nach § 73 BGB sind 5.000 € angemessen (§ 36 Abs. 3).
- **Verfügungsbeschränkung:** § 51 Abs. 2.
- **Vergütung Betreuer, Vormund, Pfleger:** konkreter Wert der umstrittenen Vergütungsforderung.[53]
- **Verklarungsverfahren:** Summe der vermögensrechtlichen Interessen, die Gegenstand der Prüfung im Verklarungsverfahren sind, wozu neben dem eigentlichen Sachschaden auch die Expertenkosten sowie Nutzungsverlust und Havarienebenkosten zählen.[54]
- **Verlosung:** Wert der verlosten Gegenstände, bei Lotterie der ausgelobte Geldbetrag.
- **Vermögensverzeichnis:** § 115.
- **Versicherungsleistung:** Rückkaufwert.[55]
- **Versorgungsausgleich:** grds. Ermittlung nach § 52, bei wechselseitigem Verzicht sowie bei Beginn der Ehe Schätzwert, hilfsweise Ansatz von § 36 Abs. 3.
- **Versteigerung:** §§ 116, 117.
- **Vertrag:** § 97.
- **Verzichtserklärung:** Wert des Gegenstands, auf den verzichtet wird (s. auch Erb- und Pflichtteilsverzicht); bei Verzicht auf ein Rücktrittsrecht oder ein Gestaltungsrecht Teilwert aus dem Wert des Rechtsgeschäfts, bei Verzicht auf Vorkaufsrechtsausübung hinsichtlich eines Erbbaurechts 10 % des Kaufpreises bzw des Werts des Erbbaurechts, wenn dieser höher ist.[56]
- **Versorgungsausgleich:** § 52.
- **Verwahrung:** § 124.
- **Verwalterbestellung:** 10.000 €, § 67 Abs. 1 Nr. 4, Abs. 2 analog.
- **Vollmacht:** § 98.
- **Vollzugstätigkeit:** § 112.
- **Vorbereitung der Zwangsvollstreckung:** § 118.
- **Vormietrecht:** §§ 52, 99, dabei analog § 51 Abs. 1 S. 2 nur halber Wert anzusetzen.[57]
- **Vormundbenennung:** Teilwert aus dem Vermögen des Minderjährigen.

50 AA Leipziger-GNotKG/*Hüttinger*, § 36 Rn 54, 56. **51** BDS/*Diehn*, § 36 Rn 44; aA Leipziger-GNotKG/*Hüttinger*, § 36 Rn 25: 20 % des Nachlasses ohne Schuldenabzug. **52** Falsch daher OLG Düsseldorf BeckRS 2016, 00405, das im Verfahren über die Bestellung eines Notvorstands nach § 29 BGB auf § 36 Abs. 3 zurückgegriffen hat. **53** OLG Schleswig Rpfleger 2015, 29. **54** SchiffOG Köln TranspR 2014, 391. **55** BDS/*Diehn*, § 36 Rn 46. **56** OLG Celle MittBayNot 2015, 516. **57** BDS/*Diehn*, § 36 Rn 46.

- **Vorsorgevollmacht:** § 98 Abs. 3; wird die Ausübung der Vollmacht beschränkt (zB durch limitierte Ausfertigung), Teilwert (10–90 %) aus dem Vermögen des Vollmachtgebers maßgeblich.
- **Wiederkaufsrecht:** § 51 Abs. 1.
- **Wohnungsbesetzungsrecht:** § 52, Teilwert (10–30 %) aus dem Wert des Darlehensvertrags.[58]
- **Wohnungs- und Teileigentum:** § 42.
- **Zeugnis über Auseinandersetzung** eines Nachlasses oder eines Gesamtguts: § 41.
- **Zurückstellung der Strafvollstreckung:** 5.000 € nach § 36 Abs. 3.[59]
- **Zustimmungserklärung:** §§ 60, 98.
- **Zwangsvollstreckungsunterwerfung:** Wert des Anspruchs.[60]
- **Zweckbestimmungserklärung:** Wert der gegenwärtig bzw künftig zu sichernden Forderungen.[61]

IV. Geschäftswert in nichtvermögensrechtlichen Angelegenheiten (Abs. 2)

1. Nichtvermögensrechtliche Angelegenheit. Als nichtvermögensrechtlich gelten Angelegenheiten, die **nicht auf Geld oder Geldeswert** beruhen oder auf die Geltendmachung geldwerter Leistungen abzielen und die nicht in Ansprüche auf Geld umwandelbar sind.[62] Es handelt sich vornehmlich um Geschäfte des **Personen- und Familienrechts**, zB Ehelichkeitserklärungen, Sorgeerklärungen, Erklärungen zu einer homologen oder heterologen Insemination, namensrechtliche Erklärungen, Erklärungen zur Personensorge und zum Umgangsrecht, Patienten- und Bestattungsverfügungen, Erklärungen zur Organspende, Lebendbescheinigungen, Identitätsbescheinigungen.[63] | 25

Hingegen sind Erklärungen über die **Benennung eines Vormunds** oder eines Betreuers (**Betreuungsverfügung**) keinesfalls immer nichtvermögensrechtlicher Natur.[64] Beschränkt sich die Erklärung darauf, eine bestimmte Person als Vormund, Pfleger oder Betreuer zu benennen, so handelt es sich stets auch um eine vermögensrechtliche Angelegenheit, sofern diese Personen auch in vermögensrechtlichen Angelegenheiten tätig werden sollen. Handelt es sich nur um Anweisungen, wie die nichtvermögensrechtliche Führung des Amtes ausgestaltet sein soll, so liegt eine nichtvermögensrechtliche Angelegenheit vor. | 26

Beim **Austritt aus einer religiösen Glaubensgemeinschaft** ist zu differenzieren: Tritt der Erklärende aus, um der Steuerpflicht nach den Kirchensteuergesetzen der Länder zu entgehen, so handelt es sich um eine vermögensrechtliche Angelegenheit. Wird der Austritt hingegen ausschließlich aus Glaubensgründen erklärt, handelt es sich um eine Angelegenheit nach Abs. 2.[65] | 27

2. Keine besondere Geschäftswertvorschrift. Voraussetzung für eine Ermessensentscheidung nach Abs. 2 ist, dass keine vorrangige besondere Geschäftswertvorschrift einschlägig ist. In nichtvermögensrechtlichen Angelegenheiten werden **besondere Wertvorschriften** durch §§ 61, 62, 63, 67, 72, 75, 98 Abs. 1, 101, 105, 108, 112, 113, 119, 121 aufgestellt. | 28

Anders als in Abs. 1 kommt ein **anderweitig feststehender Wert** in nichtvermögensrechtlichen Angelegenheiten nicht in Betracht, da sich nichtvermögensrechtliche Angelegenheiten dadurch auszeichnen, dass ihnen kein fester, dh kein objektiver, sondern höchstens ein subjektiver Wert innewohnt. | 29

3. Ermessensausübung. Die Ermessensausübung nach Abs. 2 hat unter Berücksichtigung **aller Umstände des Einzelfalls** zu erfolgen. Insbesondere sind – anders als in Abs. 1 – nicht nur objektive, sondern auch **subjektive Gesichtspunkte** zu berücksichtigen. Da stets eine Einzelfallbetrachtung erfolgen muss, verbietet sich die Anwendung von Pauschalen oder von Erfahrungswerten. | 30

Die Ermessensausübung muss nach **billigem Ermessen** erfolgen. Billig ist die Entscheidung, wenn sie die in Abs. 2 genannten Umstände berücksichtigt. In die Beurteilung soll der **Umfang der Sache** einfließen, so dass einfache Angelegenheiten einen niedrigeren Geschäftswert, schwierige oder zeitaufwändige Angelegenheiten (zB die Anwendbarkeit ausländischen Rechts oder eine langwierige Beweisaufnahme) einen höheren Geschäftswert mit sich bringen. Im Rahmen dieser Beurteilung kann eine besonders aufwändige Beurkundungsverhandlung eine Erhöhung des Geschäftswerts rechtfertigen. Zu berücksichtigen ist die **Bedeutung der Sache** für die Beteiligten. Soweit diese für die Beteiligten eher bedeutungslos ist, kann der Geschäftswert niedrig angesetzt werden. Ist die Angelegenheit für die Beteiligten jedoch – vielleicht nur aus emotionaler Betroffenheit – mit hoher Bedeutung versehen, rechtfertigt dies eine Anhebung des Geschäftswerts. | 31

Schließlich sind die **Einkommens- und Vermögensverhältnisse** der Beteiligten zu berücksichtigen. Diese Kriterien sollen die Korrektur eines zu hohen oder zu niedrigen Geschäftswerts unter Berücksichtigung der wirtschaftlichen Verhältnisse des Beteiligten ermöglichen. Dazu müssen aber **keine Auskünfte** über diese | 32

58 Leipziger-GNotKG/*Hüttinger*, § 36 Rn 44. **59** OLG Bamberg StraFo 2014, 259; 261; OLG Celle NStZ-RR 2014, 64; OLG Koblenz NStZ-RR 2014, 375 = BeckRS 2014, 17565. **60** BDS/*Diehn*, § 36 Rn 48. **61** AA Korintenberg/*Bormann*, § 36 Rn 119: Teilwert aus dem Nennbetrag der Grundschuld. **62** HK-FamGKG/*Thiel*, § 42 Rn 51. **63** Vgl Korintenberg/*Reimann*, KostO, § 30 Rn 111. **64** AA Korintenberg/*Reimann*, KostO, § 30 Rn 111, 115. **65** AA Korintenberg/*Reimann*, KostO, § 30 Rn 111.

wirtschaftlichen Verhältnisse eingeholt werden. Es kann vielmehr auf die evidenten Anhaltspunkte zurückgegriffen werden, zB amtsbekannte Erkenntnisse über das Vorhandensein von Grundbesitz oder anderen
Vermögenswerten. Bei der Beurteilung der Einkommens- und Vermögensverhältnisse ist von den Verhältnissen zum **Zeitpunkt der Fälligkeit** der Gebühren auszugehen; es ist nicht erforderlich, danach eingetretene
Veränderungen zu berücksichtigen.[66]

33 **4. Überprüfung der Ermessensentscheidung.** Die Ermessensentscheidung nach Abs. 2 ist grds. in gleichem
Maße nachprüfbar wie die Ermessensausübung nach Abs. 1 (→ Rn 21). Für **Notarkostensachen** gilt wiederum die aus dem Umkehrschluss zu § 128 Abs. 2 folgende **eingeschränkte Nachprüfbarkeit** (→ Rn 23). Allerdings hat auch in Notarkostensachen das Gericht die Befugnis zu untersuchen, ob die Ermessensentscheidung auf einer **umfassenden Einzelfallabwägung** beruht.

34 **5. Höchstwert.** Der Geschäftswert darf in keinem Fall den besonderen Höchstwert (§ 35 Abs. 2 wird also
verdrängt) von **1 Mio. €** überschreiten. Im Vergleich zu § 30 Abs. 2 KostO wurde dieser Höchstwert aber
deutlich angehoben, nämlich verdoppelt und dem Höchstgeschäftswert in Registeranmeldungen nach § 106
angepasst.[67]

35 Die Festsetzung des Geschäftswerts auf den besonderen Höchstgeschäftswert kommt ohnehin nur in **eigens
zu begründenden** Ausnahmefällen in Betracht. Grundsätzlich wird sich die Ermessensentscheidung nach
Abs. 2 deutlich unterhalb dieses Betrags einpendeln.

6. Geschäftswert-ABC: Nichtvermögensrechtliche Angelegenheiten

35a ▪ **Bestattungsverfügung:** 500 €, das dürfte regelmäßig einem Teilwert (10–30 %) aus den voraussichtlichen Bestattungskosten[68] entsprechen.
 ▪ **Betreuungsverfügung:** soweit nichtvermögensrechtlich, zwischen 500 € bis 1 Mio. €, regelmäßig Teilwertbildung entsprechend bei der Vorsorgevollmacht; § 36 Abs. 3 nur im Ausnahmefall.
 ▪ **Ehelichkeitserklärung:** In Anlehnung an § 101 kann auf den Auffangwert von 5.000 € zurückgegriffen
werden.
 ▪ **Einladung zu Auslands-/Inlandsaufenthalt:** Teilwert (10–30 %) aus etwa hierfür zu leistenden Sicher-
heiten,[69] ansonsten Wert zwischen 500 € und 1.000 €.
 ▪ **Homologe oder heterologe Insemination:** In Anlehnung an § 101 kann auf den Auffangwert von
5.000 € zurückgegriffen werden.
 ▪ **Identitätsbescheinigungen:** soweit nichtvermögensrechtlich, zwischen 500 € bis 1 Mio. €; bei fehlenden
Anhaltspunkten 5.000 € nach § 36 Abs. 3.
 ▪ **Kirchenaustritt:** soweit nichtvermögensrechtlich, zwischen 500 € bis 1 Mio. €; bei fehlenden Anhalts-
punkten 5.000 € nach § 36 Abs. 3.
 ▪ **Lebendbescheinigung:** soweit nichtvermögensrechtlich, zwischen 500 € bis 1 Mio. €; bei fehlenden An-
haltspunkten 5.000 € nach § 36 Abs. 3.
 ▪ **Legitimationsprüfung:** s. Identitätsbescheinigung.
 ▪ **Namensrechtliche Erklärungen:** soweit nichtvermögensrechtlich, zwischen 500 € bis 1 Mio. €; bei feh-
lenden Anhaltspunkten 5.000 € nach § 36 Abs. 3.
 ▪ **Organspende:** zwischen 500 € bis 1 Mio. €; bei fehlenden Anhaltspunkten 5.000 € nach § 36 Abs. 3.
 ▪ **Patientenverfügung:** zwischen 500 € bis 1 Mio. €; bei fehlenden Anhaltspunkten 5.000 € nach § 36
Abs. 3.
 ▪ **Personensorge:** soweit nichtvermögensrechtlich, zwischen 500 € bis 1 Mio. €; bei fehlenden Anhalts-
punkten 5.000 € nach § 36 Abs. 3.
 ▪ **Sorgeerklärung:** In Anlehnung an § 101 kann auf den Auffangwert von 5.000 € zurückgegriffen wer-
den.
 ▪ **Standesamtliche Einträge:** Richtet sich ein Antrag nach § 47 PStG gegen die Fassung eines standesamtli-
chen Eintrags (zB gegen einen Geburtseintrag), so kann auf den Auffangwert nach § 36 Abs. 3 zurückgegriffen werden.[70]
 ▪ **Umgangsrecht:** soweit nichtvermögensrechtlich, zwischen 500 € bis 1 Mio. €; bei fehlenden Anhaltspunkten 5.000 € nach § 36 Abs. 3.
 ▪ **Vormundbenennung:** soweit nichtvermögensrechtlich, zwischen 500 € bis 1 Mio. €; bei fehlenden Anhaltspunkten 5.000 € nach § 36 Abs. 3.

---

66 AA Leipziger-GNotKG/*Hüttinger*, § 36 Rn 13. **67** BT-Drucks 17/11471, S. 164. **68** BDS/*Diehn*, § 36 Rn 30 stellt hierauf ab.
69 AA Korintenberg/*Bormann*, § 36 Rn 45: voller Wert des Sicherungsbetrags, da es sich um eine Bürgschaft handle. **70** AG
Berlin-Schöneberg BeckRS 2016, 05800, allerdings mit falschem Betragsansatz (3.000 € statt 5.000 €).

V. Auffanggeschäftswert (Abs. 3)

1. Allgemeines. Abs. 3 enthält den allgemeinen Geschäftswert, wenn in den Fällen der beiden vorstehenden Absätze keine genügenden Anhaltspunkte für eine Wertbestimmung bestehen.[71] Die Formulierung soll zum Ausdruck bringen, dass mit dem Betrag von 5.000 € **kein Regelwert** aufgestellt werden soll, der pauschal für alle nicht ausdrücklich geregelten Sachverhalte angewandt werden kann. Vielmehr ist stets zunächst zu prüfen, ob der Geschäftswert nach den Kriterien der Abs. 1 oder Abs. 2 bestimmbar ist.[72] Erst wenn hierfür keinerlei Anhaltspunkte erkennbar sind, kann auf den **Hilfswert** zurückgegriffen werden.[73] 36

2. Fehlende Anhaltspunkte. In **vermögensrechtlichen Angelegenheiten** dürfte es nur in ganz seltenen Ausnahmefällen zu einer Anwendbarkeit des Abs. 3 kommen.[74] In aller Regel liegt entweder eine besondere Geschäftswertbestimmung vor oder der Wert steht aufgrund anderer Anhaltspunkte fest. Schließlich kann im Rahmen des Abs. 1 auch auf pauschale Werte, insb. auf Teilwerte, zurückgegriffen werden. Denkbar erscheint eine Anwendung des Abs. 3 in Vermögensangelegenheiten allenfalls bei der Bestimmung von Geschäftswerten über im **Ausland belegene Vermögensgegenstände**, soweit sich – auch unter Mitwirkung der Beteiligten – kein Wert ermitteln lässt. Auch wenn es sich um eine Vermögensgesamtheit handelt (zB einen überschuldeten Nachlass), ist ein Rückgriff auf den Auffangwert nicht geboten, auch nicht, um hieraus eine Beschwerdeberechtigung nach § 61 Abs. 1 FamFG herleiten zu können.[75] 37

In **nichtvermögensrechtlichen Angelegenheiten** wird sich hingegen ein Rückgriff auf den Auffangwert öfters ergeben, v.a. dann, wenn keine Erkenntnisse nach Abs. 2 vorliegen, um eine billige Ermessensausübung durchführen zu können. Es ist aber bedenklich, wenn für die Bestimmung des Geschäftswerts einer **Betreuungs- oder Patientenverfügung** stets der Auffangwert zugrunde gelegt wird. 38

3. Auffangwert. Der Auffangwert ist von 3.000 € auf 5.000 € **angehoben** worden. Bereits im Jahr 1975 ist der Wert auf damals 5.000 DM festgelegt worden. Bei der Umstellung des Kostenrechts auf Euro ist er lediglich großzügig auf volle 3.000 € aufgerundet worden.[76] Unter Zugrundelegung der Gebührentabelle B ergibt sich bei einem Gegenstandswert von 5.000 € eine 1,0-Gebühr von 45 €. Ist die Tabelle A anwendbar, beträgt eine Gebühr 146 €. 39

Der Auffangwert ist **statisch**, er stellt sowohl einen Mindest- als auch einen Höchstwert dar, er kann nicht nach oben oder unten korrigiert werden. Eine solche Bewertung kann nur aufgrund Abs. 1 oder Abs. 2 erfolgen. Der Auffangwert ist aber **nicht Ausgangswert** für eine Bewertung nach Abs. 1 oder Abs. 2.[77] 40

VI. Geltungsbereich der Geschäftswertvorschriften (Abs. 4)

1. Allgemeines. Das GNotKG enthält neben besonderen Geschäftswertvorschriften (§§ 40–45) und Bewertungsvorschriften (§§ 46–54), die sowohl für die Gerichts- als auch die Notarkosten gelten, Geschäftswertvorschriften, die **nur für die Gerichtskosten** (§§ 60–76) bzw **nur für die Notarkosten** (§§ 97–124) gelten. 41

Abs. 4 ermöglicht den Gerichten, auf die Geschäftswertvorschriften der Notarkosten zurückzugreifen, wenn die Gerichte ihre Gebühren nach den für die **Notargebühren geltenden Vorschriften** zu erheben haben.[78] Umgekehrt dürfen die Notare die gerichtlichen Geschäftswertvorschriften anwenden, soweit sie ihre Gebühren nach den für **Gerichtsgebühren geltenden Vorschriften** erheben.[79] 42

Letztlich hat die Vorschrift nur **klarstellende Funktion**. Denn wenn die Gerichte ihre Gebühren nach den für die Notargebühren geltenden Vorschriften erheben sollen, so umfasst dies nicht nur die Gebührentatbestände nach dem Kostenverzeichnis, sondern natürlich auch die Ermittlung der Geschäftswerte. Der Anwendungsbereich der Norm ist **sehr gering**. 43

2. Gerichtsgebühren nach Notarkostenvorschriften (Abs. 4 S. 1). Errichtet das Gericht **Niederschriften nach den Vorschriften des BeurkG**, so ist Teil 2 KV anwendbar (Vorbem. 1 Abs. 2 1. Alt. KV). Dies betrifft v.a. **familiengerichtliche Beurkundungen** iSd § 62 BeurkG. Hier besteht Gebührenfreiheit (vgl Vorbem. 2 Abs. 3 KV). Die Gerichte sind außerdem zuständig für die Beurkundung von **Erbschaftsausschlagungen und Anfechtungserklärungen** (§§ 1945, 1955 BGB);[80] es gilt Nr. 21201 Ziff. 7 KV, für den Geschäftswert ist § 103 maßgeblich. Für die **Abnahme eidesstattlicher Versicherungen** nach § 352 Abs. 3 S. 3 FamFG, § 36 Abs. 2 S. 1 IntErbRVG zur Erlangung eines Erbscheins, eines Testamentsvollstreckerzeugnisses oder eines Europäischen Nachlasszeugnisses bestimmt sich die Gebühr nach Nr. 23300 ff KV, der Geschäftswert bestimmt sich nach den allgemeinen Bestimmungen, §§ 40, 41. 44

---

71 BT-Drucks 17/11471, S. 164. **72** BT-Drucks 17/11471, S. 164 f. **73** BT-Drucks 17/11471, S. 165. **74** Ebenso BDS/*Diehn*, § 36 Rn 23. **75** So aber OLG Jena BeckRS 2015, 17770 = NJ 2016, 42 m. Anm. *Zimmer*. **76** BT-Drucks 17/11471, S. 165. **77** BeckOK KostR/*Soutier*, GNotKG, § 36 Rn 2. **78** BT-Drucks 17/11471, S. 165. **79** BT-Drucks 17/11471, S. 165. **80** BT-Drucks 17/11471, S. 165.

45   Die Vorschrift des Abs. 4 gilt nicht, soweit das Amtsgericht **Verfahrensvergleiche** protokolliert. In diesem Fall wendet es nicht die Vorschriften des BeurkG an, so dass auch nicht die Vorschriften in Notarkostensachen gelten. Die Vergleichsgebühr (Nr. 17005 KV) ist ausschließlich nach den Vorschriften des GNotKG für die Gerichtsgebühren zu berechnen.

46   Keine Anwendung findet die Vorschrift außerdem auf vor Gericht abgegebene **eidesstattlichen Versicherungen**, ausgenommen die eidesstattliche Versicherung nach § 2356 Abs. 2 BGB (vgl Vorbem. 1 Abs. 2 KV). Hier gilt Nr. 15212 Ziff. 1 KV (vgl Vorbem. 1.2 Abs. 2 KV).

47   Für die Erteilung von **Zeugnissen des Grundbuchamts** sowie von **Bescheinigungen aus den Registern** iSd § 374 FamFG nach § 386 FamFG fällt eine Festgebühr von 20 € an, Nr. 17004 KV.

48   **3. Notargebühren nach Gerichtskostenvorschriften (Abs. 4 S. 2).** Für Tätigkeiten, die der Notar anstelle des Gerichts oder in ähnlicher Funktion ausübt, fehlt es an Verweisungen auf die Gerichtskostenvorschriften, so richtet sich die **Bildung von Teilhypotheken-, Grundschuld- und Rentenschuldbriefen** nach Nr. 25202 KV, nicht nach Nr. 14124 KV, der Geschäftswert folgt aber jedenfalls aus der Bewertungsnorm des § 53 Abs. 1. Für die **Rückgabe eines Erbvertrags** aus der notariellen Verwahrung gilt Nr. 23100 KV, nicht Nr. 12100 KV.

49   Soweit – wie in Baden-Württemberg – das **Notariat** als Nachlass- und Betreuungsgericht tätig wird, gelten vorrangig die landesrechtlichen Kostenvorschriften, § 1 Abs. 5 Nr. 2.

§ 37 Früchte, Nutzungen, Zinsen, Vertragsstrafen, sonstige Nebengegenstände und Kosten

(1) Sind außer dem Hauptgegenstand des Verfahrens auch Früchte, Nutzungen, Zinsen, Vertragsstrafen, sonstige Nebengegenstände oder Kosten betroffen, wird deren Wert nicht berücksichtigt.

(2) Soweit Früchte, Nutzungen, Zinsen, Vertragsstrafen, sonstige Nebengegenstände oder Kosten ohne den Hauptgegenstand betroffen sind, ist deren Wert maßgebend, soweit er den Wert des Hauptgegenstands nicht übersteigt.

(3) Sind die Kosten des Verfahrens ohne den Hauptgegenstand betroffen, ist der Betrag der Kosten maßgebend, soweit er den Wert des Hauptgegenstands nicht übersteigt.

I. Gesetzliche Systematik

1   Die Vorschrift übernimmt inhaltlich § 18 Abs. 2 KostO.[1] Die Formulierung orientiert sich an § 37 FamGKG,[2] der wiederum an § 43 GKG angelehnt ist.[3] Allerdings geht § 37 über diese Vorlagen hinaus, da neben dem Hauptgegenstand **alle Nebenleistungen** unberücksichtigt zu bleiben haben.

2   Abs. 1 statuiert den Grundsatz, dass für die Berechnung des Geschäftswerts allein der **Hauptgegenstand** maßgeblich ist. Es handelt sich um eine Ausnahme von der Additionsvorschrift des § 35 Abs. 1. Die Abs. 2 und 3 begrenzen den Geschäftswert von Nebenleistungen, sofern sie selbstständiger Geschäftsgegenstand sind, auf den Wert des Hauptgegenstands.

II. Nebengegenstände, Kosten

3   **1. Allgemeines.** Dass Nebenleistungen nicht mit dem Hauptgegenstand addiert werden dürfen, rechtfertigt sich daraus, dass solche Nebenforderungen zwar auf einem eigenen Rechtsgrund beruhen, jedoch rechtlich vom **Hauptgegenstand abhängen.**[4]

4   Im Unterschied zu § 43 Abs. 1 GKG und § 37 Abs. 1 FamGKG werden aber auch alle sonstigen Nebengegenstände erfasst, es handelt sich also um eine **beispielhafte**, nicht um eine abschließende **Aufzählung.**[5] Unerheblich ist dabei, ob der Nebengegenstand rechtlich vom Hauptgegenstand unmittelbar abhängt. Der Verstoß gegen Art. 3 Abs. 1 GG ist evident.

5   **2. Sonstige Nebengegenstände. a) Früchte.** Früchte sind nach § 99 Abs. 1 BGB die **Sachfrüchte** (zB Boden-, Pflanzen- und Tiererzeugnisse sowie -ausbeuten) und nach § 99 Abs. 2, 3 BGB die unmittelbaren oder mittelbaren **Rechtsfrüchte** (zB Gewinnbeteiligungen, Miet- und Pachterträge).

---

1 BT-Drucks 17/11471, S. 165. **2** BT-Drucks 17/11471, S. 165. **3** BT-Drucks 16/6308, S. 305. **4** Binz/Dörndorfer/*Dörndorfer*, § 43 GKG Rn 1; Binz/Dörndorfer/*Dörndorfer*, § 37 FamGKG Rn 1. **5** BT-Drucks 17/11471, S. 165; BeckOK KostR/*Soutier*, GNotKG, § 37 Rn 3; vgl hingegen zu § 43 GKG Binz/Dörndorfer/*Dörndorfer*, § 43 GKG Rn 3 und zu § 37 FamGKG Binz/ Dörndorfer/*Dörndorfer*, § 37 FamGKG Rn 3 sowie HK-FamGKG/*N. Schneider*, § 37 Rn 7.

b) Nutzungen. Nutzungen umfassen nach § 100 BGB als Oberbegriff sowohl die Sach- und Rechtsfrüchte **6** iSd § 99 BGB als auch die **Gebrauchsvorteile** einer Sache oder eines Rechts, also deren tatsächlicher Gebrauch durch Nutzung (zB das Bewohnen einer Wohnung).

Eine wichtige Ausnahme zur Unbeachtlichkeit von Nutzungen findet sich in § 47 S. 2. Danach sind dem **7** Verkäufer einer Sache **vorbehaltene Nutzungen** dem Kaufpreis hinzuzurechnen.

c) Zinsen. Zinsen (vgl § 246 BGB) sind Rechtsfrüchte iSd § 99 Abs. 2, 3 BGB. Sie stellen die Vergütung für **8** den Gebrauch eines auf Zeit überlassenen Kapitals dar. Auf welchem Rechtsgrund der Zinsanspruch beruht, ist unerheblich, es kann sich um **vertragliche oder gesetzliche Zinsen** handeln. Von Bedeutung sind v.a. Darlehenszinsen (§ 488 Abs. 2 S. 1 BGB), Verzugszinsen (§ 288 BGB), Vorfälligkeits- und Fälligkeitszinsen, Zinseszinsen (§ 248 BGB), Hypotheken-, Grundschuld- und Rentenschuldzinsen (§ 1115 Abs. 1, § 1191 Abs. 2, § 1200 Abs. 1 BGB)[6] sowie Prozesszinsen (§ 291 BGB).[7] Ebenfalls außer Betracht bleibt eine auf die Zinsen entfallende Umsatzsteuer.[8]

Bei der Berechnung der Zinsen ist § 367 Abs. 1 BGB zu beachten, wonach in Ermangelung einer anderen **9** **Tilgungsbestimmung** vor der Hauptforderung zunächst die Zinsen als getilgt anzusehen sind.[9]

d) Vertragsstrafen. Vertragsstrafe ist das Versprechen des Schuldners, dem Gläubiger eine **Geldsumme** als **10** Strafe zu zahlen, wenn er seine Leistung nicht oder nicht gehörig erfüllt, §§ 339 ff BGB. Unzutreffend ist die Auffassung, die Vertragsstrafe müsse als Sicherungsgeschäft schon nach § 109 Abs. 1 S. 2 außer Betracht bleiben, wenn es die Erfüllung einer vertraglichen Verpflichtung absichere;[10] Abs. 1 ist lex specialis.

Bei **Kaufverträgen** ergibt sich aus § 47 S. 2 keine abweichende Beurteilung. Anders als bei vorbehaltenen **11** Nutzungen wird die Vertragsstrafe dort nicht ausdrücklich erwähnt. Es handelt sich auch nicht um eine selbstständige Leistung des Käufers (→ § 47 Rn 17).

e) Sonstige Nebengegenstände. Früchte, Nutzungen, Zinsen und Vertragsstrafen sind nur beispielhaft auf- **12** gezählte Nebengegenstände. Daneben sind **alle Arten von Nebengegenständen** von Abs. 1 erfasst. Aus den in der Gesetzesbegründung aufgezählten Beispielen ergibt sich, dass es sich nicht um unmittelbar mit dem Hauptgegenstand zusammenhängende Gegenstände handeln muss. Vielmehr liegt schon dann ein Nebengegenstand vor, wenn er im Vergleich zum Hauptgegenstand von **völlig untergeordneter Bedeutung** ist.

Beispiele für Nebengegenstände sind: Nebenleistungen nach § 1115 Abs. 1, § 1192 Abs. 2 BGB;[11] Steuern **13** und Zölle;[12] Gerichtsstandsklauseln;[13] Schiedsgerichts-, Schiedsgutachter- und Mediationsklauseln („Schiedsklauseln“);[14] Regelungen zur Kostentragung (nicht nur der Vertragskosten selbst, sondern auch hinsichtlich sonstiger Kosten, zB der Erschließungskosten); Regelungen zur Steuertragung; Aufgelder (aber → Rn 19);[15] Verwaltungskostenbeiträge bzw -gebühren;[16] Rückstände von Früchten, Nutzungen, Zinsen, Vertragsstrafen;[17] Preisklauseln (vgl § 52 Abs. 7); Zubehör (§ 97 BGB); Umsatzsteuer (aber → Rn 22).

3. Kosten. Kosten sind alle Aufwendungen, die **vor oder außerhalb** des Gerichts- bzw Beurkundungsver- **14** fahrens anfallen und mit der Geltendmachung, Durchsetzung oder Feststellung des Hauptgegenstands verbunden sind. Hierzu gehören zB Transportkosten, Versicherungsprämien,[18] Mahnkosten, Inkassokosten, Verwaltungs- und Gerichtsgebühren,[19] Kosten eines vor Einleitung des Verfahrens eingeschalteten Rechtsanwalts.[20] Unberücksichtigt bleiben alle im Zusammenhang mit der Beurkundung des Hauptgegenstands getroffenen Vereinbarungen über die Tragung dieser Kosten (→ Rn 13).[21]

Nicht zu den Kosten zählen die **Kosten des Verfahrens** selbst (vgl § 80 FamFG), denn über diese entscheidet **15** das Gericht mit seinem Kostenansatz bzw der Notar mit seiner Kostenberechnung.[22] Soweit diese allein betroffen sind, ist Abs. 3 einschlägig.

4. Zusammenrechnungsverbot (Abs. 1). a) Grundsatz. In Abweichung von § 35 Abs. 1, der die Zusam- **16** menrechnung mehrerer Verfahrensgegenstände anordnet, werden dem Wert des Hauptgegenstands die Werte etwaiger Nebengegenstände und die Kosten **nicht hinzugerechnet**. Die gilt sogar dann, wenn die Nebengegenstände den Wert des Hauptgegenstands übersteigen.[23] Nicht verboten ist es, aus dem Wert eines Nebengegenstands auf den **Wert des Hauptgegenstands zu schließen**, zB im Rahmen des § 36 aus der Höhe eines Vertragsstrafeversprechens den Wert des Hauptgegenstands zu ermitteln.[24]

---

6 Korintenberg/*Bormann*, § 37 Rn 5. **7** Korintenberg/*Bormann*, § 37 Rn 5; vgl HK-FamGKG/*N. Schneider*, § 37 Rn 12. **8** Binz/Dörndorfer/*Dörndorfer*, § 43 GKG Rn 2. **9** HK-FamGKG/*N. Schneider*, § 37 Rn 13, 14 mit Beispiel. **10** So Korintenberg/*Bormann*, § 37 Rn 5. **11** BT-Drucks 17/11471, S. 165. **12** BeckOK KostR/*Soutier*, GNotKG, § 37 Rn 7. **13** BT-Drucks 17/11471, S. 165. **14** BT-Drucks 17/11471, S. 165. **15** Korintenberg/*Schwarz*, KostO, § 18 Rn 6; aA BeckOK KostR/*Soutier*, GNotKG, § 37 Rn 7. **16** Korintenberg/*Bormann*, § 37 Rn 6. **17** Korintenberg/*Bormann*, § 37 Rn 6. **18** Leipziger-GNotKG/*Heinze*, § 37 Rn 12. **19** Leipziger-GNotKG/*Heinze*, § 37 Rn 12. **20** BeckOK KostR/*Soutier*, GNotKG, § 37 Rn 6. **21** BeckOK KostR/*Soutier*, GNotKG, § 37 Rn 6. **22** BDS/*Diehn*, Rn 14; aA Korintenberg/*Bormann*, § 37 Rn 5 (ohne Begr.). **23** BeckOK KostR/*Soutier*, GNotKG, § 37 Rn 1. **24** Leipziger-GNotKG/*Heinze*, § 37 Rn 11.

17 **b) Ausnahmen. aa) Nebengegenstand oder Kosten als Hauptgegenstand.** Sind die Nebengegenstände bzw Kosten selbständiger Gegenstand des Verfahrens, so stellen diese den **Hauptgegenstand** dar. Eine solche Verselbständigung von Nebengegenständen liegt vor, wenn der Nebengegenstand **alleiniger Verfahrensgegenstand** ist.[25]

- Beurkundung eines Schuldanerkenntnisses über Zinsforderungen oder über eine verwirkte Vertragsstrafe;
- Beurkundung eines Kontokorrents (§§ 355 ff HGB), weil die Zinsen mit der Hauptforderung saldiert und deren Bestandteil werden;[26]
- isolierte Beurkundung eines Vertragsstrafeversprechens ohne den zugrunde liegenden Vertrag;
- isolierte Beurkundung von Gerichtsstands- oder Schiedsklauseln;
- isolierte Beurkundung von Kosten- und Steuertragungsregelungen;
- Bestellung einer besonderen Hypothek oder Grundschuld für Nebenforderungen.[27]

18 Handelt es sich um einen **teilbaren Hauptgegenstand** und ist nur ein Teil desselben Verfahrensgegenstands, vom anderen Teil jedoch nur ein Nebengegenstand betroffen, so handelt es sich dennoch um zwei Hauptgegenstände. Eine **Kostenregelung** kann auch dann einen selbständigen Verfahrensgegenstand darstellen, wenn sie zusammen mit Hauptgegenständen getroffen wird, die Kosten aber ein anderes Verfahren betreffen.

Allerdings werden Nebenforderungen nicht schon dadurch zum Hauptgegenstand, dass sie **gemeinsam** mit diesem in einer Summe ausgewiesen werden.[28] Es muss sich vielmehr um eine Schuldumschaffung (Novation), zB durch Schuldanerkenntnis oder Kontokorrent handeln.

19 **bb) Nebengegenstand als Teil der Hauptleistung.** Inwieweit Nebenleistungen dann werterhöhend zu berücksichtigen sind, wenn sie als untrennbarer Bestandteil des Hauptgegenstands oder einer Gegenleistung erscheinen, ist umstritten. Fraglich ist insb., ob sog. **Aufgelder**, die häufig im Rahmen einer Gesellschaftsgründung oder einer Kapitalerhöhung erbracht werden müssen, den Geschäftswert erhöhen dürfen. Richtigerweise handelt es sich bei derartigen Aufzahlungen nicht um bloße Nebengegenstände, sondern um einen werterhöhenden Teil der Hauptleistung bzw Gegenleistung.[29] Nur soweit das Aufgeld kostenersetzende Funktion hat, wird man es als Nebengegenstand behandeln dürfen.

Vergleichbares gilt für **Zinsen:** Soweit diese fällig sind und der Hauptforderung hinzugerechnet werden, haben sie ihren Charakter als Nebenforderung verloren und sind mit der Hauptforderung untrennbar verbunden saldiert (→ Rn 18, 26). Werden neben einer Hauptforderung fällige Zinsen und Vorfälligkeitszinsen (oder eine entsprechende Entschädigung) geltend gemacht, erhöhen diese den Wert der Hauptforderung.[30]

20 **cc) Bewertung von Kaufgegenständen.** Von großer praktischer Bedeutung ist § 47 S. 2. Dem Kaufpreis einer Sache werden der Wert **vorbehaltener Nutzungen** (→ Rn 6 f) sowie der Wert **sonstiger Käuferleistungen** hinzugerechnet, auch wenn es sich um Nebengegenstände handelt (→ § 47 Rn 25 ff). So müssen vom Käufer zusätzlich zum Kaufpreis übernommene Zinsansprüche, Entschädigungsleistungen und Kostenersatzregelungen dem Kaufpreis hinzugerechnet werden, zB wenn der Kaufvertrag eine entschädigungspflichtige **Enteignung** abwenden soll.[31]

21 Zu beachten ist, dass die Hinzurechnung von sonstigen Leistungen nur bei Kaufverträgen, **nicht bei sonstigen Verträgen** erfolgt. Keine Hinzurechnung erfolgt außerdem, wenn der **Verkäufer** zusätzliche Leistungen erbringt (zB den Käufer von der Inanspruchnahme durch Dritte freistellt).[32]

22 **dd) Behandlung der Umsatzsteuer.** Besonderheiten gelten hinsichtlich der **Umsatzsteuer.** Bei Kaufverträgen über bewegliche Gegenstände erhöht diese den Kaufpreis und ist als vom Verkäufer geschuldete, aber vom Käufer zusätzlich übernommene Leistung dem Kaufpreis hinzuzurechnen, § 47 S. 2. Bei unbeweglichen Gegenständen schuldet der Käufer die Umsatzsteuer, diese bleibt außer Betracht.[33]

23 Als besonderer Beurkundungsgegenstand ist jedoch die **Option zur Umsatzsteuer** zu bewerten, § 110 Nr. 2 Buchst. a. Wird eine Umsatzsteueroption isoliert beurkundet, so stellt diese den Hauptgegenstand dar (→ § 47 Rn 23 f).

---

25 Korintenberg/*Schwarz*, KostO, § 18 Rn 7. **26** Korintenberg/*Bormann*, § 37 Rn 9; Binz/Dörndorfer/*Dörndorfer*, § 43 GKG Rn 4. **27** Korintenberg/*Bormann*, § 37 Rn 9. **28** HK-FamGKG/N. *Schneider*, § 37 Rn 8; Binz/Dörndorfer/*Dörndorfer*, § 43 GKG Rn 4; aA Prüfungsabteilung Notarkasse, MittBayNot 2008, 153. **29** IErg ebenso BeckOK KostR/*Soutier*, GNotKG, § 37 Rn 7; BDS/*Diehn*, § 37 Rn 12; Korintenberg/*Bormann*, § 37 Rn 8; Leipziger-GNotKG/*Heinze*, § 37 Rn 16. **30** BDS/*Diehn*, § 37 Rn 8. **31** BayObLG MittBayNot 1966, 365; OLG Köln MDR 1969, 771; aA OLG München MittBayNot 2008, 152 m. abl. Anm. Prüfungsabteilung Notarkasse = ZNotP 2008, 95 m. abl. Anm. *Tiedtke*; BeckOK KostR/*Soutier*, GNotKG, § 37 Rn 4; diff. Korintenberg/*Bormann*, § 37 Rn 10. **32** IErg ebenso Korintenberg/*Bormann*, § 37 Rn 8. **33** BeckOK KostR/*Soutier*, GNotKG, § 37 Rn 2.

ee) Weitere gesetzliche Ausnahmen. Weitere Ausnahmen von der Nichtberücksichtigung etwaiger Nebenge- **24**
genstände finden sich in § 43, wo der **Erbbauzins** ausdrücklich als Berechnungsgrundlage für den Wert eines Erbbaurechts berücksichtigt wird.

Eine Hinzurechnung erfolgt außerdem bei den in §§ 110, 111 aufgezählten **Beurkundungsgegenständen,** **25**
auch wenn es sich hierbei um Nebengegenstände handelt. Wegen § 104 ebenfalls zu berücksichtigen sind Rechtswahlvereinbarungen.

Bemisst sich der Geschäftswert nach dem **Vermögensstand** zu einem bestimmten Zeitpunkt (zB bei Aufnah- **26**
me eines Erbscheinsantrags oder bei Aufnahme eines Nachlassverzeichnisses, vgl § 40 Abs. 1, § 64, §§ 102, 103), so sind bis zum Stichtag aufgelaufene Früchte, Nutzungen, Zinsen usw als Vermögensbestandteile dem Kapital hinzuzurechnen.[34]

5. Alleinige Betroffenheit von Nebengegenständen (Abs. 2). a) Allgemeines. Die Vorschrift statuiert eine **27**
Begrenzung des Geschäftswerts von Nebengegenständen und Kosten auf die Höhe des Hauptgegenstands. Mehrere selbständige Nebengegenstände sind nach § 35 Abs. 1 zu addieren und unter Beachtung des allgemeinen Höchstwerts nach § 35 Abs. 2 sodann mit dem Wert des Hauptgegenstands zu vergleichen.[35]

Die Bestimmung des Abs. 2 hat einen sehr geringen Anwendungsbereich, denn sie gilt nur, wenn der Hauptgegenstand weiterhin Verfahrensgegenstand ist, Gerichts- und Notarkosten aber nur einen Nebengegenstand betreffen. **Hauptanwendungsfall** sind **Rechtsmittel,** soweit diese beschränkt auf einen Nebengegenstand oder beschränkt auf die Kosten eingelegt werden. In dieser Konstellation ergibt sich dasselbe Ergebnis aber meist schon aus der Anwendbarkeit des § 61 Abs. 2.[36]

Im Notarkostenrecht kann Abs. 2 im Rahmen von **Nachtragsbeurkundungen** eine Rolle spielen, wenn al- **28**
lein der bislang unbewertete Nebengegenstand geändert werden soll oder erstmals zum Hauptgegenstand hinzutritt. Die isolierte Änderung von Zinsen, Vertragsstrafeversprechen oder die nachträgliche und isolierte Vereinbarung einer Schieds- oder Mediationsvereinbarung, eines Vertragsstrafeversprechens, von Zinszahlungen, von Kostentragungen oder von Wertsicherungsklauseln rechnen hierher.[37] Oftmals ergibt sich eine Geschäftswertbegrenzung auch aus anderen Bestimmungen, zB aus § 52 Abs. 2 S. 3 oder § 97 Abs. 2. Im Rahmen des § 52 Abs. 3 fehlt es aber an einer entsprechenden Begrenzung, so dass Abs. 2 einschlägig ist.

b) Bewertung sonstiger Nebengegenstände und der Kosten. Es gibt **keine speziellen Bewertungsvorschriften** **29**
für die in Abs. 2 genannten Nebengegenstände. Es gelten die §§ 40 ff, 63 ff, 97 ff entsprechend.[38] Soweit keine speziellen Vorschriften einschlägig sind, gilt § 36.

aa) Früchte. Sind Früchte als **Geldforderung** Gegenstand des Verfahrens, so sind diese nach § 36 Abs. 1 mit **30**
dem Geldwert anzusetzen; sind sie als **Sachen** Verfahrensgegenstand, so gilt § 46.[39] Wiederkehrende Früchte (zB Mieten) sind nach § 52 zu bewerten.[40]

bb) Nutzungen. Sind die Nutzungen mit einem **einmaligen Geldbetrag** beziffert, so ist dieser Geldwert nach **31**
§ 36 Abs. 1 maßgeblich. **Wiederkehrende und dauernde** Nutzungen sind nach § 52 zu bewerten.

cc) Zinsen. Fällige Zinsansprüche sind zu kapitalisieren und als Geldansprüche mit ihrem Nominalwert **32**
anzusetzen. **Künftige Zinsen** sind nach § 52 zu berechnen. Es ist nicht – wie im Rahmen des § 37 FamGKG – von einem einjährigen Zinsanspruch auszugehen.[41]

dd) Vertragsstrafen. Fällige Vertragsstrafen sind mit ihrem Geldwert anzusetzen. **Wiederkehrende** Vertrags- **33**
strafen sind nach § 52 zu behandeln.

ee) Sonstige Nebengegenstände. Sonstige Nebengegenstände sind – soweit nicht § 52 einschlägig ist – nach **34**
§ 36 zu bewerten.[42] Im Zweifelsfall ist der **Auffangwert** von 5.000 € nach § 36 Abs. 3 zugrunde zu legen.

ff) Kosten. Kosten sind als Geldforderungen stets mit ihrem **Nominalwert** anzusetzen, § 36 Abs. 1. Dies gilt **35**
auch dann, wenn es sich um eine Freistellungsverpflichtung hinsichtlich der Kosten handelt.

6. Alleinige Betroffenheit der Verfahrenskosten (Abs. 3). a) Allgemeines. Abs. 3 enthält eine Geschäfts- **36**
wertbegrenzung, soweit die Kosten des Verfahrens ohne den Hauptgegenstand betroffen sind. Zu den **gerichtlichen Verfahrenskosten** zählen alle Kosten iSd § 80 FamFG. Zu den Verfahrenskosten im Rahmen einer **Beurkundung** zählen nur die Notarkosten. Die Kosten der anwaltlichen Beratung sowie die Kosten eines sich anschließenden Gerichtsverfahrens (zB einer Grundbuch- oder Handelsregistereintragung) sind Kosten iSd Abs. 1, 2.[43]

---

34 Korintenberg/*Bormann,* § 37 Rn 9. **35** Leipziger-GNotKG/*Heinze,* § 37 Rn 17. **36** Ebenso wohl BeckOK KostR/*Soutier,* GNotKG, § 37 Rn 9. **37** Korintenberg/*Bormann,* § 37 Rn 11. **38** Korintenberg/*Bormann,* § 37 Rn 2. **39** Leipziger-GNotKG/ *Heinze,* § 37 Rn 19. **40** Leipziger-GNotKG/*Heinze,* § 37 Rn 19. **41** AA HK-FamGKG/*N. Schneider,* § 37 Rn 9. **42** Leipziger-GNotKG/*Heinze,* § 37 Rn 24. **43** Ebenso BeckOK KostR/*Soutier,* GNotKG, § 37 Rn 11.

37 Die Vorschrift hat einen **geringen Anwendungsbereich**. Sie kommt nur in Betracht, wenn der Hauptgegenstand zwar noch anhängig ist, sich aber erledigt hat und nur noch die Verfahrenskosten Verfahrensgegenstand sind.[44] Da im erstinstanzlichen Verfahren regelmäßig die Gebühr für das Verfahren insgesamt nur einmal aus dem Wert des Hauptgegenstands erhoben wird, wirkt sich eine Beschränkung auf die Kosten dort nicht aus.[45] Allenfalls im **Rechtsmittelverfahren** spielt die Vorschrift eine Rolle, wird dort aber oftmals bereits durch § 61 Abs. 2 verdrängt.

38 **Beispiel (Gerichtlich bestelltes Vorstandsmitglied einer AG):** Vor Gericht wird ein Verfahren nach § 375 Nr. 3 FamFG iVm § 85 AktG auf Bestellung eines Vorstandsmitglieds einer AG von einem Aktionär beantragt. Im Laufe des Verfahrens wird von der Hauptversammlung ein anderes Vorstandsmitglied bestellt. Der Antragsteller beantragt, die Verfahrenskosten der AG aufzuerlegen. Gegen den antragsgemäßen Beschluss legt der Vorstand der AG Beschwerde ein.

Der Geschäftswert des erstinstanzlichen Verfahrens beträgt auch nach Erledigung des Hauptgegenstands 60.000 €. Allerdings ermäßigt sich die Gebühr wohl auf 0,5 nach Nr. 13504 Ziff. 1 KV. Rechtsanwaltskosten sind A iHv 1.459,90 € zzgl Umsatzsteuer entstanden. Der Geschäftswert des Beschwerdeverfahrens beträgt 1.459,90 € zzgl Gerichtsgebühren iHv 333 €, also 1.792,90 €. Reduziert das Beschwerdegericht den Geschäftswert aus Billigkeitsgründen nach § 67 Abs. 3 auf 1.000 €, so begrenzt dieser Geschäftswert auch den Geschäftswert der Kosten.

39 **b) Höhe der Kosten.** Kosten sind als Geldforderungen stets mit ihrem **Nominalwert** anzusetzen. Soweit die Verfahrenskosten noch nicht im Einzelnen feststehen, sind sie nach § 36 Abs. 1 zu schätzen.

§ 38 Belastung mit Verbindlichkeiten

[1]Verbindlichkeiten, die auf einer Sache oder auf einem Recht lasten, werden bei Ermittlung des Geschäftswerts nicht abgezogen, sofern nichts anderes bestimmt ist. [2]Dies gilt auch für Verbindlichkeiten eines Nachlasses, einer sonstigen Vermögensmasse und im Fall einer Beteiligung an einer Personengesellschaft auch für deren Verbindlichkeiten.

I. Gesetzliche Systematik

1 § 38 behält den Grundsatz bei, dass Verbindlichkeiten bei der Geschäftswertbestimmung außer Betracht bleiben, sofern keine anderweitigen Sonderregeln bestehen. Damit entspricht die Vorschrift im Wesentlichen § 18 Abs. 3 KostO.[1] Klargestellt wird, dass das **Schuldenabzugsverbot** auch bei der Bewertung von Vermögensmassen und von Beteiligungen an Personengesellschaften zu beachten ist. Die Vorschrift gilt sowohl für die Berechnung der Gerichts- als auch für die Berechnung der Notargebühren.[2] Auch wenn die Vorschrift im Einzelfall dazu führt, dass der Geschäftswert über dem wirtschaftlichen Wert des Gegenstands liegt, ist sie verfassungsgemäß.[3]

II. Schuldenabzugsverbot (S. 1)

2 **1. Allgemeines.** Soweit sich der Geschäftswert nach dem Wert von Vermögensgegenständen richtet, ist allein deren **Aktivwert** ohne Berücksichtigung etwaiger darauf lastender Verbindlichkeiten zu berücksichtigen. Dieser aus Sicht des Kostenschuldners unbillig erscheinende Grundsatz rechtfertigt sich daraus, dass Verbindlichkeiten **keinen unmittelbaren Einfluss auf den Wert** eines Gegenstands haben, diese vielmehr willkürlich entstehen und in der Folge zu einer ungleichen Gebührenbelastung führen, was mit dem Gebot der Gebührengerechtigkeit unvereinbar ist. Zahlreiche Ausnahmetatbestände gewährleisten, dass Verbindlichkeiten dort abzugsfähig sind, wo deren Nichtberücksichtigung zu einer unverhältnismäßigen, insb. substanzverzehrenden Gebührenerhebung führen würde.

3 **2. Verbindlichkeiten einer Sache.** Sachen sind **körperliche Gegenstände**, die beweglich oder unbeweglich sein können. Eine Sache kann insb. mit **dinglichen Rechten** iSd Sachenrechts belastet sein, nämlich mit Pfandrechten, Nießbrauchrechten,[4] Dienstbarkeiten, Dauerwohnrechten, Erbbaurechten, Vorkaufsrechten, Reallasten, Hypotheken, Grund- und Rentenschulden.[5] Aber auch **sonstige Kreditsicherheiten**, mit der eine Sache belastet werden kann, zählen zu den nicht abzugsfähigen Verbindlichkeiten, also zB ein Eigentumsvorbehalt, eine Sicherungsübereignung sowie durch Vormerkung abgesicherte schuldrechtliche Ansprüche.[6] Schließlich dürfen auch rein **schuldrechtliche Verbindlichkeiten** nicht abgezogen werden, zB ein bestehendes Miet- oder Pachtverhältnis, schuldrechtliche Nutzungs- oder Herausgabeansprüche sowie die Belastung

44 BeckOK KostR/*Soutier*, GNotKG, § 37 Rn 12; Binz/Dörndorfer/*Dörndorfer*, § 43 GKG Rn 9. **45** HK-FamGKG/*N. Schneider*, § 37 Rn 35 f. **1** BT-Drucks 17/11471, S. 165. **2** OLG Zweibrücken BeckRS 2015, 10901. **3** BeckOK KostR/*Soutier*, GNotKG, § 38 Rn 1; Korintenberg/*Bormann*, § 38 Rn 1. **4** OLG Zweibrücken BeckRS 2015, 10901. **5** BeckOK KostR/*Soutier*, GNotKG, § 38 Rn 2. **6** BDS/*Diehn*, § 38 Rn 3.

einer Sache mit einem Untervermächtnis oder einer Auflage. Selbst rein **tatsächliche Nachteile** dürfen nicht als Verbindlichkeiten abgezogen werden, sofern sie nicht unmittelbar den Wert der Sache beeinflussen. So darf ein im Grundbuch eingetragenes gegenstandsloses Recht, das aber nur mit unverhältnismäßigem Aufwand gelöscht werden kann, nicht vom Grundstückswert abgezogen werden. Ebenfalls unberücksichtigt bleiben **relative und absolute Verfügungsbeschränkungen.** Steht die Verfügungsbefugnis über eine Sache einem Insolvenzverwalter oder Testamentsvollstrecker zu, so hat dies keinen Einfluss auf die Wertbestimmung der Sache.

Abzulehnen ist die Auffassung, Belastungen einer Sache seien dann abzugsfähig, wenn sie vom Eigentümer **4** **nicht einseitig abgelöst** werden können, weil sie den Wert der Sache dann unmittelbar mindern.[7] Als Beispiele werden öffentliche Lasten, Erbbaurechte und beschränkte persönliche Dienstbarkeiten für juristische Personen genannt.[8] Richtigerweise muss in jedem Einzelfall untersucht werden, ob sich diese Belastungen **unmittelbar auf den Wert der Sache** auswirken oder nicht.[9] So führt ein gegenstandsloses Erbbaurecht nicht zu einer Wertminderung des Grundstücks. Die als öffentliche Last auf einem Baugrundstück ruhenden Erschließungskosten mindern, auch wenn sie noch nicht bezahlt sind, nicht unmittelbar den Wert des Grundstücks, vielmehr bewirkt der Erschließungszustand sogar eine Werterhöhung.

3. Verbindlichkeiten eines Rechts. Rechte sind **unkörperliche Gegenstände** mit dem Inhalt, von einem ande- **5** ren ein Tun, Dulden oder Unterlassen verlangen zu können. Rechte können ebenfalls mit dinglichen oder schuldrechtlichen Rechten belastet sein, zB mit einem Pfandrecht, einem Nießbrauch, einem Vorkaufsrecht etc.

Für Rechte gilt ebenso wie für Sachen, dass Belastungen bei der Wertermittlung außer Betracht zu bleiben **6** haben, sofern diese **nicht unmittelbar den Wert konstituieren.** Ist zB ein Anspruch verjährt oder aus sonstigen Gründen nur eingeschränkt durchsetzbar (zB weil es sich um eine einfache Insolvenzforderung handelt), so wird diese Tatsache den Wert des Rechts unmittelbar beeinflussen.

4. Verbindlichkeiten sonstiger Vermögensgegenstände (S. 2). a) Verbindlichkeiten eines Nachlasses. Der **7** Nachlass setzt sich aus einer **Vielzahl von Sachen und Rechten** zusammen. Die Vorschrift stellt insofern klar, dass auch der Nachlass Recht und Sache iSd S. 1 ist. Zum Nachlass gehört neben dem Aktivvermögen auch das Passivvermögen des Erblassers. S. 2 stellt insoweit klar, dass auch für den Nachlass der Grundsatz des Schuldenabzugsverbots gilt. Unter Nachlassverbindlichkeiten sind die in § 1967 Abs. 2 BGB genannten **Erblasser- und Erbfallschulden** zu verstehen. Auch sog. **Nachlasserbenschulden** dürfen nicht vom Aktivwert des Nachlasses abgezogen werden. Eine Beschränkung oder Beschwerung des Erben durch die Anordnung von Vermächtnissen, Auflagen, Vor- und Nacherbfolge oder Testamentsvollstreckung bleibt außer Betracht.[10] Die Bestimmung gilt nicht nur den gesamten Nachlass, sondern auch für die Bewertung von **Teilen des Nachlasses,** zB für den Erbteil eines Miterben.

Für die Bewertung eines Nachlasses bestehen allerdings **wichtige Ausnahmeregelungen,** die den Abzug von **8** Verbindlichkeiten ganz oder zum Teil gestatten, vgl §§ 40, 102, 103, 114, 118 a.

b) Verbindlichkeiten sonstiger Vermögensmassen. Der Nachlass ist nur als wichtigste Vermögensmasse bei- **9** spielhaft in S. 2 aufgeführt. Das Schuldenabzugsverbot gilt aber auch für alle sonstigen Vermögensmassen, also Sach- und Rechtsgesamtheiten, die sich aus einer Vielzahl von Sachen und Rechten zusammensetzen. Sonstige Vermögensmassen sind insb. ein **Unternehmen,** eine freiberufliche Praxis, ein landwirtschaftlicher Betrieb (vgl aber §§ 48, 76), das Vermögen, das ein Kind von Todes wegen erworben hat (§ 1640 BGB),[11] ein **Gesamtgut** oder das **Vermögen einer Kapital- oder Personengesellschaft.**

Bei der Bewertung solcher Vermögensmassen sind also sowohl die **einzelnen Sachen und Rechte** ohne Be- **10** rücksichtigung etwaiger Verbindlichkeiten als auch die **Vermögensmasse selbst** ohne etwaige Belastungen (soweit solche rechtlich möglich sind) zu beurteilen. Diese Bewertungsgrundsätze gelten nicht nur für die Vermögensmasse insgesamt, sondern auch für **Teile** derselben, insb. für Beteiligungen an Personengesellschaften (→ Rn 12).[12] Die ohne Berücksichtigung etwaiger Verbindlichkeiten ermittelten Einzelwerte sind zu addieren.[13]

Für die Bewertung von Vermögensmassen bestehen **wichtige Ausnahmeregeln,** zB §§ 100, 104, 118 a, Vor- **11** bem. 1.1 Abs. 1 KV. Von der Bewertung der Vermögensmasse ohne Berücksichtigung etwaiger Verbindlichkeiten ist die Bewertung der Erstellung eines **Verzeichnisses über diese Vermögensmasse** zu unterscheiden. Hier bestimmt § 115 S. 1, dass der Wert der verzeichneten Gegenstände (ohne Schuldenabzug) maßgeblich

---

[7] KG Rpfleger 2009, 532 = BeckRS 2009, 13207; BeckOK KostR/*Soutier*, GNotKG, § 38 Rn 2; BDS/*Diehn*, § 38 Rn 6; Korintenberg/*Bormann*, § 38 Rn 3. **8** KG Rpfleger 2009, 532 = BeckRS 2009, 13207; BeckOK KostR/*Soutier*, GNotKG, § 38 Rn 2; BDS/*Diehn*, § 38 Rn 6; Korintenberg/*Bormann*, § 38 Rn 3. **9** IErg ähnl. Leipziger-GNotKG/*Heinze*, § 38 Rn 3. **10** BeckOK KostR/*Soutier*, GNotKG, § 38 Rn 5. **11** OLG Zweibrücken BeckRS 2015, 10901. **12** BeckOK KostR/*Soutier*, GNotKG, § 38 Rn 5. **13** BeckOK KostR/*Soutier*, GNotKG, § 38 Rn 5.

ist. Über § 36 Abs. 4 S. 1 gilt diese Vorschrift entsprechend für die Aufnahme eines Vermögensverzeichnisses durch das Gericht, der Ansatz eines Teilwerts (zB durch Vornahme eines Abschlags iHv 20 %) ist nicht statthaft.[14]

12   **c) Verbindlichkeiten einer Personengesellschaft.** Das Vermögen einer **Personengesellschaft** wird ausdrücklich als sonstige Vermögensmasse erwähnt, um klarzustellen, dass auch für diese das Schuldenabzugsverbot grds. zu beachten ist. Zwar wird in § 54 S. 1 hinsichtlich einer nichtvermögensverwaltenden Kommanditgesellschaft ein begrenzter Schuldenabzug zugelassen. Diese Ausnahmevorschrift ist jedoch eng auszulegen. S. 2 steht einer **analogen Anwendung** auf das Vermögen einer BGB-Gesellschaft, einer OHG oder einer Partnerschaftsgesellschaft entgegen.[15] Was für das Vermögen der Personengesellschaft insgesamt gilt, gilt auch für **Teile des Vermögens**, insb. für die Beteiligungen der Gesellschafter, wie der Wortlaut der Norm verdeutlicht.[16]

13   **5. Ausnahmeregelungen.** Es bestehen folgende **Ausnahmevorschriften** vom Schuldenabzugsverbot:

- § 40 Abs. 1 S. 2: Der Geschäftswert für bestimmte Erbscheinsverfahren ist der Wert des Nachlasses zum Zeitpunkt des Erbfalls abzüglich der Erblasserschulden;
- § 40 Abs. 1 S. 4: Der Geschäftswert für Hoffolgezeugnisse ist der Wert des Hofs abzüglich der auf dem Hof lastenden Verbindlichkeiten, ausgenommen Hypotheken, Grund- und Rentenschulden;
- § 40 Abs. 2: Bezieht sich das Erbscheins- oder Hoffolgezeugnisverfahren auf einen Miterbenanteil, ist dieser maßgeblich;
- § 40 Abs. 4: Der Geschäftswert für ein Zeugnis über die Fortsetzung einer Gütergemeinschaft bestimmt sich nach dem Wert des halben Gesamtguts abzüglich der hälftigen Gesamtgutsverbindlichkeiten;
- § 54 S. 1: Der Geschäftswert von Anteilen an Kapitalgesellschaften und von Kommanditbeteiligungen entspricht dem Eigenkapital iSd § 266 Abs. 3 HGB;
- § 76 Nr. 1–3: Der Geschäftswert in Verfahren vor dem Landwirtschaftsgericht bemisst sich nach dem Wert des Hofs nach Abzug der Verbindlichkeiten;
- § 100 Abs. 1 S. 3: Der Geschäftswert von Eheverträgen iSd § 1408 BGB bzw von Anmeldungen zum Güterrechtsregister bestimmt sich nach dem gegenwärtigen Vermögen der Ehegatten abzüglich der Verbindlichkeiten; allerdings werden Verbindlichkeiten nur bis zur Hälfte des Vermögens abgezogen;
- § 100 Abs. 4: Der Geschäftswert von Lebenspartnerschaftsverträgen bestimmt sich ebenfalls nach § 100 Abs. 1 S. 3;
- § 102 Abs. 1 S. 2: Der Geschäftswert von Verfügungen von Todes wegen bestimmt sich nach dem Wert des Vermögens abzüglich der Verbindlichkeiten; allerdings werden Verbindlichkeiten nur bis zur Hälfte des Vermögens abgezogen;
- § 102 Abs. 2 S. 2: Muss der Begünstigte einer Verfügung von Todes wegen Verbindlichkeiten übernehmen, so dürfen diese nur bis zur Hälfte des ihm zugewendeten Vermögenswerts abgezogen werden;
- § 102 Abs. 4: Der Geschäftswert von Erb-, Pflichtteils- und Zuwendungsverzichten bestimmt sich entsprechend § 102 Abs. 1 S. 2;
- § 103: Der Geschäftswert von Erklärungen gegenüber dem Nachlassgericht bemisst sich nach dem Wert des betroffenen Vermögens (bzw Hofes) abzüglich der Verbindlichkeiten;
- § 104: Der Geschäftswert von Rechtswahlen im Familien- und Erbrecht beträgt 30 % des sich nach § 100 bzw § 102 ergebenden Vermögens;
- § 114: Der Geschäftswert für die Rückgabe eines Erbvertrags aus der notariellen Verwahrung bestimmt sich nach § 102 Abs. 1–3;
- Vorbem. 1.1 Abs. 1 KV: Gebühren werden nur erhoben, wenn das Vermögen des Betreuten nach Abzug der Verbindlichkeiten mehr als 25.000 € beträgt;
- Nr. 11101 Abs. 1 KV: Für die Jahresgebühr wird Vermögen des Betreuten nur berücksichtigt, soweit es nach Abzug der Verbindlichkeiten den Betrag von 25.000 € übersteigt.

13a   In einigen Bestimmungen wird hingegen die Ausnahmeregel abbedungen und der **Grundsatz des Schuldenabzugsverbots bestätigt** bzw (überflüssigerweise) klargestellt, dass Verbindlichkeiten nicht abgezogen werden dürfen:

- § 40 Abs. 3: Der Geschäftswert eines gegenständlich beschränkten Erbscheins bestimmt sich nach dem Wert der erfassten Gegenstände, wobei Nachlassverbindlichkeiten nicht abgezogen werden dürfen;
- § 40 Abs. 5: Der Geschäftswert eines Testamentsvollstreckerzeugnisses bemisst sich nach 20 % des Nachlasswerts ohne Abzug von Nachlassverbindlichkeiten;

---

14 Evident unzutr. OLG Zweibrücken BeckRS 2015, 10901. **15** BT-Drucks 17/11471, S. 165; BeckOK KostR/*Soutier*, GNotKG, § 38 Rn 7; BDS/*Diehn*, § 38 Rn 10. **16** BT-Drucks 17/11471, S. 165.

- § 54 S. 2: Der Wert von Anteilen an Kapitalgesellschaften oder von Kommanditbeteiligungen, die vermögensverwaltend iSd § 105 Abs. 2 HGB tätig sind, bemisst sich nach den §§ 35 ff, also ohne Abzug von Verbindlichkeiten, § 38;
- § 64: Der Geschäftswert einer Nachlasspflegschaft oder Gesamtgutsverwaltung ist der Wert des verwalteten Vermögens; § 38 findet Anwendung;
- § 65: Der Geschäftswert für das Verfahren über die Ernennung oder Entlassung eines Testamentsvollstreckers beträgt 10 % des Nachlasswerts, wobei Nachlassverbindlichkeiten nicht abgezogen werden dürfen;
- § 115: Der Geschäftswert für Vermögensverzeichnisse bemisst sich nach dem Wert der verzeichneten Gegenstände; § 38 findet Anwendung;
- § 118 a: Der Geschäftswert in Teilungssachen nach § 342 Abs. 2 Nr. 1 FamFG bemisst sich nach dem Wert des Nachlasses bzw Gesamtguts; § 38 findet Anwendung;
- Nr. 12311 Abs. 1 KV: Die Jahresgebühr einer Teil-Nachlasspflegschaft berechnet sich nach dem Wert des betroffenen Nachlasses; dabei dürfen Verbindlichkeiten nicht abgezogen werden.

6. Bewertung von Verbindlichkeiten. a) Allgemeines. Soweit Verbindlichkeiten abzugsfähig sind oder dem Geschäftswert hinzugerechnet werden müssen, stellt sich die Frage von deren Bewertung. Grundsätzlich enthält das GNotKG **keine allgemeinen Vorschriften** über die Bewertung von Verbindlichkeiten. Eine entsprechende Anwendung der Bewertungsvorschriften für den positiven Geschäftswert auf Verbindlichkeiten muss für jeden Einzelfall geprüft werden. Zum Teil sollen diese Bewertungsvorschriften den Kostenschuldner begünstigen. Diese Begünstigungen dürfen sich bei einer entsprechenden Anwendung auf Verbindlichkeiten nicht als Benachteiligung auswirken.[17]   **14**

b) Zeitpunkt der Bewertung. Teilweise finden sich aber **besondere Bewertungszeitpunkte.** So ist nach § 40 Abs. 1 S. 1 für die Nachlassbewertung auf den Zeitpunkt des Erbfalls abzustellen. Gleiches gilt nach § 40 Abs. 4 für die Bewertung des Gesamtguts einer fortgesetzten Gütergemeinschaft. § 54 S. 1 stellt auf den Zeitpunkt der letzten Bilanz ab. § 100 Abs. 1 stellt auf den Wert des gegenwärtigen Vermögens ab, so dass auch nur die gegenwärtigen Verbindlichkeiten berücksichtigt werden dürfen.   **15**

Soweit das GNotKG keine besonderen Bewertungszeitpunkte aufstellt, ist für **Gerichtsgebühren** entsprechend § 59 bei Antragsverfahren auf den Zeitpunkt der Antragstellung, bei Amtsverfahren auf den Zeitpunkt der Fälligkeit der Gebühren abzustellen. Für die **Notargebühren** ist entsprechend § 96 stets auf den Zeitpunkt der Fälligkeit der Gebühren abzustellen. Soweit bestehende Verbindlichkeiten nach §§ 50 ff bewertet werden, ist deren Wert zu den in §§ 59, 96 genannten Zeitpunkten maßgeblich.[18]   **16**

c) Abzugsfähige Verbindlichkeiten. Soweit Verbindlichkeiten abzugsfähig sind, zB im Rahmen der Bewertung eines Nachlasses nach § 40 oder des gegenwärtigen Vermögens nach §§ 100, 102, so sind die Verbindlichkeiten mit ihrem **tatsächlichen Wert** (also dem Verkehrswert oder gemeinen Wert) anzusetzen.[19] Würde man hingegen die Bewertungsvorschriften der §§ 50–52 entsprechend anwenden, so könnte dies zu einem niedrigeren Stand der Verbindlichkeiten führen, was eine mittelbare Gebührenerhöhung zur Folge hätte.[20] Allerdings muss **keine Vergleichsberechnung** durchgeführt werden, ob nicht im Einzelfall eine entsprechende Anwendung der §§ 52 ff für den Kostenschuldner günstiger wäre.[21]   **17**

Die Beteiligten können den Wert der Verbindlichkeiten **nicht willkürlich beeinflussen,** anzusetzen ist höchstens, aber auch mindestens der tatsächliche Wert der Verbindlichkeiten.[22]   **18**

Eine spezielle Bewertungsvorschrift für **Anteile an Kapitalgesellschaften** und für **Kommanditbeteiligungen** findet sich nunmehr in § 54 S. 1 und 3. Maßgeblich ist das Eigenkapital iSd § 266 Abs. 3 HGB, so dass im Umkehrschluss alle hiervon nicht erfassten Passivposten mit dem bilanziellen Ansatz abgezogen werden können.   **19**

d) Hinzuzurechnende Verbindlichkeiten. Soweit Verbindlichkeiten den Geschäftswert konstituieren (zB im Rahmen eines Schuldanerkenntnisses oder einer Schuldübernahme) oder soweit sie dem Geschäftswert **hinzuzurechnen** sind (vgl § 47 S. 2), kommen die Bewertungsregeln des GNotKG unmittelbar zur Anwendung.[23] Soweit Gegenstand des Geschäfts eine **Forderung** ist, wie zB bei einem Schuldanerkenntnis, ist deren Betrag nach § 53 Abs. 2 maßgeblich. Handelt es sich um **wiederkehrende Nutzungs- bzw Leistungsrechte** ist § 52 anwendbar. Die in §§ 50, 51 genannten **schuldrechtlichen Verpflichtungen** sind nach den dortigen Vorschriften zu bewerten.   **20**

---

17 BeckOK KostR/*Soutier*, GNotKG, § 38 Rn 3; Korintenberg/*Bormann*, § 38 Rn 15. **18** Korintenberg/*Bormann*, § 38 Rn 18.
19 BeckOK KostR/*Soutier*, GNotKG, § 38 Rn 3; Korintenberg/*Bormann*, § 38 Rn 16. **20** Nicht bedacht von Leipziger-GNotKG/
Heinze, § 38 Rn 9. **21** Teilweise anders Korintenberg/*Schwarz*, KostO, § 18 Rn 15. **22** Teilweise anders Korintenberg/*Bormann*,
§ 38 Rn 16: mindestens der gemeine Wert, aber höchstens der von den Beteiligten angegebene Wert. **23** BeckOK KostR/*Soutier*,
GNotKG, § 38 Rn 3; ebenso zur alten Rechtslage Korintenberg/*Schwarz*, KostO, § 18 Rn 14 f.

21 Soweit es an einer besonderen Bewertungsvorschrift fehlt, kommt der **allgemeine Geschäftswert** des § 36 Abs. 1 zur Anwendung. Wird zB die isolierte Übernahme eines Mietvertrags beurkundet, so berechnet sich der Geschäftswert nach § 99 Abs. 1. Werden hingegen bestehende Verbindlichkeiten aus einem Mietverhältnis übernommen, so ist § 99 nicht einschlägig, auch nicht in entsprechender Anwendung. Vielmehr sind die Mietschulden nach § 36 Abs. 1, 3 zu bewerten. Für **Geldforderungen** ist dabei regelmäßig der **tatsächliche Wert der Verbindlichkeiten** maßgeblich.[24]

22 Auch in diesem Rahmen können die Beteiligten den Wert der Verbindlichkeiten **nicht willkürlich beeinflussen**, anzusetzen ist höchstens, aber auch mindestens der tatsächliche Wert der Verbindlichkeiten.[25]

§ 39 Auskunftspflichten

(1) [1]Ein Notar, der einen Antrag bei Gericht einreicht, hat dem Gericht den von ihm zugrunde gelegten Geschäftswert hinsichtlich eines jeden Gegenstands mitzuteilen, soweit dieser für die vom Gericht zu erhebenden Gebühren von Bedeutung ist. [2]Auf Ersuchen des Gerichts hat der Notar, der Erklärungen beurkundet hat, die bei Gericht eingereicht worden sind, oder Unterschriften oder Handzeichen unter solchen Erklärungen beglaubigt hat, in entsprechendem Umfang Auskunft zu erteilen.

(2) [1]Legt das Gericht seinem Kostenansatz einen von Absatz 1 abweichenden Geschäftswert zugrunde, so ist dieser dem Notar mitzuteilen. [2]Auf Ersuchen des Notars, der Erklärungen beurkundet oder beglaubigt hat, die bei Gericht eingereicht werden, hat das Gericht über die für die Geschäftswertbestimmung maßgeblichen Umstände Auskunft zu erteilen.

I. Gesetzliche Systematik

1 Die Vorschrift regelt die **Auskunftspflicht des Notars** gegenüber dem Gericht in Abs. 1 und entspricht im Wesentlichen dem früheren § 31 a KostO. Abs. 2 regelt erstmals die **Auskunftspflicht des Gerichts** gegenüber dem Notar.

II. Mitteilungs- und Auskunftspflicht des Notars (Abs. 1)

2 **1. Allgemeines.** Die Vorschrift des Abs. 1 soll verhindern, dass das Gericht aus Unkenntnis bestimmter, dem Notar bekannter Umstände einen anderen Geschäftswert für die Eintragungen zugrunde legt als der

---

24 Korintenberg/*Bormann*, § 38 Rn 17. **25** Teilweise anders Korintenberg/*Bormann*, § 38 Rn 16: mindestens der gemeine Wert, aber höchstens der von den Beteiligten angegebene Wert.

Notar für die Beurkundung bzw Beglaubigung.[1] Den Gerichts- und Notarkosten soll für die Kostenberechnung **der gleiche Geschäftswert** zugrunde gelegt werden.[2]

Das Gericht kann weiterhin **eigene Ermittlungen** hinsichtlich des Geschäftswerts anstellen.[3] Es darf den **3** Notar aber nicht über Abs. 1 hinaus zur Auskunft verpflichten. Der Notar kann sich insoweit auf seine Pflicht zur Verschwiegenheit berufen, § 18 Abs. 1 S. 1 BNotO.[4]

2. Verpflichteter und Berechtigter. a) Verpflichteter. Zur Auskunft verpflichtet sind der **Notar**, dessen Ver- **4** treter, der Notariatsverwalter oder der Amtsnachfolger, nicht die Beteiligten selbst (→ Rn 49).[5] Der Notar kann die Erfüllung der Mitteilungs- und Auskunftspflicht an seine **Angestellten** delegieren.

Die Vorschrift gilt nicht für **andere Urkundspersonen**, die ihre Gebühren nicht nach dem GNotKG erheben, **5** auch wenn sie das BeurkG entsprechend anwenden.[6]

Für Gerichte, Konsularbeamte, Urkundspersonen beim Jugendamt sowie Standesbeamte ergibt sich eine **6** Auskunftspflicht aber aus den **allgemeinen Amtshilfegrundsätzen**.

b) Berechtigter. Zur Auskunft berechtigt ist das **Gericht**, bei dem der Notar einen **Antrag** einreicht bzw bei **7** dem eine beurkundete oder öffentlich beglaubigte **Erklärung** eingereicht wurde. Die Pflicht besteht gegenüber der jeweiligen Abteilung innerhalb des Gerichts, bei der der Antrag eingereicht wird, also gegenüber dem Grundbuchamt, dem Registergericht, dem Nachlassgericht, dem Familien- und Betreuungsgericht, aber auch gegenüber der allgemeinen Zivilabteilung. Dem Beschwerdegericht ist der Notar nur zur Mitteilung und Auskunft verpflichtet, als er im Namen der Beteiligten einen Antrag stellt bzw Beschwerde für diese einlegt (dann gilt zusätzlich § 77).

Soweit anstelle des Gerichts eine **andere Behörde** dessen Aufgaben wahrnimmt (zB die Führung des Grund- **8** buchs oder die Aufgaben des Nachlass- und Betreuungsgerichts), so kann diese Stelle die entsprechenden Auskünfte verlangen.[7]

3. Mitteilungs- und Auskunftspflicht. a) Mitteilungspflicht (Abs. 1 S. 1). aa) Voraussetzungen. Die Mittei- **9** lungspflicht trifft den Notar, soweit er **Anträge** bei Gericht einreicht. Unerheblich ist, ob er den Antrag als **Vertreter** oder als **Bote** der Beteiligten einreicht.[8] Unerheblich ist auch, was Gegenstand des Verfahrens ist. Schließlich muss dem Antrag eine vom **einreichenden Notar beurkundete oder beglaubigte Erklärung** zugrunde liegen. Reicht der Notar von einem anderen Notar beurkundete oder beglaubigte Erklärungen ein, so muss der Einreichende nicht den Geschäftswert des anderen Notars mitteilen, da dieser nach Abs. 1 S. 2 dem Gericht zur Auskunft verpflichtet ist (→ Rn 19).

Die Mitteilungspflicht setzt voraus, dass der Notar **seiner Kostenberechnung** einen Geschäftswert zugrunde **10** gelegt hat. Ist dies nicht der Fall, etwa weil die Gebühr unabhängig vom Geschäftswert entsteht (zB bei einer Festgebühr), so entfällt die Pflicht nach Abs. 1 S. 1.[9] Die Mitteilung muss aber auch erfolgen, wenn der **Geschäftswert Null** beträgt oder wenn der Notar wegen **unrichtiger Sachbehandlung** von einer Gebührenerhebung absieht.[10]

Ist der zugrunde gelegte Geschäftswert für die gerichtlichen Gebühren **bedeutungslos**, etwa weil das Gericht **11** Festgebühren erhebt oder weil es von einem anderen Geschäftswert ausgehen muss, so besteht keine Pflicht nach Abs. 1 S. 1.[11] Allerdings muss der Notar nicht von sich aus für jeden Einzelfall ermitteln, von welchen Geschäftswerten das Gericht ausgeht.

Die Beteiligten können den Notar **nicht anweisen**, die Mitteilungspflicht zu unterlassen, denn es handelt **12** sich um eine originäre Pflicht des Notars gegenüber dem Gericht.[12]

bb) Inhalt. Abweichend von der früheren Rechtslage hat der Notar keine Umstände und Anhaltspunkte **13** mehr mitzuteilen, die zu einem Abweichen vom **Einheitswert** geführt haben, da dieser grds. keine Bedeutung mehr für die Geschäftswertbestimmung hat,[13] sieht man von § 48 ab. Der Notar hat künftig nur noch die seiner Kostenberechnung zugrunde gelegten **Geschäftswerte** mitzuteilen. Aus dem Umkehrschluss zur früheren Rechtslage folgt daraus, dass der Notar außer dem Geschäftswert **keine sonstigen Umstände und Anhaltspunkte** dem Gericht mitteilen muss bzw darf.[14] Dies gilt selbst für solche Tatsachen, die für die Geschäftswertermittlung von bestimmender Bedeutung waren. § 18 Abs. 1 S. 1 BNotO genießt insoweit gegenüber dem Gebühreninteresse des Staates Vorrang.

---

1 Korintenberg/*Schwarz*, KostO, §31a Rn 1. **2** BT-Drucks 17/11471, S. 165, 334. **3** BeckOK KostR/*Soutier*, GNotKG, §39 Rn 1; Korintenberg/*Schwarz*, KostO, §31a Rn 1. **4** Vgl BT-Drucks 17/11471, S. 334. **5** Ebenso Korintenberg/*Bormann*, §39 Rn 3. **6** AA Korintenberg/*Bormann*, §39 Rn 3. **7** Korintenberg/*Bormann*, §39 Rn 4; Leipziger-GNotKG/*Otto*, §39 Rn 3. **8** Korintenberg/*Bormann*, §39 Rn 3. **9** Korintenberg/*Bormann*, §39 Rn 8. **10** Zust. BeckOK KostR/*Soutier*, GNotKG, §39 Rn 6; unklar Korintenberg/*Schwarz*, KostO, §31a Rn 4. **11** Ebenso Korintenberg/*Bormann*, §39 Rn 8; Leipziger-GNotKG/*Otto*, §39 Rn 4. **12** Zust. BeckOK KostR/*Soutier*, GNotKG, §39 Rn 2. **13** BT-Drucks 17/11471, S. 165. **14** Vgl BT-Drucks 17/11471, S. 165; aA BeckOK KostR/*Soutier*, GNotKG, §39 Rn 7 und Leipziger-GNotKG/*Otto*, §39 Rn 12, ohne die aus §18 BNotO folgende Problematik zu erörtern; diff. Korintenberg/*Bormann*, §39 Rn 7.

14 Hat der Notar die Geschäftswerte nach § 35 Abs. 1 zusammengerechnet, so sind dem Gericht die **Einzelgeschäftswerte** mitzuteilen.[15] Nach der Gesetzesbegründung soll dies nur gelten, wenn einer oder mehrere dieser Einzelwerte für die gerichtliche Geschäftswertberechnung von Bedeutung sind.[16] Den Notar trifft aber **keine Nachprüfungspflicht**, welche Geschäftswerte für das Gericht von Bedeutung sind, er kann diese dem Gericht insgesamt aufgeschlüsselt mitteilen.[17]

15 Hat der Notar seiner Kostenberechnung einen **Höchstgeschäftswert** zugrunde gelegt (vgl § 35 Abs. 2), so ist dieser dem Gericht mitzuteilen.[18] Setzt sich der Höchstwert aus zusammengerechneten Einzelwerten zusammen, so sind diese mitzuteilen, allerdings wiederum nur bis zur Höhe des jeweiligen Höchstwerts.

16 cc) **Erfüllung.** Der Notar hat die Mitteilungspflicht **von sich aus** zu erfüllen. Kommt er dieser Pflicht nicht nach, so kann ihn das Gericht zur Erfüllung dieser Aufgabe anhalten (zu möglichen Rechtsbehelfen → Rn 26 ff). Die Mitteilung hat grds. **mit der Antragseinreichung** zu erfolgen. Soweit der Notar jedoch selbst noch keinen Geschäftswert ermitteln konnte, hat er diesen **unverzüglich** nachzureichen.

17 Es genügt, wenn sich der Geschäftswert aus einem **Begleitschreiben**, aus einem **Vermerk** auf dem Antrag oder einer eingereichten Urkunde oder unmittelbar **aus der Urkunde** ergibt. Auch eine telefonische Mitteilung ist ausreichend. Das Gericht hat keinen Anspruch auf eine besondere Form der Mitteilung. Insbesondere kann das Gericht nicht die Vorlage der notariellen Kostenberechnung verlangen.[19]

18 dd) **Änderung des Geschäftswerts.** Soweit sich der vom Notar zunächst zugrunde gelegte Geschäftswert ändert, zB weil der Notar diesen nachträglich anders ermittelt hat oder weil er aufgrund Weisung der Aufsichtsbehörde oder aufgrund gerichtlicher Entscheidung gehalten war, diesen zu ändern, so muss der **neue** Geschäftswert auch dem Gericht **unverzüglich** mitgeteilt werden.

19 b) **Auskunftspflicht (Abs. 1 S. 2). aa) Voraussetzungen.** Die Auskunftspflicht trifft den Notar, wenn eine Erklärung, die er **beurkundet oder beglaubigt** hat, von einem **Dritten** (zB den Beteiligten, einem anderen Notar, einem Rechtsanwalt oder sonstigen Bevollmächtigten oder Boten) einem Gericht eingereicht wurde. Bei Einreichung durch den Notar gilt die Mitteilungspflicht nach Abs. 1 S. 1. Das Gericht muss den Notar **ersuchen**, wobei keine Förmlichkeiten zu beachten sind. Zu möglichen Rechtsbehelfen → Rn 26 ff.

20 Im Übrigen gelten dieselben Voraussetzungen, die auch im Rahmen von Abs. 1 S. 1 zu beachten sind, so dass keine Auskunftspflicht besteht, wenn der beurkundende bzw beglaubigende Notar seiner Kostenberechnung **keinen Geschäftswert** zugrunde gelegt hat (→ Rn 10) oder wenn das Gericht seiner Gebührenermittlung **nicht diesen Geschäftswert** zugrunde legt (→ Rn 11).

21 bb) **Inhalt.** Die Auskunftspflicht entspricht inhaltlich der **Mitteilungspflicht** nach Abs. 1 S. 1. Dem Gericht ist also nur über den Geschäftswert Auskunft zu erteilen (→ Rn 13), bei zusammengerechneten Geschäftswerten über alle Einzelgeschäftswerte (→ Rn 14), bei Höchstgeschäftswerten nur dieser (→ Rn 15).

22 cc) **Erfüllung.** Der Notar genügt seiner Auskunftspflicht durch **formlose Mitteilung**, die schriftlich, elektronisch oder auch fernmündlich erteilt werden kann. Die Auskunft ist **unverzüglich** zu erstatten.

23 dd) **Änderung des Geschäftswerts.** Anders als im Rahmen von Abs. 1 S. 1 hat der Notar Änderungen des Geschäftswerts dem Gericht **nicht von Amts wegen** mitzuteilen, sondern nur auf entsprechendes Ersuchen hin.

24 4. **Verstoß gegen Auskunftspflicht.** Verstößt der Notar gegen seine Mitteilungs- oder Auskunftspflichten, so stellt dies eine Dienstpflichtverletzung dar, die **disziplinarrechtlich** geahndet werden kann. Die Vorschrift besteht aber nur im öffentlichen Interesse und bezweckt nicht den Schutz des Fiskus, so dass **keine Amtshaftungsansprüche** der Landesjustizkasse gegenüber dem Notar bestehen.

25 Kommt es infolge der unterbliebenen Mitteilung/Auskunft zu einer überhöhten oder verkürzten Gebührenerhebung, so stellt dies **keine Straftat** dar. Die §§ 352, 353 StGB sind echte Amtsdelikte, der Notar ist aber nicht Kostenbeamter hinsichtlich der Gerichtsgebühren.

26 5. **Rechtsbehelfe. a) Rechtsbehelfe des Notars.** Wird der Notar vom Gericht förmlich um Mitteilung nach Abs. 1 S. 1 ersucht oder begehrt das Gericht Auskunft nach Abs. 1 S. 2, so handelt es sich jeweils um **Justizverwaltungsakte** iSd § 30 a Abs. 1 EGGVG, die der Notar vor dem nach § 30 a Abs. 2 EGGVG zuständigen Amtsgericht **anfechten** kann. Gegen die Entscheidung des Amtsgerichts kann **Beschwerde** zum zuständigen Landgericht bzw OLG nach Maßgabe des § 30 a Abs. 2 S. 2 EGGVG iVm § 81 Abs. 3 eingelegt werden.

27 Da das Gericht über Abs. 1 hinaus keine Auskünfte vom Notar verlangen kann, richtet sich der Rechtsschutz des Notars gegen ein **sonstiges Auskunftsverlangen des Gerichts**, zB im Rahmen eines gerichtlichen

---

15 BT-Drucks 17/11471, S. 165. **16** BT-Drucks 17/11471, S. 165. **17** Zust. BeckOK KostR/*Soutier*, GNotKG, § 39 Rn 5. **18** Ähnl. zur alten Rechtslage Korintenberg/*Schwarz*, KostO, § 31 a Rn 7. **19** BDS/*Diehn*, § 39 Rn 7.

Geschäftswertfestsetzungs-, Kosteninnerungs- oder -beschwerdeverfahrens, ebenfalls nach § 30 a EGGVG und nicht etwa nach den für die Beteiligten vorgesehenen Rechtsbehelfen der §§ 81–83.[20]

b) Rechtsbehelfe des Gerichts. Gegen die Weigerung des Notars, Auskunft zu erteilen, steht dem Gericht **28** kein Rechtsmittel und auch kein Zwangsmittel zur Verfügung. In Betracht kommen nur eine **Dienstaufsichtsbeschwerde** sowie die Verhängung von **Disziplinarmaßnahmen** durch die Aufsichtsbehörde.[21]

III. Mitteilungs- und Auskunftspflicht des Gerichts (Abs. 2)

1. Allgemeines. Abs. 2 dient der Klarstellung der bislang umstrittenen Frage, ob auch das Gericht dem No- **29** tar seine Erkenntnisse über den Geschäftswert mitzuteilen hat.[22] Damit soll der **Gleichlauf der notariellen und gerichtlichen Geschäftswertbestimmung** in beide Richtungen gewährleistet sein.[23]

2. Verpflichteter und Berechtigter. a) Verpflichteter. Mitteilungs- bzw auskunftsverpflichtet ist das Gericht, **30** bei dem die vom Notar beurkundeten bzw beglaubigten Erklärungen **eingereicht** worden sind. Soweit die eingereichte Erklärung zuständigkeitshalber an ein **anderes Gericht weitergeleitet** wurde, so ist dieses Gericht zur Auskunft verpflichtet.

Soweit die gerichtlichen Aufgaben von einer **anderen Behörde** wahrgenommen werden (zB von einem No- **31** tariat), so ist dieses in gleicher Weise wie das Gericht zur Auskunft verpflichtet.

Verpflichtet ist die jeweilige **Abteilung** innerhalb des Gerichts, die funktionell für die Entscheidung über **32** den Antrag zuständig ist, also das Grundbuchamt, Registergericht, Nachlassgericht, Familien- oder Betreuungsgericht bzw die allgemeine Zivilabteilung.

Innerhalb des Gerichts ist derjenige Amtsträger zur Auskunft verpflichtet, der die **Gerichtsgebühren festge-** **33** **setzt** hat. Die Erfüllung kann jedoch an das **Gerichtspersonal** delegiert werden.

b) Berechtigter. Die Auskünfte nach Abs. 2 S. 2 kann nur derjenige **Notar** verlangen, der die bei Gericht **34** eingereichten Erklärungen **beurkundet oder beglaubigt hat.** Hat der Notar nur als Vertreter oder Bote Erklärungen eingereicht, die von anderen Notaren beurkundet oder beglaubigt wurden, so kann er aus eigenem Recht keine Auskunft begehren. Im Fall des Abs. 2 S. 1 besteht die Mitteilungspflicht zusätzlich nur gegenüber demjenigen Notar, der die **Mitteilung nach Abs. 1 erteilt hat.** Dem Notar gleichgestellt sind sein Vertreter, der Notariatsverwalter der Amtsstelle sowie der Amtsnachfolger.

Andere Urkundspersonen (Konsularbeamte, Ratschreiber, Ortsgerichte, Urkundenpersonen beim Jugend- **35** amt, Standesbeamte) können, soweit sie ihre Gebühren nicht nach dem GNotKG erheben, keine Auskunft nach Abs. 2 verlangen, sondern allenfalls nach allgemeinen Amtshilfegrundsätzen Informationen begehren.

3. Mitteilungs- und Auskunftspflicht. a) Mitteilungspflicht (Abs. 2 S. 1). aa) Voraussetzungen. Die Mittei- **36** lungspflicht des Gerichts knüpft an die **Mitteilung eines Notars** nach Abs. 1 an, besteht also nur, soweit ein Geschäftswert tatsächlich mitgeteilt worden ist. Die Mitteilungspflicht besteht nur, soweit das **Gericht den Geschäftswert** seiner Gebührenberechnung überhaupt **zugrunde legt.** Schließlich setzt die Mitteilungspflicht voraus, dass der vom Gericht zugrunde gelegte Geschäftswert auch für die **Berechnung der Notarkosten von Bedeutung** ist. Das Gericht muss diesbezüglich aber keine eigenen Ermittlungen anstellen.

Unerheblich ist, ob vom mitgeteilten Geschäftswert nach **oben oder unten** abgewichen wird. Ebenfalls **37** gleichgültig ist, ob der abweichende Geschäftswert keine **Auswirkung auf die Gebührenhöhe** hat. Die Mitteilung muss auch erfolgen, wenn der Geschäftswert auf Null festgesetzt wird oder wenn die Gebührenerhebung wegen unrichtiger Sachbehandlung unterbleibt.

bb) Inhalt. Die Mitteilungspflicht bezieht sich nur auf den nach Abs. 1 mitgeteilten Geschäftswert. **Andere** **38** **Umstände oder Anhaltspunkte** für eine Abweichung von diesem Wert müssen und dürfen nicht mitgeteilt werden. Wurden dem Gericht **Einzelgeschäftswerte** mitgeteilt, erstreckt sich die Mitteilungspflicht ebenfalls auf alle Abweichungen von diesen Werten. Wurde ein **Höchstgeschäftswert** mitgeteilt, so ist ein Abweichen hiervon ebenfalls dem übermittelnden Notar mitzuteilen.

cc) Erfüllung. Das Gericht hat die Mitteilungspflicht **von sich aus** zu erfüllen. Kommt es dieser Pflicht nicht **39** nach, so kann der betroffene Notar das Gericht nach Abs. 2 S. 2 um Auskunft ersuchen. Das Gericht genügt seiner Auskunftspflicht durch **formlose Mitteilung,** die schriftlich, elektronisch oder auch fernmündlich erteilt werden kann. Die Auskunft ist **unverzüglich** zu erstatten.

dd) Änderung des Geschäftswerts. Ergibt sich eine **spätere Änderung des Geschäftswerts,** zB infolge einer **40** Neufestsetzung aufgrund einer Revision, so hat das Gericht dem Notar auch den neu festgesetzten Geschäftswert mitzuteilen.

---

20 So aber Korintenberg/*Schwarz*, KostO, § 31 a Rn 8. **21** Korintenberg/*Bormann*, § 39 Rn 18. **22** BT-Drucks 17/11471, S. 165 unter Berufung auf Korintenberg/*Schwarz*, KostO, § 31 a Rn 3. **23** BT-Drucks 17/11471, S. 165, 334.

41   **b) Auskunftspflicht (S. 2). aa) Voraussetzungen.** Auskunft kann nur derjenige Notar verlangen, dessen **be-urkundete oder beglaubigte Erklärung** (→ Rn 19) von ihm oder einem Dritten bei Gericht eingereicht wur-de. Der Notar muss an das zur Auskunft verpflichtete Gericht (→ Rn 30) ein **Auskunftsersuchen** stellen. Dieses kann formlos, auch fernmündlich oder elektronisch, eingereicht werden.

42   **bb) Inhalt.** Die Auskunftspflicht des Gerichts ist **weiter** als die des Notars nach Abs. 1 S. 2.[24] Das Gericht hat nicht nur den von ihm zugrunde gelegten Geschäftswert, sondern auch die für die Geschäftswertbestim-mung **maßgeblichen Umstände** mitzuteilen. Hierzu können insb. bei Gericht eingereichte Nachlassverzeich-nisse, Brandversicherungsscheine, Steuerauskünfte etc. dienen. Diese Unterlagen muss das Gericht dem No-tar nicht zur Verfügung stellen, allerdings die sich daraus ergebenden, den Geschäftswert beeinflussenden Ergebnisse.

43   **cc) Erfüllung.** Das Gericht genügt seiner Auskunftspflicht durch **formlose Mitteilung**, die schriftlich, elek-tronisch oder auch fernmündlich erteilt werden kann. Es genügt zB die Übersendung der Kopie eines bei Gericht eingereichten Verzeichnisses über den Wert eines Nachlasses. Die Auskunft ist **unverzüglich** zu er-statten.

44   **dd) Änderung des Geschäftswerts.** Anders als im Rahmen von Abs. 2 S. 1 hat das Gericht nachträgliche Änderungen des Geschäftswerts dem Notar **nicht von Amts wegen** mitzuteilen, sondern nur auf entspre-chendes Ersuchen hin.[25]

45   **4. Verstoß gegen Auskunftspflicht.** Soweit das Gericht seine Mitteilungs- und Auskunftspflicht verletzt, stellt dies ein Dienstvergehen des jeweiligen Amtsträgers bzw Bediensteten dar, das **disziplinarrechtlich** ge-ahndet werden kann. Es besteht aber **keine Staatshaftung** gegenüber dem Notar. Der Verstoß gegen Abs. 2 stellt auch **keine Straftat** dar.

46   **5. Rechtsbehelfe. a) Rechtsbehelfe des Gerichts.** Das Gericht kann sich gegen ein Auskunftsersuchen des Notars nicht mit Rechtsmitteln (zB nach §§ 127 ff) wenden. Es kann allenfalls im Wege der **Dienstauf-sichtsbeschwerde** die Rechtswidrigkeit des Auskunftsersuchens monieren.

47   **b) Rechtsbehelfe des Notars.** Weigert sich das Gericht, dem Notar Auskunft zu erteilen, so stehen diesem hiergegen **keine Zwangsmittel** zur Verfügung. Allerdings stellt diese Weigerung einen **Justizverwaltungsakt** iSd § 30 a EGGVG dar, gegen den der Notar eine Entscheidung des Amtsgerichts beantragen kann. Verwei-gert das Gericht überhaupt eine Auskunft ohne das Ersuchen des Notars förmlich zurückzuweisen, so ist gegen die **Untätigkeit des Gerichts** der Antrag nach § 30 a EGGVG entsprechend zulässig.[26] Gegen die Ent-scheidung des Amtsgerichts steht dem Notar die **Beschwerde** nach § 30 a Abs. 2 EGGVG zu.

48   **6. Verhältnis der Mitteilungs- und Auskunftspflichten zueinander.** Der Notar hat seine Mitteilungspflicht nach Abs. 1 S. 1 **vorrangig** und mit bzw unverzüglich nach Einreichung eines Antrags bei Gericht zu erfül-len. Er darf also nicht seine Geschäftswertermittlung zurückstellen und nach Abs. 2 S. 2 die Ermittlung des Gerichts abwarten. Hat der Notar dieser Pflicht genügt, so darf das Gericht seinerseits aber die Auskunft nach Abs. 2 S. 2 **nicht** mit dem Vorbringen **verweigern**, der Notar hätte seine Pflicht zur Ermittlung des „richtigen" Geschäftswerts verletzt.

IV. Mitteilungs- und Auskunftspflicht der Beteiligten

49   **1. Allgemeines.** Aus § 39 folgt **keine Auskunftspflicht** der Beteiligten.[27] § 77 verpflichtet die Beteiligten aber zur Angabe des Geschäftswerts gegenüber dem Gericht. Soweit sie die ihnen obliegende Mitwirkung an der Geschäftswertermittlung (vgl § 27 FamFG) verweigern, müssen sie eine **Schätzung des Geschäfts-werts** durch den Notar oder das Gericht nach § 36 Abs. 1, 2 in Kauf nehmen.

50   **2. Zwischenverfügung.** Die Rspr billigt es, dass das Gericht die Vollziehung eines Antrags mittels **Zwi-schenverfügung** nach § 18 GBO bzw § 382 Abs. 4 S. 1 FamFG vorläufig zurückweist, bis ein Gerichtskos-tenvorschuss beglichen ist oder bis sonstige zur Geschäftswertermittlung benötigte Unterlagen vorgelegt sind.

51   Eine solche Zwischenverfügung darf sich **nur an die Beteiligten**, nicht aber an den einreichenden Notar richten, da diesen über Abs. 1 hinaus keine Pflicht zur Geschäftswertermittlung trifft. Die Zwischenverfü-gung ist nur rechtmäßig, wenn zugleich den Beteiligten eine **ordnungsmäßige Kostenvorschusspflicht** nach §§ 12 ff auferlegt worden ist.

---

24 Ebenso BDS/*Diehn*, § 39 Rn 17. **25** AA BeckOK KostR/*Soutier*, GNotKG, § 39 Rn 8, der aber den Unterschied zwischen S. 1 und S. 2 nicht beachtet. **26** Zust. BeckOK KostR/*Soutier*, GNotKG, § 39 Rn 9; aA BDS/*Diehn*, § 39 Rn 22; Leipziger-GNotKG/ *Otto*, § 39 Rn 5. **27** Korintenberg/*Schwarz*, KostO, § 31 a Rn 2.

Unrechtmäßig ist eine Zwischenverfügung, die den Beteiligten die **Beibringung von Unterlagen** zur Ermittlung des Geschäftswerts auferlegt. Fehlen dem Gericht die erforderlichen Unterlagen, muss es diese bei den Beteiligten anfordern, ggf den Geschäftswert schätzen und einen Vorschuss anordnen. 52

3. Rechtsbehelfe. Die Beteiligten können gegen eine **Zwischenverfügung** des Gerichts Beschwerde einlegen, §§ 71 ff GBO, § 382 Abs. 4 S. 2 FamFG. Gegen die **Vorschussanordnung** ist die Beschwerde nach § 82 statthaft. 53

Unterabschnitt 2
Besondere Geschäftswertvorschriften

§ 40 Erbschein, Europäisches Nachlasszeugnis, Zeugnis über die Fortsetzung der Gütergemeinschaft und Testamentsvollstreckerzeugnis

(1) [1]Der Geschäftswert für das Verfahren zur

1. Abnahme der eidesstattlichen Versicherung zur Erlangung eines Erbscheins oder eines Europäischen Nachlasszeugnisses,
2. Erteilung eines Erbscheins oder Ausstellung eines Europäischen Nachlasszeugnisses, soweit dieses die Rechtsstellung und die Rechte der Erben oder Vermächtnisnehmer mit unmittelbarer Berechtigung am Nachlass betrifft,
3. Einziehung oder Kraftloserklärung eines Erbscheins,
4. Änderung oder zum Widerruf eines Europäischen Nachlasszeugnisses, soweit die Rechtsstellung und Rechte der Erben oder Vermächtnisnehmer mit unmittelbarer Berechtigung am Nachlass betroffen sind,

ist der Wert des Nachlasses im Zeitpunkt des Erbfalls. [2]Vom Erblasser herrührende Verbindlichkeiten werden abgezogen. [3]Ist in dem Erbschein lediglich die Hoferbfolge zu bescheinigen, ist Geschäftswert der Wert des Hofs. [4]Abweichend von Satz 2 werden nur die auf dem Hof lastenden Verbindlichkeiten mit Ausnahme der Hypotheken, Grund- und Rentenschulden (§ 15 Absatz 2 der Höfeordnung) abgezogen.

(2) [1]Beziehen sich die in Absatz 1 genannten Verfahren nur auf das Erbrecht eines Miterben, bestimmt sich der Geschäftswert nach dem Anteil dieses Miterben. [2]Entsprechendes gilt, wenn ein weiterer Miterbe einer bereits beurkundeten eidesstattlichen Versicherung beitritt.

(3) [1]Erstrecken sich die Wirkungen eines Erbscheins nur auf einen Teil des Nachlasses, bleiben diejenigen Gegenstände, die von der Erbscheinswirkung nicht erfasst werden, bei der Berechnung des Geschäftswerts außer Betracht; Nachlassverbindlichkeiten werden nicht abgezogen. [2]Macht der Kostenschuldner glaubhaft, dass der Geschäftswert nach Absatz 1 niedriger ist, so ist dieser maßgebend. [3]Die Sätze 1 und 2 finden auf die Ausstellung, die Änderung und den Widerruf eines Europäischen Nachlasszeugnisses entsprechende Anwendung.

(4) Auf ein Verfahren, das ein Zeugnis über die Fortsetzung der Gütergemeinschaft betrifft, sind die Absätze 1 bis 3 entsprechend anzuwenden; an die Stelle des Nachlasses tritt der halbe Wert des Gesamtguts der fortgesetzten Gütergemeinschaft.

(5) [1]In einem Verfahren, das ein Zeugnis über die Ernennung eines Testamentsvollstreckers betrifft, beträgt der Geschäftswert 20 Prozent des Nachlasswerts im Zeitpunkt des Erbfalls, wobei Nachlassverbindlichkeiten nicht abgezogen werden; die Absätze 2 und 3 sind entsprechend anzuwenden. [2]Dies gilt entsprechend, soweit die Angabe der Befugnisse des Testamentsvollstreckers Gegenstand eines Verfahrens wegen eines Europäischen Nachlasszeugnisses ist.

(6) Bei der Ermittlung des Werts und der Zusammensetzung des Nachlasses steht § 30 der Abgabenordnung einer Auskunft des Finanzamtes nicht entgegen.

I. Anwendungsbereich

1 Die besondere Geschäftswertvorschrift des § 40 gilt für solche Geschäfte, die sowohl für die gerichtliche als auch für die notarielle Tätigkeit von Bedeutung sind. § 40 bestimmt den Geschäftswert in Verfahren bzgl der

- Abnahme der eidesstattlichen Versicherung zur Erlangung eines Erbscheins oder eines Europäischen Nachlasszeugnisses (Abs. 1 S. 1 Nr. 1),
- Erteilung eines Erbscheins oder Ausstellung eines Europäischen Nachlasszeugnisses (Abs. 1 S. 1 Nr. 2),
- Einziehung oder Kraftloserklärung eines Erbscheins (Abs. 1 S. 1 Nr. 3),
- Änderung oder des Widerrufs eines Europäischen Nachlasszeugnisses (Abs. 1 S. 1 Nr. 4)
- sowie bzgl
- eines Verfahrens, das ein Zeugnis über die Fortsetzung der Gütergemeinschaft betrifft (Abs. 4),
- eines Verfahrens, das ein Zeugnis über die Ernennung eines Testamentsvollstreckers betrifft (Abs. 5).

2 Das Gesetz zum Internationalen Erbrecht und zur Änderung von Vorschriften zum Erbschein sowie zur Änderung sonstiger Vorschriften vom 29.6.2015[1] dient in erster Linie der Durchführung der Verordnung (EU) Nr. 650/2012 des Europäischen Parlaments und des Rates vom 4. Juli 2012 über die Zuständigkeit, das anzuwendende Recht, die Anerkennung und Vollstreckung von Entscheidungen und die Annahme und Vollstreckung öffentlicher Urkunden in Erbsachen sowie zur Einführung eines Europäischen Nachlasszeugnisses (**EuErbVO**).[2] Die Schaffung der notwendigen Verfahrensregelungen zum Europäischen Nachlasszeugnis wurde zum Anlass genommen, auch die entsprechenden Regelungen zum Erbschein zu ändern. Zum einen wurden punktuell Vorschriften zum Erbschein an die Vorgaben der EuErbVO zum Europäischen Nachlasszeugnis angepasst. Insbesondere wurde das Verfahren über die Ausstellung eines Europäischen Nachlasszeugnisses in die besondere Geschäftswertvorschrift des § 40 eingestellt, weil das Verfahren über die Ausstellung eines Europäischen Nachlasszeugnisses mit dem Erbscheinsverfahren hinsichtlich des gerichtlichen Aufwands vergleichbar ist und daher kostenrechtlich gleichbehandelt werden soll.[3]

II. Tatbestand

3 **1. Wert des Nachlasses.** Die Ermittlung des Nachlasswerts erfolgt **von Amts wegen**. Neben den Angaben der Beteiligten sind auch weitere Erkenntnisquellen zu nutzen (zB gezahlter Pflichtteil).[4]

4 **a) Aktiva (Abs. 1 S. 1).** Für die in Abs. 1 S. 1 aufgezählten einschlägigen Geschäfte ist für die Geschäftswertermittlung der Wert des Nachlasses im **Zeitpunkt des Erbfalls** maßgeblich.[5] Es gelten die Bewertungsvorschriften gem. §§ 46 ff. Die Anwendung des Kostenprivilegs für land- und forstwirtschaftlichen Grundbesitz mit Hofstelle (§ 48) ergibt sich auch ohne ausdrückliche Verweisung, weil dies eine Frage der Bewertung von Grundstücken ist.[6]

5 Nicht zum Nachlass zählt derjenige Anteil an einer Personengesellschaft, den man im Wege einer nur rechtsgeschäftlichen Nachfolgeklausel überträgt.[7] Lebens- und Sterbegeldversicherungen fallen nur dann in den Nachlass, wenn der Erblasser – entgegen dem Regelfall (vgl § 159 VVG) – Bezugsberechtigter war.[8]

6 Im Falle der Zugewinngemeinschaft gehört die Erhöhung des Erbteils zum Nachlass.[9] Wird bei fortgesetzter Gütergemeinschaft allein oder neben dem Fortsetzungszeugnis (s. Abs. 4) ein Erbschein erteilt, bilden das Vorbehalts- und Sondergut (§§ 1417, 1418 BGB) – ohne den Anteil am Gesamtgut (§ 1483 Abs. 1 S. 3 BGB) – den Nachlass.

---

1 BGBl. 2015 I 1042. **2** ABl. L 201 v. 27.7.2012, S. 107; L 344 v. 14.12.2012, S. 3; L 41 v. 12.2.2013, S. 16; L 60 v. 2.3.2013, S. 140. **3** BT-Drucks 18/4201, S. 62. **4** BayObLG FamRZ 2004, 1304. **5** S. auch OLG Schleswig 16.10.2014 – 3 Wx 104/13. **6** BT-Drucks 17/11471, S. 253. **7** BayObLG FamRZ 2001, 300. **8** BayObLG Rpfleger 1959, 322, 326. **9** Korintenberg/*Sikora*, § 40 Rn 22.

b) Passiva (Abs. 1 S. 2). Vom Erblasser herrührende Verbindlichkeiten werden nach Abs. 1 S. 2 (abweichend von § 38) abgezogen. Damit sind **Erblasserschulden** gemeint, also Verbindlichkeiten, die vom Erblasser herrühren und bereits ihm gegenüber bestanden haben,[10] **nicht** jedoch **Erbfallschulden**, die den Erben als solchen betreffen; letztere bleiben nach neuer Rechtslage unberücksichtigt.[11] Zu diesen nicht abzugsfähigen Erbfallschulden gehören insb. Vermächtnisse (auch Vorausvermächtnisse),[12] Pflichtteile und Pflichtteilsergänzungen (wobei die Vorschenkungen kostenrechtlich nicht zum Nachlasswert gehören),[13] Auflagen, Erbschaftsteuer (§§ 1 Abs. 1 Nr. 1, 9 Abs. 1 Nr. 1, 20 Abs. 1 und 3 ErbStG), soweit sie den Nachlass betrifft,[14] Beerdigungskosten (§ 1968 BGB), der Dreißigste (§ 1969 BGB), der schuldrechtliche Zugewinnausgleich (§ 1371 Abs. 2 und 3 BGB),[15] Ausbildungsbeihilfen (§ 1371 Abs. 4 BGB), der Erbersatzanspruch (§ 1934 Abs. 2 BGB), Hypotheken, Grund- und Rentenschulden in Höhe ihrer Valutierung,[16] Nachlasskosten, soweit sie den Erben betreffen.[17] 7

Fraglich ist, inwieweit **Bürgschaften** des Erblassers als Nachlassverbindlichkeit abzuziehen sind, da die Inanspruchnahme oft unsicher ist.[18] Es muss jedoch berücksichtigt werden, dass dem Bürgen bzw dessen Erben ein Rückgriffsanspruch gegen den Schuldner zusteht. Abzuziehen ist daher zumindest die Differenz zwischen Bürgschaftsschuld und nicht durchzusetzendem Rückgriffsanspruch gegen den Hauptschuldner.[19] Im Übrigen wird der volle Wert angenommen, wenn die Inanspruchnahme sicher ist, ansonsten nur ein Bruchteil entsprechend dem Grad der voraussichtlichen Uneinbringlichkeit.[20] Dieser Grad ist nach billigem Ermessen zu schätzen (→ § 36 Rn 18). Vereinigen sich Forderung und Schuld in der Person des Erben (**Konfusion**), erlöschen diese Schulden zwar, bleiben jedoch kostenrechtlich zu berücksichtigen.[21] 8

c) Sonstiges. aa) Hoffolgezeugnis (Abs. 1 S. 3 und 4). Der Geschäftswert für die Verfahren über die Erteilung eines Hoffolgezeugnisses ist in Abs. 1 S. 3 und 4 geregelt. Demnach ist Geschäftswert der Wert des Hofes (s. § 48), wenn im Erbschein lediglich die Hoferbfolge zu bescheinigen ist. Nach S. 4 sind nur die auf dem Hof – und nicht aus dem hoffreiem Vermögen – lastenden Verbindlichkeiten abzuziehen, nicht jedoch Hypotheken-, Grund- und Rentenschulden (§ 15 Abs. 2 HöfeO). Bei einem gütergemeinschaftlichen Hof ist nur die Hälfte des Hofwerts Geschäftswert, wenn das Hoffolgezeugnis die Hofnachfolge eines Ehegatten betrifft.[22] 9

bb) Beschränkter Erbschein (Abs. 3 S. 1 und 2). Bei einem beschränkten Erbschein bleiben nach Abs. 3 S. 1 Hs 1 diejenigen Gegenstände außer Betracht, die von der Erbscheinswirkung nicht erfasst werden. Nachlassverbindlichkeiten werden nicht abgezogen (Abs. 3 S. 1 Hs 2). Gleichwohl darf der gegenständlich beschränkte Erbschein nicht teurer sein als ein Vollrechtserbschein.[23] Dem Kostenschuldner verbleibt daher nach Abs. 3 S. 2 die Möglichkeit, einen niedrigeren Geschäftswert glaubhaft zu machen (vgl § 294 Abs. 1 ZPO). Eine Pflicht zur Amtsermittlung bzgl eines geringeren Geschäftswerts besteht jedoch nicht.[24] 10

Praktische Bedeutung hat der beschränkte Erbschein v.a. bei Sachverhalten mit Auslandsbezug außerhalb des Geltungsbereichs der EuErbVO, zB im Fall des § 2369 BGB oder wenn Ausländern ein Erbschein bzgl ihrer im Inland befindlichen Gegenstände erteilt wird. Ist vom Verfahren lediglich im Inland belegenes Vermögen betroffen, bildet allein das Inlandsvermögen ohne Schuldenabzug den Geschäftswert, höchstens jedoch der Wert des gesamten Reinnachlasses.[25] Ist der Wert des gesamten Reinnachlasses geringer, ist der geringere Wert anzusetzen, falls der Schuldner dies glaubhaft machen kann; der Notar muss insoweit keine eigenen Wertermittlungen anstellen.[26] 11

Der beschränkte Erbschein ist jedoch nicht zu verwechseln mit einem Erbschein, der nach alter Rechtslage nur der Berichtigung von Registern (zB Grundbuch) diente. Solche Erbscheine waren nach der KostO kostenprivilegiert. Eine Beschränkung des Geschäftswerts im Verfahren auf Erteilung eines Erbscheins, der nur für Zwecke der Grundbuchberichtigung benötigt wird, ist unter Geltung des § 40 ausgeschlossen.[27] 12

cc) Europäisches Nachlasszeugnis (Abs. 3 S. 3). Gemäß Abs. 3 S. 3 finden die Sätze 1 und 2 auf die Ausstellung, die Änderung und den Widerruf eines Europäischen Nachlasszeugnisses entsprechende Anwendung. Die Zugrundelegung eines **Teils des Nachlasses** soll demnach nicht nur bei Ausstellung des Europäischen Nachlasszeugnisses, sondern auch bei dessen Widerruf oder nachträglicher Änderung möglich sein.[28] 13

---

10 S. Palandt/*Weidlich*, BGB, § 1967 Rn 2 ff. **11** S. dazu BT-Drucks 17/11471, S. 253. **12** S. zur alten Rechtslage BayObLG Rpfleger 1955, 83. **13** BayObLG MDR 1984, 948. **14** Nach OLG Hamm MittBayNot 1990, 360 ist Erbschaftsteuer keine Nachlassverbindlichkeit, sondern Eigenverbindlichkeit des Erben; der Streit spielt nach GNotKG-Rechtslage jedoch keine Rolle mehr. **15** Leipziger-GNotKG/*Otto/Zimmer*, § 40 Rn 8. **16** OLG Düsseldorf FamRZ 1995, 102, 103. **17** Palandt/*Weidlich*, BGB, § 1967 Rn 7. **18** Dafür: Leipziger-GNotKG/*Otto/Zimmer*, § 40 Rn 10. **19** LG Würzburg JurBüro 1977, 243, 245; Leipziger-GNotKG/*Otto/Zimmer*, § 40 Rn 11. **20** Korintenberg/*Sikora*, § 40 Rn 27. **21** Korintenberg/*Sikora*, § 40 Rn 26. **22** BGH Rpfleger 1962, 261, 262. **23** OLG Schleswig-Holstein DNotZ 1994, 137, 139. **24** BR-Drucks 517/12, S. 235. **25** MittRhNotK 1985, 155; *Notarkasse*, Streifzug durch das GNotKG, Rn 2335. **26** BT-Drucks 17/11471, S. 166. **27** OLG Hamm 8.7.2014 – I-15 W 208/14. **28** BT-Drucks 18/4201, S. 63.

14 **d) Bewertungszeitpunkt.** Abweichend von § 96 ist der **Zeitpunkt des Erbfalls** maßgeblich (Abs. 1 S. 1). Wertveränderungen bleiben nach diesem Zeitpunkt außer Betracht.[29] Dies gilt auch dann, wenn zwischen dem Erbfall und Erteilung des Erbscheins/Zeugnisses ein längerer Zeitraum verstrichen ist und sich der Wert des Nachlasses erheblich vermindert hat,[30] denn ansonsten würde sich die Frage stellen, was als wesentliche Veränderung anzusehen ist und ob auch bei einer Werterhöhung des Nachlasses unterschiedliche Geschäftswerte gelten sollen, was zu gewisser Rechtsunsicherheit führen würde, die mit Sinn und Zweck der Geschäftswertvorschriften nicht vereinbar ist.[31] Der Bestand des Erbfalls wird jedoch nicht berührt, dh dass bspw Steuerrückzahlungen nach dem Erbfall oder Rückübertragungs- und Entschädigungsansprüche in der ehemaligen DDR zu berücksichtigen sind.[32]

15 Im Fall der **Nacherbfolge** ist nicht der Nachlass im Zeitpunkt des Erbfalls maßgeblich, sondern der Bestand zum Zeitpunkt des Eintritts der Nacherbfolge (einschließlich der dem Nacherben gegen den Vorerben zustehenden Ansprüche); ebenso wenn der Erbe erst nach einem Scheinerben den Nachlass erhält.[33]

16 Für die Bestimmung des Werts eines in den **neuen Bundesländern** gelegenen Grundstücks ist jedoch nach der überwiegenden Ansicht der Rspr nicht auf den Zeitpunkt des Erbfalls, sondern auf den Zeitpunkt der Wiedervereinigung abzustellen.[34]

17 **e) Erbenmehrheit und Miterben (Abs. 2).** Beziehen sich die in Abs. 1 genannten Verfahren nur auf das Erbrecht eines **Miterben**, bestimmt sich gem. Abs. 2 S. 1 der Geschäftswert nach dem Anteil dieses Miterben. Ausgangswert ist also der Nachlass nach den in → Rn 4 ff genannten Grundsätzen. Ausgleichungsverpflichtungen innerhalb der Erben berühren die einzelnen Erbquoten nicht und bleiben somit unberücksichtigt.[35] Treten weitere Miterben einer bereits beurkundeten eidesstattlichen Versicherung bei, so bestimmt sich der Geschäftswert gem. Abs. 2 S. 2 gemäß den vorgenannten Prinzipien nach dem Wert ihres Anteils am Nachlass.

18 Bei einem **gemeinschaftlichen Erbschein** (§ 2357 BGB) einer **Erbenmehrheit** wird die Gebühr aus dem Gesamtwert des Nachlasses berechnet.

19 Gesellschaftsbeteiligungen, die im Wege der **Sonderrechtsnachfolge** unmittelbar auf den einzelnen Erben übergehen, unterliegen der allgemeinen Erbfolge und sind beim Gesamtwert des Nachlasses zu berücksichtigen.[36]

20 **2. Die einzelnen Geschäfte (Abs. 1 S. 1). a) Abnahme der eidesstattlichen Versicherung zur Erlangung eines Erbscheins oder eines Europäischen Nachlasszeugnisses (Abs. 1 S. 1 Nr. 1).** Geschäftswert für das Verfahren zur Abnahme einer **eidesstattlichen Versicherung** zur Erlangung eines **Erbscheins** ist der Wert des Nachlasses im Zeitpunkt des Erbfalls (→ Rn 14). Die Vorschrift erfasst ausdrücklich nur eidesstattliche Versicherungen zur Erwirkung eines Erbscheins; sonstige eidesstattliche Versicherungen (zB zur Glaubhaftmachung von Tatsachen in sonstigen Verfahren oder Eide, die bei Siegelungen, Aufnahmen von Vermögensverzeichnissen oder in einer Nachlass- bzw Vormundschaftssache abgegeben werden) fallen nicht darunter, ebenso nicht das Beschaffen von Personenstandsurkunden durch den Notar zum Nachweis für das Verfahren zur Erteilung eines Erbscheins.

21 Vorgenanntes gilt auch für Verfahren zur Abnahme der eidesstattlichen Versicherung zur Erlangung eines **Europäischen Nachlasszeugnisses.**

22 Bzgl der eidesstattlichen Versicherung von **Miterben** sowie des Beitritts eines Miterben zu einer bereits beurkundeten eidesstattlichen Versicherung s. Abs. 2 (→ Rn 17 ff). Bezieht sich die Versicherung an Eides statt auf einen gegenständlich beschränkten Erbschein, gilt Abs. 3 (→ Rn 10).

23 Bzgl eidesstattlicher Versicherungen in Verfahren, die ein Zeugnis über die Fortsetzung der Gütergemeinschaft oder ein Zeugnis über die Ernennung eines Testamentsvollstreckers betreffen, gelten Abs. 4 (→ Rn 40 ff) bzw Abs. 5 (→ Rn 44 ff).

24 Zum maßgebenden Bewertungszeitpunkt → Rn 14.

25 **b) Erteilung eines Erbscheins oder Ausstellung eines Europäischen Nachlasszeugnisses, soweit dieses die Rechtsstellung und die Rechte der Erben oder Vermächtnisnehmer mit unmittelbarer Berechtigung am Nachlass betrifft (Abs. 1 S. 1 Nr. 2).** Der Geschäftswert für das Verfahren zur **Erteilung eines Erbscheins** ist der Wert des Nachlasses im Zeitpunkt des Erbfalls (→ Rn 14). Der Gebührentatbestand ist bei gerichtlichen Entscheidungen idR dann erfüllt, wenn diese gem. § 40 Abs. 1 FamFG den Beteiligten bekannt gemacht

29 *Notarkasse*, Streifzug durch das GNotKG, Rn 2332. **30** Vgl OLG Düsseldorf FamRZ 1995, 102; BayObLG FamRZ 1989, 99. **31** LG Köln MittRhNotK 1995, 360, 362. **32** BayObLG JurBüro 1996, 40. **33** Korintenberg/*Sikora*, § 40 Rn 31. **34** LG Köln MittRhNotK 1995, 360; s. auch BayObLG JurBüro 1996, 40, 41; *Notarkasse*, Streifzug durch die Kostenordnung, Rn 2076 mwN; aA OLG Schleswig DNotZ 1994, 137. Kapitalvermögen in der ehemaligen DDR ist jedoch nach dem Wechselstubenkurs zur Zeit des Erbfalls umzurechnen (OLG Düsseldorf FamRZ 1995, 102). **35** S. dazu Palandt/*Weidlich*, BGB, § 2048 Rn 4, § 2050 Rn 5. **36** BayObLG MittRhNotK 1988, 22.

worden ist.[37] Im Erbscheinverfahren muss der Beschluss über den Erbscheinsantrag den Beteiligten gem. § 352 FamFG allerdings regelmäßig nicht bekannt gegeben werden.

Vom **Beschluss über den Erbscheinsantrag** ist jedoch die **Erteilung des Erbscheins** zu **unterschieden**.[38] Der Gebührentatbestand ist hier ausdrücklich mit der Erteilung des Erbscheins (iSv §§ 2353 ff BGB) erfüllt, dh dass es auf die Erteilung des Erbscheines ankommt und nicht auf die Wirksamkeit des Beschlusses. **26**

Tatbestandsmäßig für die **Erteilung** eines Erbscheins ist das Wirksamwerden der gerichtlichen Entscheidung (§ 40 FamFG) oder auch nur die antragsgemäße Verwertung der Urschrift in den Nachlassakten für die Grundbuchberichtigung.[39] Ist die Erteilung verfügt, die Herausgabe jedoch von der Zahlung des Vorschusses abhängig gemacht, so liegt noch kein Erbschein vor, der durch Verwertung wirksam werden könnte.[40] **27**

Bezieht sich eine eidesstattliche Versicherung **zugleich** auf einen **Erbschein bzw. ein Europäisches Nachlasszeugnis und** auf ein **Testamentsvollstreckerzeugnis** (oder ein Fortsetzungszeugnis), liegen zwei Versicherungen vor, die nach § 35 Abs. 1 gesondert zu bewerten sind (→ Rn 55).[41] **28**

Für den Geschäftswert von **Teilerbscheinen** gilt Abs. 2 (→ Rn 17 ff). **29**

Zum maßgebenden Bewertungszeitpunkt → Rn 14. **30**

c) **Einziehung oder Kraftloserklärung eines Erbscheins (Abs. 1 S. 1 Nr. 3).** Geschäftswert für das Verfahren zur Einziehung oder Kraftloserklärung eines Erbscheins ist der Wert des Nachlasses im Zeitpunkt des Erbfalls (→ Rn 14), also regelmäßig derselbe Wert wie bei der Erteilung. Sind allerdings Erbschaftsgegenstände ersatzlos untergegangen, so sind sie vom ursprünglichen Nachlasswert abzuziehen, da sie von dem unrichtigen Erbschein nicht mehr erfasst werden.[42] Ein unrichtiger Erbschein wird von Amts wegen eingezogen oder für kraftlos erklärt (§ 2361 BGB). **31**

Wird derselbe Erbschein sowohl eingezogen als auch für kraftlos erklärt, fällt die Gebühr nur einmal an, da es sich um ein einheitliches Verfahren handelt. Dabei ist unerheblich, ob die Einziehung und die Kraftloserklärung gleichzeitig oder nacheinander erfolgen. **32**

Soweit der Erbschein für einen von mehreren (in ihm genannten) Erbfällen unrichtig geworden ist und soweit nun infolge dieses Umstands eine teilweise Umformulierung des ansonsten richtig gebliebenen Erbscheins erforderlich wird, ist diese Umformulierung gebührenfrei und zwar auch dann, wenn das Nachlassgericht dies als Einziehung oder Kraftloserklärung bezeichnet.[43] **33**

Der Gebührentatbestand ist mit dem wirksamen Erlass des Einziehungs- oder Kraftloserklärungsbeschluss erfüllt; spätestens jedoch mit Durchführung der Einziehung oder der Ausführung der öffentlichen Zustellung der Kraftloserklärung.[44] **34**

Der Geschäftswert bei der Einziehung oder Kraftloserklärung von **Teilerbscheinen** bestimmt sich gem. Abs. 2 nach dem Anteil des Miterben (→ Rn 17 ff). **35**

Wird ein **gemeinschaftlicher Erbschein** eingezogen, der jedoch nur teilweise unrichtig war, wird die Gebühr nach der Rspr dennoch aus dem Gesamtwert des Nachlasses erhoben.[45] Einer an der wirtschaftlichen Bedeutung der Angelegenheit orientierten Beurteilung entspricht dies jedoch nicht; daher sollte kostenrechtlich nur der Wert des unrichtigen Teils zugrunde gelegt werden.[46] **36**

Waren **mehrere Einzelerbscheine in einer Urkunde** zusammengefasst und muss diese insgesamt eingezogen werden, weil nur ein Erbschein unrichtig ist, so richtet sich die Gebühr der Neuerteilung lediglich nach dem Wert, der für die Erteilung des unrichtigen Einzelerbscheins maßgebend war.[47] **37**

Bzgl Kraftloserklärungen von Zeugnissen über die Fortsetzung der Gütergemeinschaft oder über die Ernennung eines Testamentsvollstreckers gelten Abs. 4 (→ Rn 40 ff) bzw Abs. 5 (→ Rn 44). **38**

d) **Änderung oder Widerruf eines Europäischen Nachlasszeugnisses, soweit die Rechtsstellung und Rechte der Erben oder Vermächtnisnehmer mit unmittelbarer Berechtigung am Nachlass betroffen sind (Abs. 1 S. 1 Nr. 4).** Im Unterschied zum Erbscheinsverfahren sehen die Regelungen der EuErbVO keine Einziehung oder Kraftloserklärung des Europäischen Nachlasszeugnisses vor, sondern dessen Änderung oder Widerruf. Abs. 1 S. 1 Nr. 4 berücksichtigt diese unterschiedlichen Begrifflichkeiten.[48] **39**

e) **Zeugnis über die Fortsetzung der Gütergemeinschaft (Abs. 4).** Auf ein Verfahren, das ein Zeugnis über die Fortsetzung der Gütergemeinschaft betrifft (sog. **Fortsetzungszeugnis**), sind die Abs. 1–3 entsprechend anzuwenden, wobei als Geschäftswert nicht der Wert des Nachlasses, sondern der halbe Wert des Gesamtguts der fortgesetzten Gütergemeinschaft anzusetzen ist (Abs. 4). **40**

---

[37] Thomas/Putzo/*Reichold*, FamFG, § 40 Rn 6. **38** S. Jurgeleit/*Dieker*, Freiwillige Gerichtsbarkeit, § 18 Rn 128. **39** Korintenberg/*Sikora*, § 40 Rn 14. **40** OLG Hamm Rpfleger 1994, 248 f. **41** BDS/*Pfeiffer*, § 40 Rn 6. **42** Korintenberg/*Lappe*, KostO, § 108 Rn 7. **43** *Hartmann*, KostG, § 108 KostO Rn 4. **44** Korintenberg/*Sikora*, § 40 Rn 16. **45** KG DNotZ 1939, 100; KG Rpfleger 1993, 42. **46** Korintenberg/*Sikora*, § 40 Rn 37. **47** Rohs/Wedewer/*Waldner*, KostO, § 108 Rn 6. **48** Vgl BT-Drucks 18/4201, S. 62.

41 Abs. 4 erfasst Zeugnisse des Nachlassgerichts für den überlebenden Ehegatten über die Fortsetzung der Gütergemeinschaft gem. § 1507 BGB. Mit der Formulierung „ein Verfahren, das ein Zeugnis über die Fortsetzung der Gütergemeinschaft betrifft" soll klargestellt werden, dass dieser Absatz auch für die Verfahren zur Abnahme der eidesstattlichen Versicherung und für die Kraftloserklärung gelten soll.[49] Die bloße Zurückforderung des Zeugnisses nach Beendigung der Gütergemeinschaft fällt nicht darunter.[50]

42 Mit **Gesamtgut** ist das eheliche Gesamtgut iSv § 1485 BGB gemeint. Vom halben Wert des Gesamtguts muss man nach § 1483 Abs. 2 BGB denjenigen Wert abziehen, den ein nichtehelicher Abkömmling erhält, und ferner nach § 1485 Abs. 1 BGB denjenigen Wert, den der Überlebende aus dem Nachlass erwirbt. Schließlich ist noch der halbe Wert der Gesamtgutsverbindlichkeiten (§ 1488 BGB) abzuziehen.[51]

43 Maßgeblicher **Bewertungszeitpunkt** ist gem. Abs. 4 Hs 1 iVm Abs. 1 S. 1 der Zeitpunkt des Erbfalls, also der Tod des Ehegatten (Eintritt der fortgesetzten Gütergemeinschaft).

44 **f) Zeugnis über die Ernennung eines Testamentsvollstreckers (Abs. 5).** In einem Verfahren, das ein Zeugnis über die Ernennung eines Testamentsvollstreckers betrifft, beträgt der Geschäftswert 20 Prozent des Nachlasswerts im Zeitpunkt des Erbfalls, wobei Nachlassverbindlichkeiten nicht abgezogen werden (Abs. 5 S. 1 Hs 1). Zwar richtet sich das Verfahren über die Erteilung des Testamentsvollstreckerzeugnisses nach den Vorschriften über den Erbschein (§ 2368 BGB), jedoch ist die Situation mit der Bewertung im Erbscheinsverfahren nicht vergleichbar. Daher verweist Abs. 5 S. 1 Hs 2 lediglich auf die Absätze 2 und 3, welche auch für die Verfahren zur Abnahme der eidesstattlichen Versicherung und für die Kraftloserklärung gelten.[52] Es wird auch jedes weitere Testamentsvollstreckerzeugnis erfasst (zB Zeugnis über eine andere Person oder über einen anderen Umfang der Befugnis).

45 Eine weitere Ausfertigung desselben Zeugnisses ist gebührenfrei; es besteht lediglich Anspruch auf Ersatz der Auslagen (Teil 3 KV).

46 Die bloße Rückforderung bei Beendigung des Amtes des Testamentsvollstreckers löst keine Gebühr aus.[53] Bei sonstigen „Zeugnissen" des Nachlassgerichts im Rahmen der Testamentsvollstreckung handelt es sich nur dann um Zeugnisse „über die Ernennung" iSd Vorschrift, wenn sie eine Rechtsfolge (zB Wirksamkeit der Annahme oder Fortdauer der Vollstreckung) bezeugen.

47 Zum maßgebenden **Bewertungszeitpunkt** → Rn 14.

48 Abs. 5 S. 1 Hs 1 gilt für das Zeugnis über den Alleinvollstrecker und das **gemeinschaftliche Zeugnis** über mehrere Testamentsvollstrecker. Bei **Teilzeugnissen** (die auf einen Erbteil beschränkt sind) beträgt der Geschäftswert 20 Prozent des Werts des Erbanteils des betreffenden Miterben (Abs. 5 Hs 2 iVm Abs. 2). Bei beschränkter Testamentsvollstreckung (zB Vermächtnisvollstreckung) oder Beschränkung der Testamentsvollstreckung auf bestimmte Gegenstände bleiben gem. Abs. 5 Hs 2 iVm Abs. 3 diejenigen Gegenstände, die nicht von der Testamentsvollstreckung erfasst werden, bei der Berechnung des Geschäftswerts außer Betracht. Das bedeutet, dass bspw bei der Vermächtnisvollstreckung der Geschäftswert 20 Prozent des Vermächtniswerts beträgt.

49 Die Angabe der Befugnisse des Testamentsvollstreckers ist ein eigener Gegenstand. Der Geschäftswert für diese Angabe im Verfahren wegen eines **Europäischen Nachlasszeugnisses** regelt Abs. 5 S. 2 entsprechend dem Testamentsvollstreckerzeugnis.[54]

50 **g) Offenbarungsbefugnis (Abs. 6).** Abs. 6 enthält eine Offenbarungsbefugnis der Erbschaftsteuerstellen an die Nachlassgerichte. Hintergrund ist, dass zwar die Nachlassgerichte aufgrund der in § 34 ErbStG und § 7 ErbStDV enthaltenen Mitteilungspflichten u.a. dazu verpflichtet sind, dem für die Verwaltung der Erbschaftsteuer zuständigen Finanzamt – soweit bekannt – die Höhe und die Zusammensetzung des Nachlasses in Form eines Verzeichnisses mitzuteilen, die Finanzämter jedoch die Nachlassgerichte umgekehrt nicht über dort zusätzlich vorliegende Erkenntnisse zum Wert des Nachlasses informieren können. Um Letzteres zu ermöglichen, ist es erforderlich, gesetzlich ausdrücklich zu regeln, dass bei der Ermittlung der Höhe und der Zusammensetzung des Nachlasses § 30 AO einer Auskunft nicht entgegensteht. Mit § 46 Abs. 3 S. 2 soll ein verstärkter Rückgriff auf Steuerwerte möglich sein, da die Befreiung vom Steuergeheimnis nun für sämtliche relevanten Steuerwerte gilt. Jedoch gilt dies nur bei der Bestimmung des Verkehrswerts eines Grundstücks, ggf auch im Rahmen der Ermittlung des Werts land- und forstwirtschaftlichen Vermögens (§ 48 Abs. 1 S. 2). Die für die Wertbestimmung von Grundstücken geltende Regelung ist jedoch auch für die Ermittlung der Höhe und der Zusammensetzung des Nachlasses erforderlich und sachgerecht.[55]

---

49 BT-Drucks 17/11471, S. 253.   **50** Korintenberg/*Sikora*, § 40 Rn 50.   **51** Korintenberg/*Sikora*, § 40 Rn 47.   **52** BT-Drucks 17/11471, S. 253.   **53** Korintenberg/*Sikora*, § 40 Rn 57.   **54** BT-Drucks 18/4201, S. 63.   **55** S. BR-Drucks 517/12 (B), S. 14.

III. Gebühren

1. Notare. Bei der Abnahme von Eiden und eidesstattlichen Versicherungen wird einheitlich eine Verfahrensgebühr von 1,0 nach Tabelle B erhoben (Nr. 23300 KV), die sich auf 0,3 ermäßigt (Nr. 23301 KV), wenn sich das Verfahren vorzeitig erledigt. Gemäß Vorbem. 2.3.3 KV wird für die Erklärung gegenüber dem Nachlassgericht keine zusätzliche Gebühr nach Nr. 21201 Nr. 1 KV erhoben. **51**

2. Gericht. Für das Verfahren über den Antrag auf Erteilung eines Erbscheins, eines Europäischen Nachlasszeugnisses, eines Zeugnisses über die Fortsetzung der Gütergemeinschaft oder eines ersten Testamentsvollstreckerzeugnisses fällt nach Nr. 12210 KV eine Gebühr mit einem Gebührensatz von 1,0 an (Tabelle B). Bzgl des Verfahrens über die Einziehung oder Kraftloserklärung fällt eine 0,5-Gebühr an, höchstens jedoch 400 € (Nr. 12215 KV). Die Gebühr für die Abnahme der eidesstattlichen Versicherung wird neben der Verfahrensgebühr gesondert erhoben (s. Anm. zu Nr. 12210 KV). Bei vorzeitiger Beendigung des Verfahrens gelten die ermäßigten Gebührensätze der Nr. 12211 KV bzw Nr. 12212 KV. Bzgl des Verfahrens über den Antrag auf Erteilung eines weiteren Testamentsvollstreckerzeugnisses fällt eine 0,3-Gebühr (Nr. 12213 KV) an; bei vorzeitiger Beendigung des Verfahrens höchstens jedoch 200 €. Nach Vorbem. 1 Abs. 2 KV erhebt das Gericht für die Abnahme von eidesstattlichen Versicherungen nach § 2356 Abs. 2 BGB Gebühren nach Teil 2 KV (Notargebühren). Bzgl Erbscheinsverfahren vor dem Landwirtschaftsgericht gilt ebenso Hauptabschnitt 2 KV (s. Vorbem. 1.2 Abs. 1 KV). **52**

3. Kostenschuldner. Kostenschuldner im gerichtlichen Erbscheinserteilungsverfahren ist grds. der oder die Antragsteller (§ 22 Abs. 1). Für die Notarkosten gelten die allgemeinen Regelungen (§§ 29 ff). Das Verfahren der Einziehung oder Kraftloserklärung ist jedoch ein Amtsverfahren (§ 2361 BGB). Für die Kosten haftet nur derjenige, dem sie vom Gericht auferlegt werden (§ 27 Nr. 1). Die Kostenentscheidung ergeht von Amts wegen (§ 353 Abs. 1 FamFG). **53**

4. Mehrere Gegenstände. Gemäß § 55 (der inhaltlich dem § 29 FamGKG entspricht) werden Gebühren in demselben Verfahren und über denselben Gegenstand nur einmal erhoben. Der Rechtszug ist im kostenrechtlichen Sinn zu definieren und nicht zwingend mit der verfahrensrechtlichen Instanz identisch.[56] Die Erteilung des Erbscheins des Nacherben (im Verhältnis zum Erbschein des Vorerben) sowie die erneute Erteilung eines Erbscheins nach Einziehung eines unrichtigen Erbscheins (hier ist § 21 zu prüfen) stellen regelmäßig verschiedene Verfahren im kostenrechtlichen Sinn dar. **54**

Die Gebühr fällt also grds. bei demselben gerichtlichen bzw notariellen Verfahren (s. § 55 bzw § 93) nur einmal an. Der Grundsatz der einmaligen Gebührenerhebung in Verbindung mit dem in § 35 normierten **Grundsatz der Wertaddition** stellt eine Abkehr vom bisher geltenden Grundsatz dar, dass für jedes Geschäft eine selbständige Gebühr zu erheben ist.[57] Werden also bspw in einem Verfahren mehrere Zeugnisse erteilt, so werden deren Werte zusammengerechnet und aus diesem „Gesamtgeschäftswert" die Gebühren berechnet. Soweit die einzelnen Verfahrens- bzw Beurkundungsgegenstände verschiedenen Gebührensätzen unterliegen, → § 56 Rn 14 ff (für Gerichtsgebühren) und → § 94 Rn 6 ff (für Notargebühren). **55**

Bzgl der Gebühren bei der Aufnahme von eidesstattlichen Versicherungen samt Antrag auf Erteilung eines Erbscheins oder Zeugnisses → Rn 28. Bei eidesstattlichen Versicherungen ist kostenrechtlich nur ein Vorgang gegeben, wenn die Versicherung zusammengehörige oder zusammenhängende Vorgänge betreffen.[58] **56**

§ 41 Zeugnisse zum Nachweis der Auseinandersetzung eines Nachlasses oder Gesamtguts

In einem Verfahren, das ein Zeugnis nach den §§ 36 und 37 der Grundbuchordnung oder nach § 42 der Schiffsregisterordnung, auch in Verbindung mit § 74 der Schiffsregisterordnung oder § 86 des Gesetzes über Rechte an Luftfahrzeugen, betrifft, ist Geschäftswert der Wert der Gegenstände, auf die sich der Nachweis der Rechtsnachfolge erstreckt.

I. Regelungsgehalt

1. Auseinandersetzungszeugnisse. Nach den §§ 36, 37 GBO, §§ 42, 74 SchRegO und § 86 LuftFzgG genügt gegenüber dem Grundbuchamt, Schiffsregister, Schiffsbauregister, Pfandrechtsregister für Luftfahrzeuge bzw der Luftfahrzeugrolle[1] zum Nachweis der Rechtsnachfolge und der zur Eintragung des Rechtsüber- **1**

---

56 Vgl Binz/Dörndorfer/*Dörndorfer*, § 29 FamGKG Rn 1. **57** BT-Drucks 17/11471, S. 274. **58** *Notarkasse*, Streifzug durch das GNotKG, Rn 2341. **1** Zu Luftfahrzeugen s. DNotI-Report 2005, 48.

gangs erforderlichen Erklärungen der Beteiligten ein Zeugnis des Nachlassgerichts,[2] wenn bei einem zum Nachlass (oder zum Gesamtgut einer ehelichen oder fortgesetzten Gütergemeinschaft) gehörenden Grundstück, Erbbaurecht, Grundpfandrecht, Schiff, Schiffshypothek, Luftfahrzeug bzw Registerpfandrecht an einem Luftfahrzeug einer der Beteiligten als Eigentümer, Erbbauberechtigter oder Gläubiger eingetragen werden soll.

2   **2. Bewertungsgegenstand.** Bewertungsgegenstand ist somit nicht der Wert des gesamten Nachlasses, sondern nur der Wert desjenigen Gegenstands, auf den sich der Nachweis der Rechtsnachfolge bezieht (also zB bei dem Verfahren nach § 36 GBO der Wert des Grundstücks bzw des Erbbaurechts, der nach den einschlägigen Wertvorschriften zu ermitteln ist).

3   Bei mehreren Gegenständen (zB mehrere Grundstücke) werden das Zeugnis für jeden Gegenstand gesondert erteilt und die Gebühren gesondert berechnet; dies gilt auch, wenn mehrere Gegenstände rein äußerlich in einem Zeugnis zusammengefasst werden.

4   **3. Kostenschuldner.** Da es sich bei der Erteilung der Zeugnisse um ein **Antragsverfahren** handelt, haftet für die Kosten grds. der Antragsteller (§§ 22 Abs. 1, 29 Nr. 1).[3] Soweit der Antrag zurückgenommen oder zurückgewiesen wurde, verbleibt es bei der Haftung des Antragstellers.[4]

5   **4. Bewertungszeitpunkt und Fälligkeit.** Maßgeblicher Bewertungszeitpunkt ist der Wert des Gegenstands zum Zeitpunkt des Erbfalls (→ § 40 Rn 14). Zur Fälligkeit der Gerichtskosten → § 9 Rn 5 ff und der Notarkosten → § 10 Rn 4 ff.

6   **5. Einziehung und Kraftloserklärung.** Die Einziehung und Kraftloserklärung unrichtiger Auseinandersetzungszeugnisse ist in entsprechender Anwendung von § 2361 BGB zulässig.[5] § 41 spricht ganz allgemein von einem Verfahren, das ein Zeugnis nach den §§ 36, 37 GBO, §§ 42, 47 SchRegO und § 86 LuftFzgG betrifft, so dass nicht nur die Erteilung eines solchen Zeugnisses gebührenpflichtig ist, sondern auch dessen Einziehung bzw Kraftloserklärung.

II. Gebühren

7   Für das **gerichtliche Verfahren** über den Antrag auf Erteilung eines Auseinandersetzungszeugnisses fällt gem. Nr. 12210 KV eine Gebühr nach Tabelle B mit einem Gebührensatz von 1,0 an. Bzgl des Verfahrens über die Einziehung oder Kraftloserklärung fällt eine 0,5-Gebühr an, höchstens jedoch 400 € (Nr. 12215 KV). Bei vorzeitiger Beendigung des Verfahrens gelten die ermäßigten Gebührensätze der Nr. 12211 KV bzw Nr. 12212 KV.

8   Die Nr. 12510–12512 KV sind hier nicht einschlägig; sie gelten ausschließlich für Teilungssachen nach § 342 Abs. 2 Nr. 1 FamFG.

§ 42 Wohnungs- und Teileigentum

(1) ¹Bei der Begründung von Wohnungs- oder Teileigentum und bei Geschäften, die die Aufhebung oder das Erlöschen von Sondereigentum betreffen, ist Geschäftswert der Wert des bebauten Grundstücks. ²Ist das Grundstück noch nicht bebaut, ist dem Grundstückswert der Wert des zu errichtenden Bauwerks hinzuzurechnen.

(2) Bei Wohnungs- und Teilerbbaurechten gilt Absatz 1 entsprechend, wobei an die Stelle des Grundstückswerts der Wert des Erbbaurechts tritt.

I. Allgemeines

1   § 42 regelt als **besondere Geschäftswertvorschrift** die Bewertung für die Begründung von **Wohnungs- oder Teileigentum** und für Geschäfte, die die Aufhebung oder das Erlöschen von Sondereigentum betreffen. Erfasst werden gerichtliche und notarielle Tätigkeiten. Dabei wird nach Abs. 1 S. 1 auf den Wert des bebauten Grundstücks abgestellt. Der Wert eines zu errichtenden Bauwerks ist hinzuzurechnen (Abs. 1 S. 2). Der Wert des Grundstücks bzw des Bauwerks ist nach §§ 46, 47 zu ermitteln. Abs. 2 stellt klar, dass es bei Wohnungs- und Teilerbbaurechten auf den Wert des Erbbaurechts ankommt, der nach §§ 43, 49 iVm §§ 46, 47 zu ermitteln ist.

---

2 Bei §§ 36, 37 GBO genügt auch ein Zeugnis des nach § 344 Abs. 5 FamFG zuständigen Amtsgerichts. **3** § 23 Nr. 5 und § 31 Abs. 3 erfassen dagegen die Teilungssachen nach § 342 Abs. 2 Nr. 1 FamFG. **4** BT-Drucks 17/11471, S. 245 f; vgl zur alten Rechtslage Rohs/Wedewer/*Waldner*, KostO, § 116 Rn 32. **5** Keidel/*Zimmermann*, FamFG, § 354 Rn 4.

II. Anwendungsbereich

§ 42 erfasst alle sachenrechtlichen und schuldrechtlichen Erklärungen, die zur Begründung und Ausgestal- 2
tung von Sondereigentum bzw Sondererbbaurechten dienen, dh die Verpflichtung zur Gebäudeerrichtung
oder Abgrenzung der Wohnungseinheiten (samt dazugehöriger finanzieller Verpflichtungen); jedoch nicht
gegenüber Dritten.[1]

Eine Verpflichtung der Miteigentümer, bei der Aufteilung in Wohnungs- oder Teileigentum mitzuwirken, 3
wird ebenso von § 42 erfasst.[2] Verpflichtet sich jedoch nur einer von mehreren Miteigentümern, bei der
Aufteilung mitzuwirken, ist für die Wertbestimmung nur von dessen Miteigentumsanteil auszugehen.[3]

Ferner erfasst § 42 alle Rechte, die gleichzeitig zum Inhalt des grundstücksgleichen Rechts gemacht werden 4
(zB § 12 WEG, §§ 5–8 ErbbauRG).[4]

Weitere Erklärungen im Zusammenhang mit der Begründung von Sondereigentum werden nur gesondert 5
bewertet, wenn es sich um verschiedene Beurkundungsgegenstände nach § 86 Abs. 2 handelt. Nicht unter
§ 42 fällt demnach der im Begründungsvertrag mitbeurkundete Erwerb des Grundstücks; ebenso nicht Erklärungen, welche die Rechtsverhältnisse der Wohnungseigentumsberechtigten mit Dritten betreffen (zB ein
Vertrag mit dem früheren Grundstückseigentümer über die Art der Bebauung). Nicht erfasst werden weiterhin Verpflichtungen, die nicht zum Inhalt des grundstücksgleichen Rechts gemacht werden können, wie
insb. Dienstbarkeiten, Vorkaufsrechte, Ankaufsrechte, Hypotheken oder Reallasten.[5] Wird bei der Begründung der erste Verwalter mitbestellt, wird dieser Beschluss gem. § 110 Nr. 1 gesondert bewertet.[6] Bei der
vertraglichen Einräumung von Vorkaufsrechten an den neu gebildeten Einheiten ist zu differenzieren: Erfolgt die Aufteilung nach § 3 WEG, ist § 97 Abs. 3 zu beachten; dies gilt jedoch nicht bei der Aufteilung
nach § 8 WEG.[7]

Derselbe Beurkundungsgenstand liegt dagegen vor bei Vereinigungsanträgen gem. § 890 BGB, Baubeschrei- 6
bung, Bauverpflichtung und Gemeinschaftsordnung.[8]

III. Geschäftswert

1. Wohnungs- und Teileigentum (Abs. 1). a) Allgemeines. Bei der **Begründung**, der **Aufhebung** und dem 7
Erlöschen von Wohnungs- und Teileigentum ist der nach §§ 46, 47 ermittelte volle Grundstückswert zu-
grunde zu legen. Der Wert eines Gebäudes ist hinzuzurechnen, auch wenn das Gebäude noch nicht erstellt
wurde. Bei noch nicht errichteten Gebäuden ist von den Gesamtbaukosten, abzüglich der Baunebenkosten
(Grunderwerbsteuer, Maklerprovision, Gerichts- und Notarkosten etc.), auszugehen, da Letztere keinen
Einfluss auf den Verkehrswert haben.[9] Zu dem anzunehmenden Wert für die Aufteilung in Wohnungs- oder
Teileigentum gehört der komplette Inhalt des Sondereigentums, so zB ein mitbeurkundeter Vereinigungsan-
trag nach § 890 BGB, wenn das aufzuteilende Gebäude auf mehreren Grundstücken steht.[10]

b) Begründung. Unter die Begründung von Wohnungs- und Teileigentum nach Abs. 1 fällt der Begrün- 8
dungsvertrag nach § 4 Abs. 3 WEG, die Einigung und Ausgestaltung des dinglichen Rechts, die Sicherung
durch entsprechende Vormerkung, die Teilungserklärung nach § 8 WEG und die Grundbucheintragung.[11]
Wird ein bereits bestehendes Wohnungs- oder Teileigentum in weitere Wohnungs- und Teileigentumsrechte
aufgeteilt, so handelt es sich ebenfalls um die Begründung dieser neuen Rechte,[12] so dass gem. Abs. 1 der
volle Grundstückswert als Geschäftswert anzusetzen ist. Überträgt ein WE-Gemeinschafter einen Bruchteil
seines WE-Rechts auf einen anderen, so liegt keine Begründung, sondern eine Verfügung vor, die nicht von
§ 42 erfasst ist.[13]

c) Aufhebung, Erlöschen. Für die Aufhebung oder das Erlöschen von Sondereigentum ist ebenso der volle 9
Grundstückswert anzusetzen. Abs. 1 S. 2 stellt klar, dass auch in diesem Fall ein noch zu errichtendes Bauwerk zu berücksichtigen ist. **Aufhebungsgeschäfte** sind insb. die vertragliche Aufhebung durch Einigung aller Gemeinschafter, die Aufhebung nach § 11 WEG und die Aufhebung einer Teilung nach § 8 WEG. Erfolgt bei der vertraglichen Aufhebung des Wohnungs- und Teileigentums zugleich die Überführung des
Grundstücks in Alleineigentum, so handelt es sich um zwei selbständige Geschäfte (Aufhebung und Veräußerung), wobei Abs. 1 nur für die Aufhebung gilt.

1 *Ackermann*, Rpfleger 1960, 115, 118. **2** BayObLG MittBayNot 1982, 88, 91; BayObLG MittBayNot 1986, 209, 211. **3** *No-*
tarkasse, Streifzug durch das GNotKG, Rn 2629. **4** *Ackermann*, Rpfleger 1960, 115, 118. **5** Leipziger-GNotKG/*Zimmer/*
Deecke, § 42 Rn 6. **6** Korintenberg/*Sikora*, § 42 Rn 15; *Notarkasse*, Streifzug durch das GNotKG, Rn 2640. **7** Korintenberg/*Si-*
kora, § 42 Rn 31 f. **8** Leipziger-GNotKG/*Zimmer/Deecke*, § 42 Rn 4 f. **9** NK-BGB/*Tiedtke*, Bd. Sachenrecht, Anh. Notarkosten
Rn 345; BayObLG MittBayNot 1984, 214, 215; aA BayObLG DNotZ 1982, 770. **10** NK-BGB/*Tiedtke*, Bd. Sachenrecht, Anh.
Notarkosten Rn 347. **11** Korintenberg/*Sikora*, § 42 Rn 5 f. **12** Korintenberg/*Sikora*, § 42 Rn 24. **13** Korintenberg/*Sikora*, § 42
Rn 24.

10   **d) Änderung.** Bei der Änderung von Wohnungs- und Teileigentum (zB Bildung weiterer Sondereigentums) ist nicht der Grundstückswert, sondern der Wert der Änderung anzusetzen.[14]

11   **2. Wohnungs- und Teilerbbaurechte (Abs. 2).** Abs. 2 verweist auf Abs. 1, wobei an die Stelle des Grundstückswerts der nach §§ 43, 49 iVm §§ 46, 47 zu ermittelnde Wert des Erbbaurechts tritt, so dass bei der Begründung von Wohnungs- und Teilerbbaurechten und bei Geschäften, die die Aufhebung oder das Erlöschen von solchen Rechten betreffen, der Geschäftswert der Wert des Erbbaurechts ist. Begründet werden diese Rechte regelmäßig nach § 8 WEG (selten nach §§ 3, 4 WEG).[15] Im Übrigen wird auf → Rn 7 f verwiesen. Gemäß § 49 Abs. 2 Hs 1 beträgt der Wert eines Erbbaurechts 80 Prozent des Werts des belasteten Grundstücks einschließlich darauf errichteter Bauwerke (→ § 49 Rn 24 ff). Da Abs. 2 auf Abs. 1 verweist, ist auch der Wert noch zu errichtender Bauwerke hinzuzurechnen (Abs. 1 S. 2). Sofern die Ausübung des Rechts auf eine Teilfläche beschränkt ist, sind dementsprechend 80 Prozent des Werts der Teilfläche maßgeblich (→ § 49 Rn 30).

12   Wurde bei der Bestellung eines Wohnungs- oder Teilerbbaurechts ein **Erbbauzins** vereinbart, ist gem. § 43 S. 1 die Regelung nach § 52 zu berücksichtigen, so dass Geschäftswert der nach § 52 errechnete Wohnungs- oder Teilerbbauzins ist (→ § 52 Rn 14), es sei denn, der Wert des Wohnungs- und Teilerbbaurechts nach § 49 Abs. 2 ist höher (§ 43 S. 2).

13   **3. Bewertungszustand. a) Bestehende Bauwerke.** Der Wert bestehender Bauwerke ist gem. Abs. 1 S. 2 dem Grundstücks- bzw Erbbaurechtswert ausdrücklich hinzuzurechnen. Geplante bauliche Veränderungen (Abschluss der WE-Einheiten), Ausbauten oder Zubauten (Garagen, Luftschutzräume etc.) sind bei der Wertermittlung zu berücksichtigen.[16] Bei einer Aufteilung eines bestehenden Anwesens kann der Geschäftswert nicht einfach aus der Summe der hochgerechneten Kaufpreise der einzelnen Eigentumswohnungen ermittelt werden, insb. dann nicht, wenn keine Verkaufsabsicht ersichtlich ist.[17] Sind jedoch zum maßgebenden Bewertungszeitpunkt (→ Rn 16 f) bereits mindestens 40 Prozent der Eigentumswohnungen verkauft, so darf der Verkehrswert eines in Wohnungseigentum aufgeteilten Objektes aus der Summe der erzielten bzw noch zu erzielenden Kaufpreise der einzelnen Eigentumswohnungen errechnet werden.[18]

14   **b) Noch zu errichtendes Bauwerk (Abs. 1 S. 2).** Das GNotKG stellt nunmehr klar, dass bei einem unbebauten Grundstück der Wert eines noch zu errichtendes Bauwerks hinzuzurechnen ist. Es ist von den (zu erwartenden) Gesamtbaukosten abzgl. der Baunebenkosten auszugehen (→ Rn 7). Dasselbe gilt, wenn das Grundstück erst teilweise bebaut ist und ein Bauwerk noch fertigzustellen ist bzw ein weiteres Bauwerk noch zu errichten ist. Es müssen jedoch zum Zeitpunkt der Gebührenfälligkeit (§§ 8 ff) ausreichende Anhaltspunkte dafür vorliegen, dass das Grundstück bebaut werden soll, dh, es muss der Wille des Bauherrn objektiv erkennbar sein, das Grundstück alsbald bebauen zu wollen.

15   Maßgeblich für die Bewertung ist jedoch der Zustand des Objekts (Grund und Boden sowie zu errichtendes Bauwerk), wie er sich nach dem Gegenstand der zum grundbuchlichen Vollzug beantragten Aufteilung darstellt;[19] dh, für die Bewertung ist der Zustand des Bewertungsobjekts maßgeblich, „in dem es in Form der beantragten Teilungserklärung zum Geschäft gemacht wird".

16   Bei noch komplett unbebauten Grundstücken ist grds. von einem entsprechenden Bebauungswillen auszugehen, denn eine Aufteilung in Wohnungs- oder Teileigentum bzw Wohnungs- oder Teilerbbaurechten würde ansonsten keinen Sinn machen. Wird das Grundstück später doch nicht mehr entsprechend bebaut, so hat dies keine kostenrechtlichen Auswirkungen.[20]

17   **4. Bewertungszeitpunkt.** Maßgebender Bewertungszeitpunkt ist für **Notare** gem. § 96 die Fälligkeit der Gebühr (§ 10), also regelmäßig der Wert des Grundstücks bzw Erbbaurechts zum Zeitpunkt der Beurkundung.

18   Für das **gerichtliche Verfahren** – das im Rahmen des § 42 regelmäßig ein Antragsverfahren ist – ist gem. § 59 S. 1 der Wert des Grundstücks bzw Erbbaurechts zum Zeitpunkt der Antragstellung maßgebend.

IV. Gebühren

19   § 42 gilt aufgrund der systematischen Stellung in Kapitel 1 Abschnitt 7 Unterabschnitt 2 für Notare und Gerichte gleichermaßen.

20   **1. Notar.** Bei einer vertraglichen Aufteilung in Wohnungs- und Teileigentum gem. § 3 WEG entsteht gem. Nr. 21100 KV eine 2,0-Gebühr, mindestens 120 €. Erfolgt die Aufteilung durch einseitige Erklärung gem. § 8 WEG, beträgt die Beurkundungsgebühr gem. Nr. 21200 KV 1,0, mindestens 60 €.

---

14 Leipziger-GNotKG/*Zimmer/Deecke*, § 42 Rn 8.   **15** *Ackermann*, Rpfleger 1960, 115.   **16** Korintenberg/*Sikora*, § 42 Rn 21.   **17** BayObLG MittBayNot 1992, 153, 154.   **18** BayObLG MittBayNot 1997, 117; OLG Düsseldorf MittBayNot 1994, 360.   **19** OLG München 26.6.2015 – 34 Wx 182/15.   **20** OLG Zweibrücken MittBayNot 2004, 215.

Auch Vollzugstätigkeiten (zB Einholung der Abgeschlossenheitsbescheinigung) im Rahmen der Beurkundung von Geschäften nach § 42 sind nach wie vor kostenpflichtig. Bei der vertraglichen Aufteilung in Wohnungs- oder Teileigentum entsteht gem. Nr. 22110 KV eine 0,5-Vollzugsgebühr; bei einer einseitigen Aufteilung nach § 8 WEG gem. Nr. 22111 KV eine 0,3-Vollzugsgebühr. 21

2. Grundbuchamt. Bei der Eintragung von Sondereigentum oder der Anlegung der Wohnungs- und Teileigentumsgrundbücher fällt gem. Nr. 14112 KV eine 1,0-Gebühr an. Zur Abgrenzung zu Nr. 14110 KV s. Abs. 2 der dortigen Anmerkung. 22

§ 43 Erbbaurechtsbestellung

[1]Wird bei der Bestellung eines Erbbaurechts als Entgelt ein Erbbauzins vereinbart, ist Geschäftswert der nach § 52 errechnete Wert des Erbbauzinses. [2]Ist der nach § 49 Absatz 2 errechnete Wert des Erbbaurechts höher, so ist dieser maßgebend.

Schrifttum: *Ackermann*, DNotZ 1958, 506; *Mümmler*, JurBüro 1972, 353; *Sikora*, MittBayNot 2013, 446; *Wudy*, notar 2012, 276.

I. Gesetzliche Systematik

1. Anwendungsbereich. Die Geschäftswertvorschrift des § 43 gilt wegen ihrer systematischen Stellung in Kapitel 1 Abschnitt 7 Unterabschnitt 2 KV sowohl für Notare als auch für Gerichte. Aus ihr ergibt sich, welcher Geschäftswert bei der **Bestellung** eines Erbbaurechts **gegen laufendes Entgelt** in Form eines Erbbauzinses zugrunde zu legen ist. Gegenüber den allgemeinen Geschäftswertvorschriften des GNotKG enthält § 43 im Zusammenspiel mit den dort genannten Verweisungsnormen für den gesetzlichen Regelfall des S. 1 eine bisweilen **erhebliche Erleichterung für den Kostenschuldner**. Außerdem ist eine sehr **grobe Vereinfachung** der Geschäftswertermittlung durch das Gesetz festzustellen. Bei heutzutage bestellten Erbbaurechten sind die vereinbarten Zinsen nur noch selten über die gesamte Laufzeit fest, sondern vielmehr zumeist variabel (sog. Gleitklauseln). Zudem ist auch die Dauer der bestellten Rechte höchst unterschiedlich. Bei der Ermittlung des Geschäftswerts spielt all dies jedoch nur eine begrenzte Rolle. Wird ein Erbbaurecht **unentgeltlich** bestellt, ist als Geschäftswert allein der nach § 49 Abs. 2 ermittelte Wert des Erbbaurechts zugrunde zu legen. 1

Der Wortlaut des § 43 knüpft für seine Anwendbarkeit an die **Bestellung** eines Erbbaurechts an (zur Geschäftswertermittlung bei Veräußerung, Belastung, Aufhebung etc. eines Erbbaurechts → Rn 37 ff). Für Beurkundungsgeschäfte maßgeblich ist somit grds. die dingliche Einigung zwischen Eigentümer und Erbbauberechtigtem, die auf Grundlage eines schuldrechtlichen, auf Erwerb des grundstücksgleichen Rechts gerichteten Vertrags der Beteiligten erfolgt. Dass der Vorgang der Erbbaurechtsbestellung materiellrechtlich eigentlich aus zwei Rechtsgeschäften – der Schöpfung des grundstücksgleichen Rechts aus dem Eigentum und der gleichzeitigen Übertragung dieses Rechts vom Eigentümer auf den Erwerber – besteht, ist kostenrechtlich irrelevant. Die Schöpfung des Erbbaurechts wird neben der gleichzeitigen Übertragung nicht gesondert bewertet.[1] § 43 ist auch anwendbar bei der **Bestellung eines Untererbbaurechts** (→ Rn 30) und der **Erstreckung eines bestehenden Erbbaurechts** auf ein weiteres Grundstück (→ Rn 37). 2

Bei der Anwendung des § 43 ist eine insgesamt weite Auslegung geboten. Mit dem nach dieser Vorschrift ermittelten Geschäftswert ist alles erfasst, was der **gesetzlich zulässigen Ausgestaltung des Erbbaurechts** bei seiner Begründung dient (§§ 2–8, 27, 32 ErbbauRG), inklusive aller **zugrunde liegender schuldrechtlicher Erklärungen**, wenn und soweit sie auf die Begründung des Erbbaurechts beschränkt sind.[2] Der Geschäftswert wird folglich nicht dadurch erhöht, dass in dem Bestellungsvertrag auch Bestimmungen über den Inhalt des Erbbaurechts getroffen werden. Diese sind vielmehr pauschal mit abgegolten.[3] Daraus folgt, dass insb. Ausgestaltungsbestimmungen (zB Bauverpflichtungen, Heimfallrecht, Übernahme der öffentlichen Abgaben und Lasten, künftige Erschließungskosten, Vorrecht auf Erneuerung des Erbbaurechts,[4] Ankaufsrecht,[5] Zustimmung des Grundstückseigentümers zur Belastung des Erbbaurechts,[6] Vorkaufsrecht des Erb- 3

---

1 *Ackermann*, DNotZ 1958, 506, 507; *Mümmler*, JurBüro 1972, 353, 355. **2** Korintenberg/*Sikora*, § 43 Rn 4, 14; zur Anwendbarkeit auf dingliche Geschäfte einschließlich Eintragung vgl auch BayObLG DNotZ 1984, 113. **3** *Mümmler*, JurBüro 1972, 353, 355. **4** OLG Düsseldorf MittRhNotK 1983, 200. **5** BayObLGZ 1984, 114. **6** *Tiedtke/Diehn*, Notarkosten im Grundstücksrecht, Rn 1033. Zur Frage der kostenrechtlichen Behandlung einer isolierten (nachträglichen) Eigentümerzustimmung vgl OLG Düsseldorf FGPrax 2008, 83 mit Darstellung des Streitstands.

bauberechtigten am Erbbaugrundstück[7] etc.) **nicht gesondert** zu **bewerten** sind.[8] Dagegen fallen für die Bestellung eines Vorkaufsrechts am Erbbaurecht für den Eigentümer des Erbbaugrundstücks gesonderte Gebühren an (→ Rn 33 ff). Gleiches gilt für die Begründung von Wohnungserbbaurechten und die Vereinbarung einer Ankaufsverpflichtung des Erbbauberechtigten (sog. Kaufzwangklausel).[9]

4   **Nicht** pauschal von § 43 mitumfasst ist die Beurkundung von Vereinbarungen und die Grundbucheintragung von Rechten, die nicht zum Inhalt des Erbbaurechts gemacht werden bzw gemacht werden können. So ist die gleichzeitig mit der Bestellung und Eintragung des Erbbaurechts erfolgende Mitbestellung und -eintragung **dinglicher** Nutzungsrechte (insb. Dienstbarkeiten), Sicherungsrechte (insb. Hypotheken und Grundschulden), Erwerbsrechte (insb. Vorkaufsrechte) und Veräußerungsbeschränkungen gesondert über die jeweils einschlägigen Geschäftswertvorschriften zu erfassen.[10]

5   Auch alle (weiteren) **schuldrechtlichen** Vereinbarungen, die nicht zum Inhalt des Erbbaurechts gemacht werden bzw gemacht werden können, fallen **nicht** unter § 43, sondern sind ggf gesondert zu bewerten.[11]

6   Wird ein bestehendes Erbbaurecht an bebauten oder unbebauten Grundstücken (oder der Bruchteil an einem solchen) **unentgeltlich veräußert**, sind grds. allein §§ 97 Abs. 3, 49 Abs. 2 (und somit gerade nicht § 43) maßgeblich (auch → Rn 39).[12] Bei **entgeltlichen Veräußerungen** (Kauf) ist regelmäßig der Kaufpreis entscheidend, es sei denn, der Wert des Erbbaurechts (§ 49 Abs. 2) würde diesen Kaufpreis übersteigen (§§ 97 Abs. 3, 47; → Rn 38).[13]

7   Keine Anwendung findet § 43 schließlich auf die nachträgliche **Änderung** eines eingetragenen Erbbaurechts (zB Teilung des Rechts; → Rn 41),[14] wohl aber auf die nachträgliche **Ergänzung** der Erbbaurechtsbestellung, zB in Form einer Verlängerung des Erbbaurechts (→ Rn 17).[15]

8   **2. Allgemeines.** § 43 enthält eine besondere Geschäftswertvorschrift für die Bewertung einer Erbbaurechtsbestellung. Nach dem gesetzlichen **Regel-Ausnahme-Verhältnis** ist grds. der nach § 52 errechnete **Wert des Erbbauzinses** als Geschäftswert anzusetzen; nur wenn der nach § 49 Abs. 2 errechnete Wert des Erbbaurechts (= 80 Prozent vom Wert des belasteten Grundstücks einschließlich darauf errichteter Bauwerke) höher sein sollte, bildet dieser den Geschäftswert.

9   Eine für Rechnung des Erbbauberechtigten erfolgte **Bebauung** des Grundstücks erhöht den Geschäftswert, da nach § 49 Abs. 2 auf dem belasteten Grundstück befindliche Bauwerke stets bei der Wertermittlung zu berücksichtigen sind. Dies erscheint auch konsequent, weil bei bestehendem Erbbaurecht vorhandene Bauwerke keine wesentlichen Bestandteile des belasteten Grundstücks sind, sondern vielmehr als wesentliche Bestandteile des Erbbaurechts gelten (§ 12 Abs. 1 ErbbauRG).

10   Durch die in der Verweisungsnorm des § 49 Abs. 2 Hs 2 enthaltene Ergänzung, dass bei einer Beschränkung der Ausübung des Erbbaurechts auf eine **Teilfläche** des belasteten Grundstücks nur 80 Prozent vom Wert dieser Teilfläche zugrunde zu legen sind, ist klargestellt, dass in Fällen, in denen sich das Erbbaurecht auf eine reale Teilfläche beschränkt, nur deren Wert für die Geschäftswertermittlung maßgebend ist.

11   Die **Berechnung des Werts des Erbbaurechts** erfolgt nach § 52 Abs. 2. Danach ist grds. die Summe aller Leistungen (Erbbauzins) während der gesamten Dauer des Rechts maßgeblich. Eine Wertbegrenzung erfolgt jedoch bei längerer Laufzeit des Erbbaurechts dadurch, dass das 20fache des Jahreswerts des Erbbaurechts als Höchstbetrag anzusetzen ist.

II. Maßgeblicher Wert des Erbbauzinses (S. 1)

12   Nach S. 1 ist bei der Bestellung eines Erbbaurechts als Geschäftswert in erster Linie der nach § 52 errechnete Wert des Erbbauzinses (also die vereinbarte Gegenleistung des Erbbauberechtigten) maßgebend, sofern die Erbbaurechtsbestellung nicht von vornherein unentgeltlich erfolgen soll.

13   **1. Begriff des Erbbauzinses.** Als Erbbauzins definiert § 9 Abs. 1 S. 1 ErbbauRG das für die Bestellung des Erbbaurechts durch den Berechtigten zu entrichtende Entgelt in wiederkehrenden Leistungen. Der Erbbau-

---

7 Str; vgl *v. Oefele/Winkler*, Hdb ErbbauR, Rn 9.2; *Mümmler*, JurBüro 1972, 353, 360 f. **8** Prüfungsabteilung der Ländernotarkasse A.d.ö.R., NotBZ 2012, 165, 166; Leipziger Kostenspiegel, Teil 5 Rn 11; Leipziger-GNotKG/*Deecke*, § 43 Rn 11; *v. Oefele/Winkler*, Hdb ErbbauR, Rn 9.2; *Ackermann*, DNotZ 1958, 506, 508. Weitergehend Korintenberg/*Sikora*, § 43 Rn 14: Unter § 43 fallen „wohl auch" Bestimmungen der Erbbaurechtsbestellung, die nicht Inhalt des dinglichen Rechts werden können (zB Einräumung eines Mitbestimmungsrechts einem Dritten beim Heimfall; schuldrechtliche Bedingungen, unter denen sich der Erbbauzins erhöht; Verpflichtung, nur an bestimmte Personen zu veräußern, o.Ä.). **9** Leipziger-GNotKG/*Deecke*, § 43 Rn 12. **10** Korintenberg/*Sikora*, § 43 Rn 5. **11** BDS/*Pfeiffer*, § 43 Rn 5; Korintenberg/*Sikora*, § 43 Rn 16. **12** OLG Celle Rpfleger 2004, 652; OLG Köln DNotZ 1972, 507; OLG Düsseldorf DNotZ 1975, 434; BayObLG DNotZ 1977, 688; *Mümmler*, JurBüro 1975, 1049, 1057. **13** *Tiedtke/Diehn*, Notarkosten im Grundstücksrecht, Rn 1037. **14** Vgl *v. Oefele/Winkler*, Hdb ErbbauR, Rn 9.15; *Mümmler*, JurBüro 1972, 353, 361 f. **15** *Tiedtke/Diehn*, Notarkosten im Grundstücksrecht, Rn 1056.

zins kann nach allgemeiner Ansicht nicht nur in Geld, sondern auch in Sachleistungen bestehen.[16] Soll eine dingliche Sicherung durch eine Reallast erreicht werden, muss es sich aber zwingend um wiederkehrende Leistungen handeln.

§ 43 ist daher auch dann einschlägig, wenn die Gegenleistung des Erbbauberechtigten nicht nur in der wiederkehrenden Zahlung eines bestimmten Geldbetrags besteht. Wird **neben** dem Erbbauzins eine weitere Leistung (zB Erb- oder Pflichtteilsverzicht, Wohnungsrecht) vereinbart, ist auch deren Wert in den Vergleich nach § 43 mit einzubeziehen.[17] Wenn indes **statt** eines laufenden Erbbauzinses ein fester Kapitalbetrag festgelegt wird, ist dieser maßgebend, wenn er höher ist als der nach § 49 Abs. 2 ermittelte Wert des Erbbaurechts (§ 97 Abs. 3).[18] Auch wenn anstelle eines laufenden Erbbauzinses ausschließlich andere geldwerte Leistungen als Gegenleistung vereinbart werden, greift § 43 nicht ein; vielmehr hat die Wertermittlung auch in einem solchen Fall nach § 97 Abs. 3 zu erfolgen. Die Leistungen des Erbbauberechtigten sind mit den Leistungen des Grundstückseigentümers (= Verschaffung des Erbbaurechts) zu vergleichen. Dabei ist der Wert des Erbbaurechts wiederum allein nach § 49 Abs. 2 zu ermitteln.[19]

2. Wertberechnung. Für Rechte, die wie das Erbbaurecht auf bestimmte Dauer beschränkt sind, erachtet | 14
§ 52 Abs. 2 S. 1 grds. den auf die Dauer des Rechts entfallenden Wert für maßgebend. Es sind also sämtliche während der Dauer des Erbbaurechts geschuldeten Entgeltzahlungen des Berechtigten zu einem Gesamtbetrag zu addieren. Dabei ist § 52 Abs. 2 S. 2 zu beachten, wonach der Wert durch den „auf die **ersten 20 Jahre** entfallenden Wert des Rechts" beschränkt ist.

Die Regelung bewirkt (neben einer gewissen Kostenerleichterung) v.a. eine Vereinfachung der Gebührenberechnung in Fällen, in denen der Erbbauzins während der Dauer des Erbbaurechts unterschiedlich hoch ist. | 15
Es sind stets **nur die ersten 20 Jahre** und die auf sie entfallenden Leistungen für die Kostenberechnung relevant. Wertveränderungen in der ferneren Zukunft – sowohl nach oben als auch nach unten – (und damit auch vertragliche Anpassungsregelungen) bleiben bei der Wertbestimmung unberücksichtigt. Ist nach dem Erbbaurechtsvertrag der Erbbauzins nicht jährlich zu berechnen oder ist er innerhalb eines Jahres unterschiedlich hoch, so muss jeweils ein **Jahreswert** errechnet werden, indem die in einem Jahr zu erbringenden Leistungen ermittelt werden.[20]

Bei der Vereinbarung eines Erbbauzinses **„plus Umsatzsteuer"** ist letztere bei der Wertermittlung nicht zu | 16
berücksichtigen. Die Umsatzsteuer ist nach der aktuellen Fassung des § 13 b UStG allein vom Erwerber geschuldet und stellt daher keinen Teil der Gegenleistung des Erbbauberechtigten dar.[21]

Werden **bis zur Eintragung** des Erbbaurechts (weitere) rein schuldrechtliche Abreden zum Erbbauzins getroffen, sind diese im Geschäftswertansatz nach § 43 enthalten. Wird dagegen ein bestehendes Erbbaurecht | 17
vor dessen Ablauf durch vertragliche Vereinbarung **verlängert**, handelt es sich um eine Ergänzung zum ursprünglichen Bestellungsvertrag. Hier ist der für die **weitere Dauer** des Erbbaurechts nach § 52 Abs. 2 zu ermittelnde (auf den 20fachen Jahresbetrag begrenzte) volle Wert maßgebend, wobei für die Wertberechnung § 52 Abs. 6 S. 2 zu beachten ist.[22]

In den praktisch eher seltenen Fällen, in denen die Dauer des Erbbaurechts zusätzlich noch **auf die Lebensdauer des Berechtigten beschränkt** ist, darf durch den nach § 52 Abs. 2 errechneten Wert der Wert des § 52 | 18
Abs. 4 (Geschäftswert bei Rechten, die auf die Lebensdauer einer Person beschränkt sind) nicht überschritten werden (§ 52 Abs. 2 S. 3).

Sofern die Höhe des Erbbauzinses von einer **echten Wertsicherungsklausel** abhängig ist, die etwa die Relation zum Lebenshaltungsindex darstellt und zu einer automatischen Anpassung der wiederkehrenden Leistungen bei einer Änderung der Verhältnisse führt, ist dies kostenrechtlich irrelevant. Wertsicherungsklauseln in Erbbaurechtsverträgen (vgl § 4 PreisklG) sind „im Interesse einer einfacheren Bewertung"[23] nach § 52 Abs. 7 **nicht gesondert** zu **bewerten**. | 19

III. Vergleichsmaßstab: Wert des Erbbaurechts (S. 2)

1. Allgemeines. Der nach § 52 ermittelte Wert des Erbbauzinses (Gegenleistung des Erbbauberechtigten) ist | 20
nach S. 2 dem nach § 49 Abs. 2 zu ermittelnden Wert des Erbbaurechts (Leistung des Eigentümers) gegenüberzustellen. Der höhere Wert bildet den Geschäftswert. S. 2 ist stets allein maßgebend in Fällen, in denen eine Gegenleistung des Erbbauberechtigten nicht vereinbart ist.

---

16 OLG Celle DNotZ 1952, 479; LG München DNotZ 1952, 220; OLG Schleswig NJW 1955, 65; Staudinger/*Rapp*, ErbbauRG, Neubearb 2009, § 9 Rn 1. **17** Leipziger-GNotKG/*Deecke*, § 43 Rn 7; Korintenberg/*Sikora*, § 43 Rn 13. **18** Korintenberg/*Sikora*, § 43 Rn 12. **19** BDS/*Pfeiffer*, § 43 Rn 7 f; Leipziger-GNotKG/*Deecke*, § 43 Rn 9. **20** Leipziger-GNotKG/*Deecke*, § 43 Rn 6. **21** Korintenberg/*Sikora*, § 43 Rn 10; vgl zum Streitstand unter Geltung des § 13 b UStG aF OLG München MittBayNot 2006, 531; OLG Celle RNotZ 2005, 555. **22** *Notarkasse*, Streifzug durch das GNotKG, Rn 643 ff; *Tiedtke/Diehn*, Notarkosten im Grundstücksrecht, Rn 1056. **23** Begr. RegE, BR-Drucks 517/12, S. 248.

NK-GK/*Röhl* | 1559

21   **2. Gegenstand der Bewertung: das Grundstück.** Der nach § 52 ermittelte Wert des Erbbauzinses ist mit dem Wert des Erbbaurechts zu vergleichen (S. 2). Letzterer bemisst sich nach der Verweisungsnorm des § 49 Abs. 2 nach dem Wert des belasteten Grundstücks einschließlich darauf errichteter Bauwerke (auch solcher, die für Rechnung des Erbbauberechtigten errichtet wurden; dazu auch → Rn 9). Beschränkt sich der Ausübungsbereich des Erbbaurechts auf eine Teilfläche des belasteten Grundstücks, so ist nur der Wert dieser Teilfläche maßgebend (§ 49 Abs. 2 Hs 2). 80 Prozent des Grundstücks- und Gebäudewerts sind sodann als Wert des Erbbaurechts anzusetzen.

22   Der Wert des Grundstücks (samt der ggf darauf errichteten Bauwerke) ist nach § 46 festzustellen (zu den Einzelheiten vgl die Erl. dort). Maßgebend ist grds. der Verkehrswert, der anhand der Kriterien des § 46 Abs. 2 (Inhalt des Geschäfts, Angaben der Beteiligten, amtlich bekannte Tatsachen oder Vergleichswerte, offenkundige Tatsachen) zu ermitteln ist. Für die Bestimmung des Verkehrswerts eines Grundstücks können als weitere Kriterien insb. im Grundbuch eingetragene Belastungen, aus den Grundakten ersichtliche Tatsachen oder Vergleichswerte sowie für die Steuererhebung festgesetzte Werte herangezogen werden (§ 46 Abs. 3). Die in § 46 aufgeführten Bewertungskriterien sind grds. **abschließend**; „sonstige ausreichende Anhaltspunkte" sind nicht mehr als Kriterium anerkannt (dazu auch → § 46 Rn 51).[24]

23   Da der Verkehrswert eines Grundstücks (und der darauf befindlichen Gebäude) im Sinne eines Marktwerts ohne zeit- und kostenintensive Ermittlungstätigkeit (Verkehrswertgutachten) regelmäßig nur schwer festzustellen ist,[25] sieht § 46 Abs. 2 und 3 aus Praktikabilitätsgesichtspunkten gewisse Erleichterungen bei der Wertermittlung vor (im Einzelnen → § 46 Rn 25 ff).

24   Eine Bezugnahme auf den **Einheitswert** enthält § 46 nicht, da dieser nach Auffassung des Gesetzgebers als primäre Bewertungsgrundlage nicht in Betracht kommt.[26] Stattdessen kann bei unbebauten Grundstücken auf die **Bodenrichtwerte** nach §§ 195, 196 BauGB und bei bebauten (Miet-)Grundstücken auf das (jedoch sehr aufwändige) **Ertragswertverfahren** oder den (einfacher zu ermittelnden) Preisindex für Wohngebäude (§§ 9, 11 ImmoWertV, Ziffer 3.6.1.1.7 WertR 2006) zurückgegriffen werden. Sofern steuerliche **Wertermittlungsergebnisse** vorliegen, können diese Grundlage der Wertermittlung sein; die Befreiung vom Steuergeheimnis findet sich in diesem Zusammenhang in § 46 Abs. 3 S. 2. Wegen des abschließenden Charakters des § 46 Abs. 2 und 3 können **Gebäudeversicherungswerte** (v.a. Brandversicherung) nur noch dann herangezogen werden, wenn sie aus früheren Vorgängen amtsbekannt sind (zB aus früheren Kaufverträgen über das Objekt) oder wenn sie auf freiwilligen Angaben der Beteiligten beruhen.[27] Unzulässig ist die direkte Einholung einer Auskunft bei den Gebäudeversicherern.

25   Kann der Verkehrswert auch anhand der gesetzlich normierten Kriterien nicht zuverlässig ermittelt werden, hat letztlich nach § 36 Abs. 1 eine **Schätzung** stattzufinden. Gleiches gilt, wenn die Beteiligten ihrer Pflicht zur Mitwirkung bei der Wertermittlung nicht nachkommen (§ 95 S. 3).[28] Eine Beweisaufnahme zur Feststellung des Verkehrswerts ist dagegen nach § 46 Abs. 4 stets unzulässig.

26   **3. Bewertungszustand.** Das Grundstück ist in dem Zustand zu bewerten, in dem es sich im Zeitpunkt der Bestellung des Erbbaurechts befindet (§ 96). Auf dem Grundstück befindliche **Bauwerke** sind vollständig zu berücksichtigen (§ 49 Abs. 2). Dies gilt auch für eine auf Rechnung des Erbbauberechtigten erfolgte Bebauung.

27   Fraglich ist, ob eine Bebauung, die im Zeitraum **zwischen der notariellen Beurkundung und der Eintragung des Rechts im Grundbuch** erfolgt, geschäftswerterhöhend zu berücksichtigen ist oder nicht. Bis zur Eintragung des Rechts kann uU ein nicht unerheblicher Zeitraum verstreichen, so dass es bejahendenfalls dem Zufall überlassen bliebe, ob eine Erhöhung des Geschäftswerts vorzunehmen ist. Auch zur Gewährleistung einer zeitnahen (endgültigen) Kostenfestsetzung erscheint es daher im Ergebnis vorzugswürdig, den Bebauungszustand im Beurkundungszeitpunkt für maßgebend zu erachten. Wird ein Erbbaurecht an einer noch zu vermessenden Teilfläche bestellt, ist für die Bewertung der Messungsanerkennung der Bebauungszustand im Zeitpunkt der Beurkundung dieses Rechtsgeschäfts zugrunde zu legen.

IV. Durchführung des Wertvergleichs

28   Der nach § 43 vorzunehmende Wertvergleich soll anhand eines Berechnungsbeispiels verdeutlicht werden.

---

24 Vgl Begr. RegE, BR-Drucks 517/12, S. 241; NK-BGB/*Tiedtke*, Bd. Sachenrecht, 2012, Anh. Notarkosten Rn 46; *Wudy*, notar 2012, 276, 285. **25** Vgl etwa OLG Rostock JurBüro 2012, 259, 261. **26** Begr. RegE, BR-Drucks 517/12, S. 241. **27** NK-BGB/ *Tiedtke*, Bd. Sachenrecht, 2012, Anh. Notarkosten Rn 46. Kritisch *Wudy*, notar 2012, 276, 286. **28** Vgl NK-BGB/*Tiedtke*, Bd. Sachenrecht, 2012, Anh. Notarkosten Rn 48.

Berechnungsbeispiel: Bestellung eines einfachen Erbbaurechts

Unbebautes Grundstück, Bodenrichtwert:	100.000 € (§ 46)
Erbbaurechtsbestellung, Dauer:	80 Jahre
Jährlicher Erbbauzins:	2.000 €
Wertsicherungsklausel	
Ergibt kapitalisierten Erbbauzins (vgl § 43 S. 1) von (2.000 € x 80; § 52 Abs. 2 S. 1)	160.000 €
Jedoch begrenzt auf Jahreszins der ersten 20 Jahre (vgl § 52 Abs. 2 S. 2)	40.000 €
Wertsicherungsklausel (keine Bewertung, § 52 Abs. 7)	0 €
Zwischensumme	40.000 €
Wertvergleich: 80 % des Grundstückswerts (§ 43 S. 2)	80.000 €
Geschäftswert daher	**80.000 €**

Alle zusätzlichen Vereinbarungen, die nach §§ 2–8, 27, 32 ErbbauRG Inhalt des Erbbaurechts sein können, sind von dem so ermittelten Geschäftswert umfasst und daher nicht gesondert zu bewerten (zB Bauverpflichtungen, Heimfallrecht, Übernahme der öffentlichen Abgaben und Lasten, künftige Erschließungskosten, Vorrecht auf Erneuerung des Erbbaurechts, Ankaufsrecht, Zustimmung des Grundstückseigentümers zur Belastung des Erbbaurechts, Vorkaufsrecht des Erbbauberechtigten am Erbbaugrundstück etc.). Zur gesonderten Bewertung weiterer Vereinbarungen → Rn 4 f.   29

Wird ein **Untererbbaurecht** bestellt, ist ebenfalls ein Wertvergleich nach § 43 durchzuführen. Gegenüberzustellen sind einerseits 80 % des nach § 49 Abs. 2 ermittelten Werts des Obererbbaurechts (= 80 % des Verkehrswerts von Grundstück samt Gebäuden) und andererseits der nach § 52 kapitalisierte Erbbauzins (ggf zzgl weiterer Gegenleistungen des Erbbauberechtigten). Der höhere Wert bildet den Geschäftswert.[29]   30

V. Wechselseitige Vorkaufsrechte

Häufig werden im Zuge der Erbbaurechtsbestellung wechselseitige Vorkaufsrechte für den Erbbauberechtigten und den Grundstückseigentümer bestellt.   31

Die Vereinbarung eines **Vorkaufsrechts am Erbbaugrundstück** zugunsten des Erbbauberechtigten ist als Inhalt des Erbbaurechts gem. § 2 Nr. 7 ErbbauRG nicht gesondert zu bewerten, sondern wird vom Geschäftswert des § 43 mitumfasst.[30] Auch die Vereinbarung eines Vorrechts auf Erneuerung des Erbbaurechts nach § 2 Nr. 6 ErbbauRG ist – da dinglicher Inhalt des Erbbaurechts – nicht zusätzlich zu bewerten.[31]   32

Anderes gilt nach hM für die Vereinbarung eines **Vorkaufsrechts am Erbbaurecht** zugunsten des Grundstückseigentümers. Hierbei handelt es sich um eine gegenstandsverschiedene Erklärung (§ 86 Abs. 2), die gesondert bewertet werden muss.[32] Früher war umstritten, welcher Geschäftswert für das Vorkaufsrecht anzusetzen ist, wenn ein Zustimmungsvorbehalt des Eigentümers zur Veräußerung des Erbbaurechts vereinbart wird (Teilwert von 10–20 % aus dem Wert des bebauten Erbbaurechts[33] oder halber Wert des Erbbaurechts).[34] Der BGH[35] hat Ende 2011 entschieden, dass regelmäßig von einem Wertansatz gem. § 20 Abs. 2 KostO (halber Wert des Erbbaurechts) auszugehen ist, wenn ein Vorkaufsrecht am Erbbaurecht zugunsten des Grundstückseigentümers eingeräumt wird. Ausnahmsweise komme eine Abweichung dann in Betracht, wenn der Eintritt des Vorkaufsfalls und die Ausübung des Vorkaufsrechts wegen anderer gesicherter Umstände als äußerst unwahrscheinlich anzusehen seien (zB bei Gebäuden, deren Verwendung ausschließlich öffentlichen Zwecken gewidmet ist).[36]   33

Diese Rspr des BGH lässt sich auch unter Geltung des GNotKG aufrechterhalten. § 51 Abs. 1 S. 2 bestimmt ausdrücklich, dass der Wert eines Vorkaufsrechts stets die Hälfte des Gegenstandswerts (hier also des Erbbaurechts) beträgt. Daher ist grds. die Hälfte des Werts des Erbbaurechts (unter Berücksichtigung aller – ggf noch zu errichtender – Gebäude) als Geschäftswert für das Vorkaufsrecht zugrunde zu legen. Die vom BGH zugelassene Ausnahme vom hälftigen Wertansatz kann jedoch über eine Heranziehung der Billigkeitsklausel des § 51 Abs. 3 nach wie vor anerkannt werden.[37]   34

Der **Geschäftswert** der Bestellung eines Vorkaufsrechts am Erbbaurecht bemisst sich folglich über § 49 Abs. 2 nach dem 80 %igen Grundstücksverkehrswert (inklusive darauf errichteter oder noch zu errichten-   35

---

29 *Notarkasse*, Streifzug durch das GNotKG, Rn 632; *Korintenberg/Sikora*, § 43 Rn 25. **30** BayObLG JurBüro 1983, 108; OLG Düsseldorf MittRhNotK 1983, 200; *Sikora*, MittBayNot 2013, 446, 449; *Tiedtke/Diehn*, Notarkosten im Grundstücksrecht, Rn 1049; Prüfungsabteilung der Ländernotarkasse A.d.ö.R., NotBZ 2012, 165, 166; aA OLG Hamburg DNotZ 1963, 119. **31** *Korintenberg/Sikora*, § 43 Rn 19. **32** OLG Dresden NJOZ 2012, 580; *v. Oefele/Winkler*, Hdb ErbbauR, Rn 9.3; *Sikora*, MittBayNot 2013, 446, 449 f; *Notarkasse*, Streifzug durch das GNotKG, Rn 612 ff; Prüfungsabteilung der Ländernotarkasse A.d.ö.R., NotBZ 2012, 165, 166. **33** OLG Dresden NJOZ 2012, 580; BayObLG DNotZ 1968, 760, 764; BayObLG DNotZ 1984, 113, 115; OLG Hamm Rpfleger 1960, 65. **34** OLG München FGPrax 2006, 134; OLG Hamburg DNotZ 1961, 434, 435; OLG Celle DNotZ 1962, 48; *Tiedtke/Diehn*, Notarkosten im Grundstücksrecht, Rn 1051. **35** BGH JurBüro 2012, 92 = MittBayNot 2012, 318. Dazu *Tiedtke*, DNotZ 2012, 645, 650 f; *Wudy*, notar 2012, 276, 278 f. **36** Vgl dazu auch *Notarkasse*, Streifzug durch das GNotKG, Rn 616; *Korintenberg/Sikora*, § 43 Rn 20. **37** *Wudy*, notar 2012, 276, 279.

der Gebäude). Von dem so ermittelten Wert sind 50 % in Ansatz zu bringen (§ 51 Abs. 1 S. 2). Sofern die Bestellung des Erbbaurechts nachweislich zur Errichtung eines Gebäudes oder zur Instandhaltung eines bestehenden Bauwerks bestellt wird, sind dem Wert des (unbebauten) Grundstücks die Bau- bzw Instandhaltungskosten hinzuzurechnen.[38] Sollten diese (noch) nicht bekannt sein, kann uU eine in bestimmter Höhe erteilte vorweggenommene Belastungszustimmung des Grundstückseigentümers zur Wertbestimmung herangezogen werden.[39]

36 **Berechnungsbeispiel: Bestellung eines Erbbaurechts mit wechselseitigen Vorkaufsrechten**

Sachverhalt wie → Rn 28, zusätzlich werden wechselseitige Vorkaufsrechte bestellt. Die Höhe der zu erwartenden Baukosten beträgt 100.000 €.

Geschäftswert des Erbbaurechts (→ Rn 28):	80.000 €
Vorkaufsrecht am Grundstück: nicht gesondert zu bewerten	
Vorkaufsrecht am Erbbaurecht: (80 % des Grundstückswerts + 80 % der Baukosten) ./. 2:	80.000 €
Geschäftswert daher	**160.000 €**

VI. Veräußerung, Belastung, Aufhebung etc.

37 Für nachträgliche Rechtsgeschäfte über bestehende Erbbaurechte (insb. Veräußerung, Änderung und Aufhebung) ist der Geschäftswert nicht nach § 43 zu ermitteln, da diese Vorschrift ausweislich ihres ausdrücklichen Wortlauts **nur** den **Bestellungsvorgang** erfasst. Die **Erstreckung** eines bestehenden Erbbaurechts auf weitere Grundstücksflächen ist dagegen in diesem Zusammenhang als Neubestellung eines Erbbaurechts anzusehen, so dass zur Geschäftswertermittlung auf § 43 zurückzugreifen ist.

38 Bei der **entgeltlichen Veräußerung** eines bestehenden Erbbaurechts ist für die Wertermittlung § 47 maßgeblich, so dass als Geschäftswert grds. der vereinbarte Kaufpreis zugrunde zu legen ist, es sei denn, der nach § 49 Abs. 2 ermittelte (Verkehrs-)Wert des Erbbaurechts ist tatsächlich höher (vgl §§ 97 Abs. 3, 47).[40] Dauernde (dingliche) Lasten wie der Erbbauzins oder das Vorkaufsrecht am Erbbaurecht sind nicht hinzuzurechnen, da sie den Wert des Erbbaurechts mindern.[41]

39 Bei einer **unentgeltlichen Übertragung** eines bestehenden Erbbaurechts ist der Geschäftswert nach den §§ 97 Abs. 1, 49 Abs. 2 zu ermitteln. Bei bebauten Grundstücken sind demnach zumeist 80 % der Summe aus Grundstücks- und Gebäudewert maßgebend (vgl insoweit die Bewertungsvorschrift des § 49 Abs. 2).[42] Dies gilt auch für die Veräußerung eines **Eigentümererbbaurechts**, es sei denn, das Recht ist im Zeitpunkt des Vertragsschlusses noch nicht im Grundbuch eingetragen.[43]

40 Soll ein Erbbaurecht mit einer **Grundschuld** belastet werden, so bestimmt sich der Geschäftswert hierfür nach dem Nennbetrag der Grundschuld (§ 53 Abs. 1 S. 1). Eine in derselben Urkunde erteilte Eigentümerzustimmung zur Belastung und ein etwa erklärter Rangrücktritt sind nicht gesondert zu bewerten. Anders ist dies dann, wenn diese Erklärungen in einer separaten Urkunde enthalten sind.[44]

41 Die nachträgliche **Teilung** eines eingetragenen Erbbaurechts ist gem. §§ 97 Abs. 2, 36 Abs. 1 nach billigem Ermessen zu bewerten. Angemessen erscheint der Ansatz von 20–30 % des nach § 49 Abs. 2 ermittelten Werts des (bebauten) Erbbaurechts.[45] Hinzu kommt – da mit der Teilung des Erbbaurechts regelmäßig auch die Verteilung des Erbbauzinses verbunden ist – der nach § 52 kapitalisierte Wert des Erbbauzinses (ggf samt Erhöhungsbetrag). Die Änderung der übrigen Vereinbarungen, die Inhalt des Erbbaurechts geworden sind, ist dagegen grds. nicht zusätzlich zu erfassen.[46] Der nach vorstehenden Grundsätzen ermittelte Wert darf gem. § 97 Abs. 2 den Wert des Rechtsverhältnisses nach § 43 nicht übersteigen.

42 Die Aufteilung eines bestehenden Erbbaurechts in **Wohnungs- und Teilerbbaurechte** ist nach § 42 zu bewerten (s. dort).

43 Soll ein Erbbaurecht aufgehoben werden, so erfolgt dies durch Erklärung des Erbbauberechtigten gegenüber dem Grundbuchamt und anschließender Eintragung in das Grundbuch (§ 11 ErbbauRG; §§ 875, 876 BGB). Dem liegt regelmäßig ein notariell beurkundeter **Aufhebungsvertrag** zwischen Erbbauberechtigtem und Grundstückseigentümer zugrunde. Mit der Aufhebung erlöschen grds. auch die das Erbbaurecht belastenden dinglichen Rechte. Eine gesonderte Bewertung erfolgt daher nicht. Sollen sich die dinglichen Rechte

---

38 *Notarkasse*, Streifzug durch das GNotKG, Rn 614. **39** Prüfungsabteilung der Ländernotarkasse A.d.ö.R., NotBZ 2012, 165, 166; BayObLGZ 1982, 342; *Delp*, JurBüro 1978, 963, 970; aA *Bund*, Rpfleger 2005, 242; OLG Köln MittRhNotK 1988, 108: nur Baukosten. **40** OLG Celle NotBZ 2015, 150; *Korintenberg/Tiedtke*, § 49 Rn 15; *Tiedtke/Diehn*, Notarkosten im Grundstücksrecht, Rn 1037; *Mümmler*, JurBüro 1972, 353, 362 f; *v. Oefele/Winkler*, Hdb ErbbauR, Rn 9.21. **41** OLG Celle DNotZ 1960, 410; OLG Celle DNotZ 1973, 47; *Lappe*, NJW 1984, 1215; aA *Kahlke*, DNotZ 1983, 526. **42** *Wudy*, notar 2012, 276, 285; *Notarkasse*, Streifzug durch das GNotKG, Rn 660. **43** OLG Düsseldorf Rpfleger 1993, 508; *Korintenberg/Sikora*, § 43 Rn 6. **44** Dazu *v. Oefele/Winkler*, Hdb ErbbauR, Rn 9.31: Nennbetrag des Grundpfandrechts ist anzusetzen. **45** Vgl *v. Oefele/Winkler*, Hdb ErbbauR, Rn 9.15; *Mümmler*, JurBüro 1972, 353, 361 f; *Korintenberg/Sikora*, § 43 Rn 24. **46** Dazu *v. Oefele/Winkler*, Hdb ErbbauR, Rn 9.16 f

am Grundstück fortsetzen, so bedarf es einer Neubestellung.[47] Dies wird häufig von den Gläubigern verlangt, so dass es hier zusätzlich zur Aufhebung noch einer Pfanderstreckung bedarf. Letztere ist gem. § 86 Abs. 2 gegenstandsverschieden zur Aufhebung und daher gesondert nach §§ 53 Abs. 1, 44 Abs. 1 zu bewerten (→ § 44 Rn 7 ff). Für die Aufhebung des Erbbaurechts ist als Geschäftswert iSd § 97 regelmäßig der Wert des (bebauten) Erbbaurechts im Zeitpunkt der Aufhebung maßgebend (§ 49 Abs. 2). Wie bei der (unentgeltlichen) Veräußerung eines Erbbaurechts ist folglich auch bei der Aufhebung des Rechts aus der Summe von Grundstücks- und Gebäudewert ein Teilwert von 80 % als Geschäftswert anzusetzen.[48] Für den Grundbuchberichtigungsantrag, der nach Erlöschen des Erbbaurechts durch Zeitablauf (dh ohne Aufhebungsvertrag) erforderlich wird, erscheint nach § 36 Abs. 1 der Ansatz eines Teilwerts iHv 10–20 % aus der Summe, bestehend aus dem 80 %igen Grundstücks- und Gebäudewert, angemessen.

Die mit der Löschung des Erbbaurechts gleichzeitig vollzogene **Löschung des Vorkaufsrechts des Erbbaube-** 44 **rechtigten** am Grundstück ist mit einem Teilwert von 10–20 % des Grundstückswerts (ohne Bebauung) gesondert zu berücksichtigen (§ 51 Abs. 3 iVm § 51 Abs. 1 S. 2).[49] Für die Löschung der sonstigen dinglichen Belastungen ist kein zusätzlicher Wert in Ansatz zu bringen, soweit diese Rechte ohne gesonderte Löschungsbewilligung beseitigt werden.[50]

VII. Gebührenermäßigung

Nach § 39 ErbbauRG sind im Falle eines Erwerbs des mit dem Erbbaurecht belasteten Grundstücks durch 45 den Erbbauberechtigten aufgrund eines Vorkaufsrechts oder einer Kaufberechtigung iSd § 2 Nr. 7 ErbbauRG oder im Falle der Erneuerung eines bestehenden Erbbaurechts die Kosten und sonstigen Abgaben, die schon bei Begründung des Erbbaurechts entrichtet worden sind, nicht erneut zu erheben. Hintergrund dieser Vorschrift ist es, die Veräußerung des belasteten Grundstücks an den Erbbauberechtigten bzw das Verbleiben des Erbbaurechts beim Berechtigten zu erleichtern.[51] Ob diese besondere Gebührenfreiheit auch für den Notar (dem die Gebühren für seine Tätigkeit selbst zufließen) gilt, ist umstritten. Die wohl hM lehnt dies mit der Begründung ab, dass nach Vorbem. 2 Abs. 2 S. 1 KV diejenigen bundes- oder landesrechtlichen Vorschriften, die Gebühren- oder Auslagenbefreiung gewähren, auf den Gebührennotar keine Anwendung finden.[52]

Möglich ist dagegen eine Heranziehung der für den Grundstückskaufvertrag geltenden Ermäßigungsvor- 46 schrift des § 91, wenn und soweit die dort geregelten Voraussetzungen vorliegen (s. die Erl. dort).

VIII. Gebührensatz

Die vertragliche **Bestellung** eines Erbbaurechts (Gleiches gilt bei nachträglichen Veränderungen oder einer 47 Aufhebung) löst nach Nr. 21100 KV eine 2,0-Gebühr (mindestens 120 €) aus. Bei der Bestellung eines Eigentümererbbaurechts fällt nach Nr. 21200 KV eine 1,0-Gebühr (mindestens 60 €) an. Für die anschließende Vollzugtätigkeit steht dem Notar überdies eine 0,5-Gebühr (Fremderbbaurecht, Nr. 22110 KV) bzw eine 0,3-Gebühr (Eigentümererbbaurecht, Nr. 22111 KV) zu.

Hinsichtlich der **Grundbucheintragung** sind nach Vorbem. 1.4 Abs. 1 KV für Erbbaurechte die für Grund- 48 stücke geltenden Vorschriften entsprechend heranzuziehen. Für die Eintragung eines Erbbauberechtigten wird daher nach Nr. 14110 KV eine 1,0-Gebühr erhoben. Gleiches gilt nach Nr. 14121 KV für die Eintragung eines Erbbaurechts als Belastung an einem Grundstück.

Zu den Einzelheiten s. jeweils die dortigen Erläuterungen. 49

§ 44 Mithaft

(1) ¹Bei der Einbeziehung eines Grundstücks in die Mithaft wegen eines Grundpfandrechts und bei der Entlassung aus der Mithaft bestimmt sich der Geschäftswert nach dem Wert des einbezogenen oder entlassenen Grundstücks, wenn dieser geringer als der Wert nach § 53 Absatz 1 ist. ²Die Löschung eines Grundpfandrechts, bei dem bereits zumindest ein Grundstück aus der Mithaft entlassen worden ist, steht hinsichtlich der Geschäftswertbestimmung der Entlassung aus der Mithaft gleich.

(2) Absatz 1 gilt entsprechend für grundstücksgleiche Rechte.

---

[47] BayObLG DNotZ 1985, 372. [48] *Wudy*, notar 2012, 276, 285. [49] Prüfungsabteilung der Ländernotarkasse A.d.ö.R., NotBZ 2013, 104, 105; aA *Mümmler*, JurBüro 1981, 349. [50] *Tiedtke/Diehn*, Notarkosten im Grundstücksrecht, Rn 1068. Zur Anwendbarkeit des § 12 Abs. 3 ErbbauRG auf dingliche Belastungen eines Erbbaurechts vgl BGH DNotZ 2012, 760 = MittBayNot 2013, 40. [51] *Mümmler*, JurBüro 1972, 353, 365. [52] So etwa *Tiedtke/Diehn*, Notarkosten im Grundstücksrecht, Rn 1077; Staudinger/*Rapp*, ErbbauRG, Neubearb. 2009, § 39 Rn 3; aA dagegen *Mümmler*, JurBüro 1972, 353, 366.

(3) Absatz 1 gilt ferner entsprechend

1. für Schiffshypotheken mit der Maßgabe, dass an die Stelle des Grundstücks das Schiff oder das Schiffsbauwerk tritt, und

2. für Registerpfandrechte an einem Luftfahrzeug mit der Maßgabe, dass an die Stelle des Grundstücks das Luftfahrzeug tritt.

Schrifttum: *Ackermann*, DNotZ 1961, 382; *Wudy*, notar 2012, 276; *ders.*, NotBZ 2013, 201.

I. Gesetzliche Systematik

1   **1. Anwendungsbereich.** Die Vorschrift gilt für Notare und Gerichte gleichermaßen. Sie regelt die Geschäftswertermittlung bei der **Einbeziehung** eines Grundstücks oder eines grundstücksgleichen Rechts (Erbbaurecht, Wohnungseigentum etc.) in die Mithaft einer Hypothek, Grundschuld, Rentenschuld, Schiffshypothek oder eines Pfandrechts an einem Luftfahrzeug. Ferner erfasst sie die **Entlassung** aus der Mithaft der genannten Rechte. Nach § 71 Abs. 2 ist Abs. 1 für die **nachträgliche Gesamtbrieferteilung** entsprechend anwendbar.

2   **Keine Anwendung** findet § 44 auf die Begründung und Löschung von Grundpfandrechten, insb. die **Bestellung einer Gesamthypothek oder Gesamtgrundschuld** im Sinne einer Erstbelastung mehrerer Grundstücke, da hier keine „Einbeziehung in die Mithaft" erfolgt.[1] Maßgebender Wert ist hier regelmäßig der Nennbetrag des Grundpfandrechts gem. § 53 Abs. 1. Dies gilt auch für die Abtretung von Gesamtgrundpfandrechten.[2] Nach Auffassung des OLG Karlsruhe ist § 44 entsprechend anzuwenden, wenn ein Grundstückseigentümer seine Zustimmung zur Mithaftung seines Grundstücks erteilt, nachdem zuvor ein anderer eine Gesamtgrundschuld am eigenen und – insoweit als vollmachtloser Stellvertreter – am Grundstück des Zustimmenden bestellt hat (dazu → Rn 9).[3]

Keine Anwendung findet § 44 zudem auf andere Gesamtrechte wie zB Gesamtdienstbarkeiten oder Gesamtreallasten. Maßgebend ist hier allein der Wert des betroffenen Gesamtrechts.[4]

3   Wird bei der Abgabe einer Pfandfreigabeerklärung gleichzeitig einer bewilligten Auflassungsvormerkung der Vorrang eingeräumt, so ist nur die Pfandfreigabe zu bewerten; der Rangrücktritt ist hierzu gegenstandsgleich und daher nicht gesondert zu berücksichtigen.[5]

4   **2. Allgemeines.** Bei § 44 handelt es sich nicht um eine Bewertungsvorschrift, sondern um eine besondere Geschäftswertvorschrift. Da sie sowohl für die notarielle Urkundsgestaltung als auch für den grundbuchamtlichen Vollzug einer Mithafterstreckung bzw -entlassung von Bedeutung ist, wurde sie in Kapitel 1 Abschnitt 7 Unterabschnitt 2 des GNotKG verortet.[6]

5   Nach **Abs. 1 S. 1** bestimmt sich der Geschäftswert bei der Einbeziehung eines Grundstücks in die Mithaft wegen eines Grundpfandrechts und bei der Entlassung aus der Mithaft grds. nach dem Wert des einbezogenen oder des entlassenen Grundstücks. Ist jedoch der Wert nach § 53 Abs. 1 geringer, so ist dieser maßgeblich. Durch **Abs. 1 S. 2** wird eine alte Streitfrage geklärt. Danach steht die Löschung eines Gesamtgrundpfandrechts, bei dem bereits zumindest ein Grundstück aus der Mithaft entlassen worden ist, hinsichtlich der Geschäftswertbestimmung der Entlassung aus der Mithaft gleich (dazu → Rn 16 f).

6   **Abs. 2** stellt klar, dass der nach Abs. 1 angeordnete Wertvergleich auch bei grundstücksgleichen Rechten vorzunehmen ist. Entsprechendes gilt nach **Abs. 3** bei Schiffshypotheken und Registerpfandrechten an Luftfahrzeugen.

II. Pfandunterstellung und Pfandfreigabe (Abs. 1)

7   **1. Grundsätzliches (Abs. 1 S. 1).** Nach Abs. 1 S. 1 bestimmt sich der Geschäftswert bei der Einbeziehung eines Grundstücks in die Mithaft eines Grundpfandrechts und bei der Entlassung aus der Mithaft nach dem **Wert des einbezogenen oder entlassenen Grundstücks.** Der Grundstückswert ist dabei nach § 46 zu ermitteln (zur Wertermittlung → § 46 Rn 25 ff). Ist jedoch der sich aus § 53 Abs. 1 ergebende **Wert des Grundpfandrechts,** der sich nach dem Nennbetrag der Schuld bemisst, geringer als der Grundstückswert, so ist dieser maßgebend. Es hat folglich ein **Wertvergleich** stattzufinden.

Eine **Einbeziehung** in die Mithaft ist dann gegeben, wenn ein bereits eingetragenes Grundpfandrecht auf ein weiteres Grundstück erstreckt wird. Eine **Entlassung** aus der Mithaft liegt dagegen dann vor, wenn – jedenfalls für ein Grundstück – die Gesamtbelastung beseitigt wird. Dies ist bei einer bloßen Verteilung nach § 1132 Abs. 2 BGB nicht der Fall.

---

1 Leipziger-GNotKG/*Zimmer*, § 44 Rn 3; BDS/*Pfeiffer*, § 44 Rn 2. **2** OLG Düsseldorf FGPrax 2015, 92. **3** OLG Karlsruhe JurBüro 1999, 211 8 (zur Vorgängerregelung § 23 Abs. 2 Hs 2 KostO). **4** BDS/*Pfeiffer*, § 44 Rn 3. **5** Vgl *Notarkasse*, Streifzug durch das GNotKG, Rn 2088; Korintenberg/*Sikora*, § 44 Rn 7. **6** Vgl Begr. RegE, BR-Drucks 517/12, S. 239.

Mit der Regelung in Abs. 1 weicht der Gesetzgeber für den Bereich der Pfandunterstellung und Pfandfreigabe von dem sonst geltenden Grundsatz ab, dass iRd kostenrechtlichen Behandlung von Grundpfandrechten stets deren Nennbetrag entscheidend ist (§ 53 Abs. 1).   **8**

Genehmigt ein Grundstückseigentümer nachträglich die Mithaftung seines Grundstücks, nachdem zuvor   **9** ein anderer eine Gesamtgrundschuld am eigenen und (als vollmachtloser Vertreter) am Grundstück des Zustimmenden bestellt hat, so ist ebenfalls analog § 44 ein Wertvergleich durchzuführen.[7] Die **Zustimmungserklärung** unterscheidet sich in ihrer wirtschaftlichen Bedeutung nicht von einer Erklärung, durch die ein Eigentümer die Einbeziehung seines Grundstücks in die Mithaft eines Grundpfandrechts bewirkt. Gleiches gilt letztlich auch für die Genehmigung der Eintragung einer Gesamthypothek auf landwirtschaftlichen Grundstücken.[8]

Gibt der Schuldner bei der Einbeziehung eines Grundstücks in die Mithaft zudem ein abstraktes **Schuldanerkenntnis** ab, ist für die Notargebühren allein dessen Wert maßgeblich, wenn dieser höher ist als der Wert   **10** des Grundpfandrechts und/oder des Grundstücks. Mit dem Grundpfandrecht ist das Schuldanerkenntnis gegenstandsgleich. Ein Wertvergleich nach Abs. 1 findet nicht statt. Etwas anderes gilt jedoch für die Eintragungsgebühren beim Grundbuchamt.[9]

2. Durchführung des Wertvergleichs. Zur Bestimmung des Geschäftswerts der Pfandunterstellung bzw   **11** Pfandfreigabe sind der Grundstückswert und der Wert des Grundpfandrechts (= Nennbetrag der Schuld) einander gegenüberzustellen. Der Wert des Grundpfandrechts lässt sich regelmäßig leicht ermitteln. Bei der Feststellung des Grundstückswerts gem. § 46 ist stets der Wert und Zustand des Grundbesitzes im Zeitpunkt der Gebührenfälligkeit maßgebend.[10] Zu den Einzelheiten bei der Wertermittlung vgl die Kommentierung zu den §§ 46 und 53. Der geringere der beiden Werte ist der Kostenberechnung zugrunde zu legen (Abs. 1 S. 1).

Werden **mehrere Grundstücke** von der Einbeziehung in oder der Entlassung aus der Mithaft betroffen, so   **12** ist deren zusammengerechneter Wert iRd Wertvergleichs anzusetzen. Andere Grundsätze gelten dagegen bei der Pfandunterstellung eines oder mehrerer Grundstücke unter **mehrere Grundpfandrechte** oder bei der Freigabe aus mehreren Grundpfandrechten. Hier hat ein Wertvergleich zwischen dem Wert des oder der betroffenen Grundstücke und dem Wert des Grundpfandrechts für jedes Grundpfandrecht gesondert stattzufinden – auch dann, wenn die mehreren Grundpfandrechte demselben Gläubiger zustehen. Die Summe der sich so ergebenden Einzelwerte bildet den Geschäftswert der einheitlich beurkundeten Pfandunterstellung.[11]

Berechnungsbeispiel 1: Pfandunterstellung bei mehreren Grundpfandrechten   **13**

Grundstück im Verkehrswert von 100.000 € (§ 46); Einbeziehung in die Mithaft zweier bestehender Grundschulden (Nennbetrag: 70.000 € und 150.000 €).

Geschäftswertermittlung:

1. Wertvergleich 100.000 € (Grundstückswert nach § 46) zu 70.000 € (Nennbetrag der Grundschuld nach § 53 Abs. 1),
   § 44 Abs. 1 S. 1   70.000 € (Nennbetrag maßgebend)
2. Wertvergleich 100.000 € (Grundstückswert nach § 46) zu 150.000 € (Nennbetrag der Grundschuld nach § 53 Abs. 1),
   § 44 Abs. 1 S. 1   100.000 € (Grundstückswert maßgebend)

Geschäftswert somit insgesamt   **170.000 €**

Berechnungsbeispiel 2: Pfandfreigabe mehrerer Grundstücke   **14**

Zwei Grundstücke (Wert: 50.000 € und 80.000 €) werden aus der Mithaft einer Grundschuld über 100.000 € entlassen.

Wertvergleich 130.000 € (zusammengerechneter Grund-   100.000 € (Nennbetrag maßgebend)
stückswert) zu 100.000 € (Nennbetrag der Grundschuld)

Wird ein Gesamtgrundpfandrecht in der Weise in seinem Inhalt geändert, dass es **in mehrere Einzelgrund-**   **15** **pfandrechte aufgeteilt** wird, so bestimmt sich der Geschäftswert nach dem Nennbetrag des bisherigen Grundpfandrechts, wenn die Summe der Nennwerte der Einzelgrundpfandrechte dem Gesamtrecht entspricht. Lastet dagegen nach der Aufteilung nur auf einem oder mehreren der bislang mitbelasteten Grundstücke ein Einzelrecht und bleibt das Gesamtrecht im Übrigen bestehen, so ist nach Auffassung des BayObLG der Wert des mit dem Einzelrecht belasteten Grundstücks zu dem auf das Einzelrecht verteilten

7 BDS/*Pfeiffer*, § 44 Rn 7; OLG Karlsruhe JurBüro 1999, 211. **8** OLG Nürnberg DNotZ 1958, 585; OLG Frankfurt DNotZ 1960, 495; aA jedoch OLG München RdL 1959, 77; *Riedel*, DNotZ 1960, 502. **9** Leipziger-GNotKG/*Zimmer*, § 44 Rn 6. **10** Vgl *Notarkasse*, Streifzug durch das GNotKG, Rn 2086; Korintenberg/*Sikora*, § 44 Rn 5; OLG Hamm Rpfleger 2011, 297. **11** BayObLG DNotZ 1961, 430; *Ackermann*, DNotZ 1961, 382; *Notarkasse*, Streifzug durch das GNotKG, Rn 2087; Korintenberg/*Sikora*, § 44 Rn 6; Leipziger-GNotKG/*Zimmer*, § 44 Rn 8.

Betrag hinzuzurechnen, wobei jedoch der bisherige Nennbetrag des Gesamtgrundpfandrechts nicht überschritten werden darf.[12] Grund hierfür ist, dass in dieser Konstellation der Inhalt des Grundpfandrechts nicht in seinem gesamten Umfang geändert wird, sondern vielmehr ein Gesamtgrundpfandrecht bestehen bleibt.

16   3. Löschung einer Globalgrundschuld (Abs. 1 S. 2). Bei der Bewertung der **Löschung eines Grundpfandrechts** ist nach § 53 Abs. 1 grds. der **Nennbetrag** des Grundpfandrechts heranzuziehen. Ein Wertvergleich mit dem Grundstück findet in diesem Zusammenhang eigentlich nicht statt.

17   Etwas anderes kann indes bei der **Löschung eines Globalgrundpfandrechts** gelten. Nach **Abs. 1 S. 2** steht die Löschung eines Grundpfandrechts, bei dem bereits zumindest ein Grundstück aus der Mithaft entlassen worden ist, der Entlassung aus der Mithaft gleich. Es ist daher stets ein **Wertvergleich** mit dem betreffenden Grundstück durchzuführen.[13] Der volle Nennbetrag der Globalgrundschuld ist nur noch dann anzusetzen, wenn sie insgesamt gelöscht werden soll und vorher nicht bereits wenigstens eine Einheit aus der Mithaft entlassen worden ist.[14]

III. Entsprechende Geltung von Abs. 1 (Abs. 2 und 3)

18   Die Grundsätze des Abs. 1 zur Geschäftswertermittlung bei der Pfandunterstellung bzw -entlassung von Grundstücken gelten nach **Abs. 2** entsprechend für **grundstücksgleiche Rechte** wie Erbbaurechte und Wohnungs- und Teileigentum.

19   Ferner ist ein Wertvergleich auch bei **Schiffshypotheken und Registerpfandrechten an Luftfahrzeugen** durchzuführen (**Abs. 3**). Gesamtrechte sind sowohl bei Schiffen und Schiffsbauwerken (§§ 28 und 77 SchRG) als auch bei Luftfahrzeugen (§ 28 LuftFzgG) möglich.

IV. Gebühren

20   Von dem nach § 44 ermittelten Geschäftswert wird für die **Beurkundung** gem. Nr. 24102 KV iVm Nr. 21201 Nr. 4 KV eine 0,5-Gebühr (mindestens 30 €) erhoben, wenn der Notar den Entwurf gefertigt hat (§ 92 Abs. 2). Für die Beglaubigung der Unterschrift fällt nach Vorbem. 2.4.1 Abs. 2 KV keine gesonderte Gebühr an. Gleiches gilt gem. Vorbem. 2.4.1 Abs. 4 Nr. 1 KV für die Übermittlung der Eintragungsanträge an das Grundbuchamt.

21   Die **Eintragung** der Einbeziehung eines Grundstücks in die Mithaft eines Grundpfandrechts führt grds. nach Nr. 14123 KV zur Erhebung einer 0,5-Gebühr, die Eintragung der Entlassung eines Grundstücks aus der Mithaft löst nach Nr. 14142 KV eine 0,3-Gebühr aus. Vgl aber auch Vorbem. 1.4 Abs. 3 bis 5 KV und die Kommentierung dort.

22   Für Schiffs- und Schiffbauregistersachen gelten Nr. 14222 KV (0,5-Gebühr) und Nr. 14242 KV (0,3-Gebühr), für Angelegenheiten des Registers für Pfandrechte an Luftfahrzeugen finden sich die Gebührensätze in Nr. 14311 KV (0,5-Gebühr) und Nr. 14331 KV (0,1-Gebühr).

§ 45 Rangverhältnisse und Vormerkungen

(1) Bei Einräumung des Vorrangs oder des gleichen Rangs ist Geschäftswert der Wert des vortretenden Rechts, höchstens jedoch der Wert des zurücktretenden Rechts.

(2) [1]Die Vormerkung gemäß § 1179 des Bürgerlichen Gesetzbuchs zugunsten eines nach- oder gleichstehenden Berechtigten steht der Vorrangseinräumung gleich. [2]Dasselbe gilt für den Fall, dass ein nachrangiges Recht gegenüber einer vorrangigen Vormerkung wirksam sein soll. [3]Der Ausschluss des Löschungsanspruchs nach § 1179 a Absatz 5 des Bürgerlichen Gesetzbuchs, auch in Verbindung mit § 1179 b Absatz 2 des Bürgerlichen Gesetzbuchs, ist wie ein Rangrücktritt des Rechts zu behandeln, als dessen Inhalt der Ausschluss vereinbart wird.

(3) Geschäftswert einer sonstigen Vormerkung ist der Wert des vorgemerkten Rechts; § 51 Absatz 1 Satz 1 ist entsprechend anzuwenden.

---

12 BayObLG Rpfleger 1981, 326; vgl auch Korintenberg/*Sikora*, § 44 Rn 8.   **13** Vgl auch Korintenberg/*Sikora*, § 44 Rn 3. Krit. *Wudy*, notar 2012, 276, 288: Durchführung eines Wertvergleichs hier „vom Aufwand her unverhältnismäßig". Weiterhin *Wudy*, NotBZ 2013, 201, 234: Auskunftspflicht der Gerichte nach § 39 Abs. 2 S. 2 kann möglicherweise weiterhelfen.   **14** Vgl auch Korintenberg/*Sikora*, § 44 Rn 3.

I. Gesetzliche Systematik

1. Anwendungsbereich. Wegen ihrer systematischen Stellung in Kapitel 1 Abschnitt 7 Unterabschnitt 2 KV **1** gilt die Vorschrift sowohl für Notare als auch für Gerichte.

Abs. 1 erfasst nur die **Einräumung des Vorrangs** oder des gleichen Rangs an einem **bestehenden Recht**, wel- **2** ches hinter ein anderes Recht zurücktreten oder mit ihm gleichen Rang erhalten soll. Auf die Rangänderung einer (**Auflassungs-)Vormerkung** findet die Vorschrift entsprechende Anwendung.[1] Die Rangänderung muss sich unmittelbar und nicht nur möglicherweise nachträglich vollziehen.[2] Dabei wird man als zurücktretendes Recht auch ein solches Recht ansehen müssen, das erst neu bestellt wird und bei Eintragung ohne Rangregelung automatisch Nachrang erhalten würde (vgl insoweit auch § 109 Abs. 1 Nr. 3).[3]

Dagegen ist § 45 **unanwendbar** bei der Bestellung mehrerer Rechte, bei der zugleich der Rang der Rechte **3** untereinander festgelegt wird. Diese Rangbestimmung ist nicht gesondert zu bewerten, sondern bereits mit der Gebühr für den Bestellungsvorgang abgegolten. Gleiches gilt für einen gleichzeitig mit beurkundeten **Rangvorbehalt** für ein später zu begründendes Recht (§ 881 BGB).[4] Ein nachträglicher Rangvorbehalt stellt zwar eine grds. gebührenauslösende Inhaltsänderung des betroffenen Rechts dar; von Abs. 1 erfasst werden jedoch nur Veränderungen **bestehender** Rechtsverhältnisse, nicht aber auch künftiger Rangverhältnisse. Der Wert ist daher nach § 36 Abs. 1 zu ermitteln.[5]

2. Allgemeines. Die kostenrechtliche Beurteilung von **Rangänderungen** ist hinsichtlich der Ermittlung des **4** Geschäftswerts abschließend in **Abs. 1** geregelt. Ein Wertvergleich mit dem Grundstück wie bei Pfandunterstellungen und Pfandfreigaben (§ 44) findet nicht statt, selbst wenn bei Gesamtrechten der Wert einzelner Grundstücke weit hinter dem Wert der Gesamtbelastung zurückbleiben sollte.[6]

Gemäß **Abs. 2** steht eine **Löschungsvormerkung** (§ 1179 BGB) zugunsten eines nach- oder gleichstehenden **5** Berechtigten sowie ein **Wirksamkeitsvermerk** der Vorrangeinräumung gleich. Zur Bestimmung des Geschäftswerts einer Löschungsvormerkung ist daher ein Wertvergleich zwischen dem Wert der Hypothek, deren Löschung durch die Vormerkung gesichert wird, und dem Wert des Rechts des Berechtigten, für den die Vormerkung bestellt wird oder wurde, durchzuführen. Der geringere Wert ist wiederum maßgebend. Die Vorschrift gilt nur bei einer Löschungsberechtigung Gleich- oder Nachrangiger; iÜ ist § 44 heranzuziehen.[7]

Vom Wortlaut des Abs. 2 erfasst wird nur die Löschungsvormerkung nach § **1179 Nr. 1 BGB**, nicht aber **6** auch die Löschungsvormerkung zugunsten eines Gläubigers, dem ein schuldrechtlicher Anspruch auf Einräumung eines in § 1179 Nr. 1 BGB genannten Grundstücksrechts oder auf Übertragung des Eigentums am Grundstück zusteht (§ 1179 Nr. 2 BGB; dazu → Rn 13).[8]

Schließlich betrifft **Abs. 3 Hs 1** alle **sonstigen Vormerkungen**, die keine von Abs. 2 erfassten Löschungsvor **7** merkungen sind. Geschäftswert ist hier grds. der Wert des vorgemerkten Rechts. Durch **Abs. 3 Hs 2** wird sichergestellt, dass bei der Eintragung von Vormerkungen, die ein Vorkaufs- oder Wiederkaufsrecht absichern, der gleiche Geschäftswert angesetzt wird wie bei der Beurkundung der Bestellung eines solchen Rechts.

II. Rangänderung (Abs. 1)

Nach Abs. 1 ist bei der Einräumung eines Vorrangs der Wert des vortretenden oder des zurücktretenden **8** Rechts maßgebend, je nachdem welcher Wert geringer ist. Der Geschäftswert einer Rangänderung orientiert sich damit an der **tatsächlichen wirtschaftlichen Verschiebung**, da durch die Vorrangeinräumung die Sicherheit beider Rechte um den Wert des geringeren Rechts verschoben wird.[9] Auch wenn dies bei einer Ranggleichstellung eigentlich nicht der Fall ist, gelten nach dem gesetzgeberischen Willen insoweit dieselben Grundsätze.

Erfasst die Rangänderung **mehrere Rechte**, so müssen für die **Beurkundung** bei mehreren vortretenden oder **9** zurücktretenden Rechten jeweils deren Werte zusammengerechnet werden. Der sich hieraus ergebende Wert bildet den Höchstwert iRd sodann anzustellenden Wertvergleichs. Gleiches gilt, wenn mehrere Rechte nachträglich denselben Rang erhalten.[10] Bei der **Eintragung** wird dagegen die Gebühr für jedes zurücktretende Recht gesondert berechnet (Vorbem. 1.4 Abs. 4 KV). Zu vergleichen ist der Wert eines jeden zurücktretenden Rechts mit dem Wert der ihm vortretenden Rechte. Zu beachten ist in diesem Zusammenhang

---

1 So zur Vorgängernorm des § 23 Abs. 3 KostO OLG Zweibrücken Rpfleger 1982, 241. **2** Vgl *Hartmann*, KostG, § 45 GNotKG Rn 1; KG Rpfleger 1983, 177; OLG Frankfurt Rpfleger 1977, 228. **3** Vgl auch *Korintenberg/Sikora*, § 45 Rn 6; Grundpfandrechtsbestellung und Rangänderung sind gegenstandsgleich, vgl *Notarkasse*, Streifzug durch das GNotKG, Rn 2102. **4** *Hartmann*, KostG, § 45 GNotKG Rn 2; Leipziger-GNotKG/*Zimmer*, § 45 Rn 3. **5** BDS/*Pfeiffer*, § 45 Rn 2. **6** OLG Frankfurt Rpfleger 1977, 228. **7** *Hartmann*, KostG, § 45 GNotKG Rn 1. **8** OLG Hamm Rpfleger 1981, 35; BayObLGZ 1997, 172; vgl auch *Korintenberg/Sikora*, § 45 Rn 16; aA *Hartmann*, KostG, § 45 GNotKG Rn 4. **9** OLG Zweibrücken Rpfleger 1982, 241. **10** *Hartmann*, KostG, § 45 GNotKG Rn 3.

§ 69 Abs. 2, wonach für die Eintragungen mehrerer Veränderungen, die sich auf dasselbe Recht beziehen, der zusammengerechnete Wert den Geschäftswert bildet, wenn die Eintragungsanträge am selben Tag beim Grundbuchamt oder beim Registergericht eingehen (vgl Vorbem. 1.4 Abs. 5 KV). Der Wert des Rechts darf dabei jedoch keinesfalls überschritten werden.

10   § 45 gilt uneingeschränkt nur, wenn die **Rangänderung für sich allein** beurkundet oder eingetragen wird. Wenn dagegen eine Rangerklärung gemeinsam mit einem Kaufvertrag beurkundet wird, liegt nach **§ 109 Abs. 1 S. 4 Nr. 3** stets derselbe Beurkundungsgegenstand vor. Gleiches gilt zwischen der Bestellung des neu begründeten Rechts und der zur Verschaffung des beabsichtigten Ranges erforderlichen Erklärungen. Kostenrechtlich ist daher regelmäßig eine gemeinsame Beurkundung geboten. Für das Eintragungsverfahren gilt nicht § 109 Abs. 1 S. 4 Nr. 3, sondern **Nr. 14130 KV**.

Berechnungsbeispiele:
1. Einräumung des Vorrangs zweier Grundschulden zu 100.000 € und 150.000 € vor einer Grundschuld zu 175.000 €.
   Lösung: Wertvergleich (250.000 € zu 175.000 €) ergibt, dass der Wert des zurücktretenden Rechts (Bewertung nach § 53 Abs. 1) geringer ist; Geschäftswert nach § 45 Abs. 1 daher **175.000 €**.
2. Im Grundbuch sind unter lfd. Nr. 1–3 Grundschulden zu 100.000 €, 80.000 € und 50.000 € eingetragen. Alle Grundschulden sollen Gleichrang erhalten.
   Lösung: Zusammengerechneter Wert der vortretenden Rechte (130.000 €) ist mit den im Rang zurücktretenden Rechten (180.000 €) zu vergleichen (Bewertung jeweils nach § 53 Abs. 1); Geschäftswert daher **130.000 €**.

10a   Bei **anderen Rechten** als Grundpfandrechten ist der Geschäftswert nach § 52 Abs. 1 und 4 zu ermitteln.[11]

III. Löschungsvormerkung und Wirksamkeitsvermerk (Abs. 2)

11   **1. Löschungsvormerkung (Abs. 2 S. 1 und 3).** In materiellrechtlicher Hinsicht steht Gläubigern nach- oder gleichrangiger Grundpfandrechte ein **gesetzlicher Löschungsanspruch mit Vormerkungswirkung** zu (§ 1179 a iVm § 1179 BGB). Gleiches gilt hinsichtlich eigener Grundpfandrechte eines Gläubigers (§ 1179 b BGB).

12   Kostenrechtlich wird nach **Abs. 2 S. 1** die Löschungsvormerkung nach § 1179 BGB **der Vorrangeinräumung gleichgestellt.** Auch hier ist also ein Wertvergleich durchzuführen. Der Wert der Hypothek, deren Löschung durch die Vormerkung gesichert wird, ist dem Wert des Rechts des Berechtigten, für den die Vormerkung bestellt wird oder wurde, gegenüberzustellen. Der geringere Wert bildet den Geschäftswert.

13   Nach wohl überwiegender Auffassung ist Abs. 2 S. 1 bei Löschungsvormerkungen gem. § 1179 Nr. 2 BGB (Vormerkung zugunsten eines Gläubigers, dem ein Anspruch auf Einräumung eines anderen Rechts als eines Grundpfandrechts oder auf Übertragung des Eigentums am Grundstück zusteht) nicht in unmittelbarer Anwendung einschlägig.[12] Soweit es um die Sicherung des Anspruchs auf Eigentumsübertragung geht, wird als Geschäftswert der Wert des Grundpfandrechts, auf dessen Löschung der vorgemerkte Anspruch gerichtet ist, vorgeschlagen. Dagegen wird bei der Bewertung des schuldrechtlichen Anspruchs auf Einräumung eines der in § 1179 Nr. 1 BGB genannten Grundstücksrechte eine entsprechende Anwendung von Abs. 2 S. 1 befürwortet. Es hat daher ein Wertvergleich stattzufinden zwischen dem Wert des Rechts, auf den sich der schuldrechtliche Anspruch bezieht, und dem Wert des Grundpfandrechts, auf dessen Löschung der Anspruch eingeräumt wird.[13]

14   Bei einem gesetzlichen Löschungsanspruch nach § 1179 a Abs. 1 BGB greift § 53 ein. Nach § 1179 a Abs. 5 BGB kann indes der gesetzliche **Löschungsanspruch** des Gläubigers eines nach- oder gleichrangigen Rechts auch **rechtsgeschäftlich ausgeschlossen** werden. Geschieht dies bereits bei der Beurkundung des betreffenden Grundpfandrechts, gilt der Ausschluss als Inhalt des Rechts und ist daher nicht gesondert zu bewerten.[14] Etwas anderes gilt jedoch bei nachträglicher Vereinbarung des Ausschlusses, die als Inhaltsänderung eines bestehenden Grundpfandrechts anzusehen ist. Nach **Abs. 2 S. 3** ist der Ausschluss des Löschungsanspruchs wie ein Rangrücktritt des Rechts zu behandeln, als dessen Inhalt der Ausschluss vereinbart wird. Auch hier ist demnach ein Wertvergleich durchzuführen, bei dem die vorstehenden Grundsätze gelten.

15   Wird der Ausschluss des Löschungsanspruchs wieder aufgehoben (§ 1179 a Abs. 5 S. 3 BGB), ist dies als erneute Inhaltsänderung des Grundpfandrechts zu werten.[15] Der Geschäftswert ermittelt sich wiederum nach Abs. 2 S. 3.

---

11 Korintenberg/*Sikora*, § 45 Rn 8. **12** OLG Hamm Rpfleger 1981, 35; BayObLGZ 1997, 172; vgl auch Korintenberg/*Sikora*, § 45 Rn 16; BDS/*Pfeiffer*, § 45 Rn 6; aA *Hartmann*, KostG, § 45 GNotKG Rn 4. **13** Vgl nur Korintenberg/*Sikora*, § 45 Rn 16. **14** *Notarkasse*, Streifzug durch das GNotKG, Rn 2104; *Hartmann*, KostG, § 45 GNotKG Rn 2. **15** Korintenberg/*Sikora*, § 45 Rn 21; BDS/*Pfeiffer*, § 45 Rn 12.

2. Wirksamkeitsvermerk (Abs. 2 S. 2). Wird im Rahmen einer Kaufvertragsabwicklung vor oder gleichzei- 16
tig mit der Eintragung des Finanzierungsgrundpfandrechts die Eintragung einer Auflassungsvormerkung
zugunsten des Erwerbers beantragt, so benötigt das Kreditinstitut eine Sicherheit dafür, dass sich aus der
Vormerkung keine Nachteile für das Grundpfandrecht ergeben. In aller Regel wird dies durch einen entsprechenden Rangrücktritt der Vormerkung hinter das Grundpfandrecht erreicht. Bei gleichzeitiger Beurkundung von Vormerkung und Grundpfandrecht ist an eine entsprechende Rangbestimmung iRd Grundpfandrechtsbestellung zu denken.

Als **Alternative zum Rangrücktritt** wird bisweilen die Eintragung eines sog. **Wirksamkeitsvermerks** bei der 17
Auflassungsvormerkung vorgeschlagen.[16] Nach Abs. 2 S. 2 steht ein solcher Wirksamkeitsvermerk einer
Löschungsvormerkung nach § 1179 BGB kostenrechtlich gleich und ist daher anhand derselben Grundsätze
zu bewerten.[17] Es kann daher auf vorstehende Ausführungen (→ Rn 11 ff) verwiesen werden.

Die Vorschrift gilt nur für Vermerke gegenüber vorrangigen Vormerkungen, nicht jedoch für andere For- 18
men des Wirksamkeitsvermerks (zB gegenüber einem Nacherben- oder Insolvenzvermerk). Diesbezüglich
ist § 36 Abs. 1 zurückzugreifen.

Hinzuweisen bleibt noch darauf, dass die Kostenregelung zum Wirksamkeitsvermerk **nur** die **Notare** be- 19
trifft, da die Veränderung einer Vormerkung bei Gericht keine Gebühren auslöst.[18]

IV. Sonstige Vormerkung (Abs. 3)

Abs. 3 bestimmt, dass der Geschäftswert einer sonstigen Vormerkung der **Wert des vorgemerkten Rechts** 20
ist. Erfasst werden Vormerkungen aller Art, dh nicht nur solche nach §§ 883 ff BGB, sondern auch
solche nach öffentlichem Recht (etwa §§ 22 Abs. 4, 28 Abs. 2 BauGB). Durch den ermäßigten Gebührensatz (etwa Nr. 14150 KV) wird der ggf geringeren wirtschaftlichen Bedeutung der Vormerkung Rechnung
getragen. Es spielt keine Rolle, ob die Vormerkung auf Antrag, auf gerichtliches oder behördliches Ersuchen oder von Amts wegen eingetragen wird.

Stets ist zu prüfen, ob die Vormerkung nicht nach besonderen Vorschriften gebührenfrei bleibt (vgl Vor- 21
bem. 1.4 Abs. 2 KV).

Zur Anwendung gelangt Abs. 3 nur, wenn der Notar den durch die Vormerkung abgesicherten **Anspruch** 22
(ausnahmsweise) **nicht mitbeurkundet** oder beglaubigt hat, da anderenfalls der schuldrechtliche Anspruch
nach § 3 ebenso zu bewerten ist und eine davon abweichende Bewertung der Vormerkung nicht in Betracht
kommt.[19] Wird also die Bewilligung einer Auflassungsvormerkung zusammen mit dem Kaufvertrag beurkundet, liegt nach § 109 **derselbe Beurkundungsgegenstand** vor. Die Vormerkung wird folglich nicht gesondert bewertet. Entsprechendes gilt, wenn die Bewilligung einer Vormerkung auf Bestellung einer Grundschuld in der betreffenden Bestellungsurkunde erfolgt.

Als Geschäftswert einer (isolierten) **Auflassungsvormerkung** ist grds. der volle Wert des betreffenden 23
Grundstücks anzusetzen, der sich im Falle eines Kaufvertrags regelmäßig nach dem erzielten Kaufpreis bemisst.[20] Dies entspricht dem Zweck der Auflassungsvormerkung, die den Eigentumsverschaffungsanspruch
als solchen und damit die endgültige Eintragung des Eigentümers absichern soll. Anderes soll nach Teilen
der Rspr gelten, wenn der hinter der Vormerkung stehende **schuldrechtliche Anspruch bedingt oder befristet** ist, wenn also die Vormerkung ein An- oder Rückkaufsrecht, ein bedingtes Rückforderungsrecht oder
einen künftigen Anspruch aus einem Vorvertrag sichert. Hier soll nur ein Bruchteil des Grundstückswerts
maßgebend sein (s. § 36 Abs. 1).[21] Zutreffend ist es dagegen, auch hier den vollen Grundstückswert zugrunde zu legen.[22] Gleiches gilt grds. auch bei einer **bedingten Vormerkung**. Nur im Anwendungsbereich
des Abs. 3 Hs 2 iVm § 51 Abs. 1 S. 2 – wenn also das vorgemerkte **dingliche Recht unter einer Bedingung
oder Befristung** steht (Vorkaufsrecht, Wiederkaufsrecht) – ist lediglich der halbe Grundstückswert anzusetzen.[23]

Wird eine bestehende Vormerkung **aufgehoben** oder **gelöscht**, ist der Wert der Vormerkung maßgebend, 24
den diese hätte, wenn sie im Zeitpunkt der Aufhebung oder Löschung bestellt würde.[24]

---

16 Etwa von *Frank*, MittBayNot 1996, 271. **17** Leipziger Kostenspiegel, Teil 8 Rn 55. **18** Begr. RegE, BR-Drucks 517/12, S. 240.
19 Vgl auch Leipziger-GNotKG/*Zimmer*, § 45 Rn 8. **20** Leipziger Kostenspiegel, Teil 8 Rn 55; OLG Bamberg ZfIR 2015, 388 =
BeckRS 2015, 09178; OLG Oldenburg JurBüro 2013, 96 = BeckRS 2013, 03671; OLG Zweibrücken JurBüro 1986, 1691;
BayObLG Rpfleger, 1986, 31; aA OLG München FGPrax 2015, 230 = BeckRS 2015, 12775. **21** Vgl nur OLG München
FGPrax 2015, 230 = BeckRS 2015, 12775; BayObLG Rpfleger 1986; 31; OLG Zweibrücken Rpfleger 1989, 233; OLG Düssel-
dorf Rpfleger, 1994, 182; zurückhaltender BDS/*Pfeiffer*, § 45 Rn 14. **22** Ebenso OLG Bamberg ZfIR 2015, 388 = BeckRS 2015,
09178; Leipziger-GNotKG/*Zimmer*, § 45 Rn 10 f; *Wudy*, notar 2015, 240, 246. **23** *Wudy*, NotBZ 2013, 201, 235. **24** BDS/
Pfeiffer, § 45 Rn 14.

V. Gebühren

25 Für die **Beurkundung** einer Rangänderung oder einer Vormerkung fällt bei Entwurfsfertigung durch den Notar nach Nr. 21201 Ziff. 4 KV eine 0,5-Gebühr (mindestens 30 €) an (§ 92 Abs. 2).

26 Für die **Eintragung** von Rangänderungen und Löschungsvormerkungen in das Grundbuch wird nach Nr. 14130 KV – vorbehaltlich der dort geregelten Ausnahmen – eine 0,5-Gebühr erhoben; für die Eintragung von sonstigen Vormerkungen fällt nach Nr. 14150 KV ebenfalls eine 0,5-Gebühr an.[25] Zu Einzelheiten vgl die Erl. dort.

27 Für Eintragungen von Veränderungen in das Schiffs- und Schiffsbauregister sind die Nr. 14230 und 14250 KV, bei Eintragungen in das Register für Pfandrechte an Luftfahrzeugen die Nr. 14320 und 14340 KV heranzuziehen.

**Unterabschnitt 3
Bewertungsvorschriften**

§ 46 Sache

(1) Der Wert einer Sache wird durch den Preis bestimmt, der im gewöhnlichen Geschäftsverkehr nach der Beschaffenheit der Sache unter Berücksichtigung aller den Preis beeinflussenden Umstände bei einer Veräußerung zu erzielen wäre (Verkehrswert).

(2) Steht der Verkehrswert nicht fest, ist er zu bestimmen

1. nach dem Inhalt des Geschäfts,
2. nach den Angaben der Beteiligten,
3. anhand von sonstigen amtlich bekannten Tatsachen oder Vergleichswerten aufgrund einer amtlichen Auskunft oder
4. anhand offenkundiger Tatsachen.

(3) ¹Bei der Bestimmung des Verkehrswerts eines Grundstücks können auch herangezogen werden

1. im Grundbuch eingetragene Belastungen,
2. aus den Grundakten ersichtliche Tatsachen oder Vergleichswerte oder
3. für Zwecke der Steuererhebung festgesetzte Werte.

²Im Fall der Nummer 3 steht § 30 der Abgabenordnung einer Auskunft des Finanzamts nicht entgegen.

(4) Eine Beweisaufnahme zur Feststellung des Verkehrswerts findet nicht statt.

25 Dazu näher *Böhringer*, BWNotZ 2015, 98, 99.

I. Gesetzliche Systematik und Anwendungsbereich

§ 46 regelt als **allgemeine Bewertungsvorschrift** die Bewertung von beweglichen und unbeweglichen Sachen (Grundstücke bzw Immobilien). Hinsichtlich grundstücksgleicher Rechte verweist die Sonderregelung des § 49 auf „für die Bewertung von Grundstücken geltenden Vorschriften" und damit insb. auf § 46. Auch die in § 49 Abs. 2 geregelte Bewertung von Erbbaurechten nimmt über die Bewertung des belasteten Grundstücks wiederum auf § 46 Bezug.   **1**

Speziell geregelt ist innerhalb des GNotKG die Bewertung   **2**

- von Sachen beim Kauf in § 47,
- von land- und forstwirtschaftlichem Vermögen in § 48 und
- von Anteilen an Kapitalgesellschaften und von Kommanditbeteiligungen in § 54.

§ 46 gilt nur für die **Bewertung von Sachen**, nicht jedoch für die Bewertung schuldrechtlicher oder dinglicher Rechte an einer Sache.[1] Diese sind wiederum in den §§ 50–53 (Bewertung bestimmter schuldrechtlicher Verpflichtungen, Erwerbs- und Veräußerungsrechte, Verfügungsbeschränkungen sowie von Nutzungs- und Leistungsrechten) geregelt.   **3**

Außerdem kommt § 46 gem. § 54 S. 2 bei der Bewertung von Anteilen an Kapitalgesellschaften und von Kommanditbeteiligungen zur Anwendung.   **4**

Außerhalb des GNotKG ist für das gesetzliche Erwerbsrecht eines öffentlichen Nutzers eines Grundstücks in den neuen Bundesländern § 14 Verkehrsflächenbereinigungsgesetz (VerkFlBerG) vom 26.10.2001 (BGBl. I 2176) zu beachten.   **5**

Im gerichtlichen Verfahren erfolgt die Festsetzung des Wertes nach § 79; im notariellen Verfahren gibt es ein solches formelles Festsetzungsverfahren naturgemäß nicht.   **6**

Abs. 1 enthält die Legaldefinition des „Verkehrswerts" (→ Rn 11 ff).   **7**

Abs. 2 statuiert Kriterien zur Ermittlung des Verkehrswerts (→ Rn 27 ff), sofern dieser nicht – etwa aufgrund des Kaufpreises nach § 47 – feststeht. Diese Kriterien gelten sowohl für bewegliche als auch für unbewegliche Sachen.   **8**

Abs. 3 stellt weitere Kriterien für die Bewertung von Grundstücken zur Verfügung (→ Rn 54 ff).   **9**

Abs. 4 enthält ein Verbot der Beweisaufnahme zur Feststellung des Verkehrswerts (→ Rn 63 f).   **10**

II. Verkehrswert (Abs. 1)

1. Legaldefinition. Der Wert einer Sache bestimmt sich ausschließlich nach dem **Verkehrswert**. Nach der **Legaldefinition** des Abs. 1 ist Verkehrswert der Preis, der im gewöhnlichen Geschäftsverkehr nach der Beschaffenheit der Sache unter Berücksichtigung aller den Preis beeinflussenden Umstände bei einer Veräußerung zu erzielen wäre.[2]   **11**

2. Bewertungsgegenstand „Sache". a) Sache und Sachgesamtheit. Der Begriff der Sache im Sinne eines körperlichen Gegenstandes bestimmt sich nach § 90 BGB; erfasst werden also **bewegliche und unbewegliche Sachen**. § 46 gilt, wenn Bewertungsgegenstand die Sache selbst ist, sei es allein oder als Teil von Sachgesamtheiten (mehrere bewegliche Sachen, die durch einen gemeinsamen Zweck so miteinander verbunden sind, dass sie wirtschaftlich eine Einheit bilden) oder Vermögensmassen.   **12**

Was **Anteile an Gesellschaften** angeht, erfolgt die Bewertung von Geschäftsanteilen an einer Kapitalgesellschaft nach § 54, bei Beteiligungen von persönlich haftenden Gesellschaftern nach §§ 54 und 38. Bei allen sonstigen Gesellschaften ist der dem Gesellschaftsanteil entsprechende Anteil am Aktivvermögen laut aktueller oder dem Geschäft zugrunde gelegter Bilanz maßgeblich, wobei ein Schuldenabzug nicht stattfindet, § 38 S. 1. Weiterhin ist im Aktivvermögen gehaltener Grundbesitz anstelle des Buchwerts mit seinem Verkehrswert anzusetzen. Eine Berücksichtigung der Abschreibungen würde dem Ziel der Verkehrswertermittlung zuwiderlaufen. Nicht durch Eigenkapital gedeckte Fehlbeträge sind als bloßer Ausgleichsposten zum Abzug zu bringen; dasselbe gilt für negative Gesellschafterkonten.[3] Mitübertragene Darlehenskonten sind hingegen als gegenstandsverschieden zusätzlich zu bewerten.[4]   **13**

b) Maßgeblicher Bewertungsgegenstand: Hauptgegenstand, Bestandteile, Zubehör. Maßgebender Bewertungsgegenstand ist der **Hauptgegenstand** des Geschäfts iSv § 3 Abs. 1 samt **wesentlicher Bestandteile** iSv §§ 93 ff BGB und etwaigen Zubehörs iSv § 97 BGB, bei einem bebauten Grundstück also zB das Grundstück samt des Bauwerks als Grundstücksbestandteil (§ 94 BGB).   **14**

---

1 Korintenberg/*Bengel/Tiedtke*, KostO, § 19 Rn 1; vgl Palandt/*Ellenberger*, BGB, Überbl. § 90 Rn 1, 3. **2** So bereits BayObLG JurBüro 1982, 1548; BayObLG JurBüro 1985, 434. **3** Streifzug GNotKG (11. Aufl.), Rn 1175. **4** BDS/*Bormann*, § 110 Rn 27.

15 Die Bewertung von **Zubehör** ist wesentlich vor allem bei land- und forstwirtschaftlichem Grundbesitz, sofern nicht die Kostenprivilegierung des § 48 anwendbar ist, aber auch bei Betriebsgrundstücken bzgl Maschinen und Einrichtung.[5]

16 **Belastungen** werden nach der allgemeinen Regelung des § 38 S. 1 nicht abgezogen.

17 **3. Bewertungszeitpunkt.** Maßgeblicher Bewertungszeitpunkt ist nach § 96 die **Fälligkeit der Gebühr**. Wertänderungen nach Fälligkeit der Gebühren sind unerheblich;[6] insb. ist nicht relevant, ob zu einem früheren oder zu einem späteren Zeitpunkt ggf ein höherer Preis hätte erzielt werden können bzw erzielt werden kann.[7] Das gilt für bewegliche ebenso wie für unbewegliche Sachen.

18 Aus **Folgegeschäften**, vergleichbaren Transaktionen Dritter (zB Veräußerung eines vergleichbaren Nachbargrundstücks)[8] o.Ä. kann sich für den Zeitpunkt der Fälligkeit auch nach der Festsetzung des Werts der Sache gem. § 79 ein höherer Wert als Verkehrswert der Sache ergeben. Insbesondere eine zeitnahe Weiterveräußerung des Grundstücks zu einem höheren Kaufpreis lässt auf einen entsprechenden Verkehrswert des Grundstücks schon bei der zu bewertenden Transaktion schließen (→ § 47 Rn 14 mwN).[9] Voraussetzung dafür ist zum einen, dass zwischen Kauf und Weiterveräußerung keine werterhöhenden Maßnahmen durchgeführt wurden und die Weiterveräußerung „zeitnah" erfolgt.[10] In Fällen der gerichtlichen Wertfestsetzung kann das Gericht (Ermessensvorschrift; → § 79 Rn 34 ff) die Wertfestsetzung nach § 79 Abs. 2 S. 1 binnen der Sechsmonatsfrist des S. 2 von Amts wegen ändern. Eine Nachforderung ist in den Grenzen des § 20 möglich, wobei die nach § 27 Abs. 1, 2 FamFG bestehenden Mitwirkungs- und Wahrheitspflichten der Beteiligten zu beachten sind. Für Notare gilt die Regelung des § 79 nicht; insofern können sie eine Geschäftswertberechnung binnen der allgemeinen Verjährungsfrist des § 6 Abs. 1 S. 3 stets berichtigen, es sei denn, die Kostenberechnung ist unanfechtbar geworden.[11]

19 Es kommt nicht darauf an, ob das Gericht oder der Notar den tatsächlichen Wert zur Zeit der Gebührenfälligkeit bzw der Kostenfestsetzung kannte.[12] Erlangt das Gericht oder der Notar von einem abweichenden Wert Kenntnis, muss den Beteiligten Gelegenheit zur Stellungnahme gegeben werden. Erst dann darf die Kostenrechnung berichtigt werden.

20 **4. Im gewöhnlichen Geschäftsverkehr bei einer Veräußerung erzielbarer Preis. a) Allgemeines.** Als „gewöhnlicher Geschäftsverkehr" werden diejenigen Transaktionen bezeichnet, bei denen eine freie, dh einer Verhandlung der Parteien auf Augenhöhe grds. entsprechende, Preisgestaltung möglich ist. Ausschlaggebend sind Angebot und Nachfrage.[13] Unterschiedliche Gewichte in der Verhandlungsmacht der Beteiligten sind unschädlich, während bei Notverkäufen, Geschäften unter Verwandten, die einem Fremdvergleich nicht standhalten oder deutlichen (vorübergehenden) Angebots- oder Nachfrageüberhängen kein „gewöhnlicher Geschäftsverkehr" gegeben ist. Auch eine Veräußerung im Zwangsversteigerungsverfahren zählt nicht zum „gewöhnlichen Geschäftsverkehr", sondern ist grds. der Situation eines Notverkaufs vergleichbar.[14] Der Zuschlag kann bspw deshalb unterhalb des Verkehrswerts erfolgen, weil der optimale Zeitpunkt für einen Verkauf nicht abgewartet werden kann und in der Folge nur eine geringe Anzahl von Bietern für das Grundstück interessiert. Folglich hat das Meistgebot nur eingeschränkte Aussagekraft über den Verkehrswert des Grundstücks. Auch ein Liebhaberwert für den Veräußerer bzw ein besonderes Affektionsinteresse ist kein im gewöhnlichen Geschäftsverkehr erzielbarer Preis; ebenso führt eine Verfügungsbeschränkung nur für den Veräußerer – etwa durch Nacherbfolge – nicht zur Annahme eines niedrigeren Wertes der Sache.[15]

21 Ein höherer Wert als der Verkehrswert kann sich vor allem durch einen **höheren Kaufpreis** ergeben. In diesem Fall ist eine Bewertung nach § 47 vorzunehmen; § 46 führt insoweit nicht zur Bewertung nach dem geringeren Verkehrswert. Ist hingegen der Kaufpreis (zzgl. evtl weiterer Gegenleistungen des Erwerbers; → § 47 Rn 25 ff) niedriger als der nach § 46 bestimmte Verkehrswert, ist Letzterer maßgeblich, vgl § 47 S. 3. Es besteht eine Pflicht zur Ermittlung des Verkehrswertes für das Gericht oder den Notar allerdings nur dann, wenn hinreichende Anhaltspunkten dazu vorliegen, dass der Kaufpreis deutlich unter dem nach allgemeinen Grundsätzen festzustellenden Grundstückswert liegt.[16]

22 Zu berücksichtigen sind die **Beschaffenheit der Sache** und alle **den Preis beeinflussenden Umstände**. Eine genaue Abgrenzung der Terminologie ist in der Praxis nicht erforderlich: In Anlehnung an die zivilrechtli-

5 Vgl BGHZ 62, 49 (Einrichtung eines Gewerbebetriebs); BGH NJW 1979, 2514 (Maschinen auf Fabrikgrundstück); OLG Schleswig Rpfleger 1988, 76 (Inventar einer Gaststätte). **6** BayObLG Rpfleger 1987, 198. **7** Zu später erzielbarem Verkaufspreis: LG Detmold Rpfleger 2010, 449 m. abl. Anm. *Lappe*. **8** Vgl OLG München 27.2.2012 – 34 Wx 449/11, BeckRS 2012, 05135; dazu *Wudy*, notar 2012, 285. **9** Vgl OLG München 1.9.2014 – 34 Wx 358/14 Kost, MittBayNot 2015, 167; OLG Düsseldorf Rpfleger 1994, 41. **10** LG München I JurBüro 2011, 655; dazu *Tiedtke*, DNotZ 2012, 645, 649. **11** Korintenberg/ *Tiedtke*, § 47 Rn 74. **12** OLG Düsseldorf JurBüro 1975, 226. **13** Vgl BayObLG 1985, 434. **14** Dazu OLG Düsseldorf 6.6.2002 – 10 W 50/02 mit Verweis auf BayObLG JurBüro 1978, 905. **15** BayObLG JurBüro 1999, 432. **16** BayObLG DNotZ 1995, 778.

che Definition[17] ist der **Begriff** der Beschaffenheit mit dem tatsächlichen Zustand der Sache gleichzusetzen und umfasst alle der Sache anhaftenden Eigenschaften (zB Abmessungen, Alter, Verarbeitung etc.). Alle übrigen, der Sache nicht unmittelbar anhaftenden Merkmale – wie zB der den Wert eines Grundstücks negativ beeinflussende Zustand eines Nachbargrundstücks – gehören zu den sonstigen den Preis beeinflussenden Umständen und fließen somit ebenfalls in die Wertfeststellung ein.

b) Öffentliche Grundstücke. Auch öffentlichen Zwecken dienende Grundstücke (zB Kasernen, Kindergärten, Kirchen, Schulen, Verwaltungsgebäude aller Art, teilweise Krankenhäuser) haben einen Verkehrswert, der sich allerdings in vielen Fällen – da es an einem entsprechenden Markt fehlt – nur unter Rückgriff auf den Sachwert ermitteln lassen wird („fiktiver Verkehrswert").[18] Von dem Sachwert (zu dessen Bildung → Rn 25 ff) sind angesichts der öffentlichen Widmung **einzelfallabhängige prozentuale Abschläge** vorzunehmen. Üblich sind 20–30 %, wobei im Einzelfall – etwa bei Kirchen – auch deutlich höhere Abschläge von bis zu 80 % möglich sind.[19] Die Höhe des Abschlags ist zB abhängig von der Art der vorhandenen Bebauung, alternativen Nutzungsmöglichkeiten und der Existenz eines (eingeschränkten) Marktes. Gerade angesichts des letztgenannten Kriteriums sollte die Vornahme von Abschlägen **im Einzelfall kritisch geprüft** werden. So gab es gerade im Bereich der stationären medizinischen Versorgung in den letzten Jahren zahlreiche Fälle von Privatisierungen, die gezeigt haben, dass auch hier eine private Nachfrage vorhanden ist.[20] 23

Ohnedies sind Abschläge nur für die Dauer der öffentlichen Widmung vorzunehmen. Sobald diese aufgehoben ist – etwa bei einer entwidmeten Kirche – oder das Gebäude im Zuge der Veräußerung entwidmet wird bzw die Entwidmung zeitnah bevorsteht,[21] gelten die allgemeinen Regeln der Verkehrswertermittlung. 24

III. Bestimmung des Verkehrswerts (Abs. 2)

1. Allgemeines. Steht der Verkehrswert nicht fest, ist er nach den in Abs. 2 enthaltenen Kriterien zu bestimmen. Während § 19 Abs. 2 KostO nur für die Wertermittlung von Grundbesitz galt, sind die in Abs. 2 enthaltenen **Kriterien sowohl auf bewegliche als auch auf unbewegliche Sachen anwendbar.** Abs. 3 ist für unbewegliche Gegenstände ergänzend heranzuziehen. Dabei sind die Kriterien nicht trennscharf; in vielen Fällen sind Anhaltspunkte unter zwei oder mehr Kriterien subsumierbar. 25

In der Praxis gängige Methoden der Wertermittlung bei Grundstücken sind insb.: 26

- Bodenwertermittlung aufgrund der **Richtwerte des Gutachterausschusses** nach §§ 195, 196 BauGB (→ Rn 43);
- Gebäudewertermittlung auf Basis der **Brandversicherungswerte** (→ Rn 34 ff);
- bei Mietgrundstücken die **Ertragswertmethode** (Boden und Gebäude; → Rn 40 ff);
- Wertermittlung mittels des jeweils gültigen **Baupreisindex** (Boden und Gebäude; → Rn 38 ff).

2. Gesetzliche Kriterien. a) Inhalt des Geschäfts (Abs. 2 Nr. 1). „Geschäft" meint die einzelne gebührenpflichtige **Amtshandlung.**[22] Bei Beurkundungen ist davon – da alleinige gebührenpflichtige Amtshandlung – nur die Urkunde selbst erfasst (Text der Urkunde). So können etwa bei der Beurkundung einer Scheidungsvereinbarung, bei der sich ein Ehegatte für die Übertragung des Miteigentumsanteils des anderen Ehegatten am Familienheim zu einer Ausgleichszahlung verpflichtet, aus der Höhe dieser Ausgleichszahlung Rückschlüsse auf den Wert des Objekts gezogen werden. Vergleichbares gilt, wenn zwei Gesellschafter an einer neu gegründeten Gesellschaft zu gleichen Teilen beteiligt sind und einer von ihnen in Erfüllung ihrer Einlagepflicht ein Grundstück, der andere einen Geldbetrag einbringt:[23] Es liegt nahe, dass der Wert des Grundstückes der Bareinlage des zweiten Gesellschafters entspricht. 27

Sich aus **anderen Urkunden** ergebende Anhaltspunkte fallen jedoch nicht unter den Begriff des „Inhalts des Geschäfts" (können aber uU aus anderen Gesichtspunkten, bspw als Angaben der Beteiligten, berücksichtigt werden).[24] Anders ist dies hinsichtlich des Inhalts eines früheren oder späteren Geschäfts dann zu beurteilen, wenn dieses mit dem maßgeblichen Geschäft in so engem Zusammenhang steht, dass das eine Geschäft bereits zur Zeit des anderen Geschäfts beabsichtigt und durchführbar gewesen ist.[25] 28

b) Angaben der Beteiligten (Abs. 2 Nr. 2). aa) Allgemeines. Angaben der Beteiligten zum Wert der Sache sind der **in der Praxis wichtigste** und am wenigsten streitträchtige Weg zur Wertfeststellung. Ihnen kommt in der Regel eine größere Sachnähe und Richtigkeitsgewähr zu als abstrakten Festsetzungen wie (bspw im Grundstücksverkehr) Bodenrichtwerten oder amtsbekannten Vergleichswerten. Die Beteiligten können indi- 29

---

17 Vgl Palandt/*Weidenkaff*, BGB, § 434 Rn 9 ff mwN. **18** Vgl BayObLG DNotZ 1986, 435. **19** Vgl BayObLG DNotZ 1986, 435, 436; Streifzug KostO (9. Aufl.), Rn 1321. **20** Vgl OLG Rostock (5. Zivilsenat) 6.6.2011 – 5 W 38/10, Rn 20 mwN; zum Anteil der Privatkliniken: *Augurzky* u.a., Bedeutung der Krankenhäuser in privater Trägerschaft, 2007, S. 8. **21** Vgl *Tiedtke/Diehn*, Notarkosten, Rn 775; Korintenberg/*Tiedtke*, § 46 Rn 65. **22** Rohs/Wedewer/*Rohs*, KostO, § 19 Rn 21. **23** Vgl weitere Beispielsfälle bei Rohs/Wedewer/*Rohs*, KostO, § 19 Rn 21. **24** Vgl OLG Hamm Rpfleger 1961, 257; BayObLG Rpfleger 1962, 282; vgl auch Rohs/Wedewer/*Rohs*, KostO, § 19 Rn 21. **25** Dazu Rohs/Wedewer/*Rohs*, KostO, § 19 Rn 21 unter Verweis auf BayObLG JurBüro 1966, 792.

viduelle Gegebenheiten meist am besten einschätzen;[26] ihren Angaben ist daher der Vorrang gegenüber anderen Bewertungskriterien einzuräumen, sofern keine Hinweise auf deren Unrichtigkeit oder Fragwürdigkeit vorliegen.[27] Liegen andere iSd § 46 zulässige Anhaltspunkte für einen höheren oder niedrigeren Verkehrswert vor, ist das freilich zu berücksichtigen.

30   „Beteiligte" iSd Nr. 2 sind die Beteiligten des gebührenpflichtigen Geschäfts. Nicht zu den Beteiligten gehört hingegen der Notar (ihn trifft allein nach § 39 eine Auskunftspflicht gegenüber dem Gericht). Auch der einen Beteiligten vertretende Anwalt ist lediglich Beteiligter des Wertfestsetzungsverfahrens nach § 79.[28]

31   Die Wertermittlung geschieht von Amts wegen; es besteht im gerichtlichen Verfahren nach § 27 FamFG (→ Rn 18), im notariellen Verfahren nach § 95 S. 1, 2 eine **Mitwirkungs- und Wahrheitspflicht** der Beteiligten. Weder Gericht noch Notar sind entsprechend dem Untersuchungsgrundsatz an die Angaben der Beteiligten gebunden:[29] Kommen diese ihrer Mitwirkungs- und Wahrheitspflicht nicht nach, kann der Notar den Wert nach § 95 S. 3 nach billigem Ermessen bestimmen; das Gericht kann im Rahmen der Wertfestsetzung nach § 79 eine Beweisaufnahme durchführen.

32   Hat bei mehreren Beteiligten nur einer von ihnen Angaben zum Wert der Sache gemacht, so ist den weiteren Beteiligten, vor allem natürlich dem Kostenschuldner, Gelegenheit zur Stellungnahme (rechtliches Gehör) zu gewähren.[30] Geben die Beteiligten unterschiedliche Werte an, sollte – soweit sachlich nachvollziehbar – auf den niedrigeren Wert abgestellt werden.[31]

33   Ob den Beteiligten bewusst sein muss, dass die Angaben für den Wert und damit für die Gebühren Bedeutung haben, ist strittig.[32] Bei notariellen Geschäften sollte es ausreichen, den Wert an einer hinreichend auffälligen Stelle der Urkunde zu nennen; ein ausdrücklicher Hinweis auf die Gebührenrelevanz der Angabe ist jedenfalls dann nicht erforderlich.[33]

33a   An eine einmal gemachte Wertangabe sind die Beteiligten **grds. gebunden**. Der in der notariellen Praxis hin und wieder vorkommende Fall, dass Beteiligte versuchen, nach Erhalt der Kostenberechnung eine Korrektur der Wertbestimmung zu erreichen, verfolgt idR vorrangig das Ziel einer Verringerung der Notar- und Grundbuchgebühren. Nur wenn die ursprüngliche Wertangabe ersichtlich auf einem Irrtum beruht und es hierfür objektiv überprüfbare Indizien gibt, kann eine Wertangabe grds. auch **nachträglich korrigiert** werden.[34]

34   **bb) Brandversicherungswerte.** Die Bewertung von Gebäuden und Eigentumswohnungen auf Grundlage der Brandversicherungswerte 1914 ist eine anerkannte[35] und **in der Praxis einfach anzuwendende Methode**, die meist zu angemessenen Werten führt. Der Brandversicherungswert entspricht bei der Neuwertversicherung[36] den für die Wiederherstellung des zerstörten (bzw eines gleichartigen) Gebäudes erforderlichen Kosten. Als Anhaltspunkt für den Verkehrswert eines Gebäudes ist er geeignet, wenn Wertveränderungen zwischen dem Schätzungszeitpunkt der Versicherungssumme und dem Bewertungszeitpunkt nach dem GNotKG angemessen berücksichtigt werden.[37]

35   Zur Berechnung des Gebäude- oder Wohnungswerts ist von der **Brandversicherungssumme 1914** auszugehen. Diese ist mit der **Baukostenrichtzahl** (Indexzahl für die Baupreisentwicklung) zu multiplizieren. Von der so errechneten Summe sind nur dann (i) ein vom Gebäudealter abhängiger **Abschlag für die technische Wertminderung** sowie (ii) ein **allgemeiner Abschlag** von 20 % zu machen, wenn diese nicht bereits in der Baukostenrichtzahl berücksichtigt sind. Letzteres ist bspw bei den vom Bayerische Staatsministerium der Justiz und für Verbraucherschutz jährlich veröffentlichen Richtzahlentabellen der Fall, so dass eine bloße Multiplikation genügt (die Tabelle ist auf Basis der seit 1.10.2012 gültigen Baukostenrichtzahl von 16,0 berechnet; die Umrechnung von DM auf Euro ist bereits enthalten).[38] Ist in neueren Versicherungsscheinen kein Betrag in DM, sondern in Euro ausgewiesen, muss vor der Multiplikation eine Rückrechnung erfolgen (amtlicher Umrechnungskurs 1 € = 1,95583 DM). Für die Wertermittlung aufgrund einer Zeitwertversicherung sind diese Tabellen hingegen nicht geeignet.

36   **Richtzahltabellen** enthalten getrennte Spalten für Gebäude (wiederum unterteilt in verschiedene Kategorien) und Eigentumswohnungen, da letztere idR eine geringere technische Wertminderung aufweisen (Grund:

---

26 OLG München MittBayNot 2006, 531 m. Anm. Prüfungsabteilung der Notarkasse. **27** BayObLG MittBayNot 2002, 58 m. Anm. Prüfungsabteilung der Notarkasse; OLG München MittBayNot 2006, 531; Streifzug GNotKG (11. Aufl.), Rn 1548. **28** Vgl Korintenberg/*Lappe*, KostO, § 31 Rn 27. **29** Vgl OLG Hamm DNotZ 1974, 488. **30** OLG Düsseldorf DNotZ 1973, 572; Rohs/Wedewer/*Rohs*, KostO, § 19 Rn 23 aE. **31** Vgl BayObLG DNotZ 1969, 681. **32** Dafür: BayObLG Rpfleger 1970, 181 zu 2 c; Korintenberg/*Tiedtke*, § 46 Rn 23; dagegen: Rohs/Wedewer/*Rohs*, KostO, § 19 Rn 23. **33** BayObLG MittBayNot 2002, 58 m. Anm. Prüfungsabteilung der Notarkasse. **34** Vgl OLG Celle 9.2.2015 – 2 W 17/15, ZNotP 2015, 197 (m. zust. Anm. *Tiedtke*). **35** OLG Frankfurt a. M. JurBüro 1973, 234; BayObLG Rpfleger 1976, 375; BayObLG FamRZ 2005, 823; OLG München 25.5.2011 – 34 Wx 90/11 Kost, BeckRS 2011, 16199; *Tiedtke/Diehn*, Notarkosten, Rn 741. **36** Zu unterscheiden sind Neuwert- und Zeitwertversicherung, wobei die Neuwertversicherung den Regelfall bildet. Der Zeitwert berücksichtigt bereits den Wertverlust des Gebäudes bzw der Wohnung durch Alter und Abnutzung (technische Wertminderung). **37** Vgl BayObLGZ 1976, 89, 90. **38** Vgl MittBayNot 2013, 89.

        NK-GK/*Fackelmann*

Instandhaltungsrücklage bzw deren Nutzung zur Instandhaltung wirkt wertsteigernd).[39] Ein Restwert von 30 % darf dabei – gleich, aus welchen Abschlagsgründen – nur dann unterschritten werden, wenn das Gebäude bzw die Wohnung nicht mehr nutzbar ist oder bei einer Veräußerung des Grundstücks für das Gebäude bzw die Wohnung kein Erlös mehr erzielt werden könnte.[40]

Darüber hinaus können im Einzelfall Zu- oder Abschläge auf den so errechneten Wert vorzunehmen sein.[41] **37** Beispiele für solche **wertändernden Umstände** sind zum einen (objektbezogen) Baumängel oder -schäden, wertsteigernde Modernisierungsmaßnahmen (durch die eine technische Wertminderung ganz oder teilweise wieder ausgeglichen wird), Lage und Schnitt des Gebäudes bzw der Wohnung, zum anderen (umfeldbezogen) die Entwicklung des Immobilienmarkts. Auch hohe Unterhaltskosten, bspw durch einen hinsichtlich des Gebäudes bestehenden Denkmal- oder Landschaftsschutz können wertmindernd zu berücksichtigen sein.[42]

cc) Preisindex für Wohngebäude. Während Brandversicherungswerte nur für Gebäude bzw Eigentumswohnungen und Bodenrichtwerte nur für Grundstücke gelten, bietet sich über Hochrechnungen auf Grundlage des Preisindex für Wohngebäude (Ein- oder Mehrfamilienhäuser) und Eigentumswohnungen die **Möglichkeit einer Gesamtberechnung**, vgl §§ 9, 11 ImmoWertV, Ziffer 3.6.1.1.7 WertR 2006.[43] Der Preisindex für Wohngebäude wird vom Statistischen Bundesamt (Fachserie 17 Reihe 4) veröffentlicht[44] und basiert auf früheren Kaufpreisen und Baukosten. Auf Grundlage dieser Zahlen hat das Bayerische Staatsministerium der Justiz, ausgehend vom Jahr 2005 = 100 %, Indexzahlen errechnet. Dabei ist für Baujahre vor 1913 ein einheitlicher Indexwert von 4,0 zugrunde zu legen; Umbasierungen von Zahlenreihen untereinander sind somit nicht erforderlich.[45] Durch Hochrechnung mit den jeweils aktuellen Baupreisindizes kann so mithilfe eines bereits bekannten Basiswerts (früherer Kaufpreise oder Herstellungskosten des Gebäudes bzw der Wohnung), ggf umgerechnet in Euro, der aktuelle Wert ermittelt werden. Der jeweils veröffentlichte Preisindex für Wohngebäude ist eine offenkundige Tatsache iSv § 46 Abs. 2 Nr. 4. Der erforderliche Basiswert lässt sich meist über Angaben der Beteiligten herausfinden. Andernfalls können die Grundakten (idR frühere Kaufverträge) herangezogen werden (Abs. 3 Nr. 2). Sofern frühere Transaktionen im selben Notariat beurkundet wurden, sind Werte (idR Kaufpreise) amtsbekannt (Abs. 2 Nr. 3).

Bei der **Berechnung** ist der Basiswert (früherer Kaufpreis oder frühere Herstellungskosten, ggf umgerechnet **39** in Euro) mit dem mittleren Preisindex zum Zeitpunkt der Bewertung (Fälligkeit gem. §§ 8 ff) zu multiplizieren und durch den zum Zeitpunkt der Ermittlung des Basiswerts maßgeblichen Preisindex zu dividieren. Von diesem Wert ist ein Betrag für die technische Wertminderung (gem. Anlage 8 a WertR 2006 für Eigentumswohnungen, Anlage 8 b WertR 2006 für Gebäude) und ein Sicherheitsabschlag in Höhe von 10 % in Abzug zu bringen.[46] Der aus der Berechnung von Brandversicherungswerten bekannte weitere Abschlag von 10 % ist hingegen hier nicht vorzunehmen.[47] Darüber hinaus sind einzelfallabhängig weitere wertbildende Umstände zu berücksichtigen (→ Rn 37). Handelt es sich bei dem verwendeten Basiswert um den Kaufpreis des Wohngebäudes oder der Eigentumswohnung, ist der Bodenwert in dem so erzielten Ergebnis bereits enthalten. Wurde auf Grundlage der Herstellungskosten gerechnet, ist der **Bodenwert** gesondert zu ermitteln, bspw durch Heranziehung der Bodenrichtwerte nach §§ 195, 196 BauGB. Wie bei der Berechnung der Brandversicherungswerte darf der Restwert 30 % nur unterschritten werden, wenn das Gebäude/die Wohnung nicht mehr nutzbar ist oder bei einer Veräußerung nicht mehr angesetzt werden könnte.

dd) Ertragswerte. Handelt es sich bei den zu bewertenden bebauten Grundstücken um **Mietwohn- oder** **40** **Mietgeschäftshausgrundstücke**, wird der Verkehrswert am Markt häufig im Ertragswertverfahren ermittelt, da bei potenziellen Käufern der nachhaltig erzielbare Ertrag im Vordergrund steht.[48] Dementsprechend kann es sich anbieten, statt der vereinfachten Sachwertmethode die Bewertung nach dem Ertragswertverfahren vorzunehmen, bspw durch Bewertung mithilfe der Brandversicherungswerte.[49] Dies setzt allerdings voraus, dass sich der Kostenschuldner darauf beruft, eine Ertragswertberechnung vorlegt und etwa erfor-

---

39 Vgl *Tiedtke/Diehn*, Notarkosten, Rn 754. **40** BayObLG JurBüro 1984, 904. **41** Korintenberg/*Bengel/Tiedtke*, KostO, § 19 Rn 58 a. **42** OLG Hamm AgrarR 1987, 19; LG Bayreuth JurBüro 1994, 557. **43** ImmoWertV (BGBl. 2010 I 639); WertR (BAnz Nr. 121 v. 1.7.2006, 4798) (abrufbar von der Website des Bundesministeriums für Verkehr, Bau und Stadtentwicklung, http://www.bmvbs.de). **44** Vgl die Website des Statistischen Bundesamtes: https://www-genesis.destatis.de/genesis/online/link/tabellen/61261; vgl auch die Tabelle des Bayerischen Landesamts für Statistik und Datenverarbeitung, https://www.statistik.bayern.de/veroeffentlichungen/download/M1400C%20201244/M1400C%20201244.pdf. **45** *Tiedtke/Diehn*, Notarkosten, Rn 763. **46** BayObLG Rpfleger 1976, 375; vgl auch OLG Düsseldorf JurBüro 2010, 595. **47** Dieser Abschlag ist nur bei der Bewertung nach den Brandversicherungswerten vorzunehmen, vgl Korintenberg/*Tiedtke*, § 46 Rn 38; Prüfungsabteilung der Notarkasse, MittBayNot 2006, 89. **48** Vgl BayObLG 2000, 469 mit Verweis auf BayObLGZ 1979, 69; Kleiber/*Weyers*, Verkehrswertermittlung, 6. Aufl. 2010, Rn 1.133 ff; *Zimmermann/Heller*, Verkehrswert, 2. Aufl. 1999, A.5 Rn 55. **49** Streifzug GNotKG (11. Aufl.), Rn 1405 f.

derliche Unterlagen zur Verfügung stellt.[50] Problematisch ist vor allem die Festlegung des korrekten **Multiplikators**: Er hängt von einer Vielzahl von Faktoren ab, die weder Gericht noch Notar ernsthaft einschätzen und gewichten können.[51] Ohne einen zuverlässigen und nachvollziehbaren, vom Kostenschuldner beigebrachten Multiplikator sollte von einer Bewertung nach dem Ertragswertverfahren somit abgesehen werden.[52] Ein Verlangen nach einem Sachverständigengutachten zum Ertragswert würde jedenfalls dem Beweiserhebungsverbot des Abs. 4 widersprechen.[53] Auch nach neuem Recht zulässig dürfte hingegen die Berechnung des Ertragswertes nach den Bestimmungen der §§ 15 ff WertVO sein.[54]

41   Gänzlich untauglich erscheint eine Bewertung nach dem Ertragswertverfahren für Grundstücke, deren Ertrag stark von der Führung des auf dem Grundstück befindlichen Betriebs abhängig ist. Beispiele hierfür sind Hotels,[55] Restaurants und sonstige Servicebetriebe. Zudem handelt es sich hier häufig um eine Betriebs- und nicht um eine reine Grundstücksveräußerung, so dass sind zahlreiche Faktoren in die Bewertung einfließen (Vorräte, immaterielle Rechte, Goodwill etc.).[56]

42   **c) Amtlich bekannte Tatsachen (Abs. 2 Nr. 3 Alt. 1).** Im Sinne der KostO wurden amtlich bekannte Tatsachen unter Verweis auf § 291 ZPO definiert als Tatsachen, die keines Beweises bedürfen.[57] Die mit § 291 ZPO in Bezug genommene Legaldefinition betrifft jedoch „bei Gericht offenkundige" Tatsachen – ein Begriff, der in Abs. 2 Nr. 4 separat aufgeführt und in der Gesetzesbegründung explizit als „nicht gleichbedeutend mit amtlich bekannten Tatsachen" bezeichnet ist (→ Rn 48 ff).[58] In Anlehnung an die im Rahmen des Zivilprozesses gebräuchlichen Begrifflichkeiten ist eine **Tatsache** demnach **amtlich bekannt**, wenn sie vom Gericht oder vom Notar selbst amtlich wahrgenommen wurde, bspw in einem anderen gerichtlichen Verfahren bzw in einem anderen Beurkundungsverfahren.[59] Auch allgemein bekannte Tatsachen sind amtlich bekannt (→ Rn 42 ff).

43   Ein **Beispiel** für amtlich bekannte Tatsachen sind die von den Gutachterausschüssen aufgrund von Kaufpreissammlungen berechneten **Bodenrichtwerte nach §§ 195, 196 BauGB**. Der Bodenrichtwert ergibt einen Mindestwert für das Grundstück. Der von der Rspr bisher vorgesehene regelmäßige Abschlag iHv 25 % ist nur mehr dann zu berücksichtigen, wenn Anhaltspunkte für wertmindernde Umstände im Einzelfall vorliegen.[60] Bei der anschließenden Wertbestimmung für eine eventuelle Bebauung – die Bodenrichtwerte erfassen nur den Grund und Boden – ist auf weitere Kriterien, etwa vorliegende Brandversicherungssummen oder Angaben der Beteiligten, zurückzugreifen (→ Rn 29 ff). **Brandversicherungswerte** können als amtlich bekannte Tatsachen zur Wertermittlung herangezogen werden, wenn sie aus früheren Vorgängen bekannt sind.[61] Anhand beider Werte kann sodann der Verkehrswert eines bebauten Grundstücks ermittelt werden.[62]

44   **d) Vergleichswerte aufgrund amtlicher Auskunft (Abs. 2 Nr. 3 Alt. 2). Vergleichswerte** sind vor allem amtlich bekannte Werte aus anderen Vorgängen,[63] bspw in Nachlassangelegenheiten die Bewertung bestimmter Sachen oder in Grundbuchangelegenheiten der Nutzungswert einer Wohnung mit bestimmten Eigenschaften am Ort. Auch in Zwangsversteigerungsverfahren nach § 74 a Abs. 5 ZVG festgesetzte Verkehrswerte bzw – sofern es höher lag als der Verkehrswert – auch ein Meistgebot[64] können als Vergleichswerte herangezogen werden, wenn seit der Festsetzung bzw dem Zuschlag nicht mehr als ein bis zwei Jahre vergangen sind.[65] Dabei ist auf eine möglichst weitgehende Vergleichbarkeit der Objekte zu achten.[66]

45   Eine **amtliche Auskunft** iSv § 46 ist die auf Aufforderung des Gerichts oder des Notars hin abgegebene, personenunabhängige Mitteilung einer Behörde über einen aktenkundigen Vorgang, sonstige Aufzeichnungen oder anderweitige der Behörde bekannten Informationen.[67] Da es im Rahmen der Wertermittlung nach § 46 nicht wie im Zivilprozess auf die Formerfordernisse der §§ 355 ff ZPO ankommt, ist es nicht erforderlich, dass die der Auskunft zugrunde liegende Information zuvor schriftlich in Akten, Büchern oder Registern niedergelegt war.[68] Mit der Auskunft über Vergleichswerte wird die an sich bestehende amtliche Verschwiegenheitspflicht durchbrochen, auch wenn keine Auskünfte über persönliche Daten übermittelt werden.[69]

---

50 BayObLG MittBayNot 2000, 469; BayObLGZ 1979, 69 ff; OLG Düsseldorf Rpfleger 2002, 47; vgl auch Rohs/Wedewer/*Rohs*, KostO, § 19 Rn 46. **51** Der vor dem Hintergrund der gegebenen Unsicherheiten des Verfahrens im Referentenentwurf getroffene Einschätzung, das Ertragswertverfahren führe „nicht zu realistischen Werten", kann nicht gefolgt werden (BT-Drucks 17/11471 (neu), S. 169). **52** Vgl Korintenberg/*Tiedtke*, § 46 Rn 25. **53** Vgl OLG Düsseldorf FGPrax 2001, 259. **54** OLG Düsseldorf FGPrax 2001, 259. **55** Vgl BayObLGZ 1979, 69, 78 ff; BayObLG MittBayNot 2005, 210. **56** Dazu *Tiedtke/Diehn*, Notarkosten, Rn 784. **57** Korintenberg/*Bengel/Tiedtke*, KostO, § 19 Rn 31. **58** Vgl BT-Drucks 17/11471 (neu), S. 169. **59** Vgl *Thomas/Putzo*, ZPO, § 291 Rn 2. **60** Streifzug GNotKG (11. Aufl.), Rn 1553; Korintenberg/*Tiedtke*, § 46 Rn 16. **61** *Neie*, DNotZ 2010, 410, 421. **62** Vgl OLG München Rpfleger 2011, 635; grundlegend BayObLGZ 1976, 89; vgl auch BayObLG FamRZ 2005, 823. **63** Vgl Korintenberg/*Bengel/Tiedtke*, KostO, § 19 Rn 49. **64** OLG Stuttgart JurBüro 1990, 1493; BayObLG JurBüro 1986, 158. **65** LG Koblenz Rpfleger 1999, 237. **66** Rohs/Wedewer/*Rohs*, KostO, § 19 Rn 37. **67** *Rosenberg/Schwab/Gottwald*, Zivilprozessrecht, 17. Aufl. 2010, § 122 ZPO Rn 1. **68** Vgl andererseits zum Zivilprozess Stein/Jonas/*Berger*, ZPO, Vorb. § 373 Rn 57. **69** Vgl BFH NJW 1977, 126.

Beispiele für amtliche Auskünfte sind solche über Bodenrichtwerte nach §§ 195, 196 BauGB (obwohl die   46
Richtwerte selbst, soweit sie veröffentlich sind, offenkundige Tatsachen sind; → Rn 49) oder über den
Mietspiegel einer Gemeinde.[70]

Das Verlangen nach amtlicher Auskunft verstößt als dem zugelassenen Anhaltspunkt der Nr. 3 Alt. 2 denk-   47
notwendig vorausgehendes Verhalten von Gericht oder Notar nicht gegen das Beweisaufnahmeverbot nach
Abs. 4.

e) Offenkundige Tatsachen (Abs. 2 Nr. 4). Eine Tatsache ist offenkundig, wenn sie einer beliebig großen   48
Anzahl von Menschen privat bekannt ist (im Unterschied zur amtlich bekannten Tatsache, → Rn 42) oder
ohne Weiteres zuverlässig wahrnehmbar ist.[71] **Beispiele** sind in den Medien veröffentlichte Informationen,
historische Ereignisse bzw Ereignisse des Zeitgeschehens, Börsenkurse bzw Notierungen an öffentlichen
Märkten (Preise für Edelmetalle etc.). Infolge der Offenkundigkeit ist die Tatsache nicht beweisbedürftig,
vgl § 291 ZPO.

Auch Bodenrichtwerte nach §§ 195, 196 BauGB[72] sind offenkundige Tatsachen.[73] Sie sind nach § 196   49
Abs. 3 BauGB zu veröffentlichen; zudem besteht eine Auskunftspflicht des Gutachterausschusses gegenüber
jedermann nach § 196 Abs. 3. Ein Auskunftsverlangen des Gerichts oder des Notars verstößt – auch hinsichtlich nicht veröffentlichter Bodenrichtwerte – nicht gegen das Verbot der Beweisaufnahme nach Abs. 4
(→ Rn 63 f).[74]

Weiterhin sind Wertfestsetzungen nach § 74 a Abs. 5 ZVG amtlich bekannte Tatsachen:[75] Der Verkehrswert   50
soll in der Terminsbestimmung angegeben werden (§ 38 ZVG) und ist damit „öffentlich" und allgemein zugänglich.

f) Keine Heranziehung „sonstiger Anhaltspunkte". Das bislang in § 19 Abs. 2 S. 1 KostO enthaltene Be-   51
wertungskriterium der „sonstigen ausreichenden Anhaltspunkte" **entfällt nach neuem Recht.** Ziel des Gesetzgebers war es, den Gerichten und Notaren „unverhältnismäßigen Ermittlungsaufwand"[76] zu ersparen.
Die in Abs. 2 und 3 aufgeführten Kriterien sind somit **abschließend.** Bislang als „sonstige Anhaltspunkte"
herangezogene Bewertungshilfen spielen nur noch dann eine Rolle, wenn sie sich unter eines der gesetzlichen Kriterien subsumieren lassen. Immerhin kann der Notar den Wert frei schätzen, sofern die Beteiligten
ihren Mitwirkungspflichten nicht nachkommen, vgl § 95 S. 2; für Gerichte bietet sich die Durchführung
einer Beweisaufnahme iRd Wertfestsetzung nach § 79 an.

3. Verkehrswert als Schätzwert. Der Wert einer Sache lässt sich – abgesehen von Waren mit taggenau fest-   52
stellbaren Marktpreisen wie etwa Edelmetallen – **selten formelhaft und mathematisch exakt** berechnen.[77]
Häufig müssen Gericht oder Notar den Wert aufgrund der gegebenen und nach Abs. 2 und 3 zulässigen
Anhaltspunkte schätzen.

Davon zu unterscheiden ist die **Schätzung des Notars nach § 95,** falls die Beteiligten ihrer Mitwirkungs-   53
und Wahrheitspflicht nicht nachkommen. In der Praxis kann – ähnlich wie in der Steuerverwaltung – ein
merklicher Unsicherheitszuschlag zulasten des Kostenschuldners vorgenommen werden.[78] Sofern der Kostenansatz zu hoch ausfallen sollte, besteht für den Kostenschuldner die Möglichkeit, seiner Mitwirkungs-
und Wahrheitspflicht dennoch nachzukommen bzw sich mit der Beschwerde zur Wehr zu setzen.

IV. Zusätzliche Kriterien für die Wertermittlung von Grundstücken (Abs. 3)

Abs. 3 ist iVm Abs. 2 die maßgebliche Vorschrift für die Wertermittlung von **Grundstücken.** In vielen Fällen   54
wird sich die Bewertung jedoch schon nach den in Abs. 2 genannten Kriterien vornehmen lassen.

1. Im Grundbuch eingetragene Belastungen (Abs. 3 S. 1 Nr. 1). Im Grundbuch eingetragene Belastungen   55
sind Grundpfandrechte oder Nutzungs- und Leistungsrechte iSv § 52. Zur Wertermittlung sind sie bereits
als amtlich bekannte Tatsache verwertbar; die zusätzliche Nennung in Abs. 3 S. 1 Nr. 1 dient insofern mehr
der Klarstellung als der Einführung zusätzlicher Kriterien.

Nicht zulässig ist hingegen eine Wertermittlung, die sich auf § 52 Abs. 5 stützt. Dabei handelt es sich um
eine Vorschrift zur Ableitung des Werts eines Rechts iSd § 52 Abs. 1 bzw um eine Fiktion des Jahreswerts
des Rechts in Höhe eines bestimmten Anteils des Verkehrswerts. Allerdings kann diese Fiktion nicht dahin
gehend umgekehrt werden, dass aus Angaben zum Wert des Rechts durch Multiplikation auf den Verkehrswert des Grundstücks geschlossen werden könnte. § 46 ist insoweit abschließend.[79]

---

70 BFH NJW 1977, 126; OLG München 25.2.2011 – 34 Wx 13/11, II 2, BeckRS 2011, 07259. **71** Vgl *Thomas/Putzo*, ZPO,
§ 291 Rn 1. **72** BayObLG NJW-RR 2001, 1583; vgl die Links auf der Seite des Deutschen Notarinstituts (unter „Arbeitshilfen"). **73** OLG Düsseldorf Rpfleger 2002, 47. **74** Vgl zum alten Recht: Rohs/Wedewer/*Rohs*, KostO, § 19 Rn 31 mwN.
75 OLG München 25.2.2011 – 34 Wx 13/11, II 2, BeckRS 2011, 07259. **76** Vgl BT-Drucks 17/11471 (neu), S. 169. **77** Vgl
BGH DNotZ 1963, 492; BayObLG JurBüro 1999, 376. **78** So *Lappe* in seiner Anm. zu BayObLG 1994, 237 f. **79** OLG Köln
29.10.2014 – 2 Wx 298/14, juris.

56   Grundsätzlich lassen im Grundbuch eingetragene Belastungen lediglich den Rückschluss zu, dass der Grundstückswert den Nennwert der Belastungen übersteigt; zugleich kann der Nennwert der Belastungen deutlich hinter dem Verkehrswert des Grundstücks zurückbleiben.[80] Bei der Bewertung zu beachten sind die **Beleihungsgrenzen der jeweiligen Gläubiger.** Während für Bodenkreditinstitute, Bausparkassen, Sparkassen und private Kreditinstitute bestimmte Höchstwerte gelten (idR 60–85 % des Verkehrswerts),[81] sind private Gläubiger und Gläubiger zwangsweise eingetragener Belastungen an solche Grenzen nicht gebunden. Keine zuverlässigen Rückschlüsse auf den Grundstückswert lassen daher Zwangshypotheken und Verwandtenrechte zu.[82] Vor diesem Hintergrund ist es fragwürdig, die Summe der Belastungen ohne Weiteres mit dem in § 74 a Abs. 1 ZVG genannten Grenzwert von 10/7 zu multiplizieren,[83] es sei denn, Beleihungswert und -grenze sind bekannt.[84] Gleiches gilt für Grundpfandrechte zur Sicherung von Forderungen aus laufender Geschäftsverbindung und für Gesamtgrundpfandrechte: Da der Schuldner hier häufig seinen gesamten Grundbesitz belastet, ohne dass ein einzelnes Grundstück den Wert des Belastung auch nur annähernd deckt, kann der Betrag des Gesamtrechts weit über den Verkehrswert eines einzelnen Grundstücks hinausgehen.[85] **Eigentümergrundpfandrechte** sind zumindest dann als Grundlage einer Verkehrswertermittlung geeignet, wenn sie kraft Gesetzes nach §§ 1163, 1177 BGB entstanden sind. Anders ist dies bei originären Eigentümergrundschulden zu betrachten. Eine objektive Bewertung des Grundstücks durch den Eigentümer selbst ist nicht gewährleistet.[86] Auch der Nennbetrag einer Vorratsgrundschuld ist zur Bewertung nicht geeignet, wenn die Grundschuld (ggf neben dem Grundstückserwerb) die Finanzierung einer noch zu errichtenden Bebauung sichert.[87]

57   Der Ansicht des BayObLG, wonach eine über den Nennwert eines Grundpfandrechts hinausgehende Bewertung eines Grundstücks nur dann zulässig sein soll, wenn die Art des gesicherten Kredits, der Beleihungswert und die Beleihungsgrenze bekannt sind,[88] kann nicht zugestimmt werden. Zwar lassen sich diese Informationen zumindest in allgemeiner Form[89] meist über das kreditgebende Institut herausfinden, was nach Ansicht des OLG Hamm nicht gegen das Beweisaufnahmeverbot verstößt.[90] Eine Beweisregel im vom BayObLG angenommenen Sinne gab und gibt das Gesetz jedoch nicht her.

58   **2. Aus den Grundakten ersichtliche Tatsachen oder Vergleichswerte (Abs. 3 S. 1 Nr. 2).** Aus den Grundakten können sich Informationen über den Wert des Grundstücks, Art und Bewertung von Grundstücksbelastungen u.v.m. ergeben. Dabei sind sowohl der Status quo als auch frühere Belastungen, Veräußerungen, Teilungen etc. zu berücksichtigen,[91] wobei Voraussetzung der Verwertbarkeit einer Tatsache für die aktuelle Bewertung stets die Vergleichbarkeit der Vorgänge ist.[92] Der Rückgriff ist allerdings nicht auf die Grundakten des zu bewertenden Grundstücks begrenzt: Auch **Vergleichswerte** aus zu anderen Grundstücken gehörigen Grundakten können in die Bewertung einfließen. Damit ist etwa die Berücksichtigung von Verkäufen im selben Wohngebiet oder die Heranziehung von Belastungen anderer, vergleichbarer Grundstücke zur Bewertung möglich. Zeitlich sind die Grenzen einzelfallbezogen zu ziehen: Auch der Kaufpreis aus einem mehr als ein Jahr zurückliegenden Vorverkauf einer Immobilie kann noch heranzuziehen sein.[93]

59   Aus den Grundakten ersichtliche Tatsachen sind nicht offenkundig iSv Abs. 2 Nr. 4, da sie nicht veröffentlicht sind oder von jedermann eingesehen werden können (vgl § 12 Abs. 1 GBO). Allerdings handelt es sich im Rahmen des gerichtlichen Verfahrens bei demselben Grundbuchamt befindliche Grundakten um amtsbekannte Tatsachen nach Abs. 2 Nr. 3.

60   **3. Für Zwecke der Steuererhebung festgesetzte Werte (Abs. 3 S. 1 Nr. 3); Befreiung vom Steuergeheimnis (Abs. 3 S. 2).** Ein Wert ist für Zwecke der Steuererhebung festgesetzt, wenn er einem Steuerbescheid (§ 155 Abs. 1 AO) zugrunde gelegt wird oder in einer durch den Steuerpflichtigen selbst abgegebenen Anmeldung (§ 168 AO) enthalten ist. In Betracht kommen vor allem der gemeine Wert aus der Bewertung zum Zweck der Bemessung der Erbschaft- und Schenkungsteuer. Naturgemäß liegen diese nicht immer vor: Zum einen findet eine Wertermittlung nur statt, wenn eine Überschreitung der maßgeblichen Freibeträge wahrscheinlich ist, zum anderen liegen – etwa wenn das Grundstück seit vielen Jahren im Eigentum einer Person steht – womöglich keinerlei aktuelle Steuerwerte vor.

61   Als zum Zweck der Steuererhebung festgesetzter Wert kann auch der **Einheitswert** weiterhin in die Grundstücksbewertung einfließen. Der Einheitswert wurde von der Finanzverwaltung zuletzt zum 1.1.1964 fest-

80 OLG Oldenburg Rpfleger 1971, 373; BayObLG MittBayNot 1978, 25. **81** Korintenberg/*Tiedtke*, § 46 Rn 29. **82** BayObLG Rpfleger 1978, 70 und 126; Rohs/Wedewer/*Rohs*, KostO, § 19 Rn 26. **83** So OLG Oldenburg DNotZ 1972, 505; LG Bayreuth MDR 1976, 324. **84** BayObLG MittBayNot 1978, 25. **85** OLG Hamm MDR 1976, 324; OLG Zweibrücken Rpfleger 1986, 496; *Hartmann*, KostG, § 19 KostO Rn 26. **86** AA Korintenberg/*Bengel/Tiedtke*, § 19 Rn 30. **87** *Tiedtke/Diehn*, Notarkosten, Rn 377. **88** BayObLG MittBayNot 1978, 25. **89** Die Kreditinstitute verletzten jedenfalls dann keine vertraglichen Pflichten, wenn sich die Auskunft auf allgemeine Beleihungswerte und -grenzen bezieht, vgl Rohs/Wedewer/*Rohs*, KostO, § 19 Rn 27 mwN. **90** OLG Hamm Rpfleger 1980, 243. **91** Vgl BayObLG JurBüro 1997, 378. **92** Vgl OLG Hamm RdL 1981, 107. **93** BayObLG DNotZ 1988, 451.

gestellt; eine durch die Rechtsprechung des BVerfG[94] zur Verfassungswidrigkeit bestimmter Grundstücksbewertungen auf Grundlage der Einheitswerte indizierte Neuregelung der steuerlichen Bewertung von Grundstücken erfolgte infolge des Jahressteuergesetzes 1997,[95] soweit dies für die Festsetzung der Grunderwerbs- oder Erbschaftsteuer erforderlich war. Damit hat sich der Gesetzgeber von der Einheitsbewertung von Grundbesitz – mit Ausnahme von Grundsteuer und Gewerbesteuer, für Betriebsgrundstücke bei der Einheitsbewertung des Gewerbebetriebs im Rahmen der Gewerbekapitalsteuer grds. verabschiedet. Die Finanzämter bewerten nunmehr nach dem Grundsatz der Bedarfsbewertung, wonach eine Wertfestsetzung nur dann erfolgt, wenn der Wert des Grundstücks für den einzelnen Steuerart tatsächlich benötigt wird (Erbschaft oder Schenkung), vgl §§ 138 Abs. 1 S. 1 und 145–150 BewG. Nach der Neuregelung kann der Einheitswert nur noch dann zur Bewertung herangezogen werden, wenn sich aus ihm der Verkehrswert ergibt. Im Gesetzgebungsverfahren von verschiedenen Seiten geäußerte Forderungen nach einem festen Multiplikator, mithilfe dessen sich aus dem Einheitswert der Verkehrswert errechnen lässt, ist der Gesetzgeber zu Recht nicht nachgekommen. Die vergleichbare Regelung in § 48 ist eine kostenrechtliche Fiktion und hat mit dem Verkehrswert iSv § 48 Abs. 1 weder theoretisch noch praktisch etwas zu tun.

Abs. 3 S. 2 regelt bzgl der Heranziehung von für Zwecken der Steuererhebung gebildeten Werten die Befreiung vom Steuergeheimnis (früher in § 19 Abs. 2 S. 2 Hs 2 KostO enthalten). Sie gilt für sämtliche relevanten Steuerwerte. Steuerwerte sind nur für die Bewertung von Grundstücken heranziehbar. Obwohl es durchaus denkbar wäre, auch bei (wertvollen) beweglichen Gegenständen, die zB Bestandteil eines Nachlasses sind, auf vorhandene Steuerwerte zurückzugreifen, hat sich der Gesetzgeber zu Recht gegen eine weitere Aufweichung des Steuergeheimnisses entschieden. **62**

V. Verbot der Beweisaufnahme (Abs. 4)

Abs. 4 enthält ein § 19 Abs. 2 S. 1 Hs. 2 KostO nachgebildetes Beweisaufnahmeverbot, das nicht (mehr) nur für die Grundstücksbewertung, sondern auf die Geschäftswertermittlung als solche (dh hinsichtlich beweglicher unbeweglicher Sachen) anwendbar ist. Abweichungen vom Beweisaufnahmeverbot gibt es nicht.[96] Die Möglichkeit der Beweisaufnahme im Verfahren zur gerichtlichen Geschäftswertfestsetzung nach dem spezielleren § 79 Abs. 1 wird davon jedoch nicht berührt. Kommen die Beteiligten ihrer gem. § 95 bestehenden Mitwirkungspflicht nicht nach, kann der Notar den Wert nach billigem Ermessen schätzen. **63**

Ist der Verkehrswert weder offenkundige Tatsache noch amtsbekannt, müssen Gericht bzw Notar gemäß des **Untersuchungsgrundsatzes**[97] von Amts wegen im Wege des Freibeweises eine Beweiserhebung durchführen, allerdings beschränkt auf die in den Abs. 2 und 3 abschließend aufgezählten Beweismittel. Keine Beweisaufnahme sind folglich die für die Ermittlung der zur Bewertung nach Abs. 2 und 3 verwertbaren Tatsachen erforderlichen Schritte wie die Befragung der Beteiligten, die Einsicht in die Grundakten oder das Ersuchen um amtliche Auskünfte, etwa bzgl Bodenrichtwerten iSv § 196 BauGB. Die Einholung eines Sachverständigengutachtens wiederum widerspricht dem Beweisaufnahmeverbot, allerdings ist nach der Rechtsprechung zum alten Recht ein unzulässig eingeholtes **Sachverständigengutachten** für die Bewertung des Grundbesitzes verwendbar.[98] **64**

§ 47 Sache bei Kauf

[1]Im Zusammenhang mit dem Kauf wird der Wert der Sache durch den Kaufpreis bestimmt. [2]Der Wert der vorbehaltenen Nutzungen und der vom Käufer übernommenen oder ihm sonst infolge der Veräußerung obliegenden Leistungen wird hinzugerechnet. [3]Ist der nach Satz 1 und 2 ermittelte Wert niedriger als der Verkehrswert, ist der Verkehrswert maßgebend.

---

94 Vgl BVerfG BStBl. II 1995, S. 655 und 671. **95** BGBl. 1996 I 2049. **96** Vgl BT-Drucks 17/11471 (neu), S. 170. **97** Vgl OLG Hamm DNotZ 1971, 125; KG DNotZ 1972, 624. **98** BayObLG MittBayNot 2000.

I. Gesetzliche Systematik und Anwendungsbereich

1 § 47 ist eine **Sonderregelung** für die Bewertung von Sachen im Rahmen von Kaufverträgen und geht § 46 zur Bewertung von Sachen vor. Demgegenüber ist § 97 Abs. 3 bzgl Austauschverträgen Geschäftswert- und nicht Bewertungsvorschrift und betrifft daher nicht den Anwendungsbereich von § 47.

2 § 47 gilt für den Kauf sowohl beweglicher als auch unbeweglicher Sachen; bei Sachgesamtheiten und Vermögensmassen ist die Vorschrift dann heranzuziehen, wenn diese im Wesentlichen aus Sachen bestehen. Die Bewertung grundstücksgleicher Rechte ist in § 49 Abs. 1 geregelt (Verweis auf die für Grundstücke geltenden Vorschriften). Für Anteile an Kapitalgesellschaften und für Kommanditbeteiligungen gilt die spezielle Bewertungsvorschrift des § 54; im Übrigen gilt die allgemeine Regelung des § 36.

3 Systematisch ist die Bewertungsvorschrift des § 47 bei den Wertvorschriften für Gerichte und Notare eingestellt worden, gilt also nicht nur für die Bewertung notarieller Kaufverträge und damit zusammenhängende Geschäfte (nachträgliche Auflassung, Vollmachten, Zustimmungs- und Genehmigungserklärungen), sondern für alle Geschäfte, die sich auf den Kauf beziehen, dh bspw in Grundbuchsachen (Beispiel:[1] bei einer Eigentumsumschreibung, der ein Kaufvertrag zugrunde liegt, ist der Wert anhand des Kaufpreises zu bemessen) und in Betreuungsangelegenheiten.[2]

4 Indem der Kaufpreis, also die Leistung eines der Vertragsteile, als maßgeblicher Ansatzpunkt für die Bewertung festgelegt wird, geht die Regelung vom Geschäft unter fremden Dritten, dh einem unter Marktgesichtspunkten (Angebot und Nachfrage) gebildeten Preis aus. Die Regelung stellt eine deutliche Vereinfachung gegenüber der häufig komplexen Bewertung nach § 46 dar, bei der eine Fülle von Wertfaktoren zu berücksichtigen sind. Auf die allgemeine Bewertungsvorschrift des § 46 wird in § 47 S. 3 für den Fall zurückgegriffen, dass der Kaufpreis einschließlich der nach S. 2 hinzuzurechnenden Nutzungen und Leistungen niedriger ist als der nach § 46 Abs. 1 zu ermittelnde Verkehrswert (→ § 46 Rn 11 ff). Ein Wertvergleich ist allerdings nur erforderlich, wenn Anhaltspunkte dafür vorliegen, dass zum nach §§ 96, 9, 10 maßgeblichen Bewertungszeitpunkt der vereinbarte Kaufpreis (deutlich) hinter dem Verkehrswert iSv § 46 Abs. 1 zurückbleibt.[3] Beispiele sind Verkäufe an nahe Verwandte, Notverkäufe, Verkäufe durch den Insolvenzverwalter oder zu niedrige Kaufpreisangaben.[4]

5 Hinsichtlich der Hinzurechnung nach S. 2 ist § 50 zu beachten, der für einige besonders häufig vom Käufer gegenüber dem Verkäufer oder Dritten übernommene Verpflichtungen besondere Bewertungsvorschriften enthält.

II. Kaufpreis (S. 1)

6 **1. Allgemeines; Nennbetrag.** Kaufpreis ist der Geldbetrag, den der Käufer leisten muss, um die Kaufsache zu erhalten.[5] Zuvörderst ist dies der Nennbetrag der Geldleistung im Kaufvertrag. Steht der Kaufpreis zur Zeit des Abschlusses des Kaufvertrags noch nicht endgültig fest – häufigster Fall ist der Vermessungskauf mit Kaufpreisberechnung pro Quadratmeter, bei dem das zu übereignende Grundstück noch vermessen werden muss – ist eine vorläufige Bewertung auf der Grundlage des mutmaßlichen Kaufpreises vorzunehmen; sobald der Kaufpreis feststeht, hat die endgültige Bewertung zu erfolgen.[6]

7 Über den Nennbetrag des Kaufpreises hinaus können auch weitere Leistungen zum Kaufpreis hinzuzurechnen sein. Regelungen zu Fälligkeit und Verzinsung sind insoweit nicht relevant. Eine Stundungsregelung führt zwar ebenfalls nicht zur Werterhöhung, kann aber – sofern sie langfristig und zinslos erfolgt – auf

1 BayObLGZ 1991, Rn 21 ff; OLG Hamm Rpfleger 1980, 316; Rohs/Wedewer/*Rohs*, KostO, § 20 Rn 2 e; BT-Drucks 17/11471 (neu), S. 168. **2** OLG Hamm JurBüro 1979, 1356; *Tiedtke/Diehn*, Notarkosten, Rn 369. **3** OLG Düsseldorf Rpfleger 2002, 47; BayObLG DNotZ 1995, 778. **4** LG Regensburg JurBüro 1982, 117. **5** Vgl Rohs/Wedewer/*Rohs*, KostO, § 20 Rn 3. **6** Vgl OLG Stuttgart KostRsp. § 20 Abs. 1 Nr. 34.

einen Verkauf unter Wert (S. 3) hindeuten.[7] Hinzuzurechnen sind demgegenüber separate Entgelte, zu deren Zahlung sich der Käufer neben dem Kaufpreis verpflichtet.

Bei der Verwendung der Bewertung nach § 47 im Zuge der Ermittlung des Geschäftswerts im Grundbuch- 8
vollzug ist zu beachten, ob neben einem Grundstück weitere Kaufgegenstände vorhanden sind: Umfasst ein Immobilienkauf zugleich bewegliche Gegenstände (Beispiele: Einfamilienhaus mit Einbauküche; Geschäftsgrundstück mit Zubehör), ist allein der auf die Immobilie entfallende Kaufpreisteil zugrunde zu legen. Dabei sind die im Kaufvertrag niedergelegten Werte nicht zwingend (sie sind häufig im Hinblick auf die Berechnung der Grunderwerbssteuer errechnet); Notar und Gericht können also durchaus davon abweichen.

2. Verrentung des Kaufpreises. Soll der Kaufpreis nicht auf einmal gezahlt, sondern verrentet werden, ist 9
der nach § 52 kapitalisierte Wert maßgeblich.[8] Handelt es sich um eine Rente von bestimmter Dauer, ist nach § 52 Abs. 2 der auf die Dauer der Rente entfallende Wert maßgebend (bis zum 20-fachen Rentenjahreswert); bei zusätzlicher Befristung auf die Lebensdauer einer Person gilt die jeweilige Höchstfrist nach § 52 Abs. 4. Wird die Rente auf unbeschränkte Dauer gewährt, ist nach § 52 Abs. 3 S. 1 der auf die ersten zwanzig Jahre entfallende Wert heranzuziehen; bei Rechten von unbestimmter Dauer sind es nach § 52 Abs. 3 S. 2 zehn Jahre. In beiden Fällen ist bei zusätzlicher Befristung auf die Lebensdauer einer Person § 52 Abs. 4 zu berücksichtigen. Bei Gewährung auf die Lebensdauer einer Person (so der in der Praxis wohl häufigste Fall) gilt § 52 Abs. 4 allein. Sofern ein Jahreswert nicht feststellbar ist, ist dieser mit 5 % des Werts der Sache anzunehmen, vgl § 52 Abs. 5.

Enthält der Kaufvertrag neben der Verrentungs- auch eine Wertsicherungsklausel, war noch unter der 10
KostO strittig, wie dies zu bewerten ist.[9] *Reimann* hatte mit Bezug auf die frühere Rechtslage, wonach im Rahmen von § 24 nicht die nächsten, sondern die höchsten Leistungen maßgebend waren, vorgeschlagen, unter Rückgriff auf § 30 Abs. 1 KostO eine Erhöhung (hier des Rentenwerts) von 10 % bei echten und von 5 % bei unechten Wertsicherungsklauseln vorzusehen. Nach § 52 Abs. 7 sind Preisklauseln (Wertsicherungsklauseln, vgl §§ 1, 3 PrKlG) jedoch nicht (mehr) zu berücksichtigen; die Wertsicherungsklausel wirkt daher nicht werterhöhend.

3. Mehrere Miteigentümer; Gesamthandsgemeinschaften. Beim Verkauf eines Miteigentumsanteils ist der 11
für diesen Bruchteil vereinbarte Kaufpreis zu bewerten; ggf ist (S. 3) der höhere Wert des Bruchteils der Kaufsache maßgeblich.

Bei Gesamthandsgemeinschaften (Gesellschaft, Güter- oder Erbengemeinschaft) ist mangels Verfügungsbe- 12
fugnis des Einzelnen über seinen Anteil (vgl §§ 719 Abs. 1, 1419 Abs. 1, 2033 Abs. 2 BGB) der Wert der Sache als Ganzes heranzuziehen; ist eine Vollmacht oder die nachträgliche Zustimmung eines einzelnen Gesamthänders zu bewerten, gilt § 98 Abs. 2 S. 1 iVm Abs. 1 (nur der Anteil des jeweiligen Gesamthänders ist zu bewerten).

4. Wertveränderungen nach Beurkundung. Ändert sich der Wert der Sache zwischen Abschluss des Kauf- 13
vertrags und einem nachfolgenden Vollzugsgeschäft (etwa einer separaten Auflassung, der nachfolgenden Grundbucheintragung etc.), hat dies auf die Bewertung keinen Einfluss, soweit die Änderungen nicht den Kaufpreis selbst beeinflussen.[10] Auf die Bewertung des Kaufvertrags selbst trifft dies zu, auf Vollzugsgeschäfte jedoch nur dann, wenn der Kaufpreis höher als der (im Nachhinein veränderte) Wert der Sache: Er ist als höherer Wert ohnehin maßgeblich.[11] Steigt der Wert der Sache jedoch bis zur Vornahme des Vollzugsgeschäfts an, gilt für dieses Vollzugsgeschäft angesichts des nach §§ 96, 10 maßgeblichen Bewertungszeitpunkts die Regelung des S. 3: Der Verkehrswert nach § 46 Abs. 1 ist höher als der Kaufpreis; somit ist auch allein der Verkehrswert maßgeblich.[12] Unstrittig ist hingegen, dass bei einer nachträglichen Änderung des Kaufpreises dieser auch für die Bewertung von Vollzugsgeschäften heranzuziehen ist.

Wird ein Grundstück binnen kurzer Frist nach dem ersten Kaufvertrag erneut und zu einem stark gestiege- 14
nen Kaufpreis veräußert, kann dies (sofern die Wertsteigerung nicht auf die Erschließung o.ä. zulasten des Käufers zurückzuführen ist)[13] auf einen bereits zum Zeitpunkt des Erstkaufs den Kaufpreis deutlich übersteigenden Verkehrswert hindeuten. So hat etwa das BayObLG in einem Fall, in dem der „Zweitkaufpreis" den „Erstkaufpreis" um das Fünffache überstieg, den „Zweitkaufpreis" auch als maßgeblich für die Bewertung des Vollzugs des „Erstkaufvertrags" betrachtet.[14] Voraussetzung ist, dass zwischen Erstkauf und Weiterverkauf keine werterhöhenden Maßnahmen durchgeführt wurden und der Weiterverkauf zeitnah, also

---

7 Korintenberg/*Tiedtke*, § 47 Rn 9; iE auch Rohs/Wedewer/*Rohs*, KostO, § 20 Rn 3 b. **8** Vgl (zu § 24 KostO) BayObLG Rpfleger 1960, 182; LG Nürnberg JurBüro 1982, 430. **9** Vgl die Darstellung des Streitstands zu Wertsicherungsklauseln im Allgemeinen bei Korintenberg/*Reimann*, KostO, § 24 Rn 25. **10** OLG Hamm Rpfleger 1966, 162. **11** Vgl OLG Hamm DNotZ 1980, 124 (Wertminderung des Grundstücks infolge Abriss nach Kaufvertragsschluss; Kaufpreis weiterhin maßgeblich). **12** So iE (zum alten Recht) auch das OLG Düsseldorf MittBayNot 1994, 360; *Filzek*, KostO, § 20 Rn 2; *Schneider*, NJW 1981, 558, 563. **13** OLG München 1.9.2014 – 34 Wx 358/14 Kost, MittBayNot 2015, 167; Korintenberg/*Tiedtke*, § 47 Rn 5 mit Hinweis auf BayObLG Rpfleger 1972, 464. **14** BayObLG Rpfleger 1975, 48.

bis maximal zwei Jahre nach dem Erstkauf,[15] erfolgt. Gegen eine Berücksichtigung des Weiterverkaufspreises – selbst bei hohen Abweichungen vom Erstkaufpreis – spricht auch nicht ein Beschluss des BVerfG aus dem Jahr 2006, wonach „von einer Streubreite von plus/minus 20 % der Verkaufspreise für ein und dasselbe Objekt ausgegangen [werden kann], innerhalb derer ein festgestellter Verkehrswert als noch vertretbar angesehen wird".[16] Das BVerfG befasst sich in der Entscheidung mit der Frage, ob die Erhebung der Erbschaftssteuer mit einheitlichen Steuersätzen auf den Wert des Erwerbs nach § 19 Abs. 1 ErbStG mit Art. 3 Abs. 1 GG vereinbar ist; zu Fragen des Kostenrechts nimmt die Entscheidung hingegen nicht Stellung.[17]

15 Zu Spekulations- und Nachbewertungsklauseln → Rn 22.

16 **5. Bedingungen. a) Allgemeines.** Hier sind zwei Fälle zu unterscheiden: Die aufschiebende oder auflösende Bedingung des Kaufvertrags selbst ist unbeachtlich (Gegenschluss aus § 51 Abs. 1, wonach lediglich Ankaufs- oder sonstigen Veräußerungs- oder Erwerbsrechte sowie Vor- oder Wiederkaufsrechte besonders zu bewerten sind).[18] Gleiches gilt für die aufschiebend bedingte Verpflichtung zur Begründung von Wohnungseigentum. Anders kann hingegen eine vereinbarte Erhöhung oder Herabsetzung des Kaufpreises bei Eintritt bestimmter tatsächlicher Umstände zu beurteilen sein. Hier ist die Erhöhung oder Herabsetzung des Kaufpreises grds. nicht vollumfänglich in die Wertbestimmung einzubeziehen; vielmehr ist das Maß ihrer Berücksichtigung vom Grad der Wahrscheinlichkeit des Bedingungseintritts abhängig zu machen, § 36 Abs. 1.[19]

17 Soweit die Erhöhung des Kaufpreises den Charakter einer Vertragsstrafe hat, ist sie nach § 37 Abs. 1 bei der Bewertung nicht zu berücksichtigen. Davon zu unterscheiden sind bedingte Nachzahlungsverpflichtungen eines Vertragsteils, die keinen Strafcharakter haben,[20] sondern den Vertragspartner an dem wirtschaftlichen Wert des Folgegeschäfts beteiligen sollen.

18 Allerdings ist die Nutzungsbeschränkung selbst gem. § 50 Nr. 2 mit 20 % des Verkehrswerts der Sache zu bewerten.

19 **b) Einzelfälle. Alternative Gegenleistung des Käufers:** Verpflichtet sich der Käufer, alternativ und abhängig vom Eintritt bestimmter Tatsachen eine von mehreren Gegenleistungen zu erbringen (idR unterschiedlich hohe Kaufpreise), so ist stets die höhere Gegenleistung maßgeblich.[21]

20 **Einheimischenmodell:** Bindungen blieben nach früherem Recht mit dem Argument außer Betracht, dass sie keinen Einfluss auf den Verkehrswert hätten.[22] Nach der Sonderregelung des § 50 Nr. 1 sind nunmehr 10 % des Verkehrswerts des Grundstücks hinzuzurechnen.

21 **Nachbesserungs- und Aufzahlungsverpflichtungen:** Verpflichtet sich der Käufer zu einer Nachzahlung für den Fall, dass er das erworbene Grundstück nicht selbst nutzt (sondern an Dritte vermietet etc.), ist dies als bedingte Kaufpreiserhöhung zu berücksichtigen; es gilt § 50 Nr. 2, so dass 20 % des Verkehrswerts der Sache hinzuzurechnen sind.[23]

22 **Spekulations- und Nachbewertungsklauseln:** Ist für den Eintritt einer Bedingung eine Nachzahlung vereinbart, ist sie nach § 36 Abs. 1 nach billigem Ermessen zu berücksichtigen, dh nach dem geschätzten Grad der Wahrscheinlichkeit des Bedingungseintritts. Kann die Wahrscheinlichkeit nur schwer eingeschätzt werden, erscheinen Werte von 10 %–30 % als angemessen;[24] bei höhere Wahrscheinlichkeit können 50 % und mehr erreicht werden.[25] Ist der Eintritt überwiegend wahrscheinlich, bestehen auch gegen Bewertungen mit 80 % keine Bedenken.

23 **6. Umsatzsteuer.** Der Grundstückskäufer ist nach § 13 b Abs. 1 Nr. 3 UStG nF selbst und allein Steuerschuldner hinsichtlich der Umsatzsteuer, sofern der Verkäufer zur Umsatzsteuer optiert. Gemäß § 110 Nr. 2 Buchst. c die Umsatzsteuer nicht als Teil des Kaufpreises angesehen; vielmehr sind Grundstückskauf und Verzicht des Verkäufers auf die Umsatzsteuerbefreiung nach § 9 Abs. 1, Abs. 3 S. 2 UStG gegenstandsverschieden und separat zu bewerten (Gleichbehandlung mit beweglichen Gegenständen).[26] Nach § 94 Abs. 1 sind folglich die Gebühren für Kaufvertrag (ohne USt) und Optionserklärung getrennt zu berechnen; für den Kaufvertrag gilt die Gebühr Nr. 21100 KV (2,0) aus dem Nettokaufpreis, für die Option als einseitige Erklärung die Gebühr Nr. 21200 KV (1,0) aus dem Betrag der Umsatzsteuer. Dabei ist die Vergleichsrechnung nach § 94 Abs. 1 durchzuführen.

---

15 *Tiedtke*, DNotZ 2012, 645, 649; nur bis zu einem Jahr: LG Koblenz Rpfleger 1999, 237. **16** BVerfG NJW 2007, 573, 579. **17** LG München I JurBüro 2011, 655; vgl auch *Tiedtke*, DNotZ 2012, 645, 649. **18** Vgl OLG München DNotZ 1938, 468; OLG Hamm Rpfleger 1959, 194; Rohs/Wedewer/*Rohs*, KostO, § 30 Rn 21. **19** Rohs/Wedewer/*Rohs*, KostO, § 20 Rn 3 b. **20** OLG Hamm ZNotP 2004, 167; *Tiedtke/Diehn*, Notarkosten, Rn 385. **21** Rohs/Wedewer/*Rohs*, KostO, § 20 Rn 3 b. **22** Korintenberg/*Bengel/Tiedtke*, KostO, § 20 Rn 1. **23** Vgl zum früheren Recht Korintenberg/*Bengel/Tiedtke*, KostO, § 20 Rn 8 a. **24** *Tiedtke/Diehn*, Notarkosten, Rn 412; OLG Frankfurt Rpfleger 1960, 256; BayObLGZ 1964, 297; aA LG Rostock MittBayNot 1995, 489. **25** OLG Hamm ZNotP 2004, 167 m. Anm. *Tiedtke*; *Filzek*, KostO, § 20 Rn 17. **26** Vgl BT-Drucks 17/11471 (neu), S. 189.

Bei nachträglicher Beurkundung der Umsatzsteueroption wird diese hingegen Hauptgegenstand iSv § 37 24
Abs. 1; Geschäftswert ist der Betrag der Umsatzsteuer. Die Gebühren bemessen sich nach KV Nr. 21100
(2,0), da eine Sondervorschrift nach Art des § 42 KostO für die Ergänzung und Änderung beurkundeter
Erklärungen nicht in das GNotKG aufgenommen wurde.

III. Hinzuzurechnende Nutzungen und Leistungen (S. 2)

1. Allgemeines. S. 2 bestimmt, dass der Wert der vom Verkäufer vorbehaltenen Nutzungen sowie der vom 25
Käufer übernommenen oder ihm sonst infolge der Veräußerung obliegenden Leistungen dem Kaufpreis
nach S. 1 hinzuzurechnen sind.

2. Vorbehaltene Nutzungen. Vorbehaltene Nutzungen sind Nutzungen, die nach den gesetzlichen Vor- 26
schriften nach Gefahrübergang (§ 446 BGB) dem Käufer zustehen, aber nach vertraglicher Vereinbarung
über diesen Zeitpunkt hinaus dem Verkäufer oder Dritten vorbehalten bleiben.[27]

Der Wert der Nutzungen bestimmt sich nach § 52. Bei wahlweiser Geltendmachung entweder eines 27
Nießbrauchs oder einer Geldersatzleistung (o.Ä.) ist nur der höhere der beiden Werte werterhöhend hinzuzurechnen.[28] Fällt eine dem Verkäufer vorbehaltene Nutzung zwischen Abschluss des Kaufvertrags und
Auflassung oder Grundbucheintragung weg, ändert sich zwar nicht der für den Kaufvertrag geltende Wert
– hier ist allein der nach § 52 ausschlaggebende Zeitpunkt der Vereinbarung maßgeblich –, allerdings ist für
spätere Geschäfte der um den Wert der Nutzung reduzierte Wert zugrunde zu legen (ausschlaggebend ist
der Fälligkeitszeitpunkt der Gebühr, vgl §§ 8–10).[29]

3. Vom Käufer übernommene und ihm sonst obliegende Leistungen. Eine Leistung ist vom Käufer über- 28
nommen, wenn dieser sie anstelle des Verkäufers zu erfüllen hat, wobei maßgebend ist, wer die Leistung
kraft Gesetzes die Leistung zu erbringen hat. Damit ist als werterhöhend nur eine solche Leistung zu berücksichtigen, die der Käufer schuldbefreiend gegenüber dem Verkäufer übernommen hat.[30]

a) Auf den Käufer übergehende Verbindlichkeiten des Verkäufers. Übernimmt der Käufer bereits bestehen- 29
de Verbindlichkeiten und Lasten des Verkäufers (meist schuldbefreiend), ist zu unterscheiden:

aa) Pfandrechte. Am Kaufgegenstand lastende Pfandrechte (idR Grundpfandrechte, Hypotheken) werden 30
idR unter Anrechnung der noch bestehenden Valutierung auf den Kaufpreis übernommen; in diesem Fall
findet keine Anrechnung statt. Wird das Pfandrecht über den Kaufpreis hinaus übernommen bzw wird der
Verkäufer freigestellt oder sonst von der Verbindlichkeit befreit, ist für die Hinzurechnung bei einem Siche-
rungsrecht (Hypothek oder Sicherungsgrundschuld) die noch bestehende Valutierung maßgeblich, da nur
insoweit tatsächlich eine zusätzliche Verpflichtung übernommen wird.[31]

Bei einer nicht mehr valutierten Grundschuld ist zwischen der Erklärung zur Übernahme der Grundschuld 31
in dinglicher Hinsicht (die mit Kaufvertrag gegenstandsgleich ist) und weiteren Finanzierungserklärungen
gegenüber dem Grundschuldgläubiger (als Drittem) zu unterscheiden: Letztere sind nach § 110 Nr. 2
Buchst. a gegenstandsverschieden und insofern separat zu bewerten (dh nicht iRv S. 2 hinzuzurechnen).

Bei Übernahme nur des Grundpfandrechts ohne die gesicherte Forderung – ein Fall, der außerhalb von Ver- 32
wandtengeschäften praktisch nicht vorkommt – ist der Betrag der gesicherten Forderung jedenfalls dann
nicht hinzuzurechnen, wenn der Verkäufer die Begleichung der Forderung zusagt und daran keine vernünftigen Zweifel bestehen:[32] Zum einen ist es in diesem Fall iSv § 36 Abs. 1 unwahrscheinlich, dass der Käufer
in die Haftung gerät, zum anderen hätte er in diesem Fall noch einen (ggf allerdings nicht besonders werthaltigen) Rückgriffsanspruch gegen den Verkäufer.

Duldet der Käufer den Fortbestand der Eigentümergrundschuld zugunsten des Verkäufers, der sich diese 33
für eigene Finanzierungszwecke vorbehält, ist der Nennbetrag der Grundschuld hinzuzurechnen.[33]

bb) Dienstbarkeiten und immerwährende Rechte. Die Übernahme von bereits am Grundstück lastenden 34
Rechten (Dauerbelastungen wie immerwährende Grunddienstbarkeiten) erhöhen den Wert nicht, sondern
vermindern ihn und sind daher nicht zu berücksichtigen (anderes gilt für vom Käufer gegenüber dem Verkäufer oder Dritten eingeräumten Rechten; → Rn 36).[34]

Ebenfalls nicht werterhöhend wirken bereits an der Sache lastende Benutzungsbeschränkungen (für beim 35
Kauf vereinbarte Benutzungsbeschränkungen gilt § 50 Nr. 2).

Werden im Zuge der Veräußerung beschränkte dingliche Rechte an dem Kaufgegenstand bestellt (bspw im 36
Zuge der Regelung des Nachbarschaftsverhältnisses zu einem beim Veräußerer verbleibenden Nachbar-

27 Vgl OLG München 19.1.2012 – 34 Wx 489/11, BeckRS 2012, 02579; *Wudy*, notar 2012, 276, 286. **28** Rohs/Wedewer/ *Rohs*, KostO, § 20 Rn 5. **29** Vgl BayObLG MittBayNot 1975, 36; LG München I JurBüro 2011, 655. **30** *Tiedtke/Diehn*, No- tarkosten, Rn 381. **31** Rohs/Wedewer/*Rohs*, KostO, § 20 Rn 16; OLG Düsseldorf JVBl 1967, 42; OLG Frankfurt Rpfleger 1977, 267. **32** OLG Hamm DNotZ 1967, 334. **33** Korintenberg/*Tiedtke*, § 47 Rn 30; Rohs/Wedewer/*Rohs*, KostO, § 20 Rn 16 b. **34** *Tiedtke/Diehn*, Notarkosten, Rn 383; BayObLG Rpfleger 1956, 256; OLG Zweibrücken MittBayNot 1979, 38.

grundstück), ist zu unterscheiden: Subjektiv-dingliche Rechte (Grunddienstbarkeiten sowie dem jeweiligen Eigentümer eines anderen Grundstücks zustehende Vorkaufsrechte oder Reallasten) sind nach § 110 Nr. 2 Buchst. b stets gegenstandsverschieden zum Kaufvertrag; es findet also (§ 35 Abs. 1) eine Geschäftswertaddition statt. Hintergrund der Regelung ist der mit der Gestaltung dieser Rechte regelmäßig verbundene, nicht unbeträchtliche Aufwand, ihre Bedeutung für die Werthaltigkeit der Grundstücke und nicht zuletzt die damit verbundene Haftungsträchtigkeit der Notartätigkeit.[35]

37   Anderes gilt für beschränkte persönliche Dienstbarkeiten und Reallasten, die nur bei Nichterfüllung der Kriterien des § 109 Abs. 1 gegenstandsverschieden sind (zB bei Vereinbarung einer separaten Gegenleistung – dann Bewertung als gegenstandsverschiedener Austauschvertrag). Der Gesetzgeber begründet dies damit, dass die vorgenannten Gründe (Aufwand, Bedeutung, Haftungsträchtigkeit etc.) auf sie nicht in gleichem Maße zuträfen.[36] Ob eine Hinzurechnung stattfindet, hängt folglich davon ab, ob das bestellte Recht die Vertragsbedingungen sichert (dann keine Hinzurechnung) oder nicht (dann Hinzurechnung). Nur im erstgenannten Fall hat die Bestellung bereits Eingang in die Kaufpreisbindung gefunden.

38   Räumt zB der Käufer dem Verkäufer eine beschränkte persönliche Dienstbarkeit ein, die ein Nutzungsrecht sichert, ist dies eine weitere Leistung iSv S. 2: Der Käufer erbringt gegenüber dem Verkäufer eine über den Kaufpreis hinausgehende Leistung (= Nutzungsrecht). Dieses ist werterhöhend zu berücksichtigen. Anders, wenn das vom Käufer eingeräumte Recht nur die Unterlassung der Nutzung des Grundstücks in einer bestimmten Weise sichert (zB keine Bebauung mit einer Gaststätte, einem Parkhaus usw): Hierin liegt eine nicht separat zu bewertende Vertragsbedingung. Nur bei Mitbeurkundung der schuldrechtlichen Unterlassungsverpflichtung handelt es sich um einen Fall des § 50 Nr. 2 (→ § 50 Rn 8); Wert: 20 % des Verkehrswerts des Grundstücks.

39   **cc) Dauerschuldverhältnisse (Miet- und Pachtverträge, Dienst- und Lieferverträge).** Der Eintritt des Käufers anstelle der Verkäufers in bestehende Dauerschuldverhältnisse ist häufig; in Betracht kommen bspw bestehende Mietverträge mit Dritten, Dienstverträge mit angestelltem Personal oder Getränkelieferungsverträge bei Erwerb eines Gastronomiegrundstücks. Wie bei immerwährenden Dienstbarkeiten sind diese Verpflichtungen bereits in die Preisfindung eingeflossen; bei den Käufer belastenden Dauerschuldverhältnissen wird der Kaufpreis daher idR über dem Verkehrswert der Sache liegen, S. 3. Insbesondere beim Mietvertrag erhält der Verkäufer bei wirtschaftlicher Betrachtung kein zusätzliches Entgelt, da dem Verlust der Rechte (Mieteinnahmen etc.) der Verlust der Verpflichtungen (vgl § 566 Abs. 1 BGB) gegenübersteht.[37]

40   Anders (Hinzurechnung) soll dies dann zu beurteilen sein, wenn ein Grundstück ohne einen darauf bisher betriebenen Gastronomiebetrieb verkauft wird und der Käufer dennoch schuldbefreiend für den Verkäufer in einen bestehenden Getränkelieferungsvertrag eintritt: Hier liege eine zusätzliche Verpflichtung vor, die nach § 36 Abs. 1 unter Berücksichtigung der Laufzeit und des zu erwartenden Gewinns des Lieferanten zu bewerten sei.[38] Dies kann allerdings nur dann zutreffend sein, wenn der Kaufpreis ohne Berücksichtigung der zusätzlichen Verpflichtung festgelegt wurde.

41   Ebenfalls werterhöhend wirken Abnahmeverpflichtungen des Käufers für Waren, Dienstverträge etc., die beim oder anlässlich des Grundstückskaufs geschlossen werden (→ Rn 63).

42   Bei Eintritt des Käufers in den Architektenvertrag des Verkäufers ist nicht die Bausumme, sondern die Vertragsstrafe bzw das Honorar maßgeblich, das der Käufer bei Nichteinhaltung des Architektenvertrags zahlen müsste.[39]

43   **dd) Übernahme gesamtschuldnerischer Verpflichtungen durch den Käufer.** Sind Verkäufer und Käufer Gesamtschuldner einer Verbindlichkeit und wird diese im Zuge des Kaufvertrags vom Käufer übernommen, ist das Innenverhältnis maßgeblich für die Hinzurechnung zum Kaufpreis, dh die Leistung des Käufers ist mit dem Betrag zu bewerten, für den er im Innenverhältnis haftet, in Abwesenheit einer Vereinbarung folglich 50 % (§ 426 Abs. 1 S. 1 BGB).[40]

44   **b) Vertraglich begründete Verpflichtungen des Käufers. aa) Allgemeines.** Verpflichtet sich der Käufer neben der Zahlung des Kaufpreises zu Leistungen gegenüber dem Verkäufer oder Dritten, sind diese Verpflichtungen nach S. 2 grds. dem Kaufpreis hinzuzurechnen. Allerdings muss die jeweilige Verpflichtung den Käufer „infolge der Veräußerung" treffen, dh aufgrund entsprechender vertraglicher und nicht lediglich gesetzlicher Regelung. Nicht nach S. 2 hinzuzurechnen sind daher zB die Kosten für die notarielle Beurkundung oder Grundbucheintragungen, die Grunderwerbsteuer oder den Käufer kraft Gesetzes treffende Erschließungskosten.[41] Hinzuzurechnen sind hingegen zB übernommene Reisekosten des Verkäufers, rückständige

---

35 BT-Drucks 17/11471 (neu), S. 188.   36 Vgl BT-Drucks 17/11471 (neu), S. 188.   37 Dazu Rohs/Wedewer/*Rohs*, KostO, § 20 Rn 18 a; OLG Stuttgart FGPrax 1997, 159.   38 Vgl OLG Stuttgart JurBüro 1976, 1240; Rohs/Wedewer/*Rohs*, KostO, § 30 Rn 17.   39 Korintenberg/*Bengel/Tiedtke*, KostO, § 20 Rn 23.   40 LG Hannover NdsRpfl 2006, 24; Rohs/Wedewer/*Rohs*, KostO, § 20 Rn 20.   41 KG DNotZ 1942, 112; OLG Frankfurt Rpfleger 1961, 339.

Erschließungskosten, übernommene Abstandszahlungen an Mieter oder die Übernahme von allein den Verkäufer (nicht den Käufer)[42] treffenden Maklerprovisionen (keine Gegenstandsgleichheit).[43]

bb) Bauverpflichtung. Die Verpflichtung des Käufers, auf dem erworbenen Grundstück (oder einem anderen Grundstück) in bestimmtem Umfang zu bauen, ist grds. vermögensrechtlicher Natur[44] und dementsprechend zu bewerten. Dies gilt unabhängig davon, ob die Verpflichtung zwischen den Parteien des Kaufvertrags originär begründet wird (Verkäufer ist idR eine Gemeinde) oder der Käufer eine bestehende Bauverpflichtung des Verkäufers schuldbefreiend übernimmt (Verkäufer ist Privatperson).[45] Nach § 50 Nr. 3 ist hier nun stets eine Hinzurechnung von 20 % des Verkehrswerts des Grundstücks (Bauverpflichtung betrifft Wohngebäude, § 50 Nr. 3 Buchst. a bzw von 20 % der voraussichtlichen Herstellungskosten (Bauverpflichtung betrifft gewerblich genutztes Bauwerk, § 50 Nr. 3 Buchst. b[46] (→ § 50 Rn 9 ff). **45**

cc) Investitionsverpflichtungen und Beschäftigungsverpflichtungen. Geht der Käufer eine Verpflichtung ein, nach dem Erwerb der Sache (Grundstück, Unternehmen etc.) bestimmte Investitionen vorzunehmen, war dies nach § 30 Abs. 1 KostO mit 10 %–30 % der Investitionssumme zu bewerten.[47] Nach der Sonderregelung des § 50 Nr. 4 sind nun dem Kaufpreis 20 % der Investitionssumme hinzuzurechnen (→ § 50 Rn 12 f). Gleiches gilt für die Verpflichtung, eine bestimmte Zahl von Arbeitsplätzen zu erhalten oder neu zu schaffen (idR begrenzt auf eine bestimmte Zeit);[48] auch diese sind unter den Begriff der „Investitionsverpflichtung" zu subsumieren (→ § 50 Rn 12). **46**

dd) Erschließungskosten. Der **Verkäufer** eines Grundstücks ist nach § 436 Abs. 1 BGB verpflichtet, Erschließungsbeiträge und sonstige Anliegerbeiträge (Beiträge nach §§ 127–135 BauGB, insb. für Verkehrsflächen, Entsorgungsanlagen, Grünanlagen etc.) für die Maßnahmen zu tragen, die bis zum Tage des Vertragsschlusses bautechnisch begonnen sind (dh erste bautechnische Maßnahmen wie Erdaushub, Vermessungsarbeiten o.Ä. müssen vorgenommen sein; Planung etc. reicht nicht aus),[49] unabhängig vom Zeitpunkt des Entstehens der Beitragsschuld. Verpflichtet sich der Verkäufer im Vertrag, Beiträge zu übernehmen, die ihn ohnehin nach § 436 Abs. 1 BGB treffen, geht dies nicht über seine gesetzliche Pflicht hinaus; es wird keine Hinzurechnung vorgenommen. **47**

Kostenrechtlich relevant werden können hingegen Verpflichtungen des **Käufers**, wobei wie folgt zu unterscheiden ist: **48**

Übernahme bereits fälliger Erschließungskosten: In der Übernahme bereits fällig gewordener Erschließungskosten liegt – je nach Vertragsgestaltung – eine schuldbefreiende Übernahme oder eine Erstattungspflicht gegenüber dem Verkäufer, die nach S. 2 vollumfänglich dem Wert hinzuzurechnen ist. **49**

Übernahme künftig fällig werdender Erschließungskosten: Hier handelt es sich um eine originäre (kraft Gesetzes entstehende) Schuld des Käufers nach dem jeweiligen Kommunalabgabengesetz, die nicht werterhöhend wirkt.[50] Die entsprechende vertragliche Verpflichtung ist deklaratorischer Natur und soll den Käufer auf die ihn später treffende Beitragspflicht aufmerksam machen.[51] **50**

Verpflichtung zu Vorauszahlungen auf künftige Erschließungskosten bzw zu deren Sicherstellung: Inwieweit derartige Vorauszahlungsverpflichtungen (idR gegenüber der Gemeinde als Verkäuferin des Grundstücks) werterhöhend zu berücksichtigen sind, ist strittig. Zum Teil wird eine Hinzurechnung eines nach § 30 Abs. 1 KostO (jetzt: § 36 Abs. 1 GNotKG) zu ermittelnden Teilwerts angenommen, da die Vorauszahlungen auf die später fällig werdenden Erschließungskosten angerechnet würden.[52] Richtig ist hingegen die Hinzurechnung des vollen Werts, da es sich um eine eigenständige vertragliche Verpflichtung handelt, die neben der öffentlich-rechtlichen Verpflichtung entsteht.[53] **51**

Ablösungsvereinbarung bzgl der Erschließungskosten: Die Vereinbarung ist zusammen mit dem Kaufvertrag gemischt zivilrechtlich (§§ 433 ff BGB) und öffentlich-rechtlich (§ 133 Abs. 3 S. 5 BauGB). Infolge der Ablösungsvereinbarung entsteht die eigene, gesetzliche Kostentragungspflicht des Käufers erst gar nicht,[54] so dass im Gegensatz zur bloßen zivilrechtlichen Verpflichtung zur Tragung künftiger Erschließungskosten eine Ablösungsvereinbarung vollumfänglich werterhöhend wirkt.[55] **52**

---

42 OLG Schleswig DNotZ 1983, 64; OLG Oldenburg JurBüro 1994, 354. **43** LG Kassel JurBüro 1986, 1230; Rohs/Wedewer/*Rohs*, KostO, § 20 Rn 13 f; *Tiedtke/Diehn*, Notarkosten, Rn 432. **44** BGH MittBayNot 2006, 257 m. Anm. Prüfungsabteilung der Notarkasse. **45** Vgl OLG Hamm MittBayNot 2004, 380. **46** Vgl zur Rechtslage unter der KostO OLG Hamm DNotZ 1979, 182; BayObLG MittBayNot 1980, 39; OLG Schleswig JurBüro 1974, 1416; BayObLG MittBayNot 1993, 226 m. Anm. Prüfungsabteilung der Notarkasse. **47** Vgl Korintenberg/*Reimann*, KostO, § 39 Rn 17 mwN. **48** Vgl zum früheren Recht LG Fulda JurBüro 1992, 480; OLG Schleswig DNotZ 1994, 725; OLG Dresden MittBayNot 1994, 360. **49** Rohs/Wedewer/*Rohs*, KostO, § 20 Rn 10. **50** Prüfungsabteilung der Ländernotarkasse, NotBZ 2007, 16; LG Düsseldorf NJW 1960, 2299; OLG Frankfurt Rpfleger 1961, 337; Rohs/Wedewer/*Rohs*, KostO, § 20 Rn 28; *Tiedtke/Diehn*, Notarkosten, Rn 386. **51** KG JVBl. 1938, 207; LG Düsseldorf NJW 1960, 2299; Prüfungsabteilung der Ländernotarkasse, NotBZ 2007, 16. **52** BayObLG MittBayNot 1998, 370 m. abl. Anm. *Grziwotz*. **53** OLG Hamm Rpfleger 1958, 321 m. Anm. *Rohs*; LG Düsseldorf NJW 1960, 2299; Rohs/Wedewer/*Rohs*, KostO, § 20 Rn 10. **54** BVerfG NJW 1995, 1104; *Grziwotz* in Anm. zu BayObLG, MittBayNot 1998, 370, 371; *Tiedtke/Diehn*, Notarkosten, Rn 391. **55** Korintenberg/*Tiedtke*, § 47 Rn 44 f.

53 **Übernahme der Erschließung als solcher:** Ist Verkäufer eine Gemeinde und verpflichtet sich der Käufer zur Erschließung des Grundstücks, war dies nach früherem Recht nach § 30 Abs. 1 KostO idR mit dem Prozentsatz der Erschließungskosten zu bewerten, den die Gemeinde nach § 129 Abs. 1 S. 3 BauGB selbst zu tragen hätte, dh mit mindestens 10 %.[56] Nach der Neuregelung im GNotKG fällt eine solche Erschließungsübernahme jedoch unter den Begriff der Investitionsverpflichtung iSv § 50 Nr. 4 (→ § 50 Rn 12), so dass nun eine Hinzurechnung mit 20 % der voraussichtlichen Erschließungskosten vorzunehmen ist.

54 **ee) Vermessungskosten.** Beim Kauf einer noch nicht vermessenen Teilfläche sind die Vermessungskosten nach § 448 BGB als Kosten der Übergabe grds. vom Verkäufer zu tragen; verpflichtet sich der Käufer im Vertrag zur Übernahme, wirkt sich dies – anders als bei sonstigen Kosten des Vertrags und seiner Durchführung – werterhöhend aus.[57] Sind die Kosten der Vermessung zur Zeit der Bewertung noch nicht bekannt, erscheint die Annahme eines Werts von 1.000 €–2.000 € angemessen;[58] bei gebührenrelevanten Abweichungen nach oben oder unten ist dies im Nachhinein zu korrigieren.

55 Nicht hinzuzurechnen sind hingegen Vermessungskosten bei an den Straßenbaulastträger verkauften Straßenverkehrsflächen, wenn sie vom Käufer übernommen werden. Sie werden bereits kraft Gesetzes – zB nach Maßgabe der jeweiligen landesrechtlichen Straßen- und Wegegesetze, vgl etwa § 9 Abs. 1 S. 1 BayStrWG, § 9 Abs. 1 S. 1 NWStrWG – von diesem geschuldet.[59]

56 **ff) Sozialbindungen.** Geht der Käufer die Verpflichtung ein, auf dem Grundstück Wohnungen im öffentlich geförderten sozialen Wohnungsbau zu errichten, so ist zu unterscheiden: Die Bauverpflichtung als solche ist nach § 50 Nr. 3 Buchst. a mit 20 % des Verkehrswerts zu bewerten. Die Sozialbindung reduziert den Verkehrswert des Grundstücks.[60] Es handelt sich allerdings nicht um eine nach § 50 Nr. 2 mit 20 % des (reduzierten) Verkehrswerts zu bewertende (und damit dem Kaufpreis hinzuzurechnende) Nutzungseinschränkung; vielmehr sieht der Vertrag regelmäßig eine Verpflichtung des Käufers zur Zahlung eines Aufpreises bei Verstoß gegen die Sozialbindung vor, die zu bewerten und dem Kaufpreis hinzuzurechnen ist (hierin liegt keine Vertragsstrafe, sondern eine werterhöhende Aufzahlungsverpflichtung, → Rn 16 ff).[61] Die Hinzurechnung findet mit 10 % der Differenz zwischen Verkehrswert ohne Sozialbindung und Kaufpreis statt.[62]

57 Verpflichtet sich der Käufer, zu errichtenden Wohnraum vorrangig an Werkangehörige des Verkäufers zu vermieten, muss dies (je nach Vertragsgestaltung) – anders als die Sozialbindung – nicht zwingend zur Wertminderung des Grundstücks führen; richtigerweise ist der hinzuzurechnende Wert nach § 36 Abs. 1 zu schätzen.[63]

58 Wohnungsbesetzungsrechte (idR für juristische Personen des öffentlichen Rechts) sind ebenfalls iR einer Schätzung nach § 36 Abs. 1 dem Kaufpreis hinzuzurechnen, wenn sie im Gegenzug für ein verbilligtes Darlehen, Aufwendungszuschüsse o.Ä. zusätzlich zum Grundpfandrecht eingeräumt werden. Wird das Wohnungsbesetzungsrecht ohne derartige Vergünstigungen eingeräumt, ist der Wert nach § 36 Abs. 2 zu bestimmen.[64]

59 **gg) Maklerklauseln.** Bei Maklerklauseln kommt es zum einen darauf an, ob die Verpflichtung nur deklaratorisch festgestellt oder eigenständig begründet werden soll, zum anderen darauf, wer laut Maklervertrag zur Zahlung der Provision verpflichtet ist.

60 Keinerlei Hinzurechnung erfolgt im Fall der deklaratorischen Feststellung („Die Vertragsteile erkennen an, dass dieser Vertrag durch Makler X vermittelt wurde und die Maklerprovision verdient ist."). Anderes gilt, wenn zusätzlich eine Unterwerfung unter die sofortige Zwangsvollstreckung erfolgt; diese ist hinzuzurechnen. Übernimmt der Käufer im Kaufvertrag die Zahlungsverpflichtung des Verkäufers („Der Käufer verpflichtet sich, die vom Verkäufer geschuldete Maklerprovision in Höhe von X % des vereinbarten Kaufpreises einschließlich der gesetzlichen Umsatzsteuer an Makler X zu zahlen."), handelt es sich um eine Schuld- oder Erfüllungsübernahme, die vollumfänglich hinzuzurechnen ist.[65] Gleiches gilt, wenn sich eine der Vertragsparteien gegenüber dem Makler im Sinne eines einseitigen Schuldanerkenntnisses zur Zahlung der Provision verpflichtet („Der Käufer verpflichtet sich, eine Maklerprovision in Höhe von X % des vereinbarten Kaufpreises einschl. gesetzlicher Umsatzsteuer an Makler X zu zahlen."). Wiederum anders ist der Fall zu bewerten, dass sich eine Vertragspartei zur Übernahme der auf die andere Vertragspartei entfal-

56 BayObLG MittBayNot 1980, 39; OLG Zweibrücken Rpfleger 1973, 40. **57** LG Frankenthal MittBayNot 1983, 84; Prüfungsabteilung der Ländernotarkasse, NotBZ 2006, 311 f; *Tiedtke/Diehn*, Notarkosten, Rn 382; Rohs/Wedewer/*Rohs*, KostO, § 20 Rn 14. **58** Prüfungsabteilung der Ländernotarkasse NotBZ 2006, 311 f; *Filzek*, KostO, § 20 Rn 19. **59** Vgl dazu Prüfungsabteilung der Ländernotarkasse, NotBZ 2007, 438. **60** Vgl BayObLG MittBayNot 1999, 494 m. Anm. *Tiedtke*; Rohs/Wedewer/*Rohs*, KostO, § 20 Rn 1 c. **61** Korintenberg/*Tiedtke*, § 50 Rn 13. **62** Vgl BayObLG MittBayNot 1999, 494 m. Anm. *Tiedtke*; *Tiedtke/Diehn*, Notarkosten, Rn 429 f. **63** Vgl Rohs/Wedewer/*Rohs*, KostO, § 20 Rn 8. **64** Vgl OLG München MittBayNot 2008, 156; Rohs/Wedewer/*Rohs*, KostO, § 20 Rn 8 a. **65** OLG Oldenburg JurBüro 1994, 354.

lende Maklerprovision für den Fall der Ausübung eines einem Dritten zustehenden Vorkaufsrechts verpflichtet: Hierbei handelt es sich um eine bedingte Verpflichtung (→ Rn 16 ff), so dass je nach Wahrscheinlichkeit des Bedingungseintritts nach § 36 Abs. 1 ein Teilwert von 20–30 % hinzuzurechnen ist.

hh) Freistellungsverpflichtung bei Altlasten. Kontaminierte Grundstücke werden häufig zu vergleichsweise **61** geringen Kaufpreisen verkauft, wobei der Käufer eine Freistellungsverpflichtung hinsichtlich der schädlichen Bodenveränderungen und Altlasten (vgl § 2 Abs. 3, 5 BBodSchG) gegenüber dem Verkäufer – der selbst nach § 4 Abs. 3 BBodSchG zur Beseitigung verpflichtet ist – abgibt. Der Wert ist in diesem Fall ohne weitere Besonderheiten nach S. 3 durch Vergleich der Summe von Kaufpreis und voraussichtlichen Sanierungskosten mit dem Verkehrswert des Grundstücks zu ermitteln. Für die Verkehrswertermittlung gelten die Ausführungen in → § 46 Rn 11 ff; iE wird häufig von einer Wertminderung von 50 % gegenüber den Bodenrichtwerten ausgegangen.[66]

ii) Sonstige Verpflichtungen. Übernehmen bei der Erschließung größerer Baulandflächen durch Bauträger **62** (Parzellierungsverträge) die Käufer der einzelnen Parzellen Verpflichtungen gegenüber dem Bauträger oder Dritten (etwa Verpflichtung zur Dienstbarkeitsbestellung, zur Straßenflächenabtretung etc.), so wirken diese werterhöhend.[67]

Eine Abnahmeverpflichtung des Käufers für Waren (häufig: Bierlieferungsvertrag), die beim oder anlässlich **63** des Grundstückskaufs geschlossen wird, ist stets ein separater Vertrag und als solcher zu bewerten.[68] Im Gegenschluss aus § 94 Abs. 1 ist die Gebühr nach der Summe der Geschäftswerte zu berechnen. Für im Zusammenhang mit dem Kaufvertrag stehende Verfahren und Geschäfte (zB Auflassung, Grundbucheintragung) bleibt die Abnahmeverpflichtung außer Betracht.[69]

Die Übernahme der Löschungskosten durch den Käufer für von ihm nicht übernommene, sondern vom **64** Verkäufer (§ 448 Abs. 1 BGB) zu beseitigende Belastungen sind dem Kaufpreis hinzuzurechnen.[70]

§ 48 Land- und forstwirtschaftliches Vermögen

(1) ¹Im Zusammenhang mit der Übergabe oder Zuwendung eines land- oder forstwirtschaftlichen Betriebs mit Hofstelle an eine oder mehrere natürliche Personen einschließlich der Abfindung weichender Erben beträgt der Wert des land- und forstwirtschaftlichen Vermögens im Sinne des Bewertungsgesetzes höchstens das Vierfache des letzten Einheitswerts, der zur Zeit der Fälligkeit der Gebühr bereits festgestellt ist, wenn

1. die unmittelbare Fortführung des Betriebs durch den Erwerber selbst beabsichtigt ist und

2. der Betrieb unmittelbar nach Vollzug der Übergabe oder Zuwendung einen nicht nur unwesentlichen Teil der Existenzgrundlage des zukünftigen Inhabers bildet.

²§ 46 Absatz 3 Satz 2 gilt entsprechend. ³Ist der Einheitswert noch nicht festgestellt, so ist dieser vorläufig zu schätzen; die Schätzung ist nach der ersten Feststellung des Einheitswerts zu berichtigen; die Frist des § 20 Absatz 1 beginnt erst mit der Feststellung des Einheitswerts. ⁴In dem in Artikel 3 des Einigungsvertrages genannten Gebiet gelten für die Bewertung des land- und forstwirtschaftlichen Vermögens die Vorschriften des Dritten Abschnitts im Zweiten Teil des Bewertungsgesetzes mit Ausnahme von § 125 Absatz 3; § 126 Absatz 2 des Bewertungsgesetzes ist sinngemäß anzuwenden.

(2) Weicht der Gegenstand des gebührenpflichtigen Geschäfts vom Gegenstand der Einheitsbewertung oder vom Gegenstand der Bildung des Ersatzwirtschaftswerts wesentlich ab oder hat sich der Wert infolge bestimmter Umstände, die nach dem Feststellungszeitpunkt des Einheitswerts oder des Ersatzwirtschaftswerts eingetreten sind, wesentlich verändert, so ist der nach den Grundsätzen der Einheitsbewertung oder der Bildung des Ersatzwirtschaftswerts geschätzte Wert maßgebend.

(3) Die Absätze 1 und 2 sind entsprechend anzuwenden für die Bewertung

1. eines Hofs im Sinne der Höfeordnung und

2. eines landwirtschaftlichen Betriebs in einem Verfahren aufgrund der Vorschriften über die gerichtliche Zuweisung eines Betriebs (§ 1 Nummer 2 des Gesetzes über das gerichtliche Verfahren in Landwirtschaftssachen), sofern das Verfahren mit der Zuweisung endet.

---

[66] Vgl auch Prüfungsabteilung der Ländernotarkasse, NotBZ 2007, 286; *Filzek*, KostO, § 20 Rn 21. [67] OLG Hamm Rpfleger 1958, 321. [68] OLG Stuttgart DNotZ 1977, 55; Rohs/Wedewer/*Rohs*, KostO, § 20 Rn 3 b. [69] Rohs/Wedewer/*Rohs*, KostO, § 20 Rn 3 b mit Hinweis auf OLG München DNotZ 1939, 497. [70] Rohs/Wedewer/*Rohs*, KostO, § 20 Rn 19.

I. Gesetzliche Systematik und Anwendungsbereich

1 § 48 privilegiert nicht generell die Landwirte oder sämtliche gerichtliche oder notarielle Verfahren, die land- und forstwirtschaftlichen Grundbesitz betreffen, sondern unter engen Voraussetzungen allein die im Zusammenhang mit der Übergabe oder Zuwendung eines land- oder forstwirtschaftlichen Betriebs mit Hofstelle stehenden Verfahren. Es handelt sich bei dieser **Bewertungsvorschrift** um einen **Ausnahmetatbestand**, der als solcher **eng auszulegen** ist. Dabei ist stets die *ratio legis* der Regelung zu beachten: § 48 dient der Erhaltung leistungsfähiger land- und forstwirtschaftlicher Betriebe in Familienhand,[1] wobei allein das öffentliche Interessensmoment ausschlaggebend ist, nicht etwa das private Interesse der Erben bzw Übernehmer.[2]

2 Abs. 1 S. 3 regelt die vorläufige Bewertung bei fehlendem Einheitswert, Abs. 1 S. 4 die Bewertung von land- und forstwirtschaftlichem Vermögen in den neuen Bundesländern.

3 Abs. 2 betrifft die Bewertung bei Vorliegen einer wesentlichen Abweichung des Verfahrensgegenstands vom Gegenstand der Einheitsbewertung bzw des Ersatzwirtschaftswerts sowie bei nach dem Feststellungszeitpunkt des Einheits- oder Ersatzwirtschaftswerts eingetretenen, wesentlichen Wertveränderungen.

4 Abs. 3 erklärt die Bewertungsvorschriften des Abs. 1 und 2 für die Bewertung eines Hofs iSd HöfeO (Nr. 1) und des landwirtschaftlichen Zuweisungsverfahrens nach §§ 13–17 GrdstVG für anwendbar.

5 § 48 ist Bewertungs-, **nicht** hingegen **Geschäftswertvorschrift**. Handelt es sich bei dem zu bewertenden Geschäft folglich um einen Austauschvertrag, gilt § 97 Abs. 3: Geschäftswert ist der höhere Wert (Leistung oder Gegenleistung). Für die Bewertung der Gegenleistung spielt die Tatsache, dass es sich um eine landwirtschaftliche Übergabe handelt, keine Rolle.

II. Voraussetzungen des Landwirtschaftsprivilegs

6 **1. Land- oder forstwirtschaftlicher Betrieb mit Hofstelle. a) Land- oder forstwirtschaftlicher Betrieb.** Das Kostenprivileg des § 48 ist allein auf das **land- und forstwirtschaftliche Vermögen iSd BewG** anwendbar; auch der Begriff des land- oder forstwirtschaftlichen Betriebs ist daher entsprechend seiner Bedeutung im BewG auszulegen.[3] Nach § 33 Abs. 1 S. 2 BewG ist Betrieb der Land- und Forstwirtschaft die wirtschaftliche Einheit des land- und forstwirtschaftlichen Vermögens. Zum land- und forstwirtschaftlichen Vermögen wiederum gehören nach § 33 Abs. 1 S. 1 BewG alle Wirtschaftsgüter, die einem Betrieb der Land- und Forstwirtschaft dauernd zu dienen bestimmt sind, insb. (Abs. 2) der Grund und Boden, die Wohn- und Wirtschaftsgebäude, die stehenden Betriebsmittel und der Bestand an umlaufenden Betriebsmitteln, der zur gesicherten Fortführung des Betriebs erforderlich ist. Hierher gehören auch Mitgliedschaftsrechte (ggf auch Geschäftsguthaben) bei Genossenschaften, Zuckerrübenlieferungsrechte und flächenbezogene und betriebs-

---

1 Vgl. Begr. des Gesetzentwurfes des Bundesrates, BT-Drucks 11/2343, S. 6 f; BayObLG MittBayNot 1992, 416; BayObLG FGPrax 2001, 171, 172; OLG Hamm JurBüro 1990, 498 ff; LG Ingolstadt JurBüro 1990, 494; Rohs/Wedewer/*Rohs*, KostO, § 19 Rn 55 a; *Otto*, JurBüro 1989, 891, 892. **2** BVerfGE 67, 348 ff. **3** Vgl OLG Stuttgart DNotZ 1995, 786.

individuelle Zahlungsansprüche nach der EU-Agrarreform (GAP).[4] Über den normalen Bestand hinausgehende Betriebsmittel sind nach § 46, nicht nach § 48 zu bewerten.

Landwirtschaftliche Betriebe sind auch Gartenbaubetriebe (selbst wenn überwiegend in Gewächshäusern u.Ä. betrieben),[5] Fischteichwirtschaften und Fischzuchtbetriebe.[6] Für Fischerei- und Jagdrechte ist darauf abzustellen, ob sie im für den Betrieb festgestellten Einheitswert erfasst sind. Ist dies der Fall, bilden auch sie land- und forstwirtschaftliches Vermögen. **7**

Bei nicht auf die landwirtschaftliche Produktion gerichteter Tierhaltung (zB Pferdepensionen) hängt die Subsumtion unter den Begriff des landwirtschaftlichen Betriebs v.a. davon ab, ob die Tierhaltung als gewerblich einzustufen ist, was sich v.a. aus § 51 BewG ergibt, wonach der Betrieb zumindest die Futtergrundlage für die gehaltenen Tiere erwirtschaften muss (pro Fläche greifen bestimmte Höchstviehbestände). Bei Überschreitung dieser Grenzen ist Abs. 1 nicht anwendbar.[7] **8**

Bei Biogasanlagen ist zwischen drei Varianten zu unterscheiden:[8] **9**

- Die Biogasanlage ist Teil des Hauptbetriebs und fällt damit unter § 48, wenn die Biomasse überwiegend im eigenen landwirtschaftlichen Betrieb erzeugt wird und die daraus erzeugte Energie auch überwiegend dort verwendet wird.
- Wird hingegen nahezu die gesamte Ernte des Betriebs zur Energieerzeugung in der Biogasanlage verwendet, liegt insgesamt kein land- und forstwirtschaftlicher Betrieb mehr vor. Die gewerbliche Betätigung der Energieerzeugung steht im Vordergrund; es liegt ein einheitlicher Gewerbebetrieb vor.
- Wird die zu verarbeitende Biomasse überwiegend im eigenen Hauptbetrieb erzeugt und ist das Biogas überwiegend zum Verkauf bestimmt, handelt es sich bei der Biogasanlage um einen landwirtschaftlichen Nebenbetrieb (vgl R 15.5 Abs. 3 S. 1 Nr. 1 EStR 2005).

Auch ein holzverarbeitender Betrieb kann forstwirtschaftlicher Betrieb iSd BewG sein. Feststellen lässt sich dies mangels gesetzlicher Anhaltspunkte in der Praxis nur anhand der Qualifizierung als solcher durch einen Einheitswertbescheid. Fehlt es daran, ist § 48 nicht anzuwenden.[9] Vielmehr handelt es sich um einen Gewerbebetrieb; die Geschäftswertberechnung ist dann anhand der Aktiva des Betriebs nach der Bilanz, gem. § 38 ohne Abzug von Verbindlichkeiten, durchzuführen. **10**

Versteht man Landwirtschaft entsprechend § 1 Abs. 2 GrdstVG als Bodenbewirtschaftung und die mit der Bodennutzung verbundene Tierhaltung, um pflanzliche oder tierische Erzeugnisse zu gewinnen, ist § 48 auf einen Betrieb, der vordringlich der Kulturlandschaftspflege dient, nicht anwendbar.[10] **11**

Öffentliche Zuwendungen, zB im Rahmen von Naturschutzprogrammen, spielen auch iRv Abs. 1 S. 1 Nr. 2 eine Rolle (→ Rn 53 ff). **12**

Eine fremdenverkehrsmäßige Nutzung ist problematisch, sobald das Wohngebäude des Betriebs überwiegend dafür genutzt wird. Hier ist einzelfallabhängig zu prüfen; in kleineren Betrieben erscheint eine Obergrenze von vier 4–6 Fremdenzimmern angebracht.[11] **13**

Nach § 34 Abs. 1 BewG gehört zu einem land- oder forstwirtschaftlichen Betrieb sowohl der Wirtschafts- als auch der Wohnteil. Der **Wirtschaftsteil** umfasst nach § 33 Abs. 2 BewG die landwirtschaftliche, die forstwirtschaftliche, weinbauliche, gärtnerische und die sonstige land- und forstwirtschaftliche Nutzung. Zum **Wohnteil** gehören nach § 33 Abs. 2 BewG Gebäude und Gebäudeteile insoweit, als sie dem Betriebsinhaber, den zu seinem Haushalt gehörenden Familienangehörigen und den Altenteilern zu Wohnzwecken dienen. Die Überführung von bislang zum Betriebsvermögen zählenden Wohngebäuden und Wohnungen in das Privatvermögen im Zuge des WohneigFG vom 15.5.1996[12] hat an ihrer kostenrechtlichen Privilegierung nichts geändert, solange sie zum landwirtschaftlichen Betrieb gehören und nicht separat veräußert werden.[13] **14**

Nicht zum land- und forstwirtschaftlichen Vermögen gehören nach § 33 Abs. 3 BewG Zahlungsmittel, Geldforderungen, Geschäftsguthaben und Wertpapiere, Geldschulden, Überbestände an umlaufenden Betriebsmitteln sowie Tierbestände und damit zusammenhängende Wirtschaftsgüter (zB Gebäude und abgrenzbare Gebäudeteile mit den dazugehörenden Flächen, Betriebsmittel), wenn die Tiere weder nach § 51 BewG oder § 51 a BewG zur landwirtschaftlichen Nutzung noch nach § 62 BewG zur sonstigen land- und forstwirtschaftlichen Nutzung gehören. **15**

Ebenfalls als nicht land- und forstwirtschaftliches Vermögen nicht von der Privilegierung des § 48 erfasst wird jegliches Grundvermögen iSd §§ 68–94 BewG, also nicht zum land- und forstwirtschaftlichen Vermö- **16**

---

4 Vgl hierzu Heinemann/*Fackelmann*, Kölner Formularbuch Grundstücksrecht, 2016, Teil 6 B. **5** BGH NJW 1997, 664; vgl auch BayObLG MittBayNot 1994, 358. **6** Korintenberg/*Tiedtke*, § 48 Rn 14. **7** Korintenberg/*Tiedtke*, § 48 Rn 14. **8** Vgl BMF-Erlass v. 6.3.2006 – IV C 2-S 2236-10/05, IV B 7-S 2734-4/05. **9** Korintenberg/*Tiedtke*, § 48 Rn 15. **10** BayObLG RdL 1997, 130. **11** Vgl *Tiedtke/Diehn*, Notarkosten, Rn 816. **12** BGBl. 1996 I 730; BStBl. I 278 und 528. **13** *Rössler/Troll*, BewG, 18. Aufl. 2013, § 33 Rn 79 a; *Tiedtke/Diehn*, Notarkosten, Rn 814.

gen zählende und nicht die Hofstelle (→ Rn 20 ff) darstellende Grundstücke samt Bestandteilen und Zubehör, Erbbaurechte oder Wohnungs- und Teileigentum.

17 Ebenfalls nicht privilegiert werden land- und forstwirtschaftliche Grundstücke dann, wenn sie Bau- oder Bauerwartungsland sind; dies unabhängig davon, ob sie als solche steuerlich bereits fortgeschrieben sind oder nicht. Konsequenterweise ist auch solches Immobilienvermögen, das absehbar zu anderen als land- oder forstwirtschaftlichen Zwecken Verwendung finden wird, nicht nach § 48, sondern nach § 46 zu bewerten (Beispiele: im Bereich einer geplanten Bundesstraße liegendes Ackerland).[14] Aus dem Einheitswert sind diese Grundstücke jeweils herauszurechnen.[15]

18 Ebenfalls kein land- und forstwirtschaftliches Vermögen ist Betriebsvermögen iSd §§ 95–105 BewG, also zB Nebenbetriebe der Landwirtschaft wie Pensionen, Restaurants, Bäcker- und Metzgereien etc. (Betriebe, die dem Hauptbetrieb zu dienen bestimmt sind und nicht einen selbstständigen gewerblichen Betrieb darstellen, vgl § 42 Abs. 1 BewG).

19 Natürlich ist auch Privatvermögen nicht zu privilegieren (zB aufgegebene, nur noch zu Wohnzwecken genutzte Betriebe, Immobilien im Privatvermögen). Dies gilt nicht für solche Immobilien, die nach dem WohnEigFG in das Privatvermögen des Betriebsinhabers überführt worden sind (→ Rn 15).

20 **b) Hofstelle.** Abs. 1 setzt einen land- oder forstwirtschaftlichen Betrieb „mit Hofstelle" voraus, ohne den Begriff zu definieren. Weder der Begriff des „Landguts" iSv §§ 98, 1055 Abs. 2, 2049, 2312 BGB[16] noch der des „Hofs" iSv § 1 HöfeO[17] ist deckungsgleich, so dass eine eigene Definition gefunden werden muss. **Hofstelle** iSd Abs. 1 ist demnach die im Eigentum des Inhabers stehende Einheit aus einer für die Familie des Inhabers geeigneten Wohnstätte[18] und der für die Bewirtschaftung des Betriebs geeigneten und ausreichenden Betriebsgebäude.[19]

21 Die „Übergabe oder Zuwendung" als nach Abs. 1 privilegierte Rechtsgeschäfte setzen das Alleineigentum des Betriebsinhabers an der Hofstelle voraus (bzw sein Miteigentum verbunden mit dem entsprechenden Teil- bzw Sondereigentum).[20] Nicht ausreichend ist hingegen, wenn nur die land- und forstwirtschaftlichen Grundstücke, nicht jedoch die Hofstelle im Eigentum des Betriebsinhabers stehen. Auch im Eigentum von Ehegatten stehende Hofstellen (Ehegattenhöfe, zB Hof im Gesamtgut der Gütergemeinschaft) sind grds. privilegiert.[21] Reine **Pachtbetriebe** mit gepachteter Hofstelle sind nicht privilegiert.[22] Wiederum grds. privilegiert sind Altenteilgebäude bzw -wohnungen (sie gehören zur Hofstelle), sofern sie nicht gesondert veräußert werden.[23]

22 Die Bewirtschaftung des Grund und Bodens muss einheitlich von der Hofstelle aus erfolgen (**wirtschaftliche und organisatorische Einheit**), wobei ein räumlicher Zusammenhang mit den bewirtschafteten Grundstücken nicht erforderlich ist.[24] Das gilt grds. auch dann, wenn der Betrieb in eine Gesellschaft bürgerlichen Rechts eingebracht ist, solange der Sitz der Gesellschaft mit der Hofstelle identisch ist.[25] Allerdings wird in solchen Fällen regelmäßig entweder das Kriterium der Übergabe bzw. Zuwendung an eine oder mehrere natürliche Personen (→ Rn 39 ff) oder das Kriterium der Fortführung (→ Rn 42 ff) nicht erfüllt sein.

23 Abs. 1 privilegiert die „Übergabe oder Zuwendung" eines land- oder forstwirtschaftlichen Betriebs **mit Hofstelle**. Erfasst werden also nur solche Fälle, in denen von der Übergabe oder Zuwendung auch die Hofstelle erfasst ist. Werden hingegen nur einzelne Grundstücke ohne die Hofstelle übertragen, greift das Kostenprivileg nicht.[26] Erfasst sind allerdings sog. **stufenweise Übertragungen**. Hier werden, zeitlich versetzt, zwei Betriebe übertragen: zuerst ein nicht landwirtschaftlicher Betrieb, zB eine Gastwirtschaft, in dessen Gebäude die Hofstelle angesiedelt ist, in einem zweiten Schritt dann der landwirtschaftliche Betrieb (ohne Hofstelle), wobei die Absicht der Übertragung der Betriebe auf dieselbe Person von Beginn an vorgelegen haben muss (Gesamtbetrachtung).[27] Allerdings reicht in solchen Fällen eine bloße Absichtserklärung nicht aus; sie muss vielmehr durch Maßnahmen konkretisiert oder abgesichert sein, durch die die Umsetzung gesichert wird (Beispiel: Eintragung einer Vormerkung im Grundbuch). Ist die Absicht nirgendwo manifestiert, scheidet die Anwendung von § 48 aus.[28]

24 Nicht unter das Kostenprivileg fallen hingegen verpachtete Stückländereien: Sie bilden bewertungsrechtlich einen eigenen Betrieb der Land- und Forstwirtschaft; mangels Bewirtschaftung von der Hofstelle des Verpächters aus fehlt es an der Übergabe oder Zuwendung „mit Hofstelle".

14 BayObLG MittBayNot 1997, 312. **15** *Reimann*, MittBayNot 1989, 117. **16** Vgl BGHZ 98, 375; BGH NJW 1995, 1352. **17** AA *Tiedtke/Diehn*, Notarkosten, Rn 806. **18** BGH NJW-RR 1998, 1627. **19** Vgl BayObLG MittBayNot 2002, 127. **20** BayObLG FGPrax 1996, 79; OLG Frankfurt FGPrax 2009, 279. **21** *Tiedtke/Diehn*, Notarkosten, Rn 809. **22** OLG Düsseldorf JurBüro 1991, 501. **23** LG Traunstein MittBayNot 1992, 420. **24** OLG München MittBayNot 2010, 418; LG Ingolstadt Rpfleger 1990, 210; LG Marburg Rpfleger 1991, 107. **25** OLG München MittBayNot 2010, 418, 419. **26** OLG München 28.1.2014 – 34 Wx 576/11; OLG Frankfurt ZNotP 2010, 119; *Tiedtke*, DNotZ 2015, 577; *Reimann*, MittBayNot 1989, 117. **27** Hierzu BayObLG MittBayNot 2000, 470; BayObLG MittBayNot 2001, 496; *Rohs/Wedewer/Rohs*, KostO, § 19 Rn 55 c. **28** OLG München 28.1.2014 – 34 Wx 576/11 mit Verweis auf BayObLG MittBayNot 2002, 127.

2. Privilegiertes Verfahren oder Geschäft. a) Allgemeines. Voraussetzung der Kostenprivilegierung ist, dass 25
das jeweilige Verfahren oder Geschäft „im Zusammenhang mit einer Übergabe oder Zuwendung" steht.
Privilegiert wird folglich nicht nur die eigentliche Übergabe oder Zuwendung (zu den Begrifflichkeiten →
Rn 26 ff), sondern auch sie vorbereitende oder ihrem Vollzug dienende Verfahren und Geschäfte (→
Rn 33 ff).

b) Übergabe. Unter „Übergabe" fallen dabei Geschäfte **unter Lebenden**.[29] Weder Typus noch Inhalt der 26
Übergabe als Mittel der Vermögensnachfolge zu Lebzeiten sind gesetzlich definiert. § 17 Abs. 1 HöfeO
spricht insofern von einer „Übergabe des Hofes an den Hoferben im Wege der vorweggenommenen Hoferbfolge" (wobei der Begriff des Hoferben iSd § 7 HöfeO nicht mit dem des gesetzlichen Erben iSd BGB zu
verwechseln ist), deckt damit aber nur einen Teilbereich ab. Je nach Gestaltung sind unter „Übergabe"
Schenkungen und Ausstattungen ebenso wie teil- oder vollentgeltliche Geschäfte (Austauschgeschäfte iSv
§ 97 Abs. 3) zu fassen.[30] Abs. 1 S. 1 erfasst demnach neben den „klassischen" Übergabeverträgen iSd vorweggenommenen Erbfolge (bzw der Übergabe an Personen, die nicht zum Kreis der gesetzlichen Erben des
Betriebsinhabers gehören) auch die sog. gleitende Übergabe (zB Verträge mit Nießbrauchvorbehalt, „Rheinische Übergabe"). Einschränkungen bestehen hinsichtlich der Person, an die übertragen wird (→ Rn 39 ff).

Pachtverträge sind dann privilegiert, wenn sie eine Übergabeverpflichtung hinsichtlich des verpachteten Be- 27
triebs im Sinne einer schon zur Zeit des Vertragsabschlusses bestimmten Übertragung an den Pächter enthalten (im Übrigen sind sie nicht privilegiert, sondern fallen unter § 99). Gleiches gilt für die Bestellung von
Erbbaurechten an der Hofstelle, sofern im Rahmen dieser Vereinbarung zugleich ein bedingter Übertra-
gungsvertrag hinsichtlich des ganzen Betriebs mit Hofstelle geschlossen wird.[31]

Handelt es sich bei dem zu bewertenden Geschäft um einen Austauschvertrag, ist selbstverständlich die Ge- 28
schäftswertvorschrift des § 97 Abs. 3 zu beachten; Geschäftswert ist dann der höhere Wert (Leistung oder
Gegenleistung).[32] § 48 ist reine Bewertungsvorschrift und ändert nicht die Rechtsfolge der Geschäftswertvorschrift des § 97 Abs. 3. Dies gilt allerdings – wie schon im früheren Recht – nur für Beurkundungen. Für
die Eintragung im Grundbuch Vollzug der Auflassung gilt § 69, wonach der (insofern nach § 48 zu ermittelnde) Wert des Grundstücks maßgeblich ist.[33]

c) Zuwendung. Der Begriff der „Zuwendung" erfasst – in Abgrenzung von der „Übergabe" (→ Rn 26) – 29
die Übertragung **von Todes wegen**, insb. die Zuwendung von Todes wegen im Wege der gesetzlichen oder
gewillkürten Erbfolge. Begünstigt sind dabei sowohl die Gesamtrechtsnachfolge im Wege der Erbeinsetzung
als auch die Einzelrechtsnachfolge im Wege der Vermächtniszuwendung.[34]

Nicht anwendbar ist § 48 hingegen auf Zuwendungen, die zur Zerschlagung des Betriebs führen, etwa im 30
Fall einer Teilungsanordnung zu den einzelnen Betriebsbestandteilen.

Verfügt der Testator iSv § 102 Abs. 2 S. 1 über landwirtschaftliches Vermögen mit Hofstelle, das noch nicht 31
zu seinem Vermögen gehört („künftiges Vermögen"), ist Abs. 1 nicht anwendbar. § 102 stellt auf den Wert
der Sache zur Zeit der Verfügung ab; in diesem Moment ist der Verfügende jedoch weder Eigentümer noch
kann die Zuwendung der Fortführung des Betriebs dienen. Wert idS ist demnach der Verkehrswert nach
§ 46 Abs. 1.[35]

Bei **Erbauseinandersetzungen** findet Abs. 1 nur dann Anwendung, wenn der land- oder forstwirtschaftliche 32
Betrieb erhalten bleibt und nicht zerschlagen wird.[36] Zu Erb- und Pflichtteilsverzichtsverträgen → Rn 37.

d) Sonstige Rechtsgeschäfte. Als mit der Übergabe oder Zuwendung zusammenhängend, dh sie vorberei- 33
tend oder ihrem Vollzug dienend, fallen zahlreiche weitere Verfahren und Geschäfte in den Anwendungsbereich des Abs. 1 S. 1.

So unterfallen etwa **Spezialvollmachten**, die ausschließlich die Vertretung des Betriebsinhabers bei der Über- 34
gabe oder Veräußerung des Betriebs ermöglichen, dem Kostenprivileg. Im Gegensatz dazu gilt für General-
und Vorsorgevollmachten, die die vorgenannte Vertretung neben anderen Geschäften (ob ausdrücklich oder
nicht) ermöglichen, die allgemeine Bewertungsvorschrift des § 46.[37]

Auch **Abfindungsverträge**, insb. mit den weichenden Erben, hängen nach Abs. 1 S. 1 mit der Übergabe oder 35
Zuwendung zusammen und sind damit grds. privilegiert.

Wird der Betrieb verpachtet und enthält der **Pachtvertrag** eine Übertragungsverpflichtung, greift die Privile- 36
gierung dann, wenn sich die Übertragungsverpflichtung auf den konkreten Betrieb bezieht und dieser Betrieb tatsächlich fortgeführt werden soll.

---

29 BT-Drucks 17/11471 (neu), S. 169. **30** Vgl BT-Drucks 17/11471 (neu), S. 169. **31** Vgl noch Korintenberg/*Bengel/Tiedtke*,
KostO, § 19 Rn 94. **32** Vgl OLG Düsseldorf DNotZ 1993, 763. **33** So bereits BayObLG MittBayNot 1990, 325 und *Reimann*,
DNotZ 1990, 670 (zu § 19 Abs. 4 und § 39 Abs. 2 KostO). **34** Vgl BayObLG MittBayNot 1992, 181. **35** So bereits zur KostO
– mit anderer Argumentation – *Reimann*, MittBayNot 1989, 117, 121. **36** Rohs/Wedewer/*Rohs*, KostO, § 19 Rn 55 i.
37 Korintenberg/*Bengel/Tiedtke*, KostO, § 19 Rn 94 b.

37 Abs. 1 S. 1 gilt grds. nicht für güterrechtliche Angelegenheiten iSv § 100, insb. **Eheverträge** und **Scheidungsvereinbarungen**. Die Vereinbarung der Gütertrennung, der Ausschluss bzw die Modifikation des Zugewinnausgleichs, Unterhaltsverzichte etc. können allenfalls wirtschaftlich betrachtet der Fortführung dienen, da sie das Risiko der Zerschlagung des Betriebs zumindest mindern. Scheidungsfolgenvereinbarungen oder Vereinbarungen über den Zugewinnausgleich können unter bestimmten Umständen privilegiert sein, wenn zB ein Zugewinnanspruch durch Übertragung eines Betriebs an den Ehegatten erfolgt (stets wie, soweit eine Übertragung des Betriebs erfolgt und diese der unmittelbaren Fortführung des Betriebs dient).[38]

38 Nicht von der Kostenprivilegierung erfasst wird die **Aufteilung der Hofstelle nach §§ 3, 8 WEG**. Die Aufteilung dient in keinem Fall der Fortführung des Betriebs, sondern vermögensrechtlichen Zwecken außerhalb des landwirtschaftlichen Betriebs bzw deren Vorbereitung (zB vorweggenommene Erbfolge).

39 **3. Erfasster Personenkreis (Übergeber und Übernehmer bzw neuer Inhaber).** Abs. 1 S. 1 setzt voraus, dass der Betrieb „an eine oder mehrere natürliche Personen" übergeben wird. Dieses Kriterium erklärt sich aus der *ratio legis* des Kostenprivilegs, soll § 48 doch der Erhaltung leistungsfähiger land- und forstwirtschaftlicher Betriebe als Familienbetrieb dienen (→ Rn 1), was bei Übertragung an eine juristische Person gerade nicht der Fall ist. Ob der Erwerber zur Familie des Übergebers zählt, ist hingegen nicht relevant: Abs. 1 S. 1 privilegiert grds. auch den Erwerb durch familienfremde Dritte.[39]

40 Die Übertragung an „mehrere natürliche Personen" erfasst jedenfalls die Überlassung zu Miteigentum an mehrere Erwerber, sofern (vertraglich, im Rahmen letztwilliger Verfügungen durch Auflage o.Ä.) gesichert ist, dass der Betrieb nicht zerschlagen wird. Testamentarische Anordnungen oder vertragliche Verpflichtungen, den Betrieb zu einem bestimmten Zeitpunkt zu veräußern und die Miterben auszuzahlen, sind hingegen keine derartige Übertragung an mehrere Personen: Sie werden von § 48 nicht erfasst.

41 Nicht privilegiert ist auch eine Überlassung an mehrere Personen zu Gesamthandseigentum. Dieser Fall ist von Abs. 1 nicht mehr erfasst; privilegiert wird nur die Übergabe oder Zuwendung an eine oder mehrere natürliche Personen. Bei einer Übertragung zB an eine GbR oder KG ist jedoch nicht der dahinter stehende Gesellschafter, sondern die Gesellschaft selbst Rechtsträger. Ohnehin würde mit einer GbR idR in den Fällen, in denen mehrere Betriebe zusammengeführt werden, gerade nicht ein Betrieb fortgeführt, sondern ein neuer errichtet.[40]

42 **4. Absicht unmittelbarer Fortführung des Betriebs (Abs. 1 S. 1 Nr. 1).** Abs. 1 S. 1 Nr. 1 knüpft die Privilegierung an die Absicht der unmittelbaren Fortführung des Betriebs durch den Erwerber selbst. Neben dem subjektiven Element der Fortführungsabsicht durch den Erwerber in Eigenverantwortung muss objektiv die (unmittelbare) bäuerliche Fortführbarkeit des Betriebs gewährleistet sein.[41]

43 **a) Objektive Kriterien: Unmittelbare Fortführbarkeit des Betriebs durch den Erwerber.** Die Fortführung des Betriebs des Übergebers setzt dessen Eigentum am Betrieb voraus (→ Rn 20). Ist er nicht Eigentümer, ist Abs. 1 S. 1 nicht einschlägig.

44 Die Zeitpunkte des Abschlusses der Übergabevereinbarung bzw des sonstigen Verfahrens oder Geschäfts und der Fortführung durch den Erwerber können auseinanderfallen. Bei letztwilligen Verfügungen ist dies offensichtlich, kann doch zum Zeitpunkt ihrer Errichtung nicht gesagt werden, wann der Erbfall eintreten wird. Ausschlaggebend ist, dass im Zeitpunkt des gebührenpflichtigen Verfahrens oder Geschäfts eine Fortführung – sei es auch erst in weiterer Zukunft – festgelegt ist.

45 Der Erwerber muss dem bisherigen Eigentümer allerdings **unmittelbar** als Bewirtschafter des Betriebs nachfolgen. Die sog. „gleitende" Übergabe, etwa durch lebzeitige Übertragung des Betriebs unter Nießbrauchvorbehalt, wird damit grds. vom Kostenprivileg erfasst, sofern nicht die Fortführung des landwirtschaftlichen Betriebs durch den Erwerber als solche in Zweifel steht, sondern lediglich deren Zeitpunkt.[42] Dies gilt erst recht, wenn der Zeitpunkt bereits feststeht. Beispiele sind die Einräumung nur des wirtschaftlichen Eigentums durch Nießbrauch, wobei dem Berechtigten ein Erwerbsanspruch eingeräumt wird,[43] der Pachtvertrag unter Vereinbarung einer Übertragungsverpflichtung und die Übertragung allein des wirtschaftlichen Eigentums unter Vorbehalt des Nießbrauchs für den Übergeber.[44]

46 Eine Fortführung ist auch dann gegeben, wenn der Erwerber den Betrieb nicht allein, sondern unter Zuhilfenahme eines Verwalters oder in Arbeitsteilung mit diesem führt, sofern der Erwerber nur die Entscheidungsverantwortung oder die fachliche Oberaufsicht hat. Gleiches gilt, wenn der Vorbehaltsnießbraucher den Betrieb in der vorgenannten Weise zunächst weiterführt, bevor er zu einem festgelegten Zeitpunkt auf den Erwerber übergeht.[45]

38 Korintenberg/*Tiedtke*, § 48 Rn 43.   **39** Vgl *Reimann*, MittBayNot 1989, 120.   **40** Vgl Rohs/Wedewer/*Rohs*, KostO, § 19 Rn 55 c.   **41** Vgl dazu BayObLG MittBayNot 1992, 229; BayObLG MittBayNot 1994, 359; BayObLG MittBayNot 1997, 311; OLG Düsseldorf MittRhNotK 1991, 27.   **42** BayObLG MittBayNot 1997, 311.   **43** Korintenberg/*Tiedtke*, § 48 Rn 29.   **44** BayObLG MittBayNot 1998, 462; BayObLG MittBayNot 1997, 311.   **45** BayObLG MittBayNot 1993, 228.

Auch die dem Erhalt des Betriebs dienende Tätigkeit des Gerichts im Rahmen der Vormundschaft über einen Minderjährigen (Hoferbe o.Ä.) kann ein der Fortführung des Betriebs mit Hofstelle dienendes Verfahren sein, auch wenn die Fortführung dem Minderjährigen aus Alters- und Ausbildungsgründen mittelfristig nicht möglich ist.[46] 47

Nicht ausreichend ist hingegen, dass ein Betrieb übertragen wird bzw werden soll, ohne dass dem Erwerber die Fortführung objektiv möglich ist, bspw aufgrund eines bestehenden langfristigen Pachtvertrags mit einem Dritten. 48

Eine Fortführung ist dann objektiv nicht mehr gegeben, wenn bereits zum Zeitpunkt des der Übertragung zugrunde liegenden Rechtsgeschäfts feststeht, dass wesentliche Teile des Betriebs nicht dem Erwerber zufallen werden, zB durch Vermächtnis, Rückbehalt des Inhabers oder Veräußerung an Dritte.[47] 49

Nicht anwendbar ist Abs. 1 S. 1 Nr. 1 auch dann, wenn ein oder mehrere Dritte „zwischengeschaltet" werden, bspw der Betrieb für eine Übergangszeit an einen Dritten verpachtet wird, bevor ihn der Erwerber übernimmt. Gleiches gilt für solche Konstellationen, in denen der Betrieb zur Zeit des Vertragsschlusses nicht vom Eigentümer, sondern von einem Dritten – etwa einem Pächter – bewirtschaftet wird, brachliegt oder anderweitig (zB als nicht land- oder forstwirtschaftlicher Betrieb) genutzt wird. 50

b) Subjektive Kriterien. Subjektiv fordert Abs. 1 S. 1 Nr. 1 die Absicht des Erwerbers, den Betrieb unmittelbar eigenverantwortlich und bäuerlich fortzuführen. Anhaltspunkte für das Vorliegen dieser inneren Tatsache können sich insb. aus den Erklärungen der Beteiligten und der Gestaltung vorliegender Verträge ergeben.[48] Die Fortführungsabsicht muss konkret sein; die bloße Absicht, irgendwann einmal den Betrieb fortzuführen, genügt nicht. Zudem muss die Fortführungsabsicht zentrales Motiv des fraglichen Rechtsgeschäfts sein. Verfolgen die Beteiligten nach außen erkennbar andere Zwecke als den der Betriebsfortführung, steht insb. bloßes Gewinnstreben angesichts geplanter größerer Grundstücksveräußerungen im Mittelpunkt,[49] so entspricht dies nicht der *ratio legis* des Abs. 1 S. 1; das Kostenprivileg ist nicht anwendbar.[50] 51

5. Betriebsgröße und Ertrag (Abs. 1 S. 1 Nr. 2). a) Allgemeines. Die Definition des land- und forstwirtschaftlichen Betriebs in § 33 BewG (→ Rn 6 ff) enthält keine Mindestgröße; im Grundsatz ist § 48 daher auch bei Nebenerwerbsbetrieben anwendbar.[51] Vor dem Hintergrund der *ratio legis* und des Ausnahmecharakters des § 48 können jedoch nur solche Betriebe in seinen Anwendungsbereich fallen, die ein gewisses Mindestmaß an Leistungsfähigkeit (Rentabilität) gewährleisten.[52] Abs. 1 S. 1 Nr. 2 statuiert insoweit eine **Untergrenze für Betriebsgröße und Ertrag** des betroffenen land- oder forstwirtschaftlichen Betriebs. Eine Obergrenze besteht nicht[53] (→ Rn 59). 52

b) Untergrenze: Betrieb als wesentlichen Teil der Existenzgrundlage des Übernehmers. Nach Abs. 1 S. 1 Nr. 2 muss der Betrieb unmittelbar nach Vollzug einen wesentlichen (die doppelte Verneinung „nicht unwesentlich" ist sprachlich misslungen) Teil der Existenzgrundlage des zukünftigen Inhabers bilden. Einen überwiegenden Teil des Einkommens muss der Betrieb folglich nicht erbringen; somit fallen auch im Nebenerwerb bewirtschaftete land- und forstwirtschaftliche Betriebe in den Anwendungsbereich von Abs. 1. Das BayObLG hat in zwei früheren Entscheidungen die Privilegierung bereits bei einem Jahresüberschuss von – umgerechnet – ca. 4.400 € bzw 7.173 € bejaht, wobei berücksichtigt wurde, dass ein landwirtschaftlicher Betrieb seinem Eigentümer neben dem finanziellen auch einen gewissen Naturalertrag abwirft (mietfreies Wohnen, selbst erzeugte Produkte etc.).[54] 53

Dabei sind allein Erträge aus der Bewirtschaftung land- und forstwirtschaftlicher Flächen und landwirtschaftlicher Tierhaltung zu berücksichtigen. Nicht hierzu zählen Zuwendungen aus staatlichen Naturschutzprogrammen im Rahmen des Vertragsnaturschutzes (Feuchtwiesenprogramme etc.); sie dienen anderen Zwecken wie dem Umwelt- und Naturschutz, nicht jedoch der Erzielung landwirtschaftlicher Erträge.[55] 54

Leider vermied der Gesetzgeber eine pauschale betragsmäßige Abgrenzung nach Flächengröße oder Ertragswert.[56] Dennoch sind in der Rechtspraxis gewisse unverbindliche **Orientierungspunkte** erforderlich, um die Vorschrift handhabbar zu machen. Maßgeblich ist nach der Rspr zur Vorgängerregelung des § 19 Abs. 4 KostO zunächst der Unterhaltsbedarf einer durchschnittlichen bäuerlichen Familie (objektiver Maßstab), die der Betrieb ganz oder teilweise sichern können muss.[57] Die Rspr stellt in diesem Zusammenhang auf die objektiven Abgrenzungskriterien in landwirtschaftlichen Gesetzen gleicher Zielsetzung ab, etwa in § 1 Abs. 5 des Gesetzes über die Alterssicherung für Landwirte (ALG). Der jeweilige Spitzenverband der 55

---

46 BayObLGZ 1991, 200. **47** OLG Düsseldorf JurBüro 1991, 563. **48** Rohs/Wedewer/*Rohs*, KostO, § 19 Rn 55 c. **49** Dazu BayObLG RdL 2001, 242; OLG Düsseldorf MittRhNotK 1991, 27. **50** Vgl Korintenberg/*Tiedtke*, § 48 Rn 33. **51** *Tiedtke/ Diehn*, Notarkosten, Rn 792. **52** *Tiedtke/Diehn*, Notarkosten, Rn 793. **53** Vgl BT-Drucks 17/11471 (neu), S. 169. **54** BayObLG FamRZ 1997, 831; BayObLG MittBayNot 2003, 239. **55** LG Münster 7.7.2008 – 5 U 780/07, zit. nach Rohs/ Wedewer/*Rohs*, KostO, § 19 Rn 55 d. **56** Vgl BT-Drucks 17/11471 (neu), S. 169. **57** Vgl OLG München MittBayNot 2006, 353; BayObLGZ 1992, 231, 233; BayObLG MittBayNot 2001, 495; BayObLG FGPrax 2003, 97.

landwirtschaftlichen Sozialversicherung legt im Bereich des Altersgeldes unter Berücksichtigung der örtlichen oder regionalen Gegebenheiten Grenzwerte fest.

56 Ob die Untergrenze erreicht wird, ist im Wege einer **Prognose** auf den Zeitpunkt unmittelbar nach Vollzug der Übergabe festzustellen. Maßgeblich sind – neben den entsprechenden Absichten der Beteiligten als innere Tatsachen – die objektiv feststellbaren Umstände bei Vornahme des jeweiligen Geschäfts. Kann der Betrieb schon in diesem Moment nicht den Lebensbedarf einer bäuerlichen Familie zumindest teilweise decken, wird er dies idR auch nicht zu einem späteren Zeitpunkt leisten können, es sei denn, tiefgreifende Verbesserungen sind konkret angedacht und realistisch.

57 Angepachtete Flächen können hinsichtlich der Betriebsgröße bzw des Ertrags nur berücksichtigt werden, wenn sie bereits durch den Übergeber bzw Erblasser selbst angepachtet waren; erst durch den Erwerber angepachtete Flächen bleiben unberücksichtigt.[58] An Dritte verpachtete Flächen bleiben ebenfalls unberücksichtigt, sofern der Pachtvertrag nicht vor Vollzug beendet wird – sie dienen einem anderen Betrieb.[59]

58 Die **Beweislast** für das Vorliegen der Ertragsvoraussetzungen liegt beim Betriebsinhaber. Er muss entsprechende Unterlagen vorlegen. Tut er dies nicht, verstößt er gegen seine Mitwirkungspflicht nach § 95 S. 1 und 2 bzw nach § 27 FamFG. Entsprechend kann der Notar nach § 95 S. 3 den Wert nach billigem Ermessen bestimmen.

59 **c) Obergrenze: Landwirtschaftlicher Großbetrieb.** Von der Normierung einer Obergrenze hat der Gesetzgeber in § 48 ausdrücklich abgesehen, zugleich jedoch ausgeführt, dass landwirtschaftliche Großbetriebe nicht dem Leitbild des Kostenprivilegs entsprechen.[60] Die in der Lit. bislang vorgeschlagene Orientierung an landwirtschaftlichen Förderhöchstgrenzen (zB 100 ha bewirtschaftete Flächen)[61] war angesichts der Vielschichtigkeit land- und forstwirtschaftlicher Betätigung (vgl die sehr stark differierenden Untergrenzen in → Rn 53 ff) und in Anbetracht regionaler Unterschiede hinsichtlich des Flächenertrags schon früher kaum praktikabel. Mit der ausdrücklichen Absage des Gesetzgebers an die Statuierung von Höchstgrenzen können diese auch nicht im Rahmen einer verfassungskonformen Auslegung[62] des § 48 hinzugedacht werden. Angesichts der *ratio legis* des § 48 und seines Charakters als grds. eng auszulegende Ausnahmevorschrift (→ Rn 1) ist dies bedauerlich.

60 **6. Einheitswert.** Der Einheitswert – im früheren Recht zumindest theoretischer Ausgangspunkt der Wertermittlung nach § 19 KostO – spielt nach dem GNotKG grds. nur noch bei der Wertermittlung land- und forstwirtschaftlichen Vermögens eine Rolle. Der Einheitswert ist ein von der Finanzverwaltung gemäß den §§ 19 ff BewG für Besteuerungszwecke festgelegter Wert. Dabei wird der Einheitswert nicht für Einzelgegenstände (Grundstücke etc.), sondern für alle die jeweilige wirtschaftliche Einheit bildenden Gegenstände zusammen gebildet, im hier relevanten Zusammenhang also für Betriebe der Land- und Forstwirtschaft, vgl § 19 Abs. 1 BewG.

61 Auskunft über den Einheitswert als Steuerwert erteilt das zuständige **Finanzamt.** Hierzu wird nach Abs. 1 S. 2 iVm § 46 Abs. 3 S. 2 das **Steuergeheimnis** (§ 30 AO) eingeschränkt.

III. Besonderheiten

62 **1. Vorgehen bei nicht feststehendem Einheitswert (Abs. 1 S. 3).** Ist ein Einheitswert nicht festgestellt, ist er nach Abs. 1 S. 3 von Amts wegen durch den Kostenbeamten oder den Notar vorläufig zu schätzen. Sobald jedoch eine amtliche Festlegung des Einheitswerts erfolgt ist, ist die Kostenberechnung zu berichtigen, wobei die Frist für die Nachforderung von Gerichtskosten nach § 20 Abs. 1 erst mit eben dieser Feststellung zu laufen beginnt. Für Notarkosten gilt die Verjährungsfrist des § 6 Abs. 1 S. 3 ohne Einschränkungen. Erfolgt die amtliche Feststellung des Einheitswerts erst nach Ablauf der Verjährungsfrist, kann die Notarkostenberechnung nicht mehr berichtigt werden.

63 **2. Wesentliche Abweichung des Geschäftsgegenstands vom Gegenstand der Einheitsbewertung etc. (Abs. 2).** Ausgangspunkt der Bewertung bildet der aus dem Einheitswert- oder Ersatzwirtschaftswertbescheid ersichtliche Einheitswert bzw Ersatzwirtschaftswert. Weicht der diesem Bescheid zugrunde gelegte Gegenstand jedoch von dem Gegenstand des gebührenpflichtigen Geschäfts wesentlich ab, ist im Wege der Schätzung der Einheitswert bzw Ersatzwirtschaftswert zu ermitteln, der bei Zugrundelegung der tatsächlichen Umstände gelten würde. Gleiches gilt, wenn sich der Wert seit der Ermittlung des jeweiligen Steuerwerts durch nach diesem Zeitpunkt liegende Umstände wesentlich verändert hat, dh die für die Einheitswertfeststellung maßgeblichen Kriterien bei Gebührenfälligkeit nicht mehr (so) gegeben sind. Wird ein landwirtschaftlicher Betrieb bspw ohne einen bestimmten Acker übergeben, so ist dieser Acker anteilig aus

58 OLG München MittBayNot 2006, 353. **59** BayObLGZ 1997, 240; OLG München MittBayNot 2006, 353. **60** BT-Drucks 17/11471 (neu), S. 169. **61** Vgl *Tiedtke/Diehn*, Notarkosten, Rn 797. **62** Vgl dazu BayObLG MittBayNot 1993, 228 unter Verweis auf BVerfGE 67, 348, 367 f.

dem Einheitswert herauszurechnen. Umfasst der Gegenstand des gebührenpflichtigen Geschäfts zB neu hinzugekommenes Zubehör, ist ein entsprechender Zuschlag zum der Kostenberechnung zugrundeliegenden Einheitswert vorzunehmen.

3. Höfe iSd HöfeO (Abs. 3 Nr. 1). Nach Abs. 3 Nr. 1 gilt das Bewertungsprivileg des Abs. 1 auch für Höfe 64 iSd HöfeO (bislang geregelt in § 20 S. 2 HöfeVfO mit Verweis auf § 19 Abs. 2–5 KostO). In Nordrhein-Westfalen,[63] Niedersachsen, Schleswig-Holstein und Hamburg gilt als partielles Bundesrecht (Art. 125 GG) die HöfeO.[64]

4. Gerichtliche Zuweisung (Abs. 3 Nr. 2). a) Allgemeines. Das Bewertungsprivileg des Abs. 1 gilt nach 65 Abs. 3 Nr. 2 auch für den Fall, dass ein land- oder forstwirtschaftlicher Betrieb nicht iSv Abs. 1 durch Übergabe oder Zuwendung übertragen, sondern im gerichtlichen Verfahren zugewiesen wird.[65] Fällt ein landwirtschaftlicher Betrieb nach dem Tod des Landwirts in gesetzlicher Erbfolge (nur auf diese ist das Zuweisungsverfahren anwendbar, vgl § 13 Abs. 1 S. 1 GrdstVG) an eine Mehrzahl von Erben, ist häufig die Fortführung des Betriebs als Ganzes gefährdet; es droht die Zerschlagung. In vielen Fällen wird es dem an der Fortführung der Landwirtschaft interessierten Miterbe an den nötigen Mitteln fehlen, um die anderen Miterben auszuzahlen, wenn der Hof (mangels Fortführung) mit dem Verkehrswert nach Abs. 1 bewertet werden muss.

Für diesen Fall sieht das GrdstVG in §§ 13–17 ein Zuweisungsverfahren vor,[66] in dem das Landwirtschafts- 66 gericht einen landwirtschaftlichen Betrieb einem Miterben auf Antrag die Gesamtheit der Grundstücke, aus denen der landwirtschaftliche Betrieb besteht, ungeteilt zuweisen kann. Die verfahrensrechtlichen Regelungen finden sich im LwVG; die kostenrechtliche Regelung wurde iRd 2. KostRMoG von § 36 a LwVG in das GNotKG überführt.

Das Zuweisungsverfahren setzt nach §§ 13 Abs. 1 S. 1, 14 Abs. 1 S. 1 GrdstVG einen zuvor im Alleineigen- 67 tum des Erblassers gestandenen landwirtschaftlichen Betrieb (vgl § 1 Abs. 2 GrdstVG) voraus, der einen im Wesentlichen zum Unterhalt einer bäuerlichen Familie ausreichenden Gewinn erwirtschaften kann; eine anderweitige Auseinandersetzung zwischen den Erben darf aus tatsächlichen oder rechtlichen Gründen (§ 14 Abs. 2 Alt. 1 GrdstVG) nicht erreicht bzw vollzogen werden können. Zudem dürfen die Ausschlusstatbestände des § 14 Abs. 3 GrdstVG nicht gegeben sein.

b) Verfahren endet ohne Zuweisung des Betriebs. Abs. 3 Nr. 2 und damit Abs. 1 und 2 sind nur anwend- 68 bar, wenn das gerichtliche Verfahren auch mit der Zuweisung des Betriebs endet. Andernfalls – dh das Verfahren endet durch ablehnenden Beschluss, Vergleich oder anderweitige Erledigung – bestimmt sich der Geschäftswert nach der allgemeinen Vorschrift des § 36 Abs. 1, dh nach billigem Ermessen.[67]

In diesem Fall bildet der Wert des dem Antrag auf Zuweisung unterliegenden Grundbesitzes lediglich eine 69 Orientierungshilfe; er ist jedoch nicht ohne Weiteres als Geschäftswert heranzuziehen. So ist § 36 Abs. 1 eine Geschäftswert- und keine Bewertungsvorschrift. Bestimmt sich demnach der Geschäftswert nach billigem Ermessen, läuft dies auf eine Gewichtung zahlreicher Einzelfallfaktoren hinaus.[68] Dabei spielt die Bewertung des Grundbesitzes nach § 48 eine wichtige Rolle als Höchstwert (die anderweitige Beendigung des Verfahrens kann nicht mehr kosten als das mit der Zuweisung endende Verfahren); ebenso sind jedoch fallspezifische Aspekte, wie etwa Fortschritt und Stand des Verfahrens zum Zeitpunkt der Beendigung, zu berücksichtigen.[69]

IV. Landwirtschaftliche Übergaben etc. in den neuen Bundesländern (Abs. 1 S. 4)

Für das Beitrittsgebiet waren die Einheitswerte vor 1990 auch für land- und forstwirtschaftliches Vermögen 70 zuletzt 1935 festgestellt worden,[70] stellen also noch weniger als die Einheitswerte 1964 (für die alten Bundesländer) eine tragfähige Grundlage für die Steuerbewertung dar. § 125 Abs. 2 S. 1 BewG sieht vor diesem Hintergrund vor, dass anstelle der Einheitswerte nach § 19 Abs. 1 BewG für land- und forstwirtschaftliche Betriebe **Ersatzwirtschaftswerte** ermittelt werden. Nach § 125 Abs. 2 S. 3 BewG ist der Bildung von Ersatzwirtschaftswerten (abweichend von § 2 und § 34 Abs. 1, 3–6 und 7 BewG) eine **Nutzungseinheit** zugrunde zu legen. Bestandteile dieser Nutzungseinheit sind alle von derselben Person (Nutzer) regelmäßig selbstge-

---

63 Mit Ausnahme des Amtes Neuhaus (ehemals Mecklenburg-Vorpommern). **64** Zurückgehend auf eine Verordnung der britischen Militärregierung v. 24.4.1947, neu gefasst durch Bek. v. 26.7.1976 (BGBl. I 1933), zul. geänd. d. Art. 98 G v. 17.12.2008 (BGBl. I 2586). Wesentliches Vorbild der HöfeO wiederum war das im Jahr 1933 erlassene Reichserbhofgesetz, vgl *Wöhrmann*, Das Landwirtschaftserbrecht, 10. Aufl. 2011, Einl. Rn 9. **65** Dies galt bereits im früheren Recht, vgl zu § 19 Abs. 4 KostO OLG Bamberg JurBüro 1994, 235. **66** Vgl dazu Überblick bei *Graß*, AgrarR 2010, 228 ff. **67** Vgl BT-Drucks 17/11471 (neu), S. 170; vgl zur inhaltlich identischen Regelung in LwVG und KostO (Verweisung in § 36 a Abs. 2 LwVG auf § 30 Abs. 1 KostO) *Barnstedt/Steffen/Ernst*, LwVG, § 36 a Rn 8 ff. **68** So schon zum früheren Recht, freilich ohne belastbare Verankerung in § 36 a Abs. 2 LwVG, OLG Stuttgart AgrarR 1977, 234; *Hartmann*, KostG, § 36 a LwVG Rn 3. **69** Anders zum früheren Recht: BGH RdL 1952, 49; OLG Stuttgart AgrarR 1977, 234; OLG Celle AgrarR 1974, 177. **70** Vgl *Filzek*, KostO, § 19 Rn 18.

nutzten Wirtschaftsgüter des land- und forstwirtschaftlichen Vermögens, auch wenn der Nutzer nicht Eigentümer ist. Zur Bildung des Ersatzwirtschaftswerts vgl § 125 Abs. 4–7 BewG.

71 § 125 Abs. 3 BewG, wonach Wohngebäude einschließlich des dazugehörigen Grund und Bodens nicht zum land- und forstwirtschaftlichen Vermögen gehören, ist nach Abs. 1 S. 4 hingegen nicht anzuwenden. Im Ergebnis sind damit im Beitrittsgebiet Wohngebäude einschließlich des zugehörigen Grund und Boden mit dem (vierfachen) Einheitswert, das übrige land- und forstwirtschaftliche Vermögen hingegen mit dem (vierfachen) Ersatzwirtschaftswert nach §§ 125 ff BewG zu bewerten.

72 Die in Abs. 1 S. 4 Hs 2 angeordnete sinngemäße Anwendung von § 126 Abs. 2 BewG bewirkt, dass bei demjenigen, dem land- und forstwirtschaftliche Wirtschaftsgüter zuzurechnen sind, der Ersatzwirtschaftswert oder ein entsprechender Anteil daran nach Abs. 1 S. 1 anzusetzen ist.[71]

§ 49 Grundstücksgleiche Rechte

(1) Die für die Bewertung von Grundstücken geltenden Vorschriften sind auf Rechte entsprechend anzuwenden, die den für Grundstücke geltenden Vorschriften unterliegen, soweit sich aus Absatz 2 nichts anderes ergibt.

(2) Der Wert eines Erbbaurechts beträgt 80 Prozent der Summe aus den Werten des belasteten Grundstücks und darauf errichteter Bauwerke; sofern die Ausübung des Rechts auf eine Teilfläche beschränkt ist, sind 80 Prozent vom Wert dieser Teilfläche zugrunde zu legen.

I. Gesetzliche Systematik und Anwendungsbereich

1 Abs. 1 erstreckt die Geltung der Bewertungsvorschriften für Grundstücke (insb. §§ 46–53) auf „Rechte, die den für Grundstücke geltenden Vorschriften unterliegen", die also insb. wie Grundstücke veräußert und belastet werden können (**grundstücksgleiche Rechte**).[1] Grundstücksgleiche Rechte sind insb. das Erbbaurecht (vgl §§ 11, 14 ErbbauRG, § 6 a GBO), das Wohnungseigentum nach dem WEG[2] und das Bergwerkseigentum (§ 9 Abs. 1 BBergG); in den neuen Bundesländern kommt das Gebäudeeigentum (Art. 233 §§ 4 Abs. 1 S. 1, 2 b Abs. 4 EGBGB) hinzu. Schließlich sind unter bestimmten Voraussetzungen (→ Rn 17) auch Fischereirechte, Fährrechte u.a. als grundstücksgleiche Rechte zu qualifizieren.

2 Hinsichtlich **Erbbaurechte** greift die Ausnahme von Abs. 1 aE, indem Abs. 2 ihre Bewertung speziell regelt.[3] Auf dem mit dem Erbbaurecht belasteten Grundstück befindliche Bauwerke sind danach stets bei der Wertermittlung zu berücksichtigen, gelten sie doch nach § 12 Abs. 1 S. 1 und 2 ErbbauRG als wesentliche Bestandteile des Erbbaurechts (und nicht des Grundstücks). Für die Bestellung von Erbbaurechten ist dabei § 43 zu berücksichtigen, der eine Vergleichsrechnung mit dem nach § 52 zu berechnenden Wert des Erbbaurechts anordnet. Für Wohnungs- und Teilerbbaurechte gilt § 42.

3 Hinsichtlich der für grundstücksgleiche Rechte einschlägigen Gebührentatbestände ist in Grundbuchsachen (Nr. 14110–14160 KV) **Vorbem. 1.4 Abs. 1 KV** zu beachten, wonach „die für Grundstücke geltenden Vorschriften auf Erbbaurechte, das Bergwerkseigentum und sonstige Berechtigungen, die den für Grundstücke geltenden Vorschriften unterliegen, entsprechend anzuwenden" sind.

4 Bzgl Vollzugstätigkeiten ist Vorbem. 2.2.1.1 Nr. 9 KV zu beachten. Nach Vorbem. 2.3.6 KV (vgl auch Vorbem. 2.1.2 KV) gelten Nr. 23600–23603 KV (freiwillige Versteigerung von Grundstücken) auch für grundstücksgleiche Rechte.

5 Weitere Regelungen zu grundstücksgleichen Rechten finden sich in § 31 Abs. 1 (Kostenschuldner bei Versteigerung grundstücksgleicher Rechte), § 44 Abs. 2 (Einbeziehung und Entlassung von grundstücksgleichen Rechten in bzw aus der Mithaft), § 69 (Geschäftswert für die Eintragung desselben Eigentümers bei mehreren grundstücksgleichen Rechten), § 70 (Gesamthänderische Berechtigung bei grundstücksgleichen Rechten), § 91 Abs. 1 S. 3 (Gebührenermäßigung) und § 116 (freiwillige Versteigerung).

II. Grundstücksgleiche Rechte (Abs. 1)

6 **1. Erbbaurecht.** Für die Begründung des Erbbaurechts bildet die Geschäftswertvorschrift des § 43 den Ausgangspunkt. Nach § 43 S. 1 ist Geschäftswert grds. der nach § 52 berechnete Wert des Erbbauzinses, es sei denn (S. 2), der nach Abs. 2 errechnete Wert ist höher (→ Rn 18 ff). In allen übrigen Fällen bestimmt sich der Wert nach § 49.

---

71 Vgl Rohs/Wedewer/*Rohs*, KostO, § 19 Rn 55 o. **1** Vgl *Baur/Stürner*, Sachenrecht, 18. Aufl. 2009, § 15 Rn 26. **2** BayObLG Rpfleger 1994, 108; *Baur/Stürner*, Sachenrecht, § 15 Rn 26 mwN; Staudinger/*Gursky*, BGB, § 890 BGB Rn 20. **3** Dazu auch OLG Celle ZNotP 2015, 118 m. Anm. *Tiedtke*.

Bei mehreren Erbbaurechten fallen nach Nr. 14121 KV für jede Eintragung 1,0-Gebühren an. Für die Eintragung eines Gesamterbbaurechts gilt bei mehreren beteiligten Grundbuchämtern zusätzlich zur (einmaligen) Eintragungsgebühr von 1,0 der Gebührenaufschlag von 0,2 nach Nr. 14122 KV. Die Belastung des Erbbaurechts durch Eintragung des Erbbauzinses als Reallast (vgl § 9 Abs. 1 S. 1 ErbbauRG) ist ebenfalls in Nr. 14121 KV geregelt (1,0-Gebühren); der Wert bestimmt sich dabei nach § 52. Der Vermerk beim berechtigten Grundstück löst die Gebühr Nr. 14160 KV (Anm. Nr. 1) aus. **7**

Die Anlage eines Grundbuchblatts für ein aus der Zeit vor der ErbbauVO stammendes Erbbaurecht ist nach dem GNotKG – im Gegensatz zur KostO[4] – gebührenfrei.[5] Wird das bisher als Pfandobjekt belastete Erbbaurecht durch das Grundstück ersetzt (Pfandauswechslung), fallen Gebühren gem. Nr. 14143 KV (Löschung, 25 €) und Nr. 14121 KV (Eintragung, 1,0-Gebühren) an. **8**

Bei Erwerb des Grundstücks durch den Erbbauberechtigten gilt Nr. 14110 KV (1,0-Gebühr); der Wert bestimmt sich nach §§ 46, 47. Nach § 39 ErbbauRG ist allerdings bei den Grundbuchkosten eine Ermäßigung um die Gebühren vorzunehmen, die schon bei Begründung des Erbbaurechts entrichtet worden sind. Bei den Notarkosten ist § 39 ErbbauRG – mit Ausnahme Baden-Württembergs – hingegen nicht anwendbar, da die Gebühren nicht dem Fiskus zufließen.[6] **9**

Erwirbt umgekehrt der Grundstückseigentümer das Erbbaurecht, fallen für die Eintragung ebenfalls 1,0-Gebühren nach Nr. 14110 KV an; eine Ermäßigung der Grundbuchgebühren findet hier allerdings nicht statt. Für den Wert gilt § 47. **10**

Für die Belastung des Erbbaurechts gelten die Nr. 14120 ff KV. Die Löschung des Erbbaurechts ist in Nr. 14143 KV geregelt; bei der Löschung eines Gesamtrechts gilt Nr. 14141 KV. Die Schließung des Erbbaugrundbuchs bleibt – ebenso wie die Eintragung des Erneuerungsvorrechts nach § 31 ErbbauRG – mangels Gebührentatbestands im Kostenverzeichnis gebührenfrei (bislang: § 35 KostO). **11**

2. Bergwerkseigentum. Das Bergwerkseigentum ist eine Bergbauberechtigung, die nach § 9 Abs. 1 BBergG das Recht zum Abbau bestimmter Bodenschätze gewährt. Nach §§ 17 Abs. 3, 18 Abs. 4, 20 Abs. 5 BBergG erfolgt die Eintragung im Grundbuch ebenso wie die Löschung aus dem Grundbuch auf Ersuchen der zuständigen Behörde. Für Vereinigung, Teilung und Grundabtretung vgl §§ 27 Abs. 2, 28, 92 Abs. 3 BBergG; sämtliche Eintragungen sind wegen § 2 Abs. 1 gebührenfrei. Anderes gilt naturgemäß bei einem Inhaberwechsel nach Grundstücksrecht, da hier nicht die Behörde als Antragsteller auftritt: Es fallen Gebühren nach Nr. 14110 ff KV an. **12**

3. Gebäudeeigentum. a) Eintragung. Das Gebäudeeigentum nach §§ 287 ff, 291 ff ZGB-DDR ist ein grundstücksgleiches Recht (vgl Art. 233 §§ 4 Abs. 1 S. 1, 2 b Abs. 4 EGBGB). Für die Eintragung des Gebäudeeigentums fallen Gebühren nach Nr. 14121 KV an. **13**

Die Bewertung des Gebäudeeigentums richtet sich gem. S. 1 nach den für die Bewertung von Grundstücken geltenden Vorschriften. Dabei ist für die Eintragung zu beachten, dass das Recht nicht erst durch die Eintragung entsteht, sondern bereits zuvor bestanden hat (keine konstitutive Eintragung); somit kann nicht der volle Gebäudewert nach § 46 herangezogen werden. **14**

b) Vorgänge nach Eintragung. Für Vorgänge und Rechtsgeschäfte über das Gebäudeeigentum nach Eintragung (Veräußerung, Belastung etc.) gelten die Gebührenvorschriften der Nr. 14120 ff KV; für die Bewertung gelten die §§ 46 ff. Dabei umfasst der Verkehrswert des Gebäudes zugleich das Nutzungsrecht am Grundstück, Art. 231 § 5 Abs. 2 EGBGB. Die Aufhebung des Gebäudeeigentums ohne Grundbucheintragung (nur Entgegennahme und Aufbewahrung der Erklärung, vgl Art. 233 §§ 4 Abs. 6 S. 2, 2 b Abs. 4 EGBGB) ist mangels Gebührentatbestands gebührenfrei.[7] **15**

Auf Antrag ist ein **Sachenrechtsbereinigungsvermerk** einzutragen, der zwar die Wirkung einer Vormerkung hat (Art. 233 § 2 c Abs. 2 EGBGB), einer solchen allerdings nicht gleichkommt. Er ist kostenrechtlich als sonstige Eintragung unter Nr. 14160 KV (Anm. Nr. 1) zu fassen (Festgebühr iHv 50 €). **16**

4. Weitere grundstücksgleiche Rechte. Weitere grundstücksgleiche Rechte sind insb. **Fischereirechte**[8] und **Salzabbaurechte** (vgl § 149 Abs. 1 Nr. 5, Abs. 2 BBergG). Teilweise gelten die für Vorschriften für Grundstücke auch bei vererblichen und veräußerlichen Nutzungsrechten, wie zB **Fährrechten** u.a., allerdings nur, sofern sie ein Grundbuchblatt erhalten haben (dessen Anlage ist gebührenfrei, → Rn 8); bis zu diesem Zeit- **17**

---

4 Vgl zum alten Recht Korintenberg/*Lappe*, KostO, § 77 Rn 7. **5** BT-Drucks 17/11471 (neu), S. 209. Zwar spricht die Begründung nur von der „Anlegung eines Grundbuchblatts für ein noch nicht im Grundbuch eingetragenes oder aus dem Grundbuch ausgeschiedenes Grundstück oder die nachträgliche Ausscheidung eines Grundstücks aus dem Grundbuch", allerdings ist mangels Gebührentatbestands jegliche nachträgliche Anlage eines Grundbuchblatts gebührenfrei. **6** Bamberger/Roth/*Maaß*, BGB, § 39 ErbbauRG Rn 2; Staudinger/*Rapp*, BGB, § 39 ErbbauRG Rn 3. **7** Vgl zum früheren Recht Korintenberg/*Lappe*, KostO, § 77 Rn 21; *Böhringer*, JurBüro 1992, 783, 784. **8** Vgl *Kössinger/Grimm*, MittBayNot 2012, 270; *Braun/Keiz*, Fischereirecht in Bayern, Stand: 10/2009, Art. 8 Rn 5.

punkt sind Übertragung und Belastung dieser Rechte nicht entsprechend den Vorschriften über die Übertragung und Belastung von Grundstücken zu behandeln.[9]

III. Bewertung bei Erbbaurechten (Abs. 2)

18   **1. Anwendungsbereich; Gebührentatbestände.** Abs. 2 regelt als reine Bewertungsvorschrift die Bewertung von Erbbaurechten sowohl hinsichtlich ihrer Bestellung als auch in Bezug auf jegliche auf Erbbaurechte bezogene, vorgehende oder nachfolgende Verfahren oder Geschäfte (anders ausgedrückt: Die Regelung gilt immer, wenn für die Ermittlung des Geschäftswerts der Wert des Erbbaurechts bedeutsam ist).[10] Als Bewertungsvorschrift gilt Abs. 2 damit u.a. für Vollmachten, vorherige oder nachträgliche Zustimmungen, Beglaubigungen, Entwürfe, Vollzugs- und Betreuungsgebühren und letztwillige Verfügungen in Bezug auf bestehende oder neu zu begründende Erbbaurechte, ebenso für die Teilung oder Aufhebung bereits bestellter Erbbaurechte (für die Löschung gilt die Festgebühr Nr. 14143 KV) und deren Veräußerung und Übertragung. Abs. 2 gilt dabei für jedoch nur für solche Vereinbarungen, die zum Inhalt des Erbbaurechts nach §§ 2–8, 27 und 32 ErbbauRG gemacht werden können.[11]

Bei einem Kaufvertrag über ein Erbbaurecht ist allerdings regelmäßig § 47 einschlägig, dies unter Hinzurechnung eventueller weiterer übernommener Leistungen oder vorbehaltener Nutzungen. Eine Bewertung nach Abs. 2 erfolgt nur bei Anhaltspunkten, dass der Wert des Erbbaurechts höher als die Gegenleistung des Käufers ist.[12]

19   Nur zum schuldrechtlichen, nicht jedoch dinglichen Inhalt werdende Vereinbarungen wie ein dem Grundstückseigentümer eingeräumtes Vorkaufsrecht am Erbbaurecht,[13] Zustimmungsvorbehalte des Grundstückseigentümers über die in § 5 ErbbauRG vorgesehenen hinaus, Vereinbarungen über den Inhalt möglicher Belastungen des Erbbaurechts oder Vereinbarungen zur Erhöhung des Erbbauzinses sind grds. gegenstandsverschieden (§ 86 Abs. 2) und damit separat zu bewerten.

20   Wird hingegen eine Zustimmung nach § 5 ErbbauRG direkt im Erbbaurechtsbestellungsvertrag erteilt, ist sie Inhalt des Erbbaurechts und daher nicht separat zu bewerten. Wird sie wiederum nachträglich erteilt, gilt die Geschäftswertvorschrift des § 98 Abs. 1, so dass nicht § 49 Abs. 2, sondern § 53 als Wertvorschrift heranzuziehen ist.

21   Während eine Verkaufsverpflichtung nach § 2 Nr. 7 ErbbauRG zum Inhalt des Erbbaurechts gehört und daher nicht separat zu bewerten ist, ist die Vereinbarung einer eigenständigen, vormerkungsgesicherten, lediglich schuldrechtlichen Verpflichtung gegenstandsverschieden zum Erbbaurechtsbestellungsvertrag; es gelten die jeweils einschlägigen Bewertungsvorschriften. Gleiches gilt für eine (bedingte) Ankaufsverpflichtung des Erbbaurechtsberechtigten als Gegenstück zur Verkaufsverpflichtung nach § 2 Nr. 7 ErbbauRG.

22   Sicherungsgeschäfte, wie zB die Bestellung eines Grundpfandrechts für den Ankaufspreis der auf dem belasteten Grundstück befindlichen Immobilie, sind wiederum gegenstandsgleich (§ 109 Abs. 1 S. 1, 2) und somit nicht zu bewerten.

23   Nicht Abs. 2, sondern die jeweils einschlägige allgemeine Bewertungsvorschrift gilt für im oder bei Gelegenheit des Erbbaurechtsbestellungsvertrags getroffene Vereinbarungen der Parteien, die über das Erbbaurechtsverhältnis hinausgehen, zB die Verpflichtung des Erbbaurechtsberechtigten, dem Grundstückseigentümer auf Verlangen und zeitlich begrenzt die Nutzung von Teilen des Grundstücks zu gestatten, die Verpflichtung des Erbbaurechtsberechtigten zu Dienstleistungen gegenüber dem Grundstückseigentümer oder die Einräumung von Dienstbarkeiten an anderen Grundstücken. Gleiches gilt für im Zusammenhang mit zB der Eintragung des Erbbaurechts anstehende Eintragungen wie Reallasten bzgl des Erbbauzinses (§ 9 ErbbauRG), Dienstbarkeiten o.Ä.

24   **2. Berechnung des Werts eines Erbbaurechts (Abs. 2 Hs 1).** Das Erbbaurecht ist ein sehr weitgehendes, jedoch naturgemäß hinter dem Eigentumsrecht zurückbleibendes grundstücksähnliches Recht. Eine Bewertung mit dem vollen Wert des Grundstücks kommt daher unabhängig von der Zeitdauer, für die das Erbbaurecht bestellt ist, nicht in Betracht.[14] Abs. 2 Hs 1 sieht daher mit **80 % des Grundstückswerts** einen festen Wertbruchteil vor, mit dem ein Erbbaurecht zu bewerten ist.

25   In einem ersten Schritt ist somit der Wert des Grundstücks zu bestimmen; dies erfolgt nach den allgemeinen Vorschriften der §§ 46 und 48. Der Wert des belasteten Grundstücks lässt sich insb. dann – zusammen mit den näheren Angaben der Beteiligten (§ 46 Abs. 2 Nr. 2) – recht problemlos ermitteln, wenn der Erbbau-

---

9 Zum Ganzen Korintenberg/*Lappe*, KostO, § 77 Rn 10 f. **10** OLG Celle 27.1.2015 – 2 W 20/15, ZNotP 2015, 118 m. Anm. *Tiedtke*. **11** Rohs/Wedewer/*Rohs*, KostO, § 21 Rn 5. **12** Vgl *Tiedtke* in seiner Anm. zu OLG Celle 27.1.2015 – 2 W 20/15, ZNotP 2015, 118. **13** Korintenberg/*Tiedtke*, § 49 Rn 23. **14** Dazu BayObLG DNotZ 1977, 688.

rechtsbestellungsvertrag Angaben dazu enthält, welche (bestehenden oder künftigen) Belastungen in welcher Höhe der Erbbauzinslast oder einem Vorkaufsrecht rangmäßig vorgehen dürfen.[15]

Ein tatsächlich höherer oder niedrigerer Wert des Erbbaurechts bleibt, auch soweit er erst nachträglich festgestellt wird, außer Betracht. Anderes gilt für die nachträgliche Feststellung eines höheren Grundstückswerts: Hier ist die Kostenentscheidung bzw -rechnung entsprechend zu berichtigen.[16]   **26**

Die nach früherem Recht gem. § 21 Abs. 1 S. 3 KostO erforderliche Vergleichsrechnung betrifft auch weiterhin nur den Fall der Neubegründung des Erbbaurechts (jetzt: § 43 GNotKG). Nur in diesem Fall ist der Wert des Erbbauzinses nach § 52 heranzuziehen. In allen andern Fällen gilt unabhängig von der Höhe des Erbbauzinses die Wertbestimmung von Abs. 2 Hs 1.   **27**

Auf dem belasteten Grundstück befindliche Bauwerke sind bei der Wertermittlung stets zu berücksichtigen, was vor dem Hintergrund konsequent ist, dass Bauwerke auf mit einem Erbbaurecht belasteten Grundstücken keine wesentlichen Bestandteile des Grundstücks, sondern des Erbbaurechts sind, vgl § 12 Abs. 1 S. 1 und 2 ErbbauRG. Für die konkrete Wertermittlung von Gebäuden wird auf die Ausführungen zu § 46 verwiesen.   **28**

Ein dem Erbbaurechtsberechtigten durch Vereinbarung eingeräumtes Vorkaufsrecht am Grundstück nach §§ 1094 ff BGB ist Inhalt des Erbbaurechts und daher nicht separat zu bewerten.[17] Dies gilt naturgemäß nicht für ein Vorkaufsrecht des Grundstückseigentümers oder eines Dritten am Erbbaurecht. Der Geschäftswert eines solchen Vorkaufsrechts bestimmt sich nach § 51 Abs. 1 S. 2 nach dem Wert des Gegenstands, auf den es sich bezieht, hier also des Erbbaurechts.   **29**

3. Erbbaurecht hinsichtlich Teilflächen (Abs. 2 Hs 2). Bei Beschränkung des Ausübungsbereichs eines Erbbaurechts auf eine **Teilfläche** sieht Abs. 2 Hs 2 nun ausdrücklich vor – wie dies bereits die bislang hM und Rspr angenommen hatten –,[18] dass nicht der Wert des gesamten Grundstücks, sondern lediglich der Teilfläche maßgeblich ist.   **30**

§ 50 Bestimmte schuldrechtliche Verpflichtungen

Der Wert beträgt bei einer schuldrechtlichen Verpflichtung
1. über eine Sache oder ein Recht nicht oder nur eingeschränkt zu verfügen, 10 Prozent des Verkehrswerts der Sache oder des Werts des Rechts;
2. zur eingeschränkten Nutzung einer Sache 20 Prozent des Verkehrswerts der Sache;
3. zur Errichtung eines Bauwerks, wenn es sich um
   a) ein Wohngebäude handelt, 20 Prozent des Verkehrswerts des unbebauten Grund-stücks,
   b) ein gewerblich genutztes Bauwerk handelt, 20 Prozent der voraussichtlichen Herstellungskosten;
4. zu Investitionen 20 Prozent der Investitionssumme.

I. Gesetzliche Systematik und Anwendungsbereich

§ 50 ist eine **Bewertungsvorschrift** für bestimmte schuldrechtliche Verpflichtungen in Austauschverträgen. Sie enthält einige typische Sachverhalte, denen pauschal bestimmte als Prozentsatz eines Bezugswerts zu berechnende Werte zugeordnet werden.   **1**

Im Rahmen von Kaufverträgen (v.a. beim Grundstückskauf) handelt es sich dabei um Hinzurechnungen iSv § 47 S. 2, sofern die jeweilige schuldrechtliche Verpflichtung im konkreten Fall eine vom Käufer übernommene oder ihm sonst infolge der Veräußerung des Vertragsgegenstands obliegende Leistung darstellt. Dabei ist die Auflistung in § 50 nicht abschließend, so dass andere Käuferverpflichtungen iRv § 47 ggf separat zu ermitteln und dem Kaufpreis hinzuzurechnen sind (→ § 47 Rn 25 ff).[1] Der nach §§ 47, 50 ermittelte Wert ist dann in die Geschäftswertberechnung nach § 97 Abs. 1, 3 einzustellen.   **2**

Außerhalb von Kaufverträgen (etwa bei Übergabeverträgen, städtebaulichen Verträgen oder bei separater Vereinbarung einer der in § 50 genannten Verpflichtungen) ist der nach § 50 ermittelte Wert im Rahmen der jeweils einschlägigen Geschäftswertvorschrift zu berücksichtigen.   **3**

---

15 Vgl BayObLG DNotZ 1968, 701 und 760; OLG Hamm DNotZ 1966, 121. **16** Rohs/Wedewer/*Rohs*, KostO, § 21 Rn 3 a. **17** OLG Hamm JurBüro 1969, 1085; OLG Frankfurt JurBüro 1974, 629; OLG Düsseldorf JurBüro 1983, 1237. **18** Vgl zum früheren Recht Korintenberg/*Schwarz*, KostO, § 21 Rn 21; BayObLG BayObLGZ 1994, Nr. 4. **1** Vgl BR-Drucks 517/12, S. 246.

II. Schuldrechtliche Verfügungsverbote (Nr. 1)

4 Nr. 1 regelt schuldrechtliche Verfügungsverbote, wonach Verfügungen über eine Sache oder ein Recht nicht ohne Zustimmung eines anderen erfolgen dürfen. Der hinzuzurechnende bzw in isolierten Verfügungsverboten zugrunde zu legende Wert beträgt **10 % des Verkehrswerts** des Kaufgegenstandes, § 46 Abs. 1.

5 Von den in Nr. 1 geregelten Verfügungsverboten schuldrechtlicher Natur sind die unter § 51 Abs. 2 fallenden Verfügungsverbote dinglicher Natur zu unterscheiden (insb. §§ 1010, 1365, 1369 BGB; §§ 5–8 ErbbauRG).[2]

6 Eine **Verfügung** ist ein Rechtsgeschäft, mit dem unmittelbar auf ein bestehendes Recht eingewirkt wird, sei es durch Veränderung, Übertragung, Belastung oder Aufhebung.[3] Im Zusammenhang mit Kaufverträgen relevant sind v.a. die **Veräußerung** (Übereignung oder Übertragung eines Rechts) und die **Belastung**, etwa durch Grundpfandrechte. Gängig sind Verfügungsverbote zB in Kaufverträgen mit der der öffentlichen Hand im Rahmen sog. **Einheimischenmodelle**, bei denen durch die Gestaltung der Kaufverträge zwischen Gemeinde und einheimischem Käufer sichergestellt wird, dass das idR zu einem unter Verkehrswert veräußerte Grundstück nicht vor einem bestimmten Zeitpunkt an Dritte veräußert werden darf; Verstöße gegen diese Verpflichtungen können dann – je nach Gestaltung – Nachzahlungspflichten, Rückübertragungsrechte o.Ä. auslösen.[4]

7 Ebenfalls unter Nr. 1 fallen isolierte (dh ohne ausdrückliches Veräußerungs- oder Belastungsverbot vereinbarte) bedingte Rückübertragungsverpflichtungen, zB in Überlassungsverträgen zwischen Familienangehörigen. Das rechtliche Ergebnis ist hierbei identisch mit der zusätzlichen Vereinbarung eines Verfügungsverbots; auch ist der Veräußerer bzw Übergeber in beiden Fällen nicht gezwungen, sein Rückforderungsrecht tatsächlich auszuüben. Ist das Rückforderungsrecht hingegen als Sicherungsgeschäft hinsichtlich des Verfügungsverbots vereinbart, ist es als mit dem Verbot gegenstandsgleich iSv § 109 Abs. 1 S. 1 nicht zusätzlich zu bewerten.[5]

III. Schuldrechtliche Nutzungsbeschränkungen (Nr. 2)

8 Nr. 2 regelt schuldrechtliche Nutzungsbeschränkungen, dh Vereinbarungen, wonach dem Käufer bzw Vertragspartner nur bestimmte Nutzungsarten einer Sache gestattet bzw nicht gestattet sind. Ein **Beispiel** sind Verpflichtungen eines Käufers im Rahmen eines Einheimischenmodells, ein von ihm zu errichtendes Gebäude für einen bestimmten Zeitraum selbst oder mit nahen Angehörigen zu bewohnen.[6] Diese und vergleichbare Verpflichtungen sind mit **20 % des Verkehrswerts** des Grundstücks (§ 46 Abs. 1) zu bewerten. Einer Anknüpfung an einen ggf vereinbarten Rückkaufpreis im Falle des Verstoßes gegen solche Verpflichtungen hat der Gesetzgeber ausdrücklich eine Absage erteilt.[7]

IV. Bauverpflichtungen (Nr. 3)

9 Die in Nr. 3 vorgesehene Bewertung von Bauverpflichtungen entspricht weitgehend der bisherigen Rspr.[8] Die Formulierung erfasst allein schuldrechtliche Verpflichtungen,[9] sei es die Übernahme einer bestehenden[10] oder die Neubegründung einer Bauverpflichtung. Dinglich wirkende Bauverpflichtungen, etwa als Teil eines Erbbaurechts nach § 2 Nr. 1 ErbbauRG, sind weiterhin[11] nicht eigenständig zu bewerten.

10 Die Regelung unterscheidet zwischen der Verpflichtung zur Errichtung einer **Wohnimmobilie** (Nr. 3 Buchst. a) und der Verpflichtung zur Errichtung einer **Gewerbeimmobilie** (Nr. 3 Buchst. b); maßgeblich sind bei identischer Bewertungsziffer (20 %) jeweils unterschiedliche Bewertungsgrundlagen. Eine Bauverpflichtung hinsichtlich einer Wohnimmobilie ist nach Nr. 3 Buchst. a mit 20 % des Verkehrswerts (§ 46 Abs. 1) des unbebauten Grundstücks zu bewerten. Für eine Bauverpflichtung hinsichtlich einer Gewerbeimmobilie sind nach Nr. 3 Buchst. b 20 % der voraussichtlichen Herstellungskosten zu berechnen; gerade bei größeren gewerblichen Bauvorhaben spielt der Kaufpreis bzw der Wert von Grund und Boden im Vergleich zu Wohnimmobilien eine untergeordnete Rolle.

11 Selbst wenn eine Vertragsstrafe bei Nichterfüllung der Bauverpflichtung vereinbart ist, welche den nach Nr. 3 ermittelten Wert deutlich unterschreitet, ist eine Beschränkung darauf nicht zulässig. Dies entsprach schon dem früherem Recht (§ 18 Abs. 2 S. 2 KostO)[12] und ergibt sich nun ausdrücklich aus den eindeutigen Regelungen der §§ 37 Abs. 1 und 50 Nr. 3.

2 Vgl Rohs/Wedewer/*Rohs*, KostO, § 21 Rn 4. **3** Palandt/*Ellenberger*, BGB, Überbl. vor § 104 Rn 16. **4** Vgl Streifzug KostO (9. Aufl.), Rn 1466. **5** Vgl BT-Drucks 17/11471 (neu), S. 170; zum insoweit identischen früheren Recht vgl BayObLG MittBayNot 1999, 492. **6** Vgl BT-Drucks 17/11471 (neu), S. 170. **7** Vgl BT-Drucks 17/11471 (neu), S. 170. **8** Insb. BGH MittBayNot 2006, 257 m. Anm. Prüfungsabteilung Notarkasse. **9** BT-Drucks 17/11471 (neu), S. 170. **10** Vgl hierzu OLG Hamm MittBayNot 2004, 380. **11** Vgl Rohs/Wedewer/*Rohs*, KostO, § 21 Rn 4. **12** Vgl OLG Hamm NJOZ 2003, 1422, 1424; OLG Dresden 22.12.2011 – 17 W 1255/11 (nv).

V. Investitionsverpflichtungen (Nr. 4)

Unter „Investitionsverpflichtung" iSd Nr. 4 ist jede schuldrechtliche Verpflichtung zu verstehen, nach der **12** ein Beteiligter zu einer (ggf neben Kaufpreis, Miete, Pacht etc. tretenden) geldwerten Leistung verpflichtet und bei der es sich nicht um eine Bauverpflichtung iSd Nr. 3 handelt, dh bspw Verpflichtungen zur Anschaffung bestimmter Maschinen und Anlagen, zu Modernisierungs- bzw Sanierungsmaßnahmen bzgl vorhandener Infrastruktur,[13] Schaffung von Arbeitsplätzen, Erschließungsmaßnahmen etc. Es handelt sich um Verpflichtungen, die nicht nur dem Käufer zugutekommen, sondern auch wirtschaftlichen Interessen des Verkäufers dienen.[14] Wie im früheren Recht sind diese Verpflichtungen mit einem Bruchteil der zu investierenden Summe zu bewerten (**20 % der Investitionssumme**).[15]

Ebenfalls unter Nr. 4 sind Verpflichtungen des Erwerbers beim Kauf von Geschäftsanteilen einer Gesell- **13** schaft zu subsumieren, die Gesellschaft durch Zuführung von Liquidität so zu stellen, dass sie bereits für sie bestehende Verpflichtungen erfüllen kann (zB bereits eingegangene Investitionsverpflichtungen).[16]

Ebenfalls als Investitionsverpflichtung iSd Nr. 4 ist die Verpflichtung des Erwerbers eines Grundstücks ein- **14** zuordnen, die Erschließung selbst (anstelle der Gemeinde) vorzunehmen: Wurde eine solche Verpflichtung bislang nach § 30 Abs. 1 KostO idR mit dem Prozentsatz der Erschließungskosten bewertet, den die Gemeinde nach § 129 Abs. 1 S. 3 BauGB selbst zu tragen hätte (mindestens 10 %),[17] ist eine solche nun mit 20 % der voraussichtlichen Erschließungskosten zu bewerten. Nicht etwa fallen solche Erschließungsmaßnahmen unter den Begriff der „Bauverpflichtung" nach Nr. 3 (Erschließungsanlagen sind weder Wohngebäude noch gewerblich genutzte Gebäude, sondern dienen lediglich deren Nutzung).

§ 51 Erwerbs- und Veräußerungsrechte, Verfügungsbeschränkungen

(1) [1]Der Wert eines Ankaufsrechts oder eines sonstigen Erwerbs- oder Veräußerungsrechts ist der Wert des Gegenstands, auf den sich das Recht bezieht. [2]Der Wert eines Vorkaufs- oder Wiederkaufsrechts ist die Hälfte des Werts nach Satz 1.

(2) Der Wert einer Verfügungsbeschränkung, insbesondere nach den §§ 1365 und 1369 des Bürgerlichen Gesetzbuchs sowie einer Belastung gemäß § 1010 des Bürgerlichen Gesetzbuchs, beträgt 30 Prozent des von der Beschränkung betroffenen Gegenstands.

(3) Ist der nach den Absätzen 1 und 2 bestimmte Wert nach den besonderen Umständen des Einzelfalls unbillig, kann ein höherer oder ein niedrigerer Wert angenommen werden.

I. Gesetzliche Systematik und Anwendungsbereich

Abs. 1 regelt die Bewertung von Erwerbs- und Veräußerungsrechten. Abs. 1 S. 2 betrifft dabei Vorkaufs- **1** und Wiederkaufsrechte, Abs. 1 S. 1 gilt für Ankaufsrechte und alle übrigen Erwerbs- oder Veräußerungsrechte. Die unterschiedliche Bewertung (S. 1 mit dem vollen, S. 2 mit dem halben Wert des Bezugsgegenstandes) erklärt sich vor dem Hintergrund der wirtschaftlichen Bedeutung der jeweiligen Rechte für die Beteiligten: Während der Eintritt eines Vorkaufs- oder Wiederkaufsfalls häufig ein unsicheres Ereignis ist, von dessen Eintritt die Vertragsbeteiligten nicht ausgehen, beziehen sich Ankaufsrechte etc. iSd S. 1 häufig auf deutlich wahrscheinlichere Ereignisse, sind damit auch wirtschaftlich gewichtiger.

Abs. 2 betrifft die Bewertung von Verfügungsbeschränkungen sowie von Verwaltungs- und Benutzungsrege- **2** lungen nach § 1010 BGB. Schuldrechtliche Verfügungsbeschränkungen werden bereits von § 50 Nr. 1 erfasst (→ § 50 Rn 1 ff), so dass Abs. 2 insoweit allein für dinglich wirkende Verfügungsbeschränkungen gilt, gleich ob im Grundbuch eintragungsfähig oder nicht (vgl §§ 1365 und 1369 BGB).

Abs. 3 lässt in Ausnahmefällen, in denen der nach Abs. 1 und 2 bestimmte Wert angesichts der Umstände **3** augenscheinlich unbillig erscheint, eine höhere oder niedrigere Bewertung zu.

---

13 Das OLG Thüringen stufte eine Sanierungsverpflichtung unter der KostO als „besondere Bauverpflichtung" ein, vgl OLG Thüringen 12.3.2012 – Not W 231/11 (nv), zit. nach *Wudy*, notar 2012, 276, 286. Unter § 50 Nr. 3 können Sanierungsverpflichtungen allerdings schon wegen der nun vorgenommenen Differenzierung zwischen unbebauten Grundstücken und gewerblich genutzten Bauwerken fallen. **14** Vgl LG München II MittBayNot 1993, 316; LG Fulda JurBüro 1992, 480. **15** OLG München 19.1.2012: Bewertungsspanne zwischen 10 und 30 %, üblicherweise 20 %; dazu *Wudy*, notar 2012, 276, 286; zu Arbeitsplatzgarantien vgl OLG Schleswig DNotZ 1994, 725 mwN; OLG Dresden 22.12.2011 – 17 W 1255/11 (nv). **16** Vgl OLG Köln FGPrax 2000, 126. **17** BayObLG MittBayNot 1980, 39; OLG Zweibrücken Rpfleger 1973, 40.

II. Erwerbs- und Veräußerungsrechte (Abs. 1)

4 **1. Vorkaufs- und Wiederkaufsrechte (Abs. 1 S. 2). a) Vorkaufsrechte.** Soll ein schuldrechtliches (§§ 463 ff BGB) oder dingliches Vorkaufsrecht (§§ 1094 ff BGB) an einem Grundstück eingeräumt werden, so bedarf dies nach § 311 b Abs. 1 S. 1 BGB der notariellen Beurkundung.[1] Die Einräumung geschieht entweder durch Vertrag (2,0-Gebühren, Nr. 21100 KV) oder durch Abgabe einer Eintragungsbewilligung vonseiten des Eigentümers des betroffenen Grundstücks (bei Beurkundung: 1,0-Gebühren, Nr. 21200 KV; bei Beglaubigung mit Entwurf: Nr. 24101 KV, 0,3–1,0-Gebühren; eine zusätzliche Beglaubigungsgebühr entsteht bei durch denselben Notar demnächst vorgenommener Beglaubigung nicht, vgl Vorbem. 2.4.1 Abs. 2 KV). Im Fall der Bewilligungserklärung tritt hinsichtlich der schuldrechtlichen Vereinbarung Heilung nach § 311 b Abs. 1 S. 2 BGB ein, sobald die Grundbucheintragung erfolgt. Es versteht sich von selbst, dass der Notar diese Variante aus Sicherheitsgründen ablehnen sollte: Er ist nicht zur Mitwirkung bei der Heilung nichtiger Verträge verpflichtet.

5 Der **Geschäftswert** bestimmt sich im erstgenannten Fall nach § 97 Abs. 3 iVm Abs. 1 (höherer Wert: Vorkaufsrechts nach § 51 Abs. 1 S. 2 oder Gegenleistung), im letztgenannten Fall ausschließlich nach § 97 Abs. 1 iVm § 51 Abs. 1 S. 2 (bei Beurkundung). Die Einräumung eines dinglichen Vorkaufsrechts im Rahmen eines Veräußerungsvertrags ist nach § 110 Nr. 2 Buchst. b als subjektiv-dingliches Recht gegenstandsverschieden vom Vertrag.[2]

6 Wird nach Ausübung des Vorkaufsrechts – gleich, ob privat- oder öffentlich-rechtlicher Natur wie zB nach § 24 BauGB – die **Auflassung** an den Vorkaufsrechtsberechtigten beurkundet, gelten hierfür die §§ 97 Abs. 1 und 3, 46, 47, da das zu bewertende Rechtsgeschäft nicht das Vorkaufsrecht, sondern der Kaufvertrag mit dem Erstkäufer ist, der das Vorkaufsrecht ausgelöst hat;[3] es gelten je nach Sachverhalt die Gebührentatbestände Nr. 21101 KV oder Nr. 21102 KV. Wird die (an sich formfreie) Ausübungserklärung miturkundet, ist sie nach § 109 Abs. 1 S. 1 gegenstandsgleich mit dem vorgenannten Kaufvertrag.

7 Der in Abs. 1 S. 2 vorgesehene Wert gilt unabhängig davon, ob das jeweilige Verfahren oder Geschäft die Begründung, Änderung oder Löschung eines Vorkaufsrechts betrifft. Die nach früherem Recht v.a. bei Löschung vorgenommene Kürzung des Werts[4] kann sich nur noch im Ausnahmefall aus Abs. 3 ergeben (→ Rn 23).

8 Die kostenrechtliche Behandlung von Vorkaufsrechten richtet sich schließlich danach, ob sie **gegenstandsgleich oder -verschieden** mit dem zugrunde liegenden Rechtsgeschäft sind. Wird ein Vorkaufsrecht im Rahmen eines Miet- oder Pachtvertrags vereinbart, so dient es grds. nicht der Sicherung desselben, sondern ist selbständiges und damit gegenstandsverschiedenes Recht, § 86 Abs. 2; anderes kann im Rahmen eines Leasingvertrags gelten.[5] Das sich vom Verkäufer iRd Kaufvertrags vorbehaltene Vorkaufsrecht ist gegenstandsgleich, da es sich dabei um eine Beschränkung der dem Käufer übertragenen Rechte handelt.[6] Dient ein Vorkaufsrecht, das sich eine Gemeinde in einem Kaufvertrag an einen privilegierten Bauwilligen vorbehält, der Sicherung der Verpflichtung des Käufers, innerhalb eines bestimmten Zeitraums über das Grundstück nicht zu verfügen, so handelt es sich um denselben Beurkundungsgegenstand.[7]

Gegenstandsverschiedenheit kann hingegen dann vorliegen, wenn das Vorkaufsrecht darüber hinaus einen separaten wirtschaftlichen Wert sichert, zB eine Investitionsverpflichtung des Käufers (→ § 50 Rn 12). Ein Vorkaufsrecht ist natürlich auch dann gegenstandsverschieden, wenn es ein vom Kaufgegenstand unterschiedliches Grundstück (auch: Teilfläche) betrifft.[8]

9 Wird ein Vorkaufsrecht im Rahmen eines **Erbbaurechtsvertrags** vereinbart, ist zu differenzieren: Während das dem Erbbauberechtigten eingeräumte Vorkaufsrecht am belasteten Grundstück zum Inhalt des Erbbaurechts gem. § 2 Nr. 7 ErbbauRG gehört und damit gegenstandsgleich ist[9] (ein Fall von § 110 Nr. 2 Buchst. b liegt mangels Veräußerungsvertrag nicht vor), ist das Vorkaufsrecht des Grundstückseigentümers am Erbbaurecht ein von der Erbbaurechtsbestellung gegenstandsverschiedenes Rechtsverhältnis.[10]

10 Von einem Vorkaufsrecht zu unterscheiden ist die **Vereinbarung eines Vorrechts auf Erneuerung des Erbbaurechts** nach § 2 Nr. 6 ErbbauRG: Als dinglicher Inhalt des Erbbaurechts ist es nicht zusätzlich zu bewerten.

---

1 BGH NJW-RR 2008, 824; Palandt/*Grüneberg*, BGB, § 311 b Rn 11; Beck'sches Notarhandbuch/*Amann*, A VIII 1 Rn 18. **2** So auch im früheren Recht, vgl Korintenberg/*Bengel/Tiedtke*, KostO, § 44 Rn 196. **3** Vgl *Tiedtke/Diehn*, Notarkosten, Rn 1134. **4** Vgl zB BayObLG 1995, 487 für ein im Zeitpunkt der Löschung gegenstandslos gewordenes Vorkaufsrecht; OLG Düsseldorf DNotZ 1994, 726. **5** BayObLG Rpfleger 1955, 335; *Tiedtke/Diehn*, Notarkosten, Rn 1129. **6** Rohs/Wedewer/*Rohs*, KostO, § 20 Rn 7. **7** Vgl OLG Hamm ZNotP 2015, 397 m. Anm. *Fackelmann*. **8** *Mümmler*, JurBüro 1981, 203. **9** BayObLG JurBüro 1983, 108; OLG Düsseldorf MittRhNotK 1983, 200; *Tiedtke/Diehn*, Notarkosten, Rn 1049; Prüfungsabteilung der Ländernotarkasse, NotBZ 2012, 165, 166; aA OLG Hamburg DNotZ 1963, 119. **10** OLG Celle DNotZ 1962, 45; OLG München MittBayNot 2006. 531 m. Anm. Prüfungsabteilung der Notarkasse.

b) Wiederkaufsrechte. Ein Wiederkaufsrecht ist im Sinne eines Optionsrechts die Vereinbarung in einem Kaufvertrag, durch die der Käufer aufschiebend bedingt verpflichtet wird, den Kaufgegenstand aufgrund einer Erklärung des Verkäufers an diesen gegen Zahlung des Wiederkaufpreises zurückzuübereignen.[11] Es wird also ein aufschiebend bedingter Kaufvertrag (§ 158 Abs. 1 BGB) abgeschlossen, was das Formerfordernis des § 311 b Abs. 1 S. 1 BGB auslöst.[12] Häufig werden Wiederkaufsrechte im Rahmen von Veräußerungen durch die öffentliche Hand als Sicherungsmittel vereinbart (Einheimischenmodelle etc.), um Verstöße gegen Verpflichtungen des Käufers sanktionieren zu können.

Während die Rspr in diesen Fällen infolge der geringen Ausübungswahrscheinlichkeit bislang den zugrunde zu legenden Wert häufig deutlich nach unten korrigiert hat,[13] ist ein Abweichen nunmehr nach Abs. 3 nur noch im Ausnahmefall möglich (→ Rn 23). Darüber hinaus wird in diesen Fällen meist **Gegenstandsgleichheit** mit einer schuldrechtlichen Verpflichtung iSv § 50 vorliegen (→ § 50 Rn 6, 8).

Für die vertragliche Vereinbarung eines Wiederkaufsrechts gilt Nr. 21100 KV (2,0-Gebühren); der Geschäftswert bestimmt sich nach § 97 Abs. 3 iVm Abs. 1 (höherer Wert: Wiederkaufsrecht nach Abs. 1 S. 2 oder Gegenleistung). Wird nach Ausübung des Wiederkaufsrechts die Auflassung an den Wiederkaufsrechtsberechtigten beurkundet, gelten hierfür die §§ 97 Abs. 1 und 3, 46, 47, da das zu bewertende Rechtsgeschäft nicht das Vorkaufsrecht, sondern der im Rahmen des Erstkaufs idR bereits mitbeurkundete Wiederkaufvertrag ist;[14] es gelten je nach Sachverhalt die Gebührentatbestände Nr. 21101 KV oder Nr. 21102 KV. Wird die (an sich formfreie)[15] Ausübungserklärung mitbeurkundet, fallen dafür nach Nr. 21200 KV 1,0-Gebühren an.

Wird ein Wiederkaufsrecht – wie idR – lediglich als Sicherung einer (ausdrücklichen oder stillschweigenden) Verpflichtung des Käufers eingeräumt, ist es nach § 97 Abs. 1 S. 1 gegenstandsgleich mit der nach § 47 S. 2 und ggf § 50 zu bewertenden Verpflichtung.

c) Rückübertragungsrechte (Rückauflassungsvormerkungen). Ob Abs. 1 S. 1 auch für Rückübertragungsrechte (dh insb. für die Geschäftswertermittlung von iRv Überlassungsverträgen zur Eintragung gelangenden Auflassungsvormerkungen) iVm § 45 Abs. 3 entsprechend anwendbar ist, ist strittig.[16] Für die eine entsprechende Anwendbarkeit des Abs. 1 S. 1 bejahende Ansicht des OLG München spricht, dass es sich bei „normalen" Erwerbsvormerkungen um solche handelt, die den Boden für den Rechtserwerb bereiten, während die Rückauflassungsvormerkung in aller Regel im Hinblick auf ihre Bedingungsabhängigkeit von der Unwahrscheinlichkeit geprägt ist, realisiert zu werden. Sie dient vielmehr zum Auffangen vertraglicher Störfälle und soll nur für diese Fälle den Rückerwerb sichern.[17]

2. Ankaufsrechte, sonstige Erwerbs- und Veräußerungsrechte (Abs. 1 S. 1). Handelt es sich bei einem Erwerbsrecht weder um ein Vorkaufs- noch um ein Wiederkaufsrecht, ist Abs. 1 S. 1 einschlägig. Ausdrücklich genannt ist das gesetzlich – mit Ausnahme des für den Gebäudeeigentümer im Beitrittsgebiet nach §§ 61 ff SachenRBerG bestehenden Ankaufsrechts – nicht geregelte Ankaufsrecht. Die Vereinbarung eines **Ankaufsrechts** ist mit verschiedenem Inhalt möglich. Zu unterscheiden sind:

- die Abgabe eines befristet bindenden Verkaufsangebots, das vom Käufer angenommen werden kann;
- der Abschluss eines aufschiebend bedingten Kaufvertrags, wobei die Bedingung in den freien Willen beider Vertragspartner gestellt werden kann; oder
- der Abschluss eines Optionsvertrags, durch den der Berechtigte durch Abgabe einer Willenserklärung einen Vertrag zustande bringen kann.[18]

Im Unterschied zum Vorkaufsrecht setzt das Ankaufsrecht nicht den Abschluss eines Kaufvertrags zwischen Eigentümer und Drittem voraus. Die Vereinbarung eines Ankaufsrechts bedarf der notariellen Beurkundung (§ 311 b Abs. 1 S. 1 BGB); Gleiches gilt (mit Ausnahme des Optionsvertrags) auch für seine Ausübung.[19]

Bei den **sonstigen Erwerbsrechten** kann es sich zB um sonstige Optionsgestaltungen (Calls etc.) oder Mischvarianten handeln. **Veräußerungsrechte** sind zB Andienungsrechte, Puts oder Vorverkaufsrechte.

Hinsichtlich der weiteren kostenrechtlichen Behandlung von Ankaufsrechten sowie sonstigen Erwerbs- und Veräußerungsrechten (Gegenstandgleichheit, Gebührentatbestände etc.) können die Ausführungen in → Rn 13 f entsprechend herangezogen werden.

---

11 Palandt/*Weidenkaff*, BGB, § 456 Rn 3; OLG Karlsruhe MDR 1998, 93. **12** BGH NJW 1973, 37 mwN. **13** Vgl BayObLGZ 1992, 171; vgl demgegenüber BayObLG Rpfleger 1997, 404. **14** *Tiedtke/Diehn*, Notarkosten, Rn 417. **15** BGH NJW 2006, 2843. **16** Dagegen: OLG Bamberg 7.1.2015 –1 W 44/14; dafür: OLG München 9.7.2015 – 34 Wx 136/15 Kost, juris (in Abgrenzung von der genannten Entscheidung des OLG Bamberg). **17** *Wilsch*, ZfIR 2015, 389, 391. **18** Vgl zum Ganzen Palandt/*Weidenkaff*, BGB, Vorb. §§ 463 ff Rn 14 ff. **19** Palandt/*Grüneberg*, BGB, § 311 b Rn 11 mwN.

III. Dingliche Verfügungsbeschränkungen (Abs. 2)

19 Abs. 2 regelt die Bewertung von dinglichen – im Gegensatz zu den bereits von § 50 Nr. 1 erfassten schuldrechtlichen – Verfügungsbeschränkungen, Verwaltungs- und Benutzungsregelungen gem. § 1010 BGB. Dabei erfasst Abs. 2 ausdrücklich auch nicht im Grundbuch eintragungsfähige Verfügungsbeschränkungen wie die güterrechtlichen Beschränkungen des §§ 1365, 1369 BGB. Weitere Beispiele sind gesetzliche oder behördliche Veräußerungs- und Belastungsverbote nach §§ 135, 136 BGB, ebenso solche durch einstweilige Verfügung, Testamentsvollstreckung oder Nacherbschaft.

20 Verfügungsbeschränkungen sowie Verwaltungs- und Benutzungsregelungen werden einheitlich mit **30 %** **des Werts** des von der Beschränkung betroffenen Gegenstands bewertet.

21 Verwaltungs- und Benutzungsregelungen einerseits und ein Aufhebungsausschluss andererseits sind, wie früher, gegenstandsverschieden.[20]

22 Für die sonstige kostenrechtliche Behandlung (Gebührentatbestände etc.) von Verfügungsbeschränkungen wird auf die Ausführungen in → Rn 13 f verwiesen.

IV. Billigkeitsklausel (Abs. 3)

23 Nach Abs. 3 kann ein höherer oder niedrigerer Wert angenommen werden, wenn der nach Abs. 1 und 2 bestimmte Wert nach den Umständen des Einzelfalls unbillig erscheint. Abs. 3 ist eine eng auszulegende **Ausnahmeregelung**; eine Abweichung kommt also nur im Einzelfall bei außergewöhnlichen Umständen in Betracht.[21] Nicht um einen solchen Ausnahmefall kann es sich daher an sich bei ganzen Kategorien von Anwendungsfällen handeln, bspw Löschungen von gegenstandslos gewordenen Wiederkaufs- oder Vorkaufsrechten, die nach früherem Recht zT nur mit einem geringen Teilwert bewertet wurden.[22]

24 Zur Anwendung des Abs. 3 bei der Bewertung eines Vorkaufsrechts am Erbbaurecht → Rn 10.

§ 52 Nutzungs- und Leistungsrechte

(1) Der Wert einer Dienstbarkeit, einer Reallast oder eines sonstigen Rechts oder Anspruchs auf wiederkehrende oder dauernde Nutzungen oder Leistungen einschließlich des Unterlassens oder Duldens bestimmt sich nach dem Wert, den das Recht für den Berechtigten oder für das herrschende Grundstück hat.

(2) [1]Ist das Recht auf eine bestimmte Zeit beschränkt, ist der auf die Dauer des Rechts entfallende Wert maßgebend. [2]Der Wert ist jedoch durch den auf die ersten 20 Jahre entfallenden Wert des Rechts beschränkt. [3]Ist die Dauer des Rechts außerdem auf die Lebensdauer einer Person beschränkt, darf der nach Absatz 4 bemessene Wert nicht überschritten werden.

(3) [1]Der Wert eines Rechts von unbeschränkter Dauer ist der auf die ersten 20 Jahre entfallende Wert. [2]Der Wert eines Rechts von unbestimmter Dauer ist der auf die ersten zehn Jahre entfallende Wert, soweit sich aus Absatz 4 nichts anderes ergibt.

(4) [1]Ist das Recht auf die Lebensdauer einer Person beschränkt, ist sein Wert

bei einem Lebensalter von …	der auf die ersten … Jahre
bis zu 30 Jahren	20
über 30 Jahren bis zu 50 Jahren	15
über 50 Jahren bis zu 70 Jahren	10
über 70 Jahren	5

entfallende Wert. [2]Hängt die Dauer des Rechts von der Lebensdauer mehrerer Personen ab, ist maßgebend,

1. wenn das Recht mit dem Tod des zuletzt Sterbenden erlischt, das Lebensalter der jüngsten Person,
2. wenn das Recht mit dem Tod des zuerst Sterbenden erlischt, das Lebensalter der ältesten Person.

(5) Der Jahreswert wird mit fünf Prozent des Werts des betroffenen Gegenstands oder Teils des betroffenen Gegenstands angenommen, sofern nicht ein anderer Wert festgestellt werden kann.

(6) [1]Für die Berechnung des Werts ist der Beginn des Rechts maßgebend. [2]Bildet das Recht später den Gegenstand eines gebührenpflichtigen Geschäfts, so ist der spätere Zeitpunkt maßgebend. [3]Ist der nach den

---

20 Vgl BT-Drucks 17/11471 (neu), S. 171. **21** BT-Drucks 17/11471 (neu), S. 171. **22** Vgl BayObLG MittBayNot 1995, 487; OLG Düsseldorf DNotZ 1994, 726; OLG Oldenburg JurBüro 1996, 315; BayObLG DNotZ 1976, 432; LG Nürnberg MittBayNot 1979, 199.

vorstehenden Absätzen bestimmte Wert nach den besonderen Umständen des Einzelfalls unbillig, weil im Zeitpunkt des Geschäfts der Beginn des Rechts noch nicht feststeht oder das Recht in anderer Weise bedingt ist, ist ein niedrigerer Wert anzunehmen. [4]Der Wert eines durch Zeitablauf oder durch den Tod des Berechtigten erloschenen Rechts beträgt null Euro.

(7) Preisklauseln werden nicht berücksichtigt.

I. Allgemeines

§ 52 betrifft die **Wertbestimmung für Nutzungs- und Leistungsrechte**. Wie §§ 46 ff allgemein, zählt § 52 zu den sog. Bewertungsvorschriften. **1**

Maßgebliches Kriterium für die Zuordnung eines Gegenstands zu den einzelnen in § 52 gebildeten Tatbeständen ist, auf welche Zeit das zu bewertende Recht bestellt ist. Dazu gibt der Gesetzgeber **drei „Fallgruppen"** vor: Rechte von bestimmter (Abs. 2), unbestimmter (Abs. 3 S. 2) oder unbeschränkter Dauer (Abs. 3 S. 1). Als Rechtsfolge knüpft das Gesetz an diese Unterscheidung eine Festschreibung **zeitlicher Obergrenzen**: Während es für Rechte von bestimmter oder unbeschränkter Dauer höchstens auf den Wert ankommen kann, der auf die ersten 20 Jahre entfällt, gilt bei Rechten von unbestimmter Dauer höchstens derjenige der ersten zehn Jahre. **2**

Bei Rechten von bestimmter oder unbestimmter Dauer gilt – soweit sie (zusätzlich) **auf die Lebensdauer einer Person beschränkt** sind – außerdem als vorrangige Höchstfristenregelung Abs. 4. **3**

Ausgangspunkt für die nach § 52 vorzunehmende Kapitalisierung ist der **Jahreswert des bewertenden Rechts**. Dazu liefert Abs. 5 eine Hilfsgröße. Weitere Regelungen zur Wertbestimmung – zB zur Behandlung bedingter Rechte und zum Zeitpunkt, der für die Wertbestimmung maßgeblich ist – enthalten Abs. 6 und 7. **4**

II. Anwendungsbereich

Abs. 1 bestimmt den Anwendungsbereich der Vorschrift. Erfasst werden sowohl dingliche Rechte (→ Rn 6 ff) als auch nur schuldrechtlich wirkende Vereinbarungen (→ Rn 9 ff). Inhaltlich ist die Reichweite der Norm dabei nicht auf die erstmalige Begründung dieser Rechte und Vereinbarungen beschränkt, sondern gilt zB auch für deren Änderung und Aufgabe (→ Rn 11). **5**

1. Dingliche Rechte. Nach dem Willen des Gesetzgebers[1] umfasst der gegenständliche Anwendungsbereich des § 52 zunächst **Dienstbarkeiten aller Art** (Grunddienstbarkeiten und beschränkte persönliche Dienstbarkeiten, zB Geh- und Fahrrechte oder Ver- und Entsorgungsleitungsrechte), einschließlich des **Nießbrauchs**. Weiter sind von § 52 nach der Gesetzesbegründung **Reallasten** sowie **Dauerwohn- und Dauernutzungsrechte** erfasst.[2] **6**

Unerheblich für die Anwendbarkeit des § 52 ist, ob es sich um eine „Benutzungs-" oder um eine „Ausschlussdienstbarkeit" handelt. Mit der Formulierung „... einschließlich des Unterlassens oder Duldens ..." zeigt der Gesetzgeber, dass die frühere Differenzierung – Benutzungsdienstbarkeit (§§ 22, 24 KostO) einerseits und Duldungs- und Ausschlussdienstbarkeit (§ 30 KostO) andererseits[3] – hinfällig ist.[4] **7**

---

[1] BR-Drucks 517/12, S. 246 f. [2] BR-Drucks 517/12, S. 246. [3] Zur früheren Rechtslage: *Filzek*, KostO, § 22 Rn 1, § 24 Rn 4; *Korintenberg/Schwarz*, KostO, § 24 Rn 14. [4] BR-Drucks 517/12, S. 247.

8   Der Anwendungsbereich umfasst also zB auch Dienstbarkeiten folgender Art: **Immissions- und Gewerbebetriebs-Duldungspflichten, Baubeschränkungen und Abstandsflächenübernahmen**, Fensterduldungsrechte, **Gewerbebetriebsbeschränkungen und Wohnungsbesetzungsrechte**.[5]

9   **2. Schuldrechtliche Vereinbarungen.** Der Wortlaut von Abs. 1 („… oder eines sonstigen Rechts oder Anspruchs …") macht außerdem deutlich, dass nicht nur der Wert dinglicher Rechte, sondern auch derjenige („nur") schuldrechtlich wirkender Ansprüche nach § 52 zu bestimmen ist. In der Gesetzesbegründung ist dazu (in ausdrücklicher Abgrenzung zur früheren Rspr) betont,[6] dass damit auch **Beherrschungs-, Gewinnabführungs- und Verlustausgleichsvereinbarungen** in den Anwendungsbereich dieser Vorschrift fallen (und nicht etwa als Rechtsgeschäfte mit unbestimmtem Geldwert zu behandeln sind).[7]

10   Allerdings sind schuldrechtliche Nutzungsvereinbarungen nicht ausnahmslos nach § 52 zu behandeln: Für **Miet-, Pacht-, Dienst- und Geschäftsbesorgungsverträge** trifft § 99 eine Spezialregelung (insb. für den Regelfall niedrigerer Kapitalisierungsfaktor). Soweit § 99 – *lex specialis* – reicht, findet § 52 auf diese Vereinbarungen also keine Anwendung (→ Rn 19 und → § 99 Rn 2).[8]

11   **3. Inhaltlicher Anwendungsbereich.** Bereits zum früheren Recht (KostO) war allgemein anerkannt, dass damalige Parallel-Vorschriften nicht nur für die erstmalige Begründung der von diesen Vorschriften erfassten Rechte galt, sondern auch für deren **spätere Veränderung**. So wurde § 24 KostO zB auf die Anerkennung oder Feststellung, die **Änderung** oder **Übertragung** und für die **Übernahme** und **Aufgabe** wiederkehrender Nutzungen und Leistungen angewandt.[9] Diese Lesart bleibt auch für den inhaltlichen Anwendungsbereich von § 52 zutreffend, so dass die Vorschrift zB auch dann anzuwenden ist, wenn eine Reallast herauf- oder herabgesetzt oder ein Nießbrauch durch eine Leibrente abgelöst wird.[10]

12   Das ergibt sich bereits unmittelbar aus der Regelung in Abs. 6 S. 2 („Bildet das Recht später den Gegenstand eines gebührenpflichtigen Geschäfts …"). Außerdem macht auch Abs. 6 S. 4 deutlich, dass der Gesetzgeber des GNotKG von einem entsprechend weit verstandenen Anwendungsbereich ausgegangen ist: Ein Hauptanwendungsgebiet dieser Regelung wird die Bewertung von Löschungsbewilligung bzw -anträgen bzgl persönlicher oder zeitlich befristeter Rechte sein (zB Antrag auf Löschung eines Nießbrauchs unter Vorlage einer Sterbeurkunde, wenn im Grundbuch die Löschungserleichterung gem. § 23 Abs. 2 GBO eingetragen ist).

13   § 52 ist nicht nur anwendbar, wenn es darum geht, den Wert eines Nutzungs- oder Leistungsrechts als „positiven" Gegenstand eines Beurkundungsverfahrens zu bewerten („aktiver Bewertungsposten"), sondern auch dann, wenn der Wert eines Nutzungs- oder Leistungsrechts als Abzugsposten für einen Verfahrensgegenstand in Betracht kommt („passiver Bewertungsposten").[11] Ersteres ist zB der Fall, wenn ein Nutzungs- oder Leistungsrecht erstmals begründet wird, Letzteres, wenn das Nutzungs- oder Leistungsrecht als „Verbindlichkeit" in Abzug zu bringen ist (zB §§ 100 Abs. 1, 102 Abs. 1). § 52 unterscheidet diese Anwendungsalternativen nicht, so dass in beiden Fällen die gleichen Grundsätze gelten.

14   Für **Erbbaurechte** gilt vorrangig § 49 Abs. 2; zum **Erbbauzins** wird jedoch in § 43 auf § 52 verwiesen.

15   **Nicht** erfasst sind von § 52 Rechtsgeschäfte und Vertragstypen, für die das GNotKG speziellere Bestimmungen trifft. Dies sind:

- Miet- und Pachtverträge (§ 99 Abs. 1);
- Dienstverträge, Geschäftsbesorgungsverträge und sonstige vergleichbare Verträge (§ 99 Abs. 2);
- Rentenschulden (§ 53 Abs. 1);
- Nutzungs- und Leistungsrechte, die grds. von § 52 erfasst sind, jedoch wegen ihrer besonderen Zweckbestimmung („Sicherungszweck") § 53 Abs. 2 unterfallen („sonstige Sicherheit").

III. Allgemeine Wertbestimmungsgrundsätze

16   **1. Allgemeines.** Maßgebliches Kriterium für die kostenrechtliche Wertbestimmung zu den von § 52 erfassten Rechte und sonstigen Vereinbarungen ist, welchen **Wert** das Recht (bzw der Anspruch) für das herrschende Grundstück (bei Grunddienstbarkeiten) bzw für den Berechtigten oder sonst Begünstigten (bei den anderen, § 52 unterfallenden Rechten und Ansprüchen) hat. Der kostenrechtliche Wert der Rechte und Ansprüche iSd § 52 bestimmt sich also **nach dem aus der Rechtseinräumung gewonnenen wirtschaftlichen „Vorteil"**.[12]

17   **2. Kein Wertvergleich (Wertsteigerung/Wertminderung).** Für die Wertbestimmung zu Grunddienstbarkeiten folgt aus den in → Rn 16 geschilderten Grundsätzen zunächst, dass – anders als nach früherem Recht (§ 22

---

5 Korintenberg/*Schwarz*, § 52 Rn 12 ff und 28 f.   **6** BR-Drucks 517/12, S. 247.   **7** Korintenberg/*Schwarz*, § 52 Rn 34.   **8** Korintenberg/*Schwarz*, § 52 Rn 37.   **9** Korintenberg/*Schwarz*, KostO, § 24 Rn 9.   **10** Korintenberg/*Schwarz*, § 52 Rn 23.   **11** Korintenberg/*Schwarz*, § 52 Rn 26.   **12** BR-Drucks 517/12, S. 247.

KostO) – nicht mehr erforderlich ist, zu vergleichen, ob der aus der Dienstbarkeit folgende Vorteil einen höheren Wert hat als die beim belasteten Grundstück eintretende Beeinträchtigung.[13] Auf die **Wertminderung** (bzw den „Nachteil" aus der Rechtseinräumung) kommt es nach der Bewertungssystematik des GNotKG für die in § 52 angesprochenen Rechte deshalb grds. nicht an. Insoweit handelt es sich um eine **bewusste Vereinfachungsentscheidung des Gesetzgebers**.[14]

3. Bewertungskriterien. a) Allgemeines. Nach welchen Kriterien dieser nach Abs. 1 maßgebliche wirt- 18 schaftliche „Vorteil" zu bestimmen ist, regelt § 52 – abgesehen von den in Abs. 2 bis einschließlich Abs. 4 genannten Kapitalisierungsvorschriften und den Spezialbestimmungen in Abs. 6 und 7 – allerdings nicht (jedenfalls nicht abschließend). Ablesbar ist dieser Umstand zB am Wortlaut von Abs. 5: Die dort für die Feststellung des Jahreswerts genannten Kriterien sind lediglich heranzuziehen, **„sofern nicht ein anderer Wert festgestellt werden kann"**.[15] Abs. 5 ist also ein bloßer „Hilfswert".[15] Kann der Jahreswert eines Nutzungs- oder Leistungsrechts anderweitig bestimmt werden (→ Rn 20 ff), ist dies – wie der Gesetzgeber in der Gesetzesbegründung ausdrücklich erklärt – vorrangig.[16]

Ist zutreffend, dass § 46 unmittelbar nur für unbewegliche und bewegliche Sachen iSd § 90 BGB gilt (→ 19 § 46 Rn 2), fehlen zu den Nutzungs- und Leistungsrechten genauere Vorgaben des Gesetzgebers dazu, wie der nach § 52 zu kapitalisierende „Jahreswert" zu bestimmen ist; jedenfalls gibt es insoweit keinen der „Dichte" von § 46 vergleichbaren gesetzlichen Kriterienkatalog. Andererseits ergeben sich aus der Gesetzesbegründung keine Anhaltspunkte dafür, dass der Gesetzgeber für die „grundsätzliche Wertfindung" zu den Nutzungs- und Leistungsrechten von den bislang anerkannten Maßstäben abweichen wollte. Deshalb scheint zweckmäßig, für die Wertfindung zu den Nutzungs- und Leistungsrechten die bisher entwickelten Grundsätze beizubehalten und sie ggf nach den in §§ 46 ff zum Ausdruck kommenden Rechtsgedanken zu überprüfen bzw zu modifizieren.

b) Einzelfragen. Die Wertfindung zu §§ 22, 24 KostO hat sich **maßgeblich am Verkehrswert orientiert** (der 20 allerdings häufig gem. § 30 KostO im Wege der Schätzung ermittelt wurde).[17] Kriterien, um den nach § 52 maßgeblichen Jahreswert festzustellen, sind damit v.a.: wenn eine Gegenleistung für die Rechtseinräumung gewährt wird, **deren Geldwert** (zB das nach Maßgabe von Abs. 2–4 kapitalisierte vereinbarte jährliche **Nutzungsentgelt**), sowie – mangels ausdrücklich vereinbarter geldwerter Gegenleistung – bei Rechten, die einen Ertrag oder Gebrauch gewähren, deren Ertrags- oder Gebrauchswert (zB die **ortsübliche Vergleichsmiete** bei Wohnrechten; ggf bei nicht abgeschlossenen, sich nur auf einzelne Räume beziehenden Rechten zu einem **geschätzten verringerten Mietwert von Mitwohngelegenheiten**).[18]

Soweit ein Recht Nutzungen gewährt, aber auch Verpflichtungen enthält, kommt es auf den sog. **Reinertrag** 21 des Rechts an (zB beim Nießbrauch).[19] Dabei sollen jedoch nicht unterschiedslos alle Lasten abgezogen werden können: Für den Nießbrauch wird zB nach gewöhnlichen Unterhaltungskosten (abzugsfähig) und dem Zins- und Tilgungsdienst unterschieden (nicht abzugsfähig).[20]

Schwanken die Leistungen bzw Erträge monatlich ist der **Durchschnittswert einer einjährigen Periode** ent- 22 scheidend.[21] Setzt sich ein Versorgungsrecht (zB Leibgeding) **aus mehreren Positionen** zusammen, sind die Durchschnittswerte der einzelnen Posten zu bestimmen und die Werte sodann zusammenzurechnen.[22]

Sind die durch ein Recht gewährten Nutzungen oder Leistungen während seiner gesamten Dauer bzw Lauf- 23 zeit **nicht einheitlich**, sondern können sie im Wert schwanken oder steigen sie kontinuierlich an, war nach einer bisher vertretenen Ansicht im Rahmen der Kapitalisierung vom **höchsten Jahreswert** auszugehen.[23] Diese Ansicht überzeugt nicht (mehr). In Abs. 6 S. 1 benennt der Gesetzgeber den für die Bewertung maßgeblichen Zeitpunkt und stellt dabei ausschließlich auf den **Beginn des Rechts** ab; eine Korrektur des in Anwendung von § 52 gefundenen Werts ist nach Abs. 6 S. 3 nur insoweit möglich, als der Wert herabgesetzt wird, nicht aber zur Werterhöhung.

Anderes kann insoweit nur für **Rechte mit bestimmter Laufzeit** gelten: Hier – Abs. 2 – knüpft der Wortlaut 24 des Gesetzes ausdrücklich an die gesamte Dauer des Rechts an, so dass in diesem Fall nahe liegend erscheint, den Wert des Rechts für jede Periode getrennt zu ermitteln und die so gefundenen Werte zusammenzurechnen.[24]

Beispiel: A bestellt B für die Dauer von zehn Jahren ein Wohnrecht. Es erstreckt sich während der ersten fünf Jah- 25 re auf zwei Räume und für die restliche Zeit auf drei. B ist 42 Jahre alt.

---

13 Zur früheren Rechtslage: Korintenberg/*Schwarz*, KostO, § 22 Rn 2. **14** BR-Drucks 517/12, S. 247. **15** Korintenberg/*Schwarz*, § 52 Rn 45 ff. **16** BR-Drucks 517/12, S. 247. **17** *Filzek*, KostO, § 24 Rn 5; Korintenberg/*Schwarz*, KostO, § 24 Rn 8. **18** Korintenberg/*Schwarz*, § 52 Rn 38. **19** Korintenberg/*Schwarz*, § 52 Rn 43. **20** Korintenberg/*Schwarz*, § 52 Rn 43. **21** Korintenberg/*Schwarz*, KostO, § 24 Rn 24. **22** Korintenberg/*Schwarz*, § 52 Rn 38. **23** *Filzek*, KostO, § 24 Rn 8; Korintenberg/*Schwarz*, KostO, § 24 Rn 27. **24** So nunmehr auch Korintenberg/*Schwarz*, § 52 Rn 42.

Der Jahreswert für die Nutzung zweier Räume beläuft sich auf 250 €/Monat, derjenige für die Nutzung von drei Räumen auf 350 €/Monat.

Wert gem. § 52 Abs. 2: (250 € x 12 x 5) + (350 € x 12 x 5) = 36.000 €.

26 **c) Austauschverträge.** Bei **Austauschverträgen** wird sich der **Geschäftswert** häufig nach der Gegenleistung richten (§ 97 Abs. 3), weil diese den höheren Wert hat (zB Grundstücksüberlassung im Wege der vorweggenommenen Erbfolge unter Vorbehalt eines Wohnrechts).

27 Aber auch für die Wertbestimmung des Nutzungs- und Leistungsrechts selbst kann – soweit im Rahmen des Austauschverhältnisses vereinbart – eine entsprechende **Einmalzahlung** maßgeblicher Anhaltspunkt sein: Handelt es sich bei dieser Zahlung inhaltlich um ein „vorausbezahltes Nutzungsentgelt", gibt dies (jedenfalls mittelbar) Aufschluss darüber, welchen Wert die Beteiligten dem bestellten Recht zugemessen haben.[25]

28 **Beispiel:** Bestellung eines Dauerwohnrechts auf die Dauer von 50 Jahren gegen Zahlung eines Betrags iHv 100.000 €.

Jahreswert iSd § 52:   100.000 €/50 Jahre = 2.000 €
Wert des Dauerwohnrechts gem. § 52 Abs. 2:   2.000 € x 20 = 40.000 €
Geschäftswert des Austauschvertrags gem. § 97 Abs. 3:   100.000 €

29 **d) Beispiele.** Einige Beispiele für die unter Geltung der KostO praktizierte Wertbestimmung zu **Grunddienstbarkeiten** sind in → Rn 47 ff dargestellt.

30 Zur Ermittlung des Jahreswerts von **Windenergie- oder Photovoltaikanlagenrechten** hat sich eingebürgert, auf das vereinbarte Nutzungsentgelt (Pachtzins) Bezug zu nehmen, nicht aber auf den Einspeise-Erlös oder den Jahresertrag.[26]

31 Für **Stellplatznutzungsrechte** ist der Jahreswert anhand des monatlichen Entgelts für die Anmietung eines Stellplatzes zu ermitteln.[27]

32 **4. Hilfswert gem. Abs. 5. a) Anwendungsbereich.** Zu § 24 Abs. 4 KostO nahm eine Ansicht an, dass die Vorschrift **einschränkend auszulegen** sei: Der dort geregelte Hilfswert könne nicht zur Anwendung kommen, wenn das zu bewertende Recht sich nicht auf sämtliche Nutzungen des belasteten Gegenstands bezieht, sondern dessen Benutzung nur hinsichtlich von Teilen oder in einzelnen Beziehungen gestattet.[28] Demnach sollte zwar bspw der Wert von Tankstellen- oder Energieversorgungsdienstbarkeiten nach § 24 Abs. 4 KostO ermittelt werden können, nicht aber der Wert einer Energieleitungsdienstbarkeit.[29]

33 Der Wortlaut von Abs. 5 nennt als alternative Bezugsgröße nunmehr auch den „**Teil des betroffenen Gegenstandes**". Damit ist klargestellt, dass der Gesetzgeber den Hilfswert aus Abs. 5 grds. auch dann zur Bewertung eines Nutzungs- oder Leistungsrechts heranziehen will, wenn dieses Recht nur einen Teil der beschwerten Sache betrifft.[30] Damit dürfte es – das Fehlen eines anderweitig feststellbaren Werts vorausgesetzt (→ Rn 18) – grds. möglich sein, bspw Dienstbarkeiten, die nur ein Teil des dienenden Grundbesitzes berühren, nach dem prozentualen Wert der betroffenen Grundstücksteilflächen zu bewerten.

34 Denkbar ist deshalb, dass der Hilfswert zB für **Geh- und Fahrtrechte, Leitungs- und Stellplatzrechte, Abstandsflächendienstbarkeiten** sowie **Kinderspielplatznutzungsrechte** an Bedeutung gewinnt.

35 **b) Rechtsfolge.** Beim Hilfswert gem. Abs. 5 handelt es sich um einen gesetzlich pauschalisierten „**durchschnittlichen Ertragswert**". Damit kommen bei seiner Bestimmung keine Abzüge in Betracht.[31]

36 Der Wert des Grundbesitzes ist nach § 46 zu bestimmen. Aufgrund der in Abs. 2 und 3 vorgesehenen Kappungsgrenze (20facher Jahreswert) kann der nach Abs. 5 bestimmte Wert des Rechts den Wert des Grundstücks nicht übersteigen (5 x 20 = 100).

37 **5. Preisklauseln (Abs. 7), Abänderungsvorbehalte.** Aus Vereinfachungsgründen[32] hat der Gesetzgeber in Abs. 7 angeordnet, dass Preisklauseln für die Bewertung eines Leistungs- oder Nutzungsrechts keine Rolle spielen. Wird also zB zu einer **Leibrente** vereinbart, dass diese sich im selben Verhältnis ändert, wie der vom Statistischen Bundesamt festgestellte Verbraucherpreisindex, verbleibt es für den nach § 52 maßgeblichen Jahreswert dabei, dass sich dieser (ausschließlich) nach dem beim Beginn des Rechts (Abs. 6 S. 1) maßgeblichen Ausgangsbetrag richtet.

38 Den Begriff „Preisklausel" will der Gesetzgeber für § 52 in gleicher Weise verstanden wissen wie im **Preisklauselgesetz (PrKG)**.[33]

39 **Abänderungsvorbehalte** (§ 323 a ZPO), wie sie zB bei der Vereinbarung von dauernden Lasten im steuerrechtlichen Sinne anzutreffen sind, werden (jedenfalls) vom Wortlaut des Abs. 7 nicht erfasst. Nach frühe-

25 Korintenberg/*Schwarz*, § 52 Rn 50. **26** Korintenberg/*Schwarz*, § 52 Rn 52. **27** Korintenberg/*Schwarz*, § 52 Rn 56. **28** Filzek, KostO, § 24 Rn 8; Korintenberg/*Schwarz*, KostO, § 24 Rn 30. **29** Korintenberg/*Schwarz*, KostO, § 24 Rn 30. **30** BR-Drucks 517/12, S. 248. **31** Korintenberg/*Schwarz*, § 52 Rn 48. **32** BR-Drucks 517/12, S. 248. **33** BR-Drucks 517/12, S. 248.

rem Recht war anerkannt, dass bei solchen Rechten ein Abschlag in Betracht kommt.[34] Da der Gesetzgeber in Kenntnis dieser Praxis Abs. 7 ausdrücklich auf Preisklauseln iSd PrKG beschränkt hat (→ Rn 39), ist davon auszugehen, dass eine entsprechende Anwendung von Abs. 7 auf derartige Abänderungsvorbehalte mangels Regelungslücke ausscheidet und bei der Wertfindung für solche Rechte ein Wertabschlag gem. Abs. 6 S. 3 zulässig bleibt (wenn das Ergebnis sonst unbillig wäre).[35]

6. Wert erloschener Rechte (Abs. 6 S. 4). Bildet ein **Recht, das durch Zeitablauf oder Tod des Berechtigten   40 erloschen** ist, den Gegenstand eines notariellen Verfahrens, ist dessen Wert gem. Abs. 6 S. 4 mit „Null" in Ansatz zu bringen.

IV. Einzelfragen der Kapitalisierung

1. Rechte von bestimmter Dauer (Abs. 2). Bei Nutzungs- und Leistungsrechten von bestimmter Dauer ist   41 gem. Abs. 2 S. 1 grds. der auf die gesamte Dauer des Rechts entfallende Wert maßgebend.

Abs. 2 S. 2 und 3 sieht zu dieser Grundregel allerdings **höhenmäßige Begrenzungen** vor: beträgt die Laufzeit   42 des Rechts mehr als zwanzig Jahre, greift die Deckelung gem. Abs. 2 S. 2 (kapitalisierter Jahreswert der ersten zwanzig Jahre); ist das Recht außerdem auch an die Lebensdauer einer Person geknüpft, ist aufgrund der Verweisung in Abs. 2 S. 3 die sich aus Abs. 4 ergebende – Lebensalter abhängige – zeitliche Grenze zu beachten. Bei diesen „Kappungen" handelt es sich ausweislich der Gesetzesbegründung um **Höchstwerte;**[36] als Grund für die Regelung in Abs. 2 S. 2 nennt der Gesetzgeber, dass Rechte von bestimmter Dauer kostenrechtlich nicht höher bewertet werden sollen, als Rechte von unbeschränkter Dauer.[37]

Zur Vorgängervorschrift wurde vertreten, diese sei auch anwendbar, wenn es der Sache nach zwar um ein   43 Recht von unbestimmter Dauer geht, dieses Recht jedoch nicht vor einer bestimmten **Mindestlaufzeit** beendet wird oder gekündigt werden kann und diese Mindestlaufzeit den für Rechte von unbestimmter Dauer vorgeschriebenen Kapitalisierungsfaktor übersteigt.[38] Diese Ansicht erscheint unverändert zutreffend, da es bspw wenig einleuchtend wäre, eine Leistungspflicht, die zwar grds. auf unbestimmte Zeit bestellt ist, erstmals aber nach fünfzehn Jahren gekündigt werden kann, kostenrechtlich anders zu behandeln, als eine entsprechende Leistungspflicht, die von vornherein nur auf eine Laufzeit von fünfzehn Jahren vereinbart worden ist.[39]

2. Rechte von unbeschränkter Dauer (Abs. 3 S. 1). Ein Recht ist von unbeschränkter Dauer iSd Abs. 3 S. 1,   44 wenn sein **Wegfall nicht absehbar** ist.[40] Das gilt zB für unbefristete Grunddienstbarkeiten. Verbreitet anzutreffende, nach Abs. 3 S. 1 zu behandelnde Rechte sind: Geh- und Fahrtrechte für „immerwährende Zeit" oder das Recht, „auf Dauer" eine bestimmte Versorgungsleitung zu unterhalten und (mit) zu benutzen.

Aber auch beschränkte persönliche Dienstbarkeiten und Nießbrauchsrechte, die für **juristische Personen** be-   45 stellt sind und keine Kündigungsmöglichkeiten oder Befristung aufweisen, sind idR „Rechte von unbeschränkter Dauer",[41] so zB Wasser- und Abwasserleitungsrechte für **Gemeinden** oder **kommunale Versorgungsunternehmen**. Weitere Beispiele sind Überbau- und Notwegerenten.[42]

Derartige Rechte sind grds. nunmehr mit dem **20fachen ihres Jahreswerts** zu bewerten.   46

Die Kommentierungen zur KostO wiesen für **Grunddienstbarkeiten** allerdings häufig vergleichsweise gerin-   47 ge Werte aus; dabei handelte es sich idR um pauschale Schätzungen, eine Kapitalisierung der genannten Einmalbeträge erfolgte nicht. So wurden unter anderem aufgeführt: 1.000 € für Rohr- und Kanalleitungsrechte[43] und 500 €–1.000 € für Wegerechte bei Feldgrundstücken.[44] Für Zugangs- und Zufahrtsrechten zu Baugrundstücken sollten grds. 1.000 €–5.000 € anzusetzen sein, wobei jedoch – v.a., wenn die Erschließung Voraussetzung für die Baugenehmigung war – auch höhere Werte (10 %–20 % des Grundstückswerts) veranschlagt werden konnten;[45] aktuelle Literaturmeinungen gehen von 50 % des Grundstückswerts aus.[46]

Da der Gesetzgeber in Kenntnis dieser „hergebrachten Grundsätze" § 52 hinsichtlich der Wertbestimmung   48 nicht abschließend formuliert hat (s. den Wortlaut von Abs. 5: „... sofern nicht ein anderer Wert festgestellt werden kann"), ist für die bewertungsrechtliche Praxis wohl (zunächst) davon auszugehen, dass sie jedenfalls nicht fehl geht, wenn sie insoweit weiter nach den bekannten Maßstäben verfährt (Rechtsgedanke des § 36 Abs. 1). Dabei erscheint es jedoch auch vertretbar, statt den in → Rn 47 genannten Werten, die häufig auf eine jahrzehntealte Rspr zurückzuführen sind, den in § 36 Abs. 3 verankerten Wert von 5.000 € aufzugreifen (außerdem → Rn 33: häufigere Verwendung des Hilfswerts gem. Abs. 5).

34 Korintenberg/*Schwarz*, KostO, § 24 Rn 26, 81. **35** Korintenberg/*Schwarz*, § 52 Rn 41. **36** BR-Drucks 517/12, S. 247. **37** BR-Drucks 517/12, S. 247. **38** Korintenberg/*Schwarz*, KostO, § 24 Rn 37, 42. **39** Korintenberg/*Schwarz*, § 52 Rn 60. **40** Korintenberg/*Schwarz*, § 52 Rn 62. **41** Korintenberg/*Schwarz*, § 52 Rn 62. **42** Korintenberg/*Schwarz*, § 52 Rn 62. **43** *Filzek*, KostO, § 22 Rn 3; Korintenberg/*Schwarz*, KostO, § 22 Rn 4. **44** *Filzek*, KostO, § 22 Rn 3. **45** *Filzek*, KostO, § 22 Rn 3; Korintenberg/ *Schwarz*, KostO, § 22 Rn 4. **46** Korintenberg/*Schwarz*, § 52 Rn 15.

49   Durch die Begrenzung auf den 20fachen Jahreswert will der Gesetzgeber sicherstellen, dass jedenfalls bei Verwendung des Hilfswerts aus Abs. 5 der Wert des Rechts den Wert des belasteten Gegenstands nicht überschreiten kann (→ Rn 36).[47]

50   **3. Rechte von unbestimmter Dauer (Abs. 3 S. 2).** Um ein Recht von unbestimmter Dauer handelt es sich, wenn zwar feststeht, dass es wegfällt, der genaue Zeitpunkt seines Wegfalls aber ungewiss ist.[48] Derartige Rechte sind gem. Abs. 3 S. 2 mit ihrem zehnfachen Jahreswert zu bewerten. Hauptsächlicher Anwendungsfall sind **Nutzungs- oder Leistungsrechte, die durch Kündigung oder sonst durch den Eintritt einer Bedingung** beendet werden. Auch **Vereinbarungen zum nachehelichen Unterhalt** sollen unter Abs. 3 S. 2 fallen, sofern sie nicht auf eine bestimmte Zeit beschränkt sind.[49]

51   Um Rechte iSd Abs. 3 S. 2 handelt es sich außerdem bei Vereinbarungen, die zwar für eine bestimmte Mindestlaufzeit bestellt sind, danach aber jederzeit gekündigt werden können bzw sich automatisch verlängern, wenn eine Kündigung nicht erfolgt. Ein Beispiel sind **Unternehmensverträge**, die wegen steuerlicher Fristen erst nach Ablauf einer bestimmten Zahl von Jahren gekündigt werden können.[50] Allerdings wird hier aus den in → Rn 43 genannten Gründen Abs. 2 anzuwenden sein, wenn die Mindestlaufzeit dieser Rechte mehr als zehn Jahre beträgt.

52   Ist ein Nutzungs- oder Leistungsrecht von unbestimmter Dauer und **zugleich auf die Lebensdauer einer Person beschränkt**, geht die Bewertung nach Abs. 4 derjenigen nach Abs. 3 S. 2 vor. Die Gesetzesbegründung scheint insoweit von einer Höchstwertregelung auszugehen, die eine Deckelung des Kapitalisierungsfaktors bewirkt.[51] Nach dem Wortlaut der entsprechenden Verweisung scheinen jedoch auch Fälle denkbar, nach denen die Anwendung von Abs. 4 zu höheren Kapitalisierungsfaktoren führt, als Abs. 3 S. 2: Während in Abs. 2 S. 3 formuliert ist „... darf der nach Absatz 4 bemessene Wert nicht überschritten werden", heißt es in Abs. 3 S. 2 allgemein: „..., soweit sich aus Absatz 4 nichts anderes ergibt".

53   **Beispiel:** Landwirt A räumt dem jungen Übernehmer des benachbarten Hofes (ÜN) aus Gewogenheit ein ausschließlich an die Person des ÜN gebundenes, nicht übertragbares und nicht vererbliches Viehweiderecht auf seinem Almgrundstück in Form einer beschränkten persönlichen Dienstbarkeit ein. ÜN ist 27 Jahre alt, das Viehweiderecht kann beidseitig mit einer Frist von zwei Jahren zum Ende einer Bewirtschaftungsperiode gekündigt werden. Der Jahreswert des Rechts beträgt 500 €.

Bewertung nach § 52 Abs. 3 S. 2:   10 x 500 € = 5.000 €
Bewertung nach § 52 Abs. 4:   20 x 500 € = 10.000 €

54   Es erscheint in diesen Fällen vertretbar, die Verweisung in Abs. 3 S. 2 **teleologisch** zu beschränken: Müssten sich ÜN und A über eine Ablösesumme für das Viehweiderecht einigen, würden sie mit großer Wahrscheinlichkeit ebenfalls mit einbeziehen, dass ÜN aufgrund der Kündigungsmöglichkeit evtl nicht während seiner gesamten Lebenszeit in den Genuss des Rechts kommt. Das spricht dafür, die Verweisung aus Abs. 3 S. 2 lediglich als „Kappungsgrenze" iSd Festlegung eines Höchstwerts, nicht aber als „Dehnungsmöglichkeit" für den Kapitalisierungsfaktor zu verstehen.[52]

55   Weiteren Anlass zur teleologischen Reduktion kann Abs. 3 S. 2 bieten, wenn es sich der Sache nach zwar um ein Recht von unbestimmter Dauer handelt (zB weil es jederzeit gekündigt werden kann), die unbestimmte Dauer jedoch **insgesamt nicht mehr als zehn Jahre** betragen kann.

56   **Beispiel:** Onkel O gewährt seinem Neffen N gegen Erbringung von Hausmeisterleistungen ein mit einer Frist von sechs Monaten zum Ende eines Jahres kündbares Wohnrecht in einem stark sanierungsbedürftigen Altbau. Es steht fest, dass spätestens sieben Jahre nach Bestellung des Rechts mit der vollständigen Renovierung des Anwesens begonnen werden soll, wobei alle Bewohner aus dem Anwesen ausziehen müssen.

57   Nach einer Ansicht soll in diesen Fällen der Wert frei zu schätzen sein.[53] Dem ist zuzustimmen: Der Rechtsgedanke von Abs. 6 S. 3 legt nahe, entweder unter entsprechender Anwendung von Abs. 6 S. 3 oder unter unmittelbaren Rückgriff auf § 36 Abs. 1 einen Wertabschlag vorzunehmen.

58   **4. Auf die Lebensdauer einer Person beschränkte Rechte (Abs. 4). a) Allgemeines (Abs. 4 S. 1).** Abs. 4 S. 1 enthält für die vom Lebensalter abhängige Ermittlung des Kapitalisierungsfaktors vier Stufen. Damit enthält diese Vorschrift eine starke Pauschalisierung. Der Gesetzgeber rechtfertigt das ausdrücklich mit Vereinfachungsgründen; insb. hält er für das Kostenrecht eine ähnliche feingliedrige Abstufung, wie sie im Steuerrecht üblich ist, für entbehrlich.[54]

59   Die Fristenregelungen aus Abs. 4 sind für Rechte, die auf bestimmte oder unbestimmte Zeit bestellt sind, **vorrangig** zu den sich aus Abs. 2 und 3 ergebenden Höchstfristen. Das ergibt sich unmittelbar aus dem Wortlaut von Abs. 2 S. 3 („... darf ... nicht überschritten werden") bzw von Abs. 3 S. 2 („..., soweit ...

---

[47] BR-Drucks 517/12, S. 248.   [48] Korintenberg/*Schwarz*, § 52 Rn 63.   [49] Korintenberg/*Schwarz*, § 52 Rn 82.   [50] Korintenberg/*Schwarz*, § 52 Rn 64.   [51] BR-Drucks 517/12, S. 247.   [52] Ähnl. Korintenberg/*Schwarz*, § 52 Rn 65.   [53] Korintenberg/*Schwarz*, § 52 Rn 65.   [54] BR-Drucks 517/12, S. 247.

nichts anderes ergibt"). In Einzelfall können zu diesem Grundsatz jedoch Ausnahmen geboten sein (→ Rn 52 ff).

Der sachliche Anwendungsbereich von Abs. 4 erfasst **Nutzungs- und Leistungsrechte**, die mit dem Tod 60 einer Person enden. Gleichgültig ist dabei, ob dieser Umstand auf eine gesetzliche oder vertragliche Regelung zurückzuführen ist.[55] Abs. 4 greift auch dann, wenn es sich bei der Person, auf deren Tod es für die Beendigung des Rechts ankommt, weder um den Berechtigten noch den Verpflichteten dieses Rechts handelt, sondern um einen Dritten.[56]

Praxiswichtige Anwendungsfälle von Abs. 4 sind Nießbrauchsrechte, beschränkte persönliche Dienstbarkei- 61 ten für natürliche Personen, Leibrenten und Altenteile.

b) Einzel- und Gesamtrechte (Abs. 4 S. 2). Abs. 4 S. 2 findet Anwendung, soweit es sich materiellrechtlich 62 um ein **Gesamtrecht** (§ 428 BGB) handelt. Der Kapitalisierungsfaktor für den Jahreswert bestimmt sich in diesen Fällen abhängig davon, mit wessen Tod das Recht erlischt: auf den älteren Berechtigten kommt es an, wenn das Recht bereits beim Tod des zuerst Sterbenden wegfällt (Nr. 1), auf den jüngeren dagegen, wenn erst der Tod (auch) des Längerlebenden das Recht beendet (Nr. 2).

Beispiel zu § 52 Abs. 4 S. 2: Ehegatten E sind zu jeweils 1/2 Miteigentümer einer vermieteten Eigentumswohnung. 63 Diese übergeben sie im Wege der vorweggenommenen Erbfolge an ihre Tochter T. Dabei behalten sie sich als Gesamtberechtigte gem. § 428 BGB auf die Lebensdauer des längstlebenden von ihnen eine (unveränderliche) Leibrente von monatlich 500 € vor. Der Ehemann ist 52 Jahre alt, die Ehefrau 48. Der Jahreswert der Leibrente beträgt 6.000 €.
Wert gem. § 52 Abs. 4 S. 2: 6.000 € x 15 = 90.000 €.

Für Gesamtrechte geht Abs. 4 S. 2 also davon aus, dass solche Rechte im Rahmen der Wertbestimmung 64 „einheitlich" behandelt werden, auch wenn inhaltlich mehrere Berechtigte daraus Ansprüche herleiten können. Gehören also sämtliche Berechtigte der gleichen „Kapitalisierungs-Stufe" aus Abs. 4 S. 1 an, verbleibt es dabei, dass der Jahreswert dieses Rechts (ausschließlich) einmal mit dem entsprechenden Faktor multipliziert wird. In solchen Fällen wird der Kapitalisierungsfaktor also weder verdoppelt noch sonst angepasst.

Beispiel: Sachverhalt wie oben → Rn 63, jedoch ist auch die Ehefrau 52 Jahre alt. 65
Wert gem. § 52 Abs. 4 S. 2: 6.000 € x 10 = 60.000 €.

Nicht eröffnet ist der Anwendungsbereich von Abs. 4 S. 2, wenn zwar mehrere Berechtigte vorhanden sind, 66 diese aber nicht aus einem einheitlichen Recht berechtigt sind, sondern für jeden von ihnen ein unabhängiges **Einzelrecht** bestellt ist. Hier ist vielmehr zunächst für jedes Recht selbständig der Jahreswert und der Kapitalisierungsfaktor zu ermitteln; dann sind die so gefundenen Werte gem. § 35 Abs. 1 zusammenzurechnen.[57]

Beispiel: Sachverhalt wie oben → Rn 63, jedoch sind die Ehegatten ursprünglich im Verhältnis 2/3 (Ehefrau) zu 67 1/3 (Ehemann) Miteigentümer der überlassenen Wohnung. Deshalb erhält die Ehefrau auf Dauer ihres Lebens eine Leibrente mit einem Jahreswert iHv 4.000 € und – davon unabhängig – der Ehemann eine solche mit einem Jahreswert iHv 2.000 €.

Wert Leibrente Ehefrau (§ 52 Abs. 4 S. 1):	4.000 € x 15 = 60.000 €
Wert Leibrente Ehemann (§ 52 Abs. 4 S. 1):	2.000 € x 10 = 20.000 €
Wert gem. § 35 Abs. 2:	80.000 €

c) Veränderliches Gesamtrecht. Keine ausdrückliche Regelung enthält Abs. 4 S. 2, wenn es sich zwar um ein 68 Gesamtrecht handelt, so dass der Anwendungsbereich der Vorschrift – anders als in den in → Rn 66 f besprochenen Fällen – grds. eröffnet ist, sich der Wert der versprochenen Leistung nach dem Tod des zuerst Sterbenden aber verändert (sich zB verringert). Zu § 24 Abs. 2 S. 2 KostO wurde für derartige Rechte nach streitiger, aber wohl überwiegender Ansicht zunächst der Wert für den älteren Berechtigten bestimmt (unter Bezugnahme auf den nicht verringerten Jahreswert und den für den älteren Berechtigten maßgeblichen Kapitalisierungsfaktor), dann der Wert für den jüngeren Berechtigten ermittelt (und zwar unter Anwendung des verringerten Jahreswerts und eines Kapitalisierungsfaktors, der sich als Differenz ergab aus den Vervielfältigern für den Älteren und den Jüngeren) und schließlich die beiden Werte zusammengerechnet.[58] Da der Gesetzgeber in Abs. 4 S. 2 die Vorgängervorschrift inhaltlich nachbilden wollte, ist davon auszugehen, dass diese Vorgehensweise weiter angewandt werden kann. Weil die „Kapitalisierungsstufen" gegenüber der KostO stark gestrafft wurden, wird sich allerdings häufiger als bisher ergeben, dass für den jüngeren Mitberechtigten der Kapitalisierungsfaktor Null ist (weil für beide Berechtigte derselbe Faktor zur Anwendung

---

55 Korintenberg/*Schwarz*, § 52 Rn 66. **56** Korintenberg/*Schwarz*, § 52 Rn 66. **57** BR-Drucks 517/12, S. 247; Korintenberg/*Schwarz*, § 52 Rn 69. **58** *Filzek*, KostO, § 24 Rn 24; Korintenberg/*Schwarz*, KostO, § 24 Rn 53.

kommt) und also das Fortbestehen des Rechts nach dem Tod des Älteren kostenrechtlich ohne Auswirkungen bleibt.[59]

69   **Beispiel:** Sacherhalt wie oben → Rn 63 (Ehefrau = 48 Jahre alt, Ehemann = 52 Jahre alt), jedoch verringert sich die Leibrente nach dem Tod des Erstversterbenden um die Hälfte (dh von 500 €/Monat auf dann 250 €/Monat). Wert: (6.000 € x 10) + (3.000 € x (15 – 10)) = 75.000 €.

Ist dagegen auch die Ehefrau 52 Jahre alt, errechnet sich ein Wert von insgesamt lediglich 60.000 € (6.000 € x 10) + (3.000 € x (10 – 10)).

70   **d) Aufschiebend bedingte Einzelrechte.** Sind **Einzelrechte** dergestalt voneinander abhängig, dass die Beendigung des einen Rechts den Beginn des anderen bedingt, muss für das bedingt entstehende Recht der Kapitalisierungsfaktor beim Beginn des Rechts bestimmt werden (Abs. 6 S. 1). Insoweit geht es also um eine Prognose. Dafür könnte zwar grds. auch auf Umstände außerhalb des Kostenrechts abgestellt werden (bspw auf statistische Erhebungen zur Lebenserwartung oder im Steuerrecht relevante Sterbetafeln). Überzeugender erscheint jedoch, auch hier die bewusste „Pauschalisierungs-Entscheidung" des Gesetzgebers des GNotKG zu Abs. 4 S. 1 nachzuvollziehen: Der Kapitalisierungsfaktor für das aufschiebend bedingte („spätere") Recht wird dadurch ermittelt, dass dem Lebensalter des aufschiebend bedingt („später") Berechtigten der Kapitalisierungsfaktor des Rechts für den unbedingt („ersten") Berechtigten hinzugerechnet und dann der für dieses „fiktive" Lebensalter geltende Kapitalisierungsfaktor als Multiplikator für den Jahreswert des Rechts des später Berechtigten angewandt wird.[60] Der Wert beider Rechte ist grds. gem. § 35 Abs. 1 zusammenzurechnen. Ggf wird jedoch ein Abschlag gem. Abs. 6 S. 3 in Betracht kommen, um einen allzu großen Bewertungsunterschied zum Gesamtrecht zu vermeiden.[61]

71   **Beispiel:** Sachverhalt wie oben → Rn 63, jedoch gehört die Eigentumswohnung ursprünglich dem Ehemann allein. Er behält sich auf Lebensdauer eine Leibrente iHv monatlich 500 € vor (Jahreswert: 6.000 €). Aufschiebend bedingt auf seinen Tod erhält auch die Ehefrau eine Leibrente auf Lebensdauer, diese jedoch nur iHv 250 €/Monat (Jahreswert: 3.000 €).

Wert Leibrente Ehemann: 6.000 € x 10 = 60.000 €

Wert Leibrente Ehefrau:
a) Kapitalisierungsfaktor = 10 (48 Jahre + 10 = 58 Jahre)
b) Berechnung: 3.000 € x 10 = 30.000 €

Gesamtwert, § 35 Abs. 1: 90.000 €, ebenso, wenn auch die Ehefrau 52 Jahre alt ist (Kapitalisierungsfaktor ebenfalls 10, da 52 + 10 = 62) – beim Gesamtrecht wäre der Wert dagegen 75.000 € (Ehefrau = 48 Jahre) bzw 60.000 € (Ehefrau = 52 Jahre); hierzu auch → Rn 78 ff („Billigkeit").

V. Maßgeblicher Zeitpunkt (Abs. 6 S. 1 und 2)

72   Abs. 6 S. 1 und 2 regelt den für die Wertfindung maßgeblichen Zeitpunkt. Abs. 6 S. 1 stellt dabei auf den Beginn des Rechts ab. Hauptanwendungsfall dieser Vorschrift ist die **erstmalige Begründung** eines Leistungs- oder Nutzungsrechts. Wird dagegen ein **bereits bestehendes Recht** verändert, zB übertragen, inhaltlich angepasst oder aufgegeben, ist Abs. 6 S. 2 einschlägig.

73   **Beispiel zu § 52 Abs. 6 S. 1:** Im Rahmen eines Überlassungsvertrags behält sich die Übergeberin (Ü) an einer vermieteten Eigentumswohnung mit sofortiger Wirkung den lebenslangen Nießbrauch vor. Ü ist 65 Jahre alt, der Jahreswert des Nießbrauchs beträgt 6.000 €.

Wert gem. § 52 Abs. 4 und Abs. 6 S. 1: 10 x 6.000 € = 60.000 €.

74   **Beispiel zu § 52 Abs. 6 S. 2:** 12 Jahre nach der Übergabe gibt Ü den Nießbrauch gegenleistungslos auf und bewilligt und beantragt seine Löschung im Grundbuch. Ü ist jetzt 72 Jahre alt, wegen gestiegener Mietpreise und einer leichten Inflation beträgt der Jahreswert des Nießbrauchs nunmehr 7.000 €.

Wert gem. § 52 Abs. 4 und Abs. 6 S. 2: 5 x 7.000 € = 35.000 €.

75   Enthält eine Vereinbarung über die Bestellung von Nutzungs- oder Leistungsrechten keine ausdrückliche Regelung für den Beginn des Rechts, ist im Zweifel davon auszugehen, dass der Bezug unmittelbar **ab Einräumung des Rechts** beginnt, nicht erst ab Grundbucheintragung.[62]

76   Muss der **Zeitpunkt, zu dem ein Recht beginnt,** dergestalt ermittelt werden, dass vorab festzustellen ist, wann ein „vorausgehendes Recht oder Leben" endet (zB das zu bewertende Recht beginnt, wenn ein anderes – auf Lebenszeit einer weiteren Person bestellt – Recht erlischt bzw das zu bewertende Recht entsteht erst, wenn eine bestimmte Person verstirbt), sollte dies zweckmäßiger Weise ohne Rückgriff auf außerhalb des Kostenrechts liegende Umstände (zB steuerliche **Sterbetafeln**) geschehen. Der Gesetzgeber des GNotKG

---

59 Korintenberg/*Schwarz*, § 52 Rn 72.   **60** Korintenberg/*Schwarz*, § 52 Rn 75.   **61** Korintenberg/*Schwarz*, § 52 Rn 75.
62 Korintenberg/*Schwarz*, § 52 Rn 85.

hat sich bewusst für eine Straffung der Altersstufen in Abs. 4 entschieden und hält die damit verbundene Pauschalisierung aus Vereinfachungsgründen für gerechtfertigt. Soll dieser Vereinfachungszweck im Rahmen des Abs. 6 S. 1 nicht verloren gehen, erscheint es konsequent, auch für die **Ermittlung des Rechtsbeginns** die **Altersstufen des Abs. 4** heranzuziehen.[63]

Beispiel: Witwe A und Witwer B leben in „wilder Ehe". B hat ein Einfamilienhaus und Kinder mit seiner verstorbenen Ehefrau. Damit A auch nach Tod des B in dessen Haus leben kann, bestellt er A an seinem Haus den lebenslangen Nießbrauch, der allerdings erst beginnt, wenn B verstorben ist. A ist 68 Jahre alt, B 72. [77]

Beginn des Rechts für A (§ 52 Abs. 6 S. 1): 68 + 5 (§ 52 Abs. 4 bzgl B) = 73,

damit Kapitalisierungsfaktor bei A gem. § 52 Abs. 4 = 5.

VI. Billigkeit (Abs. 6 S. 3)

Abs. 6 S. 3 erlaubt für bestimmte Tatbestandsgruppen, nämlich (a) wenn bei Vornahme des zu bewertenden Rechtsgeschäfts der Beginn des Nutzungs- oder Leistungsrechts noch nicht feststeht oder (b) wenn das zu bewertende Recht „in anderer Weise bedingt" ist, bei der Bewertung einen **Wertabschlag** vorzunehmen. [78]

Die Wertkorrektur greift bei Verwirklichung des Tatbestands allerdings nicht „automatisch" ein. Nach Abs. 6 S. 3 ist die **Wertkorrektur** vielmehr nur möglich, wenn sie **erforderlich** ist, um ein **unbilliges Ergebnis zu vermeiden**. Insoweit handelt es sich um eine bewusste Wertentscheidung des Gesetzgebers.[64] [79]

Beispielhafte Umstände, unter denen von „unbilligen Ergebnissen" iSd Abs. 6 S. 3 auszugehen ist, nennt die Gesetzesbegründung nicht. Insoweit verbleibt es also **Sache der jeweiligen Einzelfallbetrachtung**, ob der nach den übrigen Bestimmungen des § 52 gefundene Wert zu korrigieren ist oder nicht. [80]

Für **auf Lebenszeit bestellte Rechte** kann dabei bspw eine Rolle spielen, dass der Gesetzgeber die Staffel des Abs. 4 bewusst gestrafft hat und die dort angegebenen Werte meist deutlich unter den tatsächlichen Verhältnissen liegen. Für „lebenszeitabhängige" Rechte könnte daraus zu schließen sein, dass hier ein Wertabschlag – angesichts der ohnehin „schonenden" gesetzlichen Vorgaben – seltener in Betracht kommt als bislang. Dennoch scheint die Anwendung von Abs. 6 S. 3 weiter vertretbar, wenn der kostenrechtliche Wert aufschiebend bedingter Einzelrechte deutlich von demjenigen eines entsprechenden „fiktiven Gesamtrechts" abweicht (→ Rn 71): in beiden Fällen (dh sowohl bei den bedingten Einzelrechten als auch beim Gesamtrecht) kommt die Staffel des Abs. 4 zur Anwendung, so dass sich eine nach § 54 Abs. 6 S. 3 vorgenommene Korrektur jedenfalls damit rechtfertigen lässt, dass sie „innerhalb derselben Wertungsebene" erfolgt. [81]

Nicht vertretbar erscheint jedenfalls, die von Abs. 6 S. 3 geforderte „Unbilligkeit" mit einem **Verwandtschaftsverhältnis** zu begründen: Das Verwandtenprivileg des § 24 Abs. 3 KostO hat der Gesetzgeber des GNotKG bewusst nicht übernommen.[65] [82]

Zu **Abänderungsvorbehalten** → Rn 39. Nicht anwendbar soll Abs. 6 S. 3 auf Regelungen zum **Versorgungsausgleich** sein: Zwar kommen die betreffenden vertraglichen Bestimmungen nur zur Anwendung, wenn die entsprechende Ehe überhaupt geschieden wird; insoweit soll es sich aber nicht um eine „Bedingung" iSv Abs. 6 S. 3 handeln, sondern um eine „Tatbestandsvoraussetzung" der Vereinbarung zum Versorgungsausgleich.[66] Bei **Vereinbarungen zum nachehelichen Unterhalt** in vorsorgenden Eheverträgen hält die gleiche Meinung einen Wertabschlag jedoch für möglich.[67] [83]

Das **Ausmaß** des nach Abs. 6 S. 3 vorzunehmenden **Abschlags** ist ebenfalls am Einzelfall zu orientieren: Maßgebliches Kriterium kann zB sein, wie wahrscheinlich der Eintritt der Bedingung ist, die den Abschlag veranlasst.[68] Für den Fall der aufschiebend bedingten Einzelrechte (→ Rn 91) erscheint jedenfalls eine **vollständige Angleichung an das Gesamtrecht als zu weitgehend**: Letztlich besteht zwischen Gesamtrechten und Einzelrechten zivilrechtlich zumindest hinsichtlich der Verfügungsberechtigung ein Unterschied, so dass auch eine kostenrechtlich – jedenfalls geringfügig – auseinanderfallende Behandlung nicht ohne Weiteres unbillig ist. [84]

§ 53 Grundpfandrechte und sonstige Sicherheiten

(1) [1]Der Wert einer Hypothek, Schiffshypothek, eines Registerpfandrechts an einem Luftfahrzeug oder einer Grundschuld ist der Nennbetrag der Schuld. [2]Der Wert einer Rentenschuld ist der Nennbetrag der Ablösungssumme.

---

63 In diesem Sinne (Stichwort: „kostenrechtliche Lebenserwartung maßgeblich") bereits zu § 24 Abs. 6 KostO: *Filzek*, KostO, § 24 Rn 22. **64** BR-Drucks 517/12, S. 248. **65** BR-Drucks 517/12, S. 247. **66** Korintenberg/*Schwarz*, § 52 Rn 89. **67** Korintenberg/*Schwarz*, § 52 Rn 83 (nur dann nicht, wenn die Scheidung bereits feststeht). **68** Korintenberg/*Schwarz*, § 52 Rn 88.

(2) Der Wert eines sonstigen Pfandrechts oder der sonstigen Sicherstellung einer Forderung durch Bürgschaft, Sicherungsübereignung oder dergleichen bestimmt sich nach dem Betrag der Forderung und, wenn der als Pfand oder zur Sicherung dienende Gegenstand einen geringeren Wert hat, nach diesem.

I. Allgemeines

1   **1. Normzweck.** § 53 ist – wie die §§ 46 ff allgemein – **Bewertungsvorschrift**. Die Vorschrift regelt die kostenrechtliche Wertfindung für Grundpfandrechte und sonstige Sicherheiten.

2   Grundsätzlich sind für die Bewertung derartiger Sicherheiten verschiedene Anknüpfungspunkte denkbar: Es wäre zB ebenso möglich, auf die Höhe der gesicherten Forderung bzw den Wert des sonst gesicherten Anspruchs abzustellen, wie es vertretbar erscheint, auf den Umfang der gewährten Sicherheit oder den Wert des gewährten Pfandgegenstandes Bezug zu nehmen. Auch Fragen der „Ausfallwahrscheinlichkeit" und der Bonität könnten bei wirtschaftlicher Betrachtungsweise eine Rolle spielen.

3   In § 53 trifft der Gesetzgeber dazu Auswahlentscheidungen. Maßgeblich ist nach der Systematik dieser Norm, um welche Art von Sicherheit es sich handelt. Nach dem Willen des Gesetzgebers erfolgt die kostenrechtliche Wertbestimmung für Sicherheiten also nicht nach einem einheitlichen Kriterium, sondern es ist zu unterscheiden.

4   Für den praxisrelevanten Fall der **Grundpfandrechte** gibt der Gesetzgeber vor, dass Hypotheken und Grundschulden nach ihrem Nennbetrag zu bewerten sind. Zu den in **Abs. 2** geregelten „sonstigen Sicherheiten" folgt der Gesetzgeber dem hergebrachten kostenrechtlichen Gedanken,[1] dass der Wert eines Pfands zwar grds. dem Wert der gesicherten Forderung entspricht, er jedoch höchstens so viel betragen kann, wie der Wert dessen, was als Pfand oder Sicherheit gestellt ist. Bei diesen Sicherheiten ist also ein **Wertvergleich** zwischen der Höhe der gesicherten Forderung und dem Wert des Pfandgegenstands erforderlich.

5   Weder § 52 Abs. 1 noch § 52 Abs. 2 knüpfen an die Wahrscheinlichkeit an, nach der mit der Inanspruchnahme der gewährten Sicherheit zu rechnen ist. Dies lässt sich überzeugend damit rechtfertigen, dass ohne eine solche Vereinfachung und Pauschalisierung die kostenrechtliche Bewertung derartiger Sicherheiten kaum sachgemäß durchführbar wäre: In den betreffenden Verfahren werden Kriterien für eine entsprechende Beurteilung nur äußerst selten mit hinreichender Genauigkeit verfügbar sein.

6   **2. Ergänzend heranzuziehende Vorschriften.** Sicherheiten begegnen in der Praxis nicht nur im Rahmen ihrer Bestellung oder Aufgabe. Sie können auch **Gegenstand von Veränderungen** oder zu anderen Rechten in Bezug zu setzen sein. Praxisrelevante Beispiele sind v.a. **Entlassungen und Einbeziehungen aus bzw in eine Mithaft** und **Rangänderungen**.

7   Als reine Bewertungsvorschrift gibt § 53 in diesen Fällen keine abschließende Auskunft über den **Geschäftswert.** Er richtet sich vielmehr nach §§ 44, 45.

8   Zur **Löschung** und **Abtretung** → Rn 12 ff.

II. Grundpfandrechte und weitere Rechte iSd Abs. 1

9   **1. Allgemeines.** Zu Grundpfandrechten, dh Hypotheken und Grundschulden an Grundbesitz (Grundstücke, Wohnungs- und Teileigentum, Erbbaurechte), bestimmt Abs. 1, dass deren kostenrechtlicher Wert ihrem **Nennbetrag** entspricht. **Zinsen und Nebenleistungen, Verwaltungskosten und ein etwaiges Aufgeld (Agio)** bleiben unberücksichtigt, § 37 Abs. 1 (s. dort auch zur Ausnahme: § 37 Abs. 2).

10   Für die Wertfindung bei den von Abs. 1 erfassten Rechten kommt es nach der ausdrücklichen Auswahlentscheidung des Gesetzgebers also nicht etwa auf den Valutierungsstand oder den Wert des belasteten Grundbesitzes an. Dies gilt zB auch dann, wenn der Käufer eines (noch) unbebauten Bauplatzes eine Grundschuld bestellt, die zur Sicherung eines Darlehens dient, das sowohl den Kaufpreis für das Grundstück als auch die Finanzierung des Bauvorhabens umfasst. Im Anwendungsbereich des Abs. 1 findet **keinerlei Wertvergleich** statt.

11   Bei **Höchstbetragshypotheken** kommt es auf den Höchstbetrag an.[2]

12   Der Nennbetrag des Pfandrechts ist gem. Abs. 1 nicht nur bei der erstmaligen Bestellung einer Grundschuld oder Hypothek maßgeblich, sondern auch bei seiner **Löschung.** Dies zeigt überzeugend ein **Gegenschluss zu § 44 Abs. 1 S. 2:** Die dortige Regelung wäre überflüssig, wenn Abs. 1 nicht grds. auch auf die Löschung eines Grundpfandrechts anwendbar wäre.

13   Zur Frage, wie die Löschung einer **Globalgrundschuld** an der letzten mit ihr belasteten Einheit zu bewerten ist, s. § 44.

---

1 Korintenberg/*Schwarz*, § 53 Rn 12. **2** Korintenberg/*Schwarz*, § 53 Rn 5.

Anwendbar ist Abs. 1 neben der Neubestellung und Löschung auch für die kostenrechtliche Wertbestim **14** mung bei der **Übertragung und Abtretung** eines Grundpfandrechts. Geht es allerdings darum, im Rahmen eines Austauschvertrags die Übernahme einer grundpfandrechtlich gesicherten Forderung zu bewerten, ist der Betrag der Valutierung maßgeblich.[3]

2. Schiffshypotheken, Registerpfandrechte an Luftfahrzeugen. Für Schiffshypotheken (Gesetz über Rechte **15** an eingetragenen Rechten und Schiffsbauwerken) und Registerpfandrechte an Luftfahrzeugen (Gesetz über Rechte an Luftfahrzeugen) gelten die Ausführungen in → Rn 9 entsprechend. Maßgebliche Bewertungs größe ist bei Bestellung und Aufgabe der **Nennbetrag** des Rechts.

3. Rentenschulden. Bei Rentenschulden, §§ 1199 ff BGB, bestimmt sich der kostenrechtliche Wert nach **16** dem Nennbetrag der im Rahmen der Bestellung vereinbarten **Ablösesumme** (§ 1199 Abs. 2 S. 1 BGB). Im Übrigen gilt → Rn 9 entsprechend.

III. Sonstige Sicherheiten (Abs. 2)

1. Allgemeines. Für die in Abs. 2 geregelten **Pfandrechte** und **sonstigen Sicherheiten** schreibt der Gesetzge **17** ber einen **Wertvergleich** vor: Zwar ist für die kostenrechtliche Bewertung dieser Sicherheiten grds. der Wert der gesicherten Forderungen maßgeblich, dies jedoch nur dann, wenn er nicht höher ist als der Wert des gewährten Pfands oder der gegebenen Sicherheit. Bei den von § 52 Abs. 2 erfassten Rechten ist der Wert des Pfandobjekts (bzw der sonst gestellten Sicherheit) also „Kappungsgrenze".

Für diesen Wertvergleich gelten folgende Grundsätze: Die **gesicherte Forderung** kommt dabei mit ihrem **18** Nennbetrag in Ansatz, eine Wertkorrektur nach der Bonität des Schuldners ist nach der Systematik von § 53 insgesamt nicht vorgesehen.[4] Für die **Sicherungsgegenstände** ist der Wert nach §§ 46 ff zu ermitteln. Wird nur ein **Teil einer Forderung** oder eines **Anspruchs** besichert, ist nur der Nennbetrag des gesicherten Teils mit dem Sicherungsgegenstand zu vergleichen.[5] **Zinsen und Nebenleistungen** sind nach § 37 Abs. 1 nicht zu berücksichtigen (auch nicht beim Nennbetrag der gesicherten Forderung), auch vorgehende oder gleichstehende Sicherheiten am Pfandgegenstand bleiben außer Betracht.[6]

2. Anwendungsbereich. Zum Anwendungsbereich des Abs. 2 nennt bereits die Vorschrift selbst einige pra **19** xiswichtige Beispiele: **Bürgschaft** und **Sicherungsübereignung**. Bei den ebenfalls erwähnten „sonstigen Pfandrechten" kann es sich in Abgrenzung zum Anwendungsbereich von Abs. 1 hauptsächlich um Pfand rechte an beweglichen Sachen und Rechten handeln. Auch für die **Verpfändung von GmbH-Anteilen** ist Abs. 2 einschlägig.[7] Ist allerdings nicht nur die Sicherung, sondern auch die gesicherte Forderung Gegen stand des Beurkundungsgeschäfts, gilt → Rn 26.

Wie Abs. 1 (→ Rn 9 ff) ist Abs. 2 sowohl für die erstmalige Begründung der „sonstigen Sicherheit" anwend **20** bar als auch für deren **Aufhebung, Übertragung und Abtretung**, ausnahmsweise kann aber auch § 52 Abs. 6 S. 4 (Zeitablauf oder Tod des Berechtigten) erfüllt sein.[8]

Der Wortlaut von Abs. 2 macht deutlich („… oder dergleichen …"), dass die dort ausdrücklich erwähnten **21** Anwendungsfälle **nicht abschließend** sind. Unter diese Vorschrift lassen sich also zB auch subsummieren: die **sicherungsweise Übertragung** bzw **Abtretung eines Rechts oder einer Forderung** (zB von Mietzinsen, Sparguthaben oder Versicherungsleistungen), die **Verpfändung eines Eigentumsverschaffungsanspruchs**, die **Verpfändung eines Erbteils, Schuldbeitritte, Patronatserklärungen** sowie **Ausbietungsgarantien** u.Ä.[9]

Als „sonstige Sicherheit" iSv Abs. 2 kommt grds. auch die **Abtretung von Rückgewähransprüchen an vor** **22** **rangigen Grundschulden** in Betracht.[10] Wird eine solche Abtretung jedoch zusammen mit der erstmaligen Bestellung des diesbezüglichen Grundpfandrechts beurkundet, bleibt sie – wenn auch im Wortlaut des § 109 nicht ausdrücklich erwähnt – neben der Grundschuldbestellung wegen § 109 Abs. 1 unberücksich tigt. Auf den Wertvergleich nach Abs. 2 kommt es für die Abtretung von Rückgewähransprüchen daher nur an, wenn sie losgelöst von der Bestellung des Pfandrechts erfolgt. Entsprechendes (dh: keine gesonderte Be rücksichtigung) gilt für die **Verpfändung des Eigentumsverschaffungsanspruchs**, wenn diese – wie bei der Bestellung von Grundpfandrechten zur Finanzierung von Teilflächenkäufen häufig üblich – in der gleichen Urkunde erfolgt, wie die Grundschuldbestellung.[11]

Weiteres Beispiel für „sonstige Sicherheiten" iSd Abs. 2 sind **Rechte, die an sich in den Anwendungsbereich** **23** **des § 52 fallen** (zB Nießbrauchsrechte, Dienstbarkeiten oder Reallasten), die jedoch ausweislich ihrer Be willigungsurkunde maßgeblich einem Sicherungszweck dienen. Die Anwendung von § 53 ist in diesen Fäl len **vorrangig zur Wertfindung nach § 52**.

3 Korintenberg/*Schwarz*, § 53 Rn 4. **4** Korintenberg/*Schwarz*, § 53 Rn 16. **5** Korintenberg/*Schwarz*, § 53 Rn 13. **6** Korintenberg/ *Schwarz*, § 53 Rn 16. **7** Korintenberg/*Schwarz*, § 53 Rn 16. **8** Korintenberg/*Schwarz*, § 53 Rn 18. **9** Korintenberg/*Schwarz*, § 53 Rn 18. **10** So zum Anwendungsbereich der Vorgängernorm § 23 Abs. 1 KostO: *Filzek*, KostO, § 23 Rn 2. **11** Korintenberg/ *Schwarz*, § 53 Rn 17.

24   **3. Entfallen des Wertvergleichs.** Im Anwendungsbereich von Abs. 2 ist der dort vorgeschriebene **Wertvergleich nicht immer möglich**, zB wenn ein Pfand zur Sicherung „aller derzeitigen und künftigen Verbindlichkeiten" eines Schuldners gegenüber einem Gläubiger bestellt wird. Umgekehrt ist auch denkbar, dass der Wert des Sicherungsgegenstands nicht eindeutig festgestellt werden kann (Beispiel: Bürgschaft oder Garantie). In diesen Fällen („unbestimmte Forderung" bzw „unbestimmter Wert der Sicherheit") kann **vom Wertvergleich abgesehen** werden. Die Bewertung ist stattdessen nach demjenigen Betrag vorzunehmen, der feststeht (Schema: gesicherte Forderung = unbestimmt → Wert des Sicherungsgegenstands = maßgeblich; Wert des Sicherungsmittels = unbestimmt → Wert des gesicherten Anspruchs = maßgeblich, bzw – soweit ein Höchstbetrag vereinbart wurde – ist der Wertvergleich auf dessen Grundlage vorzunehmen.[12]

25   Wenn sowohl der **Wert der gesicherten Forderung** als auch der **Wert des Sicherungsgegenstands unbestimmt** sind, ist § 36 Abs. 1 anzuwenden.[13]

IV. Geschäftswertbestimmung bei Mitbeurkundung der Forderung

26   Wenn neben der Sicherheit auch die gesicherte **Forderung** Gegenstand des Beurkundungsgeschäfts ist (zB ein Darlehen in derselben Urkunde vereinbart oder anerkannt wird, mit der auch die betreffende Sicherungshypothek zur Eintragung in das Grundbuch bewilligt wird), bildet wegen § 109 **Abs. 1 S. 2** allein die Forderung den Bewertungsgegenstand, so dass der Wertvergleich entfällt.[14]

§ 54 Bestimmte Gesellschaftsanteile

[1]Wenn keine genügenden Anhaltspunkte für einen höheren Wert von Anteilen an Kapitalgesellschaften und von Kommanditbeteiligungen bestehen, bestimmt sich der Wert nach dem Eigenkapital im Sinne von § 266 Absatz 3 des Handelsgesetzbuchs, das auf den jeweiligen Anteil oder die Beteiligung entfällt. [2]Grundstücke, Gebäude, grundstücksgleiche Rechte, Schiffe oder Schiffsbauwerke sind dabei nach den Bewertungsvorschriften dieses Unterabschnitts zu berücksichtigen. [3]Sofern die betreffenden Gesellschaften überwiegend vermögensverwaltend tätig sind, insbesondere als Immobilienverwaltungs-, Objekt-, Holding-, Besitz- oder sonstige Beteiligungsgesellschaft, ist der auf den jeweiligen Anteil oder die Beteiligung entfallende Wert des Vermögens der Gesellschaft maßgeblich; die Sätze 1 und 2 sind nicht anzuwenden.

I. Allgemeines

1   § 54 ist **Bewertungsvorschrift**. Als solche erfasst sie bestimmte Gesellschaftsbeteiligungen (→ Rn 5 ff: Anteile an Kapitalgesellschaften und Kommanditbeteiligungen) und regelt deren kostenrechtliche Wertbestimmung.

2   Bei **Austauschverträgen** ist der nach § 54 ermittelte Wert idR nur „Vergleichsposition" im Rahmen des bewertungsrechtlich vorzunehmenden **Wertvergleichs** (→ Rn 34). Maßgeblich für den Geschäftswert der betreffenden Urkunde ist bei Austauschverträgen im Ergebnis häufig der Wert der Gegenleistung (zB der Kaufpreis), § 97 Abs. 3 Hs 2.

3   Zu den erfassten Gesellschaftsbeteiligungen legt S. 1 fest, dass diese – sofern kein anderer höherer Wert ermittelbar ist – grds. nach dem **handelsrechtlichen Eigenkapital** (§ 266 Abs. 3 HGB) zu bewerten sind, soweit es auf die „urkundsrelevante" Beteiligung entfällt. Gehören zum Vermögen der Gesellschaft jedoch bestimmte Sachanlagen (v.a. Grundstücke), ist der so gewonnene Wert um die betreffenden Verkehrswerte zu berichtigen (S. 2; → Rn 18). Ziel des Gesetzgebers ist es, mit dieser Regelung für die betroffenen Gesellschaftsbeteiligungen eine klare Bewertungsbestimmung zu schaffen und frühere Streitfragen, insb. zur Reichweite des aus dem Schuldenabzugsverbot (§ 38) folgenden sog. „Bruttoprinzips", zu klären.[1]

4   Gesellschaften, deren Tätigkeit hauptsächlich darin besteht, eigenes Vermögen zu verwalten, sind vom Anwendungsbereich des § 54 ausdrücklich ausgenommen (S. 3). Grund hierfür ist, dass der Gesetzgeber die Übertragung von Gesellschaftsbeteiligungen an solchen „**vermögensverwaltenden Gesellschaften**" kostenrechtlich in gleicher Weise behandelt sehen will wie die Übertragung des von der Gesellschaft gehaltenen Vermögens selbst (→ Rn 8).[2] Der Gesetzgeber **weicht** zu diesen Gesellschaften **in bewusster Wertentscheidung** von der jüngeren Rspr des BGH zum Schuldenabzugsverbot **ab** (→ Rn 28: das Schuldenabzugsverbot, § 38, gilt).

---

12 Korintenberg/*Schwarz*, § 53 Rn 13.   **13** Korintenberg/*Schwarz*, § 53 Rn 13.   **14** Korintenberg/*Schwarz*, § 53 Rn 14.   **1** BR-Drucks 517/12, S. 248.   **2** BR-Drucks 517/12, S. 249.

II. Anwendungsbereich

1. Allgemeines. § 54 gilt zur kostenrechtlichen Wertbestimmung von **Kommanditbeteiligungen** und **Beteili- 5
gungen an Kapitalgesellschaften (S. 1).** Praxiswichtige Beispiele für die von § 54 erfassten Beteiligungen an
Kapitalgesellschaften sind: Geschäftsanteilen an einer UG oder GmbH sowie Beteiligungen an einer Aktiengesellschaft. Anwendbar ist § 54 außerdem für Kommanditgesellschaften auf Aktien und Beteiligungen an
einer Europäischen Gesellschaft (SE).[3] Auf **Genossenschaften** soll § 54 wegen der Haftungsbeschränkung
nach § 2 GenG entsprechend anwendbar sein.[4]

Nicht von § 54 erfasst sind demgegenüber **Beteiligungen an Personengesellschaften, die nicht Kommandit-** 6
beteiligungen sind, also insb. die Beteiligung als persönlich haftender Gesellschafter an einer GbR, OHG
oder KG. Zu diesen Gesellschaften verbleibt es für die Wertbestimmung bei § 36 (→ Rn 29 ff: „Aktivvermögen ohne Schuldenabzug").

§ 54 gilt sowohl für die Wertbestimmung zu einzelnen Anteilen an einer Gesellschaft als auch, wenn es 7
darum geht, **sämtliche Anteile bzw die Gesamtbeteiligung** an einer Gesellschaft kostenrechtlich zu bewerten. Weder der Wortlaut von § 54 noch die Gesetzesbegründung lassen erkennen, dass andere Grundsätze
gelten sollen, wenn Gegenstand eines kostenrechtlich zu erfassenden Geschäfts nicht die Übertragung nur
einer Beteiligungsquote, sondern der Gesamtgesellschaft ist.

2. Werbende und vermögensverwaltende Gesellschaften. Handelt es sich um eine Gesellschaftsbeteiligung 8
iSv S. 1 (also um eine Kommanditbeteiligung oder eine Beteiligung an einer Kapitalgesellschaft), muss **weiter danach unterschieden** werden, ob es sich um ein werbendes, operativ am Markt und Wettbewerb teil-
nehmendes Unternehmen handelt oder ob die betreffende Gesellschaft (nach kostenrechtlichen Maßstäben)
„überwiegend vermögensverwaltend" tätig ist: Die Bewertungsvorschriften in S. 1 und 2 gelten nur für **werbende Gesellschaften (S. 3 Hs 2).** Handelt es sich dagegen um eine im kostenrechtlichen Sinne **vermögensverwaltende Gesellschaft,** erfolgt zur Geschäftswertbestimmung eine „**Durchblicks-Betrachtung**" (S. 3 Hs 1;
→ Rn 27).

Diese Unterscheidung soll nach dem Willen des Gesetzgebers dazu dienen, Ungleichbehandlungen zu ver- 9
meiden: Die Übertragung der Beteiligung an einer vermögensverwaltenden Gesellschaft soll in diesen Fällen
nicht anders behandelt werden, als die Übertragung des von der Gesellschaft verwalteten Vermögens
selbst.[5]

Um dieses gesetzgeberische Ziel erreichen zu können, hat für die Zwecke des GNotKG die Abgrenzung 10
zwischen operativ tätigen und vermögensverwaltenden Gesellschaften vorrangig **nach eigenständigen „kostenrechtlichen" Maßstäben** zu erfolgen. Steuer- und handelsrechtliche Kriterien sind daneben nur ergänzend heranzuziehen. Der Gesetzgeber will die Abgrenzung demgemäß hauptsächlich „**tätigkeitsbezogen**"
vornehmen,[6] dh anhand des tatsächlich verfolgten Unternehmensgegenstands bzw des Gesellschaftszwecks.
Aus dem Begriff „überwiegend" wird abgeleitet, dass es für die Anwendbarkeit von S. 3 erforderlich sei,
„dass die Vermögensverwaltung mehr als 50 % des Gesellschaftszwecks ausmacht".[7]

S. 3 Hs 1 enthält dazu einen Katalog von Gesellschaftstypen, deren Tätigkeitsfeld überwiegend Vermögens- 11
verwaltung ist. Als solche Gesellschaften klassifiziert der Gesetzgeber zB **Immobilienverwaltungsgesellschaf-
ten** und **Holding- oder sonstige Beteiligungsgesellschaften.** Der Wortlaut dieser Auflistung („insbesondere")
stellt klar, dass es sich insoweit **nicht** um eine **abschließende** Aufzählung handelt.

Nach S. 3 Hs 1 ist gemäß dieser Grundsätze zB die Bewertung von Kommanditanteilen an einer **vermögens-** 12
verwaltenden Familien-KG (oder einer – steuerlich zwar gewerblich geprägten, „funktional" aber vermögensverwaltenden – **GmbH & Co. KG**) vorzunehmen, ebenso die Übertragung von Geschäftsanteilen an
einer sog. **Cash-GmbH** oder an Kapitalgesellschaften, deren Zweck hauptsächlich die Verwaltung bestimmter (eigener) Vermögenswerte (bspw von einer oder mehreren Immobilien oder von Beteiligungen an anderen Gesellschaften) ist.

3. Entsprechende Anwendbarkeit. Um Wertungswidersprüche zu vermeiden, liegt nahe, **Unterbeteiligungen** 13
bzw **atypische stille Beteiligungen** an Gesellschaften, die dem Anwendungsbereich von § 54 unterfallen (also insb. solche Beteiligungen an nicht im kostenrechtlichen Sinne vermögensverwaltenden Kapitalgesellschaften) entsprechend der für die unmittelbare Beteiligung an diesen Gesellschaften geltenden Bestimmungen zu bewerten. § 54 ist insoweit also **analog** anzuwenden bzw es sind jedenfalls die Wertungen von § 54
im Rahmen der gem. § 36 Abs. 1 zu treffenden Ermessensentscheidung zu berücksichtigen. Wegen ihres nur
schuldrechtlichen Charakters, der keine unmittelbare Beteiligung am Gesellschaftsvermögen vermittelt, soll

---

3 BDS/*Diehn*, § 54 Rn 3 ff; BeckOK KostR/*Neie*, GNotKG, § 54 Rn 1. **4** BDS/*Diehn*, § 54 Rn 5. **5** BR-Drucks 517/12, S. 249.
6 BR-Drucks 517/12, S. 249. **7** Korintenberg/*Tiedtke*, § 54 Rn 9. Nach BDS/*Diehn*, § 54 Rn 9 muss die Gesellschaft in „signifi-
kantem Umfang operativ tätig" sein.

für eine **atypisch stille Beteiligung** jedoch gegenüber dem nach § 54 ermittelten Wert ein Wertabschlag von 20–30 % vorgenommen werden.[8] Zur **typisch stillen Beteiligung** wird vertreten, dass diese nur mit dem Wert der Vermögenseinlage, mit der sich der stille Gesellschafter beteiligt, zu bewerten ist.[9]

14   **4. Einschränkende Auslegung.** Für Gesellschaften, die erst kurz vor der zu bewertenden Übertragung gegründet wurden und noch keine nennenswerte Tätigkeit entfaltet haben, ist aus Gründen der einfacheren Handhabbarkeit herrschendes Verständnis, dass die Beteiligung an solchen Gesellschaften kostenrechtlich idR mit ihrem **Nominalwert** erfasst werden kann.[10]

15   Vertretbar erscheint der Ansatz des Nominalbetrags außerdem für Anteile an einer **gemeinnützigen GmbH**: Die Gesellschafter einer solchen Gesellschaft erhalten keine Gewinne und bekommen bei Auflösung der Gesellschaft nur ihre Einlagen zurückerstattet.[11] Bei **Austauschverträgen** geht aber auch für solche Gesellschaften § 97 Abs. 3 Hs 2 vor, so dass kostenrechtlich der Kaufpreis maßgeblich ist, wenn dieser über dem Nominalwert liegt.[12]

III. Bewertungsmethode

16   **1. Eigenkapital.** Ist kein anderer Wert zu ermitteln (→ Rn 24, Wertvergleich), gilt: Für die von S. 1 erfassten Gesellschaftsbeteiligung erfolgt der Bestimmung des Geschäftswerts im ersten Schritt durch Bezugnahme auf das Eigenkapital iSv § 266 Abs. 3 HGB. Diese Größe ist der **Bilanz der Gesellschaft** zu entnehmen. Gibt es zum vertraglich vereinbarten Übertragungsstichtag eine eigene „Zwischenbilanz", ist diese maßgeblich, anderenfalls diejenige, die zuletzt vor dem vertraglich vereinbarten Übertragungsstichtag nach handelsrechtlichen Bestimmungen zu erstellen war.

17   Nach § 266 Abs. 3 HGB **umfasst** das – idR auf der „Passivseite" der Bilanz ausgewiesene – Eigenkapital **folgende Posten:**

   (I.)   Gezeichnetes Kapital;
   (II.)   Kapitalrücklage;
   (III.) Gewinnrücklagen, umfassend
       (1.)   gesetzliche Rücklage;
       (2.)   Rücklage für Anteile an einem herrschenden oder mehrheitlich beteiligten Unternehmen;
       (3.)   satzungsmäßig Rücklagen;
       (4.)   andere Gewinnrücklagen;
   (IV.) Gewinnvortrag/Verlustvortrag;
   (V.)   Jahresüberschuss/Verlustvortrag.

18   **2. Wertberichtigung.** In einem zweiten Schritt ist der nach → Rn 16 aus der Bilanz der Gesellschaft abgeleitete „Ausgangswert" um die in S. 2 genannten Positionen zu **berichtigen**: Grundstücke, Gebäude, grundstücksgleiche Rechte, Schiffe oder Schiffsbauwerke sollen nach dieser Regelung für die Zwecke des Kostenrechts **nicht mit ihrem Buchwert berücksichtigt** werden, sondern mit demjenigen Wert, der sich für diese Posten nach den allgemeinen (jeweils für sie anzuwendenden) kostenrechtlichen Wertvorschriften ergibt.

19   Vom Eigenkapital gem. § 266 Abs. 3 HGB sind also – die regelmäßig auf der Aktivseite der Bilanz aufgeführten – Buchwerte für die in S. 2 genannten Sachanlagen in Abzug zu bringen. Der so gefundene **Differenzbetrag** bildet einen „Zwischenwert", dem nunmehr der Wert der zunächst „heraus gerechneten" Sachanlagen wieder hinzu zu addieren ist: dabei erfolgt der jeweilige Wertersatz nach den gem. §§ 46 ff zu bestimmenden Werten.

20   Der **kostenrechtlich relevante berichtigte Wert** ergibt sich demgemäß durch **Subtraktion** der Buchwerte bestimmter Sachanlagen vom Eigenkapital und anschließender **Addition** des Werts dieser nach allgemeinen Wertvorschriften bewerteten Sachanlagen zu dem durch die Subtraktion gewonnenen Zwischenwert.

21   **3. Quotenbildung.** Als letzter Bewertungsschritt ist der kostenrechtlich berichtige Gesamtwert entsprechend der konkret betroffenen Beteiligungsquote in Ansatz zu bringen: Nur in demjenigen Umfang, in dem die vertragsgegenständliche Beteiligung eine Beteiligung am Gesamtvermögen der Gesellschaft vermittelt, fließt sie in die kostenrechtliche Bewertung ein.

22   **Beispiel:** Im Wege der vorweggenommenen Erbfolge räumt Vater V seiner Tochter T eine Beteiligung iHv 26 % an seiner Kfz-Handels-GmbH ein. Die Gesellschaft verfügt über eigenen Grundbesitz, der einen Buchwert von 20 aufweist und einen Verkehrswert von 100. Das Eigenkapital nach § 266 Abs. 3 HGB beträgt ausweislich der aktuellen Bilanz 70.

---

8 Korintenberg/*Tiedtke*, § 54 Rn 27.   **9** Korintenberg/*Tiedtke*, § 54 Rn 26.   **10** Korintenberg/*Tiedtke*, § 54 Rn 15; BeckOK KostR/*Neie*, GNotKG, § 54 Rn 3.   **11** AA BDS/*Diehn*, § 54 Rn 20; Korintenberg/*Tiedtke*, § 54 Rn 12.   **12** Korintenberg/*Reimann*, KostO, § 30 Rn 12 e; *Tiedtke/Sikora*, in: Würzburger Notarhandbuch, Teil 5, Kap. 8 Rn 49.

Geschäftswert gem. § 54:

1. 70 ./. 20	=	50	(„Zwischenwert")
2. 50 zzgl. 100	=	150	
3. 26 % aus 150	=	39	(Wert gem. § 54).

Bei **Kapitalgesellschaften** sind das Stammkapital und der Nominalbetrag des Geschäftsanteils für die Beteiligungsquote maßgeblich.[13] Bei **Kommanditgesellschaften** kommt es auf das Verhältnis der Kapitalanteile (feste Kapitalkonten) an; sind im Gesellschaftsvertrag der KG keine Kapitalanteile ausgewiesen, kann die Beteiligungsquote hilfsweise auch nach dem Anteil an Gewinn und Verlust berechnet werden.[14]   23

IV. Wertvergleich

Der nach S. 1 und 2 zu bestimmende Geschäftswert ist nur dann maßgeblich, „wenn keine genügenden Anhaltspunkte für einen höheren Wert" bestehen. Sind solche Anhaltspunkte vorhanden, ist ein **Wertvergleich** vorzunehmen. Maßgeblich ist der **höhere Wert**. § 54 lässt sich deshalb auch als „Mindestwertvorschrift" verstehen.[15]   24

Anhaltspunkte, aus denen sich ein höherer Wert ergeben kann, sind insb. – sofern vorhanden und bekannt – Gutachten zum Unternehmenswert, vereinbarte Gegenleistungen, Kurswerte und Kaufpreise für vergleichbare Veräußerungsvorgänge in angemessenem zeitlichen Zusammenhang.[16]   25

Der **Nominalwert** hat demgegenüber idR **keine Aussagekraft** für den kostenrechtlichen Wert einer GmbH-Beteiligung. Dies ergibt sich (jedenfalls mittelbar) daraus, dass für das handelsrechtliche, nach § 54 maßgebliche Eigenkapital das Stammkapital als sog. „gezeichnetes Kapital" nur einen von mehreren mit einzubeziehenden Posten darstellt. Zu **Ausnahmen** → Rn 14 f.   26

V. Vermögensverwaltende Gesellschaften

Für iSd Kostenrechts vermögensverwaltende Gesellschaften (→ Rn 8 ff) findet **keine Bewertung anhand des handelsrechtlichen Eigenkapitals** statt (S. 3 Hs 2). Stattdessen kommt es zu solchen Gesellschaften allein auf den nach den allgemeinen Wertvorschriften zu ermittelnden Wert des von der Gesellschaft verwalteten Vermögens an.[17] Kostenrechtlich wird also „durch die Gesellschaft" auf die von ihr gehaltenen Vermögenswerte „hindurch geblickt". Zu den Gründen für diese Regelung → Rn 9 (Vermeidung von kostenrechtlichen Ungleichbehandlungen).   27

Das **Schuldenabzugsverbot**, § 38 (sog. Bruttoprinzip), findet Anwendung. Insoweit handelt es sich um eine ausdrückliche gesetzgeberische Wertentscheidung.[18] Die für Kommanditanteile **anderslautende Rspr des BGH ist** für den Bereich der vermögensverwaltenden Kommanditgesellschaften deshalb **überholt**.   28

VI. Sonstige Gesellschaftsbeteiligungen

1. Allgemeines. Zu Gesellschaftsbeteiligungen, die von § 54 nicht erfasst werden, ist der Geschäftswert gem. § 36 zu bestimmen. Kommt für die nach dieser Vorschrift erforderliche Ermessensausübung nicht ausnahmsweise in Betracht, die Wertungen des § 54 zu berücksichtigen (→ Rn 13), **ist nahe liegend, die zur KostO entwickelten Bewertungsgrundsätze fortzuführen:** Hätte der Gesetzgeber des GNotKG auch für solche Gesellschaftsbeteiligungen eine Neubestimmung gewollt, hätte er die Spezialregelung für Beteiligungen an Kapitalgesellschaften und Kommanditbeteiligungen entsprechend erstrecken oder ergänzen können. Ein gesetzgeberisches Versehen ist diesbezüglich ausgeschlossen, da in der Gesetzesbegründung die Beschränkung des Anwendungsbereichs von § 54 auf bestimmte Gesellschaftsbeteiligungen ausdrücklich angesprochen ist.[19]   29

Beteiligungen persönlich haftender Gesellschafter an einer GbR, OHG oder KG sind damit – sofern kein anderweitiger Wert feststellbar ist (zB aus einem Gutachten zum Unternehmenswert oder aus vergleichbaren Verkäufen im angemessenen zeitlichen Zusammenhang) – unverändert nach dem **Anteil des Gesellschafters am Aktivvermögen der Gesellschaft** zu bewerten.[20] Das **Schuldenabzugsverbot** (§ 38) greift in diesen Fällen aufgrund ausdrücklicher gesetzlicher Regelung ein (§ 38 S. 2: „Dies gilt ... im Fall einer Beteiligung an einer Personengesellschaft auch für deren Verbindlichkeiten").   30

2. Bilanz und kostenrechtliche „Bilanzkorrekturen". Maßgeblicher Ausgangspunkt ist die Aktivsumme der dem Beurkundungstag am nächsten kommenden Bilanz.[21]   31

---

13 Korintenberg/*Tiedtke*, § 54 Rn 5. **14** So unter Geltung der KostO: Korintenberg/*Schwarz*, KostO, § 18 Rn 29; *Notarkasse*, Streifzug durch die KostO, Rn 1029; *Tiedtke/Sikora*, in: Würzburger Notarhandbuch, Teil 5, Kap. 8 Rn 62. **15** BDS/*Diehn*, § 54 Rn 11. **16** Korintenberg/*Tiedtke*, § 54 Rn 14. **17** BR-Drucks 517/12, S. 249. **18** BR-Drucks 517/12, S. 249. **19** BR-Drucks 517/12, S. 248. **20** BDS/*Diehn*, § 54 Rn 26; Korintenberg/*Tiedtke*, § 54 Rn 19 ff. **21** Korintenberg/*Tiedtke*, § 54 Rn 20.

32   Um Wertungswidersprüche zu S. 2 zu vermeiden, sind die dort genannten Sachanlagen (insb. **Grundstücke, Gebäude und grundstücksgleiche Rechte**) jedoch nicht mit dem in der Bilanz aufgeführten Buchwert zu veranschlagen, sondern es ist der nach allgemeinen Wertvorschriften zu ermittelnde Wert dieser Sachanlagen anzusetzen.[22]

33   Hinsichtlich solcher Sachanlagen ist demnach die Aktivsumme der Bilanz in entsprechender Anwendung von § 54 S. 2 zu **berichtigen**: Zunächst sind die Buchwerte der betreffenden Sachanlagen von der Aktivsumme der Bilanz zu subtrahieren. Zum so gefundenen Zwischenwert sind sodann die nach allgemeinen Wertvorschriften ermittelten Werte der zunächst „heraus gerechneten" Sachanlagen zu addieren (→ Rn 18 ff).

VII. Austauschverträge

34   Bei Austauschverträgen (insb. Kaufverträgen) ist § 97 Abs. 3 zu beachten. Nach dem dort vorgeschriebenen Wertvergleich sind die vertraglich vereinbarten Leistungen miteinander zu vergleichen, kostenrechtlich maßgeblich ist sodann der **höhere Wert**.

35   Bei Kaufverträgen wird deshalb häufig der vertraglich vereinbarte Kaufpreis den Geschäftswert bestimmen (jedenfalls, wenn es sich um eine Übertragung unter fremden Dritten handelt, → Rn 36).[23] **Weitere Leistungen**, die der Erwerber zusätzlich zum Kaufpreis schuldet, zB die Verpflichtung, noch nicht erbrachte Stammeinlagen an Stelle des Veräußerer einzubezahlen (oder jedenfalls den Verkäufer im Innenverhältnis von seiner diesbezüglichen Zahlungspflicht freizustellen), sowie die Übernahme von Verbindlichkeiten oder die Verpflichtung zur Freistellung aus einer Bürgschaft, sind dem Kaufpreis **hinzuzurechnen**.[24]

36   Auf die Bewertung des Gesellschaftsanteils nach § 54 kommt es bei Austauschverträgen demnach insb. an, wenn der Verkauf „unter Wert" erfolgt, zB bei Verträgen unter nahen Angehörigen oder wenn der Verkauf zum „symbolischen Preis von 1 €" erfolgt.[25]

37   Zur **Mitwirkungspflicht** der Beteiligten bei der Wertermittlung s. § 95. Nach angemessener Wartefrist kann der Wert bei Untätigkeit der Beteiligten durch Schätzung bestimmt werden.[26]

Kapitel 2
Gerichtskosten

Abschnitt 1
Gebührenvorschriften

§ 55 Einmalige Erhebung der Gebühren

(1) Die Gebühr für das Verfahren im Allgemeinen und die Gebühr für eine Entscheidung oder die Vornahme einer Handlung werden in jedem Rechtszug hinsichtlich eines jeden Teils des Verfahrensgegenstands nur einmal erhoben.

(2) Für Eintragungen in das Vereinsregister, Güterrechtsregister, Grundbuch, Schiffs- und Schiffbauregister und in das Register für Pfandrechte an Luftfahrzeugen werden die Gebühren für jede Eintragung gesondert erhoben, soweit nichts anderes bestimmt ist.

I. Allgemeines und Anwendungsbereich

1   § 55 ist **allgemeine Gebührenvorschrift** für Gerichtskosten. Sie hat kein Vorbild in der KostO, entspricht aber (bis auf die nur im GNotKG gegebenen Aktgebühren) § 29 FamGKG, der wiederum § 35 GKG entspricht. Verfahrens-, Akt- und Entscheidungsgebühren sind nach Abs. 1 **in demselben Rechtszug** hinsichtlich jedes Teils des Verfahrensgegenstands nur einmal zu erheben (→ Rn 5).

2   *Ratio legis* ist die Vermeidung ungerechtfertigter Gebührenverdopplungen.[1] Grundsätzlich ist die Vorschrift überflüssig: Eine Verfahrensgebühr kann *per definitionem* nur einmal, nicht mehrmals im selben Rechtszug entstehen. Für eine Entscheidungsgebühr gilt dasselbe bzgl ein und derselben Entscheidung. Bei Aktgebühren ist ebenfalls – bis auf die Fälle des Abs. 2 – nicht ersichtlich, wie bei verfahrensmäßigem Vorgehen des Gerichts mehrere Gebühren entstehen sollten. Insofern ist Abs. 1 eher als **Klarstellung** zu verstehen: Die Regelung betont den **Pauschalierungseffekt** der Gebühren (insb. natürlich der Verfahrensgebühren).

---

22 So auch BDS/*Diehn*, § 54 Rn 26; Korintenberg/*Tiedtke*, § 54 Rn 20.   23 BeckOK KostR/*Neie*, GNotKG, § 54 Rn 6.   24 Korintenberg/*Tiedtke*, § 54 Rn 11.   25 Korintenberg/*Tiedtke*, § 54 Rn 13 (unter Hinweis auch auf den Umstand, dass die 2,0-Gebühr nach Nr. 21100 KV jedenfalls 120 € beträgt).   26 Korintenberg/*Tiedtke*, § 54 Rn 23.   1 HK-FamGKG/*N. Schneider*, § 29 Rn 2.

Nicht anwendbar ist der Grundsatz der Einmaligkeit der Gebührenerhebung hingegen hinsichtlich **Eintra-** 3
gungen in das Vereinsregister, Güterrechtsregister, Grundbuch, Schiffs- und Schiffbauregister und in das Register für Pfandrechte an Luftfahrzeugen, wie sich aus **Abs. 2** ergibt. Für Eintragungen der genannten Art
sind die Gebühren grds. für jede Eintragung gesondert zu erheben, soweit sich aus den besonderen Vorschriften (vgl dazu Vorbem. 1.4 Abs. 3–5 KV; → Rn 20) nichts anderes ergibt. Diese Regelung ist erforderlich, da sonst für mehrere Eintragungen, die einheitlich (mittels eines Antrags) beantragt wurden, nur einmal erhoben werden dürfte.

Für die Eintragungsgebühren bzgl des **Handels-, Partnerschafts- und Genossenschaftsregisters** gilt nicht 4
§ 55, sondern § 58 und die aufgrund der dortigen Verordnungsermächtigung erlassene Handelsregistergebührenverordnung (HRegGebV; vgl die Erl. zu § 58 sowie den Abdruck und die Kommentierung der
HRegGebV in diesem Kommentar [Ziff. 4]).[2] Vgl dazu Abs. 1 Nr. 1 der Vorbem. 1.3 KV: Teil 1 Hauptabschnitt 3 KV gilt für Registersachen iSd § 374 FamFG nur insoweit, als die Gebühren nicht aufgrund einer
Rechtsverordnung nach § 58 Abs. 1 zu erheben sind. Nach § 2 Abs. 2 HRegGebV ist – mit Ausnahme der
abschließend in § 2 Abs. 3 HRegGebV geregelten Fälle – für jede spätere Tatsache die Gebühr gesondert zu
erheben, auch wenn diese Tatsachen Gegenstand derselben späteren Anmeldung sind.

II. Einmalige Erhebung der Gebühren (Abs. 1)

1. Grundsätze. Abs. 1 enthält **zwei grundsätzliche Regelungen:** 5
- In demselben Verfahren wird **innerhalb eines Rechtszugs** eine Verfahrens-, Akt- oder Entscheidungsgebühr hinsichtlich eines jeden Teils des Verfahrensgegenstands nur einmalig erhoben.
- Wie ein **Umkehrschluss** zu Abs. 1 ergibt, werden **bei verschiedenen Rechtszügen** die Verfahrens-, Akt-
  oder Entscheidungsgebühren hinsichtlich eines jeden Teils des Verfahrensgegenstands gesondert erhoben.

2. Derselbe Rechtszug/verschiedene Rechtszüge. Rechtszug iSd GNotKG ist dabei jeder eigene Instanzen- 6
zug des jeweiligen Verfahrens, dh
- das erstinstanzliche Verfahren einschließlich Annexverfahren wie Erinnerung und Kostenfestsetzung
  vor dem AG oder LG (zu Letzterem s. § 127 GNotKG);
- die Beschwerdeinstanz vor dem OLG (vgl §§ 81 Abs. 2, 82 Abs. 1, 83 Abs. 1 GNotKG iVm §§ 58 ff
  FamFG);
- das Verfahren auf Zulassung der Sprungrechtsbeschwerde (§ 75 FamFG);
- das Verfahren der weiteren Beschwerde (§ 83 Abs. 1 S. 6 GNotKG);
- das Rechtsbeschwerdeverfahren (§ 129 Abs. 2 GNotKG iVm § 70 FamFG).

Ein Rechtszug iSv Abs. 1 **beginnt** bei Antragsverfahren grds. mit der Antragstellung bei Gericht oder mit 7
der Einlegung eines Rechtsmittels, bei Amtsverfahren mit der Einleitung des Verfahrens von Amts wegen.
Der Begriff des Rechtszugs iSv § 55 ist **kostenrechtlich** zu verstehen, dh, der Rechtszug **endet** nicht zwingend mit der Entscheidung des Gerichts, dem rechtswirksamen Abschluss eines verfahrensbeendenden Vergleichs, der Rücknahme des Antrags oder Rechtsmittels oder übereinstimmenden Erledigungserklärungen
aller Beteiligten.[3] Noch zum Rechtszug iSv § 55 gehören vielmehr auch kostenbezogene Handlungen des
Gerichts, die erst nach einem instanzbeendenden Beschluss vorgenommen werden, so etwa die Wertfestsetzung, das Erinnerungsverfahren gegen den Kostenansatz oder das Kostenfestsetzungsverfahren.

Zum selben Rechtszug iSv Abs. 1 (und somit nur einmalige Gebührenentstehung, → Rn 5) gehören zB: 8
- Verfahren vor und nach Verweisung oder Abgabe an das zuständige Gericht (vgl § 5 Abs. 1);[4]
- Verfahren vor und nach Zurückverweisung durch das Rechtsmittelgericht an das Gericht eines unteren
  Rechtszugs;
- Verfahren vor und nach Wiedereinsetzung in den vorigen Stand;
- Verfahren vor und nach erfolgreicher Rüge wegen Verletzung des Anspruchs auf rechtliches Gehör;
- Wiederaufnahme eines ruhenden Verfahrens;[5]
- Einlegung wechselseitiger Rechtsmittel gegen dieselbe Entscheidung; anders hingegen ab dem Zeitpunkt
  nachträglicher Trennung.[6]

Ein **neuer Rechtszug** bzw ein **neues Verfahren** (und damit im Umkehrschluss zu Abs. 1 separate Gebühren- 9
entstehung, → Rn 5) ist zB in folgenden Fällen gegeben:

---

2 Handelsregistergebührenverordnung v. 30.9.2004 (BGBl. I 2562) mit späteren Änderungen. **3** HK-FamGKG/*N. Schneider*, Vor
§§ 28 ff Rn 10. **4** Dazu auch OLG Frankfurt a.M. JurBüro 1977, 1114; KG JurBüro 1970, 65. **5** LG Münster JurBüro 1955,
117. **6** *Hartmann*, KostG, § 35 GKG Rn 13.

- Verfahren nach Einlegung eines Rechtsmittels (Beschwerde, weitere Beschwerde, Rechtsbeschwerde, Sprungrechtsbeschwerde);
- Verfahren vor und nach Verfahrenstrennung (vgl § 20 FamFG);
- Verfahren des einstweiligen Rechtsschutzes (einstweilige Anordnung, §§ 49 ff FamFG) und Hauptsacheverfahren;[7] vgl § 51 Abs. 3 FamFG (eigenständiges Verfahren).

10 **3. Teil des Verfahrensgegenstands.** Die Einmaligkeit der Gebührenerhebung nach Abs. 1 bezieht sich auf jeden Teil des Verfahrensgegenstands. „**Verfahrensgegenstand**" im hier allein relevanten **kostenrechtlichen** Sinn ist im **Antragsverfahren** der verfahrensrechtliche Anspruch, den der Antragsteller aufgrund des durch seinen Antrag vorgebrachten Sachverhalts geltend macht. Im **Amtsverfahren** wird der Verfahrensgegenstand bestimmt durch das mit der Verfahrenseröffnung, der Entscheidung oder dem Akt verfolgte Ziel des Gerichts, dh den Umfang, in dem sich das Gericht mit der Sache befassen will.[8] „**Teil des Verfahrensgegenstands**" ist insofern ein abgrenzbarer Teil des Verfahrensgegenstands.

11 In Ergänzung ist § 56 zu beachten (s. dort), der die kostenrechtliche Behandlung von einzelnen Teilen des Verfahrensgegenstands regelt, insb. also, wie Gebühren für nur einen Teil des Verfahrensgegenstands betreffende gerichtliche Handlungen zu berechnen sind (§ 56 Abs. 1) und wie bei mehreren Gebühren für nur einzelne Teile des Verfahrensgegenstands betreffende Handlungen vorzugehen ist (§ 56 Abs. 2) bzw wie bei verschiedenen Gebührensätzen für verschiedene Handlungen bzgl einzelnen Teilen des Verfahrensgegenstandes vorzugehen ist (§ 56 Abs. 3).

12 **4. Verfahrens-, Entscheidungs- und Aktgebühren.** „**Verfahren**" iSd GNotKG ist das durch einen Antrag oder von Amts wegen eingeleitete gerichtliche Verfahren, zeitlich betrachtet von der Einleitung des Verfahrens bis zu dessen rechtskräftigem Abschluss, dh einschließlich sämtlicher Rechtszüge und Annexverfahren (wie zB Erinnerungsverfahren nach § 81 und Kostenfestsetzung nach § 18).

13 „**Gebühr für das Verfahren im Allgemeinen**" ist dementsprechend die für das gesamte Verfahren erhobene – dh sämtliche Tätigkeiten des Gerichts in diesem Verfahren abgeltende – Gebühr, zB Nr. 11100 KV (Betreuungsverfahren), Nr. 12310 KV (Nachlasssicherungsverfahren etc.) oder die Gebühren für Rechtsmittelverfahren (zB Beschwerdeverfahren nach Nr. 12220 KV).

14 „**Entscheidungsgebühren**" werden im Gegensatz zu Verfahrensgebühren nicht für das gesamte Verfahren, sondern nur für eine einzelne Entscheidung erhoben. Beispiele für Entscheidungsgebühren sind Nr. 13310, 13311, 14400, 17006, 18002, 18003 KV.

15 Auch Gebühren für die Vornahme einer Handlung (die keine Entscheidung ist, sonst Entscheidungsgebühr) – sog. **Aktgebühren** – sieht das GNotKG an zahlreichen Stellen vor.[9] Beispiele sind Nr. 12100 KV oder Nr. 17000–17005 KV.

16 **5. Sonstige Gebühren und Auslagen.** Abs. 1 gilt nicht für andere Gebühren als Verfahrens-, Entscheidungs- oder Aktgebühren. Hierunter fallen insb. **Jahresgebühren** wie Nr. 11101 und 11102 KV (Dauerbetreuung) oder Nr. 11104 KV (Dauerpflegschaft). Weiterhin gilt Abs. 1 nicht für **Auslagen** (Nr. 31000 ff KV).

III. Ausnahme: Bestimmte Eintragungsgebühren (Abs. 2)

17 **Nicht anwendbar** ist der Grundsatz der Einmaligkeit der Gebührenerhebung des Abs. 1 hinsichtlich **Eintragungen** in das Vereinsregister, Güterrechtsregister, Grundbuch, Schiffs- und Schiffbauregister und in das Register für Pfandrechte an Luftfahrzeugen (Abs. 2). In den genannten Fällen sind Gebühren für Eintragungen grds. für jede Eintragung gesondert zu erheben, soweit sich aus besonderen Vorschriften (→ Rn 20 insb. zu den Fällen der Vorbem. 1.4 Abs. 3–5 KV) nichts anderes ergibt. Gäbe es diese Regelung nicht, könnte auch für mehrere Eintragungen, die einheitlich (mittels eines Antrags) beantragt wurden, nur eine Gebühr erhoben werden.

18 Die für „Eintragungen" iSv Abs. 2 entstehenden Gebühren sind in Teil 1 Hauptabschnitt 4 KV (Nr. 14110–14530 KV) geregelt.

19 Der Begriff der Eintragung iSv Abs. 2 meint – wie auch die Gesetzesbegründung klarstellt („weit zu verstehen")[10] – nicht nur Gebühren für die **Eintragung** einer Tatsache, sondern auch für die **Löschung** einer Eintragung, zB für die Löschung einer Grundschuld (Abteilung III des Grundbuchs, vgl Nr. 14140 KV: 0,5-Gebühren).

20 Freilich gilt Abs. 2 nur, „soweit nichts anderes bestimmt ist". **Ausnahmen zu Abs. 2** sieht das GNotKG zB in Abs. 1 der Anm. zu Nr. 14110 KV, Abs. 1 der Anm. zu Nr. 14130 KV oder in den Fällen der Vorbem. 1.4 Abs. 2, 3 und 5 KV vor.

---

7 OLG Karlsruhe Die Justiz 1977, 98. **8** HK-FamGKG/N. *Schneider*, § 3 Rn 10. **9** Vgl BT-Drucks 17/11471 (neu), S. 173. **10** BT-Drucks 17/11471 (neu), S. 173.

Keine Ausnahme, sondern eine Erweiterung der Regelung des Abs. 2 ist Abs. 4 der Vorbem. 1.4 KV: Bezieht **21**
sich die Eintragung *einer* Veränderung auf *mehrere* Rechte, wird die Gebühr für jedes Recht gesondert erhoben, auch wenn es nur der Eintragung eines einheitlichen Vermerks bedarf. Ein Beispiel ist der Fall der
Nr. 14130 KV (Eintragung der Veränderung zB einer Grundschuld im Grundbuch) bei Gesamtrechten.

§ 56 Teile des Verfahrensgegenstands

(1) Für Handlungen, die einen Teil des Verfahrensgegenstands betreffen, sind die Gebühren nur nach dem
Wert dieses Teils zu berechnen.

(2) Sind von einzelnen Wertteilen in demselben Rechtszug für gleiche Handlungen Gebühren zu berechnen,
darf nicht mehr erhoben werden, als wenn die Gebühr nach dem Gesamtbetrag der Wertteile zu berechnen
wäre.

(3) Sind für Teile des Verfahrensgegenstands verschiedene Gebührensätze anzuwenden, sind die Gebühren
für die Teile gesondert zu berechnen; die aus dem Gesamtbetrag der Wertteile nach dem höchsten Gebührensatz berechnete Gebühr darf jedoch nicht überschritten werden.

I. Allgemeines

Obwohl die Verfahrens- und Aktgebühren in jedem Rechtszug nur einmal erhoben werden dürfen, ordnet **1**
§ 56 ergänzend hierzu an, dass in verschiedenen Fällen gleichwohl Einzelgebühren nach einzelnen Wertteil-
len zu berechnen sind. Um den Kostenschuldner vor einer Verteuerung des Verfahrens zu schützen, bestimmt § 56 jedoch eine Begrenzung des Gebühreneinzugs.

Im Einzelnen sind erfasst die Fälle, in denen **2**

- gerichtliche Handlungen nur einen Teil des Verfahrensgegenstands betreffen (Abs. 1);
- von einzelnen Wertteilen in demselben Rechtszug für gleiche Handlungen Gebühren zu berechnen sind
  (Abs. 2);
- für Teile des Gegenstands verschiedene Gebührensätze anzuwenden sind (Abs. 3).

Die Regelungen des § 56 sind stets **von Amts wegen** zu beachten. Ihre Nichtbeachtung kann mit der Erinne- **3**
rung bzw Beschwerde (§ 81) angegriffen werden.

II. Gebührenerhebung nach Teilwerten (Abs. 1)

1. Anwendungsbereich. Abs. 1 bestimmt, dass Gebühren für Handlungen, die nur einen Teil des Verfah- **4**
rensgegenstands betreffen, nur nach dem Wert dieses Teils zu berechnen sind. Im Einzelnen findet die Regelung Anwendung auf:

- Nr. 11400, 12240, 12340, 12428, 12550, 13630, 14530, 15140, 15141, 15240, 15241 KV, da die Gebühren nur entstehen, soweit der Antrag auf Zulassung der Sprungrechtsbeschwerde abgelehnt wird;
- Nr. 14510, 14520 KV, da die Gebühren nur zu erheben sind, soweit die Beschwerde bzw Rechtsbeschwerde verworfen oder zurückgewiesen wird.

Im Übrigen unterbleibt wegen § 55 Abs. 1 der Ansatz von Einzelgebühren, da die Verfahrens- und Aktge- **5**
bühren für jeden Rechtszug nur einmal zu erheben sind. Ist der Eintritt einer Teilermäßigung von Gebühren
ausgeschlossen, weil die jeweiligen Gebührentatbestände ausdrücklich bestimmen, dass sich das gesamte
Verfahren durch einen oder mehrere bestimmte Ermäßigungstatbestände erledigen muss (zB Nr. 12211,
12521 KV), ist für die Verfahrensgebühr der volle Geschäftswert maßgebend.

Werden im Verfahrensverlauf weitere Gegenstände anhängig gemacht, so dass wegen der nach § 35 Abs. 1 **6**
vorzunehmenden Wertaddition eine Werterhöhung eintritt, sind aufgrund der Regelung des § 55 Abs. 1 keine Einzelgebühren zu erheben, sondern es findet nur eine Neuberechnung der Verfahrensgebühr statt. Es
liegt daher kein auch Anwendungsfall des Abs. 1 vor.

Beispiel: In einem Verfahren nach dem SpruchG werden zunächst Ansprüche über 35.000 € geltend gemacht. **7**
Später werden durch den Antragsteller weitere Ansprüche von 20.000 € geltend gemacht.

In dem Verfahren war zunächst eine 2,0-Verfahrensgebühr (Nr. 13500 KV), Tabelle A, nach einem Wert von
35.000 € iHv 882 € entstanden.

Nach der Antragserweiterung beträgt der Geschäftswert nunmehr 55.000 €. Die Verfahrensgebühr ist neu zu berechnen:

2,0-Verfahrensgebühr, Nr. 13500 KV, Tabelle A, Wert: 55.000 €   1.332,00 €

Einzelgebühren dürfen wegen § 55 Abs. 1 nicht angesetzt werden.

8   **2. Gebührenberechnung.** Kommt Abs. 1 zur Anwendung, darf für die Berechnung der Verfahrens- oder Aktgebühr nur der Geschäftswert des Verfahrensteils zugrunde gelegt werden, auf den sich die gerichtliche Handlung bezieht.

9   **Beispiel:** Beantragt wird in einem Verfahren wegen der Stundung des Pflichtteils die Zulassung der Sprungrechtsbeschwerde. Der Geschäftswert beträgt 60.000 €. Das Gericht lässt die Sprungrechtsbeschwerde wegen 45.000 € zu, wegen 15.000 € wird der Antrag abgelehnt.

Die Gebühr Nr. 12550 KV entsteht nur, soweit der Antrag auf Zulassung der Sprungrechtsbeschwerde abgelehnt wird, so dass die Gebühr wegen Abs. 1 nur nach dem Wert des von der Ablehnung betroffenen Verfahrensteils wie folgt zu berechnen ist:

1,0-Verfahrensgebühr, Nr. 12550 KV, Tabelle A, Wert: 15.000 €   293,00 €

Für das Rechtsbeschwerdeverfahren sind die Gebühren der Nr. 12540 ff KV nur noch nach dem zugelassenen Verfahrensteil (45.000 €) zu berechnen.

III. Gebühren für gleiche Handlungen (Abs. 2)

10   Sind von einzelnen Wertteilen in demselben Rechtszug für gleiche Handlungen Gebühren zu erheben, darf die Gebührensumme der Einzelgebühren den Betrag nicht übersteigen, der entsteht, wenn die Gebühr nach dem Gesamtwert berechnet worden wäre.

11   Ein konkreter Anwendungsfall ist derzeit im Kostenverzeichnis nicht enthalten. Er könnte insb. bei Entscheidungs- oder sonstige Aktgebühren in Betracht kommen. Soweit solche Gebühren noch vorgesehen sind, handelt es sich jedoch um Festgebühren (zB Nr. 12100, 12101, 12410, 13310, 13311 KV), für die folglich keine Berechnung nach Wertteilen erfolgt, so dass Abs. 2 nicht eingreift.

12   Entsprechende Anwendung findet Abs. 2 jedoch, wenn in einem Verfahren verschiedene Vergleiche abgeschlossen werden, welche die Vergleichsgebühr Nr. 17005 KV auslösen.[1] Die zu erhebenden einzelnen Vergleichsgebühren dürfen dann den Gebührenbetrag nicht übersteigen, der entstehen würde, wenn die Vergleichsgebühr nach den zusammengerechneten Mehrwerten berechnet worden wäre.

13   **Beispiel:** In dem Verfahren wird am 10.10. ein Mehrvergleich abgeschlossen. Der Vergleichs- und Mehrwert beträgt 20.000 €. Am 27.10. wird in dem Verfahren ein weiterer Mehrvergleich abgeschlossen. Der Vergleichs- und Mehrwert beträgt 35.000 €.

Es sind folgende Vergleichsgebühren anzusetzen:

a) Vergleich 1, Nr. 17005 KV, Tabelle A, Wert: 20.000 €   86,25 €
b) Vergleich 2, Nr. 17005 KV, Tabelle A, Wert: 35.000 €   110,25 €

Wegen Abs. 2 darf jedoch angesetzt werden:

Vergleichsgebühr, Nr. 17005 KV, Tabelle A, Wert: 55.000 €   166,50 €

IV. Verschiedene Gebührensätze (Abs. 3)

14   **1. Anwendungsbereich.** Sind für Teile des Verfahrensgegenstands verschiedene Gebührensätze anzuwenden, sind die Gebühren gesondert zu berechnen. Dabei ist wegen Abs. 1 nur der Wert zugrunde zu legen, der sich auf den entsprechenden Verfahrensteil bezieht. Nach Abs. 3 darf jedoch der Gesamtbetrag der Einzelgebühren nicht die aus dem Gesamtbetrag der Wertteile nach dem höchsten Gebührensatz berechnete Gebühr überschreiten.

15   Die Regelung findet dann Anwendung, wenn im Kostenverzeichnis ausnahmsweise eine Teilermäßigung von Verfahrensgebühren eintreten kann, so dass sie gilt für:

- Teilermäßigungen in Verfahren zum Zweck der Verhandlung über die Dispache nach Nr. 13501, 13502 KV;
- Teilermäßigungen in Verfahren nach dem SpruchG nach Nr. 13503 KV.

Bis zur ihrer Aufhebung galt Abs. 3 zudem für die Gebühren nach Nr. 12511, 12512 KV in Teilungssachen.

16   Dass in den vorgenannten Fällen eine Teilermäßigung eintreten kann, folgt daraus, dass nach dem Wortlaut der Vorschriften eine Ermäßigung nur „soweit" eintritt, als ein dort genannter Ermäßigungstatbestand erfüllt ist, also nicht das gesamte Verfahren durch die Ermäßigungstatbestände beendet sein muss.

17   **2. Gebührenberechnung.** Die Einzelgebühren dürfen den Gebührenbetrag nicht überschreiten, der entstanden wäre, wenn die Gebühr einheitlich nach dem Gesamtwert und dem höchsten Gebührensatz berechnet worden wäre. Es ist daher nach Ermittlung der Gebührenbeträge der Einzelgebühren stets eine Vergleichsrechnung nach Abs. 3 vorzunehmen.

---

[1] HK-FamGKG/N. *Schneider*, § 30 Rn 29 ff.

Übersteigen die einzelnen Gebührenbeträge den Gebührenbetrag bei Berechnung nach dem Gesamtwert und dem höchsten Gebührensatz nicht, verbleibt es beim Ansatz der Einzelgebühren, andernfalls ist der Einzug der Einzelgebühren auf den Gebührenbetrag bei Berechnung nach dem Gesamtwert und dem höchsten Gebührensatz beschränkt.   18

Beispiel 1: Es wird ein Verfahren wegen der Verhandlung über eine Dispache anhängig. Der Geschäftswert beträgt 200.000 €. Wegen 50.000 € wird das Verfahren noch vor Eintritt in die Verhandlung durch Zurücknahme beendet. Wegen der verbleibenden 150.000 € endet das Verfahren mit der Bestätigung der Dispache.   19

Soweit das Verfahren vor der Verhandlung durch Zurücknahme beendet wurde, entsteht nur eine 0,5-Gebühr nach Nr. 13502 KV, die aufgrund ihres Wortlauts nur nach dem Wert der von der Zurücknahme erfassten Gegenstände zu berechnen ist. Für die übrigen Verfahrensteile verbleibt es bei der 2,0-Gebühr nach Nr. 13500 KV.

Anzusetzen sind daher:

2,0-Verfahrensgebühr, Nr. 13500 KV, Tabelle A, Wert: 150.000 €	2.772,00 €
0,5-Verfahrensgebühr, Nr. 13502 KV, Tabelle A, Wert: 50.000 €	273,00 €
Gesamt	**3.045,00 €**

Die Einzelgebühren dürfen wegen § 56 Abs. 3 jedoch höchstens betragen:

2,0-Verfahrensgebühr, Tabelle A, Wert: 200.000 €	3.492,00 €

Es verbleibt daher beim Ansatz der Einzelgebühren.

Beispiel 2: Es wird ein Verfahren wegen der Verhandlung über eine Dispache anhängig. Der Geschäftswert beträgt 230.000 €. Wegen 20.000 € wird das Verfahren noch vor Eintritt in die Verhandlung durch Zurücknahme beendet. Wegen der verbleibenden 210.000 € endet das Verfahren mit der Bestätigung der Dispache.   20

An Gerichtsgebühren sind entstanden:

2,0-Verfahrensgebühr, Nr. 13500 KV, Tabelle A, Wert: 210.000 €	3.850,00 €
0,5-Verfahrensgebühr, Nr. 13502 KV, Tabelle A, Wert: 20.000 €	172,50 €
Gesamt	**4.022,50 €**

Die Einzelgebühren dürfen wegen § 56 Abs. 3 jedoch höchstens betragen:

2,0-Verfahrensgebühr, Tabelle A, Wert: 230.000 €	3.850,00 €

Der Gebühreneinzug der Einzelgebühren ist daher auf den Betrag von 3.850 € begrenzt.

3. Vergleichsgebühr (Nr. 17005 KV). Anm. S. 2 zu Nr. 17005 KV ordnet an, dass im Verhältnis der Vergleichsgebühr und der Verfahrensgebühr Abs. 3 entsprechend anzuwenden ist. Daraus folgt, dass die Gebührensumme der Verfahrensgebühr, die für die anhängigen Gegenstände zu erheben ist, und der Vergleichsgebühr für die nichtanhängigen Gegenstände den Gebührenbetrag nicht übersteigen darf, der bei Ansatz einer Verfahrensgebühr aus der Summe der Wertteile entstanden wäre.   21

Beispiel: In einem Verfahren wegen der Stundung von Pflichtteilsansprüchen wird ein Vergleich abgeschlossen, mit dem auch nicht in einem gerichtlichen Verfahren anhängige Ansprüche geregelt werden. Der Geschäftswert beträgt 41.000 €. Der Vergleichswert beträgt 44.000 €, wovon 3.000 € auf die nicht anhängigen Ansprüche entfallen.   22

An Gerichtsgebühren sind zu erheben:

0,5-Verfahrensgebühr, Nr. 12521 KV, Tabelle A, Wert: 41.000 €	255,50 €
0,25-Vergleichsgebühr, Nr. 17005 KV, Tabelle A, Wert: 3.000 €	27,00 €
Gesamt	**282,50 €**

Vergleichs- und Verfahrensgebühr dürfen wegen § 56 Abs. 3, Anm. S. 2 zu Nr. 17005 KV jedoch höchstens betragen:

0,5-Verfahrensgebühr, Tabelle A, Wert: 44.000 €	255,50 €

Der Gebühreneinzug der Einzelgebühren ist daher auf den Betrag von 255,50 € begrenzt.

§ 57 Zurückverweisung, Abänderung oder Aufhebung einer Entscheidung

(1) Wird eine Sache an ein Gericht eines unteren Rechtszugs zurückverwiesen, bildet das weitere Verfahren mit dem früheren Verfahren vor diesem Gericht einen Rechtszug im Sinne des § 55.
(2) Das Verfahren über eine Abänderung oder Aufhebung einer Entscheidung gilt als besonderes Verfahren, soweit im Kostenverzeichnis nichts anderes bestimmt ist.

I. Allgemeines

1   § 57 regelt in Ergänzung zu § 55 Abs. 1, wann ein einheitlicher oder besonderer Rechtszug vorliegt. Dabei wird stets auf den kostenrechtlichen, nicht auf den verfahrensrechtlichen Instanzen- oder Verfahrensbegriff abgestellt.

2   Abs. 1 regelt die Fälle der Zurückverweisung durch das Rechtsmittelgericht, während **Abs. 2** das Verhältnis zwischen Abänderungs- oder Aufhebungsverfahren und dem Verfahren, in dem die abzuändernde oder aufzuhebende Entscheidung ergangen ist, regelt.

3   Die Regelungen sind **von Amts wegen** zu beachten. Ihre Nichtbeachtung kann nach § 81 angegriffen werden.

II. Zurückverweisung (Abs. 1)

4   **1. Anwendungsbereich. a) Zurückverweisung durch Rechtsmittelgericht.** Abs. 1 erfasst die Fälle der Zurückverweisung durch das Rechtsmittelgericht an das Beschwerdegericht oder das erstinstanzliche Gericht, so dass die Regelung gilt für die Fälle nach:

- **§ 69 Abs. 1 S. 2 FamFG:** Zurückverweisung durch das Beschwerdegericht an das Gericht des ersten Rechtszugs, weil dieses in der Sache noch nicht entschieden hat;
- **§ 69 Abs. 1 S. 3 FamFG:** Zurückverweisung durch das Beschwerdegericht an das Gericht des ersten Rechtszugs, weil das Verfahren an einem wesentlichen Mangel leidet und zur Entscheidung eine umfangreiche oder aufwändige Beweiserhebung notwendig wäre und ein Beteiligter die Zurückverweisung beantragt;
- **§ 74 Abs. 6 S. 2 FamFG:** Zurückverweisung durch das Rechtsbeschwerdegericht an das Beschwerdegericht oder an das Gericht des ersten Rechtszugs, auch wenn die Zurückverweisung nach § 74 Abs. 6 S. 3 FamFG an einen anderen Spruchkörper des Gerichts erfolgt, das die angefochtene Entscheidung erlassen hat.

5   Erfasst sind auch solche Fälle, in denen die Zurückverweisung durch das **Bundesverfassungsgericht** erfolgt.[1]

6   Ferner gilt Abs. 1, wenn die Zurückverweisung aufgrund einer eingelegten **sofortigen Beschwerde nach** §§ 567 ff ZPO erfolgt, die im Bereich der freiwilligen Gerichtsbarkeit statthaft ist nach: § 6 Abs. 2, § 7 Abs. 5, § 21 Abs. 2, § 33 Abs. 3, § 35 Abs. 5, § 42 Abs. 3, § 76 Abs. 2, § 284 Abs. 3, § 355, § 366 Abs. 3, § 367 iVm § 372, § 480 Abs. 2, § 482 Abs. 3 FamFG sowie § 30 Abs. 1 FamFG iVm §§ 380 Abs. 3, 390 Abs. 3, 406 Abs. 5, 409 Abs. 2 ZPO, § 85 FamFG iVm § 104 Abs. 3 ZPO.

7   **b) Verweisung und Abgabe.** Von der Zurückverweisung abzugrenzen sind jedoch die Verweisung oder Abgabe, da für sie § 5 gilt, so dass Abs. 1 nicht anzuwenden ist auf die:

- Verweisung wegen örtlicher oder sachlicher Unzuständigkeit (§ 3 FamFG);
- Verweisung wegen Unzulässigkeit des Rechtswegs (§ 17 a Abs. 2 GVG);
- Abgabe (§ 4 FamFG);
- Abgabe eines einstweiligen Anordnungsverfahrens an das zuständige Gericht (§ 50 Abs. 2 FamFG).

8   Abs. 1 gilt ferner nicht, wenn durch das Rechtsmittelgericht nur eine einfache Verweisung erfolgt, also das Rechtsmittelgericht das Verfahren an ein noch nicht mit der Sache befasstes Gericht verweist.[2] Es gilt dann § 5. Wird das Verfahren in den Geltungsbereich des GKG verwiesen, gilt § 4 GKG. Bei Verweisung wegen Vorliegens einer Familiensache ist § 6 FamGKG anzuwenden.

9   **2. Einheitlicher Kostenrechtszug. a) Gebührenerhebung. aa) Einmalige Erhebung der Gebühr.** Abs. 1 bestimmt, dass das weitere Verfahren mit dem früheren Verfahren vor diesem Gericht einen Rechtszug iSd § 55 bildet. Verfahrens- oder Aktgebühren sind deshalb nur einmal zu erheben. Das gilt für jede Zurückverweisung nach §§ 69, 74 FamFG, auch wenn diese an einen anderen Spruchkörper des Gerichts zurückverwiesen wird.

10   **Beispiel:** In einem Verfahren wegen Stundung des Pflichtteils ergeht Endentscheidung. Hiergegen wird Beschwerde eingelegt. Das Beschwerdegericht hebt die Entscheidung auf und verweist die Sache an das erstinstanzliche Gericht zurück. Dort ergeht erneut Endentscheidung.

Es ist eine 2,0-Verfahrensgebühr nach Nr. 12520 KV zu erheben, die sowohl das weitere Verfahren nach der Zurückverweisung als auch das frühere Verfahren abdeckt.

11   **bb) Auswirkungen auf die Gebührenermäßigung.** Ist im Kostenverzeichnis eine Ermäßigung der Verfahrensgebühr für den Fall vorgesehen, dass das Verfahren ohne Endentscheidung beendet wird (vgl Nr. 11201, 12211, 12222, 12321, 12422, 12521, 12532, 13504, 13612, 15111, 15122, 15125, 15211,

---

1 OLG Hamburg MDR 2004, 474. **2** HK-FamGKG/*N. Schneider*, § 31 Rn 17.

         NK-GK/*H. Schneider*

15222, 15224, 16112, 16122, 16212, 16222 KV), verhindert der Erlass der Endentscheidung im Verfahren vor der Zurückverweisung den Eintritt der Gebührenermäßigung, da wegen Abs. 1 ein einheitliches Verfahren iSd § 55 Abs. 1 vorliegt.[3]

Beispiel: In einem Verfahren wegen Stundung des Pflichtteils ergeht Endentscheidung. Hiergegen wird Beschwerde eingelegt. Das Beschwerdegericht hebt die Entscheidung auf und verweist die Sache an das erstinstanzliche Gericht zurück. Dort wird das Verfahren durch Vergleich, also ohne Endentscheidung beendet. **12**

Es ist eine 2,0-Verfahrensgebühr nach Nr. 12520 KV zu erheben, die sowohl das weitere Verfahren nach der Zurückverweisung als auch das frühere Verfahren abdeckt. Der Erlass der Endentscheidung in dem früheren Verfahren hindert den Eintritt einer Gebührenermäßigung nach Nr. 12521 Nr. 1 KV.

Das Gericht kann jedoch nach § 21 Abs. 1 anordnen, dass die Gerichtskosten wegen unrichtiger Sachbehandlung nicht erhoben werden. Dabei kann auch eine teilweise Nichterhebung bzgl der Kosten angeordnet werden, die nur durch den Erlass der fehlerhaft ergangenen und aufgehobenen Entscheidung entstanden sind, so dass dann im Ergebnis nur die ermäßigten Gebühren anzusetzen sind.[4] Die Anordnung nach § 21 Abs. 1 führt jedoch nicht zu einem nachträglichen Wegfall der Gebühren für das Verfahren vor der Zurückverweisung, sondern stellt nur sicher, dass diese wegen unrichtiger Sachbehandlung nicht oder nicht in voller Höhe vom Kostenschuldner einzuziehen sind. **13**

Beispiel: In einem Verfahren wegen Stundung des Pflichtteils ergeht Endentscheidung. Hiergegen wird Beschwerde eingelegt. Das Beschwerdegericht hebt die Entscheidung auf und verweist die Sache an das erstinstanzliche Gericht zurück. Dort wird das Verfahren durch Vergleich, also ohne Endentscheidung beendet. Das Gericht trifft eine Anordnung nach § 21 Abs. 1 und ordnet an, dass die wegen Erlass der aufgehobenen Entscheidung entstandenen Mehrkosten nicht zu erheben sind. **14**

Es ist eine 2,0-Verfahrensgebühr nach Nr. 12520 KV entstanden, jedoch darf wegen der nach § 21 Abs. 1 getroffenen Anordnung nur eine 0,5-Verfahrensgebühr nach Nr. 12521 Nr. 1 KV angesetzt werden.

b) Wertberechnung. Ist für die Wertberechnung in Antragsverfahren nach § 59 S. 1 auf den Zeitpunkt der ersten Antragstellung abzustellen, ist auch nach der Zurückverweisung nur der Eingang des ursprünglichen Antrags maßgeblich. Tritt nach erfolgter Zurückverweisung aber eine Werterhöhung ein, weil neue Gegenstände in das Verfahren eingeführt werden, ist der Geschäftswert neu zu berechnen. **15**

Handelt es sich um Amtsverfahren, kommt es nach § 59 S. 2 auf den Zeitpunkt der Fälligkeit an. Soweit diese nach § 9 Abs. 1 Nr. 1 mit dem Erlass einer unbedingten Kostenentscheidung eintritt, ist nach erfolgter Zurückverweisung nur noch auf den Erlass einer neuen Kostenentscheidung oder anderen Beendigung iSd § 9 Abs. 1 abzustellen. **16**

c) Kostenschuldner. Liegt ein reines Antragsverfahren vor, in denen eine Antragshaftung besteht (§ 22 Abs. 1), haftet der Antragsteller, der das Verfahren vor der Zurückverweisung in Gang gesetzt hat, automatisch auch für die Gerichtskosten des Verfahrens nach Zurückverweisung, da es sich wegen Abs. 1 um einen einheitlichen Kostenrechtszug iSd § 22 Abs. 1, § 55 Abs. 1 handelt. **17**

Wird eine im Verfahren vor der Zurückverweisung ergangene Kostenentscheidung durch das Rechtsmittelgericht aufgehoben, erlischt die aus der aufgehobenen Entscheidung resultierende Entscheidungshaftung automatisch (§ 28 S. 1). Von dem Entscheidungsschuldner bereits gezahlte Kosten sind an diesen zurückzuerstatten, wenn dessen Kostenhaftung nur auf der aufgehobenen Entscheidung beruht (§ 28 S. 2). **18**

d) Verfahrenskostenhilfe. Nach erfolgter Zurückverweisung bildet das weitere Verfahren mit dem früheren Verfahren vor diesem Gericht auch iSd § 119 Abs. 1 ZPO iVm § 76 Abs. 1 FamFG einen einheitlichen Rechtszug, so dass es nach der Zurückverweisung keiner erneuten Beantragung und Bewilligung von VKH bedarf.[5] Das gilt auch dann, wenn die Zurückverweisung durch das Bundesverfassungsgericht erfolgt.[6] **19**

III. Abänderungs- und Aufhebungsverfahren (Abs. 2)

1. Geltungsbereich. Abs. 2 erfasst sämtliche Verfahren, die der Abänderung oder Aufhebung einer Entscheidung dienen. Hierzu gehören insb. die Verfahren nach: **20**

- **§ 48 Abs. 1 FamFG:** Aufhebung oder Abänderung einer rechtskräftigen Endentscheidung mit Dauerwirkung;
- **§ 54 Abs. 1 FamFG:** Aufhebung oder Abänderung einer einstweiligen Anordnung;
- **§ 294 FamFG:** Aufhebung oder Einschränkung der Betreuung oder eines Einwilligungsvorbehalts;
- **§ 330 FamFG:** Aufhebung einer Entscheidung über die Anordnung oder Genehmigung einer Unterbringung;

---

3 OLG Nürnberg MDR 2003, 416; OLG Celle 9.10.2012 – 2 W 255/12, juris. **4** OLG Celle 9.10.2012 – 2 W 255/12, juris. **5** OLG Schleswig NJW-RR 2015, 192; OLG Düsseldorf JurBüro 1987, 453. **6** OVG Münster JurBüro 1994, 176.

- §§ 393 ff FamFG: Löschung von Eintragungen im Register;
- § 426 FamFG: Aufhebung einer Entscheidung über die Anordnung der Freiheitsentziehung;
- §§ 2331 a Abs. 2 S. 2, 1382 Abs. 6 BGB: Abänderung oder Aufhebung der Entscheidung über die Stundung des Pflichtteils;
- § 30 VerschG: Änderungen von Entscheidungen in Todeserklärungssachen;
- § 6 TSG, ggf iVm § 9 Abs. 3 TSG: Aufhebung der Entscheidung über die Änderung des Vornamens.

21   Davon abzugrenzen sind die Verfahren über die Verlängerung von Maßnahmen, zB nach § 425 FamFG in Freiheitsentziehungssachen, oder die Wiederaufnahmeverfahren (§ 48 Abs. 2 FamFG iVm §§ 578 ff ZPO). Bei diesen Verfahren handelt es sich stets um eigenständige Kostenrechtszüge iSd § 55 Abs. 1.

22   **2. Besondere Verfahren.** Abs. 2 ordnet an, dass die Abänderungs- oder Aufhebungsverfahren als besondere Verfahren gelten, so dass sie einen besonderen Kostenrechtszug iSd § 55 Abs. 1 darstellen. Es entstehen daher gesonderte Gebühren und auch für die Auslagen (Nr. 31000 ff KV) sind Abänderungs- oder Aufhebungsverfahren als gesonderte Rechtszüge zu behandeln, wenn für die Berechnung ihrer Höhe oder die Frage des Kosteneinzugs auf den Rechtszug abzustellen ist (vgl Anm. Abs. 1 zu Nr. 31000 KV, Anm. zu Nr. 31002 KV). Auch die Kostenschuldnerschaft (→ Rn 24), Fälligkeit oder Verjährung der Kosten ist gegenüber dem Verfahren, in dem die abzuändernde oder aufzuhebende Entscheidung ergangen ist, gesondert zu ermitteln.

23   **Beispiel:** Der Antragsteller beantragt die gerichtliche Entscheidung wegen der Stundung des Pflichtteils. Es ergeht Endentscheidung. Der Geschäftswert beträgt 25.000 €. Später beantragt der Antragsgegner die Abänderung der gerichtlichen Entscheidung wegen Änderung der Vermögensverhältnisse des Gegners. Das Gericht erlässt antragsgemäß Endentscheidung. Der Geschäftswert beträgt 25.000 €.

Das Abänderungsverfahren nach § 2331 a Abs. 2, § 1382 Abs. 6 BGB stellt wegen Abs. 2 ein besonderes Verfahren iSd § 55 Abs. 1 dar, so dass die Verfahrensgebühr gesondert entsteht.

An Gerichtsgebühren sind entstanden:

a) Verfahren über die Stundung des Pflichtteils
2,0-Verfahrensgebühr, Nr. 12520 KV, Tabelle A, Wert: 25.000 €   742,00 €

b) Verfahren über die Abänderung der Stundungsentscheidung
2,0-Verfahrensgebühr, Nr. 12520 KV, Tabelle A, Wert: 25.000 €   742,00 €

24   **3. Kostenschuldner.** Auch die Kostenhaftung (§§ 22 ff) ist für das ursprüngliche Verfahren und das spätere Abänderungs- oder Aufhebungsverfahren gesondert festzustellen. Ist das Abänderungs- oder Aufhebungsverfahren nur auf Antrag einzuleiten (§ 48 Abs. 1 S. 2 FamFG), ist Antragsschuldner nur derjenige, der das Abänderungs- oder Aufhebungsverfahren in Gang gesetzt hat, da es sich auch um einen eigenständigen Rechtszug iSd § 22 Abs. 1 iVm § 55 Abs. 1 handelt.

25   **4. Übergangsvorschriften.** Gilt das Abänderungs- oder Aufhebungsverfahren nach Abs. 2 als besonderes Verfahren, ist es auch für die Übergangsregelungen der §§ 134, 136 als eigenständiges Verfahren zu behandeln. Maßgeblich für die Prüfung, welches Recht nach dem Inkrafttreten einer Gesetzesänderung zur Anwendung kommt, ist daher nur der Zeitpunkt der Anhängigkeit des Abänderungs- oder Aufhebungsverfahrens.

26   **5. Ausnahmen. a) Bestimmung im Kostenverzeichnis.** Abänderungs- oder Aufhebungsverfahren sind nicht als besondere Verfahren zu behandeln, wenn im Kostenverzeichnis etwas anderes bestimmt ist (Abs. 2). Entsprechende Regelungen sind nur für bestimmte im Grundbuch oder in den Registern vorzunehmende Eintragungen von Änderungen oder Löschungen vorgesehen (→ Rn 32 f).

27   **b) Einheitliches Verfahren.** Soweit eine Ausnahmeregelung in das Kostenverzeichnis zu einem späteren Zeitpunkt aufgenommen wird, folgt aus Abs. 2, dass es sich bei dem Abänderungs- oder Aufhebungsverfahren und dem Verfahren, in dem die ursprüngliche Entscheidung ergangen ist, um ein einheitliches Verfahren handelt. Gemeint ist damit der Rechtszug iSd § 55 Abs. 1. Die Regelung erfasst daher nur den kostenrechtlichen Verfahrens- bzw Rechtszugbegriff, so dass es auf abweichende verfahrensrechtliche Regelungen nicht ankommt.

28   Aus der Verfahrenseinheit folgt, dass eine gesonderte Gebührenerhebung unzulässig ist, da § 55 Abs. 1 ausdrücklich bestimmt, dass Verfahrens- oder Aktgebühren in jedem Rechtszug hinsichtlich eines jeden Teils des Verfahrensgegenstands nur einmal erhoben werden dürfen. Bei der einmaligen Gebührenerhebung verbleibt es auch dann, wenn mehrere Abänderungs- oder Aufhebungsverfahren, auch zeitlich versetzt, anhängig werden. Das gilt selbst dann, wenn das Abänderungs- oder Aufhebungsverfahren bei einem anderen Gericht durchgeführt wird.[7]

---

[7] HK-FamGKG/N. *Schneider*, § 31 Rn 42.

Ein einheitlicher Kostenrechtszug liegt auch dann vor, wenn andere Regelungen darauf Bezug nehmen, zB **29** Anm. Abs. 1 zu Nr. 31000 KV, Anm. zu Nr. 31002 KV.

c) Einstweilige Anordnungsverfahren. Für die Verfahren auf Erlass einer einstweiligen Anordnung (§§ 49 ff **30** FamFG) bestimmt Vorbem. 1.6 KV, dass im Verfahren über den Erlass einer einstweiligen Anordnung und über deren Aufhebung oder Änderung die Gebühren nur einmal erhoben werden. Die Regelung verbietet jedoch lediglich die gesonderte Gebührenerhebung, ordnet jedoch nicht an, dass es sich um ein einheitliches Verfahren iSd § 55 Abs. 1 handelt.[8]

Beispiel: In einer Landwirtschaftssache wird eine einstweilige Anordnung (§ 18 LwVfG) beantragt. Es ergeht an- **31** tragsgemäß Endentscheidung. Der Geschäftswert beträgt 45.000 €. Es wird später Antrag auf Abänderung der einstweiligen Anordnung beantragt. In dem Abänderungsverfahren ergeht Endentscheidung. Der Geschäftswert beträgt 45.000 €.

An Gerichtsgebühren sind entstanden:

a) Verfahren wegen Erlass der einstweiligen Anordnung
   1,5-Verfahrensgebühr, Nr. 16111 KV, Tabelle A, Wert: 45.000 €   766,50 €

b) Für das Abänderungsverfahren entsteht wegen Vorbem. 1.6 KV keine gesonderte Gebühr.

6. Grundbuch- und Registersachen. Ist im Grundbuch oder in einem Register eine vorgenommene Eintra- **32** gung zu ändern oder zu löschen, liegt ein gesonderter Kostenrechtszug vor. Aus diesem Grund ordnet § 55 Abs. 2 an, dass für jede Eintragung im Grundbuch, in das Vereins-, Güterrechts-, Schiffs- und Schiffsbauregister sowie in das Register für Pfandrechte an Luftfahrzeugen gesonderte Gebühren erhoben werden. Es entstehen die im Kostenverzeichnis vorgesehenen Gebühren für Veränderungen oder Löschungen. Im Hinblick auf die Löschung ist auch Vorbem. 1.4 Abs. 3 KV zu beachten.

Ausnahmen von der gesonderten Gebührenerhebung für einzutragenden Änderungen oder Löschungen **33** sieht das Kostenverzeichnis jedoch vor für:

- für die aus Anlass eines Insolvenzverfahrens von Amts wegen vorzunehmenden Eintragungen in einem Register (Vorbem. 1.3 Abs. 2 Nr. 1 KV);
- für die Löschung von Eintragungen in einem Register nach § 395 FamFG (Vorbem. 1.3 Abs. 2 Nr. 2 KV);
- Eintragungen und Löschungen, die gem. § 18 Abs. 2, § 53 GBO von Amts wegen erfolgen (Vorbem. 1.4 Abs. 2 Nr. 1 KV);
- Eintragungen und Löschungen, die auf Ersuchen oder Anordnung eines Gerichts, insb. des Insolvenz- oder Vollstreckungsgerichts erfolgen; ausgenommen sind die Eintragung des Erstehers als Eigentümer, die Eintragung der Sicherungshypothek für die Forderung gegen den Ersteher und Eintragungen aufgrund einer einstweiligen Verfügung nach § 941 ZPO (Vorbem. 1.4 Abs. 2 Nr. 2 KV);
- Eintragungen oder Löschungen, die nach der InsO statt auf Ersuchen des Insolvenzgerichts auf Antrag des Insolvenzverwalters oder, wenn kein Verwalter bestellt ist, auf Antrag des Schuldners erfolgen (Vorbem. 1.4 Abs. 2 Nr. 3 KV).

7. Verlängerungsverfahren. Verfahren wegen der Verlängerung angeordneter gerichtlicher Maßnahmen, zB **34** nach § 329 FamFG in Unterbringungssachen oder nach § 425 FamFG in Freiheitsentziehungssachen, stellen keine Abänderungs- oder Aufhebungsverfahren dar. Es handelt sich vielmehr stets um eigenständige Rechtszüge iSd § 55 Abs. 1, so dass sie gesonderte Gebühren auslösen, wenn nicht eine sachliche Gebührenfreiheit besteht wie in Unterbringungssachen.

Beispiel: Beantragt wird die Anordnung einer freiheitsentziehenden Maßnahme. Das Gericht erlässt antragsge- **35** mäß Endentscheidung. Der Geschäftswert beträgt 5.000 €. Wegen Ablauf der Anordnungsfrist wird die Verlängerung der Freiheitsentziehung beantragt. Es ergeht erneut antragsgemäße Endentscheidung. Der Geschäftswert beträgt 5.000 €.

An Gerichtsgebühren sind entstanden:

a) Verfahren über die erstmalige Anordnung
   0,5-Verfahrensgebühr, Nr. 15212 KV, Tabelle A, Wert: 5.000 €   73,00 €

b) Verfahren wegen der Verlängerung der Anordnung
   0,5-Verfahrensgebühr, Nr. 15212 KV, Tabelle A, Wert: 5.000 €   73,00 €

8. Wiedereinsetzungsverfahren. Bei den Wiedereinsetzungsverfahren (§ 48 Abs. 2 FamFG iVm §§ 578 ff **36** ZPO) handelt es sich nicht um Abänderungs- oder Aufhebungsverfahren iSd Abs. 2, sondern von sich heraus um eigenständige Kostenrechtszüge, für die nach § 55 Abs. 1 gesonderte Gebühren zu erheben sind.

---

8 HK-FamGKG/N. *Schneider*, § 31 Rn 44 (zum inhaltsgleichen § 31 Abs. 2 S. 1 FamGKG, Vorbem. 1.4 KV FamGKG).

Auch die Kostenschuldnerschaft, Fälligkeit, Verjährung, die Wertfestsetzung oder der Zeitpunkt der Wertfestsetzung nach § 59 sind gegenüber dem ursprünglichen Verfahren gesondert zu ermitteln.

§ 58 Eintragungen in das Handels-, Partnerschafts- oder Genossenschaftsregister; Verordnungsermächtigung

(1) [1]Gebühren werden nur aufgrund einer Rechtsverordnung (Handelsregistergebührenverordnung) erhoben für

1. Eintragungen in das Handels-, Partnerschafts- oder Genossenschaftsregister,
2. Fälle der Zurücknahme oder Zurückweisung von Anmeldungen zu diesen Registern,
3. die Entgegennahme, Prüfung und Aufbewahrung der zum Handels- oder Genossenschaftsregister einzureichenden Unterlagen sowie
4. die Übertragung von Schriftstücken in ein elektronisches Dokument nach § 9 Absatz 2 des Handelsgesetzbuchs.

[2]Keine Gebühren werden erhoben für die aus Anlass eines Insolvenzverfahrens von Amts wegen vorzunehmenden Eintragungen und für Löschungen nach § 395 des Gesetzes über das Verfahren in Familiensachen und in den Angelegenheiten der freiwilligen Gerichtsbarkeit.

(2) [1]Die Rechtsverordnung nach Absatz 1 erlässt das Bundesministerium der Justiz und für Verbraucherschutz. [2]Sie bedarf der Zustimmung des Bundesrates. [3]Die Höhe der Gebühren richtet sich nach den auf die Amtshandlungen entfallenden durchschnittlichen Personal- und Sachkosten; Gebühren für Fälle der Zurücknahme oder Zurückweisung von Anmeldungen können jedoch bestimmt werden, indem die für die entsprechenden Eintragungen zu erhebenden Gebühren pauschal mit Ab- oder Zuschlägen versehen werden. [4]Die auf gebührenfreie Eintragungen entfallenden Personal- und Sachkosten können bei der Höhe der für andere Eintragungen festgesetzten Gebühren berücksichtigt werden.

I. Allgemeines

1 § 58 enthält die gesetzliche Ermächtigung zur Schaffung einer Verordnung zur Bemessung der Gebühren bei Eintragungen in das Handels-, Partnerschafts- oder Genossenschaftsregister. Die einzelnen Gebührentatbestände finden sich in der **Handelsregistergebührenverordnung (HRegGebV)** wieder. Auf den Abdruck und die Kommentierung der HRegGebV in diesem Kommentar (Ziff. 4) wird vollumfänglich verwiesen.

II. Anwendungsbereich (Abs. 1)

2 In **Abs. 1 S. 1** findet sich die Ermächtigung zum Erlass einer Rechtsverordnung zur Gebührenerhebung wieder. Anders als man nach der gesetzlichen Überschrift dieser Norm vermuten würde, wird hierbei nicht nur die Ermächtigung zur Gebührenerhebung für Eintragungen in das Handels-, Partnerschafts- oder Genossenschaftsregister (Nr. 1) geschaffen, sondern nach Abs. 1 S. 1 Nr. 2–4 zudem auch für Fälle der Zurücknahme oder Zurückweisung von Anmeldungen zu diesen Registern (Nr. 2), für die Entgegennahme, Prüfung und Aufbewahrung der zum Handels- oder Genossenschaftsregister einzureichenden Unterlagen (Nr. 3) sowie für die Übertragung von Schriftstücken in ein elektronisches Dokument nach § 9 Abs. 2 HGB (Nr. 4).

3 In **Abs. 1 S. 2** wird entsprechend der bisherigen Regelungen in §§ 87 Nr. 1 und 88 Abs. 1 KostO ausdrücklich klargestellt, dass für die aus Anlass eines **Insolvenzverfahrens** von Amts wegen vorzunehmenden Eintragungen und für Löschungen nach § 395 FamFG keine Gebühren zu erheben sind.

III. Verordnungsermächtigung (Abs. 2)

4 Über Abs. 2 wird das Bundesministerium der Justiz und für Verbraucherschutz ermächtigt, die Rechtsverordnung nach Abs. 1 zu erlassen. Diese Verordnung wurde bereits zu den §§ 79 Abs. 1, 79 a KostO als **Handelsregistergebührenverordnung (HRegGebV)** erlassen und gilt mit geringfügigen Änderungen im Rahmen der 2. KostRMoG-Novellierung weiter. In der HRegGebV werden für den in Abs. 1 definierten Bereich die einzelnen Gebührentatbestände geregelt.

Abschnitt 2
Wertvorschriften

Unterabschnitt 1
Allgemeine Wertvorschriften

§ 59 Zeitpunkt der Wertberechnung

[1]Für die Wertberechnung ist der Zeitpunkt der jeweiligen den Verfahrensgegenstand betreffenden ersten Antragstellung in dem jeweiligen Rechtszug entscheidend, soweit nichts anderes bestimmt ist. [2]In Verfahren, die von Amts wegen eingeleitet werden, ist der Zeitpunkt der Fälligkeit der Gebühr maßgebend.

I. Allgemeines

Die Vorschrift regelt den Zeitpunkt der Wertberechnung in weitgehender Übereinstimmung mit den entsprechenden Vorschriften im FamGKG und GKG.   1

Während § 34 FamGKG vom Zeitpunkt „der den jeweiligen Verfahrensgegenstand betreffenden ersten Antragstellung" spricht, stellt § 59 auf den Zeitpunkt „der jeweiligen den Verfahrensgegenstand betreffenden ersten Antragstellung" ab. Ein sachlicher Unterschied ist nicht erkennbar und offenbar auch nicht gewollt.   2

Der ausdrückliche Vorbehalt für anderweitige Bestimmungen („soweit nichts anderes bestimmt ist", S. 1 aE) zielt auf § 74 Abs. 2 GNotKG. Dort ist die Wertfestsetzung in Verfahren nach dem SpruchG geregelt. Dabei war zu berücksichtigen, dass Anteilsinhaber in der Zeit zwischen erster Antragstellung und Ablauf der Antragsfrist nach § 4 Abs. 1 SpruchG die angebotene Abfindung annehmen können, diese Anteilsinhaber bei der Bestimmung des Verfahrenswerts nicht berücksichtigt werden sollen. Der Umfang dieser nicht berücksichtigten Anteile steht aber erst nach der Antragstellung im Verfahren nach dem SpruchG fest, so dass § 59 in solchen Fällen zu einem zu hohen Wert führen könnte. Das korrigiert § 74 S. 2.   3

II. Ermittlung des Zeitpunkts der Wertberechnung

Die Vorschrift des § 59 betrifft ausschließlich die Wertberechnung für die **Gerichtskosten**.   4

S. 1 stellt auf den Zeitpunkt der **Antragstellung** ab. Zeitpunkt der Antragstellung ist der Zeitpunkt, in dem der Antrag bei Gericht eingeht (**Anhängigkeit**).   5

Ändert sich etwa der Wert eines Grundbesitzes oder einer Unternehmensbeteiligung zwischen der Antragstellung bei Gericht und der Erledigung der Angelegenheit durch das Gericht, bleiben diese späteren Änderungen – gleichgültig, ob der Wert steigt oder fällt – unberücksichtigt.   6

Zu beachten ist, dass auf den **Verfahrensgegenstand** abzustellen ist. Ändert sich der Verfahrensgegenstand – etwa dadurch, dass nachträglich durch Änderungsvertrag weitere Grundstücke einbezogen werden –, ist für die Wertberechnung der Zeitpunkt der Antragserweiterung maßgeblich. Vergleichbar ist das mit der Klageerweiterung. In diesen Fällen setzt sich der Wert zusammen aus dem ursprünglichen Streitgegenstand zuzüglich des im Zeitpunkt der Klageerweiterung bewerteten zusätzlich eingeführten Streitgegenstands.[1]   7

Fehlt es an einem Antrag, ist auf die nach § 9 (bzw bei Verfahren mit Jahresgebühren nach § 8) zu bestimmende Fälligkeit abzustellen (**S. 2**).   8

§ 60 Genehmigung oder Ersetzung einer Erklärung oder Genehmigung eines Rechtsgeschäfts

(1) Wenn in einer vermögensrechtlichen Angelegenheit Gegenstand des Verfahrens die Genehmigung oder Ersetzung einer Erklärung oder die Genehmigung eines Rechtsgeschäfts ist, bemisst sich der Geschäftswert nach dem Wert des zugrunde liegenden Geschäfts.

(2) Mehrere Erklärungen, die denselben Gegenstand betreffen, insbesondere der Kauf und die Auflassung oder die Schulderklärung und die zur Hypothekenbestellung erforderlichen Erklärungen, sind als ein Verfahrensgegenstand zu bewerten.

(3) Der Wert beträgt in jedem Fall höchstens 1 Million Euro.

---

1 Korintenberg/*Fackelmann*, § 59 Rn 8 f, 20.

I. Allgemeines

1   **Abs. 1** bestimmt den Geschäftswert des gerichtlichen Verfahrens auf Erteilung einer Genehmigung, Ersetzung einer Erklärung oder Genehmigung eines Rechtsgeschäfts in vermögensrechtlichen Angelegenheiten. Sind mehrere Erklärungen Gegenstand des Verfahrens, regelt **Abs. 2**, unter welchen Voraussetzungen der Wert nur eines Verfahrensgegenstands zugrunde zu legen ist oder wann die Werte zu addieren sind. **Abs. 3** begrenzt für alle in § 59 geregelten Fälle den Wert.

2   Die Vorschrift übernimmt weitgehend den Wortlaut von § 36 FamGKG; durch § 36 FamGKG war § 95 KostO (teilweise) ersetzt worden. In Abweichung von § 36 FamGKG betrifft die Vorschrift jetzt auch die Genehmigung von Rechtsgeschäften.

3   Die Wertbegrenzung in **Abs. 3** stellt eine **Ausnahmevorschrift** zu § 35 Abs. 2 dar, also eine Reduzierung des allgemeinen Höchstwerts nach Tabelle A von 30 Mio. € auf 1 Mio. €.

II. Geschäftswert für Genehmigungsverfahren

4   **1. Verweisung auf Wert des zugrunde liegenden Geschäfts (Abs. 1).** Die Vorschrift regelt den Wert des Gegenstands von gerichtlichen Genehmigungsverfahren.

5   Anders als in § 95 Abs. 1 KostO aF ist nicht maßgeblich der Wert des genehmigten Geschäfts, sondern der **Wert des zu genehmigenden Geschäfts.** Wird also die Genehmigung teilweise versagt oder der Antrag zurückgenommen, bleibt es bei dem Wert des zugrunde liegenden Geschäfts, das genehmigt werden sollte.

6   Erfasst werden nur **vermögensrechtliche** Angelegenheiten, also nicht Maßnahmen der Personensorge, die nichtvermögensrechtlichen Charakter haben. Gegenstand des Verfahrens kann sein:

- die Genehmigung einer Erklärung (wegen Anm. zu Nr. 11100 KV regelmäßig nicht bei Betreuung), also etwa einer Zustimmungserklärung eines Betreuers;
- die Ersetzung einer Erklärung, also etwa die Ersetzung der Zustimmung eines zustimmungspflichtigen Elternteils;
- die Genehmigung eines Rechtsgeschäfts, also zB die Genehmigung eines Übertragvertrags nach § 17 HöfeO oder Ersetzung der Zustimmung des Grundstückseigentümers bei Veräußerung oder Belastung von Erbbaurechten, § 7 Abs. 3 ErbbauRG.

7   Zugrunde zu legen ist der volle Wert des zugrunde liegenden Geschäfts, berechnet nach den Vorschriften des GNotKG.

8   **2. Genehmigung mehrerer Erklärungen (Abs. 2).** Grundsätzlich werden dann, wenn in einem Verfahren mehrere Erklärungen genehmigt werden sollen, die Werte der zugrunde liegenden Geschäfte addiert.

9   Mehrere Erklärungen, die denselben Gegenstand betreffen, sind als ein Verfahrensgegenstand zu bewerten. Wann mehrere Erklärungen denselben Gegenstand betreffen, wird vom Gesetz beispielhaft dahin gehend erläutert, dass es sich etwa um die Fälle des Immobilienkaufvertrags mit Auflassung, also Genehmigung von Kauf und Auflassung, handelt, oder der Genehmigung von Schulderklärung und Hypothekenbestellung.

10   Da Abs. 2 nur Beispiele nennt, liegt es nahe, die eingehendere Regelung für gegenstandsgleiche Beurkundungen in § 109 insoweit zu übernehmen, als dann, wenn Genehmigungen für die in § 109 genannten Geschäfte verlangt werden, von Gegenstandsgleichheit auch im gerichtlichen Genehmigungsverfahren ausgegangen werden kann.

11   **3. Wertfestsetzung (Abs. 3).** Der Geschäftswert für das gerichtliche Genehmigungsverfahren ist auf 1 Mio. € begrenzt. Somit wird die allgemeine Wertbegrenzung von 30 Mio. € für die Genehmigungsverfahren deutlich herabgesetzt, um die für die Genehmigung anfallenden Kosten zu begrenzen.

§ 61 Rechtsmittelverfahren

(1) [1]Im Rechtsmittelverfahren bestimmt sich der Geschäftswert nach den Anträgen des Rechtsmittelführers. [2]Endet das Verfahren, ohne dass solche Anträge eingereicht werden, oder werden bei einer Rechtsbeschwerde innerhalb der Frist für die Begründung Anträge nicht eingereicht, ist die Beschwer maßgebend.

(2) [1]Der Wert ist durch den Geschäftswert des ersten Rechtszugs begrenzt. [2]Dies gilt nicht, soweit der Gegenstand erweitert wird.

(3) Im Verfahren über den Antrag auf Zulassung der Sprungrechtsbeschwerde ist Gegenstandswert der für das Rechtsmittelverfahren maßgebende Wert.

I. Allgemeines

Für den Geschäftswert im Rechtsmittelverfahren sind maßgeblich die **Anträge des Rechtsmittelführers**, wobei § 61 nunmehr vom „**Geschäftswert**" und nicht mehr, wie § 40 FamGKG, vom „Verfahrenswert" spricht (Abs. 1 S. 1). Werden bei der Rechtsbeschwerde innerhalb der Begründungsfrist keine Anträge eingereicht oder werden in den übrigen Beschwerdeverfahren bis zur Beendigung des Beschwerdeverfahrens keine Anträge eingereicht, ist die **Beschwer** maßgeblich (Abs. 1 S. 2). 1

II. Rechtsmittelverfahren

1. Geschäftswert nach Anträgen des Rechtsmittelführers (Abs. 1 S. 1, Abs. 2). Stellt der Rechtsmittelführer 2
Anträge im zweiten Rechtszug, richtet sich der Geschäftswert nach diesen Anträgen (**Abs. 1 S. 1**). Es steht dem Rechtsmittelführer frei, sein Rechtsmittel gegenüber dem erstinstanzlichen Streitgegenstand zu beschränken. Das ist zwingend, wenn der Rechtsmittelführer teilweise obsiegt hat, also nur noch im Rahmen seines Unterliegens ein Rechtsmittel führt. Unabhängig davon kann er bei teilbaren Streitgegenständen sein Rechtsmittel auf einen Teil beschränken.

Legt ein Rechtsmittelführer das Rechtsmittel **zunächst ohne Antrag** ein, stellt er dann einen eingeschränkten 3
Antrag und nimmt das Rechtsmittel zurück, kann das Anlass für die Überprüfung des Antrags dahin gehend sein, ob mit diesem Antrag in Wahrheit eine Sachentscheidung des Rechtsmittelgerichts nicht verlangt wird, so dass die Beschwer (Abs. 1 S. 2) maßgeblich ist.[1] Von dieser Einschränkung der Beachtlichkeit des Antrags soll nur sehr sparsam Gebrauch gemacht werden. Die Überlegungen des Rechtsmittelführers vor und bei Rücknahme seines Antrags sind weder offenbarungspflichtig noch im Einzelfall zuverlässig feststellbar.

Im Übrigen kommt es nicht darauf an, ob der Rechtsmittelantrag zulässig ist.[2] 4

Geht der **Rechtsmittelantrag über den erstinstanzlichen Antrag hinaus**, ist Abs. 2 zu berücksichtigen. 5
Grundsätzlich wird der Geschäftswert des ersten Rechtszugs im Rechtsmittelverfahren nicht überschritten. Wird also das Grundstück, das Gegenstand des Verfahrens ist, wertvoller oder die unternehmensrechtliche Beteiligung wertvoller, wird dadurch der Gegenstandswert nicht erhöht. Das gilt nicht, wenn im Rechtsmittelverfahren – zulässigerweise oder unzulässigerweise – der Gegenstand erweitert wird, also etwa eine weitere Genehmigung zusätzlich verlangt wird, weil sie für den Erfolg des Geschäftes erforderlich ist.

2. Geschäftswert ohne Rechtsmittelanträge (Abs. 1 S. 2). Wird bis zur Beendigung des Rechtsmittelverfahrens **kein Antrag** gestellt, ist die Beschwer maßgebend. Entsprechendes gilt, wenn, wie bei der Rechtsbeschwerde, das Rechtsmittel innerhalb einer bestimmten Frist begründet werden muss und im Rahmen der Begründung Anträge gestellt werden müssen, diese **Anträge aber mangels Begründung nicht** vorgelegt werden. 6

Beschwer ist die Differenz zwischen den Anträgen des Rechtsmittelführers in erster Instanz und dem dort 7
erzielten Ergebnis.
3. Sprungrechtsbeschwerde (Abs. 3). Wird beantragt, die Sprungrechtsbeschwerde zuzulassen, ist auf den 8
Wert des Rechtsmittelverfahrens abzustellen.

§ 62 Einstweilige Anordnung, Aussetzung der Wirkungen eines Europäischen Nachlasszeugnisses

[1]Im Verfahren der einstweiligen Anordnung und im Verfahren über die Aussetzung der Wirkungen eines Europäischen Nachlasszeugnisses ist der Wert in der Regel unter Berücksichtigung der geringeren Bedeutung gegenüber der Hauptsache zu ermäßigen. [2]Dabei ist von der Hälfte des für die Hauptsache bestimmten Werts auszugehen.

I. Allgemeines

Die einstweiligen Anordnungen wurden in der freiwilligen Gerichtsbarkeit als „vorläufige Anordnungen" 1
bezeichnet und waren grds. gerichtsgebührenfrei, § 91 S. 2 KostO. In Landwirtschaftssachen war in § 39 LwVG die Hälfte der vollen Gebühr bei Erlass einer vorläufigen Anordnung vorgesehen.

Nach § 41 FamGKG war der Wert zu ermäßigen, wobei von der Hälfte des für die Hauptsache bestimmten 2
Werts auszugehen war. Diese Vorschrift ist in § 62 wortgleich übernommen worden.

---

1 BGH (GSZ) 70, 369. **2** Korintenberg/*Fackelmann*, § 61 Rn 17; *Hartmann*, KostG, § 47 GKG Rn 3.

3   Die Vorschrift gibt dem Richter ein weites Ermessen bei der Festsetzung des Werts des Verfahrens über eine
     einstweilige Anordnung.

II. Geschäftswert in Verfahren der einstweiligen Anordnung

4   Zu bestimmen ist zunächst der Wert der Hauptsache, unabhängig davon, ob eine Hauptsache anhängig ist
     oder nicht. Es gelten insoweit die Regelungen, die für den Geschäftswert der Hauptsache nach GNotKG
     maßgeblich sind.

5   Alsdann ist zu prüfen, ob und in welchem Umfang dieser Wert zu ermäßigen ist.

6   Der Wert ist idR zu ermäßigen, dh, er muss nicht zwingend ermäßigt werden, sollte aber dann, wenn keine
     besonderen Gründe vorliegen, reduziert werden.

7   Für den **Umfang der Reduzierung** nennt das Gesetz zwei Maßstäbe: Als materieller Maßstab wird die Be-
     rücksichtigung der geringeren Bedeutung der einstweiligen Anordnung gegenüber der Hauptsache genannt.
     Formell und rechnerisch bestimmt S. 2, dass von der **Hälfte des für die Hauptsache bestimmten Werts** aus-
     zugehen ist.

8   Hier hat der Richter ein weites Ermessen: Ist damit zu rechnen, dass die einstweilige Anordnung nicht die
     Entscheidung in der Hauptsache vorwegnimmt, sondern nur eine vorläufige Regelung getroffen wird, die
     dann im Hauptsacheverfahren im Einzelnen überprüft und für die Dauer festgelegt wird, wird grds. der
     halbe Wert der Hauptsache anzusetzen sein. Dieser halbe Wert kann im Einzelfall unterschritten werden,
     wenn die einstweilige Anordnung nur eine zeitlich oder sachlich geringe, vorübergehende Bedeutung haben
     soll.

9   Ist dagegen damit zu rechnen, dass im Anordnungsverfahren die Streitfragen entschieden werden und eine
     gewisse Wahrscheinlichkeit für die Übernahme der in der einstweiligen Anordnung getroffenen Regelungen
     ohne Hauptsacheverfahren besteht, ist der Wert der einstweiligen Anordnung dem Wert der Hauptsache
     anzunähern, im Einzelfall kann der Wert der einstweiligen Anordnung dem Wert der Hauptsache entspre-
     chen, die Reduzierung also entfallen.

10   Zu beachten ist, dass nach § 59 bei dieser Abschätzung der mehr oder weniger geringen Bedeutung der
     einstweiligen Anordnung gegenüber der Hauptsache auf den **Zeitpunkt der Antragstellung** abzustellen ist,
     nicht auf die während des Anordnungsverfahrens gewonnenen Erkenntnisse. Es wird daher häufig unklar
     sein, ob die einstweilige Anordnung die Hauptsache ersetzen wird.

III. Geschäftswert in Verfahren über die Aussetzung der Wirkungen eines Europäischen Nachlasszeugnisses

11   Nach Art. 72, 73 EuErbVO kann das Europäische Nachlasszeugnis angefochten und während des Anfech-
     tungsverfahrens können von der Ausstellungsbehörde oder dem Rechtsmittelgericht die Wirkungen des
     Zeugnisses ausgesetzt werden. Der Wert dieses Verfahrens wird nach den vorstehenden Grundsätzen (→
     Rn 4–10) bestimmt.

Unterabschnitt 2
Besondere Geschäftswertvorschriften

§ 63 Betreuungssachen und betreuungsrechtliche Zuweisungssachen

[1]Bei Betreuungen oder Pflegschaften, die einzelne Rechtshandlungen betreffen, ist Geschäftswert der Wert
des Gegenstands, auf den sich die Rechtshandlung bezieht. [2]Bezieht sich die Betreuung oder Pflegschaft auf
eine gegenwärtige oder künftige Mitberechtigung, ermäßigt sich der Wert auf den Bruchteil, der dem Anteil
der Mitberechtigung entspricht. [3]Bei Gesamthandsverhältnissen ist der Anteil entsprechend der Beteiligung
an dem Gesamthandvermögen zu bemessen.

I. Allgemeines

1   § 63 ist die Geschäftswertvorschrift für die Fürsorgemaßnahmen der rechtlichen Betreuung (§§ 1896 ff
     BGB) und der Pflegschaft für Volljährige/Erwachsene (§§ 1909 ff BGB), sofern diese nur **einzelne Rechts-
     handlungen** betreffen (Gegenstück: Dauerpflegschaft und Dauerbetreuung). **Rechtshandlung** können
     Rechtsgeschäfte, Realakte oder prozessuale Handlungen sein; zwingendes Tatbestandsmerkmal der Rechts-
     handlung im Sinne dieser Vorschrift ist ihre zeitliche **Einmaligkeit** (→ Rn 6).[1]

---

1 Korintenberg/*Klüsener*, § 63 Rn 3.

II. Erfasste Gebühren/Geltungsbereich

1. Betreuungssachen und betreuungsrechtliche Zuweisungssachen. § 63 gilt für **Betreuungssachen** 2
(§§ 271 ff FamFG) und für **betreuungsrechtliche Zuweisungssachen** (§ 340 FamFG; → Rn 4).

Die Gebühr für das Verfahren im Allgemeinen bei einer **Betreuung** für einzelne Rechtshandlungen (§ 271 3
FamFG) ergibt sich aus **Nr. 11103 KV** (0,5-Gebühren, höchstens eine Gebühr Nr. 11101 KV). Für das Verfahren im Allgemeinen bei einer **Pflegschaft** für einzelne Rechtshandlungen (§ 340 FamFG) entsteht ebenfalls eine 0,5-Gebühr nach **Nr. 11105 KV**, höchstens jedoch eine Gebühr Nr. 11104 KV. In beiden Fällen
findet **Tabelle A** Anwendung (vgl im Einzelnen die Erl. zu Nr. 11103 KV und zu Nr. 11105 KV). Es handelt
sich um Gebühren für das Verfahren im Allgemeinen, für die die entsprechenden Regelungen des GNotKG
gelten (zB § 55 Abs. 1).

2. Minderjährige; Nachlasspflegschaften. Betreuungsrechtliche Zuweisungssachen sind gem. § 340 Nr. 1 4
FamFG Verfahren, die die Pflegschaft – mit Ausnahme der Pflegschaft für **Minderjährige** oder für eine **Leibesfrucht** – betreffen. Pflegschaften für einzelne Rechtshandlungen betr. Minderjährige sind als Kind-
schaftssachen/Familiensachen (§§ 112, 151 FamFG) nach dem FamGKG abzurechnen (Nr. 1313 KV
FamGKG; Verfahrenswert gem. § 46 Abs. 2 FamGKG). Die Pflegschaft für eine Leibesfrucht ist gem. Vorbem. 1.3.1 Abs. 1 Nr. 1 KV FamGKG gerichtsgebührenfrei.

Nachlasspflegschaften fallen nicht unter § 63. Der Wert bestimmt sich hier nach § 64. 5

III. Einzelne Rechtshandlungen

1. Allgemeines. Die Vorschrift betrifft allein rechtliche Fürsorgemaßnahmen, die sich auf **einzelne** Rechts- 6
handlungen beziehen. Gemeint sind zeitlich einmalige Rechtshandlungen, wobei unerheblich ist, wie viel
Zeit die Tätigkeit des Betreuers oder Pflegers dann konkret in Anspruch nimmt.[2] Auch auf den Umfang der
Betreuung oder Pflegschaft kommt es nicht an.[3] Die Pflegschaft für eine Nachlassauseinandersetzung ist
eine Pflegschaft für eine einzelne Rechtshandlung, selbst wenn der Erbanteil des Minderjährigen das gesamte Vermögen ausmacht.[4]

Abzugrenzen sind diese somit von Maßnahmen, denen das zeitliche Element der Dauer innewohnt und die 7
sich auf eine unbestimmte Zahl von Rechtshandlungen beziehen (Dauerpflegschaft oder Dauerbetreuung);
auch wiederkehrende Leistungen oder eine Vielzahl von wiederkehrenden Einzelhandlungen umfassende
Maßnahmen (Personensorge,[5] Vermögenssorge, Vermögensverwaltung) gehören zur **Dauerfürsorge** und damit nicht zum Regelungsbereich der Vorschrift.

Bezeichnend für eine Dauerpflegschaft bzw Dauerbetreuung ist, dass der Pfleger/Betreuer einen bestimmten 8
Kreis von Angelegenheiten und nicht nur einzelne bestimmte Maßnahmen oder einzelne bestimmte Rechtshandlungen wahrzunehmen hat.[6] Eine **Dauerpflegschaft** liegt daher vor, wenn der Pfleger nicht nur für ein
einzelnes Geschäft oder eine einzelne Maßnahme oder Rechtshandlung bestellt worden ist.[7] **Maßgebend** für
die Einordnung ist, ob bei der Anordnung die vom Pfleger oder Betreuer wahrzunehmenden Geschäfte **im
Einzelnen** bestimmt worden sind (= Pflegschaft/Betreuung für einzelne Rechtshandlungen) oder ob ganz **allgemein** angeordnet worden ist, dass die Interessen des Betroffenen oder ein bestimmter Kreis seiner Interessen wahrzunehmen sind.[8]

Der Begriff „**Rechtshandlung**" ist **weit** auszulegen und geht über Definitionen (jedes erlaubte rechtswirksa- 9
me Handeln), insb. des Zivilrechts, hinaus. **Rechtshandlung iSd GNotKG** ergibt sich *ex negativo* aus der
Dauerhandlung. Einmalige Rechtshandlungen können **Rechtsgeschäfte** (insb. im Falle der Ergänzungspflegschaft bei Verhinderung, §§ 1909 Abs. 1 S. 1, 1629 Abs. 2 S. 1, 1795 Abs. 1 Nr. 1 und 2, 181 BGB), **gerichtliche Verfahren** (insb. zur Prozess- bzw Verfahrensführung, zB §§ 1795 Abs. 1 Nr. 3, 1599 BGB, nicht jedoch Verfahrenspflegschaft) und **Realakte** (zB Aufstellung eines Vermögensverzeichnisses) sein.[9]

2. Betreuungen. Gebührentatbestand bei Betreuungen für einzelne Rechtshandlungen (§ 271 FamFG) ist 10
Nr. 11103 KV. Dessen zeitlicher Anwendungsbereich – und damit auch der der Geschäftswertvorschrift des
§ 63 – beginnt mit dem Zeitpunkt der **Anordnung der Betreuung** (§ 1896 BGB, §§ 86, 287 FamFG); darunter fällt auch die Anordnung im Wege einer einstweiligen Anordnung (§ 300 FamFG). Auf die **Bestellung
eines Betreuers** oder gar seine Verpflichtung kommt es dagegen **nicht** an. Das Betreuungsverhältnis endet

2 Korintenberg/*Klüsener*, § 63 Rn 3; vgl auch HK-FamGKG/*Volpert*, Nr. 1311 KV Rn 10. **3** Korintenberg/*Klüsener*, § 63 Rn 3;
vgl auch HK-FamGKG/*Volpert*, Nr. 1311 KV Rn 10. **4** BayObLG JurBüro 1981, 263 = FamRZ 1981, 400; BDS/*Sommerfeldt*,
§ 63 Rn 5; Korintenberg/*Klüsener*, § 63 Rn 3; vgl auch HK-FamGKG/*Volpert*, Nr. 1311 KV Rn 10. **5** ZB BayObLG Rpfleger
1997, 86 (Gesundheitsfürsorge und Aufenthaltsbestimmung). **6** BayObLG Rpfleger 1989, 62 = JurBüro 1989, 406; BayObLG
MittBayNot 1994, 359; BayObLG Rpfleger 1997, 86 = FamRZ 1997, 833 (Aufgabenkreise Gesundheitsfürsorge und Aufenthaltsbestimmung bei der Betreuung). **7** BDS/*Sommerfeldt*, § 63 Rn 5; BayObLG Rpfleger 1997, 86 = FamRZ 1997, 833. **8** Vgl
HK-FamGKG/*Volpert*, Nr. 1311 KV Rn 15. **9** Vgl Korintenberg/*Klüsener*, § 63 Rn 4.

durch **Aufhebungsbeschluss** (§ 1908 d BGB), **Zeitablauf** (§ 286 Abs. 3 FamFG) oder **Erledigung** der Rechtshandlung (§ 1918 Abs. 3 BGB analog). Für weitere Einzelheiten wird auf die Kommentierung zu Nr. 11103 KV verwiesen.

11   **3. Pflegschaften.** Bei Pflegschaften für einzelne Rechtshandlungen ist Nr. 11105 KV Gebührentatbestand. Der zeitliche Anwendungsbereich des Gebührentatbestands und damit der Geschäftswertvorschrift des § 63 beginnt mit der **Anordnung der Pflegschaft** (§§ 1915 Abs. 1, 1774, 1697 BGB). Insoweit gelten die Ausführungen zu den Betreuungen entsprechend (daher → Rn 10). Das **Pflegschaftsverhältnis** endet gesetzlich (§§ 1918, 1921 Abs. 3 BGB) oder durch **Aufhebungsbeschluss** (§§ 1919, 1921 Abs. 2 und 3 BGB). Für weitere Einzelheiten wird auf die Kommentierung zu Nr. 11105 KV verwiesen.

IV. Geschäftswert

12   **1. Alleinberechtigung (S. 1).** Der Geschäftswert der Gebühr richtet sich gem. S. 1 „nach dem Wert des Gegenstands, auf den sich die Rechtshandlung bezieht". Dabei kommt es auf den **Wert des gesamten Rechtsverhältnisses** an; keine Rolle spielt das Interesse oder die Beteiligung des Mündels.[10]

13   **2. Anwendung der allgemeinen Bewertungsvorschriften.** Für die Bewertung des Gegenstands selbst sind wiederum die **allgemeinen Bewertungsvorschriften** heranzuziehen (§§ 36, 46 ff).[11] **Beispiele:**

- Pflegschaft zur Anfechtung der Vaterschaft: Bewertung nach § 36 Abs. 2, 3 (in Ermangelung anderer Anhaltspunkte gilt Auffangwert von 5.000 €);
- Pflegschaft bei Abschluss eines Kaufvertrags: Bewertung nach § 47, dh maßgeblich ist grds. der Kaufpreis unter Hinzurechnung von sonstigen Leistungen und Verpflichtungen des Käufers und vorbehaltenen Nutzungen des Verkäufers;
- Pflegschaft bei Abschluss eines Veräußerungsvertrags samt Abtretung eines GmbH-Geschäftsanteils: Bewertung nach § 54, dh, maßgeblich ist bei der werbenden GmbH gem. § 54 S. 1, 2 grds. das bilanzielle Eigenkapital iSv § 266 Abs. 3 HGB (unter Berücksichtigung der in § 54 S. 3 enthaltenen Modifikationen für die überwiegend vermögensverwaltende GmbH).

14   **3. Mitberechtigung (S. 2).** Betrifft die Betreuungsmaßnahme nur die Mitberechtigung an dem Gegenstand der Rechtshandlung, führt dies nach S. 2 zur Reduzierung des maßgeblichen Geschäftswerts auf den jeweiligen Anteil der Mitberechtigung. Bei **Kapitalgesellschaften**, insb. einer GmbH, richtet er sich nach dem Geschäftsanteil (§§ 29 Abs. 3, 72 GmbHG, § 271 Abs. 3 AktG), bei einer **Personenhandelsgesellschaft** nach dem Kapitalanteil (§§ 109, 120, 121, 122, 155 Abs. 1, 167, 168 HGB). Bei einer **BGB-Gesellschaft** wird im Zweifel ein gleicher Anteil aller Gesellschafter angenommen (§§ 706 Abs. 1, 722, 734 BGB).

15   Wichtig ist die **Abgrenzung von S. 2 gegenüber S. 1:** Nach S. 1 ist Geschäftswert der Einzelbetreuung oder -pflegschaft nicht nur der Wert der Willenserklärung des Betreuers oder Pflegers, sondern der Wert des ganzen Rechtsgeschäfts, wenn sich die vom Betreuer oder Pfleger abgegebene Willenserklärung auf ein zweiseitiges Rechtsgeschäft bezieht. Auf den Anteil des Pfleglings kommt es nicht an. Der Betreuer oder Pfleger wird für eine Rechtshandlung, hier die Abgabe einer rechtsgeschäftlichen Willenserklärung, bestellt. Der in S. 2 geregelte Geschäftswert bei Mitberechtigung betrifft den Fall, dass die betroffene Willenserklärung von einer Rechtsgemeinschaft abgegeben wird, an welcher der Betreute oder der Pflegling beteiligt ist. Hier entspricht der Geschäftswert der Quote seiner Beteiligung an der Rechtsgemeinschaft.[12]

16   **Beispiel:** Beide Eltern und das Kind gründen eine Gesellschaft bürgerlichen Rechts. Die Einlage jedes Gesellschafters beträgt 100.000 €. Nach S. 1 würde der Wert der Pflegschaft für das Kind 300.000 € betragen. Nach S. 2 ist jedoch nur die künftige Mitberechtigung anzusetzen, die hier 1/3 = 100.000 € beträgt.

17   **4. Gesamthandsberechtigung (S. 3).** Die Gesamthandsgemeinschaft kennt keinen Anteil des einzelnen Mitglieds an den einzelnen Vermögensgegenständen, vielmehr ist das Gesamthandsvermögen rechtlich selbständig und gesamthänderisch gebunden. Der Anteil des einzelnen Mitglieds bestimmt sich folglich gem. S. 3 nach der Beteiligung am Gesamthandsvermögen.[13] Bei einer BGB-Gesellschaft sind die Gesellschafter im Zweifel zu gleichen Teilen berechtigt (vgl § 70 S. 2).[14]

18   Der Geschäftswert für eine Ergänzungspflegschaft mit dem Wirkungskreis der Vertretung bei der Auseinandersetzung einer Erbengemeinschaft bemisst sich nach dem Anteil des Fürsorgebedürftigen am Nachlass und nicht nach dem gesamten Nachlass.[15] Bei Einzelpflegschaften ist der Bruttowert des Gegenstandes (ohne Abzug der Verbindlichkeiten, § 38 S. 2) als Geschäftswert anzunehmen.[16]

19   **5. Mehrere Betroffene.** Wird eine Pflegschaft für mehrere Betroffene angeordnet, ergibt sich aus der allgemeinen Wertvorschrift in § 35 Abs. 1, dass eine Verfahrensgebühr aus dem zusammengerechneten Wert zu

---

10 Korintenberg/*Klüsener*, § 63 Rn 4. **11** Korintenberg/*Klüsener*, § 63 Rn 5; BDS/*Sommerfeldt*, § 63 Rn 7. **12** Korintenberg/*Klüsener*, § 63 Rn 6. **13** Korintenberg/*Klüsener*, § 63 Rn 7. **14** Korintenberg/*Klüsener*, § 63 Rn 7. **15** BayObLGZ 1988, 315–317. **16** BayObLG JurBüro 1984, 358 f.

berechnen ist.[17] Wegen § 55 Abs. 1 wird die Gebühr für das Verfahren im Allgemeinen in jedem Rechtszug hinsichtlich eines jeden Teils des Verfahrensgegenstands nur einmal erhoben.

Werden mehrere Einzelbetreuungen oder Einzelpflegschaften nacheinander angeordnet und liegen deshalb mehrere Verfahren vor, entstehen jeweils gesonderte Verfahrensgebühren nach Nr. 11103, 11105 KV.[18]   **20**

6. Schuldenabzugsverbot. Bei der Ermittlung des Geschäftswerts dürfen gem. § 38 S. 1 die auf dem Gegenstand lastenden Verbindlichkeiten nicht abgezogen werden. Gemäß § 38 S. 2 gilt das im Fall einer Beteiligung an einer Personengesellschaft auch für deren Verbindlichkeiten. Nur wenn anzuwendende Bewertungsvorschriften (→ Rn 13) den Abzug von Verbindlichkeiten vorschreiben, ist das im Rahmen der Bewertung des Gegenstands zu berücksichtigen.   **21**

Die Verfahrensgebühren nach Nr. 11103 und Nr. 11105 KV sind damit nach dem Bruttowert zu erheben. Im Gegensatz dazu findet bei der Jahresgebühr für die Dauerbetreuung nach Nr. 11101 KV ein Abzug von Verbindlichkeiten statt.   **22**

7. Bewertungszeitpunkt. Maßgeblicher Bewertungszeitpunkt ist gem. § 59 S. 2 der Zeitpunkt der Fälligkeit der Gebühr, wenn davon ausgegangen wird, dass es sich bei den von § 63 erfassten Verfahren im Regelfall um Amtsverfahren handelt. Die Fälligkeit der Gebühren Nr. 11103 und Nr. 11105 KV richtet sich nach § 9. Ansonsten ist der Zeitpunkt der jeweiligen den Verfahrensgegenstand betreffenden ersten Antragstellung in dem jeweiligen Rechtszug entscheidend.   **23**

8. Wertfestsetzung, § 79. Wegen § 79 Abs. 1 S. 1 ist bei der Pflegschaft oder Betreuung für einzelne Rechtshandlungen regelmäßig eine gerichtliche Wertfestsetzung erforderlich, wenn eine Entscheidung über den gesamten Verfahrensgegenstand ergeht oder sich das Verfahren anderweitig erledigt. Gemäß § 79 Abs. 1 S. 2 ist eine Wertfestsetzung nur dann nicht erforderlich, wenn Gegenstand des Verfahrens eine bestimmte Geldsumme in Euro ist (Nr. 1) oder sich der Wert nach den Vorschriften dieses Gesetzes unmittelbar aus einer öffentlichen Urkunde oder aus einer Mitteilung des Notars (§ 39) ergibt (Nr. 3).   **24**

§ 64 Nachlasspflegschaften und Gesamtgutsverwaltung

(1) Geschäftswert für eine Nachlassverwaltung, eine Gesamtgutsverwaltung oder eine sonstige Nachlasspflegschaft ist der Wert des von der Verwaltung betroffenen Vermögens.
(2) Ist der Antrag auf Anordnung einer Nachlasspflegschaft oder -verwaltung oder einer Gesamtgutsverwaltung von einem Gläubiger gestellt, so ist Geschäftswert der Betrag der Forderung, höchstens jedoch der sich nach Absatz 1 ergebende Betrag.

I. Allgemeines

§ 64 ist die Geschäftswertvorschrift für die rechtspflegerischen Maßnahmen **Nachlassverwaltung** („Nachlasspflegschaft zum Zwecke der Befriedigung der Nachlassgläubiger", §§ 1975, 2062 BGB), **Gesamtgutsverwaltung** („Nachlassverwaltung über das Gesamtgut", § 1489 Abs. 2 BGB) sowie alle nicht aus einer Verwaltungstätigkeit bestehenden Pflegschaften über den Nachlass (**sonstige Nachlasspflegschaften**, §§ 1960, 1961 BGB), etwa Fürsorgetätigkeiten für den oder die unbekannten Erben, Nacherben oder die Gläubiger. Die Vorschrift betrifft damit Maßnahmen, die etwa ihrer zeitlichen Dauer oder dem erforderten Aufwand nach ausgesprochen heterogen sind. Die Regelung stellt deshalb allein auf den Wert des betroffenen Vermögens ab; eine abweichende Regelung bei Antrag eines Gläubigers enthält der Abs. 2 (Betrag der Forderung).   **1**

II. Erfasste Gebühren/Geltungsbereich

Der zu § 64 gehörige Gebührentatbestand findet sich in Nr. 12310 ff KV. Es handelt sich um eine Gebühr für das Verfahren im Allgemeinen, für die die entsprechenden Regelungen des GNotKG gelten (zB § 55 Abs. 1).   **2**

Die Geschäftswertvorschrift des § 64 enthält aus systematischen Gründen keine Regelung für den Fall, dass der Antrag auf Anordnung einer Nachlasspflegschaft oder -verwaltung oder einer Gesamtgutsverwaltung **abgelehnt** oder vor Erlass einer Entscheidung **zurückgenommen** wird.[1] Denn die Regelung kommt ohnehin nur in diesen Fällen zur Anwendung, da nur dann die Gebühr Nr. 12310 KV anfällt (vgl die Anmerkung zum Gebührentatbestand). Bei Anordnung einer Nachlasspflegschaft, -verwaltung oder Gesamtgutsverwal-   **3**

---

17 Vgl BT-Drucks 17/11471, S. 174; BDS/*Sommerfeldt*, § 63 Rn 3.   **18** BDS/*Sommerfeldt*, § 63 Rn 3.   **1** BT-Drucks 17/11471, S. 174.

tung entsteht die Jahresgebühr Nr. 12311 KV bzw bei einer Nachlasspflegschaft für einzelne Rechtshandlungen nach Nr. 12312 KV.

III. Geschäftswert in den Fällen des Abs. 1

4 **1. Begriff des Vermögens.** Der Geschäftswert richtet sich nach dem betroffenen **Vermögen**. Was unter „Vermögen" zu verstehen ist, definiert das Gesetz nicht. Gängig ist folgende Definition: Vermögen ist „die Gesamtheit der einer Person zustehenden Güter und Rechte von wirtschaftlichem Wert. Dazu gehören vor allem das Eigentum an Grundstücken und beweglichen Sachen, Forderungen und sonstige Rechte, die geldwert sind; also Rechte, die normalerweise gegen Geld veräußert oder erworben werden oder dem Inhaber einen in einem Geldwert ausdrückbaren wirtschaftlichen Nutzen gewähren. Das ist der Fall auch bei Immaterialgüterrechten und Mitgliedschaftsrechten, nicht aber bei reinen Persönlichkeitsrechten und persönlichen Familienrechten. Nicht zum Vermögen gehören weiter die Arbeitskraft, die beruflichen Kenntnisse, geschäftliche Erfahrungen und die bloßen Erwerbsaussichten."[2]

5 **2. Anwendung der allgemeinen Bewertungsvorschriften.** Die Bewertung der einzelnen Vermögensgegenstände (Aktiva) richtet sich nach den allgemeinen Regeln, dh insb. den Bewertungsvorschriften der §§ 46 ff.[3] Bestandteile des Vermögens sind zB Bargeld, Bankguthaben einschließlich Bausparguthaben, Wertpapiere, Fondsanteile, sonstige Forderungen und geldwerte Rechte, Mobilien und Immobilien, grundstücksgleiche Rechte sowie immaterielle Vermögensgüter und Mitgliedschaften.[4] Ebenfalls den Aktiva zuzurechnen sind Renten, die nicht unmittelbar dem Unterhalt des Fürsorgebedürftigen dienen;[5] Gleiches gilt für Steuererstattungen,[6] Unterhaltsabfindungen[7] und den Anteil des Beteiligten usw am Gesamtgut der fortgesetzten Gütergemeinschaft.[8]

6 Bedingte Forderungen, Anwartschaften sowie zweifelhafte Ansprüche sind nicht mit dem vollen Nennwert, sondern mit einem nach Ausübung billigen Ermessens (§ 36 Abs. 1) zu schätzenden Wert (vgl § 52 Abs. 6 S. 2) anzusetzen.

7 **Ererbtes Vermögen** ist demgegenüber auch dann mit dem vollen Wert anzusetzen, wenn der Erbe nur (beschränkter) Vorerbe ist.[9] Vermögen ist auch einer **Testamentsvollstreckung** unterliegendes Vermögen.[10]

8 Ein Schuldenabzug findet nicht statt, § 38 S. 2 (→ Rn 16).

9 **3. Betroffenes Vermögen.** Welches Vermögen betroffen ist, richtet sich nach der im Einzelfall angeordneten Maßnahme:

- Eine **Nachlassverwaltung** erstreckt sich stets auf den gesamten Nachlass, nicht etwa nur auf den Anteil eines Miterben. Hier ist folglich der Wert des gesamten Nachlasses anzusetzen, nicht etwa nur der Anteil eines Miterben. Unpfändbare Gegenstände gehören hingegen nicht zur Nachlassverwaltung; Gleiches gilt für Gesellschaftsbeteiligungen, die unter Sonderrechtsnachfolge unterliegen (zB Komplementärstellung mit Nachfolgeklausel). Der Nachlassverwaltung unterfallen wiederum die aus diesen Rechtspositionen folgenden Vermögensrechte, insb. der Gewinnanspruch.[11]

- Eine **Nachlasspflegschaft** kann sich entweder auf den gesamten Nachlass erstrecken – dann ist auch der Wert des gesamten Nachlasses anzusetzen – oder sich beschränken auf den Anteil eines Miterben, einzelne Nachlassgegenstände sowie auf einzelne Angelegenheiten. Entsprechend beschränkt sich auch der zu berücksichtigende Wert auf den Wert des Anteils des Miterben bzw auf den Wert der betroffenen Nachlassgegenstände.[12] Bei Beschränkung auf einzelne Angelegenheiten ist der Wert unter Ausübung billigen Ermessens nach § 36 zu ermitteln.

10 **4. Keine Vermögensverwaltung.** Für die Fälle, in denen keine Vermögensverwaltung angeordnet ist, zB weil der Nachlasspfleger ausschließlich zur **Ermittlung etwaiger Erben** bestellt wird, trifft § 64 keine Regelung. Insoweit ist § 36 Abs. 2, 3 einschlägig. Der Wert darf aber nicht höher als der Nachlass sein.[13]

IV. Geschäftswert in den Fällen des Abs. 2 (Gläubigerantrag)

11 **1. Betrag der Forderung.** Nach Abs. 2 ist in den Fällen, in denen der Antrag auf Anordnung einer Nachlasspflegschaft oder -verwaltung oder einer Gesamtgutsverwaltung von einem Gläubiger gestellt wird (vgl

2 Vgl HK-FamGKG/*Volpert*, Vorbem. 1.3.1 KV Rn 23; OLG Hamm Rpfleger 1998, 541; Definition des Deutschen Rechts-Lexikons. **3** Korintenberg/*Klüsener*, § 64 Rn 8; BDS/*Sommerfeldt*, § 64 Rn 4. **4** HK-FamGKG/*Volpert*, Vorbem. 1.3.1 KV Rn 23. **5** Korintenberg/*Fackelmann*, Vorbem. 1.1 KV Rn 18 mit Verweis auf KG JW 1934, 1919; KG JFGErg. 13, 87 = JVBl. 1934, 210. **6** BVerwG NJW 1999, 3649. **7** Korintenberg/*Fackelmann*, Vorbem. 1.1 KV Rn 20 mit Verweis auf KGJ 50, 265. **8** Korintenberg/*Fackelmann*, Vorbem. 1.1 KV Rn 18; KG JFGErg. 21, 89 = JVBl. 1940, 149. **9** BayObLG FamRZ 1997, 833; OLG Hamm Rpfleger 1973, 451; LG Koblenz 21.4.2005 – 2 T 174/05, juris; vgl auch HK-FamGKG/*Volpert*, Vorbem. 1.3.1 KV Rn 23. **10** BayObLG FamRZ 1997, 833; OLG Hamm Rpfleger 1973, 451; LG Koblenz 21.4.2005 – 2 T 174/05, juris; vgl auch HK-FamGKG/*Volpert*, Vorbem. 1.3.1 KV Rn 23. **11** Korintenberg/*Klüsener*, § 64 Rn 6. **12** Korintenberg/*Klüsener*, § 64 Rn 6; BayObLG Rpfleger 1961, 200. **13** Korintenberg/*Klüsener*, § 64 Rn 9.

§§ 1961, 1981 Abs. 2, 1489 Abs. 2 BGB), Geschäftswert der Betrag der Forderung ohne Nebenforderungen (§ 37), höchstens jedoch der sich nach Abs. 1 ergebende Betrag (dh der Wert des betroffenen Vermögens, → Rn 9). Die Beschränkung greift automatisch; hinzu kommt eine Begrenzung des Geschäftswerts auf den Wert nach Abs. 1. Wenn der Berechtigte also eine den Wert des Nachlasses übersteigende Forderung geltend macht, ist der Geschäftswert der Nachlasspflegschaft oder -verwaltung dennoch auf den Wert des Nachlasses begrenzt.

2. Teilforderung. Eine Beschränkung des Antrags auf eine **Teilforderung** wirkt sich auf den Wert nicht aus, weil Zweck der Nachlassverwaltung gem. § 1985 Abs. 2 BGB die Befriedigung der gesamten Forderung ist.[14] **12**

3. Unsichere Forderung. Wenn bei Zweifeln über den Bestand und die Höhe der Forderung eine Wertbestimmung nach Abs. 2 nicht möglich ist, ist der Wert gem. § 36 Abs. 1, 3 zu ermitteln.[15] **13**

4. Anträge mehrerer Gläubiger. Bei Anträgen gem. §§ 1961, 1981 Abs. 2, 1489 Abs. 2 BGB **mehrerer Gläubiger** in demselben Verfahren werden die Werte der Forderungen gem. § 35 Abs. 1 zusammengerechnet und es wird gem. § 55 Abs. 1 eine Verfahrensgebühr nach diesem Wert erhoben.[16] **14**

V. Weitere Wertbestimmungen

1. Mehrere Anträge. Anträge mehrerer Erben/Ehegatten auf Anordnung der in Abs. 1 genannten Maßnahmen wirken sich auf den Wert nicht aus. Denn Wert ist immer das von der Verwaltung betroffene Vermögen. Das gilt auch, wenn Anträge der Erben und der Gläubiger (Abs. 2) gestellt werden. Maßgebend ist dann der sich aus Abs. 1 ergebende höhere Wert.[17] Zu ausschließlich von mehreren Gläubigern gestellten Anträgen → Rn 14. **15**

2. Schuldenabzugsverbot. Bei der Ermittlung des Geschäftswerts dürfen gem. § 38 S. 1 die auf dem Vermögen lastenden Verbindlichkeiten nicht abgezogen werden. Gemäß § 38 S. 2 gilt das im Fall einer Beteiligung an einer Personengesellschaft auch für deren Verbindlichkeiten. Nur wenn anzuwendende Bewertungsvorschriften (→ Rn 5 ff) den Abzug von Verbindlichkeiten vorschreiben, ist das im Rahmen der Bewertung des Gegenstands zu berücksichtigen. **16**

3. Bewertungszeitpunkt. Maßgeblicher Bewertungszeitpunkt ist gem. § 59 S. 2 der Zeitpunkt der Fälligkeit der Gebühr, wenn davon ausgegangen wird, dass es sich bei den von § 64 erfassten Verfahren im Regelfall um Amtsverfahren handelt. Die Fälligkeit der Gebühr Nr. 12310 KV richtet sich nach § 9. Ansonsten ist der Zeitpunkt der jeweiligen den Verfahrensgegenstand betreffenden ersten Antragstellung in dem jeweiligen Rechtszug entscheidend. **17**

4. Wertfestsetzung, § 79. Wegen § 79 Abs. 1 S. 1 ist bei Nachlassverwaltungen, Nachlasspflegschaften und Gesamtgutsverwaltungen regelmäßig eine gerichtliche Wertfestsetzung erforderlich, wenn eine Entscheidung über den gesamten Verfahrensgegenstand ergeht oder sich das Verfahren anderweitig erledigt. Gemäß § 79 Abs. 1 S. 2 ist eine Wertfestsetzung nur dann nicht erforderlich, wenn Gegenstand des Verfahrens eine bestimmte Geldsumme in Euro ist (Nr. 1) oder sich der Wert nach den Vorschriften dieses Gesetzes unmittelbar aus einer öffentlichen Urkunde oder aus einer Mitteilung des Notars (§ 39) ergibt (Nr. 3). **18**

§ 65 Ernennung und Entlassung von Testamentsvollstreckern

Der Geschäftswert für das Verfahren über die Ernennung oder Entlassung eines Testamentsvollstreckers beträgt jeweils 10 Prozent des Werts des Nachlasses im Zeitpunkt des Erbfalls, wobei Nachlassverbindlichkeiten nicht abgezogen werden; § 40 Absatz 2 und 3 ist entsprechend anzuwenden.

I. Allgemeines

Die Vorschrift regelt den Geschäftswert des Verfahrens über die Ernennung oder Entlassung eines Testamentsvollstreckers. Inhaltlich wird angeknüpft an die Geschäftswertregelung für das Testamentsvollstreckerzeugnis in § 40 Abs. 5. Der Geschäftswert für die Erteilung des Testamentsvollstreckerzeugnisses ist mit 20 % des Nachlasswerts doppelt so hoch wie der Geschäftswert des Verfahrens für die Ernennung oder Entlassung des Testamentsvollstreckers. **1**

---

14 Korintenberg/*Klüsener*, § 64 Rn 11; BDS/*Sommerfeldt*, § 64 Rn 5. **15** Korintenberg/*Klüsener*, § 64 Rn 12. **16** Korintenberg/ *Klüsener*, § 64 Rn 13; BDS/*Sommerfeldt*, § 64 Rn 5. **17** Korintenberg/*Klüsener*, § 64 Rn 15.

II. Geschäftswert für Ernennung und Entlassung von Testamentsvollstreckern

2   Bei der Wertfestsetzung hat das Gericht **kein Ermessen**, der Wert ist strikt an den Wert des Nachlasses gebunden.

3   Der Wert des Verfahrens ist sowohl für die **Ernennung** wie für die **Entlassung** eines Testamentsvollstreckers gleich hoch, mag auch der Streit über die Entlassung eines Testamentsvollstreckers regelmäßig umfangreicher sein.

4   Maßgeblich ist der **Wert des Aktivnachlasses**, da Nachlassverbindlichkeiten nicht abgezogen werden. Die Testamentsvollstreckung bezieht sich auch auf die Regelung der Nachlassverbindlichkeiten, so dass zu Recht die idR bei Vorhandensein von Verbindlichkeiten kompliziertere Testamentsvollstreckung nicht mit einem niedrigeren Wert versehen wird.

5   Der Wert ist bestimmt für die Ernennung oder Entlassung eines Testamentsvollstreckers, dh der Wert des § 65 wird für **jeden einzelnen** Testamentsvollstrecker angesetzt, wenn mehrere Testamentsvollstrecker vorgesehen sind. Ob in solchen Fällen die Gebühr nach Nr. 12420 KV jeweils einmal für jeden Testamentsvollstrecker anfällt oder vom zusammengerechneten Gegenstandswert, hängt davon ab, ob es sich um ein oder mehrere Verfahren handelt.

6   Betrifft ein Verfahren sowohl die Entlassung des alten Testamentsvollstreckers als auch die Ernennung eines neuen Testamentsvollstreckers, sind jeweils 10 % des Wertes anzusetzen, insgesamt also 20 %.[1]

7   Betrifft die Testamentsvollstreckung nur einen oder mehrere Miterben, nicht alle Miterben oder nur einen Teil des Nachlasses, ist in entsprechender Anwendung von § 40 Abs. 2 und 3 nur der Wert des Anteils des betroffenen Miterbens bzw des betroffenen Nachlasses anzusetzen.

§ 66 (weggefallen)

1   Die Geschäftswertvorschrift des § 66 galt nur vom 1.8.–31.8.2013.[1] Seit 1.9.2013 gilt wortgleich § **118 a** (s. dort). Hintergrund ist der Umstand, dass die **Teilungssachen** seit dem 1.9.2013 nicht mehr durch das Gericht, sondern durch **Notare** durchgeführt werden. Es entfällt damit die gerichtliche Geschäftswertvorschrift in § 66, es gilt die notarielle Geschäftswertvorschrift § 118 a, die erforderlich ist, da anderenfalls § 36 anwendbar gewesen wäre.

§ 67 Bestimmte unternehmensrechtliche Verfahren und bestimmte Vereins- und Stiftungssachen

(1) Der Geschäftswert in einem unternehmensrechtlichen Verfahren und in einem Verfahren in Vereinssachen beträgt

1. bei Kapitalgesellschaften und Versicherungsvereinen auf Gegenseitigkeit 60.000 Euro,
2. bei Personenhandels- und Partnerschaftsgesellschaften sowie bei Genossenschaften 30.000 Euro,
3. bei Vereinen und Stiftungen 5.000 Euro und
4. in sonstigen Fällen 10.000 Euro,

wenn das Verfahren die Ernennung oder Abberufung von Personen betrifft.

(2) Der Geschäftswert im Verfahren über die Verpflichtung des Dispacheurs zur Aufmachung der Dispache (§ 403 des Gesetzes über das Verfahren in Familiensachen und in den Angelegenheiten der freiwilligen Gerichtsbarkeit) beträgt 10.000 Euro.

(3) Ist der nach Absatz 1 oder Absatz 2 bestimmte Wert nach den besonderen Umständen des Einzelfalls unbillig, kann das Gericht einen höheren oder einen niedrigeren Wert festsetzen.

I. Allgemeines

1   Das Gericht der freiwilligen Gerichtsbarkeit ist in einer Vielzahl von Fällen in unternehmensrechtliche Entscheidungen eingebunden, etwa im Zusammenhang mit der Abberufung oder Bestellung von Vorständen, Geschäftsführern und Prüfern. Die **unternehmensrechtlichen Verfahren** sind im Einzelnen aufgezählt in § 375 **Nr. 1–16** FamFG. Dort wird Bezug genommen auf Regelungen des HGB (Nr. 1), des Binnenschifffahrtsgesetzes (Nr. 2), des AktG (Nr. 3), der Verordnung (EG) Nr. 2157/2001 über das Statut der Europä-

---

1 BR-Drucks 517/12, S. 251. **1** Aufgehoben durch Art. 44 Nr. 2 Ziff. 7 des 2. KostRMoG v. 23.7.2013 (BGBl. I 2586, 2709).

ischen Gesellschaft (SE) und des SE-Ausführungsgesetzes (Nr. 4), des UmwG (Nr. 5), des GmbH-Gesetzes (Nr. 6), des Genossenschaftsgesetzes (Nr. 7), der Verordnung (EG) Nr. 1435/2003 über das Statut der Europäischen Genossenschaft (SCE) (Nr. 8), des Publizitätsgesetzes (Nr. 9), des MontanMitbestG (Nr. 10), des Kreditwesengesetzes (Nr. 11), des Investmentgesetzes (Nr. 11 a), des VAG und des Finanzkonglomerate-Aufsichtsgesetzes (Nr. 13), des Börsengesetzes (Nr. 14), des Partnerschaftsgesellschaftsgesetzes (Nr. 15) und des Schuldverschreibungsgesetzes (Nr. 16).

Ergänzend zu den unternehmensrechtlichen Verfahren nach § 375 FamFG betrifft § 67 auch die **Verfahren** **2** **in Vereinssachen.**

Aus dem weiten Kreis der danach denkbaren Verfahren regelt § 67 den Wert der Verfahren, die die **Erne-** **3** **nnung oder Abberufung von Personen** betreffen.

§ 67 sieht feste, nach der rechtlichen Form der betroffenen Unternehmen gestaffelte Wertbeträge vor, die **4** nach Abs. 3 im Einzelfall angepasst werden können.

II. Werte für Verfahren über die Ernennung oder Abberufung von Personen

1. Regelwerte (Abs. 1 und 2). § 67 betrifft unternehmensrechtliche Verfahren und Verfahren in Vereinssa- **5** chen. Die unternehmensrechtlichen Verfahren sind abschließend aufgeführt in § 375 FamFG (→ Rn 1).

Geregelt sind nur die Werte in solchen Verfahren, die die **Ernennung oder Abberufung** von Personen be- **6** trifft, also nicht Verfahren, die etwa darauf zielen, bestimmte Anweisungen an Personen zu geben, oder Verfahren, die in anderer Weise in die Organisation von Unternehmen eingreifen. Für diese anderweitigen Verfahren gilt § 36.

In teilweiser Übereinstimmung mit den Werten bei der Beurkundung einer späteren Anmeldung derartiger **7** Unternehmen in § 105 Abs. 4 sieht **Abs. 1** folgende **Wertstufen** vor:

- Kapitalgesellschaften und Versicherungsvereine auf Gegenseitigkeit: 60.000 € (Nr. 1);
- Personenhandels- und Partnerschaftsgesellschaften sowie Genossenschaften: 30.000 € (Nr. 2);
- Vereine und Stiftungen: 5.000 € (Nr. 3);
- sonstige Fälle: 10.000 € (Nr. 4).

Der vergleichsweise niedrige Wert bei Vereinen und Stiftungen (Abs. 1 Nr. 3) beruht auf gesellschaftspoliti- **8** schen Gründen: Vereine und Stiftungen sollen durch hohe Gerichtsgebühren nicht übermäßig belastet werden.

Abs. 2 betrifft das besondere Verfahren nach **§ 403 FamFG:** Ist ein **Dispacheur** (Beauftragter zur Feststel- **9** lung und Verteilung des Schadens bei Schiffsschäden, an denen mehrere Personen beteiligt sind) bestellt, weigert er sich aber, die Dispache aufzumachen, weil nach seiner Auffassung ein Fall der großen Haverei nicht vorliege, muss über die Verpflichtung des Dispacheurs das Gericht entscheiden. Dieses Verfahren hat gem. Abs. 2 einen Wert von 10.000 €.

2. Unbilligkeitsklausel (Abs. 3). Da die festen Sätze des Abs. 1 und 2 möglicherweise nicht der Vielfalt des **10** praktischen Lebens immer gerecht werden, ist in **Abs. 3** von einer Klausel Gebrauch gemacht worden, die vom Gesetzgeber bei grundsätzlicher Pauschalierung, aber Möglichkeit der Abweichung im Einzelfall häufi-ger verwandt worden ist (zB Kindschaftssachen, § 44 Abs. 3 und § 45 Abs. 3 FamGKG; Ehewohnungs- und Haushaltssachen, § 48 Abs. 3 FamGKG; Gewaltschutzsachen, § 49 Abs. 2 FamGKG; Versorgungsaus-gleichssachen, § 50 Abs. 3 FamGKG).

Voraussetzungen für die **Anpassung des Werts** durch das Gericht sind: Einzelfall, besondere Umstände, Un- **11** billigkeit.

Es darf sich nicht um den Regelfall handeln, die besonderen Umstände müssen in dem konkreten Einzelfall **12** dargelegt sein. Der im Gesetz vorgesehene Wert muss aufgrund dieser besonderen Umstände des Einzelfal-les deutlich zu niedrig oder zu hoch sein, nur dann ist er unbillig. Liegen diese Voraussetzungen vor, kann das Gericht einen **höheren oder niedrigeren Wert** festsetzen.

Da bei einer häufigen Anwendung dieser Klausel durch die Gerichte die für die Rechtssicherheit und Ver- **13** einfachung des Verfahrens gewollten Vorteile der festen Pauschalwerte verlorengehen, muss die Unbillig-keitsklausel nach Abs. 3, wie die übrigen entsprechenden Unbilligkeitsklauseln, sehr zurückhaltend ange-wandt werden.

Es ist Sache der Beteiligten, dem Gericht die besonderen Gründe für eine abweichende Wertfestsetzung im **14** Einzelnen darzulegen.

§ 68 Verhandlung über Dispache

Geschäftswert in dem Verfahren zum Zweck der Verhandlung über die Dispache ist die Summe der Anteile, die die an der Verhandlung Beteiligten an dem Schaden zu tragen haben.

1   Die Vorschrift bestimmt den Wert eines bestimmten Verfahrens, in dem Dispacheur und Geschädigte vor dem Gericht verhandeln. Es handelt sich um das in §§ 405 ff FamFG geregelte Verfahren über die Dispache. Zugrunde zu legen ist der Schaden. Es kommt nicht auf den Gesamtschaden an, maßgeblich ist vielmehr der Schaden, den die am Verfahren Beteiligten zu tragen haben.

§ 69 Eintragungen im Grundbuch, Schiffs- oder Schiffsbauregister

(1) [1]Geschäftswert für die Eintragung desselben Eigentümers bei mehreren Grundstücken ist der zusammengerechnete Wert dieser Grundstücke, wenn das Grundbuch über diese bei demselben Grundbuchamt geführt wird, die Eintragungsanträge in demselben Dokument enthalten sind und am selben Tag beim Grundbuchamt eingehen. [2]Satz 1 ist auf grundstücksgleiche Rechte und auf Eintragungen in das Schiffs- und Schiffsbauregister entsprechend anzuwenden.

(2) [1]Geschäftswert für die Eintragung mehrerer Veränderungen, die sich auf dasselbe Recht beziehen, ist der zusammengerechnete Wert der Veränderungen, wenn die Eintragungsanträge in demselben Dokument enthalten sind und am selben Tag bei dem Grundbuchamt oder Registergericht eingehen. [2]Der Wert des Rechts darf auch bei mehreren Veränderungen nicht überschritten werden.

I. Allgemeines

1   Grundsätzlich ist die Eintragung eines Eigentümers bei einem Grundstück jeweils ein eigenes gerichtliches Verfahren. Abs. 1 S. 1 bestimmt, dass dann, wenn **derselbe Eigentümer** bei **mehreren Grundstücken**, die **bei demselben Grundbuchamt** geführt werden, eingetragen wird, es sich nicht um zwei Verfahren handelt, sondern um ein Verfahren mit dem zusammengerechneten Wert der Grundstücke, sofern die Eintragungsanträge in demselben Dokument enthalten sind und am selben Tag beim Grundbuchamt eingehen.

2   Die Regelung wird erweitert auf grundstücksgleiche Rechte und auf Eintragungen in das Schiffs- und Schiffsbauregister (vgl Abs. 1 S. 2).

II. Eintragung eines Eigentümers bei mehreren Grundstücken und grundstücksgleichen Rechten (Abs. 1)

3   Unter den in Abs. 1 genannten Voraussetzungen wird die Eintragung desselben Eigentümers bei mehreren Grundstücken als **ein Verfahren** angesehen mit der Folge, dass nicht zwei Gebühren nach dem jeweiligen Wert des Grundstücks entstehen, sondern eine Gebühr nach dem **addierten Wert der Grundstücke** mit dem sich dadurch für den Eigentümer ergebenden Degressionsvorteil.

4   Voraussetzung ist die **Eintragung derselben Person**, unabhängig davon, ob es sich um eine einzige natürliche Person oder mehrere Miteigentümer zu gleichen Anteilen handelt. Nicht ausreichend ist, dass ein Grundstück zugunsten von Ehegatten eingetragen wird, das andere Grundstück nur zugunsten des Ehemannes oder der Ehefrau.

5   Bei der Eintragung von juristischen Personen oder diesen im Rechtsverkehr gleichgestellten Personengesellschaften kommt es auf die einzelne juristische Person an, nicht darauf, wer Inhaber ist. Sind Eheleute also zum einen die einzigen Gesellschafter einer GmbH und einer OHG, handelt es sich nicht um dieselben Eigentümer.[1]

6   Voraussetzungen sind:
- Die Grundbücher werden bei **demselben Grundbuchamt** geführt, es kommt nicht auf dasselbe Grundbuchblatt oder Grundbuch an;
- die Eintragungsanträge sind **in demselben Dokument** enthalten und
- sie gehen **am selben Tag** beim Grundbuchamt ein.

7   Die Regelung des Abs. 1 S. 1 gilt entsprechend für die Eintragung **grundstücksgleicher Rechte** (Abs. 1 S. 2). Das sind Erbbaurechte, Bergwerkseigentum und gleichgestellte Rechte, wie zB Salzabbaugerechtigkeiten, Fährgerechtigkeiten, Gebäudeeigentum der ehemaligen DDR.

---

1 Korintenberg/*Klüsener*, § 69 Rn 7.

III. Eintragung mehrerer Veränderungen, die sich auf dasselbe Recht beziehen (Abs. 2)

Veränderungen des Rechts stehen im Gegensatz zur Eintragung des Rechts und Löschung des Rechts und 8 betreffen Veränderungen der Person des Berechtigten, des Inhalt des Rechts, seinen Rang, Belastung des Rechts und Verfügungsbeschränkungen.

Wird mit einem oder mehreren Anträgen, die aber in einem gemeinsamen Dokument (idR notarielle Urkunde) enthalten sind, die Eintragung mehrerer Belastungen desselben Grundstücks verlangt, wird wiederum der Wert der Veränderungen dann addiert, wenn die Eintragungsanträge am selben Tag bei dem Grundbuchamt oder Registergericht eingehen (**Abs. 2 S. 1**). 9

Begrenzt wird der Wert bei mehreren Veränderungen durch den Wert des Rechts (**Abs. 2 S. 2**). Wird etwa 10 eine Grundschuld von 20.000 € abgetreten sowie der Zinssatz und die Zahlungsbedingungen geändert, bleibt es bei dem Gesamtwert von 20.000 €.[2]

§ 70 Gemeinschaften zur gesamten Hand

(1) [1]Ist oder wird eine Gesamthandsgemeinschaft im Grundbuch eingetragen, sind bei der Berechnung des Geschäftswerts die Anteile an der Gesamthandsgemeinschaft wie Bruchteile an dem Grundstück zu behandeln. [2]Im Zweifel gelten die Mitglieder der Gemeinschaft als zu gleichen Teilen am Gesamthandsvermögen beteiligt.

(2) [1]Ist eine Gesamthandsgemeinschaft im Grundbuch eingetragen und wird nunmehr ein Mitberechtigter der Gesamthandsgemeinschaft als Eigentümer oder werden nunmehr mehrere Mitberechtigte als Miteigentümer eingetragen, beträgt der Geschäftswert die Hälfte des Werts des Grundstücks. [2]Geht das Eigentum an dem Grundstück zu einem Bruchteil an einen oder mehrere Mitberechtigte der Gesamthandsgemeinschaft über, beträgt der Geschäftswert insoweit die Hälfte des Werts dieses Bruchteils.

(3) [1]Ein grundstücksgleiches oder sonstiges Recht steht einem Grundstück gleich; die Absätze 1 und 2 sind entsprechend anzuwenden. [2]Dies gilt auch für Rechte, die im Schiffsregister, im Schiffsbauregister und im Register für Pfandrechte an Luftfahrzeugen eingetragen sind. [3]Dabei treten an die Stelle der Grundstücke die in diese Register eingetragenen Schiffe, Schiffsbauwerke und Luftfahrzeuge, an die Stelle des Grundbuchamts das Registergericht.

(4) Die Absätze 1 bis 3 sind auf offene Handelsgesellschaften, Kommanditgesellschaften, Partnerschaften und Europäische wirtschaftliche Interessenvereinigungen nicht und auf Gesellschaften bürgerlichen Rechts nur für die Eintragung einer Änderung im Gesellschafterbestand anzuwenden.

Die Vorschrift regelt die Bewertung von **Änderungen bei einer Gesamthandsgemeinschaft.** 1

Zum Zwecke der Wertberechnung wird die ideelle Beteiligung der Gesellschafter einer Erbengemeinschaft 2 oder Gesellschaft bürgerlichen Rechts an der Gesamthand wie die reale Beteiligung von Gemeinschaftern an einer Bruchteilsgemeinschaft bewertet (vgl **Abs. 1 S. 1**). Die Gesellschafter A, B und C einer BGB-Gesellschaft werden also den Bruchteilseigentümern A, B und C einer Bruchteilsgemeinschaft gleichgestellt, bei einem Wert des Grundstückes von 300.000 € entfallen auf jeden Gesellschafter 100.000 €.

Abs. 1 S. 2 stellt klar, dass mangels anderweitiger Regelung die Mitglieder der Gemeinschaft als zu gleichen 3 Teilen am Gesamthandsvermögen beteiligt gelten. Überträgt der Mitgesellschafter A seinen Anteil auf den außenstehenden neuen Gesellschafter D, so beträgt der Wert 100.000 €.

Nach **Abs. 2** werden die Fälle der Übertragung **innerhalb** der bestehenden Gesamthandsgemeinschaft privi- 4 legiert.

Es handelt sich zunächst gem. **Abs. 2 S. 1** um Fälle, in denen das Gesamthandseigentum **aufgelöst** wird und 5 entweder ein Mitberechtigter als Eigentümer eingetragen wird – die aus A, B und C bestehende Erbengemeinschaft überträgt das Grundstück auf A zu Alleineigentum – oder mehrere Mitberechtigte werden als Miteigentümer eingetragen – die Erbengemeinschaft A, B und C überträgt an A und B als Miteigentümer zu je ½ oder auch auf A, B und C als Miteigentümer zu je 1/3. In diesen Fällen wird – unabhängig von der Beteiligung der einzelnen Gesamthandsberechtigten – die Hälfte des Gesamtwerts des Grundstückes zugrunde gelegt.

Entsprechendes gilt nach **Abs. 2 S. 2** für den Fall, dass die Gesamthandsgemeinschaft **nicht aufgelöst** wird, 6 sondern ein Bruchteil am Grundstück auf einen oder mehrere Mitberechtigte der Gesamthandsgemeinschaft übertragen wird. Auch in diesem Falle wird der Geschäftswert nach der Hälfte des Werts des zu

---

[2] Korintenberg/*Klüsener*, § 69 Rn 24.

übertragenden Bruchteils berechnet. Überträgt eine aus A und B bestehende, im Übrigen noch weiterhin bestehende Erbengemeinschaft im Wege des Kaufvertrags ein Grundstück an den Miterben A zu 70 % und dessen Frau zu 30 % gilt Folgendes: Für die außenstehende Ehefrau ist der volle Wert des 30 %igen Bruchteils anzusetzen. Für den Miterben A ist der 70 %ige Bruchteil nach Abs. 2 S. 2 privilegiert, er wird zur Hälfte angesetzt, also mit 35 %, so dass der Gesamtwert 65 % beträgt.[1]

7   **Abs. 3 S. 1** überträgt die für das Eigentum der Gesamthandsgemeinschaft geltenden Regeln auch für die **sonstigen, im Grundbuch eingetragenen Rechte** einer Gesamthandsgemeinschaft, also etwa einer Gesamthandsgemeinschaft als Gläubigerin eines Grundpfandrechts.

Abs. 3 S. 2 und 3 überträgt die Regelungen von Abs. 1 und 2 auch für die **Rechte an im Schiffsregister** eingetragenen Schiffen, im **Schiffsbauregister** eingetragenen Schiffsbauwerken und im **Register für Pfandrechte an Luftfahrzeugen** eingetragenen Luftfahrzeugen. Auch hier werden Änderungen im Bestand und Übertragungen nach den Regeln der Abs. 1 und 2 bewertet.

8   Die Sonderregelungen der Gesamthandsgemeinschaft in Abs. 1–3 sind **nicht anzuwenden** auf offene Handelsgesellschaften, Kommanditgesellschaften, Partnerschaften und Europäische wirtschaftliche Interessenvereinigungen (**Abs. 4**), auch wenn es sich hier rechtlich um Gesamthandsgemeinschaften handelt. Denn diese Gesellschaften werden unter ihrer Firma im Grundbuch eingetragen, Veränderungen des Gesellschaftsbestands werden im Grundbuch nicht vermerkt. Die **Änderung im Gesellschafterbestand** ist für das Grundbuch unerheblich, es gibt insoweit keine Verfahren. Wird ein Grundstück oder Grundstücksbruchteil auf einen Gesellschafter der vorgenannten Gesellschafter übertragen oder überträgt ein Gesellschafter sein Grundstück auf die Gesellschaft, findet keine Privilegierung statt, es handelt sich sowohl aus formeller wie auch aus materieller Sicht um den Wechsel des Rechtsträgers.

9   Für die **Gesellschaft bürgerlichen Rechts** gelten dann dieselben Regelungen (**Abs. 4**): Nach der Anerkennung der Rechtsfähigkeit der GbR durch den BGH[2] wird die Übertragung des Eigentums oder Bruchteilseigentums an dem bisher von der GbR gehaltenen Grundstück nicht privilegiert, es handelt sich um die Änderung des Eigentümers nach allgemeinen Regeln.

10 Dagegen wird bei der GbR berücksichtigt, dass **Änderungen im Gesellschafterbestand** nach §§ 47 Abs. 2, 82 GBO im Grundbuch einzutragen sind – im Gegensatz zu der nicht erfolgenden Eintragung der Gesellschafter einer Handelsgesellschaft. Für diese Änderungen im Gesellschafterbestand gilt wiederum **Abs. 1** mit der Folge, dass nur der Anteil des Gesellschafters, der ausscheidet bzw überträgt, bei der Wertberechnung zugrunde gelegt wird. Damit bleibt die GbR gegenüber den Handelsgesellschaftern hinsichtlich der Gerichtsgebühren benachteiligt, allerdings in regelmäßig deutlich geringerem Umfang als beim Ansatz des vollen Wertes des Grundstücks.

§ 71 Nachträgliche Erteilung eines Hypotheken-, Grundschuld- oder Rentenschuldbriefs

(1) Bei der nachträglichen Erteilung eines Hypotheken-, Grundschuld- oder Rentenschuldbriefs ist Geschäftswert der für die Eintragung des Rechts maßgebende Wert.

(2) Für die nachträgliche Gesamtbrieferteilung gilt § 44 Absatz 1 entsprechend.

I. Nachträgliche Brieferteilung (Abs. 1)

1   Abs. 1 regelt zum einen die gebührenrechtliche Komponente zu § 67 GBO[1] und ordnet an, dass sich der Geschäftswert bei Erteilung eines neuen Briefes nach dem für die Eintragung des Grundpfandrechts maßgeblichen Wert richtet. Es gilt demnach der **Nennbetrag der Schuld** bzw der Ablösungssumme (§ 53 Abs. 1).

2   Darüber hinaus betrifft Abs. 1 die Umwandlung einer Buchhypothek in eine Briefhypothek (§ 1116 Abs. 3 BGB) und die Verteilung einer Gesamthypothek (§ 64 GBO, § 1132 Abs. 2 BGB).

3   Der **Gebührentatbestand** ergibt sich aus **Nr. 14124 KV**.

II. Gesamtbrief (Abs. 2)

4   Abs. 2 bezieht sich auf §§ 59, 63 GBO, dh auf die nachträgliche Brieferteilung bei Gesamthypotheken (§ 1132 BGB) und -grundschulden. Erfasst ist demnach die nachträgliche Einbeziehung eines Grundstücks in die Mithaft. Wenn das mithaftende Grundstück bei **demselben Grundbuchamt** geführt wird, fällt eine Gebühr nach Nr. 14123 KV an und ein neuer (Gesamt-)Brief ist nur auf Antrag zu erteilen. Anderenfalls

1 BR-Drucks 517/12, S. 254. **2** BGH NJW 2001, 1056. **1** Korintenberg/*Hellstab*, § 71 Rn 3.

wird für die bloße Vervollständigung des bisherigen Briefes eine Pauschalgebühr nach Nr. 14125 KV erhoben. Bei Grundstücken von **verschiedenen Grundbuchämtern** sind gem. § 59 Abs. 2 GBO besondere Briefe zu erteilen und miteinander zu verbinden. Dadurch entsteht ein Gesamtbrief. Hierfür werden die Gebühren gesondert erhoben (Nr. 14124 KV).

Die etwas kryptische **Verweisung auf § 44 Abs. 1** will Folgendes sagen: Im Vergleich zwischen dem Wert des   5
nachträglich einbezogenen Grundstücks und dem Nennbetrag des Rechts ist der niedrigere Wert entscheidend. Das gilt auch für die Kosten des anderen Grundbuchamtes, das gem. § 59 Abs. 2 GBO nachträglich einen besonderen Brief zu erteilen hat und hierfür die Gebühr nach Nr. 14124 KV erhebt.

Für die Bestimmung des Werts ist auf den Zeitpunkt der Briefbildung abzustellen (§ 59).   6

§ 72 Gerichtliche Entscheidung über die abschließenden Feststellungen der Sonderprüfer

(1) [1]Den Geschäftswert im gerichtlichen Verfahren über die abschließenden Feststellungen der Sonderprüfer nach § 259 Absatz 2 und 3 des Aktiengesetzes bestimmt das Gericht unter Berücksichtigung aller Umstände des einzelnen Falles nach billigem Ermessen, insbesondere unter Berücksichtigung der Bedeutung der Sache für die Parteien. [2]Er darf jedoch ein Zehntel des Grundkapitals oder, wenn dieses Zehntel mehr als 500.000 Euro beträgt, 500.000 Euro nur insoweit übersteigen, als die Bedeutung der Sache für den Kläger höher zu bewerten ist.

(2) Die Vorschriften über die Anordnung der Streitwertbegünstigung (§ 260 Absatz 4 Satz 2 des Aktiengesetzes in Verbindung mit § 247 Absatz 2 und 3 des Aktiengesetzes) sind anzuwenden.

I. Allgemeines

Abs. 1 wiederholt die in §§ 260 Abs. 4 S. 2, 247 Abs. 1 AktG bereits vorhandene Regelung. Abs. 2 trifft   1
eine eigentlich überflüssige Anwendungsanordnung.

II. Anwendungsbereich

Hinsichtlich der **Feststellung des Jahresabschlusses** einer AG (§§ 172 f AktG) kann ein Minderheitsquorum   2
bei Gericht den Antrag auf Bestellung von Sonderprüfern stellen (§ 258 AktG). Die **Sonderprüfer** haben einen schriftlichen Prüfbericht zu erstellen und dem Vorstand der AG vorzulegen sowie abschließende Feststellungen zu etwaigen Unterbewertungen zu treffen (§ 259 AktG). Diese Feststellungen wiederum kann die AG oder eine Aktionärsminderheit zur gerichtlichen Entscheidung stellen (§ 260 AktG).

Für diese Verfahren gilt das FamFG (§§ 260 Abs. 3 S. 1, 99 Abs. 1 AktG) und sie werden auch hinsichtlich   3
der Gerichtskosten dem GNotKG unterworfen (§ 1 Abs. 2 Nr. 1).

III. Regelwert (Abs. 1)

1. Ermessenskriterien (Abs. 1 S. 1). Abs. 1 gestattet dem Gericht eine **Ermessenentscheidung**, gibt im Ge-   4
gensatz zu § 3 ZPO aber ein wesentliches Kriterium vor. Zu beachten sind einerseits die Interessen der Aktionäre, die den Antrag nach § 258 AktG oder § 260 AktG gestellt haben. Deren wirtschaftliche Verhältnisse sind allerdings nicht ausschlaggebend; sie spielen nur bei Abs. 2 eine Rolle. Zum Schutz vor übermäßiger Berücksichtigung des andererseits relevanten Gesellschaftsinteresses ist der Geschäftswert regelmäßig auf 1/10 des Grundkapitals bzw 500.000 € begrenzt (→ Rn 8). Durchaus zu berücksichtigen sind darüber hinaus die Interessen der übrigen Aktionäre, denn die Entscheidung des Gerichts bindet auch sie (§§ 260 Abs. 3 S. 1, 99 Abs. 5 S. 2 AktG).[1]

Dem höheren Interesse (meist der Gesellschaft) ist nicht grds. immer der Vorrang einzuräumen. Es ist viel-   5
mehr eine Zwischengröße zu ermitteln.[2]

Da auch das Antragsrecht der Aktionäre an ein Minderheitenquorum von 1/20 geknüpft ist (§ 260 Abs. 1   6
S. 1 AktG), erscheint es am zweckmäßigsten, **im Regelfall** einen **bestimmten Anteil des Grundkapitals** als Geschäftswert festzusetzen. Die Grundkapitalziffer (§ 6 AktG) ist dem Gericht bekannt oder ohne weiteres zu ermitteln. Die Berücksichtigung „aller Umstände des einzelnen Falles" ist kaum möglich und wäre auch übertrieben.

Daher dürfte es angemessen sein, **etwa 20 %** des von den Antragstellern (bzw Beschwerdeführern) reprä-   7
sentierten Grundkapitals als Geschäftswert zugrunde zu legen. Abweichungen hiervon sind insb. geboten,

---

1 BGH WM 1981, 1344; OLG München BB 1962, 690. **2** OLG Frankfurt AG 2002, 562.

wenn es sich um Bilanzpositionen von erheblicher Bedeutung handelt[3] oder sich das Begehren der Antragsteller aus Sicht der Gesellschaft und im Verhältnis zur Bilanzsumme als bloße „Lästigkeit" darstellt.[4] Der hiesige Vorschlag stellt nur ein denkbares Hilfsverfahren dar, das von einer Ermessensausübung nicht entbindet.

8   **2. Obergrenze (Abs. 1 S. 2).** Wie in § 247 Abs. 1 S. 2 AktG ist der Geschäftswert in zweifacher Weise begrenzt, soweit nicht das **Interesse der Antragsteller** höher zu bewerten ist. Auch dies ist vom Ermessen des Gerichts umfasst. Die Überschreitung von 500.000 € wird am ehesten bei Großaktionären gerechtfertigt sein. Aber auch hier bildet der Kurswert der Aktien regelmäßig eine Obergrenze.[5]

9   **3. Gebührentatbestand.** Aus dem Geschäftswert ist eine Gebühr nach **Nr. 13500 KV** bzw Nr. 13504 KV zu erheben, im Beschwerdeverfahren nach Nr. 13610 KV.

IV. Geschäftswertbegünstigung (Abs. 2)

10   **1. Voraussetzungen und Folgen.** §§ 260 Abs. 4 S. 2, 247 Abs. 2 AktG erlauben die Festsetzung eines Teilgeschäftswerts zugunsten eines Beteiligten, bei dem die Belastung aus dem Regelgeschäftswert zu einer erheblichen Gefährdung seiner wirtschaftlichen Lage führen würde. Der Regelgeschäftswert muss zur Folge haben, dass eine wesentliche Beeinträchtigung der Lebensführung durch Schmälerung laufender Einkünfte droht oder dass ein erheblicher Teil des Vermögens geopfert werden müsste.[6]

11   Die Möglichkeit der Bewilligung von **Verfahrenskostenhilfe** (§§ 76 ff FamFG) schließt die Herabsetzung des Streitwerts nicht notwendig aus, weil Voraussetzungen und Folgen nicht identisch sind.[7] Allerdings ist zu beachten, dass eine Kumulation von VKH-Bewilligung und Geschäftswertbegünstigung nicht zu ungewünschter Risikoentlastung führt.

12   Keine Begünstigung ist zu gewähren, wenn der Antrag nach § 260 AktG offensichtlich **aussichtslos oder mutwillig** ist.[8]

13   Der Teilgeschäftswert betrifft nur die jeweilige Instanz.[9] Er gilt für die Gerichtskosten, soweit sie der begünstigte Beteiligte zu tragen hat sowie für seine Anwaltskosten. Er ist ferner maßgebend für die Kostenerstattung durch den begünstigten Beteiligten. Kann dieser Kostenerstattung verlangen, richten sich die Gebühren seines Rechtsanwalts gewöhnlich nach dem Regelgeschäftswert (§ 247 Abs. 2 S. 4 AktG).

14   **2. Verfahren.** Der **Antrag** auf Geschäftswertbegünstigung kann schriftlich oder zu Protokoll der Geschäftsstelle gestellt werden (§§ 260 Abs. 4 S. 2, 247 Abs. 3 S. 1 AktG). Mit der Antragstellung sind die Umstände, aus denen sich erhebliche Gefährdung der wirtschaftlichen Lage ergibt, glaubhaft zu machen. Der Antrag muss vor der Entscheidung des Gerichts in Hauptsache gestellt werden, es sei denn, der Regelgeschäftswert wird gem. § 79 Abs. 2 heraufgesetzt (§§ 260 Abs. 4 S. 2, 247 Abs. 3 S. 2 und 3 AktG). Den übrigen Beteiligten ist vor der Entscheidung rechtliches Gehör zu gewähren.

15   Bei begründetem Antrag lautet der **Beschluss** bspw.:

> „1.   Der Geschäftswert wird auf 175.000 € festgesetzt.
> 2.   Die Verpflichtung zur Zahlung von Gerichtskosten und Rechtsanwaltsgebühren bemisst sich für den Beteiligten ... nach einem Geschäftswert von 50.000 €."

16   Hiergegen kann die Staatskasse aus eigenem Recht **Beschwerde** einlegen (§ 83). Gleiches gilt für den Rechtsanwalt des Begünstigten (§ 32 Abs. 2 RVG). Wird die Begünstigung nicht gewährt, ist dies ebenfalls beschwerdefähig.[10]

§ 73 Ausschlussverfahren nach dem Wertpapiererwerbs- und Übernahmegesetz

Geschäftswert im Verfahren über den Ausschluss von Aktionären nach den §§ 39 a und 39 b des Wertpapiererwerbs- und Übernahmegesetzes ist der Betrag, der dem Wert aller Aktien entspricht, auf die sich der Ausschluss bezieht; der Geschäftswert beträgt mindestens 200.000 Euro und höchstens 7,5 Millionen Euro.

I. Allgemeines

1   Die Vorschrift regelt einen Geschäftswertrahmen, bestimmt also Mindest- und Höchstwert.

---

3 BGH NJW-RR 1992, 1122. **4** BGH NZG 2009, 1438. **5** OLG Frankfurt JurBüro 1976, 347, 348. **6** OLG Celle DB 1992, 466. **7** OLG Frankfurt OLGZ 1990, 351, 352. **8** BGH NJW-RR 1992, 484; OLG Hamm WM 1993, 1283. **9** BGH NJW-RR 1993, 222. **10** OLG Frankfurt JurBüro 1976, 347; ausf. *Gruber*, MDR 2016, 310.

II. Anwendungsbereich

§ 39 a WpÜG erlaubt den **Ausschluss der Minderheitsaktionäre** im Anschluss an ein öffentliches Übernahme- oder Pflichtangebot zum Erwerb von Aktien einer Zielgesellschaft (wertpapierrechtlicher squeeze out). Die Übertragung von bis zu 5 % der verbliebenen Aktien auf den Hauptaktionär erfolgt auf Antrag durch gerichtlichen Beschluss (§ 39 b Abs. 3 S. 1 WpÜG). Es handelt sich um ein Verfahren der freiwilligen Gerichtsbarkeit (§ 39 b Abs. 1 WpÜG). Die Geltung des GNotKG stellt § **1 Abs. 2 Nr. 6** zusätzlich klar. **2**

Für den **Rechtsanwalt eines Antragsgegners** richtet sich der Gegenstandswert nach der eigenständigen Regelung des § 31 a RVG. **3**

III. Geschäftswert

Der Geschäftswert bemisst sich nach dem Wert aller nach § 39 b Abs. 5 S. 3 WpÜG übertragenen Aktien. Damit ist nicht der Nennbetrag gemeint, sondern der **Börsenkurswert.** Er wird regelmäßig der als angemessen festgesetzten **Abfindung** entsprechen.[1] Entscheidend ist der Zeitpunkt der Antragstellung (§ 59 S. 1), so dass es keine Auswirkung hat, wenn der Bieter bis zum Übertragungsbeschluss weitere Aktien erworben hat. Der Betrag von 200.000 € darf nicht unterschritten, der von 7,5 Mio. € nicht überschritten werden. Eine Ausnahme in Einzelfällen ist dem Gericht nicht gestattet.[2] **4**

Dass bei **Zurückweisung oder Zurücknahme des Antrags** stets der Mindestwert von 200.000 € festzusetzen sei,[3] findet im geltenden Recht keine Stütze. In Fällen des § 39 a WpÜG lässt sich der Wert der Minderheitsaktien auch dann ermitteln, wenn das Gericht nicht über die Höhe der Abfindung entscheiden muss. **5**

Aus dem Geschäftswert fällt eine Gebühr nach **Nr. 13500 KV** bzw Nr. 13504 KV an, im Beschwerdeverfahren nach Nr. 13610 KV. **6**

§ 74 Verfahren nach dem Spruchverfahrensgesetz

[1]Geschäftswert im gerichtlichen Verfahren nach dem Spruchverfahrensgesetz ist der Betrag, der von allen in § 3 des Spruchverfahrensgesetzes genannten Antragsberechtigten nach der Entscheidung des Gerichts zusätzlich zu dem ursprünglich angebotenen Betrag insgesamt gefordert werden kann; der Geschäftswert beträgt mindestens 200.000 Euro und höchstens 7,5 Millionen Euro. [2]Maßgeblicher Zeitpunkt für die Bestimmung des Werts ist der Tag nach Ablauf der Antragsfrist (§ 4 Absatz 1 des Spruchverfahrensgesetzes).

I. Anwendungsbereich

Bei bestimmten gesellschaftsrechtlichen Umstrukturierungen ist der Streit um die **Höhe von Abfindungs- und Ausgleichszahlungen** zugunsten der betroffenen Gesellschafter nicht im Wege der Anfechtungsklage, sondern in einem eigenständigen Verfahren (Spruchverfahren) auszutragen. Der Anwendungsbereich des Spruchverfahrens ist in § **1 SpruchG** abschließend geregelt. **1**

Das gesamte Verfahren gehört zur freiwilligen Gerichtsbarkeit, das FamFG gilt aber nur ergänzend (§ 17 Abs. 1 FamFG). Die Anwendung des GNotKG stellt § **1 Abs. 2 Nr. 5** klar. **2**

Über den in § 74 geregelten Geschäftswert entscheidet der **Vorsitzende der Kammer für Handelssachen** allein (§ 2 Abs. 2 Nr. 6 SpruchG). **3**

Für den **Rechtsanwalt** eines Antragstellers gilt ein eigenständiger Gegenstandswert, der in Relation zum gerichtlichen Geschäftswert festzusetzen ist (§ 31 RVG). Demgegenüber richtet sich die Vergütung des **gemeinsamen Vertreters** der sonstigen Antragsberechtigten nach dem gerichtlichen Geschäftswert (§ 6 Abs. 2 S. 3 SpruchG). **4**

II. Geschäftswert

1. Wertfestsetzung. Der Geschäftswert ergibt sich aus der zugesprochenen zusätzlichen Kompensation – also dem Mehrbetrag –, multipliziert mit der Anzahl der Anteile der antragsberechtigten Gesellschafter. Ausnahmsweise ist der Geschäftswert also **vom Verfahrenserfolg abhängig**. Ergibt sich zB eine Zuzahlung je Aktie von 6 € und halten die außenstehenden Aktionäre 50.000 Aktien, so beträgt der Geschäftswert 300.000 €. Für die Zahl der berechtigten Anteilsinhaber ist auf den Tag nach Ablauf der Antragsfrist abzustellen (S. 2, § 4 Abs. 1 SpruchG). Unberücksichtigt bleiben demnach Anteilsinhaber, die eine angebotene **5**

---

1 MüKo-AktG/*Grunewald*, Bd. 6, 3. Aufl., § 39 b WpÜG Rn 25. **2** OLG Frankfurt NZG 2006, 951 (zu § 15 SpruchG aF). **3** So KölnerKomm-WpÜG/*Hasselbach*, 2. Aufl., § 39 b Rn 74.

Abfindung bereits vor diesem Stichtag angenommen haben.[1] Geltend gemachte Zinsen (zB nach § 305 Abs. 3 S. 3 AktG) sind ebenfalls nicht zu berücksichtigen (analog § 4 Abs. 1 ZPO).[2]

6 Bei **Zurückweisung des Antrags** als unzulässig oder unbegründet sowie bei **Rücknahme des Antrags** wird naturgemäß keine zusätzliche Kompensation festgelegt. Für den Geschäftswert ist dann nicht etwa auf § 36 Abs. 3 zurückzugreifen, sondern auf den Mindestwert von 200.000 €.[3] Gleiches gilt für die Verfahrensbeendigung durch Vergleich.[4]

7 Anders liegen die Dinge bei der (idR unstatthaften) **Anfechtung von Zwischenentscheidungen** im Spruchverfahren. Anstelle des § 74 sind hier §§ 36 Abs. 1, 61 Abs. 1 anzuwenden.[5]

8 **2. Gebührentatbestand.** Für das Verfahren fällt eine Gebühr nach **Nr. 13500 KV** an, die sich im Falle der Annahme eines gerichtlichen Vergleichsvorschlags um die Hälfte ermäßigt (Nr. 13503 KV). Im Beschwerdeverfahren gilt Nr. 13610 KV.

§ 75 Gerichtliche Entscheidung über die Zusammensetzung des Aufsichtsrats

Im gerichtlichen Verfahren über die Zusammensetzung des Aufsichtsrats, das sich nach den §§ 98 und 99 des Aktiengesetzes richtet, ist abweichend von § 36 Absatz 3 von einem Geschäftswert von 50.000 Euro auszugehen.

I. Anwendungsbereich

1 § 75 betrifft Verfahren, die sich nach §§ 98, 99 AktG richten. Diese Vorschriften gelten unmittelbar für Aktiengesellschaften und dort für **Streitigkeiten über die Zusammensetzung des Aufsichtsrats** (Statusverfahren).

2 Die Vorschriften der §§ 98, 99 AktG finden kraft Verweisung auch in Fällen der §§ 30 Abs. 3 S. 2, 31 Abs. 3 S. 2 AktG Anwendung.

3 § 75 ist rechtsformneutral gehalten.[1] Die Vorschrift gilt daher auch, soweit §§ 98, 99 AktG auf **andere Gesellschaftsformen** Anwendung finden.

4 Auch § 132 Abs. 3 AktG, der die gerichtliche Entscheidung über das Auskunftsrecht der Aktionäre betrifft, verweist auf § 99 AktG. Die frühere Geschäftswertvorschrift des § 132 Abs. 5 S. 6 AktG ist ersatzlos aufgehoben worden. Diesbezüglich bleibt es bei § 36 Abs. 3 und dem Regelwert von **5.000 €** (→ Rn 8).

5 § 99 AktG gilt schließlich auch für das Verfahren über die abschließenden Feststellungen der Sonderprüfer (§ 260 Abs. 3 S. 1 AktG). Hierfür existiert mit § 72 aber eine eigene Geschäftswertvorschrift.

II. Geschäftswert

6 **1. Zusammensetzung des Aufsichtsrats.** Mit dem Beschluss des Landgerichts über die gesetzliche Zusammensetzung des Aufsichtsrats (§§ 98 Abs. 4 S. 1, 99 Abs. 3 S. 1 AktG) ist der Geschäftswert festzusetzen (§ 79 Abs. 1 S. 1). Für den Geschäftswert gilt § 36, dh, es ist nach billigem Ermessen zu entscheiden. Nach allgemeinen Grundsätzen sind hierbei die Bedeutung und der Umfang der Angelegenheit sowie das Interesse der Beteiligten zu berücksichtigen.[2] Mangelt es diesbezüglich an ausreichenden Anhaltspunkten, ist ein **Regelgeschäftswert** von 50.000 € festzusetzen. § 75 modifiziert nur lediglich § 36 Abs. 3.

7 Der Regelgeschäftswert orientiert sich am Mindestgrundkapital der Aktiengesellschaft (§ 7 AktG). Daher rechtfertigen sich Abweichungen bei einer anderen **Grundkapitalziffer** der konkreten Gesellschaft oder bei Anwendung auf eine GmbH.[3] Der Höchstwert beträgt 1 Mio. € (§ 36 Abs. 2).

8 **2. Auskunftsrecht der Aktionäre (§ 132 AktG).** Wenn § 99 AktG über die Verweisung in § 132 Abs. 3 S. 1 AktG zur Anwendung kommt, ist für den Geschäftswert, wie schon erwähnt (→ Rn 4), ausschließlich § 36 mit seinem Regelwert von **5.000 €** maßgebend. Wenn das Verfahren mehrere selbständige Fragen betrifft, ist dieser Wert entsprechend zu multiplizieren.[4]

9 **3. Gebührentatbestand.** Aus dem Geschäftswert ist eine Gebühr nach **Nr. 13500 KV** bzw Nr. 13504 KV zu entrichten, für das Beschwerdeverfahren (§ 99 Abs. 3 S. 2 AktG) nach Nr. 13610 KV.

---

[1] BGH NZG 2002, 674; MüKo-AktG/*Kubis*, Bd. 5, 4. Aufl., § 15 SpruchG Rn 5. [2] OLG Düsseldorf AG 2000, 323, 326; OLG Stuttgart AG 2015, 321, 326; OLG Jena AG 2015, 450, 455. [3] OLG Schleswig NZG 2008, 876; OLG Frankfurt NZG 2006, 951; OLG Düsseldorf NZG 2004, 1171; OLG Stuttgart NZG 2004, 97; krit. *Tomson/Hammerschmitt*, NJW 2003, 2572, 2575. [4] MüKo-AktG/*Kubis*, Bd. 5, 4. Aufl., § 15 SpruchG Rn 8. [5] OLG Düsseldorf NZG 2013, 304; aA OLG Zweibrücken 18.9.2007 – 3 W 189/07, juris. [1] RegE BR-Drucks 517/12, S. 255. [2] BayObLG AG 1993, 517. [3] AA offenbar Korintenberg/*Hellstab*, § 75 Rn 5. [4] OLG Frankfurt DB 1992, 1920; OLG Köln OLGR 1995, 80; abw. BayObLG NJW-RR 2000, 1201; MüKo-AktG/*Kubis*, 3. Aufl., § 132 Rn 56 (keine schematische Multiplikation).

§ 76 Bestimmte Verfahren vor dem Landwirtschaftsgericht

Geschäftswert ist

1. in Feststellungsverfahren nach § 11 Absatz 1 Buchstabe g der Verfahrensordnung für Höfesachen der Wert des Hofs nach Abzug der Verbindlichkeiten,
2. in Wahlverfahren (§ 9 Absatz 2 Satz 1 der Höfeordnung) der Wert des gewählten Hofs nach Abzug der Verbindlichkeiten,
3. in Fristsetzungsverfahren (§ 9 Absatz 2 Satz 2 der Höfeordnung) die Hälfte des Werts des wertvollsten der noch zur Wahl stehenden Höfe nach Abzug der Verbindlichkeiten,
4. in gerichtlichen Verfahren aufgrund der Vorschriften über Einwendungen gegen das siedlungsrechtliche Vorkaufsrecht (§ 1 Nummer 3 des Gesetzes über das gerichtliche Verfahren in Landwirtschaftssachen) der Geschäftswert des zugrunde liegenden Kaufvertrags.

I. Gesetzliche Systematik

1. Allgemeines und Anwendungsbereich. § 76 und § 48 enthalten in systematisch wenig befriedigender Weise die einzigen Wertvorschriften in Landwirtschaftssachen. § 48 betrifft den Wert bei Übergabe eines land- und forstwirtschaftlichen Betriebes einschließlich eines Hofs iSd HöfeO und den Wert des Zuweisungsverfahrens, § 76 den Wert in Verfahren vor dem Landwirtschaftsgericht. **1**

Das Verfahren vor dem Landwirtschaftsgericht ist im Gesetz über das gerichtliche Verfahren in Landwirtschaftssachen (**LwVfG**) geregelt. Die Definition der **Landwirtschaftssachen** ergibt sich aus § 1 LwVfG. Die Verfahren werden nachfolgend im Einzelnen im Zusammenhang mit dem jeweiligen Geschäftswert erörtert. Das GNotKG gilt nicht für die Landpachtvertragssachen „im übrigen" iSv § 1 Nr. 1 a LwVfG, weil sich diese Verfahren gem. § 48 LwVfG nach der ZPO richten mit der Folge, dass für die Kosten das GKG maßgeblich ist. **2**

Darüber hinaus gilt in einigen Ländern als landwirtschaftliches Sonderrecht die **HöfeO** (→ Rn 27 ff und → § 48 Rn 64), in welcher auch Zuständigkeiten des Landwirtschaftsgerichts begründet werden. Deren Regelungen werden ergänzt durch die HöfeVfO, die bis zum Inkrafttreten des GNotKG in den §§ 18–24 auch Vorschriften über die Kosten und den Geschäftswert enthielt. **3**

Den Landwirtschaftsverfahren der freiwilligen Gerichtsbarkeit ist gemein, dass sie überwiegend auf **Antrag** eingeleitet werden. Teilweise handelt es sich um echte Streitverfahren, teilweise um Anträge auf gerichtliche Entscheidung in einem behördlichen Verfahren und teilweise um Genehmigungen. Einige Verfahren können jedoch auch **von Amts wegen** aufgenommen werden. ZB ist die Überprüfung der Hofeigenschaft und ggf Löschung des Hofvermerks von Amts wegen möglich. **4**

2. Normsynopse. Eine Textsynopse GNotKG mit HöfeVfO/LwVfG sich in der 1. Auflage (2014), § 76 Rn 5. **5**

3. Regelungsvergleich GNotKG/LwVfG/HöfeVfO. Ein Regelungsvergleich findet sich in der 1. Auflage (2014), § 76 Rn 6. **6**

II. Regelungsgehalt

1. Feststellungsverfahren nach § 11 Abs. 1 Buchst. g HöfeVfO (Nr. 1). Feststellungsverfahren iSv § 11 Abs. 1 Buchst. g HöfeVfO betreffen die Feststellung, wer nach dem Tode des Eigentümers eines Hofes Hoferbe geworden ist. Sie sind nicht zu verwechseln mit dem Verfahren auf Erteilung eines Hoffolgezeugnisses gem. § 18 Abs. 2 HöfeO (→ Rn 24). **7**

Der Hoferbe sollte das Feststellungsverfahren wählen, wenn er die rechtskräftige Entscheidung darüber anstrebt, wer Hoferbe geworden ist. Dieses Verfahren ist für ihn günstiger, weil eine der Einziehung des Hoffolgezeugnisses entsprechende Regelung nicht vorgesehen ist. **8**

Maßgeblich ist der Wert des Hofes iSv § 48 Abs. 3 Nr. 1. Wegen weiterer Einzelheiten wird auf die Kommentierung des § 48 verwiesen. Abzusetzen sind die Schulden, die gem. §§ 12 Abs. 3 S. 1, 15 Abs. 2 und 3 HöfeO im Verhältnis der Erben zueinander den Hof treffen und die der Hoferbe allein zu tragen hat.[1] § 15 Abs. 2 HöfeO bestimmt, dass die Nachlassverbindlichkeiten einschließlich der auf dem Hof ruhenden Hypotheken, Grund- und Rentenschulden, aber ohne die auf dem Hof ruhenden sonstigen Lasten (Altenteil, Nießbrauch usw), soweit das außer dem Hof vorhandene Vermögen dazu ausreicht, aus diesem zu berichtigen sind. Soweit die Nachlassverbindlichkeiten nicht nach § 15 Abs. 2 HöfeO berichtigt werden können, ist **9**

---

1 *Ernst*, § 20 HöfeVfO Rn 7.

der Hoferbe gem. § 15 Abs. 3 HöfeO den Miterben gegenüber verpflichtet, sie allein zu tragen und die Miterben von ihnen zu befreien.

10 **2. Wahlverfahren nach § 9 Abs. 2 S. 1 HöfeO (Nr. 2).** Ein Wahlverfahren iSv § 9 Abs. 2 S. 1 HöfeO findet statt, wenn der Erblasser mehrere Höfe hinterlässt. Dann können die als Hoferben berufenen Abkömmlinge in der Reihenfolge ihrer Berufung je einen Hof wählen; dabei kann jedoch nicht ein Hof gewählt werden, für den ein anderer Abkömmling, der noch nicht gewählt hat, nach § 6 Abs. 1 S. 1 Nr. 1 oder Nr. 2 HöfeO vorrangig als Hoferbe berufen ist. Sind mehr Höfe vorhanden als berechtigte Abkömmlinge, so wird die Wahl nach denselben Grundsätzen wiederholt. Hinterlässt der Eigentümer keine Abkömmlinge, so können die als Hoferben in derselben Ordnung Berufenen in der gleichen Weise wählen. Auch hier ist Geschäftswert der Wert des gewählten Hofs nach Abzug der Verbindlichkeiten (→ Rn 9). Die Bestimmung ist in der Praxis von geringer Bedeutung.

11 **3. Fristsetzungsverfahren nach § 9 Abs. 2 S. 2 HöfeO (Nr. 3).** Die Fristsetzungsverfahren hängen eng mit den Wahlverfahren zusammen. § 9 Abs. 2 S. 2 HöfeO sieht vor, dass das Gericht dem Wahlberechtigten auf Antrag eines nachstehenden Wahlberechtigten eine angemessene Frist zur Erklärung über die Wahl bestimmen kann. Nach fruchtlosem Ablauf der Frist tritt der Wahlberechtigte hinter die übrigen Wahlberechtigten zurück. In diesem Fall ist Geschäftswert der Wert des wertvollsten der noch zur Wahl stehenden Höfe nach Abzug der Verbindlichkeiten (→ Rn 9). Die Vorschrift ist in der Praxis von noch geringerer Bedeutung als Nr. 2.

12 **4. Verfahren aufgrund der Vorschriften über Einwendungen gegen das siedlungsrechtliche Vorkaufsrecht nach § 1 Nr. 3 LwVfG (Nr. 4).** § 1 Nr. 3 LwVfG betrifft die Verfahren nach § 10 RSG. Gemäß § 4 Abs. 1 RSG hat das gemeinnützige Siedlungsunternehmen, in dessen Bezirk die Hofstelle des Betriebes liegt, ein Vorkaufsrecht, wenn ein landwirtschaftliches Grundstück oder Moor- und Ödland, das in landwirtschaftliche Kultur gebracht werden kann, in Größe von zwei Hektar aufwärts durch Kaufvertrag veräußert wird, die Veräußerung einer Genehmigung nach dem GrdstVG bedarf und die Genehmigung nach § 9 GrdstVG nach Auffassung der Genehmigungsbehörde zu versagen wäre. § 10 RSG sieht vor, dass Einwendungen gegen das Vorkaufsrecht, die sich darauf gründen, dass die Veräußerung einer Genehmigung nach dem GrdstVG nicht bedarf oder die Genehmigung nach § 9 GrdstVG nicht zu versagen wäre, durch Antrag auf Entscheidung durch das Landwirtschaftsgericht außer von dem Verpflichteten auch von dem Käufer und von demjenigen erhoben werden können, zu dessen Gunsten der Kaufvertrag geschlossen worden ist.

13 § 76 Nr. 4 stellt klar, dass der Geschäftswert demjenigen des zugrunde liegenden Kaufvertrags entspricht.

III. Der Geschäftswert in weiteren landwirtschaftsgerichtlichen Verfahren

14 **1. Allgemeines.** § 76 behandelt nur einen Bruchteil der Verfahren der freiwilligen Gerichtsbarkeit, für die das Landwirtschaftsgericht zuständig ist. Im Übrigen gelten, soweit § 48 nicht einschlägig ist, die allgemeinen Vorschriften. Diese Neuregelung mag im Sinne eines möglichst kurzen Gesetzestextes sachdienlich und rechtssystematisch bedenkenfrei sein, entspricht aber nicht den Bedürfnissen der Praxis nach einer leicht verständlichen, überschaubaren Regelung. Stattdessen muss der Anwender die einschlägigen Vorschriften (mit – wenn es sich um nicht alltägliche Verfahren handelt – erheblichem Arbeitsaufwand) suchen, um den Geschäftswert bestimmen zu können. Bei dieser Suche soll die folgende Übersicht helfen (→ Rn 15 ff). Sie unterscheidet zwischen Verfahren nach dem LwVfG (→ Rn 15 ff) und solchen nach der HöfeO (→ Rn 23 ff). Ferner sind die Verfahren nach dem Landwirtschaftsanpassungsgesetz (→ Rn 34) erwähnt.

15 **2. Verfahren nach dem LwVfG. a) Landpachtsachen (§ 1 Nr. 1 LwVfG).** Zu den Verfahren der freiwilligen Gerichtsbarkeit in Landpachtsachen gehören gem. § 1 Nr. 1 LwVfG zum einen die **Beanstandungsverfahren** nach § 8 LPachtVG und die **Ordnungsverfahren** nach § 10 LPachtVG. § 8 LPachtVG betrifft den Antrag eines Vertragsteils auf gerichtliche Entscheidung im Fall der Beanstandung eines Landpachtvertrages durch die zuständige Behörde, § 10 LPachtVG die Beanstandung eines Anzeigeverlangens durch die zuständige Behörde. Zum anderen sind dem Landwirtschaftsgericht zugewiesen die **Pachtschutzverfahren** gem.

- § 585 b Abs. 2 BGB: Ernennung eines Sachverständigen durch das Gericht;
- § 588 BGB: Streitigkeiten über die Pflicht des Pächters, Maßnahmen zur Erhaltung und Verbesserung der Pachtsache zu dulden;
- § 590 Abs. 2 BGB: Ersetzung der Erlaubnis des Verpächters zur Änderung der bisherigen Nutzung der Pachtsache;
- § 591 Abs. 2 und 3 BGB: Ersetzung der Zustimmung des Verpächters zu Verwendungen und Festsetzung des damit verbundenen Mehrwerts;
- § 593 BGB: Streitigkeiten über die Änderung von Landpachtverträgen;
- §§ 594 d Abs. 2, 595 BGB: Streitigkeiten über die Fortsetzung eines Landpachtvertrags mit den Erben oder dem Pächter;

■ § 595 a Abs. 2 und 3 BGB: Anordnungen über die Abwicklung eines vorzeitig beendeten oder eines teilweise beendeten Landpachtvertrags.

Nach den Vorstellungen des Gesetzgebers ist, soweit es um die Beanstandung eines Vertrags geht, der entsprechende Geschäftswert im Fall einer Beurkundung zu berücksichtigen. Wenn die Entscheidung nur für einen Teil des Pachtgegenstands ergeht, soll es danach ferner billigem Ermessen entsprechen, bei der Festsetzung des Geschäftswerts nur den entsprechenden Teil der Leistungen des Pächters zugrunde zu legen und die Neufestsetzung der Pacht außer Betracht zu lassen, soweit über die Höhe kein Streit besteht. Maßgeblich ist also der Geschäftswert der Beurkundung bzw der anteilige Wert, wenn die Entscheidung nur für einen Teil des Pachtgegenstands ergeht.[2] **16**

Für alle Pachtschutzsachen gilt die Wertfestsetzung nach billigem Ermessen gem. § 36 Abs. 1. Maßgeblich für dessen Ausübung ist vor allem das Interesse der Parteien an der Änderung oder Beibehaltung des Vertrages.[3] **17**

b) Angelegenheiten nach dem Grundstücksverkehrsgesetz (§ 1 Nr. 2 LwVfG). § 1 Nr. 2 LwVfG erfasst alle im Grundstücksverkehrsgesetz geregelten Angelegenheiten, für die die Landwirtschaftsgerichte zuständig sind.[4] Dazu gehören: **18**

■ die Eintragung eines Widerspruchs im Grundbuch gem. § 7 Abs. 2 GrdstVG, wenn dort aufgrund eines nicht genehmigten Rechtsgeschäfts eine Rechtsänderung eingetragen ist;

■ das Verfahren auf Zuweisung an einen Miterben nach §§ 13–17 GrdstVG;

■ der Antrag auf gerichtliche Entscheidung gem. § 22 GrdstVG, wenn die Genehmigungsbehörde eine Genehmigung versagt oder unter Auflagen oder Bedingungen erteilt, ein Zeugnis nach § 5 GrdstVG oder § 6 Abs. 3 GrdstVG oder eine Bescheinigung nach § 11 Abs. 2 GrdstVG verweigert, oder auf Aufhebung bzw Änderung einer Auflage nach § 22 Abs. 4 GrdstVG;

■ das Zwangsgeldverfahren nach § 24 GrdstVG.

Eine Sonderregelung gilt gem. § 48 Abs. 3 Nr. 2 für die Zuweisungsverfahren, sofern das Verfahren mit einer Zuweisung endet (→ § 48 Rn 65 ff). Im Übrigen ist der Geschäftswert grds. nach billigem Ermessen festzusetzen, wobei der Wert höchstens das Vierfache des letzten Einheitswerts betragen soll. Maßgeblich können auch der Fortschritt und Stand des Verfahrens sein (→ § 48 Rn 69). **19**

c) Verfahren nach dem Reichssiedlungsergänzungsgesetz (§ 1 Nr. 4 LwVfG). Die Zuweisung in § 1 Nr. 4 LwVfG betrifft nach Aufhebung der §§ 59, 63 BVFG nur noch das Verfahren nach § 7 Abs. 2 RSErgG, in welchem das Landwirtschaftsgericht im Fall der Kündigung eines Pachtvertrags durch das erwerbende Siedlungsunternehmen über die Höhe des Verwendungsersatzanspruchs des Pächters sowie dessen Entschädigungsanspruch wegen vorzeitiger Pachtauflösung entscheiden kann. Einen Anhalt für die Schätzung des Werts geben die von der Siedungsgesellschaft festgesetzten Werte der Ansprüche des Pächters und dessen Vorstellungen von der Höhe des Werts.[5] **20**

d) Anerbenrechtliche Verfahren (§ 1 Nr. 5 LwVfG); Verfahren zur Überleitung des Erbhofrechts (§ 1 Nr. 6 LwVfG). Anerbenrechtliche Verfahren iSv § 1 Nr. 5 LwVfG sind v.a. die Verfahren nach der HöfeO (→ Rn 23 ff). Darüber hinaus finden sich in den Ländern Hessen und Rheinland-Pfalz noch Regelungen des Anerbenrechts, die eine Zuständigkeit des Landwirtschaftsgerichts vorsehen. Diese enthalten in den §§ 16, 17, 26 Hessisches Landgütergesetz und in § 31 Abs. 2 Nr. 1 HöfeO Rheinland-Pfalz eigene Wertvorschriften. **21**

Die Zuweisung in § 1 Nr. 6 LwVfG betreffend Verfahren zur Überleitung des Erbhofrechts ist durch Zeitablauf gegenstandslos geworden. Sollte die Festsetzung des Geschäftswerts dennoch notwendig werden, kommt die Anwendung der §§ 36, 48 in Betracht (→ Rn 19).

e) Einstweilige Anordnung. Für die einstweilige Anordnung ist nach § 62 der Wert idR unter Berücksichtigung der geringeren Bedeutung gegenüber der Hauptsache zu ermäßigen. Dabei ist von der Hälfte des für die Hauptsache bestimmten Werts auszugehen. **22**

3. Verfahren nach der HöfeO. a) Geltungsbereich. Die HöfeO, die nicht mit der HöfeO Rheinland-Pfalz (→ Rn 21) zu verwechseln ist, gilt in den Ländern Hamburg, Niedersachsen (ohne Amt Neuhaus), Nordrhein-Westfalen und Schleswig-Holstein, dh in der ehemaligen britischen Besatzungszone. Deren Regelungen werden ergänzt durch die HöfeVfO. Nr. 1–3 regeln nur den Geschäftswert des Feststellungsverfahrens nach § 11 Abs. 1 Buchst. g HöfeVfO sowie des weitgehend bedeutungslosen Wahl- und Fristsetzungsverfahrens nach § 9 Abs. 2 HöfeO. Im Übrigen fehlen spezielle Bestimmungen. Im Folgenden wird deshalb der Geschäftswert der von Nr. 1–3 nicht erfassten Verfahren erörtert. **23**

---

2 BT Drucks 17/1471, S. 177. **3** *Ernst*, § 35 LwVfG Rn 23. **4** *Ernst*, § 1 LwVfG Rn 84. **5** *Ernst*, § 38 LwVfG Rn 5.

24 **b) Erbscheins- und Hoffolgezeugnisverfahren (§ 18 Abs. 2 HöfeO).** Nach § 18 Abs. 2 HöfeO sind die Landwirtschaftsgerichte auch zuständig für die Entscheidung der Frage, wer kraft Gesetzes oder kraft Verfügung von Todes wegen Hoferbe eines Hofes geworden ist, und für die Ausstellung eines Erbscheins. In dem Erbschein ist der Hoferbe als solcher aufzuführen. Auf Antrag eines Beteiligten ist in dem Erbschein lediglich die Hoferbfolge zu bescheinigen. Das Landwirtschaftsgericht kann also ein auf die Hoffolge beschränktes isoliertes Hoffolgezeugnis ausstellen oder einen Erbschein, der die Hoffolge gesondert ausweist und sich im Übrigen auf das hoffreie Vermögen bezieht. Mangels besonderer Regelung gilt hier zunächst § 40 Abs. 1 Nr. 2. Maßgeblich ist also zunächst der Wert des Nachlasses im Zeitpunkt des Erbfalls. Für die Bewertung des Hofes ist wiederum § 48 Abs. 1, Abs. 3 Nr. 1 maßgeblich. Danach ist höchstens das Vierfache des letzten Einheitswerts anzusetzen. Vom Erblasser herrührende Verbindlichkeiten werden abgezogen.[6] Dies kann aber nur gelten, soweit diese gem. §§ 12 Abs. 3 S. 1, 15 Abs. 2 und 3 HöfeO im Verhältnis der Erben zueinander den Hof treffen und vom Hoferben allein zu tragen sind (→ Rn 9).

25 **c) Hofübergabegenehmigungsverfahren (§ 17 Abs. 3 HöfeO).** Ein Hofübergabevertrag bedarf, soweit nach den Vorschriften des Grundstücksverkehrsgesetzes eine Genehmigung erforderlich ist, gem. § 17 Abs. 3 HöfeO der Genehmigung durch das Landwirtschaftsgericht. Mangels besonderer Regelung gelten die Erwägungen zum Wert der Verfahren nach dem GrdstVG (→ Rn 18 ff) entsprechend. Die Bewertung erfolgt also gem. § 36 nach billigem Ermessen, wobei unter Berücksichtigung von § 48 Abs. 3 Nr. 1 der Wert höchstens das Vierfache des letzten Einheitswerts betragen soll. Im Unterschied zum Erbscheinsverfahren sind Verbindlichkeiten nicht abzuziehen. Auch die vom Hofübernehmer zu erbringenden Gegenleistungen werden nicht berücksichtigt.[7]

26 **d) Streitigkeiten über Abfindungsansprüche (§§ 12, 13, 14 Abs. 2 HöfeO) und Nachlassverbindlichkeiten (§ 15 HöfeO).** Nach §§ 12, 13 HöfeO stehen den weichenden Erben Abfindungsansprüche zu, über deren Höhe im Streitfall das Landwirtschaftsgericht entscheidet. Maßgeblich für Höhe des Geschäftswerts ist bei Ausübung des von § 36 Abs. 1 eröffneten Ermessens regelmäßig die Höhe des geltend gemachten Leistungsanspruchs. Dasselbe gilt für die Ansprüche der Ehegatten nach § 14 Abs. 2 HöfeO und Streitigkeiten um die Haftung für Nachlassverbindlichkeiten gem. § 15 HöfeO. Sofern das Verfahren nur die Stundung (§§ 12 Abs. 5, 13 Abs. 3 HöfeO) oder den Auskunftsanspruch (§ 13 Abs. 10 HöfeO) betrifft, ist nach billigem Ermessen ein Bruchteil des Leistungsanspruchs maßgeblich.

27 **e) Weitere Verfahren nach der HöfeO.** Nach § 11 HöfeO ist eine auf den Hof beschränkte Ausschlagung der Erbschaft dem Landwirtschaftsgericht gegenüber zu erklären. Für die Beurkundung der Erklärung gilt gem. § 103 Abs. 2 der Abs. 1 dieser Vorschrift entsprechend. Maßgeblich ist danach der Wert des betroffenen Vermögens oder des betroffenen Bruchteils nach Abzug der Verbindlichkeiten zum Zeitpunkt der Beurkundung. Da für die Entgegennahme der Ausschlagung nach Vorbem. 1.5.1 Abs. 1 KV keine Gebühr erhoben wird, erübrigt sich die Festsetzung eines Geschäftswerts für das gerichtliche Verfahren.

28 § 14 HöfeO begründet mehrere gerichtliche Zuständigkeiten im Zusammenhang mit der Stellung des überlebenden Ehegatten. Zu § 14 Abs. 2 HöfeO → Rn 26. Nach § 14 Abs. 1 Buchst. b HöfeO entscheidet das Landwirtschaftsgericht über die Verlängerung, Beschränkung oder Aufhebung des Verwaltungs- und Nutznießungsrechts des Ehegatten. Gemäß § 14 Abs. 3 HöfeO kann der überlebende Ehegatte, wenn ihm der Eigentümer durch Verfügung von Todes wegen eine dahin gehende Befugnis erteilt hat, unter den Abkömmlingen des Eigentümers den Hoferben bestimmen, sofern er sich nicht wieder verheiratet hat und der gesetzliche Hoferbe das fünfundzwanzigste Lebensjahr vollendet. Die Bestimmung kann durch mündliche Erklärung zur Niederschrift des Gerichts erfolgen. Auf Antrag eines Beteiligten regelt das Gericht die mit dem Übergang des Hofes zusammenhängenden Fragen. Der Geschäftswert für die Entgegennahme der Erklärung wie für das gerichtliche Verfahren richtet sich nach § 36. Unter Berücksichtigung von § 48 Abs. 3 Nr. 1 beträgt der Wert höchstens das Vierfache des letzten Einheitswerts. Für die bloße Entgegennahme ist ein geringerer Wert anzusetzen. Als angemessen kann der (einfache) Einheitswert gelten.

29 Der Wert weiterer, oben nicht erwähnter möglicher Anträge und Streitigkeiten vor dem Landwirtschaftsgericht gem. § 18 Abs. 1 HöfeO bestimmt sich gem. § 36 Abs. 1 idR nach dem Wert des geltend gemachten Anspruchs. Zu diesen Verfahren gehören zB Entscheidungen über eine Sicherheitsleistung des Hofvorerben für den Hofnacherben gem. § 2128 BGB und die Ausstellung eines Zeugnisses über die Fortsetzung der Gütergemeinschaft, wenn ein Hof Teil des Gesamtguts ist.[8] Zu den sonstigen Verfahren zählen ferner die Feststellungsverfahren nach § 11 Buchst. h HöfeVfO über sonstige nach den höferechtlichen Vorschriften bestehende Rechtsverhältnisse, zB die Feststellung, aus welchen Mitteln ein Hof erworben wurde im Hinblick auf das Elternerbrecht gem. § 5 S. 1 Nr. 3 HöfeO.[9]

---

6 Ebenso zum alten Recht OLG Hamm RdL 1991, 181.   **7** Ebenso zum alten Recht OLG Hamm AUR 2003, 125.   **8** *Wöhrmann*, § 18 HöfeO Rn 23, 26.   **9** *Steffen*, Formularbuch der landwirtschaftsgerichtlichen Praxis, 1980, S. 312.

f) **Feststellungsverfahren (§ 11 Abs. 1 Buchst. a–f und h HöfeVfO).** § 76 regelt in Nr. 1 allein den Wert des 30
Verfahrens auf Feststellung des Hoferben gem. § 11 Abs. 1 Buchst. g HöfeVfO (→ Rn 9). Zu § 11 Abs. 1
Buchst. h HöfeVfO → Rn 29. § 11 HöfeVfO sieht darüber hinaus folgende Feststellungsverfahren vor:

a) ob ein Hof iSd höferechtlicher Vorschriften vorliegt oder vorgelegen hat;
b) ob ein Hof ein Ehegattenhof iSd höferechtlicher Vorschriften ist oder war;
c) ob ein Gegenstand Bestandteil oder Zubehör eines Hofes ist;
d) ob ein Hoferbe wirtschaftsfähig ist;
e) ob für die Erbfolge in einen Hof Ältesten- oder Jüngstenrecht gilt;
f) von wem der Hof stammt.

Auch hier ist die Bewertung gem. § 36 nach billigem Ermessen vorzunehmen. Dabei ist zu berücksichtigen, 31
dass in den Verfahren nach § 11 Abs. 1 Buchst. a, b, d, e und f der Wert des Hofes im Vordergrund steht.[10]
Unter Berücksichtigung von § 48 soll der Wert daher höchstens auf das Vierfache des letzten Einheitswerts
festgesetzt werden.[11] Im Verfahren nach § 11 Abs. 1 Buchst. c HöfeVfO kommt es auf den Wert des Gegenstands an.[12]

g) **Weitere Verfahren nach der HöfeVfO.** Für die Ersuchen auf Eintragung oder Löschung eines Hofver- 32
merks, gem. §§ 3, 8 HöfeVfO und Vereinigung von Grundstücken oder Eintragung eines Hofzugehörigkeitsvermerks gem. §§ 6 Abs. 4, 7 Abs. 1 HöfeVfO ist ein Wert festzusetzen, weil für diese eine Gerichtsgebühr Nr. 15112 KV zu erheben ist (vgl Vorbem. 1.5.1 Abs. 1 KV). Der Geschäftswert ist gem. § 36 nach
billigem Ermessen festzusetzen. Für die Eintragung und Löschung des Hofvermerks beträgt der Wert unter
Berücksichtigung von § 48 Abs. 3 Nr. 1 höchstens das Vierfache des letzten Einheitswerts. Angesichts der
im Vergleich zum Übergabevertrag (→ Rn 25) geringeren Bedeutung dieser Verfahren ist allerdings von
einem wesentlich geringeren Wert auszugehen. Als angemessen erscheint der (einfache) Einheitswert.[13] Für
die Vereinigung von Grundstücken oder die Eintragung eines Hofzugehörigkeitsvermerks kommt es auf
den Wert der Grundstücke an, wobei wiederum ein Abschlag vorzunehmen ist.

Zustimmungsverfahren nach § 13 HöfeVfO betreffen die Zustimmung des Landwirtschaftsgerichts zu 33
Landvermächtnissen und Nießbrauchsbestellungen gem. § 16 Abs. 1 HöfeO. Da diese Vorschrift auf die
Genehmigungsbedürftigkeit nach dem GrdstVG verweist, gelten für den Geschäftswert dieselben Grundsät-
ze wie für dieses Verfahren (→ Rn 18). Maßgeblich ist der Wert des Landvermächtnisses oder der
Nießbrauchsbestellung. Im Anpassungsverfahren nach § 25 ist Geschäftswert der Wert des anzupassenden
Rechts.

4. Verfahren nach dem Landwirtschaftsanpassungsgesetz (LwAnpG). Der Geschäftswert der dem Land- 34
wirtschaftsgericht nach § 65 LwAnpG zugewiesenen Verfahren richtet sich grds. nach § 36. Hier kommt es
maßgeblich auf den Gegenstand der einzelnen Verfahren an. Soweit es zB um die Haftung der Vorstandsmitglieder (§ 3 a LwAnpG) geht, kommt es auf die Höhe des geltend gemachten Schadens an. Soweit es um
einen Vertrag über den Zusammenschluss (§ 15 LwAnpG) geht, kann § 48 einen Anhaltspunkt geben.

Unterabschnitt 3
Wertfestsetzung

§ 77 Angabe des Werts

[1]Bei jedem Antrag ist der Geschäftswert und nach Aufforderung auch der Wert eines Teils des Verfahrensgegenstands schriftlich oder zu Protokoll der Geschäftsstelle anzugeben, es sei denn, Geschäftswert ist eine
bestimmte Geldsumme, oder ein fester Wert ist gesetzlich bestimmt oder ergibt sich aus früheren Anträgen.
[2]Die Angabe kann jederzeit berichtigt werden.

I. Allgemeines

S. 1 Hs 1 normiert eine Rechtspflicht, mit jedem verfahrenseinleitenden oder den Gegenstand eines bereits 1
anhängigen Verfahrens erweiternden Antrag (→ Rn 8) grds. den **Geschäftswert** bzw nach Aufforderung
durch das Gericht auch dem Wert eines Teils des Verfahrensgegenstands anzugeben. Die Bedeutung der Vorschrift ist eher gering, dem Gericht soll lediglich das Festsetzen des Geschäftswerts erleichtert werden.[1] Verpflichtet ist der jeweilige Antragsteller. Ausnahmen betreffen Fälle, in denen dieser Antrag entbehrlich ist,
weil der Wert bereits bekannt ist oder sich aus gesetzlichen Regelungen ergibt. Die Vorschrift entspricht fast

---

10 *Ernst*, § 19 HöfeVfO Rn 4. **11** OLG Celle RdL 2015, 281. **12** *Ernst*, § 19 HöfeVfO Rn 4. **13** OLG Celle RdL 2015, 136.
1 Vgl HK-FamGKG/N. *Schneider*, § 53 Rn 1 f.

wortgleich § 53 FamGKG, dieser wiederum § 61 GKG. Zweck der Norm ist die Verfahrensökonomie, also die Entlastung der Rechtspflege von umständlichen Berechnungen.

2 Die Vorschrift ist reine **Ordnungsvorschrift**; verletzt der Antragsteller seine Verpflichtung zur Wertangabe, sind keine Sanktionen vorgesehen. Aus dem Unterlassen der Wertangabe können sich allerdings mittelbare Nachteile im Verfahren ergeben, etwa durch Ansatz eines zu hohen Geschäftswerts durch das Gericht.[2] Zudem kann die Wertangabe Indizwirkung haben, wenn sie nachträglich durch den Antragsteller als fehlerhaft angegriffen wird, um die hinreichende Rechtsmittelbeschwer zu begründen.[3]

3 S. 1 Hs 2 enthält Ausnahmen zur Pflicht zur Angabe des Verfahrenswerts. Keine Angabe ist demnach erforderlich, wenn der Geschäftswert eine bestimmte Geldsumme ist, ein fester Wert gesetzlich bestimmt ist oder der Wert sich aus früheren Anträgen ergibt.

4 S. 2 stellt klar, dass die Wertangabe jederzeit berichtigt werden kann, ihr also keine Bindungswirkung zulasten des Antragstellers zukommt.

II. Anwendungsbereich

5 § 77 gilt für sämtliche Verfahren, bei denen Gebühren nach dem Geschäftswert erhoben werden, § 3 Abs. 1. Die Verpflichtung besteht bei Einreichen des Antrags. Die Wertangabe ist grds. **bei jedem Antrag** erforderlich, mit dem ein kostenrechtlicher Wertgebührentatbestand erfüllt wird. Eine Angabe ist daher nicht erforderlich, wenn:

- kein Gebührentatbestand erfüllt wird, zB bei Erinnerungsverfahren, vgl etwa § 81 Abs. 8;
- lediglich Festgebühren anfallen (hier erfolgt eine Wertfestsetzung nur für die Anwaltsgebühren; Antrag nach § 33 RVG);[4]
- Jahresgebühren entstehen, zB Nr. 12311 KV.

6 Eine Wertangabe bleibt hingegen erforderlich bei **persönlicher Kostenfreiheit** des Antragstellers (vgl § 2): Die Wertfestsetzungspflicht des Gerichts nach § 79 Abs. 1 S. 1 besteht auch in diesem Fall.

7 Bei einem Mehrvergleich (Vergleich über Ansprüche, die nicht durch den Verfahrenswert abgedeckt sind) besteht keine Pflicht zur Wertangabe: Bei einem Vergleich handelt es sich weder um einen Antrag noch richten sich die Gebühren bei einem Vergleich nach dem Verfahrenswert (vielmehr nach dem Vergleichswert).[5]

III. Wertfestsetzung

8 **1. Pflicht zur Wertangabe (S. 1 Hs 1).** Nach S. 1 ist bei „jedem Antrag" der Geschäftswert des Verfahrens anzugeben, nach Aufforderung auch der Wert bzgl eines Teils des Verfahrensgegenstands. Die Verpflichtung zur Wertangabe besteht entgegen dem insoweit missverständlichen Wortlaut jedoch nur bei **Anträgen**, die ein **neues Verfahren einleiten** bzw den Gegenstand eines bereits anhängigen Verfahrens **erweitern**.[6] Dabei ist unerheblich, ob der Antrag **bedingt oder unbedingt** gestellt wird. Sofern **mehrere Anträge** gestellt werden (zB Haupt- und Hilfsanträge), bezieht sich die Verpflichtung zur Wertangabe auf jeden einzelnen Antrag.

9 Verpflichteter ist der jeweilige Antragsteller, unabhängig davon, in welcher Form der Antrag gestellt wird (schriftlich, zu Protokoll der Geschäftsstelle, im Termin zu Protokoll des Gerichts).

10 Da die Pflicht zur Wertangabe nur bei Stellung eines Antrags besteht, muss in **Amtsverfahren** keine Wertangabe erfolgen.

11 Bei **Rechtsmitteln** ist danach zu differenzieren, ob im konkreten Fall ein bestimmter Antrag vorausgesetzt wird:

- Bedarf ein Rechtsmittel eines bestimmten Antrags (zB bei der Rechtsbeschwerde, § 71 Abs. 3 Nr. 1 FamFG), muss die Wertangabe erst mit der Antragstellung erfolgen und nicht bereits mit der Einlegung des Rechtsmittels.
- Bedarf ein Rechtsmittel keines Antrags und keiner Begründung (zB bei der Beschwerde, § 65 FamFG), ist eine Wertangabe nur erforderlich, soweit sich der Umfang der Anfechtung aus einem Antrag oder der Begründung ergibt.[7] Allerdings wird sich hier der Verfahrenswert idR bereits aus dem früheren (verfahrenseinleitenden) Antrag ergeben, vgl S. 1 Hs 2. Wird hingegen kein Antrag gestellt und ergibt sich der Umfang der Anfechtung auch nicht aus einer Begründung, ist nach § 61 Abs. 1 S. 2 der Wert der Beschwer maßgeblich (s. dort).

---

2 Vgl HK-FamGKG/*N. Schneider*, § 53 Rn 63. **3** Vgl BGH NJW-RR 1991, 1210; dazu HK-FamGKG/*N. Schneider*, § 53 Rn 58. **4** Vgl HK-FamGKG/*N. Schneider*, § 53 Rn 6. **5** Vgl HK-FamGKG/*N. Schneider*, § 53 Rn 9. **6** HK-FamGKG/*N. Schneider*, § 53 Rn 11. **7** HK-FamGKG/*N. Schneider*, § 53 Rn 18.

2. Pflicht zur Teilwertangabe nach Aufforderung durch das Gericht. Fordert das Gericht den Antragsteller 12
dazu auf, muss er nach S. 1 Hs 2 auch den Wert für Teile des Verfahrensgegenstands angeben. Dies ist insb.
dann der Fall, wenn bestimmte Gebühren sich nur unter Rückgriff auf einen Teil des Verfahrensgegenstands berechnen, vgl § 56. Wie im FamGKG, an dessen § 53 sich § 77 orientiert, sind Verfahrensgebühren
nach Teilwerten derzeit im Kostenverzeichnis des GNotKG nicht enthalten.

IV. Entbehrlichkeit einer Wertangabe (S. 1 Hs 2)

S. 1 Hs 2 sieht drei Ausnahmen vor, in denen keine Wertangabe erfolgen muss, weil der Wert für das Ge- 13
richt auch ohne die Angabe des Antragstellers ohne Weiteres ersichtlich bzw zumindest bestimmbar ist:

- Variante 1: Der Gegenstand des Verfahrens und damit der Geschäftswert ist eine bestimmte Geldsum-
  me (→ Rn 15);
- Variante 2: Ein fester Geschäftswert ist gesetzlich bestimmt (→ Rn 16);
- Variante 3: Der Verfahrenswert ergibt sich aus früheren Anträgen (→ Rn 17).

Die Ausnahmetatbestände gelten auch für die Verpflichtung zur Teilwertangabe nach Aufforderung (im 14
Gegensatz zu § 53 FamGKG ergibt sich dies bei § 77 bereits aus dem Wortlaut der Regelung).

1. Bestimmte Geldsumme (Var. 1). Die Erforderlichkeit einer Wertangabe entfällt, wenn der Antrag auf 15
eine **bestimmte Geldsumme** lautet. Der Geschäftswert bestimmt sich dann nach der Geldsumme. Nicht vorgeschrieben ist eine bestimmte Währungseinheit (Euro) oder eine exakte Ziffer der Geldsumme; die Geldsumme muss lediglich **hinreichend bestimmt** sein.

2. Fester Wert gesetzlich bestimmt (Var. 2). Die Erforderlichkeit der Wertangabe entfällt, soweit sich aus 16
dem Gesetz bereits ein Geschäftswert (**Festwert**) ergibt, also in bestimmten unternehmensrechtlichen Verfahren und bestimmten Vereins- und Stiftungssachen nach § 67, nicht hingegen in den Fällen der (ja nicht
feststehenden) Ausgangswerte nach §§ 36 Abs. 3 und 75. Erforderlich ist nicht Bezifferung, sondern **Bestimmbarkeit** des Festwerts.

3. Frühere Anträge (Var. 3). Die Wertangabe ist ferner entbehrlich, soweit aus einem **früheren Antrag** be- 17
reits der Wert hervorgeht. Unerheblich ist, ob es sich um einen Antrag aus demselben oder einem früheren
Verfahren handelt. **Beispiele:**[8]

- ein **Teilantrag** wird in einem Verfahren zurückgenommen und später erneut gestellt;
- ein Antrag ist bereits gestellt worden und wird **wiederholt gestellt** (Ausnahme nur dann, wenn sich die
  Bewertung infolge veränderter Umstände geändert hat);
- es wird ein Antrag auf **einstweilige Anordnung** gestellt: Hier richtet sich der Wert des Anordnungsverfahrens nach § 62 S. 2 nach dem hälftigen Wert der Hauptsache;
- es wird ein **Rechtsmittelantrag** gestellt und der Wert des Rechtsmittelverfahrens ergibt sich bereits aus
  den Anträgen der Vorinstanz;
- der Einreichung des Antrags war schon ein Verfahren auf Bewilligung von **Verfahrenskostenhilfe** vorangegangen, in dessen Rahmen bereits eine Wertangabe erfolgte: Hier ist eine Wertangabe nicht erforderlich, soweit Verfahrenskostenhilfe bewilligt wurde und das Verfahren im Umfang der Bewilligung
  durchgeführt wird (anders bei nur teilweiser Bewilligung oder Einschränkung des Antrags gegenüber
  dem im Verfahrenskostenhilfeantrag angegebenen Umfang).[9]

V. Verfahren, Form und Inhalt der Angabe

Das Erfordernis der Wertangabe dient der **Verfahrensökonomie** und kann nicht erzwungen werden (§ 61 18
GKG analog).[10] Die Wertangabe bindet das Gericht nicht.[11] Sie ist schriftlich oder zu Protokoll der Geschäftsstelle zu erklären. Möglich ist auch die Angabe durch schlüssiges Verhalten (Einzahlen der dem Geschäftswert entsprechenden Gebührensumme). Eine Erläuterung oder Darlegung der Berechnung des Geschäftswerts ist nicht erforderlich, in Zweifelsfällen aber anzuraten. Grundsätzlich sollte die Angabe mit
dem Antrag erfolgen, ein Nachreichen ist aber unschädlich.

VI. Berichtigung (S. 2)

Eine Berichtigung ist **jederzeit** möglich, solange noch keine gerichtliche Wertfestsetzung nach § 78 oder eine 19
endgültige Wertfestsetzung nach § 79 erfolgt ist.[12] Auch eine berichtigende Wertangabe bindet das Gericht
nicht. Die Berichtigung erfolgt in Schriftform oder zu Protokoll der Geschäftsstelle.

---

8 Vgl HK-FamGKG/*N. Schneider*, § 53 Rn 43 ff. **9** HK-FamGKG/*N. Schneider*, § 53 Rn 21. **10** *Hartmann*, KostG, § 61 GKG
Rn 10. **11** KG Rpfleger 1962, 121; *Schneider*, NJW-Spezial 2011, 667 f. **12** Vgl Oestreich/Hellstab/*Trenkle*, FamGKG § 53 Rn 3.

§ 78 Wertfestsetzung für die Zulässigkeit der Beschwerde

Ist der Wert für die Zulässigkeit der Beschwerde festgesetzt, so ist die Festsetzung auch für die Berechnung der Gebühren maßgebend, soweit die Wertvorschriften dieses Gesetzes nicht von den Wertvorschriften des Verfahrensrechts abweichen.

Schrifttum: *N. Schneider*, Die Wertfestsetzung im einfachen Beschwerdeverfahren, NJW-Spezial 2010, 539.

I. Allgemeines

1 In vermögensrechtlichen Angelegenheiten knüpft (vgl § 61 Abs. 1 FamFG) die Zulässigkeit der Beschwerde an den Verfahrenswert an. Vor diesem Hintergrund ist Zweck der Regelung des § 78 die Vermeidung sich widersprechender Wertfestsetzungen für die Zulässigkeit der Beschwerde einerseits und die Gebührenberechnung im Verfahren andererseits, sofern sich die Wertfestsetzung für die Zulässigkeit der Beschwerde und für die Gebührenberechnung nach den gleichen Vorschriften richtet. § 78 schließt daher die von einem festgesetzten Wert für die Zulässigkeit der Beschwerde abweichende Festsetzung des Geschäftswerts für die Beschwerdegebühren grds. aus. Abweichungen sind nur zulässig (dh die Festsetzung des Beschwerdewerts bindet das Gericht nicht), sofern die für die Gebührenberechnung maßgeblichen Wertvorschriften des GNotKG von denen des Verfahrensrechts abweichen, da von § 78 zu verhindernde, sich widersprechende Wertfestsetzungen hier nicht auftreten können.[1]

2 Maßgeblich ist die Vorschrift in Verfahren mit vermögensrechtlichem Gegenstand, da in diesen Verfahren nach § 61 Abs. 1 FamFG die Beschwerde nur zulässig ist, wenn ihr Gegenstand einen Wert von 600 € übersteigt.[2]

3 Die Vorschrift entspricht fast wörtlich § 54 FamGKG, der wiederum mit § 62 S. 1 GKG fast wörtlich übereinstimmt. § 78 ist ohne unmittelbaren Vorläufer in der KostO.

II. Festsetzung des Beschwerdewerts

4 Voraussetzung der Bindungswirkung des § 78 hinsichtlich des Verfahrenswerts ist, dass der Wert für die Zulässigkeit der Beschwerde festgesetzt worden ist. Eine solche Festsetzung erfolgt idR nicht als selbständige Entscheidung, sondern in den Gründen des Beschlusses, mit dem das Beschwerdegericht über die Zulässigkeit der Beschwerde entscheidet. Diese Entscheidung trifft das Gericht jedoch nur, wenn es für die Entscheidung über die Beschwerde auf den Beschwerdewert ankommt:[3] Ist die Beschwerde bereits durch das Amtsgericht im angefochtenen Beschluss zugelassen worden (§ 61 Abs. 2 FamFG), besteht für eine Festsetzung des Beschwerdewerts durch das Beschwerdegericht im Hinblick auf § 61 Abs. 1 FamFG kein Anlass.

5 Hat das Beschwerdegericht über den Beschwerdewert noch nicht endgültig entschieden, liegt keine Festsetzung iSv § 78 vor. Auch ein im Vorfeld der Entscheidung über die Beschwerde ergangener gesonderter Festsetzungsbeschluss entfaltet insoweit keine Bindungswirkung,[4] da es sich hierbei lediglich um eine vorläufige Kundgabe der Auffassung des Gerichts handelt, von der es jederzeit wieder abrücken kann.[5]

6 Zunächst greift die Bindungswirkung des § 78 immer dann, wenn eine tatsächliche Entscheidung des Gerichts zum Geschäftswert vorliegt, dh wenn das Gericht den Geschäftswert zahlenmäßig bestimmt oder die Zulässigkeit der Beschwerde wegen Erreichung eines bestimmten Streitwerts ausdrücklich bejaht hat. Ob eine Wertfestsetzung iSv § 78 auch konkludent erfolgen kann, ist nicht ausdrücklich geregelt.

7 Beispiel („**Konkludente Wertfestsetzung**"): Das Gericht befasst sich nicht ausdrücklich mit der Frage der Zulässigkeit der Beschwerde, sondern übergeht die Frage des durch § 61 Abs. 1 vorgeschriebenen Mindestbeschwerdewerts (idR stillschweigende Bejahung der Zulässigkeit).

8 Zu den Parallelvorschriften in § 54 FamGKG und § 62 GKG besteht hierzu ein Streit, der sich auf die Neuregelung des § 78 übertragen lässt. Für die Auffassung, dass § 78 eine ausdrückliche Wertfestsetzung voraussetzt,[6] spricht, dass das Gericht eine Festsetzung über den tatsächlichen Zulässigkeitswert in diesen Fällen überhaupt nicht getroffen hat, sondern – wenn überhaupt – lediglich (konkludent) die Überschreitung der Mindestgrenze von 600 €.[7] Ein darüber hinausgehender Aussagegehalt lässt sich der gerichtlichen Entscheidung jedoch nicht entnehmen, dh, es handelt sich nur um eine Entscheidung zur Zulässigkeit, nicht jedoch zum kostenrechtlich relevanten Geschäftswert.

1 HK-FamGKG/*Stollenwerk*, § 54 Rn 11. 2 Oestreich/Hellstab/*Trenkle*, FamGKG § 54 Rn 2. 3 HK-FamGKG/*Stollenwerk*, § 54 Rn 3. 4 OLG Koblenz OLGReport 2005, 602 (zu § 62 GKG); HK-FamGKG/*Stollenwerk*, § 54 Rn 5. 5 HK-FamGKG/*Stollenwerk*, § 54 Rn 5; Gerold/Schmidt/*Madert*, RVG, § 32 Rn 45. 6 KG VersR 1980, 873; OLG Karlsruhe FamRZ 1003, 1848; dafür auch HK-FamGKG/*Stollenwerk*, § 54 Rn 9; aA Korintenberg/*Hellstab*, § 78 Rn 4. 7 *Hartmann*, KostG, § 62 GKG Rn 5.

NK-GK/*Fackelmann*

III. Bindungswirkung

Die in § 78 ausgesprochene Bindungswirkung tritt zum einen nur für die Instanz ein, in der über den Be- 9
schwerdegegenstand entschieden wird,[8] zum anderen setzt sie voraus, dass die maßgeblichen Wertvorschriften des GNotKG nicht von den Wertvorschriften des Verfahrensrechts abweichen.

Keine Bindungswirkung besteht naturgemäß auch dann, wenn sich der Verfahrenswert nach der Festset- 10
zung durch Antragserweiterung oder -rücknahme erhöht oder ermäßigt.

IV. Keine isolierte Anfechtbarkeit der Festsetzung

Die Festsetzung nach § 78 ist isoliert nicht anfechtbar.[9] Möglich ist hingegen eine inzidente Anfechtung im 11
Rahmen einer Rechtsbeschwerde gegen die Entscheidung des Beschwerdegerichts (bei der die Wertfestsetzung ein unselbständiger Bestandteil ist):[10] Hier kann die Rechtsbeschwerde mit einem falschen Ansatz des
Beschwerdewerts begründet werden, woraufhin das Beschwerdegericht die Zulässigkeit der Beschwerde zu
Unrecht bejaht oder verneint habe. In der Praxis wird dies jedoch selten Erfolg haben, da das Beschwerdegericht nach § 70 Abs. 1 FamFG die Rechtsbeschwerde zulassen muss, was hinsichtlich Fragen der Wertfestsetzung idR nicht erfolgen wird.

§ 79 Festsetzung des Geschäftswerts

(1) [1]Soweit eine Entscheidung nach § 78 nicht ergeht oder nicht bindet, setzt das Gericht den Wert für die
zu erhebenden Gebühren durch Beschluss fest, sobald eine Entscheidung über den gesamten Verfahrensgegenstand ergeht oder sich das Verfahren anderweitig erledigt. [2]Satz 1 gilt nicht, wenn

1. Gegenstand des Verfahrens eine bestimmte Geldsumme in Euro ist,
2. zumindest für den Regelfall ein fester Wert bestimmt ist oder
3. sich der Wert nach den Vorschriften dieses Gesetzes unmittelbar aus einer öffentlichen Urkunde oder
    aus einer Mitteilung des Notars (§ 39) ergibt.

[3]In den Fällen des Satzes 2 setzt das Gericht den Wert nur fest, wenn ein Zahlungspflichtiger oder die
Staatskasse dies beantragt, oder wenn es eine Festsetzung für angemessen hält.

(2) [1]Die Festsetzung kann von Amts wegen geändert werden

1. von dem Gericht, das den Wert festgesetzt hat, und
2. von dem Rechtsmittelgericht, wenn das Verfahren wegen des Hauptgegenstands oder wegen der Ent-
    scheidung über den Geschäftswert, den Kostenansatz oder die Kostenfestsetzung in der Rechtsmittelin-
    stanz schwebt.

[2]Die Änderung ist nur innerhalb von sechs Monaten zulässig, nachdem die Entscheidung wegen des Hauptgegenstands Rechtskraft erlangt oder das Verfahren sich anderweitig erledigt hat.

Schrifttum: *N. Schneider*, Festsetzung des Verfahrenswerts nach dem FamGKG, ZAP Fach 24, 1163; *ders.*, Keine
Bindungswirkung sinnloser Wertfestsetzungen, NJW-Spezial 2012, 603; *Schneider/Thiel*, Über die „Wertlosigkeit"
höchstrichterlicher Wertfestsetzungen, NJW 2013, 25.

I. Allgemeines

§ 79 regelt die Festsetzung des Geschäftswerts **von Amts wegen** durch Beschluss des Gerichts als gesetzli- 1
chen Regelfall. Hintergrund der Regelung ist, dass die Tätigkeit des Kostenbeamten in der Justiz verstärkt
auf den mittleren Dienst verlagert wird:[1] Grundsätzlich soll nicht der Kostenbeamte mit der Wertermittlung
belastet werden, sondern das Gericht eine ausdrückliche Wertfestsetzung durch **Beschluss** (→ Rn 31) vornehmen.

Als **Ausnahme zur Festsetzungspflicht** nach Abs. 1 S. 1 listet Abs. 1 S. 2 drei „einfache Fälle" auf, in denen 2
das Gericht eine Wertfestsetzung grds. nicht von Amts wegen vorzunehmen hat (und in denen der Kostenbeamte auf eine Festsetzung durch das Gericht idR auch nicht angewiesen ist). Hierbei handelt es sich um
den wohl überwiegenden Teil der in der gerichtlichen Praxis vorkommenden Fälle (→ Rn 9 ff).[2] Nach
Abs. 1 S. 3 erfolgt die Festsetzung des Geschäftswerts in diesen Fällen nur, sofern ein Kostenschuldner oder
die Staatskasse dies beantragt oder das Gericht eine Festsetzung für angemessen hält.

---

8 Oestreich/Hellstab/*Trenkle*, FamGKG § 54 Rn 8. **9** Zu § 62 GKG: OLG Stuttgart MDR 2007, 422; OLG Karlsruhe FamRZ
2003, 1858; wie hier Korintenberg/*Hellstab*, § 78 Rn 5. **10** HK-FamGKG/*Stollenwerk*, § 54 Rn 10. **1** BT-Drucks 17/11471,
S. 177. **2** BT-Drucks 17/11471, S. 336 (Gegenäußerung der Bundesregierung zur Stellungnahme des Bundesrats, vgl ebd S. 298).

3 Abs. 2 S. 1 regelt die nachträgliche **Änderung** der Festsetzung des Geschäftswerts von Amts wegen sowohl durch das Gericht, das den Festsetzungsbeschluss getroffen hat, als auch durch das Gericht der nächsten Instanz im laufenden Rechtsmittelverfahren. Hierfür ist die Sechsmonatsfrist des Abs. 2 S. 2 zu beachten.

4 Wird eine **Schätzung des Geschäftswerts** erforderlich, ist für die Kosten insb. von Sachverständigen die Regelung des § 80 zu beachten.

5 Gegen den Festsetzungsbeschluss kann gem. § 83 **Beschwerde** eingelegt werden (s. dort). Sowohl das Festsetzungsverfahren als auch das Beschwerdeverfahren sind gebührenfrei (→ Rn 37 und § 83 Abs. 3).

II. Bedeutung und Wirkung der Festsetzung des Geschäftswerts

6 Der Geschäftswert nach dem GNotKG ist Ausgangspunkt der Gebührenberechnung, vgl § 3 Abs. 1. Dass der Geschäftswert nach Abs. 1 S. 1 grds. gesondert festgesetzt wird, erklärt sich vor dem Hintergrund seiner über die Gebührenbemessung hinausgehenden **Funktionen:**[3] Durch den Festsetzungsbeschluss erlangt der Geschäftswert **verbindliche Geltung** für alle weiteren Entscheidungen und Verfahren, insb. für den Kostenansatz nach § 18 und den Rechtsweg hinsichtlich des Kostenansatzes nach § 81 Abs. 1–4 sowie (nachträgliche Berichtigung bei abweichender gerichtlicher Entscheidung) nach § 18 Abs. 6 S. 2 sowie für die Abhängigmachung nach § 13, für die Anwaltsvergütung (vgl §§ 23 Abs. 1 S. 1, 32 Abs. 1 RVG; auf Antrag des Rechtsanwalts hat eine Festsetzung zu erfolgen, vgl § 33 Abs. 1 RVG) und die Erstattung außergerichtlicher Kosten, vgl §§ 80, 85 FamFG iVm § 107 ZPO.

III. Festsetzung des Geschäftswerts (Abs. 1)

7 **1. Grundsatz: Festsetzung des Geschäftswertes von Amts wegen (Abs. 1 S. 1).** Die Pflicht zur Geschäftswertfestsetzung von Amts wegen nach Abs. 1 S. 1 besteht, soweit **nicht bereits eine Entscheidung nach § 78** ergeht oder eine solche ergangen ist, allerdings **nicht bindet:**

 ■ Ist eine Wertfestsetzung für die Zulässigkeit der Beschwerde ergangen, ist diese nach § 78 auch für die Berechnung der Gebühren maßgebend, so dass es einer zusätzlichen Festsetzung nach Abs. 1 S. 1 grds. nicht bedarf.

 ■ Davon ist nur für den Fall abzuweichen, dass die Wertvorschriften des GNotKG von denen des Verfahrensrechts abweichen, vgl § 78 aE.

8 Sofern die Pflicht besteht, hat das Gericht den Wert im Grundsatz **von Amts wegen** festzusetzen. Dies ist auch vor dem Hintergrund möglicher Beweiserhebungen sinnvoll: Nur das Gericht kann Beweis über den Geschäftswert erheben (vgl § 80), nicht etwa der Kostenbeamte. Zudem ist die Geschäftswertfestsetzung für das Gericht in den meisten Fällen mit deutlich geringerem Zusatzaufwand verbunden, als wenn erst der Kostenbeamte mit der Festsetzung befasst würde und sich dazu erst in die Sache einarbeiten muss.

9 **2. Ausnahme: Keine Wertfestsetzung von Amts wegen in den Fällen des Abs. 1 S. 2. a) Allgemeines.** Nach Abs. 1 S. 2 besteht dann **keine Festsetzungspflicht** von Amts wegen, wenn einer der dort genannten Fälle gegeben ist:

 ■ Verfahrensgegenstand ist eine **bestimmte Geldsumme** (Nr. 1);
 ■ für den Regelfall ist ein **fester Wert bestimmt** (Nr. 2);
 ■ der Wert ergibt sich aus einer **öffentlichen Urkunde** oder aus einer **Mitteilung des Notars** nach § 39 (Nr. 3).

10 In diesen vom Gesetzgeber als „einfach"[4] deklarierten Fällen ist der Kostenbeamte nicht auf Angaben des Gerichts zum Geschäftswert angewiesen, da sich Letzterer idR bereits unproblematisch aus der Sache selbst ergibt.

11 **Beispiel:** Einzutragen ist eine Grundschuld. Die Gerichtsgebühr hierfür ergibt sich aus Nr. 14121 KV (1,0-Gebühren).
Der Geschäftswert der Grundschuld ergibt sich iVm § 53 aus der notariellen Urkunde zur Grundschuldbestellung: Sie enthält zwingend einen Nennbetrag, mit dem nach § 53 Abs. 1 S. 1 die Grundschuld zu bewerten ist. Hier erschiene eine Festsetzung durch das Gericht als bloße Förmelei.

12 **b) Verfahrensgegenstand ist eine bestimmte Geldsumme (Nr. 1).** Ergibt sich der Geschäftswert bereits aus einer **bestimmten, in Euro bezifferten Geldsumme** (eigentlich: Geldbetrag), kann von der Festsetzung abgesehen werden.

13 **Beispiele:** Bestellung von Grundpfandrechten; Nachlassverfahren, bei denen der Nachlass lediglich aus Geld besteht oder sich in einer bestimmten Geldsumme ausdrücken lässt.

---

3 Korintenberg/*Hellstab*, § 79 Rn 2; BeckOK-KostO/*Soutier*, § 31 Rn 1. **4** BT-Drucks 17/11471, S. 177.

c) **Für den Regelfall ist ein fester Wert bestimmt (Nr. 2).** Auch wenn gesetzlich für den **Regelfall** ein be- **14** stimmter Geschäftswert bestimmt ist, setzt das Gericht grds. nicht von Amts wegen einen Geschäftswert fest.

Beispiele: **15**

– Nach § 67 Abs. 1 Nr. 1 beträgt der Geschäftswert in einem unternehmensrechtlichen Verfahren bei Kapitalgesellschaften und Versicherungsvereinen auf Gegenseitigkeit 60.000 €, wenn das Verfahren die Ernennung oder Abberufung von Personen betrifft. Hier bestimmt das Gesetz selbst den Geschäftswert, so dass eine zusätzliche gerichtliche Festsetzung nicht erforderlich ist.

– Im gerichtlichen Verfahren über die Zusammensetzung des Aufsichtsrats (§§ 98, 99 AktG) ist von einem Geschäftswert von 50.000 € auszugehen.

d) **Wert ergibt sich aus öffentlicher Urkunde oder Mitteilung des Notars (Nr. 3).** Auch wenn sich der Wert **16** nach den Vorschriften des GNotKG bereits aus einer **öffentlichen Urkunde** oder einer **Mitteilung des Notars** nach § 39 ergibt (Auskunftspflichten des Notars gegenüber dem Gericht), besteht keine Verpflichtung zur Geschäftswertfestsetzung von Amts wegen. Für öffentliche Urkunden gilt die Legaldefinition des § 415 ZPO: Eine Urkunde ist demnach öffentliche Urkunde, wenn sie von einer öffentlichen Behörde innerhalb der Grenzen ihrer Amtsbefugnisse oder von einer mit öffentlichem Glauben versehenen Person innerhalb des ihr zugewiesenen Geschäftskreises in der vorgeschriebenen Form aufgenommen ist.

Beispiele: **17**

– B hat von A ein Hausgrundstück zum Kaufpreis von 200.000 € erworben und soll nun als neuer Eigentümer im Grundbuch eingetragen werden. Für die Wertgebühr Nr. 14110 KV (1,0-Gebühren) ergibt sich der Geschäftswert iVm der Bewertungsvorschrift des § 47 S. 1; maßgeblich ist also der Kaufpreis. Dieser ergibt sich ohne Weiteres aus der notariellen Urkunde.

– Der zuständige Rechtspfleger am Nachlassgericht hat einen Erbscheinsantrag beurkundet, in dem der auf den Angaben der Beteiligten beruhende Nachlasswert aufgeführt ist.[5]

3. **Wertfestsetzung durch das Gericht in den Fällen des Abs. 1 S. 2 (Abs. 1 S. 3).** Auch wenn wegen Vorlie- **18** gens eines der Ausnahmefälle des Abs. 1 S. 2 die Pflicht zur Festsetzung von Amts wegen nach Abs. 1 S. 1 nicht einschlägig ist, muss das Gericht in den Fällen des Abs. 1 S. 3 einen Festsetzungsbeschluss fassen:

■ **Antrag** auf Festsetzung: Ein Zahlungspflichtiger (Kostenschuldner) oder die Staatskasse beantragt die Festsetzung.

■ Festsetzung von Amts wegen aufgrund **Angemessenheit:** Das Gericht setzt als Rückausnahme zu Abs. 1 S. 2 den Geschäftswert von Amts wegen fest, sofern es dies für angemessen hält.

a) **Festsetzung auf Antrag. aa) Allgemeines.** Beantragt ein **zahlungspflichtiger Kostenschuldner** (§§ 22 ff) **19** oder die **Staatskasse als Kostengläubigerin** die Festsetzung des Geschäftswerts, so hat das Gericht dem nachzukommen. Dabei darf über eine Erinnerung gegen den Kostenansatz (§ 18) nicht entschieden werden, solange nicht über einen Antrag nach Abs. 1 S. 3 entschieden ist.[6] Da die Geschäftswertfestsetzung gegenüber Kostenansatz und Kostenerstattung prioritär ist, können den Wert rügende Erinnerungen und Beschwerden im Einzelfall als Antrag auf Wertfestsetzung zu behandeln sein.[7]

bb) **Antragsberechtigung.** Jeder zahlungspflichtige Kostenschuldner und die Staatskasse als Kostengläubi- **20** gerin sind **antragsberechtigt.** Dies gilt unabhängig davon, ob ein Kostenschuldner tatsächlich in Anspruch genommen wird; bei **Gesamtschuldnern** ist jeder einzelne antragsberechtigt, auch wenn andere Gesamtschuldner bereits in Anspruch genommen wurde (die Festsetzung wirkt gegen alle Beteiligte und erfasst nicht nur den Kostenansatz nach § 18, sondern auch die sämtliche Gesamtschuldner betreffenden Anwaltsgebühren sowie die Kostenerstattung).[8]

Ebenfalls antragsberechtigt (und zwar aus eigenem Recht, vgl §§ 23 Abs. 1, 32 Abs. 1, 33 RVG) ist der **21** **Rechtsanwalt** eines Beteiligten.[9]

cc) **Rechtsschutzbedürfnis.** Abs. 1 S. 3 beseitigt nicht das Erfordernis eines **Rechtsschutzbedürfnisses.** Gera- **22** de in den Fällen des Abs. 1 S. 2 kann es fehlen, insb. dann, wenn der Geschäftswert bereits beziffert feststeht (Fälle der Nr. 1 und 2) oder er sich unmittelbar aus öffentlicher Urkunde oder einer Mitteilung des Notars nach § 39 ergibt (Fälle der Nr. 3). Auch dann kann ein Rechtsschutzbedürfnis jedoch insb. dann gegeben sein, wenn es dem Antragsteller um eine Feststellung hinsichtlich anfallender Rechtsanwaltsgebühren oder einer Kostenerstattung geht.

5 Beispiel aus BT-Drucks 17/11471, S. 336. **6** OLG Hamm JurBüro 1992, 457; BeckOK-KostO/*Soutier*, § 31 Rn 4; *Filzek*, KostO, § 31 Rn 2. **7** Korintenberg/*Lappe*, KostO, § 31 Rn 12. **8** Korintenberg/*Lappe*, KostO, § 31 Rn 13. **9** BayObLG FamRZ 2005, 820; Korintenberg/*Hellstab*, § 79 Rn 8.

23 Hingegen fehlt es zB am Rechtsschutzbedürfnis,[10]

- wenn Gebühren nicht entstanden sind oder infolge Befreiung nicht erhoben werden;
- wenn ein Gesamtschuldner bereits die Gebühren entrichtet hat und der andere Gesamtschuldner weder durch einen Anwalt vertreten ist noch Erstattungs- oder Ausgleichsansprüche (§ 426 Abs. 2 BGB) im Raum stehen;
- wenn die Staatskasse mit einem Festsetzungsantrag eine iRd § 20 wegen Fristablaufs unzulässige Kostennachforderung anstrebt.

24 **dd) Antragsverfahren.** Die Einlegung des Antrags kann **ohne Fristbeschränkung** schriftlich, elektronisch oder zu Protokoll der Geschäftsstelle erfolgen (zum zuständigen Gericht → Rn 29 f). Dabei besteht **kein Anwaltszwang**.[11]

25 Die **bereits erfolgte Zahlung** der Gebühren schließt einen Antrag nicht etwa aus: Zum einen kann der Antrag auch noch nach Zahlung der Kosten gestellt werden und es kann nach § 18 Abs. 6 S. 2 ein Kostenansatz nachträglich berichtigt werden, wenn ein abweichender Festsetzungsbeschluss gefasst wird, zum anderen hat die Geschäftswertfestsetzung u.a. für die Kostenerstattung und die Rechtsanwaltsvergütung Bedeutung (→ Rn 6).

26 Vor diesem Hintergrund muss der Antrag auch **nicht bestimmt** sein; das Gericht ist infolge der über die bloße Kostenfrage hinausgehenden Wirkung der Geschäftswertfestsetzung nicht an den Antrag gebunden. Dem Antrag kommt hinsichtlich Kostenansatz und -einziehung **keine aufschiebende Wirkung** zu.[12]

27 **b) Festsetzung von Amts wegen.** Neben der Festsetzung auf Antrag von Kostenschuldner oder Staatskasse (→ Rn 19 ff) setzt das Gericht in den Fällen des Abs. 1 S. 2 den Geschäftswert auch dann fest, „wenn es eine Festsetzung für angemessen hält" (Abs. 1 S. 3). Im früheren Recht (§ 31 Abs. 1 KostO) wurde **Angemessenheit** idS bejaht, wenn Wertgebühren entstanden und der Wert sich nicht beziffert ergab, also zu schätzen oder sonst zweifelhaft war.[13] Diese Definition kann nicht ohne Weiteres in das neue Recht übertragen werden, da Abs. 1 S. 2 ja gerade Fälle enthält, in denen der Wert sich idR beziffert ergibt, sei es unmittelbar aus dem Verfahrensgegenstand (Nr. 1), dem gesetzlich bestimmten Wert (Nr. 2) oder einer öffentlichen Urkunde (Nr. 3). Insofern ist Angemessenheit nur noch dann zu bejahen, wenn im **Einzelfall** trotz Vorliegen der Voraussetzungen des Abs. 1 S. 2 Zweifelsfragen bleiben oder die Festsetzung aus über den Kostenansatz hinausgehenden Gründen erforderlich erscheint.

28 **Beispiele:**

- Es ist zwar „für den Regelfall" (Nr. 2) ein fester Wert bestimmt (vgl etwa § 75), allerdings ist im Einzelfall ein höherer Wert angemessen.
- Ein Wert ergibt sich aus einer öffentlichen Urkunde (Nr. 3), allerdings hält das Gericht diesen Wert für nicht zutreffend (etwa bei einem Verwandtengeschäft, aufgrund dessen Grundbucheintragungen vorzunehmen sind).
- Es fallen wegen sachlicher oder persönlicher Gebührenfreiheit keine Gerichtsgebühren an, allerdings sind die Beteiligten durch Rechtsanwälte vertreten (Relevanz bzgl §§ 23, 32, 33 RVG).[14]

29 **c) Zuständiges Gericht/Rechtspfleger.** Zuständig für Geschäftswertfestsetzung ist das **Gericht der Hauptsache**.[15] Dabei ist eine erstmalige Festsetzung durch das Rechtsmittelgericht ausgeschlossen; das Rechtsmittelgericht ist nach § 79 Abs. 2 Nr. 2 lediglich zur Abänderung einer zuvor erfolgten Festsetzung befugt. Letzteres gilt nicht, wenn ein Zusammenhang zwischen Kostenentscheidung und Geschäftswert besteht und das Rechtsmittelgericht die Kostenentscheidung des erstinstanzlichen Gerichts ändert.[16]

30 Ist der Rechtspfleger in der Hauptsache zuständig, kommt ihm nach § 4 Abs. 1 RPflG auch die Zuständigkeit bei der Geschäftswertfestsetzung zu.[17]

31 **4. Beschluss.** Das Gericht setzt den Geschäftswert durch **Beschluss** fest (vgl Abs. 1 S. 1), der grds. zu begründen (kann nachgeholt werden) und allen Beteiligten formlos mitzuteilen ist, § 41 FamFG.[18] Der Beschluss kann auch in die Entscheidungsformel der Sachentscheidung oder in die zugehörigen Entscheidungsgründe aufgenommen werden.[19] Im Verfahren ist den Beteiligten rechtliches Gehör zu gewähren (vgl Art. 103 Abs. 1 GG; bei Verletzung steht die Rüge des § 84 offen). Hieran hat sich die Beschlussbegründung zu messen, dh, sie muss die Gewährung rechtlichen Gehörs erkennen lassen und darf daher nicht nur floskelhaft sein;[20] ansonsten würden sowohl den Beteiligten als auch dem Rechtsmittelgereicht die Grundlagen der Nachprüfbarkeit fehlen.[21] Mängel können zur Aufhebung und Zurückweisung durch das

---

10 Korintenberg/*Hellstab*, § 79 Rn 19; vgl auch Korintenberg/*Lappe*, KostO, § 31 Rn 15 ff. **11** BeckOK-KostO/*Soutier*, § 31 Rn 5. **12** Korintenberg/*Lappe*, KostO, § 31 Rn 19. **13** Korintenberg/*Lappe*, KostO, § 31 Rn 8. **14** Rohs/Wedewer/*Rohs*, KostO, § 31 Rn 4. **15** BayObLGZ 1988, 248, 258; BeckOK-KostO/*Soutier*, § 31 Rn 6. **16** Korintenberg/*Lappe*, KostO, § 31 Rn 22 mwN. **17** BeckOK-KostO/*Soutier*, § 31 Rn 6. **18** OLG Frankfurt a. M. NJW-RR 1998, 1776; Korintenberg/*Lappe*, KostO, § 31 Rn 37. **19** *Hartmann*, KostG, § 31 KostO Rn 14. **20** OLG Hamm NJW-RR 2000, 211; Rohs/Wedewer/*Rohs*, KostO, § 31 Rn 12. **21** *Hartmann*, KostG, § 31 KostO Rn 15.

Rechtsmittelgericht führen.[22] Fehlt eine Begründung, ist sie spätestens bei einer Nichtabhilfeentscheidung nachzuholen.[23]

Ein Festsetzungsbeschluss ist grds. zulässig ab Anhängigkeit der Sache, auch während der Aussetzung oder Unterbrechung des Verfahrens.[24] Die Festsetzungsbefugnis des Gerichts endet erst, wenn kein Rechtsschutzinteresse mehr besteht (→ Rn 22), nicht bereits mit der Entscheidung in der Hauptsache. **32**

5. Kosten. Für die Festsetzung entstehen neben den im Kostenverzeichnis allgemein geregelten Verfahrensgebühren **keine gesonderten Gebühren.** Dies ergibt sich bereits aus dem abschießenden Charakter (Enumerationsprinzip bzw *numerus clausus*) des Kostenverzeichnisses und muss daher nicht mehr (wie im früheren Recht, vgl § 31 Abs. 5 KostO) ausdrücklich geregelt werden. Sofern Auslagen entstehen, sind diese in den Fällen des Abs. 1 S. 1 und im Fall der Geschäftswertfestsetzung wegen Angemessenheit (Abs. 1 S. 3) entsprechend den Kosten der Hauptsache aufzuerlegen. In den Fällen der antragsgemäßen Festsetzung nach Abs. 1 S. 3 hingegen ist Kostenschuldner der Antragsteller, § 22 Abs. 1. Zu den Kosten bei Schätzung des Geschäftswerts s. die Kommentierung zu § 80. **33**

IV. Änderung der Geschäftswertfestsetzung (Abs. 2)

1. Voraussetzungen der Änderung. Das Gericht kann eine erfolgte Festsetzung des Geschäftswerts nachträglich ändern, Abs. 2 S. 2. Ob das Gericht eine Änderung vornimmt, steht allerdings nicht in seinem Belieben: Der Begriff des „Könnens" ist als **Kompetenzregelung,** nicht hingegen als Ermessenregelung zu verstehen.[25] Haben sich also die tatsächlichen Verhältnisse seit der Festsetzung geändert oder ergeben sich sonstige Anhaltspunkte für einen von der Festsetzung abweichenden Wert, hat das Gericht die ursprüngliche Festsetzung abzuändern. Maßgeblich sind allerdings allein Änderungen der tatsächlichen Umstände für den Zeitpunkt der Fälligkeit der Gebühren bzw erst nachträglich bekannt werdende Tatsachen. **Keine Änderung** ist hingegen möglich, wenn sich lediglich die Rechtsauffassung des Gerichts geändert hat.[26] **34**

2. Zuständiges Gericht (Abs. 2 S. 1). Zuständig für die Änderung der Festsetzung ist das **Gericht der Hauptsache** (Abs. 2 S. 1 Nr. 1) oder das **Rechtsmittelgericht** (Abs. 2 S. 1 Nr. 2). Das in erster Instanz festsetzende Gericht ist zur Änderung nur berechtigt, solange das Rechtsmittelgericht noch nicht entschieden hat.[27] **35**

Das Rechtsmittelgericht ist zuständig, wenn das Verfahren wegen des Hauptgegenstands oder wegen der Entscheidung über den Geschäftswert, den Kostenansatz oder die Kostenfestsetzung in der Rechtsmittelinstanz schwebt. Dabei gilt kein Verbot der *reformatio in peius*.[28] Ob eine Änderung durch das Rechtsmittelgericht auch bei Unzulässigkeit des Rechtsmittels zulässig ist, ist umstritten.[29] Richtiger ist, die Zulässigkeit des Rechtsmittels als Voraussetzung für die Zuständigkeit zur Änderung der Geschäftswertfestsetzung nur dann zu fordern, wenn das Rechtsmittel allein der Begründung der Änderungskompetenz des Rechtsmittelgerichts dient, nicht jedoch bei einem Rechtsmittel in der Hauptsache.[30] **36**

Abs. 2 S. 1 Nr. 2 setzt für die Zuständigkeit des Rechtsmittelgerichts voraus, dass das Verfahren „in der Rechtsmittelinstanz schwebt". Daraus folgt, dass nach Beendigung des Rechtsmittelverfahrens eine Änderung insoweit nicht mehr möglich ist.[31] **37**

3. Frist (Abs. 2 S. 2). Abs. 2 S. 2 begrenzt die Möglichkeit einer Änderung der Festsetzung zeitlich. Die endgültigen Kosten dürfen aus Gründen der Rechtssicherheit nur innerhalb von sechs Monaten zulässig, nachdem die Entscheidung wegen des Hauptgegenstands Rechtskraft erlangt oder das Verfahren sich anderweitig erledigt hat. **Anderweitig erledigt** ist ein Verfahren, wenn die Entscheidung in der Hauptsache keine Rechtskraft mehr erlangen kann. Die **Sechsmonatsfrist** berechnet sich nach §§ 186 ff BGB; sie gilt nur für die Änderung, nicht für die erstmalige Festsetzung.[32] Eine Wiedereinsetzung bei Fristablauf ist nicht vorgesehen: Die in § 83 Abs. 2 enthaltene Wiedereinsetzungsregelung gilt nur für die Beschwerdefrist des § 83 Abs. 1 S. 3, nicht für die Änderungsfrist des Abs. 2 S. 2. Der Beginn der Frist ist unabhängig vom Vorliegen einer Festsetzung und deren Bekanntgabe an die Beteiligten. **38**

22 OLG Zweibrücken JurBüro 1988, 769; BeckOK-KostO/*Soutier*, § 31 Rn 7. **23** OLG Köln ZEV 2015, 432 (Ls.) = BeckRS 2015, 10356. **24** Korintenberg/*Lappe*, KostO, § 31 Rn 39. **25** BGHZ 36, 144 = NJW 1962, 583; Rohs/Wedewer/*Rohs*, KostO, § 31 Rn 16; BeckOK-KostO/*Soutier*, § 31 Rn 8. **26** BeckOK-KostO/*Soutier*, § 31 Rn 8. **27** *Hartmann*, KostG, § 31 KostO Rn 29. **28** OLG Brandenburg FGPrax 2005, 274; BayObLG JurBüro 1992, 341. **29** Dafür: VGH Mannheim JurBüro 1992, 254; dagegen: OLG Hamm Rpfleger 1973, 106. **30** BayObLG JurBüro 1989, 854; Korintenberg/*Lappe*, KostO, § 31 Rn 51; BeckOK-KostO/*Soutier*, § 31 Rn 9. **31** BGH Rpfleger 1989, 385; BayObLG BeckRS 1997, 09902; Rohs/Wedewer/*Rohs*, KostO, § 31 Rn 17. Die zum früheren Recht vertretene aA bei Korintenberg/*Lappe*, KostO, § 31 Rn 51 ist mit dem Wortlaut des Gesetzes nicht in Einklang zu bringen. **32** OLG München MittBayNot 2007, 159; Korintenberg/*Lappe*, KostO, § 31 Rn 53.

§ 80 Schätzung des Geschäftswerts

[1]Wird eine Schätzung des Geschäftswerts durch Sachverständige erforderlich, ist in dem Beschluss, durch den der Wert festgesetzt wird (§ 79), über die Kosten der Schätzung zu entscheiden. [2]Diese Kosten können ganz oder teilweise einem Beteiligten auferlegt werden, der durch Unterlassung der Wertangabe, durch unrichtige Angabe des Werts, durch unbegründetes Bestreiten des angegebenen Werts oder durch unbegründete Beschwerde die Schätzung veranlasst hat.

Schrifttum: *N. Schneider*, Festsetzung des Verfahrenswerts nach dem FamGKG, ZAP Fach 24, 1163.

I. Allgemeines

1   § 80 bezieht sich auf die **Festsetzung des Verfahrenswerts** hinsichtlich der Gebührenberechnung (§ 79) und regelt die Kostenermittlung und Kostentragung in den Fällen der Schätzung des Geschäftswerts durch Sachverständige. Zweck der Regelung ist die Sicherung des Gebührenanspruchs der Staatskasse, sofern infolge unterbliebener, unrichtiger oder lückenhafter Wertangaben der Beteiligten Zweifel an der Höhe des Verfahrenswerts nur durch eine **Beweiserhebung** beseitigt werden können. Im Regelfall wird das Gericht jedoch hinreichende Anhaltspunkte für die Festsetzung des Verfahrenswerts haben, um eine eigene Schätzung anhand der Bewertungsvorschriften des GNotKG (§§ 46 ff) vornehmen zu können.[1] Für die Feststellung des Verkehrswerts einer Sache ist nach § 46 Abs. 4 die Beweisaufnahme ausgeschlossen, so dass in diesem Bereich auch § 55 keine Anwendung finden kann.

II. Schätzung des Geschäftswerts

2   **1. Erforderlichkeit der Schätzung durch Sachverständige (S. 1).** S. 1 setzt zunächst voraus, dass die Schätzung des Geschäftswerts durch Sachverständige **erforderlich** ist. Die Beurteilung dieser Voraussetzung liegt im Ermessen des Gerichts. Grundsätzlich ist dies der Fall, wenn der korrekte Verfahrenswert nur durch Einholung eines Sachverständigengutachtens ermittelt werden kann.[2] Tatsächlich dürfte die Erforderlichkeit der Schätzung des Geschäftswertes durch Sachverständige im GNotKG **selten** sein. Anwendungsfälle sind dort denkbar, wo das Gericht den Wert schwer selbst bestimmen kann und Angaben der Beteiligten unterblieben sind, unrichtig oder lückenhaft ausfallen.

3   **Beispiel:** Das Gericht hat Zweifel an der Richtigkeit der Wertangaben der Beteiligten, bspw bei GmbH-Geschäftsanteilen (zu bewerten nach § 54) im Rahmen der Wertermittlung eines Nachlasses.

4   **2. Veranlassung durch einen Beteiligten (S. 2).** Grundsätzlich fallen die Kosten der Schätzung durch Sachverständige der Staatskasse zur Last: Es fällt dem Gericht zu, den jeweiligen Verfahrenswert zu ermitteln und festzusetzen.[3] Die Kosten der Schätzung können davon abweichend nach S. 2 **ganz oder teilweise einem Beteiligten** (§ 7 FamFG) auferlegt werden, wenn:

- der Beteiligte ihm obliegende Wertangaben (vgl § 77) unterlassen hat,
- er den Wert vorsätzlich oder fahrlässig falsch angegeben hat,
- er ohne Begründung den angegebenen Wert bestritten hat oder
- er durch (objektiv) unbegründete Beschwerde die Schätzung veranlasst hat.

Ein **Verschulden** des Beteiligten ist in allen genannten Fällen nicht erforderlich. Freilich sind die konkreten Umstände (und damit auch ein etwaiges Verschulden des Beteiligten) vom Gericht zu berücksichtigen. Von einer Auferlegung der Kosten wird bei fehlendem Verschulden idR abgesehen werden.[4]

5   Die Veranlassung durch einen Verfahrens- oder sonstigen Bevollmächtigten wird dem von ihm vertretenen Beteiligten **zugerechnet** (§ 11 S. 5 FamFG iVm § 85 Abs. 2 ZPO). Stellt der Rechtsanwalt Anträge im eigenen Namen (vgl § 32 Abs. 2 RVG), kann das Gericht ihm die Kosten unter den vorgenannten Voraussetzungen auferlegen.[5]

6   **3. Verfahren.** Zuständig ist das Gericht oder der Rechtspfleger (§ 4 Abs. 1 RPflG), nicht der Urkundsbeamte der Geschäftsstelle. Die Anordnung der Beweiserhebung ergeht aufgrund Beweisbeschluss im Wege der Beweiserhebung nach §§ 29 ff FamFG. Der Antragsteller ist vorher anzuhören. Die Anhörung des Antragstellers kann aber bereits in der Aufforderung, innerhalb einer bestimmten Frist die Wertangabe nachzureichen, bestehen.

7   Die Entscheidung erfolgt durch **Festsetzungsbeschluss** nach § 79 Abs. 1. Er ist zu begründen. Die Mitteilung kann formlos erfolgen.

---

1 Vgl Oestreich/Hellstab/*Trenkle*, FamGKG § 56 Rn 1.   **2** HK-FamGKG/*E. Schneider*, § 56 Rn 4.   **3** Oestreich/Hellstab/*Trenkle*, FamGKG § 56 Rn 4 mwN.   **4** BDS/*Sommerfeldt*, § 80 Rn 18.   **5** OLG Nürnberg JurBüro 1968, 242; Oestreich/Hellstab/*Trenkle*, FamGKG § 56 Rn 6.

III. Anfechtbarkeit der Entscheidung

Gegen den Beschluss besteht die Möglichkeit der Beschwerde nach § 83 (Beschwerde gegen die Festsetzung des Geschäftswerts). Dabei kann die Beschwerde auch isoliert gegen die Entscheidung über die Schätzungskosten gerichtet werden. Daneben ist nach § 81 auch die Erinnerung und Beschwerde möglich, wenn der Kostenansatz angegriffen werden soll.[6]   **8**

Hinsichtlich der Vergütung des die Schätzung vornehmenden Sachverständigen ist die Beschwerde nach § 4 JVEG möglich.   **9**

Abschnitt 3
Erinnerung und Beschwerde

§ 81 Erinnerung gegen den Kostenansatz, Beschwerde

(1) [1]Über Erinnerungen des Kostenschuldners und der Staatskasse gegen den Kostenansatz einschließlich der Ausübung des Zurückbehaltungsrechts (§ 11) entscheidet das Gericht, bei dem die Kosten angesetzt sind. [2]War das Verfahren im ersten Rechtszug bei mehreren Gerichten anhängig, ist das Gericht, bei dem es zuletzt anhängig war, auch insoweit zuständig, als Kosten bei den anderen Gerichten angesetzt worden sind.

(2) [1]Gegen die Entscheidung über die Erinnerung ist die Beschwerde statthaft, wenn der Wert des Beschwerdegegenstands 200 Euro übersteigt. [2]Die Beschwerde ist auch zulässig, wenn sie das Gericht, das die angefochtene Entscheidung erlassen hat, wegen der grundsätzlichen Bedeutung der zur Entscheidung stehenden Frage in dem Beschluss zulässt.

(3) [1]Soweit das Gericht die Beschwerde für zulässig und begründet hält, hat es ihr abzuhelfen; im Übrigen ist die Beschwerde unverzüglich dem Beschwerdegericht vorzulegen. [2]Beschwerdegericht ist das nächsthöhere Gericht, in Verfahren der in § 119 Absatz 1 Nummer 1 Buchstabe b des Gerichtsverfassungsgesetzes bezeichneten Art jedoch das Oberlandesgericht. [3]Eine Beschwerde an einen obersten Gerichtshof des Bundes findet nicht statt. [4]Das Beschwerdegericht ist an die Zulassung der Beschwerde gebunden; die Nichtzulassung ist unanfechtbar.

(4) [1]Die weitere Beschwerde ist nur zulässig, wenn das Landgericht als Beschwerdegericht entschieden und sie wegen der grundsätzlichen Bedeutung der zur Entscheidung stehenden Frage in dem Beschluss zugelassen hat. [2]Die weitere Beschwerde kann nur darauf gestützt werden, dass die Entscheidung auf einer Verletzung des Rechts beruht; die §§ 546 und 547 der Zivilprozessordnung gelten entsprechend. [3]Beschwerdegericht ist das Oberlandesgericht. [4]Absatz 3 Satz 1 und 4 gilt entsprechend.

(5) [1]Anträge und Erklärungen können ohne Mitwirkung eines Rechtsanwalts schriftlich eingereicht oder zu Protokoll der Geschäftsstelle abgegeben werden; § 129 a der Zivilprozessordnung gilt entsprechend. [2]Für die Bevollmächtigung gelten die Regelungen der für das zugrunde liegende Verfahren geltenden Verfahrensordnung entsprechend. [3]Die Erinnerung ist bei dem Gericht einzulegen, das für die Entscheidung über die Erinnerung zuständig ist. [4]Die Beschwerde ist bei dem Gericht einzulegen, dessen Entscheidung angefochten wird.

(6) [1]Das Gericht entscheidet über die Erinnerung und die Beschwerde durch eines seiner Mitglieder als Einzelrichter; dies gilt auch für die Beschwerde, wenn die angefochtene Entscheidung von einem Einzelrichter oder einem Rechtspfleger erlassen wurde. [2]Der Einzelrichter überträgt das Verfahren dem Gericht zur Entscheidung in der im Gerichtsverfassungsgesetz vorgeschriebenen Besetzung, wenn die Sache besondere Schwierigkeiten tatsächlicher oder rechtlicher Art aufweist oder die Rechtssache grundsätzliche Bedeutung hat. [3]Das Gericht entscheidet jedoch immer ohne Mitwirkung ehrenamtlicher Richter. [4]Auf eine Übertragung oder deren Unterlassungen kann ein Rechtsmittel nicht gestützt werden.

(7) [1]Erinnerung und Beschwerde haben keine aufschiebende Wirkung. [2]Das Gericht oder das Beschwerdegericht kann auf Antrag oder von Amts wegen die aufschiebende Wirkung ganz oder teilweise anordnen; ist nicht der Einzelrichter zur Entscheidung berufen, entscheidet der Vorsitzende des Gerichts.

(8) [1]Die Verfahren sind gebührenfrei. [2]Kosten werden nicht erstattet.

---

6 Vgl HK-FamGKG/*E. Schneider*, § 56 Rn 19.

I. Anwendungsbereich

1 Gegenstand des Rechtsbehelfs muss grds. ein tatsächlich existierender **Kostenansatz** sein.

2 Dem steht es gleich, wenn der Kostenbeamte vom Kostenansatz abgesehen hat und die Staatskasse hiergegen vorgehen will.

3 **Nicht erfasst** ist hingegen die Auferlegung der Kosten nach § 80 S. 2. Sie ist nur mit der Geschäftswertfestsetzung angreifbar. Ebenfalls nicht unter § 81 fällt die Anfechtung gerichtlicher Kostengrundentscheidungen.[1] Für sie gelten §§ 58 ff FamFG. Auch Einwendungen gegen die Art und Weise der Kostenbeitreibung sind nicht nach § 81 geltend zu machen, sondern über § 6 Nr. 1 JBeitrO, § 766 ZPO.

4 Bei der Anforderung von **Auslagenvorschüssen für die Übersendung von Dokumenten** (§ 14 Abs. 2) gilt das hier erläuterte Verfahren entsprechend (§ 82 Abs. 2).

5 Weiterer Gegenstand des Rechtsbehelfs kann schließlich die **Ausübung des Zurückbehaltungsrechts** (§ 11) sein, die folglich als eine Entscheidung im Rahmen des Kostenansatzes gilt.

II. Erinnerung (Abs. 1)

6 **1. Erinnerungsberechtigung.** Erinnerungsberechtigt ist zunächst der in der angegriffenen Kostenrechnung als solcher ausgewählte und in Anspruch genommene **Kostenschuldner** (§§ 22 ff),[2] bei Gesamtschuldnern jeder einzelne. Ob er die geforderten Kosten bereits beglichen hat, ist ebenso wenig entscheidend wie die Frage, ob er eine Kostenrechnung erhalten hat, also konkret in Anspruch genommen worden ist.[3] Die Erinnerungsberechtigung entfällt aber, wenn die Kostenrechnung unter Zurückstellung der anfänglichen Bedenken uneingeschränkt und vollständig ausgeglichen wird.[4] Auch der **Rechtsnachfolger** des Kostenschuldners kann gegen den Kostenansatz vorgehen, solange die Beschwer fortbesteht. Nicht ausreichend ist jedoch, dass der Betroffene lediglich im Innenverhältnis zum Kostenschuldner haftet, ihm also Regress droht.

7 Ferner ist die **Staatskasse** erinnerungsberechtigt. Das gilt auch dann, wenn der Kostenansatz dem Kostenschuldner noch nicht bekanntgegeben worden ist.[5] Ohne dass dies auf die Zulässigkeit Einfluss hat, soll der Vertreter der Staatskasse – idR der Bezirksrevisor (§ 35 Nr. 1 KostVfg) – Erinnerungen gegen den Kostenansatz nur dann einlegen, wenn es wegen der grundsätzlichen Bedeutung der Sache angezeigt erscheint, von einer Berichtigung im Verwaltungsweg abzusehen und eine gerichtliche Entscheidung herbeizuführen (§ 38 Abs. 1 KostVfg). Im Übrigen kann die Staatskasse auch zugunsten des Kostenschuldners Erinnerung einlegen.[6] Sieht das Gericht von der Ausübung des Zurückbehaltungsrechts ab (§ 11), steht der Staatskasse hiergegen keine Erinnerung zu.

8 **2. Form und Frist.** Die Erinnerung ist **formfrei**. Sie kann schriftlich oder zu Protokoll der Geschäftsstelle eingelegt werden (Abs. 5 S. 1), nicht jedoch ausschließlich per E-Mail.[7] Anwaltszwang besteht nicht. Ein bestimmter Antrag oder eine Begründung der Erinnerung sind nicht erforderlich, aber zu empfehlen, um die Nachprüfung zu erleichtern und das Rechtsschutzziel zu verdeutlichen. Schreiben des Kostenschuldners, mit denen er laienhaft seine gegenteilige Auffassung zur Kostenrechnung äußert, sind regelmäßig als Erinnerung auszulegen. Bis zur Entscheidung über die Erinnerung kann der Antrag zurückgenommen werden.[8]

9 Eine **Frist** ist nicht zu beachten. **Verwirkung** ist nur in sehr engen Grenzen denkbar[9] und nicht schon allein deshalb naheliegend, weil das Nachforderungsrecht der Staatskasse befristet ist (§ 20 Abs. 1).[10] Es muss vielmehr ein weiteres Umstandsmoment hinzukommen.[11]

10 **3. Zuständigkeit.** Adressat der Erinnerung ist das Gericht, bei dem die Kosten angesetzt sind (Abs. 1 S. 1). Eine anschließende Änderung der örtlichen Zuständigkeit wirkt sich auch auf das Erinnerungsverfahren aus (Abs. 1 S. 2). Erinnerungen, die bei der Justizkasse eingehen, sind an das Gericht der Erinnerung weiterzuleiten.[12] War das kostenpflichtige Geschäft dem **Rechtspfleger** übertragen, so entscheidet nach heute nahezu unbestrittener Auffassung auch ein Rechtspfleger über die Erinnerung, jedoch nicht der als Kostenbeamter tätig gewesene.[13] Bei dem Richter vorbehaltenen Geschäften – insb. nach § 17 RPflG – entscheidet er als Einzelrichter (Abs. 6 S. 1).

1 BGH GRUR-RR 2013, 528. **2** BGH BeckRS 2016, 02371. **3** OLG Hamm JurBüro 1989, 1704; aA OLG Schleswig JurBüro 1981, 403; OLG Düsseldorf JurBüro 1985, 1065; LG Wuppertal JurBüro 1992, 480. **4** OLG Köln FGPrax 2005, 181. **5** KG NJW-RR 2003, 1723 m. zust. Anm. *Meyer*, JurBüro 2004, 327; aA *Hartmann*, KostG, § 66 GKG Rn 8. **6** KG Rpfleger 1977, 227; LG Gießen JurBüro 1990, 113; aA LAG Düsseldorf MDR 2007, 370; LG Berlin JurBüro 1979, 1391 m. abl. Anm. *Mümmler*. **7** BGH NJW-RR 2015, 1205. **8** OLG Köln FGPrax 2005, 181. **9** OLG Köln JurBüro 2014, 311; Korintenberg/*Fackelmann*, § 81 Rn 38. **10** Vgl BayObLGZ 1992, 171; OLG Schleswig SchlHA 1982, 48; aA OLG Brandenburg AGS 2011, 280 (Analogie zu § 20 Abs. 1 GKG); LSG Bayern 4.10.2012 – L 15 SF 131/11 B E, juris (spätestens nach 1 Jahr). **11** OLG München NJW-RR 2013, 1083; *Meyer*, GKG § 66 Rn 4. **12** Binz/Dörndorfer/*Zimmermann*, § 66 GKG Rn 23. **13** BayObLG NJW-RR 2002, 1118; OLG Zweibrücken NJW-RR 1999, 219; LG Koblenz NJW-RR 1998, 359.

4. Einwendungen. Statthaft sind alle Einwendungen gegen den Kostenansatz, insb.   11

- wegen formeller Mängel der Kostenrechnung, zB deren Unvollständigkeit;
- dass die Person, an die die Kostenrechnung gerichtet ist, gar nicht Kostenschuldner ist;
- gegen die Zahlungspflicht im Übrigen, zB wegen Gebührenfreiheit (§ 2)[14] oder wegen eines Nebengeschäfts;[15]
- gegen die Höhe des Kostenansatzes, also v.a. Gebührentatbestand und Gebührensatz;
- gegen Grund und Höhe von Auslagen;
- gegen die Zurückweisung des Antrags auf kostenfreie Erteilung von Ausfertigungen;[16]
- wegen unrichtiger Sachbehandlung (§ 21);[17]
- wegen Verjährung (§ 6) oder Verwirkung des Kostenanspruchs, sofern sie vor dem Kostenansatz eingetreten ist;
- wegen Ablaufs der Nachforderungsfrist (§ 20 Abs. 1);
- Einwendungen gegen den beizutreibenden Anspruch selbst, wobei die Aufrechnung beschränkt ist (§ 8 Abs. 1 JBeitrO).

Die Höhe des **Geschäftswerts** kann nur angegriffen werden, solange noch keine Festsetzung nach § 79 erfolgt ist.[18] Denn dann ist gem. § 83 Beschwerde zu erheben. Der Wertansatz durch den Kostenbeamten ist keine Wertfestsetzung durch das Gericht. Vor der Entscheidung über die Erinnerung ist daher eine Wertfestsetzung vorzunehmen.[19] Dahin gehend kann die Erinnerung umgedeutet werden, wenn sie sich auf die Höhe des Geschäftswertes beschränkt.[20] Die Entscheidung über eine bereits eingelegte Geschäftswertbeschwerde ist im Erinnerungsverfahren abzuwarten.   12

Betrifft die Erinnerung des **Zurückbehaltungsrecht** (§ 11), geht es nicht um die Kosten als solche, sondern um die Rechtmäßigkeit der Zurückbehaltung, also deren Voraussetzungen.   13

5. Verfahren und Entscheidung. Der Kostenbeamte kann der Erinnerung **abhelfen** (§ 28 Abs. 2 S. 1 KostVfg). Dies geschieht nicht durch Beschluss, sondern im Verwaltungswege durch eine neue Kostenrechnung (§ 18 Abs. 6 S. 1).[21]   14

Keine Abhilfemöglichkeit besteht beim Einwand unrichtiger Sachbehandlung, weil hierüber der Kostenbeamte nicht entscheiden darf (§ 21 Abs. 2).[22] Wenn und soweit keine Abhilfe erfolgt, ist die Sache zunächst dem Prüfungsbeamten – also dem Bezirksrevisor – vorzulegen (§ 28 Abs. 2 S. 2 KostVfg). Auch dieser kann abhelfen und veranlasst anderenfalls die Vorlage an das Gericht (§ 38 Abs. 2 S. 2 und 3 KostVfg), dh an den Rechtspfleger, der den Kostenbeamten vertritt, bzw an den Richter. Die Nichtabhilfe ist zumindest kurz zu begründen und muss eine Auseinandersetzung mit den Erinnerungsgründen erkennen lassen.   15

Den übrigen Beteiligten ist sodann **rechtliches Gehör** zu gewähren. Das betrifft sowohl etwaige weitere Kostenschuldner, die keine Erinnerung eingelegt haben, als auch die Staatskasse.[23] Insbesondere ist dem Erinnerungsführer eine etwaige Stellungnahme des Bezirksrevisors zu übermitteln.[24]   16

Da die Erinnerung **keine aufschiebende Wirkung** hat, kann sie der zur Entscheidung berufene Rechtspfleger bzw Richter auf Antrag oder von Amts wegen anordnen (Abs. 7). Der Erlass einer solchen Anordnung steht im pflichtgemäßen Ermessen des Gerichts und kommt nur unter engen Voraussetzungen in Betracht, etwa wenn dem Kostenschuldner anderenfalls unersetzbare Nachteile drohen.[25] Die Anordnung ist kurz zu begründen und unterliegt nicht der Anfechtung. Die Beitreibung der Kosten kann daneben auch im Verwaltungswege einstweilen eingestellt werden (§ 9 Abs. 1 JBeitrO).   17

Das Gericht hat den Sachverhalt von Amts wegen zu ermitteln (§ 26 FamFG). Es hat insb. zu prüfen, ob der Kostenansatz rechtswidrig ist und der Kostenschuldner dadurch – also durch das Gesamtergebnis der Kostenberechnung – in seinen Rechten verletzt wird.   18

Das Gericht entscheidet über die Erinnerung durch **Beschluss**, der mit Gründen zu versehen und den Beteiligten bekanntzugeben ist (§ 41 Abs. 1 S. 1 FamFG).   19

Eine unzulässige Erinnerung ist zu verwerfen, eine unbegründete Erinnerung zurückzuweisen. In diesen Fällen ist der Beschluss dem Erinnerungsführer mit Rechtsbehelfsbelehrung zuzustellen (§ 7 a, § 41 Abs. 1 S. 2 FamFG).   20

Eine **Rechtsbehelfsbelehrung** (§ 7 a) unterbleibt, wenn der Beschwerdewert unzweifelhaft nicht erreicht wird und auch keine Zulassung der Beschwerde erfolgt. Denn der Beschwerdewert kann nicht dadurch herbeigeführt werden, dass mit der Beschwerde neue Einwendungen erhoben werden. Hat die Erinnerung ganz   21

---

14 OLG Karlsruhe Justiz 1989, 353. **15** OLG Düsseldorf NJW-RR 1999, 148. **16** BayObLG JurBüro 1993, 544. **17** BayObLG JurBüro 1994, 394; LG Freiburg BWNotZ 2000, 46. **18** BayObLG JurBüro 1984, 739. **19** OLG Hamm JurBüro 1992, 547; LG Berlin JurBüro 1976, 1541; LG Bonn 21.11.2006 – 6 T 341/06, juris. **20** OLG Frankfurt 13.2.2003 – 20 W 35/02, juris; OLG Oldenburg JurBüro 1992, 169. **21** OLG Saarbrücken Rpfleger 2001, 461. **22** BDS/*Sommerfeldt*, § 81 Rn 5. **23** OLG Hamm JurBüro 1999, 41. **24** OLG Köln 24.2.2011 – 2 Wx 43/11, juris. **25** OLG Köln MDR 2011, 564.

oder teilweise Erfolg, so hat das Gericht den Kostenansatz aufzuheben und zugleich die richtige Kostenregelung zu treffen.[26]

22 ▶ **Formulierungsbeispiel:**

Auf die Erinnerung wird die Kostenrechnung ... vom ... abgeändert. Angesetzt werden folgende Gebühren: ... ◀

23 Einen solchen Beschluss hat der Kostenbeamte des entscheidenden Gerichts dem Bezirksrevisor mitzuteilen (§ 38 Abs. 2 S. 1 KostVfg). Ggf überzahlte Kosten sind zurückzuerstatten (§ 28 S. 2, § 29 Abs. 3 KostVfg), ohne dass dies im Beschluss zu tenorieren ist. Wenn die Erinnerung der Staatskasse Erfolg hat, sind die weiteren Kosten gem. § 20 nachzufordern. Ein durch den Kostenschuldner angefochtener Kostenansatz darf nicht zu seinen Ungunsten abgeändert werden (Verbot der reformatio in peius).[27]

24 Wird der Kostenschuldner oder die Staatskasse durch die Entscheidung mit nicht mehr als 200 € beschwert, kann das Gericht wegen der grundsätzlichen Bedeutung einer Streitfrage die **Beschwerde zulassen** (Abs. 2 S. 2). Hierbei geht es um klärungsbedürftige materielle oder verfahrensrechtliche Rechtsfragen, die in einer Vielzahl vergleichbarer Fälle auftreten können.[28] Schweigen des Beschlusses bedeutet Nichtzulassung. Sie ist grds. unanfechtbar (Abs. 3 S. 4) und kann allenfalls über § 84 gerügt werden.[29] Die Zulassung erfolgt zweckmäßigerweise im Tenor des Beschlusses. Eine Rechtsmittelbelehrung allein genügt jedenfalls nicht.[30] Ob die Zulassung noch nach Einlegung der Beschwerde nachgeholt werden kann, ist umstritten.[31]

25 Wegen der Gebührenfreiheit (Abs. 8; → Rn 26) ist es regelmäßig entbehrlich, den Geschäftswert für das Erinnerungsverfahren festzusetzen (§§ 79 Abs. 1 S. 1, 61 Abs. 1).

26 **6. Gebühren und außergerichtliche Kosten (Abs. 8).** Für das Erinnerungsverfahren werden keine Gerichtsgebühren erhoben. Auslagen können einem erfolglos gebliebenen Kostenschuldner aber auferlegt werden (§ 22 Abs. 1). Außergerichtliche Kosten werden den Beteiligten nicht erstattet.

III. Beschwerde (Abs. 2 und 3)

27 **1. Statthaftigkeit und Beschwerdeberechtigung.** Gegen die auf Erinnerung hin ergangenen Beschlüsse können der Kostenschuldner und die Staatskasse Beschwerde erheben, soweit sie in ihren Rechten beeinträchtigt sind (§ 59 FamFG).[32] Das gilt auch, wenn ein Rechtspfleger über die Erinnerung entschieden hat (§ 11 Abs. 1 RPflG). Beschwerdeberechtigt ist auch ein Sachverständiger, dessen Vergütung auf die Erinnerung eines Beteiligten herabgesetzt worden ist.[33] Gegen Erinnerungsentscheidungen des OLG – also solche, die den Kostenansatz am OLG betreffen – findet jedoch keine Beschwerde statt (Abs. 3 S. 3).

28 Der **Wert des Beschwerdegegenstands** muss 200 € übersteigen (Abs. 2 S. 1). Das ist für jeden Beschwerdeführer gesondert zu prüfen. Ausschlaggebend ist das vermögenswerte Interesse des Beschwerdeführers an einer Änderung der angefochtenen Entscheidung.[34] Zu diesem Zweck ist ggf durch Nachfrage und Auslegung zu ermitteln, um welchen Differenzbetrag die Kostenrechnung nach Auffassung des Beschwerdeführers abgeändert werden soll.[35] Im Zweifel ist von einem Angriff auf den gesamten Kostenansatz auszugehen. Es genügt nach vorherrschender Ansicht nicht, wenn der Wert nur durch die Summe mehrerer gemeinsam angefochtener Kostenrechnungen erreicht wird.[36] Hatte die Erinnerung des Beschwerdeführers teilweise Erfolg, muss seine verbleibende Beschwer 200 € übersteigen.[37]

29 Eine Besonderheit gilt, wenn ein **Rechtspfleger** über die Erinnerung entschieden hat und der Beschwerdewert von 200 € nicht erreicht wird. Dann kann nochmals **sofortige Erinnerung** eingelegt werden, über die dann ohne weitere Anfechtungsmöglichkeit ein Richter zu entscheiden hat (§ 11 Abs. 2 RPflG).

30 Darüber hinaus kommt eine **Zulassung der Beschwerde** im Rahmen der Erinnerungsentscheidung in Betracht (→ Rn 24), an die das Beschwerdegericht gebunden ist (Abs. 3 S. 4).

31 **2. Zuständigkeit und Einlegung der Beschwerde.** Die Beschwerde ist bei dem Gericht einzulegen, das über die Erinnerung entschieden hat (iudex a quo; Abs. 5 S. 4). **Beschwerdegericht** ist nur in Freiheitsentziehungs- und Betreuungssachen das nach der allgemeinen Gerichtsorganisation nächsthöhere Gericht (Abs. 3 S. 2). In allen übrigen Fällen ist es das **OLG** (§ 119 Abs. 1 Nr. 1 Buchst. b GVG).

32 Das Beschwerdegericht entscheidet funktionell grds. durch einen Einzelrichter, wenn über die Erinnerung ein Rechtspfleger oder Einzelrichter befunden hat (Abs. 6 S. 1 Hs 2). Im Übrigen entscheidet der gesamte Spruchkörper. Der zuständige Einzelrichter hat die Sache in Fällen besonderer Schwierigkeit oder grund-

26 BayObLG NJW 1961, 676. **27** Korintenberg/*Fackelmann*, § 81 Rn 98. **28** BGH NJW 2003, 65, 67 (zu § 543 Abs. 2 S. 1 Nr. 1 ZPO). **29** BGH NJW 2004, 2529 (zu §§ 574 Abs. 1 Nr. 2, 321 a ZPO). **30** BGH 16.12.2010 – V ZB 150/10, juris. **31** Ablehnend: LG Halle (Saale) 16.11.2005 – 11 T 7/05, juris; ferner OLG München MDR 2011, 66; LG Koblenz FamRZ 2005, 741 (jew. zu § 33 Abs. 3 RVG). Bejahend: Korintenberg/*Fackelmann*, § 81 Rn 133; BeckOK KostR/*Klein*, § 81 GNotKG Rn 24. **32** LAG Düsseldorf MDR 2007, 370. **33** OLG Koblenz NJW-RR 2014, 1150. **34** BayObLG WuM 1994, 573. **35** BayObLG Rpfleger 2000, 471. **36** KG JurBüro 2003, 31; BDS/*Sommerfeldt*, § 81 Rn 21; aA Korintenberg/*Fackelmann*, § 81 Rn 131. **37** BayObLGZ 1994, 374, 375 f; OLG Stuttgart JurBüro 1988, 1504 (zu § 567 Abs. 2 ZPO).

sätzlicher Bedeutung zwingend dem Kollegium zu übertragen (Abs. 6 S. 2).[38] In Rheinland-Pfalz ist die Zuständigkeit beim OLG Zweibrücken konzentriert (§ 4 Abs. 3 Nr. 2 Buchst. a GerOrgG).

Eine **Frist** ist für die Beschwerde nicht zu beachten. Ebenso wenig besteht Anwaltszwang. Ein konkreter **Antrag** und eine **Begründung** sind nicht erforderlich, was zu Schwierigkeiten bei der Ermittlung des Beschwerdewertes führen kann (→ Rn 28). Daher ist eine Begründung zu empfehlen. Neuer Tatsachenvortrag und Beweismittel sind zulässig (§ 65 Abs. 3 FamFG). Es können auch über die Erinnerung hinaus weitere Einwendungen gegen den Kostenansatz geltend gemacht werden, allerdings berührt dies den Beschwerdewert nicht.[39] **33**

3. Verfahren und Entscheidung. Zunächst hat das Gericht, das Erinnerung entschieden hat, die Möglichkeit der **Abhilfe** (Abs. 3 S. 1). Die Nichtabhilfeentscheidung bildet aber keine Verfahrensvoraussetzung für die Entscheidung des Beschwerdegerichts.[40] Das Rechtsmittel bleibt zulässig, auch wenn der Beschwerdewert nach teilweiser Abhilfe unter 200 € sinkt.[41] **34**

Im Übrigen ist den sonstigen Beteiligten **rechtliches Gehör** zu gewähren – und zwar auch dann, wenn das Ausgangsgericht eine Abhilfe beabsichtigt.[42] Auf ein unzulässiges Rechtsmittel sollte das Beschwerdegericht hinweisen und ggf die Rücknahme anregen. **35**

Das Beschwerdegericht hat grds. in der Sache selbst zu entscheiden; eine Zurückverweisung ist nur bei schweren Verfahrensfehlern denkbar (§ 69 Abs. 1 S. 3 FamFG). Zum Inhalt des Beschlusses s. zunächst → Rn 20 ff. Auch im Beschwerdeverfahren gilt das Verbot der Schlechterstellung, soweit nicht einer Anschlussbeschwerde stattgegeben wird. Eine zunächst obsiegende Erinnerungsentscheidung, die anschließend erfolgreich mit der Beschwerde angefochten wird, führt zur Wiederherstellung des ursprünglichen Kostenansatzes. Es empfiehlt sich, dies im Beschluss klarzustellen. **36**

Nur das Landgericht als Beschwerdegericht ist befugt, über die **Zulassung der weiteren Beschwerde** zu entscheiden (Abs. 4 S. 1). Zur Voraussetzung der grundsätzlichen Bedeutung → Rn 24. Die Zulassung darf nicht auf einzelne Rechtsfragen begrenzt werden, wohl aber auf abgrenzbare Komponenten des Kostenansatzes.[43] Im Falle der Zulassung der weiteren Beschwerde ist außerdem eine **Rechtsbehelfsbelehrung** (§ 7 a) erforderlich. **37**

Beschwerdeentscheidungen des OLG sind dagegen von vornherein unanfechtbar (Abs. 3 S. 3). Hier bleibt nur § 84. **38**

Nach unanfechtbarer Beschwerdeentscheidung ist auch eine mit neuer Begründung gegen einzelne Rechnungsposten erhobene Erinnerung nicht mehr möglich.[44] **39**

4. Gebühren und außergerichtliche Kosten (Abs. 8). Auch im Beschwerdeverfahren werden grds. weder Gerichtsgebühren erhoben noch außergerichtliche Kosten erstattet (→ Rn 26). Eine Ausnahme hiervon gilt nach vorherrschender, aber neuerdings bestrittener Ansicht, wenn die Beschwerde eindeutig unstatthaft war.[45] Dann kann dem Beschwerdeführer die Gebühr nach Nr. 19115 KV auferlegt werden. Die Gebührenfreiheit bezieht sich also nur auf statthafte Verfahren.[46] **40**

IV. Weitere Beschwerde (Abs. 4)

Gegen **Beschwerdeentscheidungen des Landgerichts** – also nur in Freiheitsentziehungs- und Betreuungssachen – findet die weitere Beschwerde statt, wenn sie zugelassen worden ist. Ihre praktische Bedeutung ist daher begrenzt. Zur grundsätzlichen Bedeutung der zur Entscheidung stehenden Frage → Rn 24. Die Nichtzulassung ist unanfechtbar (Abs. 4 S. 4, Abs. 3 S. 4). An die Zulassung ist das OLG gebunden (Abs. 4 S. 4, Abs. 3 S. 4), kann aber eine zu Unrecht zugelassene weitere Beschwerde gem. § 74 a FamFG zurückweisen. Mit der Zulassung einer „Rechtsbeschwerde" ist regelmäßig die weitere Beschwerde iSd Abs. 4 gemeint.[47] **41**

Gericht der weiteren Beschwerde ist das OLG (Abs. 4 S. 3). In Rheinland-Pfalz ist die Zuständigkeit beim OLG Zweibrücken konzentriert (§ 4 Abs. 3 Nr. 2 Buchst. b GerOrgG), in Bayern beim OLG München (Art. 11 a AGGVG). Das OLG entscheidet durch den mit drei Richtern besetzten Senat. Das Beschwerdegericht hat die Möglichkeit der Abhilfe (Abs. 4 S. 4, Abs. 3 S. 1; → Rn 34). **42**

38 OLG Frankfurt JurBüro 2007, 659; OLG München ZNotP 2009, 79. **39** Korintenberg/*Fackelmann*, § 81 Rn 152. **40** OLG Hamm 23.2.2010 – 3 Ws 301/09, juris; *Meyer*, GKG § 66 Rn 41. **41** BT-Drucks 15/1971, S. 157, 234; Korintenberg/*Fackelmann*, § 81 Rn 147; aA *Hartmann*, KostG, § 66 GKG Rn 32; *Meyer*, GKG § 66 Rn 41. **42** Binz/Dörndorfer/*Zimmermann*, § 66 GKG Rn 52; *Meyer*, GKG § 66 Rn 41. **43** OLG Köln JurBüro 1990, 1016; KG DNotZ 2009, 47. **44** OLG München JurBüro 1983, 1221. **45** BGH NJW 2003, 69; BGH NJW 2014, 1597; OLG Celle JurBüro 2013, 29; OLG Jena MDR 2010, 1211; OLG Saarbrücken AGS 2011, 193; OLG Koblenz NJW-RR 2000, 1239 (aufgegeben in JurBüro 2012, 662); aA OLG Frankfurt NJW-RR 2012, 1022 (zu § 68 Abs. 3 GKG). **46** *N. Schneider*, NJW 2011, 2628, 2629. **47** BGH NJW-RR 2013, 1081.

43   Auch die weitere Beschwerde ist **nicht fristgebunden.** Sie ist beim Landgericht einzulegen (Abs. 5 S. 4). Ein Beschwerdewert ist nicht vorgesehen. Allerdings kann das Begehren nicht über den zur Erstbeschwerde gestellten Antrag hinausgehen, denn an deren Umfang ist auch das Gericht der weiteren Beschwerde gebunden. Auch dürfen grds. keine neuen Tatsachen eingeführt werden.[48]

44   Die weitere Beschwerde kann nur darauf gestützt werden, dass die Entscheidung des Landgerichts auf einer **Rechtsverletzung** beruht (Abs. 4 S. 2). Dies ist der Fall, wenn eine Rechtsnorm nicht oder nicht richtig angewendet worden ist (§ 546 ZPO, § 72 Abs. 1 S. 2 FamFG). Es handelt sich also um eine Rechtsbeschwerde. Dabei ist das OLG an die vom Beschwerdeführer geltend gemachten Gründe nicht gebunden (§ 74 Abs. 3 S. 2 FamFG). Eine im Ergebnis richtige Entscheidung des Beschwerdegerichts führt trotz Rechtsverletzung zur Unbegründetheit der weiteren Beschwerde (§ 74 Abs. 2 FamFG), sofern nicht § 547 ZPO einschlägig ist und daher ein „absoluter Beschwerdegrund" vorliegt. Ermessensentscheidungen des Landgerichts sind nur eingeschränkt dahin gehend überprüfbar, ob ein Ermessensfehlgebrauch oder -ausfall vorliegt.[49]

45   Soweit möglich, entscheidet das OLG in der Sache selbst (→ Rn 36). Anderenfalls verweist es die Sache unter Aufhebung des angefochtenen Beschlusses an das Beschwerdegericht zurück (§ 74 Abs. 6 S. 2 FamFG).

V. Anwaltsgebühren

46   Der anwaltliche Vertreter eines Beteiligten erhält für das Erinnerungs- und das Beschwerdeverfahren jeweils eine Gebühr nach Nr. 3500 VV RVG.

§ 82 Beschwerde gegen die Anordnung einer Vorauszahlung

(1) [1]Gegen den Beschluss, durch den aufgrund dieses Gesetzes die Tätigkeit des Gerichts von der vorherigen Zahlung von Kosten abhängig gemacht wird, und wegen der Höhe des in diesem Fall im Voraus zu zahlenden Betrags ist stets die Beschwerde statthaft. [2]§ 81 Absatz 3 bis 5 Satz 1 und 4 und Absatz 6 und 8 ist entsprechend anzuwenden.

(2) Im Fall des § 14 Absatz 2 ist § 81 entsprechend anzuwenden.

I. Allgemeines

1   Die Vorschrift enthält in Abs. 1 S. 1 eine reine Statthaftigkeitsregelung. Die dort angesprochene Beschwerde nach § 81 stellt ein selbständiges Zwischenverfahren dar.[1]

II. Anwendungsbereich

2   § 82 betrifft Vorauszahlungsanordnungen „aufgrund dieses Gesetzes". Gemeint ist die **Abhängigkeit gerichtlicher Handlungen** gem. §§ 13, 14 Abs. 1 S. 2, dem Wortlaut nach jedoch nur, wenn die Anordnung **durch Beschluss** erfolgt ist. Die Beschwerde ist aber auch eröffnet, wenn die Anordnung durch Verfügung erfolgt ist.[2] Mit anderen Worten ist „Beschluss" hier untechnisch gemeint. Daher ist auch die **Zwischenverfügung des Grundbuchamtes** (§ 18 Abs. 1 GBO), mit der die Vornahme einer Eintragung von der Zahlung eines Kostenvorschusses abhängig gemacht wird, nach § 82 anzufechten, nicht nach § 71 GBO.[3]

3   Die Einschränkung der Beschwerdemöglichkeit („aufgrund dieses Gesetzes") greift aus Gründen effektiven Rechtsschutzes nur dann ein, wenn die Anordnung eindeutig auf Bestimmungen außerhalb des GNotKG Bezug nimmt. Bleibt die rechtliche Grundlage offen, ist die Beschwerdemöglichkeit gegeben.[4]

4   Ausdrücklich ausgenommen sind die **Auslagen für die Übersendung von Dokumenten und Akten** (§ 14 Abs. 2). Hier unterliegt die Vorschussanforderung gem. Abs. 2 der Erinnerung sowie der sich ggf anschließenden Beschwerde nach § 81.

5   Das Beschwerdeverfahren gilt auch, wenn die Abhängigmachung durch einen **Rechtspfleger** angeordnet worden ist (§ 11 Abs. 1 RPflG).

6   Für die Abhängigmachung durch den **Notar** (§ 15) gelten nach zutreffender Ansicht die §§ 127 ff.[5] Die Anordnung wird als Zahlungspflicht gemeinsam mit der Vorschusskostenrechnung geprüft. Nach der Gegenansicht soll § 15 Abs. 2 BNotO gelten.[6]

---

48 BayObLG FGPrax 1997, 63. **49** BayObLG FamRZ 2000, 174; OLG Frankfurt JurBüro 1982, 585. **1** BVerfG NJW-RR 2000, 1738. **2** BeckOK KostR/*Klein*, GNotKG, § 82 Rn 2; ebenso für § 67 GKG: OLG Rostock JurBüro 2011, 208; Binz/Dörndorfer/*Zimmermann*, § 67 GKG Rn 3; aA BDS/*Sommerfeldt*, § 82 Rn 8. **3** OLG München JurBüro 2016, 37. **4** OLG Celle JurBüro 2012, 433. **5** *Hansens*, NJW 1990, 1831, 1832. **6** LG Dortmund NJW 1978, 550.

III. Beschwerdeverfahren

Gegenstand der Beschwerde können die Abhängigmachung als solche und/oder die Höhe des in diesem Fall geforderten Vorschusses sein. Wird allein die Vorschussanforderung angefochten, gilt § 81 hingegen unmittelbar.[7] 7

Beschwerdeberechtigt ist nur, wer Vorauszahlung leisten soll. Die **Staatskasse** kann also nicht mit der Maßgabe Beschwerde erheben, der Vorschuss sei zu niedrig bemessen.[8] Sie hat nach dem Wortlaut des § 82 Abs. 1 ebenso wenig ein Beschwerderecht gegen die Ablehnung der Abhängigmachung. Der Staatskasse ist im Beschwerdeverfahren aber rechtliches Gehör zu gewähren.[9] 8

Der Beschwerdeführer kann insb. geltend machen, dass eine Ausnahme von der Abhängigmachung gem. § 16 besteht oder dass es in Grundbuch- oder Nachlasssachen an der Erforderlichkeit fehlt (§ 13 S. 2). Ferner kann er einwenden, dass die beabsichtigte Sachbehandlung die Kostenforderung nicht rechtfertigt. 9

Die Beschwerde ist **nicht fristgebunden**. Allerdings ergibt sich eine zeitliche Grenze, wenn das Gericht den Antrag mangels Zahlung des angeforderten Vorschusses zurückgewiesen hat. Dann kann nur noch diese Zurückweisung mit der Beschwerde angefochten werden.[10] Ferner entfällt das Rechtsschutzbedürfnis, wenn der angeforderte Vorschuss geleistet worden ist und das Gericht dem Verfahren daraufhin Fortgang gegeben hat.[11] 10

Weder muss ein Mindestbeschwerdewert erreicht werden, noch ist eine Zulassung durch das Ausgangsgericht erforderlich („stets"). 11

Die Beschwerde ist schriftlich oder zu Protokoll der Geschäftsstelle bei dem Gericht einzureichen, dessen Beschluss angefochten wird (Abs. 1 S. 2, § 81 Abs. 5 S. 1 und 4). Das Ausgangsgericht hat zunächst über die Abhilfe zu entscheiden (Abs. 1 S. 2, § 81 Abs. 3 S. 1). In der Vornahme des Geschäfts ohne Vorschusszahlung liegt eine Abhilfe der Beschwerde.[12] 12

Nachdem auf § 81 Abs. 7 nicht verwiesen wird, hat die Beschwerde **aufschiebende Wirkung**. Der geforderte Vorschuss muss also nicht geleistet werden, solange nicht über die Beschwerde entschieden worden ist.[13] 13

Beschwerdegericht ist regelmäßig das OLG (§ 119 Abs. 1 Nr. 1 Buchst. b GVG), das grds. durch einen Einzelrichter entscheidet. Zum Verfahren im Übrigen → § 81 Rn 31 ff. 14

Die Beschwerdeentscheidung zur Höhe des Kostenvorschusses hat keine Bindungswirkung für den endgültigen Kostenansatz.[14] 15

IV. Kosten und Gebühren

Da auf § 81 Abs. 8 verwiesen wird, ist das gesamte Verfahren **gebührenfrei** und von einer möglichen Kostenerstattung ausgeschlossen. 16

Der anwaltliche Vertreter eines am Beschwerdeverfahren Beteiligten erhält eine Gebühr nach Nr. 3500 VV RVG. 17

§ 83 Beschwerde gegen die Festsetzung des Geschäftswerts

(1) [1]Gegen den Beschluss, durch den der Geschäftswert für die Gerichtsgebühren festgesetzt worden ist (§ 79), ist die Beschwerde statthaft, wenn der Wert des Beschwerdegegenstands 200 Euro übersteigt. [2]Die Beschwerde ist auch statthaft, wenn sie das Gericht, das die angefochtene Entscheidung erlassen hat, wegen der grundsätzlichen Bedeutung der zur Entscheidung stehenden Frage in dem Beschluss zulässt. [3]Die Beschwerde ist nur zulässig, wenn sie innerhalb der in § 79 Absatz 2 Satz 2 bestimmten Frist eingelegt wird; ist der Geschäftswert später als einen Monat vor Ablauf dieser Frist festgesetzt worden, kann sie noch innerhalb eines Monats nach Zustellung oder formloser Mitteilung des Festsetzungsbeschlusses eingelegt werden. [4]Im Fall der formlosen Mitteilung gilt der Beschluss mit dem dritten Tag nach Aufgabe zur Post als bekannt gemacht. [5]§ 81 Absatz 3 bis 5 Satz 1 und 4 und Absatz 6 ist entsprechend anzuwenden. [6]Die weitere Beschwerde ist innerhalb eines Monats nach Zustellung der Entscheidung des Beschwerdegerichts einzulegen.

(2) [1]War der Beschwerdeführer ohne sein Verschulden verhindert, die Frist einzuhalten, ist ihm auf Antrag von dem Gericht, das über die Beschwerde zu entscheiden hat, Wiedereinsetzung in den vorigen Stand zu

---

7 OLG Düsseldorf NJW-RR 1999, 148. **8** Binz/Dörndorfer/*Zimmermann*, § 67 GKG Rn 7. **9** AA Korintenberg/*Fackelmann*, § 82 Rn 17. **10** OLG Hamm Rpfleger 2000, 267. **11** OLG Köln OLGR 2008, 678; OLG Karlsruhe ZMR 2006, 381. **12** Korintenberg/*Fackelmann*, § 82 Rn 18. **13** *Meyer*, GKG § 67 Rn 13; *Hartmann*, KostG, § 67 GKG Rn 7. **14** BayObLG JurBüro 1992, 182.

gewähren, wenn er die Beschwerde binnen zwei Wochen nach der Beseitigung des Hindernisses einlegt und die Tatsachen, welche die Wiedereinsetzung begründen, glaubhaft macht. [2]Ein Fehlen des Verschuldens wird vermutet, wenn eine Rechtsbehelfsbelehrung unterblieben oder fehlerhaft ist. [3]Nach Ablauf eines Jahres, von dem Ende der versäumten Frist an gerechnet, kann die Wiedereinsetzung nicht mehr beantragt werden. [4]Gegen die Entscheidung über den Antrag findet die Beschwerde statt. [5]Sie ist nur zulässig, wenn sie innerhalb von zwei Wochen eingelegt wird. [6]Die Frist beginnt mit der Zustellung der Entscheidung. [7]§ 81 Absatz 3 Satz 1 bis 3, Absatz 5 Satz 1, 2 und 4 sowie Absatz 6 ist entsprechend anzuwenden.

(3) [1]Die Verfahren sind gebührenfrei. [2]Kosten werden nicht erstattet.

I. Allgemeines

1   Die Regelung verweist in Abs. 1 S. 5 hinsichtlich des Beschwerdeverfahrens auf die näher genannten Vorschriften in § 81. Nachfolgend werden nur die hiervon abweichenden Besonderheiten dargestellt.

II. Anwendungsbereich

2   Die Beschwerde betrifft den **Geschäftswertbeschluss** nach § 79. Das kann auch ein von Amts wegen erfolgter Änderungsbeschluss des Erstgerichts sein (§ 79 Abs. 2 Nr. 1). Eine nur vorläufige Wertfestsetzung ist allerdings nicht anfechtbar,[1] auch nicht für den Rechtsanwalt.[2] Zum Kostenansatz und dem darin ohne förmliche Festsetzung zugrunde gelegten Geschäftswert → § 81 Rn 12.

3   Wenn das Landgericht die Wertfestsetzung der ersten Instanz im Rahmen einer Sachbeschwerde **von Amts wegen geändert** hat (§ 79 Abs. 2 Nr. 2), ist nach zutreffender Ansicht die Erstbeschwerde statthaft.[3] Diese Frage stellt sich jedoch nur noch in Freiheitsentziehungs- und Betreuungssachen (§ 119 Abs. 1 Nr. 1 Buchst. b GVG).

4   Nach heute vorherrschender Ansicht ist die **Geschäftswertfestsetzung für das Beschwerdeverfahren**, wenn sie durch das Landgericht erfolgt ist, ebenfalls mit der zulassungsfreien, aber wertabhängigen Erstbeschwerde zum OLG anfechtbar.[4]

5   Hiervon wiederum zu unterscheiden ist die **vorab erfolgende Festsetzung des Beschwerdewerts** durch das Beschwerdegericht (§ 78). Sie ist nicht selbständig anfechtbar.[5]

6   § 83 gilt nicht für den Geschäftswert, den der **Notar** seiner Kostenrechnung zugrunde gelegt hat. Einwendungen hiergegen sind nach §§ 127 ff geltend zu machen.

III. Beschwerde (Abs. 1)

7   **1. Beschwerdeberechtigung.** Sowohl der Kostenschuldner als auch die Staatskasse können mit dem Begehren Beschwerde einlegen, der Geschäftswert sei zu hoch bzw zu niedrig festgesetzt worden. Auch der Rechtsanwalt ist aus eigenem Recht beschwerdeberechtigt (§ 32 Abs. 2 RVG).

8   Die **Staatskasse** ist durch einen aus ihrer Sicht zu hohen Geschäftswert nur beschwert, wenn sie dem beigeordneten Rechtsanwalt eines Beteiligten im Rahmen der Verfahrenskostenhilfe mehr Vergütung zahlen muss.[6]

9   Das erklärte **Einverständnis der Beteiligten** mit einem vom Gericht vorgeschlagenen Geschäftswert lässt die Beschwerdeberechtigung nicht entfallen.[7] Es stellt nach vorherrschender Ansicht keinen Rechtsmittelverzicht dar.

10 **2. Beschwerdesumme (Abs. 1 S. 1).** Die erforderliche Beschwer wird sich zunächst und in erster Linie auf den Kostenansatz beziehen, der nach Ansicht des Beschwerdeführers um **mehr als 200 €** zu hoch oder zu niedrig ausgefallen ist. Es geht folglich um die Differenz der Kosten aus dem festgesetzten und dem erstrebten Geschäftswert, nicht um die Differenz der Geschäftswerte selbst.[8] Wegen § 32 Abs. 1 RVG kann der Kostenschuldner auch geltend machen, die an seinen Rechtsanwalt zu zahlenden Gebühren müssten sich aufgrund eines geringeren Geschäftswerts ermäßigen. Der Beschwerdewert ist also auf Gerichts- und Anwaltskosten zu erstrecken.[9]

11 Für den Beschwerdeführer empfiehlt sich ein **konkreter Antrag**, damit ermittelt werden kann, ob 200 € überschritten sind. In Zweifelsfällen muss ihn das Beschwerdegericht ergänzend befragen (§ 28 Abs. 1

1 OLG Brandenburg FamRZ 2005, 228. **2** OLG Hamm FamRZ 2005, 1767; BeckOK KostR/*Jäckel*, GKG, § 63 Rn 11. **3** BayObLG JurBüro 1988, 214; aA OLG Stuttgart JurBüro 1982, 1384 (nur weitere Beschwerde). **4** BayObLGZ 1986, 489; OLG Brandenburg OLGR 1995, 48; aA OLG Köln OLGR 1997, 183; OLG Naumburg FGPrax 2004, 135 (nur weitere Beschwerde). **5** OLG Karlsruhe ZMR 1998, 248; OLG Frankfurt MDR 1992, 612; ebenso OLG Stuttgart NJW-RR 2005, 942 (für § 62 GKG). **6** KG AnwBl 1984, 612; OLG Brandenburg JurBüro 2001, 93. **7** OLG Celle NdsRpfl 2005, 324; OLG Köln OLGR 2000, 119; OLG Düsseldorf JurBüro 2008, 594; aA OLG Hamm FamRZ 1997, 691. **8** BayObLG FamRZ 2001, 299; OLG München NJW-RR 2015, 638; OLG Karlsruhe JurBüro 2005, 542. **9** OLG Koblenz NJW 1956, 835.

FamFG). Denn ohne Anhaltspunkte kann nicht unterstellt werden, dass in jedem Fall eine solche Änderung des Geschäftswertes erstrebt wird, die den Beschwerdewert erreicht.

Werden 200 € nicht überschritten, kommt nur eine **Zulassung der Beschwerde** durch das Erstgericht zugleich mit der Geschäftswertfestsetzung in Betracht (Abs. 1 S. 2). An die Zulassung ist das Beschwerdegericht gebunden (Abs. 1 S. 4, § 81 Abs. 3 S. 4).   **12**

Gegen einen Wertfestsetzungsbeschluss des **Rechtspflegers** ist unterhalb eines Beschwerdewertes von 200 € und mangels Zulassung der Beschwerde nur die Erinnerung statthaft (§ 11 Abs. 2 RPflG). Eine unzulässige Beschwerde kann regelmäßig in eine solche Erinnerung umgedeutet werden.[10]   **13**

3. Beschwerdefrist (Abs. 1 S. 3). Die Beschwerde kann grds. nur innerhalb der Änderungsfrist des § 79 Abs. 2 S. 2 eingelegt werden, dh **binnen 6 Monaten** nach Rechtskraft der Hauptsacheentscheidung (§ 45 FamFG) oder anderweitiger Erledigung. Wenn die Festsetzung erst weniger als einen Monat vor Ablauf der Änderungsfrist erfolgt, kann die Beschwerde noch innerhalb eines Monats erhoben werden. In diesem Fall gilt für formlose Mitteilungen eine widerlegbare Bekanntgabevermutung (Abs. 1 S. 4, § 16 Abs. 1 FamFG). Daher hat das Gericht den Tag der Aufgabe zur Post aktenkundig zu machen.[11]   **14**

4. Wiedereinsetzung in den vorigen Stand (Abs. 2). Insbesondere im Hinblick auf die Bekanntgabevermutung erlangt die Wiedereinsetzungsmöglichkeit Bedeutung.   **15**

Der Wiedereinsetzungsantrag ist **fristgebunden** (2 Wochen) und das **fehlende Verschulden** des Beschwerdeführers ist glaubhaft zu machen (§ 31 FamFG). Zugleich ist innerhalb dieser Frist die Beschwerde nachzuholen. Da der Beschluss über die Geschäftswertfestsetzung eine Rechtsbehelfsbelehrung zu enthalten hat (§ 7 a), rechtfertigt die fehlende Kenntnis von der Beschwerdefrist grds. keine Wiedereinsetzung. Anderes ist es bei fehlender oder unrichtiger Rechtsbehelfsbelehrung (Abs. 2 S. 2). Im Übrigen ist das Verschulden eines Verfahrensbevollmächtigten zuzurechnen (§ 11 S. 5 FamFG, § 85 Abs. 2 ZPO).   **16**

Für das Wiedereinsetzungsrecht gilt eine absolute Antragsfrist von 1 Jahr (Abs. 2 S. 3).   **17**

Über den Antrag hat das Beschwerdegericht **durch Beschluss** zu entscheiden. Insofern besteht keine Abhilfemöglichkeit des Ausgangsgerichts. Bei Stattgabe lautet die Entscheidung: **18**

▶ Dem Beschwerdeführer wird wegen Versäumung der Beschwerdefrist Wiedereinsetzung in den vorigen Stand gewährt. ◀

Anschließend hat das Erstgericht über eine mögliche Abhilfe zu entscheiden, soweit es sich noch nicht zur Begründetheit der Beschwerde geäußert hat.   **19**

Gegen die Versagung der Wiedereinsetzung kann binnen 2 Wochen nach Zustellung Beschwerde eingelegt werden (Abs. 2 S. 4 und 5), jedoch nur, wenn das Landgericht als Beschwerdegericht gehandelt hat. Eine ablehnende Entscheidung des OLG ist nicht anfechtbar (Abs. 2 S. 7, § 81 Abs. 3 S. 3).   **20**

5. Prüfungsumfang und Entscheidung. Das Beschwerdegericht entscheidet grds. durch einen Einzelrichter (Abs. 1 S. 5, § 81 Abs. 6 S. 1) und ist weder an den Antrag des Beschwerdeführers, noch an das Verbot der reformatio in peius gebunden.[12] Es hat den **zutreffenden Geschäftswert** festzusetzen und dieser kann höher oder niedriger sein als vom Beschwerdeführer erstrebt. Dabei tritt das Ermessen des Beschwerdegerichts an die Stelle des Ermessens des Erstgerichts. Eine mögliche Entscheidung lautet dann: **21**

▶ Auf die Beschwerde wird der Beschluss des Amtsgerichts ... vom ... dahin gehend abgeändert, dass der Geschäftswert auf ... € festgesetzt wird. ◀

Für das Beschwerdeverfahren nach § 83 muss idR kein eigenständiger Geschäftswert festgesetzt werden, weil keine Gebühren erhoben werden (Abs. 3; zur Ausnahme bei unstatthafter Beschwerde → § 81 Rn 40).   **22**

IV. Weitere Beschwerde

Nur wenn ein **Landgericht** als Beschwerdegericht entschieden hat, ist gegen dessen Entscheidung die weitere Beschwerde statthaft. Voraussetzung ist aber, dass dieses Rechtsmittel zugelassen worden ist (Abs. 1 S. 5, § 81 Abs. 4). Es gilt eine Beschwerdefrist von **1 Monat** (Abs. 1 S. 6), bei deren Versäumung Wiedereinsetzung gewährt werden kann (Abs. 2). Im Übrigen → § 81 Rn 41.   **23**

Beschwerdeentscheidungen des OLG sind dagegen nicht anfechtbar.   **24**

V. Anwaltsgebühren

Für die anwaltliche Vertretung im Beschwerdeverfahren fällt eine Gebühr nach Nr. 3500 VV RVG an.   **25**

---

10 BGH NJW-RR 2012, 1476. **11** *Meyer*, GKG § 68 Rn 9. **12** BayObLG JurBüro 1992, 340; OLG Brandenburg FGPrax 2005, 273; OLG Köln FGPrax 2006, 85.

§ 84 Abhilfe bei Verletzung des Anspruchs auf rechtliches Gehör

(1) Auf die Rüge eines durch die Entscheidung nach diesem Gesetz beschwerten Beteiligten ist das Verfahren fortzuführen, wenn

1. ein Rechtsmittel oder ein anderer Rechtsbehelf gegen die Entscheidung nicht gegeben ist und

2. das Gericht den Anspruch dieses Beteiligten auf rechtliches Gehör in entscheidungserheblicher Weise verletzt hat.

(2) [1]Die Rüge ist innerhalb von zwei Wochen nach Kenntnis von der Verletzung des rechtlichen Gehörs zu erheben; der Zeitpunkt der Kenntniserlangung ist glaubhaft zu machen. [2]Nach Ablauf eines Jahres seit Bekanntmachung der angegriffenen Entscheidung kann die Rüge nicht mehr erhoben werden. [3]Formlos mitgeteilte Entscheidungen gelten mit dem dritten Tage nach Aufgabe zur Post als bekannt gemacht. [4]Die Rüge ist bei dem Gericht zu erheben, dessen Entscheidung angegriffen wird; § 81 Absatz 5 Satz 1 und 2 gilt entsprechend. [5]Die Rüge muss die angegriffene Entscheidung bezeichnen und das Vorliegen der in Absatz 1 Nummer 2 genannten Voraussetzungen darlegen.

(3) Den übrigen Beteiligten ist, soweit erforderlich, Gelegenheit zur Stellungnahme zu geben.

(4) [1]Das Gericht hat von Amts wegen zu prüfen, ob die Rüge an sich statthaft ist und ob sie in der gesetzlichen Form und Frist erhoben ist. [2]Mangelt es an einem dieser Erfordernisse, so ist die Rüge als unzulässig zu verwerfen. [3]Ist die Rüge unbegründet, weist das Gericht sie zurück. [4]Die Entscheidung ergeht durch unanfechtbaren Beschluss. [5]Der Beschluss soll kurz begründet werden.

(5) Ist die Rüge begründet, so hilft ihr das Gericht ab, indem es das Verfahren fortführt, soweit dies aufgrund der Rüge geboten ist.

(6) Kosten werden nicht erstattet.

I. Allgemeines

1   § 84 regelt den besonderen Rechtsbehelf der **Anhörungsrüge** und eröffnet die verfassungsrechtlich gebotene Möglichkeit der Korrektur einer fehlerhaften Verweigerung rechtlichen Gehörs (Art. 103 Abs. 1 GG) durch die Fachgerichte.[1]

2   Grobe Gehörsverletzungen können darüber hinaus die Besorgnis der Befangenheit begründen (§ 6 Abs. 1 FamFG, § 42 ZPO).[2]

II. Anwendungsbereich

3   Die Vorschrift gilt nur für **Entscheidungen nach diesem Gesetz**. Das betrifft insb.:
- den Kostenansatz (§ 18) sowie die Erinnerung und Beschwerde hiergegen (§ 81);
- die Abhängigmachung von einer Vorauszahlung (§§ 13, 14) nebst Beschwerde (§ 82);
- die Festsetzung des Geschäftswerts (§ 79) samt Beschwerde (§ 83).

4   Auf sonstige die Angelegenheit betreffende Entscheidungen, die nicht die Kosten regeln, ist § 44 FamFG (ggf über § 81 Abs. 3 GBO) anzuwenden.

5   Für das gerichtliche Verfahren in Notarkostensachen enthält § 131 eine eigenständige Verweisung auf das FamFG.

III. Zulässigkeit der Rüge

6   **1. Unanfechtbare Entscheidung (Abs. 1 Nr. 1).** Die angegriffene Entscheidung muss unanfechtbar sein. Das ist v.a. der Fall, wenn eine Beschwerdemöglichkeit nicht gegeben ist oder die weitere Beschwerde nicht zugelassen worden ist. Entscheidungen des Rechtspflegers sind zumindest mit der Erinnerung anfechtbar (§ 11 Abs. 2 RPflG), so dass insofern § 84 nicht einschlägig ist.

7   **2. Beschwer.** Der die Rüge erhebende Beteiligte muss durch die Entscheidung beschwert sein. Das kann auch die Staatskasse betreffen. Beschwert ist insb. derjenige, von dessen Antrag die Entscheidung nachteilig abweicht.

8   **3. Rügefrist (Abs. 2).** Die Anhörungsrüge ist befristet. Sie ist innerhalb von **2 Wochen** nach Kenntnis von der Gehörsverletzung zu erheben. Damit ist tatsächliche positive Kenntnis gemeint; Kennenmüssen führt nicht zum Fristbeginn.[3]

9   Mit der Erhebung ist der Zeitpunkt der Kenntniserlangung glaubhaft zu machen (Abs. 2 S. 1). Wenn sich die Gehörsverletzung in einem förmlich zugestellten Beschluss verkörpert hat, genügt die Bezugnahme auf

---

1 BVerfG NJW 2003, 1924, 1926. **2** KG MDR 2001, 1435. **3** BVerfG NJW 2007, 2242; BAG NJW 2006, 2346.

den Zustellungsnachweis. In allen anderen Fällen kommt v.a. eine eidesstattliche Versicherung in Betracht (§ 31 Abs. 1 FamFG).

Aus Gründen der Rechtssicherheit gilt eine absolute Rügefrist von **1 Jahr** nach Bekanntgabe der angegriffenen Entscheidung (Abs. 2 S. 2). Für formlose Mitteilungen enthält Abs. 2 S. 3 eine Bekanntgabevermutung. 10

4. Erhebung der Rüge. Die Rüge ist schriftlich oder zu Protokoll der Geschäftsstelle an das Gericht zu richten, dessen Entscheidung angegriffen wird (Abs. 2 S. 4). Darüber hinaus genügt die Geschäftsstelle jedes Amtsgerichts (§ 81 Abs. 5 S. 1, § 129 a ZPO), fristwahrend wirkt aber erst der Eingang beim zuständigen Gericht. 11

Ein konkreter **Antrag** ist nicht notwendig. Neben der Glaubhaftmachung der Kenntniserlangung muss die angegriffene Entscheidung bezeichnet werden. Ferner sind die Gehörsverletzung und deren Entscheidungserheblichkeit schlüssig darzulegen (Abs. 2 S. 5). Innerhalb der Rügefrist muss nunmehr das vorgetragen werden, was bislang mangels Gewährung rechtlichen Gehörs unterblieben ist.[4] 12

IV. Verfahren und Entscheidung des Gerichts

1. Übrige Beteiligte (Abs. 3). Den übrigen Beteiligten ist, „soweit erforderlich", Gelegenheit zur Stellungnahme zu geben. Erforderlich ist dies, wenn das Gericht die Rüge für begründet hält und eine Fortgang des Verfahrens in Betracht kommt. Eine Fristsetzung ist ratsam. 13

2. Verletzung rechtlichen Gehörs. Die Rüge ist nur begründet, wenn der angegriffenen Entscheidung eine Verletzung des rechtlichen Gehörs des Beteiligten vorausgegangen ist, also der sich aus **Art. 103 Abs. 1 GG** ergebende Grundsatz missachtet wurde. Auf das Verschulden des Gerichts kommt es nicht an.[5] Andere Verfahrensverstöße vermögen die Rüge nicht zu begründen.[6] Ebenso wenig kommt die allgemeine Rüge einer fehlerhaften Sachentscheidung in Betracht.[7] 14

Auch in kostenrechtlichem Zusammenhang ist allen Beteiligten **Gelegenheit zum Sachvortrag und zu rechtlichen Äußerungen** zu geben. Ferner dürfen keine Tatsachen und Beweismittel verwertet werden, zu denen sich die (übrigen) Beteiligten nicht äußern konnten.[8] Ebenso wenig darf das Gericht ohne vorherigen Hinweis Überraschungsentscheidungen treffen. 15

Die Ausführungen der Beteiligten hat das Gericht **zur Kenntnis zu nehmen und zu prüfen**, und zwar auch dann, wenn das Vorbringen nach Ablauf etwaiger Äußerungsfristen erfolgt.[9] In welcher Weise es das Gericht sachlich würdigt, betrifft aber nicht den Bereich des rechtlichen Gehörs. 16

3. Entscheidungserheblichkeit (Abs. 1 Nr. 2). Erforderlich, aber auch ausreichend ist, dass nicht ausgeschlossen werden kann, dass die Entscheidung ohne die Gehörsverletzung zugunsten des betroffenen Beteiligten anders ausgefallen wäre.[10] Diese bloße **Möglichkeit einer günstigeren Entscheidung** genügt. 17

4. Beschluss des Gerichts (Abs. 4). Über die erfolglose Rüge ist stets durch **Beschluss** zu entscheiden, welcher kurz zu begründen ist. Ist die Rüge unzulässig, insb. unstatthaft oder verfristet, wird sie verworfen (Abs. 4 S. 2). Eine unbegründete Rüge ist zurückzuweisen (Abs. 4 S. 3). Derartige Beschlüsse sind unanfechtbar (Abs. 4 S. 4). Gegen sie kann nicht nochmals der Rechtsbehelf des § 84 eingelegt werden mit der Begründung, im Rügeverfahren sei es erneut zu einer Gehörsverletzung gekommen.[11] Es bleibt nur die Verfassungsbeschwerde.[12] 18

Eine Kostenentscheidung ist nicht veranlasst (Abs. 6). Bei vollständiger Verwerfung oder Zurückweisung fällt eine Gerichtsgebühr nach **Nr. 19200 KV** an. 19

Gibt das Gericht einer begründeten Rüge statt, ist ein gesonderter Zwischenbeschluss nicht erforderlich,[13] aber wünschenswert und schon gar nicht falsch. In jedem Fall muss für alle Beteiligten erkennbar werden, dass und in welchem Umfang das Gericht das Verfahren fortführt. Der Beschluss kann zB lauten: 20

▶ Auf die Gehörsrüge des Beteiligten ... wird das Verfahren fortgesetzt, soweit für die Festsetzung des Geschäftswertes der Wert des Grundstücks ... zu ermitteln ist. ◀

5. Fortführung des Verfahrens (Abs. 5). Das Verfahren ist nur fortzuführen, „soweit dies aufgrund der Rüge geboten ist". Die **Zurückversetzung** betrifft also nur die Verfahrensteile, die von der Gehörsverletzung betroffen waren. Die neu zu treffende Entscheidung kann darin bestehen, dass der ursprüngliche Beschluss aufrecht erhalten bleibt, abzuändern oder aufzuheben ist (analog § 343 ZPO). Dass dabei zulasten des die Rüge erhebenden Beteiligten eine Verschlechterung eintritt (reformatio in peius), ist nicht ausgeschlossen.[14] 21

---

4 BGH GRUR 2008, 1126; OLG Koblenz FamRZ 2008, 1460. **5** BVerfGE 53, 219. **6** BGH NJW 2008, 2126; BGH NJW-RR 2009, 144. **7** BFH 19.7.2012 – V S 23/12, juris. **8** BVerfGE 55, 95. **9** BVerfG NJW 1988, 1963. **10** BVerfG NJW 1982, 1691; BGH NJW 2006, 3786. **11** BayVerfGH NJW-RR 2011, 430; Musielak/Voit/*Musielak*, ZPO, § 321 a Rn 7; aA offenbar BDS/*Sommerfeldt*, § 84 Rn 3. **12** BVerfGE 119, 292. **13** Binz/Dörndorfer/*Zimmermann*, § 69 a GKG Rn 5; Musielak/Voit/*Musielak*, ZPO, § 321 a Rn 11. **14** OLG Frankfurt NJW 2004, 165, 168; HK-ZPO/*Saenger*, § 321 a Rn 13; aA BeckOK-ZPO/*Utermark*, § 321 a Rn 36.

V. Kosten

22 **Gerichtsgebühren** werden für das Verfahren auch dann nicht erhoben, wenn die Gehörsrüge zurückgewiesen wird.[15]

23 Für den **Rechtsanwalt**, der den Rügeführer vertritt, gehört die Anhörungsrüge zum Rechtszug und löst keine gesonderte Gebühr aus (§ 19 Abs. 1 Nr. 5 Buchst. b RVG). Wird er hingegen nur für das Rügeverfahren beauftragt, fällt eine Gebühr nach Nr. 3330 VV RVG an.

Kapitel 3
Notarkosten

Abschnitt 1
Allgemeine Vorschriften

§ 85 Notarielle Verfahren

(1) Notarielle Verfahren im Sinne dieses Gesetzes sind das Beurkundungsverfahren (Teil 2 Hauptabschnitt 1 des Kostenverzeichnisses) und die sonstigen notariellen Verfahren (Teil 2 Hauptabschnitt 3 des Kostenverzeichnisses).

(2) Das Beurkundungsverfahren im Sinne dieses Gesetzes ist auf die Errichtung einer Niederschrift (§§ 8 und 36 des Beurkundungsgesetzes) gerichtet.

I. Allgemeines

1 Mit § 85 wird der speziell die Notarkosten betreffende Teil des GNotKG eröffnet. Es handelt sich um eine **Definitionsnorm**, mit der in Abs. 1 der kostenrechtliche Begriff der „**notariellen Verfahren**", in Abs. 2 der kostenrechtliche Begriff des „**Beurkundungsverfahrens**" als Unterfall eines notariellen Verfahrens in Abgrenzung zu den sonstigen notariellen Verfahren beschrieben wird.

2 Der Anwendungsbereich der Norm liegt daher dort, wo das Gesetz die Begriffe des notariellen Verfahrens bzw des Beurkundungsverfahrens verwendet. Für den Terminus „notarielles Verfahren" sei insb. § 93 Abs. 1 genannt,[1] wonach die Verfahrens-, Vollzugs- und die Betreuungsgebühr in einem notariellen Verfahren nicht mehr als einmal anfallen können.

II. Notarielle Verfahren (Abs. 1)

3 Nach Abs. 1 existieren zwei Erscheinungsformen des „notariellen Verfahrens": das Beurkundungsverfahren (näher definiert in § 85 Abs. 2) sowie die sonstigen notariellen Verfahren. Der Begriff des „**sonstigen notariellen Verfahrens**" ist nun nicht etwa jedwede notarielle Tätigkeit, die nicht unter den Begriff des Beurkundungsverfahrens fällt, sondern schlicht dasjenige, was in Teil 2 Hauptabschnitt 3 KV beschrieben ist,[2] u.a. die Rückgabe eines Erbvertrags aus der notariellen Verwahrung (Abschnitt 1), Ver- und Auslosungen (Abschnitt 2).

4 Daneben gibt es die „**Sonstigen Geschäfte**" gemäß Teil 2 Hauptabschnitt 5 KV. Das Gesetz scheint also zwischen den Begriffen des „**Verfahrens**" und des „**Geschäfts**" zu differenzieren, ohne dass die Trennlinie ganz klar verliefe, jedoch: Diese Unterscheidung bleibt rein akademischer Natur; der Begriff des „sonstigen notariellen Verfahrens" lässt sich gedanklich mit „die in Teil 2 Hauptabschnitt 3 aufgeführten Geschäfte" ersetzen.

III. Beurkundungsverfahren (Abs. 2)

5 Was ein „Beurkundungsverfahren" iSd GNotKG ist, definiert Abs. 2: Das Beurkundungsverfahren ist auf die Errichtung einer Niederschrift iSd §§ 8 und 36 BeurkG gerichtet.

6 § 8 BeurkG betrifft die Niederschrift von **Willenserklärungen**. „**Niederschrift**" setzt eine schriftliche Verkörperung voraus.[3] Niederschrift iSd § 8 BeurkG ist diejenige Urkunde, für die der Notar das Verfahren der §§ 9 ff BeurkG eingeschlagen hat, insb. durch Verlesung, Genehmigung und Unterschrift. Niederschriften nach § 36 BeurkG betreffen die „Beurkundung **anderer Erklärungen als Willenserklärungen** sowie **sonstiger Tatsachen oder Vorgänge**", § 36 BeurkG.

---

15 OLG Celle MDR 2012, 1067; LG Saarbrücken BeckRS 2016, 02960. **1** Leipziger-GNotKG/*Otto*, § 85 Rn 1; BDS/*Diehn*, § 85 Rn 4. **2** BT-Drucks 17/1147 (neu), S. 178; BDS/*Diehn*, § 85 Rn 2. **3** Eylmann/Vaasen/*Limmer*, BNotO/BeurkG, § 8 BeurkG Rn 6.

Kein Beurkundungsverfahren iSd GNotKG liegt insb. vor bei Abnahme von Eiden bzw der Aufnahme eidesstattlicher Versicherungen (zwar Niederschrift nach § 36 BeurkG, jedoch im KV als „sonstiges notarielles Verfahren" eingeordnet; ebenso Wechsel- und Scheckproteste); Unterschriftsbeglaubigungen, Abschriftsbeglaubigungen, Register- und Vertretungsbescheinigungen.[4]   7

Das Gesetz will ausweislich der amtlichen Begründung[5] auch zum Ausdruck bringen, dass das Zustandekommen jeder notariellen Niederschrift ein eigenes Beurkundungsverfahren in diesem Sinne darstellt, also ohne Rücksicht auf einen irgendwie gearteten wirtschaftlichen oder rechtlichen Zusammenhang. Wird zB bei einem Grundstückskaufvertrag die Auflassung gem. § 925 BGB getrennt vom dem Kaufvertrag im Übrigen beurkundet, entstehen also zwei eigenständige Niederschriften, dann handelt es sich auch um kostenrechtlich zwei voneinander verschiedene Beurkundungsverfahren. Werden hingegen zwei wirtschaftlich selbständige Vorgänge, etwa der Verkauf zweier Eigentumswohnungen an zwei verschiedene Käufer, ungewöhnlicherweise in einer Urkunde zusammengefasst, liegt nur ein Beurkundungsverfahren vor; die nötige Korrektur erfolgt allerdings durch die Fiktion des § 93 Abs. 2, wonach zwei voneinander getrennte Beurkundungsverfahren (trotz der einheitlichen Niederschrift) für kostenrechtliche Zwecke fingiert werden müssen.   8

§ 86 Beurkundungsgegenstand

(1) Beurkundungsgegenstand ist das Rechtsverhältnis, auf das sich die Erklärungen beziehen, bei Tatsachenbeurkundungen die beurkundete Tatsache oder der beurkundete Vorgang.
(2) Mehrere Rechtsverhältnisse, Tatsachen oder Vorgänge sind verschiedene Beurkundungsgegenstände, soweit in § 109 nichts anderes bestimmt ist.

I. Allgemeines

Wie auch §§ 85 und 87 enthält § 86 ausschließlich eine Definition, die isoliert gesehen keinen Regelungscharakter hat, sondern erst im Zusammenhang mit anderen Vorschriften des GNotKG, die den Begriff „Beurkundungsgegenstand" enthalten, Bedeutung erhält.   1

II. Verwendung des Begriffs „Beurkundungsgegenstand" im GNotKG

Der Hauptanwendungsbereich liegt in den §§ 109–111, die anordnen, in welchen Fällen von **demselben** Beurkundungsgegenstand und in welchen Fällen von **verschiedenen** Beurkundungsgegenständen auszugehen ist, ob also – nach früherer Begrifflichkeit – **Gegenstandsgleichheit** oder **Gegenstandsverschiedenheit** anzunehmen ist. Diese Einordnung führt wiederum in die §§ 93, 94 und § 35, die die Rechtsfolge von Gegenstandsgleichheit und Gegenstandsverschiedenheit für die Gebührenerhebung bestimmen. Es ergibt sich also folgende Systematik: 2

- Definition „Beurkundungsgegenstand": § 86
- Gegenstandsgleichheit/Gegenstandsverschiedenheit: §§ 109–111
- Rechtsfolge: §§ 93, 94, 35

III. Definition des Beurkundungsgegenstands (Abs. 1)

Abs. 1 soll klarstellen, dass mit „Beurkundungsgegenstand" ausschließlich das von der Beurkundung betroffene Rechtsverhältnis, nicht aber der Gegenstand des Rechtsverhältnisses gemeint sein soll.[1] Bei Tatsachenbeurkundungen ist „Beurkundungsgegenstand" die Tatsache bzw der Vorgang selbst, nicht aber der Gegenstand (das Wirtschaftsgut), auf den sich die Tatsache bzw der Vorgang bezieht. Was hiermit gemeint ist, wird aus der gesetzlichen Verwendung des Begriffs „Beurkundungsgegenstand" insb. in Nr. 21101 und 21102 KV deutlich: So ordnet zB Nr. 21101 Nr. 2 KV einen Gebührensatz von 0,5 an, wenn Beurkundungsgegenstand eine Verfügungsgeschäft ist und derselbe Notar das zugrunde liegende Verpflichtungsgeschäft beurkundet hat (gemeint ist zB die isolierte Beurkundung einer Auflassung nach vorheriger, gesonderter Beurkundung zB eines Kaufvertrags). In einem solchen Fall ist also „Beurkundungsgegenstand" das Verfügungsgeschäft (die Auflassung), nicht hingegen der aufgelassene Gegenstand (das Grundstück).   3

---

4 Korintenberg/*Bormann*, § 85 Rn 4; Leipziger-GNotKG/*Otto*, § 85 Rn 8; BDS/*Diehn*, § 85 Rn 6. **5** BT-Drucks 17/1147 (neu), S. 178. **1** BT-Drucks 17/1147 (neu), S. 178.

4 **Weitere Beispiele:**
- Bei Beurkundung eines Testaments ist Beurkundungsgegenstand das Testament, nicht hingegen der Nachlass oder einzelne Nachlassgegenstände.
- Bei Beurkundung eines Grundstückskaufvertrags ist Beurkundungsgegenstand der Kaufvertrag, nicht hingegen das verkaufte Grundstück.
- Bei Beurkundung einer Grundschuld ist Beurkundungsgegenstand die Grundschuld, nicht hingegen das zu belastende Grundstück.

5 Wird ein Kaufvertrag über eine **Mehrheit von Gegenständen** geschlossen, werden also zB in einem einheitlichen Kaufvertrag zwei Eigentumswohnungen verkauft, so handelt es sich um einen Beurkundungsgegenstand (ein Kaufvertrag), auch wenn die Urkunde mehrere Kaufobjekte zum Inhalt hat. Dies ist also kein Fall, der nach §§ 109–111 beurteilt werden müsste.

IV. Verschiedene Beurkundungsgegenstände (Abs. 2)

6 Abs. 2 macht deutlich, dass in demselben Beurkundungsverfahren, v.a. also in derselben Urkunde, mehrere Beurkundungsgegenstände enthalten sein können. Diesen nach der Gesetzesbegründung „an sich selbstverständlichen Grundsatz" bringe die Norm „im Sinne der Anwenderfreundlichkeit" zum Ausdruck.[2] Es handelt sich also nicht schon deshalb um einen einheitlichen Beurkundungsgegenstand, nur weil mehrere Rechtsverhältnisse in einer einheitlichen Urkunde zusammengefasst sind.

§ 87 Sprechtage außerhalb der Geschäftsstelle

Hält ein Notar außerhalb seiner Geschäftsstelle regelmäßige Sprechtage ab, so gilt dieser Ort als Amtssitz im Sinne dieses Gesetzes.

I. Allgemeines

1 Wie schon §§ 85 und 86 greift auch § 87 einen an anderen Stellen des Gesetzes verwendeten Begriff auf, um ihn näher zu bestimmen: Als „Amtssitz" iSd GNotKG gilt auch der Ort des regelmäßig vom Notar abgehaltenen Sprechtages.

II. Maßgeblichkeit des Amtssitzes in Regelungen des GNotKG

2 Nach § 127 Abs. 1 wird für das gerichtliche Verfahren nach den §§ 127 ff hinsichtlich der örtlichen Zuständigkeit auf den Amtssitz des Notars abgestellt. Hier hat § 87 keine eigenständige Bedeutung, da der regelmäßige Sprechtag stets in demjenigen Landgerichtsbezirk stattfinden wird, in dem sich auch der Amtssitz des Notars befindet.

3 Das Hauptanwendungsgebiet des § 87 liegt im Bereich der **Auslagen** der Notare, Teil 3 Hauptabschnitt 2 KV. Zunächst bestimmt Vorbem. 3.2 Abs. 2 KV, dass eine **Geschäftsreise** dann vorliegt, wenn sich das Reiseziel außerhalb der Gemeinde befindet, in dem sich der Amtssitz des Notars befindet. Die Anreise zum regelmäßigen Sprechtag ist also keine Geschäftsreise in diesem Sinne, da der Ort des Sprechtages – für die Dauer des Sprechtages – als Amtssitz durch § 87 fingiert wird.[1] Geschäfte außerhalb der Geschäftsstelle, aber innerhalb der Gemeinde, in der der regelmäßige Sprechtag abgehalten wird, lösen also die Gebührentatbestände für **Fahrtkosten** (Nr. 32006 und 32007 KV), **Tage- und Abwesenheitsgeld** (Nr. 32008 KV) und **sonstige Auslagen anlässlich einer Geschäftsreise** (Nr. 32009 KV) nicht aus.

4 Auf den ersten Blick nicht beachtlich ist der Begriff des Amtssitzes für die **Auswärtsgebühr** (Zusatzgebühr Nr. 26002 bzw Nr. 26003 KV), da der Gebührentatbestand nicht an die Tätigkeit außerhalb des Amtssitzes, sondern an die Tätigkeit außerhalb der Geschäftsstelle anknüpft. Obwohl § 87 hierzu keine Aussage trifft, wird man jedoch – für die Dauer des regelmäßigen Sprechtages – die Räumlichkeiten, in denen der Sprechtag abgehalten wird, als „Geschäftsstelle" in diesem Sinne ansehen müssen, so dass bei Tätigkeiten in den üblichen Räumlichkeiten im Rahmen des regelmäßigen Sprechtages keine Auswärtsgebühr anfällt.[2]

III. Regelmäßiger Sprechtag außerhalb der Geschäftsstelle

5 Der **Amtssitz** ist der nach § 10 Abs. 1 S. 1 BNotO dem Notar zugewiesene Ort, idR eine politische Gemeinde. Nach § 10 Abs. 2 S. 1 BNotO hat der Notar an dem Amtssitz eine **Geschäftsstelle** zu halten, dh Räum-

---

2 BT-Drucks 17/1147 (neu), S. 178. **1** BDS/*Diehn*, § 87 Rn 3. **2** BDS/*Diehn*, § 87 Rn 5 stellt hingegen darauf ab, ob ein „Verlangen eines Beteiligten" in den Räumlichkeiten des Sprechtags vorliegt oder nicht.

lichkeiten, von denen aus er die Amtsgeschäfte führt und die entsprechend der Verpflichtung in § 10 Abs. 3 BNotO für die Bedürfnisse der Rechtsuchenden offengehalten wird.

Auswärtige – also außerhalb der Geschäftsstelle vorgenommene – **Amtsgeschäfte** sind dem Notar gesetzlich   6 nicht allgemein untersagt,[3] allerdings wird nach der Richtlinienempfehlung der Bundesnotarkammer in Ziffer IX.2 für deren Wahrnehmung ein sachlicher Grund gefordert.

Sprechtage kennzeichnen sich darüber hinaus dadurch, dass der Notar zu bestimmten Zeiten in bestimmten   7 Räumlichkeiten regelmäßig anzutreffen und zu sprechen ist.[4]

Ob es für die Anwendung von § 87 darauf ankommt, dass die nach § 10 Abs. 4 S. 2 BNotO erforderliche   8 **Genehmigung** der Aufsichtsbehörde zur Abhaltung auswärtiger Sprechtage erteilt ist, ist wohl zu verneinen; dies ist eine Frage des Dienstrechts, nicht des Kostenrechts. Maßgeblich sind die tatsächlichen Verhältnisse, ob der Notar also, genehmigt oder nicht genehmigt, den auswärtigen Sprechtag tatsächlich abhält oder nicht.[5]

IV. Zeitliche und räumliche Geltung der Fiktion

Die Fiktion des Ortes des regelmäßigen Sprechtages als „Amtssitz" im kostenrechtlichen Sinne gilt nur für   9 **diejenigen Zeiten**, in denen der Sprechtag **tatsächlich regelmäßig abgehalten** wird. Hält der Notar mit der Geschäftsstelle in A einen regelmäßigen Sprechtag in B, nämlich stets dienstags von 14–17 Uhr ab, so würde eine auswärtige Beurkundung an einem Montag in B keine Beurkundung am Ort des Amtssitzes sein, da § 87 nicht anwendbar wäre; es handelt sich kosten- und auch dienstrechtlich um ein gewöhnliches auswärtiges Beurkundungsgeschäft. Bei geringfügigen Überschreitungen, die noch im Zusammenhang mit dem Termin des Sprechtages stehen, bleibt es allerdings bei der Anwendung von § 87, etwa wenn im o.g. Beispiel der Notar einen Termin bereits um 13 Uhr oder um 18 Uhr wahrnimmt.

Der **räumliche Geltungsumfang** ist von § 87 klar beschrieben: Der Ort des Sprechtages wird als Ort des   10 Amtssitzes behandelt, gemeint ist die jeweilige politische Gemeinde. Sucht der Notar etwa während des Sprechtages in der Gemeinde B eine Person in einem Altenheim in einem Ortsteil der Gemeinde B auf, so liegt wegen § 87 keine die Zusatzgebühren auslösende Geschäftsreise vor.

Abschnitt 2
Kostenerhebung

§ 88 Verzinsung des Kostenanspruchs

[1]Der Kostenschuldner hat die Kostenforderung zu verzinsen, wenn ihm eine vollstreckbare Ausfertigung der Kostenberechnung (§ 19) zugestellt wird, die Angaben über die Höhe der zu verzinsenden Forderung, den Verzinsungsbeginn und den Zinssatz enthält. [2]Die Verzinsung beginnt einen Monat nach der Zustellung. [3]Der jährliche Zinssatz beträgt fünf Prozentpunkte über dem Basiszinssatz nach § 247 des Bürgerlichen Gesetzbuchs.

Schrifttum: *Hüttinger/Wudy*, Verzugszinsen auf notarielle Kostenforderungen, NotBZ 2002, 41; *Tiedtke*, Notarielles Kostenrecht: Die wichtigsten Gesetzesänderungen seit Juli 2004, ZNotP 2005, 294; *Tiedtke/Fembacher*, Änderungen der KostO durch das KostRMoG und Auswirkungen des § 14 Abs. 4 Nr. 4 UStG – Grundlegende Änderungen und praktische Anwendungsprobleme, ZNotP 2004, 256; *Wudy*, Verzugszinsen auf notarielle Kostenforderungen und ihre praktische Handhabung, ZNotP 2005, 340.

I. Gesetzliche Systematik

Bei der Notarkostenforderung handelt es sich um einen öffentlich-rechtlichen Anspruch. § 88 ordnet an,   1 dass notarielle Kostenforderungen durch den Kostenschuldner grds. zu verzinsen sind. Voraussetzung für das Entstehen des Zinsanspruchs ist die Zustellung einer vollstreckbaren Ausfertigung der Kostenrechnung beim Kostenschuldner. Sie muss die Angaben über die Höhe der zu verzinsenden Forderung, den Verzinsungsbeginn und den Zinssatz enthalten. Die Verzinsung beginnt einen Monat nach der Zustellung. Der jährliche Zinssatz beträgt fünf Prozentpunkte über dem Basiszinssatz.

---

3 Eylmann/Vaasen/*Eylmann*, BNotO/BeurkG, § 10 BNotO Rn 13.   **4** Eylmann/Vaasen/*Eylmann*, BNotO/BeurkG, § 10 BNotO Rn 16.   **5** AA *Lappe*, NJW 1987, 1860, 1863.

II. Regelungsgehalt

2 **1. Zu verzinsende Kosten (S. 1).** Von der Verzinsungspflicht erfasst ist die Kostenforderung des Notars. Hierzu zählen gem. § 1 die **Gebühren** und **Auslagen** (→ § 1 Rn 19 f).

3 Umstritten ist die Frage, ob auch die im Gesamtbetrag der Kostenforderung enthaltene **Umsatzsteuer** (Nr. 32014 KV) zu verzinsen ist. Während eine Ansicht dies mit dem Argument verneint, dass die Umsatzsteuer zwar vom Notar vereinnahmt werde, von ihm aber an das Finanzamt abzuführen sei,[1] geht die Gegenauffassung zu Recht davon aus, dass der Umsatzsteuerbetrag zu verzinsen ist.[2] Die Umsatzsteuer zählt nach Nr. 32014 KV zu den vom Notar zu erhebenden Auslagen und ist damit von der Kostenforderung des Notars erfasst (vgl § 1). Eine Ausnahme hinsichtlich der Verzinsung hat der Gesetzgeber nicht vorgesehen.

4 **2. Angaben in der Kostenberechnung (S. 1).** Die Verzinsung der Kostenforderung erfolgt nur, wenn die Kostenberechnung genaue Angaben über den Umfang der Verzinsungspflicht enthält, die auch den vollstreckungsrechtlichen Anforderungen für eine Beitreibung der Zinsforderung aus der vollstreckbaren Kostenberechnung nach § 89 genügen.[3] Die vollstreckbare Ausfertigung der Kostenberechnung hat daher gem. S. 1 Angaben über die Höhe der zu verzinsenden Forderung, den Verzinsungsbeginn und den Zinssatz zu enthalten. Diese müssen in der Original-Kostenberechnung enthalten sein.[4]

5 Hat der Notar die Zinsangaben in der Original-Kostenberechnung unterlassen, muss er diesen Formmangel dadurch korrigieren, dass er die Zinsen erstmalig in die vollstreckbare Ausfertigung aufnimmt.[5]

6 **3. Beginn des Zinslaufs (S. 2).** Der Beginn des Zinslaufs ist unabhängig von den bürgerlich-rechtlichen Vorschriften über den Verzug geregelt. Anknüpfungspunkt ist nicht die Mitteilung der Kostenberechnung (§ 19), sondern gem. S. 2 die **Zustellung der vollstreckbaren Ausfertigung der Kostenberechnung** (§ 89). Da die Notare ihre Kostenforderung selbst für vollstreckbar erklären können, kommt diesem Zeitpunkt nach Ansicht des Gesetzgebers für die Verzinsung funktional eine vergleichbare Bedeutung zu wie dem Eintritt der Rechtshängigkeit im Zivilprozess für die Prozesszinsen nach § 291 BGB.

7 Die berechtigten Interessen des Kostenschuldners werden dadurch gewahrt, dass die Vollstreckung der Kostenforderung erst zwei Wochen nach Zustellung der vollstreckbaren Ausfertigung beginnen darf (§ 89 iVm § 798 ZPO). Macht der Kostenschuldner seine Einwendungen im Wege der Beschwerde geltend, hat der Notar zudem den Schaden zu ersetzen, der dem Kostenschuldner durch die Vollstreckung oder eine zur Abwendung der Vollstreckung erbrachte Leistung entstanden ist (§ 90 Abs. 1).

8 **4. Zinsen auch auf noch nicht fällige Kosten.** In der Praxis werden die Vollzugs- und Betreuungsgebühren regelmäßig vorschussweise erhoben. Nach § 286 Abs. 1 S. 1 BGB tritt Verzug erst ein, wenn der Schuldner auf eine fällige Schuld keine Leistung erbringt. Fällig werden die Notargebühren gem. § 10 erst mit der Beendigung des Verfahrens oder des Geschäfts. Dies könnte gegen eine Verzinsung der vorschussweise erhobenen Gebühren sprechen. Der Gesetzgeber hat den Beginn des Zinslaufs jedoch gerade unabhängig von den bürgerlich-rechtlichen Vorschriften über den Verzug geregelt.[6] Zinsen können daher auch auf noch nicht fällige Gebühren und Auslagen erhoben werden.

9 **5. Zinssatz (S. 3).** Der jährliche Zinssatz beträgt gem. S. 3 fünf Prozentpunkte über dem Basiszinssatz nach § 247 BGB.

10 **6. Pflicht zur Einforderung der Zinsen.** Vereinbarungen über die Höhe der Notarkosten sind nach § 125 grds. unwirksam. Dieses Verbot gilt auch für den Erlass von Zinsen. Der Notar ist daher nicht nur verpflichtet, seine Kosten zu erheben, sondern er muss sie im Regelfall bei Nichtzahlung auch beitreiben und durch die Zustellung einer vollstreckbaren Ausfertigung der Kostenberechnung mit dem Inhalt des § 88 für das Entstehen der Verzinsung sorgen.[7]

§ 89 Beitreibung der Kosten und Zinsen

[1]Die Kosten und die auf diese entfallenden Zinsen werden aufgrund einer mit der Vollstreckungsklausel des Notars versehenen Ausfertigung der Kostenberechnung (§ 19) nach den Vorschriften der Zivilprozessordnung beigetrieben; § 798 der Zivilprozessordnung gilt entsprechend. [2]In der Vollstreckungsklausel, die zum Zwecke der Zwangsvollstreckung gegen einen zur Duldung der Zwangsvollstreckung Verpflichteten erteilt wird, ist die Duldungspflicht auszusprechen.

1 *Tiedtke*, ZNotP 2005, 294. **2** *Wudy*, ZNotP 2005, 340. **3** Vgl auch *Tiedtke/Fembacher*, ZNotP 2004, 256; *Wudy*, ZNotP 2005, 340. **4** *Wudy*, ZNotP 2005, 340; *Korintenberg/Tiedtke*, § 88 Rn 10 ff. **5** *Wudy*, ZNotP 2005, 340; *Korintenberg/Tiedtke*, § 88 Rn 16. **6** Vgl BT-Drucks 15/1971, S. 236. **7** *Wudy*, ZNotP 2005, 340; *Korintenberg/Tiedtke*, § 88 Rn 19.

Schrifttum: *Bengel/Tiedtke*, Die Kostenrechtsprechung 2002 und 2003, DNotZ 2004, 258; *Heinemann*, Erteilung einer vollstreckbaren Ausfertigung der notariellen Kostenrechnung für den die Kostenschuld erfüllenden Gesamtschuldner, MittBayNot 2004, 160; *Heinze*, Die notarielle Kostenberechnung als Einziehungs- und Vollstreckungsgrundlage, NotBZ 2007, 119, 311; *Lappe*, Haftung eines Gesamtschuldners für die beim anderen anfallenden Vollstreckungskosten, NotBZ 2002, 59.

I. Gesetzliche Systematik

Die Beitreibung der notariellen Kosten und der auf sie entfallenden Zinsen (§ 88) ist in § 89 normiert. Die Vollstreckung erfolgt nach den Vorschriften der ZPO. Die Zwangsvollstreckung ist im 8. Buch der ZPO geregelt (§§ 704 ff ZPO). Aus der Kostenberechnung darf also vollstreckt werden, wenn eine den Anforderungen des § 19 genügende Ausfertigung der Kostenberechnung vorliegt, diese mit der Vollstreckungsklausel des Notars versehen ist, die mit der Vollstreckungsklausel versehene Ausfertigung zugestellt wurde und vor Vollstreckungsbeginn zwei Wochen seit der Zustellung vergangen sind.

II. Regelungsgehalt

1. Kostenberechnung. Voraussetzung der Zwangsvollstreckung ist zunächst das Vorliegen einer den Formerfordernissen des § 19 entsprechenden Ausfertigung der Kostenberechnung (s. die Erl. zu § 19). Die Pflicht zur Verzinsung (§ 88) muss in der Kostenberechnung enthalten sein (→ § 88 Rn 4). Formelle Mängel der ursprünglich dem Kostenschuldner übersandten Kostenberechnung können im Rahmen der Erteilung der vollstreckbaren Ausfertigung behoben werden. Entscheidend ist, dass die mit der Vollstreckungsklausel versehene Ausfertigung der Kostenberechnung den Anforderungen des § 19 genügt.[1]

2. Vollstreckungsklausel. Die Ausfertigung der Kostenberechnung muss mit der Vollstreckungsklausel des Notars versehen sein. Diese erteilt er sich selbst. Im Regelfall sollte zwischen Übersendung der Kostenrechnung an den Kostenschuldner und Erteilung der vollstreckbaren Ausfertigung eine angemessene Frist liegen.[2]

Eine Anwendung der §§ 727 ff ZPO im Falle einer Rechtsnachfolge auf Schuldnerseite ist nicht möglich.[3] Der Rechtsnachfolger des Kostenschuldners kann vom Notar regelmäßig gem. § 29 Nr. 3 direkt in Anspruch genommen werden, falls er kraft Gesetzes für die Kostenschuld haftet (→ § 29 Rn 27). So kann der Notar zB seine Kostenforderung gegen den Erben richten und die entsprechende Vollstreckungsklausel gegen diesen erteilen.

3. Duldungsschuldner (S. 2). S. 2 schreibt vor, dass in der Vollstreckungsklausel, die zum Zwecke der Zwangsvollstreckung gegen einen zur Duldung der Zwangsvollstreckung Verpflichteten erteilt wird, die **Duldungspflicht auszusprechen** ist. Dies betrifft insb.:

- § 737 ZPO (Zwangsvollstreckung bei Vermögens- und Erbschaftsnießbrauch),
- § 743 ZPO (Zwangsvollstreckung bei beendeter Gütergemeinschaft vor Auseinandersetzung),
- § 744 a ZPO (Zwangsvollstreckung bei Eigentums- und Vermögensgemeinschaft),
- § 745 Abs. 2 ZPO (Zwangsvollstreckung bei beendeter fortgesetzter Gütergemeinschaft vor Auseinandersetzung) und
- § 748 ZPO (Zwangsvollstreckung bei Testamentsvollstrecker).

In diesen Fällen muss die Vollstreckungsklausel enthalten, dass der Duldungsschuldner zur Duldung der Zwangsvollstreckung verpflichtet ist.

4. Mehrere Kostenschuldner. Bei mehreren Kostenschuldnern kann der Notar die Vollstreckungsklausel entweder gegen alle Kostenschuldner als Gesamtschuldner oder zunächst gegen einzelne Kostenschuldner und später gegen die anderen Kostenschuldner erteilen.[4] Wurde die Vollstreckungsklausel zunächst nur gegen einzelne Kostenschuldner erteilt, haften die übrigen Kostenschuldner nicht für die Kosten einer fruchtlosen Zwangsvollstreckung gegen die zunächst in Anspruch Genommenen.[5] Ein etwaiger Gesamtschuldnerausgleich unter mehreren Kostenschuldnern richtet sich nach § 426 Abs. 2 BGB.

5. Zustellung. Vor Beginn der Zwangsvollstreckung ist die mit der Vollstreckungsklausel des Notars versehene Ausfertigung der Kostenberechnung dem Kostenschuldner zuzustellen (§ 750 ZPO). Die Zustellung richtet sich nach §§ 166 ff ZPO. Die Ausführung der Zustellung erfolgt durch den Gerichtsvollzieher bzw über dessen Vermittlung durch die Post (§§ 193, 194 ZPO).

---

1 OLG Hamm DNotZ 1988, 458; Korintenberg/*Tiedtke*, § 89 Rn 2; aA LG Hannover JurBüro 1996, 316. **2** Korintenberg/*Tiedtke*, § 89 Rn 3. **3** Korintenberg/*Tiedtke*, § 89 Rn 4; aA *Heinze*, NotBZ 2007, 311, 314. **4** Korintenberg/*Tiedtke*, § 89 Rn 7. **5** LG Wuppertal MittRhNotK 1985, 128; Korintenberg/*Tiedtke*, § 89 Rn 7.

9   **6. Wartefrist.** Die Zwangsvollstreckung darf gem. S. 1 Hs 2 iVm § 798 ZPO erst beginnen, wenn dem Schuldner die vollstreckbare Ausfertigung der Kostenberechnung **mindestens zwei Wochen** vorher zugestellt ist.

III. Weitere praktische Hinweise

10   **1. Kosten der Zwangsvollstreckung.** Die Kosten der Zwangsvollstreckung fallen, soweit sie notwendig waren, dem Kostenschuldner zur Last (§ 788 ZPO). Weitere Kostenschuldner haften für diese Kosten nur, wenn sie vom Notar zuvor in Anspruch genommen worden sind.[6] Das Beitreibungsrecht steht dem Notar persönlich zu.[7] Anwaltskosten sind daher weder notwendig noch erstattungsfähig.

11   **2. Einwendungen gegen die Kostenberechnung und Erteilung der Vollstreckungsklausel.** Einwendungen gegen die Kostenberechnung und Erteilung der Vollstreckungsklausel sind ausschließlich im Verfahren nach §§ 127 ff geltend zu machen. Eine Vollstreckungsgegenklage (§ 767 ZPO) scheidet insoweit aus.

12   **3. Amtsnachfolge.** Entsprechend § 797 Abs. 2 ZPO wird die vollstreckbare Ausfertigung der Kostenberechnung durch die aktenverwahrende Stelle erteilt. Bei einem ausgeschiedenen Notar ist dies regelmäßig dessen Amtsnachfolger. Ist ein Notariatsverwalter bestellt, erteilt dieser die vollstreckbare Ausfertigung (§ 58 Abs. 3 BNotO). Der Notar, dessen Amtssitz verlegt ist, kann sich vollstreckbare Ausfertigungen von Kostenrechnungen, die für Beurkundungen an seiner alten Amtsstelle angefallen sind, selbst erteilen.[8]

13   **4. Vollstreckungsmaßnahmen im Ausland.** Die mit der Vollstreckungsklausel versehene Ausfertigung der notariellen Kostenberechnung wird im Ausland nicht als Vollstreckungstitel anerkannt. Etwas anderes gilt auch nicht in den Vertragsländern der Verordnung (EG) Nr. 44/2001 des Rates über die gerichtliche Zuständigkeit und die Anerkennung und Vollstreckung von Entscheidungen in Zivil- und Handelssachen (EuGVVO),[9] neugefasst durch Verordnung (EU) Nr. 1215/2012 vom 12.12.2012.[10] Die Beitreibung der Kostenrechnung im Ausland hat daher nach den dort jeweils geltenden landesspezifischen Vorschriften zu erfolgen.

§ 90 Zurückzahlung, Schadensersatz

(1) [1]Wird die Kostenberechnung abgeändert oder ist der endgültige Kostenbetrag geringer als der erhobene Vorschuss, so hat der Notar die zu viel empfangenen Beträge zu erstatten. [2]Hatte der Kostenschuldner einen Antrag auf Entscheidung des Landgerichts nach § 127 Absatz 1 innerhalb eines Monats nach der Zustellung der vollstreckbaren Ausfertigung gestellt, so hat der Notar darüber hinaus den Schaden zu ersetzen, der dem Kostenschuldner durch die Vollstreckung oder durch eine zur Abwendung der Vollstreckung erbrachte Leistung entstanden ist. [3]Im Fall des Satzes 2 hat der Notar den zu viel empfangenen Betrag vom Tag des Antragseingangs bei dem Landgericht an mit jährlich fünf Prozentpunkten über dem Basiszinssatz nach § 247 des Bürgerlichen Gesetzbuchs zu verzinsen; die Geltendmachung eines weitergehenden Schadens ist nicht ausgeschlossen. [4]Im Übrigen kann der Kostenschuldner eine Verzinsung des zu viel gezahlten Betrags nicht fordern.

(2) [1]Über die Verpflichtungen gemäß Absatz 1 wird auf Antrag des Kostenschuldners in dem Verfahren nach § 127 entschieden. [2]Die Entscheidung ist nach den Vorschriften der Zivilprozessordnung vollstreckbar.

I. Gesetzliche Systematik

1   Abs. 1 S. 1 normiert die Pflicht des Notars zur Rückzahlung zu viel empfangener Beträge. Diese Pflicht besteht unabhängig davon, ob die Kosten bzw der Vorschuss vom Kostenschuldner freiwillig gezahlt oder durch den Notar zwangsweise beigetrieben worden sind. Hatte der Kostenschuldner einen Antrag auf Entscheidung des Landgerichts nach § 127 Abs. 1 innerhalb eines Monats nach der Zustellung der vollstreckbaren Ausfertigung gestellt, so hat der Notar gem. **Abs. 1 S. 2** darüber hinaus den Schaden zu ersetzen, der dem Kostenschuldner durch die Vollstreckung oder durch die zur Abwendung der Vollstreckung erbrachte Leistung entstanden ist. Nach **Abs. 1 S. 3** hat der Notar insoweit insb. den zu viel empfangenen Betrag vom Tag des Antragseingangs bei dem Landgericht an mit jährlich fünf Prozentpunkten über dem Basiszinssatz nach § 247 BGB zu verzinsen; die Geltendmachung eines weitergehenden Schadens ist nicht ausgeschlossen. Im Übrigen kann der Kostenschuldner gem. **Abs. 1 S. 4** eine Verzinsung des zu viel gezahlten Betrags nicht fordern.

---

6 *Lappe*, NotBZ 2002, 59; Korintenberg/*Tiedtke*, § 89 Rn 17.   **7** OLG Düsseldorf NJW-RR 2000, 1596; *Heinemann*, MittBayNot 2004, 160; *Bengel*/*Tiedtke*, DNotZ 2004, 258.   **8** BayObLG DNotZ 1964, 53; Korintenberg/*Tiedtke*, § 89 Rn 19.   **9** Korintenberg/*Tiedtke*, § 89 Rn 14; *Heinze*, NotBZ 2007, 311.   **10** ABl. EU L 351 v. 20.12.2012, S. 1.

Über die Verpflichtungen des Notars gem. Abs. 1 wird gem. **Abs. 2 S. 1** auf Antrag des Kostenschuldners in 2
dem Verfahren nach § 127 entschieden. Die Entscheidung ist nach den Vorschriften der Zivilprozessordnung vollstreckbar (**Abs. 2 S. 2**).

II. Regelungsgehalt

1. Rückzahlung zu viel empfangener Beträge (Abs. 1 S. 1). Der Notar ist gem. Abs. 1 S. 1 verpflichtet, zu 3
viel empfangene Beträge zu erstatten, sofern die Kostenberechnung abgeändert oder der endgültige Kostenbetrag geringer als der erhobene Vorschuss (§ 15) ist. Dies gilt unabhängig davon, ob der Notar selbst festgestellt hat, dass seine Kostenberechnung materiellrechtlich unrichtig war, oder ob die Abänderung im Verfahren nach § 127 erfolgt ist.

Wurde die Kostenberechnung im Verfahren nach § 127 jedoch nur wegen formeller Mängel aufgehoben 4
und besteht der Kostenanspruch nach materiellem Recht in der erhobenen Höhe tatsächlich, scheidet ein
Rückzahlungsanspruch nach § 90 aus.[1] Gleiches gilt, falls der Notar die zu viel empfangenen Beträge mit
fälligen Kosten für andere Amtstätigkeiten aufrechnen kann.[2]

2. Schadensersatzpflicht des Notars (Abs. 1 S. 2). Hatte der Kostenschuldner einen Antrag auf Entschei- 5
dung des Landgerichts nach § 127 Abs. 1 innerhalb eines Monats nach der Zustellung der vollstreckbaren
Ausfertigung gestellt, so ist der Notar gem. Abs. 1 S. 2 – über die Rückzahlung des zu viel empfangenen
Betrags hinaus – zum Ersatz des Schadens verpflichtet, der dem Kostenschuldner durch die Vollstreckung
oder durch die zur Abwendung der Vollstreckung erbrachte Leistung entstanden ist. Dies entspricht der Regelung in § 717 Abs. 2 ZPO hinsichtlich der Vollstreckung aus für vorläufig vollstreckbar erklärten Urteilen, die aufgehoben oder abgeändert werden.

Die Schadensersatzpflicht des Notars wegen vorzeitiger Vollstreckung setzt zunächst voraus, dass die Kos- 6
tenberechnung des Notars durch das Gericht **herabgesetzt** worden ist. Gleichgültig ist, ob die Herabsetzung
der Kostenberechnung durch das Landgericht oder das Beschwerdegericht erfolgt.[3]

Weiterhin ist erforderlich, dass der **Kostenschuldner selbst** den **Antrag** auf Entscheidung des Landgerichts 7
nach § 127 Abs. 1 gestellt hat. Eine Anrufung des Gerichts durch den Notar nach Beanstandung der Kostenberechnung durch den Kostenschuldner (§ 127 Abs. 1 S. 2 Alt. 2) oder auf Weisung der vorgesetzten
Dienstbehörde (§ 130 Abs. 2) löst die Schadensersatzpflicht nicht aus.[4]

Schließlich muss der Kostenschuldner den Antrag auf gerichtliche Entscheidung **innerhalb eines Monats** 8
nach Zustellung der vollstreckbaren Ausfertigung (→ § 89 Rn 8) gestellt haben. Die Fristberechnung richtet
sich nach §§ 187 ff BGB.

Liegen diese Voraussetzungen vor, ist der Notar dem Kostenschuldner gegenüber zum Ersatz des Schadens 9
verpflichtet, der diesem durch die Vollstreckung oder durch die zur Abwendung der Vollstreckung erbrachte Leistung entstanden ist. Solche **Schäden** können zB Aufwendungen zur Beschaffung einer Sicherheit,
Vollstreckungskosten, entgangener Gewinn, wenn die Versteigerung einer Sache eine günstigere Veräußerung verhindert hat oder der Kostenschuldner wegen Inhaftierung (§ 913 ZPO) seine Berufstätigkeit nicht
ausüben konnte, oder die Zahlung von Zwangsgeld sein.[5]

Die Ersatzpflicht beschränkt sich auf den entstandenen Schaden. Ansprüche, die lediglich aufgrund einer 10
fiktiven Schadensberechnung ermittelt oder auf Schadensliquidation im Drittinteresse gestützt werden, sind
deshalb ausgeschlossen.[6] Das Gleiche gilt für Kreditschäden des Kostenschuldners infolge des Bekanntwer-
dens der gegen ihn betriebenen Zwangsvollstreckung.[7]

Ein etwaiger **Zinsschaden** ist von der Ersatzpflicht des Abs. 1 S. 2 nicht erfasst. Insoweit gilt die Spezialre- 11
gelung in Abs. 1 S. 3 und 4.

3. Verzinsung des zu viel empfangenen Betrags (Abs. 1 S. 3 und 4). Besteht eine Schadensersatzpflicht des 12
Notars nach Abs. 1 S. 2, hat der Notar den zu viel empfangenen Betrag gem. Abs. 1 S. 3 vom Tag des Antragseingangs beim Landgericht an mit jährlich fünf Prozentpunkten über dem Basiszinssatz nach § 247
BGB zu verzinsen. Im Übrigen kann der Kostenschuldner eine Verzinsung des zu viel gezahlten Betrags
nicht fordern. Dies stellt Abs. 1 S. 4 ausdrücklich klar. Ausgeschlossen ist somit etwa auch die Verzinsung
vorschussweise erhobener Beträge, wenn es zur vorgesehenen Amtstätigkeit nicht kommt.[8]

4. Verfahren nach § 127 (Abs. 2 S. 1). Gemäß Abs. 2 S. 1 wird über die Verpflichtungen gem. Abs. 1 auf 13
Antrag des Kostenschuldners in dem Verfahren nach § 127 (s. dort) entschieden. Der ordentliche Rechtsweg ist damit ausgeschlossen.

---

1 BayObLG DNotZ 1964, 562; KG DNotZ 1973, 42; Korintenberg/*Tiedtke*, § 90 Rn 7. **2** Korintenberg/*Tiedtke*, § 90 Rn 1.
3 Korintenberg/*Tiedtke*, § 90 Rn 12. **4** Korintenberg/*Tiedtke*, § 90 Rn 12. **5** Zöller/*Herget*, ZPO, § 717 Rn 7. **6** Zöller/*Herget*,
ZPO, § 717 Rn 8. **7** Zöller/*Herget*, ZPO, § 717 Rn 8. **8** Korintenberg/*Tiedtke*, § 90 Rn 3.

14   Eine gerichtliche Entscheidung nach § 127 über seine Ansprüche aus Abs. 1 kann der Kostenschuldner unabhängig davon beantragen, ob hinsichtlich der Kostenberechnung bereits ein Verfahren auf gerichtliche Entscheidung anhängig ist. Abs. 2 S. 1 findet also auch in den Fällen Anwendung, in denen der Notar die Kostenberechnung selbst abgeändert oder festgestellt hat, dass der endgültige Kostenbetrag geringer als der erhobene Vorschuss ist und die zu viel empfangenen Beträge nicht an den Kostenschuldner zurückzahlt.

15   **5. Vollstreckbarkeit der Entscheidung (Abs. 2 S. 2).** Die gerichtliche Entscheidung ist gem. Abs. 2 S. 2 nach den Vorschriften der ZPO vollstreckbar. Die Zwangsvollstreckung ist im 8. Buch der ZPO geregelt, §§ 704 ff ZPO (zur Zwangsvollstreckung s. § 89).

III. Weitere praktische Hinweise

16   Der Anspruch auf Rückzahlung zu viel gezahlter Notarkosten **verjährt** grds. gem. § 6 Abs. 2 S. 1 in vier Jahren nach Ablauf des Kalenderjahres, in dem die Zahlung erfolgt ist. Nach § 6 Abs. 2 S. 2 beginnt die Verjährung jedoch nicht vor dem jeweiligen in § 6 Abs. 1 bezeichneten Zeitpunkt. § 6 Abs. 1 S. 3 bestimmt insoweit, dass Ansprüche auf Zahlung von Notarkosten in vier Jahren nach Ablauf des Kalenderjahres, in dem die Kosten fällig geworden sind, verjähren. Durch die Einlegung eines Rechtsbehelfs iSd § 90 mit dem Ziel der Rückerstattung zu viel geleisteter Beträge wird die Verjährung wie durch Klageerhebung gehemmt (zur Verjährung im Einzelnen s. die Erl. zu § 6).

Abschnitt 3
Gebührenvorschriften

§ 91 Gebührenermäßigung

(1) [1]Erhebt ein Notar die in Teil 2 Hauptabschnitt 1 oder 4 oder in den Nummern 23803 und 25202 des Kostenverzeichnisses bestimmten Gebühren von

1. dem Bund, einem Land sowie einer nach dem Haushaltsplan des Bundes oder eines Landes für Rechnung des Bundes oder eines Landes verwalteten öffentlichen Körperschaft oder Anstalt,
2. einer Gemeinde, einem Gemeindeverband, einer sonstigen Gebietskörperschaft oder einem Zusammenschluss von Gebietskörperschaften, einem Regionalverband, einem Zweckverband,
3. einer Kirche oder einer sonstigen Religions- oder Weltanschauungsgemeinschaft, jeweils soweit sie die Rechtsstellung einer juristischen Person des öffentlichen Rechts hat,

und betrifft die Angelegenheit nicht deren wirtschaftliche Unternehmen, so ermäßigen sich die Gebühren bei einem Geschäftswert von mehr als 25 000 Euro bis zu einem

Geschäftswert von ... Euro	um ... Prozent
110 000	30
260 000	40
1 000 000	50
über 1 000 000	60

[2]Eine ermäßigte Gebühr darf jedoch die Gebühr nicht unterschreiten, die bei einem niedrigeren Geschäftswert nach Satz 1 zu erheben ist. [3]Wenn das Geschäft mit dem Erwerb eines Grundstücks oder grundstücksgleichen Rechts zusammenhängt, ermäßigen sich die Gebühren nur, wenn dargelegt wird, dass eine auch nur teilweise Weiterveräußerung an einen nichtbegünstigten Dritten nicht beabsichtigt ist. [4]Ändert sich diese Absicht innerhalb von drei Jahren nach Beurkundung der Auflassung, entfällt eine bereits gewährte Ermäßigung. [5]Der Begünstigte ist verpflichtet, den Notar zu unterrichten.

(2) Die Gebührenermäßigung ist auch einer Körperschaft, Vereinigung oder Stiftung zu gewähren, wenn

1. diese ausschließlich und unmittelbar mildtätige oder kirchliche Zwecke im Sinne der Abgabenordnung verfolgt,
2. die Voraussetzung nach Nummer 1 durch einen Freistellungs- oder Körperschaftsteuerbescheid oder durch eine vorläufige Bescheinigung des Finanzamts nachgewiesen wird, und
3. dargelegt wird, dass die Angelegenheit nicht einen steuerpflichtigen wirtschaftlichen Geschäftsbetrieb betrifft.

(3) Die Ermäßigung erstreckt sich auf andere Beteiligte, die mit dem Begünstigten als Gesamtschuldner haften, nur insoweit, als sie von dem Begünstigten aufgrund gesetzlicher Vorschrift Erstattung verlangen können.

(4) Soweit die Haftung auf der Vorschrift des § 29 Nummer 3 (Haftung nach bürgerlichem Recht) beruht, kann sich der Begünstigte gegenüber dem Notar nicht auf die Gebührenermäßigung berufen.

I. Anwendungsbereich des Abs. 1

1. In persönlicher Hinsicht. Die privilegierten Kostenschuldner des Abs. 1 S. 1 sind in dessen Nr. 1–3 aufgeführt.   **1**

a) Bund, Land und deren Körperschaften bzw Anstalten (Nr. 1). Der Bund und die Länder sind privilegierte Kostenschuldner. Ebenso die nach dem Haushaltsplan des Bundes oder eines Landes für Rechnung des Bundes oder eines Landes verwalteten öffentlichen Körperschaften oder Anstalten. **Beispiele** sind insoweit die Bundesanstalt für Immobilienaufgaben, die Bundesstraßenverwaltung, die Bundeswasserstraßenverwaltung und das Bundesoberseeamt. Nicht begünstigt sind bspw die Deutsche Bundesbank, die Landesbanken, die Bundesanstalt für Arbeit und ihre Landesarbeitsämter.[1]   **2**

b) Gemeinde und kommunale Gebietskörperschaften (Nr. 2). Nr. 2 privilegiert die kommunalen Gebietskörperschaften, namentlich Gemeinden, Landkreise, Bezirke, Gemeindeverbände, sowie deren Zusammenschlüsse, namentlich Zweck- und Regionalverbände.   **3**

c) Kirche und sonstige Religions- oder Weltanschauungsgemeinschaften (Nr. 3). Gemäß Nr. 3 sind Kirchen und sonstige Religions- und Weltanschauungsgemeinschaften privilegiert, jeweils soweit sie die Rechtsstellung einer juristischen Person des öffentlichen Rechts haben. Unter den Begriff „Kirche" sind nicht nur die kirchlichen Dachorganisationen, wie zB Bistümer und Landeskirchen, zu subsumieren, sondern auch die darunter angesiedelten Organisationseinheiten, wie zB Kirchengemeinden, Kirchenstiftungen, Pfarrpfründestiftungen, Domkapitel, sowie kirchliche Teilverbände, wie Orden[2] und Kongregationen.[3]   **4**

Andere Religions- und Weltanschauungsgemeinschaften sind privilegiert, soweit sie die Rechtsstellung einer juristischen Person des öffentlichen Rechts haben. Dies gilt bspw für die meisten jüdischen Gemeinden, deren Landesverbände und deren überregionale Vertretung (Zentralrat der Juden) und für verschiedene freikirchliche Religionsgemeinschaften.[4]   **5**

2. In sachlicher Hinsicht. In sachlicher Hinsicht wird die Gebührenermäßigung nur gewährt, wenn die betroffene Angelegenheit **nicht einem wirtschaftlichen Unternehmen** des in den persönlichen Normanwendungsbereich fallenden Kostenschuldners zuzuordnen ist (**Abs. 1 S. 1 Hs 2**) und, falls das Geschäft mit dem Erwerb eines Grundstücks oder grundstücksgleichen Rechts zusammenhängt, **keine Weiterveräußerung** (auch nicht in Teilen) an einen nichtbegünstigten Dritten beabsichtigt ist (**Abs. 1 S. 3**).   **6**

a) Keine Angelegenheit eines wirtschaftlichen Unternehmens (Abs. 1 S. 1 Hs 2). Der Begriff „wirtschaftliches Unternehmen" wird allgemein dahin gehend umschrieben, dass es sich insoweit um ein Unternehmen handelt, das   **7**

- ebenso gut von einem privaten Unternehmer mit der Absicht, dauernde Einnahmen zu erzielen, betrieben werden könnte,

oder

- zwar grundsätzlich dem Bereich der öffentlichen Daseinsvorsorge zuzuordnen ist, aber nach wirtschaftlichen Gesichtspunkten ähnlich einem Privatunternehmen geführt wird, zB was die Rechtsform (etwa GmbH) oder die Art und Weise der Unternehmensführung (Gewinnerzielungsabsicht, privatwirtschaftliches Management u.Ä.) anbelangt, so dass bei wertender Betrachtung die betriebswirtschaftlichen Gesichtspunkte die Belange der Daseinsvorsorge überwiegen.[5]

Der Ausschluss eines wirtschaftlichen Unternehmens kann auch aus einer tätigkeitsbezogen Betrachtung erfolgen. So stellen zB folgende Angelegenheiten keine wirtschaftlichen Unternehmungen dar: **8**

- Vermietung oder Verpachtung[6] (da solche Rechtsgeschäfte dem Bereich der allgemeinen Vermögensverwaltung zuzuordnen sind);
- Begründung von Wohnungs- oder Teileigentum, auch wenn die anschließende Veräußerung der gebildeten Einheiten geplant ist;[7]

---

1 Korintenberg/*Schwarz*, § 91 Rn 11. **2** OLG Hamm RNotZ 2001, 463 = FGPrax 2001, 168 (Deutscher Orden). **3** Ausf. *Bengel*, MittBayNot 1998, 161. **4** Vgl *Quaas*, NVwZ 2009, 1400. **5** OLG Naumburg RNotZ 2007, 425 = FGPrax 2008, 39 (Abwasserzweckverband). **6** BayObLG MittBayNot 2003, 70. **7** BayObLG MittBayNot 1997, 314.

■ Bewirtschaftung von Staats- oder Gemeindewald[8] – abzugrenzen bei der Übertragung oder Überlassung entsprechender Grundstücke auf staatliche Forstwirtschaftsunternehmen (zB vom Freistaat Bayern auf die Bayerische Staatsforsten) und der vorangehende Erwerb zu besagtem Zwecke, welche jeweils nicht privilegiert sind, es sei denn, der betroffene Grundbesitz dient ausschließlich besonderen Gemeinwohlbelangen wie der Anlegung von Bann- oder Schutzwald.

9   Treffen in einem Beurkundungsverfahren mehrere Beurkundungsgegenstände eines privilegierten Kostenschuldners zusammen, von denen einer die Angelegenheit dessen wirtschaftlichen Unternehmens betrifft, der andere hingegen nicht, ist – anders als im Bereich des Abs. 1 S. 3, wo schon die teilweise Weiterveräußerungsabsicht ermäßigungsschädlich ist (→ Rn 13) – die Ermäßigung nur hinsichtlich der Angelegenheit des wirtschaftlichen Unternehmens zu versagen und im Übrigen zu gewähren (Beispiel in → Rn 30).

10   **b) Keine Weiterveräußerungsabsicht bei Grundstücksgeschäft (Abs. 1 S. 3–5).** Gemäß **Abs. 1 S. 3** ist die Privilegierung bei Geschäften, die mit dem **Erwerb** eines Grundstücks oder grundstücksgleichen Rechts zusammenhängen, nur zu gewähren, wenn dargelegt wird, dass keine (auch keine teilweise) Weiterveräußerung an einen nichtbegünstigten Dritten beabsichtigt ist.

11   Zu den **grundstücksgleichen Rechten** s. § 49 und die dortige Kommentierung. Beispiele für grundstücksgleiche Rechte sind Erbbaurecht, Wohnungseigentum, Wohnungserbbaurecht, Teileigentum und Teilerbbaurecht.

12   Angesichts des Wortlauts des Abs. 1 S. 3 „**Erwerb**" könnte fraglich sein, ob die Bestimmung nur einschlägig ist, wenn der privilegierte Kostenschuldner als Erwerber auftritt oder ob sie diesem auch als Veräußerer zugutekommt. Es erübrigt sich aber, über die Bedeutung der einschlägigen Passage des ersten Halbsatzes „mit dem Erwerb ... zusammenhängt" länger nachzudenken, da im letztgenannten Fall der Veräußerung seitens des privilegierten Kostenschuldners ein Erst-Recht-Schluss aus dem zweiten Halbsatzes des Abs. 1 S. 3 (Weiterveräußerungsabsicht) die Privilegierung ausschließt. Wenn nämlich bereits die bloße Absicht der **Veräußerung** an einen nicht privilegierten Dritten schädlich ist, muss es die tatsächliche Veräußerung erst recht sein.

13   Auch die **nur teilweise** Weiterveräußerungsabsicht führt zur Versagung der Gebührenermäßigung, so dass es bereits ermäßigungsschädlich ist, wenn eine Gemeinde lediglich einen untergeordneten Teil der hauptsächlich für Straßenzwecke im Rahmen eines einheitlichen Kaufvertrags erworbenen Flächen an Bauwillige veräußert.[9]

14   Der Grund der geplanten Weiterveräußerung ist ohne Belang. Daher findet die Privilegierung auch dann keine Anwendung, wenn der Erwerb erfolgt, um Tauschflächen vorrätig zu haben, welche für spätere privilegierte Erwerbe (zB von Ausgleichs-, Grün- oder Verkehrsflächen) benötigt werden.

15   Die geplante Bestellung eines **Erbbaurechts** ist nach hM nicht als schädliche Weiterveräußerung anzusehen.[10]

16   Gemäß **Abs. 1 S. 4** entfällt die Ermäßigung, wenn der begünstigte Gebührenschuldner sich innerhalb von drei Jahren nach Beurkundung der Auflassung zur Weiterveräußerung entschließt.

17   **Abs. 1 S. 5** begründet die Pflicht des Begünstigten, den Notar entsprechend zu **informieren** – erst dann wird der Nacherhebungsanspruch fällig und beginnt dessen Verjährung. Da die Bestimmungen des Abs. 1 S. 4 und 5 bei den meisten begünstigten Kostenschuldnern nicht ohne Weiteres als bekannt vorausgesetzt werden können, empfiehlt sich ein entsprechender notarieller Hinweis.[11]

18   In dem umgekehrten Fall, dass der Begünstigte seine ursprüngliche Weiterveräußerungsabsicht aufgibt, ergeben sich keine Auswirkungen auf die erhobenen (nicht ermäßigten) Gebühren, insb. ist der Notar nicht zur nachträglichen Ermäßigung verpflichtet (arg e contrario).[12]

II. Anwendungsbereich des Abs. 2

19   **1. In persönlicher Hinsicht.** Abs. 2 erfasst – im Gegensatz zu Abs. 1 S. 1 – Entitäten des Privatrechts (nämlich Körperschaften, Vereinigungen oder Stiftungen), die ausschließlich und unmittelbar mildtätige oder kirchliche Zwecke iSd Abgabenordnung verfolgen (**Nr. 1**). Konkret sind insoweit die §§ 51 ff AO einschlägig; so ist der Begriff „mildtätig" anhand § 53 AO, „kirchlich" anhand § 54 AO, „ausschließlich" anhand § 56 AO und der Begriff „unmittelbar" anhand § 57 AO zu ermitteln.

---

8 OLG Hamm NVwZ 1999, 330 (Land tauscht Waldflächen mit Gemeinde). **9** LG Frankenthal (Pfalz) MittBayNot 1992, 421.
10 OLG Oldenburg JurBüro 1994, 357; OLG Braunschweig ZNotP 1997, 116; OLG Hamm MittBayNot 1999, 311; Korintenberg/*Schwarz*, § 91 Rn 21; aA *Schmidt*, MittRhNotK 1989, 209, 211. **11** Korintenberg/*Schwarz*, § 91 Rn 23. **12** Leipziger-GNotKG/*Heinze*, § 91 Rn 35.

Wichtig ist in diesem Zusammenhang, dass für **gemeinnützige** Organisationseinheiten die Privilegierung **nicht** eingreift und zwar auch dann nicht, wenn sie neben ihren gemeinnützigen Zwecken (§ 52 AO) auch mildtätige oder kirchliche Zwecke verfolgen.[13] Diese Einschränkung ist von großer praktischer Bedeutung, da solche „gemischten" Zwecken dienende Organisationen wesentlich häufiger anzutreffen sind als die ausschließlich mildtätig oder kirchlichen juristischen Personen. Insoweit ist eine aufmerksame Prüfung des Freistellungs- oder Körperschaftsteuerbescheids (→ Rn 22) angezeigt, insb. bei Vereinen der Lebenshilfe, Caritas-Verbänden oder Organisationen des Roten Kreuzes. Bescheinigt der Freistellungsbescheid **religiöse Zwecke**, kann keine Ermäßigung gewährt werden, da es sich hierbei um eine Unterart der gemeinnützigen Zwecke (§ 52 AO) handelt. 20

Die konkrete Rechtsform der betroffenen Organisationseinheit ist im Rahmen des Abs. 2 Nr. 1 ohne Belang. Die Vorschrift ist, was das betrifft, also weit auszulegen, bspw stellen auch Personengesellschaften Vereinigungen iSd Abs. 2 Nr. 1 dar.[14] 21

Die vorstehend geschilderten Voraussetzungen des Abs. 2 Nr. 1 sind gem. Abs. 2 **Nr. 2** dem Notar nachzuweisen durch Vorlage eines Freistellungs- oder Körperschaftsteuerbescheids oder durch eine vorläufige **Bescheinigung des Finanzamts** (Letztere ist v.a. bei neu gegründeten Vereinen von Bedeutung). Der Notar darf auf den Nachweis nicht verzichten. Aufgrund dieser Vorgabe ist im kirchlichen Bereich die Abgrenzung des Abs. 1 S. 1 Nr. 3 von Abs. 2 Nr. 1 von Bedeutung, da nur kirchliche Organisationen, die unter die letztgenannte Bestimmung fallen, den Nachweis gem. Abs. 2 Nr. 2 führen müssen. 22

2. In sachlicher Hinsicht. In sachlicher Hinsicht kann gem. Abs. 2 **Nr. 3** Gebührenermäßigung nur gewährt werden, wenn die Angelegenheit **nicht** einen **steuerpflichtigen wirtschaftlichen Geschäftsbetrieb** betrifft. Insoweit kann auf § 14 AO zurückgegriffen werden. 23

Ein **wirtschaftlicher Geschäftsbetrieb** ist demnach eine „selbständige nachhaltige Tätigkeit, durch die Einnahmen oder andere wirtschaftliche Vorteile erzielt werden und die über den Rahmen einer Vermögensverwaltung hinausgeht. Die Absicht, Gewinn zu erzielen, ist nicht erforderlich. Eine Vermögensverwaltung liegt in der Regel vor, wenn Vermögen genutzt, zB Kapitalvermögen verzinslich angelegt oder unbewegliches Vermögen vermietet oder verpachtet wird." Letztlich spielen ähnliche Gesichtspunkte eine Rolle wie beim „wirtschaftliche Unternehmen" iSd Abs. 1 S. 1, so dass auch auf die Ausführungen in → Rn 7 ff Bezug genommen werden kann.[15] 24

III. Erfasste Gebührentatbestände (Abs. 1 S. 1)

Zu ermäßigen sind nur die in Abs. 1 S. 1 ausdrücklich aufgeführten Gebühren, nämlich die Gebühren gem. 25

- Teil 2 Hauptabschnitt 1 KV (Beurkundungsverfahren),
- Teil 2 Hauptabschnitt 4 KV (Entwurf und Beratung),
- Nr. 23803 KV (Umschreibung Vollstreckungsklausel) und
- Nr. 25202 KV (Herstellung Teilhypotheken-, Grundschuld- oder Rentenschuldbriefs).

Alle andere Gebühren und sämtliche Auslagen sind in voller Höhe zu erheben.

IV. Gebührenstaffel

Bis zu einem Geschäftswert von 25.000 € findet keine Ermäßigung statt. Ab einem darüber liegenden Geschäftswert richtet sich die prozentuale Höhe der Ermäßigung nach der Tabelle in Abs. 1 S. 1, wobei gem. Abs. 1 S. 2 die Gebühr der jeweils vorangehenden niedrigeren Geschäftswertstufe nicht unterschritten werden darf. Insoweit ist also eine Rückrechnung erforderlich. 26

Wenn ein **Höchstwert** zur Anwendung kommt, ist die sich aus dem Höchstwert ergebende Gebühr der Ermäßigung zugrunde zu legen.[16] **Höchstgebühren** sind bei den von § 91 erfassten Gebührentatbeständen nicht vorgesehen, so dass sich insoweit keine Berechnungsfragen ergeben.[17] 27

V. Zusammentreffen des § 91 mit § 94

Wenn ein Sachverhalt zugleich in den Anwendungsbereich der §§ 91 und 94 fällt, so gilt die Prüfungs- bzw Anwendungsreihenfolge: § 94 vor § 91! Zunächst ist also durch Anwendung des § 94 zu ermitteln, ob gesondert berechnete Gebühren aus den jeweiligen Einzelwerten anzusetzen sind oder der höchste Gebührensatz aus dem Gesamtwert maßgebend ist. Sodann ist auf das derart gefundene Ergebnis (also entweder auf jede gesonderte Gebühr oder den höchsten Gebührensatz) die Ermäßigungsbestimmung des § 91 anzuwen- 28

---

13 BayObLG DNotZ 1995, 775; Korintenberg/*Schwarz*, § 91 Rn 14. **14** Korintenberg/*Schwarz*, KostO, § 144 Rn 12. **15** Vgl Korintenberg/*Schwarz*, § 91 Rn 26 (Beispiele). **16** Berechnungsbeispiel bei Korintenberg/*Schwarz*, § 91 Rn 30. **17** BDS/*Bormann*, § 91 Rn 17.

den. Wenn gem. § 94 gesondert aus den jeweiligen Einzelwerten zu berechnende Gebühren zum Ansatz kommen, ist dem jeweiligen Einzelwert gem. der Tabelle in Abs. 1 S. 1 der insoweit maßgebliche Ermäßigungs-Prozentsatz zuzuordnen. Ist nach § 94 der höchste Gebührensatz aus dem Gesamtwert heranzuziehen, ist der für diesen Gesamtwert gemäß der Tabelle in Abs. 1 S. 1 einschlägige Ermäßigungs-Prozentsatz anzuwenden.

VI. Zusammentreffen von privilegierter mit nicht privilegierter Angelegenheit

29 Wenn in einem Beurkundungsverfahren mehrere Beurkundungsgegenstände oder Teile eines einheitlichen Beurkundungsgegenstands zusammentreffen, von denen einer in den Anwendungsbereich des § 91 fällt und der andere nicht, erfolgt eine **anteilige** Ermäßigung im Verhältnis des Werts der privilegierten Angelegenheit zum Gesamtwert des Vorgangs.

30 **Beispiel (Zusammentreffen von privilegierter mit nicht privilegierter Angelegenheit):** In einer Urkunde kauft die Gemeinde von demselben Verkäufer zwei Grundstücke zu einem Gesamtkaufpreis von 500.000 €, eines zum Zwecke der Erweiterung eines Schulzentrums (Kaufpreisteil 50.000 €) und das andere zum Betrieb eines Parkhauses (Kaufpreisteil 450.000 €).

Für den Kauf des erstgenannten Grundstücks ist Gebührenermäßigung zu gewähren, hinsichtlich des letztgenannten Grundstücks hingegen nicht, weil das Parkhaus als wirtschaftliches Unternehmen einzustufen ist.

Von dem Gesamtgeschäftswert von 500.000 € (Gesamtkaufpreis) ist zunächst die nicht ermäßigte Gebühr zu ermitteln, welche hier 1.870 € beträgt. Hiervon ist für einen Anteil von 10 % (50.000/500.000), mithin 187 €, Ermäßigung zu erteilen und zwar gem. Tabelle in Abs. 1 S. 1 um 30 %, so dass 130,90 € verbleiben. Im Ergebnis sind somit 1.813,90 € einzufordern.

VII. Gesamtschuldnerische Kostenschuldner (Abs. 4)

31 **1. Allgemeines.** Abs. 3 erstreckt die Ermäßigung auf den nicht privilegierten Kostenschuldner, der als Gesamtschuldner mit dem privilegierten Kostenschuldner haftet, soweit der nicht privilegierte Kostenschuldner vom privilegierten Kostenschuldner aufgrund gesetzlicher Vorschiften die Erstattung der entrichteten Gebühren verlangen kann. Die ratio legis liegt darin, dass sonst für den privilegierten Kostenschuldner die Befreiung infolge des Regresses seitens des nicht privilegierte Kostenschuldner im Ergebnis verloren ginge.

32 Die Vorschrift ist vor allem bei der **Beurkundung von Verträgen** von großer praktischer Bedeutung, da insoweit regelmäßig alle Vertragsbeteiligten als Gesamtschuldner für die Beurkundungsgebühr haften (§§ 30 Abs. 1, 32 Abs. 1).

33 **2. Gesetzliche Erstattungsvorschriften.** Gesetzliche Erstattungsvorschriften iSd Abs. 3 sind nicht nur zwingende gesetzliche Vorschriften, sondern auch alle dispositiven oder ergänzenden Vorschriften oder Auslegungs- und Zweifelsregelungen. Denn würde man im Rahmen des Abs. 3, wie dies zur vormaligen Rechtslage für die Gebührenfreiheit gem. § 13 KostO vertreten wurde,[18] nur zwingende gesetzliche Erstattungsvorschriften berücksichtigen, ginge die Bestimmung weitestgehend ins Leere. Entscheidend ist, ob sich aus der zu prüfenden Gesetzesbestimmung eine Wertung über die Zuweisung der Kostenlast entnehmen lässt.

34 Als **gesetzliche Erstattungsvorschriften** iSd Abs. 3 kommen demgemäß insb. in Betracht:
- § 448 Abs. 2 BGB (Kauf eines Grundstücks oder grundstücksgleichen Rechts: Käufer trägt die Kosten);
- § 453 Abs. 2 BGB (Rechtskauf: Verkäufer trägt die Kosten);
- §§ 480, 448 Abs. 2 BGB (Tausch eines Grundstücks oder grundstücksgleichen Rechts: Jeder Erwerber trägt die Kosten seines Erwerbs, so dass die Beurkundungsgebühr in dem Anteil auf den jeweiligen Erwerber entfällt, in welchem der Wert des von ihm erworbenen Tauschgegenstands zum Gesamtwert beider Tauschgegenstände steht);
- § 369 Abs. 1 BGB (Quittung, Löschungsquittung: Schuldner trägt die Kosten);
- § 369 Abs. 2 BGB (Mehrkosten wegen Abtretung oder Erbfolge: Gläubiger trägt die Kosten);
- § 403 BGB (Abtretungserklärung: Gläubiger trägt die Kosten);
- § 897 BGB (Grundbuchberichtigung: Anspruchssteller trägt die Kosten);
- § 3 Abs. 1 FStrG (Straßenbaulast: Träger der Straßenbaulast hat Beurkundungskosten zu erstatten und zwar auch die Lastenfreistellungskosten);[19]
- § 426 BGB (Gesamtschuldner: Alle Betroffenen tragen die Kosten zu gleichen Anteilen, „soweit nicht ein anderes bestimmt ist").

---

18 Korintenberg/*Lappe*, KostO, § 13 Rn 6. **19** BayObLG MittBayNot 1978, 120.

3. Beispiele

Beispiel 1 (Kauf durch privilegierten Kostenschuldner): V verkauft an die (privilegierte) Gemeinde ein Grundstück zum Kaufpreis von 200.000 €. 35

V und die Gemeinde sind gem. §§ 30 Abs. 1, 32 Abs. 1 Gesamtschuldner der Beurkundungsgebühr. Für die Gemeinde ermäßigt sich die Gebühr von 870 € um 30 % auf 609 €. Da V gem. § 448 Abs. 2 BGB von der Gemeinde die Erstattung der Beurkundungsgebühren verlangen kann, kommt auch ihm die Gebührenermäßigung in vollem Umfang zugute, wenn ihn der Notar als Kostenschuldner in Anspruch nimmt.

Beispiel 2 (Tausch zwischen privilegiertem und nicht privilegiertem Kostenschuldner): T und die (privilegierte) Gemeinde schließen einen Tauschvertrag. Die Gemeinde überträgt an T ein Grundstück im Wert von 50.000 €. T überträgt an die Gemeinde ein Grundstück im Wert von 100.000 €. T und die Gemeinde haften gem. §§ 30 Abs. 1, 32 Abs. 1 Gesamtschuldner für die Beurkundungsgebühr. 36

Der Geschäftswert dieses Tauschs beträgt 100.000 €, unabhängig davon, ob sich die Gemeinde gegenüber T zur Zahlung einer Tauschaufgabe als Wertausgleich verpflichtet oder nicht, da ohnehin der Wert des höherwertigen Tauschgrundstücks maßgebend ist (§ 97 Abs. 3). Hieraus ergibt sich eine Gebühr von 546 €. Im Innenverhältnis der Tauschbeteiligten hat nach der Wertung der §§ 480, 448 Abs. 2 BGB die Gemeinde einen Gebührenanteil von 1/3 (50.000 € im Verhältnis zum Gesamtwert der Tauschgrundstücke von 150.000 €) zu tragen, somit 182 € (= 546 €/3), welcher gem. der Tabelle in Abs. 1 S. 1 um 30 % zu ermäßigen ist, so dass sich für die Gemeinde eine Gebühr von 127,40 € ergibt. Auf T entfällt ein Anteil von 2/3 der Gebühr von 546 €, mithin 364 €, für den keine Ermäßigung erfolgt.

Ergeben sich infolge der Anwendung des Abs. 3 für den privilegierten und den nicht privilegierten Kostenschuldner **unterschiedliche Gebührenbeträge**, kann sich der Notar nicht damit begnügen, vom privilegierten Kostenschuldner die für diesen maßgebliche ermäßigte Gebühr einzufordern. Er muss selbst dann auch die Differenz zur nicht ermäßigten Gebühr vom nicht privilegierten Kostenschuldner einfordern, wenn gemäß den vertraglichen Vereinbarungen der Beteiligten in deren Innenverhältnis die Gebühren allein vom privilegierten Kostenschuldner zu tragen sind.[20] 37

Beispiel 3 (Verkauf durch privilegierten Kostenschuldner): Die (privilegierte) Gemeinde wurde zusammen mit V als Erbe eingesetzt und kauft nun von V dessen Erbteil zum Kaufpreis von 200.000 €, um Alleininhaberin des Nachlasses zu werden. 38

Die Gemeinde und V sind gem. §§ 30 Abs. 1, 32 Abs. 1 Gesamtschuldner der Beurkundungsgebühr. Für die Gemeinde ermäßigt sich die Gebühr von 870 € um 30 % auf 609 €. V kann von der Gemeinde ausweislich der Wertung des § 453 Abs. 2 BGB keine Erstattung der Beurkundungsgebühren verlangen. Ihn trifft somit die volle (nicht ermäßigte) Beurkundungsgebühr von 870 €.

Wenn der Notar von der Gemeinde die für diese maßgebliche ermäßigte Gebühr von 609 € erhalten hat, muss er weiterhin V auf die Differenz von 261 € (870 € – 609 €) in Anspruch nehmen und zwar auch dann, wenn im Kaufvertrag vereinbart wurde, dass die Gemeinde die Kosten zu tragen hat.

4. Vertragliche Abreden, Gebührenübernahme gem. § 29 Nr. 2.
Vertragliche Abreden zwischen den Beteiligten über die Gebührentragung und/oder Gebührenübernahmeerklärungen gegenüber dem Notar (§ 29 Nr. 2) – wobei beides im Rahmen der folgenden Ausführungen gleichzusetzen ist[21] –, mit denen die Beteiligten von den Wertungen gesetzlicher Erstattungsbestimmungen (→ Rn 34) abweichen, haben folgende Auswirkungen: 39

a) Übernahme durch den nicht privilegierten Kostenschuldner. Wenn der nicht privilegierte Kostenschuldner die Gebühr übernimmt, kommt ihm die Ermäßigung nicht zugute.[22] Würde man das Beispiel 1 (→ Rn 35) dahin gehend abwandeln, dass V die Gebühren des Kaufvertrags übernommen hat, ergäbe sich für ihn daher die nicht ermäßigte Gebühr von 870 €. Zum Teil wird in einer derartigen Konstellation ein entsprechender notarieller Hinweis als geboten angesehen.[23] Dem kann allerdings nur gefolgt werden, soweit damit eine Empfehlung und nicht eine zwingende Hinweispflicht mit der Folge des § 21 Abs. 1 S. 1 bei Nichtbeachtung (→ § 21 Rn 17 f) gemeint ist. 40

b) Übernahme durch den privilegierten Kostenschuldner. Übernimmt der privilegierte Kostenschuldner die Gebühr (ohne dass ihn insoweit eine gesetzliche Erstattungspflicht trifft, → Rn 33), führt dies nicht zur Gewährung der Ermäßigung.[24] Die Beteiligten sollen die Anwendung der Ermäßigungsbestimmungen nicht privatautonom steuern können. So würde sich im Beispiel 3 (→ Rn 38) auch dann nichts an der Haftung des V für die volle (nicht ermäßigte) Gebühr von 870 € ändern, wenn die Gemeinde die Gebühren des Kaufvertrags übernimmt. 41

---

20 BayObLG MittBayNot 1984, 147 m. Anm. der Prüfungsabteilung der Notarkasse; Leipziger-GNotKG/*Heinze*, § 91 Rn 49. **21** Leipziger-GNotKG/*Heinze*, § 91 Rn 54. **22** BayObLGZ 1984, 178 = MittBayNot 1984, 159 (Ls.); BDS/*Bormann*, § 91 Rn 19; aA Korintenberg/*Schwarz*, § 91 Rn 50. **23** *Assenmacher/Mathias*, KostO, S. 352 (Stichwort „Ermäßigung" Ziffer 10.1). **24** LG Krefeld MittRhNotK 2000, 38; BDS/*Bormann*, § 91 Rn 19; Leipziger-GNotKG/*Heinze*, § 91 Rn 53.

42   **5. Einseitige Erklärungen.** Keine Besonderheiten ergeben sich für einseitige Erklärungen: Entscheidend ist, ob der Erklärende in den Anwendungsbereich des Abs. 1 oder 2 fällt, also begünstigt ist. Unerheblich ist demgegenüber die Person des Erklärungsempfängers, auch wenn dieser die Gebühren übernommen hat (→ Rn 39). Dadurch kann sich zwar bei der Aufspaltung eines Vertrags in Angebot bzw (in der Terminologie der §§ 145 ff BGB) Antrag und Annahme ein anderes Ergebnis ergeben, als wenn der Vertrag ohne eine solche Aufspaltung, also in einer einheitlichen Urkunde, geschlossen wird. Dies ist aber als vorschriftsimmanent hinzunehmen.

VIII. Haftung des privilegierten Kostenschuldners (Abs. 4)

43   Gemäß Abs. 4 kann der privilegierte Kostenschuldner die Ermäßigung nicht beanspruchen, wenn seine Stellung als Kostenschuldner ausschließlich auf § 29 Nr. 3 beruht, wenn er also „kraft Gesetzes" (so der Wortlaut des § 29 Nr. 3) bzw – wie Abs. 4 umschreibt – **„nach bürgerlichem Recht"** für die Kostenschuld eines anderen einzustehen hat (s. dazu im Einzelnen die Erl. zu § 29).

44   Beispielsweise kann sich der Fiskus als Erbe eines nicht privilegierten Kostenschuldners für eine vom Erblasser vorgenommene Beurkundung auch dann nicht gegenüber dem Notar auf die Gebührenermäßigung berufen, wenn ihm die Ermäßigung zu gewähren gewesen wäre, hätte nicht der Erblasser, sondern der Fiskus selbst die Beurkundung vorgenommen. Ebenso wenig kann das Land als Gesellschafter einer nicht privilegierten Gesellschaft des bürgerlichen Rechts hinsichtlich der Gesellschafterhaftung für deren Gebührenschuld Ermäßigung in Anspruch nehmen.

§ 92 Rahmengebühren

(1) Bei Rahmengebühren bestimmt der Notar die Gebühr im Einzelfall unter Berücksichtigung des Umfangs der erbrachten Leistung nach billigem Ermessen.

(2) Bei den Gebühren für das Beurkundungsverfahren im Fall der vorzeitigen Beendigung und bei den Gebühren für die Fertigung eines Entwurfs ist für die vollständige Erstellung des Entwurfs die Höchstgebühr zu erheben.

(3) Ist eine Gebühr für eine vorausgegangene Tätigkeit auf eine Rahmengebühr anzurechnen, so ist bei der Bemessung der Gebühr auch die vorausgegangene Tätigkeit zu berücksichtigen.

I. Allgemeines

1   Das GNotKG sieht erstmals in einem praktischen und bedeutsamen Umfang Rahmengebühren für notarielle Tätigkeit vor. Es geht im Wesentlichen um Tätigkeiten wie Beratung, Entwurfsfertigung außerhalb eines Beurkundungsverfahrens und „steckengebliebene", nicht beendete Beurkundungsaufträge, also Tätigkeiten, für die der Ansatz der vollen Beurkundungsgebühr nicht gerechtfertigt ist, die andererseits ein weites Feld der notariellen Tätigkeit ausfüllen und mit sehr unterschiedlich intensiven notariellen Tätigkeiten verbunden sein können. Daher hat der Gesetzgeber von starren Gebührensätzen abgesehen.[1]

2   Da in der KostO ausschließlich feste Gebühren vorgesehen waren, betritt das GNotKG hier Neuland. Als Regelungsvergleich dient § 14 Abs. 1 RVG; dort ist die Bestimmung des konkreten Gebührensatzes bei anwaltlichen Rahmengebühren geregelt.

II. Gebührensatz oder Gebührenbetrag bei Rahmengebühren

3   **1. Fälle der Rahmengebühr. a) Vorzeitige Beendigung des Beurkundungsverfahrens (Abs. 2).** Nach Vorbem. 2.1.3 Abs. 1 S. 1 KV ist ein Beurkundungsverfahren dann vorzeitig beendet, wenn vor Unterzeichnung der Niederschrift durch den Notar der Beurkundungsauftrag zurückgenommen oder zurückgewiesen wird oder mit einer Beurkundung nicht mehr zu rechnen ist (regelmäßig dann, wenn das Verfahren länger als sechs Monate nicht betrieben wird, Vorbem. 2.1.3 Abs. 1 S. 2 KV).

4   Es sind drei Fälle zu unterscheiden:

- Tätigkeit des Notars bis zur Übermittlung oder Besprechung des Entwurfs: Festgebühr von 20 € nach Nr. 21300 KV;
- Beratung durch den Notar bis zu dem vorgenannten Zeitpunkt der Übermittlung oder Besprechung eines Entwurfs: Rahmengebühr für die Beratung 0,3–1,0 gem. Nr. 24200–24203 KV;

---

[1] BR-Drucks 517/12, S. 264.

- Beurkundungsgebühr bei vorzeitiger Beendigung des Verfahrens nach Übermittlung oder Besprechung des Entwurfs: Rahmengebühr 0,5–2,0 nach Nr. 21302–21304 KV.

b) Vollzugsgebühr. Ermäßigte Vollzugsgebühr, wenn sich die Vollzugstätigkeit auf die in Vorbem. 2.2.1.1 **5** Abs. 1 S. 2 Nr. 1–3 KV genannten Tätigkeiten beschränkt, nämlich

- Anforderung und Prüfung öffentlich-rechtlicher Erklärungen oder Bescheinigungen mit Ausnahme der Unbedenklichkeitsbescheinigung,
- Anforderung und Prüfung gerichtlicher Entscheidungen oder Bescheinigungen mit Ausnahme der Entscheidungen des Familienbetreuungs- oder Nachlassgerichts und
- Erteilung der Gesellschafterliste.

Für jede der vorgenannten Tätigkeiten berechnet der Notar für die Gesellschafterliste nach Nr. 22113 KV **6** höchstens 250 €, für das Anfordern und Prüfen der übrigen Entscheidungen und Bescheinigungen jeweils höchstens 50 €. Hier geht es also nicht um einen Rahmen für den Gebührensatz, sondern um einen Rahmen bei der bestimmten Gebühr in Euro.

c) Fertigung eines Entwurfs. Die Gebühren nach Nr. 24100 ff KV entstehen dann, wenn der Notar mit der **7** Fertigung eines Entwurfs außerhalb eines Beurkundungsverfahrens beauftragt worden ist. Gleichgestellt ist der Auftrag zur Überprüfung, Änderung oder Ergänzung eines anderweitig erstellten Entwurfs (Vorbem. 2.4.1.3 KV).

Je nach der Höhe der vollen Gebühr für das Beurkundungsverfahren entstehen Rahmengebühren bis zur **8** Höhe der Gebühr für das Beurkundungsverfahren.

Anzusetzen ist die Höchstgebühr, wenn der **vollständige Entwurf** gefertigt worden ist (**Abs. 2**) (→ Rn 31). **9**

d) Beratungsgebühr. Ist der Notar weder mit der Erstellung eines Entwurfs noch mit der vollständigen Be- **10** urkundung beauftragt, sondern ausschließlich mit der Beratung eines oder mehrerer Beteiligter, entsteht die Beratungsgebühr nach Nr. 24200–24203 KV (Anm. Abs. 1 zu Nr. 24200 KV).

In diesen Fällen sind Rahmengebühren zwischen 0,3–0,5 und 0,5–2,0 vorgesehen. **11**

e) Erteilung einer Bescheinigung über das im Inland oder im Ausland geltende Recht einschließlich von Tat- **12** **sachen.** Nr. 25203 KV mit einer Rahmengebühr 0,3–1,0 entsteht für gutachterliche Stellungnahmen des Notars zum geltenden Recht einschließlich damit im Zusammenhang stehender Tatsachen.

2. Grundsätze der Ermessensausübung. a) Grundsätze. Bei dieser Rahmengebühr bestimmt der Notar sei- **13** ne Gebühren im Einzelfall unter Berücksichtigung des Umfangs der erbrachten Leistung nach billigem Ermessen.

- Das ausdrücklich in Abs. 1 vorgesehene Ermessen steht dem **Notar** zu, nicht dem Landgericht, das nach § 127 über die Kostenberechnung auf Antrag zu entscheiden hat; erst recht steht den Beteiligten das Ermessen nicht zu.
- Der Notar setzt die Gebühr **im Einzelfall** fest. Er kann und darf sich also nicht hinsichtlich möglicherweise gleichartiger Fälle von vornherein binden, also nicht etwa erklären, er berate regelmäßig zu einem bestimmten Gebührensatz.
- Die Festsetzung erfolgt **nach billigem Ermessen.**

Auch wenn es sich hier um öffentlich-rechtliche Leistungsbestimmungen handelt, wird § 315 Abs. 3 BGB **14** entsprechend anzuwenden sein, dh, die Ermessensentscheidung muss der **Billigkeit** entsprechen.

Dabei sind folgende Grundsätze zu beachten: **15**

- Es darf kein Ermessensfehler vorliegen:
- Der Notar darf also seine Gebühr nicht nach Hautfarbe oder Religion des Auftraggebers differenzieren, er darf – anders als der Anwalt nach § 14 RVG – nicht alle denkbaren Umstände berücksichtigen, mögen sie sachgerecht sein oder nicht, sondern **ausschließlich** das in Abs. 1 genannte Kriterium „**Umfang der erbrachten Leistung**".
- In Übereinstimmung mit der gefestigten Auslegung zu § 14 RVG wird dem Notar bei der Ausübung des Ermessens ein Ermessensspielraum, der vom Landgericht zu akzeptieren ist, einzuräumen sein: Der Notar ist der Beurteilung der von ihm erbrachten Leistung näher als das Landgericht, er weiß – über den nachzuvollziehenden Akteninhalt hinaus – genauer, was er im Einzelnen getan hat.

Für das RVG hat sich ein Ermessensspielraum von 20 % (ausgehend von der bei der Überprüfung als ange- **16** messen angesehenen Gebührensatz oder Gebühr) durchgesetzt,[2] wobei verschiedentlich eine Erweiterung des Ermessensspielraums auf 30 % vorgeschlagen wird.[3]

---

2 BGH AnwBl 2011, 402; KG RVGreport 2011, 174; Mayer/Kroiß/*Winkler*, RVG, § 14 Rn 54; Gerold/Schmidt/*Mayer*, RVG, § 14 Rn 12. **3** Mayer/Kroiß/*Teubel*, Das neue Gebührenrecht, S. 77; *Kitzinger*, FamRZ 2005, 11; *Kindermann*, Die Abrechnung in Ehe- und Familiensachen, Rn 43; diff. AnwK-RVG/*Onderka*, § 14 Rn 80 ff.

17   Zumindest der **Rahmen von 20 % (nach unten und oben)** wird auch dem Notar zuzubilligen sein.

18   **b) Maßstab für die Ausübung des Ermessens.** Anders als in § 14 RVG ist **ausschließlich** auf den „**Umfang der erbrachten Leistung**" abzustellen.[4]

19   Dafür sprechen Entstehungsgeschichte, Wortlaut und Sinn der Regelung. Das Kriterium der Schwierigkeit der notariellen Leistung war noch im Entwurf der Expertenkommission genannt und ist insoweit vom Gesetzgeber nicht übernommen worden, das Haftungsrisiko ist ausdrücklich vom Gesetzgeber als Kriterium abgelehnt worden.

Wenn der Gesetzgeber alle Umstände berücksichtigt wissen will, drückt er das im Gesetz aus, etwa bei der Vereinbarung der Gegenleistung bei einem öffentlich-rechtlichen Vertrag nach § 126 Abs. 1. Dort ist bestimmt, dass die zu vereinbarende Gegenleistung unter Berücksichtigung aller Umstände des Geschäfts, insbesondere des Umfangs und der Schwierigkeit, angemessen sein muss. Auch bei der „Schwellengebühr" für die anwaltliche Geschäftsgebühr in Anm. zu Nr. 2300 VV RVG hat der Gesetzgeber den Umfang und die Schwierigkeit der anwaltlichen Tätigkeit gleichzeitig genannt. In § 14 RVG hat er ausdrücklich die Berücksichtigung aller Umstände verlangt. In § 92 heißt es aber gerade nicht, dass der Gebührensatz unter Berücksichtigung aller Umstände, insbesondere des Umfangs der erbrachten Leistung, festzusetzen ist.

Im Übrigen betrifft § 92 Fälle, bei denen gegenüber der regelmäßigen notariellen Geschäftstätigkeit nur eine „Teilleistung" erbracht wird. Bei der „vollen" notariellen Leistung spielen Schwierigkeit und Haftungsrisiko keine Rolle; es wäre wenig nachvollziehbar, wenn das bei Teilleistungen aber von Bedeutung wäre.

20   Als „**Umfang** der erbrachten Leistung" wird bei den Anwaltsgebühren ausschließlich der **Zeitaufwand** berücksichtigt,[5] nicht etwa Zahl und Umfang der gewechselten Schriftstücke. Es gibt keinen Grund anzunehmen, dass das für die notarielle Leistung anders auszulegen wäre. Auch die Gesetzesbegründung spricht davon, dass „dem konkreten Aufwand im Einzelfall Rechnung" getragen werden soll.[6]

21   Bewusst **keine Rolle** sollen die in § 14 Abs. 1 RVG genannten weiteren Bemessungskriterien spielen, nämlich die Bedeutung der Sache für den Auftraggeber, die Einkommens- und Vermögensverhältnisse des Auftraggebers und unter bestimmten Umständen der Umfang der Haftung des Leistungserbringers. Die Entwurfsbegründung verweist darauf, dass diese Kriterien bereits bei dem Geschäftswert Berücksichtigung finden.[7] Insoweit ist richtig, dass ein höherer Geschäftswert, der regelmäßig mit einer höheren wirtschaftlichen Bedeutung der Sache für den Auftraggeber einhergeht und zu einer höheren Haftung führen kann, gleichzeitig auch höhere Gebühren nach der Tabelle auslöst, insoweit also eine doppelte Berücksichtigung des Geschäftswertes zu unterbleiben hat.

22   Bei der anwaltlichen Ermessensausübung spielt die „**Bedeutung der Sache** für den Auftraggeber" dann eine Rolle, wenn die wirtschaftliche oder persönliche Bedeutung der Angelegenheit für den Auftraggeber über den vom Gegenstandswert ausgedrückten wirtschaftlichen Wert hinausgeht, etwa dann, wenn der Gegenstandswert gesetzlich besonders niedrig festgesetzt wird oder wenn es sich um Musterauseinandersetzungen handelt. Derartige Gründe sind auch bei notarieller Tätigkeit grds. denkbar. Zu berücksichtigen ist allerdings bei notarieller Tätigkeit, dass regelmäßig die an einem Geschäft Beteiligten Auftraggeber des Notars sind, jedenfalls die Notargebühren von ihnen zu begleichen sind. Beispielhaft können aber für Käufer und Verkäufer die Beurkundungsgegenstände völlig unterschiedlich bedeutsam sein. Gerade die Neutralität des Notars erfordert es, von der besonderen Bedeutung des Beurkundungsgegenstands für eine der beiden Parteien abzusehen, also diese besondere Bedeutung auch bei der Gebührenbemessung unberücksichtigt zu lassen.

23   Die Berücksichtigung der **Einkommens- und Vermögensverhältnisse** wäre wiederum problematisch bei unterschiedlichen Einkommens- und Vermögensverhältnissen der am Geschäft Beteiligten. Außerdem ist die Berücksichtigung der Einkommens- und Vermögensverhältnisse bei öffentlich-rechtlichen Gebühren die krasse Ausnahme, jedenfalls kann nicht auf den Einzelfall abgestellt werden, zumal auch dadurch die Neutralität des Notars in Frage gestellt werden könnte.

24   Dass der **Umfang der Haftung** unberücksichtigt bleibt, beruht ersichtlich auch darauf, dass der Notar grds. seine Leistungen so zu erbringen hat, dass ein Haftungsrisiko möglichst ausgeschlossen wird; bleibt gleichwohl ein Haftungsrisiko, kann das bei der Gebührenbemessung schwerlich berücksichtigt werden (ganz abgesehen von der Problematik der Berücksichtigung der Haftung bei grundsätzlicher Sekundärhaftung).

---

4 AA Korintenberg/*Diehn*, § 92 Rn 13 ff, der grds. alle Umstände berücksichtigt, insb. die Schwierigkeit unter dem Gesichtspunkt eines mittelbaren Kriteriums in dem Sinne, dass bei schwieriger Tätigkeit regelmäßig auch der Umfang der erbrachten Leistung größer ist. Diese Auffassung würde aber entgegen dem Gesetzeswortlaut dazu führen, dass allein die objektive Schwierigkeit sich gebührenerhöhend auswirken würde, selbst wenn sich die Schwierigkeit nicht auf den Umfang der erbrachten Leistung ausgewirkt hat. Für die Berücksichtigung aller Umstände auch *Hartmann*, KostG, § 92 GNotKG Rn 2. **5** Mayer/Kroiß/*Winkler*, RVG § 14 Rn 16; AnwK-RVG/*Onderka*, § 14 Rn 32; Gerold/Schmidt/*Mayer*, RVG § 14 Rn 15; Teubel/Scheungrab/*Sefrin*, MAH Vergütungsrecht S. 57. **6** BR-Drucks 517/12, S. 260. **7** BR-Drucks 517/12, S. 260.

c) Umfang der erbrachten Leistung. Bei der Bestimmung des Umfangs der **anwaltlichen** Leistung wird abgestellt auf den regelmäßigen zeitlichen Aufwand der außergerichtlichen Vertretung auf dem betreffenden Rechtsgebiet, also etwa den **durchschnittlichen Zeitaufwand** bei der außergerichtlichen Regulierung des Schadens nach einem Verkehrsunfall.   25

Dieser Maßstab ist auf die notarielle Rahmengebühr nicht voll übertragbar: Die notariellen Rahmengebühren betreffen typischerweise Tätigkeiten für die Vorbereitung und Beratung im Zuge eines Beurkundungsverfahrens. In allen diesen Fällen steht fest, dass dann, wenn – häufig entsprechend der Intention der Beteiligten – die Beurkundung letztlich durchgeführt wird, die feste, für die Beurkundung vorgesehene Gebühr entsteht, und zwar unabhängig davon, welcher Aufwand mit der Vorbereitung und Beratung bis zur Beurkundung für den Notar dieses Beurkundungsverfahrens verbunden war.   26

Ob der Notar also zehn Beratungstermine mit den unentschlossenen Vertragsparteien durchgeführt hat, möglicherweise über viele Stunden, oder ob er ohne weitere Rücksprache aufgrund eines von ihm gefertigten Entwurfs beurkundet hat, ist für die Höhe der Beurkundungsgebühr gleichgültig. Die Rahmengebühren füllen die Lücke zwischen der Beauftragung und der Beurkundung. Dann liegt nahe, als Maßstab für die Ausfüllung dieser Lücke darauf abzustellen, in welchem Umfang die notarielle Leistung, die voraussichtlich bis zur Beendigung der Beurkundung erforderlich gewesen wäre, schon erbracht worden ist.   27

Insoweit ähnelt die Bewertungssituation für die notarielle Rahmengebühr der Bewertung der vereinbarten Pauschalgebühr eines vorzeitig beendeten Anwaltsvertrags. Bei vereinbarter Vergütung im Anwaltsbereich ist für die dann dem Anwalt verbleibende Vergütung § 628 Abs. 1 S. 1 BGB einschlägig, dem Anwalt steht also ein seinen bisherigen Leistungen entsprechender Teil der Vergütung zu. Daher wird in diesen Fällen abgeschätzt, wie hoch der erledigte Teil ist im Verhältnis zu dem noch zu erbringenden Teil, insoweit wird die vereinbarte Gegenleistung herabgesetzt.[8]   28

Es empfiehlt sich daher – jedenfalls bei den Fällen, in denen es um Rahmengebühren **für nicht beendete Beurkundungsverfahren** geht –, auf den Anteil der erbrachten Leistung, verglichen mit der zu erbringenden Gesamtleistung bei Beurkundung, abzustellen.   29

Bei **reiner Beratungsleistung** sehen Nr. 24200 ff KV als Obergrenze regelmäßig die Hälfte der Beurkundungsgebühr vor, als Untergrenze den allgemeinen Mindestgebührensatz von 0,3. Hier liegt es nahe, von den bewährten Maßstäben für die Ermittlung der angemessenen Rahmengebühr für anwaltliche Tätigkeit auszugehen, also von der Mittelgebühr – 0,65 bei Nr. 24200 KV, 0,4 bei Nr. 24201 KV und 1,25 bei Nr. 24203 KV. Je nachdem, ob es sich um eine unterdurchschnittlich oder überdurchschnittlich umfangreiche Beratung handelt – verglichen mit durchschnittlicher Beratungstätigkeit bei gleichgearteten Verfahren oder Geschäften –, ist dann entweder die Mittelgebühr zu ermäßigen oder die Mittelgebühr zu erhöhen.   30

Bei den Rahmengebühren für die **Fertigung eines Entwurfs** nach Nr. 24100 KV und bei den Fällen der **vorzeitigen Beendigung des Beurkundungsverfahrens** nach Nr. 21301 ff KV muss **Abs. 2** berücksichtigt werden. Wenn also ein Entwurf vollständig erstellt worden ist, muss die Höchstgebühr angesetzt werden, dh letztlich die volle Gebühr für das jeweilige Beurkundungsverfahren.   31

Der Anwendungsbereich von Nr. 21302 KV wird danach vergleichsweise klein sein: Denn diese Rahmengebühren setzen voraus, dass zunächst der Notar einen Entwurf übermittelt oder besprochen hat. Es bleiben dann nur die Fälle, in denen dieser Entwurf nicht vollständig erstellt war, es sich also bewusst um einen ersten, noch zu ergänzenden Entwurf gehandelt hat. Die Höchstgebühr wird in derartigen Fällen nur dann wesentlich in dem in Nr. 21302 ff KV vorgegebenen Rahmen zu ermäßigen sein, wenn wesentliche Änderungen oder Ergänzungen noch zu erwarten waren.   32

Die Entwurfsgebühren nach Nr. 24100 ff KV setzen nach Vorbem. 2.4.1 Abs. 1 KV voraus, dass ein Entwurf für ein bestimmtes Rechtsgeschäft oder eine bestimmte Erklärung gefertigt worden ist. Auch hier kann die Höchstgebühr nur ermäßigt werden, wenn der Entwurf noch nicht vollständig gefertigt worden war.   33

Im Übrigen bleiben Nr. 24100 ff KV einschlägig, wenn der Notar einen ihm vorgelegten **Entwurf überprüft**, **geändert oder ergänzt** hat, da in solchen Fällen Abs. 2 nicht eingreift.   34

d) Berücksichtigung von Anrechnungen (Abs. 3). War der Notar zunächst mit bestimmten Einzeltätigkeiten beauftragt, die dann bei weiterer Tätigkeit auf die dafür entstehende Rahmengebühr anzurechnen ist, soll nur noch die Rahmengebühr in Ansatz gebracht werden. Dann muss aber die mitabgegoltene vorausgegangene Tätigkeit bei der Bemessung der Rahmengebühr berücksichtigt werden. So werden die Tätigkeiten bis zur Erstellung des Entwurfs bei vorzeitiger Beendigung des Beurkundungsverfahrens nach Nr. 21300 KV auf 20 € ermäßigt. Bei der Bemessung der Rahmengebühr bei dann fortgesetzter Tätigkeit des Notars und   35

---

8 BGH NJW 1987, 315; BGH NJW 2005, 2143; Mayer/Kroiß/*Teubel*, RVG, § 3 a Rn 175 ff.

Abrechnung nach Nr. 21302 KV muss man dann die bis zur Fertigung des Entwurfs mit 20 € abgegoltene Notartätigkeit mitberücksichtigen, darf also nicht etwa bei der Übersendung des (unvollständigen) Entwurfs ansetzen.

§ 93 Einmalige Erhebung der Gebühren

(1) [1]Die Gebühr für ein Verfahren sowie die Vollzugs- und die Betreuungsgebühr werden in demselben notariellen Verfahren jeweils nur einmal erhoben. [2]Die Vollzugs- und die Betreuungsgebühr werden bei der Fertigung eines Entwurfs jeweils nur einmal erhoben.

(2) [1]Werden in einem Beurkundungsverfahren ohne sachlichen Grund mehrere Beurkundungsgegenstände zusammengefasst, gilt das Beurkundungsverfahren hinsichtlich jedes dieser Beurkundungsgegenstände als besonderes Verfahren. [2]Ein sachlicher Grund ist insbesondere anzunehmen, wenn hinsichtlich jedes Beurkundungsgegenstands die gleichen Personen an dem Verfahren beteiligt sind oder der rechtliche Verknüpfungswille in der Urkunde zum Ausdruck kommt.

I. Regelung des Abs. 1

1   **1. Verfahrensbegriff.** Der Begriff des **Verfahrens** in Abs. 1 S. 1 steht in engem Zusammenhang mit § 35 Abs. 1, der innerhalb desselben Verfahrens den Grundsatz der Wertaddition festschreibt. Zu unterscheiden sind daher die in einem bestimmten Verfahren behandelten Gegenstände von dem Verfahren selbst. Demgemäß kann ein Beurkundungsverfahren verschiedene Beurkundungsgegenstände (§ 86 Abs. 1) enthalten, was ein Blick in § 86 Abs. 2 bestätigt. Beispielsweise liegt ein Beurkundungsverfahren mit zwei Beurkundungsgegenständen vor, wenn in einer Notarurkunde ein Kaufvertrag und ein Mietvertrag niedergelegt sind. Wird hingegen über Kaufvertrag und Mietvertrag jeweils eine gesonderte Urkunde errichtet, handelt es sich um zwei Beurkundungsverfahren mit jeweils einem Beurkundungsgegenstand.

Über das Beurkundungsverfahren hinaus erfasst § 93 auch die sonstigen notariellen Verfahren nach Teil 2 Hauptabschnitt 3 KV (s. § 85 Abs. 1), **nicht** jedoch die sonstigen notariellen **Geschäfte**, wie zB die Unterschrifts- und Abschriftsbeglaubigung sowie die Verwahrung von Geld.[1] Insoweit gilt stets „ein Geschäft – ein Gegenstand".[2] Wenn also mehrere Gegenstände betroffen sind, fallen grds. gesonderte Gebühren an, soweit nicht Ausnahmevorschriften, wie zB gem. Anm. Abs. 2 zu Nr. 25100 KV (Beglaubigung mehrerer Unterschriften in einem Vermerk) eingreifen.

2   **2. Erfasste Gebührenarten.** Abs. 1 erfasst sind die Gebühr des betroffenen Verfahrens selbst sowie die Vollzugs- und die Betreuungsgebühr. Unter **Vollzugsgebühr** sind die Gebühren gem. Teil 2 Hauptabschnitt 2 Abschnitt 1 KV zu verstehen und unter **Betreuungsgebühr** die Gebühr nach Nr. 22200 KV. Die **Gebühr für das betroffene Verfahren** richtet sich nach der Art des Verfahrens.

3   **Nicht** erfasst sind hingegen Gebühren, die nicht in dem betroffenen Verfahren, sondern nur anlässlich desselben anfallen, v.a. die **Treuhandgebühr** gem. Nr. 22201 KV, aber auch die in Teil 2 Hauptabschnitt 5 KV geregelten **sonstigen Geschäfte**. Solche Gebühren können also im Zusammenhang mit demselben Verfahren mehrfach anfallen, was in S. 2 der Anm. zu Nr. 22201 KV für Treuhandgebühren auch ausdrücklich klargestellt ist.

4   **3. Entwurfsfertigung (Abs. 1 S. 2).** Da die Entwurfsfertigung außerhalb eines Beurkundungsverfahrens nach dem gesetzlichen Verständnis nicht unter den Begriff des Verfahrens fällt, wie bereits die Überschrift des einschlägigen Hauptabschnitts 4 („Entwurf und Beratung") des Teils 2 KV im Gegensatz zu den Überschriften der Hauptabschnitte 1 („Beurkundungs*verfahren*") und 3 („Sonstige notarielle *Verfahren*") zeigt, erstreckt Abs. 1 S. 2 den Regelungsgehalt des Abs. 1 S. 1 auch auf die **reine Entwurfstätigkeit**, so dass insoweit ein sachgerechter Gleichlauf mit dem Beurkundungsverfahren erreicht wird.

5   **4. Einmalige Erhebung der betroffenen Gebührenart.** Die Rechtsfolge des Abs. 1 ist, dass in demselben Verfahren nur jeweils eine Verfahrens-, Vollzugs- und Betreuungsgebühr erhoben werden darf. Die Einzelheiten werden im Folgenden anhand ihres Hauptanwendungsfalls der Beurkundungsgebühr gem. Teil 2 Hauptabschnitt 1 KV behandelt.

6   **a) Verfahrensgebühr, namentlich Beurkundungsgebühr.** Je Beurkundungsverfahren, also je Urkunde, darf **grds.** nur eine Beurkundungsgebühr erhoben werden, soweit keine Ausnahmen eingreifen. Eine solche **Ausnahme** regelt Abs. 2 (→ Rn 14 f). Weitere ergeben sich aus § 94, soweit dieser das Entstehen gesondert berechneter Gebühren anordnet, weil dann nicht mehr nur eine Gebühr, sondern die gesondert berechneten

---

1 BDS/*Bormann*, § 93 Rn 3 ff. **2** Korintenberg/*Diehn*, § 93 Rn 19.

(und damit mehreren) Gebühren zu erheben sind. Greifen keine derartigen Ausnahmen ein, ist demnach für eine Notarurkunde nur eine einzige Beurkundungsgebühr zu erheben. Diese berechnet sich aus dem Wert des Beurkundungsgegenstandes, wobei mehrere in einer Urkunde enthaltene Beurkundungsgegenstände gem. § 35 Abs. 1 zusammengerechnet werden.

Die Rechtsnatur der betroffenen Beurkundungsgegenstände ist nicht von Belang. Demgemäß ist bspw auch 　7 dann nur eine Gebühr zu erheben, wenn in derselben Urkunde rechtsgeschäftliche Vereinbarungen mit Gesellschafterbeschlüssen zusammentreffen, zB wenn dieselbe Urkunde den Verkauf eines Geschäftsanteils und wegen einer vinkulierenden Satzungsbestimmung den zustimmenden Gesellschafterbeschluss enthält.

b) Vollzugsgebühr. Dem Grundprinzip, dass je Urkunde nur eine einzige Vollzugsgebühr zum Ansatz 　8 kommt, trägt das Kostenverzeichnis mit der Gestaltung der entsprechenden Vorschriften in Teil 2 Hauptabschnitt 2 Abschnitt 1 Unterabschnitt 1 Rechnung. Demnach kommt für dieselbe Urkunde unabhängig davon, wie viele Vollzugstätigkeiten iSd Vorbem. 2.2.1.1 Abs. 1 KV der Notar zu deren Durchführung entfaltet, nur eine Vollzugsgebühr von höchstens 0,5 (Nr. 22110 KV) zum Ansatz, welche sich ggf, wenn die Vollzugstätigkeiten einen bestimmten Umfang nicht überschreiten, noch reduziert. Zumindest im Rahmen der Nr. 22112 und 22113 KV wird die Anzahl der ausgeführten Vollzugstätigkeiten bei der Bemessung des sog. wachsenden Höchstbetrags berücksichtigt. Im Übrigen ist sie jedoch ohne Bedeutung.

Eine **Ausnahme** zu dem Grundsatz „eine Urkunde – eine Vollzugsgebühr" sehen Nr. 22114 und 22125 KV 　9 für die Erzeugung von strukturierten Daten im XML- oder einem vergleichbaren Format vor, wie sich aus der jeweiligen Anmerkung zur besagten Gebührenvorschrift ergibt.

c) Betreuungsgebühr. Die Betreuungsgebühr von 0,5 fällt nach Nr. 22200 KV unabhängig davon an, wel- 　10 che und wie viele Betreuungstätigkeiten iSd Nr. 1–7 der Anmerkung zur besagten Vorschrift der Notar vornimmt. Ausnahmen oder Anpassungen der Gebührenhöhe, wie im Rahmen der Vollzugsgebühr (→ Rn 8), sind insoweit nicht vorgesehen.

d) Zuordnung. Vor allem im Bereich der Vollzugs- und Betreuungstätigkeiten kommen gelegentlich **ver-** 　11 **schiedene** Beurkundungsverfahren als **Bezugspunkte** dergestalt in Betracht, dass die Entscheidung, welcher Urkunde die Vollzugs- oder Betreuungstätigkeit zuzuordnen ist, nicht ohne weiteres auf der Hand liegt – bspw im Zusammenhang mit der Finanzierung eines Teilflächenkaufs, wenn die Finanzierungsgrundschuld bereits am unvermessenen Stammgrundstück eingetragen werden soll und der Notar zum Schutz des Verkäufers vor Vollzug und Ausfertigung der Grundschuldurkunde eine Bestätigung des Grundschuldgläubigers zu erwirken hat, wonach dieser unverzüglich nach Vollzug des Fortführungsnachweises des Vermessungsamtes die nicht vertragsgegenständliche Fläche aus der Pfandhaft entlassen wird (und ggf vor Vollzug des Fortführungsnachweises dingliche Zwangsvollstreckungsmaßnahmen unterlassen wird).[3] Hier kommt sowohl die Zuordnung zum Kaufvertrag als auch zur Grundschuld in Betracht.

In solchen Fällen ist die Zuordnungsentscheidung danach auszurichten, zu welcher Urkunde der **stärkere** 　12 **Zusammenhang** besteht. Im geschilderten Beispiel ist das die Grundschuld, da sich die Bestätigung der Gläubigerin auf selbige bezieht. Der Bezug zum Kaufvertrag ist demgegenüber nur mittelbar dadurch bewirkt, dass der Verkäufer durch die Gläubigererklärung vor einer kaufvertragswidrigen Verwendung der Grundschuld geschützt werden soll. Für die Anforderung der Verpflichtung zur Abgabe der Pfandfreigabebewilligung (Vorbem. 2.2.1.1 Abs. 1 S. 2 Nr. 10 KV) ist die Vollzugsgebühr somit gem. Nr. 22111 KV iHv 0,3 zu erheben. Daneben ist eine Betreuungsgebühr gem. Anm. Nr. 3 zu Nr. 22200 KV für die Beachtung der Anweisung, die Grundschuld zuvor nicht auszufertigen und zu vollziehen, iHv 0,5 zu erheben.

Die Zuordnung ist somit nicht nur wegen des Grundsatzes „ein Verfahren – eine Vollzugsgebühr" bzw „ein 　13 Verfahren – eine Betreuungsgebühr" gem. Abs. 1 S. 1 wichtig, sondern auch im Hinblick auf die Gebührenhöhe, bspw ob Nr. 22110 KV (0,5) oder Nr. 22111 KV (0,3) einschlägig ist.

II. Ausnahmeregelung des Abs. 2

Abs. 2 enthält eine Ausnahmebestimmung, die **Missbrauchsgefahren** durch willkürliche Zusammenfassung 　14 mehrerer Beurkundungsgegenstände in einem Beurkundungsverfahren begegnet.

Für Beurkundungsgegenstände, die ohne sachlichen Grund in demselben Verfahren zusammengefasst wer- 　15 den, sind die Gebühren gesondert zu erheben, die ohne eine solche Zusammenfassung anfallen würden. Mit anderen Worten bleibt die Zusammenbeurkundung gebührenmäßig unberücksichtigt, wenn sie sich sachlich nicht begründen lässt. Eine solche Zusammenfassung würde sich nämlich ohne die Ausnahmebestimmung für den Kostenschuldner bereits angesichts der degressiven Gebührenstaffelung attraktiv auswirken; noch deutlichere Vorteile würden sich im Bereich der Vollzugs- und Betreuungsgebühr und beim Eingreifen

---

3 Vgl Beck'sches Notar-Handbuch/*Brambring*, A I Rn 276.

von Höchstwertbestimmungen ergeben. Allerdings kann die Zusammenbeurkundung im Hinblick auf die Vollzugs- und Betreuungsgebühr auch Nachteile mit sich bringen, da sich insoweit wegen §§ 112, 113 Abs. 1 die entsprechende Gebühr nach dem (addierten) Gesamtgeschäftswert aller Beurkundungsgegenstände richtet, selbst wenn die Vollzugs- bzw Betreuungstätigkeit eigentlich nur einen Beurkundungsgegenstand betrifft.

16   **Abs. 2 S. 2** enthält **Regelbeispiele** eines **sachlichen Grundes.** Ein solcher soll insb. anzunehmen sein, wenn hinsichtlich jedes Beurkundungsgegenstands die „gleichen" (wobei es eigentlich „dieselben" heißen müsste) Personen an dem Verfahren beteiligt sind oder der rechtliche Verknüpfungswille in der Urkunde zum Ausdruck kommt.[4]

17   Das Regelbeispiel der **Beteiligtenidentität** des Abs. 2 S. 2 **Alt. 1** kommt nur dann zum Tragen, wenn auf allen Seiten des Rechtsgeschäfts bzw hinsichtlich aller in der Urkunde enthaltenen Beurkundungsgegenstände dieselben Beteiligten mitwirken. Es ist nicht einschlägig, wenn nur auf einer Seite derselbe Beteiligte steht, während auf der anderen Seite unterschiedliche Beteiligte mitwirken, zB wenn derselbe Verkäufer in einer Urkunde verschiedene Grundstücke an unterschiedliche Käufer veräußert. In einer solchen Konstellation ist im Einzelfall zu prüfen, ob ein sachlicher Grund für die Zusammenfassung vorliegt. Der Umstand, dass derselbe Verkäufer beteiligt ist, reicht hierfür nicht aus.

18   Fehlt es an der Beteiligtenidentität, kommt es auf den **Verknüpfungswillen** an, der gem. Abs. 2 S. 2 Alt. 2 „in der Urkunde zum Ausdruck" kommen muss. Hieran sollte man im Hinblick auf den Ausnahmecharakter des Abs. 2 S. 1 als Missbrauchsschranke keine allzu strengen Maßstäbe anlegen. Es genügt, dass ein aus der Urkunde erkennbarer innerer Zusammenhang besteht, wie zB bei einer **wechselseitigen Vorsorge- bzw Generalvollmacht** von Eheleuten, wo zwar (da unterschiedliche Vollmachtgeber) keine Beteiligtenidentität, aber doch im Hinblick auf die Wechselseitigkeit der Bevollmächtigung ein ausreichender Zusammenhang besteht.[5]

§ 94 Verschiedene Gebührensätze

(1) Sind für die einzelnen Beurkundungsgegenstände oder für Teile davon verschiedene Gebührensätze anzuwenden, entstehen insoweit gesondert berechnete Gebühren, jedoch nicht mehr als die nach dem höchsten Gebührensatz berechnete Gebühr aus dem Gesamtbetrag der Werte.

(2) [1]Soweit mehrere Beurkundungsgegenstände als ein Gegenstand zu behandeln sind (§ 109), wird die Gebühr nach dem höchsten in Betracht kommenden Gebührensatz berechnet. [2]Sie beträgt jedoch nicht mehr als die Summe der Gebühren, die bei getrennter Beurkundung entstanden wären.

I. Anwendungsbereich

1   § 94 betrifft die **Beurkundungsgebühren** (Teil 2 Hauptabschnitt 1 KV). Für **Betreuungs- und Treuhandgebühren** spielt er schon deswegen keine Rolle, weil hier stets ein Gebührensatz von 0,5 (Nr. 22200 KV und Nr. 22201 KV) einschlägig ist. Im Bereich der **Vollzugsgebühren** ordnet das KV zwar einzelnen Vollzugstätigkeiten unterschiedliche Gebührensätze zu (vgl Nr. 22110 KV und Nr. 22111 KV), letztlich kommt es aber nur auf die Tätigkeit an, welche den höchsten Gebührensatz auslöst (→ § 93 Rn 8).

II. Berechnung bei Wertaddition (Abs. 1)

2   **1. Aus mehreren (Teil-)Werten zusammengesetzter (Gesamt-)Geschäftswert.** Abs. 1 unterscheidet sich von Abs. 2 darin, dass er eine Konstellation voraussetzt, wo ein aus der Summe mehrerer Einzelwerte oder Wertteile gebildeter Geschäftswert maßgeblich ist.

3   **2. Unterschiedliche Gebührensätze für einzelne (Teil-)Werte.** Weitere Voraussetzung des Abs. 1 ist, dass den einzelnen (Teil-)Werten unterschiedliche Gebührensätze zugeordnet sind. Mit **Gebührensatz** ist im Bereich der Notarkosten ausweislich der äußersten rechten Spalte der Kopfzeile im Teil 2 KV der Satz der Gebühr nach § 34 Tabelle B bezeichnet, also der in der äußersten rechten Spalte in Teil 2 KV angegebene Faktor (wie 0,3; 0,5; 1,0; 2,0 usw), mit dem die sich aus Tabelle B (Anlage 2 des GNotKG) abzulesende Gebühr jeweils zu multiplizieren ist. Entscheidend sind im Rahmen des Abs. 1 also nicht die Gebührentatbestände (Nummern des Kostenverzeichnisses), sondern ausschließlich die aus ihnen abzuleitenden Gebührensätze, so dass es keine Rolle spielt, wenn für einzelne (Teil-)Werte unterschiedliche Gebührentatbestände zur Anwendung gelangen, soweit sie denselben Gebührensatz aufweisen.[1]

---

4 BDS/*Bormann*, § 93 Rn 13. 5 AA Korintenberg/*Diehn*, § 93 Rn 37, der insoweit keinen sachlichen Zusammenhang anerkennt und Abs. 2 S. 1 anwendet. 1 Zur empfohlenen Prüfungsreihenfolge s. BDS/*Bormann*, § 94 Rn 23 ff.

Sobald mehr als zwei (Teil-)Werte vorliegen, kann es vorkommen, dass nicht alle einschlägigen Werte unterschiedlichen Gebührensätzen unterliegen, sondern für mehrere der einschlägigen Teilwerte derselbe Gebührensatz gilt. Wie sich aus dem Adverb „insoweit" zu Beginn des zweiten Halbsatzes des Abs. 1 ergibt, sind in einem solchen Fall alle Werte zu addieren, die demselben Gebührensatz unterliegen.   4

3. Rechtsfolge. a) Vergleichsberechnung. Es ist eine **Vergleichsberechnung** vorzunehmen: Zunächst ist jedem (Teil-)Wert der für diesen maßgebende Gebührensatz zuzuordnen (wobei alle Werte zu addieren sind, die demselben Gebührensatz unterliegen; → Rn 3) und die jeweilige Gebühr zu berechnen. Sodann sind die derart gesondert ermittelten einzelnen Gebührenbeträge zu summieren. Dieser Gebührengesamtbetrag ist schließlich zu vergleichen mit der Gebühr, die sich ergibt, wenn der höchste einschlägige Gebührensatz auf den Gesamtwert (= Summe aller einschlägigen Werte bzw Wertteile) angewendet wird. Der niedrigere Betrag ist, da für den Kostenschuldner günstiger, maßgebend.   5

b) Beispiel: Vergleichsberechnung nach Abs. 1

V verkauft eine Gewerbeimmobilie an eine GbR, welche deren Gesellschafter A und B in derselben Urkunde mit   6
einem umfangreichen Gesellschaftsvertrag, der bis auf die Pflicht zur Einbringung des gekauften Grundstücks jedoch keine werterhöhenden Einlage- oder Investitionsverpflichtungen enthält, gegründet haben. Hinsichtlich des Kaufpreises von 200.000 € optiert V zur Umsatzsteuer (Verzicht auf die Steuerbefreiung gem. § 9 Abs. 1 UStG). In der Urkunde erklärt V ferner die GbR als Käufer, dass sie das gekaufte Grundstück einem ihr bereits gehörenden Grundstück gem. § 890 Abs. 2 BGB als Bestandteil zuschreiben lässt.

Zunächst erfolgt die gesonderte Berechnung nach den einschlägigen Gebührensätzen aus den maßgeblichen Einzelwerten wie folgt:

1. Für Kaufvertrag und GbR-Gesellschaftsvertrag ist der Gebührensatz von 2,0 einschlägig (Beurkundung von Verträgen gem. Nr. 21100 KV). Die Werte von Kaufvertrag (200.000 €) und Gesellschaftsvertrag (200.000 €) sind zu addieren. Der Gebührensatz von 2,0 ist demgemäß auf den derart addierten Wert von 400.000 € anzuwenden, so dass sich eine Gebühr ergibt von   1.570,00 €

2. Für die Option zur Umsatzsteuer ist ein Gebührensatz von 1,0 (Beurkundung von einseitigen Erklärungen gem. Nr. 21200 KV) aus dem Wert von 38.000 € (19 % des Kaufpreises von 200.000 €) heranzuziehen, so dass sich eine Gebühr ergibt von   145,00 €

Für die Grundbucherklärung der Bestandteilszuschreibung kommt der Gebührensatz von 0,5 (Grundbuchantrag gem. Nr. 21201 Nr. 4 KV) zur Anwendung. Als Wert ist gem. §§ 97 Abs. 2, 36 Abs. 1 ein Teilwert von 10 %[2] des Werts des Zuschreibungsgrundstücks anzusetzen, mithin 20.000 €.

Die entsprechende Gebühr beträgt demnach   53,50 €

Die Summe der obigen Gebühren beträgt   1.768,50 €

Diese Summe von 1.768,50 € ist zu vergleichen mit dem Gebührenbetrag, der sich aus der Anwendung des höchsten der im geschilderten Sachverhalt einschlägigen Gebührensätze auf den aus der Summe aller maßgeblichen Einzelwerte errechneten Gesamtwert ergibt, also dem Gebührensatz von 2,0 aus 488.000 € (= 400.000 € + 38.000 € + 50.000 €), mithin dem Gebührenbetrag von   1.770,00 €

Dieser Vergleichsbetrag ist höher als die Summe der gesondert berechneten Gebühren. Zu erheben ist daher der Betrag von   1.768,50 €

Wenn ein **Höchstwert** eingreift, ist dieser im Rahmen der von Abs. 1 angeordneten Vergleichsberechnung   7
sowohl auf die dabei anzusetzenden Einzelwerte als auch den Gesamtwert anzuwenden. Entsprechendes gilt für **Mindestwerte** und **Festgebühren**.[3]

III. Berechnung außerhalb einer Wertaddition (Abs. 2)

1. Anwendung des § 109. Abs. 2 unterscheidet sich von Abs. 1 darin, dass er die Anwendung des § 109   8
voraussetzt. Er geht von einem Beurkundungsverfahren (= dieselbe Urkunde) aus, bei dem mehrere Beurkundungsgegenstände zusammentreffen, für die entgegen dem Grundsatz des § 35 Abs. 1 keine Wertaddition stattfindet, sondern die gem. § 109 als ein einziger Beurkundungsgegenstand zu behandeln sind.

---

2 Leipziger-GNotKG/*Hüttinger*, § 36 Rn 49 hält 20–30 % des Werts des Zuschreibungsgrundstücks für angemessen. **3** Vgl Berechnungsbeispiele bei Leipziger-GNotKG/*Otto*, § 94 Rn 8.

9   **2. Unterschiedliche Gebührensätze für einzelne (Teil-)Werte.** Weitere Voraussetzung des Abs. 2 ist, dass den einzelnen in der Urkunde vorzufindenden Werten bzw Wertteilen unterschiedliche Gebührensätze zugeordnet sind. Insoweit gilt also nichts anderes als in Abs. 1 (→ Rn 2).

10   **3. Rechtsfolge. a) Vergleichsberechnung.** Es ist eine **Vergleichsberechnung** vorzunehmen, die im Prinzip derjenigen des Abs. 1 entspricht, nur dass die Abfolge von Ausgangs- und Vergleichsposition genau umgekehrt ist: Zunächst ist der höchste im betroffenen Beurkundungsverfahren (= in der Urkunde) einschlägige Gebührensatz heranzuziehen und auf den gem. § 109 maßgebenden Geschäftswert anzuwenden. Damit zu vergleichen ist die Summe der Gebühren, die bei getrennten Beurkundungsverfahren angefallen wären (wenn also die gem. § 109 als ein Beurkundungsgegenstand zu behandelnden Gegenstände, soweit sie unterschiedlichen Gebührensätzen unterliegen, in jeweils getrennten Urkunden desselben Notars niedergelegt worden wären). Maßgebend ist der niedrigere Betrag, da für den Kostenschuldner günstiger.

11   Als Merksatz kann allerdings festgehalten werden, dass sich die **Vergleichsberechnung erübrigt,** wenn das **Hauptgeschäft** ohnehin den höchsten in Betracht kommenden Gebührensatz auslöst, da wegen § 109 Abs. 1 S. 5 ausschließlich dessen Wert maßgebend ist. Daher muss nur dort in die Vergleichsberechnung eingestiegen werden, wo ein abhängiges Nebengeschäft einem höheren Gebührensatz als das Hauptgeschäft unterliegt.

b) Beispiel: Vergleichsberechnung nach Abs. 2

12   A und B errichten eine GbR und verpflichten sich im Gesellschaftsvertrag, Grundstücke im Gesamtwert von 200.000 € in die GbR einzubringen und darüber hinaus jeweils einen Geldbetrag von 50.000 € (insgesamt für beide Gesellschafter somit 100.000 €) in die GbR einzulegen. In der besagten Gründungsurkunde ist auch die Auflassung aller einzubringenden Grundstücke enthalten.

Der GbR-Gesellschaftsvertrag und die Auflassung der einzubringenden Grundstücke sind gem. § 109 Abs. 1 S. 4 Nr. 2 als ein Beurkundungsgegenstand zu behandeln. Die Auflassung dient der Erfüllung der gesellschaftsvertraglichen Einlageverpflichtung. Als Geschäftswert ist daher gem. § 109 Abs. 1 S. 5 der Wert des Gesellschaftsvertrags, somit 300.000 € (= Wert aller Einlageverpflichtungen, Grundbesitz von insgesamt 200.000 € und Geld iHv insgesamt 100.000 €) maßgebend.

Zunächst ist die **Gebühr nach dem höchsten Gebührensatz** aus dem maßgebenden Geschäftswert zu ermitteln, so dass sich eine Gebühr von 2,0 (Beurkundung von Verträgen gem. Nr. 21100 KV) aus dem Wert von 300.000 € ergibt, mithin   1.270,00 €

Damit zu vergleichen sind die aus den sich bei **getrennter Beurkundung** ergebenden und zu addierenden **Einzelgebühren** der einschlägigen Gebührensätze:

Für den GbR-Gesellschaftsvertrag ist der Gebührensatz von 2,0 (Beurkundung von Verträgen gem. Nr. 21100 KV) aus dessen Wert von 300.000 € maßgebend, so dass sich eine Gebühr ergibt von   1.270,00 €

Für die Auflassung ist eine Gebühr von 0,5 (Nr. 21101 Nr. 2 KV) aus dem Wert der aufgelassenen Grundstücke von 200.000 € anzusetzen, mithin   217,50 €

Die **Summe der Einzelgebühren** beträgt demnach   1.487,50 €

Sie ist höher als die aus dem höchsten Gebührensatz errechnete Gebühr von 1.270,00 €, so dass der letztere maßgebend ist.

IV. Zusammentreffen von Abs. 1 und Abs. 2

13   In demselben Beurkundungsverfahren kann sowohl die Berechnung nach Abs. 1 als auch die Berechnung nach Abs. 2 zur Anwendung kommen.

14   **Beispiel (Kombinierte Anwendung von Abs. 1 und Abs. 2):** In der Urkunde über die Bewilligung einer Grundschuld iHv 500.000 € übernimmt der Besteller im Wege des abstrakten Schuldversprechens (§ 780 BGB) gegenüber dem Grundschuldgläubiger die Haftung für einen Betrag von 100.000 € und unterwirft sich deswegen der sofortigen Zwangsvollstreckung in sein gesamtes Vermögen (§ 794 Abs. 1 Nr. 5 ZPO). Die Urkunde enthält ferner die Zustimmung des Bestellers als Eigentümer zur späteren Löschung der Grundschuld (§ 27 GBO, §§ 1183, 1192 Abs. 1 BGB). Der Grundschuldgläubiger ist an der Urkunde nicht beteiligt, zur Grundschuld wird keine dingliche Zwangsvollstreckungsunterwerfung (§ 800 ZPO) erklärt.

Die **Grundschuldbewilligung** und das **persönliche Schuldversprechen** samt **Zwangsvollstreckungsunterwerfung** sind nach § 109 Abs. 2 S. 1 Nr. 3 als derselbe Beurkundungsgegenstand zu behandeln. Maßgebender Geschäftswert ist der höchste in Betracht kommende Wert, hier also der Nominalbetrag der Grundschuld von 500.000 €.

Demgegenüber stellt die **Löschungszustimmung** einen **anderen Beurkundungsgegenstand** dar.[4] Als Geschäftswert ist der Nominalbetrag der Grundschuld von 500.000 € anzusetzen.

Im Rahmen der Bewertungsabfolge ist mit der dem Abs. 2 unterfallenden Berechnung zu beginnen und erst anschließend nach Abs. 1 zu verfahren.

Zunächst ist daher die nach Abs. 2 für **Grundschuldbestellung und Schuldversprechen** maßgebende Gebühr wie folgt zu ermitteln:

Der höchste Gebührensatz ist 1,0 (Beurkundung von einseitigen Erklärungen gem. Nr. 21200 KV). Er ist zu erheben aus dem Geschäftswert von 500.000 €, so dass sich eine Gebühr ergibt von — 935,00 €

Damit zu vergleichen sind die aus den sich bei **getrennter Beurkundung** ergebenden und zu addierenden **Einzelgebühren** der einschlägigen Gebührensätze:

Für die **Grundschuldbewilligung** ist der Gebührensatz von 0,5 (Grundbuchbewilligung gem. Nr. 21201 Nr. 4 KV) aus dem Wert von 500.000 € maßgebend, so dass sich eine Gebühr ergibt von — 467,50 €

Für das **Schuldversprechen** mit **Zwangsvollstreckungsunterwerfung** ist eine Gebühr von 1,0 (Beurkundung von einseitigen Erklärungen gem. Nr. 21200 KV) aus dem Wert von 100.000 € anzusetzen, mithin — 273,00 €

Die **Summe der Einzelgebühren** beträgt demnach — 740,50 €

Sie ist niedriger als die aus dem höchsten Gebührensatz errechnete Gebühr von 935,00 €, so dass für Grundschuldbestellung und Schuldversprechen anzusetzen sind — 740,50 €

Sodann ist gem. Abs. 1 die Gebühr des weiteren Beurkundungsgegenstands, also die Gebühr für die **Löschungszustimmung**, zu ermitteln. Insoweit ist der Gebührensatz von 0,5 (Nr. 21201 Nr. 4 KV) aus dem Wert von 500.000 € maßgebend, so dass sich eine Gebühr ergibt von — 467,50 €

Die Summe der obigen demnach maßgebenden Gebühren von 740,50 € und 467,50 € beträgt somit — 1.208,00 €

Diese Summe von 1.208,00 € ist zu vergleichen mit dem Gebührenbetrag, der sich aus der Anwendung des höchsten Gebührensatzes aller im geschilderten Sachverhalt einschlägigen Gebührensätze auf den aus der Summe aller maßgeblichen Einzelwerte errechneten Gesamtwert ergibt, also dem Gebührensatz von 1,0 aus 1 Mio. € (= 500.000 € + 500.000 €), mithin dem Gebührenbetrag von — 1.735,00 €

Dieser Vergleichsbetrag ist höher als die Summe der gesondert berechneten Gebühren. Zu erheben ist daher der Betrag von — 1.208,00 €

Abschnitt 4
Wertvorschriften

Unterabschnitt 1
Allgemeine Wertvorschriften

§ 95 Mitwirkung der Beteiligten

[1]Die Beteiligten sind verpflichtet, bei der Wertermittlung mitzuwirken. [2]Sie haben ihre Erklärungen über tatsächliche Umstände vollständig und wahrheitsgemäß abzugeben. [3]Kommen die Beteiligten ihrer Mitwirkungspflicht nicht nach, ist der Wert nach billigem Ermessen zu bestimmen.

I. Mitwirkungspflicht (S. 1)

Die **Mitwirkungspflicht** des S. 1 ist dem § 27 Abs. 1 FamFG entlehnt, wonach die Beteiligten[1] bei der Ermittlung des Sachverhalts mitwirken sollen. Der Kostenansatz unterliegt als Amtsverfahren in Angelegenheiten der freiwilligen Gerichtsbarkeit dem **Untersuchungsgrundsatz** (vgl § 24 VwVfG). Die Wertermittlung wird also grds. **von Amts wegen** durchgeführt. 1

---

4 OLG Frankfurt ZNotP 2011, 399 m. Anm. *Tiedtke.* **1** „Beteiligte" sind die Beteiligten des gebührenpflichtigen Geschäfts.

2   Die Pflicht des Notars zur Amtsermittlung wird durch § 95 nicht eingeschränkt, da der Untersuchungs-grundsatz dem Notar nicht verbietet, sich der Beteiligten zu bedienen.[2]

II. Wahrheitspflicht (S. 2)

3   Nach S. 2 haben die Beteiligten ihre Erklärungen über tatsächliche Umstände **vollständig** und **wahrheitsge-mäß** abzugeben. **Wahrheit** bedeutet Übereinstimmung von Sachverhalt und Erklärung und zwar aus der subjektiven Sicht der Beteiligten.[3] Die Beteiligten dürfen also nicht lügen oder kostenerhebliche Umstände verschweigen. So haben die Beteiligten zB bei der Kostenermittlung nach § 46 den tatsächlich erzielbaren Verkaufserlös anzugeben, wenn dieser höher ist als der nach § 46 ermittelte Wert (→ § 46 Rn 21).

III. Verletzung der Mitwirkungs- und Wahrheitspflicht (S. 3)

4   **1. Geschäftswertschätzung.** S. 3 ordnet als Sanktion der Verletzung der Mitwirkungs- und Wahrheitspflicht die **Geschäftswertschätzung** durch den Notar nach **billigem Ermessen** an. Ein Verstoß gegen die Mitwir-kungspflicht liegt vor, wenn die Erklärungen der Beteiligten unvollständig sind, nicht der Wahrheit entspre-chen oder die Beteiligten sich weigern bei der Wertermittlung mitzuwirken. Bevor der Notar schätzt, hat er die Beteiligten ausdrücklich auf ihre Mitwirkungspflichten hinzuweisen. Unterlässt es der Beteiligte trotz-dem, die für die Wertermittlung erforderlichen Angaben zu machen, so ist der Notar zu weitergehenden Amtsermittlungen nicht mehr verpflichtet und kann sofort auf S. 3 zurückgreifen.[4]

5   **2. Rückgriff auf andere Vorschriften.** Grundsätzlich ist bei der Ermittlung des Geschäftswerts auf die ein-schlägigen Geschäftswertvorschriften zurückzugreifen. Ein Rückgriff auf den allgemeinen Geschäftswert des § 36 Abs. 3 kommt nur in Betracht, wenn § 36 Abs. 1 oder 2 Anwendung finden könnte. Diese allge-meinen Wertvorschriften sind grds. anzuwenden, es sei denn, dass eine Spezialnorm einschlägig ist (→ § 36 Rn 9).[5] Enthält also das Gesetz eine speziellere Vorschrift zur Ermittlung des Geschäftswerts und weigern sich die Beteiligten, die erforderlichen Angaben zu machen, liegt kein Fall des § 36 Abs. 3 vor.

6   **3. Bestimmung nach billigem Ermessen. a) Schätzung.** Das GNotKG spricht nicht von „freiem Ermessen", sondern – nach dem Vorbild des § 42 FamGKG – von „**billigem Ermessen**" (s. auch § 36 Abs. 1 und 2). Da sich die Angaben der Beteiligten vom Notar nicht erzwingen lassen, soll in erster Linie nach objektiven Ge-sichtspunkten geschätzt werden. Es müssen allerdings genügend tatsächliche Anhaltspunkte für eine **Schät-zung** vorhanden sein. Es reichen wenige Anhaltspunkte aus, wenn diese eine wenigstens annähernde Schät-zung ermöglichen.[6] Dabei sind alle Umstände zu berücksichtigen, die für die Schätzung von Bedeutung sind (vgl auch § 162 Abs. 1 S. 2 AO).

7   Bei einer Schätzung ist grds. zwischen vermögensrechtlichen und nichtvermögensrechtlichen Angelegenhei-ten zu unterscheiden:

8   **b) Vermögensrechtliche Angelegenheiten.** Vermögensrechtlich ist eine Angelegenheiten dann, wenn ihr ein wirtschaftlicher Wert zukommt.[7] Die Bestimmung muss nach objektiven Gesichtspunkten erfolgen. Dabei können sich Anhaltspunkte aus dem Wert des betroffenen Wirtschaftsguts und den Umfang – in welchem das Verfahren dieses Wirtschaftsgut berührt – ergeben.[8]

9   **c) Nichtvermögensrechtliche Angelegenheiten.** Bei nichtvermögensrechtlichen Angelegenheiten hat sich der Notar bei seiner Ermessensausübung unter Berücksichtigung aller Umstände des Einzelfalls primär an den in § 36 Abs. 2 genannten Kriterien (Umfang, Bedeutung der Sache, Vermögens- und Einkommensverhält-nisse der Beteiligten) zu orientieren (→ § 36 Rn 31 f). Im Gegensatz zu den vermögensrechtlichen Angele-genheiten können hier – durch die ausdrückliche Nennung von Vermögens- und Einkommensverhältnissen der Beteiligten – auch subjektive Kriterien eine Rolle spielen.[9] In welchem Umfang diese subjektiven Inter-essen in die Bewertung einfließen, ist dem billigen Ermessen des Notars vorbehalten.[10]

10   **d) Unsicherheitszuschlag.** Falls die Beteiligten ihrer Mitwirkungspflicht nicht nachkommen, sollten sie da-mit rechnen müssen, dass der Notar den Wert höher schätzt, als er tatsächlich ist bzw von den Beteiligten angegeben wurde. Je unsicherer die Schätzungsgrundlagen sind und je mehr sich die Beteiligten ihrer Mit-wirkungspflicht verweigern, umso mehr darf daher der Notar seine **Kostenschätzung** um einen **Unsicher-heitszuschlag** zulasten des Kostenschuldners erhöhen.[11]

---

2 So auch entsprechend im Verwaltungsverfahren: Kopp/*Ramsauer*, VwVfG, § 24 Rn 2. **3** Thomas/Putzo/*Reichold*, ZPO, § 138 Rn 3. **4** Vgl auch NK-BGB/*Tiedtke*, Bd. Sachenrecht, Anh. Notarkosten Rn 48. **5** BT-Drucks 17/11471, S. 251. **6** BayObLG MittBayNot 1983, 247. **7** S. dazu HK-FamGKG/*Thiel*, § 42 Rn 24. **8** Prütting/Helms/*Klüsener*, FamGKG, § 42 Rn 4. **9** Vgl Schulte-Bunert/Weinreich/*Keske*, FamGKG, § 42 Rn 2. **10** Vgl Prütting/Helms/*Klüsener*, FamGKG, § 42 Rn 16. **11** So schon nach alter Rechtslage bei den Verwahrungsgebühren der Gerichte, s. Korintenberg/*Lappe*, KostO, § 103 Rn 40.

§ 96 Zeitpunkt der Wertberechnung

Für die Wertberechnung ist der Zeitpunkt der Fälligkeit der Gebühr maßgebend.

I. Gegenstand der Wertberechnung

Gegenstand der **Wertberechnung** ist das dem gebührenpflichtigen Geschäft zugrunde liegende Wirtschaftsgut (zB beim Immobilienkauf das verkaufte Grundstück). Erst aus diesem Wert wird nach den jeweils einschlägigen Geschäftswertvorschriften der Geschäftswert gem. § 3 Abs. 1 ermittelt. [1]

Der Gegenstand der Wertberechnung ist nicht mit dem **Beurkundungsgegenstand** nach § 86 Abs. 1 zu verwechseln. Gegenstand des Beurkundungsverfahrens ist das Rechtsverhältnis, auf das sich die beurkundeten Erklärungen beziehen, und bei Tatsachenbeurkundungen die beurkundete Tatsache oder der Vorgang. Gemeint ist damit das von der Beurkundung betroffene Rechtsverhältnis, nicht dagegen der Gegenstand des Rechtsverhältnisses im Sinne des betroffenen Wirtschaftsguts.[1] Somit ist der Beurkundungsgegenstand nicht automatisch auch Gegenstand der Wertberechnung nach § 96. Gegenstand der Wertberechnung ist ausschließlich das dem gebührenpflichtigen Geschäft zugrunde liegende Wirtschaftsgut. [2]

Die **Bewertung** richtet sich nach objektiven Gesichtspunkten, dh so wie es sich für einen außenstehenden Dritten darstellt. Persönliche Verhältnisse, insb. Interessen der Beteiligten, bleiben außer Betracht.[2] [3]

II. Bewertungszeitpunkt

Nach § 96 ist für die Wertberechnung der Zeitpunkt der **Fälligkeit** der Gebühr maßgebend. **Bewertungszeitpunkt** ist daher regelmäßig der Zeitpunkt der Beendigung des Geschäfts (§ 10). So ist zB die Beurkundungsgebühr fällig mit Unterzeichnung der Urkunde durch den Notar, die Beglaubigungsgebühr mit Unterzeichnung des Beglaubigungsvermerks, die Vollzugsgebühr mit Beendigung der Vollzugstätigkeit, etc.[3] Demnach werden **Wertveränderungen** zwischen Beginn und Beendigung des Geschäfts berücksichtigt;[4] spätere Wertveränderungen sind kostenrechtlich grds. irrelevant.[5] [4]

Auslagen sowie Gebühren für die **Verwahrung** von Geld, Wertpapieren und Kostbarkeiten werden hingegen sofort fällig. [5]

Die Gebühren werden auch dann fällig, wenn das Beurkundungsverfahren nach Teil 2 Abschnitt 3 der Vorbem. 2.1.3 Abs. 1 KV vorzeitig beendet wird.[6] [6]

Wird der Notar von vornherein lediglich mit der Erstellung eines Entwurfs beauftragt, entsteht die **Entwurfsgebühr** bereits mit Erstellung des Entwurfs; eine Aushändigung an die Beteiligten ist nicht nötig; der Entwurf muss nicht in Papierform vorliegen.[7] Ein im Vorfeld der Beurkundung formlos begründetes Rechtsverhältnis ist für die kostenrechtliche Bewertung der notariellen Tätigkeit unbeachtlich.[8] [7]

Etwas anderes gilt bei **Grundstücksgeschäften**, wenn schon zum Zeitpunkt der Gebührenfälligkeit Anhaltspunkte gegeben sind, welche auf einen höheren Wert schließen lassen.[9] Beispielsweise lässt eine zeitnahe Weiterveräußerung eines Grundstücks zu einem höheren Kaufpreis auf einen entsprechend höheren Verkehrswert des Grundstücks schließen.[10] [8]

Unterabschnitt 2
Beurkundung

§ 97 Verträge und Erklärungen

(1) Der Geschäftswert bei der Beurkundung von Verträgen und Erklärungen bestimmt sich nach dem Wert des Rechtsverhältnisses, das Beurkundungsgegenstand ist.

(2) Handelt es sich um Veränderungen eines Rechtsverhältnisses, so darf der Wert des von der Veränderung betroffenen Rechtsverhältnisses nicht überschritten werden, und zwar auch dann nicht, wenn es sich um mehrere Veränderungen desselben Rechtsverhältnisses handelt.

(3) Bei Verträgen, die den Austausch von Leistungen zum Gegenstand haben, ist nur der Wert der Leistungen des einen Teils maßgebend; wenn der Wert der Leistungen verschieden ist, ist der höhere maßgebend.

---

1 BT-Drucks 17/11471, S. 272. **2** BayObLG JurBüro 1985, 584, 585. **3** S. *Notarkasse*, Streifzug durch das GNotKG, Rn 857 ff. **4** NK-BGB/*Tiedtke*, Bd. Sachenrecht, Anh. Notarkosten Rn 94. **5** OLG Frankfurt JurBüro 1977, 1752; LG Düsseldorf RNotZ 2001, 293, 294. **6** BT-Drucks 17/11471, S. 238. **7** KG RNotZ 2006, 302. **8** KG DNotZ 1940, 366. **9** LG Detmold Rpfleger 2010, 449, 450; vgl auch KG JurBüro 1975, 920, 923. **10** OLG Düsseldorf MittBayNot 1994, 360; Veräußerung nach 2 Jahren ist jedenfalls nicht mehr zeitnah, BayObLG MittBayNot 2005, 74.

I. Gesetzliche Systematik und Anwendungsbereich

1 § 97 ist besondere Geschäftswertvorschrift für die Beurkundung von Verträgen und Erklärungen. Für die Bewertung der jeweils betroffenen Sachen und Rechte sind die allgemeinen Vorschriften heranzuziehen, insb. die §§ 46 ff.

2 § 97 gilt allein für die **Beurkundung**. Der Geschäftswert für darüber hinausgehende Vollzugs- und Betreuungstätigkeiten ist nach §§ 112, 113 zu bestimmen, wobei der nach § 97 bestimmte Geschäftswert dabei wiederum Bezugswert ist. Speziell geregelt ist darüber hinaus die Geschäftswertbestimmung u.a. bei Eheverträgen iSv § 1408 Abs. 1 BGB (§ 100 Abs. 1), bei Erbverträgen (§ 102 Abs. 1) sowie bei Erbverzichts- oder Pflichtteilsverzichtsverträgen (§ 102 Abs. 4).

3 Abs. 1 ist dabei bzgl **Verträgen** die gegenüber Abs. 3 allgemeine Geschäftswertvorschrift; ihr Anwendungsbereich beschränkt sich infolge der in Abs. 3 erfolgten, vorrangigen Sonderregelung für Austauschverträge jedoch im Wesentlichen auf **Vereinbarungen zur Vereinigung von Leistungen** (vor allem Gesellschaftsverträge) und **Auseinandersetzungsverträge**; Geschäftswert ist hier der Gesamtwert des auseinandergesetzten Vermögens bzw der vereinigten Leistungen (Einlagen etc.).

4 Daneben ist Abs. 1 Geschäftswertvorschrift für **einseitige Erklärungen**.

5 Die Höchstwertbestimmung des **Abs. 2** (Veränderungen eines Rechtsverhältnisses) gilt sowohl für nach Abs. 1 als auch für nach Abs. 3 zu berechnende Werte.

II. Wert des Rechtsverhältnisses, das Beurkundungsgegenstand ist (Abs. 1)

6 **1. Allgemeines.** Der Geschäftswert bestimmt sich nach Abs. 1 grds. nach dem Wert des durch die beurkundeten Erklärungen begründeten, sichergestellten, übertragenen oder aufgehobenen Rechtsverhältnisses.[1] Dies gilt auch für die bloße Feststellung eines Rechtsverhältnisses etwa zu Beweiszwecken.[2] Wird hingegen ein Rechtsverhältnis ohne Wiederholung seines Inhalts lediglich bestätigt, ist der Wert nach § 36 Abs. 2 als Klarstellung eines Rechtsverhältnisses nach billigem Ermessen zu bestimmen.

7 Maßgeblich ist allein der Inhalt der beurkundeten Erklärungen. Mit diesen Erklärungen zusammenhängende Geschäfte sind nicht zu berücksichtigen; Gleiches gilt für die Frage, ob der mit den Erklärungen beabsichtigte wirtschaftliche oder rechtliche Erfolg tatsächlich eintritt.[3]

---

1 Rohs/Wedewer/*Rohs*, KostO, § 39 Rn 1 a. **2** Vgl etwa KG DNotZ 1940, 366. **3** OLG München DNotZ 1939, 140.

Abs. 1 ist gegenüber Abs. 3 **subsidiär**. Im Anwendungsbereich der Regelung verbleiben daher neben Erklärungen noch Auseinandersetzungsverträge (→ Rn 9 ff) und Verträge zur Vereinigung von Leistungen, vor allem also Gesellschaftsverträge (→ Rn 15 ff). **8**

2. Auseinandersetzungsverträge. a) Allgemeines und Abgrenzung gegenüber Austauschverträgen. Auseinandersetzungsverträge sind zum einen Veräußerungsvereinbarungen aller Berechtigten einer Gesamthandsmasse (also Erbengemeinschaft, Gütergemeinschaft, GbR, OHG und KG) untereinander. Mangels Gesamthand ist daher zB bei der Übertragung des Nacherbenrechts auf den Vorerben kein Auseinandersetzungs-, sondern ein Austauschvertrag gegeben.[4] Auch Erbteilsveräußerungen (vgl § 2033 Abs. 1 BGB) sind stets Austauschvertrag:[5] Hier werden nicht Gesamthandsgegenstände auseinandersetzt, sondern Erbteile veräußert, so dass Abs. 3 selbst dann Anwendung findet, wenn Erbteile an andere Miterben veräußert werden. **9**

Ebenfalls als Auseinandersetzungsvereinbarung unter Abs. 1 zu subsumieren sind teilungsähnliche Vereinbarungen innerhalb einer Bruchteilsgemeinschaft iSv §§ 752 ff BGB.[6] Dies ist etwa dann gegeben, wenn die Bruchteilseigentümer eines Grundstücks dieses entsprechend ihren ideellen Anteilen real teilen[7] oder sich über ein aus zwei selbstständigen Grundstücken vereinigtes Grundstück dahin gehend auseinandersetzen, dass das Grundstück realgeteilt wird und jedem Miteigentümer ein Grundstück zu Alleineigentum übertragen wird – die Miteigentumsanteile bestehen am Gesamtgrundstück, daher liegt kein Austausch von Miteigentumsanteilen vor. **10**

Abzugrenzen sind Auseinandersetzungsvereinbarungen von **Austauschvereinbarungen** iSv Abs. 3, wobei ausschlaggebend allein der objektive Inhalt der beurkundeten Erklärung ist (ein – auch offenkundiger – Bezug zu anderen Geschäften ist irrelevant).[8] So handelt es sich bei den zB in **Scheidungsvereinbarungen** häufig vorkommenden „Auseinandersetzungen" von Grundeigentum unter Bruchteilseigentümern um Austauschverträge iSv Abs. 3, sobald die Übertragung der Miteigentumsanteile im Austausch gegen andere Gegenstände vorgenommen wird, zB Geldleistungen oder die Übernahme von auf dem Grundstück lastenden Verbindlichkeiten.[9] Im letztgenannten Fall ist die Gegenleistung mit der Hälfte der aktuellen Darlehensvaluta zu bewerten, sofern die Miteigentümer gesamtschuldnerisch verpflichtet sind (sonst entsprechend der Verpflichtungsquote), der Wert des Miteigentumsanteils mit einem entsprechenden Bruchteil des Grundstückswerts nach § 46.[10] **11**

b) Geschäftswert. Auseinandergesetzt werden kann das Gesamthandsvermögen als Ganzes ebenso wie einzelne seiner Gegenstände. Der Geschäftswert bestimmt sich hierbei nach dem Wert der auseinandergesetzten Gegenstände;[11] ein Abzug von Verbindlichkeiten findet gem. § 38 S. 1, 2 nicht statt. Dies gilt auch bei Umwandlung der Gesamthands- in eine personenidentische Bruchteilsgemeinschaft.[12] Bei Auseinandersetzung mehrerer Gesamthandsmassen (idR Nachlässe) bildet die Summe ihrer Werte den Geschäftswert. Ist ein Gegenstand in mehreren Massen vorhanden (zB „geschachtelte" Erbengemeinschaften), ist er damit mehrfach zu berücksichtigen. Verbindlichkeiten sind nach § 38 S. 1, 2 nicht abzuziehen. **12**

Wird ein Gesamthandsgegenstand im Ganzen an einen der Gesamthänder übertragen, scheidet dieser jedoch nicht aus der Gesamthand aus, handelt es sich um eine **objektive** Teilauseinandersetzung;[13] der Geschäftswert bestimmt sich nach Abs. 1 und damit nach dem Wert des ganzen Gegenstands. Scheidet ein Gesamthänder gegen Abfindung aus der von den weiteren Gesamthändern fortgeführten Gesamthand aus, handelt es sich um eine **subjektive** Teilauseinandersetzung,[14] die als Austauschvertrag unter Abs. 3 fällt; maßgeblich ist also der höhere Wert von Gegenstand oder Abfindung. Wird ein Gesamthandsgegenstand hingegen an einen Gesamthänder übertragen und scheidet dieser zudem aus der von den weiteren Gesamthändern fortgeführten Gesamthand aus, handelt es sich um eine **Kombination** aus objektiver und subjektiver Teilauseinandersetzung. Auch diese ist Austauschvertrag iSv Abs. 3.[15] **13**

3. Verträge über die Vereinigung von Leistungen. a) Allgemeines. Verträge über die Vereinigung von Leistungen sind Vereinbarungen, die sich nicht auf einen Austausch (Transfer), sondern auf eine Kooperation im Sinne der Erreichung eines gemeinsamen Ziels beziehen. Hierunter fallen neben gesellschaftsrechtlichen Regelungen (→ Rn 15 ff) und umwandlungsrechtlichen Vereinbarungen (→ Rn 38 ff) auch Wohnungseigentums- und Wohnungserbbaurechtsverträge nach §§ 3, 4, 30 WEG (nicht jedoch nach § 8 WEG, die auf die **14**

---

4 KG DNotZ 1935, 237. **5** Rohs/Wedewer/*Rohs*, KostO, § 39 Rn 36. **6** Vgl Korintenberg/*Bengel/Tiedtke*, KostO, § 39 Rn 47; Rohs/Wedewer/*Rohs*, KostO, § 39 Rn 33. **7** BayObLG MittBayNot 1970, 120; BayObLG MittBayNot 1991, 271, jeweils m. Anm. Prüfungsabteilung der Notarkasse; anders OLG Stuttgart RdL 1977, 333. **8** BayObLGZ 1992, 72; OLG Celle DNotZ 1962, 43. **9** Vgl KG DNotZ 1943, 155; BayObLG ZNotP 2001, 367 m. Anm. *Tiedtke*; OLG Stuttgart RdL 1977, 333; anders LG Darmstadt JurBüro 1983, 743 m. Anm. *Mümmler*. **10** Vgl *Filzek*, KostO, § 39 Rn 9; LG Hannover JurBüro 2005, 266 f m. Anm. *Bund*. **11** Vgl KG DNotZ 1935, 336; OLG München DNotZ 1941, 303. **12** Korintenberg/*Bengel/Tiedtke*, KostO, § 39 Rn 47. **13** Unterscheidung nach KG DNotZ 1935, 237. **14** Unterscheidung nach KG DNotZ 1935, 237. **15** KG DNotZ 1940, 167; *Mümmler*, JurBüro 1975, 1175; Rohs/Wedewer/*Rohs*, KostO, § 39 Rn 34.

Vereinigung der Leistungen der künftigen Berechtigten zur Schaffung neuen Wohnungseigentums bzw neuer Wohnungserbbaurechte gerichtet sind (→ Rn 56 ff).

15   **b) Gesellschaftsrechtliche Regelungen. aa) Allgemeines.** Verträge über die Gründung von Personen- oder Kapitalgesellschaften sind keine Austauschverträge, sondern auf die Vereinigung von Leistungen der Gesellschafter gerichtet. Mit der Einbringung der bislang im Eigentum der Gesellschafter stehenden Einlagen findet ein Eigentumsübergang statt; die Einlagen werden zum Gesellschaftsvermögen. Nach Abs. 1 ist daher die Summe der Werte der zu erbringenden Leistungen bzw Einlagen maßgeblich; ein Abzug von Verbindlichkeiten hat nach § 38 zu unterbleiben.[16] Bei einer Sachgründung bestimmt sich der Geschäftswert nach dem Wert der Sacheinlage, auch wenn die Erfüllung der Einlagepflicht durch gesonderte Urkunde vorgenommen wird;[17] hierzu zählen auch der eingebrachte Kundenstamm, die Firma, Schutzrechte etc. Generell ist es ohne Belang, zu welchem Zeitpunkt die Einlagen zu erbringen sind.[18]

16   Der Geschäftswert errechnet sich aus der Summe der Werte der Einlagen ohne Abzug von Verbindlichkeiten. Ergebnis: Wert Bareinlage des A = 100.000 €. Wert Sacheinlage des B = Wert des Einzelunternehmens, hier nach § 46 Abs. 1, 2 Nr. 1, § 38 mit Aktivvermögen ohne Abzug der Passiva zuzüglich eventueller zusätzlicher Leistungen des B zu bewerten. Aufgrund der übrigen Umstände des Geschäfts mit 100.000 € zu bestimmen. Wert Sacheinlage des C (Grundstück): Nach § 46 Abs. 1, 2 Nr. 1 mit 150.000 € zu bewerten (Einlageverpflichtung mindestens 100.000 €, Verbindlichkeiten = 50.000 €, Verkehrswert muss sich damit auf mindestens 150.000 € belaufen; Verbindlichkeiten werden nicht berücksichtigt, § 38). Gesellschafts- und Einbringungsvertrag sind jeweils gegenstandsgleich, § 109 Abs. 1 Nr. 2. Geschäftswert daher insgesamt 350.000 €, daraus 2,0-Gebühren nach Nr. 21100 KV.

17   Zu berücksichtigen sind auch zu einem späteren Zeitpunkt zu erbringende Einlagen, satzungsmäßig festgelegte Nachschüsse[19] und sonstige vereinbarte Leistungen; ggf ist der Wert der Leistung bzw Verpflichtung nach § 36 zu bestimmen.[20] Persönliche Dienstleistungen sind zu berücksichtigen (Bestimmung nach § 36), sofern sie nach dem Willen der Gesellschafter als Einlage zählen sollen, wobei die Geschäftsführung nicht als „persönliche Dienstleistung" gilt.[21]

18   Zu beachten ist der Mindestgeschäftswert (30.000 €) und der Höchstgeschäftswert (10 Mio. €) nach § 107 Abs. 1 S. 1. Hiervon ausgenommen ist die UG (haftungsbeschränkt), vgl §§ 107 Abs. 1 S. 2, 105 Abs. 6.

19   **bb) Vorverträge.** Ein Vorvertrag, dh ein schuldrechtlicher Vertrag, der eine Verpflichtung zum späteren Abschluss eines Hauptvertrags begründet,[22] und die darin in Aussicht genommene Vereinbarung haben grds. denselben Geschäftswert. Dies gilt auch für Vorverträge zu gesellschaftsrechtlichen Vereinbarungen. Anders ist dies nur dann, wenn im Vorvertrag Vereinbarungen getroffen werden, die über die in Aussicht genommene Vereinbarung hinausgehen; sie sind dem Geschäftswert hinzuzurechnen.[23]

20   **cc) Gründung von Personengesellschaften.** Auch bei der **Gesellschaft bürgerlichen Rechts** wird Gesellschaftsvermögen gebildet, vgl § 718 BGB. Entsprechend ist der Geschäftswert gem. Abs. 1 nach den Einlagen der Gesellschafter zu berechnen.

21   Bei der **Grundstücks-GbR** ist zu unterscheiden: Erfolgt die Beurkundung vor dem Erwerb eines Grundstücks, ist der Geschäftswert in Abwesenheit konkreter Verpflichtungen (Darlehensaufnahme o.Ä.) nach § 36 Abs. 1 zu bestimmen.[24] Erfolgt die Beurkundung nach dem Erwerb von Grundstücken, richtet sich der Erwerb nach dem Wert der bereits in der GbR befindlichen bzw in sie eingebrachten Grundstücke und sonstigen Leistungen der Gesellschafter.[25] Wird der Grundstückskaufvertrag beurkundet und erfolgt der Erwerb in Gesellschaft bürgerlichen Rechts, ohne dass gesellschaftsrechtliche Regelungen getroffen werden, ist der Geschäftswert wie der eines normalen Kaufvertrags ohne gesellschaftsrechtliche Besonderheiten zu bestimmen. Dies gilt auch dann, wenn in dem Kaufvertrag lediglich auf gesetzliche Regelungen zur Gesellschaft bürgerlichen Rechts Bezug genommen wird, ohne diese zu modifizieren. Werden hingegen Teilaspekte der Gesellschafterbeziehungen abweichend vom Gesetz mitgeregelt, bildet der Wertes dieser Gesellschafterleistungen den zusätzlich zum Wert des Grundstücks zu berücksichtigenden Geschäftswert.

22   Auch bei **OHG und KG** bestimmt sich der Geschäftswert nach dem Wert der vereinigten Leistungen. Vereinbarte persönliche Dienstleistungen können, sofern sie ausdrücklich als Einlage gewollt sind, nach Maßgabe der → Rn 17 berücksichtigt werden. Tritt ein Gesellschafter als Komplementär oder Kommanditist in das Geschäft eines Einzelkaufmanns ein, entsteht dadurch die Gesellschaft; entsprechend berechnet sich der Geschäftswert aus der Summe seiner Einlage und dem Wert des Geschäfts des Einzelkaufmanns. Um eine

---

16 KG DNotZ 1940, 87; KG DNotZ 1941, 169; OLG München Rpfleger 1951, 138. **17** Korintenberg/*Tiedtke*, § 97 Rn 79. **18** OLG Neustadt Rpfleger 1957, 240; OLG Zweibrücken Rpfleger 1975, 408. **19** OLG Neustadt Rpfleger 1957, 240. **20** Korintenberg/*Tiedtke*, § 97 Rn 79. **21** LG Lübeck JurBüro 1963, 228; LG Hildesheim JurBüro 1965, 77; Rohs/Wedewer/*Rohs*, KostO, § 39 Rn 20. **22** BGHZ 102, 384, 388; Palandt/*Ellenberger*, BGB, Einf. § 145 Rn 19. **23** KG DNotZ 1942, 114. **24** Korintenberg/*Tiedtke*, § 97 Rn 82. **25** BayObLG MittBayNot 1995, 245.

Gesellschaftsgründung handelt es sich auch, wenn eine OHG durch den Tod eines Gesellschafters aufgelöst ist und der überlebende Gesellschafter die Gesellschaft mit den Erben unter „Umwandlung" in eine KG fortsetzt.[26] Der Geschäftswert bestimmt sich nach dem Aktivvermögen der Gesellschaft unter Hinzurechnung evtl neuer Kommanditeinlagen.[27]

Bei **Publikumsgesellschaften** bzw Abschreibungsgesellschaften wird bei Gründung regelmäßig der Komplementär ermächtigt, bis zu einem bestimmten Höchstbetrag weitere Gesellschafter (idR Kommanditisten; Gleiches gilt bei der GbR[28] für weitere Gesellschafter) in die Gesellschaft aufzunehmen. Dieser Höchstbetrag bildet – sofern es sich nicht um eine bloße Absichtserklärung ohne rechtliche Bindungswirkung handelt – den Geschäftswert.[29] Ist er nicht aus dem Gesellschaftsvertrag selbst ersichtlich, können andere Umstände hinzugezogen werden, die erkennen lassen, von welchem Höchstbetrag die Gesellschafter hinsichtlich weiterer Aufnahmen ausgehen. Infrage kommt auch die Annahme einer (vom Gesellschaftsvertrag gegenstandsverschiedenen) Vollmacht des Komplementärs zur Aufnahme von Gesellschaftern,[30] allerdings nur dann, wenn die Aufnahme neuer Kommanditisten satzungsgemäß nur im Einverständnis aller Kommanditisten gestattet ist und diese den Komplementär hierzu und zur Abgabe aller Erklärungen gegenüber dem Handelsregister bevollmächtigen. | **23**

Bei Gründung einer **stillen Gesellschaft** entsteht kein „dinglich" der Gesellschaft zugewiesenes Gesellschaftsvermögen.[31] Folglich richtet sich der Geschäftswert grds. allein nach dem Wert der Einlage des Stillen; der Wert des Handelsgewerbes des tätigen Gesellschafters spielt keine Rolle.[32] Zusätzlich zu berücksichtigen sind ggf vertraglich übernommene persönliche Dienstleistungen (→ Rn 17), da der stille Gesellschafter hierzu nicht gesetzlich verpflichtet ist.[33] | **24**

Kostenrechtlich anders zu beurteilen ist dies bei der **atypischen stillen Gesellschaft**, dh dann, wenn der Stille über die gesetzlich bestehende Gewinn- und Verlustbeteiligungen hinaus am Gesellschaftsvermögen einschließlich Substanzzuwachs und stillen Reserven partizipiert.[34] Im Innenverhältnis besteht insofern ein echtes Gesellschaftsverhältnis, so dass der Geschäftswert der Vereinbarung in diesem Fall der Wert aller Einlagen ohne Abzug von Verbindlichkeiten (§ 38) ist.[35] Gleiches gilt im Übrigen bei jeder Unterbeteiligung im Sinne einer Innengesellschaft, etwa an einem Kommanditanteil: Zur Bestimmung des Geschäftswerts ist hier der Wert der Beteiligung (versehen mit einem prozentualen gewissen Wertabschlag) mit dem prozentualen Anteil des Unterbeteiligten zu multiplizieren.[36] | **25**

Zum Eintritt eines Gesellschafters in eine bestehende Gesellschaft → Rn 34. | **26**

dd) Gründung von Kapitalgesellschaften. Ausgangspunkt der Geschäftswertbestimmung bei Gründung einer **GmbH** ist der Nennbetrag des Stammkapitals. Nebenleistungspflichten iSv § 3 Abs. 2 GmbHG sind hinzuzurechnen. Beispiele solcher Nebenleistungspflichten sind – neben dem Agio (Aufgeld bei der Übernahme eines Geschäftsanteils), das regelmäßig unter § 3 Abs. 2 GmbHG zu subsumieren ist[37] – Unterlassungspflichten und Wettbewerbsverbote, etwa Beschränkungen der Gesellschafter hinsichtlich des Absatzes ihrer eigenen Erzeugnisse im Rahmen einer Syndikatsgesellschaft (ihr Wert ist nach § 36 zu bestimmen).[38] Ebenfalls hinzuzurechnen sind gesellschaftsvertraglich vereinbarte Sachleistungen der Gesellschafter, zB die Überlassung von Geschäftsräumen an die Gesellschaft. Auch die Pflicht zur Darlehensgewähr[39] oder die Übernahme von Bürgschaften für Gesellschaftsschulden ist in der Praxis häufig; maßgeblich ist jeweils der vereinbarte Höchstbetrag. Hat der Gesellschafter eine Sacheinlage zu erbringen, ergibt sich der Geschäftswert entweder aus dem Nominalwert der übernommenen Einlage oder dem Verkehrswert der Sache. Zu beachten ist das Schuldenabzugsgebot des § 38, so dass bei der Einbringung eines Einzelunternehmens der Wert des Aktivvermögens ausschlaggebend ist. | **27**

Wird in der Satzung der erste Geschäftsführer bestellt – gleich, ob im Sinne eines echten oder unechten Satzungsbestandteils[40] –, ist die Bestellung nicht zusätzlich zu bewerten. Wird über die Bestellung hingegen zusätzlich ein Beschluss der Gesellschafter gefasst, bestimmt sich dessen Geschäftswert nach §§ 108, 105 (Beschluss und Gründung sind gegenstandsverschieden, § 110 Nr. 1). Dabei ist zu beachten, dass das bisherige Gebot getrennter Gebührenberechnungen bei Zusammenbeurkundung von rechtsgeschäftlichen Vereinbarungen und Organbeschlüssen nach dem GNotKG entfällt, so dass die Geschäftswerte für Gesellschaftsvertrag und Beschluss zu addieren sind, vgl § 35 Abs. 1. | **28**

---

26 KG DNotZ 1941, 78; Rohs/Wedewer/*Rohs*, KostO, § 39 Rn 25 a. **27** Korintenberg/*Tiedtke*, § 97 Rn 97. **28** OLG Köln MittBayNot 1999, 399. **29** KG DNotZ 1973, 183; KG DNotZ 1974, 493; BayObLG MittBayNot 2001, 581; aA OLG Hamm Rpfleger 1974, 236 (Vollmacht für den Komplementär). **30** So das OLG Hamm Rpfleger 1974, 236. **31** OLG Hamm NJW-RR 1994, 1382, 1383; MüKo-HGB/*Schmidt*, § 230 Rn 9. **32** Rohs/Wedewer/*Rohs*, KostO, § 39 Rn 28. **33** Rohs/Wedewer/*Rohs*, KostO, § 39 Rn 28. **34** BGHZ 7, 174; 8, 157; MüKo-HGB/*Schmidt*, § 230 Rn 80. **35** *Ackermann*, DNotZ 1966, 26. **36** BayObLG MittBayNot 1983, 31. **37** BGH NZG 2008, 73; Baumbach/Hueck/*Fastrich*, GmbHG, § 3 Rn 39, § 5 Rn 9. **38** Korintenberg/*Tiedtke*, § 97 Rn 14 mwN. **39** Vgl LG Berlin GmbHR 2000, 234; auch BGH DB 1989, 221. **40** Vgl Münchener Handbuch des Gesellschaftsrechts/*Priester*, § 21 Rn 2; Scholz/*Emmerich*, GmbHG, § 3 Rn 109.

29   Bei der **Unternehmergesellschaft** (haftungsbeschränkt) gelten grds. keine Besonderheiten bis auf die Nichtgeltung des Mindestgeschäftswerts nach § 107 Abs. 1 S. 1 (vgl § 107 Abs. 1 S. 2). Zu beachten ist jedoch die Mindestgebühr von 120 € nach Nr. 21100 KV.

30   Bei der Gründung einer **Aktiengesellschaft** ist entweder der Nennbetrag des Grundkapitals oder der Ausgabepreis der Aktien maßgebend, je nachdem, welcher Betrag höher ausfällt.[41] Hinzuzurechnen ist der Wert der Sacheinlagen von Aktionären, wenn sie den Nennbetrag der Aktien oder den höheren Ausgabepreis übersteigen. Gleiches gilt für Sachübernahmen: Ist die für die Sache zu entrichtende Vergütung höher als ihr Wert, ist diese heranzuziehen. Ebenfalls hinzuzurechnen sind in der Satzung enthaltene Ermächtigungen des Vorstands zur Erhöhung des Grundkapitals (genehmigtes Kapital, § 202 AktG) mit dem dort genannten Höchstbetrag.[42] Vergleichbar gilt dies für statuarisch genehmigtes Kapital nach § 104 InvG, wonach der Vorstand einer **Investmentaktiengesellschaft** mit veränderlichem Kapital gesetzlich ermächtigt ist, das Gesellschaftskapital wiederholt durch Ausgabe neuer Anlageaktien gegen Einlagen zu erhöhen: Auch hier ist der in der Satzung festgelegte Höchstnennbetrag maßgebend, sofern nicht der Ausgabebetrag höher ist.[43]

31   Wird bei Beurkundung der Satzung zugleich der erste Aufsichtsrat bestellt, handelt es sich um einen separat (§ 110 Nr. 1) zu bewertenden Beschluss nach § 108 (s. dort).

32   **ee) Abänderung bestehender Gesellschaftsverträge.** Für die Abänderung bestehender Gesellschaftsverträge gilt **Abs. 2.** Der Geschäftswert berechnet sich somit nach dem zusammengerechneten Wert der Veränderungen, nach oben begrenzt durch den Wert des bestehenden Gesellschaftsvertrags. Ob der Vertrag mit den Änderungen vollständig neu oder lediglich die Änderungen allein beurkundet werden, ist irrelevant.[44]

33   Hiervon zu **unterscheiden** ist die **erstmalige Beurkundung** eines Gesellschaftsvertrags bei einer bestehenden Personengesellschaft: Beurkundet wird keine Änderung iSv Abs. 2, sondern ein Rechtsverhältnis iSv Abs. 1.

34   **ff) Eintritt und Ausscheiden eines Gesellschafters.** Durch den **Eintritt eines Gesellschafters** in eine bestehende Gesellschaft entsteht keine neue Gesellschaft. Es liegt vielmehr ein Austauschvertrag iSv Abs. 3 vor; für den Geschäftswert maßgeblich ist also der ihm anwachsende Teil des Gesellschaftsvermögens oder, falls dieser höher ist, der Wert seiner Einlagen.

35   Hinsichtlich des **Ausscheidens eines Gesellschafters** ist zu unterscheiden: Scheidet der Gesellschafter durch Vereinbarung gegen Abfindung aus, handelt es sich um einen Austauschvertrag iSv Abs. 3; für den Geschäftswert maßgeblich ist folglich der Wert des Anteils (ohne Schuldenabzug) oder der (höhere) Wert der Abfindung.[45] Bei Ausscheiden durch Kündigung ist Geschäftswert nach Abs. 1 der Wert der Kündigung (Bewertung nach § 36 Abs. 1; 20–30 % aus dem Anteilswert), sofern nur diese beurkundet wird. Werden zusätzlich Vereinbarungen über Ausgleichszahlungen getroffen, liegt ein Austauschvertrag vor (Abs. 3), so dass Geschäftswert der Wert der Kündigung oder der höhere Wert der Abfindung ist. Ist die Gesellschaft durch Tod eines Gesellschafters aufgelöst und setzt der überlebende Gesellschafter die Gesellschaft mit den Erben unter „Umwandlung" in eine KG fort, gilt Abs. 1; Geschäftswert ist der Wert des Aktivvermögens der Gesellschaft, das überlebender Gesellschafter und Erben gemeinschaftlich einbringen.[46]

36   **gg) Gesellschaftervereinbarungen.** Häufig treffen Gesellschafter schuldrechtliche Vereinbarungen außerhalb der Satzung, mit denen sie ihre rechtlichen Beziehungen untereinander, insb. jedoch zur Gesellschaft regeln (**satzungsergänzende Vereinbarungen bzw gesellschaftsrechtliche Nebenvereinbarungen**). Eine typische Erscheinungsform derartiger Vereinbarungen sind **Konsortial- oder Poolverträge**, in denen die beteiligten Gesellschafter zB Stimmrechtsbindungen zur Sicherung des Einflusses in der Gesellschaft vereinbaren, Beschränkungen bei der Veräußerung oder Vererbung von Anteilen regeln, die Besetzung von Organen abstimmen oder Verhaltensmaßnahmen bei Kapitalmaßnahmen treffen.[47] Gängig sind zudem Kooperationsvereinbarungen zur Führung von Gemeinschaftsunternehmen (**Joint Ventures**), in denen regelmäßig die für das Joint Venture entscheidenden Abreden enthalten sind.[48] Weiterhin zu nennen sind **Beteiligungs- bzw Investitionsverträge** bei Venture-Capital-Gesellschaften, die zB Vereinbarungen zur Beteiligung eines Finanzinvestors durch Kapitalerhöhungsbeschluss der Altgesellschafter, Verpflichtungen zu weiteren Finanzierungsleistungen des Investors beim Erreichen bestimmter Unternehmensziele („milestones") und Garantien der Altgesellschafter gegenüber dem Investor enthalten können.[49]

37   Der Geschäftswert bestimmt sich, sofern nicht ein Austausch von Leistungen iSv Abs. 3 gegeben ist, nach Abs. 1, wobei insoweit idR nicht der volle Wert der von den beteiligten Gesellschaftern gehaltenen Anteile (Bewertung nach § 54 bzw nach den Aktiva der Gesellschaft entsprechend den Bruchteilen der betroffenen

---

41 Rohs/Wedewer/*Rohs*, KostO, § 39 Rn 23. **42** KG BB 1973, 938; KG JurBüro 1974, 1571. **43** Korintenberg/*Tiedtke*, § 97 Rn 13. **44** KG JVBl. 1944, 25; Rohs/Wedewer/*Rohs*, KostO, § 39 Rn 22. **45** KG DNotZ 1937, 268; LG München I MittBayNot 1998, 277 und 397; OLG Zweibrücken MittBayNot 2002, 61. **46** KG DNotZ 1941, 78. **47** Spindler/Stilz/*Limmer*, AktG, § 23 Rn 41. **48** Vgl MüKo-GmbHG/*Wicke*, § 3 Rn 131. **49** MüKo-GmbHG/*Wicke*, § 3 Rn 131; *Weitnauer*, NZG 2001, 1065.

Anteile) maßgeblich ist, sondern ein der wirtschaftlichen Bedeutung entsprechender Bruchteil, § 36 Abs. 1. Bei Konsortialverträgen, durch die gemeinsame Einflussmöglichkeiten auf die Gesellschaft geregelt werden, erscheint idR ein Teilwert von 50 % als angemessen.[50] Bei Poolverträgen ist ein Teilwert von 20–30 % zu bilden; sind Verfügungs- und Verwaltungsbeschränkungen hinsichtlich der Gesellschaftsanteile vereinbart, kann auch ein Teilwert von 50 % angemessen sein.[51] § 107 Abs. 1 (Höchstgrenze von 10 Mio. €) ist zu beachten. Bei Kooperationsvereinbarungen ist als Ausgangswert der wertmäßige Umfang der beabsichtigten Kooperation (Auftrags-, F&E-Volumen o.Ä.) heranzuziehen, wobei als Geschäftswert 20–30 % dieses Ausgangswerts vorgeschlagen werden.[52] Bei Beteiligungsverpflichtungen Dritter wiederum erscheint der volle Wert der Verpflichtungen angemessen; häufig wird es sich hierbei ohnehin um Austauschverträge iSv Abs. 3 handeln.

c) Umwandlungsrechtliche Vereinbarungen. Das UmwG regelt vier Grundtypen der Unternehmensumwandlung: die Verschmelzung (zur Aufnahme oder zur Neugründung), die Spaltung (Abspaltung, Aufspaltung und Ausgliederung, jeweils zur Neugründung oder zur Aufnahme), die Vermögensübertragung (Vollübertragung oder Teilübertragung) sowie den Formwechsel. **38**

aa) Verschmelzungsverträge. Bei der **Verschmelzung durch Aufnahme** wird das Vermögen eines oder mehrerer Rechtsträger auf einen anderen bestehenden Rechtsträger übertragen. Wenn den Anteilsinhabern des übertragenden Rechtsträgers dafür als Gegenleistung Anteile, Mitgliedsrechte, Zahlungen o.Ä. am übernehmenden Rechtsträger gewährt werden, handelt es sich um einen Austauschvertrag iSv Abs. 3[53] (es handelt sich bei der Verschmelzung stets um einen Vertrag und nicht um eine einseitige Erklärung). Maßgeblich für den Geschäftswert ist der höhere Wert, dh Wert der Anteile aus der Schlussbilanz (vgl § 17 Abs. 2 UmwG) bzw bei Kapitalgesellschaften und Kommanditbeteiligungen der Wert nach § 54, oder die Gegenleistung.[54] Wird hingegen keine Gegenleistung gewährt, insb. weil der übernehmende alle Anteile des übertragenden Rechtsträgers hält, gilt Abs. 1.[55] Der Geschäftswert entspricht dann dem Wert des Aktivvermögen in der Schlussbilanz des übertragenden Rechtsträgers[56] bzw nach § 54; dies gilt auch bei Bestand eines Treuhandverhältnisses zwischen den Rechtsträgern.[57] Nicht abzuziehen sind dabei Verbindlichkeiten (§ 38), auch nicht Forderungen des übernehmenden gegen den übertragenden Rechtsträger, weil Konfusion erst mit Eintragung im Handelsregister, also nach Beurkundung, eintritt.[58] Im Rahmen der Bewertung abzuziehen sind hingegen Wertberichtigungsposten (die keine Verbindlichkeiten sind, sondern den Wert der entsprechenden Aktiva unmittelbar mindern) zum Anlage- wie auch zum Umlaufvermögen, soweit in der Bilanz gesondert ausgewiesen (nach dem Bilanzrichtliniengesetz nicht mehr der Fall).[59] Zu saldieren sind die Posten „angefangene, noch nicht abgerechnete Arbeiten" mit den „erhaltenen Anzahlungen", soweit diese Wertberichtigungen gleichzusetzen sind; ein verbuchtes Minuskapital „nicht durch Eigenkapital gedeckter Fehlbetrag" ist abzuziehen (Kapitalunterdeckung, § 268 Abs. 3 HGB). **39**

Bei der **Verschmelzung durch Neugründung** wird das Vermögen eines oder mehrerer Rechtsträger auf einen anderen, noch zu gründenden Rechtsträger übertragen. Der Geschäftswert bestimmt sich nach den zur Verschmelzung durch Aufnahme geschilderten Grundsätzen. **40**

Bei der **grenzüberschreitenden Verschmelzung** (mindestens eine der an der Verschmelzung beteiligten Gesellschaften unterliegt dem Recht eines anderen EU-Mitgliedsstaates oder eines anderen EWR-Vertragsstaates) ist die Besonderheit des nach § 122 c Abs. 4 UmwG notariell zu beurkundenden Verschmelzungsplans auch kostenrechtlich relevant. Es handelt sich hierbei nicht um eine einseitige Erklärung der Vertretungsorgane der beteiligten Rechtsträger, sondern um einen Vertrag,[60] der bei einer grenzüberschreitenden Verschmelzung an die Stelle des Verschmelzungsvertrags tritt.[61] Der Geschäftswert ist nach dem Aktivvermögen des übertragenden Rechtsträgers (bzw nach § 54) ohne Abzug von Verbindlichkeiten (§ 38) zu bestimmen. **41**

Zustimmungsbeschlüsse nach § 13 UmwG (jeweils beim übertragenden und aufnehmenden Rechtsträger) sind Beschlüsse mit bestimmtem Geldwert. Ihr Geschäftswert richtet sich gem. § 108 Abs. 3 S. 1 nach dem Wert des Vermögens des übertragenden Rechtsträgers (s. die Erl. zu § 108). Es gilt der Höchstwert des § 108 Abs. 5. Nach § 110 Nr. 1 sind Beschlüsse von Organen einer Vereinigung und rechtsgeschäftliche Erklärungen gegenstandsverschieden. Dabei ist zu beachten, dass hierbei im GNotKG (vgl § 35 Abs. 1) nicht mehr – wie in der KostO – das Gebot getrennter Gebührenberechnungen gilt, so dass die Geschäftswerte für Vertrag und Beschlüsse zusammenzurechnen sind. **42**

---

50 Korintenberg/*Tiedtke*, § 107 Rn 68. **51** Korintenberg/*Tiedtke*, § 107 Rn 72. **52** Korintenberg/*Tiedtke*, § 108 Rn 71. **53** Vgl BayObLG DNotZ 1975, 676; BayObLG DNotZ 1993, 273. **54** BayObLG MittBayNot 1997, 252. **55** OLG Karlsruhe Rpfleger 2001, 321. **56** BayObLG MittBayNot 1999, 398; OLG Karlsruhe ZNotP 2002, 121. **57** OLG Karlsruhe Rpfleger 2001, 321. **58** OLG Düsseldorf MittBayNot 1998, 464; Rohs/Wedewer/*Rohs*, KostO, § 39 Rn 31. **59** BayObLG MittBayNot 1992, 417, 418. **60** *Forsthoff*, DStR 2006, 614; *Vetter*, AG 2006, 617; *Limmer*, Handbuch der Unternehmensumwandlung, 4. Aufl. 2012, Rn 3082. **61** BR-Drucks 558/06, S. 31.

43   Mit dem Verschmelzungsvertrag zusammen beurkundete **Verzichtserklärungen** gem. § 8 Abs. 3 UmwG (bzgl Verschmelzungsbericht) und gem. §§ 9 Abs. 3, 12 Abs. 3 UmwG (bzgl Prüfungsbericht) sind mit diesem gegenstandsgleich, ebenso **Zustimmungserklärungen**, zB gem. §§ 13 Abs. 1 und 2, 50, 51 UmwG.[62] Der Geschäftswert einer (zusammen mit dem Verschmelzungsvertrag oder separat beurkundeten) Zustimmungserklärung richtet sich dabei nach § 98 Abs. 2 S. 2 (→ § 98 Rn 30).

44   Gegenstandsverschieden zum Zustimmungsbeschluss des aufnehmenden Rechtsträgers ist der Beschluss über eine im Zuge der Verschmelzung vorzunehmende **Kapitalerhöhung**, so dass der Nennbetrag[63] der Kapitalerhöhung dem Wert des Verschmelzungsbeschlusses hinzuzurechnen ist.[64]

45   Die **Änderung des Gesellschaftsvertrags** des übernehmenden Rechtsträgers im Zuge der Verschmelzung ist gegenstandsgleich (§ 109 Abs. 1 S. 1) mit der Verschmelzung durch Aufnahme.[65] Dies gilt auch bei Verschmelzung durch Neugründung, es sei denn, die Satzungsänderung erfolgt durch Beschluss.

46   **bb) Spaltungs- und Übernahmeverträge. Spaltungsverträge** (es handelt sich bei der Aufspaltung stets um einen Vertrag und nicht um eine einseitige Erklärung) sind Austauschverträge iSv Abs. 3, wenn den Anteilseignern des übertragenden Rechtsträgers Gegenleistungen (Anteilsrechte, Zahlungen) gewährt werden. Ist dies nicht der Fall, bestimmt sich der Geschäftswert nach Abs. 1. In beiden Fällen gelten die Ausführungen zu Verschmelzungsverträgen entsprechend (→ Rn 39 ff).

47   Bei der **Aufspaltung zur Aufnahme** nach § 123 Abs. 1 Nr. 1 UmwG (Aufteilung des ganzen Vermögens) kann auf die Schlussbilanz des übertragenden Rechtsträgers zurückgegriffen werden.

48   Bei der **Abspaltung oder Ausgliederung zur Aufnahme** nach § 123 Abs. 2 Nr. 1, Abs. 3 Nr. 1 UmwG sind nur die von ihr betroffenen Teile des Vermögens zu bewerten, wobei auf Stichtagsbilanzen oder die Bilanzsumme für den abgespaltenen Betriebsteil zurückgegriffen werden kann.[66] Bei der Abspaltung von Gesellschaftsbeteiligungen ist – soweit nicht § 54 anwendbar ist – nicht der Buchwert laut Bilanz maßgebend, sondern der Verkehrswert des Anteils. Der Nennbetrag eines Geschäftsanteils gibt jedenfalls – dieser Gedanke steht auch hinter § 54 („keine genügenden Anhaltspunkte für einen höheren Wert") – keinen Hinweis auf seinen Wert, es sei denn, es handelt sich um eine neu gegründete GmbH. Vorgeschlagen wurden hierzu ein Rückgriff auf den Kurs des Geschäftsanteils (soweit existent) oder auf den Steuerwert, Vergleichswerte aus vorangegangenen Transaktionen oder die Wertbestimmung nach der Bilanz.[67] Durch die Einführung des § 54 sind Kapitalgesellschaften und Kommanditbeteiligungen von dieser Problematik ausgenommen worden, was den Großteil der Fälle betreffen dürfte.

49   Bei der **Spaltung zur Neugründung** nach § 123 Abs. 1 Nr. 2, Abs. 2 Nr. 2 und Abs. 3 Nr. 2 UmwG tritt an die Stelle des Spaltungs- oder Übernahmevertrags der **Spaltungsplan** des übertragenden Rechtsträgers nach als einseitiger Rechtsakt (§ 135 Abs. 2 S. 2 UmwG) nach § 136 UmwG. Der Geschäftswert bestimmt sich nach Abs. 1 aufgrund der Eröffnungsbilanz (§ 242 HGB) des neuen Rechtsträgers (Aktivvermögen ohne Schuldenabzug).[68] Der Spaltungsplan enthält den Gesellschaftsvertrag des neuen Rechtsträgers; dieser ist gegenstandsgleich und daher nicht gesondert zu bewerten.[69] Wird ein einzelkaufmännisches Unternehmen in eine bestehende GmbH ausgegliedert, handelt es sich auch dann um einen Vertrag und keine einseitige Erklärung, wenn Einzelkaufmann und Alleingesellschafter der GmbH personenidentisch sind.[70] Eine einseitige Erklärung liegt hingegen vor, wenn ein einzelkaufmännisches Unternehmen auf einen neuen Rechtsträger ausgegliedert wird.

50   Für bewertungstechnische Korrekturen hinsichtlich einzelner Bilanzposten gelten die Ausführungen in → Rn 39 entsprechend.

51   **cc) Vermögensübertragung.** Bei der Vermögensübertragung ist zwischen der Vollübertragung (§ 174 Abs. 1 UmwG) und der Teilübertragung (§ 174 Abs. 2 UmwG) zu differenzieren. Bei der **Vollübertragung** sind nach § 176 Abs. 1 UmwG grds. die Verschmelzungsvorschriften zur Aufnahme entsprechend anzuwenden; zur kostenrechtlichen Behandlung ist insoweit auf die Ausführungen zur Verschmelzung (→ Rn 39 ff) zu verweisen. Bei der **Teilübertragung** gelten nach § 177 Abs. 1 UmwG die Vorschriften über die Spaltung zur Aufnahme grds. entsprechend; dies gilt auch für die kostenrechtlichen Ausführungen in → Rn 46.[71]

52   **dd) Rechtsformwechsel.** Für einen Rechtsformwechsel ist ein Beschluss nach § 193 UmwG erforderlich, dessen Geschäftswert sich nach § 108 Abs. 3 bestimmt.

53   **ee) Sonstige Beschlüsse und Erklärungen.** Der Geschäftswert bei der Beurkundung von Beschlüssen nach dem UmwG ist nach § 108 Abs. 3 S. 1 der Wert des Vermögens des übertragenden oder formwechselnden

---

62 OLG Hamm MittBayNot 2002, 210. **63** Bzw der höhere Geldwert der neuen Anteile, vgl LG Wuppertal 1.12.2014 – 9 T 35/14, juris. **64** *Tiedtke*, MittBayNot 1997, 209, 212. **65** BayObLG DNotZ 1975, 676. **66** Rohs/Wedewer/*Rohs*, KostO, § 39 Rn 32. **67** Korintenberg/*Bengel/Tiedtke*, KostO, § 39 Rn 74 mwN. **68** Vgl Sagasser/Bula/Brünger/*Bula/Pernegger*, Umwandlungen, 4. Aufl. 2011, § 19 Rn 71; *Küting/Hayn/Hütten*, BB 1997, 568. **69** BayObLG MittBayNot 1997, 54; *Tiedtke*, MittBayNot 1997, 209. **70** OLG Zweibrücken MittBayNot 1999, 402. **71** Rohs/Wedewer/*Rohs*, KostO, § 39 Rn 32 c.

Rechtsträgers. Bei Abspaltungen oder Ausgliederungen ist nach § 108 Abs. 3 S. 2 der Wert des übergehenden Vermögens maßgebend. Nach § 109 Abs. 2 S. 1 Buchst. g sind Beschlüsse von Organen verschiedener Rechtsträger bei Umwandlungsvorgängen gegenstandsgleich, wenn sie denselben Beschlussgegenstand haben. Für den Geschäftswert von Zustimmungserklärungen nach dem UmwG gilt § 98 Abs. 1, 2 (→ § 98 Rn 30). Zur Gegenstandsverschiedenheit von Beschlüssen von Organen einer Vereinigung und rechtsgeschäftlichen Erklärungen s. § 110 Nr. 1; die Geschäftswerte sind nach § 35 Abs. 1 zu addieren.

ff) Vorverträge hinsichtlich Maßnahmen nach dem UmwG. Verpflichten sich die Gesellschafter, bei einer **54** Gesellschaft in der Zukunft Umwandlungsmaßnahmen vorzunehmen, handelt es sich um einen eine gesellschaftsrechtliche Vereinbarung zur Erreichung eines gemeinsamen Zwecks iSv § 705 BGB. In der Regel handelt es sich dabei nicht um Austauschverträge, so dass Abs. 1 zur Anwendung kommt. Für die Bestimmung des Geschäftswerts gelten die Ausführungen zu Verschmelzung, Spaltung etc. entsprechend (→ Rn 39 ff).

Gegenstandsgleich mit dem Vorvertrag sind alle mit der intendierten Umwandlungsmaßnahme unmittelbar **55** zusammenhängenden Vereinbarungen (Zustimmungspflichten, Verzichtserklärungen etc.). Gegenstandsverschieden sind demgegenüber nur mittelbar mit der Umwandlungsmaßnahme – etwa in ihrem Vorfeld – abzuwickelnde Vereinbarungen, zB über Entnahmerechte, Darlehensgewährungen, Einlageverpflichtungen etc. Die Mindest- und Höchstgeschäftswerte nach § 107 Abs. 1 (Gesellschaftsvertrag) gelten nur für den Vorvertrag und die damit gegenstandsgleichen Vereinbarungen.

d) Wohnungseigentums- und Wohnungserbbaurechtsverträge. Hinsichtlich der **Begründung** von Wohnungs- und Teileigentum ebenso wie von Wohnungs- und Teilerbbaurechten sowie bei Geschäften, welche **56** die Aufhebung oder das Erlöschen von Sondereigentum und Sondererbbaurechten zum Gegenstand haben, ist § 42 die **speziellere Vorschrift.** Hinsichtlich der **Übertragung** der vorgenannten Rechte gilt wiederum Abs. 3, soweit diese nicht unentgeltlich erfolgt. Der Anwendungsbereich des Abs. 1 ist daher neben der Konstellation der unentgeltlichen Übertragung auf von § 42 nicht erfasste Fälle begrenzt, dh auf Vereinbarungen, die nicht der von § 42 geregelten Gestaltung des jeweiligen dinglichen Rechts dienen, sondern darüber hinausgehende schuldrechtliche Vereinbarungen betreffen.

Gesellschaftsverträge der Bauherren, die bei Errichtung einer Wohneigentums- oder Wohnerbbaurechtsanlage im Wege eines Bauherrenmodells getroffen werden, sind gegenstandsgleich iSv § 109 Abs. 1 S. 1. Gleiches gilt für im Zuge dessen abgeschlossene Grundstückskauf-, Baubetreuungs- und weitere Verträge, die **57** durch ihre wirtschaftliche und/oder rechtliche Verbindung dem Gesamtprojekt zu dienen bestimmt sind. Sie stehen nach dem Willen der Beteiligten in einem Abhängigkeitsverhältnis iSv § 109 Abs. 1 S. 2.[72]

III. Veränderungen eines Rechtsverhältnisses (Abs. 2)

1. Allgemeines. Werden eine oder mehrere Veränderungen eines bestehenden Rechtsverhältnisses beurkundet, darf der Wert des von der Veränderung betroffenen Rechtsverhältnisses nicht überschritten werden. **58** Was unter den Begriff **„Veränderung eines bestehenden Rechtsverhältnisses"** fällt, ist dabei umstritten:

Unstreitig umfasst der Begriff inhaltliche Veränderungen, etwa hinsichtlich **Umfang** oder **Fälligkeit** der Leistungen oder sonstiger Leistungsmodalitäten. **59**

Die noch hM und Rspr subsumiert unter „Veränderung eines Rechtsverhältnisses" darüber hinaus auch **60** **Belastungen** des Rechtsverhältnisses sowie **Beteiligtenwechsel** durch Übertragung.[73] Mit zahlreichen Stimmen in der Lit.[74] ist diese Ansicht jedoch abzulehnen: Belastungen und Abtretungen betreffen gerade nicht „dasselbe", sondern begründen sowohl aus zivilrechtlicher als auch aus kostenrechtlicher Perspektive neue Rechtsverhältnisse (Kausalgeschäft zwischen Zedent und Zessionar bzw zwischen Sicherungsgeber und Sicherungsnehmer sowie das korrespondierende Erfüllungsgeschäft). So sind Abtretung und Belastung jeweils Teil eines anderen Rechtsverhältnisses, das sich weder auf das ursprüngliche, noch auf ein gemeinsames drittes Rechtsverhältnis bezieht. Gemeinsam ist den Rechtsverhältnissen nur die Forderung bzw der Belastungsgegenstand, auf den es für die Definition des Rechtsverhältnisses jedoch insoweit nicht ankommt.[75] Auch kostenrechtlich gilt nichts anderes: Werden Abtretung bzw Belastung als Erfüllungs- oder Sicherungsgeschäft zu einem Kausalgeschäft beurkundet, handelt es sich kostenrechtlich um verschiedene Rechtsverhältnisse, die nach § 109 Abs. 1 S. 2 lediglich gegenstandsgleich sind. Das ursprüngliche Rechtsverhältnis, zB die Forderungsbegründung, ist davon zu unterscheiden. Der Begriff „Rechtsverhältnis" in Abs. 2 und in

---

[72] Detailliert zu Rspr und Lit. vgl Rohs/Wedewer/*Rohs*, KostO, § 39 Rn 21 ff. [73] KG JVBl. 1943, 99; OLG München DNotZ 1938, 185; BayObLG DNotZ 1952, 388; OLG Hamm Rpfleger 1955, 257; Rohs/Wedewer/*Rohs*, KostO, § 39 Rn 57. [74] *Behre*, DNotZ 1940, 179, 187; *Wiesinger*, DNotZ 1952, 540; *Küntzel*, DNotZ 1952, 391; Korintenberg/*Bengel/Tiedtke*, KostO, § 39 Rn 92 ff; dagegen – mit rein faktischer Begründung – Rohs/Wedewer/*Rohs*, KostO, § 39 Rn 57 und Fn 146. [75] Vgl *Behre*, DNotZ 1940, 179, 187.

§ 109 Abs. 1 S. 1 ist identisch, so dass „Veränderung eines Rechtsverhältnisses" nach Abs. 2 nur die Änderung desselben Rechtsverhältnisses unter den bisherigen Partnern meinen kann. Damit fallen Abtretung und Belastung nicht unter § 97 Abs. 2.

61　Es ist weder für die Anwendung von Abs. 2 noch für den Gebührensatz (die Sondervorschrift des § 42 KostO wurde nicht in das GNotKG übernommen) relevant, ob das zu ändernde Rechtsverhältnis bereits beurkundet war. Ist dies nicht der Fall, ist der Geschäftswert zu bestimmen, der im Fall der Beurkundung des Geschäfts gelten würde. Zugleich sollte geprüft werden, ob das nicht beurkundete Rechtsverhältnis – zB aus Beweisgründen – in seiner geänderten Fassung beurkundet werden sollte.

62　**2. Wert der Veränderungen.** Veränderungen eines Rechtsverhältnisses, die einen bestimmten Geldwert aufweisen, sind nach diesem zu bewerten. Dabei ist der Geschäftswert maßgeblich, den die Veränderung als Gegenstand eines gesonderten Rechtsgeschäfts hätte.

63　Somit sind auch solche Veränderungen, deren Bezugsgegenstand im Rahmen des ursprünglichen Rechtsgeschäfts nicht in die Berechnung des Geschäftswerts eingeflossen sind (zB Früchte, Nutzungen und Zinsen nach § 37 Abs. 1), eigenständig zu berücksichtigen (vgl § 37 Abs. 2).

64　Betrifft eine Veränderung hingegen nicht den Geschäftswert eines Rechtsverhältnisses, ist der Geschäftswert bei vermögensrechtlichen Angelegenheiten nach § 36 Abs. 1, bei nichtvermögensrechtlichen Angelegenheiten nach § 36 Abs. 2 zu bestimmen.

65　**3. Bewertung bei mehrfacher Änderung eines Rechtsverhältnisses.** Werden in einer Urkunde mehrere Veränderungen desselben Rechtsverhältnisses beurkundet, ist jede Änderung gesondert zu bewerten. Beziehen sich die Veränderungen auf einen Austauschvertrag, ist die Summe der Veränderungen auf beiden Seiten zu bilden; die höhere der beiden Summen ergibt den Geschäftswert iSv Abs. 2,[76] der jedoch durch den Geschäftswert des veränderten Rechtsverhältnisses begrenzt wird.

66　Gelten für die einzelnen Veränderungen unterschiedliche Gebührensätze, kommt § 94 zur Anwendung.

67　Wird nur ein Teil eines Rechtsverhältnisses verändert (zB Änderung einer Scheidungsvereinbarung hinsichtlich Unterhaltszahlungen), ist Abs. 2 auf den Geschäftswert dieses Teils zu beziehen.

68　Werden hingegen mehrere Rechtsverhältnisse verändert, ist Abs. 2 auf jedes Rechtsverhältnis gesondert anzuwenden, so dass jeweils alle Veränderungen eines Rechtsverhältnisses den Wert desselben nicht überschreiten dürfen.

IV. Austauschverträge (Abs. 3)

69　**1. Allgemeines; Begriffsbestimmung.** Ein Austauschvertrag im (kostenrechtlichen) Sinne des Abs. 3 ist ein Vertrag, der Leistungen oder Verpflichtungen zu solchen Leistungen beinhaltet, die mehrere Vertragsparteien gegenseitig oder gegenüber Dritten erbracht haben oder eingegangen sind, wobei eine Leistung oder Verpflichtung um der anderen willen erfolgt.[77] Neben den vor allem hierzu zu zählenden gegenseitigen Verträgen iSv § 320 BGB fallen damit auch solche Verträge unter Abs. 3, deren Verpflichtungen nicht im Synallagma stehen (zB Verträge mit Leistungen oder Verpflichtungen an Dritte oder zugunsten Dritter, soweit diese für einen Vertragspartner an dessen Stelle erbracht werden).

70　Erbringen die Parteien zwar jeweils Leistungen (bzw gehen sie entsprechen Verpflichtungen ein), erfolgt dies jedoch nicht um der jeweils anderen Leistung bzw Verpflichtung willen, liegt kein Austauschvertrag vor. Gleiches gilt, wenn ein Rechtsgut vor dem Hintergrund der §§ 134, 138 BGB oder sonstiger gesetzlicher Verbote nicht Gegenstand eines Austauschvertrags sein kann (zB Adoption, Ehevertrag).

71　Zugleich ist jedoch nicht jeder gegenseitige Vertrag ein Austauschvertrag iSv Abs. 3. So handelt es sich bei dem **Gesellschaftsvertrag** nach hM und Rspr zwar um einen gegenseitigen Vertrag iSv § 320 BGB,[78] es fehlt allerdings an einem Austausch von Leistungen (→ Rn 15).

72　Keine Austauschverträge iSv Abs. 3 sind zudem **Auseinandersetzungsverträge**, dh Verträge, bei denen gesamthänderisch Berechtigte ihre Rechte an einem zur gesamten Hand gehaltenen Gegenstand aufgeben, ihnen im Zuge dessen jedoch andere Gegenstände (Alleinberechtigung am Gegenstand, Zahlungsansprüche etc.) gewährt werden. Hier fehlt es ebenfalls an einem direkten Austausch der Gegenstände; es wird nicht getauscht, sondern auseinandergesetzt (→ Rn 9).

73　Von Abs. 3 erfasst sind **Verpflichtungs-** ebenso wie **Erfüllungsgeschäfte.** Mehrere Erfüllungsgeschäfte, die der Erfüllung ein und desselben Verpflichtungsgeschäfts dienen, sind dabei gegenstandsgleich (§ 109 Abs. 1). Werden also zB mehrere Auflassungen in derselben Verhandlung in Erfüllung eines früher beurkun-

---

76 KG DNotZ 1942, 26.　**77** Rohs/Wedewer/*Rohs*, KostO, § 97 Rn 5.　**78** Palandt/*Grüneberg*, Einf. §§ 320 ff BGB Rn 6; RGZ 76, 279; 147, 342; BGH NJW 1951, 308.

deten Ringtausches beurkundet, fällt die 0,5-Gebühr nach Nr. 21101 KV oder die 1,0-Gebühr Nr. 21102 KV nur einmal an.[79]

2. Durchführung des Wertvergleichs. Der Wertvergleich nach Abs. 3 ist ausnahmslos durchzuführen, sei es auch nur im Rahmen eines kursorischen „inneren Abgleichs" der Erfahrungswerte zu vergleichbaren Geschäften. Ein Rechts- oder Erfahrungssatz, dass die Gegenleistung einer Partei (mit Ausnahme des Tauschvertrags idR in Geld) entsprechend marktwirtschaftlichen Grundsätzen dem Wert der Leistung der anderen Partei entspricht, existiert nicht. Besonders deutlich wird dies bei unter besonderen Umständen geschlossenen Austauschverträgen wie etwa **Not- oder Verwandtengeschäften**, bei denen der Wert des veräußerten Gegenstands häufig deutlich unter dem Wert der Gegenleistung liegt. **74**

Gleiches gilt für **Veräußerung von Geschäftsanteilen**, bei denen der Kaufpreis häufig nur bedingt Aufschluss über den Wert des Anteils gibt. Bestehen zB deutliche Differenzen zwischen dem Ansatz der Buchwerte in der Unternehmensbilanz und der Höhe des (anteiligen) Kaufpreises der Anteile an diesem Unternehmen, bietet dies genügend Anlass zu einem genaueren Hinsehen beim Wertvergleich, vgl § 54. Hiervon kann – entgegen OLG Rostock[80] – nicht mit dem Argument abgesehen werden, dass „[d]ie in einer Bilanz angegebenen Buchwerte von Grundstücken ... nicht maßgebend [sind], da diese Werte weitgehend willkürlich, bzw rechtlich vorgegeben sind und vom tatsächlichen Wert eines Wirtschaftsgutes daher in aller Regel abweichen". **75**

3. Beispiele für Austauschverträge. a) Kaufverträge (Sachen, Rechte). Abs. 3 gilt als Geschäftswertvorschrift für sämtliche Kaufverträge, sei es für Sachen, Sachgesamtheiten oder Rechte. § 47 (Sache bei Kauf) ist lediglich Bewertungsvorschrift, kommt also erst auf der zweiten Stufe der Geschäftswertbestimmung zum Zuge.[81] **76**

In den Vergleich nach Abs. 3 einzustellen ist auf der einen Seite der nach den allgemeinen Bewertungsvorschriften zu bestimmende Wert des veräußerten Gegenstandes (Sache, Sachgesamtheit oder Recht, zB Grundstück, Erbbaurecht, Geschäftsanteil, Erbanteil), auf der anderen Seite sämtliche entsprechend zu bewertenden Leistungen des Käufers. Für die Bewertung von Leistung und Gegenleistung bestehen keine Besonderheiten (zB § 46 für Grundstücke; § 54 für Anteile an Kapitalgesellschaften und für Kommanditanteile). **77**

Die Übertragung eines Anteils an einer Personengesellschaft und die Abtretung von auf Sonderkonten des Gesellschafters (Veräußerers) bestehenden Guthaben an den Erwerber sind idR gegenstandsverschiedene Vereinbarungen iSv § 86 Abs. 2: Die Anteilsübertragung ist von der Abtretung der Guthaben im Sinne einer Forderungsabtretung zu unterscheiden. Für die Bewertung des Anteils gilt § 54, für die Bewertung der Guthaben gilt § 46 Abs. 1. **78**

Beim Forderungskauf bzw der separat beurkundeten Forderungsabtretung wird der Nominalwert der Forderung praktisch immer über der Gegenleistung des Erwerbers liegen. Ist die Forderung unsicher, ist nach § 36 Abs. 1 ein Abschlag zu machen, wobei die Höhe der Gegenleistung idR nicht unterschritten werden sollte. **79**

Da Abs. 3 auch für Verfügungsgeschäfte gilt (→ Rn 73), ist der Geschäftswert einer separat beurkundeten Auflassung ebenfalls hiernach zu bestimmen. **80**

Zusatzvereinbarungen wie Leistungsvorbehalte des Verkäufers oder Leistungsverpflichtungen des Käufers fließen grds. in die Geschäftswertbestimmung ein (zB Investitionsverpflichtungen nach § 50 Nr. 4, Bauverpflichtungen nach § 50 Nr. 3 oder dinglicher Verfügungsbeschränkungen nach § 51 Abs. 2; vgl die dortige Kommentierung). **81**

Für bedingte Nachzahlungsverpflichtungen (die nicht lediglich Verpflichtungen etc. nach § 50 absichern sollen – dann Gegenstandsgleichheit, § 109 Abs. 1 S. 2) gilt § 47 S. 2; sie sind mit einem nach dem Wahrscheinlichkeitsgrad des Bedingungseintritts zu bestimmenden Wert einzurechnen (→ § 47 Rn 16 ff). **82**

b) Tauschverträge, Ringtausch, Baulandumlegung. Bei einem **Tauschvertrag** ist der Wert der von jeder Partei in den Tausch eingebrachten Gegenstände zu ermitteln (§§ 46 ff) und miteinander zu vergleichen; der höchste Wert bzw die höchste Wertsumme (bei mehreren Leistungen einer Partei, zB Grundstück plus Aufgeld) ist maßgebend. Ein Abzug von Schulden und Lasten erfolgt nicht. **83**

Auch ein **Ringtausch**, dh eine reihum erfolgende Veräußerung gleichartiger Tauschgegenstände (nicht: Geld) unter mindestens drei Vertragsparteien, ist infolge der Verknüpfung der mehreren Tauschleistungen ein Austausch-, nicht etwa ein Gesellschaftsvertrag.[82] Dabei ist vor diesem Hintergrund von nur einem, **84**

79 Vgl zum früheren Recht OLG Hamm JMBl NRW 1964, 58; Rohs/Wedewer/*Rohs*, KostO, § 39 Rn 7. **80** OLG Rostock FGPrax 2011, 315 (Ls.). **81** Vgl demgegenüber zum früheren Recht Rohs/Wedewer/*Rohs*, KostO, § 39 Rn 10. **82** Vgl BayObLG MittBayNot 1988, 192 (zur privatrechtlichen Baulandumlegung).

nicht etwa von zwei oder mehr Rechtsverhältnissen auszugehen. Nach Abs. 3 maßgeblich ist folglich der wertvollste Tauschgegenstand.

85   Voraussetzung für die Einordnung als ein einheitliches Rechtsverhältnis ist allerdings, dass von Beginn an feststeht, welche Vertragspartei mit wem welche Gegenstände (idR Grundstücke) tauscht. Ist dies nicht vorbestimmt – werden die Grundstücke also zB zunächst in einen Pool eingebracht, wobei erst später die Zuteilung der konkreten Flächen an die einzelnen Parteien erfolgen soll – ist von einer gesellschaftsrechtlichen Gestaltung (GbR) auszugehen, die nicht unter Abs. 3, sondern unter Abs. 1 zu fassen ist.[83]

86   Gleiches gilt für private Umlegungen von Grundstücken (insb. **Baulandumlegungen**; nicht zu verwechseln mit der Umlegung nach §§ 45 ff BauGB, dh von mehreren Eigentümern geschlossene, privatrechtliche Vereinbarungen über die Umlegung von Grundstücken.[84] Auch hier ist – die o.g. Vorbestimmung der Grundstücksverteilung vorausgesetzt – der wertvollste Tauschgegenstand maßgeblich für den Geschäftswert.

87   **c) Erbbaurechtsbestellungsverträge.** Erbbaurechtsbestellungsverträge sind Austauschverträge iSv Abs. 3. § 49 Abs. 2 ist als reine Bewertungsvorschrift[85] (Wert des Erbbaurechts = 80 % der Summe aus den Werten des belasteten Grundstücks und darauf errichteter Bauwerke) nicht *lex specialis* gegenüber der Geschäftswertvorschrift des Abs. 3. Zu beachten ist, dass § 49 Abs. 2 nur für solche Vereinbarungen gilt, die zum Inhalt des Erbbaurechts nach §§ 2–8, 27 und 32 ErbbauRG gemacht werden können. Nur zum schuldrechtlichen, nicht jedoch dinglichen Inhalt werdende Vereinbarungen, wie zB ein dem Grundstückseigentümer eingeräumtes Vorkaufsrecht am Erbbaurecht (→ § 51 Rn 9 f), sind grds. gegenstandsverschieden (§ 86 Abs. 2) und damit separat zu bewerten.

88   Damit sind in den Wertvergleich auf der einen Seite der nach § 49 Abs. 2 ermittelte Wert des Erbbaurechts sowie die vorgenannten schuldrechtlichen Verpflichtungen, auf der anderen Seite der Erwerbspreis (bei Vorabbezahlung) oder der nach § 52 kapitalisierte Erbbauzins einzustellen.

89   **d) Übergabe- bzw Überlassungsverträge.** Im früheren Recht war umstritten, ob bei einem Hofübergabevertrag, bei dem Gegenleistungen erbracht werden, der Geschäftswert sich stets nach § 19 Abs. 4 KostO[86] oder jedenfalls dann, wenn diese Gegenleistungen über den nach § 19 Abs. 4 KostO ermittelten Wert hinausgehen, nach § 39 Abs. 2 KostO berechneten.[87] Die hM und Rspr ging dabei von der Geltung des § 39 Abs. 2 KostO auch bei landwirtschaftlichen Übergaben aus.[88] Durch die Neukonzeption des GNotKG hat sich dieser Streit erledigt: Das GNotKG unterscheidet zwischen Geschäftswertvorschriften (wie § 97) und Bewertungsvorschriften (wie § 48). Geschäftswertvorschriften sind dabei stets im ersten Schritt heranzuziehen, hier also Abs. 3, der ergibt, dass bei einer die Leistungen des einen Teils übersteigenden Gegenleistung des anderen Teils die (höhere) Gegenleistung als Geschäftswert heranzuziehen ist. § 48 spielt folglich erst im zweiten Schritt, der Bewertung der Leistung des Übergebers, eine Rolle. Damit ist eine Einstufung des § 48 Abs. 1 als *lex specialis* gegenüber Abs. 3 nicht vertretbar.

90   Der Begriff der **Übergabe** findet sich in § 48 Abs. 1 S. 1 in Bezug auf landwirtschaftliches Vermögen; Übergabe oder Überlassung meint jedoch generell die Vermögensübertragung unter Lebenden außerhalb kaufvertraglicher Beziehungen. Gegenüberzustellen sind auf der einen Seite der Wert der übertragenen Gegenstände, auf der anderen Seite die vorbehaltenen Nutzungen des Übergebers und die Gegenleistungen des Übernehmers, häufig in Gestalt von Versorgungsleistungen. Mit Ausnahme der nach § 48 zu bewertenden landwirtschaftlichen Übergaben übertrifft der Wert der übertragenen Gegenstände meist den Wert der vorbehaltenen Nutzungen und der Leistungen des Übernehmers. Allerdings können infolge der Abschaffung des Verwandtenprivilegs (früher: § 24 Abs. 3 KostO) letztgenannte Positionen deutlich höhere Werte als bisher erreichen, weshalb stets ein Wertvergleich durchzuführen ist.[89]

91   Die Bewertung der vorbehaltenen Nutzungen und der Leistungen des Übernehmers richtet sich nach den allgemeinen Vorschriften. Danach gilt: Zahlungsverpflichtungen (zB Hinauszahlungen an weichende Erben) sind grds. mit dem Nominalbetrag zu bewerten, vgl § 36 Abs. 1. Die Bewertung wiederkehrender Leistungen des Übernehmers (zB monatliche Zahlungen; Wart- und Pflegeleistungen) bzw dauernder Nutzungen des Übergebers (zB Wohnrecht, Nießbrauch) richtet sich nach § 52; ein Verwandtenprivileg (vgl noch § 24 Abs. 3 KostO) kennt das GNotKG im Gegensatz zur KostO nicht mehr. Auch Lohnverzichtserklärungen

83 Vgl *Bous*, RNotZ 2005, 565; *Filzek*, KostO, § 39 Rn 10; s. auch *Lappe*, NJW 1989, 3254, 3259 unter Hinweis auf den in keinem Verhältnis zum Gebührenaufkommen bei Ringtauschverträgen stehenden Arbeitsaufwand und die Haftungsrisiken des Notars. **84** BayObLG MittBayNot 1988, 192; OLG Zweibrücken MittBayNot 1996, 58; Rohs/Wedewer/*Rohs*, KostO, § 39 Rn 9 c. **85** Vgl BT-Drucks 17/11471 (neu), S. 170. **86** Vgl *Kreutzer*, AgrarR 1991, 145; OLG Hamm MittRhNotK 1990, 56, 57; offengelassen von BayObLG DNotZ 1990, 668. **87** Vgl OLG Köln MittRhNot 2000, 218, 219. **88** BayObLG MittBayNot 1999, 203; OLG Düsseldorf DNotZ 1993, 763; OLG Karlsruhe JurBüro 1991, 1360; OLG Oldenburg JurBüro 1993, 545; *Reimann*, DNotZ 1990, 670, 671; Rohs/Wedewer/*Rohs*, KostO, § 19 Rn 55 f, § 39 Rn 11 a. **89** Anders früher Rohs/Wedewer/ *Rohs*, KostO, § 39 Rn 11.

des Übernehmers (bei effektiv geschuldetem Lohn) sind zu berücksichtigen: bei einem Pauschalbetrag in Höhe des Nominalwerts, bei dauerndem Verzicht nach § 52.

Bei **Erbteils- oder Pflichtteilsverzichten** ist zwischen solchen des Übernehmers und solchen der weichenden Erben zu unterscheiden. Erstere sind Gegenleistung des Übernehmers und als solche in den Leistungsvergleich nach Abs. 3 einzustellen. Letztere sind gegenstandsverschieden,[90] § 86 Abs. 2; ihr Geschäftswert bestimmt sich nach § 102 Abs. 4 iVm Abs. 1, 2: Maßgeblich ist demnach der Wert des dem Verzicht unterliegenden Bruchteils des Vermögens im Zeitpunkt der Beurkundung (Wahrscheinlichkeitserwägungen spielen entgegen dem früheren Recht keine Rolle mehr).[91] Schuldrechtliche Verfügungsverbote bzw Rückübertragungsverpflichtungen bei Verstoß gegen dieselben sind nach § 50 Nr. 1 mit 10 % des Werts des jeweiligen Gegenstandes zu bewerten (untereinander besteht Gegenstandsgleichheit – Sicherung iSv § 109 Abs. 1 S. 1, 2). Der Wert bedingter Leistungsverpflichtungen bestimmt sich nach dem Grad der Wahrscheinlichkeit des Bedingungseintritts, § 36 Abs. 1.[92] **92**

e) **Vergleiche.** Ein Vergleich ist Austauschvertrag iSv Abs. 3, da dem Leistungsversprechen eines Beteiligten der Anspruchsverzicht des anderen gegenübersteht.[93] Bei einem Vergleich ist der höhere Wert der eingebrachten Leistungen maßgeblich, nicht hingegen die zuvor (gerichtlich oder außergerichtlich) geltend gemachten Ansprüche der Parteien. Anderes gilt nur dann, wenn die Parteien in dem Vergleich den Verzicht auf gegenseitige Ansprüche erklären – hier ist der Wert des höheren Anspruchs maßgeblich.[94] Regelmäßig wird die Geldleistung der einen Seite auch dem Wert der Leistung der anderen Seite entsprechen, so dass von der Maßgeblichkeit des Geldbetrags ausgegangen werden kann.[95] **93**

f) **Austauschverhältnisse in Ehe- und Lebenspartnerschaftsverträgen sowie Scheidungsvereinbarungen.** Der Geschäftswert einer güterrechtlichen Vereinbarung iSv § 1408 BGB bestimmt sich nach § 100. Erfolgt eine Auseinandersetzung jedoch durch Übertragung einzelner Vermögensgegenstände gegen bestimmte Leistungen der jeweils anderen Vertragspartei, handelt es sich um einen (gegenstandsverschiedenen, § 111 Nr. 2) Austauschvertrag iSv Abs. 3. Der höhere Wert bildet demnach den Geschäftswert; Verbindlichkeiten sind nach § 38 S. 1 nicht abzuziehen. **94**

g) **Agentur- und Kommissionsverträge.** Bei einem Agentur- und Kommissionsvertrag handelt es sich um einen Dienstvertrag, sofern keine Lieferverpflichtung oder Provisionszahlung vereinbart ist (dann: Austauschvertrag iSv Abs. 3).[96] Der Geschäftswert eines Dienstvertrags bestimmt sich nach § 99 Abs. 2. Gleiches gilt, wenn der Vertrag als Geschäftsbesorgungsvertrag zu qualifizieren ist. **95**

h) **Erschließungsverträge.** Öffentlich-rechtliche Erschließungsverträge nach § 124 BauGB (zivilrechtlich einem Werkvertrag gleichzustellen, §§ 631 ff BGB) sind Austauschverträge nach Abs. 3; Geschäftswert ist dementsprechend idR der Gesamtbetrag der voraussichtlichen Aufwendungen des Erschließungsträgers. Werden im Rahmen des Erschließungsvertrags zusätzlich Erwerbs- oder Veräußerungsverpflichtungen der Beteiligten vereinbart, sind diese gegenstandsverschieden, § 86 Abs. 2. Wird die Erschließungslast oder die Erschließung als solche durch den Käufer eines Grundstücks in einem Kaufvertrag übernommen, handelt es sich um eine nach § 47 S. 2 zu berücksichtigende, nach § 50 Nr. 4 mit 20 % der Summe zu bewertende Leistung des Käufers: Sowohl die Verpflichtung, die Erschließung zu übernehmen als auch die Übernahme sämtlicher Erschließungskosten ist eine Investition in das Grundstück. Die Rechtsfolge (Bewertung mit einem Teilwert der Erschließungskosten) entspricht strukturell dem früheren Recht, wonach nur der einen sonst gesetzlich geschuldeten Erschließungsbeitrag übersteigende Wert der Erschließungsleistungen – idR 10 % des beitragsfähigen Erschließungsaufwands, es sei denn, eine gemeindliche Satzung sieht eine höhere Beteiligung der Gemeinde vor – zu berücksichtigen ist.[97] **96**

i) **Vorverträge.** Ein Vorvertrag zu einem Austauschvertrag (gleichgültig, ob sich beide Teile oder nur ein Teil verpflichtet hat) hat den Geschäftswert des künftigen Austauschvertrags; hinzuzurechnen sind ggf im Vorvertrag enthaltene, über den Inhalt des künftigen Austauschvertrags hinausgehende Leistungen oder Verpflichtungen (zB eine Optionsgebühr). Zu beachten ist, dass die iRd KostO umstrittene Frage, ob für den künftigen Austauschvertrag nur eine ermäßigte Gebühr (§ 38 Abs. 1 KostO) oder die volle 2,0-Gebühr anfällt,[98] nicht mehr auftritt: Die Ermäßigungsvorschrift des § 38 Abs. 1 KostO hat keine Aufnahme in das GNotKG gefunden, können doch die Beteiligten ein gebührenrechtlich vergleichbares Ergebnis durch andere Vertragsgestaltungen, wie zB Angebots- oder Optionsverträge, ebenso gut erreichen.[99] **97**

---

90 Vgl *Tiedtke*, ZNotP 2006, 245, 250; aA wohl OLG Frankfurt JurBüro 1998, 430. **91** Vgl BT-Drucks 17/11471 (neu), S. 186; zum früheren Recht Korintenberg/*Bengel/Tiedtke*, KostO, § 39 Rn 30 ff. **92** Vgl Korintenberg/*Bengel/Tiedtke*, KostO, § 39 Rn 24 a; Rohs/Wedewer/*Rohs*, KostO, § 20 Rn 3 b. **93** Rohs/Wedewer/*Rohs*, KostO, § 39 Rn 13. **94** Korintenberg/*Bengel/Tiedtke*, KostO, § 39 Rn 29. **95** KG DNotZ 1938, 464; Rohs/Wedewer/*Rohs*, KostO, § 39 Rn 13. **96** *Bengel/Tiedtke*, DNotZ 2005, 336, 345; KG ZNotP 2005, 117; BayObLG JurBüro 1982, 1549; vgl MüKo-BGB/*Roth*, § 652 Rn 21; Staudinger/*Peters*, BGB, Vorb. § 631 Rn 29; MüKo-BGB/*Busche*, § 631 Rn 67. **97** BayObLG MittBayNot 1980, 38; BVerwGE 32, 37 (zum Mindesterschließungskostenanteil der Gemeinde). **98** S. *Filzek*, KostO, § 38 Rn 2. **99** Vgl BT-Drucks 17/11471 (neu), S. 223.

§ 98 Vollmachten und Zustimmungen

(1) Bei der Beurkundung einer Vollmacht zum Abschluss eines bestimmten Rechtsgeschäfts oder bei der Beurkundung einer Zustimmungserklärung ist Geschäftswert die Hälfte des Geschäftswerts für die Beurkundung des Geschäfts, auf das sich die Vollmacht oder die Zustimmungserklärung bezieht.

(2) ¹Bei Vollmachten und Zustimmungserklärungen aufgrund einer gegenwärtigen oder künftigen Mitberechtigung ermäßigt sich der nach Absatz 1 bestimmte Geschäftswert auf den Bruchteil, der dem Anteil der Mitberechtigung entspricht. ²Entsprechendes gilt für Zustimmungserklärungen nach dem Umwandlungsgesetz durch die in § 2 des Umwandlungsgesetzes bezeichneten Anteilsinhaber. ³Bei Gesamthandverhältnissen ist der Anteil entsprechend der Beteiligung an dem Gesamthandvermögen zu bemessen.

(3) ¹Der Geschäftswert bei der Beurkundung einer allgemeinen Vollmacht ist nach billigem Ermessen zu bestimmen; dabei sind der Umfang der erteilten Vollmacht und das Vermögen des Vollmachtgebers angemessen zu berücksichtigen. ²Der zu bestimmende Geschäftswert darf die Hälfte des Vermögens des Auftraggebers nicht übersteigen. ³Bestehen keine genügenden Anhaltspunkte für eine Bestimmung des Werts, ist von einem Geschäftswert von 5.000 Euro auszugehen.

(4) In allen Fällen beträgt der anzunehmende Geschäftswert höchstens 1 Million Euro.

(5) Für den Widerruf einer Vollmacht gelten die vorstehenden Vorschriften entsprechend.

I. Gesetzliche Systematik und Anwendungsbereich

1 § 98 regelt den Geschäftswert von beurkundeten Vollmachten und Zustimmungserklärungen. Der zugehörige Gebührentatbestand findet sich in Nr. 21200 KV (1,0-Gebühren), sofern es sich – wie idR – um einseitige Erklärungen handelt.

2 **Abs. 1** enthält den allgemeinen Grundsatz, dass der Geschäftswert von Vollmachten und Zustimmungen die Hälfte des Geschäftswerts der Haupterklärung beträgt. Die Regelung erwähnt die Beurkundung nur in Bezug auf die Vollmacht oder Zustimmungserklärung; ob das in Bezug genommene Rechtsgeschäft (Haupterklärung) beurkundet, beglaubigt oder formfrei geschlossen wurde bzw wird, ist nicht relevant.

3 **Abs. 2** enthält eine Ermäßigungsregelung für den Fall der Mitberechtigung, dh die gemeinsame, idR bruchteilsmäßige, Berechtigung mehrerer Rechtsträger am Gegenstand (Sache oder Recht) der Haupterklärung.

4 **Abs. 3** regelt den Geschäftswert von allgemeinen Vollmachten und begrenzt ihn auf die Hälfte des Vermögens des Vollmachtgebers (Auftraggeber). Entgegen seiner systematischen Stellung gilt Abs. 2 auch für allgemeine Vollmachten iSv Abs. 3. Auch der Höchstgeschäftswert des **Abs. 4** gilt für sämtliche Vollmachts- und Zustimmungserklärungen. **Abs. 5** erklärt die vorgenannten Regelungen für den Widerruf einer Vollmacht für entsprechend anwendbar. Der Widerruf einer Zustimmungserklärung als einseitige Erklärung kommt nicht in Betracht.

5 Nach § 19 Abs. 3 Nr. 2 soll die Vorschrift bei Anwendung in der notariellen Kostenrechnung zitiert werden.

II. Geschäftswert bei Vollmachten (Abs. 1 und 3)

6 § 98 unterscheidet zwischen Vollmachten zum Abschluss bestimmter Rechtsgeschäfte (Abs. 1) und allgemeinen Vollmachten (Abs. 3).

7 **1. Vollmachten zum Abschluss bestimmter Rechtsgeschäfte (Abs. 1).** Der Geschäftswert einer Vollmacht zum Abschluss eines bestimmten Rechtsgeschäfts hat den halben Geschäftswert des Geschäfts, auf das sich die Vollmacht bezieht (Hauptgeschäft bzw -erklärung). Maßgeblicher Zeitpunkt für die Bewertung ist nach § 96 der (beabsichtigte) Zeitpunkt der Beurkundung der Vollmacht (nicht: des Hauptgeschäfts). Nach die-

sem Zeitpunkt eintretende Werterhöhungen oder -verluste sind unbeachtlich.[1] Der Geschäftswert des Hauptgeschäfts bestimmt sich dabei nach den allgemeinen Vorschriften.

Für in der Vollmacht enthaltene Beschränkungen und Grenzen hinsichtlich der Ausübung der Vollmacht ist **8** zwischen **Innen- und Außenverhältnis** zu unterscheiden: Betrifft die Beschränkung nur das Innenverhältnis, ist sie nicht zu berücksichtigen: Bei der in einer Urkunde und damit nach außen kundgemachten Vollmacht richtet sich die Auslegung nach dem objektiven Empfängerhorizont (Rechtsverkehr), §§ 133, 157 BGB,[2] nicht nach der Sicht des Bevollmächtigten. Nach der typischen Gestaltung einer Vollmacht kann ein potenzieller Geschäftsgegner davon ausgehen, dass diese ihm gegenüber seit Beurkundung ohne Beschränkung wirksam ist.[3] Auch der wirtschaftliche Wert der Vollmacht bestimmt sich nach dem rechtlichen Können und nicht nach dem rechtlichen Dürfen. Betrifft eine Beschränkung hingegen nach Auslegung das Außenverhältnis – ist etwa in der Vollmacht mit Außenwirkung ein Höchstpreis festgeschrieben, zu dem eine Sache angekauft werden darf –, ist sie kostenrechtlich zu beachten: Hier wäre das Hauptgeschäft bei Verstoß gegen die Beschränkung schwebend unwirksam, § 177 Abs. 1 BGB.[4] Ob die Beschränkung nur im Innen- oder auch im Außenverhältnis gilt, sollte in der Urkunde klargestellt sein bzw ist nach §§ 133, 157 BGB auszulegen.

Damit gilt: Ist in der Vollmacht ein über dem Verkehrswert der Sache (§ 46 Abs. 1) liegender Mindestpreis **9** für deren Verkauf festgeschrieben, ist dieser Geschäftswert. Liegt der Mindestpreis hingegen unter dem Verkehrswert, ist Letzterer maßgeblich. Ein in der Vollmacht im Außenverhältnis genannter Höchstpreis für den Ankauf einer Sache ist stets maßgeblich, auch wenn der Verkehrswert höher ist.

2. Allgemeine Vollmachten (Abs. 3). a) Allgemeines. Allgemeine Vollmachten berechtigen – im Gegensatz **10** zu Spezialvollmachten – nicht nur zur Vornahme eines oder mehrerer bestimmter Geschäfte, sondern zu einem näher beschriebenen Kreis von Geschäften. Zahl und Wert der einzelnen Geschäfte sind zur Zeit der Vollmachtserteilung offen; dementsprechend bestimmt sich der Geschäftswert nicht nach dem rechtlichen Dürfen des Bevollmächtigten, sondern nach **billigem Ermessen (Abs. 3 S. 1 Hs 1)**. Der Rahmen, in dem sich dieses Ermessen bewegt, liegt zwischen 0 und 100 % des Vermögens des Vollmachtgebers (Letzteres bei einer Vollmacht ohne sachliche und zeitliche Beschränkungen). Erst im nächsten Schritt greift die **Geschäftswertbegrenzung** des **Abs. 3 S. 2** ein (dh der Ermessensrahmen beträgt nicht etwa nur den Bereich zwischen 0 und 50 % des Vermögens). Ist der Umfang der erteilten Vollmacht sachlich und/oder zeitlich beschränkt, sind von diesem Wert Abschläge vorzunehmen. Beschränkungen müssen sich allerdings aus der Urkunde selbst, zumindest im Wege der Auslegung, ergeben.[5] Ausschlaggebend für den konkreten Geschäftswert ist folglich das rechtliche Können des Bevollmächtigten,[6] wobei insb. zu berücksichtigen sind (**Abs. 3 S. 1 Hs 2**):

- Umfang der erteilten Vollmacht in sachlicher und zeitlicher Hinsicht;
- Vermögen des Vollmachtgebers (bzw Wert des von der Vollmacht betroffenen Rechtsguts).

b) Generalvollmacht. Eine Generalvollmacht berechtigt den Bevollmächtigten grds. zur Vornahme aller **11** Rechtsgeschäfte, soweit die Vertretung des Vollmachtgebers rechtlich zulässig ist.[7] Der Geschäftswert einer weder sachlich noch zeitlich beschränkten Generalvollmacht ist daher im Rahmen des billigen Ermessens grds. mit der Hälfte des Vermögens des bevollmächtigenden Rechtsträgers ohne Schuldenabzug zu beziffern, §§ 98 Abs. 3, 38.[8] Auf das Innenverhältnis begrenzte Beschränkungen sind für den Geschäftswert unbeachtlich (→ Rn 8).

Zur Kombination einer Generalvollmacht mit einer Vorsorgevollmacht in nichtvermögensrechtlichen Angelegenheiten und/oder einer Patientenverfügung → Rn 17. **12**

c) Vorsorgevollmacht. Durch eine Vorsorgevollmacht ermächtigt der Vollmachtgeber den Bevollmächtigten, im Namen und mit Wirkung für ihn Erklärungen abzugeben, zu denen der Vollmachtgeber infolge Verlusts der Geschäftsfähigkeit nicht mehr in der Lage ist.[9] **13**

Beschränkungen im Innenverhältnis zwischen Vollmachtgeber und Bevollmächtigtem führen generell nicht **14** zu Abschlägen.[10] Erst wenn die Beschränkungen das Außenverhältnis betreffen, finden sie Eingang in die Geschäftswertermittlung (→ Rn 8).[11] Im Fall der Vorsorgevollmacht kommt noch der Vorsorgecharakter

---

1 OLG Celle MittBayNot 1975, 137. **2** BGH NJW 1991, 3141; Palandt/*Heinrichs*, BGB, § 167 Rn 5. **3** Vgl OLG Frankfurt MittBayNot 2007, 344; *Bengel/Tiedtke*, DNotZ 2008, 581, 602. **4** Rohs/Wedewer/*Rohs*, KostO, § 41 Rn 1. **5** Rohs/Wedewer/ *Rohs*, KostO, § 41 Rn 11. **6** Vgl Rohs/Wedewer/*Rohs*, KostO, § 41 Rn 10. **7** Vgl Palandt/*Ellenberger*, BGB, § 167 Rn 7. **8** Die Rspr des OLG Zweibrücken ZNotP 2008, 462 m. abl. Anm. *Tiedtke* ist damit überholt: Das Gericht kam zu dem Schluss, dass bei einer Generalvollmacht, die auch für den Vorsorgefall gelten soll, nicht lediglich die Hälfte, sondern das gesamte Aktivvermögen des Vollmachtgebers dem Geschäftswert zugrunde zu legen sei. **9** Vgl Palandt/*Diederichsen*, BGB, Einf. § 1896 Rn 5. **10** OLG Frankfurt MittBayNot 2007, 344; OLG Oldenburg MittBayNot 2006, 446. **11** Rohs/Wedewer/*Rohs*, KostO, § 41 Rn 1.

hinzu; schon zur KostO hatte die Rspr hier die Zulässigkeit von Abschlägen auf den Geschäftswert festgestellt.[12]

15 Eine nach außen dokumentierte Ausübungsbeschränkung, die bei der Bewertung zu berücksichtigen ist, liegt vor, wenn bei Beschränkung der Vollmacht im Innenverhältnis auf den „Vorsorgefall" bzw „Betreuungsfall" dem Bevollmächtigte nicht sofort eine Ausfertigung erteilt wird (Ausfertigung als Dokumentation der sofortigen Ermächtigung im Außenverhältnis).[13] Hier ist aus Gründen der verminderten Wahrscheinlichkeit der Ausübung der Vollmacht ein **Abschlag** zu machen. Dieser Abschlag ist vor Eingreifen der Geschäftswertbegrenzung des Abs. 3 S. 2 auf 50 % des Werts vorzunehmen. Da der Notar hier „billiges Ermessen" hat, kann der zuvor eingreifende Wertabschlag auch mehr als 50 % betragen.[14] Als Obergrenze stehen die in Abs. 3 S. 2 vorgesehenen 50 % des Aktivvermögens des Vollmachtgebers fest. Zwar sind Fälle denkbar, in denen der Wert der Vollmacht den Wert des Aktivvermögens des Vollmachtgebers übersteigen kann, so etwa in einem vom KG in 2011 entschiedenen Fall.[15] Beispielsweise kann eine Vollmacht dazu dienen, Verpflichtungen des Vollmachtgebers einzugehen, die über sein gegenwärtiges Vermögen hinausgehen; ebenso kann – wie im Fall des KG – die Vollmacht dazu bestimmt sein, das Vermögen des Vollmachtgebers zu mehren. Nach Abs. 3 S. 2 spielt dies jedoch keine Rolle; die Bewertung einer allgemeinen Vollmacht mit mehr als 50 % des Aktivvermögens des Vollmachtgebers ist nicht zulässig.

16 Je weiter die Vorsorgevollmacht reicht, umso mehr gelten die Grundsätze der Geschäftswertermittlung zur Generalvollmacht.[16] Umgekehrt gilt: Betrifft eine Vorsorgevollmacht ausschließlich nichtvermögensrechtliche Angelegenheiten (Ausführung der Betreuungsverfügung, höchstpersönliche Angelegenheiten etc.), ist nach Abs. 3 ein Geschäftswert von 5.000 € anzusetzen.[17]

17 Wird eine General- oder Vorsorgevollmacht zusammen mit einer Betreuungsverfügung (Vorschläge zur Person eines möglichen Betreuers) und/oder einer Patientenverfügung beurkundet, handelt es sich dabei – anders als unter der KostO – gem. § 110 Nr. 3 iVm § 109 Abs. 2 S. 1 Nr. 1 stets um gegenstandsverschiedene Erklärungen, deren Werte nach § 35 Abs. 1 zusammenzurechnen sind. Gegenstandsgleich sind hingegen Betreuungs- und Patientenverfügung, § 109 Abs. 2 S. 1 Nr. 1. Die Geschäftswertbegrenzung des Abs. 3 und der Höchstgeschäftswert des Abs. 4 gelten dabei nur für die Generalvollmacht.

18 Die **Mitteilung** von Vorsorgevollmachten an das **Zentralregister der Bundesnotarkammer** ist **gebührenfrei** (nach früherem Recht nach § 147 Abs. 4 Nr. 6 KostO, im GNotKG infolge des Fehlens eines entsprechenden Gebührentatbestands im KV).

19 d) **Registervollmacht.** Zur (allgemeinen) Registervollmacht des Kommanditisten → Rn 27.

19a e) **Auffangwert nach Abs. 3 S. 3.** Bis zum Inkrafttreten (4.7.2015) des dem Abs. 3 angefügten Satzes 3[18] wies die Regelung für Vollmachten in ausschließlich nichtvermögensrechtlichen Angelegenheiten insoweit eine Lücke auf, als entsprechend der Vorschrift des § 36 Abs. 3 eine Auffangregelung für den Fall fehlte, dass keine genügenden Anhaltspunkte für eine Bemessung nach Abs. 3 S. 1 vorliegen.[19] Hier gilt nun (ohne Umweg über § 36 Abs. 3) ein Auffangwert von 5.000 €.

20 3. **Mehrheit von Vollmachten.** Ob eine oder mehrere Vollmachten vorliegen, ist neben der Frage der Geschäftswertberechnung v.a. für den zu beachtenden Höchstwert nach Abs. 4 interessant. Liegt nur eine Vollmacht vor, beträgt dieser 1 Mio. €; bei mehreren Vollmachten gilt dieser Höchstgeschäftswert für jede Vollmacht gesondert.

21 Die Zahl der Bevollmächtigten ist für die Zahl der Vollmachten stets unbeachtlich, ebenso die Frage ihrer Befugnisse. Eine **Mehrheit von Vollmachten** statt einer einzelnen Vollmacht ist damit nur in den folgenden **zwei Konstellationen** gegeben:[20]

■ Konstellation 1: **Mehrere, nicht in Rechtsgemeinschaft stehende Vollmachtgeber erteilen einer oder mehreren Personen Vollmacht (Spezial- oder allgemeine Vollmacht).** Ausgangspunkt ist die Frage, ob die Vollmacht eine oder mehrere Vermögensgegenstände oder Vermögensmassen betrifft. – Wird hingegen an mehrere Personen Vollmacht hinsichtlich derselben Vermögensgüter bzw -massen erteilt, handelt es sich um eine Vollmacht, auch wenn jeder der Bevollmächtigten allein handeln kann:[21] Maßgeblich ist nach Abs. 1 bzw Abs. 3 allein das Geschäft, zu dem bevollmächtigt wird, nicht die Zahl der Personen, die dazu herangezogen werden.

---

12 Vgl OLG Stuttgart JurBüro 2000, 428; hierzu Korintenberg/*Tiedtke*, § 98 Rn 22. **13** OLG Oldenburg JurBüro 2005, 548; OLG Frankfurt MittBayNot 2007, 344; *Bund*, JurBüro 2004, 173 und 580; *ders.*, JurBüro 2005, 622. **14** Unter Aufgabe der in der Vorauflage (1. Aufl. 2014, aaO) vertretenen Auffassung; vgl Korintenberg/*Tiedtke*, § 98 Rn 22; BDS/*Diehn*, § 98 Rn 30; zur alten Rechtslage *Bund*, JurBüro 2005, 622. **15** KG ZNotP 2012, 319 m. Anm. *Tiedtke*. **16** Korintenberg/*Bengel/Tiedtke*, KostO, § 41 Rn 11. **17** Vor Inkrafttreten des § 98 Abs. 3 S. 3 (4.7.2015): iVm § 36 Abs. 3; vgl auch OLG Hamm FamRZ 2006, 875. **18** Durch Art. 13 Nr. 9 G v. 29.6.2015 (BGBl. I 1042, 1056). **19** Vgl BT-Drucks 18/4201, S. 63. **20** Vgl Korintenberg/*Tiedtke*, § 98 Rn 35. **21** KG DNotZ 1970, 545.

■ Konstellation 2: **Mehrere, nicht in Rechtsgemeinschaft stehende Personen erteilen sich gegenseitig Vollmacht.** Bei gegenseitigen Vollmachten handelt es sich nicht um Austauschverträge, auch wenn eine Vollmacht nur um der anderen willen erteilt wird. Es liegen *qua* Betroffenheit von verschiedenen Vermögensmassen bzw Personen verschiedene Rechtsverhältnisse vor.

4. Einzelfälle. Vollmacht zur Gesellschaftsgründung: Abs. 2 ist trotz unklarem Wortlaut (eine „Mitberechtigung" am Gesellschaftsvermögen besteht nicht) auf Vollmachten zur Gesellschaftsgründung sowohl bei Personen- als auch bei Kapitalgesellschaften (analog) anwendbar (→ Rn 40). Maßgeblich für den Geschäftswert ist somit nicht die Hälfte des Geschäftswerts der Haupterklärung (zB § 107 Abs. 1, 30.000 € x 1/2 = 15.000 €), sondern nach Abs. 2 S. 1 der dem Anteil der Mitbeteiligung des Vollmachtgebers entsprechende Bruchteil. 22

Vollmacht zum Beitritt zu einer GbR: Der Geschäftswert bestimmt sich nach Abs. 1, Abs. 2 S. 1, 3 nach dem (künftigen) Anteil des Vollmachtgebers am Vermögen der Gesellschaft (ohne Schuldenabzug, § 38) bzw – wenn höher – nach seiner Einlage. 23

Stimmrechtsvollmacht: Bezugsgeschäft der Stimmrechtsvollmacht ist der Gesellschafterbeschluss. Der Geschäftswert beträgt damit nach Abs. 1, Abs. 2 S. 1 (bei Kapitalgesellschaft analog) den der Beteiligungsquote des bevollmächtigenden Gesellschafters entsprechenden Bruchteil der Hälfte des Geschäftswerts des Beschlusses nach § 108.[22] 24

Enthält die Vollmacht auch die Bevollmächtigung zur Übernahme eines Geschäftsanteils oder zu sonstigen Rechtsgeschäften, liegt Gegenstandsverschiedenheit iSv § 86 Abs. 2 vor; die Geschäftswerte sind zusammenzurechnen.[23] 25

Konkrete Registervollmacht: Der Geschäftswert einer Vollmacht zu einer bestimmten Anmeldung in einem Register (Handelsregister, Partnerschaftsregister etc.) ist unter Bezug auf den Geschäftswert der Anmeldung (§§ 100, 105, 106) nach Abs. 1, 2 (ggf analog) zu bestimmen.[24] 26

Allgemeine Registervollmacht: Eine für einen längeren Zeitraum erteilte Registervollmacht, die nicht auf bestimmte Registeranmeldungen beschränkt ist, fällt als allgemeine Vollmacht unter Abs. 3. Ihr Geschäftswert bestimmt sich unter Berücksichtigung der möglichen vorzunehmenden Anmeldungen nach billigem Ermessen. Darin als Bezugswerte einzubeziehen sind die Geschäftswerte nach § 105.[25] Sind bereits konkrete Anmeldungen (mit oder ohne bestimmten Geldwert) absehbar, kann mindestens der Wert des Abs. 1 angesetzt werden (hälftiger Wert des Bezugsgeschäfts, hier also der absehbaren Anmeldungen). Bei der **allgemeinen Registervollmacht eines Kommanditisten** bemisst sich der Geschäftswert ebenfalls nach Abs. 3 und damit nach billigem Ermessen; hierbei ist insb. § 105 Abs. 1 S. 1 Nr. 5 zu beachten (Geschäftswert bei erstmaliger Anmeldung einer KG ins Handelsregister). Ausgangspunkt ist somit die Summe der Kommanditeinlagen; dieser Betrag ermäßigt sich nach Abs. 2 S. 1 auf den dem Anteil des Kommanditisten am Gesamtvermögen entsprechenden Bruchteil, mindestens 30.000 € (§ 105 Abs. 1 S. 2).[26] Ob Kommandit- und Hafteinlage voneinander abweichen, ist unbeachtlich. 27

Belastungs- bzw Finanzierungsvollmacht: Eine Belastungs- bzw Finanzierungsvollmacht wird typischerweise im Rahmen eines Kaufvertrags vom Verkäufer an den Käufer erteilt. Nach § 109 Abs. 1 S. 4 Buchst. c handelt es sich bei Kaufvertrag und Vollmacht um denselben Beurkundungsgegenstand; die Belastungs- bzw Finanzierungsvollmacht dient der Durchführung des Kaufvertrags. Der Geschäftswert bestimmt sich gem. § 109 Abs. 1 S. 5 nach dem Geschäftswert des Kaufvertrags und ist auf diesen beschränkt; ein höherer Betrag der Belastungsvollmacht ist ohne Belang.[27] 28

Vollmachtsbestätigung: Wird eine zuvor formlos erteilte Vollmacht formgemäß bestätigt, bestimmt sich der Geschäftswert nach Abs. 1. Gleiches gilt bei einer Vollmacht zur Verlautbarung eines zuvor formlos abgeschlossenen Geschäfts. In beiden Fällen sind die Werte mehrerer bestätigter Vollmachten (für denselben Bevollmächtigten) zusammenzurechnen; beziehen sich die Vollmachten auf dasselbe Rechtsgut, darf die Summe jedoch nicht dessen Wert überschreiten (eine Vollmacht hätte genügt, § 21 Abs. 1). 29

III. Geschäftswert bei Zustimmungserklärungen (Abs. 1)

Zustimmungserklärungen iSv Abs. 1 müssen sich auf bereits anderweitig abgegebene oder noch abzugebende Erklärungen beziehen. Keine Zustimmungserklärungen sind daher Erklärungen einzelner Mitberechtigter, deren Gesamtheit für den Abschluss eines Rechtsgeschäfts oder die Vornahme einer Rechtshandlung erforderlich sind, zB von mehreren Mitberechtigten abgegebene Löschungsbewilligungen oder Zustimmun- 30

---

22 KG JVBl. 1941, 61. **23** LG Braunschweig DNotZ 1956, 220. **24** Vgl KG DNotZ 1942, 21. **25** KG DNotZ 1942, 21; BayObLG DNotZ 1972, 244, OLG Düsseldorf DNotZ 1970, 440. **26** KG Rpfleger 2001, 377; OLG Düsseldorf MittBayNot 1999, 204 m. Anm. Prüfungsabteilung der Notarkasse; OLG Karlsruhe NJW-RR, 1999, 438; BayObLG MittBayNot 1999, 582; Rohs/Wedewer/*Rohs*, KostO, § 41 Rn 16. **27** BGH MittBayNot 2006, 524 und 528 m. Anm. Prüfungsabteilung der Notarkasse.

gen eines von mehreren nur gesamtvertretungsberechtigten Organen einer Gesellschaft zu einer Rechts-handlung des anderen Organs.[28]

31   Unter Abs. 1 fallen Zustimmungserklärungen zu Erklärungen ebenso wie zu Beschlüssen. Ein Sonderfall der Zustimmungen zu Beschlüssen ist in Abs. 2 S. 2 geregelt (Zustimmungserklärungen nach dem UmwG). Ebenso erfasst sind Beschlüsse, deren Gegenstand eine Zustimmungserklärung ist (Beispiel: Zustimmungs-beschluss zu einem Beherrschungs- und Gewinnabführungsvertrag).[29]

32   Wie im Fall einer Vollmacht ist Geschäftswert einer Zustimmungserklärung die Hälfte des Geschäftswerts des Hauptgeschäfts.

IV. Vollmachten und Zustimmungserklärungen aufgrund Mitberechtigung (Abs. 2)

33   **1. Mitberechtigung (Abs. 2 S. 1).** Mitberechtigung iSv Abs. 2 ist die gemeinsame, idR bruchteilsmäßige, Be-rechtigung mehrerer Rechtsträger an einem Gegenstand (Sache oder Recht). Die Mitberechtigung kann be-reits z.Zt. der Beurkundung der Vollmacht bzw Zustimmung bestehen oder erst in der Zukunft eintreten. Auch eine rechtlich geschützte Anwartschaft ist Mitberechtigung in diesem Sinne, etwa die Rechtsposition des Mitnacherben.[30]

34   Umfasst sind sowohl die unmittelbare Mitberechtigung (zB Vollmacht eines Miteigentümers zum Verkauf einer Sache durch den anderen Miteigentümer) als auch die mittelbare Mitberechtigung (zB Zustimmung durch den Grundstückseigentümer zur Belastung eines Erbbaurechts) an einem Gegenstand.[31]

35   Mangels gemeinsamer Berechtigung an einem Gegenstand iSv Abs. 2 S. 1 und weil das jeweilige Zustim-mungserfordernis nicht auf die Mitberechtigung, sondern auf andere gesetzliche Erfordernisse zurückzufüh-ren ist, sind damit Erklärungen von Ehegatten nach § 1365 BGB, Zustimmungen des gesetzlichen Vertreters zu Erklärungen des Vertretenen,[32] Zustimmungen von nur gemeinsam vertretungsberechtigten Organen oder Organmitgliedern einer Gesellschaft[33] oder die Zustimmung eines Komplementärs einer KGaA zu einem Hauptversammlungsbeschluss[34] keine Fälle von Abs. 2. Gleiches gilt für Registeranmeldungen, die von mehreren Personen abzugeben sind, zB bzgl des Eintritts oder des Ausscheidens eines Gesellschafters: Auch hier besteht keine Mitberechtigung iSv Abs. 2 S. 1; vielmehr handelt es sich bei der Zustimmung um die Erfüllung einer gesetzlichen Wirksamkeitsvoraussetzung (vgl §§ 108 Abs. 1, 143, 141 Abs. 2 und 175 Abs. 1 HGB, wonach jeder Gesellschafter selbst anzumelden hat). Der Geschäftswert bestimmt sich also nach dem halben Geschäftswert der Anmeldung, § 98 Abs. 1.[35]

36   Nicht erforderlich ist ein Anteil des Mitberechtigten am dem Geschäft, zu dem zugestimmt wird; es genügt, dass sich das Erfordernis der Vollmacht oder Zustimmung aus der Mitberechtigung ergibt.

37   Kein Fall des Abs. 2 S. 1 sind Vollmachten und Zustimmungen eines Gesamtschuldners, die sich auf die Eingehung einer gesamtschuldnerischen Verbindlichkeit beziehen, da jeder Gesamtschuldner nach § 421 BGB zur Erbringung der gesamten Leistung verpflichtet ist.[36]

38   Anderes gilt, wenn die gesamtschuldnerische Mitverpflichtung aus der gesamthänderischen Mitberechti-gung folgt, etwa bei der Unterwerfung unter die sofortige Zwangsvollstreckung hinsichtlich des gesamtes Kaufpreises durch beide Käufer zu Miteigentum:[37] Hier schlägt die Mitberechtigung gleichsam durch, es bleibt bei der Anwendung von Abs. 2 S. 3.

39   Bei Zustimmungen von Mitberechtigten ist zwischen materiellrechtlichen Zustimmungen und bloßen Ver-fahrenshandlungen (zB Grundbucherklärungen) zu unterscheiden: Stimmt etwa ein Miteigentümer der Lö-schung einer Grundschuld zu, erfolgt dies aufgrund seiner Mitberechtigung – Abs. 2 S. 1 ist anwendbar, der Geschäftswert ermäßigt sich auf einen seinem Miteigentumsanteil entsprechenden Betrag. Der entsprechen-de Löschungsantrag nach § 13 GBO hingegen ist Verfahrenshandlung – hier gilt Abs. 2 S. 1 nicht.

40   **2. Vollmachten und Zustimmungen zu Kapitalgesellschaftsverträgen.** Der Wortlaut von Abs. 2 ist – man-gels ausdrücklicher Klärung im Zuge der Kostenrechtsreform 2013 leider weiterhin – dahin gehend unklar, ob der Geschäftswert einer Vollmacht bzw Zustimmung eines von mehreren (künftigen) Gesellschaftern einer Kapitalgesellschaft sich nach dem Wert des Einlage des künftigen Gesellschafters (Beispiel GmbH-Gründung: Wert der Stammeinlage des vertretenen Gesellschafters) oder nach dem für die Gründung der Gesellschaft maßgeblichen Wert berechnet, also dem Vermögen der Gesellschaft (Beispiel GmbH-Grün-dung: Summe der Werte aller Stammeinlagen).

28 Rohs/Wedewer/*Rohs*, KostO, § 40 Rn 5. **29** Rohs/Wedewer/*Rohs*, KostO, § 40 Rn 4. **30** Vgl amtl. Begr., BT-Drucks 13/7489, S. 59. **31** Korintenberg/*Tiedtke*, § 98 Rn 43. **32** KGJ 37 B 14. **33** Vgl KG DNotZ 1942, 267. **34** KG DNotZ 1942, 267; dies ist auch kein Fall von Abs. 2 S. 2, da der Komplementär nicht zu den in § 2 UmwG genannten Anteilsinhabern gehört, vgl Rohs/Wedewer/*Rohs*, KostO, § 40 Rn 9. **35** Korintenberg/*Tiedtke*, § 98 Rn 56. **36** Filzek/*Sommerfeldt*, MittRhNotK 1997, 306, 311. **37** BayObLG MittBayNot 1985, 149.

Hintergrund der Problematik ist, dass bei BGB-Gesellschaft, OHG und KG das Gesellschaftsvermögen Sondervermögen der Gesellschafter in ihrer gesamthänderischen Verbundenheit darstellt, während der Gesellschafter einer Kapitalgesellschaft nur Inhaber eines Geschäftsanteils und die Gesellschaft als juristische Person allein an ihrem Vermögen berechtigt ist.[38] Würde man Abs. 1 iVm Abs. 2 daher eng auslegen, wäre Geschäftswert die Hälfte des Werts des Hauptgeschäfts, also der Gesellschaftsgründung. Der geringere Wert der Stammeinlage des vertretenen Gesellschafters wäre somit unbeachtlich, da Abs. 1 nicht darauf abstellt und der künftige Gesellschafter bei enger Auslegung auch nicht iSv Abs. 2 am Vermögen der Kapitalgesellschaft mitberechtigt ist.[39]

Richtigerweise ist Abs. 2 S. 1 auf kapitalgesellschaftsrechtliche Sachverhalte analog anzuwenden: Der Gesetzgeber hat schon mit § 40 Abs. 2 KostO ausweislich der Gesetzesbegründung[40] das Ziel verfolgt, unangemessene Kosten für Vollmachten und Zustimmungserklärungen aufgrund gegenwärtiger und zukünftiger Mitberechtigungen und Gesellschaftsbeteiligungen (unabhängig davon, ob Personen- oder Kapitalgesellschaft) zu vermeiden; eine enge Auslegung der Vorschrift würde dazu in Widerspruch stehen. Im Gesetzeswortlaut kommt dies jedoch nicht eindeutig zum Ausdruck. Zum Teil wird daher eine weite Auslegung befürwortet,[41] richtig erscheint (mit gleichem Ergebnis) eine **analoge Anwendung von Abs. 2 S. 1 auf Kapitalgesellschaften:**

In der Nichtnennung der Gesellschafter einer Kapitalgesellschaft liegt eine unbeabsichtigte Regelungslücke, die aufgrund der identischen Interessenlage bei personen- und kapitalgesellschaftsrechtlichen Sachverhalten (es macht keinen Unterschied – weder hinsichtlich der wirtschaftlichen Bedeutung noch hinsichtlich des Haftungsrisikos des Notars –, ob Vollmacht oder Zustimmung durch einen Gesellschafter einer Personen- oder einer Kapitalgesellschaft erteilt werden) durch analoge Anwendung zu schließen ist. Daran hat sich auch iRd Kostenrechtsreform 2013 nichts geändert: Der Tatbestand der „künftigen Mitberechtigung" ist in analoger Anwendung im Sinne einer „künftigen Mitbeteiligung" zu verstehen; eine Bemessung des Geschäftswerts unabhängig von dem Anteil des Gesellschafters an der Gesellschaft wäre gegen die *ratio legis.* § 98 Abs. 1, 2 ist daher analog anzuwenden: Maßgeblich für den Geschäftswert ist der Wert der Einlage des zu vertretenden derzeitigen oder künftigen Gesellschafters, nicht hingegen der Wert des gesamten Vermögens der Gesellschaft.[42] Dagegen spricht auch nicht Abs. 2 S. 2; eine enge Auslegung würde auch hier der *ratio legis* des Abs. 2 S. 1 widersprechen.

3. Zustimmungserklärungen nach dem UmwG (Abs. 2 S. 2). Nach Abs. 2 S. 2 ist die Privilegierungsregelung des Abs. 2 S. 1 auch auf Zustimmungserklärungen nach dem UmwG anwendbar (§ 2 UmwG nennt Gesellschafter, Partner, Aktionäre und Mitglieder eines Rechtsträgers). Ausgangswert nach Abs. 1 ist der jeweilige Geschäftswert des in Bezug genommenen Umwandlungsvorgangs.[43] Abs. 2 S. 2 dient – trotz ungeschickter Formulierung („entsprechend") – der Klarstellung, dass Abs. 2 S. 1 auch für Spezialfälle von Zustimmungserklärungen nach dem UmwG gilt. Hieraus ist nicht etwa zu schließen, dass Abs. 2 auf kapitalgesellschaftsrechtliche Vorgänge außerhalb des UmwG nicht anwendbar ist (→ Rn 40).[44] Privilegiert werden die nach dem UmwG erforderlichen Zustimmungserklärungen dieser Anteilseigner, zB Zustimmungserklärungen nicht erschienener Anteilseigner des übertragenden Rechtsträgers nach § 13 Abs. 1 UmwG, nicht erschienener Gesellschafter einer Personenhandelsgesellschaft nach § 43 Abs. 1 UmwG, bestimmter Gesellschafter des übertragenden Rechtsträgers nach § 50 Abs. 2 UmwG oder hinsichtlich Spaltungs- und Umwandlungsbeschlüssen nach §§ 128, 193 Abs. 1, 233 Abs. 1 UmwG.

Nicht anwendbar ist Abs. 2 auf Verzichtserklärungen zB nach §§ 8 Abs. 3, 9 Abs. 3, 12 Abs. 3 UmwG und auf Verschmelzungsbeschlüsse der Anteilseigner (Zustimmung zum Verschmelzungsvertrag); ihr Geschäftswert ist in § 108 Abs. 3 geregelt.

4. Gesamthandsverhältnisse (Abs. 2 S. 3). Abs. 2 S. 3 stellt klar, dass S. 1 auch für Mitglieder einer Gesamthand gilt, also für Gesellschafter einer GbR, für Ehegatten im Rahmen einer Gütergemeinschaft hinsichtlich des Gesamtguts und für Miterben hinsichtlich des Nachlasses.

Zu beachten ist, dass Abs. 2 S. 3 lediglich solche Vollmachten und Zustimmungen erfasst, die aufgrund gesamthänderischer Beteiligung am Vermögen erforderlich sind, nicht hingegen solche, die allein aufgrund der gesellschaftsrechtlichen Vertretungsregelungen abgegeben werden. Sind daher bspw bei einer GbR zwei

41

42

43

44

45

46

47

38 Vgl *Filzek,* KostO, § 40 Rn 9; Rohs/Wedewer/*Rohs,* KostO, § 40 Rn 13. **39** Rohs/Wedewer/*Rohs,* KostO, § 41 Rn 2; *Waldner,* JurBüro 1998, 173 (der diese Auffassung allerdings ausdrücklich aufgegeben hat, vgl *Waldner,* KostO, Rn 229; *Assenmacher/Mümmler,* KostO, S. 1078. **40** Vgl BT-Drucks 13/7498, S. 59: „... erscheint nicht sachgerecht, weil die nur anteilige Beteiligung eines Gesellschafters bei der Wertermittlung nicht zum Ausdruck kommt"; ebenso Korintenberg/*Bengel/Tiedtke,* KostO, § 40 Rn 7, § 41 Rn 2 b; *Filzek/Sommerfeldt,* MittRhNot 1997, 306, 311; *Filzek,* KostO, § 40 Rn 9. **41** So Korintenberg/*Bengel/Tiedtke,* KostO, § 40 Rn 7. **42** Vgl dazu LG Stuttgart BWNotZ 2001, 92. **43** BayObLG ZNotP 1998, 82 m. Anm. *Tiedtke*; *Waldner,* JurBüro 1998, 173. **44** AA Rohs/Wedewer/*Rohs,* KostO, § 40 Rn 13.

Gesellschafter laut Gesellschaftsvertrag nur gesamtvertretungsberechtigt und stimmt der eine einer Erklärung des anderen zu, ist dies kein Fall von Abs. 2 S. 3.[45]

48 Bei der Geschäftswertberechnung ist von der Beteiligung des Gesamthänders an der Gesamthand auszugehen. Dies gilt angesichts des klaren Gesetzeswortlauts auch dann, wenn etwa bei Auseinandersetzungsverträgen ein Gesamthänder aus anderen Gründen (zB Ausgleich von Vorempfängen bei den übrigen Gesamthändern) mehr oder weniger erhält, als seinem Anteil entspricht.

49 Bei späteren Berichtigungen, etwa einem Wechsel in der Gesamthand, ist § 98 Abs. 2 S. 3 entsprechend anwendbar, etwa bei Löschungsbewilligungen und Grundbuchberichtigungsanträgen nach Ausscheiden eines Gesellschafters aus der GbR.[46]

V. Höchstwert (Abs. 4)

50 Der Höchstgeschäftswert einer Vollmacht beträgt nach Abs. 4 nun 1 Mio. €. Werden mehrere Vollmachten beurkundet (→ Rn 20), gilt der Höchstgeschäftswert für jede einzelne von ihnen.

VI. Widerruf einer Vollmacht (Abs. 5)

51 Nach Abs. 5 sind die Abs. 1–4 auf den Widerruf einer Vollmacht entsprechend anzuwenden. Maßgeblich für den Geschäftswert ist der „Restwert" der Vollmacht, also die Geschäfte, die der Bevollmächtigte aufgrund der Vollmacht noch vornehmen könnte, würde kein Widerruf erfolgen.[47] Bei einer allgemeinen Vollmacht ist dies (Abs. 3 S. 1 entsprechend) nach billigem Ermessen zu bestimmen.

§ 99 Miet-, Pacht- und Dienstverträge

(1) [1]Der Geschäftswert bei der Beurkundung eines Miet- oder Pachtvertrags ist der Wert aller Leistungen des Mieters oder Pächters während der gesamten Vertragszeit. [2]Bei Miet- oder Pachtverträgen von unbestimmter Vertragsdauer ist der auf die ersten fünf Jahre entfallende Wert der Leistungen maßgebend; ist jedoch die Auflösung des Vertrags erst zu einem späteren Zeitpunkt zulässig, ist dieser maßgebend. [3]In keinem Fall darf der Geschäftswert den auf die ersten 20 Jahre entfallenden Wert übersteigen.

(2) Der Geschäftswert bei der Beurkundung eines Dienstvertrags, eines Geschäftsbesorgungsvertrags oder eines ähnlichen Vertrags ist der Wert aller Bezüge des zur Dienstleistung oder Geschäftsbesorgung Verpflichteten während der gesamten Vertragszeit, höchstens jedoch der Wert der auf die ersten fünf Jahre entfallenden Bezüge.

I. Normzweck

1 § 99 qualifiziert der Gesetzgeber ausdrücklich als **Geschäftswertvorschrift**.[1] Der Anwendungsbereich umfasst typischerweise Austauschverträge; zur Geschäftswertbildung wäre also grds. gem. § 97 Abs. 3 ein **Wertvergleich** zwischen den Leistungen vorzunehmen, die jeweils von den Vertragsteilen erbracht werden (zB Wert der Nutzungsmöglichkeit an der mietweise überlassenen Sache im Vergleich zur vom Mieter nach den vertraglichen Vereinbarungen zu bezahlenden Miete). § 99 weicht für die von der Vorschrift erfassten Vertragstypen von diesem Grundsatz ab und regelt, dass für diese Vertragsverhältnisse nur die Leistungen einer bestimmten Vertragspartei maßgeblich sind (zB nur die Miete oder Pacht bzw die Vergütung des Geschäftsbesorgers). Der **Wertvergleich entfällt** also. § 99 ist somit **lex specialis** zu § 97 Abs. 3.

2 § 99 schließt jedoch nicht nur den nach § 97 Abs. 3 an sich vorzunehmenden Wertvergleich aus, sondern trifft auch Aussagen dazu, wie und in welchem Umfang die Leistungen der „bewertungsrelevanten" Vertragsseite zu berücksichtigen sind. Insoweit ist § 99 also auch **lex specialis** zu § 52. Im Verhältnis zu § 52 schreibt § 99 v.a. **abweichende Kapitalisierungsgrundsätze** fest (Abs. 1 S. 2). Insbesondere bei **Rechtsverhältnissen von unbestimmter Dauer** wird sich aus der Anwendung von § 99 dabei regelmäßig ein niedrigerer Geschäftswert ergeben, als wenn die in § 52 Abs. 2 S. 2 verankerten Grundsätze maßgeblich wären (Faktor „fünf" statt Faktor „zehn"). § 99 führt also für die von dieser Vorschrift erfassten Vertragstypen zu einer **kostenrechtlichen Privilegierung.**

---

45 Korintenberg/*Tiedtke*, § 98 Rn 11. **46** OLG München MittBayNot 2007, 523; aA Rohs/Wedewer/*Rohs*, KostO, § 30 Rn 5 c.
47 Rohs/Wedewer/*Rohs*, KostO, § 41 Rn 21. **1** BR-Drucks 517/12, S. 263.

II. Sachlicher Anwendungsbereich

1. Miet- und Pachtverträge (Abs. 1). Abs. 1 erfasst nach seinem Wortlaut **Miet- und Pachtverträge** **3**
(§§ 535 ff bzw §§ 581 ff BGB) aller Art. Gemeint sind also Mietverträge hinsichtlich unbeweglicher Gegenstände ebenso wie bzgl von Mobilien; neben der „Sachpacht" (zB Pachtvertrag über eine Gaststätte oder hinsichtlich eines landwirtschaftlichen Grundstücks) fällt außerdem auch die „**Rechtspacht**" in den sachlichen Anwendungsbereich von Abs. 1.[2]

Franchise-Verträge sind (als Unterfall der Rechtspacht) ebenfalls nach Abs. 1 zu behandeln. **4**

Grundsätzlich fallen auch **Leasingverträge** in den Anwendungsbereich von § 99 (jedenfalls hinsichtlich des **5**
„mietvertraglichen Teils").[3] Im Einzelnen stellen sich insb. beim Immobilienleasing im Rahmen eines „sale-and-lease-back-Modells" schwierige Frage zur Gegenstandsgleich- und -verschiedenheit.[4]

2. Dienst- und Geschäftsbesorgungsverträge, ähnliche Verträge (Abs. 2). Für die Notarpraxis relevante **6**
„Dienstverträge" (§§ 611 ff BGB) iSd Abs. 2 sind insb. **Geschäftsführeranstellungsverträge** (zB mit dem Vorstand einer AG oder dem Geschäftsführer einer GmbH).[5]

Als Anwendungsbeispiel zu den in § 92 Abs. 2 weiter erwähnten „Geschäftsbesorgungs- oder ähnlichen **7**
Verträgen" führt die Gesetzesbegründung ausdrücklich **Makler- und Kommissionsverträge** auf.[6] Nach der Lit. sind von Abs. 2 zB auch **Agentur- und Handelsvertreterverträge** erfasst.[7]

3. Erfasste Vorgänge. Neben der **erstmaligen Begründung** eines Rechtsverhältnisses der in Abs. 1 oder 2 ge- **8**
nannten Art (Beispiel: erstmaliger Abschluss eines Pacht- oder Mietvertrags) fallen auch die **Änderung oder Aufhebung** solcher Verträge in den sachlichen Anwendungsbereich der Norm.

Wird allerdings bspw eine Miete oder ein Vergütungsanspruch **sicherungshalber an einen Dritten** abgetre- **9**
ten, ist § 53 Abs. 2 als speziellere Vorschrift zu beachten.

III. Maßgebliche Leistungen

1. Allgemeines. Bei Miet- oder Pachtverträgen wird die Leistung des Mieters oder Pächters häufig aus **peri-** **10**
odisch wiederkehrenden Zahlungen bestehen, zB aus der **monatlichen Kaltmiete**. Da der Wortlaut der Vorschrift ausdrücklich „alle" Leistungen des Mieters oder Pächters mit einbezieht, sind – am Beispiel des Mietvertrags betrachtet – neben der Kaltmiete aber auch etwaige vom Mieter an den Vermieter bezahlte **Nebenkosten oder sonstige Umlagen** „bewertungsrelevant"; dh, der bewertungsrechtliche Wert der monatlichen Leistungen erhöht sich bspw um die vom Mieter im Verhältnis zum Vermieter übernommenen laufenden Lasten (Versicherungen, Hausreinigung, Müllabfuhr, Grundsteuer etc.) und einmalige Umlagen (zB für Umbau oder Renovierungskosten).[8]

Auch die **Umsatzsteuer** zählt zu den Leistungen des Mieters oder Pächters iSd Abs. 1, wenn sie zusätzlich **11**
zur Miete zu entrichten ist.[9]

Voraussetzung dafür, dass die vorgenannten Nebenkosten und Umlagen in den bewertungsrechtlichen Wert **12**
des Miet- oder Pachtvertrags einzubeziehen sind, ist aber stets, dass die betreffende Zahlungspflicht ihren Rechtsgrund in dem zu bewertenden Rechtsverhältnis hat. Werden zB Beträge für Strom, Wasser, Fernwärme u.Ä. nicht an den Vermieter bezahlt, sondern direkt an das entsprechende Versorgungsunternehmen, handelt es sich nicht um eine nach Abs. 1 zu berücksichtigende Leistung des Mieters oder Pächters.[10]

2. Periodische und nicht periodische Leistungen. Aus dem Umstand, dass bei Miet- oder Pachtverträgen die **13**
Leistung des Mieters oder Pächters häufig in periodischen Zahlungen besteht, **folgt nicht, dass nicht auch einmalige Zahlungen bewertungsrelevante Leistungen** sind. Auch insoweit ist der Wortlaut von § 99 „offen" formuliert („… alle Leistungen … während der ganzen Vertragszeit"), so dass zB auch ein einmaliger Renovierungskostenzuschuss, den der Mieter eines Gewerbeobjekts für den Umbau der von ihm angemieteten Räumlichkeiten an den Vermieter bezahlt, kostenrechtlich relevant ist.

Bestehen die Leistungen des Mieters oder Pächters in periodischen und nicht periodischen Leistungen, sind **14**
sie zusammenzurechnen.[11]

Wird **ausschließlich eine einmalige Abfindung** gewährt (oder ist ausschließlich eine einmalige sonstige Zah- **15**
lung zu erbringen), ist zu unterscheiden: Handelt es sich um ein Vertragsverhältnis für unbestimmte Zeit, entspricht der kostenrechtliche Wert der Höhe der Abfindung (bzw der sonstigen Zahlung); ist der Vertrag

---

2 Korintenberg/*Bengel*, § 99 Rn 4. **3** Korintenberg/*Bengel*, § 99 Rn. 4. **4** S. das Beispiel bei *Tiedtke/Sikora*, in: Würzburger Notarhandbuch, Teil 2, Kap. 2 Rn 850 (zu §§ 20, 25 KostO). **5** Korintenberg/*Bengel*, § 99 Rn 12. **6** BR-Drucks 517/12, S. 263. **7** Korintenberg/*Bengel*, § 99 Rn 13. **8** Korintenberg/*Bengel*, § 99 Rn 5. **9** Korintenberg/*Bengel*, § 99 Rn 5. **10** So noch zu § 25 KostO: *Filzek*, KostO, § 25 Rn 2; für das GNotKG zust.: BeckOK KostR/*Soutier*, GNotKG, § 99 Rn 4. **11** Korintenberg/*Bengel*, § 99 Rn 10.

dagegen auf bestimmte Zeit geschlossen, muss die Abfindung ggf auf jährliche Leistungen umgerechnet werden und dann – unter Berücksichtigung der Höchstgrenze in Abs. 1 S. 3 – kapitalisiert werden.[12]

16 Für Verträge von unbestimmter Dauer könnte sich wegen des unterschiedlichen Wortlauts von Abs. 1 S. 1 und 2 („... Wert aller Leistungen des Mieters oder Pächters während der gesamten Vertragszeit" bzw „... ist der auf die ersten fünf Jahre entfallende Wert der Leistungen maßgebend") die Frage stellen, ob der Wert der periodischen und nicht periodischen Leistungen tatsächlich nach den in → Rn 13 f genannten Grundsätzen zusammenzurechnen ist, oder ob nicht vielmehr ausschließlich der Wert der jährlich wiederkehrenden Leistungen kostenrechtlich zu berücksichtigen ist. Nahe liegender ist aber, dass es dem Gesetzgeber in Abs. 1 S. 2 lediglich darum ging, eine Pauschalisierung hinsichtlich des „Zeitelements" einzuführen (Festlegung einer „bewertungsrechtlichen Durchschnittsdauer"). Andernfalls würden Vertragsverhältnisse von bestimmter Dauer und solche mit ungewissem Ende hinsichtlich der Berücksichtigung einmaliger Zahlungen sehr ungleich behandelt, ohne dass dafür ein zwingender Grund ersichtlich ist.

17 **Beispiel:** A veräußert an B seine Gewerbeimmobilie. Da er weiter auf ihren Gebrauch angewiesen ist, mietet er sie von B auf unbestimmte Zeit zurück; der betreffende Mietvertrag wird in der gleichen Urkunde geschlossen wie der Kaufvertrag. Die monatliche Kaltmiete beträgt 10.000 €, zusätzlich ist die Umsatzsteuer zu bezahlen (19 %). Außerdem müssen Nebenkostenvorauszahlungen iHv 1.000 € monatlich geleistet werden. Zur Sanierung der Fußbodenbeläge leistet A an B einen Kostenzuschuss von 25.000 €.

Kostenrechtlicher Wert des Mietvertrags gem. § 99 Abs. 1:

(10.000 € x 12 x 5)	=	600.000 €	= 799.000 €
+ (1.900 € x 12 x 5)		+ 114.000 €	
+ (1.000 € x 12 x 5)		+ 60.000 €	
+ 25.000 €		+ 25.000 €	

18 **3. Schwankende Leistungen.** Sind die Leistungen des Mieters oder Pächters während der Vertragslaufzeit verschieden hoch, sollte nach bislang hM der **höchste Betrag** maßgebend sein.[13] Dies ist aber wegen § 96 nicht (mehr) überzeugend. Steht der Zeitpunkt fest, zu dem sich die Leistung des Mieters oder Pächters ändert, und ist auch der Umfang der Schwankung bekannt (zB beim Staffelmietvertrag), sind die Leistungen des Mieters oder Pächters daher für jeden Zeitabschnitt getrennt zu ermitteln und dann zusammenzurechnen. Ist der „Schwankungszeitpunkt" dagegen ungewiss und/oder steht auch der Umfang der Schwankung noch nicht fest, liegt es näher, den Wert nach § 36 Abs. 1 zu ermitteln, als pauschal auf den Höchstbetrag abzustellen.[14]

19 **4. Ungewisse oder herabgesetzte Gegenleistung.** Keine Antwort gibt § 99, wenn die Leistung des Mieters oder Pächters **ungewiss** ist, bspw, weil eine umsatzabhängige Pacht oder Miete vereinbart wird. In diesen Fällen kann der Geschäftswert nicht anders als nach § 36 Abs. 1 („billiges Ermessen") bestimmt werden.[15]

20 § 36 Abs. 1 findet außerdem beim **Leihvertrag** Anwendung und wenn die Leistung des Mieters oder Pächters **aus Gefälligkeit oder verwandtschaftlicher Bindung herabgesetzt** ist. Orientierungswert kann hier – soweit verfügbar – die ortsübliche Miete oder Pacht sein.[16]

21 **5. Dienst- und (sonstige) Geschäftsbesorgungsverträge (Abs. 2).** Zu den Leistungen, die bei den unter Abs. 2 zu subsummierenden Verträgen kostenrechtlich zu berücksichtigen sind, zählen neben laufenden oder einmaligen (Geld-)Zahlungspflichten **auch etwaige Naturalleistungen** (zB freies Wohnen oder der Ersatz von Spesen und sonstigen Aufwendungen).[17] Dies ergibt sich bereits unmittelbar aus dem Wortlaut der Norm, die unterschiedslos auf den Wert „aller" Bezüge abstellt.

22 Deshalb gilt: Wenn mit einem Makler ein Überschuss über einem Mindestpreis als Lohn vereinbart ist, bildet dieser Überschuss den kostenrechtlich relevanten Geschäftswert.[18]

23 Enthält der zu bewertende Vertrag keine Vereinbarung über die Art und/oder Höhe der Bezüge, ist deren Wert – soweit verfügbar unter Bezugnahme auf die „übliche" bzw „angemessene" Vergütung – gem. § 36 Abs. 1 zu bestimmen.[19]

IV. Abgrenzung: Bestimmte/unbestimmte Dauer

24 Die Höhe des Kapitalisierungsfaktors, mit dem die jährlich periodischen Leistungen des Mieters oder Pächters bzw die periodischen Bezüge des „Verpflichteten" iSd Abs. 2 zu multiplizieren sind, hängt davon ab, ob das zugrunde liegende Rechtsgeschäft auf bestimmte oder unbestimmte Zeit geschlossen ist. Handelt es sich um ein **Vertragsverhältnis von bestimmter Dauer**, kommt es grds. – dh, sofern nicht die in Abs. 1 S. 3 bzw

12 Korintenberg/*Bengel*, § 99 Rn 1. **13** *Filzek*, KostO, § 25 Rn 2; Korintenberg/*Schwarz*, KostO, § 25 Rn 5. **14** Zust. BeckOK KostR/*Soutier*, GNotKG, § 99 Rn 4. **15** Korintenberg/*Bengel*, § 99 Rn 10. **16** Korintenberg/*Bengel*, § 99 Rn 11. **17** Korintenberg/*Bengel*, § 99 Rn 12. **18** Korintenberg/*Bengel*, § 99 Rn 13. **19** Korintenberg/*Bengel*, § 99 Rn 13.

in Abs. 2 Hs 2 jeweils festgeschriebene „Kappungsgrenze" überschritten wird – auf die gesamte Laufzeit an. Ist die Vertragsdauer dagegen unbestimmt, greift die in Abs. 1 S. 1 Hs 1 bzw Abs. 2 Hs 2 jeweils angeordnete Pauschalisierung: bei Rechtsverhältnisse von unbestimmter Dauer ist für die kostenrechtliche Kapitalisierung von einer **fiktiven Laufzeit** von fünf Jahren auszugehen.

Vertragsverhältnisse von bestimmter Dauer sind **solche, die nur für eine im vorneherein festgelegte Frist gelten**, bspw ein befristeter Mietvertrag oder der nur ein Jahr lang gültige Auftrag an einen Makler, ein bestimmtes Anwesen zu verkaufen. Von unbestimmter Dauer ist ein Vertrag, wenn der **Zeitpunkt seiner Beendigung unsicher bzw nicht absehbar** ist, zB ein auf unbestimmter Zeit abgeschlossener Mietvertrag, der beiderseits (oder jedenfalls einseitig) – unter Einhaltung der gesetzlichen Kündigungsschutzvorschriften – ordentlich gekündigt werden kann. **25**

Im Einzelnen kann diese Qualifizierung jedoch oft schwierig sein. Das gilt zB für Dauerschuldverhältnisse, die zwar auf bestimmte Zeit geschlossen sind, aber nach vertraglichen – oder zwingenden gesetzlichen – Vorschriften **außerordentlich gekündigt** werden können. Auch die Einordnung eines Vertrags, der zwar zunächst auf bestimmte Zeit geschlossen ist, sich am Fristende jedoch **automatisch verlängert**, wenn er nicht ausdrücklich gekündigt oder widerrufen wird, könnte fraglich sein; ebenso, wenn bei Fristablauf zwar keine automatische Verlängerung erfolgt, aber eine **Verlängerungsoption** besteht. **26**

In diesen Fällen werden jeweils die Regeln für befristete Verträge anwendbar sein. Für den Fall des außerordentlichen Kündigungsrechts gilt dies schon deshalb, weil es sich insoweit um ein „Ausnahmerecht" handelt, von dem die Vertragsteile bei Vertragsschluss regelmäßig annehmen, dass seine Ausübung während der Vertragslaufzeit nicht erforderlich sein wird. Für die „Verlängerungsfälle" lässt sich diese Ansicht insb. aus dem **Rechtsgedanken des Abs. 1 S. 2 Hs 2** rechtfertigen: darin kommt die gesetzgeberische Wertung zum Ausdruck, dass für die kostenrechtliche Wertbestimmung jedenfalls derjenige Zeitraum maßgeblich sein soll, für den die Vertragsteile von einer „festen" Laufzeit ausgegangen sind.[20] **27**

Aus Abs. 1 S. 2 Hs 2 folgt außerdem für den „umgekehrten Fall" – also für Verträge, deren „feste" Mindestlaufzeit zwar **weniger als fünf Jahre** beträgt, die aber mit einer „**ungewissen Verlängerungsmöglichkeit**" ausgestattet sind (die also zB fortgelten, wenn sie nicht ausdrücklich gekündigt werden bzw die zwar an sich mit Ablauf der Frist enden würden, jedoch durch Erklärung einer Seite verlängert werden können) –, dass dort **stets der Kapitalisierungsfaktor „fünf" anzuwenden** ist: der Gesetzgeber hat für Verträge von ungewisser Dauer den Fall ausdrücklich geregelt, dass ihre Mindestlaufzeit mehr als fünf Jahre beträgt. Da er demgegenüber zu einer Mindestlaufzeit von weniger fünf Jahren schweigt, muss im Gegenschluss gefolgert werden, dass Abs. 1 S. 2 Hs 1 nicht nur einen pauschalisierten Kapitalisierungsfaktor („fiktive Laufzeit") vorgibt, sondern zugleich auch eine „**Mindestkapitalisierung**" bedeutet. Für die **in Abs. 2 geregelten Vertragstypen** (Dienstvertrag, Geschäftsbesorgungsvertrag und diesen ähnliche Verträge) ist aus dem Wortlaut von Abs. 2 Hs 2 ein entsprechendes Ergebnis abzuleiten. **28**

Zu § 25 KostO wurde vertreten, dass es eine Werterhöhung nach § 30 Abs. 1 KostO rechtfertigt, wenn ein Vertrag zwar grds. auf bestimmte Zeit geschlossen ist, er aber **zusätzlich eine Verlängerungsoption** ausweist.[21] Hier bleibt die Rechtsentwicklung abzuwarten; gegen die Fortführung dieser Ansicht könnte jedenfalls sprechen, dass der Gesetzgeber für „ungewisse Verhältnisse" an seiner pauschalisierenden Regelung gerade festgehalten hat (Abs. 1 S. 2) und es also wohl ausdrücklich wertend in Kauf genommen hat, dass bei derartigen Rechtsverhältnissen ein Wert, der einem Vertrag nach kaufmännischen Gesichtspunkten eigentlich zu kommt, kostenrechtlich uU nicht vollständig nachvollzogen wird. Für die geschilderte Ansicht spricht dagegen, dass sich die Verlängerungsoption auch als „eigenständiger" Vertragsbestandteil lesen lässt, der vom Regelungsbereich des § 99 überhaupt nicht erfasst ist. **29**

V. Höchstwertregelungen

Für **Miet- und Pachtverträge** enthält Abs. 1 S. 3 eine **Höchstwertregelung**: Verträge mit bestimmter Laufzeit können hinsichtlich ihrer kostenrechtlichen Kapitalisierung höchstens mit dem **zwanzigfachen Jahreswert** in Ansatz gebracht werden. Eine ähnliche „Deckelung" findet sich in § 52 Abs. 2 S. 2, insb. ist auch dort der zwanzigfache Jahreswert maßgeblich. **30**

Aus der Stellung dieser Vorschrift im Aufbau der Norm (sowie außerdem aus ihrem Wortlaut „... in keinem Fall ...") folgt, dass diese Höchstwertregelung uU auch für **Verträge von unbestimmter** Laufzeit greift: nämlich dann, wenn es sich um einen Vertrag von unbestimmter Laufzeit handelt, auf den Abs. 1 S. 2 Hs 2 zur Anwendung kommt und wenn zugleich die erste (gesetzlich festgelegte oder vertraglich vereinbarte) Auflösungsmöglichkeit für diesen Vertrag erst später als zwanzig Jahre nach seinem Abschluss besteht. Hier **31**

---

20 Ähnl. Korintenberg/*Bengel*, § 99 Rn 7 ff. **21** Korintenberg/*Schwarz*, KostO, § 25 Rn 7.

kann sich also – wohl auf Ausnahmefälle beschränkt – für Verträge von unbestimmter Laufzeit ein höherer Kapitalisierungsfaktor ergeben als aus § 52: § 52 Abs. 3 S. 2 stellt für Rechte von unbestimmter Dauer höchstens auf den zehnfachen Jahreswert ab.

32 **Dienstverträge und (sonstige) Geschäftsbesorgungsverträge** iSd Abs. 2 werden anders behandelt: hier schreibt der Gesetzgeber den „Wert der auf die ersten fünf Jahre entfallenden Bezüge" als Höchstwert fest.

§ 100 Güterrechtliche Angelegenheiten

(1) [1]Der Geschäftswert

1. bei der Beurkundung von Eheverträgen im Sinne des § 1408 des Bürgerlichen Gesetzbuchs, die sich nicht auf Vereinbarungen über den Versorgungsausgleich beschränken, und
2. bei der Beurkundung von Anmeldungen aufgrund solcher Verträge

ist die Summe der Werte der gegenwärtigen Vermögen beider Ehegatten. [2]Betrifft der Ehevertrag nur das Vermögen eines Ehegatten, ist nur dessen Vermögen maßgebend. [3]Bei Ermittlung des Vermögens werden Verbindlichkeiten bis zur Hälfte des nach Satz 1 oder 2 maßgeblichen Werts abgezogen. [4]Verbindlichkeiten eines Ehegatten werden nur von seinem Vermögen abgezogen.

(2) Betrifft der Ehevertrag nur bestimmte Vermögenswerte, auch wenn sie dem Anfangsvermögen hinzuzurechnen wären, oder bestimmte güterrechtliche Ansprüche, so ist deren Wert, höchstens jedoch der Wert nach Absatz 1 maßgebend.

(3) Betrifft der Ehevertrag Vermögenswerte, die noch nicht zum Vermögen des Ehegatten gehören, werden sie mit 30 Prozent ihres Werts berücksichtigt, wenn sie im Ehevertrag konkret bezeichnet sind.

(4) Die Absätze 1 bis 3 gelten entsprechend bei Lebenspartnerschaftsverträgen.

I. Allgemeines

1 § 100 regelt den Geschäftswert bei sämtlichen **Eheverträgen iSv § 1408 Abs. 1 BGB**, dh Verträgen, die die güterrechtlichen Verhältnisse betreffen (→ Rn 4). Ebenfalls unter § 100 fallen nach Abs. 4 **Lebenspartnerschaftsverträge**. Dies betrifft sowohl die eigentliche Beurkundung des Vertrags wie auch die Beurkundung der Anmeldung zum Güterrechtsregister. Erstmals werden diese Beurkundungen in einer Geschäftswertvorschrift zusammengefasst. Nach altem Recht ergab sich der Geschäftswert aus den § 39 Abs. 3 KostO (Eheverträge) und § 28 KostO (Anmeldungen zum Güterrechtsregister).

2 Nicht unter § 100 fallen hingegen isolierte Vereinbarungen über den Versorgungsausgleich.[1] Ihr Geschäftswert bestimmt sich nach §§ 97 Abs. 1, 36 Abs. 1 (falls ein Austauschvertrag vorliegt, zB Verzicht auf Versorgungsausgleichsansprüche gegen Ausgleichszahlung, ist § 97 Abs. 3 anwendbar). Sind Versorgungsausgleichsvereinbarungen Bestandteil eines Ehevertrags, fallen sie (vgl Abs. 1 S. 1 Nr. 1) nicht unter den Geschäftswert des Ehevertrags, sondern sind nach § 111 Nr. 2 dazu gegenstandsverschieden; nach § 35 Abs. 1 sind die Geschäftswerte zu addieren.

3 Maßgeblicher **Gebührentatbestand** für die Beurkundung eines Ehevertrags iSv § 1408 Abs. 1 BGB oder eines Lebenspartnerschaftsvertrags ist Nr. 21100 KV, sowohl für die erstmalige Beurkundung eines Ehevertrags als auch für die Beurkundung von Änderungen. Auch die Aufhebung eines Ehevertrags ist Vertrag iSv Nr. 21100 KV, löst allerdings nicht nur eine 1,0-Gebühr nach Nr. 21102 Nr. 2 KV aus („Aufhebung eines Vertrags"), sondern ebenso eine 2,0-Gebühr nach Nr. 21100 KV (→ Nr. 21100–21102 KV Rn 82: die Aufhebung eines Ehevertrags hat konstitutive Wirkungen auf den güterrechtlichen Status der Ehegatten; so bewirkt zB die Aufhebung der Gütertrennung die „Rückkehr" zum gesetzlichen Güterstand). Die Aufhebung eines Ehevertrags hat insofern regelmäßig nicht nur – wie ein sonstiger Aufhebungsvertrag – Wirkungen für die Vergangenheit, sondern für die Zukunft, was die Anwendung von Nr. 21102 KV ausschließt („rechtsändernde Aufhebung").[2]

II. Geschäftswert bei güterrechtlichen Vereinbarungen

4 **1. Ehevertrag iSv § 1408 BGB** (Vereinbarung über güterrechtliche Verhältnisse). Das GNotKG folgt in Abs. 1 ausdrücklich der Terminologie des § 1408 BGB. Demnach sind Eheverträge im Sinne der Regelung Verträge über die güterrechtlichen Verhältnisse der Ehegatten (ebenfalls erfasst sind künftige Ehegatten

---

1 *Fackelmann*, Notarkosten nach dem neuen GNotKG, Rn 714. **2** Dazu *Fackelmann*, Notarkosten nach dem neuen GNotKG, Rn 713; *Korintenberg/Tiedtke*, § 100 Rn 13; *Diehn/Sikora/Tiedtke*, Notarkostenrecht, Rn 574.

(Verlobte); eine Anwendung von § 36 kommt nicht in Betracht[3]). Dazu gehören insb. Eheverträge, durch die der gesetzliche Güterstand abgeändert wird.[4] Vereinbarungen, die sich auf den Versorgungsausgleich beschränken, unterfallen nicht der Vorschrift; in diesen Fällen bestimmt sich der Geschäftswert nach §§ 97 Abs. 1, 36 Abs. 1. Ebenfalls anwendbar ist § 100 auf die Vereinbarung des Güterstands der Wahl-Zugewinngemeinschaft nach § 1519 BGB iVm dem deutsch-französischen Abkommen vom 4.2.2010 (hierin liegt keine bloße Rechtswahl).[5]

Für den Geschäftswert von Eheverträgen iSv § 1408 BGB ist nach Abs. 1 grds. das modifizierte Reinvermögen, dh das Reinvermögen der Ehegatten unter beschränktem Abzug der Verbindlichkeiten (→ Rn 8 ff) als Geschäftswert maßgeblich. Abweichungen hiervon enthält das Gesetz für drei Fälle: **5**

- **Eheverträge, die nur bestimmte Vermögenswerte betreffen (Abs. 2):** Hier ist nur der Wert der bestimmten Vermögenswerte, höchstens jedoch der Wert des modifizierten Reinvermögens nach Abs. 1 heranzuziehen (→ Rn 13 ff).
- **Eheverträge, die künftige Vermögenswerte betreffen:** Betrifft der Ehevertrag Vermögenswerte, die noch nicht zum Vermögen des jeweiligen Ehegatten gehören (Abs. 3), werden diese Vermögenswerte nur mit 30 % ihres Werts berücksichtigt (→ Rn 18 ff).
- **Vereinbarungen betreffend Verfügungsbeschränkungen (§§ 1365, 1369 BGB):** Beschränkt sich der Ehevertrag zB auf den Ausschluss von Verfügungsbeschränkungen nach §§ 1365, 1369 BGB, ist die Vereinbarung nach § 51 Abs. 2 zu bewerten, dh mit 30 % des von der Beschränkung betroffenen Gegenstands (hier des Vermögens des bzw der betroffen Ehegatten).

Alle sonstigen Eheverträge fallen unter Abs. 1, dh sowohl bei einem vollständigen Wechsel des Güterstands als auch bei bloßen Modifikationen desselben ist als Geschäftswert das modifizierte Reinvermögen der Ehegatten heranzuziehen.[6] Eine Differenzierung danach, wie gravierend die Modifizierung des Güterstandes im konkreten Fall ausfällt und dementsprechend eine Bewertung entweder nach § 36 oder nach § 100 entspricht nicht mehr der gesetzlichen Regelung.[7] **6**

Im Fall von **Güterstandsschaukeln**, die in ein und derselben Urkunde vorgenommen werden (Aufhebung der Zugewinngemeinschaft und Vereinbarung der Gütertrennung samt Zugewinnausgleichsregelungen, danach wiederum Aufhebung der Gütertrennung und damit Rückkehr zum gesetzlichen Güterstand der Zugewinngemeinschaft), handelt es sich kostenrechtlich um mehrere güterrechtliche Vereinbarungen, die nach § 109 Abs. 1 gegenstandsgleich sind.[8] Freilich sollte die idR schenkungsteuerlich motivierte Güterstandsschaukel nicht in ein und derselben Urkunde erfolgen. **7**

2. Das gesamte Vermögen betreffende Vereinbarungen. a) Maßgebliches Vermögen (Abs. 1 S. 1 und 2). Bei Eheverträgen über das Gesamtvermögen der Ehegatten (zB auch bei Vereinbarung der Gütertrennung[9]) sind in die Ermittlung des Aktivvermögens sämtliche vermögenswerten Gegenstände einzubeziehen; mitzubewerten sind daher auch (anders als bei § 102) unvererbliche Gesellschaftsbeteiligungen oder höchstpersönliche Rechte. Gehört ein Vermögenswert zum maßgeblichen Zeitpunkt der Beurkundung noch nicht zum Vermögen eines Ehegatten, ist er nur unter den zusätzlichen Voraussetzungen des Abs. 3 zu addieren. Anwartschaftsrechte sind zu berücksichtigen, soweit sie bereits einen Vermögenswert darstellen (zB Nacherbenanwartschaftsrecht[10]). Keine Rolle spielt, mit welcher Qualität das Vermögen durch die ehevertraglichen Regelungen betroffen ist, also ob etwa eine Eigentumsverschiebung stattfindet oder bloß eine Verwaltungsregelung getroffen wird, selbst wenn es hierdurch zu einer Diskrepanz zwischen der wirtschaftlichen Bedeutung der Vereinbarung und dem Geschäftswert kommt. **8**

Grundsätzlich wird das Vermögen der Ehegatten zusammengerechnet (Abs. 1 S. 1). Eine Ausnahme bilden ehevertragliche Bestimmungen, die nur das Vermögen eines Ehegatten betreffen: In diesem Fall ist nur dessen Vermögen maßgebend (Abs. 1 S. 2). **9**

Das **Vermögen beider Ehegatten** ist betroffen bei Vereinbarungen, die einen Güterstand modifizieren, ändern oder aufheben (zB Vereinbarung oder Aufhebung von Gütergemeinschaft und Gütertrennung); dies ist auch der Fall bei der Vereinbarung einer vorzeitigen Ausgleichung des Zugewinns, da hierdurch Gütertrennung eintritt.[11] Das **Vermögen nur eines Ehegatten** ist betroffen etwa bei Vereinbarung eines Verzichts auf Zurechnung der in § 1375 Abs. 2 BGB genannten Beträge zum Endvermögen eines Ehegatten oder von unentgeltlichen Verfügungen eines Ehegatten an Dritte.[12]

---

3 Korintenberg/*Tiedtke*, § 100 Rn 10; BayObLGZ 1985, 1 = MittBayNot 1985, 50. **4** *Hartmann*, KostG, § 39 KostO Rn 22; BayObLGZ 1985, 4. **5** BDS/*Pfeiffer*, § 100 Rn 24. **6** OLG Hamm NJW-RR 2014, 251; *Fackelmann*, Notarkosten nach dem neuen GNotKG, Rn 715; Korintenberg/*Tiedtke*, § 100 Rn 14; *Diehn/Sikora/Tiedtke*, Notarkostenrecht, Rn 590. **7** Vgl zum früheren Recht OLG Frankfurt a. M. JurBüro 1991, 1221–1223; Korintenberg/*Bengel/Tiedtke*, KostO, § 39 Rn 109 a ff. **8** Vgl Korintenberg/*Tiedtke*, § 100 Rn 13. **9** OLG Köln ZNotP 2011, 198; Korintenberg/*Tiedtke*, § 100 Rn 13 ff; BDS/*Pfeiffer*, § 100 Rn 7; *Hartmann*, KostG, § 100 GNotKG Rn 3. **10** LG München II MittBayNot 1984, 48. **11** Korintenberg/*Tiedtke*, § 100 Rn 16. **12** BDS/*Pfeiffer*, § 100 Rn 8; Korintenberg/*Bengel/Tiedtke*, KostO, § 39 Rn 114.

10   **b) Abziehbare Verbindlichkeiten (Prinzip des modifizierten Reinvermögens) (Abs. 1 S. 3).** Vom jeweiligen Reinvermögen (Aktivvermögen) eines Ehegatten sind dessen Verbindlichkeiten abzuziehen, allerdings nur bis zur Hälfte des Werts seines Aktivvermögens (Abs. 1 S. 3). Der Abzug erfolgt stets vom Aktivvermögen des Schuldners, nicht von der Summe des Aktivvermögens beider Ehegatten.[13] Ergebnis ist das sog. **modifizierte Reinvermögen** des Ehegatten. Gegenüber der KostO stellt dies eine deutliche Einschränkung des auch dort bereits – als Ausnahme zum Schuldenabzugsverbot des § 18 Abs. 3 KostO – vorzunehmenden Schuldenabzugs dar, vgl § 39 Abs. 3 KostO.

11   **Beispiel:** A und B schließen einen Ehevertrag. A hat ein Aktivvermögen iHv 20.000 € und Verbindlichkeiten iHv 30.000 €. B hat ein Vermögen von 200.000 € und Verbindlichkeiten von 170.000 €.

Die Berechnung des modifizierten Reinvermögens – getrennt nach Ehegatten – nach Abs. 1 ergibt folgende Werte:

– Würde man – wie unter der KostO – die Verbindlichkeiten des A vollständig von seinem Aktivvermögen abziehen, ergäbe sich ein Vermögenswert von 0 € („Negativvermögen" wird auf der Ebene der Gesamtgeschäftswertberechnung nicht berücksichtigt). Da Verbindlichkeiten nach Abs. 1 S. 3 nur bis zur Hälfte des Reinvermögens berücksichtigt werden, können sie im Beispiel nur bis zu einem Vermögenswert von 10.000 € abgezogen werden (also: Geschäftswert ist mindestens die Hälfte des Aktivvermögens). Geschäftswert bzgl A demnach: 10.000 €.

– Würde man bei B sämtliche Verbindlichkeiten abziehen, bliebe ein Reinvermögen von 30.000 €. Die Hälfte des Aktivvermögens sind jedoch 100.000 €, so dass ein Abzug darüber hinaus nicht vorgenommen wird. Geschäftswert bzgl B demnach: 100.000 €

Der Geschäftswert beträgt insgesamt 110.000 €. Damit wird verhindert, dass durch hohe Verbindlichkeiten etwa ein komplexer Ehevertrag einen unangemessen niedrigen Geschäftswert erreicht.[14]

12   Unter dem alten Recht bestand ferner die Gefahr des Rechtsmissbrauchs, durch die Angabe fiktiver Schuldverhältnisse einen niedrigen Geschäftswert zu erreichen, der den tatsächlichen Vermögensverhältnissen nicht entsprach. Betrifft ein Ehevertrag nur einzelne Gegenstände, ist deren Wert aber höher als der Wert des modifizierten Reinvermögens, so ist nach Abs. 2 der Wert des modifizierten Reinvermögens maßgebend. Ist ein Ehegatte als Vorerbe Inhaber von Vermögen, so stellen die ihn treffenden erbrechtlichen Beschränkungen keine abziehbaren Verbindlichkeiten dar.[15]

13   **c) Verbindlichkeiten nur eines Ehegatten (Abs. 1 S. 4).** Nach Abs. 1 S. 4 sind Verbindlichkeiten, die nur ein Ehegatte eingegangen ist, auch nur von dessen Vermögen abzuziehen. Dies entspricht der auch unter altem Recht hM.[16] Aus dem Wortlaut der KostO ergab sich dies aber nicht zwingend. Der Gesetzgeber hat insoweit für eine Klarstellung gesorgt. Durch den nunmehr nur modifizierten Abzug von Verbindlichkeiten (→ Rn 8 f) wird die getrennte Berechnung der Vermögen der Ehegatten noch wichtiger, um korrekte Ergebnisse zu erzielen. In der Praxis ist also stets nach der genauen Zugehörigkeit sowohl von Gegenständen des Aktivvermögens als auch von Verbindlichkeiten zu fragen, da sich sonst fehlerhafte Berechnungen ergeben.

14   Gesamtschuldnerische Verbindlichkeiten sind demjenigen Ehegatten zuzurechnen, den sie im Innenverhältnis treffen. Mangelt es insoweit an einer Vereinbarung, findet eine Anrechnung je zur Hälfte statt (§ 426 BGB).[17]

15   **3. Vereinbarungen nur über bestimmte Vermögenswerte oder bestimmte güterrechtliche Ansprüche (Abs. 2).** Nach Abs. 2 ist in den Fällen, in denen der Ehevertrag nur bestimmte Vermögenswerte oder bestimmte güterrechtliche Ansprüche betrifft (auch wenn sie dem Anfangsvermögen hinzuzurechnen wären), lediglich deren Wert anzunehmen. Liegt dieser Wert über dem Wert des modifizierten Reinvermögens nach Abs. 1, ist Letzteres (im Sinne einer Obergrenze) als Geschäftswert anzunehmen (Abs. 2 aE).

Die Vermögenswerte oder güterrechtlichen Ansprüche müssen im Ehevertrag „**bestimmt**" sein. Allerdings reicht bloße Bestimmbarkeit dann aus, wenn objektiv eine hinreichende Abgrenzung vom allgemeinen Vermögen möglich ist.[18] Für Bestimmtheit reicht auch eine bloß abstrakte Bezeichnung grds. aus[19] (Beispiel: Sach- und/oder Rechtsgesamtheiten wie ein Unternehmen).

16   Lediglich einzelne Vermögensgegenstände sind insb. betroffen bei:[20]

- Vereinbarungen von Vorbehalts- oder eingebrachtem Gut bei der Gütergemeinschaft;
- Vereinbarungen, wonach bestimmte Vermögenswerte beim Zugewinnausgleich unberücksichtigt bleiben sollen;
- Vereinbarungen über die Berücksichtigung von Wertsteigerungen bzgl einzelner Vermögenswerte und ihrer Berücksichtigung beim Zugewinn;

---

13 BDS/*Pfeiffer*, § 100 Rn 6. **14** Vgl BT-Drucks 17/11471 (neu), S. 181. **15** So bereits zur KostO BayObLGZ 1985, 1–6. **16** Dazu BT-Drucks 17/11471 (neu), S. 181 mit Verweis auf Korintenberg/*Bengel/Tiedtke*, KostO, § 39 Rn 120. **17** Vgl Korintenberg/ *Tiedtke*, § 100 Rn 34. **18** BDS/*Pfeiffer*, § 100 Rn 12. **19** OLG Karlsruhe MittBayNot 2009, 253, 254. **20** Vgl Korintenberg/ *Tiedtke*, § 100 Rn 21.

- Vereinbarungen über Zahlungsmodalitäten hinsichtlich des Zugewinns;
- Vereinbarung hinsichtlich eines Vermögensverzeichnisses iSv §§ 1377 Abs. 3, 1379 Abs. 1 S. 1 BGB.

Beispiel: Die Ehegatten A und B schließen einen Ehevertrag, in dem sie lediglich vereinbaren, dass ein vom Ehe- **17** mann A nach Eheschließung erworbenes Hausgrundstück zu seinem Anfangsvermögen gerechnet werden soll. Am Hausgrundstück (Verkehrswert: 200.000 €) lasten Verbindlichkeiten iHv 130.000 €. Über weitere Vermögenswerte verfügt A nicht.

Für die Geschäftswertbestimmung ist nach Abs. 2 allein der Wert des Hausgrundstücks heranzuziehen, hier also 200.000 €; Verbindlichkeiten dürfen nach § 38 nicht abgezogen werden. Allerdings regelt Abs. 2, dass Geschäftswert höchstens der Wert nach Abs. 1 (modifiziertes Reinvermögen des Ehemanns A) ist, hier also 100.000 € (Hälfte des Aktivvermögens; darüber hinausgehende Verbindlichkeiten werden nach § 1 S. 3 nicht abgezogen). Maßgeblich ist – da der Ehevertrag nur Vermögen des Ehemanns betrifft (Abs. 1 S. 2) – nur dessen Vermögen. Geschäftswert demnach: 100.000 €.

Die Begriffe „**bestimmte Vermögenswerte**" und „**bestimmte güterrechtliche Ansprüche**" treten an die Stelle **18** des in § 39 Abs. 3 S. 3 KostO verwendeten Terminus der „bestimmten Gegenstände". Um Kollisionen mit anderen Verwendungen des Terminus „Gegenstand" zu vermeiden (etwa: §§ 86 Abs. 1, 109 ff), hat der Gesetzgeber hier eine begriffliche Klarstellung vorgenommen.[21] Klarstellende Funktion hat ebenfalls, dass die Zurechnung eines Vermögenswerts zum Anfangsvermögen („privilegiertes Vermögen, § 1374 Abs. 2 BGB) bei der kostenrechtlichen Wertermittlung unberücksichtigt bleiben soll.

Betrifft ein Ehevertrag nur bestimmte Vermögenswerte oder bestimmte güterrechtliche Ansprüche, ist kein **19** Schuldenabzug vorzunehmen.[22] Die Beschränkung des Geschäftswerts nach Abs. 2 aE auf den Wert des modifizierten Reinvermögens nach Abs. 2 aE entspricht im Grundsatz dem früheren Recht.[23]

4. Noch nicht zum Vermögen gehörende Vermögenswerte (Abs. 3). Die Vorschrift berücksichtigt, dass in **20** Eheverträgen häufig Regelungen über **künftige Vermögenswerte** vorgenommen werden, etwa im Vorfeld von Zuwendungen an einen Ehegatten durch dessen Eltern im Wege der **vorweggenommenen Erbfolge**. Häufig soll hierbei gesichert werden, dass der Ehegatte des Zuwendungsempfängers im Scheidungsfall nicht von der Zuwendung profitiert, was durch Regelung im Ehevertrag (zeitlich vor der Vornahme der Zuwendung) gewährleistet werden kann. Ein weiterer vom Gesetzgeber ins Auge gefasster Fall ist die Aufnahme eines neuen Gesellschafters in eine Gesellschaft, die davon abhängig gemacht wird, dass eheverträglich sichergestellt ist, dass güterrechtliche Ansprüche keine Geldabflüsse aus der Gesellschaft zur Folge haben können.[24]

Dass die betroffenen Vermögenswerte noch nicht zum Vermögen des jeweiligen Ehegatten gehören, wird **21** durch den Ansatz nur eines Teilwerts (30 %) berücksichtigt (anders im Rahmen letztwilliger Verfügungen, vgl § 102 Abs. 2 S. 1: Diese werden mit dem vollen Wert berücksichtigt). Ausdrücklich erforderlich für die Berücksichtigung künftigen Vermögens ist eine konkrete Bezeichnung der künftigen Vermögenswerte im Ehevertrag.

Ob künftige Vermögenswerte gleichsam doppelt (bzw mit dem insgesamt 1,3-fachen Wert) zu berücksichti- **22** gen sind, wenn sie aktuell zum Vermögen des einen, künftig jedoch zum Vermögen des anderen Ehegatten gehören, ist unklar: Für eine „Doppelberücksichtigung" spricht, dass in Abs. 3 keine § 102 Abs. 2 S. 3 ent- sprechende Regelung zur Vermeidung einer doppelten kostenrechtlichen Berücksichtigung enthalten ist und der Wortlaut der Vorschrift allein an das Vermögen „des Ehegatten" und nicht „der Ehegatten" an- knüpft.[25] Letzteres lässt sich allerdings leicht damit erklären, dass § 100 nun einmal eine Vermögensermitt- lung bezogen auf den einzelnen Ehegatten vornimmt. Zudem ist kein sachlicher Grund ersichtlich, warum Eheverträge und erbrechtliche Angelegenheiten in diesem Punkt unterschiedlich behandelt werden sollten. Insofern ist von einer ungewollten Regelungslücke auszugehen, die durch analoge Anwendung des § 102 Abs. 2 S. 3 zu füllen ist.

Zu beachten ist, dass künftige Vermögenswerte nach Abs. 3 nicht auch in die Berechnung nach Abs. 1 ein- **23** bezogen sind: Abs. 1 erfasst nur die „Summe der Werte der **gegenwärtigen** Vermögen beider Ehegatten", Abs. 3 hingegen Vermögenswerte, die „noch nicht zum Vermögen des Ehegatten" gehören. Abs. 3 ist folg- lich eine **Hinzurechnungsvorschrift:** Künftiges Vermögen des jeweiligen Ehegatten ist erst hinzuzurechnen, nachdem das modifizierte Reinvermögen nach Abs. 1 berechnet wurde. Ansonsten käme es zu einem zwei- fachen Abschlag auf den Wert des künftigen Vermögens: 70 % aufgrund Abs. 3 und 50 % aufgrund des Schuldenabzugs in Abs. 1.[26]

---

21 BT-Drucks 17/11471 (neu), S. 181. **22** Vgl zum früheren Recht OLG Karlsruhe FamRZ 2009, 721–724. **23** Vgl Korintenberg/*Bengel/Tiedtke*, KostO, § 39 Rn 112; BayObLG JurBüro 1982, 1236. **24** BT-Drucks 17/11471 (neu), S. 181. **25** Vgl BDS/*Pfeiffer*, § 100 Rn 16. **26** *Fackelmann*, Notarkosten nach dem neuen GNotKG, Rn 719; so auch Korintenberg/*Tiedtke*, § 100 Rn 42.

24 **5. Zusammentreffen eines Ehevertrags mit weiteren Erklärungen.** Nach § 111 Nr. 2 sind Eheverträge iSv § 1408 Abs. 1 BGB stets gegenstandsverschieden zu mitbeurkundeten Erklärungen. § 111 ist Ausnahmeregelung zu § 109 Abs. 1, dh, auch wenn eine Erklärung in einem Abhängigkeitsverhältnis zu mitbeurkundeten güterrechtlichen Vereinbarungen steht und unmittelbar dem Zweck der Güterstandsvereinbarung dient, liegt Gegenstandsverschiedenheit vor. Auch wenn eine Erklärung in diesem Sinne der Erfüllung, Sicherung oder sonstigen Durchführung der Güterstandsvereinbarung dient, ist sie gesondert zu bewerten (Gesamtgeschäftswert, § 35 Abs. 1) – Gegenstandsverschiedenheit kraft Gesetzes.[27]

Beispiel: A und B leben im gesetzlichen Güterstand. Sie vereinbaren im Rahmen einer Scheidungsvereinbarung (→ Rn 28 ff) Gütertrennung. Zum Ausgleich des Zugewinns überträgt A an B ein Grundstück. Hinzu kommt die Vereinbarung von Unterhaltsregelungen für den Scheidungsfall.

Der Geschäftswert bestimmt sich aus der Summe folgender Geschäftswerte, § 35 Abs. 1:

– Für die güterrechtliche Vereinbarung gilt Abs. 1, dh, es ist die Summe der modifizierten Reinvermögen der Ehegatten als Geschäftswert anzusetzen (→ Rn 7 ff).
– Gegenstandsverschieden zur güterrechtlichen Vereinbarung – obwohl der Erfüllung des Zugewinnausgleichs dienend – ist die Übertragung des Grundstücks, § 111 Nr. 2. Dies ist zu begrüßen, da Übertragungen häufig nicht allein zur Erfüllung von Ausgleichsansprüchen erfolgen, sondern zur allgemeinen Vermögensauseinandersetzung.[28] Insbesondere dann, wenn das Reinvermögen der Ehegatten sehr niedrig oder gar negativ ist, würde eine andere Regelung (so unter der KostO) zu unbilligen Ergebnissen führen: Selbst bei Übertragung umfangreicher Vermögenswerte würde die Gebühr sonst nur aus einem sehr geringen Geschäftswert erhoben.[29]
– Ebenfalls einen anderen Beurkundungsgegenstand, § 111 Nr. 2, hat die Unterhaltsvereinbarung (Recht von bestimmter Dauer; zusätzlich auf die Lebensdauer einer Person beschränkt, §§ 97 Abs. 1, 52 Abs. 2 S. 1 und 3 iVm Abs. 4 S. 1).

25 Auch bei Zusammenbeurkundung eines **Ehevertrags mit einem Erbvertrag** handelt es sich um verschiedene Gegenstände, § 111 Nr. 1 und 2. Das in § 46 Abs. 3 KostO enthaltene Privileg (Ausweitung des § 44 Abs. 1 KostO), wonach nur ein Vertrag zu bewerten war, wurde nicht in das GNotKG übernommen:[30] Wie die Gesetzesbegründung zu Recht ausführt, haben die Regelung güterrechtlicher Verhältnisse und die Nachlassregelung unterschiedliche Ziele. Insbesondere mindern sich Aufwand und Haftungsrisiko des Notars nicht durch die Zusammenfassung der Vereinbarungen in einer Urkunde. Durch den Entfall des Kostenprivilegs entfallen verschiedene Anwendungsprobleme:

- Inhalt des Ehevertragsbegriffs;[31]
- Frage nach dem Vorliegen einer „gleichzeitigen Errichtung" auch bei getrennten Urkunden;
- Bewertung bei unterschiedlichen in Bezug genommenen Wirtschaftsgütern bei Ehe- und Erbvertrag.[32]

26 Darüber hinaus sind insb. folgende, häufig iRv Eheverträgen abgegebene Erklärungen bzw geschlossene Vereinbarungen unterschiedliche Beurkundungsgegenstände zum Ehevertrag (→ Rn 28 ff):[33]

- Vereinbarungen zur Vermögensauseinandersetzung, auch bei Erfüllung von Zugewinnausgleichsansprüchen (→ Rn 23);[34]
- Versorgungsausgleichsvereinbarungen;
- Unterhaltsvereinbarungen zwischen Ehegatten;
- Unterhaltsvereinbarungen zwischen Ehegatten über Kindesunterhalt;
- Erb- bzw Pflichtteilsverzichte;
- Vereinbarungen zum Umgangsrecht mit den Kindern;
- Sorgerechtserklärungen.

27 Wird im Rahmen einer güterrechtlichen Vereinbarung, die bereits das gesamte Vermögen der Ehegatten betrifft, hingegen zusätzlich eine Vereinbarung bzgl der dinglichen Verfügungsbeschränkungen iSv §§ 1365, 1369 BGB getroffen, so ist diese nicht etwa nach § 51 Abs. 2 separat anzusetzen, sondern bereits im Wert nach Abs. 1 enthalten.[35]

27a Wird zusätzlich eine **Rechtswahl** nach Art. 15 Abs. 2 EGBGB getroffen, liegt darin nach § 111 Nr. 4 ebenfalls ein besonderer Beurkundungsgegenstand, dessen Geschäftswert nach § 104 Abs. 1 30 % des nach § 100 ermittelten Werts beträgt. Bei einer Rechtswahl, die sich nach Art. 15 Abs. 2 Nr. 3 EGBGB auf bestimmte Vermögensgegenstände beschränkt, ist Abs. 2 anzuwenden.

---

27 BT-Drucks 17/11471, S. 190 (neu); s. auch *Diehn/Sikora/Tiedtke*, Notarkosten, Rn 613 ff. **28** *Diehn/Sikora/Tiedtke*, Notarkosten, Rn 614. **29** *Diehn/Sikora/Tiedtke*, Notarkosten, Rn 614. **30** BT-Drucks 17/11471 (neu), S. 218. **31** Korintenberg/*Reimann*, KostO, § 46 Rn 38 a. **32** Korintenberg/*Reimann*, KostO, § 46 Rn 39. **33** *Fackelmann*, Notarkosten nach dem neuen GNotKG, Rn 720. **34** Anders unter der KostO, vgl Korintenberg/*Bengel/Tiedtke*, KostO, § 39 Rn 109 d. **35** *Fackelmann*, Notarkosten nach dem neuen GNotKG, Rn 721.

6. Scheidungsvereinbarungen. a) Gegenstand. In einer Scheidungsvereinbarung werden die rechtlichen Folgen der Scheidung einvernehmlich geregelt (idR als Bestandteil der einvernehmlichen Scheidung nach §§ 1585 Abs. 1, 1566 Abs. 1 BGB, § 133 Abs. 1 Nr. 2 FamFG).[36] Die – als solche nicht formbedürftige (sehr wohl aber einige ihrer Einzelelemente, vgl zB § 1587 o BGB und § 311 b Abs. 1 BGB) – Scheidungsvereinbarung ist kein typisiertes Rechtsgeschäft. Neben den in → Rn 4 f genannten güterrechtlichen Vereinbarungen enthalten sie meist umfassende Vereinbarungen zu allen rechtlichen Folgefragen der Scheidung, seien es Regelungen zum Versorgungsausgleich, Unterhaltsvereinbarungen, Sorgerechtsvereinbarungen, Erb- bzw Pflichtteilsverzichte etc. 28

Hinsichtlich der mehreren in der Urkunde enthaltenen Gegenstände ist § 111 Nr. 2 zu beachten, wonach Eheverträge stets einen besonderen Beurkundungsgegenstand darstellen, so dass ihr Geschäftswert und die Geschäftswerte der übrigen Gegenstände zu einem Gesamtwert der Scheidungsvereinbarung zu addieren sind. 29

b) Geschäftswert. Güterrechtliche Regelungen, insb. Gütertrennung: Hierzu ist auf die Ausführungen in → Rn 4 ff zu verweisen. Wegen der Gegenstandsverschiedenheit des Ehevertrags nach § 111 Nr. 2 sind Vereinbarungen zum Zugewinnausgleich (→ Rn 24 mit Beispiel) keine Erfüllungsvereinbarungen, sondern im Wege der Bildung eines Gesamtgeschäftswerts nach § 35 Abs. 2 zum Wert der güterrechtlichen Vereinbarung zu addieren. Lediglich die Feststellung der Zugewinnausgleichsansprüche ist Teil der güterrechtlichen Vereinbarung. 30

Vermögensauseinandersetzungsvereinbarungen: Werden über den Zugewinnausgleich hinaus Vermögensauseinandersetzungen vereinbart (gegenstandsverschieden zur güterrechtlichen Vereinbarung, § 111 Nr. 2), insb. bei der Realteilung von Bruchteilsgemeinschaften (Aufhebung der Gemeinschaft, § 752 BGB), bestimmt sich der Geschäftswert nach dem Gesamtwert des auseinandergesetzten Vermögens.[37] Handelt es sich hingegen um einen Austauschvertrag iSv § 97 Abs. 3 (Übertragung einzelner Vermögensgegenstände gegen entsprechende Gegenleistungen), ist nur die höherwertige Leistung als Geschäftswert heranzuziehen. Dabei ist das Schuldenabzugsverbot des § 38 S. 1 zu beachten. 31

Unterhaltsregelungen zwischen den Ehegatten: Diese (gegenstandsverschieden zur güterrechtlichen Vereinbarung, § 111 Nr. 2) sind nach § 52 zu bewerten, zB bei Vereinbarung einer festen Laufzeit als Rechte von bestimmter Dauer nach § 52 Abs. 2. Stets zu beachten ist der lebensaltersabhängige Multiplikator nach § 52 Abs. 4 S. 1. Das Verwandtenprivileg (maximal fünffacher Jahreswert) nach § 24 Abs. 3 KostO ist nicht in das GNotKG übernommen worden. Bei im Zeitablauf unterschiedlich hohen Leistungsverpflichtungen ist zu beachten, dass Erhöhungen oder Absenkungen nur beachtlich sind, soweit sie innerhalb des nach § 52 (insb. Abs. 4) maßgeblichen Multiplikators stattfinden: Sofern zB ein Ehegatte in den ersten 10 Jahren zunächst 1.500 €, in den Jahren 11 bis 15 jedoch 1.800 € pro Monat zu zahlen hat, bleibt die Erhöhung unberücksichtigt, sofern der maßgebliche Multiplikator nach § 52 Abs. 4 nur 10 beträgt. **Wertsicherungsklauseln** bleiben in kostenrechtlicher Hinsicht unberücksichtigt, § 52 Abs. 7. 32

Versorgungsausgleich: Vereinbarungen über den Versorgungsausgleich sind gegenstandsverschieden zu güterrechtlichen Vereinbarungen, vgl § 111 Nr. 2. Versorgungsausgleichsansprüche sind wiederkehrende Leistungen, so dass Vereinbarungen darüber nach § 52 Abs. 4 zu bewerten sind. So ist zB bei einem Verzicht auf Versorgungsausgleichsansprüche der Jahreswert der Ansprüche (die notfalls zu schätzen sind), auf die verzichtet wird, mit dem für das Lebensalter des Verzichtenden eingreifenden Multiplikator zu berechnen. Handelt es sich um eine gegenseitige Vereinbarung (zB gegenseitiger Verzicht), ist § 97 Abs. 3 zu beachten, dh nur der höherwertige Verzicht fließt in die Geschäftswertberechnung ein. Das Verwandtenprivileg (früher § 24 Abs. 3 KostO) ist weggefallen. 33

Erb- und Pflichtteilsverzichte: Die Bewertung von Erb- und Pflichtteilsverzichten (gegenstandsverschieden zur güterrechtlichen Vereinbarung, § 111 Nr. 2) richtet sich nach § 102 Abs. 4 iVm Abs. 1 S. 1 und 2, dh nach dem bruchteilsmäßigen Anteil am Nachlasswert (modifiziertes Reinvermögen) des jeweils anderen Ehegatten. Handelt es sich – wie regelmäßig – um einen gegenseitigen Erb- oder Pflichtteilsverzicht, ist § 97 Abs. 3 zu berücksichtigen, dh, nur der höherwertige Verzicht ist zu bewerten. Keine Rolle spielen – im Gegensatz zum früheren Recht – Wahrscheinlichkeitserwägungen zur Frage des Eintritts des Erbfalls. Während früher teilweise deutliche Abschläge vorgenommen wurden bzw der Regelwert des § 30 Abs. 2 KostO iHv 3.000 €[38] angesetzt wurden (zT auch abweichende Festsetzungen, je nachdem, wie konkret die Scheidungsabsicht im Einzelfall war bzw in welchem Stadium des Scheidungsverfahrens sich die Ehegatten be- 34

---

36 Korintenberg/*Tiedtke*, § 100 Rn 47. **37** Korintenberg/*Tiedtke*, § 100 Rn 67; BayObLG MittBayNot 1970, 120; aA LG Darmstadt JurBüro 1983, 743 m. abl. Anm. *Mümmler*. **38** OLG München MittBayNot 2006, 354 m. abl. Anm. *Schwarz*.

fanden),[39] enthält das Gesetz nun in § 102 Abs. 4 eine klare Regelung: Maßgeblich ist immer der bruchteilsmäßige Wert des Nachlasses.

35   **Kindesunterhalt:** Treffen die Eltern Vereinbarungen zu den Unterhaltsansprüchen ihrer Kinder (gegenstandsverschieden zur güterrechtlichen Vereinbarung, § 111 Nr. 2), gelten die Ausführungen zu den Unterhaltsvereinbarungen zwischen Ehegatten (→ Rn 36) entsprechend. Die Vereinbarung ist nach § 52 zu bewerten, wobei Wertsicherungsklauseln nicht zu bewerten sind (§ 52 Abs. 7) und ein Verwandtenprivileg
(wie noch unter § 24 Abs. 3 KostO) im GNotKG nicht mehr existiert.

36   **Freistellungserklärungen:** Treffen die Ehegatten Freistellungsvereinbarungen (auch Schuld- bzw Erfüllungs-
übernahmen) – zB hinsichtlich gemeinsamer Verbindlichkeiten gegenüber Dritten, Unterhaltsansprüchen
der gemeinsamen Kinder etc. –, ist Geschäftswert der Nennbetrag der Schuld (§ 97 Abs. 1) als Wert des
Rechtsverhältnisses. Bei gesamtschuldnerischer Verpflichtung sind die Ehegatten in Abwesenheit einer Vereinbarung über eine anderweitige Verteilung im Innenverhältnis zu gleichen Teilen verpflichtet; entsprechend ist die Erfüllungsübernahme etc. hier mit 50 % des Nennbetrags der Verbindlichkeit zu bewerten.

37   **Vereinbarungen zur elterlichen Sorge:** Vereinbarungen zur elterlichen Sorge (gegenstandsverschieden zum
Ehevertrag, § 111 Nr. 2) fallen mangels besonderer Geschäftswertvorschrift unter die allgemeine Regelung
des § 36 Abs. 2 (nichtvermögensrechtliche Angelegenheiten). In Ermangelung hinreichender Anhaltspunkte
für die Wertbestimmung ist vom Ausgangswert nach § 36 Abs. 3 (5.000 €) auszugehen. Allerdings kann der
Geschäftswert, wie § 36 Abs. 2 ausdrücklich aufführt, unter Berücksichtigung der Bedeutung der Sache sowie der Vermögens- und Einkommensverhältnisse der Beteiligten nach billigem Ermessen auch höher oder
niedriger ausfallen. Beispielsweise kann bei besonders wohlhabenden Eltern der Ansatz eines Vielfachen des
Ausgangswerts von 5.000 € (zB 50.000 €) angemessen sein. Für jedes Kind ist ein gesonderter Geschäftswert festzusetzen.

38   **Umgangsrecht:** Hier ist auf die Ausführungen zu sorgerechtlichen Vereinbarungen zu verweisen (→ Rn 37).
Auch hier ist für jedes Kind ein gesonderter Geschäftswert festzusetzen.

39   **Vereinbarungen zum Getrenntleben:** Treffen die Ehegatten Vereinbarungen hinsichtlich der Zeit des Getrenntlebens oder hinsichtlich der Dauer des Scheidungsverfahrens, ist nach deren Inhalt zu differenzieren.
So sind zB Vereinbarungen zum Unterhalt nach § 52 zu bewerten (→ Rn 32, wobei es sich an sich um
Rechte von unbestimmter Dauer handelt, § 52 Abs. 3 S. 2, da die genaue Zeit des Getrenntlebens unsicher
ist; ggf kann nach Abs. 6 S. 3 ein niedrigerer Wert, zB ein bis zwei Jahreswerte, angenommen werden, da
die Trennungszeit vor der Scheidung idR nicht länger währen wird). Vereinbarungen zum Hausrat bestimmen sich nach §§ 97, 46 (→ Rn 42) etc.

40   **Vereinbarungen über prozessuales Verhalten:** Vereinbaren die Ehegatten in einer Scheidungsvereinbarung
Einzelheiten über das gemeinsame Scheidungsbegehren oder über prozessuales Verhalten im Scheidungsverfahren, bestimmt sich der Geschäftswert mangels spezieller Wertvorschriften nach §§ 97 Abs. 1, 36 Abs. 2,
3 (Ausgangswert: 5.000 €).

41   **Vereinbarungen zu den Kosten der Scheidung:** Vereinbarungen zu den Notarkosten der Scheidungsvereinbarung sind Nebengegenstände nach § 37 Abs. 1 und daher nicht zu bewerten. Anderes gilt bei Übernahme
sonstiger Kosten, insb. für Rechtsanwalt und Gericht: Hier ist Wert nach § 97 Abs. 1 der entweder bezifferte oder zu schätzende Kostenbetrag.[40]

42   **Ehewohnung:** Treffen die Ehegatten eine Vereinbarung, wonach einer von ihnen die bisherige eheliche
Wohnung übernimmt (keine Vertragsübernahme oder Eigentumsübertragung, sondern reine schuldrechtliche Vereinbarung im Innenverhältnis), ist der Geschäftswert nach § 36 Abs. 1 (vermögensrechtliche Angelegenheit) nach billigem Ermessen des Notars zu bestimmen. Dabei kann § 99 Abs. 1 zur Orientierung herangezogen werden (eine direkte Anwendbarkeit wäre nur möglich, wenn Gegenstand der Vereinbarung der
Abschluss eines Mietvertrags oder die Übernahme desselben wäre). Angemessen erscheint insofern die Festsetzung eines Geschäftswerts von 50 % des fünffachen Mietwerts der Wohnung nach dem Rechtsgedanken
des § 99 Abs. 1 S. 2, sofern beide Ehegatten Mieter sind (Gesamtschuldner).[41]

43   **Hausrat:** Vereinbarungen zur Verteilung von Hausrat sind nur dann gesondert zu bewerten, wenn der
Hausrat nicht bereits Gegenstand der nach Abs. 1 zu bewertenden güterrechtlichen Vereinbarung ist (zB
nicht der Fall, keine Gütertrennung vorgenommen wird, sondern es beim gesetzlichen Güterstand
bleibt). Geschäftswert der Vereinbarung ist dann nach §§ 97 Abs. 1, 46 der Verkehrswert des Hausrats.

44   **7. Lebenspartnerschaftsverträge (Abs. 4).** Zwischen Eheverträgen und **Lebenspartnerschaftsverträgen** besteht, was die Kosten im Zusammenhang mit deren Beurkundung angeht, kein Unterschied. Die kosten-

---

39 Vgl Korintenberg/*Bengel/Tiedtke*, KostO, § 39 Rn 30 b.   **40** Vgl Korintenberg/*Tiedtke*, § 100 Rn 62.   **41** So auch Korinten-
berg/*Tiedtke*, § 100 Rn 63.

rechtliche Regelung entspricht insoweit der familienrechtlichen Regelung seit Einführung der Lebenspartnerschaft 2001 (LPartG vom 16.2.2001, BGBl. I 266), insb. aber seit der Reform des lebenspartnerschaftlichen Güterrechts 2004 (Gesetz zur Änderung des Lebenspartnerschaftsrechts vom 15.12.2004, BGBl. I 3396). Insoweit bestehen keine kostenrechtlichen Besonderheiten des Lebenspartnerschaftsvertrags mehr.

III. Geschäftswert bei der Beurkundung von Anmeldungen im Güterrechtsregister (Abs. 1 Nr. 2)

Abs. 1 Nr. 2 regelt den Geschäftswert für die Beurkundungen (bzw über § 121 für die Unterschriftsbeglau-   45
bigung) von Eintragungen in das Güterrechtsregister (§§ 1558–1563 BGB). „Solche Verträge" im Sinne der Vorschrift sind alle vertraglichen Vereinbarungen der Ehegatten über ihren Güterstand (§ 1408 Abs. 1 BGB). Ausgenommen davon sind Verträge, die sich auf Vereinbarungen über den Versorgungsausgleich beschränken (Abs. 1 Nr. 1, vgl § 1408 Abs. 2 BGB), da diese nicht in das Güterrechtsregister eingetragen werden können. Der Geschäftswert anderer eintragungsfähiger Tatsachen bestimmt sich nach § 36 Abs. 1.[42]

Die mit einem Ehevertrag zusammen beurkundete Anmeldung zum Güterrechtsregister ist besonderer Beur-   46
kundungsgegenstand und daher gesondert zu bewerten (§ 111 Nr. 3). Bei einer isolierten Beurkundung der Anmeldung zum Güterrechtsregister entsteht die Gebühr Nr. 21201 Nr. 5 KV.

§ 101 Annahme als Kind

In Angelegenheiten, die die Annahme eines Minderjährigen betreffen, beträgt der Geschäftswert 5.000 Euro.

I. Allgemeines

§ 101 regelt den Geschäftswert in sämtlichen Angelegenheiten der Annahme eines **Minderjährigen** an Kin-   1
des statt (§§ 1741 ff BGB). Die Vorschrift entspricht weitgehend § 39 Abs. 4 KostO. Dabei wurde gegenüber dem alten Recht der Geschäftswert von 3.000 € auf 5.000 € erhöht. Die Motive dieser Erhöhung liegen weitgehend in der gesetzlichen Systematik (vgl § 36); die praktischen Folgen sind begrenzt, da bei der Beurkundung einseitiger Erklärungen ohnehin eine Mindestgebühr von 60 € erhoben wird.

Nicht anwendbar ist § 101 auf die **Annahme Volljähriger** (vgl § 1767 BGB), für die das GNotKG keine ei-   2
gene Geschäftswertvorschrift vorsieht. Der Geschäftswert bestimmt sich daher nach § 36 Abs. 2 (nichtvermögensrechtliche Angelegenheit). Demnach ist der Wert unter Berücksichtigung aller Umstände des Einzelfalls, insb. des Umfangs und der Bedeutung der Sache und der Vermögens- und Einkommensverhältnisse der Beteiligten,[1] zu bestimmen. Da bei der Erwachsenenadoption regelmäßig vermögensrechtliche oder steuerrechtliche Motive vorherrschen – im Vergleich zu den vor allem bei der Minderjährigenadoption eine Rolle spielenden emotionalen Aspekten –, kann regelmäßig das Vermögen des Annehmenden als Bezugswert dienen. Angesichts der vermögensrechtlichen Bedeutung erscheint ein Teilwert von 30–50 % angemessen (max. 1 Mio. €, § 36 Abs. 2).[2] Weitere Kriterien können die gesellschaftliche Stellung der Beteiligten[3] oder der Zweck der Adoption (idR erbschaftsteuerliche Gründe)[4] sein.

II. Annahme Minderjähriger an Kindes statt

1. Geschäftswert. Die Vorschrift geht auf den Begriff „**Annahme als Kind**" (§ 1741 BGB) zurück; auch   3
wenn auf die Vorschrift nicht ausdrücklich verwiesen wird, liegt mangels einer entgegenstehenden Begriffsbestimmung Parallelität mit den §§ 1741 ff BGB vor. Zur Erwachsenenadoption (vgl § 1767 BGB) → Rn 2.

2. Mehrere Erklärungen in einer Urkunde. Werden in einer Urkunde sowohl der Antrag auf Kindesannah-   4
me als auch Zustimmungs- oder Einwilligungserklärungen beurkundet, handelt es sich – Durchführungserklärungen – nach § 109 Abs. 1 S. 1 um den gleichen Beurkundungsgegenstand. Hauptgeschäft iSv § 109 Abs. 1 S. 5 ist die Annahmeerklärung, so dass der Geschäftswert sich allein nach § 101 bestimmt. Werden Zustimmungserklärungen hingegen in einer gesonderten Urkunde aufgenommen, ist eine 0,5-Gebühr Nr. 21201 Nr. 8 KV zu erheben. Betrifft dasselbe Geschäft mehrere Personen, insb. Kinder, so liegen verschiedene Gegenstände vor, deren Werte nach § 35 Abs. 1 zu addieren sind.

3. Gebühren. Für die Beurkundung des Antrags nach § 1762 Abs. 3 BGB, des Widerrufs nach § 1746   5
Abs. 2 BGB und des Verzichts nach § 1747 Abs. 3 Nr. 3 BGB entsteht eine 1,0-Gebühr nach Nr. 21200 KV (mindestens 60 €). Für die Beurkundung der Einwilligungen nach §§ 1746, 1747, 1749 BGB oder der Zu-

---

42 Vgl BT-Drucks 17/11471 (neu), S. 181. **1** Vgl OLG Frankfurt Rpfleger 1964, 59; BayObLG Rpfleger 1981, 247. **2** *Fackelmann*, Notarkosten nach dem neuen GNotKG, Rn 744. **3** OLG Hamm DNotZ 1971, 562. **4** *Diehn*, Notarkostenberechnungen, Rn 1100.

stimmung des gesetzlichen Vertreters nach § 1746 Abs. 1 S. 3 BGB wiederum entsteht eine 0,5-Gebühr nach Nr. 21201 Nr. 8 KV (mindestens 30 €).

6 Erbringt der Notar im Zusammenhang mit der Adoption Vollzugstätigkeiten (zB Beschaffung von Personenstandsurkunden), können Gebühren nach Teil 2 Hauptabschnitt 2 KV entstehen (vgl Vorbem. 2.2.1.1 Abs. 1 KV).

§ 102 Erbrechtliche Angelegenheiten

(1) [1]Geschäftswert bei der Beurkundung einer Verfügung von Todes wegen ist, wenn über den ganzen Nachlass oder einen Bruchteil verfügt wird, der Wert des Vermögens oder der Wert des entsprechenden Bruchteils des Vermögens. [2]Verbindlichkeiten des Erblassers werden abgezogen, jedoch nur bis zur Hälfte des Werts des Vermögens. [3]Vermächtnisse und Auflagen werden nur bei Verfügung über einen Bruchteil und nur mit dem Anteil ihres Werts hinzugerechnet, der dem Bruchteil entspricht, über den nicht verfügt wird.

(2) [1]Verfügt der Erblasser außer über die Gesamtrechtsnachfolge daneben über Vermögenswerte, die noch nicht zu seinem Vermögen gehören, jedoch in der Verfügung von Todes wegen konkret bezeichnet sind, wird deren Wert hinzugerechnet. [2]Von dem Begünstigten zu übernehmende Verbindlichkeiten werden abgezogen, jedoch nur bis zur Hälfte des Vermögenswerts. [3]Die Sätze 1 und 2 gelten bei gemeinschaftlichen Testamenten und gegenseitigen Erbverträgen nicht für Vermögenswerte, die bereits nach Absatz 1 berücksichtigt sind.

(3) Betrifft die Verfügung von Todes wegen nur bestimmte Vermögenswerte, ist deren Wert maßgebend; Absatz 2 Satz 2 gilt entsprechend.

(4) [1]Bei der Beurkundung eines Erbverzichts-, Zuwendungsverzichts- oder Pflichtteilsverzichtsvertrags gilt Absatz 1 Satz 1 und 2 entsprechend; soweit der Zuwendungsverzicht ein Vermächtnis betrifft, gilt Absatz 3 entsprechend. [2]Das Pflichtteilsrecht ist wie ein entsprechender Bruchteil des Nachlasses zu behandeln.

(5) [1]Die Absätze 1 bis 3 gelten entsprechend für die Beurkundung der Anfechtung oder des Widerrufs einer Verfügung von Todes wegen sowie für den Rücktritt von einem Erbvertrag. [2]Hat eine Erklärung des einen Teils nach Satz 1 im Fall eines gemeinschaftlichen Testaments oder eines Erbvertrags die Unwirksamkeit von Verfügungen des anderen Teils zur Folge, ist der Wert der Verfügungen des anderen Teils dem Wert nach Satz 1 hinzuzurechnen.

I. Gesetzliche Systematik

§ 102 regelt den Geschäftswert für Verfügungen von Todes wegen einschließlich Anfechtung, Widerruf und **1** Rücktritt sowie für Erb-, Zuwendungs- und Pflichtteilsverzichtsverträge. § 102 ist jedoch keine abschließende Wertvorschrift für den Bereich der erbrechtlichen Angelegenheiten. Die Vorschrift ist nur anzuwenden, wenn über den **gesamten Nachlass**, einen **Bruchteil** oder **bestimmte Vermögensgegenstände** verfügt wird. In anderen Fällen richtet sich der Wert nach § 36. So ist zB die isolierte Anordnung einer Testamentsvollstreckung bzw die Änderung der Person des Testamentsvollstreckers nicht als Verfügung über den Nachlass anzusehen. Ebenso wäre es keine Verfügung über den Nachlass oder über einzelne Vermögenswerte, wenn in einer ergänzenden Verfügung von Todes wegen frühere Verfügungen lediglich erläutert werden.[1] Vergleichbares gilt für die isolierte Anordnung über die Verwaltung des Kindesvermögens nach § 1638 BGB,[2] die Befreiung von der Inventarisierungspflicht nach § 1640 Abs. 2 Nr. 2 BGB[3] oder die Ernennung und Ausschließung eines Vormunds durch die Eltern gem. §§ 1777, 1782 BGB.[4]

Für die Beurkundung eines gemeinschaftlichen Testaments und eines Erbvertrags sowie für die Beurkun- **2** dung von Erbverzichts-, Pflichtteilsverzichts- und Zuwendungsverzichtsverträgen fällt eine 2,0-Gebühr nach Nr. 21100 KV an, mindestens 120 €. Die Gebühr für die Beurkundung einseitiger Erklärungen, also zB auch von Einzeltestamenten, beträgt nach Nr. 21200 KV 1,0, mindestens 60 €.

II. Regelungsgehalt

1. Geschäftswert für Verfügungen von Todes wegen (Abs. 1–3). a) Allgemeines. Abs. 1–3 regeln den Ge- **3** schäftswert für die Beurkundung von Verfügungen von Todes wegen. Nachträgliche Ausgleichungs- und Anrechnungsbestimmungen (§§ 2050 ff BGB) als Verfügung von Todes wegen,[5] als Teilungsanordnung (§ 2048 BGB) oder als Vorausvermächtnis zugunsten anderer (§ 2150 BGB) fallen ebenfalls unter Abs. 1–3.

b) Testamente und Erbverträge. Zu den **Verfügungen von Todes wegen** zählen die Testamente – auch letzt- **4** willige Verfügung genannt – (§ 1937 BGB) und die Erbverträge (§ 1941 BGB). Abs. 1–3 gelten sowohl für notariell beurkundete Einzeltestamente als auch für notariell beurkundete gemeinschaftliche Testamente (§§ 2265 ff BGB). Letztere können durch Ehegatten oder Lebenspartner iSd LPartG errichtet werden.

Erblasser können statt in einem Testament ihre Verfügungen von Todes wegen auch in einem **Erbvertrag**[6] **5** treffen. Ein Erbvertrag wird geschlossen, wenn eine Bindung des Erblassers an seine Verfügungen erreicht werden soll. Im Gegensatz zum gemeinschaftlichen Testament kann ein Erbvertrag nicht nur von Ehegatten bzw Lebenspartnern, sondern auch von sonstigen Personen, zB den Partnern einer nichtehelichen Lebensgemeinschaft, Eltern und ihren Kindern oder von Geschwistern, geschlossen werden. Im Unterschied zu den Testamenten, die sowohl eigenhändig als auch durch notarielle Beurkundung errichtet werden können, ist für den Abschluss eines Erbvertrags die Form der notariellen Beurkundung in § 2276 Abs. 1 S. 1 BGB vorgeschrieben.

c) Schenkungsversprechen von Todes wegen. Auf ein Schenkungsversprechen, welches unter der Bedingung **6** erteilt wird, dass der Beschenkte den Schenker überlebt, finden gem. § 2301 Abs. 1 S. 1 BGB die Vorschriften über Verfügungen von Todes wegen Anwendung. Gleiches gilt gem. § 2301 Abs. 1 S. 2 BGB für ein schenkweise unter dieser Bedingung erteiltes Schuldversprechen oder Schuldanerkenntnis der in den §§ 780, 781 BGB bezeichneten Art. Da das Schenkungsversprechen nach § 518 Abs. 1 BGB einen Vertrag erfordert, kommen in formeller Hinsicht nur die Vorschriften über vertragliche Verfügungen, also über den Erbvertrag gem. §§ 2274 ff BGB, in Betracht.[7] Der Geschäftswert solcher Verträge richtet sich ebenfalls nach Abs. 1–3.

Anders verhält es sich dagegen bei lebzeitig vollzogenen Schenkungsversprechen von Todes wegen iSd **7** § 2301 Abs. 2 BGB. Für diese gilt die Formvorschrift des § 2301 Abs. 1 BGB nicht. Der Vertrag über das Schenkungsversprechen bedarf gem. § 518 Abs. 1 BGB der notariellen Beurkundung. Sein Geschäftswert richtet sich nach § 36.

d) Verfügungen zur Gesamtrechtsnachfolge. aa) Grundsatz. Das Erbrecht des BGB geht in § 1922 BGB **8** vom Grundsatz der Universalsukzession (Gesamtrechtsnachfolge) aus. Mit dem Tod des Erblassers geht sein Vermögen als Gesamtheit unmittelbar und von selbst auf die Erben kraft Gesetzes über, soweit es vererblich ist. Der Erblasser kann gem. § 1937 BGB durch Testament oder gem. § 1941 BGB durch Erbvertrag bestimmen, wer sein Erbe wird.

---

1 Vgl BT-Drucks 17/11471, S. 278. **2** Vgl näher FA-ErbR/*Krause*, Kap. 2 Rn 491 ff. **3** Vgl näher FA-ErbR/*Krause*, Kap. 2 Rn 499 ff. **4** Vgl näher FA-ErbR/*Krause*, Kap. 2 Rn 503 ff. **5** RGZ 90, 419. **6** Vgl näher FA-ErbR/*Krause*, Kap. 2 Rn 110 ff. **7** Vgl näher FA-ErbR/*Krause*, Kap. 3 Rn 237 ff.

9   Abs. 1 gilt für sämtliche Verfügungen von Todes wegen, mit denen zur Gesamtrechtsnachfolge verfügt wird, unabhängig davon, ob diese den ganzen Nachlass oder nur einen Bruchteil betreffen.

10   **bb) Wert des Vermögens (Abs. 1 S. 1).** Ausgangspunkt für die Geschäftswertermittlung von Verfügungen von Todes wegen, mit denen zur Gesamtrechtsnachfolge verfügt wird, ist gem. Abs. 1 S. 1 der **Wert des Vermögens** des Erblassers. Maßgeblich ist die Bewertung des Vermögens im **Zeitpunkt der Beurkundung** (§ 96).

11   Unter **Vermögen** iSd Abs. 1 ist das vererbbare Vermögen zu verstehen.[8] Hierzu zählen alle dinglichen und persönlichen Vermögensrechte, soweit sie nicht ausnahmsweise rechtsgeschäftlich oder gesetzlich unübertragbar oder höchstpersönlicher Natur sind. Nichtvermögensrechtlichen Ansprüchen fehlt idR die Vererbbarkeit.

12   Ansprüche aus **Lebensversicherungsverträgen** gehören grds. zum Vermögen des Erblassers und sind dementsprechend nach den allgemeinen Regeln vererblich. In Anlehnung an die Rspr des BGH zur Berechnung des Pflichtteilsergänzungsanspruchs[9] ist für deren Bewertung auf den Wert abzustellen, den der Erblasser aus den Rechten seiner Lebensversicherung in der letzten juristischen Sekunde seines Lebens nach objektiven Kriterien für sein Vermögen hätte umsetzen können. Dies ist in aller Regel der Rückkaufswert. Nicht zum vererbbaren Vermögen des Erblassers zählen Ansprüche aus einer Lebensversicherung jedoch dann, wenn der Erblasser einen Bezugsberechtigten unwiderruflich benannt hat. Der Rechtserwerb des Bezugsberechtigten vollzieht sich in diesem Fall im Zeitpunkt des Todes des Versicherungsnehmers schuldrechtlich außerhalb des Erbrechts (§ 159 VVG).

13   **cc) Abzug der Verbindlichkeiten (Abs. 1 S. 2).** Gemäß Abs. 1 S. 2 sind für die Geschäftswertberechnung vom Vermögen die Verbindlichkeiten des Erblassers bis zur Höhe der Hälfte des Aktivvermögens abzuziehen. Ausgenommen hiervon sind Erbfallschulden iSv 1967 BGB, wie zB Beerdigungskosten oder Pflichtteilsansprüche, da diese im Zeitpunkt der Beurkundung der Verfügung von Todes wegen noch nicht entstanden sind. Nicht abzugsfähig sind später entstehende oder erst durch den Erbfall entstehende Verbindlichkeiten wie Vermächtnisse, Auflagen oder Pflichtteile. Gleiches gilt für Unterhaltspflichten, die den Erblasser persönlich betreffen bzw Nachlassverbindlichkeiten wie § 1586 b BGB.

14   **dd) Gemeinschaftliches Testament und Erbvertrag.** Bei einem **gemeinschaftlichen Testament** sind die Geschäftswerte für jeden Ehepartner bzw Lebenspartner getrennt zu ermitteln (Vermögen abzüglich Verbindlichkeiten bis zur Hälfte des Werts des Vermögens) und sodann zu addieren. Verbindlichkeiten eines Ehegatten sind entsprechend § 100 Abs. 1 S. 5 nur von seinem Vermögen abzuziehen.[10]

15   Vergleichbares gilt für die Geschäftswertermittlung eines **zwei- oder mehrseitigen Erbvertrags**. Bei einem solchen treffen sämtliche Vertragsteile hinsichtlich ihres Nachlasses vertragsmäßige Verfügungen.

16   Anders verhält es sich dagegen bei einem **einseitigen Erbvertrag.** Einseitig ist ein Erbvertrag, wenn nur der Erblasser Verfügungen von Todes wegen trifft, der Vertragspartner also lediglich zum Zwecke der erbvertraglichen Bindung mitwirkt. Bei einem solchen Erbvertrag kommt es nur auf das Vermögen des Erblassers abzüglich der Verbindlichkeiten bis zur Hälfte des Werts des Vermögens an.

17   **ee) Verfügungen über einen Bruchteil des Nachlasses.** Verfügt der Erblasser nur hinsichtlich eines **Bruchteils** des Nachlasses durch Erbeinsetzung, so wird der Geschäftswert für die Verfügung von Todes wegen nach den gleichen Grundsätzen wie bei Verfügungen über den ganzen Nachlass ermittelt. Geschäftswert ist in diesem Fall der entsprechende Bruchteil des Vermögens abzüglich der Verbindlichkeiten bis zur Höhe der Hälfte des Aktivvermögens.

18   Betrifft die Verfügung von Todes wegen dagegen die **gegenständliche Zuwendung von Vermögenswerten**, also die Vermächtnisanordnung oder die Begünstigung durch eine Auflage, gilt Abs. 3.

19   **ff) Gemischte Verfügungen (Abs. 1 S. 3).** Verfügungen zur Einzelrechtsnachfolge, also Vermächtnisse oder Auflagen, bleiben neben Verfügungen zur Gesamtrechtsnachfolge grds. unberücksichtigt, da ihr Gegenstand bereits als Nachlassbestandteil bei der Ermittlung des Geschäftswerts mitberechnet wird. Abs. 1 S. 3 enthält jedoch eine **Sonderregelung** für den Fall, dass der Erblasser in einer Verfügung von Todes wegen nur über einen **Bruchteil** des Nachlasses verfügt, **daneben** aber **Vermächtnisse** oder **Auflagen** anordnet. Nach dieser Vorschrift werden die Vermächtnisse und Auflagen in einem solchen Fall dem Wert des Bruchteils mit dem Anteil ihres Werts hinzugerechnet, der dem Bruchteil entspricht, über den nicht verfügt wird.

20   **Beispiel:** Der im Rahmen des § 102 Abs. 1 zugrunde zu legende Nachlasswert beträgt 200.000 €. Verfügt der Erblasser in seinem Testament lediglich über 1/2 des Nachlasses (100.000 €) zugunsten der X und wendet darüber hinaus dem Y im Wege des Vermächtnisses weitere 50.000 € zu, so ist der Geschäftswert die Summe aus dem Nachlassbruchteil, über den verfügt wurde (100.000 €), und 1/2 des Vermächtniswerts (25.000 €), da der Anteil

---

8 Vgl Korintenberg/*Reimann*, § 102 Rn 36.   **9** BGH NotBZ 2010, 259 (*Krause*).   **10** Korintenberg/*Reimann*, § 102 Rn 47.

des Nachlasses, über den nicht verfügt wurde, 1/2 beträgt. Im Ergebnis beträgt der Geschäftswert somit 125.000 €.[11]

gg) Verfügungen über zukünftige Vermögenswerte (Abs. 2). Abs. 2 betrifft Sachverhalte, in denen der Erblasser neben einer Erbeinsetzung gegenständliche Zuwendungen vornimmt, die fremde Vermögenswerte betreffen. Hierher gehört insb. die Anordnung eines Vermächtnisses bzgl eines **konkreten Gegenstands**, dessen Übertragung auf den Erblasser bevorsteht.   **21**

Für eine konkrete Bezeichnung des Gegenstands iSd Abs. 2 S. 1 nicht ausreichend wäre zB die Formulierung „meine ggf künftig noch zu erwerbende Gemäldesammlung". Ausreichend ist hingegen „das Haus meiner Eltern in München, das mir in Kürze überschrieben werden soll". Allgemein sollten, da die betroffenen Vermögenswerte ja gerade nicht bereits in das Vermögen des Erblassers integriert sind, keine allzu hohen Anforderungen gestellt werden – schlagwortartige, pauschale Bezeichnungen reichen aus.   **22**

Abs. 2 S. 1 ordnet für diesen Fall an, dass der Wert des (zukünftigen) konkret bezeichneten Vermögenswertes, über den über die Gesamtrechtsnachfolge hinaus verfügt worden ist, dem Nachlasswert nach Abs. 1 **hinzuzurechnen** ist.   **23**

Nach **Abs. 2 S. 2** gilt auch im Rahmen der Hinzurechnung der **beschränkte Schuldenabzug** nach Abs. 1, dh von dem Begünstigten zu übernehmende Verbindlichkeiten, zB nach § 2165 BGB, werden abgezogen, jedoch nur bis zur Hälfte des Vermögenswerts.   **24**

Die gebräuchlichste Form des Ehegattentestaments ist das **Berliner Testament**.[12] Dieses folgt der gesetzlichen Vermutung des § 2269 BGB. Das Berliner Testament zeichnet sich durch die Anordnung von Voll- und Schlusserbfolge aus (sog. **Einheitslösung**). Die Ehegatten setzen sich gegenseitig zu Alleinerben ein und bestimmen, dass nach dem Tod des Überlebenden der beiderseitige Nachlass an einen Dritten, regelmäßig die Abkömmlinge, fallen soll. Beim Tod des Erstversterbenden wird der Überlebende Vollerbe, so dass sich in seiner Hand der Nachlass und sein Eigenvermögen zu einer einheitlichen Vermögensmasse vereinigen. Der Schlusserbfall tritt erst mit dem Tod des Längerlebenden ein. Soll in der Verfügung des Längerlebenden ein Vermächtnis hinsichtlich eines konkreten Gegenstandes angeordnet werden, der ganz oder zum Teil einem der Ehegatten gehört, träfe die Hinzurechnungsregelung des Abs. 2 S. 1 und 2 für den Längerlebenden zu. Um eine solche doppelte kostenrechtliche Berücksichtigung des zukünftigen Vermögenswertes auszuschließen, ordnet **Abs. 2 S. 3** an, dass die Sätze 1 und 2 des Abs. 2 bei gemeinschaftlichen Testamenten und gegenseitigen Erbverträgen nicht für Vermögenswerte gelten, die bereits nach Abs. 1 (→ Rn 10) berücksichtigt sind.   **25**

e) Verfügungen zur Einzelrechtsnachfolge (Abs. 3). Der Erblasser kann gem. § 1939 BGB in einem Testament oder gem. § 1941 Abs. 1 BGB in einem Erbvertrag einem anderen einen Vermögensvorteil zuwenden, ohne ihn als Erben einzusetzen. Das Gesetz nennt diese Art der Zuwendung „Vermächtnis".[13] Die Vorschriften über das Vermächtnis finden sich in §§ 2147 ff BGB. Ein weiteres außerordentlich flexibles Instrument der erbrechtlichen Gestaltung bildet die **Auflage** iSd §§ 2192 ff BGB.[14] Der Erblasser kann die Erben oder Vermächtnisnehmer gem. §§ 1940, 1941 Abs. 1 BGB zu einer Leistung verpflichten, ohne einem anderen ein Recht auf die Leistung zuzuwenden.   **26**

Abs. 3 betrifft Verfügungen von Todes wegen, in denen der Erblasser **ausschließlich Vermächtnisse oder Auflagen** angeordnet, also statt zur Gesamtrechtsnachfolge zur **Einzelrechtsnachfolge** verfügt hat. In einem solchen Fall ist die Geschäftswertermittlung auf den Wert des entsprechenden Vermächtnis- oder Auflagengegenstandes beschränkt. Abs. 2 S. 2 gilt entsprechend, dh von dem Begünstigten zu übernehmende Verbindlichkeiten werden bis zur Hälfte des Vermögenswertes abgezogen.   **27**

Gleichgültig ist im Anwendungsbereich des Abs. 3, ob sich der Gegenstand bereits im Vermögen des Erblassers befindet, wie im Fall des Abs. 2 eine Übertragung auf den Erblasser bevorsteht oder nach dem Erbfall vom Beschwerten dem Bedachten verschafft werden muss (Verschaffungsvermächtnis, § 2170 BGB).   **28**

Die isolierte Zuwendung von Nutzungs- und Leistungsrechten, wie zB **Nießbrauch, Wohnungsrecht, Leibrente**, ist nach § 52 zu bewerten. Da im Zeitpunkt der Errichtung der Verfügung von Todes wegen der Beginn des Rechts noch nicht feststeht, ist § 52 Abs. 6 S. 2 zu berücksichtigen.   **29**

2. Geschäftswert für erbrechtliche Verzichtsverträge (Abs. 4). a) Allgemeines. Abs. 4 enthält eine ausdrückliche Regelung zur Bewertung von Erb-, Zuwendungs- und Pflichtteilsverzichtsverträgen. Nach Abs. 4 S. 1 gilt bei der Beurkundung eines Erbverzichts-, Zuwendungsverzichts- oder Pflichtteilsverzichtsvertrags Abs. 1 S. 1 und 2 entsprechend. Der Geschäftswert bestimmt sich nach den Verhältnissen im Zeitpunkt des Verzichts. Wahrscheinlichkeitserwägungen bzgl des Überlebens des Verzichtenden oder der Entwicklung   **30**

---

11 BT-Drucks 17/11471, S. 279.   **12** Vgl näher FA-ErbR/*Krause*, Kap. 2 Rn 543 ff.   **13** Vgl näher FA-ErbR/*Krause*, Kap. 2 Rn 370 ff.   **14** Vgl näher FA-ErbR/*Krause*, Kap. 2 Rn 462 ff.

der Vermögensverhältnisse des Erblassers spielen insoweit keine Rolle. Das Pflichtteilsrecht ist gem. Abs. 4 S. 2 wie ein entsprechender Bruchteil des Nachlasses zu behandeln.

31   b) **Erb- oder Pflichtteilsverzichtsvertrag.** Der Wert des Erb- oder Pflichtteilsverzichtsvertrags ist gem. Abs. 4 nach dem Erb- oder Pflichtteilsbruchteil am Nachlasswert iSd Abs. 1 S. 1 und 2 im Zeitpunkt des Verzichts zu berechnen. Verbindlichkeiten werden dabei nur bis zur Höhe der Hälfte des Aktivvermögens abgezogen. Wird der Erb- oder Pflichtteilsverzicht nur vorsorglich vereinbart, etwa für den Fall des Wegfalls eines vorrangigen Erben, richtet sich die Bewertung nach der fiktiven Quote des Erb- oder Pflichtteils, auf den verzichtet wird.

32   Bei der Bewertung des Erb- oder Pflichtteilsverzichtsvertrags ist ausschließlich auf die Verhältnisse im Zeitpunkt der Beurkundung abzustellen. Zukünftige Entwicklungen spielen daher bei der Geschäftswertbestimmung keine Rolle. Dementsprechend ist etwa bei Beurkundung eines Erb- oder Pflichtteilsverzichts im Rahmen einer Scheidungsfolgenvereinbarung kein Abschlag vorzunehmen.[15] Eine andere Bewertung ist auch nicht bei Pflichtteilsverzichten von Kindern gegenüber dem erstversterbenden Elternteil vorzunehmen. In diesem Fall handelt es sich materiellrechtlich um zwei (bedingte) Verzichte gegenüber jedem Elternteil, deren Werte zusammenzurechnen sind.

33   Bei einem **gegenseitigen Erb- oder Pflichtteilsverzicht**, zB zwischen Ehegatten, liegt ein Austauschvertrag vor. Die Bewertung richtet sich in diesem Fall nach dem höherwertigen Verzicht (§ 97 Abs. 3). Gleiches gilt, wenn der Erb- oder Pflichtteilsverzicht gegen Zahlung einer Abfindung erfolgt. In diesem Fall ist der Wert der Abfindung mit dem Wert des Verzichts zu vergleichen und der Wert der höheren Leistung für die Geschäftswertbestimmung maßgeblich. Kein Austauschvertrag liegt dagegen vor, wenn ein Pflichtteilsverzicht mit einem Erbvertrag verbunden wird. Die Bewertung richtet sich dann nach § 97 Abs. 1.

34   c) **Gegenständlich beschränkter Pflichtteilsverzichtsvertrag.** Während ein Erbverzicht hinsichtlich einzelner Nachlassgegenstände, zB das Hausgrundstück des Erblassers, nicht möglich ist, kann ein Pflichtteilsverzicht darauf beschränkt werden, dass bestimmte Gegenstände bei der Nachlassbewertung zum Zwecke der Anspruchsberechnung außer Betracht bleiben, sog. gegenständlich beschränkter Pflichtteilsverzicht.[16]

35   Da es sich auch bei einem gegenständlich beschränkten Pflichtteilsverzicht um einen Pflichtteilsverzicht handelt, richtet sich dessen Bewertung ebenfalls nach Abs. 4. Maßgeblich ist insoweit der abstrakte Pflichtteilsbruchteil des Verzichtenden am Wert des betroffenen Nachlassgegenstandes abzüglich der Verbindlichkeiten bis zur Hälfte seines Wertes.

36   d) **Zuwendungsverzichtsvertrag.** Vom Erbverzichtsvertrag und Pflichtteilsverzichtsvertrag zu unterscheiden ist der Zuwendungsverzichtsvertrag gem. § 2352 BGB.[17] Der Zuwendungsverzichtsvertrag ist ein Mittel zur Beseitigung einer Verfügung von Todes wegen zu Lebzeiten des Erblassers in anderer Form als durch Widerruf gem. §§ 2253 ff, 2271 BGB bzw Aufhebung erbvertragsmäßiger Verfügungen gem. §§ 2290 ff BGB.

37   Der Zuwendungsverzichtsvertrag ist in Abs. 4 ausdrücklich genannt. Es handelt sich bei diesem um einen Unterfall des Erbverzichts,[18] so dass für den Zuwendungsverzicht die gleichen Grundsätze wie für den Erb- oder Pflichtteilsverzicht (→ Rn 31) gelten. Soweit der Zuwendungsverzicht ein Vermächtnis betrifft, gilt Abs. 3 entsprechend (→ Rn 27).

38   **3. Geschäftswert für Widerruf, Anfechtung und Rücktritt (Abs. 5). a) Allgemeines.** Abs. 5 regelt den Geschäftswert für Erklärungen, die zwar keine Verfügungen von Todes wegen sind, aber erbrechtlich gestaltende Wirkungen haben. Hierzu zählen die Beurkundung der Anfechtung oder des Widerrufs einer Verfügung von Todes wegen sowie der Rücktritt von einem Erbvertrag.

39   b) **Anfechtung einer Verfügung von Todes wegen.** Die Anfechtung eines gemeinschaftlichen Testaments ist zu Lebzeiten beider Ehegatten ausgeschlossen. Jeder Ehegatte kann seine wechselbezüglichen Verfügungen in der Form des § 2271 Abs. 1 S. 1 BGB und einseitige Verfügungen nach §§ 2253 ff BGB frei widerrufen. Soweit der Erbfall noch nicht eingetreten ist, scheidet auch eine Anfechtung durch Dritte aus. In Betracht kommen kann die Anfechtung eines gemeinschaftlichen Testaments aber nach dem Tod eines Ehegatten durch den überlebenden Ehegatten oder durch Dritte.[19] Nach den allgemeinen Vorschriften der §§ 2078 ff BGB kann der überlebende Ehegatte sowohl die Verfügungen des Erstverstorbenen als auch seine eigenen wechselbezüglichen Verfügungen anfechten. Die Selbstanfechtung eigener wechselbezüglicher Verfügungen ist in entsprechender Anwendung der §§ 2281 ff BGB iVm §§ 2078, 2079 BGB möglich. Die Anfechtung eines Erbvertrags ist sowohl nach den allgemeinen Anfechtungsregeln der §§ 119 ff BGB wie auch nach den für letztwillige Verfügungen geltenden Vorschriften der §§ 2078 ff BGB möglich.[20] Darüber hinaus enthal-

---

15 Korintenberg/*Reimann*, § 102 Rn 69. **16** Vgl näher FA-ErbR/*Krause*, Kap. 3 Rn 344 f. **17** Vgl näher *Krause*, ZFE 2008, 144. **18** MüKo-BGB/*Wegerhoff*, § 2352 Rn 1; FA-Komm-ErbR/*Tschichoflos*, § 2352 BGB Rn 3. **19** Vgl näher FA-ErbR/*Krause*, Kap. 2 Rn 86 ff. **20** Vgl näher FA-ErbR/*Krause*, Kap. 2 Rn 155 ff.

ten die §§ 2281–2285 BGB spezielle Regelungen. Die Besonderheit des § 2281 Abs. 1 BGB besteht darin, dass der Erblasser den Erbvertrag anfechten kann. Dies ist in den Fällen des § 2078 BGB oder des § 2079 BGB möglich, also wenn der Erblasser zu der Verfügung durch Irrtum, Täuschung oder Drohung veranlasst worden ist oder wenn er bei der Verfügung einen ihm nicht bekannten oder noch nicht vorhandenen Pflichtteilsberechtigten übergangen hat. Die Anfechtungserklärung bedarf nach § 2282 Abs. 3 BGB der notariellen Beurkundung.

c) Widerruf einer Verfügung von Todes wegen. aa) Widerruf eines Einzeltestaments. Ein Einzeltestament **40** kann der Testierende ebenso wie in diesem enthaltene einzelne Verfügungen jederzeit nach § 2253 BGB widerrufen. Der Widerruf erfolgt durch Widerrufstestament gem. § 2254 BGB, Vernichtung bzw Veränderung gem. § 2255 BGB, Rücknahme aus der besonderen amtlichen Verwahrung beim notariellen Testament gem. § 2256 Abs. 1 BGB oder durch ein späteres widersprechendes Testament gem. § 2258 BGB.

bb) Widerruf eines gemeinschaftlichen Testaments. Zu Lebzeiten beider Ehegatten bzw Lebenspartner kön- **41** nen diese ein gemeinschaftliches Testament gemeinsam jederzeit widerrufen. Der Widerruf erfolgt durch ein gemeinschaftliches Widerrufstestament gem. §§ 2253, 2254 BGB, durch ein widersprechendes gemeinschaftliches Testament gem. § 2258 BGB, durch gemeinschaftliche Vernichtung des eigenhändigen Testaments gem. § 2255 BGB oder durch gemeinschaftliche Rücknahme des öffentlichen Testaments aus der besonderen amtlichen Verwahrung gem. §§ 2256, 2272 BGB.

Einseitige – also nicht wechselbezügliche – Verfügungen in einem gemeinschaftlichen Testament kann da- **42** rüber hinaus jeder Ehegatte bzw Lebenspartner grds. jederzeit in gleicher Weise wie ein Einzeltestament einseitig und frei widerrufen.

Hinsichtlich der wechselbezüglichen Verfügungen in einem gemeinschaftlichen Testament ist dies nach den **43** Vorschriften über den Widerruf eines einseitigen Testaments nicht möglich. § 2271 Abs. 1 S. 2 BGB bestimmt ausdrücklich, dass ein Ehegatte bzw Lebenspartner bei Lebzeiten des anderen seine Verfügung allein durch eine neue Verfügung von Todes wegen nicht einseitig aufheben kann. Jeder Ehegatte bzw Lebenspartner hat aber gem. § 2271 BGB zu Lebzeiten beider Partner die Möglichkeit, seine wechselbezüglichen Verfügungen jederzeit frei zu widerrufen. Der Widerruf bedarf gem. §§ 2271 Abs. 1 S. 1, 2296 Abs. 2 BGB – gleichgültig, ob es sich um ein öffentliches oder eigenhändiges gemeinschaftliches Testament handelt – einer notariell beurkundeten Erklärung gegenüber dem anderen Ehegatten.[21]

d) Rücktritt vom Erbvertrag. Ein Rücktritt vom Erbvertrag[22] ist nur in engen Grenzen zulässig. Ein Rück- **44** trittsrecht kann aufgrund eines im Erbvertrag vereinbarten Rücktrittsvorbehalts nach § 2293 BGB bestehen. Weiterhin sehen die §§ 2294 und 2295 BGB gesetzliche Rücktrittsrechte vor. Die Wirksamkeit des Rücktritts setzt nach § 2296 Abs. 2 S. 2 BGB die notarielle Beurkundung der Rücktrittserklärung voraus.

e) Entsprechende Anwendung der Abs. 1–3 (Abs. 5 S. 1). Gemäß Abs. 5 S. 1 gelten die Abs. 1–3 des § 102 **45** entsprechend für die **Beurkundung** der **Anfechtung** oder des **Widerrufs einer Verfügung von Todes** wegen sowie für den **Rücktritt** von einem Erbvertrag. Es sind also auch für diese Erklärungen die Geschäftswertvorschriften für Verfügungen von Todes wegen anwendbar. Maßgeblich ist dabei der (Nachlass-)Wert der Verfügungen des Erklärenden.

Abzustellen ist für die Wertberechnung auf den **Zeitpunkt** der Beurkundung der jeweiligen Erklärung **46** (§ 96). Wird also zB der Rücktritt von einem Erbvertrag beurkundet, kommt es nicht darauf an, welchen Wert der Nachlass bei Abschluss des Erbvertrags hatte, sondern allein auf den aktuellen Wert.

f) Hinzurechnung des Wertes der Verfügungen des anderen (Abs. 5 S. 2). Die Wechselbezüglichkeit der Ver- **47** fügungen in einem gemeinschaftlichen Testament (§ 2270 Abs. 1 BGB) bzw die Bindungswirkung der vertragsmäßigen Verfügungen in einem Erbvertrag (§ 2298 BGB) haben regelmäßig zur Folge, dass die Anfechtung oder der Widerruf einer Verfügung von Todes wegen bzw der Rücktritt vom Erbvertrag auch zur Unwirksamkeit der Verfügungen des anderen Teils führt. Abs. 5 S. 2 ordnet für diesen Fall an, dass dem Wert nach Abs. 5 S. 1 der Wert der Verfügungen des anderen hinzuzurechnen ist. Ansonsten würde etwa der einseitige Rücktritt vom Erbvertrag gegenüber dessen Aufhebung Kostenvorteile bieten.

III. Weitere praktische Hinweise

1. Änderungen von Verfügungen von Todes wegen. Abs. 1–3 gelten auch für Änderungen von Verfügungen **48** von Todes wegen. Hinsichtlich der Geschäftswertermittlung von Änderungen ist § 97 Abs. 2 zu beachten.

2. Aufhebung eines Erbvertrags. Die Personen, die einen Erbvertrag geschlossen haben, können diesen gem. **49** § 2290 Abs. 1 S. 1 BGB durch einen Aufhebungsvertrag aufheben.[23] Dieser bedarf nach § 2290 Abs. 4 BGB

---

21 Vgl näher FA-ErbR/*Krause*, Kap. 2 Rn 78 ff. **22** Vgl näher FA-ErbR/*Krause*, Kap. 2 Rn 146 ff. **23** Vgl näher FA-ErbR/*Krause*, Kap. 2 Rn 137 ff.

der Form des Erbvertrags, also notarieller Beurkundung bei gleichzeitiger Anwesenheit der Vertragsteile. Sofern lediglich vertragsmäßige Vermächtnisse oder Auflagen aufgehoben werden sollen, sieht § 2291 BGB eine Formerleichterung vor. Der Erblasser kann die entsprechenden Anordnungen gem. § 2291 Abs. 1 S. 1 BGB auch durch ein Testament aufheben. Zur Wirksamkeit der Aufhebung ist jedoch zusätzlich gem. § 2291 Abs. 1 S. 2 BGB die Zustimmung des anderen Vertragspartners erforderlich; § 2290 Abs. 3 BGB findet insoweit Anwendung. Während die Aufhebung der Vermächtnis- bzw Auflagenanordnung durch ein eigenhändiges Testament des Erblassers erfolgen kann, bedarf die Zustimmungserklärung zu ihrer Wirksamkeit nach § 2291 Abs. 2 BGB der notariellen Beurkundung. Der Wert der Aufhebung eines Erbvertrags richtet sich nach dem Wert des Vermögens, über das im Erbvertrag verfügt worden ist, gegebenenfalls unter Berücksichtigung des beschränkten Schuldenabzugs, im Zeitpunkt der Beurkundung des Aufhebungsvertrags. Im Falle des § 2291 BGB ist auf den entsprechenden Wert im Zeitpunkt der Beurkundung des Aufhebungstestamentes bzw der Zustimmungserklärung abzustellen.

50 **3. Rückgabe eines Erbvertrags aus der notariellen Verwahrung.** Gemäß § 2300 Abs. 2 S. 1 BGB kann ein Erbvertrag aus der notariellen Verwahrung zurückgenommen und den Vertragsschließenden zurückgegeben werden.[24] Wird ein Erbvertrag nach § 2300 Abs. 2 S. 1 und 2 BGB zurückgenommen, gilt gem. § 2300 Abs. 2 S. 3 BGB § 2256 Abs. 1 BGB entsprechend, dh der Erbvertrag gilt als insgesamt und vollumfänglich widerrufen. Die Widerrufsfiktion erstreckt sich nicht nur auf die vertragsmäßigen, sondern auch auf etwaige einseitige Verfügungen. Der Geschäftswert für die Rückgabe eines Erbvertrags aus der notariellen Verwahrung bestimmt sich gem. § 114 nach Abs. 1–3. Die Verfahrensgebühr beträgt gem. Nr. 23100 KV 0,3. Beurkundet derselbe Notar demnächst nach der Rückgabe des Erbvertrags eine erneute Verfügung von Todes wegen desselben Erblassers, wird die Verfahrensgebühr für die Rückgabe auf die Gebühr für das Beurkundungsverfahren angerechnet. Bei einer Mehrheit von Erblassern erfolgt die Anrechnung nach Kopfteilen.

51 **4. Sonstige Nichtanwendbarkeit von § 102.** Nicht in den Anwendungsbereich des § 102 fallen Erbschaftsverträge (§ 311 b Abs. 4, 5 BGB), Verträge zugunsten Dritter auf den Todesfall (§ 331 BGB), Anordnung von Ausgleichs- und Anrechnungspflichten, sofern sie nicht nachträglich erfolgt (→ Rn 3), sowie nichtvermögensrechtliche Anordnungen (zB Benennung eines Vormunds nach § 1776 BGB, Beschränkung der Vermögenssorge nach § 1638 BGB, Ernennung eines Testamentsvollstreckers nach § 2197 BGB).

52 Der Geschäftswert richtet sich in diesen Fällen nach § 36 Abs. 2 und nicht nach § 102, soweit die Anordnungen nicht neben vermögensrechtlichen getroffen werden, dann bleiben sie unberücksichtigt.

§ 103 Erklärungen gegenüber dem Nachlassgericht, Anträge an das Nachlassgericht

(1) Werden in einer vermögensrechtlichen Angelegenheit Erklärungen, die gegenüber dem Nachlassgericht abzugeben sind, oder Anträge an das Nachlassgericht beurkundet, ist Geschäftswert der Wert des betroffenen Vermögens oder des betroffenen Bruchteils nach Abzug der Verbindlichkeiten zum Zeitpunkt der Beurkundung.
(2) Bei der Beurkundung von Erklärungen über die Ausschlagung des Anfalls eines Hofes (§ 11 der Höfeordnung) gilt Absatz 1 entsprechend.

I. Gesetzliche Systematik

1 Die meisten gegenüber dem Nachlassgericht abzugebenden Erklärungen oder an dieses zu richtenden Anträge bedürfen keiner Form. Wenn sie von einem Notar beurkundet oder entworfen werden, fällt nach Nr. 21201 Nr. 6 und 7 KV eine Gebühr zu einem Gebührensatz von 0,5, mindestens 30 €, an. Wird jedoch – wie praxishäufig – ein Erbscheinsantrag samt Versicherung an Eides statt beurkundet, ist der in der Niederschrift enthaltene Antrag an das Nachlassgericht mit der Beurkundungsgebühr für die Abnahme der eidesstattlichen Versicherung abgegolten (vgl Vorbem. 2.3.3 Abs. 2 KV und Nr. 21201 KV) und daher nicht gesondert zu bewerten.

2 Der Geschäftswert für die Erklärungen gegenüber dem Nachlassgericht und Anträge an das Nachlassgericht bestimmt sich nach § 103. Gemäß Abs. 1 ist Geschäftswert der Wert des betroffenen Vermögens oder des betroffenen Bruchteils nach Abzug der Verbindlichkeiten zum Zeitpunkt der Beurkundung. Entspre-

---

24 Vgl näher FormBFA-ErbR/*Krause*, Kap. B Rn 44.

chendes gilt gem. Abs. 2 für die Beurkundung von Erklärungen über die Ausschlagung des Anfalls eines Hofes (§ 11 HöfeO).

II. Regelungsgehalt

1. Erklärungen gegenüber dem Nachlassgericht, Anträge an das Nachlassgericht (Abs. 1). a) Fallgruppen. Abs. 1 gilt für alle vom Notar in einer **vermögensrechtlichen** Angelegenheit beurkundeten oder entworfenen Erklärungen gegenüber dem Nachlassgericht oder Anträge an das Nachlassgericht, unabhängig davon, ob diese der notariellen Beurkundung oder öffentlichen Beglaubigung bedürfen.[1]   **3**

aa) Ausschlagung der Erbschaft. Abs. 1 erfasst vor allem die in der Praxis sehr häufig vorkommende Beurkundung oder Beglaubigung der Ausschlagung der Erbschaft, Anfechtung der Annahme oder Ausschlagung der Erbschaft oder Anfechtung der Versäumung der Ausschlagungsfrist (§§ 1945, 1955, 1956, 2308 Abs. 1 BGB).[2]   **4**

bb) Erklärungen bei fortgesetzter Gütergemeinschaft. Die fortgesetzte Gütergemeinschaft ist in den §§ 1483 ff BGB geregelt. Ihr kommt in der Praxis nur eine sehr geringe Bedeutung zu. In den Anwendungsbereich des Abs. 1 fallen die Ablehnung der fortgesetzten Gütergemeinschaft (§ 1484 BGB), der Verzicht eines anteilsberechtigten Abkömmlings (§ 1491 BGB) sowie die Aufhebung der fortgesetzten Gütergemeinschaft (§ 1492 BGB).   **5**

cc) Sonstige Fälle. Von Abs. 1 sind weiterhin erfasst: **6**
- die Forderungsanmeldung im Falle des § 2061 BGB,
- die Anzeige des Vorerben oder des Nacherben über den Eintritt der Nacherbfolge (§ 2146 BGB),
- die Erklärung betreffend die Bestimmung der Person des Testamentsvollstreckers oder die Ernennung von Mitvollstreckern (§ 2198 Abs. 1 S. 2 und § 2199 Abs. 3 BGB),
- die Annahme oder Ablehnung des Amtes des Testamentsvollstreckers (§ 2202 BGB) sowie die Kündigung dieses Amtes (§ 2226 BGB),
- die Anzeige des Verkäufers oder Käufers einer Erbschaft über den Verkauf nach § 2384 BGB sowie einer Anzeige in den Fällen des § 2385 BGB,
- die Erklärung nach § 2004 BGB (Bezugnahme auf ein vorhandenes Inventar) sowie
- die Erklärung eines Hoferben über die Wahl des Hofes gem. § 9 Abs. 2 S. 1 HöfeO.

In der Praxis erfolgt die Anzeige nach § 2384 BGB idR durch den von den Beteiligten beauftragten Urkundsnotar mittels Übersendung einer Vertragsabschrift.[3] Hierbei handelt es sich nicht um einen Fall des Abs. 1. Für diese Tätigkeit des Notars fällt jedoch eine Betreuungsgebühr nach Nr. 22200 an.[4]   **7**

Für die Anfechtung einer Verfügung von Todes wegen gilt § 102 Abs. 5.

dd) Erbscheinantrag. Ein Antrag auf Erteilung eines Erbscheines (§§ 2353 ff BGB) fällt nur dann in den Anwendungsbereich des Abs. 1, sofern er ausnahmsweise keine eidesstattliche Versicherung des Antragstellers enthält. Anderenfalls ist der Antrag mit der Beurkundungsgebühr für die Abnahme der eidesstattlichen Versicherung abgegolten.   **8**

b) Wert. Geschäftswert ist der Wert des betroffenen Vermögens oder des betroffenen Bruchteils nach Abzug der Verbindlichkeiten zum Zeitpunkt der Beurkundung. Anders als im Fall des § 102 findet also ein **voller Schuldenabzug** statt. Maßgebend ist die von der Erklärung bzw dem Antrag unmittelbar betroffene Vermögensmasse. Da bei der Bewertung auf den Zeitpunkt der Beurkundung und nicht etwa auf den Zeitpunkt des Erbfalls abzustellen ist, sind zB auch **Beerdigungskosten** abzuziehen.   **9**

c) Gebühr. Nach Nr. 21201 Nr. 6 und 7 KV fällt für die Beurkundung bzw den Entwurf eines Antrags an das Nachlassgericht oder einer Erklärung, die gegenüber dem Nachlassgericht abzugeben ist, eine Gebühr zu einem Gebührensatz von 0,5, mindestens 30 €, an. Wird eine Erbausschlagung wegen Überschuldung des Nachlasses vorgenommen, ist der Mindestwert von 30 € anzusetzen.   **10**

d) Mehrere Erklärungen. Bei mehreren Erklärungen in einer Urkunde gilt § 35 Abs. 1, dh, die Einzelwerte werden grds. zusammengerechnet.   **11**

Wird eine Erbschaft von mehreren neben- oder nacheinander berufenen Personen gleichzeitig **ausgeschlagen**, so wird die Gebühr nur einmal nach dem Wert der ausgeschlagenen Erbschaft erhoben.[5] Sie beträgt somit im Regelfall 30 €. Wird die Erbausschlagung durch verschiedene Erben in mehreren Urkunden erklärt, fällt die Gebühr für jede Urkunde gesondert an. Da jeder Erbe für sich selbst entscheiden muss, ob die Erbausschlagung mit Zugang beim Nachlassgericht wirksam werden soll, stellt es keine unrichtige Sachbehandlung (§ 21) dar, wenn für verschiedene Erben in einem Termin jeweils getrennte Urkunden auf-   **12**

---

1 Vgl Korintenberg/*Diehn*, § 103 Rn 5. **2** Vgl hierzu *Krause*, ZFE 2008, 302. **3** Vgl *Krause*, ErbR 2007, 2; *Krause*, ZFE 2008, 459. **4** AA Leipziger-GNotKG/*Zimmer*, § 103 Rn 2. **5** AA Korintenberg/*Diehn*, § 103 Rn 15.

genommen und sodann dem jeweils ausschlagenden Erben zur Weiterleitung an das Nachlassgericht ausgehändigt werden.

13   **2. Erklärungen über die Ausschlagung des Anfalls eines Hofes (Abs. 2).** Der Hoferbe kann gem. § 11 S. 1 HöfeO den Anfall des Hofes durch Erklärung gegenüber dem Gericht ausschlagen, ohne die Erbschaft in das übrige Vermögen auszuschlagen.

14   Entsprechend Abs. 1 ist gem. Abs. 2 Geschäftswert für die Beurkundung der Erklärungen über die Ausschlagung des Anfalls eines Hofes der Wert des betroffenen Vermögens oder des betroffenen Bruchteils nach Abzug der Verbindlichkeiten zum Zeitpunkt der Beurkundung. Das Bewertungsprivileg für Höfe iSd HöfeO in § 48 Abs. 3 ist dabei zu beachten.

§ 104 Rechtswahl

(1) Bei der Beurkundung einer Rechtswahl, die die allgemeinen oder güterrechtlichen Wirkungen der Ehe betrifft, beträgt der Geschäftswert 30 Prozent des Werts, der sich in entsprechender Anwendung des § 100 ergibt.

(2) Bei der Beurkundung einer Rechtswahl, die eine Rechtsnachfolge von Todes wegen betrifft, beträgt der Geschäftswert 30 Prozent des Werts, der sich in entsprechender Anwendung des § 102 ergibt.

(3) Bei der Beurkundung einer Rechtswahl in sonstigen Fällen beträgt der Geschäftswert 30 Prozent des Geschäftswerts für die Beurkundung des Rechtsgeschäfts, für das die Rechtswahl bestimmt ist.

I. Allgemeines

1   § 104 regelt den Geschäftswert bei sämtlichen Beurkundungen einer **Rechtswahl** (Vertragsstatut), also der Bestimmung des zugrunde zu legenden Rechts bei Rechtsgeschäften und -handlungen mit Auslandbezug. Der Begriff „Rechtswahl" entspricht grds. dem Gebrauch etwa in Art. 14 Abs. 2 EGBGB; allerdings ist die Vorschrift nicht begrifflich auf Rechtswahlen iSd EGBGB beschränkt, da das internationale Privatrecht auf europäischer Ebene Gegenstand fortlaufender Harmonisierungsbemühungen ist (vgl etwa die EuErbVO, → Rn 2, 18) und auch hierunter fallende Rechtswahlen erfasst werden sollen.[1]

2   Abs. 1 betrifft dabei ehe- bzw güterrechtliche Rechtswahlen, Abs. 2 regelt Rechtswahlen im Erbrecht und Abs. 3 hat sonstige Rechtswahlen zum Gegenstand. Für sämtliche dieser Rechtswahlen gilt § 111 Nr. 4, wonach Rechtswahlen im internationalen Privatrecht stets ein besonderer Beurkundungsgegenstand sind. Der Geschäftswert einer Rechtswahl ist daher stets separat anzusetzen (§ 35 Abs. 1), unabhängig davon, mit welchen anderen Erklärungen sie zusammen beurkundet wird. Häufig sind Rechtswahlen bei Grundstückskaufverträgen (gegenständlich beschränkt auf den Kaufgegenstand), sofern zumindest einer der Käufer nicht die deutsche Staatsangehörigkeit besitzt. Im Hinblick auf die Europäische Erbrechtsverordnung (EuErbVO),[2] die seit dem 17.8.2015 gilt, werden Rechtswahlen auch bei erbrechtlichen Verfügungen voraussichtlich deutlich zunehmen.

3   Für die Bewertung ist es ohne Belang, ob eine Rechtswahl mit Blick auf einen konkreten Auslandsbezug oder – Beispiel: EuErbVO – lediglich „vorsorglich" erfolgt: §§ 104, 111 Nr. 4 sind unterschiedslos anzuwenden.[3]

Beispiele: 1. Vorsorgliche Wahl des deutschen Güterrechts durch nach dem 31.12.1992 nach Deutschland übergesiedelte Spätaussiedler. 2. Vorsorgliche Wahl des deutschen Erbrechts durch deutsche Staatsangehörige für den Fall einer späteren Verlegung des gewöhnlichen Aufenthalts ins Ausland nach der seit 17.8.2015 geltenden EuErbVO.

4   Vom jeweils maßgeblichen Bezugswert ist in allen Fällen der Rechtswahl nach § 104 nur ein **Teilwert von 30 %** anzusetzen.

II. Beurkundung einer Rechtswahl

5   **1. Allgemeines.** Die Rechtswahl ist ein Institut des internationalen Privatrechts. Durch übereinstimmende Willenserklärungen kann bei Rechtsgeschäften die anzuwendende Rechtsordnung gewählt werden. Auch für die Rechtswahl gilt der Grundsatz der Formfreiheit; eine Rechtswahl durch schlüssiges Verhalten

---

1 BT-Drucks 17/11471, S. 183; BDS/*Bormann*, § 104 Rn 1. **2** Verordnung (EU) Nr. 650/2012 des Europäischen Parlaments und des Rates vom 4. Juli 2012 über die Zuständigkeit, das anzuwendende Recht, die Anerkennung und Vollstreckung von Entscheidungen und die Annahme und Vollstreckung öffentlicher Urkunden in Erbsachen sowie zur Einführung eines Europäischen Nachlasszeugnisse (ABl. EU L 201 v. 27.2.2012, S. 107). **3** So auch *Diehn/Sikora/Tiedtke*, Notarkostenrecht, Rn 728; BDS/*Bormann*, § 104 Rn 1.

(„schlüssige Rechtswahl") ist möglich. In einzelnen Fällen kann eine besondere Form der Rechtswahl, etwa die notarielle Beurkundung, vorgeschrieben sein.

2. Rechtswahl im Familienrecht. a) Wahl des Ehegüterrechtsstatuts bzw des Ehewirkungsstatuts. aa) Allge- 6 **meines.** Die Beurkundung einer Rechtswahl betreffend die allgemeinen oder güterrechtlichen Wirkungen der Ehe hat nach Abs. 1 einen Geschäftswert von 30 % des Werts, der sich in entsprechender Anwendung des § 100 ergibt (Abs. 1). Derzeit erfasst die Regelung damit Rechtswahlen nach Art. 14 und 15 EGBGB:

- Rechtswahl bzgl der allgemeinen Wirkungen der Ehe, Art. 14 Abs. 3 EGBGB (→ Rn 9);
- Rechtswahl bzgl der güterrechtlichen Wirkungen der Ehe, Art. 15 Abs. 2 EGBGB (→ Rn 10);
- Rechtswahl bzgl des unbeweglichen Vermögens (Recht des Lageorts – lex rei sitae) (→ Rn 11).

Zur Berechnung des Geschäftswerts der Rechtswahl ist zunächst der Geschäftswert in entsprechender An- 7 wendung der Abs. 1–3 zu ermitteln (je nach Bezugspunkt der Rechtswahl, zB bei einem Ehevertrag mit Vereinbarung der Gütertrennung die Summe der modifizierten Reinvermögen der Ehegatten nach Abs. 1). In einem zweiten Schritt ist hiervon ein Teilwert von 30 % anzusetzen.

Betrifft der Ehevertrag inhaltlich nur das Vermögen eines Ehegatten (vgl § 100 Abs. 1 S. 2), gilt die Rechts- 8 wahl dennoch immer für beide Ehegatten. Folglich ist – anders als ggf bei der zugrunde liegenden materiellrechtlichen Vereinbarung – als Ausgangswert stets die Summe des Vermögens beider Ehegatten anzusetzen.[4]

bb) Rechtswahl bzgl der allgemeinen Wirkungen der Ehe, Art. 14 Abs. 3 EGBGB. Die Möglichkeit der 9 Rechtswahl bei einer **Ehe mit Auslandsbezug** (mindestens ein Verlobter hat keinen gewöhnlichen Aufenthalt im Inland oder ist kein Deutscher) ergibt sich aus Art. 14 Abs. 3 EGBGB. Art. 14 Abs. 4 EGBGB schreibt die notarielle Beurkundung vor. Grundsätzlich muss die Rechtswahl nicht ausdrücklich erklärt werden, sie kann sich etwa auch aus dem Inhalt eines Ehevertrags ergeben. Der frühere Streit über die Wertberechnung derartiger Verträge ist weitgehend theoretischer Natur. Der Verweis auf § 100 entspricht inhaltlich der alten Rechtslage, die sich nach § 39 Abs. 3 KostO richtete. Maßgebend ist nach altem wie neuem Recht das jeweils betroffene Vermögen.

cc) Rechtswahl bzgl der güterrechtlichen Wirkungen der Ehe, Art. 15 Abs. 2 Nr. 1 und 2 EGBGB. Die 10 Möglichkeit einer Rechtswahl ausschließlich für den **Güterstand** ergibt sich aus Art. 15 Abs. 1 EGBGB. Art. 15 Abs. 3 EGBGB schreibt für die Rechtswahl bzgl der güterrechtlichen Wirkungen der Ehe ebenfalls die notarielle Beurkundung vor. Auch ansonsten bestehen keine kostenrechtlichen Unterschiede zwischen den Beurkundungen des Ehewirkungs- und des Güterrechtsstatuts.

dd) Gegenständlich beschränkte Rechtswahl bzgl des unbeweglichen Vermögens, Art. 15 Abs. 2 Nr. 3 11 **EGBGB.** Für die gegenständlich beschränkte Rechtswahl nach Art. 15 Abs. 2 Nr. 3 EGBGB (unbewegliches Vermögen) richtet sich der Geschäftswert nach dem Wert der betroffenen unbeweglichen Gegenstands; ein Schuldenabzug findet nicht statt (§ 38 S. 1). Der Geschäftswert darf dann aber nicht höher sein als der Gesamtvermögenswert beider Ehegatten unter Schuldenabzug, § 100 Abs. 2.[5]

b) Wahl des Scheidungs- bzw Scheidungsfolgenrechts, Art. 5 Verordnung (EU) Nr. 1259/2010. Nach Art. 5 12 Verordnung (EU) Nr. 1259/2010[6] kann das auf die Scheidung anzuwendende Recht durch die Ehegatten gewählt werden. Nach Art. 17 Abs. 1 EGBGB ist das so gewählte Recht auch auf unselbstständige Scheidungsfolgen, nach Art. 17 Abs. 3 EGBGB auch auf den Versorgungsausgleich anwendbar.

Abs. 1 und 2 erfassen eine solche Rechtswahl nicht,[7] so dass die allgemeine Vorschrift des Abs. 3 zur An- 13 wendung gelangt (Ansatz von 30 % des Geschäftswerts des von der Rechtswahl betroffenen Rechtsgeschäfts). Allerdings fehlt es an einem zugrunde zu legenden notariellen Verfahren oder Geschäft. Richtig erscheint die Einordnung als nichtvermögensrechtliche Angelegenheit iSv § 36 Abs. 2 analog.[8] Der Ausgangswert (aus dem nach Abs. 3 ein Teilwert von 30 % heranzuziehen ist) ist daher unter Berücksichtigung aller Umstände des Einzelfalls, insb. des Umfangs und der Bedeutung der Sache und der Vermögens- und Einkommensverhältnisse der Beteiligten, nach billigem Ermessen zu bestimmen (Höchstwert: 1 Mio. €). Zugrunde gelegt werden sollte das Vermögen der Ehegatten nach § 100 Abs. 1 (modifiziertes Reinvermögen unter teilweiser Berücksichtigung der Verbindlichkeiten; → Rn 7).

c) Wahl des Unterhaltsrechts, Verordnung (EG) Nr. 4/2009. Nach der Verordnung (EG) Nr. 4/2009[9] iVm 14 Art. 8 HUntProt[10] kann hinsichtlich des ehelichen und des nachehelichen Unterhalts eine Rechtswahl ge-

---

4 BDS/*Bormann*, § 104 Rn 2. **5** Vgl zum alten Recht BayObLGZ 1982, 191 = JurBüro 1982, 1236. **6** Verordnung (EU) Nr. 1259/2010 des Rates vom 20. Dezember 2010 zur Durchführung einer Verstärkten Zusammenarbeit im Bereich des auf die Ehescheidung und Trennung ohne Auflösung des Ehebandes anzuwendenden Rechts (Rom III-VO) (ABl. L 343 v. 29.12.2010, S. 10). **7** So auch Korintenberg/*Diehn*, § 104 Rn 28. **8** AA BDS/*Bormann*, § 104 Rn 3, der zwar ebenfalls eine nichtvermögensrechtliche Angelegenheit annimmt, jedoch unmittelbar § 36 Abs. 2 (Ausgangswert 5.000 €) anwendet. **9** Verordnung (EG) Nr. 4/2009 des Rates vom 18. Dezember 2008 über die Zuständigkeit, das anwendbare Recht, die Anerkennung und Vollstreckung von Entscheidungen und die Zusammenarbeit in Unterhaltssachen (ABl. L 7 v. 10.1.2009, S. 1). **10** Haager Protokoll über das auf Unterhaltspflichten anzuwendende Recht vom 23.11.2007 (ABl. Nr. L 331, S. S. 19).

troffen werden. Sinnvoll erscheint dies vor allem dann, wenn Zweifel bzgl der engsten Verbindung der Ehe zu einem Staat bestehen (vgl Art. 5 HUntProt) und ausgeschlossen werden soll, dass ein (unterhaltsberechtigter) Ehegatte künftig durch Verlegung seines gewöhnlichen Aufenthalts ins Ausland einen Wechsel des Unterhaltsstatuts herbeiführt (vgl Art. 3 HUntProt).[11]

15 Anwendbar ist auch hier die allgemeine Rechtswahlvorschrift des Abs. 3, so dass 30 % des Geschäftswerts des von der Rechtswahl betroffenen Rechtsgeschäfts anzusetzen sind. Die anzuwendende Wertvorschrift richtet sich nach der konkreten Vereinbarung: So ist bei Unterhaltsvereinbarungen, die eine wiederkehrende Leistung zum Inhalt haben (Zahlung von Unterhalt), § 52 anzuwenden. Verzichtsvereinbarungen sind Austauschverträge, so dass nach § 97 Abs. 3 die höherwertige Leistung anzusetzen ist (Vergleich des nach § 52 zu ermittelnden Werts mit einer ggf vereinbarten einmaligen Zahlung als Gegenleistung für den Verzicht).

16 **3. Rechtswahl im Erbrecht.** Bei der Beurkundung einer Rechtswahl betreffend eine Rechtsnachfolge von Todes wegen bestimmt Abs. 2 den Geschäftswert mit einem **Teilwert von 30 % des Werts**, der sich in **entsprechender Anwendung des § 102** ergibt. In einem ersten Schritt ist daher der Geschäftswert der Verfügung von Todes wegen zu ermitteln (je nach Bezugspunkt der Rechtswahl, zB bei einer Verfügung über den ganzen Nachlass dessen Wert nach § 102 Abs. 1 S. 1). In einem zweiten Schritt ist hiervon ein Teilwert von 30 % anzusetzen.

17 Die Möglichkeit einer Rechtswahl im Erbrecht ergab sich im nationalen Recht für **bis zum 17.8.2015 eingetretene Erbfälle aus Art. 25 Abs. 2 EGBGB a.F.** Danach konnte der Erblasser für im Inland belegenes Vermögen deutsches Recht wählen. Art. 25 Abs. 2 EGBGB a.F. schrieb ferner die Rechtsform einer Verfügung von Todes wegen für die Rechtswahl vor. Die Rechtswahl konnte sich aber auch schlüssig, etwa aus der Gestaltung des letzten Willens (erkennbare Zugrundelegung des deutschen Erbrechts), ergeben. Es bestand die Möglichkeit der allgemeinen und der gegenständlich beschränkten Rechtswahl. Bei der allgemeinen Rechtswahl war der Reinwert des im Inland belegenen Vermögens Grundlage der Kostenberechnung. Bei der gegenständlich beschränkten Rechtswahl war der Wert der betroffenen Gegenstände Geschäftswert, § 102 Abs. 3; ein Schuldenabzug fand nur im Rahmen des § 102 Abs. 2 S. 2 statt.

18 Nach Geltung der **EuErbVO** (nach Art. 84 Abs. 2 EuErbVO **seit 17.8.2015**) ist die vorgenannte Rechtswahl nach Art. 25 Abs. 2 EGBGB a.F. bzgl eines bestimmten Grundstücks nicht mehr zulässig. Nach Art. 22 Abs. 1 EuErbVO kann eine Person für die Rechtsnachfolge von Todes wegen das Recht des Staates wählen, dem sie zum Zeitpunkt ihres Todes oder der Rechtswahl angehört; eine Person mit mehreren Staatsangehörigkeiten kann das Recht eines der Staaten wählen, denen sie zu den Zeitpunkten angehörte. Rechtswahlen bzgl bestimmter Grundstücke sind somit seit Geltung der EuErbVO unzulässig; Nachlassspaltungen werden damit vermieden. Auch eine vorsorgliche Wahl deutschen Rechts (Beispiel: Verfügung von Todes wegen eines deutschen Staatsangehörigen, der ggf künftig eine Wohnsitzverlegung ins Ausland plant) ist gesondert zu bewerten. Keine Rechtswahl ist hingegen die bloße Feststellung, den gewöhnlichen Aufenthalt in Deutschland beibehalten zu wollen; Gleiches gilt für eine Klarstellung, dass keine Rechtswahl gewünscht wird.[12]

19 **4. Sonstige Rechtswahlen.** Der Geschäftswert einer Rechtswahl in allen sonstigen Fällen einer Rechtswahl beträgt **30 % des Werts für die Beurkundung des Rechtsgeschäfts**, für das die Rechtswahl bestimmt ist. Anwendungsfall ist hier insb. die Rechtswahl gem. Art. 3 („Freie Rechtswahl") der Verordnung (EG) Nr. 593/2008 des Europäischen Parlaments und des Europäischen Rates über das auf vertragliche Schuldverhältnisse anzuwendende Recht (Rom I-VO).

§ 105 Anmeldung zu bestimmten Registern

(1) [1]Bei den folgenden Anmeldungen zum Handelsregister ist Geschäftswert der in das Handelsregister einzutragende Geldbetrag, bei Änderung bereits eingetragener Geldbeträge der Unterschiedsbetrag:

1. erste Anmeldung einer Kapitalgesellschaft; ein in der Satzung bestimmtes genehmigtes Kapital ist dem Grund- oder Stammkapital hinzuzurechnen;
2. erste Anmeldung eines Versicherungsvereins auf Gegenseitigkeit;
3. Erhöhung oder Herabsetzung des Stammkapitals einer Gesellschaft mit beschränkter Haftung;
4. Beschluss der Hauptversammlung einer Aktiengesellschaft oder einer Kommanditgesellschaft auf Aktien über

---

11 BDS/*Bormann*, § 104 Rn 4.   **12** *Diehn/Sikora/Tiedtke*, Notarkostenrecht, Rn 731; *Diehn*, Notarkostenberechnungen, Rn 1253.

a) Maßnahmen der Kapitalbeschaffung (§§ 182 bis 221 des Aktiengesetzes); dem Beschluss über die genehmigte Kapitalerhöhung steht der Beschluss über die Verlängerung der Frist gleich, innerhalb derer der Vorstand das Kapital erhöhen kann;

b) Maßnahmen der Kapitalherabsetzung (§§ 222 bis 240 des Aktiengesetzes);

5. erste Anmeldung einer Kommanditgesellschaft; maßgebend ist die Summe der Kommanditeinlagen; hinzuzurechnen sind 30.000 Euro für den ersten und 15.000 Euro für jeden weiteren persönlich haftenden Gesellschafter;

6. Eintritt eines Kommanditisten in eine bestehende Personenhandelsgesellschaft oder Ausscheiden eines Kommanditisten; ist ein Kommanditist als Nachfolger eines anderen Kommanditisten oder ein bisher persönlich haftender Gesellschafter als Kommanditist oder ein bisheriger Kommanditist als persönlich haftender Gesellschafter einzutragen, ist die einfache Kommanditeinlage maßgebend;

7. Erhöhung oder Herabsetzung einer Kommanditeinlage.

[2]Der Geschäftswert beträgt mindestens 30.000 Euro.

(2) Bei sonstigen Anmeldungen zum Handelsregister sowie bei Anmeldungen zum Partnerschafts- und Genossenschaftsregister bestimmt sich der Geschäftswert nach den Absätzen 3 bis 5.

(3) Der Geschäftswert beträgt bei der ersten Anmeldung

1. eines Einzelkaufmanns 30.000 Euro,

2. einer offenen Handelsgesellschaft oder einer Partnerschaftsgesellschaft mit zwei Gesellschaftern 45.000 Euro; hat die offene Handelsgesellschaft oder die Partnerschaftsgesellschaft mehr als zwei Gesellschafter, erhöht sich der Wert für den dritten und jeden weiteren Gesellschafter um jeweils 15.000 Euro,

3. einer Genossenschaft oder einer juristischen Person (§ 33 des Handelsgesetzbuchs) 60.000 Euro.

(4) Bei einer späteren Anmeldung beträgt der Geschäftswert, wenn diese

1. eine Kapitalgesellschaft betrifft, ein Prozent des eingetragenen Grund- oder Stammkapitals, mindestens 30.000 Euro;

2. einen Versicherungsverein auf Gegenseitigkeit betrifft, 60.000 Euro;

3. eine Personenhandels- oder Partnerschaftsgesellschaft betrifft, 30.000 Euro; bei Eintritt oder Ausscheiden von mehr als zwei persönlich haftenden Gesellschaftern oder Partnern sind als Geschäftswert 15.000 Euro für jeden eintretenden oder ausscheidenden Gesellschafter oder Partner anzunehmen;

4. einen Einzelkaufmann, eine Genossenschaft oder eine juristische Person (§ 33 des Handelsgesetzbuchs) betrifft, 30.000 Euro.

(5) Ist eine Anmeldung nur deshalb erforderlich, weil sich eine Anschrift geändert hat, oder handelt es sich um eine ähnliche Anmeldung, die für das Unternehmen keine wirtschaftliche Bedeutung hat, so beträgt der Geschäftswert 5.000 Euro.

(6) [1]Der in Absatz 1 Satz 2 und in Absatz 4 Nummer 1 bestimmte Mindestwert gilt nicht

1. für die Gründung einer Gesellschaft gemäß § 2 Absatz 1 a des Gesetzes betreffend die Gesellschaften mit beschränkter Haftung und

2. für Änderungen des Gesellschaftsvertrags einer gemäß § 2 Absatz 1 a des Gesetzes betreffend die Gesellschaften mit beschränkter Haftung gegründeten Gesellschaft, wenn die Gesellschaft auch mit dem geänderten Gesellschaftsvertrag hätte gemäß § 2 Absatz 1 a des Gesetzes betreffend die Gesellschaften mit beschränkter Haftung gegründet werden können.

[2]Reine sprachliche Abweichungen vom Musterprotokoll oder die spätere Streichung der auf die Gründung verweisenden Formulierungen stehen der Anwendung des Satzes 1 nicht entgegen.

I. Gesetzliche Systematik

1 **1. Allgemeines.** § 105 gibt klare Vorgaben für die Geschäftswertermittlung bei Anmeldungen zu bestimmten Registern. Erfasst sind auch Anmeldungen zum Genossenschafts- bzw Partnerschaftsregister. Für sonstige Registeranmeldungen, insb. Anmeldungen zum Vereinsregister, bleibt es hingegen bei der allgemeinen Regelung des § 36.

2 **2. Innere Systematik.** § 105 folgt folgender inneren Logik:

- Es gibt diejenigen Anmeldungen, die in Abs. 1 genannt sind (enumerative Aufzählung).[1] Für diese gilt Abs. 1;
- und es gibt diejenigen Anmeldungen, die nicht in Abs. 1 aufgezählt sind. Für diese „sonstigen Anmeldungen" gelten, laut Abs. 2, die Abs. 3–6. Bei diesen ist zwischen „ersten" und „späteren" Anmeldungen zu differenzieren.[2]

3 Dabei sind „sonstige Anmeldungen" nach dem klaren Wortlaut des Abs. 2 stets nur solche zum **Handelsregister**, zum **Partnerschaftsregister** oder zum **Genossenschaftsregister**. Die in Abs. 1 enumerativ aufgezählten Anmeldungen sind ausschließlich solche zum **Handelsregister**.

4 Die Höchstwertvorschrift für Anmeldungen nach § 105 findet sich in § 106.

II. Anmeldungen iSv Abs. 1

5 **1. Maßgeblichkeit des einzutragenden Geldbetrags.** In den in Abs. 1 enumerativ und abschließend aufgezählten Fällen[3] richtet sich der Geschäftswert nach dem einzutragenden Geldbetrag.

6 **2. Allgemeiner Mindestwert: 30.000 € (Abs. 1 S. 2).** Für die Anmeldungen nach Abs. 1 S. 1 ordnet Abs. 1 S. 2 einen **Mindestwert von 30.000 €** an. So ist zB bei der Erstanmeldung einer GmbH mit einem Stammkapital von 25.000 € als Geschäftswert nicht 25.000 €, sondern der Mindestwert von 30.000 € anzusetzen. Für Unternehmergesellschaften gem. § 5 a GmbHG gelten keine Besonderheiten; wurde die GmbH/UG jedoch unter Verwendung des gesetzlichen Musterprotokolls nach § 2 Abs. 1 a GmbHG gegründet (was für nahezu alle UG zutrifft), ist der Mindestwert wegen Abs. 6 nicht anzuwenden.

7 Werden mit der gleichen Anmeldung **mehrere** von Abs. 1 erfasste Vorgänge angemeldet, so ist nach allgemeinen Grundsätzen zu beurteilen, ob es sich hierbei um denselben Beurkundungsgegenstand handelt oder nicht (§§ 109–111). Handelt es sich um verschiedene Beurkundungsgegenstände, so ist für jeden Beurkundungsgegenstand der Mindestgeschäftswert von 30.000 € anzuwenden.[4]

8 **3. Erste Anmeldung einer Kapitalgesellschaft (Abs. 1 S. 1 Nr. 1).** Für die erste Anmeldung einer Kapitalgesellschaft, also einer AG, KGaA oder einer GmbH, ist Geschäftswert immer der einzutragende Betrag und damit der Betrag des Grund- bzw Stammkapitals.

9 Hinzuzuzählen ist ein in der Satzung bestimmtes **genehmigtes Kapital**. Wird das genehmigte Kapital nicht bei Gründung, sondern später im Wege der Satzungsänderung geschaffen, handelt es sich nicht um einen Fall von Nr. 1 („erste Anmeldung"), vielmehr ist über Abs. 2 die Regelung in Abs. 4 Nr. 1 anzuwenden.[5]

10 Auch **ausländische Gesellschaften** können „Kapitalgesellschaft" im Sinne der Vorschrift sein. Die „erste Anmeldung" einer ausländischen Gesellschaft ist bezogen auf das deutsche Handelsregister zu sehen und liegt bei Anmeldung einer (ersten) inländischen Zweigniederlassung der ausländischen Gesellschaft zum deut-

---

1 Korintenberg/*Tiedtke*, § 105 Rn 7; Leipziger-GNotKG/*Heinze*, § 105 Rn 3. **2** Leipziger-GNotKG/*Heinze*, § 105 Rn 3. **3** BDS/ *Bormann*, § 105 Rn 6. **4** AA Leipziger-GNotKG/*Heinze*, § 105 Rn 484. **5** Korintenberg/*Tiedtke*, § 105 Rn 16.

schen Handelsregister vor,[6] ebenso bei Sitzverlegung einer ausländischen Gesellschaft ins Inland; diese Fälle unterfallen Abs. 1 S. 1 Nr. 1. Geschäftswert ist der im Handelsregister einzutragende Betrag; das ist das in Spalte 3 einzutragende Stammkapital,[7] ggf in ausländischer Währung.

Die **Europäische Aktiengesellschaft** (societas europaea, SE) ist im Handelsregister nach § 3 SEAG wie eine **11** deutsche AG zu behandeln und daher auch im Rahmen des § 105 einer solchen gleichgestellt.

Bei der Eintragung von **Zweigniederlassungen** einer inländischen Kapitalgesellschaft handelt es sich nicht **12** um eine „erste Anmeldung" einer Kapitalgesellschaft im Sinne der Vorschrift, denn die Kapitalgesellschaft selbst (ihre Hauptniederlassung) ist ja bereits angemeldet worden. In solchen Fällen liegt eine spätere Anmeldung iSv Abs. 4 Nr. 1 vor.

Bei **Umwandlungsvorgängen** ist Abs. 1 S. 1 Nr. 1 anzuwenden, wenn durch den Umwandlungsvorgang eine **13** Kapitalgesellschaft entsteht, also bei Formwechsel in eine Kapitalgesellschaft und bei Verschmelzung/Spaltung zur Neugründung einer Kapitalgesellschaft.[8]

4. Erste Anmeldung eines VVaG (Abs. 1 S. 1 Nr. 2). Abs. 1 S. 1 Nr. 2 betrifft die erste Anmeldung eines **14** **Versicherungsvereins auf Gegenseitigkeit.** Hierbei handelt es sich um eine besondere Form eines rechtsfähigen Vereins iSd §§ 21 ff BGB, für den besondere Regelungen in den §§ 171 ff VAG gelten. Insbesondere finden auch handelsrechtliche Vorschriften Anwendung (§ 172 VAG). „Einzutragender Betrag" iSd Abs. 1 S. 1 ist der Gründungsstock gem. § 178 VAG.[9]

5. Kapitalerhöhung oder -herabsetzung einer GmbH (Abs. 1 S. 1 Nr. 3). In Nr. 3 werden ausschließlich Kapitalmaßnahmen bei einer **GmbH** erfasst. Für Aktiengesellschaften und Kommanditgesellschaften auf Aktien gilt Nr. 4. Bei Versicherungsvereinen auf Gegenseitigkeit sind Kapitalerhöhungen bzw -herabsetzungen nicht möglich.[10] **15**

Die Vorschrift gilt für **alle Kapitalerhöhungen** bei einer GmbH. **16**

Beim genehmigten Kapital ist die Zweistufigkeit des Verfahrens zu beachten: **17**

- Die Ermächtigung der Geschäftsführung in der Satzung zur Kapitalerhöhung: Ist diese bereits in der Gründungssatzung enthalten, erhöht dies den Geschäftswert der Anmeldung nach Abs. 1 S. 1 Nr. 1; wird diese später durch Satzungsänderung eingeführt, gilt Abs. 4 Nr. 1.[11]
- Die Kapitalerhöhung in Ausnutzung der Ermächtigung: Für die Anmeldung gilt Abs. 1 S. 1 Nr. 3.

Nr. 3 erfasst ferner **alle Kapitalherabsetzungen** bei einer GmbH, also sowohl solche im ordentlichen Verfahren (§ 58 GmbHG) als auch vereinfachte Kapitalherabsetzungen nach den §§ 58 a ff GmbHG. **18**

Einzutragender Geldbetrag und damit Geschäftswert der Anmeldung ist der **Betrag der Veränderung** der **19** Stammkapitalziffer, zB bei einer Erhöhung von 30.000 € auf 70.000 € die Differenz von 40.000 €. Bei einer gleichzeitigen Kapitalherabsetzung und -erhöhung sind beide Werte zu addieren.[12]

6. Kapitalmaßnahmen bei AG/KGaA (Abs. 1 S. 1 Nr. 4). Abs. 1 S. 1 Nr. 4 erfasst Kapitalmaßnahmen der **20** AG bzw KGaA, nämlich Maßnahmen der Kapitalbeschaffung (Buchst. a) und Maßnahmen der Kapitalherabsetzung (Buchst. b).

a) Maßnahmen der Kapitalbeschaffung (Nr. 4 Buchst. a). Zu beachten ist die (mit Ausnahme von Kapitalerhöhungen aus Gesellschaftsmitteln, → Rn 24) gesetzliche Zweistufigkeit des Anmeldeverfahrens, die zwischen der Anmeldung des Hauptversammlungsbeschlusses über die Kapitalbeschaffungsmaßnahme einerseits und der Anmeldung der Durchführung andererseits differenziert. Abs. 1 S. 1 Nr. 4 betrifft nur die Anmeldungen des Beschlusses der Hauptversammlung, also lediglich die erste der beiden Stufen. Stufe zwei unterfällt dann als „sonstige Anmeldung" Abs. 2.[13] **21**

Bei der **Kapitalerhöhung gegen Einlagen** bestimmt sich der Geschäftswert für die gem. § 184 AktG vorgeschriebene Anmeldung des entsprechenden Hauptversammlungsbeschlusses nach Nr. 4 Buchst. a. Wie bei der GmbH (→ Rn 19) ist einzutragender Betrag der Differenzbetrag der Grundkapitalerhöhung. Die nach § 188 AktG erforderliche Anmeldung der Durchführung hingegen ist ein Fall des Abs. 4 Nr. 1.[14] Bei der mit der Anmeldung des Beschlusses über die Kapitalerhöhung notwendigerweise verbundenen Anmeldung der hiermit verbundenen Satzungsänderung handelt es sich um denselben Beurkundungsgegenstand, § 109 Abs. 1. Sofern – wie häufig – die Anmeldung des Beschlusses und die Anmeldung der Durchführung in denselben Anmeldungstext aufgenommen werden, handelt es sich nach hM ebenfalls um einen einheitlichen Beurkundungsgegenstand, so dass sich die Geschäftswerte nicht summieren. **22**

---

6 BDS/*Bormann*, § 105 Rn 7. **7** *Krafka/Kühn*, Registerrecht, Rn 330. **8** Leipziger-GNotKG/*Heinze*, § 105 Rn 17. **9** Korintenberg/*Tiedtke*, § 105 Rn 19. **10** Dies verkennt Korintenberg/*Tiedtke*, § 105 Rn 22, der einen Rückgriff auf § 105 Abs. 4 Nr. 2 für erforderlich hält. **11** AA BDS/*Bormann*, § 105 Rn 10 (Abs. 1 S. 1 Nr. 3 sei einschlägig). **12** Korintenberg/*Tiedtke*, § 105 Rn 20. **13** BDS/*Bormann*, § 105 Rn 11. **14** Leipziger-GNotKG/*Heinze*, § 105 Rn 27.

23   Die Anmeldung der Satzungsänderung bzgl der **bedingten Kapitalerhöhung** ebenso wie diejenige bzgl eines **genehmigten Kapitals** unterfällt Abs. 4 Nr. 1 Buchst. a. Die Anmeldung der Durchführung (genehmigtes Kapital: § 203 Abs. 1 iVm § 188 AktG; bedingte Kapitalerhöhung: § 201 AktG) unterfällt wiederum Abs. 4 Nr. 1.

24   Bei einer **Kapitalerhöhung aus Gesellschaftsmitteln** gibt es keine Durchführungsanmeldung, lediglich die Anmeldung des Beschlusses (§ 210 AktG), für den die oben dargestellten Grundsätze (→ Rn 22 f) gelten.

25   **b) Maßnahmen der Kapitalherabsetzung (Nr. 4 Buchst. b).** Abs. 1 S. 1 Nr. 4 Buchst. b erfasst die Anmeldung des Beschlusses über die **Herabsetzung des Grundkapitals** nach § 223 AktG. Geschäftswert ist der Herabsetzungsbetrag. Durchführungsanmeldungen nach § 227 AktG bzw § 239 AktG sind Fälle von Abs. 4 Nr. 1.[15]

26   **7. Erstanmeldung einer KG (Abs. 1 S. 1 Nr. 5).** Die Vorschrift betrifft die **Erstanmeldung einer KG**, wobei hinsichtlich des/der persönlich haftenden Gesellschafter/s, für den/die ja im Handelsregister kein konkreter Geldbetrag einzutragen ist, ein Betrag von 30.000 € (erster Komplementär) bzw 15.000 € (weiterer Komplementär) dem Geschäftswert hinzuzurechnen ist. Im Übrigen sind die im Handelsregister einzutragenden Kommanditeinlagen (Hafteinlagen) zusammenzuzählen.

27   Eine „erste Anmeldung" einer KG liegt dann vor, wenn aufgrund der Anmeldung eine KG im Handelsregister eingetragen werden soll, die vorher nicht im Handelsregister eingetragen war. Um einen solchen Fall handelt es sich daher bei der Anmeldung

   ■   der Neugründung einer KG, auch bei „Eintritt" eines Gesellschafters in ein einzelkaufmännisches Unternehmen zur Neugründung einer KG;[16]
   ■   der Neueintragung einer bestehenden KG, die zwar schon länger existiert hat, bislang jedoch die Eintragung im Handelsregister nicht erfolgt ist;
   ■   der Verschmelzung/Spaltung zur Neugründung einer KG;
   ■   des Formwechsels in eine KG.

28   Um keinen Fall des Abs. 1 S. 1 Nr. 5 handelt es sich bei der Anmeldung einer **Zweigniederlassung** einer KG.[17]

29   Keine Anwendung findet die Vorschrift, wenn durch Eintritt eines Kommanditisten eine OHG zur KG wird. Denn hierbei ist Nr. 5 als Spezialnorm anzuwenden.[18]

30   **8. Eintritt oder Ausscheiden eines Kommanditisten (Abs. 1 S. 1 Nr. 6).** Anmeldungen über den Eintritt oder das Ausscheiden von Kommanditisten sind nach Abs. 1 S. 1 Nr. 6 zu bewerten. Ebenfalls erfasst ist die sog. Beteiligungsumwandlung (Kommanditist wird zum Komplementär und umgekehrt).

31   Neben dem reinen Eintritt bzw reinen Ausscheiden eines Kommanditisten betrifft die Vorschrift auch die **Gesamtrechtsnachfolge** (v.a. Erbfolge) sowie die **Sonderrechtsnachfolge** bzgl eines Kommanditanteils. In diesem Fall ordnet **Hs 2** an, dass für den Geschäftswert (nur) die einfache Kommanditeinlage maßgebend ist. Anders ist dies, wenn kein Fall der Sonderrechtsnachfolge vorliegt, wenn also einerseits A ausscheidet und andererseits B eintritt. Hier handelt es sich um zwei Anwendungsfälle für Nr. 6, die durch Addition der betroffenen Kommanditeinlagen zu bewerten sind.[19]

32   Bei der **Beteiligungsumwandlung** wird angemeldet, dass ein Komplementär zum Kommanditisten wird und umgekehrt. Auch hier ist nach Hs 2 allein der Betrag der Kommanditeinlage ohne weitere Hinzurechnungen maßgebend.

33   Kein Fall der Nr. 6 ist das **Ausscheiden eines Komplementärs**. Dies ist ein Anwendungsfall von Abs. 4 Nr. 3.[20]

34   **9. Erhöhung oder Herabsetzung einer Kommanditeinlage (Abs. 1 S. 1 Nr. 7).** Selbsterklärend ist Abs. 1 S. 1 Nr. 7: Geschäftswert einer Anmeldung betreffend die Erhöhung/Herabsetzung einer Kommanditeinlage ist der Erhöhungs-/Herabsetzungsbetrag, also der Differenzbetrag gegenüber dem zuletzt eingetragenen Kommanditeinlagenbetrag.

III. Sonstige Anmeldungen (Abs. 2)

35   **1. Systematik.** Liegt keiner der enumerativ aufgezählten Fälle des Abs. 1 vor und handelt es sich um eine Anmeldung zum Handelsregister, Partnerschafts- oder Genossenschaftsregister, so ordnet Abs. 2 die Geltung der Abs. 3–5 an. Dabei ist zu differenzieren, ob es sich um eine erste Anmeldung (dann Abs. 3) oder

---

15 Korintenberg/*Tiedtke*, § 105 Rn 32.   **16** Leipziger-GNotKG/*Heinze*, § 105 Rn 31.   **17** AA BDS/*Bormann*, § 105 Rn 13.   **18** Korintenberg/*Tiedtke*, § 105 Rn 34; BDS/*Bormann*, § 105 Rn 13.   **19** Korintenberg/*Tiedtke*, § 105 Rn 40; Leipziger-GNotKG/*Heinze*, § 105 Rn 34.   **20** Leipziger-GNotKG/*Heinze*, § 105 Rn 39.

um eine spätere Anmeldung (dann Abs. 4) handelt. Abs. 5 betrifft den Fall von Anmeldungen ohne wirtschaftliche Bedeutung.

2. Erste Anmeldung (Abs. 3). a) Unterscheidung erste/spätere Anmeldung. Ob eine erste (Abs. 3) oder spätere (Abs. 4) Anmeldung vorliegt, ist danach zu beurteilen, ob **36**

- ein Einzelkaufmann (Abs. 3 Nr. 1),
- eine OHG oder eine Partnerschaftsgesellschaft (Abs. 3 Nr. 2),
- eine Genossenschaft oder eine juristische Person iSv § 33 HGB (Abs. 3 Nr. 3)

in das Handelsregister eingetragen wird, der bzw die **vorher im (deutschen) Handelsregister nicht eingetragen** war. Nicht entscheidend ist, ob anlässlich der Eintragung ein neues Registerblatt anzulegen ist oder nicht, so dass zB bei einer Sitzverlegung in den Zuständigkeitsbereich eines anderen Amtsgerichts keine Erstanmeldung vorliegt, da *dieser Rechtsträger* bereits (wenn auch an anderer Stelle als bisher) im jeweiligen Register eingetragen war.

Bei **Umwandlungsvorgängen nach dem UmwG** liegt eine erste Anmeldung immer dann vor, wenn hierbei eine Rechtsform angemeldet wird, die bislang noch nicht im deutschen Handelsregister angemeldet war.[21] **37** Dies ist zu bejahen bei einem Formwechsel hinsichtlich der Zielrechtsform, ferner für Verschmelzungen sowie Spaltungen zur Neugründung des Zielrechtsträgers.

Die Anmeldung einer **Prokura** kann mit einer Erstanmeldung zusammentreffen. Sie ist nach gängiger Auffassung aber nicht derselbe Beurkundungsgegenstand wie die Erstanmeldung selbst, ist also von der Regelung in Abs. 3 nicht erfasst. Stattdessen ist auch im Rahmen einer Erstanmeldung die Prokuraanmeldung als Fall des Abs. 4 anzusehen,[22] wobei jede Anmeldung der Bestellung/Abberufung eines Prokuristen als eigenständiger Vorgang mit der Folge der Geschäftswertaddition anzusehen ist. **38**

Beispiel: Im Rahmen der Erstanmeldung eines Einzelkaufmanns wird die Bestellung einer Prokura für Herrn A mit angemeldet. **39**

Lösung:

§ 105 Abs. 3 Nr. 1, Erstanmeldung Einzelkaufmann	30.000 €
§ 105 Abs. 4 Nr. 4, Prokuraanmeldung	30.000 €

Vorgänge sind verschiedene Beurkundungsgegenstände, Geschäftswert ist zu addieren und beträgt somit 60.000 €.

b) Einzelkaufmann (Abs. 3 Nr. 1). Der Geschäftswert für die **erste Anmeldung** eines Einzelkaufmanns beträgt nach Abs. 3 Nr. 1 generell 30.000 €. **40**

Das Gesetzt stellt jedoch bewusst nicht auf die *Firma* des Kaufmanns ab. Im Falle der Anmeldung des Übergangs des Geschäfts auf eine andere natürliche Person als Inhaber, sei es im Wege der **Sonderrechtsnachfolge**, sei es im Wege der **Gesamtrechtsnachfolge**, handelt es sich um eine erste Anmeldung des neuen Inhabers und damit um einen Fall des Abs. 3 Nr. 1.[23] Dies gilt unabhängig davon, ob er die bisherige Firma fortführt (mit oder ohne Nachfolgezusatz), ebenso wenig davon, ob für den neuen Inhaber ein neues Registerblatt angelegt wird oder nicht. **41**

Bei der Anmeldung eines **Inhaberwechsels** liegt zugleich auch – für den bisherigen Inhaber – eine spätere Anmeldung vor, die dann zusätzlich nach Abs. 4 Nr. 4 zu behandeln ist.[24] Dies gilt – wiederum – unabhängig davon, ob der neue Inhaber die bisherige Firma fortführt oder nicht. **42**

Als Fall des Inhaberwechsels ist kostenrechtlich auch zu behandeln: **43**

- Übernahme eines Handelsgeschäfts durch einen Nießbraucher, aufgrund eines Pachtvertrages oder eines ähnlichen Verhältnisses (§ 22 HGB), zB aufgrund Pfandgläubigerschaft;
- ebenso die Beendigung eines solchen Nutzungsverhältnisses bei Fortführung durch den Inhaber;
- Übergang eines Unternehmens von einem sonstigen Rechtsträger, zB Kapitalgesellschaft, Personengesellschaft, auf einen Einzelkaufmann.

Scheidet bei einer Personenhandelsgesellschaft der vorletzte Gesellschafter aus und wächst das Gesellschaftsvermögen somit dem verbleibenden Gesellschafter an und führt dieser das Unternehmen als Einzelkaufmann fort, so liegt eine Anmeldung nach Abs. 3 Nr. 1 (Erstanmeldung des Einzelkaufmanns) und zugleich eine solche nach Abs. 4 Nr. 3 (Auflösung/Erlöschen der Personengesellschaft) vor.[25] **44**

c) OHG, Partnerschaftsgesellschaft (Abs. 3 Nr. 2); EWIV. Bei erstmaliger Anmeldung einer OHG oder einer Partnerschaftsgesellschaft ist ein Geschäftswert von 45.000 € anzusetzen, ab dem dritten Gesellschafter erhöht sich der Geschäftswert für jeden Gesellschafter um 15.000 €, so dass zB bei Anmeldung einer OHG mit 4 Gesellschafter der Geschäftswert 45.000 € + (2 x 15.000 €) = 75.000 € beträgt. **45**

---

21 BDS/*Bormann*, § 105 Rn 17. **22** Korintenberg/*Tiedtke*, § 105 Rn 99. **23** Leipziger-GNotKG/*Heinze*, § 105 Rn 39. **24** *Notarkasse*, Streifzug durch das GNotKG, Rn 942. **25** BDS/*Bormann*, § 105 Rn 19.

46 Wird aus einer KG eine OHG (durch Beteiligungsumwandlung aller Kommanditisten oder durch Austritt aller Kommanditisten), ist Abs. 1 S. 1 Nr. 6 anzuwenden.

47 Die **Europäische wirtschaftliche Interessenvereinigung (EWIV)** ist nach § 1 des deutschen EWIV-Ausführungsgesetzes (EWIVAG) wie eine OHG zu behandeln, so dass ihre Erstanmeldung Abs. 3 Nr. 2 unterfällt.[26]

48 **d) Genossenschaft, juristische Person iSd § 33 HGB (Abs. 3 Nr. 3).** Juristische Personen iSv § 33 HGB sind nur solche, die nicht schon Formkaufleute nach § 6 Abs. 2 HGB sind;[27] damit sind GmbH, AG, KGaA und wegen § 17 Abs. 2 GenG auch Genossenschaften nicht juristische Personen in diesem Sinne. Ebenfalls nicht gemeint sind Personengesellschaften, v.a. GbR, KG und OHG. Juristische Personen iSv § 33 HGB sind, sofern sie ein Handelsgewerbe iSv § 1 HGB betreiben: rechtsfähige **Vereine** (§§ 21 ff BGB), sowohl wirtschaftliche Vereine (§ 22 BGB) als auch Idealvereine, ebenso privatrechtliche **Stiftungen** (§§ 80 ff BGB), öffentlich-rechtliche **Körperschaften**, Stiftungen und **Anstalten** (§ 89 BGB).

49 **3. Spätere Anmeldung (Abs. 4). a) Kapitalgesellschaft (Abs. 4 Nr. 1).** Für die spätere Anmeldung einer Kapitalgesellschaft ist als Geschäftswert ein Prozent des Grund-/Stammkapitals anzunehmen, mindestens 30.000 €. Somit kommt es zu einer Überschreitung dieses Mindestwerts erst ab einem Grund-/Stammkapital von 3 Mio. €.

50 **Unternehmergesellschaften** iSd § 5 a GmbHG sind nach Abs. 4 Nr. 1 zu behandeln, wobei jedoch die Besonderheiten des Abs. 6 zu beachten sind.

51 Klassische Fälle einer späteren Anmeldung sind Anmeldungen bzgl:
- **Satzungsänderung**, sofern es sich nicht um Kapitalmaßnahmen handelt (dann gilt bei GmbH Abs. 1 S. 1 Nr. 3, bei AG und KGaA Abs. 1 S. 1 Nr. 4), also insb. auch Sitz-, Firmen- und Gegenstandsänderungen;
- **Neufassung der Satzung**;
- **Abberufung** von Geschäftsführern/Vorstandsmitgliedern/Liquidatoren/Abwicklern;
- **Neubestellung** von Geschäftsführern/Vorstandsmitgliedern/Liquidatoren/Abwicklern;
- Änderung der (abstrakten/konkreten) **Vertretungsbefugnis**;
- Beteiligung an **Umwandlungsvorgängen**, etwa Formwechsel der Kapitalgesellschaft, Beteiligung als Ausgangs- und/oder Zielrechtsträger einer Verschmelzung oder Spaltung;
- **Auflösung** der Kapitalgesellschaft;
- **Erlöschen** der Kapitalgesellschaft;
- Abschluss von **Unternehmensverträgen** iSd §§ 291 ff AktG.

51a Häufig in der Praxis anzutreffen ist die Konstellation, dass mehrere Vorgänge gem. Abs. 4 Nr. 1, also **mehrere Anmeldungen**, in einer Urkunde, also **in demselben notariellen Verfahren** (§ 85), enthalten sind. In der Regel handelt es sich bei allen Anmeldungen um verschiedene Beurkundungsgegenstände gem. §§ 109 ff mit der Folge der Geschäftswertaddition, § 35. Bei Anmeldung von **Satzungsänderungen** handelt es sich jedoch nach hM stets nur um *eine* spätere Anmeldung, selbst wenn die Satzung in mehreren Einzelpunkten geändert oder gar neu gefasst wird.[28] Bei **Geschäftsführerwechseln** ist auf jeden einzelnen Vorgang abzustellen, dh: Jede Abberufung und jede Neubestellung ist ein selbständiger Beurkundungsgegenstand.

52 **b) VVaG (Abs. 4 Nr. 2).** Die Regelung sieht pauschal einen Geschäftswert von 60.000 € vor.

53 **c) Personenhandelsgesellschaft, Partnerschaftsgesellschaft (Abs. 4 Nr. 3).** Spätere Anmeldungen zu Personengesellschaften, also OHG, KG und (wegen § 1 des deutschen EWIV-Ausführungsgesetzes, EWIVAG) EWIV, sind von Abs. 4 Nr. 3 erfasst.

54 Besonders zu beachten ist hierbei der Vorrang von Abs. 1 S. 1 Nr. 6, weshalb die dort erfassten Fälle – insb. Eintritt/Ausscheiden von Kommanditisten sowie die Beteiligungsumwandlung Kommanditist/Komplementär – nicht Abs. 4 Nr. 3 unterfallen. Gleiches gilt bei Erhöhung/Herabsetzung einer Kommanditeinlage: Hier ist Abs. 1 S. 1 Nr. 7 vorrangig.

55 Als **Anwendungsfälle** von Abs. 4 Nr. 3 kommen u.a. in Betracht: Änderung der **Firma**; **Sitzverlegung**; **Auflösung** der Gesellschaft; **Löschung** der Gesellschaft; Bestellung/Abberufung von **Liquidatoren**; Änderung der **Vertretungsbefugnis** der Organe (abstrakt/konkret); **Eintritt/Ausscheiden** von persönlich haftenden Gesellschaftern (nicht: Kommanditisten, hierfür ist Abs. 1 S. 1 Nr. 6 vorrangig); **Löschung einer KG**.

56 Der Geschäftswert für derartige Anmeldevorgänge wird mit **30.000 €** gesetzlich festgeschrieben.

57 Nach Abs. 4 Nr. 3 Hs 2 sind bei Eintritt oder Ausscheiden **von mehr als zwei** Gesellschaftern weitere 15.000 € für jeden eintretenden/ausscheidenden Gesellschafter anzunehmen. Hieraus ist Folgendes zu folgern:
- bei Eintritt/Ausscheiden nur **eines Gesellschafters** beträgt der Geschäftswert 30.000 €;

26 Leipziger-GNotKG/*Heinze*, § 105 Rn 41.   **27** Baumbach/Hopt/*Hopt*, HGB, § 33 Rn 1.   **28** BDS/*Bormann*, § 105 Rn 23.

■ bei Eintritt/Ausscheiden von **drei Gesellschaftern** beträgt der Geschäftswert 30.000 € + 15.000 € = 45.000 €;

■ bei Eintritt/Ausscheiden von **zwei Gesellschaftern** wäre nach allgemeinen Grundsätzen denkbar, es handele sich um zwei gegenstandsverschiedene Fälle des Abs. 4 Nr. 3, so dass ein Geschäftswert von 2 x 30.000 € = 60.000 € anzunehmen wäre; dies wäre ein höherer Geschäftswert als bei der Anmeldung von Eintritt/Ausscheiden von nur zwei Gesellschaftern (s.o.). Bei Eintritt/Ausscheiden von (nur) zwei Gesellschaftern beträgt der Geschäftswert der Anmeldung daher nur 30.000 €.[29]

Abs. 4 Nr. 3 Hs 2 meint ausschließlich den Fall, dass mehrere Eintritts/Ausscheidensfälle **in derselben Anmeldung** enthalten sind und stellt somit eine Spezialregelung zu den §§ 109 ff dar. **58**

Neben den späteren Anmeldungen von Personenhandelsgesellschaften betrifft Abs. 4 Nr. 3 auch spätere Anmeldungen zu **Partnerschaftsgesellschaften.** **59**

4. Anmeldung ohne wirtschaftliche Bedeutung (Abs. 5). a) Allgemeines. Abs. 5 erfasst sonstige Anmeldungen iSv Abs. 2, die für das Unternehmen **keine wirtschaftliche Bedeutung** haben. Hier wäre die Anwendung der in Abs. 4 niedergelegten Geschäftswerte unangemessen, vielmehr ordnet das Gesetz einen Geschäftswert von 5.000 € an. **60**

b) Anschrift. Das Gesetz sieht den Fall der „Änderung einer Anschrift" ausdrücklich als Anmeldung ohne wirtschaftliche Bedeutung an; gemeint ist v.a. die Anmeldung der **Änderung einer inländischen Geschäftsanschrift** (→ Rn 71 ff).[30] Gemeint ist die Anmeldung der **Änderung** der Anschrift, also nicht für die erstmalige Anmeldung der Geschäftsanschrift. Letztere ist ein Fall von Abs. 4, wobei eine Anmeldung im Rahmen der Erstanmeldung eines Unternehmens denselben Beurkundungsgegenstand wie die Erstanmeldung darstellt und nicht gesondert zu bewerten ist (→ Rn 72). Erfasst sind auch die Anmeldung der Änderung des Wohnorts einer einzutragenden natürlichen Person (§ 40 Nr. 3–5, § 43 Nr. 4 und 5 HRV) bzw des Sitzes einer einzutragenden Gesellschaft (zB § 40 Nr. 3 Buchst. b HRV). **61**

Beispiel: In HRA 101 ist die A-GmbH & Co. KG mit dem Sitz in Würzburg und in HRB 200 die A-Verwaltungs GmbH mit Sitz in Coburg als deren persönlich haftender Gesellschafter eingetragen. Die A-Verwaltungs GmbH hat ihren Sitz von Coburg nach Bamberg verlegt. **62**

Lösung: Die Anmeldung der Sitzverlegung zum Register der Gesellschaft, deren Sitz verlegt wurde (A-Verwaltungs GmbH), also zum HRB 200 ist nach Abs. 4 Nr. 1 zu behandeln (Mindestgeschäftswert: 30.000 €).

Hingegen ist die entsprechende Anmeldung zum HRA 101, da sie nur redaktionell die Bezeichnung des persönlich haftenden Gesellschafters zum Zwecke der Erleichterung seiner Identifizierung berichtigt, eine solche ohne wirtschaftliche Bedeutung mit einem Geschäftswert von 5.000 € nach Abs. 5.

c) Ohne wirtschaftliche Bedeutung. Anmeldungen ohne wirtschaftliche Bedeutung sind solche, die vorrangig redaktionellen Zwecken dienen.[31] **63**

Typische **Anwendungsfälle** sind: Namensänderungen bei Gesellschaftern oder Vertretungsorganen (natürliche Personen) bzw Umfirmierung (Gesellschaften); reine Währungsumstellung von DM in Euro.[32] **64**

Die Anmeldung von Satzungsänderungen technischer oder redaktioneller Art soll ebenfalls eine solche ohne wirtschaftliche Bedeutung sein.[33] Die Anmeldung der abstrakten Vertretungsbefugnis stellt keinen Anwendungsfall dar.[34] **65**

d) Zusammentreffen mit anderen Anmeldungen. Abs. 5 ist nicht nur bei isolierter Anmeldung einer Tatsache ohne wirtschaftliche Bedeutung anzuwenden, ein Zusammentreffen mit anderen Anmeldetatsachen ist möglich.[35] Wird zB in derselben Urkunde die Abberufung eines GmbH-Geschäftsführers (Abs. 4 Nr. 1: 30.000 €) sowie die Änderung der inländischen Geschäftsanschrift (Abs. 5: 5.000 €) angemeldet, sind die Geschäftswerte zu addieren. **66**

5. GmbH/UG mit Musterprotokoll (Abs. 6). Maßgeblich für die Anwendung von Abs. 6 ist allein, ob bei der Gründung das vereinfachte Verfahren durch Verwendung des Musterprotokolls bestritten wurde oder nicht. Auch eine GmbH kann im vereinfachten Verfahren gegründet werden (dann Abs. 6). Auch eine UG (haftungsbeschränkt) kann im ordentlichen Verfahren gegründet werden (dann Abs. 6 nicht anwendbar). **67**

Für die **Anmeldung der Gründung** (Abs. 1 S. 1 Nr. 1) setzt Abs. 6 S. 1 die Mindestwertvorschrift des § 105 Abs. 1 S. 2 (30.000 €) außer Kraft. **68**

Schwieriger in der Behandlung sind **spätere Anmeldungen.** Nach Abs. 6 S. 1 **Nr. 2** sind **Satzungsänderungen** ebenfalls privilegiert, sofern mit dem geänderten Satzungsinhalt eine Gründung per Musterprotokoll möglich gewesen wäre, also Satzungsänderungen in denjenigen Bereichen, die im Musterprotokoll als ausfül- **69**

---

29 *Notarkasse*, Streifzug durch das GNotKG, Rn 970. **30** Leipziger-GNotKG/*Heinze*, § 105 Rn 20. **31** Korintenberg/*Tiedtke*, § 105 Rn 77. **32** Korintenberg/*Tiedtke*, § 105 Rn 85; BDS/*Bormann*, § 105 Rn 34. **33** Korintenberg/*Tiedtke*, § 105 Rn 78. **34** AA Notarkasse, MittBayNot 1976, 12. **35** Korintenberg/*Tiedtke*, § 105 Rn 84.

lungsbedürftige Lücken gekennzeichnet sind, insb. Änderung der Firma, Sitzverlegung oder Änderung des Unternehmensgegenstands.[36]

70   Die im Musterprotokoll enthaltene erste Geschäftsführerbestellung wird nicht als Bestandteil der Satzung angesehen, so dass eine spätere Veränderung nicht durch Satzungsänderung, sondern durch Beschluss zu erfolgen hat. Abs. 6 S. 1 Nr. 2 ist also unanwendbar.

71   Obwohl die registerrechtliche Praxis Abweichungen vom Musterprotokoll in aller Regel auch bei **rein sprachlichen Abweichungen** nicht zulässt,[37] ordnet Abs. 6 S. 2 an, dass derartige rein sprachliche Abweichungen der Privilegierung des Abs. 6 S. 1 nicht entgegenstehen. Dies gilt insb. auch für die – auch in der Registerpraxis anerkannte[38] – Aufnahme von **beurkundungsrechtlich erforderlichen Feststellungen**, etwa über den Güterstand der Erschienenen oder über die Hinzuziehung von Dolmetschern, Schreibzeugen etc.

72   Im Falle einer Satzungsänderung soll nach **Abs. 6 S. 2** die **Streichung** der auf die Gründung verweisenden Formulierungen für die Anwendung der Privilegierung unschädlich sein.[39]

73   Dies betrifft zum einen **Ziff. 1 des Musterprotokolls:** Ist zB die A-UG mit Sitz in Würzburg in 2010 errichtet worden und wird nun die Firma in „B-UG (haftungsbeschränkt)" geändert, würde ein bloßes Ändern der Variablen des Musterprotokolls zum Text „Der Erschienene errichtet hiermit nach § 2 Abs. 1 a GmbHG eine Gesellschaft mit beschränkter Haftung unter der Firma B-UG (haftungsbeschränkt) mit dem Sitz in Würzburg." Diese Aussage ist unwahr, da sie auf eine Gründung mit der Firma „B-UG (haftungsbeschränkt)" hindeutet. Die Rechtsprechung fordert daher bei nachträglicher Änderung des Sitzes/der Firma eine sprachliche Anpassung der Ziffer 1 des Musterprotokolls. Ob diese notwendige Anpassung durch „Streichung" (Abs. 6 S. 2) oder durch sonstige sprachliche Umformulierung erfolgt, sollte kostenrechtlich keinen Unterschied machen; der gesetzliche Begriff der „Streichung" muss daher aufgrund teleologischer Auslegung weit verstanden werden. Eine Änderung im o.g. Fall in „Die Gesellschaft hat die Firma B-UG (haftungsbeschränkt). Sie hat ihren Sitz in Würzburg" oder in „Die Gesellschaft wurde unter der Firma A-UG (haftungsbeschränkt) errichtet. Sie hat nunmehr die Firma B-UG (haftungsbeschränkt) und ihren Sitz in Würzburg." sollte von der Kostenprivilegierung erfasst sein.

74   Gleiches gilt für **Ziff. 3 des Musterprotokolls** bei nachträglicher Kapitalerhöhung.[40]

75   Für die Anwendung von Abs. 6 S. 1 Nr. 2 kommt es nicht darauf an, ob die kostenprivilegierte Änderung durch punktuelle Änderung einzelner Satzungsvorschriften oder durch **vollständige Satzungsneufassung** erfolgt; maßgeblich ist der sich nach der Änderung ergebende Inhalt.

IV. Übergreifende Fragen

76   **1. Prokura.** Die Anmeldung einer **Prokura** kann mit einer Erstanmeldung zusammentreffen. Sie unterfällt aber nach hM generell nicht Abs. 3, stattdessen ist auch im Rahmen einer Erstanmeldung die Prokuraanmeldung als Fall des Abs. 4 anzusehen.[41]

77   **2. Inländische Geschäftsanschrift.** Seit dem 1.11.2008 ist die **inländische Geschäftsanschrift** anmeldepflichtige Registertatsache geworden.

78   Wird die inländische Geschäftsanschrift im Rahmen einer **Erstanmeldung** mit angemeldet, so handelt es sich im Verhältnis zur Erstanmeldung um denselben Beurkundungsgegenstand.[42] Gleiches gilt, wenn bei Anmeldung einer **Sitzverlegung** die neue inländische Geschäftsanschrift mit angemeldet wird.[43]

79   Bei einem **Zusammentreffen mit sonstigen anmeldepflichtigen Tatsachen** handelt es sich bei der erstmaligen Anmeldung der inländischen Geschäftsanschrift bzw bei Anmeldung der Änderung der inländischen Geschäftsanschrift um einen eigenständig zu bewertenden, also iSv § 109 selbständigen Vorgang.[44]

80   **3. Zweigniederlassungen.** Die **erste Anmeldung** einer Zweigniederlassung zu einem Unternehmen mit deutscher Hauptniederlassung ist keine erste Anmeldung des Unternehmens iSv Abs. 3, sondern eine spätere Anmeldung gem. Abs. 4 (für Kapitalgesellschaften → Rn 12).

81   Jede **spätere Veränderung** der Zweigniederlassung, auch deren Erlöschen, ist ebenso nach Abs. 4 zu behandeln.

82   Lediglich bei einem **ausländischen Unternehmen** ist die erste Anmeldung der Zweigniederlassung erste Anmeldung des Unternehmens iSv Abs. 3.

83   **4. Umwandlungsvorgänge. a) Verschmelzung.** Die Anmeldung der Verschmelzung beim **übertragenden Rechtsträger** ist eine spätere Anmeldung nach Abs. 4. Die Anmeldung der Verschmelzung beim **überneh-**

---

36 Leipziger-GNotKG/*Heinze*, § 105 Rn 57. **37** MüKo-GmbHG/*J. Mayer*, § 2 Rn 232. **38** *Krafka/Kühn*, Registerrecht, Rn 941 e. **39** BDS/*Bormann*, § 105 Rn 37. **40** OLG München BB 2010, 1930. **41** Korintenberg/*Tiedtke*, § 105 Rn 99; OLG Frankfurt Rpfleger 1963, 304. **42** Korintenberg/*Tiedtke*, § 105 Rn 80. **43** AA offenbar Korintenberg/*Tiedtke*, § 105 Rn 80. **44** AA *Sikora/ Tiedtke*, MittBayNot 2009, 209.

menden **Rechtsträger** ist im Falle der Verschmelzung zu Aufnahme ebenfalls eine spätere Anmeldung nach Abs. 4. Sofern beim übernehmenden Rechtsträger eine **Kapitalerhöhung** durchgeführt wird, ist diese zusätzlich nach Abs. 1 S. 1 Nr. 3 bzw Nr. 4 zu erfassen, die beiden Anmeldungstatsachen sind gegenstandsverschieden und die Geschäftswerte zu addieren.[45]

Bei einer **Verschmelzung zur Neugründung** ist die Anmeldung beim neu gegründeten Rechtsträger eine erste **84** Anmeldung, die nach Abs. 1 bzw Abs. 3 zu behandeln ist.

b) **Spaltung.** Es gelten dieselben kostenrechtlichen Grundsätze wie die vorstehend zur Verschmelzung dar- **85** gestellten (→ Rn 83 ff). **Kapitalherabsetzungen** beim übertragenden Rechtsträger sind gegenstandsverschieden und zusätzlich nach Abs. 1 S. 1 Nr. 3 bzw Nr. 4 zu erfassen.

c) **Vermögensübertragung.** Anmeldungen zur Vermögensübertragung in Form der Vollübertragung sind wie **86** Anmeldungen zu Verschmelzungen, Anmeldungen zur Vermögensübertragung in Form der Teilübertragung wie Anmeldungen zu Spaltungen zu behandeln.[46]

d) **Formwechsel.** Die Anmeldung eines Formwechsels iSv § 1 Abs. 1 Nr. 4 UmwG ist in § 198 UmwG gere- **87** gelt. Hierbei sind die folgenden Fälle zu unterscheiden:

aa) **Formwechsel mit Sitzverlegung.** Ist mit dem Formwechsel eine **Sitzverlegung** verbunden, die die Zu- **88** ständigkeit eines anderen Registergerichts begründet, so ist nach § 198 Abs. 1, Abs. 2 S. 3 UmwG sowohl die Anmeldung beim Ausgangsrechtsträger als auch die Anmeldung beim Zielrechtsträger erforderlich.

Da zwei Anmeldungen vorzunehmen sind, sind diese auch kostenrechtlich getrennt zu behandeln. Die An- **89** meldung zum Register des **Ausgangsrechtsträgers** ist eine spätere Anmeldung, die Abs. 4 unterfällt oder, sofern es sich um einen Verein handelt, nach § 36 zu behandeln ist. Beim **Zielrechtsträger** handelt es sich um eine erste Anmeldung, die nach Abs. 1 oder 3 zu behandeln ist, bzw beim Verein § 36 unterfällt.

bb) **Formwechsel mit Registerwechsel.** Ist mit dem Formwechsel ein **Wechsel der Registerart** verbunden (zB **90** vom Vereinsregister zum Handelsregister, vom Genossenschaftsregister zum Partnerschaftsregister etc.; nicht aber bloßer Wechsel der Abteilungen desselben Registers, zB vom Handelsregister Abt. A zum Handelsregister Abt. B), so sind ebenfalls zwei Anmeldungen vorzunehmen, nämlich zum Register des Ausgangsrechtsträgers wie zum Register des Zielrechtsträgers, § 198 Abs. 1, Abs. 2 S. 3 UmwG.

Wiederum sind die zwei Anmeldungen kostenrechtlich getrennt zu behandeln: Beim Ausgangsrechtsträger **91** als spätere Anmeldung, Abs. 4, und beim Zielrechtsträger als erste Anmeldung, Abs. 1 bzw 3. Da Vereinsregisteranmeldungen nicht von § 105 erfasst sind, sind diese nach § 36 zu behandeln.

cc) **Sonstiger Formwechsel.** Bei allen anderen Arten des Formwechsels, also solchen ohne registerübergrei- **92** fende Sitzverlegung und ohne Registerwechsel, erfolgt **nur eine Anmeldung**, nämlich beim Ausgangsrechtsträger, § 198 Abs. 1 UmwG.

Ist ausnahmsweise der formwechselnde Rechtsträger **nicht in einem Register eingetragen**, erfolgt die Anmel- **93** dung nur beim Register des Zielrechtsträgers, § 198 Abs. 2 S. 1 UmwG; als Beispiel wird der Formwechsel einer Körperschaft/Anstalt des öffentlichen Rechts genannt.[47] Hier handelt es sich nur um eine Anmeldetatsache, nämlich die Anmeldung der neuen Rechtsform, so dass ein Fall von Abs. 1 oder 3 gegeben ist.

5. **Euro-Umstellung.** Die Anmeldung der **rein rechnerischen Umstellung** des eingetragenen Stammkapitals **94** (GmbH), Grundkapitals (AG, KGaA) oder einzelner/mehrere Kommanditeinlagen (KG) von DM in Euro ist stets als Anmeldung ohne wirtschaftliche Bedeutung mit einem Geschäftswert von 5.000 € gem. Abs. 5 zu behandeln.

In der Regel erfolgt bei GmbH/AG/KGaA zusammen mit der rein rechnerischen Umstellung eine **Kapitaler- 95 höhung zur Glättung.** Der Geschäftswert der Anmeldung der Kapitalerhöhung bestimmt sich grundsätzlich nach dem Erhöhungsbetrag (Abs. 1 S. 1 Nr. 1), wobei im Falle einer Erhöhung **zur Glättung** auf den nächsten durch 1 € (AG/KGaA) bzw durch 10 € (GmbH) teilbaren Betrag der Nennbeträge der Aktien/Geschäftsanteile gem. Art. 45 Abs. 2 EGHGB der sich aus § 105 ergebende Geschäftswert zu halbieren ist.

Die rechnerische Umstellung und die Kapitalerhöhung zur Mindestglättung sind gegenstandsgleich.[48] **96**

Beispiel (Euro-Umstellung und gleichzeitige Kapitalerhöhung zur Mindestglättung): Das Stammkapital der A- **97** GmbH wird von 50.000 DM auf 25.564,59 € umgestellt. Einziger Gesellschafter ist die B-GmbH mit einem Geschäftsanteil von 50.000 DM, der dementsprechend auf 25.564,59 € umgestellt wird. Zugleich wird das Stammkapital auf 25.570 € erhöht, was durch entsprechende Aufstockung des vorgenannten Geschäftsanteils geschieht.

Lösung: Die Euro-Umstellung hat einen Geschäftswert von 5.000 € (Abs. 6). Der Geschäftswert der Kapitalerhöhung (Abs. 1 S. 1 Nr. 3) von eigentlich 5,41 € unterschreitet den Mindestwert von 30.000 € nach Abs. 1 S. 2, so

---

45 Korintenberg/*Tiedtke*, § 105 Rn 104.   **46** Korintenberg/*Tiedtke*, § 105 Rn 115.   **47** Kallmeyer/*Zimmermann*, UmwG, § 198 Rn 5.   **48** Korintenberg/*Tiedtke*, § 105 Rn 86. AA OLG Frankfurt MittBayNot 2006, 71; Leipziger-GNotKG/*Heinze*, § 105 Rn 72.

dass der Geschäftswert grds. 30.000 € betrüge. Hier greift Art. 45 Abs. 2 EGHGB und führt zu einer Halbierung auf 15.000 €. Wegen der nach hM bestehenden Gegenstandsgleichheit von Euro-Umstellung und Kapitalerhöhung ist nur der Geschäftswert von 15.000 € anzusetzen.

98   Bei einer über die Mindestglättung hinausgehenden Kapitalerhöhung sind die beiden Anmeldetatsachen, die rein rechnerische Euro-Umstellung einerseits und die Kapitalerhöhung andererseits, verschiedene Gegenstände und daher die Geschäftswerte zu addieren.[49]

§ 106 Höchstwert für Anmeldungen zu bestimmten Registern

[1]Bei der Beurkundung von Anmeldungen zu einem in § 105 genannten Register und zum Vereinsregister beträgt der Geschäftswert höchstens 1 Million Euro. [2]Dies gilt auch dann, wenn mehrere Anmeldungen in einem Beurkundungsverfahren zusammengefasst werden.

1   § 106 enthält eine **Geschäftswertobergrenze** für bestimmte Registeranmeldungen. Somit ergibt sich für derartige Anmeldungen aufgrund des nach Nr. 21201 Nr. 5 KV anzuwendenden Gebührensatzes von 0,5 eine Gebühr von maximal 867,50 €.

2   Die Geschäftswertobergrenze ist anzuwenden auf

- „Anmeldungen zu einem in § 105 genannten Register", also zum Handels-, Partnerschafts- oder Genossenschaftsregister;
- Anmeldungen zum Vereinsregister.

3   Nicht anwendbar ist die Norm auf Anmeldungen zum Güterrechtsregister, zum Schiffsregister oder zum Register für Luftfahrzeuge.[1]

4   Stets problematisch bei Geschäftswertobergrenzen ist die Beantwortung der Frage, inwieweit diese bei mehreren gegenstandsverschiedenen Gegenständen anzuwenden sind. Dies beantwortet § 106 für die dort betroffenen Anmeldungen mit Satz 2, vergleichbar mit § 108 Abs. 5: Zunächst ist die Behandlung mehrerer Anmeldungen in einer Urkunde als gegenstandsgleich/gegenstandsverschieden nach allgemeinen Grundsätzen unter Anwendung der §§ 109–111 zu beurteilen. Ein sich *danach* ergebender Geschäftswert ist auf 1 Mio. € begrenzt.[2]

§ 107 Gesellschaftsrechtliche Verträge, Satzungen und Pläne

(1) [1]Bei der Beurkundung von Gesellschaftsverträgen und Satzungen sowie von Plänen und Verträgen nach dem Umwandlungsgesetz beträgt der Geschäftswert mindestens 30.000 Euro und höchstens 10 Millionen Euro. [2]Der in Satz 1 bestimmte Mindestwert gilt nicht bei der Beurkundung von Gesellschaftsverträgen und Satzungen in den Fällen des § 105 Absatz 6.

(2) [1]Bei der Beurkundung von Verträgen zwischen verbundenen Unternehmen (§ 15 des Aktiengesetzes) über die Veräußerung oder über die Verpflichtung zur Veräußerung von Gesellschaftsanteilen und -beteiligungen beträgt der Geschäftswert höchstens 10 Millionen Euro. [2]Satz 1 gilt nicht, sofern die betroffene Gesellschaft überwiegend vermögensverwaltend tätig ist, insbesondere als Immobilienverwaltungs-, Objekt-, Holding-, Besitz- oder sonstige Beteiligungsgesellschaft.

I. Gesetzliche Systematik

1   Bei § 107 handelt es sich um eine **Geschäftswertbegrenzungsvorschrift**, die für bestimmte gesellschaftsrechtliche Vorgänge in Abs. 1 eine Unter- sowie Obergrenze, in Abs. 2 nur eine Obergrenze des Geschäftswerts bestimmt. Darüber hinaus macht die Vorschrift jedoch keine Vorgaben für die Geschäftswertermittlung. Diese ist nach allgemeinen Regeln des § 97 vorzunehmen.

II. Gesellschaftsverträge, Satzungen, Pläne und Verträge nach UmwG (Abs. 1)

2   Die Höchstgrenze des Abs. 1 betrifft die Beurkundung von „Gesellschaftsverträgen, Satzungen sowie von Plänen und Verträgen nach dem Umwandlungsgesetz".

49 *Notarkasse*, Streifzug durch das GNotKG, Rn 1388. **1** So ausdr. Begr. BT-Drucks 17/11471 (neu), S. 185; Leipziger-GNotKG/ *Heinze*, § 106 Rn 3. **2** Leipziger-GNotKG/*Heinze*, § 106 Rn 7; BDS/*Bormann*, § 106 Rn 4.

1. Gründungsvorgänge. Unter „Beurkundung von Gesellschaftsverträgen und Satzungen" versteht die hM die Beurkundung **gesellschaftsrechtlicher Gründungsverträge**.[1] Gemeint ist also nicht nur die Beurkundung des Gesellschaftsvertrages/der Satzung selbst sondern auch die Beurkundung des hiermit verbundenen Gründungsaktes.   3

Erfasst sind insb. auch die Gründung von BGB-Gesellschaften[2] und Personenhandelsgesellschaften. Die Gründung einer GmbH oder einer AG ist als „Beurkundung von Satzungen" iSd Abs. 1 zu verstehen, wobei die Geschäftswertgrenze auch die in der Gründungsurkunde enthaltene Übernahmeerklärung der Gründer (§ 23 Abs. 2 AktG) bzw die Erklärung der Gesellschafter, sich zur Erbringung der Einlage zu verpflichten (§ 3 Abs. 1 Nr. 4 GmbHG), einschließt.   4

Nicht erfasst und wegen § 110 Nr. 1 gesondert zu bewerten sind **Gesellschafterbeschlüsse**, auch nicht solche im Gründungszusammenhang, selbst wenn sie in der Gründungsurkunde enthalten sind, also insb. Beschlüsse über die Bestellung des ersten Geschäftsführers der GmbH[3] oder über die Bestellung des ersten Aufsichtsrats bzw des ersten Abschlussprüfers einer AG.[4]   5

Die Urkunde über die Errichtung einer **Genossenschaft** und die Feststellung der genossenschaftlichen Statuten soll ebenfalls ein von der Vorschrift erfasster Gründungsvorgang sein. Gleiches gelte für das **Stiftungsgeschäft** unter Lebenden (§§ 80 ff BGB).[5] Das Stiftungsgeschäft von Todes wegen, also ein Testament oder Erbvertrag, enthält zwar notwendigerweise die Satzung der Stiftung,[6] geht aber über die Feststellung derselben hinaus und beinhaltet auch die Einsetzung der Stiftung als Erbe, Vermächtnisnehmer oder Auflagenbegünstigter. Hierbei handelt es sich also zwingend (auch) um die Beurkundung einer Verfügung von Todes wegen, für die Abs. 1 keine Anwendung findet.   6

Fraglich ist, inwieweit **Erfüllungshandlungen**, v.a. **Einbringungen**, in den Anwendungsbereich des Abs. 1 S. 1 führen. Unproblematisch ist hierbei die im Gesellschaftsvertrag/in der Satzung selbst begründete Einbringungs-/Einlageverpflichtung, denn diese ist Gegenstand des Gesellschaftsvertrags bzw der Satzung. Bei Einbringungshandlungen (zB Erklärung der Auflassung) aufgrund bestehender Einbringungsverpflichtungen wird davon ausgegangen, dass sie gegenstandsgleich und nicht gesondert zu bewerten sind, wenn sie mit der Gründung und der damit begründeten Einbringungsverpflichtung in gleicher Urkunde enthalten sind, § 109 Abs. 1 Nr. 2.[7] Gesondert zu bewerten ist die Erfüllungshandlung freilich bei Aufnahme in eine gesonderte Urkunde; auf diese selbständige Beurkundungshandlung findet die Geschäftswertbegrenzung des § 107 keine Anwendung.[8]   7

2. Beurkundung von Gesellschaftsverträgen/Satzungen außerhalb eines Gründungsvorgangs. Die hM geht von der Beschränkung des Anwendungsbereichs auf Gründungsvorgänge aus.[9] Dies erscheint für die Neufassung des Gesellschaftsvertrages bei Personengesellschaften fraglich (bei Kapitalgesellschaften liegt ein nach § 108 zu behandelnder Beschluss vor): Bei einer Vereinbarung der Gesellschafter einer **Personengesellschaft**, den Gesellschaftsvertrag vollständig neu zu fassen, handelt es sich nämlich nicht um einen Beschluss iSv § 108;[10] es liegt aber auch – da die Gesellschaft bereits existiert – kein Gründungsvorgang vor. Mit dem Wortlaut des § 107 am ehesten vereinbar ist es, dessen Anwendbarkeit – **entgegen Rspr und Lit. – nicht auf Gründungsvorgänge** zu **beschränken**, sondern auch Fälle der späteren Beurkundung von Gesellschaftsverträgen hierunter zu subsumieren,[11] und zwar nicht nur vollständige Neufassungen des Gesellschaftsvertrages, sondern erst recht auch bloße punktuelle Nachträge hierzu. Erfolgt die Änderung – so stets bei Kapitalgesellschaften – durch Beschluss, findet hingegen nicht Abs. 1, sondern § 108 Anwendung.   8

Wird im Rahmen eines **Erwerbsvorgangs** (zB Kauf) die Gründung der kaufenden Gesellschaft (idR Personengesellschaft) in derselben Urkunde mitbeurkundet, so sind Kauf und Gründung gegenstandsverschiedene Geschäfte.[12] Abs. 1 ist lediglich auf den Beurkundungsgegenstand „Gründung" anzuwenden.   9

3. Beurkundung von Plänen und Verträgen nach dem UmwG. Ebenfalls nach Abs. 1 zu behandeln ist die Beurkundung „von Plänen und Verträgen nach dem Umwandlungsgesetz".   10

a) Verschmelzung. Bei Verschmelzung (§ 1 Abs. 1 Nr. 1 UmwG) erfasst Abs. 1 S. 1 den Geschäftswert des Verschmelzungsvertrages (§ 4 UmwG), nicht hingegen die Beschlüsse nach § 13 UmwG über die Zustimmung zum Verschmelzungsvertrag; für diese Verschmelzungsbeschlüsse gilt § 108.[13]   11

Erfolgen zugleich **mehrere** Verschmelzungen verschiedener Rechtsträger auf denselben Rechtsträger, so ist die Höchstwertvorschrift des § 107 auf jeden der Verschmelzungsvorgänge getrennt anzuwenden. Es ist al-   12

---

1 Leipziger-GNotKG/*Heinze*, § 107 Rn 2. **2** Nach früherer Rechtslage str, vgl Korintenberg/*Bengel/Tiedtke*, KostO, § 39 Rn 142. **3** *Notarkasse*, Streifzug durch das GNotKG, Rn 1245; BDS/*Bormann*, § 107 Rn 8. **4** *Notarkasse*, Streifzug durch das GNotKG, Rn 1252. **5** *Notarkasse*, Streifzug durch das GNotKG, Rn 1617. **6** Palandt/*Ellenberger*, § 83 BGB Rn 1. **7** BayObLG DNotZ 1964, 552; Korintenberg/*Tiedtke*, § 107 Rn 18. **8** Ebenso Korintenberg/*Tiedtke*, § 107 Rn 23. **9** Vgl BayObLG MittBayNot 1999, 95; Leipziger-GNotKG/*Heinze*, § 107 Rn 6 **10** So zu § 41 c KostO ausdr. Korintenberg/*Bengel/Tiedtke*, KostO, § 41 c Rn 14 unter Berufung auf KG DNotZ 1938, 756. **11** So auch BDS/*Bormann*, § 107 Rn 12. **12** *Notarkasse*, Streifzug durch das GNotKG, Rn 1197. **13** So zur KostO: BayObLG DNotZ 1993, 273.

so nicht erst der addierte Wert der Verschmelzungen am Höchstwert von 10 Mio. € zu messen, sondern nur die jeweiligen Einzelwerte.[14] So kann sich ein nach § 35 addierter Gesamtwert von mehr als 10 Mio. € ergeben, bspw bei zwei in einer Urkunde zusammengefassten Verschmelzungen mit einem Einzelwert von jeweils 8 Mio. € ergibt sich so ein nach § 35 addierter Gesamtwert von 16 Mio. €.[15]

13   Bei **Kettenverschmelzungen** erfolgen die unterschiedlichen Verschmelzungsvorgänge nicht gleichzeitig, sondern nacheinander. Auch hier sind beide Verschmelzungsvorgänge getrennt an der 10-Mio. €-Grenze des Abs. 1 zu messen. Bei der folgenden Verschmelzung ist das durch die vorangehende Verschmelzung übergehende Vermögen nicht geschäftswerterhöhend anzusetzen, da auf den Zeitpunkt der Beurkundung und nicht auf den Zeitpunkt des Wirksamwerdens der ersten Verschmelzung abzustellen ist.[16]

14   **Beispiel:** Die A-GmbH (Aktivvermögen: 11 Mio. €) wird auf die B-GmbH (Aktivvermögen: 4 Mio. €) verschmolzen, danach die B-GmbH auf die C-GmbH. Die Verschmelzungsverträge werden in einer einheitlichen Urkunde niedergelegt.

     Lösung: Beide Verschmelzungsvorgänge sind unabhängig voneinander zu behandeln:

     (1) **Verschmelzung A-GmbH auf B-GmbH:** Der Geschäftswert beträgt nach allgemeinen Grundsätzen 11 Mio. €. Hierauf ist Abs. 1 S. 1 anzuwenden und führt zur Korrektur auf 10 Mio. €.

     (2) **Verschmelzung B-GmbH auf C-GmbH:** Das Aktivvermögen der B-GmbH wird zwar infolge der ersten Verschmelzung um das Aktivvermögen der A-GmbH erhöht, beträgt also insgesamt 15 Mio. €. Jedoch ist das Aktivvermögen der B-GmbH im Zeitpunkt der Beurkundung maßgeblich, dieses beträgt 4 Mio. €.

     Wegen § 35 Abs. 1 werden die Geschäftswerte von 10 Mio. € und 4 Mio. € anschließend addiert. Eine erneute Anwendung von Abs. 1 S. 1 erfolgt nicht.

15   **b) Spaltung.** Die Geschäftswertbegrenzungsvorschrift des Abs. 1 S. 1 ist anzuwenden auf den **Spaltungs- und Übernahmevertrag** (§ 126 UmwG), nicht auf die Zustimmungsbeschlüsse nach §§ 125, 13 UmwG, für die § 108 gilt.

16   Bei Spaltungen zur Neugründung tritt an die Stelle des Spaltungs- und Übernahmevertrages der **Spaltungsplan** des übertragenden Rechtsträgers, § 136 UmwG. Dieser ist in Abs. 1 S. 1 gemeint, wo von „Plänen" nach dem Umwandlungsgesetz die Rede ist.

17   Bei einer **Aufspaltung**, die zur Auflösung des übertragenden Rechtsträgers führt, wo also dessen gesamtes Vermögen auf unterschiedliche (bestehende oder hierbei neu gegründete) Rechtsträger übergeht, liegt ein einheitlicher Vorgang vor, der als solcher nach Abs. 1 S. 1 zu behandeln ist.

18   **Beispiel:** Die A-GmbH (Aktivvermögen: 14 Mio. €) wird aufgespalten. 9 Mio. € des Aktivvermögens gehen über an die neu gegründete B-GmbH, 5 Mio. € an die bestehende C-GmbH.

     Lösung: Es liegt ein einheitlicher Vorgang vor, der Geschäftswert beträgt 14 Mio. € und wird durch Abs. 1 S. 1 auf 10 Mio. € begrenzt.

19   Bei mehreren **Abspaltungen** durch denselben übertragenden Rechtsträger sind die zu den Verschmelzungen in → Rn 12 erfolgten Ausführungen entsprechend anzuwenden. Kettenabspaltungen sind analog wie Kettenverschmelzungen zu behandeln (→ Rn 13).[17]

20   **Ausgliederungen** als Unterform der Spaltung (§ 123 Abs. 3 UmwG) weisen gegenüber den übrigen Spaltungsformen keine kostenrechtlichen Besonderheiten auf und sind wie diese zu behandeln.[18]

21   **c) Vermögensübertragung.** Die Vermögensübertragung gem. § 1 Abs. 1 Nr. 3 UmwG ist in der Form der Vollübertragung mit einer Verschmelzung vergleichbar (vgl § 176 UmwG), während die Variante der Teilübertragung spaltungsähnlich ist (vgl § 177 UmwG). Bei Vollübertragungen gelten daher die Ausführungen zu Verschmelzung entsprechend, bei Teilübertragungen diejenigen zur Spaltung.[19]

22   **d) Formwechsel.** Beim Formwechsel nach § 1 Abs. 1 Nr. 4 UmwG gibt es keinen „Vertrag" oder „Plan" iSv Abs. 1 S. 1. Vielmehr liegt jedem Formwechsel ein von den Anteilsinhabern des Ausgangsrechtsträgers zu fassender **Umwandlungsbeschluss** zugrunde. Auf diesen ist ausschließlich § 108 anzuwenden, nicht Abs. 1 S. 1.

23   **4. GmbH/UG mit Musterprotokoll (Abs. 1 S. 2).** Um dem Sinn der Gründung im vereinfachten Verfahren § 2 Abs. 1 a GmbHG (Verwendung des gesetzlichen Musterprotokolls), die Notarkosten der Gründung möglichst zu reduzieren, zu verfolgen, sieht Abs. 1 S. 2 eine Ausnahme für derartig gegründete GmbHs/UGs vor, indem „in den Fällen des § 105 Absatz 6" der Mindestwert des Abs. 1 S. 1 außer Kraft gesetzt wird. Der Höchstwert bleibt aber anwendbar. Zu beachten ist, dass die **Mindestgebühr** (60 € nach Nr. 21200 KV bei Gründung durch eine Person; 120 € nach Nr. 21100 KV bei Gründung durch mehrere Personen) in jedem Fall gilt.

---

14 Leipziger-GNotKG/*Heinze*, § 107 Rn 19.   **15** Korintenberg/*Tiedtke*, § 107 Rn 61.   **16** Korintenberg/*Tiedtke*, § 107 Rn 62.
17 Korintenberg/*Tiedtke*, § 107 Rn 63.   **18** Korintenberg/*Tiedtke*, § 107 Rn 63.   **19** Korintenberg/*Tiedtke*, § 107 Rn 64.

Zweifelhaft ist, warum das Gesetz auch hier von „Beurkundung von Gesellschaftsverträgen und Satzun- 24
gen" spricht und nicht nur auf § 105 Abs. 6 Nr. 1 (Gründung mit Musterprotokoll), sondern auch auf Nr. 2
(Satzungsänderung einer mit Musterprotokoll gegründeten UG/GmbH) verweist. Denn richtigerweise kann
nur ein Gründungsvorgang erfasst sein, da spätere Satzungsänderungen *durch Beschluss* erfolgen müssen
und hierfür nicht § 107, sondern § 108 gilt.

III. Anteilsveräußerungen zwischen verbundenen Unternehmen (Abs. 2)

1. Zweck der Vorschrift. Durch **Abs. 2 S. 1** wird der Geschäftswert von Verträgen zwischen verbundenen 25
Unternehmen über „die Veräußerung oder über die Verpflichtung zur Veräußerung von Gesellschaftsanteilen und -beteiligungen" auf 10 Mio. € begrenzt. Gesetzgeberisches Motiv ist die **Gleichbehandlung** mit Vorgängen nach dem UmwG, da bei verbundenen Unternehmen die Transaktion von Gesellschaftsanteilen auch
auch mit Mitteln des Umwandlungsrechts erreicht werden können und hierfür ebenfalls die Geschäftswertbegrenzung auf 10 Mio. €, nämlich nach Abs. 1, erfolgt. Beide Gestaltungsalternativen sollen hinsichtlich
der Geschäftswertobergrenze gleichbehandelt werden.[20]

Hingegen sollen **vermögensverwaltende Gesellschaften** nicht in den Genuss dieser Geschäftswertbegrenzung 26
kommen: „Die Durchführung von Liegenschaftstransaktionen mit den Mitteln des Gesellschaftsrechts soll
kostenrechtlich nicht unterstützt werden."[21] Daher ordnet **Abs. 2 S. 2** an, dass S. 1 bei überwiegend vermögensverwaltenden Gesellschaften nicht gilt.

2. Erfasste Vorgänge (Abs. 2 S. 1). a) **Verträge über die Veräußerung von Gesellschaftsanteilen und -beteili-** 27
gungen. Um in den Anwendungsbereich des Abs. 2 S. 1 zu gelangen, muss Gegenstand des beurkundeten
Vertrages die Veräußerung von Gesellschaftsanteilen und -beteiligungen bzw die Verpflichtung hierzu sein.
Dabei sind unter „Gesellschaft" sowohl Kapital- als auch Personengesellschaften zu verstehen, auch Gesellschaften bürgerlichen Rechts, sowohl inländische als auch ausländische Gesellschaften.

Betroffen sind nur **Veräußerungsverträge**, also Verträge, die die Übertragung eines Gesellschaftsanteils von 28
einem Rechtssubjekt auf ein anderes zum Gegenstand haben, sowohl das Verpflichtungs- als auch das Erfüllungsgeschäft. Der Rechtsgrund der Veräußerung (Schenkung, Kauf o.Ä.) ist ebenso ohne Belang wie der
Umfang der zu übertragenden Beteiligung. Die Norm gilt auch bei der Übertragung eines 100 %igen Anteils an einer Kapitalgesellschaft.

b) Verbundene Unternehmen. Für den Begriff der verbundenen Unternehmen greift das Gesetz auf § 15 29
AktG zurück, so dass auf die hierzu ergangene Rspr und Lit. verwiesen werden kann. Praktischer Hauptanwendungsfall werden Anteilsübertragungen zwischen Mutter- und Tochterkapitalgesellschaften sein,[22]
wenn also zB eine GmbH (Mutter) an einer anderen GmbH (Tochter) 100% deren Anteile hält und die
Tochter-GmbH an die Mutter-GmbH einen Geschäftsanteil an einer Drittgesellschaft überträgt. Die Rechtsform der verbundenen Unternehmen spielt keine Rolle.[23]

Die verbundenen Unternehmen müssen **Vertragspartner** des von Abs. 2 S. 1 zu erfassenden Geschäfts sein, 30
also sowohl auf Veräußerer- als auch auf Erwerberseite stehen.

Angesichts der gesetzgeberischen Intention (→ Rn 25) ist als selbstverständlich davon auszugehen, dass es 31
sich auch gerade um *miteinander* verbundene Unternehmen handeln muss.

3. Ausschlusstatbestand: Vermögensverwaltende Gesellschaften (Abs. 2 S. 2). Handelt es sich bei der Ge- 32
sellschaft, deren Anteil veräußert wird (in der Sprache des Gesetzes die „betroffene" Gesellschaft), um eine
solche, die „überwiegend vermögensverwaltend" tätig ist, so entfällt nach Abs. 2 S. 2 die Höchstgrenze des
S. 1.

Es dürfte dem gesetzgeberischen Willen entsprechen, den Begriff der **Vermögensverwaltung** mit dem Begriff 33
der „Verwaltung eigenen Vermögens" iSv § 105 Abs. 2 HGB gleichzusetzen und als Gegenstück zum handelsrechtlichen Begriff des Gewerbes zu verstehen.

„Überwiegend" ist die Vermögensverwaltung, wenn sie mehr als 50 % der Betätigung der Gesellschaft aus- 34
macht. Die steuerlichen Regeln des § 13 b Abs. 2 ErbStG, der einen Vermögensvergleich zwischen dem
(schädlichen) „Verwaltungsvermögen" und dem sonstigen Vermögen anstellt, dürfen allenfalls als Indiz
herangezogen werden.[24] Im Übrigen ist bzgl des Begriffs der überwiegend vermögensverwaltenden Gesellschaften auf § 54 und die dortigen Erl. zu verweisen.

---

20 BT-Drucks 17/1147 (neu), S. 185. **21** BT-Drucks 17/1147 (neu), S. 185. **22** Korintenberg/*Tiedtke*, § 107 Rn 80. **23** BDS/*Bormann*, § 107 Rn 26. **24** Gegen die Heranziehung der steuerrechtlichen Grundsätze: Korintenberg/*Tiedtke*, § 107 Rn 76.

§ 108 Beschlüsse von Organen

(1) [1]Für den Geschäftswert bei der Beurkundung von Beschlüssen von Organen von Kapital-, Personenhandels- und Partnerschaftsgesellschaften sowie von Versicherungsvereinen auf Gegenseitigkeit, juristischen Personen (§ 33 des Handelsgesetzbuchs) oder Genossenschaften, deren Gegenstand keinen bestimmten Geldwert hat, gilt § 105 Absatz 4 und 6 entsprechend. [2]Bei Beschlüssen, deren Gegenstand einen bestimmten Geldwert hat, beträgt der Wert nicht weniger als der sich nach § 105 Absatz 1 ergebende Wert.

(2) Bei der Beurkundung von Beschlüssen im Sinne des Absatzes 1, welche die Zustimmung zu einem bestimmten Rechtsgeschäft enthalten, ist der Geschäftswert wie bei der Beurkundung des Geschäfts zu bestimmen, auf das sich der Zustimmungsbeschluss bezieht.

(3) [1]Der Geschäftswert bei der Beurkundung von Beschlüssen nach dem Umwandlungsgesetz ist der Wert des Vermögens des übertragenden oder formwechselnden Rechtsträgers. [2]Bei Abspaltungen oder Ausgliederungen ist der Wert des übergehenden Vermögens maßgebend.

(4) Der Geschäftswert bei der Beurkundung von Beschlüssen von Organen einer Gesellschaft bürgerlichen Rechts, deren Gegenstand keinen bestimmten Geldwert hat, beträgt 30.000 Euro.

(5) Der Geschäftswert von Beschlüssen von Gesellschafts-, Stiftungs- und Vereinsorganen sowie von ähnlichen Organen beträgt höchstens 5 Millionen Euro, auch wenn mehrere Beschlüsse mit verschiedenem Gegenstand in einem Beurkundungsverfahren zusammengefasst werden.

I. Gesetzliche Systematik

1   § 108 schließt den Normenkomplex zur Geschäftswertermittlung bei gesellschaftsrechtlichen Vorgängen im weitesten Sinne (§§ 105–108) ab.

2   Die Vorschrift enthält eine Regelung über den Geschäftswert von Beschlüssen von Organen und folgt dabei folgender Systematik:

- Vorrangig ist zu prüfen, ob
  - ein Zustimmungsbeschluss vorliegt, dann gilt Abs. 2;
  - ein Beschluss nach dem UmwG vorliegt, dann gilt Abs. 3;
- Ist das nicht der Fall,
  - und liegt ein Beschluss, dessen Gegenstand keinen bestimmten Geldwert hat, vor, gilt
    - bei Gesellschaften bürgerlichen Rechts Abs. 4;
    - bei den sonstigen, in Abs. 1 genannten Gesellschaften Abs. 1 S. 1;
  - und liegt ein Beschluss, dessen Gegenstand einen bestimmten Geldwert hat, vor, ist Abs. 1 S. 2 anzuwenden.

II. Beschlüsse

3   § 108 findet nur bei **Beschlüssen** Anwendung. Bei sonstigen Willenserklärungen ist die Norm nicht anwendbar.[1] Beschlüsse über die Bestellung von Organen, zB Berufung und Abberufung von Geschäftsführern

---

[1] Korintenberg/*Tiedtke*, § 108 Rn 15.

in einer GmbH, also sog. **Wahlen**, sind uneingeschränkt Beschlüsse in diesem Sinne.[2] In den Anwendungsbereich fallen auch **Beschlüsse eingliedriger Organe**, zB also Beschlüsse des Alleingesellschafters einer 1-Mann-GmbH oder 1-Mann-AG.[3]

Keine Beschlüsse, sondern **Willenserklärungen** sind: 4

- **Gründungsgeschäfte**, also die Errichtung der Gesellschaft nebst Mitbeurkundung der Satzung o.Ä. Allerdings ist die Wahl des ersten Geschäftsführer einer soeben gegründeten GmbH nicht Bestandteil des Gründungsvorgangs (selbst wenn eine Mitbeurkundung in derselben Urkunde erfolgt) und damit – wie schon unter der Geltung der KostO – ein selbständiger, vom Gründungsakt zu trennender und nach § 108 zu behandelnder Beschluss.[4] Gleiches gilt für die Bestellung des ersten Aufsichtsrates nach § 30 AktG;
- **Verschmelzungs- und Spaltungsverträge** bzw Spaltungspläne iSd UmwG;[5]
- **Grundlagengeschäfte bei Personengesellschaften** sind idR keine Beschlüsse, sondern Willenserklärungen. Hierher gehören Änderungen (auch Neufassungen) des Gesellschaftsvertrags oder die Aufnahme eines Gesellschafters. Wenn allerdings der Gesellschaftsvertrag in diesen Bereichen die Fassung eines Beschlusses vorsieht und das entsprechende Gremium als solches zusammentritt und einen Beschluss fasst, so handelt es sich auch um einen Beschluss iSd § 108.[6]

Beschlüsse iSv § 108 liegen auch dann vor, wenn die Willensbildung fehlerhaft erfolgt ist; die Norm ist also   5
unabhängig davon anzuwenden, ob der betroffene Beschluss **anfechtbar** oder gar **nichtig** ist.[7]

III. Zustimmungsbeschlüsse (Abs. 2)

Eine Sonderregelung für Zustimmungsbeschlüsse enthält Abs. 2: Der Geschäftswert solcher Zustimmungs-   6
beschlüsse bestimmt sich nach dem Geschäftswert des Geschäfts, auf das sich die Zustimmung bezieht.
§ 98 findet keine Anwendung: Dieser ist bei *Zustimmungserklärungen* einschlägig.

Keine Zustimmungsbeschlüsse iSv Abs. 2 sind die **Umwandlungsbeschlüsse** nach § 13 UmwG, da für diese   7
die Spezialregelung des Abs. 3 gilt.

Der Begriff der **Zustimmung** ist wie in den §§ 182 ff BGB als vorherige Zustimmung („Einwilligung") oder   8
nachträgliche Zustimmung („Genehmigung") zu verstehen.

Neben dem klassischen Fall der infolge einer Vinkulierungsklausel nach § 15 Abs. 5 GmbHG erforderlichen   9
Zustimmung durch Beschluss der Gesellschafterversammlung fallen in den Anwendungsbereich von Abs. 2
insb. auch Zustimmungsbeschlüsse zu **Unternehmensverträgen** iSd §§ 293 ff AktG.

Für die Anwendbarkeit des Abs. 2 ausreichend ist es, dass der Beschluss eine noch zu erteilende **Zustim-** 10
mung zum Gegenstand hat, ohne die Zustimmung selbst zu enthalten. Ist – wie häufig – das Erfordernis
einer Zustimmung durch die *Gesellschaft* vorgesehen und wird zunächst per Beschluss der Gesellschafterversammlung bestimmt, dass die Geschäftsführung die Zustimmung erteilen soll, so ist dieser Beschluss ein
Fall des Abs. 2; die vom Geschäftsführer im Anschluss für die Gesellschaft abgegebene Zustimmungserklärung ist hingegen eine Zustimmung iSd § 98 Abs. 1.

IV. Umwandlungsbeschlüsse (Abs. 3)

1. Tatbestandsvoraussetzungen. Abs. 3 betrifft ausschließlich Beschlüsse nach dem **UmwG**: Verschmel- 11
zungsbeschluss (§ 13 Abs. 1 UmwG), entsprechend bei Spaltungen (§ 125 UmwG), Formwechselbeschluss
(§ 193 UmwG). Bei der **Vermögensübertragung** iSv § 1 Abs. 1 Nr. 3 UmwG ergibt sich das Beschlusserfor-
dernis aus der Verweisung in § 188 UmwG bzw § 189 UmwG.

Abs. 3 gilt unabhängig von der Rechtsform der betroffenen Gesellschaft/Vereinigung; eine Einschränkung 12
auf die in Abs. 1 genannten Vereinigungen ist bewusst unterblieben.

2. Rechtsfolge: Wert des Vermögens als Geschäftswert. Abs. 3 ordnet als Geschäftswert der Beschlüsse 13
nach dem Umwandlungsgesetz den Wert des Vermögens des übertragenden/formwechselnden Rechtsträgers
bzw – bei Abspaltungen oder Ausgliederungen – den Wert des übergehenden Vermögens an.

Anzusetzen ist die **Summe aller Aktiva**, es gilt das Schuldenabzugsverbot des § 38. Für die Bewertung der 14
Aktivposten ist auf die Wertansätze in der **Schlussbilanz** des übertragenden Rechtsträgers (Verschmelzung/
Spaltung, vgl § 17 Abs. 2 UmwG) bzw in der letzten Bilanz des formwechselnden Rechtsträgers zurückzu-
greifen.

---

2 Korintenberg/*Tiedtke*, § 108 Rn 12. **3** KG DNotZ 1938, 107; Korintenberg/*Tiedtke*, § 108 Rn 14. **4** Korintenberg/*Tiedtke*,
§ 108 Rn 15. **5** Korintenberg/*Tiedtke*, § 108 Rn 15. **6** Vgl KG DNotZ 1939, 681. **7** Leipziger-GNotKG/*Heinze*, § 108 Rn 10.

15   Gegenüber der in der Bilanz ausgewiesenen Bilanzsumme (= Summe der Aktiva) sind folgende Korrekturen vorzunehmen:

- Sieht das Gesetz für einzelne Vermögenswerte andere Werte vor als den in der Bilanz niedergelegten Buchwert, ist dieser andere Wert anzusetzen.[8] Dies gilt insb. für im Gesellschaftsvermögen vorhandenen Grundbesitz, der stets gem. § 46 mit dem Verkehrswert anzusetzen ist.
- Der Posten „nicht abgerechnete, angefangene und/oder fertige Arbeiten" ist mit dem Passivposten „Anzahlungen von Kunden" zu saldieren.[9]
- In der Bilanz ausgewiesene Verlustvorträge sind abzusetzen.
- Ein nicht durch Eigenkapital gedeckter Fehlbetrag („Minuskapital", § 268 Abs. 3 HGB) ist abzusetzen.[10]
- Rückstellungen iSv § 266 Abs. 3 B HGB sind ebenso wenig abzuziehen wie Rücklagen iSv § 266 Abs. 3 A.II-III HGB.
- Nicht abzuziehen sind Rechnungsabgrenzungsposten.

V. Beschlüsse gem. Abs. 1

16   **1. Betroffene Vereinigungen.** Abs. 1 gilt nicht für alle denkbaren Vereinigungen, die zur Fassung von Beschlüssen imstande sind, sondern nur für Beschlüsse der in Abs. 1 S. 1 enumerativ aufgezählten Vereinigungen.

17   **Nicht** von der Aufzählung erfasst und damit nicht Abs. 1 unterfallend sind alle anderen Vereinigungen, auch wenn sie zur Fassung von Beschlüssen in der Lage sind, insb.:

- Eigentümergemeinschaft nach dem WEG;[11]
- Bruchteilsgemeinschaft nach §§ 741 ff BGB;
- Gesellschaft bürgerlichen Rechts nach §§ 705 ff BGB (für diese gilt die Sonderregelung in Abs. 4);
- Vereine (sofern sie nicht § 33 HGB unterfallen).[12]

18   Kapitalgesellschaften in diesem Sinne sind auch Vor-Gesellschaften, insb. die Vor-GmbH.[13] Daher ist der Beschluss der Gründer über die **Bestellung des ersten Geschäftsführers** im Rahmen einer GmbH-Gründung ein Fall des Abs. 1, es sei denn, es würde sich hierbei ausnahmsweise um keinen Beschluss, sondern um einen (echten oder unechten) Satzungsbestandteil handeln.[14]

19   Die im Falle einer Gründung nach § 2 Abs. 1 a GmbHG durch **Musterprotokoll** enthaltene Geschäftsführerbestellung ist – unabhängig von ihrer Einordnung als Beschluss, echtem/unechten Satzungsbestandteil – nicht gesondert zu bewerten, sondern gegenstandsgleich zu dem einheitlichen Gründungsvorgang.[15] Jedenfalls ist man sich darin einig, dass die spätere Abberufung des ersten Geschäftsführers durch Beschluss möglich ist und keine Satzungsänderung voraussetzt. Auf diesen späteren Beschluss ist § 108 anzuwenden.

20   **2. Bestimmter Geldwert/kein bestimmter Geldwert.** Abs. 1 differenziert in seinem Anwendungsbereich zwischen den Beschlüssen, deren Gegenstand einen bestimmten Geldwert hat (kurz: Beschlüsse mit bestimmtem Geldwert), oder deren Gegenstand keinen bestimmten Geldwert hat (kurz: Beschlüsse ohne bestimmten Geldwert).

21   **a) Systematik.** Liegt ein **bestimmter Geldwert** vor, so richtet sich der Geschäftswert des Beschlusses nach diesem bestimmten Geldwert. Abs. 1 S. 2 sieht hierbei lediglich eine Mindestgrenze vor.

22   Liegt hingegen **kein bestimmter Geldwert** vor, so verweist Abs. 1 S. 1 für die Geschäftswertermittlung auf § 105 Abs. 4 und 6.

23   **b) Abgrenzung.** „Bestimmter Geldwert" ist nicht gleichzusetzen mit dem „einzutragenden Geldbetrag" gem. § 105 Abs. 1 S. 1; es kommt also nicht darauf an, ob ein bestimmter Geldbetrag in das Handelsregister eingetragen wird.[16]

24   Dabei ist der Beschluss*gegenstand*, nicht das Beschluss*ergebnis* entscheidend:[17] Ein Beschluss sowie ein späterer, die gleiche Sache betreffender **Aufhebungsbeschluss** haben denselben Geschäftswert, da es um denselben Beschlussgegenstand geht. Gleiches gilt für bejahende oder ablehnende Beschlüsse.

25   Ein „bestimmter Geldwert" liegt nach hM vor, wenn der Beschlussgegenstand „auf die Begründung eines neuen Rechtsverhältnisses gerichtet ist, deren Wert sich in einer bestimmten Summe vom Wert des ursprünglichen Rechtsverhältnisses unterscheidet".[18] Der „bestimmte Geschäftswert" müsse sich aus dem

---

8 *Notarkasse*, Streifzug durch das GNotKG, Rn 1297. **9** *Notarkasse*, Streifzug durch das GNotKG, Rn 1185. **10** BayObLG ZNotP 2004, 453; Leipziger-GNotKG/*Heinze*, § 108 Rn 101. **11** Korintenberg/*Tiedtke*, § 108 Rn 20; BDS/*Bormann*, § 108 Rn 4. **12** BDS/*Bormann*, § 108 Rn 4. **13** Korintenberg/*Tiedtke*, § 108 Rn 21. **14** Zur Abgrenzung Korintenberg/*Tiedtke*, § 108 Rn 22. **15** Korintenberg/*Tiedtke*, § 108 Rn 25; *Sikora/Regler/Tiedtke*, MittBayNot 2008, 437. **16** Korintenberg/*Tiedtke*, § 108 Rn 25. **17** BDS/*Bormann*, § 108 Rn 10. **18** Korintenberg/*Tiedtke*, § 108 Rn 33.

GNotKG ergeben oder sonst feststehen, „auch wenn er aus den gegebenen Rechnungsfaktoren errechnet werden muss."[19] Ein bestimmter Geldwert liegt also für Beschlussgegenstände vor, wenn

■ Vorschriften des GNotKG einen bestimmten Geschäftswert anordnen oder
■ der Wert aus sonstigen Gründen feststeht.

Müsste der Geschäftswert, da er sich „aus den Vorschriften dieses Gesetzes nicht ergibt und er auch sonst   **26** nicht feststeht", nach § 36 Abs. 1 **nach billigem Ermessen** bestimmt werden, so soll nach einer Auffassung dies der Annahme eines „bestimmten Geldwerts" iSv § 108 nicht entgegenstehen.[20] Überzeugender ist die Gegenauffassung, wonach in solchen Fällen von einem unbestimmten Geldwert auszugehen ist und damit Abs. 1 Vorrang vor der Wertfestsetzung aufgrund billigen Ermessens nach § 36 hat.[21]

c) Beschlüsse mit bestimmtem Geldwert. aa) Einzelfälle. (1) Kapitalmaßnahmen. Der Beschluss über eine   **27** **Kapitalerhöhung** ist mit dem Erhöhungsbetrag anzusetzen, bei Überpari-Ausgabe mit dem (höheren) Ausgabebetrag.[22] Entsprechendes gilt für den Fall einer Kapitalerhöhung durch Sacheinlage: Der Geschäftswert für den Erhöhungsbeschluss bemisst sich nach dem Erhöhungsbetrag, mindestens aber nach dem Wert der Sacheinlage, also des einzubringenden Gegenstands, nach § 38 ohne Schuldenabzug.

Bei der **Kapitalerhöhung aus Gesellschaftsmitteln** stellt der Erhöhungsbetrag den Geschäftswert des Erhö-   **28** hungsbeschlusses dar. Gleiches gilt bei der **bedingten Kapitalerhöhung.** Der Geschäftswert beim **genehmigten Kapital** ist der beschlossene Erhöhungshöchstbetrag.[23]

Beschlüsse über **Kapitalherabsetzungen** sind ebenfalls solche mit bestimmtem Geldwert: Maßgeblich ist der   **29** Herabsetzungsbetrag.[24]

Im Falle der **Kombination von Kapitalerhöhung und Kapitalherabsetzung** sind die entsprechenden Werte –   **30** ermittelt nach obigen Grundsätzen – zu addieren.

Bei Beschlüssen zur **Euro-Umstellung** ist zu differenzieren: Die reine rechnerische Euro-Umstellung ohne   **31** Kapitalerhöhung ist ein Beschluss ohne bestimmten Geldwert.[25] Beschlüsse über Glättungsmaßnahmen durch Kapitalerhöhung sind solche mit bestimmtem Geldwert.[26] Wird – wie häufig – in derselben Urkunde zunächst die rechnerische Euro-Umstellung und sogleich eine Kapitalerhöhung beschlossen, so sollen bei einer reinen Kapitalerhöhung zur Glättung der Erhöhungsbeschluss und der Umstellungsbeschluss gegenstandsgleich sein, während bei einer sonstigen Kapitalerhöhung die Beschlussgegenstände gegenstandsverschieden und die Geschäftswerte daher zu addieren seien.[27] Diese Differenzierung rührt offenbar von der Privilegierung des Art. 45 Abs. 2 EGHGB her, der aber nur für handelsregisterliche Anmeldungen, nicht auch für Beschlussfassungen gilt. Gemäß § 109 Abs. 2 Nr. 4 Buchst. b sind Beschlüsse über eine Kapitalerhöhung und die weiteren damit im Zusammenhang stehenden Beschlüsse gegenstandsgleich. Da bei einer GmbH die Kapitalerhöhung nur erfolgen darf, wenn zugleich das Kapital auf Euro umgestellt wird (§ 1 Abs. 1 S. 4 EGGmbHG), die Kapitalerhöhung also ohne die Währungsumrechnung nicht erfolgen darf, stehen beide Beschlüsse miteinander in Zusammenhang und es liegt – unabhängig von der Höhe der Kapitalerhöhung, also unabhängig davon, ob nur auf den nächsten durch 10 € teilbaren Stammkapitalbetrag analog Art. 45 Abs. 2 EGHGB erhöht wird oder darüber hinaus – eine Gegenstandsgleichheit nach § 109 Abs. 2 S. 1 Nr. 4 Buchst. b vor. Als Geschäftswert ist also der höchste in Betracht kommende Wert anzusetzen, § 109 Abs. 2 S. 2.

Bei der **Aktiengesellschaft** ist der Aufsichtsrat zur rein rechnerischen Euro-Umstellung im Wege der Fas-   **32** sungsänderung der Satzung ermächtigt, § 4 Abs. 1 S. 2 AktG. Selbstverständlich kann aber auch die Hauptversammlung einen entsprechenden Umrechnungsbeschluss fassen,[28] der – da es sich nicht um eine Satzungsänderung handelt – nicht beurkundungspflichtig ist. Für Kapitalerhöhungen zur Glättung Bedarf es stets der Mitwirkung der Hauptversammlung in der für Kapitalerhöhungen üblichen Weise. Für die Geschäftswertbestimmung, sei es für den Fassungsbeschluss des Aufsichtsrates, sei es für den Kapitalerhöhungsbeschluss mit oder ohne Umrechnungsbeschluss der Hauptversammlung, gelten die gleichen Grundsätze wie vorstehend für die GmbH dargestellt.

(2) Gewinnverwendung. Bei Beschlüssen über die **Ergebnisverwendung** (§ 29 GmbHG) bzw bei der AG   **33** über die **Verwendung des Bilanzgewinns** (§ 174 AktG) handelt es sich idR um Beschlüsse mit bestimmtem Geldwert: Maßgebend ist der Betrag, über dessen Verwendung beschlossen wurde.[29] Wie stets ist auch hier unerheblich, ob das Beschlussorgan zu einer entsprechenden Beschlussfassung befugt war,[30] ebenso wenig, ob es zu der entsprechenden Beschlussfassung kraft Satzung oder Gesetzes verpflichtet war.

---

19 OLG München DNotZ 1939, 494. **20** Korintenberg/*Tiedtke*, § 108 Rn 32. **21** So zum Verhältnis § 41 c KostO/§ 30 KostO: Rohs/Wedewer/*Rohs*, KostO, § 41 c Rn 13. **22** Korintenberg/*Tiedtke*, § 108 Rn 42. **23** OLG München DNotZ 1939, 494. **24** Korintenberg/*Tiedtke*, § 108 Rn 47. **25** *Notarkasse*, Streifzug durch das GNotKG, Rn 1371. **26** *Notarkasse*, Streifzug durch das GNotKG, Rn 1377. **27** *Notarkasse*, Streifzug durch die Kostenordnung, Rn 1380. **28** Spindler/Stiltz/*Vatter*, AktG, § 8 Rn 71. **29** OLG München DNotZ 1937, 811; BDS/*Bormann*, § 108 Rn 13. **30** OLG München DNotZ 1942, 191.

34 **(3) Feststellung des Jahresabschlusses als mittelbare Gewinnverwendung.** Die Feststellung des Jahresabschlusses ist ein mit dem Gewinnverwendungsbeschluss nicht identischer Vorgang. Beschließt das für die
Gewinnverwendung zuständige Organ über die Feststellung des Jahresabschlusses, so kann in dieser Beschlussfassung eine verdeckte, sog. „mittelbare" Gewinnverwendung zu sehen sein, wenn durch den Feststellungsbeschluss die Gesellschafterversammlung mittelbar „eine bereits erfolgte, durch Gesetz oder Satzung nicht zwingend vorgeschriebene Verwendung des Gewinns genehmigt".[31]

35 Wird in der Gesellschafterversammlung sauber zwischen Feststellung des Jahresabschlusses und Gewinnverwendung getrennt, stellt sich dieses Problem nicht.

36 **(4) Verlustdeckung.** Wird über die **Abdeckung eines Verlustes** durch Heranziehung gesetzlicher oder freier
Reserven oder durch Vortrag auf neue Rechnung beschlossen, handelt es sich um einen Beschluss mit be-
stimmtem Geldwert:[32] Durchaus häufig sind in diesem Bereich rechtlich überflüssige Beschlüsse; deren
Überflüssigkeit ändert aber nichts an der Tatsache ihres Zustandekommens und damit auch nichts an der
Notwendigkeit ihrer kostenmäßigen Erfassung.

37 **(5) Sonstige Fälle.** Beschlussgegenstände mit bestimmtem Geldwert sind weiter:
- Kreditaufnahmen;
- Verzicht auf Ersatzansprüche gegen Gründer, Vorstand, Aufsichtsräte etc., wenn diese ziffernmäßig fest-
stehen;[33]
- Bewilligung einer Vergütung an den Aufsichtsrat für das abgelaufene Geschäftsjahr; für die Zukunft
nur, wenn die Vergütung ziffernmäßig bereits feststeht;[34]
- Anforderung von Nachzahlungen und Nachschüsse, wenn auf konkrete Zahlbeträge gerichtet;
- Einziehung von Geschäftsanteilen:[35] Nur, wenn der Betrag der hierfür zu erbringenden Abfindung fest-
steht, da die Abfindung dem Wert des Beschlussgegenstands entspricht. Muss der Geschäftswert erst
durch Schätzung festgelegt werden, liegt ein unbestimmter Geschäftswert vor (→ Rn 26);
- Einforderung von Einzahlungen auf die Stammeinlage;[36]
- Ermächtigung des Vorstands zum Erwerb eigener Aktien: Der Geschäftswert bestimmt sich nach dem
Kurswert der Aktien im Zeitpunkt der Beschlussfassung.[37]

38 **bb) Geschäftswertbegrenzung (Abs. 1 S. 2).** Mit Abs. 1 S. 2 erfolgt eine Koppelung an den sich für eine entsprechende Registeranmeldung nach § 105 Abs. 1 ergebende Geschäftswert: Der Geschäftswert des Beschlusses darf nicht niedriger als dieser sein.

39 Im Bereich der enumerativ aufgezählten Fälle des § 105 Abs. 1 S. 1 wird der Geschäftswert in aller Regel
schon nach allgemeinen Grundsätzen nicht niedriger sein als der im Handelsregister einzutragende Geldbetrag, so dass es der Verweisung in Abs. 1 S. 2 eigentlich nicht bedurft hätte.

40 Der eigentliche Regelungsgehalt liegt in der Verweisung auf § 105 Abs. 1 S. 2:[38] Durch die Verweisung in
Abs. 1 S. 2 gilt der **Mindestgeschäftswert von 30.000 €** auch beim Geschäftswert von Beschlüssen mit bestimmtem Geschäftswert. So ist zB der Beschluss über eine Kapitalerhöhung iHv 1.000 € mit einem Geschäftswert von 30.000 € zu belegen.

41 **d) Beschlüsse ohne bestimmten Geldwert.** Beschlüsse, die nicht nach obigen Grundsätzen als Beschlüsse
mit bestimmtem Geldwert einzuordnen sind, sind Beschlüsse ohne bestimmten Geldwert. Für diese gilt
Abs. 1 S. 1.

42 **aa) Einzelfälle. (1) Satzungsänderungen.** Ein klassischer Fall des Beschlusses mit unbestimmtem Geldwert
ist der Beschluss über die Änderung der GmbH-/AG-Satzung, solange es nicht um eine Kapitalmaßnahme
geht (dann: Beschluss mit bestimmtem Geldwert), also Änderungen der Satzung hinsichtlich Firma, Gegenstand, Sitz, Vertretungsbefugnis sowie in sonstigen Punkten, auch die vollständige Neufassung der Satzung.[39]

43 **(2) Zusammenlegung und Teilung von Geschäftsanteilen.** Seit dem MoMiG ist für die **Zusammenlegung**
oder **Teilung** von Geschäftsanteilen die Gesellschafterversammlung zuständig, die durch Beschluss entscheidet. Es handelt sich um Beschlüsse unbestimmten Geldwerts.[40]

44 Erfolgt die Teilung deshalb, weil ein Teilgeschäftsanteil veräußert werden soll, so handelt es sich bei der
Teilung um eine Durchführungshandlung zu der Veräußerung, die nach § 109 Abs. 1 gegenstandsgleich und
daher gem. § 109 Abs. 1 S. 4 nicht gesondert zu bewerten ist.

31 Korintenberg/*Tiedtke*, § 108 Rn 53. **32** KG DNotZ 1943, 278. **33** Ohne diese Einschränkung: Korintenberg/*Tiedtke*, § 108
Rn 42. **34** Korintenberg/*Tiedtke*, § 108 Rn 42. **35** So generell *Notarkasse*, Streifzug durch das GNotKG, Rn 1059; BDS/*Bor-
mann*, § 108 Rn 13. **36** KG DNotZ 1943, 111; BDS/*Bormann*, § 108 Rn 13. **37** Korintenberg/*Tiedtke*, § 108 Rn 42. **38** BT-
Drucks 17/1147 (neu), S. 185. **39** Korintenberg/*Tiedtke*, § 108 Rn 60. **40** OLG Hamm DNotZ 1975, 373; Korintenberg/
Tiedtke, § 108 Rn 60.

(3) Nummerierung von GmbH-Geschäftsanteilen. Durch das MoMiG wurde in Abweichung von der bis- **45** herigen Rechtslage die Vergabe von **laufenden Nummern** für die Geschäftsanteile als zwingender Inhalt der Gesellschafterliste normiert.

Häufig trifft der eine Anteilsübertragung beurkundende Notar auf eine zuletzt beim Handelsregister aufge- **46** nommene Gesellschafterliste ohne laufende Nummern. Da der Notar in der von ihm einzureichenden Gesellschafterliste nur solche Änderungen vornehmen darf, die Gegenstand der von ihm beurkundeten Erklärungen sind, wird empfohlen, die Gesellschafter zunächst die **Nummerierung** der bestehenden Anteile **beschließen zu lassen.** Hierbei handelt es sich um einen Beschluss mit unbestimmtem Geldwert,[41] der zu einer Geschäftswerterhöhung wegen §§ 108 Abs. 1 S. 1, 105 Abs. 4 Nr. 1 von (mindestens) 30.000 € führt. Es handelt sich zwar um eine Angelegenheit ohne jegliche wirtschaftliche Bedeutung, jedoch gilt § 105 Abs. 5 im Rahmen der Verweisung des Abs. 1 S. 1 gerade nicht.

Beispiel: An der A-GmbH sind beteiligt: Herr A mit einem Geschäftsanteil zu 20.000 € und Herr B mit einem **47** Geschäftsanteil zu 5.000 €. Die Geschäftsanteile wurden in der Gesellschafterliste bislang nicht nummeriert.

Da Herr A von seinem Anteil einen Teilgeschäftsanteil von 100 € an Herrn B verkaufen möchte, wird eine notarielle Urkunde mit folgendem Inhalt errichtet:

(1) Beschluss der Gesellschafterversammlung über die Nummerierung der Anteile von A und B (lfd. Nrn. 1 und 2);

(2) Beschluss der Gesellschafterversammlung über die Teilung des Geschäftsanteils des A in Anteile zu 19.900 € und 100 €;

(3) Verkauf des so gebildeten Anteils zu 100 € zu einem Preis von 100 €.

Lösung:

(1) Nummerierungsbeschluss = Beschluss ohne Geldwert, 30.000 € (§§ 108 Abs. 1 S. 1, 105 Abs. 4 Nr. 1);

(2) Teilungsbeschluss = Beschluss ohne Geldwert, 30.000 € (§§ 108 Abs. 1 S. 1, 105 Abs. 4 Nr. 1);

(3) Kauf: Geschäftswert = 100 €.

Der Gesamtgeschäftswert würde daher 60.100 € betragen. Allerdings liegt es nahe, dass der Teilungsbeschluss und der Verkauf gegenstandsgleiche Vorgänge sind, da die Teilung der Durchführung des Verkaufs dient; nach § 109 Abs. 1 entfällt dann der Geschäftswertansatz für die Teilung. Dies kann man für den Nummerierungsbeschluss allerdings nicht annehmen, dieser bleibt selbständig bestehen. Somit beträgt der Geschäftswert 30.100 €.

Das für die Beteiligten möglicherweise überraschende Ergebnis des vorherigen Beispiels ist so hinzunehmen; **48** jedenfalls betreffen die Nummerierungsbeschlüsse nur die Übergangszeit zwischen dem Inkrafttreten des MoMiG und einer ersten Anteilsabtretung in der Gesellschaft und kommen dann für diese Gesellschaft nicht mehr in Betracht.

(4) Sonstige Fälle. Beschlussgegenstände ohne bestimmten Geldwert sind auch: **49**

- Einziehung von Geschäftsanteilen;
- Entlastung von Organen, Entziehung des Vertrauens;[42]
- Wahl/Abberufung von Organen (Vorstands- und Aufsichtsratsmitglieder, Geschäftsführer, Liquidatoren, Abwickler, Prokuristen), hierbei ist die gesetzlich angeordnete Gegenstandsgleichheit in § 109 Abs. 2 Nr. 4 Buchst. d zu beachten;
- Wahl des Abschlussprüfers;
- Auflösung der Gesellschaft, Fortsetzung der aufgelösten Gesellschaft;
- Feststellung des Jahresabschlusses;[43]
- Eingliederung in eine andere AG (§ 319 AktG);[44]
- Beschlüsse über Formalien der Versammlung (Verzicht auf Form- und Fristerfordernisse, Beschlüsse zur Tagesordnung);[45]
- Umwandlung von Mitgliedschaftsrechten (von Namens- zu Inhaberaktien[46] und umgekehrt; von Nennbetrags- zu Stückaktien und umgekehrt);
- Beschluss über die reine Umrechnung des Stammkapitals/Grundkapitals in Euro.

bb) Rechtsfolgen. Für die Rechtsfolge verweist Abs. 1 S. 1 auf § 105 Abs. 4 *und* (nicht: bis) Abs. 6. Das **50** Gesetz geht also davon aus, dass sich alle von Abs. 1 S. 1 erfassten Beschlüsse mit unbestimmtem Geldwert auch unter § 105 Abs. 4/Abs. 6 subsumieren lassen.

Die entsprechende Anwendung von § 105 Abs. 4 fordert auf Tatbestandsseite lediglich die Zuordnung zu **51** einem bestimmten Gesellschaftstyp. Beschlüsse mit unbestimmtem Geldwert sind daher bei folgenden Vereinigungen wie folgt zu bewerten:

---

41 *Notarkasse*, Streifzug durch das GNotKG, Rn 1062. **42** Korintenberg/*Tiedtke*, § 108 Rn 61. **43** OLG München DNotZ 1944, 75. **44** LG Berlin Rpfleger 1967, 241. **45** Korintenberg/*Tiedtke*, § 108 Rn 62. **46** Korintenberg/*Tiedtke*, § 108 Rn 64.

- Kapitalgesellschaften (**GmbH, AG, KGaA**): 1 % des eingetragenen Grund- oder Stammkapitals, mindestens 30.000 € (§ 105 Abs. 4 Nr. 1);
- Versicherungsverein auf Gegenseitigkeit (**VVaG**): 60.000 € (§ 105 Abs. 4 Nr. 2);
- Personenhandelsgesellschaft (**OHG, KG, EWIV**): 30.000 € (§ 105 Abs. 4 Nr. 3);
- **Partnerschaftsgesellschaft**: 30.000 € (§ 105 Abs. 4 Nr. 3);
- **Genossenschaft**: 30.000 € (§ 105 Abs. 4 Nr. 4);
- **Juristische Personen iSv § 33 HGB**: 30.000 € (§ 105 Abs. 4 Nr. 4).

52 Abs. 1 S. 1 verweist ausdrücklich nicht auf § 105 Abs. 5. Ob der Beschlussgegenstand von **wirtschaftlicher Bedeutung** für die Vereinigung ist oder nicht, spielt keine Rolle.

53 Bei der mit **Musterprotokoll** gegründeten UG/GmbH schließt die Verweisung in Abs. 1 S. 1 zu Recht die Verweisung auf § 105 Abs. 6 ein. Da hier nur die Fassung von Beschlüssen interessiert, zielt die Verweisung nur auf § 105 Abs. 5 S. 1 Nr. 2, also satzungsändernde Beschlüsse. Wie bei der Ermittlung des Geschäftswerts der Anmeldung (→ § 105 Rn 69) kommt es auf den Inhalt der Satzungsänderung an, ob sich nämlich der neue Inhalt im Rahmen des Musterprotokolls bewegt (so dass eine Gründung mit diesem Inhalt möglich gewesen wäre) oder nicht. Liegt ein privilegierter Fall des § 105 Abs. 6 S. 1 Nr. 2 vor, findet der Mindestgeschäftswert von 30.000 € des § 105 Abs. 4 Nr. 1 keine Anwendung.

VI. Beschlüsse von Gesellschaften bürgerlichen Rechts (Abs. 4)

54 Da Abs. 1 S. 1 bei Beschlüssen mit unbestimmtem Geldwert § 105 Abs. 4 und Abs. 6 als Verweisungsziel nutzt, bedurfte es für Beschlüsse von Gesellschaften bürgerlichen Rechts einer eigenen Regelung.[47] Um der wachsenden wirtschaftlichen Bedeutung der GbR gerecht zu werden, ordnet Abs. 4 für solche Fälle einen Geschäftswert von 30.000 € an; anderenfalls würde § 36 Abs. 3 regelmäßig zu einem Geschäftswert von (nur) 5.000 € führen.

55 Abs. 4 regelt nur den Geschäftswert von Beschlüssen einer GbR mit **unbestimmtem Geldwert**. Bei Beschlüssen mit bestimmtem Geldwert bedarf es keines Rückgriffs auf Abs. 4, der Geschäftswert entspricht dann diesem Geldwert; anders als im Anwendungsfall des Abs. 1 aufgrund der dortigen Verweisung auf § 105 Abs. 1 S. 2 gibt es hier allerdings **keinen Mindestgeschäftswert**.

VII. Höchstgeschäftswert (Abs. 5)

56 Abs. 5 sieht einen Höchstgeschäftswert für Beschlüsse vor.

57 **1. Anwendungsbereich.** Der Anwendungsbereich des Abs. 5 ist nicht auf die in Abs. 1 genannten Vereinigungen bzw die GbR gem. Abs. 4 beschränkt, sondern weiter gefasst. Es geht um Beschlüsse von Gesellschafts-, Stiftungs- und Vereinsorganen sowie von ähnlichen Organen. Damit sind hiervon – anders als bei Abs. 1 (→ Rn 17) – auch Beschlüsse von Vereinsorganen, Eigentümergemeinschaften nach dem WEG und Bruchteilsgemeinschaften erfasst.

58 Es ist unerheblich, ob Beschlüsse **mit oder ohne bestimmten Geldwert** vorliegen. Diese Einordnung ist für die Anwendung des Höchstgeschäftswertes nicht relevant.

59 **2. Funktionsweise.** Für jeden Beschluss ist der Geschäftswert einzeln nach Abs. 1–4 zu bestimmen.

60 Treffen **mehrere Beschlüsse** in einer Urkunde („in einem Beurkundungsverfahren") zusammen, ist § 109 anzuwenden. Die hierbei zu beantwortende Frage, ob die Beschlüsse gegenstandsgleich sind oder nicht, ist nach den dortigen Grundsätzen zu entscheiden, wobei § 109 Abs. 2 Nr. 4 – an systematisch korrekter Stelle –, eine wertvolle Hilfestellung bei Beschlüssen in derselben Urkunde liefert. So konnte auf eine Sonderregelung in § 108 verzichtet werden. Erst der sich *danach* ergebende Geschäftswert ist an der Höchstgrenze des Abs. 5 zu messen. Die Höchstgrenze des Abs. 5 gilt auch für **Umwandlungsbeschlüsse** iSv Abs. 3. Der Höchstgeschäftswert gilt nur für die in derselben Urkunde enthaltenen Beschlüsse. **Erklärungen, die keine Beschlüsse** sind, können den Gesamtgeschäftswert der Urkunde auch über 5.000.000 € hinaus erhöhen.

§ 109 Derselbe Beurkundungsgegenstand

(1) ¹Derselbe Beurkundungsgegenstand liegt vor, wenn Rechtsverhältnisse zueinander in einem Abhängigkeitsverhältnis stehen und das eine Rechtsverhältnis unmittelbar dem Zweck des anderen Rechtsverhältnisses dient. ²Ein solches Abhängigkeitsverhältnis liegt nur vor, wenn das andere Rechtsverhältnis der Erfüllung, Sicherung oder sonstigen Durchführung des einen Rechtsverhältnisses dient. ³Dies gilt auch bei der

---

47 BT-Drucks 17/1147 (neu), S. 185.

Beurkundung von Erklärungen Dritter und von Erklärungen der Beteiligten zugunsten Dritter. ⁴Ein Abhängigkeitsverhältnis liegt insbesondere vor zwischen

1. dem Kaufvertrag und
   a) der Übernahme einer durch ein Grundpfandrecht am Kaufgrundstück gesicherten Darlehensschuld,
   b) der zur Löschung von Grundpfandrechten am Kaufgegenstand erforderlichen Erklärungen sowie
   c) jeder zur Belastung des Kaufgegenstands dem Käufer erteilten Vollmacht;

   die Beurkundung des Zuschlags in der freiwilligen Versteigerung steht dem Kaufvertrag gleich;
2. dem Gesellschaftsvertrag und der Auflassung bezüglich eines einzubringenden Grundstücks;
3. der Bestellung eines dinglichen Rechts und der zur Verschaffung des beabsichtigten Rangs erforderlichen Rangänderungserklärungen; § 45 Absatz 2 gilt entsprechend;
4. der Begründung eines Anspruchs und den Erklärungen zur Schaffung eines Titels gemäß § 794 Absatz 1 Nummer 5 der Zivilprozessordnung.

⁵In diesen Fällen bestimmt sich der Geschäftswert nur nach dem Wert des Rechtsverhältnisses, zu dessen Erfüllung, Sicherung oder sonstiger Durchführung die anderen Rechtsverhältnisse dienen.

(2) ¹Derselbe Beurkundungsgegenstand sind auch

1. der Vorschlag zur Person eines möglichen Betreuers und eine Patientenverfügung;
2. der Widerruf einer Verfügung von Todes wegen, die Aufhebung oder Anfechtung eines Erbvertrags oder der Rücktritt von einem Erbvertrag jeweils mit der Errichtung einer neuen Verfügung von Todes wegen;
3. die zur Bestellung eines Grundpfandrechts erforderlichen Erklärungen und die Schulderklärung bis zur Höhe des Nennbetrags des Grundpfandrechts;
4. bei Beschlüssen von Organen einer Vereinigung oder Stiftung
   a) jeder Beschluss und eine damit im Zusammenhang stehende Änderung des Gesellschaftsvertrags oder der Satzung,
   b) der Beschluss über eine Kapitalerhöhung oder -herabsetzung und die weiteren damit im Zusammenhang stehenden Beschlüsse,
   c) mehrere Änderungen des Gesellschaftsvertrags oder der Satzung, deren Gegenstand keinen bestimmten Geldwert hat,
   d) mehrere Wahlen, sofern nicht Einzelwahlen stattfinden,
   e) mehrere Beschlüsse über die Entlastung von Verwaltungsträgern, sofern nicht Einzelbeschlüsse gefasst werden,
   f) Wahlen und Beschlüsse über die Entlastung der Verwaltungsträger, sofern nicht einzeln abgestimmt wird,
   g) Beschlüsse von Organen verschiedener Vereinigungen bei Umwandlungsvorgängen, sofern die Beschlüsse denselben Beschlussgegenstand haben.

²In diesen Fällen bestimmt sich der Geschäftswert nach dem höchsten in Betracht kommenden Wert.

I. Anwendungsbereich

§ 109 betrifft seiner systematischen Stellung nach nur die **Notargebühren** im **Beurkundungsverfahren** und setzt voraus, dass die zu prüfenden Rechtsverhältnisse in derselben notariellen Urkunde (= Niederschrift iSd §§ 8, 36 BeurkG oder deren Entwurf) oder in derselben vom Notar entworfenen Privaturkunde niedergelegt sind (es sich also um **dasselbe Beurkundungsverfahren iSd § 35 Abs. 1** handelt). Sind die Rechtsverhältnisse hingegen in verschiedenen Urkunden enthalten, ist § 109 nicht anwendbar; es liegen dann stets verschiedene Beurkundungsgegenstände vor. Allerdings kann die willkürliche Trennung sachlich zusammengehörender Rechtsverhältnisse in unterschiedliche Urkunden eine unrichtige Sachbehandlung iSd § 21 darstellen (→ § 21 Rn 27).   **1**

Auf sonstige notarielle Verfahren (nach Teil 2 Hauptabschnitt 3 KV, vgl § 85 Abs. 1), die Entwurfsgebühr und die Beratungsgebühr ist § 109 jeweils entsprechend anzuwenden.[1]   **2**

II. Hauptgeschäft und Nebengeschäfte (Abs. 1)

1. Allgemeines (Abs. 1 S. 1). Per definitionem des Abs. 1 S. 1 bilden mehre Rechtsverhältnisse denselben Beurkundungsgegenstand, wenn sie   **3**
- zueinander in einem Abhängigkeitsverhältnis stehen und
- das eine Rechtsverhältnis unmittelbar dem Zweck des anderen Rechtsverhältnisses dient.

---

1 BDS/*Bormann*, § 109 Rn 6.

4   Die **Abhängigkeit** an sich stellt also ein notwendiges, aber für sich allein noch nicht hinreichendes Kriterium dar. Diese Erkenntnis ist wichtig, da Rechtsverhältnisse, die in derselben Urkunde zusammengefasst sind (was die Anwendung des § 109 überhaupt erst ermöglicht; → Rn 1), zumeist in gewisser Weise voneinander abhängig sind, denn Rechtsverhältnisse ohne jeden Bezug zueinander werden in aller Regel in gesonderte Urkunden aufgenommen. Würde man daher lediglich auf eine gegenseitige Abhängigkeit abstellen, käme § 109 ein ungebührlich weiter Anwendungsbereich zu.

5   Zur Abhängigkeit muss daher noch ein anderes Element hinzutreten, welches das Gesetz damit beschreibt, dass „das eine Rechtsverhältnis **unmittelbar dem Zweck des anderen dient**". Was damit gemeint ist, wird eigentlich erst durch die Lektüre der folgenden Sätze deutlich, v.a. des Satzes 2, der eine exklusive Deutung („nur", → Rn 7) des vorangehenden Satzes 1 liefert und insoweit Sicherungs-, Erfüllungs- und sonstige Durchführungsgeschäfte anführt. Die Abhängigkeit des einen Rechtsverhältnisses von dem anderen muss demnach derart beschaffen sein, dass das eine das **übergeordnete Hauptgeschäft** darstellt, in dem das von den Beteiligten angestrebte Ziel verkörpert ist und dem sich die anderen Rechtsverhältnisse lediglich unterordnen, ohne insoweit eigene Ziele abzubilden, die sich von demjenigen des Hauptgeschäfts unterscheiden oder über Selbiges hinausgehen.

6   So ist bspw eine im Rahmen eines Immobilienverkaufs vereinbarte Rückanmietung des Kaufobjekts durch den Verkäufer zweifelsohne von dem vorangehenden Verkauf abhängig, sie verfolgt aber einen eigenen Zweck und dient nicht unmittelbar dem Zweck des Verkaufs, also der Übertragung des Kaufobjekts an den Käufer gegen Zahlung des vereinbarten Kaufpreises, sondern der weiteren Objektnutzung durch den Verkäufer als künftigen Mieter.

7   **2. Sicherungs-, Erfüllungs- oder sonstiges Durchführungsgeschäft (Abs. 1 S. 2). a) Ausschließlichkeit.** Gemäß Abs. 1 S. 2 liegt ein zur Gegenstandsidentität führendes Abhängigkeitsverhältnis **nur** vor, wenn „das andere Rechtsverhältnis der Erfüllung, Sicherung oder sonstigen Durchführung des einen Rechtsverhältnisses dient". Wichtig ist die Beachtung des Adverbs „nur". Es ist ernst gemeint. Die Kriterien des vorangehenden Satzes 1, also das dort geforderte Maß an Abhängigkeit und Zweckdienlichkeit, werden somit **ausschließlich** durch Sicherungs-, Erfüllungs- oder sonstige Durchführungsgeschäfte erreicht. Andere Arten von Rechtsverhältnissen kommen somit für die Gegenstandsidentität des Abs. 1 nicht in Betracht.

8   Unerheblich ist, ob an den Sicherungs-, Erfüllungs- oder sonstigen Durchführungsgeschäften Dritte beteiligt sind oder ob die besagten Rechtsverhältnisse einen Drittbezug aufweisen (Abs. 1 S. 3; → Rn 22).

9   Die Aufzählungsreihenfolge in Abs. 1 S. 1, der mit den Erfüllungsgeschäften beginnt, mit den sonstigen Durchführungsgeschäften endet und zwischen beide Kategorien die Sicherungsgeschäfts einschiebt, sollte bei systematischer Betrachtung besser anders, nämlich durch Voranstellung der Sicherungsgeschäfte, sortiert werden. Denn die Sicherungsgeschäfte unterscheiden sich von den Durchführungsgeschäften, während die Erfüllungsgeschäfte nur eine Unterkategorie der Letzteren darstellen.

10   **b) Sicherungsgeschäfte.** Gegenstandsidentität liegt vor, wenn ein Rechtsverhältnis lediglich der Sicherung des Hauptgeschäfts dient. **Gegenstandsidentisch** sind zB: Bürgschaft und Vereinbarungen zur Hauptschuld; Kaufpreisresthypothek und Kaufvertrag; abstraktes Schuldversprechen oder Schuldanerkenntnis (§§ 780 f BGB) und Darlehensvertrag; Grundschuld und Darlehensvertrag; Vollstreckungsunterwerfung (§ 794 Abs. 1 N. 5 ZPO) für den Kaufpreisanspruch und Kaufvertrag (Abs. 1 S. 4 Nr. 4); Schuldbeitritt eines Dritten zum Kaufpreisanspruch und Kaufvertrag; Schuldversprechen und Sicherungsgeschäfte, insb. Grundschuld und abstraktes Schuldversprechen oder Schuldanerkenntnis (§§ 780 f BGB).

11   Unerheblich ist, ob an dem Sicherungsgeschäfts ausschließlich die Partner des Hauptgeschäfts beteiligt sind oder **Dritte mitwirken** (Abs. 1 S. 3). Allerdings besteht im Verhältnis zum Haupt- samt Sicherungsgeschäft keine Gegenstandsidentität der **Abreden zwischen Sicherungsgeber und Schuldner** über den Rechtsgrund des Sicherungsgeschäfts (→ Rn 22).

12   **c) Erfüllungsgeschäfte.** Jedes Erfüllungsgeschäft dient der Durchführung des Hauptgeschäfts. Die Erfüllungsgeschäfte bilden daher eine Unterkategorie der Durchführungsgeschäfte. **Gegenstandsidentische Haupt- und Erfüllungsgeschäfte sind zB:** Kaufvertrag und Auflassung; Kauf eines GmbH-Geschäftsanteils und dingliche Abtretung des betroffenen Geschäftsanteils; Unternehmenskauf als sog. asset deal und die dinglichen Übertragungsakte; Gesellschaftsvertrag und Auflassung eines einzubringenden Grundstücks (Abs. 1 S. 4 Nr. 2).

13   **d) Sonstige Durchführungsgeschäfte. aa) Allgemeines.** Durchführungsgeschäfte sind die **Auffangkategorie** aller Rechtsverhältnisse, deren wesentlicher Inhalt darin besteht, das Hauptgeschäft zu verwirklichen, ohne insoweit eigene Ziele zu verfolgen. Insoweit kommt den in → Rn 5 beschriebenen Wertungen die maßgebende Bedeutung zu. Abs. 1 S. 4 Nr. 1 und 3 gibt zur Orientierung **Regelbeispiele** für praxisrelevante Durchführungsgeschäfte.

bb) Kaufvertrag und Übernahme eines Grundpfanddarlehens (Abs. 1 S. 4 Nr. 1 Buchst. a). Gemäß Abs. 1 S. 4 Nr. 1 Buchst. a sind der Kaufvertrag und die schuldbefreiende Übernahme der für einen Dritten eingetragenen Grundschuld samt der gesicherten Forderung unter Anrechnung auf die Kaufpreisschuld gegenstandsgleich. Denn letztlich handelt es sich nur um die Festlegung einer Erfüllungsmodalität, welche an die Stelle der Kaufpreiszahlungspflicht tritt bzw diese anpasst. **14**

Die in diesem Zusammenhang in der Praxis häufig anzutreffende Abgabe eines persönlichen Schuldversprechens oder -anerkenntnisses (§§ 780 f BGB) mit oder ohne Zwangsvollstreckungsunterwerfung (§ 794 Abs. 1 Nr. 5 ZPO) ist ausweislich der Spezialregelung des § 110 Abs. 1 Nr. 2 Buchst. a allerdings gegenstandsverschieden (→ § 110 Rn 8). **15**

cc) Kaufvertrag und Lastenfreistellungserklärungen (Abs. 1 S. 4 Nr. 1 Buchst. b). Nach dem Regelbeispiel der Nr. 1 Buchst. b besteht Gegenstandsidentität zwischen Kaufvertrag und der Eigentümerzustimmung des Verkäufers (§ 27 GBO, §§ 1183, 1192 Abs. 1 BGB) zu den von ihm zu löschenden Grundpfandrechten. Nach Abs. 1 S. 5 kommt es auch dann allein auf den Wert des Kaufvertrags an, wenn der Wert der zu löschenden Grundschuld den Kaufpreis übersteigt. Gegenstandsidentität gilt entsprechend dem im Regelbeispiel in Nr. 1 Buchst. b zum Ausdruck kommenden Rechtsgedanken auch für **16**

- Verträge, die zwar keine Kaufverträge darstellen, aber ebenfalls Verpflichtungen zur lastenfreien Übereignung begründen, wie zB Tausch, Hofübergabe, (gemischte) Schenkung, gesellschaftsrechtliche Vorgänge mit Einlageverpflichtungen, Erbauseinandersetzung und sonstige Auseinandersetzungsvereinbarungen;
- Erklärungen des Veräußerers zur Löschung **anderer Belastungen** als Grundpfandrechten, zB die Löschung von Eigentümerrechten wie Eigentümernießbrauch, dingliches Vorkaufsrecht zugunsten des Verkäufers usw, und zwar auch, wenn solche Rechte erst im Rahmen des Kaufvertrags zur Eintragung gelangen (zB Löschung der Käufer-Vormerkung[2]).

Im Hinblick auf die Regelung des Abs. 1 S. 3 wird man auch bei **Rechten Dritter** die im Kaufvertrag (bzw in dem die Übereignungspflicht begründenden Vertrag) enthaltene Löschungsbewilligung des Dritten für sein Recht als gegenstandsidentisches Durchführungsgeschäft einstufen müssen. Gleiches gilt für die Zustimmung des Verkäufers zur Löschung einer **Gesamtgrundschuld**, die nicht nur auf dem vertragsgegenständlichen Grundbesitz lastet. **17**

dd) Kaufvertrag und Finanzierungsermächtigung (Abs. 1 S. 4 Nr. 1 Buchst. c). Gegenstandsidentisch sind gemäß dem Regelbeispiel der Nr. 1 Buchst. c insb. der Kaufvertrag und die dort dem Käufer vom Verkäufer erteilte **Vollmacht**, das Vertragsobjekt bereits vor Eigentumsumschreibung mit Grundpfandrechten zum Zwecke der Kaufpreisfinanzierung zu belasten. **18**

In der Gestaltungspraxis wird die entsprechende Ermächtigung regelmäßig zum Schutz des Verkäufers durch weitere Abreden flankiert, die durch Einschränkung der für die Grundschuld festzulegenden Zweckbestimmung sicherstellen, dass diese nicht für andere Zwecke als die Kaufpreisfinanzierung verwendet werden kann.

ee) Gesellschaftsvertrag und Einbringung bzw Auflassung (Abs. 1 S. 4 Nr. 2). Nach dem Regelbeispiel der Nr. 2 sind der Abschluss (Entsprechendes gilt auch für die Anpassung) des Gesellschaftsvertrags und die Einbringung (Auflassung) eines Grundstücks gegenstandsidentisch, denn die Auflassung erfüllt die gesellschaftsvertragliche Einlageverpflichtung. Die Regelung erfasst aber nicht Schenkungsabreden, welche im Zusammenhang mit der Gesellschaftsgründung bzw Einbringung erfolgen, zB wenn bei Familiengesellschaften die Eltern die Einlage auch zugunsten der Kinder erbringen bzw der von den Eltern eingebrachte Einlagewert den Kindern unentgeltlich anwächst.[3] **19**

ff) Rechtseinräumung und Rangverschaffung (Abs. 1 S. 4 Nr. 3). Trifft die Bestellung eines dinglichen Rechts mit Erklärungen zusammen, die dem neu bestellten Recht im Grundbuch den Vor- oder Gleichrang vor bereits eingetragenen (oder zusammen mit dem neu bestellten Recht zur Eintragung gelangenden) Rechten verschaffen sollen (zB Rangrücktrittserklärungen, Eigentümerzustimmungen hierzu oder Rangvorbehalte), liegt Gegenstandsidentität vor. Maßgebender Geschäftswert ist der Wert des neu bestellten Rechts, denn die Neubestellung ist das Hauptgeschäft, die Rangregelungserklärung stellt sich demgegenüber als bloßes Durchführungsgeschäft dar. **20**

Nr. 3 betrifft nur **echte Rangverschaffungserklärungen**. Nicht darunter fallen Erklärungen, die nur mittelbar der Herstellung des gewünschten Rangs dienen, wie zB Löschungserklärungen zu einem vorrangigen Grundpfandrecht.

2 BDS/*Bormann*, § 109 Rn 18. **3** Beispiel im Leipziger Kostenspiegel Teil 21 Rn 88.

21   **gg) Begründung des Anspruchs und Zwangsvollstreckungsunterwerfung (Abs. 1 S. 4 Nr. 4).** Gemäß dem Regelbeispiel in Nr. 4 sind die Begründung des schuldrechtlichen Anspruchs und die Schaffung eines prozessualen Titels gem. § 794 Abs. 1 Nr. 5 ZPO (sog. **Zwangsvollstreckungsunterwerfung**) gegenstandsidentisch. Letztlich stellt die Titulierung eine Art Sicherungsgeschäft dar, jedenfalls dient sie der effektiven Anspruchsdurchsetzung. Dies gilt (zumindest entsprechend) auch für die Annahme eines Kaufangebots durch den Käufer (da sie unmittelbar zur Entstehung des Kaufpreisanspruchs führt) und die Unterwerfungserklärung des Käufers unter die sofortige Zwangsvollstreckung wegen des Kaufpreisanspruchs.[4]

22   **3. Beteiligung Dritter (Abs. 1 S. 3).** Abs. 1 S. 3 erklärt sowohl die **Drittmitwirkung** bei Sicherungs-, Erfüllungs- oder sonstigen Durchführungsgeschäften als auch den **Drittbezug** entsprechender Geschäfte für unschädlich im Hinblick auf die Gegenstandsidentität im Verhältnis zum Hauptgeschäft. Die hM sieht in Abs. 1 S. 3 eine restriktiv auszulegende Bestimmung, die letztlich keinen über eine bloße Klarstellung zu den allgemeinen Voraussetzungen von Abs. 1 S. 1 hinausgehenden Anwendungsbereich haben soll.[5] So ist zB das Sicherungsgeschäft auch dann gegenstandsidentisch mit dem Hauptgeschäft, wenn die Sicherheit nicht von dem Schuldner des Hauptgeschäfts, sondern einem Dritten gestellt wird. Um einen anderen Beurkundungsgegenstand handelt es sich aber bei den **Abreden zwischen Schuldner und dem Sicherungsgeber** über den **Rechtsgrund der Sicherheitsbestellung** (→ § 110 Rn 8).

23   Entsprechendes gilt für Erfüllungshandlungen Dritter.

24   **4. Geschäftswert (Abs. 1 S. 5).** Abs. 1 S. 5 erklärt den **Wert des Hauptgeschäfts** für den allein maßgebenden. Folglich spielen die Werte der Sicherungs-, Erfüllungs- und Durchführungsgeschäfte für die Geschäftswertbemessung selbst dann keine Rolle, wenn sie den Wert des Hauptgeschäfts übersteigen.[6]

III. Katalogtatbestände des Abs. 2

25   **1. Abschließende Aufzählung (Abs. 2 S. 1).** Abs. 2 S. 1 ordnet Gegenstandsidentität für bestimmte Katalogtatbestände an, wobei es sich um eine **abschließende Aufzählung** handelt. Die Anordnung erfolgt ohne Rücksicht auf ein Abhängigkeitsverhältnis iSd Abs. 1, sondern will für die Kataloggeschäfte ausweislich der Entwurfsbegründung eine Gebührenbegrenzung im Hinblick auf deren gewissen inneren Zusammenhang bewirken.

26   **2. Betreuungs- und Patientenverfügung (Nr. 1).** Die Bestimmung der Nr. 1 ordnet im Hinblick auf die in der Praxis häufig anzutreffende Zusammenfassung von Betreuungs- und Patientenverfügung (§ 1901 a BGB) und deren sachlichen Nähe zueinander Gegenstandsidentität an.

27   Nr. 1 spricht im Zusammenhang mit der Betreuungsverfügung lediglich von dem „Vorschlag zur Person eines möglichen Betreuers" (§ 1897 Abs. 4 S. 1 BGB). Im Wege der teleologischen Extension ist allerdings davon auszugehen, dass die Bestimmung auch Betreuungsverfügungen erfasst, die sich nicht lediglich darauf beschränken, eine oder mehrere bestimmte Personen als Betreuer vorzuschlagen, sondern darüber hinaus auch weitergehende Verfügungen (vgl § 1901 c BGB) enthalten, insb. zur Ausführung der Betreuung.

28   Gegenstandsverschiedenheit liegt wegen Nr. 3 hingegen vor, wenn Betretungs- und/oder Patientenverfügung und (**Vorsorge-)Vollmachten** zusammentreffen (→ § 110 Rn 13). Da Nr. 1 nur Erklärungen derselben Person betrifft, stellen Betreuungs- und Patientenverfügungen verschiedener Personen somit stets auch mehrere Gegenstände dar. In dem praktisch häufigen Fall, dass Ehegatten sich in derselben Urkunde wechselseitig bevollmächtigten und hilfsweise den jeweils Bevollmächtigten zum Betreuer bestellen, liegen also vier Gegenstände vor.[7]

29   **3. Errichtung und Beseitigung letztwilliger Verfügungen (Nr. 2).** Die Regelung der Nr. 2 bewirkt, dass bei der Zusammenbeurkundung der Errichtung letztwilliger Verfügungen und deren Beseitigung durch Widerruf, Aufhebung oder Anfechtung wegen der zwingend angeordneten Gegenstandsidentität eine Vergleichsberechnung gem. § 94 Abs. 2 vorzunehmen ist.

30   **Beispiel (Widerruf und neue Verfügung):** Der schuldenfreie E hatte in seinem ersten Testament seinen Sohn V zu seinem Alleinerben eingesetzt (Nachlasswert: 100.000 €). Mit seinem zweiten Testament widerruft er das erste Testament vollumfänglich und ordnet dort lediglich im Wege der Auflage an, dass jährlich zu seinem Sterbetag eine Seelenmesse gelesen werden soll.

Gemäß § 94 Abs. 2 ist zunächst die Gebühr nach dem höchsten Gebührensatz aus dem maßgebenden Geschäftswert (wegen § 109 Abs. 2 S. 2: 100.000 €) zu ermitteln, hier also die Gebühr von 1,0 gem. Nr. 21200 KV aus 100.000 € (§ 102 Abs. 1 S. 1, Abs. 5 S. 1), mithin   273,00 €

---

4 Korintenberg/*Diehn*, § 109 Rn 66; zweifelnd Leipziger-GNotKG/*Otto*, § 109 Rn 32.   **5** Korintenberg/*Diehn*, § 109 Rn 32 f; Leipziger-GNotKG/*Otto*, § 109 Rn 22.   **6** Vgl BDS/*Bormann*, § 109 Rn 16.   **7** Korintenberg/*Diehn*, § 110 Rn 43.

Damit zu vergleichen sind die aus den sich bei **getrennter Beurkundung** ergebenden und zu addierenden **Einzelgebühren** der einschlägigen Gebührensätze:

Für den Widerruf ist gem. Nr. 21201 Nr. 1 KV eine Gebühr von 0,5 aus 100.000 € (§ 102 Abs. 1 S. 1, Abs. 5 S. 1) zu erheben, mithin	136,50 €
Für die Auflagenanordnung ist eine Gebühr von 1,0 gem. Nr. 21200 KV aus 1.000 € anzusetzen, mithin	19,00 €
Die Summe der obigen demnach maßgebenden Gebühren von 136,50 € und 19,00 € beträgt somit	155,50 €
Sie ist niedriger als die aus dem höchsten Gebührensatz errechnete Gebühr von 273,00 € und damit maßgebend. Zu erheben sind daher	261,50 €

4. Grundpfandrecht und Schulderklärung (Nr. 3). Nr. 3 betrifft den praktischen Regelfall, dass in der Ur- 31
kunde über die Grundpfandrechtsbestellung auch ein abstraktes Schuldversprechen oder -anerkenntnis
(§§ 780 f BGB) des Grundschuldbestellers samt Zwangsvollstreckungsunterwerfung in das gesamte Vermögen (§ 794 Abs. 1 Nr. 5 ZPO) aufgenommen wird. Der gesetzlichen Sonderregelung bedurfte es, da Grundpfandrecht und Schuldversprechen eher nicht in einem Abhängigkeitsverhältnis, sondern gleichberechtigt
nebeneinander stehen und dasselbe Ziel der Absicherung einer Gläubigerforderung verfolgen. Soweit ausnahmsweise der Betrag, auf den sich die Schulderklärung bezieht, den Nennbetrag des Grundpfandrechts
übersteigt, liegt angesichts des Wortlauts der Nr. 3 Gegenstandsverschiedenheit vor. In einem solchen Fall
ist für den überschießenden Betrag (aber auch nur für diesen) ein neuer Gegenstand anzunehmen.[8]

5. Beschlüsse (Nr. 4). a) Allgemeines. Nr. 4 ordnet für das Zusammentreffen bestimmter Beschlüsse Gegen- 32
standsidentität an. Im Übrigen, also außerhalb der Bestimmungen der Nr. 4, stellen mehrere Beschlüsse gemäß dem Grundsatz des § 86 Abs. 2 mehrere Beurkundungsgegenstände dar, deren Werte gem. § 35 Abs. 1
zu addieren sind.

b) Persönlicher Anwendungsbereich. Die Regelungen der Nr. 4 erfassen „**Beschlüsse von Organen einer** 33
Vereinigung oder Stiftung", was einen ausgesprochen weiten Anwendungsbereich eröffnet. Erfasst sind
sämtliche Vereinigungen, deren Organe Beschlüsse fassen, somit zB auch Gesellschaften des bürgerlichen
Rechts, Partnerschaftsgesellschaften, Vereine, Genossenschaften, Gewerkschaften, Eigentümergemeinschaften nach dem WEG, Stiftungen, Anstalten des öffentlichen Rechts und andere Körperschaften.

c) Beschluss und zusammenhängende Satzungsänderung (Nr. 4 Buchst. a). Nach Nr. 4 Buchst. a sind Ände- 34
rungen des Gesellschaftsvertrags, die durch einen anderen Beschluss bedingt sind, gegenstandsidentisch mit
dem den Änderungsbedarf auslösenden Beschluss.

Der Zusammenhang zwischen den Hauptbeschluss und Gesellschaftsvertragsänderung muss allerdings der- 35
art sein, dass der Änderungsbeschluss eine zwingende Folge des Hauptbeschlusses ist, also durch diesen
notwendigerweise bedingt wird, ohne dass das Beschlussorgan insoweit einen Spielraum hat. Der Änderungsbeschluss muss also einen **bloßen Annex** zum Hauptbeschluss darstellen. Umgekehrt liegt gerade keine Gegenstandsidentität vor, sondern es handelt sich um zwei eigenständige Beschlüsse, wenn der Änderungsbeschluss eine notwendige Voraussetzung des anderen Beschlusses schafft. Beschließt bspw die Gesellschafterversammlung einer GmbH, einen neuen Geschäftsführer zu bestellen und diesen von den Beschränkungen des § 181 BGB zu befreien, und führt sie zu diesem Zwecke in die Satzung eine bislang dort nicht
enthaltene Öffnungsklausel ein, ist der Satzungsänderungsbeschluss nicht gegenstandsidentisch mit dem Bestellungsbeschluss. Denn die Einführung der satzungsmäßigen Öffnungsklausel schafft zwar erst die notwendige Voraussetzung des konkreten Befreiungsbeschlusses, jedoch ist umgekehrt der Änderungsbeschluss
eben keine zwingende Folge des Befreiungsbeschlusses.

d) Kapitalmaßnahmen und zusammenhängende Beschlüsse (Nr. 4 Buchst. b). Gemäß Nr. 4 Buchst. b ist der 36
Beschluss über eine Kapitalmaßnahme gegenstandsidentisch mit den zusammenhängenden Beschlüssen.

e) Änderungen ohne bestimmten Geldwert (Nr. 4 Buchst. c). Gemäß der Regelung des Buchst. c sind meh- 37
rere Änderungen des Gesellschaftsvertrags bzw der Satzung ohne bestimmten Geldwert gegenstandsgleich.

Treffen Änderungen ohne bestimmten Geldwert mit Änderungsbeschlüssen zusammen, die einen bestimm- 38
ten Geldwert haben, handelt es sich um verschiedene Gegenstände gem. § 86 Abs. 2 mit der Folge der Wertaddition gem. § 35 Abs. 1.

f) Mehre Wahlen oder Entlastungen „im Paket" (Nr. 4 Buchst. d, e). Mit Rücksicht auf den durch Einzel- 39
abstimmungen bedingten Mehraufwand klammern die Bestimmungen der Buchst. d und e Einzelabstimmungen aus ihrem Anwendungsbereich aus mit der Folge, dass insoweit gegenstandsverschiedene Beschlüsse vorliegen, deren Werte zu addieren sind. Ausweislich der Begründung des Regierungsentwurfs ist dadurch eine „Mehrbelastung von Gesellschaften mit einer typischerweise geringen Anzahl von Gesellschaf-

---

8 Korintenberg/*Diehn*, § 109 Rn 89 mit Beispiel.

tern oder gar von Ein-Personen-Gesellschaften … nicht verbunden. Diese Gesellschaften wenden sich naturgemäß erst dann an einen Notar, wenn die interne Willensbildung bereits abgeschlossen ist."

40 **g) Wahlen und Entlastungen (Nr. 4 Buchst. f).** Die Bestimmung der Nr. 4 Buchst. f stuft Wahlen und Entlastungen als gegenstandsgleich ein, wenn sie in einem einheitlichen Beschluss erfolgen. Wird hingegen die Wahl und die Entlastung getrennt abgestimmt, liegen verschiedene Beschlüsse vor.

41 **h) Umwandlungsbeschluss (Nr. 4 Buchst. g).** Nr. 4 Buchst. g betrifft die in der Praxis häufig anzutreffende Gestaltung, dass die Zustimmungsbeschlüsse der Organe mehrerer von demselben Umwandlungsvorgang betroffener Rechtsträger in derselben Urkunde verkörpert sind. Als Beispiel diene die Zusammenfassung des Zustimmungsbeschlusses der Gesellschafterversammlungen von sowohl übertragender als auch aufnehmender Gesellschaft zum Verschmelzungsvertrag in einer einheitlichen Urkunde. Die getrennte Beurkundung kann in einem solchen Fall eine unrichtige Sachbehandlung iSd § 21 darstellen (→ § 21 Rn 27).

42 **6. Geschäftswert (Abs. 2 S. 2).** Maßgebender Geschäftswert ist gem. Abs. 2 S. 2 der höchste in Betracht kommende Einzelwert. Der Unterschied zu Abs. 1 S. 5 erklärt sich daraus, dass im Rahmen der Katalogtatbestände des Abs. 2 S. 1 gerade kein Abhängigkeitsverhältnis vorliegt und somit das Abstellen auf den Geschäftswert des Hauptgeschäfts nicht in Betracht kommt. Abs. 2 S. 2 führt zusammen mit § 94 Abs. 2 S. 1 zunächst zum Ansatz des höchsten Gebührensatzes aus dem höchsten Wert, sodann ist die Vergleichsberechnung gem. § 94 Abs. 2 S. 2 vorzunehmen, also zu prüfen, ob nicht die getrennte Berechnung der Gebühren günstiger wäre.

§ 110 Verschiedene Beurkundungsgegenstände

Abweichend von § 109 Absatz 1 sind verschiedene Beurkundungsgegenstände
1. Beschlüsse von Organen einer Vereinigung oder Stiftung und Erklärungen,
2. ein Veräußerungsvertrag und
   a) Erklärungen zur Finanzierung der Gegenleistung gegenüber Dritten,
   b) Erklärungen zur Bestellung von subjektiv-dinglichen Rechten sowie
   c) ein Verzicht auf Steuerbefreiungen gemäß § 9 Absatz 1 des Umsatzsteuergesetzes sowie
3. Erklärungen gemäß § 109 Absatz 2 Satz 1 Nummer 1 und Vollmachten.

I. Allgemeines

1 § 110 ordnet für bestimmte Katalogtatbestände zwingend Gegenstandsverschiedenheit (mit der Folge der Wertaddition gem. § 35 Abs. 1) an. Da außerhalb des Anwendungsbereichs des § 109 ohnehin der Grundsatz des § 86 Abs. 2 „mehrere Rechtsverhältnisse – mehrere Beurkundungsgegenstände" einschlägig ist, kommt § 110 v.a. eine **Abgrenzungsfunktion** zu. Seine klarstellende Regelung vermeidet, dass die von ihm aufgeführten Rechtsverhältnisse als bloße Nebengeschäfte iSd § 109 Abs. 1 eingestuft werden.

2 Die gebührenmäßige Behandlung der gem. § 110 verschiedenen Beurkundungsgegenstände ergibt sich aus § 94 Abs. 1 (→ § 94 Rn 5).

II. Beschlüsse und Erklärungen (Nr. 1)

3 Ohne die Regelung des Nr. 1 würden viele ehemals gebührenmäßig gesondert berücksichtigte Beschlüsse als bloßes Durchführungsgeschäft iSd § 109 Abs. 1 S. 2 außer Betracht bleiben, zB die Geschäftsführerbestellung in der GmbH-Gründungsurkunde, das Zusammentreffen von Geschäftsanteilsabtretung und zustimmendem Gesellschafterbeschluss oder Kapitalerhöhungsbeschluss und rechtsgeschäftliche Übernahmeerklärung.

4 Nr. 1 stellt nun für das Zusammentreffen von Beschlüssen und Erklärungen angesichts der neuen Systematik der einheitlichen Verfahrensgebühr (§ 93 Abs. 1) von der vormaligen Gebührenhäufung auf die Geschäftswertaddition um.

5 **Beispiel (Vertrag und Zustimmungsbeschluss):** A-GmbH und B-GmbH schließen einen Verschmelzungsvertrag, wonach die A-GmbH auf die B-GmbH zur Aufnahme verschmolzen wird. In derselben Urkunde sind auch die Zustimmungsbeschlüsse der Gesellschafterversammlungen der A-GmbH und der B-GmbH enthalten. Der Geschäftswert des Verschmelzungsvertrags beträgt 300.000 € (§ 108 Abs. 3 S. 1).

Obgleich die Zustimmungsbeschlüsse beider Gesellschafterversammlungen (die zueinander wegen § 109 Abs. 2 S. 1 Nr. 4 Buchst. g gegenstandsidentisch sind) der Durchführung der Verschmelzung dienen, handelt es sich in Abweichung von § 109 Abs. 1 S. 2 wegen § 110 Nr. 1 insoweit um verschiedene Gegenstände, deren Werte zu addieren sind. Der maßgebende Geschäftswert beträgt daher 600.000 € (Verschmelzungsvertrag 300.000 € + Zustimmungsbeschlüsse 300.000 €).

Zu erheben ist somit eine Gebühr von 2,0 (Beurkundungsgebühr gem. Nr. 21100 KV) aus dem Gesamtwert von 600.000 €, mithin — 2.190,00 €

In der Beschlussurkunde (vorsorglich) vorgesehene **Vollzugsvollmachten** (auch „Reparaturvollmachten") für den Notar oder dessen Mitarbeiter wird man – solange von der Vollmacht kein Gebrauch gemacht wird – trotz Nr. 3 im Ergebnis unberücksichtigt lassen können.[1] 6

III. Veräußerungsvertrag und andere Erklärungen (Nr. 2)

1. Allgemeines. Nr. 2 regelt das Zusammentreffen eines Veräußerungsvertrags mit bestimmten anderen Erklärungen. **Veräußerungsvertrag** ist ein auf die Übertragung eines bestimmten Gegenstands (Sache, Recht oder entsprechende Gesamtheit) gerichteter Vertrag, wie zB Kauf, Tausch, (gemischte) Schenkung, Auseinandersetzung. Hauptanwendungsfall der Bestimmungen der Buchst. a–c wird freilich der **Kauf** sein. Er wird daher in den Mittelpunkt der folgenden Ausführungen gestellt. 7

2. Finanzierungserklärungen gegenüber Dritten (Nr. 2 Buchst. a). Gemäß Nr. 2 Buchst. a bilden die Erklärungen zwischen dem Schuldner und einem Dritten, der ihm bei der Finanzierung des Kaufpreises behilflich ist, einen anderen Gegenstand als der Kaufvertrag. Beispiele sind: 8

■ Kauf und Sicherungsgeschäft (zB Grundschuldbestellung) des Käufers zugunsten seines Darlehensgebers;

■ Kauf und Regelung des Rechtsverhältnisses zwischen dem Käufer und dem Dritten, der sich für die Kaufpreisverbindlichkeit verbürgt hat;

■ Kauf mit dinglicher Übernahme einer Grundschuld zur Kaufpreisfinanzierung und persönliches Schuldversprechen (§ 780 BGB) gegenüber dem Grundschuldgläubiger – wobei es keine Rolle spielt, ob es sich um eine valutierte oder unvalutierte Grundschuld handelt, da verschiedene Gegenstände auch dann vorliegen, wenn die Grundschuldübernahme und das Schuldversprechen im Rahmen einer Schuldübernahme erfolgen und der Beschaffung der hierzu gem. § 415 Abs. 1 S. 1 BGB erforderlichen Gläubigergenehmigung dienen, da der Begriff der Finanzierung im Sinne des Buchst. a weit zu verstehen ist und alles erfasst, was der Aufbringung der Gegenleistung bzw. der Erfüllung der Leistungspflicht, hier der Verwirklichung der Schuldübernahme dient.

3. Bestellung subjektiv-dinglicher Rechte (Nr. 2 Buchst. b). Die Bestimmung in Nr. 2 Buchst. b betrifft die **Bestellung subjektiv-dinglicher Rechte** im Rahmen eines Kauf- oder anderen Veräußerungsvertrags und vermeidet die vormaligen schwierigen Abgrenzungsfragen, ob bzw wann ein solcher Bestellungsakt als gegenstandsgleiches Durchführungsgeschäft einzuordnen ist. Die Bestimmung des Buchst. b schafft insoweit nun begrüßenswerte Klarheit: Der Wert im Veräußerungsvertrag bestellter subjektiv-dinglicher Rechte ist stets gegenstandsverschieden, so dass gem. § 35 Abs. 1 eine Wertaddition stattfindet (zum Wert solcher Rechte s. §§ 51 Abs. 1 S. 2, 52 Abs. 1). 9

Die Vorschrift erfasst nur **subjektiv-dingliche** Rechte, namentlich Grunddienstbarkeiten (§ 1018), subjektiv-dingliche Reallasten (§ 1105 Abs. 2 BGB) und subjektiv-dingliche Vorkaufsrechte (§ 1094 Abs. 2 BGB), **nicht** hingegen **subjektiv-persönliche** Rechte wie Nießbrauch, Wohnungsrecht und andere beschränkte persönliche Dienstbarkeiten (§ 1090 Abs. 1 BGB), Reallasten (§ 1105 Abs. 1 BGB) und Vorkaufsrechte (§ 1094 Abs. 1 BGB). Für die Bestellung solcher subjektiv-persönlicher Rechte gelten somit die allgemeinen Grundsätze der §§ 86 Abs. 2, 109, so dass im Einzelfall zu ermitteln ist, ob es sich um denselben oder einen anderen Beurkundungsgegenstand handelt. Die Ausklammerung subjektiv-persönlicher Rechte erklärt sich ausweislich der Begründung des Regierungsentwurf v.a. damit, dass sich sonst insb. die im Rahmen von Überlassungs- bzw Übergabeverträgen typischerweise vorbehaltenen Altenteilsrechte (wie zB Wohnungsrecht, Wart- und Pflegereallast) oder der ebenfalls häufig vorbehaltene Nießbrauch entgegen der Grundsätze des Austauschvertrags gem. § 97 Abs. 3 (Vergleich des Werts des vertragsgegenständlichen Grundbesitzes mit den ausbedungenen Gegenleistungen, zu denen auch die Einräumung der besagten Rechte zählt) geschäftswerterhöhend ausgewirkt hätten. 10

Nach hM betrifft Nr. 2 Buchst. b nur die formellen Grundbucherklärungen (arg.: Wortlaut „Bestellung"), nicht hingegen die zugrunde liegenden schuldrechtlichen Vereinbarungen.[2] Hinsichtlich der schuldrechtlichen Vereinbarungen ist gemäß den allgemeinen Grundsätzen (insb. §§ 47, 97) zu prüfen, ob sie sich geschäftswerterhöhend auswirken.[3]

4. Option zur Umsatzsteuer (Nr. 2 Buchst. c). Die Regelung der Nr. 2 Buchst. c behandelt den Verzicht auf die Steuerbefreiung des § 4 Nr. 9 Buchst. a UStG gem. § 9 UStG, welcher in der Praxis als „Option zur Um- 11

---

1 BeckOK KostR/*Bachmayer*, GNotKG, § 98 Rn 46 a ff m. ausf. Begründung. **2** Leipziger-GNotKG/*Otto*, § 110 Rn 7; Korintenberg/*Diehn*, § 110 Rn 31. **3** Berechnungsbeispiele s. Streifzug GNotKG, Rn 1733 b ff.

satzsteuer" bezeichnet wird,[4] und ordnet insoweit Gegenstandsverschiedenheit an. Dies gilt auch, wenn die Vertragsteile eigentlich von einer (optionsfeindlichen) Geschäftsveräußerung im Ganzen ausgehen und die Option nur vorsorglich erklären.[5]

12 Die Optionserklärung ist – anders als der Kaufvertrag – eine einseitige Erklärung, so dass für Kaufvertrag und Optionserklärung unterschiedliche Gebührensätze einschlägig sind. Die gebührenmäßige Behandlung ergibt sich daher aus § 94 Abs. 1. Als Geschäftswert ist gem. § 97 Abs. 1 die Höhe der anfallenden Umsatzsteuer anzusetzen.

IV. Betreuungs- und/oder Patientenverfügung und Vollmacht (Nr. 3)

13 In der Praxis werden Vorsorgevollmachten[6] oft mit Betreuungs- und/oder Patientenverfügung in derselben Urkunde niedergelegt. Betreuungs- und Patientenverfügung sind dabei aufgrund der Anordnung in § 109 Abs. 2 S. 1 Nr. 1 gegenstandsidentisch. Nr. 3 stellt klar, dass die Vollmacht hingegen einen anderen Gegenstand hat.

§ 111 Besondere Beurkundungsgegenstände

Als besonderer Beurkundungsgegenstand gelten stets
1. vorbehaltlich der Regelung in § 109 Absatz 2 Nummer 2 eine Verfügung von Todes wegen,
2. ein Ehevertrag im Sinne von § 1408 Absatz 1 des Bürgerlichen Gesetzbuchs,
3. eine Anmeldung zu einem Register und
4. eine Rechtswahl nach dem internationalen Privatrecht.

I. Allgemeines

1 § 111 qualifiziert bestimmte Rechtsverhältnisse als „besondere" Beurkundungsgegenstände. Was damit gemeint ist, wird eigentlich erst aus der Zusammenschau mit § 110 deutlich: Während Letzterer für das Zusammentreffen bestimmter Rechtsverhältnisse Gegenstandsverschiedenheit in deren Verhältnis zueinander anordnet, stuft § 111 die von ihm erfassten Rechtsverhältnisse als gegenstandsverschieden **im Verhältnis zu jedem beliebigen anderen Rechtsverhältnis** (und nicht lediglich im Verhältnis zu bestimmten anderen Rechtsverhältnissen) ein. Die Besonderheit der von § 111 erfassten Rechtsverhältnisse liegt im Ergebnis also darin, dass ihr **Wert** stets zu **addieren** ist, wenn sie mit anderen Beurkundungsgegenständen zusammentreffen – man kann insoweit also auch von einer **absoluten Gegenstandsverschiedenheit** sprechen. Die entsprechende Regelungstechnik ist aus dem RVG entnommen (vgl §§ 17, 18 RVG).

2 Die von § 111 erfassten Rechtsverhältnisse sind nicht nur im Verhältnis zu anderen Beurkundungsgegenständen außerhalb des Anwendungsbereichs des § 111 besonders, sondern auch im Verhältnis zueinander. Eine Wertaddition findet daher stets auch dann statt, wenn mehrere besondere Beurkundungsgegenstände in derselben Urkunde aufeinandertreffen, zB mehrere Registeranmeldungen (Nr. 3) oder ein Ehevertrag (Nr. 2) und ein Erbvertrag (Nr. 4) oder eine Rechtswahl (Nr. 4).

3 Die gebührenmäßige Behandlung besonderer Beurkundungsgegenstände ergibt sich aus § 94 Abs. 1 (→ § 94 Rn 5).

II. Verfügungen von Todes wegen (Nr. 1)

4 Gemäß Nr. 1 ist jede Verfügung von Todes wegen (**Einzel- und gemeinschaftliches Testament, Erbvertrag**) gegenstandsverschieden im Verhältnis zu beliebigen anderen Rechtsverhältnissen. Beispiele sind:
- Erbvertrag und Pflichtteilsverzicht, Zuwendungsverzicht oder Erbverzicht;
- (gemeinschaftliches) Testament und Pflichtteilsverzicht, Zuwendungsverzicht oder Erbverzicht;
- Erbvertrag und Ehevertrag, wobei diese Konstellation zugleich in den Anwendungsbereich der Nr. 2 fallen kann.

5 Unter „Verfügung von Todes wegen" ist das jeweilige Testament bzw der jeweilige Erbvertrag in seiner Gesamtheit zu verstehen, nicht die in ihm enthaltenen einzelnen Anordnungen des jeweiligen Erblassers (deren Geschäftswert ist nach Maßgabe des § 102 zu ermitteln).[1]

---

4 Zum Hintergrund einer solchen Option und zu ihren näheren Einzelheiten s. *Hipler*, ZNotP 2004, 222; Beck'sches Notar-Handbuch/*Brambring*, A I Rn 48 f; *Schöner/Stöber*, Grundbuchrecht, Rn 3150. **5** Korintenberg/*Diehn*, § 110 Rn 36 (in einem solchen Fall ist auch kein Wertabschlag vorzunehmen). **6** Näheres s. Beck-OK/*Müller*, BGB, § 1901 c Rn 2; Beck'sches Notar-Handbuch/*Reetz*, F Rn 81 ff. **1** Korintenberg/*Diehn*, § 111 Rn 7.

§ 109 Abs. 2 S. 1 Nr. 2 genießt im Verhältnis zu Nr. 1 **Anwendungsvorrang**, wie Letzterer klarstellt („vorbe- 6 haltlich der Regelung in § 109 Absatz 2 Nummer 2"), so dass die Zusammenbeurkundung von Aufhebung, Widerruf bzw Anfechtung und neuer Verfügung nicht zu einer Wertaddition führt (→ § 109 Rn 29 f).

III. Eheverträge (Nr. 2)

Gemäß der Bestimmung der Nr. 2 ist jeder Ehevertrag iSd § 1408 Abs. 1 BGB gegenstandsverschieden im 7 Verhältnis zu beliebigen anderen Rechtsverhältnissen. Wichtig ist in diesem Zusammenhang die Beschränkung auf **Eheverträge iSd § 1408 Abs. 1 BGB**, also **güterrechtliche** Vereinbarungen.

Denn andere eherechtliche Vereinbarungen fallen nicht in den Anwendungsbereich der Nr. 2, insb. werden 8 insoweit **nicht** erfasst Vereinbarungen über

- den Versorgungsausgleich,
- den nachehelichen Unterhalt,
- den Kindesunterhalt.

In den **Anwendungsbereich** der Nr. 2 fallen hingegen zB Vereinbarungen zur 9

- Gütertrennung,
- Gütergemeinschaft,
- Modifizierungen der Zugewinngemeinschaft, etwa durch Ausschluss des Zugewinnausgleichs bei Scheidung, Herausnahme bestimmter Vermögensgegenstände aus der Berechnung des Zugewinnausgleichs, Aufhebung von Verfügungsbeschränkungen, Festlegungen zum Anfangsvermögen u.Ä.,
- Aufhebung der Gütergemeinschaft,
- Aufhebung der Gütertrennung.

Gegenstandsverschiedene Rechtsverhältnisse liegen demgemäß in folgenden Beispielen vor: 10

- Gütertrennung und Erbvertrag, wobei diese Konstellation zugleich in den Anwendungsbereich der Nr. 1 fällt;
- Gütertrennung und Unterhaltsvereinbarungen;
- Gütertrennung und Vereinbarungen zum Versorgungsausgleich;[2]
- Gütertrennung und Vereinbarungen zum Ausgleich des angefallenen Zugewinns, zB durch Übertragung eines Grundstücks – diese Fallgruppe ist allerdings abzugrenzen von der bloßen Feststellung der Höhe des Zugewinnausgleichsanspruchs, welche keinen besonderen Gegenstand darstellt.[3] Die Abgrenzung kann im Einzelfall Schwierigkeiten bereiten, wenn sich die Vertragsteile nicht lediglich darauf beschränken, die betragsmäßige Höhe des Zugewinnausgleichsanspruchs festzuhalten, sondern auch weitere Zahlungsmodalitäten (zB Fälligkeit) oder Sicherungen, Zwangsvollstreckungsunterwerfung u.Ä. regeln.[4] Je mehr geregelt wird, desto eher wird man Gegenstandsverschiedenheit annehmen müssen.

Ein im Ehevertrag mitbeurkundetes **Vermögensverzeichnis** ist unselbständiger Bestandteil und stellt daher 11 keinen gesonderten Gegenstand dar.[5]

Die Anmeldung zum **Güterrechtsregister** ist hingegen wegen § 111 Nr. 3 ein besonderer Gegenstand. 12

Fraglich ist, wie **mehrfache Änderungen des Güterstands in derselben Urkunde** zu behandeln sind, zB: 13

- Vereinbarung der Gütertrennung und deren anschließende Aufhebung, insb. im Rahmen der sog. **Güterstandsschaukel**,[6] wobei etwaige in der Urkunde ebenfalls enthaltene Vereinbarungen zum Ausgleich des Zugewinns stets gegenstandsverschieden sind (→ Rn 9);
- Aufhebung der Gütertrennung und Vereinbarung der Gütergemeinschaft;
- Aufhebung der Gütertrennung und Vereinbarungen, mit welchen der Güterstand der Zugewinngemeinschaft modifiziert wird;
- Aufhebung der Gütergemeinschaft und Vereinbarung der Zugewinngemeinschaft (in Abweichung von der sonst geltenden Gütertrennung, vgl § 1449 Abs. 1 BGB).

Solche Güterstandswechsel können als einheitlicher Vorgang angesehen werden, da der Vereinbarung eines 14 neuen Güterstands die Aufhebung des vorangehenden immanent ist, so dass Gegenstandsgleichheit anzunehmen ist,[7] und zwar auch hinsichtlich der **Güterstandsschaukel**.[8]

---

2 BDS/*Bormann*, § 111 Rn 7. **3** Vgl Korintenberg/*Diehn*, § 111 Rn 17. **4** Großzügig insoweit BeckOK KostR/*Bachmayer*, GNotKG, § 111 Rn 22: Gegenstandsgleichheit, solange es bei der Erfüllung durch Geldzahlung bleibt, unabhängig von der Ausgestaltung der Zahlungsmodalitäten. **5** Korintenberg/*Diehn*, § 111 Rn 14. **6** *Langenfeld*, NJW 2011, 966, 969; *Bisle*, DStR 2011, 2359. **7** Korintenberg/*Diehn*, § 111 Rn 14. **8** AA Korintenberg/*Diehn*, § 111 Rn 20 („Zäsur"); BDS/*Bormann*, § 111 Rn 9 („zwei zeitlich hintereinander geschaltete Güterstandswechsel").

IV. Registeranmeldungen (Nr. 3)

15   Gemäß Nr. 3 stellen Registeranmeldungen stets einen besonderen Gegenstand dar. Die Vorschrift ist – anders als § 105 – nicht auf **Handels-, Partnerschafts- und Genossenschaftsregister** beschränkt, sondern erfasst die Anmeldungen zu allen denkbaren Registern, zB also auch **Güterrechtsregister, Vereinsregister, Musterregister, Kartellregister, Vorsorge- und Testamentsregister.**[9]

16   **Nicht** unter Nr. 3 fallen hingegen das **Grundbuch** und (arg. Nr. 21201 Nr. 4 KV) das **Schiffsregister**, das **Schiffsbauregister** und das **Register für Pfandrechte an Luftfahrzeugen.**[10]

17   Es fragt sich allerdings, ob Registeranmeldungen zueinander stets als gegenstandsverschieden anzusehen sind, zB in folgenden Fällen:

- Anmeldung der neu gegründeten GmbH und ihrer Geschäftsführer;
- Anmeldung einer OHG, deren Gesellschafter und ihrer Vertretungsbefugnis;
- Anmeldung der GmbH und ihrer inländischen Geschäftsanschrift;
- Anmeldung des Geschäftsführers und des Umfangs seiner Vertretungsbefugnis;
- Ausscheidens des Gesellschafters einer Personenhandelsgesellschafter und Eintritt eines neuen Gesellschafters im Wege der Sonderrechtsnachfolge;
- Änderung der Satzung in mehreren Punkten;
- Anmeldung einer Kapitalmaßnahme und der entsprechenden Änderung der Stammkapitalziffer in der Satzung;
- Änderung des Sitzes und der inländischen Geschäftsanschrift;
- Beendigung der Liquidation und Erlöschen der Gesellschaft;
- Fortsetzung der aufgelösten Gesellschaft samt Abberufung der Liquidatoren und Geschäftsführerbestellung samt Vertretungsbefugnis.

18   Die Begründung zum Regierungsentwurf führt hierzu aus: „So sind mehrere Registeranmeldungen beispielsweise stets gesondert zu bewertende Gegenstände." Dies heißt aber noch nicht, dass es sich in den vorstehenden Fällen tatsächlich um mehrere Registeranmeldungen handelt, denn man könnte insofern weiterhin von einer einzigen (einheitlichen) Registeranmeldung ausgehen, welche sich lediglich in mehrere Teile aufgliedert. Für die Abgrenzung kommt es darauf an, ob es sich um **unselbständige Bestandteile desselben Anmeldetatbestands** oder um **verschiedene, für sich eigenständige Anmeldetatbestände** handelt. Derselbe Anmeldetatbestand ist insb. anzunehmen, wenn der eine Teil der Anmeldung ohne den anderen keinen Sinn ergibt, der eine Teile nur einen Annex des anderen bildet oder die Teile rechtlich stets zwingend zusammentreffen. So kann bspw eine GmbH nicht zur Ersteintragung angemeldet werden, ohne dass zugleich auch ihr/e Geschäftsführer und die inländische Gesellschaftsanschrift mitangemeldet werden. Entsprechendes gilt für die Auflösung und die Anmeldung des Liquidators oder der Liquidatoren[11] sowie die Anmeldung der Beendigung der Liquidation und des Erlöschens der Gesellschaft.[12] Ferner bedeutet jede Kapitalmaßnahme zugleich auch eine Änderung der Stammkapitalziffer in der Satzung. Jedoch müssen Sitzverlegung und Änderung der inländischen Geschäftsanschrift nicht zwingend zusammentreffen und sind daher gegenstandsverschieden.[13] Beruht eine Satzungsänderung auf einem einheitlichen Beschluss, handelt es sich ebenfalls um eine einzige Anmeldung, auch wenn mehrere Satzungsbestimmungen von der Änderung betroffen sind.[14] Ebenso stellt die Sonderrechtsnachfolge in die Gesellschaftsbeteiligung einer Personenhandelsgesellschaft einen zwingend einheitlichen Vorgang und daher nur einen einzigen Anmeldetatbestand dar (wie § 105 Abs. 1 S. 1 Nr. 6 Hs 2 belegt).

19   Der Regelfall sind aber wegen Nr. 3 die Gegenstandsverschiedenheit in der Anmeldung behandelten Vorgänge, auch wenn die angemeldeten Vorgänge sachlich zusammenhängen oder regelmäßig im Rahmen einer einheitlichen Anmeldung zusammengefasst werden. Daher sind bspw gegenstandsverschieden:

- Anmeldung der neu gegründeten GmbH und der Erteilung einer Prokura;
- Bestellung und/oder Abberufung mehrerer Mitglieder eines Vertretungsorgans;
- Bestellung eines Geschäftsführers und Erlöschen seiner Prokura;
- Eintritt eines Gesellschafters und Erlöschen seiner Prokura;
- Eintritt mehrerer Gesellschafter in eine Personenhandelsgesellschaft, soweit sich nicht aus § 105 Abs. 4 Nr. 3 etwas anderes ergibt;

---

9 AA für das Vorsorge- und Testamentsregister Korintenberg/*Diehn*, § 111 Rn 25. Zuzugeben ist ihm allenfalls, dass es hinsichtlich der beiden Register kaum je zur Beurkundung eines Eintragungsantrags kommen dürfte. Dies ist aber kein Grund, die Register von vornherein aus dem Anwendungsbereich der Vorschrift auszunehmen. **10** BDS/*Bormann*, § 111 Rn 18. **11** BeckOK KostR/*Bachmayer*, GNotKG, § 111 Rn 29; aA Korintenberg/*Diehn*, § 111 Rn 27. **12** BDS/*Bormann*, § 111 Rn 14. **13** BDS/*Bormann*, § 111 Rn 15; BeckOK KostR/*Bachmayer*, GNotKG, § 111 Rn 30. **14** Ebenso BeckOK KostR/*Bachmayer*, GNotKG, § 111 Rn 31 ff; BDS/*Bormann*, § 111 Rn 14; differenzierend Korintenberg/*Diehn*, § 111 Rn 31.

- Ausscheiden eines Gesellschafters und Eintritt eines neuen Gesellschafters ohne Sonderrechtsnachfolge iSd § 105 Abs. 1 S. 1 Nr. 6;

In der Anmeldung (vorsorglich) vorgesehene **Vollzugsvollmachten** (auch „Reparaturvollmachten") für den Notar oder dessen Mitarbeiter wird man – solange von ihnen kein Gebrauch gemacht wird – trotz Nr. 3 im Ergebnis unberücksichtigt lassen können.[15] **20**

V. Rechtswahl (Nr. 4)

Gemäß Nr. 4 bildet eine Rechtswahl im Verhältnis zu anderen in derselben Urkunde enthaltenen Rechtsverhältnissen einen besonderen Gegenstand, so dass ihr gem. § 104 zu ermittelnder Wert stets zum Wert der anderen Beurkundungsgegenstände hinzuzuaddieren. Praktisch häufige Beispiele hierfür sind das Zusammentreffen von Rechtswahl und **21**

- Vereinbarungen zum Güterstand;
- letztwillige Verfügungen;
- Erb-, Pflichtteils- oder Zuwendungsverzicht;
- Kaufvertrag.

Das Begriffsverständnis der Nr. 4 entspricht demjenigen des § 104. Der Begriff „**Rechtswahl**" ist also **weit** auszulegen. Er erfasst jede Willenserklärung, die darauf gerichtet ist, in einem Sachverhalt mit Auslandsberührung die berufene Rechtsordnung zu bestimmen.[16] Das Motiv der Rechtswahl spielt keine Rolle, insb. sind auch rein **vorsorgliche** Rechtswahlen von Nr. 4 erfasst, wovon allerdings wiederum die rein deklaratorische Bestätigung der ohnehin einschlägigen nationalen Rechtsordnung abzugrenzen ist (für welche Nr. 4 nicht gilt).[17] Im Zweifel wird allerdings eine vorsorgliche Rechtswahl anzunehmen sein. **22**

In Betracht kommen zB die Wahl der allgemeinen Wirkungen der Ehe (Art. 14 Abs. 3 EGBGB), die Wahl der güterrechtlichen Wirkungen der Ehe (Art. 15 Abs. 2 Nr. 1, 2 EGBGB) oder die Wahl des Rechts des Belegenheitsortes für unbewegliches Vermögen (Art. 14 Abs. 3, 15 Abs. 3 EGBGB) oder die Rechtswahl nach Art. 84 Abs. 2 EuErbVO[18] (bzw bis zu deren Geltung ab 17.8.2015 nach Art. 25 Abs. 2 EGBGB). **23**

Unterabschnitt 3
Vollzugs- und Betreuungstätigkeiten

§ 112 Vollzug des Geschäfts

[1]Der Geschäftswert für den Vollzug ist der Geschäftswert des zugrunde liegenden Beurkundungsverfahrens. [2]Liegt der zu vollziehenden Urkunde kein Beurkundungsverfahren zugrunde, ist der Geschäftswert derjenige Wert, der maßgeblich wäre, wenn diese Urkunde Gegenstand eines Beurkundungsverfahrens wäre.

I. Allgemeines und Anwendungsbereich

§ 112 regelt den Geschäftswert für die notarielle **Vollzugstätigkeit**. Die Norm differenziert hierbei danach, ob dem Vollzug ein Beurkundungsverfahren zugrunde liegt (S. 1) oder nicht (S. 2). Geschäftswert des Vollzugs ist im Fall von S. 1 der Geschäftswert des zugrunde liegenden Beurkundungsverfahrens und im Fall von S. 2 der Wert, der für das Beurkundungsverfahren maßgeblich wäre, wenn die zu vollziehende Urkunde Gegenstand eines solchen Verfahrens wäre. **1**

Die zugehörigen Gebührentatbestände finden sich in **Nr. 22110–22114 KV**, wenn der Notar auch eine Gebühr für das Beurkundungsverfahren oder für die Fertigung eines Entwurfs erhält, die das zugrunde liegende Geschäft betrifft (Vorbem. 2.2.1.1 Abs. 1 S. 1 KV). Erhält der Notar eine solche Gebühr nicht oder nimmt er eine Vollzugstätigkeit unter Beteiligung eines ausländischen Gerichts oder einer ausländischen Behörde vor (Vorbem. 2.2.1.2 KV), richtet sich die Vollzugsgebühr nach **Nr. 22120–22125 KV**. Die Vollzugsgebühr beträgt für den Fall eines zugrunde liegenden Beurkundungsverfahrens grds. 0,5, wenn für das Beurkundungsverfahren die Gebühr 2,0 beträgt (Nr. 22110 KV), ansonsten 0,3 (Nr. 22111 KV). Für bestimmte Vollzugshandlungen sieht das Gesetz jedoch feste Höchstgebühren vor (Nr. 22112, 22113 KV). **2**

---

15 BeckOK KostR/*Bachmayer*, GNotKG, § 110 Rn 14 a ff m. ausf. Begründung. **16** Vgl *Schotten/Schmellenkamp*, Das Internationale Privatrecht in der notariellen Praxis, Rn 23. **17** Korintenberg/*Diehn*, § 111 Rn 41. **18** BeckOK KostR/*Bachmayer*, GNotKG, § 110 Rn 44.1 mit Berechnungsbeispiel.

NK-GK/Drempetic

II. Abgrenzung zu § 113

3 § 112 ist von § 113 abzugrenzen, welcher den Geschäftswert für **Betreuungstätigkeiten** regelt. Da die Gebührentatbestände für Vollzugs- und Betreuungstätigkeiten im GNotKG abschließend geregelt sind (→ Rn 2 und → § 113 Rn 2) und andere Tätigkeiten als die im Kostenverzeichnis aufgeführten daher keine Gebühr, für die ein Geschäftswert nach § 112 oder § 113 zu bestimmen wäre, auslösen können, richtet sich die Abgrenzung zwischen § 112 und § 113 ausschließlich nach den einschlägigen Gebührentatbeständen.[1] Im Falle von Nr. 22110–22125 KV ist daher § 112 die entsprechende Geschäftswertvorschrift, im Falle von Nr. 22200 und Nr. 22201 KV ist es § 113.

III. Vollzug bei zugrunde liegenden Beurkundungsverfahren (S. 1)

4 **1. Allgemeines.** § 112 unterscheidet zwischen dem notariellen Vollzug, dem ein Beurkundungsverfahren zugrunde liegt (S. 1), und dem Vollzug, bei dem dies gerade nicht der Fall ist (S. 2). Zu Letzterem → Rn 15.

5 S. 1 ist daher einschlägig, wenn „Gegenstand des Vollzugs eine im Rahmen eines Beurkundungsverfahrens aufgenommene Urkunde ist".[2] Welchen Gegenstand das Beurkundungsverfahren betrifft, ist nicht entscheidend. Nach S. 1 ist der Geschäftswert für den Vollzug der Geschäftswert des **zugrunde liegenden Beurkundungsverfahrens.**

6 Das Beurkundungsverfahren iSd GNotKG ist in § 85 Abs. 2 legaldefiniert (→ § 85 Rn 5 ff) und meint die Errichtung einer Niederschrift gem. §§ 8, 36 BeurkG. Der Geschäftswert dieses Beurkundungsverfahrens, welcher nach den dafür geltenden Vorschriften des GNotKG zu ermitteln ist, insb. nach den §§ 35 ff, 97 ff, ist auch der Geschäftswert für die Vollzugsgebühr.

7 Insbesondere soll **kein Wertabschlag** für Zubehör oder Inventar bei Grundstücksveräußerungen erfolgen.[3] Der volle Geschäftswert des Beurkundungsverfahrens ist somit bspw auch dann maßgeblich für die Vollzugsgebühr, wenn der Gegenstand der Vollzugstätigkeit nur die Einholung von Löschungsunterlagen für ein Grundpfandrecht ist, dessen Nennbetrag den Geschäftswert des Beurkundungsverfahrens unterschreitet.[4] Entsprechendes gilt, wenn die Vollzugstätigkeit nur die Einholung einer Zustimmungserklärung zB nach § 12 WEG oder nach § 5 ErbbauRG umfasst. Zwar ist gem. § 98 Abs. 1 für Zustimmungserklärungen maßgeblicher Geschäftswert die Hälfte des Werts des Geschäfts, auf das sich die Zustimmung bezieht. Hinsichtlich der Vollzugsgebühr bleibt es jedoch beim vollen Geschäftswert des Beurkundungsverfahrens.[5]

8 **Beispiel:** Beurkundet wurde ein **Kaufvertrag** mit einem Kaufpreis von 500.000 €, darin enthalten ist ein Kaufpreisteil für mitverkaufte bewegliche Sachen iHv 10.000 €. Der Notar holt auftragsgemäß die Genehmigung nach dem GrdstVG ein.
Der Geschäftswert des Beurkundungsverfahrens beträgt gem. §§ 47, 97 Abs. 3 500.000 €. Das Gleiche gilt für den Geschäftswert der Vollzugsgebühr. Der Kaufpreis für die mitverkauften Mobilien wird nicht abgezogen. Grundsätzlich beträgt die Vollzugsgebühr nach Nr. 22110 KV 0,5. Sofern aber durch den Notar keine weiteren Vollzugstätigkeiten übernommen werden, greift hier Nr. 22112 KV, wonach die Gebühr höchstens 50 € beträgt.

9 **2. Beurkundungsverfahren mit mehreren Rechtsverhältnissen. a) Mehrere Rechtsverhältnisse, die demselben Gebührensatz unterliegen.** Der (gesamte) Geschäftswert des Beurkundungsverfahrens soll auch dann für den Vollzugsgeschäftswert maßgebend sein, wenn sich das Beurkundungsverfahren auf **mehrere Rechtsverhältnisse** bezieht, von denen nur eines vollzugsbedürftig ist. Eine Beschränkung auf den Wert des zu vollziehenden Teils der Urkunde findet gerade nicht statt.[6]

10 **Beispiel:** Verkauft werden in einer Urkunde ein Gewerbebetrieb und ein Grundstück. Der Kaufpreis beträgt 1.000.000 €. Vom Kaufpreis entfällt die Hälfte auf das Grundstück, der Rest auf den Gewerbebetrieb. Der Notar erholt auftragsgemäß die Lastenfreistellungsunterlagen für eine am Grundstück lastende Buchgrundschuld im Wert von nominell 10.000 €.
Nach S. 1 beträgt der Geschäftswert für die Vollzugstätigkeit 1.000.000 €, da dies der Geschäftswert des Beurkundungsverfahrens ist. Die Vollzugsgebühr beträgt gem. Nr. 22110 KV 0,5. Entwürfe für die Lastenfreistellung werden daneben nicht mehr bewertet (Vorbem. 2.2 Abs. 2 KV).
Ergänzender Hinweis: Etwas anderes gilt auch dann nicht, wenn statt eines Vollzugsauftrags ein **Entwurfsauftrag** für die Lastenfreistellungserklärungen erteilt worden wäre. Ein Entwurfsauftrag ist im Vollzugsbereich nämlich

---

1 Vgl BT-Drucks 17/11471, S. 345. **2** BT-Drucks 17/11471, S. 290. **3** BT-Drucks 17/11471, S. 290. **4** LG Düsseldorf RNotZ 2015, 666, 667. **5** Vgl BDS/*Diehn*, § 112 Rn 6, § 98 Rn 11. **6** Vgl BT-Drucks 17/11471, S. 290; BDS/*Diehn*, § 112 Rn 7; *Diehn/Volpert*, Praxis des Notarkostenrechts, Rn 929 ff und 2300 f; *Diehn*, Notarkostenberechnungen, 2. Aufl., Rn 799; *Diehn/Sikora/Tiedtke*, Das neue Notarkostenrecht, 2013, Rn 558; *Korintenberg/Tiedtke*, § 112 Rn 8; *Volpert*, RNotZ 2015, 146; vgl auch LG Düsseldorf NotBZ 2015, 358; Leipziger-GNotKG/*Heinze*, § 112 Rn 11 ff; aA *Wudy*, NotBZ 2013, 201, 243.

stets als Vollzugsauftrag auszulegen, so dass der Ansatz einer Entwurfsgebühr (anstelle einer Vollzugsgebühr) nicht in Betracht kommt.[7]

b) Mehrere Rechtsverhältnisse, die einem unterschiedlichen Gebührensatz unterliegen. Weder das Gesetz noch die Gesetzesbegründung nehmen ausdrücklich dazu Stellung, welcher Geschäftswert für den Vollzug heranzuziehen ist, wenn dem Beurkundungsverfahren mehrere Rechtsverhältnisse, die unterschiedlichen Gebührentatbeständen unterfallen, zugrunde liegen und trotzdem ein Beurkundungsverfahren gem. § 93 Abs. 2 S. 2 vorliegt. **11**

Beispiel: Zusätzlich zu einem Grundstückskaufvertrag (Kaufpreis: 300.000 €; Gebühr 2,0 gem. Nr. 21100 KV) wird in derselben Urkunde eine Finanzierungsgrundschuld iHv 150.000 € bestellt (Gebühr 1,0 gem. Nr. 21200 KV), da der Verkäufer zu einem Verkauf nur bereit ist, wenn die Grundschuldbestellung in derselben Urkunde erfolgt. **12**

Hier ist wohl trotz dieser eher unüblichen Verknüpfung von einem und nicht von zwei Beurkundungsverfahren auszugehen, da ein sachlicher Grund iSv § 93 Abs. 2 S. 2 noch anzunehmen ist. Trotzdem sind gem. § 94 Abs. 1 die Gebühren für Kaufvertrag und Grundschuld getrennt aus dem jeweiligen Wert zu berechnen. Diese Gebühren dürfen jedoch nicht höher sein als die nach dem höchsten Gebührensatz berechnete Gebühr aus dem Gesamtbetrag der Werte.

In Betracht kommt hier nun für die Bestimmung des Geschäftswerts für die Vollzugstätigkeit (auftragsgemäße Abfrage des gemeindlichen Vorkaufsrechts nach BauGB) entweder (ausnahmsweise) der Geschäftswert nur des Kaufvertrags oder der zusammengerechneten Wert von Kaufpreis und Grundschuld. Nach Sinn und Zweck des § 112 ist in solchen Konstellationen jedoch der zusammengerechnete Wert als Geschäftswert der Vollzugsgebühr anzusetzen. S. 1 spricht ausdrücklich vom „Geschäftswert des zugrunde liegenden Beurkundungsverfahrens". Gemäß § 93 Abs. 2 S. 2 liegt ja gerade nur ein Beurkundungsverfahren vor, welches nur einen Geschäftswert haben kann (Kaufpreis plus Grundschuld) – auch wenn die Gebühren getrennt zu berechnen sind. Außerdem entspricht dies der – ausdrücklich von der Gesetzesbegründung gebilligten[8] – Handhabung bei mehreren Rechtsverhältnissen, die demselben Gebührensatz unterliegen (→ Rn 9 f). Damit ist eine einheitliche Anwendung von § 112 gewährleistet.[9]

Maßgeblicher Bezugsgebührensatz für die Vollzugsgebühr ist in diesen Fällen der höchste für die einzelnen Beurkundungsgegenstände in Betracht kommende Gebührensatz. Zwar gelten nach § 94 Abs. 1 für die verschiedenen Beurkundungsgegenstände (in demselben Beurkundungsverfahren) verschiedene Gebührensätze (beim Kaufvertrag Gebühr 2,0; bei der Grundschuld Gebühr 1,0). Für die (urkundsbezogene einheitliche) Vollzugsgebühr ist für die Höhe des Gebührensatzes dabei jedoch auf den höchsten angewandten Gebührensatz abzustellen. Dies gilt auch dann, wenn nur der Beurkundungsgegenstand vollzugsbedürftig ist (und damit die Vollzugsgebühr auslöst), für den der niedrigere Gebührensatz nach § 94 Abs. 1 anfällt.[10] Im vorstehenden Beispiel wäre somit der Bezugsgebührensatz des Kaufvertrags (Gebühr 2,0) für die Höhe des Gebührensatzes der Vollzugsgebühr maßgeblich. Die Vollzugsgebühr würde somit gem. Nr. 22110 KV 0,5 betragen und nicht nach Nr. 22111 KV 0,3.

Entsprechendes gilt auch in Fällen eines **Kaufvertrags** oder **Überlassungsvertrags mit Zwangsvollstreckungsunterwerfung** hinsichtlich einer übernommenen Grundschuld. Liegen in diesen Fällen gem. §§ 109, 110 Nr. 2 Buchst. a verschiedene Beurkundungsgegenstände vor (→ § 110 Rn 8), bestimmt sich der Vollzugsgeschäftswert gem. S. 1 ebenfalls nach dem zusammengerechneten Wert aus Vertrag und Zwangsvollstreckungsunterwerfung.[11] **13**

Sofern jedoch gem. § 93 Abs. 1 S. 1 **kein sachlicher Grund** für eine Zusammenfassung von mehreren Beurkundungsgegenständen gegeben ist, liegen mehrere Beurkundungsverfahren vor, mit jeweils eigenem Beurkundungsgeschäftswert. Auch die Vollzugsgebühr ist dann mit jeweils eigener Wertbestimmung nach § 112 zweimal anzusetzen, wenn hinsichtlich beider Beurkundungsverfahren eine Vollzugstätigkeit gem. Nr. 22110 ff KV vorliegt. § 93 Abs. 1 ist dann gerade nicht einschlägig. **14**

IV. Vollzug ohne zugrunde liegendes Beurkundungsverfahren (S. 2)

S. 2 regelt den Vollzugsgeschäftswert für den Fall, dass der Vollzugstätigkeit kein Beurkundungsverfahren (§ 85 Abs. 2) zugrunde liegt. Die Gesetzesbegründung nennt hierfür als Anwendungsbeispiele Vollzugstätigkeiten, die sich nur auf eine unterschriftsbeglaubigte Urkunde, privatschriftliche Urkunde oder eine Urkunde eines ausländischen Notars beziehen.[12] In diesen Fällen ist der Geschäftswert des Vollzugs nach dem **15**

---

7 LG Düsseldorf RNotZ 2015, 666 f; *Diehn*, RNotZ 2015, 3, 4; *Volpert*, RNotZ 2015, 146, 154; aA *Klein*, RNotZ 2015, 1 f. **8** BT-Drucks 17/11471, S. 290. **9** Vgl auch BDS/*Diehn*, § 112 Rn 7; *Diehn/Volpert*, Praxis des Notarkostenrechts, Rn 929 ff und 2300 f; *Diehn*, Notarkostenberechnungen, 2. Aufl., Rn 799; *Diehn/Sikora/Tiedtke*, Das neue Notarkostenrecht, Rn 558; Korintenberg/*Tiedtke*, § 112 Rn 8; *Volpert*, RNotZ 2015, 146; vgl auch LG Düsseldorf NotBZ 2015, 358; Leipziger-GNotKG/ *Heinze*, § 112 Rn 11 ff. **10** Vgl LG Düsseldorf NotBZ 2015, 358. **11** Vgl auch LG Düsseldorf NotBZ 2015, 358. **12** BT-Drucks 17/11471, S. 290.

Wert zu bestimmen, der für die Beurkundung maßgeblich wäre, wenn die zu vollziehende Urkunde Gegenstand eines Beurkundungsverfahrens wäre. Es muss also eine Ermittlung des Beurkundungsgeschäftswerts der zu vollziehenden Urkunde nach den allgemeinen Regeln des GNotKG stattfinden. Dieser (hypothetische) Geschäftswert ist dann auch der Vollzugsgeschäftswert. Im Übrigen gelten die für S. 1 dargestellten Anwendungsregeln entsprechend (→ Rn 4 ff).

V. Besonderheiten bei der Erzeugung von XML-Daten

16   Für die Erzeugung von strukturierten XML-Daten fällt, anders als nach alter Rechtslage, eine Vollzugsgebühr an (Nr. 22114, 22125 KV). Gemäß der Anm. zu Nr. 22114 KV und Nr. 22125 KV fällt die Vollzugsgebühr nach diesen Gebührentatbeständen für die Erzeugung von strukturierten XML-Daten gesondert neben der „eigentlichen"[13] Vollzugsgebühr nach den übrigen Gebührentatbeständen des Teil 2 Hauptabschnitt 2 Abschnitt 1 KV an. Näher hierzu → Nr. 22110–22114 KV Rn 42 ff.

17   Hinsichtlich der Bestimmung des Vollzugsgeschäftswerts bleibt es bei dem Grundsatz gem. S. 1 und 2, wonach der (ggf hypothetische) Beurkundungsgeschäftswert maßgeblich ist. Zu beachten ist hierbei aber, dass sich die Vollzugsgebühr gem. Nr. 22114, 22125 KV auf die jeweilige Registeranmeldung bezieht und deren (hypothetischer) Beurkundungsgeschäftswert gem. § 105 somit für die Bestimmungen des Vollzugsgeschäftswerts nach § 102 heranzuziehen ist.[14] Nicht ausschlaggebend ist hingegen der Geschäftswert eines Vertrags oder Beschlusses, der der Anmeldung zugrunde liegt.

VI. Höchstwerte

18   Einen eigenen Höchstwert für den Vollzugsgeschäftswert sieht das GNotKG nicht ausdrücklich vor. Dies ist jedoch auch nicht notwendig, da sich der Geschäftswert für den Vollzug immer an dem Geschäftswert für die Beurkundung orientiert.

§ 113 Betreuungstätigkeiten

(1) Der Geschäftswert für die Betreuungsgebühr ist wie bei der Beurkundung zu bestimmen.

(2) Der Geschäftswert für die Treuhandgebühr ist der Wert des Sicherungsinteresses.

I. Allgemeines und Anwendungsbereich

1   § 113 legt den **Geschäftswert** für die notariellen **Betreuungstätigkeiten** fest. Abs. 1 bestimmt dabei den Geschäftswert für die **Betreuungsgebühr**, Abs. 2 den Geschäftswert für die **Treuhandgebühr** als eine besondere Form der notariellen Betreuungstätigkeit. Abs. 2 stellt dabei eine Ausnahme zu Abs. 1 und § 112 dar, die bestimmen, dass der Geschäftswert für die notarielle Betreuungstätigkeit (und gem. § 112 auch für die Vollzugstätigkeit) wie der Geschäftswert der Beurkundung zu bestimmen ist, also der Beurkundungsgeschäftswert ist. Geschäftswert für die Treuhandgebühr ist dagegen nach Abs. 2 der Wert des Sicherungsinteresses.

2   Die zugehörigen Gebührentatbestände finden sich für die Betreuungsgebühr gem. Abs. 1 in **Nr. 22200 KV** und für die Treuhandgebühr gem. Abs. 2 in **Nr. 22201 KV**. In beiden Fällen beträgt der Gebührensatz 0,5.

3   Zur Abgrenzung zu § 112 → § 112 Rn 3.

II. Geschäftswert der Betreuungsgebühr (Abs. 1)

4   **1. Allgemeines.** Abs. 1 legt den **Geschäftswert** für die **Betreuungsgebühr** fest. Dieser ist wie bei der Beurkundung zu bestimmen. Damit soll ein Gleichlauf mit dem Geschäftswert für die Vollzugstätigkeit nach § 112 erreicht werden.[1] Der Geschäftswert der Beurkundung ist daher auch der Geschäftswert der Vollzugs- (§ 112) und der Betreuungsgebühr (§ 113). Im Übrigen hierzu → § 112 Rn 4 ff.

5   § 93 Abs. 1 legt dabei fest, dass die Betreuungsgebühr – wie auch die Vollzugsgebühr – je notariellem Verfahren nur einmal erhoben wird, auch wenn mehrere Varianten der Nr. 22200 KV erfüllt sind.[2]

6   **2. Beurkundungen mit mehreren Rechtsverhältnissen.** Nach dem Wortlaut von Abs. 1 und der Gesetzesbegründung[3] ist der (gesamte) Geschäftswert des Beurkundungsverfahrens auch dann anzusetzen, wenn sich die Betreuungstätigkeit nur auf einen Teil des Beurkundungsverfahrens bezieht.

---

13 So BT-Drucks 17/11471, S. 343. **14** Vgl Korintenberg/*Tiedtke*, § 112 Rn 13; so wohl auch vorausgesetzt in BT-Drucks 17/11471, S. 343. **1** Vgl BT-Drucks 17/11471, S. 290. **2** Vgl auch BDS/*Bormann*, § 113 Rn 4. **3** Vgl BT-Drucks 17/11471, S. 290.

Beispiel: A veräußert in einer Urkunde an seinen Sohn B seinen Kommanditanteil an der A-GmbH & Co. KG 7
sowie seinen Geschäftsanteil an deren Komplementär-GmbH. Die Abtretung sowohl des Kommanditanteils als
auch des GmbH-Geschäftsanteils steht unter der aufschiebenden Bedingung der Eintragung des B als neuen Kommanditisten im Handelsregister der KG. Der Notar erstellt nach Eintritt der Bedingung auftragsgemäß eine neue
Gesellschafterliste der GmbH mit der Bescheinigung nach § 40 Abs. 2 S. 2 GmbHG.

Gemäß § 54 beträgt der Wert für den Kommanditanteil 100.000 € und der Wert für den GmbH-Geschäftsanteil
20.000 €. Der Geschäftswert des Beurkundungsverfahrens beträgt demnach gem. § 35 Abs. 1 120.000 €. Die Bescheinigung nach § 40 Abs. 2 S. 2 GmbHG löst eine Betreuungsgebühr gem. Nr. 22200 Nr. 5 KV iHv 0,5 aus (und
daneben eine Vollzugsgebühr gem. Nr. 22113 KV in gleicher Höhe, höchstens jedoch 250 €).

Fraglich ist hierbei, ob der Geschäftswert der Betreuungsgebühr sich nur nach dem Wert des GmbH-Anteils oder
der gesamten Beurkundung bestimmt. Nach der Formulierung des Abs. 1 und Sinn und Zweck der Regelungen
des GNotKG zur Vollzugs- und Betreuungstätigkeit (insb. die Vereinfachung und die damit verbundene Pauschalisierung)[4] ist der gesamte Geschäftswert der Beurkundung als Betreuungsgeschäftswert anzusetzen, hier also
120.000 €. Dies entspricht auch der Handhabung beim Geschäftswert der Vollzugsgebühr (→ § 112 Rn 10).

Im Übrigen kann hinsichtlich Beurkundungen, die **mehrere Rechtsverhältnisse** betreffen, auf die Ausführungen in → § 112 Rn 9 ff verwiesen werden, da nach dem GNotKG hier ein Gleichlauf zwischen § 112 und
Abs. 1 erreicht werden soll.[5]

III. Geschäftswert der Treuhandgebühr (Abs. 2)

1. Ausnahmetatbestand zu Abs. 1. Abs. 2 bestimmt als **Geschäftswert** der **Treuhandgebühr** den Wert des 9
Sicherungsinteresses. Der zugehörige Gebührentatbestand ist in Nr. 22201 KV geregelt.

Die Vorschrift stellt eine ausdrückliche Ausnahme vom Grundsatz des Abs. 1 dar.[6] Der Gesetzgeber hat bei 10
der Bestimmung des Geschäftswerts der Treuhandgebühr ausdrücklich davon abgesehen, wie in Abs. 1 und
§ 112 den Geschäftswert des zugrunde liegenden Beurkundungsverfahrens heranzuziehen. Das GNotKG
wird dabei der Tatsache gerecht, dass es sich beim Treuhandauftrag gem. Nr. 22201 KV (also einem durch
einen nicht unmittelbar am Beurkundungsverfahren Beteiligten erteilten Auftrag) um ein eigenständiges notarielles Verfahren handelt, bei dem (auch) der Treugeber Kostenschuldner ist, dieser aber auf den Geschäftswert der Betreuungsgebühr (= Wert des Beurkundungsverfahrens) keinen Einfluss hat.[7] Auf dieser
Erwägung[8] beruht auch, dass die Treuhandgebühr – anders als Vollzugs- und Betreuungsgebühr – anlässlich eines Beurkundungsverfahrens gem. Anm. zu Nr. 22201 KV mehrmals anfallen kann, nämlich für jeden Treuhandauftrag gesondert. § 93 Abs. 1 greift gerade nicht.

2. Anwendungsvoraussetzungen. Abs. 2 ist nur einschlägig, wenn eine Treuhandgebühr nach Nr. 22201 KV 11
(Gebührensatz 0,5) erhoben wird. Näheres hierzu → Nr. 22200–22201 KV Rn 17 ff.

Geschäftswert der Treuhandgebühr ist der **Wert des konkreten Sicherungsinteresses**, also idR der geforderte 12
Ablösebetrag. Dabei sind auch geforderte Tageszinsen[9] und eine Vorfälligkeitsentschädigung[10] zu berücksichtigen. Daneben umfasst der Wert des Sicherungsinteresses auch vom Dritten geforderte und diesem entstandene Kosten (zB Beglaubigungskosten). Zwar darf der Notar bei der Bemessung des Sicherungsinteresses grds. von dem ihm vom Treugeber mitgeteilten Ablösebetrag ausgehen.[11] Stellt sich später jedoch heraus, dass das effektive Sicherungsinteresse des Treugebers niedriger zu bemessen ist, muss dieser Gesichtspunkt im Rahmen der sachlichen Überprüfung der notariellen Kostenrechnung berücksichtigt werden.[12]

IV. Höchstwerte

Einen eigenen Höchstwert für die Geschäftswerte nach § 113 sieht das GNotKG nicht vor. Es gelten daher 13
die allgemeinen Höchstwerte gem. § 35 Abs. 2. Bei Abs. 1 gelten daneben noch mittelbar die für den Beurkundungsgeschäftswert jeweils geltenden Höchstwerte (→ § 35 Rn 23 ff).

Unterabschnitt 4
Sonstige notarielle Geschäfte

§ 114 Rückgabe eines Erbvertrags aus der notariellen Verwahrung

Der Geschäftswert für die Rückgabe eines Erbvertrags aus der notariellen Verwahrung bestimmt sich nach
§ 102 Absatz 1 bis 3.

---

4 Vgl BT-Drucks 17/11471, S. 210. **5** Vgl BT-Drucks 17/11471, S. 290. **6** BT-Drucks 17/11471, S. 291. **7** Vgl BT-Drucks
17/11471, S. 346. **8** Vgl hierzu BT-Drucks 17/11471, S. 346. **9** BT-Drucks 17/11471, S. 346. **10** BDS/*Bormann*, § 113 Rn 9.
11 OLG Hamm FGPrax 2015, 229, 230. **12** OLG Hamm FGPrax 2015, 229, 230.

I. Anwendungsbereich und Grundsätzliches

1 § 114 ist besondere Geschäftswertvorschrift. Seine Verortung in Abschnitt 4 Unterabschnitt 4 („Sonstige notarielle Geschäfte") ist terminologisch unglücklich, handelt es sich doch bei der Rückgabe eines Erbvertrags aus der notariellen Verwahrung um ein sonstiges notarielles Verfahren und gerade nicht um ein Geschäft, vgl Teil 2 Hauptabschnitt 3 KV (dort Nr. 23100 KV). Gebührenfrei dagegen ist sowohl die Rückgabe eines Testaments aus der besonderen amtlichen Verwahrung[1] als auch die Ablieferung des Erbvertrags nach Kenntnis vom Todesfall durch den Notar beim Nachlassgericht.[2]

2 Ein Erbvertrag, der nur Verfügungen von Todes wegen enthält, kann gem. § 2300 Abs. 2 BGB aus der notariellen Verwahrung zurückgenommen und den Vertragsschließenden gemeinschaftlich zurückgegeben werden. Die ordnungsgemäße Rückgabe des Erbvertrags gilt nach § 2300 Abs. 2 S. 3 BGB als Widerruf iSd § 2256 Abs. 1 S. 1 BGB.

3 § 114 bestimmt den Geschäftswert für die Gebühr nach Nr. 23100 KV.

4 Zu beachten ist die in der Anm. zu Nr. 23100 KV enthaltene **Anrechnungsvorschrift**, wonach die Gebühr für die Rückgabe aus der Verwahrung auf die Gebühr für das Beurkundungsverfahren angerechnet wird, wenn derselbe Notar demnächst eine neue Verfügung von Todes wegen beurkundet. Bei mehreren Erblassern erfolgt die Anrechnung nach Kopfteilen.[3]

5 Die Tätigkeit des Notars kann erhebliche materielle Auswirkungen haben. Die KostO sah dennoch keine explizite Kostenfolge vor,[4] mit der Folge, dass in der Lit. vertreten wurde, es sei eine Niederschrift über die Rückgabe mit entsprechender Gebührenfolge anzufertigen.[5] Dieser von der Lit. kritisierte Zustand[6] wurde im Zuge des 2. KostRMoG mit der Einführung der **Nr. 23100 KV** als eigenständigem Gebührentatbestand für die Rückgabe eines Erbvertrags aus der notariellen Verwahrung beseitigt.

II. Regelungsgehalt

6 **1. Verweis auf § 102 Abs. 1–3.** Der Geschäftswert für die Rückgabe des Erbvertrags bestimmt sich wie bei der Beurkundung dieses Erbvertrags nach § 102 Abs. 1–3. **§ 102 Abs. 1 S. 1** regelt dabei den Geschäftswert von Verfügungen über den „ganzen Nachlass" oder einen Bruchteil davon, also zB die Einsetzung eines Alleinerben, die Einsetzung mehrerer Erben, wobei die Erbquote zu 100 % ausgeschöpft wird, oder die wertmäßige Ausschöpfung des Nachlasses durch Vermächtnisse. Gleiches gilt bei Änderungen und Ergänzungen der (gesamten) Erbfolge, zB bei Änderung der Einsetzung eines Alleinerben zum Ersatzerben. Eine Verfügung über einen Bruchteil des Nachlasses liegt hingegen vor, wenn nicht der ganze, sondern nur ein Teil des Nachlasses ausgeschöpft wird, zB bei Verfügung nur über einen Teil des Nachlasses. Geschäftswert ist in diesen Fällen der Wert des Nachlasses bzw des betroffenen Teils. Bei **Vermächtnissen** ist zudem § 102 Abs. 1 S. 3 zu beachten.

7 **§ 102 Abs. 1 S. 2** stellt gegenüber § 38 eine Sonderregelung zum Abzug von Verbindlichkeiten dar: Sie werden nur bis zur Hälfte des Vermögens abgezogen (Ergebnis ist das „modifizierte Reinvermögen").

8 Darüber hinaus ist eine Neuerung in **§ 102 Abs. 2** zu beachten, wonach unter bestimmten Voraussetzungen auch künftiges Vermögen bei der Geschäftswertermittlung zu berücksichtigen ist. Sofern die Verfügung von Todes wegen nur bestimmte Vermögenswerte betrifft, ist nur deren Wert als Geschäftswert anzusetzen (**§ 102 Abs. 3**).

9 Zu Einzelheiten s. die Erl. zu § 102.

10 **2. Maßgeblicher Zeitpunkt für die Gebührenermittlung.** Der für die Wertbestimmung nach § 102 Abs. 1–3 maßgebliche Zeitpunkt bestimmt sich gemäß der allgemeinen Wertvorschrift des § 96 nach dem Zeitpunkt der Fälligkeit der Gebühr. Diese wird nach § 10 mit der Beendigung des Verfahrens oder Geschäfts fällig. Deshalb ist der maßgebliche Zeitpunkt für die Wertbestimmung nach § 102 Abs. 1–3 der Zeitpunkt der Rückgabe des Erbvertrags. Haben sich also seit Abschluss des Erbvertrags Vermögensveränderungen nach oben oder nach unten ergeben, sind sie zu berücksichtigen.[7]

---

1 BDS/*Pfeiffer*, § 114 Rn 2. **2** Leipziger-GNotKG/*Zimmer*, § 114 Rn 7; BDS/*Pfeiffer*, § 114 Rn 2. **3** Korintenberg/*Tiedtke*, § 114 Rn 4; Streifzug Rn 756. **4** Vgl *Reimann*, FamRZ 2002, 1383, 1386; *von Dickhuth-Harrach*, RNotZ 2002, 384, 397. **5** *Schmidt*, RNotZ 2002, 503; vgl Korintenberg/*Bengel/Tiedtke*, KostO, § 147 Rn 135 b. **6** Korintenberg/*Reimann*, KostO, § 46 Rn 10 a; *Schmidt*, RNotZ 2002, 503. **7** Vgl Leipziger-GNotKG/*Zimmer*, § 114 Rn 8; BDS/*Pfeiffer*, § 114 Rn 2; BeckOK KostR/*Rupp*, GNotKG, § 114 Rn 1.

§115 Vermögensverzeichnis, Siegelung

[1]Der Geschäftswert für die Aufnahme von Vermögensverzeichnissen sowie für Siegelungen und Entsiegelungen ist der Wert der verzeichneten oder versiegelten Gegenstände. [2]Dies gilt auch für die Mitwirkung als Urkundsperson bei der Aufnahme von Vermögensverzeichnissen.

I. Anwendungsbereich und Grundsätzliches

§115 bestimmt als **Wertvorschrift** den Geschäftswert für die nach §20 Abs. 1 S. 2 BNotO zum Zuständigkeitsbereich der Notare gehörende Aufnahme von Vermögensverzeichnissen sowie für Siegelungen und Entsiegelungen (S. 1) und für die Mitwirkung hieran als Urkundsperson (S. 2). Die **Gebührentatbestände** sind in den **Nr. 23500–23503 KV** geregelt. 1

Da Vermögensverzeichnisse, Siegelungen und Entsiegelungen häufig außerhalb der Amtsräume des Notars angefertigt bzw vorgenommen werden, käme zum einen die Auswärtsgebühr nach Nr. 26002 KV, zum anderen zusätzlich das Tage- oder Abwesenheitsgeld nach Nr. 32008 KV in Betracht. Nach Vorbem. 2.3.5 KV kann eine Auswärtsgebühr neben Nr. 23500 und 23501 KV nicht entstehen. Voraussetzung für die Entstehung des Tage- oder Abwesenheitsgeldes ist, dass die Tätigkeit außerhalb der Gemeinde vorgenommen wird, in der der Notar seinen Amts- oder Wohnsitz hat, Vorbem. 3.2 Abs. 2 KV („Geschäftsreise"). 2

§115 entspricht hinsichtlich der Geschäftswertermittlung §52 KostO.[1] Im Gegensatz zum früheren Recht enthält die Vorschrift jedoch lediglich die Bestimmung des Geschäftswerts für die Aufnahme von Vermögensverzeichnissen, für Siegelungen und Entsiegelungen sowie für die Mitwirkung als Urkundsperson durch den Notar. Die Neuregelung bestimmt entsprechend der Regelungstechnik des GNotKG (Paragraphenteil und Kostenverzeichnis) jedoch nicht mehr die hierfür zu entrichtende Gebühr: Diese findet sich in den Gebührentatbeständen der Nr. 23500–23503 KV. 3

II. Regelungsgehalt

1. Aufnahme von Vermögensverzeichnissen (S. 1). Die Aufnahme von Vermögensverzeichnissen kann sowohl isoliert als auch in Form eines spezialgesetzlich angeordneten notariellen Geschäfts vorkommen. Beispiele hierfür sind etwa: 4

- Die Aufnahme eines Verzeichnisses bei einem Nießbrauch an einem Inbegriff von Sachen gem. §1035 BGB;
- das Verzeichnis über das verwaltete Kindesvermögen gem. §1667 Abs. 1 S. 3 BGB;
- das Verzeichnis des Vormunds über das Mündelvermögen nach §1802 Abs. 2 oder 3 BGB;
- das Nachlassinventar durch den Erben gem. §2002 BGB;
- die amtliche Aufnahme des Nachlassinventars auf Antrag des Erben gem. §2003 BGB;
- das Verzeichnis der Erbschaftsgegenstände nach §2121 Abs. 3 BGB.

Wenn die Aufnahme des Vermögensverzeichnisses Teil eines beurkundeten Vertrages ist, fällt nach der Anmerkung zu Nr. 23500 KV keine gesonderte Gebühr an.[2]

In dem Falle, dass eine besondere gerichtliche Anordnung zur Aufnahme des Vermögensverzeichnisses erforderlich ist, gilt für diese Anordnung Nr. 12310 KV. 5

2. Siegelung und Entsiegelung (S. 1). Fälle der Siegelung und späteren Entsiegelung sind die Nachlasssicherung im Auftrag des Erben oder auf besondere Anordnung des Nachlassgerichtes gem. §1960 Abs. 2 BGB sowie solche zur Sicherung der Insolvenzmasse im Auftrag des Insolvenzverwalters nach §150 InsO. 6

3. Mitwirkung als Urkundsperson (S. 2). Eine Mitwirkung des Notars als Urkundsperson kommt bspw vor bei dem Verzeichnis des Vormunds über das Mündelvermögen nach §1802 Abs. 2 BGB oder dem Verzeichnis über die Massegegenstände nach §151 InsO, wobei die Hinzuziehung des Notars in diesen Fällen nicht vorgeschrieben ist. Auch beim Nachlassinventar nach §2003 BGB kommt eine Mitwirkung des Notars als Urkundsperson vor, sofern es durch den Erben selbst errichtet wird. 7

4. Geschäftswert. Der Wert der verzeichneten oder versiegelten Gegenstände, der nach §§46–54 zu berechnen ist, bildet den Geschäftswert. Sofern das nach einer Siegelung oder Entsiegelung aufzunehmende Vermögensverzeichnis den ganzen Nachlass umfasst, wird die Gebühr nach Nr. 23500 KV oder Nr. 23501 KV aus den addierten Werten sämtlicher Nachlassgegenstände ohne Berücksichtigung der Verbindlichkeiten berechnet (§38). Bereits veräußerte Vermögensgegenstände sind bei ihrer Verzeichnung mit dem Wert zum Zeitpunkt der Veräußerung zu berücksichtigen.[3] 8

---

1 BT-Drucks 17/11471, S. 190. **2** Korintenberg/*Gläser*, §115 Rn 2. **3** BeckOK KostR/*Neie*, GNotKG, §115 Rn 11; Streifzug Rn 2312.

9   Bei der Mitwirkung als Urkundsperson bei der Aufnahme von Vermögensverzeichnissen ist gleichfalls der Wert der verzeichneten Gegenstände ohne Abzug der Belastungen für die Gebührenberechnung nach Nr. 23502 KV maßgebend.

10   Die Gebühr einer Siegelung und Entsiegelung nach Nr. 23503 KV berechnet sich aus dem addierten Wert der versiegelten bzw entsiegelten Gegenstände.

§ 116 Freiwillige Versteigerung von Grundstücken

(1) Bei der freiwilligen Versteigerung von Grundstücken oder grundstücksgleichen Rechten ist der Geschäftswert nach dem Wert der zu versteigernden Grundstücke oder grundstücksgleichen Rechte zu bemessen für
1. die Verfahrensgebühr,
2. die Gebühr für die Aufnahme einer Schätzung und
3. die Gebühr für die Abhaltung eines Versteigerungstermins.

(2) Bei der Versteigerung mehrerer Grundstücke wird die Gebühr für die Beurkundung des Zuschlags für jeden Ersteher nach der Summe seiner Gebote erhoben; ist der zusammengerechnete Wert der ihm zugeschlagenen Grundstücke oder grundstücksgleichen Rechten höher, so ist dieser maßgebend.

I. Anwendungsbereich und Grundsätzliches

1   § 116 ist Geschäftswertvorschrift für die in Teil 2 Abschnitt 6 KV geregelten notariellen Verfahrensgebühren für die freiwillige Versteigerung von Grundstücken und grundstücksgleichen Rechten:
- Nr. 23600 KV (Verfahrensgebühr);
- Nr. 23601 KV (Gebühr für die Aufnahme einer Schätzung);
- Nr. 23602 KV (Gebühr für jeden abgehaltenen Versteigerungstermin).

2   Unter den Begriff des **grundstücksgleichen Rechts** fallen alle Berechtigungen, auf welche die Vorschriften für Grundstücke Anwendung finden, also etwa Erbbaurechte, Fischereirechte nach den Fischereigesetzen der Länder oder Bergwerksrechte nach § 9 BBergG sowie die im Schiffsregister eingetragenen Schiffe und Schiffsbauwerke.[1]

3   Der Geschäftswert für die freiwillige Versteigerung beweglicher Sachen und Rechte ist hingegen in § 117 geregelt. Die echte Zwangsversteigerung unterfällt wiederum § 54 GKG.

4   Der Anwendungsbereich der Norm ist ausschließlich die freiwillige Versteigerung von Grundstücken oder grundstücksgleichen Rechten durch den Notar **zum Zwecke der Veräußerung** (anders als die Gebührentatbestände der Nr. 23600–23603 KV, die ausweislich Vorbem. 2.3.6 KV für die Versteigerung zum Zwecke der Veräußerung ebenso wie zum Zweck der Verpachtung gelten). Eine inhaltliche Änderung der Geschäftswertbestimmung sollte durch das 2. KostRMoG nicht erfolgen,[2] wie sich auch aus der Vorbem. 2.3.6 KV entnehmen lässt. Folglich wird der Geschäftswert weiterhin unterschiedlich bestimmt, je nachdem, ob es sich um eine Versteigerung zum Zwecke des Verkaufs oder zum Zwecke der Verpachtung handelt.[3]

5   Der Geschäftswert einer Versteigerung **zum Zwecke der Verpachtung** bestimmt sich nicht nach § 116 und damit nicht nach dem Wert des Grundstücks (bzw Erbbaurechts etc.), da bei der Versteigerung zum Zwecke der Verpachtung keine vollständige Entäußerung hinsichtlich des Grundstücks beabsichtigt ist und auch nicht stattfindet. Der Eigentümer entäußert sich lediglich der Nutzungsmöglichkeit hinsichtlich des Grundstücks im Wege des Abschlusses eines Pachtvertrags auf Zuschlag, § 156 BGB. Dies erfolgt für einen bestimmten Zeitraum, sofern die Dauer des Pachtverhältnisses festgelegt wurde, oder ansonsten für einen unbestimmten Zeitraum. Daher ist bei einer Verpachtung auf Zuschlag der Geschäftswert nicht anhand § 116, sondern nach § 99 Abs. 1[4] zu ermitteln,[5] sofern der Zuschlag erteilt wurde, ansonsten nach § 36 Abs. 1 GNotKG.[6]

6   Für die Beurkundung einer Versteigerung, die von einer anderen Person vorgenommen wird, gilt § 97 (Geschäftswert) iVm den Gebührentatbeständen der Nr. 21100, 21101 KV.[7]

---

1 Vgl *Filzek*, KostO, § 53 Rn 1; arg. ex *Hartmann*, KostG, §§ 117–118 a GNotKG Rn 1: „nicht mehr eingetragenes Schiff". **2** Vgl BT-Drucks 17/11471, S. 190. **3** Str, Korintenberg/*Hey'l*, § 116 Rn 1; für die KostO: *Filzek*, KostO, § 53 Rn 6; aA BDS/*Pfeiffer*, § 116 Rn 2. **4** Korintenberg/*Hey'l*, § 116 Rn 1; so auch für § 25 Abs. 1 KostO: *Assenmacher/Mathias*, KostO, „Versteigerung" 3.7; aA BDS/*Pfeiffer*, § 116 Rn 2. **5** Vgl BT-Drucks 17/11471, S. 180. **6** Vgl Rohs/Wedewer/*Rohs*, KostO, § 53 Rn 8 (zum alten Recht). **7** Vgl zum alten Recht Rohs/Wedewer/*Rohs*, KostO, § 53 Rn 1.

§ 116 bestimmt nur den Geschäftswert bei der freiwilligen Versteigerung. Nach der Gesetzesbegründung 7
entspricht **Abs. 1** inhaltlich § 53 Abs. 4 S. 1 iVm Abs. 1 KostO.[8] In Abs. 1 wurde der Begriff der „sonstigen
Gegenstände, die der Zwangsvollstreckung in das unbewegliche Vermögen unterliegen", aus § 53 Abs. 1
KostO durch den Begriff der „grundstücksgleichen Rechte" ersetzt.[9] Die in der KostO noch in § 53 mitge-
regelten Gebührentatbestände ergeben sich für § 116 hingegen aus Nr. 23600–23603 KV.

Abs. 2 entspricht § 53 Abs. 4 S. 2 KostO, enthält jedoch ebenfalls die klarstellende Nennung der grund- 8
stücksgleichen Rechte. S. 1 der Regelung wurde nicht übernommen.

§ 53 Abs. 2 KostO wurde nicht in das GNotKG aufgenommen, da es der Gesetzgeber für die Sicherstellung 9
der Notarkosten als ausreichend erachtet hat, wenn der Notar hier zum Mittel der Vorschusserhebung
greift.[10] Eine Übertragung der Versteigerung auf die Ortsbehörde, wie sie nach § 53 Abs. 2 Hs 2 KostO
noch vorgesehen war, ist aufgrund des Wegfalls von Art. 112 PrFGG, der diese Möglichkeit vorsah, schon
nach altem Recht ohne Anwendungsbereich gewesen.

II. Geschäftswert

1. Allgemeines (Abs. 1). Bei der freiwilligen Versteigerung zum Zwecke des Verkaufs bestimmt sich der 10
Wert der versteigerten Sache bzw des versteigerten grundstücksgleichen Rechts nach den an die Stelle der
§§ 19, 20 KostO[11] getretenen §§ 46–48 (grundstücksgleiche Rechte: § 49).

Mit dem **Zuschlag** kommt ein Kaufvertrag zustande, § 156 BGB. Geschäftswert ist dann der nach § 47 an- 11
zusetzende Wert, mithin der **Versteigerungspreis** einschließlich der von dem Versteigernden vorbehaltenen
Nutzungen und zuzüglich der vom Ersteher übernommenen oder ihm sonst infolge der Veräußerung obliegenden Leistungen (§ 47 S. 2), sofern nicht nach § 47 S. 3 der Verkehrswert anzusetzen ist (→ § 47 Rn 4).[12]
Ein Beispiel für eine hinzuzurechnende Leistung ist die Zahlung eines Aufgelds durch den Käufer dafür,
dass der Verkäufer die Kosten des Verkaufs (insb. Notargebühren), der Auflassung und der Grundbucheintragung übernimmt und die Grunderwerbsteuer für den Käufer entrichtet.[13]

Kommt es hingegen **nicht** zum Zuschlag, so ist der Geschäftswert der Wert des Grundstücks nach § 46 12
(§ 48 ist nicht anwendbar, da es sich bei der Versteigerung nicht um eine privilegierte Zuwendung oder
Übergabe im Sinne der Regelung handelt), bei grundstücksgleichen Rechten der nach § 49 zu bestimmende
Wert.

2. Versteigerung von mehreren Grundstücken (Abs. 2). a) Wertvergleich (Abs. 2 Hs 2). Bei der Versteige- 13
rung von mehreren Grundstücken in einem Versteigerungsverfahren wird für die Verfahrensgebühr nach
Abs. 1 Nr. 1, die Schätzungsgebühr nach Abs. 1 Nr. 2 sowie für die Termingebühr nach Abs. 1 Nr. 3, soweit diese sich in ihrer Teilung für einzelne Termine mit mehreren Grundstücken berechnet (→ Nr. 23600–
23603 KV Rn 8–11), die **Summe der Grundstückswerte** mit der **Summe der Versteigerungspreise** verglichen
und der höhere Betrag als Geschäftswert angesetzt. Dies folgt aus der Einheit des Versteigerungsverfahrens.[14] Ein Einzelvergleich, bei dem der den Versteigerungspreis des einen Grundstücks übersteigende Wert
und der den Wert des anderen Grundstücks übersteigende Versteigerungspreis zusammengerechnet werden,
findet nicht statt.

b) Beurkundung des Zuschlags (Abs. 2 Hs 1). Der Geschäftswert des Zuschlags nach Nr. 23603 KV bei der 14
Versteigerung von mehreren Grundstücken wird für jeden Ersteher gesondert berechnet. Sofern ein Ersteher
mehrere Grundstücke durch Zuschlag ersteigert, bestimmt sich der Geschäftswert nach dem zusammengerechneten Versteigerungspreis der Grundstücke. Sofern jedoch der zusammengerechnete Wert der Grundstücke, bestimmt nach den §§ 46, 49, höher ist als die zusammengerechneten Versteigerungspreise, bestimmt sich der Geschäftswert nach dem zusammengerechneten Wert der Grundstücke.

III. Kostenschuldner

Besonderer Kostenschuldner der Kosten, die für die Beurkundung des Zuschlags bei der freiwilligen Ver- 15
steigerung eines Grundstücks oder grundstücksgleichen Rechts anfallen, ist gem. § 31 Abs. 1 – vorbehaltlich § 29 Nr. 3 (Kostenhaftung kraft Gesetzes) – allein der Ersteher (→ § 31 Rn 6).

---

8 BT-Drucks 17/11471, S. 190. **9** Diese waren auch nach altem Recht bereits erfasst; vgl Korintenberg/*Reimann*, KostO, § 53
Rn 1; *Hartmann*, KostG, § 53 KostO Rn 3. **10** Vgl BT-Drucks 17/11471, S. 228. **11** So schon die Wertbestimmung nach der
KostO: Korintenberg/*Reimann*, KostO, § 53 Rn 12; *Filzek*, KostO, § 53 Rn 6. **12** Korintenberg/*Hey'l*, § 116 Rn 4. **13** Dazu
Korintenberg/*Hey'l*, § 116 Rn 8. **14** Vgl Korintenberg/*Hey'l*, § 116 Rn 5.

§ 117 Versteigerung von beweglichen Sachen und von Rechten

Bei der Versteigerung von beweglichen Sachen und von Rechten bemisst sich der Geschäftswert nach der Summe der Werte der betroffenen Sachen und Rechte.

I. Anwendungsbereich und Grundsätzliches

1   Die Vorschrift des § 117 findet allein auf die freiwillige Versteigerung von beweglichen Sachen und von Rechten durch den Notar Anwendung. Die echte Zwangsversteigerung unterfällt § 54 GKG.

2   Demnach ist nach § 117 der Geschäftswert für Versteigerungen aller Sachen und Rechte zu bestimmen, die nicht unter § 116 fallen, dh zB:[1] Edelmetalle, Wertpapiere, Grundpfandrechte, Erbteile, GmbH-Anteile, Jagdrechte, Patent-, Verlags- und Urheberrechte, (bestehende) Miet- und Pachtrechte (zur Versteigerung eines Grundstücks zur Pacht auf Zuschlag → § 116 Rn 5), nicht im Schiffsregister eingetragene Schiffe, Ausübung eines Nießbrauchs (nur dessen Ausübung kann übertragen werden, nicht der Nießbrauch als solcher)[2] nach § 1059 BGB, bei isolierter Versteigerung auch ungetrennte Früchte und Holz auf dem Stamm.[3] Die Gebührentatbestände finden sich in Teil 2 Hauptabschnitt 3 Abschnitt 7 KV (Nr. 23700 und 23701 KV). § 117 stimmt mit der Geschäftswertregelung des § 54 Abs. 1 KostO überein.[4]

II. Geschäftswert

3   Der Geschäftswert ist die Summe der nach § 46 Abs. 1 (Verkehrswert) zu bewertenden Sachen und der nach § 36 Abs. 1, 2 bzw §§ 50 ff zu bewertenden Rechte (→ Rn 2). Für die zugeschlagenen Sachen und Rechte tritt der Erlös iSv § 47 S. 1 an die Stelle des Verkehrswerts nach § 46.[5]

§ 118 Vorbereitung der Zwangsvollstreckung

Im Verfahren über die Vollstreckbarerklärung eines Schiedsspruchs mit vereinbartem Wortlaut oder über die Erteilung einer vollstreckbaren Ausfertigung bemisst sich der Geschäftswert nach den Ansprüchen, die Gegenstand der Vollstreckbarerklärung oder der vollstreckbaren Ausfertigung sein sollen.

I. Anwendungsbereich und Grundsätzliches

1   § 118 ist Geschäftswertvorschrift für in den Bereich der Vorbereitung der Zwangsvollstreckung fallende Tätigkeiten des Notars, vgl die in Teil 2 Hauptabschnitt 3 Abschnitt 8 KV geregelten Gebührentatbestände der **Nr. 23800–23807 KV**. Auch der Notar ist berechtigt, **Anwaltsvergleiche** (§ 796 c Abs. 1 ZPO; für sie fällt jedoch keine Wert-, sondern eine Festgebühr an, vgl Nr. 23800 KV)[1] und **Schiedssprüche mit vereinbartem Wortlaut** (§ 1053 Abs. 4 ZPO) **für vorläufig vollstreckbar** zu erklären.

2   Es besteht darüber hinaus auch die Möglichkeit, Anwaltsvergleiche oder Schiedssprüche bei einem Notar zu **verwahren**, anstatt diese bei dem Amtsgericht niederzulegen, wobei es sich hierbei um eine schlichte Verwahrung handelt,[2] deren Geschäftswert nicht nach § 118 ermittelt wird, sofern sie isoliert erfolgt. Für eine derartige Verwahrung enthält das GNotKG keine Spezialvorschrift.[3] Hierfür soll nach dem Willen des Gesetzgebers ein öffentlich-rechtlicher Vertrag nach § 126 Abs. 1 S. 2 geschlossen werden.[4]

3   Im Zusammenhang mit der Vollstreckbarerklärung fällt für die Verwahrung keine gesonderte Gebühr an. Diese ist vielmehr gebührenfreies Nebengeschäft der Vollstreckbarerklärung.[5]

4   Umfasst von der Wertvorschrift des § 118 sind demnach Verfahren über die Vollstreckbarerklärung von Schiedssprüchen mit vereinbartem Wortlaut[6] und die Erteilung vollstreckbarer Ausfertigungen. Bei den übrigen in Teil 2 Hauptabschnitt 3 Abschnitt 8 KV geregelten Gebührentatbeständen zum Bereich der Vorbereitung der Zwangsvollstreckung handelt es sich um Festgebühren (Nr. 23800, 23804–23807 KV).

5   § 118 entspricht im Grundsatz der Geschäftswertvorschrift des § 148 Abs. 2 iVm Abs. 1 S: 1. Wie durchgängig im GNotKG, finden sich die auf § 118 bezogenen Gebührentatbestände nicht in der Norm, sondern im separaten Kostenverzeichnis (**Nr. 23800–23807 KV**).

1 Aufzählung nach Rohs/Wedewer/*Rohs*, KostO, § 54 Rn 1. **2** Vgl Rohs/Wedewer/*Rohs*, KostO, § 54 Rn 1. **3** So BDS/*Pfeiffer*, § 117 Rn 2. **4** BT-Drucks 17/11471, S. 190. **5** Vgl Korintenberg/*Hey'l*, § 117 Rn 3; BDS/*Pfeiffer*, § 117 Rn 3. Zum alten Recht: Rohs/Wedewer/*Rohs*, KostO, § 54 Rn 3; *Assenmacher/Mathias*, KostO, „Versteigerung" 2.6; *Hartmann*, KostG, § 54 KostO Rn 4. **1** Dazu BT-Drucks 17/11471, S. 228. **2** Vgl Rohs/Wedewer/*Rohs*, KostO, § 148 a Rn 1 mwN. **3** Der Gesetzgeber verzichtete unter Verweis auf die Mannigfaltigkeit der möglichen Verwahrungssachverhalte auf eine Spezialregelung, vgl BT-Drucks 17/11471, S. 233. **4** BR-Drucks 517/12, S. 233. **5** So zur früheren Rechtslage s. statt vieler *Assenmacher/Mathias*, KostO, „Anwaltsvergleich" S. 2. **6** Dies sind Vergleiche.

§ 118 erfasst, anders als § 148 a Abs. 2 KostO, nicht mehr die Vollstreckbarerklärung des Anwaltsvergleichs (§§ 796 a–796 c ZPO): Hierfür ist nunmehr eine Festgebühr vorgesehen, so dass es einer Wertvorschrift naturgemäß nicht mehr bedarf.[7] Über § 148 a Abs. 2 KostO hinausgehend erfasst die Regelung des § 118 auch die Erteilung vollstreckbarer Ausfertigungen (vgl Nr. 23803 KV). **6**

II. Geschäftswert

Der Gegenstand des Schiedsspruchs bzw der Urkunde ist nicht maßgebend für die Bestimmung des Geschäftswerts, sondern die **von dem Antrag** auf Vollstreckbarerklärung **umfassten Ansprüche**.[8] Der Schiedsspruch bzw die Urkunde könnte über den Antrag hinausgehende Ansprüche beinhalten, welche nicht in die Bestimmung des Geschäftswerts einbezogen werden.[9] Solange zumindest ein Teil der Hauptforderung für vorläufig vollstreckbar erklärt wird, werden die Zinsen und Kosten als Nebenforderungen nicht in die Geschäftswertbestimmung einbezogen.[10] Enthält der Schiedsspruch wechselseitige Ansprüche bzw liegen wechselseitige Anträge vor, so ist die Wertsumme zu bilden, da sich die Vollstreckbarerklärung auf den Schiedsspruch und nicht auf die Ansprüche bezieht.[11] **7**

§ 118 a Bestimmte Teilungssachen

[1]Geschäftswert in Teilungssachen nach § 342 Absatz 2 Nummer 1 des Gesetzes über das Verfahren in Familiensachen und in den Angelegenheiten der freiwilligen Gerichtsbarkeit ist der Wert des den Gegenstand der Auseinandersetzung bildenden Nachlasses oder Gesamtguts oder des von der Auseinandersetzung betroffenen Teils davon. [2]Die Werte mehrerer selbständiger Vermögensmassen, die in demselben Verfahren auseinandergesetzt werden, werden zusammengerechnet. [3]Trifft die Auseinandersetzung des Gesamtguts einer Gütergemeinschaft mit der Auseinandersetzung des Nachlasses eines Ehegatten oder Lebenspartners zusammen, wird der Wert des Gesamtguts und des übrigen Nachlasses zusammengerechnet.

Die Vorschrift betrifft das **Teilungsverfahren nach § 342 Abs. 2 Nr. 1 FamFG.** Danach kann auf Antrag der Notar die Teilung von Nachlässen und Gütergemeinschaften vermitteln. Die Regelung ist am 1.9.2013 in Kraft getreten und ersetzt § 66 (s. dort).[1] **1**

Nach § 344 Abs. 4 a FamFG sind den Notaren die in §§ 363 ff FamFG im Einzelnen geregelten Teilungsverfahren zugewiesen. Danach können beteiligte Miterben beim Notar den Antrag auf Auseinandersetzung des Nachlasses stellen, gem. § 373 FamFG die Beteiligten auch den Antrag auf Auseinandersetzung des Gesamtguts nach Beendigung der ehelichen, lebenspartnerschaftlichen oder fortgesetzten Gütergemeinschaft. **2**

Der Geschäftswert entspricht dem Wert des Nachlasses bzw dann, wenn nicht der gesamte Nachlass auseinandergesetzt werden soll, dem Wert der von der Auseinandersetzung betroffenen Teiles des Nachlasses. Nachlassverbindlichkeiten werden nicht abgezogen. **3**

Werden bei „Kettenerbfällen" mehrere selbständige Vermögensmassen im selben Verfahren auseinandergesetzt, werden diese Vermögensmassen zusammengerechnet. **4**

Das Gesamtgut bei Gütergemeinschaft wird nach denselben Grundsätzen auseinandergesetzt, der Wert wird ebenso bestimmt. **5**

Treffen Auseinandersetzung des Gesamtgutes und Auseinandersetzung des Nachlasses in einem Verfahren zusammen, werden der Wert des Gesamtgutes und des übrigen Nachlasses zusammengerechnet. **6**

Bei der Wertberechnung kommt es ausschließlich auf den Wert der von der Auseinandersetzung betroffenen Vermögensmassen an, nicht darauf, welche Punkte im Einzelnen streitig sind.[2] Die Bedenken, die hinsichtlich der Verfassungsmäßigkeit dieses Grundsatzes geäußert worden sind,[3] weil möglicherweise der Streitpunkt nur einen vergleichsweise geringen Teil des Gesamtwertes betrifft, sind vom Gesetzgeber nicht aufgenommen worden. Diese Pauschalierung dürfte sachgerecht sein, weil bei der Wert- und Gebührenbemessung nicht darauf abzustellen ist, ob der Aufwand des Gerichts gering oder groß ist, ob also nur ein streitiger Punkt zu erledigen ist oder 100 streitige Punkte. Das gleicht sich letztlich aus, das Interesse der Beteiligten an der Vermittlung des Gerichts bemisst sich wertmäßig nach dem Wert des betroffenen Nachlasses, mag es darüber viele oder wenige Streitpunkt geben. **7**

---

7 Vgl BT-Drucks 17/11471, S. 228. **8** Vgl Korintenberg/*Hey'l*, § 118 Rn 3, 4; Leipziger-GNotKG/*Zimmer*, § 118 Rn 4. **9** So auch *Filzek*, KostO, § 148 a Rn 3; *Assenmacher/Mathias*, KostO, „Anwaltsvergleich" S. 73. **10** Vgl Rohs/Wedewer/*Rohs*, KostO, § 148 a Rn 3 mwN; *Assenmacher/Mathias*, KostO, „Anwaltsvergleich" S. 73. **11** Korintenberg/*Hey'l*, § 118 Rn 3. **1** Art. 44 Nr. 2 Ziff. 7 und 8 des 2. KostRMoG v. 23.7.2013 (BGBl. I 2586, 2709). **2** Korintenberg/*Klüsener*, GNotKG, § 118 a Rn 5. **3** Korintenberg/*Lappe*, KostO, § 116 Rn 35.

§ 119 Entwurf

(1) Bei der Fertigung eines Entwurfs bestimmt sich der Geschäftswert nach den für die Beurkundung geltenden Vorschriften.

(2) Der Geschäftswert für die Fertigung eines Serienentwurfs ist die Hälfte des Werts aller zum Zeitpunkt der Entwurfsfertigung beabsichtigten Einzelgeschäfte.

I. Gesetzliche Systematik

1   Teil 2 Hauptabschnitt 4 Abschnitt 1 KV (Nr. 24100–24103 KV) regelt die Gebühren für Entwürfe, die nicht im Zusammenhang mit einer Beurkundung oder einem anderen Geschäft stehen. Die Entwurfsgebühr wird ausgelöst, wenn außerhalb eines Beurkundungsverfahrens ein **Entwurf** für ein bestimmtes, dh konkret beabsichtigtes Rechtsgeschäft oder eine konkret beabsichtigte Erklärung gefertigt worden ist (Vorbem. 2.4.1 Abs. 1 KV). Gleiches gilt für die Erstellung von **Serienentwürfen** (Vorbem. 2.4.1 Abs. 5 KV). Die Erklärung muss nicht notwendig rechtsgeschäftlichen Inhalts sein. Auch der Entwurf von Verfahrenserklärungen fällt hierunter.

2   Die Entwurfsgebühr nach Teil 2 Hauptabschnitt 4 Abschnitt 1 KV entsteht nur für **außerhalb eines Beurkundungsverfahrens** erstellte Entwürfe. Hierzu zählt insb. die Fertigung von nicht beurkundungsbedürftigen Verträgen oder Entwürfen von Erklärungen, die nur der öffentlichen Beglaubigung bedürfen. Erfasst wird aber etwa auch die Fertigung des Entwurfs eines Sachgründungsberichts gem. § 5 Abs. 4 S. 2 GmbHG.

3   Die Entwurfsgebühr entsteht nicht nur für die Fertigung des gesamten Entwurfs durch den Notar, sondern auch für die **Überprüfung, Änderung oder Ergänzung** eines dem Notar vorgelegten Entwurfs (Vorbem. 2.4.1 Abs. 3 KV). Ein mit einer derartigen Tätigkeit möglicherweise verbundener Minderaufwand im Vergleich zur vollständigen Fertigung des Entwurfs ist durch Ansatz der konkreten Gebühr innerhalb des Gebührenrahmens zu berücksichtigen.

4   Von der Entwurfsgebühr abgegolten ist auch die Übermittlung von Anträgen und Erklärungen an ein Gericht oder eine Behörde, die Stellung von Anträgen im Namen der Beteiligten bei einem Gericht oder einer Behörde und die Erledigung von Beanstandungen einschließlich des Beschwerdeverfahrens (Vorbem. 2.4.1 Abs. 4 Nr. 1–3 KV). Dies entspricht den Abgeltungsregeln für gebührenfreie Nebengeschäfte bei den Beurkundungsverfahren.

5   Die Entwurfsgebühr wird auf die Gebühr für das Beurkundungsverfahren **angerechnet**, wenn der Notar demnächst nach Fertigung des Entwurfs auf der Grundlage dieses Entwurfs ein Beurkundungsverfahren durchführt (Vorbem. 2.4.1 Abs. 6 KV).

6   Voraussetzung für das Entstehen der Entwurfsgebühr ist stets ein **Auftrag** zur Entwurfsfertigung.

7   Der **Geschäftswert** der Entwurfsgebühr bestimmt sich nach § 119. Gemäß Abs. 1 richtet sich der Geschäftswert nach den für die Beurkundung geltenden Vorschriften. Für die Fertigung eines Serienentwurfs ist gem. Abs. 2 die Hälfte des Werts aller zum Zeitpunkt der Entwurfsfertigung beabsichtigten Einzelgeschäfte maßgeblich.

II. Regelungsgehalt

8   **1. Geschäftswert eines konkreten Entwurfs (Abs. 1).** Die Rahmengebühr für die Fertigung eines Entwurfs beträgt 0,5–2,0, mindestens jedoch 120 €, wenn die Gebühr für das Beurkundungsverfahren 2,0 betragen würde (Nr. 24100 KV). Im Falle einer Beurkundungsgebühr von 1,0 beträgt die Entwurfsgebühr 0,3–1,0, mindestens 60 € (Nr. 24101 KV), bei einer Gebühr für das Beurkundungsverfahren 0,3–0,5, mindestens 30 € (Nr. 24102 KV).

9   Der Geschäftswert für die Fertigung des Entwurfs richtet sich gem. Abs. 1 nach den für die Beurkundung geltenden Vorschriften, also nach §§ 34 ff, 95 ff (s. die Erl. dort).

10   **2. Geschäftswert eines Serienentwurfs (Abs. 2).** Entwurfsgebühren nach Teil 2 Hauptabschnitt 4 Abschnitt 1 KV entstehen auch für Fertigung von Serienentwürfen. Der **Begriff** des **Serienentwurfs** ist in Vorbem. 2.4.1 Abs. 5 KV definiert. Es handelt sich hierbei um einen Entwurf zur beabsichtigten Verwendung für mehrere gleichartige Rechtsgeschäfte oder Erklärungen, also den Text einer Urkunde, der mangels Konkretisierung der Beteiligten oder des Leistungsgegenstandes oder wegen ähnlicher Lücken noch nicht die Qualität eines konkreten Entwurfs für ein bestimmtes Geschäft hat. Häufiger Anwendungsfall ist die Fertigung eines Vertragsmusters für ein bestimmtes Wohnbauprojekt für einen Bauträger oder etwa die Fertigung einer Dienstbarkeitsbewilligung für eine Überlandleitung eines Energieversorgers.

Finden auf der Grundlage eines von demselben Notar gefertigten Serienentwurfs Beurkundungsverfahren 11
statt, **ermäßigt** sich die Entwurfsgebühr für den Serienentwurf gem. Nr. 24103 KV jeweils um die Gebühr
für das Beurkundungsverfahren.

Vorbem. 2.4.1 Abs. 7 KV ergänzt diese Ermäßigungsregelung und gestattet dem Notar, dem Auftraggeber 12
die Gebühren für die Fertigung eines Serienentwurfes bis zu einem Jahr nach Fälligkeit zu **stunden**.

Der Geschäftswert für einen Serienentwurf war nach der früheren Rspr in Höhe des addierten Werts der 13
Einzelgeschäfte zu bestimmen.[1] Mit Abs. 2 ist der Gesetzgeber jetzt einen anderen Weg gegangen. Nach dieser Vorschrift ist Geschäftswert für die Fertigung eines Serienentwurfes die Hälfte des Werts aller zum Zeitpunkt der Entwurfsfertigung beabsichtigten Einzelgeschäfte, also 50 % der Wertsumme der Einzelgeschäfte.[2]

§ 120 Beratung bei einer Haupt- oder Gesellschafterversammlung

[1]Der Geschäftswert für die Beratung bei der Vorbereitung oder Durchführung einer Hauptversammlung
oder einer Gesellschafterversammlung bemisst sich nach der Summe der Geschäftswerte für die Beurkundung der in der Versammlung zu fassenden Beschlüsse. [2]Der Geschäftswert beträgt höchstens 5 Millionen
Euro.

Schrifttum: *Priester*, Aufgaben und Funktionen des Notars in der Hauptversammlung, DNotZ 2001, 661.

I. Gesetzliche Systematik

Eine Beratung bei der Vorbereitung oder Durchführung einer Hauptversammlung oder einer Gesellschafter- 1
versammlung gehört nicht zu den Amtspflichten des Notars hinsichtlich der Beurkundung der Hauptver-
sammlungs- bzw Gesellschafterbeschlüsse und ist deshalb auch nicht durch die Beurkundungsgebühr
(Nr. 21100 KV) abgedeckt.[1] Mit Nr. 24203 KV hat der Gesetzgeber einen eigenen Gebührentatbestand für
die Beratung bei der Vorbereitung oder Durchführung einer Hauptversammlung oder einer Gesellschafterversammlung eingeführt (Rahmengebühr 0,5–2,0). Die Gebühr entsteht, soweit der Notar die Gesellschaft
über die im Rahmen eines Beurkundungsverfahrens bestehenden Amtspflichten hinaus berät.

Gemäß § 120 bemisst sich der Geschäftswert der Beratungsgebühr nach der Summe der Geschäftswerte für 2
die Beurkundung der in der Versammlung zu fassenden Beschlüsse und beträgt höchstens 5.000.000 €.

II. Regelungsgehalt

1. Beratungtätigkeit. Der eine Haupt- oder Gesellschafterversammlung protokollierende Notar hat keine 3
allgemeine Beratungsfunktion. Die Beschlussgebühr der Nr. 21100 KV deckt grds. nur die Wiedergabe der
Willensbildung der Beteiligten ab. Eine bloß passive Rolle als Protokollant kommt dem Notar jedoch nicht
zu. Aufgrund seiner Eigenschaft als Organ der Rechtspflege hat er sich stets ein Bild von der Ordnungsmäßigkeit des Versammlungsablaufs zu machen. Dies schließt zB die Zugangskontrolle, Präsenzerfassung, den
Gang der Verhandlung und die Stimmenauszählung mit ein. Bemerkt der Notar Mängel, hat der darauf
hinzuwirken, dass diese abgestellt werden. Im Ergebnis sind die Beratungspflichten des Notars aufgrund
seines Beurkundungsauftrages jedoch lediglich auf eine **neutrale Rechtskontrolle** beschränkt.[2]

Über seine Amtspflichten im Rahmen des Beurkundungsverfahrens hinaus kann der Notar aufgrund eines 4
besonderen Auftrages seitens der Gesellschaft auch **echte Beratungsfunktionen** übernehmen. So kommt es
nicht selten vor, dass der Notar mit einer Prüfung der Ladung, insb. der Tagesordnung beauftragt wird.
Nimmt der Notar bei der Vorbereitung oder Durchführung einer Hauptversammlung oder Gesellschafterversammlung neben der Beschlussbeurkundung weitere Beratungtätigkeiten auftragsgemäß vor, ist für diese die Gebühr gem. Nr. 24203 KV zu erheben.

2. Wert der zu fassenden Beschlüsse (S. 1). Der Geschäftswert der Beratungsgebühr gem. Nr. 24203 KV be- 5
misst sich nach der Summe der Geschäftswerte für die Beurkundung der in der Versammlung zu fassenden
Beschlüsse. Der Geschäftswert von Beschlüssen mit bestimmtem Geldwert ergibt sich aus §§ 108 Abs. 1
S. 2, 105 Abs. 1 und beträgt mindestens 30.000 €. Hat der Beschlussgegenstand keinen bestimmten Geldwert, bestimmen §§ 108 Abs. 1 S. 1, 105 Abs. 4 und 6 den Geschäftswert.

---

1 BGH DNotZ 2009, 234 = MittBayNot 2009, 63 = NotBZ 2008, 458 = RNotZ 2009, 59; OLG Hamburg DNotZ 1964, 245;
OLG Köln MittRhNotK 1988, 24; BayObLG MittBayNot 1991, 273; OLG Schleswig DNotZ 1994, 134. **2** Hierfür hatte sich
unter Geltung der KostO auch das OLG Düsseldorf JurBüro 1994, 168 ausgesprochen. **1** *Priester*, DNotZ 2001, 662. **2** *Priester*, DNotZ 2001, 662.

6   Der Geschäftswert von Zustimmungsbeschlüssen zu bestimmten Rechtsgeschäften richtet sich nach § 108 Abs. 2. Er ist wie der Geschäftswert bei der Beurkundung des Geschäfts zu bestimmen.

7   Für Beschlüsse nach dem UmwG gilt § 108 Abs. 3. Maßgebend ist der Wert des Vermögens des übertragenden oder formwechselnden Rechtsträgers, bei Abspaltungen oder Ausgliederungen der Wert des übergehenden Vermögens.

8   Bei der Berechnung der Beratungsgebühr für mehrere Beschlüsse ist § 109 Abs. 2 Nr. 4 Buchst. a–g zu beachten. Diese Vorschrift ordnet für das Zusammentreffen bestimmter Beschlüsse Gegenstandsgleichheit an (→ § 109 Rn 32 ff). Der Geschäftswert bestimmt sich in diesen Fällen nach dem höchsten in Betracht kommenden Wert.

9   Sind die Beschlüsse gegenstandsverschieden, bestimmt sich die Gebühr nach der Summe der Geschäftswerte der einzelnen Beschlüsse.

10   Beschränkt sich die Beratung des Notars bei der Vorbereitung oder Durchführung der Hauptversammlung oder der Gesellschafterversammlung nur auf einzelne Beschlussgegenstände von mehreren in der Versammlung zu fassenden Beschlüsse, richtet sich der Geschäftswert der Beratungsgebühr auch nur nach dem Wert der Beschlüsse, die Gegenstand der Beratung sind.

11   **3. Höchstwert (S. 2).** Der Gesetzgeber hat für Beschlussbeurkundungen einen Höchstgeschäftswert von 5.000.000 € festgesetzt (§ 108 Abs. 5). Entsprechendes gilt gem. S. 2 für den Geschäftswert der Beratungsgebühr. Auch dieser beträgt höchstens 5.000.000 €.

§ 121 Beglaubigung von Unterschriften oder Handzeichen

Der Geschäftswert für die Beglaubigung von Unterschriften oder Handzeichen bestimmt sich nach den für die Beurkundung der Erklärung geltenden Vorschriften.

I. Allgemeines

1   § 121 ist die Geschäftswertvorschrift für die notarielle Unterschriftsbeglaubigung. Die anwendbaren Gebührenvorschriften sind Nr. 25100 und 25101 KV.

II. Regelungsinhalt

2   **1. Wertberechnung.** Der Geschäftswert für **Unterschriftsbeglaubigungen** ist so zu ermitteln, als wäre die unterschriebene Erklärung beurkundet worden. § 121 verweist also auf die in §§ 35 ff und §§ 95 ff enthaltenen Geschäftswertvorschriften. Grundsätzlich wird dabei der gesamte Inhalt der unterschriebenen Urkunde zugrunde gelegt.

3   Wird die Unterschrift unter einem **Vertrag** beglaubigt, gilt der **Wert des gesamten Vertrags** auch dann als Geschäftswert, wenn nur die Unterschrift eines Vertragsteils beglaubigt wird.[1] Wird hingegen nur die Unterschrift eines **Mitberechtigten** auf einer Vertragsseite iSv § 98 Abs. 2 S. 1 beglaubigt, wird der Geschäftswert entsprechend § 98 Abs. 2 anteilig berechnet. Dasselbe gilt bei **Gesamthandsberechtigungen**, etwa bei Erbengemeinschaften gem. § 98 Abs. 2 S. 3. Wird bspw unter einen Antrag auf Eintragung von Miterben ins Grundbuch die Unterschrift nur eines der Miterben beglaubigt, so ist nur der der Quote entsprechende Wert der Grundstücke als Geschäftswert anzusetzen. Keine Mitberechtigung liegt vor, wenn eine juristische Person durch mehrere natürliche Personen vertreten wird; hier ist bei der Unterschrift jedes Vertreters der volle Wert maßgeblich.[2]

4   Die **Alternativen des § 94** spielen bei Unterschriftsbeglaubigungen keine Rolle, da nur eine Gebühr für Unterschriftsbeglaubigungen existiert.[3] Sollten Erklärungen nach Nr. 25100 KV und Nr. 25101 KV zusammentreffen, wird die Festgebühr nach Nr. 25101 KV mit der Gebühr Nr. 25100 KV zusammengerechnet.

5   **2. Mehrere Erklärungen.** Sind in dem unterschriebenen Schriftstück mehrere Erklärungen enthalten, gelten die **Grundsätze der §§ 35, 109–111.** Enthält die Urkunde selbständige Erklärungen einer Person, deren Unterschrift nicht beglaubigt wird, sind diese bei Ermittlung des Geschäftswerts nicht einzubeziehen.

6   Werden mehrere Unterschriften mit nur **einem Vermerk** beglaubigt, fällt die Gebühr nur einmal aus dem gesamten Geschäftswert an. Bei gleichzeitig Anwesenden, die dieselbe Urkunde unterschreiben, ist deshalb mit einem Vermerk zu beglaubigen.[4] Nur auf ausdrücklich gegenteiligen Wunsch darf davon abgewichen

---

[1] Korintenberg/*Sikora*, § 121 Rn 4.   **2** Korintenberg/*Sikora*, § 121 Rn 4.   **3** Korintenberg/*Sikora*, § 121 Rn 6.   **4** LG Freiburg BWNotZ 2002, 159.

werden, sonst liegt insoweit unrichtige Sachbehandlung gem. § 21 vor.[5] Wird mit mehreren Vermerken beglaubigt, fällt die Gebühr mehrfach an, auch wenn die Beglaubigung am selben Tag erfolgt.

§ 122 Rangbescheinigung

Geschäftswert einer Mitteilung über die dem Grundbuchamt bei Einreichung eines Antrags vorliegenden weiteren Anträge einschließlich des sich daraus ergebenden Rangs für das beantragte Recht (Rangbescheinigung) ist der Wert des beantragten Rechts.

I. Allgemeines

§ 122 ist die Geschäftswertvorschrift für die notarielle Rangbescheinigung. Die anwendbare Gebührenvorschrift ist Nr. 25201 KV.   1

II. Regelungsinhalt

1. Rangbescheinigung. Das Vorliegen einer **Rangbescheinigung** setzt gemäß der Legaldefinition des § 122   2
voraus, dass „die dem Grundbuchamt bei Einreichung eines Antrags vorliegenden weiteren Anträge" überprüft werden. Trotz des Gesetzeswortlauts ist es weiterhin nicht erforderlich, dass der Notar dazu den Geschäftseingang des Grundbuchamts überprüft.[1] Zur Erfüllung der gesetzlichen Voraussetzungen genügt es, „dass er die „vorliegenden weiteren Anträge" im Rahmen der ihm zumutbaren Möglichkeiten, wenn auch objektiv nur eingeschränkt, überprüft hat und hieraus gutachterliche Folgerungen zieht".[2] Die praxisübliche Vorgehensweise der Einsicht in die Markentabelle bzw in die Grundakten ist also nach wie vor ausreichend.[3]

Die Rangbescheinigung gem. § 122 ist gegenüber der bloßen Rangbestätigung **abzugrenzen**, die eine Bescheinigung gem. Nr. 25104 KV darstellt. **Rangbestätigungen** sind Bescheinigungen, bei der der Rang eines bereits eingetragenen Rechts festgestellt wird. Erfolgt dies im Rahmen des Vollzugs einer Grundpfandrechtsbestellung, liegt eine gebührenfreie Nebentätigkeit zur Grundpfandrechtsbestellung vor.[4]   3

Bei einer vertraglichen Vereinbarung der Art, dass der Kaufpreis fällig ist, wenn der Antrag auf Eintragung   4
der Vormerkung beim Grundbuchamt eingegangen ist und keine unerledigten Anträge vorgehen, ist die Rangbescheinigung hinsichtlich der Vormerkung **gebührenfreies Nebengeschäft** zur Fälligkeitsmitteilung durch den Notar. Dies gilt genauso in vergleichbaren Fällen.

2. Wertberechnung. Grundsätzlich maßgebend ist der Nominalwert des beantragten Rechts. Gibt es einen   5
solchen nicht, sind die allgemeinen Bewertungsvorschriften gem. §§ 35 ff anzuwenden. Zum Beispiel ist der Wert einer Vormerkung gem. § 45 Abs. 3 zu ermitteln.

3. Mehrere Rangbescheinigungen. Wenn der Rang **mehrerer Rechte** zu bescheinigen ist, sind die Werte   6
gem. § 35 grds. zusammenzurechnen. Dies gilt jedoch nur, wenn ein sachlicher Grund gem. § 93 Abs. 2 S. 2 vorliegt. Bei Fehlen eines solchen gilt § 93 Abs. 2 S. 1, wenn zusätzlich § 86 Abs. 2 einschlägig ist. Letzteres wird bei mehreren Rechten idR der Fall sein.

Bei einer Rangbescheinigung hinsichtlich einer Gesamtgrundschuld liegt nur eine Bescheinigung vor, auch   7
wenn der Notar eine Prüfung hinsichtlich mehrerer Grundbücher bei unterschiedlichen Amtsgerichten vornehmen muss.[5]

§ 123 Gründungsprüfung

[1]Geschäftswert einer Gründungsprüfung gemäß § 33 Absatz 3 des Aktiengesetzes ist die Summe aller Einlagen. [2]Der Geschäftswert beträgt höchstens 10 Millionen Euro.

§ 123 ist die Geschäftswertvorschrift für die notarielle Gründungsprüfung bei der Gründung von Aktiengesellschaften. Nur die Tätigkeit des Notars im Umfang des § 33 Abs. 3 AktG ist umfasst. Die anwendbare Gebührenvorschrift ist Nr. 25206 KV.   1

---

5 OLG Oldenburg NdsRpfl 1975, 18. **1** BT-Drucks 17/11471, S. 191. **2** BT-Drucks 17/11471, S. 191. **3** Empfehlung der BNotK, DNotZ 1999, 369; Korintenberg/*Sikora*, § 121 Rn 5. **4** KG ZNotP 1998, 430. **5** Korintenberg/*Fackelmann*, Nr. 25201 KV Rn 3.

2   Gemäß § 33 Abs. 3 AktG ist in den Fällen des § 33 Abs. 2 Nr. 1 und 2 AktG eine Gründungsprüfung durch den die Satzung der Aktiengesellschaft beurkundenden **Notar** (Verweis auf § 23 Abs. 1 S. 1 AktG) zulässig. Die notarielle Prüfung ist nur bei **Bargründungen** möglich (vgl § 33 Abs. 2 Nr. 4).

3   Der **Geschäftswert** ermittelt sich aus der Summe aller in der Gründungsurkunde vereinbarten Bareinlagen. Sind diese nicht ausdrücklich als solche festgeschrieben, gilt der Ausgabebetrag als maximale Höhe der Einlageverpflichtung gem. § 54 Abs. 1 AktG.[1] Der Ausgabebetrag entspricht gem. § 9 Abs. 1 AktG zwingend mindestens dem Nennbetrag der Aktie. Im Falle einer gem. § 9 Abs. 2 zulässigen **Überpariemission** ist bei der Geschäftswertermittlung ein **Agio** zu berücksichtigen. Der Ausgabebetrag der Aktien ist gem. § 23 Abs. 2 Nr. 2 AktG zwingend Bestandteil der Gründungsurkunde/ Übernahmeerklärung.[2]Genehmigtes Kapital ist hinzuzurechnen.

4   Die Vorschrift legt einen **Höchstwert** von 10 Mio. € fest.

§ 124 Verwahrung

[1]Der Geschäftswert bei der Verwahrung von Geldbeträgen bestimmt sich nach der Höhe des jeweils ausgezahlten Betrages. [2]Bei der Entgegennahme von Wertpapieren und Kostbarkeiten zur Verwahrung ist Geschäftswert der Wert der Wertpapiere oder Kostbarkeiten.

1   § 124 ist die Geschäftswertvorschrift für die notarielle Verwahrung von Geld, Wertpapieren und Kostbarkeiten gem. § 23 BNotO, §§ 54 a–54 e BeurkG. Die anwendbaren Gebührenvorschriften sind Nr. 25300 KV und Nr. 25301 KV. Gemäß Nr. 25300 KV fällt für jede Auszahlung eine eigene Gebühr an. Entsprechend ist für jede Auszahlung ein eigener Geschäftswert zu ermitteln. Dieser entspricht dem nominal ausbezahlten Betrag. Auch bei mehreren Teilauszahlungen an dieselbe Person sind die Werte getrennt zu ermitteln.[1]

2   Bei Wertpapieren und Kostbarkeiten kommt es auf den Wert zum **Zeitpunkt der Entgegennahme** an. Dieser ist nach den Grundsätzen der §§ 46 und 54 zu ermitteln. Bei an der Börse gehandelten Wertpapieren entspricht dies dem Kurswert. Im Zweifel ist es rechtens, den Nennwert anzusetzen.[2]

3   Eine etwaige **Wertsteigerung** während der Verwahrung ist unbeachtlich, da die Entgegennahme die Gebühren auslöst und die Verwahrung gem. Nr. 25301 KV mit der Gebühr für die Entgegennahme abgegolten ist (→ Nr. 25300–25301 KV Rn 13).

4   Für den Geschäftswert bei der Verwahrung gibt es **keinen Höchstwert**. § 35 Abs. 2 Alt. 2 gilt insoweit nicht.[3] Dies ist ausdrücklich in Vorbem. 2.5.3 Abs. 2 KV geregelt.

5   Verwahrt der Notar nicht unter § 124 fallende Gegenstände (nach § 24 Abs. 1 S. 1 BNotO zulässig), sind die Gebühren durch öffentlich-rechtlichen Vertrag zu vereinbaren.

Abschnitt 5
Gebührenvereinbarung

§ 125 Verbot der Gebührenvereinbarung

Vereinbarungen über die Höhe der Kosten sind unwirksam, soweit sich aus der folgenden Vorschrift nichts anderes ergibt.

I. Allgemeines

1   Die Gebühren und Auslagen des Notars sind abschließend im GNotKG geregelt. Als unabhängiger Träger eines öffentlichen Amtes (§ 1 BNotO) hat der Notar die gesetzlich vorgeschriebenen Gebühren zu erheben (§ 17 Abs. 1 S. 1 BNotO). Das schließt Gebührenvereinbarungen durch den Notar grds. aus. Das GNotKG lässt zwei Ausnahmen ausdrücklich zu, nämlich den Abschluss eines öffentlich-rechtlichen Vertrages für die Tätigkeit als Mediator oder Schlichter (§ 126 Abs. 1 S. 1) sowie notarielle Amtstätigkeiten, für die im GNotKG keine Gebühr bestimmt ist und die nicht mit anderen gebührenpflichtigen Tätigkeiten zusammenhängen (§ 126 Abs. 1 S. 2). Auch die Höhe der auf diese Weise zu vereinbarenden Gebühren ist in § 126 geregelt.

---

1 *Hüffer*, AktG, 12. Aufl., § 54 Rn 5; MüKo-AktG/*Bungeroth*, 3. Aufl., § 54 Rn 7.   **2** *Hüffer*, AktG, 12. Aufl., § 23 Rn 16; MüKo-AktG/*Pentz*, 3. Aufl., § 23 Rn 60.   **1** LG Berlin Rpfleger 1961, 327.   **2** KGJ 53, 286.   **3** Korintenberg/*Schwarz*, § 124 Rn 5.

§ 125 stellt klar, dass es neben den in § 126 geregelten Ausnahmen keine weiteren Ausnahmen vom Verbot der Vereinbarungen über die Höhe der Kosten (also Gebühren und Auslagen) gibt. **2**

II. Verbot der Gebührenvereinbarung

Der Notar darf weder mit den Beteiligten noch mit Dritten (die also sich der Zahlung zusätzlicher Gebühren verpflichten oder die zugunsten der Beteiligten die Herabsetzung der Gebühren vereinbaren) Vereinbarungen über die Höhe der Kosten treffen. **3**

Die Vereinbarungen müssen die **Kosten** betreffen, also sowohl die **Gebühren** des Notars als auch seine **Auslagen**. **4**

Angesprochen ist im Gesetzestext – wie bereits in der KostO – nur die **Höhe der Kosten**, nicht ausdrücklich die Berechnung der Kosten oder das Entstehen der Kosten. Das Gesetz wollte mit der Übernahme des Wortlauts von § 140 S. 2 KostO ersichtlich das Verständnis dieser Vorschrift nicht ändern. Umfasst werden alle Bestandteile der Kostenberechnung, also etwa auch Vereinbarungen über den Geschäftswert, insb. das Zugrundelegen eines zu niedrigen Verkehrswerts. **5**

Vereinbarungen dürfen auch nicht darüber getroffen werden, dass – zu Unrecht – notarielle Tätigkeit als Anwaltstätigkeit abzurechnen ist oder gar der Notar oder einer seiner Sozien bei richtiger Abrechnung der notariellen Tätigkeit anwaltliche Tätigkeit preisgünstiger erbringt, als sie ohne Übertragung der notariellen Tätigkeit erbracht worden wäre. **6**

Das Verbot der Gebührenvereinbarung ist Teil des generellen Verbotes, die gesetzlichen Gebühren zu unterschreiten. Insoweit bestimmt § 17 BNotO, dass der Notar verpflichtet ist, für seine Tätigkeit die gesetzlich vorgeschriebenen Gebühren zu erheben und Gebührenerlass und Gebührenermäßigung nur dann zulässig sind, wenn sie durch eine sittliche Pflicht oder durch eine auf den Anstand zu nehmende Rücksicht geboten sind und die Notarkammer allgemein oder im Einzelfall zugestimmt hat. Dazu hat die **Bundesnotarkammer Richtlinien** erstellt und veröffentlicht,[1] die von den dafür zuständigen Notarkammern übernommen worden sind. **7**

Geregelt sind dort **Gebührenerlass** oder **Gebührenermäßigung** zugunsten von Kollegen und deren Ehegatten, beschränkt auf Anwälte mit „Zulassung" im Bezirk des Landgerichts, in dem der Notar seinen Sitz hat, Sozien und Angestellte. Der Notar darf ihm zustehende Gebühren nicht zurückerstatten, keine Vermittlungsentgelte für Urkundsgeschäfte gewähren, ebenso wenig Kompensationen von Notargebühren an Dritte gewähren oder auf ihm aus anderer Tätigkeit zustehende Gebühren verzichten. Entsprechende Verpflichtungen muss er auch seinen nicht als Notar tätigen Kollegen auferlegen.[2] Diese Regelungen gelten auch bei Vereinbarungen (Vergleich) über streitige notarielle Kostenforderungen, sei es außergerichtlich, sei es gerichtlich. Ausnahmsweise sind Vergleiche bei objektiver tatsächlicher oder rechtlicher Ungewissheit zulässig.[3] **8**

Nicht von § 125 sind erfasst Vergleiche über Gegenforderungen oder sonstige, mit der notariellen Kostenforderung nicht zusammenhängende Einwendungen der Kostenschuldner.[4] Wendet der Kostenschuldner Schadensersatzforderungen als Gegenforderungen ein, weil er der Auffassung ist, dass die notarielle Amtspflicht verletzt ist und ihm dadurch ein Schaden entstanden ist, ist ein Vergleich über diese Gegenforderungen (auch ohne Zustimmung der Notarkammer) zulässig.[5] **9**

Wenn schon Vereinbarungen über die Höhe der Kosten unzulässig sind, dann erst recht Vereinbarungen über das **Entstehen von Kosten**.[6] Unzulässig ist also die Vereinbarung, dass der Notar insgesamt oder in bestimmten Teilbereichen kostenlos tätig wird. Wirksam vereinbart werden kann auch nicht die sachlich unzutreffende Nichterhebung von Kosten wegen unrichtiger Sachbehandlung gem. § 21. **10**

Für den Fall, dass der Kostenschuldner nicht zur Zahlung der Notarkosten in der Lage ist, hat der Notar die Regelung des § 17 Abs. 2 BNotO – Prozesskostenhilfe – anzuwenden. **11**

Keine Vereinbarung über die Höhe der Kosten ist die Vereinbarung, keinen Kostenvorschuss zu erheben.[7] **12**

§ 126 Öffentlich-rechtlicher Vertrag

(1) [1]Für die Tätigkeit des Notars als Mediator oder Schlichter ist durch öffentlich-rechtlichen Vertrag eine Gegenleistung in Geld zu vereinbaren. [2]Dasselbe gilt für notarielle Amtstätigkeiten, für die in diesem Gesetz

---

1 *Bundesnotarkammer*, DNotZ 1999, 259. **2** VI Ziffer 3.1 bis 3.3 der Richtlinien der Westfälischen Notarkammer v. 9.6.1999 (Kammerreport v. 23.6. und 12.12.2000) idF der Änderung v. 2.4.2008 (Kammerreport v. 11.6.2008). Aktuell abrufbar auf www.westfaelische-notarkammer.de. **3** Korintenberg/*Bormann*, § 125 Rn 19 f. **4** Korintenberg/*Bormann*, § 125 Rn 17. **5** Korintenberg/*Bormann*, § 125 Rn 18. **6** *Hartmann*, KostG, § 125 GNotKG Rn 4. **7** Korintenberg/*Bormann*, § 125 Rn 22.

keine Gebühr bestimmt ist und die nicht mit anderen gebührenpflichtigen Tätigkeiten zusammenhängen. [3]Die Gegenleistung muss unter Berücksichtigung aller Umstände des Geschäfts, insbesondere des Umfangs und der Schwierigkeit, angemessen sein. [4]Sofern nichts anderes vereinbart ist, werden die Auslagen nach den gesetzlichen Bestimmungen erhoben.

(2) Der Vertrag bedarf der Schriftform.

(3) [1]Die §§ 19, 88 bis 90 gelten entsprechend. [2]Der vollstreckbaren Ausfertigung der Kostenberechnung ist eine beglaubigte Kopie oder ein beglaubigter Ausdruck des öffentlich-rechtlichen Vertrags beizufügen.

I. Allgemeines

1   § 126 sieht für einen eng begrenzten Kreis von Tätigkeiten im Bereich der sonstigen notariellen Betreuung (§ 24 Abs. 1 BNotO) die Möglichkeit vor, durch **öffentlich-rechtlichen Vertrag** die Gegenleistung für die Tätigkeit des Notars zu vereinbaren. Die Regelung soll darüber hinaus zweierlei klarstellen: Erstens, dass eine unentgeltliche Tätigkeit ausscheidet und jedenfalls eine Gegenleistung zu vereinbaren ist, und zweitens, dass eine andere Gegenleistung als Geld ausscheidet.[1]

II. Tatbestand

2   **1. Anwendungsbereich. a) Mediation und Schlichtung (Abs. 1 S. 1).** Nach Abs. 1 S. 1 soll Hauptanwendungsbereich der notariellen Gebührenvereinbarung die Mediation und die Schlichtung durch den Notar sein. Der Notar ist gem. § 24 BNotO auch über die urkundsvorbereitende Verhandlungsführung hinaus berechtigt, konfliktvermeidend oder -beseitigend tätig zu werden. Mediation und Schlichtung sind zwar Amtstätigkeiten des Notars, unterliegen aber grds. nicht dem Amtsgewährungsanspruch des § 15 BNotO, da es sich um eine sonstige Betreuung durch den Notar handelt.[2]

3   **Mediation** ist eine besondere Form der außergerichtlichen Streitbeilegung, die der einvernehmlichen Lösung von Konflikten dient.

4   Von der Mediation zu unterscheiden ist das wesentlich stärker formalisierte **Schlichtungsverfahren**, das auf Vermittlung zwischen den Parteien gerichtet ist.[3] Die Zuständigkeit des Notars für Schlichtungen kann sich aus § 794 Abs. 1 Nr. 1 ZPO oder im Rahmen eines freiwilligen Verfahrens nach der Güteordnung der Bundesnotarkammer[4] ergeben. Soweit der Notar jedoch **anerkannte Gütestelle** (§ 15 a EGZPO) iSd § 794 Abs. 1 Nr. 1 ZPO ist und in dieser Funktion als Schlichter tätig wird, werden für derartige Schlichtungen die Gebühren nach den einschlägigen Landesgesetzen[5] erhoben und nicht nach dem GNotKG, so dass insoweit eine Gebührenvereinbarung durch öffentlich-rechtlichen Vertrag ausscheidet.

5   **b) Sonstige notarielle Amtstätigkeiten (Abs. 1 S. 2).** Abs. 1 S. 2 eröffnet für notarielle Amtstätigkeiten, für die in diesem Gesetz keine Gebühr bestimmt ist und die nicht mit anderen gebührenpflichtigen Tätigkeiten zusammenhängen, die Möglichkeit der Vereinbarung einer Gegenleistung in Geld durch öffentlich-rechtlichen Vertrag. Dadurch wird berücksichtigt, dass es neben der Mediation und Schlichtung weitere Amtstätigkeiten geben kann, für die eine ausdrückliche Gebührenregelung nicht vorgesehen ist, insb. im Bereich der sonstigen Betreuung auf dem Gebiet der vorsorgenden Rechtspflege (§ 24 Abs. 1 BNotO).[6]

6   Nach Abs. 1 S. 2 ist eine Gebührenvereinbarung nur dann möglich, wenn keine Gebühr im GNotKG bestimmt ist und die sonstige Tätigkeit nicht mit einer anderen gebührenpflichtigen Tätigkeit zusammenhängt; ansonsten fällt für die sonstige Tätigkeit keine gesonderte Gebühr mehr an. Ein **Zusammenhang** ist insb. dann gegeben, wenn die sonstige Tätigkeit in irgendeiner Form der gebührenpflichtigen Tätigkeit dient bzw die sonstige Tätigkeit im konkreten Fall isoliert keinen Sinn machen würde.

7   Eine Gebührenvereinbarung durch öffentlich-rechtlichen Vertrag kommt zB für die **Verwahrung anderer Sachen als Wertpapiere und Kostbarkeiten** in Betracht. Die Verwahrung anderer Gegenstände als Geld, Wertpapiere und Kostbarkeiten fällt nicht unter § 23 BNotO, sondern wird vielmehr als sonstige Betreuung der Beteiligten auf dem Gebiet der vorsorgenden Rechtspflege unter § 24 Abs. 1 BNotO eingeordnet.[7]

8   Ebenso kann Abs. 1 S. 2 auf diverse notarielle **Daueraufgaben** Anwendung finden. Unter Daueraufgaben fallen zB die Führung eines Aktienregisters sowie die Führung vertraulicher Statistiken.

9   Bei der **Vertretung der Beteiligten vor Behörden** gem. § 24 Abs. 1 S. 2 BNotO im Rahmen der vorsorgenden Rechtspflege ist eine Gebührenvereinbarung nach Abs. 1 S. 2 denkbar (falls die Tätigkeit nicht schon von der Beratungsgebühr nach Hauptabschnitt 4 KV erfasst wird).

---

1 BT-Drucks 17/11471, S. 292; BR-Drucks 517/12, S. 280.   **2** Eylmann/Vaasen/*Limmer*, BNotO, § 20 Rn 57; Schippel/Bracker/ *Püls*, BNotO, Anh. zu § 24 Rn 68, 96. **3** Leipziger-GNotKG/*Renner*, § 126 Rn 9. **4** S. DNotZ 2000, 1 ff. **5** ZB Art. 13, 14 Bay-SchlG, §§ 14 ff BWSchlG, §§ 46 ff SchStG Sachsen-Anhalt; s. auch Schippel/Bracker/*Püls*, BNotO, Anh. zu § 24 Rn 90 mwN. **6** BT-Drucks 17/11471, S. 292 f. **7** Schippel/Bracker/*Püls*, BNotO, Anh. zu § 24 Rn 56.

Auch weitere „exotische" Tätigkeiten auf dem Gebiet der vorsorgenden Rechtspflege, wie zB die selbstän- 10
dige **Ermittlung von ausländischen Erben und Beschaffung der Erbnachweise**, die **isolierte Verhandlung** mit
Parteien (zB über Rang- oder Löschungserklärungen, wenn der Notar nicht deren Entwurf erstellen soll)
oder die bloße **Einschaltung des Notars als Vertrauensperson** fallen in den Anwendungsbereich.

Zu beachten ist, dass diese Beispiele keinesfalls abschließend sind. Das GNotKG wurde so gefasst, dass 11
möglichst viele Tatbestände durch das Kostenverzeichnis erfasst werden. Zwar lässt sich nicht ausschließen,
dass einzelne selten vorkommende Tätigkeiten derzeit noch nicht erfasst sind. Eine analoge Anwendung
des § 126 scheidet jedoch aus Gründen der Normenklarheit und Rechtssicherheit aus. Insoweit ist in Kauf zu
nehmen, dass diese Tätigkeiten – ggf vorübergehend bis zu einer Kodifizierung – kostenfrei zu erbringen
sind.

Der Abschluss eines öffentlich-rechtlichen Vertrags nach Abs. 1 S. 2 ist demnach an drei Voraussetzungen 12
geknüpft:

- Es muss sich um eine notarielle Amtstätigkeit handeln,
- das GNotKG bestimmt für diese Tätigkeit keine Gebühr und
- die Tätigkeit darf nicht im Zusammenhang mit einer anderen gebührenpflichtigen Tätigkeit stehen.

2. Höhe der Gegenleistung (Abs. 1 S. 3). a) Angemessenheit. Nach Abs. 1 S. 3 muss die Gegenleistung un- 13
ter Berücksichtigung aller Umstände des Geschäfts, insb. des Umfangs und der Schwierigkeit, angemessen
sein. Als **Gegenleistung** kommt nach Abs. 1 S. 1 nur eine **Geldleistung** in Betracht. Auf die Art der **Währung**
kommt es nicht an, es muss sich jedoch um eine amtliche Währung handeln.

Die Formulierung zur Gebührenhöhe in Abs. 1 S. 3 orientiert sich an § 56 Abs. 1 S. 2 Hs 1 VwVfG, wonach 14
„die Gegenleistung den gesamten Umständen nach angemessen sein muss." **Angemessenheit** bedeutet, dass
bei wirtschaftlicher Betrachtung des Gesamtvorgangs die Gegenleistung nicht außer Verhältnis zu der Bedeutung und dem wirtschaftlichen Wert der vom Notar zu erbringenden Leistung stehen darf, dh, die Gegenleistung muss dem Grundsatz der **Verhältnismäßigkeit** genügen.[8]

Die genannten Kriterien „**Umfang**" und „**Schwierigkeit**" sind nicht abschließend, so dass auch weitere Kri- 15
terien berücksichtigt werden können; bspw dürfen Spezialkenntnisse des Notars die Gegenleistung erhöhen.

Der Notar muss als Träger eines öffentlichen Amtes nach den objektiven Umständen des Einzelfalls eine 16
angemessene Gebührenvereinbarung treffen (sog. **objektive Angemessenheit**). Die objektive Angemessenheit
einer wirtschaftlich bewertbaren Leistung hat im Ansatz – unabhängig vom Parteiwillen – von den quantifi-
zierbaren Kostenfaktoren auszugehen, die für eine bestimmte Maßnahme anfallen werden und daher zu decken sind.[9] Da „alle Umstände des Geschäfts" zu berücksichtigen sind, können auch subjektive Interessen
der Beteiligten (nicht des Notars) – wenn auch nur ergänzend – eine Rolle spielen (sog. **subjektive Angemessenheit**). Die subjektive Abgemessenheit berücksichtigt demnach den individuellen, nicht in Geld quantifi-
zierbaren subjektiven Wert einer Leistung für eine bestimmte Person oder für bestimmte Gesamtumstände.
Subjektive Interessen sind idR bei nichtvermögensrechtlichen Angelegenheiten (→ § 36 Rn 30) von Bedeutung.

Obwohl nicht von einem bestimmten Geschäftswert auszugehen ist, kann sich die Gegenleistung bei der 17
Mediation bzw **Schlichtung** regelmäßig am **Wert des streitigen Rechtsverhältnisses**, also an dem behaupteten Anspruch bzw dem Gegenstand des Begehrens (zB Zahlung eines bestimmten Geldbetrags, Unterlassung von Immissionen, Widerruf ehrverletzender Äußerungen), orientieren. Schließlich erscheint es zulässig, bei streitschlichtenden Amtstätigkeiten auf anerkannte Honorarrichtlinien von Schiedsrichtern zurückzugreifen.[10]

Die zu vereinbarende Gegenleistung kann eine „**Zeit- oder Rahmengebühr**" sein, da insb. die Tätigkeit in 18
der Gesprächsführung bei der Mediation bzw Schlichtung einen zeitlichen Rahmen fordert. Die Gegenleistung kann aber auch als „**Fest- oder Pauschalgebühr**" vereinbart werden, was sich v.a. bei überschaubaren
Tätigkeiten empfiehlt. Die Gebühr kann unter der aufschiebenden Bedingung des Eintritts eines Ereignisses
(erfolgreiche Einigung der Beteiligten im Schlichtungsverfahren) vereinbart werden. Die vorgenannten Varianten können auch kombiniert werden; jedoch muss die Gegenleistung immer angemessen sein (→
Rn 13 ff).

Derjenige Beteiligte, der laut Vertrag die Gegenleistung zu erbringen hat, ist auch der Kostenschuldner; 19
§§ 29 ff gelten nicht. Die **Kostenschuld** kann keinem Beteiligten auferlegt werden, der zwar Verfahrensbeteiligter, jedoch nicht Vertragspartner der Gebührenvereinbarung ist (kein Vertrag zu Lasten Dritter; s. entsprechend § 58 Abs. 1 VwVfG).

---

8 Vgl *Kopp/Ramsauer*, VwVfG, § 56 Rn 12 f. **9** Vgl dazu Stelkens/Bonk/Sachs/*Bonk*, VwVfG, § 56 Rn 55. **10** S. *Wudy*, notar
2014, 290, 296.

20 **b) Fehlerhafte Gebührenvereinbarung.** Sobald der Notar erkennt, dass seine Gebührenvereinbarung fehlerhaft ist, insb. die Gegenleistung nach Abs. 1 S. 3 nicht angemessen ist, hat er auf eine **einvernehmliche Anpassung** mit den Vertragsbeteiligten hinzuwirken.

21 **c) Rechtsweg.** Nach § 127 Abs. 1 S. 1 kann gegen die **Kostenberechnung** (§ 19), einschließlich der **Verzinsungspflicht** (§ 88), gegen die Zahlungspflicht und die Erteilung der **Vollstreckungsklausel** (§ 89) die Entscheidung des Landgerichts, in dessen Bezirk der Notar den Amtssitz hat, beantragt werden. Das Verfahren nach §§ 127 ff gilt auch für Kostenberechnungen auf Grundlage eines öffentlich-rechtlichen Vertrags; nach Abs. 3 finden die §§ 19, 88–89 auf § 126 Anwendung (→ Rn 27 ff).

22 **d) Unzulässige Gebührenvereinbarung.** Eine unzulässige Gebührenvereinbarung ist gem. § 125 **unwirksam**. Die Gebührenvereinbarung ist unzulässig, wenn die Tatbestandsvoraussetzungen des § 126 nicht vorliegen (→ Rn 12). Eine Heilung kommt nicht in Betracht. Ist der Notar trotzdem tätig geworden, so kann er für diese Tätigkeit weder eine Gebühr noch sonst eine Erstattung verlangen.

23 **3. Auslagen (Abs. 1 S. 4).** Nach Abs. 1 S. 4 werden **Auslagen** nach den gesetzlichen Bestimmungen erhoben, wenn vertraglich nichts anderes geregelt ist. Enthält also ein öffentlich-rechtlicher Vertrag zu der Erhebung von Auslagen keine Aussage, so gilt das GNotKG (s. dazu §§ 1 Abs. 1, 10, 21 Abs. 1 S. 2, Nr. 32000–32015 KV).

24 **4. Schriftformerfordernis (Abs. 2).** Nach Abs. 2 bedarf der Vertrag der **Schriftform**. Aus einer mündlichen oder konkludent geschlossenen Vereinbarung können keine Ansprüche hergeleitet werden; das gilt auch für **Nebenabreden**. Die **elektronische Form** ist unter den Voraussetzungen des Abs. 3 iVm § 126 a BGB zulässig. Wird ein Vertreter tätig, so muss auch die **Vollmacht** schriftlich erteilt worden sein.[11]

25 Im Übrigen führt ein **Verstoß** gegen das Schriftformerfordernis zur Nichtigkeit des Vertrags bzw der Nebenabrede (entsprechend § 59 Abs. 1 VwVfG iVm § 125 BGB). Teilnichtigkeit führt im Zweifel zur Nichtigkeit des gesamten Vertrags (entsprechend § 59 Abs. 3 VwVfG).

26 Das Schriftformerfordernis betrifft lediglich die Form des Vertrages; erhöhte Anforderungen an die Bestimmtheit, Klarheit oder Vollständigkeit der Regelungen werden damit nicht gestellt.[12]

27 **5. Anwendung des GNotKG (Abs. 3).** Nach Abs. 3 S. 1 gelten die §§ 19, 88–90 entsprechend, so dass die Vorschriften über notarielle Kostenberechnungen im engeren Sinn entsprechend auf Kostenberechnungen auf der Grundlage eines öffentlich-rechtlichen Vertrags anzuwenden sind. Im Umkehrschluss muss sich der Notar im Übrigen nicht an die Vorgaben des GNotKG halten; es steht ihm jedoch frei, auf kostenrechtliche Grundsätze bei der Wertermittlung zurückzugreifen.

28 **6. Ergänzende Anwendung anderer Gesetze. a) Verwaltungsverfahrensgesetz (VwVfG).** Soweit § 126 nicht selbst spezielle Regelungen enthält, sind ergänzend die Vorschriften des VwVfG (§§ 54 ff VwVfG) zum öffentlich-rechtlichen Vertrag heranzuziehen, wenn dies nach Sinn und Zweck möglich ist.

29 **b) Bürgerliches Gesetzbuch (BGB).** Entsprechend § 62 S. 2 VwVfG sind auf den öffentlich-rechtlichen Vertrag die Vorschriften des BGB anzuwenden. Dies ist als dynamische Verweisung auf die im Zeitpunkt des Vertragsabschlusses jeweils geltenden Bestimmungen des BGB zu verstehen.[13] Damit gelten insb. die Vorschriften über das Zustandekommen von Verträgen (§§ 145 ff BGB) und die Vorschriften über Willenserklärungen (§§ 116 ff BGB).

30 Ob öffentlich-rechtliche Verträge der Verwaltung einer **Klauselkontrolle** nach §§ 305 ff BGB unterliegen, ist umstritten.[14] Eine AGB-Kontrolle bei notariellen öffentlich-rechtlichen Verträgen ist jedoch abzulehnen, da eine mit der zivilrechtlichen Situation vergleichbare Interessenlage nicht besteht; es fehlt an dem typischen Machtgefälle zwischen dem Unternehmer (hier: Notar) und dem Verbraucher (hier: Beteiligte des notariellen Verfahrens). Zudem gewährt schon Abs. 1 S. 3 (Angemessenheit der Gegenleistung; → Rn 13 ff) dem Vertragspartner des Notars ausreichenden Schutz.[15]

31 Ebenso findet das zivilrechtliche **Leistungsstörungsrecht** keine Anwendung.

32 **7. Sonstiger Vertragsinhalt.** Da Abs. 3 S. 1 nicht auf die **Fälligkeit** des § 10 verweist, scheidet eine unmittelbare Anwendbarkeit aus. Es empfiehlt sich jedoch, eine dem § 10 entsprechende Regelung zu treffen bzw § 10 für anwendbar zu erklären, da der Notar seine Gebühr regelmäßig erst mit Beendigung seiner Tätigkeit abrechnen kann. Es steht ihm jedoch frei, einen anderen Fälligkeitszeitpunkt zu vereinbaren (insb. bei Daueraufgaben); ansonsten gilt § 62 S. 2 VwVfG iVm § 271 BGB entsprechend. Auch die vierjährige **Verjährung** nach § 6 Abs. 1 S. 4 gilt nicht unmittelbar, kann jedoch vertraglich für anwendbar erklärt werden. Ist dies nicht der Fall, gilt die regelmäßige dreijährige Verjährungsfrist (§ 62 S. 2 VwVfG iVm § 195 BGB analog).

11 *Kopp/Ramsauer*, VwVfG, § 57 Rn 12. **12** *Kopp/Ramsauer*, VwVfG, § 57 Rn 8. **13** *Kopp/Ramsauer*, VwVfG, § 62 Rn 9. **14** S. dazu *Kopp/Ramsauer*, VwVfG, § 62 Rn 15 ff. **15** Zur europarechtlichen Problematik s. *Grziwotz*, NVwZ 2002, 391, 394 f.

Abschnitt 6
Gerichtliches Verfahren in Notarkostensachen

§ 127 Antrag auf gerichtliche Entscheidung

(1) ¹Gegen die Kostenberechnung (§ 19), einschließlich der Verzinsungspflicht (§ 88), gegen die Zahlungspflicht, die Ausübung des Zurückbehaltungsrechts (§ 11) und die Erteilung der Vollstreckungsklausel kann die Entscheidung des Landgerichts, in dessen Bezirk der Notar den Amtssitz hat, beantragt werden. ²Antragsberechtigt ist der Kostenschuldner und, wenn der Kostenschuldner dem Notar gegenüber die Kostenberechnung beanstandet, auch der Notar.

(2) ¹Nach Ablauf des Kalenderjahrs, das auf das Jahr folgt, in dem die vollstreckbare Ausfertigung der Kostenberechnung zugestellt ist, können neue Anträge nach Absatz 1 nicht mehr gestellt werden. ²Soweit die Einwendungen gegen den Kostenanspruch auf Gründen beruhen, die nach der Zustellung der vollstreckbaren Ausfertigung entstanden sind, können sie auch nach Ablauf dieser Frist geltend gemacht werden.

I. Gesetzliche Systematik

Die Vorschrift regelt in Abs. 1 S. 1 die **Statthaftigkeit** und **Zuständigkeit** des erstinstanzlichen Rechtsbehelfs, den der Kostenschuldner gegen seine Inanspruchnahme wegen der Notarkosten erheben kann. In Abs. 1 S. 2 ist die **Antragsberechtigung** des Kostenschuldners statuiert, weiterhin das ausschließlich altruistische Antragsrecht des Notars. Die **Befristung** des Antragsrechts nach Abs. 2 soll der Rechtssicherheit und Rechtsklarheit dienen.   **1**

II. Beanstandungsrecht des Schuldners

Der Kostenschuldner kann jederzeit die Kostenberechnung des Notars **formfrei beanstanden**. Dies eröffnet dem Notar die Möglichkeit, auf die Einwendungen des Kostenschuldners einzugehen und diesen ggf **abzuhelfen**. Hält der Notar die Beanstandungen für unbegründet, so kann er dem Kostenschuldner anbieten, einen Antrag nach § 127 auf gerichtliche Überprüfung der Kostenberechnung zu stellen (→ Rn 19). Der Notar kann den Kostenschuldner aber auch auf eine eigene Antragstellung verweisen (→ Rn 21). Der Kostenschuldner kann den Antrag nach § 127 Abs. 1 ohne vorherige Beanstandung beim Notar stellen.   **2**

III. Zulässigkeit des Antrags nach § 127

1. Allgemeines. Der Antrag nach § 127 soll einerseits den **ordentlichen Rechtsweg** für Einwendungen gegen notarielle Kostenansprüche **ausschließen**, andererseits ein **spezialisiertes und kostenfreies Verfahren** zur Überprüfung notarieller Kostenentscheidungen ermöglichen.   **3**

Die Verfahrenszuweisung nach § 127 ist **weit** zu verstehen. Sie erfasst nicht nur Streitigkeiten zwischen dem Kostenschuldner und dem amtierenden Notar, sondern auch Streitigkeiten zwischen deren **Rechtsnachfolgern**, gilt also auch im Verhältnis zwischen Erben, Einzel- und Gesamtrechtsnachfolgern.[1] Geht eine Notarkostenforderung auf einen **Dritten** über, zB im Wege der Abtretung oder Pfändung, so können Einwendun-   **4**

---

1 OLG Düsseldorf JurBüro 1996, 379, 380.

gen gegen die Forderung nur im Verfahren nach § 127 geltend gemacht werden,[2] auch wenn der Dritte kein Selbsttitulierungsrecht nach § 89 mehr hat.

5   Ausgeschlossen ist der Rechtsweg vor die ordentlichen Gerichte im **Erkenntnisverfahren**, zB auf Feststellung des Nichtbestehens der Notarkostenforderung oder auf Rückforderung zu viel bezahlter Notarkosten (vgl § 90 Abs. 2).[3] Weiterhin ausgeschlossen sind die Rechtsbehelfe des **Vollstreckungsverfahrens** gegen die Erteilung der Vollstreckungsklausel oder gegen die Vollstreckung an sich, so dass der Kostenschuldner weder Erinnerung nach § 732 ZPO noch eine Klage nach §§ 767, 768 ZPO erheben kann.[4] Wendet sich der Kostenschuldner allerdings gegen die **Art und Weise der Vollstreckung**, so kann er gegen die Vollstreckungsorgane die Rechtsbehelfe nach §§ 766, 793 ZPO erheben.[5] Gleiches gilt für die Einwendung der beschränkten Erbenhaftung; diese muss mit der Vollstreckungsgegenklage nach § 785 ZPO geltend gemacht werden.

5a   Das Verfahren nach § 127 bezieht sich allerdings immer auf einen Konflikt zwischen Kostenschuldner und Notar. Es findet folglich keine Anwendung, wenn sich der **Notar** und die **Notarkammer**, die **Kasse** iSd § 113 BNotO oder die **Staatskasse** über die Aufteilung bzw Ablieferung der Notargebühren untereinander uneins sind.[6]

5b   Das **fälschlicherweise angerufene Prozessgericht** hat nach § 17 a Abs. 2 GVG bzw analog § 281 ZPO die Sache von Amts wegen an das nach § 127 zuständige Gericht zu **verweisen**.[7] Haben die Instanzgerichte stattdessen die Klage als unzulässig abgewiesen, so nimmt das Revisionsgericht die Verweisung durch Urteil vor.[8]

6   **2. Statthaftigkeit (Abs. 1 S. 1).** Es muss sich um Einwendungen gegen eine **notarielle Kostenberechnung** handeln. Macht ein Rechtsanwalt, der auch Notar ist, seine Notartätigkeit aufgrund einer Vergütungsberechnung nach § 10 RVG geltend, sind hiergegen nicht die Rechtsbehelfe nach §§ 127 ff statthaft.[9] Abzustellen ist hierbei auf das äußere Erscheinungsbild: Rechnet ein Anwaltsnotar nach dem RVG ab und erteilt sich hierzu eine **Vollstreckungsklausel**, so ist der Rechtsverstoß offensichtlich. Dem Kostenschuldner stehen dann alle denkbaren Rechtsbehelfe, die er gegen eine anwaltlich und eine notarielle Kostenberechnung erheben könnte, zu.[10]

7   Der Antrag ist statthaft gegen die nach § 19 dem Kostenschuldner mitgeteilte **Kostenberechnung**, gegen die **Verzinsungspflicht** nach § 88, gegen die Ausübung eines Zurückbehaltungsrechts nach § 11 sowie gegen die nach § 89 erteilte **Vollstreckungsklausel**. Da auch die **Vergütungsvereinbarung** nach § 126 Abs. 1 S. 1 entsprechend vollstreckt wird (vgl § 126 Abs. 3 S. 1), ist hiergegen der Rechtsbehelf nach § 127 statthaft.[11]

Der Antrag ist auch gegen die **reine Zahlungspflicht** statthaft, wenn der Antragsteller befürchten muss, als Kostenschuldner vom Notar in Anspruch genommen zu werden (→ Rn 15). Die bloße **Ankündigung**, dass Kosten in einer ungefähren oder bestimmten Höhe anfallen werden, stellt noch keine beschwerdefähige Kostenberechnung dar.[12] Unerheblich ist, ob es sich um eine **vorläufige** oder eine **endgültige** Berechnung handelt,[13] da ja auch schon Vorschussanforderungen beanstandet werden können. Es kann sich auch um eine **Teilkostenberechnung** handeln.[14] Entspricht die Kostenberechnung nicht den **formellen Anforderungen** des § 19, kann deren Aufhebung mit dem Antrag nach § 127 verfolgt werden, auch wenn die Kosten sachlich richtig berechnet sind (→ Rn 57 ff).[15]

8   Obwohl vom Gesetz nicht ausdrücklich erwähnt, kann der Antrag nach Abs. 1 auch gegen die **Vorschussanordnung** des Notars nach § 15 gerichtet werden. Wird die Vorschussanordnung durch die endgültige Kostenberechnung ersetzt, so erledigt sich ein gegen die Vorschussanordnung eingeleitetes Verfahren (→ § 130 Rn 61).

8a   Der **ausgeschiedene Notar** bzw dessen **Rechtsnachfolger** kann einen Antrag nach § 58 Abs. 3 BNotO iVm § 127 stellen, wenn sich der Notariatsverwalter oder eine sonstige, die Akten des ausgeschiedenen Notars verwahrende Stelle weigert, eine vollstreckbare Ausfertigung zu erteilen oder abzuändern.

Weigert sich der Amtsnachfolger eines ausgeschiedenen Notars, diesem eine **vollstreckbare Ausfertigung** der Kostenberechnung zu erteilen, so findet hierauf nicht das Verfahren nach § 58 Abs. 3 S. 1 BNotO iVm § 127 statt, wenn der Notar nur seinen Amtssitz verlegt hat, weil er sich weiterhin selbst eine vollstreckbare Ausfertigung der Kostenberechnung erteilen kann, vgl § 58 Abs. 3 S. 2 BNotO.[16]

---

2 BeckOK KostR/*Schmidt-Räntsch*, GNotKG, § 127 Rn 5; Leipziger-GNotKG/*Wudy*, § 127 Rn 4. **3** BGH MDR 1961, 395; BGH NJW 1967, 931 = DNotZ 1967, 323. **4** OLG Düsseldorf NJOZ 2002, 1837, 1838; OLG Oldenburg MDR 1997, 394. **5** BeckOK KostR/*Schmidt-Räntsch*, GNotKG, § 127 Rn 4; Korintenberg/*Sikora*, § 127 Rn 40. **6** Korintenberg/*Sikora*, § 127 Rn 5. **7** BGH NJW-RR 2005, 721, 722 = MittBayNot 2006, 69, 70; OLG Düsseldorf NJOZ 2002, 1837, 1838. **8** BGH NJW-RR 2005, 721, 722 = MittBayNot 2006, 69, 70. **9** BDS/*Neie*, § 127 Rn 9. **10** Ähnl. BeckOK KostR/*Schmidt-Räntsch*, GNotKG, § 127 Rn 14. **11** BDS/*Neie*, § 127 Rn 11. **12** BeckOK KostR/*Schmidt-Räntsch*, GNotKG, § 127 Rn 8. **13** BeckOK KostR/*Schmidt-Räntsch*, GNotKG, § 127 Rn 9. **14** BeckOK KostR/*Schmidt-Räntsch*, GNotKG, § 127 Rn 9. **15** BeckOK KostR/*Schmidt-Räntsch*, GNotKG, § 127 Rn 11. **16** BayObLG DNotZ 1964, 53.

Schließlich ist der Antrag des Kostenschuldners nach § 127 Abs. 1 statthaft, um seinen **Erstattungsanspruch** 9
einschließlich Schadensersatz und Verzinsung nach § 90 Abs. 1 geltend zu machen, vgl § 90 Abs. 2.[17]

3. Zuständigkeit (Abs. 1 S. 1). Ausschließlich sachlich und **örtlich zuständig** – und zwar ohne Rücksicht auf 10
die Höhe der Kosten- bzw Erstattungsforderung – ist das LG, in dessen Bezirk der Notar seinen Amtssitz
(§ 10 Abs. 1 S. 1 BNotO) hat. Die Beteiligten können die sachliche und örtliche Zuständigkeit nicht dero-
gieren.[18] Das unzuständige Gericht hat nach § 3 Abs. 1 S. 1 FamFG zu verfahren.[19]

Eine **Zuständigkeitskonzentration** mehrerer Anträge nach § 4 FamFG bei einem Gericht, wenn die Kostenberechnungen mehrerer Notare mit unterschiedlichen Amtssitzen mit Anträgen nach § 127 angegriffen
worden sind und die Berechnungen in einem Zusammenhang stehen, ist mit Zustimmung des übernehmenden Gerichts möglich.[20]

Eine Amtssitzverlegung, ein Erlöschen oder eine Niederlegung des Amts lässt die Zuständigkeit unberührt, 11
vgl § 2 Abs. 2 FamFG. Wird der Antrag nach Amtssitzverlegung, Erlöschen oder Niederlegung des Amts
gestellt, so bestimmt sich die Zuständigkeit nach dem Amtssitz des Notars zum **Zeitpunkt der Fälligkeit der
Kostenberechnung**.[21] Gleiches gilt, wenn die Kostenforderung auf einen Dritten übergegangen ist.

Funktionell zuständig ist eine **Zivilkammer** des LG, allerdings kann die Sache nach § 128 Abs. 3 auf einen 12
Einzelrichter übertragen werden (→ § 128 Rn 38 ff).

4. Antragsberechtigung des Kostenschuldners. Der Antrag des Kostenschuldners setzt voraus, dass dieser 13
beschwert ist, wenn auch nur möglicherweise, weil er als potenzieller Kostenschuldner der Zahlungspflicht
unterliegt (→ Rn 15). An einer Beschwer fehlt es etwa, wenn die Kostenberechnung allein wegen des Fehlens einer Rechtsbehelfsbelehrung beanstandet wird.[22] Eine **vorherige Beanstandung** der Kostenberechnung
beim Notar ist nicht Antragsvoraussetzung. Das Überschreiten einer Beschwerdesumme ist nicht erforderlich (vgl § 129 Abs. 1).

Der vom Notar **in Anspruch genommene Kostenschuldner** ist als Adressat stets beschwert und damit an- 14
tragsberechtigt. Richtet sich eine Kostenberechnung gegen **mehrere Kostenschuldner**, sei es als Gesamt-
oder Teilschuldner, so ist jeder Kostenschuldner hinsichtlich seiner Inanspruchnahme bzw hinsichtlich seiner Zahlungspflicht antragsberechtigt. Nicht erforderlich ist, dass die Kostenberechnung bereits förmlich
zugestellt worden ist oder dass Zwangsvollstreckungsmaßnahmen eingeleitet worden sind.[23]

Aber auch derjenige Kostenschuldner, der vom Notar noch nicht in Anspruch genommen wurde oder dem 15
noch keine Kostenberechnung zugesandt wurde, also eigentlich nicht beschwert ist, kann als **potenzieller
Kostenschuldner** iSd §§ 29 ff den Antrag stellen, soweit er sich gegen seine Kostenschuldnerschaft, den Anspruch selbst oder dessen Höhe wendet.[24] Das Antragsrecht ergibt sich daraus, dass der Antrag nach Abs. 1
S. 1 schon gegen die **reine Zahlungspflicht** erhoben werden kann.[25] Hat der Notar jedoch eine Kostenberechnung gegen einen Kostenschuldner nachträglich **aufgehoben**, so ist davon auszugehen, dass er nicht
mehr als möglicher Kostenschuldner in Anspruch genommen werden soll, so dass auch die Antragsbefugnis
des ehemaligen Kostenschuldners entfällt.[26] Einen „**Fortsetzungsfeststellungsantrag**" entsprechend § 62
FamFG kennt das Verfahren nach § 127 nicht;[27] zur Fortsetzungsfeststellungsbeschwerde aber → § 129
Rn 17.

Gegen die **Verzinsungspflicht** und gegen die Erteilung der **Vollstreckungsklausel** kann sich nur derjenige 16
Kostenschuldner wenden, den der Notar **tatsächlich hieraus in Anspruch** nimmt.[28]

Hat ein **Dritter** die Kostenschuld erfüllt, so folgt daraus nicht ohne Weiteres, dass der Dritte den Antrag 17
nach § 127 stellen kann.[29] Es muss vielmehr ermittelt werden, ob der Dritte als **Vertreter des Kostenschuldners** handelt (dann ist § 10 Abs. 2 FamFG zu beachten) oder ob er **im eigenen Namen** handelt. In diesem
Fall muss der Dritte den gesetzlichen Forderungsübergang bzw die Abtretung der Ansprüche des Kostenschuldners auf sich schlüssig darlegen und im Rahmen der Begründetheit ggf beweisen.

Parteien kraft Amtes (zB Testamentsvollstrecker, Nachlassverwalter, Insolvenzverwalter) können hinsichtlich der von ihnen verwalteten Vermögensmassen das Antragsrecht im eigenen Namen ausüben.[30]

Für die Antragstellung und das Verfahren besteht vor dem LG **kein Anwaltszwang**. Das ergibt sich aus 18
§ 130 Abs. 3 S. 1 iVm § 10 Abs. 1 FamFG. Eine ausdrückliche Regelung über den anwaltfreien Zugang
zum LG konnte daher unterbleiben.[31] Allerdings ist § 10 Abs. 2 FamFG zu beachten (→ § 130 Rn 44).

---

17 Vgl LG Düsseldorf NotBZ 2015, 114 = ZNotP 2015, 77 = BeckRS 2014, 19582. **18** BDS/*Neie*, § 127 Rn 53. **19** BDS/*Neie*,
§ 127 Rn 53. **20** BeckOK KostR/*Schmidt-Räntsch*, GNotKG, § 127 Rn 56; BDS/*Neie*, § 127 Rn 51. **21** BDS/*Neie*, § 127 Rn 52;
aA BeckOK KostR/*Schmidt-Räntsch*, GNotKG, § 127 Rn 57, wonach auf den Zeitpunkt der Antragstellung abzustellen sei.
22 BeckOK KostR/*Schmidt-Räntsch*, GNotKG, § 127 Rn 41. **23** BDS/*Neie*, § 127 Rn 7. **24** BayObLG MittBayNot 1985, 48;
BeckOK KostR/*Schmidt-Räntsch*, GNotKG, § 127 Rn 31. **25** AA Korintenberg/*Sikora*, § 127 Rn 14. **26** LG Freiburg BeckRS
2016, 07541. **27** LG Freiburg BeckRS 2016, 07541. **28** Korintenberg/*Sikora*, § 127 Rn 14. **29** AA BayObLG DNotZ 1972,
243, 244; Korintenberg/*Sikora*, § 127 Rn 42. **30** BDS/*Neie*, § 127 Rn 41. **31** BT-Drucks 17/11471, S. 192.

19 **5. Antragsberechtigung des Notars. a) Allgemeines.** Dem **Notar** steht **kein originäres Antragsrecht** zu, um eine Entscheidung des LG herbeizuführen. Dies ist auch nicht erforderlich, weil der Notar seine Kostenberechnung selbst abändern und nachfordern bzw selbst titulieren und vollstrecken kann. Der Notar kann den Antrag nach § 127 nur stellen, wenn entweder der **Kostenschuldner** dem Notar gegenüber die Kostenberechnung beanstandet hat oder wenn der Notar von der **Aufsichtsbehörde** hierzu nach § 130 Abs. 2 angewiesen worden ist (→ § 130 Rn 9 ff).

20 Stellt der Notar den Antrag aufgrund Beanstandung des Kostenschuldners oder aufgrund Weisung, so hat er deren Vorliegen glaubhaft darzulegen. Es handelt sich dennoch um **eigene Anträge** des Notars, nicht um Anträge im Namen des Kostenschuldners oder der Aufsichtsbehörde.[32]

21 **b) Altruistischer Antrag.** Der Notar kann bei Beanstandung des Kostenschuldners gegen seine Kostenberechnung den Antrag nach Abs. 1 stellen. Er **muss** diesen Antrag aber **nicht stellen,**[33] sondern kann den Kostenschuldner darauf verweisen, einen eigenen Antrag zu stellen. Bei Antragstellung des Notars handelt es sich um einen eigenen Antrag des Notars, nicht etwa um einen Antrag des Kostenschuldners.[34] Entsprechend kann nur der Notar eine **Antragsrücknahme** erklären, er bedarf hierzu nicht der Zustimmung des Kostenschuldners. Allerdings kann der Kostenschuldner durch eine eigene Antragstellung eine einseitige Rücknahme durch den Notar verhindern.

22 Die altruistische Antragstellung hat v.a. **kostenrechtliche Bedeutung.** Dem Kostenschuldner dürfen in diesem Fall keine außergerichtlichen Kosten auferlegt werden.

23 **c) Weisungsgebundene Antragstellung.** Zum weisungsgebundenen Antrag nach § 130 Abs. 2 → § 130 Rn 9 ff.

24 **6. Form des Antrags.** Der Antrag kann nach § 25 Abs. 1 FamFG **schriftlich** oder zu **Niederschrift der Geschäftsstelle** erklärt werden. Nach § 25 Abs. 2 FamFG kann der Antrag auch bei jeder Geschäftsstelle eines Amtsgerichts gestellt werden. Ein solcher Antrag ist nach § 25 Abs. 3 S. 1 FamFG unverzüglich an das zuständige LG weiterzuleiten. Für die **Berechnung der Frist nach Abs. 2** ist auf den Eingang des Antrags bei der Geschäftsstelle des LG abzustellen, vgl § 25 Abs. 3 S. 2 FamFG.

25 Der schriftlich eingereichte Antrag soll vom Antragsteller oder dessen Bevollmächtigten **unterschrieben** werden, § 23 Abs. 1 S. 4 FamFG. Eine fehlende Unterschrift führt aber nicht zur Unzulässigkeit des Antrags, wenn sich der Einreichungswille und die Person des Antragstellers unzweifelhaft aus dem Schriftsatz ergeben.[35] Einreichung mittels **Telefax** oder **Computerfax** ist ebenfalls zulässig. Die elektronische Einreichung ist nur unter den Voraussetzungen des § 14 Abs. 2 FamFG möglich.[36]

26 **7. Inhalt des Antrags.** Für den Inhalt des Antrags gilt § 23 Abs. 1 S. 1–3 FamFG. Der Antrag soll begründet werden (S. 1); fehlt eine **Begründung,** so ist der Antrag dennoch zulässig erhoben. Die zur Begründung dienenden Tatsachen und Beweismittel sollen angegeben werden sowie die als Beteiligte in Betracht kommenden Personen benannt werden (S. 2). Schließlich sollen in Bezug genommene Urkunden zumindest in Abschrift beigefügt werden (S. 3).

27 Für den Antrag nach Abs. 1 bedeutet dies, dass der Antragsteller zumindest die **angegriffene Kostenberechnung, Vollstreckungsklausel bzw die die Zahlungspflicht begründende Amtshandlung des Notars** bezeichnen sollte.

28 Weiterhin sollten die Kostenberechnung und die derselben zugrunde liegende Urkunde in einfacher Abschrift eingereicht werden. Werden die entsprechenden Unterlagen nicht eingereicht, so verfährt das Gericht nach § 28 Abs. 1 S. 2 FamFG und gibt dem Antragsteller die **Ergänzung** seiner eingereichten Unterlagen auf.

29 Es muss **kein konkreter Antrag** gestellt werden,[37] insb. muss nicht eine bestimmte Höhe der Kostenberechnung beantragt werden. Aus dem Antrag muss sich nur ergeben, mit **welcher Zielrichtung** sich der Antragsteller gegen die Kostenberechnung (Erhöhung, Ermäßigung), Zahlungspflicht (Bestehen, Nichtbestehen) oder Vollstreckungsklausel (Zulässigkeit, Unzulässigkeit) wendet. Dass ein Kostenschuldner lediglich die generelle Überprüfung der Berechnung ohne bestimmte Zielrichtung begehrt,[38] ist kaum vorstellbar und dahin auszulegen, dass eine Reduzierung der Kostenschuld verlangt wird.

30 Soweit es sich um eine **teilbare Kostenberechnung** handelt, kann der Antrag auf einen entsprechenden Teil beschränkt werden.

---

32 AA Korintenberg/*Sikora,* § 127 Rn 8.   **33** KG FGPrax 2013, 76, 77.   **34** Widersprüchlich BeckOK KostR/*Schmidt-Räntsch,* GNotKG, § 127 Rn 28 einerseits, Rn 33 ff andererseits.   **35** Ebenso BeckOK KostR/*Schmidt-Räntsch,* GNotKG, § 127 Rn 44. **36** Vgl OLG Hamm FGPrax 2013, 84.   **37** LG Düsseldorf NotBZ 2015, 358 = BeckRS 2015, 05136.   **38** So BDS/*Neie,* § 127 Rn 14.

Seine **Einwendungen** muss der Antragsteller nicht benennen, allerdings wird ihn das Gericht zu einer Konkretisierung nach § 28 Abs. 1 FamFG anhalten. Soweit der Antragsteller keine konkreten Einwendungen vorträgt, hat das Gericht die **gesamte Kostenberechnung** von Amts wegen auf ihre Ordnungsgemäßheit zu überprüfen,[39] wobei es jedoch nach § 27 FamFG bei fehlender Mitwirkung des Antragstellers seine Prüfung auf offensichtliche Berechnungsmängel beschränken darf. **31**

8. Ausschlussfrist (Abs. 2). a) Allgemeines. Der Antrag nach Abs. 1 ist selbst **nicht befristet**, er unterliegt in Hinblick auf die zeitliche Beschränkung des Antragsrechts nach Abs. 2 auch nicht der **Verwirkung**.[40] Selbst wenn der Kostenschuldner dem Notar gegenüber ausdrücklich auf sein Antragsrecht verzichtet hat, verhält er sich nicht treuwidrig, wenn er den Antrag dennoch stellt. Das Antragsrecht ist **unverzichtbar**.[41] **32**

b) Ausschlussfrist hinsichtlich des Antragsrechts (Abs. 2 S. 1). Aus Gründen der **Rechtssicherheit** und **Rechtsklarheit** ist das Antragsrecht jedoch ausgeschlossen, wenn dem Kostenschuldner eine vollstreckbare Ausfertigung der Kostenberechnung zugestellt wurde und ein Jahr nach Ablauf des Kalenderjahrs der Zustellung (also mit Ablauf des nachfolgenden 31.12.) verstrichen ist. Die Vorschrift gilt sowohl für den Antrag des **Kostenschuldners** als auch für den Antrag des **Notars**. Richtigerweise wird man in diesen Fällen auch keine Weisungsbefugnis der **Aufsichtsbehörde** nach § 130 Abs. 2 mehr bejahen können (→ § 130 Rn 16). **33**

Die Frist gilt über § 90 Abs. 2 auch für den **Erstattungsanspruch** des Kostenschuldners. Bei der in § 90 Abs. 1 S. 2 genannten Monatsfrist handelt es sich nicht um eine Ausschlussfrist, wohl aber um eine **Rechtserhaltungsfrist**, um sich verschuldensunabhängige Schadensersatzansprüche gegenüber dem Notar zu erhalten. **34**

Die Bestimmung ist **eng auszulegen**. Sie gilt nicht, wenn der Kostenschuldner die Rechnung freiwillig (ohne dass die Kostenberechnung zugestellt wurde) bezahlt hat[42] oder wenn der Notar im Wege der Aufrechnung (ohne dass die Kostenberechnung zugestellt wurde) „vollstreckt" hat.[43] **35**

Der vollstreckbaren Ausfertigung muss eine **wirksame Kostenberechnung** zugrunde liegen. Ist diese nach § 19 Abs. 4 unwirksam, tritt die Rechtsfolge des Abs. 2 nicht ein. **36**

Die **Zustellung** muss nach den Bestimmungen der ZPO erfolgt sein, vgl § 750 Abs. 1 S. 1, §§ 191 ff ZPO. Der Gerichtsvollzieher übergibt dem Kostenschuldner im Regelfall eine beglaubigte Abschrift der vollstreckbaren Kostenberechnung, § 193 Abs. 2 ZPO. Es genügt auch, wenn eine vom Notar selbst gefertigte beglaubigte Abschrift durch den Gerichtsvollzieher zugestellt und dem Kostenschuldner übergeben wird; die Übergabe einer Ausfertigung bzw der vollstreckbaren Kostenberechnung ist nicht erforderlich.[44] Die Gegenansicht verkennt, dass die vollstreckbare Ausfertigung als solche niemals zugestellt wird, sondern stets eine beglaubigte Abschrift dem Schuldner übergeben wird. **37**

Die Ausschlussfrist beginnt für **jeden Kostenschuldner gesondert**, abhängig vom Zeitpunkt der Zustellung.[45] Es kann also zu unterschiedlichen Fristabläufen nach Abs. 2 kommen. **38**

Die Ausschlussfrist bewirkt, dass keine „neuen" Anträge nach Abs. 1 mehr gestellt werden können. Als „neuer" Antrag ist auch der **erstmalige Antrag** anzusehen.[46] **39**

Das LG hat die Ausschlussfrist **von Amts wegen** zu berücksichtigen und bei Verfristung den Antrag als unzulässig zu verwerfen.[47] **40**

Für das **Beschwerde- und Rechtsbeschwerdeverfahren** gilt die Ausschlussfrist nicht, allerdings müssen das OLG bzw der BGH von Amts wegen prüfen, ob der Antrag zulässig war. War das Antragsrecht verfristet, ist die Beschwerde als unbegründet zurückzuweisen. Auch die **Aufsichtsbehörde** darf keine Weisung nach § 130 Abs. 2 mehr erteilen, wenn die Ausschlussfrist abgelaufen ist (→ § 130 Rn 16). **41**

Der Notar kann sich auf die Ausschlussfrist auch berufen, wenn der Kostenschuldner **rechtzeitig** die Kostenberechnung beanstandet hat, der Notar hierauf aber nicht reagiert.[48] Durch die nach § 7 a erforderliche Rechtsbehelfsbelehrung ist der Kostenschuldner hinreichend über seine Rechtsschutzmöglichkeiten informiert.[49] **42**

Durch die **Rechtsbehelfsbelehrung** nach § 7 a ist der Kostenschuldner ausreichend über seine Rechtsschutzmöglichkeiten informiert. **43**

---

39 So auch BDS/*Neie*, § 127 Rn 65. **40** Korintenberg/*Sikora*, § 127 Rn 23. **41** AA BDS/*Neie*, § 127 Rn 26; Korintenberg/*Sikora*, § 127 Rn 41. **42** BeckOK KostR/*Schmidt-Räntsch*, GNotKG, § 127 Rn 49; BDS/*Neie*, § 127 Rn 49; Korintenberg/*Sikora*, § 127 Rn 24; aA OLG Celle NJW-RR 2004, 70; OLG Celle DNotZ 1961, 216. **43** OLG Frankfurt a. M. DNotZ 1966, 569; OLG Frankfurt DNotZ 1965, 317; BeckOK KostR/*Schmidt-Räntsch*, GNotKG, § 127 Rn 49; BDS/*Neie*, § 127 Rn 49. **44** OLG Hamm JurBüro 1989, 666 = BeckRS 1988, 07259; BDS/*Neie*, § 127 Rn 45; BeckOK KostR/*Schmidt-Räntsch*, GNotKG, § 127 Rn 48. **45** OLG Hamm MittBayNot 2000, 59, 60. **46** BeckOK KostR/*Schmidt-Räntsch*, GNotKG, § 127 Rn 47; BDS/*Neie*, § 127 Rn 45. **47** KG FGPrax 2013, 76. **48** KG FGPrax 2013, 76, 77; BeckOK KostR/*Schmidt-Räntsch*, GNotKG, § 127 Rn 52; BDS/*Neie*, § 127 Rn 47; aA OLG Düsseldorf JurBüro 2007, 373; OLG Düsseldorf NotBZ 2001, 36; KG OLGR 2001, 326; KG NJW-RR 1998, 645; OLG Frankfurt a. M. FGPrax 1998, 28. **49** BDS/*Neie*, § 127 Rn 47.

44   **c) Wiedereinsetzung in den vorigen Stand.** Versäumt der Kostenschuldner die Ausschlussfrist des Abs. 2 S. 1, so kann er hiergegen die Wiedereinsetzung in den vorigen Stand nach §§ 17 ff FamFG beantragen, wenn er **ohne Verschulden** an der Einhaltung der Frist gehindert war.[50] Das fehlende Verschulden wird nach § 17 Abs. 2 FamFG vermutet, wenn die Kostenberechnung ohne **Rechtsbehelfsbelehrung** oder mit einer falschen Rechtsbehelfsbelehrung mitgeteilt wurde (→ § 7 a Rn 34). Zum Inhalt der Rechtsbehelfsbelehrung → § 7 a Rn 24 f.

45   **d) Nicht präkludierte Einwendungen (Abs. 2 S. 2).** Von der Ausschlusswirkung werden aber solche Einwendungen nicht erfasst, die erst **nach Zustellung** der vollstreckbaren Ausfertigung der Kostenberechnung **entstanden** sind. Die Vorschrift des Abs. 2 S. 2 ist § 767 Abs. 2 ZPO nachempfunden. Nach Zustellung entstandene Einwendungen sind zB die **Erfüllung** des Kostenanspruchs durch Zahlung oder Aufrechnung nach der Zustellung. Der **Aufrechnungseinwand** ist aber ausgeschlossen, wenn sich Forderung und Gegenforderung schon bei Zustellung aufrechenbar gegenüberstanden. Weitere nach Zustellung entstandene Einwendungen können sein: eine nach Zustellung vereinbarte **Stundung** oder eine nach Zustellung eingetretene **Verjährung**.

46   Diese Einwendungen können **unbefristet** mit einem Antrag nach Abs. 1 vom Kostenschuldner geltend gemacht werden. Wird ihm allerdings nachträglich eine berichtigte Ausfertigung der Kostenberechnung zugestellt, unterliegen auch diese Einwendungen der Ausschlussfrist nach S. 1.

47   **9. Wirkung des Antrags.** Der Antrag hat **keine aufschiebende Wirkung**, dh, der Notar kann trotzdem die Zwangsvollstreckung betreiben. Das Gericht kann aber nach § 130 Abs. 1 S. 2 die aufschiebende Wirkung anordnen.

48   Bei der Frage, ob durch die Antragstellung die Verjährung kostenrechtlicher Ansprüche gehemmt wird, ist zu differenzieren: Stellt der **Kostenschuldner** einen Erstattungsantrag nach § 90 Abs. 2, so wird der **Erstattungsanspruch** wie durch eine Klageerhebung gehemmt, § 6 Abs. 2 S. 3 iVm § 204 Abs. 1 Nr. 1 BGB.

Hingegen wird die Verjährung des **Kostenanspruchs des Notars** durch eine Antragstellung nach § 127 grds. nicht gehemmt, auch nicht, wenn der Antrag vom Notar gestellt wurde.[51] Allerdings wird man bei einer **altruistischen Antragstellung** des Notars, der ja eine Beanstandung des Kostenschuldners vorausging, für die Dauer des Verfahrens von einer Hemmung aufgrund Verhandlungen nach § 203 BGB ausgehen müssen.

49   **10. Änderung des Antrags.** Der Antrag kann sowohl im Verfahren vor dem LG als auch in der (Rechts-)Beschwerdeinstanz abgeändert werden, wenn die anderen Beteiligten damit **einverstanden** sind oder das Gericht die Antragsänderung für **sachdienlich** hält, § 263 ZPO analog. Insbesondere ist die Antragsänderung vom Kostenschuldner auf Beurteilung einer vom Notar während des Verfahrens **neuberechneten Kostenberechnung** (also eine in materieller Hinsicht berichtigte Kostenberechnung) stets sachdienlich.[52]

50   **Keine Antragsänderung** liegt vor, wenn die Kostenberechnung nur in formeller Hinsicht berichtigt wird (→ Rn 59). Stets zulässig ist die **Ergänzung des Antrags** in rechtlicher und tatsächlicher Hinsicht (vgl § 264 Nr. 1 ZPO) oder die **Umstellung des Antrags** von der Feststellung der Unrechtmäßigkeit der Kostenberechnung auf eine Erstattung nach § 90 Abs. 2 (vgl § 264 Nr. 3 ZPO), soweit der Kostenschuldner die Rechnung beglichen hat.

51   Ein **Beteiligtenwechsel** während des Verfahrens beurteilt sich entsprechend § 265 ZPO, so dass ein Eintritt des Einzelrechtsnachfolgers des Notars bzw Kostenschuldners nur mit Zustimmung der anderen Beteiligten möglich ist.[53]

52   **11. Verfahren.** Das Verfahren richtet sich im Übrigen nach den Bestimmungen des **FamFG**, vgl § 130 Abs. 3 (→ § 130 Rn 32), und den besonderen Verfahrensregeln des § 128.

53   **12. Kosten, Verfahrenskostenhilfe. a) Kosten.** Das Verfahren nach § 127 ist **gerichtsgebührenfrei**. Eine § 156 Abs. 6 S. 1 KostO entsprechende Regelung konnte aber unterbleiben, da es insofern an einem Kostentatbestand innerhalb des GNotKG fehlt.[54] **Auslagen** nach Nr. 31000 ff KV entstehen. Für diese hat grds. der Antragsteller nach § 22 Abs. 1 einzustehen. Entsprechend § 25 Abs. 1 sind jedoch die Auslagen dann nicht vom Antragsteller zu erheben, wenn dieser obsiegt hat.[55] Das Gericht kann nach § 81 Abs. 1 S. 2 FamFG von der Kostenerhebung absehen oder diese nach § 81 Abs. 2 FamFG einem anderen Beteiligten (insb. dem unterlegenen Notar) auferlegen.[56]

54   **Außergerichtliche Kosten** sind erstattungsfähig, soweit sie zur Durchführung des Verfahrens notwendig waren, § 80 FamFG. Der eingeschaltete **Rechtsanwalt** kann Gebühren nach Maßgabe der Nr. 3100 VV RVG

---

50 Diff. Leipziger-GNotKG/*Wudy*, § 127 Rn 90; aA BeckOK KostR/*Schmidt-Räntsch*, GNotKG, § 127 Rn 51. **51** AA BDS/*Neie*, § 127 Rn 25; Korintenberg/*Sikora*, § 127 Rn 26, 27. **52** Weitergehend OLG Frankfurt a. M. FGPrax 2013, 80, 81, wonach nicht einmal eine Antragsänderung erforderlich sei. **53** KG DNotZ 1995, 788. **54** BT-Drucks 17/11471, S. 192; LG Düsseldorf BeckRS 2015, 14755; LG Düsseldorf NotBZ 2015, 399 = BeckRS 2015, 03790; LG Dessau-Roßlau NotBZ 2016, 74 = BeckRS 2016, 01429. **55** BDS/*Neie*, § 127 Rn 74. **56** BDS/*Neie*, § 127 Rn 74.

verlangen. Grundsätzlich ist die Einschaltung eines Rechtsanwalts aber nicht geboten. Das Gericht kann eine **Kostenentscheidung** hinsichtlich der außergerichtlichen Kosten nach § 81 Abs. 1 S. 1, Abs. 2 FamFG treffen und diese entweder dem Kostenschuldner oder dem Notar auferlegen. Soweit aber eine Kostenlastentscheidung unbillig wäre, kann es hiervon absehen, so dass die Beteiligten ihre außergerichtlichen Kosten selbst tragen müssen.[57] Es entspricht regelmäßig der Billigkeit, die Kostenentscheidung am **Obsiegen bzw Unterliegen der Beteiligten** zu orientieren, soweit die Kostenberechnung einer gerichtlichen Überprüfung nicht standhält und andere Billigkeitsgründe nicht gegeben sind.[58] Es kann auch anordnen, dass von der Erhebung der Kosten ganz abzusehen ist, § 81 Abs. 1 S. 2 FamFG.

Wird der **Antrag zurückgenommen**, so kann das Gericht nach § 83 Abs. 2, § 81 Abs. 2 FamFG die Kosten einem der Beteiligten auferlegen. Nach dem Rechtsgedanken des § 84 FamFG sind die Kosten regelmäßig demjenigen aufzuerlegen, der den Antrag gestellt hatte.[59] Allerdings kann eine abweichende Kostenentscheidung dann geboten sein, wenn die Antragstellung bei objektiver Betrachtungsweise veranlasst war und/oder deren Rücknahme aufgrund eines gerichtlichen Hinweises bei schwieriger Rechtslage erfolgte.[60] 54a

Dem **Notar** dürfen außergerichtliche Kosten nicht auferlegt werden, wenn er von der Aufsichtsbehörde zur Antragstellung **angewiesen** wurde, § 130 Abs. 2 S. 4. Diese Kosten sind vielmehr der **Landeskasse** aufzuerlegen, § 130 Abs. 2 S. 4 verdrängt insoweit als lex specialis § 82 Abs. 4 FamFG. 55

b) **Verfahrenskostenhilfe.** Sie kann unter den Voraussetzungen der §§ 76 ff FamFG gewährt werden. Da das Verfahren vor dem LG kostenfrei ist und die **Beiordnung eines Anwalts** grds. nicht geboten ist (vgl § 78 Abs. 2 FamFG), wird die Gewährung von Verfahrenskostenhilfe nur in sehr seltenen Ausnahmefällen in Betracht kommen. 56

IV. Begründetheit des Antrags nach § 127

1. Formale Mängel. Die Kostenberechnung ist aufzuheben und die Zwangsvollstreckung aus dieser für unzulässig zu erklären, wenn die Kostenberechnung nicht den Anforderungen des § 19 Abs. 1–3 genügt. Formale Mängel können nach § 19 Abs. 4 entweder zur **Unwirksamkeit** oder nach § 19 Abs. 5 zur **Aufhebbarkeit** der Kostenberechnung führen. Der Unterschied besteht v.a. darin, dass die unwirksame Kostenberechnung **keinen Neubeginn der Verjährung** zur Folge hat, während die aufgehobene Kostenberechnung den Verjährungsneubeginn unberührt lässt.[61] Dem Notar bleibt es aber unbenommen, auch nach der Aufhebung der Kostenberechnung seinen Kostenanspruch mittels einer neuen Kostenberechnung durchzusetzen.[62] 57

Vor einer Aufhebung bzw Unwirksamerklärung der Kostenberechnung muss das Gericht den Notar nach § 28 Abs. 1 S. 2 FamFG auf den **formalen Mangel hinweisen** und ihm bzw der die Akten verwahrenden Stelle Gelegenheit geben, diesen zu beheben.[63] Unterlässt das Gericht den Hinweis, ist die Entscheidung in der (Rechts-)Beschwerdeinstanz aufzuheben oder das Verfahren auf Gehörsrüge hin fortzuführen. 58

Die in formaler Hinsicht berichtigte Kostenberechnung wird ohne Weiteres Verfahrensgegenstand, es liegt **keine Antragsänderung** vor, denn der materielle Kostenanspruch bleibt unverändert.[64] Durch die dem Kostenschuldner mitgeteilte berichtigte Kostenberechnung beginnt die Verjährung nach § 6 Abs. 3 S. 2 neu zu laufen. Der Notar kann seine Kostenberechnung nicht nur formal, sondern auch inhaltlich abändern, insb. seine Kostenberechnung erhöhen oder ermäßigen.[65] 59

2. Materielle Einwendungen. Der Antrag ist begründet, wenn gegen den Kostenanspruch rechtshindernde, rechtsvernichtende oder rechtshemmende **Einwendungen bestehen**. 60

Rechtshindernde Einwendungen richten sich gegen die Entstehung einer Kostenforderung überhaupt, zB weil es an einem entsprechenden Antrag des Kostenschuldners fehlte, weil keine Kostenschuldnerschaft iSd §§ 29 ff besteht oder weil die Voraussetzungen eines Kostentatbestands dem Grund oder der Höhe nach nicht vorliegen. 61

Rechtsvernichtende Einwendungen sind insb. der Erfüllungseinwand (durch Zahlung oder Aufrechnung) oder eine unrichtige Sachbehandlung nach § 21 Abs. 1.[66] Da der Kostenanspruch nur verjähren (→ Rn 63), nicht aber verwirken kann, ist ein entsprechender Einwand unbeachtlich.[67] Da eine Vereinbarung über die Höhe der Notargebühren grds. unzulässig ist (§ 125), scheidet der Einwand eines Erlassvertrags ebenfalls aus.[68] 62

---

57 LG Chemnitz NotBZ 2015, 278 = BeckRS 2015, 11764; LG Dessau-Roßlau NotBZ 2016, 74 = BeckRS 2016, 01429; LG Düsseldorf NotBZ 2015, 399 = BeckRS 2015, 03790. **58** KG MDR 2015, 890 = NJOZ 2015, 1781, 1782; KG FGPrax 2015, 190, 191 ff. **59** BDS/*Neie*, § 127 Rn 75. **60** Vgl OLG Schleswig FGPrax 2008, 132, 133. **61** BT-Drucks 17/11471, S. 158. **62** BDS/*Neie*, § 127 Rn 68. **63** BGH DNotZ 2009, 315 = MittBayNot 2009, 321; BeckOK KostR/*Schmidt-Räntsch*, GNotKG, § 128 Rn 24. **64** OLG Frankfurt a. M. FGPrax 2013, 80, 81. **65** BDS/*Neie*, § 127 Rn 67. **66** LG Düsseldorf RNotZ 2016, 127 = BeckRS 2016, 01375. **67** LG Leipzig NJOZ 2016, 117 = BeckRS 2016, 04307. **68** LG Leipzig NJOZ 2016, 117 = BeckRS 2016, 04307.

63 **Rechtshemmende Einwendungen** (also Einreden, die nicht von Amts wegen zu beachten sind, vgl § 6 Abs. 3 S. 1) sind v.a. die Verjährung des Kostenanspruchs[69] oder das Bestehen eines Zurückbehaltungsrechts des Kostenschuldners.

64 Die Einwendung oder Einrede des Kostenschuldners muss grds. auf einer **rechtskräftig festgestellten Gegenforderung** beruhen. Ansonsten ist zu unterscheiden. Geht die Gegenforderung ebenfalls auf eine **Amtstätigkeit** desselben Notars zurück (zB auf eine Amtspflichtverletzung, auf einen Kostenerstattungsanspruch), so kann die Einwendung (zB Aufrechnung) oder Einrede (zB das Zurückbehaltungsrecht) auch bei Bestreiten des Notars im Verfahren nach § 127 geltend gemacht werden.[70] Für diese Einwendungen trägt jedoch der Kostenschuldner die nach den zivilprozessualen Grundsätzen entwickelte **Darlegungs- und Beweislast**, der er sich nicht dadurch entziehen kann, dass er seinen Gegenanspruch im Verfahren nach § 127 geltend macht.[71] Handelt es sich hingegen um eine Gegenforderung, die ihren Ursprung **nicht in einer Amtstätigkeit** des Notars hat, so kann das Gericht hierüber nicht entscheiden.[72] Es hat ggf das Verfahren nach § 21 auszusetzen (→ § 130 Rn 50).

V. Rechtskraft und Bindungswirkung

65 **1. Rechtskraft. a) Formelle Rechtskraft.** Die Entscheidung des LG wird nach § 45 S. 1 FamFG **formell rechtskräftig**, wenn sie mit Rechtsmitteln nicht mehr angreifbar ist, also wenn die Beschwerdefrist abgelaufen ist oder wenn auf die Einlegung der Beschwerde verzichtet wurde.

66 **b) Materielle Rechtskraft.** Die landgerichtliche Entscheidung erwächst aber auch in **materielle Rechtskraft**. Die Rechtskraft erstreckt sich in persönlicher Hinsicht auf **alle am Verfahren Beteiligte**, also nicht nur auf den antragstellenden Kostenschuldner und den Notar,[73] sondern auch auf die weiteren nach § 7 Abs. 2 Nr. 1 FamFG hinzugezogenen Kostenschuldner sowie die hinzugezogenen Erben und Rechtsnachfolger des Notars bzw Kostenschuldners.[74] Wurde deren **Beiziehung unterlassen**, so läuft für diese keine Beschwerdefrist, sie können also unbefristet Beschwerde einlegen, es tritt ihnen gegenüber keine formelle und materielle Rechtskraft ein.[75]

67 Die **Dienstaufsichtsbehörde** und eine Kasse nach § 113 BNotO sind nicht Verfahrensbeteiligte, so dass die Entscheidung ihnen gegenüber keine Rechtskraft entfaltet.[76] Dennoch dürfen sie dem Notar **keine Weisung** nach § 130 Abs. 2 mehr erteilen, weil dieser an die rechtskräftige Entscheidung gebunden ist.

68 Soweit materielle Rechtskraft eingetreten ist, kann **kein erneuter Antrag** nach Abs. 1 hinsichtlich derselben Kostenberechnung oder hinsichtlich derselben vollstreckbaren Ausfertigung gestellt werden; dieser wäre vom LG als **unzulässig** zu verwerfen. Erlässt jedoch der Notar auf die Entscheidung des Gerichts hin eine **neue Kostenberechnung** oder erteilt er sich hierzu eine **vollstreckbare Ausfertigung**, so ist der hiergegen gerichtete Antrag zulässig. Allerdings darf das Gericht die in materieller Rechtskraft erwachsene Entscheidung nicht mehr nachprüfen, der Antrag ist insoweit **unbegründet**.[77]

69 Entscheidet das LG dennoch über einen sachlich unzulässigen oder unbegründeten Antrag und wird auch diese Entscheidung rechtskräftig, so geht die **Rechtskraft der älteren dem der jüngeren Entscheidung** vor, vgl § 48 Abs. 2 FamFG iVm § 580 Nr. 7 Buchst. a ZPO.

70 Die Rechtskraft erstreckt sich nicht auf solche Tatsachen, die erst **nach Erlass der Entscheidung entstanden** sind, vgl **Abs. 2 S. 2**, § 767 Abs. 2 ZPO. Der Kostenschuldner kann also nachträglich entstandene Einwendungen erneut mit einem Antrag nach Abs. 1 rügen, zB die nachträgliche Erfüllung, Aufrechnung oder den Eintritt der Verjährung.[78] Der **Aufrechnungseinwand** ist aber ausgeschlossen, wenn sich Forderung und Gegenforderung bei Erlass der Entscheidung bereits aufrechenbar gegenüber standen.[79] Hat der Kostenschuldner erst nach Eintritt der formellen Rechtskraft von einer vor Erlass der Entscheidung begangenen **Amtspflichtverletzung** des Notars Kenntnis erlangt, kann er einen Antrag nach Abs. 1 nicht mehr hierauf stützen, er muss Amtshaftungsklage erheben.[80]

71 Wurde gegen eine teilbare Kostenberechnung nur ein **Teilantrag** nach Abs. 1 gestellt, so erwächst die Kostenberechnung nur hinsichtlich dieser Teilposition in Rechtskraft; ein Antrag hinsichtlich der bislang nicht vom Gericht überprüften Teile bleibt, vorbehaltlich der Frist des Abs. 2, zulässig.[81]

72 Wurde innerhalb des Verfahrens über die **Aufrechnung mit einer Schadensersatzforderung gegen den Notar** entschieden, so erwächst diese ebenfalls in Höhe des aufgerechneten Betrags in Rechtskraft.[82]

69 LG Leipzig NJOZ 2016, 117 = BeckRS 2016, 04307. **70** KG MDR 2015, 890 = NJOZ 2015, 1781, 1782; OLG Karlsruhe notar 2015, 198. **71** Vgl BayObLG FGPrax 2005, 229, 231; OLG Hamm FGPrax 2004, 49, 50. **72** BeckOK KostR/*Schmidt-Räntsch*, GNotKG, § 127 Rn 25. **73** So aber Korintenberg/*Sikora*, § 127 Rn 54. **74** BDS/*Neie*, § 130 Rn 26. **75** Ähnl. Korintenberg/*Sikora*, § 127 Rn 56. **76** AA BDS/*Neie*, § 127 Rn 72, § 130 Rn 26, der nicht hinreichend zwischen Rechtskraft und Bindungswirkung unterscheidet. **77** OLG Hamm FGPrax 2012, 267, 268. **78** OLG Hamm FGPrax 2012, 267, 268; Korintenberg/*Sikora*, § 127 Rn 64. **79** Korintenberg/*Sikora*, § 127 Rn 61. **80** OLG Zweibrücken DNotZ 1988, 193. **81** AA Korintenberg/*Bengel/Tiedtke*, KostO, § 156 Rn 112. **82** Vgl KG DNotZ 1940, 29; Korintenberg/*Sikora*, § 127 Rn 61.

2. Bindungswirkung. Der Notar ist an die **rechtskräftige Entscheidung** gebunden, dh, er muss eine der Ent- 73
scheidung entsprechende Kostenberechnung ausstellen, darf aber hinsichtlich des Verfahrensgegenstands
keine hiervon abweichende, neue Kostenberechnung vornehmen. Dies gilt selbst dann, wenn er nachträglich zu dem Ergebnis kommt, dass der Geschäftswert falsch festgesetzt worden ist. Eine hiergegen verstoßende Kostenberechnung muss auf Antrag nach Abs. 1 aufgehoben werden.

Die Bindungswirkung erstreckt sich aber nicht auf solche Geschäfte, die **nicht Gegenstand des Verfahrens** 74
waren.[83] So kann der Notar für verschiedene oder besondere Beurkundungsgegenstände Kosten nacherhe-
ben, auch wenn sie mit den Gegenständen der ursprünglich angegriffenen Kostenberechnung in einem zeitlichen und sachlichen Zusammenhang stehen. Ebenfalls abgeändert werden können solche Teile der Kostenberechnung, deren Überprüfung nicht beantragt worden war (→ Rn 71). Betrifft die Entscheidung allerdings nur eine mit der Kostenberechnung geltend gemachte **Teilforderung** eines einheitlichen Beurkundungsgegenstands, so erstreckt sich die Bindungswirkung auf die Gesamtforderung.[84]

Der Notar darf seine Kostenberechnung allerdings bis zum Erlass der Entscheidung und, wenn gegen diese 75
Beschwerde eingelegt worden ist, bis zum Erlass der Beschwerdeentscheidung in **materieller Hinsicht abändern**.[85] Der Antrag kann vom Antragsteller bzw vom Kostenschuldner in diesem Fall auf die abgeänderte
Kostenberechnung umgestellt werden (→ Rn 49). Der Notar ist während des laufenden Verfahrens nicht
gehindert, seine Kosten einzufordern und zu vollstrecken.

Soweit der Notar vor, während oder nach dem Verfahren **ausgeschieden oder verstorben** ist, erstreckt sich 76
die Bindungswirkung in gleicher Weise auf seinen Amtsnachfolger, einen Notariatsverwalter oder die seine
Akten verwahrende Stelle. Den **Erben** oder **Rechtsnachfolger** des Notars trifft keine Bindungswirkung, da
sie keine Kostenberechnung mehr stellen können, sie sind aber an die materielle Rechtskraft der Entscheidung gebunden.

Die Bindungswirkung des Notars hat auch die **Aufsichtsbehörde** zu beachten. Sie darf dem Notar keine 77
hiergegen verstoßenden Weisungen nach § 130 Abs. 2 erteilen.

VI. Übergangsrecht

Das gerichtliche Verfahren nach § 156 KostO bleibt anwendbar, wenn der Antrag auf gerichtliche Überprü- 78
fung **vor dem 1.8.2013** eingelegt worden ist, § 136 Abs. 1 Nr. 2.[86] In diesem Fall bleibt es auch für das Be-
schwerde- und Rechtsbeschwerdeverfahren bei den alten Verfahrensvorschriften.

Wird der Antrag auf gerichtliche Überprüfung am oder **nach dem 1.8.2013** eingelegt, so gilt hierfür das 79
neue Verfahrensrecht. Es kommt nicht darauf an, wann die Kostenberechnung des Notars fällig geworden
ist oder wann sie dem Kostenschuldner mitgeteilt worden ist.[87] Die Verfahrensregeln der §§ 127 ff gelten
also auch für Kostenberechnungen, die **vor Inkrafttreten des GNotKG fällig und mitgeteilt** worden sind,
wenn der Antrag am oder nach dem 1.8.2013 eingelegt wurde. Das Gericht hat in diesem Fall das neue
Verfahrensrecht anzuwenden, die Kostenberechnung aber inhaltlich nach den Vorgaben der KostO zu überprüfen.[88]

Eingelegt ist der Antrag mit **Eingang des verfahrenseinleitenden Schriftsatzes nach Abs. 1 bei Gericht**. Uner- 80
heblich ist, wenn weitere antragsbegründende Unterlagen oder eine Verfahrensvollmacht nachträglich eingereicht werden.

§ 128 Verfahren

(1) [1]Das Gericht soll vor der Entscheidung die Beteiligten, die vorgesetzte Dienstbehörde des Notars und,
wenn eine Kasse gemäß § 113 der Bundesnotarordnung errichtet ist, auch diese hören. [2]Betrifft der Antrag
die Bestimmung der Gebühr durch den Notar nach § 92 Absatz 1 oder die Kostenberechnung aufgrund eines öffentlich-rechtlichen Vertrags, soll das Gericht ein Gutachten des Vorstands der Notarkammer einho-

---

83 KG DNotZ 1963, 346; BDS/*Neie*, § 130 Rn 23. **84** Offengelassen von KG ZNotP 2003, 118; aA BDS/*Neie*, § 130 Rn 24.
85 BeckOK KostR/*Schmidt-Räntsch*, GNotKG, § 128 Rn 25; aA BDS/*Neie*, § 130 Rn 24: Der Notar müsse Anschlussbeschwerde
einlegen. **86** KG NJOZ 2016, 494 = BeckRS 2015, 15360; OLG Celle NdsRpfl 2015, 374 = BeckRS 2015, 20681; OLG München MittBayNot 2015, 72 = BeckRS 2014, 19389; OLG Karlsruhe notar 2015, 198, das allerdings auf ein falsches Datum des
Inkrafttretens (den 1.7.2013) abstellt; LG Bonn NJOZ 2014, 950, das allerdings auf § 134 Abs. 1 und irrtümlich nicht auf das
Datum des Inkrafttretens des GNotKG, sondern auf das Datum von dessen Verabschiedung abstellt; aA LG Kleve NotBZ 2015,
359 = BeckRS 2014, 20012 und Leipziger-GNotKG/*Wudy*, § 127 Rn 40, die § 136 Abs. 1 Nr. 4 anwenden und einen Gleichlauf
des materiellen mit dem formellen Recht behaupten. **87** Vgl BGH MittBayNot 2012, 318, 319; KG FGPrax 2013, 76. **88** OLG
Hamm FGPrax 2016, 39.

len. [3]Ist eine Kasse nach § 113 der Bundesnotarordnung errichtet, tritt diese an die Stelle der Notarkammer. [4]Das Gutachten ist kostenlos zu erstatten.

(2) [1]Entspricht bei einer Rahmengebühr die vom Notar bestimmte Gebühr nicht der Vorschrift des § 92 Absatz 1, setzt das Gericht die Gebühr fest. [2]Liegt ein zulässiger öffentlich-rechtlicher Vertrag vor und entspricht die vereinbarte Gegenleistung nicht der Vorschrift des § 126 Absatz 1 Satz 3, setzt das Gericht die angemessene Gegenleistung fest.

(3) Das Gericht kann die Entscheidung über den Antrag durch Beschluss einem seiner Mitglieder zur Entscheidung als Einzelrichter übertragen, wenn die Sache keine besonderen Schwierigkeiten tatsächlicher oder rechtlicher Art aufweist und keine grundsätzliche Bedeutung hat.

I. Gesetzliche Systematik

1   Die Vorschrift fasst einige **besondere Verfahrensbestimmungen** für das gerichtliche Verfahren nach § 127 zusammen. In Abs. 1 S. 1 wird die Pflicht des Gerichts zur **Anhörung** der Beteiligten, der Aufsichtsbehörde sowie einer Kasse nach § 113 BNotO statuiert. Abs. 1 S. 2–4 ermöglicht dem Gericht in bestimmten Kostenfragen die Einholung eines **Gutachtens** der Notarkammer bzw der Kasse nach § 113 BNotO.

2   Abs. 2 stellt klar, dass das Gericht **Rahmengebühren** nach § 92 Abs. 1 sowie die **angemessene Gegenleistung** eines öffentlich-rechtlichen Vertrags nach § 126 selbst festsetzen kann.

3   Abs. 3 ermöglicht die Übertragung einfach gelagerter Fälle auf den **Einzelrichter**, um so die Kammer von allzu vielen Anträgen zu entlasten.

II. Anhörungen (Abs. 1 S. 1)

4   **1. Allgemeines.** Die Vorschrift ergänzt § 34 Abs. 1 Nr. 2, § 37 Abs. 2 FamFG und legt in Ausgestaltung des Grundrechts auf **Einräumung rechtlichen Gehörs** (Art. 103 Abs. 1 GG) fest, welche Personen das Gericht vor seiner Entscheidung stets anhören soll.

5   **2. Beteiligte.** Anzuhören sind in erster Linie die Beteiligten (→ § 130 Rn 38 ff), denn diese sind Subjekt, nicht Objekt des Verfahrens. Zu den Beteiligten gehören der **Antragsteller** (also Kostenschuldner bzw Notar), der **Kostenschuldner** bzw der **Notar**, auch der **ausgeschiedene Notar** sowie dessen Rechtsnachfolger. Ebenfalls zu den Beteiligten gehören die **Rechtsnachfolger** des Kostenschuldners sowie alle hinsichtlich der Kostenberechnung in Betracht kommenden Kostenschuldner (→ § 130 Rn 39).

6   Der Notar ist von seiner **Pflicht zur Verschwiegenheit** nach § 18 Abs. 1 S. 1 BNotO befreit, soweit er ohne Offenbarung der ihm anvertrauten Tatsachen seinen Gebührenanspruch nicht durchsetzen könnte.[1] Es bedarf insoweit keiner Befreiung des Notars von der Verschwiegenheitspflicht durch die Beteiligten oder die Aufsichtsbehörde.[2] Zur Vorlage der Nebenakten ist der Notar jedoch nicht verpflichtet.[3]

7   Trotz der Formulierung als Soll-Bestimmung handelt es sich um eine **Muss-Vorschrift**.[4] Die Anhörung kann auch nicht deshalb unterbleiben, weil das Gericht den Antrag für offensichtlich unzulässig oder unbegründet hält. Verletzt das Gericht seine Anhörungspflicht gegenüber den Beteiligten, so ist die Entscheidung in der Rechtsmittelinstanz **aufzuheben**, soweit die Anhörung dort nicht in ausreichender Form nachgeholt werden kann, also insb. im Verfahren der Rechtsbeschwerde. Kann die Entscheidung mit Rechtsmitteln nicht angegriffen werden, muss es auf **Gehörsrüge** nach § 131 hin fortgesetzt werden.

8   Soweit das Gericht die Hinzuziehung eines Beteiligten **völlig unterlässt** (zB eines weiteren Kostenschuldners oder eines Rechtsnachfolgers), so erwächst diesem gegenüber die Entscheidung **nicht in Rechtskraft** (→ § 127 Rn 66).

9   **3. Aufsichtsbehörde und Kasse.** Ebenfalls stets anzuhören ist die dem Notar **vorgesetzte Dienstbehörde**, also der Präsident des LG, in dessen Bezirk der Notar seinen Amtssitz hat (§ 92 Nr. 1 BNotO). Dies gilt selbst dann, wenn dieser die Weisung nach § 130 Abs. 2 erteilt hat, denn der Notar braucht den Standpunkt der Aufsichtsbehörde nicht zu teilen. Außerdem soll die Aufsichtsbehörde frühzeitig davon in Kenntnis gesetzt werden, ob sie dem Notar eine weitergehende Weisung erteilen möchte.

10   Soweit im Amtsbereich des Notars eine Kasse iSd § 113 BNotO errichtet ist, muss auch diese angehört werden. Anzuhören sind also in Bayern und im Bezirk des Pfälzischen OLG Zweibrücken die **Notarkasse** und in den Bundesländern Mecklenburg-Vorpommern, Brandenburg, Sachsen-Anhalt, Thüringen und Sachsen die **Ländernotarkasse**. Damit ist die zur alten Rechtslage bestehende Streitfrage geklärt.[5]

---

1 BeckOK KostR/*Schmidt-Räntsch*, GNotKG, § 128 Rn 12; Korintenberg/*Bengel/Tiedtke*, KostO, § 156 Rn 49.   **2** BDS/*Neie*, § 128 Rn 5.   **3** BDS/*Neie*, § 128 Rn 5.   **4** Zust. BeckOK KostR/*Schmidt-Räntsch*, GNotKG, § 128 Rn 11.   **5** BT-Drucks 17/11471, S. 192; vgl Korintenberg/*Bengel/Tiedtke*, KostO, § 156 Rn 53 a.

Die Anhörungspflichten gegenüber der Aufsichtsbehörde und gegenüber einer Kasse bestehen **nebeneinander**, müssen also beide vom Gericht erfüllt werden. Die Stellungnahme kann schriftlich oder mündlich erfolgen und ist den Beteiligten zur Kenntnis zu bringen.[6]   11

Dass Aufsichtsbehörde und Kasse angehört werden sollen, macht diese noch **nicht zu Verfahrensbeteiligten**, vgl § 7 Abs. 6 FamFG. Verstößt das Gericht gegen die Anhörungspflicht, so muss diese Anhörung im Rahmen des Beschwerdeverfahrens **nachgeholt** werden. Soweit eine Nachholung nicht oder nur eingeschränkt möglich ist (zB im Rechtsbeschwerdeverfahren), können Aufsichtsbehörde und Kasse aber **keine Gehörsrüge** erheben, weil sie nicht Beteiligte iSd § 44 FamFG sind.[7] Allerdings kann der BGH auf die Rechtsbeschwerde hin die Entscheidung aufheben und das Beschwerdegericht anweisen, die Anhörung nachzuholen.   12

4. Art und Weise der Anhörung. Die Anhörung muss **nicht persönlich** iSd § 34 FamFG erfolgen, sondern kann auch **schriftlich** erfolgen. Das Ergebnis der Anhörung ist den anderen Beteiligten zur Kenntnisnahme **mitzuteilen** (vgl § 37 Abs. 2 FamFG). Äußert sich ein Anzuhörender nicht innerhalb einer von Gericht gesetzten Frist, so ist dem Erfordernis des Abs. 1 S. 1 genügt. Allerdings muss das Gericht auch einen **verspäteten** Vortrag im Rahmen des § 37 Abs. 1 berücksichtigen.   13

III. Gutachteneinholung (Abs. 1 S. 2–4)

1. Allgemeines. Betrifft der Antrag die Bestimmung einer **Rahmengebühr** nach § 92 Abs. 1 oder die Kostenberechnung aufgrund eines **öffentlich-rechtlichen Vertrags** nach § 126, so soll das Gericht das Gutachten des Vorstands der Notarkammer oder der nach § 113 BNotO eingerichteten Kasse einholen. Die Vorschrift ist § 14 Abs. 2 RVG nachgebildet. Mit der Gutachteneinholung sollen die **Erfahrungen der Notarkammer bzw der Kasse** über die in ihrem Zuständigkeitsbereich vereinbarten Notargebühren dem Gericht zur Verfügung gestellt werden.[8] Die Vorschrift soll außerdem dem Gericht die Festsetzung nach Abs. 2 erleichtern.   14

2. Voraussetzungen. Das Gericht muss das Gutachten nur anfordern, wenn der Antrag nach § 127 Abs. 1 die „Bestimmung der Gebühr durch den Notar nach § 92 Abs. 1" oder „die Kostenberechnung aufgrund eines öffentlich-rechtlichen Vertrags" betrifft. Die Gutachteneinholung bzgl der **Rahmengebühren** ist nur geboten, wenn gegen deren **Höhe** Einwendungen erhoben worden sind. Wird lediglich der **Geschäftswert** angegriffen, ist eine Gutachteneinholung nicht geboten. Die Gutachtenerstellung kann unterbleiben, wenn der Notar die **niedrigste Gebühr** innerhalb des ihm zustehenden Rahmens angesetzt hat.   15

Die Gutachteneinholung kann auch unterbleiben, wenn gegen die Kostenberechnung nur **Einwendungen materieller Art** erhoben werden oder wenn der Antrag unzulässig oder bereits aus anderen Gesichtspunkten unbegründet ist. Leidet die Kostenberechnung an einem **formellen Mangel**, der zu deren Aufhebung führt, so kann die Gutachteneinholung unterbleiben, wenn die Kostenberechnung vom Notar nicht bis zum Erlass der Entscheidung berichtigt wird.   16

Ob ein **öffentlich-rechtlicher Vertrag** iSd § 126 vorliegt, muss das Gericht als Vorfrage selbst klären. Soweit es vom Vorliegen eines solchen Vertrags ausgeht, erübrigt sich die Gutachteneinholung, wenn der Vertrag unwirksam ist.   17

Ist die Gutachteneinholung geboten, so liegt ein **wesentlicher Verfahrensmangel** vor, wenn das Gutachten vom Gericht nicht angefordert wird. Die Einholung des Gutachtens kann in der Beschwerdeinstanz nachgeholt werden. Soweit eine Nachholung (zB in der Rechtsbeschwerdeinstanz) ausscheidet, ist die Entscheidung aufzuheben.   18

Ist keine Gutachteneinholung geboten, so kann das Gericht dennoch ein Gutachten der Notarkammer bzw der Notarkasse oder Ländernotarkasse anfordern, vgl § 67 Abs. 6, § 113 Abs. 3 Nr. 8 BNotO. Hierfür gilt Abs. 2 S. 2–4 nicht, es handelt sich dann um ein reines **Rechtsgutachten**.   19

3. Verfahren. Das Gutachten wird vom Gericht **von Amts wegen** angefordert. Es bedarf keines Beschlusses, allerdings ist ein solcher auch nicht verboten. Die Beteiligten können hiergegen **keine Rechtsmittel** einlegen. Zur Erstellung des Gutachtens übermittelt das Gericht die vollständige Verfahrensakte an die zuständige Stelle.   20

Zuständig für die Gutachtenerstellung ist die Notarkammer, in deren Bezirk der Notar zum **Zeitpunkt der Fälligkeit** der Kosten seinen Amtssitz hatte. Eine Amtssitzverlegung davor oder danach lässt die Zuständigkeit unberührt. Innerhalb der Notarkammer hat der Vorstand (§ 69 BNotO), vertreten durch den **Präsidenten** (§ 70 Abs. 1 BNotO), das Gutachten zu erstellen, wobei er sich hierbei natürlich Dritter als Hilfspersonen bedienen darf. Die **Delegierung** der Gutachtenerstellung an einen anderen Gutachter oder an einen   21

---

6 Korintenberg/*Sikora*, § 128 Rn 12.   **7** AA BDS/*Neie*, § 128 Rn 10.   **8** BT-Drucks 17/11471, S. 192.

Ausschuss innerhalb der Kammer ist unzulässig.[9] Der Gutachter kann entsprechend § 406 ZPO wegen der **Besorgnis der Befangenheit** abgelehnt werden.

22 Soweit eine Kasse iSd § 113 BNotO eingerichtet ist, tritt diese an die Stelle der Notarkammer (**Abs. 1 S. 3**), also die **Notarkasse** an die Stelle der Landesnotarkammer Bayern, die **Ländernotarkasse** an die Stelle der Notarkammern Mecklenburg-Vorpommern, Brandenburg, Sachsen-Anhalt, Thüringen und Sachsen. Für die Gutachtenerstellung ist der **Präsident** der Kasse zuständig, § 113 Abs. 9 S. 1 BNotO. Die zum Vorstand der Notarkammer getroffenen Ausführungen gelten entsprechend (→ Rn 21).

23 Die Festsetzung von **Ordnungsmitteln** scheidet aus, weil es sich bei den Notarkammern bzw Kassen um Körperschaften bzw Anstalten des öffentlichen Rechts handelt. Soweit das Gutachten nicht innerhalb einer vom Gericht gesetzten Frist erstattet ist, kann das Gericht auf dessen Verwertung verzichten. Soweit es aber vor Erlass der Entscheidung bei Gericht eintrifft, muss es den Beteiligten zur Kenntnis gebracht und ausgewertet werden.

24 Das Gutachten muss **kostenlos** erstellt werden (**Abs. 1 S. 4**).

25 **4. Rechtsnatur und Verwertung des Gutachtens.** Es handelt sich bei dem Gutachten um ein **Beweismittel eigener Art**, nicht um ein Sachverständigengutachten iSd §§ 402 ff ZPO.[10] Es besteht keine Verpflichtung, das Gutachten vor Gericht zu erläutern, es unterliegt auch nicht den Vorschriften über die förmliche Beweisaufnahme. Allerdings muss das Gutachten **allen Beteiligten zur Kenntnis gebracht** werden,[11] ansonsten darf es nach § 37 Abs. 2 FamFG nicht verwertet werden.

26 Das Gericht ist an das Gutachten **nicht gebunden**. Es hat einerseits den Sachverhalt nach § 26 FamFG eigenständig zu ermitteln, andererseits seine Entscheidung nach § 37 Abs. 1 FamFG nach seiner freien Überzeugung zu treffen.[12] Es stellt allerdings einen wesentlichen Verfahrensmangel dar, wenn das Gericht das Gutachten einer **unzuständigen Notarkammer** oder **Kasse** verwertet.

27 Soweit das Gutachten über die nach Abs. 2 geforderten Angaben hinaus Ausführungen enthält, so sind diese vom Gericht **eigenständig zu ermitteln** und dürfen der Entscheidung nicht zugrunde gelegt werden, sofern nicht das Gericht aufgrund eigener Ermittlungen zum selben Ergebnis gelangt.

IV. Gerichtliche Gebührenfestsetzung (Abs. 2)

28 **1. Allgemeines.** Eine wesentliche Neuerung des Notarkostenrechts stellt die Einführung von Rahmengebühren für bestimmte Gebührentatbestände dar.[13] Nach § 92 Abs. 1 bestimmt der Notar die Gebühr im Einzelfall unter Berücksichtigung des Umfangs der erbrachten Leistung **nach billigem Ermessen**. Eine weitere Neuerung ist die Möglichkeit, in engen Grenzen einen öffentlich-rechtlichen Vertrag zu schließen und anstelle der Notargebühren eine **angemessene Gegenleistung** zu vereinbaren.

29 Abs. 2 räumt dem Gericht das Recht ein, hinsichtlich der Rahmengebühr eine **eigene Ermessensentscheidung** zu treffen und diese verbindlich festzusetzen. Außerdem kann das Gericht die **angemessene Gegenleistung** eines wirksamen öffentlich-rechtlichen Vertrags festsetzen. Die Befugnis nach Abs. 2 besteht nicht nur im erstinstanzlichen Verfahren. Auch das Beschwerde- und das Rechtsbeschwerdegericht können eine Festsetzung nach Abs. 2 treffen. Die Vorschrift dient der Prozessökonomie.[14] Das Gericht muss deshalb eine eigene Entscheidung treffen und darf die Sache nicht zur Neuberechnung an den Notar zurückverweisen.[15] Der Notar bleibt aber befugt, während des Verfahrens seine Ermessensentscheidung nachzuholen bzw mit den Beteiligten eine andere Vergütung zu vereinbaren und seine Kostenberechnung neu festzusetzen.[16]

30 **2. Festsetzung der Rahmengebühr (Abs. 2 S. 1).** Es muss sich um eine **Rahmengebühr** iSd § 92 Abs. 1 handeln, zB nach Nr. 21302, 21303, 21304, 24100, 24101, 24102, 24200, 24201, 24203 oder 25203 KV.

31 Der Notar muss bei der Bestimmung der Rahmengebühr die Vorgaben des § 92 Abs. 1 missachtet haben. Das kann der Fall sein, wenn der Notar die Rahmengebühr nicht für den Einzelfall, sondern **pauschal im Voraus** festlegt, wenn er den Umfang der von ihm erbrachten Leistung außer Betracht lässt oder wenn er sein **Ermessen** nicht oder in unbilliger Weise ausübt.

32 Das Gericht darf die Ermessensentscheidung des Notars in vollem Umfang nachprüfen und anstelle des Notars eine den Vorgaben des § 92 Abs. 1 entsprechende **eigene Ermessensentscheidung** treffen. Bei seiner Entscheidung kann das Gericht insb. auf ein nach Abs. 1 S. 2 erstelltes Gutachten zurückgreifen.

---

9 Ebenso BDS/*Neie*, § 128 Rn 12. **10** Zust. BeckOK KostR/*Schmidt-Räntsch*, GNotKG, § 128 Rn 10, die aber dennoch für eine entsprechende Anwendung plädiert. **11** Zust. BeckOK KostR/*Schmidt-Räntsch*, GNotKG, § 128 Rn 17. **12** Weitergehend Korintenberg/*Sikora*, § 128 Rn 18, demzufolge das Gericht nur in begründeten Fällen von dem Gutachten abweichen dürfe. **13** BT-Drucks 17/11471, S. 179. **14** BDS/*Neie*, § 128 Rn 13. **15** BDS/*Neie*, § 128 Rn 14. **16** BDS/*Neie*, § 128 Rn 13.

3. Festsetzung der angemessenen Gegenleistung (Abs. 2 S. 2). Es muss sich um einen öffentlich-rechtlichen Vertrag iSd § 126 Abs. 1 handeln. Dieser Vertrag muss außerdem – bis auf die Gegenleistung – inhaltlich und formal wirksam sein. 33

Ist der Vertrag **unwirksam**, etwa weil er über eine Tätigkeit abgeschlossen wird, die nicht von § 126 Abs. 1 erfasst ist, oder weil er der erforderlichen Schriftform nach § 126 Abs. 2 nicht genügt, so scheidet eine Festsetzungsbefugnis des Gerichts aus. Soweit die Gegenleistung derart unangemessen ist, dass der Vertrag nach § 138 BGB als **sittenwidrig** einzustufen ist, scheidet eine Festsetzung ebenfalls aus. In diesen Fällen ist die Gebühr nach den Vorschriften des GNotKG zu erheben,[17] ggf unter Anwendung des § 92 Abs. 1 durch das Gericht. 34

Die vereinbarte Gegenleistung muss schließlich **unangemessen** sein, etwa weil die Beteiligten nicht alle Umstände bei deren Bemessung berücksichtigt haben oder weil sie den Umfang oder Schwierigkeit des Geschäfts falsch eingeschätzt haben. 35

Hinsichtlich der Festsetzung der angemessenen Gegenleistung hat das Gericht die Vorgaben des § 126 Abs. 1 S. 3 zu beachten, muss also **alle Umstände des Geschäfts**, insb. dessen Umfang und Schwierigkeit, berücksichtigen. 36

4. Keine erweiternde Auslegung. Aus Abs. 2 folgt, dass der Gesetzgeber – mit Ausnahme der dort genannten Fälle – **keine eigene Ermessensentscheidung des Gerichts** vorsieht. Soweit also andere Normen, insb. die allgemeinen und besonderen Geschäftswertvorschriften, dem Notar bei der Festsetzung des Geschäftswerts oder der Gebühren einen **Ermessensspielraum** einräumen (vgl § 36 Abs. 1 und 2, § 51 Abs. 3), darf das Gericht diese Ermessensentscheidung nicht durch eine eigene Entscheidung ersetzen.[18] Es kann die Ermessensausübung des Notars zwar auf einen Nicht- oder Fehlgebrauch des Ermessens untersuchen, muss in einem solchen Fall aber dem Notar die Möglichkeit einräumen, die Ermessensentscheidung erneut auszuüben bzw nachzuholen (→ § 130 Rn 67). 37

V. Übertragung auf den Einzelrichter (Abs. 3)

1. Allgemeines. Das LG entscheidet grds. als mit drei Richtern besetzte **Zivilkammer**, § 75 GVG. Das Verfahren kann jedoch auf einen Einzelrichter der Kammer übertragen werden, wenn die Sache keine besonderen Schwierigkeiten tatsächlicher oder rechtlicher Art aufweist und keine grundsätzliche Bedeutung hat. Die Kammer soll durch die Übertragung von einfach gelagerten Anträgen **entlastet** werden.[19] 38

2. Anwendungsbereich. Die Vorschrift des Abs. 3 gilt unmittelbar nur für das **Verfahren vor dem LG**, wie sich aus der systematischen Stellung in § 128 ergibt. Allerdings verweist § 130 Abs. 3 für das **Beschwerdeverfahren** auf § 68 Abs. 3 S. 1 FamFG, der wiederum auf § 128 Abs. 3 verweist. Diese Regelung geht als lex specialis dem § 68 Abs. 4 FamFG vor.[20] Im Rechtsbeschwerdeverfahren vor dem BGH scheidet die Übertragung auf einen Einzelrichter aus. 39

3. Übertragung auf den Einzelrichter. a) Voraussetzungen. Voraussetzung ist, dass die Sache weder in **rechtlicher** noch in **tatsächlicher Hinsicht** besonders schwierig erscheint. Erfordert der Antrag eine umfassende Beweisaufnahme oder stehen komplizierte Rechtsfragen (zB bei einem Auslandsbezug) inmitten, so scheidet eine Übertragung aus. 40

Ebenfalls unstatthaft ist die Übertragung, wenn es sich um eine Sache von **grundsätzlicher Bedeutung** handelt. Das ist bspw der Fall, wenn die Fallgestaltung eine Vielzahl von Fällen betrifft, zu der noch keine höchstrichterliche Entscheidung vorliegt. Auch soweit die Sache eine umstrittene Rechtsfrage betrifft und eine einheitliche Beurteilung wünschenswert ist, sollte die Kammer entscheiden. 41

b) Verfahren. Die Übertragung erfolgt durch **Beschluss der Kammer**, also nicht durch Verfügung des Vorsitzenden allein. Der Beschluss ist **unanfechtbar**. Da eine § 348 a Abs. 3 ZPO bzw § 526 Abs. 3 ZPO entsprechende Bestimmung fehlt, kann aber mit der **Beschwerde** bzw mit der **Rechtsbeschwerde** die Unzulässigkeit der Übertragung auf den Einzelrichter gerügt werden. Die Übertragung kann auch auf einen **Richter zur Probe** erfolgen; eine dem § 68 Abs. 4 FamFG einschränkende Regelung besteht nicht. 42

c) Rückübertragung. Es fehlt ebenfalls an Bestimmungen über eine Rückübertragung der Sache an die Kammer. Der Einzelrichter ist in entsprechender Anwendung des § 348 a Abs. 2 ZPO bzw § 526 Abs. 2 ZPO **verpflichtet**, die Sache an die Kammer zurückzuübertragen.[21] Allerdings kann die Kammer die Sache auch jederzeit wieder durch Beschluss **an sich ziehen**.[22] 43

---

17 BT-Drucks 17/11471, S. 192. **18** OLG Celle BeckRS 2015, 12410. **19** BT-Drucks 17/11471, S. 192. **20** AA Korintenberg/*Sikora*, § 128 Rn 23. **21** Ebenso BeckOK KostR/*Schmidt-Räntsch*, GNotKG, § 128 Rn 2. **22** AA Korintenberg/*Sikora*, § 128 Rn 20.

§ 129 Beschwerde und Rechtsbeschwerde

(1) Gegen die Entscheidung des Landgerichts findet ohne Rücksicht auf den Wert des Beschwerdegegenstands die Beschwerde statt.

(2) Gegen die Entscheidung des Oberlandesgerichts findet die Rechtsbeschwerde statt.

I. Gesetzliche Systematik

1 § 129 regelt, dass gegen die Entscheidung des LG die **Beschwerde** zum OLG (Abs. 1) und gegen die Entscheidung des OLG die **Rechtsbeschwerde** zum BGH (Abs. 2) als statthafte Rechtsmittel in Betracht kommen.

II. Beschwerde zum OLG

2 **1. Allgemeines.** Auch unter dem GNotKG bleibt gegen die Entscheidung des LG nach §§ 127, 128 die Beschwerde zum OLG **uneingeschränkt statthaft.** Das Verfahren richtet sich gem. § 130 Abs. 3 S. 1 grds. nach den §§ 59 ff FamFG.

3 Abweichend von § 61 FamFG ist die Beschwerde jedoch **ohne Rücksicht auf den Beschwerdewert** stets zulässig. Anders als in Gerichtskostensachen muss also weder eine Wertgrenze überschritten sein noch bedarf die Beschwerde bei Nichterreichen einer solchen Wertgrenze der Zulassung durch das LG. Unerfindlich bleibt, wieso gegen eine notarielle Kostenberechnung iHv 17,85 € die Beschwerde stets zulässig sein soll, in Gerichtskostensachen die Beschwerde hingegen erst ab einem Wert von 200 €.

4 **2. Zuständigkeit.** Sachlich und örtlich zuständig ist stets das OLG, das dem LG im Instanzenzug übergeordnet ist. Landesrechtliche Zuständigkeitskonzentrationen sind zu beachten, § 30 Abs. 3 EGGVG. In **Bayern** ist stets das OLG München zuständig (§ 11 a BayAGGVG), in **Rheinland-Pfalz** ist stets das OLG Zweibrücken zuständig (§ 4 Abs. 3 Nr. 2 Buchst. b RhPfGOG).

5 Funktionell ist der **Senat** zur Entscheidung berufen. Dieser kann jedoch unter den Voraussetzungen des § 68 Abs. 3 S. 1 FamFG iVm § 128 Abs. 3 einem Senatsmitglied die Entscheidung als **Einzelrichter** übertragen. Da § 68 Abs. 4 FamFG hierdurch verdrängt ist, kann die Sache auch einem Richter auf Probe übertragen werden (→ § 128 Rn 38, 42).

6 **3. Zulässigkeit. a) Beschwer.** Auch wenn die Beschwerde nicht vom Erreichen einer bestimmten Beschwerdesumme abhängig ist, muss der Beschwerdeführer doch durch die Entscheidung des LG **beschwert** sein. Dies ist nicht der Fall, wenn das LG dem Beschwerdeführer im Ergebnis Recht gegeben hat, wenn auch mit einer anderen rechtlichen Begründung.

7 **b) Beschwerdeberechtigung.** Beschwerdeberechtigt ist nach § 59 Abs. 1 FamFG grds. nur derjenige, der durch die Entscheidung des LG in seinen Rechten beeinträchtigt worden ist. Im Falle der Antragstellung nach § 127 Abs. 1 S. 2 ist der **Kostenschuldner** als Antragsteller beschwerdeberechtigt, wenn das LG seinen Antrag ganz oder teilweise zurückweist. Soweit den Antrag nach § 127 Abs. 1 S. 2 **mehrere Kostenschuldner** hätten stellen können, ist nur derjenige Kostenschuldner beschwerdeberechtigt, der einen entsprechenden Antrag gestellt hatte, § 59 Abs. 2.[1]

8 Der **Notar** ist als **altruistischer Antragsteller** iSd § 127 Abs. 1 S. 2 hingegen beschwerdeberechtigt, wenn das LG seinem Antrag ganz oder teilweise stattgibt. Der Notar kann aber **nicht zugunsten des Kostenschuldners** Beschwerde einlegen, wenn der Antrag nach § 127 Abs. 1 S. 2 zurückgewiesen wurde.[2]

9 Stellt der Notar den Antrag hingegen auf **Weisung der Dienstaufsichtsbehörde** nach § 130 Abs. 2 S. 1, weil diese eine Erhöhung der Kostenberechnung erreichen möchte, so ist der Notar nur beschwerdeberechtigt, wenn sein Antrag **zurückgewiesen** wird, bei Stattgabe des Antrags fehlt es an einer Beschwer des Notars.[3] Soweit der Notar beschwerdeberechtigt ist, kann er die Beschwerde auch ohne entsprechende Weisung der Aufsichtsbehörde erheben.[4]

10 Die dem Notar vorgesetzte **Dienstbehörde** ist selbst nicht beschwerdeberechtigt; es ist deshalb unerheblich, ob diese durch die Entscheidung beschwert ist oder nicht.[5] Sie kann jedoch nach § 130 Abs. 2 S. 1 den Notar anweisen, Beschwerde einzulegen. Dies setzt allerdings eine entsprechende Beschwerdeberechtigung des Notars voraus. Auch die Aufsichtsbehörde kann den Notar nicht anweisen, **zugunsten des Kostenschuldners** Beschwerde einzulegen. Dass es auf eine Beschwer der Dienstbehörde nicht ankommt, hat nicht zur Folge, dass die Dienstbehörde ohne Weiteres und in jedem Fall den Notar zur Beschwerdeeinlegung anwei-

---

1 AA BeckOK KostR/*Schmidt-Räntsch*, GNotKG, § 129 Rn 4; BDS/*Neie*, § 129 Rn 3; Korintenberg/*Bengel/Tiedtke*, KostO, § 156 Rn 82: alle contra legem. **2** AA BDS/*Neie*, § 129 Rn 4. **3** AA OLG Frankfurt a. M. MittBayNot 2006, 171; BeckOK KostR/*Schmidt-Räntsch*, GNotKG, § 129 Rn 5; BDS/*Neie*, § 129 Rn 4. **4** BDS/*Neie*, § 129 Rn 4. **5** Vgl BayObLG DNotZ 1994, 703 mwN.

sen dürfte.[6] Das bloße Interesse daran, in einer Gebührenfrage eine obergerichtliche Entscheidung zu erlangen, führt nicht zur Bejahung der Zulässigkeit.[7] Die Möglichkeit, Rechtsmittel allein aus rein lehrmäßigem Interesse einzulegen, gibt es für kein Rechtsmittelverfahren.[8] Fehlt es an einem Kostenschuldner, zB weil dieser mittlerweile als Rechtsträger untergegangen ist, so kann auch die Dienstbehörde keine Beschwerdeentscheidung erzwingen.[9]

Da die Notargebühren dem **jeweiligen Amtsträger**, nicht jedoch der Notarstelle als solcher zufließen, bleibt auch derjenige Notar beschwerdeberechtigt, dessen Amt erloschen ist, sei es durch Amtsniederlegung oder Amtssitzverlegung.[10] Für den verstorbenen Notar sind dessen Erben beschwerdeberechtigt. Dies gilt auch dann, wenn nach dem Tod des Notars die dessen Urkunden verwahrende Stelle die Kostenberechnung erteilt hat.[11]   **11**

c) Einlegung der Beschwerde. Die Beschwerde muss binnen einer Frist von **einem Monat** beim LG eingelegt werden, § 63 Abs. 1, § 64 Abs. 1 S. 1 FamFG. Eine beim unzuständigen Gericht eingelegte Beschwerde muss zwar an das zuständige Gericht weitergeleitet werden, führt aber nur dann zu einer fristwahrenden Beschwerdeeinlegung, wenn die Weiterleitung innerhalb der Beschwerdefrist erfolgt.[12] Die Beschwerdefrist beginnt mit der schriftlichen Bekanntgabe der Entscheidung des LG an die Beteiligten zu laufen, § 63 Abs. 3 S. 1 FamFG. Die Beschwerdefrist läuft für jeden Beteiligten individuell, abhängig davon, wann ihm die Entscheidung bekannt gegeben wurde.[13] Spätestens mit Ablauf von fünf Monaten seit Erlass der Entscheidung endet die Beschwerdefrist.[14] War der Beschwerdeführer ohne sein Verschulden an der Einhaltung der Beschwerdefrist gehindert, so ist ihm nach § 17 Abs. 1 FamFG **Wiedereinsetzung** in den vorigen Stand zu gewähren.   **12**

Die Beschwerde kann **schriftlich** oder zu **Protokoll der Geschäftsstelle** eingelegt werden, § 64 Abs. 2 S. 1 FamFG. In der Beschwerde muss die angefochtene Entscheidung bezeichnet werden sowie der Beschwerdewille zum Ausdruck kommen, § 64 Abs. 2 S. 3 FamFG. Eine eingereichte Beschwerdeschrift muss vom Beschwerdeführer oder dessen Bevollmächtigten **unterzeichnet** sein, es genügt jedoch die Einlegung mittels Telefax oder Computerfax. Eine elektronische Beschwerdeeinlegung ist nur unter den Voraussetzungen des § 14 Abs. 2 FamFG möglich. Eine dennoch mittels **E-Mail** eingelegte Beschwerde ist dann wirksam eingelegt, wenn sie vom Gericht innerhalb der Beschwerdefrist ausgedruckt wird und zumindest mit einer eingescannten Unterschrift versehen ist.   **13**

Für die Einlegung der Beschwerde und das Beschwerdeverfahren herrscht **kein Anwaltszwang**, es ist jedoch § 10 Abs. 2 FamFG zu beachten. Der Notar darf den Kostenschuldner im Beschwerdeverfahren allerdings nicht vertreten.   **14**

Die Beschwerde **soll begründet** werden, § 65 Abs. 1 FamFG. Eine fehlende Begründung macht die Beschwerde jedoch nicht unzulässig. Soweit das Gericht eine **Begründungsfrist** nach § 65 Abs. 2 FamFG setzt, führt dies zu keinem Begründungszwang, sondern nur dazu, dass das Gericht nicht vor Ablauf dieser Frist entscheiden darf.[15] Auch nach Versäumung der Begründungsfrist kann der Beschwerdeführer Sach- und Rechtsvortrag nachschieben.[16]   **15**

d) Sonderfälle. aa) Anschlussbeschwerde. Unter den Voraussetzungen des § 66 FamFG kann sich derjenige, der auf sein Beschwerderecht verzichtet hat oder der die Beschwerdefrist versäumt hat, der Beschwerde eines anderen **anschließen**. Die Anschlussbeschwerde ist beim OLG einzulegen und an keine Frist gebunden. Die Anschlussbeschwerde verliert aber ihre Wirkung, wenn die Beschwerde zurückgenommen oder als unzulässig verworfen wird (§ 66 S. 2 FamFG).[17]   **16**

bb) Antragsänderung. Eine Antragsänderung (→ § 127 Rn 49 ff) ist auch im Beschwerdeverfahren statthaft, insb. wenn der Notar seine Kostenberechnung während des Verfahrens abgeändert hat. Hat der Notar jedoch keine Änderung der angegriffenen Kostenberechnung vorgenommen, besteht kein Grund, dem Antragsteller eine Erweiterung seines erstinstanzlichen Antrags zu gestatten.[18]   **16a**

cc) Fortsetzungsfeststellungsbeschwerde. Hat sich die Hauptsache erledigt, etwa dadurch, dass der Notar seine beanstandete Kostenberechnung abgeändert hat oder dass der Kostenschuldner die Kostenberechnung beglichen hat, so kann unter den Voraussetzungen des § 63 FamFG eine Fortsetzungsfeststellungsbeschwerde geführt werden. Das nach § 63 Abs. 1 FamFG erforderliche berechtigte Interesse wird sich regelmäßig nur aus einer Wiederholungsgefahr nach § 63 Abs. 2 Nr. 2 FamFG herleiten lassen.   **17**

---

6 So aber BayObLG DNotZ 1994, 703; KG JurBüro 1995, 433. **7** OLG Zweibrücken JurBüro 1988, 1054. **8** KG FGPrax 2011, 197, 198. **9** KG FGPrax 2011, 197, 198. **10** BDS/*Neie*, § 129 Rn 5. **11** BDS/*Neie*, § 129 Rn 5. **12** BDS/*Neie*, § 129 Rn 10. **13** BDS/*Neie*, § 129 Rn 9. **14** BDS/*Neie*, § 129 Rn 9. **15** BDS/*Neie*, § 129 Rn 16. **16** BDS/*Neie*, § 129 Rn 16. **17** BDS/*Neie*, § 129 Rn 6. **18** AA BDS/*Neie*, § 129 Rn 18.

18 **4. Verfahren.** Für das Beschwerdeverfahren gilt § 68 FamFG. Das LG kann der Beschwerde **abhelfen**. Hilft es ab, so steht gegen diese Entscheidung dem hiervon Betroffenen die Beschwerde zu. Soweit das LG nicht abhilft, legt es dem OLG die Sache unverzüglich zur Entscheidung vor, § 68 Abs. 1 S. 1 FamFG.

19 Das Beschwerdegericht prüft die Statthaftigkeit der Beschwerde und ob diese in der erforderlichen Frist und Form eingelegt wurde, § 68 Abs. 2 FamFG. Sollte dies nicht der Fall sein, wird die Beschwerde als **unzulässig verworfen**.

20 Die Beschwerdeeinlegung hat **keine aufschiebende Wirkung**, § 130 Abs. 1 S. 1. Das Beschwerdegericht kann durch seinen Vorsitzenden bzw den Einzelrichter jedoch die aufschiebende Wirkung ganz oder teilweise anordnen, § 130 Abs. 1 S. 2. Die Vorschrift des § 64 Abs. 3 FamFG wird insoweit verdrängt.[19]

21 Das Beschwerdeverfahren selbst richtet sich nach den **Bestimmungen des ersten Rechtszugs** (§ 68 Abs. 3 S. 1 FamFG), dh, das Beschwerdegericht kann entsprechend § 128 verfahren. Nach § 65 Abs. 3 FamFG sind neue Tatsachen und Beweismittel zugelassen. Das Beschwerdegericht kann aber nach § 68 Abs. 3 S. 2 FamFG von der Durchführung eines Termins, einer mündlichen Verhandlung oder einzelner Verfahrenshandlungen absehen, wenn diese bereits im ersten Rechtszug vorgenommen wurden und von einer erneuten Vornahme keine zusätzlichen Erkenntnisse zu erwarten sind. Eine Übertragung auf den **Einzelrichter** kommt nach § 128 Abs. 3 in Betracht, der als die speziellere Vorschrift den § 68 Abs. 4 FamFG verdrängt (→ Rn 5).

22 **5. Beendigung des Verfahrens.** Das Beschwerdeverfahren endet ohne Entscheidung, wenn der Beschwerdeführer seine Beschwerde **zurücknimmt**, § 67 Abs. 4 FamFG.

23 Im Übrigen entscheidet das Beschwerdegericht nach § 69 FamFG. Grundsätzlich soll das Beschwerdegericht unter Berücksichtigung der aktuellen Sach- und Rechtslage (vgl § 65 Abs. 3 FamFG) **selbst entscheiden**, § 69 Abs. 1 S. 1 FamFG. Das OLG ist an den Antrag des Beschwerdeführers gebunden und darf nicht über diesen hinausgehen. Wird die Beschwerde auf Weisung der Dienstaufsichtsbehörde vom Notar eingelegt, so kommt eine für den Kostenschuldner **verschlechternde Beschwerdeentscheidung** iSd § 130 Abs. 2 S. 2 nur in Betracht, wenn auch der ursprüngliche Antrag nach § 130 Abs. 2 S. 1 mit dem Ziel einer Erhöhung der Kostenberechnung eingelegt worden war. Eine verschlechternde Entscheidung kommt außerdem in Betracht, wenn der Notar sich der Beschwerde des Kostenschuldners mit der **Anschlussbeschwerde** angeschlossen hat.[20]

24 Eine **Zurückverweisung** an das LG kommt nur in Betracht, wenn dieses in der Sache selbst noch keine Entscheidung getroffen hatte oder wenn das erstinstanzliche Verfahren einen wesentlichen Verfahrensmangel aufweist, § 69 Abs. 1 S. 2, 3 FamFG. Das LG ist an die Rechtsauffassung des OLG gebunden, § 69 Abs. 1 S. 4 FamFG.

25 Die **Beschwerdeentscheidung** muss begründet werden, im Übrigen gelten die §§ 38 ff FamFG entsprechend, § 69 Abs. 2, 3 FamFG. Der Beschluss muss demjenigen, dessen erklärten Willen er widerspricht, förmlich zugestellt werden (§ 41 Abs. 1 S. 2 FamFG). Den übrigen Beteiligten ist die Beschwerdeentscheidung schriftlich bekannt zu geben.

26 **6. Kosten, Verfahrenskostenhilfe. a) Kosten.** Für das Beschwerdeverfahren fallen **Gerichtskosten** iHv 90 € an (Nr. 19110 KV). Eine Geschäftswertfestsetzung ist daher entbehrlich.[21] Endet das Verfahren insgesamt ohne Endentscheidung, so ermäßigt sich diese Gebühr unter den Voraussetzungen der Nr. 19111 KV auf 60 €. Für die Gerichtskosten haftet der Antragsteller (§ 22 Abs. 1); soweit er obsiegt, erlischt seine Kostenhaftung aber nach § 25 Abs. 1.

27 Der im Beschwerdeverfahren eingeschaltete **Rechtsanwalt** kann Gebühren nach Maßgabe der Nr. 3500 KV RVG verlangen.[22] **Außergerichtliche Kosten** sind aber nur unter den Voraussetzungen des § 80 FamFG iVm § 91 Abs. 1 S. 2 ZPO erstattungsfähig. Die Kosten für die Einschaltung eines Rechtsanwalts sind aber nur ausnahmsweise als zur Rechtsverfolgung notwendig einzustufen.

28 Dem **Kostenschuldner** bzw dem **Notar** sind die Kosten nach § 84 FamFG aufzuerlegen,[23] wenn seine Beschwerde in vollem Umfang erfolglos geblieben ist bzw wenn dieser im Beschwerdeverfahren in vollem Umfang unterlegen ist.[24] Dem **Notar** dürfen keine Gerichtskosten auferlegt werden, wenn er die Beschwerde weisungsgemäß erhoben hat, § 130 Abs. 2 S. 3. Die außergerichtlichen Kosten der Beteiligten, die der Notar zu tragen hätte, sind der **Landeskasse** aufzuerlegen, § 130 Abs. 2 S. 4. Der Notar kann seine außergerichtlichen Kosten vom unterlegenen Kostenschuldner ersetzt verlangen.

19 BDS/*Neie*, § 130 Rn 5. **20** BDS/*Neie*, § 130 Rn 21. **21** OLG Celle NdsRpfl 2015, 374 = BeckRS 2015, 20681; OLG München ZNotP 2015, 438 = BeckRS 2016, 03354. **22** Vgl BGH FGPrax 2011, 36. **23** BT-Drucks 17/11471, S. 192. **24** OLG Celle NdsRpfl 2015, 374 = BeckRS 2015, 20681.

b) Verfahrenskostenhilfe. Sie kann unter den Voraussetzungen der §§ 76 ff FamFG gewährt werden. Da das Verfahren vor dem OLG nur geringe Kosten auslöst und die **Beiordnung eines Anwalts** grds. nicht geboten ist (vgl § 78 Abs. 2 FamFG), wird die Gewährung von Verfahrenskostenhilfe nur in sehr seltenen Ausnahmefällen in Betracht kommen. **29**

III. Rechtsbeschwerde zum BGH

1. Allgemeines. Die Rechtsbeschwerde zum **BGH** ist nur statthaft, wenn sie vom Beschwerdegericht **zugelassen** worden ist, § 70 Abs. 1 FamFG.[25] Das OLG darf die Rechtsbeschwerde nur zulassen, wenn diese grundsätzliche Bedeutung hat (insb. für eine Vielzahl gleichgelagerter Fälle[26]) oder diese zur Fortbildung des Rechts oder zur Sicherung einer einheitlichen Rechtsprechung erforderlich ist, § 70 Abs. 2 S. 1 FamFG. Eine auf tatsächlichen Besonderheiten eines Einzelfalls beruhende Entscheidung, die mit der obergerichtlichen Rechtsprechung im Einklang steht, rechtfertigt keine Zulassung der Rechtsbeschwerde.[27] **30**

Der BGH ist an die Zulassung **gebunden** (§ 70 Abs. 2 S. 2 FamFG), kann die Rechtsbeschwerde jedoch in einem vereinfachten Verfahren durch Beschluss nach § 74 a FamFG zurückweisen, wenn die Zulassungsvoraussetzungen nicht vorlagen. Eine **Nichtzulassungsbeschwerde** existiert nicht. **31**

2. Zulässigkeit. a) Beschwerdeberechtigung. Für die **Beschwerdeberechtigung** gilt § 59 FamFG (→ Rn 7 ff). Die dem Notar vorgesetzte **Dienstbehörde** ist nicht beschwerdeberechtigt. Sie kann jedoch nach § 130 Abs. 2 S. 1 den Notar anweisen, Beschwerde einzulegen. Dies setzt allerdings eine entsprechende Beschwerdeberechtigung des Notars voraus. Die Rechtsbeschwerde kann nach § 72 Abs. 1 FamFG nur auf eine **Rechtsverletzung** gestützt werden. **32**

b) Einlegung der Rechtsbeschwerde. Die Rechtsbeschwerde muss binnen einer Frist von **einem Monat** beim BGH eingelegt werden, § 71 Abs. 1 S. 1. Die Beschwerdefrist beginnt mit der schriftlichen Bekanntgabe der Entscheidung des OLG an die Beteiligten zu laufen. **33**

Die Beschwerde muss **schriftlich** eingelegt werden. In der Beschwerdeschrift muss die angefochtene Entscheidung bezeichnet werden sowie der Rechtsbeschwerdewille zum Ausdruck kommen, § 71 Abs. 1 S. 2 FamFG. Die Beschwerdeschrift muss vom Beschwerdeführer oder dessen Bevollmächtigten **unterzeichnet** sein, es genügt jedoch die Einlegung mittels Telefax oder Computerfax. Eine elektronische Beschwerdeeinlegung ist nur unter den Voraussetzungen des § 14 Abs. 2 FamFG möglich. Die Beschwerdeentscheidung des OLG soll der Beschwerde beigefügt sein. **34**

Für die Einlegung der Rechtsbeschwerde und das Rechtsbeschwerdeverfahren besteht **Anwaltszwang**, es muss ein beim BGH zugelassener Rechtsanwalt als Vertreter beauftragt werden, § 10 Abs. 4 S. 1 FamFG. Der Notar ist jedoch vom Anwaltszwang befreit, § 130 Abs. 3 S. 2. Ebenso sind Behörden und juristische Personen des öffentlichen Rechts vom BGH-Anwaltszwang befreit, § 10 Abs. 4 S. 2 FamFG. **35**

c) Begründung der Rechtsbeschwerde. Die Rechtsbeschwerde **muss innerhalb eines Monats begründet** werden, § 71 Abs. 2 FamFG. Die Begründungsschrift muss die in § 71 Abs. 3 FamFG enthaltenen Angaben enthalten, sie ist den anderen Beteiligten bekannt zu geben, § 71 Abs. 4 FamFG. **36**

d) Sonderfälle. aa) Anschlussrechtsbeschwerde. Sie ist nach Maßgabe des § 73 FamFG statthaft. **37**

bb) Sprungrechtsbeschwerde. Auch wenn in § 129 die Sprungrechtsbeschwerde nicht ausdrücklich genannt ist, findet diese aufgrund der Verweisung in § 130 Abs. 3 S. 1 nach § 75 FamFG auf Antrag statt, wenn alle Beteiligten in die Sprungrechtsbeschwerde eingewilligt haben und der BGH dem Antrag stattgegeben hat.[28] In der Erhebung der Sprungrechtsbeschwerde liegt zugleich der Verzicht auf das Rechtsmittel der Beschwerde; wird die Sprungrechtsbeschwerde nicht zugelassen, ist auch die Beschwerde nicht statthaft.[29] **38**

3. Verfahren. Der BGH prüft die Statthaftigkeit der Rechtsbeschwerde und ob diese in der erforderlichen Frist und Form eingelegt wurde, § 74 Abs. 1 FamFG. Sollte dies nicht der Fall sein, wird die Beschwerde als **unzulässig verworfen**. **39**

Die Rechtsbeschwerdeeinlegung hat **keine aufschiebende Wirkung**, § 130 Abs. 1 S. 1. Der BGH kann durch seinen Vorsitzenden jedoch die aufschiebende Wirkung ganz oder teilweise anordnen, § 130 Abs. 1 S. 2. **40**

Das Beschwerdeverfahren selbst richtet sich nach den **Bestimmungen des ersten Rechtszugs** (§ 74 Abs. 4 FamFG), dh der BGH kann entsprechend § 128 verfahren. Allerdings findet vor dem BGH keine Sachverhaltsermittlung mehr statt. Da der BGH stets in der Senatsbesetzung entscheidet (§ 139 Abs. 1 GVG), kommt die Übertragung der Entscheidung auf einen Einzelrichter nicht in Betracht.[30] **41**

---

25 OLG Celle BeckRS 2015, 12410. **26** OLG München ZNotP 2015, 438 = BeckRS 2016, 03354. **27** OLG Celle NdsRpfl 2015, 374 = BeckRS 2015, 20681. **28** BeckOK KostR/*Schmidt-Räntsch*, GNotKG, § 129 Rn 69; BDS/*Neie*, § 129 Rn 66; Korintenberg/*Sikora*, § 129 Rn 15; aA *Wudy*, NotBZ 2009, 250, 254. **29** Korintenberg/*Sikora*, § 129 Rn 15. **30** BDS/*Neie*, § 130 Rn 8.

42 **4. Beendigung des Verfahrens.** Sofern die Rechtsbeschwerde nicht **zurückgenommen** wird oder nicht auf diese **verzichtet** wird, entscheidet der BGH durch Beschluss. Ergibt die Begründung des angefochtenen Beschlusses zwar eine Rechtsverletzung, stellt sich die Entscheidung aber **aus anderen Gründen als richtig** dar, ist die Rechtsbeschwerde zurückzuweisen, § 74 Abs. 2 FamFG. Der BGH prüft die Entscheidung des OLG nur auf etwaige **Rechtsverletzungen** hin, an die Begründung des Rechtsbeschwerdeführers ist das Gericht dabei nicht gebunden, § 74 Abs. 3 FamFG.

43 Eine Überprüfung des vom OLG festgestellten **Sachverhalts** findet nicht statt, es sei denn, dieses hat gegen die Denkgesetze der Logik verstoßen. **Ermessensentscheidungen,** zB nach § 36, sind nur eingeschränkt überprüfbar, nämlich daraufhin, ob überhaupt eine pflichtgemäße Ermessensausübung stattgefunden hat. Eine **Rahmengebühr** oder eine **angemessene Gegenleistung** kann auch der BGH nach § 128 Abs. 2 S. 1 festsetzen.

44 Ist die Rechtsbeschwerde **begründet,** so ist die Entscheidung des OLG aufzuheben, § 74 Abs. 5 FamFG. Grundsätzlich entscheidet der BGH in der Sache selbst, wenn diese **entscheidungsreif** ist, § 74 Abs. 6 S. 1 FamFG. Andernfalls – insb. wenn in der Sache selbst noch nicht entschieden worden ist oder wenn eine Ermessensentscheidung nachzuholen ist – verweist der BGH die Sache an das Beschwerdegericht, an das LG oder an den Notar zurück, wobei diese an die **Rechtsauffassung** des BGH gebunden sind, § 74 Abs. 6 S. 3 FamFG. Unter den Voraussetzungen des § 74 Abs. 7 FamFG kann der BGH von einer **Begründung** seiner Entscheidung absehen.

45 **5. Kosten, Verfahrenskostenhilfe.** Für das Rechtsbeschwerdeverfahren fallen **Gerichtskosten** iHv 180 € an (Nr. 19120 KV). Endet das Verfahren insgesamt ohne Endentscheidung vor Eingang der Rechtsbeschwerdebegründung, so ermäßigt sich diese Gebühr auf 60 € (Nr. 19121 KV), sonst auf 90 € (Nr. 19122 KV). Wird der Antrag auf Zulassung der **Sprungrechtsbeschwerde** abgelehnt, fallen Gerichtskosten iHv 60 € an (Nr. 19130 KV). Kostenschuldner ist nach § 22 Abs. 1 der Antragsteller, dessen Haftung jedoch im Obsiegensfalle erlischt, § 25 Abs. 1.

46 Der im Rechtsbeschwerdeverfahren eingeschaltete **Rechtsanwalt** kann Gebühren nach Maßgabe der Nr. 3502 f KV RVG verlangen. **Außergerichtliche Kosten** sind aber nur unter den Voraussetzungen des § 80 FamFG iVm § 91 Abs. 1 S. 2 ZPO erstattungsfähig.

47 Dem **Kostenschuldner** bzw dem **Notar** sind die Kosten nach § 84 FamFG aufzuerlegen, wenn seine Rechtsbeschwerde erfolglos geblieben ist. Dem **Notar** dürfen keine Gerichtskosten auferlegt werden, wenn er weisungsgemäß Rechtsbeschwerde eingelegt hat, § 130 Abs. 2 S. 3. Die außergerichtlichen Kosten der Beteiligten, die der Notar zu tragen hätte, sind der **Landeskasse** aufzuerlegen, § 130 Abs. 2 S. 4. Der Notar kann seine außergerichtlichen Kosten vom unterlegenen Kostenschuldner ersetzt verlangen.

48 **Verfahrenskostenhilfe** kann unter den Voraussetzungen der §§ 76 ff FamFG gewährt werden. Da das Verfahren vor dem BGH Anwaltszwang erfordert, kommt hier die Gewährung von Verfahrenskostenhilfe noch am ehesten in Betracht.

§ 130 Gemeinsame Vorschriften

(1) ¹Der Antrag auf Entscheidung des Landgerichts, die Beschwerde und die Rechtsbeschwerde haben keine aufschiebende Wirkung. ²Das Gericht oder das Beschwerdegericht kann auf Antrag oder von Amts wegen die aufschiebende Wirkung ganz oder teilweise anordnen; ist nicht der Einzelrichter zur Entscheidung berufen, entscheidet der Vorsitzende des Gerichts.

(2) ¹Die dem Notar vorgesetzte Dienstbehörde kann diesen in jedem Fall anweisen, die Entscheidung des Landgerichts herbeizuführen, Beschwerde oder Rechtsbeschwerde zu erheben. ²Die hierauf ergehenden gerichtlichen Entscheidungen können auch auf eine Erhöhung der Kostenberechnung lauten. ³Gerichtskosten hat der Notar in diesen Verfahren nicht zu tragen. ⁴Außergerichtliche Kosten anderer Beteiligter, die der Notar in diesen Verfahren zu tragen hätte, sind der Landeskasse aufzuerlegen.

(3) ¹Auf die Verfahren sind im Übrigen die Vorschriften des Gesetzes über das Verfahren in Familiensachen und in den Angelegenheiten der freiwilligen Gerichtsbarkeit anzuwenden. ²§ 10 Absatz 4 des Gesetzes über das Verfahren in Familiensachen und in den Angelegenheiten der freiwilligen Gerichtsbarkeit ist auf den Notar nicht anzuwenden.

I. Gesetzliche Systematik

Die Vorschrift fasst einige früher in § 156 KostO verstreute Regelungen zusammen und stellt klar, dass die- **1**
se sowohl auf das landgerichtliche Verfahren als auch auf die Beschwerde und Rechtsbeschwerde anwendbar sind.

Abs. 1 behandelt die Möglichkeit des Gerichts, den Rechtsbehelfen **aufschiebende Wirkung** beizumessen. **2**
Abs. 2 gestattet der **Dienstaufsichtsbehörde**, den Notar im Interesse einer ordnungsgemäßen Gebührenerhebung zur Einlegung von Rechtsbehelfen anzuweisen Abs. 3 stellt schließlich klar, dass sich das Verfahren
nach dem **FamFG** richtet.

II. Anordnung der aufschiebenden Wirkung (Abs. 1)

1. Grundsatz (Abs. 1 S. 1). Der Antrag nach § 127, die Beschwerde nach § 129 Abs. 1 und die Rechtsbe- **3**
schwerde nach § 129 Abs. 2 haben **keine aufschiebende Wirkung** (Abs. 1 S. 1). Dies entspricht § 64 Abs. 3
FamFG. Der Notar ist also trotz der Einlegung eines Rechtsbehelfs gegen seine Kostenberechnung nicht daran gehindert, aus dieser die **Vollstreckung** zu betreiben, vgl § 90 Abs. 1 S. 2. Der Notar muss für den Fall
des Unterliegens allerdings mit der **verschärften Haftung** nach § 90 Abs. 1 S. 2 und 3 rechnen.

2. Anordnung der aufschiebenden Wirkung (Abs. 1 S. 2). Das LG, das OLG und der BGH können anord- **4**
nen, dass der Antrag nach § 127, die Beschwerde bzw die Rechtsbeschwerde aufschiebende Wirkung haben. Zuständig für die Anordnung der aufschiebenden Wirkung ist der **Vorsitzende** des zuständigen
Spruchkörpers.[1] Wurde die Entscheidung nach § 128 Abs. 3 auf den **Einzelrichter** übertragen, so ordnet
dieser allein die aufschiebende Wirkung an. Die Entscheidung über die Anordnung der aufschiebenden Wirkung der Beschwerde gegen die Kostenberechnung eines Notars ist nicht deshalb unzulässig, weil sie von
dem **gesamten Spruchkörper** des Beschwerdegerichts und nicht allein von dem Vorsitzenden getroffen worden ist.[2]

Die Anordnung kann das Gericht **von Amts wegen** treffen. Soweit der Antragsteller bzw Beschwerdeführer **5**
die aufschiebende Wirkung beantragt, handelt es sich um eine Anregung iSd § 24 FamFG. Das Gericht entscheidet unter **Abwägung der Interessen** des Kostenschuldners und des Notars; dabei sind die summarisch
zu prüfenden Erfolgsaussichten des Rechtsbehelfs und die drohenden Nachteile für die Beteiligten zu berücksichtigen. Im **Rechtsbeschwerdeverfahren** kommt analog § 719 Abs. 2 ZPO eine vorläufige Einstellung
der Zwangsvollstreckung nur in Betracht, wenn die Vollstreckung dem Schuldner einen nicht zu ersetzenden Nachteil bringen würde und nicht ein überwiegendes Interesse des Gläubigers entgegensteht.[3]

Die aufschiebende Wirkung kann **ganz oder teilweise** angeordnet werden. So kann bei einer teilbaren Kos- **6**
tenberechnung, die auch nur hinsichtlich einzelner Teile angegriffen wird, die Vollstreckbarkeit hinsichtlich
des unstreitigen Teils aufrechterhalten werden. Das Gericht kann die aufschiebende Wirkung von einer **Sicherheitsleistung** des Kostenschuldners abhängig machen.[4]

Mit Anordnung der aufschiebenden Wirkung besteht für den Notar bis zur Endentscheidung des Gerichts **7**
ein vorläufiges **Vollstreckungsverbot**.

Die Anordnung bzw die Ablehnung einer Anordnung erfolgt durch **Verfügung** des Vorsitzenden bzw Ein- **8**
zelrichters, die nicht der Beschlussform des § 38 FamFG entsprechen muss. Die Entscheidung des Gerichts
ist **unanfechtbar**,[5] unabhängig davon, ob die Anordnung gewährt oder abgelehnt wurde[6] und unabhängig
davon, ob das LG, das OLG oder der BGH entschieden hat.[7] Die Gegenansicht ist inkonsequent und lässt
im Ergebnis auch nur die Beschwerde gegen die ablehnende Entscheidung des LG zu. Allerdings kann das

---

1 Hierzu BeckOK KostR/*Schmidt-Räntsch*, GNotKG, § 130 Rn 7. **2** OLG Zweibrücken FGPrax 2005, 233, 234; BDS/*Neie*,
§ 130 Rn 6. **3** BDS/*Neie*, § 130 Rn 11. **4** BDS/*Neie*, § 130 Rn 10. **5** Ebenso Korintenberg/*Sikora*, § 130 Rn 4. **6** AA BeckOK
KostR/*Schmidt-Räntsch*, GNotKG, § 130 Rn 10; BDS/*Neie*, § 130 Rn 12: Ablehnende Entscheidung ist mit der Beschwerde,
nicht aber mit der Rechtsbeschwerde, anfechtbar. **7** AA BeckOK KostR/*Schmidt-Räntsch*, GNotKG, § 130 Rn 11; BDS/*Neie*,
§ 130 Rn 13: Ablehnende Entscheidung des LG ist anfechtbar, nicht aber ablehnende Entscheidungen des OLG und des BGH.

Gericht die aufschiebende Wirkung im Laufe des Verfahrens wieder **aufheben** bzw nachträglich erstmals oder erneut **anordnen**.

III. Weisung der Dienstaufsichtsbehörde (Abs. 2)

9   **1. Weisungsbefugnis.** Die dem Notar vorgesetzte Dienstbehörde kann diesen anweisen, die Entscheidung des LG nach § 127 Abs. 1 herbeizuführen, Beschwerde oder Rechtsbeschwerde einzulegen. Weisungsbefugt ist die vorgesetzte Dienstbehörde, das ist der **Präsident des LG**, nicht die Notarkammer und nicht eine Kasse nach § 113 BNotO. Notarkammer und Kasse können allerdings die Weisung bei der Aufsichtsbehörde anregen.[8] Dieses Weisungsrecht besteht, weil die Aufsichtsbehörde selbst die Kostenberechnung und sonstigen Entscheidungen des Notars **nicht** von sich aus **abändern** darf.

10   **2. Inhalt der Weisung.** Die Weisung muss erkennen lassen, mit **welcher Zielrichtung** die gerichtliche Entscheidung herbeigeführt werden soll.[9] Da die Vorschrift nicht eine Erhöhung der Notarkosten bezweckt, sondern eine ordnungsgemäße Gebührenerhebung, kann die Anweisung nicht nur auf eine **Erhöhung**, sondern auch auf eine **Ermäßigung oder Nichterhebung der Notarkosten** gerichtet sein. Für den Inhalt der Weisung ist § 48 Abs. 1 S. 1 KostVfg (= 48.1 S. 1 BayKostVfg) maßgeblich.

11   Die Aufsichtsbehörde kann den Notar anweisen, einen Antrag nach § 127 Abs. 1 zu stellen, Beschwerde oder Rechtsbeschwerde einzulegen. Außerdem kann sie den Notar anweisen, einem Kostenermäßigungsantrag des Kostenschuldners (bzw des Notars selbst) nach § 127 Abs. 1 mit dem **Antrag auf Kostenerhöhung** entgegenzutreten, vgl § 48 Abs. 2 KostVfg (= 48.2 BayKostVfg).

12   Weitergehende Weisungen an den Notar sind unzulässig, insb. muss der Notar nicht der **Rechtsansicht** der Aufsichtsbehörde folgen. Er kann sogar eigene, der Weisung **entgegengesetzte Anträge** stellen.[10]

13   Schließlich erstreckt sich das Weisungsrecht nicht auf die Abgabe **materiellrechtlicher Erklärungen**, so dass Einwendungen (zB Amtspflichtverletzung des Notars) und Einreden (zB die Einrede der Verjährung) gegen die Kostenberechnung nur vom Kostenschuldner oder dem Notar erhoben werden können.[11]

14   Dasselbe gilt für die Behauptung der **unrichtigen Sachbehandlung** nach § 21, da es sich hierbei um den kostenrechtlichen Unterfall einer Amtspflichtverletzung handelt.[12]

15   **3. Statthaftigkeit der Weisung.** Für die Weisung enthält § 48 Abs. 1 S. 2 und 3 KostVfg (= 48.1 S. 2 und 3 BayKostVfg) **Ermessensleitlinien**. So soll die Erstattung bzw Nachforderung von Kleinbeträgen gegenüber Privatpersonen unterbleiben, wenn nach den Gerichtskostenbestimmungen von einer Erstattung bzw Nachforderung abgesehen werden darf. Die Nachforderung von Beträgen bis 25 € kann dem Notar im Einzelfall erlassen werden.

16   Die Weisung ist an **keine Frist** gebunden. Allerdings muss der weisungsgemäß gestellte Antrag zum Schutz des Kostenschuldners bzw des Notars überhaupt **noch zulässig** sein. Soweit der Kostenschuldner oder der Notar nach § 127 Abs. 2 keinen Antrag mehr stellen könnten, kann dies auch die Aufsichtsbehörde über eine Weisung nach Abs. 2 nicht mehr durchsetzen.[13] Selbst aus der Formulierung, dass der Notar „in jedem Fall" zur Antragstellung angewiesen werden kann, folgt kein unbeschränktes Antrags-, sondern nur ein unbeschränktes Weisungsrecht.

17   Für die Einlegung der Beschwerde bzw Rechtsbeschwerde gilt Entsprechendes. Soweit die **Rechtsmittelfristen abgelaufen** sind, kann auch die Aufsichtsbehörde die (Rechts-)Beschwerde nicht mehr mittels Weisung durchsetzen.

18   Der Weisung und dem Antrag steht die **Verjährung** des Kostenanspruchs bzw des Kostenerstattungsanspruchs nicht entgegen, da diese Ansprüche trotz der Verjährung noch freiwillig erfüllt werden können.[14] Freilich wird die Aufsichtsbehörde keine Weisung erteilen, wenn sich der **Kostenschuldner** bereits im Vorfeld auf die Verjährung berufen hat, weil dann das Verfahren nach § 127 seinen Zweck nicht mehr erreichen kann. Soweit sich der **Notar** auf Verjährung beruft, kann die Behörde ihn trotzdem anweisen, weil dadurch dem Interesse der Allgemeinheit an einer ordnungsgemäßen Überprüfung des Notarkostenwesens genügt wird.[15]

19   Der Weisung steht nicht entgegen, dass der Notar bereits einen **eigenen Antrag** nach § 127 gestellt oder Beschwerde bzw Rechtsbeschwerde eingelegt hat. Hat der **Kostenschuldner** einen Antrag gestellt bzw Beschwerde eingelegt, so kann die Aufsichtsbehörde den Notar anweisen, dem Antrag bzw der Beschwerde durch Stellung eines widersprechenden Antrags zu begegnen.

---

8 BDS/*Neie*, § 130 Rn 14.   **9** Vgl KG JurBüro 1995, 433.   **10** Zust. BeckOK KostR/*Schmidt-Räntsch*, GNotKG, § 130 Rn 18. **11** BDS/*Neie*, § 130 Rn 16.   **12** *Heinemann*, BGHReport 2002, 319.   **13** AA BeckOK KostR/*Schmidt-Räntsch*, GNotKG, § 130 Rn 15; BDS/*Neie*, § 130 Rn 18.   **14** *Korintenberg/Sikora*, § 130 Rn 7.   **15** Zust. BeckOK KostR/*Schmidt-Räntsch*, GNotKG, § 130 Rn 16.

Da die Weisungsbefugnis im öffentlichen Interesse besteht, können der Kostenschuldner und der Notar 20 hierüber **nicht** disponieren. Selbst wenn sich beide auf eine Kostenberechnung (zB im Wege des Vergleichs) geeinigt haben oder auf ihr Antrags- bzw Beschwerderecht verzichtet haben, darf die Aufsichtsbehörde ihr Weisungsrecht ausüben.[16] Anderenfalls wäre einer Umgehung des § 125 kaum zu begegnen. Der Notar darf einen **Beschwerdeverzicht** oder eine **Beschwerderücknahme** nur mit Zustimmung der Aufsichtsbehörde erklären.[17] Gibt er diese Erklärungen ohne Zustimmung der Aufsichtsbehörde ab, so sind sie dennoch wirksam.[18]

4. Adressat der Weisung. Die Weisung ist an den **Notar** zu richten, dessen Kostenberechnung bzw Ent- 21 scheidung gerichtlich überprüft werden soll. Hat der Notar seinen Amtssitz verlegt, so bleibt er dennoch Weisungsempfänger. Ist der Notar aus dem Amt ausgeschieden, etwa durch Tod, Amtsniederlegung oder Entfernung aus dem Amt, so richtet sich die Weisung an diejenige Stelle, die die betreffende **Kostenberechnung verwahrt** (Amtsnachfolger, Notariatsverwalter, Amtsgericht).[19]

Der **ausgeschiedene Notar** bzw die **Erben des Notars** können nicht angewiesen werden. Allerdings müssen 22 diese als Inhaber des Kostenanspruchs im Rahmen eines Verfahrens nach §§ 127 ff bzw vor einer freiwilligen Abänderung durch die angewiesene Stelle **gehört** werden. Gegen eine freiwillige Abänderung der Kostenberechnung können der ausgeschiedene Notar bzw die Erben des Notars **Antrag** nach § 127 Abs. 1 stellen, gegen eine Entscheidung des LG **Beschwerde** nach § 129 Abs. 1 einlegen.

5. Folgen der Weisung. Die Aufsichtsbehörde besitzt **kein eigenes Antrags- bzw Beschwerderecht.** Ein sol- 23 ches steht nur dem angewiesenen Notar zu. Daraus folgt im Umkehrschluss, dass der weisungsgemäß gestellte Antrag keines zusätzlichen Antrags durch die Aufsichtsbehörde bedarf.

Der Notar hat die Weisung **unverzüglich** durch Antragstellung bzw Beschwerdeeinlegung umzusetzen. Ob- 24 wohl es sich bei der Weisung nach Abs. 2 fraglos um eine dienstaufsichtliche Maßnahme handelt, scheiden die Rechtsbehelfe der BNotO hiergegen aus. Im Rahmen des gerichtlichen Verfahrens wird **inzidenter über die Rechtmäßigkeit der Weisung** entschieden. Es handelt sich somit um den spezielleren Rechtsbehelf, andernfalls könnte der Notar durch Einlegung von Rechtsmitteln gegen die Weisung insb. das fristgebundene Beschwerde- und Rechtsbeschwerdeverfahren vereiteln. Da es sich bei der Weisung um Innenrecht handelt, deren ausschließlicher Adressat der Notar ist, scheiden **Rechtsbehelfe des Kostenschuldners** gegen die Weisung von vorneherein aus.

Weigert sich der Notar (bzw die sonstige angewiesene Stelle), die Weisung zu befolgen, so stehen der 25 Dienstaufsichtsbehörde **keine Zwangsmittel** zur Verfügung, insb. kann sie nicht den fehlenden Antrag bzw die fehlende Beschwerde durch eine eigene Erklärung ersetzen. Die Weigerung kann jedoch als **Dienstpflichtverletzung** mit disziplinarrechtlichen Maßnahmen geahndet werden.[20]

6. Reformatio in peius (Abs. 2 S. 2). Die Weisung bewirkt eine **eingeschränkte reformatio in peius**, nämlich 26 nur zulasten des Kostenschuldners. Hat die Aufsichtsbehörde den Notar angewiesen, eine Herabsetzung der Kostenberechnung zu beantragen, so kann das Gericht auch ohne entsprechenden Antrag des Notars eine Erhöhung der Kostenberechnung aussprechen. Diese Verschlechterungsmöglichkeit folgt daraus, dass der **Notar selbst keinen Antrag** nach § 127 Abs. 1 auf Kostenerhöhung stellen kann, ihn die Dienstaufsicht oder der Kostenschuldner aber zu einem Ermäßigungsantrag drängen können.

Da der **Kostenschuldner** hingegen einem weisungsgemäß eingelegten Erhöhungsantrag mit einem Ermäßi- 27 gungsantrag nach § 127 Abs. 1 begegnen kann, besteht keine Notwendigkeit, eine amtswegige Herabsetzung der Kostenberechnung zuzulassen.

7. Gerichtliche und außergerichtliche Kosten (Abs. 2 S. 3 und 4). Soweit der **Notar** aufgrund dienstlicher 28 Weisung das gerichtliche Verfahren betreibt, hat er **keine Gerichtskosten** zu tragen (**Abs. 2 S. 3**). Diese Bestimmung betrifft nur das Beschwerde- und Rechtsbeschwerdeverfahren, weil das Verfahren vor dem LG gerichtskostenfrei ist (→ § 127 Rn 53), und spielt nur eine Rolle, soweit der Notar mit seinem Antrag im Verfahren ganz oder teilweise unterliegt.

Die **außergerichtlichen Kosten** der anderen Beteiligten, die der Notar bei einem Unterliegen im gerichtlichen 29 Verfahren nach § 127 Abs. 1 oder § 129 zu tragen hätte, sind nach **Abs. 2 S. 4** der Landeskasse aufzuerlegen. Das LG trifft eine entsprechende Entscheidung nach § 81 Abs. 1 S. 1, Abs. 2 FamFG, das OLG bzw der BGH nach § 84 FamFG.

Auch diese **Privilegierungen des Notars** rechtfertigen sich daraus, dass er die dienstliche Weisung befolgen 30 muss, auch wenn er mit seiner richtigen Ansicht bei Gericht durchdringt, so dass es unbillig wäre, diesen

---

16 IErg ebenso BDS/*Neie*, § 127 Rn 26. **17** BDS/*Neie*, § 129 Rn 7, 8. **18** Zust. BeckOK KostR/*Schmidt-Räntsch*, GNotKG, § 130 Rn 18. **19** OLG Düsseldorf JurBüro 1996, 379, 380; BDS/*Neie*, § 130 Rn 19. **20** BDS/*Neie*, § 130 Rn 20.

mit gerichtlichen oder außergerichtlichen Kosten zu belasten. Die Kostenpflicht der Landeskasse stellt einen Fall der verschuldensunabhängigen Amtshaftung dar.

31   Die außergerichtlichen Kosten dürfen dem **Kostenschuldner** nicht auferlegt werden, wenn das Verfahren nach § 127 auf Weisung der Aufsichtsbehörde eingeleitet wurde und soweit der Kostenschuldner keinen eigenen Antrag gestellt hat, insb. keine Beschwerde oder Rechtsbeschwerde eingelegt hat. Hat sich der Notar trotz eigener Postulationsfähigkeit (→ § 130 Abs. 3 S. 2) durch einen Rechtsanwalt vertreten lassen, sind ihm diese außergerichtlich Kosten nicht von der Staatskasse zu erstatten.[21]

IV. Anwendbare Verfahrensvorschriften (Abs. 3)

32   **1. Allgemeines (Abs. 3 S. 1).** Für das gerichtliche Verfahren nach § 127 und die Beschwerde bzw Rechtsbeschwerde nach § 129 gelten grds. die **Vorschriften des FamFG.** Hierunter sind v.a. die Vorschriften des Allgemeinen Teils, des Verfahrens im ersten Rechtszug sowie des Beschwerde- und Rechtsbeschwerdeverfahrens gemeint. Die Geltung des FamFG ist **sachgerecht,** denn der Notar ist in erster Linie ebenfalls Organ der freiwilligen Gerichtsbarkeit, so dass er im Rahmen seiner Kostenberechnung durchaus als erste Instanz bezeichnet werden kann.

33   Die **Sondervorschriften** der §§ 127 ff sind vorrangig anzuwenden, so dass die Vorschriften des FamFG insoweit verdrängt werden. Unanwendbar sind insb. wegen Abs. 1 die §§ 49 ff FamFG.[22] Ebenfalls keine Anwendung finden die §§ 86 ff FamFG über die Vollstreckung, soweit dem Notar ein Selbsttitulierungsrecht zusteht.

34   **2. Zuständigkeit.** Für die **sachliche und örtliche** Zuständigkeit gilt vorrangig § 127 Abs. 1 S. 1, der die Zuständigkeit des LG im Bezirk des Amtssitz des Notars anordnet, für die Beschwerde- bzw Rechtsbeschwerde richtet sich die Zuständigkeit nach § 129 (→ § 129 Rn 4, 30).

35   Für die **funktionelle** Zuständigkeit im Antragsverfahren bestimmt § 128 Abs. 3 eine vorrangige Sonderregelung für die Übertragung auf den **Einzelrichter,** die auch im Beschwerdeverfahren gilt (→ § 129 Rn 5).

36   Die Zuständigkeit des LG nach § 127 Abs. 1 bleibt auch bei einer **Amtssitzverlegung** des Notars bestehen, vgl § 2 Abs. 2 FamFG. Wird der Antrag beim sachlich oder örtlich **falschen Gericht** gestellt, richtet sich das Verfahren nach § 3 FamFG.

37   Für die **Ablehnung und Ausschließung** von Gerichtspersonal gelten über § 6 Abs. 1 FamFG die §§ 41 ff ZPO. Insbesondere ist derjenige Richter vom Verfahren ausgeschlossen, der eine **Weisung** nach Abs. 2 erteilt hat oder der nach § 128 Abs. 2 S. 1 anzuhören wäre, nämlich als Präsident des LG oder als dessen Vertreter.[23] Richtigerweise wird man jedes Mitglied der Dienstaufsichtsverwaltung als ausgeschlossen ansehen müssen.[24] Gegen den Beschluss, mit dem die Ausschließung eines Richters abgelehnt wird, findet nach § 46 Abs. 2 ZPO die **sofortige Beschwerde** statt.

38   **3. Beteiligte.** Die **Verfahrensbeteiligung** richtet sich nach den §§ 7 ff FamFG, soweit sich nicht aus § 127 Abs. 1, § 128 Abs. 1 Besonderheiten ergeben.

39   Stets beteiligt ist nach § 7 Abs. 1 FamFG der **Antragsteller** iSd § 127 Abs. 1 FamFG, also der Kostenschuldner oder der Notar bzw dessen Amtsnachfolger. Als unmittelbar in ihren Rechten betroffene Beteiligte nach § 7 Abs. 2 Nr. 1 FamFG ist bei einer Antragstellung durch den Kostenschuldner der **Notar,** bei einer Antragstellung durch den Notar der **Kostenschuldner** hinzuzuziehen. Soweit sich die Kostenberechnung an mehrere Kostenschuldner richtet, sind **alle Kostenschuldner** als Beteiligte hinzuzuziehen, da die gerichtliche Entscheidung auch deren Kostenlast beeinflusst.[25] War der Kostenschuldner durch einen **Bevollmächtigten** vertreten, ist der Kostenschuldner als Beteiligter anzuhören, der Bevollmächtigte nur dann, wenn er auch für das Verfahren nach § 127 bevollmächtigt ist[26] oder eine Eigenhaftung des Bevollmächtigten in Betracht kommt. Soweit ein **Dritter** lediglich im Innenverhältnis für die Notarkosten in Anspruch genommen werden kann, ist er nicht am Verfahren zu beteiligen.[27] Ihm kann allerdings entsprechend §§ 72 ff ZPO der Streit verkündet werden (→ Rn 52 a).[28] Ist über das Vermögen eines Kostenschuldners das Insolvenzverfahren eröffnet, ist der Insolvenzverwalter am Verfahren zu beteiligen.[29]

40   Wurde der Antrag auf Weisung der Aufsichtsbehörde nach Abs. 2 von der die Kostenberechnung verwahrenden Stelle eingereicht (→ Rn 21), so sind neben dem Kostenschuldner auch der **ausgeschiedene Notar** bzw die **Erben des Notars** als Inhaber der Kostenforderung als Beteiligte hinzuzuziehen.[30]

---

21 BDS/*Neie,* § 130 Rn 22. **22** BDS/*Neie,* § 130 Rn 5. **23** BayObLGZ 1987, 228 = DNotZ 1988, 260; OLG Hamm MittBayNot 1998, 202; OLG Brandenburg MDR 2000, 665. **24** BeckOK KostR/*Schmidt-Räntsch,* GNotKG, § 128 Rn 4. **25** Korintenberg/ *Bengel/Tiedtke,* KostO, § 156 Rn 52. **26** Korintenberg/*Sikora,* § 128 Rn 8. **27** BDS/*Neie,* § 128 Rn 6. **28** OLG Frankfurt a. M. BeckRS 2016, 08775. **29** BDS/*Neie,* § 128 Rn 7. **30** Korintenberg/*Bengel/Tiedtke,* KostO, § 156 Rn 52.

Die dem Notar vorgesetzte **Dienstbehörde** und eine **Kasse** nach § 113 BNotO gehören nicht zu den Beteiligten iSd § 7 FamFG,[31] auch wenn die Dienstbehörde eine Weisung nach Abs. 2 erteilt hat. Diese sind nur nach § 128 Abs. 1 zur Sachverhaltsermittlung sowie zur Prüfung von Weisungsrechten anzuhören und daher keine Beteiligte, vgl § 7 Abs. 6 FamFG. **41**

Für die **Beteiligtenfähigkeit** gilt § 8 FamFG, so dass neben natürlichen und juristischen Personen (Nr. 1) auch Personengesellschaften, insb. eine BGB-Gesellschaft (Nr. 2), sowie Behörden (Nr. 3) am Verfahren beteiligt werden können. **42**

Die **Verfahrensfähigkeit** richtet sich nach § 9 FamFG. **Minderjährige** werden durch ihre Eltern oder sonstigen gesetzlichen Vertreter vertreten, **geschäftsunfähige Volljährige** durch ihren Betreuer, § 9 Abs. 2 FamFG. Juristische Personen, Personenvereinigungen und Behörden werden durch ihre Vertreter und Vorstände vertreten, § 9 Abs. 3 FamFG. **43**

4. Bevollmächtigte (Abs. 3 S. 2). Für die Bevollmächtigung gilt § 10 FamFG. Es herrscht zwar grds. **kein Anwaltszwang** (vgl § 10 Abs. 1 FamFG), dennoch führt § 10 Abs. 2 FamFG zu einem weitreichenden Vertretungsverbot für andere Personen als Rechtsanwälte. Für Verfahren vor dem BGH muss ein beim **BGH zugelassener Rechtsanwalt** eingeschaltet werden, § 10 Abs. 4 S. 1 FamFG. Von dieser Vorschrift sind **Behörden und juristische Personen des öffentlichen Rechts** nach § 10 Abs. 4 S. 2 FamFG bereit. **44**

Der **Notar** ist für Verfahren vor dem BGH ebenfalls umfassend vom Anwaltszwang befreit, Abs. 3 S. 2, § 131 S. 2. Dieses Privileg kommt nicht nur dem amtierenden Notar, sondern auch dem **ausgeschiedenen Notar** und der die Kostenberechnung verwahrenden Stelle zugute. Für die **Erben** des verstorbenen Notars gilt § 10 Abs. 4 S. 1 FamFG aber uneingeschränkt. **45**

5. Verfahrenseinleitung. Bei dem Antrag nach § 127 handelt sich um ein **Antragsverfahren** iSd § 23 FamFG (→ § 127 Rn 26). Selbst im Falle einer **Weisung** der Aufsichtsbehörde nach Abs. 2 bleibt dieses ein Antragsverfahren. Zur Zulässigkeit des Antragsverfahrens → § 127 Rn 3 ff. Der Verfahrensantrag ist den anderen Beteiligten nach § 23 Abs. 2 FamFG zu **übermitteln**. **46**

6. Verfahrensverbindung, Verfahrenstrennung, Aussetzung, Streitverkündung. Das Gericht kann mehrere Anträge nach § 127 miteinander **verbinden** oder voneinander **trennen**, wenn es dies für sachdienlich hält, § 20 FamFG. Die Entscheidung des Gerichts ist **unanfechtbar**. **47**

Eine **Verfahrensverbindung** bietet sich dort an, wo **dieselbe Rechtsfrage** inmitten steht, auch wenn es sich um unterschiedliche Kostenberechnungen mit verschiedenen Kostenschuldnern handelt. Eine Aushöhlung der notariellen Verschwiegenheitspflicht ist dadurch nicht zu befürchten.[32] Weiterhin ist eine Verfahrensverbindung sachdienlich, wenn **dieselbe Kostenschuldner** betroffen sind, zB weil mehrere Kostenberechnungen eines einheitlichen Sachverhalts angegriffen werden (zB die Beurkundung von Gesellschafterbeschlüssen und die Anmeldung dieser Beschlüsse zum Handelsregister). **48**

Eine **Verfahrenstrennung** kann umgekehrt geboten sein, wenn zwar dieselben Kostenschuldner beteiligt sind, aber unterschiedliche Sachverhalte und Rechtsfragen zu erörtern sind. **49**

Eine **Verfahrensaussetzung** kann nach § 21 Abs. 1 FamFG aus wichtigem Grund angeordnet werden. Eine solche kommt insb. in Betracht, wenn die Entscheidung vom Ausgang eines **anhängigen Gerichts- oder Verwaltungsverfahrens** abhängt. Derartige Verfahren können eine Amtshaftungsklage gegen den Notar, ein vom Notar zu vollziehendes Verfahren nach § 53 BeurkG oder ein Disziplinarverfahren darstellen. Auch wegen einer Klage aufgrund einer privaten Forderung (zB aus einem Rechtsgeschäft) kann eine Aussetzung angeordnet werden, wenn diese rechtshängig ist. Gegen eine Verfahrensaussetzung können sich die Beteiligten mit der **sofortigen Beschwerde** nach § 21 Abs. 2 FamFG iVm §§ 567 ff ZPO wenden. **50**

Untunlich erscheint eine Aussetzung, um den Beteiligten die Durchführung eines **Mediationsverfahrens** oder eines anderen Verfahrens der **außergerichtlichen Konfliktbeilegung** zu ermöglichen, § 36 a Abs. 2 FamFG. Da die Beteiligten über den Verfahrensgegenstand keinen Vergleich schließen können, scheidet regelmäßig eine gütliche Einigung über den Streitgegenstand aus. **51**

Bei **Tod** eines Beteiligten gilt § 239 ZPO nicht entsprechend, so dass das Verfahren mit den Erben des verstorbenen Beteiligten fortgeführt wird. Auch durch die Eröffnung des **Insolvenzverfahrens** über das Vermögen eines Beteiligten wird das Verfahren nicht entsprechend § 240 ZPO unterbrochen, es kann allerdings erst nach Aufnahme durch den Insolvenzverwalter beendet werden. **52**

Entsprechend §§ 72 ff ZPO ist eine **Streitverkündung** gegenüber Dritten möglich. Dies soll selbst dann gelten, wenn der Dritte bereits am Verfahren beteiligt wird, da nur auf diese Weise die Verjährungshemmung nach § 6 Abs. 3 iVm § 204 Abs. 1 Nr. 6 BGB gesichert ist und die Frage der Kostenschuldnerschaft für **52a**

---

31 Leipziger-GNotKG/*Wudy*, § 128 Rn 13; aA BeckOK KostR/*Schmidt-Räntsch*, GNotKG, § 128 Rn 16. **32** AA BDS/*Neie*, § 127 Rn 69.

einen Folgeprozess mit Bindungswirkung ausgestattet ist.[33] Von der Interventionswirkung nicht erfasst ist die Frage einer unrichtigen Sachbehandlung nach § 21.[34] Über die Zulässigkeit der Streitverkündung wird erst im Folgeprozess entschieden.[35] Lehnt das Gericht die Zustellung der Streitverkündungsschrift ab, so ist hiergegen die Beschwerde nach § 58 FamFG statthaft.[36]

53   **7. Sachverhaltsermittlung, Verfahren.** Für die Sachverhaltsermittlung gelten grds. die §§ 26 ff FamFG, die durch § 128 Abs. 1 und 2 ergänzt werden. Nach § 26 FamFG hat das Gericht den Sachverhalt **von Amts wegen** zu ermitteln, wobei die Beteiligten nach § 27 FamFG eine **Mitwirkungspflicht** trifft. Verstößt der Kostenschuldner gegen seine Mitwirkungspflicht, so trifft ihn die Feststellungslast, der Antrag ist nicht unzulässig, aber unbegründet.[37]

54   Das Gericht kann den Sachverhalt im Wege des **Freibeweises** (§ 29 FamFG) oder im Rahmen einer **förmlichen Beweisaufnahme** (§ 30 FamFG) ermitteln. Zu beachten ist, dass eine Beweisaufnahme zur Feststellung des **Verkehrswerts** einer Sache nach § 46 Abs. 4 nicht stattfindet. Dieses Beweisaufnahmeverbot gilt auch im gerichtlichen Verfahren.[38] Soweit die Ermittlung des Geschäftswerts von **Bilanzpositionen** abhängt (vgl § 54), kann das Gericht die Vorlage der Bilanz anordnen. Eine Vorlage der **Nebenakten** kann dem Notar auch nicht durch förmlichen Beweisbeschluss des Gerichts auferlegt werden.[39] Findet eine förmliche Beweisaufnahme statt, so muss den Beteiligten Gelegenheit gegeben werden, an dieser teilzunehmen,[40] im Übrigen folgt aus § 37 Abs. 2 FamFG, dass den Beteiligten Gelegenheit zur Äußerung über entscheidungserhebliche Tatsachen und Beweisergebnisse eingeräumt werden muss.

55   Die Erörterung des Sach- und Streitstandes in einem **mündlichen Verhandlungstermin** ist nicht geboten, ein solcher kann aber vom Gericht nach § 32 FamFG anberaumt werden. Zu diesem Termin kann das Gericht das **persönliche Erscheinen** eines oder aller Beteiligten anordnen, § 33 FamFG.

56   Die **persönliche Anhörung** eines Beteiligten ist nur in den Fällen des § 34 FamFG geboten, im Übrigen wird dem Anspruch auf Gewährung rechtlichen Gehörs regelmäßig auch durch eine schriftliche Anhörung genügt. Die Pflicht des Gerichts, die Beteiligten anzuhören, wird durch § 128 Abs. 1 S. 1 betont (→ § 128 Rn 5 ff).

57   Die **Anhörungspflichten** werden durch § 128 Abs. 1 S. 1 noch erweitert. So soll das Gericht zusätzlich zu den Beteiligten auch die dem Notar vorgesetzte **Dienstbehörde** und eine nach § 113 BNotO eingerichtete **Kasse** anhören. Zu den Anhörungen → § 128 Rn 9 ff.

58   Eine besondere Beweiserhebungspflicht ergibt sich aus § 128 Abs. 1 S. 2. Danach soll das Gericht zur Ermittlung einer angemessenen **Rahmengebühr** oder einer angemessenen Gegenleistung eines **öffentlich-rechtlichen Vertrags** ein **Gutachten** der zuständigen Notarkammer bzw Kasse einholen. Zu der Einholung von Gutachten → § 128 Rn 14 ff.

59   **8. Beendigung des Verfahrens ohne Entscheidung.** Das Verfahren endet ohne Entscheidung des Gerichts, wenn der Antrag nach § 127 zurückgenommen wird. Die **Antragsrücknahme** kann bis zum Erlass der Endentscheidung jederzeit, danach nur mit Zustimmung aller Beteiligten erklärt werden, § 22 Abs. 1 FamFG. Der **Notar** darf eine Antragsrücknahme nur mit Zustimmung der Aufsichtsbehörde erklären, andernfalls könnte das Weisungsrecht nach § 130 Abs. 2 unterlaufen werden.[41] Allerdings kann die Aufsichtsbehörde eine dienstwidrige Antragsrücknahme des Notars nicht verhindern, sondern nur mit aufsichtsrechtlichen Mitteln ahnden. Die vorstehenden Grundsätze gelten für eine **übereinstimmende Erledigungserklärung** der Beteiligten nach § 22 Abs. 3 FamFG entsprechend.

60   Der Abschluss eines **Vergleichs** nach § 36 FamFG scheidet regelmäßig aus, da die Beteiligten über den Verfahrensgegenstand nicht disponieren können, vgl § 125.[42] Eine vergleichsweise Einigung ist aber hinsichtlich des Vergütungsanspruchs nach § 126 denkbar,[43] da dieser auf einer echten vertraglichen Übereinkunft beruht. Über **tatsächliche Grundlagen** des Verfahrens, zB das Vorliegen bestimmter Kostentatbestände, können sich die Beteiligten allerdings verständigen. Über etwaige **Gegenansprüche des Kostenschuldners** können sich die Beteiligten ohne Weiteres vergleichen.[44]

61   Wird der Kostenanspruch erfüllt, sei es von Seiten des Kostenschuldners oder eines Dritten oder ändert der Notar seine Kostenberechnung entsprechend der Weisung der Aufsichtsbehörde während des Verfahrens, so **erledigt** sich der Antrag. Gleiches gilt, wenn die Kostenberechnung oder eine Vorschussanordnung durch den Notar aufgehoben wird.[45] Die Umstellung auf ein Feststellungsverfahren kommt nur insoweit in Betracht, als dort überhaupt Gebühren erhoben oder erstattet werden; einen allgemeinen „Fortsetzungsfest-

---

[33] OLG Frankfurt a. M. BeckRS 2016, 08775. [34] Leipziger-GNotKG/*Wudy*, § 128 Rn 74. [35] OLG Frankfurt a. M. BeckRS 2016, 08775. [36] OLG Frankfurt a. M. BeckRS 2016, 08775; Leipziger-GNotKG/*Wudy*, § 128 Rn 74. [37] AA OLG Frankfurt a. M. DNotZ 1970, 123 = Rpfleger 1969, 403. [38] BayObLG DNotZ 1988, 451. [39] BDS/*Neie*, § 127 Rn 57. [40] Keidel/*Sternal*, § 30 FamFG Rn 28; überholt OLG München DNotZ 1944, 82. [41] Ebenso BDS/*Neie*, § 127 Rn 27. [42] Unklar BDS/*Neie*, § 127 Rn 26. [43] BDS/*Neie*, § 127 Rn 76. [44] BDS/*Neie*, § 127 Rn 76. [45] LG Freiburg BeckRS 2016, 07541.

stellungsantrag" kennt das Verfahren nach § 127 nicht.[46] Soweit die Beteiligten das Verfahren nicht für erledigt erklären, wird der Antrag als **unbegründet** zurückgewiesen.[47]

9. Entscheidung des Gerichts. Das Gericht entscheidet nach § 37 FamFG aufgrund seiner aus dem gesamten Verfahren gewonnenen Überzeugung. Dabei ist das Gericht an die **Anträge** der Beteiligten **gebunden**.[48] Wurde vom Kostenschuldner oder vom Notar auf Beanstandung des Kostenschuldners **Antrag auf Herabsetzung** der Kostenberechnung gestellt, darf das Gericht keine Erhöhung vornehmen, es sei denn, der Notar hat selbst oder auf Weisung der Aufsichtsbehörde einen entsprechenden Erhöhungsantrag gestellt. Wurde allerdings vom Notar **auf Weisung ein Kostenermäßigungsantrag** gestellt, so kann das Gericht auch ohne entsprechenden Antrag eine Erhöhung der Kostenberechnung aussprechen (Abs. 2 S. 2). Hat umgekehrt der Notar **auf Weisung einen Kostenerhöhungsantrag** gestellt, so kommt eine Ermäßigung der Kosten nur in Betracht, wenn der Kostenschuldner dies beantragt. **62**

Richtet sich das Verfahren nur gegen einen **selbständigen Teil** der Kostenberechnung, darf das Gericht nur diesen Teil überprüfen, nicht aber die Kostenrechnung insgesamt korrigieren.[49] Dies gilt selbst dann, wenn sich eine Änderung dieses Teils auch auf andere Teile der Kostenberechnung auswirken würde, zB bei einer Neufestsetzung des Geschäftswerts.[50] Soweit sich ein **Geschäftswert** aus mehreren Verfahrensgegenständen zusammensetzt, kann das Gericht deren Einzelwerte abändern. Jedoch darf der zusammengerechnete Wert bei einem Kostenermäßigungsantrag (ausgenommen wieder der Fall des Abs. 2 S. 2) nicht höher als der vom Notar festgesetzte liegen, bei einem Kostenerhöhungsantrag nicht niedriger liegen. **63**

Das Gericht kann **keine anderweitige Kostenschuldnerschaft** aussprechen, auch soweit es der Auffassung ist, der Notar hat den falschen Kostenschuldner in Anspruch genommen.[51] Sind an dem Verfahren allerdings mehrere Kostenschuldner als Antragsteller oder Antragsgegner beteiligt, so kann das Gericht unter Beachtung des Verschlechterungsverbots (Ausnahme Abs. 2 S. 2) deren **Haftungsanteile abändern**. **64**

An **Rechtsauffassungen** der Beteiligten ist das Gericht nicht gebunden. Es kann seine Entscheidungen auch auf andere Normen und Kostentatbestände stützen als der Kostenschuldner, der Notar, die Aufsichtsbehörde oder die Kasse nach § 113 BNotO. **65**

Ist der Antrag **unzulässig**, so verwirft ihn das Gericht, ist der Antrag **unbegründet**, so wird er zurückgewiesen. In der Beschlussformel muss das Gericht darstellen, über welche Einwendungen gegen die Kostenberechnung entschieden wurde. Soweit das Gericht dem Antrag auf **Ermäßigung der Kostenberechnung** ganz oder teilweise stattgibt, hat es die Kostenberechnung insoweit aufzuheben und nach Maßgabe seiner Ermittlungen selbst festzusetzen, ggf unter Neufestsetzung des Geschäftswerts. Eine Klarstellung, dass aus der aufgehobenen bzw abgeänderten Kostenberechnung die Vollstreckung nicht mehr erfolgen darf, ist nicht geboten. **66**

Ist der Antrag **begründet**, so ändert das Gericht die Kostenberechnung antragsgemäß (→ Rn 62) ab; eine Aufhebung der Kostenberechnung unter Zurückverweisung an den Notar kommt grds. nicht in Betracht.[52] § 128 Abs. 2 stellt außerdem klar, dass das Gericht eine dem § 92 Abs. 1 entsprechende **Rahmengebühr** festlegt und für einen wirksamen öffentlich-rechtlichen Vertrag nach § 126 Abs. 1 S. 1 die **angemessene Gegenleistung** festsetzt. Soweit dem Notar im Übrigen ein **Ermessensspielraum** zusteht (vgl § 36 Abs. 1, 2, § 95 S. 3, § 98 Abs. 3 S. 1), darf das Gericht die Ermessensentscheidung des Notars nur daraufhin überprüfen, ob er sein Ermessen pflichtgemäß ausgeübt hat.[53] Soweit dies geschehen ist, kann das Gericht nicht anstelle des Notars eine neue Ermessensentscheidung treffen. Hat der Notar von dem ihm eingeräumten Ermessen keinen oder keinen ordnungsgemäßen Gebrauch gemacht, muss das Gericht die Neuberechnung der Kosten dem Notar unter Beachtung seiner Vorgaben aufgeben. Aus dem Umkehrschluss zu § 128 Abs. 2 S. 1 ergibt sich, dass das Gericht **keine eigene Ermessensentscheidung** treffen darf.[54] Die Gegenansicht löst den Ermessens- und Beurteilungsspielraum des Notars vollständig auf, denn sie unterstellt, dass es nur eine richtige Ermessensentscheidung geben könne, die notfalls das Gericht treffen müsse.[55] **67**

Ist die Kostenrechnung oder der erhobene Vorschuss **bereits bezahlt**, so spricht das Gericht bei Antragstellung des Kostenschuldners die **Erstattung** des zu viel bezahlten Betrags aus (vgl § 90 Abs. 2) und entscheidet darüber, ob der Notar dem Kostenschuldner weiteren Schaden nach § 90 Abs. 1 S. 2 zu ersetzen hat. Über die Verzinsung nach § 90 Abs. 1 S. 3 ist ebenfalls von Amts wegen zu entscheiden. Wurde das Verfahren vom **Notar beantragt**, so entscheidet das Gericht über die Ansprüche nach § 90 Abs. 1 nur, wenn der Kostenschuldner einen entsprechenden Antrag stellt. **68**

46 LG Freiburg BeckRS 2016, 07541. **47** AA LG Freiburg BeckRS 2016, 07541, demzufolge mit der Aufhebung der Kostenberechnung die Antragsbefugnis erlischt. **48** BDS/*Neie*, § 127 Rn 63. **49** BDS/*Neie*, § 127 Rn 63. **50** OLG Frankfurt a. M. FGPrax 2013, 80, 81; BDS/*Neie*, § 127 Rn 64. **51** Korintenberg/*Sikora*, § 127 Rn 45. **52** BDS/*Neie*, § 127 Rn 71; Korintenberg/*Sikora*, § 127 Rn 46. **53** OLG Celle BeckRS 2015, 12410; BDS/*Neie*, § 127 Rn 58. **54** AA BDS/*Neie*, § 127 Rn 59; Korintenberg/*Sikora*, § 127 Rn 47. **55** Vgl anschau. BeckOK KostR/*Schmidt-Räntsch*, GNotKG, § 128 Rn 29.

69 Wurde der Antrag erfolgreich gegen die **Erteilung der Vollstreckungsklausel** gerichtet, so erklärt das Gericht die Vollstreckung aus der Kostenberechnung für unzulässig.[56]

70 Das Gericht trifft seine Entscheidung durch **Beschluss**, § 38 Abs. 1 S. 1 FamFG. Der zwingende **Beschlussinhalt** ergibt sich aus § 38 Abs. 2 und 3 FamFG. Der Beschluss ist mit einer Rechtsbehelfsbelehrung zu versehen (§ 39 FamFG) und den Beteiligten nach § 41 Abs. 1 S. 1 FamFG **bekanntzugeben**. Demjenigen, dessen Willen der Beschluss nicht entspricht, ist er förmlich zuzustellen, § 41 Abs. 1 S. 2 FamFG. Hat der **Notar** auf Weisung der Aufsichtsbehörde den Antrag gestellt, ist ihm der Beschluss in jedem Fall förmlich zuzustellen. Der nach § 128 Abs. 1 S. 1 anzuhörenden **Aufsichtsbehörde** muss die Entscheidung zugestellt werden, damit sie über eine Weisung nach Abs. 2 entscheiden kann, vgl § 48 Abs. 3 KostVfg (= 48.3 BayKostVfg). Der **Notarkammer** bzw einer **Kasse** nach § 113 BNotO kann die Entscheidung formlos bekanntgegeben werden.

71 10. Rechtsbehelfe. Als Rechtsbehelfe gegen die Entscheidung nach § 127 kommen die **Beschwerde** nach § 129 Abs. 1 zum OLG (→ § 129 Rn 4) und die **Rechtsbeschwerde** nach § 129 Abs. 2 zum BGH (→ § 129 Rn 30) in Betracht. Als außerordentlicher Rechtsbehelf ist die **Gehörsrüge** nach § 131 anzusehen.

72 Wird die Abgabe einer Erklärung innerhalb der gesetzlich gebotenen Frist versäumt (zB nach § 127 Abs. 2, § 63 Abs. 1 FamFG, § 71 Abs. 1 oder 2 FamFG), so kann hierauf die **Wiedereinsetzung in den vorigen Stand** nach §§ 17–19 FamFG beantragt werden. Zur Wiedereinsetzung bei einer Fristversäumung nach § 127 Abs. 2 → § 127 Rn 44.

73 11. Vollstreckung. Die Vollstreckung einer gerichtlichen Entscheidung richtet sich nach den §§ 86 ff FamFG, soweit sich aus der Natur des Notarkostenrechts nichts anderes ergibt. Der **amtierende Notar** kann seine Kostenberechnung unter Berücksichtigung der gerichtlichen Entscheidung selbst nach § 89 titulieren und vollstrecken.[57] Soweit der Notar aus dem Amt ausgeschieden ist, kann die Vollstreckung von seinem **Amtsnachfolger oder der die Kostenberechnung verwahrenden Stelle** vorgenommen werden.

74 Soweit aber der **Erbe** oder ein **Einzelrechtsnachfolger** der Kostenforderung die Vollstreckung betreiben möchte, scheidet das Vollstreckungsprivileg nach § 89 aus, die Vollstreckung erfolgt dann nach § 86 Abs. 1 Nr. 1, § 95 Abs. 1 Nr. 1 FamFG.[58]

75 Ebenfalls nach den allgemeinen Vorschriften muss der **Kostenschuldner** seinen Erstattungs-, Schadensersatz und Verzinsungsanspruch nach § 90 Abs. 1 vollstrecken.[59]

§ 131 Abhilfe bei Verletzung des Anspruchs auf rechtliches Gehör

[1]Die Vorschriften des Gesetzes über das Verfahren in Familiensachen und in den Angelegenheiten der freiwilligen Gerichtsbarkeit über die Abhilfe bei Verletzung des Anspruchs auf rechtliches Gehör sind anzuwenden. [2]§ 10 Absatz 4 des Gesetzes über das Verfahren in Familiensachen und in den Angelegenheiten der freiwilligen Gerichtsbarkeit ist auf den Notar nicht anzuwenden.

I. Gesetzliche Systematik

1 Die Gehörsrüge in Notarkostensachen wird **nicht mehr autonom**, sondern durch eine Verweisung auf § 44 FamFG geregelt. Die Gesetzesbegründung hält diese **Verweisung** für **sachgerecht**, weil sich das gerichtliche Verfahren in Notarkostensachen auch sonst nach den Beschwerdevorschriften des FamFG richtet.[1] Auf Entscheidungen des Notars (zB auf die Anforderung eines Vorschusses nach § 15) findet die Vorschrift keine Anwendung.[2]

2 Durch die Anhörungsrüge soll eine Verletzung des Anspruchs auf **rechtliches Gehör** (Art. 103 Abs. 1 GG) im Rahmen der Fachgerichtsbarkeit korrigiert und der Anspruch der Beteiligten auf Gewährung **effektiven Rechtsschutzes** gewährleistet werden.

II. Die Anhörungsrüge

3 1. Anwendungsbereich. Das Rügeverfahren nach § 131 iVm § 44 FamFG erfasst ausschließlich die **gerichtlichen Verfahren in Notarkostensachen**, also das landgerichtliche Verfahren nach §§ 127 f, das Beschwerdeverfahren nach § 129 Abs. 1 und das Rechtsbeschwerdeverfahren nach § 129 Abs. 2.

---

56 BDS/*Neie*, § 127 Rn 71. **57** OLG Hamm FGPrax 2012, 267 f; Korintenberg/*Sikora*, § 127 Rn 66. **58** Korintenberg/*Bengel/Tiedtke*, KostO, § 156 Rn 116. **59** Korintenberg/*Bengel/Tiedtke*, KostO, § 156 Rn 116. **1** BT-Drucks 17/11471, S. 192. **2** Missverständlich insoweit Korintenberg/*Sikora*, § 131 Rn 7.

Im Verfahren vor dem **Notar** gilt §44 FamFG nicht, denn dieser ist kein Gericht, so dass Art. 103 Abs. 1   **4**
GG unanwendbar ist. Für das Verfahren in **Gerichtskostensachen** gilt §84.

2. Zulässigkeit der Rüge. a) Unanfechtbare Entscheidung, §44 Abs. 1 S. 1 Nr. 1 FamFG. Es muss sich um   **5**
eine Entscheidung handeln, die mit Rechtsmitteln (Beschwerde, Rechtsbeschwerde, Antrag auf Wiedereinsetzung in den vorigen Stand) **nicht mehr angreifbar** ist. Gegen die Entscheidung des Landgerichts ist stets
nach §129 Abs. 1 die Beschwerde zum OLG statthaft, so dass insoweit eine Anhörungsrüge ausscheidet.[3]
Gegen Entscheidungen des OLG kann die Anhörungsrüge dann stattfinden, wenn das OLG die Rechtsbeschwerde nicht zugelassen hat. Da Entscheidungen des BGH unanfechtbar sind, ist auch hiergegen die Anhörungsrüge statthaft.[4] Soweit gegen die Endentscheidung ein Rechtsmittel gegeben ist, können vorangehende Entscheidungen (insb. Zwischenentscheidungen) nicht mit der Gehörsrüge angegriffen werden, §44
Abs. 1 S. 2 FamFG. Erfasst sind aber Entscheidungen des einstweiligen Rechtsschutzes.[5]

b) Beschwer. Der Beteiligte muss durch die Entscheidung entsprechend §59 FamFG beschwert sein.[6] Dies   **6**
ist nicht der Fall, wenn das Gericht seinem Antrag entsprochen hat. Die Rüge können nur der Kostenschuldner und der Notar erheben, nicht aber die vorgesetzte **Dienstbehörde** oder die nach §113 BNotO
beteiligte **Kasse.**

c) Rügefrist, §44 Abs. 2 FamFG. Die Gehörsrüge muss innerhalb von **zwei Wochen** nach positiver Kennt-   **7**
nis von der Gehörsverletzung erhoben werden. Mit der Erhebung ist der Zeitpunkt der Kenntniserlangung
glaubhaft zu machen (§44 Abs. 2 S. 1 FamFG), wobei eine Bezugnahme auf den Zustellungsnachweis des
die Gehörsverletzung auslösenden Beschlusses genügt. In allen anderen Fällen kommt v.a. eine eidesstattliche Versicherung in Betracht (§31 Abs. 1 FamFG). Eine Fristverlängerung scheidet aus, da es sich um eine
gesetzliche Frist handelt, §16 Abs. 2 FamFG, §224 Abs. 2 ZPO.[7] Bei schuldloser Versäumung der Frist
kommt jedoch eine Wiedereinsetzung in den vorigen Stand in Betracht.[8] Die Rüge ist **ein Jahr** nach Bekanntgabe der angegriffenen Entscheidung ausgeschlossen (§44 Abs. 2 S. 2 FamFG). Eine Wiedereinsetzung in den vorigen Stand kommt bzgl der Jahresfrist nicht in Betracht.[9]

Eine **Bekanntgabefiktion** für formlos mitgeteilte Entscheidungen, wie in §84 Abs. 2 S. 3 enthalten (→ §84   **8**
Rn 10), gilt für die Gehörsrüge nach §44 FamFG nicht.

d) Erhebung der Rüge. Die Rüge ist **schriftlich** oder zu **Protokoll der Geschäftsstelle** an das Gericht zu rich-   **9**
ten, dessen Entscheidung angegriffen wird, §44 Abs. 2 S. 3 FamFG. Anders als im Rahmen der Anhörungsrüge nach §84 scheidet eine Antragstellung zu Protokoll der Geschäftsstelle jedes Amtsgerichts aus
(→ §84 Rn 11). Vor dem OLG besteht kein Anwaltszwang, vor dem BGH muss ein BGH-Anwalt die Rüge
einlegen. Für das Rügeverfahren vor dem BGH ist der **Notar** von der Pflicht, einen beim **BGH zugelassenen
Anwalt** beauftragen zu müssen, befreit (S. 2).

Eine konkrete Antragstellung ist nicht erforderlich. Neben der **Glaubhaftmachung der Kenntniserlangung**   **10**
(§44 Abs. 2 S. 1 FamFG) muss die angegriffene Entscheidung bezeichnet werden, §44 Abs. 2 S. 4 FamFG.
Ferner sind die **Gehörsverletzung** und deren **Entscheidungserheblichkeit** schlüssig darzulegen (§44 Abs. 2
S. 4). Unzureichend ist es, den vor Gericht gestellten Sachvortrag zu wiederholen und zu behaupten, angesichts des Entscheidungsergebnisses müsse das Gericht das Recht auf Gewährung rechtlichen Gehörs verletzt haben.[10] Innerhalb der Rügefrist muss nunmehr das vorgetragen werden, was bislang mangels Gewährung rechtlichen Gehörs unterblieben ist (→ §84 Rn 12). Eine unzureichende Darlegung führt zur Unzulässigkeit der Rüge.

3. Verfahren und Entscheidung des Gerichts. a) Übrige Beteiligte, §44 Abs. 3 FamFG. Den übrigen Betei-   **11**
ligten ist, „soweit erforderlich", **Gelegenheit zur Stellungnahme** zu geben. Zu den übrigen Beteiligten gehören v.a. die in §128 Abs. 1 erwähnte vorgesetzte Dienstbehörde sowie die Kasse nach §113 BNotO.

b) Verletzung rechtlichen Gehörs. Die Rüge ist nur begründet, wenn der angegriffenen Entscheidung eine   **12**
Verletzung des rechtlichen Gehörs des Beteiligten vorausgegangen ist, also der sich aus **Art. 103 Abs. 1 GG**
ergebende Grundsatz missachtet wurde (→ §84 Rn 14 ff). Andere Verfahrensverstöße, zB Verstöße gegen
das Willkürverbot oder gegen das Gebot des gesetzlichen Richters, können mit der Gehörsrüge nicht beanstandet werden.[11]

c) Entscheidungserheblichkeit, §44 Abs. 1 Nr. 2 FamFG. Erforderlich, aber auch ausreichend ist, wenn   **13**
nicht ausgeschlossen werden kann, dass die Entscheidung ohne die Gehörsverletzung zugunsten des betrof-

---

3 Leipziger-GNotKG/*Wudy*, §131 Rn 4; aA BDS/*Neie*, §131 Rn 2; Korintenberg/*Sikora*, §131 Rn 4. **4** BeckOK KostR/*Schmidt-Räntsch*, GNotKG, §131 Rn 4; Leipziger-GNotKG/*Wudy*, §131 Rn 4. **5** BeckOK KostR/*Schmidt-Räntsch*, GNotKG, §131 Rn 4. **6** BeckOK KostR/*Schmidt-Räntsch*, GNotKG, §131 Rn 6. **7** BeckOK KostR/*Schmidt-Räntsch*, GNotKG, §131 Rn 8. **8** BeckOK KostR/*Schmidt-Räntsch*, GNotKG, §131 Rn 8. **9** BeckOK KostR/*Schmidt-Räntsch*, GNotKG, §131 Rn 9. **10** BeckOK KostR/*Schmidt-Räntsch*, GNotKG, §131 Rn 10. **11** BeckOK KostR/*Schmidt-Räntsch*, GNotKG, §131 Rn 5.

fenen Beteiligten anders ausgefallen wäre. Diese bloße **Möglichkeit einer günstigeren Entscheidung** genügt (→ § 84 Rn 17).

14   d) **Beschluss des Gerichts, § 44 Abs. 4 FamFG.** Über die erfolglose Rüge ist stets durch **Beschluss** zu entscheiden, welcher kurz zu begründen ist. Es entscheidet das Gericht, dessen Entscheidung gerügt wird, in der Besetzung, in der es auch die Entscheidung getroffen hatte.[12] Ist die Rüge unzulässig, insb. unstatthaft oder verfristet, wird sie verworfen (§ 44 Abs. 4 S. 1 FamFG). Eine unbegründete Rüge ist zurückzuweisen (§ 44 Abs. 4 S. 2 FamFG). Derartige Beschlüsse sind unanfechtbar (§ 44 Abs. 4 S. 3 FamFG). Mit der Verfassungsbeschwerde kann gegen die Entscheidung nur vorgegangen werden, wenn die Rüge als unbegründet zurückgewiesen wurde.[13]

15   Gibt das Gericht einer **begründeten Rüge** statt, ist ein gesonderter Zwischenbeschluss nicht erforderlich, aber zulässig (→ § 84 Rn 20).

16   e) **Fortführung des Verfahrens, § 44 Abs. 5 FamFG.** Das Verfahren ist nur fortzuführen, „soweit dies aufgrund der Rüge geboten ist". Die **Zurückversetzung** betrifft also nur die Verfahrensteile, die von der Gehörsverletzung betroffen waren (→ § 84 Rn 21). Eine etwa von der Rüge betroffene Entscheidung wird gegenstandslos und sollte zur Vermeidung von Missverständnissen förmlich außer Vollzug gesetzt werden.[14] Das Gericht ist nicht gehindert, nach ordnungsmäßiger Gewährung rechtlichen Gehörs eine inhaltsgleiche Entscheidung oder sogar eine verschlechternde Entscheidung zu treffen.[15]

17   f) **Kosten.** Wird die Rüge in vollem Umfang verworfen oder zurückgewiesen, so sind dem Rügeführer **Gerichtskosten iHv 60 €** aufzuerlegen, Nr. 19200 KV.[16] Dem **Notar** dürfen keine Gerichtskosten auferlegt werden, § 130 Abs. 2 S. 3 analog. Hat die Gehörsrüge ganz oder teilweise Erfolg, entstehen keine Gerichtsgebühren.

18   Für den **Rechtsanwalt**, der den Rügeführer vertritt, gehört die Anhörungsrüge zum Rechtszug und löst keine gesonderte Gebühr aus (§ 19 Abs. 1 Nr. 5 Buchst. b RVG). Wird er hingegen nur für das Rügeverfahren beauftragt, fällt eine Gebühr nach Nr. 3330 VV RVG an.

19   Anders als im Rahmen des § 84 Abs. 6 sind den Beteiligten die **notwendigen Aufwendungen** zu erstatten: bei erfolgreicher Rüge von der Landeskasse, bei erfolgloser Rüge vom Rügeführer. War der **Notar** der erfolglose Rügeführer, so sind die außergerichtlichen Kosten der anderen Beteiligten der Landeskasse aufzuerlegen, § 130 Abs. 2 S. 4 analog.

20   Das Gericht trifft eine **Kostenentscheidung** nach § 81 Abs. 1 FamFG. § 84 FamFG ist nicht einschlägig, da es sich bei der Gehörsrüge nicht um ein Rechtsmittel im Sinne dieser Vorschrift handelt.

Kapitel 4
Schluss- und Übergangsvorschriften

§ 132 Verhältnis zu anderen Gesetzen

Artikel 1 Absatz 2 und Artikel 2 des Einführungsgesetzes zum Bürgerlichen Gesetzbuche sind entsprechend anzuwenden.

I. Allgemeines

1   § 132 tritt an die Stelle des früheren § 158 KostO. Inhaltlich weicht er von diesem v.a. dadurch ab, dass die noch in § 158 Abs. 2 KostO enthaltene **allgemeine Auffanggebühr** für die Fälle, in denen für ein in landesrechtlichen Vorschriften vorgesehenes Geschäft der freiwilligen Gerichtsbarkeit wegen der Gebühren nichts bestimmt ist, **entfallen** ist. Durch die bundesrechtliche Hilfsvorschrift sollte verhindert werden, dass ein landesrechtlich vorgesehenes Geschäft gebührenfrei bleibt, solange das betreffende Land von seiner Regelungsbefugnis keinen Gebrauch macht. Die Verfassungsmäßigkeit der Auffanggebühr war fraglich; zudem war ihr Anwendungsbereich äußerst gering. Daher entschloss sich der GNotKG-Gesetzgeber zu ihrer Abschaffung. Soweit es künftig an einer entsprechenden Gebührenregelung für ein in einem Land vorgesehenes selbstständiges Geschäft fehlen sollte, wird eine Gebühr folglich nicht mehr erhoben. Hinsichtlich des Verweises auf Art. 1 Abs. 2 und Art. 2 EGBGB entspricht § 132 dem § 485 FamFG.

---

12 BeckOK KostR/*Schmidt-Räntsch*, GNotKG, § 131 Rn 13.   **13** BeckOK KostR/*Schmidt-Räntsch*, GNotKG, § 131 Rn 12.
14 BeckOK KostR/*Schmidt-Räntsch*, GNotKG, § 131 Rn 18.   **15** BeckOK KostR/*Schmidt-Räntsch*, GNotKG, § 131 Rn 19.
16 Leipziger-GNotKG/*Wudy*, § 131 Rn 11; aA Korintenberg/*Sikora*, § 131 Rn 15.

II. Regelungsgehalt

1. Verweis auf Art. 1 Abs. 2 EGBGB. Durch den in § 132 enthaltenen **Verweis auf Art. 1 Abs. 2 EGBGB** **2**
wird das **Verhältnis zwischen dem GNotKG und Landesrecht** klargestellt und hierdurch gleichzeitig der
Geltungsbereich des GNotKG definiert. Soweit im BGB oder im EGBGB eine bestimmte Regelung den Landesgesetzen vorbehalten ist oder soweit diese eine Bestimmung dergestalt enthalten, dass landesgesetzliche
Vorschriften unberührt bleiben oder erlassen werden können, bedeutet dies, dass trotz Inkrafttretens des
GNotKG zum 1.8.2013 die entsprechenden landesrechtlichen Vorschriften in Kraft geblieben sind und
neue landesrechtliche Vorschriften jederzeit erlassen werden können. Die Regelung des § 1 Abs. 5 Nr. 1 ermöglicht es somit den Ländern, jederzeit eigene Kostenregelungen vorzusehen, wenn sich das Verfahren
oder das Geschäft der freiwilligen Gerichtsbarkeit nach Landesrecht richtet und soweit im GNotKG nichts
anderes bestimmt ist (→ § 1 Rn 29). Gleiches gilt nach § 1 Abs. 5 Nr. 2 für solche Geschäfte der freiwilligen
Gerichtsbarkeit, in denen nach Landesgesetz andere als gerichtliche Behörden oder Notare zuständig sind.
Diese nur für einzelne Bundesländer (zB Hessen und Baden-Württemberg) relevante Vorschrift betrifft – anders als Nr. 1 – sowohl bundes- als auch landesrechtlich geregelte Fälle (→ § 1 Rn 30). Durch § 132 wird
letztlich ein allgemeiner Rechtsgedanke des interföderalen Rechts zum Ausdruck gebracht.[1]

Die **praktische Bedeutung** des § 132 zeigt sich hauptsächlich im Bereich der **Gerichtskosten**, da das **3**
GNotKG hier insgesamt auf Regelungen verzichtet, wenn sich das betreffende Verfahren oder Geschäft
nach Landesrecht bestimmt. Bundesrechtliche Kostenregelungen fehlen daher insb. für das Gewerkenbuch,
das Bahngrundbuch, die Genehmigung und Beaufsichtigung von Stiftungen und das Verteilungsverfahren
nach Landesrecht.

2. Verweis auf Art. 2 EGBGB. Mit dem weiter in § 132 enthaltenen **Verweis auf Art. 2 EGBGB** wird die **4**
dort niedergelegte **Definition des Begriffes „Gesetz"** Bestandteil des GNotKG. „Gesetz" iSd GNotKG ist
danach jede Rechtsnorm im formellen und im materiellen Sinne. Erfasst sind daher grds. auch Rechtsverordnungen, Staatsverträge, autonome Satzungen, Gewohnheitsrecht, Tarifverträge und iRd § 31 Abs. 2
BVerfGG Entscheidungen des Bundesverfassungsgerichts sowie Regeln des allgemeinen Völkerrechts
(Art. 25 GG).[2] Keine Rechtsnormen sind dagegen der Handelsbrauch, die Verkehrssitte, Vereinssatzungen
und Allgemeine Geschäftsbedingungen.

§ 133 Bekanntmachung von Neufassungen

[1]Das Bundesministerium der Justiz und für Verbraucherschutz kann nach Änderungen den Wortlaut des
Gesetzes feststellen und als Neufassung im Bundesgesetzblatt bekannt machen. [2]Die Bekanntmachung
muss auf diese Vorschrift Bezug nehmen und angeben

1. den Stichtag, zu dem der Wortlaut festgestellt wird,
2. die Änderungen seit der letzten Veröffentlichung des vollständigen Wortlauts im Bundesgesetzblatt sowie
3. das Inkrafttreten der Änderungen.

Die Vorschrift entspricht § 70 a GKG, § 62 a FamGKG, § 23 JVKostG und § 59 b RVG. Sie ermöglicht im **1**
Wege einer **Dauerermächtigung** die jederzeitige Bekanntmachung des Gesetzes durch das Bundesministerium der Justiz und für Verbraucherschutz. Nur dieses ist Adressat der Norm.

Hintergrund der Vorschrift ist, dass die Kostengesetze wegen ihrer Abhängigkeit von den Verfahrensgeset- **2**
zen häufig geändert werden. Bei mehreren parallel laufenden Gesetzgebungsverfahren steht meist nicht fest,
welches Gesetz letztlich Anlass für eine Neubekanntmachungserlaubnis gibt.[1]

Bei der Neubekanntmachung einer Gesetzesänderung hat das Bundesministerium der Justiz und für Ver- **3**
braucherschutz auf § 133 Bezug zu nehmen und gemäß dem in S. 2 enthaltenen **Zitiergebot** die in Nr. 1–3
genannten Angaben aufzunehmen.

§ 134 Übergangsvorschrift

(1) [1]In gerichtlichen Verfahren, die vor dem Inkrafttreten einer Gesetzesänderung anhängig geworden oder
eingeleitet worden sind, werden die Kosten nach bisherigem Recht erhoben. [2]Dies gilt nicht im Verfahren

---

[1] Vgl insoweit BVerfGE 7, 120, 124 ff. **2** Ausf. zum Gesetzesbegriff Staudinger/*Merten*, BGB, 2013, Art. 2 EGBGB Rn 1. **1** BT-
Drucks 17/3356, S. 20; vgl auch Korintenberg/*Otto*, § 133 Rn 2.

über ein Rechtsmittel, das nach dem Inkrafttreten einer Gesetzesänderung eingelegt worden ist. [3]Die Sätze 1 und 2 gelten auch, wenn Vorschriften geändert werden, auf die dieses Gesetz verweist. [4]In Verfahren, in denen Jahresgebühren erhoben werden, und in Fällen, in denen die Sätze 1 und 2 keine Anwendung finden, gilt für Kosten, die vor dem Inkrafttreten einer Gesetzesänderung fällig geworden sind, das bisherige Recht.

(2) Für notarielle Verfahren oder Geschäfte, für die ein Auftrag vor dem Inkrafttreten einer Gesetzesänderung erteilt worden ist, werden die Kosten nach bisherigem Recht erhoben.

I. Allgemeines

1   § 134, der – redaktionell angepasst – dem § 63 FamGKG entspricht (ähnlich auch: § 71 GKG, § 18 GvKostG, § 24 JVKostG, § 59 b RVG, § 24 JVEG), stellt die **Dauerübergangsvorschrift** des GNotKG dar, die für alle Gesetzesänderungen seit dem 1.8.2013 (vgl Art. 43 des 2. KostRMoG) gilt (wenn und soweit keine Sonderregelungen greifen). Die Übergangsvorschrift hat nur deklaratorische Bedeutung. Bereits aus dem Inkrafttreten des neuen Rechts ergibt sich seine grundsätzliche **Nicht-Rückwirkung** für die Zeit vor seiner Geltung.[1]

2   Andererseits zeitigt § 134 eine gewisse **Vorwirkung**. In bereits anhängige oder eingeleitete Verfahren soll durch eine Gesetzesänderung grds. nicht eingegriffen werden, um Zufälligkeiten angesichts der Unvorhersehbarkeit der Verfahrensdauer zu vermeiden und einen gewissen „Bestandsschutz" zu schaffen. Diese Vorwirkung stellt eine Ausnahme zu dem ansonsten geltenden ungeschriebenen Grundsatz des Gesetzes dar, dass sich die Kosten eines Verfahrens nach dem Recht richten, das bei Abrechnung gilt.

3   Nach Abs. 1 S. 3 gilt die Übergangsvorschrift nicht nur für Änderungen des GNotKG, sondern auch für Änderungen von Vorschriften, auf die das GNotKG verweist. Nicht einschlägig ist die Übergangsvorschrift allerdings dann, wenn das GNotKG nur klarstellend auf die Anwendbarkeit eines anderen Gesetzes hinweist.[2]

II. Gerichtliche Verfahren (Abs. 1)

4   **1. Grundsatz.** Abs. 1 betrifft den Bereich der **gerichtlichen Verfahren**. Der Begriff „gerichtliches Verfahren" ist auszulegen. Erfasst ist jeder durch Antrag oder Aufnahme von Amts wegen begonnene Vorgang, mit dem ein bestimmtes Ziel verfolgt wird (näher → § 3 Rn 16). Dabei spielt es keine Rolle, ob in dem jeweiligen Verfahren Akt- oder Verfahrensgebühren entstehen. Auch Grundbuch- und Registersachen fallen folglich unter den Verfahrensbegriff (→ § 136 Rn 3). Wird ein solches vor dem Inkrafttreten einer Änderung des GNotKG (oder von Vorschriften, auf die das GNotKG verweist, Abs. 1 S. 3) anhängig gemacht oder eingeleitet, so werden die Kosten für die jeweilige Instanz grds. noch nach bisherigem Recht erhoben. Rechtsmittelverfahren können dagegen nach einem anderen Recht zu beurteilen sein als die Vorinstanz.

5   Da sich eine Gebühr aus dem Zusammenspiel von Geschäftswert, Gebührensatz und Tabelle errechnet, betrifft die Übergangsvorschrift Änderungen aller drei Komponenten.

6   Nach Art. 82 Abs. 2 S. 1 GG tritt eine Gesetzesänderung mit dem im ändernden Gesetz bestimmten Tag in Kraft. Fehlt eine solche Bestimmung, greift Art. 82 Abs. 2 S. 2 GG ein, wonach die Gesetzesänderung mit dem vierzehnten Tage nach Ablauf des Tages in Kraft tritt, an dem das Bundesgesetzblatt ausgegeben worden ist.

7   **2. Kosten eines Verfahrens.** Mit dem **Begriff der „Kosten"** eines Verfahrens sind sämtliche für die jeweilige Instanz nach dem GNotKG anfallenden Gebühren und Auslagen umfasst, also nicht allein diejenigen, die den unmittelbaren Gegenstand des Verfahrens betreffen. Auch die Gebühren, die erst durch eine die Instanz abschließende Entscheidung oder Maßnahme ausgelöst werden, gehören noch hierher.

8   Werden Auslagen isoliert – dh außerhalb eines gerichtlichen Verfahrens – erhoben (zB einzelne Ablichtungen auf Antrag), kommt es für das anzuwendende Kostenrecht insoweit allein auf den Zeitpunkt der Fälligkeit an (Abs. 1 S. 4).

9   **3. Anhängigmachung bzw Einleitung eines Verfahrens.** Ein gerichtliches Verfahren wird anhängig gemacht bzw eingeleitet durch den Eingang eines entsprechenden Antrags bei Gericht, wenn es sich um ein **Antragsverfahren** handelt. Ein Antrag auf Verfahrenskostenhilfe reicht indes noch nicht.[3] Die Einleitung eines **Amtsverfahrens** erfolgt durch die erste auf Durchführung des Verfahrens abzielende und nach außen wirkende Maßnahme des Gerichts (zB Herausgabe der Verfügung auf Androhung eines Zwangsmittels oder der Aufforderung an die Beteiligten, zur behaupteten Unrichtigkeit eines Erbscheins Stellung zu nehmen).[4]

1 *Hartmann*, KostG, § 134 GNotKG Rn 2. **2** Korintenberg/*Otto*, § 134 Rn 9. **3** Leipziger-GNotKG/*Seifert*, § 134 Rn 7. **4** Vgl auch *Heinemann*, MDR 2013, 884, 889; Korintenberg/*Otto*, § 134 Rn 6.

Werden **in derselben Angelegenheit mehrere Verfahren** eingeleitet – wie dies gerade im Bereich der freiwilligen Gerichtsbarkeit der Fall sein kann –, so ist das anzuwendende Recht für jedes dieser Verfahren gesondert zu ermitteln. Maßgebend ist stets die Einleitung des jeweiligen konkreten Verfahrens. Probleme treten nur dann auf, wenn **für mehrere Gegenstände einheitliche Gebühren** erhoben werden. Hier wäre es praktisch kaum durchführbar, die Gebühren teils nach altem und teils nach neuem Recht zu berechnen. Sachgerecht dürfte hier eine analoge Anwendung des § 60 Abs. 2 RVG sein: Gesamtgebühr nach altem Recht. **10**

Jede Instanz bildet kostenrechtlich ein eigenes Verfahren (**Abs. 1 S. 2**). Sofern sich demnach ein gerichtliches Verfahren über **mehrere Instanzen** erstreckt, kann theoretisch für jede Instanz ein anderes Kostenrecht gelten, wenn sich zwischenzeitlich eine Änderung des GNotKG oder eines in Bezug genommenen Gesetzes (vgl **Abs. 1 S. 3**) ergeben hat.[5] Von der Regelung erfasst werden nur Rechtsmittel nach dem FamFG (Beschwerde, §§ 58 ff FamFG; Rechtsbeschwerde, §§ 70 ff FamFG), die das Hauptverfahren betreffen. Nicht hierunter fallen somit Kostenbeschwerden, Beschwerden in Kostenansatzverfahren und Kostenfestsetzungsverfahren sowie Streitwertbeschwerden.[6] Der Wortlaut dieser Ausnahmevorschrift für Rechtsmittelverfahren erscheint insgesamt etwas unglücklich, da nur negativ geregelt wird, dass Abs. 1 S. 1 nicht gilt. Dagegen bleibt zunächst offen, welche Gesetzesfassung stattdessen anzuwenden ist. Erst bei näherer Betrachtung von Sinn und Zweck des § 134 ergibt sich, dass Gesetzesänderungen zwischen Einleitung und Beendigung einer Instanz keinen Einfluss auf die für diesen Rechtszug entfallenden Kosten haben sollen. Das zum Zeitpunkt des ersten Eingangs einer Antrags- oder Rechtsmittelschrift bei Gericht bzw zum Zeitpunkt der ersten gerichtlichen Maßnahme geltende Kostenrecht ist demnach maßgebend für die (gesamte) jeweilige Instanz. **11**

Wird ein Verfahren an die vorangegangene Instanz **zurückverwiesen**, führt dies zur Einleitung eines neuen Verfahrens, dessen Kosten ggf nach neuem Recht zu erheben sind.[7] **12**

4. Ausnahmen (Abs. 1 S. 4). Eine Ausnahme von vorstehendem Grundsatz gilt nach Abs. 1 S. 4 für Verfahren, in denen **Jahresgebühren** erhoben werden, und überdies für alle Fälle, in denen die Sätze 1 und 2 keine Anwendung finden. **13**

Bei den Jahresgebühren für Betreuungssachen und betreuungsgerichtliche Zuweisungssachen (Nr. 11101, 11102 und 11104 KV) sowie bei den Jahresgebühren für Nachlasssachen (Nr. 12311 KV) handelt es sich jeweils um Gebühren für „Dauerverfahren", die bereits aus der Natur der Sache einer Übergangsregelung wie der in Abs. 1 S. 1–3 entzogen sind. Für sie gilt in kostenrechtlicher Hinsicht diejenige Rechtslage, die im **Zeitpunkt der Fälligkeit** der Gebühren und Auslagen (§§ 8, 9) besteht. **14**

III. Notarielle Verfahren (Abs. 2)

Für **notarielle Verfahren** oder Geschäfte ist nach Abs. 2 entscheidend, wann der **konkrete Auftrag an den Notar erteilt** wurde (zu Einzelheiten → § 136 Rn 8 f). Nach Auftragserteilung in Kraft tretende Gesetzesänderungen sind in kostenrechtlicher Hinsicht unbeachtlich. Die Gebühren und Auslagen bemessen sich weiterhin nach der alten Rechtslage. **15**

Werden folglich aufgrund eines einheitlichen Auftrags zB Verpflichtungs- und Erfüllungsgeschäft getrennt beurkundet, so gilt auch dann für die Kosten des Erfüllungsgeschäfts noch das alte Recht, wenn zwischen beiden Beurkundungen eine Gesetzesänderung in Kraft tritt. Anderes gilt jedoch dann, wenn erst nach Inkrafttreten einer Gesetzesänderung der Auftrag zur Beurkundung des Erfüllungsgeschäfts erteilt wird. Der sauberen Dokumentation des Zeitpunkts der konkreten Auftragserteilung kann daher in Zweifelsfällen maßgebende Bedeutung zukommen. **16**

§ 135 Sonderregelung für Baden-Württemberg

(1) Solange und soweit im Land Baden-Württemberg die Gebühren für die Tätigkeit des Notars der Staatskasse zufließen, ist § 2 anstelle von § 91 anzuwenden.

(2) [1]Solange im Land Baden-Württemberg anderen als gerichtlichen Behörden die Aufgaben des Grundbuchamts, des Betreuungs- oder des Nachlassgerichts übertragen sind, sind die Kosten gleichwohl nach diesem Gesetz zu erheben. [2]Der Geschäftswert ist nur auf Antrag festzusetzen. [3]Über die Festsetzung des Ge-

---

5 Vgl auch HK-FamGKG/*N. Schneider*, FamGKG § 63 Rn 7 zur inhaltsgleichen Übergangsvorschrift des FamGKG. **6** Leipziger-GNotKG/*Seifert*, § 134 Rn 11; BDS/*Pfeiffer*, § 134 Rn 3. **7** *Hartmann*, KostG, § 134 GNotKG Rn 5; aA Korintenberg/*Otto*, § 134 Rn 10 f.

schäftswerts und über die Erinnerung gegen den Kostenansatz entscheidet das Amtsgericht, in dessen Bezirk die Behörde ihren Sitz hat.

(3) Ein Notariatsabwickler steht einem Notariatsverwalter gleich.[1]

1 Die Vorschrift des § 135 beinhaltet eine Sonderregelung für das Land Baden-Württemberg, die dem Umstand Rechnung trägt, dass die dort noch anzutreffenden besonderen Zuständigkeiten nach dem Gesetz zur Reform des Notariats- und Grundbuchwesens in Baden-Württemberg vom 29.7.2010 am 31.12.2017 enden („solange").[2] Bis dahin existieren in Baden-Württemberg historisch bedingt noch **verschiedene Notariatsformen** (staatliche Notariate, Nurnotariate, Anwaltsnotariate) nebeneinander. Die Sonderregelungen aus der KostO für Bezirksnotare und Notare im Landesdienst wurden angesichts der zeitnahen Überleitung des staatlichen Notariats in das Nurnotariat weitgehend nicht in das GNotKG übernommen.[3]

2 **Abs. 1** enthält eine ausdrückliche Sonderregelung zur Kostenfreiheit für Bund, Länder und weitere öffentliche Anstalten und Kassen. Der in § 91 geregelte Ermäßigungstatbestand für Bund, Länder, öffentliche Anstalten und Kassen findet grds. auch auf Notare im Landesdienst Anwendung. Fließen die Gebühren des Notars im Landesdienst in Baden-Württemberg aber ohnehin der Staatskasse zu (vgl § 10 Abs. 1 LJKG BW iVm § 1 LFGG BW), macht eine Gebührenerhebung insgesamt wenig Sinn, da sie nur zu einer reinen Umschichtung finanzieller Mittel innerhalb des Länderhaushalts führen würde. Daher sieht Abs. 1 vor, dass anstelle des § 91 die allgemeine Kostenfreiheitsvorschrift des § 2 zur Anwendung kommen soll mit der Folge, dass Gebühren überhaupt nicht erhoben werden (vgl iÜ die Erl. zu § 2).

3 Nach **Abs. 2 S. 1** gelten in Grundbuchsachen sowie in Betreuungs- und Nachlasssachen die Kostenvorschriften des GNotKG uneingeschränkt, obwohl die betreffenden Aufgaben derzeit noch in weitem Umfang durch die staatlichen Notariate und Grundbuchämter (und nicht durch die Gerichte) erfüllt werden (vgl § 1 LFGG BW). Die landesrechtlichen Kostenvorschriften in Baden-Württemberg, die ohnehin nur Sonderregelungen für notarielle Tätigkeiten im Gemeindebereich enthalten (§§ 17 ff LJKG BW), sind insoweit verdrängt. Die Bedeutung dieser Vorschrift geht durch die aktuelle Grundbuchamtsreform zeitnah verloren.

4 Der Geschäftswert in Grundbuch-, Betreuungs- und Nachlassverfahren wird nach **Abs. 2 S. 2** nur auf Antrag festgesetzt. Damit wird dem Umstand Rechnung getragen, dass nach § 79 Abs. 1 grds. der Geschäftswert von Amts wegen festzusetzen ist, dies aber in den meisten notariellen Verfahren keinen Sinn ergeben und die Amtsgerichte unnötig belasten würde. Wenn aber im Einzelfall die Festsetzung des Geschäftswerts doch einmal von Bedeutung sein sollte, eröffnet Abs. 2 S. 2 die Möglichkeit, einen entsprechenden Antrag zu stellen. Zuständig für die Geschäftswertfestsetzung ist dann das Amtsgericht am Sitz des Notariats bzw Grundbuchamts. Dieses entscheidet auch über eine Erinnerung gegen den Kostenansatz, und zwar unabhängig davon, ob ein Notar oder ein Rechtspfleger tätig geworden ist (**Abs. 2 S. 3**).[4]

§ 136 Übergangsvorschrift zum 2. Kostenrechtsmodernisierungsgesetz

(1) Die Kostenordnung in der im Bundesgesetzblatt Teil III, Gliederungsnummer 361-1, veröffentlichten bereinigten Fassung, die zuletzt durch Artikel 8 des Gesetzes vom 26. Juni 2013 (BGBl. I S. 1800) geändert worden ist, und Verweisungen hierauf sind weiter anzuwenden

1. in gerichtlichen Verfahren, die vor dem Inkrafttreten des 2. Kostenrechtsmodernisierungsgesetzes vom 23. Juli 2013 (BGBl. I S. 2586) anhängig geworden oder eingeleitet worden sind; die Jahresgebühr 12311 wird in diesen Verfahren nicht erhoben;

2. in gerichtlichen Verfahren über ein Rechtsmittel, das vor dem Inkrafttreten des 2. Kostenrechtsmodernisierungsgesetzes vom 23. Juli 2013 (BGBl. I S. 2586) eingelegt worden ist;

3. hinsichtlich der Jahresgebühren in Verfahren vor dem Betreuungsgericht, die vor dem Inkrafttreten des 2. Kostenrechtsmodernisierungsgesetzes vom 23. Juli 2013 (BGBl. I S. 2586) fällig geworden sind;

4. in notariellen Verfahren oder bei notariellen Geschäften, für die ein Auftrag vor dem Inkrafttreten des 2. Kostenrechtsmodernisierungsgesetzes vom 23. Juli 2013 (BGBl. I S. 2586) erteilt worden ist;

5. in allen übrigen Fällen, wenn die Kosten vor dem Tag vor dem Inkrafttreten des 2. Kostenrechtsmodernisierungsgesetzes vom 23. Juli 2013 (BGBl. I S. 2586) fällig geworden sind.

(2) Soweit Gebühren nach diesem Gesetz anzurechnen sind, sind auch nach der Kostenordnung für entsprechende Tätigkeiten entstandene Gebühren anzurechnen.

---

1 *Kursive Hervorhebung:* Eingefügt durch Art. 4 des Gesetzes zur Abwicklung der staatlichen Notariate in Baden-Württemberg v. 23.11.2015 (BGBl. I 2090, 2091). Inkrafttreten am 1.1.2018. Kommentierung hierzu in der nächsten Auflage. **2** Zur Reform *Stürner*, BWNotZ 2010, 195. **3** Begr. RegE, BR-Drucks 517/12, S. 283. **4** OLG Karlsruhe Rpfleger 1997, 57.

(3) Soweit für ein notarielles Hauptgeschäft die Kostenordnung nach Absatz 1 weiter anzuwenden ist, gilt dies auch für die damit zusammenhängenden Vollzugs- und Betreuungstätigkeiten sowie für zu Vollzugszwecken gefertigte Entwürfe.

(4) Bis zum Erlass landesrechtlicher Vorschriften über die Höhe des Haftkostenbeitrags, der von einem Gefangenen zu erheben ist, ist anstelle der Nummern 31010 und 31011 des Kostenverzeichnisses § 137 Nummer 12 der Kostenordnung in der bis zum 27. Dezember 2010 geltenden Fassung anzuwenden.

(5) [1]Absatz 1 ist auf die folgenden Vorschriften in ihrer bis zum Tag vor dem Inkrafttreten des 2. Kostenrechtsmodernisierungsgesetzes vom 23. Juli 2013 (BGBl. I S. 2586) geltenden Fassung entsprechend anzuwenden:

1. § 30 des Einführungsgesetzes zum Gerichtsverfassungsgesetz,
2. § 15 des Spruchverfahrensgesetzes,
3. § 12 Absatz 3, die §§ 33 bis 43, 44 Absatz 2 sowie die §§ 45 und 47 des Gesetzes über das gerichtliche Verfahren in Landwirtschaftssachen,
4. § 102 des Gesetzes über Rechte an Luftfahrzeugen,
5. § 100 Absatz 1 und 3 des Sachenrechtsbereinigungsgesetzes,
6. § 39 b Absatz 1 und 6 des Wertpapiererwerbs- und Übernahmegesetzes,
7. § 99 Absatz 6, § 132 Absatz 5 und § 260 Absatz 4 des Aktiengesetzes,
8. § 51 b des Gesetzes betreffend die Gesellschaften mit beschränkter Haftung,
9. § 62 Absatz 5 und 6 des Bereinigungsgesetzes für deutsche Auslandsbonds,
10. § 138 Absatz 2 des Urheberrechtsgesetzes,
11. die §§ 18 bis 24 der Verfahrensordnung für Höfesachen,
12. § 18 des Gesetzes zur Ergänzung des Gesetzes über die Mitbestimmung der Arbeitnehmer in den Aufsichtsräten und Vorständen der Unternehmen des Bergbaus und der Eisen und Stahl erzeugenden Industrie und
13. § 65 Absatz 3 des Landwirtschaftsanpassungsgesetzes.

[2]An die Stelle der Kostenordnung treten dabei die in Satz 1 genannten Vorschriften.

Schrifttum: *Böhringer*, Das neue GNotKG in Grundbuchsachen, BWNotZ 2013, 67; *Heinemann*, GNotKG – Grundzüge des neuen Gerichts- und Notarkostenrechts, MDR 2013, 884; *Seifert*, Die Übergangsvorschrift des § 136 Abs. 1 GNotKG, NotBZ 2013, 293; *Wudy*, notar 2013, 290.

I. Regelungsgehalt

Die Übergangsvorschrift des § 136 ergänzt die allgemeine „Daueübergangsvorschrift" des § 134 für das Inkrafttreten des GNotKG zum 1.8.2013 (Art. 43 des 2. KostRMoG). Der Regelungsgehalt beschränkt sich dabei jedoch nicht auf die **Berechnung der Kosten**. In den **enumerativ** genannten Fällen sollen auch die **Verfahrensvorschriften** der **früheren KostO** Anwendung finden.[1] Dies ist insb. bedeutsam im Hinblick auf die Neuregelung des Verfahrens über die gerichtliche Entscheidung und die Rechtsmittelregelungen in Notarkostensachen.[2] Die praktische Bedeutung der Übergangsvorschrift dürfte mittlerweile nicht mehr allzu hoch sein.   1

II. Kosten in gerichtlichen und notariellen Verfahren (Abs. 1)

Abs. 1 enthält in seinen **Nr. 1–3** Regelungen betreffend die Gerichtskosten. In Anknüpfung an § 134 kommt es für eine Anwendbarkeit der alten KostO darauf an, ob das gerichtliche Verfahren – bezogen auf die jeweilige Instanz – vor dem 1.8.2013 anhängig (im Antragsverfahren) bzw eingeleitet (im Amtsverfahren) wurde oder nicht (zu Einzelheiten → § 134 Rn 9 ff).[3] Ein Verfahren wird **anhängig** gemacht durch den Eingang des verfahrenseinleitenden Antrags in gehöriger Form bei Gericht bzw dessen Anbringung zu Protokoll der Geschäftsstelle. Von Amts wegen **eingeleitet** wird ein Verfahren durch die erste, auf Durchführung des Verfahrens gerichtete, nach außen wirkende Maßnahme des Gerichts.   2

Der Wortlaut der **Nr. 1** spricht nur von gerichtlichen „Verfahren". Die Regelung ist auch bei Anträgen an das Grundbuchamt und das Registergericht anwendbar, obwohl es sich hier nach § 55 Abs. 2 um sog. Aktgebühren handelt. Auch nicht streitige Verfahren werden folglich von der Vorschrift erfasst. Maßgeblich für die Bestimmung des anwendbaren Rechts ist somit auch hier der Eingang des betreffenden Antrags bei Ge-   3

---

[1] *Fackelmann*, Notarkosten nach dem neuen GNotKG, § 2 Rn 467. [2] Vgl Begr. RegE, BR-Drucks 517/12, S. 283. [3] Vgl auch *Heinemann*, MDR 2013, 884, 889; *Seifert*, NotBZ 2013, 293, 294.

richt.[4] Lediglich bei Jahresgebühren nach Nr. 12311 KV für Nachlasspflegschaften, die nicht auf einzelne Rechtshandlungen beschränkt sind, oder bei der Nachlass- bzw Gesamtgutsverwaltung besteht eine Ausnahme (Abs. 1 Nr. 1 Hs 2; → Rn 5). Die Regelung der Nr. 1 bezieht sich von vornherein nur erstinstanzliche Verfahren.

4 Die Regelung in **Nr. 2** gilt für Rechtsmittelverfahren und bestimmt, dass in gerichtlichen Verfahren über ein Rechtsmittel, das vor dem 1.8.2013 eingeleitet worden ist, noch die Vorschriften der KostO anzuwenden sind (zum Begriff „Rechtsmittel" → § 134 Rn 11). Für die Erinnerung oder die Beschwerde gegen den Kostenansatz ist dagegen die Nr. 1 maßgeblich.[5]

5 **Nr. 3** regelt die betreuungsgerichtlichen Jahresgebühren. Soweit die Gebühren vor dem 1.8.2013 fällig geworden sind, gilt noch die KostO (§ 92 KostO), im Übrigen gilt das GNotKG (Nr. 11101, 11102, 11104 KV). Abweichendes gilt nach Abs. 1 Nr. 1 Hs 2 für Verfahren in Nachlasspflegschaften und Nachlass- oder Gesamtgutsverwaltungen. In diesen Verfahren wird die Jahresgebühr nach Nr. 12311 KV generell nicht erhoben, wenn das Verfahren vor dem Stichtag anhängig gemacht bzw eingeleitet wurde. In einem solchen Fall sind die Gebühren nämlich bereits nach § 106 Abs. 1 S. 2 KostO in vollem Umfang mit der Anordnung fällig geworden. Die in einem Betreuungsverfahren angefallenen Auslagen werden nicht nach Nr. 3, sondern nach der allgemeinen Auffangvorschrift der Nr. 5 erhoben.[6]

6 **Nr. 4** bestimmt für notarielle Verfahren und Geschäfte, dass für sie weiterhin die KostO anzuwenden ist, wenn der jeweilige konkrete Auftrag an den Notar vor dem 1.8.2013 erteilt wurde (→ § 134 Rn 15 f). Richtet sich danach eine Kostenforderung noch nach der KostO, so gilt dies auch für ein auf sie bezogenes Kostenprüfungsverfahren, selbst wenn das Verfahren erst nach dem 1.8.2013 bei Gericht eingeleitet wurde.[7]

7 In allen übrigen Fällen, in denen die Kosten früher außerhalb der KostO geregelt waren, ist nach der Auffangvorschrift der **Nr. 5** – wie bei Jahresgebühren – der Zeitpunkt der Fälligkeit der jeweiligen Gebühren und Auslagen für das anwendbare Kostenrecht maßgebend.

8 Der vom GNotKG verwendete **Begriff des „Auftrags"** bezeichnet ein öffentlich-rechtliches Auftragsverhältnis, auf das die §§ 662 ff BGB nicht anwendbar sind. Unter einem Auftrag iSd GNotKG ist das Ersuchen einer Person an den Notar um die Erbringung einer konkreten Amtstätigkeit zu verstehen.[8] Für das Vorliegen eines echten Auftrags in Abgrenzung zu dessen bloßem Vorstadium ist auf den objektivierten Empfängerhorizont (analog §§ 133, 157 BGB) abzustellen.

9 Bisweilen können sich **Abgrenzungsprobleme** ergeben. So ist der Auftrag zur Beurkundung strikt von der bloßen Vereinbarung eines Besprechungstermins abzugrenzen. Erfolgte daher am 29.7.2013 eine pauschale Terminvereinbarung ohne nähere Angaben zur Sache und beauftragten die Beteiligten den Notar iRd Besprechung am 2.8.2013 sodann mit der Vorbereitung eines Kaufvertragsentwurfs, werden sowohl die Entwurfs- als auch die Beurkundungsgebühr ausschließlich nach dem GNotKG abgerechnet. Wurde dagegen am 29.8.2013 bereits der Auftrag zur Beurkundung eines Kaufvertrags am 2.8.2013 erteilt, ist jedenfalls dann insgesamt noch nach der KostO abzurechnen, wenn dem Notar am 29.7.2013 zumindest die essentialia negotii mitgeteilt wurden.[9] Bei bloßen Unterschriftsbeglaubigungen wird man insgesamt großzügiger sein können, wenn der Notar den Entwurf nicht vorzubereiten hat. Regelmäßig dürfte hier bereits die Vereinbarung des Beglaubigungstermins ohne nähere Angaben für die Bejahung einer Auftragserteilung ausreichen.

10 Eine **Hinweispflicht** des Notars gem. § 14 BNotO auf das Inkrafttreten eines neuen Kostenrechts ist für den Regelfall zu verneinen; nur für den Fall, dass der Notar klar erkannte, dass es den Beteiligten noch auf eine Anwendbarkeit der KostO ankam, kann Abweichendes gelten.[10]

III. Gebührenanrechnung (Abs. 2)

11 Nach **Abs. 2** sind Gebühren, die nach der KostO entstanden sind, auf nach dem GNotKG angefallene Gebühren anzurechnen, soweit das GNotKG eine solche Anrechnung vorsieht (dies ist der Fall bei der vorzeitigen Beendigung des Beurkundungsverfahrens, Vorbem. 2.1.3 Abs. 2 KV, und bei einem isolierten Entwurf, Vorbem. 2.4.1 Abs. 6 KV). In gleicher Weise hat eine Anrechnung der nach der KostO entstandenen Beratungsgebühr auf die nach dem GNotKG fällig werdende Beurkundungsgebühr zu erfolgen (vgl Anm. Abs. 2

---

4 OLG Köln JurBüro 2014, 202 = BeckRS 2014, 08919; OLG Dresden MittBayNot 2014, 184; OLG Bamberg NotBZ 2013, 468; *Seifert*, NotBZ 2013, 293, 294; *Wilsch*, notar 2013, 308, 311; *Wudy*, notar 2013, 290, 299; aA *Böhringer*, BWNotZ 2013, 67, 74: § 136 Abs. 1 Nr. 5 einschlägig, dh Zeitpunkt der Eintragung im Grundbuch oder Register maßgeblich. **5** Vgl auch BDS/*Pfeiffer*, § 136 Rn 5. **6** Korintenberg/*Klüsener*, § 136 Rn 14. **7** LG Kleve BeckRS 2014, 20013; *Wudy*, notar 2015, 240, 254. **8** BGH NJW 1999, 2183, 2184; weiterhin *Fackelmann*, Notarkosten nach dem neuen GNotKG, § 2 Rn 473. **9** Näher dazu *Wudy*, notar 2013, 290, 298 f; *Heinemann*, MDR 2013, 884, 889. **10** LG Essen 27.8.2014 – 7 OH 25/13.

zu Nr. 24200 KV). Auch die Gebühr für die Rückgabe eines Erbvertrags aus der notariellen Verwahrung ist auf die Gebühr für die Beurkundung einer neuen Verfügung von Todes wegen anzurechnen (Nr. 23100 KV).

IV. Einheitlichkeitsgrundsatz (Abs. 3)

Durch **Abs. 3** soll die kostenrechtliche Aufspaltung eines einheitlichen Geschäfts in einen nach der KostO   12 und einen nach dem GNotKG zu beurteilenden Teil verhindert werden. Maßgebend für das anzuwendende Kostenrecht ist danach stets das **Hauptgeschäft**. Gilt für dieses (zB Beurkundung eines Kaufvertrags) weiterhin die KostO, so sind auch die nachfolgenden Vollzugs- und Betreuungstätigkeiten (zB Grundbuchvollzug) weiter nach dem alten Recht zu behandeln, auch wenn zwischenzeitlich das GNotKG in Kraft getreten sein sollte.[11] Dies gilt richtigerweise nicht nur für die **Gebühren**, sondern auch für die **Auslagen** des Notars.

Angesichts der Zielsetzung des Abs. 3, die Einheitlichkeit des anwendbaren Kostenrechts zu gewährleisten   13 und größtmögliche Kostentransparenz zu schaffen, ist die Vorschrift insgesamt weit auszulegen.[12] Keine Anwendung findet sie jedoch bei nachfolgenden gesonderten Beurkundungsverfahren, auch wenn diese mit einer vorangehenden Beurkundung in rechtlichem oder wirtschaftlichem Zusammenhang stehen (zB Finanzierungsgrundschuld, Messungsanerkennung).

V. Haftkostenbeiträge (Abs. 4)

Abs. 4 enthält eine Spezialregelung zu Haftkostenbeiträgen. Bis zum Erlass entsprechender landesrechtli-   14 cher Vorschriften soll weiterhin § 137 Nr. 12 KostO in der bis zum 27.12.2010 geltenden Fassung Anwendung finden (nicht also Nr. 31010, 31011 KV), wonach die Kosten einer Zwangshaft in Höhe des Haftkostenbeitrags nach § 50 Abs. 2 und 3 StVollzG als Auslagen geltend zu machen sind. Gleiches gilt für die Kosten einer sonstigen Haft, wenn sie nach § 50 Abs. 1 StVollzG zu erheben wären.

VI. Übergangsvorschrift für Kosten außerhalb der KostO (Abs. 5)

Schließlich sieht **Abs. 5** eine besondere Übergangsvorschrift für diejenigen Fälle vor, in denen die Kosten   15 früher außerhalb der KostO geregelt waren. Auf diese ist die Übergangsvorschrift des Abs. 1 entsprechend anwendbar. Nicht in der Aufzählung enthalten sind solche Änderungen, die lediglich eine Verweisung auf die KostO anpassen. Hierfür ist Abs. 1 unmittelbar anwendbar.[13]

---

11 Streitig ist dies für die kostenrechtliche Behandlung einer Abwicklung über Notaranderkonto. Verneinend: Korintenberg/*Klüsener*, § 136 Rn 33 (keine Vollzugs- oder Betreuungstätigkeit, sondern Verwahrtätigkeit des Notars); bejahend dagegen: BDS/*Pfeiffer*, § 136 Rn 14. **12** *Fackelmann*, Notarkosten nach dem neuen GNotKG, § 2 Rn 486. **13** Begr. RegE, BR-Drucks 517/12, S. 284.

Kostenverzeichnis

Gliederung

Teil 1
Gerichtsgebühren

Nr.	Gebührentatbestand	Gebühr oder Satz der Gebühr nach § 34 GNotKG – Tabelle A
Vorbemerkung 1: (1) Im Verfahren der einstweiligen Anordnung bestimmen sich die Gebühren nach Hauptabschnitt 6. (2) Für eine Niederschrift, die nach den Vorschriften des Beurkundungsgesetzes errichtet wird, und für die Abnahme der eidesstattlichen Versicherung nach § 352 Abs. 3 Satz 3 FamFG oder § 36 Abs. 2 Satz 1 IntErbRVG erhebt das Gericht Gebühren nach Teil 2. (3) In einem Verfahren, für das sich die Kosten nach diesem Gesetz bestimmen, ist die Bestellung eines Pflegers für das Verfahren und deren Aufhebung Teil des Verfahrens, für das der Pfleger bestellt worden ist. Bestellung und Aufhebung sind gebührenfrei.		

I. Allgemeines

Die Absätze 1–3 der Vorbem. 1 KV haben inhaltlich völlig unterschiedliche Regelungsgegenstände. Während **Abs. 1** klarstellt, dass es hinsichtlich der Verfahren der einstweiligen Anordnung einen eigenen Hauptabschnitt gibt und mithin die nachfolgenden Regelungen auf einstweilige Anordnungen nicht anwendbar sind, enthält **Abs. 2** für Niederschriften nach den Vorschriften des BeurkG und die Abnahme der eidesstattlichen Versicherung nach § 352 Abs. 3 S. 3 FamFG oder § 36 Abs. 2 S. 1 IntErbRVG eine klarstellende Verweisung auf Teil 2 KV. **Abs. 3** stellt für alle Verfahren, in denen die Kosten nach dem GNotKG bestimmt werden, klar, dass sowohl Bestellung als auch Aufhebung eines Pflegers für das Verfahren Teil des jeweiligen Verfahrens sind und dass diese gebührenfrei sind. 1

Vorbem. 1 Abs. 2 KV ist zum 17.8.2015 redaktionell geändert worden.[1] Die frühere Angabe „§ 2356 Abs. 2 BGB" ist durch die Angabe „§ 352 Abs. 3 Satz 3 FamFG oder § 36 Abs. 2 Satz 1 IntErbRVG" ersetzt worden, weil der Regelungsgehalt von § 2356 BGB ins FamFG übertragen worden ist.[2] 2

II. Verfahren der einstweiligen Anordnung (Abs. 1)

1. Allgemeines. Vorbem. 1 Abs. 1 KV dient der **Abgrenzung** der Gebühren in der **Hauptsache** von den Gebühren in Verfahren der **einstweiligen Anordnung**. 3

Das Verfahren der einstweiligen Anordnung ist für alle FamFG-Verfahren in §§ 49–57 FamFG unabhängig vom jeweiligen Hauptsacheverfahren geregelt. Dies ist in § 51 Abs. 3 S. 1 FamFG auch ausdrücklich klargestellt. Einstweilige Anordnungen sind als selbstständige Verfahren zu führen.[3] 4

Abs. 1 der Vorbem. 1 KV stellt klar, dass diese Unabhängigkeit der einstweiligen Anordnung vom Hauptsacheverfahren auch hinsichtlich der kostenrechtlichen Behandlung gilt. Bei allen einstweiligen Anordnungen, die in den Anwendungsbereich dieses Gesetzes fallen, gelten nicht etwa die Gebührentatbestände für die entsprechenden Hauptsacheverfahren, sondern ausschließlich die in Hauptabschnitt 6 festgesetzten Gebühren. 5

2. Einstweilige Anordnung in Betreuungssachen. Die einstweilige Anordnung in Betreuungssachen (§ 271 FamFG) ist in §§ 300, 301 FamFG geregelt. Danach kann das Betreuungsgericht durch einstweilige Anordnung in den in § 300 Abs. 1 FamFG aufgeführten Fällen einen vorläufigen Betreuer bestellen oder einen vorläufigen Einwilligungsvorbehalt anordnen. Ferner kann gem. § 300 Abs. 2 FamFG durch einstweilige Anordnung ein Betreuer entlassen werden, wenn dringende Gründe für die Annahme bestehen, dass die Voraussetzungen für die Entlassung vorliegen und ein dringendes Bedürfnis für ein sofortiges Tätigwerden besteht. § 301 FamFG regelt die Betreuerbestellung durch einstweilige Anordnung bei Gefahr im Verzug (Dringlichkeit). 6

Zur **gebührenmäßigen Behandlung** der einstweiligen Anordnung in Betreuungssachen wird auf die Erl. zu Vorbem. 1.1.1 KV verwiesen. 7

---

1 Art. 13 Nr. 10 Buchst. b des Gesetzes zum Internationalen Erbrecht und zur Änderung von Vorschriften zum Erbschein sowie zur Änderung sonstiger Vorschriften v. 29.6.2015 (BGBl. I 1042, 1055). **2** BT-Drucks 18/4201, S. 63. **3** OLG Stuttgart FamRZ 2010, 1678.

III. Niederschriften und eidesstattliche Versicherungen (Abs. 2)

8 Grundsätzlich führt der Notar Beurkundungen nach dem BeurkG durch. Jedoch ist es möglich, dass bestimmte Beurkundungen, die grds. in notarieller Zuständigkeit liegen, von den Gerichten durchgeführt werden. Abs. 2 nennt diesbezüglich ausdrücklich die Abnahme einer **eidesstattlichen Versicherung** nach § 352 **Abs. 3 S. 3 FamFG** im Rahmen eines Erbscheinsantrags oder nach § 36 **Abs. 2 S. 1 IntErbRVG** im Rahmen eines Antrags auf Ausstellung des Europäischen Nachlasszeugnisses sowie **Niederschriften**, die nach den Vorschriften des BeurkG errichtet werden. Mit der letztgenannten Formulierung sind die Fälle angesprochen, in denen das Gesetz diese Form ausdrücklich vorschreibt (zB § 1945 Abs. 2 BGB oder § 9 Abs. 2 S. 1 HöfeO). Die frühere Angabe „§ 2356 Abs. 2 BGB" in Vorbem. 1 Abs. 2 KV ist durch die Angabe „§ 352 Abs. 3 Satz 3 FamFG oder § 36 Abs. 2 Satz 1 IntErbRVG" ersetzt worden, weil der Regelungsgehalt von § 2356 BGB durch das Gesetz zum Internationalen Erbrecht und zur Änderung von Vorschriften zum Erbschein sowie zur Änderung sonstiger Vorschriften vom 29.6.2015[4] ins FamFG übertragen worden ist.[5]

9 Abs. 2 der Vorbem. 1 KV verweist für die Abnahme der eidesstattlichen Versicherungen nach § 352 Abs. 3 S. 3 FamFG und nach § 36 Abs. 2 S. 1 IntErbRVG sowie für die genannten Niederschriften vollumfänglich auf Teil 2 KV. Das bedeutet, dass in diesen Fällen **auch für die Gerichtsgebühren die Vorschriften des Teils 2 KV über die Notargebühren gelten.** In den Vorschriften über die Notargebühren ist die Abnahme eidesstattlicher Versicherungen in Nr. 23300 KV geregelt und die Beurkundung von Erklärungen gegenüber dem Nachlassgericht (wie nach § 1945 Abs. 2 BGB erforderlich) in Nr. 21201 Nr. 7 KV.

IV. Bestellung eines Verfahrenspflegers und Aufhebung der Bestellung (Abs. 3)

10 Vorbem. 1 Abs. 3 KV bestimmt, dass immer dann, wenn in einem Verfahren, für das die Kosten nach dem GNotKG zu bestimmen sind, die Bestellung eines **Verfahrenspflegers** oder die Aufhebung der Bestellung erfolgt, diese Tätigkeit des Gerichts gebührenfrei bleibt. Die durch die Verfahrenspflegschaft anfallenden Auslagen sind Teil des Ausgangsverfahrens. Dies gilt auch dann, wenn die Bestellung nicht das gesamte Verfahren, sondern nur einen Teil, etwa eine Verfahrenshandlung, betrifft.

11 Abs. 3 S. 2 stellt klar, dass auch wenn nach dem Kostenrecht des Verfahrens eine Gebühr für die Bestellung oder Aufhebung der Verfahrenspflegschaft entsteht, diese entfällt.

12 Die **Vergütung des Verfahrenspflegers** ist in § 277 **FamFG** geregelt (s. dazu ausf. „26. Vergütung des Betreuers, Vormunds und Verfahrenspflegers", Rn 193 ff). Grundsätzlich kann der Verfahrenspfleger gem. § 277 Abs. 1 S. 1 FamFG Ersatz seiner Aufwendungen nach § 1835 Abs. 1–2 BGB verlangen. Wird die Verfahrenspflegschaft ausnahmsweise berufsmäßig geführt, erhält der Verfahrenspfleger gem. § 277 Abs. 2 S. 2 FamFG neben den Aufwendungen nach § 277 Abs. 1 FamFG, § 1835 Abs. 1, 2 BGB eine Vergütung in entsprechender Anwendung der §§ 1, 2 und 3 Abs. 1 und 2 des Vormünder- und Betreuervergütungsgesetzes. **Aufwendungsersatz und Vergütung** des Verfahrenspflegers sind gem. § 277 Abs. 5 S. 1 FamFG **stets aus der Staatskasse** zu zahlen. Gemäß §§ 277 Abs. 5 S. 2, 168 Abs. 1 FamFG können Aufwendungsersatz und Vergütung gerichtlich festgesetzt werden.

13 Die von der Staatskasse gezahlten Beträge sind **Auslagen des Verfahrens** gem. Nr. 31015 KV. Nr. 31015 KV stellt klar, dass die an den Verfahrenspfleger gezahlten Beträge als Auslagen des Verfahrens von dem Betroffenen nur nach Maßgabe des § 1836 c BGB erhoben werden dürfen.

Hauptabschnitt 1
Betreuungssachen und betreuungsgerichtliche Zuweisungssachen

Nr.	Gebührentatbestand	Gebühr oder Satz der Gebühr nach § 34 GNotKG – Tabelle A
Vorbemerkung 1.1:		
(1) In Betreuungssachen werden von dem Betroffenen Gebühren nach diesem Abschnitt nur erhoben, wenn sein Vermögen nach Abzug der Verbindlichkeiten mehr als 25.000 € beträgt; der in § 90 Abs. 2 Nr. 8 des Zwölften Buches Sozialgesetzbuch genannte Vermögenswert wird nicht mitgerechnet.		

---

4 BGBl. 2015 I 1042. **5** BT-Drucks 18/4201, S. 63.

Nr.	Gebührentatbestand	Gebühr oder Satz der Gebühr nach § 34 GNotKG – Tabelle A

(2) Im Verfahren vor dem Registergericht über die Bestellung eines Vertreters des Schiffseigentümers nach § 42 Abs. 2 des Gesetzes über Rechte an eingetragenen Schiffen und Schiffsbauwerken werden die gleichen Gebühren wie für eine betreuungsgerichtliche Zuweisungssache nach § 340 Nr. 2 FamFG erhoben.

I. Allgemeines

1. Anwendungsbereich. a) Betreuungssachen, § 271 FamFG; betreuungsgerichtliche Zuweisungssachen, § 340 FamFG. Hauptabschnitt 1 KV (Nr. 11100–14100 KV) enthält die Gebührentatbestände für Betreuungssachen und betreuungsgerichtliche Zuweisungssachen.   **1**

aa) Betreuungssachen sind gem. § 271 FamFG   **2**

- Verfahren zur Bestellung eines Betreuers und zur Aufhebung der Betreuung (§ 271 Nr. 1 FamFG),
- Verfahren zur Anordnung eines Einwilligungsvorbehalts (§ 271 Nr. 2 FamFG) sowie
- sonstige Verfahren, die die rechtliche Betreuung eines Volljährigen (§§ 1896–1908 i BGB) betreffen, soweit es sich nicht um eine Unterbringungssache handelt (§ 271 Nr. 3 FamFG).

Eine Betreuungssache iSv § 271 FamFG liegt daher auch vor, wenn in dem Verfahren zur Bestellung eines Betreuers kein Betreuer bestellt wird (→ Rn 15; s. auch die Erl. zu Nr. 11100 KV).   **3**

bb) Betreuungsgerichtliche Zuweisungssachen sind gem. § 340 FamFG   **4**

- Verfahren, die die Pflegschaft mit Ausnahme der Pflegschaft für Minderjährige oder für eine Leibesfrucht betreffen (§ 340 Nr. 1 FamFG),
- Verfahren, die die gerichtliche Bestellung eines sonstigen Vertreters für einen Volljährigen betreffen (§ 340 Nr. 2 FamFG), sowie
- sonstige dem Betreuungsgericht zugewiesene Verfahren (§ 340 Nr. 3 FamFG),

soweit es sich nicht um Betreuungssachen oder Unterbringungssachen handelt.

Zu den betreuungsgerichtlichen Zuweisungssachen gehören daher die Pflegschaften nach §§ 1911, 1913, 1914 BGB und die Bestellung eines sonstigen Vertreters gem. § 16 Abs. 1 VwVfG, § 81 Abs. 1 AO, § 15 Abs. 1 SGB X, § 207 Abs. 1 BauGB, § 96 GBO, §§ 364, 373 FamFG, §§ 290, 292 Abs. 2, 443 Abs. 3 StPO.[1]   **5**

b) Unterbringungssachen, § 312 FamFG. Unterbringungssachen sind gem. § 312 S. 1 Nr. 1–3 FamFG Verfahren, die   **6**

- die Genehmigung einer freiheitsentziehenden Unterbringung und die Genehmigung einer Einwilligung in eine ärztliche Zwangsmaßnahme (§ 1906 Abs. 1–3 a BGB) eines Betreuten oder einer Person, die einen Dritten dazu bevollmächtigt hat (§ 1906 Abs. 5 BGB),
- die Genehmigung einer freiheitsentziehenden Maßnahme nach § 1906 Abs. 4 BGB oder
- eine freiheitsentziehende Unterbringung und eine ärztliche Zwangsmaßnahme eines Volljährigen nach den Landesgesetzen über die Unterbringung psychisch Kranker

betreffen.

Für Unterbringungssachen gilt Hauptabschnitt 1 nicht (s. Überschrift: „Betreuungssachen und betreuungsgerichtliche Zuweisungssachen"). Weil für Unterbringungssachen keine Gebührentatbestände im GNotKG vorhanden sind, sind diese Verfahren **gerichtsgebührenfrei**.[2] Das ergibt sich auch aus der Kostenschuldner-Regelung in § 26 Abs. 3. Danach schuldet der Betroffene in Unterbringungssachen nur Auslagen für einen Verfahrenspfleger nach Nr. 31015 KV und das auch nur, wenn die Gerichtskosten nicht einem anderen auferlegt worden sind.   **7**

2. Freigrenze in Betreuungssachen (Abs. 1). Abs. 1 enthält eine **Freigrenze**. Danach werden in **Betreuungssachen** (§ 271 FamFG) Gebühren nach diesem Abschnitt, also nach Hauptabschnitt 1 KV (Nr. 11100–14100 KV), nur erhoben, wenn das **Vermögen des Betroffenen nach Abzug der Verbindlichkeiten mehr als 25.000 €** beträgt. Für **Dauerpflegschaften** und **Pflegschaften für einzelne Rechtshandlungen** bzw für betreuungsgerichtliche Zuweisungssachen (§ 340 FamFG) sowie für die in Abs. 2 genannten Verfahren gilt die Freigrenze **nicht**. Das in § 90 Abs. 2 Nr. 8 SGB XII genannte angemessene Hausgrundstück, das von dem Betroffenen oder seinen Eltern allein oder zusammen mit Angehörigen ganz oder teilweise bewohnt wird und nach ihrem Tod von ihren Angehörigen bewohnt werden soll, wird dabei nicht mitgerechnet. Die Re-   **8**

---

1 Korintenberg/*Fackelmann*, Nr. 11100 KV Rn 2; *Felix*, JurBüro 2016, 227. **2** So auch BDS/*Sommerfeldt*, Hauptabschnitt 1 KV Rn 1; *Felix*, JurBüro 2016, 227; BT-Drucks 17/11471, S. 196.

gelung entspricht Vorbem. 1.3.1 Abs. 2 KV FamGKG zu Kindschaftssachen und führt zu einem Gleichlauf der kostenrechtlichen Behandlung von Minderjährigen und Volljährigen. Für die **Auslagen** findet sich eine entsprechende Regelung in Vorbem. 3.1 Abs. 2 S. 1 KV, so dass auch hier die Freigrenze gilt, mit Ausnahme der in Nr. 31015 KV geregelten Auslagen für den Verfahrenspfleger (§ 1836 c BGB). Diese können gem. Vorbem. 3.1 Abs. 2 S. 2 KV und der Anm. zu Nr. 31015 KV nach Maßgabe des § 1836 c BGB eingefordert werden.

9   Der Freibetrag ist auch für die Berechnung der Jahresgebühren bei einer **Dauerbetreuung** (Nr. 11101 f KV) von Bedeutung. Nach Abs. 1 S. 1 der Anm. zu Nr. 11101 KV wird das Vermögen des von der Maßnahme Betroffenen nur berücksichtigt, soweit es nach Abzug der Verbindlichkeiten mehr als 25.000 € beträgt; der in § 90 Abs. 2 Nr. 8 SGB XII genannte Vermögenswert wird nicht mitgerechnet.

10   **3. Bestellung eines Vertreters des Schiffseigentümers (Abs. 2).** Nach **Abs. 2** werden für die Bestellung eines Vertreters des Schiffseigentümers nach § 42 Abs. 2 des Gesetzes über Rechte an eingetragenen Schiffen und Schiffsbauwerken (SchiffsRegG) durch das Registergericht die gleichen Gebühren wie für eine betreuungsgerichtliche Zuweisungssache nach § 340 Nr. 2 FamFG erhoben. Auf diese Weise wird eine Gleichstellung dieser Bestellung mit der – eine öffentliche Zustellung nach § 132 Abs. 2 BGB ersparende und insoweit vergleichbaren – Vertreterbestellung nach §§ 1141 Abs. 2, 1192 Abs. 1, 1200 Abs. 1 BGB bewirkt.

II. Gebühren in Betreuungssachen (Abs. 1)

11   **1. Allgemeines.** Vorbem. 1.1 Abs. 1 KV schließt in allen Betreuungssachen (§ 271 FamFG) die Erhebung der in Hauptabschnitt 1 KV geregelten Gebühren, also Nr. 11000–11400 KV, aus, sofern das Vermögen des Betroffenen nach Abzug der Verbindlichkeiten nicht mehr als 25.000 € beträgt. Dabei handelt es sich um eine **Freigrenze**, dh bei Überschreiten des Vermögenswerts von 25.000 € wird der **gesamte Betrag** in der Gebührenbemessung berücksichtigt, nicht nur der Betrag, der die 25.000 € übersteigt.[3] Dies ist das Charakteristikum der Freigrenze im Unterschied zu einem Freibetrag, wie er etwa in Abs. 1 der Anm. zu Nr. 11101 geregelt ist. Für **Dauerpflegschaften** und **Pflegschaften für einzelne Rechtshandlungen** bzw für betreuungsgerichtliche Zuweisungssachen (§ 340 FamFG) sowie für die in Abs. 2 genannten Verfahren gilt die Freigrenze **nicht**.

12   Gemäß der Freigrenze muss das **Reinvermögen**, dh der Vermögenswert nach Abzug der Passiva von den Aktiva, **mehr als 25.000 €** betragen, ein Cent mehr genügt. Bei diesem Vermögenswert ist das angemessene Hausgrundstück iSv § 90 Abs. 2 Nr. 8 SGB XII, das von dem Betroffenen allein oder zusammen mit Angehörigen ganz oder teilweise bewohnt wird und nach seinem Tod von seinen Angehörigen bewohnt werden soll, stets außen vor zu lassen.

13   Zu beachten ist im Wortlaut des Abs. 1 die Formulierung **„von dem Betroffenen"**. Diese Regelung gilt also nur, wenn von dem Betroffenen selbst Gebühren erhoben werden. Werden anderen Personen Kosten in Betreuungssachen (§ 271 FamFG) auferlegt, gelten die Einschränkungen hinsichtlich des vorhandenen Reinvermögens nicht. In diesen Fällen ist die Gebührenerhebung ohne Berücksichtigung der Freigrenze vorzunehmen.

14   § 12 KostVfg erlaubt es dem Kostenbeamten, von Wertermittlungen im Rahmen von Vorbem. 1.1 Abs. 1 KV abzusehen, wenn nicht Anhaltspunkte dafür bestehen, dass das reine Vermögen des Fürsorgebedürftigen mehr als 25.000 € beträgt.

15   **2. Freigrenze auch bei unterbliebener Betreuerbestellung.** Abs. 1 der Vorbem. 1.1 KV hatte bis zum 18.12.2014 folgenden Wortlaut:

„(1) Bei einer Betreuung werden von dem Betroffenen Gebühren nach diesem Abschnitt nur erhoben, wenn sein Vermögen nach Abzug der Verbindlichkeiten mehr als 25.000 € beträgt; der in § 90 Abs. 2 Nr. 8 des Zwölften Buches Sozialgesetzbuch genannte Vermögenswert wird nicht mitgerechnet."

Mit Wirkung vom 19.12.2014 ist durch die Ersetzung der Wörter *„Bei einer Betreuung"* durch die Wörter *„In Betreuungssachen"* klargestellt worden,[4] dass Betroffene auch in den Fällen, in denen es nicht zur Bestellung eines Betreuers kommt und ihnen die Verfahrenskosten auferlegt werden (vgl § 27 Nr. 1), nur dann zur Zahlung der Gebühren (Nr. 11100 KV) herangezogen werden können, wenn ihr Vermögen nach Abzug der Verbindlichkeiten mehr als 25.000 € beträgt.[5] Aus der früheren Formulierung „Bei einer Betreuung" wurde nämlich teilweise der Schluss gezogen, dass die Freigrenze nur bei wirksamer Bestellung eines Be-

---

3 So auch BDS/*Sommerfeldt*, Vorbem. 1.1 KV Rn 3; Korintenberg/*Fackelmann*, Vorbem. 1.1 KV Rn 6.   **4** Art. 5 Nr. 3 Buchst. a des Gesetzes zur Durchführung des Haager Übereinkommens vom 30. Juni 2005 über Gerichtsstandsvereinbarungen sowie zur Änderung des Rechtspflegergesetzes, des Gerichts- und Notarkostengesetzes, des Altersteilzeitgesetzes und des Dritten Buches Sozialgesetzbuch v. 10.12.2014 (BGBl. I 2082, 2083).   **5** Vgl BT-Drucks 18/3068, S. 8.

treuers einschlägig ist. Betreuungssachen sind gem. § 271 Nr. 1 FamFG Verfahren zur Bestellung eines Betreuers, die auch ohne Betreuerbestellung enden können.

Für die gerichtlichen **Auslagen**, die infolge der Einholung von Sachverständigengutachten häufig deutlich höher sind als die Gebühren, galt dies nach Abs. 2 der Vorbem. 3.1 KV bereits ohnehin.[6] Denn dort wurden von vornherein die Wörter *„In Betreuungssachen"* verwendet. **16**

3. Vermögen. a) Allgemeines. Grundsätzlich bestimmt das Vermögen die Gebühren. Je nach dem Gegenstand des Verfahrens oder des Geschäfts nach § 3 Abs. 1 ist aber entweder das **volle** oder nur ein **Teil** des Vermögens maßgeblich, vgl Anm. Abs. 1 S. 2 zu Nr. 11101 KV (s. auch die Erl. dazu). **17**

b) Bewertung (Reinvermögen). Die Höhe des Reinvermögens des Betroffenen, also die Aktiva (Vermögen) unter Nichtberücksichtigung eines angemessenen Hausgrundstücks iSv § 90 Abs. 2 Nr. 8 SGB XII abzüglich der Passiva (Verbindlichkeiten), ist maßgeblich für die Berechnung der in Vorbem. 1.1 Abs. 1 KV geregelten Freigrenze iHv 25.000 €.[7] **18**

Sonstige Begünstigungen finden keine Anwendung, dh sonstige in anderen Gesetzen geregelte Schonungsregelungen o.Ä. sind nicht zu berücksichtigen.[8] Für die Berechnung des Vermögens ist das sozialhilferechtliche Schonvermögen (etwa nach § 90 Abs. 2 Nr. 1–7 und 9 SGB XII) ohne Bedeutung.[9] Der Begriff des Vermögens in Abs. 1 ist daher nicht in der Weise zu verstehen, dass weiteres sozialhilferechtliches Schonvermögen unangetastet bleiben muss.[10] Auch Abschlagszahlungen auf Schmerzensgeld sind deshalb zu berücksichtigen, weil als in Vorbem. 1.1 Abs. 1 KV konstitutiv geregelte Ausnahme nur ein angemessenes Hausgrundstück iSv § 90 Abs. 2 Nr. 8 SGB XII beim Vermögen nicht mitgerechnet wird.[11] **19**

Maßgebend für die Berechnung der Freigrenze nach Abs. 1 ist die Höhe des **reinen Vermögens** des Betroffenen (Vermögen = Aktiva – abzüglich der Verbindlichkeiten = Passiva).[12] Für die Ermittlung der Freigrenze nach Abs. 1 und auch für die Ermittlung des Werts nach Anm. Abs. 1 S. 1 zu Nr. 11101 KV ist nach dem eindeutigen Wortlaut nicht darauf abzustellen, ob das Vermögen dem Betroffenen uneingeschränkt zur Verfügung steht. Maßgeblich ist nur, ob der Betroffene Inhaber des Vermögens ist.[13] Es findet somit keine Unterscheidung zwischen **vinkuliertem** und freiem bzw **verfügbaren Vermögen** statt.[14] Es kommt daher nicht darauf an, ob es sich um vom Betroffenen ererbtes und einer **Testamentsvollstreckung** bzw einem **Nacherbenrecht** unterliegendes Vermögen handelt und es ist deshalb auch nicht geringer zu bewerten.[15] Als Vermögen ist deshalb auch ein Erbanteil zu berücksichtigen, der im Rahmen eines sog. **Behindertentestaments** mit einer Nacherbfolge und Testamentsvollstreckung (§§ 2211, 2214 BGB) beschwert ist.[16] Auch wenn das Vermögen einem **Nießbrauch** unterliegt, ist es mitzurechnen.[17] Unerheblich ist für den Gebührenansatz schließlich, ob das freie bzw verfügbare (Bar-)Vermögen des Betroffenen ausreicht, um die Gebührenforderung zu begleichen.[18] **20**

c) Aktiva. Der Begriff „Vermögen" ist gesetzlich nicht definiert. Die gängige **Definition** lautet: Vermögen ist „die Gesamtheit der einer Person zustehenden Güter und Rechte von wirtschaftlichem Wert. Dazu gehören vor allem das Eigentum an Grundstücken und beweglichen Sachen, Forderungen und sonstige Rechte, die geldwert sind; also Rechte, die normalerweise gegen Geld veräußert oder erworben werden oder einen in einem Geldwert ausdrückbaren wirtschaftlichen Nutzen gewähren. Das ist der Fall auch bei Immaterialgüterrechten und Mitgliedschaftsrechten, nicht aber bei reinen Persönlichkeitsrechten und persönlichen Familienrechten. Nicht zum Vermögen gehören weiter die Arbeitskraft, die beruflichen Kenntnisse, geschäftliche Erfahrungen und die bloßen Erwerbsaussichten".[19] **21**

Zum Vermögen gehören zB Bargeld, Bankguthaben und Sparguthaben,[20] Steuererstattungen,[21] Unterhaltsabfindungen, Schmerzensgeldzahlungen,[22] Hausratsgegenstände,[23] Wertpapiere, Bausparguthaben, Aktien- **22**

---

6 BT-Drucks 18/3068, S. 8. **7** OLG Hamm BtPrax 2015, 246 = FGPrax 2015, 278 = JurBüro 2016, 199. **8** Vgl OLG Hamm Rpfleger 1998, 541 (zu § 92 KostO). **9** Vgl OLG Hamm Rpfleger 1998, 541 (zu § 92 KostO); HK-FamGKG/*Volpert*, Vorbem. 1.3.1 KV Rn 23. **10** OLG Hamm BtPrax 2015, 246 = FGPrax 2015, 278 = JurBüro 2016, 199; OLG Hamm Rpfleger 1998, 541; vgl (noch zu § 92 KostO): OLG Hamm Rpfleger 1998, 541; OLG Köln 14.9.2009 – 2 Wx 66/09, juris. **11** OLG Hamm BtPrax 2015, 246 = FGPrax 2015, 278 = JurBüro 2016, 199; OLG Hamm Rpfleger 1998, 541; vgl OLG Hamm Rpfleger 1998, 541 (zu § 92 KostO). **12** OLG Hamm Rpfleger 1998, 541; BayObLG FamRZ 1997, 833 = Rpfleger 1997, 86. **13** OLG Hamm BtPrax 2015, 246 = FGPrax 2015, 278 = JurBüro 2016, 199. **14** OLG Hamm BtPrax 2015, 246 = FGPrax 2015, 278 = JurBüro 2016, 199; LG Köln NJW-Spezial 2015, 135; noch zu § 92 KostO: OLG Hamm Rpfleger 1998, 541; OLG Köln 14.9.2009 – 2 Wx 66/09, juris; BayObLG FamRZ 1997, 833 = Rpfleger 1997, 86; Korintenberg/*Fackelmann*, Vorbem. 1.1 KV Rn 12. **15** OLG Hamm BtPrax 2015, 246 = FGPrax 2015, 278 = JurBüro 2016, 199; OLG Hamm Rpfleger 1998, 541; OLG Köln 14.9.2009 – 2 Wx 66/09, juris; BayObLG FamRZ 1997, 833 = Rpfleger 1997, 86; OLG Hamm Rpfleger 1973, 451 = JurBüro 1974, 360; LG Koblenz 21.4.2005 – 2 T 174/05, FamRZ 2006, 138 (Ls.); Korintenberg/*Fackelmann*, Vorbem. 1.1 KV Rn 12. **16** OLG Hamm BtPrax 2015, 246 = FGPrax 2015, 278 = JurBüro 2016, 199; LG Köln NJW-Spezial 2015, 135. **17** Korintenberg/*Fackelmann*, Vorbem. 1.1 KV Rn 12. **18** LG Köln NJW-Spezial 2015, 135. **19** Vgl HK-FamGKG/*Volpert*, Vorbem. 1.3.1 KV Rn 23; OLG Hamm Rpfleger 1998, 541; Definition des Münchener Rechts-Lexikons, 1987, Band 3, S. 886. **20** OLG Hamm Rpfleger 1998, 541. **21** BVerwG NJW 1999, 3649. **22** OLG Hamm Rpfleger 1998, 541. **23** OLG Hamm Rpfleger 1998, 541.

und Fondsanteile, Forderungen, sonstige geldwerte Rechte, bewegliche Gegenstände bzw bewegliches Vermögen, Gesellschaftsanteile, Immobilien sowie dingliche Rechte an Grundstücken.[24]

23 Vermögensgegenstände im **Ausland** sind ebenfalls zu berücksichtigen. Es kommt nicht darauf an, ob diese Gegenstände frei bzw verfügbar sind (→ Rn 20).[25]

24 Einkommen des Betroffenen ist beim Vermögen insoweit zu berücksichtigen, als es angespart und dadurch zu Vermögen wird.[26] Dabei kommt es grds. nicht darauf an, aus welchem Einkommen angespart wird.

25 Bedingte Forderungen, Anwartschaften und rechtlich oder etwa hinsichtlich der Verwirklichung zweifelhafte Ansprüche sind nicht mit ihrem Nennwert, sondern mit ihrem nach § 36 Abs. 1 zu schätzenden wirtschaftlichen Wert (arg. e § 52 Abs. 6 S. 2), idR also mit einem Bruchteil, anzusetzen. Das gilt insb. für Nacherbenrechte. Ist der Betroffene (beschränkter) Vorerbe, ist das ererbte Vermögen dagegen in voller Höhe zu berücksichtigen.[27]

26 Die Bewertung der einzelnen Vermögensgegenstände erfolgt nach den **Bewertungsvorschriften der §§ 46 ff**.[28] Sachen und insb. Grundstücke sind daher nach § 46 und ggf § 48 bei land- und forstwirtschaftlichem Vermögen und GmbH-Geschäftsanteile und Kommanditbeteiligungen nach § 54 zu bewerten. Zu Einzelheiten wird auf die Erl. zu den §§ 46 ff verwiesen.

27 **d) Angemessenes Hausgrundstück, § 90 Abs. 2 Nr. 8 SGB XII (Abs. 1 Hs 2).** Bei den Aktiva des Vermögens des Betroffenen wird der in § 90 **Abs. 2 Nr. 8 des Zwölften Buches Sozialgesetzbuch (SGB XII)** genannte **Vermögenswert nicht mitgerechnet** (Abs. 1 Hs 2). Nach dem Gesetzeswortlaut ist dies „ein angemessenes Hausgrundstück, das von der nachfragenden Person oder einer anderen in den § 19 Abs. 1–3 [SGB XII] genannten Person allein oder zusammen mit Angehörigen ganz oder teilweise bewohnt wird und nach ihrem Tod von ihren Angehörigen bewohnt werden soll. Die Angemessenheit bestimmt sich nach der Zahl der Bewohner, dem Wohnbedarf (zB behinderter, blinder oder pflegebedürftiger Menschen), der Grundstücksgröße, der Hausgröße, dem Zuschnitt und der Ausstattung des Wohngebäudes sowie dem Wert des Grundstücks einschließlich des Wohngebäudes." Ein solches Hausgrundstück ist sozialhilferechtliches „Schonvermögen". Von dem Einsatz eines solchen Hausgrundstücks darf weder die Sozialhilfe noch nach § 115 Abs. 2 ZPO die Prozesskostenhilfe abhängig gemacht werden.

28 Zu dem **Hausgrundstück** iSv § 90 Abs. 2 Nr. 8 SGB XII zählen **Ein- und Mehrfamilienhäuser**, Häuser, die aufgrund eines **Erbbaurechts** errichtet sind, **Eigentumswohnungen** und zum Vermögen des Betreuten gehörende **Dauerwohnrechte**, die überwiegend Wohnzwecken dienen.[29] Ein Ferienhaus/Wochenendgrundstück, das vom Betroffenen oder einer anderen begünstigten Person nicht dauernd selbst bewohnt wird, ist daher beim Vermögen mitzurechnen.[30]

29 Das Hausgrundstück muss von dem Betroffenen selbst oder einer anderen in den § 19 Abs. 1–3 SGB XII genannten Person allein oder zusammen mit Angehörigen ganz oder teilweise bewohnt werden und soll nach seinem Tod von seinen Angehörigen bewohnt werden. Bei den in § 19 Abs. 1–3 SGB XII genannten Personen handelt es sich um nicht getrennt lebende Ehegatten oder Lebenspartner des Betreuten, minderjährige und unverheiratete Kinder des Betreuten und deren Eltern oder einem Elternteil.

30 Die **Angemessenheit** hängt nach dem klaren Wortlaut des § 90 Abs. 2 Nr. 8 SGB XII nicht allein von der Höhe des **Verkehrswerts** des Hausgrundstücks ab.[31] Damit ist gemeint, dass das selbstbewohnte angemessene Hausgrundstück zum Schonvermögen zählt, und zwar grds. unabhängig davon, welchen Verkehrswert es ausweist. Die Angemessenheit hängt ausweislich des Wortlauts des § 90 Abs. 2 Nr. 8 SGB XII vielmehr in erster Linie vom **Wohnbedarf der begünstigten Bewohner** ab. Weitere Kriterien sind Grundstücksgröße, Haus- bzw Wohnungsgröße, Haus- bzw Wohnungszuschnitt, Ausstattung des Wohngebäudes und Wert des Grundstücks (vgl § 90 Abs. 2 Nr. 8 SGB XII).

31 Anhaltspunkte für die Beurteilung der Angemessenheit können sich zB aus zu § 90 Abs. 2 Nr. 8 SGB XII ggf erlassenen Verwaltungsbestimmungen der Sozialbehörden sowie aus der Rspr des BSG zur Höhe der angemessenen Wohnfläche bei Bezug von Sozialleistungen ergeben.[32] Das BSG stellt für die Bestimmung der Angemessenheit auf die Wohnflächengrenzen des Zweiten Wohnungsbaugesetzes (Wohnungsbau- und Familienheimgesetz – II. WobauG) ab. Das II. WobauG ist zwar zum 1.1.2002 aufgehoben und durch das Gesetz über die soziale Wohnraumförderung (Wohnraumförderungsgesetz – WoFG)[33] ersetzt worden, das die Bestimmung der Grenzen für Wohnungsgrößen den Bundesländern überlässt. Die Berücksichtigung der von

---

24 Vgl OLG Hamm Rpfleger 1998, 541. **25** AA wohl Korintenberg/*Fackelmann*, Vorbem. 1.1 KV Rn 13 unter Hinweis auf KG JW *1935*, *3575*. **26** BDS/*Sommerfeldt*, Vorbem. 1.1 KV Rn 9. **27** BayObLG FamRZ 1997, 833 = Rpfleger 1997, 86; OLG Hamm Rpfleger 1973, 451 = JurBüro 1974. **28** Vgl OLG Hamm Rpfleger 1998, 541 (zu § 92 KostO). **29** Korintenberg/*Fackelmann*, Vorbem. 1.1 KV Rn 24; BDS/*Sommerfeldt*, Vorbem. 1.1 KV Rn 9. **30** BGH 19.1.2000 – XII ZB 202/99, juris. **31** OLG Brandenburg OLGR 2005, 966; krit. Korintenberg/*Fackelmann*, Vorbem. 1.1 KV Rn 25. **32** S. hierzu *Hille*, Rpfleger 2008, 114. **33** Wohnraumförderungsgesetz v. 13.9.2001 (BGBl. I 2376), zul. geänd. d. Art. 2 G v. 9.12.2010 (BGBl. I 1885).

einzelnen Bundesländern bestimmten Wohnflächenobergrenzen hält das BSG bei bundeseinheitlichen Leistungen aber nicht für vertretbar, so dass bei der Prüfung der Angemessenheit weiterhin auf das **II. WoBauG** abgestellt wird.[34] Danach ist zB eine Eigentumswohnung mit einer Größe von 120 qm bei vier Bewohnern als angemessen anzusehen. Bei weniger als vier Bewohnern verringert sich dieser Grenzwert grds. um 20 qm pro Person bis zu einer Mindestgröße von 80 qm. Bei einem Bewohner ist somit eine Wohnfläche von 80 qm als angemessen anzusehen.[35] Bei einem von vier Personen bewohnten Einfamilienhaus ist nach der Rspr des BSG grds. eine Wohnfläche von 130 qm als angemessen anzusehen.[36] Nach Auffassung des OLG Celle stellt ein Einfamilienhaus mit einer Wohnfläche von 140 qm für einen Dreipersonenhaushalt keinen angemessenen Wohnraum mehr dar.[37]

Diese Werte stellen aber lediglich eine **Richtschnur** und **keine starre Grenze** dar. Die Angemessenheit ergibt sich aus einer **zusammenfassenden Bewertung** der vorgenannten Kriterien; der unbestimmte Rechtsbegriff ist im Einzelfall auszufüllen. Die Entscheidung über die Angemessenheit ist also im **Einzelfall** zu treffen.[38]   **32**

Ist das Hausgrundstück **nicht mehr angemessen**, muss es der Betroffene im Hinblick auf **Sozial- und Prozesskostenhilfe** einsetzen, es also belasten oder durch ein angemessenes ersetzen. Im Rahmen der Ermittlung des Reinvermögens des Betroffenen ist das nicht mehr angemessene Hausgrundstück aber nicht mit dem vollen Wert, sondern nur mit dem Teil seines Werts zu berücksichtigen, der den eines im konkreten Fall unberücksichtigt bleibenden angemessenen Hausgrundstücks übersteigt.[39] Anders als im Sozialhilferecht[40] führt eine unangemessene Grundstücksgröße bei der Gebührenerhebung somit nicht dazu, dass der gesamte Wert des Grundstücks zu berücksichtigen ist (arg.: anderer Normzweck). Im Ergebnis **erhöht** die Regelung also bei Haus- und Wohnungseigentum den **allgemeinen Freibetrag** gemäß den Wohnbedürfnissen und den örtlichen Grundstückspreisen.[41]   **33**

Für die Bestimmung des Grundstückswerts besteht ein **Beweisaufnahmeverbot** (§ 46 Abs. 4), es erfolgt nur eine summarische Prüfung durch den Kostenbeamten, die aber auch ausreicht. Das ergibt sich auch aus § 12 KostVfg. Danach kann im Rahmen von Vorbem. 1.1 Abs. 1 KV von Wertermittlungen abgesehen werden, wenn nicht Anhaltspunkte dafür bestehen, dass das reine Vermögen des Fürsorgebedürftigen mehr als 25.000 € beträgt.   **34**

Die Feststellung des gem. § 90 Abs. 2 Nr. 8 SGB XII angemessenen Hausgrundstücks dient kostenrechtlichen Zwecken (Vorbem. 1.1 Abs. 1 KV, Anm. Abs. 1 S. 1 zu Nr. 11101 KV) und ist damit **Kostenansatz** nach § 18.[42] Die Feststellungslast trifft die Staatskasse, allerdings ist der Kostenschuldner zur Mitwirkung verpflichtet, soweit es sich um Tatsachen seiner Sphäre handelt (Familiengröße, Wohnbedürfnisse). Es gilt: im Zweifel für den Kostenschuldner, wenn er nicht hinreichend mitwirkt bei den in seiner Sphäre liegenden Tatsachen zu seinen Lasten (dazu auch → Nr. 11102 KV Rn 20).[43]   **35**

e) **Passiva.** Schulden bzw Verbindlichkeiten sind zwar gem. § 38 grds. bei der Ermittlung des Geschäftswerts nicht abzuziehen, es sei denn, es ist etwas anderes bestimmt. Das Schuldenabzugsverbot des § 38 gilt aber nicht für die Berechnung der in Abs. 1 geregelten Freigrenze. Das Vermögen bildet hier den Wert nach Abzug der Verbindlichkeiten. Das Reinvermögen kommt also durch einen Abzug der Schulden von den Aktiva zustande.   **36**

Auch die Passiva werden wie die Aktiva insb. nach §§ 46 ff bewertet.[44] Zahlungsverbindlichkeiten werden mit dem tatsächlichen Schuldbetrag berücksichtigt. Teilwerte können über § 36 bei bedingten oder unsicheren Verbindlichkeiten in Betracht kommen. Die für das Betreuungsverfahren zu erhebende Gebühr stellt keine abzugsfähige Verbindlichkeit dar. Verbindlichkeiten sind auch Verbindlichkeiten aus einem Nießbrauch.[45]   **37**

f) **Zeitpunkt der Bewertung.** Entscheidend für die Bewertung sowohl der **Aktiva** als auch der **Passiva** ist der Fälligkeitszeitpunkt der jeweiligen Gebühr. Für das Eingreifen der Freigrenze von 25.000 € ist also maßgeblich, ob diese zum Fälligkeitszeitpunkt der jeweils entstehenden Gebühr überschritten ist.[46] Zum Zeitpunkt der Fälligkeit der Gebühr bestehende Ansprüche oder Anwartschaften werden deshalb mitbewertet.[47]   **38**

---

34 BSG FamRZ 2007, 729; BSG NZS 2008, 263 = NZA 2007, 1270; vgl auch BSG NDV-RD 2009, 27; aA OLG Celle FamRZ 2009, 532 (Anwendung des WoFG). **35** BSG FamRZ 2007, 729. **36** BSG NZS 2008, 263 = NZA 2007, 1270. **37** OLG Celle FamRZ 2009, 532. **38** BDS/*Sommerfeldt*, Vorbem. 1.1 KV Rn 11. **39** Korintenberg/*Fackelmann*, Vorbem. 1.1 KV Rn 27; BDS/*Sommerfeldt*, Vorbem. 1.1 KV Rn 10; *Hille*, Rpfleger 2008, 114; vgl auch OLG Brandenburg OLGR 2005, 966. **40** LSG NRW 9.10.2007 – L 20 B 114/07 SO ER, juris. **41** So auch Korintenberg/*Fackelmann*, Vorbem. 1.1 KV Rn 27. **42** So auch Korintenberg/*Fackelmann*, Vorbem. 1.1 KV Rn 28. **43** So auch Korintenberg/*Fackelmann*, Vorbem. 1.1 KV Rn 28. **44** Vgl OLG Hamm Rpfleger 1998, 541 (zu § 92 KostO). **45** Korintenberg/*Fackelmann*, Vorbem. 1.1 KV Rn 31. **46** OLG Hamm Rpfleger 1998, 541; Korintenberg/*Fackelmann*, Vorbem. 1.1 KV Rn 33. **47** Korintenberg/*Fackelmann*, Vorbem. 1.1 KV Rn 33.

III. Bestellung eines Vertreters des Schiffseigentümers (Abs. 2)

39 Nach Abs. 2 der Vorbem. 1.1 KV sind für die Bestellung eines Vertreters des Schiffseigentümers nach § 42 Abs. 2 des Gesetzes über Rechte an eingetragenen Schiffen und Schiffsbauwerken (SchRG) die gleichen Gebühren wie für eine betreuungsgerichtliche Zuweisungssache nach § 340 Nr. 2 FamFG zu erheben.

40 Ein Vertreter ist nach § 42 Abs. 2 SchRG auf Antrag eines Gläubigers dann zu bestellen, wenn der Eigentümer weder einen Wohnsitz im Inland hat noch die Bestellung eines inländischen Bevollmächtigten dem Gläubiger angezeigt hat. Der Gläubiger kann sodann gegenüber dem Vertreter kündigen. Das gilt auch, wenn die Voraussetzungen der öffentlichen Zustellung gem. § 132 Abs. 2 BGB erfüllt sind.

41 Die wirksame Bestellung bzw Bewilligung löst den Gebührentatbestand aus. In der ersten Instanz fällt die Gebühr Nr. 11100 KV und in den Rechtsmittelinstanzen fallen die Gebühren nach Nr. 11200–11400 KV an. Der Geschäftswert richtet sich nach § 36 Abs. 2.[48]

Abschnitt 1
Verfahren vor dem Betreuungsgericht

Nr.	Gebührentatbestand	Gebühr oder Satz der Gebühr nach § 34 GNotKG – Tabelle A
Vorbemerkung 1.1.1: Dieser Abschnitt ist auch anzuwenden, wenn ein vorläufiger Betreuer bestellt worden ist.		

I. Regelungszweck

1 Vorbem. 1.1.1 KV ist zum 19.12.2014 eingefügt worden.[1] Durch die Regelung soll insb. klargestellt werden, dass bei der Bestellung eines vorläufigen Betreuers im Wege der **einstweiligen Anordnung** (§ 300 FamFG; dazu auch → Vorbem. 1 KV Rn 6 f) dieselben Gebühren entstehen wie bei einer Betreuerbestellung im Hauptsacheverfahren (Nr. 11101 ff KV).

II. Einstweilige Anordnung

2 **1. Bestellung eines vorläufigen Betreuers, § 300 Abs. 1 FamFG. a) Erste Instanz.** Wird durch eine einstweilige Anordnung vorläufig ein Betreuer bestellt (§ 300 Abs. 1 FamFG), entsteht für das Verfahren der einstweiligen Anordnung keine Gebühr nach Nr. 16110 KV.[2] Das ergibt sich aus Anm. Abs. 2 S. 1 zu Nr. 16110 KV, die ebenfalls zum 19.12.2014 neu gefasst worden ist.[3] Danach entsteht die Gebühr Nr. 16110 KV nicht, wenn das Verfahren der einstweiligen Anordnung mit der Bestellung eines vorläufigen Betreuers endet.

3 Vielmehr fallen im Fall der Bestellung eines vorläufigen Betreuers durch einstweilige Anordnung daran anschließend dieselben Gebühren an wie bei einer Betreuerbestellung im Hauptsacheverfahren (Nr. 11101 ff KV). Denn nach Anm. Abs. 2 S. 2 zu Nr. 16110 KV entstehen in diesem Fall Gebühren nach Hauptabschnitt 1 Abschnitt 1 wie nach der Bestellung eines nicht nur vorläufigen Betreuers.[4] Die Anwendung der Nr. 11101 ff KV im Fall der Bestellung eines vorläufigen Betreuers steht nicht im Widerspruch zu Vorbem. 1 Abs. 1 KV, da diese Gebühren nicht für das Verfahren der einstweiligen Anordnung anfallen, sondern für die sich daran anschließende Betreuung.[5] Die Gebühren werden aber von dem Betroffenen nur erhoben, wenn die in Vorbem. 1.1 Abs. 1 KV geregelte **Freigrenze** von 25.000 € überschritten wird.

4 Geht die im Verfahren der einstweiligen Anordnung angeordnete vorläufige Betreuung in eine **endgültige Betreuung** über, handelt es sich um ein einheitliches Verfahren, Anm. Abs. 2 S. 2 zu Nr. 11101 KV. Insgesamt wird deshalb nur einmal eine Gebühr nach Nr. 11101 ff KV erhoben. Unerheblich ist, ob ein **Wechsel** in der Person des Betreuers eintritt.[6]

48 Korintenberg/*Fackelmann*, Vorbem. 1.1 KV Rn 38; BDS/*Sommerfeldt*, Vorbem. 1.1 KV Rn 14. **1** Art. 5 Nr. 3 Buchst. b des Gesetzes zur Durchführung des Haager Übereinkommens vom 30. Juni 2005 über Gerichtsstandvereinbarungen sowie zur Änderung des Rechtspflegergesetzes, des Gerichts- und Notarkostengesetzes, des Altersteilzeitgesetzes und des Dritten Buches Sozialgesetzbuch v. 10.12.2014 (BGBl. I 2082, 2083). **2** *Felix*, JurBüro 2016, 227; vgl BT-Drucks 18/3068, S. 8. **3** Art. 5 Nr. 3 Buchst. e des Gesetzes zur Durchführung des Haager Übereinkommens vom 30. Juni 2005 über Gerichtsstandvereinbarungen sowie zur Änderung des Rechtspflegergesetzes, des Gerichts- und Notarkostengesetzes, des Altersteilzeitgesetzes und des Dritten Buches Sozialgesetzbuch v. 10.12.2014 (BGBl. I 2082, 2083). **4** *Felix*, JurBüro 2016, 227; vgl BT-Drucks 18/3068, S. 8. **5** Vgl BT-Drucks 18/3068, S. 8. **6** *Felix*, JurBüro 2016, 227; vgl BT-Drucks 18/3068, S. 8.

Gemäß § 302 S. 1 FamFG tritt eine einstweilige Anordnung, sofern das Gericht keinen früheren Zeitpunkt   5
bestimmt, nach sechs Monaten außer Kraft. Kommt es daher nach einer vorläufigen Betreuerbestellung zu
einer **weiteren vorläufigen Betreuerbestellung**, weil die zuvor erlassene einstweilige Anordnung aufgrund
Fristablaufs außer Kraft getreten ist, ist nicht ausdrücklich geregelt, ob die Gebühren nach Nr. 11101 ff KV
dann erneut entstehen. Die Regelung des § 55 Abs. 1 (einmalige Erhebung der Gebühren) hilft insoweit
nicht weiter, weil dort nur bestimmt wird, dass die Gebühr für das Verfahren im Allgemeinen und die Gebühr für eine Entscheidung oder die Vornahme einer Handlung in jedem Rechtszug hinsichtlich eines jeden
Teils des Verfahrensgegenstands nur einmal erhoben werden. Für die in Nr. 11101 ff KV geregelten Jahresgebühren fehlt eine Regelung. Allerdings wird in den Motiven des Gesetzgebers zu den Änderungen des
GNotKG zum 19.12.2014[7] davon ausgegangen, dass auch die **Verlängerung der Bestellung** des vorläufigen
Betreuers gem. § 302 FamFG ebenfalls keine neue Gebühr auslöst, da es sich auch nach der Verlängerung
noch um dieselbe Dauerbetreuung handelt.[8]

b) Beschwerdeverfahren. Wird im Verfahren der einstweiligen Anordnung aber **Beschwerde** gegen die Ent-   6
scheidung über die Bestellung eines vorläufigen Betreuers eingelegt, richten sich die Gebühren für das Beschwerdeverfahren nach Teil 1 Hauptabschnitt 6 Abschnitt 1 Unterabschnitt 2 KV (Nr. 16120–16124 KV).
Gebühren nach Teil 1 Hauptabschnitt 1 Abschnitt 2 KV kommen nämlich nur dann in Betracht, wenn die
Betreuerbestellung im Hauptsacheverfahren erfolgt.[9]

c) Kostenschuldner. Die Kostenhaftung richtet sich nach § 23 Nr. 1. Die bei der Bestellung eines vorläufi-   7
gen Betreuers durch einstweilige Anordnung anfallenden Gebühren nach Nr. 11101 ff KV schuldet gem.
§ 23 Nr. 1 auch dann der Betroffene, wenn lediglich ein vorläufiger Betreuer bestellt worden ist. § 23 Nr. 1
ist ebenfalls zum 19.12.2014 geändert worden. Die Änderung war erforderlich, weil sich zuvor weder aus
§ 22 (Verfahren, die nur auf Antrag eingeleitet werden) noch aus § 23 Nr. 1 ein Kostenschuldner für diese
Gebühr ergeben hat. Ein Kostenschuldner war daher in diesen Fällen nur dann vorhanden, wenn eine Kostenauferlegung gem. § 27 Nr. 1 erfolgte. Dazu kam es aber im Regelfall nicht.

d) Wert. Der Wert bestimmt sich nicht nach § 62 (einstweilige Anordnung), weil Gebühren nach   8
Nr. 11101 ff KV erhoben werden.[10]

2. Entlassung eines Betreuers durch einstweilige Anordnung, § 300 Abs. 2 FamFG. Das Gericht kann gem.   9
§ 300 Abs. 2 FamFG durch einstweilige Anordnung einen Betreuer entlassen, wenn dringende Gründe für
die Annahme bestehen, dass die Voraussetzungen für die Entlassung vorliegen und ein dringendes Bedürfnis
für ein sofortiges Tätigwerden besteht. Anm. Abs. 1 zu Nr. 16110 KV stellt klar, dass für diese einstweilige
Anordnung keine Gebühr Nr. 16110 KV entsteht. Denn diese entsteht nicht für Verfahren, die in den Rahmen einer bestehenden Betreuung fallen, auch wenn nur ein vorläufiger Betreuer bestellt ist.

3. Keine Betreuerbestellung im Verfahren der einstweiligen Anordnung. Bei einer Beendigung des Verfah-   10
ren auf Erlass der einstweiligen Anordnung (§ 300 FamFG) ohne vorläufige Betreuerbestellung fällt eine
0,3-Verfahrensgebühr nach Nr. 16110 KV an.[11] Der Betroffene ist hier allerdings nicht Kostenschuldner
nach § 23 Nr. 1, weil kein vorläufiger Betreuer bestellt worden ist. Ein Kostenschuldner ist hier daher nur
bei einer gerichtlichen Kostenauferlegung vorhanden (§ 81 Abs. 2 FamFG, § 27 Nr. 1).

Werden dem Betroffenen die Kosten auferlegt, kann die Gebühr Nr. 16110 KV aber nur erhoben werden,   11
wenn sein Reinvermögen die Freigrenze iHv 25.000 € übersteigt. Denn nach Vorbem. 1.6.1 KV[12] werden in
Betreuungssachen von dem Betroffenen Gebühren nur unter den in Vorbem. 1.1 Abs. 1 KV genannten Voraussetzungen erhoben.

Der Wert bestimmt sich nach § 62.[13]   12

---

7 Art. 5 des Gesetzes zur Durchführung des Haager Übereinkommens vom 30. Juni 2005 über Gerichtsstandvereinbarungen sowie zur Änderung des Rechtspflegergesetzes, des Gerichts- und Notarkostengesetzes, des Altersteilzeitgesetzes und des Dritten
Buches Sozialgesetzbuch v. 10.12.2014 (BGBl. I 2082, 2083). **8** Vgl BT-Drucks 18/3068, S. 8; so auch *Felix*, JurBüro 2016, 227;
BDS/*Sommerfeldt*, Vorbem. 1.1.1 KV Rn 3. **9** Vgl BT-Drucks 18/3068, S. 8; *Felix*, JurBüro 2016, 227; BDS/*Sommerfeldt*, Vorbem. 1.1.1 KV Rn 4. **10** BT-Drucks 18/3068, S. 8. **11** LG Düsseldorf 10.5.2016 – 25 T 183/16, nv. **12** Eingefügt mWz
19.12.2014 durch Art. 5 Nr. 3 Buchst. d des Gesetzes zur Durchführung des Haager Übereinkommens vom 30. Juni 2005 über
Gerichtsstandvereinbarungen sowie zur Änderung des Rechtspflegergesetzes, des Gerichts- und Notarkostengesetzes, des Altersteilzeitgesetzes und des Dritten Buches Sozialgesetzbuch v. 10.12.2014 (BGBl. I 2082, 2083). **13** LG Düsseldorf 10.5.2016 – 25
T 183/16, nv.

Nr.	Gebührentatbestand	Gebühr oder Satz der Gebühr nach § 34 GNotKG – Tabelle A
11100	Verfahren im Allgemeinen	0,5
	Die Gebühr entsteht nicht für Verfahren,	
	1. die in den Rahmen einer bestehenden Betreuung oder Pflegschaft fallen,	
	2. für die die Gebühr 11103 oder 11105 entsteht oder	
	3. die mit der Bestellung eines Betreuers oder der Anordnung einer Pflegschaft enden.	

I. Allgemeines

1   Auch hinsichtlich der Verfahren vor den Betreuungsgerichten sind die Gerichtsgebühren als Verfahrensgebühren (Gebühr für das Verfahren im Allgemeinen) ausgestaltet. Nr. 11100 KV regelt die Verfahrensgebühr für allgemeine Verfahren in Betreuungssachen (§ 271 FamFG) und in betreuungsgerichtlichen Zuweisungssachen (§ 340 FamFG). Der Gebührensatz beträgt 0,5.

2   Die **Anm.** zu Nr. 11100 KV enthält Einschränkungen. So fällt keine allgemeine Verfahrensgebühr nach Nr. 11100 KV, sondern nach anderen Vorschriften des Hauptabschnitts 1 des Teils 2 KV an:
- nach **Anm. Nr. 1**, wenn das Verfahren über eine Einzelmaßnahme in den Rahmen einer bestehenden Dauerbetreuung oder Pflegschaft fällt;
- nach **Anm. Nr. 2**, wenn für das Verfahren eine eigene Verfahrensgebühr nach Nr. 11103 KV oder Nr. 11105 KV entsteht;
- nach **Anm. Nr. 3**, wenn die Maßnahme mit der Bestellung eines Betreuers oder der Anordnung einer Pflegschaft endet.

II. Anwendungsbereich

3   **1. Betreuungssachen, § 271 FamFG.** Das Verfahren in Betreuungssachen ist in Abschnitt 1 von Buch 3 des FamFG in §§ 271–311 FamFG geregelt. Dabei definiert **§ 271 FamFG** den Begriff der Betreuungssachen. Betreuungssachen sind danach:
- Verfahren zur Bestellung eines Betreuers und zur Aufhebung der Betreuung (§ 271 Nr. 1 FamFG);
- Verfahren zur Anordnung eines Einwilligungsvorbehalts (§ 271 Nr. 2 FamFG);
- sonstige Verfahren, die die rechtliche Betreuung eines Volljährigen (§§ 1896–1908 i BGB) betreffen, soweit es sich nicht um eine Unterbringungssache handelt (§ 271 Nr. 3 FamFG).

4   Eingeleitet werden Betreuungssachen von Antrag des Betroffenen oder von Amts wegen, was sich aus dem Wortlaut des § 1896 Abs. 1 S. 1 BGB ergibt („auf seinen Antrag oder von Amts wegen").

5   Aus dem materiellen Recht des § 1896 Abs. 1 S. 1 BGB folgt, dass Betreuungssachen nur volljährige Personen betreffen. § 1908 a BGB macht davon eine eng begrenzte Ausnahme bzgl Personen ab 17 Jahren.

6   **§ 271 Nr. 1 FamFG** (Verfahren zur Bestellung eines Betreuers und zur Aufhebung der Betreuung) erfasst die erstmalige Betreuerbestellung sowie alle Verfahren zur Entscheidung über Umfang, Inhalt oder Bestand der Betreuerbestellung (vgl § 274 Abs. 3 Nr. 1 und 2 FamFG). Das bedeutet, dass darunter die Erweiterung des Aufgabenkreises des Betreuers (§ 293 FamFG), die Aufhebung oder Einschränkung des Aufgabenkreises (§ 294 FamFG) oder die Verlängerung der Betreuung (§ 296 FamFG) fallen kann.[1]

7   Von **§ 271 Nr. 2 FamFG** (Verfahren zur Anordnung eines Einwilligungsvorbehalts) erfasst sind die Anordnung, Erweiterung, Einschränkung oder Aufhebung der Anordnung eines Einwilligungsvorbehalts nach § 1903 BGB sowie die Folgeverfahren nach den §§ 294 und 295 FamFG.[2]

8   Sonstige Verfahren nach **§ 271 Nr. 3 FamFG** sind die Verfahren, die Gegenstand der in §§ 1896–1908 i BGB getroffenen betreuungsrechtlichen Regelungen sind, also auf Ersuchen um Genehmigung von Rechtsgeschäften oder rechtsgeschäftsähnlichen Willenserklärungen eines Betreuers oder Bevollmächtigten hinsichtlich Genehmigungsvorbehalten aus dem materiellen Betreuungsrecht. Auch dazu gehört das Verfahren auf Festsetzung von Aufwendungsersatz und Vergütung des bestellten Betreuers nach §§ 292 Abs. 1, 168 FamFG.[3]

---

1 Keidel/*Budde*, FamFG, § 271 Rn 2. 2 Keidel/*Budde*, FamFG, § 271 Rn 3. 3 Keidel/*Budde*, FamFG, § 271 Rn 4.

Demgegenüber handelt es sich bei Genehmigungsverfahren hinsichtlich Genehmigungsvorbehalten, die nicht zum materiellen Betreuungsrecht gehören, um betreuungsrechtliche Zuweisungssachen iSv § 340 FamFG. **9**

2. Betreuungsgerichtliche Zuweisungssachen, § 340 FamFG. Betreuungsgerichtliche Zuweisungssachen sind in § 340 FamFG definiert als: **10**

- Verfahren, die die Pflegschaft mit Ausnahme der Pflegschaft für Minderjährige oder eine Leibesfrucht betreffen (§ 340 Nr. 1 FamFG);
- Verfahren, die die gerichtliche Bestellung eines sonstigen Vertreters für einen Volljährigen betreffen (§ 340 Nr. 2 FamFG);
- sonstige dem Betreuungsgericht zugewiesene Verfahren (§ 340 Nr. 3 FamFG).

Von § 340 Nr. 1 FamFG sind aufgrund der ausdrücklich ausgenommenen Pflegschaften für Minderjährige oder eine Leibesfrucht (für die das Familiengericht zuständig ist) und aufgrund der Bestellung eines Ergänzungsbetreuers nach § 1899 Abs. 4 BGB im betreuungsrechtlichen Verfahren die Abwesenheitspflegschaft nach § 1911 BGB, die Pflegschaft für unbekannte Beteiligte nach § 1913 BGB, die Pflegschaft für gesammeltes Vermögen nach § 1914 BGB und die Pflegschaft nach § 17 SachenRBerG erfasst.[4] **11**

§ 340 Nr. 2 FamFG erfasst Verfahren der Bestellung eines gesetzlichen Vertreters für einen Volljährigen, der nicht Pfleger oder Betreuer ist. Gemeint sind damit Fälle in Verfahren, in denen für einen abwesenden oder an der Besorgung seiner Angelegenheiten verhinderten Beteiligten ein Vertreter bestellt wird.[5] Die Terminologie ist uneinheitlich. Teilweise wird die bestellte Person „Vertreter", teilweise „Pfleger" genannt. Die betreffenden Rechtsgrundlagen sind bspw § 1141 Abs. 2 BGB und § 42 Abs. 2 SchRG (vgl Vorbem. 1.1 Abs. 2 KV), § 16 Abs. 1 VwVfG und die inhaltsgleichen Landesgesetze, § 81 AO, § 15 Abs. 1 SGB X, § 207 BauGB, § 119 FlurbG, § 29 a LandbeschG, § 96 GBO.[6] Die Zuständigkeit erstreckt sich auch auf Folgeentscheidungen, die im Zusammenhang mit der Vertreterbestellung stehen.[7] **12**

Von § 340 Nr. 3 FamFG erfasst werden in Einzelvorschriften zu findende Zuweisungen, wie zB die Genehmigungserfordernisse der §§ 1484 Abs. 2 S. 3, 1491 Abs. 3 S. 2, 1492 Abs. 3 S. 2, 2282 Abs. 2, 2290 Abs. 3, 2357 Abs. 1 S. 2, 2351 BGB oder die Aufgaben des Betreuungsgerichts nach § 6 ErwSÜAG.[8] **13**

III. Zu den einzelnen Tatbeständen der Anmerkung

1. Zusammentreffen von Einzel- und Dauerbetreuung bzw Einzel- und Dauerpflegschaft (Anm. Nr. 1). Die Gebühr Nr. 11100 KV entsteht nach Nr. 1 der Anm. nicht, wenn für den Betroffenen eine Dauer-Fürsorgemaßnahme (Nr. 11101, 11102 oder 11104 KV) besteht. Dabei wird eine Identität der Maßnahmen nicht vorausgesetzt. **14**

Beispiel: Die Bestellung eines Betreuers für eine einzelne Angelegenheit wird während einer laufenden Dauerbetreuung erforderlich, weil für den sonst umfassend zuständigen Betreuer in dieser Hinsicht ein Vertretungsverbot gem. §§ 1795 Abs. 1, 1908 i Abs. 1 S. 1 BGB besteht. **15**

Dauer- und Einzelmaßnahme müssen sich aber auf **denselben Gegenstand** beziehen. Im Gesetz ist im Einleitungssatz der Anm. zu Nr. 11100 KV zwar die Gebührenfreiheit von „Verfahren" angeordnet, allerdings müssen diese Verfahren – im Übrigen wie bei Nr. 1310 KV FamGKG – „in den Rahmen" einer bestehenden Betreuung oder Pflegschaft fallen, sich also auf denselben Gegenstand beziehen.[9] **16**

Eine **gleichzeitige Anordnung** ist aber **nicht Voraussetzung**. Unterbleibt die Anordnung aber trotz Vorliegens der Voraussetzungen, wird die Gebühr erhoben, weil die Abgeltung nicht zustande gekommen und damit der Zweck der Norm nicht erreicht ist. **17**

2. Entstehung von Verfahrensgebühren für Betreuung oder Pflegschaft für einzelne Rechtshandlungen (Anm. Nr. 2). Die Gebühr Nr. 11100 KV entsteht weiter nicht für Verfahren, für die eine eigene Verfahrensgebühr nach Nr. 11103 KV (Verfahrensgebühr bei Betreuung für einzelne Rechtshandlungen) oder nach Nr. 11105 KV (Verfahrensgebühr bei Pflegschaft für einzelne Rechtshandlungen) entsteht. **18**

Das gilt auch dann, wenn ein Verfahren zur Bestellung eines Betreuers für einzelne Rechtshandlungen oder über die Anordnung einer Pflegschaft für einzelne Rechtshandlungen eingeleitet wird und das Verfahren **ohne Bestellung** eines Betreuers oder ohne die Anordnung einer Pflegschaft **endet**. Auch in diesen Fällen bestimmt sich die Verfahrensgebühr nach Nr. 11103 KV oder Nr. 11105 KV.[10] **19**

3. Verfahren endet mit Bestellung eines Betreuers oder Anordnung einer Pflegschaft (Anm. Nr. 3). Die Gebühr Nr. 11100 KV entsteht schließlich nicht bei Verfahren, die mit der Bestellung eines Betreuers oder An- **20**

---

4 Keidel/*Budde*, FamFG, § 340 Rn 2. **5** Keidel/*Budde*, FamFG, § 340 Rn 3. **6** Keidel/*Budde*, FamFG, § 341 Rn 3. **7** BT-Drucks 16/6308, S. 276; Keidel/*Budde*, FamFG, § 340 Rn 3. **8** Keidel/*Budde*, FamFG, § 340 Rn 4. **9** So zu Nr. 1310 KV FamGKG: HK-FamGKG/*Volpert*, Nr. 1310 KV Rn 64. **10** BT-Drucks 17/11471, S. 195; BDS/*Sommerfeldt*, Nr. 11100 KV Rn 7.

ordnung einer Pflegschaft enden (Anm. Nr. 3). Demnach entsteht die Gebühr nur dann, wenn ein Verfahren zur Bestellung eines Betreuers oder der Anordnung einer Pflegschaft jeweils im Rahmen einer Dauerbetreuung oder Dauerpflegschaft eingeleitet wird, dieses Verfahren aber nicht mit der Bestellung eines Betreuers oder der Anordnung einer Pflegschaft endet. Da das Verfahren zur Betreuerbestellung bzw zur Anordnung der Pflegschaft nicht nur auf Antrag eingeleitet wird, bestimmt sich der Kostenschuldner der Gebühr Nr. 11100 nach § 27 Nr. 1. Das bedeutet, dass das Gericht eine entsprechende Kostenentscheidung treffen muss.

21 **4. Einstweilige Anordnung zur Bestellung eines vorläufigen Betreuers.** Im Verfahren der einstweiligen Anordnung (§§ 300, 301 FamFG) gilt Nr. 11100 KV nicht. Endet ein Verfahren auf Erlass einer einstweiligen Anordnung nicht mit der Bestellung eines **vorläufigen Betreuers**, fällt die Gebühr Nr. 16110 KV an. Auf die Erl. in → Vorbem. 1.1.1 KV Rn 10 ff wird verwiesen.

IV. Verfahrensgebühr

22 **1. Ermittlung des Geschäftswerts.** Der Geschäftswert, aus dem die Gebühr Nr. 11100 KV zu berechnen ist, bestimmt sich mangels spezieller Geschäftswertvorschrift nach der allgemeinen Bestimmung des § 36 Abs. 1. Maßgeblicher Zeitpunkt der Wertberechnung ist gem. § 59 bei Antragsverfahren der Zeitpunkt der Antragstellung. Bei Einleitung des Verfahrens von Amts wegen ist maßgeblicher Fälligkeitszeitpunkt nach §§ 59, 8 Anordnung bzw Beginn des Kalenderjahres.

23 **2. Abgeltungsbereich der Gebühr/Pauschgebühr.** Die als Wertgebühr (§ 34) ausgestaltete 0,5-Verfahrensgebühr Nr. 11100 KV entsteht als **Pauschgebühr** für das Verfahren im Allgemeinen.[11] Sie wird daher nicht für besondere Handlungen eines Beteiligten, Tätigkeiten oder Entscheidungen des Gerichts, sondern für den Ablauf des gerichtlichen Verfahrens erhoben, der die Gebühr immer wieder neu erwachsen lässt. Deshalb erscheint es zutreffend, davon auszugehen, dass die Gebühr im Laufe des Verfahrens immer wieder neu entsteht und so jeweils den höchsten Wert des Verfahrens berücksichtigt.[12]

24 Durch den Gebührensatz von 0,5 wird die gesamte Tätigkeit des Betreuungsgerichts im Verfahren vom Eingang des Antrags bzw der Anregung zum Tätigwerden oder der Aufnahme des Verfahrens von Amts wegen bis zum Abschluss des Rechtszugs abgegolten. Abgegolten ist daher insb. die Endentscheidung (§ 38 Abs. 1 S. 1 FamFG). Abgegolten ist aber auch der beim Gericht entstehende Aufwand, zB der Schriftverkehr mit den Beteiligten, die Bestimmung und Abhaltung von Terminen, die Überwachung von Fristen, alle Zwischen- und Nebenentscheidungen des Gerichts, Tätigkeiten im Hinblick auf eine beantragte VKH, eine Wertfestsetzung (§ 79), der Kostenansatz (§ 18), die Festsetzung der Vergütung der im Wege der VKH beigeordneten Rechtsanwälte (§ 55 RVG) sowie die entsprechenden Rechtsmittelverfahren (s. §§ 81 ff, § 56 Abs. 2 S. 2 RVG).

25 Die Gebühr entsteht **unabhängig vom Verfahrensausgang.** Ausnahmen davon regeln die Einschränkungen in Anm. Nr. 1–3. Zusätzliche Gebühren entstehen nicht, auch wenn im laufenden Verfahren bspw Genehmigungen zu erteilen sind bzw deren Ersetzung durch das Gericht vorzunehmen ist. Als allgemeine Verfahrensgebühr entsteht diese Gebühr für den Ablauf des Verfahrens.

26 Zum Verfahren auf Erlass einer **einstweiligen Anordnung** neben der Hauptsache s. Vorbem. 1 Abs. 1 KV und Vorbem. 1.1.1 KV und die entsprechenden Erl. hierzu.

27 Neben der Gebühr Nr. 11100 KV kommt die gesonderte Entstehung einer Gebühr nach Nr. 16110 KV in Betracht, weil beide Gebühren voraussetzen, dass es keine Betreuerbestellung bzw Anordnung einer Pflegschaft gibt.

28 **3. Entstehung der Gebühr.** Es ist zwischen Antragsverfahren und von Amts wegen eingeleiteten Verfahren zu unterscheiden:

- Die Verfahrensgebühr Nr. 11100 KV entsteht bei **Antragsverfahren** im Zeitpunkt des Eingangs bzw Einreichung eines unbedingt wirksamen Antrags bei Gericht. Weitere gerichtliche Handlungen sind in diesen Fällen nicht erforderlich. Der Antrag dürfte **unterschrieben** sein müssen. Ein nicht unterschriebener Antrag löst die Gebühr nicht aus.[13] Denn dann liegt nur ein Entwurf vor, der nicht erkennen lässt, ob er für den Rechtsverkehr bestimmt ist. Auch ein Stempelabdruck „gez." ersetzt die erforderliche Unterschrift nicht.[14] Unerheblich ist, ob der Antrag zulässig bzw begründet ist.[15] Die Gebühr entsteht da-

11 Vgl BGH NJW 2013, 2824 = AGS 2013, 433. **12** Vgl hierzu BVerwG NJW 1960, 1973; BGH NJW 2013, 2824 = AGS 2013, 433; KG AGS 2012, 531; KG 10.5.2010 – 1 W 443/09, juris; OLG Hamburg OLGR Hamburg 2006, 533; OLG Schleswig JurBüro 1996, 204 (für die Verfahrensgebühr im Berufungsverfahren); vgl auch OLG Stuttgart AGS 2015, 518 = MDR 2015, 1103 = RVGreport 2016, 80; abl. OLG Koblenz JurBüro 2013, 213 = NJW-RR 2013, 717. **13** OLG Stuttgart FamRZ 2011, 1324 = JurBüro 2011, 309. **14** OLG Stuttgart FamRZ 2011, 1324 = JurBüro 2011, 309. **15** OLG Celle AGS 2009, 341; OLG Stuttgart FamRZ 2011, 1324 = JurBüro 2011, 309 = RVGreport 2011, 352 m. zust. Anm. *Hansens*.

her zB auch dann, wenn die in §§ 63 ff FamFG enthaltenen Form- und Fristvorschriften nicht beachtet werden.

- Vom Antrag zu unterscheiden ist eine **Anregung** zur Einleitung eines Verfahrens, vgl § 24 Abs. 1 FamFG: Hier liegt kein Antrag vor; der Eingang der Anregung bei Gericht hat folglich noch nicht die Entstehung der Verfahrensgebühr zur Folge. Erforderlich ist noch die Verfahrenseinleitung durch das Gericht.[16]
- Bei **Amtsverfahren** kommt als Zeitpunkt der Entstehung der Gebühr mangels Antrag nur die Verfahrenseinleitung durch das Gericht in Betracht. Die Anregung eines Dritten ist auch in Amtsverfahren ohne Bedeutung, da es allein in der Entscheidung des Gerichts liegt, ob es ein Verfahren einleitet, vgl § 24 Abs. 2 FamFG.

Nach Entstehung der Verfahrensgebühr ist ein Wegfall nicht mehr möglich, sie entsteht **unabhängig vom Verfahrensausgang.** Auch gibt es keinen Ermäßigungstatbestand, zB bei Beendigung des Verfahrens durch Rücknahme des Antrags. 29

Ein Antrag muss **unbedingt** gestellt worden sein. Bei der **gleichzeitigen Einreichung eines VKH-Antrags** ist maßgeblich, was der Antragsteller will: Wurde der Antrag unabhängig von der VKH gestellt, entsteht die Gebühr. Wurde der Antrag zunächst nicht gestellt, sondern nur der VKH-Antrag, entsteht keine Gebühr. Wurde der Antrag eindeutig gestellt mit der Bedingung, dass der VKH-Antrag Erfolg haben werde, fehlt es an einer unbedingten Antragstellung und es entsteht keine Gebühr. Wird der Antrag unbedingt gestellt, aber unter dem Vorbehalt der Rücknahme des Antrags für den Fall der Ablehnung von VKH, entsteht die Gebühr Nr. 11100 KV. 30

4. Fälligkeit der Gebühr. Die Gebühr Nr. 11100 KV wird nach Maßgabe des § 9 Abs. 1 fällig, idR also mit der unbedingten Entscheidung über die Kosten gem. § 9 Abs. 1 Nr. 1 oder der anderweitigen Erledigung des Verfahrens. 31

5. Kostenschuldner. Der Kostenschuldner bestimmt sich nach § 22 Abs. 1 bei Einleitung des Verfahrens auf Antrag. Danach ist der Antragsteller Kostenschuldner. 32

Ist das Verfahren von Amts wegen eingeleitet worden, kommt als Kostenschuldner aufgrund der Nichtanwendbarkeit des § 23 Nr. 1 (kraft ausdrücklicher Regelung nur bzgl der Gebühren Nr. 11101–11105 KV anwendbar; es muss ein Betreuer oder vorläufiger Betreuer bestellt oder eine Pflegschaft angeordnet worden sein) idR die Person in Betracht, der nach § 27 Nr. 1 die Kosten durch das Gericht auferlegt wurden, der sog. Entscheidungsschuldner. Ist eine Kostenentscheidung des Gerichts unterblieben, ist für die Verfahrensgebühr Nr. 11100 KV möglicherweise kein Kostenschuldner vorhanden.[17] 33

Handelt es sich um eine **Betreuungssache** (§ 271 FamFG) und soll die Gebühr von dem **Betroffenen** erhoben werden, weil ihm gem. § 27 Nr. 1 die Kosten auferlegt worden sind, gilt Vorbem. 1.1 Abs. 1 KV. Danach wird die Gebühr von dem Betroffenen nur erhoben, wenn sein Vermögen nach Abzug der Verbindlichkeiten mehr als 25.000 € beträgt; der in § 90 Abs. 2 Nr. 8 SGB XII genannte Vermögenswert wird nicht mitgerechnet. Handelt es sich nicht um eine Betreuungssache oder ist nicht der Betroffene Kostenschuldner, gilt die Freigrenze nicht. 34

6. Vorauszahlungspflicht. Gemäß § 13 S. 1 kann nur in erstinstanzlichen gerichtlichen Verfahren, in denen der Antragsteller die Kosten schuldet (§ 22 Abs. 1), die beantragte Handlung oder eine sonstige gerichtliche Handlung von der Zahlung eines Vorschusses in Höhe der für die Handlung oder der für das Verfahren im Allgemeinen bestimmten Gebühr abhängig gemacht werden. Nur in ausschließlich auf Antrag einzuleitenden gerichtlichen Verfahren kann also eine Vorauszahlungspflicht bejaht werden. Die von Nr. 11100 KV erfassten Verfahren können aber auch von Amts wegen eingeleitet werden (vgl § 1896 Abs. 1 S. 1 BGB),[18] so dass im Ergebnis insgesamt **keine Vorauszahlungspflicht** besteht,[19] auch wenn bspw die Betreuung gem. § 1896 Abs. 1 S. 3 BGB aufgrund körperlicher Behinderung nur auf Antrag angeordnet wird. 35

---

16 Vgl HK-FamGKG/*Volpert*, Nr. 1310 KV Rn 31. **17** Vgl hierzu HK-FamGKG/*Volpert*, Nr. 1310 KV Rn 39. **18** So auch BDS/ *Sommerfeldt*, Nr. 11100 KV Rn 5. **19** Vgl hierzu ausf. HK-FamGKG/*Volpert*, Nr. 1310 KV Rn 104, § 14 Rn 81 ff mwN.

Nr.	Gebührentatbestand	Gebühr oder Satz der Gebühr nach § 34 GNotKG – Tabelle A
11101	Jahresgebühr für jedes angefangene Kalenderjahr bei einer Dauerbetreuung, wenn nicht Nummer 11102 anzuwenden ist .... (1) Für die Gebühr wird das Vermögen des von der Maßnahme Betroffenen nur berücksichtigt, soweit es nach Abzug der Verbindlichkeiten mehr als 25.000 € beträgt; der in § 90 Abs. 2 Nr. 8 des Zwölften Buches Sozialgesetzbuch genannte Vermögenswert wird nicht mitgerechnet. Ist Gegenstand der Betreuung ein Teil des Vermögens, ist höchstens dieser Teil des Vermögens zu berücksichtigen. (2) Für das bei der ersten Bestellung eines Betreuers laufende und das folgende Kalenderjahr wird nur eine Jahresgebühr erhoben. Geht eine vorläufige Betreuung in eine endgültige über, handelt es sich um ein einheitliches Verfahren.	10,00 € je angefangene 5.000,00 € des zu berücksichtigenden Vermögens – mindestens 200,00 €

I. Allgemeines

1 Bei den Gerichtsgebühren des GNotKG handelt es sich grds. um Verfahrensgebühren. Ausnahmen von den Verfahrensgebühren werden dort gemacht, wo die gerichtliche Tätigkeit zeitlich über den Erlass einer Endentscheidung weit hinausgeht, so bei Dauerbetreuung (Nr. 11101 und 11102 KV) und Dauerpflegschaft (Nr. 11104 KV). Für gewöhnlich kann durch das Gericht zu Beginn der ersten gerichtlichen Tätigkeit nicht bereits festgestellt werden, wann die Erfordernisse für die Einrichtung bzw Aufrechterhaltung der Dauerbetreuung entfallen. Eine laufende Prüfung ist erforderlich und das Verfahren läuft auf unabsehbare Zeit. Vor diesem Hintergrund werden bei **dauernden Fürsorgemaßnahmen**, also bei **Dauerbetreuung** und **Dauerpflegschaft, Jahresgebühren** anstelle der sonst üblichen Verfahrensgebühren erhoben. Dies ist vergleichbar mit den nach FamGKG entstehenden Gebühren für Vormundschaften und Dauerpflegschaften nach Nr. 1311 KV FamGKG.

2 Die Jahresgebühr Nr. 11101 KV entsteht bei **Dauerbetreuungen**, die **unmittelbar das Vermögen oder Teile des Vermögens** des Betroffenen zum Gegenstand haben. Sind das Vermögen oder Teile daraus nicht unmittelbar betroffen, entsteht keine Gebühr nach Nr. 11101 KV, sondern die Jahresfestgebühr Nr. 11102 KV.

3 Abs. 2 der Anm. regelt die Gebührenberechnung hinsichtlich der **ersten Jahresgebühr**. Diese Jahresgebühr gilt das zur Zeit der Betreuerbestellung laufende und das folgende Kalenderjahr ab.

II. Gebührentatbestand

4 **1. Abgrenzung.** Den Begriff „Dauerbetreuung" kennt das BGB nicht. Dieser Begriff drückt eine gebührenrechtliche Differenzierung zwischen Betreuungen für einzelne Rechtshandlungen (vgl Nr. 11103 KV) und

Betreuungen, die nicht auf einzelne Rechtshandlungen beschränkt sind (Nr. 11101 und 11102 KV, vgl §§ 1896–1908 i BGB), aus. Grund sind die unterschiedlichen Gebühren: Für Einzelmaßnahmen gilt die volle Gebühr der Tabelle des § 34, bei Dauermaßnahmen die gesondert in Nr. 11101 und 11102 KV geregelte Jahresgebühr.

Der Begriff der **Rechtshandlung** meint hier – anders als in der üblichen Terminologie – das Gegenstück zu   5 den Dauermaßnahmen wie der Dauerbetreuung nach Nr. 11101 KV, also Betreuungsmaßnahmen **für zeitlich einmalige Angelegenheiten**, welche unter Nr. 11103 KV fallen. Zu Nr. 11101 KV bzw Nr. 11102 KV – je nachdem, ob die Betreuung unmittelbar das Vermögen des Betreuten betrifft – zählen diejenigen Maßnahmen, die darüber hinausgehen.

Unmaßgeblich ist der Zeitaufwand, den die Betreuung konkret in Anspruch nimmt; entscheidend ist allein   6 die **Einmaligkeit des Gegenstands**.[1] Auch auf den Umfang der Betreuung kommt es nicht an.[2] Einmalige Gegenstände sind zB die Bestellung eines Betreuers für den Abschluss eines Kaufvertrags, eines Gesellschaftsvertrags oder eines Übergabevertrags; insb. auch Ergänzungsbetreuung bei Verhinderung des Betreuers (vgl § 1908 i Abs. 1 iVm §§ 1629 Abs. 2 S. 1, 1795 Abs. 1 Nr. 1 und 2, 181 BGB).

Abzugrenzen sind diese somit von Maßnahmen, denen das zeitliche Element der Dauer innewohnt und die   7 sich auf eine unbestimmte Zahl von Rechtshandlungen beziehen (**Dauerbetreuung**); auch wiederkehrende Leistungen oder eine Vielzahl von wiederkehrenden Einzelhandlungen umfassende Maßnahmen (Personensorge,[3] Vermögenssorge, Vermögensverwaltung) gehören zur **Dauerfürsorge** und damit nicht zum Regelungsbereich der Vorschrift. Alles, was über zeitlich einmalige Angelegenheiten hinausgeht, ist damit **Dauermaßnahme**. Dies gilt bereits, wenn es sich nicht um einen einmaligen Anspruch, sondern um wiederkehrende Leistungen handelt (Betreuung bei der Geltendmachung von laufenden Unterhaltsansprüchen). Maßgeblich ist, dass ein lediglich allgemein bestimmter Aufgabenkreis ohne Beschränkung auf bestimmte einzelne Geschäfte definiert ist. Dies ist insb. dann der Fall, wenn die Personensorge oder die Vermögenssorge ganz oder teilweise auszuüben oder Vermögen zu verwalten ist.[4]

Bezeichnend für eine Dauerbetreuung ist, dass der Betreuer einen bestimmten Kreis von Angelegenheiten   8 und nicht nur einzelne bestimmte Maßnahmen oder einzelne bestimmte Rechtshandlungen wahrzunehmen hat.[5] **Maßgebend** für die Einordnung ist, ob bei der Anordnung die vom Betreuer wahrzunehmenden Geschäfte **im Einzelnen** bestimmt worden sind (= Betreuung für einzelne Rechtshandlungen) oder ob ganz **allgemein** angeordnet worden ist, dass die Interessen des Betroffenen oder ein bestimmter Kreis seiner Interessen wahrzunehmen sind.[6]

Der Begriff „**Rechtshandlung**" ist **weit** auszulegen und geht über Definitionen (jedes erlaubte rechtswirksame   9 Handeln), insb. des Zivilrechts, hinaus. **Rechtshandlung iSd GNotKG** ergibt sich *ex negativo* aus der Dauerhandlung. Einmalige Rechtshandlungen können **Rechtsgeschäfte** (insb. im Falle der Ergänzungspflegschaft bei Verhinderung, § 1909 Abs. 1 S. 1, § 1629 Abs. 2 S. 1, § 1795 Abs. 1 Nr. 1 und 2, § 181 BGB), **gerichtliche Verfahren** (insb. zur Prozess- bzw Verfahrensführung, zB § 1795 Abs. 1 Nr. 3, § 1599 BGB, nicht jedoch Verfahrenspflegschaft) und **Realakte** (zB Aufstellung eines Vermögensverzeichnisses) sein.[7]

2. Beginn und Beendigung der Dauerbetreuung. Die Dauerbetreuung **beginnt** mit der Bestellung des Betreuers (§§ 1896 ff BGB, § 287 FamFG) und **endet** durch den Tod des Betreuten oder Aufhebung (§ 1908 d   10 Abs. 1 S. 1, Abs. 2 S. 1 BGB). Gebührenrechtlich unerheblich sind dabei Zwischenzeiten ohne Betreuer (§§ 1908 b, 1908 c BGB). Im Fall des Todes endet die Betreuung im Todeszeitpunkt, auch wenn das Gericht erst später davon Kenntnis erlangt.[8] Die Gebühr wird für das Todesjahr nach dem Vermögen des Verstorbenen am 1. Januar berechnet.[9]

Bei **vorläufigen Maßnahmen für Minderjährige** beginnt die Betreuung wegen § 1908 a BGB mit dem Eintritt der Volljährigkeit.   11

III. Gebühren

1. Jahresgebühren (Anm. Abs. 2 S. 1). a) Entstehung und Fälligkeit. Es werden für Dauerbetreuungen **Jahresgebühren** erhoben, und zwar für jedes angefangene Kalenderjahr. Dies bedeutet, dass Kalenderjahresgebühren erhoben werden, und zwar 10 € je angefangene 5.000 € des zu berücksichtigenden Vermögens. Das   12 zu berücksichtigende Vermögen richtet sich nach Anm. Abs. 1 (→ Rn 26 ff).

---

1 Korintenberg/*Klüsener*, § 63 Rn 3; vgl auch HK-FamGKG/*Volpert*, Nr. 1311 KV Rn 10.   2 Korintenberg/*Klüsener*, § 63 Rn 3; vgl auch HK-FamGKG/*Volpert*, Nr. 1311 KV Rn 10.   3 ZB BayObLG Rpfleger 1997, 86 (Gesundheitsfürsorge und Aufenthaltsbestimmung).   4 So BayObLG Rpfleger 1997, 86 (für Gesundheitsfürsorge und Aufenthaltsbestimmung).   5 BayObLG Rpfleger 1989, 62 = JurBüro 1989, 406; BayObLG MittBayNot 1994, 359; BayObLG Rpfleger 1997, 86 = FamRZ 1997, 833 (Aufgabenbereiche Gesundheitsfürsorge und Aufenthaltsbestimmung bei der Betreuung).   6 Vgl HK-FamGKG/*Volpert*, Nr. 1311 KV Rn 15.   7 Vgl Korintenberg/*Klüsener*, § 63 Rn 4.   8 Vgl Korintenberg/*Fackelmann*, Nr. 11101 KV Rn 15.   9 *Hille*, Rpfleger 2008, 114, 118.

13 Aus Anm. Abs. 2 S. 1 ergibt sich eine Privilegierung für das **erste der Bestellung eines Betreuers nachfolgende Kalenderjahr**. Denn mit der Jahresgebühr des Kalenderjahres, in dem der Betreuer bestellt wurde, ist das nachfolgende Kalenderjahr mitabgegolten. Beispiel: Im Rahmen einer Dauerbetreuung wird am 5.1. eines Jahres erstmals ein Betreuer bestellt. Für dieses laufende Kalenderjahr fällt eine Jahresgebühr an. Das am 1.1. des darauf folgenden Jahres beginnende Kalenderjahr ist mit der Jahresgebühr für das vorherige laufende Kalenderjahr mitabgegolten.

14 Für das **letzte Jahr der Dauerbetreuung**, das idR nicht vollständig abgelaufen ist, gilt aber auch, dass die Jahresgebühr voll (nicht etwa nur anteilig) anfällt. Grund dafür ist, dass das letzte Jahr der Dauerbetreuung auch ein angefangenes Kalenderjahr iSv Nr. 11101 KV ist.

15 Die **Dauer** der Dauerbetreuung ist nicht entscheidend; auch bei einer kurzen Dauerbetreuung innerhalb eines Kalenderjahres fällt die volle Jahresgebühr an.[10] Weil die Gebühr für jedes angefangene Kalenderjahr erhoben wird, ist klargestellt, dass das bei Beendigung der Betreuung laufende Kalenderjahr (Beginn insoweit 1.1. um 0.00 Uhr) voll gerechnet wird.

16 Gemäß § 8 S. 1 wird die Jahresgebühr Nr. 11101 KV erstmals bei Anordnung der Betreuung und später jeweils zu Beginn eines Kalenderjahres, also am 1.1., **im Voraus fällig**. Weil die Jahresgebühr für jedes angefangene Kalenderjahr entsteht, fallen Entstehungs- und Fälligkeitszeitpunkt demnach zusammen.

17 **b) Keine Betreuerbestellung.** Unterbleibt trotz entsprechenden Antrags bzw entsprechender Anregung die Bestellung eines Betreuers, fällt keine Jahresgebühr, sondern allein die allgemeine Verfahrensgebühr Nr. 11100 KV an. Auf die Erl. in → Nr. 11100 KV Rn 20 wird verwiesen.

18 **2. Einheitliches Verfahren. a) Übergang einer vorläufigen in eine endgültige Betreuung (Anm. Abs. 2 S. 2).** Der zum 19.12.2014 eingefügte[11] Satz 2 der Anm. Abs. 2 bestimmt, dass im Falle des Übergangs einer vorläufigen Betreuung in eine endgültige ein einheitliches Verfahren vorliegt. Hierdurch wird klargestellt, dass die Gebühr Nr. 11101 KV auch dann nur einmal entsteht, wenn eine vorläufige Betreuung in eine endgültige Betreuung übergeht. Das gilt auch, wenn die vorläufige Betreuung durch **einstweilige Anordnung** (§ 300 FamFG) angeordnet war (ausf. → Vorbem. 1.1.1 KV Rn 1 ff). Ob dabei ein **Wechsel** in der Person des Betreuers stattfindet, ist ohne Belang. Eine **Verlängerung** der Bestellung des vorläufigen Betreuers nach § 302 S. 2 FamFG löst ebenfalls keine neue Gebühr aus, da es sich auch nach der Verlängerung noch um dieselbe Dauerbetreuung handelt.[12]

19 **b) Übergang einer Pflegschaft in eine Betreuung.** Bei Übergang einer Pflegschaft in eine Betreuung kraft Gesetzes (§ 1791 c Abs. 2 BGB) entsteht insgesamt nur eine Jahresgebühr. Dabei ist zu berücksichtigen, dass die in Nr. 11101 KV und in Nr. 11104 KV geregelten Jahresgebühren der Höhe nach gleich sind.

20 **c) Bestellung eines vorläufigen Betreuers durch einstweilige Anordnung, § 300 FamFG.** Bei der Bestellung eines vorläufigen Betreuers durch einstweilige Anordnung wird bei der Dauerbetreuung die Jahresgebühr Nr. 11101 KV erhoben. Bei der Bestellung eines vorläufigen Betreuers bei einer Dauerbetreuung, die nicht unmittelbar das Vermögen oder Teile des Vermögens zum Gegenstand hat, fällt die Gebühr Nr. 11102 KV an. Auf die Erl. in → Vorbem. 1.1.1 KV Rn 1 ff wird verwiesen.

21 **d) Wechsel der örtlichen Zuständigkeit des Betreuungsgerichts.** Der Wechsel des örtlich zuständigen Betreuungsgerichts (§§ 272 f FamFG) ändert nichts daran, dass pro Kalenderjahr nur eine Jahresgebühr erhoben wird. Gemäß § 5 Abs. 1 S. 2 ist im Falle der Abgabe einer Betreuung das Verfahren vor dem abgebenden Gericht als Teil des Verfahrens vor dem übernehmenden Gericht anzusehen. Eine neue Jahresgebühr entsteht bei dem übernehmenden Gericht deshalb nur für künftige Kalenderjahre, nicht aber für das Kalenderjahr der Abgabe. Hat das abgebende Gericht die Jahresgebühr nicht erhoben, kann die Jahresgebühr aber bei dem übernehmenden Gericht angesetzt werden.

22 **3. Mindestgebühr.** Der Mindestbetrag einer Jahresgebühr ist 200 €. Die Mindestgebühr soll einen Mindestdeckungsbeitrag gewährleisten. Bei sehr kleinen Vermögen würden die Kosten des Gebühreneinzugs ohne Mindestgebühr bei Abstellung auf das Reinvermögen möglicherweise die Gebühreneinnahmen überschreiten.

23 **4. Abgeltungsbereich.** Die Jahresgebühren gelten die gesamte Tätigkeit des Betreuungsgerichts im Rahmen eines Betreuungsverfahrens im Kalenderjahr bzw in dem in Anm. Abs. 2 zu Nr. 11101 KV genannten Zeitraum ab. Für gerichtliche Maßnahmen im Verlauf der Dauerbetreuung erwachsen daneben keine besonderen Gebühren, auch nicht für einzelne Verrichtungen des Betreuungsgerichts, wie zB für die Bestellung eines Verfahrenspflegers (Vorbem. 1 Abs. 3 KV), die Bestellung eines Gegenbetreuers (§§ 1891, 1908 i BGB) oder

---

10 OLG Zweibrücken FamRZ 2006, 875 = Rpfleger 2006, 444; LG Koblenz 3.1.2006 – 2 T 920/06, juris; LG Koblenz FamRZ 2005, 1000. **11** Art. 5 Nr. 3 Buchst. c des Gesetzes zur Durchführung des Haager Übereinkommens vom 30. Juni 2005 über Gerichtsstandvereinbarungen sowie zur Änderung des Rechtspflegergesetzes, des Gerichts- und Notarkostengesetzes, des Altersteilzeitgesetzes und des Dritten Buches Sozialgesetzbuch v. 10.12.2014 (BGBl. I 2082, 2083). **12** BT-Drucks 18/3068, S. 8.

eines weiteren Betreuers (§ 1899 BGB), die Anordnung oder Ablehnung eines Einwilligungsvorbehalts (§ 1903 BGB) oder insb. für die Genehmigung von Rechtsgeschäften des Betreuers (§§ 1908 i, 1821, 1822 BGB). Denn nach Anm. Nr. 1 zu Nr. 11100 KV wird eine 0,5-Verfahrensgebühr Nr. 11100 KV nicht erhoben, wenn das betroffene Verfahren in den Rahmen einer bestehenden Betreuung fällt.

Auch für daneben angeordnete Betreuungen für einzelne Rechtshandlungen fallen keine besonderen Gebühren an. Nach der Anm. zu Nr. 11103 KV wird die Verfahrensgebühr bei einer Betreuung für einzelne Rechtshandlungen nicht neben der Jahresgebühr Nr. 11101 KV erhoben.   24

Die Jahresgebühr Nr. 11101 KV gilt aber nicht Verfahren wegen der Verhängung von **Zwangsmitteln** ab (§ 35 FamFG). Hierfür fallen gesonderte Gebühren nach Nr. 17006 KV an.[13]   25

IV. Wert

1. Berücksichtigung des Reinvermögens (Freibetrag nach Anm. Abs. 1 S. 1). Die Berechnung der Jahresgebühr Nr. 11101 KV erfolgt auf Basis des zu berücksichtigenden Vermögens. Maßgeblich ist der Vermögenswert nach Abzug der Passiva von den Aktiva. Insoweit wird auf die Erl. zu Vorbem. 1.1 Abs. 1 KV verwiesen, die hier entsprechend gelten (→ Vorbem. 1.1 KV Rn 17 ff).   26

Nach Abs. 1 S. 1 Hs 1 der Anm. zu Nr. 11101 KV wird das Vermögen des Betroffenen nur berücksichtigt, soweit es mehr als 25.000 € beträgt.   27

Mit der Formulierung in Abs. 1 S. 1 Hs 2 der Anm. – „der in § 90 Abs. 2 Nr. 8 des Zwölften Buches Sozialgesetzbuch genannte Vermögenswert wird nicht mitgerechnet" – kommt zum Ausdruck, dass ein angemessenes Hausgrundstück iSv § 90 Abs. 2 Nr. 8 SGB XII, das von dem Betroffenen allein oder zusammen mit Angehörigen ganz oder teilweise bewohnt wird und nach seinem Tod von seinen Angehörigen bewohnt werden soll, bei der Bemessung des Vermögens des Betroffenen nicht zu berücksichtigen ist.   28

Aus der Formulierung „*soweit* es nach Abzug der Verbindlichkeiten mehr als 25.000 € beträgt" in Abs. 1 S. 1 Hs 1 der Anm. folgt, dass es sich um einen **Freibetrag** handelt. Wenn also ein Vermögenswert von 25.000 € überschritten wird, wird bei der Berechnung der Jahresgebühr (Einbeziehung in die Gebührenbemessungsgrundlage) nur der Betrag berücksichtigt, der 25.000 € übersteigt.[14] Für den 25.000 € übersteigenden Betrag wird je angefangene 5.000 € eine Gebühr iHv 10 €, mindestens aber 200 €, erhoben.   29

Den Gegensatz zum Freibetrag in Anm. Abs. 1 S. 1 bildet die **Freigrenze** des Abs. 1 der Vorbem. 1.1 KV. Während Vorbem. 1.1 Abs. 1 KV bestimmt, dass nur bei 25.000 € übersteigendem Reinvermögen überhaupt eine Gebührenerhebung vom Betroffenen in Betracht kommt, enthält Anm. Abs. 1 S. 1 zu Nr. 11101 KV die Berechnungsgrundlage für die Jahresgebühr.   30

2. Gegenstand der Betreuung ist ein Teil des Vermögens (Anm. Abs. 1 S. 2). a) Beschränkung. Gemäß Anm. Abs. 1 S. 2 wird das Vermögen des Betroffen nur insoweit der Bewertung zugrunde gelegt, als es Gegenstand der Betreuung ist. Die Beschränkung kann sich aus den Verhältnissen oder dem Gegenstand, also dem Aufgabenkreis ergeben. Wenn daher das Betreuungsgericht bei der Bestellung eines Betreuers von dem angeordneten Aufgabenkreis der Wahrnehmung der Vermögenssorge die Bankverbindungen der Betroffenen im Hinblick auf eine insoweit von ihr erteilte Vollmacht ausnimmt, ist die Jahresgebühr ohne Berücksichtigung der Bankguthaben zu berechnen.[15]   31

Bezieht sich die Betreuung auf einen bestimmten vermögensrechtlichen Gegenstand, so wird er nach den §§ 46 ff bewertet, jedoch bildet das Teilvermögen die Obergrenze. Darin liegt die Bedeutung des Wortes „höchstens" in Abs. 1 S. 2. Beispielsweise ergibt sich bei einer Unterhalts- oder Rentenbetreuung der Wert aus § 52 und bei einer Betreuung zur Wahrnehmung von Gesellschafterrechten aus § 54.[16]   32

b) Kontrollbetreuung, § 1896 Abs. 3 BGB. Gemäß § 1896 Abs. 3 BGB kann ein Betreuer auch zur Geltendmachung von Rechten des Betreuten gegenüber seinem Bevollmächtigten bestellt werden. Mit dieser sog. Kontrollbetreuung kann im Falle einer wirksam erteilten Vorsorgevollmacht für eine Kontrolle des Bevollmächtigten gesorgt werden, wenn der Vollmachtgeber aufgrund einer psychischen Krankheit oder einer körperlichen, geistigen oder seelischen Behinderung nicht mehr in der Lage ist, den Bevollmächtigten zu überwachen und ggf die Vollmacht zu widerrufen.[17] Bei der Kontrollbetreuung geht es nicht darum, das Vermögen des Betreuten zu vertreten, sondern nur um die Ansprüche auf Auskunft und Rechenschaft nach § 666 BGB, Herausgabe nach § 667 BGB, die Erteilung von Weisungen nach § 665 BGB, ggf den Widerruf der Vorsorgevollmacht oder etwaigen Schadensersatz wegen Pflichtverletzung.[18] Die Aufgabe des Kontrollbetreuers erstreckt sich also auf die **Überwachung oder Kontrolle der Vollmacht.**   33

---

13 Korintenberg/*Fackelmann*, Nr. 11101 KV Rn 28.   **14** Korintenberg/*Fackelmann*, Nr. 11101 KV Rn 36; BDS/*Sommerfeldt*, Nr. 11101 KV Rn 6.   **15** OLG Hamm Rpfleger 2015, 172 = NZFam 2015, 92.   **16** Korintenberg/*Fackelmann*, Nr. 11101 KV Rn 38 ff.   **17** Vgl BGH NJW 2011, 2137 = Rpfleger 2011, 433 = FamRZ 2011, 1047; BayObLG FGPrax 2005, 151, 152. **18** *Bienwald*, Rpfleger 1998, 231.

34 Umstritten ist, ob die Kontrollbetreuung von Nr. 11101 KV oder von Nr. 11102 KV erfasst wird. Die Anwendung von Nr. 11102 KV (Dauerbetreuung, die nicht unmittelbar das Vermögen betrifft) auf die Kontrollbetreuung wird damit begründet, dass Aufgabe des Kontrollbetreuers nur die Überwachung des Bevollmächtigten ist (→ Rn 33). Gegenstand der Kontrollbetreuung sei die „Kontrolle" also solche, aus der sich allein Befugnisse gegenüber dem Bevollmächtigten, nicht aber gegenüber dem Betreuten ergäben. Außerdem fehle es an einem sachlichen Bezug der Fürsorgemaßnahme zum Vermögen des Betreuten.[19] Nach aA ist bei einer Kontrollbetreuung Nr. 11101 KV einschlägig, allerdings mit der in Anm. Abs. 1 S. 2 geregelten Einschränkung.[20] Nach einer dritten Auffassung kommt es darauf an, ob das Kontrollobjekt (Vorsorgevollmacht) vermögensrechtlichen Bezug hat. Ist das der Fall, gilt Nr. 11101 KV, falls nicht, Nr. 11102 KV.[21]

35 Zutreffend erscheint die zuerst genannte Auffassung (Gebühr Nr. 11102 KV). Eine Kontrollbetreuung hat nicht unmittelbar das Vermögen oder Teile des Vermögens zum Gegenstand. Es reicht nicht aus, dass die Kontrollbetreuung auch vermögensrechtlichen Bezug haben kann, nämlich dann, wenn der Bevollmächtigte vermögensrechtliche Belange des Betreuten vertritt. Durch die Formulierung „die nicht unmittelbar das Vermögen oder Teile des Vermögens zum Gegenstand hat" ist klargestellt, dass Nr. 11102 KV auch dann anzuwenden ist, wenn der Aufgabenkreis Aufgaben umfasst, die vermögensrechtlicher Natur sind.[22] Nr. 11102 KV gilt, wenn vermögensrechtliche Aufgaben im Hintergrund stehen.

36 c) **Berücksichtigung der Freigrenze der Vorbem. 1.1 Abs. 1 KV.** Darf nach Anm. Abs. 1 S. 2 nur der von der Maßnahme betroffene Teil des Vermögens berücksichtigt werden, ist Voraussetzung für den Gebührenansatz vom Betroffenen nach Vorbem. 1.1 Abs. 1 KV, dass dessen gesamtes Reinvermögen 25.000 € übersteigt. Es ist also nicht erforderlich, dass nur der betroffene Vermögensteil diese Freigrenze übersteigt. Der Betrag iHv 25.000 € nach Vorbem. 1.1 Abs. 1 KV ist also vom gesamten Reinvermögen des Betroffenen und nicht nur von dem betroffenen Vermögensteil abzuziehen. Das ergibt sich aus der Verwendung des Wortes „höchstens" in Anm. Abs. 1 S. 2.[23]

37 d) **Keine Berücksichtigung des Freibetrags der Anm. Abs. 1 S. 1.** Der in Anm. Abs. 1 S. 1 geregelte Freibetrag iHv 25.000 € ist aber nicht vom Teilwert des Vermögens nach Anm. Abs. 1 S. 2 abzuziehen. Die Jahresgebühr bei einer Betreuung, deren Gegenstand nur ein Teil des Vermögens ist, ist also nach dem Bruttowert des betroffenen Gegenstands zu berechnen.[24]

38 3. **Zeitpunkt der Wertbestimmung.** Der Zeitpunkt der Wertbestimmung ergibt sich aus § 59. Wenn das Betreuungsverfahren auf Antrag des Betroffenen eingeleitet wurde, ist der Vermögenswert zum Zeitpunkt der ersten Antragstellung zu bestimmen, § 59 S. 1. Handelt es sich hingegen um ein von Amts wegen eingeleitetes Betreuungsverfahren, ist für die Höhe der einzelnen Jahresgebühr das Vermögen zum Zeitpunkt ihrer Fälligkeit maßgebend (§§ 59 S. 2, 8 Abs. 1), also erstmals bei Anordnung der Maßnahme und später jeweils zu Jahresbeginn.

39 Im Laufe des Betreuungsverfahrens **erworbenes Vermögen** kann nicht nachträglich bzw rückwirkend zu einer Erhöhung der Bemessungsgrundlage für eine bereits zu Beginn des Kalenderjahres entstandene und fällig gewordene Jahresgebühr (→ Rn 12 ff) führen. Der Vermögenserwerb kann sich nur auf die Jahresgebühren späterer Kalenderjahre auswirken.[25]

40 Nur dann, wenn zum Zeitpunkt der Entstehung der Jahresgebühr zu Beginn des Kalenderjahres (1.1.) bereits ein Anspruch oder eine Anwartschaft auf Vermögensgegenstände bestanden hat, ist der Anspruch bzw die Anwartschaft mitzubewerten.[26] Allerdings sind bedingte Forderungen, Anwartschaften und rechtlich oder etwa hinsichtlich der Verwirklichung zweifelhafte Ansprüche nicht mit ihrem Nennwert, sondern mit ihrem nach § 36 Abs. 1 zu schätzenden wirtschaftlichen Wert (arg. e § 52 Abs. 6 S. 2), idR also mit einem Bruchteil, anzusetzen.

V. Häufung von Personen oder Maßnahmen

41 1. **Mehrere Betreuer. a) Eine Jahresgebühr.** Werden für den Betroffenen mehrere Betreuer bestellt (§§ 1908 i, 1797, 1899 Abs. 1 S. 1, Abs. 3 BGB), fällt die Jahresgebühr nur einmal an, weil es sich kostenrechtlich um dasselbe Betreuungsverfahren handelt. Zwar fehlt im GNotKG eine ausdrückliche Regelung. Insbesondere § 55 Abs. 1 ist nicht einschlägig, weil dieser dem Wortlaut nur für Gebühren für das Verfahren im Allgemeinen und für eine Entscheidung oder die Vornahme einer Handlung, nicht aber für Jahresgebühren gilt (→ § 55 Rn 16).[27] Allerdings dürfte der sich aus § 55 Abs. 1 ergebende allgemeine Grundsatz, dass pro Rechtszug nur eine Gebühr erhoben wird, zumindest entsprechend herangezogen werden können.

---

19 So *Schlaak*, Rpfleger 2016, 8. **20** So Korintenberg/*Fackelmann*, Nr. 11101 KV Rn 42. **21** BDS/*Sommerfeldt*, Nr. 11101 KV Rn 13. **22** BT-Drucks 16/6308, S. 53. **23** BDS/*Sommerfeldt*, Nr. 11101 KV Rn 11 f; vgl auch HK-FamGKG/*Volpert*, Nr. 1311 KV Rn 34. **24** So auch BDS/*Sommerfeldt*, Nr. 11101 KV Rn 10. **25** So auch Korintenberg/*Fackelmann*, Nr. 11101 KV Rn 44 f. **26** Korintenberg/*Fackelmann*, Nr. 11101 KV Rn 45 a. **27** AA BDS/*Sommerfeldt*, § 55 Rn 13.

Aufgrund des Abgeltungsbereichs der Jahresgebühr (→ Rn 23 ff) kann diese im Ergebnis als eine pro Kalenderjahr anfallende Verfahrensgebühr angesehen werden.[28]

b) Kontrollbetreuung, § 1896 Abs. 3 BGB. Die Jahresgebühr führt zur Abgeltung sämtlicher Tätigkeiten   42
des Gerichts im Betreuungsverfahren pro Kalenderjahr, so dass etwa bei einer **Kontrollbetreuung**[29] keine erneute bzw weitere Jahresgebühr entsteht.[30]

c) Verschiedene Aufgabenkreise. Bei Bestellung mehrerer Betreuer mit **verschiedenen Aufgabenkreisen** gem.   43
§ 1899 Abs. 1 S. 2 BGB liegt nur eine Betreuung iSd Nr. 11101 KV vor. Es fällt nur eine Jahresgebühr an; allerdings kann es zu einer **Addition der Werte** der Aufgabenkreise kommen, wenn sie nicht wirtschaftlich identisch sind und einer der Aufgabenkreise den anderen nicht wertmäßig erfasst. Wenn etwa ein Aufgabenkreis des einen Betreuers die Vermögensverwaltung und der andere Aufgabenkreis die persönliche Betreuung betrifft, bleibt der Aufgabenkreis der persönlichen Betreuung außer Betracht und es entsteht auch keine zusätzliche Gebühr nach Nr. 11102 KV. Dass Nr. 11102 KV nicht eingreift, folgt bereits aus dem Wortlaut „Dauerbetreuung, die nicht unmittelbar das Vermögen oder Teile des Vermögens zum Gegenstand hat". Betrifft die Betreuung vermögensrechtliche und nichtvermögensrechtliche Aspekte, liegt auch ein unmittelbarer Vermögensbezug vor, so dass Nr. 11102 KV nicht anwendbar ist. Hat der Betreute hingegen etwa einen Renten- und einen Unterhaltsanspruch und wird zur Geltendmachung eines jeden ein gesonderter Betreuer bestellt, so sind die Werte zusammenzurechnen.[31]

2. Mehrere Betreute. Eine Personenmehrheit auf Seite des Betreuten ist rechtlich nicht möglich (im Gegen-   44
satz zur Pflegschaft, → Nr. 11104 KV Rn 22).

3. Zusammentreffen von Betreuung und Pflegschaft. Treffen Betreuung und Pflegschaft bei demselben Für-   45
sorgebedürftigen zusammen, so erfüllt jede ihren Gebührentatbestand gesondert. Es werden mithin **gesonderte Gebühren** aus gesonderten Werten erhoben.[32]

Das gilt auch bei wirtschaftlicher **Identität der Werte**;[33] eine Betreuung und eine Pflegschaft für alle Angele-   46
genheiten können also getrennte Gebühren je aus dem Vermögen des Pfleglings auslösen.[34]

VI. Weitere praktische Hinweise

1. Fälligkeit. Gemäß § 8 S. 1 werden die Jahresgebühren erstmals bei Anordnung der Maßnahme und da-   47
nach zu Beginn eines Kalenderjahres, also am 1. Januar, fällig. Gemäß § 15 Abs. 1 KostVfg müssen fällige Kosten alsbald nach Fälligkeit angesetzt werden. § 16 Abschn. II KostVfg erlaubt dem Kostenbeamten aber, die bei Dauerbetreuungen zu Beginn eines jeden Kalenderjahres fällig werdende Gebühr, wenn kein Verlust für die Staatskasse zu besorgen ist, gelegentlich der Prüfung der jährlichen Rechnungslegung anzusetzen. Zur Sicherstellung des rechtzeitigen Ansatzes dieser Gebühr sind aber die in Betracht kommenden Akten von dem Kostenbeamten in ein Verzeichnis einzutragen, das mindestens folgende Spalten enthält:

1. Lfd. Nr.; 2. Aktenzeichen; 3. Bezeichnung der Sache; 4. Jahresgebühr berechnet am:

2. Zuständigkeit für den Kostenansatz. Zuständig für den Kostenansatz ist gem. § 18 Abs. 1 das Gericht,   48
bei dem das Verfahren anhängig ist oder zuletzt anhängig war.

3. Kostenschuldner. Gemäß § 23 Nr. 1 iVm § 1896 Abs. 1 BGB ist Kostenschuldner der Gebühr Nr. 11101   49
KV der Betreute. Wegen Vorbem. 1.1 Abs. 1 KV kann die Gebühr von dem Betroffenen aber nur erhoben werden, wenn sein Vermögen nach Abzug der Verbindlichkeiten mehr als 25 000 € beträgt; der in § 90 Abs. 2 Nr. 8 SGB XII genannte Vermögenswert wird nicht mitgerechnet.

4. Vorauszahlungspflicht. Gemäß § 13 S. 1 kann nur in erstinstanzlichen gerichtlichen Verfahren, in denen   50
der Antragsteller die Kosten schuldet (§ 22 Abs. 1), die beantragte Handlung oder eine sonstige gerichtliche Handlung von der Zahlung eines Vorschusses in Höhe der für die Handlung oder der für das Verfahren im Allgemeinen bestimmten Gebühr abhängig gemacht werden. Die Jahresgebühr Nr. 11101 KV wird allerdings nicht für eine gerichtliche Handlung erhoben und es ist auch zumindest dem Wortlaut nach keine Gebühr für das Verfahren im Allgemeinen (aber → Rn 41), so dass danach eine Vorauszahlungspflicht für diese Gebühr ausscheidet.

Gemäß §§ 13 S. 1, 22 Abs. 1 kann nur in ausschließlich auf Antrag einzuleitenden gerichtlichen Verfahren   51
eine Vorauszahlungspflicht bejaht werden. Die von Nr. 11101 KV erfassten Betreuungsverfahren können sowohl auf Antrag als auch von Amts wegen eingeleitet werden (vgl § 1896 Abs. 1 S. 1 BGB),[35] so dass im

---

[28] So BDS/*Sommerfeldt*, § 55 Rn 13.   [29] Vgl BGH NJW 2011, 2137 = Rpfleger 2011, 433 = FamRZ 2011, 1047; BayObLG FGPrax 2005, 151, 152.   [30] Korintenberg/*Fackelmann*, Nr. 11101 KV Rn 48; vgl hierzu auch *Schlaak*, Rpfleger 2016, 7.   [31] So auch Korintenberg/*Fackelmann*, Nr. 11101 KV Rn 48.   [32] Korintenberg/*Fackelmann*, Nr. 11101 KV Rn 49.   [33] OLG München JVBl. 1938, 140; aA KG JVBl. 1939, 191.   [34] Korintenberg/*Fackelmann*, Nr. 11101 KV Rn 50.   [35] So auch BDS/*Sommerfeldt*, Nr. 11100 KV Rn 5.

Ergebnis insgesamt **keine Vorauszahlungspflicht** besteht,[36] auch wenn bspw die Betreuung gem. § 1896 Abs. 1 S. 3 BGB aufgrund körperlicher Behinderung nur auf Antrag angeordnet wird.

Nr.	Gebührentatbestand	Gebühr oder Satz der Gebühr nach § 34 GNotKG – Tabelle A
11102	Jahresgebühr für jedes angefangene Kalenderjahr bei einer Dauerbetreuung, die nicht unmittelbar das Vermögen oder Teile des Vermögens zum Gegenstand hat .... Für das bei der ersten Bestellung eines Betreuers laufende und das folgende Kalenderjahr wird nur eine Jahresgebühr erhoben. Geht eine vorläufige Betreuung in eine endgültige über, handelt es sich um ein einheitliches Verfahren.	300,00 € – höchstens eine Gebühr 11101

I. Allgemeines

1   Nr. 11102 KV regelt Gebühren für Dauerbetreuungen, die **nicht unmittelbar das Vermögen oder Teile des Vermögens** des Betroffenen zum Gegenstand haben.

2   Für Gebühren der Dauerbetreuungen, die unmittelbar das Vermögen oder Teile des Vermögens zum Gegenstand haben, gilt Nr. 11101 KV. Die Regelung entspricht Nr. 1312 KV FamGKG.

3   Anders als bei Nr. 11101 KV wird keine Wertgebühr erhoben, sondern eine **Gebühr mit einem Höchstbetrag iHv 300 €**, die aber durch die Gebühr nach Nr. 11101 KV begrenzt ist: Es muss also stets eine **Gegenrechnung** anhand der Wertgebühr der Nr. 11101 KV erfolgen; die Gebühr für die nicht das Vermögen betreffenden Dauerbetreuung darf die einer (fiktiven) das Vermögen betreffenden Dauerbetreuung im konkreten Fall nicht übersteigen.

4   Die Formulierung stellt zudem klar, dass in den Fällen, in denen die Betreuung auch allein das Vermögen betreffende Aufgaben hat, nur die Gebühr Nr. 11101 KV und nicht die Gebühr Nr. 11102 KV entsteht.

II. Anwendungsbereich

5   Die Dauerbetreuung hat nicht unmittelbar das Vermögen oder Teile des Vermögens zum Gegenstand, wenn sie sich nur auf die **Personensorge** bzw auf einzelne Bereiche der Personensorge erstreckt. Maßgeblich ist der konkret angeordnete Aufgabenbereich. Durch die Formulierung „die nicht unmittelbar das Vermögen oder Teile des Vermögens zum Gegenstand hat" ist darüber hinaus klargestellt, dass Nr. 11102 KV auch anzuwenden ist, wenn der Aufgabenkreis neben Bereichen der Personensorge auch sich hieraus ergebende Aufgaben umfasst, die vermögensrechtlicher Natur sind (zB Aufenthaltsbestimmungsrecht und Abschluss eines Heimvertrages). Nr. 11102 KV gilt, wenn vermögensrechtliche Aufgaben im Hintergrund stehen.[1]

6   Die Jahresgebühr richtet sich ausschließlich nach Nr. 11101 KV, wenn die Dauerbetreuung neben der Personensorge **unmittelbar** einen Teil des Vermögens zum Gegenstand hat. Das ergibt sich aus der Anm. Abs. 1 S. 2 zu Nr. 11101 KV sowie dem Wortlaut von Nr. 11102 KV. Abs. 1 S. 2 der Anm. zu Nr. 11101 KV schreibt vor, dass der Vermögensteil zugrunde zu legen ist, wenn nur dieser Teil Gegenstand der Dauerpflegschaft ist. Nach Nr. 11102 KV ist eine Gebührenerhebung nur für solche Dauerbetreuungen möglich, die nicht unmittelbar einen Teil des Vermögens zum Gegenstand haben. Ein Ansatz der Jahresgebühren Nr. 11101 KV und Nr. 11102 KV nebeneinander ist ausgeschlossen.[2]

7   **Beispiel:** Die Dauerbetreuung betrifft den Aufgabenbereich Vermögenssorge bzgl des Grundbesitzes (Wert: 200.000 €) sowie das Aufenthaltsbestimmungsrecht.

Es entsteht eine Gebühr Nr. 11101 KV nach einem Wert iHv 175.000 € mit 350 €. Der Ansatz einer Gebühr Nr. 11102 KV erfolgt daneben nicht.

III. Gebührentatbestand

8   **1. Entstehung der Gebühr (Anm. S. 1).** Die Jahresgebühr **entsteht** mit der Anordnung der Dauerbetreuung, die nicht unmittelbar das Vermögen oder Teile des Vermögens zum Gegenstand hat. Maßgeblicher Zeitraum ist das Kalenderjahr. Die erste Jahresgebühr fällt gem. Anm. S. 1 zu Nr. 11102 KV für das erste un-

---

36 Vgl hierzu ausf. HK-FamGKG/*Volpert*, Nr. 1310 KV Rn 104, § 14 Rn 81 ff mwN. **1** So Begr. zum 2. Justizmodernisierungsgesetz zur Formulierung in § 92 KostO, BT-Drucks 16/3038, S. 53. **2** Vgl HK-FamGKG/*Volpert*, Nr. 1312 KV Rn 6; so auch Korintenberg/*Fackelmann*, Nr. 11101 KV Rn 48.

vollständige Kalenderjahr, in das die Betreuerbestellung fällt, und das erste vollständige darauffolgende Kalenderjahr zusammen nur einmal an. Hinsichtlich dieser Privilegierung s. die Erl. zu Anm. Abs. 2 S. 1 zu Nr. 11101 KV (→ Nr. 11101 KV Rn 12–16).

2. Übergang einer vorläufigen Betreuung in eine endgültige Betreuung (Anm. S. 2). Der zum 19.12.2014 **9** eingefügte[3] Satz 2 der Anm. bestimmt, dass im Falle des Übergangs einer vorläufigen Betreuung in eine endgültige ein einheitliches Verfahren vorliegt. Auf die Erl. in → Nr. 11101 KV Rn 18 wird insoweit verwiesen.

3. Bestellung eines vorläufigen Betreuers durch einstweilige Anordnung, § 300 FamFG. Bei der Bestellung **10** eines vorläufigen Betreuers durch einstweilige Anordnung wird bei der Dauerbetreuung die Jahresgebühr Nr. 11101 KV erhoben. Bei der Bestellung eines vorläufigen Betreuers bei einer Dauerbetreuung, die nicht unmittelbar das Vermögen oder Teile des Vermögens zum Gegenstand hat, fällt die Gebühr Nr. 11102 KV an. Auf die Erl. in → Vorbem. 1.1.1 KV Rn 1 ff wird verwiesen.

4. Keine Betreuerbestellung. Wenn – egal aus welchem Grund – kein Betreuer bestellt wird, fällt allein die **11** allgemeine Verfahrensgebühr Nr. 11100 KV an.

5. Mindestgebühr und Höchstgrenze. Die **Höchstgebühr** beträgt 300 €. Zugleich gilt für Nr. 11102 KV we- **12** gen der Verweisung auf Nr. 11101 KV sowohl der Verweis auf den dortigen Freibetrag iHv 25.0000 € (Anm. Abs. 1 zu Nr. 11101 KV) als auch auf die dort geregelte **Mindestgebühr** von 200 € als Höchstgrenze für Nr. 11102 KV.[4] Es ist also stets eine **Gegenrechnung** durchzuführen in dem Sinne, was wäre, wenn es sich um einen Gegenstand handelte, der unmittelbar das Vermögen oder Teile des Vermögens beträfe.[5]

Der Kostenbeamte muss deshalb bei der Gebühr Nr. 11102 KV eine Vergleichsrechnung anstellen: Er er- **13** hebt eine Festgebühr iHv 300 €, es sei denn, eine Jahresgebühr nach Nr. 11101 KV wäre geringer. **Mindestens** werden auch bei der Jahresgebühr nach Nr. 11102 KV **200 €** erhoben, so dass sich die Jahresgebühr nach Nr. 11102 KV stets in einem **Rahmen** zwischen mindestens 200 € und höchstens 300 € bewegt.

Beispielsweise wäre deshalb bei einem Reinvermögen iHv 140.000 € nach Abzug des Freibetrags nach **14** Anm. Abs. 1 S. 1 zu Nr. 11101 KV über 25.000 € bei einem überschießenden Betrag iHv 115.000 € auch im Falle der Jahresgebühr Nr. 11102 KV eine Gebühr iHv 230 € anzusetzen.[6] Bei dem in Nr. 11102 KV geregelten Betrag von 300 € handelt es sich daher nicht um eine Festgebühr, sondern eben nur um eine **Höchstgebühr**.[7]

Die Höchstgebühr iHv 300 € nach Nr. 11101 KV fällt deshalb stets an, wenn der Betreute über ein Reinver- **15** mögen iHv mindestens 150.000 € (nach Abzug der 25.000 €, brutto also 175.000 €) verfügt (175.000 € abzgl. 25.000 € = 150.000 €/5.000 € x 10 = 300 €).[8] Bei einem Reinvermögen von 125.000 € und weniger entsteht stets die Mindestgebühr iHv 200 € (125.000 € abzgl. 25.000 € = 100.000 €/5.000 € x 10 € = 200 €). Bei Reinvermögen zwischen 125.000 € und 175.000 € bewegt sich die Gebühr also in einem Rahmen zwischen 200 € und 300 € (zur Frage der Kenntniserlangung vom Vermögen des Betroffenen → Rn 17 ff).[9]

Würde der Freibetrag über 25.000 € in der Anm. Abs. 1 S. 1 zu Nr. 11101 KV nicht überschritten, würden **16** von dem Betroffenen keine Gebühren erhoben. Folglich entstünde im Rahmen der fiktiven Berechnung die Gebühr Nr. 11101 KV nicht und wegen der Verweisung auf Nr. 11101 KV entsteht daher die Gebühr Nr. 11102 KV nicht.[10] Würde der Freibetrag hingegen überschritten, betrüge in Anwendung der Nr. 11101 KV die Mindestgebühr 200 €. Damit gilt diese Untergrenze auch für die Festgebühr der Nr. 11102 KV.[11]

6. Fehlende Mitwirkung an der Feststellung des Vermögens und der Freigrenze. Unklar ist, ob die Jahresge- **17** bühr Nr. 11102 KV immer dann stets mit der Höchstgebühr iHv 300 € zu erheben ist, wenn die Beteiligten keine Angaben zum Vermögen des Betreuten machen. Auch bei der Jahresgebühr Nr. 11102 KV sind wegen der notwendigen Vergleichsrechnung (→ Rn 12 ff) regelmäßig Auskünfte zum Vermögen einzuholen.

Um den Vergleich mit der Jahresgebühr Nr. 11101 KV vornehmen zu können und wegen Vorbem. 1.1 **18** Abs. 1 KV muss auch bei den von Nr. 11102 KV erfassten Betreuungen, die nicht unmittelbar das Vermögen oder Teile des Vermögens zum Gegenstand haben, der Vermögenswert ermittelt werden. Wird der Vermögenswert vom Betreuer oder vom Betreuten trotz entsprechender Aufforderung nicht mitgeteilt, ist unklar, wie hinsichtlich des Kostenansatzes zu verfahren ist:

---

3 Art. 5 Nr. 3 Buchst. c des Gesetzes zur Durchführung des Haager Übereinkommens vom 30. Juni 2005 über Gerichtsstandvereinbarungen sowie zur Änderung des Rechtspflegergesetzes, des Gerichts- und Notarkostengesetzes, des Altersteilzeitgesetzes und des Dritten Buches Sozialgesetzbuch v. 10.12.2014 (BGBl. I 2082, 2083). **4** Korintenberg/*Fackelmann*, Nr. 11102 KV Rn 11. **5** Vgl OLG Hamm Rpfleger 2015, 92 = NZFam 2015, 92. **6** Korintenberg/*Fackelmann*, Nr. 11102 KV Rn 11. **7** Korintenberg/*Fackelmann*, Nr. 11102 KV Rn 11; ungenau BDS/*Sommerfeldt*, Nr. 11102 KV Rn 5 a. **8** *Schlaak*, Rpfleger 2016, 7, 9; Korintenberg/*Fackelmann*, Nr. 11102 KV Rn 13, aA *Hille* Rpfleger 2008, 114, 117. **9** Vgl hierzu auch HK-FamGKG/*Volpert*, Nr. 1312 KV Rn 8 ff. **10** Korintenberg/*Fackelmann*, Nr. 11102 KV Rn 11. **11** Korintenberg/*Fackelmann*, Nr. 11102 KV Rn 11.

19   a) Die betreuungsgerichtliche Praxis stellt in diesem Fall häufig die Höchstgebühr iHv 300 € zum Soll, weil aufgrund der fehlenden Darlegung des Vermögens davon auszugehen sei, dass es 25.000 € übersteige. Es sei Sache der Beteiligten darzulegen, dass das Vermögen 25.000 € unterschreite.

20   b) Gegen diese Praxis spricht aber, dass die Feststellung der Überschreitung des Betrags iHv 25.000 € Voraussetzung für den Kostenansatz ist. Die Feststellung der in Vorbem. 1.1 Abs. 1 KV geregelten Voraussetzung für den Kostenansatz (25.000 € übersteigendes Reinvermögen des Betreuten) ist dabei Sache des Kostengläubigers. Gemäß § 12 KostVfg kann von Wertermittlungen im Falle der Vorbem. 1.1 Abs. 1 KV nur dann abgesehen werden, wenn nicht Anhaltspunkte dafür bestehen, dass das reine Vermögen des Fürsorgebedürftigen mehr als 25.000 € beträgt. Die Regelung zeigt, dass zumindest Anhaltspunkte für 25.000 € übersteigendes Vermögen vorhanden sein müssen. Auch das LG Koblenz[12] hält bei fehlender Mitwirkung des Kostenschuldners die Annahme von die Freigrenze von 25.000 € übersteigendem Vermögen nur dann für zulässig, wenn überhaupt Anhaltspunkte für Vermögen vorhanden sind.[13] Die Feststellungslast ist zwar der Staatskasse auferlegt, allerdings ist der Kostenschuldner zur Mitwirkung verpflichtet. Jedoch wird im Zweifel für den Kostenschuldner zu entscheiden sein, wenn er nicht hinreichend mitwirkt bei den in seiner Sphäre liegenden Tatsachen zu seinen Lasten (→ Vorbem. 1.1 KV Rn 35). Das vollständige Fehlen der Mitwirkung des Betroffenen darf aber nicht dadurch belohnt werden, dass von ihm deshalb keine Gebühr gefordert wird.[14]

21   Wird der Auffassung gefolgt, dass bei fehlender Mitwirkung des betroffenen Beteiligten in jedem Falle eine Gebühr zu erheben ist, stellt sich die Frage, ob die Gebühr mit dem **Höchstbetrag** von **300 €** oder nur in Höhe der **Mindestgebühr** nach Nr. 11101 KV iHv **200 €** erhoben werden darf. Gegen die Gebühr iHv 300 € spricht, dass sich eine Gebühr iHv 300 € nach Nr. 11101 KV nur ergibt, wenn der Betreute über ein Reinvermögen iHv 150.000 € (nach Abzug der 25.000 €, brutto also 175.000 €) verfügt (175.000 € abzgl. 25.000 € = 150.000 €/5.000 € x 10 = 300 €). Bei fehlender Mitwirkung der Beteiligten dürfte ohne Anhaltspunkte aber kein Reinvermögen iHv 150.000 € angenommen werden können, so dass nur die Mindestgebühr iHv 200 € erhoben werden kann.[15]

22   **7. Abgeltungsbereich.** Die gesamte Tätigkeit des Betreuungsgerichts im Rahmen des Betreuungsverfahrens ist von der Jahresgebühr abgegolten; die diesbezüglichen Ausführungen zu Nr. 11101 KV gelten entsprechend (→ Nr. 11101 KV Rn 23 ff).

IV. Weitere praktische Hinweise

23   **1. Fälligkeit.** Nach § 8 S. 1 wird die Jahresgebühr der Nr. 11102 KV wie alle Jahresgebühren erstmals bei Anordnung der Maßnahme und bei Fortdauer der Dauerbetreuung zu Beginn eines Kalenderjahres, also am 1. Januar, fällig. Im Übrigen wird auf → Nr. 11101 KV Rn 47 verwiesen.

24   **2. Zuständigkeit für den Kostenansatz.** Zuständig für den Kostenansatz ist das Gericht, bei dem das Verfahren anhängig ist oder zuletzt anhängig war, § 18 Abs. 1 Nr. 1.

25   **3. Kostenschuldner.** Gemäß § 23 Nr. 1 ist Kostenschuldner der Betreute.

26   **4. Vorauszahlungspflicht.** Es wird auf die Erl. in → Nr. 11101 KV Rn 50 f verwiesen.

Nr.	Gebührentatbestand	Gebühr oder Satz der Gebühr nach § 34 GNotKG – Tabelle A
11103	Verfahren im Allgemeinen bei einer Betreuung für einzelne Rechtshandlungen .... Die Gebühr wird nicht neben einer Gebühr 11101 oder 11102 erhoben.	0,5 – höchstens eine Gebühr 11101

I. Allgemeines

1   Nr. 11103 KV regelt den Gebührentatbestand für Verfahren im Allgemeinen bei einer **Betreuung für einzelne Rechtshandlungen**. Hintergrund der hier genannten einzelnen Rechtshandlung ist der im materiellen Recht geltende Erforderlichkeitsgrundsatz, dass also ein Betreuer gem. § 1896 Abs. 2 S. 1 BGB nur für Aufgaben bestellt werden darf, in denen die Betreuung erforderlich ist.

---

12 LG Koblenz 28.6.2006 – 2 T 454/06, juris (zu § 92 KostO). **13** So auch BDS/*Sommerfeldt*, Nr. 11102 KV Rn 5 a. **14** So auch BDS/*Sommerfeldt*, Nr. 11102 KV Rn 5 a. **15** So wohl iE auch BDS/*Sommerfeldt*, Nr. 11102 KV Rn 5 a.

Aus dem Vergleich der Anm. von Nr. 11103 KV zu Nr. 11101 und 11102 KV ergibt sich, dass es im Rah-　**2** men von Nr. 11103 KV unerheblich ist, ob es sich um unmittelbar das Vermögen oder lediglich die Perso- nensorge betreffende Maßnahmen handelt.

Die Höhe des Gebührensatzes orientiert sich an Nr. 11100 KV GNotKG und an Nr. 1313 KV FamGKG.　**3**

Für einzelne Rechtshandlungen entstehen im Fall von Dauerbetreuungen iSd Nr. 11101 und 11102 KV　**4** nach der Anm. zu Nr. 11103 KV keine zusätzlichen Gebühren. Die Verfahrensgebühr Nr. 11103 KV wird nicht neben den Jahresgebühren Nr. 11101 und 11102 KV erhoben.

II. Gebührentatbestand

1. „Einzelne Rechtshandlungen". Nr. 11103 KV bestimmt die Gebühren bei Betreuungen für einzelne　**5** Rechtshandlungen. Einzelne Rechtshandlungen sind dabei Bereiche, die gerade nicht Aufgabenkreise iSd § 1896 Abs. 2 S. 1, Abs. 3 BGB sind, sondern einzelne Maßnahmen, wie zB die Bestellung eines Betreuers für den Abschluss von Verträgen oder auch die Ergänzungsbetreuung bei Verhinderung des Betreuers (vgl § 1908 i Abs. 1 iVm §§ 1629 Abs. 2 S. 1, 1795 Abs. 1 Nr. 1 und 2, 181 BGB. Auch die Bestellung eines Betreuers mit dem Aufgabenkreis „Vertretung im Erbscheinsverfahren einschließlich der Abgabe einer ei- desstattlichen Versicherung" ist eine Betreuung für einzelne Rechtshandlungen.[1]

Maßgebend für die Einordnung der Betreuung als unter Nr. 11101, 11102 KV fallende Dauerbetreuung　**6** oder als von Nr. 11103 KV erfasste Betreuung für einzelne Rechtshandlungen ist, ob bei der Anordnung der Betreuung die vom Betreuer wahrzunehmenden Geschäfte **im Einzelnen** bestimmt worden sind (= Be- treuung für einzelne Rechtshandlungen) oder ob ganz **allgemein** angeordnet worden ist, dass die Interessen des Betreuten oder ein bestimmter Kreis seiner Interessen wahrzunehmen sind.[2] Die Betreuung für einzelne Rechtshandlungen betrifft **zeitlich einmalige Rechtshandlungen**[3], wobei unerheblich ist, wie viel Zeit die Tätigkeit des Betreuers in Anspruch nimmt.

Zur Abgrenzung zur Dauerbetreuung s. → Nr. 11101 KV Rn 4 ff.　**7**

2. Betreuung. Mit der Anordnung der Betreuung ist der Gebührentatbestand erfüllt. Aus dem Verweis des　**8** § 1908 i BGB auf § 1846 BGB folgt, dass eine Bestellung eines Betreuers nicht erforderlich ist (vgl den Wortlaut des – wegen der Verweisung des § 1908 i BGB – wie folgt zu lesenden § 1846 BGB: „Ist ein Be- treuer noch nicht bestellt ...").

Zur Bestellung eines vorläufigen Betreuers durch **einstweilige Anordnung** s. → Vorbem. 1.1.1 KV Rn 2 ff.　**9**

III. Gebühr

1. Entstehung und Abgeltungsbereich. Die 0,5-Gebühr entsteht mit Erfüllung des Gebührentatbestands. Es　**10** handelt sich um eine Gebühr für das Verfahren im Allgemeinen und nicht um eine Aktgebühr. Auf die Erl. in → Nr. 11100 KV Rn 23 ff, die entsprechend gelten, wird verwiesen. Nach Entstehung der Verfahrensge- bühr ist ein Wegfall nicht mehr möglich, sie entsteht unabhängig vom Verfahrensausgang; auch gibt es kei- nen Ermäßigungstatbestand, zB bei Beendigung des Verfahrens durch Rücknahme des Antrags.

Die Verfahrensgebühr bestimmt sich auch dann nach Nr. 11103 KV, wenn das Verfahren ohne Bestellung　**11** eines Betreuers endet, vgl Anm. Nr. 2 zu Nr. 11100 KV.[4]

Mit der Gebühr ist die gesamte gerichtliche Tätigkeit im Rahmen des Betreuungsverfahrens abgegolten. Zu　**12** beachten ist aufgrund der systematischen Stellung, dass dies nur für das Betreuungsverfahren gilt; für dieses Verfahren werden daneben keine weiteren Gebühren erhoben.

Die Betreuung für einzelne Rechtshandlungen **endet** mit Erlass des Aufhebungsbeschlusses nach § 1908 d　**13** BGB oder durch Zeitablauf, was im Beschluss nach § 286 Abs. 3 Var. 1 FamFG anzugeben ist.

2. Verhältnis zu Nr. 11101 und 11102 KV (Anm.). Gemäß der Anm. wird die Gebühr Nr. 11103 KV nicht　**14** neben einer Gebühr Nr. 11101 KV oder Nr. 11102 KV erhoben. Wenn also eine Dauerbetreuung besteht, sind Nr. 11101 KV bzw Nr. 11102 KV vorrangig.

Voraussetzung ist, dass sich Dauer- und Einzelmaßnahme auf denselben Gegenstand beziehen. Besteht etwa　**15** iSd Nr. 11102 KV eine Dauerbetreuung hinsichtlich der Personensorge und wird dann eine Einzelbetreuung für ein unmittelbar das Vermögen betreffendes Rechtsgeschäft angeordnet, so ist die Gebühr für die Letzte- re nach Nr. 11103 KV zu erheben.

---

1 LG Düsseldorf 16.1.2016 – 19 T 265/15, nv. **2** Vgl hierzu (noch zu § 92 KostO): BayObLG Rpfleger 1997, 86 = FamRZ 1997, 833; BayObLG JurBüro 1981, 263 = FamRZ 1981, 400; BayObLG Rpfleger 1989, 62 = JurBüro 1989, 406; BayObLG MittBayNot 1994, 359; OLG Köln OLGR 1997, 292. **3** LG Düsseldorf 16.1.2016 – 19 T 265/15, nv. **4** BT-Drucks 17/11471, S. 195; BDS/*Sommerfeldt*, Nr. 11100 KV Rn 7.

16 Neben der gleichzeitigen genügt auch die spätere Anordnung, wenn die Voraussetzungen der Nr. 11101 und 11102 KV bereits bei Anordnung der Einzelbetreuung vorlagen.

17 Die Gebühr Nr. 11103 KV wird aber erhoben, wenn die Dauerbetreuung trotz bestehenden Bedürfnisses nicht angeordnet wird.

18 **3. Freigrenze (Vorbem. 1.1 Abs. 1 KV).** Die Gebühr Nr. 11103 KV und die Auslagen werden gem. Vorbem. 1.1 Abs. 1 KV nur erhoben, wenn das Vermögen des Betroffenen nach Abzug der Verbindlichkeiten mehr als 25.000 € beträgt; der in § 90 Abs. 2 Nr. 8 SGB XII genannte Vermögenswert wird nicht mitgerechnet.[5] Auf die Erl. zu Vorbem. 1.1 Abs. 1 KV wird verwiesen (→ Vorbem. 1.1 KV Rn 17 ff).

19 **4. Kein Freibetrag, aber Verweisung auf Nr. 11101 KV.** Nr. 11103 KV selbst enthält keinen Freibetrag iHv 25.000 € wie Anm. Abs. 1 S. 1 zu Nr. 11101 KV. Jedoch wird in der Spalte der Gebührenhöhe auf Nr. 11101 KV als Höchstgrenze verwiesen. Das bedeutet, dass wegen dieser Verweisung stets eine **Gegenrechnung** zu machen ist. So erlangen sowohl der Freibetrag in Anm. Abs. 1 S. 1 zu Nr. 11101 KV als auch die Mindestgebühr von 200 € für Nr. 11103 KV Bedeutung.[6]

20 Würde der Freibetrag der Anm. Abs. 1 S. 1 zu Nr. 11101 KV nicht überschritten, würden von dem Betroffenen keine Gebühren erhoben. Folglich entsteht im Rahmen der stets durchzuführenden Gegenrechnung die Gebühr Nr. 11101 KV nicht und wegen der Verweisung auf Nr. 11101 KV entsteht daher die Gebühr Nr. 11103 KV nicht. Würde der Freibetrag hingegen überschritten, betrüge in Anwendung der Nr. 11101 KV die Mindestgebühr 200 €. Damit gilt diese Untergrenze auch für die Gebühr der Nr. 11103 KV.[7]

IV. Geschäftswert

21 Der Geschäftswert bestimmt sich nach § 63.[8] Nach § 63 S. 1 ist Geschäftswert der Wert des Gegenstands, auf den sich die Rechtshandlung bezieht. Ausnahmen sind in § 63 S. 2 und 3 geregelt.

22 § 59 regelt den maßgeblichen Zeitpunkt der Wertberechnung: Wird das Verfahren auf Antrag eingeleitet, ist der Vermögenswert im Zeitpunkt der ersten Antragstellung zu bestimmen. Wird das Verfahren hingegen von Amts wegen eingeleitet, ist der Fälligkeitszeitpunkt nach § 9 maßgeblich. § 8 gilt hier nicht, da es sich bei Nr. 11103 KV nicht um eine Jahresgebühr handelt.

V. Häufung von Personen oder Maßnahmen

23 **1. Mehrere Maßnahmen.** Wenn bei einem Betreuten mehrere Maßnahmen und deshalb mehrere Betreuungen für einzelne Rechtshandlungen zusammenfallen, werden für jede Maßnahme getrennte Gebühren aus getrennten Werten erhoben. Kostenrechtlich ist eine etwaige wirtschaftliche Identität dabei unerheblich.[9]

24 **2. Mehrere Betreuer.** Bei der Bestellung von mehreren Betreuern (§§ 1908 i, 1797, 1899 Abs. 1 S. 1, Abs. 3 BGB) bleibt es hingegen bei einer Verfahrensgebühr. Gemäß § 55 Abs. 1 kann die Gebühr für das Verfahren im Allgemeinen, zu der auch die Gebühr Nr. 11103 KV gehört,[10] pro Rechtszug nur einmal erhoben werden.[11] Die Verfahrensgebühr gilt sämtliche Tätigkeiten des Gerichts iRd Verfahrens ab, so dass zB bei der Bestellung zweier Rechtsanwälte aus verschiedenen Fachgebieten für einen Gesellschaftsvertrag mit Nachfolgeregelung die Gebühr Nr. 11103 KV nur einmal entsteht. Denn insoweit liegt nur eine Fürsorgemaßnahme vor, die eine Gebühr Nr. 11103 KV entstehen lässt.

25 **3. Mehrere Betroffene.** Eine Personenmehrheit auf Seite der Fürsorgebedürftigen ist rechtlich nicht möglich (im Gegensatz zur Pflegschaft). Eine rein aktenmäßige gemeinsame Behandlung ist kostenrechtlich irrelevant.

26 **4. Mehrere Rechtshandlungen.** Der Tatbestand der Gebührenvorschrift bezieht sich auf einzelne Rechtshandlungen. Erfolgt die Anordnung der Betreuung für eine Mehrzahl einzelner Rechtshandlungen, müssen die Einzelwerte addiert werden.

27 Bezieht sich die Mehrzahl der Rechtshandlungen auf denselben Gegenstand, wird dieser nur einmal angesetzt.

28 Werden allerdings mehrere Einzelbetreuungen unabhängig voneinander mit einem gewissen zeitlichen Abstand angeordnet, so löst jede gesonderte Gebühren aus. Dies ist unabhängig davon, ob sich diese Einzelbetreuungen auf denselben Gegenstand beziehen.[12]

---

5 LG Düsseldorf 16.1.2016 – 19 T 265/15, nv.   **6** LG Düsseldorf 16.1.2016 – 19 T 265/15, nv; Korintenberg/*Fackelmann*, Nr. 11103 KV Rn 18 ff.   **7** LG Düsseldorf 16.1.2016 – 19 T 265/15, nv; Korintenberg/*Fackelmann*, Nr. 11103 KV Rn 18 ff.   **8** LG Düsseldorf 16.1.2016 – 19 T 265/15, nv.   **9** So auch Korintenberg/*Fackelmann*, GNotKG, Nr. 11103 KV Rn 26 f.   **10** Korintenberg/*Thamke*, GNotKG, § 55 Rn 7.   **11** BDS/*Sommerfeldt*, Nr. 11103 KV Rn 12.   **12** BDS/*Sommerfeldt*, Nr. 11103 KV Rn 14.

VI. Weitere praktische Hinweise

1. Fälligkeit. Die Gebühr Nr. 11103 KV wird nach Maßgabe des § 9 Abs. 1 fällig, idR also mit der unbedingten Entscheidung über die Kosten gem. § 9 Abs. 1 Nr. 1 oder der anderweitigen Erledigung des Verfahrens. Wegen § 15 Abs. 1 KostVfg ist die Gebühr alsbald nach Fälligkeit anzusetzen. § 16 Abschn. II KostVfg gilt nicht, weil dieser nur auf Jahresgebühren anwendbar ist. **29**

2. Zuständigkeit für den Kostenansatz. Zuständig für den Kostenansatz ist das Gericht, bei dem das Verfahren anhängig ist oder zuletzt anhängig war, § 18 Abs. 1 Nr. 1. **30**

3. Kostenschuldner. Kostenschuldner ist gem. § 23 Nr. 1 der Betreute. Der Kostenschuldner kann sich auch aus § 27 Nr. 1 ergeben, wenn das Gericht einem Beteiligten die Kosten auferlegt hat. § 22 Abs. 1 ist nicht einschlägig, weil die von Nr. 11103 KV erfassten Verfahren sowohl auf Antrag als auch von Amts wegen eingeleitet werden können (§ 1896 Abs. 1 BGB), so dass kein ausschließlich auf Antrag einzuleitendes Verfahren vorliegt. **31**

Wegen Vorbem. 1.1 Abs. 1 KV kann die Gebühr von dem Betroffenen aber nur erhoben werden, wenn sein Vermögen nach Abzug der Verbindlichkeiten mehr als 25.000 € beträgt; der in § 90 Abs. 2 Nr. 8 SGB XII genannte Vermögenswert wird nicht mitgerechnet. **32**

4. Vorauszahlungspflicht. Gemäß § 13 S. 1 kann nur in erstinstanzlichen gerichtlichen Verfahren, in denen der Antragsteller die Kosten schuldet (§ 22 Abs. 1), die beantragte Handlung oder eine sonstige gerichtliche Handlung von der Zahlung eines Vorschusses in Höhe der für die Handlung oder der für das Verfahren im Allgemeinen bestimmten Gebühr abhängig gemacht werden. Nur in ausschließlich auf Antrag einzuleitenden gerichtlichen Verfahren kann also eine Vorauszahlungspflicht bejaht werden. Die von Nr. 11103 KV erfassten Verfahren können aber auch von Amts wegen eingeleitet werden (vgl § 1896 Abs. 1 S. 1 BGB), so dass im Ergebnis insgesamt **keine Vorauszahlungspflicht** besteht,[13] auch wenn bspw die Betreuung gem. § 1896 Abs. 1 S. 3 BGB aufgrund körperlicher Behinderung nur auf Antrag angeordnet wird. **33**

Nr.	Gebührentatbestand	Gebühr oder Satz der Gebühr nach § 34 GNotKG – Tabelle A
11104	Jahresgebühr für jedes angefangene Kalenderjahr bei einer Dauerpflegschaft (1) Ist Gegenstand der Pflegschaft ein Teil des Vermögens, ist höchstens dieser Teil des Vermögens zu berücksichtigen. (2) Für das bei der ersten Bestellung eines Pflegers laufende und das folgende Kalenderjahr wird nur eine Jahresgebühr erhoben. (3) Erstreckt sich die Pflegschaft auf mehrere Betroffene, wird die Gebühr für jeden Betroffenen gesondert erhoben.	10,00 € je angefangene 5.000,00 € des reinen Vermögens – mindestens 200,00 €

I. Allgemeines

Nr. 11104 KV regelt – als Jahresgebühr, nicht als Verfahrensgebühr und insoweit vergleichbar mit Nr. 11101 und Nr. 11102 KV – die Jahresgebühr für jedes angefangene Jahr bei einer **Dauerpflegschaft**. **1**

Da sich diese Regelung in Abschnitt 1 bei den Verfahren vor dem Betreuungsgericht befindet, sind von der Regelung nur die Pflegschaften erfasst, die Verfahrensgegenstand bei Betreuungsgerichten sein können. Das bedeutet, dass hier **betreuungsgerichtliche Zuweisungssachen nach § 340 Nr. 1 FamFG** gemeint sind, mithin Verfahren, die die Pflegschaft mit Ausnahme der Pflegschaft für Minderjährige oder für eine Leibesfrucht betreffen. Andere als die Pflegschaften nach § 340 Nr. 1 FamFG fallen **nicht** darunter, insb. nicht **Verfahrenspflegschaften** (also nicht die gesondert im FamFG geregelten Verfahrensbeistand- bzw -pflegschaften nach § 158 FamFG, §§ 276, 277 FamFG, §§ 317, 318 FamFG und § 419 FamFG). **2**

Pflegschaften sind im bürgerlichen Recht in §§ 1909–1921 BGB geregelt. Das BGB kennt die Ergänzungspflegschaft nach § 1909 BGB, die Abwesenheitspflegschaft nach § 1911 BGB, die Pflegschaft für eine Leibesfrucht nach § 1912 BGB, die Pflegschaft für unbekannte Beteiligte nach § 1913 BGB und die Pflegschaft für gesammeltes Vermögen nach § 1914 BGB. **3**

---

[13] Korintenberg/*Fackelmann*, GNotKG, Nr. 11103 KV Rn 35; vgl hierzu ausf. HK-FamGKG/*Volpert*, Nr. 1313 KV Rn 39, § 14 Rn 81 ff mwN.

4   Die Jahresgebühr für Dauerpflegschaften nach Nr. 11104 KV richtet sich mit Gebührensatz von 0,5 nach dem Vermögen des Betroffenen. Insoweit wird zu der Dauerbetreuung bei Minderjährigen eine Parallelität zu Nr. 1311 KV FamGKG hergestellt.

5   Abs. 1 der Anm. entspricht Anm. Abs. 1 S. 2 zu Nr. 11101 KV und sieht bei nur zum Teil durch die Pflegschaft betroffenen Vermögen auch eine lediglich teilweise Berücksichtigung vor.

6   Abs. 2 der Anm. entspricht wiederum Anm. Abs. 2 zu Nr. 11101 KV und ordnet die Erhebung nur einer Jahresgebühr für das bei Anordnung laufende und das nachfolgende Kalenderjahr an.

7   Abs. 3 der Anm. regelt, dass die Gebühr für jeden Betroffenen gesondert entsteht.

8   Endet das Verfahren ohne Anordnung einer Dauerpflegschaft, fällt die allgemeine Verfahrensgebühr nach Nr. 11100 KV an, es sei denn, dass eine Anordnung einer Pflegschaft für einzelne Rechtshandlungen erfolgte. Dann würde Nr. 11105 KV anstelle der allgemeinen Verfahrensgebühr der Nr. 11100 KV eingreifen.

II. Gebührentatbestand: Dauerpflegschaft

9   Zu den Dauerpflegschaften iSd Nr. 11104 KV gehören:

- die Pflegschaften nach § 1909 BGB für Volljährige (sog. **Ergänzungspflegschaft**) (nicht für Minderjährige, da insoweit die Familiengerichte zuständig sind);
- die **Abwesenheitspflegschaft** nach § 1911 BGB;
- **Pflegschaften, die nicht natürliche Personen betreffen** (etwa Sammelvermögen, § 1914 BGB, unabhängig von der Minderjährigkeit der Bezugsperson).

10   Verfahrenspflegschaften (auch Vertreterbestellungen genannt), deren Anordnung dem das Verfahren führenden Gericht obliegt (gem. §§ 57, 58, 494, 779, 787 ZPO, § 6 ZVG, § 96 GBO, §§ 276, 317, 418 FamFG), fallen nicht unter Nr. 11104 KV. Erkennbar wird dies daran, dass das GNotKG in den Nr. 12311 und 12312 KV für die Nachlasspflegschaften eigene Gebührentatbestände regelt. Mangels einer entsprechenden Vorschrift sind sie – wie bereits nach der KostO – als Teil des Verfahrens gebührenfrei.

11   Dies gilt unabhängig davon, ob das Betreuungsgericht die Anordnung über die Verfahrenspflegschaft trifft (etwa nach §§ 276, 317, 419 FamFG).

III. Gebühren

12   **1. Jahresgebühren.** Für die Dauerpflegschaften werden Jahresgebühren erhoben. Dies bedeutet, dass einerseits das Kalenderjahr maßgeblich ist und sich die Gebühren nach dem Vermögen des Betroffenen richten.

13   Aus Anm. Abs. 2 ergibt sich eine Privilegierung für das erste der Bestellung eines Pflegers nachfolgende Kalenderjahr. Denn mit der Jahresgebühr des Kalenderjahres, in dem der Pfleger bestellt wurde, ist das nachfolgende Kalenderjahr mitabgegolten.

14   **Beispiel:** Im Rahmen einer Dauerpflegschaft wird am 5.1. eines Jahres erstmals ein Pfleger bestellt. Für dieses laufende Kalenderjahr fällt eine Jahresgebühr an. Das am 1.1. des darauf folgenden Jahres beginnende Kalenderjahr ist mit der Jahresgebühr für das vorherige laufende Kalenderjahr mitabgegolten.

15   Für das letzte Jahr der Dauerpflegschaft, das idR nicht vollständig abgelaufen ist, gilt aber auch, dass die Jahresgebühr voll (nicht etwa nur anteilig) anfällt. Grund dafür ist, dass das letzte Jahr der Dauerpflegschaft auch ein angefangenes Kalenderjahr iSv Nr. 11104 KV ist.

16   Die Dauer der Dauerpflegschaft ist nicht entscheidend; auch bei einer kurzen Dauerpflegschaft innerhalb eines Kalenderjahres fällt die volle Jahresgebühr an.

17   **2. Mindestgebühr.** Der Mindestbetrag einer Jahresgebühr ist 200 €. Die Mindestgebühr soll einen Mindestdeckungsbeitrag gewährleisten. Bei sehr kleinen Vermögen würden die Kosten des Gebühreneinzugs ohne Mindestgebühr bei Abstellung auf das Reinvermögen möglicherweise die Gebühreneinnahmen überschreiten.

18   **3. Abgeltungsbereich.** Die Jahresgebühr gilt die gesamte Tätigkeit des Betreuungsgerichts im Rahmen eines Pflegschaftsverfahrens ab. Für gerichtliche Maßnahmen im Verlauf der Dauerpflegschaft erwachsen daneben keine besonderen Gebühren, insb. nicht für einzelne Verrichtungen des Betreuungsgerichts.

IV. Geschäftswert

19   **1. Vermögen maßgeblich ohne Freigrenze oder Freibetrag.** Maßgeblich ist das gesamte Reinvermögen. Die Freigrenze von Abs. 1 der Vorbem. 1.1 KV gilt ausdrücklich des Wortlauts nicht für Pflegschaften, denn die Vorschrift beginnt mit „Bei einer Betreuung …".

20   Anders als bei Dauerbetreuungen gibt es bei Dauerpflegschaften (mangels diesbezüglicher Bestimmung) auch keinen Freibetrag.

2. Zeitpunkt der Wertbestimmung. Dieser ergibt sich aus § 59. Wenn das Betreuungsverfahren auf Antrag des Betroffenen eingeleitet wurde, ist der Vermögenswert zum Zeitpunkt der ersten Antragstellung zu bestimmen, § 59 S. 1. Handelt es sich hingegen um ein von Amts wegen eingeleitetes Betreuungsverfahren, ist für die Höhe der einzelnen Jahresgebühr das Vermögen zum Zeitpunkt ihrer Fälligkeit maßgebend (§§ 59 S. 2, 8 Abs. 1), also erstmals bei Anordnung der Maßnahme und später jeweils zu Jahresbeginn.   21

V. Häufung von Personen oder Maßnahmen

1. Mehrere Betroffene (Anm. Abs. 3). Erstreckt sich eine Dauerpflegschaft auf mehrere Betroffene, wird die Gebühr nach Anm. Abs. 3 für jeden Betroffenen gesondert erhoben.   22

2. Mehrere Pfleger. Werden mehrere Pfleger für denselben Fürsorgebedürftigen in einem Verfahren bestellt, handelt es sich kostenrechtlich nur um eine Pflegschaft.[1]   23

3. Mehrere Maßnahmen. Treffen verschiedene Fürsorgemaßnahmen bei demselben Fürsorgebedürftigen zusammen, erfüllt grds. jede für sich den jeweiligen Gebührentatbestand. Dann werden gesonderte Gebühren aus gesonderten Werten erhoben. So liegt der Fall etwa, wenn das Gericht zunächst eine Betreuung für eine einzelne Rechtshandlung anordnet wegen psychischer Krankheit und dann folgt die Anordnung einer Dauerpflegschaft.   24

Das gilt auch bei wirtschaftlicher Identität der Werte.[2] Auch eine Betreuung und eine Pflegschaft für alle Angelegenheiten können also getrennte Gebühren je aus dem Vermögen des Pfleglings auslösen.   25

VI. Weitere praktische Hinweise

1. Fälligkeit. Nach § 8 S. 1 wird die Jahresgebühr der Nr. 11104 KV wie alle Jahresgebühren erstmals bei Anordnung der Maßnahme und bei Fortdauer der Dauerbetreuung zu Beginn eines Kalenderjahres, also am 1. Januar, im Voraus **fällig**. Eine Abhängigmachung von der Zahlung eines Vorschusses nach § 13 S. 1 ist dann nicht möglich, wenn es sich – wie üblich – bei dem Betreuungsverfahren um ein Amtsverfahren handelt.   26

2. Zuständigkeit für den Kostenansatz. Zuständig für den Kostenansatz ist das Gericht, bei dem das Verfahren anhängig ist oder zuletzt anhängig war, § 18 Abs. 1 Nr. 1.   27

3. Kostenschuldner. Gemäß § 23 Nr. 1 ist Kostenschuldner der Betroffene.   28

Nr.	Gebührentatbestand	Gebühr oder Satz der Gebühr nach § 34 GNotKG – Tabelle A
11105	Verfahren im Allgemeinen bei einer Pflegschaft für einzelne Rechtshandlungen .... (1) Die Gebühr wird nicht neben einer Gebühr 11104 erhoben. (2) Erstreckt sich die Pflegschaft auf mehrere Betroffene, ist Höchstgebühr die Summe der Gebühren 11104.	0,5 – höchstens eine Gebühr 11104

I. Allgemeines

Nr. 11105 KV regelt den Gebührentatbestand für Verfahren im Allgemeinen bei einer **Pflegschaft für einzelne Rechtshandlungen**. Zu unterscheiden ist hiervon die Regelung der Nr. 11104 KV, die zwar auch Pflegschaften betrifft, aber nicht einzelne Rechtshandlungen, sondern Dauerpflegschaften. Hintergrund der hier genannten einzelnen Rechtshandlung ist der im materiellen Recht geltende Erforderlichkeitsgrundsatz, dass also ein Betreuer gem. § 1896 Abs. 2 S. 1 BGB nur für Aufgaben bestellt werden darf, in denen die Betreuung erforderlich ist.   1

Die Höhe des Gebührensatzes orientiert sich an Nr. 11100 KV GNotKG und an Nr. 1313 KV FamGKG.   2

Für einzelne Rechtshandlungen entstehen im Fall von Dauerpflegschaften iSd Nr. 11104 KV nach Abs. 1 der Anm. zu Nr. 11105 KV keine zusätzlichen Gebühren.   3

---

1 Rohs/Wedewer/*Waldner*, KostO, § 92 Rn 37. **2** OLG München JVBl. 1938, 140; aA KG JVBl. 1939, 191.

II. Gebührentatbestand

4   **1. Einzelne Rechtshandlungen.** Vergleichbar mit der Abgrenzung von Dauerbetreuungen nach Nr. 11101 KV und Nr. 11102 KV zu einzelnen Rechtshandlungen im Rahmen der Betreuung nach Nr. 11103 KV sind bei einer Pflegschaft einzelne Rechtshandlungen solche, die Einzelmaßnahmen mit zeitlicher Begrenzung betreffen und nicht einen gesamten Aufgabenkreis zum Gegenstand haben.

5   Einzelne Rechtshandlungen in diesem Sinne sind zB:

- Ergänzungspflegschaften für einzelne Rechtsgeschäfte gem. §§ 1909 Abs. 1 S. 1, 1629 Abs. 2 S. 1, 1795 Abs. 1 Nr. 1 und 2, 181 BGB;
- Ergänzungspflegschaften für gerichtliche Verfahren.

6   **2. Pflegschaft.** Maßgeblich für den Gebührentatbestand ist die **Anordnung** gem. §§ 1915 Abs. 1, 1774 BGB. Die Pflegschaft **endet** kraft Gesetzes nach §§ 1918, 1921 Abs. 3 BGB oder mit Aufhebung gem. §§ 1919, 1921 Abs. 2, 3 BGB.

III. Gebühr

7   **1. Entstehung.** Mit der Erfüllung des Gebührentatbestands **entsteht** eine 0,5-Gebühr. Wird ein Antrag vor diesem Zeitpunkt **zurückgenommen**, hat dies keinen Einfluss auf die Entstehung.

8   **2. Abgeltungsbereich.** Im Rahmen des Pflegschaftsverfahrens ist mit der Gebühr die gesamte gerichtliche Tätigkeit des **Pflegschaftsverfahrens** abgegolten. Weitere Gebühren werden daneben nicht erhoben. Die Abgeltung bezieht sich aber nicht auf weitere, davon unabhängige Verfahren, wie zB die Bestellung eines Prozessvertreters für Prozessunfähige nach §§ 57, 58 ZPO.

9   **3. Verhältnis zur Gebühr Nr. 11104 (Anm. Abs. 1).** Nach Anm. Abs. 1 wird die Gebühr Nr. 11105 KV nicht neben einer Gebühr nach Nr. 11104 KV erhoben. Das bedeutet, dass die Dauerpflegschaft gebührenmäßig vorrangig zu der Pflegschaft für einzelne Rechtshandlungen ist. Wenn also eine Dauerpflegschaft iSd Nr. 11104 KV besteht, wird eine Gebühr nach Nr. 11104 KV erhoben, daneben nicht eine Gebühr nach Nr. 11105 KV. Es genügt dabei, wenn die Voraussetzungen der Dauerpflegschaft bereits bei Anordnung der Pflegschaft für einzelne Rechtshandlungen vorlagen, die Dauerpflegschaft aber erst später angeordnet wird.

10   Die Gebühr Nr. 11105 KV wird aber erhoben, wenn die Dauerpflegschaft trotz dahin gehenden Bedürfnisses nicht angeordnet wird.

11   **4. Höchstgebühr bei mehreren Betroffenen (Anm. Abs. 2).** Der Gebührensatz beträgt 0,5-Gebühren, höchstens eine Gebühr nach Nr. 11104 KV. Zugleich ist nach Anm. Abs. 2 bei mehreren Betroffenen die Höchstgrenze ebenfalls die Gebühr nach Nr. 11104 KV.

12   **5. Keine Freigrenze, kein Freibetrag.** Aufgrund der Formulierung in Vorbem. 1.1 Abs. 1 KV „In Betreuungssachen …" gelten für Pflegschaften keine Freigrenzen oder Freibeträge. Gebühren und Auslagen werden ohne Einschränkungen auf Schonvermögen oder Ähnliches erhoben.

IV. Geschäftswert

13   Der Geschäftswert bestimmt sich nach § 63. Maßgeblich ist nach § 63 S. 1 der Wert des Gegenstands, auf den sich die einzelne Rechtshandlung bezieht. Sonderfälle sind in § 63 S. 2 und 3 geregelt.

14   Der **Zeitpunkt** der Wertberechnung folgt aus § 59: Wird das Verfahren auf Antrag eingeleitet, ist der Vermögenswert im Zeitpunkt der ersten Antragstellung zu bestimmen. Wird das Verfahren hingegen von Amts wegen eingeleitet, ist der Fälligkeitszeitpunkt nach § 9 zu bestimmen, da keine Jahresgebühr nach § 8 vorliegt.

15   Maßgebender Bewertungszeitpunkt ist gem. § 59 S. 1 der Zeitpunkt der Antragstellung, bei einem von Amts wegen eingeleiteten Pflegschaftsverfahren gem. §§ 59 S. 2, 9 Abs. 1 der Zeitpunkt der Fälligkeit.

V. Weitere praktische Hinweise

16   **1. Fälligkeit.** Die Gebühr Nr. 11105 KV wird nach Maßgabe des § 9 Abs. 1 fällig, idR also mit der unbedingten Entscheidung über die Kosten (§ 9 Abs. 1 Nr. 1) oder mit der anderweitigen Erledigung des Verfahrens.

17   **2. Zuständigkeit für den Kostenansatz.** Das Gericht, bei dem das Verfahren anhängig ist oder zuletzt anhängig war, ist zuständig für den Kostenansatz, § 18 Abs. 1 Nr. 1.

18   **3. Kostenschuldner.** Der Betroffene ist Kostenschuldner, § 23 Nr. 1.

Abschnitt 2
Beschwerde gegen die Endentscheidung wegen des Hauptgegenstands

Nr.	Gebührentatbestand	Gebühr oder Satz der Gebühr nach § 34 GNotKG – Tabelle A
11200	Verfahren im Allgemeinen	1,0

I. Allgemeines

Der Gebührentatbestand der Nr. 11200 KV regelt die Gebühr für Beschwerden gegen die Endentscheidung wegen des Hauptgegenstands in **Betreuungssachen** (§ 271 FamFG) und **betreuungsgerichtlichen Zuweisungssachen** (§ 340 FamFG) (→ Vorbem. 1.1 KV Rn 1 ff). Nr. 11200 KV entspricht der Regelung in Nr. 1314 KV FamGKG.[1] Der Gebührensatz beträgt 1,0. Eine Ermäßigung der Verfahrensgebühr ist nur unter den in Nr. 11201 KV genannten Voraussetzungen möglich. **1**

Gegen Endentscheidungen des Betreuungsgerichts ist die in §§ 58 ff FamFG geregelte Beschwerde statthaft. Beschwerdegericht ist gem. §§ 72 Abs. 1 S. 2, 23 c GVG das Landgericht. Die Beschwerde ist gem. § 64 Abs. 1 S. 1 FamFG bei dem Betreuungsgericht einzulegen, dessen Beschluss angefochten wird. **2**

II. Gebührentatbestand

Die Gebühr Nr. 11200 KV ist eine allgemeine **Verfahrensgebühr**. Der Ausgang des Verfahrens spielt für die Entstehung der Gebühr keine Rolle. Mit der Gebühr sind alle Tätigkeiten des Gerichts als Beschwerdegericht pauschal abgegolten, vom Eingang der Beschwerde bis zum Abschluss des Rechtszugs. **3**

III. Geltungsbereich

1. Betreuungssachen und betreuungsgerichtliche Zuweisungssachen. Nr. 11200 KV gilt nur für Beschwerden gegen Endentscheidungen wegen des Hauptgegenstands des Betreuungsgerichts in Betreuungssachen (§ 271 FamFG) und betreuungsgerichtlichen Zuweisungssachen (§ 340 FamFG) (ausf. → Vorbem. 1.1 KV Rn 1 ff). **4**

2. Beschwerde gegen Endentscheidung. Nr. 11200 KV erfasst nur die Beschwerde gegen eine **Endentscheidung**. Damit ist nach der Legaldefinition in § 38 Abs. 1 S. 1 FamFG die vollständige oder teilweise Erledigung des Verfahrensgegenstands durch Entscheidung gemeint. In der Regel ist die Endentscheidung die Entscheidung in der Sache selbst bzw in der Hauptsache.[2] **5**

3. „Wegen des Hauptgegenstands". Darüber hinaus muss es sich nach der Formulierung in der Überschrift des Abschnitts 2 um die Beschwerde gegen die Endentscheidung „wegen des Hauptgegenstands" handeln. Das soll das Beschwerdeverfahren wegen des Hauptgegenstands von den Rechtsmittelverfahren, zB gegen die Kostengrundentscheidung, gegen den Kostenansatz, im Kostenfestsetzungsverfahren,[3] wegen der Festsetzung einer Vergütung für einen Betreuer, oder auch zu Verfahren des einstweiligen Rechtsschutzes (Hauptabschnitt 6, Nr. 16110 ff KV) abgrenzen.[4] Nr. 11200 KV gilt deshalb nur für die Beschwerde gegen die Endentscheidung **wegen des Hauptgegenstands**. **6**

Sofern die selbständige Anfechtbarkeit von **Zwischen- oder Nebenentscheidungen** mit der Beschwerde möglich ist, wird im FamFG ausdrücklich auf die §§ 567 ff ZPO verwiesen (vgl zB § 6 Abs. 2, § 7 Abs. 5, § 21 Abs. 2, § 33 Abs. 3 S. 5, § 35 Abs. 5, § 76 Abs. 2, § 85 FamFG). Die Gebühr in diesen Beschwerdeverfahren richtet sich aber nicht nach Nr. 11200 KV, sondern ggf nach Nr. 19116 KV (Festgebühr 60 € bei Zurückweisung oder Verwerfung der Beschwerde).[5] **7**

IV. Verfahrensgebühr

1. Abgeltungsbereich/Pauschgebühr. Die als Wertgebühr (§ 34) ausgestaltete 1,5-Verfahrensgebühr Nr. 11200 KV entsteht als **Pauschgebühr** für das Beschwerdeverfahren im Allgemeinen.[6] Sie wird daher nicht für besondere Handlungen eines Beteiligten oder Tätigkeiten des Gerichts, sondern für den Ablauf des gerichtlichen Beschwerdeverfahrens erhoben, der die Gebühr immer wieder neu erwachsen lässt. Deshalb **8**

---

1 BT-Drucks 17/11471, S. 196. **2** Horndasch/Viefhues/*Reinken*, § 38 FamFG Rn 4. **3** BT-Drucks 17/11471, S. 196. **4** Vgl BT-Drucks 17/11471, S. 252, 250. **5** So auch Korintenberg/*Fackelmann*, Nr. 11200 KV Rn 3. **6** Vgl BGH NJW 2013, 2824 = AGS 2013, 433.

erscheint es zutreffend, davon auszugehen, dass die Gebühr im Laufe des Beschwerdeverfahrens immer wieder neu entsteht und so jeweils den höchsten Wert des Verfahrens berücksichtigt.[7]

9   Durch den Gebührensatz von 1,5 wird die gesamte Tätigkeit des Gerichts im Beschwerdeverfahren vom Eingang der Beschwerde bis zum Abschluss des Rechtszugs abgegolten. Abgegolten ist daher insb. die vom LG durch Beschluss getroffene Endentscheidung (§ 38 Abs. 1 S. 1 FamFG). Abgegolten ist aber auch der beim Gericht durch die Einreichung der Beschwerde entstehende Aufwand, zB der Schriftverkehr mit den Beteiligten, die Bestimmung und Abhaltung von Terminen, die Überwachung von Fristen, alle Zwischen- und Nebenentscheidungen des Gerichts, Tätigkeiten im Hinblick auf eine beantragte VKH, eine Wertfestsetzung (§ 79), der Kostenansatz (§ 18), die Festsetzung der Vergütung der im Wege der VKH beigeordneten Rechtsanwälte (§ 55 RVG) sowie die entsprechenden Rechtsmittelverfahren (s. §§ 81 ff, § 56 Abs. 2 S. 2 RVG).

10   **2. Entstehung der Gebühr.** Mit der Einlegung bzw **Einreichung** der unbedingten Beschwerde entsteht die Gebühr mit einem Satz von 1,5 (zur Einreichung s. auch → GKG Nr. 1210 KV Rn 11 ff). Die Einreichung der **Begründung der Beschwerde** (s. § 65 Abs. 1 FamFG) ist für die Entstehung nicht erforderlich.[8] Sie fällt auch sogleich mit dem **1,5-fachen Satz** und nicht bis zum Eingang der Begründung der Beschwerde nur mit dem in Nr. 11201 KV vorgesehenen halben Satz an.[9]

11   Die Beschwerdeschrift muss gem. § 64 Abs. 2 S. 4 FamFG **unterschrieben** sein. Eine nicht unterschriebene Beschwerde löst die Gebühr nicht aus.[10] Denn dann liegt nur ein Entwurf vor, der nicht erkennen lässt, ob er für den Rechtsverkehr bestimmt ist. Auch ein Stempelabdruck „gez." ersetzt die erforderliche Unterschrift nicht.[11]

12   Unerheblich ist, ob die Beschwerde überhaupt zugelassen war, fristgerecht eingelegt wurde[12] oder sonst zulässig bzw begründet ist.[13] Die Gebühr entsteht daher zB auch dann, wenn die in §§ 63 ff FamFG enthaltenen Form- und Fristvorschriften nicht beachtet werden. Sie entsteht **unabhängig vom Verfahrensausgang** (arg. e Nr. 11201 KV). Allerdings kann sie sich unter den dort genannten Voraussetzungen auf eine 0,5- oder 1,0-Verfahrensgebühr ermäßigen.

13   Die Beschwerde muss **unbedingt** eingelegt worden sein. Bei der **gleichzeitigen Einreichung eines VKH-Antrags** ist maßgeblich, was der Antragsteller will: Wurde Beschwerde unabhängig von der VKH eingelegt, entsteht die Gebühr. Wurde die Beschwerde zunächst nicht eingelegt und nur der VKH-Antrag, entsteht keine Gebühr. Wurde die Beschwerde eindeutig eingelegt mit der Bedingung, dass der VKH-Antrag Erfolg haben werde, fehlt es an einer unbedingten Einlegung der Beschwerde und es entsteht keine Gebühr. Wird unbedingt Beschwerde eingelegt, aber unter dem Vorbehalt der Rücknahme der Beschwerde für den Fall der Ablehnung von VKH, entsteht die Gebühr Nr. 11200 KV. Bei Zurücknahme vor Endentscheidung kann aber ein Ermäßigungstatbestand wegen der Rücknahme eingreifen.[14]

14   **3. Verhältnis zu Nr. 11201 KV (Gebührenermäßigung).** Die Gebühr Nr. 11200 KV **ermäßigt** sich bei Eingreifen eines der Tatbestände nach Nr. 11201 KV von 1,0- auf 0,5-Gebühren. Nr. 11201 KV macht deutlich, dass die einmal entstandene Verfahrensgebühr nachträglich nicht mehr wegfallen, sondern sich nur noch ermäßigen kann (Ausnahme: unrichtige Sachbehandlung, § 21).[15] Sie entsteht daher unabhängig vom Verfahrensausgang (arg. e Nr. 11201 KV).[16] Siehe im Einzelnen die Erl. zu Nr. 11201 KV.

15   **4. Mehrere Beschwerden; Anschlussbeschwerde.** Bei mehreren Beschwerden, die nicht in getrennten Verfahren verhandelt werden, kommt es für die Berechnung der Verfahrensgebühr darauf an, ob die wechselseitigen Beschwerden denselben Gegenstand oder verschiedene Gegenstände betreffen. Die Wertberechnung richtet sich nach § 61.[17]

-   Haben mehrere Beschwerden einen **eigenen Gegenstand** bzw betreffen diese **verschiedene Gegenstände** (auch **wechselseitige Beschwerde**), fällt bzgl jeder Beschwerde keine gesonderte Gebühr an. Wegen §§ 35 Abs. 1, 55 Abs. 1 wird die Gebühr Nr. 11200 KV nur einmal nach dem zusammengerechneten

---

[7] Vgl hierzu BVerwG NJW 1960, 1973; BGH NJW 2013, 2824 = AGS 2013, 433; KG AGS 2012, 531; KG 10.5.2010 – 1 W 443/09, juris; OLG Hamburg OLGR Hamburg 2006, 533; OLG Schleswig JurBüro 1996, 204 (für die Verfahrensgebühr im Berufungsverfahren); vgl auch OLG Stuttgart AGS 2015, 518 = MDR 2015, 1103 = RVGreport 2016, 80; abl. OLG Koblenz JurBüro 2013, 213 = NJW-RR 2013, 717. **8** Vgl BGH 20.5.1999 – I ZB 38/98, juris. **9** Vgl Korintenberg/*Fackelmann*, Nr. 11200 KV Rn 179; OLG Celle RVGreport 2012, 475 = AGS 2012, 292 = FuR 2012, 8 (zur Verfahrensgebühr Nr. 1322 KV FamGKG); OLG Düsseldorf NJW-RR 1997, 1159 = MDR 1997, 402. **10** OLG Stuttgart FamRZ 2011, 1324 = JurBüro 2011, 309. **11** OLG Stuttgart FamRZ 2011, 1324 = JurBüro 2011, 309. **12** Vgl OLG Düsseldorf NJW-RR 1997, 1159 = MDR 1997, 402 (zur Berufung). **13** OLG Celle AGS 2009, 341; OLG Stuttgart FamRZ 2011, 1324 = JurBüro 2011, 309 = RVGreport 2011, 352 m. zust. Anm. *Hansens*. **14** Vgl hierzu ausf. HK-FamGKG/*Volpert*, Nr. 1222 KV Rn 17 ff. **15** Korintenberg/*Fackelmann*, Nr. 11200 KV Rn 18; OLG Celle RVGreport 2012, 475 = AGS 2012, 292 = FuR 2012, 8 (zu Nr. 1315, 1322 KV FamGKG); OLG Düsseldorf NJW-RR 1997, 1159 = MDR 1997, 402. **16** Korintenberg/*Fackelmann*, Nr. 11200 KV Rn 7; OLG Koblenz MDR 2005, 1017; KG NJW-RR 1998, 1375 = AGS 1998, 154; OLG Schleswig AnwBl 1997, 288 = SchlHA 1996, 305. **17** Vgl dazu auch ausf. HK-FamGKG/*Volpert*, Nr. 1222 KV Rn 20 ff.

Wert der Gegenstände erhoben.[18] § 56 Abs. 2 ist nicht anzuwenden.[19] Dessen Anwendung setzt voraus, dass von einzelnen Werteilen in demselben Rechtszug für gleiche Handlungen Gebühren zu berechnen sind. Diese § 30 FamGKG entsprechende Regelung[20] hat aber praktisch keinen Anwendungsbereich (→ § 56 Rn 11).[21] Insbesondere kann sie nicht bei Entstehung einer Gebühr für das Verfahren im Allgemeinen wie nach Nr. 11200 KV, sondern allenfalls bei Entscheidungs- oder Aktgebühren angewandt werden (→ § 56 Rn 11).[22] Denn die Anwendung setzt voraus, dass innerhalb eines Rechtszugs mehrere Teile des Verfahrensgegenstands behandelt werden, für die jeweils eine Gebühr für die gleiche Handlung des Gerichts zu erheben ist.[23] Ein mehrfacher Ansatz der Verfahrensgebühr in demselben Rechtszug scheidet aber bereits wegen § 55 Abs. 1 aus. Auch wegen § 56 Abs. 1 ist für die als Pauschgebühr ausgestaltete allgemeine Verfahrensgebühr die Anwendung von § 56 Abs. 2 nicht eröffnet. Denn die Verfahrensgebühr wird für das gesamte Verfahren und nicht für gerichtliche Handlungen erhoben (→ Rn 8 f).

- Handelt es sich bei den mehreren Beschwerden in Wirklichkeit um **eine Beschwerde**, weil den Beteiligten das Beschwerderecht gemeinschaftlich zusteht, entsteht ebenfalls nur eine Gebühr.[24]
- Betreffen die mehreren Beschwerden **denselben Gegenstand**, so fällt nur eine Gebühr nach dem Wert dieses Gegenstands an.[25]
- Richten sich mehrere Beschwerdeverfahren **gegen mehrere Entscheidungen**, so fallen immer getrennte Gebühren an, auch bei gemeinsamer Entscheidung nach einer etwaigen Verbindung der Verfahren.[26] Denn die Verbindung lässt die vorher angefallenen eigenständigen Verfahrensgebühren unberührt.

Diese Überlegungen gelten für die **Anschlussbeschwerde** (§ 66 FamFG) entsprechend.[27]   16

V. Geschäftswert

§ 61 Abs. 1 S. 1 regelt, dass sich in Rechtsmittelverfahren der Geschäftswert nach den Anträgen des Rechtsmittelführers bestimmt. Als Ausnahmeregelung legt § 61 Abs. 1 S. 2 fest, dass die Beschwer maßgebend ist, wenn das Verfahren ohne solche Anträge endet. Die Bewertung der Anträge des Rechtsmittelführers ist nach den Wertvorschriften der §§ 36 ff vorzunehmen. Entscheidender Zeitpunkt der Bewertung ist nach § 59 der Eingang der Beschwerde bei Gericht. Wurde kein Antrag gestellt oder geht dieser verspätet ein, ist maßgeblich, wann ein Antrag zuletzt hätte gestellt werden können.   17

Mit Ausnahme einer Erweiterung (§ 61 Abs. 2 S. 2) ist der Geschäftswert des Rechtsmittelverfahrens gem. § 61 Abs. 2 S. 1 auf den Geschäftswert des ersten Rechtszugs beschränkt.   18

VI. Weitere praktische Hinweise

1. Fälligkeit. Die Gebühr Nr. 11200 KV wird gem. § 9 Abs. 1 fällig. § 8 greift nicht ein, da es sich um eine Verfahrensgebühr, nicht um eine Jahresgebühr handelt.   19

2. Abhängigmachung. Eine Abhängigmachung der beantragten Handlung oder einer sonstigen gerichtlichen Handlung von der vorherigen Zahlung der Gebühr ist ausgeschlossen, weil § 13 S. 1 eine Abhängigmachung nur in erstinstanzlichen Verfahren erlaubt.   20

3. Zuständigkeit für den Kostenansatz. Nach § 18 Abs. 1 S. 1 Nr. 2 setzt das Beschwerdegericht (LG) die Kosten der Beschwerde an.   21

4. Kostenschuldner. Kostenschuldner der Verfahrensgebühr für das Beschwerdeverfahren ist der Antragsschuldner nach § 22 Abs. 1. Bei Beschwerdeeinlegung durch Bundes- oder Landesbehörden gilt aber die **Kostenfreiheit** nach § 2 Abs. 1. Die Haftung nach § 22 Abs. 1 erlischt jedoch nach § 25 Abs. 1, wenn die Beschwerde ganz oder teilweise mit Erfolg eingelegt worden ist und das Gericht nicht über die Kosten entschieden hat oder die Kosten nicht von einem anderen Beteiligten übernommen worden sind. Eine kostenrechtliche Privilegierung für den Betreuten enthält § 25 Abs. 2. Danach schuldet nur derjenige die Kosten, dem das Gericht die Kosten auferlegt hat, wenn sich die Beschwerde gegen eine Entscheidung des Betreuungsgerichts richtet und sie von dem Betreuten oder dem Pflegling oder im Interesse dieser Personen eingelegt wurde.   22

Handelt es sich um eine Betreuungssache und soll die Gebühr von dem Betroffenen erhoben werden, gilt Vorbem. 1.1 Abs. 1 KV. Danach wird die Gebühr von dem Betroffenen nur erhoben, wenn sein Vermögen   23

---

18 Korintenberg/*Thamke*, § 55 Rn 8, 19; vgl auch HK-FamGKG/*Volpert*, Nr. 1222 KV Rn 24 ff; aA aber Korintenberg/*Fackelmann*, Nr. 11200 KV Rn 20 unter Hinweis auf BayObLG JurBüro 1982, 896 – (diese zur KostO ergangene Entscheidung ist durch das GNotKG allerdings überholt). **19** So aber BDS/*Sommerfeldt*, Nr. 11200 KV Rn 18. **20** BT-Drucks 17/11471, S. 173. **21** So auch Korintenberg/*Thamke*, § 56 Rn 19; vgl auch HK-FamGKG/*N. Schneider*, § 30 Rn 23. **22** Korintenberg/*Thamke*, § 56 Rn 19; vgl auch BDS/*Sommerfeldt*, § 56 Rn 4 f. **23** Korintenberg/*Thamke*, § 56 Rn 16. **24** BDS/*Sommerfeldt*, Nr. 11200 KV Rn 18; Korintenberg/*Fackelmann*, Nr. 11200 KV Rn 21. **25** Korintenberg/*Fackelmann*, Nr. 11200 KV Rn 22; vgl HK-FamGKG/*Volpert*, Nr. 1222 KV Rn 21 ff; HK-FamGKG/*N. Schneider*, § 40 Rn 26 ff. **26** Korintenberg/*Thamke*, § 55 Rn 8, 19. **27** Vgl HK-FamGKG/*Volpert*, Nr. 1222 KV Rn 27.

nach Abzug der Verbindlichkeiten mehr als 25.000 € beträgt; der in § 90 Abs. 2 Nr. 8 SGB XII genannte Vermögenswert wird nicht mitgerechnet. Handelt es sich nicht um eine Betreuungssache oder ist nicht der Betroffene Kostenschuldner, gilt die Freigrenze nicht.[28]

Nr.	Gebührentatbestand	Gebühr oder Satz der Gebühr nach § 34 GNotKG – Tabelle A
11201	Beendigung des gesamten Verfahrens ohne Endentscheidung: Die Gebühr 11200 ermäßigt sich auf .... (1) Wenn die Entscheidung nicht durch Verlesen der Entscheidungsformel bekannt gegeben worden ist, ermäßigt sich die Gebühr auch im Fall der Zurücknahme der Beschwerde oder des Antrags vor Ablauf des Tages, an dem die Endentscheidung der Geschäftsstelle übermittelt wird. (2) Eine Entscheidung über die Kosten steht der Ermäßigung nicht entgegen, wenn die Entscheidung einer zuvor mitgeteilten Einigung über die Kostentragung oder einer Kostenübernahmeerklärung folgt.	0,5

I. Allgemeines

1   Nr. 11201 KV stellt einen **Ermäßigungstatbestand** für die Gebühr Nr. 11200 KV dar. In den genannten Fällen (Beendigung des gesamten Verfahrens ohne Endentscheidung und Rücknahme der Beschwerde – Anm. Abs. 1) ermäßigt sich die Gebühr in Beschwerdeverfahren der **Betreuungssachen** (§ 271 FamFG) oder **betreuungsgerichtlichen Zuweisungssachen** (§ 340 FamFG) (ausf. → Vorbem. 1.1 KV Rn 1 ff) von 1,0 auf 0,5.

2   Die Ermäßigung tritt ein, wenn
- das gesamte Verfahren **ohne Endentscheidung und ohne Kostenentscheidung beendet** wurde,
- das gesamte Verfahren **ohne Endentscheidung, aber mit Kostenentscheidung beendet** wurde, sofern diese einer zuvor mitgeteilten Einigung über die Kostentragung oder einer Kostenübernahmeerklärung folgt,
- die Beschwerde gem. Anm. Abs. 1 nach Endentscheidung, aber vor Übermittlung der Endentscheidung an die Geschäftsstelle **zurückgenommen** wurde,
- der Antrag nach Endentscheidung, aber vor Übermittlung der Endentscheidung an die Geschäftsstelle **zurückgenommen** wurde.

3   Eine Kostenentscheidung steht der Ermäßigung gem. Anm. Abs. 2 nicht entgegen, wenn sie einer zuvor mitgeteilten Einigung über die Kostentragung oder einer Kostenübernahmeerklärung folgt.

II. Ermäßigungstatbestand

4   **1. Beendigung des gesamten Verfahrens ohne Endentscheidung. a) Grundsatz.** Nach dem eindeutigen Wortlaut ist stets Voraussetzung des Eingreifens des Ermäßigungstatbestands, dass sich das gesamte Verfahren erledigt, ohne dass das Gericht eine Endentscheidung treffen muss.

5   **b) Beendigung des gesamten Verfahrens.** Erledigung des **gesamten Verfahrens** bedeutet, dass das Gericht keine Entscheidung mehr treffen muss, weder in einem Haupt- noch in einem Nebenpunkt.[1] Muss das Gericht aber noch eine **Kostenentscheidung** treffen, hindert das grds. die Gebührenermäßigung. Nur unter den in Anm. Abs. 2 genannten Voraussetzungen steht eine Kostenentscheidung der Ermäßigung allerdings nicht entgegen: Nur eine gerichtliche Kostenentscheidung, folgend auf eine Einigung über die Kostentragung oder nach Abgabe einer Kostenübernahmeerklärung, ist nach Anm. Abs. 2 unschädlich (ausf. → Rn 11 ff). Umgekehrt heißt das: Muss das Gericht eine Kostenentscheidung treffen, die nicht unter Anm. Abs. 2 fällt, greift der Ermäßigungstatbestand der Nr. 11201 KV nicht ein.

6   Die Ermäßigung tritt bei **mehreren eingelegten Beschwerden** (wechselseitige Beschwerden) nur ein, wenn alle Beschwerden bzw Anträge zurückgenommen werden. Die Rücknahme nur einer Beschwerde reicht nicht aus.

---

28 BDS/*Sommerfeldt*, Nr. 11200 KV Rn 15 f. **1** Korintenberg/*Fackelmann*, Nr. 11201 KV Rn 7.

Eine unselbständigen **Anschlussbeschwerde** (§ 66 FamFG) verliert mit der Rücknahme oder sonstigen Erledigung der (Haupt-)Beschwerde gem. § 66 Abs. 2 FamFG ihre Wirkung. Mit der Rücknahme der (Haupt-)Beschwerde tritt also eine Erledigung des gesamten Verfahrens ein.[2]   **7**

c) Ohne Endentscheidung. Kostenrechtlich privilegiert Nr. 11201 KV, dass das Gericht keine Endentscheidung mehr treffen muss. Dies kann etwa eintreten durch Erledigung in der Hauptsache, Rücknahme des Antrags (→ Rn 20 f) oder der Beschwerde, durch Vergleich oder Anerkenntnis.   **8**

Stets ist Voraussetzung, dass das Gericht gar keine Entscheidung mehr treffen muss, auch keine Kostenentscheidung.[3] Dies gilt nur in den Ausnahmefällen der Anm. Abs. 2 nicht (→ Rn 11 ff).   **9**

Mit der **Endentscheidung** ist nach der Legaldefinition in § 38 Abs. 1 S. 1 FamFG die vollständige oder teilweise Erledigung des Verfahrensgegenstands durch Entscheidung gemeint. In der Regel ist die Endentscheidung die Entscheidung in der Sache selbst bzw in der Hauptsache.[4] Gemäß §§ 69 Abs. 3, 38 Abs. 3 S. 3 FamFG ist das Datum der Übergabe des Beschlusses an die Geschäftsstelle oder der Bekanntgabe durch Verlesen der Beschlussformel (Erlass; vgl §§ 69 Abs. 3, 41 Abs. 2 S. 1 FamFG) auf dem Beschluss zu vermerken. Die Endentscheidung ist also mit der Übergabe der Beschwerdeentscheidung an die Geschäftsstelle oder im Zeitpunkt der Verlesung der Beschlussformel erlassen.   **10**

2. Ermäßigung trotz Kostenentscheidung des Gerichts (Anm. Abs. 2). a) Allgemeines. Auch eine Kostenentscheidung des Gerichts ist ausnahmsweise für das Eingreifen des Gebührenermäßigungstatbestands unschädlich, wenn das Gericht eine Einigung bzw Erklärung der Beteiligten letztlich nur vollziehen muss. Folgt die Kostenentscheidung des Gerichts also bloß einer zuvor mitgeteilten Einigung der Beteiligten über die Kostentragung oder einer Kostenübernahmeerklärung eines der Beteiligten, hindert dies nicht das Eingreifen des Ermäßigungstatbestands.   **11**

b) Kostenentscheidung folgt zuvor mitgeteilter Einigung. Folgt die Kostenentscheidung einer zuvor mitgeteilten Einigung über die Kostentragung, tritt die Gebührenermäßigung ein. Unerheblich ist dabei, ob es sich um eine **außergerichtliche** oder **gerichtliche Einigung** handelt. Erforderlich ist aber, dass die Einigung über die Kosten dem Gericht **vor** (zuvor) dessen Kostenentscheidung mitgeteilt worden und damit aktenkundig geworden ist.[5] Denn sonst tritt die Entlastung des Gerichts, die durch den Ermäßigungstatbestand honoriert werden soll, nicht ein.   **12**

Die Kostenentscheidung **folgt** einer zuvor mitgeteilten Einigung über die Kostentragung, wenn das Gericht die Einigung einfach bzw **uneingeschränkt** in seine Kostenentscheidung übernehmen kann.[6] Entscheidend ist daher, dass die Kostenentscheidung der Vereinbarung der Beteiligten **inhaltlich entspricht bzw uneingeschränkt folgt**.[7] Dann reicht nämlich zur Begründung der Kostenentscheidung eine Bezugnahme auf die aktenkundig gemachte Einigung aus.[8] Erfolgt durch das Gericht eine weitergehende und durch die zuvor mitgeteilte Einigung nicht veranlasste begründete Kostenentscheidung, lässt das die Privilegierung nicht entfallen.[9]   **13**

Der Begriff „folgt" in Anm. Abs. 2 ist damit **nicht allein zeitlich** aufzufassen.[10] Der Gesetzgeber weist in den Motiven zu der gleichlautenden Regelung in Nr. 1211 Ziff. 4 KV GKG ausdrücklich darauf hin, dass die Ermäßigung bei Erledigungserklärungen nur eintreten soll, wenn das Gericht bei seiner Entscheidung einer zuvor von den Parteien mitgeteilten Einigung in der Kostenfrage uneingeschränkt folgt.[11]   **14**

c) Kostenentscheidung folgt Kostenübernahmeerklärung. Folgt die gerichtliche Kostenentscheidung der Kostenübernahmeerklärung eines Beteiligten, hat also dieser seine **Bereitschaft zur Kostenübernahme** erklärt, tritt die Gebührenermäßigung ebenfalls ein. Hier liegt ein Anerkenntnis in der Kostenfrage vor, das den Begründungsaufwand des Gerichts entfallen lässt und deshalb die Privilegierung rechtfertigt.[12]   **15**

Eine die Gebührenermäßigung hindernde gerichtliche Kostenentscheidung ergeht dabei auch nicht, wenn ein Beteiligter seine Verpflichtung zur Zahlung der Kosten **durch deren Zahlung**[13] oder den **Kostenantrag** des anderen Beteiligten **anerkennt**.[14] Auch hier hat die – nicht erforderliche – Kostenentscheidung lediglich deklaratorische Bedeutung.[15]   **16**

---

2 Vgl HK-FamGKG/*N. Schneider*, Nr. 1315 KV Rn 5. **3** Vgl OLG Celle AGS 2012, 292 = JurBüro 2012, 377 = RVGreport 2012, 475. **4** Horndasch/Viefhues/*Reinken*, § 38 FamFG Rn 4. **5** Vgl OLG Düsseldorf 28.1.2014 – I-10 W 5/14, nv (zu Nr. 1211 KV GKG); OLG Brandenburg NJW-RR 1999, 654 = MDR 1999, 188. **6** Vgl hierzu OLG Hamm 6.5.2011 – I-25 W 162/11, juris; BAG NJW 2004, 533; BT-Drucks 15/1971, S. 160. **7** Vgl hierzu OLG Hamm 6.5.2011 – I-25 W 162/11, juris. **8** Vgl hierzu OLG Hamm 6.5.2011 – I-25 W 162/11, juris. **9** Vgl insoweit OLG Düsseldorf 28.1.2014 – I-10 W 5/14, nv (zu Nr. 1211 KV GKG); OLG Hamm 6.5.2011 – I-25 W 162/11, juris. **10** So aber OLG Koblenz AGS 2012, 341 (zu Nr. 1211 KV GKG). **11** BT-Drucks 15/1971, S. 160. **12** Vgl OLG Düsseldorf 28.1.2014 – I-10 W 5/14, nv (zu Nr. 1211 KV GKG); OLG Hamm 6.5.2011 – I-25 W 162/11, juris. **13** Vgl OLG Bremen 7.3.2011 – 1 W 13/11, juris (zu Nr. 1211 KV GKG); OLG München MDR 1996, 209; OLG Frankfurt JurBüro 1999, 94. **14** Vgl OLG München NJW-RR 2002, 216 (zu Nr. 1211 KV GKG). **15** Vgl OLG Bremen 7.3.2011 – 1 W 13/11, juris (zu Nr. 1211 KV GKG).

17 Wie bei der dem Gericht mitgeteilten Einigung über die Kostentragung gilt auch hier, dass die Kostenentscheidung einer Kostenübernahmeerklärung **folgt**, wenn die Entscheidung die Übernahmeerklärung **uneingeschränkt umsetzt**.[16] Dann reicht nämlich zur Begründung der Kostenentscheidung eine Bezugnahme auf die aktenkundige Übernahmeerklärung aus.[17] Der Begriff „folgt" in Anm. Abs. 2 ist damit auch hier **nicht allein zeitlich** aufzufassen (→ Rn 13).[18]

18 **3. Rücknahme der Beschwerde nach Endentscheidung (Anm. Abs. 1).** Der in Anm. Abs. 1 geregelte weitere Ermäßigungstatbestand (Rücknahme der Beschwerde) setzt zunächst voraus, dass die Entscheidung **nicht durch Verlesen** der Entscheidungsformel bekannt gegeben wurde (vgl §§ 69 Abs. 3, 41 Abs. 2 S. 1 FamFG; → Rn 10). Wird die Beschwerde vor Ablauf des Tages, an dem die Entscheidung der Geschäftsstelle übermittelt wird (vgl §§ 69 Abs. 3, 38 Abs. 3 S. 3 FamFG; → Rn 10), zurückgenommen, obwohl bereits eine Endentscheidung ergangen ist, greift der Ermäßigungstatbestand nach Anm. Abs. 1 ein. Die Regelung stellt für den Fall einer schriftlichen Entscheidung klar, bis zu welchem Zeitpunkt eine kostenrechtlich privilegierte Rücknahme der Beschwerde erfolgen kann.[19] Es gilt auch hier der Einleitungssatz von Nr. 11201 KV: Durch die Rücknahme muss sich das **gesamte Verfahren** ohne gerichtliche Endentscheidung erledigen (→ Rn 4 ff).

19 Erfolgt die Rücknahme danach, also am Tag der Übermittlung der Entscheidung an die Geschäftsstelle oder später, bzw ergeht eine Entscheidung durch Verlesen der Entscheidungsformel, greift der Ermäßigungstatbestand nicht und es bleibt bei der vollen Gebühr Nr. 11200 KV.[20]

20 **4. Rücknahme des Antrags nach Endentscheidung (Anm. Abs. 1).** Im Rahmen von Anm. Abs. 1 muss **keine Analogie** mehr für die **Rücknahme des Antrags** gebildet werden.[21] In Nr. 11201 KV fehlte zunächst im Wortlaut die Variante der Antragsrücknahme. Allerdings war für die **Rechtsbeschwerde** in Nr. 11301 KV auch die Zurücknahme des Antrags privilegiert. Weil nicht ersichtlich ist, welcher sachliche Grund dafür bestehen soll, die Antragsrücknahme im Rahmen der Beschwerde nicht gebührenermäßigend zu behandeln, wenn diese das gesamte Beschwerdeverfahren erledigt, hat der Gesetzgeber zum 4.7.2015[22] in Anm. Abs. 1 die Wörter „oder des Antrags" eingefügt.[23]

21 Deshalb wird auch die Zurücknahme eines ursprünglich gestellten Antrags im Beschwerdeverfahren von Nr. 11201 KV erfasst. Allerdings ist zu beachten, dass die Zurücknahme des Antrags nur dann zur Gebührenermäßigung führen kann, wenn es sich um ein Verfahren handelt, das erstinstanzlich **ausschließlich auf Antrag** eingeleitet worden ist. Ist das Verfahren erstinstanzlich **von Amts wegen** – ggf auf eine entsprechende Anregung hin – eingeleitet worden, kann nur die Rücknahme der Beschwerde privilegierend wirken.[24]

22 Damit der Ermäßigungstatbestand bei der Antragsrücknahme eingreift, muss sich das **gesamte Verfahren** erledigen. Der Beschwerdeführer muss entweder die Beschwerde oder den zugrunde liegenden ursprünglichen Antrag oder sowohl Beschwerde und Antrag zurücknehmen. Die Ermäßigung tritt auch bei einer Kombination der Rücknahmetatbestände ein. Es reicht aus, wenn das gesamte Verfahren durch rechtzeitige teilweise Rücknahme der Beschwerde und im Übrigen des Antrags beendet wird.

III. Fälligkeit, Abhängigmachung, Zuständigkeit, Kostenschuldner

23 Auf die entsprechenden Erl. in → Nr. 11200 KV Rn 19 ff wird verwiesen.

Abschnitt 3
Rechtsbeschwerde gegen die Endentscheidung wegen des Hauptgegenstands

Nr.	Gebührentatbestand	Gebühr oder Satz der Gebühr nach § 34 GNotKG – Tabelle A
11300	Verfahren im Allgemeinen	1,5

---

[16] Vgl OLG Hamm 6.5.2011 – I-25 W 162/11 (zu Nr. 1211 KV GKG), juris; BT-Drucks 15/1971, S. 160. [17] Vgl OLG Düsseldorf 28.1.2014 – I-10 W 5/14, nv (zu Nr. 1211 KV GKG); OLG Hamm 6.5.2011 – I-25 W 162/11, juris. [18] So aber OLG Koblenz AGS 2012, 341 (zu Nr. 1211 KV GKG). [19] Vgl BT-Drucks 16/6308, S. 312. [20] Korintenberg/*Fackelmann*, Nr. 11201 KV Rn 19. [21] Vgl dazu Korintenberg/*Fackelmann*, Nr. 11201 KV Rn 20 ff. [22] Art. 22 Abs. 2 des Gesetzes zum Internationalen Erbrecht und zur Änderung von Vorschriften zum Erbschein sowie zur Änderung sonstiger Vorschriften v. 29.6.2015 (BGBl. I 1042, 1055). [23] Art. 13 Nr. 10 Buchst. w des Gesetzes zum Internationalen Erbrecht und zur Änderung von Vorschriften zum Erbschein sowie zur Änderung sonstiger Vorschriften v. 29.6.2015 (BGBl. I 1042, 1055). [24] So zutr. BDS/*Sommerfeldt*, Nr. 11400 KV Rn 7 ff.

I. Allgemeines

In Nr. 11300 KV ist der einheitliche Gebührentatbestand für Rechtsbeschwerden gegen Endentscheidungen   1
wegen des Hauptgegenstands des Beschwerdegerichts (LG, §§ 72 Abs. 1 S. 2, 23 c GVG) in **Betreuungssa-**
chen (§ 271 FamFG) und **betreuungsgerichtlichen Zuweisungssachen (§ 340 FamFG)** (ausf. → Vorbem. 1.1
KV Rn 1 ff) geregelt. Nr. 11300 KV entspricht der Regelung in Nr. 1316 KV FamGKG.[1] Der Gebührensatz
beträgt 1,5. Eine Ermäßigung der Verfahrensgebühr ist unter den in Nr. 11301 und Nr. 11302 KV genannten Voraussetzungen möglich.

Die Rechtsbeschwerde in Betreuungssachen und betreuungsgerichtlichen Zuweisungssachen ist gem. § 70   2
Abs. 1 FamFG grds. zulassungsabhängig ausgestaltet. Einer Zulassung der Rechtsbeschwerde bedarf es al-
lerdings nicht in den in § 70 Abs. 3 FamFG genannten Fällen.[2] Zuständiges Rechtsbeschwerdegericht ist der
BGH gem. § 133 GVG,[3] da Beschwerdegericht in Betreuungssachen und betreuungsrechtlichen Zuwei-
sungssachen das Landgericht ist, §§ 72 Abs. 1 S. 2, 23 c GVG. Die Rechtsbeschwerde ist gem. § 71 Abs. 1
FamFG durch Einreichung einer Beschwerdeschrift bei dem Rechtsbeschwerdegericht (BGH) einzulegen.

II. Gebührentatbestand

Die Gebühr Nr. 11300 KV ist eine allgemeine **Verfahrensgebühr**. Der Ausgang des Verfahrens spielt für die   3
Entstehung der Gebühr keine Rolle. Mit der Gebühr sind alle Tätigkeiten des Gerichts als Rechtsbeschwerdegericht pauschal abgegolten, vom Eingang der Rechtsbeschwerde bis zum Abschluss des Rechtszugs.

III. Geltungsbereich

1. Betreuungssachen und betreuungsgerichtliche Zuweisungssachen. Nr. 11300 KV gilt nur für Rechtsbe-   4
schwerden gegen Endentscheidungen wegen des Hauptgegenstands des Beschwerdegerichts (LG, §§ 72
Abs. 1 S. 2, 23 c GVG) in **Betreuungssachen (§ 271 FamFG)** und **betreuungsgerichtlichen Zuweisungssachen**
(§ 340 FamFG) (ausf. → Vorbem. 1.1 KV Rn 1 ff).

2. Zugelassene Sprungrechtsbeschwerde. Nr. 11300 KV ist darüber hinaus auch anzuwenden, wenn dem   5
Antrag auf Zulassung der Sprungrechtsbeschwerde gem. § 75 FamFG vom Rechtsbeschwerdegericht ganz
oder teilweise stattgegeben wird (→ Nr. 11400 KV Rn 11).

3. Rechtsbeschwerde gegen Endentscheidung. Nr. 11300 KV erfasst nur die Rechtsbeschwerde gegen eine   6
Endentscheidung. Damit ist nach der Legaldefinition in § 38 Abs. 1 S. 1 FamFG gem. §§ 74 Abs. 4, 38
Abs. 1 S. 1 FamFG die vollständige oder teilweise Erledigung des Verfahrensgegenstands in der Beschwerdeinstanz durch Entscheidung gemeint. In der Regel ist die Endentscheidung die Entscheidung in der Sache
selbst bzw in der Hauptsache.[4]

4. „Wegen des Hauptgegenstands“. Darüber muss es sich nach der Formulierung in der Überschrift des   7
Abschnitts 3 um die Rechtsbeschwerde gegen die Endentscheidung „wegen des Hauptgegenstands“ handeln. Das soll das Rechtsbeschwerdeverfahren wegen des Hauptgegenstands von den Rechtsmittelverfahren, zB gegen die Kostengrundentscheidung, gegen den Kostenansatz, im Kostenfestsetzungsverfahren,[5] wegen der Festsetzung einer Vergütung für einen Betreuer, oder auch zu Verfahren des einstweiligen Rechtsschutzes (Hauptabschnitt 6, Nr. 16110 ff KV) abgrenzen.[6] Nr. 11300 KV gilt deshalb nur für die Rechtsbeschwerde gegen die Endentscheidung **wegen des Hauptgegenstands**.

Sofern die selbständige Anfechtbarkeit von **Zwischen- oder Nebenentscheidungen** mit der Rechtsbeschwer-   8
de möglich ist (zB im Kostenfestsetzungsverfahren, § 85 FamFG),[7] richtet sich die Gebühr in diesen Rechtsbeschwerdeverfahren nicht nach Nr. 11300 KV, sondern ggf nach Nr. 19128 f KV.

IV. Verfahrensgebühr

1. Abgeltungsbereich/Pauschgebühr. Die als Wertgebühr (§ 34) ausgestaltete 1,5-Verfahrensgebühr   9
Nr. 11300 KV entsteht als **Pauschgebühr** für das Rechtsbeschwerdeverfahren im Allgemeinen.[8] Sie wird daher nicht für besondere Handlungen eines Beteiligten oder Tätigkeiten des Gerichts, sondern für den Ablauf
des gerichtlichen Rechtsbeschwerdeverfahrens erhoben, der die Gebühr immer wieder neu erwachsen lässt.

---

1 BT-Drucks 17/11471, S. 196. **2** Vgl OLG München 27.4.2011 – 34 Wx 192/11, juris. **3** Zöller/*Lückemann*, ZPO, § 133 GVG
Rn 1; OLG München 27.4.2011 – 34 Wx 192/11, juris. **4** Horndasch/Viefhues/*Reinken*, § 38 FamFG Rn 4. **5** BT-Drucks
17/11471, S. 196. **6** Vgl BT-Drucks 17/11471, S. 252, 250. **7** Vgl BT-Drucks 16/6308, S. 203; Keidel/*Zimmermann*, FamFG,
17. Aufl., § 85 Rn 18. **8** Vgl BGH NJW 2013, 2824 = AGS 2013, 433.

Deshalb erscheint es zutreffend, davon auszugehen, dass die Gebühr im Laufe des Rechtsbeschwerdeverfahrens immer wieder neu entsteht und so jeweils den höchsten Wert des Verfahrens berücksichtigt.[9]

10   Durch den Gebührensatz von 1,5 wird die gesamte Tätigkeit des Gerichts im Rechtsbeschwerdeverfahren vom Eingang der Rechtsbeschwerde bis zum Abschluss des Rechtszugs abgegolten. Abgegolten ist daher insb. die vom OLG durch Beschluss getroffene Endentscheidung (§§ 74, 38 Abs. 1 S. 1 FamFG). Abgegolten ist aber auch der beim Gericht durch die Einreichung der Rechtsbeschwerde entstehende Aufwand, zB der Schriftverkehr mit den Beteiligten, die Bestimmung und Abhaltung von Terminen, die Überwachung von Fristen, alle Zwischen- und Nebenentscheidungen des Gerichts, Tätigkeiten im Hinblick auf eine beantragte VKH, eine Wertfestsetzung (§ 79), der Kostenansatz (§ 18), die Festsetzung der Vergütung der im Wege der VKH beigeordneten Rechtsanwälte (§ 55 RVG) sowie die entsprechenden Rechtsmittelverfahren (s. §§ 81 ff, § 56 Abs. 2 S. 2 RVG).

11   **2. Entstehung der Gebühr.** Mit der Einlegung bzw **Einreichung** der unbedingten Rechtsbeschwerde entsteht die Gebühr mit einem Satz von 1,5 (zur Einreichung s. auch → GKG Nr. 1210 KV Rn 11 ff). Die Einreichung der **Begründung der Rechtsbeschwerde** (s. § 71 Abs. 2 FamFG) ist für die Entstehung nicht erforderlich.[10] Die Gebühr fällt auch sogleich mit dem **1,5-fachen Satz** und nicht bis zum Eingang der Begründung der Rechtsbeschwerde nur mit dem in Nr. 11301 KV vorgesehenen halben Satz an.[11]

12   Die Rechtsbeschwerdeschrift muss gem. § 71 Abs. 1 S. 3 FamFG **unterschrieben** sein. Eine nicht unterschriebene Rechtsbeschwerde löst die Gebühr nicht aus.[12] Denn dann liegt nur ein Entwurf vor, der nicht erkennen lässt, ob er für den Rechtsverkehr bestimmt ist. Auch ein Stempelabdruck „gez." ersetzt die erforderliche Unterschrift nicht.[13]

13   Unerheblich ist, ob die Rechtsbeschwerde überhaupt zugelassen war, fristgerecht eingelegt wurde[14] oder sonst zulässig bzw begründet ist.[15] Die Gebühr entsteht daher zB auch dann, wenn trotz fehlender Zulassung (§ 70 FamFG) Rechtsbeschwerde eingelegt wird oder die in § 71 FamFG enthaltenen Form- und Fristvorschriften nicht beachtet werden. Sie entsteht **unabhängig vom Verfahrensausgang** (arg. e Nr. 11301, 11302 KV). Allerdings kann sie sich unter den dort genannten Voraussetzungen auf eine 0,5- oder 1,0-Verfahrensgebühr ermäßigen.

14   Die Rechtsbeschwerde muss **unbedingt** eingelegt worden sein. Bei der **gleichzeitigen Einreichung eines VKH-Antrags** ist maßgeblich, was der Antragsteller will: Wurde Rechtsbeschwerde unabhängig von der VKH eingelegt, entsteht die Gebühr. Wurde die Rechtsbeschwerde zunächst nicht eingelegt und nur der VKH-Antrag, entsteht keine Gebühr. Wurde die Rechtsbeschwerde eindeutig eingelegt mit der Bedingung, dass der VKH-Antrag Erfolg haben werde, fehlt es an einer unbedingten Einlegung der Rechtsbeschwerde und es entsteht keine Gebühr. Wird unbedingt Rechtsbeschwerde eingelegt, aber unter dem Vorbehalt der Rücknahme der Rechtsbeschwerde für den Fall der Ablehnung von VKH, entsteht die Gebühr nach Nr. 11300 KV. Bei Zurücknahme vor Endentscheidung kann aber ein Ermäßigungstatbestand wegen der Rücknahme eingreifen.[16]

15   **3. Verhältnis zu Nr. 11301 KV und Nr. 11302 KV (Gebührenermäßigung).** Die Gebühr Nr. 11300 KV ermäßigt sich bei Eingreifen eines der Tatbestände der Nr. 11301 KV oder Nr. 11302 KV von 1,5- auf 0,5-Gebühren (bei Nr. 11301 KV) oder von 1,5- auf 1,0-Gebühren (bei Nr. 11302 KV). Nr. 11301 und 11302 KV machen deutlich, dass die einmal entstandene Verfahrensgebühr nachträglich nicht mehr wegfallen, sondern sich nur noch ermäßigen kann (Ausnahme: unrichtige Sachbehandlung, § 21).[17] Sie entsteht daher unabhängig vom Verfahrensausgang (arg. e Nr. 11301, 11302 KV).[18] Siehe im Einzelnen die Erl. zu Nr. 11301 KV und Nr. 11302 KV.

16   **4. Mehrere Rechtsbeschwerden.** Bei mehreren Rechtsbeschwerden gelten die Ausführungen zu mehreren Beschwerden in den Erl. zu Nr. 11200 KV entsprechend (→ Nr. 11200 KV Rn 15 f).

---

9 Vgl hierzu BVerwG NJW 1960, 1973; BGH NJW 2013, 2824 = AGS 2013, 433; KG AGS 2012, 531; KG 10.5.2010 – 1 W 443/09, juris; OLG Hamburg OLGR Hamburg 2006, 533; OLG Schleswig JurBüro 1996, 204 (für die Verfahrensgebühr im Berufungsverfahren); vgl auch OLG Stuttgart AGS 2015, 518 = MDR 2015, 1103 = RVGreport 2016, 80; abl. OLG Koblenz JurBüro 2013, 213 = NJW-RR 2013, 717. **10** Vgl BGH 20.5.1999 – I ZB 38/98, juris. **11** Vgl Korintenberg/*Fackelmann*, Nr. 11300 KV Rn 16; OLG Celle RVGreport 2012, 475 = AGS 2012, 292 = FuR 2012, 8 (zur Verfahrensgebühr Nr. 1322 KV FamGKG); OLG Düsseldorf NJW-RR 1997, 1159 = MDR 1997, 402. **12** OLG Stuttgart FamRZ 2011, 1324 = JurBüro 2011, 309. **13** OLG Stuttgart FamRZ 2011, 1324 = JurBüro 2011, 309. **14** Vgl OLG Düsseldorf NJW-RR 1997, 1159 = MDR 1997, 402 (zur Berufung). **15** OLG Celle AGS 2009, 341; OLG Stuttgart FamRZ 2011, 1324 = JurBüro 2011, 309 = RVGreport 2011, 352 m. zust. Anm. *Hansens*. **16** Vgl hierzu ausf. HK-FamGKG/*Volpert*, Nr. 1222 KV Rn 19 ff. **17** Korintenberg/*Fackelmann*, Nr. 11300 KV Rn 17; OLG Celle RVGreport 2012, 475 = AGS 2012, 292 = FuR 2012, 8 (zu Nr. 1315, 1322 KV FamGKG); OLG Düsseldorf NJW-RR 1997, 1159 = MDR 1997, 402. **18** Korintenberg/*Fackelmann*, Nr. 11300 KV Rn 17; OLG Koblenz MDR 2005, 1017; KG NJW-RR 1998, 1375 = AGS 1998, 154; OLG Schleswig AnwBl 1997, 288 = SchlHA 1996, 305.

V. Geschäftswert

§ 61 Abs. 1 S. 1 regelt, dass sich in Rechtsmittelverfahren der Geschäftswert nach den Anträgen des Rechts-   **17** mittelführers bestimmt. Als Ausnahmeregelung legt § 61 Abs. 1 S. 2 fest, dass die Beschwer maßgebend ist, wenn das Verfahren ohne solche Anträge endet. Die Bewertung der Anträge des Rechtsmittelführers ist nach den Wertvorschriften der §§ 36 ff vorzunehmen. Entscheidender Zeitpunkt der Bewertung ist nach § 59 der Eingang der Rechtsbeschwerde bei Gericht. Wurde kein Antrag gestellt oder geht dieser verspätet ein, ist maßgeblich, wann ein Antrag zuletzt hätte gestellt werden können.

Mit Ausnahme einer Erweiterung (§ 61 Abs. 2 S. 2) ist der Geschäftswert des Rechtsmittelverfahrens gem.   **18** § 61 Abs. 2 S. 1 auf den Geschäftswert des ersten Rechtszugs beschränkt.

VI. Weitere praktische Hinweise

1. Fälligkeit. Die Gebühr Nr. 11300 KV wird gem. § 9 Abs. 1 fällig. § 8 greift nicht ein, da es sich um eine   **19** Verfahrensgebühr, nicht um eine Jahresgebühr handelt.

2. Abhängigmachung. Eine Abhängigmachung der beantragten Handlung oder einer sonstigen gerichtli-   **20** chen Handlung von der vorherigen Zahlung der Gebühr für das Rechtsbeschwerdeverfahren ist ausgeschlossen, weil § 13 S. 1 eine Abhängigmachung nur in erstinstanzlichen Verfahren erlaubt.

3. Zuständigkeit für den Kostenansatz. Nach § 18 Abs. 1 S. 1 Nr. 2 setzt das Rechtsmittelgericht, hier also   **21** der BGH als Rechtsbeschwerdegericht, die Kosten der Rechtsbeschwerde an.

4. Kostenschuldner. Kostenschuldner der Verfahrensgebühr für das Rechtsbeschwerdeverfahren ist der An-   **22** tragsschuldner nach § 22 Abs. 1. Bei Rechtsbeschwerdeeinlegung durch Bundes- oder Landesbehörden gilt aber die **Kostenfreiheit** nach § 2 Abs. 1. Die Haftung nach § 22 Abs. 1 erlischt jedoch nach § 25 Abs. 1, wenn die Rechtsbeschwerde ganz oder teilweise mit Erfolg eingelegt worden ist und das Gericht nicht über die Kosten entschieden hat oder die Kosten nicht von einem anderen Beteiligten übernommen worden sind. Eine kostenrechtliche Privilegierung für den Betreuten enthält § 25 Abs. 2. Danach schuldet nur derjenige die Kosten, dem das Gericht die Kosten auferlegt hat, wenn sich die Rechtsbeschwerde gegen eine Entscheidung des Betreuungsgerichts richtet und sie von dem Betreuten oder dem Pflegling oder im Interesse dieser Personen eingelegt wurde.

Handelt es sich um eine Betreuungssache und soll die Gebühr von dem Betroffenen erhoben werden, gilt   **23** Vorbem. 1.1 Abs. 1 KV. Danach wird die Gebühr von dem Betroffenen nur erhoben, wenn sein Vermögen nach Abzug der Verbindlichkeiten mehr als 25.000 € beträgt; der in § 90 Abs. 2 Nr. 8 SGB XII genannte Vermögenswert wird nicht mitgerechnet. Handelt es sich nicht um eine Betreuungssache oder ist nicht der Betroffene Kostenschuldner, gilt die Freigrenze nicht.[19]

Nr.	Gebührentatbestand	Gebühr oder Satz der Gebühr nach § 34 GNotKG – Tabelle A
11301	Beendigung des gesamten Verfahrens durch Zurücknahme der Rechtsbeschwerde oder des Antrags, bevor die Schrift zur Begründung der Beschwerde bei Gericht eingegangen ist: Die Gebühr 11300 ermäßigt sich auf	0,5

I. Allgemeines

Nr. 11301 KV stellt einen Ermäßigungstatbestand für Rechtsbeschwerdeverfahren in **Betreuungssachen**   **1** (**§ 271 FamFG**) und **betreuungsgerichtlichen Zuweisungssachen** (**§ 340 FamFG**) (ausf. → Vorbem. 1.1 KV Rn 1 ff) dar. Der Gebührensatz der allgemeinen Verfahrensgebühr für Rechtsbeschwerden der Nr. 11300 KV ermäßigt sich bei rechtzeitiger Zurücknahme der Rechtsbeschwerde oder des Antrags, bevor die Schrift zur Begründung der Beschwerde bei Gericht eingegangen ist, auf eine 0,5-Gebühr. Bei einer späteren Rücknahme kann Nr. 11302 KV als Ermäßigungstatbestand einschlägig sein.

---

19 BDS/*Sommerfeldt*, Nr. 11300 KV Rn 14 f.

II. Gebührentatbestand

2   **1. Beendigung des gesamten Verfahrens durch Rücknahme.** Damit der Ermäßigungstatbestand eingreift, muss sich das **gesamte Verfahren** erledigen. Der Rechtsbeschwerdeführer muss entweder die Rechtsbeschwerde oder den zugrunde liegenden ursprünglichen Antrag oder sowohl Rechtsbeschwerde als auch Antrag zurücknehmen. Die Ermäßigung tritt auch bei einer Kombination der Rücknahmetatbestände ein. Es reicht aus, wenn das gesamte Verfahren durch rechtzeitige teilweise Rücknahme der Rechtsbeschwerde und im Übrigen des Antrags beendet wird.

3   Unschädlich ist, ob bereits ein Antrag gestellt worden ist. Denn die Ermäßigung ist nach dem eindeutigen Wortlaut erst nach Eingang der Begründung der Rechtsbeschwerde ausgeschlossen.[1]

4   Die Zurücknahme des Antrags kann aber nur dann zur Gebührenermäßigung führen, wenn es sich um ein Verfahren handelt, das erstinstanzlich **ausschließlich auf Antrag** eingeleitet worden ist. Ist das Verfahren erstinstanzlich **von Amts wegen** – ggf auf eine entsprechende Anregung hin – eingeleitet worden, kann nur die Rücknahme der Rechtsbeschwerde privilegierend wirken.[2]

5   Erledigung des **gesamten Verfahrens** bedeutet, dass das Gericht keine Entscheidung mehr treffen muss, weder in einem Haupt- noch in einem Nebenpunkt.[3] Ob das Gericht aber noch eine **Kostenentscheidung** treffen muss, ist im Gegensatz zum Beschwerdeverfahren (→ Nr. 11201 KV Rn 11 f) hier unerheblich. Eine notwendige Kostenentscheidung verhindert nicht das Eingreifen des Gebührentatbestands von Nr. 11301 KV.[4]

6   Die Ermäßigung tritt bei **mehreren eingelegten Rechtsbeschwerden** (wechselseitige Rechtsbeschwerden) nur ein, wenn alle Rechtsbeschwerden bzw Anträge zurückgenommen werden. Die Rücknahme nur einer Rechtsbeschwerde reicht nicht aus.

7   **2. Beendigung nicht durch Rücknahme (anderweitige Erledigung).** Nr. 11301 KV privilegiert dem Wortlaut nach nur die Beendigung des gesamten Verfahrens durch die Rücknahme der Rechtsbeschwerde oder des Antrags. Erledigt sich das Verfahren fristgerecht nicht durch Rücknahme, sondern erledigt es sich anderweitig (zB Erledigungserklärung), kommt dem Wortlaut nach die Gebührenermäßigung nicht in Betracht.

8   Zutreffend erscheint es aber, auch in diesen Fällen von einer Ermäßigung der Verfahrensgebühr auszugehen.[5] Es reicht aus, wenn aus dem Verhalten des Rechtsbeschwerdeführers (bzw des Antragstellers) zweifelsfrei abgeleitet werden kann, dass das Rechtsbeschwerdeverfahren nicht weiterbetrieben werden soll und dieses dann auch tatsächlich insgesamt beendet wird.[6] Ausreichend kann zB eine **Erledigungserklärung** oder die Bitte sein, von weiteren Maßnahmen abzusehen.[7]

9   **3. Rücknahme vor Eingang der Begründung zur Rechtsbeschwerde (Frist).** Die Rücknahme muss erfolgen, bevor die Schrift zur Begründung der Rechtsbeschwerde bei Gericht eingegangen ist. Im Vergleich zum Ermäßigungstatbestand der Nr. 11302 KV ist dies ein deutlich früherer Zeitpunkt. Damit korrespondiert aber die stärkere Ermäßigung der Gebühr (von 1,5 auf 0,5 anstatt auf 1,0).

10   Für das Eingreifen dieses Ermäßigungstatbestands ist ausschließlich maßgeblich, ob die Rücknahme vor Eingang der Rechtsbeschwerdebegründung erfolgte. Der Lauf oder auch Ablauf der Begründungsfrist ist unerheblich. Es kommt auch nicht darauf an, ob die Begründungsfrist verlängert worden ist (§ 71 Abs. 2 S. 3 FamFG). Auch wenn die Begründungsfrist bereits abgelaufen ist, kann die Rücknahme noch zur Ermäßigung führen, solange die Begründungsschrift noch nicht bei Gericht eingegangen ist.[8] Wird die Rechtsbeschwerde aber sogleich mit der Einlegung begründet, ist die Gebührenermäßigung nach Nr. 11301 KV ausgeschlossen.[9]

11   Ist die Rechtsbeschwerdebegründung bereits vor der Rücknahme bei Gericht eingegangen, kann Nr. 11301 KV nicht mehr eingreifen. Zu prüfen ist dann, ob Nr. 11302 KV noch eingreifen kann.

12   Im Falle der Zulassung einer Sprungrechtsbeschwerde durch das Rechtsbeschwerdegericht wird das Verfahren nach § 75 Abs. 2 FamFG iVm § 566 Abs. 7 S. 1 ZPO als Rechtsbeschwerdeverfahren fortgesetzt. Diese Fortsetzung als Rechtsbeschwerdeverfahren gilt auch kostenrechtlich. Folglich kann auch für diesen speziellen Fall der Ermäßigungstatbestand der Nr. 11301 KV eingreifen, wenn die Rücknahme vor Einreichung der Begründung erfolgt (→ Nr. 11400 KV Rn 11).[10]

---

1 Vgl HK-FamGKG/*N. Schneider*, Nr. 1317 KV Rn 2. **2** BDS/*Sommerfeldt*, Nr. 11400 KV Rn 12 ff. **3** Korintenberg/*Fackelmann*, Nr. 11301 KV Rn 5. **4** Korintenberg/*Fackelmann*, Nr. 11301 KV Rn 6; HK-FamGKG/*N. Schneider*, Nr. 1317 KV Rn 9. **5** So auch Korintenberg/*Fackelmann*, Nr. 11301 KV Rn 8 f; HK-FamGKG/*N. Schneider*, Nr. 1317 KV Rn 9. **6** Vgl OLG Düsseldorf AGS 2000, 57 = NJW-RR 2000, 362 (zu Nr. 1210 KV GKG); OLG München NJW-RR 1997, 639; *Meyer*, GKG, Nr. 1211 KV Rn 28. **7** Vgl zu Nr. 1210 KV GKG OLG München MDR 1996, 1076. **8** Korintenberg/*Fackelmann*, Nr. 11301 KV Rn 11; BDS/*Sommerfeldt*, Nr. 11301 KV Rn 5; HK-FamGKG/*N. Schneider*, Nr. 1317 KV Rn 11. **9** BDS/*Sommerfeldt*, Nr. 11301 KV Rn 7. **10** Vgl HK-FamGKG/*N. Schneider*, Nr. 1317 KV Rn 12.

III. Fälligkeit, Abhängigmachung, Zuständigkeit, Kostenschuldner

Auf die entsprechenden Erl. in → Nr. 11300 KV Rn 19 ff wird verwiesen.   13

Nr.	Gebührentatbestand	Gebühr oder Satz der Gebühr nach § 34 GNotKG – Tabelle A
11302	Beendigung des gesamten Verfahrens durch Zurücknahme der Rechtsbeschwerde oder des Antrags vor Ablauf des Tages, an dem die Endentscheidung der Geschäftsstelle übermittelt wird, wenn nicht Nummer 11301 erfüllt ist:	
	Die Gebühr 11300 ermäßigt sich auf	1,0

I. Allgemeines

Nr. 11302 KV stellt einen Ermäßigungstatbestand für Rechtsbeschwerdeverfahren in **Betreuungssachen**   1
(**§ 271 FamFG**) und **betreuungsgerichtlichen Zuweisungssachen** (**§ 340 FamFG**) (ausf. → Vorbem. 1.1 KV
Rn 1 ff) dar. Der Gebührensatz der allgemeinen Verfahrensgebühr für Rechtsbeschwerden der Nr. 11300
KV ermäßigt sich bei Zurücknahme der Rechtsbeschwerde oder des Antrags vor Ablauf des Tages, an dem
die Endentscheidung der Geschäftsstelle übermittelt wird, auf 1,0-Gebühren.

Ausdrücklich ist in Nr. 11302 KV klargestellt, dass der Ermäßigungstatbestand der **Nr. 11301 KV Vorrang**   2
hat. Erfolgt die Zurücknahme also, bevor die Schrift zur Begründung der Beschwerde bei Gericht eingegangen ist, gilt nicht Nr. 11302 KV, sondern Nr. 11301 KV.

II. Gebührentatbestand

1. Beendigung des gesamten Verfahrens durch Rücknahme. Voraussetzung der Gebührenermäßigung ist,   3
dass sich das gesamte Verfahren erledigt. Eine Gesamterledigung setzt voraus, dass das Gericht keine Entscheidung mehr treffen muss, weder in einem Haupt- noch in einem Nebenpunkt.

Der Rechtsbeschwerdeführer muss entweder die Rechtsbeschwerde oder den Antrag oder sowohl Rechtsbe-   4
schwerde als auch Antrag zurücknehmen.

Auf die entsprechend geltenden Erl. in → Nr. 11301 KV Rn 2 ff wird verwiesen.   5

2. Beendigung nicht durch Rücknahme (anderweitige Erledigung). Nr. 11302 KV privilegiert dem Wortlaut   6
nach nur die Beendigung des gesamten Verfahrens durch die Rücknahme der Rechtsbeschwerde oder des
Antrags. Auf die entsprechend geltenden Erl. in → Nr. 11301 KV Rn 7 f wird verwiesen.

3. Zeitpunkt. Die Rechtsfolge der Ermäßigung des Gebührensatzes auf 1,0 setzt voraus, dass die Rücknah-   7
me von Antrag bzw Rechtsbeschwerde bei Gericht vor Ablauf des Tages eingeht, an dem die Endentscheidung der Geschäftsstelle übermittelt wird. Gemäß §§ 74 Abs. 3, 38 Abs. 3 S. 3 FamFG ist das Datum der
Übergabe des Beschlusses an die Geschäftsstelle auf dem Beschluss zu vermerken. Erfolgt die Rücknahme
nach diesem Datum, tritt die Ermäßigung nach Nr. 11302 KV nicht mehr ein.[1]

III. Fälligkeit, Abhängigmachung, Zuständigkeit, Kostenschuldner

Auf die entsprechenden Erl. in → Nr. 11300 KV Rn 19 ff wird verwiesen.   8

---

1 Vgl Korintenberg/*Fackelmann*, Nr. 11302 KV Rn 8.

Abschnitt 4
Zulassung der Sprungrechtsbeschwerde gegen die Endentscheidung wegen des Hauptgegenstands

Nr.	Gebührentatbestand	Gebühr oder Satz der Gebühr nach § 34 GNotKG – Tabelle A
11400	Verfahren über die Zulassung der Sprungrechtsbeschwerde: Soweit der Antrag abgelehnt wird	0,5

I. Allgemeines

1   Nr. 11400 KV schafft einen Gebührentatbestand für das Zulassungsverfahren der Sprungrechtsbeschwerde, wenn der Antrag auf Zulassung der Sprungrechtsbeschwerde abgelehnt wird. Nr. 11400 KV gilt nur für die Ablehnung der Zulassung in **Betreuungssachen (§ 271 FamFG)** und **betreuungsgerichtlichen Zuweisungssachen (§ 340 FamFG)** (ausf. → Vorbem. 1.1 KV Rn 1 ff). Die Sprungrechtsbeschwerde ist in § 75 FamFG geregelt und zulassungsbedürftig nach § 75 Abs. 1 S. 1 FamFG. Rechtsbeschwerdegericht ist in Betreuungssachen und betreuungsgerichtlichen Zuweisungssachen der BGH (§ 133 GVG). Nr. 11400 KV entspricht der Regelung in Nr. 1319 KV.[1]

II. Gebührentatbestand

2   **1. Entstehungsvoraussetzungen.** Die Verfahrensgebühr Nr. 11400 KV entsteht nur, wenn im Verfahren nach § 75 FamFG der **Zulassungsantrag abgelehnt** wird. Dabei ist unerheblich, aus welchem Grund die Ablehnung erfolgte. Erfasst ist also sowohl die Ablehnung bzw Verwerfung des Zulassungsantrags als unzulässig als auch die Ablehnung als unbegründet.[2]

3   Es reicht für die Entstehung der Gebühr auch aus, wenn der Zulassungsantrag **teilweise abgelehnt** wird. Die als Wertgebühr (§ 34, Tabelle A) ausgestaltete Verfahrensgebühr wird dann aus dem vom Gericht festzusetzenden **Teilwert** erhoben.[3]

4   Die Verfahrensgebühr entsteht mit rechtswirksamem Ablehnungsbeschluss.[4]

5   Die Verfahrensgebühr entsteht **nicht**, wenn

-   der Zulassungsantrag zurückgenommen wird und deshalb keine ablehnende Entscheidung ergeht,
-   das Gericht die Sprungrechtsbeschwerde zulässt oder
-   in dem Zulassungsverfahren ein Vergleich geschlossen wird oder sich dieses Verfahren anders als durch Ablehnung des Zulassungsantrages erledigt.[5]

Die sachliche Gebührenfreiheit des Zulassungsverfahrens in diesen Fällen ergibt sich aus einem Gegenschluss sowie aus dem Grundsatz des *numerus clausus* des Gebührenrechts.

6   **2. Verfahrensgebühr/Pauschgebühr.** Auch wenn die Gebühr nur bei Ablehnung des Zulassungsantrags entsteht, handelt es sich bei der Gebühr dennoch um eine **Verfahrensgebühr** und **keine Entscheidungs- oder Aktgebühr.**[6] Die 0,5-Verfahrensgebühr Nr. 11400 KV entsteht als **Pauschgebühr** für das Verfahren. Die Verfahrensgebühr Nr. 11400 KV wird daher nicht für besondere Handlungen eines Beteiligten oder Tätigkeiten des Gerichts, sondern für die **gesamte Tätigkeit des Gerichts im Verfahren** auf Zulassung der Rechtsbeschwerde vom Eingang des Antrags bis zum Abschluss des Verfahrens durch die ablehnende Entscheidung erhoben.

III. Gegenstandswert

7   Gegenstandswert ist nach § 61 Abs. 3 der für die beabsichtigte Rechtsbeschwerde maßgebende Wert. Maßgeblich sind nach § 61 Abs. 1 S. 1 die Anträge des Rechtsmittelführers. Die Bewertung der Anträge des Rechtsmittelführers ist nach den Wertvorschriften der §§ 36 ff vorzunehmen.

---

1 BT-Drucks 17/11471, S. 196.   **2** Korintenberg/*Fackelmann*, Nr. 11400 KV Rn 5; BDS/*Sommerfeldt*, Nr. 11400 KV Rn 2. **3** Korintenberg/*Fackelmann*, Nr. 11400 KV Rn 5; vgl auch HK-FamGKG/*N. Schneider*, Nr. 1319 KV Rn 6.   **4** Korintenberg/*Fackelmann*, Nr. 11400 KV Rn 6; BDS/*Sommerfeldt*, Nr. 11400 KV Rn 4.   **5** Korintenberg/*Fackelmann*, Nr. 11400 KV Rn 2; BDS/*Sommerfeldt*, Nr. 11400 KV Rn 4.   **6** Korintenberg/*Fackelmann*, Nr. 11400 KV Rn 2; vgl auch HK-FamGKG/*N. Schneider*, Nr. 1319 KV Rn 2.

Wird der Zulassungsantrag nur **teilweise abgelehnt**, ist § 56 Abs. 1 zu berücksichtigen. Danach sind für **8** Handlungen, die einen Teil des Verfahrensgegenstands betreffen, die Gebühren nur nach dem Wert dieses Teils zu berechnen. Die Verfahrensgebühr berechnet sich gem. § 56 Abs. 1 nur nach dem Wert des abgelehnten Teils des Verfahrensgegenstands (→ § 56 Rn 8 f).[7] Bei der Berechnung der Verfahrensgebühr ist darüber hinaus § 56 Abs. 2 zu beachten, wenn bspw hinsichtlich eines Teils des Gegenstands der Antrag auf Zulassung der Rechtsbeschwerde zurückgenommen wird und hinsichtlich **mindestens zweier weiterer Wertteile** der Antrag auf Zulassung der Rechtsbeschwerde vom BGH abgelehnt wird.[8]

Entscheidender Zeitpunkt der Bewertung ist nach § 59 der Eingang des Antrags auf Zulassung der Rechts- **9** beschwerde bei Gericht. Wurde kein Antrag gestellt oder geht dieser verspätet ein, ist maßgeblich, wann ein Antrag zuletzt hätte gestellt werden können.

IV. Höhe der Gebühr

Der Gebührensatz beträgt 0,5. Die Gebühr ist aus § 34, Tabelle A, abzulesen. Anders als im Beschwerde- **10** und Rechtsbeschwerdeverfahren kennt das GNotKG bei der Ablehnung der Zulassung der Sprungrechtsbeschwerde keine Ermäßigungstatbestände. Eine Rücknahme des Antrags führt also nicht zu einer **Gebührenermäßigung**, sondern zur Gebührenfreiheit des Verfahrens (→ Rn 5).

V. Gebühren bei Zulassung der Sprungrechtsbeschwerde

Der Gebührentatbestand der Nr. 11400 KV greift nur dann ein, wenn der Antrag auf Zulassung der **11** Sprungrechtsbeschwerde abgelehnt wird (→ Rn 2). Wird dem Antrag stattgegeben und die Sprungrechtsbeschwerde zugelassen, wird das Verfahren nach § 75 Abs. 2 FamFG iVm § 566 Abs. 7 S. 1 ZPO als Rechtsbeschwerdeverfahren geführt. Der Zulassungsantrag nach § 75 Abs. 2 FamFG iVm § 566 Abs. 7 S. 2 ZPO ist dann als Rechtsbeschwerdeantrag zu behandeln und gebührenrechtlich gelten die Nr. 11300–11302 KV.[9]

VI. Weitere praktische Hinweise

1. Fälligkeit. Die Gebühr Nr. 11400 KV wird idR nach § 9 Abs. 1 Nr. 1 bzw Nr. 5 fällig. Denn bereits der **12** Tatbestand setzt den Beschluss über die Nichtzulassung bzw Ablehnung der Zulassung der Sprungrechtsbeschwerde mit oder ohne Kostenentscheidung voraus.

2. Abhängigmachung. Eine Abhängigmachung der Entscheidung über die Zulassung der Rechtsbeschwerde **13** von der vorherigen Zahlung der Gebühr ist ausgeschlossen, weil § 13 S. 1 eine Abhängigmachung nur in erstinstanzlichen Verfahren erlaubt.

3. Zuständigkeit für den Kostenansatz. Zuständig für den Kostenansatz ist der BGH (§ 18 Abs. 1 S. 1 Nr. 2 **14** GNotKG iVm § 75 Abs. 2 FamFG, § 133 GVG).

4. Kostenschuldner. Nach § 22 Abs. 1 ist Kostenschuldner der Gebühr der Antragsteller. Hat das Gericht **15** eine Kostenentscheidung getroffen, ist nach § 27 Nr. 1 Kostenschuldner derjenige, dem nach der gerichtlichen Entscheidung die Kosten auferlegt wurden (s. aber auch § 25). Dieser ist allerdings mit dem Antragsteller identisch, da die Gebühr nur bei Ablehnung des Antrags auf Zulassung der Sprungrechtsbeschwerde erhoben wird.

Handelt es sich um eine Betreuungssache und soll die Gebühr von dem Betroffenen erhoben werden, gilt **16** Vorbem. 1.1 Abs. 1 KV. Danach wird die Gebühr von dem Betroffenen nur erhoben, wenn sein Vermögen nach Abzug der Verbindlichkeiten mehr als 25.000 € beträgt; der in § 90 Abs. 2 Nr. 8 SGB XII genannte Vermögenswert wird nicht mitgerechnet. Handelt es sich nicht um eine Betreuungssache oder ist nicht der Betroffene Kostenschuldner, gilt die Freigrenze nicht.[10]

---

7 Korintenberg/*Thamke*, § 56 Rn 14; vgl auch HK-FamGKG/*N. Schneider*, Nr. 1319 KV Rn 6, 11. **8** Korintenberg/*Thamke*, § 56 Rn 20. **9** BDS/*Sommerfeldt*, Nr. 11400 KV Rn 5. **10** BDS/*Sommerfeldt*, Nr. 11400 KV Rn 10 f.

Hauptabschnitt 2
Nachlasssachen

Nr.	Gebührentatbestand	Gebühr oder Satz der Gebühr nach § 34 GNotKG – Tabelle B
Vorbemerkung 1.2: (1) Gebühren nach diesem Hauptabschnitt werden auch für das Erbscheinsverfahren vor dem Landwirtschaftsgericht und für die Entgegennahme der Erklärung eines Hoferben über die Wahl des Hofes erhoben. (2) Die Gebühr für das Verfahren zur Abnahme der eidesstattlichen Versicherung nach § 2006 BGB bestimmt sich nach Hauptabschnitt 5 Abschnitt 2.		

1   Teil 1 Hauptabschnitt 2 KV gilt für Nachlasssachen (§§ **342 ff FamFG**). Darunter fällt gem. **Abs. 1** der Vorbem. 1.2 KV auch das Verfahren nach § 18 Abs. 2 HöfeO, § 1 Nr. 5 LwVG. Ausgenommen vom Anwendungsbereich ist nach **Abs. 2** der Vorbem. 1.2 KV das Verfahren nach § 2006 BGB, § 361 FamFG; hierfür gilt die Gebühr Nr. 15212 KV.

Abschnitt 1
Verwahrung und Eröffnung von Verfügungen von Todes wegen

Nr.	Gebührentatbestand	Gebühr oder Satz der Gebühr nach § 34 GNotKG – Tabelle B
12100	Annahme einer Verfügung von Todes wegen in besondere amtliche Verwahrung .... Mit der Gebühr wird auch die Verwahrung, die Mitteilung nach § 347 FamFG und die Herausgabe abgegolten.	75,00 €
12101	Eröffnung einer Verfügung von Todes wegen .... Werden mehrere Verfügungen von Todes wegen desselben Erblassers bei demselben Gericht gleichzeitig eröffnet, so ist nur eine Gebühr zu erheben.	100,00 €

I. Amtliche Verwahrung (Nr. 12100 KV)

1   Die Gebührenvorschrift Nr. 12100 KV gilt für Testamente, einschließlich gemeinschaftlicher Testamente, und für Erbverträge. Das gesamte Verfahren des Nachlassgerichts bei der Entgegennahme einer Verfügung von Todes wegen (§ 2248 BGB, § 346 Abs. 1 FamFG), der besonderen Verwahrung selbst nebst Hinterlegungsschein (§ 346 Abs. 2 FamFG) und der Rückgabe an den Erblasser (§ 2256 BGB) wird mit einer **einmalig erhobenen Pauschale von 75 €** abgegolten.

2   Ebenfalls erfasst ist nach der **Anm.** die Mitteilung an das Zentrale Testamentsregister (§ 347 Abs. 1 FamFG).

3   Mehrere letztwillige Verfügungen desselben Erblassers, die gemeinsam in amtlicher Verwahrung gegeben werden, lösen nur eine Gebühr aus.[1] Auch gemeinschaftliche Testamente und Erbverträge gelten in diesem Sinne als einheitliche Verfügung.[2] Anders ist es bei der späteren Annahme einer weiteren letztwilligen Verfügung, die gesondert zu berechnen ist.

4   **Kostenschuldner** ist der Erblasser (§ 22 Abs. 1). Bei gemeinschaftlichen Verfügungen von Todes wegen besteht gesamtschuldnerische Haftung (§ 32 Abs. 1).

II. Testamentseröffnung (Nr. 12101 KV)

5   Für die Eröffnung einer letztwilligen Verfügung vor dem Nachlassgericht (§§ 348 ff FamFG) fällt eine **Festgebühr von 100 €** an. Sie deckt auch die Benachrichtigung der Beteiligten ab (§ 348 Abs. 3 S. 1 FamFG).

---

1 Korintenberg/*Wilsch*, Nr. 12100, 12101 KV Rn 7. **2** BDS/*Sommerfeldt*, Nr. 12100 KV Rn 9.

Hatte der Erblasser **mehrere getrennte Verfügungen** getroffen und werden diese zugleich vor demselben Nachlassgericht eröffnet, ist diese Gebühr nur einmal zu erheben.

Die Gebühr Nr. 12101 KV fällt auch an, wenn bei **gemeinschaftlichen Verfügungen** nur der Teil des jeweils   6
Verstorbenen eröffnet wird (§ 349 Abs. 1 und 4 FamFG). Mit anderen Worten ist bei der erneuten Eröffnung nach dem Tode des Letztversterbenden eine weitere Gebühr zu erheben.[3]

Ob die eröffnete Verfügung gegenstandlos ist oder sich als unwirksam herausstellt, ist für die Gebühren-   7
pflicht unerheblich.[4]

Kostenschuldner sind die Erben (§§ 24 Nr. 1, 32 Abs. 1). Die Gebührenerhebung erfolgt bei dem nach   8
§ 343 FamFG zuständigen Nachlassgericht, auch wenn die Eröffnung der Verfügung vor einem anderen Gericht stattgefunden hat (§ 18 Abs. 2).

Abschnitt 2
Erbschein, Europäisches Nachlasszeugnis und andere Zeugnisse

Nr.	Gebührentatbestand	Gebühr oder Satz der Gebühr nach § 34 GNotKG – Tabelle B
	Vorbemerkung 1.2.2:	
	(1) Dieser Abschnitt gilt für Verfahren über den Antrag auf Erteilung	
	1. eines Erbscheins,	
	2. eines Zeugnisses über die Fortsetzung der Gütergemeinschaft,	
	3. eines Zeugnisses nach § 36 oder § 37 der Grundbuchordnung oder § 42 der Schiffsregisterordnung, auch in Verbindung mit § 74 der Schiffsregisterordnung oder § 86 des Gesetzes über Rechte an Luftfahrzeugen, und	
	4. eines Testamentsvollstreckerzeugnisses	
	sowie für das Verfahren über deren Einziehung oder Kraftloserklärung.	
	(2) Dieser Abschnitt gilt ferner für Verfahren über den Antrag auf Ausstellung eines Europäischen Nachlasszeugnisses sowie über dessen Änderung oder Widerruf. Für Verfahren über die Aussetzung der Wirkungen eines Europäischen Nachlasszeugnisses werden Gebühren nach Hauptabschnitt 6 Abschnitt 2 erhoben.	
	(3) Endentscheidungen im Sinne dieses Abschnitts sind auch der Beschluss nach § 352 e Abs. 1 FamFG und die Ausstellung eines Europäischen Nachlasszeugnisses.	

Hauptabschnitt 2 Abschnitt 2 regelt die Gebühren für die **Erteilung, Einziehung und Kraftloserklärung** be-   1
stimmter mit dem Erbfall verbundener **öffentlicher Urkunden**. Es handelt sich nahezu durchgängig um wertabhängige Gebühren, die – bis auf die Fälle der Urkundenerteilung – mit Höchstbetragsgrenzen versehen sind. Die konkreten Gebühren richtet sich nach **Tabelle B zu § 34.**

Mit dem „Gesetz zum Internationalen Erbrecht und zur Änderung von Vorschriften zum Erbschein sowie   2
zur Änderung sonstiger Vorschriften" vom 29.6.2015[1] sind mWz 17.8.2015 auch korrespondierende Gebührenvorschriften geschaffen worden. Nach Vorbem. 1.2.2 Abs. 2 S. 1 KV gilt Hauptabschnitt 2 Abschnitt 2 somit auch für Verfahren über den Antrag auf **Ausstellung eines Europäischen Nachlasszeugnisses** (§§ 33 Nr. 1, 36 IntErbRVG) sowie über dessen **Änderung oder Widerruf** (§§ 33 Nr. 1, 38 IntErbRVG). Geht es allerdings um Verfahren über die Aussetzung der Wirkungen eines Europäischen Nachlasszeugnisses (§ 33 Nr. 3 IntErbRVG), richten sich die Gebühren nach Hauptabschnitt 6 Abschnitt 2 (= Nr. 16210–16224 KV), s. **Vorbem. 1.2.2 Abs. 2 S. 2 KV** und Vorbem. 1.6.2 KV.

Weder der Beschluss nach § 352 e Abs. 1 FamFG noch die Ausstellung eines Europäischen Nachlasszeugnis-   3
ses sind Endentscheidungen im verfahrensrechtlichen Sinne, werden diesen aber für Fragen des Beendigungszeitpunkts gleichgestellt (**Vorbem. 1.2.2 Abs. 3 KV**).

---

3 BDS/*Sommerfeldt*, Nr. 12101 KV Rn 18.   **4** MüKo-ZPO/*Muscheler*, 3. Aufl., § 348 FamFG Rn 38.   **1** BGBl. 2015 I 1042.

Unterabschnitt 1
Erster Rechtszug

Nr.	Gebührentatbestand	Gebühr oder Satz der Gebühr nach § 34 GNotKG – Tabelle B
	Vorbemerkung 1.2.2.1: Die Ausstellung des Europäischen Nachlasszeugnisses durch das Beschwerdegericht steht der Ausstellung durch das Nachlassgericht gleich.	
12210	Verfahren über den Antrag auf Erteilung eines Erbscheins oder eines Zeugnisses oder auf Ausstellung eines Europäischen Nachlasszeugnisses, wenn nicht Nummer 12213 anzuwenden ist .... (1) Für die Abnahme der eidesstattlichen Versicherung wird die Gebühr gesondert erhoben (Vorbemerkung 1 Abs. 2). (2) Ist die Gebühr bereits für ein Verfahren über den Antrag auf Erteilung eines Erbscheins entstanden, wird sie mit 75 % auf eine Gebühr für ein Verfahren über den Antrag auf Ausstellung eines Europäischen Nachlasszeugnisses angerechnet, wenn sich der Erbschein und das Europäische Nachlasszeugnis nicht widersprechen. Dies gilt entsprechend, wenn zuerst die Gebühr für ein Verfahren über den Antrag auf Ausstellung eines Europäischen Nachlasszeugnisses entstanden ist.	1,0
12211	Beendigung des gesamten Verfahrens 1. ohne Endentscheidung oder 2. durch Zurücknahme des Antrags vor Ablauf des Tages, an dem die Endentscheidung der Geschäftsstelle übermittelt wird, wenn die Entscheidung nicht bereits durch Verlesen der Entscheidungsformel bekannt gegeben worden ist: Die Gebühr 12210 ermäßigt sich auf	0,3 – höchstens 200,00 €
12212	Beendigung des Verfahrens ohne Erteilung des Erbscheins oder des Zeugnisses oder ohne Ausstellung des Europäischen Nachlasszeugnisses, wenn nicht Nummer 12211 erfüllt ist: Die Gebühr 12210 ermäßigt sich auf	0,5 – höchstens 400,00 €
12213	Verfahren über den Antrag auf Erteilung eines weiteren Testamentsvollstreckerzeugnisses bezüglich desselben Nachlasses oder desselben Teils des Nachlasses	0,3
12214	Beendigung des Verfahrens ohne Erteilung des Zeugnisses: Die Gebühr 12213 beträgt	höchstens 200,00 €
12215	Verfahren über die Einziehung oder Kraftloserklärung 1. eines Erbscheins, 2. eines Zeugnisses über die Fortsetzung der Gütergemeinschaft, 3. eines Testamentsvollstreckerzeugnisses oder 4. eines Zeugnisses nach § 36 oder § 37 der Grundbuchordnung oder nach § 42 auch i.V.m. § 74 der Schiffsregisterordnung	0,5 – höchstens 400,00 €

Nr.	Gebührentatbestand	Gebühr oder Satz der Gebühr nach § 34 GNotKG – Tabelle B
12216	Verfahren über den Widerruf eines Europäischen Nachlasszeugnisses	0,5 – höchstens 400,00 €
12217	Verfahren über die Änderung eines Europäischen Nachlasszeugnisses	1,0
12218	Erteilung einer beglaubigten Abschrift eines Europäischen Nachlasszeugnisses nach Beendigung des Verfahrens auf Ausstellung des Europäischen Nachlasszeugnisses oder Verlängerung der Gültigkeitsfrist einer beglaubigten Abschrift eines Europäischen Nachlasszeugnisses .... Neben der Gebühr wird keine Dokumentenpauschale erhoben.	20,00 €

I. Erteilung eines Erbscheins und anderer Zeugnisse, Ausstellung eines Europäischen Nachlasszeugnisses (Nr. 12210 KV)

1. Erbschein. Das erstinstanzliche Erbscheinsverfahren (§§ 352 ff FamFG) wird mit einer Gebühr abgegolten, deren **Geschäftswert** sich nach § 40 Abs. 1–3 richtet, also nach dem Nachlasswert. Lediglich für die Abnahme der eidesstattlichen Versicherung zur Erlangung des Erbscheins (§ 2356 Abs. 2 BGB) fällt eine gesonderte Gebühr nach Nr. 23300 KV an (Vorbem. 1 Abs. 2 KV). **1**

Die Verfahrensgebühr wird mit **Erteilung des Erbscheins fällig** (s. auch § 13 S. 2). Denn erst damit ist das Erbscheinsverfahren abgeschlossen und die Wirkungen der §§ 2365 ff BGB, mit denen der Gesetzgeber das Gebühreninteresse unter anderem rechtfertigt, treten ein.[1] Grundsätzlich erfordert die „Erteilung", dass eine Ausfertigung des Erbscheins an den Antragsteller hinausgegeben worden und somit in den Verkehr gelangt ist.[2] **2**

Die **öffentliche Aufforderung** durch das Nachlassgericht gem. § 2358 Abs. 2 BGB ist durch die Verfahrensgebühr mit abgegolten.

Sich widersprechende Anträge mehrerer Erben lösen mehrere Gebühren aus, einerseits für die Erteilung des Erbscheins (Nr. 12210 KV), anderseits wegen Rücknahme/Zurückweisung des Antrags (Nr. 12211/12212 KV).

Nacherbfolge- oder Testamentsvollstreckervermerke (§§ 2363 Abs. 1, 2364 Abs. 1 BGB) auf dem Erbschein ziehen keine gesonderte Gebühr nach sich.[3] Bei Eintritt der Nacherbfolge ist die Erteilung des **Nacherbscheins** aber gesondert zu berechnen.[4] **3**

Für die Erteilung **weiterer Ausfertigungen** des Erbscheins fällt lediglich eine Dokumentenpauschale an (Nr. 31000 KV). **4**

2. Andere Zeugnisse. Die Gebühr Nr. 12210 KV wird ebenso für die Erteilung des Zeugnisses über die **Fortsetzung der Gütergemeinschaft** (§ 1507 BGB) und des **Testamentsvollstreckerzeugnisses** (§ 2368 BGB) erhoben. Der **Geschäftswert** bestimmt sich hier nach § 40 Abs. 4 und 5. **5**

Weitere Testamentsvollstreckerzeugnisse werden nach **Nr. 12213 KV** wegen des geringeren Aufwands privilegiert. Gesonderte Teilzeugnisse mehrerer Testamentsvollstrecker fallen aber jeweils unter Nr. 12210 KV. Sollte das Testamentsvollstreckerzeugnis mit dem Erbschein in einer Urkunde verbunden werden, sind jeweils gesonderte Gebühren zu erheben. **6**

Vom Testamentsvollstreckerzeugnis zu unterscheiden sind die Ernennung des Testamentsvollstreckers (§ 2200 Abs. 1 BGB) und die Entgegennahme der Erklärung über die Annahme des Amtes (§ 2202 BGB). Hierfür werden die Gebühren nach Nr. 12420 KV und Nr. 12410 KV erhoben.

Für die Überweisungszeugnisse nach §§ 36, 37 GBO ist der Geschäftswert gem. § 41 zu bestimmen. **7**

3. Europäisches Nachlasszeugnis. Die Gebühr Nr. 12210 KV gilt auch für Verfahren gem. § 33 Nr. 1 und 2 IntErbRVG. Als **Ausstellung** des Europäischen Nachlasszeugnisses gilt dabei gem. Vorbem. 1.2.2.1 KV auch eine solche, die auf die Beschwerde eines Beteiligten durch das Beschwerdegericht erfolgt (§ 43 Abs. 5 S. 2 IntErbRVG). In letzterem Fall kann daneben eine Gebühr für das Beschwerdeverfahren anfallen. **8**

---

1 Staudinger/*Herzog*, BGB, 13. Aufl. 2010, § 2359 Rn 38. **2** LG Düsseldorf JurBüro 1985, 1391. **3** BDS/*Sommerfeldt*, Nr. 12210 KV Rn 36. **4** BDS/*Sommerfeldt*, Nr. 12210 KV Rn 34.

Anm. 2 zu Nr. 12210 KV ordnet eine **wechselseitige anteilige Anrechnung** der – gesondert zu erhebenden – Gebühren an, wenn bereits ein Erbschein erteilt worden ist oder später noch erteilt wird. Voraussetzung der Anrechnung ist jeweils, dass sich beide Zeugnisse inhaltlich nicht widersprechen. Folglich findet keine Anrechnung statt, wenn die Erteilung eines der beiden Zeugnisse abgelehnt worden ist.

9   **4. Kostenschuldner.** Kostenschuldner ist in allen Fällen der Nr. 12210 KV der Antragsteller (§ 22 Abs. 1). Ein gemeinschaftlicher Erbschein mehrerer Erben (§ 2357 BGB) führt zu gesamtschuldnerischer Haftung (§ 32 Abs. 1) für die nur einmal aus dem Gesamtwert erhobene Gebühr.

II. Verfahrensbeendigung (Nr. 12211–12214 KV)

10   Nr. 12211 und 12212 KV regeln verschiedene Beendigungstatbestände und Gebührenermäßigungen. Die Unterscheidung hängt davon ab, ob das Gericht bereits eine Sachentscheidung getroffen und diese bekanntgegeben oder abgesetzt hat, also den arbeitsanfälligsten Teil seiner Tätigkeit bereits geleistet hat.[5] Weder der Beschluss nach § 352 e Abs. 1 FamFG noch die Ausstellung eines Europäischen Nachlasszeugnisses sind Endentscheidungen im verfahrensrechtlichen Sinne, werden diesen aber für Fragen des Beendigungszeitpunkts gleichgestellt (**Vorbem. 1.2.2 Abs. 3 KV**).

11   Wenn ein Beschluss nach § 352 e FamFG überhaupt nicht erlassen worden ist oder der Antrag noch am Tage der Vorlage des Beschlusses auf der Geschäftsstelle des Gerichts zurückgenommen worden ist, gilt **Nr. 12211 KV**, also eine Gebühr von 0,3. Eine Ausnahme hiervon besteht, wenn der Beschluss bereits durch Verlesen der Entscheidungsformel bekanntgegeben worden ist (§ 41 Abs. 2 FamFG). Für die Rechtzeitigkeit kommt es auf den Eingang bei Gericht bzw auf der Geschäftsstelle an. Als weiterer Beendigungstatbestand ist die übereinstimmende Erklärung der Beteiligten erfasst (§ 22 Abs. 3 FamFG). Eine sonstige Endentscheidung iSv Nr. 12211 KV stellt insb. auch die **Zurückweisung des Erbscheinantrags** dar.

12   Wird ein Feststellungsbeschluss zwar erlassen, aber dennoch kein Erbschein erteilt, fällt bei Verfahrensbeendigung eine Gebühr **Nr. 12212 KV** an. Das gilt zB im Falle der Antragsrücknahme nach dem in Nr. 12211 Ziff. 2 KV genannten Zeitpunkt. Ebenso ist es bei Antragsrücknahme nach einem zurückweisenden Beschluss.

13   Die vorzeitige Beendigung des Verfahrens auf Erteilung eines weiteren Testamentsvollstreckerzeugnisses hat grds. eine 0,3-fache Gebühr nach **Nr. 12213 KV** zur Folge, jedoch begrenzt auf höchstens 200 € (**Nr. 12214 KV**).

III. Einziehung und Kraftloserteilung (Nr. 12215 KV)

14   Die Erziehung oder Kraftloserklärung eines Erbscheins bzw sonstiger erbrechtlicher Zeugnisse (§§ 353, 354 FamFG) löst eine einheitliche **Gebühr von 0,5 und höchstens 400 €** aus, sofern das Gericht nicht gem. § 81 Abs. 1 S. 2 FamFG von der Kostenerhebung absieht. Letzteres wird v.a. dann geboten sein, wenn im gleichen Verfahren ein neuer Erbschein über denselben Erbteil erteilt wird.

15   Eine Gebühr nach Nr. 12215 KV fällt nur einmal an, wenn derselbe Erbschein sowohl eingezogen als auch für kraftlos erklärt wird (§ 55 Abs. 1).[6] Die **erneute Erteilung eines Erbscheins** nach einer Einziehung löst eine weitere Gebühr Nr. 12210 KV aus, sofern nicht § 21 Abs. 1 eingreift.

16   Nicht von Nr. 12215 KV erfasst ist das Kraftloswerden des Testamentsvollstreckerzeugnisses nach § 2368 Abs. 3 Hs 2 BGB. Die anschließende Rückforderung des Zeugnisses verursacht keine Gebühren.[7]

17   Der **Geschäftswert** richtet sich nach §§ 40, 41. Das Amtsverfahren auf Einziehung oder Kraftloserklärung erfordert eine gerichtliche Entscheidung über die **Kostenschuld** (§ 27 Nr. 1, § 353 Abs. 1 S. 1 FamFG).

IV. Widerruf des Europäischen Nachlasszeugnisses (Nr. 12216 KV)

18   Der Widerruf eines Europäischen Nachlasszeugnisses erfolgt von Amts wegen oder auf Antrag (§ 38 IntErbRVG, Art. 71 Abs. 2 EuErbVO). Hierfür fällt eine Gebühr von **0,5 und höchstens 400 €** an, sofern das Gericht einem Beteiligten die Kosten des Widerrufsverfahrens auferlegt. Für den **Geschäftswert** gilt § 40.

V. Änderung des Europäischen Nachlasszeugnisses (Nr. 12217 KV); Berichtigung

19   Der Antrag auf Änderung des Europäischen Nachlasszeugnisses (§ 38 IntErbRVG, Art. 71 Abs. 2 EuErbVO) wird gebührenrechtlich wie ein Antrag auf (Neu-)Erteilung bewertet, löst also ebenfalls eine **1,0-Gebühr** aus. **Kostenschuldner** ist der Antragsteller (§ 22 Abs. 1). Der **Geschäftswert** richtet sich nach § 40.

---

5 RegE BR-Drucks 517/12, S. 291.   **6** Korintenberg/*Wilsch*, Nr. 12215 KV Rn 18.   **7** Korintenberg/*Wilsch*, Nr. 12215 KV Rn 5.

Die **Berichtigung** des Europäischen Nachlasszeugnisses (Art. 71 Abs. 1 EuErbVO) ist gebührenfrei. 20

VI. Erteilung bzw Verlängerung der Gültigkeitsfrist einer beglaubigten Abschrift des Europäischen Nachlasszeugnisses (Nr. 12218 KV)

Die Urschrift des Europäischen Nachlasszeugnisses verbleibt beim Nachlassgericht. Dem Antragsteller und 21
jeder anderen Person, die ein berechtigtes Interesse nachweist, wird eine beglaubigte Abschrift erteilt
(Art. 70 EuErbVO). Technisch handelt es sich um eine beglaubigte Ausfertigung. Die im Rahmen des Aus-
stellungsverfahrens erteilte beglaubigte Abschrift wird durch die Verfahrensgebühr Nr. 12210 KV abgegolten. Erfolgt die Erteilung erst nach Abschluss des Verfahrens, fällt eine **Pauschalgebühr von 20 €** an
(Nr. 12218 Alt. 1 KV). Das Gleiche gilt bei Verlängerung der Gültigkeitsfrist, die nach sechs Monaten notwendig wird (Art. 70 Abs. 3 EuErbVO) (Nr. 12218 Alt. 2 KV). Daneben wird eine Dokumentenpauschale
nicht erhoben (Anm. zu Nr. 12218 KV).

Unterabschnitt 2
Beschwerde gegen die Endentscheidung wegen des Hauptgegenstands

Nr.	Gebührentatbestand	Gebühr oder Satz der Gebühr nach § 34 GNotKG – Tabelle B
12220	Verfahren im Allgemeinen	1,0 – höchstens 800,00 €
12221	Beendigung des gesamten Verfahrens durch Zurücknahme der Beschwerde oder des Antrags, bevor die Schrift zur Begründung der Beschwerde bei Gericht eingegangen ist: Die Gebühr 12220 ermäßigt sich auf	0,3 – höchstens 200,00 €
12222	Beendigung des gesamten Verfahrens ohne Endentscheidung, wenn nicht Nummer 12221 erfüllt ist: Die Gebühr 12220 ermäßigt sich auf .... (1) Wenn die Entscheidung nicht durch Verlesen der Entscheidungsformel bekannt gegeben worden ist, ermäßigt sich die Gebühr auch im Fall der Zurücknahme der Beschwerde oder des Antrags vor Ablauf des Tages, an dem die Endentscheidung der Geschäftsstelle übermittelt wird. (2) Eine Entscheidung über die Kosten steht der Ermäßigung nicht entgegen, wenn die Entscheidung einer zuvor mitgeteilten Einigung über die Kostentragung oder einer Kostenübernahmeerklärung folgt.	0,5 – höchstens 400,00 €

I. Allgemeines

Der Abschnitt 2 Unterabschnitt 2 KV betrifft **Beschwerden** gegen die Erteilung, Einziehung oder Kraftloser- 1
klärung eines Erbscheins oder sonstiger erbrechtlicher Zeugnisse (§§ 58 ff FamFG). Beschwerden gegen Nebenentscheidungen richten sich nach Nr. 19116 KV, sofern sie nicht gebührenfrei sind (zB § 83 Abs. 3).

II. Beschwerdeverfahren (Nr. 12220 KV)

Wie im erstinstanzlichen Verfahren fällt eine **Gebühr von 1,0** an, die hier jedoch auf **höchstens 800 €** be- 2
grenzt ist (Nr. 12220 KV). Bei Nachlasswerten von mehr als 410.000 € ist das Kostenrisiko also gleichblei-
bend und überschaubar. Ob die Beschwerde Erfolg hat, verworfen oder zurückgewiesen wird, ist für die
anfallende Gebühr ohne Bedeutung. Es kann sich lediglich eine unterschiedliche **Kostenschuld** ergeben
(§§ 22 Abs. 1, 25 Abs. 1, 27 Nr. 1).

Für den **Geschäftswert** gilt § 61. Im Erbscheinsverfahren sind das Interesse des Beschwerdeführers und der 3
Wert seines Erbteils ausschlaggebend, auch wenn mit der Beschwerde zugleich die Einziehung eines bereits

an einen anderen Beteiligten erteilten Erbscheins beantragt wird.[1] Der Geschäftswert für Beschwerden betreffend die Einziehung oder Kraftloserklärung eines Erbscheins ist grds. der gleiche wie bei seiner Erteilung.[2]

III. Verfahrensbeendigung (Nr. 12221, 12222 KV)

4 Auch für die zweite Instanz gibt es zwei abgestufte Beendigungstatbestände. Besonders privilegiert ist die Rücknahme der Beschwerde oder des gesamten Antrags (v.a. auf Erbscheinserteilung) **vor Eingang der Beschwerdebegründung** (§ 65 FamFG). Dann ermäßigt sich die Gebühr auf 0,3 (**Nr. 12221 KV**). Das gilt auch bei Antragsrücknahme durch Beteiligte, die nicht Beschwerdeführer sind.

5 Wenn der Antrag oder die Beschwerde erst **nach Eingang der Beschwerdebegründung** zurückgenommen werden, gilt **Nr. 12222 KV** mit einer Gebühr von 0,5. Gleiches gilt selbstverständlich infolge einer übereinstimmenden Beendigungserklärung der Beteiligten (§ 22 Abs. 3 FamFG). Diese Ermäßigung tritt auch dann ein, wenn im Schriftwege zwar bereits eine Beschwerdeentscheidung ergangen ist und noch am Tage ihrer Vorlage auf der Geschäftsstelle die Rücknahme des Rechtsmittels oder des Antrags erfolgt (**Anm. Abs. 1 zu Nr. 12222 KV**).

6 Darüber hinaus wird die Ermäßigung auf 0,5 durch eine erforderlich werdende **Kostenentscheidung** nicht berührt, wenn sie auf einer Vereinbarung der Beteiligten beruht (**Anm. Abs. 2 zu Nr. 12222 KV**).

Unterabschnitt 3
Rechtsbeschwerde gegen die Endentscheidung wegen des Hauptgegenstands

Nr.	Gebührentatbestand	Gebühr oder Satz der Gebühr nach § 34 GNotKG – Tabelle B
12230	Verfahren im Allgemeinen	1,5 – höchstens 1.200,00 €
12231	Beendigung des gesamten Verfahrens durch Zurücknahme der Rechtsbeschwerde oder des Antrags, bevor die Schrift zur Begründung der Beschwerde bei Gericht eingegangen ist: Die Gebühr 12230 ermäßigt sich auf	0,5 – höchstens 400,00 €
12232	Beendigung des gesamten Verfahrens durch Zurücknahme der Rechtsbeschwerde oder des Antrags vor Ablauf des Tages, an dem die Endentscheidung der Geschäftsstelle übermittelt wird, wenn nicht Nummer 12231 erfüllt ist: Die Gebühr 12230 ermäßigt sich auf	1,0 – höchstens 800,00 €

I. Rechtsbeschwerde (Nr. 12230 KV)

1 Für das Verfahren der Rechtsbeschwerde (§§ 70 ff FamFG) ist der **Geschäftswert** nach § 61 festzusetzen. **Kostenschuldner** ist der Rechtsmittelführer (§ 22 Abs. 1) bzw derjenige, dem die Kosten der Rechtsbeschwerde auferlegt worden sind (§ 27 Nr. 1).

1 BayObLG JurBüro 1982, 116; OLG Frankfurt JurBüro 1969, 1221. **2** OLG Köln FGPrax 2006, 85.

II. Verfahrensbeendigung (Nr. 12231, 12232 KV)

Zur **Rücknahme** der Rechtsbeschwerde vor Eingang der Beschwerdebegründung (**Nr. 12231 KV**) kann auf   2
die Erl. in → Nr. 12220–12222 KV Rn 4 verwiesen werden. Die Gebührenermäßig tritt auch ein, wenn die
Rücknahme der Rechtsbeschwerde erst nach Ablauf der in § 71 Abs. 2 FamFG vorgesehenen Frist erfolgt.[1]

Für Beschwerderücknahmen, die später, jedoch noch am Tage der Übermittlung der gerichtlichen Entschei-   3
dung an die Geschäftsstelle, erfolgen, gilt **Nr. 12232 KV**.

Unterabschnitt 4
Zulassung der Sprungrechtsbeschwerde gegen die Endentscheidung wegen des Hauptgegenstands

Nr.	Gebührentatbestand	Gebühr oder Satz der Gebühr nach § 34 GNotKG – Tabelle B
12240	Verfahren über die Zulassung der Sprungrechtsbeschwerde: Soweit der Antrag abgelehnt wird:	0,5 – höchstens 400,00 €

Der nur aus einem Gebührentatbestand bestehende Unterabschnitt 4 des Abschnitts 2 gilt für die **Ableh-**   1
nung eines Antrags nach § 75 FamFG und soll dem Prüfungsaufwand des Gerichts Rechnung tragen.[1] Kostenschuldner ist der Antragsteller (§ 22 Abs. 1). Ein erfolgreicher Zulassungsantrag löst hingegen die Gebühren nach Nr. 12230 ff KV aus. Die Zurücknahme des Antrags ist gebührenfrei.

Abschnitt 3
Sicherung des Nachlasses einschließlich der Nachlasspflegschaft, Nachlass- und Gesamtgutsverwaltung

Unterabschnitt 1
Erster Rechtszug

Nr.	Gebührentatbestand	Gebühr oder Satz der Gebühr nach § 34 GNotKG – Tabelle A
12310	Verfahren im Allgemeinen .... Die Gebühr entsteht nicht für Verfahren, die in den Rahmen einer bestehenden Nach- lasspflegschaft oder Nachlass- oder Gesamtgutsverwaltung fallen. Dies gilt auch für das Verfahren, das mit der Nachlasspflegschaft oder der Nachlass- oder Gesamtguts- verwaltung endet.	0,5
12311	Jahresgebühr für jedes Kalenderjahr bei einer Nachlasspflegschaft, die nicht auf einzelne Rechtshandlungen beschränkt ist, oder bei einer Nachlass- oder Gesamtgutsverwaltung .... (1) Ist Gegenstand des Verfahrens ein Teil des Nachlasses, ist höchstens dieser Teil des Nachlasses zu berücksichtigen. Verbindlichkeiten werden nicht abgezogen. (2) Für das bei der ersten Bestellung eines Nachlasspflegers oder bei der Anordnung der Nachlass- oder Gesamtgutsverwaltung laufende und das folgende Kalenderjahr wird nur eine Jahresgebühr erhoben.	10,00 € je angefangene 5.000,00 € des Nachlass- werts – mindestens 200,00 €

1 BDS/*Sommerfeldt*, Nr. 12231 KV Rn 4 f; Korintenberg/*H. Schneider*, Nr. 12231 KV Rn 2. **1** RegE BR-Drucks 517/12, S. 293.

Nr.	Gebührentatbestand	Gebühr oder Satz der Gebühr nach § 34 GNotKG – Tabelle A
12312	Verfahren im Allgemeinen bei einer Nachlasspflegschaft für einzelne Rechtshandlungen .... Die Gebühr wird nicht neben der Gebühr 12311 erhoben.	0,5 – höchstens eine Gebühr 12311

I. Allgemeines

1   **Abschnitt 3** gilt für die Nachlasssicherung (§ 1960 BGB), insb. die Nachlasspflegschaft (§§ 1960 Abs. 2, 1961 BGB) sowie für die Nachlassverwaltung (§§ 1975 ff BGB, § 359 FamFG) und Gesamtgutsverwaltung (§ 1489 Abs. 2 BGB). Er entspricht in weiten Teilen dem Hauptabschnitt 1 (Nr. 11100 ff KV). Nicht erfasst ist hingegen die Abwesenheitspflegschaft nach § 364 FamFG (Vorbem. 1 Abs. 3 KV).

2   Die Ablehnung oder Zurücknahme eines Antrags auf Nachlass- oder Gesamtgutsverwaltung ist kosten-rechtlich nicht privilegiert.[1]

3   Der **Geschäftswert** richtet sich bei einzelnen Sicherungsmaßnahmen nach dem sog. **Sicherungswert** (§ 36 Abs. 1), welcher durch den Verkehrswert der sichergestellten Gegenstände – und damit durch das Siche-rungsbedürfnis – begrenzt ist.[2] Bei der Jahresgebühr nach **Nr. 12311 KV** ist der Wert des Aktivnachlasses maßgebend, wobei gegenständliche Beschränkungen der Nachlasspflegschaft oder -verwaltung zu berück-sichtigen sind (Anm. Abs. 1 zu Nr. 12311 KV). Für die Einzelgebühr nach **Nr. 12312 KV** ist § 64 einschlä-gig.

4   **Kostenschuldner** sind grds. nur die Erben (§ 24 Nr. 2, 3 und 5). Im Falle der Ablehnung eines Gläubigeran-trags auf Nachlassverwaltung (§ 1981 Abs. 2 BGB) gelten § 27 Nr. 1, § 81 FamFG.[3] Diese Vorschriften sind auch bei der Gesamtgutsverwaltung einschlägig.

II. Nachlasssicherung (Nr. 12310 KV)

5   Für Sicherungsmaßnahmen **außerhalb einer Nachlasspflegschaft bzw Nachlass- oder Gesamtgutsverwal-tung** fällt eine 0,5-Gebühr als allgemeine Verfahrensgebühr an. Eventuelle Vorermittlungen des Nachlassge-richts sind damit abgegolten. Die Gebühr fällt nicht an, wenn die Sicherung mit einer Nachlasspflegschaft bzw Nachlass- oder Gesamtgutsverwaltung endet.

6   **Wiederholte Maßnahmen** für denselben Gegenstand führen nicht zu einer neuerlichen Gebührenerhebung (§ 55 Abs. 1), können aber wegen erhöhten Sicherungsbedürfnisses zu einem höheren Geschäftswert füh-ren.

III. Jahresgebühr (Nr. 12311 KV)

7   Die häufig auf eine erhebliche Dauer angelegte gerichtliche Tätigkeit im Zusammenhang mit einer Nach-lasspflegschaft oder Nachlassverwaltung wird mit einer **periodischen Gebühr pro Kalenderjahr** abgegolten. Sie bemisst sich nicht nach Tabelle A, sondern beträgt mindestens 200 € und im Übrigen – linear steigend – 10 € je 5.000 € Aktivnachlass.

8   Anm. Abs. 1 zu Nr. 12311 KV stellt ergänzend zu § 38 klar, dass Verbindlichkeiten nicht berücksichtigt werden. Das erste Folgejahr ist gebührenfrei (Anm. Abs. 2 zu Nr. 12311 KV).

9   Die Gebühr ist erstmals bei Anordnung der Nachlasspflegschaft oder Nachlassverwaltung und später je-weils zu Beginn eines Kalenderjahres **fällig** (§ 8). Sie ist jährlich neu zu berechnen.

10   Die auf denselben Nachlass bezogene Pflegschaft für **mehrere Erben** stellt nur eine Pflegschaft dar.

IV. Einzelgebühr (Nr. 12312 KV)

11   Die Gebühr Nr. 12312 KV gilt nur für Nachlasspflegschaften, die sich **auf einzelne Rechtshandlungen be-schränken** (zB Auflösung der Wohnung oder Gläubigerantrag nach § 1961 BGB). Die Gebühr richtet sich in diesen Fällen einerseits nach Tabelle A, andererseits ist sie durch die (fiktive) Jahresgebühr nach Nr. 12311 KV beschränkt.

---

1 Korintenberg/*Wilsch*, Nr. 12310 KV Rn 5. **2** Korintenberg/*Wilsch*, Nr. 12310 KV Rn 11; aA BDS/*Sommerfeldt*, Nr. 12310 KV Rn 7 (danach soll § 64 gelten). **3** AA *Zimmermann*, FamRZ 2013, 1264, 1270 (kein Kostenschuldner).

Unterabschnitt 2
Beschwerde gegen die Endentscheidung wegen des Hauptgegenstands

Nr.	Gebührentatbestand	Gebühr oder Satz der Gebühr nach § 34 GNotKG – Tabelle A
12320	Verfahren im Allgemeinen	1,0
12321	Beendigung des gesamten Verfahrens ohne Endentscheidung: Die Gebühr 12320 ermäßigt sich auf	0,5
	(1) Wenn die Entscheidung nicht durch Verlesen der Entscheidungsformel bekannt gegeben worden ist, ermäßigt sich die Gebühr auch, wenn die Beschwerde vor Ablauf des Tages, an dem die Endentscheidung der Geschäftsstelle übermittelt wird, zurückgenommen wird.	
	(2) Eine Entscheidung über die Kosten steht der Ermäßigung nicht entgegen, wenn die Entscheidung einer zuvor mitgeteilten Einigung über die Kostentragung oder einer Kostenübernahmeerklärung folgt.	

Abschnitt 3 Unterabschnitt 2 **entspricht Nr. 11200 und 11201 KV.** Auf die dortigen Erl. wird Bezug genommen. Anders als zB bei Nr. 12221 KV oder Nr. 12331 KV gibt es keine weitere Gebührenermäßigung für die Rücknahme des Rechtsmittels vor Eingang der Beschwerdebegründung, ebenso wenig sind Gebührenobergrenzen vorgesehen.   1

Unterabschnitt 3
Rechtsbeschwerde gegen die Endentscheidung wegen des Hauptgegenstands

Nr.	Gebührentatbestand	Gebühr oder Satz der Gebühr nach § 34 GNotKG – Tabelle A
12330	Verfahren im Allgemeinen	1,5
12331	Beendigung des gesamten Verfahrens durch Zurücknahme der Rechtsbeschwerde oder des Antrags, bevor die Schrift zur Begründung der Beschwerde bei Gericht eingegangen ist: Die Gebühr 12330 ermäßigt sich auf	0,5
12332	Beendigung des gesamten Verfahrens durch Zurücknahme der Rechtsbeschwerde oder des Antrags vor Ablauf des Tages, an dem die Endentscheidung der Geschäftsstelle übermittelt wird, wenn nicht Nummer 12331 erfüllt ist: Die Gebühr 12330 ermäßigt sich auf	1,0

Es wird auf die Erl. zu den identischen Gebührenregelungen der **Nr. 11300–11302 KV** verwiesen.   1

Unterabschnitt 4
Zulassung der Sprungrechtsbeschwerde gegen die Endentscheidung wegen des Hauptgegenstands

Nr.	Gebührentatbestand	Gebühr oder Satz der Gebühr nach § 34 GNotKG – Tabelle A
12340	Verfahren über die Zulassung der Sprungrechtsbeschwerde: Soweit der Antrag abgelehnt wird:	0,5

1   Auf die Erl. zu der Gebührenvorschrift **Nr. 11400 KV** wird verwiesen, ferner auf Nr. 12240 KV.

Abschnitt 4
Entgegennahme von Erklärungen, Fristbestimmungen, Nachlassinventar, Testamentsvollstreckung

Unterabschnitt 1
Entgegennahme von Erklärungen, Fristbestimmungen und Nachlassinventar

Nr.	Gebührentatbestand	Gebühr oder Satz der Gebühr nach § 34 GNotKG – Tabelle A
Vorbemerkung 1.2.4.1: *(weggefallen)*		
12410	Entgegennahme von Erklärungen und Anzeigen	15,00 €
	(1) Die Gebühr entsteht für die Entgegennahme	
	1. einer Forderungsanmeldung im Falle des § 2061 BGB,	
	2. einer Erklärung über die Anfechtung eines Testaments oder Erbvertrags (§§ 2081, 2281 Abs. 2 BGB),	
	3. einer Anzeige des Vorerben oder des Nacherben über den Eintritt der Nacherbfolge (§ 2146 BGB),	
	4. einer Erklärung betreffend die Bestimmung der Person des Testamentsvollstreckers oder die Ernennung von Mitvollstreckern (§ 2198 Abs. 1 Satz 2 und § 2199 Abs. 3 BGB), die Annahme oder Ablehnung des Amtes des Testamentsvollstreckers (§ 2202 BGB) sowie die Kündigung dieses Amtes (§ 2226 BGB),	
	5. einer Anzeige des Verkäufers oder Käufers einer Erbschaft über den Verkauf nach § 2384 BGB sowie einer Anzeige in den Fällen des § 2385 BGB,	
	6. eines Nachlassinventars oder einer Erklärung nach § 2004 BGB oder	
	7. der Erklärung eines Hoferben über die Wahl des Hofes gemäß § 9 Abs. 2 Satz 1 HöfeO.	
	(2) Für die gleichzeitige Entgegennahme mehrerer Forderungsanmeldungen, Erklärungen oder Anzeigen nach derselben Nummer entsteht die Gebühr nur einmal.	
12411	Verfahren über	
	1. eine Fristbestimmung nach den §§ 2151, 2153 bis 2155, 2192, 2193 BGB,	
	2. die Bestimmung einer Inventarfrist,	
	3. die Bestimmung einer neuen Inventarfrist,	
	4. die Verlängerung der Inventarfrist oder	
	5. eine Fristbestimmung, die eine Testamentsvollstreckung betrifft	25,00 €
12412	Verfahren über den Antrag des Erben, einen Notar mit der amtlichen Aufnahme des Nachlassinventars zu beauftragen	40,00 €

I. Allgemeines

Unterabschnitt 1 von Teil 1 Hauptabschnitt 2 Abschnitt 4 KV enthält verhältnismäßig geringe **Festgebühren**. Die amtliche Aufnahme des Nachlassinventars (§ 2003 Abs. 1 BGB) erfolgt nunmehr immer durch den Notar, so dass Gerichtsgebühren nur noch für den entsprechenden Antrag beim Nachlassgericht anfallen. **1**

II. Entgegennahme von Erklärungen (Nr. 12410 KV)

Nr. 12410 KV zählt in **Anm. Abs. 1 Nr. 1–7** die Erklärungen gegenüber dem Nachlassgericht auf, für die jeweils eine **Pauschalgebühr von 15 €** anfällt, jedoch pro Tatbestand und Beteiligten nur einmal (Anm. Abs. 2). **2**

Der **Kostenschuldner** ergibt sich aus §§ 23 Nr. 3 und 4, 24 Nr. 8. **3**

Für die Ausschlagung der Erbschaft, Anfechtung der Annahme oder Ausschlagung der Erbschaft oder Anfechtung der Versäumung der Ausschlagungsfrist (§§ 1945, 1955, 1956, 2308 Abs. 1 BGB) besteht auf gerichtlicher Seite Gebührenfreiheit, im Übrigen ist Nr. 21201 Ziff. 7 KV einschlägig (Vorbem. 1 Abs. 2 KV). **4**

Das „Privataufgebot" nach § 2061 BGB (**Nr. 1**) hat nichts mit den gerichtlichen Aufgebotssachen (Nr. 15212 Ziff. 3 KV) zu tun. **5**

Die in **Nr. 6** geregelte Entgegennahme des **Nachlassinventars** betrifft nur die Errichtung durch den Erben (§ 2002 BGB). In Fällen amtlicher Aufnahme gelten Nr. 12412 KV und Nr. 23500 ff KV. **6**

III. Fristbestimmungen (Nr. 12411 KV)

Die in Nr. 12411 KV genannten Fristsetzungen und -verlängerungen erfolgen auf Antrag eines Beteiligten durch Beschluss des Nachlassgerichts. Sie lösen wegen des leicht erhöhten Aufwands eine **Festgebühr von 25 €** aus. Mehrere Fristbestimmungen lösen gesonderte Gebühren aus, auch wenn sie innerhalb einer gemeinsamen gerichtlichen Entscheidung erfolgen. **Kostenschuldner** ist der Antragsteller (§ 22 Abs. 1). **7**

IV. Beauftragung des Notars mit der Inventaraufnahme (Nr. 12412 KV)

Der Gebührentatbestand gilt für das Verfahren über den Antrag des Erben, einen Notar mit der amtlichen Aufnahme des Nachlassinventars zu beauftragen. Das entspricht der materiellen Rechtslage in § 2003 Abs. 1 BGB. Der Notar tritt anstelle des Nachlassgerichts bzw erfüllt dessen Aufgaben. Das gesamte gerichtliche Verfahren wird mit der Pauschgebühr von 40 € abgegolten. Die Gebühren des Notars richten sich nach Nr. 23500 ff KV. **8**

Unterabschnitt 2
Testamentsvollstreckung

Nr.	Gebührentatbestand	Gebühr oder Satz der Gebühr nach § 34 GNotKG – Tabelle A
Vorbemerkung 1.2.4.2: Die Gebühren für die Entgegennahme von Erklärungen und für das Verfahren über eine Fristbestimmung bestimmen sich nach Unterabschnitt 1, die Gebühr für das Verfahren auf Erteilung eines Testamentsvollstreckerzeugnisses sowie dessen Einziehung oder Kraftloserklärung nach Abschnitt 2.		
12420	Verfahren über die Ernennung oder Entlassung von Testamentsvollstreckern und über sonstige anlässlich einer Testamentsvollstreckung zu treffenden Anordnungen	0,5
12421	Verfahren über die Beschwerde gegen die Endentscheidung wegen des Hauptgegenstands	1,0
12422	Beendigung des gesamten Verfahrens ohne Endentscheidung: Die Gebühr 12421 ermäßigt sich auf .... (1) Wenn die Entscheidung nicht durch Verlesen der Entscheidungsformel bekannt gegeben worden ist, ermäßigt sich die Gebühr auch im Fall der Zurücknahme der Beschwerde oder des Antrags vor Ablauf des Tages, an dem die Endentscheidung der Geschäftsstelle übermittelt wird.	0,5

Nr.	Gebührentatbestand	Gebühr oder Satz der Gebühr nach § 34 GNotKG – Tabelle A
	(2) Eine Entscheidung über die Kosten steht der Ermäßigung nicht entgegen, wenn die Entscheidung einer zuvor mitgeteilten Einigung über die Kostentragung oder einer Kostenübernahmeerklärung folgt.	
12425	Verfahren über die Rechtsbeschwerde gegen die Endentscheidung wegen des Hauptgegenstands	1,5
12426	Beendigung des gesamten Verfahrens durch Zurücknahme der Rechtsbeschwerde oder des Antrags, bevor die Schrift zur Begründung der Beschwerde bei Gericht eingegangen ist: Die Gebühr 12425 ermäßigt sich auf	0,5
12427	Beendigung des gesamten Verfahrens durch Zurücknahme der Rechtsbeschwerde oder des Antrags vor Ablauf des Tages, an dem die Endentscheidung der Geschäftsstelle übermittelt wird, wenn nicht Nummer 12426 erfüllt ist: Die Gebühr 12425 ermäßigt sich auf	1,0
12428	Verfahren über die Zulassung der Sprungrechtsbeschwerde: Soweit der Antrag abgelehnt wird:	0,5

I. Vorbemerkung 1.2.4.2 KV

1   Vorbem. 1.2.4.2 KV dient der Abgrenzung zu Nr. 12410 KV und Nr. 12411 Ziff. 5 KV einerseits (Erklärungen und Fristbestimmungen) sowie Nr. 12210 ff KV anderseits (Testamentsvollstreckerzeugnis). Alle anderen gerichtlichen Entscheidungen im Zusammenhang mit einer Testamentsvollstreckung regelt Unterabschnitt 2. Er enthält der Höhe nach nicht begrenzte **Wertgebühren** nach **Tabelle A** zu § 34. Eine Anrechnung der genannten Gebühren ist nicht vorgesehen.

II. Ernennung und Entlassung von Testamentsvollstreckern (Nr. 12420 KV)

2   Der Gebührentatbestand der Nr. 12420 KV betrifft zum einen die **Ernennung eines Testamentsvollstreckers** (§ 2200 BGB).

3   Häufig streitig und arbeitsaufwändig ist die **Entlassung eines Testamentsvollstreckers**. Die Entlassung eines Testamentsvollstreckers (§ 2227 BGB) unter gleichzeitiger Ernennung eines neuen Testamentsvollstreckers in einem einheitlichen Beschluss führt zu einer einheitlichen Erhebung der Gebühr aus einem erhöhten Geschäftswert (§ 35 Abs. 1).

4   Sonstige anlässlich einer Testamentsvollstreckung zu treffende **Anordnungen** iSv Nr. 12420 KV sind insb. die Außerkraftsetzung von Anordnungen des Erblassers (§ 2216 Abs. 2 S. 2 BGB) und die Entscheidung über Meinungsverschiedenheiten mehrerer Testamentsvollstrecker (§ 2224 Abs. 1 S. 1 BGB). Nicht hierher gehören die Erteilung und Einziehung eines Testamentsvollstreckerzeugnisses (Vorbem. 1.2.4.1 KV; Nr. 12210 ff KV).

5   **Kostenschuldner** sind die Erben (§ 24 Nr. 7), in Bezug auf die Entlassung des Testamentsvollstreckers aber nur die antragstellenden Erben (§ 22 Abs. 1). Für den **Geschäftswert** bei Ernennung oder Entlassung des Testamentsvollstreckers gilt § 65; bei sonstigen Anordnungen ist § 36 anzuwenden und auf das Regelungsinteresse abzustellen.[1]

III. Rechtsmittel und Verfahrensbeendigung (Nr. 12421–12428 KV)

6   Die Gebührentatbestände der Nr. 12421–12428 KV ähneln ihrer Systematik nach den **Nr. 12220–12240 KV**.

---

1 Korintenberg/*Diehn*, Nr. 12420 KV Rn 14.

Der **Geschäftswert** für die Rechtsmittelverfahren richtet sich wiederum nach § 65, auch wenn sich der Tes-   7
tamentsvollstrecker gegen seine Entlassung wendet.

Abschnitt 5
Übrige Nachlasssachen

Unterabschnitt 1
(weggefallen)

Unterabschnitt 2
Stundung des Pflichtteilsanspruchs

Nr.	Gebührentatbestand	Gebühr oder Satz der Gebühr nach § 34 GNotKG – Tabelle A
12520	Verfahren im Allgemeinen	2,0
12521	Beendigung des gesamten Verfahrens 1. ohne Endentscheidung, 2. durch Zurücknahme des Antrags vor Ablauf des Tages, an dem die Endentscheidung der Geschäftsstelle übermittelt wird, wenn die Entscheidung nicht bereits durch Verlesen der Entscheidungsformel bekannt gegeben worden ist, oder 3. wenn die Endentscheidung keine Begründung enthält oder nur deshalb eine Begründung enthält, weil zu erwarten ist, dass der Beschluss im Ausland geltend gemacht wird (§ 38 Abs. 5 Nr. 4 FamFG): Die Gebühr 12520 ermäßigt sich auf .... (1) Die Vervollständigung einer ohne Begründung hergestellten Endentscheidung (§ 38 Abs. 6 FamFG) steht der Ermäßigung nicht entgegen. (2) Die Gebühr ermäßigt sich auch, wenn mehrere Ermäßigungstatbestände erfüllt sind.	0,5

I. Anwendungsbereich

Unterabschnitt 2 des Abschnitts 5 betrifft das Verfahren vor dem Nachlassgericht nach §§ 2331 a, 1382   1
BGB, §§ 362, 264 FamFG, gilt also bei unstreitigem Pflichtteilsanspruch und außerhalb eines Rechtsstreits.

II. Verfahrensgebühr (Nr. 12520 KV)

Das gerichtliche Verfahren wird grds. durch eine 2,0-fache Gebühr abgegolten. Umfasst der Antrag **mehre-**   2
re Pflichtteilsansprüche, ist die Gebühr jeweils gesondert zu erheben.[1] Demgegenüber liegt nur ein Verfahren vor, wenn mehrere Miterben gleichzeitig den Stundungsantrag stellen (§ 55 Abs. 1).

Der **Aufhebungs- oder Änderungsantrag** eines Beteiligten (§§ 2331 a Abs. 2 S. 2, 1382 Abs. 6) löst erneut eine Gebühr nach Nr. 12520 KV aus.[2]

Der **Geschäftswert** richtet sich nach § 36 **Abs. 1**, wobei idR 10 % der Pflichtteilsforderung angemessen   3
sind.[3] Dabei spielt es keine Rolle, ob nur einer von mehreren Erben die Stundung begehrt.

Kostenschuldner ist der Antragsteller (§ 22 Abs. 1).   4

III. Verfahrensbeendigung (Nr. 12521 KV)

Über den Antrag des Erben ist durch Beschluss zu entscheiden. Unterbleibt ein solcher oder wird der An-   5
trag noch am Tage der Beschlussübermittlung an die Geschäftsstelle zurückgenommen, ermäßigt sich nach

---

1 Korintenberg/*Wilsch*, Nr. 12520 KV Rn 5.   **2** Korintenberg/*Wilsch*, Nr. 12520 KV Rn 8.   **3** BeckOK KostR/*Rupp*, GNotKG, Nr. 12520 KV Rn 3; allgemeiner *Zimmermann*, FamRZ 2013, 1264, 1271.

Nr. 12521 KV die Gebühr Nr. 12520 KV auf 0,5. Gleiches gilt, wenn der Beschluss gem. § 38 Abs. 4 FamFG keine Begründung enthält.

6   Eine Begründung, die gem. § 38 Abs. 5 Nr. 4 FamFG hergestellt (**Nr. 12521 Nr. 3 KV**) oder gem. § 38 Abs. 6 FamFG nachgeholt wird (**Anm. Abs. 1**), steht der Ermäßigung nicht entgegen. Keine Gebührenermäßigung tritt ein, wenn der Antrag als unzulässig oder unbegründet zurückgewiesen wird.

Unterabschnitt 3
Beschwerde gegen die Endentscheidung wegen des Hauptgegenstands

Nr.	Gebührentatbestand	Gebühr oder Satz der Gebühr nach § 34 GNotKG – Tabelle A
12530	Verfahren im Allgemeinen	3,0
12531	Beendigung des gesamten Verfahrens durch Zurücknahme der Beschwerde oder des Antrags, bevor die Schrift zur Begründung der Beschwerde bei Gericht eingegangen ist: Die Gebühr 12530 ermäßigt sich auf	0,5
12532	Beendigung des gesamten Verfahrens ohne Endentscheidung, wenn nicht Nummer 12531 erfüllt ist: Die Gebühr 12530 ermäßigt sich auf	1,0
	(1) Wenn die Entscheidung nicht durch Verlesen der Entscheidungsformel bekannt gegeben worden ist, ermäßigt sich die Gebühr auch im Fall der Zurücknahme der Beschwerde oder des Antrags vor Ablauf des Tages, an dem die Endentscheidung der Geschäftsstelle übermittelt wird. (2) Eine Entscheidung über die Kosten steht der Ermäßigung nicht entgegen, wenn die Entscheidung einer zuvor mitgeteilten Einigung über die Kostentragung oder einer Kostenübernahmeerklärung folgt.	

Unterabschnitt 4
Rechtsbeschwerde gegen die Endentscheidung wegen des Hauptgegenstands

Nr.	Gebührentatbestand	Gebühr oder Satz der Gebühr nach § 34 GNotKG – Tabelle A
12540	Verfahren im Allgemeinen	4,0
12541	Beendigung des gesamten Verfahrens durch Zurücknahme der Rechtsbeschwerde oder des Antrags, bevor die Schrift zur Begründung der Beschwerde bei Gericht eingegangen ist: Die Gebühr 12540 ermäßigt sich auf	1,0
12542	Beendigung des gesamten Verfahrens durch Zurücknahme der Rechtsbeschwerde oder des Antrags vor Ablauf des Tages, an dem die Endentscheidung der Geschäftsstelle übermittelt wird, wenn nicht Nummer 12541 erfüllt ist: Die Gebühr 12540 ermäßigt sich auf	2,0

Unterabschnitt 5
Zulassung der Sprungrechtsbeschwerde gegen die Endentscheidung wegen des Hauptgegenstands

Nr.	Gebührentatbestand	Gebühr oder Satz der Gebühr nach § 34 GNotKG – Tabelle A
12550	Verfahren über die Zulassung der Sprungrechtsbeschwerde: Soweit der Antrag abgelehnt wird:	1,0

Die **Unterabschnitte 3–5** betreffen die Rechtsmittel in den Verfahren des Unterabschnitts 2, also bei der **1** **Stundung des Pflichtteilsanspruchs.** Die Gebührentatbestände ähneln in ihrer Struktur denen der **Nr. 11200–11400 KV** und **Nr. 12220–12240 KV.** Auf die dortigen Erl. wird verwiesen. Höchstbetragsgrenzen sind nicht vorgesehen.

Hauptabschnitt 3
Registersachen sowie unternehmensrechtliche und ähnliche Verfahren

Nr.	Gebührentatbestand	Gebühr oder Satz der Gebühr nach § 34 GNotKG – Tabelle A
	Vorbemerkung 1.3:	

Vorbemerkung 1.3:

(1) Dieser Hauptabschnitt gilt für

1. Registersachen (§ 374 FamFG), soweit die Gebühren nicht aufgrund einer Rechtsverordnung nach § 58 Abs. 1 GNotKG erhoben werden,
2. unternehmensrechtliche Verfahren (§ 375 FamFG) und ähnliche Verfahren sowie
3. bestimmte Vereins- und Stiftungssachen.

(2) Gebühren werden nicht erhoben

1. für die aus Anlass eines Insolvenzverfahrens von Amts wegen vorzunehmenden Eintragungen,
2. für die Löschung von Eintragungen (§ 395 FamFG) und
3. von berufsständischen Organen im Rahmen ihrer Beteiligung nach § 380 FamFG.

Schrifttum: *Wilsch,* Neuregelungen des Kostenrechts aus amtsgerichtlicher Sicht, FGPrax 2013, 47.

I. Allgemeines

Abs. 1 der Vorbem. 1.3 KV regelt zunächst, für **welche Verfahren** die Vorschriften des Hauptabschnitts 3 **1** gelten. In Abs. 2 wurden die Regelungen der §§ 87 und 88 Abs. 1 KostO zur **Gebührenfreiheit** bestimmter Eintragungen und zur **Gebührenbefreiung** berufsständischer Organe übernommen.[1]

II. Anwendungsbereich (Abs. 1)

1. Registersachen (Abs. 1 Nr. 1). Der Hauptabschnitt 3 gilt zunächst für **alle Registersachen** iSd § 374 **2** FamFG, also das Handels-, Partnerschafts-, Genossenschafts-, Vereins- und Güterrechtsregisterverfahren. Aus diesem weiten Anwendungsbereich sind jedoch alle Verfahren auszuscheiden, in denen Gebühren nach der HRegGebV erhoben werden. Damit ist ein Großteil der **Eintragungsverfahren** in das **Handels-, Partnerschafts- und Genossenschaftsregister** vom Anwendungsbereich der Nr. 13100 ff KV ausgenommen.

Als **Registersachen** iSd Vorbem. 1.3 Abs. 1 Nr. 1 KV sind anzusehen: **3**

- Vereinsregistersachen (Nr. 13100 f KV);
- Güterrechtsregistersachen (Nr. 13200 f KV);
- Zwangs- und Ordnungsgeldverfahren nach §§ 389–392 FamFG (Nr. 13310–13332 KV);

---

1 BT-Drucks 17/11471, S. 203.

■ Löschungs- und Auflösungsverfahren nach den §§ 393–398 FamFG sowie Verfahren nach § 73 BGB (Nr. 13400 KV).

4   **2. Unternehmensrechtliche Verfahren (Abs. 1 Nr. 2).** Durch die Verweisung auf § 375 FamFG werden **alle dort genannten Verfahren** erfasst und den Gebührentatbeständen nach Nr. 13500–13630 KV unterworfen, vgl Vorbem. 1.3.5 Nr. 1 KV. Die Verweisung ist **dynamisch** und erfasst auch solche Verfahren, die erst infolge einer Gesetzesänderung als **unternehmensrechtliche Verfahren** zu behandeln sind. Die im Gesetzgebungsverfahren aufgestellte Liste unternehmensrechtlicher Verfahren[2] gibt nur die Rechtslage zum damaligen Zeitpunkt wieder.

5   **Unternehmensrechtliche Verfahren** sind gegenwärtig Verfahren nach:

- § 146 Abs. 2, §§ 147, 157 Abs. 2, § 166 Abs. 3, § 233 Abs. 3 und § 318 Abs. 3–5 HGB;
- § 11 BinSchG, § 595 Abs. 2 HGB, auch iVm § 78 BinSchG;
- § 33 Abs. 3, §§ 35, 73 Abs. 1, §§ 85, 103 Abs. 3, §§ 104, 122 Abs. 3, § 147 Abs. 2, § 183 a Abs. 3, § 264 Abs. 2, § 265 Abs. 3 und 4, § 270 Abs. 3, § 273 Abs. 2–4 sowie § 290 Abs. 3 AktG;
- Art. 55 Abs. 3 SE-VO sowie § 29 Abs. 3, § 30 Abs. 1, 2 und 4, § 45 SE-AG;
- § 26 Abs. 1 und 4 sowie § 206 S. 2 und 3 UmwG;
- § 66 Abs. 2, 3 und 5, § 71 Abs. 3 sowie § 74 Abs. 2 und 3 GmbHG;
- § 45 Abs. 3, §§ 64 b, 83 Abs. 3, 4 und 5 sowie § 93 GenG;
- Art. 54 Abs. 2 SCE-VO;
- § 2 Abs. 3 und § 12 Abs. 3 PublG;
- § 11 Abs. 3 MontanMitbestG;
- § 2 c Abs. 2 S. 2–7, §§ 22 o, 36 Abs. 3 S. 2, § 28 Abs. 2, § 38 Abs. 2 S. 2, § 45 a Abs. 2 S. 1, 3, 4 und 6 KWG;
- § 2 a Abs. 4 S. 2 und 3 InvG;
- § 19 Abs. 2 S. 1–6, § 204 Abs. 2 VAG und § 28 Abs. 2 S. 1–5 FKAG;
- § 6 Abs. 4 S. 4–7 BörsG;
- § 10 PartGG iVm § 146 Abs. 2, §§ 147, 157 Abs. 2 HGB;
- § 9 Abs. 2 und Abs. 3 S. 2 sowie § 18 Abs. 2 S. 2 und 3 SchVG.

6   **3. Unternehmensrechtsähnliche Verfahren (Abs. 1 Nr. 2).** Den unternehmensrechtlichen Verfahren stellt das Gesetz gebührenrechtlich solche Verfahren gleich, die zwar nicht unter § 375 FamFG fallen, diesen aber **ähneln.**[3] Ausdrücklich nannten Vorbem. 1.3 Abs. 1 Nr. 2 KV, Vorbem. 1.3.5 Nr. 1 KV noch das Verfahren nach § 47 Abs. 2 VAG aF, das allerdings durch die Neufassung von § 375 Nr. 13 FamFG[4] seit dem 1.1.2016 ein echtes unternehmensrechtliches Verfahren geworden ist.

7   Daneben sollen aber **alle Verfahren vor dem Registergericht,** die nicht unter die HRegGebV fallen, erfasst werden.[5] Beispielhaft nennt die Gesetzesbegründung § 155 Abs. 3 S. 1 InsO,[6] der jedoch schon von § 375 Nr. 1 FamFG erfasst wird. Die Vorschrift verstößt insoweit gegen den **Bestimmtheitsgrundsatz,** da weder anhand des Kostenverzeichnisses noch mithilfe des § 375 FamFG feststeht, welche registergerichtlichen Verfahren gebührenpflichtig sind.[7] Aus diesem Grund darf auch nicht die Bestellung und Abberufung eines Abschlussprüfers nach § 17 a ZAG als entsprechend gebührenpflichtiges Verfahren behandelt werden.[8] Die Gegenmeinung ignoriert den vom Gesetzgeber selbst aufgestellten Grundsatz, dass alle Gebührentatbestände eindeutig aus dem Gesetz ersichtlich sein sollen.

8   **Unternehmensrechtsähnlich** sind also die Verfahren, in denen das **Registergericht** §§ 29, 48 BGB entsprechend auf die Bestellung von Notgeschäftsführern, Notvorständen, Notliquidatoren sowie Notabwicklern anwendet, Vorbem. 1.3.5 Nr. 4 KV.

9   Außerdem sind unternehmensrechtsähnlich nach Vorbem. 1.3.5 Nr. 2 und 3 KV einige der in § 71 Abs. 2 Nr. 4 GVG genannten **landgerichtlichen Verfahren** sowie das Verfahren nach § 8 Abs. 3 MontanMitbestG.[9] Eine Ausdehnung auf alle Verfahren, die das Landgericht unter entsprechender Anwendung des FamFG, insb. des § 402 FamFG, durchführt oder auf alle Verfahren nach § 71 Abs. 2 Nr. 4 GVG, ist nicht zulässig. Es handelt sich insoweit um eine **statische** Verweisung.

10   Zusammenfassend handelt es sich bei unternehmensrechtsähnlichen Verfahren um **folgende Verfahren:**

- Verfahren nach §§ 29, 48 BGB analog (zB nach Art. 163 EGBGB, Art. 231 § 2 Abs. 2 EGBGB, § 210 Abs. 2 S. 1 VAG, § 78 Abs. 1, § 83 Abs. 1 Nr. 4, § 89 Abs. 2 HwO);

---

2 Vgl BT-Drucks 17/11471, S. 202.   **3** BT-Drucks 17/11471, S. 204.   **4** Art. 2 Abs. 52 des Gesetzes zur Modernisierung der Finanzaufsicht über Versicherungen v. 1.4.2015 (BGBl. I 434, 560).   **5** BT-Drucks 17/11471, S. 204.   **6** BT-Drucks 17/11471, S. 204.   **7** AA Korintenberg/*Klüsener*, Vorbem. 1.3 KV Rn 4.   **8** AA Korintenberg/*Klüsener*, Vorbem. 1.3 KV Rn 22.   **9** Vgl BT-Drucks 17/11471, S. 204.

- Verfahren nach §§ 98, 99, 132, 142, 145, 258, 260, 293 c und 315 AktG;
- Verfahren nach § 51 b GenG;
- Verfahren nach § 26 SEAG;
- Verfahren nach § 10 UmwG;
- Verfahren nach dem SpruchG;
- Verfahren nach §§ 39 a, 39 b WpÜG;
- Verfahren nach § 8 Abs. 3 MontanMitbestG.

4. Bestimmte Vereins- und Stiftungssachen (Abs. 1 Nr. 3). Bestimmte Vereins- und Stiftungssachen sind ebenfalls positiv und **abschließend** in Vorbem. 1.3.5 Nr. 4 KV als gebührenpflichtig normiert. Es handelt sich um: **11**

- Verfahren auf Notbestellung von Vorstandsmitgliedern und Liquidatoren eines **Vereins** gem. § 29, § 48 Abs. 1 iVm § 29 BGB durch das Amtsgericht; auf den **Stiftungsvorstand** bzw den Liquidator finden die §§ 29, 48 BGB entsprechende Anwendung, § 86 S. 1, § 88 S. 3 BGB (Nr. 4 Buchst. a);
- Verfahren auf Ermächtigung von Mitgliedern zur **Einberufung der Mitgliederversammlung** einschließlich Bestellung des Vorsitzenden durch das Amtsgericht gem. § 37 Abs. 2 BGB (Nr. 4 Buchst. b).

III. Gebührenbefreiungen (Abs. 2)

1. Eintragung aus Anlass eines Insolvenzverfahrens (Abs. 2 Nr. 1). Eintragungen, die aus **Anlass eines Insolvenzverfahrens von Amts wegen** erfolgen, sind stets gebührenfrei. Diese Gebührenbefreiung beruht auf folgenden Erwägungen: Es handelt sich um ein Nebengeschäft, das im Rahmen des Insolvenzverfahrens bereits abgegolten ist. Die Eintragungen erfolgen v.a. im **öffentlichen Interesse** und auf Veranlassung des Insolvenzgerichts (vgl § 31 InsO). Schließlich fehlt es regelmäßig an einem zahlungsfähigen Schuldner. Zu den in diesem Zusammenhang anfallenden **Auslagen** → Rn 28.   **12**

Zu den Eintragungen nach Abs. 2 Nr. 1 gehören Eintragungen aufgrund eines   **13**

- Insolvenzverfahrens über das Vermögen eines **Kaufmanns** (§ 32 HGB);
- Insolvenzverfahrens über das Vermögen einer **sonstigen juristischen Person** (§ 34 Abs. 5 HGB);
- Insolvenzverfahrens über das Vermögen einer **OHG, KG** oder **EWIV** (§ 32 HGB, § 143 Abs. 1 S. 3, § 161 Abs. 2 HGB, § 1 EWIV-AG);
- Insolvenzverfahrens über das Vermögen einer **AG, KGaA** oder **SE** (§ 263 S. 3, § 289 Abs. 6 S. 3 AktG; Art. 65 SE-VO);
- Insolvenzverfahrens über das Vermögen einer **PartG** (§ 2 Abs. 2 PartGG iVm § 31 HGB, § 9 Abs. 1 PartGG iVm § 143 Abs. 1 S. 3 HGB);
- Insolvenzverfahrens über das Vermögen einer **Genossenschaft** oder **SCE** (§ 102 GenG, Art. 74 SCE-VO);
- Insolvenzverfahrens über das Vermögen eines **Vereins** (§ 75 BGB).

Die Gebührenbefreiung greift nicht ein, wenn die Eintragung der Auflösung des Rechtsträgers infolge der Insolvenz nicht von Amts wegen, sondern aufgrund einer **Anmeldung** erfolgt. Allerdings ist das Gericht in diesen Fällen gehalten, auf eine Rücknahme der Anmeldung hinzuwirken und die Eintragung gebührenfrei von Amts wegen vorzunehmen.   **14**

Die Vorschrift findet sich inhaltsgleich in § 58 Abs. 1 S. 2 in Bezug auf Eintragungsgebühren nach der HRegGebV. Diese **Doppelnormierung** ist überflüssig, da die Vorbem. 1.3 KV für alle Registerverfahren gilt, unabhängig davon, ob Gebühren nach der HRegGebV anfallen oder nicht.[10]   **15**

2. Amtslöschungen nach § 395 FamFG (Abs. 2 Nr. 2). Die **Eintragung** von Löschungen nach § 395 FamFG ist stets gebührenfrei, weil es im Regelfall an einem zahlungsfähigen Schuldner fehlt. Die Löschungskosten sind bei der (Erst-)Eintragungsgebühr berücksichtigt. Zu den in diesem Zusammenhang anfallenden **Auslagen** → Rn 28.   **16**

Gebührenfrei sind nicht nur **Löschungen im Handels-, Partnerschafts-, Genossenschafts-, Vereins- und Güterrechtsregister**, die unmittelbar auf § 395 FamFG beruhen, sondern auch Löschungen, die aufgrund **entsprechender Anwendung** des § 395 FamFG erfolgen, also   **17**

- **Löschung nichtiger Kapitalgesellschaften** (AG, KGaA, GmbH) und **Genossenschaften** im Handels- bzw Genossenschaftsregister (§ 397 FamFG);
- **Löschung nichtiger Beschlüsse einer Kapitalgesellschaft** (AG, KGaA, GmbH) und **Genossenschaft** im Handels- bzw Genossenschaftsregister (§ 398 FamFG);

---

10 AA Korintenberg/*Klüsener*, Vorbem. 1.3 KV Rn 27.

- **Löschung unzulässiger Firmen** nach § 43 Abs. 2 KWG, § 3 Abs. 5 KAGB, § 16 Abs. 3 BausparkG oder § 6 Abs. 4 VAG iVm § 395 FamFG.

18   Das vorangehende **Löschungsverfahren** löst nur dann Gebühren nach Nr. 13400 Ziff. 1 KV aus, wenn gegen die Löschungsverfügung erfolglos Widerspruch eingelegt wird (→ Nr. 13400 KV Rn 3 ff).

19   Da die Vorschrift allgemein für alle Registerverfahren gilt, auch soweit Gebühren nach der HRegGebV erhoben werden, ist der inhaltlich gleichlautende § 58 Abs. 1 S. 2 **überflüssig.**[11]

20   **3. Beteiligung berufsständischer Organe (Abs. 2 Nr. 3).** Die berufsständischen Organe, die in § 380 Abs. 1 FamFG definiert sind, sollen die Registergerichte bei der Erfüllung ihrer Aufgaben unterstützen. Neben ihrer reinen **Anhörung** erstatten die berufsständischen Organe **Gutachten** und Stellungnahmen, sind in bestimmten Verfahren **antragsberechtigt** (§ 394 Abs. 1 S. 1, § 395 Abs. 1 S. 1, § 397 Abs. 1 S. 1 und § 398 Abs. 1 S. 1 FamFG) sowie **beschwerdeberechtigt** (§ 380 Abs. 5 FamFG). Außerdem können sie über § 24 FamFG die Einleitung eines Amtsverfahrens anregen.

21   Berufsständische Organe sind:[12]
- **Industrie- und Handelskammern;**
- **Handwerkskammern,** Handwerksinnungen und Kreishandwerkerschaften (str);
- **Landwirtschaftskammern** und gleichstehende Stellen;
- **Berufskammern** (Ärzte- und Apothekerkammern, Architekten- und Ingenieurkammern, Rechtsanwaltskammern, Steuerberaterkammern, Wirtschaftsprüferkammern etc.).

22   Um die unterstützende Tätigkeit der berufsständischen Organe zu befördern, sollen diese tunlichst von Gerichtsgebühren befreit sein. Die persönliche Gebührenbefreiung setzt allerdings voraus, dass das berufsständische Organ **im Rahmen des** § 380 FamFG tätig wird. Das ist zB nicht mehr der Fall, wenn das Organ im Rahmen einer Genossenschaftsregistersache eine über § 380 Abs. 3 FamFG hinausgehende Tätigkeit entfaltet.

23   Die Gebührenfreiheit bezieht sich nur auf die Gerichtsgebühren. **Auslagen** dürfen hingegen erhoben werden, auch wenn die Organe im Rahmen des § 380 FamFG tätig werden. Eine Erstattung der Auslagen kommt insb. dann in Betracht, wenn das Verfahren auf **Antrag** eines berufsständischen Organs eingeleitet wurde oder dieses erfolglos **Beschwerde** gegen eine Entscheidung des Registergerichts eingelegt hat. Die **Kostenschuldnerschaft** beruht in diesen Fällen auf § 22 Abs. 1, kann aber auch gerichtlich angeordnet werden, § 27 Nr. 1.

24   Trotz Befreiung von den Gerichtsgebühren kann den berufsständischen Organen die **Erstattung der Verfahrenskosten** der anderen Beteiligten nach § 81 Abs. 2 FamFG auferlegt werden. Dies kommt immer dann in Betracht, wenn das Organ förmlich nach § 380 Abs. 2 S. 2 FamFG am Verfahren beteiligt wurde. Auch außerhalb einer förmlichen Beteiligung kann eine Kostenentscheidung zulasten des Organs ergehen, wenn eine unrichtige Stellungnahme auf grobem Verschulden des Organs beruhte.

25   Die Vorschrift findet auf das **Finanzamt** oder die Bundesanstalt für Finanzdienstleistungsaufsicht (**BaFin**) keine entsprechende Anwendung. Letztere ist zwar nicht nach § 2 Abs. 1 von der Kostentragungspflicht insgesamt befreit, weil sie nach § 12 FinDAG einen eigenen Haushalt führt, wohl aber nach § 2 Abs. 2 iVm § 1 Abs. 4 FinDAG.[13]

26   **4. Sonstige Gebührenbefreiungen.** Weitere Befreiungstatbestände finden sich in Nr. 13101 Anm. Abs. 3 KV für bestimmte **Vereinsregistersachen** sowie in Vorbem. 1 Abs. 4, Vorbem. 2 Abs. 4, Vorbem. 3 Abs. 4 GV HRegGebV für **Handels-, Partnerschafts- und Genossenschaftsregistersachen.**

27   Eintragungen nach § 7 Abs. 2 VereinsG auf **Anzeige der Verbotsbehörde** stellen an und für sich gebührenpflichtige spätere Eintragungen dar.[14] Allerdings sind die Eintragungen der Auflösung und des Erlöschens stets gebührenfrei nach Nr. 13101 Anm. Abs. 3 KV (→ Nr. 13100–13101 KV Rn 23). Da auch die anderen Eintragungen nach § 7 Abs. 2 VereinsG ausschließlich im öffentlichen Interesse erfolgen, sonstige Registereintragungen nach § 2 Abs. 2 S. 3 VereinsG-DVO gebührenfrei sind und ein geeigneter Kostenschuldner in diesen Fällen im Regelfall ebenfalls fehlt, ist Nr. 13101 KV insoweit **teleologisch zu reduzieren.**

IV. Sonstige Gebühren und Auslagen

28   Auslagen können nach Hauptabschnitt 1 des Teils 3 erhoben werden, auch dann, wenn das **Verfahren selbst gebührenfrei** ist. Schuldner der Auslagen ist regelmäßig der Rechtsträger im Rahmen von Anmeldeverfahren nach § 22 Abs. 1, im Rahmen von amtswegigen Verfahren nach § 23 Nr. 7. Bei einem noch nicht

---

11 AA Korintenberg/*Klüsener*, Vorbem. 1.3 KV Rn 27.   **12** Ausf. Keidel/*Heinemann*, FamFG, § 380 Rn 4 ff.   **13** Zutr. Korintenberg/*Klüsener*, Vorbem. 1.3 KV Rn 39.   **14** So auch zur alten Rechtslage Korintenberg/*Lappe*, KostO, § 80 Rn 10.

rechtsfähigen Rechtsträger haften die Mitglieder der Vorgründungsgesellschaft bzw des nichtrechtsfähigen Vereins nach § 27 Nr. 3.

Für **Ausdrucke** aus den Registern werden die Gebühren nach Nr. 17000, 17001 KV (10 € bzw 20 €) erhoben, für die Übermittlung **elektronischer Dateien** 5 € bzw 10 € nach Nr. 17002, 17003 KV. Für **Bescheinigungen** nach § 386 FamFG oder § 32 GBO wird eine Gebühr von 20 € nach Nr. 17004 Ziff. 2 KV erhoben. Für die Erteilung einer Notarbescheinigung nach § 21 Abs. 1 BNotO fällt eine Gebühr nach Nr. 25200 KV iHv 15 € an.   **29**

Weitere Gebühren fallen nach der **HRegGebV** für die Eintragungen in das Handels-, Partnerschafts- und Genossenschaftsregister an. Für das **Vereinsregister** gelten die Nr. 13100 f KV, für das **Güterrechtsregister** die Nr. 13200 f KV.   **30**

Übergreifend für alle Register gelten die Nr. 13310 ff und Nr. 13400 KV in **Zwangs- und Ordnungsgeldverfahren** sowie in **Löschungs- und Auflösungsverfahren.**   **31**

Abschnitt 1
Vereinsregistersachen

Nr.	Gebührentatbestand	Gebühr oder Satz der Gebühr nach § 34 GNotK – Tabelle A
13100	Verfahren über die Ersteintragung in das Vereinsregister	75,00 €
13101	Verfahren über eine spätere Eintragung in das Vereinsregister	50,00 €
	(1) Bei einer Sitzverlegung in den Bezirk eines anderen Registergerichts wird die Gebühr für eine spätere Eintragung nur durch das Gericht erhoben, in dessen Bezirk der Sitz verlegt worden ist.	
	(2) Die Gebühr wird für mehrere Eintragungen nur einmal erhoben, wenn die Anmeldungen am selben Tag beim Registergericht eingegangen sind und denselben Verein betreffen.	
	(3) Für die Eintragung	
	1. des Erlöschens des Vereins,	
	2. der Beendigung der Liquidation des Vereins,	
	3. der Fortführung als nichtrechtsfähiger Verein,	
	4. des Verzichts auf die Rechtsfähigkeit oder	
	5. der Entziehung der Rechtsfähigkeit	
	und für die Schließung des Registerblatts wird keine Gebühr erhoben.	

I. Allgemeines

Abschnitt 1 des Hauptabschnitts 3 KV gilt für **Vereinsregistersachen** iSd § 374 Nr. 4 FamFG (vgl Vorbem. 1.3 Abs. 1 Nr. 1 KV). Hierunter sind allerdings nur Verfahren zu verstehen, die eine **Eintragung** (auch Änderung oder Löschung) im Vereinsregister zum Gegenstand haben.   **1**

Keine Vereinsregistersache sind **Zwangsgeldverfahren** nach § 388 Abs. 2 FamFG, für die die Sonderregeln des Abschnitts 3 gelten, sowie die in Vorbem. 1.3.5 Nr. 4 KV genannten Vereinssachen, die den **unternehmensrechtlichen Verfahren** nach § 375 FamFG zuzuordnen sind.   **2**

II. Ersteintragung (Nr. 13100 KV)

1. Allgemeines. Das Verfahren über die Ersteintragung eines Vereins wird durch die Erhebung einer **Festgebühr** iHv 75 € abgegolten. Diese Festgebühr ist als **Verfahrensgebühr**, nicht als Rechtspflegeaktgebühr ausgestaltet, dh, sie fällt unabhängig davon an, ob die Eintragung tatsächlich erfolgt oder unterbleibt.[1] Eine Differenzierung danach, ob die Eintragung erfolgt oder nicht, wie sie im Gebührenrecht der Grundbuch- und Handelsregistersachen vorgenommen wird, ist deswegen nicht erforderlich, weil die Verfahrensgebühr auch die **späteren Verfahrenshandlungen** nach Nr. 13101 Anm. Abs. 3 KV abgilt.[2] Dass mit der Zurückweisung eines Eintragungsantrags ein höherer Aufwand verbunden sei, ist aus Sicht der Gesetzesbegründung   **3**

1 BT-Drucks 17/11471, S. 203. **2** BT-Drucks 17/11471, S. 203.

nicht belegbar.[3] Außerdem sollen die Gebühren in Vereinsregistersachen aus gesellschaftspolitischen Gründen nicht zu hoch angesetzt werden.[4]

4   **2. Erfolgte Eintragung.** Die Ersteintragung eines Vereins ist nach §§ 21, 55 BGB zur **Erlangung der Rechtsfähigkeit** eines Idealvereins erforderlich. Sie erfolgt regelmäßig bei Neugründung,[5] aber auch zur erstmaligen Erlangung der Rechtsfähigkeit eines nichtrechtsfähigen Vereins, bei Sitzverlegung eines ausländischen Vereins in das Inland durch Neugründung[6] oder bei Ersteintragung eines Vereins infolge einer **Umwandlung** (→ Rn 17). Die **Sitzverlegung** innerhalb des Inlands stellt hingegen nach der Definition der Nr. 13101 Anm. Abs. 1 KV eine spätere Eintragung dar (→ Rn 14).

5   Die Eintragung setzt einen Eintragungsantrag (die Vereinsregisteranmeldung, § 59 Abs. 1 BGB) voraus und stellt dessen Stattgabe dar, § 382 Abs. 1 S. 1 FamFG. Bereits mit ihrem Vollzug im Register wird die **Eintragung wirksam** (§ 382 Abs. 1 S. 2 FamFG). Beim papiergebundenen Vereinsregister ist die Eintragung mit Unterschrift des Rechtspflegers vollzogen (vgl § 382 Abs. 2 FamFG), beim elektronisch geführten Register, sobald sie in den für die Registereintragung bestimmten Datenspeicher aufgenommen ist und auf Dauer inhaltlich unverändert in lesbarer Form wiedergegeben werden kann, § 55 a Abs. 3 S. 1 BGB. Auf die Bekanntgabe oder Veröffentlichung der Eintragung kommt es hingegen nicht an.

6   **3. Zurückweisung oder Zurücknahme des Eintragungsantrags.** Der Eintragungsantrag wird zurückgewiesen, wenn die Eintragungsvoraussetzungen nicht vorliegen, wenn ein nicht behebbares Eintragungshindernis besteht oder wenn ein behebbares Eintragungshindernis nicht binnen der vom Gericht gesetzten Frist beseitigt worden ist.[7] Die **Zurückweisung** der Anmeldung erfolgt durch Beschluss, § 382 Abs. 3 FamFG. Der Antrag kann nach § 22 Abs. 1 FamFG bis zur endgültigen Entscheidung des Gerichts **zurückgenommen** werden.[8]

7   Da die Verfahrensgebühr stets 75 € beträgt, unabhängig davon, ob dem Antrag stattgegeben wird oder ob dieser zurückgewiesen oder zurückgenommen wird, besteht – anders als in Handelsregistersachen[9] – **keine Pflicht des Registergerichts**, aus Kostengründen auf eine Rücknahme des Antrags hinzuwirken.

8   **4. Erlass einer Zwischenverfügung.** Steht der Eintragung ein **behebbares Hindernis** entgegen, so darf das Registergericht die Eintragung nicht sofort zurückweisen, sondern muss dem Antragsteller unter Benennung der Hindernisse und Darstellung der Behebungsmöglichkeiten die Verbesserung des Antrags binnen einer angemessenen Frist aufgeben (sog. **Zwischenverfügung**), § 382 Abs. 4 S. 1 FamFG. Für den Erlass einer oder mehrerer Zwischenverfügungen darf das Registergericht **keine zusätzlichen Gebühren** erheben, auch dieses Verbesserungsverfahren ist mit der Verfahrensgebühr iHv 75 € abgegolten.

III. Spätere Eintragungen (Nr. 13101 KV)

9   **1. Spätere Eintragungen. a) Allgemeines.** Spätere Eintragungen sind alle Eintragungen, die nach der Ersteintragung des Vereins erfolgen. Es kann sich dabei um **Änderungen, Ergänzungen oder Löschungen** handeln. Das Verfahren über spätere Änderungen wird mit einer **Festgebühr iHv 50 €** abgegolten. Es spielt dabei – wie im Rahmen der Ersteintragung – keine Rolle, ob die Eintragung tatsächlich erfolgt oder ob der Eintragungsantrag zurückgewiesen oder zurückgenommen wird (→ Rn 6). Eine Zwischenverfügung löst keine zusätzlichen Gebühren aus (→ Rn 8).

10   Ob die Eintragung auf **Anmeldung** oder **von Amts wegen** erfolgt, ist grds. ohne Belang. Allerdings werden gem. Vorbem. 1.3 Abs. 2 Nr. 1 und 2 KV für Eintragungen aufgrund einer **Amtslöschung** nach § 395 FamFG sowie aus Anlass eines Insolvenzverfahrens keine Gebühren erhoben (→ Vorbem. 1.3 KV Rn 12 ff). Ebenfalls **keine Gebühren** dürfen erhoben werden für **amtswegige Berichtigungen** nach § 384 Abs. 2 FamFG, Berichtigungen aufgrund einer sog. **Fassungsbeschwerde** sowie für die Klarstellung **offensichtlicher Unrichtigkeiten.**

11   **b) Vorstands- oder Liquidatorenänderung.** Jede Änderung des Vorstands oder der Liquidatoren sowie von deren Vertretungsmacht bedarf der **deklaratorischen Eintragung** in das Vereinsregister, § 67 Abs. 1 S. 1, § 76 Abs. 2 BGB. Soweit die entsprechenden Anmeldungen nicht erfolgen, kann das Registergericht diese durch Festsetzung von **Zwangsgeld** nach § 78 BGB iVm §§ 388 ff FamFG erzwingen. In diesem Verfahren fallen zusätzlich die Gebühren nach Nr. 13310–13332 KV an.

12   Fraglich ist, ob die Eintragungsgebühr nach Nr. 13101 KV auch dann anfällt, wenn Vorstandsmitglieder oder Liquidatoren nach §§ 29, 67 Abs. 2, 76 Abs. 3 BGB **vom Gericht bestellt** worden sind. Nach früherer Rechtslage handelte es sich bei der Eintragung um ein **gebührenfreies Nebengeschäft** zum Bestellungsver-

---

3 BT-Drucks 17/11471, S. 203.   **4** BT-Drucks 17/11471, S. 203.   **5** BeckOK KostR/*Lauktien*, GNotKG KV 13100 Rn 2; Korintenberg/*Lappe*, KostO, § 80 Rn 1 a.   **6** BeckOK KostR/*Lauktien*, GNotKG KV 13100 Rn 2; Korintenberg/*Lappe*, KostO, § 80 Rn 1 a.   **7** Keidel/*Heinemann*, FamFG, § 382 Rn 16.   **8** Keidel/*Heinemann*, FamFG, § 374 Rn 48.   **9** Keidel/*Heinemann*, FamFG, § 382 Rn 16.

fahren.[10] Da im neuen Recht eine entsprechende Anordnung fehlt und auch Nr. 13500 KV keine Gebühren-befreiung vorsieht, liegt eine **gebührenpflichtige Eintragung** vor.[11] Dies erscheint im Hinblick darauf, dass das Bestellungsverfahren nach § 29 BGB grds. bereits Gebühren iHv 250 € auslöst (vgl § 67 Abs. 1 Nr. 3 iVm Nr. 13500 KV), **unverhältnismäßig.**

c) Satzungsänderung. Änderungen der Satzung bedürfen zu ihrer Wirksamkeit der **konstitutiven Eintragung** in das Vereinsregister, § 71 Abs. 1 S. 1 BGB. Auch die komplette Neufassung der Satzung stellt eine Satzungsänderung dar.[12] Soweit die entsprechende Anmeldung unterbleibt, kann das Registergericht die Anmeldung mittels **Zwangsgeldfestsetzung** erzwingen, § 78 Abs. 1 BGB iVm §§ 388 ff FamFG. In diesem Verfahren fallen zusätzlich die Gebühren nach Nr. 13310–13332 KV an.   **13**

d) Sitzverlegung (Anm. Abs. 1). Die umstrittene Frage, ob eine Sitzverlegung in den Bezirk eines anderen Registergerichts als Ersteintragung oder als **spätere Eintragung** zu behandeln ist, wird durch die Vorschrift im letztgenannten Sinn entschieden.[13] Zwar hat das neue Registergericht gewisse Prüfungspflichten, die jedoch hinter denen der Ersteintragung zurückbleiben, so dass die Sitzverlegung einer späteren Eintragung gleichgestellt werden kann.[14] Diese Auffassung korrespondiert mit den Gebührentatbeständen der HReg-GebVO.[15]   **14**

Für die **Schließung des alten Registerblattes** fallen keine Gebühren an, vgl Anm. Abs. 3 aE (→ Rn 33). Die Kosten werden nur noch vom **neuen Registergericht** erhoben. Die Eintragungsgebühr nach Nr. 13101 KV fällt auch an, wenn das **bisherige Registergericht** zuständig bleibt.[16]   **15**

e) Umwandlung. Wird auf einen **eingetragenen Verein** ein anderer Verein verschmolzen oder übernimmt der eingetragene Verein im Wege der Spaltung Vermögen des übertragenden Vereins, so handelt es sich um eine **spätere Eintragung** nach Nr. 13101 KV.   **16**

Entsteht der **Verein** durch den Umwandlungsvorgang **erstmals** als neuer Rechtsträger, so fällt die **Ersteintragungsgebühr** nach Nr. 13100 KV an. Bleibt ein **übertragender Verein** auch nach der Umwandlung bestehen, so fällt bei diesem zusätzlich die **Eintragungsgebühr** nach Nr. 13101 KV an. Wird der Verein in einen anderen Rechtsträger umgewandelt oder auf einen anderen Rechtsträger als einen Verein verschmolzen, so entstehen bei diesem Rechtsträger ggf die nach der HRegGebV anfallenden Gebühren.[17]   **17**

Geht ein eingetragener Verein im Rahmen einer Umwandlung als **Rechtsträger unter**, zB weil er auf einen anderen Verein verschmolzen wird oder weil ein Formwechsel stattfindet, so entsteht für die Löschung des Vereins **keine Gebühr**, vgl Anm. Abs. 3 Nr. 1. Für die Eintragung beim übernehmenden bzw neuen Rechtsträger fallen die entsprechenden Eintragungsgebühren an.   **18**

f) Sonstige Eintragungen. Als sonstige spätere Eintragungen kommen die Bestellung **besonderer Vertreter** nach § 30 BGB oder die **Fortsetzung des aufgelösten Vereins** (zB durch Aufhebung des Auflösungsbeschlusses oder durch Beschluss nach Durchführung eines Insolvenzverfahrens gem. § 42 Abs. 1 S. 2 BGB) in Betracht. Die Fortsetzung nach § 42 Abs. 1 S. 2 BGB ist nach § 75 Abs. 2 BGB anzumelden und kann vom Registergericht mittels **Zwangsgeld** nach § 78 Abs. 1 iVm §§ 388 ff FamFG gebührenpflichtig (Nr. 13310–13332 KV) erzwungen werden.   **19**

Eintragungen nach § 7 Abs. 2 VereinsG auf **Anzeige der Verbotsbehörde** stellen an und für sich gebührenpflichtige spätere Eintragungen dar.[18] Allerdings sind die Eintragungen der Auflösung und des Erlöschens stets gebührenfrei nach Anm. Abs. 3 Nr. 1 zu Nr. 13101 (→ Rn 24). Da auch die anderen Eintragungen nach § 7 Abs. 2 VereinsG ausschließlich im öffentlichen Interesse erfolgen, sonstige Registereintragungen nach § 2 Abs. 2 S. 3 VereinsG-DVO gebührenfrei sind und ein geeigneter Kostenschuldner in diesen Fällen im Regelfall ebenfalls fehlt, ist Nr. 13101 KV insoweit **teleologisch zu reduzieren.**[19]   **20**

g) Mehrere Eintragungen (Anm. Abs. 2). Erfolgen mehrere Eintragungen, so fällt die Festgebühr iHv 50 € nur dann mehrfach an, wenn die zugrundeliegenden Anmeldungen **nicht am selben Tag** beim Registergericht **eingegangen** sind oder **nicht denselben Verein** betreffen. Unerheblich ist hingegen, ob die Eintragungen auf einer oder auf mehreren **Anmeldungen** beruht.[20] Es kommt nur darauf an, dass die Anmeldungen am selben Tag eingegangen sind; unerheblich ist, wann die Anmeldungen vollzogen werden können.[21] Sind zu der Anmeldung **weitere Ergänzungen**, uU auch ergänzte Anmeldungen erforderlich, fällt die Eintragungsgebühr dennoch nur einmal an.   **21**

---

10 Korintenberg/*Lappe*, KostO, § 80 Rn 8. **11** Ebenso Korintenberg/*Klüsener*, Nr. 13100, 13101 KV Rn 31, 32. **12** BeckOK KostR/*Lauktien*, GNotKG KV 13101 Rn 1. **13** BT-Drucks 17/11471, S. 203; anders zur alten Rechtslage Korintenberg/*Lappe*, KostO, § 80 Rn 3. **14** BT-Drucks 17/11471, S. 203. **15** BT-Drucks 17/11471, S. 203. **16** BT-Drucks 17/11471, S. 203. **17** BeckOK KostR/*Lauktien*, GNotKG KV 13101 Rn 1. **18** So auch zur alten Rechtslage Korintenberg/*Lappe*, KostO, § 80 Rn 10. **19** AA Korintenberg/*Klüsener*, Nr. 13100, 13101 KV Rn 33. **20** BT-Drucks 17/11471, S. 203. **21** BeckOK KostR/*Lauktien*, GNotKG KV 13101 Rn 4.

22 **Schriftliche Anmeldungen** sind eingegangen, wenn sie vollständig so in den Machtbereich des Gerichts gelangt sind, dass dieses hiervon Kenntnis nehmen kann. Soweit die **Anmeldung elektronisch** erfolgen kann, ist sie nach § 14 Abs. 2 S. 2 FamFG iVm § 130 a Abs. 3 ZPO eingegangen, wenn sie von der für den Empfang bestimmten Einrichtung des Gerichts aufgezeichnet worden ist.

23 **2. Gebührenfreie Handlungen (Anm. Abs. 3). a) Allgemeines.** Abweichend von der früheren Rechtslage[22] bleiben **zahlreiche Eintragungen bzw Handlungen** des Registergerichts gebührenfrei. Es handelt sich dabei vornehmlich um Tätigkeiten im Zusammenhang mit der Auflösung, Beendigung oder dem Verlust der Rechtsfähigkeit des Vereins. In diesen Fällen ist oftmals **kein geeigneter Kostenschuldner** verfügbar.[23] Deshalb sollen die in diesem Zusammenhang auftretenden Kosten pauschal durch die Ersteintragungsgebühr abgegolten sein.[24]

24 **b) Erlöschen des Vereins (Anm. Abs. 3 Nr. 1).** Die Eintragung des Erlöschens des Vereins ist **stets gebührenfrei.** Unerheblich ist, worauf die Eintragung beruht. Ob diese auf Auflösungsbeschluss der Mitgliederversammlung, auf Zeitablauf oder Eintritt einer auflösenden Bedingung beruht, aufgrund Wegfalls aller Mitglieder, aufgrund Sitzverlegung oder aufgrund Eröffnung des Insolvenzverfahrens oder Abweisung desselben mangels Masse erfolgt, ist somit bedeutungslos. Aus der Zusammenschau von Abs. 3 Nr. 1 und Nr. 2 ergibt sich, dass nicht nur die Eintragung des Erlöschens des Vereins, sondern auch schon die **Eintragung der Auflösung** des Vereins kostenfrei ist.[25]

25 Die Eintragung der Auflösung und des Erlöschens des Vereins auf **Anzeige der Verbotsbehörde** nach § 7 Abs. 2 VereinsG ist ebenfalls gebührenfrei.[26]

26 Soweit die Eintragung des Erlöschens aus Anlass eines **Insolvenzverfahrens von Amts wegen** erfolgt, besteht Gebührenfreiheit schon nach Vorbem. 1.3 Abs. 2 Nr. 1 KV.

27 **c) Beendigung der Liquidation des Vereins (Anm. Abs. 3 Nr. 2).** Soweit das Vereinsvermögen liquidiert werden muss, haben nach § 76 Abs. 1 S. 2 BGB die Liquidatoren die Beendigung des Vereins nach Liquidation anzumelden. Auch hierfür fallen **keine Gebühren** an. Allerdings kann das Registergericht eine unterbliebene Anmeldung im Wege des **Zwangsgeldverfahrens** nach § 78 Abs. 2 iVm §§ 388 ff FamFG gebührenpflichtig (Nr. 13310–13332 KV) erzwingen, sofern es das Registerblatt nicht nach § 4 Abs. 2 S. 3 VRV schließt (→ Rn 33).

28 **d) Fortführung als nichtrechtsfähiger Verein (Anm. Abs. 3 Nr. 3).** Beschließt die Mitgliederversammlung den Verein ohne Auflösung oder nach vorheriger Auflösung als nichtrechtsfähigen Verein fortzuführen, so bleibt eine entsprechende Eintragung ins Vereinsregister **gebührenfrei.** Der Beschluss, den aufgelösten Verein als **rechtsfähigen Verein** fortzuführen, fällt hingegen unter Nr. 13101 KV (→ Rn 19), die **erstmalige Eintragung** eines bislang nichtrechtsfähigen Vereins fällt unter Nr. 13100 KV (→ Rn 4).

29 **e) Verzicht auf die Rechtsfähigkeit (Anm. Abs. 3 Nr. 4).** Die Mitgliederversammlung kann auf die Rechtsfähigkeit des Vereins verzichten.[27] Die entsprechende Eintragung des Verzichts ist **stets gebührenfrei.**

30 **f) Entziehung der Rechtsfähigkeit (Anm. Abs. 3 Nr. 5).** Sinkt die Mitgliederzahl eines Vereins unter drei Personen herab, so kann das **Registergericht** dem Verein auf Antrag des Vorstands oder von Amts wegen die **Rechtsfähigkeit** entziehen, § 73 BGB iVm § 401 FamFG. Für dieses Verfahren fallen die in Nr. 13400 Ziff. 3 KV bestimmten Gebühren an (→ Nr. 13400 KV Rn 13). Mit dieser Verfahrensgebühr sollen auch die Kosten einer **Eintragung** abgegolten sein, so dass diese **gebührenfrei** bleibt.

31 Weiterhin kann einem Verein, dem die Rechtsfähigkeit nach § 22 BGB verliehen wurde, die **Rechtsfähigkeit** von der zuständigen **Verwaltungsbehörde** nach § 44 BGB entzogen werden, wenn dieser einen satzungswidrigen Zweck verfolgt, § 43 BGB. Die Eintragung der Entziehung der Rechtsfähigkeit ist auch in diesem Fall **stets gebührenfrei.**

32 Nach Novellierung des § 43 BGB bestehen keine weiteren Gründe auf Entziehung der Rechtsfähigkeit eines Vereins durch die Verwaltungsbehörde mehr. In den früher von § 43 aF BGB erfassten Fällen kommt nur ein **Löschungsverfahren** nach § 395 FamFG in Betracht, das grds. gebührenfrei ist (Vorbem. 1.3 Abs. 2 Nr. 2 KV), sofern hiergegen nicht Widerspruch (Nr. 13400 Ziff. 1 KV) oder Rechtsmittel (Nr. 13610–13630 KV) eingelegt werden.

33 **g) Schließung des Registerblatts (Anm. Abs. 3 aE).** Das Vereinsregisterblatt wird nach § 4 Abs. 2 S. 1 VRV insb. geschlossen, wenn alle dort enthaltenen **Eintragungen gegenstandslos** sind. Alle Eintragungen sind namentlich dann gegenstandslos, wenn das Erlöschen des Vereins infolge Wegfalls aller Mitglieder oder aufgrund bestandskräftigen Verbots eingetragen ist (§ 4 Abs. 2 S. 2 Nr. 1 VRV) oder wenn die Beendigung der

---

22 Vgl Korintenberg/*Lappe*, KostO, § 80 Rn 5.   **23** BT-Drucks 17/11471, S. 203.   **24** BT-Drucks 17/11471, S. 203.   **25** AA BeckOK KostR/*Lauktien*, GNotKG KV 13101 Rn 1; Korintenberg/*Klüsener*, Nr. 13100, 13101 KV Rn 40.   **26** Ebenso BeckOK KostR/*Lauktien*, GNotKG KV 13101 Rn 13.   **27** *Krafka/Willer/Kühn*, Registerrecht, Rn 2213.

Liquidation des Vereins, die Fortführung als nichtrechtsfähiger Verein oder der Verzicht auf die Rechtsfähigkeit eingetragen sind (§ 4 Abs. 2 S. 2 Nr. 2 VRV). Ist die **Auflösung des Vereins** eingetragen, kann das Registerblatt nach einem Jahr geschlossen werden, wenn seitdem keine Eintragungen erfolgt sind und der Verein eine schriftliche Anfrage des Registergerichts unbeantwortet gelassen hat, § 4 Abs. 2 S. 3 VRV. § 4 Abs. 2 VRV ist **nicht abschließend**. Daher bleibt – unabhängig davon, auf welchen Grund das Gericht die Schließung stützt – die Schließung des Registerblatts **stets gebührenfrei**.

Wird die **Schließung des Registerblatts** nach § 4 Abs. 3 VRV **rückgängig** gemacht, weil diese zu Unrecht   **34**
erfolgte, so stellt dies keine spätere Eintragung nach Nr. 13101 KV dar. Jedenfalls scheidet eine Erhebung von Gebühren und Auslagen wegen unrichtiger Sachbehandlung nach § 21 Abs. 1 S. 1 aus.

IV. Rechtsmittelverfahren

Für das Rechtsmittelverfahren bestehen **keine Sonderregeln**, so dass die Auffangvorschriften des Hauptab-   **35**
schnitts 9 des Teils 1 KV gelten.[28]

Danach wird für das **Beschwerdeverfahren** eine Gebühr iHv 60 € erhoben, wenn die Beschwerde **verworfen**   **36**
oder **zurückgewiesen** wird, Nr. 19116 KV. Ist die Beschwerde nur **zum Teil erfolglos**, so kann das Beschwerdegericht nach billigem Ermessen die Gebühr auf die Hälfte ermäßigen oder insgesamt von einer Kostenerhebung absehen, Anm. zu Nr. 19116 KV. Wird die Beschwerde vor Erlass der Endentscheidung **zurückgenommen**, so entstehen keine Gebühren. Hat die Beschwerde **Erfolg**, so dürfen nach § 25 Abs. 1 **keine Kosten** erhoben werden.

Ist die **Rechtsbeschwerde erfolglos**, so fallen 120 € an, bei **teilweiser Erfolglosigkeit** kann nach billigem Er-   **37**
messen die Gebühr auf die Hälfte ermäßigt oder gar nicht erhoben werden, Nr. 19128 KV. Wird die Rechtsbeschwerde **zurückgenommen**, bevor die Endentscheidung der Geschäftsstelle übermittelt wurde, so ermäßigt sich die Rechtsbeschwerdegebühr auf 60 €, Nr. 19129 KV. Wird der Antrag auf Zulassung einer **Sprungrechtsbeschwerde** abgelehnt, fallen ebenfalls 60 € an. **Obsiegt** der **Rechtsbeschwerdeführer**, so bleibt das Verfahren kostenfrei, § 25 Abs. 1.[29]

V. Kostenschuldner

Da das Vereinsregisterverfahren grds. ein **Antragsverfahren** ist, ist Kostenschuldner nach § 22 Abs. 1 regel-   **38**
mäßig der **Verein**, da die Vorstandsmitglieder und Liquidatoren die Anmeldung nicht im eigenen Namen, sondern als Vertreter des Vereins abgeben.[30]

Wird das Registerverfahren ausnahmsweise **von Amts wegen** durchgeführt bzw erfolgt eine Eintragung von   **39**
Amts wegen, so ist Kostenschuldner nach § 23 Nr. 7 ebenfalls der **Verein**.

Im Verfahren der **Ersteintragung** fehlt es an einem rechtsfähigen Verein, der als Kostenschuldner in An-   **40**
spruch genommen werden kann. Kostenschuldner ist dann entweder der **Vorverein** oder der **nichtrechtsfähige Verein**. Soweit der nichtrechtsfähige Verein Kostenschuldner ist, können dessen **Mitglieder** nach § 27 Nr. 3 iVm § 54 S. 1, § 128 S. 1 HGB analog als weitere Kostenschuldner gesamtschuldnerisch in Anspruch genommen werden.[31] Die **Vorstandsmitglieder** und **Liquidatoren** sind als solche keine Kostenschuldner, es sei denn, sie haben ohne ausreichende Vertretungsmacht gehandelt.[32]

VI. Auslagen und besondere Gebühren

Auslagen können nach Hauptabschnitt 1 des Teils 3 KV erhoben werden, auch dann, wenn das **Verfahren**   **41**
selbst gebührenfrei ist. Schuldner der Auslagen ist regelmäßig der Verein im Rahmen von Anmeldeverfahren nach § 22 Abs. 1, im Rahmen von amtswegigen Verfahren nach § 23 Nr. 7. Zur Haftung der Mitglieder bei Vorverein bzw beim nichtrechtsfähigen Verein → Rn 40.

Für **Ausdrucke** aus dem Vereinsregister werden die Gebühren nach Nr. 17000, 17001 KV (10 € bzw 20 €)   **42**
erhoben, für die Übermittlung **elektronischer Dateien** 5 € bzw 10 € nach Nr. 17002, 17003 KV. Für **Bescheinigungen** nach § 386 FamFG oder § 32 GBO wird eine Gebühr von 20 € nach Nr. 17004 Ziff. 2 KV erhoben. Für die Erteilung einer Notarbescheinigung nach § 21 Abs. 1 BNotO fällt eine Gebühr nach Nr. 25200 KV iHv 15 € an.

---

28 BT-Drucks 17/11471, S. 203; unzutr. OLG Stuttgart 3.12.2014 – 8 W 447/14. **29** IErg zutr. OLG Stuttgart 3.12.2014 – 8 W 447/14. **30** BeckOK KostR/*Lauktien*, GNotKG KV 13100 Rn 4. **31** Leipziger-GNotKG/*Seifert*, Nr. 13100 KV Rn 6. **32** Korintenberg/*Lappe*, KostO, § 2 Rn 79.

Abschnitt 2
Güterrechtsregistersachen

Nr.	Gebührentatbestand	Gebühr oder Satz der Gebühr nach § 34 GNotKG – Tabelle A
13200	Verfahren über die Eintragung aufgrund eines Ehe- oder Lebenspartnerschaftsvertrags	100,00 €
13201	Verfahren über sonstige Eintragungen	50,00 €

I. Allgemeines

1 Abschnitt 2 des Hauptabschnitts 3 KV gilt für **Güterrechtsregistersachen** iSd § 374 Nr. 5 FamFG (vgl Vorbem. 1.3 Abs. 1 Nr. 1 KV). Hierunter sind alle Verfahren zu verstehen, die eine **Eintragung** (auch Änderung oder Löschung) im Güterrechtsregister zum Gegenstand haben.

2 Keine **Güterrechtsregistersachen,** sondern sonstige Familien- bzw Lebenspartnerschaftssachen sind Verfahren nach § 266 Abs. 2, § 269 Abs. 3 FamFG iVm § 1357 Abs. 2 BGB. Nachlass- bzw Teilungssachen, aber keine Güterrechtsregistersachen sind die Verfahren nach §§ 354, 373 Abs. 2 FamFG auf Erteilung bestimmter güterrechtlicher Zeugnisse.

II. Eintragungen ins Güterrechtsregister

3 **1. Verfahren aufgrund Ehe-/Lebenspartnerschaftsvertrags (Nr. 13200 KV).** Für Eintragungen aufgrund eines Ehe- bzw Lebenspartnerschaftsvertrags fällt die höhere Gebühr von 100 € an. Dies wurde im Gesetzgebungsverfahren damit begründet, dass derartige Eintragungen für die Ehegatten bzw Lebenspartner eine **höhere Bedeutung** besäßen.[1] Dem kann nicht beigepflichtet werden. Vielmehr sind gerade diejenigen Eintragungen, die aufgrund einseitiger Erklärung oder aufgrund gerichtlicher Entscheidungen erfolgen, für die Beteiligten zur Vermeidung etwaiger Rechtsnachteile viel bedeutsamer. Im Hinblick darauf, dass Eintragungen wegen § 1558 Abs. 1, § 1559 BGB bei jedem Amtsgericht des gewöhnlichen Aufenthalts erfolgen müssen (→ Rn 5), erscheint die Gebühr **unverhältnismäßig hoch.** Dies gilt umso mehr, wenn man in Betracht zieht, dass jede Eintragung gesondert erhoben wird, selbst wenn sie am selben Tag beantragt wurde (→ Rn 7).

4 Aufgrund **Ehe- bzw Lebenspartnerschaftsvertrags** werden folgende Tatsachen eingetragen:[2]
- Vereinbarung eines **vertraglichen Güterstands** (Gütertrennung, Gütergemeinschaft, deutsch-französischer Wahlgüterstand);
- Wiedervereinbarung oder erstmalige Vereinbarung der **Zugewinngemeinschaft** (zB nach vorheriger Wahl eines vertraglichen Güterstands oder nach erstmaliger Wahl des deutschen Güterrechts);
- **Modifizierung** des gesetzlichen Güterstands;
- Ausschluss bzw Modifizierung der **Verfügungsbeschränkungen** nach §§ 1365 ff BGB bzw §§ 1423 ff BGB;
- Begründung bzw Aufhebung von **Vorbehaltsgut** bei der Gütergemeinschaft;
- Person des **Verwalters** und Verwaltungsregelungen bei der Gütergemeinschaft.

5 Nach § 1558 Abs. 1 BGB muss die Eintragung bei **jedem Amtsgericht** erfolgen, in dessen Bezirk auch nur ein Ehegatte bzw Lebenspartner seinen **gewöhnlichen Aufenthalt** hat. Im Falle einer Verlegung des gewöhnlichen Aufenthalts in einen anderen Gerichtsbezirk muss die Eintragung dort wiederholt werden, § 1559 S. 1 BGB. Ehe-/Lebenspartner, die **Kaufleute** sind, müssen die Eintragung zusätzlich beim Gericht im Bezirk ihrer Hauptniederlassung bewirken, § 4 EGHGB. Die Eintragungsgebühr nach Nr. 13200 KV fällt dabei für **jede Eintragung** an.[3]

6 **2. Sonstige Eintragungsverfahren (Nr. 13201 KV).** Für alle **sonstigen Eintragungen,** die nicht aufgrund eines Ehe- oder Lebenspartnerschaftsvertrags erfolgen, fällt lediglich eine Gebühr von iHv 50 € an. Es handelt sich hierbei um folgende Eintragungen:

---

[1] BT-Drucks 17/11471, S. 203. **2** Vgl Erman/*Heinemann*, BGB, Vor § 1558 Rn 2. **3** Wie hier Korintenberg/*Klüsener*, Nr. 13200, 13201 KV Rn 6; aA BeckOK KostR/*Lauktien*, GNotKG KV 13201 Rn 5, der eine Gebühr von 50 € nach Nr. 13201 KV ansetzt, dabei aber übersieht, dass es sich dennoch um eine Eintragung aufgrund eines Ehevertrags handelt.

■ **Entziehung oder Beschränkung der Schlüsselgewalt** (§ 1357 Abs. 2 BGB); oftmals wird diese Einschränkung wechselseitig im Rahmen eines Ehe- oder Lebenspartnerschaftsvertrags erklärt; es handelt sich dennoch um **keine vertragliche Vereinbarung**, so dass Nr. 13200 KV nicht einschlägig ist; wird ein wechselseitiger Ausschluss der Schlüsselgewalt erklärt, so liegen aber zwei Eintragungen vor, die jeweils die Gebühr nach Nr. 13201 KV auslösen;
  Aufhebung der Einschränkung der Schlüsselgewalt aufgrund Beschluss des Familiengerichts;
■ **Gesetzlicher Eintritt** eines Güterstands (§ 1414 S. 2 BGB);
■ **Aufhebung eines Güterstands** aufgrund Beschluss des Familiengerichts;
■ **Einspruch** eines Ehegatten/Lebenspartners gegen den **Betrieb eines selbständigen Erwerbsgeschäfts** durch den anderen, der Widerruf der Einwilligung sowie die Zurücknahme des Einspruchs oder des Widerrufs hierzu (§§ 1431, 1456 BGB);
■ Eintragung eines **ausländischen Güterstands** mit etwaigen Modifizierungen (Art. 16 Abs. 2 EGBGB).

3. Gebührenfreie Eintragungen. Eintragungen in das Güterrechtsregister erfolgen grds. nur auf Antrag, vgl § 1560 BGB. Gebührenfrei sind stets **Amtslöschungen** nach § 395 FamFG (Vorbem. 1.3 Abs. 2 Nr. 2 KV), Berichtigungen aufgrund einer sog. **Fassungsbeschwerde** und Klarstellungen von **offensichtlichen Unrichtigkeiten.**   7

Keine Gebührenbefreiung besteht, wenn **mehrere Eintragungen am selben Tag** beantragt werden. Es fehlt insoweit an einer der Anm. Abs. 2 zu Nr. 13101 KV entsprechenden Vorschrift.[4]

III. Rechtsmittelverfahren

Für das Rechtsmittelverfahren bestehen **keine Sonderregeln**, so dass die Auffangvorschriften des Hauptab- 8
schnitts 9 des Teils 1 des KV, insb. die Nr. 19116, 19128, 19129 und 19130 KV gelten.[5] Auf die Erl. in → Nr. 13100–13101 KV Rn 35 ff wird verwiesen.

IV. Kostenschuldner

Soweit das Güterrechtsregisterverfahren gebührenpflichtig ist, setzt es einen Antrag voraus (→ Rn 7). Kos- 9
tenschuldner ist nach § 22 Abs. 1 der **Antragsteller**, soweit beide Ehegatten bzw Lebenspartner den Antrag gestellt haben, beide als Gesamtschuldner. Leben die Beteiligten im Güterstand der **Gütergemeinschaft**, haftet auch der nicht antragstellende Ehe-/Lebenspartner kraft Gesetzes (§ 27 Nr. 3 iVm §§ 1437, 1459 BGB).

V. Auslagen und besondere Gebühren

Auslagen können nach Hauptabschnitt 1 des Teils 3 erhoben werden, auch dann, wenn das **Verfahren ge-** 10
bührenfrei ist. Schuldner der Auslagen ist der Antragsteller, § 22 Abs. 1 (→ Rn 9). Für eine **amtswegige Ein-tragung**, insb. eine Löschung nach § 395 FamFG, fehlt es an einem Kostenschuldner hinsichtlich der Auslagen, so dass diese nicht erhoben werden können.

Für **Ausdrucke** aus dem Güterrechtsregister werden die Gebühren nach Nr. 17000, 17001 KV (10 € bzw 11
20 €) erhoben. Für **Bescheinigungen** nach § 386 FamFG oder § 33 GBO wird eine Gebühr von 20 € nach Nr. 17004 Ziff. 2 KV erhoben. Die **Einsicht** nach § 1563 BGB ist mangels Gebührentatbestands weiterhin kostenfrei.

Abschnitt 3
Zwangs- und Ordnungsgeld in Verfahren nach den §§ 389 bis 392 FamFG

Unterabschnitt 1
Erster Rechtszug

Nr.	Gebührentatbestand	Gebühr oder Satz der Gebühr nach § 34 GNotKG – Tabelle A
13310	Festsetzung von Zwangs- oder Ordnungsgeld: je Festsetzung	100,00 €

---

4 BDS/*Sommerfeldt*, Nr. 13200, 13201 KV Rn 8. **5** BDS/*Sommerfeldt*, Nr. 13200, 13201 KV Rn 5.

Nr.	Gebührentatbestand	Gebühr oder Satz der Gebühr nach § 34 GNotKG – Tabelle A
13311	Verwerfung des Einspruchs	100,00 €

Unterabschnitt 2
Beschwerde gegen die Endentscheidung wegen des Hauptgegenstands

Nr.	Gebührentatbestand	Gebühr oder Satz der Gebühr nach § 34 GNotKG – Tabelle A
13320	Verfahren im Allgemeinen: Die Beschwerde wird verworfen oder zurückgewiesen .... Wird die Beschwerde nur teilweise verworfen oder zurückgewiesen, kann das Gericht die Gebühr nach billigem Ermessen auf die Hälfte ermäßigen oder bestimmen, dass eine Gebühr nicht zu erheben ist.	150,00 €
13321	Verfahren im Allgemeinen: Beendigung des gesamten Verfahrens durch Zurücknahme der Beschwerde oder des Antrags, bevor die Schrift zur Begründung der Beschwerde bei Gericht eingegangen ist	75,00 €
13322	Verfahren im Allgemeinen: Beendigung des gesamten Verfahrens durch Zurücknahme der Beschwerde oder des Antrags vor Ablauf des Tages, an dem die Endentscheidung der Geschäftsstelle übermittelt wird, wenn die Entscheidung nicht bereits durch Verlesen der Entscheidungsformel bekannt gegeben worden ist, oder wenn nicht Nummer 13321 erfüllt ist	100,00 €

Unterabschnitt 3
Rechtsbeschwerde gegen die Endentscheidung wegen des Hauptgegenstands

Nr.	Gebührentatbestand	Gebühr oder Satz der Gebühr nach § 34 GNotKG – Tabelle A
13330	Verfahren im Allgemeinen: Die Rechtsbeschwerde wird verworfen oder zurückgewiesen .... Wird die Rechtsbeschwerde nur teilweise verworfen oder zurückgewiesen, kann das Gericht die Gebühr nach billigem Ermessen auf die Hälfte ermäßigen oder bestimmen, dass eine Gebühr nicht zu erheben ist.	200,00 €
13331	Verfahren im Allgemeinen: Beendigung des gesamten Verfahrens durch Zurücknahme der Rechtsbeschwerde oder des Antrags, bevor die Schrift zur Begründung der Beschwerde bei Gericht eingegangen ist	100,00 €
13332	Verfahren im Allgemeinen: Beendigung des gesamten Verfahrens durch Zurücknahme der Rechtsbeschwerde oder des Antrags vor Ablauf des Tages, an dem die Endentscheidung der Geschäftsstelle übermittelt wird, wenn nicht Nummer 13331 erfüllt ist	150,00 €

I. Allgemeines

Abschnitt 3 des Hauptabschnitts 3 regelt die Gebührenerhebung **im Zwangsgeldverfahren** nach den §§ 388 ff FamFG sowie im **Ordnungsgeldverfahren** nach § 392 FamFG. Die Gebührentatbestände gelten entsprechend für solche Ordnungsgeldverfahren, die vom Registergericht in entsprechender Anwendung des § 392 FamFG durchgeführt werden, vgl § 43 Abs. 2 S. 1 KWG, § 3 Abs. 5 KAGB, § 16 Abs. 3 BausparkG und § 6 Abs. 4 VAG.   **1**

Keine Anwendung finden die Nr. 13310 ff KV auf **Ordnungsgeldverfahren**, die zwar entsprechend § 388 FamFG, allerdings **nicht vom Registergericht**, sondern von anderen Behörden durchgeführt werden, wie das Verfahren nach § 335 Abs. 2 HGB (vgl hierzu Nr. 1200 f KV JVKostG).[1] Unanwendbar sind auch die Vorschriften des Hauptabschnitts 8 über die **Vollstreckung**, es handelt sich bei den Nr. 13310 ff KV um leges speciales.[2]

Die Vorschriften der Nr. 13310 ff KV sind verfassungskonform entsprechend § 119 Abs. 1 S. 2 KostO so auszulegen, dass die Gerichtsgebühren nicht höher als das angedrohte Zwangs- bzw Ordnungsgeld festgesetzt werden dürfen. Ansonsten würden die Gebührentatbestände wegen **Unverhältnismäßigkeit gegen das Rechtsstaatsprinzip** verstoßen. Die hiergegen vorgebrachten Argumente sind nicht stichhaltig:[3] Auch ein Beugemittel eigener Art kann unverhältnismäßig sein, insb. wenn der Staat das Interesse an der Erfüllung der gesetzlichen Verpflichtung summenmäßig geringer als die Gebühren des eigentlichen Verfahrens einschätzt.   **2**

II. Festsetzung von Zwangs- und Ordnungsgeld (Nr. 13310 KV)

1. Allgemeines. Das Zwangs- und Ordnungsgeldverfahren wird stets **von Amts wegen** eingeleitet. Oftmals erfährt das Registergericht erst durch Anregung (§ 24 FamFG) eines berufsständischen Organs oder des Finanzamts von einem zwangs- bzw ordnungsgeldbewehrten Verstoß. Im Rahmen der **Vorermittlung** entstandene Auslagen und Aufwendungen können dem Verpflichteten nicht auferlegt werden.[4]   **3**

Hat das Registergericht von einem der in §§ 388, 392 FamFG genannten Tatbestände glaubhafte Kenntnis erlangt, gibt es dem Beteiligten unter Fristsetzung und **Androhung** eines Zwangs- bzw Ordnungsgeldes die Vornahme bzw Unterlassung der Verpflichtung oder die Einlegung eines Einspruchs auf. Die Androhung ist **gebührenfrei**.[5] Erfüllt der Verpflichtete die vom Gericht geforderte Handlung, so entstehen keine Gebühren.[6] Zur Erstattung etwaiger Auslagen → Rn 44.   **4**

2. Festsetzung von Zwangsgeld. Leistet der Verpflichtete der Androhung nicht Folge und legt er auch nicht Einspruch gegen die Androhung ein, so wird das Zwangsgeld vom Registergericht **festgesetzt**. Mit der Festsetzung ist ein erneutes Zwangsgeld anzudrohen, § 389 Abs. 1 FamFG. Wird ein **Einspruch** als unbegründet verworfen, so ist das Zwangsgeld mit der Einspruchsverwerfung festzusetzen, § 390 Abs. 4 S. 1 FamFG (→ Rn 13).   **5**

Gleichzeitig mit der Zwangsgeldfestsetzung sind dem Beteiligten die **Kosten des Verfahrens** aufzuerlegen, § 389 Abs. 2 FamFG (→ Rn 38). Die **Gerichtsgebühr** beträgt nach Nr. 13310 KV fest 100 €. Allerdings darf entsprechend § 119 Abs. 1 S. 2 KostO aF die Gebühr nicht höher als das festgesetzte Zwangsgeld sein. Die Gebühr ist also bei Festsetzung eines Zwangsgelds unter 100 € entsprechend **zu reduzieren**.   **6**

3. Festsetzung von Ordnungsgeld. Das Ordnungsgeld wird nach § 392 Abs. 1 Nr. 2 FamFG erst **festgesetzt**, wenn der Beteiligte nach Erlass des Androhungsbeschlusses erneut diesem zuwidergehandelt hat. Mit der Festsetzung ist ein erneutes Ordnungsgeld anzudrohen, § 392 Abs. 1 S. 1 iVm § 389 Abs. 1 FamFG.   **7**

Mit der Ordnungsgeldfestsetzung sind dem Beteiligten die **Verfahrenskosten** aufzuerlegen, § 392 Abs. 1 S. 1 iVm § 389 Abs. 2 FamFG (→ Rn 6). Die **Festgebühr** von 100 € ist auf die Höhe des Ordnungsgelds zu **reduzieren**, wenn dieses unter 100 € festgesetzt wurde (→ Rn 6).   **8**

4. Wiederholte und mehrfache Festsetzungen. Die Gebühr Nr. 13310 KV ist mit **jeder Festsetzung** eines Zwangs- und Ordnungsgelds zu erheben, auch wenn es sich hierbei um die Erfüllung derselben Verpflichtung handelt. Insbesondere entsteht die Gebühr auch bei **erneuter Festsetzung**, zB nach erneuter Androhung gem. § 389 Abs. 1 aE FamFG oder § 390 Abs. 5 S. 1 FamFG.   **9**

Soweit eine Anmeldepflicht von **mehreren Beteiligten** erfüllt werden muss, hat das Gericht das Zwangsgeld gegen jeden der Verpflichteten gesondert anzudrohen und festzusetzen. Die Festsetzungsgebühr fällt in die-   **10**

---

[1] Korintenberg/*Klüsener*, Nr. 13310, 13311 KV Rn 7; ebenso, wenn auch mit unzutreffender Verweisung auf die außer Kraft getretene JVKostO, BDS/*Sommerfeldt*, Nr. 13320–13332 KV Rn 14.   [2] BDS/*Sommerfeldt*, Nr. 13320–13332 KV Rn 7.   [3] Korintenberg/*Klüsener*, Nr. 13310, 13311 KV Rn 54.   [4] Korintenberg/*Lappe*, KostO, § 119 Rn 8.   [5] Keidel/*Heinemann*, FamFG, § 388 Rn 46; ebenso Korintenberg/*Klüsener*, Nr. 13310, 13311 KV Rn 16.   [6] Korintenberg/*Lappe*, KostO, § 119 Rn 10.

sem Fall ebenfalls für **jede Festsetzung gesondert** an, auch wenn es sich um die Erfüllung desselben Anmeldetatbestands handelt.

III. Verwerfung des Einspruchs (Nr. 13311 KV)

11   **1. Allgemeines.** Gegen die Androhungsverfügung kann der Adressat Einspruch einlegen, über den das Registergericht zu entscheiden hat. Der Einspruch kann **schriftlich** oder zu **Niederschrift der Geschäftsstelle** eines Amtsgerichts erklärt werden.[7]

12   Er muss innerhalb der vom Gericht gesetzten Frist eingelegt werden. Bei Versäumung der Einspruchsfrist kann entsprechend §§ 17 ff FamFG **Wiedereinsetzung** in den vorigen Stand gewährt werden.[8] Für das Wiedereinsetzungsverfahren werden **keine gesonderten Gebühren** erhoben.

13   **2. Verwerfung des Einspruchs. a) Unbegründeter Einspruch.** Wird der frist- und formgerecht eingelegte Einspruch vom Registergericht als **unbegründet** angesehen, so ist er nach § 390 Abs. 4 S. 1 FamFG zu verwerfen. Mit der Verwerfung des Einspruchs ist auch das **Zwangsgeld festzusetzen** und eine Kostenentscheidung nach § 389 Abs. 2 FamFG zu treffen. Außerdem ist nach § 390 Abs. 5 S. 1 FamFG ein erneutes Zwangs- bzw Ordnungsgeld anzudrohen.

14   Mit der **Einspruchsverwerfung** entsteht die Gebühr nach Nr. 13311 KV iHv 100 €. Allerdings kann der Einspruch noch bis zur Rechtskraft der Verwerfungsentscheidung **zurückgenommen** werden (→ Rn 17). Soweit das festgesetzte Zwangs- bzw Ordnungsgeld unter 100 € liegt, muss auch die Gerichtsgebühr **herabgesetzt** werden (→ Rn 6). Die Einspruchsgebühr entsteht für jede Einspruchsverwerfung, auch wenn das Gesetz dies nicht mehr ausdrücklich anordnet, weil es sich um Aktgebühren handelt. Insofern muss nicht auf eine Analogie zu den Rechtsmittelverfahren abgestellt werden.[9]

15   Außerdem entsteht mit der **Zwangsgeldfestsetzung** die Gebühr nach Nr. 13310 KV iHv 100 €. Das Gericht kann nach § 390 Abs. 4 FamFG von der Zwangsgeldfestsetzung absehen oder das angedrohte Zwangsgeld herabsetzen. Erfolgt **keine Zwangsgeldfestsetzung**, entfällt auch die Gebühr nach Nr. 13310 KV.[10] Wird ein **niedrigeres Zwangsgeld** als angedroht festgesetzt, so darf die Festsetzungsgebühr dieses nicht übersteigen.

16   **b) Unzulässiger Einspruch.** Erweist sich der Einspruch als unzulässig, insb. weil er nach Ablauf der vom Gericht festgelegten Frist eingelegt wurde, so trifft das Gericht **keine Einspruchsentscheidung**, sondern setzt ausschließlich das Zwangsgeld nach § 389 FamFG fest.[11] Es fällt mithin keine Einspruchsgebühr nach Nr. 13311 KV an. Trifft das Gericht dennoch eine Einspruchsentscheidung, so ist hiergegen die Beschwerde eröffnet, die zumindest zur Aufhebung der unzutreffenden Gebührenentscheidung führen muss. Gegen den unrichtigen Gebührenansatz können auch Erinnerung und Beschwerde nach § 81 eingelegt werden.

17   **3. Rücknahme des Einspruchs.** Der Einspruch kann bis zur Rechtskraft der Endentscheidung zurückgenommen werden.[12] In diesem Fall endet das Einspruchsverfahren, ohne dass es einer besonderen Entscheidung bedürfte. Es fällt **keine Einspruchsgebühr** nach Nr. 13311 KV an, auch nicht, wenn das Gericht einen Feststellungsbeschluss nach § 22 Abs. 2 S. 2 FamFG analog trifft.

18   **4. Stattgabe des Einspruchs.** Wird dem begründeten Einspruch stattgegeben, so ist mit der Aufhebung der Androhung (§ 390 Abs. 3 FamFG) auch ein etwaiger Festsetzungsbeschluss einschließlich der Kostenentscheidung aufzuheben, vgl § 28. Das Einspruchsverfahren bleibt **gebührenfrei.**

19   Wird gegen eine wiederholte Androhung erfolgreich Einspruch eingelegt, so kann das Gericht auch eine frühere Zwangs- bzw Ordnungsgeldfestsetzung aufheben oder herabsetzen, § 390 Abs. 6 FamFG.[13] Die Kosten eines vorherigen **erfolglosen Einspruchsverfahrens** bleiben jedoch bestehen.[14] Mit der **Aufhebung des früheren Festsetzungsbeschlusses** ist auch die Verurteilung in den Kostenpunkt nach § 389 Abs. 2 FamFG zurückzunehmen, so dass die Zahlungspflicht nach § 28 erlischt und bereits entrichtete Gebühren zu erstatten sind.[15] Wird das frühere Zwangs- bzw Ordnungsgeld auf unter 100 € **herabgesetzt**, so ist die Gebühr nach Nr. 13310 KV ebenfalls auf die Höhe des Zwangs- bzw Ordnungsgelds herabzusetzen.

20   **5. Änderungen außerhalb des Einspruchsverfahrens.** Nach § 48 Abs. 1 FamFG kann auch eine rechtskräftige Zwangs- bzw Ordnungsgeldfestsetzung wegen **veränderter Umstände** aufgehoben werden, solange das Zwangs- bzw Ordnungsgeld noch nicht eingezogen worden ist.[16] In diesem Fall bleiben die nach Nr. 13310 und 13311 KV entstandenen Gebühren bestehen. Das Gericht hat aber von deren Erhebung bei **unrichtiger Sachbehandlung** nach § 21 Abs. 1 S. 1 abzusehen.

---

7 Keidel/*Heinemann*, FamFG, § 390 Rn 3.   **8** Keidel/*Heinemann*, FamFG, § 390 Rn 12 ff.   **9** So aber Korintenberg/*Klüsener*, Nr. 13310, 13311 KV Rn 37.   **10** Ebenso Korintenberg/*Klüsener*, Nr. 13310, 13311 KV Rn 16.   **11** Keidel/*Heinemann*, FamFG, § 390 Rn 22.   **12** Keidel/*Heinemann*, FamFG, § 390 Rn 5.   **13** Ebenso Korintenberg/*Klüsener*, Nr. 13310, 13311 KV Rn 19. **14** Korintenberg/*Klüsener*, Nr. 13310, 13311 KV Rn 34.   **15** Korintenberg/*Klüsener*, Nr. 13310, 13311 KV Rn 20.   **16** Keidel/*Heinemann*, FamFG, § 390 Rn 37.

IV. Rechtsmittelverfahren

1. Anwendungsbereich. Die Vorschriften gelten nicht nur für die Beschwerde nach § 391 FamFG gegen den   **21** Festsetzungs- und Verwerfungsbeschluss, sondern auch für die **reguläre Beschwerde** nach §§ 58 ff FamFG, wenn die Androhung oder Festsetzung eines Zwangs- bzw Ordnungsgelds durch Beschluss abgelehnt werden oder einem Einspruch stattgegeben wird.[17]

2. Beschwerde. a) Allgemeines. Gegen die **Zwangs- bzw Ordnungsgeldfestsetzung** kann nach § 391 Abs. 1   **22** FamFG Beschwerde eingelegt werden. Außerdem ist die Beschwerde gegen den Beschluss eröffnet, mit dem ein **Einspruch verworfen** wurde. Schließlich kann auch Beschwerde gegen einen Beschluss eingelegt werden, mit dem die Androhung oder Festsetzung eines Zwangs- bzw Ordnungsgelds **abgelehnt** oder mit dem einem **Einspruch stattgegeben** wird.[18]

Die Beschwerde ist nur statthaft, wenn die Wertgrenze von 600 € nach § 61 Abs. 1 FamFG überschritten ist   **23** oder das Gericht die Beschwerde nach § 61 Abs. 2 FamFG zugelassen hat. Die Beschwerde ist beim **Registergericht** durch eine unterzeichnete Beschwerdeschrift einzulegen, § 64 Abs. 1, 2 FamFG. Die Beschwerde soll nach § 65 FamFG **begründet** werden. Über die Beschwerde entscheidet das **OLG**, sofern das Amtsgericht dieser nicht abhilft. Es besteht **kein Anwaltszwang**.

b) Erfolglose Beschwerde (Nr. 13320 KV). Wird die Beschwerde als **unzulässig verworfen** oder als **unbe-**   **24** **gründet zurückgewiesen**, so entsteht die Gebühr nach Nr. 13320 KV iHv 150 €. Auch im Beschwerdeverfahren ist der Verhältnismäßigkeitsgrundsatz zu beachten, so dass die Gebühr nicht die Höhe des festgesetzten Zwangs- bzw Ordnungsgelds überschreiten darf.

Das Beschwerdegericht kann nach § 390 Abs. 4 S. 2 und Abs. 6 FamFG von der Zwangs- bzw Ordnungs-   **25** geldfestsetzung **absehen** oder eine **geringere Festsetzung** beschließen.[19] In diesem Fall sind auch die erstinstanzlichen Gebühren aufzuheben bzw auf das verhältnismäßige Maß zu reduzieren (→ Rn 19).[20]

c) Teilweise erfolglose Beschwerde (Anm. zu Nr. 13320 KV). Ist die Beschwerde nur zum Teil unzulässig   **26** bzw unbegründet, so kann das Beschwerdegericht die Gebühr Nr. 13320 KV nach **billigem Ermessen** auf die Hälfte ermäßigen oder bestimmen, dass eine Gebühr nicht zu erheben ist. Insbesondere wenn das **Zwangs- oder Ordnungsgeld herabgesetzt** wird, muss eine Herabsetzung der Gebühr erfolgen. Soweit das Zwangs- bzw Ordnungsgeld um **mehr als die Hälfte verringert** wird, sollte von der Erhebung der Beschwerdegebühr insgesamt abgesehen werden, ansonsten sollte die Gebühr halbiert werden. Eine quotenmäßige Ermäßigung der Gebühr (zB nach dem Umfang des Obsiegens) scheidet hingegen aus.[21]

d) Rücknahme der Beschwerde. aa) Allgemeines. Auch wenn die Beschwerde zurückgenommen wird, soll   **27** das Beschwerdeverfahren **nicht gebührenfrei** bleiben. Die Gesetzesbegründung verweist insofern auf die zur alten Rechtslage bestehende Auffassung, wonach in diesen Fällen § 131 Abs. 1 und 2 KostO anwendbar sein sollte.[22] Diese **unzutreffende Ansicht** ist nunmehr ausdrücklich kodifiziert worden.

Soweit die Gebührenermäßigungen jeweils auch im Falle der **Antragsrücknahme** eintreten sollen, handelt es   **28** sich offensichtlich um ein Redaktionsversehen, denn das Zwangs- und Ordnungsgeldverfahren wird ausschließlich von Amts wegen betrieben.

Auch das **Einspruchsverfahren** ist hiervon nicht erfasst, denn es handelt sich hierbei nicht um ein eigenstän-   **28a** diges Antragsverfahren, sondern um einen unselbstständigen verfahrensinternen Rechtsbehelf, der den Charakter des Zwangs- und Ordnungsgeldverfahrens als Amtsverfahren unberührt lässt.[23] Es ist auch nicht verständlich, wieso der Gesetzgeber in Nr. 13311 KV den Einspruch ausdrücklich als solchen erwähnt, ihn in Nr. 13321, 13322 KV hingegen als Antrag bezeichnet haben sollte. Wird also im Beschwerdeverfahren gegen einen verworfenen Einspruch der Einspruch zurückgenommen, so entsteht weder eine Einspruchsgebühr nach Nr. 13311 KV noch eine Beschwerdegebühr. Diese Lücke im Gebührensystem muss als Unbedachtsamkeit des Gesetzgebers hingenommen werden und kann nur von diesem selbst, nicht aber durch die Gerichte in analoger Anwendung geschlossen werden.

bb) Vor Beschwerdebegründung (Nr. 13321 KV). Die Beschwerde kann bis zum **Erlass der Beschwerdeent-**   **29** **scheidung** durch Erklärung gegenüber dem Beschwerdegericht zurückgenommen werden, § 67 Abs. 4 FamFG. Wird die Beschwerde zurückgenommen, bevor eine (nicht obligatorische) **Beschwerdebegründung** nach § 65 Abs. 1 FamFG beim Beschwerdegericht eingegangen ist, so verringert sich die Gebühr gem. Nr. 13321 KV auf 75 €. Allerdings scheidet eine begünstigte Zurücknahme nach den in Nr. 13322 KV genannten Zeitpunkten aus (→ Rn 30).

---

17 Anders zur alten Rechtslage Korintenberg/*Lappe*, KostO, § 119 Rn 24. **18** Keidel/*Heinemann*, FamFG, § 391 Rn 4. **19** Keidel/ *Heinemann*, FamFG, § 391 Rn 11. **20** Ebenso Korintenberg/*Klüsener*, Nr. 13310, 13311 KV Rn 19. **21** BDS/*Sommerfeldt*, Nr. 13320–13332 KV Rn 45. **22** BT-Drucks 17/11471, S. 204 verweist auf Korintenberg/*Lappe*, KostO, § 119 Rn 23. **23** AA Korintenberg/*Klüsener*, Nr. 13320–13322 KV Rn 20 (ohne Problembewusstsein).

30   **cc) Vor Erlass der Endentscheidung (Nr. 13322 KV).** Wird die Beschwerde **vor Ablauf des Tages**, an dem die Endentscheidung der Geschäftsstelle übermittelt wird (vgl § 38 Abs. 3 S. 3 FamFG), zurückgenommen, so verringert sich die Beschwerdegebühr nach Nr. 13322 KV auf 100 €. Die Ermäßigung tritt also auch ein, wenn die Zurücknahme am selben Tag, an dem die Endentscheidung der Geschäftsstelle übermittelt wurde, eingereicht worden ist.[24] War die Beschwerdeentscheidung bereits durch **Vorlesen der Entscheidungsformel** bekannt gegeben worden, so verbleibt es bei der Beschwerdegebühr nach Nr. 13320 KV. Wird die Beschwerde zurückgenommen und war diese bislang nicht begründet worden, so darf nur die Gebühr nach Nr. 13321 KV erhoben werden (→ Rn 29).

31   **e) Erfolgreiche Beschwerde.** Ist die Beschwerde insgesamt erfolgreich, so bleibt das Beschwerdeverfahren **gebührenfrei**. Mit der Aufhebung des Festsetzungs- bzw Verwerfungsbeschlusses muss das Beschwerdegericht auch die **Kostenentscheidung der ersten Instanz** aufheben, § 25 Abs. 1. Die Kostenschuldnerschaft entfällt entsprechend § 28.

32   **3. Rechtsbeschwerde. a) Allgemeines.** Die Rechtsbeschwerde ist nur in den engen Voraussetzungen des § 70 FamFG statthaft. Im Gegensatz zur Beschwerde muss die Rechtsbeschwerde stets **begründet** werden, § 71 Abs. 2 S. 1 FamFG. Die Rechtsbeschwerde kann nur von einem beim **BGH zugelassenen Rechtsanwalt** eingelegt werden.

33   **b) Erfolglose Rechtsbeschwerde (Nr. 13330 KV).** Wird die Rechtsbeschwerde als **unzulässig verworfen** oder als **unbegründet zurückgewiesen**, so entsteht die Gebühr nach Nr. 13330 KV iHv 200 €. Die Gebühr entsteht auch, wenn der BGH die zugelassene Rechtsbeschwerde durch Beschluss nach § 74 a FamFG zurückweist. Diese Gebühr darf aber nicht höher als das festgesetzte Zwangs- bzw Ordnungsgeld sein und ist ggf entsprechend zu **reduzieren**.

34   **c) Teilweise erfolglose Rechtsbeschwerde (Anm. zu Nr. 13330 KV).** Ist die Rechtsbeschwerde nur zum Teil erfolglos, so kann der BGH nach **billigem Ermessen** die Gebühr auf die Hälfte ermäßigen oder von einer Gebührenerhebung absehen. Es gelten dieselben Grundsätze wie im Rahmen der teilweise erfolglosen Beschwerde (→ Rn 26).

35   **d) Rücknahme der Rechtsbeschwerde. aa) Vor Begründung der Rechtsbeschwerde (Nr. 13331 KV).** Wird die Rechtsbeschwerde **vor Eingang der Begründungsschrift** beim BGH nach § 71 Abs. 2 S. 1 FamFG und vor Übermittlung der Endentscheidung an die Geschäftsstelle zurückgenommen, so ermäßigt sich die Gebühr nach Nr. 13331 KV auf 100 €.

36   **bb) Vor Erlass der Rechtsbeschwerdeentscheidung (Nr. 13332 KV).** Wird die Rechtsbeschwerde nach Eingang der Beschwerdebegründung, aber vor Ablauf des Tages, an dem die Endentscheidung der **Geschäftsstelle übermittelt** wird, zurückgenommen, so ermäßigt sich das Verfahren auf 150 € (Nr. 13332 KV).

37   **e) Erfolgreiche Rechtsbeschwerde.** Ist die Rechtsbeschwerde insgesamt begründet, so bleibt das Verfahren der Rechtsbeschwerde **gebührenfrei**. Soweit der BGH die Beschwerdeentscheidung sowie einen Festsetzungs- oder Verwerfungsbeschluss aufhebt, hat er auch die bislang festgesetzten Kostenentscheidungen des **ersten und zweiten Rechtszugs aufzuheben.**

V. Kostenschuldner

38   **1. Festsetzungsgebühr.** Kostenschuldner der **Festsetzungsgebühr** nach Nr. 13310 KV ist derjenige, dem das Registergericht die Kostentragung nach § 389 Abs. 2 FamFG auferlegt hat, § 27 Nr. 1. Das Gericht hat die Kosten demjenigen aufzuerlegen, den die zu erfüllende **Verpflichtung** trifft, also dem Kaufmann oder den **gesetzlichen Vertretern** der Gesellschaft, der Genossenschaft, der Partnerschaft oder des Vereins. Neben den Gerichtskosten umfassen die Verfahrenskosten auch die **notwendigen Aufwendungen** anderer Verfahrensbeteiligter, § 80 S. 1 FamFG.

39   Soweit eine Anmeldepflicht von **mehreren Beteiligten** zu erfüllen ist, wird das Zwangsgeld gegenüber jedem Beteiligten angedroht und festgesetzt. Die Verfahrenskosten sind **jedem Verpflichteten** hinsichtlich des gegen ihn festgesetzten Zwangsgelds aufzuerlegen.

40   Die Verfahrenskosten dürfen der **Gesellschaft, Partnerschaft, Genossenschaft oder dem Verein** nicht unmittelbar auferlegt werden. Allerdings sind diese auch Kostenschuldner hinsichtlich der Gerichtskosten nach § 23 Nr. 7, da es sich um Amtsverfahren handelt. Darf aber gegen den Verpflichteten keine Gebühr mehr erhoben werden (→ Rn 19), so darf sie auch nicht mehr gegen den Rechtsträger festgesetzt werden.[25]

    Dritten (zB berufsständischen Organen), die das Verfahren nach § 24 FamFG angeregt haben, können keine Kosten auferlegt werden.[26]

---

24 BDS/*Sommerfeldt*, Nr. 13320–13332 KV Rn 49; unverständlich Korintenberg/*Klüsener*, Nr. 13320–13322 KV Rn 11.
25 Korintenberg/*Klüsener*, Nr. 13310, 13311 KV Rn 21. **26** BDS/*Sommerfeldt*, Nr. 13330–13332 KV Rn 26.

2. Einspruchsgebühr. Kostenschuldner der Einspruchsgebühr ist der **Einspruchsführer**, § 22 Abs. 1 analog. **41** Das wird regelmäßig der **Adressat** des Zwangs- oder Ordnungsandrohung sein. Einspruchsberechtigt ist aber auch der vom Zwangs- und Ordnungsgeldverfahren mittelbar **betroffene Rechtsträger**, also die Gesellschaft, Partnerschaft, Genossenschaft oder der Verein. In diesem Fall sind die Verfahrenskosten diesem aufzuerlegen. Die Gerichtsgebühren schuldet der Rechtsträger außerdem nach § 23 Nr. 7. Auch wenn die Gebühr nur aufgrund eines eingelegten Einspruchs entstehen kann, bleibt das Einspruchsverfahren doch Amtsverfahren; unzutreffend ist es, das Einspruchsverfahren als isoliertes Antragsverfahren zu begreifen.[27]

3. Beschwerde- und Rechtsbeschwerdegebühr. Kostenschuldner der Beschwerdegebühren ist der **Beschwer-** **42** **deführer** nach § 22 Abs. 1. Das kann neben dem **Adressaten** der Zwangs- und Ordnungsgeldfestsetzung auch derjenige sein, dessen Einspruch verworfen wurde. Schließlich ist auch der **Rechtsträger** vom Zwangs- und Ordnungsgeldverfahren betroffen, so dass ihm ein eigenes Beschwerderecht zusteht. Für die Gerichtsgebühren muss der Rechtsträger als Kostenschuldner aber nicht nach § 23 Nr. 7 einstehen, da § 25 Abs. 3 dessen Anwendbarkeit ausschließt. Bei **erfolgreicher Beschwerde** entfällt die Kostenschuldnerschaft nach § 25 Abs. 1.

Hat die Beschwerde ein **berufsständisches Organ** eingelegt, zB weil das Gericht eine Androhung bzw Fest- **43** setzung abgelehnt oder einem Einspruch stattgegeben hat, so dürfen nach Vorbem. 1.3 Abs. 2 Nr. 3 KV diesem **keine Gerichtsgebühren** auferlegt werden. Allerdings können dem berufsständischen Organ die **notwendigen Aufwendungen** der anderen Beteiligten nach § 81 Abs. 2 FamFG auferlegt werden.

VI. Auslagen und Vollstreckung

1. Auslagen. Auslagen können nach Hauptabschnitt 1 des Teils 3 erhoben werden, auch dann, wenn das **44** **Verfahren selbst gebührenfrei** ist. Keine Auslagen dürfen aber für die vor Zwangs- oder Ordnungsgeldandrohung getätigten Ermittlungsmaßnahmen erhoben werden (→ Rn 3).[28] **Schuldner** der Auslagen ist regelmäßig der vom Gericht **bestimmte Kostenschuldner** (→ Rn 38, 41 f). Außerdem schuldet der **betroffene Rechtsträger**, also die Gesellschaft, Partnerschaft, Genossenschaft oder der Verein die Auslagen nach § 23 Nr. 7.

2. Vollstreckung. Die Zwangs- und Ordnungsgelder sowie die Gerichtskosten werden gem. § 1 Abs. 1 Nr. 3 **45** und 4, § 11 JBeitrO als **Justizverwaltungsgebühren** entsprechend dem GKG und dem GvKostG vollstreckt. Zuständig für die Einleitung der Vollstreckung ist der Rechtspfleger nach § 31 Abs. 3 RPflG.[29]

Abschnitt 4
Löschungs- und Auflösungsverfahren sowie Verfahren über die Entziehung der Rechtsfähigkeit eines Vereins vor dem Amtsgericht

Nr.	Gebührentatbestand	Gebühr oder Satz der Gebühr nach § 34 GNotKG – Tabelle A
13400	Verfahren über 1. den Widerspruch gegen eine beabsichtigte Löschung (§§ 393 bis 398 FamFG), 2. den Widerspruch gegen die beabsichtigte Feststellung eines Mangels der Satzung oder des Gesellschaftsvertrages (§ 399 FamFG) oder 3. die Entziehung der Rechtsfähigkeit eines Vereins	1,0

I. Allgemeines

Abschnitt 4 des Hauptabschnitts 3 KV gilt für die **Löschungs- und Auflösungsverfahren** iSd §§ 393–399 **1** FamFG sowie für das Verfahren über die **Entziehung der Rechtsfähigkeit eines Vereins** durch das Amtsgericht nach § 73 BGB.[1]

Vom Löschungs- und Auflösungsverfahren zu unterscheiden ist das Verfahren auf **Eintragung** der jeweiligen **2** Löschungen. Diese Eintragungen erfolgen idR kostenfrei, da deren Aufwand durch die Verfahrensgebühr

---

27 So aber ohne Problembewusstsein Korintenberg/*Klüsener*, Nr. 13310, 13311 KV Rn 40. **28** Ebenso Korintenberg/*Klüsener*, Nr. 13310, 13311 KV Rn 52. **29** BDS/*Sommerfeldt*, Nr. 13320–13332 KV Rn 35. **1** BT-Drucks 17/11471, S. 204.

nach Nr. 13400 KV abgegolten ist (→ Rn 25). Vom Entziehungsverfahren nach § 73 BGB ist das **Entziehungsverfahren durch die Verwaltungsbehörde** nach § 43 BGB zu unterscheiden (→ Nr. 13100–13101 KV Rn 31).

II. Einzelne Verfahren

3 **1. Widerspruch gegen eine beabsichtigte Löschung (Nr. 13400 Ziff. 1 KV).** Die Gebühr Nr. 13400 Ziff. 1 KV betrifft die Durchführung eines **Widerspruchsverfahrens** im Rahmen folgender Verfahren:

- **Löschung einer Firma** nach § 31 Abs. 2 HGB im Handels- oder Genossenschaftsregister (§ 393 Abs. 1 FamFG);
- **Löschung des Namens einer PartGG** im Partnerschaftsregister (§ 393 Abs. 6 FamFG);
- **Löschung einer vermögenslosen Kapitalgesellschaft** (AG, KGaA, GmbH), **Genossenschaft** (§ 394 Abs. 1 FamFG) oder einer OHG bzw KG, bei der keine natürliche Person persönlich haftender Gesellschafter ist (§ 394 Abs. 4 FamFG) im Handels- bzw Genossenschaftsregister;
- **Löschung unzulässiger Eintragungen** im Handels-, Genossenschafts-, Partnerschafts-, Vereins-, und Güterrechtsregister (§ 395 FamFG);
- **Löschung nichtiger Kapitalgesellschaften** (AG, KGaA, GmbH) und **Genossenschaften** im Handels- bzw Genossenschaftsregister (§ 397 FamFG);
- **Löschung nichtiger Beschlüsse einer Kapitalgesellschaft** (AG, KGaA, GmbH) und **Genossenschaft** im Handels- bzw Genossenschaftsregister (§ 398 FamFG);
- **Löschung unzulässiger Firmen** nach § 43 Abs. 2 KWG, § 3 Abs. 5 KAGB, § 16 Abs. 3 BausparkG oder § 6 Abs. 4 VAG iVm § 395 FamFG.[2]

4 Für das **Löschungsverfahren** selbst fallen also **keine Gebühren** an, sofern kein Widerspruch gegen die beabsichtigte Löschung eingelegt wird. Insbesondere die Ankündigung der Löschung ist gebührenfrei.[3] Zu den im Rahmen der Löschung anfallenden **Auslagen** s. Rn 27 ff.

5 Es handelt sich um eine **Verfahrensgebühr**, die mit wirksamer Einlegung des Widerspruchs anfällt. Die Einlegung erfolgt entweder schriftlich (auch mittels Telefax oder per E-Mail) oder mündlich zu Protokoll jedes Amtsgerichts (§ 25 Abs. 1 FamFG). Die Gebühr entsteht unabhängig davon, ob das Registergericht den Widerspruch als **unbegründet** oder als **unzulässig** (zB als verfristet) zurückweist. Anders als nach früherer Rechtslage wird die Gebühr auch dann in voller Höhe erhoben, wenn der Widerspruch **zurückgenommen** wird.[4]

6 Für das Entstehen der Gebühr ist ebenfalls unerheblich, ob das Löschungsverfahren auf **Antrag** oder **von Amts wegen** eingeleitet worden ist. Dieser Gesichtspunkt kann aber im Rahmen einer Kostengrundentscheidung von Bedeutung sein (→ Rn 22 f).

7 **Keine Gebühren** fallen an, wenn der Widerspruchsführer zur Wahrung der Widerspruchsfrist **Wiedereinsetzung in den vorigen Stand** beantragt.

8 Ist der **Widerspruch erfolgreich**, so muss das Gericht keine Kostenentscheidung nach § 393 Abs. 4 FamFG zulasten des Widerspruchsführers treffen. Allerdings würde die **Kostenschuldnerschaft** nach § 22 Abs. 1 fortbestehen. In entsprechender Anwendung der §§ 25, 28 entfällt jedoch auch diese. Es entspricht einem allgemeinen Rechtsgrundsatz, dass erfolgreich gegen eine Gerichtsentscheidung eingelegte Rechtsmittel **keine Kostenfolgen** auslösen dürfen, so dass zumindest nach § 81 Abs. 1 S. 2 FamFG stets von einer Kostenerhebung abzusehen ist.

9 Die zur Durchführung des Widerspruchsverfahrens **notwendigen Aufwendungen** des Widerspruchsführers können aber einem anderen Beteiligten, insb. den **berufsständischen Organen**, dem **Finanzamt** oder der **BaFin** auferlegt werden, wenn diese das Löschungsverfahren beantragt haben. Vorbem. 1.3 Abs. 2 Nr. 3 KV und § 2 stehen einer Entscheidung nach § 80 S. 1 FamFG nicht entgegen, da sie nur die Erhebung von Gerichtskosten verhindern.

10 **2. Widerspruch gegen eine beabsichtigte Feststellung eines Satzungsmangels (Nr. 13400 Ziff. 2 KV).** Nach § 399 Abs. 1 FamFG kann das Registergericht den **Satzungsmangel einer AG, KGaA oder GmbH** rügen und die Gesellschaft auffordern, den Mangel durch Satzungsänderung und Anmeldung zum Handelsregister zu beheben oder gegen die Aufforderung **Widerspruch** einzulegen.

11 Die Gebühr nach Nr. 13400 Ziff. 2 KV entsteht nur, wenn gegen diese Aufforderung Widerspruch eingelegt wird, das **Auflösungsverfahren** selbst und die Feststellung nach § 399 Abs. 2 S. 1 FamFG sind **gebührenfrei**. Zu den anfallenden **Auslagen** → Rn 27 ff.

---

2 Ebenso Korintenberg/*Klüsener*, Nr. 13400 KV Rn 4.   **3** BDS/*Sommerfeldt*, Nr. 13400 KV Rn 7; Korintenberg/*Klüsener*, Nr. 13400 KV Rn 13.   **4** BeckOK KostR/*Lauktien*, GNotKG KV 13400 Rn 3.

Wie im Rahmen der Gebühr Nr. 13400 Ziff. 1 KV handelt es sich um eine **Verfahrensgebühr**, die in voller   **12**
Höhe entsteht, unabhängig davon, ob der Widerspruch als unzulässig oder unbegründet zurückgewiesen
oder ob er vor Erlass einer Widerspruchsentscheidung zurückgenommen wird. Für den **erfolgreichen Wi-**
derspruch oder die **Wiedereinsetzung in den vorigen Stand** bei Fristversäumung dürfen **keine Gerichtsge-**
bühren erhoben werden.

3. Entziehung der Rechtsfähigkeit eines Vereins (Nr. 13400 Ziff. 3 KV). Die Gebühr gem. Nr. 13400 Ziff. 3   **13**
KV entsteht nur für das Verfahren auf Entziehung der Rechtsfähigkeit eines Vereins aufgrund des § 73
BGB, also bei **Herabsinken der Mitgliederanzahl** unter drei Mitglieder.

Unanwendbar ist der Gebührentatbestand auf alle **anderen Fälle** der Entziehung der Rechtsfähigkeit, zB   **14**
aufgrund § 43 BGB oder aufgrund des VereinsG.

Es handelt sich um eine **Verfahrensgebühr**, die unabhängig davon entsteht, ob das Verfahren nach § 73   **15**
BGB auf Antrag des Vorstands oder von Amts wegen eingeleitet wurde. Ebenso unerheblich ist, ob das Verfahren mit der Entziehung der Rechtsfähigkeit endet, ob das Verfahren eingestellt, ob der Antrag zurückgewiesen oder zurückgenommen wird.

III. Gebühr, Geschäftswert

1. Gebühr. Das Verfahren löst eine **1,0-Gebühr** nach Tabelle A aus. Es handelt sich um eine **Verfahrensge-**   **16**
bühr, die unabhängig davon anfällt, ob der Widerspruch als unzulässig bzw unbegründet vom Gericht zurückgewiesen oder vom Widerspruchsführer zurückgenommen wird.

2. Geschäftswert. Da es an einer besonderen Wertvorschrift fehlt, muss der Geschäftswert nach § 36 be-   **17**
stimmt werden. Es handelt sich um eine **vermögensrechtliche Angelegenheit**, so dass der Geschäftswert in
Ermangelung anderer Anhaltspunkte nach **billigem Ermessen** gem. § 36 Abs. 1 zu bestimmen ist. Für den
Regelfall ist dabei vom **Auffangwert** nach § 36 Abs. 3 iHv 5.000 € auszugehen.[5] Völlig unangemessen ist es,
auf andere höhere Pauschalwerte (zB nach §§ 105 ff) zurückzugreifen,[6] da hierbei keine Ermessensausübung stattfindet, sondern spezielle Geschäftswerte verallgemeinert und auf völlig andere Verfahrensarten
(die im Übrigen auch einem anderen Tabellenwert unterliegen!) übertragen werden.

Eine Abweichung nach oben kommt angesichts der deutlichen Verteuerung des Widerspruchsverfahrens   **18**
nur in besonders zu begründenden **Ausnahmefällen** in Betracht. Vor allem in Verfahren auf Löschung **ver-**
mögensloser Gesellschaften nach § 394 FamFG würde eine höhere Geschäftswertfestsetzung ein wider-
sprüchliches Verhalten des Gerichts darstellen. Eine höhere Geschäftswertfestsetzung ist vornehmlich in
Verfahren nach § 398 FamFG zu erwägen.

IV. Rechtsmittelverfahren

Für das Rechtsmittelverfahren gelten die **Sonderregeln** des Abschnitts 6 des Hauptabschnitts 3.[7] Für das   **19**
Beschwerdeverfahren fällt eine 3,0-Gebühr an (Nr. 13610 KV), soweit das Verfahren nicht ohne Endentscheidung beendet wird, so dass sich die Gebühr auf 0,5 oder 1,0 ermäßigt (Nr. 13611, 13612 KV). Für das
Rechtsbeschwerdeverfahren fällt eine 4,0-Gebühr an (Nr. 13620 KV), die sich bei vorzeitiger Beendigung
des Verfahrens auf eine 1,0- bzw 2,0-Gebühr ermäßigt (Nr. 13621, 13622 KV).

Soweit eine Beschwerde bzw Rechtsbeschwerde **erfolgreich** eingelegt wurde, entfallen sowohl die Gebühren   **20**
für das Widerspruchs-, als auch für das Rechtsmittelverfahren gem. § 25 Abs. 1, § 28. Zur Kostentragung
im Fall des **erfolgreichen Widerspruchsverfahrens** → Rn 8 f.

V. Kostenschuldner

1. Widerspruch im Löschungs- und Auflösungsverfahren. Kostenschuldner ist in den Fällen der Nr. 13400   **21**
Ziff. 1 und 2 KV der **Widerspruchsführer**, § 22 Abs. 1 analog.[8] Außerdem kommt eine Kostenschuldnerschaft des **Rechtsträgers** nach § 23 Nr. 7 in Betracht,[9] da zwar nicht das Widerspruchsverfahren, wohl aber
das Löschungs- bzw Auflösungsverfahren von Amts wegen eingeleitet wird. Die Haftung ist nicht etwa wegen § 25 Abs. 3 ausgeschlossen, denn die Vorschrift betrifft nur Rechtsmittelverfahren; das Widerspruchsverfahren ist jedoch kein Rechtsmittel, sondern ein verfahrensinterner Rechtsbehelf.[10] Das Gericht muss
nach § 393 Abs. 4, § 399 Abs. 2 S. 3 FamFG mit der Zurückweisung des Widerspruchs eine **Kostenentschei-**
dung treffen.[11] Dabei sollen dem Widerspruchsführer (im Fall des § 399 Abs. 2 S. 3 FamFG der allein wi-

---

5 Ebenso OLG Hamburg BeckRS 2015, 09800; BDS/*Sommerfeldt*, Nr. 13400 KV Rn 35, 37; aA Korintenberg/*Klüsener*,
Nr. 13400 KV Rn 14 (ohne Begr.). **6** So aber Korintenberg/*Klüsener*, Nr. 13400 KV Rn 14. **7** BT-Drucks 17/11471, S. 204.
8 BDS/*Sommerfeldt*, Nr. 13400 KV Rn 38. **9** BeckOK KostR/*Lauktien*, GNotKG KV 13400 Rn 13. **10** Unzutr. BDS/*Sommer-*
feldt, Nr. 13400 KV Rn 39; Korintenberg/*Klüsener*, Nr. 13400 KV Rn 23. **11** Vgl Keidel/*Heinemann*, FamFG, § 393 Rn 25, § 394
Rn 29, § 395 Rn 42, § 399 Rn 30; unzutr. Korintenberg/*Lappe*, KostO, § 88 Rn 16.

derspruchsberechtigten Gesellschaft) die Kosten des Verfahrens sowie die notwendigen Aufwendungen der anderen Verfahrensbeteiligten auferlegt werden, § 80 S. 1 FamFG. In diesem Fall folgt die Kostenschuldnerschaft zusätzlich aus § 27 Nr. 1.

22 Das Gericht kann davon absehen, dem Widerspruchsführer die Verfahrenskosten aufzuerlegen, soweit dies **nicht unbillig** erscheint, § 393 Abs. 4 FamFG. Eine abweichende Kostengrundentscheidung bedarf also einer **besonderen Begründung**. Sie kommt insb. dann in Betracht, wenn das Gericht seine Amtsermittlungspflicht nur unzureichend erfüllt hat. Zur Kostenschuldnerschaft im Fall eines **erfolgreichen Widerspruchsverfahrens** → Rn 8 f.

23 Fraglich ist, ob die Verfahrenskosten auch einem Dritten, insb. den antragstellenden **berufsständischen Organen** (§ 380 Abs. 1 FamFG) auferlegt werden können. Dies ist zu bejahen, zB wenn der Widerspruch zurückgenommen wird, weil sich erst im Widerspruchsverfahren nach aufwändiger Sachverhaltsermittlung die von den berufsständischen Organen „ins Blaue hinein" behaupteten Löschungsgründe als zutreffend herausgestellt haben. Vorbem. 1.3 Abs. 2 Nr. 3 KV steht einer Kostentragungspflicht nicht entgegen, da im Rahmen der §§ 393 ff den berufsständischen Organen ein eigenes Antragsrecht zusteht. Wegen § 2 Abs. 1 S. 1 scheidet eine Kostentragungspflicht des **Finanzamts** im Fall des § 394 Abs. 1 S. 1 FamFG oder der **BaFin** im Falle der § 43 Abs. 2 KWG, § 3 Abs. 5 KAGB oder § 6 Abs. 4 VAG aus.

24 **2. Entziehungsverfahren nach § 73 BGB.** Erfolgt die Entziehung der Rechtsfähigkeit auf **Antrag** des Vorstands, so ist der Verein Kostenschuldner nach § 22 Abs. 1.[12] Wird das Entziehungsverfahren **von Amts wegen** durchgeführt, so beruht die Kostenschuldnerschaft des Vereins auf § 23 Nr. 7, denn es handelt sich um ein amtswegiges Registerverfahren, vgl § 401 FamFG. Eine **Kostengrundentscheidung** ist nicht veranlasst.

VI. Sonstige Gebühren und Auslagen

25 **1. Eintragungsgebühren.** Die von Amts wegen erfolgenden Eintragungen (also Löschungen) aufgrund eines Verfahrens nach §§ 393, 394 FamFG bleiben nach Vorbem. 1 Abs. 4, Vorbem. 2 Abs. 4, Vorbem. 3 Abs. 4 GV HRegGebV **gebührenfrei**.[13] Löschungen aufgrund eines Verfahrens nach §§ 395, 397 und 398 FamFG sowie nach § 43 Abs. 2 KWG, § 3 Abs. 5 KAGB oder § 6 Abs. 4 VAG sind wegen Vorbem. 1.3 Abs. 2 Nr. 2 KV, § 58 Abs. 1 S. 2 ebenfalls stets **gebührenfrei**.[14] Die **Eintragung der Entziehung** der Rechtsfähigkeit des Vereins nach § 73 BGB ist nach Nr. 13101 Abs. 3 Ziff. 5 KV **gebührenfrei** (→ Nr. 13100–13101 KV Rn 30).[15]

26 Hingegen fehlt es für die Eintragung der **Auflösung der Gesellschaft** aufgrund eines Feststellungsbeschlusses nach § 399 Abs. 2 FamFG an einem Befreiungstatbestand. Es fällt hierfür eine **spätere Eintragungsgebühr** iHv 70 € an, Nr. 2500 GV HRegGebV.

27 **2. Auslagen.** Auslagen können auch nach Hauptabschnitt 1 des Teils 3 erhoben werden, auch dann, wenn das Verfahren selbst gebührenfrei ist. Soweit aber ein Widerspruch erfolgreich eingelegt wurde, dürfen entsprechend Vorbem. 3.1 Abs. 1 KV auch keine Auslagen erhoben werden, es sei denn, die Verfahrenskosten wurden einem Dritten (zB einem berufsständischen Organ) auferlegt. Für die **erfolgreich eingelegte Beschwerde** gilt Vorbem. 3.1 Abs. 1 KV unmittelbar.

28 **Schuldner** der Auslagen ist im Rahmen eines Löschungs- bzw Auflösungsverfahrens nach §§ 393–399 FamFG, bei dem ein Widerspruchsverfahren durchgeführt wurde, der **Widerspruchsführer** nach § 22 Abs. 1 bzw nach § 27 Nr. 1 (→ Rn 21).

29 Wurde **kein Widerspruch** eingelegt, so schulden die Auslagen der Kaufmann, die Gesellschaft, die Genossenschaft, die Partnerschaft oder der Verein, soweit das Verfahren **von Amts wegen** eingeleitet wurde, § 23 Nr. 7. Soweit das Verfahren ohne Widerspruch auf **Antrag eines berufsständischen Organs** durchgeführt wurde, hat dieses die Auslagen zu tragen. Vorbem. 1.3 Abs. 2 Nr. 3 KV enthebt nur von der Gebühren-, nicht aber von der Auslagenerhebung. **Finanzamt** und **BaFin** sind hingegen vollständig von der Kostentragung befreit, § 2 Abs. 1, § 1 Abs. 4 FinDAG.

30 **Schuldner der Auslagen** im **Verfahren nach § 73 BGB** ist der Verein, bei Antragstellung aus § 22 Abs. 1, im Übrigen nach § 23 Nr. 7.

---

[12] AA Korintenberg/*Klüsener*, Nr. 13400 KV Rn 44, der unzutreffenderweise darauf abstellt, ob es sich um ein „reines" Antragsverfahren handelt; entscheidend ist aber, wie das konkrete Verfahren eingeleitet worden ist. [13] BDS/*Sommerfeldt*, Nr. 13400 KV Rn 8, 14. **14** BDS/*Sommerfeldt*, Nr. 13400 KV Rn 18; unzutr. Korintenberg/*Lappe*, KostO, § 88 Rn 18. **15** BDS/*Sommerfeldt*, Nr. 13400 KV Rn 32.

Abschnitt 5
Unternehmensrechtliche und ähnliche Verfahren, Verfahren vor dem Registergericht und Vereins- und Stiftungssachen vor dem Amtsgericht

Nr.	Gebührentatbestand	Gebühr oder Satz der Gebühr nach § 34 GNotKG – Tabelle A
	Vorbemerkung 1.3.5:	
	Die Vorschriften dieses Abschnitts gelten für	
	1. unternehmensrechtliche Verfahren nach § 375 FamFG und für Verfahren vor dem Registergericht,	
	2. Verfahren vor dem Landgericht nach	
	a) den §§ 98, 99, 132, 142, 145, 258, 260, 293 c und 315 des Aktiengesetzes,	
	b) § 51 b GmbHG,	
	c) § 26 des SEAG,	
	d) § 10 UmwG,	
	e) dem SpruchG und	
	f) den §§ 39 a und 39 b WpÜG,	
	3. Verfahren vor dem Oberlandesgericht nach § 8 Abs. 3 des Gesetzes über die Mitbestimmung der Arbeitnehmer in den Aufsichtsräten und Vorständen der Unternehmen des Bergbaus und der Eisen und Stahl erzeugenden Industrie und	
	4. Vereins- oder Stiftungssachen über	
	a) die Notbestellung von Vorstandsmitgliedern oder Liquidatoren,	
	b) die Ermächtigung von Mitgliedern zur Berufung der Mitgliederversammlung einschließlich der Anordnungen über die Führung des Vorsitzes.	
	Gebühren nach diesem Abschnitt werden auch erhoben, soweit die für Vereine geltenden §§ 29 und 48 BGB entsprechend anzuwenden sind.	
13500	Verfahren im Allgemeinen	2,0
	Die Festsetzung einer Vergütung für Personen, die vom Gericht bestellt worden sind, gehört zum Rechtszug.	
13501	Soweit das Verfahren zum Zweck der Verhandlung über die Dispache ohne deren Bestätigung beendet wird:	
	Die Gebühr 13500 ermäßigt sich auf	1,0
13502	Soweit das Verfahren zum Zweck der Verhandlung über die Dispache vor Eintritt in die Verhandlung durch Zurücknahme des Antrags oder auf andere Weise erledigt wird:	
	Die Gebühr 13500 ermäßigt sich auf	0,5
13503	Soweit im Verfahren nach dem SpruchG lediglich ein Beschluss nach § 11 Abs. 4 Satz 2 SpruchG ergeht:	
	Die Gebühr 13500 ermäßigt sich auf	1,0
13504	Beendigung des gesamten Verfahrens, soweit nicht die Nummer 13501 oder 13502 anzuwenden ist,	
	1. ohne Endentscheidung,	
	2. durch Zurücknahme des Antrags vor Ablauf des Tages, an dem die Endentscheidung der Geschäftsstelle übermittelt oder ohne Beteiligung der Geschäftsstelle bekannt gegeben wird, wenn sie nicht bereits durch Verlesen der Entscheidungsformel bekannt gegeben worden ist:	
	Die Gebühr 13500 ermäßigt sich auf	0,5

I. Allgemeines und Anwendungsbereich

Die Vorbem. 1.3.5 KV sowie die Nr. 13500–13504 KV stehen im Kostenverzeichnis in Teil 1 über die Gerichtsgebühren, in Hauptabschnitt 3, der Registersachen sowie unternehmensrechtliche und ähnliche Verfahren betrifft, dort Abschnitt 5 („Unternehmensrechtliche und ähnliche Verfahren, Verfahren vor dem Re- **1** gistergericht und Vereins- und Stiftungssachen vor dem Amtsgericht"). Die **Vorbem. 1.3.5 S. 1 KV** bestimmt den Anwendungsbereich für die Gebührentatbestände der Nr. 13500–13504 KV, nämlich **unternehmensrechtliche nach § 375 FamFG und ähnliche Verfahren, Verfahren vor dem Registergericht** sowie **Vereins- und Stiftungssachen** vor dem Amtsgericht in erster Instanz. Auch Stiftungsangelegenheiten fallen unter diesen Abschnitt 5, soweit die für Vereine geltenden §§ 29 und 48 BGB entsprechend anwendbar sind (**Vorbem. 1.3.5 S. 2 KV**). Trotz Streichung der expliziten Nennung der Verfahren nach § 47 Abs. 2 VAG aF[1] sind diese Verfahren zur Bestellung von Abwicklern (nunmehr geregelt in § 204 Abs. 2 VAG) weiterhin umfasst, da diese zwischenzeitlich in Nr. 13 des Katalogs des § 375 FamFG aufgenommen wurden. Hiermit hat der Gesetzgeber auf die in der Lit. geäußerte Kritik an der Aufzählung in § 375 FamFG[2] reagiert und für die Kostenseite die Inklusion dieser Verfahren geregelt. Für diese Verfahren sind Gebühren nach § 24 – Tabelle A zu entrichten.

2 Die Basis der Gebührentatbestände dieses Abschnitts bildet **Nr. 13500 KV**, welche für die Verfahren des Anwendungsbereichs im Allgemeinen einen Gebührensatz von 2,0 festschreibt. Die Nr. 13502 und 13504 KV sehen eine Gebührenermäßigung auf 0,5 bei der Beendigung der Verfahren in unterhalb der Schwelle der Endentscheidung liegenden Verfahrensstadien oder bei rechtzeitiger Zurücknahme des Antrages vor. Nr. 13503 KV gibt für die Beendigung des Verfahrens nach dem SpruchG durch gerichtlichen Vergleich im schriftlichen Verfahren eine Gebührenermäßigung auf 1,0 vor. Für Verfahren zur Verhandlung über die Dispache sind Besonderheiten in den Nr. 13501 und 13503 KV aufgenommen worden. Für Verfahren nach diesem Abschnitt werden Gebühren nach Tabelle A erhoben, wie es auch schon für die Löschungs- und Auflösungsverfahren nach Abschnitt 4 KV bestimmt wurde.

3 Teil 1 Hauptabschnitt 3 Abschnitt 5 KV fasst die früher in den Vorschriften der §§ 50 Abs. 2, 116, 121 und 123 Abs. 1 KostO und dem § 15 SpruchG verteilten Gebührentatbestände für die erstinstanzlichen unternehmensrechtlichen und ähnlichen Verfahren sowie für die Verfahren nach § 204 Abs. 2 VAG, die Verfahren vor dem Registergericht und die Verfahren vor dem Amtsgericht betreffend Vereine und, soweit deren Vorschriften entsprechend anwendbar sind, auch betreffend sonstiger Körperschaften, zusammen.

4 Das GNotKG stellt gegenüber der früheren Regelung in der KostO die Gebühren von Aktgebühren auf **Verfahrensgebühren** um.[3]

5 Nicht abschließend im Gesetz und in dessen Begründung behandelt wird die Frage, ob es sich auch um verschiedene Verfahren handelt, soweit über **mehrere unterschiedliche Anträge** der in der Vorbem. 1.3.5 KV genannten Auflistung **zusammen verhandelt** wird. Lediglich hinsichtlich der Vergütungsfestsetzung für die vom Gericht bestellten Personen bestimmt die in Nr. 13500 KV aufgenommene Formulierung, dass diese Teil des Rechtszugs und damit mit der Gebühr nach Nr. 13500 KV abgegolten ist. Da sich die Entscheidung über die Vergütung jedoch unmittelbar als Annex aus der Bestellung der vertretungsberechtigten Personen ergibt, kann man hieraus keinen allgemeinen Schluss für die gebührenrechtliche Behandlung von mehreren zusammen verhandelten, jedoch unterschiedlichen Anträgen ziehen. Der Wortlaut der Vorbem. 1.3.5 KV, der durchgehend von Verfahren im Plural spricht, legt hier den gegenteiligen Schluss nahe. Hinzu kommt, dass allgemeines Ziel des Gesetzgebers bei der Abfassung des GNotKG die Erhöhung des Gebührenniveaus gegenüber den nach der KostO sehr niedrigen und nicht annähernd den gerichtlichen Aufwand deckenden Gebühren war.[4] Das Gebührenniveau zumindest an eine Kostendeckung heranzuführen, ist mit einer Behandlung verschiedener zusammen behandelter Anträge als ein gebührenrechtliches Verfahren jedoch nicht zu erreichen. Unter Berücksichtigung des Vorgenannten ergibt sich, dass unter **„Verfahren" iSd Abschnitts 5** jedes einzeln aufgezählte Verfahren zu verstehen sein muss, auch wenn mehrere von diesen zusammen verakt bzw behandelt werden.

6 Die erstinstanzlichen Verfahren werden durchgängig in Nr. 13500 KV mit einem Gebührensatz von 2,0 versehen, was dem früher in § 88 Abs. 2 KostO zu findenden Gebührensatz entspricht. Sahen früher zB § 15 Abs. 1 S. 5 SpruchG für die gesellschaftsrechtlichen Spruchverfahren oder § 121 Abs. 2 KostO bei dem Verfahren über die Verhandlung der Dispache, welches mit deren Bestätigung endete, lediglich eine volle Gebühr vor, so sollen diese nach der Begründung des Gesetzgebers „eher seltenen Verfahren entsprechend ihrer Bedeutung [...] spürbar teurer"[5] werden. Die Bedeutung dieser Verfahrensarten wird insb. am Beispiel der bestätigten Dispache deutlich, da diese einen Vollstreckungstitel darstellt.

7 Darüber hinaus entfallen durch die Neuregelung der in Abschnitt 5 KV zusammengefassten Gebührensätze Sonderregelungen, welche zu Gebührenerhöhungen führten, wie zB § 15 Abs. 1 S. 6 SpruchG, durch den sich die Gebühr des erstinstanzlichen Verfahrens bei gerichtlicher Entscheidung auf das Vierfache erhöhte.

---

1 Durch Art. 13 Nr. 10 Buchst. k des Gesetzes v. 29.6.2015 (BGBl. I 1042, 1055); in Kraft getreten am 4.7.2015; vgl BT-Drucks 18/4201, S. 63. **2** S. Keidel/*Heinemann*, FamFG, § 375 Rn 100 mwN. **3** Vgl BT-Drucks 17/11471, S. 204. **4** Vgl BT-Drucks 17/11471, S. 134. **5** S. BT-Drucks 17/11471, S. 204.

Indes differenziert das GNotKG die Gebührensätze in Abschnitt 5 KV noch immer nach dem Kriterium der   8
Arbeitsbelastung für die Gerichte bzw berücksichtigt die Besonderheiten der Verfahren zum Zweck der Verhandlung über die Dispache, wenn es in Nr. 13501–13504 KV Gebührenermäßigungen bei einer Beendigung des jeweiligen erstinstanzlichen Verfahrens unterhalb der Schwelle der gerichtlichen Endentscheidung
vorsieht. So schon die KostO in § 130 Abs. 2 für die rechtzeitige Antragsrücknahme.

II. Die einzelnen Verfahrensarten (Vorbem. 1.3.5 KV)

1. Unternehmensrechtliche Verfahren nach § 375 FamFG und Verfahren vor dem Registergericht (Vor-   9
bem. 1.3.5 S. 1 Nr. 1 KV). a) Unternehmensrechtliche Verfahren nach § 375 FamFG. Die unternehmensrechtlichen Verfahren nach § 375 FamFG sind:

aa) § 375 Nr. 1 FamFG

- Die Bestellung und Abberufung von vertretungsberechtigten Personen, §§ 146 Abs. 2, 147 HGB bei   10
  oHG und KG, § 161 Abs. 2 HGB;
- die Bestimmung über die Aufbewahrung von Büchern, § 157 Abs. 2 HGB;
- die Anordnung über Mitteilung der Bilanz oder sonstiger Aufklärungen sowie die Vorlegung von Büchern und Papieren auf Antrag des Kommanditisten, § 166 Abs. 3 HGB oder des stillen Gesellschafters,
  § 233 Abs. 3 HGB;
- die Bestellung eines (anderen) Abschlussprüfers, § 318 Abs. 3–5 HGB;

bb) § 375 Nr. 2 FamFG

- Verschiedene Verfahren nach dem Seerecht, iE Anmeldung und Aufnahme der Verklarung (§§ 522 ff   11
  HGB), Bestimmung des Abreisezeitpunkts eines Schiffs auf Antrag des Befrachters (§ 590 HGB), die Er-
  nennung von Dispacheuren (§ 729 Abs. 1 HGB). Beweisaufnahme bei Unfall des Binnenschiffs oder der
  Ladung (§ 11 BinSchG) sowie der Dispache.

cc) § 375 Nr. 3 FamFG

- Die Bestellung der Gründungsprüfer einer AG oder KGaA auf Antrag der Gründer (§§ 33 Abs. 3, 278   12
  Abs. 3 AktG), soweit nicht der beurkundende Notar die Gründungsprüfung vornimmt (dann:
  Nr. 25206 KV; s. die Erl. dort);
- die Bestellung des Prüfers bei einer Sachkapitalerhöhung nach § 183 a AktG auf Antrag von 5 % des
  Grundkapitals;
- Entscheidung bei Meinungsverschiedenheiten zwischen Gründern und Prüfern einer AG oder KGaA
  nach § 35 Abs. 2 AktG und die Vergütungsfestsetzung nach § 85 Abs. 3 AktG;
- die Kraftloserklärung von Aktien, § 73 AktG;
- die Bestellung fehlender zur Vertretung erforderlicher Vorstandsmitglieder einer AG in dringenden Fällen auf Antrag eines Beteiligten nach § 85 Abs. 1 AktG sowie die Festsetzung von deren Auslagen und
  Vergütung, § 85 Abs. 3 AktG;
- die Abberufung eines Aufsichtsratsmitgliedes aus wichtigem, in dessen Person liegendem Grund auf Antrag des Aufsichtsrats, § 103 Abs. 3 AktG;
- Ergänzung des Aufsichtsrats auf die zur Beschlussfähigkeit erforderliche Mitgliederzahl auf Antrag,
  § 104 AktG;
- Ermächtigung zur Einberufung der Hauptversammlung oder Bekanntmachung des Beschlussgegenstands nach § 122 Abs. 3 S. 1 AktG sowie Bestimmung des Versammlungsvorsitzenden, § 122 Abs. 3
  S. 2 AktG;
- die Bestellung besonderer Vertreter nach § 147 Abs. 2 AktG zur Geltendmachung von Ersatzansprüchen der Gesellschaft gegen Gründer, Vorstands- und Aufsichtsratsmitglieder und sonstige nach den
  §§ 46–48, 53 AktG verpflichtete Personen und Festsetzung von deren Auslagen und Vergütung;
- die Bestellung und Abberufung von Abwicklern nach § 265 Abs. 3 AktG auf Antrag;
- die Befreiung von der Prüfung des Jahresabschlusses und Lageberichts durch einen Abschlussprüfer unter den Voraussetzungen des § 270 Abs. 3 AktG;
- die Bestimmung über die Aufbewahrung der Bücher und Schriften der Gesellschaft nach Beendigung
  der Abwicklung, § 273 Abs. 2 AktG sowie die Entscheidung über das Einsichtsrecht der Aktionäre und
  Gläubiger in die Bücher und Schriften nach § 273 Abs. 3 AktG.

dd) § 375 Nr. 4 FamFG

- Verfahren betreffend die europäische Aktiengesellschaft (Societas Europea – SE), wie die Anordnung   13
  der Einberufung der Hauptversammlung, Art. 55 Abs. 3 VO (EG) (ABl. L 294 S. 1) iVm § 50 Abs. 1
  SEAG; die Abberufung eines Mitglieds des Verwaltungsrats, § 29 Abs. 3 SEAG; die Ergänzung von Mit-

gliedern des Verwaltungsrats zur Herstellung der Beschlussfähigkeit, § 30 Abs. 1 SEAG, sowie die Bestellung eines geschäftsführenden Direktors auf Antrag nach § 45 SEAG.

ee) § 375 Nr. 5 FamFG

14 ■ Die Bestellung von besonderen Vertretern bei einer Verschmelzung nach dem UmwG zur Geltendmachung von Schadensersatzansprüchen gegen Mitglieder der Vertretungs- oder (falls vorhanden) Aufsichtsorgane des übertragenden Rechtsträgers, nebst der Festsetzung von deren Vergütung und Auslagen, § 26 Abs. 4, § 206 S. 3 UmwG.

ff) § 375 Nr. 6 FamFG

15 ■ Die Bestellung und Abberufung von Liquidatoren aus wichtigem Grund gem. § 66 Abs. 2 und 3 GmbHG auf Antrag von Gesellschaftern, die zusammen Geschäftsanteile von mindestens 10 % des Stammkapitals halten;

■ die Befreiung einer GmbH von der Prüfung des Jahresabschlusses und des Lageberichts durch einen Abschlussprüfer gem. § 71 Abs. 3 GmbHG;

■ die Bestimmung über die Aufbewahrung der Bücher und Schriften der Gesellschaft nach § 74 Abs. 2 GmbHG nebst der Ermächtigung von Gesellschaftsgläubigern zur Einsichtnahme gem. § 74 Abs. 3 GmbHG.

gg) § 375 Nr. 7 FamFG

16 ■ Die Ermächtigung einzelner Genossen zu Berufung der Generalversammlung oder zur Ankündigung von deren Gegenstand gem. § 45 Abs. 3 GenG;

■ falls nicht vorhanden, die Bestellung eines Prüfungsverbandes zur Wahrnehmung der im Gesetz bestimmten Funktionen;

■ die Bestellung und Abberufung von Liquidatoren auf Antrag des Aufsichtsrats oder von mindestens 10 % der Genossen nach § 83 Abs. 3, 4 und 5 GenG;

■ die Bestimmung über die Aufbewahrung der Bücher und Schriften der Genossenschaft nebst der Ermächtigung von Gesellschaftsgläubigern zur Einsichtnahme gem. § 93 GenG.

hh) § 375 Nr. 8 FamFG

17 ■ Die Einberufung der Generalversammlung einer Europäischen Genossenschaft nach Art. 54 Abs. 2 der Verordnung (EG) Nr. 1435/2003.

ii) § 375 Nr. 9 FamFG

18 ■ Die Bestellung von Prüfern zur Überprüfung der Rechnungslegungspflicht nach §§ 2 Abs. 3 und 12 Abs. 3 PublG.

jj) § 375 Nr. 10 FamFG

19 ■ Die Abberufung des in § 8 iVm § 4 Abs. 1 Buchst. c) MontanMitbestG bestimmten Aufsichtsratsmitglieds nach § 11 Abs. 3 MontanMitbestG.

kk) § 375 Nr. 11 FamFG

20 ■ Die Untersagung der Stimmrechtsausübung für den Inhaber einer bedeutenden Beteiligung an einem Kreditinstitut, § 2 c KWG. Auch möglich ist die Übertragung der Stimmrechtsausübung auf einen Treuhänder oder gar dessen Beauftragung zur Anteilsveräußerung. Auf den Antrag des Treuhänders die Entscheidung über dessen Vergütung sowie Auslagenerstattung;

■ die Verfahren nach § 45 a KWG gegenüber Finanzholding-Gesellschaften;

■ die Bestellung von Sachwaltern bei Insolvenzgefahr eines ein Refinanzierungsregister führendes Unternehmen nach § 22 o KWG;

■ die Bestellung eines Abwicklers auf Antrag der Bundesanstalt gem. § 8 Abs. 2 KWG nach Erlöschen oder Aufhebung der Erlaubnis für den Betrieb von Bankgeschäften oder Finanzdienstleistungen, sofern die sonst zur Abwicklung berufene Person keine Gewähr für eine ordnungsgemäße Abwicklung bieten kann.

ll) § 375 Nr. 12 FamFG

21 ■ Die Ernennung von ein bis zwei Personen als Sachwalter für die Abwicklung der Deckungsmassen einer Pfandbriefbank auf Antrag der Bundesanstalt, wenn die Erlaubnis aufgehoben wird oder erlischt nach § 2 Abs. 5 PfandBG;

■ die Bestellung von ein bis zwei Personen als Sachwalter für die Verwaltung und Verfügung über die Deckungsmassen einer Pfandbriefbank auf Antrag der Bundesanstalt im Fall der Insolvenz nach § 30 Abs. 2 S. 1 PfandBG und bei Insolvenzgefahr nach § 30 Abs. 5 PfandBG;

■ auf den Antrag des Sachwalters die Entscheidung über dessen Vergütung sowie Auslagenerstattung.

mm) § 375 Nr. 13 FamFG

■ Die Verfahren für Versicherungsunternehmen nach § 19 Abs. 2 S. 1–6 VAG und § 204 Abs. 2 VAG (→   **22** Rn 26) und nach § 28 Abs. 2 S. 1–5 Finanzkonglomerate-Aufsichtsgesetzes (FKAG) (→ Rn 20).

nn) § 375 Nr. 14 FamFG

■ Die in den Grundsätzen mit § 2 c und § 45 a KWG vergleichbaren Regelungen für die Inhaber bedeu-   **23** tender Beteiligungen an einem Träger einer Börse nach § 6 Abs. 4 S. 4–7 BörsG (→ Rn 20).

oo) § 375 Nr. 15 FamFG

■ Die gerichtliche Bestellung und Abberufung von Liquidatoren für eine Partnerschaft aus wichtigem   **24** Grund gem. § 146 Abs. 2, § 147 HGB;
■ die gerichtliche Bestimmung über die Aufbewahrung der Bücher und Papiere einer Partnerschaft.

pp) § 375 Nr. 16 FamFG

■ Die Ermächtigung der Gläubiger von Schuldverschreibungen, die gemeinsam mindestens 5 % der aus-   **25** stehenden Schuldverschreibungen erreichen, zur Einberufung der Gläubigerversammlung nach § 9 Abs. 3 SchVG sowie die Bestimmung eines Versammlungsleiters nach § 9 Abs. 3 S. 2 oder § 18 Abs. 2 S. 2 SchVG.

b) Verfahren nach § 204 Abs. 2 VAG. Aus wichtigen Gründen hat das Gericht Abwickler zu bestellen und   **26** abzuberufen, wenn es der Aufsichtsrat oder eine in der Satzung zu bestimmende Minderheit von Mitglie- dern beantragt, § 204 Abs. 2 S. 1 VAG. Diese Verfahren fallen mittlerweile unter die unternehmensrechtli- chen Verfahren nach § 375 Nr. 13 FamFG (→ Rn 1).

c) Verfahren vor dem Registergericht. Unter „Verfahren vor dem Registergericht" sind nur solche Verfah-   **27** ren zu verstehen, die nicht in den Anwendungsbereich der Handelsregistergebührenverordnung fallen.[6] Bei- spiel ist die Bestellung von Abschlussprüfern gem. § 155 Abs. 3 InsO.

2. Verfahren vor dem Landgericht (Vorbem. 1.3.5 S. 1 Nr. 2 KV). a) Allgemeines. Da das Amtsgericht aus-   **28** schließlich sachlich zuständig ist für unternehmensrechtliche Verfahren nach § 375 FamFG,[7] werden die Verfahren nach § 71 Abs. 2 Nr. 4 GVG nicht als unternehmensrechtliche Verfahren eingeordnet. Der Ge- setzgeber unterwirft diese Verfahren aufgrund ihrer Ähnlichkeit zu den unternehmensrechtlichen Verfahren den Gebühren nach Abschnitt 5.[8]

b) Verfahren nach dem AktG (Nr. 2 Buchst. a). Die Verfahren nach dem AktG sind: **29**

■ Das Verfahren bei Streitigkeiten über die gesetzliche Zusammensetzung des Aufsichtsrates nach §§ 98, **99 AktG;**
■ die Verfahren über Streitigkeiten bzgl des Auskunftsrechts eines Aktionärs über Angelegenheiten der Gesellschaft gegenüber dem Vorstand nach § **132 AktG;**
■ die Klage einer Aktionärsgruppe, deren Anteile bei Antragstellung zusammen den hundertsten Teil des Grundkapitals oder einen anteiligen Betrag von 100.000 € erreichen, auf Bestellung von Sonderprüfern zur Prüfung eines Vorgangs bei der Gründung oder eines nicht über fünf Jahre zurückliegenden Vor- gangs iRd Geschäftsführung, deren Abberufung und Festsetzung von deren Vergütung und Auslagen nach § **142 AktG;**
■ die Entscheidung über das Absehen von der Aufnahme bestimmter, die Gesellschaft betreffenden Infor- mationen in den Bericht der Sonderprüfer nach § **145 AktG;**
■ die Bestellung der Sonderprüfer des Jahresabschlusses nach § **258 AktG;**
■ die gerichtliche Entscheidung über die abschließenden Feststellungen der Sonderprüfer nach § **260 AktG;**
■ die Bestellung von Prüfern des Unternehmensvertrages auf Antrag der Vorstände der vertragschließen- den Gesellschaften nach § **293 c AktG;**
■ die Bestellung von Sonderprüfern zur Prüfung der geschäftlichen Beziehungen der Gesellschaft zu dem herrschenden Unternehmen oder einem mit ihm verbundenen Unternehmen auf Antrag nach § **315 AktG.**

c) Verfahren nach § 51 b GmbHG (Nr. 2 Buchst. b). Die Entscheidung über die Gewährung von Auskunft   **30** über die Angelegenheiten der Gesellschaft und von Einsicht in die Bücher und Schriften auf Antrag eines Gesellschafters, dem dies verweigert wurde nach § 51 b GmbHG.

---

6 BT-Drucks 17/11471, S. 204.   **7** S. Prütting/Helms/*Maass*, FamFG, § 375 Rn 4; Keidel/*Heinemann*, FamFG, § 375 Rn 3 mwN.
8 Vgl BT-Drucks 17/11471, S. 204.

31 **d) Verfahren nach § 26 SEAG (Nr. 2 Buchst. c).** Die Gerichtliche Entscheidung über die Zusammensetzung des Verwaltungsrats einer europäischen Aktiengesellschaft bei Streitigkeiten über die einschlägigen Vorschriften nach § 26 SEAG.

32 **e) Verfahren nach § 10 UmwG (Nr. 2 Buchst. d).** Die Entscheidung über die Auswahl und Bestellung der Verschmelzungsprüfer auf Antrag des Vertretungsorgans nach § 10 UmwG.

33 **f) Verfahren nach dem SpruchG (Nr. 2 Buchst. e).** Die Verfahren nach dem SpruchG sind nach dessen § 1 im Einzelnen die Bestimmung
- des Ausgleichs für außenstehende Aktionäre und der Abfindung solcher Aktionäre bei Beherrschungs- und Gewinnabführungsverträgen (§§ 304 und 305 AktG);
- der Abfindung von ausgeschiedenen Aktionären bei der Eingliederung von Aktiengesellschaften (§ 320 b AktG);
- der Barabfindung von Minderheitsaktionären, deren Aktien durch Beschluss der Hauptversammlung auf den Hauptaktionär übertragen worden sind (§§ 327 a–327 f AktG);
- der Zuzahlung an Anteilsinhaber oder der Barabfindung von Anteilsinhabern anlässlich der Umwandlung von Rechtsträgern (§§ 15, 34, 122 h, 122 i, 176–181, 184, 186, 196 oder § 212 UmwG);
- der Zuzahlung an Anteilsinhaber oder der Barabfindung von Anteilsinhabern bei der Gründung oder Sitzverlegung einer SE (§§ 6, 7, 9, 11 und 12 SEAG);
- der Zuzahlung an Mitglieder bei der Gründung einer Europäischen Genossenschaft (§ 7 SCEAG).

34 **g) Verfahren nach §§ 39 a und 39 b WpÜG (Nr. 2 Buchst. f).** Der gerichtliche Beschluss dem Bieter, dem Aktien der Zielgesellschaft in Höhe von mindestens 95 Prozent des stimmberechtigten Grundkapitals gehören, auf seinen Antrag die übrigen stimmberechtigten Aktien gegen Gewährung einer angemessenen Abfindung zu übertragen nach §§ 39 a und 39 b WpÜG.

35 **3. Verfahren vor dem Oberlandesgericht (Vorbem. 1.3.5 S. 1 Nr. 3 KV).** Nach Vorbem. 1.3.5 S. 1 Nr. 3 KV fällt aufgrund der Ähnlichkeit zu den unternehmensrechtlichen Verfahren[9] ebenfalls die Entscheidung über die Rechtmäßigkeit einer Ablehnung zur Wahl eines Aufsichtsratsmitglieds nach § 8 Abs. 3 MontanMitbestG unter die Gebühren nach Abschnitt 5.

36 **4. Vereins- oder Stiftungssachen (Vorbem. 1.3.5 S. 1 Nr. 4 KV).** Die Entscheidungen über die Notbestellung von Vorstandsmitgliedern oder Liquidatoren nach §§ 29, 48 Abs. 1 BGB (Nr. 4 Buchst. a) sowie die Ermächtigung von Mitgliedern zur Berufung der Mitgliederversammlung einschließlich der Anordnungen über die Führung des Vorsitzes nach § 37 Abs. 2 BGB für Vereine (Nr. 4 Buchst. b) und wegen § 86 BGB auch für Stiftungen.

37 **5. Entsprechende Anwendung von §§ 29 und 48 BGB (Vorbem. 1.3.5 S. 2 KV).** Mit S. 2 der Vorbem. 1.3.5 KV wird klargestellt, dass die Gebühren nach diesem Abschnitt 5 auch für die weiteren gerichtlichen Verfahren Anwendung finden, die eine entsprechende Anwendung von §§ 29 und 48 BGB vorsehen, etwa bei der **Notgeschäftsführerbestellung** für eine GmbH.

III. Wertermittlung

38 Die Wertermittlung für die unternehmensrechtlichen und ähnlichen Verfahren richtet sich grds. nach § 67 (Festwerte). Gesondert angeordnet sind die Wertbestimmungen für die Verfahren zum Zweck der Verhandlung über die Dispache, welche in § 68 geregelt ist, über die Zusammensetzung des Aufsichtsrats einer Aktiengesellschaft nach den §§ 98 und 99 AktG, für welche sich der Wert nach § 75 bestimmt, für die Verfahren nach dem SpruchG, deren Wertermittlung nach § 74 erfolgt, und für die Verfahren nach §§ 39 a und 39 b WpÜG, deren Wert nach § 73 ermittelt wird.

IV. Verfahren nach Nr. 13500–13504 KV

39 **1. Nr. 13500 KV.** Die Nr. 13500 KV ist der grundsätzliche Gebührentatbestand für die Verfahren nach Abschnitt 5 KV und sieht für sämtliche in Vorbem. 1.3.5 KV genannten Verfahren einen einheitlichen Satz der Verfahrensgebühr von 2,0 vor. Wesen der Verfahrensgebühr ist auch hier, dass sie das (jeweilige) gesamte erstinstanzliche Verfahren vom Eingang des jeweiligen Antrags bzw der ersten von Amts wegen erfolgenden Maßnahme bis zur Rechtskraft der erstinstanzlichen Entscheidung abdeckt und nicht mehr die Vornahme des jeweiligen Aktes den Gebührentatbestand auslöst.[10] Besondere Gebührensätze für einzelne Verfahrensarten gibt es nicht mehr. Auch wird keine Gebührenermäßigung bei der Zurückweisung eines Antrags mehr vorgenommen, wie es noch in § 130 Abs. 1 KostO vorgesehen war. Kostenschuldner ist der Antragsteller nach § 22 Abs. 1. Als zusätzlicher Kostenschuldner kommt gem. § 27 Nr. 1 der Entscheidungsschuldner in

---

9 Vgl BT-Drucks 17/11471, S. 204. **10** Vgl Korintenberg/*Klüsener*, Nr. 13500–13504 KV Rn 2.

Frage, wobei eine gesamtschuldnerische Haftung nach § 32 Abs. 1 entsteht (Ausnahme: § 25 Abs. 1). Nach § 33 Abs. 1 sind jedoch Entscheidungsschuldner vorrangig in Anspruch zu nehmen (→ § 33 Rn 3). Da in jedem Fall eine Verfahrensgebühr entsteht, ist die Anforderung eines Kostenvorschusses nach § 13 möglich und auch regelhaft angezeigt.[11] Zur gebührenrechtlichen Behandlung mehrerer gemeinsam durchgeführter Verfahren → Rn 5.

2. Nr. 13501 KV. Bei Nr. 13501 KV handelt es sich um eine Sondervorschrift bzgl des **Verfahrens zum**   40
Zweck der Verhandlung über die Dispache, die eine Ermäßigung der Gebühr nach Nr. 13500 KV auf einen Gebührensatz von 1,0 vorsieht. Obwohl die Gebühren nach Abschnitt 5 als Verfahrensgebühren ausgestaltet sind, ist Voraussetzung für die Gebührenermäßigung nach Nr. 13501 KV die **Beendigung des Verfahrens ohne die Bestätigung** der Dispache. Es kommt für die Verwirklichung dieses Gebührentatbestands also nicht auf die Durchführung des Verfahrens als solchem, sondern auf dessen Beendigungsart an. Das Verfahren muss, um den Gebührentatbestand der Nr. 13501 KV zu erfüllen, bereits die **Schwelle des Eintritts in die Verhandlung überschritten** haben, wie sich aus der folgenden Nr. 13502 KV ergibt (→ Rn 42). Mangels einer Regelung über den Eintritt in die Verhandlung im FamFG wird man diesen Zeitpunkt nach den allgemeinen Grundsätzen mit dem Beginn der Sacherörterung annehmen müssen, vgl § 137 Abs. 1 ZPO.

Die Ausgestaltung dieses Gebührenermäßigungstatbestands orientiert sich an derjenigen der Nr. 12511   41
KV,[12] was auch sachgerecht ist, da die bestätigte Dispache einen Vollstreckungstitel darstellt.

3. Nr. 13502 KV. In Nr. 13502 KV ist eine – gegenüber Nr. 13501 KV noch weitergehende – Reduzierung   42
der Gebühr Nr. 13500 KV für das Verfahren zum Zwecke der Verhandlung über die Dispache auf einen Gebührensatz von 0,5 vorgesehen, soweit das Verfahren **vor Eintritt in die Verhandlung durch Antragsrücknahme oder auf andere Weise erledigt** wird. Zum maßgeblichen Zeitpunkt für den Eintritt in die Verhandlung → Rn 40.

4. Nr. 13503 KV. Nr. 13503 KV übernimmt die durch das 2. KostRMoG gestrichene Regelung des § 15   43
Abs. 1 S. 6 Hs 2 SpruchG direkt in das GNotKG. Sie privilegiert damit gebührenrechtlich weiterhin die Fälle, in denen ein Verfahren nach dem **SpruchG** durch die **Annahme eines schriftlichen Vergleichsvorschlags des Gerichts** durch die Parteien nebst anschließender Feststellung des Zustandekommens und des Inhalts dieses Vergleichs durch gerichtlichen Beschluss beendet wird. Liegt demnach ein Fall des § 11 Abs. 4 S. 2 SpruchG vor, so ermäßigt sich nach Nr. 13503 KV der Gebührensatz der Nr. 13500 KV auf 1,0.

5. Nr. 13504 KV. Nach der allgemeinen Ermäßigungsvorschrift der Nr. 13504 KV ermäßigt sich die Gebühr Nr. 13500 KV auf 0,5, wenn das gesamte Verfahren ohne Endentscheidung beendet wird (**Nr. 1**) oder bei rechtzeitiger Antragsrücknahme (**Nr. 2**) und kein Fall der Nr. 13501 KV oder Nr. 13502 KV vorliegt.   44

Damit wurde der in § 130 Abs. 2 KostO enthaltene Gedanke der Gebührenreduzierung bei rechtzeitiger   45
Antragsrücknahme in das GNotKG übernommen. Im Gegensatz zu § 130 Abs. 2 KostO, welcher einen positiven Gebührentatbestand und keinen Gebührenermäßigungstatbestand darstellte,[13] handelt es sich bei Nr. 13504 KV um einen Gebührenermäßigungstatbestand, so dass über dessen Nr. 1 – ohne Endentscheidung – auch die vom früheren § 130 Abs. 2 KostO ausgenommenen Fälle der vorzeitigen Erledigung, etwa durch Gegenstandsloswerden des Antrags, erfasst sind. Erforderlich ist Erledigung des gesamten Verfahrens, weshalb bei nur teilweiser Erledigung die Gebühr vom vollen Verfahrenswert iHv 2,0 entsteht.[14]

Die Gebührenermäßigung nach Nr. 2 setzt eine wirksame Antragsrücknahme voraus, § 22 Abs. 1 FamFG,   46
wobei diese auch konkludent erfolgen kann, sofern nicht eine besondere Form vorgeschrieben ist. Eine Antragsrücknahme gem. Nr. 2 ist nach dem Wortlaut des Gesetzes dann noch rechtzeitig erfolgt, wenn sie vor Ablauf des Tages, an dem die Endentscheidung der Geschäftsstelle übermittelt oder ohne Beteiligung der Geschäftsstelle bekannt gegeben wird und die Endentscheidung auch nicht bereits durch Verlesen der Entscheidungsformel bekannt gegeben wurde.

Da Nr. 13504 KV von der **Beendigung des gesamten Verfahrens** spricht, bleibt in seinem Anwendungsbereich auch kein Raum für **Teilrücknahmen**.   47

---

11 Ebenso schon BDS/*Sommerfeldt*, Nr. 13500–13504 KV Rn 22. **12** So Begr. RegE, vgl BT-Drucks 17/11471, S. 204. **13** Vgl Korintenberg/*Lappe*, KostO, § 130 Rn 18. **14** Korintenberg/*Klüsener*, Nr. 13500–13504 KV Rn 10.

Abschnitt 6
Rechtsmittelverfahren in den in den Abschnitten 4 und 5 genannten Verfahren

Unterabschnitt 1
Beschwerde gegen die Endentscheidung wegen des Hauptgegenstands

Nr.	Gebührentatbestand	Gebühr oder Satz der Gebühr nach § 34 GNotKG – Tabelle A
13610	Verfahren im Allgemeinen	3,0
13611	Beendigung des gesamten Verfahrens durch Zurücknahme der Beschwerde oder des Antrags, bevor die Schrift zur Begründung der Beschwerde bei Gericht eingegangen ist: Die Gebühr 13610 ermäßigt sich auf	0,5
13612	Beendigung des gesamten Verfahrens ohne Endentscheidung, wenn nicht Nummer 13611 erfüllt ist: Die Gebühr 13610 ermäßigt sich auf .... (1) Wenn die Entscheidung nicht durch Verlesen der Entscheidungsformel bekannt gegeben worden ist, ermäßigt sich die Gebühr auch im Fall der Zurücknahme der Beschwerde oder des Antrags vor Ablauf des Tages, an dem die Endentscheidung der Geschäftsstelle übermittelt wird. (2) Eine Entscheidung über die Kosten steht der Ermäßigung nicht entgegen, wenn die Entscheidung einer zuvor mitgeteilten Einigung über die Kostentragung oder einer Kostenübernahmeerklärung folgt.	1,0

Unterabschnitt 2
Rechtsbeschwerde gegen die Endentscheidung wegen des Hauptgegenstands

Nr.	Gebührentatbestand	Gebühr oder Satz der Gebühr nach § 34 GNotKG – Tabelle A
13620	Verfahren im Allgemeinen	4,0
13621	Beendigung des gesamten Verfahrens durch Zurücknahme der Rechtsbeschwerde oder des Antrags, bevor die Schrift zur Begründung der Beschwerde bei Gericht eingegangen ist: Die Gebühr 13620 ermäßigt sich auf	1,0
13622	Beendigung des gesamten Verfahrens durch Zurücknahme der Rechtsbeschwerde oder des Antrags vor Ablauf des Tages, an dem die Endentscheidung der Geschäftsstelle übermittelt wird, wenn nicht Nummer 13621 erfüllt ist: Die Gebühr 13620 ermäßigt sich auf	2,0

Unterabschnitt 3
Zulassung der Sprungrechtsbeschwerde gegen die Endentscheidung wegen des Hauptgegenstands

Nr.	Gebührentatbestand	Gebühr oder Satz der Gebühr nach § 34 GNotKG – Tabelle A
13630	Verfahren über die Zulassung der Sprungrechtsbeschwerde: Soweit der Antrag abgelehnt wird:	1,0

I. Allgemeines und Anwendungsbereich

Die Nr. 13610–13612, 13620–13622 und 13630 KV behandeln die für die Rechtsmittelzüge der Löschungs- und Auflösungsverfahren nach Nr. 13400 KV sowie der Registersachen, unternehmensrechtlichen und ähnlichen Verfahren nach den Nr. 13500–13504 KV vorgesehenen Gebührentatbestände wegen des Hauptgegenstands, was sie von Beschwerdeverfahren gegen Kostenentscheidungen abgrenzt.[1] **1**

Unterabschnitt 1 regelt die Gebührentatbestände für **Beschwerdeverfahren** gegen die Entscheidung **wegen des Hauptgegenstands** (§§ 58 ff FamFG), Unterabschnitt 2 regelt die Gebühren für die **Rechtsbeschwerde** gegen die Endentscheidung wegen des Hauptgegenstands (§§ 70 ff FamFG) und Unterabschnitt 3 die Gebühren für das Verfahren über die Zulassung der **Sprungrechtsbeschwerde**, soweit diese abgelehnt wird (§ 75 FamFG). Für die Gebühren der Beschwerde über die Nebenentscheidungen ist Nr. 19116 KV maßgeblich, wenn diese nicht von der Gebührenpflicht befreit ist (zB § 83 Abs. 3). **2**

Diese ebenfalls als Verfahrensgebühren ausgestalteten Gebührentatbestände entsprechen inhaltlich den in Hauptabschnitt 2 Abschnitt 5 Unterabschnitt 3 bis Unterabschnitt 5 geregelten Gebührentatbeständen,[2] welche wiederum in ihrer Struktur den Nr. 11200–11400 KV und Nr. 12220–12240 KV entsprechen. Die Höhe der Gebühren wurde aus Nr. 1322–1328 KV FamGKG übernommen. **3**

Die Gebühren fallen unabhängig vom Ausgang des Verfahrens an,[3] setzen nicht voraus, dass die Beschwerde oder Rechtsbeschwerde verworfen oder zurückgewiesen wurde,[4] und entstehen bereits mit Eingang der Rechtsmittelschrift bei Gericht[5] und zwar unabhängig davon, ob sie irrtümlich, unzulässig, „nur zur Fristwahrung"[6] oder später nicht mehr begründet eingelegt wurde. Über § 22 Abs. 1 iVm § 25 Abs. 1 ist sichergestellt, dass der erfolgreiche Rechtsmittelführer auch dann keine Kosten tragen muss, wenn das Gericht nicht über die Kosten entscheidet oder der Entscheidungsschuldner nicht zahlungsfähig ist. Die Gebühren für die Beschwerdeverfahren nach diesem Abschnitt erhöhen sich auf 3,0, für die Rechtsbeschwerdeverfahren gar auf 4,0. **4**

II. Beschwerdeverfahren (Nr. 13610–13612 KV)

1. Grundsätzliches (Nr. 13610 KV). Im Gegensatz zu den erstinstanzlichen Verfahren nach Abschnitt 4 KV und Abschnitt 5 KV erhöhen sich die Gebühren für die Beschwerdeverfahren nach Nr. 13610 KV einheitlich auf 3,0. Der Erfolg oder Misserfolg einer Beschwerde ist nach der Neuregelung für die Höhe der entstehenden Gebühren unerheblich. Auswirkungen kann der Ausgang des Beschwerdeverfahrens nur auf die Kostentragungspflicht haben (§§ 22 Abs. 1, 25 Abs. 1, 27 Nr. 1). **5**

Der **Geschäftswert** bestimmt sich nach § 61, also nach dem Interesse des Rechtsmittelführers, begrenzt durch den Geschäftswert des ersten Rechtszugs, soweit der Gegenstand nicht erweitert wird. Für den Geschäftswert der Verfahren nach Abschnitt 4 KV → § 36 Rn 36 ff. Für den Geschäftswert der unternehmensrechtlichen und ähnlichen Verfahren nach Abschnitt 5 KV gilt § 67 (→ § 67 Rn 7). **6**

2. Verfahrensbeendigung (Nr. 13611, 13612 KV). Für die Beschwerdeinstanz gibt es zwei nach Art der Verfahrensbeendigung abgestufte Ermäßigungstatbestände, wie dies auch schon in den erstinstanzlichen Gebühren nach Abschnitt 5 KV der Fall ist. Gemein ist diesen, dass jeweils das gesamte Verfahren ohne Endentscheidung beendet werden muss.[7] **7**

---

1 BDS/*Sommerfeldt*, Nr. 13610–13630 KV Rn 2; Korintenberg/*Klüsener*, Nr. 13610–13612 KV Rn 5. **2** Vgl BT-Drucks 17/11471, S. 204. **3** Vgl BT-Drucks 17/11471, S. 202. **4** BT-Drucks 17/11471, S. 198. **5** Korintenberg/*Klüsener*, Nr. 13610–13612 KV Rn 9. **6** OLG Düsseldorf NJW-RR 1997, 1159. **7** Leipziger-GNotKG/*Seifert*, Nr. 13611 KV Rn 2, Nr. 13612 KV Rn 2; Korintenberg/*Klüsener*, Nr. 13610–13612 KV Rn 10, 13.

8 Bei Beschwerden gegen Entscheidungen nach Abschnitt 4 KV wird diese Abstufung eingeführt. Hierbei ist die Rücknahme der Beschwerde oder des Antrags, bevor die Begründung der Beschwerde eingegangen ist (§ 65 FamFG), am stärksten begünstigt. Die Gebühr ermäßigt sich nach **Nr. 13611 KV** in diesem Fall auf 0,5, auch bei Antragsrücknahme durch nicht beschwerdeführende Beteiligte.

9 Bei einer Zurücknahme der Beschwerde oder des Antrags nach dem Eingang der Beschwerdebegründung ist **Nr. 13612 KV** einschlägig und führt zu einer Gebührenermäßigung auf 1,0. Ebenso ermäßigt sich die Gebühr bei übereinstimmender Beendigungserklärung der Parteien nach § 22 Abs. 3 FamFG. Der Ermäßigungstatbestand greift auch ein, wenn zwar die Beschwerdeentscheidung bereits im Schriftwege ergangen ist, die Rücknahme des Rechtsmittels oder des Antrags aber noch an dem Tag erfolgt, an welchem die Beschwerdeentscheidung der Geschäftsstelle vorgelegt wird (**Anm. Abs. 1** zu Nr. 13612 KV).

10 Die Kostenentscheidung berührt den Ermäßigungstatbestand nicht, soweit sie der zuvor mitgeteilten Einigung der Parteien über die Kostentragung oder einer Kostenübernahmeerklärung folgt (**Anm. Abs. 2** zu Nr. 13612 KV).

III. Rechtsbeschwerdeverfahren (Nr. 13620–13622 KV)

11 **1. Grundsätzliches (Nr. 13620 KV).** Nr. 13620 KV erhöht für die Rechtsbeschwerdeverfahren der Abschnitte 4 und 5 KV, also gegen Endentscheidungen wegen des Hauptgegenstands, den Gebührensatz auf 4,0. Für den Geschäftswert gilt § 61. Kostenschuldner ist der Rechtsmittelführer nach § 22 Abs. 1 bzw der Entscheidungsschuldner, § 27 Nr. 1.

12 **2. Verfahrensbeendigung (Nr. 13621, 13622 KV).** Die Rücknahme der Rechtsbeschwerde vor Eingang ihrer Beschwerdebegründung ermäßigt nach **Nr. 13621 KV** unter den gleichen Voraussetzungen, die im Beschwerdeverfahren gelten, die Gebühr der Nr. 13620 KV auf 1,0 (→ Rn 7 ff).

13 Bei Rücknahme der Rechtsbeschwerde nach der Entscheidung, jedoch noch an dem Tag, an welchem die Entscheidung der Geschäftsstelle übermittelt wird, gilt **Nr. 13622 KV**, welcher die frühere Regelung des § 131 Abs. 2 Nr. 2 KostO zeitlich ausdehnt, wobei der Gebührensatz aber erhöht wird.

IV. Zulassungsverfahren für die Sprungrechtsbeschwerde (Nr. 13630 KV)

14 Ein erfolgreicher Zulassungsantrag ist gebührenfrei, ebenso eine rechtzeitig vor der gerichtlichen Entscheidung erfolgende Antragsrücknahme, da in beiden Fällen der Antrag nicht abgelehnt wird. Wird der Antrag nach § 75 FamFG jedoch zurückgewiesen, so greift Nr. 13630 KV, der den Prüfungsaufwand des Gerichts abdecken soll. Kostenschuldner ist der Antragsteller nach § 22 Abs. 1.

Hauptabschnitt 4
Grundbuchsachen, Schiffs- und Schiffsbauregistersachen und Angelegenheiten des Registers für Pfandrechte an Luftfahrzeugen

Nr.	Gebührentatbestand	Gebühr oder Satz der Gebühr nach § 34 GNotKG – Tabelle B
	Vorbemerkung 1.4: (1) Die für Grundstücke geltenden Vorschriften sind auf Rechte entsprechend anzuwenden, die den für Grundstücke geltenden Vorschriften unterliegen. (2) Gebühren werden nicht erhoben für 1. Eintragungen und Löschungen, die gemäß § 18 Abs. 2 oder § 53 der Grundbuchordnung von Amts wegen erfolgen, 2. Eintragungen und Löschungen, die auf Ersuchen oder Anordnung eines Gerichts, insbesondere des Insolvenz- oder Vollstreckungsgerichts erfolgen; ausgenommen sind die Eintragung des Erstehers als Eigentümer, die Eintragung der Sicherungshypothek für die Forderung gegen den Ersteher und Eintragungen aufgrund einer einstweiligen Verfügung (§ 941 ZPO), und 3. Eintragungen oder Löschungen, die nach den Vorschriften der Insolvenzordnung statt auf Ersuchen des Insolvenzgerichts auf Antrag des Insolvenzverwalters oder, wenn kein Verwalter bestellt ist, auf Antrag des Schuldners erfolgen. (3) Wird derselbe Eigentümer oder dasselbe Recht bei mehreren Grundstücken, Schiffen, Schiffsbauwerken oder Luftfahrzeugen eingetragen, über die das Grundbuch oder Register bei demselben Amtsgericht geführt wird, wird die Gebühr nur einmal erhoben, wenn die Eintragungsanträge in demselben Dokument enthalten sind und am selben Tag beim Grundbuchamt oder beim Registergericht eingegangen sind. Als dasselbe Recht gelten auch nicht gesamtrechtsfähige	

Nr.	Gebührentatbestand	Gebühr oder Satz der Gebühr nach § 34 GNotKG – Tabelle B

inhaltsgleiche Rechte und Vormerkungen, die bei mehreren Grundstücken für denselben Berechtigten eingetragen werden. Die Sätze 1 und 2 gelten für die Eintragung von Veränderungen und Löschungen entsprechend.

(4) Bezieht sich die Eintragung einer Veränderung auf mehrere Rechte, wird die Gebühr für jedes Recht gesondert erhoben, auch wenn es nur der Eintragung eines einheitlichen Vermerks bedarf.

(5) Beziehen sich mehrere Veränderungen auf dasselbe Recht, wird die Gebühr nur einmal erhoben, wenn die Eintragungsanträge in demselben Dokument enthalten und am selben Tag beim Grundbuchamt oder beim Registergericht eingegangen sind.

(6) Für die Bestellung eines Vertreters des Schiffseigentümers nach § 42 Abs. 2 des Gesetzes über Rechte an eingetragenen Schiffen und Schiffsbauwerken durch das Registergericht werden die Gebühren nach Hauptabschnitt 1 wie für eine betreuungsgerichtliche Zuweisungssache nach § 340 Nr. 2 FamFG erhoben.

I. Allgemeines und Anwendungsbereich

Teil 1 Hauptabschnitt 4 KV regelt die Gebühren für **Grundbuchsachen, Schiffs- und Schiffsbauregistersachen** sowie für Angelegenheiten des **Registers für Pfandrechte an Luftfahrzeugen**. Der praktisch bedeutendste Abschnitt ist der erste, der die Gebühren für Eintragungen im Grundbuch festlegt. Abschnitt 2 regelt die Schiffs- und Schiffsbauregistersachen, Abschnitt 3 die Registereintragungen hinsichtlich von Pfandrechten an Luftfahrzeugen. Abschnitt 4 behandelt (für die Abschnitte 1–3) die **Zurückweisung und Zurücknahme von Anträgen**. In Abschnitt 5 sind die anfallenden Gebühren für die **Rechtsmittel** in den Fällen der Abschnitte 1–4 enthalten. **1**

Die Vorbem. 1.4 KV gilt, wie sich aus ihrer systematischen Stellung ergibt, für die Abschnitte 1–5, obwohl sie im Wesentlichen nur die Abschnitte 1–3 betrifft. In der Vorbem. 1.4 KV sind teilweise für alle drei Registerarten einheitlich geltende Standards festgelegt, teilweise gelten die Regelungen aber auch nur für einzelne Register, wie zB Abs. 1 und 6. **2**

Vorbem. 1.4 **Abs. 1** KV legt fest, dass Erbbaurechte, das Bergwerkseigentum und sonstige Berechtigungen kostenrechtlich wie Grundstücke behandelt werden. **Abs. 2** führt bestimmte Eintragungen auf, für die (ausdrücklich) keine Gebühren erhoben werden. **Abs. 3** enthält eine Gebührenprivilegierung für gleichlautende Eintragungen von Eigentümern oder Rechten bei mehreren Grundstücken, Schiffen etc. **Abs. 4** regelt den Fall, dass sich die Eintragung einer Veränderung auf mehrere Rechte bezieht. **Abs. 5** hingegen erfasst den umgekehrten Fall, dass sich mehrere Veränderungen auf dasselbe Recht beziehen. **Abs. 6** gilt für die Bestellung eines Vertreters des Schiffseigentümers nach § 42 Abs. 2 des Gesetzes über Rechte an eingetragenen Schiffen und Schiffsbauwerken durch das Registergericht. **3**

Anders als in den meisten anderen Bereichen des GNotKG legt Teil 1 Hauptabschnitt 4 KV nur für Rechtsmittel (Abschnitt 5) Verfahrensgebühren fest. Im Übrigen enthält Hauptabschnitt 4 nur sog. Aktgebühren.[1] Das liegt im Wesentlichen daran, dass sich das Verfahren nach der GBO und den anderen Registern wesentlich von den Verfahren anderer Gesetze, wie zB dem FamFG, unterscheidet und außerdem der wirtschaftliche Wert für die Beteiligten in den Fällen der Abschnitte 1–3 eben im Wesentlichen erst mit dem „Akt" der Eintragung entsteht.[2] **4**

II. Grundstücksgleiche Rechte (Abs. 1)

Abs. 1 dehnt die Anwendung der Vorschriften, die für Grundstücke gelten (Abschnitt 1), auf die sog. **grundstücksgleichen Rechte** aus. Hierunter fallen im Wesentlichen das **Erbbaurecht** und das **Bergwerkseigentum**. Namentlich aufzuführen sind hier aber auch die **sonstigen Berechtigungen**, wie **Salzabbaugerechtigkeiten** in der Provinz Hannover, die durch das BBergG aufrechterhalten wurden, **vererbliche und veräußerliche Nutzungsrechte**, wie zB Fährgerechtigkeiten, Schiffsmühlengerechtigkeiten, Fischereigerechtigkeiten, soweit sie ein Grundbuchblatt erhalten haben, und das **Gebäudeeigentum der DDR**.[3] **5**

Die **entsprechende Anwendung** hat zur Folge, dass die Gebührenvorschriften für Begründung, Löschungen, Veränderungen und sonstige Eintragungen an Grundstücken auch für die entsprechende Eintragungen an den grundstücksgleichen Rechten gelten, soweit eine solche Eintragung bei diesen Rechten möglich ist. **6**

---

1 Vgl BT-Drucks 17/11471, S. 314. **2** Vgl BT-Drucks 17/11471, S. 314. **3** Näheres hierzu vgl Korintenberg/*Heyl*, Vorbem. 1.4 KV Rn 14 ff; BDS/*Gutfried*, Vorbem. 1.4 KV Rn 5 ff.

III. Gebührenfreiheit (Abs. 2)

7   **1. Allgemeines.** In Abs. 2 ist die **Gebührenfreiheit** für bestimmte Eintragungen enthalten. Die Aufzählung ist jedoch nicht abschließend (→ Rn 17). Hinsichtlich dreier Varianten (Nr. 1–3) legt Abs. 2 fest, dass für die dort genannten Eintragungen keine Gebühren erhoben werden.

8   Da nur das Nichtanfallen von Gebühren geregelt ist, sind **Auslagen** grds. zu erheben, fallen aber wohl idR nicht an. Zudem ist in diesen Fällen die Benennung eines Kostenschuldners problematisch.[4]

9   **2. Eintragungen und Löschungen gem. § 18 Abs. 2 oder § 53 GBO (Abs. 2 Nr. 1).** Die Regelung des Abs. 2 Nr. 1 legt fest, dass Eintragungen und Löschungen, die gem. § 18 Abs. 2 oder § 53 GBO von Amts wegen erfolgen, gebührenfrei sind. Die Vorschrift umfasst die Eintragung sowie die Löschung von sog. **Amtswidersprüchen** und **Amtsvormerkungen** sowie die **Löschung ihrem Inhalt nach unzulässiger Eintragungen** (§ 53 Abs. 1 S. 2 GBO).

10   **3. Eintragungen und Löschungen auf Ersuchen oder Anordnung eines Gerichts (Abs. 2 Nr. 2).** Die Regelung des Abs. 2 Nr. 2 stellt Eintragungen und Löschungen, die auf Ersuchen oder Anordnung eines Gerichts erfolgen, **gebührenfrei.** Nicht umfasst sind Eintragungen aufgrund des Ersuchens einer Behörde, vgl zB § 38 GBO. Die Vorschrift nennt dabei ausdrücklich, aber nicht abschließend, das Insolvenz- und das Vollstreckungsgericht.

11   Für Eintragungen auf Ersuchen des **Insolvenzgerichts** kommen insb. folgende Normen in Betracht: §§ 23 Abs. 3, 25 Abs. 1, 32 Abs. 2 S. 1, Abs. 3 S. 1, 33, 200 Abs. 2 S. 2, 215 Abs. 1 S. 3, 258 Abs. 3 S. 3, 267 Abs. 3 S. 2, 277 Abs. 3 S. 3 InsO.

12   Hinsichtlich des **Vollstreckungsgerichts** bestehen u.a. folgende gebührenfreien Möglichkeiten: Eintragung und Löschung des **Zwangsversteigerungsvermerks** sowie Löschung von durch Zuschlag erloschener Rechte und Fälle des § 130 Abs. 2 ZVG und des § 158 Abs. 2 ZVG.

13   Ausdrücklich (Abs. 2 Nr. 2 Hs 2) **gebührenpflichtig** sind jedoch die Eintragung des Erstehers als Eigentümer und die Eintragung der Sicherungshypothek für die Forderung gegen den Ersteher. Auch Eintragungen, die auf Anträgen beruhen, die vom Vollstreckungsgericht im Protokoll über den Verteilungstermin beurkundet und an das Grundbuchamt übermittelt wurden, sind gebührenpflichtig.

14   Auch Anordnungen des **Beschwerdegerichts** gem. § 76 Abs. 1 und 2 GBO auf Eintragung oder Löschung einer Vormerkung oder eines Widerspruchs fallen unter Abs. 2 Nr. 2 und sind gebührenfrei. Des Weiteren sind Eintragungen auf Ersuchen eines **Strafgerichts** gem. § 111 f StPO gebührenfrei.[5]

Gebührenfrei ist – soweit überhaupt zulässig – auch die Eintragung der **Nachlassverwaltung** aufgrund Ersuchens des Nachlassgerichts. Dies gilt schon deshalb, weil sie keinem Gebührentatbestand des Hauptabschnitts 4 unterfällt.[6]

15   Gebührenpflichtig sind die Eintragungen aufgrund einstweiliger Verfügung gem. § 941 ZPO (Abs. 2 Nr. 2 Hs 2). Ebenfalls nicht unter Abs. 2 Nr. 2 fallen Anträge auf Eintragungen im **Verwaltungszwangsverfahren.**

16   **4. Eintragungen und Löschungen nach der InsO (Abs. 2 Nr. 3).** Gemäß Abs. 2 Nr. 3 stehen Eintragungen und Löschungen, die nach der InsO statt auf Ersuchen des Insolvenzgerichts auf Antrag des Insolvenzverwalters (§§ 32 Abs. 2 S. 2, Abs. 3 S. 2 InsO) oder, wenn kein Verwalter bestellt ist, auf Antrag des Schuldners (§ 270 Abs. 1 InsO) erfolgen, den Ersuchen des Insolvenzgerichts gleich, so dass diese ebenfalls gebührenfrei sind.

17   **5. Weitere Gebührenfreiheit.** Nicht ausdrücklich geregelt ist die Gebührenfreiheit für folgende Eintragungen:[7]

- **Umschreibung unübersichtlicher Grundbuchblätter** und Neufassung einzelner Teile des Grundbuchblatts;
- Eintragungen zur Erhaltung von Übereinstimmungen zwischen Grundbuch und dem nach § 2 Abs. 2 GBO maßgeblichen amtlichen Verzeichnis;
- **Zusammenschreibung mehrerer Grundstücke** auf einem Grundbuchblatt;
- Beseitigung von Doppelbuchungen;
- Erlass einer Zwischenverfügung.

18   Da das KV für die vorgenannten Eintragungen und Löschungen keine Gebührentatbestände vorsieht, ergibt sich nach der Systematik des GNotKG hieraus bereits die **Gebührenfreiheit.**[8]

---

4 Korintenberg/*Hey*1, Vorbem. 1.4 KV Rn 30. **5** Korintenberg/*Hey*1, Vorbem. 1.4 KV Rn 43. **6** Korintenberg/*Hey*1, Vorbem. 1.4 KV Rn 44. **7** Vgl BT-Drucks 17/11471, S. 314 f. **8** Vgl BT-Drucks 17/11471, S. 314 f.

IV. Gleichzeitige Eintragung bei mehreren Grundstücken, Schiffen etc. (Abs. 3)

Abs. 3 S. 1 legt fest, dass für die Eintragung desselben Eigentümers oder desselben Rechts **bei mehreren**   **19** **Grundstücken, Schiffen, Schiffsbauwerken oder Luftfahrzeugen**, über die das Grundbuch oder Register bei demselben Amtsgericht geführt wird, die Gebühren nur einmal erhoben werden, wenn die Eintragungsanträge in demselben Dokument enthalten und am selben Tag beim Grundbuchamt oder beim Registergericht eingegangen sind. Diese Regelung wurde mWz 4.7.2015 durch das „Gesetz zum Internationalen Erbrecht und zur Änderung von Vorschriften zum Erbschein sowie zur Änderung sonstiger Vorschriften" vom 29.6.2015[9] modifiziert. Neben sprachlichen Änderungen setzt die Vorschrift in ihrer aktuellen Form nun auch voraus, dass Eintragungsanträge nicht nur am selben Tag beim Grundbuchamt oder beim Registergericht eingegangen sein, sondern auch **in demselben Dokument** enthalten sein müssen. Außerdem wurde ein neuer Abs. 3 S. 3 geschaffen, der nun klarstellt, dass die Vorschrift für die Eintragung von **Veränderungen** und **Löschungen** entsprechend gilt.

Abs. 3 setzt voraus, dass das Grundbuch oder Register bei **demselben Amtsgericht** geführt wird.   **20**

Die Eintragung **desselben Eigentümers** bedeutet, dass rein formal betrachtet dieselbe natürliche oder juristi-   **21** sche Person eingetragen wird. Dies trifft auch zu, wenn mehrere Personen gleichmäßig, sei es als Miteigentümer in Bruchteilen oder als Gesamthand, eingetragen werden. Dies gilt jedoch nicht, wenn sie in einem unterschiedlichen Berechtigungsverhältnis eingetragen werden. Auch die gleichmäßige Beteiligung derselben natürlichen Personen an unterschiedlichen juristischen Personen oder Personengesellschaften löst die Privilegierung nicht aus.

Die Eintragung **desselben Rechts** bedeutet, dass dieses jeweils mit identischem Inhalt und identischen Be-   **22** dingungen eingetragen werden muss. Ob das Recht gesamtrechtsfähig ist oder nicht oder ob dies umstritten ist, ist wegen Abs. 3 S. 2 nicht ausschlaggebend, vielmehr werden von der Vorschrift insb. Grundpfandrechte, Reallast, Vorkaufsrecht, Nießbrauch und sonstige Dienstbarkeiten erfasst.

Liegen die Voraussetzung der Norm vor, so wird die Gebühr **nur einmal** erhoben, bei der Eintragung des-   **23** selben Eigentümers aus dem zusammengerechneten Wert der Grundstücke, bei Eintragung von Rechten aus deren zusammengerechnetem Wert. Im ersten Fall ergibt sich dies direkt aus § 69 Abs. 1, im zweiten Fall aus Sinn und Zweck der Norm. Handelt es sich um ein „echtes Gesamtrecht", dann hat dieses ohnehin nur einen Wert. Handelt es sich um ein „fiktives" Gesamtrecht nach Vorbem. 1.4 Abs. 3 S. 2 KV, so ergibt sich der Wert aus der Summe der einzelnen Werte.

Beispiel 1: Eintragung eines Eigentümers an zwei Grundstücken (Wert: 50.000 € und 100.000 €) gem. Vor-   **24** bem. 1.4 Abs. 3 KV: eine Eintragungsgebühr (Nr. 14110 KV) mit Geschäftswert 150.000 € gem. § 69 Abs. 1.

Beispiel 2: Eintragung „eines" Vorkaufsrechts an zwei Grundstücken (Wert wie vor) gem. Vorbem. 1.4 Abs. 3   **25** KV: eine Eintragungsgebühr (Nr. 14121 KV) mit Geschäftswert 75.000 € (25.000 € + 50.000 € je gem. § 51 Abs. 1 S. 2 Alt. 1).

Gemäß dem neu geschaffenen S. 3 der Vorbem. 1.4 Abs. 3 KV gilt Vorgenanntes (→ Rn 19) nun auch kraft   **26** ausdrücklicher gesetzlicher Regelung bei der **Löschung eines Gesamtrechts** entsprechend (→ Nr. 14140–14143 KV Rn 16 f). Einer bisher diskutierten Analogie bedarf es daher nicht mehr.

V. Eine Veränderung hinsichtlich mehrerer Rechte (Abs. 4)

Gemäß Vorbem. 1.4 Abs. 4 KV wird, wenn sich die **Eintragung einer Veränderung** auf mehrere Rechte be-   **27** zieht, die Gebühr für jedes Recht gesondert erhoben, auch wenn es nur die Eintragung eines einheitlichen Vermerks bedarf. Zum Begriff der Veränderung → Nr. 14130–14131 KV Rn 6 ff.

Beispiel: Es werden in einer Urkunde vier Grundschulden an dieselbe Person abgetreten.   **28**

Hier wird die Eintragung bei jeder Grundschuld besonders berechnet, auch dann, wenn die Grundschulden auf demselben Grundbuchblatt eingetragen sind und die Eintragung durch einen Vermerk erfolgt.

VI. Mehrere Veränderungen desselben Rechts (Abs. 5)

Vorbem. 1.4 Abs. 5 KV hingegen regelt den „umgekehrten" Fall, dass die Eintragung mehrerer Verände-   **29** rungen (zum Begriff → Nr. 14130–14131 KV Rn 6 ff), die sich auf dasselbe Recht beziehen, beantragt ist. In diesem Fall wird die Gebühr nur einmal erhoben, wenn die Eintragungsanträge in demselben Dokument enthalten und am selben Tag beim Grundbuchamt oder beim Registergericht eingegangen sind. Der Wortlaut der Norm wurde ebenfalls der neuen Formulierung in Vorbem. 1.4 Abs. 3 S. 1 KV angepasst (→ Rn 19, 26).

---

9 BGBl. 2015 I 1042.

30   Geschäftswert ist im Fall des Abs. 5 der zusammengerechnete Wert der Veränderungen (§ 69 Abs. 2 S. 1). Der Wert des Rechts darf dabei auch bei mehreren Veränderungen nicht überschritten werden (§ 69 Abs. 2 S. 2).

31   **Beispiel:** Grundschuld iHv 100.000 €. Abtretung von 20.000 € mit Vorrang vor dem Rest. Der Wert der Veränderungen beträgt: Abtretung 20.000 € (§ 53 Abs. 1), Rangänderung 20.000 € (§ 45 Abs. 1). Gemäß Vorbem. 1.4 Abs. 5 KV wird die Gebühr nach Nr. 14130 KV (0,5) aus dem zusammengerechneten Wert, also aus 40.000 €, berechnet.

VII. Bestellung eines Vertreters nach § 42 Abs. 2 SchRG (Abs. 6)

32   Mit Vorbem. 1.4 Abs. 6 KV wird die Bestellung eines Vertreters des Schiffseigentümers nach § 42 Abs. 2 des Gesetzes über Rechte an eingetragenen Schiffen und Schiffsbauwerken durch das Registergericht gebührenrechtlich einer betreuungsgerichtlichen Zuweisungssache nach § 340 Nr. 2 FamFG gleichgestellt. Die Gebührenerhebung richtet sich demnach nach Teil 1 Hauptabschnitt 1 KV (vgl Vorbem. 1.1 KV).

Abschnitt 1
Grundbuchsachen

Unterabschnitt 1
Eigentum

Nr.	Gebührentatbestand	Gebühr oder Satz der Gebühr nach § 34 GNotKG – Tabelle B
14110	Eintragung 1. eines Eigentümers oder von Miteigentümern oder 2. von Gesellschaftern einer Gesellschaft bürgerlichen Rechts im Wege der Grundbuchberichtigung .... (1) Die Gebühr wird nicht für die Eintragung von Erben des eingetragenen Eigentümers oder von Erben des Gesellschafters bürgerlichen Rechts erhoben, wenn der Eintragungsantrag binnen zwei Jahren seit dem Erbfall bei dem Grundbuchamt eingereicht wird. Dies gilt auch, wenn die Erben erst infolge einer Erbauseinandersetzung eingetragen werden. (2) Die Gebühr wird ferner nicht bei der Begründung oder Aufhebung von Wohnungs- oder Teileigentum erhoben, wenn damit keine weitergehende Veränderung der Eigentumsverhältnisse verbunden ist.	1,0
14111	Die Eintragung im Wege der Grundbuchberichtigung erfolgt aufgrund des § 82 a der Grundbuchordnung von Amts wegen: Die Gebühr 14110 beträgt .... Daneben wird für das Verfahren vor dem Grundbuchamt oder dem Nachlassgericht keine weitere Gebühr erhoben.	2,0
14112	Eintragung der vertraglichen Einräumung von Sondereigentum oder Anlegung der Wohnungs- oder Teileigentumsgrundbücher im Fall des § 8 WEG	1,0

I. Allgemeines und Anwendungsbereich

1   Teil 1 Hauptabschnitt 4 Abschnitt 1 Unterabschnitt 1 KV setzt mittels der Nr. 14110–14112 KV die Gebühren für Eintragungen, die sich auf das **Eigentum** beziehen, fest. Wie sich aus der Überschrift von Abschnitt 1 („Grundbuchsachen") ergibt, gelten diese Gebühren nur für Eintragungen im **Grundbuch**. Für Schiffe existieren eigene Vorschriften, nämlich Nr. 14210 KV und Nr. 14213 KV.

2   **Nr. 14110 KV** legt dabei für die **Eintragung eines Eigentümers**, von Miteigentümern oder von Gesellschaftern einer GbR im Wege der Grundbuchberichtigung eine 1,0-Gebühr fest. Die Anm. Abs. 1 und 2 zu Nr. 14110 KV beinhalten dabei abschließende Ausnahmen, bei denen die Gebühr nicht anfällt. So fällt die Gebühr nicht an für die Eintragung von Erben des eingetragenen Eigentümers oder Gesellschafters bürgerli-

chen Rechts, wenn der Eintragungsantrag binnen zwei Jahren seit dem Erbfall beim Grundbuchamt einge- gangen ist (Anm. Abs. 1), und für die Eintragung zur Begründung oder Aufhebung von Wohnungs- oder Teileigentum, wenn damit keine weitergehende Veränderung der Eigentumsverhältnisse verbunden ist (Anm. Abs. 2). Privilegierungen für die Eintragung von Ehegatten, Lebenspartnern und Verwandten des bis- her eingetragenen Eigentümers existieren nach dem GNotKG nicht.

Für die Eintragung desselben Eigentümers bei mehreren Grundstücken → Vorbem. 1.4 KV Rn 19 ff sowie   3 § 69.

Nr. 14111 KV verdoppelt die Gebühr nach Nr. 14110 KV auf 2,0, wenn die Eintragung im Wege der   4 Grundbuchberichtigung gem. § 82 a GBO von Amts wegen erfolgt.

Für die **Eintragung von Sondereigentum** nach §§ 3, 7, 8 WEG legt **Nr. 14112 KV** eine Gebühr iHv 1,0 fest.   5

Für die Nr. 14110–14112 KV gelten die allgemeinen **Wertvorschriften** gem. §§ 35 ff. Es ist demnach insb.   6 der Verkehrswert des Grundstücks gem. § 46 ausschlaggebend.

Für Nr. 14112 KV, also für die Eintragung gem. §§ 3, 7, 8 WEG, legt § 42 Abs. 1 den Geschäftswert fest.   7 Demnach ist Geschäftswert der Wert des bebauten Grundstücks bzw des unbebauten Grundstücks zuzüg- lich des Werts des errichteten Bauwerks.

Wie im gesamten Teil 1 Hauptabschnitt 4 KV gilt für die Gebührenberechnung die **Tabelle B** (→ § 34   8 Rn 6).

II. Eintragung von Eigentümern und BGB-Gesellschaftern (Nr. 14110, 14111 KV)

1. Allgemeines. Die Gebühr Nr. 14110 KV fällt sowohl bei der rechtsbegründenden Eintragung (§§ 873   9 Abs. 1, 925 BGB) als auch bei der berichtigten Eintragung an, wenn also der **Eigentumsübergang** außerhalb des Grundbuchs stattfindet.

Bei einer reinen **Namensänderung**, wenn also hinsichtlich des bereits eingetragenen Eigentümers Personen-   10 identität vorliegt, greift Nr. 14110 KV hingegen nicht. Diese ist nach dem GNotKG – mangels Gebühren- tatbestands – gebührenfrei.[1]

Bei der Eintragung von **Miteigentümern** – gleich in welcher Rechtsform – wird die Gebühr Nr. 14110 KV   11 nur einmal erhoben aus dem Gesamtwert des betroffenen Grundbesitzes. Dies gilt jedoch nicht für Fälle gem. § 3 Abs. 5 GBO, bei denen der Miteigentumsanteil als Grundstück gilt.[2]

Für die **berichtigende Eintragung von Gesellschaftern bürgerlichen Rechts** fällt ebenfalls eine ganze Gebühr   12 nach Nr. 14110 **Nr. 2** KV an. Überträgt die GbR hingegen den Grundbesitz auf einen ihrer Gesellschafter oder auf einen Dritten, liegt eine „normale" Eintragung nach Nr. 14110 Nr. 1 KV vor. Nr. 14110 Nr. 2 KV betrifft ausdrücklich nur die berichtigende Eintragung von Gesellschaftern, zB aufgrund GbR-Anteilsabtre- tung. Für den Geschäftswert gilt § 70 Abs. 4. Die Eintragung der GbR samt Gesellschafter nach § 47 Abs. 2 S. 1 GBO fällt nur unter Nr. 14110 Nr. 1 KV.

2. Einzelfälle. Von Nr. 14110 **Nr. 1** KV sind insb. erfasst: **Einbringung** in eine Gesellschaft (auch GbR);   13 **Ausscheiden** aus dem Gesellschaftsvermögen (auch zB bei Vereinigung aller Geschäftsanteile an einer Perso- nengesellschaft in einer Hand);[3] **Umwandlung** des Eigentümers, wenn der Grundbesitz dadurch auf einen anderen Rechtsträger übergeht, wie bei **Verschmelzung, Spaltung, Vermögensübertragung** (nicht aber Form- wechsel, da derselbe Rechtsträger mit anderer Rechtsform); Eintragung einer **Erbengemeinschaft** (zur Privi- legierung → Rn 17 ff); Eintragung eines Rechtsnachfolgers eines Miterben.

Nicht von Nr. 14110 KV erfasst sind dagegen: die reine Namens- oder Firmenänderung (diese ist nach dem   14 GNotKG gebührenfrei)[4] und der Formwechsel[5] (da derselbe Rechtsträger nur eine andere Rechtsform er- hält). Gleiches muss auch für den Fall gelten, dass die GbR zur OHG erwächst, da es sich auch hier weiter- hin um denselben Rechtsträger handelt. Auch wenn dies der Gesetzeswortlaut und die Gesetzesbegründung nicht ausdrücklich vorsehen, besteht nach der Systematik des GNotKG in den vorgenannten Fällen Gebüh- renfreiheit, da ein ausdrücklicher Gebührentatbestand fehlt.

Ebenfalls gebührenfrei ist die Löschung eines BGB-Gesellschafters, der mit dem Tod aus der Gesellschaft   15 ausgeschieden ist (reine Fortsetzungsklausel).[6]

3. Wert. Der Wert wird nach den allgemeine Vorschriften, also nach den §§ 46 ff, ermittelt. Er richtet sich   16 also insb. nach dem Kaufpreis (§ 47) bzw dem sonst zu ermittelnden Verkehrswert (§ 46) des betroffenen Grundbesitzes. Daneben bestehen Sonderbestimmungen in den §§ 69, 70. Bei der Berichtigung eines BGB-

---

1 Vgl BT-Drucks 17/11471, S. 322. **2** Korintenberg/*Hey*1, Nr. 14110 KV Rn 8. **3** OLG München Rpfleger 2011, 635; OLG München MittBayNot, 2011, 344; *Tiedtke*, DNotZ 2012, 645, 668; *Bengel/Tiedtke*, DNotZ 2011, 651, 674. **4** BT-Drucks 17/11471, S. 322. **5** BDS/*Gutfried*, Nr. 14110 KV Rn 7. **6** Vgl BT-Drucks 17/11471, S. 316.

Gesellschafters gem. Nr. 14110 Nr. 2 KV ist daher sein Anteil an der GbR ausschlaggebend (§ 70 Abs. 4 iVm Abs. 1).

17 **4. Gebührenfreiheit bei Eintragung von Erben (Anm. Abs. 1 zu Nr. 14110 KV).** Anm. Abs. 1 S. 1 zu Nr. 14110 KV legt die Gebührenfreiheit für die Eintragung von **Erben** fest, wenn der Erblasser im Grundbuch als Eigentümer eingetragen ist und der Eintragungsantrag binnen zweier Jahre seit dem Erbfall beim Grundbuchamt eingereicht wird.

18 Erben sind im Sinne dieser Begünstigung auch **Erbeserben**,[7] **Nacherben** (die Zweijahresfrist beginnt hier mit dem Nacherbfall),[8] der überlebende Ehegatte und die gemeinsamen Kinder in fortgesetzter Gütergemeinschaft[9] sowie der verbleibende Erbe nach einer Abschichtungsvereinbarung (ohne Voreintragung der Erbengemeinschaft).[10]

19 Ausdrücklich in **Anm. Abs. 1 S. 2** zu Nr. 14110 KV ist geregelt, dass die Privilegierung auch gilt, wenn die Erben erst aufgrund einer **Erbauseinandersetzung eingetragen** werden. Bislang war strittig, ob die Privilegierung auch für die Eintragung des Erben nach einer Erbauseinandersetzung gilt, wenn die Erbengemeinschaft bereits eingetragen war. Der Bundesrat ging im Gesetzgebungsverfahren davon aus, dass nach dem GNotKG in diesem Fall keine Gebührenbefreiung besteht, drängte aber auf Klarstellung.[11] Dieser Meinung ist zuzustimmen. Da der Wortlaut von der „Eintragung von Erben des eingetragenen Eigentümers" spricht, entfällt die Privilegierung, wenn die Erbengemeinschaft bereits eingetragen wurde und dann aufgrund Auseinandersetzung ein Erbe eingetragen werden soll. Das Merkmal „eingetragener Eigentümer" ist dann nicht mehr erfüllt. Dass dies auch dem Willen des Gesetzgebers entspricht, ergibt sich daraus, dass eine solche weitergehende Befreiung in der Gesetzesbegründung mit keinem Wort erwähnt wird. Dieser Auffassung hat sich nun auch die bisher hierzu ergangene Rspr[12] angeschlossen.

20 Aufgrund des Wortlauts gilt die Privilegierung auch nicht für **Vermächtnisnehmer**.

21 In konsequenter Ergänzung zu Nr. 14110 Nr. 2 KV sieht Anm. Abs. 1 S. 1 zu Nr. 14110 KV nun auch die Gebührenbefreiung für die Eintragung eines Erben eines Gesellschafters bürgerlichen Rechts vor. Hiervon umfasst ist somit der erbrechtliche Eintritt eines Gesellschafters im Wege der Nachfolgeklausel. Nicht privilegiert ist hingegen die Nachfolge im Wege einer Eintrittsklausel, da hier keine unmittelbare Erbnachfolge vorliegt. Scheidet ein Gesellschafter „nur" mit dem Tod aus der GbR aus (Fortsetzungsklausel), fällt für diese Grundbuchberichtigung gar keine Gebühr an.[13]

22 Zur Gebührenbefreiung nach Anm. Abs. 2 zu Nr. 14110 KV → Rn 24 f.

23 **5. Grundbuchberichtigung von Amts wegen gem. § 82 a GBO (Nr. 14111 KV).** Nr. 14111 KV erhöht in den Fällen des § 82 a GBO den Gebührensatz für die Eintragung nach Nr. 14110 KV auf 2,0. Erfolgt also die Eintragung des neuen Eigentümers im Wege der Grundbuchberichtigung von Amts wegen, weil das Berichtigungszwangsverfahren nach § 82 GBO nicht durchführbar ist oder keine Aussicht auf Erfolg hat, ist Nr. 14111 KV einschlägig. Die Anwendung der Gebührenbefreiung in Anm. Abs. 1 zu Nr. 14110 KV scheidet schon mangels Eintragungsantrags aus.

III. Eintragung von Wohnungs- und Teileigentum (Nr. 14112 KV)

24 Nr. 14112 KV legt für die **Eintragung der vertraglichen Einräumung von Sondereigentum** (§§ 3, 7 WEG) oder für die **Anlegung der Wohnungs- und Teileigentumsgrundbücher** im Fall von § 8 WEG einen Gebührensatz von 1,0 fest. Diese Vorschrift umfasst daher ausdrücklich sowohl die vertragliche Einräumung nach § 3 WEG als auch die Aufteilung nach § 8 WEG. Die Gebühr umfasst die gesamte Anlegung der Grundbuchblätter gem. § 7 Abs. 1 WEG, die Eintragungen zu Gegenstand und Inhalt sowie die Übernahme von Rechten aus dem Grundbuch in die Wohnungs- und Teileigentumsgrundbücher. Anm. Abs. 2 zu Nr. 14110 KV stellt hierzu klar, dass, wenn die Eintragungen nach §§ 3, 7, 8 WEG mit keinen weitergehenden Veränderungen der Eigentumsverhältnisse verbunden sind, gerade keine Gebühr nach Nr. 14110 KV, zB für die Eintragung der Miteigentumsanteile, anfällt.

25 Dies gilt aber nur, soweit sich die Eintragungen unmittelbar aus der vertraglichen Einräumung gem. § 3 WEG oder Aufteilung nach § 8 WEG ergeben. Wird zB vor der vertraglichen Einräumung nach § 3 WEG erst (notwendigerweise) Bruchteilseigentum hergestellt oder die Bruchteile verändert, dann fällt hierfür eine Gebühr nach Nr. 14110 KV an. Entsprechendes gilt gem. Nr. 14120 ff KV für die Eintragung zusätzlicher Belastungen im Rahmen der Begründung von Wohnungs- oder Teileigentum.

---

7 BayObLG Rpfleger 1999, 509; OLG Köln NJW-RR 2000, 1230.   **8** OLG München Rpfleger 2015, 368.   **9** BayObLG Rpfleger 1993, 464.   **10** Korintenberg/*Heyl*, Nr. 14110 KV Rn 41.   **11** Vgl BR-Drucks 517/12 (Beschl. v. 12.10.1212), S. 27.   **12** OLG München 10.2.2016 – 34 Wx 425/15, juris; OLG Köln MittBayNot 2014, 477, 478.   **13** Vgl BT-Drucks 17/11471, S. 316.

Für die Bestimmung des **Geschäftswerts** gilt § 42, wonach der Gebührensatz gem. Nr. 14112 KV aus dem **26** gesamten Wert des bebauten Grundstücks (hierzu §§ 46 ff) zu nehmen ist (§ 42 Abs. 1 S. 2). Ist das Grundstück noch nicht bebaut, ist dem Grundstückswert der Wert des zu errichtenden Bauwerks hinzuzurechnen (§ 42 Abs. 1 S. 2).

Für die Eintragung von **Inhaltsänderungen** und der **Aufhebung von Sondereigentum** gilt hingegen Anm. **27** Nr. 5 zu Nr. 14160 KV – nämlich eine Festgebühr iHv 50 €.

Gemäß Vorbem. 1.4 Abs. 1 KV ist Nr. 14112 KV auf **Wohnungs-** und **Teilerbbaurechte** entsprechend anzu- **28** wenden. Für die Wertbestimmung gilt dabei § 42 Abs. 2, wonach an die Stelle der Grundstückswerts der gesamte Wert des Erbbaurechts tritt.

Unterabschnitt 2
Belastungen

Nr.	Gebührentatbestand	Gebühr oder Satz der Gebühr nach § 34 GNotKG – Tabelle B
	Vorbemerkung 1.4.1.2: Dieser Unterabschnitt gilt für die Eintragung einer Hypothek, Grundschuld oder Rentenschuld, einer Dienstbarkeit, eines Dauerwohnrechts, eines Dauernutzungsrechts, eines Vorkaufsrechts, einer Reallast, eines Erbbaurechts oder eines ähnlichen Rechts an einem Grundstück.	
14120	Eintragung einer Briefhypothek, Briefgrundschuld oder Briefrentenschuld	1,3
14121	Eintragung eines sonstigen Rechts	1,0
14122	Eintragung eines Gesamtrechts, wenn das Grundbuch bei verschiedenen Grundbuchämtern geführt wird: Die Gebühren 14120 und 14121 erhöhen sich ab dem zweiten für jedes weitere beteiligte Grundbuchamt um .... Diese Vorschrift ist anzuwenden, wenn der Antrag für mehrere Grundbuchämter gleichzeitig bei einem Grundbuchamt gestellt wird oder bei gesonderter Antragstellung, wenn die Anträge innerhalb eines Monats bei den beteiligten Grundbuchämtern eingehen.	0,2
14123	Eintragung eines Rechts, das bereits an einem anderen Grundstück besteht, wenn nicht die Nummer 14122 anzuwenden ist	0,5
14124	Nachträgliche Erteilung eines Hypotheken-, Grundschuld- oder Rentenschuldbriefs, Herstellung eines Teilbriefs oder eines neuen Briefs .... Sind die belasteten Grundstücke bei verschiedenen Grundbuchämtern eingetragen, so werden für die gemäß § 59 Abs. 2 der Grundbuchordnung zu erteilenden besonderen Briefe die Gebühren gesondert erhoben.	0,5
14125	Ergänzung des Inhalts eines Hypotheken-, Grundschuld- oder Rentenschuldbriefs, die auf Antrag vorgenommen wird (§ 57 Abs. 2 und § 70 der Grundbuchordnung)	25,00 €

I. Allgemeines und Anwendungsbereich

Teil 1 Hauptabschnitt 4 Abschnitt 1 Unterabschnitt 2 KV enthält Gebührentatbestände für die **Eintragung** **1** **von Belastungen** ins Grundbuch. Der Begriff der Belastungen ist hierbei in Vorbem. 1.4.1.2 KV definiert.

Nr. 14121 KV legt für die Eintragung der vorgenannten Belastungen einen Gebührensatz iHv 1,0 fest. Nur **2** für Briefrechte gilt nach Nr. 14120 KV ein höherer Satz von 1,3, weil hiervon die Kosten für die Briefteilung mitumfasst sind.

Für die Eintragung eines **Gesamtrechts** bei verschiedenen Grundbuchämtern enthält Nr. 14122 KV die Be- **3** stimmung, dass für die Eintragung der Gesamtbelastung für jedes weitere beteiligte Grundbuchamt zu den

Gebühren nach Nr. 14120, 14121 KV ein Gebührensatz iHv 0,2 dazukommt. Die Eintragung bei demselben Grundbuch regelt Vorbem. 1.4 Abs. 3 KV.

4   Nr. 14123 KV regelt den Fall, dass eine bereits eingetragene Belastung auf ein weiteres Grundstück erstreckt wird und legt hierfür einen Gebührensatz von 0,5 fest. Der Geschäftswert bestimmt sich in diesem Fall nach § 44.

5   Der Gebührensatz für die nachträgliche Brieferteilung beträgt 0,5 und ist in Nr. 14124 KV geregelt. Für die Brieferteilung bei der Ersteintragung eines Briefrechts existiert hingegen keine eigene Vorschrift, vielmehr trägt diesem Fall die (erhöhte) Eintragungsgebühr nach Nr. 14120 KV Rechnung.

6   Für die beantragte Ergänzung des Inhalts eines Grundpfandrechtsbriefes gem. §§ 57 Abs. 2, 70 GBO fällt eine Festgebühr iHv 25 € an (Nr. 14125 KV).

II. Eintragung von Belastungen (Nr. 14120, 14121 KV)

7   Nr. 14120, 14121 KV gelten für die **Eintragung von Belastungen** im Grundbuch. Der **Begriff** der Belastungen ist in Vorbem. 1.4.1.2 KV definiert und umfasst folgende Rechte (wobei die zugehörigen Wertvorschriften jeweils in Klammern gesetzt sind): **Hypothek, Grund- und Rentenschuld** (je § 53), **Dienstbarkeit** (§ 52), **Dauerwohn- und Dauernutzungsrecht** (§ 52), **Vorkaufsrecht** (§ 51 Abs. 1 S. 2), **Reallast** (§ 52), **Erbbaurecht** (§ 43) oder ähnliche Rechte. Ähnliche Rechte sind im Wesentlichen nach Landesrecht das **Altenteil, Leibgeding, Leibzucht** oder **Auszug**, wenn diese als ein Recht gem. § 49 GBO eingetragen werden (Wert = Summe der Leistungen nach § 52).

8   Für die Eintragungen dieser Belastungen fällt nach Nr. 14121 KV ein Gebührensatz von 1,0 an.

9   Nur für die Eintragung von **Briefgrundpfandrechte** – also **Briefhypothek, Briefgrundschuld oder Briefrentenschuld** – macht **Nr. 14120 KV** hiervon eine Ausnahme und legt einen Gebührensatz von 1,3 fest. Hierdurch soll der Mehraufwand für die Brieferteilung abgegolten werden.

10 Nr. 14121 KV soll auch Anwendung finden, wenn eine **Zwangshypothek** an mehreren selbstständigen Grundstücken des Schuldners in Teilbeträgen der Forderung eingetragen wird (§ 867 Abs. 2 ZPO). Es handelt sich um mehrere Einzelrechte, nicht um ein Gesamtrecht.[1]

III. Eintragung eines Gesamtrechts bei verschiedenen Grundbuchämtern (Nr. 14122 KV)

11 Nr. 14122 KV gilt für die **Eintragung eines Gesamtrechts**, wenn das Grundbuch bei verschiedenen Grundbuchämtern geführt wird. Wie sich zumindest mittelbar aus der Gesetzesbegründung ergibt, gilt Nr. 14122 KV nicht nur für „echte" Gesamtrechte, sondern auch für sog. „fiktive" **Gesamtrechte**, bei denen die Zulässigkeit eines Gesamtrechts, wie zB beim Nießbrauch, verneint wird. Vgl hierzu auch → Vorbem. 1.4 KV Rn 22. Insbesondere auch aus der Formulierung in Vorbem. 1.4.1.2 KV ergibt sich also, dass Nr. 14122 KV für alle echten oder fiktiven Gesamtrechte der in Vorbem. 1.4.1.2 KV genannten Belastungen gilt.[2] Ausschlaggebend ist nur, dass die Belastung einheitlich für denselben Berechtigten mit denselben Bedingungen eingetragen wird.[3]

12 Nr. 14122 KV gilt nur, wenn das Gesamtrecht das Grundbuch bei verschiedenen Grundbuchämtern betrifft. Ansonsten gilt Vorbem. 1.4 Abs. 3 KV (→ Vorbem. 1.4 KV Rn 22 ff).

13 Gemäß der Anm. zu Nr. 14122 KV greift diese Vorschrift aber nur, wenn der Antrag für mehrere Grundbuchämter gleichzeitig bei einem Grundbuchamt gestellt wird oder bei gesonderter Antragstellung, wenn die Anträge innerhalb eines Monats bei den beteiligten Grundbuchämtern eingehen. Der Gesetzgeber hat hierbei auch eine andere Formulierung als in Vorbem. 1.4 Abs. 3 KV gewählt. Nach Sinn und Zweck der Vorschrift und insb. aufgrund des Willens des Gesetzgebers ist davon auszugehen, dass die Alt. 1 der Anm. zur Nr. 14122 KV nur den Fall des § 55 a GBO regeln wollte, wenn also Anträge für mehrere Grundbuchämter gemeinsam und gleichzeitig bei einem Grundbuchamt eingehen.

14 Liegen die Voraussetzungen von Nr. 14122 KV vor, fällt einerseits die Gebühr nach Nr. 14120 bzw 14121 KV an, sowie für jedes weitere beteiligte Grundbuchamt eine Gebühr iHv 0,2.

15 Gemäß § 18 Abs. 3 setzt dabei das Grundbuchamt die Kosten fest, bei dem der Antrag zuerst eingegangen ist. Sollte dies nicht mehr feststellbar sein (zB weil die Anträge am gleichen Tag eingegangen sind), müssen die Grundbuchämter wohl dahin gehend eine Vereinbarung treffen. Der Wert für die Gebühr richtet sich nach den allgemeinen Vorschriften (→ Rn 7).

16 **Beispiel:** Es wird „ein" Nießbrauch für den Vater des Eigentümers an drei Grundstücken eingetragen, wofür drei verschiedene Grundbuchämter zuständig sind. Der Antrag für alle drei Grundbücher ist beim Grundbuchamt A

---

1 BT-Drucks 17/11471, S. 317.   **2** AA Korintenberg/*Heyl*, Nr. 14120–14125 KV Rn 44 f; BDS/*Gutfried*, Nr. 14122 KV Rn 4.
3 Vgl Korintenberg/*Heyl*, Nr. 14120–14125 KV Rn 37 f.

eingegangen, das eines der betroffenen Grundbücher führt. Der Wert des Nießbrauchs nach § 52 Abs. 4 beträgt 50.000 €. Das Grundbuchamt A hat eine Gebühr nach Nr. 14121 KV iHv 1,0 festzulegen sowie zwei Gebühren nach Nr. 14122 KV von je 0,2. Alle drei Gebühren berechnen sich gem. § 52 Abs. 4 nach einem Wert von 50.000 €.

IV. Eintragung der Erstreckung (Nr. 14123 KV)

Nr. 14123 KV regelt den Fall, dass eine eingetragene Belastung iSv Vorbem. 1.4.1.2 KV auf ein weiteres **17** Grundstück **erstreckt** wird und kein Fall der Nr. 14122 KV, insb. auch nicht von deren Anm. Alt. 2, vorliegt. Für die Anwendung der Vorschrift spielt es keine Rolle, ob das nachverpfändete Grundstück bei demselben Grundbuchamt oder bei einem anderen geführt wird. Der Gebührensatz für die **Erstreckung** beträgt 0,5.

Der Geschäftswert bestimmt sich nach § 44. Maßgeblich ist demnach der Wert des nachverpfändeten **18** Grundstücks, wenn dieser geringer ist als der Wert des Rechts. Ansonsten ist dessen Wert einschlägig. Zwar gilt § 44 augenscheinlich nur für Grundpfandrechte, da er ausschließlich auf § 53 Abs. 1 verweist, jedoch sollte er zumindest analog auch auf die sonstigen Belastungen gem. Vorbem. 1.4.1.2 KV anzuwenden sein.

Beispiel 1: Eine bereits eingetragene Grundschuld mit einem Nominalwert von 100.000 € wird auf ein weiteres **19** Grundstück im Wert von 50.000 € erstreckt. Es fällt eine Gebühr iHv 0,5 nach Nr. 14123 KV aus 50.000 € (§ 44 Abs. 1) an.

Beispiel 2: Ein eingetragener Nießbrauch mit Wert zum Zeitpunkt der damaligen Eintragung gem. § 52 **20** iHv 100.000 € wird auf ein weiteres Grundstück erstreckt, welches einen Wert von 50.000 € hat. Für die Bestimmung des Geschäftswerts für die Gebühr nach Nr. 14123 KV ist unter analoger Anwendung von § 44 Abs. 1 der Wert des nachverpfändeten Grundbesitzes mit dem aktuellen gesamten Wert des Nießbrauchs (unter Berücksichtigung des nachverpfändeten Grundbesitzes) zu vergleichen. Beträgt Letzterer aufgrund des fortgeschrittenen Alters des Berechtigten zB nur noch 20.000 €, ist dies der Geschäftswert.

V. Nachträgliche Erteilung und inhaltliche Ergänzung eines Grundpfandrechtsbriefs (Nr. 14124, 14125 KV)

Nr. 14124 KV legt für die nachträgliche **Erteilung eines Grundschuldbriefs** einen Gebührensatz iHv 0,5 fest. **21** Die Vorschrift umfasst hingegen nicht die Ersterteilung eines Grundschuldbriefs. Diese ist mit der Gebühr Nr. 14120 KV abgegolten (→ Rn 9).

Der Geschäftswert richtet sich nach § 71. Hiernach ist grds. der Geschäftswert für die Eintragung des **22** Rechts (§ 53 Abs. 1) entscheidend. Zu Einzelheiten → § 71 Rn 1 ff.

Die Anm. zu Nr. 14124 KV regelt den Fall, dass die belasteten Grundstücke bei **verschiedenen Grundbuch- 23 ämtern** eingetragen sind. In diesem Fall fällt die Gebühr nach Nr. 14124 KV für jeden gem. § 59 Abs. 2 GBO gesondert zu erteilenden Brief getrennt an.

Nr. 14125 KV regelt den Fall, dass der Inhalt eines Grundpfandrechtsbriefs auf Antrag gem. §§ 57 Abs. 2, **24** 70 GBO **ergänzt** wird. Hier entsteht eine Festgebühr iHv 25 €.

Unterabschnitt 3
Veränderung von Belastungen

Nr.	Gebührentatbestand	Gebühr oder Satz der Gebühr nach § 34 GNotKG – Tabelle B
14130	Eintragung der Veränderung einer in der Vorbemerkung 1.4.1.2 genannten Belastung	0,5
	(1) Als Veränderung eines Rechts gilt auch die Löschungsvormerkung (§ 1179 BGB). Für sie wird keine Gebühr erhoben, wenn ihre Eintragung zugunsten des Berechtigten gleichzeitig mit dem Antrag auf Eintragung des Rechts beantragt wird.	
	(2) Änderungen des Ranges eingetragener Rechte sind nur als Veränderungen des zurücktretenden Rechts zu behandeln, Löschungsvormerkungen zugunsten eines nach- oder gleichstehenden Gläubigers nur als Veränderungen des Rechts, auf dessen Löschung der vorgemerkte Anspruch gerichtet ist.	
14131	Eintragung der Veränderung eines Gesamtrechts, wenn das Grundbuch bei verschiedenen Grundbuchämtern geführt wird:	
	Die Gebühr 14130 erhöht sich ab dem zweiten für jedes weitere beteiligte Grundbuchamt um	0,1
	Diese Vorschrift ist anzuwenden, wenn der Antrag für mehrere Grundbuchämter gleichzeitig bei einem Grundbuchamt gestellt wird oder bei gesonderter Antragstellung, wenn die Anträge innerhalb eines Monats bei den beteiligten Grundbuchämtern eingehen.	

I. Allgemeines und Anwendungsbereich

1   Die **Eintragung von Veränderungen** bei Belastungen in Grundbuchsachen wird von Teil 1 Hauptabschnitt 4 Abschnitt 1 Unterabschnitt 3 KV erfasst. **Nr. 14130 KV** ordnet hierbei für die Eintragung von Veränderungen der in Vorbem. 1.4.1.2 KV genannten Belastungen einen Gebührensatz iHv 0,5 an.

Gegenstand einer Veränderung gem. Nr. 14130 KV ist in erster Linie die Person des Berechtigten, der Inhalt des Rechts, sein Rang und die Belastung des Rechts.[1]

2   Anm. Abs. 1 zu Nr. 14130 KV legt dabei fest, dass die Eintragung einer Löschungsvormerkung gem. § 1179 BGB auch als Veränderung eines Rechts gilt und das deren Eintragung, wenn sie gleichzeitig mit der Eintragung des begünstigten Rechts (§ 1179 Nr. 1 BGB) beantragt wird, gebührenfrei ist.

3   Anm. Abs. 2 bestimmt, dass Änderungen des Ranges eines eingetragenen Rechts nur als Veränderung des zurücktretenden Rechts, und Löschungsvormerkungen zugunsten eines nach- oder gleichstehenden Gläubigers nur als Veränderungen des Rechts, auf dessen Löschung der vorgemerkte Anspruch gerichtet ist, zu behandeln sind.

4   Für die Eintragung einer Veränderung eines **Gesamtrechts** bei **verschiedenen Grundbuchämtern** bestimmt **Nr. 14131 KV**, dass für die Eintragung der Veränderung für jedes weitere beteiligte Grundbuchamt zu der Gebühr nach Nr. 14130 KV ein Gebührensatz iHv 0,1 dazukommt. Die Eintragung einer Veränderung bei demselben Grundbuchamt wird gem. Vorbem. 1.4 Abs. 3 S. 3 KV durch Vorbem. 1.4 Abs. 3 S. 1 KV geregelt.

5   Für den Geschäftswert gelten die allgemeinen Vorschriften, insb. ist hier auch § 45 zu erwähnen.

II. Veränderung von Belastungen (Nr. 14130 KV)

6   Nr. 14130 KV umfasst nur die Eintragung von **Veränderungen** der in Vorbem. 1.4.1.2 KV genannten Belastungen (→ Nr. 14120–14125 KV Rn 7). Der **Begriff** der **Veränderung** ist dabei (abgesehen von Anm. Abs. 1 zu Nr. 14130 KV) nicht näher legaldefiniert. Er ist **abzugrenzen** von den anderen Eintragungen nach Teil 2 Hauptabschnitt 4 Abschnitt 1 KV, insb. von den sonstigen Eintragungen nach Nr. 14160 KV.

---

1 BT-Drucks 17/11471, S. 319.

Nicht unter den Begriff der Veränderung fallen demnach die Eintragung des Rechts (Nr. 14120 ff KV), die 7
Löschung (Nr. 14140 ff KV), die Vormerkung (Nr. 14150 KV, anders die Löschungsvormerkung gem.
§ 1179 BGB), der Widerspruch (Nr. 14151 KV) sowie die in Nr. 14160 KV genannten Eintragungen.

Eine Veränderung gem. Nr. 14130 KV liegt dagegen vor, wenn die Änderung der Belastung sich auf die Per- 8
son des Berechtigten (jedoch nicht die reine, gebührenfreie Namensänderung), den Rang des Rechts, dessen
Belastung (Pfändung, Verpfändung) oder dessen Inhalt bezieht.[2] Nach dem Willen des Gesetzgebers ist dabei aber die nachträgliche Eintragung einer Löschungserleichterung, also die Eintragung des Vermerks, dass
zur Löschung der Nachweis des Todes des Berechtigten genügt, keine Inhaltsänderung.[3] Auch wenn dies die
Gesetzesbegründung offen lässt, ist diese Eintragung gebührenfrei, da weder ein ausdrücklicher Gebühren-
noch ein Auffangtatbestand existiert.

Die einzige, ausdrücklich genannte Veränderung ist die in **Anm. Abs. 1 S. 1** genannte **Löschungsvormer-** 9
kung gem. § 1179 BGB. Deren Eintragung ist jedoch gebührenfrei, wenn sie zugunsten des Berechtigten
gleichzeitig mit dem Antrag auf Eintragung des begünstigten Rechts gem. § 1179 Nr. 1 BGB beantragt wird
(**Anm. Abs. 1 S. 2**).

Für die Ermittlung des Geschäftswerts gelten die allgemeinen Vorschriften für die jeweilige Belastung. 10

III. Besonderheiten

Bezieht sich die Eintragung einer Veränderung auf mehrere Rechte, ist Vorbem. 1.4 Abs. 4 KV einschlägig 11
(→ Vorbem. 1.4 KV Rn 27 f). Beziehen sich mehrere Veränderungen auf dasselbe Recht, gilt Vorbem. 1.4
Abs. 5 KV (→ Vorbem. 1.4 KV Rn 29 ff). Bezieht sich eine Veränderung auf ein Gesamtrecht, gelten Vor-
bem. 1.4 Abs. 3 KV und Nr. 14131 KV (→ Rn 17 ff).

In Anm. Abs. 2 Hs 1 zu Nr. 14130 KV wird abweichend von der materiell- und grundbuchrechtlichen Ein- 12
ordnung festgelegt, dass eine Rangänderung nur als Veränderung der zurücktretenden Belastung zu behandeln ist.

Beispiel: A tritt mit seinem bereits am Grundstück (Verkehrswert: 400.000 €) des B eingetragenen Vorkaufsrecht 13
hinter eine von diesem bestellte Buchgrundschuld (Nennbetrag: 100.000 €) zurück. Materiellrechtlich handelt es
sich hier gem. § 880 Abs. 2 BGB um eine Veränderung des vortretenden und des zurücktretenden Rechts.

Gemäß Anm. Abs. 2 zu Nr. 14130 KV liegt nach dieser Gebührenvorschrift aber nur eine Veränderung des Vorkaufsrechts als zurücktretendes Recht vor. Somit fällt für die Eintragung der Veränderung in der Form des Rangrücktritts eine 0,5-Gebühr nach Nr. 14130 KV aus 100.000 € an.

Der Wert bestimmt sich hier nach § 45 Abs. 1, also nach dem Geschäftswert des vortretenden Rechts, hier der
Nennbetrag (§ 53 Abs. 1). Dieser ist auch geringer als der Wert des Vorkaufsrechts als zurücktretendes Recht
(§ 45 Abs. 1 Hs 2), welcher sich aus der Hälfte des Verkehrswerts des Grundstücks gem. §§ 51 Abs. 1 S. 2, 46
ergibt und sich daher auf 200.000 € beläuft.

Für die Eintragung der Grundschuld entsteht nur die Gebühr nach Nr. 14121 KV aus 100.000 € (§ 53 Abs. 1),
jedoch nicht noch eine zusätzliche Gebühr nach Nr. 14130 KV.

Ähnlich wie Anm. Abs. 2 **Hs 1** zu Nr. 14130 KV legt **Hs 2** fest, dass Löschungsvormerkungen zugunsten 14
eines nach- oder gleichstehenden Gläubigers nur als Veränderungen des Rechts, auf dessen Löschung der
vorgemerkte Anspruch gerichtet ist, gelten. Der Geschäftswert berechnet sich hier nach § 45 Abs. 2.

IV. Sonstige Veränderungen

Nach dem ausdrücklichen Wortlaut sind sonstige Veränderungen, die sich nicht auf Veränderungen gem. 15
Vorbem. 1.4.1.2 KV beziehen, nicht von Nr. 14130 KV erfasst.

Hier sind im Wesentlichen die Eintragung von Veränderungen bei **Verfügungsbeschränkungen** und **Vormer-** 16
kungen zu nennen. Für diese soll nach dem Willen des Gesetzgebers jedoch auch kein eigener Gebührentatbestand geschaffen werden.[4] Zur Veränderung bei der Vormerkung → Nr. 14150–14152 KV Rn 6 f. Die
Eintragung der Verfügungsbeschränkung ist – mangels ausdrücklichen Gebührentatbestands – nach dem
GNotKG ohnehin schon gebührenfrei, so dass es widersinnig wäre, für die Eintragung einer Veränderung
dieser Kosten zu erheben.[5] Daneben stellt die Gesetzesbegründung ausdrücklich klar, dass insb. die Umschreibung unübersichtlicher Grundbuchblätter, die Neufassung einzelner Teile eines Grundbuchblatts,[6] die
Nachträgliche Eintragung der Unterwerfung unter die Zwangsvollstreckung bei einem Grundpfandrecht
(früher § 67 Abs. 1 Nr. 6 KostO)[7] und die Eintragung einer Löschungserleichterung (Vorlöschungsklausel)[8]
keine Veränderung gem. Nr. 14130 KV und daher ebenfalls gebührenfrei ist.

---

2 Näheres hierzu vgl Korintenberg/*Hey*l, Nr. 14130 KV Rn 11 ff; BDS/*Gutfried*, Nr. 14130 KV Rn 2 ff.   **3** Vgl BT-Drucks
17/11471, S. 319.   **4** BT-Drucks 17/11471, S. 319.   **5** BT-Drucks 17/11471, S. 319.   **6** Vgl BT-Drucks 17/11471, S. 314.   **7** Vgl
BT-Drucks 17/11471, S. 321 f.   **8** Vgl BT-Drucks 17/11471, S. 322.

V. Veränderung eines Gesamtrechts bei verschiedenen Grundbuchämtern (Nr. 14131 KV)

17 Nr. 14131 KV gilt für die Eintragung einer Veränderung eines Gesamtrechts, wenn das Grundbuch bei verschiedenen Grundbuchämtern geführt wird. Diese Vorschrift wurde mWz 4.7.2015 durch das „Gesetz zum Internationalen Erbrecht und zur Änderung von Vorschriften zum Erbschein sowie zur Änderung sonstiger Vorschriften" vom 29.6.2015[9] neu in das GNotKG aufgenommen. Bis dahin fehlte die für die Eintragung oder Löschung eines Gesamtrechts bei verschiedenen Grundbuchämtern oder Registergerichten geltenden besonderen Gebührenregelungen für die Eintragung von Veränderungen eines Gesamtrechts.[10] Die Behandlung dieser nun behobenen „Regelungslücke" war bisher in der Rspr umstritten[11] und führte dazu, dass für die Eintragung der Veränderung eines Gesamtrechts bei mehreren Grundbuchämtern oder Registergerichten zT höhere Gebühren erhoben wurden als für die Ersteintragung dieses Rechts.[12] Mit Einführung der Nr. 14131 KV ist diese Streitfrage nun geklärt. Der Gesetzgeber hat sich hinsichtlich der neu eingeführten Regelung an der frühere Regelung für die Eintragung (→ Nr. 14120–14125 KV Rn 11 ff) und Löschung (→ Nr. 14140–14143 KV Rn 9 ff) eines Gesamtrechts orientiert.

18 Nach hier vertretener Auffassung umfasst Nr. 14131 KV nicht nur „echte" Gesamtrechte, sondern auch sog. „fiktive" Gesamtrechte, bei denen die Zulässigkeit eines Gesamtrechts, wie zB beim Nießbrauch, verneint wird (zur Begründung → Nr. 14120–14125 KV Rn 11).

19 Nr. 14131 KV greift nur, wenn das Gesamtrecht das Grundbuch bei **verschiedenen Grundbuchämtern** betrifft. Ansonsten gilt gem. Vorbem. 1.4 Abs. 3 KV (→ Vorbem. 1.4 KV Rn 19 ff).

20 Gemäß der Anm. zu Nr. 14131 KV greift diese Vorschrift jedoch nur, wenn der Antrag für mehrere Grundbuchämter gleichzeitig bei einem Grundbuchamt gestellt wird oder bei gesonderter Antragstellung, wenn die Anträge innerhalb eines Monats bei den beteiligten Grundbuchämtern eingehen.

21 Liegen die Voraussetzungen der Nr. 14131 KV vor, fällt einerseits die Gebühr nach Nr. 14130 KV an sowie für jedes weitere beteiligte Grundbuchamt eine Gebühr iHv 0,1. Gemäß § 18 Abs. 3 S. 1 setzt dabei das Grundbuchamt die Kosten fest, bei dem der Antrag zuerst eingegangen ist (→ Nr. 14120–14125 KV Rn 15). Der Wert für die Gebühr richtet sich nach den allgemeinen Vorschriften für die jeweilige Belastung. Im Übrigen kann auf die Ausführungen zu den entsprechenden Regelungen zur Eintragung (→ Nr. 14120–14125 KV Rn 11 ff) eines Gesamtrechts bei verschiedenen Grundbuchämtern verwiesen werden.

Unterabschnitt 4
Löschung von Belastungen und Entlassung aus der Mithaft

Nr.	Gebührentatbestand	Gebühr oder Satz der Gebühr nach § 34 GNotKG – Tabelle B
Vorbemerkung 1.4.1.4:	Dieser Unterabschnitt gilt für die Löschung einer Hypothek, Grundschuld oder Rentenschuld, einer Dienstbarkeit, eines Dauerwohnrechts, eines Dauernutzungsrechts, eines Vorkaufsrechts, einer Reallast, eines Erbbaurechts oder eines ähnlichen Rechts an einem Grundstück.	
14140	Löschung in Abteilung III des Grundbuchs	0,5
14141	Löschung eines Gesamtrechts, wenn das Grundbuch bei verschiedenen Grundbuchämtern geführt wird: Die Gebühr 14140 erhöht sich ab dem zweiten für jedes weitere beteiligte Grundbuchamt um .... Diese Vorschrift ist anzuwenden, wenn der Antrag für mehrere Grundbuchämter gleichzeitig bei einem Grundbuchamt gestellt wird oder bei gesonderter Antragstellung, wenn die Anträge innerhalb eines Monats bei den beteiligten Grundbuchämtern eingehen.	0,1
14142	Eintragung der Entlassung aus der Mithaft	0,3
14143	Löschung im Übrigen	25,00 €

---

9 BGBl. 2015 I 1042. **10** *Wudy*, notar 2015, 240, 243. **11** Vgl nur OLG Dresden ZNotP 2014, 359; OLG Stuttgart FGPrax 2015, 94; KG ZfIR 2014, 203. **12** Vgl *Wudy*, notar 2015, 240, 243; *Tiedtke*, DNotZ 2015, 577, 590 f.

I. Allgemeines und Anwendungsbereich

Teil 1 Hauptabschnitt 4 Abschnitt 1 Unterabschnitt 4 regelt die Gebührenerhebung für **Löschungen von** **1** **Belastungen** und die Eintragung der **Entlassung aus der Mithaft** von Belastungen in Grundbuchsachen. Vorbem. 1.4.1.4 KV, welche Vorbem. 1.4.1.2 KV entspricht, definiert dabei die von Nr. 14140–14143 KV umfassten Rechte abschließend. Nr. 14140 KV sieht für die Löschung von Belastungen in Abteilung III des Grundbuchs einen Gebührensatz von 0,5 vor, für die übrigen Löschungen wird eine Festgebühr iHv 25 € festgelegt. Die Löschung einer Vormerkung ist hingegen in Nr. 14152 KV geregelt.

Die Gebühr Nr. 14141 KV enthält eine Sondervorschrift für die Löschung eines Gesamtrechts, wenn das **2** Grundbuch bei verschiedenen Grundbuchämtern geführt wird. Sobald der Löschungsantrag gem. Anm. zu Nr. 14141 KV gestellt ist, erhöht sich die Gebühr nach Nr. 14140 KV für jedes weitere beteiligte Grundbuchamt um 0,1. Wird das Grundbuch nur bei einem Grundbuchamt geführt, greift Vorbem. 1.4 Abs. 3 S. 3 KV (→ Vorbem. 1.4 KV Rn 26).

Der **Geschäftswert** für die Gebühren Nr. 14140, 14141 KV richtet sich nach den allgemeinen Vorschriften, **3** dh insb. nach § 53 Abs. 1. Daneben ist § 44 Abs. 1 S. 2 als Sondervorschrift zu beachten, wenn bereits eine Mithaftentlassung stattgefunden hat.

Für die Eintragung der Entlassung aus der Mithaft von Belastungen ordnet Nr. 14142 KV einen Gebühren- **4** satz iHv 0,3 an. Der Geschäftswert bestimmt sich nach § 44 Abs. 1 S. 1.

II. Löschung von Belastungen (Nr. 14140, 14141, 14143 KV)

1. Anwendungsbereich (Vorbem. 1.4.1.4 KV). Nr. 14140–14143 KV sind nur auf die in Vorbem. 1.4.1.4 **5** KV genannten Belastungen anzuwenden. Diese Vorschrift ist hinsichtlich der aufgeführten Belastungen wortgleich zu der Regelung der Eintragung von Belastungen in Vorbem. 1.4.1.2 KV. Zu den einzelnen Rechten deshalb → Nr. 14120–14125 KV Rn 7. Die Löschung anderer als der dort genannten Rechte fällt nicht in den Anwendungsbereich von Unterabschnitt 4 und ist daher mangels Gebührentatbestand kostenfrei.[1] Dies gilt insb. für die **Löschung einer Verfügungsbeschränkung** oder der in Nr. 14160 KV genannten Belastungen. Die Ausnahme hiervon ist die Löschung einer Vormerkung, für die mit Nr. 14152 KV ein gesonderter Löschungsgebührentatbestand existiert.

2. Löschung einzelner Rechte (Nr. 14140, 14143 KV). Nach der Systematik des Gesetzes ist zwischen der **6** Löschung von Belastungen in Abteilung III des Grundbuchs (Nr. 14140 KV) und Löschung im Übrigen (Nr. 14143 KV) zu unterscheiden.

Für die **Löschung der in Abteilung III vorgetragenen Grundpfandrechte** fällt nach **Nr. 14140 KV** eine 0,5- **7** Gebühr, für alle übrigen Löschungen von Belastungen dagegen eine Festgebühr iHv 25 €. Letzteres soll zur Vereinfachung beitragen und insb. die Bewertungsprobleme bei Rechten, die zB aufgrund des Ablebens des Berechtigten wertlos geworden sind, erleichtern.[2]

Der Geschäftswert für die Löschung nach Nr. 14140 KV richtet sich grds. nach § 53 Abs. 1, also nach dem **8** Nennbetrag. Jedoch ist § 44 Abs. 1 S. 2 zu beachten. Soll also ein Grundpfandrecht gelöscht werden, bei dem bereits zumindest ein Grundstück aus der Mithaft entlassen worden ist, gilt für die Geschäftswertbestimmung § 44 Abs. 1 S. 1. Es ist also der Wert des (noch) belasteten Grundbesitzes ausschlaggebend, wenn dieser geringer ist als der Nennbetrag (→ § 44 Rn 7 ff).

3. Löschung eines Gesamtrechts (Nr. 14141 KV). a) Gesamtgrundpfandrecht bei verschiedenen Grund- **9** **buchämtern.** Nr. 14141 KV regelt den Fall, dass ein **Gesamtrecht** gelöscht wird und die betroffenen Grundbuchbücher bei verschiedenen Amtsgerichten geführt werden. Nr. 14141 KV greift dabei nur, wenn die Anträge gem. Anm. zu Nr. 14141 KV gleichzeitig bei einem Grundbuchamt gestellt werden oder bei gesonderter Antragstellung, wenn die Anträge innerhalb eines Monats bei den beteiligten Grundbuchämtern eingehen. Diese Formulierung ist gleichlautend mit der Anm. zu Nr. 14122 KV und zu Nr. 14131 KV, welche die Eintragung bzw die Veränderung eines Gesamtrechts umfasst. Zu Einzelheiten → Nr. 14120–14125 KV Rn 11 ff.

Kein Problem macht die Anwendung von Nr. 14141 KV, wenn es sich um die Löschung von Gesamtgrund- **10** pfandrechten handelt. Liegen in diesem Fall die Voraussetzungen von Nr. 14140 KV vor, fällt neben der Gebühr Nr. 14140 KV für jedes weitere beteiligte Grundbuchamt eine weitere Gebühr iHv 0,1 an. Diese Regelung entspricht der Gebührenerhebung im Falle der Eintragung eines Gesamtrechts (Nr. 14122 KV) bzw im Falle der Veränderung eines Gesamtrechts (Nr. 14131 KV). Der Geschäftswert sowohl der Gebühr Nr. 14140 KV, also auch der weiteren Gebühren nach Nr. 14141 KV richtet sich dabei, wie im Allgemeinen, nach § 53 Abs. 1 bzw § 44 Abs. 1 S. 2. Für die Gebührenfestsetzung gilt § 18 Abs. 3.

---

1 BT-Drucks 17/11471, S. 319. **2** BT-Drucks 17/11471, S. 320.

11 **b) Sonstige Gesamtrechte bei verschiedenen Grundbuchämtern.** Von der Gesetzesbegründung leider nicht problematisiert wird jedoch die äußerst fragliche, gebührenrechtliche Behandlung der Löschung eines Gesamtrechts, das nicht in Abteilung III des Grundbuchs geführt wird. Hier kommen einerseits andere echte Gesamtrechte – wie zB bei der Reallast[3] oder dem Erbbaurecht[4] – in Betracht, andererseits aber auch die „fiktiven" Gesamtrechte, bei denen zwar ein Gesamtrecht materiellrechtlich nicht anerkannt ist, aber das Kostenrecht dessen Existenz fingiert, wie zB in Vorbem. 1.4 Abs. 3 S. 2 KV.

12 Vorbem. 1.4.1.4 KV legt ausdrücklich fest, dass der (gesamte) Unterabschnitt 4 für die in der Vorbemerkung genannten Belastungen und somit auch Nr. 14141 KV für diese gilt. Diese Lesart wird vom Verfasser auch zu Nr. 14122 KV und Nr. 14131 KV vertreten (→ Nr. 14120–14125 KV Rn 11 und → Nr. 14130–14131 KV Rn 18). Nr. 14141 KV schränkt den Anwendungsbereich von Vorbem. 1.4.1.4 KV in ihrem Wortlaut auch nicht ein („Löschung eines Gesamtrechts"). Jedoch verweist diese Gebührenvorschrift ausdrücklich nur auf die Gebühr Nr. 14140 KV, welche nur für Grundpfandrechte gilt.

13 Zwar wäre eine analoge Anwendung von Nr. 14141 KV auf sonstige Gesamtrechte denkbar, wenn man das Vorliegen einer planwidrigen Regelungslücke annimmt. Jedoch ist dies zum einen fraglich, zum anderen stellt sich auch die analoge Anwendung problematisch dar, da für die übrigen Rechte eine Festgebühr gem. Nr. 14143 KV gilt und kein Gebührensatz wie in Nr. 14140 KV. Die Anwendung von Nr. 14141 KV setzt aber gerade so einen Gebührensatz voraus. Daher scheidet nach der hier vertretenen Auffassung eine analoge Anwendung aus.

14 Bei Nr. 14141 KV handelt es sich um eine Privilegierung der Löschung von Gesamtgrundpfandrechten bei verschiedenen Grundbuchämtern. Dies ergibt sich bereits aus der Anm. zu Nr. 14141 KV. Liegen die dort genannten Voraussetzungen nicht vor, greift Nr. 14141 KV nicht und für die Löschung der Grundpfandrechte bei den verschiedenen Grundbuchämtern gilt jeweils die Gebühr iHv 0,5 nach Nr. 14140 KV. Folgt man dieser Lesart und lehnt eine analoge Anwendung auf nicht in Abteilung III eingetragene (echte oder „fiktive") Gesamtrechte ab, dann folgt hieraus, dass für deren Löschung bei verschiedenen Grundbuchämtern auch jeweils die Gebühr nach Nr. 14143 KV anzusetzen ist.

15 **Beispiel:** Eine Gesamtreallast, die an drei Grundstücken eingetragen ist, soll gelöscht werden. Die Grundbücher werden bei drei verschiedenen Grundbuchämtern geführt. Nach der vorgenannten Auffassung fällt für die einheitlich beantragte Löschung der Gesamtreallast bei jedem Grundbuchamt nach Nr. 14143 KV jeweils eine Gebühr iHv 25 €, also insgesamt 75 € an.

16 **c) Gesamtrechte bei nur einem Grundbuchamt.** Betrifft das echte oder „fiktive" Gesamtrecht hingegen nur **ein Grundbuchamt,** dann greift die Privilegierung gem. Vorbem. 1.4 Abs. 3 S. 1 KV. Dies war bisher mangels ausdrücklicher Regelung strittig.[5] Mit dem „Gesetz zum Internationalen Erbrecht und zur Änderung von Vorschriften zum Erbschein sowie zur Änderung sonstiger Vorschriften" vom 29.6.2015,[6] welches am 4.7.2015 in Kraft getreten ist, hat der Gesetzgeber jedoch auch diese Streitfrage geklärt und mit dem neuen S. 3 zu Vorbem. 1.4 Abs. 3 KV Klarheit geschaffen. Vorbem. 1.4 Abs. 3 S. 3 KV legt nun ausdrücklich fest, dass – wie bisher vom Verfasser an dieser Stelle bereits vertreten – die Regelung in Vorbem. 1.4 Abs. 3 S. 1 KV zur Eintragung von (echten oder „fiktiven") Gesamtrechten bei demselben Grundbuchamt oder Registergericht für die Eintragung von Veränderungen und Löschungen von solchen Rechten entsprechend gilt.

17 **Beispiel:** Wie Beispiel → Rn 15, nur dass die mit der Reallast belasteten Grundstücke bei einem Grundbuch geführt werden. Für die Löschung der Gesamtreallast fällt auch hier die Gebühr Nr. 14143 KV iHv 25 € an, jedoch aufgrund Anwendung von Vorbem. 1.4 Abs. 3 S. 1 und 3 KV nur einmal. Die unterschiedliche Behandlung zu dem in Beispiel → Rn 15 genannten Sachverhalt ist gerechtfertigt, weil das GNotKG selbst diese Unterscheidung zwischen einem Gesamtrecht, das nur bei einem Grundbuchamt geführt wird (Vorbem. 1.4 Abs. 3 KV), und einem solchen Recht, das bei verschiedenen Grundbuchämtern geführt wird (Nr. 14122, 14131, 14141 KV), vornimmt.

III. Entlassung aus der Mithaft (Nr. 14142 KV)

18 Nr. 14142 KV legt für die Eintragung der **Entlassung aus der Mithaft** einen Gebührensatz von 0,3 fest. Eine Entlassung aus der Mithaft liegt vor, wenn eine in Vorbem. 1.4.1.4 KV genannte Belastung an mehreren Grundstücken eingetragen ist und die Löschung nur auf einem oder einigen Grundstücken, auf denen die Belastung ruht, erfolgen soll, nicht jedoch an allen Grundstücken.

19 Nr. 14142 KV gilt aufgrund der ausdrücklichen Formulierung in Vorbem. 1.4.1.4 KV somit für alle Gesamtrechte, gleich ob echte oder „fiktive".[7] Zu diesen Begriffen → Rn 11 f.

---

3 Vgl BeckOK Hügel/*Reetz*, GBO, § 48 Rn 18. **4** Vgl *von Oefele/Winkler*, Handbuch des Erbbaurechts, Rn 3.37. **5** Ablehnend bisher zB Korintenberg/*Hey'l*, Nr. 14140–14143 KV Rn 14 ff; OLG Köln 12.2.2015 – 2 Wx 30/15. **6** BGBl. 2015 I 1042. **7** AA Korintenberg/*Hey'l*, Nr. 14140–14143 KV Rn 20.

Der **Geschäftswert** richtet sich nach § 44 Abs. 1 S. 1 KV. Somit ist der Wert des entlassenen Grundstücks 20 mit dem Wert der Belastung zum Zeitpunkt der Eintragung der Entlassung aus der Mithaft zu vergleichen. Der niedrigere Wert ist ausschlaggebend. Zwar verweist § 44 Abs. 1 nur auf die Geschäftswertvorschriften für Grundpfandrechte, jedoch ist er auch auf andere Gesamtrechte entsprechend anzuwenden (→ Nr. 14120–14125 KV Rn 18 ff).

Beispiel: Eine Gesamtreallast, deren Wert zum Zeitpunkt der Entlassung aus der Mithaft gem. § 52 100.000 € 21 beträgt, ist an zwei Grundstücken eingetragen. Eines wird freigegeben, die Entlassung aus der Mithaft wird im Grundbuch eingetragen. Wert des freigegebenen Grundstücks ist 20.000 €. Gemäß Nr. 14142 KV fällt für die Eintragung eine Gebühr iHv 0,3 an aus dem Wert des freigegebenen Grundstücks iHv 20.000 €, da dieser Wert niedriger ist als der Wert der Reallast (§ 44 Abs. 1 S. 1 analog).

Unterabschnitt 5
Vormerkungen und Widersprüche

Nr.	Gebührentatbestand	Gebühr oder Satz der Gebühr nach § 34 GNotKG – Tabelle B
14150	Eintragung einer Vormerkung	0,5
14151	Eintragung eines Widerspruchs	50,00 €
14152	Löschung einer Vormerkung	25,00 €

I. Allgemeines und Anwendungsbereich

Teil 1 Hauptabschnitt 4 Abschnitt 1 Unterabschnitt 5 KV regelt die **Eintragung einer Vormerkung** und ei- 1 nes **Widerspruchs** sowie die **Löschung einer Vormerkung**. Nr. 14150 KV legt für Erstere einen Gebührensatz von 0,5 fest. Der Geschäftswert richtet sich nach § 45 Abs. 3 und ist der Wert des vorgemerkten Rechts. Für die **Eintragung eines Widerspruchs** wird hingegen eine Festgebühr iHv 50 € bestimmt (Nr. 14151 KV). Ebenfalls eine Festgebühr, jedoch iHv 25 € wird für die Löschung einer Vormerkung erhoben.

Der Wortlaut der Gebührenvorschriften ist eng auszulegen. Umfasst ist demnach nur die Eintragung und 2 Löschung der Vormerkung und die Eintragung des Widerspruchs, dagegen nicht deren **Veränderung** (zB **Rangrücktritt einer Vormerkung**) oder die **Löschung** des Widerspruchs. Mangels Gebührentatbestands sind diese Fälle gebührenfrei.[1]

Die Eintragung einer Löschungsvormerkung gem. § 1179 BGB bezieht Nr. 14150 KV ebenfalls nicht mit 3 ein, kostenrechtlich ist sie als Veränderung dem Gebührentatbestand der Nr. 14130 KV (Anm. Abs. 1 S. 1 zu Nr. 14130 KV) zuzuordnen.

II. Eintragung einer Vormerkung (Nr. 14150 KV)

Nr. 14150 KV setzt für die **Eintragung einer Vormerkung** in das Grundbuch einen Gebührensatz von 0,5 4 fest. Nr. 14150 KV umfasst jegliche Arten von Vormerkungen, gleich, ob sie auf die Begründung, Änderung oder Aufhebung eines Rechts gerichtet sind. Nicht enthalten ist jedoch die Löschungsvormerkung gem. § 1179 BGB, die unter Nr. 14130 KV fällt (Anm. Abs. 1 S. 1 zu Nr. 14130 KV). Daneben besteht gem. Vorbem. 1.4 Abs. 2 Nr. 1 KV Gebührenfreiheit für eine Vormerkung, die gem. § 18 Abs. 2 GBO von Amts wegen eingetragen wird.

Der **Geschäftswert** ergibt sich aus § 45 Abs. 3 und richtet sich nach dem Wert des vorgemerkten Rechts. 5 Gemäß § 45 Abs. 3 Hs 2 findet § 51 Abs. 1 S. 2 entsprechend Anwendung. Sichert eine Vormerkung daher ein Vor- oder Wiederkaufsrecht, ist der Geschäftswert von Nr. 14150 KV die Hälfte des Werts des Grundstücks, an dem das Vor- oder Wiederkaufsrecht besteht. Näheres hierzu → § 45 Rn 20 f.

Von Nr. 14150 KV nicht erfasst ist die Veränderung der Vormerkung. Diese bleibt mangels Gebührentatbe- 6 stands und nach dem Willen des Gesetzgebers gebührenfrei.[2] Für die Löschung gilt Nr. 14152 KV.

---

[1] Vgl BT-Drucks 17/11471, S. 319 ff.   [2] Vgl BT-Drucks 17/11471, S. 320 f.

7   **Beispiel:** Tritt der Käufer mit seiner bereits eingetragenen Eigentumsvormerkung hinter sein einzutragendes Finanzierungsgrundpfandrecht zurück, entsteht nur die Gebühr nach Nr. 14120 KV oder Nr. 14121 KV für die Eintragung des Grundpfandrechts. Die Eintragung des Rangrücktritts bei der Vormerkung ist demgegenüber gebührenfrei. Weder ist Nr. 14150 KV einschlägig, der nur für die Eintragung der Vormerkung gilt, noch Nr. 14130 KV, der lediglich für Veränderungen von Belastungen gem. Vorbem. 1.4.1.2 KV Anwendung findet. Hierunter fällt jedoch die Vormerkung nicht.

III. Eintragung eines Widerspruchs (Nr. 14151 KV)

8   Für die Eintragung eines Widerspruchs ergibt sich geschäftswertunabhängig eine Festgebühr iHv 50 € (Nr. 14151 KV). Hiervon sind alle Widersprüche erfasst, sowohl aufgrund zivilrechtlicher Vorschriften (§ 899 BGB) als auch aufgrund öffentlich-rechtlicher Vorschriften (zB § 7 Abs. 2 S. 1 GrdstVG). Ohne Belang ist auch, ob der Widerspruch aufgrund Antrags, aufgrund gerichtlichen oder behördlichen Ersuchens oder von Amts wegen einzutragen ist.[3] Jedoch besteht gem. Vorbem. 1.4 Abs. 2 Nr. 1 KV Gebührenfreiheit für Widersprüche, die gem. § 18 Abs. 2 oder § 53 GBO von Amts wegen eingetragen werden.

9   Aufgrund der bestehenden Festgebühr bedarf es keiner Geschäftswertbestimmung. Entsprechend zu Nr. 14150 KV fällt auch die Veränderung eines Widerspruchs nicht unter Nr. 14151 KV und ist gebührenfrei.[4] Näheres hierzu → Rn 6 f. Anders als bei der Vormerkung ist – mangels Gebührentatbestand – die Löschung eines Widerspruchs gebührenfrei.

IV. Löschung einer Vormerkung (Nr. 14152 KV)

10   Für die Löschung einer Vormerkung fällt geschäftswertunabhängig eine Festgebühr von 25 € an (Nr. 14152 KV). Dabei war bis kurz vor Inkrafttreten des GNotKG noch die Gebührenfreiheit der Vormerkungslöschung durch den Gesetzgeber geplant. Erst durch das Drängen der Länder im Vermittlungsausschuss von Bundestag und Bundesrat wurde am Ende des Gesetzgebungsverfahrens Nr. 14152 KV noch eingeführt.[5] Wie Nr. 14150 KV umfasst Nr. 14152 KV auch jede Art von Vormerkung mit Ausnahme der Löschungsvormerkung (→ Rn 4). Gebührenfreiheit gilt nur noch für die Löschung von Amts wegen gem. § 18 Abs. 2 GBO.

11   Nr. 14152 KV ist wortgetreu eng auszulegen. Umfasst ist nur die Löschung einer Vormerkung, nicht hingegen Veränderungen der Vormerkung, wie zB der Rangrücktritt. Letztere bleiben auch nach der Ergänzung im Vermittlungsausschuss gebührenfrei.

12   Da Nr. 14152 KV eine Festgebühr ist, ist der Geschäftswert nicht maßgeblich, vielmehr fallen für jede Löschung einer Vormerkung, sei es eine Eigentumsvormerkung oder eine Vormerkung zur Eintragung einer Dienstbarkeit, 25 € an.

13   **Beispiel:** Im Rahmen des Vollzugs eines Kaufvertrags wird erst eine Eigentumsvormerkung am verkauften Grundbesitz (Kaufpreis 500.000 €) eingetragen und dann mit Eigentumsumschreibung wie üblich gelöscht. Für die Eintragung der Vormerkung fällt hierbei eine halbe Gebühr nach Nr. 14150 KV aus 500.000 € (§§ 45 Abs. 3, 47) und für die Löschung der Vormerkung eine Gebühr von 25 € gem. Nr. 14152 KV an.

14   Für die Löschung einer Vormerkung, die einen einheitlichen Anspruch auf Verschaffung mehrerer Grundstücke sichert, fällt die Festgebühr gem. Vorbem. 1.4 Abs. 3 S. 3 KV (im Anwendungsbereich der Vorbem. 1.4 Abs. 3 S. 1 KV) nur einmal an.[6] Die anders lautende obergerichtliche Rspr[7] erging noch vor Einführung des S. 3 von Vorbem. 1.4 Abs. 3 KV (mWz 4.7.2015; → Vorbem. 1.4 KV Rn 26) und ist damit überholt.

---

3 Korintenberg/*Hey*l, Nr. 14160 KV Rn 13.   **4** Vgl BT-Drucks 17/11471, S. 321.   **5** Vgl BT-Drucks 17/14120, S. 3.   **6** Korintenberg/*Hey*l, Nr. 14160 KV Rn 16.   **7** Vgl OLG Köln RNotZ 2015, 352.

Unterabschnitt 6
Sonstige Eintragungen

Nr.	Gebührentatbestand	Gebühr oder Satz der Gebühr nach § 34 GNotKG – Tabelle B
14160	**Sonstige Eintragung** .... Die Gebühr wird erhoben für die Eintragung 1. eines Vermerks über Rechte, die dem jeweiligen Eigentümer zustehen, einschließlich des Vermerks hierüber auf dem Grundbuchblatt des belasteten Grundstücks; 2. der ohne Eigentumsübergang stattfindenden Teilung außer im Fall des § 7 Abs. 1 der Grundbuchordnung; 3. der ohne Eigentumsübergang stattfindenden Vereinigung oder Zuschreibung von Grundstücken; dies gilt nicht, wenn die das amtliche Verzeichnis (§ 2 Abs. 2 der Grundbuchordnung) führende Behörde bescheinigt, dass die Grundstücke örtlich und wirtschaftlich ein einheitliches Grundstück darstellen oder die Grundstücke zu einem Hof gehören; 4. einer oder mehrerer gleichzeitig beantragter Belastungen nach § 1010 BGB; die Gebühr wird für jeden belasteten Anteil gesondert erhoben, auch wenn es nur der Eintragung eines Vermerks bedarf, oder 5. einer oder mehrerer gleichzeitig beantragter Änderungen des Inhalts oder Eintragung der Aufhebung des Sondereigentums; die Gebühr wird für jedes betroffene Sondereigentum gesondert erhoben.	50,00 €

I. Allgemeines und Anwendungsbereich

In Teil 1 Hauptabschnitt 4 Abschnitt 1 Unterabschnitt 6 KV sind die **sonstigen Eintragungen in Grundbuchsachen** aufgeführt, die nach dem GNotKG Gebühren auslösen. Nr. 14160 KV ist **abschließend**. Soweit Eintragungen nicht hier oder in einer anderen Gebührenvorschrift des Abschnitts 1 genannt sind, sind sie gebührenfrei.[1] Für die in Nr. 14160 Nr. 1–5 KV genannten Eintragungen fällt jeweils eine Festgebühr iHv 50 € an. **1**

Nach der **Anm.** umfasst die Gebühr Nr. 14160 KV: die Eintragung eines **Herrschvermerks** (Nr. 1), die **Teilung** (Nr. 2), **Vereinigung** oder **Zuschreibung** (Nr. 3) **eines Grundstücks ohne Eigentumsübergang**, die Eintragung einer **Belastung nach § 1010 BGB** (Nr. 4) sowie die Eintragung einer **Inhaltsänderung oder der Aufhebung des Sondereigentums** (Nr. 5). **2**

II. Die einzelnen Tatbestände der Anm. zu Nr. 14160 KV

1. Herrschvermerk (Anm. Nr. 1). Die Gebührenerhebung für die beantragte Eintragung eines **Herrschvermerks** gem. § 9 GBO ist in Anm. Nr. 1 zu Nr. 14160 KV geregelt. Die Eintragung eines Vermerks über Rechte, die dem jeweiligen Eigentümer zustehen, löst eine Festgebühr iHv 50 € aus. Die Gebühr entsteht auch, wenn der Vermerk gleichzeitig mit der Belastung eingetragen wird, für die die Gebühr nach Nr. 14121 KV anfällt. **3**

Nr. 1 kommt bei allen Grunddienstbarkeiten in Betracht sowie bei Reallasten und Vorkaufsrechten, wenn sie ausdrücklich zugunsten des jeweiligen Eigentümers eines anderen Grundstücks eingetragen sind, so zB beim Erbbauzins.[2] Die Gebühr umfasst auch den Vermerk über die Eintragung des Herrschvermerks auf dem Grundbuchblatt des belasteten Grundstücks gem. § 9 Abs. 3 GBO (Nr. 14160 Nr. 1 Hs 2 KV). **4**

Nr. 1 nennt nur die **Eintragung** des Herrschvermerks. Dessen Berichtigung (§ 9 Abs. 2 GBO) oder Löschung ist nicht erfasst und damit gebührenfrei. **5**

2. Teilung eines Grundstücks (Anm. Nr. 2). Die Eintragung der **Teilung eines Grundstücks** in mehrere selbstständige Grundstücke löst gem. Anm. Nr. 2 zu Nr. 14160 KV – unabhängig vom Wert der Grundstücke – eine Gebühr iHv 50 € aus. **6**

Diese Gebühr fällt jedoch nur an, wenn nicht auch ein Eigentumsübergang eingetragen wird. Wird also für ein Teilgrundstück ein neues Grundbuchblatt angelegt, weil dieses auf einen neuen Eigentümer übertragen **7**

---

1 Vgl BT-Drucks 17/11471, S. 321 f. **2** *Hartmann*, KostG, § 67 KostO Rn 5.

wurde, entsteht die Gebühr nicht nach dieser Vorschrift, sondern nach Nr. 14110 KV für die Eintragung des Eigentümers.[3]

8   Nr. 2 greift auch dann nicht, wenn eine Teilung gem. § 7 Abs. 1 GBO erfolgt.

9   Eine **Zerlegung eines Grundstücks** in mehrere Flurnummern (zB aufgrund eines Fortführungsnachweises des Katasteramts), die im Bestandsverzeichnis unter einer laufenden Nummer vorgetragen sind, erfüllt nicht den Tatbestand von Nr. 2. Hier findet gerade noch keine Teilung in selbstständige Grundstücke statt, vielmehr bleibt es bei einem Grundstück im Rechtssinne, das nur aus mehreren Flurnummern besteht. Mangels Gebührentatbestands ist dies gebührenfrei.[4]

10   **3. Vereinigung oder Zuschreibung von Grundstücken (Anm. Nr. 3).** Entsprechend zur Teilung von Grundstücken, fällt auch für die **Vereinigung mehrerer selbstständiger Grundstücke** (§ 890 Abs. 1 BGB) und für die **Zuschreibung eines selbstständigen Grundstücks zu einem anderen als dessen Bestandteil** (§ 890 Abs. 2 BGB) eine Gebühr iHv 50 € gem. Anm. Nr. 3 zu Nr. 14160 KV an, wenn dies ohne Eigentumsübergang erfolgt (→ Rn 7).

11   Nach Sinn und Zweck sowie Formulierung der Vorschrift entsteht für eine Vereinigung oder Zuschreibung von mehreren Grundstücken die Gebühr Nr. 14160 KV nur einmal, wenn die Vereinigung oder Zuschreibung insgesamt beantragt ist. Wird demnach zB beantragt die Grundstücke A, B und C dem Grundstück D zuzuschreiben, ergibt sich einmal die Gebühr iHv 50 €.

12   Die Vereinigung oder Zuschreibung ist demgegenüber gebührenfrei, wenn das Katasteramt bescheinigt, dass die Grundstücke örtlich und wirtschaftlich ein einheitliches Grundstück bilden (Anm. Nr. 3 Hs 2 Alt. 1) oder zu einem Hof gehören (Anm. Nr. 3 Hs 2 Alt. 2; früher § 18 Alt. 1 HöfeVfO).

13   **4. Belastung nach § 1010 BGB (Anm. Nr. 4).** Für die Eintragung einer **Belastung nach § 1010 BGB** fällt nach Anm. Nr. 4 zu Nr. 14160 KV eine Gebühr iHv 50 € an. Hierbei wird die Gebühr für jeden belasteten Miteigentumsanteil gesondert erhoben, auch wenn es nur der Eintragung eines Vermerks bedarf.[5] Beinhaltet die einzutragende Belastung mehrere Vereinbarungen, zB wie üblich den **Ausschluss der Aufhebung der Gemeinschaft** sowie eine **Benutzungsregelung**, jeweils nach § 1010 Abs. 1 BGB, fällt die Gebühr (für jeden belasteten Miteigentumsanteil) nur einmal iHv 50 € an.[6]

14   Die Eintragung **sonstiger Verfügungsbeschränkungen** unterfallen nicht der Nr. 4 und sind somit gebührenfrei. Dies gilt insb. für die Eintragung einer **Nacherbfolge** oder **Testamentsvollstreckung**.[7]

15   **5. Inhaltsänderung oder Aufhebung von Sondereigentum (Anm. Nr. 5).** Für die **Inhaltsänderung** oder die **Aufhebung von Sondereigentum** ordnet Anm. Nr. 5 Hs 1 zu 14160 KV eine Gebühr von 50 € an. Nr. 5 Hs 2 stellt klar, dass die Gebühr für jedes betroffene Sondereigentum gesondert erhoben wird.

16   Inhaltsänderung ist dabei auch die Umwandlung von Wohnungs- in Teileigentum, und umgekehrt.[8] Der Aufhebung unterfallen die in § 9 Abs. 1 WEG genannten Sachverhalte. Mehrere Veränderungen lösen die Gebühr nur einmal aus, sofern sie gleichzeitig beantragt wurden;[9] auf identische Eintragungsvoraussetzungen oder die Möglichkeit des gleichzeitigen Antragsvollzugs kommt es hingegen nicht an.[10]

17   **Beispiel:** Wird nach Bildung der Wohnungsgrundbücher durch Nachtrag zur Teilungserklärung vier Eigentumswohnungen je ein Keller, der bisher im Gemeinschaftseigentum stand, als Sondereigentum hinzugefügt und wird dies in den vier Wohnungsgrundbüchern vermerkt, fällt wegen der vorgenommenen Inhaltsänderung die Gebühr Nr. 14160 Nr. 5 KV viermal an.

III. Sonstige Eintragungen

18   Nr. 14160 KV enthält keinen Auffangtatbestand und ist daher abschließend. Sofern demnach **sonstige Eintragungen** nicht ausdrücklich in Nr. 14160 KV oder an anderer Stelle in Abschnitt 1 genannt sind, entstehen hierfür keine Gebühren.[11]

19   Gebührenfrei sind daher:[12]

- **Verzicht auf das Eigentum;**
- **Anlegung eines Grundbuchblatts** für noch nicht im Grundbuch eingetragenes oder ausgeschiedenes Grundstück;
- nachträgliche Eintragung der **Zwangsvollstreckungsunterwerfung;**
- reine **Namens- oder Firmenberichtigung** (→ Nr. 14110–14112 KV Rn 14);

---

3 Vgl Korintenberg/*Hey*l, Nr. 14160 KV Rn 17; BDS/*Gutfried*, Nr. 14160 KV Rn 16. **4** Vgl BT-Drucks 17/11471, S. 316. **5** BT-Drucks 17/11471, S. 322. **6** BT-Drucks 17/11471, S. 322. **7** Vgl BT-Drucks 17/11471, S. 322. **8** Korintenberg/*Hey*l, Nr. 14160 KV Rn 27. **9** Korintenberg/*Hey*l, Nr. 14160 KV Rn 30; BDS/*Gutfried*, Nr. 14160 KV Rn 25. **10** OLG München NJOZ 2014, 1750 = Rpfleger 2015, 50; OLG München 23.4.2015 – 34 Wx 122/15, juris. **11** Vgl BT-Drucks 17/11471, S. 321 f. **12** Vgl hierzu ausf. BT-Drucks 17/11471, S. 321 f.

- Eintragung von **Miteigentumsanteilen an einem dienenden Grundstück** gem. § 3 Abs. 4, 5 GBO;
- Eintragung einer **Löschungserleichterung**, zB bei Ableben des Berechtigten (→ Nr. 14130–14131 KV Rn 8, 16);
- nachträgliche Eintragung einer Bedingung oder Befristung bei einer Vormerkung;
- Eintragung nach § 882 S. 2 BGB;
- Löschung eines **Hofvermerks**.

Abschnitt 2
Schiffs- und Schiffsbauregistersachen

Unterabschnitt 1
Registrierung des Schiffs und Eigentum

Nr.	Gebührentatbestand	Gebühr oder Satz der Gebühr nach § 34 GNotKG – Tabelle B
14210	Eintragung eines Schiffs	1,0
14211	Löschung der Eintragung eines Schiffs, dessen Anmeldung dem Eigentümer freisteht, auf Antrag des Eigentümers (§ 20 Abs. 2 Satz 2 der Schiffsregisterordnung)	50,00 €
14212	Löschung der Eintragung eines Schiffsbauwerks auf Antrag des Eigentümers des Schiffsbauwerks und des Inhabers der Schiffswerft, ohne dass die Löschung ihren Grund in der Ablieferung des Bauwerks ins Ausland oder im Untergang des Bauwerks hat	50,00 €
14213	Eintragung eines neuen Eigentümers	1,0

Unterabschnitt 2
Belastungen

Nr.	Gebührentatbestand	Gebühr oder Satz der Gebühr nach § 34 GNotKG – Tabelle B
	Vorbemerkung 1.4.2.2: Die Übertragung der im Schiffsbauregister eingetragenen Hypotheken in das Schiffsregister ist gebührenfrei.	
14220	Eintragung einer Schiffshypothek, eines Arrestpfandrechts oder eines Nießbrauchs	1,0
14221	Eintragung eines Gesamtrechts, das Schiffe oder Schiffsbauwerke belastet, für die das Register bei verschiedenen Gerichten geführt wird: Die Gebühr 14220 erhöht sich ab dem zweiten Gericht für jedes beteiligte Gericht um .... Diese Vorschrift ist anzuwenden, wenn der Antrag für mehrere Registergerichte gleichzeitig bei einem Registergericht gestellt wird oder bei gesonderter Antragstellung, wenn die Anträge innerhalb eines Monats bei den beteiligten Registergerichten eingehen.	0,2
14222	Eintragung eines Rechts, das bereits an einem anderen Schiff oder Schiffsbauwerk besteht, wenn nicht die Nummer 14221 anzuwenden ist	0,5

Unterabschnitt 3
Veränderungen

Nr.	Gebührentatbestand	Gebühr oder Satz der Gebühr nach § 34 GNotKG – Tabelle B
14230	Eintragung einer Veränderung, die sich auf eine Schiffshypothek, ein Arrestpfandrecht oder einen Nießbrauch bezieht	0,5
14231	Eintragung der Veränderung eines Gesamtrechts, wenn das Register bei verschiedenen Gerichten geführt wird: Die Gebühr 14230 erhöht sich ab dem zweiten für jedes weitere beteiligte Gericht um .... Diese Vorschrift ist anzuwenden, wenn der Antrag für mehrere Registergerichte gleichzeitig bei einem Registergericht gestellt wird oder bei gesonderter Antragstellung, wenn die Anträge innerhalb eines Monats bei den beteiligten Registergerichten eingehen.	0,1

Unterabschnitt 4
Löschung und Entlassung aus der Mithaft

Nr.	Gebührentatbestand	Gebühr oder Satz der Gebühr nach § 34 GNotKG – Tabelle B
14240	Löschung einer Schiffshypothek, eines Arrestpfandrechts oder eines Nießbrauchs	0,5
14241	Löschung eines Gesamtrechts, das Schiffe oder Schiffsbauwerke belastet, für die das Register bei verschiedenen Gerichten geführt wird: Die Gebühr 14240 erhöht sich ab dem zweiten für jedes weitere beteiligte Gericht um .... Diese Vorschrift ist anzuwenden, wenn der Antrag für mehrere Registergerichte gleichzeitig bei einem Registergericht gestellt wird oder bei gesonderter Antragstellung, wenn die Anträge innerhalb eines Monats bei den beteiligten Registergerichten eingehen.	0,1
14242	Eintragung der Entlassung aus der Mithaft	0,3

Unterabschnitt 5
Vormerkungen und Widersprüche

Nr.	Gebührentatbestand	Gebühr oder Satz der Gebühr nach § 34 GNotKG – Tabelle B
14250	Eintragung einer Vormerkung	0,5
14251	Eintragung eines Widerspruchs	50,00 €
14252	Löschung einer Vormerkung	25,00 €

Unterabschnitt 6
Schiffsurkunden

Nr.	Gebührentatbestand	Gebühr oder Satz der Gebühr nach § 34 GNotKG – Tabelle B
14260	Erteilung des Schiffszertifikats oder des Schiffsbriefs	25,00 €
14261	Vermerk von Veränderungen auf dem Schiffszertifikat oder dem Schiffsbrief	25,00 €

I. Allgemeines und Anwendungsbereich

Teil 1 Hauptabschnitt 4 Abschnitt 2 KV enthält die Kostentatbestände für **Eintragungen im Schiffs- und** **1** **Schiffsbauregister** sowie für die **Erteilung von Schiffsurkunden**. Der GBO entsprechend sind die einschlägigen Verfahrensvorschriften in der **Schiffsregisterordnung** (SchRegO) angesiedelt.

Inhalt und Aufbau von Abschnitt 2 entsprechen in der Grundstruktur dem Inhalt und Aufbau von Ab- **2** schnitt 1, in dem die Grundbuchsachen geregelt sind, so dass die dortige Kommentierung in weiten Teilen entsprechend herangezogen werden kann.

In Unterabschnitt 1 ist neben der **Eintragung eines neuen Eigentümers** (Nr. 14213 KV) auch die **Eintragung** **3** **eines Schiffs** (Nr. 14210 KV) sowie dessen **Löschung** (Nr. 14211 KV) bzw die **Löschung eines Schiffsbauwerks** (Nr. 14212 KV) geregelt. Für die beiden Letzteren fällt eine vom Geschäftswert unabhängige Festgebühr iHv 50 € an.

Unterabschnitt 2 legt – wie Unterabschnitt 2 in Grundbuchsachen – die Gebühren für die **Eintragungen von** **4** **Belastungen an einem Schiff oder Schiffsbauwerk** fest (Nr. 14220–14222 KV). Ebenfalls vergleichbar mit der Regelung in Grundbuchsachen ist in Unterabschnitt 3 die Eintragung einer **Veränderung von Belastungen** (Nr. 14230, 14231 KV) und in Unterabschnitt 4 die **Löschung von Belastungen** (Nr. 14240, 14241 KV) bzw die **Entlassung aus der Mithaft** (Nr. 14242 KV) geregelt. Die Eintragung von **Vormerkung** und **Widerspruch** und der Löschung der Vormerkung in das Schiffs- oder Schiffsbauregister ist in Unterabschnitt 5 in den Nr. 14250–14252 KV geregelt.

Eine Besonderheit im Vergleich zu den Gebührentatbeständen in Grundbuchsachen enthält Unterab- **5** schnitt 6, der die Erteilung eines **Schiffszertifikats** oder eines **Schiffsbriefs** (Nr. 14260 KV) sowie den **Vermerk von Veränderungen** auf diesen (Nr. 14261 KV) regelt. Hierfür fällt jeweils eine Festgebühr iHv 25 € an.

Soweit im Übrigen Eintragungen oder Löschungen in den einzelnen Gebührentatbeständen nicht geregelt **6** sind, fallen nach dem allgemeinen Grundsatz des GNotKG keine Gebühren an.

Der Geschäftswert bestimmt sich auch in Abschnitt 2 nach den allgemeinen Vorschriften des GNotKG, **7** insb. nach den §§ 46 f, 53. Daneben ist § 69 zu beachten, der auch in Angelegenheiten des Schiffs- und Schiffsbauregister gilt.

II. Die einzelnen Gebührentatbestände

1. Registrierung des Schiffs und Eigentum (Nr. 14210–14213 KV). Nr. 14210 KV erfasst die **Eintragung** **8** **eines Schiffs** im Schiffsregister. Hierfür fällt nun ein Gebührensatz von 1,0 an. Mit dieser Gebühr sind alle eintragungspflichtigen Tatsachen und Rechtsverhältnisse der **Ersteintragung** abgegolten, wie zB die **Eintragung des Eigentümers** und die Eintragung des Rechtsgrunds für den Erwerb.[1] Die Gebühr fällt auch an, wenn das im Bau befindliche Schiff im Schiffsbauregister eingetragen war und nun das fertige Schiff in das Schiffsregister eingetragen wird. Die Eintragung des Schiffsbauwerks ins Schiffsbauregister bleibt aber weiterhin – mangels Gebührentatbestand – kostenfrei. Der Geschäftswert für Nr. 14210 KV bestimmt sich nach den allgemeinen Vorschriften, also insb. nach dem Verkehrswert des Schiffs (§ 46).

Nr. 14211, 14212 KV setzt für die **Löschung von Schiffen und Schiffsbauwerken** eine Festgebühr an. In **9** letzterem Fall fällt nur für einen bestimmten Löschungsvorgang eine Gebühr an. Die übrigen Fälle der Löschung eines Schiffsbauwerks sind gebührenfrei.

Nr. 14213 KV erfasst die **spätere Eintragung eines Eigentümers** am Schiff oder Schiffsbauwerk. Trotz des **10** abweichenden Wortlauts zu Nr. 14110 Nr. 1 KV, fällt auch bei der (gleichzeitigen) Eintragung von Mitei-

---

1 Vgl BT-Drucks 17/11471, S. 323.

gentümern die Gebühr nur einmal an, da ein Gleichlauf zu den Grundbuchgebühren erreicht werden soll.[2] Vorbem. 1.4 Abs. 3 KV ist zu beachten.

11   **2. Belastungen, deren Veränderungen und Löschung (Nr. 14220–14242 KV).** Unterabschnitte 2–4 sind im Wesentlichen den Bestimmungen in Grundbuchsachen nachgebildet, so dass größtenteils auf die dortige Kommentierung verwiesen werden kann.

12   Die **Belastungen an den Schiffen und Schiffsbauwerken** unterscheiden sich jedoch hinsichtlich der Belastungen in Grundbuchsachen. In Betracht kommen hier nur eine **Schiffshypothek**, ein **Arrestpfandrecht** oder ein **Nießbrauch**. In Vorbem. 1.4.2.2 KV wird festgelegt, dass die Übertragung der im Schiffsbauregister eingetragenen Hypotheken in das Schiffsregister gebührenfrei ist und nicht unter Nr. 14220 KV fällt.

13   Wie bereits in Grundbuchsachen sowie auch im übrigen GNotKG können Gebühren nur erhoben werden, wenn auch ein Gebührentatbestand vorhanden ist. So sind auch nur die Veränderungen, die sich auf die ausdrücklich in Nr. 14230 KV genannten Belastungen beziehen, gebührenpflichtig. Die Eintragung von Veränderungen im Übrigen ist kostenfrei. In Betracht kommen hier insb. Veränderungen, die das Schiff betreffen.

14   **3. Eintragung einer Vormerkung oder eines Widerspruchs sowie Löschung einer Vormerkung (Nr. 14250–14252 KV).** Nr. 14250–14252 KV entsprechen den Bestimmungen in Grundbuchsachen (Nr. 14150–14152 KV). Auf die dortige Kommentierung kann verwiesen werden. Wie auch in Grundbuchangelegenheiten sind nur die **Eintragung von Vormerkung und Widerspruch** sowie die **Löschung der Vormerkung** gebührenpflichtig. Veränderungen (zB Rangrücktritt) sowie **Löschung eines Widerspruchs** sind hingegen kostenfrei.

15   **4. Schiffsurkunden (Nr. 14260, 14261 KV).** Nr. 14260 KV legt die Gebühr für die Erteilung des **Schiffszertifikats** (bei Seeschiffen) und des **Schiffsbriefs** (bei Binnenschiffen) fest (vgl § 60 Abs. 1 SchRegO). Die Erteilung eines **Flaggenzeugnisses** ist nicht aufgeführt und ist damit gebührenfrei. Gemäß Nr. 14260 KV fällt eine Festgebühr iHv 25 € (Mindestgebühr des GNotKG) an.

16   Nr. 14261 KV setzt für den **Vermerk von Veränderungen** auf dem Schiffszertifikat oder dem Schiffsbrief ebenfalls eine Festgebühr von 25 € fest. Zu vermerken sind insb. Veränderungen in den eingetragenen Tatsachen (zB Name, Heimathafen, Eigentümer, Schiffshypotheken, Nießbrauch).[3]

Abschnitt 3
Angelegenheiten des Registers für Pfandrechte an Luftfahrzeugen

Unterabschnitt 1
Belastungen

Nr.	Gebührentatbestand	Gebühr oder Satz der Gebühr nach § 34 GNotKG – Tabelle B
14310	Eintragung eines Registerpfandrechts	1,0
14311	Eintragung eines Registerpfandrechts, das bereits an einem anderen Luftfahrzeug besteht	0,5

Unterabschnitt 2
Veränderungen

Nr.	Gebührentatbestand	Gebühr oder Satz der Gebühr nach § 34 GNotKG – Tabelle B
14320	Eintragung der Veränderung eines Registerpfandrechts	0,5

---

2 BT-Drucks 17/11471, S. 323 f. **3** Korintenberg/*Tiedtke*, Nr. 14310, 14311 KV Rn 4.

Unterabschnitt 3
Löschung und Entlassung aus der Mithaft

Nr.	Gebührentatbestand	Gebühr oder Satz der Gebühr nach § 34 GNotKG – Tabelle B
14330	Löschung eines Registerpfandrechts	0,5
14331	Eintragung der Entlassung aus der Mithaft	0,3

Unterabschnitt 4
Vormerkungen und Widersprüche

Nr.	Gebührentatbestand	Gebühr oder Satz der Gebühr nach § 34 GNotKG – Tabelle B
14340	Eintragung einer Vormerkung	0,5
14341	Eintragung eines Widerspruchs	50,00 €
14342	Löschung einer Vormerkung	25,00 €

I. Allgemeines und Anwendungsbereich

In Teil 2 Hauptabschnitt 4 Abschnitt 3 KV sind die Gebührentatbestände für Eintragungen in das **Register** **1** **für Pfandrechte an Luftfahrzeugen** geregelt, die auf der Grundlage des Gesetzes über Rechte an Luftfahrzeugen (LuftFzgG) erfolgen.

Wie bereits bei den Schiffs- und Schiffsbauregistersachen ist der Inhalt und Aufbau des Abschnitts 3 dem **2** Inhalt und Aufbau in Grundbuchsachen angeglichen. Die Gebührentatbestände der Nr. 14310–14341 KV erfassen folgende Bereiche: Eintragung eines **Registerpfandrechts** (Nr. 14310, 14311 KV), **Veränderung** eines solchen (Nr. 14320 KV), **Löschung** (Nr. 14330 KV) bzw **Entlassung aus der Mithaft** (Nr. 14331 KV), Eintragung einer **Vormerkung** (Nr. 14340 KV) und eines **Widerspruchs** (Nr. 14341 KV) sowie die **Löschung einer Vormerkung** (Nr. 14342 KV).

Die Gebührensätze sind ebenfalls den Gebührensätzen in Grundbuchsachen angepasst. **3**

Für die Geschäftswertbestimmung gelten die allgemeinen Vorschriften, also im Wesentlichen § 53 Abs. 1 **4** und § 45 Abs. 3.

II. Sonstiges

Im Übrigen kann hinsichtlich der Nr. 14310–14341 KV auf die entsprechende Kommentierung in Grund- **5** buchsachen verwiesen werden, da die Regelungen inhaltlich übereinstimmen. An die Stelle der Belastungen in Grundbuchsachen tritt lediglich das Registerpfandrecht nach dem LuftFzgG. Nachfolgend sind deswegen die entsprechenden Gebührentatbestände in Grundbuchsachen jeweils den hiesigen Gebührennummern in Klammern beigefügt: Nr. 14310 KV (Nr. 14121 KV); Nr. 14311 KV (14123 KV); Nr. 14320 KV (Nr. 14130 KV); Nr. 14330 KV (Nr. 14140 KV); Nr. 14331 KV (Nr. 14142 KV); Nr. 14340 KV (Nr. 14150 KV); Nr. 14341 KV (Nr. 14151 KV); Nr. 14342 (Nr. 14152 KV).

Abschnitt 4
Zurückweisung und Zurücknahme von Anträgen

Nr.	Gebührentatbestand	Gebühr oder Satz der Gebühr nach § 34 GNotKG – Tabelle B
	Vorbemerkung 1.4.4: Dieser Abschnitt gilt für die Zurückweisung und die Zurücknahme von Anträgen, die auf die Vornahme von Geschäften gerichtet sind, deren Gebühren sich nach diesem Hauptabschnitt bestimmen. Die in diesem Abschnitt bestimmten Mindestgebühren sind auch dann zu erheben, wenn für die Vornahme des Geschäfts keine Gebühr anfällt.	
14400	Zurückweisung eines Antrags .... Von der Erhebung von Kosten kann abgesehen werden, wenn der Antrag auf unverschuldeter Unkenntnis der tatsächlichen oder rechtlichen Verhältnisse beruht. § 21 Abs. 2 GNotKG gilt entsprechend.	50 % der für die Vornahme des Geschäfts bestimmten Gebühr – mindestens 15,00 €, höchstens 400,00 €
14401	Zurücknahme eines Antrags vor Eintragung oder vor Ablauf des Tages, an dem die Entscheidung über die Zurückweisung der Geschäftsstelle übermittelt oder ohne Beteiligung der Geschäftsstelle bekannt gegeben wird .... Von der Erhebung von Kosten kann abgesehen werden, wenn der Antrag auf unverschuldeter Unkenntnis der tatsächlichen oder rechtlichen Verhältnisse beruht. § 21 Abs. 2 GNotKG gilt entsprechend.	25 % der für die Vornahme des Geschäfts bestimmten Gebühr – mindestens 15,00 €, höchstens 250,00 €

I. Allgemeines und Anwendungsbereich

1   Teil 1 Hauptabschnitt 4 Abschnitt 4 KV regelt die Gebührenerhebung, wenn in Grundbuchsachen, Schiffs- und Schiffsbauregistersachen oder in Angelegenheiten des Registers für Pfandrechte an Luftfahrzeugen (Vorbem. 1.4.4 S. 1 KV) **Anträge zurückgewiesen** oder **zurückgenommen** werden. Eine solche Regelung ist schon deswegen notwendig, weil es sich bei den Gebühren in Hauptabschnitt 4 um sog. Aktgebühren handelt, die erst mit Eintragung anfallen (→ Vorbem. 1.4 KV Rn 4).

2   Gemäß Nr. 14400 KV fällt bei einer **Antragszurückweisung** eine Gebühr iHv 50 % der Gebühr, die für die Vornahme des Geschäfts angefallen wäre, an, mindestens aber 15 € und höchstens 400 €.

3   Wird ein Antrag vor Eintragung oder vor Zurückweisung zurückgenommen, fällt eine Gebühr iHv 25 % der für die Vornahme der Geschäfts bestimmten Gebühr an, mindestens aber 15 € und höchstens 400 € (Nr. 14401 KV).

II. Gebührentatbestände der Nr. 14400, 14401 KV

4   **1. Zurückweisung eines Antrags (Nr. 14400 KV).** Wie sich bereits aus der systematischen Stellung von Abschnitt 4 ergibt, gilt dieser für alle Anträge, die auf die Vornahme der in Teil 1 Hauptabschnitt 4 Abschnitte 1–3 KV genannten Geschäfte gerichtet sind. Dies stellt Vorbem. 1.4.4 S. 1 KV nochmals klar.

5   Für die **Zurückweisung eines Antrags** durch das Grundbuchamt oder das zuständige Register fällt gem. Nr. 14400 KV die Hälfte der für die Vornahme des Geschäfts bestimmten Gebühr an, mindestens aber 15 € und höchstens 400 €.

6   Diese Gebühr entsteht mit dem Wirksamwerden der Zurückweisungsentscheidung bzw mit deren Bekanntmachung. Wird der Beschluss aufgrund einer Beschwerde durch ein Gericht aufgehoben, entfällt die Gebühr. Die Zwischenverfügung gem. § 18 GBO ist keine Zurückweisung iSv Nr. 14400 KV.[1]

---

[1] Vgl Korintenberg/*Tiedtke*, Vorbem. 1.4.4 KV Rn 2.

Vorbem. 1.4.4 S. 2 KV stellt klar, dass die genannte Mindestgebühr auch dann entsteht, wenn für die Vornahme des Geschäfts keine Gebühr anfällt.   **7**

Beispiel: Es wird nachträglich die Eintragung einer Löschungserleichterung bei einem Nießbrauch beantragt. Dieser Antrag wird (rechtmäßig) zurückgewiesen. Hier fällt eine (Mindest-)Gebühr nach Nr. 14400 KV iHv 15 € an, weil die Eintragung gebührenfrei gewesen wäre (→ Nr. 14130–14131 KV Rn 8, 16).   **8**

2. Zurücknahme eines Antrags (Nr. 14401 KV). Nr. 14401 KV regelt die Gebührenerhebung, wenn ein Antrag (wirksam) zurückgenommen wurde. In diesem Fall entsteht eine Gebühr iHv einem Viertel der für die Vornahme des Geschäfts bestimmten Gebühr, mindestens aber 15 € und höchstens 400 €. Hinsichtlich der Anwendung von Vorbem. 1.4.4 S. 2 KV kann auf → Rn 7 f verwiesen werden.   **9**

Eine Antragsrücknahme gem. Nr. 14401 KV liegt nur vor, wenn die Rücknahme vor Eintragung (mit Eintragung fällt nämlich die Eintragungsgebühr an, → Rn 1) oder vor Ablauf des Tages erfolgt, an dem die Entscheidung über die Zurückweisung des Antrags der Geschäftsstelle übermittelt oder ohne deren Beteiligung dieser bekannt gegeben wird. Erfolgt im letzteren Fall die Rücknahme nach dem genannten Zeitpunkt, fällt statt der Gebühr Nr. 14401 KV die Gebühr Nr. 14400 KV an. Mithilfe von Nr. 14401 Alt. 2 KV soll eine eindeutige Abgrenzung möglich sein, wenn Antragsrücknahme und -zurückweisung „zusammenfallen". Demnach kommt es nicht auf den gegebenenfalls schwer feststellbaren Zeitpunkt der Wirksamkeit der Zurückweisungsentscheidung, sondern auf den Ablauf des Tages an, an der die Entscheidung der Geschäftsstelle übermittelt bzw ohne deren Beteiligung bekannt gegeben wurde.   **10**

3. Absehen von Kosten; mehrere Anträge (Anm.). In beiden Fällen von Abschnitt 4 (also Nr. 14400 und 14401 KV) kann von der **Kostenerhebung abgesehen** werden, wenn der Antrag auf unverschuldeter Unkenntnis der tatsächlichen oder rechtlichen Verhältnisse beruht; § 21 Abs. 2 gilt dabei entsprechend. Die **Anm.** zu Nr. 14400 KV bzw zu Nr. 14401 KV wiederholt dabei nur die Regelung in § 21 Abs. 1 S. 3 (→ § 21 Rn 31). Ist der Antragsteller Vertreter, kommt es auf dessen Unkenntnis an, also ggf auch auf die des Notars.[2] Die Entscheidung ist von Amts wegen durch das Gericht nach seinem pflichtgemäßen Ermessen zu treffen.[3]   **11**

Werden **mehrere Anträge** zurückgenommen oder zurückgewiesen, fallen die Gebühren nach Nr. 14400, 14401 KV jeweils je Antrag gesondert an.[4]   **12**

<h2 style="text-align:center">Abschnitt 5
Rechtsmittel</h2>

Nr.	Gebührentatbestand	Gebühr oder Satz der Gebühr nach § 34 GNotKG – Tabelle B
Vorbemerkung 1.4.5:	Sind für die Vornahme des Geschäfts Festgebühren bestimmt, richten sich die Gebühren im Rechtsmittelverfahren nach Hauptabschnitt 9.	

<h2 style="text-align:center">Unterabschnitt 1
Beschwerde gegen die Endentscheidung wegen des Hauptgegenstands</h2>

Nr.	Gebührentatbestand	Gebühr oder Satz der Gebühr nach § 34 GNotKG – Tabelle B
14510	Verfahren im Allgemeinen: Soweit die Beschwerde verworfen oder zurückgewiesen wird	1,0 – höchstens 800,00 €

---

2 OLG Celle Rpfleger 1970, 365; BDS/*Gutfried*, Nr. 14400 KV Rn 10.   **3** Korintenberg/*Tiedtke*, Vorbem. 1.4.5 KV Rn 6; BDS/ *Gutfried*, Nr. 14400 KV Rn 11.   **4** BT-Drucks 17/11471, S. 325.

Nr.	Gebührentatbestand	Gebühr oder Satz der Gebühr nach § 34 GNotKG – Tabelle B
14511	Verfahren im Allgemeinen: Beendigung des gesamten Verfahrens ohne Endentscheidung .... Diese Gebühr ist auch zu erheben, wenn die Beschwerde vor Ablauf des Tages, an dem die Endentscheidung der Geschäftsstelle übermittelt wird, zurückgenommen wird.	0,5 – höchstens 400,00 €

Unterabschnitt 2
Rechtsbeschwerde gegen die Endentscheidung wegen des Hauptgegenstands

Nr.	Gebührentatbestand	Gebühr oder Satz der Gebühr nach § 34 GNotKG – Tabelle B
14520	Verfahren im Allgemeinen: Soweit die Rechtsbeschwerde verworfen oder zurückgewiesen wird	1,5 – höchstens 1.200,00 €
14521	Verfahren im Allgemeinen: Beendigung des gesamten Verfahrens durch Zurücknahme der Rechtsbeschwerde oder des Antrags, bevor die Schrift zur Begründung der Beschwerde bei Gericht eingegangen ist	0,5 – höchstens 400,00 €
14522	Verfahren im Allgemeinen: Beendigung des gesamten Verfahrens durch Zurücknahme der Rechtsbeschwerde oder des Antrags vor Ablauf des Tages, an dem die Endentscheidung der Geschäftsstelle übermittelt wird, wenn nicht Nummer 14521 erfüllt ist:	1,0 – höchstens 800,00 €

Unterabschnitt 3
Zulassung der Sprungrechtsbeschwerde gegen die Endentscheidung wegen des Hauptgegenstands

Nr.	Gebührentatbestand	Gebühr oder Satz der Gebühr nach § 34 GNotKG – Tabelle B
14530	Verfahren über die Zulassung der Sprungrechtsbeschwerde: Soweit der Antrag abgelehnt wird:	0,5 – höchstens 400,00 €

I. Allgemeines und Anwendungsbereich

Teil 1 Hauptabschnitt 3 Abschnitt 5 KV regelt in den Nr. 14510–14530 KV die Gebührenvorschriften für **Rechtsmittel** in den von Abschnitt 1–3 erfassten Angelegenheiten, also in **Grundbuch-, Schiffs- und Schiffsbauregistersachen** und in Angelegenheiten des **Registers für Pfandrechte an Luftfahrzeugen**. Die Vorschriften gleichen den anderen im GNotKG enthaltenen Gebührenvorschriften für Rechtsmittel, vgl nur Teil 1 Hauptabschnitt 1 Abschnitte 2–4 KV (Betreuungssachen) oder Teil 1 Hauptabschnitt 2 Abschnitt 5 Unterabschnitte 3–5 KV (Übrige Nachlasssachen). Die Gebührensätze sind jedoch teilweise niedriger als in den anderen Teilen des GNotKG. Dies liegt daran, dass auch die Gebühren in der „ersten Instanz", also beim Grundbuchamt bzw Register, idR niedriger sind als in den ersten Instanzen der anderen Angelegenheiten des GNotKG.[1]   1

Nr. 14510–14530 KV erfassen nur die Rechtsmittel in der Hauptsache und nicht Rechtsmittel gegen die Kostenfestsetzung gem. dem GNotKG („… Endentscheidung wegen des Hauptgegenstands"). In Grundbuchsachen sind also die §§ 71–81 GBO erfasst, in den anderen Registern ist dies entsprechend geregelt.   2

Vorbem. 1.4.5 KV legt fest, dass nicht Abschnitt 5, sondern Hauptabschnitt 9 KV gilt für Rechtsmittel, wenn für die Vornahme des Geschäfts Festgebühren bestimmt sind, wie zB in Nr. 14160 KV. Hiermit bezweckt der Gesetzgeber, dass für diese Rechtsmittel die allgemeine Auffangbeschwerde (Nr. 19116 KV) bzw Auffangrechtsbeschwerde (Nr. 19126 KV) Anwendung findet.[2] In diesen Verfahren soll für das Rechtsmittel ebenfalls eine Verfahrensfestgebühr gelten: im ersten Fall 60 €, im zweiten 120 €.   3

In den Nr. 14510, 14511 KV ist die Verfahrensgebühr für die **Beschwerde** geregelt. Diese beträgt grds. 1,0 und höchstens 800 € (Nr. 14510 KV). Ergeht keine Endentscheidung, halbiert sich sowohl der Gebührensatz als auch die Höchstgebühr (Nr. 14511 KV).   4

Die **Rechtsbeschwerde** wird von den Nr. 14520–14522 KV erfasst. Hier bestimmt Nr. 14520 KV grds. einen Gebührensatz von 1,5 und höchstens 1.200 €. Wird die Rechtsbeschwerde oder der Antrag zurückgenommen, beträgt die Gebühr nur 1,0, höchstens jedoch 800 € (Nr. 14522 KV). Erfolgt dies vor Eingang einer Rechtsbeschwerdebegründung, beträgt die Gebühr nur 0,5 und höchstens 400 € (Nr. 14521 KV).   5

Der Geschäftswert bestimmt sich nach § 61, der § 40 FamGKG nachgebildet ist.   6

Bei Nr. 14530 KV (Zulassung der Sprungrechtsbeschwerde gegen die Endentscheidung wegen des Hauptgegenstands) dürfte es sich um ein Versehen des Gesetzgebers handeln, da diese Vorschrift in Teil 1 Hauptabschnitt 4 KV wohl keinen Anwendungsbereich hat (→ Rn 20 ff).   7

II. Allgemeine Voraussetzungen

Wie sich aus der systematischen Stellung ergibt, gilt Abschnitt 5 nur für die Angelegenheiten in Teil 1 Hauptabschnitt 4 KV, also für Grundbuch-, Schiffs- und Schiffsbauregistersachen und in Angelegenheiten des Registers für Pfandrechte an Luftfahrzeugen. Die erfassten Vorschriften sind daher im Wesentlichen die §§ 71–81 GBO, §§ 75–83 SchRegO und § 95 Abs. 1 LuftFzgG, der auf die vorgenannten Vorschriften der SchRegO verweist.   8

III. Beschwerde (Nr. 14510, 14511 KV)

Nr. 14510, 14511 KV legen die Verfahrensgebühr für die **Beschwerde** in den Angelegenheiten von Teil 1 Hauptabschnitt 4 KV fest.   9

Nr. 14510 KV hat dabei als Voraussetzung, dass die Beschwerde durch das Beschwerdegericht als unzulässig **verworfen** oder als unbegründet **zurückgewiesen** wird. Die Gebühr fällt somit nur an, soweit die Beschwerde keinen Erfolg hat. Wird der Beschwerde stattgegeben, fällt also keine Gebühr nach Nr. 14510, 14511 KV an. Gleiches gilt, wenn das Grundbuchamt oder Registergericht der Beschwerde abhilft, zB gem. § 75 GBO. Die Gebühr entfällt wieder, wenn die Beschwerde zwar verworfen oder zurückgewiesen wurde, diese Entscheidung aber vom Gericht der Rechtsbeschwerde wieder aufgehoben wurde. Umgekehrt gilt dies entsprechend: Hatte die Beschwerde Erfolg, ist die Gebühr nicht angefallen. Wird die Entscheidung des Beschwerdegerichts aber dann vom Rechtsbeschwerdegericht aufgehoben und der Antrag zurückgewiesen, fallen nun die Gebühren Nr. 14510 KV und Nr. 14520 KV an.   10

Wird das Verfahren **ohne Endentscheidung** beendet, fällt gem. **Nr. 14511 KV** nur eine Gebühr iHv 0,5, höchstens 400 € an. Anders als bei der Rechtsbeschwerde (vgl Nr. 14521, 14522 KV) sieht der Gebührentatbestand der Nr. 14511 KV die „**Beendigung des … Verfahrens ohne Endentscheidung**" vor und nicht die „Beendigung durch Zurücknahme" der Beschwerde. In Betracht kommt also auch eine anderweitige Erledigung des Verfahrens.[3] Nach Sinn und Zweck der Vorschrift kann aber eine Beendigung durch Abhilfe, zB   11

---

1 Vgl BT-Drucks 17/11471, S. 326. **2** BT-Drucks 17/11471, S. 326. **3** Vgl BayObLG Rpfleger 1963, 310, 311.

gem. § 75 GBO, nicht erfasst sein. Hier bekommt der Beschwerdeführer gerade Recht. Eine Kostentragungspflicht für die Beschwerde scheidet daher aus.

12   Der wesentliche Anwendungsfall wird also die **Rücknahme der Beschwerde** sein. Die Anm. zu Nr. 14511 KV legt dabei fest, dass die nach Nr. 14511 KV niedrigere Gebühr auch dann einschlägig ist, wenn die Beschwerde vor Ablauf des Tages, an dem die Endentscheidung der Geschäftsstelle übermittelt wird, zurückgenommen wird. Hierdurch soll eine leichtere Abgrenzung von Nr. 14510 und Nr. 14511 KV möglich sein. Die Formulierung entspricht der in Nr. 14401 Alt. 2 Unteralt. 1 KV (→ Nr. 14400–14401 KV Rn 10).

13   Eine der Nr. 14521 KV bei der Rechtsbeschwerde entsprechende Vorschrift („frühe Rücknahme") fehlt bei der Beschwerde, weil diese – anders als die Rechtsbeschwerde – in den Angelegenheiten von Teil 1 Hauptabschnitt 4 KV nicht zwingend einer Begründung bedarf.[4]

14   Der **Geschäftswert** bestimmt sich nach § 61. Ausschlaggebend sind demnach die Anträge des Rechtsmittelführers (§ 61 Abs. 1 S. 1), wobei der Wert durch den Geschäftswert des ersten Rechtszuges begrenzt ist (§ 61 Abs. 2).

15   Es ist anzunehmen, dass sich trotz neuer Vorschrift die Geschäftswertbestimmung weiterhin nach dem Geschäftswert in der ersten Instanz, also nach dem Geschäftswert für die jeweils beantragte Eintragung oder Löschung, richtet.

IV. Rechtsbeschwerde (Nr. 14520–14522 KV)

16   Hinsichtlich der Gebührenvorschriften für die Rechtsbeschwerde (Nr. 14520–14522 KV) gelten die vorstehenden Erläuterungen für die Beschwerde entsprechend (→ Rn 9 ff). Anders als Nr. 14511 KV sehen die Nr. 14521, 14522 KV aber ausdrücklich nur die Beendigung des Verfahrens durch **Zurücknahme der Rechtsbeschwerde oder des Antrags** vor und nicht auch eine anderweitige Beendigung ohne Endentscheidung. Praktisch führt dies aber zu keinem wesentlichen Unterschied (→ Rn 11 f), da ebenso das Rechtsbeschwerdeverfahren in den übrigen Fällen, zB bei Erledigung oder Abhilfe, gebührenfrei ist.

17   Bei der Rechtsbeschwerde sieht das Gesetz auch eine weitere Gebührenprivilegierung vor, nämlich für den Fall der sog. **frühen Rücknahme.**[5] Danach fällt nach **Nr. 14521 KV** nur eine 0,5-Gebühr, höchstens jedoch 400 € an, wenn die Rechtsbeschwerde oder der Antrag vor Eingang der Begründungsschrift zur Rechtsbeschwerde (§ 71 Abs. 2 FamFG) bei Gericht zurückgenommen wird.

18   Die Nr. 14520–14522 KV enthalten keinen Gebührensatz für ein Verfahren gegen die Entscheidung über die **Nichtzulassung der Rechtsbeschwerde,** weil ein solcher Rechtsbehelf in den Angelegenheiten von Teil 1 Hauptabschnitt 4 KV nicht statthaft ist.

19   Für den **Geschäftswert** gelten die Ausführungen zur Beschwerde entsprechend (→ Rn 14).

V. Zulassung der Sprungrechtsbeschwerde (Nr. 14530 KV)

20   Bei Nr. 14530 KV dürfte es sich um ein Versehen des Gesetzgebers handeln, der die Gebühr für das Verfahren über die **Zulassung der Sprungrechtsbeschwerde** von den anderen Gebührenvorschriften für Rechtsmittel im GNotKG einfach übernommen hat, vgl zB Teil 1 Hauptabschnitt 1 Abschnitt 4 KV (Betreuungssachen) oder Teil 1 Hauptabschnitt 2 Abschnitt 5 Unterabschnitt 5 KV (Übrige Nachlasssachen).

21   In Grundbuch-, Schiffs- und Schiffsbauregistersachen und in Angelegenheiten des Registers für Pfandrechte an Luftfahrzeugen – und nur für diese Angelegenheiten gilt Nr. 14530 KV – dürfte diese Vorschrift aber keinen Anwendungsbereich haben, da eine Sprungrechtsbeschwerde hier nicht vorgesehen ist.

22   Zwar ist eine solche Sprungrechtsbeschwerde in § 75 FamFG geregelt, jedoch gilt diese Vorschrift nicht in Grundbuchsachen, da § 78 Abs. 3 GBO gerade nicht auf § 75 FamFG verweist.[6] Nichts anderes gilt in Schiffs- und Schiffsbauregistersachen, da § 83 Abs. 3 SchRegO die Vorschrift des FamFG zur Sprungrechtsbeschwerde gerade auch nicht erwähnt. Diese (Nicht-)Verweisung findet über § 95 Abs. 1 LuftFzgG auch für die Angelegenheiten des Registers für Pfandrechte an Luftfahrzeugen Anwendung.

---

4 BT-Drucks 17/11471, S. 326. **5** BT-Drucks 17/11471, S. 326. **6** Vgl *Schöner/Stöber*, Grundbuchrecht, Rn 513.

Hauptabschnitt 5
Übrige Angelegenheiten der freiwilligen Gerichtsbarkeit

Abschnitt 1
Verfahren vor dem Landwirtschaftsgericht und Pachtkreditsachen im Sinne des Pachtkreditgesetzes

Vorbemerkung zu Teil 1 Hauptabschnitt 5 KV

Teil 1 Hauptabschnitt 5 Abschnitt 1 KV betrifft die Verfahren vor dem Landwirtschaftsgericht (dazu und zum jeweiligen Geschäftswert eingehend → § 76 Rn 7 ff). Alle ehemals in §§ 35–41 LwVfG und der HöfeVfO enthaltenen Kostenregelungen wurden mWz 1.8.2013 aufgehoben. Über die Kosten hat das Landwirtschaftsgericht gem. § 34 LwVfG zugleich mit der Entscheidung über die Hauptsache zu entscheiden. Gemäß § 42 LwVfG kann das Gericht aus besonderen Gründen anordnen, dass von der Erhebung von Gerichtskosten ganz oder teilweise abgesehen wird. Diese Entscheidung kann nur gleichzeitig mit der Entscheidung in der Hauptsache ergehen. **1**

Nr.	Gebührentatbestand	Gebühr oder Satz der Gebühr nach § 34 GNotKG – Tabelle A
Vorbemerkung 1.5.1:		
(1) Für Erbscheinsverfahren durch das Landwirtschaftsgericht bestimmen sich die Gebühren nach Hauptabschnitt 2 Abschnitt 2, für die Entgegennahme der Erklärung eines Hoferben über die Wahl des Hofs gemäß § 9 Abs. 2 Satz 1 HöfeO nach Nummer 12410. Für die Entgegennahme der Ausschlagung des Anfalls des Hofs nach § 11 HöfeO wird keine Gebühr erhoben.		
(2) Die nach Landesrecht für die Beanstandung eines Landpachtvertrags nach dem LPachtVG zuständige Landwirtschaftsbehörde und die Genehmigungsbehörde nach dem GrdstVG sowie deren übergeordnete Behörde und die Siedlungsbehörde sind von der Zahlung von Gerichtsgebühren befreit.		

I. Erbscheins-, Hoffolgezeugnis- und weitere Verfahren nach der HöfeO (Abs. 1)

Erbscheinsverfahren sind die Erbscheins- und Hoffolgezeugnisverfahren gem. § 18 Abs. 2 HöfeO (→ § 76 Rn 24). Für diese enthält Hauptabschnitt 5 Abschnitt 1 KV keine eigene Gebührenziffer, sondern verweist auf die für Nachlasssachen geltenden Bestimmungen. Für die Entgegennahme der Erklärung eines Hoferben über die Wahl des Hofs gem. § 9 Abs. 2 S. 1 HöfeO (→ § 76 Rn 10) ist ebenfalls keine eigene Gebührenziffer vorgesehen, es gilt Nr. 12410 KV. Gebührenfrei ist die Entgegennahme der Ausschlagung des Anfalls des Hofes nach § 11 HöfeO. **1**

Nicht mehr gebührenfrei ist nach Aufhebung von § 18 HöfeVfO aF die Eintragung und Löschung eines **Hofvermerks**,[1] die **Vereinigung** der zu einem Hof gehörenden Grundstücke zu einem Grundstück sowie die Eintragung eines **Hofzugehörigkeitsvermerks**. Die Gebührenfreiheit im Grundbuchverfahren folgt zwar in Bezug auf die Gebühren für die Vereinigung der zu einem Hof gehörenden Grundstücke zu einem Grundstück aus Anm. Nr. 3 zu Nr. 14160 KV. Eintragung und Löschung eines Hofvermerks sind insoweit ebenfalls gebührenfrei, da die Gebühr Nr. 14160 KV nur in den in der Anmerkung abschließend aufgezählten Fällen entstehen soll und der Hofvermerk hier nicht genannt ist.[2] Das betrifft aber nur die Gebühren nach Hauptabschnitt 4 Abschnitt 1 in Grundbuchsachen. Entgegen den Vorstellungen des Gesetzgebers[3] folgt daraus keine Gebührenfreiheit vor dem Landwirtschaftsgericht. Nr. 14160 KV gilt allein für das Grundbuchamt und hat im Unterschied zu § 18 HöfeVfO aF[4] keine Auswirkungen auf die Kosten des Verfahrens vor dem Landwirtschaftsgericht. Beide Verfahren bilden **keine Einheit**. Vielmehr ist zwischen dem Ersuchen des Landwirtschaftsrichters auf Eintragung oder Löschung eines Hofvermerks gem. §§ 3, 8 HöfeVfO, Vereinigung von Grundstücken oder Eintragung eines Hofzugehörigkeitsvermerks gem. §§ 6 Abs. 4, 7 Abs. 1 HöfeVfO und der vom Rechtspfleger des Grundbuchamts vorgenommenen Eintragung bzw Löschung zu unterscheiden.[5] Da eine Regelung, wonach für das Ersuchen des Landwirtschaftsgerichts keine Gebühr er- **2**

---

[1] OLG Celle RdL 2015, 136. **2** BT-Drucks 17/11471, S. 210. **3** BT-Drucks 17/11471, S. 210. **4** Dazu *Ernst*, § 18 HöfeVfO Rn 4. **5** Faßbender/Hötzel/von Jeinsen/Pikalo/*Faßbender*, § 18 HöfeVfO Rn 8.

hoben wird (im Unterschied zur Entgegennahme der Ausschlagung des Anfalls des Hofs nach § 11 HöfeO), nach Aufhebung von § 18 HöfeVfO aF nicht mehr besteht, unterfallen diese Verfahren der Gebühr Nr. 15112 KV.[6]

3   Auch die Entgegennahme der Erklärung nach § 14 Abs. 3 HöfeO ist nicht gebührenfrei.

II. Gebührenfreiheit (Abs. 2)

4   Nach Vorbem. 1.5.1 Abs. 2 KV sind die nach Landesrecht für die Beanstandung eines Landpachtvertrags nach dem LPachtVG zuständige Landwirtschaftsbehörde und die Genehmigungsbehörde nach dem GrdstVG sowie deren übergeordnete Behörde und die Siedlungsbehörde von der Zahlung von Gerichtsgebühren befreit. Die Befreiung betrifft nicht die Auslagen.

Unterabschnitt 1
Erster Rechtszug

Nr.	Gebührentatbestand	Gebühr oder Satz der Gebühr nach § 34 GNotKG – Tabelle A
Vorbemerkung 1.5.1.1: In gerichtlichen Verfahren aufgrund der Vorschriften des LPachtVG und der §§ 588, 590, 591, 593, 594 d, 595 und 595 a BGB werden keine Gebühren erhoben, wenn das Gericht feststellt, dass der Vertrag nicht zu beanstanden ist.		

1   Unter Vorbem. 1.5.1.1 KV fallen folgende Verfahren:
- § 8 LPachtVG: Antrag eines Vertragsteils auf gerichtliche Entscheidung im Fall der Beanstandung eines Landpachtvertrags durch die zuständige Behörde;
- § 10 LPachtVG: Beanstandung eines Anzeigeverlangens durch die zuständige Behörde;
- § 588 BGB: Streitigkeiten über die Pflicht des Pächters, Maßnahmen zur Erhaltung und Verbesserung der Pachtsache zu dulden;
- § 590 Abs. 2 BGB: Ersetzung der Erlaubnis des Verpächters zur Änderung der bisherigen Nutzung der Pachtsache;
- § 591 Abs. 2 und 3 BGB: Ersetzung der Zustimmung des Verpächters zu Verwendungen und Festsetzung des damit verbundenen Mehrwerts;
- § 593 BGB: Streitigkeiten über die Änderung von Landpachtverträgen;
- § 594 d Abs. 2, 595 BGB: Streitigkeiten über die Fortsetzung eines Landpachtvertrages mit den Erben oder dem Pächter;
- § 595 a Abs. 2 und 3 BGB: Anordnungen über die Abwicklung eines vorzeitig beendeten oder eines teilweise beendeten Landpachtvertrags.

2   Die Nichterhebung von Gebühren in den genannten Verfahren ist auf die erste Instanz beschränkt.

Nr.	Gebührentatbestand	Gebühr oder Satz der Gebühr nach § 34 GNotKG – Tabelle A
15110	Verfahren 1. aufgrund der Vorschriften über die gerichtliche Zuweisung eines Betriebes (§ 1 Nr. 2 des Gesetzes über das gerichtliche Verfahren in Landwirtschaftssachen), 2. über Feststellungen nach § 11 Abs. 1 Buchstabe g HöfeVfO, 3. zur Regelung und Entscheidung der mit dem Hofübergang zusammenhängenden Fragen im Fall des § 14 Abs. 3 HöfeO,	

---

6 OLG Celle RdL 2015, 136.

Nr.	Gebührentatbestand	Gebühr oder Satz der Gebühr nach § 34 GNotKG – Tabelle A
	4. über sonstige Anträge und Streitigkeiten nach § 18 Abs. 1 HöfeO und nach § 25 HöfeVfO und 5. Verfahren nach dem LwAnpG, soweit nach § 65 Abs. 2 LwAnpG die Vorschriften des Zweiten Abschnitts des Gesetzes über das gerichtliche Verfahren in Landwirtschaftssachen entsprechend anzuwenden sind …	2,0
15111	Beendigung des gesamten Verfahrens 1. ohne Endentscheidung, 2. durch Zurücknahme des Antrags vor Ablauf des Tages, an dem die Endentscheidung der Geschäftsstelle übermittelt wird, wenn die Entscheidung nicht bereits durch Verlesen der Entscheidungsformel bekannt gegeben worden ist: Die Gebühr 15110 ermäßigt sich auf	1,0

Unter Nr. 15110 **Nr. 1** KV fallen nur die Zuweisungsverfahren nach dem GrdstVG (→ § 76 Rn 18 f). **1**

Für andere Feststellungsverfahren als diejenigen nach § 11 Abs. 1 Buchst. g HöfeVfO (dazu Nr. 15110 **Nr. 2** **2** KV) und § 11 h HöfeVfO – über sonstige nach den höferechtlichen Vorschriften bestehende Rechtsverhältnisse –, für die Nr. 15110 Nr. 4 KV gilt (→ Rn 4), ist Nr. 15110 KV nicht einschlägig.

Nr. 15110 **Nr. 3** KV gilt nur für Verfahren nach § 14 Abs. 3 HöfeO, nicht jedoch für Verfahren nach § 14 **3** Abs. 1 Buchst. b und Abs. 2 HöfeO.

Fraglich ist, wie der Begriff der „**sonstigen Anträge und Streitigkeiten**" in Nr. 15110 **Nr. 4** KV auszulegen **4** ist. Der Gesetzgeber hat diesen Begriff aus § 22 c HöfeVfO aF übernommen. Die §§ 20–22 HöfeVfO aF zählten wesentlich mehr Verfahren nach der HöfeO und der HöfeVfO auf als Nr. 15110 KV, welcher aus diesem Bereich nur die in Nr. 2–4 aufgeführten Verfahren nennt. Das könnte darauf schließen lassen, dass sämtliche Verfahren, über die nach § 18 Abs. 1 HöfeO das Landwirtschaftsgericht zu entscheiden hat, unter Nr. 15110 Nr. 4 KV fallen. Dagegen spricht aber, dass dazu auch die in Nr. 2 und 3 genannten Verfahren gehören,[1] diese Nummern also überflüssig wären. Es ist also zu unterscheiden zwischen den in der HöfeO und der HöfeVfO ausdrücklich genannten Angelegenheiten[2] und den nicht ausdrücklich genannten, sonstigen Angelegenheiten. Wie unter Geltung von § 22 c HöfeVfO aF ist also anzunehmen, dass sonstige Verfahren iSv Nr. 15110 Nr. 4 KV nur diejenigen Verfahren sind, die nicht ausdrücklich in den §§ 9 Abs. 2 S. 2, 12, 13, 14 Abs. 1 und 3, 15, 17 Abs. 3 HöfeO genannt werden.[3] Zu Einzelheiten und zum Geschäftswert → § 76 Rn 29, 32.

Nr.	Gebührentatbestand	Gebühr oder Satz der Gebühr nach § 34 GNotKG – Tabelle A
15112	Verfahren im Übrigen	0,5
	Die Gebühr wird in Pachtkreditsachen erhoben für 1. jede Niederlegung eines Verpfändungsvertrages, 2. die Entgegennahme der Anzeige über die Abtretung der Forderung und 3. die Herausgabe des Verpfändungsvertrages. Neben einer Gebühr für die Niederlegung wird eine Gebühr für die Erteilung einer Bescheinigung über die erfolgte Niederlegung nicht erhoben.	

---

1 *Wöhrmann*, § 18 HöfeO Rn 15 für das Feststellungsverfahren. **2** Dazu *Wöhrmann*, § 18 HöfeO Rn 15. **3** OLG Celle RdL 2015, 163; OLG Celle RdL 2015, 281; aA OLG Hamm FGPrax 2015, 183.

1 „Verfahren im Übrigen" iSv Nr. 15112 KV sind sämtliche Verfahren, die in Nr. 15110 KV nicht genannt sind. Dazu gehören:

■ Landpachtsachen nach dem LPachtVF (§ 1 Nr. 1 LwVfG; → § 76 Rn 15) und Pachtschutzsachen nach §§ 588, 590, 591, 593, 594 d, 595 und § 595 a BGB (→ § 76 Rn 15), jedoch nicht die Verfahren nach dem LwAnpG;

■ Verfahren nach dem GrdstVG (§ 1 Nr. 1 LwVfG; → § 76 Rn 18), soweit es sich nicht um Zuweisungsverfahren handelt, für die Nr. 15110 Nr. 1 KV gilt;

■ Verfahren aufgrund der Vorschriften über Einwendungen gegen das siedlungsrechtliche Vorkaufsrecht (§ 1 Nr. 3 LwVfG; → § 76 Rn 12);

■ Verfahren nach dem Reichssiedlungsergänzungsgesetz (§ 1 Nr. 4 LwVfG; → § 76 Rn 20);

■ Anerbenrechtliche Verfahren außerhalb der HöfeO (§ 1 Nr. 5 LwVfG; → § 76 Rn 21);

■ Verfahren zur Überleitung des Erbhofrechts (§ 1 Nr. 6 LwVfG; → § 76 Rn 21);

■ aus dem Bereich der HöfeO und HöfeVfO:

 – Hofübergabegenehmigungsverfahren (§ 17 Abs. 2 HöfeO; → § 76 Rn 25);[1]

 – Streitigkeiten über Abfindungsansprüche und Nachlassverbindlichkeiten (§§ 12, 13, 14 Abs. 2, 15 HöfeO; → § 76 Rn 26);

 – Entscheidungen über die Verlängerung, Beschränkung oder Aufhebung des Verwaltungs- und Nutznießungsrechts des Ehegatten (§ 14 Abs. 1 Buchst. b HöfeO; → § 76 Rn 28);

 – Entgegennahme der Erklärung nach § 14 Abs. 3 HöfeO (→ § 76 Rn 28);

 – Feststellungsverfahren nach § 11 Abs. 1 Buchst. a–f HöfeVfO (→ § 76 Rn 30);[2]

 – Ersuchen auf Eintragung oder Löschung eines Hofvermerks gem. §§ 3, 8 HöfeVfO[3] und Vereinigung von Grundstücken oder Eintragung eines Hofzugehörigkeitsvermerks gem. §§ 6 Abs. 4, 7 Abs. 1 HöfeVfO (→ Rn 4 und → § 76 Rn 32);

 – Zustimmungsverfahren nach § 13 HöfeVfO (→ § 76 Rn 33).

2 Ohne systematischen Zusammenhang sind in Nr. 15112 KV Gebühren für Verfahren nach dem **Pachtkreditgesetz** eingestellt. Die Gebühren für jede Niederlegung eines Verpfändungsvertrages, die Entgegennahme der Anzeige über die Abtretung der Forderung und die Herausgabe des Verpfändungsvertrages entstehen gesondert.

Unterabschnitt 2
Beschwerde gegen die Endentscheidung wegen des Hauptgegenstands

Nr.	Gebührentatbestand	Gebühr oder Satz der Gebühr nach § 34 GNotKG – Tabelle A
15120	Verfahren über die Beschwerde in den in Nummer 15110 genannten Verfahren	3,0
15121	Beendigung des gesamten Verfahrens durch Zurücknahme der Beschwerde oder des Antrags, bevor die Schrift zur Begründung der Beschwerde bei Gericht eingegangen ist: Die Gebühr 15120 ermäßigt sich auf	0,5
15122	Beendigung des gesamten Verfahrens ohne Endentscheidung, wenn nicht Nummer 15121 erfüllt ist: Die Gebühr 15120 ermäßigt sich auf .... (1) Wenn die Entscheidung nicht durch Verlesen der Entscheidungsformel bekannt gegeben worden ist, ermäßigt sich die Gebühr auch im Fall der Zurücknahme der Beschwerde oder des Antrags vor Ablauf des Tages, an dem die Endentscheidung der Geschäftsstelle übermittelt wird.	1,0

1 OLG Celle RdL 2015, 163; iE auch OLG Hamm FGPrax 2015, 183; AG Kerpen 4.8.2015 – 23 Lw 7/14, juris. **2** Korintenberg/*Fackelmann*, Nr. 15112 KV Rn 14; zum Verfahren nach § 11 Abs. 1 a HöfeVfO OLG Celle RdL 2015, 281. **3** OLG Celle RdL 2015, 136; Korintenberg/*Fackelmann*, Nr. 15112 KV Rn 20.

Nr.	Gebührentatbestand	Gebühr oder Satz der Gebühr nach § 34 GNotKG – Tabelle A
	(2) Eine Entscheidung über die Kosten steht der Ermäßigung nicht entgegen, wenn die Entscheidung einer zuvor mitgeteilten Einigung über die Kostentragung oder einer Kostenübernahmeerklärung folgt.	
15123	Verfahren über die Beschwerde in den in Nummer 15112 genannten Verfahren	1,0
15124	Beendigung des gesamten Verfahrens durch Zurücknahme der Beschwerde oder des Antrags, bevor die Schrift zur Begründung der Beschwerde bei Gericht eingegangen ist: Die Gebühr 15123 ermäßigt sich auf	0,3
15125	Beendigung des gesamten Verfahrens ohne Endentscheidung, wenn nicht Nummer 15124 erfüllt ist: Die Gebühr 15123 ermäßigt sich auf .... (1) Wenn die Entscheidung nicht durch Verlesen der Entscheidungsformel bekannt gegeben worden ist, ermäßigt sich die Gebühr auch im Fall der Zurücknahme der Beschwerde oder des Antrags vor Ablauf des Tages, an dem die Endentscheidung der Geschäftsstelle übermittelt wird. (2) Eine Entscheidung über die Kosten steht der Ermäßigung nicht entgegen, wenn die Entscheidung einer zuvor mitgeteilten Einigung über die Kostentragung oder einer Kostenübernahmeerklärung folgt.	0,5

Unterabschnitt 3
Rechtsbeschwerde gegen die Endentscheidung wegen des Hauptgegenstands

Nr.	Gebührentatbestand	Gebühr oder Satz der Gebühr nach § 34 GNotKG – Tabelle A
15130	Verfahren über die Rechtsbeschwerde in den in Nummer 15110 genannten Verfahren	4,0
15131	Beendigung des gesamten Verfahrens durch Zurücknahme der Rechtsbeschwerde oder des Antrags, bevor die Schrift zur Begründung der Beschwerde bei Gericht eingegangen ist: Die Gebühr 15130 ermäßigt sich auf	1,0
15132	Beendigung des gesamten Verfahrens durch Zurücknahme der Rechtsbeschwerde oder des Antrags vor Ablauf des Tages, an dem die Endentscheidung der Geschäftsstelle übermittelt wird, wenn nicht Nummer 15131 erfüllt ist: Die Gebühr 15130 ermäßigt sich auf	2,0
15133	Verfahren über die Rechtsbeschwerde in den in Nummer 15112 genannten Verfahren	1,5
15134	Beendigung des gesamten Verfahrens durch Zurücknahme der Rechtsbeschwerde oder des Antrags, bevor die Schrift zur Begründung der Beschwerde bei Gericht eingegangen ist: Die Gebühr 15133 ermäßigt sich auf	0,5

Nr.	Gebührentatbestand	Gebühr oder Satz der Gebühr nach § 34 GNotKG – Tabelle A
15135	Beendigung des gesamten Verfahrens durch Zurücknahme der Rechtsbeschwerde oder des Antrags vor Ablauf des Tages, an dem die Endentscheidung der Geschäftsstelle übermittelt wird, wenn nicht Nummer 15134 erfüllt ist: Die Gebühr 15133 ermäßigt sich auf	1,0

Unterabschnitt 4
Zulassung der Sprungrechtsbeschwerde gegen die Endentscheidung wegen des Hauptgegenstands

Nr.	Gebührentatbestand	Gebühr oder Satz der Gebühr nach § 34 GNotKG – Tabelle A
15140	Verfahren über die Zulassung der Sprungrechtsbeschwerde in den in Nummer 15110 genannten Verfahren: Soweit der Antrag abgelehnt wird:	1,0
15141	Verfahren über die Zulassung der Sprungrechtsbeschwerde in den in Nummer 15112 genannten Verfahren: Soweit der Antrag abgelehnt wird:	0,5

1 Die Unterabschnitte 2–4 von Teil 1 Hauptabschnitt 5 Abschnitt 1 KV unterscheiden sich nicht von den entsprechenden Regelungen in Teil 1 Hauptabschnitt 2 Abschnitt 2 KV. Auf die dortige Kommentierung wird verwiesen.

Abschnitt 2
Übrige Verfahren

Nr.	Gebührentatbestand	Gebühr oder Satz der Gebühr nach § 34 GNotKG – Tabelle A
Vorbemerkung 1.5.2: In Verfahren nach dem PStG werden Gebühren nur erhoben, wenn ein Antrag zurückgenommen oder zurückgewiesen wird.		

Unterabschnitt 1
Erster Rechtszug

Nr.	Gebührentatbestand	Gebühr oder Satz der Gebühr nach § 34 GNotKG – Tabelle A
15210	Verfahren nach dem 1. Verschollenheitsgesetz oder 2. TSG .... <small>Die Verfahren nach § 9 Abs. 1 und 2 TSG gelten zusammen als ein Verfahren.</small>	1,0
15211	Beendigung des gesamten Verfahrens 1. ohne Endentscheidung oder 2. durch Zurücknahme des Antrags vor Ablauf des Tages, an dem die Endentscheidung der Geschäftsstelle übermittelt wird, wenn die Entscheidung nicht bereits durch Vorlesen der Entscheidungsformel bekannt gegeben worden ist: Die Gebühr 15210 ermäßigt sich auf	0,3

I. Anwendungsbereich

Die Gebührenvorschrift Nr. 15210 KV erfasst einheitlich den Gebührentatbestand für zwei unterschiedliche Verfahren: die Verfahren nach dem Verschollenheitsgesetz (Nr. 1) und nach dem Transsexuellengesetz (Nr. 2). **1**

II. Verfahren nach dem VerschG (Nr. 15210 Nr. 1 KV)

1. Allgemeines. Die Gebühr Nr. 15210 Nr. 1 KV erfasst alle Verfahren nach dem VerschG (vgl § 1 Abs. 2 Nr. 11), also die **Todeserklärung** nach §§ 13 ff VerschG und die **Feststellung der Todeszeit** nach §§ 39 ff VerschG. Da es sich um eine Verfahrensgebühr handelt, sind alle weiteren Verfahrenshandlungen,[1] insb. ein etwaiges Aufgebotsverfahren (vgl § 45 VerschG) oder die Feststellung der Todeszeit im Rahmen einer Todeserklärung, mitabgegolten. Die Gebühr entsteht bereits mit **Einleitung des Verfahrens** (also der Antragstellung, §§ 16, 40 VerschG), nicht erst mit Erlass oder Zurückweisung der beantragten Entscheidung. **2**

2. Aufhebungs- oder Änderungsverfahren. Für das Verfahren auf Aufhebung oder Änderung eines Beschlusses (§§ 30 ff, § 40 VerschG) nach dem VerschG wird die Verfahrensgebühr Nr. 15210 Nr. 1 KV erneut erhoben. Eine **Anrechnung** oder **Verrechnung** mit der ursprünglichen Verfahrensgebühr findet nicht statt. Die Gebühr entsteht auch hier unmittelbar mit Einleitung des Verfahrens (also der Antragstellung nach § 30 VerschG) und ändert sich nicht, unabhängig vom Ausgang des Verfahrens (→ Rn 4). **3**

3. Zurückweisung des Antrags. Es handelt sich um eine Verfahrensgebühr, die also auch dann anfällt, wenn der Verfahrensantrag als **unzulässig** verworfen oder als **unbegründet** zurückgewiesen wird. Selbst wenn im Rahmen eines Rechtsmittelverfahrens die begehrte Entscheidung ausgesprochen wird, bleibt es bei der Erhebung der Verfahrensgebühr. **4**

4. Vorzeitige Beendigung des Verfahrens (Nr. 15211 KV). Für bestimmte Beendigungstatbestände sieht das Gesetz **Gebührenermäßigungen** vor. Endet das Verfahren ohne eine Endentscheidung (Nr. 1), zB weil der Verfahrensantrag zurückgenommen wurde, so wird statt einer 1,0- nur eine 0,3-Gebühr erhoben. Die Antragsrücknahme muss aber vor Ablauf des Tages (also bis 24 Uhr) bei Gericht eingehen, an dem die Endentscheidung der Geschäftsstelle übermittelt wird (§ 38 Abs. 2 S. 3 FamFG), soweit diese nicht bereits durch Verlesen der Entscheidungsformel bekannt gegeben worden ist (Nr. 2). Die Antragsrücknahme kann in diesem Fall auch noch während des Verlesens erklärt werden.[2] Unzutreffend ist die Ansicht, Nr. 1 erfasse nicht den Fall einer Antragsrücknahme, weil hier Nr. 2 lex specialis sei.[3] Hierbei wird verkannt, dass im Falle der Nr. 2 eine Endentscheidung ergangen ist. Eine Verfahrensbeendigung durch Vergleich, Anerkennt- **5**

---

1 Vgl Leipziger-GNotKG/*Schulz*, Nr. 15210 KV Rn 3. **2** AA BeckOK KostR/*Zimmermann*, GNotKG KV 15211 Rn 6. **3** So aber BeckOK KostR/*Zimmermann*, GNotKG KV 15211 Rn 2.

nis oder übereinstimmende Erledigungserklärung scheidet aus, da der Antragsteller insoweit nicht dispositionsbefugt ist.[4] Wird das Verfahren nur **teilweise beendet**, so greift die Gebührenermäßigung nicht ein.[5]

6   **5. Rechtsmittelverfahren.** Für das **Beschwerdeverfahren** werden Gebühren nach Maßgabe der Nr. 15220–15222 KV, für das **Rechtsbeschwerdeverfahren** Gebühren nach Maßgabe der Nr. 15230–15232 KV und für die Sprungrechtsbeschwerde nach Maßgabe der Nr. 15240 KV erhoben.

7   **6. Geschäftswert.** Der Geschäftswert bestimmt sich nach § 36 Abs. 2 und 3, da es sich bei den Verfahren nach dem VerschG um **nichtvermögensrechtliche Angelegenheiten** handelt. Der Auffangwert nach § 36 Abs. 3 ist jedoch nur ausnahmsweise einschlägig. Todeserklärungen sind oftmals Voraussetzung für die Geltendmachung erbrechtlicher oder (sozial-)versicherungsrechtlicher Ansprüche, so dass der Geschäftswert nach den **Einkommens- und Vermögensverhältnissen** des Verschollenen zu bemessen ist. Nur soweit es an Erkenntnissen hierzu fehlt, darf auf § 36 Abs. 3 zurückgegriffen werden.[6]

8   **7. Kostenschuldner.** Es handelt sich um ein Antragsverfahren, so dass nach § 22 Abs. 1 der **Antragsteller** Kostenschuldner ist. Außerdem kann das Gericht eine Kostengrundentscheidung nach § 27 Nr. 1 treffen und die Kosten nach § 34 Abs. 1 VerschG entweder einem Verfahrensbeteiligten oder einem Betroffenen auferlegen, wenn dieser die Verfahrenskosten durch grob fahrlässig aufgestellte unrichtige Behauptungen oder sonstiges grobes Verschulden veranlasst hat.

9   Nach § 34 Abs. 2 VerschG soll das Gericht – vorbehaltlich einer Entscheidung nach § 34 Abs. 1 VerschG – im Falle einer Todeserklärung die Gerichtskosten dem **Nachlass** auferlegen. Wird eines Todeserklärung aufgehoben, so soll das Gericht auch über die Kostentragung des Nachlasses erneut entscheiden (§ 34 Abs. 3 VerschG), um eine unbillige Belastung des zu Unrecht für tot Erklärten mit Gerichtsgebühren zu verhindern.

10   **8. Gebührenbefreiungen.** Nach Art. 2 § 6 VerschollRÄndG sind Verfahren, die eine Todeserklärung oder Todeszeitfeststellung aus Anlass des **Zweiten Weltkrieges** betreffen, gerichtskostenfrei. Wird der Antrag von der **Staatsanwaltschaft** gestellt, besteht nach § 2 Abs. 1 stets Kostenfreiheit.

III. Verfahren nach dem TSG (Nr. 15210 Nr. 2 KV)

11   **1. Allgemeines.** Die Gebühr Nr. 15210 Nr. 2 KV betrifft alle gerichtlichen Verfahren nach dem TSG (vgl § 1 Abs. 2 Nr. 12), also das Verfahren auf **Änderung des Vornamens** (§ 1 TSG), auf **Aufhebung der Entscheidung** über die Änderung des Vornamens (§ 6 TSG), auf Feststellung der **Geschlechtszugehörigkeit** (§§ 8, 9 Abs. 2 TSG) sowie auf **Aufhebung der Entscheidung** über die Geschlechtszugehörigkeit (§ 9 Abs. 3, § 6 TSG). Gebührenpflichtig sind auch Entscheidungen über Anträge, die bislang nicht von § 128 a KostO erfasst waren, zB nach § 7 Abs. 3 TSG.

12   Es handelt sich um eine **Verfahrensgebühr**, die nicht erst mit dem Erlass der begehrten Entscheidung bzw der Zurückweisung des Antrags entsteht, sondern mit Verfahrenseinleitung (also der Antragstellung) anfällt. Die Gebühr entsteht unabhängig davon, wie die Endentscheidung des Gerichts ausfällt.

13   Eine **Gebührenanrechnung** findet grds. nicht statt, so dass zB die Gebühr für die Vornamenänderung sowie für die Aufhebung dieser Entscheidung jeweils in voller Höhe anfällt.[7] Allerdings werden das vorläufige Verfahren nach § 9 Abs. 1 TSG und die abschließende Entscheidung nach § 9 Abs. 2 TSG über die Geschlechtszugehörigkeit als ein einheitliches Verfahren behandelt (Anm. zu Nr. 15210 KV).

14   **2. Vorzeitige Beendigung des Verfahrens (Nr. 15211 KV).** Für bestimmte Beendigungstatbestände sieht das Gesetz eine **Gebührenermäßigung** auf eine 0,3-Gebühr vor (→ Rn 5).

15   **3. Rechtsmittelverfahren.** Für das **Beschwerdeverfahren** werden Gebühren nach Maßgabe der Nr. 15220–15222 KV, für das **Rechtsbeschwerdeverfahren** Gebühren nach Maßgabe der Nr. 15230–15232 KV und für die Sprungrechtsbeschwerde nach Maßgabe der Nr. 15240 KV erhoben.

16   **4. Geschäftswert.** Der Geschäftswert bestimmt sich nach § 36 Abs. 2 und 3, da es sich bei den Verfahren nach dem TSG um **nichtvermögensrechtliche Angelegenheiten** handelt. Der Auffangwert nach § 36 Abs. 3 ist jedoch nur einschlägig, wenn sich unter Berücksichtigung des Einzelfalls keine Anhaltspunkte für einen konkreten Geschäftswert ergeben. Dies dürfte bei **Vornamensänderungen** oftmals der Fall sein. Bei Entscheidungen über die **Geschlechtszugehörigkeit** sind aber auch weitere Gesichtspunkte, wie insb. die psychische Bedeutung der Entscheidung, aber auch die Einkommens- und Vermögensverhältnisse auf der anderen Seite (vgl §§ 11, 12 TSG), zu berücksichtigen.

---

4 AA BeckOK KostR/*Zimmermann*, GNotKG KV 15211 Rn 2; BDS/*Sommerfeldt*, Nr. 15211 KV Rn 4. 5 BeckOK KostR/*Zimmermann*, GNotKG KV 15211 Rn 2, 4; Korintenberg/*Klüsener*, Nr. 15211 KV Rn 14. 6 AA BeckOK KostR/*Zimmermann*, GNotKG KV 15210 Rn 1 (ohne Begr.); Leipziger-GNotKG/*Schulz*, Nr. 15210 KV Rn 5. 7 Ebenso Leipziger-GNotKG/*Schulz*, Nr. 15210 KV Rn 12.

5. Kostenschuldner. Bei Verfahren nach dem TSG handelt es sich um ein Antragsverfahren, so dass nach 　17
§ 22 Abs. 1 der **Antragsteller** Kostenschuldner ist.

Nr.	Gebührentatbestand	Gebühr oder Satz der Gebühr nach § 34 GNotKG – Tabelle A
15212	Verfahren 1. in weiteren Angelegenheiten der freiwilligen Gerichtsbarkeit (§ 410 FamFG), einschließlich Verfahren auf Abnahme einer nicht vor dem Vollstreckungsgericht zu erklärenden eidesstattlichen Versicherung, in denen § 260 BGB aufgrund bundesrechtlicher Vorschriften entsprechend anzuwenden ist, und Verfahren vor dem Nachlassgericht zur Abnahme der eidesstattlichen Versicherung nach § 2006 BGB, 2. nach § 84 Abs. 2, § 189 VVG, 3. in Aufgebotssachen (§ 433 FamFG), 4. in Freiheitsentziehungssachen (§ 415 FamFG), 5. nach dem PStG, 6. nach § 7 Abs. 3 ErbbauRG und 7. über die Bewilligung der öffentlichen Zustellung einer Willenserklärung und die Bewilligung der Kraftloserklärung von Vollmachten (§ 132 Abs. 2 und § 176 Abs. 2 BGB) sowie Verteilungsverfahren nach den §§ 65, 119 BauGB; nach § 74 Nr. 3, § 75 FlurbG, § 94 BBergG, § 55 Bundesleistungsgesetz, § 8 der Verordnung über das Verfahren zur Festsetzung von Entschädigung und Härteausgleich nach dem Energiesicherungsgesetz und nach § 54 Landbeschaffungsgesetz .... (1) Die Bestellung des Verwahrers in den Fällen der §§ 432, 1217, 1281 und 2039 BGB sowie die Festsetzung der von ihm beanspruchten Vergütung und seiner Aufwendungen gelten zusammen als ein Verfahren. (2) Das Verfahren betreffend die Zahlungssperre (§ 480 FamFG) und das anschließende Aufgebotsverfahren sowie das Verfahren über die Aufhebung der Zahlungssperre (§ 482 FamFG) gelten zusammen als ein Verfahren.	0,5

I. Allgemeines

Der Gebührentatbestand der Nr. 15212 KV vereint eine Vielzahl weiterer Angelegenheiten der freiwilligen 　1
Gerichtsbarkeit. Es handelt sich dabei um teilweise völlig **heterogene Verfahrensgegenstände**, deren einzige
Gemeinsamkeit darin besteht, dass sie in den Zuständigkeitsbereich der Gerichte der freiwilligen Gerichtsbarkeit fallen. Obwohl der Gebührentatbestand damit eine ergänzende Funktion erfüllt, darf er nicht als
Auffangnorm verstanden werden. Die Aufzählung in Nr. 15212 KV ist **abschließend**, eine analoge Anwendung ausgeschlossen. Es fehlt somit im GNotKG eine § 121 KostO entsprechende Vorschrift, die alle nicht
ausdrücklich genannten Tätigkeiten einer Auffanggebühr unterwirft.

II. Weitere Angelegenheiten der freiwilligen Gerichtsbarkeit (Nr. 1)

1. Anwendungsbereich. Von der Gebührenvorschrift Nr. 15212 Nr. 1 KV sind zunächst alle Verfahren iSd 　2
§ 410 FamFG erfasst, also:

■ die Abgabe einer nicht vor dem Vollstreckungsgericht zu erklärenden **eidesstattlichen Versicherung** nach
  den §§ 259, 260, 2028 und 2057 BGB (§ **410 Nr. 1 FamFG**), zB:
  – nach §§ 666, 675, 681 BGB (der Geschäftsführer gegenüber dem Geschäftsherrn),
  – nach §§ 713, 740 BGB (der Gesellschafter gegenüber der Gesellschaft bzw den anderen Gesellschaftern),
  – nach § 1379 BGB (der Ehegatten gegenüber dem anderen Ehegatten),
  – nach § 1580 BGB (Ehegatten untereinander in Unterhaltssachen),
  – nach § 1605 BGB (Verwandte in gerader Linie in Unterhaltssachen),
  – nach §§ 1667, 1698 BGB (die Eltern gegenüber dem Kind bzw dem Familiengericht),
  – nach §§ 1890, 1891 BGB (der Vormund gegenüber dem Mündel),

- nach §§ 1915, 1890 BGB (der Pfleger gegenüber dem Pflegling),
- nach § 1978 BGB (der Erbe gegenüber den Nachlassgläubigern),
- nach §§ 2018, 2027 Abs. 1 BGB (der Erbschaftsbesitzer gegenüber dem Erben),
- nach §§ 2127, 2130 BGB (der Vor- gegenüber dem Nacherben),
- nach § 2218 BGB (der Testamentsvollstrecker gegenüber den Erben),
- nach § 2314 BGB (der Erbe gegenüber dem Pflichtteilsberechtigten),
- nach § 2362 Abs. 2 BGB (der Erbscheinsinhaber gegenüber den Erben),
- nach § 2374 BGB (der Erbschaftsverkäufer gegenüber dem Käufer),
- nach § 4 VersAusglG (Ehegatten untereinander in Versorgungsausgleichssachen),
- nach § 154 ZVG (der Zwangsverwalter gegenüber Gläubiger und Schuldner),
- nach § 28 Abs. 4 WEG (der Verwalter gegenüber den Miteigentümern),
- nach § 87 c HGB (der Unternehmer gegenüber dem Handelsvertreter),
- nach § 384 HGB (der Kommissionär gegenüber dem Kommittenten);
- die **Ernennung, Beeidigung und Vernehmung des Sachverständigen** in den Fällen, in denen jemand nach den Vorschriften des bürgerlichen Rechts den Zustand oder den Wert einer Sache durch einen Sachverständigen feststellen lassen kann (**§ 410 Nr. 2 FamFG**), zB:
  - nach §§ 1034, 1067, 1075 BGB (Feststellung des Zustands einer mit einem Nießbrauch belasteten Sache),
  - nach § 1377 Abs. 2 BGB (Feststellung des Werts von Vermögensgegenständen beim Zugewinnausgleich),
  - nach § 2122 BGB (Feststellung des Zustands von Nachlassgegenständen bei Vor- und Nacherbschaft);
- die **Bestellung des Verwahrers** in den Fällen der §§ 432, 1217, 1281 und 2039 BGB sowie die Festsetzung der von ihm beanspruchten Vergütung und seiner Aufwendungen (**§ 410 Nr. 3 FamFG**);
- eine **abweichende Art des Pfandverkaufs** im Fall des § 1246 Abs. 2 BGB (**§ 410 Nr. 4 FamFG**) sowie in den Fällen, in denen § 1246 Abs. 2 BGB entsprechende Anwendung findet (zB nach § 1257 iVm §§ 233, 562, 581 Abs. 2, § 583, 592, 647, 704, 753, 2042 Abs. 2 BGB; §§ 371, 397, 398, 404, 440, 464, 475 b, 495, 552, 566, 585, 594, 597 HGB; § 166 InsO).[1]

3   Ergänzend zu den Verfahren nach § 410 Nr. 1 FamFG erfasst der Gebührentatbestand alle weiteren Verfahren, in denen das Gericht nicht als Vollstreckungsgericht eine **eidesstattliche Versicherung** abnimmt, aber aufgrund bundesgesetzlicher Anordnung § 260 BGB entsprechend anwendet. Es handelt sich hierbei nur um eine klarstellende Vorschrift.[2] Im Umkehrschluss folgt daraus, dass Nr. 1 nicht einschlägig ist, wenn die eidesstattliche Versicherung aufgrund landesgesetzlicher Anordnung abgenommen wird. Dies ist sachgerecht, weil die Länder in diesem Fall die Gebührenerhebung selbst regeln können.

4   Schließlich wird die Abnahme der **eidesstattlichen Versicherung nach § 2006 BGB** ebenfalls durch Nr. 1 abgegolten. Diese Klarstellung war erforderlich, weil es sich hierbei um eine Aufgabe des Nachlassgerichts nach § 361 FamFG handelt, die eigentlich im Abschnitt über die Nachlass- und Teilungssachen hätte geregelt werden müssen (vgl Vorbem. 1.2 Abs. 2 KV).[3] Nicht einschlägig ist die Vorschrift für die Abnahme einer eidesstattlichen Versicherung im Rahmen eines **Erbscheinserteilungsverfahrens**, da hier das Gericht eine Gebühr nach den Nr. 23300 ff KV erhält, vgl Vorbem. 1 Abs. 2 KV.[4]

5   **2. Verfahrensgebühr.** Es handelt sich um eine Verfahrensgebühr, die mit **Einleitung des Verfahrens** anfällt und unabhängig davon besteht, wie das Verfahren endet. Die 0,5-Gebühr wird also auch dann erhoben, wenn ein Antrag zurückgenommen wird, wenn das Verfahren ohne eine Entscheidung oder ohne Vornahme der begehrten Gerichtshandlung endet, wenn das Verfahren vom Gericht zurückgewiesen oder eingestellt wird. Werden **mehrere Verfahren** betrieben, auch wenn sie denselben Gegenstand haben, wird für jedes Verfahren die Gebühr gesondert erhoben. Eine Gebührenermäßigung für Sonderfälle ist nicht vorgesehen, es findet auch **keine Anrechnung** zuvor angefallener Gebühren statt.

6   Zu den Verfahren nach § 410 Nr. 3 FamFG wird allerdings in **Abs. 1 der Anm.** zu Nr. 15212 KV klargestellt, dass die Bestellung des Verwahrers und die Festsetzung seiner Vergütung ein **einheitliches Verfahren** darstellen, auch wenn die entsprechenden Entscheidungen in unterschiedlichen Verfahrensschritten erfolgen.

7   **3. Rechtsmittelverfahren.** Für das **Beschwerdeverfahren** werden Gebühren nach Maßgabe der Nr. 15223 und 15224 KV, für das **Rechtsbeschwerdeverfahren** Gebühren nach Maßgabe der Nr. 15233–15235 KV und für die Sprungrechtsbeschwerde nach Maßgabe der Nr. 15241 KV erhoben.

---

1 Vgl Keidel/*Giers*, § 410 FamFG Rn 13. **2** BT-Drucks 17/11471, S. 214. **3** BT-Drucks 17/11471, S. 214. **4** Evident falsch OLG Schleswig NJW-RR 2014, 1039.

4. Geschäftswert. Der Geschäftswert bestimmt sich in Ermangelung besonderer Geschäftswertbestimmun- 8
gen (für § 410 Nr. 4 FamFG gilt etwa § 46) regelmäßig nach § 36 Abs. 1 und 3, da es sich durchgängig um
vermögensrechtliche Angelegenheiten handelt. Auf den Auffangwert nach § 36 Abs. 3 kann nur ganz ausnahmsweise zurückgegriffen werden; der Geschäftswert ist regelmäßig aufgrund § 36 Abs. 1 nach billigem
Ermessen festzusetzen. Dabei dürfte sich die Bildung von **Teilwerten** empfehlen,[5] zB der Ansatz eines Prozentsatzes der zu begutachtenden Sache oder des zu versichernden Rechtsverhältnisses. Bei der Ernennung,
Beeidigung und Vernehmung von **Sachverständigen** oder eines **Verwahrers** erscheint ein Rückgriff auf § 67
Abs. 1 Nr. 3 und 4 denkbar.[6] Bei einer abweichenden Bestimmung des Pfandverkaufs ist der Geschäftswert
nach § 53 Abs. 2 zu bestimmen.[7]

5. Kostenschuldner. Es handelt sich durchgängig um Antragsverfahren, so dass nach § 22 Abs. 1 der **An-** 9
tragsteller Kostenschuldner ist.

III. Verfahren nach § 84 Abs. 2 und § 189 VVG (Nr. 2)

Da das Verfahren auf gerichtliche **Ernennung eines Sachverständigen** nach dem VVG (vgl § 1 Abs. 2 Nr. 13) 10
den Verfahren nach § 410 Nr. 2 FamFG ähnelt, sollen entsprechende Gebühren erhoben werden.[8] Die Ausführungen in → Rn 5 ff gelten entsprechend. Für das **Rechtsmittelverfahren** gelten die Nr. 15223, 15224,
15233–15235 und 15241 KV. Der **Geschäftswert** ist nach § 36 Abs. 1 und 3 zu bestimmen, wobei regelmäßig auf einen Teilwert der Schadenssumme zurückgegriffen werden kann.[9] Anhaltspunkte für eine Geschäftswertbemessung höchstens zwischen 5.000 € und 10.000 € liefert auch § 67 Abs. 1 Nr. 3 und 4.[10]
Kostenschuldner ist der **Antragsteller**, § 22 Abs. 1.

IV. Aufgebotssachen nach § 433 FamFG (Nr. 3)

1. Anwendungsbereich. Unter den Gebührentatbestand Nr. 15212 Nr. 3 KV fallen nur die Aufgebotsver- 11
fahren iSd Buches 8 des FamFG, also

- das Aufgebot des **Grundstücks- oder Schiffseigentümers** nach den §§ 442 ff FamFG;
- das Aufgebot eines **Gläubigers von Grund- und Schiffspfandrechten** sowie der Berechtigten sonstiger
  dinglicher Rechte nach den §§ 447 ff FamFG; erfasst sind auch solche Verfahren, die nur aufgrund landesrechtlicher Anordnung (zB nach § 6 GBBerG) erfasst werden;
- das Aufgebot von **Nachlassgläubigern** nach den §§ 454 ff FamFG;
- das Aufgebot von **Schiffsgläubigern** nach § 465 FamFG;
- das Aufgebot zur **Kraftloserklärung von Urkunden** nach den §§ 466 ff FamFG.

Nicht erfasst werden hingegen **andere Aufgebotsverfahren**, zB nach dem VerschG; diese werden ausschließ- 12
lich von Nr. 15210 Nr. 1 KV abgegolten.

2. Verfahrensgebühr. Es handelt sich um eine Verfahrensgebühr, die mit **Einleitung des Verfahrens** anfällt 13
und unabhängig davon besteht, wie das Verfahren endet. Die 0,5-Gebühr wird also auch dann erhoben,
wenn ein Antrag zurückgenommen wird, wenn das Verfahren ohne eine Entscheidung oder ohne Vornahme
der begehrten Gerichtshandlung endet, wenn das Verfahren vom Gericht zurückgewiesen oder eingestellt
wird. Werden **mehrere Verfahren** betrieben, auch wenn sie denselben Gegenstand haben, wird für jedes Verfahren die Gebühr gesondert erhoben. Eine Gebührenermäßigung für Sonderfälle ist nicht vorgesehen, es
findet auch **keine Anrechnung** zuvor angefallener Gebühren statt.

In **Abs. 2 der Anm.** zu Nr. 15212 KV wird lediglich klargestellt, dass das Verfahren betreffend die Zah- 14
lungssperre (§ 480 FamFG) und ein anschließendes Aufgebotsverfahren sowie ein Verfahren über die Aufhebung der Zahlungssperre (§ 482 FamFG) als **ein Verfahren** gelten, auch wenn die entsprechenden Entscheidungen in unterschiedlichen Verfahrensschritten erfolgen.

3. Rechtsmittelverfahren. Für das **Beschwerdeverfahren** werden Gebühren nach Maßgabe der Nr. 15223 15
und 15224 KV, für das **Rechtsbeschwerdeverfahren** Gebühren nach Maßgabe der Nr. 15233–15235 KV
und für die Sprungrechtsbeschwerde nach Maßgabe der Nr. 15241 KV erhoben.

4. Geschäftswert. Der Geschäftswert bestimmt sich in Ermangelung besonderer Geschäftswertbestimmun- 16
gen regelmäßig nach § 36 Abs. 1 und 3, da es sich durchgängig um **vermögensrechtliche Angelegenheiten**
handelt. Auf den Auffangwert nach § 36 Abs. 3 kann nur ganz ausnahmsweise zurückgegriffen werden,[11]
der Geschäftswert ist regelmäßig aufgrund § 36 Abs. 1 nach billigem Ermessen festzusetzen. Auch bei **Auf-**
gebotsverfahren zur Ausschließung eines Grundpfandrechtsgläubigers oder zur Kraftloserklärung eines ab-

5 Ebenso Leipziger-GNotKG/*Schulz*, Nr. 15212 KV Rn 5, 11. **6** Korintenberg/*Klüsener*, Nr. 15212 KV Rn 37, 38. **7** Korinten-
berg/*Klüsener*, Nr. 15212 KV Rn 39; aA Leipziger-GNotKG/*Schulz*, Nr. 15212 KV Rn 16: Teilwert der Sache. **8** BT-Drucks
17/11471, S. 214. **9** AA Leipziger-GNotKG/*Schulz*, Nr. 15212 KV Rn 18: nichtvermögensrechtliche Angelegenheit. **10** Korinten-
berg/*Klüsener*, Nr. 15212 KV Rn 40. **11** AA AG Weilheim BeckRS 2015, 19905.

handen gekommenen Grundpfandrechtsbriefs finden ausschließlich § 36 Abs. 1 und 3 Anwendung, nicht etwa die Wertvorschrift des § 53. Deren Anwendung würde im Einzelfall zu unverhältnismäßig hohen Gerichtsgebühren führen. Vor allem bei der Kraftloserklärung von Urkunden wird man den Wert nicht nach dem Nennbetrag des Grundpfandrechts bemessen können, sondern diesen nach § 36 Abs. 1 unter Berücksichtigung der Interessen des Antragstellers an der Kraftloserklärung des Briefs zu ermitteln haben. Ein Ansatz von **10 % des Nominalbetrags des Grundpfandrechts** erscheint angemessen.[12] Beim **Aufgebot eines Grundpfandrechtsgläubigers** sind allenfalls **20 % des Nominalwerts** anzusetzen, beim **Aufgebot eines Eigentümers** allenfalls **30 % des Verkehrswerts** des Grundstücks.[13]

17   **5. Kostenschuldner.** Kostenschuldner der Gerichtsgebühren ist gem. § 22 Abs. 1 der **Antragsteller.** Das Gericht kann nach § 81 Abs. 1 S. 1 FamFG die Kosten nach billigem Ermessen auch einem anderen Beteiligten auferlegen, im Verfahren zur Ausschließung von Nachlassgläubigern bspw der gesamten **Erbengemeinschaft.**

V. Freiheitsentziehungssachen nach § 415 FamFG (Nr. 4)

18   **1. Anwendungsbereich.** Erfasst sind nur Freiheitsentziehungssachen iSd § 415 FamFG.[14] Das sind vornehmlich die bundesrechtlich normierten Freiheitsentziehungssachen (zB nach § 15 Abs. 5 und 6, § 62 AufenthG; § 59 Abs. 2, § 89 Abs. 2 AsylVfG; § 30 Abs. 2 IfSG; § 40 BpolG; §§ 20 p, 21 Abs. 7 BKAG; § 23 Abs. 1 ZFdG). Andere mit Freiheitsentziehung verbundene spezialgesetzlich geregelte Angelegenheiten (zB Freiheitsentziehungen im Rahmen der Strafrechtspflege oder des Zivilrechts), auch wenn sie nach dem FamFG angeordnet werden, fallen hingegen nicht unter den Gebührentatbestand. So werden **Unterbringungen** nach § 312 FamFG durch die Nr. 11100 ff KV, nicht aber durch Nr. 15212 Nr. 4 KV abgedeckt.

19   **2. Verfahrensgebühr.** Es handelt sich um eine Verfahrensgebühr, die mit **Einleitung des Verfahrens** anfällt und unabhängig davon besteht, wie das Verfahren endet. Die 0,5-Gebühr wird also auch dann erhoben, wenn ein Antrag zurückgenommen wird, wenn das Verfahren ohne eine Entscheidung oder ohne Vornahme der begehrten Gerichtshandlung endet, wenn das Verfahren vom Gericht zurückgewiesen oder eingestellt wird. Die Anordnung der Freiheitsentziehung und die Anordnung von deren Fortdauer sind als ein **einheitliches Verfahren** anzusehen. Wird eine **einstweilige Anordnung** von Gericht erlassen, so unterfällt diese dem Gebührentatbestand Nr. 16110 KV.

20   **3. Rechtsmittelverfahren.** Für das **Beschwerdeverfahren** werden Gebühren nach Maßgabe der Nr. 15223 und 15224 KV, für das **Rechtsbeschwerdeverfahren** Gebühren nach Maßgabe der Nr. 15233–15235 KV und für die Sprungrechtsbeschwerde nach Maßgabe der Nr. 15241 KV erhoben.

21   **4. Geschäftswert.** Es handelt sich um eine **nichtvermögensrechtliche Angelegenheit**, so dass der Geschäftswert nach § 36 Abs. 2 und 3 zu bestimmen ist.[15] Es muss zunächst versucht werden, unter Berücksichtigung aller Umstände des Einzelfalls einen Geschäftswert nach billigem Ermessen festzusetzen. Nur soweit es an Anhaltspunkten hierfür fehlt, darf auf den Auffangwert nach § 36 Abs. 3 zurückgegriffen werden.[16]

22   **5. Kostenschuldner.** Die Kostenschuldnerschaft beurteilt sich allein nach § 23 Nr. 15. Danach ist der von der Freiheitsentziehung **Betroffene** und seine **gesetzlichen Unterhaltsverpflichteten** als Gesamtschuldner zur Kostentragung verpflichtet, soweit nicht das Gericht in einer Kostenentscheidung nach § 81 FamFG der Verwaltungsbehörde die Kosten auferlegt hat. Die Verwaltungsbehörde ist nach § 2 ggf von der Kostentragungspflicht befreit.

VI. Verfahren nach dem PStG (Nr. 5)

23   **1. Anwendungsbereich.** Nach § 48 Abs. 1 PStG kann auf Antrag ein abgeschlossener **Registereintrag** durch gerichtliche Entscheidung berichtigt werden. Nach § 49 Abs. 1 PStG kann das Gericht auf Antrag den Standesbeamten anweisen, eine **Amtshandlung vorzunehmen.** Die Gebührenerhebung wird durch § 1 Abs. 2 Nr. 14 dem GNotKG zugewiesen.

24   Wird das Gericht als **Standesamt** tätig (vgl § 127 Abs. 1 KostO), so werden Gebühren nach Maßgabe des Landesrechts erhoben, vgl § 72 PStG.

25   **2. Verfahrensgebühr.** Es handelt sich um eine Verfahrensgebühr, die allerdings nur anfällt, wenn der Verfahrensantrag vom Antragsteller **zurückgenommen** oder vom Gericht **zurückgewiesen** wird, Vorbem. 1.5.2 KV. Wird dem Antrag stattgegeben, so entsteht keine Gebühr. Dies hängt damit zusammen, dass bereits die Vornahme der standesamtlichen Handlung eine Gebühr auslöst. Fraglich ist, ob eine Gebühr anfällt, wenn dem Verfahrensantrag nur **teilweise stattgegeben** wird. Richtigerweise bleibt es auch in diesem Fall bei der

---

12 Ähnl. BDS/*Sommerfeldt*, Nr. 15212 KV Rn 43. **13** AA Leipziger-GNotKG/*Schulz*, Nr. 15212 KV Rn 23: Maßgeblich soll stets der Wert des Grundstücks bzw der Nominalwert des Grundpfandrechts sein. **14** Hierzu Keidel/*Budde*, § 415 FamFG Rn 1, 2. **15** LG Stuttgart BeckRS 2015, 07589. **16** Ohne Problembewusstsein LG Stuttgart BeckRS 2015, 07589.

Gebührenfreiheit. **Auslagen** können in diesem Fall theoretisch erhoben werden,[17] dürfen jedoch dem Standesamt nicht auferlegt werden (vgl § 51 Abs. 1 S. 2 PStG); eine Auferlegung auf den obsiegenden Antragsteller wäre unbillig.

3. Rechtsmittelverfahren. Für das **Beschwerdeverfahren** werden Gebühren nach Maßgabe der Nr. 15223   **26** und 15224 KV, für das **Rechtsbeschwerdeverfahren** Gebühren nach Maßgabe der Nr. 15233–15235 KV und für die Sprungrechtsbeschwerde nach Maßgabe der Nr. 15241 KV erhoben. Auch hier gilt Vorbem. 1.5.2 KV,[18] so dass keine Gebühren erhoben werden, wenn der Beschwerde bzw der Rechtsbeschwerde ganz oder teilweise stattgegeben wird.

4. Geschäftswert. Der Geschäftswert bestimmt sich nach § 36 Abs. 2 und 3, da es sich um **nichtvermögens-**   **27** **rechtliche Angelegenheiten** handelt. Auf den Auffangwert nach § 36 Abs. 3 kann nur ausnahmsweise zurückgegriffen werden, wenn eine Geschäftswertbestimmung im Einzelfall nicht erfolgreich verläuft. In einfachen Angelegenheiten muss jedoch auch ein unter 5.000 € liegender Geschäftswert erwogen werden.

5. Kostenschuldner. Kostenschuldner der Gerichtsgebühren ist gem. § 22 Abs. 1 der **Antragsteller**. Ist der   **28** Antrag eines Beteiligten erfolgreich, so entfällt die Gebührenpflicht, auch wenn die Stattgabe erst in der Rechtsmittelinstanz erfolgt. Wurde der Antrag vom Standesbeamten oder von der Aufsichtsbehörde gestellt, so besteht **Gerichtskostenfreiheit** nach § 2 Abs. 1, § 51 Abs. 1 S. 2 PStG.

VII. Verfahren nach § 7 Abs. 3 ErbbauRG (Nr. 6)

1. Anwendungsbereich. Verweigert der Grundstückseigentümer ohne ausreichenden Grund die **Zustim-**   **29** **mung zur Veräußerung oder Belastung eines Erbbaurechts** nach § 5 Abs. 1, 2, § 7 Abs. 1, 2 ErbbauRG, so kann dessen Zustimmung auf Antrag des Erbbauberechtigten vom Gericht nach § 7 Abs. 3 ErbbauRG ersetzt werden (vgl § 1 Abs. 2 Nr. 15).

2. Verfahrensgebühr. Es handelt sich um eine Verfahrensgebühr, die unabhängig vom Ausgang des Verfah-   **30** rens in voller Höhe anfällt, also auch dann, wenn das Verfahren aufgrund Antragsrücknahme oder Erledigung beendet wird. Sowohl die **Stattgabe als auch die Zurückweisung** des Antrags lösen die Gebühr aus.

3. Rechtsmittelverfahren. Für das **Beschwerdeverfahren** werden Gebühren nach Maßgabe der Nr. 15223   **31** und 15224 KV, für das **Rechtsbeschwerdeverfahren** Gebühren nach Maßgabe der Nr. 15233–15235 KV und für die Sprungrechtsbeschwerde nach Maßgabe der Nr. 15241 KV erhoben.

4. Geschäftswert. Der Geschäftswert bestimmt sich nach § 60 Abs. 1, beträgt also die **Hälfte des zu geneh-**   **32** **migenden Geschäfts**, wobei die Ersetzung der Zustimmung sowohl das schuldrechtliche als auch das dingliche Rechtsgeschäft als einen Verfahrensgegenstand abdeckt, § 60 Abs. 2.[19] Anstelle von § 35 Abs. 2 gilt der besondere Höchstwert nach § 60 Abs. 3 von 1 Mio. €. Bezieht sich die Genehmigung auf ein **entgeltlich veräußertes Erbbaurecht**, so ist der Kaufpreis (§ 47) bzw der nach § 97 Abs. 3 höhere Wert des Erbbaurechts (§ 49 Abs. 2) maßgeblich.[20] Bei **unentgeltlicher Veräußerung** ist § 49 Abs. 2 einschlägig. Wird die Genehmigung zu einer Belastung beantragt, so bestimmt sich der Geschäftswert nach § 53 Abs. 1. Werden sowohl die Genehmigung zu einer Veräußerung als auch zu einer Belastung beantragt, sind die Werte nach § 35 Abs. 1 zu addieren, wobei § 56 Abs. 2 zu beachten ist.[21]

5. Kostenschuldner. Kostenschuldner der Gerichtsgebühren ist gem. § 22 Abs. 1 der **Antragsteller**. Das Ge-   **33** richt kann die Kosten aber nach § 81 FamFG dem **Grundstückseigentümer** auferlegen, wenn er die Zustimmung zu Unrecht verweigert hatte. Dieser haftet dann nach § 27 Nr. 1.

VIII. Verfahren nach § 132 Abs. 2 und § 176 Abs. 2 BGB (Nr. 7)

1. Anwendungsbereich. Kann einem Dritten eine **Willenserklärung** nicht nach § 132 Abs. 1 BGB iVm den   **34** Vorschriften der ZPO zugestellt werden, so kann das Gericht die öffentliche Zustellung nach § 132 Abs. 2 BGB bewilligen (vgl § 1 Abs. 2 Nr. 17). Wird eine **Vollmachtsurkunde** dem Vollmachtgeber nicht zurückgegeben, so kann das Gericht deren Kraftloserklärung durch Veröffentlichung bewilligen, § 176 Abs. 1, 2 BGB (vgl § 1 Abs. 2 Nr. 17).

2. Verfahrensgebühr. Es handelt sich um eine Verfahrensgebühr, die unabhängig vom Ausgang des Verfah-   **35** rens in voller Höhe anfällt, also auch dann, wenn das Verfahren aufgrund Antragsrücknahme oder Erledigung beendet wird. Sowohl die **Stattgabe als auch die Zurückweisung** des Antrags lösen die Gebühr aus.

---

17 Leipziger-GNotKG/*Schulz*, Vorbem. 1.5.2 KV Rn 1.   **18** BT-Drucks 17/11471, S. 214.   **19** AA Leipziger-GNotKG/*Schulz*, Nr. 15212 KV Rn 29: Maßgeblich sollen 15 % des Verkehrswerts des Erbbaurechts sein. **20** OLG Celle NJOZ 2015, 1383 = NotBZ 2015, 150 = ZNotP 2015, 118. **21** BDS/*Sommerfeldt*, Nr. 15212 KV Rn 61.

36 **3. Rechtsmittelverfahren.** Für das **Beschwerdeverfahren** werden Gebühren nach Maßgabe der Nr. 15223 und 15224 KV, für das **Rechtsbeschwerdeverfahren** Gebühren nach Maßgabe der Nr. 15233–15235 KV und für die Sprungrechtsbeschwerde nach Maßgabe der Nr. 15241 KV erhoben.

37 **4. Geschäftswert.** Der Geschäftswert bestimmt sich nach § 36 Abs. 1–3. Der Auffangwert ist jedoch nur ausnahmsweise einschlägig, zunächst muss eine Geschäftswertbestimmung nach billigem Ermessen versucht werden. Es kann sich sowohl um eine **vermögens- als auch eine nichtvermögensrechtliche Angelegenheit** handeln. Soll eine **Generalvollmacht** für kraftlos erklärt werden, darf nicht auf § 98 zurückgegriffen werden. Es ist aber unter Berücksichtigung der Vermögensverhältnisse des Vollmachtgebers ein **Teilwert aus dem Vermögen** anzusetzen.

38 **5. Kostenschuldner.** Kostenschuldner der Gerichtsgebühren ist gem. § 22 Abs. 1 der **Antragsteller**. Das Gericht kann die Kosten aber nach § 81 FamFG dem Erklärungsempfänger bzw dem Bevollmächtigten aufgeben. Dieser haftet dann nach § 27 Nr. 1.

IX. Verteilungsverfahren

39 **1. Anwendungsbereich.** Die Vorschrift gilt nur für die ausdrücklich genannten Verteilungsverfahren (vgl § 1 Abs. 2 Nr. 16). Eine entsprechende Anwendung auf andere Verfahren scheidet aus. Damit soll dem Bestimmtheitsgebot genügt werden. Erfasst sind also folgende Verfahren:

- Verteilungsverfahren bei **Umlegungen** (§ 65 BauGB);
- Verteilungsverfahren bei **Enteignungen** (§ 119 BauGB);
- Verteilungsverfahren bei **Flurbereinigungen** (§ 74 Nr. 3, § 75 FlurbG);
- Verteilungsverfahren bei **bergrechtlichen Verfahren** (§ 94 BBergG);
- Verteilungsverfahren nach dem **Bundesleistungsgesetz** (§ 55 BLeistG);
- Verteilungsverfahren nach § 8 **EnSiEntGVO**;
- Verteilungsverfahren bei **Landbeschaffung für Verteidigungszwecke** (§ 54 LBG).

40 **2. Verfahrensgebühr.** Es handelt sich um eine Verfahrensgebühr, die unabhängig vom Ausgang des Verfahrens in voller Höhe anfällt, also auch dann, wenn das Verfahren aufgrund Antragsrücknahme oder Erledigung beendet wird. Sowohl die **Stattgabe als auch die Zurückweisung** des Antrags lösen die Gebühr aus. Eine Ermäßigung entsprechend § 125 Abs. 2 KostO erfolgt unter keinen Umständen. Unzutreffend ist die Auffassung, die Verfahrensgebühr entstehe nicht, wenn das Verteilungsverfahren nach § 79 Abs. 1 BauGB, § 108 Abs. 1 FlurbG, § 71 Abs. 2 LBG der Durchführung eines dieser Verfahren diene.[22] Es handelt sich beim Verteilungsverfahren um ein eigenständiges Vermittlungsverfahren, das von der sachlichen **Gebührenbefreiung**, die für das eigentliche Verwaltungsverfahren gilt, nicht erfasst ist.

41 **3. Rechtsmittelverfahren.** Für das **Beschwerdeverfahren** werden Gebühren nach Maßgabe der Nr. 15223 und 15224 KV, für das **Rechtsbeschwerdeverfahren** Gebühren nach Maßgabe der Nr. 15233–15235 KV und für die Sprungrechtsbeschwerde nach Maßgabe der Nr. 15241 KV erhoben.

42 **4. Geschäftswert.** Der Geschäftswert bestimmt sich nach § 36 Abs. 1 und 3. Der Auffangwert ist jedoch nur ausnahmsweise einschlägig, zunächst muss eine Geschäftswertbestimmung nach billigem Ermessen versucht werden. Es handelt sich um **vermögensrechtliche Angelegenheiten**. Zugrunde zu legen ist der Wert der **Verteilungsmasse** ohne Berücksichtigung etwaiger Zinsen und Nebenkosten (§ 37 Abs. 1)[23] sowie ohne Abzug etwaiger Verbindlichkeiten (§ 38).

43 **5. Kostenschuldner.** Kostenschuldner der Gerichtsgebühren ist gem. § 22 Abs. 1 der **Antragsteller**. Soweit das Verfahren von Amts wegen durchgeführt wird, muss das Gericht eine Kostenentscheidung nach § 81 FamFG treffen, § 27 Nr. 1. Die Kosten werden regelmäßig der zu verteilenden Vermögensmasse entnommen, vgl § 109 Abs. 1 ZVG.

22 Korintenberg/*Klüsener*, Nr. 15212 KV Rn 35. **23** Korintenberg/*Klüsener*, Nr. 15212 KV Rn 49.

1956   *NK-GK/Heinemann*

Nr.	Gebührentatbestand	Gebühr oder Satz der Gebühr nach § 34 GNotKG – Tabelle A
15213	Verfahren über den Antrag auf Erlass einer Anordnung über die Verwendung von Verkehrsdaten nach 　1. § 140 b Abs. 9 des Patentgesetzes, 　2. § 24 b Abs. 9 GebrMG, auch in Verbindung mit § 9 Abs. 2 HalblSchG, 　3. § 19 Abs. 9 MarkenG, 　4. § 101 Abs. 9 des Urheberrechtsgesetzes, 　5. § 46 Abs. 9 GeschmMG, 　6. § 37 b Abs. 9 des Sortenschutzgesetzes	200,00 €
15214	Der Antrag wird zurückgenommen: Die Gebühr 15213 ermäßigt sich auf	50,00 €

I. Allgemeines

Die Gebührenvorschrift Nr. 15213 KV regelt den Gebührentatbestand beim Erlass einer Anordnung über die Verwendung von **Verkehrsdaten** zur Verfolgung von **Rechtsverletzungen bestimmter geistiger Schutzrechte**. Durch die Festgebühr soll der Prüfungsaufwand des Gerichts im Rahmen der vorzunehmenden Grundrechtsabwägung pauschal abgegolten werden.[1] **1**

II. Verfahrensgebühr (Nr. 15213 KV)

1. Anwendungsbereich. Erfasst werden nur die folgenden Verfahren auf Erlass einer Anordnung über die Zulässigkeit der Verwendung von **Verkehrsdaten** iSd § 3 Nr. 30 TKG[2] (vgl § 1 Abs. 2 Nr. 18): **2**

- Verletzung von **Patentrechten** nach § 140 b Abs. 9 PatG;
- Verletzung von **Gebrauchsmustern und Halbleitern** nach § 24 b Abs. 9 GebrMG iVm § 9 Abs. 2 HalblSchG;
- Verletzung von **Markenrechten** nach § 19 Abs. 9 MarkenG;
- Verletzung von **Urheber- und Leistungsschutzrechten** nach § 101 Abs. 9 UrhG;
- Verletzung von **Geschmacksmustern** nach § 46 Abs. 9 GeschmMG;
- Verletzung von **Sortenschutzrechten** nach § 37 b Abs. 9 SortenSchG.

Die zahlreichen umstrittenen Rechtsfragen im Zusammenhang mit der Anwendbarkeit der Vorschrift hat der Gesetzgeber nicht entschieden, so dass auf die zu § 128 c KostO und § 128 e KostO ergangene **Rspr zurückgegriffen** werden muss, die unverändert in die Neufassung des Gesetzes übernommen worden sind.[3] **3**

2. Festgebühr. Es handelt sich um eine Festgebühr, die das **gesamte Verfahren** unabhängig von dessen Ausgang abgilt, § 55 Abs. 1. Die Gebühr entsteht mit dem Eingang des Verfahrensantrags bei Gericht und fällt unabhängig davon an, ob dem Antrag stattgegeben wird oder ob dieser zurückgewiesen wird.[4] Die 200 €-Gebühr ist aber erst fällig, wenn die einstweilige Anordnung erlassen oder deren Erlass abgelehnt wird,[5] was nunmehr durch § 9 Abs. 1 Nr. 1 und 2 klargestellt ist. Im Übrigen richtet sich die Fälligkeit nach § 9 Abs. 1 Nr. 3–5. Die Entscheidung kann von der Zahlung eines Kostenvorschusses abhängig gemacht werden, § 13.[6] **4**

3. Mehrere Anträge. Auch wenn es sich nunmehr um eine feste Verfahrensgebühr handelt, die nach § 55 Abs. 1 grds. nur einmal anfällt, ist die Auffassung unzutreffend, es müsse stets von einem einheitlichen Verfahren und einem **einmaligen Anfall der Festgebühr** ausgegangen werden, unabhängig davon, welchen Inhalt die innerhalb des Verfahrens gestellten Anträge hätten.[7] Die Vorschrift stellt nämlich schon ihrem Wortlaut nach nicht auf das Verfahren ab, sondern auf ein „Verfahren über den Antrag auf Erlass einer Anordnung", so dass durchaus mehrere Verfahren vorliegen können, abhängig davon, ob diese auf mehreren Anträgen beruhen.[8] Die Gebühr fällt also auch weiterhin **mehrfach** an, wenn in einem Auskunftsersuchen nach § 101 Abs. 9 UrhG mehrere Anträge zusammengefasst sind, denen **unterschiedliche Lebenssach-** **5**

---

[1] BT-Drucks 16/5048, S. 36. [2] BeckOK KostR/*Zimmermann*, GNotKG KV 15213 Rn 3. [3] BT-Drucks 17/11471, S. 330; BDS/*Sommerfeldt*, Nr. 15213 KV Rn 1; aA Korintenberg/*Klüsener*, Nr. 15213, 15214 KV Rn 5. [4] BeckOK KostR/*Zimmermann*, GNotKG KV 15213 Rn 2; Leipziger-GNotKG/*Schulz*, Nr. 15213 KV Rn 1. [5] OLG Köln FGPrax 2009, 134. [6] Korintenberg/*Klüsener*, Nr. 15213, 15214 KV Rn 11. [7] OLG Köln BeckRS 2014, 10033; aA Korintenberg/*Klüsener*, Nr. 15213, 15214 KV Rn 6, 7. [8] OLG Köln BeckRS 2014, 10033.

verhalte zugrunde liegen, insb. die urheberrechtliche Verletzung mehrerer Werke oder die Vornahme der Verletzungshandlung durch mehrere Täter.[9] Der Antragsteller kann sich dieser Rechtsfolge nicht dadurch entziehen, dass er in einem Verfahren eine Antragshäufung erklärt. Das Gericht ist berechtigt, die Verfahren zu trennen und die Gebühren gesondert zu erheben. Mehrere Anträge liegen aber nicht vor, wenn lediglich die **Verletzung eines Werks** betroffen ist oder wenn wegen einer Urheberrechtsverletzung die Auskunft **mehrerer IP-Adressen** begehrt wird.[10]

6   **4. Antragsrücknahme (Nr. 15214 KV).** Wird der Antrag auf Erlass der Anordnung zurückgenommen, so ermäßigt sich die Gebühr auf 50 € (Nr. 15214 KV). Nach § 22 Abs. 1 S. 1 FamFG kann der Antrag bis zur Rechtskraft der Entscheidung zurückgenommen werden, so dass die Gebührenermäßigung auch noch **nach Bekanntgabe des Beschlusses** oder in der **Beschwerdeinstanz** durch Antragsrücknahme erreicht werden kann.[11] Nach Erlass der Endentscheidung bedarf die Rücknahme allerdings der Zustimmung des Antragsgegners, § 22 Abs. 1 S. 2 FamFG.[12] Eine **Teilrücknahme** löst dann die Ermäßigungsfolge aus, wenn es sich um mehrere Verfahrensgegenstände handelt (→ Rn 5), im Übrigen bleibt sie folgenlos.[13] Andere Beendigungsgründe (zB ein Vergleich oder eine Erledigungserklärung) führen zu keiner Gebührenermäßigung, wenn nicht auch der Antrag zurückgenommen wird.[14]

7   **5. Antrag auf Erlass einer einstweiligen Anordnung.** Für den Erlass einer einstweiligen Anordnung zB im Rahmen des § 101 Abs. 9 UrhG fällt **keine weitere Gebühr** an, da es insoweit an einem Gebührentatbestand fehlt. Insbesondere die Nr. 16110 ff KV sind nicht einschlägig, da sie stets auf einer Verfahrens-, nicht aber auf einer Festgebühr aufbauen.[15] Eine **analoge Anwendung** von Nr. 15213 KV scheidet angesichts des eindeutigen Wortlauts der Vorschrift aus.[16]

8   **6. Rechtsmittelverfahren.** Für das **Beschwerdeverfahren** werden Gebühren nach Maßgabe der Nr. 15225–15227 KV erhoben. Eine **Rechtsbeschwerde** gegen die Entscheidung des OLG findet nicht statt, so dass es keiner entsprechenden Gebührentatbestände bedarf.

9   **7. Kostenschuldner.** Kostenschuldner der Gerichtsgebühren ist gem. § 22 Abs. 1 der **Antragsteller**, das ist im Regelfall der verletzte Schutzrechtsinhaber.[17] Das Gericht kann eine Kostenentscheidung nach § 81 FamFG treffen und dem Antragsgegner die Kosten auferlegen, § 27 Nr. 1.[18] Im Regelfall wird das Gericht jedoch entsprechend der gesetzlichen Norm (vgl § 140 b Abs. 9 S. 5 PatG; § 24 b Abs. 9 S. 5 GebrMG; § 19 Abs. 9 S. 5 MarkenG; § 101 Abs. 9 S. 5 UrhG; § 46 Abs. 9 S. 5 DesignG; § 37 b Abs. 9 S. 5 SortSchG) dem Verletzten die Kosten auferlegen, der sie dann im Wege des **Schadensersatzes vom Verletzer** ersetzt verlangen kann.[19]

III. Rechtsanwaltsgebühren

10   Der für die anwaltliche Vergütung maßgebende Gegenstandswert in den Verfahren nach Nr. 15213 KV ist nicht identisch mit der Höhe der nach Nr. 15213 f KV anfallenden Gebühr. Im Allgemeinen ist der **Regelwert von 3.000 €** zugrunde zu legen.[20] Wird der Anordnungsantrag auf die Verletzung eines bestimmten urheberrechtlich geschützten Werks gestützt, so hat es bei dem vorgenannten Regelstreitwert zu bleiben, auch wenn sich die begehrte Auskunft auf verschiedene IP-Adressen bezieht.[21]

---

9 OLG Köln BeckRS 2014, 10033 (zur neuen Rechtslage); OLG Karlsruhe MMR 2009, 263; MMR 2012, 251; OLG Düsseldorf MMR 2009, 476; OLG Frankfurt a. M. MMR 2009, 551; OLG Köln FGPrax 2013, 84; LG Köln ZUM-RD 2013, 208 (zur alten Rechtslage); BeckOK KostR/*Zimmermann*, GNotKG KV 15213 Rn 6; BDS/*Sommerfeldt*, Nr. 15213 KV Rn 8–10; Leipziger-GNotKG/*Schulz*, Nr. 15213 KV Rn 3; aA OLG München MDR 2011, 138; MMR 2010, 867 (zur alten Rechtslage); Korintenberg/*Klüsener*, Nr. 15213, 15214 KV Rn 6, 7 mit falscher Zitierung der hier vertretenen Auffassung. **10** OLG Düsseldorf MMR 2009, 476; OLG Karlsruhe MMR 2009, 263; OLG Köln BeckRS 2013, 07432; aA LG Köln MMR 2008, 761; BeckRS 2009, 26854; ZUM-RD 2013, 208. **11** BeckOK KostR/*Zimmermann*, GNotKG KV 15214 Rn 3; aA BDS/*Sommerfeldt*, Nr. 15214 KV Rn 2; Leipziger-GNotKG/*Schulz*, Nr. 15214 KV Rn 1: Antragsrücknahme nur bis zum Erlass des Beschlusses möglich; § 22 Abs. 1 FamFG wird von diesen Autoren nicht thematisiert. **12** BeckOK KostR/*Zimmermann*, GNotKG KV 15214 Rn 3. **13** BeckOK KostR/*Zimmermann*, GNotKG KV 15214 Rn 4; nur insoweit zutr. Korintenberg/*Klüsener*, Nr. 15213, 15214 KV Rn 10. **14** BeckOK KostR/*Zimmermann*, GNotKG KV 15214 Rn 2. **15** Ebenso Korintenberg/*Klüsener*, Nr. 15213, 15214 KV Rn 9; Leipziger-GNotKG/*Schulz*, Nr. 15213, 15214 KV Rn 2. **16** LG Köln ZUM-RD 2013, 208; BeckRS 2012, 25354; aA OLG Karlsruhe MMR 2012, 251; OLG Köln MMR 2013, 257; BeckRS 2013, 07433; FGPrax 2013, 84; JurBüro 2013, 96; BeckRS 2011, 04519; FGPrax 2011, 37 – (alle zur alten Rechtslage). **17** Vgl BeckOK KostR/*Zimmermann*, GNotKG KV 15213 Rn 4. **18** So wohl auch BDS/*Sommerfeldt*, Nr. 15213 KV Rn 7; unklar BeckOK KostR/*Zimmermann*, GNotKG KV 15213 Rn 2, 4; Korintenberg/*Klüsener*, Nr. 15213, 15214 KV Rn 12. **19** BeckOK KostR/*Zimmermann*, GNotKG KV 15213 Rn 7. **20** OLG Köln MMR 2009, 125. **21** OLG Köln MMR 2009, 125.

Nr.	Gebührentatbestand	Gebühr oder Satz der Gebühr nach § 34 GNotKG – Tabelle A
15215	Verfahren nach § 46 IntErbRVG über die Authentizität einer Urkunde	60,00 €

I. Allgemeines

Die Gebührenvorschrift Nr. 15215 KV ist durch das Gesetz zum Internationalen Erbrecht und zur Änderung von Vorschriften zum Erbschein sowie zur Änderung sonstiger Vorschriften vom 29.6.2015[1] neu eingefügt[2] worden und regelt die Gebühren für das **erstinstanzliche Verfahren** nach § 46 IntErbRVG.   **1**

II. Festgebühr (Nr. 15215 KV)

1. Anwendungsbereich. Erfasst wird nur das Verfahren über Einwände gegen die **Authentizität einer deutschen öffentlichen Urkunde** nach Art. 59 Abs. 2 EuErbVO. In diesem Verfahren wird nur über formelle Einwände gegen die Wirksamkeit der Urkunde entschieden, also betreffend die Zuständigkeit, das Verfahren und die Form von deren Errichtung. Über die Richtigkeit des in der Urkunde niedergelegten Inhalts kann das Gericht nicht befinden.[3] Nur bei einer Beschränkung auf eine **formale Prüfungspflicht** ist die Festgebühr iHv 60 € gerechtfertigt. Nach der Entwurfsbegründung ist die Prüfung zwar aufwändiger als bei der Erteilung einer Apostille, dennoch soll diese bei Weitem nicht den Aufwand einer Feststellungsklage erreichen, weil nur förmliche Verfahrensfragen zu prüfen seien.[4]   **2**

2. Verfahrensgebühr. Die Gebühr entsteht als Verfahrensgebühr in dem Moment, in dem Einwände gegen die Wirksamkeit der Urkunde erhoben werden. Unerheblich ist also, ob das Gericht den Einwänden stattgibt oder diese zurückweist. Wird der Prüfungsantrag zurückgenommen, so ist die Gebühr dennoch entstanden. Eine Gebührenermäßigung ist in diesem Fall nicht vorgesehen. Auch andere Beendigungsgründe (zB ein Vergleich oder eine Erledigungserklärung) führen zu keiner Gebührenermäßigung.   **3**

Die Gebühr ist **fällig**, wenn die Entscheidung des Gerichts ergangen ist, § 9 Abs. 1 Nr. 1 und 2. Im Übrigen richtet sich die Fälligkeit nach § 9 Abs. 1 Nr. 3–5. Die Entscheidung kann von der Zahlung eines Kostenvorschusses **abhängig gemacht** werden, § 13.   **4**

3. Mehrere Urkunden. Das Verfahren betrifft immer nur die Prüfung *einer* Urkunde. Werden also gegen **mehrere Urkunden** Einwände erhoben, so handelt es sich jeweils um ein besonderes Verfahren mit der Folge, dass jeweils die Festgebühr iHv 60 € anfällt. Dies gilt selbst dann, wenn es sich um Urkunden handelt, die von derselben Behörde ausgestellt worden sind.   **5**

4. Rechtsmittelverfahren. Für das **Beschwerdeverfahren** (zuständig ist das OLG, vgl § 46 Abs. 2 IntErbRVG, § 119 Abs. 1 Nr. 1 Buchst. b GVG) werden Gebühren nach Maßgabe der Nr. 19116 KV erhoben, also ebenfalls iHv 60 €, wenn die Beschwerde verworfen oder zurückgewiesen wird, es sei denn, das Gericht ermäßigt die Gebühr auf die Hälfte oder sieht von deren Erhebung ganz ab. Im **Rechtsbeschwerdeverfahren** gegen die Entscheidung des OLG gilt Nr. 19128 KV (nicht, wie in der Entwurfsbegründung versehentlich angegeben, Nr. 19126 KV),[5] so dass bei deren Verwerfung bzw Zurückweisung eine Festgebühr von 120 € entsteht, sofern der BGH keine Halbierung oder Nichterhebung der Gebühr festsetzt.   **6**

5. Kostenschuldner. Kostenschuldner der Gerichtsgebühren ist gem. § 22 Abs. 1 der **Antragsteller**, das ist im Regelfall derjenige, der Einwände gegen die Formwirksamkeit der Urkunde erhoben hat. Das Gericht kann eine Kostenentscheidung nach § 81 FamFG treffen und einem etwaigen Antragsgegner die Kosten auferlegen, § 27 Nr. 1.   **7**

---

1 BGBl. 2015 I 1042.   **2** Art. 13 Nr. 10 Buchst. o des ÄndG.   **3** AA MüKo-BGB/*Dutta*, Art. 59 EuErbVO Rn 17.   **4** BT-Drucks 18/4201, S. 65.   **5** Vgl BT-Drucks 18/4201, S. 65.

Unterabschnitt 2
Beschwerde gegen die Endentscheidung wegen des Hauptgegenstands

Nr.	Gebührentatbestand	Gebühr oder Satz der Gebühr nach § 34 GNotKG – Tabelle A
15220	Verfahren über die Beschwerde in den in Nummer 15210 genannten Verfahren	2,0
15221	Beendigung des gesamten Verfahrens durch Zurücknahme der Beschwerde oder des Antrags, bevor die Schrift zur Begründung der Beschwerde bei Gericht eingegangen ist: Die Gebühr 15220 ermäßigt sich auf	0,5
15222	Beendigung des gesamten Verfahrens ohne Endentscheidung, wenn nicht Nummer 15221 erfüllt ist: Die Gebühr 15220 ermäßigt sich auf .... (1) Wenn die Entscheidung nicht durch Verlesen der Entscheidungsformel bekannt gegeben worden ist, ermäßigt sich die Gebühr auch im Fall der Zurücknahme der Beschwerde oder des Antrags vor Ablauf des Tages, an dem die Endentscheidung der Geschäftsstelle übermittelt wird. (2) Eine Entscheidung über die Kosten steht der Ermäßigung nicht entgegen, wenn die Entscheidung einer zuvor mitgeteilten Einigung über die Kostentragung oder einer Kostenübernahmeerklärung folgt.	1,0
15223	Verfahren über die Beschwerde in den in Nummer 15212 genannten Verfahren	1,0
15224	Beendigung des gesamten Verfahrens ohne Endentscheidung: Die Gebühr 15223 ermäßigt sich auf .... (1) Wenn die Entscheidung nicht durch Verlesen der Entscheidungsformel bekannt gegeben worden ist, ermäßigt sich die Gebühr auch im Fall der Zurücknahme der Beschwerde oder des Antrags vor Ablauf des Tages, an dem die Endentscheidung der Geschäftsstelle übermittelt wird. (2) Eine Entscheidung über die Kosten steht der Ermäßigung nicht entgegen, wenn die Entscheidung einer zuvor mitgeteilten Einigung über die Kostentragung oder einer Kostenübernahmeerklärung folgt.	0,5
15225	Verfahren über die Beschwerde in den in Nummer 15213 genannten Verfahren: Die Beschwerde wird verworfen oder zurückgewiesen .... Wird die Beschwerde nur teilweise verworfen oder zurückgewiesen, kann das Gericht die Gebühr nach billigem Ermessen auf die Hälfte ermäßigen oder bestimmen, dass eine Gebühr nicht zu erheben ist.	200,00 €
15226	Verfahren über die Beschwerde in den in Nummer 15213 genannten Verfahren: Beendigung des gesamten Verfahrens durch Zurücknahme der Beschwerde oder des Antrags, bevor die Schrift zur Begründung der Beschwerde bei Gericht eingegangen ist	100,00 €

Nr.	Gebührentatbestand	Gebühr oder Satz der Gebühr nach § 34 GNotKG – Tabelle A
15227	Verfahren über die Beschwerde in den in Nummer 15213 genannten Verfahren: Beendigung des gesamten Verfahrens durch Zurücknahme der Beschwerde oder des Antrags vor Ablauf des Tages, an dem die Endentscheidung der Geschäftsstelle übermittelt wird, wenn die Entscheidung nicht bereits durch Verlesen der Entscheidungsformel bekannt gegeben worden ist, oder wenn nicht Nummer 15226 erfüllt ist	150,00 €

Unterabschnitt 3
Rechtsbeschwerde gegen die Endentscheidung wegen des Hauptgegenstands

Nr.	Gebührentatbestand	Gebühr oder Satz der Gebühr nach § 34 GNotKG – Tabelle A
15230	Verfahren über die Rechtsbeschwerde in den in Nummer 15210 genannten Verfahren	3,0
15231	Beendigung des gesamten Verfahrens durch Zurücknahme der Rechtsbeschwerde oder des Antrags, bevor die Schrift zur Begründung der Beschwerde bei Gericht eingegangen ist: Die Gebühr 15230 ermäßigt sich auf	1,0
15232	Beendigung des gesamten Verfahrens durch Zurücknahme der Rechtsbeschwerde oder des Antrags vor Ablauf des Tages, an dem die Endentscheidung der Geschäftsstelle übermittelt wird, wenn nicht Nummer 15231 erfüllt ist: Die Gebühr 15230 ermäßigt sich auf	2,0
15233	Verfahren über die Rechtsbeschwerde in den in Nummer 15212 genannten Verfahren	1,5
15234	Beendigung des gesamten Verfahrens durch Zurücknahme der Rechtsbeschwerde oder des Antrags, bevor die Schrift zur Begründung der Beschwerde bei Gericht eingegangen ist: Die Gebühr 15233 ermäßigt sich auf	0,5
15235	Beendigung des gesamten Verfahrens durch Zurücknahme der Rechtsbeschwerde oder des Antrags vor Ablauf des Tages, an dem die Endentscheidung der Geschäftsstelle übermittelt wird, wenn nicht Nummer 15234 erfüllt ist: Die Gebühr 15233 ermäßigt sich auf	1,0

Unterabschnitt 4
Zulassung der Sprungrechtsbeschwerde gegen die Endentscheidung wegen des Hauptgegenstands

Nr.	Gebührentatbestand	Gebühr oder Satz der Gebühr nach § 34 GNotKG – Tabelle A
15240	Verfahren über die Zulassung der Sprungrechtsbeschwerde in den in Nummer 15210 genannten Verfahren: Soweit der Antrag abgelehnt wird: ……………………………………	1,0
15241	Verfahren über die Zulassung der Sprungrechtsbeschwerde in den in Nummer 15212 genannten Verfahren: Soweit der Antrag abgelehnt wird: ……………………………………	0,5

I. Allgemeines

1 Die Nr. 15220–15240 KV regeln die Gerichtsgebühren für Beschwerden, Rechtsbeschwerden und Sprungrechtsbeschwerden in den „übrigen Verfahren" der Nr. 15210–15214 KV.

II. Rechtsmittel in Verfahren nach Nr. 15210 KV

2 **1. Beschwerdeverfahren (Nr. 15220–15222 KV). a) Allgemeines.** Gegen die Entscheidungen nach dem VerschG oder dem TSG kann nach §§ 26, 33 Abs. 2, § 40 VerschG bzw § 4 Abs. 1, 4, § 9 Abs. 3 TSG **sofortige Beschwerde** eingelegt werden. Die Beschwerde ist beim Amtsgericht durch eine unterzeichnete Beschwerdeschrift einzulegen (§ 64 Abs. 1, 2 FamFG). Die Beschwerde soll nach § 65 FamFG begründet werden. Über die Beschwerde entscheidet das OLG, sofern das Amtsgericht dieser nicht abhilft. Es besteht **kein Anwaltszwang**.

3 Die Beschwerdegebühr gilt als eine **Verfahrensgebühr** über das gesamte Verfahren. Etwaige Verhandlungen oder Beweisaufnahmen sind mitumfasst. Die Gebühr fällt unabhängig vom Erfolg der Beschwerde an (aber → Rn 8). Greift eine Partei dieselbe Entscheidung mit mehreren Beschwerden an, liegt ein Verfahren vor. Die Gebühr wird mit dem Einlegen der Beschwerde fällig. Maßgeblicher Zeitpunkt ist der Eingang bei Gericht. Die Gebühr entsteht auch bei einer lediglich zur Fristwahrung eingelegten Beschwerde.[1] Werden **mehrere Beschwerden** von unterschiedlichen Beteiligten gegen eine Entscheidung eingelegt, so entsteht die Verfahrensgebühr grds. mehrfach (wobei § 56 Abs. 2 zu beachten ist),[2] es sei denn, die Beschwerden werden zu einem Verfahren zusammengefasst. Mehrere Beschwerden gegen verschiedene Entscheidungen lösen stets mehrfache Verfahrensgebühren aus.[3]

3a Erfasst vom Gebührentatbestand sind nur Beschwerden gegen den **Hauptgegenstand**, nicht aber wegen einer Beschwerde gegen einen Nebengegenstand (vgl § 37) oder gegen Zwischen- und Nebenentscheidungen. Solche Beschwerden sind gebührentechnisch nach Nr. 19116 KV zu behandeln. Wird die Beschwerde auf den **Kostenansatz** beschränkt, so liegt auch insoweit nur eine Beschwerde gegen einen Nebengegenstand vor (vgl § 37 Abs. 3), der nach Nr. 19116 KV abzurechnen ist.[4]

4 **b) Erfolglose Beschwerde.** Wird die Beschwerde als unzulässig verworfen oder als unbegründet zurückgewiesen, so entsteht die 2,0-Verfahrensgebühr nach Nr. 15220 KV. Zur **teilweise erfolglosen Beschwerde** → Rn 8.

5 **c) Rücknahme der Beschwerde oder des Antrags (Nr. 15221, 15222 KV).** Voraussetzung für die Gebührenermäßigung ist, dass die Zurücknahme tatsächlich zur **vollständigen Erledigung** des Verfahrens führt. Ohne Auswirkung auf die Verfahrensgebühr ist eine bloße Teilrücknahme.[5] Durch Art. 13 Nr. 10 Buchst. w des Gesetzes zum Internationalen Erbrecht und zur Änderung von Vorschriften zum Erbschein sowie zur Änderung sonstiger Vorschriften v. 29.6.2015[6] ist klargestellt worden, dass die Gebührenermäßigung auch dann eintritt, wenn das Verfahren durch Rücknahme des erstinstanzlichen **Antrags** beendet wird.[7] Eine ausste-

1 BeckOK KostR/*Zimmermann*, GNotKG KV 15220 Rn 5. **2** BeckOK KostR/*Zimmermann*, GNotKG KV 15220 Rn 8; BDS/*Sommerfeldt*, Nr. 15220 KV Rn 14. **3** BeckOK KostR/*Zimmermann*, GNotKG KV 15220 Rn 8. **4** AA BeckOK KostR/*Zimmermann*, GNotKG KV 15220 Rn 3. **5** BeckOK KostR/*Zimmermann*, GNotKG KV 15221 Rn 2. **6** BGBl. 2015 I 1042. **7** BT-Drucks 18/4201, S. 65.

hende Kostenentscheidung steht der vollständigen Erledigung nicht entgegen, wenn diese einer zuvor mitgeteilten Einigung über die Kostentragung oder einer Kostenübernahmeerklärung folgt, Nr. 15222 Abs. 2 KV.

aa) Vor Beschwerdebegründung. Der Antrag kann bis zur Rechtskraft des Verfahrens zurückgenommen werden (§ 22 Abs. 1 FamFG), wobei andere Beteiligte uU zustimmen müssen. Die Beschwerde kann **bis zum Erlass der Beschwerdeentscheidung** durch Erklärung gegenüber dem Beschwerdegericht zurückgenommen werden, § 67 Abs. 4 FamFG. Wird die Beschwerde zurückgenommen, bevor eine Beschwerdebegründung nach § 65 Abs. 1 FamFG beim Beschwerdegericht eingegangen ist, so verringert sich die Gebühr gem. Nr. 15221 KV auf eine 0,5-Gebühr. Allerdings scheidet eine begünstigte Zurücknahme nach dem in Nr. 15222 KV genannten Zeitpunkt aus.   **6**

bb) Vor Erlass der Endentscheidung. Wird der Antrag oder die Beschwerde **vor Ablauf des Tages, an dem die Endentscheidung der Geschäftsstelle übermittelt** wird (vgl § 38 Abs. 3 S. 3 FamFG, also bis 24 Uhr dieses Tages), zurückgenommen, so verringert sich die Beschwerdegebühr nach Nr. 15222 KV auf eine 1,0-Gebühr. War die Beschwerdeentscheidung bereits durch Vorlesen der Entscheidungsformel bekannt gegeben worden, so verbleibt es bei der Beschwerdegebühr nach Nr. 15220 KV. Wird die Beschwerde zurückgenommen und war diese bislang nicht begründet worden, so darf nur die Gebühr nach Nr. 15221 KV erhoben werden (→ Rn 6).   **7**

d) Erfolgreiche Beschwerde. Ist die Beschwerde **insgesamt erfolgreich**, so dürfen dem Antragsteller bzw dem Beschwerdeführer keine Gerichtskosten auferlegt werden, § 25 Abs. 1. Soweit auch kein anderer Kostenschuldner vorhanden ist, dem die Kosten auferlegt werden dürfen (zB einem Antragsgegner), bleibt das Beschwerdeverfahren gebührenfrei. Die vorstehenden Ausführungen gelten entsprechend, wenn die Beschwerde nur **zum Teil erfolgreich** war.   **8**

2. Rechtsbeschwerdeverfahren (Nr. 15230–15232 KV). a) Allgemeines. Die Rechtsbeschwerde ist nur in den engen Voraussetzungen des § 70 FamFG statthaft. Im Gegensatz zur Beschwerde muss die Rechtsbeschwerde stets **begründet** werden, § 71 Abs. 2 S. 1 FamFG. Die Rechtsbeschwerde kann nur von einem beim BGH zugelassenen Rechtsanwalt eingelegt werden.   **9**

b) Erfolglose Rechtsbeschwerde. Wird die Rechtsbeschwerde als **unzulässig** verworfen oder als **unbegründet** zurückgewiesen, so entsteht die 3,0-Gebühr nach Nr. 15230 KV. Die Gebühr entsteht auch, wenn der BGH die zugelassene Rechtsbeschwerde durch Beschluss nach § 74 a FamFG zurückweist.   **10**

c) Rücknahme der Rechtsbeschwerde oder des Antrags (Nr. 15231, 15232 KV). aa) Vor Begründung der Rechtsbeschwerde. Wird der Verfahrensantrag nach § 22 FamFG oder die Rechtsbeschwerde vor Eingang der Begründungsschrift beim BGH nach § 71 Abs. 2 S. 1 FamFG und vor Übermittlung der Endentscheidung an die Geschäftsstelle zurückgenommen, so **ermäßigt** sich die Gebühr nach Nr. 15231 KV auf eine 1,0-Gebühr.   **11**

bb) Vor Erlass der Rechtsbeschwerdeentscheidung. Wird der Verfahrensantrag nach § 22 FamFG oder die Rechtsbeschwerde nach Eingang der Beschwerdebegründung, aber vor Ablauf des Tages, an dem die Endentscheidung der Geschäftsstelle übermittelt wird, zurückgenommen, so **ermäßigt** sich das Verfahren auf eine 2,0-Gebühr, Nr. 15232 KV. Unerheblich ist, ob die Beschwerdebegründung fristgerecht eingereicht worden ist.[8] Wird die Rechtsbeschwerde zurückgenommen und war diese bislang nicht begründet worden, so darf nur die Gebühr Nr. 15231 KV erhoben werden (→ Rn 11).   **12**

d) Erfolgreiche Rechtsbeschwerde. Ist die Rechtsbeschwerde **insgesamt erfolgreich**, so dürfen dem Antragsteller bzw dem Beschwerdeführer keine Gerichtskosten auferlegt werden, § 25 Abs. 1. Soweit auch kein anderer Kostenschuldner vorhanden ist, dem die Kosten auferlegt werden dürfen (zB einem Antragsgegner) bleibt das Rechtsbeschwerdeverfahren gebührenfrei. Die vorstehenden Ausführungen gelten entsprechend, wenn die Rechtsbeschwerde nur **zum Teil erfolgreich** war.   **13**

e) Sprungrechtsbeschwerde (Nr. 15240 KV). Wird der Antrag auf Zulassung der Sprungrechtsbeschwerde nach § 75 Abs. 1 Nr. 2 FamFG vom BGH **abgelehnt**, so entsteht hierfür eine 1,0-Gebühr, Nr. 15240 KV. Die Stattgabe der Sprungrechtsbeschwerde löst neben den Gebühren nach Nr. 15230–15232 KV keine weiteren Gebühren aus.   **14**

3. Geschäftswert. Der Geschäftswert ist nach den Grundsätzen des **erstinstanzlichen Verfahrens** zu ermitteln, § 61.   **15**

4. Kostenschuldner. Kostenschuldner der Beschwerdegebühren ist der **Beschwerdeführer** nach § 22 Abs. 1. Bei erfolgreicher Beschwerde entfällt die Kostenschuldnerschaft nach § 25 Abs. 1.   **16**

---

8 BeckOK KostR/*Zimmermann*, GNotKG KV 15231 Rn 1.

III. Rechtsmittel in Verfahren nach Nr. 15212 KV

17   **1. Beschwerdeverfahren (Nr. 15223, 15224 KV). a) Allgemeines.** Soweit gegen die Entscheidungen iSd Nr. 15212 KV der **Beschwerdeweg** eröffnet ist, gelten für das Beschwerdeverfahren die Nr. 15223 und 15224 KV.

Erfasst vom Gebührentatbestand sind nur Beschwerden gegen den **Hauptgegenstand**, nicht aber wegen einer Beschwerde gegen einen Nebengegenstand (vgl § 37) oder gegen Zwischen- und Nebenentscheidungen. Solche Beschwerden sind gebührentechnisch nach Nr. 19116 KV zu behandeln. Wird die Beschwerde auf den **Kostenansatz** beschränkt, so liegt auch insoweit nur eine Beschwerde gegen einen Nebengegenstand vor (vgl § 37 Abs. 3), der nach Nr. 19116 KV abzurechnen ist.

18   **b) Erfolglose Beschwerde.** Wird die Beschwerde als **unzulässig** verworfen oder als **unbegründet** zurückgewiesen, so entsteht die 1,0-Verfahrensgebühr nach Nr. 15223 KV. Zur teilweise erfolglosen Beschwerde → Rn 20.

19   **c) Beendigung ohne Endentscheidung.** Endet das Verfahren ohne Endentscheidung, greift der Ermäßigungstatbestand nach Nr. 15224 KV ein. Durch Art. 13 Nr. 10 Buchst. w des Gesetzes zum Internationalen Erbrecht und zur Änderung von Vorschriften zum Erbschein sowie zur Änderung sonstiger Vorschriften v. 29.6.2015[9] ist klargestellt worden, dass die Gebührenermäßigung auch dann eintritt, wenn das Verfahren durch Rücknahme des erstinstanzlichen Antrags beendet wird.[10] Unerheblich ist also, worauf die Beendigung des Verfahrens beruht. Diese kann eintreten durch Antragsrücknahme nach § 22 FamFG, durch Rücknahme der Beschwerde **bis zum Erlass der Beschwerdeentscheidung** gegenüber dem Beschwerdegericht (§ 67 Abs. 4 FamFG), durch Vergleich, Anerkenntnis oder Erledigterklärung. Wird die Beschwerde vor Ablauf des Tages, an dem die Endentscheidung der Geschäftsstelle übermittelt wird (vgl § 38 Abs. 3 S. 3 FamFG), zurückgenommen, so **verringert** sich die Beschwerdegebühr nach Nr. 15224 KV auf eine 0,5-Gebühr. Eine ausstehende Kostenentscheidung steht der vollständigen Erledigung nicht entgegen, wenn diese einer zuvor mitgeteilten Einigung über die Kostentragung oder einer Kostenübernahmeerklärung folgt, Nr. 15224 Abs. 2 KV. War die Beschwerdeentscheidung bereits durch Vorlesen der Entscheidungsformel bekannt gegeben worden, so verbleibt es bei der Beschwerdegebühr nach Nr. 15223 KV.

20   **d) Erfolgreiche Beschwerde.** Ist die Beschwerde **insgesamt erfolgreich**, so dürfen dem Antragsteller bzw dem Beschwerdeführer keine Gerichtskosten auferlegt werden, § 25 Abs. 1. Soweit auch kein anderer Kostenschuldner vorhanden ist, dem die Kosten auferlegt werden dürfen (zB einem Antragsgegner) bleibt das Beschwerdeverfahren gebührenfrei. Die vorstehenden Ausführungen gelten entsprechend, wenn die Beschwerde nur **zum Teil erfolgreich** war.

21   **2. Rechtsbeschwerdeverfahren (Nr. 15233–15235 KV). a) Allgemeines.** Die Rechtsbeschwerde ist nur in den engen Voraussetzungen des § 70 FamFG statthaft. Im Gegensatz zur Beschwerde muss die Rechtsbeschwerde stets **begründet** werden, § 71 Abs. 2 S. 1 FamFG. Die Rechtsbeschwerde kann nur von einem beim **BGH zugelassenen Rechtsanwalt** eingelegt werden.

22   **b) Erfolglose Rechtsbeschwerde.** Wird die Rechtsbeschwerde als **unzulässig** verworfen oder als **unbegründet** zurückgewiesen, so entsteht die 1,5-Gebühr nach Nr. 15233 KV. Die Gebühr entsteht auch, wenn der BGH die zugelassene Rechtsbeschwerde durch Beschluss nach § 74 a FamFG zurückweist.

23   **c) Rücknahme der Rechtsbeschwerde oder des Antrags (Nr. 15234, 15235 KV). aa) Vor Begründung der Rechtsbeschwerde.** Wird der Antrag oder die Rechtsbeschwerde **vor Eingang der Begründungsschrift** beim BGH nach § 71 Abs. 2 S. 1 FamFG und vor Übermittlung der Endentscheidung an die Geschäftsstelle zurückgenommen, so **ermäßigt** sich die Gebühr nach Nr. 15234 KV auf eine 0,5-Gebühr.

24   **bb) Vor Erlass der Rechtsbeschwerdeentscheidung.** Wird der Antrag oder die Rechtsbeschwerde nach Eingang der Beschwerdebegründung, aber **vor Ablauf des Tages, an dem die Endentscheidung der Geschäftsstelle übermittelt** wird, zurückgenommen, so **ermäßigt** sich das Verfahren auf eine 1,0-Gebühr, Nr. 15235 KV.

25   **d) Erfolgreiche Rechtsbeschwerde.** Ist die Rechtsbeschwerde **insgesamt erfolgreich**, so dürfen dem Antragsteller bzw dem Beschwerdeführer keine Gerichtskosten auferlegt werden, § 25 Abs. 1. Soweit auch kein anderer Kostenschuldner vorhanden ist, dem die Kosten auferlegt werden dürfen (zB einem Antragsgegner) bleibt das Rechtsbeschwerdeverfahren gebührenfrei. Die vorstehenden Ausführungen gelten entsprechend, wenn die Rechtsbeschwerde nur **zum Teil erfolgreich** war.

26   **e) Sprungrechtsbeschwerde (Nr. 15241 KV).** Wird der Antrag auf Zulassung der Sprungrechtsbeschwerde nach § 75 Abs. 1 Nr. 2 FamFG vom BGH **abgelehnt**, so entsteht hierfür eine 0,5-Gebühr, Nr. 15241 KV. Die

---

9 BGBl. 2015 I 1042. **10** BT-Drucks 18/4201, S. 65.

Stattgabe der Sprungrechtsbeschwerde löst neben den Gebühren nach Nr. 15233–15235 KV keine weiteren Gebühren aus.

3. Geschäftswert. Der Geschäftswert ist nach den Grundsätzen des **erstinstanzlichen Verfahrens** zu ermitteln, § 61.   27

4. Kostenschuldner. Kostenschuldner der Beschwerdegebühren ist der **Beschwerdeführer** nach § 22 Abs. 1.   28 Bei erfolgreicher Beschwerde entfällt die Kostenschuldnerschaft nach § 25 Abs. 1.

IV. Beschwerde in Verfahren nach Nr. 15213 KV (Nr. 15225–15227 KV)

1. Allgemeines. Gegen die Entscheidung des LG in den Verfahren nach Nr. 15213 KV findet als einziges   29 Rechtsmittel die **Beschwerde zum OLG** statt. Eine Rechtsbeschwerde zum BGH ist nicht möglich. Der Gebührentatbestand wird mit der Entscheidung über die Beschwerde fällig.

2. Erfolglose Beschwerde. Wird die Beschwerde als **unzulässig** verworfen oder als **unbegründet** zurückge-   30 wiesen, so entsteht die Gebühr nach Nr. 15225 KV iHv 200 €.

3. Teilweise erfolglose Beschwerde. Ist die Beschwerde nur **zum Teil unzulässig** bzw **unbegründet**, so kann   31 das Beschwerdegericht die Gebühr nach Nr. 15225 KV **nach billigem Ermessen** auf die Hälfte ermäßigen oder bestimmen, dass eine Gebühr nicht zu erheben ist. Eine quotale Ermäßigung (zB nach dem Umfang des Obsiegens bzw Unterliegens) ist nicht möglich.[11]

4. Rücknahme der Beschwerde oder des Antrags (Nr. 15226, 15227 KV). a) Vor Beschwerdebegrün-   32 **dung.** Der Antrag kann nach § 22 Abs. 1 FamFG bis zur Rechtskraft der Entscheidung zurückgenommen werden, was aber nach Erlass der Endentscheidung der Zustimmung des Antragsgegners bedarf. Die Beschwerde kann **bis zum Erlass der Beschwerdeentscheidung** durch Erklärung gegenüber dem Beschwerdegericht zurückgenommen werden, § 67 Abs. 4 FamFG. Wird die Beschwerde zurückgenommen, bevor eine Beschwerdebegründung nach § 65 Abs. 1 FamFG beim Beschwerdegericht eingegangen ist, so **verringert** sich die Gebühr gem. Nr. 15226 KV auf 100 €. Allerdings scheidet eine begünstigte Zurücknahme nach dem in Nr. 15227 KV genannten Zeitpunkten aus (→ Rn 33).

b) Vor Erlass der Endentscheidung. Wird der Antrag oder die Beschwerde **vor Ablauf des Tages, an dem**   33 **die Endentscheidung der Geschäftsstelle übermittelt wird** (vgl § 38 Abs. 3 S. 3 FamFG, also bis 24 Uhr dieses Tages), zurückgenommen, so verringert sich die Beschwerdegebühr nach Nr. 15227 KV auf 150 €. War die Beschwerdeentscheidung bereits durch Vorlesen der Entscheidungsformel bekannt gegeben worden, so verbleibt es bei der Beschwerdegebühr nach Nr. 15225 KV. Wird die Beschwerde **zurückgenommen** und war diese bislang nicht begründet worden, so darf nur die Gebühr nach Nr. 15226 KV erhoben werden (→ Rn 32).

5. Erfolgreiche Beschwerde. Ist die Beschwerde **insgesamt erfolgreich**, so bleibt das Beschwerdeverfahren   34 gebühren- und auslagenfrei.[12] Das Beschwerdegericht muss auch die Kostenentscheidung der ersten Instanz aufheben.

6. Kostenschuldner. Kostenschuldner der Beschwerdegebühren ist der **Beschwerdeführer** nach § 22 Abs. 1.   35 Bei erfolgreicher Beschwerde entfällt die Kostenschuldnerschaft nach § 25 Abs. 1.

---

11 BDS/*Sommerfeldt*, Nr. 15225 KV Rn 7. **12** BT-Drucks 16/5048, S. 36 f.

Abschnitt 3
Übrige Verfahren vor dem Oberlandesgericht

Nr.	Gebührentatbestand	Gebühr oder Satz der Gebühr nach § 34 GNotKG – Tabelle A
	Vorbemerkung 1.5.3: Dieser Abschnitt gilt für Verfahren über die Anfechtung von Justizverwaltungsakten nach den §§ 23 bis 29 des Einführungsgesetzes zum Gerichtsverfassungsgesetz und Verfahren nach § 138 Abs. 2 des Urheberrechtsgesetzes.	
	Verfahrensgebühr:	
15300	– der Antrag wird zurückgenommen	0,5
15301	– der Antrag wird zurückgewiesen	1,0

I. Anwendungsbereich (Vorbem. 1.5.3 KV)

1 Vorbem. 1.5.3 KV regelt den Anwendungsbereich von Abschnitt 3 des Teils 1 Hauptabschnitt 5 KV:

2 Für das Verfahren nach §§ 23–29 EGGVG ist das OLG zuständig (§ 25 Abs. 1 EGGVG). Es unterfällt dem GNotKG (§ 1 Abs. 2 Nr. 19). Nicht gesondert geregelt ist die äußerst seltene Rechtsbeschwerde (§ 29 EGGVG); hierfür gelten Nr. 19126 und 19127 KV.

3 Das Verfahren nach § 138 Abs. 2 UrhG (Register anonymer und pseudonymer Werke) wird in § 1 Abs. 2 Nr. 20 erwähnt. Zuständig ist das OLG München.

II. Verfahrensgebühr (Nr. 15300, 15301 KV)

4 Der erfolgreiche Antrag ist gebührenfrei (§ 21 Abs. 1 S. 1).[1] Gebührenfreiheit besteht ferner, wenn sich das Verfahren gem. §§ 27 Abs. 2 S. 2, 28 Abs. 1 S. 4 EGGVG erledigt.[2]

5 Die **Rücknahme** des Antrags (**Nr. 15300 KV**) ist solange kostenmäßig privilegiert, wie noch keine Entscheidung ergangen, also der Beschluss noch nicht bekannt gegeben worden ist (§§ 40 Abs. 1, 41 FamFG).

6 Die Gebühr für die **Zurückweisung** des Antrags (**Nr. 15301 KV**) fällt selbstverständlich auch an, wenn er als unzulässig verworfen wird.

7 **Kostenschuldner** ist grds. der Antragsteller (§ 22 Abs. 1). Für den **Geschäftswert** gilt § 36, wobei insb. die Bedeutung und der Umfang der Sache zu berücksichtigen sind. Wenn der Antrag nur teilweise Erfolgt hatte, ist der Geschäftswert für den erfolglos gebliebenen Teil festzusetzen und aus diesem die Gebühr zu erheben.[3] Die Geschäftswertfestsetzung ist unanfechtbar (§§ 81 Abs. 3 S. 3, 83 Abs. 1 S. 5).

Hauptabschnitt 6
Einstweiliger Rechtsschutz

Nr.	Gebührentatbestand	Gebühr oder Satz der Gebühr nach § 34 GNotKG – Tabelle A
	Vorbemerkung 1.6: Im Verfahren über den Erlass einer einstweiligen Anordnung und über deren Aufhebung oder Änderung werden die Gebühren nur einmal erhoben.	

---

1 OLG München WM 1989, 1481, 1483. **2** Korintenberg/*Klüsener*, Nr. 15300, 15301 KV Rn 5; aA BeckOK KostR/*Zimmermann*, GNotKG, Nr. 15300 KV Rn 3. **3** OLG Braunschweig BeckRS 2015, 06038.

Abschnitt 1
Verfahren, wenn in der Hauptsache die Tabelle A anzuwenden ist

Nr.	Gebührentatbestand	Gebühr oder Satz der Gebühr nach § 34 GNotKG – Tabelle A
	Vorbemerkung 1.6.1: In Betreuungssachen werden von dem Betroffenen Gebühren nur unter den in Vorbemerkung 1.1 Abs. 1 genannten Voraussetzungen erhoben.	

Unterabschnitt 1
Erster Rechtszug

Nr.	Gebührentatbestand	Gebühr oder Satz der Gebühr nach § 34 GNotKG – Tabelle A
16110	Verfahren im Allgemeinen, wenn die Verfahrensgebühr für den ersten Rechtszug in der Hauptsache weniger als 2,0 betragen würde	0,3
	(1) Die Gebühr entsteht nicht für Verfahren, die in den Rahmen einer bestehenden Betreuung oder Pflegschaft fallen, auch wenn nur ein vorläufiger Betreuer bestellt ist.	
	(2) Die Gebühr entsteht ferner nicht, wenn das Verfahren mit der Bestellung eines vorläufigen Betreuers endet. In diesem Fall entstehen Gebühren nach Hauptabschnitt 1 Abschnitt 1 wie nach der Bestellung eines nicht nur vorläufigen Betreuers.	
16111	Die Gebühr für die Hauptsache würde 2,0 betragen: Die Gebühr 16110 beträgt	1,5
16112	Beendigung des gesamten Verfahrens im Fall der Nummer 16111 ohne Endentscheidung: Die Gebühr 16111 ermäßigt sich auf	0,5
	(1) Wenn die Entscheidung nicht durch Verlesen der Entscheidungsformel bekannt gegeben worden ist, ermäßigt sich die Gebühr auch im Fall der Zurücknahme des Antrags vor Ablauf des Tages, an dem die Endentscheidung der Geschäftsstelle übermittelt wird.	
	(2) Eine Entscheidung über die Kosten steht der Ermäßigung nicht entgegen, wenn die Entscheidung einer zuvor mitgeteilten Einigung über die Kostentragung oder einer Kostenübernahmeerklärung folgt.	

Unterabschnitt 2
Beschwerde gegen die Endentscheidung wegen des Hauptgegenstands

Nr.	Gebührentatbestand	Gebühr oder Satz der Gebühr nach § 34 GNotKG – Tabelle A
16120	Verfahren im Allgemeinen, wenn sich die Gebühr für den ersten Rechtszug nach Nummer 16110 bestimmt	0,5
16121	Verfahren im Allgemeinen, wenn sich die Gebühr für den ersten Rechtszug nach Nummer 16111 bestimmt	2,0

Nr.	Gebührentatbestand	Gebühr oder Satz der Gebühr nach § 34 GNotKG – Tabelle A
16122	Beendigung des gesamten Verfahrens im Fall der Nummer 16120 ohne Endentscheidung:	
	Die Gebühr 16120 ermäßigt sich auf	0,3
	(1) Wenn die Entscheidung nicht durch Verlesen der Entscheidungsformel bekannt gegeben worden ist, ermäßigt sich die Gebühr auch im Fall der Zurücknahme der Beschwerde oder des Antrags vor Ablauf des Tages, an dem die Endentscheidung der Geschäftsstelle übermittelt wird.	
	(2) Eine Entscheidung über die Kosten steht der Ermäßigung nicht entgegen, wenn die Entscheidung einer zuvor mitgeteilten Einigung über die Kostentragung oder einer Kostenübernahmeerklärung folgt.	
16123	Beendigung des gesamten Verfahrens im Fall der Nummer 16121 durch Zurücknahme der Beschwerde oder des Antrags, bevor die Schrift zur Begründung der Beschwerde bei Gericht eingegangen ist:	
	Die Gebühr 16121 ermäßigt sich auf	0,5
16124	Beendigung des gesamten Verfahrens im Fall der Nummer 16121 ohne Endentscheidung, wenn nicht Nummer 16123 erfüllt ist:	
	Die Gebühr 16121 ermäßigt sich auf	1,0
	(1) Wenn die Entscheidung nicht durch Verlesen der Entscheidungsformel bekannt gegeben worden ist, ermäßigt sich die Gebühr auch im Fall der Zurücknahme der Beschwerde oder des Antrags vor Ablauf des Tages, an dem die Endentscheidung der Geschäftsstelle übermittelt wird.	
	(2) Eine Entscheidung über die Kosten steht der Ermäßigung nicht entgegen, wenn die Entscheidung einer zuvor mitgeteilten Einigung über die Kostentragung oder einer Kostenübernahmeerklärung folgt.	

Abschnitt 2
Verfahren, wenn in der Hauptsache die Tabelle B anzuwenden ist

Nr.	Gebührentatbestand	Gebühr oder Satz der Gebühr nach § 34 GNotKG – Tabelle B
Vorbemerkung 1.6.2:		
Die Vorschriften dieses Abschnitts gelten auch für Verfahren über die Aussetzung der Wirkungen eines Europäischen Nachlasszeugnisses.		

Unterabschnitt 1
Erster Rechtszug

Nr.	Gebührentatbestand	Gebühr oder Satz der Gebühr nach § 34 GNotKG – Tabelle B
16210	Verfahren im Allgemeinen, wenn die Verfahrensgebühr für den ersten Rechtszug in der Hauptsache weniger als 2,0 betragen würde	0,3
16211	Die Gebühr für die Hauptsache würde 2,0 betragen:	
	Die Gebühr 16210 beträgt	1,5

Nr.	Gebührentatbestand	Gebühr oder Satz der Gebühr nach § 34 GNotKG – Tabelle B
16212	Beendigung des gesamten Verfahrens im Fall der Nummer 16211 ohne Endentscheidung: Die Gebühr 16211 ermäßigt sich auf	0,5
	(1) Wenn die Entscheidung nicht durch Verlesen der Entscheidungsformel bekannt gegeben worden ist, ermäßigt sich die Gebühr auch im Fall der Zurücknahme des Antrags vor Ablauf des Tages, an dem die Endentscheidung der Geschäftsstelle übermittelt wird.	
	(2) Eine Entscheidung über die Kosten steht der Ermäßigung nicht entgegen, wenn die Entscheidung einer zuvor mitgeteilten Einigung über die Kostentragung oder einer Kostenübernahmeerklärung folgt.	

Unterabschnitt 2
Beschwerde gegen die Endentscheidung wegen des Hauptgegenstands

Nr.	Gebührentatbestand	Gebühr oder Satz der Gebühr nach § 34 GNotKG – Tabelle B
16220	Verfahren im Allgemeinen, wenn sich die Gebühr für den ersten Rechtszug nach Nummer 16210 bestimmt	0,5
16221	Verfahren im Allgemeinen, wenn sich die Gebühr für den ersten Rechtszug nach Nummer 16211 bestimmt	2,0
16222	Beendigung des gesamten Verfahrens im Fall der Nummer 16220 ohne Endentscheidung: Die Gebühr 16220 ermäßigt sich auf	0,3
	(1) Wenn die Entscheidung nicht durch Verlesen der Entscheidungsformel bekannt gegeben worden ist, ermäßigt sich die Gebühr auch im Fall der Zurücknahme der Beschwerde oder des Antrags vor Ablauf des Tages, an dem die Endentscheidung der Geschäftsstelle übermittelt wird.	
	(2) Eine Entscheidung über die Kosten steht der Ermäßigung nicht entgegen, wenn die Entscheidung einer zuvor mitgeteilten Einigung über die Kostentragung oder einer Kostenübernahmeerklärung folgt.	
16223	Beendigung des gesamten Verfahrens im Fall der Nummer 16221 durch Zurücknahme der Beschwerde oder des Antrags, bevor die Schrift zur Begründung der Beschwerde bei Gericht eingegangen ist: Die Gebühr 16221 ermäßigt sich auf	0,5
16224	Beendigung des gesamten Verfahrens im Fall der Nummer 16221 ohne Endentscheidung, wenn nicht Nummer 16223 erfüllt ist: Die Gebühr 16221 ermäßigt sich auf	1,0
	(1) Wenn die Entscheidung nicht durch Verlesen der Entscheidungsformel bekannt gegeben worden ist, ermäßigt sich die Gebühr auch im Fall der Zurücknahme der Beschwerde oder des Antrags vor Ablauf des Tages, an dem die Endentscheidung der Geschäftsstelle übermittelt wird.	
	(2) Eine Entscheidung über die Kosten steht der Ermäßigung nicht entgegen, wenn die Entscheidung einer zuvor mitgeteilten Einigung über die Kostentragung oder einer Kostenübernahmeerklärung folgt.	

I. Anwendungsbereich

1   Teil 1 Hauptabschnitt 6 KV enthält die besonderen Gebühren, die für den **einstweiligen Rechtsschutz** anfallen. § 62 bestimmt, dass für Verfahren der **einstweiligen Anordnung** der Wert idR unter Berücksichtigung der geringeren Bedeutung gegenüber der Hauptsache zu ermäßigen ist, wobei von der Hälfte des für die Hauptsache bestimmten Werts auszugehen ist (s. § 62).

2   Gemäß **Vorbem. 1 Abs. 1 KV** bestimmen sich die Gebühren für Verfahren der einstweiligen Anordnung nach Hauptabschnitt 6. Dies dient der Klarstellung, dass bei einstweiligen Anordnungen ausschließlich Gebühren nach Hauptabschnitt 6 und nicht etwa nach den Gebührentatbeständen anfallen, die sonst für Verfahren in entsprechenden Angelegenheiten gelten.[1] Die Regelungen entsprechen in ihrer Struktur den Regelungen in Teil 1 Hauptabschnitt 4 KV FamGKG und sollen nur gelten, wenn in der Hauptsache Wertgebühren anfallen.

3   Nach **Vorbem. 1.6 KV** werden für ein Verfahren über die **Aufhebung** oder die **Änderung** der im einstweiligen Rechtsschutzverfahren ergangenen Entscheidung keine erneuten Gebühren erhoben. Das Gesetz geht somit davon aus, dass es sich um zwei verschiedene Verfahren handelt; ansonsten wäre die Regelung überflüssig. Die Gebühren für das Verfahren über den **Erlass** der einstweiligen Anordnung umfassen also auch ein – sich eventuell anschließendes – Verfahren über die Abänderung oder Aufhebung.

3a   Gemäß **Vorbem. 1.6.1 KV** soll in **Betreuungssachen** (§ 271 FamFG) – wie in den in Teil 1 Hauptabschnitt 1 KV geregelten Fällen – der Betroffene, soweit er Kostenschuldner ist, auch in Verfahren des einstweiligen Rechtsschutzes nur dann zur Zahlung herangezogen werden können, wenn sein Vermögen nach Abzug der Verbindlichkeiten mehr als 25.000 € beträgt.[2]

3b   Durch das „Gesetz zum Internationalen Erbrecht und zur Änderung von Vorschriften zum Erbschein sowie zur Änderung sonstiger Vorschriften" vom 29.6.2015[3] wurde das Internationale Erbrechtsverfahrensgesetz (IntErbRVG) eingeführt.[4] Während die Gebühren für das im IntErbRVG geregelte Verfahren auf Ausstellung, Änderungen oder den Widerruf eines Europäischen Nachlasszeugnisses im Teil 1 Hauptabschnitt 2 Abschnitt 2 KV (= Nr. 12210 ff KV) normiert sind, gilt für Verfahren über die **Aussetzung der Wirkungen eines Europäischen Nachlasszeugnisses** Teil 1 Hauptabschnitt 6 Abschnitt 2 KV. Dies bestimmt **Vorbem. 1.6.2 KV.**

4   Von Abschnitt 1 (= **Nr. 16110–16124 KV**) des Hauptabschnitts 6 werden folgende einstweilige Anordnungsverfahren erfasst:

- Betreuungssachen und betreuungsgerichtliche Zuweisungssachen (Hauptabschnitt 1), vorbehaltlich der Anm. Abs. 1 und 2 zu Nr. 16110 KV;
- Verfahren zur Nachlasssicherung einschließlich Nachlasspflegschaft, Nachlass- und Gesamtgutsverwaltung (Hauptabschnitt 2 Abschnitt 3);
- Stundung des Pflichtteilsanspruchs (Hauptabschnitt 2 Abschnitt 5);
- unternehmensrechtliche und ähnliche Verfahren (Hauptabschnitt 3 Abschnitt 5);
- übrige Angelegenheiten der freiwilligen Gerichtsbarkeit (Hauptabschnitt 5).

4a   Von Abschnitt 2 (= **Nr. 16210–16224 KV**) des Hauptabschnitts 6 werden nur folgende einstweilige Anordnungsverfahren erfasst:

- Erbscheinsverfahren und Verfahren auf Erteilung eines Zeugnisses (Nr. 12210, 12213 KV);
- Verfahren über die Einziehung oder Kraftloserklärung eines Erbscheins, eines Zeugnisses über die Fortsetzung der Gütergemeinschaft, eines Testamentsvollstreckerzeugnisses oder eines Zeugnisses nach § 36 oder § 37 GBO oder nach § 42 auch iVm § 74 SchRegO (Nr. 1215 KV);
- Verfahren über die Aussetzung der Wirkungen eines Europäischen Nachlasszeugnisses (s. Vorbem. 1.6.2 KV).

II. Systematik

5   **1. Einführung.** Die Nr. 16110–16224 KV sehen für die Verfahren des einstweiligen Rechtsschutzes sowie bei Beschwerden gegen die Endentscheidung wegen des Hauptgegenstands eine einheitliche Gebührenstruktur vor. Im Wesentlichen wird zwischen Abschnitt 1 und Abschnitt 2 differenziert:

- **Abschnitt 1** (Nr. 16110–16124 KV) gilt für Verfahren, in denen die Tabelle A anzuwenden ist (also alle Verfahren der freiwilligen Gerichtsbarkeit und in allen Familiensachen), und
- **Abschnitt 2** (Nr. 16210–16224 KV) für Verfahren, in denen die Tabelle B anzuwenden ist (also insb. im Erbscheinsverfahren, in Grundbuch-, Schiffs- und Schiffsbauregistersachen sowie in Angelegenheiten

---

1 BT-Drucks 17/11471, S. 297. **2** BT-Drucks 18/3069, S. 8. **3** BGBl. 2015 I 1042. **4** Verkündet als Art. 1.

des Registers für Pfandrechte an Luftfahrzeugen). Darüber hinaus gelten die Vorschriften des Abschnitts 2 auch für Verfahren über die Aussetzung der Wirkungen eines Europäischen Nachlasszeugnisses (s. Vorbem. 1.6.2 KV; → Rn 3 b).

Die Gebührensätze für Abschnitt 1 entsprechen dabei denen des Abschnitts 2. Für die Fälle, in denen die **6** Verfahrensgebühren in der Hauptsache weniger als 2,0 betragen würden, werden die gleichen Gebührensätze angesetzt wie in Teil 1 Hauptabschnitt 4 Abschnitt 1 KV FamGKG.

Mit **Anm. Abs. 1 zu Nr. 16110 KV** soll erreicht werden, dass für den Fall, dass das Verfahren in den Rah- **7** men einer bestehenden (vorläufigen) **Betreuung** oder **Pflegschaft** fällt, keine Gebühr für das einstweilige Rechtsschutzverfahren erhoben wird. Im Übrigen entsprechen die Gebührensätze denen in Teil 1 Hauptabschnitt 4 Abschnitt 2 KV FamGKG.[5]

Nach **Anm. Abs. 2 S. 1** soll die Gebühr Nr. 16110 KV ferner nicht entstehen, wenn das Verfahren der einstweilen Anordnung mit der Bestellung eines vorläufigen Betreuers endet. In diesem Fall sollen Gebühren nach Teil 1 Hauptabschnitt 1 Abschnitt 1 KV anfallen (**Anm. Abs. 2 S. 2**).

a) Erster Rechtszug (Nr. 16110–16112 KV). Für die Verfahren im Allgemeinen, in denen die **Tabelle A** an- **8** zuwenden ist, fällt im einstweiligen Rechtsschutz in **erster Instanz** an:

- eine 0,3-Verfahrensgebühr (**Nr. 16110 KV**), wenn die Verfahrensgebühr für den ersten Rechtszug in der Hauptsache weniger als 2,0 betragen würde;
- eine 1,5-Verfahrensgebühr (**Nr. 16111 KV**), wenn die Verfahrensgebühr für den ersten Rechtszug in der Hauptsache 2,0 betragen würde und
  - die sich auf 0,5 ermäßigt, wenn keine gerichtliche Endentscheidung ergeht (**Nr. 16112 KV**).

Die Gebühr Nr. 16110 KV ermäßigt sich nicht.

b) Beschwerdeverfahren (Nr. 16120–16124 KV). In der Beschwerdeinstanz (wegen des Hauptgegenstands) **9** fällt an:

- eine 0,5-Verfahrensgebühr (**Nr. 16120 KV**), wenn sich die Verfahrensgebühr für den ersten Rechtszug nach Nr. 16110 KV bestimmen würde und
  - die sich auf 0,3 ermäßigt, wenn keine gerichtliche Endentscheidung ergeht (**Nr. 16122 KV**);
- eine 2,0-Verfahrensgebühr (**Nr. 16121 KV**), wenn sich die Verfahrensgebühr für den ersten Rechtszug nach Nr. 16111 KV bestimmen würde und
  - die sich bei Beendigung des gesamten Verfahrens durch Zurücknahme der Beschwerde oder des Antrags (bevor die Beschwerdebegründung bei Gericht eingegangen ist) auf 0,5 ermäßigt (**Nr. 16123 KV**) oder
  - die sich auf 1,0 ermäßigt, wenn keine gerichtliche Endentscheidung ergeht (**Nr. 16124 KV**).

3. Verfahren, wenn in der Hauptsache die Tabelle B anzuwenden ist (Abschnitt 2). a) Verfahren über die **9a** **Aussetzung der Wirkungen eines Europäischen Nachlasszeugnisses (Vorbem. 1.6.2 KV).** Die Anwendbarkeit der Nr. 16210–16224 KV auch auf diese Verfahren bestimmt Vorbem. 1.6.2 KV (→ Rn 3 b).

b) Erster Rechtszug (Nr. 16210–16212 KV). Für die Verfahren im Allgemeinen, in denen die **Tabelle B** an- **10** zuwenden ist, fällt im einstweiligen Rechtsschutz in **erster Instanz** an:

- eine 0,3-Verfahrensgebühr (**Nr. 16210 KV**), wenn die Verfahrensgebühr für den ersten Rechtszug in der Hauptsache weniger als 2,0 betragen würde;
- eine 1,5-Verfahrensgebühr (**Nr. 16211 KV**), wenn die Verfahrensgebühr für den ersten Rechtszug in der Hauptsache 2,0 betragen würde und
  - die sich auf 0,5 ermäßigt, wenn keine gerichtliche Endentscheidung ergeht (**Nr. 16212 KV**).

Die Gebühr Nr. 16210 KV ermäßigt sich nicht.

c) Beschwerdeverfahren (Nr. 16220–16224 KV). In der Beschwerdeinstanz (wegen des Hauptgegenstands) **11** fällt an:

- eine 0,5-Verfahrensgebühr (**Nr. 16220 KV**), wenn sich die Verfahrensgebühr für den ersten Rechtszug nach Nr. 16210 KV bestimmen würde, und
  - die sich auf 0,3 ermäßigt, wenn keine gerichtliche Endentscheidung ergeht (**Nr. 16222 KV**);
- eine 2,0-Verfahrensgebühr (**Nr. 16221 KV**), wenn sich die Verfahrensgebühr für den ersten Rechtszug nach Nr. 16211 KV bestimmen würde, und
  - die sich bei Beendigung des gesamten Verfahrens durch Zurücknahme der Beschwerde oder des Antrags (bevor die Beschwerdebegründung bei Gericht eingegangen ist) auf 0,5 ermäßigt (**Nr. 16223 KV**) oder

---

5 BT-Drucks 17/11471, S. 330 f; BR-Drucks 517/12, S. 321.

- die sich auf 1,0 ermäßigt, wenn keine gerichtliche Endentscheidung ergeht (**Nr. 16224 KV**).

12 **4. Wertgebühren.** Bei den Gerichtsgebühren im einstweiligen Rechtsschutz handelt es sich um Wertgebühren iSv § 34. Die Gebühren richten sich damit nach dem **Verfahrenswert**, der sich aus § 62 ergibt. Danach ist im Verfahren der einstweiligen Anordnung der Wert unter Berücksichtigung der geringeren Bedeutung gegenüber der **Hauptsache** zu ermäßigen (§ 62 S. 1). Dabei ist von der Hälfte des für die Hauptsache bestimmten Werts auszugehen (§ 62 S. 2).[6]

13 **5. Kostenschuldner; Fälligkeit.** Der **Kostenschuldner** ergibt sich aus §§ 22, 27. Mehrere Kostenschuldner haften als Gesamtschuldner (§ 32 Abs. 1). Soweit ein Kostenschuldner im gerichtlichen Verfahren gem. § 27 Nr. 1 oder Nr. 2 als Erstschuldner haftet, → § 33 Rn 3 ff. Da das einstweilige Rechtsschutzverfahren nur auf Antrag eingeleitet werden kann, ist gem. § 22 Abs. 1 grds. der **Antragsteller** Kostenschuldner; es sei denn, dem Antragsgegner wurden gem. § 27 Nr. 1 die Kosten auferlegt. Bei Beschwerden gegen die Endentscheidung wegen des Hauptgegenstands kann gem. § 25 Abs. 1 die nach § 22 Abs. 1 begründete Kostenhaftung wieder erlöschen (→ § 25 Rn 1).

14 Die **Fälligkeit** richtet sich nach § 9 (→ § 9 Rn 5).

IV. Die Gebührentatbestände

15 **1. Verfahren, wenn in der Hauptsache die Tabelle A anzuwenden ist (Abschnitt 1). a) Erster Rechtszug (Nr. 16110–16112 KV). aa) Nr. 16110 KV.** Für die Verfahren im Allgemeinen, in denen die Tabelle A anzuwenden ist, fällt in erster Instanz eine 0,3-**Verfahrensgebühr** an, wenn die Verfahrensgebühr für den ersten Rechtszug in der Hauptsache weniger als 2,0 betragen würde.

16 Im Verfahren über eine einstweilige Anordnung im Rahmen einer bestehenden **Betreuung** oder einer **Pflegschaft** fällt nach der **Anm.** die Gebühr Nr. 16110 KV nicht an. Dieser Ausschluss gilt auch für die Bestellung eines vorläufigen Betreuers, wenn in der Hauptsache ein Betreuer bestellt wird. Gemäß der Anm. sollen sowohl für Verfahren, die in den Rahmen einer bestehenden Betreuung oder Pflegschaft fallen, als auch im Fall des Übergangs einer vorläufigen Betreuung in eine endgültige keine Gebühr für das einstweilige Rechtsschutzverfahren erhoben werden (→ Rn 7). Die Gebühren für Dauerbetreuungen sind bereits mit den Jahresgebühren der Nr. 11101 KV und Nr. 11102 KV abgegolten, die Gebühren für Pflegschaften durch die Jahresgebühren nach Nr. 1311 KV und Nr. 1312 KV FamGKG.

17 Eine **Ermäßigung** der Gebühr Nr. 16110 KV ist nicht vorgesehen. Sie ist ohnehin gering bemessen.

18 **bb) Nr. 16111 und 16112 KV.** Für die Verfahren im Allgemeinen, in denen die Tabelle A anzuwenden ist, fällt in erster Instanz eine **1,5-Verfahrensgebühr** an (Nr. 16111 KV), wenn die Verfahrensgebühr für den ersten Rechtszug in der Hauptsache 2,0 betragen würde. Diese ermäßigt sich auf 0,5, wenn keine gerichtliche Endentscheidung ergeht (Nr. 16112 KV).

19 Die **Ermäßigung** kann nur eintreten, wenn das gesamte Verfahren ohne Endentscheidung beendet wird. Eine **Endentscheidung** liegt dann vor, wenn das Gericht den Verfahrensgegenstand durch Beschluss erledigt (vgl § 38 FamFG).[7] Eine Endentscheidung ist immer gegeben bei einer Entscheidung in der Hauptsache, also nicht bei Zwischen- und Nebenentscheidungen.[8] Bei Wegfall der Hauptsache ist eine Kostenentscheidung als Endentscheidung zu werten; im Fall der **Anm. Abs. 2 zu Nr. 16112 KV** steht dies einer Ermäßigung jedoch nicht entgegen.

20 Die Ermäßigung tritt nach **Abs. 1 der Anm.** zu Nr. 16112 KV auch dann ein, wenn die Entscheidung nicht durch Verlesen der Entscheidungsformel bekannt gegeben wird und der Antrag vor Ablauf des Tages zurückgenommen wird, an dem die Endentscheidung der Geschäftsstelle übermittelt wurde. Ausreichend für die Rechtzeitigkeit ist, dass die Rücknahmeerklärung bei Gericht eingegangen ist. Dem zuständigen Richter oder der zuständigen Geschäftsstelle muss sie nicht vorliegen.[9]

21 Entscheidet das Gericht nur über die Kosten, so tritt die Ermäßigung nach **Abs. 2 der Anm.** zu Nr. 16112 KV auch dann ein, wenn die Kostenentscheidung auf Grundlage einer dem Gericht zuvor mitgeteilten Einigung der Beteiligten über die Kostentragung oder einer Kostenübernahmeerklärung eines Beteiligten getroffen wurde.

22 **b) Beschwerde gegen die Endentscheidung wegen des Hauptgegenstands (Nr. 16120–16124 KV). aa) Nr. 16120 und 16122 KV.** In Verfahren über die **Beschwerde** gegen eine Endentscheidung im einstweiligen Rechtsschutzverfahren (in denen die Tabelle A anzuwenden ist) entsteht nach **Nr. 16120 KV**

---

6 Das Verfahren im einstweiligen Rechtsschutz ist jedoch von der Anhängigkeit der Hauptsache unabhängig. **7** Die Ablehnung eines Registereintrags ergeht ebenso durch Beschluss (§ 382 Abs. 3 FamFG). **8** *Jurgeleit*, Freiwillige Gerichtsbarkeit, § 1 Rn 382. **9** HK-FamGKG/*Fölsch*, Nr. 1411–1412 KV Rn 27.

eine **0,5-Verfahrensgebühr**, wenn sich die Verfahrensgebühr für den ersten Rechtszug nach Nr. 16110[10] KV bestimmen würde.

Die Gebühr nach Nr. 16120 KV ermäßigt sich gem. **Nr. 16122 KV** auf 0,3, wenn keine gerichtliche Endentscheidung ergeht. Die **Ermäßigung** kann nur eintreten, wenn das gesamte Verfahren ohne Endentscheidung beendet wird. Eine Endentscheidung liegt dann vor, wenn hierdurch der Verfahrensgegenstand erledigt wird (→ Rn 19). Die Gebührenermäßigung tritt nicht mehr ein, wenn das Gericht die Beschwerde verwirft, denn dann ist eine Endentscheidung ergangen.[11] Die **Anm. zu Nr. 16122 KV** entspricht der Anm. zu Nr. 16112 KV; es wird daher auf → Rn 20 verwiesen.   23

bb) Nr. 16121, 16123 und 16124 KV. In Verfahren über die Beschwerde gegen eine Endentscheidung im einstweiligen Rechtsschutzverfahren (in denen die Tabelle A anzuwenden ist) entsteht nach **Nr. 16121 KV** eine **2,0-Verfahrensgebühr**, wenn sich die Verfahrensgebühr für den ersten Rechtszug nach Nr. 16111 KV[12] bestimmen würde. Es kommen dabei folgende Ermäßigungen in Betracht: 24

(1) Ermäßigung nach Nr. 16123 KV. Wird das gesamte Verfahren (also nicht nur teilweise) durch Zurücknahme der Beschwerde oder des Antrags beendet, bevor die Schrift zur Begründung der Beschwerde bei Gericht eingegangen ist, ermäßigt sich die Gebühr Nr. 16121 KV nach Nr. 16123 KV auf 0,5. Die Ermäßigung ist gerechtfertigt, da der Tatbestand die geringst mögliche Gerichtstätigkeit voraussetzt. Die Rücknahme muss gegenüber dem Gericht erklärt werden; es genügt dabei die Erklärung des Willens, die Sache nicht weiter zu verfolgen. Eine solche Erklärung kann in einem Hinweis auf einen beiliegenden außergerichtlichen Vergleich oder in einer Erledigenterklärung liegen.[13] Erlässt das Gericht die Entscheidung (Übergabe an die Geschäftsstelle), bevor die Rücknahme wirksam wird, tritt keine Ermäßigung ein. Auch wenn das Gericht bereits einen Termin anberaumt hat, kommt keine Ermäßigung in Betracht.[14]   25

(2) Ermäßigung nach Nr. 16124 KV. Nach Eingang der Beschwerdebegründung kommt eine Ermäßigung nur noch nach Nr. 16124 KV auf 1,0 in Betracht, wenn sich das gesamte Verfahren ohne Endentscheidung erledigt. Die Ermäßigung kann nur eintreten, wenn das gesamte Verfahren ohne Endentscheidung beendet wird. Eine Endentscheidung liegt dann vor, wenn hierdurch der Verfahrensgegenstand erledigt wird (→ Rn 19). Die Gebührenermäßigung tritt nicht mehr ein, wenn das Gericht die Beschwerde verwirft, denn dann ist eine Endentscheidung ergangen.[15] Die **Anm. zu Nr. 16124 KV** entspricht der Anm. zu Nr. 16112 KV; es wird daher auf → Rn 20 verwiesen.   26

2. Verfahren, wenn in der Hauptsache die Tabelle B anzuwenden ist (Abschnitt 2). a) Erster Rechtszug (Nr. 16210–16212 KV). aa) Nr. 16210 KV. Für die Verfahren im Allgemeinen, in denen die Tabelle B anzuwenden ist, fällt in erster Instanz eine **0,3-Verfahrensgebühr** an, wenn die Verfahrensgebühr für den ersten Rechtszug in der Hauptsache weniger als 2,0 betragen würde. Eine Ermäßigung der Gebühr Nr. 16210 KV ist nicht vorgesehen. Sie ist ohnehin gering bemessen.   27

bb) Nr. 16211 und 16212 KV. Für die Verfahren im Allgemeinen, in denen die Tabelle B anzuwenden ist, fällt in erster Instanz eine **1,5-Verfahrensgebühr** an (**Nr. 16211 KV**), wenn die Verfahrensgebühr für den ersten Rechtszug in der Hauptsache 2,0 betragen würde. Diese ermäßigt sich auf 0,5, wenn keine gerichtliche Endentscheidung ergeht (**Nr. 16212 KV**). Die **Anm. zu Nr. 16212 KV** entspricht der Anm. zu Nr. 16112 KV; es wird daher auf deren Erläuterung verwiesen (→ Rn 20).   28

b) Beschwerde gegen die Endentscheidung wegen des Hauptgegenstands (Nr. 16220–16224 KV). aa) Nr. 16220 und 16222 KV. In Verfahren über die Beschwerde gegen eine Endentscheidung im einstweiligen Rechtsschutzverfahren (in denen die Tabelle B anzuwenden ist) entsteht nach **Nr. 16220 KV** eine **0,5-Verfahrensgebühr**, wenn sich die Verfahrensgebühr für den ersten Rechtszug nach Nr. 16210[16] KV bestimmen würde.   29

Die Gebühr Nr. 16220 KV ermäßigt sich gem. **Nr. 16222 KV** auf 0,3, wenn keine gerichtliche Endentscheidung ergeht. Die **Ermäßigung** kann nur eintreten, wenn das gesamte Verfahren ohne Endentscheidung beendet wird. Eine Endentscheidung liegt dann vor, wenn hierdurch der Verfahrensgegenstand erledigt wird (→ Rn 19). Die Gebührenermäßigung tritt nicht mehr ein, wenn das Gericht die Beschwerde verwirft, denn dann ist eine Endentscheidung ergangen.[17] Die **Anm. zu Nr. 16222 KV** entspricht der Anm. zu Nr. 16112 KV; es wird daher auf → Rn 20 verwiesen.   30

---

10 Die Gebühr bestimmt sich nach Nr. 16110 KV, wenn die Verfahrensgebühr für den ersten Rechtszug in der Hauptsache weniger als 2,0 betragen würde.   **11** HK-FamGKG/*Fölsch*, Nr. 1422–1424 KV Rn 24.   **12** Die Gebühr bestimmt sich nach Nr. 16111 KV, wenn die Verfahrensgebühr für den ersten Rechtszug in der Hauptsache 2,0 betragen würde.   **13** *Hartmann*, KostG, Nr. 1221 KV GKG Rn 2.   **14** HK-FamGKG/*Fölsch*, Nr. 1422–1424 KV Rn 24.   **15** HK-FamGKG/*Fölsch*, Nr. 1422–1424 KV Rn 24.   **16** Die Gebühr bestimmt sich nach Nr. 16210 KV, wenn die Verfahrensgebühr für den ersten Rechtszug in der Hauptsache weniger als 2,0 betragen würde.   **17** HK-FamGKG/*Fölsch*, Nr. 1422–1424 KV Rn 24.

31 **bb) Nr. 16221, 16223 und 16224 KV.** In Verfahren über die Beschwerde gegen eine Endentscheidung im einstweiligen Rechtsschutzverfahren (in denen die Tabelle B anzuwenden ist) entsteht nach **Nr. 16221 KV** eine **2,0-Verfahrensgebühr**, wenn sich die Verfahrensgebühr für den ersten Rechtszug nach Nr. 16211 KV[18] bestimmen würde. Es kommen dabei folgende Ermäßigungen in Betracht:

32 **(1) Ermäßigung nach Nr. 16223 KV.** Wird das gesamte Verfahren (also nicht nur teilweise) durch Zurücknahme der Beschwerde oder des Antrags beendet, bevor die Schrift zur Begründung der Beschwerde bei Gericht eingegangen ist, ermäßigt sich die Gebühr Nr. 16221 KV nach Nr. 16223 KV auf 0,5. Die Ermäßigung ist gerechtfertigt, da der Tatbestand die geringstmögliche Gerichtstätigkeit voraussetzt. Die Rücknahme muss gegenüber dem Gericht erklärt werden; es genügt dabei die Erklärung des Willens, die Sache nicht weiter zu verfolgen. Eine solche Erklärung kann in einem Hinweis auf einen beiliegenden außergerichtlichen Vergleich oder in einer Erledigungserklärung liegen.[19] Erlässt das Gericht die Entscheidung (Übergabe an die Geschäftsstelle), bevor die Rücknahme wirksam wird, tritt keine Ermäßigung ein. Auch wenn das Gericht bereits einen Termin anberaumt hat, kommt keine Ermäßigung in Betracht.[20]

33 **(2) Ermäßigung nach Nr. 16224 KV.** Nach Eingang der Beschwerdebegründung kommt eine Ermäßigung nur noch nach Nr. 16224 KV auf **1,0** in Betracht, wenn sich das gesamte Verfahren ohne Endentscheidung erledigt. Die Ermäßigung kann nur eintreten, wenn das gesamte Verfahren ohne Endentscheidung beendet wird. Eine Endentscheidung liegt dann vor, wenn hierdurch der Verfahrensgegenstand erledigt wird (→ Rn 19). Die Gebührenermäßigung tritt nicht mehr ein, wenn das Gericht die Beschwerde verwirft, denn dann ist eine Endentscheidung ergangen (→ Rn 30). **Anm. zu Nr. 16224 KV** entspricht der Anm. zu Nr. 16112 KV; es wird daher auf → Rn 20 verwiesen.

Hauptabschnitt 7
Besondere Gebühren

Nr.	Gebührentatbestand	Gebühr oder Satz der Gebühr nach § 34 GNotKG – Tabelle A
	Erteilung von Ausdrucken oder Fertigung von Kopien aus einem Register oder aus dem Grundbuch auf Antrag oder deren beantragte Ergänzung oder Bestätigung:	
17000	– Ausdruck oder unbeglaubigte Kopie	10,00 €
17001	– amtlicher Ausdruck oder beglaubigte Kopie .... Neben den Gebühren 17000 und 17001 wird keine Dokumentenpauschale erhoben.	20,00 €
	Anstelle eines Ausdrucks wird in den Fällen der Nummern 17000 und 17001 die elektronische Übermittlung einer Datei beantragt:	
17002	– unbeglaubigte Datei	5,00 €
17003	– beglaubigte Datei .... Werden zwei elektronische Dateien gleichen Inhalts in unterschiedlichen Dateiformaten gleichzeitig übermittelt, wird die Gebühr 17002 oder 17003 nur einmal erhoben. Sind beide Gebührentatbestände erfüllt, wird die höhere Gebühr erhoben.	10,00 €

I. Allgemeines

1 Hauptabschnitt 7 des Teils 1 KV enthält die Regelungen für „Besondere Gebühren" der Gerichte. Die **Nr. 17000–17003 KV** betreffen die Erteilung von Ausdrucken und die Fertigung von Kopien aus einem Register oder aus dem Grundbuch sowie die elektronische Übermittlung einer entsprechenden Datei. Es handelt sich um tätigkeitsbezogene Gebührenvorschriften und nicht um Verfahrens- oder Auslagengebühren. Sie entstehen demnach erst mit Ausführung der jeweils genannten Handlung.[1]

---

18 Die Gebühr bestimmt sich nach Nr. 16211 KV, wenn die Verfahrensgebühr für den ersten Rechtszug in der Hauptsache 2,0 betragen würde. **19** *Hartmann*, KostG, Nr. 1221 KV GKG Rn 2. **20** HK-FamGKG/*Fölsch*, Nr. 1422–1424 KV Rn 24. **1** BDS/ *Sommerfeldt*, Nr. 17000–17006 KV Rn 2.

Ergänzt wird der Gebührentatbestand durch die **Anm.** zu Nr. 17002 und 17003 KV, die eine Regelung zur **2**
kostenrechtlichen Behandlung der **Übersendung zweier elektronischer Dateien gleichen Inhalts** enthält.
Hierzu kann es insb. kommen, wenn neben einer Datei, die den Grundbuch- oder Registerauszug als
Grundbuch- oder Registerblatt darstellt, zusätzlich auch eine XML-Datei übermittelt werden soll. Die betreffende Gebühr wird dann nur einmal erhoben. Auch bei ausschließlicher Übermittlung einer XML-Datei
fällt die volle Gebühr an.

Kostenschuldner ist nach § 22 Abs. 1 der Antragsteller. **3**

Die Gebührenvorschriften der Nr. 17000–17003 KV gelten **nur für Gerichte**. Zwar besteht seit Inkraftre- **4**
ten des Gesetzes zur Übertragung von Aufgaben im Bereich der freiwilligen Gerichtsbarkeit auf Notare
vom 26.6.2013[2] am 1.9.2013 auch für **Notare** die Möglichkeit der Erteilung eines Abdrucks aus dem
Grundbuch (vgl § 133 a GBO). Kostenrechtlich erfasst werden diese Abdrucke indes durch Nr. 25210 ff
KV.

II. Erteilung von Ausdrucken oder Fertigung von Kopien (Nr. 17000 und 17001 KV)

1. Allgemeines. Die **Europarechtskonformität** der Vorgängernormen der KostO stand bis zuletzt in Streit. **5**
In der Lit. wurde nahezu einhellig der Standpunkt vertreten, dass die früheren §§ 73, 89 KostO gegen EU-
Recht verstießen.[3] Dennoch wendete die Praxis diese Vorschriften – gebilligt durch das LG Coburg[4] – be-
denkenlos an. Da bislang – soweit ersichtlich – noch keine obergerichtliche Entscheidung vorliegt, setzt sich
die Diskussion nunmehr iRd Nr. 17000 und 17001 KV, die den Regelungsgehalt der §§ 73, 89 KostO fast
unverändert übernommen haben, fort.[5]

2. Ausdrucke und Kopien. Der Gebührentatbestand der Nr. 17000 und 17001 KV erfasst sowohl Ausdru- **6**
cke als auch Kopien aus einem Register oder dem Grundbuch. Unter einer **Kopie** im kostenrechtlichen Sinne ist die Reproduktion einer Vorlage auf einem körperlichen Gegenstand (zB Papier, Karton, Folie) zu verstehen.[6] **Nicht** von dieser Definition umfasst ist insb. die Erstellung eines elektronischen Dokuments (**Scan**).
Echte Kopien werden allerdings heute kaum noch erstellt.

Beim maschinell geführten Grundbuch (§§ 126 ff GBO) sowie bei den meisten Registern tritt heutzutage an **7**
die Stelle der (körperlichen) Kopie ein **Ausdruck**. Die Möglichkeit, sich Ausdrucke erteilen zu lassen, wird
für das Grundbuch in § 12 Abs. 2 GBO iVm §§ 43 ff GBV und für das Handelsregister in § 9 Abs. 4 HGB
eröffnet.

Der Antragsteller hat grds. die Wahl, ob er einen einfachen **Ausdruck** bzw eine **unbeglaubigte Kopie** oder **8**
aber einen **amtlichen Ausdruck** bzw eine **beglaubigte Kopie** wünscht. Erstere kosten nach Nr. 17000 KV
10 €, wohingegen nach Nr. 17001 KV die Gebühr für letztere **20 €** beträgt. Ein amtlicher Ausdruck muss
als solcher bezeichnet sein und vom Grundbuchamt oder dem Registergericht mit einem Dienststempel
oder -siegel versehen werden (§ 133 RegVBG), eine beglaubigte Kopie muss einen Beglaubigungsvermerk
tragen (§ 13 Abs. 3 S. 2 FamFG).[7] Auf den jeweiligen Umfang des Ausdrucks und der Kopien kommt es
dabei nicht an. Durch die Anm. zu Nr. 17000 und 17001 KV wird insoweit angeordnet, dass neben den
vorgenannten Gebühren eine **Dokumentenpauschale** nicht erhoben wird.

3. Aus einem Register oder dem Grundbuch. Mit „Register" sind gemeint das Handels-, Partnerschafts- **9**
und Genossenschaftsregister, das Vereinsregister,[8] das Güterrechtsregister sowie das Schiffs- und Schiffsbauregister. Nicht zu den Registern iSd Nr. 17000 und 17001 KV gehört dagegen das Unternehmensregister.[9]
Für den Ausdruck eines jeden Grundbuch- oder Registerblatts (§ 13 HRV) ist eine gesonderte Gebühr zu
erheben. Auch die gleichzeitige Erteilung mehrerer Ausdrucke desselben Registerblatts ist nicht privilegiert.[10] Eine volle Gebühr ist auch dann zu erheben, wenn nur Teile eines Registerblatts oder ein auszugs-
weises Exemplar eines Registerblatts (§ 30 Abs. 3 HRV) erteilt werden. Schließlich fallen jeweils gesonderte
Gebühren auch dann an, wenn hintereinander mehrere aufeinanderfolgende Teile desselben Registerblatts
als separater Ausdruck versandt werden.

Geregelt werden Ausdrucke und Kopien aus diesen Registern. **Nicht** erfasst werden Ablichtungen der Mit- **10**
gliederliste oder eingereichter Dokumente, Ablichtungen aus den Registerakten sowie die bloße Einsicht in
ein Register und in Registerakten (→ Rn 19). Hierfür werden Auslagen nach Nr. 31000 KV erhoben.[11] Für

---

2 BGBl. I 1800. **3** *Gustavus*, ZIP 1998, 502, 504; *Lappe*, NJW 1997, 1537, 1540; *Waldner*, JurBüro 2000, 540, 541; aA allein
Hartmann, KostG, § 73 KostO Rn 1, § 89 KostO Rn 1. **4** LG Coburg JurBüro 2000, 540. **5** Ausf. hierzu und die Europarechts-
widrigkeit iE abl. *Korintenberg/H. Schneider*, Nr. 17000–17003 KV Rn 40 ff. **6** BDS/*Sommerfeldt*, Nr. 17000–17006 KV Rn 11.
7 *Hartmann*, KostG, Nr. 17000–17003 KV GNotKG Rn 2; Leipziger-GNotKG/*Seifert*, Nr. 17001 KV Rn 3 f. **8** AG Köln NZG
2009, 1317. **9** Leipziger-GNotKG/*Seifert*, Nr. 17000 KV Rn 4; *Korintenberg/H. Schneider*, Nr. 17000–17003 KV Rn 7. Insoweit
richten sich die Kosten nach dem JVKostG. **10** *Hartmann*, KostG, Nr. 17000–17003 KV GNotKG Rn 2. **11** BDS/*Sommerfeldt*,
Nr. 17000–17006 KV Rn 9; *Korintenberg/H. Schneider*, Nr. 17000–17003 Rn 35.

den **automatisierten Abruf** aus maschinell geführten Registern (v.a. § 9 a Abs. 1 HGB und § 79 Abs. 2 BGB) existiert mit § 15 JVKostG iVm Nr. 1140 und 1141 KV JVKostG eine spezielle Regelung.

11 Als „**Grundbuch**" iSd Nr. 17000 und 17001 KV ist das jeweilige Grundbuchblatt zu verstehen. Auch hier fällt für die Kopie bzw den Ausdruck eines jeden Grundbuchblatts eine volle gesonderte Gebühr an. Es gilt das in → Rn 9 zu den Registerblättern Gesagte entsprechend.

12 **Nicht** zu den Ausdrucken und Kopien aus dem Grundbuch zählen Kopien der Eintragungsanträge und Bezugsurkunden sowie Auszüge aus den Grundakten, Grundbuchauszüge auf Grundpfandbriefen, bloße Grundbucheinsichten sowie Kopien der sog. Auffindungsverzeichnisse (→ Rn 18 ff). Auch die Erstellung elektronischer Dokumente (Scans) wird nicht erfasst.

13 Auch der **automatisierte Abruf** aus maschinell geführten Registern (vgl zB § 9 a Abs. 1 HGB) und aus dem maschinell geführten Grundbuch ist mit § 15 JVKostG iVm Nr. 1151 und 1152 KV JVKostG außerhalb des GNotKG geregelt.[12]

14 Die Gebühr wird nicht allein durch die Herstellung der Kopie bzw des Ausdrucks ausgelöst. Es ist weiter erforderlich, dass das Vervielfältigungsstück **das Gericht verlassen** hat und für dieses daher nicht anderweitig verwertbar ist. Zwar reicht es nach dem Wortlaut der Gebührenregelung aus, wenn die Kopie **gefertigt** ist, während der Ausdruck **erteilt** sein muss; ein sachlicher Grund dafür, das Entstehen der Gebühr an unterschiedliche Zeitpunkte anzuknüpfen, besteht jedoch nicht. Der Gebührentatbestand ist daher insoweit teleologisch zu reduzieren.[13]

15 Nimmt der Antragsteller seinen Antrag auf Erteilung einer Kopie bzw eines Ausdrucks zurück, bevor das Vervielfältigungsstück **versandt** wurde, oder wird der Antrag abgelehnt, so fällt keine Gebühr nach Nr. 14400 und 14401 KV an (s. dort).[14] Die Rücknahme des Antrags auf Erteilung eines beglaubigten Grundbuchauszuges bereits **vor Fertigung** der Kopie bzw des Ausdrucks löst somit ebenfalls keine Gebühren aus.[15] Diese Grundsätze gelten für die Register gleichermaßen wie für das Grundbuch.

16 **4. Auf Antrag.** Nach dem ausdrücklichen Wortlaut der Nr. 17000 und 17001 KV fällt eine Gebühr nur dann an, wenn die Erteilung von Ausdrucken bzw die Fertigung von Kopien auf Antrag erfolgt. Werden Kopien und Mitteilungen nach § 19 Abs. 2 und 3 ZVG **von Amts wegen** erteilt, ist dies für den Betroffenen folglich gebühren- und auslagenfrei.[16]

17 **5. Beantragte Ergänzung oder Bestätigung.** Die vorstehenden Ausführungen gelten für beantragte Ergänzungen oder Bestätigungen von früher gefertigten Ausdrucken und Kopien entsprechend. Die Erneuerung des Tages oder die Wiederholung eines Beglaubigungsvermerks löst folglich ebenso eine (neuerliche volle) Gebühr nach Nr. 17000 KV oder Nr. 17001 KV aus wie die Ergänzung um weitere Angaben.[17]

18 **6. Sonderfragen.** Die sog. **Auffindungsverzeichnisse**, also die Verzeichnisse der Eigentümer oder Grundstücke, die der Auffindung von Grundbuchblättern dienen, haben im Kostenverzeichnis des GNotKG keine ausdrückliche Regelung. Für Ausdrucke und Kopien aus diesen Verzeichnissen ist daher nur die Dokumentenpauschale nach Nr. 31000 KV zu erheben.[18]

19 Lediglich die Dokumentenpauschale fällt an, wenn Kopien von (nicht erledigten) **Eintragungsanträgen** oder von Urkunden, auf die das Grundbuch Bezug nimmt, gefertigt werden sowie dann, wenn Kopien aus den **Grund- oder Registerakten** erstellt werden. Entsprechendes gilt für Kopien und Ausdrucke von **Dokumenten**, die in ein Register eingereicht wurden.[19] Eine etwa zusätzlich anfallende Beglaubigungsgebühr richtet sich nach § 121. Die Mitgliederliste nach §§ 30–32 GenG ist nicht Teil des Genossenschaftsregisters und steht daher den Registerakten gleich.[20]

20 Die Gebühren für **Rechtsmittelverfahren** werden in Nr. 19116, 19126, 19127 KV geregelt.

21 In Grundbuchsachen sind **Bescheinigungen** – anders als in Registersachen – nicht vorgesehen. Sollten Sonderregelungen gleichwohl Bescheinigungen zulassen, sind diese – Gleiches gilt für Bescheinigungen in Registersachen (Ausnahme: Bescheinigung nach Nr. 17004 KV) – grds. gebührenfrei.

---

12 Korintenberg/*H. Schneider*, Nr. 17000–17003 KV Rn 7.   **13** AA Korintenberg/*H. Schneider*, Nr. 17000–17003 KV Rn 19 f. **14** Die noch in der Vorauflage (1. Aufl. 2014, Nr. 17000–170003 KV Rn 11) vertretene Gegenansicht wird im Hinblick auf die Vorbem. 1.4.4 S. 1 KV, wonach die Nr. 14400, 14401 KV nur für die Zurückweisung und die Zurücknahme von Anträgen gelten, die auf die Vornahme von Geschäften gerichtet sind, deren Gebühren sich nach Teil Hauptabschnitt 4 KV bestimmen, aufgegeben. Sie gelten nämlich folglich nicht für die in Teil 1 Hauptabschnitt 7 KV geregelten Besonderen Gebühren. Vgl auch Korintenberg/*H. Schneider*, Nr. 17000–17003 KV Rn 31.   **15** AG Remscheid MittRhNotK 1992, 224.   **16** Korintenberg/*H. Schneider*, Nr. 17000–17003 KV Rn 2; BeckOK KostR/*Wilsch*, GNotKG, Nr. 17000 KV Rn 6.   **17** BDS/*Sommerfeldt*, Nr. 17000–17006 KV Rn 19; Leipziger-GNotKG/*Seifert*, Nr. 17000 KV Rn 3.   **18** Korintenberg/*H. Schneider*, Nr. 17000–17003 KV Rn 30; BeckOK KostR/*Wilsch*, GNotKG, Nr. 17001 KV Rn 6.   **19** *Hartmann*, KostG, Nr. 17000–17003 KV GNotKG Rn 2; BDS/*Sommerfeldt*, Nr. 17000–17006 KV Rn 9.   **20** Korintenberg/*H. Schneider*, Nr. 17000–17003 KV Rn 35.

Gebührenrechtlich nicht erfasst werden **bloße Anfragen** zu einem Register, ob eine bestimmte Eintragung 22
erfolgt ist. Derartige Anfragen sind auch unzulässig und daher zurückzuweisen. Beantragt werden kann
stets nur ein – kostenpflichtiger – Registerauszug.[21]

Die in Vorbem. 1.3 Abs. 2 Nr. 3 KV geregelte **Gebührenfreiheit** ist auf die nach Nr. 17000–17004 KV zu 23
erhebenden Gebühren entsprechend anzuwenden, wenn die betreffenden Dokumente von den berufsständischen Organen im Rahmen ihrer Beteiligung nach § 380 FamFG beantragt werden.[22]

III. Elektronische Übermittlung einer Datei (Nr. 17002 und 17003 KV)

Wird anstelle der Erteilung eines Ausdrucks die elektronische Übermittlung der entsprechenden Datei bean- 24
tragt, so ist dies kostengünstiger. Es fallen jeweils (dh je Datei) nur die **Hälfte der Gebühren** nach Nr. 17000
und 17001 KV an. Eine unbeglaubigte Datei kostet 5 €, eine beglaubigte Datei 10 €. Erforderlich ist auch
hier stets ein entsprechender Antrag.

Für die Erteilung von Ablichtungen, Auskünften und Mitteilungen gem. **§ 19 Abs. 2 und 3 ZVG** in Datei- 25
form werden weder Gebühren noch Auslagen erhoben.[23]

Übermittelt das Grundbuchamt bzw das Registergericht neben der Datei zusätzlich noch eine **XML-Datei** 26
desselben Grundbuch- oder Registerblatts, so fällt nur eine Gebühr an (**Anm.** zu Nr. 17002 und 17003
KV). Wird eine der beiden Dateien beglaubigt, die andere jedoch nicht, so ist die höhere Gebühr nach
Nr. 17003 KV maßgebend.

Ebenfalls eine volle Gebühr wird fällig, wenn ausschließlich die Übermittlung einer XML-Datei beantragt 27
wird.[24]

Wird ein Antrag **zurückgenommen** oder **zurückgewiesen**, bevor die Datei übermittelt wurde, fällt keine Ge- 28
bühr an.

Nr.	Gebührentatbestand	Gebühr oder Satz der Gebühr nach § 34 GNotKG – Tabelle A
17004	Erteilung 1. eines Zeugnisses des Grundbuchamts, 2. einer Bescheinigung aus einem Register, 3. einer beglaubigten Abschrift des Verpfändungsvertrags nach § 16 Abs. 1 Satz 3 des Pachtkreditgesetzes oder 4. einer Bescheinigung nach § 16 Abs. 2 des Pachtkreditgesetzes	20,00 €

Hauptabschnitt 7 des Teils 1 KV enthält die Regelungen für „Besondere Gebühren" der Gerichte. Der Ge- 1
bührentatbestand der **Nr. 17004 KV** erfasst einerseits die Erteilung eines Zeugnisses des Grundbuchamts
gem. § 17 Abs. 2 ZVG und einer Bescheinigung aus Registern sowie andererseits die Erteilung einer beglaubigten Ablichtung des Verpfändungsvertrags und einer Bescheinigung an den Pächter, dass ein Verpfän-
dungsvertrag bei dem Amtsgericht nicht hinterlegt ist. **Kostenschuldner** ist der Antragsteller, § 22 Abs. 1.

Nr. 1 und 2: Unter dem **Begriff** der „Erteilung" eines Zeugnisses ist die Herausgabe desselben aus dem 2
Grundbuchamt zu verstehen, nicht bereits die dazugehörige Vorbereitungshandlung.[1] Wird das Zeugnis
nicht erteilt, weil der betreffende Antrag vorher zurückgenommen oder aber zurückgewiesen wurde, so entsteht keine Gebühr.

Kostenrechtlich ist die Erteilung (→ Rn 2) eines Zeugnisses des Grundbuchamts nach § 17 Abs. 2 ZVG, mit 3
dem der Gläubiger im Vollstreckungsverfahren nachweisen muss, dass der Schuldner als Eigentümer eingetragen ist, der Erteilung von Bescheinigungen aus Registern gleichgestellt. Beides verursacht nach Nr. 17004
KV Gebühren iHv 20 €.

Als **Handelsregisterbescheinigung** iSd Nr. 17004 KV kommt heute praktisch nur noch die Bescheinigung 4
nach § 9 Abs. 5 HGB in Betracht. Diese verlautbart, dass bezüglich des Gegenstands einer Eintragung weitere Eintragungen nicht vorhanden sind oder eine bestimmte Eintragung nicht erfolgt ist (§§ 386, 374

---

21 BDS/*Sommerfeldt*, Nr. 17000–17006 KV Rn 15. **22** Korintenberg/*H. Schneider*, Nr. 17000–17003 KV Rn 49. **23** BDS/*Sommerfeldt*, Nr. 17000–17006 KV Rn 26. **24** BDS/*Sommerfeldt*, Nr. 17000–17006 KV Rn 29. **1** *Hartmann*, KostG, Nr. 17004 KV GNotKG Rn 1; Korintenberg/*H. Schneider*, Nr. 17004 KV Rn 3.

FamFG). **Weitere Regelungen** für Registerbescheinigungen finden sich daneben in § 69 BGB (Bescheinigung aus dem Vereinsregister über den Vereinsvorstand), § 26 Abs. 2 GenG (Bescheinigung aus dem Genossenschaftsregister zwecks Legitimation des Vorstandes), § 12 Abs. 1 GBBerG (Bescheinigung zwecks Nachweis des Rechtsübergangs bei Umwandlungsvorgängen) oder § 15 SchRegO, § 23 SchRegDV.

5 Die Gebühr wird für jedes Zeugnis und jede Bescheinigung gesondert erhoben, auch im Falle der Erteilung weiterer gleicher Zeugnisse bzw Bescheinigungen.[2] Für die Gebührenerhebung ist es irrelevant, ob die Erteilung auf Antrag oder von Amts wegen erfolgt.

6 Die Fälligkeit der Gebühr richtet sich nach § 9 Nr. 1. Die Erhebung eines Vorschusses ist für die Gerichtsgebühr nach § 13 (Anhängigmachung) bei einem Antragsverfahren zulässig.

7 **Nr. 3 und 4:** Ebenfalls eine (vom Wert unabhängige) Festgebühr iHv 20 € entsteht für die Erteilung einer beglaubigten Abschrift des **Verpfändungsvertrags** nach § 16 Abs. 1 S. 3 PachtKredG oder einer **Bescheinigung nach § 16 Abs. 2 PachtKredG**, mit der der Pächter nachweisen kann, dass ein Pachtvertrag bei dem Amtsgericht nicht hinterlegt ist. Die grundlegenden Gebührenvorschriften für das Verfahren nach dem PachtKredG finden sich in Abschnitt 1 des Hauptabschnitts 5 KV (Nr. 15112 KV).

8 Bei **elektronischer Übermittlung** der Datei ist keine Gebührenermäßigung vorgesehen.[3]

9 Neben der Gebühr nach Nr. 17004 KV fällt die **Dokumentenpauschale** nach den allgemeinen Grundsätzen nur für die Erteilung einer beglaubigten Abschrift des Verpfändungsvertrags, nicht aber für die bloße Erteilung von Bescheinigungen an.[4]

Nr.	Gebührentatbestand	Gebühr oder Satz der Gebühr nach § 34 GNotKG – Tabelle A
17005	Abschluss eines gerichtlichen Vergleichs: Soweit ein Vergleich über nicht gerichtlich anhängige Gegenstände geschlossen wird .... Die Gebühr entsteht nicht im Verfahren über die Prozess- oder Verfahrenskostenhilfe. Im Verhältnis zur Gebühr für das Verfahren im Allgemeinen ist § 56 Abs. 3 GNotKG entsprechend anzuwenden.	0,25

I. Allgemeines

1 Hauptabschnitt 7 des Teils 1 KV enthält die Regelungen für „Besondere Gebühren" der Gerichte. Der Gebührentatbestand der **Nr. 17005 KV** entspricht im Wesentlichen den Regelungen in den Nr. 1900, 5600 und 7600 KV GKG sowie in Nr. 1500 KV FamGKG. Es geht um die gebührenrechtliche Erfassung sog. **überschießender Vergleichsgegenstände**, namentlich um die Miterledigung von Streitpunkten, die nicht Gegenstand des gerichtlichen Verfahrens waren. Da dem Gericht mit der Miterledigung dieser Punkte ein nicht unerheblicher Mehraufwand entsteht, soll die Gebühr nach Nr. 17005 KV die insoweit entgangene Verfahrensgebühr abgelten. Bedeutsam ist in diesem Zusammenhang auch S. 2 der Anm. zu Nr. 17005 KV, wonach im Verhältnis zur Gebühr für das Verfahren im Allgemeinen § 56 Abs. 3 GNotKG entsprechend anzuwenden ist. Hierdurch wird bewirkt, dass die Summe aus der gerichtlichen Verfahrensgebühr für die anhängigen Gegenstände und der Vergleichsgebühr aus dem Mehrwert den Betrag einer Verfahrensgebühr aus dem Gesamtwert nicht übersteigt (→ Rn 15).[1]

II. Abschluss eines gerichtlichen Vergleichs (Nr. 17005 KV)

2 **1. Allgemeines.** Wird im Rahmen eines gerichtlichen Verfahrens von den Parteien ein Vergleich abgeschlossen, so wird **für den Teil des Prozessvergleichs**, dessen Wert die gerichtlich anhängigen Gegenstände **übersteigt**, zusätzlich zur Verfahrensgebühr auch noch nach Nr. 17005 KV (die den Vergleich über die gerichtlich anhängigen Gegenstände abdeckt) eine 0,25-Gebühr aus dem übersteigenden Wert erhoben.

3 Inhaltlich entspricht die Vorschrift damit weitgehend den Nr. 1900, 5600 und 7600 KV GKG sowie der Nr. 1500 KV FamGKG. Durch die gesetzliche Formulierung wird klargestellt, dass es für das Entstehen der

2 *Hartmann*, KostG, Nr. 17004 KV GNotKG Rn 1. **3** *Hartmann*, KostG, Nr. 17004 KV GNotKG Rn 4; Korintenberg/*H. Schneider*, Nr. 17004 KV Rn 9. **4** Undiff. Leipziger-GNotKG/*Seifert*, Nr. 17004 KV Rn 2. **1** Vgl insoweit auch Begr. RegE, BR-Drucks 517/12, S. 322.

Gebühr darauf ankommt, dass der überschießende Teil des Vergleichs **auch nicht in einem anderen Verfahren anhängig** ist. Mit der Mehrvergleichsgebühr soll nämlich die entgangene Verfahrensgebühr abgegolten werden.[2]

Die Gebühr Nr. 17005 KV ist demnach keine Verfahrens-, sondern vielmehr eine Handlungs- oder Aktgebühr.[3]   4

2. Anwendungsvoraussetzungen. Voraussetzung für das Entstehen der **Mehrvergleichsgebühr** ist, dass in   5 einem gerichtlichen Verfahren vor einem ordentlichen Gericht ein gerichtlicher Vergleich geschlossen wird. Unerheblich ist dabei, um welche **Verfahrensart** es sich handelt. Auch vorläufige (Arrest-)Verfahren, Güteverfahren, selbständige Beweisverfahren, Vollstreckungsverfahren oder Beschwerdeverfahren sind demnach umfasst.

Ausgenommen sind nach S. 1 der Anm. zu Nr. 17005 KV lediglich **Prozess- und Verfahrenskostenhilfever-**   6 **fahren** (§ 118 ZPO; §§ 76 ff FamFG). Dies resultiert aus deren kostenrechtlicher Begünstigung. Der Abschluss eines Vergleichs in diesen Verfahren bleibt auch dann gebührenfrei, wenn dieser vor der Einlegung eines Rechtsmittels erfolgt und wenn weitere Ansprüche in den Vergleich hineingezogen werden.[4]

Es muss sich um einen **gerichtlichen** – dh vor dem Richter oder Rechtspfleger abgeschlossenen – Vergleich   7 handeln. Die Voraussetzungen des § 794 Abs. 1 Nr. 1 ZPO müssen dabei jedoch nicht zwingend erfüllt sein. Es genügt insoweit auch ein Vergleich nach § 278 Abs. 4 ZPO.[5]

Der Vergleich muss **endgültig wirksam** geworden sein, dh, ein kostenrechtlich zu berücksichtigender Ver-   8 gleich setzt voraus, dass eine ggf eingeräumte Widerrufsfrist abgelaufen ist.[6]

3. Wertermittlung. Betrifft der gerichtliche Vergleich lediglich den bisherigen Verfahrensgegenstand, so   9 werden seine Kosten durch die allgemeine Verfahrensgebühr abgedeckt. Nur *soweit* der Wert des Vergleichsgegenstands den Wert des Verfahrensgegenstands übersteigt *und* wenn dieser überschießende Teil zudem nicht in einem anderen Verfahren anhängig ist, wird die 0,25-Gebühr aus Nr. 17005 KV fällig. Es muss demnach der Wert des gerichtlichen Vergleichs dem Wert der diesbezüglich anhängigen Verfahren gegenübergestellt werden. Nur in Höhe einer etwaigen Differenz wird für die insoweit **entgangene Verfahrensgebühr** eine Mehrvergleichsgebühr erhoben.

Einzubeziehen in die Ermittlung des Vergleichswerts sind alle zwischen den Parteien **streitigen Ansprüche**,   10 die durch den Abschluss des Vergleichs einvernehmlich geregelt werden sollen. Völlig unstreitige Rechtsverhältnisse bleiben insoweit außen vor. Insgesamt ist hier jedoch ein eher großzügiger Maßstab bei der Bewertung eines Anspruchs als „unsicher" anzulegen.[7]

Enthält der Vergleich die Formulierung **„zur Abgeltung aller Ansprüche"**, so kann hierdurch einerseits der   11 Verfahrensgegenstand betroffen sein, andererseits kann sie aber auch alle Ansprüche einer oder beider Parteien umfassen. Hier ist ggf eine Auslegung im konkreten Einzelfall erforderlich.

Tritt ein **Dritter** dem Vergleich bei, führt dies allein nicht zur Einbeziehung eines weiteren Verfahrensgegen-   12 stands und bleibt daher kostenrechtlich ohne Hinzutreten weiterer Umstände zunächst einmal unbeachtlich.

4. Höhe der Gebühr. Die Verfahrensgebühr erhöht sich durch den Abschluss eines gerichtlichen Vergleichs   13 grds. nicht.[8] Daher ist aus dem nach vorstehenden Grundsätzen ermittelten Mehrvergleichswert eine 0,25-**Gebühr** zu erheben. Grenzfälle sind stets vor dem Hintergrund zu entscheiden, dass durch die Gebühr eine entgangene Verfahrensgebühr abgegolten, nicht aber eine zusätzliche Kostenlast generiert werden soll.

Führt im Einzelfall auch die Verschiedenartigkeit der Verfahrensgegenstände nicht zu einer Erhöhung des   14 Verfahrenswerts, fällt keine Gebühr nach Nr. 17005 KV an. Ob dies angesichts der Ratio der Vorschrift, lediglich entgangene Verfahrensgebühren abdecken zu wollen, anders zu beurteilen ist, wenn der Vergleichswert über dem Verfahrenswert liegt, der Differenzbetrag aber so gering ist, dass er nach der Tabelle zu § 34 Abs. 3 GNotKG **keinen Gebührensprung** auslösen würde, erscheint fraglich. Aus dem eindeutigen Wortlaut der Nr. 17005 KV kann aber wohl gefolgert werden, dass sich der Gesetzgeber bewusst für die Schaffung einer eigenständigen Mehrvergleichsgebühr entschieden hat, anstatt für diesen Fall eine Erhöhung der Verfahrensgebühr anzuordnen.[9] Ebenso wie Nr. 1900 KV GKG stellt auch Nr. 17005 KV allein auf den Wert ab, um den der Vergleichsgegenstand den Verfahrensgegenstand übersteigt, nicht aber auf die Frage, ob sich aus den unterschiedlichen Werten des Vergleichs- und des Verfahrensgegenstands ein Gebüh-

2 Begr. RegE, BR-Drucks 517/12, S. 322.   **3** Vgl *Hartmann*, KostG, Nr. 1900 KV GKG Rn 1.   **4** *Hartmann*, KostG, Nr. 1900 KV GKG Rn 3.   **5** LAG Hamm NZA-RR 2007, 438.   **6** *Korintenberg/H. Schneider*, Nr. 17005 KV Rn 10.   **7** OLG Zweibrücken MDR 1978, 496; LAG Hamm NZA-RR 2007, 438; *Schmidt*, MDR 1975, 27.   **8** Str, aber hM; vgl nur *Hartmann*, KostG, Nr. 1900 KV GKG Rn 15.   **9** Vgl auch *Mayer*, FD-RVG 2009, 273944.

rensprung ergibt. Es ist daher für den Mehrvergleichswert eine separate Gebühr unabhängig davon zu erheben, ob der Differenzbetrag eine Erhöhung der Verfahrensgebühr zur Folge hätte.[10]

15   Eine gewisse **Deckelung der Mehrvergleichsgebühr** wird erreicht durch **S. 2 der Anm.** zu Nr. 17005 KV. Danach ist im Verhältnis zur Gebühr für das Verfahren im Allgemeinen § 56 Abs. 3 entsprechend anzuwenden. Die Summe aus gerichtlicher Verfahrensgebühr für die anhängigen Gegenstände und Vergleichsgebühr aus dem Mehrwert darf den Betrag einer Verfahrensgebühr aus dem Gesamtwert nicht übersteigen. Würde man diese Deckelung nicht vornehmen, wäre es im Einzelfall möglich, dass der Abschluss eines Mehrvergleichs für die Parteien teurer wäre als den Gegenstand des Mehrvergleichs gesondert anhängig zu machen und sich dann in diesem weiteren Verfahren wiederum zu vergleichen. Dies würde dem Grundsatz der Verfahrensökonomie zuwiderlaufen.[11]

16   **5. Fälligkeit und Vorschuss.** Die **Fälligkeit** der Mehrvergleichsgebühr ergibt sich aus einer entsprechenden Anwendung des § 9 Abs. 1 Nr. 2 und 5. Die Gebühr wird folglich mit Beendigung des Verfahrens fällig, in dem der Vergleich geschlossen wurde.[12] Eine **Vorschusspflicht** besteht nicht.

17   **6. Kostenschuldner.** Die Vergleichsgebühr schuldet gem. § 22 Abs. 2 **jeder Vergleichsbeteiligte.** Dies müssen zum einen nicht zwingend alle Verfahrensbeteiligten sein; zum anderen können auch nicht am Verfahren beteiligte Dritte dem Vergleich beitreten. Daneben haftet auch der **Übernahmeschuldner** nach § 27 Nr. 2. Untereinander haften alle Kostenschuldner als Gesamtschuldner (§ 32 Abs. 1).

Nr.	Gebührentatbestand	Gebühr oder Satz der Gebühr nach § 34 GNotKG – Tabelle A
17006	Anordnung von Zwangsmaßnahmen durch Beschluss nach § 35 FamFG: je Anordnung	20,00 €

1   Hauptabschnitt 7 des Teils 1 KV enthält die Regelungen für „Besondere Gebühren" der Gerichte. **Nr. 17006 KV** entspricht der Gebühr der Nr. 1502 KV FamGKG. Es handelt sich um eine eng auslegbare Spezialregelung.[1]

2   Eine Gebühr von 20 € fällt nach Nr. 17006 KV an für jede **Anordnung** von Zwangsmaßnahmen durch Beschluss nach § 35 FamFG, dh mit dessen Erlass. Irrelevant ist dabei, ob die Anordnung von Amts wegen oder auf Antrag erfolgt ist. Der Verpflichtete hat nach § 35 Abs. 3 S. 2 FamFG zudem die Kosten des Verfahrens zu tragen.

3   Die Vorschrift des § 35 FamFG regelt – soweit keine Sondervorschriften eingreifen – die **Durchsetzung verfahrensleitender Entscheidungen** eines Gerichts im FamFG-Verfahren mit Ausnahme von Ehesachen (§§ 121 ff FamFG) und Familienstreitsachen (§ 112 FamFG).[2] Zu den danach **möglichen Zwangsmitteln** zählen in erster Linie Zwangsgeld und Zwangshaft (§ 35 Abs. 1 FamFG), darüber hinaus aber auch die Wegnahme beweglicher Gegenstände durch den Gerichtsvollzieher nach § 883 ZPO, die Überweisung eines Herausgabeanspruchs nach § 886 ZPO sowie die Ersatzvornahme vertretbarer Handlungen durch einen Dritten nach § 887 ZPO (§ 35 Abs. 4 FamFG).

4   **Beispiele** für mögliche Anordnungen:

- Verpflichtung zur Grundbuchberichtigung (§ 82 GBO);
- Verpflichtung zur Ablieferung von Testamenten (§ 358 FamFG);
- Verpflichtung zur Ablieferung oder Vorlage einer Betreuungsverfügung oder einer Abschrift der Vorsorgevollmacht (§ 285 FamFG);
- Verpflichtung zur Befolgung von gerichtlichen Anordnungen bei einer Pflegschaft (§§ 1915 Abs. 1, 1837 Abs. 3 BGB);
- Verpflichtung zur Befolgung von gerichtlichen Anordnungen bei einer Betreuung (§§ 1915 Abs. 1, 1837 Abs. 3 BGB);
- Abgabe des Betreuerberichts (§§ 1908 i Abs. 1, 1840 BGB);
- Anordnung der Beibringung von Belegen (§ 405 Abs. 5 FamFG);
- Anordnung der Aushändigung von Schriftstücken (§ 404 Abs. 1 FamFG).

---

10 So ausdr. OLG München JurBüro 2009, 491 zur Parallelvorschrift der Nr. 1900 KV GKG. **11** Dazu auch OLG Köln NJW-RR 2010, 1512. **12** Ebenso Korintenberg/*H. Schneider*, Nr. 17005 KV Rn 21. **1** *Hartmann*, KostG, Nr. 17006 KV GNotKG Rn 1; vgl auch BayObLG NJW 1999, 297. **2** MüKo-FamFG/*Ulrici*, 2. Aufl. 2013, § 35 Rn 3.

Nicht von Nr. 17006 KV erfasst wird die im Vorfeld eines Anordnungsbeschlusses stattfindende Aufforderung, die betreffende gesetzliche Verpflichtung zu erfüllen, sowie eine etwaige Androhung des Zwangsmittels (insb. bei Zwangshaft, vgl § 35 Abs. 2 FamFG). Diese bleiben gebührenfrei.[3] Die iRd Androhung von Zwangshaft anfallenden Auslagen hat der Begünstigte der zu vollstreckenden Entscheidung zu erstatten.[4]   **5**

Ebenfalls keine Gebühr fällt an, wenn der Betroffene dem an ihn gerichteten Verlangen (rechtzeitig) nachkommt, möglicherweise ist aber Auslagenersatz geschuldet.   **6**

Nicht einschlägig ist Nr. 17006 KV weiterhin bei der Vollstreckung von **verfahrensabschließenden Endentscheidungen**. Diesbezüglich werden Gebühren nach Hauptabschnitt 8 KV (Nr. 18000 ff KV) bzw – soweit es die Vollstreckung nach der ZPO betrifft – nach Vorbem. 1.8 S. 2 KV GKG erhoben.[5]   **7**

Die Gebühr für die Anordnung von Zwangsmaßnahmen nach § 35 FamFG beträgt **20 €**. Es handelt sich dabei um eine **Aktgebühr**, die ggf zusätzlich zu einer vorangegangenen Verfahrensgebühr erhoben wird.[6]   **8**

Die Gebühr wird grds. zusammen mit der Kostenentscheidung nach § 35 Abs. 3 S. 2 FamFG **fällig** (§ 9 Abs. 1), dh sobald eine unbedingte Entscheidung über die Kosten ergangen ist oder das Zwangsmittelverfahren sonst beendet ist.   **9**

Die früher in § 119 Abs. 3 KostO enthaltene **Einschränkung**, wonach die Gebühr nach § 119 Abs. 2 KostO nicht erhoben wird gegen Beteiligte im Falle des § 33 Abs. 3 FamFG (Ausbleiben im Termin trotz Anordnung des persönlichen Erscheinens) und in Angelegenheiten der freiwilligen Gerichtsbarkeit sowie gegen Zeugen und Sachverständige,[7] findet sich in Nr. 17006 KV **nicht**. Es dürfte daher davon auszugehen sein, dass nunmehr auch in diesen Fällen Gebühren fällig werden.[8] Die amtliche Begründung schweigt zu dieser Frage.   **10**

Kostenschuldner für die Gebühr nach Nr. 17006 KV ist derjenige, gegen den sich die Zwangsmaßnahme richtet (§ 35 Abs. 3 S. 2 FamFG iVm § 18 Nr. 1) sowie der Begünstigte der zu vollstreckenden Entscheidung.[9] Wird die Anordnung eines Zwangsmittels nachträglich als ungerechtfertigt wieder aufgehoben, entfällt die Gebühr und ist ggf zurückzuerstatten. Etwas anderes gilt, wenn der Betroffene nach Anordnung des Zwangsmittels dem an ihn gerichteten Verlangen nachkommt.[10]   **11**

Die Anordnung von Zwangsmitteln gegenüber **mehreren Beteiligten** erfolgt jeweils in gesonderten Verfahren, so dass stets separate Einzelgebühren anfallen. Werden gegenüber einem Beteiligten hintereinander **mehrere Zwangsmittel** (zB zunächst Zwangsgeld, später wegen beharrlichen Weigerns auch noch Zwangshaft) angeordnet, wird für jede Anordnung eine eigene Gebühr erhoben. Dies gilt auch dann, wenn gleichzeitig mehrere Zwangsmittel angeordnet werden (vgl § 35 Abs. 1 S. 2 FamFG), selbst bei einem einheitlichen Beschluss.[11] Auch bei mehrmaliger Anordnung derselben Maßnahme gegen dieselbe Person wird die Gebühr jeweils erneut ausgelöst.[12]   **12**

Eine „bedenkliche Doppelahndung" ist mit der Erhebung von Gebühren zusätzlich zur Anordnung von Zwangsmaßnahmen nicht verbunden.   **13**

---

3 Korintenberg/H. *Schneider*, Nr. 17006 KV Rn 12.   **4** Korintenberg/H. *Schneider*, Nr. 17006 KV Rn 34 f.   **5** Vgl auch BDS/*Sommerfeldt*, Nr. 17000–17006 KV Rn 56 ff; Korintenberg/H. *Schneider*, Nr. 17006 KV Rn 3.   **6** *Hartmann*, KostG, Nr. 17006 KV GNotKG Rn 2.   **7** Zudem nicht gegenüber ehrenamtlichen Richtern sowie dann, wenn sich die Zwangsmaßnahme direkt nach der ZPO richtet.   **8** AA BDS/*Sommerfeldt*, Nr. 17000–17006 KV Rn 60.   **9** Korintenberg/H. *Schneider*, Nr. 17006 KV Rn 26 ff; allg. zum Rechtsmittelverfahren auch BDS/*Sommerfeldt*, Nr. 17000–17006 KV Rn 76 ff.   **10** Ausf. zu den Folgen einer Anordnung bzw Aufhebung des Anordnungsbeschlusses Korintenberg/H. *Schneider*, Nr. 17006 KV Rn 17 ff.   **11** Korintenberg/H. *Schneider*, Nr. 17006 KV Rn 15; BDS/*Sommerfeldt*, Nr. 17000–17006 KV Rn 66 f.   **12** BDS/*Sommerfeldt*, Nr. 17000–17006 KV Rn 69.

Hauptabschnitt 8
Vollstreckung

Nr.	Gebührentatbestand	Gebühr oder Satz der Gebühr nach § 34 GNotKG – Tabelle B
Vorbemerkung 1.8:		
Die Vorschriften dieses Hauptabschnitts gelten für die Vollstreckung nach Buch 1 Abschnitt 8 des FamFG. Für Handlungen durch das Vollstreckungsgericht werden Gebühren nach dem GKG erhoben.		
18000	Verfahren über die Erteilung einer vollstreckbaren Ausfertigung einer notariellen Urkunde, wenn der Eintritt einer Tatsache oder einer Rechtsnachfolge zu prüfen ist (§§ 726 bis 729 ZPO)	0,5
18001	Verfahren über den Antrag auf Erteilung einer weiteren vollstreckbaren Ausfertigung (§ 733 ZPO)	20,00 €
	Die Gebühr wird für jede weitere vollstreckbare Ausfertigung gesondert erhoben.	
18002	Anordnung der Vornahme einer vertretbaren Handlung durch einen Dritten	20,00 €
18003	Anordnung von Zwangs- oder Ordnungsmitteln: je Anordnung	20,00 €
	Mehrere Anordnungen gelten als eine Anordnung, wenn sie dieselbe Verpflichtung betreffen. Dies gilt nicht, wenn Gegenstand der Verpflichtung die wiederholte Vornahme einer Handlung oder eine Unterlassung ist.	
18004	Verfahren zur Abnahme einer eidesstattlichen Versicherung (§ 94 FamFG)	35,00 €
	Die Gebühr entsteht mit der Anordnung des Gerichts, dass der Verpflichtete eine eidesstattliche Versicherung abzugeben hat, oder mit dem Eingang des Antrags des Berechtigten.	

I. Allgemeines

1   Teil 1 Hauptabschnitt 8 KV (Nr. 18000–18004 KV) regelt die Gerichtsgebühren bei der Vollstreckung nach Buch 1 Abschnitt 8 des FamFG, dh Vollstreckung in den nach § 1 aufgeführten Angelegenheiten der freiwilligen Gerichtsbarkeit. Gemäß § 86 FamFG sind das v.a. gerichtliche Beschlüsse und gerichtlich gebilligte Vergleiche in Betreuungs- und Nachlassangelegenheiten (§ 23 b Abs. 2 GVG).

II. Gerichtskosten der Vollstreckung (Nr. 18000–18004 KV)

2   Die Gerichtsgebühren bei der Vollstreckung von Titeln aus Familienstreitverfahren richten sich nach den Nr. 1600 ff KV FamGKG.

3   Es muss das **Verfahrensgericht** und nicht das Vollstreckungsgericht nach § 764 ZPO tätig werden; das Vollstreckungsgericht berechnet seine Kosten nach Nr. 2110 ff KV GKG. Ausgenommen sind daher Forderungspfändungen und Überweisungen, Pfändung von Ansprüchen auf Herausgabe und andere Vermögensrechte, Überweisung des Herausgabeanspruchs, vertretbare und unvertretbare Handlungen und Unterlassungen.

4   **Nr. 18000 KV:** In dem verbleibenden Bereich der Vollstreckung nach dem GNotKG bestimmt Nr. 18000 KV den Anfall einer 0,5-Gebühr für das Verfahren über die **Erteilung einer vollstreckbaren Ausfertigung einer notariellen Urkunde**, wenn der **Eintritt einer Tatsache oder einer Rechtsnachfolge zu prüfen ist.** Für die erste vollstreckbare Ausfertigung werden Gebühren nicht erhoben. Wenn aber die Vollstreckbarkeit von bestimmten Tatsachen abhängig ist – zB Vollstreckung aus einer Scheidungsvereinbarung für den Fall der Rechtskraft der Scheidung –, muss der Eintritt der Tatsache vom Verfahrensgericht geprüft werden; dafür fällt die 0,5-Gebühr an.

5   **Nr. 18001 KV:** Wird – ohne Prüfung des Eintritts einer Tatsache oder einer Rechtsnachfolge – nur die Erteilung einer weiteren vollstreckbaren Ausfertigung nach § 733 ZPO beantragt, fällt nach Nr. 18001 KV eine Gebühr von 20 €, und zwar für jede weitere vollstreckbare Ausfertigung gesondert, an.

Nr. 18002 KV: Wird beantragt, eine **vertretbare Handlung durch einen Dritten** vornehmen zu lassen, fällt 6
nach Nr. 18002 KV eine Gebühr von 20 € an.

Nr. 18003 KV: Ordnet das Verfahrensgericht, etwa in Betreuungsverfahren, **Zwangs- oder Ordnungsmittel** 7
an, entsteht nach Nr. 18003 KV je Anordnung eine Gebühr von 20 €. Wenn dieselbe Verpflichtung durch
mehrere Anordnungen durchgesetzt werden soll (Geldstrafe, ersatzweise Haft), gelten diese mehreren Anordnungen als eine Anordnung, die Gebühr entsteht also nur einmal.

Geht es dagegen um die wiederholte Vornahme einer Handlung oder einer Unterlassung, ist für jede eine 8
besondere Vornahme erforderliche Anordnung eine gesonderte Gebühr nach Nr. 18003 KV anzufordern.

Nr. 18004 KV: Nach § 94 FamFG kann das Verfahrensgericht anordnen, dass der Verpflichtete eine eides- 9
stattliche Versicherung über den Verbleib einer herauszugebenden, aber nicht vorgefundenen Person, abzugeben hat. Nach Nr. 18004 KV entsteht in diesem Verfahren eine Gebühr von 35 €. Die Gebühr entsteht
mit dem Antrag des Berechtigten oder mit der Anordnung der Abgabe der eidesstattlichen Versicherung
durch das Gericht, Voraussetzung für das Entstehen der Gebühr ist also nicht die Abnahme der eidesstattlichen Versicherung.

Hauptabschnitt 9
Rechtsmittel im Übrigen und
Rüge wegen Verletzung des Anspruchs auf rechtliches Gehör

Abschnitt 1
Rechtsmittel im Übrigen

Unterabschnitt 1
Sonstige Beschwerden

Nr.	Gebührentatbestand	Gebühr oder Satz der Gebühr nach § 34 GNotKG – Tabelle B
19110	Verfahren über die Beschwerde in den Fällen des § 129 GNotKG und des § 372 Abs. 1 FamFG	90,00 €
19111	Beendigung des gesamten Verfahrens ohne Endentscheidung: Die Gebühr 19110 ermäßigt sich auf	60,00 €
	(1) Wenn die Entscheidung nicht durch Verlesen der Entscheidungsformel bekannt gegeben worden ist, ermäßigt sich die Gebühr auch im Fall der Zurücknahme der Beschwerde oder des Antrags vor Ablauf des Tages, an dem die Endentscheidung der Geschäftsstelle übermittelt wird.	
	(2) Eine Entscheidung über die Kosten steht der Ermäßigung nicht entgegen, wenn die Entscheidung einer zuvor mitgeteilten Einigung über die Kostentragung oder einer Kostenübernahmeerklärung folgt.	
19112	Verfahren über die Beschwerde gegen Entscheidungen, die sich auf Tätigkeiten des Registergerichts beziehen, für die Gebühren nach der HRegGebV zu erheben sind: Die Beschwerde wird verworfen oder zurückgewiesen	3,5 der Gebühr für die Eintragung nach der HRegGebV
	Wird die Beschwerde nur wegen eines Teils der Anmeldung verworfen oder zurückgewiesen, ist für die Höhe der Gebühr die für die Eintragung nur dieses Teils der Anmeldung vorgesehene Gebühr maßgebend.	

Nr.	Gebührentatbestand	Gebühr oder Satz der Gebühr nach § 34 GNotKG – Tabelle B
19113	Verfahren über die in Nummer 19112 genannte Beschwerde: Beendigung des gesamten Verfahrens durch Zurücknahme der Beschwerde oder des Antrags, bevor die Schrift zur Begründung der Beschwerde bei Gericht eingegangen ist	0,5 der Gebühr für die Eintragung nach der HRegGebV
19114	Verfahren über die in Nummer 19112 genannte Beschwerde: Beendigung des gesamten Verfahrens ohne Endentscheidung, wenn nicht Nummer 19113 erfüllt ist .... Diese Gebühr ist auch zu erheben, wenn die Entscheidung nicht durch Verlesen der Entscheidungsformel bekannt gegeben worden ist, die Beschwerde jedoch vor Ablauf des Tages zurückgenommen wird, an dem die Endentscheidung der Geschäftsstelle übermittelt wird.	1,5 der Gebühr für die Eintragung nach der HRegGebV
19115	Verfahren über die Beschwerde nach § 335 a Abs. 1 HGB: Die Beschwerde wird verworfen oder zurückgewiesen .... Wird die Beschwerde nur teilweise verworfen oder zurückgewiesen, kann das Gericht die Gebühr nach billigem Ermessen auf die Hälfte ermäßigen oder bestimmen, dass eine Gebühr nicht zu erheben ist.	150,00 €
19116	Verfahren über eine nicht besonders aufgeführte Beschwerde, die nicht nach anderen Vorschriften gebührenfrei ist: Die Beschwerde wird verworfen oder zurückgewiesen .... Wird die Beschwerde nur teilweise verworfen oder zurückgewiesen, kann das Gericht die Gebühr nach billigem Ermessen auf die Hälfte ermäßigen oder bestimmen, dass eine Gebühr nicht zu erheben ist.	60,00 €

Unterabschnitt 2
Sonstige Rechtsbeschwerden

Nr.	Gebührentatbestand	Gebühr oder Satz der Gebühr nach § 34 GNotKG – Tabelle B
19120	Verfahren über die Rechtsbeschwerde in den Fällen des § 129 GNotKG und des § 372 Abs. 1 FamFG	180,00 €
19121	Beendigung des gesamten Verfahrens durch Zurücknahme der Rechtsbeschwerde oder des Antrags, bevor die Schrift zur Begründung der Rechtsbeschwerde bei Gericht eingegangen ist: Die Gebühr 19120 ermäßigt sich auf	60,00 €
19122	Beendigung des gesamten Verfahrens durch Zurücknahme der Rechtsbeschwerde oder des Antrags vor Ablauf des Tages, an dem die Endentscheidung der Geschäftsstelle übermittelt wird, wenn nicht Nummer 19121 erfüllt ist: Die Gebühr 19120 ermäßigt sich auf	90,00 €

Nr.	Gebührentatbestand	Gebühr oder Satz der Gebühr nach § 34 GNotKG – Tabelle B
19123	Verfahren über die Rechtsbeschwerde gegen Entscheidungen, die sich auf Tätigkeiten des Registergerichts beziehen, für die Gebühren nach der HRegGebV zu erheben sind:	
	Die Rechtsbeschwerde wird verworfen oder zurückgewiesen	5,0 der Gebühr für die Eintragung nach der HRegGebV
	Wird die Rechtsbeschwerde nur wegen eines Teils der Anmeldung verworfen oder zurückgewiesen, bestimmt sich die Höhe der Gebühr nach der Gebühr für die Eintragung nur dieses Teils der Anmeldung.	
19124	Verfahren über die in Nummer 19123 genannte Rechtsbeschwerde:	
	Beendigung des gesamten Verfahrens durch Zurücknahme der Rechtsbeschwerde oder des Antrags, bevor die Schrift zur Begründung der Beschwerde bei Gericht eingegangen ist	1,0 der Gebühr für die Eintragung nach der HRegGebV
19125	Verfahren über die in Nummer 19123 genannte Rechtsbeschwerde:	
	Beendigung des gesamten Verfahrens durch Zurücknahme der Rechtsbeschwerde oder des Antrags vor Ablauf des Tages, an dem die Endentscheidung der Geschäftsstelle übermittelt wird, wenn nicht Nummer 19124 erfüllt ist	2,5 der Gebühr für die Eintragung nach der HRegGebV
19126	Verfahren über die Rechtsbeschwerde in den Fällen des § 335 a Abs. 3 HGB:	
	Die Rechtsbeschwerde wird verworfen oder zurückgewiesen	300,00 €
	Wird die Rechtsbeschwerde nur teilweise verworfen oder zurückgewiesen, kann das Gericht die Gebühr nach billigem Ermessen auf die Hälfte ermäßigen oder bestimmen, dass eine Gebühr nicht zu erheben ist.	
19127	Verfahren über die in Nummer 19126 genannte Rechtsbeschwerde:	
	Beendigung des gesamten Verfahrens durch Zurücknahme der Rechtsbeschwerde oder des Antrags vor Ablauf des Tages, an dem die Endentscheidung der Geschäftsstelle übermittelt wird	150,00 €
19128	Verfahren über eine nicht besonders aufgeführte Rechtsbeschwerde, die nicht nach anderen Vorschriften gebührenfrei ist:	
	Die Rechtsbeschwerde wird verworfen oder zurückgewiesen	120,00 €
	Wird die Rechtsbeschwerde nur teilweise verworfen oder zurückgewiesen, kann das Gericht die Gebühr nach billigem Ermessen auf die Hälfte ermäßigen oder bestimmen, dass eine Gebühr nicht zu erheben ist.	
19129	Verfahren über die in Nummer 19128 genannte Rechtsbeschwerde:	
	Beendigung des gesamten Verfahrens durch Zurücknahme der Rechtsbeschwerde oder des Antrags vor Ablauf des Tages, an dem die Endentscheidung der Geschäftsstelle übermittelt wird	60,00 €

Unterabschnitt 3
Zulassung der Sprungrechtsbeschwerde in sonstigen Fällen

Nr.	Gebührentatbestand	Gebühr oder Satz der Gebühr nach § 34 GNotKG – Tabelle B
19130	Verfahren über die Zulassung der Sprungrechtsbeschwerde in den nicht besonders aufgeführten Fällen: Der Antrag wird abgelehnt	60,00 €

Abschnitt 2
Rüge wegen Verletzung des Anspruchs auf rechtliches Gehör

Nr.	Gebührentatbestand	Gebühr oder Satz der Gebühr nach § 34 GNotKG – Tabelle B
19200	Verfahren über die Rüge wegen Verletzung des Anspruchs auf rechtliches Gehör: Die Rüge wird in vollem Umfang verworfen oder zurückgewiesen	60,00 €

I. Allgemeines

1   Die Gebührentatbestände des Teils 1 Hauptabschnitt 9 KV regeln die Gebühren in Beschwerden und Rechtsbeschwerden in Notarkostensachen (§ 129 GNotKG), gegen bestimmte Beschlüsse im Nachlassteilungsverfahren gem. § 372 FamFG, Beschwerderechtsmittel gegen Entscheidungen in Registersachen, die in der Handelsregistergebührenverordnung (HRegGebV) geregelt sind, Rechtsmittel gegen Ordnungsgeldbeschlüsse des Bundesamtes für Justiz betreffend die Verpflichtungen von Organen einer Kapitalgesellschaft zur Auflegung des Jahresabschlusses und sonstigen Unterlagen der Rechnungslegung nach § 335 a Abs. 1 HGB sowie Rechtsmittel, die im GNotKG nicht gesondert aufgeführt sind, die aber auch nicht aufgrund anderer Vorschriften ausdrücklich gebührenfrei sein sollen.

II. Gerichtsgebühren für sonstige Beschwerden und Rechtsbeschwerden

2   **1. Beschwerdeverfahren (Nr. 19110–19116 KV).** Geregelt werden die bestimmten Beschwerdefälle: nach § 129 GNotKG (Notarkostensachen) und nach § 372 Abs. 1 FamFG (eidesstattliche Versicherung bei nicht vorgefundenen Kindern) – Nr. 19110, 19111 KV; in Angelegenheiten, in denen Handelsregistergebühren entstehen – Nr. 19112–19114 KV; und schließlich Ordnungsstrafbeschlüsse durch das Bundesamt für Justiz gegenüber Organen von Kapitalgesellschaften, die ihrer Bilanzierungspflicht nicht nachkommen – Nr. 19115 KV.

3   Nach **Nr. 19110 KV** kostet die Beschwerde nach § 129 GNotKG und § 372 Abs. 1 FamFG feste 90 €. Nach **Nr. 19111 KV** ermäßigt sich in diesen Verfahren die Gebühr auf 60 € bei rechtzeitiger Zurücknahme der Beschwerde oder des Antrags.

4   In allen übrigen in **Nr. 19112–19116 KV** erwähnten Beschwerden entsteht keine Gerichtsgebühr, wenn der Beschwerde stattgegeben wird. Die Gebühren ermäßigen sich jeweils, wenn die Beschwerde rechtzeitig, dh vor Verlesen der Entscheidungsformel oder vor Übermittlung der Entscheidung an die Geschäftsstelle, zurückgenommen wird.

5   Die Gebühr für Beschwerden gegen Entscheidungen, die sich auf Tätigkeiten des Registergerichts beziehen, für die Gebühren nach der HRegGebV zu erheben sind, beträgt für die Zurückweisung oder das Verwerfen der Beschwerde das 3,5-Fache der für die Eintragung nach der HRegGebV bestimmten Gebühr (**Nr. 19112 KV**). Auf 0,5 der Gebühr für die Eintragung nach der HRegGebV ermäßigt sich die Beschwerdegebühr bei Rücknahme des Antrags vor Beschwerdebegründung (**Nr. 19113 KV**), auf das 1,5-Fache der Eintragungsgebühr ermäßigt sich die Beschwerdegebühr bei Rücknahme vor Endentscheidung (**Nr. 19114 KV**).

6   **Nr. 19115 KV** betrifft Beschwerden nach § 335 a Abs. 1 HGB mit einer Festgebühr von 150 €.

Nr. 19116 KV stellt einen **Auffangtatbestand** für alle Beschwerden, die nicht nach anderen Vorschriften ge-   7
bührenfrei sind, dar.

2. Rechtsbeschwerdeverfahren (Nr. 19120–19129 KV). Der Unterabschnitt 2 (**Nr. 19120–19129 KV**) be-   8
trifft die Gerichtsgebühren für die entsprechenden **Rechtsbeschwerden**. Die Gebühren sind für die Rechtsbeschwerden in den Fällen des § 129 GNotKG und bei den nicht besonders aufgeführten Rechtsbeschwerden jeweils doppelt so hoch, bei den Rechtsbeschwerden gegen Entscheidungen im Zusammenhang mit
Handelsregistergebühren knapp 50 % höher. Teilweise erhöht sind auch die reduzierten Gebühren bei
rechtzeitiger Rücknahme der Rechtsbeschwerde oder des Antrags.

III. Zulassung der Sprungrechtsbeschwerde in sonstigen Fällen (Nr. 19130 KV)

Nach **Nr. 19130 KV** wird eine Gebühr von 60 € festgesetzt für die Ablehnung des Antrags auf Zulassung   9
der Sprungrechtsbeschwerde, soweit keine Sonderregelungen bestehen.

IV. Gehörsrüge (Nr. 19200 KV)

Nr. 19200 KV regelt die Gebühren des Verfahrens über die Rüge wegen Verletzung des Anspruchs auf   10
rechtliches Gehör. Die erfolgreiche Rüge wegen Verletzung des Anspruchs auf rechtliches Gebühr löst keine
Gerichtsgebühren aus, die erfolglose Rüge eine Gebühr von 60 €.

Teil 2
Notargebühren

Nr.	Gebührentatbestand	Gebühr oder Satz der Gebühr nach § 34 GNotKG – Tabelle B
Vorbemerkung 2:		
(1) In den Fällen, in denen es für die Gebührenberechnung maßgeblich ist, dass ein bestimmter Notar eine Tätigkeit vorgenommen hat, steht diesem Notar der Aktenverwahrer gemäß § 51 BNotO, der Notariatsverwalter gemäß § 56 BNotO oder ein anderer Notar, mit dem der Notar am Ort seines Amtssitzes zur gemeinsamen Berufsausübung verbunden ist oder mit dem er dort gemeinsame Geschäftsräume unterhält, gleich.		
(2) Bundes- oder landesrechtliche Vorschriften, die Gebühren- oder Auslagenbefreiung gewähren, sind nicht auf den Notar anzuwenden. Außer in den Fällen der Kostenerstattung zwischen den Trägern der Sozialhilfe gilt die in § 64 Abs. 2 Satz 3 Nr. 2 SGB X bestimmte Gebührenfreiheit auch für den Notar.		
(3) Beurkundungen nach § 62 Abs. 1 des Beurkundungsgesetzes und die Bezifferung dynamisierter Unterhaltstitel zur Zwangsvollstreckung im Ausland sind gebührenfrei.		

I. Allgemeines

Abs. 1 der Vorbem. 2 KV bestimmt, welcher **Personenkreis dem Notar gleichzustellen** ist, wenn die Höhe   1
des Gebührensatzes, bestimmte Anrechnungsbestimmungen oder sonstige kostenrechtliche Auswirkungen
von einer Vortätigkeit desselben Notars abhängen.

Abs. 2 S. 1 stellt klar, dass – nach der abschließenden Regelung von Gebührenermäßigungen für Notare in   2
der KostO mit Gesetz vom 15.6.1989,[1] durch den § 144 KostO als Vorgängervorschrift zu § 91 GNotKG
novelliert wurde – bundes- oder landesrechtliche **Gebühren- oder Auslagenbefreiungsvorschriften keine Anwendung** auf Notare finden. **Abs. 2 S. 2** betrifft Beurkundungen und Beglaubigungen, die im Sozialhilferecht, im Recht der Grundsicherung für Arbeitsuchende, im Recht der Grundsicherung im Alter und bei
Erwerbsminderung, im Kinder- und Jugendhilferecht sowie im Recht der Kriegsopferfürsorge aus Anlass
der Beantragung, Erbringung oder Erstattung einer nach dem SGB II/SGB VIII/SGB X/SGB XII oder im
Bundesversorgungsgesetz vorgesehenen Leistung benötigt werden (§ 64 Abs. 2 S. 3 Nr. 2 SGB X). Mit Ausnahme der Kostenerstattung zwischen den Trägern der Sozialhilfe gelten diese Gebührenbefreiungen auch
für den Notar. Daneben zu beachten sind § 64 Abs. 2 S. 1 und 2 SGB X, wonach Geschäfte und Verhandlungen, die aus Anlass der Beantragung, Erbringung oder der Erstattung einer Sozialleistung nötig werden,
kostenfrei sind (es entstehen also weder Gebühren noch Auslagen), einschließlich der im GNotKG bestimmten Gerichtskosten.

---

1 BGBl. 1989 I 1082.

3   Abs. 3 stellt die in § 62 Abs. 1 BeurkG genannten **Erklärungen** (Erklärungen über die Anerkennung der Va-
     terschaft, Verpflichtungen zur Erfüllung von Unterhaltsansprüchen eines Kindes, Verpflichtungen zur Erfül-
     lung von Unterhaltsansprüchen nach § 1615 l BGB) ebenfalls **gebührenfrei**. Gebührenfrei ist weiterhin die
     Bezifferung dynamisierter Unterhaltstitel zur Zwangsvollstreckung im Ausland nach § 245 FamFG.

II. Mit dem Notar gleichzustellender Personenkreis (Abs. 1)

4   Nach Abs. 1 werden bestimmte Personen einem bestimmten Notar in den Fällen gleichgestellt, in denen es
     für die Gebührenberechnung maßgeblich ist, dass dieser Notar eine Tätigkeit vorgenommen hat: der Ver-
     wahrer der Akten dieses Notars (§ 51 BNotO), der Verwalter seines Notariats (§ 56 BNotO) oder ein ande-
     rer Notar, mit dem der bestimmte Notar am Ort seines Amtssitzes zur gemeinsamen Berufsausübung ver-
     bunden ist (Sozius) oder mit dem er dort gemeinsame Geschäftsräume unterhält (Bürogemeinschaft).

5   Die Tätigkeit muss für die Gebühren*berechnung* maßgeblich sein. Davon umfasst sind auch solche Rege-
     lungen, welche die Kostenhaftung betreffen (auch sie sind für die Berechnung der Gebühren relevant).

6   Abs. 1 betrifft hingegen nicht solche Regelungen, in denen eine vorangegangene Tätigkeit eines bestimmten
     Notars zB für die Einforderung oder Beitreibung der Kosten (vgl § 19 Abs. 1 und § 89 S. 1) ausschlagge-
     bend ist. Erfasst sind zB die Fälle des § 29 Nr. 2 (Übernahme der Kostenschuld gegenüber dem Notar) oder
     Nr. 21101 Nr. 1 KV (Ermäßigung der Gebühr für das Beurkundungsverfahren von 2,0- auf 0,5-Gebühren,
     wenn Gegenstand des Beurkundungsverfahrens ein Verfügungsgeschäft ist und derselbe Notar für eine Be-
     urkundung, die das zugrunde liegende Rechtsgeschäft betrifft, die Gebühr Nr. 21100 KV oder Nr. 23603
     KV erhoben hat).

III. Keine Anwendung von Vorschriften zur Gebühren- und Auslagenbefreiung auf den Notar; Gebührenfreiheit in den Fällen des § 64 Abs. 2 S. 3 Nr. 2 SGB X (Abs. 2)

7   **1. Gebührenfreiheit in den Fällen des § 64 Abs. 2 S. 3 Nr. 2 SGB X (Abs. 2 S. 2).** Abs. 2 S. 1 stellt klar, dass
     das GNotKG die Gebührenermäßigung für alle Notare – Gebührennotare ebenso wie Amtsnotare – ab-
     schließend regelt. Abweichende bundes- oder landesrechtliche Vorschriften sind nicht (mehr) anzuwenden.
     Die Vorschrift regelt allerdings nur die **Gebühren**freiheit; Auslagen sind demgegenüber ohne Einschränkun-
     gen zu erheben.[2] Für die Gebührenbefreiung bzgl Beurkundungen und Beglaubigungen nach § 62 Abs. 1
     BeurkG gilt Vorbem. 2 Abs. 3 KV.

8   **Abs. 2 S. 2** befreit – außer in den Fällen der Kostenerstattung zwischen den Trägern der Sozialhilfe – von
     Gebühren für Beurkundungen und Beglaubigungen nach § 64 Abs. 2 S. 3 Nr. 2 SGB X, dh für aus Anlass
     der Beantragung, Erbringung oder Erstattung einer nach dem SGB II/SGB VIII/SGB X/SGB XII oder dem
     Bundesversorgungsgesetz vorgesehenen Leistung erforderliche Urkunden. Neben dem Sozialhilferecht be-
     trifft dies Beglaubigungen und Beurkundungen im Recht der Grundsicherung für Arbeitsuchende, im Recht
     der Grundsicherung im Alter und bei Erwerbsminderung, im Kinder- und Jugendhilferecht sowie im Recht
     der Kriegsopferfürsorge. In der Praxis handelt es sich hier v.a. um Fälle der Beurkundung von Grundpfand-
     rechten zur Besicherung von Rückzahlungsansprüchen des Sozialleistungsträgers gegen den Leistungsemp-
     fänger[3] oder um die Aufnahme von eidesstattlichen Versicherungen iRv Anträgen auf Leistungen nach dem
     SGB ("Hartz IV").[4]

9   Zu gewähren ist die Gebührenbefreiung zum einen dem Leistungsempfänger selbst, zum anderen aber auch
     Dritten, die dem Sozialleistungsträger Kosten zu erstatten haben (zB den Erben des Leistungsempfängers).[5]

10   Die Gebührenbefreiung gilt hingegen nicht, wenn ein Dritter Leistungen des Sozialhilfeträger beantragt,
     von denen der eigentliche Leistungsempfänger nur mittelbar profitiert,[6] zB hinsichtlich der Beurkundung
     einer Grundschuld zur dinglichen Absicherung eines zweckgebundenen Darlehens eines Sozialleistungsträ-
     gers für den privaten Träger einer Behindertenwerkstatt.[7]

11   Da § 64 Abs. 2 BeurkG nur Beglaubigungs- und Beurkundungsgebühren betrifft, reicht auch die Gebühren-
     befreiung nach Vorbem. 2 Abs. 2 S. 2 KV nicht weiter. Folglich sind zB Vollzugs- und Betreuungsgebühren
     (Teil 2 Hauptabschnitt 2 KV) vollumfänglich zu erheben;[8] Gleiches gilt für Beratungsgebühren
     (Nr. 24200 ff KV).

12   **2. Kostenfreiheit in den Fällen des § 64 Abs. 2 S. 1 SGB X.** Nicht im GNotKG erwähnt ist die nach § 64
     Abs. 2 S. 1 SGB X bestehende Kostenfreiheit für alle Geschäfte und Verhandlungen, die aus Anlass der Be-
     antragung, Erbringung oder der Erstattung einer Sozialleistung nötig werden, einschließlich der nach dem

---

2 OLG Hamm MittBayNot 2004, 146. **3** Vgl Prüfungsabteilung der Ländernotarkasse, NotBZ 2010, 369; dazu bereits *Mümm-
ler*, JurBüro 1989, 1337. **4** Rohs/Wedewer/*Rohs*, KostO, § 143 Rn 16. **5** OLG Hamm MittBayNot 2004, 146. **6** LG Gera
NotBZ 2002, 188; aA BayObLG JurBüro 1990, 1488. **7** Rohs/Wedewer/*Rohs*, KostO, § 143 Rn 15. **8** Rohs/Wedewer/*Rohs*,
KostO, § 143 Rn 18.

GNotKG bestimmten Gerichtskosten. „Kostenfreiheit" meint hier (vgl § 1 Abs. 1) sowohl Gebühren als auch Auslagen. Bedürftige Personen sollen von einem Vorbringen ihrer Anliegen und Ansprüche nicht durch die Befürchtung einer Kostenbelastung im Verwaltungsverfahren abgehalten werden.[9]

„Nötig" sind diese Geschäfte und Verhandlungen immer dann, wenn sie durch den Sozialhilfeträger ange-   **13** fordert werden oder wenn der Bürger sie bei vernünftiger Betrachtung für notwendig halten darf.[10] Kein solcher Fall liegt vor, wenn ein Eigentümer in Erfüllung einer dem Käufer seines Grundstücks gegenüber vertraglich eingegangenen Verpflichtung einen Antrag auf Löschung von Grundschulden stellt:[11] Dies erfolgt zu rein privaten Zwecken der Vermögensumschichtung und nicht auf Betreiben eines Sozialhilfeträgers. Kostenfreiheit ist daher nicht gegeben.

IV. Gebührenfreiheit von Beurkundungen nach § 62 Abs. 1 BeurkG und bestimmter Unterhaltstitel (Abs. 3)

1. Allgemeines. Nach Abs. 3 sind Beurkundungen nach § 62 Abs. 1 BeurkG sowie die Bezifferung dynami-   **14** sierter Unterhaltstitel zur Zwangsvollstreckung im Ausland (§ 245 FamFG) gebührenfrei. In beiden Fällen ist nur die **Gebühren**freiheit geregelt, Auslagen sind hingegen zu erheben.[12]

Direkte Anwendung findet die Regelungen für Notare. Da die Gerichte nach Vorbem. 1 Abs. 2 KV für eine   **15** Niederschrift, die nach den Vorschriften des BeurkG errichtet wird, Gebühren nach Teil 2 KV erheben, findet sie jedoch auch für gerichtliche Beurkundungen (Rechtspfleger, § 3 Nr. 1 Buchst. f RPflG) Anwendung.

2. Beurkundungen nach § 62 Abs. 1 FamFG. a) Gebührenfreie Erklärungen. aa) Erklärungen über die An-   **16** **erkennung der Vaterschaft (§ 62 Abs. 1 Nr. 1 BeurkG).** Erklärungen über die Anerkennung der Vaterschaft sind (vgl Legaldefinition in § 59 Abs. 1 Nr. 1 SGB VIII): die eigentliche Anerkennungserklärung nach § 1594 BGB und ihr Widerruf nach § 1597 BGB (Letzteres, obgleich vom Wortlaut nicht erfasst, entsprechend § 180 S. 1 FamFG, § 59 Abs. 1 S. 1 Nr. 1 SGB VIII, § 44 Abs. 1 S. 2 PStG),[13] die Zustimmungserklärung der Mutter nach § 1595 BGB, die etwa erforderliche Zustimmung des Mannes, der im Zeitpunkt der Geburt mit der Mutter verheiratet ist, nach § 1599 Abs. 2 S. 2 BGB und die Zustimmung des Kindes oder eines gesetzlichen Vertreters nach § 1596 BGB.

bb) Verpflichtung zur Erfüllung von Unterhaltsansprüchen eines Kindes (§ 62 Abs. 1 Nr. 2 BeurkG). Ge-   **17** bührenfrei sind insoweit ausschließlich Beurkundungen über die Verpflichtung zur Erfüllung von Unterhaltsansprüchen von Abkömmlingen diesen gegenüber, v.a. also nach §§ 1601 ff BGB (auch nach §§ 1612 a–1612 c BGB).

Nicht gebührenfrei sind hingegen Vereinbarungen über den Kindesunterhalt im Innenverhältnis der Ehegat-   **18** ten im Rahmen einer Scheidungsvereinbarung (häufig Freistellung durch Schuldübernahme o.Ä.) – anders nur dann, wenn ein Kind im Rahmen einer solchen Vereinbarung unmittelbar eigene Ansprüche erwirbt (echter Vertrag zugunsten Dritter).[14] Mangels der Regelung eigener Ansprüche des Kindes ebenfalls nicht von der Gebührenbefreiung erfasst sind Vereinbarungen über Unterhaltsverpflichtungen mit Dritten, zB über den Regress durch öffentliche Leistungsträger, die dem Kind Sozialleistungen gewährt haben, gegen den Unterhaltsverpflichteten.[15]

cc) Verpflichtung zur Erfüllung von Unterhaltsansprüchen nach § 1615 l BGB (§ 62 Abs. 1 Nr. 3   **19** **BeurkG).** Beurkundungen über die Verpflichtung zur Erfüllung von Unterhaltsansprüchen von Mutter und Vater aus Anlass der Geburt nach § 1615 l BGB sind ebenfalls gebührenfrei. Davon umfasst sind auch Beurkundungen hinsichtlich der Erstattung von Entbindungskosten.[16]

b) Abgrenzung: Gebührenpflichtige Erklärungen außerhalb § 62 Abs. 1 FamFG. Keine Gebührenbefreiung   **20** besteht seit 1.7.1998[17] für die folgenden, in § 59 Abs. 1 SGB VIII genannten Erklärungen:

- Erklärung, durch die die Mutterschaft anerkannt wird, sowie die etwa erforderliche Zustimmung des gesetzlichen Vertreters der Mutter (§ 44 Abs. 2 PStG);
- Bereiterklärung der Adoptionsbewerber zur Annahme eines ihnen zur internationalen Adoption vorgeschlagenen Kindes (§ 7 Abs. 1 AdÜbAG);
- Widerruf der Einwilligung des Kindes in die Annahme als Kind (§ 1746 Abs. 2 BGB);
- Erklärung, durch die der Vater auf die Übertragung der Sorge verzichtet (§ 1747 Abs. 3 Nr. 3 BGB);
- Sorgeerklärungen (§ 1626 a Abs. 1 Nr. 1 BGB) sowie die etwa erforderliche Zustimmung des gesetzlichen Vertreters eines beschränkt geschäftsfähigen Elternteils (§ 1626 c Abs. 2 BGB).

---

9 *Tiedtke*, DNotZ 2012, 645, 667; *Hees/Rammert*, NVwZ 2005, 1031 ff. **10** *von Wulffen/Roos*, SGB X, § 64 Rn 11. **11** OLG Hamm 2.12.2011 – I-15 W 321/10, BeckRS 2012, 04921. **12** LG Münster JurBüro 1992, 692. **13** Vgl *Grziwotz/Heinemann*, BeurkG, § 62 Rn 3. **14** OLG Düsseldorf ZNotP 1999 m. Anm. *Tiedtke*, 545. **15** *Korintenberg/Tiedtke*, Vorbem. 2 KV Rn 15. **16** *Rohs/Wedewer/Rohs*, KostO, § 55 a Rn 5. **17** Änderung durch das Kindesunterhaltsgesetz (KindUG) v. 6.4.1998 (BGBl. I 666).

21   **3. Gebührenfreiheit in Fällen des § 245 FamFG.** Nach § 245 Abs. 1 FamFG ist der geschuldete Unterhalt bei Titeln über den Mindestunterhalt nach § 1612 a BGB auf Antrag zu beziffern, sofern im Ausland vollstreckt werden soll. Hintergrund ist Art. 4 Nr. 2 der Verordnung (EG) Nr. 805/2004,[18] wonach in einem europäischen Vollstreckungstitel die „Forderung auf Zahlung einer bestimmten Geldsumme" tituliert sein muss.[19] Auch in diesem Bereich sind Beurkundungen gebührenfrei. Das Kostenverzeichnis sieht hierfür keinen Gebührentatbestand vor, so dass angesichts der Regelungstechnik des GNotKG (keine Auffangtatbestände) hierfür keine Regelung erforderlich gewesen wäre. Die ausdrückliche Gebührenfreiheit stellt jedoch sicher, dass auch iRv Gebührenvereinbarungen nach § 126 für diese Tätigkeit keine Gebühren vorgesehen werden können.[20]

Hauptabschnitt 1
Beurkundungsverfahren

Nr.	Gebührentatbestand	Gebühr oder Satz der Gebühr nach § 34 GNotKG – Tabelle B
Vorbemerkung 2.1:		

Vorbemerkung 2.1:

(1) Die Gebühr für das Beurkundungsverfahren entsteht für die Vorbereitung und Durchführung der Beurkundung in Form einer Niederschrift (§§ 8 und 36 des Beurkundungsgesetzes) einschließlich der Beschaffung der Information.

(2) Durch die Gebühren dieses Hauptabschnitts werden auch abgegolten

1. die Übermittlung von Anträgen und Erklärungen an ein Gericht oder eine Behörde,
2. die Stellung von Anträgen im Namen der Beteiligten bei einem Gericht oder einer Behörde,
3. die Erledigung von Beanstandungen einschließlich des Beschwerdeverfahrens und
4. bei Änderung eines Gesellschaftsvertrags oder einer Satzung die Erteilung einer für die Anmeldung zum Handelsregister erforderlichen Bescheinigung des neuen vollständigen Wortlauts des Gesellschaftsvertrags oder der Satzung.

I. Allgemeines

1   Vorbem. 2.1 KV steht zu Beginn von Teil 2 Hauptabschnitt 1 KV, betrifft also **notarielle Beurkundungsverfahren** (bzw über Vorbem. 1 Abs. 2 KV auch die Errichtung **gerichtlicher Niederschriften nach dem BeurkG**). Dabei legt **Abs. 1** den Anwendungsbereich von Hauptabschnitt 1 KV und den Zeitpunkt der Entstehung der Gebühr fest: Er regelt abschließend die Gebühren für Beurkundungsverfahren, dh solche Verfahren, für die das BeurkG die Fertigung einer Niederschrift vorschreibt. Gebühren für **Beurkundungen in Vermerkform** (vgl §§ 39 ff BeurkG) sollen sich nach Hauptabschnitt 5 KV richten. Diese **Abgrenzung** entspricht der Systematik des BeurkG. Verfahrensbeginn ist die Erteilung des Beurkundungsauftrags.

2   **Abs. 2** enthält eine Aufzählung von ausdrücklich mit der Gebühr für das Hauptgeschäft abgegoltenen **Nebengeschäften**.

II. Geltungsbereich des Hauptabschnitts 1 (Beurkundungsverfahren) (Abs. 1)

3   **1. Sachlicher Geltungsbereich.** Der Begriff „Beurkundungsverfahren" ist in § 85 Abs. 2 definiert als auf die Errichtung einer Niederschrift iSv §§ 8 und 38 BeurkG gerichtet. Für diese gilt Teil 2 Hauptabschnitt 1 KV; Gebühren für Beurkundungen in Vermerkform richten sich demgegenüber nach Teil 2 Hauptabschnitt 5 KV.

4   Zu unterscheiden ist zwischen der strengen Niederschrift iSv §§ 9 ff BeurkG und der einfachen Niederschrift nach § 37; beide werden vom Niederschriftsbegriff des GNotKG erfasst.

5   Mangels gesetzlicher Definition des Begriffs der Niederschrift ergibt sich dieser aus ihrem Ziel, namentlich der Errichtung einer öffentlichen Urkunde iSv §§ 415 ff ZPO.[1] Demnach ist eine **Niederschrift** die schriftliche Verkörperung einer Gedankenerklärung. An einer Niederschrift fehlt es folglich, wenn der Notar die Gedankenerklärung nicht körperlich niederlegt, sondern lediglich auf Datenträger o.Ä. speichert. Hierfür entstehen keine Gebühren nach Hauptabschnitt 1 KV.

---

[18] Verordnung (EG) Nr. 805/2004 des Europäischen Parlaments und des Rates vom 21. April 2004 zur Einführung eines europäischen Vollstreckungstitels für unbestrittene Forderungen (EuVTVO). [19] Vgl Keidel/*Giers*, FamFG, § 245 Rn 1. [20] Die Begründung des RefE, warum eine solche Regelung nicht erforderlich ist, ist versehentlich auch im – insoweit ergänzten – Regierungsentwurf aufrechterhalten worden, vgl Begr. RefE S. 321 und RegE, BR-Drucks 517/12, S. 324. [1] *Eylmann/Vaasen*, BNotO/BeurkG, § 8 BeurkG Rn 6.

Mit den Gebühren nach Hauptabschnitt 1 KV abgegolten ist nicht nur die eigentliche Erstellung der Nie-   6
derschrift iSd Durchführung der Beurkundung, sondern auch deren **Vorbereitung einschließlich der Beschaffung der für die Beurkundung erforderlichen Informationen.** Es handelt sich bei den Beurkundungsgebühren insofern um **Pauschalgebühren:**[2] Für all diejenigen Tätigkeiten des Notars, welche die Beurkundung vorbereiten oder fördern bzw sonst zum ordnungsgemäßen Erreichen des Ziels „Fertigung einer Niederschrift" erforderlich sind, entstehen keine separaten Gebühren; sie sind vielmehr durch die Gebühr für das Beurkundungsverfahren enthalten. Das Gesetz erwähnt insofern ausdrücklich die Begriffe der „**Vorbereitung**" und der „**Information**". Zur Vorbereitung der Beurkundung zählen Elemente wie die Besprechung des Beurkundungsinhalts mit den Beteiligten, die Einholung zusätzlicher Informationen (etwa die Einsicht in das Grundbuch oder die Anfrage bei einer Gemeinde vor Beurkundung über die Wahrscheinlichkeit der Ausübung eines Vorkaufsrechts), die Fertigung des Entwurfs der Urkunde, deren Versendung an die Beteiligten, die Terminbestimmung, ggf Erinnerungsschreiben etc. – bildlich gesprochen: alle im Hinblick auf die Beurkundung erforderlichen Leistungen, die der Notar vor Beginn des Beurkundungstermins erbringt.

Von „Vorbereitung" und „Information" in diesem Sinne zu unterscheiden sind die sog. **Nebengeschäfte.**   7
Ein „Nebengeschäft" wird in Lit. und Rspr regelmäßig definiert als Tätigkeit des Notars, die isoliert betrachtet gebührenpflichtig wäre, „allerdings im Verhältnis zum Hauptgeschäft als minderwichtige Tätigkeit erscheint und mit dem Hauptgeschäft derart im Zusammenhang steht, dass es nicht als selbstständiges Geschäft in Erscheinung tritt, sondern nur dazu dient, das Hauptgeschäft vorzubereiten oder zu fördern".[3] Daraus ergibt sich die Frage, ob eine solche Nebentätigkeit mit der Gebühr für das Hauptgeschäft bzw -verfahren – hier also dem Beurkundungsverfahren – abgegolten ist oder nicht.

Die **Abgrenzung** von Hauptgeschäft, gebührenpflichtigen und gebührenfreien Nebengeschäften ist jedoch   8
keine von Vorbem. 2.1 KV geregelte Frage. Vielmehr bedarf es der genauen Abgrenzung im Einzelfall, wozu auf die Kommentierungen der einzelnen Tatbestände des Kostenverzeichnisses zu verweisen ist. Ohnehin hat die abstrakte Abgrenzung gegenüber der KostO an Bedeutung verloren: § 35 KostO erlangte im Zusammenhang mit der Auffangnorm des § 147 Abs. 2 KostO Relevanz (Anordnung einer 5/10-Gebühr für jede „im Auftrag eines Beteiligten ausgeübte Tätigkeit"), da insofern abzugrenzen war, wann ein Nebengeschäft (§ 35 KostO) und wann ein „Nichtnebengeschäft" (§ 147 Abs. 2 KostO) vorlag.[4] Demgegenüber fehlt es im GNotKG an einer Auffangnorm; vielmehr gilt für Gebühren nunmehr das **Enumerationsprinzip:** Enthält das KV für eine Tätigkeit keine Gebühr, ist sie gebührenfrei vorzunehmen (Ausnahme: § 126 [Gebührenvereinbarung durch öffentlich-rechtlichen Vertrag]). Damit können Regelungen zu der Frage, wann ein gebührenpflichtiges und wann ein gebührenfreies Nebengeschäft vorliegt, im Rahmen der einzelnen Gebührentatbestände getroffen werden. So entsteht bspw die Beratungsgebühr nach Nr. 24200 KV nach Abs. 1 der Anm. zum Gebührentatbestand nur, soweit der Beratungsgegenstand nicht Gegenstand eines anderen gebührenpflichtigen Verfahrens oder Geschäfts ist, zB bei einer über die steuerrechtlichen Hinweispflichten des Notars hinausgehenden steuerlichen Beratung.[5]

Abstrakte Regelungen zu durch die Gebühr für das Hauptgeschäft ausdrücklich abgegoltene Nebengeschäf-   9
te bzw Nebentätigkeiten des Notars sind nur noch in Vorbem. 2.1 Abs. 2 KV genannt (→ Rn 13 ff).

2. Zeitlicher Geltungsbereich (Verfahrensbeginn). Die Anwendung des Hauptabschnitts 1 KV setzt als Ver-   10
fahrensbeginn (mit der Folge des Entstehens der Gebühr) die **Erteilung des Beurkundungsauftrags** voraus.[6]
Das Vorliegen des gebührenauslösenden Beurkundungsauftrags kann – entgegen der Aussage der Gesetzesbegründung zum GNotKG – durchaus häufiger nicht „leicht feststellbar und von einer bloßen Kontaktaufnahme, einem Beratungsgespräch oder einer Terminreservierung unschwer abzugrenzen sein".[7]

Unzweifelhaft liegt ein Beurkundungsauftrag bei ausdrücklicher oder konkludenter Aufforderung an den   11
Notar vor, den Beurkundungstermin vorzubereiten, zB durch Verfassung eines Entwurfs mit dem nach außen erkennbaren Ziel, diesen beurkunden zu lassen, oder durch Vereinbarung eines Termins zur Beurkundung. Grundsätzlich ist iSv §§ 133, 157 BGB analog nach den Umständen des Einzelfalls zu ermitteln, auf welchen erstrebten Vertragsumfang das Verhalten des Auftraggebers gegenüber dem Notar schließen lässt.[8]

Ein Beurkundungsauftrag kann auch dann erteilt sein, wenn die noch nicht in allen Punkten einigen Ver-   12
tragsinteressenten beim Notar verhandeln, um einen für beide annehmbaren Vertrag zustande zu bringen.[9]

III. Gebührenfreie Nebengeschäfte (Abs. 2)

1. Übermittlung von Anträgen und Erklärungen an Gericht oder Behörde (Abs. 2 Nr. 1). Nach Abs. 2 Nr. 1   13
erhält der Notar keine zusätzliche Gebühr, wenn er im Rahmen eines Beurkundungsverfahrens Anträge und

---

2 Vgl Rohs/Wedewer/*Rohs*, KostO, § 35 Rn 1.   **3** *Bengel*, DNotZ 1996, 361 (zu Recht kritisch zu dieser Definition).   **4** Vgl Korintenberg/*Lappe*, KostO, § 35 Rn 8.   **5** Vgl BT-Drucks 17/11471 (neu), S. 232.   **6** BT-Drucks 17/11471 (neu), S. 219.   **7** BT-Drucks 17/11471 (neu), S. 219.   **8** OLG Köln MittRhNotK 1997, 239 f.   **9** BayObLG MittBayNot 1982, 266.

Erklärungen an ein **Gericht** oder an eine **Behörde** übermittelt. Es handelt sich bei Nr. 1 in Abgrenzung zur Nr. 2 um Erklärungen und Anträge der Beteiligten, die der Notar als Bote übermittelt. Stellt er den Antrag selbst im Namen der Beteiligten, liegt ein Fall der Nr. 2 vor.

14   Die Regelung gilt – wie Nr. 2 – auch für die Übermittlung von Anträgen und Erklärungen der Beteiligten an das durch die BNotK geführte **Zentrale Vorsorgeregister (ZVR)** und an das **Zentrale Testamentsregister (ZTR)**: Auch die BNotK fällt bei der Führung von ZTR und ZVR (vgl § 77 Abs. 1, § 78 Abs. 2 BNotO iVm § 1 Abs. 4 VwVfG) unter den Behördenbegriff in Nr. 1 und 2. Die „isolierte" Übermittlung oder Stellung derartiger Anträge (dh wenn die Vollmacht oder Verfügung nicht bei diesem Notar beurkundet wurde) ist in Nr. 22124 KV geregelt.

15   Kein Fall von Nr. 1 oder 2 ist die Übermittlung der Verwahrangaben gem. § 34 a Abs. 1 S. 1 BeurkG iVm § 78 b Abs. 2 S. 2 BNotO: Zum einen handelt es sich um eine eigene Mitteilung des Notars und nicht der Beteiligten, zum anderen erfolgt die Mitteilung von Amts wegen, dh, es fehlt an Gebührentatbestand und Kostenschuldner.

16   Nicht unter Nr. 1 fällt die Erzeugung einer XML-Datei; hierzu sehen Nr. 22114 und Nr. 22125 KV eigene Gebühren vor.

17   Eine Gebühr entsteht zudem dann, wenn die Voraussetzungen der Nr. 22124 iVm Vorbem. 2.2.1.2 KV vorliegen: Entweder der Notar hat keine Gebühr für ein Beurkundungsverfahren oder für die Fertigung eines Entwurfs erhalten hat, die das zu vollziehende Geschäft betrifft, oder der Notar nimmt eine Vollzugstätigkeit unter Beteiligung eines ausländischen Gerichts oder einer ausländischen Behörde vor.

18   **2. Stellung von Anträgen im Namen der Beteiligten bei Gericht oder Behörde (Abs. 2 Nr. 2).** Auch für die Stellung von Anträgen im Namen der Beteiligten bei Gerichten oder Behörden erhält der Notar nach Nr. 2 keine zusätzliche Gebühr. Hinsichtlich der Abgrenzung zu Nr. 1 und der Erfassung der BNotK als Registerbehörde bei ZTR und ZVR → Rn 14.

19   Ob der Notar zur Stellung der Anträge gesetzlich oder durch Rechtsgeschäft ermächtigt ist, spielt keine Rolle. Gesetzliche Ermächtigungen enthalten insb. § 15 Abs. 2 GBO und § 378 Abs. 2 FamFG (bei denen der Notar jeweils die Beurkundung vorgenommen oder die Erklärung beglaubigt haben muss); bei rechtsgeschäftlichen Ermächtigungen ist insb. an Grundbuch- oder Registervollmachten für den Notar zu denken.

20   Auch hier entstehen jedoch Gebühren für die Erstellung einer XML-Datei nach Nr. 22114 KV und Nr. 22125 KV und unter den Voraussetzungen der Nr. 22124 KV iVm Vorbem. 2.2.1.2 KV.

21   **3. Erledigung von Beanstandungen einschließlich Beschwerdeverfahren (Abs. 2 Nr. 3).** Nach Nr. 3 entstehen für Tätigkeiten, die der Notar zur Behebung von Beanstandungen hinsichtlich des Verfahrens bzw der Anträge der Beteiligten, die er iSv Nr. 1 oder 2 übermittelt oder gestellt hat, keine gesonderten Gebühren: Die fehlerfreie Abfassung seiner Urkunden und Erklärungen ist Amtspflicht des Notars.[10] Beanstandungen können sich bspw beziehen auf formelle Mängel, die als offensichtliche Unrichtigkeiten iSv § 44 a BeurkG berichtigt werden können, aber auch auf materiell- oder verfahrensrechtliche Mängel, deren Behebung Anpassungen und Ergänzungen von Urkunden durch neue rechtsgeschäftliche Erklärungen erfordert.

22   Müssen zur Behebung der Beanstandung **neue Niederschriften** gefertigt oder neue Erklärungen abgegeben werden, handelt es sich dabei um selbständige Geschäfte, die nicht unter Abs. 2 Nr. 3 fallen. Hier ist danach zu differenzieren, ob der neue Inhalt bei korrekter Aufnahme in die ursprüngliche Urkunde bzw in die ursprüngliche Erklärung zusätzliche Gebühren ausgelöst hätte. Nur wenn dies nicht der Fall ist, darf der Notar nach § 21 Abs. 1 (unrichtige Sachbehandlung) keine zusätzlichen Gebühren fordern. Hätte die neue Erklärung hingegen zusätzliche Gebühren ausgelöst, steht weder Vorbem. 2.1 Abs. 2 Nr. 3 KV noch § 21 Abs. 1 der Gebührenerhebung entgegen.[11]

23   Von Nr. 3 erfasst wird auch ein zur Erledigung der Beanstandung geführtes Beschwerdeverfahren. Wird das Beschwerdeverfahren jedoch unabhängig von der Beanstandung geführt, stehen dem Notar zusätzliche Gebühren zu, vgl Nr. 22123 KV.

24   **4. Erteilung einer Satzungsbescheinigung (Abs. 2 Nr. 4).** Nach § 54 Abs. 1 S. 2 GmbHG muss der geänderte **Gesellschaftsvertrag** mit der Bescheinigung des Notars versehen sein, dass die geänderten Bestimmungen des Gesellschaftsvertrags mit dem Beschluss über die Änderung des Gesellschaftsvertrags und die unveränderten Bestimmungen mit dem zuletzt zum Handelsregister eingereichten vollständigen Wortlaut des Gesellschaftsvertrags übereinstimmen; Ähnliches regelt § 181 Abs. 1 AktG für die **Satzung der AG**. Für diese Bescheinigung steht dem die Gesellschaftsvertrags- bzw Satzungsänderung beurkundenden Notar nach Abs. 2 Nr. 4 keine Gebühr zu. Anders der Notar, der lediglich die zugehörige Handelsregisteranmeldung beurkun-

---

10 Rohs/Wedewer/*Rohs*, KostO, § 147 Rn 36.   **11** Vgl auch Korintenberg/*Tiedtke*, Vorbem. 2.1 KV Rn 14.

det hat: Hier fehlt es am beurkundeten „Hauptgeschäft", so dass Vorbem. 2.1. Abs. 2 Nr. 4 KV nicht einschlägig ist. Es fällt die Gebühr nach Nr. 25104 KV an.

Die Gebührenfreiheit bezieht sich lediglich auf die Erteilung der Bescheinigung über den Wortlaut, nicht jedoch auf die Fertigung der konsolidierten Fassung der Satzung. Da es hierzu jedoch an einem Gebührentatbestand im KV mangelt, besteht auch insoweit Gebührenfreiheit. Dies steht im Einklang mit der früheren überwiegenden Rspr.[12] Die **Zusammenstellung des Satzungswortlauts** ist daher gebührenfreies Nebengeschäft zur ebenfalls gebührenfreien Satzungsbescheinigung.   25

Abschnitt 1
Verträge, bestimmte Erklärungen sowie Beschlüsse von Organen einer Vereinigung oder Stiftung

Nr.	Gebührentatbestand	Gebühr oder Satz der Gebühr nach § 34 GNotKG – Tabelle B
Vorbemerkung 2.1.1:		
	Dieser Abschnitt ist auch anzuwenden im Verfahren zur Beurkundung der folgenden Erklärungen:	
	1. Antrag auf Abschluss eines Vertrags oder Annahme eines solchen Antrags oder	
	2. gemeinschaftliches Testament.	
21100	Beurkundungsverfahren	2,0 – mindestens 120,00 €
21101	Gegenstand des Beurkundungsverfahrens ist	
	1. die Annahme eines Antrags auf Abschluss eines Vertrags oder	
	2. ein Verfügungsgeschäft und derselbe Notar hat für eine Beurkundung, die das zugrunde liegende Rechtsgeschäft betrifft, die Gebühr 21100 oder 23603 erhoben:	
	Die Gebühr 21100 beträgt	0,5 – mindestens 30,00 €
	(1) Als zugrunde liegendes Rechtsgeschäft gilt nicht eine Verfügung von Todes wegen.	
	(2) Die Gebühr für die Beurkundung des Zuschlags in einer freiwilligen Versteigerung von Grundstücken oder grundstücksgleichen Rechten bestimmt sich nach 23603.	
21102	Gegenstand des Beurkundungsverfahrens ist	
	1. ein Verfügungsgeschäft und das zugrunde liegende Rechtsgeschäft ist bereits beurkundet und Nummer 21101 nicht anzuwenden oder	
	2. die Aufhebung eines Vertrags:	
	Die Gebühr 21100 beträgt	1,0 – mindestens 60,00 €

12 OLG Stuttgart 28.1.2011 – 8 W 25/11 (nv; zit. nach *Tiedtke*, DNotZ 2011, 645, 661); OLG Stuttgart FGPrax 2002, 238; OLG Zweibrücken FGPrax 2001, 36; OLG Celle Rpfleger 1991, 462; OLG Frankfurt Rpfleger 1980, 203; *Röll*, DNotZ 1970, 342; aA LG Düsseldorf RNotZ 2004, 103.

I. Anwendungsbereich

1 Teil 2 Hauptabschnitt 1 Abschnitt 1 KV gilt für mehrseitige Rechtsakte im weiteren Sinne, dh für Verträge aller Art, für den Antrag auf Vertragsabschluss und die Annahme eines solchen Antrags (Vorbem. 2.1.1 Nr. 1 KV), für Beschlüsse von Organen einer Vereinigung oder Stiftung und für das gemeinschaftliche Testament. Letzteres fällt – eigentlich zu Abschnitt 2 zugehörig – infolge Vorbem. 2.1.1 Nr. 2 KV unter Abschnitt 1, da es kostenrechtlich wie ein Erbvertrag behandelt werden soll.[1] Sonstige einseitige Erklärungen unterfallen – mit Ausnahme von Antrag und Annahme – Abschnitt 2.

2 Ausgangspunkt bildet die Gebühr Nr. 21100 KV mit einem Gebührensatz von 2,0.

3 Nr. 21101 KV und 21102 KV enthalten Sonderfälle zweiseitiger Rechtsgeschäfte, für die trotz Einordnung in Abschnitt 1 niedrigere Gebührensätze (0,5 bzw. 1,0) vorgesehen sind. Nach Nr. 21101 Nr. 1 KV fällt für die Beurkundung der Annahme eines Vertrags nur eine 0,5-Gebühr an; nach Nr. 21101 Nr. 2 KV gilt dies auch für Erfüllungsgeschäfte, zu denen der Urkundsnotar bereits das Grundgeschäft beurkundet hat (Ausnahme nach Anm. Abs. 1: Verfügungen von Todes wegen).

4 Demgegenüber sieht Nr. 21102 Nr. 1 KV für Erfüllungsgeschäfte, deren Grundgeschäft von einem anderen Notar beurkundet worden ist, eine Gebühr von 1,0 vor. Dies gilt auch für die Beurkundung einer Auflassung, wenn zwar der Urkundsnotar zuvor die Annahme beurkundet hat, der Antrag auf Abschluss des Kaufvertrags jedoch von einem anderen Notar beurkundet wurde. Nach Nr. 21102 Nr. 2 KV gilt der Gebührensatz von 1,0 zudem für die Aufhebung eines Vertrags.

II. Beurkundungsverfahren (Nr. 21100 KV)

5 **1. Verträge.** Unter Nr. 21100 KV fallen grds. sämtliche mehrseitigen – schuldrechtlichen und dinglichen – Rechtsgeschäfte und Beschlüsse (auch bei der Einmann-GmbH oder -AG; → Rn 35), die nicht von den Sonderregelungen der Nr. 21101 KV und Nr. 21102 KV erfasst werden.

6 Damit sind zunächst alle Arten von schuldrechtlichen Verträgen (von zwei oder mehr Personen erklärte Willensübereinstimmung über die Herbeiführung eines rechtlichen Erfolgs)[2] erfasst, dh sowohl einseitig als auch mehrseitig verpflichtende Verträge. Hierunter fallen Austauschverträge iSv § 97 Abs. 3 (Kaufverträge, Überlassungsverträge, Teilungsverträge nach § 3 WEG) und Verträge zur Vereinigung von Leistungen (Gesellschaftsverträge) sowie Auseinandersetzungsverträge iSv § 97 Abs. 1, aber auch familienrechtliche Verträge, wie zB Ehe- oder Lebenspartnerschaftsverträge, Scheidungsvereinbarungen und Unterhaltsvereinbarungen.

7 Ebenfalls unter Nr. 21101 KV zu subsumieren sind erbrechtliche Verträge wie Erbvertrag, Pflichtteilsverzichts- oder Erbverzichtsvertrag, gem. Vorbem. 2.1.1 Nr. 2 KV jedoch auch das gemeinschaftliche Testament.

8 Nicht unter Nr. 21100 KV, sondern unter Nr. 21102 Nr. 2 KV fallen Aufhebungsverträge (nicht jedoch zB die Aufhebung eines Ehevertrags, → Rn 81). Ebenfalls nicht zum Anwendungsbereich von Nr. 21100 KV gehören die unter Nr. 21101 Nr. 2 KV bzw Nr. 21102 Nr. 1 KV fallenden Verfügungsgeschäfte. Damit entsteht die Gebühr Nr. 21100 KV nur für solche Verfügungsgeschäfte (dingliche Verträge), deren zugrunde liegendes Rechtsgeschäft entweder nicht beurkundet wurde oder für das keine Gebühr nach Nr. 21100 KV oder Nr. 23603 KV (Beurkundung des Zuschlags bei der freiwilligen Versteigerung von Grundstücken oder grundstücksgleichen Rechten) entstanden ist.

9 Die Gebühr gilt sämtliche Erklärungen ab, die nach dem Willen der Beteiligten Bestandteil des jeweiligen mehrseitigen Rechtsgeschäfts oder Beschlusses sein sollen und zu seinem Inhalt gehören.[3]

10 Bei mehreren gegenstandsverschiedenen Erklärungen iSd Abschnitts 1 ist § 35 Abs. 1 zu berücksichtigen (grds. eine Gebühr aus der Summe der Geschäftswerte, vgl aber § 94).

---

1 BT-Drucks 17/11471 (neu), S. 218. **2** Palandt/*Ellenberger*, BGB, Einf. § 145 Rn 1. **3** Vgl Rohs/Wedewer/*Rohs*, KostO, § 36 Rn 20; OLG München DNotZ 1941, 303.

2. Vertragsangebote. a) Allgemeines und Abgrenzungen. Die 2,0-Gebühr nach Nr. 21100 KV gilt gem. **11** Vorbem. 2.1.1 Nr. 1 KV auch für das **Angebot auf Abschluss eines Vertrags.** Ein Angebot (Antrag) ist eine einseitige, empfangsbedürftige Willenserklärung, die auf den Abschluss eines Vertrages gerichtet ist und gem. § 130 BGB mit Zugang wirksam wird.[4] Es ist kein einseitiges Rechtsgeschäft, sondern ist darauf gerichtet, Teil eines zweiseitigen Rechtsgeschäfts „Vertrag" zu werden;[5] insofern ist die Einordnung in Teil 2 Hauptabschnitt 1 Abschnitt 1 KV dogmatisch nachvollziehbar. Auch wird die Identität der Gebührensätze für Angebot und Vertrag (2,0-Gebühren) dem Aufwand und der Verantwortung des „Angebotsnotars" gerecht: Der Schwerpunkt der Vertragsgestaltung und der Beratung – gerade bei Verbraucherverträgen – liegt bei ihm; auch ist der Aufwand durch die vorab erforderliche Abstimmung mit dem Annehmenden häufig höher, als wenn der Vertrag als Ganzes beurkundet würde.[6]

Für die Einordnung als **„Angebot"** und die **Abgrenzung zu Nr. 21200 ff KV** ist nicht auf die Bezeichnung in **12** der Urkunde, sondern allein auf den rechtlichen Gehalt der Erklärung abzustellen. So handelt es sich stets und unabhängig von der Bezeichnung um ein Angebot, wenn bei einem als Ganzes beurkundungspflichtigen Vertrag (zB § 311 b BGB) ein Vertragsteil als erster eine auf Abschluss eines Vertrags gerichtete beurkundete Erklärung abgibt.[7] Kein Angebot liegt hingegen vor, wenn nur die Erklärung des einen Vertragsteils formbedürftig ist (Beispiel: Schenkungsversprechen); hierin liegt eine nach Nr. 21200 KV zu beurteilende einseitige Erklärung.[8] Ebenfalls kein Angebot liegt vor, wenn ein formlos wirksamer Vertrag notariell „bestätigt" werden soll und zunächst nur die Erklärung eines Vertragsteils beurkundet wird.[9]

Nicht um ein Angebot, sondern um einen Vertrag handelt es sich hingegen bei dem **Kauf eines Options-** **13** **rechts** (Vertrag auf Abgabe eines Angebots).[10] Kostenrechtlich ist die Abgrenzung jedoch infolge des identischen Gebührensatzes nicht relevant. Anders ist dies bei der häufig schwierigen Unterscheidung zwischen einem (bestimmten) Angebot ohne Individualisierung des Empfängers (*ad incertas personas*) und der *invitatio ad offerendum*: Während Ersteres unter Nr. 21100 KV fällt, ist Letztere als einseitige Erklärung unter Nr. 21200 KV zu subsumieren.

Enthält das **Angebot Erklärungen des Angebotsempfängers**, so ist zwischen bloßer Kenntnisnahme und der **14** Eingehung gesonderter Verpflichtungen durch den Adressaten zu differenzieren: Im ersten Fall wird der rechtliche Gehalt des Angebots nicht erweitert; es bleibt bei Nr. 21100 KV.[11] Anders bei Eingehung von Verpflichtungen, zB zur Zahlung eines Optionsentgelts oder zur Übernahme der Vertragskosten, handelt es sich insoweit um vertragliche Vereinbarungen. Diese sind jedoch gegenstandsgleich mit dem Angebot nach § 109 Abs. 1 S. 1, da die Rechtsverhältnisse in Abhängigkeit zueinander stehen und die vertraglichen Vereinbarungen unmittelbar dem Zweck des Angebots dienen. Nach § 109 Abs. 1 S. 5 bestimmt sich die Gebühr Nr. 21100 KV demnach nach dem Geschäftswert des Angebots.[12]

Für die Gebühr bzgl der Annahme ist es – im Gegensatz zur KostO[13] – nicht von Bedeutung, ob Angebots- **15** und Annahmenotar identisch sind.

b) Mehrheit von Angeboten. Eine Mehrheit von Angeboten ist gegeben, wenn ein oder mehrere Wirt- **16** schaftsgüter an verschiedene Personen in derselben Urkunde in der Weise angeboten wird, dass der Vertrag durch die Annahmeerklärung des Ersterklärenden zustande kommt.[14] Die Gebühr Nr. 21100 KV berechnet sich gem. § 35 Abs. 1 nach der Summe der Geschäftswerte der einzelnen Angebote.

Nur um *ein* Angebot handelt es sich hingegen bei einem **Angebot mit Benennungsrecht.** Hier erhält der An- **17** gebotsempfänger das Recht, Dritte zu benennen, die dann ihrerseits das Angebot annehmen können. Unabhängig davon, ob der Angebotsempfänger selbst zur Annahme berechtigt ist, sind Angebot und Benennungsrecht hier gegenstandsgleich, § 109 Abs. 1 S. 1 (das Benennungsrecht dient der Durchführung des Angebots).[15] Gleiches gilt für die zusätzlich vertraglich gegenüber dem Angebotsempfänger übernommene Verpflichtung, das Grundstück bei Annahme des Angebots durch den Benannten an diesen zu übereignen.[16] Wird die Benennung (einseitige Erklärung) beurkundet, fällt die Gebühr Nr. 21200 KV an; der Geschäftswert ist nach § 36 Abs. 1 zu bestimmen (angemessen erscheinen hierbei 30–50 % des Grundstückswerts).[17]

c) Ergänzung und Änderung eines Angebots. Für **Ergänzungen und Änderungen eines Angebots** gelten im **18** GNotKG im Gegensatz zur KostO keine Besonderheiten mehr: Die Gebührenprivilegierung des § 42 KostO wurde nicht übernommen. Folglich fallen nach Nr. 21100 KV 2,0-Gebühren an, wobei der zugrunde liegende Geschäftswert unter Beachtung des § 97 Abs. 2 zu bestimmen ist.

---

4 MüKo-BGB/*Busche*, § 145 Rn 5; Soergel/*Wolf*, BGB, § 145 Rn 3. **5** OLG Hamm NJW 1982, 2076. **6** BT-Drucks 17/11471 (neu), S. 217. **7** *Tiedtke/Diehn*, Notarkosten, Rn 627. **8** *Tiedtke/Diehn*, Notarkosten, Rn 628. **9** Vgl Korintenberg/*Tiedtke*, Nr. 21100 KV Rn 27. **10** Korintenberg/*Tiedtke*, Nr. 21100 KV Rn 31. **11** Rohs/Wegener/*Rohs*, KostO, § 37 Rn 1 a. **12** Vgl zur früheren Rechtslage OLG Düsseldorf MittBayNot 2010, 74. **13** KG JW 1936, 680. **14** OLG Düsseldorf DNotZ 1965, 109; KG DNotZ 1955, 497; LG München I MittBayNot 1981, 208. **15** *Assenmacher/Matthias*, KostO, S. 1058 f. **16** *Tiedtke/Diehn*, Notarkosten, Rn 637. **17** *Filzek*, KostO, § 37 Rn 5.

19   Wird sowohl die Änderung des Angebots als auch dessen Annahme in einer Verhandlung beurkundet, handelt es sich mangels Abhängigkeitsverhältnis nicht um denselben Gegenstand iSv § 109 Abs. 1 S. 1: Weder Angebot noch Annahme dienen iSv § 109 Abs. 1 S. 2 „der Erfüllung, Sicherung oder sonstigen Durchführung" des jeweils anderen Rechtsverhältnisses.[18] Infolge der unterschiedlichen Gebührensätze (Nr. 21100 KV für die Angebotsänderung, Nr. 21101 Nr. 1 KV für die Annahme) entstehen nach § 94 Abs. 1 eine 2,0-Gebühr nach dem Wert der Angebotsänderung und eine 0,5-Gebühr nach dem Wert der Annahmeerklärung; insgesamt darf die Summe dieser Gebühren nicht mehr betragen als die nach dem höchsten Gebührensatz berechnete Gebühren aus der Summe der Geschäftswerte.

20   Keine Änderung, sondern ein **neues Angebot** ist hingegen die Auswechslung des Angebotsempfängers oder die Ausdehnung des Angebots auf bislang nicht erfasste Dritte.[19] Hier entsteht die Gebühr Nr. 21100 KV erneut.

21   **d) Gebührenermäßigung nach § 91.** Die Gebührenermäßigung nach § 91 Abs. 1 und 2 greift grds. nur dann, wenn ein Begünstigter ein Angebot abgibt (gleich, ob an einen anderen Begünstigten oder einen Nichtbegünstigten) und alleiniger Kostenschuldner ist. Im umgekehrten Fall (Angebot eines Nichtbegünstigten an einen Begünstigten) ist der Nichtbegünstigte Kostenschuldner; § 91 ist auf die Angebotserklärung nicht anwendbar. Für die Annahmeerklärung wiederum greift § 91. Dies bewirkt jedoch keine nachträgliche Gesamtschuldnerschaft für das Angebot;[20] § 91 Abs. 3 ist also schon aus diesem Grund nicht anwendbar. Wirkt der nichtbegünstigte Angebotsempfänger hingegen beim Angebot mit und erklärt er die Kostenübernahme, ist er Kostenschuldner und bewirkt somit die Gebührenbegünstigung.[21]

22   **3. Gemeinschaftliches Testament, Erbvertrag.** Für die Beurkundung eines Erbvertrags iSv §§ 2274 ff BGB oder eines gemeinschaftlichen Testaments iSv §§ 2265 ff BGB (Letzteres gem. Vorbem. 2.1.1 Nr. 2 KV) fällt eine 2,0-Gebühr nach Nr. 21100 KV an. Der Geschäftswert des **gemeinschaftlichen Testaments** ebenso wie des **Erbvertrags** ergibt sich aus § 102 (s. dort).

23   Ein Erbvertrag fällt auch dann unter Nr. 21100 KV, wenn nur einer der Vertragschließenden darin Verfügungen von Todes wegen trifft. In einem Erbvertrag enthaltene einseitige Verfügungen von Todes wegen (§ 2299 BGB) fallen nicht etwa unter Nr. 21200 KV, vielmehr ist der Erbvertrag ein einheitlicher Vertrag und kostenrechtlich einheitlich unter Nr. 21100 KV zu subsumieren.[22]

24   Von der Beurkundungsgebühr abgegolten sind sämtliche in der Urkunde enthaltenen Verfügungen von Todes wegen und letztwilligen Erklärungen, also auch zB die Satzung bei der Errichtung einer Stiftung im Rahmen eines gemeinschaftlichen Testaments. Demgegenüber liegen mehrere Verfügungen von Todes wegen in dem seltenen Fall vor, dass diese nur zufällig in einer Urkunde zusammengefasst sind, ohne dass sie durch eine erbvertragliche Bindung einheitlich zu betrachten sind.

25   Mangels Gebührenprivilegierung gilt Nr. 21100 KV auch bei **Abänderungen** von gemeinschaftlichen Testamenten und Erbverträgen. Hinsichtlich des Geschäftswerts ist § 97 Abs. 2 zu beachten.

26   Kein Fall von Nr. 21100 KV, sondern von Nr. 21200 KV (einseitige Erklärung) ist die Beurkundung eines **Schenkungsversprechens von Todes wegen**, § 2301 BGB.

27   Für die Rückgabe des Erbvertrags aus der notariellen Verwahrung entsteht eine 0,3-Gebühr nach Nr. 23100 KV. Der Geschäftswert bestimmt sich nach § 114 iVm § 102 Abs. 2 und 3.

28   **4. Beschlüsse von Gesellschaftsorganen. a) Anwendungsbereich.** Nr. 21100 KV gilt, wie die Überschrift von Teil 2 Hauptabschnitt 1 Abschnitt 1 KV zeigt, auch für Beschlüsse von Organen einer Vereinigung oder Stiftung.

29   **aa) Vereinigung oder Stiftung.** Vereinigungen in diesem Sinne sind insb.:

30   **Kapitalgesellschaften:** AG (Beschlüsse von Hauptversammlung, Vorstand, Aufsichtsrat und sonstiger Organe); SE (Beschlüsse von Vorstand, Aufsichtsrat, Verwaltungsrat); GmbH (Beschlüsse von Gesellschafterversammlung, Aufsichtsrat, Beirat und sonstiger Organe); KGaA (Beschlüsse von Versammlung der Aktionäre, Versammlung der Kommanditisten, Aufsichtsrat, Beirat und sonstiger Organe);

31   **Personengesellschaften:** GbR (vgl § 709 Abs. 2 BGB); OHG; KG; EWIV; Partnerschaft nach dem PartGG;

32   **Stiftungen:** auch Familienstiftungen (Beschlüsse von Stiftungsvorstand und Kontrollorganen);

33   **Sonstige rechtsfähige Vereinigungen:** Rechtsfähige und nicht rechtsfähige Vereine (Beschlüsse von Mitgliederversammlung, Vorstand, Beirat und sonstiger Organe); Versicherungsverein auf Gegenseitigkeit (Beschlüsse von Vorstand, Aufsichtsrat und oberster Vertretung und sonstiger Organe); Genossenschaft (Beschlüsse von General- bzw Vertreterversammlung, Vorstand, Aufsichtsrat und sonstiger Organe); Gewerk-

---

18 Anders nach § 44 KostO, vgl Rohs/Wedewer/*Rohs*, KostO, § 37 Rn 3.   **19** KG DNotZ 1955, 496; KG JurBüro 1972, 715. **20** OLG Bremen DNotZ 1955, 146.   **21** *Tiedtke/Diehn*, Notarkosten, Rn 658.   **22** Vgl Rohs/Wedewer/*Rohs*, KostO, § 46 Rn 2.

schaft (je nach Rechtsform, zB beim nicht rechtsfähigen Verein Mitglieder- bzw Gewerkenversammlung,[23] Vorstand, Beirat); Wohnungseigentümergemeinschaft;[24]

Sonstige nicht oder teilrechtsfähige Vereinigungen, sofern sie Beschlussorgane besitzen und eine korporative   34 Willensbildung außerhalb vertraglicher Vereinbarungen möglich ist: Erbengemeinschaft, Miteigentümergemeinschaft (vgl § 745 BGB); Versammlung der Besitzer von Teilschuldverschreibungen nach dem Gesetz vom 4.12.1899;[25] Versammlung der Mitglieder eines Gesellschafterstammes bei einer Personengesellschaft.[26]

bb) Beschluss. Ein **Beschluss** iSd Abschnitts 1 ist ein idR mehrseitiges Rechtsgeschäft (obgleich auch ein   35 „Beschluss" des einzigen Gesellschafters einer Einmanngesellschaft Beschluss in diesem Sinne ist),[27] das durch Abstimmung in einer Versammlung zustande kommt. Er ist Akt der Willensbildung, nicht der Willenserklärung,[28] was auch in der jeweiligen notariellen Urkunde zum Ausdruck kommt: Beinhaltet sie den Vorgang der Willensbildung der Beteiligten, handelt es sich um einen Beschluss und es gilt Nr. 21100 KV; beinhaltet sie nur das Ergebnis der Willensbildung (= Willenserklärung), handelt es sich um eine ggf nach Nr. 21200 ff KV zu beurteilende Erklärung.

Ob der Beschluss **ordnungsgemäß gefasst** wurde, ist kostenrechtlich ebenso ohne Belang wie die Sinnhaftig-   36 keit des konkreten Beschlusses. Unrichtige Sachbehandlung iSv § 21 Abs. 1 kann im Einzelfall vorliegen, wenn der Notar vor Beurkundung des Beschlusses zur Beratung in gleicher Thematik zugezogen war und der Beschluss überflüssig war.

Bei Beschlüssen gilt das Mehrheitsprinzip, dh ein Beschluss bindet im Unterschied zu einer Willenserklä-   37 rung auch eine anders abstimmende bzw nicht zur Abstimmung erschienene Minderheit (natürlich liegt auch dann ein Beschluss vor, wenn zB die Satzung einer GmbH Einstimmigkeit des Beschlusses verlangt). Auch eine Wahl oder Abwahl ist Beschluss in diesem Sinne. Vor diesem Hintergrund setzt Teil 2 Hauptabschnitt 1 Abschnitt 1 KV voraus, dass entweder gesetzlich oder rechtsgeschäftlich (individuell oder generell durch Satzung o.Ä.) eine Willensbildung durch Beschluss vorgesehen ist.

Kein Beschluss, sondern **übereinstimmende Willenserklärungen** liegen hingegen dort vor, wo zwar die Ver-   38 einigung von Leistungen betroffen ist, die Willensbildung sich jedoch nicht im Rahmen einer korporativen Verbindung, sondern im individualrechtlichen Bereich abspielt. Beispiele sind Gründungsakte von Vereinigungen, Änderungen von Gesellschaftsverträgen einer Personengesellschaft durch die Gesellschafter, Verträge iRv Umwandlungsmaßnahmen (Beschluss ist demgegenüber der dem Vertrag vor- oder nachgelagerte Willensbildungsakt innerhalb des jeweiligen Rechtsträgers, vgl zB § 13 Abs. 1 UmwG).

Verschiedene Beurkundungsgegenstände sind nach § 110 Nr. 1 ein Beschluss eines Organs einer Vereini-   39 gung oder Stiftung und eine rechtsgeschäftliche Erklärung, die in einem Beurkundungsverfahren aufeinandertreffen, auch wenn zwischen ihnen ein Abhängigkeitsverhältnis nach § 109 Abs. 1 besteht.[29] Nach § 35 Abs. 1 fällt folglich eine einheitliche Verfahrensgebühr (Addition der Geschäftswerte von Beschluss und rechtsgeschäftlicher Erklärung) an.

Zur **Geschäftsführerbestellung bei Gründung einer GmbH** gilt Folgendes: Erfolgt die Bestellung des Ge-   40 schäftsführers in der Satzung selbst, ist dies nicht zusätzlich zu bewerten; die Bestellung ist Erklärungsbestandteil der Satzung. Allerdings ist diese Variante idR nicht praktikabel, müsste doch für jede Geschäftsführerbestellung künftig die Satzung geändert werden.[30] Wird der Geschäftsführer durch Beschluss bestellt, kann der Beschluss separat oder gemeinsam mit der Gründung beurkundet werden. Für eine Zusammenbeurkundung von Gründungsvertrag und Beschluss sprechen kostenrechtliche Gründe: Da für beide Verfahren die 2,0-Gebühr der Nr. 21100 KV entsteht, ist eine getrennte Beurkundung vor dem Hintergrund der Gebührendegression deutlich teurer (bei gemeinsamer Beurkundung erfolgt Geschäftswertaddition, § 35 Abs. 1). Anders noch unter der KostO: Da § 44 KostO bei Zusammentreffen rechtsgeschäftlicher Erklärungen und Beschlüssen nicht anwendbar war, waren stets separate Gebühren zu berechnen – weshalb von der Beurkundung des Beschlusses häufig abgesehen wurde.

Bei **Gründung einer Einpersonengesellschaft**, deren Beurkundung nur eine 1,0-Gebühr nach Nr. 21200 KV   41 auslöst, ist die Beurkundung einer Beschlussfassung über die Geschäftsführerbestellung (2,0-Gebühr nach Nr. 21100 KV) grds. keine unrichtige Sachbehandlung iSv § 21 Abs. 1.[31]

b) Weitere Geschäfte. aa) Beratung zu Beschlüssen; Entwurf von Beschlüssen. Die Gebühr Nr. 21100 KV   42 für Beschlüsse gilt grds. die **Beurkundung** eines Beschlusses ab, also die notarielle Wiedergabe der Gesamt-

23 Vgl KG DNotZ 1939, 681. **24** OLG Hamm JurBüro 1983, 1554; zur Rechtsfähigkeit vgl BGHZ 163, 154 = NJW 2005, 2061. **25** Korintenberg/*Reimann*, KostO, § 47 Rn 6. **26** *Schmidt*, ZHR 146 (1982), 525; Korintenberg/*Reimann*, KostO, § 47 Rn 5. **27** KG DNotZ 1938, 107. **28** Rohs/Wedewer/*Rohs*, KostO, § 41 c Rn 5. **29** BT-Drucks 17/11471 (neu), S. 189. **30** Vgl *Filzek*, KostO, § 47 Rn 8. **31** OLG Frankfurt a.M. ZNotP 2008. 38 m. Anm. *Tiedtke*; *Assenmacher/Matthias*, KostO, S. 163; aA Rohs/Wedewer/*Rohs*, KostO, § 39 Rn 20.

willensbildung.[32] Hierzu gehören zB auch die Überwachung der Zugangskontrolle und der Präsenzerfassung, des Verlaufs der Versammlung, die Stimmenauszählung und die Beurkundung eines Widerspruchs gegen einen Beschluss.[33]

43 Soll der Notar hingegen **darüber hinausgehende Leistungen** erbringen, insb. zur Vorbereitung des Beschlusses beraten, Entwürfe des Beschlusses, von Vollzugs- oder sonstigen Erklärungen fertigen, ist zu unterscheiden:

- Eine Beratung zur Vorbereitung oder Durchführung einer Hauptversammlung fällt nicht unter die Amtspflichten des Notars in Bezug auf die Beurkundung des Beschlusses und damit auch nicht unter die entsprechende Gebühr,[34] sondern ist unter den Gebührentatbestand der Nr. 24203 KV (Rahmengebühr 0,5–2,0) zu fassen, neben ggf weiteren Gebühren für die Beurkundung der Beschlüsse der Hauptversammlung.

- Bei der Beratung zur Vorbereitung oder Durchführung anderer Beschlüsse ist Abs. 2 der Anm. zu Nr. 24200 KV zu beachten: Die Rahmengebühr von 0,3–1,0 nach Nr. 24200 KV ist auf die Beschlussgebühr nach Nr. 21100 KV anzurechnen, soweit der Gegenstand der Beratung und der Gegenstand der Beurkundung des Beschlusses gleich sind. Gegenstand einer Beschlussbeurkundung ist die Wiedergabe der Gesamtwillensbildung, nicht jedoch der Vorgang, über den der Beschluss stattfindet. Beurkundet der Notar also bspw den Beschluss der Hauptversammlung über eine Kapitalerhöhung, ist die vorherige Beratung des Notars hinsichtlich dieser Kapitalerhöhung nicht gegenstandsgleich.

- Fertigt der Notar den Entwurf eines Beschlusses, fällt dafür eine Gebühr zwischen 0,5 und 2,0 (Rahmengebühr) nach Nr. 24100 KV an. Allerdings ist diese Gebühr auf die Beurkundungsgebühr für den Beschluss nach Nr. 21100 KV anzurechnen, sofern die Beurkundung „demnächst" erfolgt, vgl Vorbem. 2.4.1 Abs. 6 KV und dortige Kommentierung.

- Entwirft der Notar hingegen zB im Rahmen eines Formwechsels einen Gesellschaftsvertrag/eine Satzung, findet für die dafür entstehende Entwurfsgebühr keine Anrechnung statt, sobald der zugrunde liegende Formwechselbeschluss beurkundet wird: Hier wird nicht der Gesellschaftsvertrag in Form der Errichtungsurkunde beurkundet, sondern lediglich der Beschluss über den Formwechsel. Die Errichtung der GmbH ist hier Teil des Formwechselbeschlusses; eine Identität zwischen Entwurf und Beurkundung des Beschlusses liegt nicht vor.

44 **bb) Anmeldung zum Handelsregister.** Die Anmeldung zum Handelsregister ist nach § 111 Nr. 3 stets besonderer Beurkundungsgegenstand, unabhängig davon, mit welchen weiteren Beurkundungsgegenständen sie zusammentrifft. Sie ist also selbst dann zu bewerten, wenn sie im Gesellschaftsvertrag mitbeurkundet wird (unter Beachtung von § 94 Abs. 1).

45 Die Gebühr für die Anmeldung beträgt bei Entwurf des Notars nach Nr. 24102 KV 0,5 aus dem nach § 105 zu bestimmenden Geschäftswert (Mindestwert 30.000 €, vgl § 105 Abs. 1 S. 2; Höchstwert 1 Mio. €, vgl § 106). Hinzu kommt die Gebühr nach Nr. 22114 KV für die Erzeugung von strukturierten XML-Daten (0,3-Gebühren, höchstens 250 €).

46 **cc) Satzungsbescheinigung.** Nach § 54 Abs. 1 S. 2 GmbHG muss der geänderte Gesellschaftsvertrag mit der Bescheinigung des Notars versehen sein, dass die geänderten Bestimmungen des Gesellschaftsvertrags mit dem Beschluss über die Änderung des Gesellschaftsvertrags und die unveränderten Bestimmungen mit dem zuletzt zum Handelsregister eingereichten vollständigen Wortlaut des Gesellschaftsvertrags übereinstimmen. Ähnliches regelt § 181 Abs. 1 AktG für die Satzung der AG. Für diese Bescheinigung steht dem die Gesellschaftsvertrags- bzw Satzungsänderung beurkundenden Notar nach Vorbem. 2.1 Abs. 2 Nr. 4 KV keine Gebühr zu, es sei denn, es fehlt am „Hauptgeschäft", dh, der Notar hat lediglich die Handelsregisteranmeldung beurkundet. In der Folge fällt die Gebühr nach Nr. 25104 KV an.

47 Die Gebührenfreiheit bezieht sich lediglich auf die Erteilung der Bescheinigung über den Wortlaut, nicht jedoch auf die Fertigung der konsolidierten Fassung der Satzung. Da es hierzu jedoch an einem Gebührentatbestand im KV mangelt, besteht auch insoweit Gebührenfreiheit.[35] Dies steht im Einklang mit der früheren überwiegenden Rspr.[36] Die Zusammenstellung des Satzungswortlauts ist daher gebührenfreies Nebengeschäft zur ebenfalls gebührenfreien Satzungsbescheinigung.

---

32 Korintenberg/*Reimann*, KostO, § 47 Rn 11. **33** *Priester*, DNotZ 2001, 662, 669; Korintenberg/*Reimann*, KostO, § 47 Rn 11. **34** *Priester*, DNotZ 2001, 662, 669; *Hüffer*, AktG, § 130 Rn 12. **35** Vgl zum unter dem GNotKG nicht mehr relevanten Streit zu § 47 S. 1 Hs 2 KostO OLG Frankfurt Rpfleger 1980, 203; OLG Celle JurBüro 1992, 243; *Röll*, DNotZ 1970, 342. **36** OLG Stuttgart 28.1.2011 – 8 W 25/11 (nv; zit. nach *Tiedtke*, DNotZ 2011, 645, 661); OLG Stuttgart FGPrax 2002, 238; OLG Zweibrücken FGPrax 2001, 36; OLG Celle Rpfleger 1991, 462; OLG Frankfurt Rpfleger 1980, 203; *Röll*, DNotZ 1970, 342; aA LG Düsseldorf RNotZ 2004, 103.

c) Mehrere Beschlüsse. Für die Berechnung der Gebühr für mehrere in gleicher Urkunde niedergelegte Beschlüsse ist § 109 Abs. 2 Nr. 4 Buchst. a–g zu beachten. In den dort genannten Fällen liegt **Gegenstandsgleichheit** vor und bestimmt sich der Geschäftswert nach dem höchsten in Betracht kommenden Wert: **48**

- Beschluss und damit zusammenhängende Änderung von Gesellschaftsvertrag/Satzung;
- Beschluss über Kapitalerhöhung/-herabsetzung und damit zusammenhängende Beschlüsse;
- mehrere Änderungen von Gesellschaftsvertrag/Satzung, sofern alle ohne bestimmten Geldwert;
- mehrere Wahlen, sofern nicht Einzelwahlen stattfinden;
- mehrere Beschlüsse über die Entlastung von Verwaltungsträgern, sofern nicht Einzelbeschlüsse gefasst werden;
- Wahlen und Beschlüsse über die Entlastung der Verwaltungsträger, sofern nicht einzeln abgestimmt wird;
- Beschlüsse von Organen verschiedener Vereinigungen bei Umwandlungsvorgängen, sofern die Beschlüsse denselben Beschlussgegenstand haben.

Sind die Beschlüsse **gegenstandsverschieden**, bestimmt sich die Gebühr nach Nr. 21100 KV aus der Summe der Geschäftswerte der einzelnen Beschlüsse. Nicht gegenstandsgleich sind nach § 110 Nr. 1 ein Beschluss und eine rechtsgeschäftliche Erklärung innerhalb desselben Beurkundungsverfahrens, auch wenn zwischen ihnen ein Abhängigkeitsverhältnis nach § 109 Abs. 1 besteht (→ Rn 39). **49**

d) Höchstgeschäftswert, § 108 Abs. 5. Anders als das frühere Recht (vgl § 47 S. 2 KostO) kennt das GNotKG als logische Konsequenz der Umstellung von Akt- auf Verfahrensgebühren für Beschlüsse von Organen von „Gesellschafts-, Stiftungs- oder Vereinsorganen"[37] keine Höchstgebühr, sondern einen Höchstgeschäftswert von 5 Mio. €. **50**

e) Unvollendete Geschäfte. Ein unvollendetes Geschäft liegt vor, wenn ein Organ zur Beschlussfassung einberufen war und keinen einzigen Beschluss gefasst hat (hat es einen oder mehrere Beschlüsse gefasst, andere jedoch von der Tagesordnung gestrichen, liegt kein unvollendetes Geschäft vor). Die abzurechnende Gebühr bestimmt sich nach Nr. 21302 KV (Rahmengebühr, Gebührensatz 0,5–2,0; Mindestgebühr 120 €). **51**

III. Annahme eines Angebots (Nr. 21101 Nr. 1 KV)

Für die Annahme eines Vertragsangebots entsteht nach Nr. 21101 Nr. 1 KV eine 0,5-Gebühr. Werden neben der Beurkundung der Annahme weitere Erklärungen beurkundet, ist zu differenzieren: **52**

Wird zugleich die Auflassung mitbeurkundet, liegt Gegenstandsgleichheit vor, § 109 Abs. 1 S. 1. Ist der „Annahmenotar" identisch mit dem „Angebotsnotar", gilt für die Auflassung Nr. 21101 Nr. 2 KV (0,5-Gebühren). Die gegenstandsgleiche Annahme unterliegt demselben Gebührensatz (Nr. 21101 Nr. 1 KV). Ergebnis: 0,5-Gebühren aus Geschäftswert der Annahme, § 109 Abs. 1 S. 5. **53**

Sind Angebots- und Annahmenotar hingegen personenverschieden, ist Nr. 21101 Nr. 2 KV (Verfügungsgeschäft) nicht anwendbar, da nicht „derselbe Notar" beurkundet. Richtig ist hier – trotz des insoweit abweichenden Wortlauts –, Nr. 21102 Nr. 1 KV anzuwenden: Zwar muss das zugrunde liegende Geschäft vollständig beurkundet sein, um die Regelung zur Anwendung zu bringen. Maßgeblich hierfür ist allerdings der Eintritt der Fälligkeit (§ 10 = Beendigung des Verfahrens);[38] bei Beurkundung sowohl der Annahme als auch des Verfügungsgeschäfts in einer Urkunde ist die Fälligkeit in diesem Sinne gegeben mit Beurkundung beider Erklärungen, so dass Nr. 21102 Nr. 1 KV anwendbar ist.[39] **54**

Auch wenn neben der Annahmeerklärung die Zwangsvollstreckungsunterwerfung wegen des Kaufpreises mitbeurkundet wird, liegt Gegenstandsgleichheit vor, § 109 Abs. 1 S. 1, S. 4 Nr. 4. Allerdings unterliegen Annahme (0,5 nach Nr. 21101 Nr. 1 KV) und Zwangsvollstreckungsunterwerfung (1,0 nach Nr. 21200 KV) unterschiedlichen Gebührensätzen; es kommt also § 94 Abs. 2 zur Anwendung: Gebührensatz 1,0 aus dem Geschäftswert der Annahme, allerdings begrenzt auf die Summe der Gebühren bei getrennter Beurkundung. Dies gilt sowohl für den Fall der vollständigen als auch der teilweisen Unterwerfung unter die Zwangsvollstreckung bzgl des Kaufpreises.[40] **55**

Werden in derselben Urkunde sowohl das Kauf- als auch das Abtretungsangebot hinsichtlich eines Geschäftsanteils angenommen, fällt die Gebühr Nr. 21101 Nr. 1 KV infolge Gegenstandsgleichheit (Erfüllung, § 109 Abs. 1 S. 1) nur einmal nach dem Geschäftswert der Annahme des Kaufangebots als Hauptgeschäft an, § 109 Abs. 1 S. 5. Werden hingegen berechtigt (sonst: Fall von § 21 Abs. 1) die beiden Annahmeerklärungen in getrennten Urkunden aufgenommen, fallen zwei Gebühren an.[41] **56**

37 Die Abweichung von den Begrifflichkeiten in der Überschrift von Teil 1 Hauptabschnitt 1 Abschnitt 1 KV ist ohne Bedeutung. **38** Zutreffend: BDS/*Diehn*, Nr. 21102 KV Rn 10. **39** Unter Aufgabe der in der Vorauflage (1. Aufl. 2014, aaO) (sowie *Fackelmann*, Notarkosten nach dem neuen GNotKG, Rn 491, 532, 535) vertretenen Auffassung. **40** Vgl zur alten Rechtslage *Tiedtke/Diehn*, Notarkosten, Rn 661. **41** Vgl Korintenberg/*Schwarz*, KostO, § 38 Rn 27.

57 Zur Änderung des Angebots und Annahme in derselben Verhandlung → Rn 19.

58 Eine **Annahme mit Abänderung** gilt materiellrechtlich (§ 150 Abs. 2 BGB) als Ablehnung des Angebots verbunden mit einem neuen Angebot. Gleiches gilt im Kostenrecht. Zwischen Ablehnung und neuem Angebot besteht Gegenstandsgleichheit iSv § 109 Abs. 1 S. 1, so dass nach §§ 109 Abs. 1 S. 5, 94 Abs. 2 allein die Gebühr Nr. 21100 KV aus dem Geschäftswert des neuen Angebots anfällt. Nimmt die Gegenseite nun das neue Angebot an, fällt hierfür die 0,5-Gebühr Nr. 21101 Nr. 1 KV an.

59 Zur Annahme eines Angebots nach Benennung eines Dritten → Rn 17.

60 Erfolgt ein Kaufangebot gegenüber einer Erbengemeinschaft und nehmen die Miterben das Angebot nicht gleichzeitig, sondern nacheinander in getrennten Erklärungen an, handelt es sich um einzelne Annahmeerklärungen nach Nr. 21101 Nr. 1 KV; Geschäftswert ist jeweils nicht der dem Bruchteil des Anteilswerts des Miterben entsprechende Anteil am Wert der Kaufsache (§§ 98 Abs. 1, 2 S. 1 und 3, 47), sondern der volle Kaufwert. Der vorgenannte Anteil ist hingegen dann maßgeblich, wenn ein Miterbe das Angebot für andere Miterben annimmt und Letztere dem zustimmen.[42]

IV. Verfügungsgeschäfte

61 **1. Allgemeines.** Nr. 21101 Nr. 2 KV und Nr. 21102 Nr. 1 KV betreffen Verfügungsgeschäfte, deren Rechtsgrund ein entsprechendes Verpflichtungsgeschäft bildet (Beispiel: Kauf und Auflassung, Schenkung und Übereignung). In der Regel wird das Verfügungsgeschäft zusammen mit dem Verpflichtungsgeschäft beurkundet, so dass infolge Gegenstandsgleichheit gem. § 109 Abs. 1 S. 1, 2 und 5 eine 2,0-Gebühr Nr. 21100 KV aus dem Wert des Verpflichtungsgeschäfts entsteht. Bei getrennter Beurkundung – zB bei Teilflächenveräußerungen – entsteht hingegen sowohl für den Verpflichtungs- als auch für den Erfüllungsvertrag jeweils eine Gebühr Nr. 21100 KV aus dem Wert des Beurkundungsgegenstands. Für diesen Fall gewähren Nr. 21101 Nr. 2 KV (0,5-Gebühren) und Nr. 21102 Nr. 1 KV (1,0-Gebühren) eine Gebührenermäßigung, sofern das zugrunde liegende Rechtsgeschäft bereits beurkundet ist. Im Gegensatz zu § 38 Abs. 2 Nr. 6 KostO werden sämtliche Erfüllungsgeschäfte erfasst.[43] Zu differenzieren ist zunächst danach, ob der Urkundsnotar bereits das Grundgeschäft beurkundet hat oder nicht, ob die Beurkundung also durch einen anderen Notar, ein Gericht etc. erfolgt ist (wobei Vorbem. 2 Abs. 1 KV zu beachten ist, wonach dem Notar der Aktenverwahrer gem. § 51 BNotO, der Notariatsverwalter gem. § 56 BNotO oder ein anderer Notar, mit dem der Notar am Ort seines Amtssitzes zur gemeinsamen Berufsausübung verbunden ist oder mit dem er dort gemeinsame Geschäftsräume unterhält, gleichsteht).

62 **2. Verfügungsgeschäfte iSv Nr. 21101 Nr. 2 KV. a) Allgemeines.** Die Anwendbarkeit von Nr. 21101 Nr. 2 KV und damit die Gebührenermäßigung auf 0,5-Gebühren setzt zunächst voraus, dass der das Verfügungsgeschäft beurkundende Notar auch schon das Verpflichtungsgeschäft beurkundet hat. Durch Anknüpfung an die Identität des Notars wird zum einen berücksichtigt, dass der Arbeitsaufwand für den „Verfügungsnotar" bei Personenidentität mit dem „Verpflichtungsnotar" deutlich geringer ausfällt, als wenn ein nicht mit dem Grundgeschäft vertrauter zweiter Notar mit dem Verfügungsgeschäft betraut wird. Zum anderen soll der Anreiz dafür vermindert werden, das Grundgeschäft im Ausland und nur die Auflassung im Inland beurkunden zu lassen.[44]

63 **b) Zugrunde liegendes Rechtsgeschäft.** „Zugrunde liegendes Rechtsgeschäft" iSd 21101 Nr. 2 KV ist nur das Grundgeschäft der Beteiligten des Verfügungsgeschäfts. Dies gilt auch bei Abtretung der Rechte aus dem Ursprungsvertrag an einen Dritten, wenn das Verfügungsgeschäft zwischen Zessionar und ursprünglich Beteiligtem (zB Verkäufer) vorgenommen wird.

64 Weitere Rechtsgeschäfte, aus denen ein Dritter einen Anspruch auf Erfüllung des ursprünglichen Rechtsgeschäfts erhält, zählen nicht als „zugrunde liegendes Rechtsgeschäft".[45]

65 Ebenfalls „zugrunde liegendes Rechtsgeschäft" kann ein **Vorvertrag** sein, wenn er nicht nur die Verpflichtung zum Vertragsabschluss, sondern bereits die Verpflichtung zur dinglichen Erfüllung beinhaltet.

66 Nach Ausübung eines **Vorkaufsrechts** erfolgt die Auflassung ebenfalls aufgrund eines „zugrunde liegenden Rechtsgeschäfts", hier der Vertrag zwischen dem Vorkaufsverpflichteten und einem Dritten (Ausgangsvertrag).[46]

67 Gleiches gilt beim **Wiederkauf:**[47] Hier erfolgt die Ausübung durch einseitige Erklärung des Wiederkaufsberechtigten (Verkäufer) gegenüber dem Käufer nach § 456 BGB (kostenrechtlich unter Nr. 21200 KV zu subsumieren); der ursprüngliche Kaufvertrag enthielt bereits die diesbezüglichen Rechte und Pflichten der Par-

---

42 LG Dortmund DNotZ 1939, 278; Korintenberg/*Reimann*, KostO, § 37 Rn 22. **43** Damit auch zB die früher nicht erfasste Übertragung von Kommanditanteilen, vgl zum früheren Recht OLG Düsseldorf ZNotP 2006, 39 m. Anm. *Tiedtke*. **44** Vgl BT-Drucks 17/11471 (neu), S. 218. **45** KG DNotZ 1944, 137. **46** Vgl Palandt/*Weidenkaff*, BGB, Vor §§ 463 ff Rn 1. **47** BayObLGZ 1986, Nr. 23; Rohs/Wedewer/*Rohs*, KostO, § 38 Rn 39 a.

teien und ist insoweit zugrunde liegendes Rechtsgeschäft. Wird zu gleicher Urkunde die Wiederkaufserklärung und die Auflassung beurkundet, greift § 109 Abs. 1 S. 1 und 5 (Gegenstandsgleichheit); demnach ist eine Gebühr Nr. 21200 KV (1,0) aus dem Wert der Wiederkaufserklärung zu erheben.

In beiden Fällen (Ausübung des Vorkaufsrechts bzw Wiederkaufsrechts) finden die Gebührenprivilegierun-   **68** gen jedoch keine Anwendung, wenn der Vorkaufs- oder Wiederkaufsberechtigte mit dem Eigentümer andere Vereinbarungen als die im zugrunde liegenden Rechtsgeschäft geregelten Vereinbarungen trifft, insb. also einen neuen Kaufvertrag schließt.[48]

Kein „zugrunde liegendes Rechtsgeschäft" sind Geschäfte, die **keinen unmittelbaren klagbaren Anspruch**   **69** auf das Verfügungsgeschäft begründen. Hierher gehört zB das unwirksame Verpflichtungsgeschäft (es sei denn, Heilung ist eingetreten), die Rückübertragung eines sicherungsweise oder im Wege eines Treuhandverhältnisses übertragenen Geschäftsanteils (Ausnahme: der Sicherungs- oder Treuhandvertrag enthält eine ausdrückliche und klagbare Rückauflassungsverpflichtung), ein Gesellschafterbeschluss, der die Übertragung eines Grundstücks auf einen Gesellschafter oder Dritten zum Gegenstand hat (Gleiches gilt für entsprechende Satzungsbestimmungen).[49]

Schon an einem Rechtsgeschäft fehlt es bei einer dem Verfügungsgeschäft zugrunde liegenden **rechtskräfti-**   **70** **gen Verurteilung:**[50] Das Urteil ist ein Hoheitsakt, kein Rechtsgeschäft iSe Tatbestands, der aus mindestens einer Willenserklärung besteht, die entweder allein oder in Verbindung mit anderen Tatbestandsmerkmalen eine Rechtsfolge herbeiführt, weil sie gewollt ist.[51] Nicht ausreichend hingegen ist ein Urteil auf Zahlung Zug um Zug gegen die Leistung (zB Übereignung eines Grundstücks), da aus dem Titel zwar auf Zahlung, nicht jedoch auf die Leistung geklagt werden kann.[52]

Nicht unter Nr. 21101 Nr. 2 KV fallen nach **Anm. Abs. 1** solche Erfüllungsgeschäfte, deren zugrunde lie-   **71** gendes Rechtsgeschäft eine notarielle **Verfügung von Todes wegen** ist. Hier kommt vielmehr die Gebühr Nr. 21102 Nr. 1 KV zur Anwendung (Gebührensatz: 1,0), da infolge des zwischen der Beurkundung der Verfügung von Todes wegen und der Erfüllung liegenden langen Zeitraums eine Entlastung des „Verpflichtungsnotars" regelmäßig ausscheidet; er muss sich idR – genau wie ein neuer „Verfügungsnotar" – neu in den Sachverhalt einarbeiten.[53] Bei einem privatschriftlichen Testament fehlt es hingegen schon an der „Urkunde" iSd Vorschrift.[54]

Ebenfalls nicht unter Nr. 21101 Nr. 2 KV fällt nach **Anm. Abs. 2** die **Beurkundung des Zuschlags** im Rah-   **72** men einer **freiwilligen Grundstücksversteigerung:** In diesem Fall entsteht die Gebühr Nr. 23603 KV.

Wurden Grundstücke in der Auflassung falsch bezeichnet oder wurden die Bezeichnung von Teilflächen un-   **73** terlassen,[55] sind Verpflichtungs- und Erfüllungsgeschäft entsprechend durch Nachtragsvereinbarungen zu ergänzen. Ist auch dies nur über Angebot und Annahme (verschiedene Notare) zu bewerkstelligen, fallen getrennte Gebühren an: Nr. 21100 KV bzgl des Angebots zum Verpflichtungsgeschäft, Nr. 21101 Nr. 1 KV bzw Nr. 21102 Nr. 1 KV bzgl der Annahme (sofern nicht ein Vergleich nach § 94 Abs. 1 ergibt, dass eine Gebühr nach dem höchsten Gebührensatz aus dem Gesamtbetrag der Werte günstiger ist); Geschäftswert ist nach § 36 Abs. 1 jeweils 20–30 % des Werts der korrekt bezeichneten Grundstücke.[56]

c) Beurkundet iSv Nr. 21101 und 21102 KV. „Beurkundet" ist das zugrunde liegende Rechtsgeschäft nicht   **74** nur bei notarieller Beurkundung, sondern bei jeder urkundsmäßigen Niederlegung durch eine andere zuständige Urkundsperson (Verwaltungsbehörde, Ortsgerichtsvorsteher, Ratsschreiber), die einen unmittelbaren klagbaren Anspruch auf Vornahme des jeweiligen Verfügungsgeschäfts begründet.[57]

Ebenfalls ausreichend ist eine Beurkundung in einem Prozessvergleich iSe rechtsgeschäftlichen Vereinba-   **75** rung, bei der die gerichtliche Protokollierung lediglich an die Stelle der notariellen Beurkundung tritt, vgl § 127 a BGB.[58] Gleiches gilt für einen Vergleich vor einem Schiedsgericht nach § 1025 ZPO.[59] In beiden Fällen darf der Vergleich jedoch nicht erst auf Abschluss eines Vertrags lauten, sondern muss direkt die Verpflichtung zur dinglichen Erfüllung enthalten (wobei Bestimmbarkeit der Leistung ausreicht).[60]

---

48 OLG Celle NdsRpfl 1957, 247; RGZ 170, 208, 213 f; Rohs/Wedewer/*Rohs*, KostO, § 38 Rn 40. **49** Korintenberg/*Tiedtke*, Nr. 21101 KV Rn 18. **50** BayObLG ZNotP 2003, 160 m. Anm. *Tiedtke*. **51** Palandt/*Heinrichs*, BGB, Vor § 104, Rn 2. **52** BayObLG ZNotP 2003, 160 mit Verweis auf BGH NJW 1992, 1172, 1173. **53** Vgl BT-Drucks 17/11471 (neu), S. 219. **54** Vgl auch Rohs/Wedewer/*Rohs*, KostO, § 38 Rn 41. **55** Vgl zur materiellrechtlichen Einordnung BGH NotBZ 2008, 229 m. Anm. *Waldner*; BGH ZfIR 2008, 375 m. Anm. *Lang*. **56** *Tiedtke/Diehn*, Notarkosten, Rn 704; *Filzek*, KostO, § 38 Rn 25; Prüfungsabteilung der Ländernotarkasse, NotBZ 2007, 402. **57** Korintenberg/*Tiedtke*, Nr. 21101 KV Rn 16. **58** BayObLG MittBayNot 2004, 144. **59** OLG München DNotZ 1943, 29. **60** OLG München DNotZ 1943, 29 und DNotZ 1944, 71.

76   Wenn das **Verpflichtungsgeschäft** von einem **ausländischen Notar** beurkundet worden ist, handelt es sich hierbei nicht um eine „Beurkundung" iSv Nr. 21102 KV.[61] Der Wortlaut des Gebührentatbestands der Nr. 21102 Nr. 1 KV („... das zugrunde liegende Rechtsgeschäft bereits beurkundet") trifft hier zwar keine eindeutige Aussage, allerdings ergibt sich aus der Struktur der Gebühren für das Beurkundungsverfahren in den Nr. 21100–21102 KV, dass eine Beurkundung durch einen deutschen Notar vorausgesetzt wird: Hintergrund der Gebührensatzstaffelung von 0,5–2,0 ist letztlich der Aufwand für die Beurkundung. Für solche Beurkundungsverfahren, die gegenüber der Beurkundung eines Vertrags (Nr. 21100 KV) weniger aufwändig sind, entstehen auch geringere Gebühren, zB für das Verfügungsgeschäft bei Vorliegen des Grundgeschäfts in notarieller Form, vgl Nr. 21102 Nr. 1 KV. Bei einem nach ausländischem Verfahrensrecht beurkundeten Grundgeschäft ist ein geringerer Aufwand gegenüber der Selbstvornahme der Beurkundung jedoch gerade nicht gegeben: Der Notar muss nach § 925a BGB sorgfältig prüfen, ob überhaupt eine formgerechte Urkunde (§ 311b Abs. 1 S. 1 BGB) vorliegt.[62] Auch ist zu beachten, dass die Begründung zu Nr. 21101 Nr. 2 KV ausführt, dass „auch der Anreiz dafür vermindert werden [soll], das Grundgeschäft im Ausland und nur die Auflassung im Inland beurkunden zu lassen".[63] Damit ist unter „Beurkundung" iSv Nr. 21102 Nr. 1 KV nur die inländische (Beurkundung nach dem BeurkG), nicht jedoch die ausländische Beurkundung zu fassen.

77   **d) Beurkundung des Zuschlags in einer freiwilligen Versteigerung von Grundstücken oder grundstücksgleichen Rechten.** Anm. Abs. 2 zu Nr. 21101 KV stellt klar, dass für die Beurkundung des Zuschlags im Rahmen einer freiwilligen Grundstücksversteigerung keine Gebühr nach Abschnitt 1, sondern nur die 1,0-Gebühr Nr. 23603 KV anfällt.

78   **3. Verfügungsgeschäfte iSv Nr. 21102 Nr. 1 KV.** Die Gebührenermäßigung nach Nr. 21102 Nr. 1 KV auf 1,0 ist bei allen reinen Erfüllungsgeschäften anwendbar, deren zugrunde liegendes Rechtsgeschäft bereits beurkundet wurde (zum Begriff „Beurkundung", insb. bei ausländischem Verpflichtungsgeschäft, → Rn 74 f) oder – bei Personenidentität zwischen „Verpflichtungs- und Verfügungsnotar" – deren Grundgeschäft eine in öffentlicher Urkunde niedergelegte Verfügung von Todes wegen ist (Vermächtniserfüllungsverträge), vgl Anm. Abs. 1 zu Nr. 21101 KV. Gleiches gilt, wenn der Zuschlag bzgl eines Grundstücks oder eines grundstücksgleichen Rechts im Rahmen einer freiwilligen Grundstücksversteigerung erteilt wurde.

79   Ebenso ist Nr. 21102 Nr. 1 KV anwendbar auf die Konstellation des Vertragsschlusses im Wege der Trennung von Angebot und Annahme, wenn der „Verfügungsnotar" zwar zuvor die Annahme beurkundet hat, das Angebot auf Abschluss des Kaufvertrags jedoch zur Urkunde eines anderen Notars abgegeben wurde (Vorrang von Nr. 21101 Nr. 2 KV vor Nr. 21102 Nr. 1 KV).[64]

80   Bei zur Urkunde verschiedener Notare abgegebener Angebote und Annahmen gilt für die Beurkundung von Annahme des Angebots und Verfügungsgeschäft (Auflassung) in einer Urkunde jedoch weder Nr. 211001 Nr. 2 KV noch Nr. 21102 Nr. 1 KV, sondern Nr. 21100 KV (2,0-Gebühren), allerdings beträgt die Gebühr nach § 94 Abs. 2 nicht mehr als die Summe der Gebühren, die bei getrennter Beurkundung von Annahme und Auflassung entstanden wären (hier also insgesamt 1,5-Gebühren nach Nr. 21101 Nr. 1 KV für die Annahme und Nr. 21102 Nr. 1 KV für die Auflassung).

V. Vertragsaufhebung (Nr. 21102 Nr. 2 KV)

81   Die Gebührenermäßigung der Nr. 21102 Nr. 2 KV gilt für Vertragsaufhebungen, gleich, ob es sich um die Aufhebung eines schuldrechtlichen oder eines dinglichen (Erfüllungs-)Vertrags handelt und ob der Vertrag noch nicht, bereits teilweise oder vollständig erfüllt worden ist.

82   **Nicht** anwendbar ist Nr. 21102 Nr. 2 KV auf die **Aufhebung eines Ehevertrags:** Wird ein Ehevertrag aufgehoben, hat dies insb. konstitutive Wirkungen auf den güterrechtlichen Status der Ehegatten (zB Aufhebung der Gütertrennung bewirkt „Rückkehr" zum gesetzlichen Güterstand). Daher ist die Aufhebung des Ehevertrags stets nur Teilbestandteil des Aufhebungsvertrags; maßgeblich für die Bewertung ist hingegen das ehevertragliche Element.[65]

83   Ob der aufgehobene Vertrag selbst beurkundet war, ist ohne Belang. Keine Vertragsaufhebung idS ist die Rücktrittserklärung; sie fällt als einseitige Erklärung unter Nr. 21200 KV.

84   Voraussetzung der Privilegierung ist, dass lediglich die Vertragsaufhebung beurkundet wird, nicht jedoch darüber hinausgehende Vereinbarungen, wie zB Schadensersatzleistungen, die Substitution durch einen

---

61 HM und Rspr; wie hier *Fackelmann*, Notarkosten nach dem neuen GNotKG, Rn 537; Korintenberg/*Tiedtke*, Nr. 21102 KV Rn 21; BDS/*Diehn*, Nr. 21102 KV Rn 10; BayObLG DNotZ 1978, 58 = MittBayNot 1977, 196; OLG Hamm ZNotP 1998, 301; OLG Köln RNotZ 2002, 239; aA zum alten Recht OLG Köln RNotZ 2002, 239m. abl. Anm. *Knoche*; OLG Zweibrücken FGPrax 1995, 204. **62** *Diehn*, Notarkostenberechnungen, Rn 387 ff. **63** Vgl BT-Drucks 17/11471 (neu), S. 218 f. **64** Vgl BT-Drucks 17/11471 (neu), S. 219. **65** Wie hier *Fackelmann*, Notarkosten nach dem neuen GNotKG, Rn 713; Korintenberg/*Tiedtke*, Nr. 21102 KV Rn 8; *Diehn/Sikora/Tiedtke*, Das neue Notarkostenrecht, Rn 605; Streifzug GNotKG (11. Aufl.), Rn 459; BDS/*Diehn*, Nr. 21102 KV Rn 19.

neuen Vertrag etc. Wird ein Vertrag aufgehoben und in gleicher Urkunde eine neue Vereinbarung mit denselben Beteiligten beurkundet, ist zu unterscheiden:

Wird der Vertrag gänzlich aufgehoben und betrifft die neue Vereinbarung (ggf neben weiteren Gegenständen) auch den Gegenstand des ursprünglichen Vertrags, sind Aufhebung und neue Vereinbarung gegenstandsgleich, § 109 Abs. 1 S. 1. „Hauptgeschäft" ist insofern die neue Vereinbarung; die Aufhebung dient der Durchführung dieser neuen Vereinbarung (§ 109 Abs. 1 S. 2). Dies gilt auch für den Fall des „wiederauferstandenen Vertrages", dh der erneuten Inkrafttretens eines ursprünglich aufgehobenen Vertrags im Wege der Aufhebung eines nachträglich geschlossenen Vertrags.   85

Nr. 21102 Nr. 2 KV unterfallen ausschließlich **vollständige Vertragsaufhebungen**. Wird der Vertrag hingegen nur zum Teil aufgehoben, ist Nr. 21102 Nr. 2 KV nicht anwendbar (zB Aufhebung von einzelnen Verfügungen eines Erbvertrags): Im Unterschied zur vollständigen Aufhebung eines Vertrags liegt hierin stets eine Änderung, die unter Nr. 21100 KV fällt. Jede Änderung eines Vertrags enthält insofern ein „Aufhebungsmoment", das jedoch gegenstandsgleich und daher nicht separat zu bewerten ist. Anders kann dies nur dann zu beurteilen sein, wenn der Vertragsgegenstand teilbar ist: dann Anwendung von Nr. 21102 Nr. 2 KV auf den aufgehobenen Teil.[66]   86

Der Geschäftswert der Aufhebung ist – vgl §§ 96, 10 – im Zeitpunkt der Beurkundung zu bestimmen, dh, Veränderungen des Werts gegenüber dem aufgehobenen Vertrag sind zu berücksichtigen.   87

Abschnitt 2
Sonstige Erklärungen, Tatsachen und Vorgänge

Nr.	Gebührentatbestand	Gebühr oder Satz der Gebühr nach § 34 GNotKG – Tabelle B
	Vorbemerkung 2.1.2: (1) Die Gebühr für die Beurkundung eines Antrags zum Abschluss eines Vertrages und für die Beurkundung der Annahme eines solchen Antrags sowie für die Beurkundung eines gemeinschaftlichen Testaments bestimmt sich nach Abschnitt 1, die Gebühr für die Beurkundung des Zuschlags bei der freiwilligen Versteigerung von Grundstücken oder grundstücksgleichen Rechten bestimmt sich nach Nummer 23603. (2) Die Beurkundung der in der Anmerkung zu Nummer 23603 genannten Erklärungen wird durch die Gebühr 23603 mit abgegolten, wenn die Beurkundung in der Niederschrift über die Versteigerung erfolgt.	
21200	Beurkundungsverfahren .... Unerheblich ist, ob eine Erklärung von einer oder von mehreren Personen abgegeben wird.	1,0 – mindestens 60,00 €
21201	Beurkundungsgegenstand ist 1. der Widerruf einer letztwilligen Verfügung, 2. der Rücktritt von einem Erbvertrag, 3. die Anfechtung einer Verfügung von Todes wegen, 4. ein Antrag oder eine Bewilligung nach der Grundbuchordnung, der Schiffsregisterordnung oder dem Gesetz über Rechte an Luftfahrzeugen oder die Zustimmung des Eigentümers zur Löschung eines Grundpfandrechts oder eines vergleichbaren Pfandrechts, 5. eine Anmeldung zum Handelsregister oder zu einem ähnlichen Register, 6. ein Antrag an das Nachlassgericht, 7. eine Erklärung, die gegenüber dem Nachlassgericht abzugeben ist, oder 8. die Zustimmung zur Annahme als Kind: Die Gebühr 21200 beträgt .... In dem in Vorbemerkung 2.3.3 Abs. 2 genannten Fall ist das Beurkundungsverfahren für den Antrag an das Nachlassgericht durch die Gebühr 23300 für Abnahme der eidesstattlichen Versicherung mit abgegolten; im Übrigen bleiben die Vorschriften in Hauptabschnitt 1 unberührt.	 0,5 – mindestens 30,00 €

---

[66] Vgl Korintenberg/*Tiedtke*, Nr. 21102 KV Rn 13.

I. Anwendungsbereich

1   Abschnitt 2 bildet die **Auffangregelung** zu allen Beurkundungsvorgängen iSd Teil 2 Hauptabschnitt 1 KV, also zu Niederschriften iSv §§ 8, 36 BeurkG (s. Vorbem. 2.1 Abs. 1 KV), die **nicht von Abschnitt 1 erfasst** sind. Nachdem Abschnitt 1 ausweislich seiner Überschrift und Vorbem. 2.1.1 KV auf Verträge, Beschlüsse, Vertragsanträge (Vertragsangebote) und -annahmen sowie gemeinschaftliche Testamente Anwendung findet, unterfallen alle sonst denkbaren Erklärungen und Vorgänge in notariellen Niederschriften iSd §§ 8, 36 BeurkG dem Abschnitt 2. Folgerichtig spricht daher die Überschrift des Abschnitts 2 insoweit von „Sonstigen Erklärungen, Tatsachen und Vorgängen" und unterstreicht in der Vorbem. 2.1.2 Abs. 1 KV nochmals den Vorrang des Abschnitts 1 für Vertragsangebote und -annahmen sowie Testamente.

2   **Vorbem. 2.1.2 Abs. 2 KV** stellt ferner den Anwendungsvorrang der Nr. 23603 KV klar, indem er die dort genannten Erklärungen aus dem Anwendungsbereich des Abschnitts 2 ausklammert, soweit auf sie Nr. 23603 KV Anwendung findet.

II. Bestimmte Beurkundungsverfahren (Nr. 21200 KV)

3   Die Gebühr von 1,0 gem. Nr. 21200 KV ist für alle Erklärungen und Vorgänge in **Niederschriften iSv §§ 8, 36 BeurkG** zu erheben, die nicht in den Anwendungsbereich von Abschnitt 1, Nr. 23603 KV oder Nr. 21201 KV fallen. Dabei spielt es keine Rolle, ob die Erklärung von einer oder von mehreren Personen abgegeben wird, was Nr. 21200 KV ausdrücklich klarstellt.

Was die Prüfungsreihenfolge anbelangt, ist zunächst (im Sinne eines Ausschlussverfahrens) zu prüfen, ob einer der in Nr. 21201 KV genannten (privilegierten) Fälle anwendbar ist, da insoweit nur eine 0,5-Gebühr einschlägig ist. Nur soweit keiner der in Nr. 21201 KV geregelten Fälle vorliegt, kommt man zu Nr. 21200 KV.

4   Nr. 21200 KV ist demnach insb. in den nachstehend beschriebenen Fallgruppen anzuwenden:

5   **1. Einseitige Rechtsgeschäfte. a) Grundsätzliches.** Nr. 21200 KV erfasst die vormals in § 36 Abs. 1 Hs 1 KostO geregelten einseitigen Rechtsgeschäfte bzw Erklärungen und zwar **auch**, wenn sie **ergänzenden oder ändernden Charakter** haben. Die Begründung des Regierungsentwurfs führt hierzu aus, dass in diesem Bereich die allgemeinen Gebührenvorschriften über das Beurkundungsverfahren und die regelmäßig niedrigeren Geschäftswerte sachgerechte Ergebnisse gewährleisten.

6   Darüber hinaus erfasst Nr. 21200 KV auch **Zustimmungserklärungen**, ebenso deren Widerruf.

7   Ferner findet Nr. 21200 KV auch auf **Tatsachenprotokolle** Anwendung, die bislang in den Anwendungsbereich des § 50 Abs. 1 Nr. 1 ZPO gefallen sind.

8   Im Folgenden werden entsprechende Beispiele dargestellt, welche der Übersichtlichkeit halber bestimmten Kategorien zugeordnet werden.

b) Allgemeines Zivilrecht

9
- Zustimmung, zB gem. §§ 182, 558 b BGB;
- Einwilligung (§ 183 BGB);
- Genehmigung, zB gem. §§ 177 Abs. 1, 184, 185 Abs. 2 BGB;
- Vollmacht (§ 167 BGB);
- Schuldversprechen und Schuldanerkenntnis (§§ 780, 781 BGB);
- Ausübung eines Wiederkaufsrechts (§ 456 BGB) oder Vorkaufsrechts (§ 464 BGB);
- Widerrufserklärung (zB Widerruf gem. §§ 109, 178 oder 183 BGB; Verbraucherwiderruf gem. § 355 BGB; Schenkungswiderruf gem. § 531 Abs. 1 BGB; Anweisungswiderruf gem. § 790 BGB) mit Ausnahme des Widerrufs einer letztwilligen Verfügung, da insoweit Nr. 21201 Nr. 1 KV einschlägig ist;
- Rücktritt (§§ 323 ff, 349 BGB) mit Ausnahme des Rücktritts von einem Erbvertrag, der unter Nr. 21201 Nr. 2 KV fällt;
- Verzichtserklärung, zB gem. § 533 BGB.

c) Sachenrecht

10
- Bestellung eines Grundpfandrechts, wenn sich die Erklärung nicht auf die entsprechende Grundbuchbewilligung (Nr. 21201 Nr. 4 KV) beschränkt;
- Abtretung eines Grundpfandrechts;

- materiellrechtliche Rangrücktrittszustimmung des Eigentümers gem. § 880 Abs. 2 S. 2 BGB, wobei sich die Praxis aus Kostengründen regelmäßig auf die Beurkundung der entsprechenden Bewilligung beschränkt, da Letztere lediglich eine Gebühr von 0,5 nach Nr. 21201 Nr. 4 KV auslöst;
- materiellrechtliche Aufhebungserklärung hinsichtlich eines Rechts an einem Grundstück (§ 875 BGB), wobei sich die Praxis aus Kostengründen regelmäßig auf die Beurkundung der entsprechenden Bewilligung beschränkt, da Letztere lediglich eine Gebühr von 0,5 nach Nr. 21201 Nr. 4 KV auslöst;
- Wohnungseigentumsbegründung durch Vorratsteilung (§ 8 WEG);
- Bestellung oder Aufhebung eines Eigentümererbbaurechts.

d) Familienrecht

- Antrag auf Annahme als Kind (Adoptionsantrag);   **11**
- Sorgeerklärung gem. § 1626 a BGB;
- familienrechtliche BGB-Zustimmungserklärungen, zB gem. §§ 1365, 1516.

e) Gesellschaftsrecht

- Einrichtung einer sog. „Ein-Mann-Kapitalgesellschaft" sowie „Ein-Mann-GmbH", „Ein-Mann-UG   **12** (haftungsbeschränkt)" oder „Ein-Mann-AG" einschließlich der Feststellung des Gesellschaftsvertrags, es sei denn, es wird zugleich eine Einlageverpflichtung durch Übertragung einer Sacheinlage erfüllt (da Letztere im Vertragswege erfolgt);
- Übernahmeerklärung bei Erhöhung des Stammkapitals einer GmbH (§ 55 GmbHG);
- gesellschaftsrechtliche Zustimmungserklärungen, zB des Vorstands zur Überlassung von Aktien anlässlich der Kapitalerhöhung einer AG oder nach dem Umwandlungsrecht wie etwa gem. § 13 Abs. 2 UmwG.

f) Verfahrensrecht

- Unterwerfung unter die sofortige Zwangsvollstreckung (§ 794 Abs. 1 Nr. 5 ZPO);   **13**
- Identitätsfeststellung zur dinglichen Zwangsvollstreckung (§ 800 ZPO).

g) Betreuungsrecht

- Patientenverfügung   **14**
- Betreuungsverfügung

2. Einseitige Testamente. Nr. 21200 KV erfasst ferner einseitige Testamente, auch deren Änderung oder Er- **15** gänzung.

3. Tatsachen und Vorgänge. Nr. 21200 KV ist zudem anzuwenden auf notarielle Niederschriften, die keine **16** Willenserklärungen, sondern Tatsachen oder Vorgänge zum Inhalt haben, soweit keine anderen Bestimmungen des KV einschlägig sind (nicht umfasst werden insb. Beschlussniederschriften, da insoweit Nr. 21100 KV gilt, oder Verlosungen bzw Auslosungen, da insoweit Nr. 23200 und 23201 KV gelten). Insbesondere erfasst Nr. 21200 KV Tatsachenprotokolle, die bislang zumeist in den Anwendungsbereich des § 50 Abs. 1 Nr. 1 ZPO gefallen sind, wie zB Niederschriften über den Hergang der Öffnung von Bankschließfächern oder die Vernichtung bestimmter Werkstücke. Als weitere Beispiele werden **Lebensbescheinigungen** und **Legitimationsurkunden** (zB Überprüfung der Übereinstimmung der äußeren Merkmale der Person mit dem Lichtbild des amtlichen Ausweises) genannt.[1] In einfachen Fällen kann der Notar in den beschriebenen Konstellationen nach seinem Ermessen anstelle einer Niederschrift auch eine bloße **Vermerkurkunde** gem. § 39 BeurkG errichten, für welche Gebühren nach Hauptabschnitt 5 KV (sonstige Geschäfte) zu erheben sind.

4. Mehrere Beteiligte. Nr. 21200 KV stellt klar, dass es ohne Bedeutung ist, ob die einseitigen Erklärungen **17** nur von einer Person oder von mehreren Personen als Teilnehmern, insb. von Mitberechtigten oder Mitverpflichteten, abgegeben werden.

Dies kann selbst dann gelten, wenn es sich um eine Erklärung im Rahmen eines Vertragsverhältnisses han- **18** delt. Nämlich dann, wenn die notarielle Niederschrift nur die Erklärung des einen Vertragsteils enthält (ohne dass es sich um ein Vertragsangebot oder dessen Annahme handelt, weil für diese Nr. 21100 KV bzw Nr. 21101 Nr. 1 KV einschlägig ist), was freilich nur dann in Betracht kommt, wenn nicht das gesamte Vertragsverhältnis (und somit auch die Erklärung des anderen Vertragsteils) der notariellen Form bedarf.

---

[1] Korintenberg/*Hey'l*, Nr. 21200 KV Rn 24.

19 **Beispiele** sind:
- Bürgschaftsvertrag, wenn nur die Erklärung des Bürgen und nicht auch diejenige des Gläubigers beurkundet wird;
- Abtretungsvertrag, wenn nur die Erklärung des Zedenten und nicht auch diejenige des Zessionars beurkundet wird.

III. Bestimmte Beurkundungsgegenstände (Nr. 21201 KV)

20 Nr. 21201 KV reduziert die Gebühr Nr. 21200 KV von 1,0 auf 0,5 für bestimmte Fälle einseitiger Erklärungen. Er stellt eine lex specialis zu Nr. 21200 KV dar und sollte daher vorrangig geprüft werden (→ Rn 3).

21 **1. Beseitigung letztwilliger Verfügungen (Nr. 1–3).** Nr. 1–3 erfassen alle Fälle der Beseitigung letztwilliger Verfügungen durch einseitige Erklärung, namentlich Widerruf eines Testaments (auch eines gemeinschaftlichen), Rücktritt von einem Erbvertrag und Anfechtung. **Nicht** erfasst, da Vertrag und somit unter Nr. 21102 Nr. 2 KV fallend, ist die **Erbvertragsaufhebung.**

22 **2. Grundbuchverfahrensrechtliche Erklärungen (Nr. 4).** Nr. 4 erfasst die das Grundbuch betreffenden Verfahrenserklärungen (Anträge und Bewilligungen) sowie solche hinsichtlich Schiffe und Luftfahrzeuge betreffenden Register. Die Vorschrift entspricht dem vormaligen § 38 Abs. 2 Nr. 5 KostO.

23 Diese Vorschrift beschränkt sich auf die **reinen (formellen) Verfahrenserklärungen,** also die Eintragungsanträge und -bewilligungen.[2] **Nicht** in ihren Anwendungsbereich fallen die zugrunde liegenden **materiellrechtlichen Erklärungen.** Für Eigentümerzustimmungen zur Löschung von Grundpfandrechten könnte dies angesichts des Wortlauts („Zustimmung des Eigentümers zur Löschung eines Grundpfandrechts") im Gegensatz zum vormaligen § 38 Abs. 2 Nr. 5 Buchst. b KostO („der Zustimmung nach § 27 der Grundbuchordnung") zwar nunmehr zweifelhaft sein. Insoweit geht jedoch die Begründung des Regierungsentwurfs nicht von einer Änderung im Vergleich zur vormaligen Rechtslage aus.

24 In der Praxis treffen solche formellen Erklärungen freilich häufig mit den zugrunde liegenden materiellrechtlichen **dinglichen und schuldrechtlichen Rechtsgeschäften** zusammen; es handelt sich dann um gem. § 109 Abs. 1 S. 2 **gegenstandsidentische Durchführungsgeschäfte.**

25 Als *actus contrarii* unterliegen auch die Beurkundung der **Zurücknahme** eines Eintragungsantrags oder der **Widerruf** einer Eintragungsbewilligung der Nr. 4. Davon zu unterscheiden ist die Rücknahmeerklärung des Notars als Verfahrensbevollmächtigten, welche schon deswegen nicht in den Anwendungsbereich der Nr. 4 fällt, weil sie nicht in einer notariellen Niederschrift enthalten ist.

26 **3. Anmeldung zum Handelsregister oder zu einem ähnlichen Register (Nr. 5).** Neben den **Handelsregisteranmeldungen** betrifft Nr. 5 auch Anmeldungen zu „ähnlichen Registern", was weit ausgelegt werden kann. In Betracht kommen alle denkbaren Register, wie zB **Partnerschaftsregister, Genossenschaftsregister, Güterrechtsregister, Vereinsregister, Musterregister, Kartellregister,** auch das **Vorsorge- und Testamentsregister.**[3]

27 Erfasst werden allerdings nur **Anmeldungen,** also auf Eintragung gerichtete Anträge, nicht jedoch andere beim Register einzureichende Erklärungen, wie zB Anträge auf Bestellung von Organen (zB Notgeschäftsführer) oder Erklärungen über deren Zusammensetzung (zB Änderungen im Aufsichtsrat gem. § 106 AktG, Gesellschafterlisten gem. § 40 Abs. 1 S. 1 GmbHG). Für Handelsregisteranmeldungen richtet sich der **Wert** nach den §§ 105 und 106, für Anmeldungen nach dem Güterrechtsregister nach § 100 Abs. 1 Nr. 2.

28 Werden Anmeldungen zusammen mit den ihnen zugrunde liegenden Rechtsakten in derselben Urkunde niedergelegt, so liegt (anders als bei grundbuchverfahrensrechtlichen Erklärungen, → Rn 24) wegen § 111 Nr. 3 Gegenstandsverschiedenheit vor.

29 **4. Anträge und Erklärungen gegenüber dem Nachlassgericht (Nr. 6, 7).** Nr. 6 und 7 erfassen Anträge und Erklärungen gegenüber dem Nachlassgericht. Der **Wert** richtet sich nach § 103 Abs. 1.

30 **Beispiele** sind:
- Ausschlagung der Erbschaft (§ 1945 BGB);
- Anfechtung der Annahme oder Ausschlagung der Erbschaft (§§ 1955, 1956 BGB);
- Bestimmung der Person des Testamentsvollstreckers (§ 2198 Abs. 2 BGB).

31 In einen **Erbscheinsantrag** wird wegen § 2356 Abs. 2 S. 1 BGB regelmäßig eine eidesstattliche Versicherung des Antragstellers aufgenommen, so dass mit der Gebühr nach Nr. 23300 KV der Antrag mitabgegolten ist,

---

2 Einzelbeispiele bei Korintenberg/*Hey'l*, Nr. 21200 KV Rn 21 ff. 3 AA für das Vorsorge- und Testamentsregister Korintenberg/*Hey'l*, Nr. 21200 KV Rn 40. Zuzugeben ist ihm allenfalls, dass es hinsichtlich der beiden Register kaum je zur Beurkundung eines Eintragungsantrags kommen dürfte. Dies ist aber kein Grund, die Register von vornherein aus dem Anwendungsbereich der Vorschrift auszunehmen.

wie in Vorbem. 2.3.3 Abs. 2 KV bestimmt ist und worauf in der **Anm. Hs 2** zu Nr. 21201 KV nochmals klarstellend hingewiesen wird.

5. Zustimmung zur Annahme als Kind (Nr. 8). Nr. 8 erfasst nur die **Zustimmungserklärungen (Einwilligungen)**, nicht hingegen den Antrag selbst (dieser fällt unter Nr. 21200 KV) oder erforderliche Verzichtserklärungen, etwa gem. § 1747 Abs. 3 Nr. 3 BGB (solche fallen ebenfalls unter Nr. 21200 KV). Ebenfalls nicht von Nr. 8 erfasst ist der Verzicht des Vaters auf Übertragung des Sorgerechts gem. § 1747 Abs. 3 Nr. 3 BGB, da es sich nicht um eine Einwilligung handelt; insoweit gilt vielmehr Nr. 21200 KV (einseitige Erklärung). 32

Werden der Antrag und die Einwilligung(en) oder Verzichte in derselben Niederschrift beurkundet, liegt gem. § 109 Abs. 2 S. 2 Gegenstandsidentität vor, da die Einwilligungen oder Verzichte der Durchführung des Antrags als Hauptgeschäft dienen. Der Geschäftswert der Zustimmung beträgt bei einer Minderjährigenadoption gem. §§ 101, 98 Abs. 1 stets 2.500 €. Bei einer Volljährigenadoption sind §§ 36, 98 Abs. 1 einschlägig. 33

Abschnitt 3
Vorzeitige Beendigung des Beurkundungsverfahrens

Nr.	Gebührentatbestand	Gebühr oder Satz der Gebühr nach § 34 GNotKG – Tabelle B
	Vorbemerkung 2.1.3:	
	(1) Ein Beurkundungsverfahren ist vorzeitig beendet, wenn vor Unterzeichnung der Niederschrift durch den Notar der Beurkundungsauftrag zurückgenommen oder zurückgewiesen wird oder der Notar feststellt, dass nach seiner Überzeugung mit der beauftragten Beurkundung aus Gründen, die nicht in seiner Person liegen, nicht mehr zu rechnen ist. Wird das Verfahren länger als 6 Monate nicht mehr betrieben, ist in der Regel nicht mehr mit der Beurkundung zu rechnen.	
	(2) Führt der Notar nach der vorzeitigen Beendigung des Beurkundungsverfahrens demnächst auf der Grundlage der bereits erbrachten notariellen Tätigkeit ein erneutes Beurkundungsverfahren durch, wird die nach diesem Abschnitt zu erhebende Gebühr auf die Gebühr für das erneute Beurkundungsverfahren angerechnet.	
	(3) Der Fertigung eines Entwurfs im Sinne der nachfolgenden Vorschriften steht die Überprüfung, Änderung oder Ergänzung eines dem Notar vorgelegten Entwurfs gleich.	
21300	Vorzeitige Beendigung des Beurkundungsverfahrens	
	1. vor Ablauf des Tages, an dem ein vom Notar gefertigter Entwurf an einen Beteiligten durch Aufgabe zur Post versandt worden ist,	
	2. vor der Übermittlung eines vom Notar gefertigten Entwurfs per Telefax, vor der elektronischen Übermittlung als Datei oder vor Aushändigung oder	
	3. bevor der Notar mit allen Beteiligten in einem zum Zweck der Beurkundung vereinbarten Termin auf der Grundlage eines von ihm gefertigten Entwurfs verhandelt hat:	
	Die jeweilige Gebühr für das Beurkundungsverfahren ermäßigt sich auf	20,00 €
21301	In den Fällen der Nummer 21300 hat der Notar persönlich oder schriftlich beraten:	
	Die jeweilige Gebühr für das Beurkundungsverfahren ermäßigt sich auf eine Gebühr	in Höhe der jeweiligen Beratungsgebühr
21302	Vorzeitige Beendigung des Verfahrens nach einem der in Nummer 21300 genannten Zeitpunkte in den Fällen der Nummer 21100:	
	Die Gebühr 21100 ermäßigt sich auf	0,5 bis 2,0 – mindestens 120,00 €

Nr.	Gebührentatbestand	Gebühr oder Satz der Gebühr nach § 34 GNotKG – Tabelle B
21303	Vorzeitige Beendigung des Verfahrens nach einem der in Nummer 21300 genannten Zeitpunkte in den Fällen der Nummern 21102 und 21200: Die Gebühren 21102 und 21200 ermäßigen sich auf	0,3 bis 1,0 – mindestens 60,00 €
21304	Vorzeitige Beendigung des Verfahrens nach einem der in Nummer 21300 genannten Zeitpunkte in den Fällen der Nummern 21101 und 21201: Die Gebühren 21101 und 21201 ermäßigen sich auf	0,3 bis 0,5 – mindestens 30,00 €

I. Allgemeines

1 Teil 2 Hauptabschnitt 1 Abschnitt 3 KV regelt abschließend die Fälle des **zurückgenommenen Beurkundungsauftrags** und des aus anderen Gründen **abgebrochenen Beurkundungsverfahrens**. Der Abschnitt gilt, wie sich bereits aus dem Wortlaut und der systematischen Stellung in Hauptabschnitt 1 des Teils 2 KV ergibt, nur für das **Beurkundungsverfahren** und nicht für die Vollzugs- und Betreuungsgebühr oder sonstige notarielle Verfahren. Für Letztere (Teil 2 Hauptabschnitt 3 KV) existieren Sonderregelungen (→ Rn 12).

2 **Vorbem. 2.1.3 Abs. 1 S. 1 KV** definiert den Tatbestand „vorzeitige Beendigung des Beurkundungsverfahrens". Darunter fällt nicht nur die Zurücknahme oder Zurückweisung des Beurkundungsauftrags vor Unterzeichnung der Niederschrift durch den Notar. Nach dem Gesetzeswortlaut ist auch die Feststellung des Notars, dass nach seiner Überzeugung mit der beauftragten Beurkundung aus Gründen, die nicht in seiner Person liegen, nicht mehr zu rechnen ist, umfasst. Hiervon kann idR gem. **Vorbem. 2.1.3 Abs. 1 S. 2 KV** zumindest ausgegangen werden, wenn das Verfahren länger als sechs Monate nicht mehr betrieben wird.

3 **Vorbem. 2.1.3 Abs. 2 KV** regelt die Anrechnung der Gebühren nach Nr. 21300–21304 KV für den Fall, dass auf Grundlage der bereits erbrachten notariellen Tätigkeit ein erneutes Beurkundungsverfahren stattfindet.

Vorbem. 2.1.3 Abs. 3 KV setzt die **Überprüfung, Änderung oder Ergänzung** eines dem Notar vorgelegten   4
Entwurfs der Fertigung eines Entwurfs iSd Nr. 21300–21304 KV gleich.

Die Nr. 21300–21304 KV beruhen auf der neuen Konzeption des GNotKG, welches Beurkundungsgebüh-   5
ren als Verfahrensgebühren festlegt, die bereits mit der Erteilung eines Beurkundungsauftrags entstehen.
Eine **Beendigung des Verfahrens** berührt nicht das Entstehen der Gebühr, sondern führt nur zu deren Ermäßigung.[1]

Nr. 21300 KV ist der **Auffangtatbestand** für alle Fälle, die nicht unter Nr. 21301–21304 KV fallen.[2] Nur   6
wenn das Beurkundungsverfahren nach einem der drei in Nr. 21300 KV genannten Zeitpunkte erfolgt, sind
die Nr. 21302–21304 KV einschlägig und damit die höhere Gebühr. Erfolgt die Beendigung früher und hat
der Notar persönlich oder schriftlich beraten, fällt die jeweilige Beratungsgebühr gem. Teil 2 Hauptabschnitt 4 Abschnitt 2 KV an. Liegt eine solche Beratung nicht vor, ermäßigt sich die Gebühr für das vorzeitig beendete Beurkundungsverfahren auf 20 € (Nr. 21300 KV).

Die Nr. 21302–21304 KV legen **Rahmengebühren** fest, für die § 92 gilt, und orientieren sich an der Gebühr,   7
die für ein vollzogenes Beurkundungsverfahren angefallen wäre.

Da Teil 2 Hauptabschnitt 1 Abschnitt 3 KV nur die Ermäßigung der bereits mit Beurkundungsauftrag ent-   8
standenen Beurkundungsgebühr regelt, ist der **Geschäftswert** nach den allgemeinen Vorschriften des
GNotKG, insb. nach den §§ 35 ff, 95 ff, wie bei einem nicht vorzeitig beendeten Beurkundungsverfahren
auch, zu bestimmen.

II. Vorzeitige Beendigung vor „Übermittlung" eines Entwurfs bzw Verhandlung (Nr. 21300, 21301 KV)

1. Allgemeines. Nr. 21300 KV ist der **Auffangtatbestand** für alle Fälle des vorzeitig beendeten Beurkun-   9
dungsverfahrens, die nicht unter die Nr. 21301–21304 KV fallen.[3] Hiernach ermäßigt sich bei einer vorzeitigen Beendigung eines Beurkundungsverfahrens, die zu einem „sehr frühen Zeitpunkt"[4] erfolgt, die Gebühr für das Beurkundungsverfahren auf einen Betrag – unabhängig vom Geschäftswert – iHv 20 €. Mit
den eindeutig geregelten Zeitpunkten in Nr. 21300 KV sollen Streitfragen und Missbrauchsmöglichkeiten
ausgeschlossen werden.

Nr. 21300 KV ist nur einschlägig, wenn nicht eine der Nr. 21301–31304 KV greift. Die Nr. 21302–21304   10
KV setzen dabei alle voraus, dass die vorzeitige Beendigung des Verfahrens nach einem der in Nr. 21300
KV genannten Zeitpunkte erfolgt ist. Nr. 21301 KV hingegen ist einschlägig, wenn Nr. 21300 KV gerade
erfüllt ist, aber der Notar auch noch persönlich oder schriftlich beraten hat. In diesem Fall ist nicht die
Festgebühr iHv 20 € einschlägig, vielmehr fällt dann die jeweilige Beratungsgebühr gem. Teil 2 Hauptab-
schnitt 4 Abschnitt 2 KV in der Form der Nr. 24200–24203 KV an.

2. Tatbestandsvoraussetzungen von Nr. 21300 KV. a) Beurkundungsverfahren. Aus systematischer Stel-   11
lung und Wortlaut ergibt sich, dass Teil 2 Hauptabschnitt 1 Abschnitt 3 KV nur für Beurkundungsverfahren (§ 85 Abs. 1 Alt. 1) gilt.

Sonstige notarielle Verfahren (§ 85 Abs. 1 Alt. 2), wie sie in Teil 2 Hauptabschnitt 3 KV geregelt sind, fallen   12
nicht unter die Nr. 21300–21304 KV. Für diese notariellen Verfahren bestehen in den einschlägigen Ab-
schnitten **Sondervorschriften** für die vorzeitige Beendigung. Insbesondere sind hiervon zu nennen:
Nr. 23201 KV (Verlosung, Auslosung); Nr. 23301 KV (Eid, eidesstattliche Versicherung); Nr. 23501 KV
(Vermögensverzeichnis und Siegelung); Nr. 23701 KV (Versteigerung von beweglichen Sachen und von
Rechten), Nr. 23802 KV und Nr. 23806 KV (jeweils zur Vollstreckbarerklärung).

Das Beurkundungsverfahren iSd GNotKG ist gem. § 85 Abs. 2 auf die Errichtung einer Niederschrift ge-   13
richtet. Der **Begriff** umfasst also sowohl die Beurkundung von Willenserklärungen gem. § 8 BeurkG, als
auch sonstige Beurkundungen gem. § 36 BeurkG. Unter die letzte Alternative fallen nach dem BeurkG insb.
auch die Beurkundung von Gesellschafterbeschlüssen (§ 37 BeurkG) und die Aufnahme von Eiden bzw eidesstattlichen Versicherungen (§ 38 BeurkG).[5] Laut der Gesetzesbegründung ergibt sich durch die Verweisung in § 85 Abs. 2 (nur) auf § 36 BeurkG jedoch gerade, dass die Aufnahme von Eiden bzw eidesstattlichen Versicherungen gem. § 38 BeurkG nicht zu den Beurkundungsverfahren iSd GNotKG zählen. Für diese sind also nicht die Nr. 21300–21304 KV, sondern Nr. 23301 KV einschlägig. Näheres zum Beurkundungsverfahren iSd GNotKG → § 85 Rn 5 ff.

---

1 BT-Drucks 17/11471, S. 338.   **2** BT-Drucks 17/11471, S. 338.   **3** BT-Drucks 17/11471, S. 338.   **4** BT-Drucks 17/11471, S. 338.
5 Staudinger/*Hertel*, Vorbem. zu §§ 127 a, 128 BeurkG Rn 592.

14   Dem Notar muss ein **Auftrag** zur Durchführung eines Beurkundungsverfahrens erteilt worden sein, da ansonsten denknotwendig ein solches Verfahren nicht wieder vorzeitig beendet werden kann. Der Auftrag muss keinesfalls ausdrücklich erfolgen, sondern kann auch konkludent erteilt werden.

15   Richtet sich der Auftrag nur auf die Erstellung eines Entwurfs und nicht auch auf die **Durchführung der Beurkundung**, ist Teil 2 Hauptabschnitt 4 Abschnitt 1 KV einschlägig und damit nicht die Nr. 21300–21304 KV.

16   **b) Vorzeitige Beendigung (Vorbem. 2.1.3 Abs. 1 KV). aa) Definition.** Die Anwendung der Nr. 21300–21304 KV setzt voraus, dass das Beurkundungsverfahren vorzeitig beendet ist. Nach der Definition des **Abs. 1 S. 1** der Vorbem. 2.1.3 KV ist ein Beurkundungsverfahren vorzeitig beendet, wenn vor Unterzeichnung der Niederschrift durch den Notar der Beurkundungsauftrag zurückgenommen oder zurückgewiesen wird oder der Notar feststellt, dass nach seiner Überzeugung mit der beauftragten Beurkundung aus Gründen, die nicht in seiner Person liegen, nicht mehr zu rechnen ist. Gemäß Vorbem. 2.1.3 **Abs. 1 S. 2** KV ist Letzteres anzunehmen, wenn das Verfahren länger als sechs Monate nicht mehr betrieben wird.

17   **bb) Rücknahme oder Zurückweisung des Beurkundungsauftrags (S. 1 Var. 1 und 2).** Die **Rücknahme** des Beurkundungsauftrags kann, wie die Auftragserteilung selbst, ausdrücklich oder stillschweigend durch schlüssiges Handeln erfolgen. Eine **Zurückweisung** des Beurkundungsauftrags durch den Notar kann trotz des grds. bestehenden Urkundsgewährungsanspruchs gem. § 15 Abs. 1 S. 1 BNotO in den Fällen der §§ 15 Abs. 1 S. 2, 14 Abs. 2 BNotO, § 4 BeurkG einschlägig sein.[6]

18   **cc) Sonstige Umstände (S. 1 Var. 3). (1) Allgemeines.** Neben dem zurückgenommenen oder zurückgewiesenen Auftrag können auch sonstige Umstände vorliegen, die nach der Überzeugung des Notars dazu führen, dass die beauftragte Beurkundung nicht mehr durchgeführt wird (Vorbem. 2.1.3 Abs. 1 S. 1 Var. 3 KV). In Betracht kommen hier das **Ableben** eines Beteiligten oder der **dauerhafte Abbruch des Kontakts** durch einen Beteiligten. Das Gesetz sieht in diesen Fällen nun eine zeitliche Grenze vor (Vorbem. 2.1.3 Abs. 1 S. 2 KV): Wird das Verfahren länger als sechs Monate nicht betrieben, ist idR nicht mehr mit einer Beurkundung zu rechnen. Aus der Art des jeweiligen Verfahrens sowie den Einzelfallumständen kann sich jedoch auch ein kürzerer oder längerer Zeitraum ergeben.[7]

19   **(2) Nicht dem Notar zuzurechnen.** Die Gründe, aufgrund derer nicht mehr mit einer Beurkundung zu rechnen ist, dürfen nicht in der Person des Notars liegen. Was solche notarbezogenen Gründe sein können, lässt die Gesetzesbegründung offen. Lehnt der Notar rechtmäßig wegen § 4 BeurkG eine Beurkundung ab, liegt der Grund für die vorzeitige Beendigung gerade nicht in seiner Person. Auch kann ein persönlicher Zwist eines Beteiligten mit dem Notar wohl grds. kein Grund für eine vorzeitige Beendigung sein, die dem Notar zuzurechnen ist. Etwas anderes kann nur in extremen Ausnahmefällen gelten, bei denen aufgrund des persönlichen Verhaltens des Notars einem Beteiligten eine Beurkundung bei diesem Notar nicht mehr zugemutet werden kann.

20   Das Gesetz lässt offen, welche Konsequenzen sich daraus ergeben, wenn die Gründe für den Abbruch des Beurkundungsverfahrens in der Person des Notars liegen. Teleologisch ist in diesen (Ausnahme-)Fällen Teil 2 Hauptabschnitt 1 Abschnitt 3 KV wohl so auszulegen, dass die Beurkundungsgebühr vollständig entfällt, gleich ob ein Entwurf ausgehändigt wurde oder nicht.

21   **(3) Überzeugung des Notars.** Nach dem Wortlaut der Vorbem. 2.1.3 Abs. 1 S. 1 Var. 3 KV muss der Notar feststellen, dass nach seiner Überzeugung Umstände vorliegen, aufgrund derer nicht mehr mit der Beurkundung zu rechnen ist. Hierbei handelt es sich jedoch nicht um einen formalen Akt der Feststellung durch den Notar, ohne den die vorzeitige Beendigung nicht eintritt. Auch darf der Notar an den Eintritt der Überzeugung nicht unbegrenzt hohe Voraussetzungen stellen. Vielmehr muss nach Sinn und Zweck der Vorschrift von der Einschätzung eines verständigen Notars ausgegangen werden, der alle ihm bekannten Umstände objektiv bewertet.

22   **c) Beendigung vor allen drei Varianten der Nr. 21300 KV.** Nr. 21300 KV ist nur einschlägig, wenn die vorzeitige Beendigung **vor** den dort in Nr. 1–3 genannten Varianten stattfindet (und keine notarielle Beratung vorliegt).

23   **aa) Versand eines Entwurfs per Post (Nr. 1). (1) Allgemeines.** Nr. 1 von Nr. 21300 KV regelt den Versand eines Entwurfs per Post. Maßgeblicher Zeitpunkt ist demnach der Ablauf des Tages, an dem ein vom Notar gefertigter Entwurf an einen Beteiligten durch Aufgabe zur Post versandt wurde. Ist das Beurkundungsverfahren vor Ablauf dieses Tages beendet, greift die hohe Ermäßigung auf die Festgebühr nach Nr. 21300 KV, sofern nicht eine Beendigung nach Nr. 2 oder 3 von Nr. 21300 KV und keine Beratungstätigkeit durch den Notar (Nr. 21301 KV) erfolgt ist. Diese Regelung soll Streitfragen, die bei einem sehr engen zeitlichen Zu-

---

6 Korintenberg/*Diehn*, Vorbem. 2.1.3 KV Rn 19 f; BDS/*Neie*, Vorbem. 2.1.3 KV Rn 5.   **7** BT-Drucks 17/11471, S. 339.

sammenhang zwischen Antragsrücknahme und Versand des Entwurfs entstehen können, und Missbrauchsmöglichkeiten weitestgehend ausschließen.[8]

Beispiel: A kommt am 11.11. ins Notariat und möchte sein Testament in notarieller Form errichten. Ein angestellter Sachbearbeiter des Notars bespricht mit A eine Stunde lang die Einzelheiten. Der Notar soll A, auf dessen ausdrücklichen Wunsch, einen Entwurf zusenden. Danach soll die Beurkundung erfolgen. Geschäftswert: 200.000 €. Am 13.11. verschickt der Notar um 10 Uhr den erstellten Testamentsentwurf per Post an A. Am selben Tag um 16 Uhr teilt A via E-Mail mit, dass er keine Testamentsbeurkundung und keinen Entwurf mehr wünsche.   **24**

Gemäß Nr. 21300 KV ermäßigt sich hier die Beurkundungsgebühr iHv 1,0 nach Nr. 21200 KV auf die Festgebühr iHv 20 €. Die Gebühr Nr. 21301 KV ist nicht einschlägig, weil der Notar nicht persönlich oder schriftlich beraten hat. Eine Beratungsgebühr nach Nr. 24200 KV fällt schon wegen Anm. Abs. 1 zu Nr. 24200 KV ebenfalls nicht an, da der Beratungsgegenstand Gegenstand eines gebührenpflichtigen (vorzeitig beendeten) Beurkundungsverfahrens ist.

Zu der Besonderheit, wenn durch den Notar gem. Vorbem. 2.1.3. Abs. 3 KV nur ein **Fremdentwurf** überprüft, geändert oder ergänzt wurde, → Rn 62 ff.   **25**

(2) Entwurf. Die Aushändigung eines Entwurfs muss nicht ausdrücklich von den Beteiligten verlangt worden sein.[9]   **26**

Der Notar muss den Entwurf gefertigt haben. Selbstverständlich fällt hierunter auch ein von seinen Mitarbeitern im Verantwortungsbereich des Notars gefertigter Entwurf.   **27**

Inhaltlich stellt das Gesetz an den übersandten Entwurf keine besonderen Anforderungen. Natürlich muss es sich hierbei nicht um die zu beurkundende Endfassung handeln. Vielmehr reicht auch ein standardisierter Vertrag, der noch nicht alle individuellen Besonderheiten des konkreten Beurkundungsverfahrens beinhaltet, aus. Auch ein reines Vertragsmuster, das noch überhaupt keine individuellen Kriterien enthält, genügt, um zur Anwendung der Nr. 21302–21304 KV zu kommen, da der individuelle Aufwand des Notars erst bei der Auswahl der konkreten Gebühr aus der Rahmengebühr zu berücksichtigen ist.   **28**

(3) Aufgabe zur Post. Der Entwurf muss durch Aufgabe zur Post versandt worden sein. Hierfür ist notwendig, aber auch ausreichend, wenn der Entwurf körperlich aus der tatsächlichen Verfügungsmacht des Notars an das Postunternehmen übergeben wurde, zB durch Einwurf in einen Briefkasten, Übergabe an das Postunternehmen in einer Filiale oder Abholung durch das Postunternehmen im Notariat.   **29**

Das Gesetz spricht ausdrücklich vom Versand „an einen Beteiligten", es muss also nicht zwingend der Auftraggeber des Beurkundungsverfahrens der Empfänger des Entwurfs sein. Auch ohne ausdrückliche Regelung gilt dies wohl gleichermaßen im Falle der Nr. 2 von Nr. 21300 KV.   **30**

Ob der versandte Entwurf auch beim Empfänger **ankommen** muss, regelt das Gesetz nicht. Dieses Erfordernis ergibt sich weder aus dem Wortlaut, noch aus Sinn und Zweck von Nr. 21300 Nr. 1 KV als klaren und eindeutigen Abgrenzungstatbestand. Die Vorschrift soll nur eindeutig festlegen, welcher **Abgrenzungszeitpunkt** („Aufgabe zur Post") maßgeblich ist, und nicht sicherstellen, dass der Beteiligte seinen Entwurf (beim ersten Zusenden) auch erhält. Die höheren Gebühren gem. Nr. 21302–21304 KV sollen schon einschlägig sein, wenn der Aufwand einer Entwurfserstellung angefallen ist. Davon macht Nr. 21300 Nr. 1 KV aus Gründen der Eindeutigkeit nur eine eng begrenzte Ausnahme, nämlich wenn die vorzeitige Beendigung noch am Tag der Aufgabe zur Post stattfindet. Dass auch der Entwurf (beim ersten Versenden) zugehen muss, wäre eine weitere, nicht notwendige Ausnahme von diesem Aufwandsprinzip.   **31**

Bei der **Antragsrücknahme** (welche in der Praxis zumeist die einzige Art der vorzeitigen Beendigung sein wird, welche zeitlich nah an dem Entwurfsversand liegt) muss es ausreichen, wenn die Rücknahmeerklärung in den **Machtbereich des Notars** gelangt. Es kommt hingegen gerade nicht darauf an, dass der Notar davon Kenntnis erlangt hat oder nach den gewöhnlichen Umständen hätte erlangen müssen.   **32**

bb) Übermittlung per Telefax, E-Mail oder Aushändigung (Nr. 2). Nr. 2 von Nr. 21300 KV bestimmt den Abgrenzungszeitpunkt für den Fall, dass der Entwurf nicht per Post, sondern per Telefax oder elektronisch übermittelt oder ausgehändigt wird. Diese Fälle unterscheiden sich vom Versand per Post insoweit, dass hier gerade kein (Aushändigung) oder nur ein sehr geringer (Telefax, E-Mail) Zeitraum zwischen Hergabe des Entwurfs beim Notar und Empfang durch den Beteiligten – welcher nicht der Auftraggeber des Beurkundungsverfahrens sein muss (→ Rn 30) – liegt.   **33**

Deshalb stellt der Gesetzgeber hier auch nicht auf den Versand bzw die Hergabe beim Notar ab, sondern auf den **Ein- bzw Zugang beim Empfänger**. Dies ergibt sich bereits aus dem Wortlaut. **Aushändigung** meint die unmittelbare Übergabe an den Empfänger. Dagegen setzt die **Übermittlung** voraus, dass der Entwurf   **34**

---

8 BT-Drucks 17/11471, S. 339.   **9** BT-Drucks 17/11471, S. 339.

schon beim Empfänger in dessen Machtbereich eingegangen ist. Beim Telefax muss also der Entwurf entweder komplett im Faxgerät des Empfängers ausgedruckt oder gespeichert worden sein. Bei der elektronischen Übermittlung muss der Entwurf noch nicht tatsächlich vom Empfänger heruntergeladen worden sein, muss aber für diesen, zB von dessen E-Mail-Server, abrufbar sein.

35   Dass der Empfänger vom Entwurf Kenntnis nimmt oder nach den gewöhnlichen Umständen davon ausgegangen werden kann, dass er dies tut, setzt Nr. 21300 Nr. 2 KV nicht voraus.

36   **cc) Verhandlung mit allen Beteiligten (Nr. 3). (1) Allgemeines.** Nr. 21300 KV regelt den Fall, dass (noch) kein Entwurf versandt wurde, aber eine Verhandlung mit allen Beteiligten auf der Grundlage eines vom Notar gefertigten Entwurfs stattgefunden hat. Ab diesem Zeitpunkt verliert der Kostenschuldner das Privileg der Nr. 21300 KV bei einer vorzeitigen Beendigung des Beurkundungsverfahrens.

37   **(2) Voraussetzungen.** Die Verhandlung muss in einem **Termin** erfolgen, der **zum Zweck der Beurkundung** vereinbart wurde. Es darf sich also nicht um einen reinen Beratungs- oder Besprechungstermin mit den zur Beurkundung noch nicht entschlossenen Beteiligten handeln.[10] Ein solcher Termin kann aber nach dem Willen der Beteiligten zu einem Beurkundungstermin (natürlich auch konkludent) „umgewidmet" werden.[11]

38   Der Notar muss in diesem Termin mit allen Beteiligten verhandeln. Unter **Verhandlung** ist die Beurkundungsverhandlung nach dem BeurkG gemeint. Es muss also mit den an der Urkunde Beteiligten in die Beurkundungsverhandlung eingetreten werden und der Notar muss seine Bereitschaft, die Beurkundung grds. vorzunehmen, klar zum Ausdruck bringen.[12]

39   Nach dem eindeutigen Wortlaut der Norm müssen **alle Beteiligten** an der Verhandlung teilnehmen. Nach Sinn und Zweck der Norm kann dies aber nur all die Beteiligten meinen, die für eine ordnungsgemäße Beurkundung notwendig sind. Soweit also ein Handeln vorbehaltlich Genehmigung oder aufgrund Vollmacht zulässig ist, muss der Vertretene nicht anwesend sein. Diese Umgestaltung der Urkunde kann sich natürlich auch noch in dem Beurkundungsverfahren ergeben.

40   Hinsichtlich des vom Notar gefertigten Entwurfs, der der Verhandlung zugrunde liegen muss, kann auf die Ausführungen in → Rn 26 ff, 62 ff verwiesen werden.

41   **3. Persönliche oder schriftliche Beratung durch den Notar (Nr. 21301 KV). a) Allgemeines.** Nr. 21301 KV setzt das Vorliegen der Voraussetzungen von Nr. 21300 KV voraus. Hinzutreten muss jedoch, dass der **Notar persönlich oder schriftlich beraten** hat. In einem solchen Fall entsteht eine Gebühr nach Nr. 21301 KV in Höhe der jeweiligen **Beratungsgebühr** nach Nr. 24200 ff KV.

42   Es fällt dann grds. eine **Rahmengebühr** (Nr. 24200 KV) an, welche zwischen 0,3 bis 1,0 liegt. Würde die (ohne vorzeitige Beendigung anfallende) Beurkundungsgebühr sich aber auf 1,0 belaufen, würde sich eine Rahmengebühr von nur 0,3 bis 0,5 (Nr. 24201 KV) ergeben. Würde die Beurkundungsgebühr weniger als 0,3 betragen, entfällt die Rahmengebühr und es entsteht ein Gebührensatz von 0,3 (Nr. 24202 KV). Für den Sonderfall der Beratung bei der Vorbereitung oder Durchführung einer Hauptversammlung oder Gesellschafterversammlung gilt Nr. 24203 KV. Näheres hierzu → Nr. 24200–24203 KV Rn 8 ff.

43   **b) Beratung durch den Notar.** Der Anfall der Gebühr Nr. 21301 KV setzt eine Beratung durch den Notar selbst[13] und eine **individuelle Auseinandersetzung mit dem konkreten Sachverhalt** voraus.[14] Nach dem Willen des Gesetzgebers soll diese nicht schon dann in Ansatz gebracht werden können, wenn den Beteiligten „beispielsweise im Rahmen der Datenerhebung zwecks Urkundsvorbereitung, vom Büropersonal rechtliche Hinweise gegeben werden"[15] – auch wenn diese Gegenstand einer notariellen Beratung sein können. Auch die allgemeine Erläuterung des gewöhnlichen Beurkundungsablaufs und der Abwicklung, zB eines Immobilienerwerbs, sollen nicht den Ansatz dieser Gebühr rechtfertigen.[16]

44   Die **Abgrenzung** von der individuellen (konkreter Sachverhalt) zur nur **ganz allgemeinen Beratung**, welche nach dem Willen des Gesetzgebers[17] noch nicht ausreicht, die Gebühr Nr. 21301 KV auszulösen, ist fließend und teilweise schwierig. Hier sollten die Anforderungen jedoch nicht zu hoch gesetzt werden. Vielmehr sollte der Aufwand der Beratung dann bei der Auswahl des konkreten Gebührensatzes aus der Rahmengebühr der Nr. 24200 ff KV gem. § 92 Abs. 1 erfolgen.

45   Nach dem eindeutigen Wortlaut reicht auch eine (rein) **schriftliche** Beratung durch den Notar aus. Inwieweit diese durch den Notar selbst (und nicht durch seine Mitarbeiter) erfolgen muss, lässt die Gesetzesbegründung offen. Anders als bei der persönlichen Beratung ist hier schwerer festzustellen, ob der Inhalt des Schriftstücks vom Notar oder einem Angestellten oder von beiden verfasst wurde und der Notar dieses ge-

---

10 BDS/*Neie*, Nr. 21300 KV Rn 15.   **11** Vgl OLG Hamm DNotZ 1966, 251.   **12** KG DNotZ 1943, 157; OLG Hamm DNotZ 1966, 251.   **13** LG Bonn NJOZ 2015, 108 f.   **14** BT-Drucks 17/11471, S. 338.   **15** BT-Drucks 17/11471, S. 338.   **16** BT-Drucks 17/11471, S. 338.   **17** Vgl BT-Drucks 17/11471, S. 338.

gebenenfalls nur unterschrieben hat. Somit kann es bei einem schriftlichen Dokument (sei es ein Schreiben oder eine E-Mail), das erkennbar aus dem Machtbereich des Notariats stammt und die konkrete Beratung des Beteiligten zum Inhalt hat (→ Rn 43 f), nicht darauf ankommen, ob der Inhalt vom Notar stammt oder ob er dies unterzeichnet hat.

c) Abgrenzung zur direkten Anwendung der Nr. 24200 ff KV. Nach der Gesetzesbegründung soll Nr. 21301 KV hauptsächlich solche Fälle abdecken, in denen aufgrund der Beratung des Notars ein Beurkundungsverfahren gerade unterbleibt.[18] Voraussetzung für die Anwendung von Nr. 21301 KV ist aber, dass überhaupt ein Beurkundungsverfahren vorliegt, das vorzeitig beendet werden kann. Ist dies nicht der Fall, greift nicht Nr. 21301 KV, sondern die Beratungsgebühr Nr. 24200 ff KV direkt. **46**

Hinsichtlich der Auswahl der konkreten Gebühr aus dem Gebührenrahmen kann auf die Ausführungen in → Rn 54, in → Nr. 24200–24203 KV Rn 27 ff und in → § 92 Rn 13 ff verwiesen werden. **47**

III. Vorzeitige Beendigung nach einem Zeitpunkt iSd Nr. 21300 KV (Nr. 21302–21304 KV)

Tritt die vorzeitige Beendigung (→ Rn 16 ff) nach einem der in Nr. 21300 KV aufgeführten Zeitpunkte ein, sind die Nr. 21302–21304 KV einschlägig. Diese bestimmen somit die Gebührenermäßigung (bezogen auf die Beurkundungsgebühr) „in einem **fortgeschrittenen Verfahrensstadium**".[19] Die Anwendung der einzelnen Nummern orientiert sich ausschließlich an der Gebühr, die für das Beurkundungsverfahren einschlägig ist und sich nun ermäßigt. Die Nr. 21302–21304 KV legen dabei jeweils Rahmengebühren gem. § 92 fest. **48**

1. Gebührentatbestände der Nr. 21302–21304 KV. Nr. 21302 KV ist einschlägig, wenn für die Beurkundung eine doppelte Gebühr angefallen wäre, also in den Fällen der Nr. 21100 KV (zB Verträge, Beschlüsse, gemeinschaftliche Testamente, Angebote; → Nr. 21100–21102 KV Rn 5 ff). Die doppelte Gebühr ermäßigt sich dann auf eine Rahmengebühr von 0,5 bis 2,0, mindestens aber 120 €. **49**

Wäre für die Beurkundung eine ganze Gebühr angefallen – nämlich in den Fällen der Nr. 21102 und 21200 KV –, ist **Nr. 21303 KV** anzuwenden, welche eine Ermäßigung auf eine Rahmengebühr von 0,3 bis 1,0, mindestens aber 60 € vorsieht. **50**

In den Fällen der Nr. 21101 und 21201 KV, in denen also eine halbe Gebühr für die Beurkundung angefallen wäre, ist **Nr. 21304 KV** anwendbar, welche eine Rahmengebühr von 0,3 bis 0,5, mindestens aber 30 € festlegt. **51**

Als **Geschäftswert** ist jeweils der Wert des Beurkundungsverfahrens heranzuziehen, da die Nr. 21302–21304 KV gerade nur die Ermäßigung der Beurkundungsgebühr regeln (→ Rn 8). **52**

2. Bestimmung der konkreten Gebühr aus dem Gebührenrahmen. Die Nr. 21302–21304 KV geben nur einen Gebührensatzrahmen vor. Hierdurch soll nach dem Willen des Gesetzgebers eine flexible und angemessene Regelung für den Notar und die Beteiligten geschaffen werden, da eine starre, schematische Gebührenregelung zu unangemessenen Ergebnissen führen würde.[20] **53**

Gemäß § 92 Abs. 1 bestimmt der Notar die Gebühr im Einzelfall unter Berücksichtigung des Umfangs der erbrachten Leistung nach billigem Ermessen (→ § 92 Rn 13 ff). Bei der Ausübung des Ermessens ist ausschließlich der Umfang der notariellen Tätigkeit zu berücksichtigen.[21] Wie auch in anderen Kosten-/Gebührengesetzen[22] kann davon ausgegangen werden, dass eine Sache, die einen durchschnittlichen Aufwand für den Notar bedeutet, in der Mitte des Gebührenrahmens anzusetzen ist. Entsprechend ist bei überdurchschnittlichem Aufwand eine Gebühr aus dem oberen Bereich und bei unterdurchschnittlichem Aufwand eine Gebühr aus dem unteren Bereich auszuwählen. **54**

Durch die Bestimmung in § 92 Abs. 2 nimmt aber die Bedeutung der Rahmengebühr als flexible und einzelfallorientierte Lösung wieder erheblich ab. § 92 Abs. 2 Alt. 1 legt fest, dass im Fall der vorzeitigen Beendigung des Beurkundungsverfahrens die Höchstgebühr der Rahmengebühr zu erheben ist, wenn ein vollständiger Entwurf erstellt wurde. Vollständig ist ein Entwurf jedoch nicht erst dann, wenn er vollständig dem Inhalt entspricht, der anschließend beurkundet werden soll. Vielmehr impliziert schon der Wortlaut („Entwurf"), dass es sich nur um ein rudimentäres Gerüst der späteren Urkunde handelt, welches keinen Anspruch auf Vollständigkeit hat.[23] Von einem **nicht vollständigen Entwurf** kann daher nur in Ausnahmefällen ausgegangen werden, wenn zB der Notar einen wesentlichen Teil (zB Kaufvertrag) der beabsichtigten Urkunde (zB bei einem Kauf- und Mietvertrag) weglässt, weil die Beteiligten erst über den einen Teil Einigkeit erzielen sollen. Näheres hierzu → § 92 Rn 13 ff. Da die Nr. 21302–21304 KV jedoch mittelbar voraussetzen, dass ein **Entwurf gefertigt** wurde, ist im weitaus größten Teil der Fälle von Nr. 21302–21304 KV **55**

18 BT-Drucks 17/11471, S. 338. **19** BT-Drucks 17/11471, S. 339. **20** BT-Drucks 17/11471, S. 339. **21** BT-Drucks 17/11471, S. 274. **22** Vgl nur Mayer/Kroiß/*Winkler*, RVG, § 14 Rn 16 ff. **23** Vergleichbar bei § 17 Abs. 2 a BeurkG: Staudinger/*Hertel*, Vorbem. zu §§ 127 a, 128 BeurkG Rn 527.

gerade kein Gebührenrahmen, sondern die **Höchstgebühr** des Rahmens gem. § 92 Abs. 2 einschlägig. Etwas anderes gilt regelmäßig nur in den Fällen der Vorbem. 2.1.3 Abs. 3 KV, in denen ein Entwurf durch den Notar überprüft, geändert oder ergänzt wurde (zu dieser Besonderheit → Rn 62 ff).

IV. Anrechnung bei späterer Beurkundung (Vorbem. 2.1.3 Abs. 2 KV)

56 **1. Allgemeines.** Führt der Notar nach der vorzeitigen Beendigung des Beurkundungsverfahrens demnächst auf der Grundlage der bereits erbrachten notariellen Tätigkeit ein **erneutes Beurkundungsverfahren** durch, wird die nach den Nr. 21300–21304 KV erhobene Gebühr auf die Gebühr für das erneute Beurkundungsverfahren **angerechnet** (Vorbem. 2.1.3 Abs. 2 KV).

57 **2. Voraussetzungen.** Das erneute Beurkundungsverfahren muss durch **denselben Notar** (oder seinen Vertreter) durchgeführt werden, der bereits das erste Beurkundungsverfahren (durch-)geführt hat. Dazu gehören auch Notariatsverwalter, Amtsnachfolger und Sozien (Vorbem. 2 Abs. 1 KV).[24]

58 Die erneute Beurkundung muss **demnächst** erfolgen. Dieser Zeitraum ist jedoch nicht unbegrenzt und nicht fest bestimmbar. Vielmehr ist bei der Beurteilung auf den konkreten Einzelfall, insb. auf den zu beurkundenden Sachverhalt und die beteiligten Personen abzustellen.

59 Das erneute Beurkundungsverfahren muss **auf der Grundlage der bereits erbrachten notariellen Tätigkeit** durchgeführt werden. In den Fällen der Nr. 21302–21304 KV muss die Beurkundung also regelmäßig auf der Grundlage des vom Notar gefertigten Entwurfs stattfinden und in den Fällen der Nr. 21301 KV auf der Grundlage der notariellen Beratung. Eine Anrechnung kommt nach der Systematik auch bei der Festgebühr iHv 20 € nach Nr. 21300 KV in Betracht. „Auf der Grundlage von" bedeutet, dass zumindest ein gewisser persönlicher und sachlicher Zusammenhang zur bisher erbrachten notariellen Tätigkeit bestehen muss.

60 So müssen einerseits grds. dieselben Beteiligten des Entwurfs oder der Beratung wieder an der Beurkundung teilnehmen. Jedoch hindern einzelne kleinere Personenänderungen die Anrechnung nicht. Ob man hingegen bei einem kompletten Austausch einer Vertragspartei durch einen mit dieser nicht verbundenen Dritten (zB komplett neuer Käufer) noch von einem persönlichen Zusammenhang sprechen kann, ist fraglich und im Zweifel abzulehnen.

61 **3. Rechtsfolge.** Liegen die Voraussetzungen von Vorbem. 2.1.3 Abs. 2 KV vor, wird die „nach diesem Abschnitt", also nach den Nr. 21300–21304 KV, erhobene Gebühr auf die erneute Beurkundungsgebühr angerechnet. Eine Anrechnung auf andere Gebühren, wie zB auf die Vollzugsgebühr (Nr. 22110 ff KV) oder die Betreuungsgebühr (Nr. 22200 KV), findet nicht satt.

V. Entsprechende Anwendung auf Überprüfung, Änderung oder Ergänzung eines Entwurfs (Vorbem. 2.1.3 Abs. 3 KV)

62 **1. Grundsätzlicher Gleichlauf mit der Fertigung eines Entwurfs.** Vorbem. 2.1.3 Abs. 3 KV stellt klar, dass in den Fällen der Nr. 21300–21304 KV die **Überprüfung, Änderung oder Ergänzung eines dem Notar vorgelegten Entwurfs** (sog. **Fremdentwurf**) der Fertigung eines Entwurfs durch den Notar gleichsteht. Trotzdem bestehen einzelne Besonderheiten.

63 **2. Besonderheiten.** Nr. 1 und 2 von Nr. 21300 KV setzen voraus, dass ein vom Notar gefertigter Entwurf oder gem. Vorbem. 2.1.3 Abs. 3 KV ein vom Notar überprüfter, geänderter oder ergänzter Entwurf versandt wird. Hierbei handelt es sich um einen reinen Formalismus, wenn der Notar den von ihm überprüften, aber in seiner Gesamtheit nicht zu beanstandenden Entwurf, den er vom Auftraggeber erhalten hat, in derselben Fassung nochmals an diesen versenden muss, um zur Anwendung der Nr. 21302–21304 KV zu gelangen. Vielmehr reicht es in einem solchen Fall nach Sinn und Zweck der Bestimmungen aus, wenn der Notar einem Beteiligten nicht nur mündlich mitteilt, dass er den Entwurf überprüft hat.

64 Kommt man zur Anwendung der Nr. 21302–21304 KV in den Fällen, in denen der Notar keinen eigenen Entwurf gefertigt hat, sondern nur ein Sachverhalt gem. Vorbem. 2.1.3 Abs. 3 KV vorliegt, ergibt sich auch bei der Anwendung des § 92 eine Besonderheit. § 92 Abs. 2 ist in diesen Fällen gerade nicht anwendbar. Zwar stellt Vorbem. 2.1.3. Abs. 3 KV die Überprüfung, Änderung oder Ergänzung der Fertigstellung eines Entwurfs gleich, jedoch nur „im Sinne der nachfolgenden Vorschriften". Hierdurch nimmt das Gesetz ausdrücklich und ausschließlich Bezug auf die Formulierung in Nr. 21300 KV. Eine entsprechende Anwendung auf andere Vorschriften des GNotKG, wie zB § 92, ist gerade nicht gewollt.

---

24 Korintenberg/*Diehn*, Vorbem. 2.1.3 KV Rn 34; BDS/*Neie*, Vorbem. 2.1.3 KV Rn 14.

Hauptabschnitt 2
Vollzug eines Geschäfts und Betreuungstätigkeiten

Nr.	Gebührentatbestand	Gebühr oder Satz der Gebühr nach § 34 GNotKG – **Tabelle B**
Vorbemerkung 2.2:		

Vorbemerkung 2.2:

(1) Gebühren nach diesem Hauptabschnitt entstehen nur, wenn dem Notar für seine Tätigkeit ein besonderer Auftrag erteilt worden ist; dies gilt nicht für die Gebühren 22114, 22125 und die Gebühr 22200 im Fall der Nummer 6 der Anmerkung.

(2) Entsteht für eine Tätigkeit eine Gebühr nach diesem Hauptabschnitt, fällt bei demselben Notar insoweit keine Gebühr für die Fertigung eines Entwurfs und keine Gebühr nach Nummer 25204 an

I. Anwendungsbereich des Hauptabschnitts 2

Die Gebührentatbestände in Teil 2 Hauptabschnitt 2 KV betreffen die notariellen Vollzugs- und Betreuungstätigkeiten. Die Neuregelung sieht unter Verzicht auf jeglichen Auffangtatbestand einen ebenso ausführlichen wie abschließenden Katalog der gebührenpflichtigen Tätigkeiten vor. Ausweislich der Begründung des Regierungsentwurfs geschieht dies „im Interesse der Transparenz und Anwenderfreundlichkeit". **1**

Zusammen mit der Bestimmung des § 93, wonach in demselben Beurkundungsverfahren nur eine Vollzugsgebühr und nur eine Betreuungsgebühr anfallen („ein Verfahren – eine Gebühr"), hat die Neuregelung daher eine weitgehende Pauschalierung zur Folge, da der Umfang der notariellen Tätigkeit kaum mehr von Relevanz ist. Lediglich im Vollzugsbereich wird ihm durch die sog. wachsende Höchstgebühr (→ Nr. 22110–22114 KV Rn 40) der Nr. 22112, 22113 KV noch in gewissem Maße Rechnung getragen. **2**

II. Vorliegen eines Auftrags an den Notar (Abs. 1)

Die Gebührentatbestände des Teils 2 Hauptabschnitt 2 KV hängen – mit Ausnahme der Nr. 22114, 22125 und 22200 KV (Bescheinigung gem. der dortigen Anm. Nr. 6) – davon ab, dass dem Notar ein Auftrag zur Vornahme der die Gebühr auslösenden Tätigkeit erteilt wurde (Abs. 1). **3**

1. Form des Auftrags. Für den Auftrag ist keine bestimmte Form erforderlich. Er kann auch stillschweigend erteilt werden. Wenn keine anderen Anhaltspunkte vorliegen, kann unterstellt werden, dass der Wille der Beteiligten den Notar zu allem bestimmt, was zur erfolgreichen Durchführung des beurkundeten Rechtsgeschäfts erforderlich ist. Gleichwohl empfiehlt es sich (und wird in der Praxis regelmäßig so gehandhabt), den entsprechenden Vollzugs- und Betreuungsauftrag zur Vermeidung von Missverständnissen in die Notarurkunde aufzunehmen. **4**

2. Hinweispflicht? Den Notar trifft im Zusammenhang mit der Entgegennahme des Auftrags **keine Belehrungs- bzw Hinweispflicht** hinsichtlich der durch dessen Durchführung ausgelösten Gebühren[1] (→ § 21 Rn 17). **5**

3. Fälligkeit der Gebühr. Die Gebühr fällt nicht schon mit der Annahme des Auftrags durch den Notar, sondern **erst mit dessen Durchführung** an. In der Praxis erfolgt die Abrechnung oftmals **vorschüssig**, nämlich unmittelbar nach Beurkundung in einer Rechnung zusammen mit der Beurkundungsgebühr, da sonst dem Kostenschuldner mehrere gesonderte Rechnungen gestellt werden müssten, was regelmäßig auf Unverständnis stoßen dürfte. Kommt es in einem solchen Fall nicht zur Auftragsdurchführung, also zur Vornahme der beauftragten Tätigkeit (etwa weil die Beteiligten das Rechtsgeschäft aufheben oder den Auftrag widerrufen), ist die vorschüssig gezahlte Vollzugs- oder Betreuungsgebühr zu erstatten. **6**

4. Auftragserfolg. In der Regel ist die Gebühr davon abhängig, dass die Auftragsdurchführung zum intendierten Erfolg führt. Vor allem bei den Vollzugstatbeständen, welche die „Anforderung und Prüfung" bestimmter Erklärungen oder Bescheinigungen vorsehen, folgt dies daraus, dass eine Prüfung nicht durchgeführt (und damit der Gebührentatbestand nicht vollendet werden) kann, wenn die beantragte Erklärung abgelehnt wird (→ Nr. 22110–22114 KV Rn 9). Demgemäß fällt bspw dann keine Vollzugsgebühr nach Vorbem. 2.2.1.1 Abs. 1 S. 2 Nr. 1 KV an, wenn die vom Notar auftragsgemäß beantragte Sanierungsgenehmigung (§ 145 BauGB) zum beurkundeten Kaufvertrag von der Sanierungsbehörde verweigert wird. **7**

---

[1] Leipziger-GNotKG/*Harder*, Vorbem. 2.2 KV Rn 20; Korintenberg/*Tiedtke*, Vorbem. 2.2 KV Rn 9; BeckOK KostR/*Neie*, GNotKG, Vorbem. 2.2 KV Rn 3.

8   **5. Ausnahme vom Auftragserfordernis. a) Allgemeins.** Für die Vollzugsgebühren gem. Nr. 22114, 22125 KV und für die Betreuungsgebühr gem. der Anm. Nr. 6 zu Nr. 22200 KV ist jeweils kein Auftrag erforderlich.

9   **b) Erzeugung von XML-Daten.** Die von Nr. 22114, 22125 KV erfasste Datenaufbereitung ist dem Kostenschuldner zumeist selbst gar nicht möglich, da sie das Vorhalten gewisser hardwaretechnischer Voraussetzung und einer speziellen Software voraussetzen, welche nur dann sinnvoll ist, wenn regelmäßig in nicht unerheblichem Umfang Registeranmeldungen mit entsprechenden Datenaufbereitungen erfolgen. Es ist somit im Normalfall unausweichlich, dass der Notar diese Tätigkeit übernimmt, und somit gesetzgeberisch konsequent, für die entsprechenden Gebühren keinen Auftrag vorauszusetzen.

10   Allerdings darf die Entbehrlichkeit eines Auftrags nicht so weit verstanden werden, dass der Notar solche Tätigkeiten (und damit die entsprechenden Gebühren) dem Kostenschuldner „aufdrängen" dürfte: Weist der Kostenschuldner den Notar ausdrücklich an, von diesen Tätigkeiten abzusehen (zB weil er ausnahmsweise selbst in der Lage ist, sie durchzuführen), ist der Notar selbstverständlich daran gebunden – wobei der Notar im Normalfall weder zu Hinweisen auf die Gebührenfolge (→ Rn 5) noch dazu verpflichtet ist, dem Kostenschuldner durch Rückfrage Gelegenheit zur Untersagung der gebührenpflichtigen Datenaufbereitung zu geben. Er kann diese vielmehr unaufgefordert und ohne Rückfrage durchführen.

11   **c) Gesellschafterliste (§ 40 Abs. 2 GmbHG).** Die Unterzeichnung der bescheinigten Gesellschafterliste gem. § 40 Abs. 2 GmbHG und deren Übermittlung an das Handelsregister ist eine Amtspflicht des Notars, welche nicht der Disposition der Beteiligten unterliegt. Richtigerweise fällt daher die entsprechende Gebühr unabhängig von einem Beteiligtenauftrag an. Insoweit besteht für die Beteiligten auch nicht die Möglichkeit, dem Notar zur Vermeidung der Gebührenfolge die entsprechende Tätigkeit zu untersagen.

III. Ausschluss einer weiteren Entwurfsgebühr (Abs. 2)

12   **1. Vorrang der Vollzugsgebühr.** Abs. 2 der Vorbem. 2.2 KV enthält eine wichtige Klarstellung, da in der Praxis die zum Vollzug benötigten Erklärungen Dritter vom Notar oftmals vorgefertigt werden, so dass sie vom Empfänger bloß noch zu unterzeichnen und zu retournieren sind, was den Vollzug deutlich beschleunigt, da der Empfänger das vom Notar angeforderte Schriftstück nicht erst selbst erstellen muss. In Vorbem. 2.4.1 Abs. 1 S. 2 KV findet sich der entsprechende Querverweis. Der in Abs. 2 der Vorbem. 2.2 KV angeordnete Vorrang der Vollzugsgebühr vor der Entwurfsgebühr bzw. der Gebühr für eine Eigenurkunde (Nr. 25204 KV) gilt unabhängig von der Gebührenhöhe (also insb. auch dann, wenn eine Abrechnung nach Entwurfsgrundsätzen dem Kostenschuldner günstiger käme), so dass sich ein Gebührenvergleich erübrigt.[2]

13   **2. Grundsätzlich keine Pflicht zur Entwurfsfertigung.** Ungeachtet der damit bewirkten Gebührenfreiheit der entsprechenden Entwurfsanfertigung steht es weiterhin im **pflichtmäßigen Ermessen** des Notars, ob er seinem Anforderungsscheiben einen Entwurf der angeforderten Erklärung beifügt oder die Anforderung ohne einen solchen Entwurf durchführt. Ermessensleitende Gesichtspunkte sind dabei neben der Üblichkeit auch die Aufwandsersparnis, die Beschleunigung der Vollzugsdauer, nicht zuletzt aber auch der Umstand, ob der Empfänger zur Erstellung der angeforderten Erklärung selbst in der Lage ist oder ob er damit tendenziell überfordert wäre. So werden öffentlich-rechtliche Genehmigungen im Normalfall nicht vom Notar entworfen, sondern von den Behörden selbst erstellt, so dass es eher Befremden auslösen würde, wenn der Notar seinem Anforderungsschreiben einen Genehmigungsentwurf beifügt. Entsprechendes gilt für (betreuungs-, familien- oder nachlass-)gerichtliche Genehmigungen. Ebenfalls verwenden viele Banken lieber eigene Erklärungsvordrucke und würden vom Notar übersandte Entwürfe ohnehin ignorieren, während andere für solche vorgefertigten Entwürfe dankbar sind – insoweit kommt es vielfach auch auf regionale Gepflogenheiten an. Werden hingegen von juristischen Laien, insb. Privatpersonen, Erklärungen angefordert, empfiehlt sich regelmäßig, diesen einen entsprechenden Entwurf zur Verfügung zu stellen. Ausnahmsweise kann es sich aber auch in derartigen Fällen gebieten, von einer Entwurfsübermittlung abzusehen, um sicherzustellen, dass dem Erklärenden durch den von ihm beauftragten Notar eine Belehrung zuteil wird (was nämlich bei einer reinen Unterschriftsbeglaubigung nicht der Fall wäre).[3]

14   **3. Notarielle Eigenurkunde.** Neben der Entwurfsgebühr ist ferner auch die Gebühr für die Erstellung einer **Eigenurkunde** gem. Nr. 25104 KV abgegolten, was bisheriger Handhabung entspricht und vor allem den Bereich der Betreuungsgebühr betrifft. Sieht ein Kaufvertrag bspw vor, dass der Notar die zum Vollzug der Auflassung erforderliche Grundbuchbewilligung erst dann vornehmen soll, wenn ihm die Zahlung des Kaufpreises nachgewiesen ist, erhält der Notar neben der Gebühr nach Anm. Nr. 3 zu Nr. 22200 KV keine zusätzliche Gebühr für die Anfertigung der Eigenurkunde, welche die besagte Bewilligung enthält.

---

2 BeckOK KostR/*Neie*, GNotKG, Vorbem. 2.2 KV Rn 4.   **3** Korintenberg/*Tiedtke*, Vorbem. 2.2 KV Rn 13 mit dem Beispiel der Nachgenehmigung eines unerfahrenen Beteiligten; Leipziger-GNotKG/*Harder*, Vorbem. 2. 2 KV Rn 30.

4. Auswirkungen auf die Beglaubigungsgebühr Nr. 25100 KV. Von großer praktischer Bedeutung ist die   15
Frage, ob eine Beglaubigungsgebühr Nr. 25100 KV anfällt, wenn der Notar eine Unterschrift unter einer
von ihm gem. Abs. 2 der Vorbem. 2.2 KV entwurfsgebührenfrei gefertigten Vollzugserklärung beglaubigt.
Die Frage ist zu bejahen.[4] Denn gem. Vorbem. 2.4.1 Abs. 1 S. 2 KV sind auf entworfene Vollzugserklärun-
gen die Bestimmungen des Hauptabschnitts 4 KV nicht anwendbar, insb. auch nicht die Regelung in Vorbem. 2.4.1 Abs. 2 KV, wonach für die erstmalige Beglaubigungen von Unterschriften auf dem Entwurf, die
demnächst erfolgen, keine Gebühren entstehen. Anders ausgedrückt: Eine vom Notar selbst gefertigte Vollzugserklärung stellt keinen „Entwurf" iSd Nr. 25100 Anm. Abs. 1 KV iVm Vorbem. 2.4.1 Abs. 2 KV dar.

Abschnitt 1
Vollzug

Unterabschnitt 1
Vollzug eines Geschäfts

Nr.	Gebührentatbestand	Gebühr oder Satz der Gebühr nach § 34 GNotKG – Tabelle B

Vorbemerkung 2.2.1.1:

(1) Die Vorschriften dieses Unterabschnitts sind anzuwenden, wenn der Notar eine Gebühr für das Beurkundungsverfahren oder für die Fertigung eines Entwurfs erhält, die das zugrunde liegende Geschäft betrifft. Die Vollzugsgebühr
entsteht für die

1. Anforderung und Prüfung einer Erklärung oder Bescheinigung nach öffentlich-rechtlichen Vorschriften, mit Ausnahme der Unbedenklichkeitsbescheinigung des Finanzamts,
2. Anforderung und Prüfung einer anderen als der in Nummer 4 genannten gerichtlichen Entscheidung oder Bescheinigung, dies gilt auch für die Ermittlung des Inhalts eines ausländischen Registers,
3. Fertigung, Änderung oder Ergänzung der Liste der Gesellschafter (§ 8 Abs. 1 Nr. 3, § 40 GmbHG) oder der Liste
der Personen, welche neue Geschäftsanteile übernommen haben (§ 57 Abs. 3 Nr. 2 GmbHG),
4. Anforderung und Prüfung einer Entscheidung des Familien-, Betreuungs- oder Nachlassgerichts einschließlich aller
Tätigkeiten des Notars gemäß den §§ 1828 und 1829 BGB im Namen der Beteiligten sowie die Erteilung einer Bescheinigung über die Wirksamkeit oder Unwirksamkeit des Rechtsgeschäfts,
5. Anforderung und Prüfung einer Vollmachtsbestätigung oder einer privatrechtlichen Zustimmungserklärung,
6. Anforderung und Prüfung einer privatrechtlichen Verzichtserklärung,
7. Anforderung und Prüfung einer Erklärung über die Ausübung oder Nichtausübung eines privatrechtlichen Vor-
kaufs- oder Wiederkaufsrechts,
8. Anforderung und Prüfung einer Erklärung über die Zustimmung zu einer Schuldübernahme oder einer Entlassung
aus der Haftung,
9. Anforderung und Prüfung einer Erklärung oder sonstigen Urkunde zur Verfügung über ein Recht an einem Grundstück oder einem grundstücksgleichen Recht sowie zur Löschung oder Inhaltsänderung einer sonstigen Eintragung
im Grundbuch oder in einem anderen Register oder Anforderung und Prüfung einer Erklärung, inwieweit ein Grundpfandrecht eine Verbindlichkeit sichert,
10. Anforderung und Prüfung einer Verpflichtungserklärung betreffend eine in Nummer 9 genannte Verfügung oder
einer Erklärung über die Nichtausübung eines Rechts und
11. über die in den Nummern 1 und 2 genannten Tätigkeiten hinausgehende Tätigkeit für die Beteiligten gegenüber der
Behörde, dem Gericht oder der Körperschaft oder Anstalt des öffentlichen Rechts.

Die Vollzugsgebühr entsteht auch, wenn die Tätigkeit vor der Beurkundung vorgenommen wird.

(2) Zustimmungsbeschlüsse stehen Zustimmungserklärungen gleich.

(3) Wird eine Vollzugstätigkeit unter Beteiligung eines ausländischen Gerichts oder einer ausländischen Behörde vorgenommen, bestimmt sich die Vollzugsgebühr nach Unterabschnitt 2.

---

4 OLG Hamm NJOZ 2015, 1865; Korintenberg/*Tiedtke*, Vorbem. 2.2 KV Rn 12; *Sikora*, MittBayNot 2013, 349, 355; *Diehn*,
RNotZ 2015, 3; *Volpert*, RNotZ 2015, 146, 154.

NK-GK/*Macht*   2017

Nr.	Gebührentatbestand	Gebühr oder Satz der Gebühr nach § 34 GNotKG – Tabelle B
22110	Vollzugsgebühr	0,5
22111	Vollzugsgebühr, wenn die Gebühr für das zugrunde liegende Beurkundungsverfahren weniger als 2,0 beträgt: Die Gebühr 22110 beträgt	0,3
	Vollzugsgegenstand sind lediglich die in der Vorbemerkung 2.2.1.1 Abs. 1 Satz 2 Nr. 1 bis 3 genannten Tätigkeiten: Die Gebühren 22110 und 22111 betragen	
22112	– für jede Tätigkeit nach Vorbemerkung 2.2.1.1 Abs. 1 Satz 2 Nr. 1 und 2	höchstens 50,00 €
22113	– für jede Tätigkeit nach Vorbemerkung 2.2.1.1 Abs. 1 Satz 2 Nr. 3	höchstens 250,00 €
22114	Erzeugung von strukturierten Daten in Form der Extensible Markup Language (XML) oder in einem nach dem Stand der Technik vergleichbaren Format für eine automatisierte Weiterbearbeitung .... Die Gebühr entsteht neben anderen Gebühren dieses Unterabschnitts gesondert.	0,3 – höchstens 250,00 €

I. Anwendungsbereich

1 Die Vollzugsgebühren des Unterabschnitts 1 (Nr. 22110–22114 KV) erfassen die in dem Katalog der Vorbem. 2.2.1 Abs. 1 S. 2 KV abschließend aufgeführten Tätigkeiten. Ein Auffangtatbestand existiert nicht, so dass etwaige weitere Tätigkeiten, welche dem Bereich des Vollzugs zuzuordnen sind, gebührenfrei bleiben.

2 Anwendungsvoraussetzung ist in Abgrenzung zu Unterabschnitt 2, dass der Notar zuvor oder im Anschluss (s. Vorbem. 2.2.1 Abs. 1 S. 3 KV) eine **Niederschrift iSd §§ 8, § 36 BeurkG** oder einen **Entwurf iSd Hauptabschnitts 4 Abschnitt 1** anfertigt.

3 Die Art des zu vollziehenden Beurkundungsgeschäfts ist ohne Bedeutung, die Bestimmungen des Unterabschnitts 2 gelten somit unterschiedslos für Vereinbarungen, einseitige Erklärungen, letztwillige Verfügungen und Beschlüsse, jeweils gleich welchen Inhalts.

4 Die Vollzugsgebühr fällt je Beurkundungsverfahren nur **einmal** an (§ 93 Abs. 1). Der entsprechende **Geschäftswert** richtet sich gem. § 112 nach dem für die zugrunde liegende Beurkundung maßgebenden Wert.

II. Katalogtatbestände (Vorbem. 2.2.1.1 Abs. 1 S. 2 KV)

5 In Abs. 1 S. 2 der Vorbem. 2.2.1.1 KV werden **abschließend** die mit der Vollzugsgebühr belegten notariellen Tätigkeiten aufgezählt. Andere als die dort aufgelisteten Tätigkeiten sind, wenn sie dem Bereich des Vollzugs zuzuordnen sind, gebührenfrei.

6 Gemäß Abs. 1 S. 3 spielt es keine Rolle, ob die Tätigkeit im Anschluss an die Beurkundung (oder Entwurfsfertigung) erfolgt oder im Vorfeld.

7 **1. Öffentlich-rechtliche Erklärung oder Bescheinigung (Nr. 1).** Von Nr. 1 erfasst ist die „Anforderung und Prüfung einer Erklärung oder Bescheinigung nach öffentlich-rechtlichen Vorschriften, mit Ausnahme der Unbedenklichkeitsbescheinigung des Finanzamts". Einschlägige Gebührenvorschrift ist Nr. 22112 KV, die eine „wachsende Höchstgebühr" je nach der Anzahl der Anforderungstätigkeiten vorsieht.

8 **a) Anforderung und Prüfung.** Abgedeckt ist nicht nur die **Anforderungstätigkeit** an sich, also das idR schriftlich an die zuständige Stelle gerichtete Ersuchen des Notars um Übermittlung der benötigten Erklärung oder Bescheinigung, sondern auch die **Überprüfung** der in Erledigung der Anforderung erhaltenen Erklärung oder Bescheinigung. Ergibt die Überprüfung, dass die Erklärung oder Bescheinigung fehlerhaft ist, dem Antrag nicht entspricht oder aus anderen Gründen zu Vollzugszwecken ungeeignet ist, und wendet sich der Notar daher an die zuständige Stelle, um „Nachbesserung" zu erreichen, oder legt er deswegen Rechtsbehelfe ein, ist die entsprechende Tätigkeit gebührenfrei (vgl Vorbem. 2.1 Abs. 2 Nr. 2 KV).

Nach dem eindeutigen Wortlaut des Gesetzes müssen beide Voraussetzungen (Anfordern und Prüfen) **kumulativ** vorliegen, so dass keine Gebühr anfällt, wenn der Notar eine ihm unaufgefordert vorgelegte Vollzugserklärung „nur" überprüft.[1]

Die Gebühr entsteht zu dem Zeitpunkt, in welchem der Notar den Überprüfungsakt vollendet hat, was   **9** wiederum den Rücklauf einer dem Antrag stattgebenden Erklärung voraussetzt. Daher fällt keine Gebühr an, wenn die vom Notar beantragte Erklärung oder Bescheinigung endgültig verweigert wird.[2]

b) Öffentlich-rechtliche Erklärung oder Bescheinigung. Hauptanwendungsfall öffentlich-rechtlicher Erklä-   **10** rungen sind **Genehmigungen,** wie zB: Umlegungsgenehmigung (§ 51 BauGB); Sanierungsgenehmigung (§ 145 BauGB); Genehmigung nach § 22 BauGB; Genehmigung nach dem Grundstücksverkehrsgesetz (GrdstVG); Genehmigung nach der Grundstücksverkehrsordnung; Abgeschlossenheitsbescheinigung (§ 7 Abs. 4 S. 1 Nr. 1 WEG). Der **Vermessungsantrag** ist hingegen nicht Nr. 1 zu subsumieren, sondern unter Nr. 11 (→ Rn 34).

Hauptanwendungsfall öffentlich-rechtlicher **Bescheinigungen** sind **Vorkaufsrechtsnegativzeugnisse gem.**   **11** **§ 28 Abs. 1 S. 3 BauGB** oder auf der Grundlage anderer Vorschriften (wie etwa zu naturschutzrechtlichen oder denkmalschutzrechtlichen Vorkaufsrechten) und behördliche **Bescheinigungen über die Genehmigungsfreiheit,** namentlich die Negativbescheinigung nach dem GrdstVG, und zu Vertretungsberechtigungen bei bestimmten unter behördlicher Aufsicht stehenden Körperschaften, wie Stiftungen oder altrechtlichen Körper- oder Genossenschaften. Der **Begriff** der Bescheinigung ist weit auszulegen. Ihm unterfallen daher auch Bescheinigungen, welche eher gutachterliche Äußerungen enthalten, wie sie v.a. zur Vorlage beim Handelsregister gelegentlich benötigt werden (zB die Stellungnahme der Industrie- und Handelskammer).

Die Überprüfung gesellschaftsvertraglicher Bestimmungen (zB im Rahmen einer GmbH-Gründung) und die Anforderung diesbezüglicher Bescheinigungen bzw gutachterlicher Äußerungen für das Registerverfahren bei der **Industrie- und Handelskammer** oder bei **berufsständischen Kammern,** wie zB Rechtsanwalts-, Architekten- oder Steuerberaterkammer (welche alle als Körperschaft des öffentlichen Rechts organisiert sind), fällt hingegen nicht unter Nr. 1, sondern Nr. 11 (→ Rn 34), was im Hinblick auf die einschlägige Gebührenvorschrift (Nr. 22110 KV statt der wachsenden Höchstgebühr nach Nr. 22112 KV) von Bedeutung ist.

c) Ausnahme Unbedenklichkeitsbescheinigung. Nicht erfasst ist die finanzamtliche Unbedenklichkeitsbe-   **12** scheinigung (§ 22 GrEStG), da sie unmittelbar infolge der vom Notar in Erfüllung seiner entsprechenden Amtspflicht (§ 18 GrEStG) vorzunehmende Anzeige an das Finanzamt ergeht.

2. Gerichtliche Entscheidung oder Bescheinigung (Nr. 2). Nr. 2 erfasst die Anforderung und Prüfung (zu   **13** beiden Begriffen → Rn 8) einer „anderen als der in Nummer 4 genannten gerichtlichen Entscheidung oder Bescheinigung, dies gilt auch für die Ermittlung des Inhalts eines ausländischen Registers". Der Anwendungsbereich ist also zunächst in **Abgrenzung** zur Regelung in Nr. 4 zu bestimmen, womit die betreuungs-, familien- oder nachlassgerichtlichen Genehmigungen auszuklammern sind. Alle übrigen Erklärungen oder Bescheinigungen von Gerichten, und zwar sowohl in- als auch ausländischer Gerichte, sind von Nr. 2 erfasst, zB die **Beschaffung folgender Unterlagen** beim zuständigen Gericht:

- Erbscheinsausfertigung;
- Testamentsvollstreckerzeugnis;
- Registerauszug, namentlich bei einem ausländischen Handelsregister;
- Zeugnis über den Güterstand gem. § 33 GBO;

oder der Antrag auf Bestellung eines zur Durchführung eines Rechtsgeschäfts benötigten

- Ergänzungspflegers oder
- Betreuers.

Angesichts der ausdrücklichen Erwähnung im letzten Halbsatz der Nr. 4 sind Bescheinigungen zum Inhalt   **14** **ausländischer** Register unabhängig davon erfasst, ob das Register (wie in Deutschland) von einem Gericht oder einer anderen Institution geführt wird. Nicht unter Nr. 2 fällt hingegen die Ermittlung des Inhalts des **inländischen** Handelsregisters durch den Notar zum Zwecke der Urkundenvorbereitung oder der Erteilung einer Notarbescheinigung nach § 21 Abs. 1 BNotO.[3]

Einschlägige Gebührenvorschrift ist Nr. 22112 KV, die eine „wachsende Höchstgebühr" je nach der Anzahl   **15** der Anforderungstätigkeiten vorsieht. Darin liegt auch der Unterschied zum Tatbestand der Nr. 4, wo eine solche Höchstgebühr nicht vorgesehen ist.

---

1 Korintenberg/*Tiedtke*, Vorbem. 2.2.1.1 KV Rn 23.   **2** BDS/*Diehn*, Vorbem. 2.2.1.1 KV Rn 21.   **3** Leipziger-GNotKG/*Harder*, Vorbem. 2.2.1.1 KV Rn 37.

16   **3. Gesellschafterliste (Nr. 3).** In den Anwendungsbereich der Nr. 3 fallen die Fertigung, Änderung oder Ergänzung der im Rahmen des GmbHG relevanten Gesellschafterlisten, nämlich

- Gesellschafterliste gem. § 8 Abs. 1 Nr. 3 GmbHG (Liste der Gründungsgesellschafter);
- Gesellschafterliste gem. § 40 GmbHG (Liste bei Änderungen im Gesellschafter- oder Anteilsbestand);
- Übernehmerliste gem. § 57 Abs. 3 Nr. 2 GmbHG bei Kapitalerhöhung.

17   Einschlägige Gebührenvorschrift ist Nr. 22113 KV, die eine „wachsende Höchstgebühr" je nach der Anzahl der Anforderungstätigkeiten vorsieht.

18   Das Verhältnis zur Betreuungsgebühr gem. Anm. Nr. 6 zu Nr. 22200 KV stellt sich wie folgt dar: Die Betreuungsgebühr gem. Anm. Nr. 6 zu Nr. 22200 KV erfasst die Erteilung der Bescheinigung gem. § 40 Abs. 2 S. 2 GmbHG, während Nr. 3 der Vorbem. 2.2.1.1 KV die Erstellung (bzw Änderung oder Ergänzung) der Gesellschafterliste erfasst. Beide Gebührentatbestände können nebeneinander verwirklicht werden.

19   **4. Familien-, betreuungs- und nachlassgerichtliche Genehmigung (Nr. 4).** Nr. 4 erfasst die Anforderung und Prüfung (zu beiden Begriffen → Rn 8) einer familien-, betreuungs- oder nachlassgerichtlichen Genehmigung, zB gem. §§ 1643, 1821 f, 1908 i Abs. 1, 1915 BGB.

20   Im Unterschied zum Tatbestand der Nr. 2 (iVm Nr. 22112 KV) ist im Rahmen der Nr. 4 keine Höchstgebühr vorgesehen, da angesichts des Aufwands und des Haftungsrisikos eine solche Beschränkung nicht sachgerecht wäre.

21   Der Tatbestand der Nr. 4 erfasst nicht nur die Anforderung an sich, sondern alle damit in Zusammenhang stehenden Tätigkeiten wie insb. die Mitteilung und Entgegennahme der rechtskräftig erteilten Genehmigung im Rahmen einer sog. **Doppelvollmacht**[4] samt Errichtung einer entsprechenden Eigenurkunde sowie etwaige zuvor bei den Beteiligten angeforderten Erklärungen, zB die Bestätigung des Betreuers, dass sein Amt fortbesteht (und nicht etwa durch den Tod des Betreuten erloschen ist), oder die Rückfrage des Notars beim Betreuer, ob seitens des Notar von der Doppelvollmacht Gebrauch gemacht werden darf.

22   Wird die Genehmigung nicht durch den Notar in Ausübung der sog. Doppelvollmacht für den Betreuer bzw Vertreter entgegengenommen, den Gegenbeteiligten mitgeteilt und die Mitteilung wiederum für diese entgegengenommen (und all dies in einer Eigenurkunde dokumentiert), sondern von den Beteiligten (oder einem Bevollmächtigten), und hierüber eine notarielle Niederschrift errichtet, fällt für diese Niederschrift grds. eine Gebühr nach Nr. 21200 KV aus einem niedrigen Teilwert (nicht mehr als 10 % des Geschäftswerts des zugrunde liegenden Rechtsgeschäfts) an. Ob hierin eine unrichtige Sachbehandlung gem. § 21 liegt, wenn die (gebührenfreie) Errichtung einer notariellen Eigenurkunde ebenso möglich gewesen wäre, ist eine Frage des Einzelfalls. Keine unrichtige Sachbehandlung liegt jedenfalls dann vor, wenn die Beurkundung der Entgegennahme der Genehmigung bzw deren Mitteilung durch die Beteiligten zur Wahrung der in § 1829 Abs. 1 S. 2 BGB verkörperten Entscheidungsfreiheit des Betreuers bzw Vertreters, ob er den Vertrag wirksam werden lassen will oder nicht,[5] erfolgt.

23   **5. Vollmachtsbestätigung und Zustimmungserklärung (Nr. 5).** Nr. 5 regelt die Anforderung und Prüfung (zu beiden Begriffen → Rn 8) einer Vollmachtsbestätigung oder Zustimmung. Eine **Vollmachtsbestätigung** ist wegen § 167 Abs. 2 BGB insb. dann erforderlich, wenn an der zugrunde liegenden Urkunde ein Bevollmächtigter mitgewirkt hat, dessen Vollmacht nicht in der Form des § 29 GBO erteilt war, und das Rechtsgeschäft im Grundbuch vollzogen werden muss. Richtigerweise unterfällt der Nr. 5 hingegen nicht das Anfordern (bzw Entwerfen) einer Vollmacht im Vorgriff auf ein zu beurkundendes Rechtsgeschäft.[6]

24   Der praktische Hauptanwendungsfall der „**privatrechtlichen Zustimmungserklärungen**" sind v.a. die nachträglichen Genehmigungen vollmachtlos vertretener Urkundsbeteiligter gem. § 177 Abs. 1 BGB. Darüber hinaus erfasst die Formulierung alle denkbaren Zustimmungserklärungen des Privatrechts, zB gem. §§ 182–185, 558 b, 1365, 1516 BGB, § 13 Abs. 2 UmwG usw.

25   **6. Verzichtserklärung (Nr. 6).** Nr. 6 erfasst die Anforderung und Prüfung (zu beiden Begriffen → Rn 8) einer **privatrechtlichen Verzichtserklärung**, wie zB den Verzicht auf eine Rechtsposition (zB den Verzicht auf ein Vorkaufsrecht für alle Verkaufsfälle), oder gesellschaftsrechtliche Verzichte (zB gem. § 8 Abs. 3 UmwG).

26   **7. Erklärung zu Vorkaufs- und Wiederkaufsrechten (Nr. 7).** Nr. 7 betrifft die Anforderung und Prüfung (zu beiden Begriffen → Rn 8) einer Erklärung über die Ausübung oder Nichtausübung eines privatrechtlichen Vorkaufs- oder Wiederkaufsrechts. Erklärungen zu öffentlich-rechtlichen Vorkaufsrechten sind somit nicht Gegenstand der Nr. 7, sondern unterfallen dem Tatbestand der Nr. 1, was wegen der Begrenzung der Nr. 21112 KV (wachsender Höchstbetrag) wichtig ist. Auf die Person des Vorkaufsberechtigten kommt es dabei nicht an, so dass die Anforderung einer Nichtausübungserklärung zu einem Wiederkaufsrecht, wel-

---

4 *Bolkart*, MittBayNot 2011, 176.   **5** Vgl MüKo-BGB/*Wagenitz*, § 1829 Rn 13 ff.   **6** Korintenberg/*Tiedtke*, Vorbem. 2.2.1.1 KV Rn 40; aA Leipziger-GNotKG/*Harder*, Vorbem. 2.2.1.1 KV Rn 20.

ches sich eine Gemeinde zur Absicherung einer Bauverpflichtung oder eines Einheimischenmodell vorbehalten hat, unter Nr. 7 (und nicht unter Nr. 1) fällt.

Hauptanwendungsfall für die Anwendung der Nr. 7 ist die Anforderung der Nichtausübungserkläung eines dinglich Vorkaufsberechtigten (§ 1094 BGB). **27**

8. Schuldübernahme- und Haftentlassungserklärungen (Nr. 8). Nr. 8 regelt die Anforderung und Prüfung **28** (zu beiden Begriffen → Rn 8) einer Erklärung über die Zustimmung zu einer Schuldübernahme oder einer Entlassung aus der Haftung. Hauptanwendungsfälle sind die Anforderung einer Schuldübernahmegenehmigung beim Gläubiger gem. § 415 Abs. 1 S. 1 BGB und die Bestätigung des Gläubigers, wonach ein Urkundsbeteiligter aus der Haftung für eine bestimmte Schuld entlassen ist. Auch die Genehmigung zur Vertragsübernahme als Rechtsinstitut sui generis[7] unterliegt der Nr. 8, da sie stets auch die Genehmigung der aus dem übernommenen Vertragsverhältnisses entspringenden Pflichten enthält.

9. Grundbucherklärungen, insb. Löschungs- und Freigabebewilligungen (Nr. 9). Nr. 9 erfasst die Anforde- **29** rung und Prüfung (zu beiden Begriffen → Rn 8) einer Erklärung oder sonstigen Urkunde zur Verfügung über ein Recht an einem Grundstück oder einem grundstücksgleichen Recht sowie zur Löschung oder Inhaltsänderung einer sonstigen Eintragung im Grundbuch oder in einem Register oder Anforderung und Prüfung einer Erklärung, inwieweit ein Grundpfandrecht eine Verbindlichkeit sichert.

Beispiele hierzu sind: Löschungsbewilligungen; Pfandfreigabebewilligungen; Rangrücktrittsbewilligungen; **30** Nichtvalutierungserklärungen; Zustimmung zur Inhaltsänderung eines dinglichen Rechts; Zustimmung dinglich Berechtigter zur Aufteilung nach § 3 WEG; Zustimmung dinglich Berechtigter zur Aufhebung eines Erbbaurechts; isolierte Anforderung eines Grundschuldbriefs zu einer bereits vorliegenden Löschungsbewilligung.

Im Einzelfall, v.a. bei der Zustimmung von Rechtsinhabern, kann die **Abgrenzung** schwierig sein, ob eine **31** Erklärung unter Nr. 5 oder Nr. 9 fällt, was praktisch aber keine Rolle spielt, da sich Nr. 5 und Nr. 9 hinsichtlich der Gebührenhöhe nicht unterscheiden.

10. Verpflichtung zu den Erklärungen gem. Nr. 9 und Nichtausübungserklärung (Nr. 10). Nr. 10 betrifft **32** die Anforderung und Prüfung (zu beiden Begriffen → Rn 8) einer Verpflichtungserklärung betreffend eine in Nr. 9 genannte Verfügung oder einer Erklärung über die Nichtausübung eines Rechts, zB also die Verpflichtung zur Abgabe einer Löschungsbewilligung (wobei die entsprechende Verpflichtungserklärung in der Praxis häufig auch die Bewilligung einer entsprechenden Löschungsvormerkung enthält). Ein praktischer Hauptanwendungsfall ist die **Freistellungsverpflichtung** iSd § 3 Abs. 1 S. 4 MaBV im Bereich des Bauträgervertrags. Die Nichtausübungserklärung unterliegt, wenn Vorkaufsrechte oder Wiederkaufsrechte betroffen sind, dem Tatbestand der Nr. 7, wobei der **Abgrenzung** im Ergebnis keine Bedeutung zukommt, da sich Nr. 7 und Nr. 10 in der Gebührenhöhe nicht unterscheiden.

11. Sonstige Tätigkeit gegenüber Behörde, Gericht, Körperschaft oder Anstalt des öffentlichen Rechts **33** **(Nr. 11).** Nr. 11 erfasst alle notariellen Vollzugstätigkeiten gegenüber Behörden, Gerichten, Körperschaften oder Anstalten des öffentlichen Rechts, die nicht unter die vorrangigen Tatbestände der Nr. 1 oder Nr. 2 fallen, insb. weil sie über eine über das weitestgehend standardisierte bzw automatisierte Anfordern hinausgehen, zB weil eine nähere (individualisierte) Begründung erforderlich ist.[8] Die **Abgrenzung** zum Tatbestand der Nr. 4 ist hingegen ohne Bedeutung, da sich Nr. 4 und Nr. 11 hinsichtlich der Gebührenhöhe nicht unterscheiden.

Unter Nr. 11 fällt die Einholung gutachterlicher Stellungnahmen der **Industrie- und Handelskammer** für das **34** Handelsregisterverfahren (§ 380 FamFG, § 23 S. 2 HRV), insb. im Rahmen der Zulässigkeit einer bestimmten Firmierung.[9] Ebenso die Überprüfung gesellschaftsvertraglicher Bestimmungen (zB im Rahmen einer GmbH-Gründung) und die Anforderung diesbezüglicher Bescheinigungen bzw gutachterlicher Äußerungen für das Registerverfahren bei **berufsständischen Kammern** wie zB Rechtsanwalts-, Architekten- oder Steuerberaterkammer (welche alle als Körperschaft des öffentlichen Rechts organisiert sind).[10]

Auch der **Vermessungsantrag** fällt unter Nr. 11.[11] Hinsichtlich der Tätigkeit des Notars im Zusammenhang mit dem **elektronischen Bundesanzeiger,** zB wenn der Notar im Auftrag der Beteiligten dort die im Rahmen der Auflösung einer GmbH erforderliche Bekanntmachung samt Gläubigeraufruf (§§ 65 Abs. 2, 12 S. 1 GmbHG) veranlasst, wird man mit der hM eine Betreuungstätigkeit nach Nr. 22200 Nr. 5 KV annehmen (→ Nr. 22200–22201 KV Rn 9), da der Bundesanzeiger zwar vom Bundesministerium der Justiz und für

---

7 BeckOK-BGB/*Rohe*, § 415 Rn 26. **8** Im Einzelnen ist vor allem die Abgrenzung zu Nr. 1 schwierig, vgl BDS/*Diehn*, Vorbem. 2.2.1.1 KV Rn 80. **9** RegE, BT-Drucks 17/11471, S. 222; Korintenberg/*Tiedtke*, Vorbem. 2.2.1.1 KV Rn 49. **10** Unschlüssig, ob Nr. 1 oder Nr. 11 insoweit BDS/*Diehn*, Vorbem. 2.2.1.1 KV Rn 28. **11** Korintenberg/*Tiedtke*, Vorbem. 2.2.1.1 KV Rn 49; aA BDS/*Diehn*, Vorbem. 2.2.1.1 KV Rn 81 (Nr. 1).

Verbraucherschutz herausgegeben wird, aber der Antrag des Notars letztlich bei dem privatrechtlich organisierten Bundesanzeiger Verlag gestellt wird.

III. Zustimmungsbeschlüsse (Vorbem. 2.2.1.1 Abs. 2 KV)

35   Zustimmungsbeschlüsse stehen gem. Abs. 2 der Vorbem. 2.2.1.1 KV Zustimmungserklärungen gleich. Ein praktischer Hauptanwendungsfall ist die Anforderung eines zustimmenden Gemeinderatsbeschlusses, wenn der handelnde Bürgermeister sich einen solchen die Vornahme der Beurkundung vorbehalten hat.

IV. Beteiligung ausländischer Gerichte oder Behörden (Vorbem. 2.2.1.1 Abs. 3 KV)

36   Abs. 3 der Vorbem. 2.2.1.1 KV stellt klar, dass sich die Vollzugsgebühr nach den Bestimmungen des Unterabschnitts 2 (Nr. 22120–22125 KV) richtet, wenn die Vollzugstätigkeit gegenüber ausländischen Gerichten oder Behörde vorgenommen wird. Dies führt zu einer höheren Gebühr, womit dem in solchen Fällen regelmäßig erheblich größeren Aufwand des Notars Rechnung getragen wird.

V. Gebührensätze

37   **1. Nr. 22110 und 22111 KV.** Nr. 22110 KV setzt den Ausgangsgebührensatz mit 0,5 an. Gemäß Nr. 22111 KV reduziert er sich auf 0,3, wenn das der betroffenen Vollzugstätigkeit zugrunde liegende Beurkundungsverfahren (also die betreffende Urkunde) eine Gebühr von weniger als 2,0 auslöst. Demgemäß kommt die Gebühr von 0,5 hauptsächlich für den Vollzug von Verträgen und Beschlüssen zum Ansatz, während bei einseitigen Rechtsgeschäften, wie zB dem Vollzug einer vollstreckbaren Grundschuldbestellung, die Gebühr von 0,3 anfällt.

38   Bei **zusammengesetzten Beurkundungsverfahren** (insb. Vertragsangebot und -annahme) kommt es auf die Summe der zugrunde liegenden Gebührensätze an. Wenn diese 2,0 erreicht (oder übersteigt), ist Nr. 22110 KV anwendbar, sonst Nr. 22111 KV. Sind in solchen Fällen verschiedene Notare beteiligt, kann dies zu einer Erhöhung der Gebühren führen, wenn zB einzelne Vollzugstätigkeiten vom Notar betrieben werden, der das Angebot beurkundet hat, während andere der Notar entfaltet, welcher die Annahme beurkundet hat. Dann fällt nämlich die Vollzugsgebühr zweimal in Höhe von 0,5 an,[12] so dass es sich aus Kostengründen empfiehlt, die Abwicklung des Vertrages bei einem Notar zu konzentrieren.

39   **2. Höchstgebühr gem. Nr. 22112 KV.** Nr. 22112 KV betrifft diejenigen Vollzugstätigkeiten, welche das Gesetz als einfache Routine ansieht und daher davon ausgeht, dass sie dem Notar keinen großen Aufwand verursachen. Die Begründung des Regierungsentwurfs führt in diesem Zusammenhang Folgendes aus: „Die zuständigen Stellen sind, im Gegensatz zu privaten Beteiligten, unschwer zu ermitteln und zu erreichen und im Umgang mit derartigen Sachverhalten, was Form und Inhalt der angeforderten Erklärung anbelangt, so vertraut, dass ein größerer Aufwand kaum je vorliegen wird. In den meisten Fällen beschränkt sich der Aufwand des Notars auf die Einreichung von Unterlagen, ohne dass vertiefte Rechtsausführungen oder Verhandlungen mit den Adressaten erforderlich sind. Ferner haben die Beteiligten auf die „öffentlich-rechtliche Beschaffenheit" ihres Eigentums keinen Einfluss, während privatrechtliche Belastungen und Beschränkungen, der Inhalt der Urkunde oder die Ausgestaltung des Beurkundungsverfahrens regelmäßig der Sphäre ihrer privatautonomen Gestaltungsmacht zuzurechnen sind."

40   Deswegen sehen Nr. 22112, 22113 KV insoweit eine Deckelung vor, indem sie eine Höchstgebühr in Gestalt eines sog. **wachsenden Höchstbetrags** anordnen. Dadurch wird der Anzahl der Vollzugstätigkeiten angemessen Rechnung getragen. Sobald allerdings eine Vollzugstätigkeit nach den Nr. 4–11 hinzukommt, wird hierdurch die unbegrenzte 0,5-Vollzugsgebühr ausgelöst.

41   **3. Nr. 22113 KV.** Die **Erstellung einer Gesellschafterliste** kann – im Gegensatz zu den von Nr. 22112 KV erfassten Vollzugstätigkeiten – kaum als einfache Routine bezeichnet werden. Sie bedarf großer Sorgfalt und nicht selten juristischer Vorüberlegungen, insb. wenn zweifelhaft ist, ob die vorangegangene Liste, auf die sich die Notarbescheinigung gem. § 40 Abs. 2 S. 2 GmbHG beziehen muss, überhaupt den Gesellschafter- und Anteilsbestand zutreffend wiedergibt – eine Möglichkeit, mit der insb. bei Listen, die vor Einführung des MoMiG von der Geschäftsführung erstellt wurden, stets in Betracht gezogen werden muss. In solchen Fällen sind oftmals zeitintensive Vorrecherchen zur Entwicklung des Gesellschafter- und Anteilsbestands erforderlich. Die Vorschrift Nr. 22113 KV trägt dem angemessen Rechnung, indem sie den Höchstbetrag mit 250 € ansetzt.[13]

---

12 Korintenberg/*Tiedtke*, Nr. 22110, 22111 KV Rn 6; aA (nur 0,3 beim „Annahmenotar") Leipziger-GNotKG/*Harder*, Nr. 22110 KV Rn 7. **13** Zur Behandlung mehrerer Listen in demselben Beurkundungsverfahren s. Korintenberg/*Tiedtke*, Nr. 22110, 22111 KV Rn 7.

4. Nr. 22114 KV. Die Gebühr Nr. 22114 KV betrifft bestimmte Arten der Datenaufbereitung zur automatisierten Weiterbearbeitung durch die Empfängerstelle (derzeit Registergericht[14] und Grundbuchamt).[15] Derzeit geschieht eine solche Datenaufbereitung in dem von der Vorschrift benannten **XML-Format**. Angesichts der Schnelllebigkeit im Bereich der elektronischen Datenverarbeitung wird wohl über kurz oder lang ein anderes Format an dessen Stelle treten. Die Vorschrift berücksichtigt solche künftig möglichen Entwicklungen, indem sie auch ein „nach dem Stand der Technik vergleichbares Format" erfasst.

42

Die Datenaufbereitung durch den Notar ist recht zeitaufwendig, weil der wesentliche Inhalt der Eintragungsunterlagen am Computer in eine Datenmaske eingegeben werden muss, wobei sich der Vorgang nicht auf das simple Eingeben an sich beschränkt, sondern auch eine qualifizierte juristische Interpretationsarbeit voraussetzt. Diese Datenaufbereitung dient der Arbeitsersparnis beim Empfängergericht, weil dort die eingegebenen Daten automatisch in das Zielregister oder das Grundbuch eingespielt werden können. Der Rechtspfleger oder Richter muss also nur noch am Bildschirm den Inhalt der Daten sichten und überprüfen, um sie im Optimalfall sodann unmittelbar durch Mausklick in den Registerinhalt zu übernehmen.

43

Angesichts des mit der Datenaufbereitung verbundenen Aufwands (→ Rn 43) sieht Nr. 22114 KV insoweit eine Gebühr von 0,3, höchstens jedoch 250 € vor, welche in Durchbrechung des Grundsatzes in § 93 Abs. 1 („ein Beurkundungsverfahren – eine Vollzugsgebühr") **zusätzlich zu anderen Vollzugsgebühren** anfällt.

44

Unterabschnitt 2
Vollzug in besonderen Fällen

Nr.	Gebührentatbestand	Gebühr oder Satz der Gebühr nach § 34 GNotKG – Tabelle B
Vorbemerkung 2.2.1.2: Die Gebühren dieses Unterabschnitts entstehen, wenn der Notar 1. keine Gebühr für ein Beurkundungsverfahren oder für die Fertigung eines Entwurfs erhalten hat, die das zu vollziehende Geschäft betrifft, oder 2. eine Vollzugstätigkeit unter Beteiligung eines ausländischen Gerichts oder einer ausländischen Behörde vornimmt.		
22120	Vollzugsgebühr für die in Vorbemerkung 2.2.1.1 Abs. 1 Satz 2 genannten Tätigkeiten, wenn die Gebühr für ein die Urkunde betreffendes Beurkundungsverfahren 2,0 betragen würde	1,0
22121	Vollzugsgebühr für die in Vorbemerkung 2.2.1.1 Abs. 1 Satz 2 genannten Tätigkeiten, wenn die Gebühr für ein die Urkunde betreffendes Beurkundungsverfahren weniger als 2,0 betragen würde	0,5
22122	Überprüfung, ob die Urkunde bei Gericht eingereicht werden kann .... Die Gebühr entsteht nicht neben einer der Gebühren 22120 und 22121.	0,5
22123	Erledigung von Beanstandungen einschließlich des Beschwerdeverfahrens Die Gebühr entsteht nicht neben einer der Gebühren 22120 bis 22122.	0,5
22124	Beschränkt sich die Tätigkeit auf die Übermittlung von Anträgen, Erklärungen oder Unterlagen an ein Gericht, eine Behörde oder einen Dritten oder die Stellung von Anträgen im Namen der Beteiligten .... Die Gebühr entsteht nur, wenn nicht eine Gebühr nach den Nummern 22120 bis 22123 anfällt.	20,00 €

14 §§ 8 a, 12 HGB iVm den jeweiligen Landesverordnungen über die elektronische Führung des Handelsregisters, die elektronische Anmeldung, die elektronische Einreichung von Dokumenten. **15** Vgl Gesetz zur Einführung des elektronischen Rechtsverkehrs und der elektronischen Akte im Grundbuchverfahren sowie zur Änderung weiterer grundbuch-, register- und kostenrechtlicher Vorschriften (ERVGBG) v. 11.8.2009 (BGBl. I 2713).

Nr.	Gebührentatbestand	Gebühr oder Satz der Gebühr nach § 34 GNotKG – Tabelle B
22125	Erzeugung von strukturierten Daten in Form der Extensible Markup Language (XML) oder einem nach dem Stand der Technik vergleichbaren Format für eine automatisierte Weiterbearbeitung .... Die Gebühr entsteht neben anderen Gebühren dieses Unterabschnitts gesondert.	0,6 – höchstens 250,00 €

I. Systematik des Unterabschnitts 2

1   Die Anwendungsvoraussetzungen der Bestimmungen des Unterabschnitts 2 ergeben sich aus Vorbem. 2.2.1.2 KV.

2   **1. Vollzug ohne Urkunds- oder Entwurfsbezug (Nr. 1).** Von Vorbem. 2.2.1.2 Nr. 1 KV sind alle Vollzugstätigkeiten erfasst, die mangels Urkunds- oder Entwurfsbezug nicht den Bestimmungen des Unterabschnitts 1 unterliegen, insb. der Vollzug von Privaturkunden, welche der Notar **nicht entworfen** hat. Dabei spielt es keine Rolle, ob der Notar die Privaturkunde

- unterschriftsbeglaubigt,
- überprüft,
- infolge Überprüfung abändert oder ergänzt.

3   Entscheidend ist einzig und allein, ob der Entwurf vom Notar angefertigt wurde. Die bloße Überprüfung und ggf auch Änderung oder Ergänzung reicht angesichts des eindeutigen Wortlauts der Nr. 1 „*Fertigung eines Entwurfs*" nicht aus, obgleich gem. Vorbem. 2.4.1 Abs. 3 KV der Notar auch für die bloße Überprüfung, Änderung oder Ergänzung eine Entwurfsgebühr erhält.[1]

4   Ferner wird von Nr. 1 der Vollzug der Urkunde eines **anderen Notars** erfasst, wobei insoweit Vorbem. 2 Abs. 1 KV zu beachten ist (dem Notar steht dessen Amtsnachfolger, dessen Sozius sowie der Verwalter der betroffenen Notarstelle gleich).

5   **2. Vollzug unter Beteiligung ausländischer Gerichte oder Behörden (Nr. 2).** Nr. 2 erfasst Vollzugstätigkeiten gegenüber ausländischen Gerichten oder ausländischen Behörden.

II. Gebührentatbestände

6   **1. Nr. 22120 und 22121 KV.** Die Gebühren Nr. 22120 und 22121 KV differenzieren danach, welche Beurkundungsgebühr angefallen wäre, hätte der Notar das von der Vollzugstätigkeit betroffene Rechtsgeschäft bzw den entsprechenden Vorgang selbst beurkundet: Bei einer Beurkundungsgebühr von 2,0 beträgt die Vollzugsgebühr 1,0 (Nr. 22120 KV), bei einer Gebühr von weniger als 2,0 beträgt die Vollzugsgebühr 0,5 (Nr. 22121 KV).

7   **2. Nr. 22122 KV.** Gemäß Nr. 22122 KV erhält der Notar eine Gebühr von 0,5, wenn er einen Fremdentwurf auf dessen Vollzugsfähigkeit bei Gericht überprüft, zB ob dessen Inhalt im Grundbuch oder Handelsregister eingetragen werden kann. In der Anmerkung wird klargestellt, dass die Gebühr nicht neben einer Gebühr nach Nr. 22120 KV oder Nr. 22121 KV anfällt, sondern die Überprüfung insoweit als Teil der Gesamtvollzugstätigkeit abgegolten ist.

8   **3. Nr. 22123 KV.** Gemäß Nr. 22123 KV erhält der Notar eine Gebühr von 0,5, wenn er **Beanstandungen erledigt**. In Betracht kommen zB Zwischenverfügungen des Grundbuchamts oder Handelsregisters zu einer Privaturkunde, welche die Beteiligten dort selbst eingereicht haben. Die Gebühr deckt das gesamte Rechtsbehelfsverfahren durch alle Instanzen ab, wie aus der Formulierung „einschließlich des Beschwerdeverfahrens" hervorgeht.

9   **4. Nr. 22124 KV.** Nr. 22124 KV sieht eine feste Gebühr von 20 € vor, wenn sich die Tätigkeit des Notars darauf beschränkt, **Anträge, Erklärungen oder Unterlagen an ein Gericht, eine Behörde oder einen Dritten zu übermitteln** oder einen **Antrag im Namen der Beteiligten zu stellen**. In der Anmerkung wird klargestellt, dass die Gebühr nicht neben einer Gebühr nach Nr. 22120–22124 KV anfällt, sondern die Übermittlung dann als Teil der Gesamtvollzugs-, Überprüfungs- bzw Verfahrenstätigkeit abgegolten ist.

---

1 AA Korintenberg/*Tiedtke*, Vorbem. 2.2.1.2 KV Rn 7, der in Fällen der Überprüfung eines Fremdentwurfs Unterabschnitt 1 anwenden will.

Praktische Beispiele hierfür sind die Übermittlung von Unterlagen der Beteiligten an Registergericht oder Grundbuchamt, zB die Einreichung einer Löschungsbewilligung samt Eigentümerantrag zu einer Grundschuld auf der Grundlage eines von der Bank gefertigten Vordrucks, der vom Notar nur unterschriftsbeglaubigt (also nicht selbst entworfen) wurde, beim Grundbuchamt.   **10**

5. Nr. 22125 KV. Der Gebührentatbestand der Nr. 22125 KV betrifft bestimmte Arten der Datenaufbereitung zur automatisierten Weiterbearbeitung durch die Empfängerstelle (derzeit Registergericht[2] und Grundbuchamt).[3] Wegen der Einzelheiten wird auf → Nr. 22114 KV Rn 42 ff Bezug genommen. Nr. 22125 KV erfasst – und darin liegt der Unterschied zu Nr. 22114 KV – die Fälle, in denen die Registeranmeldung bzw die einzutragenden Erklärungen vom Notar weder beurkundet noch entworfen wurden.   **11**

Wie in Nr. 22114 KV entsteht auch die Gebühr Nr. 22125 KV neben anderen Gebühren desselben Unterabschnitts gesondert, was in der **Anm.** festgelegt ist. Demgemäß fallen zB für die Übermittlung des Fremdentwurfs einer Handelsregisteranmeldung an das Registergericht die Gebühren Nr. 22124 KV (Übermittlungstätigkeit) und Nr. 22125 KV (Aufbereitung der Strukturdaten) nebeneinander an.   **12**

Abschnitt 2
Betreuungstätigkeiten

Nr.	Gebührentatbestand	Gebühr oder Satz der Gebühr nach § 34 GNotKG – Tabelle B
22200	Betreuungsgebühr .... Die Betreuungsgebühr entsteht für die 1. Erteilung einer Bescheinigung über den Eintritt der Wirksamkeit von Verträgen, Erklärungen und Beschlüssen, 2. Prüfung und Mitteilung des Vorliegens von Fälligkeitsvoraussetzungen einer Leistung oder Teilleistung, 3. Beachtung einer Auflage eines an dem Beurkundungsverfahren Beteiligten im Rahmen eines Treuhandauftrags, eine Urkunde oder Auszüge einer Urkunde nur unter bestimmten Bedingungen herauszugeben, wenn die Herausgabe nicht lediglich davon abhängt, dass ein Beteiligter der Herausgabe zustimmt, oder die Erklärung der Bewilligung nach § 19 der Grundbuchordnung aufgrund einer Vollmacht, wenn diese nur unter bestimmten Bedingungen abgegeben werden soll, 4. Prüfung und Beachtung der Auszahlungsvoraussetzungen von verwahrtem Geld und der Ablieferungsvoraussetzungen von verwahrten Wertpapieren und Kostbarkeiten, 5. Anzeige oder Anmeldung einer Tatsache, insbesondere einer Abtretung oder Verpfändung, an eine nicht an dem Beurkundungsverfahren Beteiligten zur Erzielung einer Rechtsfolge, wenn sich die Tätigkeit des Notars nicht darauf beschränkt, dem nicht am Beurkundungsverfahren Beteiligten die Urkunde oder eine Kopie oder eine Ausfertigung der Urkunde zu übermitteln, 6. Erteilung einer Bescheinigung über Veränderungen hinsichtlich der Personen der Gesellschafter oder des Umfangs ihrer Beteiligung (§ 40 Abs. 2 GmbHG), wenn Umstände außerhalb der Urkunde zu prüfen sind, und 7. Entgegennahme der für den Gläubiger bestimmten Ausfertigung einer Grundpfandrechtsbestellungsurkunde zur Herbeiführung der Bindungswirkung gemäß § 873 Abs. 2 BGB.	0,5
22201	Treuhandgebühr .... Die Treuhandgebühr entsteht für die Beachtung von Auflagen durch einen nicht unmittelbar an dem Beurkundungsverfahren Beteiligten, eine Urkunde oder Auszüge einer Urkunde nur unter bestimmten Bedingungen herauszugeben. Die Gebühr entsteht für jeden Treuhandauftrag gesondert.	0,5

2 §§ 8 a, 12 HGB iVm den jeweiligen Landesverordnungen über die elektronische Führung des Handelsregisters, die elektronische Anmeldung, die elektronische Einreichung von Dokumenten. **3** Vgl Gesetz zur Einführung des elektronischen Rechtsverkehrs und der elektronischen Akte im Grundbuchverfahren sowie zur Änderung weiterer grundbuch-, register- und kostenrechtlicher Vorschriften (ERVGBG) v. 11.8.2009 (BGBl. I 2713).

I. Anwendungsbereich des Abschnitts 2

1   Ausweislich seiner Überschrift befasst sich der Abschnitt 2 von Teil 2 Hauptabschnitt 2 KV mit den **notariellen Betreuungstätigkeiten im weiteren Sinne**, welche er wiederum in zwei Bereiche unterteilt, nämlich die Betreuungstätigkeiten im engeren Sinne, für welche eine Betreuungsgebühr nach Nr. 22200 KV zum Ansatz kommt, und die Treuhandtätigkeiten, für welche eine Treuhandgebühr nach Nr. 22201 KV zu erheben ist. Da § 93 Abs. 1 Treuhandgebühren nicht erfasst (→ § 93 Rn 3), können Betreuungs- und Treuhandgebühr hinsichtlich desselben Beurkundungsverfahrens nebeneinander anfallen. Zudem können Treuhandgebühren hinsichtlich desselben Beurkundungsverfahrens auch mehrfach anfallen (Nr. 22201 Anm. S. 2 KV).

II. Betreuungsgebühr (Nr. 22200 KV)

2   **1. Fälligkeit.** Die Gebühr wird nicht schon mit der Annahme des Auftrags durch den Notar fällig, sondern erst, wenn der Notar mit der Betreuungstätigkeit **begonnen** hat, so dass es keine Rolle spielt, wenn danach die Urkunde aufgehoben oder der Betreuungsauftrag aus anderen Gründen wegfällt.[1] Darüber hinausgehend kann allerdings der Aussage, wonach der Notar nicht die erfolgreiche Beendigung der Tätigkeit schulde,[2] nicht zugestimmt werden. In der Praxis wird idR **vorschüssig** abgerechnet (→ Vorbem. 2.2 KV Rn 6).

3   **2. Abschließende Aufzählung.** Nr. 22200 KV sieht für die in den Katalogtatbeständen Nr. 1–7 seiner Anmerkung **abschließend** aufgeführten Betreuungstätigkeiten eine Gebühr von 0,5 vor, die wegen § 93 Abs. 1 je zugrunde liegender Urkunde nur einmal anfallen kann und deren Höhe unabhängig von der Anzahl der vorgenommenen Tätigkeiten ist. Sie ändert sich also auch dann nicht, wenn der Notar zur Abwicklung derselben Urkunde mehrere der in Anm. Nr. 1–7 aufgezählten Betreuungstätigkeiten durchführen muss. Der **Geschäftswert** bemisst sich nach dem für die Beurkundung der von der Betreuungstätigkeit betroffenen Niederschrift maßgebenden Wert (§ 113 Abs. 1).

4   **3. Bescheinigung über Wirksamkeitsvoraussetzungen (Nr. 1).** Nr. 1 erfasst die Erteilung einer Bescheinigung über Wirksamkeitsvoraussetzungen. Der Fall einer solchen isolierten Wirksamkeitsbescheinigung ist in der Praxis relativ selten, da solche Erklärungen meistens Teil einer notariellen Fälligkeitsmitteilung und damit von Nr. 2 erfasst sind (zB Bestätigung gem. § 3 Abs. 1 S. 1 Nr. 1 MaBV). Letztlich spielt der Anwendungsbereiche von Nr. 1 und Nr. 2 aber keine Rolle, da das Ergebnis dasselbe bleibt und die Betreuungsgebühr für dieselbe Urkunde stets nur einmal anfällt.

Betrifft die Wirksamkeitsbescheinigung ausschließlich das Wirksamwerden infolge des Vorliegens einer rechtskräftigen und ggf wirksam entgegengenommenen und den Gegenbeteiligten mitgeteilten betreuungs-, familien- oder nachlassgerichtlichen Genehmigung, ist die Spezialregelung gem. Vorbem. 2.2.1.1 Nr. 4 KV einschlägig und daher ist die entsprechende Vollzugsgebühr und insoweit keine Betreuungsgebühr zu erheben.

5   **4. Fälligkeitsmitteilung (Nr. 2).** Nr. 2 regelt die klassische notarielle Fälligkeitsmitteilung, wie sie insb. bei **Immobilienkaufverträgen** regelmäßig anzutreffen ist.[3]

6   **5. Vorlagesperre (Nr. 3).** Nr. 3 betrifft v.a. die bei Immobilienkaufverträgen übliche **Vorlagesperre**, wonach die zur grundbuchamtlichen Eigentumsumschreibung erforderlichen Erklärungen vom Notar erst dann dem Grundbuchamt zum Vollzug vorgelegt werden, wenn ihm die Zahlung des Kaufpreises nachgewiesen ist. Dabei spielt es keine Rolle, ob dies dadurch geschieht, dass die in der Urkunde enthaltenen Erklärungen zur Auflassung zuvor nicht mitausgefertigt bzw in beglaubigte Abschriften aufgenommen werden (**beurkundungsrechtliche Lösung**) oder die zum Grundbuchvollzug erforderliche Eintragungsbewilligung solange nicht durch den hierzu exklusiv ermächtigten Notar erfolgt (**verfahrensrechtliche Lösung** oder **Bewilligungslösung**).[4] Wird nach der Bewilligungslösung verfahren, ist die vom Notar errichtete Eigenurkunde, welche die Bewilligung enthält, gebührenfrei (s. Anm. zu Nr. 25204 KV).

7   Die **Abgrenzung zur Treuhandgebühr** gem. Nr. 22201 KV erfolgt nach der Person des Anweisenden: Handelt es sich um einen unmittelbaren Urkundsbeteiligten (vgl § 51 Abs. 1 BeurkG), ist Anm. Nr. 3 und damit eine Betreuungsgebühr nach Nr. 22200 KV einschlägig; handelt es sich hingegen um einen nicht unmittelbar beteiligten Dritten, ist eine Treuhandgebühr nach Nr. 22201 KV zu erheben.

8   **6. Prüfung und Beachtung von Auszahlungsvoraussetzungen (Nr. 4).** Nr. 4 sieht für die Prüfung und Beachtung der Auszahlungsvoraussetzungen von verwahrtem Geld und der Ablieferungsvoraussetzungen von verwahrten Wertpapieren und Kostbarkeiten eine Betreuungsgebühr ergänzend zu den Gebühren nach Hauptabschnitt 5 Abschnitt 3 (Verwahrungsgebühr) vor, so dass in Hinterlegungsangelegenheiten (Verwahrung gem. §§ 54 a ff BeurkG) idR zwei Gebühren mit einem Gebührensatz von insgesamt 1,5 anfallen.

---

1 Korintenberg/*Tiedtke*, Nr. 22200 KV Rn 16. **2** Zu allg. daher Korintenberg/*Tiedtke*, Nr. 22200 KV Rn 16. **3** Beispiele bei Leipziger-GNotKG/*Harder*, Nr. 22200 KV Rn 15 ff. **4** Näher zu den bestehenden Möglichkeiten siehe *Schöner/Stöber*, Grundbuchrecht, Rn 3203.

7. Anzeige bzw Anmeldung einer Tatsache (Nr. 5). Die in Nr. 5 angesprochene Anzeige oder Anmeldung   9
muss gegenüber einem nicht an dem Beurkundungsverfahren Beteiligten erfolgen und auf die Erzielung
einer Rechtsfolge gerichtet sein. Beispiele sind:

- die Verpfändungsanzeige gem. § 1280 BGB, da erst sie die Verpfändung wirksam werden lässt;
- die Abtretungsanzeige, da sie bestimmte Rechtsfolgen (insb. gem. § 409 Abs. 1 S. 1 BGB) bewirkt;
- die Anzeige einer Erbschafts- oder Erbteilsveräußerung gegenüber dem Nachlassgericht gem. § 2384 BGB;
- Veranlassung des sog. Gläubigeraufrufs (§§ 65 Abs. 2, 12 S. 1 GmbHG) im elektronischen Bundesanzeiger (→ Vorbem. 2.2.1.1 KV Rn 34).[5]

Wie diese Beispiele zeigen, darf im Rahmen der Nr. 5 weder der Begriff der Tatsache noch der Begriff der   10
Rechtsfolge eng ausgelegt werden. Insbesondere sind vom **Begriff** der **Tatsache** auch Rechtsgeschäfte erfasst, wie die dortige beispielhafte Erwähnung von Abtretung und Verpfändung zeigt. Ferner ist auch eine
nur mittelbare Rechtsfolgenbewirkung ausreichend zur Erzielung einer Rechtsfolge iSd Nr. 5, wie etwa im
Rahmen der Anzeige nach § 2384 BGB, welche zwar keinen unmittelbaren Rechtserfolg bewirkt, aber den
Eintritt einer Schadensersatzpflicht gegenüber Nachlassgläubigern vermeidet.[6]

Wichtig ist die Beachtung der Einschränkung in Nr. 5, wonach sich der Vorgang nicht darauf beschränken   11
darf, dass der Notar dem Empfänger schlicht eine **Urkundskopie oder -ausfertigung übermittelt.** Dies ist in
der Praxis häufig im Zusammenhang mit der Anzeige gem. § 2384 BGB der Fall, wobei Nr. 5 mit der Folge
des Anfalls einer Betreuungsgebühr bereits dann einschlägig ist, wenn der Notar (einen entsprechenden
Auftrag vorausgesetzt) der Urkundskopie einen kurzen Begleitbrief („zur Anzeige nach § 2384 BGB übersende ich …") beifügt. Die Übermittlung des **Widerrufs** (eines gemeinschaftlichen Testaments, einer Vollmacht usw) oder eines **Rücktritts** (von einem Erb- oder anderen Vertrag) an den Widerrufs- bzw Rücktrittsempfänger kann somit nicht unter Nr. 5 subsumiert werden.[7]

8. Bescheinigung zur Gesellschafterliste gem. § 40 Abs. 2 S. 2 GmbHG (Nr. 6). Nr. 6 sieht eine Betreuungs-   12
gebühr für die notarielle Bescheinigung zu einer GmbH-Gesellschafterliste gem. § 40 Abs. 2 S. 2 GmbHG
vor, wenn „**Umstände außerhalb der Urkunde** zu prüfen sind". Ergibt sich hingegen der Anteilsübergang
bereits unmittelbar aus der zugrunde liegenden Urkunde selbst, ohne dass weitere außerhalb der Urkunde
liegende Umstände hinzutreten müssen, fällt für die Notarbescheinigung keine Betreuungsgebühr an.

Beispiele solcher außerhalb der Urkunde liegender Umstände sind: 13

- aufschiebende Abtretungsbedingungen, wie zB Kaufpreiszahlung, Erbringung sonstiger Gegenleistungen, Stellung bestimmter Sicherheiten etc. (nicht hingegen bei auflösenden Bedingungen, denn hier wird
der Anteilsübergang zunächst bewirkt und gerät nur später ggf in Wegfall);
- Vorliegen erforderlicher Genehmigungen, egal ob privatrechtlicher oder öffentlich-rechtlicher Natur, etwa nachträgliche Genehmigung des vollmachtlos vertretenen Veräußerers gem. § 177 Abs. 1 BGB oder
kartellrechtliche Freigabe (§ 41 Abs. 1 S. 1 GWB).

Nicht ausreichend ist hingegen die reine **Datumsüberwachung** oder die Überwachung gesetzlicher **Vollzugspflichten** (zB Vorvollzug durch Handelsregistereintragung der Kapitalerhöhung).[8]

Da der Notar die Tätigkeit gem. § 40 Abs. 2 GmbHG von Amts wegen vornehmen hat und sie daher nicht   14
der Disposition der Beteiligten unterliegt, ist für Nr. 6 **kein Auftrag** erforderlich (Vorbem. 2.2 Abs. 1 KV).

Die **Anfertigung der Liste** fällt **nicht** unter Nr. 6; hierfür erhält der Notar eine **Vollzugsgebühr** gem. Vor-   15
bem. 2.2.1.1 Abs. 1 S. 2 Nr. 3 KV.

9. Entgegennahme einer Grundschuldausfertigung. Bei manchen Banken besteht die Gepflogenheit, den   16
Notar zu veranlassen, unmittelbar nach Beurkundung der Grundpfandrechtsbestellung eine Urkundsausfertigung im Namen der Bank entgegenzunehmen, um so die Bindungswirkung gem. § 873 BGB herbeizuführen.
Dies kommt auch dem Besteller des Grundpfandrechts zugute, weil es die Bank oftmals in die Lage versetzt,
zeitnah Veranlassungen zu dessen Gunsten zu treffen. Die Bank muss sich daher darauf verlassen können, dass
der Notar auftragsgemäß verfährt. Nr. 7 sieht für die entsprechende Amtstätigkeit eine Betreuungsgebühr vor.

III. Treuhandgebühr (Nr. 22201 KV)

Die Treuhandgebühr Nr. 22201 KV entsteht für Entgegennahme eines Treuhandauftrags, der dem Notar von   17
einem nicht unmittelbar urkundsbeteiligten Dritten erteilt wurde und zum Inhalt hat, dass der Notar ein ihm
überlassenes Schriftstück nur unter bestimmten Bedingungen zu bestimmten Zwecken verwenden darf.

---

5 Leipziger Kostenspiegel Teil 21 Rn 37; Streifzug GNotKG, Rn 33; BDS/*Diehn*, Vorbem. 2.2.1.1 KV Rn 80; Korintenberg/
Tiedtke, Nr. 22200 KV Rn 28; aA (Vollzugsgebühr gem. Vorbem. 2.1.1 Abs. 1 S. 2 Nr. 11 KV) Korintenberg/*Tiedtke*, Vorbem.
2.2.1.1 KV Rn 49; für kostenfreie Nebentätigkeit hingegen Leipziger-GNotKG/*Harder*, Vorbem. 2.2 KV Rn 11. **6** MüKo-BGB/
Musielak, § 2384 Rn 3. **7** Differenzierend hingegen Leipziger-GNotKG/*Harder*, Nr. 22200 KV Rn 37, 44; Korintenberg/*Tiedtke*,
Nr. 22200 KV Rn 28. **8** Korintenberg/*Tiedtke*, Nr. 22200 KV Rn 33.

18 Praktischer Hauptanwendungsfall ist die im Rahmen der Abwicklung eines Immobilienkaufvertrags erfolgende **Entgegennahme des Treuhandauftrags** eines **Grundschuldgläubigers**, wonach der Notar die übermittelte Löschungsbewilligung nur verwenden darf, wenn der Grundschuldgläubiger einen bestimmten Ablösebetrag erhält. Der Notar sorgt sodann im Rahmen der Fälligstellung des Kaufpreises dafür, dass der geforderte Ablösebetrag aus dem Kaufpreis an den Grundschuldgläubiger fließt, lässt sich anschließend von diesem enthaften und bringt nach der Erfüllung des Treuhandauftrags die Löschungsbewilligung zum Grundbuchvollzug. Es handelt sich dabei um eine für die erfolgreiche Durchführung des Kaufvertrags zentrale Abwicklungstätigkeit, für deren ordnungsgemäße Durchführung der Notar mit seinem gesamten Vermögen haftet.

19 Angesichts dessen ordnet der Gesetzgeber diese Tätigkeit nicht in den Bereich der Betreuungsgebühr ein, sondern sieht mit Nr. 22201 KV hierfür eine eigenständige Treuhandgebühr vor, die hinsichtlich desselben Beurkundungsverfahrens **auch mehrfach anfallen** kann (nämlich für jeden entgegengenommenen Treuhandauftrag gesondert), da § 93 Abs. 1 insoweit nicht gilt. S. 2 der Anm. zu Nr. 22201 KV stellt dies vorsorglich auch ausdrücklich nochmals klar.

20 Die Gebühr **entsteht** mit der **Annahme des entsprechenden Treuhandauftrags**, also mit dessen Entgegennahme durch den Notar.

21 Die **Abgrenzung zur Betreuungsgebühr** nach Anm. Nr. 3 zu Nr. 22200 KV geschieht nach der Person des Anweisenden. Wenn ein **Dritter**, der nicht an der zugrunde liegenden Urkunde beteiligt ist (§ 51 Abs. 1 BeurkG), die Treuhandauflage erteilt, gilt Nr. 22201 KV, sonst Anm. Nr. 3 zu Nr. 22200 KV. Hierzu auch das folgende Beispiel → Rn 23.

22 Der **Geschäftswert** bemisst sich gem. § 113 Abs. 2 nach dem **Wert des Sicherungsinteresses**.

23 **Beispiel (Treuhandgebühr):** V verkauft an K eine Eigentumswohnung zum Kaufpreis iHv 200.000 €. Die Wohnung ist mit zwei Grundschulden belastet ist, nämlich einer Grundschuld zu 120.000 € zugunsten der A-Bank und einer Grundschuld zu 50.000 € zugunsten der B-Bausparkasse. Der Kaufvertrag sieht vor, dass der Kaufpreis erst fällig wird, wenn der Notar dem Käufer mitgeteilt hat, dass zu dessen Gunsten an der beantragten Rangstelle eine Auflassungsvormerkung eingetragen ist und zu den vorrangigen Grundschulden jeweils die Löschungsbewilligung vorliegt, wobei Treuhandauflagen unschädlich sind, die mit dem Kaufpreis erfüllt werden können. Ferner ist vorgesehen, dass der Notar beglaubigte Abschriften und Ausfertigungen der Kaufvertragsurkunde, welche die Auflassung enthalten, erst erteilen darf, wenn ihm die Kaufpreiszahlung nachgewiesen wurde.

Auftragsgemäß fordert der Notar bei der A-Bank und der B-Bausparkasse jeweils die Löschungsbewilligung an. Seinem Anforderungsschreiben fügt er jeweils den Entwurf der benötigten Löschungsbewilligung bei. Er erhält sie von der A-Bank unter der Treuhandauflage übermittelt, dass er hiervon nur Gebrauch machen darf, wenn die A-Bank einen Betrag von 87.500 € erhält. Die B-Bausparkasse übermittelt dem Notar die Löschungsbewilligung unter der Auflage, dass der Notar hiervon nur Gebrauch machen darf, wenn sie einen Betrag von 32.000 € erhält. Da die Auflassungsvormerkung ebenfalls bereits rangrichtig im Grundbuch eingetragen ist, stellt der Notar den Kaufpreis unter Berücksichtigung der Gläubigerauflagen fällig. Der Käufer zahlt die entsprechenden Ablösebeträge unmittelbar an A-Bank und B-Bausparkasse und den verbleibenden Restbetrag (80.500 €) unmittelbar an V. Nachdem A-Bank und B-Bausparkasse den Notar jeweils enthaftet (also aus dem jeweiligen Treuhandauftrag entlassen) haben und V ihm die Kaufpreiszahlung bestätigt hat, legt der Notar dem Grundbuchamt die Löschungsbewilligungen und die Auflassung zum Vollzug vor.

1. Für die Beurkundung des Kaufvertrags fällt eine Gebühr von 2,0 gem. Nr. 21100 KV aus dem durch den Kaufpreis bestimmten Geschäftswert von 200.000 € an, mithin eine Gebühr von .... 870,00 €
2. Für die Anforderung der Löschungsbewilligungen einschl. Entwurfsfertigung (Vorbem. 2.2.1.1 Abs. 1 S. 2 Nr. 9 KV) fällt eine Vollzugsgebühr von 0,5 gem. Nr. 22110 KV aus 200.000 € (§ 112 S. 1) an, mithin eine Gebühr von .... 217,50 €
3. Für die Fälligkeitsmitteilung (Anm. Nr. 2 zu Nr. 22200 KV) und die Entgegenahme der Auflage, die Auflassung erst nach Kaufpreiszahlung auszufertigen bzw hierüber beglaubigte Abschriften zu erteilen (Anm. Nr. 3 zu Nr. 22200 KV), fällt eine Betreuungsgebühr von 0,5 gem. Nr. 22200 KV aus 200.000 € (§ 113 Abs. 1) an, mithin eine Gebühr von .... 217,50 €
4. Für die Annahme des Treuhandauftrags der A-Bank fällt eine Treuhandgebühr von 0,5 gem. Nr. 22201 KV aus einem gem. § 113 Abs. 2 zu bemessenden Geschäftswert von 87.500 € (Sicherungsinteresse der A-Bank) an, mithin eine Gebühr von .... 123,00 €
5. Für die Annahme des Treuhandauftrags der B-Bausparkasse fällt eine Treuhandgebühr von 0,5 gem. Nr. 22201 KV aus einem gem. § 113 Abs. 2 zu bemessenden Geschäftswert von 32.000 € (Sicherungsinteresse der B-Bausparkasse) an, mithin eine Gebühr von .... 67,50 €

Die obigen Gebühren sind nebeneinander zu erheben. Kostenschuldner der Beurkundungsgebühr (Nr. 21100 KV), der Vollzugsgebühr (Nr. 22110 KV) und der Betreuungsgebühr (Nr. 22200 KV) sind beide Vertragsteile. Da diese Gebühren kaufvertraglich idR der Käufer übernimmt, wird der Notar diesem die entsprechende Rechnung übermitteln. Für die Treuhandgebühren (Nr. 22201 KV) ist idR der Verkäufer Kostenschuldner, da er dem Notar den entsprechenden Auftrag zur Herbeiführung der Lastenfreistellung erteilt hat.

Hauptabschnitt 3
Sonstige notarielle Verfahren

Nr.	Gebührentatbestand	Gebühr oder Satz der Gebühr nach § 34 GNotKG – Tabelle B
Vorbemerkung 2.3:	Mit den Gebühren dieses Hauptabschnitts wird auch die Fertigung einer Niederschrift abgegolten. Nummer 23603 bleibt unberührt.	

Teil 2 Hauptabschnitt 3 KV fasst diejenigen notariellen Verfahren zusammen, bei denen zwar im Regelfall eine notarielle Niederschrift über die Tätigkeiten des Notars angefertigt wird, die Beurkundung jedoch nicht im Mittelpunkt des Verfahrens steht.[1]   **1**

Nach Vorbem. 2.3 KV sind die genannten notariellen Niederschriften nicht gesondert gebührenpflichtig. Andere notarielle Niederschriften, die bei dieser Gelegenheit erfolgen, sind dagegen nach den allgemeinen Bestimmungen gebührenpflichtig.[2]   **2**

Abs. 2 der Vorbem. 2.3 KV aF, welcher noch bestimmte, dass der Wert einer durch den Notar nach Landesrecht vorzunehmenden oder vorgenommenen Nachlass- oder Gesamtgutsauseinandersetzung nach den dafür geltenden Gerichtskostenregelungen zu bestimmen sei,[3] wurde mWz 4.7.2015 aufgehoben,[4] da der Geschäftswert der Auseinandersetzungsvermittlung sich seit Art. 44 des 2. KostRMoG aus § 118a und nicht mehr, wie von Abs. 2 aF noch vorgesehen, über § 36 Abs. 4 S. 2 nach § 66 ergibt. Letzterer wurde ebenfalls durch das 2. KostRMoG aufgehoben.   **3**

Abschnitt 1
Rückgabe eines Erbvertrags aus der notariellen Verwahrung

Nr.	Gebührentatbestand	Gebühr oder Satz der Gebühr nach § 34 GNotKG – Tabelle B
23100	Verfahrensgebühr .... Wenn derselbe Notar demnächst nach der Rückgabe eines Erbvertrags eine erneute Verfügung von Todes wegen desselben Erblassers beurkundet, wird die Gebühr auf die Gebühr für das Beurkundungsverfahren angerechnet. Bei einer Mehrheit von Erblassern erfolgt die Anrechnung nach Kopfteilen.	0,3

I. Allgemeines

Nach § 34 Abs. 3 S. 1 BeurkG bleibt die Erbvertragsurkunde in der Verwahrung des Notars, wenn die Beteiligten die besondere amtliche Verwahrung ausgeschlossen haben. Nach § 2300 BGB können die Vertragschließenden den Erbvertrag mit der Wirkung, dass vertragliche Verfügungen aufgehoben und einseitige Verfügungen von Todes wegen widerrufen werden, aus der notariellen Verwahrung zurücknehmen. Die Rückgabe darf hierbei nur an alle Vertragsschließenden zugleich erfolgen und ist auch nur zulässig, sofern die Urkunde ausschließlich Verfügungen von Todes wegen enthält, folglich nicht bei einer Verbindung mit einem anderen Vertrag.[1] Unzulässig ist zB die Rückgabe von mit Eheverträgen, Erb- oder Pflichtteilsverzichtsverträgen, Verfügungsunterlassungsverträgen, Pflegeverträgen verbundenen Erbverträgen.   **1**

---

1 BT-Drucks 17/11471, S. 225.   **2** Ebenso BDS/*Pfeiffer*, Vorbem. 2.3 KV Rn 1.   **3** BT-Drucks 17/11471, S. 225.   **4** Durch Art. 13 Nr. 10 Buchst. r des Gesetzes v. 29.6.2015 (BGBl. I 1042, 1055).   **1** Vgl BT-Drucks 17/11471, S. 226.

II. Wertgebühr

2 Die KostO sah für die Rückgabe eines Erbvertrags aus der notariellen Verwahrung keine Gebühr vor. Nr. 23100 KV bestimmt für dieses Verfahren nunmehr eine **Wertgebühr von 0,3**. Die Einführung einer Wertgebühr ist im Gesetzgebungsverfahren auf Kritik gestoßen und es wurde seitens des Bundesrates die Einführung einer Festgebühr vorgeschlagen, da der mit der Rückgabe für den Notar verbundene Aufwand unabhängig von dem Wert der Urkunde sei.[2] Eine Wertgebühr von 0,3 ist jedoch aufgrund der mit dem Wert der Urkunde verknüpften Höhe der potenziellen Haftung des Notars sachgerecht. Auch der Vergleich mit der Beratungsgebühr Nr. 24200 KV spricht für die Ausgestaltung als Wertgebühr, da ansonsten die Beratung mit dem Ergebnis der Rücknahme zu einer niedrigen Festgebühr führen würde, bei einer Entscheidung zugunsten des Verbleibs in notarieller Verwahrung jedoch eine Rahmengebühr von 0,3 bis 1,0 auslösen würde. Schließlich wird hierdurch auch dem Umstand Rechnung getragen, dass dieses Verfahren für den Notar mit einem nicht unerheblichen Aufwand und Haftungsrisiken verbunden ist:[3]

- die Rückgabe unterfällt der Pflicht zur persönlichen Amtsausübung (§ 25 BNotO);
- die Testierfähigkeit aller Beteiligten muss überprüft werden;
- es ist über die Widerrufsfiktion der Rückgabe zu belehren;
- der Notar muss sich über die Existenz früherer Verfügungen von Todes wegen vergewissern, die durch die Rückgabe des Erbvertrages wieder aufleben können, und wenn keine solchen Verfügungen vorhanden sind, sich über die Familienverhältnisse informieren, um die Bedeutung der (gesetzlichen) Erbfolge erläutern zu können;
- die Rückgabe ist auf der Originalurkunde zu vermerken;
- es ist in entsprechender Anwendung von § 20 Abs. 1 S. 1 und 2 DONot iVm § 18 Abs. 1 S. 1 DONot ein Vermerk anzufertigen, der neben den Angaben über die Form der Verfügung von Todes wegen (§§ 2232, 2276 BGB) auch die Namen, Geburtsdaten und -orte mit Postleitzahlen und Wohnorte der Vertragsschließenden enthält.

III. Vorzeitige Verfahrensbeendigung

3 Anders als im Fall der Nr. 21100 ff KV (mit den Nr. 21300 ff KV) gibt es zu Nr. 23100 KV keinen Privilegierungstatbestand für den Fall einer – auch hier möglichen – vorzeitigen Beendigung des Verfahrens. Wird der Notar mit der Rückgabe beauftragt, ändert der Erblasser jedoch vor der Rückgabe seine Ansicht (zB weil er sich vor entsprechender Belehrung durch den Notar nicht über die nach §§ 2300 Abs. 2, 2256 Abs. 1 BGB mit der Rücknahme verbundenen Rechtswirkungen im Klaren war), bleibt es bei der entstandenen 0,3-Wertgebühr.

IV. Geschäftswert

4 Der Geschäftswert für die Rückgabe des Erbvertrags aus der notariellen Verwahrung bestimmt sich nach § 114, welcher auf § 102 Abs. 1–3 verweist, also wie bei der Beurkundung des Erbvertrags, jedoch unter Zugrundelegung der Wertverhältnisse im Zeitpunkt der Rückgabe.[4]

5 Für die Wertermittlung maßgeblich ist nach § 96 der Zeitpunkt der Rücknahme. Haben sich also seit Abschluss des Erbvertrags Veränderungen (gleich, ob Wertzuwachs oder -verlust) ergeben, sind sie zu berücksichtigen.[5]

V. Anrechnung (Anm.)

6 Die Anm. zu Nr. 23100 KV enthält in S. 1 einen Anrechnungstatbestand. Auf die Gebühren des Beurkundungsverfahrens für Verfügungen von Todes wegen, die „demnächst" nach der Rückgabe des Erbvertrages vor demselben Notar oder einer diesem gleichgestellten Urkundsperson (vgl Vorbem. 2.1 KV) errichtet werden, werden die Gebühren nach Nr. 23100 KV angerechnet. Was unter dem zeitlichen Zusammenhang iSv „demnächst" zu verstehen ist, definiert der Gesetzgeber nicht ausdrücklich. Als Anhaltspunkt kann der in Vorbem. 2.1.3 Abs. 1 S. 2 KV genannte Sechs-Monats-Zeitraum herangezogen werden. Die Beurteilung der Frage, ob noch ein für eine Anrechnung hinreichend enger zeitlicher Zusammenhang gegeben ist, steht letztlich im billigen Ermessen des Notars.

7 Anm. S. 2 bestimmt, dass bei einer **Mehrheit von Erblassern** die vorgenannte Anrechnung nach Kopfteilen erfolgt, um das unbillige Ergebnis einer vollen Anrechnung bei dem zuerst neu Testierenden zu vermeiden.[6] Der Gesetzgeber hat eine Anrechnung nach den Anteilen, über die jeweils verfügt wurde, als unpraktikabel

2 S. die Stellungnahme des Bundesrates, abgedruckt in BT-Drucks 17/11471, S. 306. **3** S. BT-Drucks 17/11471, S. 342. **4** *Wudy*, Das neue Gebührenrecht für Notare, S. 233. **5** *Fackelmann*, Notarkostenrecht, Rn 690. **6** Vgl BT-Drucks 17/11471, S. 226.

verworfen.[7] Dadurch wird neben einer komplizierten Verteilung der Gebühr etwa im Verhältnis der Vermögenswerte auch eine zufällige vollumfängliche Begünstigung des zeitlich zuerst Testierenden vermieden.[8]

Abschnitt 2
Verlosung, Auslosung

Nr.	Gebührentatbestand	Gebühr oder Satz der Gebühr nach § 34 GNotKG – Tabelle B
23200	Verfahrensgebühr	2,0
	Die Gebühr entsteht auch, wenn der Notar Prüfungstätigkeiten übernimmt.	
23201	Vorzeitige Beendigung des Verfahrens:	
	Die Gebühr 23200 ermäßigt sich auf	0,5

I. Systematik

Abschnitt 2 in Teil 2 Hauptabschnitt 3 KV regelt die im Zusammenhang mit Verlosungen und Auslosungen anfallenden Notargebühren.   1

II. Verlosung, Auslosung

Die Begriffe der **Verlosung** und der **Auslosung** sind wohl synonym zu verstehen.[1] Jedenfalls ist die Art des Gewinns (Geld oder sonstiger Vorteil) nicht entscheidendes Kriterium, da unter „Verlosung" sowohl Geldgewinne als auch sonstige Vorteile, zB Studienplätze, zu subsumieren sind.[2]   2

Verlosungen/Auslosungen liegen vor, wenn nach einem vorher festgelegten Verfahren aus einer Mehrheit von Teilnehmern eine beschränkte Zahl von „Gewinnern" ermittelt wird,[3] was im Wesentlichen **mit den Mitteln des Zufalls** zu geschehen hat. Sofern die Geschicklichkeit oder das Wissen der Teilnehmer maßgebend für den Erfolg ist, liegt kein Fall des Abschnitts 2 vor; fertigt der Notar hier Niederschriften über seine Feststellungen, handelt es sich um eine Tatsachenbeurkundung iSd Nr. 21200 KV.   3

Klassischer Anwendungsfall sind die sog. **Ziehungslotterien**,[4] bei denen durch ein Zufallsverfahren eine Zahlenfolge ermittelt wird und derjenige Teilnehmer, dem diese Zahlenfolge vorher zugewiesen wurde (zB durch einen von ihm selbst ausgefüllten und abgegebenen Lottoschein) einen Gewinn erhält. Zu dieser Kategorie gehören insb. auch **Preisausschreiben**, da für die Gewinnchance idR nicht das Wissen der Teilnehmer (zB das Erraten/Ermitteln eines Lösungswortes), sondern v.a. der Zufall maßgeblich ist.   4

Einen weiteren Anwendungsfall stellen die **Losbrieflotterien** dar.[5] Hierbei ist – idR durch vorherige Beschriftung der Lose – im Vorfeld festgelegt, mit welchem Los welcher Gewinn verbunden ist. Durch Ziehung eines Loses erhält der Teilnehmer seine Gewinnmöglichkeit. Hierunter fällt auch die Veranstaltung einer sog. **Tombola**, deren Besonderheit im allgemeinen Sprachgebrauch allein in dem zumeist verfolgten gemeinnützigen/karitativen Zweck liegt.   5

III. Gebührenauslösende Tätigkeiten (Nr. 23200 KV)

Die Verfahrensgebühr Nr. 23200 KV fällt für Verlosung/Auslosung **durch den Notar** an. Eine Niederschrift, in der der Notar lediglich seine Wahrnehmungen über den Verlosungs-/Auslosungsvorgang bescheinigt, unterfällt nicht dem Abschnitt 2, sondern stellt eine nach Nr. 21200 KV zu behandelnde Tatsachenbeurkundung dar.[6] Erforderlich ist also eine **eigene Aktivität** des Notars im Rahmen des Verlosungs-/Auslosungsverfahrens.   6

Die Gebühr wird sicher ausgelöst, wenn der Notar das **gesamte Verfahren leitet**, insb. bei einer Ziehungslotterie von der Ingangsetzung des Zufallsgenerators bis zur Verkündung des/der Gewinner(s). Durch die **Anm.** zu Nr. 23200 KV wird klargestellt, dass die Gebühr auch für **Prüfungstätigkeiten** im Rahmen eines   7

---

7 BT-Drucks 17/11471, S. 226. **8** *Fackelmann*, Notarkostenrecht, Rn 691; BDS/*Pfeiffer*, Nr. 23100 KV Rn 3 aE. **1** BDS/*Pfeiffer*, Nr. 23200, 23201 KV Rn 2. **2** Korintenberg/*Gläser*, Nr. 23200, 23201 KV Rn 6; BDS/*Pfeiffer*, Nr. 23200, 23201 KV Rn 2. **3** Korintenberg/*Gläser*, Nr. 23200, 23201 KV Rn 2. **4** Korintenberg/*Gläser*, Nr. 23200, 23201 KV Rn 5; Leipziger-GNotKG/*Klingsch*, Nr. 23200 KV Rn 3. **5** Korintenberg/*Gläser*, Nr. 23200, 23201 KV Rn 5. **6** BT-Drucks 17/1147 (neu), S. 226; Leipziger-GNotKG/*Klingsch*, Nr. 23200 KV Rn 4; BDS/*Pfeiffer*, Nr. 23200, 23201 KV Rn 3.

Verlosungs-/Auslosungsvorgangs entsteht; erforderlich ist hier also ebenfalls nicht die Prüfung des gesamten Verlosungs-/Auslosungsvorgangs. Hieraus ist zu folgern, dass die Gebühr auch dann ausgelöst wird, wenn der Notar **nur einen Teil des Verfahrens** selbst leitet und/oder prüft.

8   Eine die Gebührenpflicht auslösende **Prüfungstätigkeit** ist auf die Beurteilung der Ordnungsmäßigkeit des überprüften Vorgangs gerichtet.

9   Fertigt der Notar – wie üblich – über seine Tätigkeit eine **Niederschrift**, so löst dies keine zusätzliche Gebühr aus, Vorbem. 2.3 Abs. 1 S. 1 KV.

10   Denkbar ist, dass die Verlosung lediglich der Durchführung eines anderen Vorgangs dient, etwa wenn im Rahmen der Beurkundung einer Erbauseinandersetzung der Notar gebeten wird auszulosen, welcher der beiden Beteiligten den linken Teil des Waldes und welcher den rechten Teil des Waldes erhalten soll. Hierbei handelt es sich bei der Beurkundung der Erbauseinandersetzung um das Hauptgeschäft und bei der Verlosung um das nach § 109 demgegenüber zurücktretende Durchführungsgeschäft. In diesem Fall löst die Durchführung der Verlosung/Auslosung also keine Zusatzgebühr aus.[7]

IV. Vorzeitige Beendigung des Verfahrens (Nr. 23201 KV)

11   Bei vorzeitiger Beendigung des Verfahrens ermäßigt sich nach Nr. 23201 KV der Gebührensatz der Nr. 23200 KV auf 0,5. „Verfahren" ist dabei der vom Notar **auftragsgemäß zu betreuende Verfahrensteil**. Wird also der Notar nur mit der Prüfung der Beschriftung und Mischung der Gewinnerlose/Nieten im Rahmen einer Tombola betraut und ist dies erledigt, so stellt es keine „vorzeitige Beendigung des Verfahrens" dar, wenn später die Tombola wegen eines Unwetters abgesagt wird. Denn der vom Notar auftragsgemäß zu betreuende Verfahrensteil ist abgeschlossen worden.

V. Geschäftswert

12   Der Geschäftswert ist nach allgemeinen Grundsätzen, also nach § 36, zu bestimmen.[8] In der Regel wird sich der Wert durch die Summe der ausgesetzten und gezogenen Gewinne ergeben, wobei Sachgewinne nach den für die Bewertung von Sachen maßgeblichen Kostenvorschriften anzusetzen sind.[9]

Abschnitt 3
Eid, eidesstattliche Versicherung, Vernehmung von Zeugen und Sachverständigen

Nr.	Gebührentatbestand	Gebühr oder Satz der Gebühr nach § 34 GNotKG – Tabelle B
Vorbemerkung 2.3.3: (1) Die Gebühren entstehen nur, wenn das in diesem Abschnitt genannte Verfahren oder Geschäft nicht Teil eines anderen Verfahrens oder Geschäfts ist. (2) Wird mit der Niederschrift über die Abnahme der eidesstattlichen Versicherung zugleich ein Antrag an das Nachlassgericht beurkundet, wird mit der Gebühr 23300 insoweit auch das Beurkundungsverfahren abgegolten.		
23300	Verfahren zur Abnahme von Eiden und eidesstattlichen Versicherungen	1,0
23301	Vorzeitige Beendigung des Verfahrens: Die Gebühr 23300 beträgt	0,3
23302	Vernehmung von Zeugen und Sachverständigen	1,0

I. Systematik

1   Abschnitt 3 in Teil 2 Hauptabschnitt 3 KV widmet sich der Abnahme von Eiden und eidesstattlichen Versicherungen sowie der Vernehmung von Zeugen und Sachverständigen.

---

7 Korintenberg/*Gläser*, Nr. 23200, 23201 KV Rn 7. **8** BT-Drucks 17/1147 (neu), S. 226. **9** Korintenberg/*Gläser*, Nr. 23200, 23201 KV Rn 9; Leipziger-GNotKG/*Klingsch*, Nr. 23200 KV Rn 5; BDS/*Pfeiffer*, Nr. 23200, 23201 KV Rn 8.

Voraussetzung für die Anwendbarkeit von Nr. 23300–23302 KV ist gem. Vorbem. 2.3.3 Abs. 1 KV, dass   **2** das Verfahren (Eid, eidesstattliche Versicherung, Vernehmung von Zeugen und Sachverständigen) *„nicht Teil eines anderen Verfahrens oder Geschäfts ist"*. Grundsätzlich setzt die Anwendbarkeit des Abschnitts 3 daher eine **isolierte**, mit keinem anderen Geschäft/Verfahren unmittelbar verbundene **Abnahme** von Eiden oder eidesstattlichen Versicherungen bzw. Vernehmung von Zeugen und Sachverständigen voraus.

Eine wichtige **Ausnahme** von diesem Prinzip der **Nachrangigkeit** der Nr. 23300 KV findet sich in **Vor-**   **3** **bem. 2.3.3 Abs. 2 KV:** Ist die eidesstattliche Versicherung mit einer Antragstellung an das Nachlassgericht verbunden, so wird die Beurkundung der Antragstellung nicht gesondert nach Nr. 21201 KV (Beurkundungsgebühr) erfasst.

II. Abnahme von Eiden und eidesstattlichen Versicherungen (Nr. 23300 KV)

1. Abnahme. Die **Abnahme** von Eiden/eidesstattlichen Versicherungen bedeutet die Entgegennahme des   **4** Schwurs/der Versicherung durch den Notar.[1]

Demgegenüber verwendet insb. in § 22 Abs. 2 BNotO das Gesetz den Begriff der **Aufnahme** der eidesstattli-   **5** chen Versicherung: Dies ist die reine Beurkundung der Versicherung durch den Notar, ohne dass dieser auch zwingend diejenige Behörde sein muss, gegenüber der die Versicherung erfolgt (dann: Abnahme). Welche Behörde zur Abnahme der eidesstattlichen Versicherung zuständig ist, richtet sich nach den einschlägigen Verfahrensvorschriften.[2]

Nr. 23300 KV verwendet hingegen allein den Begriff der Abnahme, auch hinsichtlich der eidesstattlichen   **6** Versicherung. Dies soll aber nicht zu eng verstanden werden; kostenrechtlich ist im Rahmen von Nr. 23300 KV richtigerweise **nicht zwischen Abnahme und Aufnahme** zu **differenzieren**; den Tatbestand löst bereits die reine Aufnahme der eidesstattlichen Versicherung aus.

2. Anwendungsfälle. Zur Abnahme von **Eiden** ist nach § 22 Abs. 1 BNotO der Notar nur zuständig, wenn   **7** der Eid „nach dem Recht eines ausländischen Staates oder nach den Bestimmungen einer ausländischen Behörde oder sonst zur Wahrnehmung von Rechten im Ausland erforderlich ist", wobei sich der Notar freilich auf eine schlüssige Behauptung des Beteiligten, dass eine entsprechende Notwendigkeit zur Verwendung im Ausland besteht, verlassen darf.[3] Wichtigster Anwendungsfall wird das im angloamerikanischen Rechtskreis häufig anzutreffende **Affidavit** sein.[4]

Eine Sondervorschrift für das notarielle Beurkundungsverfahren enthält § 16 Abs. 3 BeurkG, wo die Mög-   **8** lichkeit der **Vereidigung des Dolmetschers** durch den Notar vorgesehen ist. Hierbei handelt es sich zwar um die Abnahme eines Eides, jedoch steht dieser stets im Zusammenhang mit dem Beurkundungsverfahren, in dessen Rahmen der Dolmetscher zur Übersetzung herangezogen wurde. Es wird also nie eine isolierte Abnahme eines Eides im Rahmen von § 16 Abs. 3 BeurkG vorliegen, so dass Vorbem. 2.3.3 Abs. 1 KV zur Unanwendbarkeit von Nr. 23300 KV in diesen Fällen führt.[5]

Wichtigste Anwendungsfälle für die Aufnahme eidesstattlicher Versicherungen durch Notare sind: **9**

- Versicherung im Rahmen der Beantragung eines **Erbscheins** (§ 2356 Abs. 2 S. 1 BGB), eines **Testamentsvollstreckerzeugnisses** (iVm § 2368 Abs. 3 BGB), eines **Fortsetzungszeugnisses** (iVm § 1507 S. 2 BGB);
- Versicherung zur Glaubhaftmachung von Tatsachen **gegenüber Behörden** (§ 22 Abs. 2 BNotO).

3. Rechtmäßigkeit der Abnahme/Aufnahme. Die **Rechtmäßigkeit**, v.a. Zuständigkeit des Notars zur Ab-   **10** nahme, ist keine Voraussetzung für die Erfüllung des Gebührentatbestands.[6] Jedoch wird bei einer unrechtmäßigen Abnahme häufig eine unrichtige Sachbehandlung nach § 21 vorliegen.

4. Mehrheit von eidesstattlichen Versicherungen. Die Aufnahme eidesstattlicher Versicherungen **mehrerer**   **11** **Erbprätendenten** hinsichtlich desselben Erbfalls in derselben Niederschrift löst nur einmal die Gebühr der Nr. 23300 KV aus.[7]

Liegen **mehrere Erbfälle** vor, ist richtigerweise zu differenzieren: Wird nur *eine* eidesstattliche Versicherung   **12** aufgenommen, was bei einer einheitlichen Niederschrift regelmäßig anzunehmen ist, so wird auch nur *einmal* die Gebühr der Nr. 23300 KV ausgelöst, selbst wenn – wie regelmäßig – die Versicherung mehrere zu versichernde Tatsachen umfasst. Der Geschäftswert richtet sich freilich nach allen betroffenen Nachlässen iSv § 40; diese sind nötigenfalls zu addieren.[8] Bei einer getrennten Beurkundung entsteht hingegen jeweils eine Gebühr nach Nr. 23300 KV aus dem jeweiligen Nachlasswert gem. § 40.

---

1 Eylmann/Vaasen/*Limmer*, BNotO/BeurkG, § 22 BNotO Rn 3. **2** Eylmann/Vaasen/*Limmer*, BNotO/BeurkG, § 22 BNotO Rn 3. **3** Eylmann/Vaasen/*Limmer*, BNotO/BeurkG, § 22 BNotO Rn 3. **4** Hierzu Limmer/Hertel/Frenz/Mayer/*Hertel*, Würzburger Notarhandbuch, VII.1 Rn 19 ff; Leipziger-GNotKG/*Klingsch*, Nr. 23300–23301 KV Rn 3; aA BDS/*Pfeiffer*, Nr. 23300, 23301 KV Rn 4. **5** Korintenberg/*Gläser*, Nr. 23300–23302 KV Rn 2; Leipziger-GNotKG/*Klingsch*, Vorbem. 2.3.3 KV Rn 1. **6** AA Leipziger-GNotKG/*Klingsch*, Nr. 23300–23301 KV Rn 2. **7** Korintenberg/*Gläser*, Nr. 23300–23302 KV Rn 11. **8** Leipziger-GNotKG/*Klingsch*, Nr. 23300–23301 KV Rn 5 f.

13 **5. Entstehung der Gebühr.** Die Gebühr Nr. 23300 KV entsteht mit dem Beginn der Verhandlung über die Abnahme/Aufnahme des Eides/der eidesstattlichen Versicherung.[9]

14 Kommt es nicht zur Abnahme/Aufnahme des Eides/der eidesstattlichen Versicherung, etwa bei Verweigerung der Eidesleistung o.Ä., ermäßigt sich die Gebühr nach **Nr. 23301 KV** auf den 0,3-fachen Satz.

III. Vernehmung von Zeugen und Sachverständigen (Nr. 23302 KV)

15 Anwendungsfälle für Nr. 23302 KV gibt es kaum; die Vernehmung von Zeugen und Sachverständigen ist keine typische Aufgabe der Notare. Die Gerichte oder Behörden, die zur Wahrheitsfindung und Entscheidung berufen sind, sind selbst in der Lage, die nötigen Vernehmungen vorzunehmen.

16 Die Errichtung einer Niederschrift über die Vernehmung von Zeugen und Sachverständigen wäre anderenfalls nach Nr. 21200 KV zu behandeln.

Abschnitt 4
Wechsel- und Scheckprotest

Nr.	Gebührentatbestand	Gebühr oder Satz der Gebühr nach § 34 GNotKG – Tabelle B
Vorbemerkung 2.3.4: Neben den Gebühren dieses Abschnitts werden die Gebühren 25300 und 26002 nicht erhoben.		
23400	Verfahren über die Aufnahme eines Wechsel- und Scheckprotests .... Die Gebühr fällt auch dann an, wenn ohne Aufnahme des Protestes an den Notar gezahlt oder ihm die Zahlung nachgewiesen wird.	0,5
23401	Verfahren über die Aufnahme eines jeden Protests wegen Verweigerung der Ehrenannahme oder wegen unterbliebener Ehrenzahlung, wenn der Wechsel Notadressen enthält	0,3

I. Systematik

1 Abschnitt 4 in Teil 2 Hauptabschnitt 3 KV behandelt die kostenrechtliche Erfassung notarieller Tätigkeiten im Zusammenhang mit Wechsel- und Scheckprotesten.

2 Vorbem. 2.3.4 KV sieht die Nichtanwendung der Gebühren Nr. 25300 KV (Verwahrung von Geldbeträgen) sowie Nr. 26002 KV (Zusatzgebühr bei Tätigkeit außerhalb der Geschäftsstelle) vor, lässt aber die Unzeitgebühr (Nr. 26000 KV) unberührt.[1]

II. Aufnahme eines Wechsel- und Scheckprotests (Nr. 23400 KV)

3 Nr. 23400 KV sieht für die Aufnahme eines Wechsel- und Scheckprotests eine 0,5-Gebühr vor, sog. **Protestgebühr**.[2]

4 Es macht keinen Unterschied, ob der Protest mangels Zahlung, mangels Annahme oder aus einem anderen Grunde erfolgt.[3] Der Gebührentatbestand ist bereits erfüllt, wenn der Wechsel mit der Aufforderung zur Zahlung bzw zur Annahme vorgelegt wurde, ebenso, wenn der Bezogene nicht angetroffen wird.[4]

5 Auf den Zeitpunkt der Errichtung der Protesturkunde kommt es nicht an, so dass die Protestgebühr auch dann bestehen bleibt, wenn nach o.g. tatsächlichen Handlungen des Notars bis zur Errichtung der Protesturkunde der Antrag des Auftraggebers zurückgenommen wird.[5]

6 Entscheidend für die Gebührenentstehung ist also, dass der Notar als „Protestbeamter" den Wechsel vorlegt oder die Feststellungen trifft, die die Vorlage ersetzen. Die Gesetzesbegründung führt aus: *„Die Gebühr fällt auch nach Rücknahme eines entsprechenden Auftrags an."* Richtigerweise muss man aber unterscheiden, in welchem Stadium des Verfahrens die **Antragsrücknahme** erfolgt: Geschah dies vor dem o.g. Zeit-

9 BT-Drucks 17/1147 (neu), S. 226. **1** BDS/*Pfeiffer*, Nr. 23400, 23401 KV Rn 2. **2** Korintenberg/*Gläser*, Nr. 23400–23401 KV Rn 1. **3** Korintenberg/*Gläser*, Nr. 23400–23401 KV Rn 1; BDS/*Pfeiffer*, Nr. 23400, 23401 KV Rn 3. **4** Korintenberg/*Gläser*, Nr. 23400–23401 KV Rn 1; Leipziger-GNotKG/*Klingsch*, Nr. 23400–23401 KV Rn 2. **5** Korintenberg/*Gläser*, Nr. 23400–23401 KV Rn 1; Leipziger-GNotKG/*Klingsch*, Nr. 23400–23401 KV Rn 4.

punkt der Gebührenentstehung (Vorlage des Wechsels/Vornahme der entsprechenden Feststellungen), so ist keine Gebühr zu erheben;[6] Teil 2 Hauptabschnitt 1 Abschnitt 3 KV über die „vorzeitige Beendigung des Beurkundungsverfahrens" gilt nur für Beurkundungsverfahren. Erfolgt die Antragsrücknahme nach dem o.g. Zeitpunkt, verbleibt es hingegen bei der bereits entstandenen Protestgebühr.

Mehrere Protestgebühren sind zu erheben, wenn mehrere Protesthandlungen erforderlich sind, zB bei mehreren Bezogenen desselben Wechsels, ebenfalls bei Protestierung mehrerer Wechsel. Dass im ersten Fall nach Art. 83 WechselG nur eine Protesturkunde zu errichten ist, spielt für die kostenrechtliche Behandlung keine Rolle: Letztere hängt allein von der Zahl der Protesthandlungen ab.   **7**

Der **Geschäftswert** richtet sich nach der Wechselsumme ohne Nebenleistungen, bei Auftrag wegen eines Teilbetrags nach dem Teilbetrag.[7]   **8**

III. Wechselzahlungsgebühr (Anm. zu Nr. 23400 KV)

Gemäß der Anm. zu Nr. 23400 KV fällt die Gebühr auch dann an, wenn ohne Aufnahme des Protests **an den Notar gezahlt** oder ihm **die Zahlung nachgewiesen** wird. Gemeint sind diejenigen Fälle, in denen der Auftrag zur Aufnahme des Wechsel-/Scheckprotests deshalb nicht zur Ausführung kommt, weil   **9**

- der Bezogene an den Notar bezahlt,
- dem Notar die Bezahlung nachgewiesen wird,
- ebenso beim Protest mangels Annahme, wenn der Bezogene den Wechsel bei Vorzeigung annimmt.[8]

Gemäß Vorbem. 2.3.4 KV findet die ansonsten einschlägige Norm Nr. 25300 KV keine Anwendung.   **10**

IV. Notadresse (Nr. 23401 KV)

Enthält der Wechsel eine Notadresse (dh die Angabe einer Person, die im Notfalle annehmen oder zahlen soll, Art. 55 WG), ist auch beim Notadressaten Protest zu erheben, sog. **Protesterhebung mangels Ehrenannahme bzw mangels Ehrenzahlung**. Hierfür erhält der Notar zusätzlich die Gebühr nach Nr. 23401 KV. Diese ist **neben der Protestgebühr** des Nr. 23400 KV zu erheben und fällt gesondert auch dann an, wenn über die Protesterhebung beim Bezogenen und beim Notadressaten nur eine Urkunde errichtet wird.[9]   **11**

V. Typische Nebengebühren

Die **Dokumentenpauschale** ist nach Nr. 32000 KV nur bei Herstellung und Überlassung von Ausfertigungen, Ablichtungen und Ausdrucken zu erheben und gilt damit nicht für die Protesturkunde selbst. Für die nach Art. 85 Abs. 2 WG zurückzubehaltende beglaubigte Abschrift ist die Dokumentenpauschale nicht zu erheben, da diese „Ablichtung" nicht „überlassen" wird.   **12**

Die **Auswärtsgebühr** nach Nr. 26002 KV darf gem. Vorbem. 2.3.4 KV nicht erhoben werden. Dies schließt allerdings eine Anwendung der Vorschriften über Auslagenersatz bei einer Geschäftsreise, insb. auch das in Nr. 32008 KV niedergelegte **Tage- und Abwesenheitsgeld** nicht aus: Nr. 32008 KV findet auch und gerade bei Wechsel- und Scheckprotesten Anwendung,[10] wobei freilich zu bedenken ist, dass eine Geschäftsreise nur beim Verlassen der zum Amtssitz gehörenden politischen Gemeinde vorliegt, Vorbem. 3.2 Abs. 2 KV.   **13**

Die **Unzeitgebühr** der Nr. 26000 KV kann uneingeschränkt neben Nr. 23400, 23401 KV erhoben werden. Die Anwendung der **Hebegebühr** Nr. 25300 KV ist bei Zahlung an den Notar nicht anzuwenden, Vorbem. 2.3.4 KV.   **14**

---

6 AA BDS/*Pfeiffer*, Nr. 23400, 23401 KV Rn 7.   **7** *Notarkasse*, Streifzug durch das GNotKG, Rn 2569.   **8** Korintenberg/*Gläser*, Nr. 23400–23401 KV Rn 3.   **9** Leipziger-GNotKG/*Klingsch*, Nr. 23400–23401 KV Rn 7.   **10** BT-Drucks 17/1147 (neu), S. 234; Leipziger-GNotKG/*Klingsch*, Vorbem. 2.3.4 KV Rn 3.

Abschnitt 5
Vermögensverzeichnis und Siegelung

Nr.	Gebührentatbestand	Gebühr oder Satz der Gebühr nach § 34 GNotKG – Tabelle B
Vorbemerkung 2.3.5: Neben den Gebühren dieses Abschnitts wird die Gebühr 26002 nicht erhoben.		
23500	Verfahren über die Aufnahme eines Vermögensverzeichnisses einschließlich der Siegelung .... Die Gebühr entsteht nicht, wenn die Aufnahme des Vermögensverzeichnisses Teil eines beurkundeten Vertrags ist.	2,0
23501	Vorzeitige Beendigung des Verfahrens: Die Gebühr 23500 ermäßigt sich auf	0,5
23502	Mitwirkung als Urkundsperson bei der Aufnahme eines Vermögensverzeichnisses einschließlich der Siegelung	1,0
23503	Siegelung, die nicht mit den Gebühren 23500 oder 23502 abgegolten ist, und Entsiegelung	0,5

I. Systematik

1 Abschnitt 5 in Teil 2 Hauptabschnitt 3 KV behandelt die Gebühren für die Aufnahme eines Vermögensverzeichnisses (einschließlich Siegelung) bzw für die Mitwirkung an einer solchen. Der Geschäftswert ergibt sich aus § 115.

II. Aufnahme eines Vermögensverzeichnisses (Nr. 23500, 23501 KV)

2 **1. Abgrenzung zur notariellen Mitwirkung an Privaterklärungen.** Nr. 23500 KV ist bei Aufnahme eines Vermögensverzeichnisses einschlägig; gemeint ist die **Aufnahme durch den Notar.** Dies ist streng von der notariellen Niederschrift über **Erklärungen von Beteiligten** zu unterscheiden:[1] Gibt die notarielle Niederschrift nur Erklärungen der Beteiligten über einen Vermögensbestand wieder, so handelt es sich nicht um einen Fall des Nr. 23500 KV, sondern um einen Anwendungsfall von Nr. 21100 KV (bei Verträgen) bzw Nr. 21200 KV (bei einseitigen Erklärungen), was Anm. zu Nr. 23500 KV zumindest für Verträge klarstellt. Zur Abgrenzung von Nr. 23500 KV zu Nr. 23502 KV → Rn 8.

3 Nimmt der Notar ausnahmsweise im Rahmen der Beurkundung eines Vertrags (zB eines Ehevertrags) selbst ein Vermögensverzeichnis auf und handelt es sich nicht lediglich um die – ohnehin nicht Nr. 23500 KV unterfallende – Beurkundung von Parteierklärungen, so ist diese notarielle Handlung wegen Anm. zu Nr. 23500 KV nicht gesondert gebührenpflichtig.[2]

4 Beim notariell aufzunehmenden Verzeichnis hat der Notar alle zur Erstellung des Verzeichnisses notwendigen Handlungen **in eigener Person vorzunehmen.**[3] Der Notar ist für den Inhalt des Verzeichnisses verantwortlich und hat den Bestand selbst zu ermitteln.[4]

5 **2. Anwendungsfälle.** Praktischer **Hauptanwendungsfall** dürfte das **Nachlassverzeichnis** im Rahmen von § 2314 Abs. 1 S. 3 BGB sein. Weitere Fälle sind gesetzlich in § 2215 Abs. 4, § 2121 Abs. 3, § 1035 S. 3, § 1379 Abs. 1 S. 4, § 1640 Abs. 3, § 1667 Abs. 1 S. 3, § 1802 Abs. 3 und § 2003 Abs. 1 BGB vorgesehen.

6 **3. Zeitpunkt der Gebührenentstehung.** Die Aufnahme des Verzeichnisses ist noch nicht abgeschlossen, wenn der Notar die hierfür notwendigen Handlungen vorgenommen und Feststellungen getroffen hat, sondern **erst mit Errichtung der** nach § 37 BeurkG herzustellenden **Niederschrift.**[5]

7 Wird vorher der Auftrag zur Verzeichniserrichtung zurückgenommen, führt **Nr. 23501 KV** zu einer 0,5-fachen Gebühr.

---

1 BDS/*Pfeiffer*, Nr. 23500, 23501 KV Rn 3. **2** Korintenberg/*Gläser*, Nr. 23500–2353 KV Rn 6. **3** OLG Düsseldorf RNotZ 2008, 105; OLG Rostock ZEV 2009, 396. **4** OLG Saarbrücken FamRZ 2010, 2026; OLG Schleswig NJW-RR 2011, 946. **5** Leipziger-GNotKG/*Klingsch*, Nr. 23500–23501 KV Rn 7.

III. Mitwirkung als Urkundsperson (Nr. 23502 KV)

Bei Nr. 23502 KV wird das Vermögensverzeichnis nicht durch den Notar selbst aufgenommen; er wird lediglich als „**Helfer und Berater**" bei der Verzeichniserrichtung eines Beteiligten hinzugezogen.[6] Das Gesetz sieht Fälle vor, in denen lediglich eine solche Mitwirkung des Notars erforderlich ist (v.a. §§ 1802 Abs. 2, 1908 i, 2002 BGB).   **8**

IV. Siegelung, Entsiegelung

Notare sind allgemein nach § 20 Abs. 1 S. 2 BNotO zur Anlegung (Siegelung) und Abnahme (Entsiegelung) von Siegeln zuständig. § 20 Abs. 5 BNotO betrifft nur den Sonderfall des Nachlasssicherungsverfahrens.[7] Gegenstand der Siegelung können Räume, Gebäude, Briefe, letztlich Behältnisse jeder Art sein.[8]   **9**

V. Zusammentreffen von Aufnahme des Vermögensverzeichnisses, Siegelung, Entsiegelung

Sowohl Nr. 23500 KV als auch Nr. 23502 KV machen mit dem Zusatz „einschließlich der Siegelung" klar, dass die an die Aufnahme eines Vermögensverzeichnisses (Nr. 23500 KV) bzw an die notarielle Mitwirkung an derselben (Nr. 23502 KV) anschließende Siegelung keine gesonderte Gebühr auslöst, sondern in der nach Nr. 23500 KV bzw Nr. 23502 KV anfallenden Gebühr enthalten ist.   **10**

Erfolgt eine **isolierte Siegelung,** also ohne vorherige Aufnahme eines Vermögensverzeichnisses oder Mitwirkung an einer solchen, so wäre dieser Vorgang nicht kostenpflichtig; daher sieht Nr. 23503 KV im Falle einer „Siegelung, die nicht mit den Gebühren 23500 oder 23502 abgegolten ist", einen gesonderten Gebührentatbestand vor.   **11**

Eine **Entsiegelung** ist hingegen stets nach **Nr. 23503 KV** kostenpflichtig und löst eine 0,5-fache Gebühr aus, unabhängig davon, ob zuvor hinsichtlich desselben Vermögensbestandes bereits eine Siegelung oder eine (Mitwirkung an der) Aufnahme eines Vermögensverzeichnisses erfolgt ist.   **12**

VI. Typische Nebengebühren

Für die **Fertigung einer Niederschrift**/eines Vermerks ist gem. Vorbem. 2.3 Abs. 1 KV keine gesonderte Gebühr zu erheben.   **13**

Die **Auswärtsgebühr** nach Nr. 26002 KV darf gem. Vorbem. 2.3.5 KV nicht erhoben werden. Dies schließt allerdings eine Anwendung der Vorschriften über Auslagenersatz bei einer Geschäftsreise, insb. auch das in Nr. 32008 KV niedergelegte **Tage- und Abwesenheitsgeld** nicht aus.   **14**

Die **Unzeitgebühr** der Nr. 26000 KV kann uneingeschränkt neben Nr. 23500–23503 KV erhoben werden.   **15**

Abschnitt 6
Freiwillige Versteigerung von Grundstücken

Nr.	Gebührentatbestand	Gebühr oder Satz der Gebühr nach § 34 GNotKG – Tabelle B
Vorbemerkung 2.3.6: Die Vorschriften dieses Abschnitts sind auf die freiwillige Versteigerung von Grundstücken und grundstücksgleichen Rechten durch den Notar zum Zwecke der Veräußerung oder Verpachtung anzuwenden.		
23600	Verfahrensgebühr	0,5
23601	Aufnahme einer Schätzung	0,5
23602	Abhaltung eines Versteigerungstermins: für jeden Termin	1,0

---

6 Eylmann/Vaasen/*Limmer*, BNotO/BeurkG, § 20 BNotO Rn 25. **7** Zu den landesrechtlichen Vorschriften s. Eylmann/Vaasen/*Limmer*, BNotO/BeurkG, § 20 BNotO Rn 52; Muster: Kersten/Bühling/*Wegmann*, Formularbuch, § 112 Rn 2M. **8** Eylmann/Vaasen/*Limmer*, BNotO/BeurkG, § 20 BNotO Rn 25; Kersten/Bühling/*Terner*, Formularbuch, § 18 Rn 39M mit entsprechendem Muster für die Versiegelung von Räumen.

Nr.	Gebührentatbestand	Gebühr oder Satz der Gebühr nach § 34 GNotKG – Tabelle B
	Der Versteigerungstermin gilt als abgehalten, wenn zur Abgabe von Geboten aufgefordert ist.	
23603	Beurkundung des Zuschlags	1,0
	Die Beurkundung bleibt gebührenfrei, wenn sie in der Niederschrift über die Versteigerung erfolgt und wenn	
	1. der Meistbietende die Rechte aus dem Meistgebot oder der Veräußerer den Anspruch gegen den Ersteher abtritt, oder	
	2. der Meistbietende erklärt, für einen Dritten geboten zu haben, oder	
	3. ein Dritter den Erklärungen nach Nummer 2 beitritt.	
	Das Gleiche gilt, wenn nach Maßgabe der Versteigerungsbedingungen für den Anspruch gegen den Ersteher die Bürgschaft übernommen oder eine sonstige Sicherheit bestellt und dies in dem Protokoll über die Versteigerung beurkundet wird.	

I. Allgemeines und Anwendungsbereich

1 **Vorbem. 2.3.6 KV** bestimmt, dass die Gebührentatbestände dieses Abschnitts für die **freiwillige Versteigerung** von **Grundstücken** oder **grundstücksgleichen Rechten** durch den Notar gelten, die zum Zweck der Veräußerung oder Verpachtung stattfinden. Die freiwillige Versteigerung von beweglichen Sachen, Forderungen oder Vermögensrechten sind im folgenden Abschnitt 7 KV geregelt.

2 Die Gebühren des Abschnitts 6 von Teil 2 Hauptabschnitt 3 KV finden nur Anwendung, wenn der **Notar selbst als Auktionator** fungiert.[1] Wird hingegen lediglich der Versteigerungsvorgang durch den Notar beurkundet oder dient eine Versteigerung nur der Ermittlung des höchstmöglichen Gebots und soll keine Bindungswirkung entfalten (Ausschluss von § 156 BGB), so finden die Vorschriften nach Teil 2 Hauptabschnitt 1 KV Anwendung.[2]

3 Die in Nr. 23600–23603 KV für die freiwillige Versteigerung von Grundstücken angeordneten Gebührentatbestände entsprechen inhaltlich § 53 Abs. 1 KostO.[3] Anstelle des früheren § 53 Abs. 2 KostO ist der Notar auf die Vorschusserhebung verwiesen, um seine Kosten sicherzustellen.[4] § 53 Abs. 3 KostO findet sich in der Anm. zu Nr. 23602 KV wieder und die Anm. zu Nr. 23603 KV entspricht dem § 53 Abs. 7 KostO.

II. Geschäftswert

4 Der Geschäftswert für die Gebührentatbestände dieses Abschnitts bestimmt sich nach § 116.

III. Kostenschuldner

5 Der allgemeine Kostenschuldner der Gebühren Nr. 23600–23602 KV ist gem. § 29 zu bestimmen. Für die Beurkundung des Zuschlags nach Nr. 23603 KV ordnet § 31 Abs. 1 vorbehaltlich § 29 Nr. 3 die besondere Kostenschuldnerschaft des Erstehers an.

IV. Die einzelnen Gebührentatbestände

6 **1. Verfahrensgebühr (Nr. 23600 KV).** Nr. 23600 KV bestimmt den Tatbestand der Verfahrensgebühren für die freiwillige Versteigerung im Allgemeinen mit einem Gebührensatz von 0,5. Diese Gebühr wird für jedes Verfahren nur einmal angesetzt[5] und umfasst wie nach früherem Recht die gesamte Tätigkeit[6] des Notars, also insb. die Prüfung der Antragsberechtigung, die Feststellung der Versteigerungsbedingungen und die Bekanntmachung des Versteigerungstermins, inklusive der Mitteilung an die Beteiligten,[7] soweit nicht die besonderen Gebührentatbestände der Nr. 23601–23603 KV eingreifen.

7 **2. Aufnahme einer Schätzung (Nr. 23601 KV).** Nach Nr. 23601 KV wird für die Aufnahme einer Schätzung eine Gebühr von 0,5 erhoben. Die Schätzung erfolgt auf gesonderten Antrag. Um den Gebührentatbe-

---

1 Vgl BT-Drucks 17/11471, S. 228. **2** BT-Drucks 17/11471, S. 228. **3** Vgl BT-Drucks 17/11471, S. 228. **4** BT-Drucks 17/11471, S. 228. **5** Korintenberg/*Hey'l*, Nr. 23600–23603 KV Rn 7; BDS/*Pfeiffer*, Nr. 23600–23603 KV Rn 2; Rohs/Wedewer/*Rohs*, KostO, § 53 Rn 3. **6** S. Rohs/Wedewer/*Rohs*, KostO, § 53 Rn 3; *Hartmann*, KostG, KVfG 23600–23603, 23700 Rn 4. **7** *Hartmann*, KostG, KVfG 23600–23603, 23700 Rn 4; Korintenberg/*Hey'l*, Nr. 23600–23603 KV Rn 7; BDS/*Pfeiffer*, Nr. 23600–23603 KV Rn 2.

stand der Nr. 23601 KV auszulösen, muss die Schätzung durch den Notar vorgenommen werden.[8] Die bloße Entgegennahme einer fremden Schätzung von den Parteien durch den Notar wird von der Gebühr Nr. 23600 KV mit umfasst.

3. Abhaltung eines Versteigerungstermins (Nr. 23602 KV). Nach dem Gebührentatbestand der Nr. 23602   8
KV fällt für das Abhalten des Versteigerungstermins ein Gebührensatz von 1,0 an. Wie schon nach altem Recht[9] umfasst die Gebühr Nr. 23602 KV die gesamte Tätigkeit des Notars in dem Versteigerungstermin. Hiervon ausgenommen ist die Beurkundung des Zuschlags, die unter Nr. 23603 KV fällt.

Die **Anm.** zu Nr. 23602 KV übernimmt die Regelung des früheren § 53 Abs. 3 KostO, so dass der Gebüh-   9
rentatbestand mit der **Aufforderung zur Abgabe von Geboten** erfüllt ist. Ob auch tatsächlich Gebote abgegeben werden, ist hierfür belanglos. Wenn vor der Aufforderung zur Abgabe von Geboten im Termin der Versteigerungsantrag zurückgenommen wird, bleibt es bei der Gebühr Nr. 23600 KV. Die Gebühr Nr. 23602 KV ist für jeden Termin, in dem zur Abgabe von Geboten aufgefordert wurde, gesondert zu erheben. Sofern keine Gebote abgegeben werden oder der Termin etwa wegen der Versagung des Zuschlags ergebnislos verläuft, so ist für den neuen Termin eine Gebühr Nr. 23602 KV zu erheben, sofern dort wieder zu Geboten aufgefordert wird.[10] Keine erneute Gebühr entsteht hingegen für die Bestimmung des neuen Termins oder dessen Bekanntmachung.

Falls nur **ein Grundstück** versteigert wird, so fällt für den Termin auch dann nur eine Gebühr Nr. 23602   10
KV an, wenn die Versteigerung nicht an einem Tag abgeschlossen sondern an dem folgenden Tage fortgesetzt werden muss.[11] Eine kurze Pause des Termins führt nicht zu zwei getrennten Terminen iSd Vorschrift.[12]

Bei der Versteigerung **mehrerer Grundstücke** werden mehrere Termine iSd Nr. 23602 KV abgehalten, sofern   11
die Versteigerung in Bezug auf einzelne Grundstücke abgeschlossen, hinsichtlich der übrigen Grundstücke in weiteren Terminen fortgesetzt wird. Dies gilt selbst bei mehreren Terminen an einem Tag oder der Fortsetzung der Versteigerung an folgenden Tagen, etwa aufgrund des Abbruchs wegen fortgeschrittener Zeit.[13]

4. Beurkundung des Zuschlags (Nr. 23603 KV). Nr. 23603 KV ordnet, unverändert gegenüber dem frühe-   12
ren Recht (vgl § 53 Abs. 1 Nr. 4 KostO), einen Gebührensatz von 1,0 für die Beurkundung des Zuschlags an. Der **Zuschlag** ist die für das Zustandekommen des Vertrags erforderliche Annahme des Gebotes, § 156 BGB. Gleichgültig ist, ob diese Beurkundung bereits im Versteigerungstermin oder danach vorgenommen wird. Sofern die Annahme des Meistgebots bereits im Voraus in den Versteigerungsbedingungen erklärt worden ist, entspricht die Beurkundung des Meistgebots der Beurkundung des Zuschlags. Sind mehrere Versteiglasser an der Versteigerung beteiligt, so muss der Zuschlag von allen erteilt werden, wobei auch einer von diesen den Zuschlag im Namen der anderen erteilen kann und so die Gebühr auslöst. Für die nachträgliche Beurkundung der Zustimmungen der übrigen Versteiglasser ist eine besondere Gebühr Nr. 23603 KV zu erheben, und zwar gem. § 98 Abs. 2 entsprechend des Bruchteils der Mitberechtigung. Es entsteht ausweislich Abs. 2 der Vorbem. 2.1.2 KV keine Gebühr nach diesem Abschnitt; Nr. 23603 KV ist lex specialis.[14]

5. Gebührenfreie Nebengeschäfte (Anm. zu Nr. 23603 KV). Die Gebührenfreiheit nach der Anm. zu   13
Nr. 23603 KV bei Mitbeurkundung der Abtretung der Rechte aus dem Meistgebot oder der Erklärung für einen Dritten geboten zu haben oder bei Beitritt eines Dritten zu diesen Erklärungen im Versteigerungsprotokoll wurde ebenso aus § 53 Abs. 7 KostO übernommen wie die Gebührenfreiheit der **Mitbeurkundung der Übernahme einer Bürgschaft** für den Ersteher oder der **Bestellung einer sonstigen Sicherheit**.[15] Schon zu § 53 Abs. 7 KostO wurde vertreten, dass diese Aufzählung nicht abschließend sei[16] und auch die Mitbeurkundung der Auflassung sowie der Vollmacht hierzu als auch der Löschungsantrag des Erstehers hinsichtlich eines nicht übernommenen Grundpfandrechts oder die Bewilligung seiner Finanzierungsgrundpfandrechte und die Verteilung des Erlöses gebührenfrei sei.[17] Im neuen Recht ist die Aufzählung hingegen abschließend: Während § 44 KostO (bzgl der Gegenstandsgleichheit von Erklärungen) auf die Niederschrift über die Versteigerung nicht anwendbar war, da es sich nicht um die Beurkundung von Rechtsgeschäften handelte,[18] erfasst jedoch der Anwendungsbereich von § 109 GNotKG auch die Beurkundung des Zuschlags bei der freiwilligen Versteigerung und mitbeurkundete Erklärungen. Die Frage, wie mehrere Erklä-

8 So schon nach altem Recht Rohs/Wedewer/*Rohs*, KostO, § 53 Rn 4; vgl Korintenberg/*Hey'l*, Nr. 23600–23603 KV Rn 8; BDS/*Pfeiffer*, Nr. 23600–23603 KV Rn 3.   **9** Vgl Korintenberg/*Reimann*, KostO, § 53 Rn 8; Rohs/Wedewer/*Rohs*, KostO, § 53 Rn 5.   **10** Vgl Korintenberg/*Hey'l*, Nr. 23600–23603 KV Rn 11; BDS/*Pfeiffer*, Nr. 23600–23603 KV Rn 4.   **11** Korintenberg/*Hey'l*, Nr. 23600–23603 KV Rn 11.   **12** Für die KostO: *Hartmann*, KostG, § 53 KostO Rn 6; Rohs/Wedewer/*Rohs*, KostO, § 53 Rn 5. **13** Vgl Rohs/Wedewer/*Rohs*, KostO, § 53 Rn 5; Korintenberg/*Hey'l*, Nr. 23600–23603 KV Rn 11.   **14** So auch BDS/*Pfeiffer*, Nr. 23600–23603 KV Rn 5.   **15** Vgl BT-Drucks 17/11471, S. 228.   **16** Rohs/Wedewer/*Rohs*, KostO, § 53 Rn 12.   **17** Korintenberg/*Hey'l*, Nr. 23600–23603 KV Rn 14.   **18** Korintenberg/*Reimann*, KostO, § 53 Rn 16.

rungen im selben Beurkundungsverfahren kostenrechtlich zu behandeln sind, beantwortet sich also auch hier nach den allgemeinen Regeln.

Abschnitt 7
Versteigerung von beweglichen Sachen und von Rechten

Nr.	Gebührentatbestand	Gebühr oder Satz der Gebühr nach § 34 GNotKG – Tabelle B
23700	Verfahrensgebühr	3,0
	(1) Die Gebühr entsteht für die Versteigerung von beweglichen Sachen, von Früchten auf dem Halm oder von Holz auf dem Stamm sowie von Forderungen oder sonstigen Rechten.	
	(2) Ein Betrag in Höhe der Kosten kann aus dem Erlös vorweg entnommen werden.	
23701	Beendigung des Verfahrens vor Aufforderung zur Abgabe von Geboten: Die Gebühr 23700 ermäßigt sich auf	0,5

I. Anwendungsbereich

1 Die Vorschriften des Abschnitts 7 von Teil 2 Hauptabschnitt 3 KV werden auf die Versteigerung aller Gegenstände angewendet, die nicht unter Abschnitt 6 fallen. Umfasst sind alle **beweglichen Sachen und Rechte**, auch ein nicht eingetragenes Schiff, Früchte auf dem Halm und das Holz auf dem Stamm. „Sonstige Rechte" iSd Abs. 1 der Anm. zu Nr. 23700 KV sind zB **Grundschulden, Rentenschulden, Erbteile, Geschäftsanteile an einer GmbH, Patent- und Urheberrechte** (→ § 117 Rn 2). Im Gegensatz zu den Versteigerungen nach Abschnitt 6 umfasst der Versteigerungszweck des Abschnitts 7 neben der Veräußerung oder Verpachtung auch die Zwecke der Vermietung, des Leasings oder der Ausübungsüberlassung.[1]

2 Abschnitt 7 entspricht nach der Gesetzesbegründung inhaltlich dem § 54 KostO, wobei die Gebühr Nr. 23701 KV für die vorzeitige Verfahrensbeendigung mit der Begründung angehoben wurde, dass dies angesichts des Vorbereitungsaufwands für das Versteigerungsverfahren angemessen sei.[2]

II. Geschäftswert

3 Der Geschäftswert für die Gebührentatbestände dieses Abschnitts bestimmt sich nach § 117 aus dem Gesamtwert der versteigerten Sachen.

III. Vorwegentnahme der Kosten (Anm. Abs. 2 zu Nr. 23700 KV); Kostenschuldner

4 Nach Abs. 2 der Anm. zu Nr. 23700 KV ist der Notar befugt, die für seine Tätigkeit entstandenen Kosten aus dem Erlös vorweg zu entnehmen. Erfolgt die Zahlung des Erlöses nicht an den Notar oder entnimmt der Notar die Kosten nicht aus dem Erlös, so ist der allgemeine Kostenschuldner der Gebühren nach Nr. 23700 KV gem. § 29 zu bestimmen. Bei Nr. 23701 KV bestimmt dieser sich ebenfalls nach § 29. Zu beachten ist, dass bei einer Zahlung an den Notar mit späterer Auskehrung ebenfalls eine Verwahrungsgebühr nach Nr. 25300 KV entsteht.[3] Ebenso können Auswärtsgebühren nach Nr. 26002 KV und Unzeitgebühren nach Nr. 26000 KV anfallen.

IV. Die einzelnen Gebührentatbestände

5 **1. Verfahrensgebühr (Nr. 23700 KV).** Nr. 23700 KV ordnet für das ganze Versteigerungsverfahren einen Gebührensatz von 3,0 als Pauschale an, auch wenn die Versteigerung an mehreren Tagen abgehalten wird.[4] Der Gebührentatbestand ist mit dem **Ausgebot** verwirklicht. Auf die Abgabe von Geboten oder die Erteilung des Zuschlags kommt es nicht an.[5] Kein Ausgebot liegt vor, wenn über das gesamte Verfahren hinweg noch nicht einmal Bietinteressierte erscheinen (dann Nr. 23701 KV). Dagegen führt es weiterhin zu einer

---

1 Zutr. BDS/*Pfeiffer*, Nr. 23700, 23701 KV Rn 2. **2** Vgl BT-Drucks 17/11471, S. 228. **3** Ebenso Korintenberg/*Hey'l*, Nr. 23700, 23701 KV Rn 4; Leipziger-GNotKG/*Zimmer*, Nr. 23700 KV Rn 3. **4** Korintenberg/*Hey'l*, Nr. 23700, 23701 KV Rn 3; BDS/*Pfeiffer*, Nr. 23700, 23701 KV Rn 3; schon für die KostO: Rohs/Wedewer/*Rohs*, KostO, § 54 Rn 4. **5** Korintenberg/*Hey'l*, Nr. 23700, 23701 KV Rn 3; BDS/*Pfeiffer*, Nr. 23700, 23701 KV Rn 4.

Gebühr nach Nr. 23700 KV, wenn zwar in einem Termin niemand erscheint, bei einem hiernach anberaumten Termin jedoch zur Abgabe von Geboten aufgefordert wurde.[6]

Durch die Verfahrensgebühr der Nr. 23700 KV ist die gesamte Tätigkeit des Notars im Zusammenhang mit der Versteigerung abgegolten, dh insb. auch die Vorbereitung der Versteigerung, die Terminsbekanntmachung, die Abhaltung des Termins und die Niederschrift hierüber. Eine etwaig mitbeurkundete Aufrechnungserklärung des Erstehers gegen die Forderung aus dem Meistgebot bleibt als Erläuterung für den Fortfall der Barzahlung gebührenfrei.[7]   6

2. Vorzeitige Beendigung (Nr. 23701 KV). Ist das Verfahren vor dem Ausgebot erledigt, so greift der Gebührentatbestand der Nr. 23701 KV, der einen ermäßigten Gebührensatz von 0,5 bestimmt. Die erforderliche Erledigung kann zB in der **Zurücknahme des Versteigerungsauftrags** oder dem **Nichterscheinen von Bietinteressierten** liegen. Wird das Verfahren bzgl einzelner Versteigerungsgegenstände etwa durch Zurücknahme erledigt, bzgl anderer jedoch durch das Ausgebot, so fällt nach dem Wert der ausgebotenen Gegenstände die Gebühr nach Nr. 23700 KV und nach dem Wert der übrigen Gegenstände die Gebühr nach Nr. 23701 KV an.   7

Erledigt sich das Verfahren aus in der Person des Notars liegenden Gründen, so wird überhaupt keine Gebühr erhoben.   8

Abschnitt 8
Vorbereitung der Zwangsvollstreckung

Nr.	Gebührentatbestand	Gebühr oder Satz der Gebühr nach § 34 GNotKG – Tabelle B
23800	Verfahren über die Vollstreckbarerklärung eines Anwaltsvergleichs nach § 796 a ZPO	60,00 €
23801	Verfahren über die Vollstreckbarerklärung eines Schiedsspruchs mit vereinbartem Wortlaut (§ 1053 ZPO)	2,0
23802	Beendigung des gesamten Verfahrens durch Zurücknahme des Antrags: Die Gebühr 23801 ermäßigt sich auf	1,0
23803	Verfahren über die Erteilung einer vollstreckbaren Ausfertigung, wenn der Eintritt einer Tatsache oder einer Rechtsnachfolge zu prüfen ist (§§ 726 bis 729 ZPO)	0,5
23804	Verfahren über den Antrag auf Erteilung einer weiteren vollstreckbaren Ausfertigung (§ 797 Abs. 3, § 733 ZPO) .... Die Gebühr wird für jede weitere vollstreckbare Ausfertigung gesondert erhoben.	20,00 €
23805	Verfahren über die Ausstellung einer Bestätigung nach § 1079 ZPO oder über die Ausstellung einer Bescheinigung nach § 1110 ZPO	20,00 €
23806	Verfahren über einen Antrag auf Vollstreckbarerklärung einer notariellen Urkunde nach § 55 Abs. 3 AVAG, nach § 35 Abs. 3 AUG oder nach § 3 Abs. 4 IntErbRVG	240,00 €
23807	Beendigung des gesamten Verfahrens durch Zurücknahme des Antrags: Die Gebühr 23806 ermäßigt sich auf	90,00 €
23808	Verfahren über die Ausstellung einer Bescheinigung nach § 57 AVAG oder § 27 IntErbRVG oder für die Ausstellung des Formblatts oder der Bescheinigung nach § 71 Abs. 1 AUG	15,00 €

---

6 Korintenberg/*Hey'l*, Nr. 23700, 23701 KV Rn 3; Rohs/Wedewer/*Rohs*, KostO, § 54 Rn 5. **7** Vgl noch für die KostO: Rohs/Wedewer/*Rohs*, KostO, § 54 Rn 4; Korintenberg/*Reimann*, KostO, § 54 Rn 2.

I. Allgemeines

1   Abschnitt 8 des Teils 2 Hauptabschnitt 3 KV regelt die Gebührentatbestände für die der **Vorbereitung der Zwangsvollstreckung** dienenden Tätigkeiten des Notars. **Kostenschuldner** ist der Antragsteller gem. § 29 Nr. 1, bei Übernahme der Folgekosten der Antragsgegner gem. § 29 Nr. 2.

2   Es fallen die üblichen **Auslagen** an. Die Zustellung durch Aushändigung löst nicht die Zustellungsgebühren nach Nr. 31002 KV aus.

3   Die früher in § 148 a Abs. 1 S. 1 Hs 1 KostO geregelte Gebühr für das Verfahren über die Vollstreckbarerklärung eines Anwaltsvergleichs wurde in Nr. 23800 KV von einer Wertgebühr auf eine Festgebühr umgestellt, um einen Gleichlauf mit der Festgebühr der Nr. 2118 KV GKG zu erreichen.[1] Nr. 23801 KV erhöht die früher für das Verfahren über die Vollstreckbarerklärung von Schiedssprüchen mit vereinbartem Wortlaut erhobene Gebühr von 0,5 auf einen Gebührensatz von 2,0.

II. Vollstreckbarerklärung eines Anwaltsvergleichs nach § 796 a ZPO (Nr. 23800 KV)

4   Nr. 23800 KV bestimmt eine Festgebühr iHv 60 € für das Verfahren über die Vollstreckbarerklärung von Anwaltsvergleichen (§§ 796 a ff ZPO) durch den Notar (§ 796 c Abs. 1 bzw § 1053 Abs. 4 ZPO). Die Vollstreckbarkeitserklärung erfolgt in diesem dreistufigen Verfahren nur, wenn der Anwaltsvergleich zuvor oder gleichzeitig bei dem Notar in Verwahrung genommen wird und sich der Schuldner darin der sofortigen Zwangsvollstreckung unterworfen hat (was ebenfalls Gebühren auslöst). Der Notar entscheidet auf Antrag nach Prüfung der Wirksamkeit und auf etwaige Verstöße gegen die öffentliche Ordnung durch Beschluss.[2] Die Gebühr entsteht sofort mit der Entgegennahme des Antrags durch den Notar; eine Rücknahme oder Ablehnung des Antrages lässt die Gebühr unberührt.[3] Hiernach wird – wiederum auf Antrag – die Vollstreckungsklausel durch den Notar erteilt.

5   Wird der Anwaltsvergleich lediglich in Verwahrung gegeben, ohne die mit dem Antrag auf Vollstreckbarerklärung zu verbinden, so sind die Gebühren hierfür durch öffentlich-rechtlichen Vertrag gem. § 126 zu vereinbaren.

III. Vollstreckbarerklärung eines Schiedsspruchs mit vereinbartem Wortlaut (Nr. 23801 KV)

6   Nr. 23801 KV ordnet einen Gebührensatz von 2,0 für das Verfahren über die Vollstreckbarerklärung eines Schiedsspruchs mit vereinbartem Wortlaut nach § 1053 ZPO durch den Notar an. Der Schiedsspruch muss nicht erst bei dem Notar hinterlegt werden, sondern lediglich bei der Vollstreckbarerklärung in zumindest beglaubigter Ablichtung vorgelegt werden (§ 1064 Abs. 1 ZPO). Auch hier entscheidet der Notar nach Prüfung der Wirksamkeit und auf etwaige Verstöße gegen die öffentliche Ordnung durch Beschluss. Die Gebühr entsteht sofort mit der Entgegennahme des Antrags durch den Notar; eine Rücknahme oder Ablehnung des Antrags lässt die Gebühr unberührt. Ihre Fälligkeit richtet sich nach § 10.

IV. Vorzeitige Beendigung des Verfahrens durch Antragsrücknahme (Nr. 23802 KV)

7   Nach Nr. 23802 KV ermäßigt sich die Gebühr Nr. 23801 KV bei der Beendigung des gesamten Verfahrens über die Vollstreckbarerklärung eines Schiedsspruchs durch Zurücknahme des Antrags auf 1,0. Diese Gebührenermäßigung findet ihre Entsprechung in Nr. 1627 KV GKG und fügt sich in das System der Gebührenermäßigung bei Verfahrensbeendigung durch Antragsrücknahme des GNotKG ein (vgl zB auch Nr. 13503, 13504, 13611, 13621, 13622, 23701 KV). Die Antragsrücknahme muss auch hier rechtzeitig, dh vor der Erklärung der Vollstreckbarkeit durch den Notar, erfolgen, denn mit der Erteilung der Vollstreckbarerklärung wäre das Verfahren bereits beendet. Erfolgt nur eine Teilrücknahme, so bleibt es bei der Gebühr Nr. 23801 KV, deren Wert sich jedoch nach § 118 verringern kann.

V. Erteilung einer vollstreckbaren Ausfertigung (Nr. 23803 KV)

8   Für Verfahren über die Erteilung einer vollstreckbaren Ausfertigung ordnet Nr. 23803 KV einen Gebührensatz von 0,5 an, wenn der Eintritt einer Tatsache oder einer Rechtsnachfolge zu prüfen ist (§§ 726–729 ZPO). Die Erteilung einfacher Vollstreckungsklauseln ist demnach gebührenfrei, ebenso die Erteilung der ersten vollstreckbaren Ausfertigung durch den gem. § 51 BNotO verwahrenden Notar. Die Gebühr entsteht für jede Urkunde, von der eine vollstreckbare Ausfertigung erteilt wird,[4] jedoch nur einmal, auch wenn mehrere Tatsachen oder Rechtsnachfolgen zu prüfen sind.[5]

---

1 Vgl BT-Drucks 17/11471, S. 228. **2** Korintenberg/*Hey'l*, Nr. 23800 KV Rn 3. **3** So auch BDS/*Pfeiffer*, Nr. 23800 KV Rn 4. **4** Korintenberg/*Hey'l*, Nr. 23803 KV Rn 7; BDS/*Pfeiffer*, Nr. 23803 KV Rn 5. **5** Vgl BDS/*Pfeiffer*, Nr. 23803 KV Rn 5; Leipziger-GNotKG/*Zimmer*, Nr. 23803 KV Rn 5.

Die Gebühr Nr. 23803 KV wird demnach erhoben, wenn nach dem Inhalt der Urkunde die Vollstreckung   9
von dem durch den Gläubiger zu beweisenden **Eintritt einer Tatsache** abhängt, die nicht in einer von ihm
zu leistenden Sicherheit besteht (§ 726 ZPO). Der Tatbestand ist voll dem § 726 ZPO zu entnehmen, so
dass für die Anwendung der Nr. 23803 KV nicht die Prüfung irgendeiner Tatsache[6] oder eine Prüfung ohne
hierzu bestehende Notwendigkeit[7] genügt. Nr. 23803 KV ist neben den nachfolgenden Konstellationen anwendbar, wenn die Vollstreckung der Urkunde von einer aufschiebenden Bedingung,[8] wie zB einer **Kündigung**, einer **Vorleistung** des Gläubigers oder der **Prüfung der Rechtskraft** eines Urteils, abhängig ist.

Ferner wird die Gebühr Nr. 23803 KV erhoben, wenn die vollstreckbare Ausfertigung der Urkunde für   10
oder gegen den **Rechtsnachfolger** des in der Urkunde bezeichneten Gläubigers oder Schuldners[9] (zB den Erben des bisherigen Gläubigers, dem Zessionar einer abgetretenen Forderung, dem Bürgen, der die Hauptforderung befriedigt hat, gegen den Nachlass-, Zwangs oder Insolvenzverwalter etc.) erteilt werden soll
(§ 727 ZPO). Sofern die Rechtsnachfolge vor der Erteilung einer vollstreckbaren Ausfertigung eintritt, fällt
die Gebühr auch für die erste vollstreckbare Ausfertigung an.[10] Die Gebühr entsteht auch, falls der Notar
selbst an der Rechtsnachfolge mitgewirkt hat.[11]

Bei der Bestellung von **Finanzierungsgrundschulden** ist der Anfall der Gebühr Nr. 23803 KV zu vermei-   11
den,[12] indem sowohl Veräußerer als auch Erwerber die Unterwerfungserklärung abgeben, so dass – im Gegensatz zu dem materiellrechtlich einwandfreien Weg, die Zwangsvollstreckungsunterwerfung durch den
Veräußerer erklären zu lassen und nach Eigentumsumschreibung auf den Erwerber die Vollstreckungsklausel umzuschreiben – eine Umschreibung der Vollstreckungsklausel entbehrlich ist.[13]

Bei **Umwandlungen nach dem UmwG** fällt die Gebühr Nr. 23803 KV nur an, sofern der neue Rechtsträger   12
der Rechtsnachfolger des alten ist und somit keine Identität zwischen beiden besteht (→ Rn 17–19). Die
Gebühr fällt demnach an bei der Verschmelzung durch Aufnahme, sofern die einer aufgenommenen Gesellschaft erteilte Vollstreckungsklausel auf die aufnehmende Gesellschaft umgeschrieben werden soll.[14] Die
Umschreibung der Vollstreckungsklausel auf die neue Firma der aufnehmenden Gesellschaft ist hingegen
gebührenfrei (→ Rn 17–19). Bei der Verschmelzung durch Neugründung ist die Umschreibung auf die neu-
gegründete Gesellschaft stets gebührenpflichtig, da diese die Rechtsnachfolgerin sämtlicher bisheriger Gesellschaften ist.

Ebenfalls gebührenpflichtig ist in entsprechender Anwendung von § 727 ZPO die Umschreibung der Voll-   13
streckungsklausel für oder gegen den **Nacherben** eines gegenüber dem Vorerben ergangenen Titels (§ 728
ZPO) oder gem. § 729 ZPO die Umschreibung gegen den Übernehmer eines Vermögens (Abs. 1) oder eines
Handelsgeschäfts unter Lebenden (Abs. 2).

All diesen Fällen gemein ist, dass die Vollstreckungsklausel nur erteilt werden darf, wenn die Rechtsnach-   14
folge bei dem Notar offenkundig oder durch öffentliche bzw öffentlich beglaubigte Urkunden nachgewiesen ist. Die Offenkundigkeit der Rechtsnachfolge hindert die Erhebung der Gebühr nicht.[15]

Die Gebühr Nr. 23803 KV ist sogar auch dann zu erheben, wenn ein Kreditgeber bei dem Notar die Ertei-   15
lung einer vollstreckbaren Ausfertigung verlangt, nachdem der Notar zuvor die Abtretung einer Eigentümergrundschuld an eben diesen Kreditgeber beurkundet oder beglaubigt hat.[16]

Bei der Erteilung einer Vollstreckungsklausel für oder gegen mehrere Rechtsnachfolger oder wegen Rechts-   16
nachfolge auf beiden Seiten in einem Vermerk darf die Gebühr nur **einmal** erhoben werden.[17] Ebenso wenn
mehrere bereits erteilte vollstreckbare Ausfertigungen mit der gleichen Klausel versehen werden.[18]

Keine Gebühr fällt an bei der Prüfung der Identität und anschließenden Namens- bzw Firmenberichtigung   17
durch den Notar im Falle identitätswahrender Namens- oder Firmenänderungen von Vollstreckungsbetei-
ligten (etwa durch Eheschließung), da hierbei weder eine Tatsache iSv § 726 ZPO zu prüfen ist noch der
Berichtigung eine Rechtsnachfolge gem. § 727 ZPO zugrunde liegt.[19]

---

6 Korintenberg/*Hey'l*, Nr. 23803 KV Rn 9 mwN. **7** Rohs/Wedewer/*Waldner*, KostO, § 133 Rn 4 mwN. **8** Korintenberg/*Hey'l*,
Nr. 23803 KV Rn 9. **9** Ebenso Korintenberg/*Hey'l*, Nr. 23803 KV Rn 12. **10** Korintenberg/*Hey'l*, Nr. 23803 KV Rn 11; zum alten Recht: LG Amberg MittBayNot 1995, 246; LG Bonn RNotZ 2011, 122, 124. **11** Korintenberg/*Hey'l*, Nr. 23803 KV Rn 13
mwN der Rspr. **12** Sonst falsche Sachbehandlung, s. Rohs/Wedewer/*Waldner*, KostO, § 133 Rn 5. **13** Vgl schon KG DNotZ
1988, 238. **14** LG Bonn RNotZ 2011, 122, 124. **15** Rohs/Wedewer/*Waldner*, KostO, § 133 Rn 6; LG Bonn RNotZ 2011, 122,
124. **16** Korintenberg/*Schwarz*, KostO, § 133 Rn 12; Rohs/Wedewer/*Waldner*, KostO, § 133 Rn 6. **17** KG DNotZ 1980, 771;
Korintenberg/*Hey'l*, Nr. 23803 KV Rn 15. **18** Schon für die KostO: Korintenberg/*Schwarz*, KostO, § 133 Rn 26; Rohs/Wedewer/
Waldner, KostO, § 133 Rn 8. **19** HM: Leipziger-GNotKG/*Zimmer*, Nr. 23803 KV Rn 10; BDS/*Pfeiffer*, Nr. 23803 KV Rn 3;
Korintenberg/*Hey'l*, Nr. 23803 KV Rn 17 mwN; Rohs/Wedewer/*Waldner*, KostO, § 133 Rn 13; OLG Schleswig DNotZ 1992,
823, 824 m. abl. Anm. *Wolfsteiner*, S. 826.

18 Im Falle der **Vor-GmbH als Vollstreckungsschuldner** für die Erteilung einer vollstreckbaren Ausfertigung nach der Eintragung als GmbH im Handelsregister fällt keine Gebühr an.[20] Ebenso wenig nach einer formwechselnden **Umwandlung.**[21]

19 Auch ist keine Gebühr zu erheben, wenn sich der Beschrieb des Vollstreckungsgegenstands im Grundbuch geändert hat und es einer Feststellung dieser Veränderung in der Klausel bedarf[22] oder wenn bei einer Gesamtgrundschuld eine vollstreckbare Teilausfertigung erteilt wird, um in eines der haftenden Grundstücke zu vollstrecken.[23] Auch bei der Einschränkung der Vollstreckungsklausel gegenüber der erteilten vollstreckbaren Ausfertigung nach der Teilabtretung der Forderung und Erteilung einer vollstreckbaren Ausfertigung hinsichtlich dieses Teilbetrags an den Rechtsnachfolger ist keine Gebühr zu erheben.[24]

VI. Erteilung einer weiteren vollstreckbaren Ausfertigung nach § 733 ZPO (Nr. 23804 KV)

20 Die mWz 16.7.2014 eingeführte Gebühr Nr. 23804 KV[25] schließt die gebührentechnische Lücke, die sich infolge der Übertragung der Zuständigkeit für die Durchführung der Verfahren nach § 733 ZPO auf die Notare ergeben hatte. Es entsteht hierfür nunmehr im Gleichlauf mit den entsprechenden Gerichtsgebühren (Nr. 18001 KV) eine Festgebühr von 20 € für den Antragsteller nach § 29 Nr. 1. Die Festgebühr entsteht unabhängig von gemeinsamer oder getrennter Beantragung gesondert für jede einzelne zu erteilende weitere vollstreckbare Ausfertigung und zwar auch in dem Fall, dass die Erteilung versagt wird.[26]

VII. Ausstellung einer Bestätigung nach § 1079 ZPO oder Ausstellung einer Bescheinigung nach § 1110 ZPO (Nr. 23805 KV)

21 Die Gebühr Nr. 23805 KV für das Verfahren über die Ausstellung einer Bestätigung einer vollstreckbaren notariellen Urkunde als europäischen Vollstreckungstitel nach § 1079 ZPO auf dem gemäß Verordnung (EG) 805/204 vorgesehenen Formblatt beträgt als wertunabhängige Festgebühr 20 € und entspricht insoweit der früheren Gebühr nach § 148 a Abs. 3 S. 2 KostO. Hinzugekommen ist das Verfahren über die Ausstellung einer Bescheinigung nach § 1110 ZPO, wonach der Notar, der ab dem 10.1.2015 eine vollstreckbare Urkunde errichtet hat, auf Antrag eine Bescheinigung ausstellt, deren Inhalt durch ein Formblatt gemäß Anhang II zur Verordnung (EU) Nr. 1215/2012 bestimmt wird. Es sollen hierdurch den Bestand und die Vollstreckbarkeit des Titels dergestalt gewährleistet werden, dass im Mitgliedstaat ohne Vorschaltung eines Vollstreckbarerklärungsverfahrens unmittelbar vollstreckt werden kann.[27] Für Fälle der vorzeitigen Beendigung des Verfahrens ist keine Gebührenprivilegierung vorgesehen.

VIII. Verfahren über die Exequaturentscheidung (Nr. 23806, 23807 KV)

22 **1. Vollstreckbarerklärung einer notariellen Urkunde nach § 55 Abs. 3 AVAG, nach § 35 Abs. 3 AUG oder nach § 3 Abs. 4 IntErbRVG (Nr. 23806 KV).** Die Gebühr Nr. 23806 KV entsteht bei den Verfahren über einen Antrag auf Vollstreckbarerklärung einer notariellen Urkunde nach § 55 Abs. 3 AVAG, nach § 35 Abs. 3 AUG oder nach § 3 Abs. 4 IntErbRVG. Sie wurde gegenüber der früheren Rechtslage um 40 € angehoben, wobei es jedoch bei der Gestaltung als wertunabhängige Festgebühr geblieben ist. Die Vollstreckbarerklärung ausländischer Titel entfällt innerhalb der EU-Mitgliedstaaten aufgrund der Verordnung (EU) Nr. 1215/2012 gemäß deren Art. 66 für Verfahren, die am 10.1.2015 oder später eingeleitet bzw – bei öffentlichen Urkunden – ab diesem Tag errichtet wurden.

23 § 55 Abs. 3 AVAG bzw § 3 Abs. 4 IntErbRVG regeln die Befugnisse der Notare, ausländische notarielle Urkunden im Anwendungsbereich der Verordnung (EG) Nr. 44/2001 bzw der Verordnung (EU) Nr. 650/2012 für das IntErbRVG für vollstreckbar zu erklären. Die Festgebühr für diese sog. **Exequaturentscheidung** entstand schon nach altem Recht mit Antragstellung bei dem Notar.[28] Aufgrund des Ermäßigungstatbestands der Nr. 23807 KV kann die Gebühr Nr. 23806 KV jedoch erst nach Beendigung des Verfahrens **fällig** werden. Der Notar hat hierbei nicht über die Kosten zu entscheiden, wenn er die Urkunde mit der Vollstreckungsklausel versieht, da die Gebühr gem. §§ 55 Abs. 3 S. 2, 8 Abs. 1 S. 4 AVAG, § 788 ZPO zu den Kosten der Zwangsvollstreckung gehört. Kostenschuldner ist nach § 29 Nr. 1 der Antragsteller, auch im Falle

20 Umwandlung der rechtlichen Gestalt des Rechtsträgers: vgl BayObLG MittBayNot 1988, 95, 96; *Schmidt*, MittBayNot 1988, 151, 156. **21** Vgl BayObLG MittBayNot 1988, 95, 96; *Schmidt*, MittBayNot 1988, 151, 156; Streifzug Rn 2454, jew. mwN. **22** Rohs/Wedewer/*Waldner*, KostO, § 133 Rn 13. **23** Str; BayObLG Rpfleger 1988, 241; Rohs/Wedewer/*Waldner*, KostO, § 133 Rn 13; aA OLG Hamm Rpfleger 1988, 508. **24** Mit unterschiedlichen Begründungen zum alten Recht: Korintenberg/*Schwarz*, KostO, § 133 Rn 17, 20; Rohs/Wedewer/*Waldner*, KostO, § 133 Rn 13. **25** Art. 9 Nr. 5 des Gesetzes zur Durchführung der Verordnung (EU) Nr. 1215/2012 sowie zur Änderung sonstiger Vorschriften v. 8.7.2014 (BGBl. I S. 890, 894). **26** Korintenberg/*Hey'l*, Nr. 23804 KV Rn 2; BeckOK KostR/*Berger*, GNotKG, Nr. 23804 KV Rn 2. **27** BT-Drucks 18/823, S. 15. **28** Vgl Rohs/Wedewer/*Waldner*, KostO, § 148 a Rn 6.

der Antragsablehnung aufgrund mangelnder Zulässigkeit oder Begründetheit, § 8 Abs. 2 AVAG und § 7 Abs. 2 S. 3 IntErbRVG.

Für die notarielle Vollstreckbarerklärung titulierter Unterhaltsansprüche in ausländischen notariellen Urkunden nach **§ 35 Abs. 3 AUG** gelten die vorstehenden Ausführungen sinngemäß, mit Ausnahme der Ausführungen zum Wegfall der Vollstreckbarerklärung, da Unterhaltstitel nicht dem Anwendungsbereich der Verordnung (EU) Nr. 1215/2012 unterfallen. 24

2. Vorzeitige Beendigung durch Antragsrücknahme (Nr. 23807 KV). Nr. 23807 KV sieht eine Reduzierung der Festgebühr auf 90 € vor, wenn das gesamte Verfahren durch **Antragsrücknahme** beendet wird. 25

IX. Ausstellung einer Bescheinigung nach § 57 AVAG oder § 27 IntErbRVG oder Ausstellung des Formblatts bzw der Bescheinigung nach § 71 Abs. 1 AUG (Nr. 23808 KV)

Nr. 23808 KV bestimmt die Gebühr für Verfahren über die Ausstellung einer Bescheinigung nach § 57 AVAG oder § 27 IntErbRVG oder für die Ausstellung des Formblatts oder der Bescheinigung nach § 71 Abs. 1 AUG. Es handelt sich um eine wertunabhängige Festgebühr iHv 15 €. 26

Abschnitt 9
Teilungssachen

Nr.	Gebührentatbestand	Gebühr oder Satz der Gebühr nach § 34 GNotKG – Tabelle B
Vorbemerkung 2.3.9:		
(1) Dieser Abschnitt gilt für Teilungssachen zur Vermittlung der Auseinandersetzung des Nachlasses und des Gesamtguts einer Gütergemeinschaft nach Beendigung der ehelichen, lebenspartnerschaftlichen oder fortgesetzten Gütergemeinschaft (§ 342 Abs. 2 Nr. 1 FamFG). (2) Neben den Gebühren dieses Abschnitts werden gesonderte Gebühren erhoben für 1. die Aufnahme von Vermögensverzeichnissen und Schätzungen, 2. Versteigerungen und 3. das Beurkundungsverfahren, jedoch nur, wenn Gegenstand ein Vertrag ist, der mit einem Dritten zum Zweck der Auseinandersetzung geschlossen wird.		
23900	Verfahrensgebühr	6,0
23901	Soweit das Verfahren vor Eintritt in die Verhandlung durch Zurücknahme oder auf andere Weise erledigt wird, ermäßigt sich die Gebühr 23900 auf	1,5
23902	Soweit der Notar das Verfahren vor Eintritt in die Verhandlung wegen Unzuständigkeit an einen anderen Notar verweist, ermäßigt sich die Gebühr 23900 auf	1,5 – höchstens 100,00 €
23903	Das Verfahren wird nach Eintritt in die Verhandlung 1. ohne Bestätigung der Auseinandersetzung abgeschlossen oder 2. wegen einer Vereinbarung der Beteiligten über die Zuständigkeit an einen anderen Notar verwiesen: Die Gebühr 23900 ermäßigt sich auf	3,0

I. Allgemeines (Vorbem. 2.3.9 KV)

1 Abschnitt 9 (Nr. 23900–23903 KV) wurde erforderlich, nachdem die früher beim Nachlassgericht angesiedelten **Teilungssachen** nunmehr in der Zuständigkeit der Notare liegen (§§ 363 ff FamFG, § 23 a Abs. 3 GVG). Für die in § 342 Abs. 1 Nr. 2 FamFG genannten Zeugnisse gelten hingegen Nr. 12210 ff KV.

2 Abschnitt 9 ist insofern nicht abschließend, als gem. **Abs. 2** der Vorbem. **gesonderte Gebühren** erhoben werden können für:

- die Aufnahme von Vermögensverzeichnissen (Nr. 23500 ff KV) und Schätzungen (Nr. 23601 KV) (**Nr. 1**),
- Versteigerungen (Nr. 23660 ff KV) (**Nr. 2**) und
- die Beurkundung von Verträgen mit Dritten zum Zwecke der Auseinandersetzung (Nr. 21100 ff KV) (**Nr. 3**).

3 Die **vertragsmäßige Auseinandersetzung unter den Miterben**, dh deren Beurkundung, ist dagegen als Teil des Teilungsverfahrens anzusehen, für den keine gesonderte Gebühr erhoben wird.[1]

4 Abschnitt 9 sieht **Wertgebühren** vor, weil Umfang und Schwierigkeit der Tätigkeit des Notars erfahrungsgemäß auch vom Wert des Nachlasses abhängig sind.

5 Der **Geschäftswert** richtet sich nach § 118 a (Auseinandersetzungsmasse). Wenn der Antrag durch einen Dritten als Nichterben gestellt wird, ist der Wert seiner Berechtigung am Nachlass (zB seines Pfandrechts, § 363 Abs. 2 FamFG) maßgebend.

II. Verfahrensgebühr (Nr. 23900 KV)

6 Das vollständige Verfahren im Allgemeinen, dh insb. Vorbereitung und Durchführung des Verhandlungstermins sowie die Anfertigung des Auseinandersetzungsplans und seine Beurkundung, werden mit einem Gebührensatz von 6,0 abgegolten. **Kostenschuldner** sind grds. die Anteilsberechtigten (§ 31 Abs. 3).

III. Vorzeitige Beendigung (Nr. 23901 und 23903 KV)

7 Bei **Zurücknahme des Antrags** vor Eintritt in die Verhandlung fällt nur eine 1,5-fache Gebühr an (**Nr. 23901 KV**). „Verhandlung" ist analog § 137 Abs. 1 ZPO als Beginn der sachlichen Erörterung (§ 32 Abs. 1 S. 1 FamFG) zu verstehen. Eine Erledigung **„auf andere Weise"** ist insb. die Zurückweisung des Vermittlungsantrags. Das Gleiche gilt, wenn sich ein Miterbe weigert, einer Auseinandersetzung gem. §§ 363 ff FamFG zuzustimmen. Denn dann ist eine Sachentscheidung nicht möglich.[2]

Kostenschuldner ist bei Rücknahme oder Zurückweisung des Antrags der Antragsteller (§§ 31 Abs. 3 S. 1 Hs 2, 29 Nr. 1).

8 Weitere Ermäßigungstatbestände nennt **Nr. 23903 KV**. Eine Gebühr von 3,0 ergibt sich zum einen, wenn es nicht zu einer Bestätigung der Auseinandersetzung gem. § 368 Abs. 1 S. 3 FamFG kommt (**Nr. 1**). Das gilt insb. bei Beurkundung einer „außergerichtlichen" Auseinandersetzungsvereinbarung gem. § 366 FamFG.[3] Darüber hinaus tritt eine Ermäßigung ein, wenn eine Verweisung der Sache aufgrund einer Zuständigkeitsvereinbarung der Beteiligten (§ 344 Abs. 4 a S. 4 FamFG) erfolgt (**Nr. 2**).

IV. Verweisung an einen anderen Notar wegen Unzuständigkeit (Nr. 23902 KV)

9 Ein nach **§ 344 Abs. 4 a und 5 FamFG** unzuständiger Notar, der das Vermittlungsverfahren vor Eintritt in die Verhandlung an einen anderen Notar **verweist** (§ 3 FamFG), erhält eine auf 100 € beschränkte Gebühr von 1,5. Der nunmehr zuständige Notar erhält gesonderte Gebühren (§ 5 Abs. 3).

10 Nr. 23902 KV gilt entsprechend, wenn der Antrag wegen örtlicher Unzuständigkeit des Notars **zurückgenommen** wird.[4]

---

1 Korintenberg/*Tiedtke*, Vorbem. 2.3.9 KV Rn 13. 2 KG NJW 1965, 1538, 1539; OLG Düsseldorf OLGR 2000, 226. 3 BDS/*Diehn*, Nr. 23900–23903 KV Rn 14. 4 Korintenberg/*Tiedtke*, Nr. 23900–23903 KV Rn 11; BDS/*Diehn*, Nr. 23900–23903 KV Rn 11.

Hauptabschnitt 4
Entwurf und Beratung

Abschnitt 1
Entwurf

Nr.	Gebührentatbestand	Gebühr oder Satz der Gebühr nach § 34 GNotKG – Tabelle B

Vorbemerkung 2.4.1:

(1) Gebühren nach diesem Abschnitt entstehen, wenn außerhalb eines Beurkundungsverfahrens ein Entwurf für ein bestimmtes Rechtsgeschäft oder eine bestimmte Erklärung im Auftrag eines Beteiligten gefertigt worden ist. Sie entstehen jedoch nicht in den Fällen der Vorbemerkung 2.2 Abs. 2.

(2) Beglaubigt der Notar, der den Entwurf gefertigt hat, demnächst unter dem Entwurf eine oder mehrere Unterschriften oder Handzeichen, entstehen für die erstmaligen Beglaubigungen, die an ein und demselben Tag erfolgen, keine Gebühren.

(3) Gebühren nach diesem Abschnitt entstehen auch, wenn der Notar keinen Entwurf gefertigt, aber einen ihm vorgelegten Entwurf überprüft, geändert oder ergänzt hat.

(4) Durch die Gebühren dieses Abschnitts werden auch abgegolten

1. die Übermittlung von Anträgen und Erklärungen an ein Gericht oder eine Behörde,
2. die Stellung von Anträgen im Namen der Beteiligten bei einem Gericht oder einer Behörde und
3. die Erledigung von Beanstandungen einschließlich des Beschwerdeverfahrens.

(5) Gebühren nach diesem Abschnitt entstehen auch für die Fertigung eines Entwurfs zur beabsichtigten Verwendung für mehrere gleichartige Rechtsgeschäfte oder Erklärungen (Serienentwurf). Absatz 3 gilt entsprechend.

(6) Wenn der Notar demnächst nach Fertigung eines Entwurfs auf der Grundlage dieses Entwurfs ein Beurkundungsverfahren durchführt, wird eine Gebühr nach diesem Abschnitt auf die Gebühr für das Beurkundungsverfahren angerechnet.

(7) Der Notar ist berechtigt, dem Auftraggeber die Gebühren für die Fertigung eines Serienentwurfs bis zu einem Jahr nach Fälligkeit zu stunden.

Nr.	Gebührentatbestand	Gebühr oder Satz
24100	Fertigung eines Entwurfs, wenn die Gebühr für das Beurkundungsverfahren 2,0 betragen würde	0,5 bis 2,0 – mindestens 120,00 €
24101	Fertigung eines Entwurfs, wenn die Gebühr für das Beurkundungsverfahren 1,0 betragen würde	0,3 bis 1,0 – mindestens 60,00 €
24102	Fertigung eines Entwurfs, wenn die Gebühr für das Beurkundungsverfahren 0,5 betragen würde	0,3 bis 0,5 – mindestens 30,00 €
24103	Auf der Grundlage eines von demselben Notar gefertigten Serienentwurfs finden Beurkundungsverfahren statt: Die Gebühren dieses Abschnitts ermäßigen sich jeweils um	die Gebühr für das Beurkundungsverfahren

I. Normzweck

1 **1. Allgemeines.** Die Überschrift („Entwurf") von Abschnitt 1 zu Teil 2 Hauptabschnitt 4 KV ist wortlautmäßig weit gefasst. Tatsächlich ist der eigentliche Anwendungsbereich von Vorbem. 2.4.1 KV und Nr. 24100 ff KV enger, als in der Überschrift angedeutet: Regelungsgegenstand dieser Vorschriften sind im Wesentlichen sog. **isolierte Entwürfe**, also solche, die unabhängig von einem konkret beabsichtigten Beurkundungsgeschäft beauftragt und erstellt werden (→ Rn 8).

2 Dient ein Entwurf dagegen der **Vorbereitung eines konkreten Beurkundungsverfahrens**, wird dieses Verfahren jedoch ohne Errichtung einer Urkunde („vorzeitig") beendet, gelten nicht Nr. 24100 ff KV, sondern Vorbem. 2.1.3 KV iVm Nr. 21300 ff KV (→ Rn 24 f).

3 Auch Entwürfe, die als **Vollzugstätigkeit** zu qualifizieren sind, werden von Vorbem. 2.4.1 KV und Nr. 24100 ff KV nicht erfasst (→ Rn 36 ff).

4 Soweit der Anwendungsbereich von Nr. 24100 ff KV eröffnet ist, umfasst er nicht nur Entwürfe für ein bestimmtes Rechtsgeschäft oder eine bestimmte Erklärung, sondern auch solche, die allgemein für ein Mehrzahl gleichartiger, im Übrigen aber noch nicht näher individualisierter Rechtsgeschäfte dienen soll („Serienentwurf", Vorbem. 2.4.1 Abs. 5 KV).

5 **2. Regelungsziele: Einzelfallgerechtigkeit und Vereinfachung.** Für ihren Anwendungsbereich sehen Nr. 24100 ff KV keine festen Gebührensätze vor, sondern **Gebührenrahmensätze**, aus denen der Notar den konkret anzuwendenden Gebührensatz nach billigem Ermessen (§ 92) auszuwählen hat. Damit will der Gesetzgeber v.a. Einzelfallgerechtigkeit erreichen[1] und außerdem die teilweise komplizierten Abgrenzungsfragen vermeiden, die sich aus der Anwendung des früheren Rechts ergeben haben.

6 **3. Weitere Regelungsgegenstände.** Weitere hauptsächliche Regelungsgegenstände von Vorbem. 2.4.1 KV iVm Nr. 24100 ff KV sind (a) Fragen der **Anrechnung** der Entwurfsgebühr auf die Beurkundungsgebühr (Vorbem. 2.4.1 Abs. 6 KV) und (b) die Reichweite der „**Abgeltungswirkung**" der Entwurfsgebühr gegenüber vollziehenden oder betreuenden Tätigkeiten (Vorbem. 2.4.1 Abs. 4 KV) sowie gegenüber nachfolgenden **Unterschriftsbeglaubigungen** (Vorbem. 2.4.1 Abs. 2 KV).

7 Zu **Serienentwürfen** enthalten Vorbem. 2.4.1 Abs. 7 KV und Nr. 24103 KV Sonderregelungen zur **Ermäßigung der Entwurfsgebühr** durch die Gebühren für nachfolgende Beurkundungen sowie zur **Stundung**.

II. Anwendungsbereich

8 **1. Allgemeines. a) Isolierte Entwürfe.** Nr. 24100 ff KV sind einschlägig, wenn der Notar einen Entwurf „isoliert", dh **losgelöst von einem konkreten Beurkundungsverfahren**, erstellt.[2] Das ergibt sich unmittelbar aus Vorbem. 2.4.1 Abs. 1 S. 1 KV, worin der Gesetzgeber darauf abstellt, dass der Entwurf „außerhalb eines Beurkundungsverfahrens" gefertigt worden ist. Hat der Entwurf dagegen der Vorbereitung eines Beur-

---

1 BR-Drucks 517/12, S. 330. **2** BR-Drucks 517/12, S. 344.

kundungsverfahrens gedient, kommen nicht Nr. 24100 ff KV zur Anwendung, sondern Nr. 21300 ff KV (→ Rn 24 ff).

Handelt es sich um einen „**isolierten Entwurf**" im Sinne der hier besprochenen Gebührenziffern, sind   9
Nr. 24100 ff KV sowohl anwendbar, (1) wenn es sich um den Entwurf zu einem **konkreten Rechtsgeschäft** oder zu einer **konkreten sonstigen Erklärung** handelt (Beispiel: A und B beauftragen Notar N, für sie einen Mietvertrag zum Gewerbeobjekt O zu entwerfen, das B von A anmieten will), als auch dann, (2) wenn es darum geht, ein „allgemeines Vertragsmuster" zu erstellen, das noch keinen Bezug zu einem bestimmten Vorgang aufweist, das also zB für eine Vielzahl ähnlich gelagerter Fälle gelten soll und noch nicht hinsichtlich spezieller Vertragsparteien individualisiert ist (aber → Rn 11).

Die erstgenannte Art von Entwürfen kennzeichnet der Gesetzeswortlaut als „**bestimmte**" Rechtsgeschäfte   10
oder sonstige Erklärungen (Vorbem. 2.4.1 Abs. 1 KV), die zweitgenannte Art als sog. „**Serienentwürfe**" (Vorbem. 2.4.1 Abs. 5 KV).

Rechtsgutachten sind nach überzeugender Auffassung nicht als Entwürfe abzurechnen, sondern als Bescheinigung oder Beratung.[3]   11

Weiter wird vertreten, dass **allgemeine Vertragsmuster** nicht grds. als sog. „Serienentwürfe" in den Anwendungsbereich von Nr. 24100 ff KV fallen, sondern nur, wenn sie hinreichend projekt- bzw vorhabenbezogen sind. Für „abstrakte" allgemeine Vertragsmuster soll nach dieser Ansicht nur eine Gebühr nach Nr. 24200 ff KV in Betracht kommen oder aber der Abschluss eines öffentlich-rechtlichen Kostenvertrags.[4] Zuzugeben ist dieser Ansicht, dass der Wortlaut von Vorbem. 2.4.1 Abs. 5 KV eine grundsätzliche Eignung des Entwurfs als Grundlage für eine früher oder später nachfolgende notarielle Beurkundung vorauszusetzen scheint („zur beabsichtigen Verwendung"). Eine solche Eignung ist für rein abstrakte, vorhabenunabhängige allgemeine Vertragsmuster, Formulare oder Geschäfts- und Vertragsbedingungen aber nicht unmittelbar denkbar.

b) Nicht beurkundungsbedürftige Rechtsgeschäfte und Verfahrenserklärungen. Den **Hauptanwendungsbe-**   12
reich für die Gebühren Nr. 24100 ff KV sieht der Gesetzgeber in denjenigen Fällen, in denen der Notar für einen nicht beurkundungsbedürftigen Vertrag oder für eine nicht beurkundungsbedürftige sonstige Erklärung den Entwurf fertigt. Dabei kann es sich nach der Gesetzesbegründung sowohl um **Erklärungen und Vereinbarungen rechtsgeschäftlicher Art** handeln als auch um bloße **Verfahrenserklärungen**.[5]

c) Beschlüsse. Einen weiteren Hauptanwendungsbereich machen für Nr. 24100 ff KV Entwürfe **nicht form-**   13
bedürftiger Beschlüsse aus, zB von Gesellschaftern einer Personen- oder Kapitalgesellschaft oder seitens der Mitglieder eines Stadt- oder Gemeinderats bzw einer Stiftung.

Dies ergibt sich unmittelbar daraus, dass der Wortlaut von Vorbem. 2.4.1 Abs. 1 KV nicht allein auf den   14
Entwurf eines bestimmten „Rechtsgeschäfts" abstellt, sondern auch allgemein den Entwurf einer bestimmten „Erklärung" in den Anwendungsbereich mit einbezieht. Unter diesen weit gefassten Begriff lassen sich auch Vorgänge zur Willensbildung in Konsensualorganen einer Gesellschaft oder Körperschaft subsumieren. Beispiel: die Gesellschafter einer GmbH beschließen über die Abberufung und Neubestellung von Geschäftsführern.

d) Fehlende Formbedürftigkeit ist nicht Tatbestandsvoraussetzung. Die **fehlende Formbedürftigkeit** ist aller-   15
dings nicht Tatbestandsvoraussetzung für die Anwendung von Nr. 24100 ff KV. Maßgeblich ist nach Vorbem. 2.4.1 Abs. 1 KV allein, dass der Entwurf losgelöst von einem konkreten Beurkundungsverfahren erstellt wird (→ Rn 8); auf die Frage der Formbedürftigkeit nach materiellrechtlichen oder verfahrensrechtlichen Vorschriften kommt es dagegen weder für die grundsätzliche Anwendbarkeit von Nr. 24100 ff KV an noch bei der Auswahl des Gebührenrahmensatzes (→ Rn 52).

Nr. 24100 ff KV sind damit zB auch anwendbar, wenn dem Notar für ein **beurkundungsbedürftiges Ge-**   16
schäft zunächst ausdrücklich nur ein Entwurfsauftrag erteilt wird, nicht aber ein Beurkundungsauftrag (zB um vor Entscheidung über die Vornahme der Beurkundung eine verbindliche Auskunft der Finanzverwaltung einzuholen oder die Stellungnahme einer Kartellbehörde).

e) Nr. 24100 KV. Beispiele: Beispielsfälle für die Anwendung von Nr. 24100 KV sind: 17

- die Fertigung eines nicht beurkundungsbedürftigen Miet- oder Pachtvertrags durch den Notar (Nr. 24100 KV);
- der Entwurf eines nicht beurkundungsbedürftigen Gesellschaftsvertrags für eine GbR, OHG oder KG (Nr. 24100 KV);

---

3 BDS/*Bormann*, Vorbem. 2.4.1 KV Rn 4; *Diehn/Sikora/Tiedtke*, Das neue Notarkostenrecht, Rn 735.   **4** Korintenberg/*Diehn*, Vorbem. 2.4.1 KV Rn 7 ff.   **5** BR-Drucks 517/12, S. 344.

- der Entwurf für ein gemeinschaftliches Testament, das die Ehegatten privatschriftlich errichten wollen (Nr. 24100 KV);
- der Entwurf für den Gesellschafterbeschluss zur Bestellung oder Abberufung eines GmbH-Geschäftsführers (Nr. 24100 KV);
- der Entwurf eines Verschmelzungsvertrags nach dem UmwG zur Vorlage bei der Kartellbehörde (Nr. 24100 KV);
- der Entwurf eines Überlassungsvertrags zur Einholung einer verbindlichen Auskunft der Finanzverwaltung (Nr. 24100 KV).

18   f) **Nr. 24101 KV.** Die Gesetzesbegründung selbst nennt als Anwendungsbeispiel für die Gebühr Nr. 24101 KV den **Entwurf eines Sachgründungsberichts** gem. § 5 Abs. 4 S. 2 GmbHG.[6] In gesellschaftsrechtlichen Zusammenhängen ist Nr. 24101 KV außerdem zB für den Entwurf einer sog. **Übernahmeerklärung** bei der Kapitalerhöhung einer GmbH anwendbar (§ 55 Abs. 1 GmbHG).

19   Da die Gesetzesbegründung ausdrücklich auch sog. **Verfahrenserklärungen** als von Nr. 24100 ff KV umfasst ansieht (der Gesetzgeber spricht insoweit von Erklärungen „nicht notwendig rechtsgeschäftlichen Inhalts"),[7] können mit Nr. 24101 KV zB auch Entwürfe für **einseitige Anweisungen** oder **Treuhandaufträge** sowie **Quittungen** erfasst werden.

20   Weitere praxiswichtige Anwendungsfälle für Nr. 24101 KV sind Entwürfe für **Testamente** oder **Vollmachten.**

21   g) **Nr. 24102 KV.** Ein praxishäufiger Anwendungsfall für Nr. 24102 KV ist, wenn Grundstückseigentümer (unabhängig von einem beurkundungspflichtigen Veräußerungsvorgang, → Rn 23) ihr Grundstück von einer oder mehreren dinglichen Belastungen freistellen wollen und dazu den Notar beauftragen, einem Dritten (zB Dienstbarkeitsberechtigten oder Grundpfandrechtsgläubiger) einen Entwurf für die betreffende Löschungs- oder Freistellungserklärung zu übersenden, damit dieser die entsprechende Lastenfreistellungserklärung in grundbuchtauglicher Form zeichnen kann (entweder – bei Privatpersonen – vor einem anderen Notar zur Unterschriftsbeglaubigung oder – bei siegelführenden Stellen wie Finanzamt, sonstigen öffentlichen Behörden oder Sparkassen – zur Selbstzeichnung unter Beifügung des Siegels).

22   Zum Fall, dass der **entwurfserstellende Notar die Unterschriftsbeglaubigung selbst vornimmt,** s. Vorbem. 2.4.1 Abs. 3 KV und ausf. → Rn 27 ff.

23   Keine Gebühr Nr. 24102 KV fällt für den vom Notar erstellten Entwurf einer Lastenfreistellungserklärung allerdings dann an, wenn es sich insoweit um eine **Vollzugstätigkeit** handelt, Vorbem. 2.4.1 Abs. 1 S. 2 KV iVm Vorbem. 2.2.1.1 Abs. 1 Nr. 9 KV (ausf. → Rn 36 ff). Zur „isolierten" **Gesellschafterliste** → Rn 37.

24   **2. Entwurf bei vorzeitiger Beendigung des Beurkundungsverfahrens. Nicht** von Nr. 24100 ff KV erfasst sind diejenigen Fälle, in denen der Notar zwar einen Entwurf gefertigt hat, dies jedoch nicht außerhalb eines Beurkundungsverfahrens geschah, sondern der **Vorbereitung einer Beurkundung gedient** hat, zu der die Beteiligten dem Notar bereits den Beurkundungsauftrag erteilt haben: Wird das Beurkundungsverfahren antragsgemäß durchgeführt, fallen dafür die für das Beurkundungsverfahren zu erhebenden Gebühren an (Teil 2 Hauptabschnitt 1 KV, zB Nr. 21100 KV „Beurkundungsverfahren"); der **Entwurf** wird daneben **nicht gesondert entlohnt** (s. Vorbem. 2.1 Abs. 1 KV: „Die Gebühr für das Beurkundungsverfahren entsteht für die Vorbereitung und Durchführung der Beurkundung …").[8]

25   Die Entwurfsfertigung ist in diesen Fällen kostenrechtlich betrachtet also Teil des Beurkundungsverfahrens. – **Unterbleibt** in solchen Konstellationen aber die **Beurkundung,** weil der Beurkundungsauftrag zurückgenommen oder zurückgewiesen wird, oder ist mit der beauftragten Beurkundung nicht mehr zu rechnen, sind nach Vorbem. 2.1.3 KV statt Nr. 24100 ff KV („Entwurf") die Gebühren **Nr. 21300 ff KV** („Vorzeitige Beendigung des Beurkundungsverfahrens") anwendbar.

26   Die Gebühren Nr. 21300 ff KV (Teil 2 Hauptabschnitt 1 Abschnitt 3 KV) sind also **zur Entwurfsgebühr vorrangig.**

27   **3. Entwurf bei unterschriftsbeglaubigter Erklärung. a) Anwendungsbereich.** Anwendbar sind Nr. 24100 ff KV ausdrücklich auch für **Erklärungen, zu denen die Unterschrift eines Beteiligten zu beglaubigen ist.**[9] Dies zeigt zum einen der Gegenschluss zu Vorbem. 2.4.1 Abs. 2 KV: Die dortige Regelung wäre überflüssig, wenn es sich auch bei der Unterschriftsbeglaubigung um ein „Beurkundungsverfahren" iSv Vorbem. 2.4.1 Abs. 1 KV handelt und also die Anwendung der Nr. 24100 ff KV von vornherein ausgeschlossen ist.

28   Zum anderen stellt auch Vorbem. 2.1 KV im Zusammenhang mit den für das „Beurkundungsverfahren" zu erhebenden Gebühren auf eine „Beurkundung in Form einer Niederschrift (§§ 8 und 36 des Beurkundungs-

---

6 BR-Drucks 517/12, S. 344.   **7** BR-Drucks 517/12, S. 344.   **8** *Diehn/Sikora/Tiedtke,* Das neue Notarkostenrecht, Rn 743.
9 BDS/*Bormann,* Vorbem. 2.4.1 KV Rn 2; *Diehn/Sikora/Tiedtke,* Das neue Notarkostenrecht, Rn 738.

gesetzes)" ab, wohingegen die Gebühren für Beglaubigungen und sonstige Zeugnisse iSv §§ 39, 39 a BeurkG in Teil 2 Hauptabschnitt 5 KV geregelt sind ("Sonstige Geschäfte"; s. außerdem dort Nr. 25100 Abs. 1 KV).

Beispiele: Der Notar beglaubigt die Unterschrift des Erklärenden zu dessen – auftragsgemäß vom Notar entworfener Erklärung – über   **29**

– die Bestellung eines dinglichen Rechts (zB unentgeltliche Einräumung eines Geh- und Fahrtrechts): Nr. 24102, 21201 Nr. 4 KV;

– die auflagenfrei zu verwendende Löschungsbewilligung für ein dem Erklärenden zustehendes Nießbrauchs- oder Wohnungsrechts: Nr. 24102, 21201 Nr. 4 KV;

– die wechselseitige Bestellung von Leitungsrechten durch zwei Grundstückseigentümer für den jeweils anderen (Austauschvertrag): Nr. 24100, 21100 KV;

– die Eigentümerzustimmung zur Löschung eines Grundpfandrechts: Nr. 24102, 21201 Nr. 4 KV.

b) Abgrenzung zu Nr. 21201 Nr. 4 KV. Zu den in **Nr. 21201 Nr. 4 KV** ausdrücklich genannten Fällen lässt   **30** sich allerdings auch vertreten, der Gesetzgeber habe insoweit den in Vorbem. 2.1 KV geschilderten Anwendungsbereich bewusst erweitert und auch auf Erklärung erstreckt, die in der notariellen Praxis regelmäßig nicht in Form einer Niederschrift beurkundet, sondern lediglich beglaubigt werden. Darauf deutet die Gesetzesbegründung hin, in der es heißt, Nr. 21201 Nr. 4 KV übernehme den Anwendungsbereich des früheren § 38 Abs. 2 Nr. 5 KostO.[10]

Allerdings enthielt die KostO keine Unterscheidung, die der jetzt vom Gesetzgeber ausdrücklich gewünsch-   **31** ten, am BeurkG orientierte Zuordnung (Beurkundung in Form der Niederschrift → Gebühr nach Teil 2 Hauptabschnitt 1 KV; Beurkundung in Vermerkform → Gebühr nach Teil 2 Hauptabschnitt 5 KV)[11] vergleichbar ist. Soll diese mit dem GNotKG eingeführte Systematik konsequent umgesetzt werden, spricht das **dafür**, in den oben genannten Beispielsfällen **Nr. 24102 KV als Gebührentatbestand** zu **zitieren** (oder zumindest neben[12] Nr. 21201 Nr. 4 KV).

Bestätigt wird diese Ansicht durch die in § 85 Abs. 2 enthaltene **Legaldefinition** zum Begriff „Beurkun-   **32** dungsverfahren": Dort stellt der Gesetzgeber fest, das Beurkundungsverfahren iSd GNotKG sei „auf die Errichtung einer Niederschrift (§§ 8 und 36 des Beurkundungsgesetzes)" gerichtet.

c) Registeranmeldungen. Entsprechend verhält es sich, wenn der Notar für die **Anmeldung zu einem Regis-**   **33** **ter**, zB zum Handels-, Genossenschafts- oder Vereinsregister, den Text entwirft und sodann zu diesem Entwurf die Unterschrift desjenigen beglaubigt, der für den betreffenden Vorgang anmeldeberechtigt ist (zB die Unterschrift des Geschäftsführers einer GmbH bei der Anmeldung einer Firmenänderung oder des neuen Vorsitzenden eines Vereins bei der Anmeldung eines Vorstandswechsels). Auch hier stellt sich die Frage nach dem Verhältnis von Nr. 24102 KV zur Nr. 21201 Nr. 5 KV. Nach den in → Rn 30 ff geschilderten Grundsätzen ist in dieser Fallkonstellation für **Handelsregister-, Genossenschaftsregister oder Vereinsregisteranmeldungen** Nr. 24102 KV die zutreffende Gebührennorm (und also nicht von Nr. 21201 Nr. 5 KV verdrängt).[13]

d) Weitere Unterschriftsbeglaubigungen. Die Regelung aus Vorbem. 2.4.1 Abs. 2 KV (wonach die Ent-   **34** wurfsgebühr die Gebühr für die Unterschriftsbeglaubigung verdrängt) gilt nach ihrem Wortlaut nur für die „erstmaligen Beglaubigungen, die an ein und demselben Tag erfolgen". Für etwaige weitere Beglaubigungen zu einem späteren Zeitpunkt fällt dagegen die Gebühr aus Nr. 25100 KV bzw Nr. 25101 KV an.[14]

Beispiel: Notar N entwirft die Registeranmeldung für eine Kapitalerhöhung bei einer GmbH. Geschäftsführer A   **35** und B zeichnen die Anmeldung am Tag X bei N und lassen ihre jeweilige Unterschrift durch ihn beglaubigen. Geschäftsführer C zeichnet die Anmeldung erst eine Woche später. Für die Unterschriftsbeglaubigung hinsichtlich C fällt die Gebühr aus Nr. 25100 KV an.

4. Entwurf bei Vollzugstätigkeit. Aus Vorbem. 2.4.1 Abs. 1 S. 2 KV iVm Vorbem. 2.2 Abs. 2 KV folgt, dass   **36** der Notar keine Gebühr aus Nr. 24100 ff KV erheben kann, wenn er zu einer bestimmten Erklärung oder Verfahrenshandlung zwar auftragsgemäß den Entwurf gefertigt hat, es sich dabei aber um eine Tätigkeit handelt, für die eine **Vollzugs- oder Betreuungsgebühr** nach Teil 2 Hauptabschnitt 2 KV anfällt (Nr. 22110 ff KV, Nr. 22120 ff KV, Nr. 22200 f KV). Die **Vollzugs- oder Betreuungsgebühr „verdrängt"** also die **Entwurfsgebühr.** Das gilt **im Vollzugsbereich** nach einer landgerichtlichen Entscheidung selbst dann, wenn der Kostenschuldner dem Notar, zu dessen Urkunde die Vollzugstätigkeit zu erledigen ist, einen Entwurfsauftrag erteilt (Beispiel: bei einem Grundstückskaufvertrag beauftragt der Verkäufer den Notar, der

---

10 BR-Drucks 517/12, S. 328. **11** BR-Drucks 517/12, S. 328. **12** Ein solches „Doppelzitat" verwendet: *Wudy*, Das neue Gebührenrecht für Notare, § 4 Rn 11 (Fallbeispiel „GmbH-Gründung"). Nach zwischenzeitlich wohl hM ist das „Doppelzitat" jedoch „weder erforderlich noch sinnvoll": Korintenberg/*Diehn*, Vorbem. 2.4.1 KV Rn 23. **13** *Wudy*, Das neue Gebührenrecht für Notare, § 4 Rn 11 (Fallbeispiel „GmbH-Gründung"); *Diehn/Sikora/Tiedtke*, Das neue Notarkostenrecht, Rn 741; Korintenberg/*Diehn*, Vorbem. 2.4.1 KV Rn 23; BeckOK KostR/*Lutz/Mattes*, GNotKG, Nr. 24102 KV Rn 2. **14** BR-Drucks 517/12, S. 344.

den Kaufvertrag beurkundet, einen Entwurf für die erforderliche Lastenfreistellungserklärung zu erstellen): Im Vollzugsbereich ist ein Entwurfsauftrag nach dieser Entscheidung „kostenrechtlich stets als Vollzugsauftrag zu werten", wenn er sich auf Tätigkeiten des Vollzugskatalogs aus Vorbem. 2.2.1.1 KV bezieht.[15] Zur **Kostenschuldnerschaft**, wenn ein **zweiter Notar** die betreffende Vollzugserklärung entwirft, → § 30 Rn 12.

37 Neben der Vollzugsgebühr kann der Notar also keine Entwurfsgebühr in Rechnung stellen, wenn er bspw:

- zu einem Kaufvertrag die **Zustimmung** des Ehegatten des Verkäufers **gem. § 1365 BGB** entwirft und einholt (entsprechend bei Entwurf und Einholung der Zustimmung gem. § 1365 BGB zu einer Grundpfandrechtsbestellung), s. Vorbem. 2.2.1.1 Abs. 1 Nr. 5 KV;
- die **Nachgenehmigung** eines im Rahmen eines Beurkundungsverfahrens vollmachtlos Vertretenen entwirft und einholt, s. Vorbem. 2.2.1.1 Abs. 1 Nr. 5 KV; der **Entwurf einer Vollmacht** im Vorfeld der Beurkundung ist dagegen keine Vollzugstätigkeit, für den Entwurf einer **Spezialvollmacht** zum Abschluss eines Rechtsgeschäfts ist der Anwendungsbereich von Nr. 24101 KV also nicht verdrängt;[16]
- zu einem Kaufvertrag oder sonstigen Veräußerungsvorgang die nach § 12 Abs. 1 WEG erforderliche **Verwalterzustimmung** entwirft und einholt, s. Vorbem. 2.2.1.1 Abs. 1 Nr. 5 KV;
- zu einem Kaufvertrag die Verzichtserklärung hinsichtlich eines privatrechtlichen Vor- oder Ankaufsrechts entwirft und einholt, s. Vorbem. 2.2.1.1 Nr. 6 KV;
- zu einem Kaufvertrag oder sonstigen Veräußerungsvorgang die Erklärungen für die vertraglich vereinbarte **Lastenfreistellung** entwirft und einholt (zB **Löschungsbewilligungen** oder sog. **Pfandfreigabeerklärungen**), s. Vorbem. 2.2.1.1 Abs. 1 Nr. 9 KV;[17]
- zur Gründung einer GmbH oder zu einer Geschäftsanteilsübertragung bei einer GmbH die **Gesellschafterliste** fertig (entsprechend hinsichtlich der **Liste der Übernehmer** zu einer Kapitalerhöhung); s. Vorbem. 2.2.1.1 Abs. 1 Nr. 3 KV;
- zu einer Geschäftsanteilsabtretung bei einer GmbH den **Zustimmungsbeschluss der Gesellschafterversammlung** entwirft und einholt, s. Vorbem. 2.2.1.1 Abs. 2 KV;
- zur nachträglichen Bestellung eines Sondernutzungsrechts die gem. § 5 WEG erforderliche **Zustimmung der Grundpfandrechtsgläubiger** entwirft und einholt.

38 **5. Entwurfsüberprüfung, -änderung und -ergänzung (Vorbem. 2.4.1 Abs. 3 KV). a) Allgemeines.** Gemäß Vorbem. 2.4.1 Abs. 3 KV steht es der Entwurfserstellung gleich, wenn der Notar einen bereits **von dritter Seite gefertigten** (→ Rn 40) und von den Beteiligten zur Verfügung gestellten Entwurf überprüft, ändert oder ergänzt.

39 Für den Anwendungsbereich von Nr. 24100 ff KV wird also nicht tatbestandlich zwischen Entwurfserstellung und Entwurfsprüfung/-änderung unterschieden. Nach Vorstellung des Gesetzgebers soll es vielmehr bei der konkreten Auswahl des Gebührensatzes aus dem Gebührenrahmensatz (§ 92) berücksichtigt werden, wenn die Entwurfsüberprüfung bzw -änderung oder -ergänzung gegenüber der gänzlichen Fertigung eines entsprechenden Entwurfs einen geringeren Aufwand bedeutet.[18]

40 Der Wortlaut von Vorbem. 2.4.1 Abs. 3 KV knüpft an einen **von dritter Stelle gefertigten Entwurf** an (str).[19] Daraus folgt im Gegenschluss, dass der Notar grds. keine zusätzliche Entwurfsgebühr verlangen kann, wenn er einen schon ursprünglich von ihm gefertigten Entwurf nach den Vorstellungen der Beteiligten nochmals überarbeitet und ggf anpasst. Anderes kann allerdings im **Einzelfall** gelten, wenn (eine fiktive Beurkundung des geänderten Entwurfs unterstellt) nach den im Vorbem. 2.4.1 Abs. 6 KV genannten Kriterien eine Anrechnung der Entwurfsgebühr auf die Gebühren des Beurkundungsverfahrens scheitern würde. Andernfalls würde nämlich derjenige, der sich möglicherweise erst nach langer Wartezeit und unter grundsätzlicher Umgestaltung des ursprünglich beabsichtigten Vertragsverhältnisses doch noch zur Beurkundung entscheidet (Anwendbarkeit von Nr. 21100 ff KV neben Nr. 24100 ff KV, weil die Anrechnung nach Vorbem. 2.4.1 Abs. 6 KV scheitert), schlechter behandelt als derjenige, der „nur" einen isolierten Entwurf überarbeiten lässt.

41 **b) Besondere Auswahlkriterien zum Gebührensatz.** Zur Auswahl des konkreten Gebührensatzes bei der Entwurfsüberprüfung bzw -ergänzung lassen sich im Rahmen der nach § 92 gebotenen Ermessensausübung neben den übrigen nach § 92 zu berücksichtigenden Umständen auch folgende Maßstäbe fruchtbar machen: Ist ein Entwurf an sich vollzugsfähig und muss er nur um einige wenige Aspekte ergänzt werden (zB hinsichtlich von Rangerklärungen oder -bestimmungen), spricht dies für einen niedrigeren Gebührensatz. Muss der Entwurf (zB für eine Grundschuld, die im Wege einer Unterschriftsbeglaubigung bestellt werden

15 LG Düsseldorf 28.7.2015 – 25 T 74/15, RNotZ 2015, 666 ff. **16** Korintenberg/*Diehn*, Vorbem. 2.4.1 KV Rn 28. **17** LG Düsseldorf 28.7.2015 – 25 T 74/15, RNotZ 2015, 666 ff. **18** BR-Drucks 517/12, S. 344. **19** AA Korintenberg/*Diehn*, Vorbem. 2.4.1 KV Rn 36, wonach es für eine „erneute" Gebühr aus Nr. 24100 ff KV bei der Änderung eines „eigenen" Entwurfs vielmehr darauf ankommen soll, ob der ursprünglich beauftragte Entwurf bereits „fertiggestellt" war. Ähnl. auch BeckOK KostR/*Lutz/Mattes*, GNotKG, Vorbem. 2.4.1 KV Rn 11.

soll) dagegen **erst noch für den Grundbuch- oder sonstigen Rechtsverkehr tauglich gemacht** werden (zB weil der Formulartext noch keine Angaben zu Pfandobjekt und Pfandhöhe enthält), rechtfertigt dies einen Gebührensatz, der sich am Höchstsatz orientiert (§ 92 Abs. 2).[20]

c) **Kostenrechtlich unerhebliche Änderungen.** Um eine kostenrechtlich unerhebliche Änderung handelt es   42 sich, wenn der Notar an einem Entwurf lediglich sprachliche oder grammatikalische Änderungen vornimmt oder geringfügige inhaltliche Änderungen, die keine Auseinandersetzung mit dem übrigen Inhalt der Urkunde erfordern. Insoweit ist Vorbem. 2.4.1 Abs. 3 KV nicht anwendbar.[21]

III. Auftrag

1. Allgemeines. Berechtigt, eine Gebühr aus Nr. 24200 ff KV zu erheben, ist der Notar nur, wenn ihm ein   43 **Auftrag zur Entwurfserstellung** erteilt wurde (s. Vorbem. 2.4.1 Abs. 1 KV: „… im Auftrag eines Beteiligten …").

Eine besondere Form oder einen bestimmten Inhalt schreibt das GNotKG für diesen kostenrechtlichen Auf-   44 trag zwar nicht vor. Es liegt aber nahe, auch insoweit diejenigen Maßstäbe heranzuziehen, die von der Rspr zur Kostenschuldnerschaft nach der KostO entwickelt wurden. Danach liegt eine kostenrechtliche beachtliche Auftragserteilung vor, wenn sich **zumindest konkludent** unter angemessener Berücksichtigung aller Umstände des Einzelfalls aus dem Verhalten des Beteiligten ergibt, dieser wolle – unter Berücksichtigung der gesetzlichen Kostenfolge – den Notar mit der Erstellung eines Entwurfs betrauen (näher → § 29 Rn 14).[22]

Im Ergebnis kommt es also auf eine **wertende Gesamtbetrachtung** an; verbreitet ist die Formulierung, das   45 Verhalten des Beteiligten müsse für den Notar „den Schluss" zulassen, dass „ihm ein (stillschweigender) Auftrag zur Entwurfsfertigung mit der gesetzlichen Kostenfolge erteilt wurde".[23] Zum Verhältnis zwischen Entwurfsauftrag und **Vollzugstätigkeit** → Rn 36.

2. Kostenschuldner. Für die Bestimmung des Kostenschuldners gelten die §§ 29 ff. Kostenschuldner ist da-   46 nach regelmäßig insb. derjenige, der dem Notar den Auftrag zur Entwurfserstellung erteilt hat.

Bei **Entwürfen für mehrseitige Vereinbarungen** kann fraglich sein, ob neben dem ursprünglichen „Auftrag-   47 geber" auch die weiteren Beteiligten als Kostenschuldner in Betracht kommen. Dafür ist – wie allgemein im Rahmen des § 29 Nr. 1 – darauf abzustellen, ob aus dem Verhalten der weiteren Beteiligten auf eine eigenständige Auftragserteilung durch diese zu schließen ist (→ § 29 Rn 18 f). Dies kann zB der Fall sein, wenn sich auch die übrigen Beteiligten nach der Übersendung der ersten Entwurfsfassung mit eigenen Änderungs- und Ergänzungswünschen in die weitere Entwurfsgestaltung einbringen (zB → § 29 Rn 19).[24] Zur **Kostenschuldnerschaft**, wenn ein **zweiter Notar** zu einem Vertrag die betreffende Vollzugserklärung entwirft, → § 30 Rn 12 (Beispiel aus der Rspr:[25] Entwurf für die nach § 12 WEG erforderliche Verwalterzustimmung zu einem Kaufvertrag).

Entscheidend ist auch insoweit, ob der Notar bei angemessener Berücksichtigung aller Umstände des Ein-   48 zelfalls von einer Auftragserteilung (auch) durch die weiteren Beteiligten ausgehen durfte. Als nicht genügend für eine eigenständige Auftragserteilung wurde es bspw angesehen, wenn das Interesse des Weiteren Beteiligten lediglich dahin ging, den „Entwurf kennenzulernen"[26] oder wenn der weitere Beteiligte lediglich mitteilte, dass er mit dem Entwurf einverstanden sei.[27] Zur Auftragserteilung durch einen **Makler** → § 29 Rn 20. Mehrere Kostenschuldner haften als **Gesamtschuldner** (§ 32 Abs. 1).

IV. Geschäftswert, § 119

Zum Geschäftswert ist in § 119 Abs. 1 auf die **für das Beurkundungsverfahren geltenden Vorschriften** ver-   49 wiesen. Entwirft der Notar bspw einen nicht beurkundungsbedürftigen Miet- oder Pachtvertrag, bestimmt sich der Geschäftswert der Entwurfsgebühr nach §§ 119 Abs. 1, 99 Abs. 1. Für den Entwurf eines Gesellschafterbeschlusses sind §§ 119 Abs. 1, 108 maßgeblich, beim Entwurf eines Gesellschaftsvertrages §§ 119 Abs. 1, 107 und für den Entwurf einer Registeranmeldung §§ 119 Abs. 1, 105 f.

Die Vorschriften über **Gegenstandsgleichheit** und **Gegenstandsverschiedenheit** (§§ 109–111) sowie über die **Vergleichsberechnung** (§ 94) gelten aufgrund der in § 119 angeordneten Verweisung auch für die Entwurfsgebühr.[28]

---

20 S. zur Kriterienbildung bei der Vorgängervorschrift: *Notarkasse*, Streifzug durch die KostO, Rn 474 ff; *Tiedtke/Sikora*, in: Würzburger Notarhandbuch, Teil 1 Kap. 5 Rn 283. Umfangreiche Nachw. finden sich auch bei *Filzek*, KostO, § 145 Rn 20. – Zum GNotKG ähnl. wie hier *Diehn/Sikora/Tiedtke*, Das neue Notarkostenrecht, Rn 755. **21** *Korintenberg/Diehn*, Vorbem. 2.4.1 KV Rn 49. **22** LG Duisburg 17.6.2015 – 11 OH 59/14, RNotZ 2015, 598, 599. **23** *Korintenberg/Diehn*, Vorbem. 2.4.1 KV Rn 33. **24** Offen gelassen bei LG Duisburg 17.6.2015 – 11 OH 59/14, RNotZ 2015, 598, 599. **25** LG Düsseldorf 8.1.2015 – 25 T 623/15, RNotZ 2015, 596 ff. **26** *Notarkasse*, Streifzug durch die KostO, Rn 449; *Tiedtke/Sikora*, in: Würzburger Notarhandbuch, Teil 1 Kap. 5 Rn 276. **27** *Notarkasse*, Streifzug durch die KostO, Rn 450. **28** BDS/*Bormann*, Vorbem. 2.4.1 KV Rn 1.

V. Gebührensatz

50 **1. Allgemeines.** Für die Auswahl des Gebührenrahmensatzes nehmen Nr. 24100 ff KV auf die für das Beurkundungsverfahren geltenden Gebührensätze Bezug: Abhängig davon, welcher Gebührensatz anzuwenden wäre, wenn die entworfene Vereinbarung oder Erklärung in Form einer Niederschrift beurkundet würde, enthalten die Nr. 24100–24102 KV drei verschiedene Gebührensatzrahmen (Nr. 24100 KV: 0,5 bis 2,0; Nr. 24101 KV: 0,3 bis 1,0; Nr. 24102 KV: 0,3 bis 0,5). Diese **Gebührensatzrahmen** sind **nach der „fiktiven" Beurkundungsgebühr abgestuft.**

51 Jeder Gebührensatzrahmen in Nr. 24100–24102 KV sieht außerdem eine **Mindestgebühr** vor.

52 Nach der Systematik des GNotKG hat es für die Auswahl des Gebührenrahmensatzes **keine Bedeutung**, ob es sich bei dem entworfenen Rechtsgeschäft um ein solches handelt, das nach materiell- oder verfahrensrechtlichen Bestimmungen beurkundungsbedürftig ist, oder ob es um ein formfreies Geschäft geht.

53 Für **nicht formbedürftige Erklärungen** ist bei der Auswahl des Gebührenrahmensatzes also darauf abzustellen, welcher Gebührensatz anwendbar wäre, wenn die Beteiligten die Vereinbarung oder Erklärung „freiwillig" (dh losgelöst von einer Formvorschrift) beurkunden ließen („fiktive Beurkundungsgebühr").

54 **2. Nr. 24100 KV.** Für Entwürfe, bei deren Beurkundung der Gebührensatz 2,0 anzuwenden wäre, sieht Nr. 24100 KV einen **Gebührensatzrahmen von 0,5 bis 2,0** vor. Die Mindestgebühr beträgt in diesen Fällen 120 €.

55 Der Gebührensatz 2,0 ist für das Beurkundungsverfahren in Nr. 21100 KV vorgesehen. Der Gebührensatzrahmen gem. Nr. 24100 KV ist damit insb. auf den **Entwurf mehrseitiger Vereinbarungen** anzuwenden, die einer Regelung durch Vertrag oder Beschluss zugänglich sind, zB auf den Entwurf eines nicht beurkundungsbedürftigen **Gesellschaftsvertrags** oder auf den Entwurf für einen **Miet- bzw Pachtvertrag.** Ein weiterer wichtiger Anwendungsfall ist der **Entwurf eines** (nicht zur Beurkundung vorgesehenen) **Gesellschafterbeschlusses.**

56 Auch Entwürfe für **Vermögensverzeichnisse**, die nicht notariell errichtet werden sollen, fallen in den Anwendungsbereich von Nr. 24100 KV (s. Nr. 23500 KV).

57 **3. Nr. 24101 KV.** In Nr. 24101 KV reicht der Gebührensatzrahmen **von 0,3 bis 1,0.** Diese Gebührenziffer ist anzuwenden, wenn die Gebühr für das Beurkundungsverfahren 1,0 betragen würde. Die Mindestgebühr beträgt 60 €.

58 Als Anwendungsbeispiel für Nr. 24101 KV nennt die Gesetzesbegründung selbst den **Entwurf eines Sachgründungsberichts** gem. § 5 Abs. 4 S. 2 GmbHG. Auch der **Entwurf einer Übernahmeerklärung** (§ 55 Abs. 1 GmbHG) zur Kapitalerhöhung bei einer GmbH wird nach Nr. 24101 KV zu bewerten sein.

59 Hauptanwendungsfall ist generell der Entwurf für „Sonstige Erklärungen", deren „fiktive Beurkundung" zur Anwendung von Nr. 21200 KV führen würde. Erfasst ist also zB auch der Entwurf eines privatschriftlich zu verfassenden **Testaments** oder einer nicht für die notarielle Beurkundung vorgesehen **Vollmacht.**

60 **4. Nr. 24102 KV.** Nach Nr. 24102 KV **beträgt der Gebührensatzrahmen 0,3 bis 0,5,** wenn bei Beurkundung des Entwurfs die Gebühr für das Beurkundungsverfahren 0,5 betragen würde. Als Mindestgebühr ist bei dieser Gebührenziffer ein Betrag von 30 € festgeschrieben.

61 Für das Beurkundungsverfahren sehen Nr. 21101 KV und Nr. 21201 KV jeweils einen Gebührensatz von 0,5 vor. Damit ist der Gebührenrahmensatz aus Nr. 24102 KV bspw auf den Entwurf für die Annahmeerklärung zu einem Vertragsangebot anzuwenden.

62 Weitere praxiswichtige Fälle,[29] in denen Nr. 24102 KV anzuwenden ist, sind v.a. der Entwurf von:

- Grundbuchanträgen oder -bewilligungen und Eigentümerzustimmungen (Nr. 21201 Nr. 4 KV) sowie
- Handels-, Genossenschafts- und Vereinsregisteranmeldungen (Nr. 21201 Nr. 5 KV).

63 In diesen Fällen wird der konkrete Gebührensatz häufig 0,5 betragen: Fertigt der Notar diese Erklärungen – wie bei derartigen Geschäften im Regelfall – unterschriftsreif, ist gem. § 92 Abs. 2 der höchste Gebührensatz (bei Nr. 24102 KV: 0,5) zu erheben.

64 **5. Konkrete Auswahl des Gebührensatzes.** Die konkrete Auswahl des Gebührensatzes aus den in Nr. 24100 ff KV jeweils vorgesehenen Gebührensatzrahmen bestimmt sich nach **billigem Ermessen, § 92.** Der Gesetzgeber geht dafür bspw davon aus, dass – soweit die Entwurfsüberprüfung oder -änderung gegenüber der erstmaligen Fertigung eines Entwurfs einen „Minderaufwand" bedeutet –, dies dazu führen kann, einen niedrigeren Gebührensatz zu verwenden (→ Rn 41).[30]

65 Bereits unmittelbar in § 92 Abs. 2 ist vorgesehen, dass der **höchste** aus dem jeweiligen Gebührensatzrahmen in Frage kommende **Gebührensatz** anzuwenden ist, wenn der Entwurf vom Notar „**vollständig**" erstellt

---

29 Korintenberg/*Diehn*, Nr. 24102 KV Rn 2. **30** BR-Drucks 517/12, S. 344.

wurde (zu den Voraussetzungen → Rn 71 ff). Dies wird regelmäßig der Fall sein, wenn der Notar eine Erklärung iSv Nr. 21201 Nr. 4 (**Grundbuchantrag oder -bewilligung, Eigentümerzustimmung**) bzw Nr. 5 (**Registeranmeldung**) zu fertigen hat.[31] Aber auch beim Entwurf für Verträge, Beschlüsse oder sonstige Erklärungen wird § 92 Abs. 2 häufig einschlägig sein, wenn die Anforderungen an die „Vollständigkeit" des Entwurfs nicht wertungswidrig überzeichnet werden (→ Rn 72).

Zu beachten ist, dass nach dem Willen des Gesetzgebers für die Ausübung des Ermessens bei der Auswahl des konkreten Gebührensatzes **nicht beliebige Umstände** berücksichtigt werden können, sondern ausschließlich Umfang und Aufwand der kostenrechtlich zu bewertenden notariellen Tätigkeit.[32] Demgegenüber sollen **haftungsrechtliche Aspekte**, die Bedeutung der Sache und die **Einkommens- und Vermögensverhältnisse** der Beteiligten nicht in die diesbezügliche Ermessensausübung mit einfließen, weil diese Umstände nach der Systematik des GNotKG (jedenfalls mittelbar) bereits bei der Geschäftswertbildung berücksichtigt sind.[33] **66**

Kriterien für die Auswahl des konkreten Gebührensatzes sind damit vor allem, welchen **Schwierigkeitsgrad** der jeweilige Entwurf aufweist[34] (zB, ob der Text leicht mithilfe allgemein zur Verfügung stehender Vertragsmuster gefertigt werden kann oder ob der Entwurf umfangreiche Anpassungen an individuelle Verhältnisse erfordert; ob aufwändige Ermittlungen zum Sachverhalt erforderlich sind; ob schwierige Vorfragen zum Internationalen Privatrecht oder zum Steuerrecht geklärt werden müssen) und welchen **zeitlichen Aufwand** er auslöst (dabei kann u.a. auch die Zahl und Dauer der erforderlichen Besprechungen und sonstigen Gespräche eine Rolle spielen). **67**

VI. Entstehung und Fälligkeit

1. Allgemeines. Zur KostO war anerkannt, dass die Entwurfsgebühr bereits dann verdient ist, wenn der Notar den Entwurf **auftragsgemäß erstellt** hat. Ausreichend war also bspw, dass der Notar den Entwurf (inhaltlich vollständig, dh „vorlesungsfähig"; → Rn 71 ff) **diktiert** oder **als elektronische Datei gespeichert** hatte. Demgegenüber kam es nicht darauf an, ob der Notar den Entwurf auch zur Post gegeben hat bzw ob er den Beteiligten zugegangen ist.[35] **68**

Zu Nr. 24100 ff KV fehlt eine Bestimmung, die Nr. 21300 KV vergleichbar ist. Dies spricht dafür, es für Entstehung und Fälligkeit der Entwurfsgebühr aus Nr. 24100 ff KV bei dem hergebrachten Grundsatz zu belassen, dass mit Erbringung der geschuldeten (inhaltlichen) Leistung auch die dafür zu entrichtende Gebühr fällig wird. Hätte der Gesetzgeber auch für die Gebühr aus Nr. 24100 ff KV eine der Regelung bei den Gebühren aus Nr. 21300 ff KV vergleichbare Abstufung gewollt, hätte er dieses Ergebnis durch einfache Verweisung erreichen können. **69**

Der Anspruch auf die Gebühr aus Nr. 24100 ff KV **entsteht** also, sobald der Notar die **inhaltlichen Arbeiten am Entwurf abgeschlossen** hat, und ist damit in Regel zu diesem Zeitpunkt auch bereits fällig. Der Versand oder der Zugang ist für die Frage, ob die Gebühr an sich entstanden ist, demgemäß nicht entscheidend. Eine zusätzliche Stütze findet diese Ansicht im Wortlaut von Vorbem. 2.4.1 Abs. 1 S. 1 KV: „Gebühren nach diesem Abschnitt entstehen, wenn ... ein Entwurf ... gefertigt worden ist".[36] **70**

2. „Vollständiger" Entwurf. Welche Anforderungen erfüllt sein müssen, um das Vorliegen eines vollständigen („vorlesungsfähigen") Entwurfs bejahen zu können, war vor Inkrafttreten des GNotKG umstritten.[37] Richtigerweise ist am Einzelfall orientiert zu entscheiden, ob der Entwurf bereits alle **wesentlichen Elemente** enthält, so dass er hinreichend tauglich ist, um eine (ggf „fiktiv" anzunehmende) Beurkundung durchzuführen. **71**

Jedenfalls einzelne, auch ohne Rechtskenntnisse leicht zu ergänzende Teile dürfen daher offenbleiben, ebenfalls wohl solche Angaben und Regelungsteile, die erst aufgrund des Entwurfs ausgehandelt werden sollen (zB Rangverhältnisse, Zahlungsmodalitäten und Aspekte der sonstigen Sicherung von Leistung und Gegenleistung).[38] Würde demgegenüber ein „lückenloser" Text verlangt, ergäbe sich ein Wertungswiderspruch zum Beurkundungsverfahren: Auch dort wird idR der für die Beurkundung vorbereitete Text im Rahmen der eigentlichen Beurkundungsverhandlung nochmals nach den Vorgaben und Überlegungen der Beteiligten angepasst und ergänzt. **72**

3. „Unvollständiger" Entwurf. Darüber hinaus zeigt die Regelung in § 92 Abs. 2, wonach bei der Auswahl des konkreten Gebührensatzes stets der höchste Satz anzuwenden ist, dass der Gesetzgeber des GNotKG **73**

---

31 So auch Korintenberg/*Diehn*, Nr. 24102 KV Rn 4. **32** BR-Drucks 517/12, S. 260. **33** BR-Drucks 517/12, S. 260. **34** Anders *Diehn/Sikora/Tiedtke*, Das neue Notarkostenrecht, Rn 751, die jedoch übersehen, dass die „Schwierigkeit des Geschäfts" den Umfang und Aufwand der notariellen Tätigkeit ganz maßgeblich prägen. **35** *Filzek*, KostO, § 145 Rn 16; *Tiedtke/Sikora*, in: Würzburger Notarhandbuch, Teil 1 Kap. 5 Rn 264. **36** So iE auch Korintenberg/*Diehn*, Vorbem. 2.4.1 KV Rn 44 und BeckOK KostR/*Lutz/Mattes*, GNotKG, Vorbem. 2.4.1 KV Rn 2. **37** *Filzek*, KostO, § 145 Rn 14. **38** *Filzek*, KostO, § 145 Rn 14.

davon ausgeht, dass eine Entwurfsgebühr auch dann entstehen kann, wenn ein Entwurf noch nicht vollständig bzw „verlesungsfähig" ist. Ein solcher **„unvollständiger" Entwurf** wird dann allerdings nur den Ansatz eines in geeigneter Weise reduzierten Gebührensatzes gestatten.[39] Außerdem setzt die Gebührenerhebung für einen solchen „unvollständigen" Entwurf einen entsprechend eingeschränkten Auftrag voraus (**„Erstellung eines Rohentwurfs"**). Andernfalls ist nicht der beauftragte Entwurf „gefertigt" (Vorbem. 2.4.1 Abs. 1 S. 1 KV), sondern ein „aliud".[40]

VII. Abgeltungswirkung (Vorbem. 2.4.1 Abs. 4 KV)

74 Die in Vorbem. 2.4.1 Abs. 4 KV genannten Tätigkeiten sind durch die Entwurfsgebühr abgegolten. Die Vorschrift entspricht der Regelung in **Vorbem. 2.1 Abs. 2 Nr. 1–3 KV**, die für die Beurkundung von Verträgen und sonstigen Erklärung gilt (Nr. 21100 ff KV), aber auch für den Fall der vorzeitigen Beendigung des Beurkundungsverfahrens (Nr. 21300 ff KV).

75 **Abgeltungswirkung** entfaltet die Entwurfsgebühr nach Vorbem. 2.4.1 Abs. 4 KV hinsichtlich:

- der Übermittlung von – mit der entworfenen Vereinbarung oder Erklärung im Zusammenhang stehenden – Anträgen und Erklärungen an ein Gericht oder eine Behörde (**Nr. 1**);
- der Stellung von Anträgen im Namen der (an der entworfene Vereinbarung oder Erklärung) Beteiligten bei einem Gericht oder einer Behörde (**Nr. 2**); und
- der Erledigung von – im Zusammenhang mit der entworfenen Vereinbarung oder Erklärung stehenden – Beanstandungen (zB Zwischenverfügungen im Grundbuch- oder Registerverfahren) einschließlich des Beschwerdeverfahrens (**Nr. 3**).

76 Aus dieser Regelung folgt zB, dass der Notar keine Vollzugsgebühr aus Nr. 22124 KV erhält, wenn er

- einen von ihm entworfenen **Grundbuchantrag** nach Unterzeichnung durch den Grundstückseigentümer und Beglaubigung von dessen Unterschrift beim Grundbuchamt zum Vollzug einreicht oder
- ein von ihm iSv Vorbem. 2.4.1 Abs. 3 KV geändertes und/oder ergänztes Formular für eine **in Form der Unterschriftsbeglaubigung bestellte Grundschuld** nach Beglaubigung der Unterschrift des Grundpfandrechtsbestellers beim Grundbuchamt zum Vollzug einreicht oder
- eine von ihm entworfene **Handelsregisteranmeldung** nach Unterzeichnung durch den Zeichnungsberechtigten und Beglaubigung von dessen Unterschrift elektronisch dem zuständigen Registergericht zum Vollzug übermittelt.

VIII. Auslagen

77 Neben den Gebühren aus Nr. 24100 ff KV kann der Notar auch seine Auslagen nach Teil 2 Hauptabschnitt 2 KV in Rechnung stellen. Dies zeigt u.a. ein Gegenschluss zu Vorbem. 2.4.1 Abs. 4 KV: Zu den dort als „abgegolten" aufgeführten Positionen zählen nicht die Auslagen nach Nr. 32000 ff KV.

78 Damit ist der Notar bspw berechtigt, zusätzlich zur Entwurfsgebühr auch die im Rahmen der Entwurfserstellung angefallenen **Abrufkosten** bei Grundbuchamt und Handelsregister zu erheben (Nr. 32011 KV) sowie die **Dokumentenpauschale** (Nr. 32001 KV und/oder Nr. 32002 KV) und die in Nr. 32004 und 32005 KV genannten Auslagen (**Entgelte für Post und Telefon**).

IX. Anrechnung (Vorbem. 2.4.1 Abs. 6 KV)

79 **1. Allgemeines.** Führt der Notar nach Fertigung eines Entwurfs im gleichen Zusammenhang ein Beurkundungsverfahren durch, kommt unter den in Vorbem. 2.4.1 Abs. 6 KV genannten Voraussetzungen eine Anrechnung der Entwurfsgebühr auf die für das Beurkundungsverfahren zu erhebende Gebühr in Betracht.

80 **2. „Demnächst".** Voraussetzung für die Anrechnung ist zunächst, dass die Beurkundung **„demnächst"** erfolgt. Der Wortlaut von Vorbem. 2.4.1 Abs. 6 KV entspricht in diesem Punkt der Regelung in § 145 Abs. 1 S. 3 KostO. Es liegt also nahe, insoweit die zu dieser Vorgängerbestimmung entwickelten Kriterien weiter anzuwenden.[41]

81 Für den erforderlichen zeitlichen Zusammenhang sollte es unter Geltung der KostO insb. genügen, wenn die Beurkundung **innerhalb von sechs Monaten** nach der Fertigung des Entwurfs erfolgte. Verstrich zwischen Entwurfserstellung und Beurkundung ein längerer Zeitraum, kam es auf die Umstände des Einzelfalls an: nicht mehr möglich sollte die Anrechnung in der Regel bei **Zeiträumen von länger als einem Jahr** sein. – Hier wurden aber Ausnahmen bei komplizierten Sachverhalten (zB Scheidungsfolgenvereinbarungen oder

---

[39] Korintenberg/*Diehn*, Vorbem. 2.4.1 KV Rn 45 ff. [40] Korintenberg/*Diehn*, Vorbem. 2.4.1 KV Rn 45 ff nimmt für diesem Fall eine fehlerhafte Sachbehandlung an (§ 21). [41] Die Gesetzesbegründung verweist lediglich darauf, dass sich das Beurkundungsverfahren in „angemessenem zeitlichen Abstand" anschließen muss: BR-Drucks 517/12, S. 345.

       NK-GK/*Leiß*

Unternehmensübertragungen oder wenn umfangreiche steuerliche Vorprüfungen erforderlich sind) für möglich gehalten.[42]

Diese **Einzelfallbetrachtung** für längere Zeiträume sollte beibehalten werden; sie ermöglicht ausgewogene Ergebnisse und deckt sich mit der notariellen Praxiserfahrung, dass – jedenfalls bei umfangreichen und komplizierten Übertragungs- oder Auseinandersetzungsvorgängen – eine Überlegungs- und Verhandlungsfrist auch von mehr als zwölf Monaten schnell verstrichen sein kann.[43] Zur „Mindestwartefrist" entspricht die Orientierung an einem Sechsmonatszeitraum der gesetzgeberischen Wertung in Vorbem. 2.3.1 Abs. 1 KV.   **82**

Haben sich während der Zeit zwischen Entwurfserstellung und Beurkundung jedoch die in der entworfenen Vereinbarung geregelten Umstände und Verhältnisse geändert oder sind die Regelungsziele der Beteiligten andere geworden und ist deshalb der Entwurf in mehr als nur formaler Hinsicht anzupassen und zu überarbeiten, kann – unabhängig vom Zeitlauf – auch aus diesem Grund eine Anrechnung scheitern (→ Rn 84 ff).   **83**

3. „Auf Grundlage dieses Entwurfs". Weitere Voraussetzung einer Anrechnung der Entwurfsgebühr auf die Beurkundungsgebühr ist, dass die Beurkundung „auf Grundlage" des Entwurfs erfolgt. Auch dieses Tatbestandsmerkmal lässt sich sinnvoll nur durch eine **wertende Einzelfallbetrachtung** ausfüllen. Maßgeblich ist dafür, ob der Entwurf und die letztlich beurkundete Vereinbarung inhaltlich (und zwar in persönlicher wie in sachlicher Hinsicht) so weitgehend übereinstimmen, dass es gerechtfertigt erscheint, die Beteiligten von einer „zweiten Gebühr zu entlasten", um eine unbillige „Gebührenhäufung"[44] zu vermeiden.   **84**

Insoweit ist es – wie bei der Auslegung des Tatbestandsmerkmals „demnächst" – zweckmäßig, auf die bereits für das frühere Recht entwickelten Kriterien zurückzugreifen. Jedenfalls lässt die Gesetzesbegründung nicht erkennen, dass der Gesetzgeber für das GNotKG andere Maßstäbe anlegen wollte. Die wortlautmäßige Abweichung gegenüber der Vorgängervorschrift ist wohl nur redaktioneller Art.   **85**

Zur Vorgängervorschrift (§ 145 Abs. 1 S. 3 KostO) wurde maßgeblich darauf abgestellt, ob der Entwurf **in seinen wesentlichen Teilen Verwendung** findet.[45] Dies sollte zB der Fall sein, wenn statt des ursprünglich entworfenen Vertragsangebots der Vertrag selbst beurkundet wurde.[46]   **86**

Kein ausreichender inhaltlicher Zusammenhang zwischen Entwurf und Beurkundung sollte dagegen bestehen, wenn das geregelte **Rechtsverhältnis** grds. geändert wurde (zB Überlassungsvertrag statt Erbvertrag, Erbbaurechtsvertrag statt Kaufvertrag) oder wenn das **Vertragsobjekt** oder ein **Vertragspartner** ausgetauscht wurden (wobei aber unschädlich ist, wenn „Eheleute" durch „Ehefrau" oder „Ehemann" ersetzt wird).[47]   **87**

4. Reichweite. Die in Vorbem. 2.4.1 Abs. 6 KV genannte Anrechnung erstreckt sich nur auf die Gebühren für das Beurkundungsverfahren selbst (Beispiel: die Gebühr nach Nr. 24100 KV wird auf die Gebühr nach Nr. 21100 KV angerechnet). **Auslagen** können also für das Entwurfsverfahren und das Beurkundungsverfahren jeweils selbständig erhoben werden; insoweit findet keine Anrechnung statt.[48]   **88**

X. Serienentwürfe (Vorbem. 2.4.1 Abs. 5 KV)

1. Allgemeines. Vorbem. 2.4.1 Abs. 5 KV enthält zunächst eine **Legaldefinition** des Begriffs „Serienentwurf". Ein solcher **Serienentwurf** liegt danach vor, wenn der zu fertigende Entwurf für mehrere „gleichartige Rechtsgeschäfte oder Erklärungen" verwendet werden soll. Aus Abs. 5 der Vorbem. 2.4.1 KV ergibt sich also, dass der Anwendungsbereich für die Gebührenziffern zum sog. isolierten Entwurf nicht nur dann eröffnet ist, wenn es um den Entwurf für ein bestimmtes, hinsichtlich Gegenstand und Parteien konkretisiertes Vorhaben geht, sondern auch, wenn der Entwurf **in mehreren Fällen** zum Einsatz kommen soll, die **zwar grds. gleich oder ähnlich gelagert** sind, jedoch hinsichtlich **ihrer einzelnen Umstände noch nicht individualisiert** sind.   **89**

Die Gesetzesbegründung interpretiert die Legaldefinition dahin gehend näher, dass ein Serienentwurf vorliegt, wenn der zu entwerfende Text „mangels Konkretisierung der Beteiligten oder des Leistungsgegenstands oder wegen ähnlicher Lücken noch nicht die Qualität eines konkreten Entwurfs für ein bestimmtes Geschäft hat".[49] Als Anwendungsbeispiele nennt der Gesetzgeber in diesem Zusammenhang (a) die **Erstellung eines Vertragsmusters für einzelne Verkaufsverträge bei einem Bauträgerobjekt** oder (b) den **Musterentwurf für eine Dienstbarkeitsbewilligung (Versorgungsleitung) an mehreren Grundstücken** zugunsten eines Energieversorgungsunternehmens.   **90**

42 *Notarkasse,* Streifzug durch die KostO, Rn 457; ähnl.: *Filzek,* KostO, § 145 Rn 22; *Tiedtke/Sikora,* in: Würzburger Notarhandbuch, Teil 1 Kap. 5 Rn 271. **43** *Korintenberg/Diehn,* Vorbem. 2.4.1 KV Rn 84 ff; BeckOK KostR/*Lutz/Mattes,* GNotKG, Vorbem. 2.4.1 KV Rn 16. **44** *Tiedtke/Sikora,* in: Würzburger Notarhandbuch, Teil 1 Kap. 5 Rn 272. **45** *Notarkasse,* Streifzug durch die KostO, Rn 454; ähnl. *Tiedtke/Sikora,* in: Würzburger Notarhandbuch, Teil 1 Kap. 5 Rn 272. **46** *Notarkasse,* Streifzug durch die KostO, Rn 454. **47** *Notarkasse,* Streifzug durch die KostO, Rn 447 und 454. – Zum GNotKG so auch *Diehn/Sikora/ Tiedtke,* Das neue Notarkostenrecht, Rn 746; *Korintenberg/Diehn,* Vorbem. 2.4.1 KV Rn 79 ff. **48** *Korintenberg/Diehn,* Vorbem. 2.4.1 KV Rn 87. **49** BR-Drucks 517/12, S. 344.

91   Strukturell ähnlich gelagert sind Serienentwürfe zB zu sog. **Grundabtretungen** entlang eines Straßenbauvorhabens oder sonstigen Infrastrukturprojekts (zB der Bahn oder entlang von Kanälen oder sonstigen Wasserläufen).

92   Der Entwurf von **Allgemeinen Geschäftsbedingungen** ist in der Gesetzesbegründung zwar nicht ausdrücklich erwähnt. Der weit gefasste Wortlaut von Vorbem. 2.4.1 Abs. 5 KV sowie die in der Gesetzesbegründung zum Ausdruck kommende Intention des Gesetzgebers, alle Fälle von Serienentwürfen künftig einheitlich durch die Gebührenziffern zur Entwurfstätigkeit zu erfassen, sprechen jedoch dafür, auch derartige Entwürfe nach Nr. 24100 ff KV zu behandeln (aber → Rn 93).

93   Entsprechendes gilt für die zur KostO diskutierte Abgrenzung zwischen Serienentwürfen und Vertragsmustern, die so allgemein gehalten sind, dass sie noch überhaupt keinen Bezug zu einem konkret beabsichtigen Geschäft aufweisen.[50] Soll der Zweck von Nr. 24100 ff KV erreicht werden, eine einheitliche Regelung für die notarielle Tätigkeit im Rahmen isolierter Entwurfserstellung zu schaffen, ist für die Anwendbarkeit dieser Vorschriften nicht länger nach dem „Verallgemeinerungsgrad" des Entwurfs zu unterscheiden (str; auch → Rn 11).[51]

94   **2. Insbesondere: Verbraucherverträge, § 17 Abs. 2 a BeurkG.** Auch zu Serienentwürfen ist das **Konkurrenzverhältnis** zwischen Nr. 24100 ff KV und Nr. 21300 ff KV zu beachten. Insbesondere bei **Verbraucherverträgen** – zB bei einem Bauträgerobjekt – wird es sich wegen § 17 Abs. 2 a BeurkG häufig ergeben, dass der Notar zunächst nach den Vorgaben des Auftraggebers einen Mustervertrag entwirft, den er dann an die einzelnen Interessenten zur Vorbereitung auf einen konkret geplanten Vertragsabschluss versendet.

95   Die (insoweit möglicherweise missverständlich formulierte) Gesetzesbegründung scheint davon auszugehen, dass in diesen Fällen lediglich die Festgebühr nach Nr. 21300 KV (20 €) erhoben werden kann, wenn nach Fertigung des Serienentwurfs und dessen Übersendung an einen Interessenten die Beurkundung unterbleibt, ohne dass der Notar den Mustertext für den speziellen Fall individualisiert hat; nach Individualisierung soll (bei vorzeitiger Beendigung des Beurkundungsverfahrens) Nr. 21302 KV einschlägig sein.[52]

96   Die Ausführungen in der Gesetzesbegründung wörtlich genommen, liegt ihnen offensichtlich ein Verständnis zugrunde, wonach die Gebühren für das Beurkundungsverfahren die Entwurfsgebühren **stets verdrängen** (→ Rn 26 ff), was somit unterschiedslos auch für Serienentwürfe zu gelten habe. Ist dieses Verständnis zutreffend, läuft aber der in Nr. 24103 KV vorgesehene Anrechnungs- bzw Ermäßigungsmechanismus in vielen praxisrelevanten Fallgruppen leer. Außerdem würde diese Lesart bei konsequenter Umsetzung dazu führen, dass ein Serienentwurf dadurch (weitgehend) gebührenfrei erlangt werden kann, dass er als Verbrauchervertrag angelegt wird und dann „kostenrechtlich rechtzeitig" der Beurkundungsauftrag zurückgenommen wird.

97   Richtigerweise ist bei Verbraucherverträgen daher das Verhältnis zwischen den Gebührenziffern aus Nr. 24100 ff KV und Nr. 21300 ff KV nicht unter Konkurrenzgesichtspunkten zu lösen, **sondern mithilfe der in Nr. 24103 KV vorgesehenen Ermäßigung:** Diese Regelung erstreckt ist nicht etwa nur auf die Gebühr aus Nr. 21100 KV. Der Wortlaut von Nr. 24103 KV spricht vielmehr allgemein davon, dass ein „Beurkundungsverfahren" stattfindet. Teil 2 Hauptabschnitt 1 KV („Beurkundungsverfahren") umfasst sowohl die Gebühren für ein mit Beurkundung abgeschlossenes Verfahren (Nr. 21100 ff KV) als auch die Notargebühren bei vorzeitiger Beendigung des Beurkundungsverfahrens (Nr. 21300 ff KV). Auf die Gebühr für einen Serienentwurf (bei Verbraucherverträgen idR Nr. 24100 KV) können also gem. Nr. 24103 KV auch Gebühren aus Nr. 21300 ff KV angerechnet werden.

98   Diese Lösung führt auch für die betroffenen Verbraucher zu interessengerechten Ergebnissen: Insbesondere laufen die Verbraucher nicht Gefahr, für die Gebühren zum Serienentwurf haften zu müssen. Dies folgt daraus, dass für den Serienentwurf seitens des Verbrauchers regelmäßig kein Auftrag vorliegt (jedenfalls lässt sich ein solcher Auftrag des Verbrauchers nicht etwa bereits aus der in § 17 Abs. 2 a BeurkG normierten gesetzlichen Übersendungspflicht ableiten).[53] Ob der Verbraucher für die Gebühren aus Nr. 21300 ff KV haftet, richtet sich dagegen nach den allgemeinen Kriterien zur Kostenschuldnerschaft (→ Rn 46 ff).

99   Bei Verbraucherverträgen handelt es sich zur Abgrenzung zwischen Nr. 24100 ff KV und Nr. 21300 ff KV also nicht um ein von vorneherein in bestimmter Weise ausgestaltetes Konkurrenzverhältnis, sondern um

---

50 *Filzek*, KostO, § 145 Rn 11. **51** AA mit gut nachvollziehbaren Argumenten Korintenberg/*Diehn*, Vorbem. 2.4.1 KV Rn 70 ff: Möglicherweise ist jedenfalls aus der Geschäftswertvorschrift (§ 119 Abs. 2) zu schließen, dass die Abgrenzung zum allgemeinen Vertragsmuster weiter erforderlich bleibt: Die dortige Regelung, wonach der Geschäftswert für den Serienentwurf „die Hälfte des Werts aller zum Zeitpunkt der Entwurfsfertigung beabsichtigten Einzelgeschäfte" ist, läuft leer, wenn es für ein Vertragsmuster kein bestimmtes Vorhaben oder Projekt als Verwendungszweck gibt. **52** BR-Drucks 517/12, S. 345. **53** So auch Korintenberg/*Diehn*, Vorbem. 2.4.1 KV Rn 12.

eine Frage, die im Einzelfall einerseits nach den Kriterien der Kostenschuldnerschaft und andererseits mithilfe des Anrechnungsmechanismus in Nr. 24103 KV zu lösen sind.

Die zu § 145 KostO, § 17 Abs. 2 a BeurkG teilweise vertretenen Ansätze,[54] wonach (a) Entwürfe, die gem. § 17 Abs. 2 a BeurkG versandt werden, **generell die „kostenrechtliche Entwurfseigenschaft" abzusprechen** sei, bzw (b) § 17 Abs. 2 a BeurkG **einen Entwurfsauftrag seitens des Verbrauchers grds. ausschließe**, können mit Einführung des GNotKG als überholt angesehen werden: In Kenntnis der entsprechenden Stellungnahmen hat der Gesetzgeber bewusst davon abgesehen, einen entsprechenden Ausnahmetatbestand einzuführen.[55] Ob ein „kostenrechtlich vollständiger" Entwurf vorliegt, ist für Verbraucherverträge somit nicht nach anderen Maßstäben zu beurteilen, als sie allgemein für diese Frage gelten (→ Rn 71); Entsprechendes – Beurteilung nach den auch im Übrigen maßgeblichen Kriterien – gilt auch für die Frage der Auftragserteilung durch den Verbraucher.

100

3. Geschäftswert. Zum Geschäftswert enthält § 119 Abs. 2 für Serienentwürfe eine Sondervorschrift. Maßgeblich ist danach die Hälfte des Werts aller zum Zeitpunkt der Entwurfsfertigung beabsichtigten Einzelgeschäfte.

101

4. „Anrechnung" und Stundung. Bei Serienentwürfen sind die Kostenschuldner für den Entwurf des Mustervertrags häufig nicht deckungsgleich mit den Kostenschuldnern für den letztlich beurkundeten Vertrag. Beispielsweise haftet für den Musterentwurf eines Bauträgervertrags zu einem Wohnbauvorhaben nur der Bauträger als Auftraggeber; für die einzelnen Kaufverträge sind dagegen idR die jeweiligen Käufer Kostenschuldner (jedenfalls gesamtschuldnerisch neben dem Verkäufer, §§ 29 Nr. 1, 32 Abs. 1).

102

Deshalb sieht Nr. 24103 KV zu Serienentwürfen einen zu Nr. 2.4.1 Abs. 6 KV spezielleren Anrechnungsmechanismus vor. **Anstelle der Anrechnung tritt eine Ermäßigung.** Die Gebühr für den Serienentwurf ermäßigt sich um die Gebühr des (jeweiligen) Beurkundungsverfahrens. Eine solche Ermäßigung ist auch dann möglich, wenn die Kostenschuldner für den Serienentwurf und für das Beurkundungsverfahren nicht identisch sind.

103

Diese Regelung wird **durch Vorbem. 2.4.1 Abs. 7 KV ergänzt.** Mithilfe der dort vorgesehenen **Stundungsmöglichkeit** will der Gesetzgeber unnötige Rückerstattungen vermeiden.[56] Andernfalls müsste die Gebühr für den Serienentwurf sofort berechnet und erhoben und sodann mit jeder vorgenommenen Einzelbeurkundung reduziert werden.

104

Die **Tatbestandsvoraussetzungen** für die Ermäßigung nach Nr. 24103 KV entsprechen im Übrigen, dh hinsichtlich des gebotenen zeitlichen Zusammenhangs und der erforderlichen inhaltlichen Übereinstimmung von Serienentwurf und letztlich errichteter (Einzel-)Urkunde, denjenigen in Vorbem. 2.4.1 Abs. 6 KV. Für den inhaltlichen Zusammenhang ergibt sich dies bereits aus dem Wortlaut von Nr. 24103 KV („Auf der Grundlage ..."). Zum zeitlichen Zusammenhang lässt sich das aus der Stundungsfrist in Vorbem. 2.4.1 Abs. 7 KV (ein Jahr) schließen. Die Anrechnung erfolgt kraft Gesetzes, so dass es dafür keiner gesonderten Festsetzung durch den Notar bedarf.[57]

105

5. Entwurfsüberprüfung und -ergänzung. Vorbem. 2.4.1 Abs. 5 S. 2 KV stellt klar, dass der Notar auch dann berechtigt ist, die Gebühren aus Nr. 24100 ff KV zu erheben, wenn er einen Serienentwurf zwar nicht erstmalig fertigt, ihn jedoch auftragsgemäß **überprüft** oder **ergänzt.**

106

Abschnitt 2
Beratung

Nr.	Gebührentatbestand	Gebühr oder Satz der Gebühr nach § 34 GNotKG – Tabelle B
24200	Beratungsgebühr .... (1) Die Gebühr entsteht für eine Beratung, soweit der Beratungsgegenstand nicht Gegenstand eines anderen gebührenpflichtigen Verfahrens oder Geschäfts ist. (2) Soweit derselbe Gegenstand demnächst Gegenstand eines anderen gebührenpflichtigen Verfahrens oder Geschäfts ist, ist die Beratungsgebühr auf die Gebühr für das andere Verfahren oder Geschäft anzurechnen.	0,3 bis 1,0

---

[54] Zusammenfassend mit entspr. Nachw. *Filzek*, KostO, § 145 Rn 28.   [55] BR-Drucks 517/12, S. 345.   [56] BR-Drucks 517/12, S. 345.   [57] *Korintenberg/Diehn*, Nr. 24103 KV Rn 7.

Nr.	Gebührentatbestand	Gebühr oder Satz der Gebühr nach § 34 GNotKG – Tabelle B
24201	Der Beratungsgegenstand könnte auch Beurkundungsgegenstand sein und die Beurkundungsgebühr würde 1,0 betragen: Die Gebühr 24200 beträgt	0,3 bis 0,5
24202	Der Beratungsgegenstand könnte auch Beurkundungsgegenstand sein und die Beurkundungsgebühr würde weniger als 1,0 betragen: Die Gebühr 24200 beträgt	0,3
24203	Beratung bei der Vorbereitung oder Durchführung einer Hauptversammlung oder Gesellschafterversammlung .... Die Gebühr entsteht, soweit der Notar die Gesellschaft über die im Rahmen eines Beurkundungsverfahrens bestehenden Amtspflichten hinaus berät.	0,5 bis 2,0

I. Allgemeines

1 Die Nr. 24200 ff KV sind Teil 2 Hauptabschnitt 4 KV zugeordnet. Ähnlich den in Vorbem. 2.4.1 iVm Nr. 24100 ff KV geregelten Entwurfsgebühren ist der Anwendungsbereich der Beratungsgebühren auf Sachverhalte beschränkt, in denen kein unmittelbarer Zusammenhang mit einem Beurkundungsverfahren besteht, in denen es also insb. nicht darum geht, eine Beurkundung vorzubereiten (s. Anm. Abs. 1 zu Nr. 24200 KV). Die Gesetzesbegründung kennzeichnet dementsprechend die von Nr. 24200 ff KV erfassten Situationen als „isolierte" Beratung.

2 Nr. 24203 KV stellt in diesem System einen **Sonderfall**[1] dar: Diese Gebühr kann sowohl für eine „isolierte" Beratungstätigkeit anfallen als auch für eine Beratung im unmittelbaren Zusammenhang mit einer Beurkundung (→ Rn 37).

3 Zur Gebührenhöhe sind in Nr. 24200 ff KV zu den Beratungsgebühren **Gebührenrahmensätze** bestimmt. Die Auswahl des jeweils konkreten Gebührensatzes erfolgt also gem. § 92 nach **billigem Ermessen** (→ Rn 27). Der Gesetzgeber geht davon aus, dass die von Nr. 24200 ff KV erfassten Situationen in der notariellen Praxis **besonders vielgestaltig** und wenig schematisiert sind. Die Gebührensatzrahmen sollen nach dem Willen des Gesetzgebers deshalb dafür sorgen, dass durch eine flexible und **einzelfallorientierte Auswahl** „unangemessene Ergebnisse" vermieden werden, die sich sonst – bei Verwendung „starrer" Gebührensätze – unter Umständen ergeben könnten.[2]

4 Kommt es in angemessenen zeitlichen Zusammenhang zu einer anderweitigen notariellen Tätigkeit (zB einem Beurkundungsverfahren), deren Gegenstand dem Gegenstand der Beratung entspricht, können nach Anm. Abs. 2 zu Nr. 24200 KV die Beratungsgebühren auf das spätere notarielle Verfahren **angerechnet** werden (→ Rn 31 ff). Eine **Hinweispflicht** auf die Entstehung von Beratungsgebühren besteht nach ersten Stellungnahmen in der Lit. nicht.[3] Nach wohl hA lösen Beratungsleistungen dann keine Gebühren nach Nr. 24200 ff KV aus, wenn die betreffende Beratung **allein durch Mitarbeiter** erfolgt ist und sich der Notar diese nicht zumindest dadurch zu eigenen macht, dass er ein zusammenfassendes Schreiben seines Mitarbeiters überprüft, unterschreibt und versendet.[4]

II. Anwendungsbereich

5 **1. Allgemeines.** Anm. Abs. 1 zu Nr. 24200 KV macht deutlich, dass die Beratungsgebühr nur erhoben werden kann, soweit es sich um eine „isolierte" Beratung handelt, also um eine Beratung, die nicht **Gegenstand** eines anderen gebührenpflichtigen (notariellen) Verfahrens oder Geschäfts ist. Anderes gilt lediglich für Nr. 24203 KV (→ Rn 37 ff). Auf Nr. 24201 KV und Nr. 24202 KV ist die Anm. zu Nr. 24200 KV dagegen ebenfalls anwendbar, wie sich aus dem jeweiligen Wortlaut dieser Gebührenziffer ergibt („Die Gebühr 24200 beträgt ...").

---

1 Anders aber BDS/*Diehn*, Nr. 24203 KV Rn 1 sowie BeckOK KostR/*Berger*, GNotKG, Nr. 24203 KV Rn 4. **2** BR-Drucks 517/12, S. 260. **3** Korintenberg/*Fackelmann*, Nr. 24200–24202 KV Rn 7. **4** Korintenberg/*Fackelmann*, Nr. 24200–24202 KV Rn 39 f. IErg so wohl auch BeckOK KostR/*Berger*, GNotKG, Nr. 24200 KV Rn 34, der anzunehmen scheint, Nr. 24200 ff KV seien nur einschlägig, wenn sich die Beratungs-Mitwirkung der Mitarbeiter des Notars auf „lediglich vorbereitende, begleitende und vollziehende Tätigkeiten" beschränkt.

Dient die Beratung also bspw der **Vorbereitung oder Förderung einer Beurkundung**, können Nr. 24200 ff   6
KV idR nicht zusätzlich geltend gemacht werden (s. u.a. die in Vorbem. 2.1 Abs. 1 KV angesprochene Abgeltungswirkung). Auch wenn die Beratung im Zusammenhang mit einem „isolierten" Entwurfsauftrag
steht, sind Nr. 24200 ff KV nicht anwendbar, wie aus dem allgemein gehaltenen Wortlaut von Abs. 1 der
Anm. zu Nr. 24200 KV folgt („… eines anderen gebührenpflichtigen Verfahrens oder Geschäfts …"). Sowohl Nr. 21100 ff KV als auch Nr. 24100 ff KV „verdrängen" also Nr. 24200 KV.

Zur **vorzeitigen Beendigung des Beurkundungsverfahrens** → Rn 14. Zur Abgrenzung zu **rechtsanwaltlicher**   7
Tätigkeit eines Anwaltsnotars gibt § 24 Abs. 2 BNotO Vermutungsregelungen vor. Danach liegt unwider-
leglich notarielles Handeln vor, wenn die beratende Tätigkeit des Anwaltsnotars ein notarielles Amtsgeschäft vorbereitet; anwaltliches Handeln liegt widerleglich in allen anderen Fällen vor.[5]

Beispiele zur „isolierten" Beratung: „Klassische" Anwendungsfälle aus der notariellen Praxis für die Anwendbar-   8
keit von Nr. 24200 ff KV sind Situationen, in denen sich die Beteiligten (ohne konkreten Auftrag zur Beurkundung
einer Neufassung oder Abänderung) zu ihrem vor längerer Zeit privatschriftlich verfassten (evtl. gemeinschaftlichen) Testament beraten lassen[6] oder sich (ohne konkreten Beurkundungsauftrag) informieren wollen, welche
ehevertraglichen Regelungen zur Vorbereitung auf die Selbständigkeit eines Ehegatten sinnvoll oder zweckmäßig
sein können.

Gemeinsam ist diesen Beispielen, dass der **Auftrag an den Notar ausdrücklich nur auf die Beratung abzielt**, nicht
aber auf Vornahme einer Beurkundung. Es handelt sich um eine „selbständige" Beratung.[7]

Beispiel für eine das Beurkundungsverfahren „fördernde" Beratungstätigkeit, die den Ansatz von Nr. 24200   9
KV **nicht** rechtfertigt, ist, wenn der Notar im Rahmen der Beurkundungsverhandlung (oder ihrer Vorbereitung) zwischen den Vertragsteilen zur Gestaltung der von ihnen beabsichtigten Vereinbarung vermittelt und
auf diese Weise versucht, gegenläufige Interessen angemessen auszugleichen.[8] Nicht einschlägig sind
Nr. 24200 ff KV außerdem, wenn der Notar **gutachterlich tätig** wird (§ 126) oder er **allgemeine** – nicht einzelfallbezogene – **Rechtsauskünfte** erteilt (zB zur einzuhaltenden Form für ein Testament).[9]

2. Zusammentreffen mit anderen Geschäften. „Isolierte" Beratungsaufträge können gelegentlich im (zeitli-   10
chen) Zusammentreffen mit einem Beurkundungsverfahren stehen.[10] Die **„verdrängende" Wirkung** der Gebühren für das Beurkundungsverfahren reicht nur **soweit**, wie der **Gegenstand des Beurkundungsverfahrens**
betroffen ist. Die Gebühr Nr. 24200 KV kann also zB (auch dann) erhoben werden, wenn in zweiter Ehe
verheiratete Ehegatten den Notar zusätzlich zur Beurkundung ihres Ehevertrags beauftragen, sie zu Gestal-
tungsmöglichkeiten für die pflichtteilsrechtliche Abfindung ihrer jeweiligen Kinder aus erster Ehe zu beraten.[11]

Die Beurkundungsgebühr schließt die Beratungsgebühr also nicht vorbehaltlos aus, sondern „**gegenstands-**   11
bezogen". Insoweit stellen sich ähnliche Abgrenzungsfragen wie im Rahmen der **Anrechnung**, für deren
Zulässigkeit u.a. Voraussetzung ist, dass sich Beratung und Beurkundung auf denselben Gegenstand beziehen (→ Rn 34 ff).

Die Frage nach der „Gegenstandsverschiedenheit" kann im Rahmen der Beratungsgebühr also **sowohl tat-**   12
bestandlich eine Rolle spielen **als auch im Zusammenhang mit einer möglichen Anrechnung**. Um eine Frage
des Tatbestands handelt es sich, wenn es darum geht, zur beauftragten Beratung festzustellen, ob es sich
insoweit noch um den gleichen Gegenstand handelt, auf den sich auch das Beurkundungsverfahren bezieht,
oder ob der Rat einen davon unabhängigen, „zusätzlichen" Bereich betrifft. Nach der Anrechnungsbestimmung ist dagegen zu verfahren, wenn sich das ursprüngliche Thema der auftragsgemäßen (isolierten) Beratung im Rahmen der Überlegungen der Beteiligten (und ihres später entstandenen Beurkundungsentschlus-
ses) bis zur eigentlichen Beurkundung hin „gewandelt" hat.

Es liegt nahe, für die tatbestandliche Abgrenzung einerseits und zur Anrechnung andererseits grds. ähnliche   13
Kriterien zugrunde zu legen (ausf. → Rn 34 ff, dort auch zur Frage, ob ein großzügigerer Beurteilungsmaß-
stab heranzuziehen ist wie bei der ebenfalls vergleichbaren Situation der Anrechnung einer Entwurfsgebühr).

---

5 Ausf. dazu s. BeckOK KostR/*Berger*, GNotKG, Nr. 24200 KV Rn 35 ff: Weil Nr. 24200 ff KV ohnehin nicht zur Anwendung
kommen können, wenn die Beratungstätigkeit der Vorbereitung einer Beurkundung dient (Nr. 24200 Anm. 1 Abs. 1 KV), bleibt
bei Anwaltsnotaren für die „isolierte Beratung" idR nur der Fall, dass die isolierte Beratung im Rahmen einer Beurkundungsverhandlung erfolgt (der Anwaltsnotar kann nicht gleichzeitig als Notar beurkunden und als Anwalt beraten). **6** Zust. Beck OK
KostR/*Berger*, GNotKG, Nr. 24200 KV Rn 17. **7** Begriff nach *Tiedtke/Sikora*, in: Würzburger Notarhandbuch, Teil 1 Kap. 5
Rn 287. **8** So unter Geltung der KostO das Beispiel von *Tiedtke/Sikora*, in: Würzburger Notarhandbuch, Teil 1 Kap. 5 Rn 290.
9 *Korintenberg/Fackelmann*, Nr. 24200–24202 KV Rn 11 ff; zust. BeckOK KostR/*Berger*, GNotKG, Nr. 24200 KV Rn 4 f.
10 Ausf. *Korintenberg/Fackelmann*, Nr. 24200–24202 KV Rn 23 ff. **11** AA BeckOK KostR/*Berger*, GNotKG, Nr. 24200 KV
Rn 20.

Einfach zu entscheiden ist die Frage nach der Anwendbarkeit der Vorschriften über die Beratungsgebühr, wenn der Notar lediglich eine **Unterschriftsbeglaubigung ohne Entwurf** vornimmt und im selben Termin zu Rechtsfragen der Beteiligten berät: Im Rahmen einer solchen Unterschriftsbeglaubigung hat der Notar lediglich die Identität der Beteiligten festzustellen und sich zu vergewissern, ob Gründe bestehen, die Amtstätigkeit zu versagen. Diese Aufgabenstellung **verdrängt** die Beratungsgebühren **nicht;**[12] und zwar auch dann nicht, wenn die Beratung zu dem Gegenstand des Dokuments erfolgt, zu dem die Unterschrift zu beglaubigen ist.[13]

14 **3. Vorzeitige Beendigung des Beurkundungsverfahrens.** Aus dem allgemein gehaltenen Wortlaut von Abs. 1 der Anm. zu Nr. 24200 KV (→ Rn 6) folgt, dass die Beratungsgebühr auch verdrängt wird, wenn eine Gebühr nach Nr. 21300 ff KV zu erheben ist.[14] **Nr. 21301 KV verweist insoweit allerdings auf Nr. 24200 ff KV zurück.**

15 **4. Insbesondere: Steuerliche Beratung.** Als Anwendungsfall für Nr. 24200 ff KV hebt die Gesetzesbegründung die **steuerliche Beratung** besonders heraus. Voraussetzung ist aber auch insoweit, dass es sich um eine „zusätzliche" bzw „isolierte" Leistung handelt.

16 Für die steuerliche Beratung ist dies nach dem Willen des Gesetzgebers allerdings grds. auch im Zusammenhang und Zusammentreffen mit einem Beurkundungsverfahren denkbar: Nr. 24200 ff KV sind nach der Gesetzesbegründung neben den für das Beurkundungsverfahren zu erhebenden Gebühren einschlägig, wenn der Notar zu einer Beurkundung eine „**qualifizierte steuerliche Beratung**" vornimmt, die **über diejenige Beratung hinaus** geht, die ihm im Rahmen seiner Amtspflichten nach der BNotO obliegt.[15]

17 Dazu hält der Gesetzgeber ausdrücklich fest, dass der Notar **zusätzlich honoriert** werden soll, wenn er „auftragsgemäß steuerlichen Rat erteilt, der über die notariellen Hinweis- und Beratungspflichten hinausgeht und für den der Notar die Haftung übernimmt".[16]

18 Nach diesen Grundsätzen ist neben der Gebühr für das Beurkundungsverfahren der zusätzliche Ansatz einer Beratungsgebühr jedenfalls dann gerechtfertigt, wenn der Notar zu einer von den Beteiligten ursprünglich ins Auge gefassten Gestaltung auftragsgemäß steuerliche Fragen klärt und in der Folge anstelle des zunächst geplanten Vorgangs eine andere Gestaltung gewählt und beurkundet wird.[17]

III. Auftrag

19 (Ungeschriebene) Tatbestandsvoraussetzung dafür, dass der Notar berechtigt ist, eine Entwurfsgebühr zu erheben, ist, dass er entsprechend **beauftragt** war.[18] Im Gesetzeswortlaut ist dieses Tatbestandsmerkmal unmittelbar zwar nur in Vorbem. 2.4.1 Abs. 1 KV angesprochen (die den Entwurfsgebühren zugeordnet ist), jedoch folgt aus § 29 Nr. 1 allgemein, dass – sofern nicht ein besonderer Kostenschuldner aus §§ 30, 31 haftet (solches ist für die Beratungsgebühr im Regelfall nicht ersichtlich) – Notarkosten nur zu tragen hat, wer den Notar beauftragt hat, tätig zu werden.[19] Eine besondere **Form** ist für den „kostenrechtlich relevanten" Auftrag im GNotKG **nicht** vorgesehen.[20]

20 Fehlt ein ausdrücklicher Auftrag, kommt es darauf an, ob der Notar unter Berücksichtigung aller Umstände des Einzelfalls aus dem Verhalten der Beteiligten den Schluss ziehen durfte, ihm werde – mit gesetzlicher Kostenfolge – ein Auftrag zur Beratung erteilt.

IV. Gebührensatz

21 **1. Allgemeines.** Die Höhe der Gebührensätze für die Beratung ist abgestuft und zwar entsprechend der Gebührensätze für das („fiktive") Beurkundungsverfahren (Nr. 21100 ff KV). Insgesamt gibt es drei „Gebührenstufen": 0,3 bis 1,0 gem. Nr. 24200 KV; 0,3 bis 0,5 gem. Nr. 24201 KV; („fest") 0,3 gem. Nr. 24201 KV. Die „Sondervorschrift" Nr. 24203 KV sieht einen Gebührenrahmensatz von 0,5 bis 2,0 vor. Eine **Mindestgebühr** ist nicht vorgesehen.

22 **2. Nr. 24200 KV.** Von **0,3 bis 1,0** reicht der Gebührenrahmen, wenn bei Beurkundung des Beratungsgegenstands der Gebührensatz mehr als 1,0 betragen würde (**Nr. 24200 KV**). Einen entsprechenden Gebührensatz sieht zB Nr. 21100 KV vor („Beurkundungsverfahren").

23 Nr. 24200 KV ist damit insb. anwendbar, wenn es um eine **Beratungstätigkeit zu einem mehrseitigen Rechtsverhältnis** geht, das einer vertraglichen Regelung oder Regelung durch Beschluss zugänglich ist.[21]

---

12 BDS/*Diehn*, Nr. 24200 KV Rn 11. **13** BeckOK KostR/*Berger*, GNotKG, Nr. 24200 KV Rn 22. **14** So auch BeckOK KostR/*Berger*, GNotKG, Nr. 24200 KV Rn 27. **15** BR-Drucks 517/12, S. 346. **16** BR-Drucks 517/12, S. 346. **17** So bereits zu § 147 Abs. 2 KostO Korintenberg/*Bengel/Tiedtke*, KostO, § 147 Rn 30 a. **18** So auch Korintenberg/*Fackelmann*, Nr. 24200–24202 KV Rn 19. **19** So auch BeckOK KostR/*Berger*, Nr. 24200 KV Rn 28. **20** So auch BDS/*Diehn*, Nr. 24200 KV Rn 5 und BeckOK KostR/*Berger*, GNotKG, Nr. 24200 KV Rn 28. **21** So auch BeckOK KostR/*Berger*, GNotKG, Nr. 24200 KV Rn 42.

Nr. 24200 KV ist außerdem einschlägig für eine Beratung zu einem **gemeinschaftlichen Testament** (Vorbem. 2.1.1 Nr. 2 KV) oder zur Erstellung eines Vermögensverzeichnisses (Nr. 23500 KV).

Denkbarer Anwendungsfall ist für Nr. 24200 KV auch, wenn der Notar (ohne Auftrag zur Beurkundung einer Änderungsvereinbarung) um Rat zu einer Urkunde ersucht wird, die bereits vor einem anderen Notar zu einem Vertragsverhältnis errichtet worden ist. Demgegenüber sind Nr. 24100 ff KV in einem solchen Fall nicht anwendbar, da es nicht um die Überprüfung eines Entwurfs geht (Vorbem. 2.4.1 Abs. 3 KV), sondern um Beratung zu einer bereits bestehenden Urkunde.[22] Des Weiteren soll Nr. 24200 KV einschlägig sein, wenn die Beratung ein Thema betrifft, das – wie zB ein wirtschaftlicher Rat – überhaupt nicht Gegenstand einer Beurkundung sein kann.[23]   **24**

3. Nr. 24201 KV. Käme für die fiktive Beurkundung ein Gebührensatz von 1,0 zur Anwendung, sieht Nr. 24201 KV einen Gebührenrahmen von 0,3 bis 0,5 vor. Damit ist die Gebühr aus Nr. 24201 KV insb. anwendbar, wenn es um eine Beratung zu sonstigen Erklärungen und Vorgängen geht, die den in Nr. 21200 KV erfassten Vorgängen („Sonstige Erklärungen, Tatsachen und Vorgänge") entspricht. Damit sind zB **Beratungen rund um eine Vollmacht oder ein (Einzel-)Testament** angesprochen.[24]   **25**

4. Nr. 24202 KV. Einen „festen" Gebührensatz bestimmt **Nr. 24202 KV.** Er beträgt 0,3 und ist anzuwenden, wenn der Gebührensatz für die fiktive Beurkundung weniger als 1,0 betragen würde. Beispiele für entsprechende Beratungstätigkeiten lassen sich insb. **Nr. 21201 KV** entnehmen. Praxisrelevante Anwendungsfälle werden insoweit also zB Beratungen zu **Grundbuchanträgen und -bewilligungen** sein sowie zu **Registeranmeldungen** und **Erbausschlagungen**.[25]   **26**

5. Konkrete Auswahl des Gebührensatzes. Soweit Nr. 24200 ff KV Gebührenrahmensätze vorsehen, ist der konkrete Gebührensatz für die jeweilige Beratungstätigkeit des Notars nach **billigem Ermessen** (§ 92 Abs. 1) zu bestimmen. Leitgedanke für den Gesetzgeber ist, durch flexible Rahmengebühren unangemessen Ergebnisse zu vermeiden, die sich möglicherweise im Einzelfall ergeben könnten, wenn an Stelle der Rahmengebührensätze starre Gebührensätze vorgegeben wären.[26]   **27**

Nach der Vorstellung des Gesetzgebers sind jedoch die Kriterien für die Ermessensausübung gem. § 92 Abs. 1 nicht vollständig frei: **Maßgeblich** soll **allein** der **Aufwand** sein, der mit der jeweiligen Tätigkeit für den Notar verbunden ist. Keine Rolle spielen demgegenüber haftungsrechtliche Aspekte sowie die Bedeutung der Angelegenheit und die Einkommens- und Vermögensverhältnisse der Beteiligten.[27] Diese Umstände sind nach Konzeption des Gesetzgebers jedenfalls mittelbar durch die Geschäftswertvorschriften berücksichtigt, so dass sie im Rahmen des § 92 Abs. 1 nicht (nochmals) herangezogen werden können.[28]   **28**

Auf Nr. 24200 ff KV übertragen bedeutet dies, dass die Ermessenausübung zur Bestimmung des Gebührensatz vor allem davon beeinflusst sein wird, welchen **Schwierigkeitsgrad** die jeweilige Beratung aufweist (ob zB in einer erb- oder familienrechtlichen Angelegenheit umfangreiche Vorfragen des Internationalen Privatrechts geklärt werden müssen) und welcher **Zeitaufwand** mit ihr verbunden ist (hier können zB auch die Zahl und Dauer der erforderlichen Beratungsgespräche eine Rolle spielen).[29] Teilweise wird vorgeschlagen, für den „durchschnittlichen Leistungsumfang" eine „**Mittelgebühr**" zu erheben; Formel: (Mindestsatz + Höchstsatz)/2, also bei Nr. 24200 KV (0,3 + 1,0)/2 = 0,65. Für die Bestimmungen des „durchschnittlichen Leistungsumfangs" soll es dabei jeweils auf die konkrete Art des Geschäfts ankommen, nicht dagegen auf den Durchschnittswert für alle Beratungstätigkeiten des Notars.[30]   **29**

V. Geschäftswert

Eine eigene Geschäftswertbestimmung für die „isolierte" Beratung enthält das GNotKG nicht. § 120 gilt nur für Nr. 24203 KV. Zu Nr. 24200–24202 KV ist der Geschäftswert also gem. § 36 nach **billigem Ermessen** zu bestimmen.[31] Die Gesetzesbegründung sieht dieses Ermessen dahin gehend eingeschränkt, dass der Geschäftswert identisch demjenigen zu bestimmen ist, der für eine „fiktive" Beurkundung zum Ansatz käme, wenn der Gegenstand der Beratung auch Beurkundungsgegenstand sein könnte.[32] **Teilwerte** sind also nur dann (ausnahmsweise) anzusetzen, wenn sich die Beratung auf einen Teilaspekt eines bestimmten Rechtsgeschäfts oder Gegenstand beschränkt (zB Beratung zu den ertragsteuerlichen Auswirkungen eines Kaufvertrags).[33] Begründung: Der Umfang der notariellen Tätigkeit spielt bereits für die Auswahl des Ge-   **30**

---

22 So auch Korintenberg/*Fackelmann*, Nr. 24200–24202 KV Rn 48.   **23** Korintenberg/*Fackelmann*, Nr. 24200–24202 KV Rn 44 f.   **24** So auch BeckOK KostR/*Berger*, GNotKG, Nr. 24200 KV Rn 43.   **25** So auch BeckOK KostR/*Berger*, GNotKG, Nr. 24200 KV Rn 43.   **26** BR-Drucks 517/12, S. 260.   **27** So ausdr. auch BDS/*Diehn*, Nr. 24200 KV Rn 16.   **28** BR-Drucks 517/12, S. 260.   **29** So auch BeckOK KostR/*Berger*, GNotKG, Nr. 24200 KV Rn 46.   **30** Korintenberg/*Fackelmann*, Nr. 24200–24202 KV Rn 40 ff.   **31** Diehn/Sikora/Tiedtke, Das neue Notarkostenrecht, Rn 769; BDS/*Diehn*, Nr. 24200 KV Rn 20 f; Korintenberg/*Fackelmann*, Nr. 24200–24202 KV Rn 5.   **32** BR-Drucks 517/12, S. 346.   **33** Korintenberg/*Fackelmann*, Nr. 24200–24202 KV Rn 62.

bührenrahmensatzes eine Rolle und soll nicht durch die Bildung von Teilwerten „doppelt berücksichtigt" werden.

VI. Anrechnung (Anm. Abs. 2 zu Nr. 24200 KV)

31   **1. Allgemeines.** Anm. Abs. 2 zu Nr. 24200 KV sieht eine **Anrechnung** vor, wenn der Gegenstand einer „isolierten" Beratung „demnächst" Gegenstand eines anderen gebührenpflichtigen Verfahrens oder Geschäft ist. Lassen sich also bspw Ehegatten vom Notar zunächst – ausdrücklich ohne Beurkundungsauftrag – zu ihrem vor langer Zeit privatschriftlich verfassten gemeinschaftlichen Testament beraten und folgt nach einer gewissen Überlegungsfrist die Beurkundung eines Erbvertrags nach, ist auf die dann entstehende Gebühr für das Beurkundungsverfahren (Nr. 21100 KV) die bereits erhobene Gebühr aus Nr. 24200 KV anzurechnen.

32   Anm. Abs. 2 zu Nr. 24200 KV **gilt** wegen der jeweiligen dortigen Formulierung („Die Gebühr nach 24200 beträgt") **auch für Nr. 24201 KV und Nr. 24202 KV.** Zu Nr. 24203 KV wäre die Anrechnung dagegen systemwidrig, weil diese Gebühr auch neben der Gebühr für das Beurkundungsverfahren entstehen kann (→ Rn 37).

33   **2. „Demnächst".** Für den erforderlichen zeitlichen Zusammenhang entspricht der Wortlaut („demnächst") der Anrechnungsbestimmung beim „isolierten" Entwurf (Vorbem. 2.4.1 Abs. 6 KV). Für **Zeiträume von länger als einem Jahr** kommt es nach den dort geschilderten Erwägungen (→ Nr. 24100–24103 KV Rn 80 ff) für die Zulässigkeit der Anrechnung auf die **Umstände des Einzelfalls** an: Bei schwierigen und umfangreichen Regelungsgegenständen ist eine Anrechnung auch dann noch möglich, wenn die Überlegungsfrist länger als zwölf Monate gedauert hat.[34] Es erscheint zweckmäßig, diese am Einzelfall orientierte Betrachtung auch auf die „isolierte" Beratung zu übertragen. Jedenfalls ist die Anrechnung vorzunehmen, wenn zwischen Beratung und Beurkundung **nicht mehr als sechs Monate** verstrichen sind.[35]

34   **3. Gleicher Gegenstand.** Weitere Voraussetzung für die Anrechnung ist, dass der Gegenstand der Beratung zum Gegenstand der weiteren notariellen Tätigkeit **„gegenstandsgleich"** ist.[36] Auch insoweit liegt nahe, (zumindest grds., → Rn 36) auf diejenigen Kriterien zurückzugreifen, die für die vergleichbare Situation bei der Entwurfsgebühr entwickelt worden sind: Danach kommt es für die Zulässigkeit der Anrechnung darauf an, ob bei **wertender Betrachtung** aller Umstände des Einzelfalls der Gegenstand der Beratung mit dem Gegenstand der späteren notariellen Tätigkeit **so wesentlich übereinstimmt,** dass es gerechtfertigt scheint, die Beteiligten in Höhe der Beratungsgebühr von einer zweiten Gebühr zu entlasten.[37]

35   Lassen sich also bspw junge Verlobte vor Eheschließung zur Frage beraten, ob es für sie zweckmäßig oder sinnvoll sein kann, einen Ehevertrag zu schließen, und kommen sie im Anschluss nach einiger Überlegung und tatsächlicher Eheschließung zum Ergebnis, dass sie es für ihre Ehe zwar zu den Scheidungsfolgen bei den gesetzlichen Bestimmungen belassen, sie aber einen Erbvertrag vereinbaren wollen, scheidet eine Anrechnung der Beratungsgebühr auf die Beurkundungsgebühr für den Ehevertrag aus. Zulässig wäre die Anrechnung dagegen gewesen, wenn die Verlobten zunächst eine Beratung ohne konkreten Beurkundungsauftrag zu den Vor- und Nachteilen der Vereinbarung von Gütertrennung gesucht hätten, dann aber – nach Überlegungsfrist und Eheschließung – eine sog. modifizierte Zugewinngemeinschaft vereinbaren.[38]

36   Zu § 147 Abs. 2 KostO fand sich allerdings verbreitet der Hinweis, eine Gebühr für eine selbständige Beratung könne nicht erhoben werden, wenn die Beteiligten zunächst eine Überlassung an ihre Kinder im Wege der „vorweggenommenen Erbfolge" beabsichtigt haben, nach der Beratung durch den Notar aber eine letztwillige Verfügung beurkunden ließen.[39] Für die Anrechnung der Entwurfsgebühr auf die Beurkundungsgebühr wird dies anders gesehen (→ Nr. 24100–24103 KV Rn 87). Dies deutet darauf hin, dass unter Geltung der KostO die „Verdrängungswirkung" des Beurkundungsverfahrens gegenüber der Beratungsgebühr als weitreichender angesehen wurde als gegenüber der Entwurfsgebühr. Da nicht anzunehmen ist, dass der Gesetzgeber des GNotKG das Verhältnis von Beratungs- und Beurkundungsgebühr dem Grund nach neu bestimmen wollte, und ihm außerdem auch die genannten Literaturbeispiele bekannt sein mussten, ist diese „großzügigere" Behandlung für die Anrechnung der Beratungsgebühr fortzuführen. Eine entsprechend **großzügige Beurteilung der Wertungsfrage** drängt sich insb. auf, wenn die Beteiligten deshalb ein anderes Rechtsgeschäft vereinbaren, als sie ursprünglich beabsichtigt hatten, weil sie dazu durch die Beratung des Notars maßgeblich veranlasst wurden.[40]

---

34 BeckOK KostR/*Berger*, GNotKG, Nr. 24200 KV Rn 50. **35** BDS/*Diehn*, Nr. 24200 KV Rn 28. **36** BR-Drucks 517/12, S. 346. **37** So auch Korintenberg/*Fackelmann*, Nr. 24200–24202 KV Rn 25. **38** Weitgehend gleichlautende Beispiele bildet Korintenberg/*Fackelmann*, Nr. 24200–24202 KV Rn 29. **39** Korintenberg/*Bengel/Tiedtke*, KostO, § 147 Rn 30 a; *Tiedtke/Sikora*, in: Würzburger Notarhandbuch, Teil 1 Kap. 5 Rn 291. **40** In diesem Sinne beurteilt den Beispielsfall auch Korintenberg/*Fackelmann*, Nr. 24200–24202 KV Rn 29, s. dort außerdem Rn 71 ff. Nach BeckOK KostR/*Berger*, GNotKG, Nr. 24200 KV Rn 50 ist demgegenüber eine unterschiedliche Behandlung von „Tatbestand" und „Anrechnung" nicht veranlasst.

VII. Beratung bei der Vorbereitung oder Durchführung einer Hauptversammlung oder Gesellschafterversammlung (Nr. 24203 KV)

Nr. 24203 KV ist insoweit „Ausnahmevorschrift",[41] als diese Gebühr auch dann erhoben werden kann, wenn der Notar in gleichem Zusammenhang ein anderweitiges gebührenpflichtiges Geschäft führt, zB eine Beurkundung vornimmt oder auftragsgemäß einen Entwurf erstellt. Der Notar kann diese Gebühr erheben, wenn er eine Gesellschaft (zB eine AG oder GmbH bzw eine KG oder OHG) bei der Vorbereitung oder Durchführung einer Hauptversammlung oder Gesellschafterversammlung berät. Die Lit. geht von einer entsprechenden Anwendbarkeit auf Mitgliederversammlungen von Vereinen und General- bzw Vertreterversammlungen von Genossenschaften aus (ebenso: Wohnungseigentümerversammlungen und Aufsichtsratssitzungen).[42]   **37**

Die Anm. zu Nr. 24203 KV macht aber deutlich, dass es sich aber auch insoweit um eine Beratungsleistung handeln muss, die „gegenstandsverschieden" zur Protokollierung der gefassten Gesellschafterbeschlüsse ist.   **38**

Die Gesetzesbegründung nennt als Beispiele hierfür: die Vorbereitung oder Überprüfung der Einladung, eine (Vor-)Besprechung mit dem Registerrichter, den Entwurf von Anträgen, die Beratung der Gesellschaft bei der Generalprobe, die Beratung des Versammlungsleiters, die Fertigung des Teilnehmerverzeichnisses und die Überprüfung der Ermittlung des Abstimmungsergebnisses.   **39**

Die Auswahl des konkreten Gebührensatzes aus dem Gebührenrahmen von **0,5 bis 2,0** nach billigem Ermessen (§ 92) wird v.a. davon abhängig sein, wie viele Einzeltätigkeiten der Notar im Rahmen seiner zusätzlichen Beratung übernimmt und welchen Schwierigkeitsgrad diese jeweils aufweisen.[43] Ergänzend zu den Auswahlkriterien nach § 92 → Rn 27 ff.   **40**

Zu Nr. 24203 KV gilt eine **eigene Geschäftswertvorschrift**: Nach § 120 S. 1 ist für Nr. 24203 als Geschäftswert die Summe der Geschäftswerte der zu fassenden Beschlüsse maßgeblich.[44] **Höchstens** beträgt der Geschäftswert 5 Mio. € (§ 120 S. 2). § 36 ist von § 120 als speziellere Vorschrift verdrängt.   **41**

VIII. Auslagen

Auslagen (zB für **Abrufgebühren beim Grundbuchamt oder Handelsregister** nach dem JVKostG, Nr. 32011 KV; **Postauslagen**, Nr. 32004 f KV; **Dokumentenpauschale**, Nr. 32000 ff KV) können neben der Beratungsgebühr erhoben werden.   **42**

---

41 Anders aber BDS/*Diehn*, Nr. 24203 KV Rn 1 sowie BeckOK KostR/*Berger*, GNotKG, Nr. 24203 KV Rn 4 (arg: bei Beurkundung von Versammlungen treffen den Notar ohnehin kaum Belehrungs- und Beratungspflichten, so dass auch für Nr. 24203 KV ein gebührenrechtliches Nebeneinander von Beurkundungs- und Beratungsgebühr ausgeschlossen ist – insoweit liege also kein Unterschied zu Nr. 24200–24202 KV vor). **42** BeckOK KostR/*Berger*, GNotKG, Nr. 24203 KV Rn 8; Korintenberg/*Fackelmann*, Nr. 24203 KV Rn 5 f. **43** BR-Drucks 517/12, S. 347. **44** So auch Korintenberg/*Fackelmann*, Nr. 24203 KV Rn 18.

Hauptabschnitt 5
Sonstige Geschäfte

Abschnitt 1
Beglaubigungen und sonstige Zeugnisse
(§§ 39, 39 a des Beurkundungsgesetzes)

Nr.	Gebührentatbestand	Gebühr oder Satz der Gebühr nach § 34 GNotKG – Tabelle B
25100	Beglaubigung einer Unterschrift oder eines Handzeichens .... (1) Die Gebühr entsteht nicht in den in Vorbemerkung 2.4.1 Abs. 2 genannten Fällen. (2) Mit der Gebühr ist die Beglaubigung mehrerer Unterschriften oder Handzeichen abgegolten, wenn diese in einem einzigen Vermerk erfolgt.	0,2 – mindestens 20,00 €, höchstens 70,00 €
25101	Die Erklärung, unter der die Beglaubigung von Unterschriften oder Handzeichen erfolgt, betrifft 1. eine Erklärung, für die nach den Staatsschuldbuchgesetzen eine öffentliche Beglaubigung vorgeschrieben ist, 2. eine Zustimmung gemäß § 27 der Grundbuchordnung sowie einen damit verbundenen Löschungsantrag gemäß § 13 der Grundbuchordnung, 3. den Nachweis der Verwaltereigenschaft gemäß § 26 Abs. 3 WEG: Die Gebühr 25100 beträgt	20,00 €

I. Allgemeines

1   Teil 2 Hauptabschnitt 5 Abschnitt 1 KV umfasst die kostenrechtliche Behandlung der **Vermerke iSd** §§ 39–43 BeurkG. Anstelle einer Niederschrift genügt ein Vermerk nach §§ 39 ff BeurkG bei der Beglaubigung einer Unterschrift oder eines Handzeichens, der Zeichnung einer Firma oder einer Namensunterschrift, der Feststellung des Zeitpunkts, zu dem eine Privaturkunde vorgelegt wird, der Beglaubigung von Abschriften und sonstigen einfachen Zeugnissen. Auch bei dem Vermerk nach § 39 BeurkG handelt es sich um eine öffentliche Urkunde, die die Wahrnehmung von Tatsachen zum Inhalt hat. Im Vergleich zur Niederschrift nach § 37 BeurkG stellt das Gesetz hier geringere Anforderungen an die in der Urkunde niedergelegten Umstände. Auch im Hinblick auf die Verwahrung der Urkunde bestehen Unterschiede.

II. Regelungsgehalt

2   **1. Gegenstand der Beglaubigungsgebühr Nr. 25100 KV.** Nr. 25100 KV erfasst die Beglaubigung von **Unterschriften** und **Handzeichen**. Gleichgültig ist dabei, ob es sich um die Beglaubigung eines bürgerlichen oder eines handelsrechtlichen Namens handelt. Abgegolten von der Beglaubigungsgebühr ist lediglich die Feststellung der Identität der Beteiligten (§ 26 DONotO) sowie die Prüfung, ob Versagungsgründe für die Amtstätigkeit vorliegen (§ 40 Abs. 2 BeurkG).

3   **2. Überprüfung oder Änderung eines Entwurfs.** Von der Beglaubigungsgebühr nicht erfasst ist die inhaltliche Überprüfung oder Änderung eines Entwurfs. Diese Tätigkeiten sind, sofern sie im Auftrag der Beteiligten erfolgen, nach Vorbem. 2.4.1 Nr. 3 KV gesondert zu vergüten (s. dort). Ein mit einer derartigen Tätigkeit möglicherweise verbundener Minderaufwand im Vergleich zur vollständigen Fertigung des Entwurfs ist durch Ansatz der konkreten Gebühr innerhalb des Gebührenrahmens zu berücksichtigen.

4   Unerhebliche Änderungen des Entwurfs fallen allerdings nicht in den Anwendungsbereich des Teils 2 Hauptabschnitt 4 Abschnitt 1 KV („Entwurf"). Hierzu zählen insb. rein sprachliche Korrekturen oder solche, die ohne inhaltliche Überprüfung vorgenommen werden.[1] In diesen Fällen verbleibt es bei der Gebühr Nr. 25100 KV. Führt die Änderung des Notars dagegen dazu, dass die Urkunde erst für den Rechtsverkehr tauglich wird, zB Ergänzung der Grundbuchstelle bei einer Grundschuld oder Dienstbarkeit, fällt eine Entwurfsgebühr an.

---

[1] Vgl auch Korintenberg/*Sikora*, Nr. 25100 KV Rn 10.

3. Beratung zum Urkundeninhalt. Wird der Notar gebeten, den Inhalt der vorgelegten Urkunde zu erläutern, liegt ebenfalls kein Fall von Nr. 25100 KV vor. Für eine solche Beratung erhält der Notar eine Beratungsgebühr nach Nr. 24200 KV.   **5**

Unter Geltung der KostO hat die notarielle Praxis regelmäßig keine Beratungsgebühren für Erläuterungen zu (sich in gewissen Grenzen haltenden) Nachfragen der Beteiligten einer Unterschriftsbeglaubigung erhoben. Mit der neuen Gebührenstruktur hat sich dies geändert:[2] Die starke Reduzierung der Beglaubigungsgebühr lässt schon aus Gründen der Haftung keinen Raum mehr für „gebührenfreie" Beratungstätigkeiten. Nach Abs. 1 der Anm. zu Nr. 24200 KV entsteht eine Gebühr für eine Beratung, „soweit der Beratungsgegenstand nicht Gegenstand eines anderen gebührenpflichtigen Verfahrens oder Geschäfts ist". Gegenstand des „anderen gebührenpflichtigen Geschäfts" der Unterschriftsbeglaubigung iSv Nr. 25100 KV ist lediglich die Beglaubigungstätigkeit, also die vom Notar vorzunehmende Überprüfung des Urkundeninhalts auf Versagungsgründe für seine Amtstätigkeit (§ 4 BeurkG, § 14 Abs. 2 BNotO) sowie die Identitätsprüfung der Beteiligten (§ 26 Abs. 1 S. 1 DONot).[3] Darüber hinausgehende Tätigkeiten des Notars – sei es die über den vorgenannten Umfang hinausgehende inhaltliche Überprüfung einer Erklärung oder eines Fremdentwurfs, eine Beratung zu rechtlichen Fragen des betroffenen oder eines anderen Rechtsverhältnisses usw, ist mit der Beglaubigungsgebühr nicht abgegolten.   **6**

4. Keine Beglaubigungsgebühr in den in Vorbem. 2.4.1 Abs. 2 KV genannten Fällen (Anm. Abs. 1 zu Nr. 25100 KV). Gemäß Anm. Abs. 1 zu Nr. 25100 KV entsteht die Beglaubigungsgebühr nicht in den in Vorbem. 2.4.1 Nr. 2 KV genannten Fällen. Dies bedeutet, dass für die erste Beglaubigung einer oder mehrerer Unterschriften an ein und demselben Tag unter einer von dem Notar entworfenen Urkunde keine Gebühren erhoben werden. Dies gilt auch, wenn der Notar den Entwurf zwar nicht gefertigt, aber einen ihm vorgelegten Entwurf überprüft, geändert oder ergänzt hat. Für weitere Beglaubigungen fallen die Gebühren nach Nr. 25100 oder 25101 KV an.   **7**

5. Beglaubigung mehrere Unterschriften oder Handzeichen in einem einzigen Vermerk (Anm. Abs. 2 zu Nr. 25100 KV). Anm. Abs. 1 zu Nr. 25100 KV stellt klar, dass mit der Beglaubigungsgebühr die Beglaubigung mehrerer Unterschriften oder Handzeichen abgegolten ist, wenn diese in einem einzigen Vermerk erfolgt. Ist die Anfertigung mehrerer Vermerke erforderlich oder zweckmäßig, etwa weil die Unterzeichner an unterschiedlichen Tagen erscheinen, fällt die Beglaubigungsgebühr entsprechend mehrfach an.   **8**

6. Wertgebühr. Nr. 25100 KV sieht eine Wertgebühr mit einem Gebührensatz von 0,2 vor. Sie beträgt mindestens 20 € und höchstens 70 €. Für die Wertberechnung gilt § 121. Danach bestimmt sich der Geschäftswert für die Beglaubigung von Unterschriften und Handzeichen nach den für die Beurkundung der Erklärung geltenden Vorschriften, also nach §§ 34 ff, 95 ff (vgl hierzu die jeweiligen Kommentierungen).   **9**

7. Sonderfälle der Nr. 25101 KV. a) Festgebühr. Die Gebühr Nr. 25100 KV beträgt in den drei in Nr. 25101 KV genannten Fällen **20 €:**   **10**
- nach Staatsschuldbuchgesetzen vorgeschriebene öffentliche Beglaubigung (Nr. 1);
- Zustimmung gem. § 27 GBO sowie den damit verbundenen Löschungsantrag gem. § 13 GBO (Nr. 2);
- Nachweis der Verwaltereigenschaft gem. § 26 Abs. 3 WEG (Nr. 3).

b) Nach Staatsschuldbuchgesetzen vorgeschriebene öffentliche Beglaubigung (Nr. 1). Der Ausnahmefall der Nr. 25101 Nr. 1 KV betrifft die Beglaubigung von Unterschriften oder Handzeichen unter Erklärungen, für die nach den Staatsschuldbuchgesetzen eine öffentliche Beglaubigung vorgeschrieben ist. Hierfür fällt die Festgebühr von 20 € an.   **11**

c) Zustimmung gem. § 27 GBO sowie der damit verbundene Löschungsantrag gem. § 13 GBO (Nr. 2). Die Aufhebung eines Grundpfandrechts berührt die Anwartschaft des Eigentümers auf ihren künftigen Erwerb als Eigentümergrundschuld. Zu dieser ist daher sowohl materiellrechtlich (§§ 1183, 1192 Abs. 1 BGB) wie auch formell-rechtlich (§ 27 GBO) die Zustimmung des Eigentümers erforderlich. Die Zustimmungserklärung bedarf der Form des § 29 GBO.[4] Sie muss das Grundpfandrecht bezeichnen und das Einverständnis des Eigentümers mit der Löschung deutlich machen. Die Verwendung bestimmter Begrifflichkeiten, insb. des Gebrauchs des Wortes „zustimmen" ist nicht zwingend, aber zur Vermeidung von Missverständnissen empfehlenswert. Die Zustimmung kann aber auch konkludent, insbesondere und in der Praxis häufig, durch Stellung des Löschungsantrags durch den Eigentümer (§ 13 GBO) erklärt werden. Betrifft die unterschriftsbeglaubigte Erklärung eine Zustimmung gem. § 27 GBO sowie einen damit verbundenen Löschungsantrag gem. § 13 GBO, fällt gem. Nr. 25101 Nr. 2 KV nur die Festgebühr iHv 20 € an.   **12**

d) Nachweis der Verwaltereigenschaft gem. § 26 Abs. 3 WEG (Nr. 3). Sofern die Verwaltereigenschaft eines WEG-Verwalters durch eine öffentlich beglaubigte Urkunde nachgewiesen werden muss (zB bei Verkauf   **13**

---

2 *Fackelmann*, Notarkosten, Rn 294. **3** Korintenberg/*Sikora*, Nr. 25100 KV Rn 9. **4** Vgl Lemke/*Krause*, § 29 GBO.

von Wohnungs- oder Teileigentum), genügt gem. § 26 Abs. 3 WEG die Vorlage einer Niederschrift über den Bestellungsbeschluss, bei der die Unterschriften der in § 24 Abs. 6 WEG bezeichneten Personen öffentlich beglaubigt werden. Hierfür beträgt die Gebühr nach Nr. 25101 Nr. 3 KV 20 €.

14   **8. Vollzugstätigkeiten bei Unterschriftsbeglaubigungen.** Teil 2 Hauptabschnitt 2 Abschnitt 1 Unterabschnitt 2 KV (Nr. 22120–22125 KV) sieht Gebühren für den Vollzug in besonderen Fällen vor (vgl hierzu die entsprechenden Kommentierungen). Nach S. 1 der Vorbem. 2.2.1.2 KV fallen hierunter Tätigkeiten, die sich auf andere als vom vollziehenden Notar in Form der Niederschrift errichtete oder als Entwurf gefertigte Urkunden beziehen. Hierunter fallen auch lediglich unterschriftsbeglaubigte Urkunden, deren Entwurf nicht von dem beglaubigenden Notar stammt. Die bloße Weiterleitung, ggf mit Antragstellung im Namen der Beteiligten, ohne dass der Notar sonstige Vollzugstätigkeiten oder Prüfungen erbringt, löst nunmehr eine Festgebühr aus. Gemäß Nr. 22124 KV fällt eine Gebühr von 20 € an, wenn sich die Tätigkeit des Notars auf die Übermittlung von Anträgen, Erklärungen oder Unterlagen an ein Gericht, eine Behörde oder einen Dritten oder die Stellung von Anträgen im Namen der Beteiligten beschränkt.

Nr.	Gebührentatbestand	Gebühr oder Satz der Gebühr nach § 34 GNotKG – Tabelle B
25102	Beglaubigung von Dokumenten .... (1) Neben der Gebühr wird keine Dokumentenpauschale erhoben. (2) Die Gebühr wird nicht erhoben für die Erteilung 1. beglaubigter Kopien oder Ausdrucke der vom Notar aufgenommen oder entworfenen oder in Urschrift in seiner dauernden Verwahrung befindlichen Urkunden und 2. beglaubigter Kopien vorgelegter Vollmachten und Ausweise über die Berechtigung eines gesetzlichen Vertreters, die der vom Notar gefertigten Niederschrift beizulegen sind (§ 12 des Beurkundungsgesetzes). (3) Einer Kopie im Sinne des Absatzes 2 steht ein in ein elektronisches Dokument übertragenes Schriftstück gleich.	1,00 € für jede angefangene Seite – mindestens 10,00 €

I. Allgemeines

1   Der Notar ist auch für die Erteilung beglaubigter Abschriften zuständig (§ 20 Abs. 1 BNotO). Die **beglaubigte Abschrift** ist eine Abschrift mit dem Vermerk des Notars, dass sie mit der Hauptschrift übereinstimme. Auch hier bezeugt der Notar aufgrund seiner Wahrnehmung die Richtigkeit der Abschrift. Die Beglaubigung einer Abschrift kann sowohl bei solchen Urkunden erfolgen, die der Notar errichtet hat, als auch bei fremden Urkunden, gleichgültig, ob es sich um private oder öffentliche Urkunden handelt. Während die Ausfertigung nur von dem Notar erteilt werden kann, der die Urschrift verwahrt, kann eine beglaubigte Abschrift von jedem Notar ausgestellt werden, dem die Hauptschrift vorgelegt wird. Hauptschrift kann dabei jede beliebige Urkunde sein, also auch eine einfache Abschrift oder eine Privaturkunde in Urschrift. Um einen späteren Missbrauch der Urkunde zu vermeiden, sollte die Hauptschrift, wenn es sich um eine Urkunde handelt, die nicht vor dem Notar errichtet wurde, genau auf etwaige Manipulationen überprüft werden – dies gilt insb. für **Zeugniskopien.**

2   Der **Beglaubigungsvermerk** hat **Ort und Tag der Ausstellung** anzugeben und ist mit **Unterschrift und Siegel** zu versehen (§ 39 BeurkG). Aus dem Beglaubigungsvermerk muss auch ersichtlich sein, ob die Hauptschrift eine Urschrift, Ausfertigung, beglaubigte oder einfache Abschrift ist (§ 42 Abs. 1 BeurkG). Mängel der Hauptschrift, insb. solche, die auf eine nachträgliche Veränderung der Hauptschrift schließen lassen, sind ebenfalls in den Vermerk aufzunehmen (§ 42 Abs. 2 BeurkG).

3   Für die Beglaubigung von Dokumenten fällt die Beglaubigungsgebühr Nr. 25102 KV an, sofern kein Ausnahmetatbestand vorliegt. Den papiergebundenen Beglaubigungen sind elektronisch errichtete Beglaubigungen gleichgestellt.

II. Regelungsgehalt

4   **1. Höhe der Beglaubigungsgebühr Nr. 25102 KV.** Die Höhe der Beglaubigungsgebühr Nr. 25102 KV beträgt 1 € für jede angefangene Seite, mindestens jedoch 10 €. Die Beglaubigung mehrerer Abschriften des-

selben Dokuments löst die Beglaubigungsgebühr mehrmals aus.[1] Die Mindestgebühr fällt in diesem Fall also ggf mehrfach an. Werden durch einen Vermerk mehrere Dokumente beglaubigt, fällt die Beglaubigungsgebühr nur einmal nach der Gesamtseitenanzahl an.[2]

2. Keine Dokumentenpauschale neben der Beglaubigungsgebühr (Anm. Abs. 1). Anm. Abs. 1 stellt klar,   5 dass infolge der Erhöhung der Beglaubigungsgebühr auf 1 € je angefangener Seite neben der Beglaubigungsgebühr keine Dokumentenpauschale mehr erhoben werden kann.

3. Keine Beglaubigungsgebühr (Anm. Abs. 2). Gemäß Anm. Abs. 2 **Nr. 1** wird die Beglaubigungsgebühr   6 nicht erhoben für die Erteilung beglaubigter Kopien oder Ausdrucke der vom Notar aufgenommenen oder entworfenen oder in Urschrift in seiner dauernden Verwahrung befindlichen Urkunden. Aufgenommen hat der Notar eine Urkunde, die er selbst beurkundet hat.[3]

Die Beglaubigungsgebühr fällt nach Anm. Abs. 2 **Nr. 2** ebenfalls nicht an für die Erteilung beglaubigter Kopien vorgelegter Vollmachten und Ausweise über die Berechtigung eines gesetzlichen Vertreters, die der   7 vom Notar gefertigten Niederschrift beizulegen sind (§ 12 BeurkG). Gleichgültig ist dabei, ob es sich um eine eigene oder fremde Urkunde handelt.

Liegt ein Ausnahmefall der Anm. Abs. 2 vor, kann zwar keine Beglaubigungsgebühr erhoben werden. Da Anm.   8 Abs. 1 nur im Falle einer Beglaubigungsgebühr gilt, fällt aber die **Dokumentenpauschale** (Nr. 32000 KV) an.

4. Elektronisch errichtete Beglaubigungen (Anm. Abs. 3). Beglaubigungen iSd § 39 BeurkG können gem.   9 § 39 a BeurkG auch elektronisch errichtet werden. Das hierzu erstellte Dokument muss mit einer qualifizierten elektronischen Signatur nach dem Signaturgesetz versehen werden.

Gemäß Anm. Abs. 3 steht einer Kopie iSv Anm. Abs. 2 einer in ein elektronisches Dokument übertragenes   10 Schriftstück gleich. Elektronisch errichtete Beglaubigungen sind somit ebenso wie papiergebundene zu behandeln.

Nr.	Gebührentatbestand	Gebühr oder Satz der Gebühr nach § 34 GNotKG – Tabelle B
25103	Sicherstellung der Zeit, zu der eine Privaturkunde ausgestellt ist, einschließlich der über die Vorlegung ausgestellten Bescheinigung	20,00 €

Zur Wahrung von Fristen und zur Sicherung der Priorität von Erfindungen, Kompositionen, Drehbüchern,   1 Formeln, Einfällen etc. bietet § 43 BeurkG eine Beweismöglichkeit an. Der Notar bescheinigt in einem Vermerk, dass ihm eine bestimmte private Urkunde zu einer bestimmten Zeit vorgelegt worden ist. Der Vermerk wird unmittelbar auf die vorgelegte Privaturkunde gesetzt oder mit ihr verbunden. Nr. 25103 KV enthält den Gebührentatbestand für diesen Vermerk.

Das praktische Bedürfnis für die notarielle **Feststellung des Zeitpunkts der Vorlegung einer privaten Urkun-**   2 **de** ist nicht sehr groß. Auch bei der reinen Unterschriftsbeglaubigung kann der Zeitpunkt der Beglaubigung beweiskräftig gesichert werden. Nr. 25103 KV bestimmt deshalb nur eine geringe Festgebühr von 20 €.

Nr.	Gebührentatbestand	Gebühr oder Satz der Gebühr nach § 34 GNotKG – Tabelle B
25104	Erteilung von Bescheinigungen über Tatsachen oder Verhältnisse, die urkundlich nachgewiesen oder offenkundig sind, einschließlich der Identitätsfeststellung, wenn sie über die §§ 10 und 40 Abs. 4 des Beurkundungsgesetzes hinaus selbständige Bedeutung hat .... Die Gebühr entsteht nicht, wenn die Erteilung der Bescheinigung eine Betreuungstätigkeit nach Nummer 22200 darstellt.	1,0

---

1 Korintenberg/*Sikora*, Nr. 25102 KV Rn 5.   **2** Korintenberg/*Sikora*, Nr. 25102 KV Rn 5.   **3** Korintenberg/*Sikora*, Nr. 25102 KV Rn 7.

I. Allgemeines

1   Nr. 25104 KV gewährt eine Gebühr zu einem Gebührensatz von 1,0 für die Erteilung von Bescheinigungen über Tatsachen oder Verhältnisse, die urkundlich nachgewiesen oder offenkundig sind, einschließlich der Identitätsfeststellung, wenn sie über die §§ 10 und 40 Abs. 4 BeurkG hinaus selbständige Bedeutung hat.

II. Regelungsgehalt

2   **1. Bescheinigung über Tatsachen und Verhältnisse.** Unter den Begriff „Bescheinigung über Tatsachen und Verhältnisse" fallen alle Beurkundungen, die keine Willenserklärungen zum Gegenstand haben. Hierzu zählt zB die **Lebensbescheinigung**, in der der Notar bescheinigt, dass eine bestimmte, vor ihm erschienene Person noch am Leben ist. Die Rangbescheinigung (§ 122) fällt dagegen nicht in den Anwendungsbereich der Nr. 25104 KV; für diese gilt Nr. 25201 KV.

3   **2. Identitätsfeststellung.** Gemäß § 10 Abs. 1 BeurkG hat der Notar in der Niederschrift die Person der Beteiligten so genau zu bezeichnen, dass Verwechslungen ausgeschlossen sind. Was unter „Beteiligten" zu verstehen ist, ergibt sich aus § 6 Abs. 2 BeurkG. Für die Unterschriftsbeglaubigung gilt § 10 Abs. 1, Abs. 2 S. 1 BeurkG gem. § 40 Abs. 4 BeurkG entsprechend.

4   In Nr. 25104 KV ist klargestellt, dass eine Gebühr für die Identitätsfeststellung nur anfällt, wenn sie über die §§ 10 und 40 Abs. 4 BeurkG hinaus **selbständige Bedeutung** hat. Dies ist bei der sog. **Legitimationsbescheinigungen** (Bescheinigung über die Legitimationsprüfung nach § 154 Abs. 2 AO und die Identifizierung nach § 1 Abs. 5 und § 8 Abs. 1 GwG) der Fall. Nimmt der Notar eine entsprechende Identifizierung etwa im Rahmen der Grundschuldbestellung für das Kreditinstitut vor, fällt hierfür die Gebühr Nr. 25104 KV an.

5   Mehrere Identifizierungen für verschiedene Personen in einer Bescheinigung lösen die Gebühr der Nr. 25104 KV mehrfach aus. Die Gebühren sind jeweils getrennt zu berechnen.[1]

6   Hat das Kreditinstitut die Legitimationsprüfung auf den Notar übertragen, haftet es auch für die entsprechenden Notarkosten.[2]

7   **3. Keine Betreuungstätigkeit (Anm.).** Die Gebühr Nr. 25104 KV entsteht nicht, wenn die Erteilung der Bescheinigung eine Betreuungstätigkeit nach Nr. 22200 darstellt, dh die Bestimmungen über die **Betreuungsgebühren** sind insoweit **vorrangig**. Eine Betreuungsgebühr mit einem Gebührensatz von 0,5 ist für die in Nr. 2220 KV abschließend aufgezählten Tätigkeiten vorgesehen. Die Aufzählung grenzt die Betreuungsgebühr zur Vollzugsgebühr ab und bestimmt deren Anwendungsbereich. Die Betreuungsgebühr kann in jedem Beurkundungsverfahren nur einmal entstehen. Die klassische Fälligkeitsmitteilung bei Zug-um-Zug-Abwicklungen von Austauschverträgen löst damit keine Bescheinigungsgebühr Nr. 25104 KV aus.

8   Gleiches gilt für die Erteilung einer Bescheinigung über **Veränderungen hinsichtlich der Personen der Gesellschafter oder des Umfangs ihrer Beteiligung** (§ 40 Abs. 2 GmbHG), wenn Umstände außerhalb der Urkunde zu prüfen sind. In diesem Fall fällt eine Betreuungsgebühr nach Nr. 22200 Nr. 6 KV an. Die Bescheinigung des Notars bezieht sich in diesem Fall zum einen auf diejenigen Eintragungen in der Gesellschafterliste, an deren Veränderungen er als Notar mitgewirkt hat, und zum anderen auf solche Eintragungen, die aus der letzten im Handelsregister verfügbaren Gesellschafterliste ersichtlich sind. Darüber hinausgehende veränderte Eintragungen kann und darf der Notar nicht bescheinigen.

9   **4. Wert.** Eine spezielle Wertvorschrift für die Bescheinigung nach Nr. 25104 KV besteht nicht. Es gelten daher die allgemeinen Wertvorschriften, insb. § 36. Bestehen keine genügenden Anhaltspunkte für die Bestimmung des Werts, ist nach § 36 Abs. 3 von einem Geschäftswert von 5.000 € auszugehen. Dies gilt insb. für die sog. Legitimationsbescheinigung und die Lebensbescheinigung.

---

1 Korintenberg/*Sikora*, Nr. 25104 KV Rn 13. **2** OLG Frankfurt MittBayNot 2007, 244.

Abschnitt 2
Andere Bescheinigungen und sonstige Geschäfte

Nr.	Gebührentatbestand	Gebühr oder Satz der Gebühr nach § 34 GNotKG – Tabelle B
25200	Erteilung einer Bescheinigung nach § 21 Abs. 1 BNotO	15,00 € für jedes Registerblatt, dessen Einsicht zur Erteilung erforderlich ist

I. Allgemeines

Erteilt der Notar eine Bescheinigung gem. § 21 Abs. 1 Nr. 1 oder 2 BNotO, erhält er dafür die **Festgebühr**   **1** aus Nr. 25200 KV. Geschäftswert, Bedeutung für die Beteiligten und Haftungsrisiko haben auf ihre Höhe keinen Einfluss. Zu § 21 Abs. 3 BNotO → Rn 4.

Die Gebührenhöhe (mindestens 15 €) ist **für alle Tatbestände des § 21 Abs. 1 BNotO grds. einheitlich** und   **2** damit unabhängig davon, ob es sich um eine Bescheinigung iSv § 21 Abs. 1 Nr. 1 BNotO handelt oder um eine solche nach § 21 Abs. 1 Nr. 2 BNotO. Entscheidend ist lediglich, wie viele Registerblätter für die zu fertigende Bescheinigung eingesehen werden müssen. Dieser Umstand wird **bei Bescheinigungen iSd § 21 Abs. 1 Nr. 2 BNotO** allerdings häufig dazu führen, dass die Gebühr Nr. 25200 KV höher liegt als die „Mindestgebühr-Festgebühr" von 15 €. Insoweit handelt es sich um eine bewusste Entscheidung des Gesetzgebers, der für die kostenrechtliche Behandlung der betreffenden Bescheinigungen an den erforderlichen Aufwand anknüpfen wollte.[1]

Nr. 25200 KV ist **zusätzlich** zu denjenigen Gebühren zu erheben, die für eine Beurkundung oder Beglaubi-   **3** gung anfallen. **Nr. 25200 KV wird also nicht durch Nr. 21100 KV oder Nr. 25100 KV verdrängt.** Dies zeigt ein Vergleich mit Nr. 25209 KV: Dort sieht die Anmerkung die „Nachrangigkeit" der betreffenden Gebühr ausdrücklich vor; bei Nr. 25200 KV fehlt demgegenüber eine entsprechende Regelung.

Zu Nr. 25203 KV ist Nr. 25200 KV **spezieller**. Für **Bescheinigungen nach § 21 Nr. 3 BNotO** gilt Nr. 25214   **4** KV (s. dort). Auch zu Nr. 25104 KV ist Nr. 25200 KV spezieller.[2]

Häufige **Anwendungsbeispiele** für die Gebühr aus Nr. 25200 KV sind Vertretungsbescheinigungen zu Ge-   **5** sellschaften, Vereinen oder Genossenschaften aufgrund Einsicht in das elektronisch geführte Handels-, Vereins- oder Genossenschaftsregister (§ 21 Abs. 1 Nr. 1 BNotO).

Die Aufnahme solcher Bescheinigungen in eine Urkunde ist selbst dann kostenrechtlich sachgerecht, wenn   **6** diese Urkunde beim Grundbuchamt **desselben Amtsgerichts** zum Grundbuchvollzug eingereicht wird, das auch das betreffende Handelsregister führt (Vermeidung von Verzögerung).[3]

II. Mehrheit von Bescheinigungen

Nr. 25200 KV ist grds. für **jede Bescheinigung iSd § 21 Abs. 1 BNotO einzeln** zu erheben. Dies ergibt sich   **7** (jedenfalls mittelbar) daraus, dass der Gesetzgeber die **Höhe der Gebühr ausschließlich von der Zahl der einzusehenden Registerblätter abhängig** macht. Anderes hätte der Gesetzgeber bspw durch eine entsprechende Vorbemerkung oder Anmerkung regeln können. Da er für Nr. 25200 KV (im Unterschied zu seiner Vorgehensweise bei zahlreichen anderen Gebührentatbeständen) auf solche ergänzenden Regelungen verzichtet hat, ist anzunehmen, dass es sich insoweit um eine bewusste Entscheidung handelt.

Geht es also zB um den **Vertretungsnachweis für eine GmbH & Co. KG**, fällt die Gebühr Nr. 25200 KV   **8** zweifach an: Zum einen ist das Registerblatt für die Komplementär-GmbH einzusehen und zum anderen dasjenige für die Kommanditgesellschaft; über beides ist eine Bescheinigung iSd § 21 Abs. 1 Nr. 1 BNotO zu erstellen. Die Gebühr ist demgemäß nicht etwa deshalb nur einfach in Ansatz zu bringen, weil die betreffende Bescheinigung für das Verhältnis zum Vertragspartner unmittelbar lediglich bzgl der Kommanditgesellschaft Bedeutung hat.

---

1 BR-Drucks 517/12, S. 348.   **2** Korintenberg/*Fackelmann*, Nr. 25200 KV Rn 1.   **3** *Filzek*, KostO, § 150 Rn 2 (Vorgängervorschrift).

9   Die in → Rn 8 genannten Grundsätze bedeuten außerdem, dass – selbst wenn die Vertretungsbescheinigungen im Rahmen einer „einheitlichen" Vertragsbeurkundung erforderlich sind (zB wenn bei einem Kaufvertrag sowohl auf Seiten des Veräußerers als auch auf Seiten des Erwerbers Gesellschaften stehen) – die Gebühr **für jede Gesellschaft**, deren Vertretungsverhältnisse in diesem Zusammenhang zu bescheinigen sind, **einzeln** zu erheben ist. Verkauft zB eine GmbH & Co. KG ein Grundstück an eine andere GmbH & Co. KG, fällt die Gebühr Nr. 25200 KV insgesamt vierfach an: zweifach für die Vertretungsbescheinigungen der Verkäufer-Gesellschaft und ebenfalls zweifach für die Vertretungsbescheinigung bei der Käufer-Gesellschaft.

10   Keinen Unterschied für die Gebührenhöhe macht es demgegenüber, ob bei einer Gesellschaft **Einzel- oder Gesamtvertretung** gilt: Wird zB eine GmbH durch zwei Geschäftsführer gemeinsam vertreten, fällt für die Bescheinigung nach § 21 Abs. 1 Nr. 1 BNotO gem. Nr. 25200 KV ebenso eine einmalige Festgebühr von 15 € an, wie wenn die betreffende GmbH allein durch einen einzelvertretungsberechtigten Geschäftsführer vertreten würde.

11   Geht es allerdings darum, für ein und dieselbe Gesellschaft das Einzelvertretungsrecht mehrerer einzeln zur Vertretung berechtigter Personen zu bescheinigen, liegen inhaltlich entsprechend viele Einzelbescheinigungen nach § 21 Abs. 1 Nr. 1 BNotO vor, so dass die Gebühr Nr. 25200 KV mehrfach anfällt, und zwar in gleicher Zahl, wie die Vertreter zählen, deren Vertretungsrecht bescheinigt wird (§ 109 ist insoweit also nicht anwendbar).[4]

12   Selbständige Bescheinigung nach § 21 Abs. 1 BNotO liegen auch vor, wenn in einer einheitlichen Erklärung **sowohl Bescheinigungen nach § 21 Abs. 1 Nr. 1 als auch nach § 21 Abs. 1 Nr. 2 BNotO** enthalten sind. Kostenrechtlich fällt die Gebühr Nr. 25200 KV in diesen Fällen mehrfach an.

III. Verauslagte Gerichtsgebühren

13   Zusätzlich zur Gebühr Nr. 25200 KV kann der Notar auch die ihm durch den Abruf des elektronischen Registers nach dem JVKostG entstehenden Kosten als **verauslagte Gerichtskosten** gem. Nr. 32011 KV (weiter-)berechnen.[5]

IV. Verhältnis zu Nr. 25209 KV (Einsicht in öffentliche Register)

14   Die Gebühr Nr. 25209 KV fällt neben der Gebühr Nr. 25200 KV nicht zusätzlich an; dies ergibt sich aus der Anm. zu Nr. 25209 KV (→ Rn 3).[6]

Nr.	Gebührentatbestand	Gebühr oder Satz der Gebühr nach § 34 GNotKG – Tabelle B
25201	Rangbescheinigung (§ 122 GNotKG)	0,3

I. Allgemeines

1   Für eine Rangbescheinigung erhält der Notar die Gebühr Nr. 25201 KV. Zum Begriff „Rangbescheinigung" ist in § 122 eine **Legaldefinition** enthalten.

2   Neben der Legaldefinition zum Anwendungsbereich enthält § 122 außerdem auch die **Geschäftswertbestimmung** zur Gebühr Nr. 25201 KV. Für den praxishäufigen Fall der Rangbescheinigung zu einem neubestellten Grundpfandrecht kommt es über die Verweisung in § 122 auf § 53 Abs. 1 S. 1 an und somit auf den **Nennbetrag der Grundschuld**.

3   In der Praxis sind bei Grundpfandrechtsbestellungen teilweise auch **Bescheinigung** zu beobachten, die den **Tatbestand des § 122 nicht vollständig erfüllen** und sich bspw darauf beschränken, darüber zu berichten, dass die Einreichung der Bestellungsurkunde beim Grundbuchamt geschehen ist (ohne Prüfung des Vorliegens weiterer Anträge). Für derartige Bestätigungen („eingeschränkte Rangbescheinigung") konnte nach früherem Recht eine Gebühr erhoben werden.[1] Da in Nr. 22110 ff KV bzw. Nr. 22200 ff KV keine entspre-

---

4 So auch BDS/*Pfeiffer*, Nr. 25200 KV Rn 4 und BeckOK KostR/*Berger*, GNotKG, Nr. 25200 KV Rn 4; Korintenberg/*Fackelmann*, Nr. 25200 KV Rn 14.   **5** So auch BeckOK KostR/*Berger*, GNotKG, Nr. 25200 KV Rn 9.   **6** So auch BDS/*Pfeiffer*, Nr. 25200 KV Rn 5 und Korintenberg/*Fackelmann*, Nr. 25200 KV Rn 15.   **1** Korintenberg/*Bengel/Tiedtke*, KostO, § 147 Rn 16.

2072   NK-GK/*Leiß*

chenden Tatbestände aufgeführt sind, ist für das GNotKG davon auszugehen, dass für derartige – nicht iSd § 122 tatbestandsmäßigen – Bescheinigungen **keine Gebühr** veranschlagt werden kann.

II. Auslagen

Da Nr. 25201 KV keine Anmerkung enthält, die mit Anm. Abs. 1 zu Nr. 25205 KV vergleichbar ist, können ("Umkehrschluss") neben Nr. 25201 KV bspw auch Postauslagen gem. Nr. 32004 KV bzw Nr. 32005 KV erhoben werden.　　4

III. Mehrere Bescheinigungen

Die Gebühr Nr. 25201 KV fällt für jede Rangbescheinigung einzeln an. Die Abgrenzung erfolgt dabei "rechtsbezogen": Bescheinigt der Notar den Rang mehrerer Rechte, ist die Gebühr für jede der betreffenden Bescheinigungen unabhängig zu erheben.　　5

Um eine einheitliche Bescheinigung handelt es sich dagegen, wenn bei der Vorlage einer Gesamtgrundschuld mehrere Grundbücher (uU auch bei verschiedenen Amtsgerichten) eingesehen und hinsichtlich weiterer Anträge geprüft werden müssen.[2]　　6

Nr.	Gebührentatbestand	Gebühr oder Satz der Gebühr nach § 34 GNotKG – Tabelle B
25202	Herstellung eines Teilhypotheken-, -grundschuld- oder -rentenschuldbriefs	0,3

Gemäß § 20 Abs. 2 BNotO, § 61 Abs. 1 GBO sind Notare (neben dem Grundbuchamt) zur Erteilung von Teilhypotheken- und Teilgrundschuldbriefen zuständig. Solche „**Teilbriefe**" werden v.a. erteilt, wenn aus einem Ausgangspfandrecht ein Teilbetrag an einen neuen Gläubiger abgetreten wird. Die betreffenden materiellrechtlichen Vorschriften sind § 1152 BGB für den Teilhypothekenbrief und §§ 1192 Abs. 1, 1152 BGB für den Teilgrundschuldbrief.　　1

Für die Erteilung eines „Teilbriefs" iSv § 61 GBO erhalten Notare die Gebühr Nr. 25202 KV (Gebührensatz 0,3). Für den **Geschäftswert** ist der **Nennbetrag des betroffenen Teils** maßgeblich (§ 53 Abs. 1).[1]　　2

Erfolgen zu einem Recht **mehrere Teilabtretungen** und müssen also mehrere Teilbriefe erstellt werden, fällt die Gebühr Nr. 25202 KV für jeden Teilbrief einzeln an. Als Geschäftswert ist für die einzelnen Gebühren der jeweils abgetretene Teilbetrag maßgeblich.　　3

Ist das Pfandrecht als **Gesamtrecht an mehreren Pfandobjekten** eingetragen (zB „Gesamtgrundschuld"), ist die Erstellung eines Teilbriefs über einen abgetretenen Teilbetrag für den Notar eine **einheitliche Tätigkeit** (auch wenn mehrere Grundstücke als Pfandobjekt betroffen sind, wird nur ein Teilbrief erstellt), so dass insoweit die Gebühr Nr. 25202 KV insgesamt nur einmal aus dem abgetretenen Betrag erhoben werden kann.[2]　　4

Die Gebühr Nr. 25202 KV hat Abgeltungswirkung für sämtliche in § 61 Abs. 2 GBO beschriebenen Tätigkeiten (es fällt also nicht zusätzlich die Gebühr Nr. 25102 KV für die Herstellung und Beglaubigung der Abschrift des Stammbriefs sowie der Schuldurkunde an).[3]　　5

Auch der Vermerk auf dem bisherigen Brief (§ 61 Abs. 4 GBO) ist von Nr. 25202 KV abgegolten.[4]　　6

Auslagen – zB Nr. 32000 KV und Nr. 32011 KV – können zusätzlich zur Gebühr Nr. 25202 KV erhoben werden; anderes müsste durch eine entsprechende Anmerkung bestimmt sein (s. zB Anm. Abs. 1 zu Nr. 25205 KV).[5]　　7

---

2 Korintenberg/*Fackelmann*, Nr. 25201 KV Rn 3.　**1** Korintenberg/*Fackelmann*, Nr. 25202 KV Rn 8.　**2** Korintenberg/*Fackelmann*, Nr. 25202 KV Rn 6.　**3** Korintenberg/*Fackelmann*, Nr. 25202 KV Rn 4.　**4** Korintenberg/*Fackelmann*, Nr. 25202 KV Rn 5.　**5** Korintenberg/*Fackelmann*, Nr. 25202 KV Rn 9.

Nr.	Gebührentatbestand	Gebühr oder Satz der Gebühr nach § 34 GNotKG – Tabelle B
25203	Erteilung einer Bescheinigung über das im Inland oder im Ausland geltende Recht einschließlich von Tatsachen	0,3 bis 1,0

I. Anwendungsbereich

1 Der Anwendungsbereich von Nr. 25203 KV erfasst gutachterliche Stellungnahmen des Notars zum geltenden Recht einschließlich damit im Zusammenhang stehender Tatsachen. Der Gesetzgeber sieht einen hauptsächlichen Anwendungsfall darin, dass Notare mitunter gebeten werden, entsprechende Bescheinigungen für Beteiligte, Behörden oder Gerichte im Ausland zu erteilen, die über die in Deutschland geltende Rechtslage nicht hinreichend kundig sind, sie aber zur Grundlage einer Entscheidung (zB für eine Investition oder Kreditvergabe) machen wollen.[1]

2 Mögliche Beispiele sind also u.a. Bescheinigungen über den Gutglaubenscharakter der Eintragungen im Handelsregister oder Grundbuch für ausländische Unternehmen oder Kreditinstitute oder zur unmittelbaren Vollstreckbarkeit aus einer entsprechenden Unterwerfungserklärung in einer notariellen Urkunde. Denkbar sind solche Bescheinigungen aber auch für Gerichtsverfahren in Erb- oder Scheidungssachen vor ausländischen Gerichten unter Beteiligung deutscher Staatsangehöriger (zB über den Zusammenhang von Güterstand und Erbquote sowie zu den Rechtsfolgen einer Vermächtnisanordnung oder der Einsetzung eines Testamentsvollstreckers).

II. Nicht erfasste Bescheinigungen

3 Sog. **Lebensbescheinigungen** sind von Nr. 25203 KV nicht umfasst. Für derartige Bescheinigungen gilt vielmehr Nr. 25104 KV, wenn nicht die betreffende Urkunde in Form einer Niederschrift gem. § 36 BeurkG errichtet wird (dann Nr. 21100 KV).[2]

4 Auch die **Bescheinigung nach § 40 Abs. 2 GmbH** unterfällt nicht dem Anwendungsbereich von Nr. 25203 KV. Für solche Bescheinigungen kann der Notar nur unter den in Nr. 22200 Nr. 6 KV genannten Voraussetzungen eine Gebühr erheben;[3] außerdem ordnet Vorbem. 2.2.1.1 Abs. 1 Nr. 3 KV die Fertigung der Gesellschafterliste (§§ 8 Abs. 1 Nr. 3, 40 GmbHG) bzw. der Liste der Übernehmer (§ 57 Abs. 3 Nr. 2 GmbHG) als **Vollzugstätigkeit** ein.[4]

5 Zur sog. **Satzungsbescheinigung** bei der Änderung eines Gesellschaftsvertrags (§ 54 Abs. 1 S. 2 GmbHG, § 181 Abs. 1 AktG) s. Vorbem. 2.1 Abs. 2 Nr. 4 KV: Insoweit handelt es sich um ein **gebührenfreies Nebengeschäft** zur Beschlussbeurkundung. Nr. 25203 KV kann also keine Anwendung finden, wenn der Notar, der die Satzungsbescheinigung erstellt, auch den Gesellschafterbeschluss beurkundet hat. Anderes gilt jedoch, wenn der die Satzungsbescheinigung erstellende Notar nur die Handelsregisteranmeldung beglaubigt (dann Gebühr Nr. 25104 KV).

6 Als *leges speciales* zu Nr. 25203 KV sind außerdem Nr. 25200, 25201, 25206, 25207, 25208 und 25209 KV zu lesen; andernfalls liefen diese Vorschriften neben dem weitgefassten Wortlaut von Nr. 25203 KV leer.

III. Geschäftswert

7 Zur Frage, wie der Geschäftswert für die Gebühr Nr. 25203 KV zu bestimmen ist, enthalten die Kostenvorschrift und auch die Gesetzesbegründung keine näheren Ausführungen. Damit verbleibt es – für vermögensrechtliche Angelegenheiten – bei der **Wertfindung gem. § 36 Abs. 1**,[5] wobei idR der tatsächliche Wert des Gegenstands oder Rechtsverhältnisses, auf den sich die Bescheinigung bezieht, ausschlaggebend sein wird (ggf bestimmt mithilfe der Wertvorschriften in §§ 46 ff).

8 In nichtvermögensrechtlichen Angelegenheiten greift § 36 Abs. 2. Notfalls ist auf den Hilfswert aus § 36 Abs. 3 zurückzugreifen.

---

1 BR-Drucks 517/12, S. 349. **2** BR-Drucks 517/12, S. 348. **3** BR-Drucks 517/12, S. 337. **4** BR-Drucks 517/12, S. 332. **5** So auch BDS/*Pfeiffer*, Nr. 25203 KV Rn 4.

IV. Rahmengebühr

Nr. 25203 KV schreibt als Rahmengebühr einen Gebührensatz von 0,3 bis 1,0 vor. Die Auswahl des konkreten Gebührensatzes – § 92 Abs. 1 („billiges Ermessen") – soll nach den Vorstellungen des Gesetzgebers für die Gebühr Nr. 25203 KV v.a. daran orientiert sein, welchen Aufwand die jeweilige Bescheinigung verursacht und welchen Schwierigkeitsgrad sie aufweist.[6] **9**

Keine Rolle soll nach der Vorstellung des Gesetzgebers für die gem. § 92 zu treffende Ermessensentscheidung des Notars demgegenüber spielen, welche Haftungsrisiken für den Notar mit seiner Tätigkeit verbunden sind, welche Bedeutung die Sache hat und in welchen Einkommens- und Vermögensverhältnissen die Beteiligten leben. Diese Aspekte sieht der Gesetzgeber (jedenfalls „mittelbar") durch die Bestimmungen des GNotKG zum Geschäftswert berücksichtigt.[7] Die Ermessensausübung ist bei Einwendungen gegen die Kostenrechnung (§ 127) gerichtlich überprüfbar.[8] Ist die Bescheinigung in einer **Fremdsprache** verfasst, fällt außerdem die Gebühr nach Nr. 26001 KV an.[9] **10**

Nr.	Gebührentatbestand	Gebühr oder Satz der Gebühr nach § 34 GNotKG – Tabelle B
25204	Abgabe einer Erklärung aufgrund einer Vollmacht anstelle einer in öffentlich beglaubigter Form durch die Beteiligten abzugebenden Erklärung ...... Die Gebühr entsteht nicht, wenn für die Tätigkeit eine Betreuungsgebühr anfällt.	in Höhe der für die Fertigung des Entwurfs der Erklärung zu erhebenden Gebühr

In Nr. 25204 KV will der Gesetzgeber die sog. **Eigenurkunde** erfassen.[1] Sie kommt hauptsächlich bei Teilflächenveräußerungen und -belastungen vor und dient dort dazu, das von der Auflassung oder Belastung betroffene Grundstück grundbuchtauglich zu beschreiben, nachdem es vermessen worden ist. Ein weiterer Anwendungsfall ist, wenn der Notar bei einer Aufteilung nach § 3 oder § 8 WEG durch Eigenurkunde feststellt, dass die bescheinigten Pläne mit den vorläufigen Aufteilungsplänen übereinstimmen[2] oder wenn er in Ausübung einer sog. „Doppelvollmacht" eine familien-/betreuungsgerichtliche Genehmigung den Vertragsteilen mitteilt oder für diese entgegennimmt.[3] **1**

Für den zur Eigenurkunde zu erhebenden **Gebührensatz** und den maßgeblichen **Geschäftswert** verweist Nr. 25205 KV auf die Gebührenziffern zum Entwurf (Nr. 24100 ff KV). Damit werden idR Nr. 24102, 21101 KV einschlägig sein, so dass die **Rahmengebühr** 0,3 bis 0,5 beträgt (Mindestgebühr 30 €). Die Auswahl des konkreten Gebührensatzes aus dem Gebührenrahmensatz bestimmt sich nach § 92 (→ Nr. 24100 KV Rn 64 ff). Für die Wertbestimmung (§ 119) gilt zB: **2**

- bei der Identitätsfeststellung zu einem Grundpfandrecht § 53 Abs. 1;
- bei der Feststellung des belasteten oder berechtigten Grundstücks aus einer Dienstbarkeit § 52;
- für die Auflassung einer verkauften Teilfläche § 47.

In der Lit. wird dazu vertreten, dass häufig ein Teilwert anzusetzen sein wird, weil durch Eigenurkunde keine Rechtsverhältnisse begründet werden (Beispiel: Identitätsfeststellung nach Vermessung zur katastermäßigen Bezeichnung: 10–20 % des Werts des betroffenen Grundstücks).[4] Außerdem heißt es, eine Eigenurkunde sei „begriffsnotwendig ‚vollständig erstellt'" (§ 92 Abs. 2), weshalb stets der höchste Rahmengebührensatz anzuwenden sei.[5]

Aus der **Anm.** zu Nr. 25204 KV folgt für die sog. **Bewilligungslösung** zur Auflassungsüberwachung bei Kaufverträgen, dass neben der Betreuungsgebühr (Nr. 22200 Nr. 3 KV) die Gebühr Nr. 25204 KV nicht zusätzlich anfällt. **3**

---

6 BR-Drucks 517/12, S. 349. **7** BR-Drucks 517/12, S. 260. **8** Korintenberg/*Fackelmann*, Nr. 25203 KV Rn 9. **9** BDS/*Pfeiffer*, Nr. 25203 KV Rn 4. **1** BR-Drucks 517/12, S. 349. **2** BeckOK KostR/*Berger*, GNotKG, Nr. 25204 KV Rn 6. **3** Korintenberg/*Fackelmann*, Nr. 25204 KV Rn 11. **4** BeckOK KostR/*Berger*, GNotKG, Nr. 25204 KV Rn 15 f; Korintenberg/*Fackelmann*, Nr. 25204 KV Rn 20. **5** Korintenberg/*Fackelmann*, Nr. 25204 KV Rn 16.

Nr.	Gebührentatbestand	Gebühr oder Satz der Gebühr nach § 34 GNotKG – Tabelle B
25205	Tätigkeit als zu einer Beurkundung zugezogener zweiter Notar .... (1) Daneben wird die Gebühr 26002 oder 26003 nicht erhoben. (2) Der zuziehende Notar teilt dem zugezogenen Notar die Höhe der von ihm zu erhebenden Gebühr für das Beurkundungsverfahren mit.	in Höhe von 50 % der dem beurkundenden Notar zustehenden Gebühr für das Beurkundungsverfahren

I. Allgemeines

1 Wird ein Notar **zu einer Beurkundung als zweiter Notar hinzugezogen**, erhält er dafür die Gebühr Nr. 25205 KV. Beurkundungsrechtlich sind die betreffenden Fälle in §§ **22, 25, 29 BeurkG** geregelt. Der zugezogene Notar ist in diesen Fällen nicht Urkundsperson, sondern amtlicher Zeuge.[1] Die Gebühr fällt unabhängig davon an, ob die Hinzuziehung mit oder ohne Verlangen der Beteiligten geschah.

2 Die Gebühr Nr. 25205 KV beträgt die Hälfte der dem „Hauptnotar" für das Beurkundungsverfahren zustehenden Gebühr.

3 Eine Zusatzgebühr für Tätigkeiten außerhalb der Amtsstelle (Nr. 26002 KV bzw Nr. 26003 KV) fällt daneben nicht an, wie sich aus Anm. Abs. 1 zu Nr. 25205 KV ergibt.[2]

4 Auslagen (Nr. 32000 ff KV) kann der zugezogene Notar nach dem Willen des Gesetzgebers aber verlangen.[3] Damit kann der Zweitnotar zB Fahrtkosten (Nr. 32006 KV bzw. Nr. 32007 KV) ansetzen und außerdem Tage- und Abwesenheitsgeld nach KV 32008 KV.

5 Der „Hauptnotar" selbst (also derjenige Notar, der den zweiten Notar zur Beurkundung hinzuzieht), erhält für die Zuziehung **keine zusätzliche Gebühr**.[4]

II. Gläubiger und Schuldner

6 **Gläubiger** der Gebühr Nr. 25205 KV ist der hinzugezogene Notar;[5] **Kostenschuldner** nach eindeutig erklärtem gesetzgeberischen Willen der Hauptnotar (also ausdrücklich nicht die Beteiligten als Kostenschuldner des Beurkundungsverfahrens).[6] Zur Begründung stellt der Gesetzgeber fest, zwischen den Beteiligten und dem hinzugezogenen Notar bestehe kein Auftragsverhältnis.[7] Der **Zweitnotar hat die Gebühr Nr. 25205 KV also beim Hauptnotar zu erheben** (einschließlich etwaiger Auslagen, → Rn 4). Teilweise wird zu den Fällen des § 29 BeurkG zwischenzeitlich aber auch vertreten, dass die Beteiligten Kostenschuldner sind, wenn der zweite Notar auf deren Verlangen zugezogen wurde (arg.: insoweit besteht zwischen den Beteiligten und dem zweiten Notar – anders als in den Fällen der §§ 22, 25 – eine unmittelbare Auftragsbeziehung).[8]

7 Für den Hauptnotar ist die Gebühr des Zweitnotars aus Nr. 25205 KV **Auslage**, die er nach Nr. 32010 KV an den Kostenschuldner des Beurkundungsverfahrens in voller Höhe weitergeben kann.

III. Auskunftsanspruch (Anm. Abs. 2)

8 In Abs. 2 der Anm. zu Nr. 25205 KV schafft der Gesetzgeber einen Auskunftsanspruch des Zweitnotars gegen den Hauptnotar und will dem Zweitnotar dadurch die Voraussetzungen dafür geben, dass er die Gebühr Nr. 25205 KV berechnen kann.

IV. Einschränkende Auslegung

9 Der Wortlaut von Nr. 25205 KV enthält keine Einschränkung dahin gehend, dass die Zuziehung des zweiten Notars von einem **sachlichen Grund** getragen sein muss. Auch die Gesetzesbegründung enthält keine entsprechenden Hinweise. Unabhängig davon wird jedoch jedenfalls nach allgemeinen Grundsätzen davon auszugehen sein, dass die Gebühr Nr. 25205 KV nicht erhoben werden kann, wenn die Zuziehung als **miss-**

---

1 BeckOK KostR/*Berger*, GNotKG, Nr. 25205 KV Rn 1. **2** Die Gesetzesbegründung erwähnt zwar, dass auch die Unzeitgebühr nicht angesetzt werden könne (BR-Drucks 517/12, S. 350), jedoch ist der betreffende Kostentatbestand (Nr. 26000 KV) in Abs. 1 der Anm. zu Nr. 25205 KV nicht aufgeführt. **3** BR-Drucks 517/12, S. 350. **4** BR-Drucks 517/12, S. 349. **5** BR-Drucks 517/12, S. 350. **6** BR-Drucks 517/12, S. 350. **7** BR-Drucks 517/12, S. 350. **8** BeckOK KostR/*Berger*, GNotKG, Nr. 25205 KV Rn 13.

bräuchlich anzusehen ist (also nur deshalb erfolgt, um diesen Gebührentatbestand zu verwirklichen). Abzugrenzen kann Nr. 25205 KV auch von Fällen sein, in denen außerhalb des Anwendungsbereichs von § 29 BeurkG ein zweiter Notar zugezogen wird. Hier kommt – zB in Beratungssituationen – in Betracht, dass ein unmittelbares Auftragsverhältnis zwischen den Beteiligten und dem betreffenden zweiten Notar besteht, so dass zB Nr. 24200 ff KV separat einschlägig sind.[9]

Nr.	Gebührentatbestand	Gebühr oder Satz der Gebühr nach § 34 GNotKG – Tabelle B
25206	Gründungsprüfung gemäß § 33 Abs. 3 des Aktiengesetzes	1,0 – mindestens 1.000,00 €

Übernimmt der Notar bei Gründung einer Aktiengesellschaft gem. § 33 Abs. 3 AktG die Gründungsprü- **1** fung, erhält er dafür die Gebühr Nr. 25206 KV mit einem Gebührensatz von 1,0. Der Geschäftswert bestimmt sich dabei grds. nach § 123 und berechnet sich also nach der **Summe aller Einlagen**. Gemäß § 123 S. 2 ist der Geschäftswert auf den **Höchstbetrag** von 10 Mio. € gedeckelt.

Jedoch gilt für die Bestimmung des Geschäftswerts § 123 nicht uneingeschränkt: Nr. 25206 KV schreibt **2** eine **Mindestgebühr** vor. Sie beträgt 1.000 €. Im Ergebnis wird sich daher für viele Gründungsvorgänge ergeben, dass die Gebühr Nr. 25206 KV deutlich über demjenigen Betrag liegt, der anzusetzen wäre, wenn Nr. 25206 KV, § 123 ohne Mindestgebühr zum Tragen käme.[1] Insoweit handelt es sich um eine bewusste Wertentscheidung des Gesetzgebers, der argumentiert, dass sich sonst ein Gebührenniveau ergebe, das „weit unter dem eines freiberuflichen Gründungsprüfers liegen würde", weshalb die Mindestgebühr „unverzichtbar" sei.[2] Die Gebühr **entsteht** mit Fertigstellung der Gründungsprüfung.[3]

Nr.	Gebührentatbestand	Gebühr oder Satz der Gebühr nach § 34 GNotKG – Tabelle B
25207	Erwirkung der Apostille oder der Legalisation einschließlich der Beglaubigung durch den Präsidenten des Landgerichts	25,00 €
25208	Erwirkung der Legalisation, wenn weitere Beglaubigungen notwendig sind: Die Gebühr 25207 beträgt	50,00 €

I. Allgemeines

Holt der Notar zu seiner Unterschrift eine **Apostille** (bei Verwendung der Urkunde in einem Mitgliedstaat **1** des Haager Übereinkommens vom 5.10.1961 zur Befreiung ausländischer öffentlicher Urkunden von der Legalisation) oder **Legalisation** ein, erhält er dafür aus Nr. 25207 KV eine **Festgebühr** iHv 25 €.

Keinen Unterschied macht, ob die Apostille bzw Legalisation zu einem Beglaubigungsvermerk eingeholt wird oder zu einer vor dem Notar errichteten Urkunde.[1] Die jeweilige Festgebühr gilt sämtliche in diesem Zusammenhang anfallenden Tätigkeiten ab und umfasst bspw die Vorprüfung, welche der Form der Echtheitsbestätigung benötigt wird, die Zuleitung der Urkunde an die zuständige Behörde, die Rücklaufüberwachung und die Aushändigung der erwirkten Echtheitsbestätigung an den Antragsteller einschließlich des gesamten dabei zu führenden Schriftverkehrs.[2]

---

9 Korintenberg/*Fackelmann*, Nr. 25205 KV Rn 11. **1** BR-Drucks 512/12, S. 350. **2** BR-Drucks 517/12, S. 350. **3** Korintenberg/*Fackelmann*, Nr. 25205 KV Rn 6 (mit Hinweisen auch zur Rechtslage, wenn ein Prüfungsbericht aufgrund von Meinungsverschiedenheiten zwischen dem Notar und den Gründern nicht erstattet wird). **1** BDS/*Pfeiffer*, Nr. 25207, 25208 KV Rn 2. **2** BDS/*Pfeiffer*, Nr. 25207, 25208 KV Rn 3.

II. Legalisation mit oder ohne Endbeglaubigung

2   Bei Erholung einer Legalisation (idR vorgenommen von den Konsularbehörden des Verwendungsstaates) ist mit der Gebühr **Nr. 25207 KV** auch abgegolten, dass zunächst die **Zwischenbeglaubigung durch den Landgerichtspräsidenten** zu bewirken ist (Regelfall).[3]

3   Müssen für die Legalisation jedoch neben der Zwischenbeglaubigung durch den Landgerichtspräsidenten noch **weitere Beglaubigungen** erwirkt werden, zB die sog. **Endbeglaubigung** durch das Bundesverwaltungsamt,[4] fällt an Stelle der Gebühr aus Nr. 25207 KV diejenige aus **Nr. 25208 KV** an. Diese Festgebühr beträgt 50 €.

III. Erledigung durch die Beteiligten selbst

4   Die Einholung der betreffenden Echtheitsbestätigung muss **im Auftrag der Beteiligten** geschehen. Holen die Beteiligten die Bestätigung selbst ein, fällt die Gebühr aus Nr. 25207 bzw 25208 KV nicht an.[5]

IV. Auslagen, Verhältnis zu Nr. 22124 KV

5   Keine Äußerung enthält die Gesetzesbegründung zur Frage, ob neben der jeweiligen Festgebühr auch **Auslagen** (zB Postauslagen für die erforderlichen An- und Übersendungsschreiben, ggf per Einschreiben) verlangt werden können. Da im gleichen Abschnitt des Kostenverzeichnisses (Abschnitt 2) bspw Nr. 25206 KV eine ausdrücklich Regelung über den Ausschluss bestimmter Auslagentatbestände enthält (Anm. Abs. 1 zu Nr. 25206 KV), entsprechende Regelungen in Nr. 25207 KV bzw in Nr. 25208 KV aber fehlen, scheint vertretbar, Nr. 32004 KV bzw Nr. 32005 KV neben den hier besprochenen Festgebühren anzuwenden.[6] – Teilweise wird in der Lit. vertreten, auch **Nr. 22124 KV** sei von Nr. 25207, 25208 KV **nicht verdrängt**.[7] Dies kann jedenfalls dann nicht zutreffend sein, wenn sich die Antragstätigkeit des Notars darauf beschränkt, bei der zuständigen Stelle die Echtheitsbestätigung zu beantragen. Zwar findet sich in der Gesetzesbegründung keine ausdrückliche entsprechende Stellungnahme,[8] so dass wohl zu vermuten steht, dass der Gesetzgeber das mögliche Konkurrenzverhältnis nicht gesehen hat. Klargestellt ist in der Gesetzesbegründung aber, dass es Grund für die Einführung der Nr. 25207, 25208 KV war, den Notar – anders als nach früherem Recht – für seinen Aufwand bei der Einholung einer Apostille oder Legalisation zu entlohnen.[9] Das kann nur anders nicht anders zu verstehen sein, als dass der Gesetzgeber von einer Abgeltungswirkung der Nr. 25207, 25208 KV ausgegangen ist: Wären die betreffenden Tätigkeiten bereits von Nr. 22124 KV erfasst, hätte es der Einführung der Nr. 25207, 25708 KV nicht bedurft, um das gerade genannte gesetzgeberische Ziel zu erreichen.

Nr.	Gebührentatbestand	Gebühr oder Satz der Gebühr nach § 34 GNotKG – Tabelle B
25209	Einsicht in das Grundbuch, in öffentliche Register und Akten einschließlich der Mitteilung des Inhalts an den Beteiligten .... Die Gebühr entsteht nur, wenn die Tätigkeit nicht mit einem gebührenpflichtigen Verfahren oder Geschäft zusammenhängt.	15,00 €

I. Allgemeines

1   Nimmt der Notar antragsgemäß Einsicht in das Grundbuch, ein öffentliches Register (zB **Handels-, Vereins- oder Genossenschaftsregister**) oder eine öffentliche Akte (zB in die beim Handelsregister geführte elektronische **Registerakte** in Gesellschaftssachen oder in die **Nachlassakte**, ebenso in Grundbuchangelegenheiten bei Einsicht in die **Grundakte**) und macht dem Auftraggeber Mitteilung über den jeweiligen Inhalt, erhält er grds. (→ Rn 3) die Gebühr Nr. 25209 KV. – Beschränkt sich die „Mitteilung" darauf, einen **Abdruck**

3 So neben dem Wortlaut der Kostenvorschrift auch die Gesetzesbegründung: BR-Drucks 517/12, S. 350. **4** S. zum Legalisationsverfahren näher die Darstellung bei: *Zimmermann*, in: Beck'sches Notar-Handbuch, Teil H Rn 250. **5** BR-Drucks 517/350. **6** So auch BeckOK KostR/*Berger*, GNotKG, Nr. 25207 KV Rn 9. **7** BDS/*Pfeiffer*, Nr. 25207, 25208 KV Rn 4. **8** BR-Drucks 517/12, S. 350 f. **9** BR-Drucks 517/12, S. 351.

aus dem Grundbuch oder Register zu übersenden, ist nicht Nr. 25209 KV einschlägig, sondern Nr. 25210 ff KV.[1]

Die Gebühr beträgt fest 15 € (**Festgebühr**). Dementsprechend hat für diese Gebühr keine Bedeutung, welchen Geschäftswert die vorgenommene Einsicht oder Mitteilung hat und welches Haftungsrisiko mit ihr für den Notar verbunden ist.   2

Die Gebühr Nr. 25209 KV fällt allerdings nicht regelmäßig an. Vielmehr ergibt sich aus der **Anm.** zu Nr. 25209 KV, dass sie nur dann erhoben werden darf, wenn es sich um eine "**selbstständig**" bzw "**isoliert**" **vorzunehmende Einsicht oder Mitteilung** handelt. Steht die Einsicht oder Mitteilung dagegen im Zusammenhang mit einem gebührenpflichtigen Verfahren oder Geschäft, fällt die Gebühr Nr. 25209 KV nicht zusätzlich an. Nimmt also bspw der Notar auf Grundlage der Einsicht in das Grundbuch oder Handelsregister eine **Beurkundung** vor oder fertigt (bzw überprüft) er einen Entwurf, verbleibt es bei den für diese Tätigkeiten zu erhebenden Gebühren; Nr. 25209 KV wird insoweit "verdrängt".[2]   3

Verdrängende Wirkung haben gegenüber Nr. 25209 KV außerdem **Vollzugs- oder Betreuungsgebühren**, Nr. 22110 ff KV und Nr. 22200 f KV. Deshalb fällt die Gebühr Nr. 25209 KV auch dann nicht an, wenn der Notar zwar nur die Unterschrift zu einer nicht von ihm entworfenen oder überprüften Erklärung beglaubigt (zB bzgl der Eigentümerzustimmung zu einer Löschungsbewilligung für ein Grundpfandrecht, Nr. 25100 KV), er für den Eigentümer aber zugleich den Grundbuchvollzug der Löschung besorgen und überwachen soll (Nr. 22122 bzw 22124 KV).   4

Auch wenn der Notar aufgrund der Einsicht eine **Bescheinigung nach § 21 Abs. 1 BNotO** erteilt, ist die Gebühr Nr. 25209 KV ausgeschlossen; die Gebühr Nr. 25200 KV geht insoweit vor.[3]   5

Einschlägig ist Nr. 25209 KV dagegen, wenn die Grundbucheinsicht zu einer **Unterschriftsbeglaubigung** für eine Erklärung erfolgt, zu der vom Notar weder der Entwurf gefertigt wurde noch der Notar den Entwurf überprüft oder ergänzt hat und er von den Beteiligten auch nicht mit dem Grundbuchvollzug betraut wird. In diesen Fällen lässt sich mit der Einsicht zwar möglicherweise Aufschluss darüber erlangen, ob die Erklärung überhaupt durchführbar ist (zB bei einer Unterschriftsbeglaubigung zu einer Dienstbarkeitsbestellung für ein Energieversorgungsunternehmen). Für das konkret vorgenommene notarielle Geschäft (Identitätsbestätigung durch Unterschriftsbeglaubigung) hat die Einsicht und Mitteilung in diesen Fällen jedoch keine unmittelbare vorbereitende oder fördernde Wirkung; es handelt sich in diesem Fall also um eine iSv Nr. 25209 KV "isolierte" Einsicht (str).[4]   6

II. Mehrere Einsichten bzw Mitteilungen

Sieht der Notar auftragsgemäß mehrere Grundbücher, Register oder Akten ein, fällt die Gebühr aus Nr. 25209 KV **mehrfach** an. Anders als bei Nr. 25200 KV ist dies in Nr. 25209 KV zwar nicht ausdrücklich angeordnet. Jedoch ergäbe sich bei anderer Lesart eine Privilegierung für denjenigen, der mehrere Einsichten in einem Auftrag zusammenfasst, gegenüber demjenigen, der die betreffenden Einsichten (zeitlich) getrennt voneinander beantragt. Ein sachlicher Grund für eine solche Privilegierung ist nicht ersichtlich, zumal sich die vom Notar in den beiden Fällen zu erbringende Leistung nicht unterscheidet.   7

Anders ist aber der Fall zu beurteilen, dass im Rahmen eines Auftrags zur Einsicht zwar mehrere Register oder Akten einzusehen sind, sich der Auftrag aber insgesamt nur auf einen **einheitlichen Gegenstand** beschränkt. Beispiele: Für die Auskunft zu einer Gesamtgrundschuld müssen mehrere Grundbuchblätter eingesehen werden; zur Ermittlung des Inhalts einer Dienstbarkeit bedarf es der Einsicht sowohl ins Grundbuchblatt als auch in die Grundakten.[5]   8

III. Auslagen und Dokumentenpauschale

Die für die vorgenommene Einsicht **verauslagten Gerichtsgebühren** können neben der Gebühr Nr. 25209 KV in Rechnung gestellt werden, so zB die nach dem JVKostG zu entrichtenden Gebühren für den Abruf von Grundbuch- oder Handelsregisterdaten (Nr. 32011, 32015 KV).[6] Außerdem können nach Nr. 32004 KV bzw Nr. 32005 KV auch **Entgelte für Post- oder Telekommunikationsdienstleitungen** weiterberechnet werden.[7]   9

---

1 Nr. 25210–25213 KV wurden eingefügt mWz 1.9.2013 durch das Gesetz zur Übertragung von Aufgaben im Bereich der freiwilligen Gerichtsbarkeit auf Notare v. 26.6.2013 (BGBl. I 1800), Letzteres wiederum geänd. d. Art. 44 des 2. KostRMoG v. 23.7.2013 (BGBl. I 2586, 2709). **2** So auch BeckOK/*Berger*, GNotKG, Nr. 25209 KV Rn 7 f. **3** Zust. BeckOK KostR/*Berger*, GNotKG, Nr. 25209 KV Rn 11. **4** Zust. BeckOK KostR/*Berger*, GNotKG, Nr. 25209 KV Rn 8; aA BDS/*Pfeiffer*, Nr. 25209 KV Rn 2; wie hier außerdem Korintenberg/*Fackelmann*, Nr. 25209 KV Rn 11. **5** BDS/*Pfeiffer*, Nr. 25209 KV Rn 4. **6** So auch BDS/*Pfeiffer*, Nr. 25209 KV Rn 5. **7** BeckOK KostR/*Berger*, GNotKG, Nr. 25209 KV Rn 17.

10   Der Gegenschluss zur Anm. zu Nr. 25211 KV zeigt, dass im Anwendungsbereich von Nr. 25209 KV auch zulässig sein muss, die **Dokumentenpauschale** nach Nr. 32000 KV zu erheben.[8]

Nr.	Gebührentatbestand	Gebühr oder Satz der Gebühr nach § 34 GNotKG – Tabelle B
	Erteilung von Abdrucken aus einem Register oder aus dem Grundbuch auf Antrag oder deren beantragte Ergänzung oder Bestätigung:	
25210	– Abdruck	10,00 €
25211	– beglaubigter Abdruck	15,00 €
	Neben den Gebühren 25210 und 25211 wird keine Dokumentenpauschale erhoben.	
	Anstelle eines Abdrucks wird in den Fällen der Nummern 25210 und 25211 die elektronische Übermittlung einer Datei beantragt:	
25212	– unbeglaubigte Datei	5,00 €
25213	– beglaubigte Datei	10,00 €
	Werden zwei elektronische Dateien gleichen Inhalts in unterschiedlichen Dateiformaten gleichzeitig übermittelt, wird die Gebühr 25212 oder 25213 nur einmal erhoben. Sind beide Gebührentatbestände erfüllt, wird die höhere Gebühr erhoben.	

I. Allgemeines

1   Mit dem Gesetz zur Übertragung von Aufgaben im Bereich der freiwilligen Gerichtsbarkeit auf Notare vom 26.6.2013[1] wurde die Zuständigkeit des Notars zur Erteilung von („isolierten") Abdrucken aus dem Grundbuch sowie aus anderen Registern (Beispiele: Handels-, Vereins- oder Genossenschaftsregister, Schiffsregister) klargestellt und ergänzt (s. insb. § 133 a GBO);[2] in Nr. 25210–25213 KV ist die kostenrechtliche Seite dieser Tätigkeiten erfasst.[3]

II. Tatbestandliche Voraussetzungen

2   Nr. 25210–25213 KV setzen zunächst voraus, dass der Notar **auf Antrag** in Papierform (oder in elektronischer Form als Datei) einen Abdruck aus dem Grundbuch oder einem anderen Register fertigt. Dieser Antrag kann nach allgemeinen kostenrechtlichen Grundsätzen (§ 29) ausdrücklich oder konkludent gestellt sein.[4] – Weitere Tatbestandsvoraussetzung ist, dass der Abdruck **erteilt** sein muss, also dass der Abdruck für den Antragsteller bestimmt und ihm zugegangen ist.[5] (Schon tatbestandsmäßig) Nicht einschlägig sind Nr. 25210 ff KV daher, wenn der Notar zwar das Grundbuch zur Vorbereitung einer Beurkundung einsieht und überprüft (zB um einen Kaufvertrag über ein Grundstück zu entwerfen), den betreffenden „Grundbuchauszug" sodann den Vertragsteilen aber nicht zur Verfügung stellt (idR gibt es bei der Vorbereitung eines Grundstückskaufvertrags keinen auf die Übermittlung des Grundbuchauszugs gerichteten Auftrag der Vertragsteile; s. zu diesem Beispiel außerdem die in Vorbem. 2.1 Abs. 1 KV angeordnete Abgeltungswirkung des Beurkundungsverfahrens).

3   Eine Regelung, die der Anm. zu Nr. 25209 KV entspricht, ist zu Nr. 25210 ff KV nicht vermerkt. Die Gebühren Nr. 25210 ff KV können also auch dann erhoben werden, wenn die Abdruckerteilung mit einem anderen gebührenpflichtigen notariellen Verfahren oder Geschäft zusammenhängt oder wenn der Abdruck bei Gelegenheit eines anderen Verfahrens oder Geschäfts erteilt wird;[6] vorausgesetzt allerdings, der Tatbestand der Nr. 25210 ff KV ist – anders als in dem in → Rn 2 genannten Beispiel – verwirklicht und es greift auch nicht die in Vorbem. 2.1 Abs. 1 KV angeordnete Abgeltungswirkung des Beurkundungsverfahrens ein.

---

8 So auch BeckOK KostR/*Berger*, GNotKG, Nr. 25209 KV Rn 17. **1** BGBl. 2013 I 1800; dieses Gesetz wurde geänd. d. Art. 44 des 2. KostRMoG v. 23.7.2013 (BGBl. I 2586, 2709). **2** Zur Bedeutung dieser Neuregelung s. *Preuß*, DNotZ 2013, 740, 750 f. **3** BDS/*Diehn*, Nr. 25210–25213 KV Rn 3. **4** BDS/*Diehn*, Nr. 25210–25213 KV Rn 4. **5** BDS/*Diehn*, Nr. 25210–25213 KV Rn 5. **6** BDS/*Diehn*, Nr. 25210–25213 KV Rn 6.

III. Einzelheiten zur Gebührenhöhe

Die vom Notar zu erhebenden Gebühren sind abhängig davon, in welcher Form der Abdruck dem Antrag- 4 steller zur Verfügung gestellt wird. Geschieht die Übermittlung in elektronischer Form (Nr. 25212, 25213 KV), ist dies günstiger, als wenn die Papierform gewählt wird (Nr. 25210, 25211 KV). – Weiter wird in Nr. 25210 ff KV jeweils danach unterschieden, ob es sich um einen **einfachen** oder einen **beglaubigten Ausdruck** (bzw eine unbeglaubigte oder elektronisch beglaubigte Datei) handelt; die beglaubigte Form löst jeweils höhere Gebühren aus. Zum **Grundbuchauszug** ist insoweit in § 85 GBV eine Erleichterung vorgesehen: Ausreichend für die Herstellung eines beglaubigten Abdrucks iSv Nr. 25211 KV ist, dass der Notar das betreffende Grundbuchblatt mit der Aufschrift „Abdruck" kennzeichnet, außerdem das Datum des Abrufs der Grundbuchdaten vermerkt sowie den Abdruck mit seinem Siegel versieht und unterzeichnet.[7]

Neben den in Nr. 25210 ff KV genannten Gebühren ist der Notar berechtigt, auch die angefallenen **Abruf-** 5 **kosten** zu erheben, Nr. 32011 KV (zB 8,00 € je Grundbuchauszug bzw 4,50 € je Handelsregisterauszug).[8] Eine **Dokumentpauschale**, Nr. 32000 ff KV, kann der Notar dagegen nur geltend machen, wenn die Übermittlung in elektronischer Form geschieht, s. Anm. zu Nr. 25210, 25211 KV; der dortige Ausschluss betrifft Nr. 32002 KV bei der Übermittlung von Dateien (1,50 € je Datei) nicht.[9]

Da die beim Notar nach Nr. 25210 ff KV zu entrichtenden Gebühren (anders als die Gebühren des Grund- 6 buchamts) mit Umsatzsteuer belastet sind (und beim Grundbuchamt auch die Abrufgebühr nicht gesondert anfällt), ergibt ein Gebührenvergleich, dass idR beim Grundbuchamt für die Erteilung entsprechender Abdrucke niedrigere „Bruttovollkosten" anfallen als beim Notar (bspw entsteht beim Grundbuchamt für den amtlichen Ausdruck in Papierform eine Gesamtgebühr von 20 €, wohingegen der Notar 27,37 € zu berechnen hätte).[10]

IV. Konkurrenzfragen

Nr. 25210 ff KV verdrängen in ihrem Anwendungsbereich **Nr. 25209 KV**; für die Erteilung von Grund- 7 buch- und Registerabschriften sind Nr. 25210 ff KV gebührenrechtliche Spezialvorschriften.[11] **Nr. 25102 KV** („Beglaubigung von Dokumenten") hat – jedenfalls für beglaubigte Grundbuchauszüge – neben Nr. 25211 KV wohl keinen eigenständigen Anwendungsbereich, da gem. § 85 Abs. 2 GBV der notarielle Abdruck des Grundbuchs einem amtlichen Ausdruck bereits dann gleichsteht, wenn er mit dem Amtssiegel des Notars versehen und vom Notar unterschrieben ist (→ Rn 4).[12]

Wird neben dem Abdruck eines Handelsregisterblattes auch beantragt, eine Bescheinigung iSv § 21 Abs. 1 8 Nr. 1 oder 2 BNotO zu erteilen, ist **Nr. 25200 KV** neben Nr. 25210 ff KV anwendbar.[13] Zu **Nr. 32000 ff KV** (Auslagen) → Rn 5.

Nr.	Gebührentatbestand	Gebühr oder Satz der Gebühr nach § 34 GNotKG – Tabelle B
25214	Erteilung einer Bescheinigung nach § 21 Abs. 3 BNotO	15,00 €

Gemäß **§ 21 Abs. 3 BNotO**[1] kann der Notar Bescheinigungen „über eine durch Rechtsgeschäft begründete 1 Vertretungsmacht" ausstellen; eingesetzt werden können derartige Bescheinigungen bspw, um im Grundbuch- oder Handelsregisterverfahren das Bestehen und die Reichweite einer rechtsgeschäftlich erteilten Vollmacht nachzuweisen (§ 34 GBO bzw § 12 Abs. 1 S. 3 HGB). Ein solcher förmlicher Nachweis einer (nicht aus öffentlichen Registern belegbaren, sondern aus Rechtsgeschäft abgeleiteten) Bevollmächtigung war vor Einführung des § 21 Abs. 3 BNotO nur dadurch möglich, dass für das Grundbuchverfahren eine beglaubigte Abschrift der Vollmachtsurkunde vorgelegt wurde, verbunden mit einer Bestätigung des Notars, wonach ihm die Ausfertigung oder Urschrift der Vollmachtsurkunde (§ 172 BGB) zu einem bestimmten Zeitpunkt vorgelegen hat.[2]

7 BDS/*Diehn*, Nr. 25210–25213 KV Rn 2.   **8** BDS/*Diehn*, Nr. 25210–25213 KV Rn 8.   **9** BDS/*Diehn*, Nr. 25210–25213 KV Rn 16.   **10** BDS/*Diehn*, Nr. 25210–25213 KV Rn 10.   **11** BDS/*Diehn*, Nr. 25210–25213 KV Rn 13.   **12** BDS/*Diehn*, Nr. 25210–25213 KV Rn 14.   **13** BDS/*Diehn*, Nr. 25210–25213 KV Rn 15.   **1** Eingeführt durch das Gesetz zur Übertragung von Aufgaben im Bereich der freiwilligen Gerichtsbarkeit auf Notare v. 26.6.2013 (BGBl. I 1800), Letzteres wiederum geänd. d. Art. 44 des 2. KostRMoG v. 23.7.2013 (BGBl. I 2586, 2709).   **2** Zur Bedeutung der Neuregelung des § 21 Abs. 3 BNotO s. ausf. *Preuß*, DNotZ 2013, 740, 747 f.

2   Bei **mehreren Bescheinigungen** iSd § 21 Abs. 3 BNotO fällt die Gebühr aus Nr. 25214 KV für jede Bescheinigung gesondert an; es handelt sich um eine Aktgebühr, die jeweils getrennt für jede aus einer Vollmacht sich ergebende (und bescheinigte) Vertretungsmacht einzeln erhoben werden kann.[3] Die Gebühr Nr. 25214 KV fällt deshalb auch dann mehrfach an, wenn mehrere Vertreter handeln oder die Vertretungsmacht auf mehreren Urkunden beruht ("gestaffelte Vertretung", in der Praxis häufig bei verzweigten Großunternehmen zu beobachten).[4]

Abschnitt 3
Verwahrung von Geld, Wertpapieren und Kostbarkeiten

Nr.	Gebührentatbestand	Gebühr oder Satz der Gebühr nach § 34 GNotKG – Tabelle B
Vorbemerkung 2.5.3: (1) Die Gebühren dieses Abschnitts entstehen neben Gebühren für Betreuungstätigkeiten gesondert. (2) § 35 Abs. 2 GNotKG und Nummer 32013 sind nicht anzuwenden.		
25300	Verwahrung von Geldbeträgen: je Auszahlung .... Der Notar kann die Gebühr bei der Ablieferung an den Auftraggeber entnehmen.	1,0 – soweit der Betrag 13 Mio. € übersteigt: 0,1 % des Auszahlungsbetrags
25301	Entgegennahme von Wertpapieren und Kostbarkeiten zur Verwahrung ..... Durch die Gebühr wird die Verwahrung mit abgegolten.	1,0 – soweit der Wert 13 Mio. € übersteigt: 0,1 % des Werts

I. Allgemeines und Anwendungsbereich

1   Der Abschnitt 3 des Teils 2 Hauptabschnitt 5 KV regelt die Gebühren für die **Verwahrung von Geld, Wertpapieren und Kostbarkeiten** durch den Notar, zu welcher der Notar nach § 23 Hs 1 BNotO ermächtigt ist. Nach der Gesetzesbegründung sollen Gebühren für die mannigfaltigen Sachverhalte des § 24 Abs. 1 S. 1 BNotO durch öffentlich-rechtlichen Vertrag gem. § 126 Abs. 1 S. 2 vereinbart werden.

2   Das GNotKG führt auch für die Verwahrung von Geld, Wertpapieren und Kostbarkeiten **Wertgebühren** ein, was die ehemalige Mindestgebühr des § 179 Abs. 3 KostO entbehrlich machte. Auf die begriffliche Differenzierung zwischen "Auszahlung" und "Rückzahlung" wurde verzichtet. Umfasst ist nach wie vor beides.

3   Abgemildert wird der Rückgang der Gebühren insofern, als zusätzlich zu Verwahrungs- und Vollzugsgebühr nun auch Betreuungsgebühren (Nr. 22200 KV) und Treuhandgebühren (Nr. 22201 KV) anfallen (vgl **Vorbem. 2.5.3 Abs. 1 KV**). Beispielsweise entsteht die Betreuungsgebühr nach Nr. 4 der Anm. zu Nr. 22200 KV, wenn der Hinterleger des Geldes dem Notar eine Anweisung erteilt, das verwahrte Geld nur unter bestimmten Voraussetzungen auszuzahlen: Derartige Weisungen sind nicht mehr Bestandteil des Verwahrungsgeschäfts; die Verwahrgebühr wird gleichsam auf ihren "Kern" zurückgeführt. Anders noch unter der KostO (→ Rn 5).[1]

4   Zudem gilt der allgemeine **Höchstwert** von 60 Mio. € nach § 35 Abs. 2 nicht (vgl **Vorbem. 2.5.3 Abs. 2 KV**). Demgegenüber gilt die allgemeine **Mindestgebühr von 15 €** nach § 34 Abs. 5 GNotKG,[2] was – insb. mit Blick auf die Auszahlung von Beträgen gleich oder unterhalb der Mindestgebühr – seitens des Bundes-

---

3 BDS/*Diehn*, Nr. 25214 KV Rn 4.   **4** BDS/*Diehn*, Nr. 25214 KV Rn 4.   **1** Vgl BGH FGPrax 2009, 183; BGH DNotZ 2012, 232 m. Anm. *Diehn*.   **2** BT-Drucks 17/11471, S. 233.

rates kritisiert wurde.[3] Im Zuge dessen wurde eine Deckelung der Verwahrungsgebühr auf die Hälfte des auszuzahlenden Betrags vorgeschlagen. Der Bundesregierung ist zwar prinzipiell zuzustimmen, wenn sie hierzu entgegnet, dass der Arbeitsaufwand für den Notar auch bei auszuzahlenden Kleinstbeträgen der gleiche wie bei größeren Beträgen ist und überdies auch die gleiche rechtliche Prüfung voraussetzt.[4] Die für den Notar mit der Auszahlung von Kleinbeträgen verbundene, entsprechend geringere Haftungssumme lässt sie hierbei jedoch unberücksichtigt. Im Hinblick auf die schon seit mehreren Jahrzehnten bestehenden Bestrebungen, die notarielle Verwahrung einzudämmen, welche über das berufsrechtlich Erforderliche des berechtigten Sicherungsinteresses nach § 54 a Abs. 2 Nr. 1 BeurkG 1998 kodifiziert wurden, ist der Argumentation der Bundesregierung jedoch beizupflichten, wenn sie auf potentielle hierdurch entstehende Fehlanreize zugunsten der notariellen Verwahrung im Vergleich zu Bankgebühren verweist.[5]

II. Verhältnis der Verwahrungsgebühren zu den Gebühren für Betreuungstätigkeiten (Vorbem. 2.5.3 Abs. 1 KV)

Abs. 1 der Vorbem. 2.5.3 KV stellt zunächst klar, dass die Verwahrungsgebühren Nr. 23500 und 25301 KV   **5**
neben der Betreuungsgebühr Nr. 22200 KV und neben der Treuhandgebühr Nr. 22201 KV anfallen können. Damit stellt sich der Gesetzgeber klar gegen die Wertungen des BGH zu den Vorschriften der KostO[6] und beseitigt den früheren Streit über die Frage, inwiefern beide Gebühren auf den gleichen Sachverhalt Anwendung finden können.[7] Ist dies der Fall, so addieren sich die Verwahrungsgebühr und die Betreuungsgebühr zu einem Gebührensatz von insgesamt 1,5.

III. Kein Höchstgeschäftswert (Vorbem. 2.5.3 Abs. 2 KV)

Schon nach der KostO war der Höchstwert des dortigen § 18 Abs. 1 S. 2 nicht auf die Hebegebühr des   **6**
§ 149 KostO anwendbar,[8] was in Abs. 2 der Vorbem. 2.5.3 KV für das GNotKG übernommen wurde. Auch die Auslagen für Prämien einer Haftpflichtversicherung für Vermögensschäden nach Nr. 32013 KV sind bei der Erhebung von Verwahrungsgebühren nach diesem Abschnitt nicht anwendbar. *Diehn* hat dies mit guten Argumenten kritisiert.[9]

IV. Verwahrung von Geldbeträgen (Nr. 25300 KV)

Der Gebührentatbestand der Nr. 25300 KV regelt die Verwahrung von Geldbeträgen nach §§ 54 a ff   **7**
BeurkG und bestimmt eine Wertgebühr mit einem Gebührensatz von 1,0 nach Tabelle B **je Auszahlung** eines Betrags bis zu einschließlich 13 Mio. €. Für diese Betragsgrenze überschreitende Auszahlungen ist eine Wertgebühr iHv 0,1 % des Auszahlungsbetrags zu erheben. Damit wird die Degressionswirkung der Gebührentabelle im oberen Wertbereich der Verwahrungsgeschäfte ausgeschlossen,[10] was die notariellen Verwahrungsgeschäfte bei solch hohen Werten zusätzlich unattraktiver macht. Die **Anm.** stellt klar, dass der Notar die Verwahrungsgebühr auch weiterhin aus dem hinterlegten Betrag entnehmen darf.

Allgemeine Voraussetzung für das Entstehen der Gebühr Nr. 25300 KV ist der **Auftrag** für die Verwah-   **8**
rungstätigkeit.[11] Verwahrt werden muss Geld, dh gesetzliche oder gesetzlich zugelassene in- und ausländische Zahlungsmittel, die nicht außer Kurs gesetzt sind.[12] Es muss in die **Verfügungsgewalt** des Notars, etwa durch Einzahlung auf eines seiner Konten, gelangen, wobei Mitverfügungsgewalt dergestalt ausreichend ist, dass nicht ohne die Zustimmung des Notars hierüber verfügt werden kann.[13] Es muss sich um eine **amtliche Verwahrung** des Notars gem. § 23 BNotO handeln. Verwahrungen als Rechtsanwalt oder anlässlich von Nebentätigkeiten (etwa: Testamentsvollstrecker) werden von Nr. 25300 KV nicht umfasst.[14] Dies vorausgesetzt, **entsteht** die Gebühr erst mit der **Auszahlung** und nicht mit der Entgegennahme des Geldes. Eine Auszahlung iSd Vorschrift ist jede Weitergabe von hinterlegtem Geld an den Einzahlenden (→ Rn 2) oder einen Dritten.[15] Hierunter fällt auch der Ausgleich von Gerichtskosten aus dem hinterlegten Betrag durch den Notar zum Zwecke des grundbuchlichen Vollzugs des von ihm beurkundeten Vertrags,[16] die auftragsgemäße Überweisung auf ein anderes eigenes Anderkonto des Notars[17] oder die Entnahme eigener Notar-

---

3 Vgl BT-Drucks 17/11471, S. 306.   **4** BT-Drucks 17/11471, S. 343.   **5** Vgl die Argumentation in BT-Drucks 17/11471, S. 343.
6 Vgl BGH DNotZ 2009, 789, 790; BGH DNotZ 2012, 232, 233.   **7** Vgl *Wudy*, Das neue Gebührenrecht für Notare, S. 258;
zur früheren Rechtslage und zum Streitstand s. Korintenberg/*Reimann*, KostO, § 149 Rn 7–9 a mwN der Rspr und Lit.   **8** Vgl
Korintenberg/*Reimann*, KostO, § 149 Rn 26 a.   **9** BDS/*Diehn*, Vorbem. 2.5.3 KV Rn 3.   **10** So die Begr. in BT-Drucks 17/11471,
S. 233.   **11** Korintenberg/*Schwarz*, Nr. 25300, 25301 KV Rn 10; *Hartmann*, KostG, KVfG 25300, 25301 KV Rn 6.   **12** Letztere können
jedoch Kostbarkeiten iSv Nr. 23503 KV darstellen.   **13** Korintenberg/*Schwarz*, Nr. 25300, 25301 KV Rn 29; BDS/*Diehn*,
Nr. 25300 KV Rn 4; *Hartmann*, KostG, KVfG 25300, 25301 Rn 3.   **14** Korintenberg/*Schwarz*, Nr. 25300, 25301 KV Rn 9; BDS/
Diehn, Nr. 25300 KV Rn 5; *Hartmann*, KostG, KVfG 25300, 25301 Rn 5.   **15** S. auch BDS/*Diehn*, Nr. 25300 KV Rn 9;
Korintenberg/*Schwarz*, Nr. 25300, 25301 KV Rn 33; *Hartmann*, KostG, KVfG 25300, 25301 Rn 12.   **16** Korintenberg/*Schwarz*,
Nr. 25300, 25301 KV Rn 34; zum alten Recht: KG DNotZ 1982, 450.   **17** OLG Hamm FGPrax 2008, 267, 269; Korintenberg/
Schwarz, Nr. 25300, 25301 KV Rn 34.

gebühren mit Ausnahme der Verwahrungsgebühr selbst – keine Gebühr aus der Gebühr.[18] Sofern Verwahrungsgebühren ebenfalls – nach der Anm. zu Nr. 25300 zulässigerweise – einbehalten werden, ist § § 54 b Abs. 3 S. 8 BeurkG auch hierfür zu beachten.

9   **Keine Gebühr** wird hingegen ausgelöst: bei dem Wechsel der Anlageart, da hierbei der hinterlegte Betrag nicht aus der Masse entlassen wird;[19] durch die Abbuchung von Bankgebühren oder Kapitalertragsteuer, da diese nicht durch den Notar erfolgen; oder bei Fehlüberweisungen unabhängig vom Verschulden mangels Auszahlungserfolgs.[20]

10   Für die Gebührenberechnung gilt weiterhin, dass die Gebühr **für jeden ausgezahlten (Teil-)Betrag gesondert berechnet** wird.[21] Auch wenn die Auszahlung mehrerer (Teil-)Beträge an eine Person erfolgt, sind die jeweiligen Auszahlungsbeträge Grundlage der Berechnung.[22] Es handelt sich um Aktgebühren, die mit jeder tatbestandsmäßigen Auszahlung sofort fällig werden (→ § 10 Rn 12).

11   Auch für die Verwahrungsgebühren gelten die Grundsätze über die **unrichtige Sachbehandlung** nach § 21 (→ § 21 Rn 27). Im Sinne dieser Vorschrift liegt eine solche nach anerkannter Auffassung nur bei einem offen zutage getretenen Verstoß gegen eindeutige gesetzliche Normen oder bei einem offensichtlichen Versehen des Notars vor.[23] Ob sich die enge Auslegung des berechtigten Sicherungsinteresses nach § 54 a Abs. 2 Nr. 1 BeurkG der hM hierunter fassen lässt, wird mit guten Argumenten für die folgende Konstellation bezweifelt:[24] Bei Vorliegen eines Sicherungszwecks, auch wenn dieser nicht der herrschenden Auslegung von § 54 a Abs. 2 Nr. 1 BeurkG entspricht, und ausdrücklichen Antrags der Beteiligten auf Einrichtung eines Notaranderkontos sollen sich die Beteiligten hiernach später nicht auf eine unrichtige Sachbehandlung berufen dürfen.[25]

12   Der **Gebührenschuldner** ist nach den allgemeinen Vorschriften der §§ 29, 30 zu ermitteln.

V. Entgegennahme von Wertpapieren und Kostbarkeiten zur Verwahrung (Nr. 25301 KV)

13   Nr. 25301 KV bildet den Gebührentatbestand für die Verwahrung von Wertpapieren und Kostbarkeiten gem. § 54 e BeurkG und bestimmt wie Nr. 25300 KV einen Gebührensatz von 1,0 bei Werten bis einschließlich 13 Mio. €. Für diese Wertgrenze überschreitende Hinterlegungen ist eine Wertgebühr iHv 0,1 % des Werts der hinterlegten Sachen zu erheben. Im Gegensatz zu den Regelungen der KostO und Nr. 25300 KV fällt die Gebühr Nr. 25301 KV schon mit der **Entgegennahme** der Wertpapiere oder Kostbarkeiten an. Dies soll nach der Gesetzesbegründung eine nur aus Kostengründen erfolgende Ausdehnung der Hinterlegungsdauer bei dem Notar vermeiden.[26] Nach der **Anm.** ist die Verwahrungstätigkeit des Notars durch die Gebühr Nr. 25301 KV mitbeglichen.

14   Auch Nr. 25301 KV setzt eine amtliche Verwahrung durch den Notar voraus (→ Rn 8). Erfasst ist lediglich die Verwahrung von Wertpapieren und Kostbarkeiten. Die Verwahrung anderer Gegenstände ist zulässige sonstige Betreuung der Beteiligten auf dem Gebiet der vorsorgenden Rechtspflege nach § 24 Abs. 1 S. 1 BNotO und bedarf des Abschlusses eines öffentlich-rechtlichen Gebührenvertrags nach § 126 Abs. 1 S. 2 (→ § 126 Rn 7 mwN).

15   Bei den **Wertpapieren**, die von Nr. 25301 KV erfasst sind, muss es sich um echte Wertpapiere, also solche, die Träger des Rechts sind und bei denen die Übertragung des Papiers auch gleichzeitig die Übertragung des Rechts erfolgt, handeln.[27] Erfasst sind **Aktien** nebst dem Zwischenschein nach § 8 Abs. 6 AktG, Inhaberschuldverschreibungen, Pfandbriefe, bestimmte ideelle Anteile an einem Bergwerk, das in der Rechtsform einer bergrechtlichen Gewerkschaft betrieben wird (Kuxe), Schecks; hingegen **nicht Sparbücher**, Grundschuld-, Rentenschuld- oder Hypothekenbriefe, Schuldurkunden, Versicherungsscheine, Bürgschaftsurkunden[28] und dergleichen.

16   Unter **Kostbarkeiten** iSd Vorschrift sind Dinge zu verstehen, deren Wert im Verhältnis zu ihrem Umfang besonders hoch ist und auch für am Vertrag bzw an der Verwahrung nicht beteiligte Dritte besteht,[29] wie zB Sachen aus Edelmetallen, Schmuck, Antiquitäten, Kunstwerke, Briefmarken, unersetzbare Bücher, Münzen, Luxusuhren, wertvolle Modellfiguren.

17   **Keine Kostbarkeiten** sind dagegen **Datenträger** (CD-ROMs, HDDs, Speicher-Sticks u. dgl.).[30] Der Notar hat hier die Möglichkeit, mit den Beteiligten einen öffentlich-rechtlichen Gebührenvertrag nach § 126 zu

---

18 Str; hM Korintenberg/*Schwarz*, Nr. 25300, 25301 KV Rn 34; BDS/*Diehn*, Nr. 25300 KV Rn 11; aA Leipziger-GNotKG/*Renner*, Nr. 25300 KV Rn 15 mwN der hM. **19** Korintenberg/*Schwarz*, Nr. 25300, 25301 KV Rn 34. **20** BDS/*Diehn*, Nr. 25300 KV Rn 11 mwN. **21** *Hartmann*, KostG, KVfG 25300, 25301 KV Rn 6. **22** So schon KG DNotZ 1977, 56. **23** Vgl BGH NJW 1962, 2107; BayObLGZ 1981, 165; BayObLG JurBüro 1983, 592; KG DNotZ 1976, 434, 435. **24** BDS/*Diehn*, Nr. 25300 KV Rn 25. **25** BDS/*Diehn*, Nr. 25300 KV Rn 25 (unter Berufung auf LG Dortmund NotBZ 2002, 187). **26** Vgl BT-Drucks 17/11471, S. 233. **27** So schon im alten Recht, vgl *Hartmann*, KostG, § 149 KostO Rn 5 mwN. **28** Vgl *Rohs/Wedewer*, KostO, § 149 Rn 6. **29** S. auch Korintenberg/*Schwarz*, Nr. 25301 KV Rn 27. **30** Str; Korintenberg/*Schwarz*, Nr. 25301 KV Rn 28; Leipziger-GNotKG/*Renner*, § 124 Rn 23; BeckOK KostR/*Berger*, GNotKG, Vorbem. 2.5.3 KV Rn 7; aA BDS/*Diehn*, Nr. 25301 KV Rn 6.

schließen. Vereinbart werden können Einmalgebühren, regelmäßige Gebühren oder die entsprechende Anwendung von Nr. 25301 KV.[31]

Die aA weist zwar zutreffend darauf hin, dass bestimmte Daten uU in einer modernen Informationsgesellschaft wertvoller sein können als Edelmetalle und -steine. Insbesondere bei der Verwahrung zum Zwecke des Prioritätsnachweises nach dem Urheberrecht, zu Dokumentations- oder zu Beweiszwecken gesicherter oder zur Verfügung gestellter Unterlagen einer due diligence im Rahmen umfangreicher Immobilien- oder Unternehmenskäufe stehen oft sehr hohe Werte im Raum. Auch nimmt der Notar eine immer größere Rolle bei deren Verwahrung ein. Aus der praktischen Sicht des Notars brächte die Einbeziehung von Datenträgern in Nr. 215301 KV darüber hinaus gleich zwei Vorteile: Ein etwaig durch die über § 126 eröffnete Vertragsfreiheit entstehender Kostenwettbewerb unter den Notaren würde vermieden und dem Notar die Situation erspart, sich mit den Beteiligten über die Gebühr einigen zu müssen. Dass diese Konsequenzen aus praktischer Sicht wünschenswert sind, ändert aber nichts daran, dass der Datenträger in den vorgenannten Konstellationen lediglich die (beliebige) Hülle der werthaltigen Daten und somit keine Kostbarkeit ist. **18**

Hauptabschnitt 6
Zusatzgebühren

Nr.	Gebührentatbestand	Gebühr oder Satz der Gebühr nach § 34 GNotKG – Tabelle B
26000	Tätigkeiten, die auf Verlangen der Beteiligten an Sonntagen und allgemeinen Feiertagen, an Sonnabenden vor 8 und nach 13 Uhr sowie an den übrigen Werktagen außerhalb der Zeit von 8 bis 18 Uhr vorgenommen werden (1) Treffen mehrere der genannten Voraussetzungen zu, so wird die Gebühr nur einmal erhoben. (2) Die Gebühr fällt nur an, wenn bei den einzelnen Geschäften nichts anderes bestimmt ist.	in Höhe von 30 % der für das Verfahren oder das Geschäft zu erhebenden Gebühr – höchstens 30,00 €
26001	Abgabe der zu beurkundenden Erklärung eines Beteiligten in einer fremden Sprache ohne Hinzuziehung eines Dolmetschers sowie Beurkundung, Beglaubigung oder Bescheinigung in einer fremden Sprache oder Übersetzung einer Erklärung in eine andere Sprache .... Mit der Gebühr ist auch die Erteilung einer Bescheinigung gemäß § 50 des Beurkundungsgesetzes abgegolten.	in Höhe von 30 % der für das Beurkundungsverfahren, für eine Beglaubigung oder Bescheinigung zu erhebenden Gebühr – höchstens 5.000,00 €
26002	Die Tätigkeit wird auf Verlangen eines Beteiligten außerhalb der Geschäftsstelle des Notars vorgenommen: Zusatzgebühr für jede angefangene halbe Stunde der Abwesenheit, wenn nicht die Gebühr 26003 entsteht .... (1) Nimmt der Notar mehrere Geschäfte vor, so entsteht die Gebühr nur einmal. Sie ist auf die einzelnen Geschäfte unter Berücksichtigung der für jedes Geschäft aufgewandten Zeit angemessen zu verteilen.	50,00 €

---

[31] BeckOK KostR/*Berger*, GNotKG, Vorbem. 2.5.3 KV Rn 5.

Nr.	Gebührentatbestand	Gebühr oder Satz der Gebühr nach § 34 GNotKG – Tabelle B
	(2) Die Zusatzgebühr wird auch dann erhoben, wenn ein Geschäft aus einem in der Person eines Beteiligten liegenden Grund nicht vorgenommen wird.	
	(3) Neben dieser Gebühr wird kein Tages- und Abwesenheitsgeld (Nummer 32008) erhoben.	
26003	Die Tätigkeit wird auf Verlangen eines Beteiligten außerhalb der Geschäftsstelle des Notars vorgenommen und betrifft ausschließlich	
	1. die Errichtung, Aufhebung oder Änderung einer Verfügung von Todes wegen,	
	2. die Errichtung, den Widerruf oder die Änderung einer Vollmacht, die zur Registrierung im Zentralen Vorsorgeregister geeignet ist,	
	3. die Abgabe einer Erklärung gemäß § 1897 Abs. 4 BGB oder	
	4. eine Willensäußerung eines Beteiligten hinsichtlich seiner medizinischen Behandlung oder deren Abbruch:	
	Zusatzgebühr	50,00 €
	Die Gebühr entsteht für jeden Auftraggeber nur einmal. Im Übrigen gelten die Absätze 2 und 3 der Anmerkung zu 26002 entsprechend.	

I. Allgemeines

1   Teil 2 Hauptabschnitt 6 KV umfasst Gebühren, die in untrennbaren Zusammenhang mit einer gebührenpflichtigen Tätigkeit stehen und zusätzlich zu erheben sind. Dabei wird ein besonderer Aufwand abgegolten, der nur ausnahmsweise und nur auf besonderen Auftrag eines Beteiligten anfällt und zwar dann, wenn der Notar außerhalb seiner Geschäftsstelle (**Auswärtsgebühr**) und/oder zur Unzeit (**Unzeitgebühr**) tätig wird sowie bei Urkundtätigkeiten in einer **anderen Sprache**.

II. Zusatzgebühren

2   1. Unzeitgebühr (Nr. 26000 KV). Die Unzeitgebühr fällt für Tätigkeiten an, die auf Verlangen der Beteiligten an Sonntagen und allgemeinen Feiertagen, an Sonnabenden vor 8 und nach 13 Uhr sowie an den übrigen Werktagen außerhalb der Zeit von 8 bis 18 Uhr vorgenommen werden, und beträgt 30 % der für das Verfahren oder das Geschäft zu erhebenden Gebühr; höchstens jedoch 30 €. Dabei genügt es, wenn die Tätigkeit vor 8 Uhr beginnt oder nach 18 bzw 13 Uhr endet.[1] Ob ein allgemeiner Feiertag gegeben ist, bestimmt sich nach dem Amtssitz des Notars, nicht nach dem Beurkundungsort.[2]

3   Die Gebühr fällt nicht an, wenn die üblichen Öffnungszeiten des Notariats außerhalb von 8 bis 18 bzw 13 Uhr gelegen sind („langer Amtstag").[3] Dies gilt auch im umgekehrten Fall, also wenn der Notar zB am Freitag nur bis 14 Uhr geöffnet hat und er die Tätigkeit nach 14 Uhr, aber vor 18 Uhr vornimmt; dann fällt ebenso keine Zusatzgebühr an.

4   Es muss ein entsprechendes **Verlangen der Beteiligten** hinsichtlich der „Unzeit" vorliegen, dh, der Notar darf nicht von sich aus den Beurkundungszeitpunkt so angesetzt haben, dass das Amtsgeschäft über 18 Uhr hinausdauert.[4] Die Unzeitgebühr fällt auch dann nicht an, wenn die Beurkundung aus Gründen, die der Notar zu vertreten hat, über 18 Uhr hinausdauert.[5]

5   Nach **Abs. 1 der Anm.** zu Nr. 26000 KV wird bei dem **Zusammentreffen mehrerer Voraussetzungen** die Gebühr nur einmal erhoben. Davon zu unterscheiden ist der Fall, dass zur Unzeit mehrere notarielle Tätigkeiten (zB mehrere Beurkundungsverfahren) durchgeführt werden; hier kann die Unzeitgebühr mehrfach anfallen, soweit nach den Vorschriften dieses Gesetzes (§ 93 iVm §§ 109 ff) die Verfahrens-, Beglaubigungs- und Bescheinigungsgebühr mehrfach anzusetzen ist.

6   Nach **Abs. 2 der Anm.** zu Nr. 26000 KV fällt die Gebühr nur an, wenn bei den einzelnen Geschäften nichts anderes bestimmt ist. Nach Abs. 1 der Anm. zu Nr. 25205 KV ist die Erhebung der Auswärtsgebühr für den zweiten Notar ausgeschlossen.

---

1 Leipziger-GNotKG/*Renner/Caroli*, Nr. 26000 KV Rn 5. **2** Leipziger-GNotKG/*Renner/Caroli*, Nr. 26000 KV Rn 4. **3** OLG Oldenburg Rpfleger 1965, 188. **4** OLG Düsseldorf Rpfleger 1968, 64. **5** OLG Hamm Rpfleger 1968, 233.

2. Fremde Sprache (Nr. 26001 KV). Die Zusatzgebühr fällt bei der Abgabe der zu beurkundeten Erklärung eines Beteiligten in einer fremden Sprache (ohne Hinzuziehung eines Dolmetschers), bei Beurkundung, Beglaubigung oder Bescheinigung in einer fremden Sprache oder Übersetzung einer Erklärung in eine andere Sprache, an.   7

Da die **Amtssprache** Deutsch ist, ist unter „**fremder Sprache**" jede nichtdeutsche Sprache zu verstehen. Die Zusatzgebühr entsteht jedoch nur, wenn für die notarielle Tätigkeit **Fremdsprachenkenntnisse des Notars** erforderlich sind, also nur dann, wenn kein Fremdsprachendolmetscher hinzugezogen wurde. Dies ist dann der Fall, wenn der Notar gleichzeitig als Dolmetscher für einen Sprachunkundigen fungiert oder wenn die Niederschrift in einer Fremdsprache erfolgt.[6] Die Art des Geschäfts ist grds. irrelevant. Der Wortlaut „andere" Sprache stellt klar, dass nicht nur Übersetzungen von deutscher Sprache in eine fremde Sprache gemeint sind, sondern jegliche Übersetzung durch den Notar erfasst werden, also zB Übersetzungen von Erklärungen in englischer Sprache in die deutsche Sprache oder gar von französischer Sprache in die englische Sprache. Die zu übersetzende Erklärung muss also nicht in deutscher Sprache beurkundet worden sein.   8

Die Zusatzgebühr fällt für **Beurkundungen** (auch Tatsachenbeurkundungen) an sowie für **Bescheinigungen** und **Beglaubigungen** von Unterschriften in fremder Sprache.   9

Bei **Beglaubigungen** fällt jedoch keine Zusatzgebühr an, wenn nur eine fremdsprachige Erklärung beglaubigt wird und der Beglaubigungsvermerk in deutscher Sprache abgefasst wurde. Nr. 26001 KV spricht ausdrücklich von der „Abgabe der zu beurkundenden" – nicht zu beglaubigenden – Erklärung. Es genügt daher nicht, wenn allein eine fremdsprachige Erklärung beglaubigt wird, ohne dass Fremdsprachenkenntnisse des Notars erforderlich sind. Es muss zumindest der Beglaubigungsvermerk in fremder Sprache abgefasst sein, um die Gebühr auszulösen.   10

Gemäß der **Anm.** zu Nr. 26001 KV wird die an sich einschlägige Gebühr Nr. 25104 KV für eine **Bescheinigung nach § 50 BeurkG** – wonach ein Notar die deutsche Übersetzung einer Urkunde mit der Bescheinigung der Richtigkeit und Vollständigkeit versehen kann, wenn er die Urkunde selbst in fremder Sprache errichtet hat oder für die Erteilung einer Ausfertigung der Niederschrift zuständig ist – neben der Zusatzgebühr nicht erhoben. Durch das Gesetz zum Internationalen Erbrecht und zur Änderung von Vorschriften zum Erbschein sowie zur Änderung sonstiger Vorschriften vom 29.6.2015[7] wurde die Zusatzgebühr auf 5.000 € begrenzt. Der Gesetzgeber hielt die ungedeckten 30 % der zu erhebenden Gebühr bei sehr hohen Geschäftswerten auch im Hinblick auf den Zeitaufwand und das Haftungsrisiko des Notars für nicht angemessen.[8]   11

3. Auswärtsgebühr (Nr. 26002 KV). a) Gebührentatbestand. aa) „Auswärts". Für Tätigkeiten, die auf Verlangen eines Beteiligten außerhalb der Geschäftsstelle des Notars vorgenommen werden, wird für jede angefangene halbe Stunde der Abwesenheit (wenn nicht die Gebühr nach Nr. 26003 KV anfällt) eine Zusatzgebühr von 50 € erhoben. Die Auswärtsgebühr entsteht auch dann, wenn die Beurkundung in demselben Gebäude, jedoch nicht unmittelbar in den Amtsräumen des Notars durchgeführt wird.[9] Dabei gelten die Räume eines auswärtigen Sprechtages ebenso als Amtsräume (vgl § 87), so dass hier keine Auswärtsgebühr anfallen kann.[10] Sie ist jedoch zu erheben, wenn der Notar am Ort des Sprechtages an einem anderen Tag als den Sprechtag oder in einem anderen Raum als dem dortigen Amtszimmer tätig wird.[11] Für bloße Vorbereitungen oder sonstige gebührenfreie Nebengeschäfte fällt die Auswärtsgebühr nicht an. Bespricht jedoch der Notar (nicht einer seiner Mitarbeiter)[12] den Inhalt eines Urkundsentwurfs außerhalb seiner Geschäftsstelle, so fällt die Gebühr an, da die Besprechung nicht bloße Vorbereitung, sondern Teil der Entwurfstätigkeit ist (auch wenn der Entwurf in den Amtsräumen des Notars gefertigt wird).[13] Bei Beglaubigungen genügt die Vollziehung oder Anerkennung der Unterschrift außerhalb der Amtsräume, wobei es unerheblich ist, wo der Beglaubigungsvermerk angefertigt wird.[14]   12

bb) Verlangen der Beteiligten. Grundsätzlich soll die Tätigkeit des Notars in dessen Amtsräumen erfolgen. Auswärtige Tätigkeiten stellen daher eine Ausnahme dar und setzen das **Verlangen der Beteiligten** voraus, um die Auswärtsgebühr auszulösen.   13

Es reicht, wenn einer der Beteiligten das Verlangen stellt.[15]   14

Das Verlangen kann sich auch konkludent aus den Umständen ergeben, wenn die Ausführung des Geschäfts nur außerhalb der Amtsräume möglich ist.[16] Bei Vornahme außerhalb der Geschäftsräume darf das Verlangen grds. vermutet werden.[17]   15

---

6 BT-Drucks 17/11471, S. 360. **7** BGBl. 2015 I 1042. **8** BT-Drucks 18/4201, S. 79. **9** Leipziger-GNotKG/*Caroli*, Nr. 26002 KV Rn 6. **10** S. auch *Notarkasse*, Streifzug durch das GNotKG, Rn 2716. **11** BDS/*Diehn*, Nr. 26002 KV Rn 2, 11. **12** Dies führt lediglich zum Auslagenersatz. **13** Leipziger-GNotKG/*Caroli*, Nr. 26002 KV Rn 4. **14** OLG Köln JurBüro 2002, 44. **15** OLG Frankfurt Rpfleger 1967, 119; OLG Köln JurBüro 2002, 44. **16** OLG Köln JurBüro 2002, 44, 45. **17** Anm. zu OLG Köln RNotZ 2001, 530, 532.

16 Die Gebühr fällt jedoch nicht an, wenn die Notwendigkeit der Auswärtsbeurkundung aus der Sphäre des Notars herrührt.[18] Dies gilt auch dann, wenn die Beteiligten mit der Auswärtsbeurkundung dennoch einverstanden sind.[19] Etwas anderes gilt bei Auswärtsbeurkundungen mit sehr vielen Beteiligten (zB Straßengrundabtretungen), wenn die Beteiligten durch die auswärtige Tätigkeit eine schnellere Abwicklung des Beurkundungsvorgangs wünschen oder weil den Beteiligten die Anreise zur Amtsstelle (zB wegen Geringfügigkeit des Geschäftswerts) nicht zugemutet werden soll;[20] dann liegt ein Verlangen der Beteiligten vor und die Gebühr fällt an.

17 b) **Sonstiges (Anm.).** Nach **Anm. Abs. 1 S. 1** zu Nr. 26002 KV fällt die Gebühr bei der Vornahme **mehrerer Geschäfte** (Beurkundungen, Beglaubigungen etc.) jedenfalls nur einmal an. Die Zusatzgebühr soll nach **Anm. Abs. 1 S. 2** bei mehreren Geschäften unter Berücksichtigung der aufgewandten Zeit **angemessen verteilt** werden. Dies ist v.a. dann von Bedeutung, wenn verschiedene Kostenschuldner existieren und/oder wenn der Notar die Geschäfte nicht alle am selben Ort erledigt, sondern sich auf eine „**Rundreise**" begibt; also wenn er mehrere Ziele aufsucht.

18 Nach **Anm. Abs. 2** zu Nr. 26002 KV wird die Gebühr auch dann erhoben, wenn ein Geschäft aus einem in der Person eines Beteiligten liegenden Grund (Zurücknahme des Antrags, Versterben des Antragstellers oder Antreffen in nicht verfügungsfähigem Zustand) nicht vorgenommen wird.[21] Die **Nichtvornahme** darf also nicht vom Notar zu vertreten sein (Erkrankung des Notars) oder auf höherer Gewalt (Naturereignisse) beruhen.

19 Nach **Anm. Abs. 3** zu Nr. 26002 KV ist neben der Auswärtsgebühr der Ansatz von **Tages- und Abwesenheitsgeld (Nr. 32008 KV)** ausgeschlossen. Ein Tages- und Abwesenheitsgeld wird nur dann erhoben, wenn die Auswärtstätigkeit nicht auf einem Verlangen des Beteiligten beruht. Damit sind Tätigkeiten gemeint, die naturgemäß nicht in der Geschäftsstelle des Notars stattfinden könnten, wie zB die Aufnahme von Wechsel- und Scheckprotesten (s. Vorbem. 2.3.4 KV) oder die Erstellung von Vermögensverzeichnissen und Siegelungen (s. Vorbem. 2.3.5 KV). Im Übrigen ist eine Anrechnung von Reisekosten oder sonstiger Auslagen nicht vorgeschrieben.

20 c) **Ausnahmen.** Wird ein zweiter Notar hinzugezogen, fällt weder die Auswärtsgebühr nach Nr. 26002 KV noch nach Nr. 26003 KV an (s. Abs. 1 der Anm. zu Nr. 25205 KV). Eine Auswärtsgebühr nach Nr. 26002 KV wird gem. Vorbem. 2.3.4 KV und Vorbem. 2.3.5 KV nicht erhoben für die Aufnahme von Wechsel- und Scheckprotesten sowie bei Vermögensverzeichnissen und Siegelungen.

21 **4. Auswärtsgebühr in besonderen Fällen (Nr. 26003 KV).** Die Festgebühr Nr. 26003 KV iHv 50 € stellt eine Ausnahme zu der zeitabhängigen Unzeitgebühr der Nr. 26002 KV dar und gilt bei notariellen Tätigkeiten betreffend

- **Verfügungen von Todes wegen** (Nr. 1),
- **Vorsorgevollmachten** (Nr. 2),
- **Betreuungsverfügungen** (Nr. 3) und
- **Patientenverfügungen** (Nr. 4).

22 Die Aufzählung ist abschließend. Die Art der notariellen Tätigkeit ist nicht maßgebend, dh, die Zusatzgebühr fällt nicht nur bei Beurkundungen, sondern auch bei Unterschriftsbeglaubigungen oder bloßen Beratungsgesprächen an.[22]

23 Die Gebühr fällt bei **mehreren Tätigkeiten** (zB Beurkundung eines Testaments und einer Vorsorgevollmacht in einem Termin) für jeden Auftraggeber nur einmal an (**Anm. S. 1**). Wird in dem Auswärtstermin jedoch eine Tätigkeit beurkundet, die nicht unter die Nr. 1–4 fällt (zB Überlassung eines Grundstücks an die Abkömmlinge), so ist das einzelne Geschäft nicht privilegiert und die Gebühr Nr. 26002 KV ist für diese Tätigkeit gesondert anzusetzen.

24 Die Abs. 2 und 3 der Anm. zu Nr. 26002 KV gelten für die Festgebühr Nr. 26003 KV entsprechend (**Anm. S. 2**). Siehe daher die Erl. in → Rn 18 f.

III. Sonstiges

25 **1. Kostenschuldner.** Kostenschuldner der Zusatzgebühren ist nicht notwendig derjenige, der die Hauptgebühr gem. § 29 schuldet, sondern nur derjenige, der gem. § 32 Abs. 2 die auswärtige, unzeitige oder fremdsprachige notarielle Tätigkeit beantragt hat.[23] Insoweit sind diese Mehrkosten von der gesamtschuldnerischen Haftung nach § 32 Abs. 1 ausgenommen.

---

18 OLG Hamm Rpfleger 1968, 233; OLG Köln JurBüro 2002, 44, 45. **19** OLG Köln JurBüro 2002, 44. **20** Korintenberg/ *Schwarz,* KostO, § 58 Rn 10 a. **21** S. *Notarkasse,* Streifzug durch das GNotKG, Rn 2717. **22** BT-Drucks 17/11471, S. 361. **23** Vgl OLG Stuttgart JurBüro 1985, 438; OLG Frankfurt Rpfleger 1967, 119, 120.

2. Gebührenermäßigung. Die Gebührenermäßigung nach § 91 Abs. 1 S. 1 findet nach dessen Wortlaut   26
nicht auf die Zusatzgebühren Anwendung. Jedoch tritt im Fall der wertabhängigen Zusatzgebühren nach
Nr. 26000 und 26001 KV eine Begünstigung durch Ermäßigung der Bezugsgebühr ein.[24]

Teil 3
Auslagen

Nr.	Auslagentatbestand	Höhe
Vorbemerkung 3:		
Sind Auslagen durch verschiedene Rechtssachen veranlasst, werden sie auf die Rechtssachen angemessen verteilt. Dies gilt auch, wenn die Auslagen durch Notar- und Rechtsanwaltsgeschäfte veranlasst sind.		

Hauptabschnitt 1
Auslagen der Gerichte

Nr.	Auslagentatbestand	Höhe
Vorbemerkung 3.1:		
(1) Auslagen, die durch eine für begründet befundene Beschwerde entstanden sind, werden nicht erhoben, soweit das Beschwerdeverfahren gebührenfrei ist; dies gilt jedoch nicht, soweit das Beschwerdegericht die Kosten dem Gegner des Beschwerdeführers auferlegt hat.		
(2) In Betreuungssachen werden von dem Betroffenen Auslagen nur unter den in Vorbemerkung 1.1 Abs. 1 genannten Voraussetzungen erhoben. Satz 1 gilt nicht für die Auslagen 31015.		
31000	Pauschale für die Herstellung und Überlassung von Dokumenten:	
	1. Ausfertigungen, Kopien und Ausdrucke bis zur Größe von DIN A3, die	
	a) auf Antrag angefertigt oder auf Antrag per Telefax übermittelt worden sind oder	
	b) angefertigt worden sind, weil zu den Akten gegebene Urkunden, von denen eine Kopie zurückbehalten werden muss, zurückgefordert werden; in diesem Fall wird die bei den Akten zurückbehaltene Kopie gebührenfrei beglaubigt:	
	für die ersten 50 Seiten je Seite	0,50 €
	für jede weitere Seite	0,15 €
	für die ersten 50 Seiten in Farbe je Seite	1,00 €
	für jede weitere Seite in Farbe	0,30 €
	2. Entgelte für die Herstellung und Überlassung der in Nummer 1 genannten Kopien oder Ausdrucke in einer Größe von mehr als DIN A3	in voller Höhe
	oder pauschal je Seite	3,00 €
	oder pauschal je Seite in Farbe	6,00 €
	3. Überlassung von elektronisch gespeicherten Dateien oder deren Bereitstellung zum Abruf anstelle der in den Nummern 1 und 2 genannten Ausfertigungen, Kopien und Ausdrucke:	
	je Datei	1,50 €
	für die in einem Arbeitsgang überlassenen, bereitgestellten oder in einem Arbeitsgang auf denselben Datenträger übertragenen Dokumente insgesamt höchstens	5,00 €

---

24 Vgl BR-Drucks 517/12, S. 259.

Nr.	Auslagentatbestand	Höhe
	(1) Die Höhe der Dokumentenpauschale nach Nummer 1 ist in gerichtlichen Verfahren in jedem Rechtszug, bei Dauerbetreuungen und -pflegschaften in jedem Kalenderjahr und für jeden Kostenschuldner nach § 26 Abs. 1 GNotKG gesondert zu berechnen. Gesamtschuldner gelten als ein Schuldner.	
	(2) Werden zum Zweck der Überlassung von elektronisch gespeicherten Dateien Dokumente zuvor auf Antrag von der Papierform in die elektronische Form übertragen, beträgt die Dokumentenpauschale nach Nummer 3 nicht weniger, als die Dokumentenpauschale im Fall der Nummer 1 für eine Schwarz-Weiß-Kopie ohne Rücksicht auf die Größe betragen würde.	
	(3) Frei von der Dokumentenpauschale sind für jeden Beteiligten und seinen bevollmächtigten Vertreter jeweils 1. bei Beurkundungen von Verträgen zwei Ausfertigungen, Kopien oder Ausdrucke, bei sonstigen Beurkundungen eine Ausfertigung, eine Kopie oder ein Ausdruck, 2. eine vollständige Ausfertigung oder Kopie oder ein vollständiger Ausdruck jeder gerichtlichen Entscheidung und jedes vor Gericht abgeschlossenen Vergleichs, 3. eine Ausfertigung ohne Begründung und 4. eine Kopie oder ein Ausdruck jeder Niederschrift über eine Sitzung. (4) § 191 a Abs. 1 Satz 5 GVG bleibt unberührt.	
31001	Auslagen für Telegramme	in voller Höhe
31002	Pauschale für Zustellungen mit Zustellungsurkunde, Einschreiben gegen Rückschein oder durch Justizbedienstete nach § 168 Abs. 1 ZPO je Zustellung .... Neben Gebühren, die sich nach dem Geschäftswert richten, wird die Zustellungspauschale nur erhoben, soweit in einem Rechtszug mehr als 10 Zustellungen anfallen.	3,50 €
31003	Pauschale für die bei der Versendung von Akten auf Antrag anfallenden Auslagen an Transport- und Verpackungskosten je Sendung .... Die Hin- und Rücksendung der Akten durch Gerichte gelten zusammen als eine Sendung.	12,00 €
31004	Auslagen für öffentliche Bekanntmachungen .... Auslagen werden nicht erhoben für die Bekanntmachung in einem elektronischen Informations- und Kommunikationssystem, wenn das Entgelt nicht für den Einzelfall oder nicht für ein einzelnes Verfahren berechnet wird.	in voller Höhe
31005	Nach dem JVEG zu zahlende Beträge .... (1) Die Beträge werden auch erhoben, wenn aus Gründen der Gegenseitigkeit, der Verwaltungsvereinfachung oder aus vergleichbaren Gründen keine Zahlungen zu leisten sind. Ist aufgrund des § 1 Abs. 2 Satz 2 JVEG keine Vergütung zu zahlen, ist der Betrag zu erheben, der ohne diese Vorschrift zu zahlen wäre. (2) Nicht erhoben werden Beträge, die an ehrenamtliche Richter (§ 1 Abs. 1 Satz 1 Nr. 2 JVEG), an Übersetzer, die zur Erfüllung der Rechte blinder oder sehbehinderter Personen herangezogen werden (§ 191 a Abs. 1 GVG), und an Gebärdensprachdolmetscher (§ 186 Abs. 1 GVG) gezahlt werden.	in voller Höhe
31006	Bei Geschäften außerhalb der Gerichtsstelle 1. die den Gerichtspersonen aufgrund gesetzlicher Vorschriften gewährte Vergütung (Reisekosten, Auslagenersatz) und die Auslagen für die Bereitstellung von Räumen .... 2. für den Einsatz von Dienstkraftfahrzeugen für jeden gefahrenen Kilometer	 in voller Höhe 0,30 €
31007	An Rechtsanwälte zu zahlende Beträge mit Ausnahme der nach § 59 RVG auf die Staatskasse übergegangenen Ansprüche	in voller Höhe

NK-GK/Teubel

Nr.	Auslagentatbestand	Höhe
31008	Auslagen für 1. die Beförderung von Personen	in voller Höhe
	2. Zahlung an mittellose Personen für die Reise zum Ort einer Verhandlung oder Anhörung sowie für die Rückreise	bis zur Höhe der nach dem JVEG an Zeugen zu zahlende Beträge
31009	An Dritte zu zahlende Beträge für 1. die Beförderung von Tieren und Sachen mit Ausnahme der für Postdienstleistungen zu zahlenden Entgelte, die Verwahrung von Tieren und Sachen sowie die Fütterung von Tieren	in voller Höhe
	2. die Durchsuchung oder Untersuchung von Räumen und Sachen einschließlich der die Durchsuchung oder Untersuchung vorbereitenden Maßnahmen	in voller Höhe
31010	Kosten einer Zwangshaft .... Maßgebend ist die Höhe des Haftkostenbeitrags, der nach Landesrecht von einem Gefangenen zu erheben ist.	in Höhe des Haftkostenbeitrags
31011	Kosten einer Ordnungshaft .... Maßgebend ist die Höhe des Haftkostenbeitrags, der nach Landesrecht von einem Gefangenen zu erheben ist. Diese Kosten werden nur angesetzt, wenn der Haftkostenbeitrag auch von einem Gefangenen im Strafvollzug zu erheben wäre.	in Höhe des Haftkostenbeitrags
31012	Nach dem Auslandskostengesetz zu zahlende Beträge[1]	in voller Höhe
31013	An deutsche Behörden für die Erfüllung von deren eigenen Aufgaben zu zahlende Gebühren sowie diejenigen Beträge, die diesen Behörden, öffentlichen Einrichtungen oder deren Bediensteten als Ersatz für Auslagen der in den Nummern 31000 bis 31012 bezeichneten Art zustehen .... Die als Ersatz für Auslagen angefallenen Beträge werden auch erhoben, wenn aus Gründen der Gegenseitigkeit, der Verwaltungsvereinfachung oder aus vergleichbaren Gründen keine Zahlungen zu leisten sind.	in voller Höhe, die Auslagen begrenzt durch die Höchstsätze für die Auslagen 31000 bis 31012
31014	Beträge, die ausländischen Behörden, Einrichtungen oder Personen im Ausland zustehen, sowie Kosten des Rechtshilfeverkehrs mit dem Ausland ..... Die Beträge werden auch erhoben, wenn aus Gründen der Gegenseitigkeit, der Verwaltungsvereinfachung oder aus vergleichbaren Gründen keine Zahlungen zu leisten sind.	in voller Höhe
31015	An den Verfahrenspfleger zu zahlende Beträge .... Die Beträge werden von dem Betroffenen nur nach Maßgabe des § 1836 c BGB erhoben.	in voller Höhe
31016	Pauschale für die Inanspruchnahme von Videokonferenzverbindungen: je Verfahren für jede angefangene halbe Stunde	15,00 €

---

1 Fassung ab 14.8.2018: „Nach *§ 12 des Bundesgebührengesetzes, dem 5. Abschnitt des Konsulargesetzes und der Besonderen Gebührenverordnung des Auswärtigen Amts nach § 22 Absatz 4 des Bundesgebührengesetzes* zu zahlende Beträge" (Änderungen *kursiv* hervorgehoben); geänd. d. Art. 4 Abs. 48 des Gesetzes zur Strukturreform des Gebührenrechts des Bundes v. 7.8.2013 (BGBl. I 3154, 3204).

I. Allgemeines

1   Die in Teil 3 KV geregelten Auslagen werden im GNotKG differenziert festgelegt für die Auslagen der Gerichte (Hauptabschnitt 1 = Nr. 31000–31016 KV) und für die Auslagen der Notare (Hauptabschnitt 2 = Nr. 32000–32015 KV).

II. Verteilung von Auslagen auf verschiedene Rechtssachen (Vorbem. 3 KV)

2   Nach Vorbem. 3 S. 1 KV werden die Auslagen, die durch verschiedene Rechtssachen veranlasst sind, auf diese Rechtssachen angemessen verteilt. Das gilt auch bei einer Verteilung auf Notar- und Rechtsanwaltsgeschäfte (Vorbem. 3 S. 2 KV).

3   Der Maßstab für die Verteilung kann aus Vorbem. 7 Abs. 3 VV RVG entnommen werden. Danach sind die Fahrtauslagen bei einer Reise, die mehreren Geschäften dient, nach dem Verhältnis der Kosten zu verteilen, die bei gesonderter Ausführung der einzelnen Geschäfte entstanden wären. Der regelmäßig entstehende Vorteil durch gemeinsame Ausführung für mehrere Geschäfte wird auf diese Weise gleichmäßig auf die Geschäfte verteilt. Das GNotKG verwendet nicht mehr den Begriff der „Geschäfte" – offenbar deswegen, weil das Gericht keine Geschäfte macht –, sondern den Begriff „Rechtssache" – wodurch sich keine sachliche Änderung ergibt.

III. Auslagen bei Beschwerden und Betreuungssachen (Vorbem. 3.1 KV)

4   **1. Beschwerden (Abs. 1).** Nach Vorbem. 3.1 Abs. 1 KV gilt für die Erstattung der Auslagen in Beschwerdeverfahren folgende Sonderregelung:

- Hat die Beschwerde keinen Erfolg, werden die Auslagen geltend gemacht (grds. beim Beschwerdeführer).
- Hat die Beschwerde Erfolg, werden Auslagen dann nicht verlangt, wenn das Beschwerdeverfahren selbst gebührenfrei ist. Werden die Kosten dem Gegner auferlegt, muss dieser auch die Auslagen tragen.
- Ist das Beschwerdeverfahren erfolgreich, aber nicht gebührenfrei, werden die Auslagen vom Beschwerdeführer auch dann verlangt, wenn er erfolgreich war.

5   **2. Betreuungssachen (Abs. 2).** Das Betreuungsverfahren ist für den Betroffenen gebührenfrei, wenn sein Vermögen nach Abzug der Verbindlichkeiten nicht mehr als 25.000 € beträgt (Vorbem. 1.1 Abs. 1 KV). Das gilt dann auch für die Auslagen, und zwar mit Ausnahme der grds. vom Betroffenen zu zahlenden Beträge für den Verfahrenspfleger, bei dem sich die einzusetzenden Mittel nicht nach Vorbem. 1.1 Abs. 1 KV, sondern nach § 1836 c BGB richten (unter Verweisung auf §§ 87, 90 SGB XII).

IV. Dokumentenpauschale (Nr. 31000 KV)

6   Nr. 1 und 2 regeln die Kopierkosten und Nr. 3 das Dateiüberlassungsentgelt.

7   Auch aus dem gegenüber § 136 Abs. 1 S. 1 Nr. 1 KostO geänderten Wortlaut ist zu schließen, dass die Auslagentatbestände nach Nr. 1 und 2 voraussetzen, dass die vom Gericht gefertigten Dokumente auch den Beteiligten überlassen werden müssen.

8   Ob es sich um **Ausfertigungen, Kopien oder Ausdrucke** handelt, ist unerheblich. Zu unterscheiden sind von diesen körperlich gefertigten Dokumenten die in Nr. 3 genannten Dateien. Ob für den Beglaubigungs- oder Ausfertigungsvermerk eine gesonderte Gebühr zu erheben ist, ist nicht im Rahmen der Auslagen geregelt. Die Dokumentenpauschale wird neben diesen Gebühren erhoben.

9   Voraussetzung ist, dass die Dokumente **auf Antrag** angefertigt oder auf Antrag per Telefax übermittelt worden sind (**Nr. 1 Buchst. a**).

10   Gleichgestellt werden nach **Nr. 1 Buchst. b** die Fälle, in denen die Dokumente nicht antragsgemäß erstellt werden, sondern deswegen **von Amts wegen** angefertigt werden, weil die zu den Akten gegebenen Urkunden zurückgefordert werden, von diesen zurückgeforderten Urkunden aber für die Akten eine Kopie zurückbehalten werden muss. Werden die zurückbehaltenen Kopien beglaubigt, entsteht dafür keine Gebühr.

11   Für die **Schwarz-Weiß-Kopie bis zur Größe von DIN A3** sind für die ersten 50 Seiten je 0,50 €, für jede weitere Seite 0,15 € zu berechnen (Nr. 1). Bei **Farbkopien bis zur Größe von DIN A3** beträgt die Dokumentenpauschale für die ersten 50 Seiten je Seite 1,00 € und für jede weitere Seite 0,30 € (Nr. 1).

12   Grundsätzlich erhöht sich die Dokumentenpauschale erheblich, wenn die herzustellenden Dokumente **größer als DIN A3** sind. Hier können entweder die tatsächlichen Kosten der Kopien oder Ausdrucke, ersatzweise pauschal je Seite 3,00 €, und bei Farbkopien oder Ausdrucken 6,00 € pro Seite verlangt werden (Nr. 2).

Da das Gesetz keine Einschränkung für den Umfang der Farbverwendung macht, reicht es etwa aus, dass das Landeswappen farbig auf jeder Seite ausgedruckt wird oder ein Notar ein farbiges Logo verwendet, das in der Kopie farbig übernommen wird.   **13**

Gemäß **Anm. Abs. 1** zu Nr. 31000 KV bezieht sich die Staffelung in gerichtlichen Verfahren auf **jeden Rechtszug**, bei **Dauerbetreuungen und Pflegschaften** auf **jedes Kalenderjahr**. Erhalten mehrere Beteiligte, die gleichzeitig Kostenschuldner nach § 26 Abs. 1 sind, auf ihren jeweiligen Antrag Kopien, so wird die Staffelung für jeden Kostenschuldner gesondert berechnet. Das gilt nicht (dann keine gesonderte Berechnung), wenn es sich um Gesamtschuldner handelt. Wenn also für eine Erbengemeinschaft sechs Kopien eines zehnseitigen Testaments verlangt werden, werden für die ersten 50 Seiten je 0,50 € in Rechnung gestellt, für die weiteren zehn Seiten 0,15 €.   **14**

Bestimmte Dokumente müssen vom Gericht den Beteiligten zur Verfügung gestellt werden, so dass es insoweit nicht angemessen ist, eine Dokumentenpauschale zu berechnen. Gemäß **Anm. Abs. 3** zu Nr. 31000 KV sind **frei von der Dokumentenpauschale** zunächst für jeden Beteiligten: **15**

1. bei Beurkundung von Verträgen zwei Ausfertigungen, Kopien oder Ausdrucke, bei sonstigen (einseitigen) Beurkundungen eine Ausfertigung, eine Kopie oder ein Ausdruck;
2. bei gerichtlichen Entscheidungen und vor Gericht abgeschlossenen Vergleichen eine vollständige Ausfertigung oder Kopie oder ein vollständiger Ausdruck;
3. zusätzlich eine Ausfertigung ohne Begründung (abgekürzte Entscheidung);
4. für jede Niederschrift über eine Sitzung (Protokoll oder Sitzungsvermerk) eine Kopie oder ein Ausdruck.

Neben dem Beteiligten selbst erhält kostenfrei auch der bevollmächtigte Vertreter eines jeden Beteiligten die vorgenannten Dokumente. Der anwaltlich vertretene Beteiligte erhält also letztlich jeweils mindestens zwei Dokumente.   **16**

Nach § 191 a Abs. 1 S. 5 GVG müssen ohne Berechnung von Auslagen **blinden oder sehbehinderten Personen** gerichtliche Dokumente in einer für sie wahrnehmbaren Form zugänglich gemacht werden, soweit dies zur Wahrnehmung ihrer Rechte im Verfahren erforderlich ist. Insoweit werden auch Dokumentenpauschalen nach Nr. 31000 KV nicht erhoben.   **17**

Nach **Nr. 3** beträgt die Pauschale für die **Überlassung von elektronisch gespeicherten Dateien** oder deren Bereitstellung zum Abruf je Datei 1,50 €. Die Ermäßigung gegenüber den früher nach § 136 Abs. 3 KostO zu berechnenden 2,50 € soll einen Anreiz zur häufigeren Benutzung des elektronischen Rechtsverkehrs darstellen. Eine Höchstgrenze von 5,00 € ist gegeben für die in einem Arbeitsgang überlassenen, bereitgestellten oder in einem Arbeitsgang auf denselben Datenträger übertragenen Dokumente. Berücksichtigt ist jeweils die Möglichkeit, dass Dateien nicht übermittelt werden, sondern zum Abruf für den Antragsteller elektronisch bereitgestellt werden.   **18**

Durch die Pauschale von 5,00 € für in einem Arbeitsgang überlassene, bereitgestellte oder auf denselben Datenträger übertragene Dokumente wird gleichzeitig die noch in Nr. 9003 KV GKG und 2003 KV FamGKG vorgesehene Pauschale für die Übermittlung einer elektronisch geführten Akte für den Bereich der freiwilligen Gerichtsbarkeit ersetzt.   **19**

Nach **Anm. Abs. 2** zu Nr. 31000 KV wird die Dokumentenpauschale, und zwar für eine Schwarz-Weiß-Kopie ohne Rücksicht auf die Größe, für die einzelne Übermittlung von Kopien nach Nr. 31000 Nr. 1 KV auch dann angewendet, wenn auf Antrag Dokumente, die elektronisch gespeichert sind, **von der Papierform in die elektronische Form übertragen** werden.   **20**

V. Telegramme (Nr. 31001 KV)

Auch wenn mit Rücksicht auf die Zustellung am nächsten Tag Telegramme nur noch als Schmucktelegramme in Gebrauch sind, dürfte das Gericht, wenn es Mitteilungen per Telegramm übersendet, die Auslagen nach Nr. 31001 KV in voller Höhe erstattet verlangen.   **21**

VI. Zustellungen (Nr. 31002 KV)

Nach Nr. 31002 KV werden für Zustellungen mit Zustellungsurkunde, Einschreiben gegen Rückschein oder durch Justizbedienstete nach § 168 Abs. 1 ZPO für jede Zustellung eine Pauschale iHv 3,50 € erhoben. Es handelt sich um eine Pauschalierung zur Vermeidung von Auseinandersetzungen über die tatsächlichen Kosten der unterschiedlichen Zustellungswege. Diese Pauschalauslage wird neben Gebühren, die sich nach dem Geschäftswert richten, nur dann erhoben, wenn in einem Rechtszug mehr als 10 Zustellungen anfallen (Anm.).   **22**

VII. Aktenversendungspauschale (Nr. 31003)

23   Nach Nr. 31003 KV wird eine Pauschale für die Aktenversendung, und zwar nur auf Antrag, von 12 € je Sendung verlangt. Die Hin- und Rücksendung der Akten durch Gerichte gelten als eine Sendung (Anm.). Sendet der Empfänger der Sendung persönlich die Akten zurück, kann er das Rücksendungsporto nicht abziehen, er kann die Akten stattdessen dem nächstgelegenen Gericht überbringen, die Rücksendung von diesem Gericht ist dann durch die Pauschale nach Nr. 31003 KV gedeckt. Die Pauschale gilt ab die Auslagen an Transport- und Verpackungskosten.

VIII. Öffentliche Bekanntmachungen (Nr. 31004 KV)

24   Die Auslagen für öffentliche Bekanntmachungen werden in voller Höhe ersetzt. Werden die Bekanntmachungen in einem elektronischen Informations- und Kommunikationssystem veröffentlicht, bei denen das Entgelt nicht für den Einzelfall oder nicht für ein einzelnes Verfahren berechnet wird, entfallen die Auslagen (Anm.).

IX. Erstattung der nach dem JVEG zu zahlenden Beträge (Nr. 31005 KV)

25   Der Auslagentatbestand spricht zwar wie früher § 137 Nr. 5 KostO von „zu zahlenden" Beträgen und nicht von „gezahlten" Beträgen. Das ändert aber nichts daran, dass es sich um Auslagenerstattung handelt, also nach dem JVEG mangels Anforderung nicht gezahlte Beträge auch nicht zu ersetzen sind; das kommt etwa für nicht verlangte Zeugengebührenentschädigungen in Betracht.[2]

26   Beim Kostenansatz zu überprüfen ist die Erforderlichkeit der tatsächlich gezahlten Beträge, zu Unrecht verauslagte Sachverständigenentschädigungen können also nicht nach Nr. 31005 KV erstattet verlangt werden.[3]

27   Nach JVEG sind zwar Beträge an ehrenamtliche Richter (§ 1 Abs. 1 S. 1 Nr. 2 JVEG), Gebärdensprachdolmetscher (§ 186 Abs. 1 GVG) und an Übersetzer, die zur Erfüllung der Rechte blinder oder sehbehinderter Personen herangezogen werden (§ 191 a Abs. 1 GVG), zu zahlen. Insoweit entfällt die Erstattungspflicht (Anm. Abs. 1).

28   Unterbleiben Zahlungen aus Gründen der Gegenseitigkeit, der Verwaltungsvereinfachung oder aus vergleichbaren Gründen, erfolgt gleichwohl Auslagenerstattung (Anm. Abs. 1 S. 1). Erstatten Angehörige einer Behörde oder einer sonstigen öffentlichen Stelle, die weder Ehrenbeamte noch ehrenamtlich tätig sind, ein Gutachten in Erfüllung ihrer Dienstaufgaben, greift zwar das JVEG nicht ein (§ 1 Abs. 2 S. 2 JVEG), gleichwohl erfolgt Auslagenerstattung nach Anm. Abs. 1 S. 2.

X. Auswärtige Geschäfte (Nr. 31006 KV)

29   Nach Nr. 1 werden die Reisekosten und Auslagen der Gerichtspersonen bei Geschäften außerhalb der Gerichtsstelle voll ersetzt, ebenso die Auslagen für die Bereitstellung von Räumen.

30   Nach Nr. 2 werden für den Einsatz von Dienstkraftfahrzeugen für jeden gefahrenen Kilometer nur 0,30 € (also nicht die tatsächlichen Kosten) in Rechnung gestellt. Ob in diesem Betrag auch die Kosten des Fahrers enthalten sind, ist fraglich.[4]

XI. Rechtsanwaltskosten (Nr. 31007 KV)

31   Nach Nr. 31007 KV sind die an Rechtsanwälte zu zahlenden Beträge in voller Höhe zu erstatten, soweit es sich nicht um nach § 59 RVG auf die Staatskasse übergegangene Ansprüche handelt. Nach § 59 RVG gehen die aufgrund von Verfahrenskostenhilfe/Prozesskostenhilfe gezahlten Beträge auf die Staatskasse über; diese sind nicht nach Auslagenerstattungsgrundsätzen, sondern nach Kostenerstattungsgrundsätzen (entsprechend der Grundkostenentscheidung) geltend zu machen. Hier geht es um Vergütungen für Pflichtverteidigung in Freiheitsentziehungssachen.

XII. Personenbeförderung (Nr. 31008 KV)

32   Nach Nr. 31008 KV sind die Auslagen für die Beförderung von Personen in voller Höhe (Nr. 1) und die Zahlungen an mittellose Personen für die Reise zum Ort einer Verhandlung oder Anhörung sowie für die Rückreise bis zur Höhe der nach dem JVEG an Zeugen zu zahlenden Beträge (Nr. 2) als Auslagen zu erstatten.

---

2 Korintenberg/*Lappe*, KostO, § 137 Rn 19. **3** Korintenberg/*Lappe*, KostO, § 137 Rn 20. **4** Nach BDS/*Sommerfeldt*, Nr. 31000–31016 KV Rn 148 zählt der Fahrer zu den Gerichtspersonen.

Nach Nr. 1 sind etwa die Kosten der Beförderung inhaftierter Zeugen zu erstatten, bei der Entschädigung   **33**
für Mittellose geht es um einen Teil der Verfahrenskostenhilfe.

XIII. Beförderung und Verwahrung von Tieren und Sachen; Durchsuchung und Untersuchung von Räumen und Sachen (Nr. 31009 KV)

Nach Nr. 1 sind in voller Höhe zu zahlen an Dritte zu zahlende Beträge für die **Beförderung von Tieren und**   **34**
Sachen mit Ausnahme der für Postdienstleistungen zu zahlenden Entgelte (die nur pauschal durch die Aktenversendungspauschale abgegolten werden), die **Verwahrung** von Tieren und Sachen sowie die **Fütterung von Tieren**. Es dürfte sich hier um die Verwahrung von Nachlassgegenständen, die nicht hinterlegt werden, sowie um die Beförderung umfangreicher Akten als Bahngut handeln.

In Nr. 2 geht es um die **Durchsuchung oder Untersuchung von Räumen und Sachen** einschließlich der durch   **35**
die Durchsuchung oder Untersuchung vorbereiteten Maßnahmen. Das sind v.a. Maßnahmen zur Herausgabe einer Person oder einer Sache, zB die Kosten der Öffnung einer Wohnung.

XIV. Zwangshaft (Nr. 31010 KV)

Nach Nr. 31010 KV sind die Kosten einer Zwangshaft in Höhe des Haftkostenbeitrags zu erstatten. Der   **36**
Haftkostenbeitrag wird jährlich festgesetzt. Seit der Föderalismusreform sind dafür die Länder gesetzlich zuständig. Für den Jugendstrafvollzug ist dies durch Ländergesetze zwischenzeitlich geregelt. Beim Erwachsenenvollzug fehlen derzeit noch Regelungen in einer Vielzahl von Ländern; insoweit ist für die Festsetzung des Haftkostenbeitrags nach wie vor noch der Bund zuständig, der jährlich den Haftkostenbeitrag festsetzt.

XV. Kosten einer Ordnungshaft (Nr. 31011 KV)

Auch hier ist wie bei der Zwangshaft der Haftkostenbeitrag anzusetzen unter der Voraussetzung, dass der   **37**
Haftkostenbeitrag auch von einem Gefangenen im Strafvollzug zu erheben wäre.

XVI. Auslandskosten (Nr. 31012 KV)

Es geht um die Kosten für Amtshandlungen der Auslandsvertretungen, insb. für die Einschaltung eines Ver-   **38**
trauensanwalts nach § 3 Abs. 3 Konsulargesetz. Das Gesetz übernimmt die Regelungen des § 137 Nr. 13 KostO trotz der hinsichtlich der Erstattungsbedürftigkeit geäußerten Bedenken.[5] Dass nunmehr nur die „zu zahlenden" Beträge und nicht mehr die „gezahlten" Beträge als Auslagen zu erstatten sind, dürfte keine sachliche Änderung bedeuten.

XVII. Inländische Behörden (Nr. 31013 KV)

Nach Nr. 31013 KV sind die an deutsche Behörden für die Erfüllung von deren eigenen Aufgaben zu zah-   **39**
lenden Gebühren sowie diejenigen Beträge zu erstatten, die diesen Behörden, öffentlichen Einrichtungen oder deren Bediensteten als Ersatz für Auslagen der in den Nr. 31000–31012 KV bezeichneten Art zustehen.

Die Erstattung erfolgt in voller Höhe, die Auslagen begrenzt bis zur Höhe der Höchstsätze nach   **40**
Nr. 31000–31012 KV.

Auslagenersatz ist auch dann zu zahlen, wenn aus Gründen der Gegenseitigkeit, der Verwaltungsvereinfa-   **41**
chung oder aus vergleichbaren Gründen keine Zahlung an die anderweitige Behörde zu leisten ist (Anm.).

XVIII. Auslandskosten (Nr. 31014 KV)

Nach Nr. 31014 KV sind in voller Höhe zu erstatten Beträge, die ausländischen Behörden, Einrichtungen   **42**
oder Personen im Ausland zustehen, ebenso die Kosten des Rechtshilfeverkehrs mit dem Ausland. Der Ersatz ist – im Gegensatz zu Nr. 31013 KV – nicht begrenzt auf die Höchstsätze der Auslagen nach Nr. 31000–31012 KV.

Auch hier werden die Beträge auch dann erhoben, wenn aus Gründen der Gegenseitigkeit, der Verwal-   **43**
tungsvereinfachung oder aus vergleichbaren Gründen keine Zahlungen zu leisten sind (Anm.).

XIX. Verfahrenspfleger (Nr. 31015 KV)

Nach Nr. 31015 KV sind die an den Verfahrenspfleger zu zahlenden Beträge in voller Höhe zu erstatten.   **44**
Solche Verfahrenspflegschaften kommen in Betracht in Betreuungs- (§ 276 FamFG) und Unterbringungssa-

---

5 Korintenberg/*Lappe*, KostO, § 137 Rn 48.

chen (§ 317 FamFG). Nicht betroffen ist der Verfahrensbeistand (in Kindschafts-, Abstammungs- und Adoptionssachen), dessen Kosten ggf nach Nr. 2013 KV FamGKG zu erstatten sind. Für die Erstattungsfähigkeit gilt grds. § 1836 c BGB, wonach die Erstattungsfähigkeit nach SGB XII begrenzt ist.

XX. Videokonferenzen (Nr. 31016 KV)

45 Durch das Gesetz zur Intensivierung des Einsatzes von Videokonferenztechnik in gerichtlichen und staatsanwaltschaftlichen Verfahren v. 25.4.2013[6] ist mWv 1.11.2013 die Erhebung einer Pauschale für die Inanspruchnahme von Videokonferenzverbindungen iHv 15 € je angefangene halbe Stunde angeordnet.

Hauptabschnitt 2
Auslagen der Notare

Nr.	Auslagentatbestand	Höhe
Vorbemerkung 3.2: (1) Mit den Gebühren werden auch die allgemeinen Geschäftskosten entgolten. (2) Eine Geschäftsreise liegt vor, wenn das Reiseziel außerhalb der Gemeinde liegt, in der sich der Amtssitz oder die Wohnung des Notars befindet.		

1 **Allgemeine Geschäftskosten (Abs. 1)** dürfen im Gegensatz zu den Auslagen nicht gesondert abgerechnet werden, sondern sind aus dem Gebührenaufkommen zu bestreiten. Dies sind alle Kosten, die durch die Ausübung des Notarberufs und die Unterhaltung eines Bürobetriebs im Allgemeinen entstehen.

2 **Einzelfälle:** Mieten und Betriebskosten, Personalkosten, Büroeinrichtung samt EDV- und Telefonanlage, Anschaffung von Fahrzeugen, Kosten einer Bahncard, Grundgebühren für Telefon und Internet, sämtliche Schreibwaren, Fachliteratur und Formulare, Kosten für **Siegel und Faden**, Siegelpresse, Ösmaschine, Fahrten am Amtssitz, Nutzung juristischer Datenbanken auch bei Einzelabrufgebühren, Mitgliedsbeiträge bei Standeseinrichtungen.

3 **Personalkosten** sind auch dann allgemeine Geschäftskosten, wenn sie auf einen Angestellten entfallen, der vor allem oder nur für einen Mandanten tätig ist. Aufwendungen für **Hilfskräfte** bei einem einzelnen Vorgang sind hingegen keine allgemeinen Geschäftskosten.

4 Zur Definition „Geschäftsreise" (Abs. 2) → Nr. 32006–32009 KV Rn 6.

Nr.	Auslagentatbestand	Höhe
32000	Pauschale für die Herstellung und Überlassung von Ausfertigungen, Kopien und Ausdrucken (Dokumentenpauschale) bis zur Größe von DIN A3, die auf besonderen Antrag angefertigt oder per Telefax übermittelt worden sind:	
	für die ersten 50 Seiten je Seite	0,50 €
	für jede weitere Seite	0,15 €
	für die ersten 50 Seiten in Farbe je Seite	1,00 €
	für jede weitere Seite in Farbe	0,30 €
	Dieser Auslagentatbestand gilt nicht für die Fälle der Nummer 32001 Nr. 2 und 3.	
32001	Dokumentenpauschale für Ausfertigungen, Kopien und Ausdrucke bis zur Größe von DIN A3, die 1. ohne besonderen Antrag von eigenen Niederschriften, eigenen Entwürfen und von Urkunden, auf denen der Notar eine Unterschrift beglaubigt hat, angefertigt oder per Telefax übermittelt worden sind; dies gilt nur, wenn die Dokumente nicht beim Notar verbleiben;	

---

6 BGBl. I 935.

Nr.	Auslagentatbestand	Höhe
	2. in einem Beurkundungsverfahren auf besonderen Antrag angefertigt oder per Telefax übermittelt worden sind; dies gilt nur, wenn der Antrag spätestens bei der Aufnahme der Niederschrift gestellt wird; 3. bei einem Auftrag zur Erstellung eines Entwurfs auf besonderen Antrag angefertigt oder per Telefax übermittelt worden sind; dies gilt nur, wenn der Antrag spätestens am Tag vor der Versendung des Entwurfs gestellt wird:	
	je Seite	0,15 €
	je Seite in Farbe	0,30 €
32002	Dokumentenpauschale für die Überlassung von elektronisch gespeicherten Dateien oder deren Bereitstellung zum Abruf anstelle der in den Nummern 32000 und 32001 genannten Dokumente ohne Rücksicht auf die Größe der Vorlage:	
	je Datei	1,50 €
	für die in einem Arbeitsgang überlassenen, bereitgestellten oder in einem Arbeitsgang auf denselben Datenträger übertragenen Dokumente insgesamt höchstens	5,00 €
	Werden zum Zweck der Überlassung von elektronisch gespeicherten Dateien Dokumente zuvor auf Antrag von der Papierform in die elektronische Form übertragen, beträgt die Dokumentenpauschale nicht weniger, als die Dokumentenpauschale im Fall der Nummer 32000 für eine Schwarz-Weiß-Kopie betragen würde.	
32003	Entgelte für die Herstellung von Kopien oder Ausdrucken der in den Nummern 32000 und 32001 genannten Art in einer Größe von mehr als DIN A3	in voller Höhe
	oder pauschal je Seite	3,00 €
	oder pauschal je Seite in Farbe	6,00 €

I. Allgemeines

Die Regelung gilt nur für notarielle Geschäfte. Die Dokumentenpauschale gehört begrifflich zu den Auslagen, die gemeinsam mit den Gebühren dem Oberbegriff der Kosten (§ 1 Abs. 1) unterfallen. Als Teil der Kosten sind sie gem. § 89 durch den Notar selbst vollstreckbar. **1**

Soweit die Nr. 32000–32003 KV Schreib- oder Kopieraufwand nicht erfassen, ist dieser – vorbehaltlich spezieller Regelungen – durch die für das notarielle Geschäft anfallende Gebühr abgegolten. Bei der **Urschrift** einer notariellen Urkunde ist dies stets der Fall. In Nr. 25102 Anm. Abs. 2 KV wurde dieser Grundsatz für den Fall der Unterschriftsbeglaubigung ausdrücklich geregelt. **2**

Wird im Rahmen des Geschäfts eine Ausfertigung, Kopie oder ein Abdruck erteilt, wird die **Dokumentenpauschale zusätzlich** erhoben; zB bei Erteilung einer vollstreckbaren Ausfertigung auch dann, wenn die Gebühr Nr. 23803 KV anfällt, oder bei der Gebühr für Grundbuch- und Registereinsichten (Nr. 25209 KV), wenn ein Ausdruck übermittelt wird. **3**

Sollten im Einzelfall tatsächlich höhere Auslagen anfallen, kann kein Ersatz verlangt werden. Bei der „Pauschale" kommt es nicht auf die tatsächlichen Kosten an. Es besteht kein Wahlrecht wie bei den Auslagen für Post- und Telekommunikationsdienstleistungen. **4**

II. Begriff der Dokumentenpauschale

Das GNotKG enthält in Nr. 32000 KV eine **Legaldefinition** der „Dokumentenpauschale". Sie ist demnach die „Pauschale für die Herstellung und Überlassung von Ausfertigungen, Kopien und Ausdrucken". **5**

Der Begriff **„Überlassung"** ist weit zu verstehen; im Umkehrschluss zu Nr. 32001 Nr. 1 Hs 2 KV ist dieses Merkmal auch erfüllt, wenn das Dokument beim Notar verbleibt.[1] **6**

---

1 BDS/*Diehn*, Nr. 32000 KV Rn 9.

7   **Ausfertigungen** iSd Legaldefinition sind im notariellen Verfahren solche der §§ 47 ff BeurkG. **Kopien** sind Kopien aller Art. Der Gegenstand der Kopien spielt keine Rolle; die Dokumentenpauschale fällt bei allen Aktenteilen und Dokumenten jeder Art an (Urschrift, einfache und beglaubigte Abschrift, alle sonstigen Schriftstücke).

8   Die Dokumentenpauschale **entsteht** mit Überlassung der hergestellten Dokumente, soweit das Dokument bestimmungsgemäß beim Notar verbleibt, mit der Herstellung. Gemäß § 10 tritt mit Entstehung Fälligkeit ein. Erfolgt ein Versand der Dokumente oder Dateien, gleich welcher Art (Post, **Telefax, E-Mail,** sonstige Datenübertragung etc.), genügt die ordnungsgemäße Versendung; auf den Empfang kommt es nicht an. Wird eine Kopie mehrfach gefaxt, fällt für jede einzelne Übermittlung die Dokumentenpauschale an (zB für 30 Seiten, wenn ein 10seitiges Schriftstück dreimal gefaxt wird).[2]

9   Kostenfreie **Antragsrücknahme** ist nur bis zum Beginn der Herstellung möglich, da dann der Aufwand entstanden ist. Danach besteht nur noch die Möglichkeit die Herstellung abzubrechen. Die angefertigten Kopien sind abzurechnen und zu „überlassen".[3]

10   Das **Einscannen von Dokumenten** kann nur über die Nr. 32002 KV abgerechnet werden. Die Bezeichnung „Kopien" erfasst keine Scans.

III. Dokumentenpauschale bei besonderem Antrag (Nr. 32000 KV)

11   Der Auslagentatbestand Nr. 32000 KV beschränkt sich auf die Dokumente, die **auf besonderen Antrag** hergestellt und überlassen werden. Er ist in der Praxis der **Ausnahmefall.**[4] Mit dem „besonderen Antrag" ist ein Antrag gemeint, der sich konkret auf die Herstellung und Überlassung von Dokumenten richtet und der iSd BeurkG berechtigt ist.[5] Damit sind insb. die Fälle umfasst, in denen die Herstellung eines Dokuments der „eigentliche Gegenstand des notariellen Geschäfts" ist,[6] wobei sich der Anwendungsbereich nicht darauf beschränkt.[7]

Ein weiterer Hauptanwendungsfall dürfte sein, wenn bei Unterschriftsbeglaubigungen ohne Entwurf des Notars weitere Abschriften zu erteilen sind. Für diese ist keiner der Fälle des Nr. 32001 KV einschlägig.[8] Für die Erteilung beglaubigter Abschriften ist Nr. 25102 KV vorrangig.

12   **Beispiele:** 1. Ein Jahr nach Beurkundung eines Kaufvertrags (20 Seiten in s/w, 3 Seiten Lagepläne DIN A4 in Farbe) bittet der Mandant den Notar um eine weitere beglaubigte Abschrift. Auslagen (da Antrag nach der Aufnahme der Niederschrift gestellt wurde, vgl Nr. 32001 Nr. 2 KV): (20 x 0,50 €) + (3 x 1,00 €) = 13 €.

2. Neben dem Auftrag zur Beurkundung eines Erbvertrags wird eine beglaubigte Abschrift eines bereits beurkundeten Vertrags beantragt. Auch hier liegt ein gesonderter Antrag vor, da die Erteilung der beglaubigten Abschrift nicht Teil des Beurkundungsverfahrens iSv Nr. 32001 Nr. 2 KV ist.

13   Weiter umfasste Fälle sind zB die Erteilung einer vollstreckbaren Ausfertigung (auch Nr. 23803 KV) oder der Ausdruck und die Überlassung von Grundbuch- oder Handelsregisterauszügen (Nr. 25209 KV). In diesen Fällen ist die Erteilung der Dokumente nicht von der Gebühr für das Geschäft erfasst (→ Rn 3), ein Beurkundungsverfahren gem. § 85 Abs. 2 liegt nicht vor.

14   Besonderheiten bestehen bei **(beglaubigten) Abschriften** von **unterschriftsbeglaubigten Urkunden** des Notars: Wenn der Notar den Entwurf der unterschriftsbeglaubigten Urkunde selbst erstellt hat, entsteht keine vorrangige Gebühr Nr. 25102 KV (vgl dort Anm. Abs. 2 Nr. 1), sondern die Dokumentenpauschale gem. Nr. 32000 KV.[9] Die Fälle der Nr. 32001 KV sind sämtlich nicht einschlägig (besonderer Antrag, kein Beurkundungsverfahren, unterschriftsbeglaubigte Urkunde ist Aliud zum Entwurf).[10]

15   Um die Kosten für angefertigte Kopien von anderen Dokumenten als Urkunden (zB Grundbuchauszüge, Gerichtsakten) gem. Nr. 32000 KV abzurechnen, muss jedenfalls ein besonderer Auftrag zur Fertigung der Kopien aufgenommen werden.[11]

16   **Beispiele:** Ausdruck von umfangreichen Grundbuchauszügen bei Entwurf einer Dienstbarkeit; Kopie eines Nachlassaktes bei Entwurf einer Erbauseinandersetzung.

17   Bei Nr. 32000 KV wurde die frühere Tarifspaltung zwischen den ersten 50 und den folgenden Seiten beibehalten. So soll der in diesen Fällen meist höhere Aufwand abgegolten werden.[12]

---

2 BDS/*Diehn,* Nr. 32000 KV Rn 11. **3** BDS/*Diehn,* Nr. 32000 KV Rn 8. **4** *Fackelmann,* Notarkosten nach dem neuen GNotKG, § 3 E. **5** *Fackelmann,* Notarkosten nach dem neuen GNotKG, § 3 E. **6** BT-Drucks 17/11471, S. 236. **7** BDS/*Diehn,* Nr. 32000 KV Rn 17. **8** Mit Beispielen: Prüfungsabteilung der Ländernotarkasse A.d.ö.R., NotBZ 2014, 286–287. **9** *Fackelmann,* Notarkosten nach dem neuen GNotKG, § 3 E. **10** BDS/*Diehn,* Nr. 32000 KV Rn 16 und Nr. 32001 KV Rn 25; aA Korintenberg/ *Tiedtke,* Nr. 32001 KV Rn 8. **11** *Fackelmann,* Notarkosten nach dem neuen GNotKG, § 3 E. **12** BT-Drucks 17/11471, S. 236.

IV. Dokumentenpauschale in sonstigen Fällen (Nr. 32001 KV)

1. Allgemeines. Der Auslagentatbestand Nr. 32001 KV enthält die von der Vornummer Nr. 32000 KV   18
nicht umfassten Fälle, in denen eine Dokumentenpauschale anfällt.[13] Dies sind in der Praxis die weitaus
meisten Fälle.[14] Erfasst sind die Herstellung von Dokumenten ohne besonderen Antrag (Nr. 1), die Herstellung auf besonderen Antrag innerhalb eines Beurkundungsverfahrens (Nr. 2) sowie die Herstellung auf besonderen Antrag bei einem Auftrag zur Entwurfsfertigung (Nr. 3). Es gibt keine Tarifspaltung zwischen den
ersten 50 und den folgenden Seiten.

2. Dokumentenpauschale ohne besonderen Antrag (Nr. 32001 Nr. 1 KV). Grundsätzlich fällt **ohne besonderen Antrag** eines Beteiligten keine Dokumentenpauschale an. Die Ausnahmen sind in Nr. 1 abschließend   19
geregelt. Ohne besonderen Antrag (→ Rn 11) handelt der Notar insb. dann, wenn er gesetzlich verpflichtet
ist (zB § 8 Abs. 1, 4 ErbStDV).

Voraussetzung der Nr. 1 ist, dass es sich bei der Vorlage um ein **eigenes Schriftstück** (Niederschrift, Entwurf, unterschriftsbeglaubigte Urkunde) des Notars handelt. Nicht umfasst sind also insb. **Fremdurkunden**   20
(zB vorgelegte Vollmachten oder sonstige Vertretungsnachweise, die eigenen Urkunden gem. § 12 BeurkG
beigefügt werden). Diese Abschriften lösen jedoch dann eine Dokumentenpauschale aus, wenn sie Teil einer
Urkunde des Notars geworden sind, von der wiederum Ausfertigungen, Kopien oder Ausdrucke gefertigt
werden.

Weitere Voraussetzung ist, dass die Urkunde **nicht beim Notar verbleibt.** Beglaubigte Abschriften für die   21
Urkundensammlung lösen daher keine Dokumentenpauschale nach Nr. 1 aus. Bei besonderem Antrag können diese jedoch unter Nr. 2 bzw unter Nr. 32000 KV fallen (zB beglaubigte Abschrift zur Urkundensammlung einer Verfügung von Todes wegen). Eine „Überlassung" iSd Legaldefinition muss insoweit angenommen werden (→ Rn 6).

Unter die Nr. 1 fallen insb. Abschriften von Urkunden, die im Rahmen des Urkundenvollzugs beim Grundbuchamt, Registergericht oder bei anderen Behörden eingereicht werden, sofern diese nicht bereits unter   22
Nr. 2 oder die Nr. 32000 KV fallen. **Einzelfälle** sind zB die Abschrift für den Gutachterausschuss und die
Abschriften für das Finanzamt. Der Ausdruck der **Veräußerungsanzeige** löst keine Dokumentenpauschale
aus.[15]

Beispiel: A verkauft ein Grundstück an B; der Notar wird mit dem Vollzug des Geschäfts beauftragt. Die Urkunde sagt nichts dazu, welche Dritten beglaubigte Abschriften erhalten sollen. Zur Eintragung der Auflassungsvormerkung reicht der Notar eine beglaubigte Abschrift des Kaufvertrags beim Grundbuchamt ein (20 Seiten in s/w).   23
Auslagen für diese Abschrift: 20 x 0,15 € = 3 € (Nr. 32001 Nr. 1 KV).

3. Dokumentenpauschale im Beurkundungsverfahren (Nr. 32001 Nr. 2 KV). Der Begriff des Beurkundungsverfahrens ergibt sich aus § 85 Abs. 2, der wiederum auf die §§ 8 und 36 BeurkG verweist. Insbesondere bei Unterschriftsbeglaubigungen ist Nr. 2 daher nicht anwendbar.[16] Für **Eide** verweist § 38 BeurkG auf   24
§ 8 BeurkG, so dass insoweit Nr. 2 anwendbar ist.[17]

Die Nr. 2 ist nur anwendbar, wenn der Antrag **vor** der Beendigung des Beurkundungsverfahrens (vor abschließender Unterschrift des Notars unter die Niederschrift) gestellt wird; danach ist Nr. 32000 KV einschlägig.   25

Der besondere Antrag muss nicht in die Niederschrift aufgenommen sein.   26

Beispiel: A und B gründen die X-GmbH nach Maßgabe des mitbeurkundeten Gesellschaftsvertrags. In der Urkunde (20 Seiten s/w) erklären die Beteiligten, dass je beglaubigte Abschriften zu erstellen sind (für die Gesellschafter und die Gesellschaft). Auslagen für die Kopien: 3 x 20 x 0,15 € = 9 € (Nr. 32001 Nr. 2 KV).   27

Gegenbeispiel: Einen Tag nach der Beurkundung bittet B den Notar um Erteilung einer weiteren beglaubigten Abschrift, die er für seine Bank benötigt. Auslagen für die Kopien (da der Antrag nach Beendigung der Beurkundung   28
erstellt wurde): 20 x 0,50 € = 10 € (Nr. 32000 KV).

4. Dokumentenpauschale bei Entwurfsfertigung (Nr. 32001 Nr. 3 KV). Nr. 3 regelt die Dokumentenpauschale in den Fällen, in denen die Fertigung eines Entwurfs gem. Vorbem. 2.4.1 Abs. 1 KV Gebühren auslöst. Nach dem Entwurfsversand ist die Nr. 32000 KV einschlägig.   29

Beispiel: A und B beauftragen den Notar mit dem Entwurf eines Gesellschaftsvertrags und bitten um Zusendung jeweils eines ausgedruckten Entwurfstexts (20 Seiten). Auslagen für die Ausdrucke: 2 x 20 x 0,15 € = 6 €   30
(Nr. 32001 Nr. 3 KV).

---

13 BT-Drucks 17/11471, S. 236.   **14** *Fackelmann*, Notarkosten nach dem neuen GNotKG, § 3 E.   **15** *Fackelmann*, Notarkosten
nach dem neuen GNotKG, § 3 E; Korintenberg/*Tiedtke*, Nr. 32001 KV Rn 6.   **16** Prüfungsabteilung der Ländernotarkasse
A.d.ö.R., NotBZ 2014, 286–287; BDS/*Diehn*, Nr. 32001 KV Rn 16.   **17** AA BDS/*Diehn*, Nr. 32000 KV Rn 14.

31   Nr. 3 ist nur anwendbar, wenn der Antrag, „am Tag vor der Versendung des Entwurfs" gestellt wird. Ein Antrag am Tag des Entwurfsversands fällt also bereits unter Nr. 32000 KV.[18]

32   **Beispiel:** Im oben genannten Beispiel ruft A den Notar am Tag der Versendung der Entwurfstexte an A und B an und bittet zusätzlich um Versendung eines Entwurfsexemplars an seinen Steuerberater. Auslagen für die Ausdrucke: (2 x 20 x 0,15 €) + (20 x 0,50 €) = 16 €.

33   Werden **mehrere Fassungen** eines Entwurfs versendet, ist auf jede Fassung Nr. 32001 Nr. 3 KV gesondert anwendbar.

34   **Beispiel:** Die erste Fassung mit 20 Seiten wird an A und B versandt. Auslagen für die Ausdrucke: 2 x 20 x 0,15 € = 6 € (Nr. 32001 Nr. 3 KV). Am nächsten Tag soll auch noch eine Fassung an den Steuerberater C gehen. Auslagen für die Ausdrucke: 20 x 0,50 € = 10 € (Nr. 32000 KV). Dieser schlägt Änderungen vor, die eingearbeitet werden. Versand des überarbeiteten Entwurfs an A, B und C. Auslagen für die Ausdrucke: 3 x 20 x 0,15 € = 9 € (Nr. 32001 Nr. 3 KV).

V. Dokumentenpauschale bei elektronisch gespeicherten Dateien (Nr. 32002 KV)

35   Der Auslagentatbestand Nr. 32002 KV fällt an, wenn elektronisch gespeicherte Dateien versandt werden oder wenn sie zum Download bereitgestellt werden. **Datei** ist dabei jede mögliche Form der Speicherung in elektronischer Form; die Größe der Datei spielt genauso wie die Größe der Vorlage keine Rolle. Es sind mithin alle denkbaren **Datenträger** und alle denkbaren **Dateiformate** erfasst. Eine Aufteilung in mehrere Dateien muss sachlich gerechtfertigt sein oder technische Gründe haben (§ 21 Abs. 1 S. 1). Die Kosten für den Datenträger sind von der Pauschale umfasst.

Die Übermittlung der Daten muss „anstelle der in den Nummern 32000 und 32001 genannten Dokumente" erfolgen. Dies ist nicht der Fall bei der Übermittlung von Daten an das Zentrale Testaments- oder Vorsorgeregister.[19]

36   Wenn der elektronische Versand mit dem Versand in Papierform zusammentrifft, fallen Auslagen nach mehreren KV-Nrn. an. Die elektronisch gespeicherten Seiten werden bei Nr. 32000 KV nicht als erste 50 Seiten mitgerechnet.

37   Nach der Anm. zu Nr. 32002 KV ist eine Vergleichsrechnung mit der Dokumentenpauschale nach Nr. 32000 KV vorzunehmen, wenn auf besonderen Antrag Dokumente **eingescannt** werden, die nur in Papierform vorliegen. Wäre die Gebühr gem. Nr. 32000 KV für Schwarz-Weiß-Kopien höher, ist die nach Nr. 32002 KV berechnete Gebühr entsprechend zu erhöhen. Die Tarifspaltung der Nr. 32000 KV wird jedoch insoweit auch bei mehreren Antragstellern nicht für jeden Einzelnen durchgeführt, da das Dokument insgesamt nur einmal eingescannt wird.

38   Bei der **elektronischen Handelsregisteranmeldung oder elektronischen Grundbuchanträgen** fällt die Dokumentenpauschale zusätzlich zur Gebühr für die Erstellung der **XML-Strukturdaten** (Nr. 22114, 22125 KV) an. Auch in diesem Fall ist die vorgenannte Vergleichsrechnung durchzuführen, da das Einscannen von Dokumenten durch die Gebühr für die Erstellung der XML-Strukturdaten nicht abgegolten ist.[20]

39   Die Gebühr beträgt pro **Arbeitsgang** insgesamt höchstens 5,00 €. „Arbeitsgang" meint eine natürliche Handlungseinheit, innerhalb derer der Auslagentatbestand Nr. 32002 KV erfüllt wird.

40   **Einzelfälle:** Versand mehrerer E-Mails im engen zeitlichen Zusammenhang;[21] Versand einer E-Mail mit mehreren Entwürfen; **nicht:** Versand mehrerer E-Mails in zeitlichem Abstand voneinander.

41   Die Höchstgebühr von 5,00 € gilt jedoch nicht, wenn nach der Vergleichsrechnung gem. Anm. zu Nr. 32002 KV ein höherer Betrag errechnet wird (→ Rn 37).

VI. Dokumentenpauschale für Kopien größer DIN A3 (Nr. 32003 KV)

42   Das GNotKG enthält mit dem Auslagentatbestand Nr. 32003 KV eine besondere Auslagenvorschrift für die Dokumentenpauschale bei Kopien und Ausdrucken, die **größer als DIN A3** sind. Die Dokumentenpauschale nach diesem Auslagentatbestand kann verlangt werden, wenn der Tatbestand der Nr. 32000 oder 32001 KV vorliegen würde. Die Norm beschränkt sich auf die Rechtsfolgen.

43   Nr. 32003 KV lässt eine Abrechnung nach den tatsächlich entstandenen Kosten und eine pauschalierte Abrechnung zu. Eine pauschalierte Abrechnung wird hier eher die Ausnahme darstellen, da nur wenige Notare die technischen Voraussetzungen schaffen, um Kopien oder Ausdrucke dieser Größe anzufertigen. Wird

---

18 BDS/*Diehn*, Nr. 32001 KV Rn 24.   **19** BDS/*Diehn*, Nr. 32002 KV Rn 5.   **20** BDS/*Diehn*, Nr. 32002 KV Rn 14; Korintenberg/*Tiedtke*, Nr. 32002 KV Rn 2.   **21** AA BDS/*Diehn*, Nr. 32002 KV Rn 11, der hier zwecks Rechtssicherheit mehrere Arbeitsgänge annehmen möchte.

jedoch von einem Dritten die Kopie im Auftrag des Notars angefertigt, wird der Notar die angefallenen Nettokosten abrechnen.

Nr.	Auslagentatbestand	Höhe
32004	Entgelte für Post- und Telekommunikationsdienstleistungen .... (1) Für die durch die Geltendmachung der Kosten entstehenden Entgelte kann kein Ersatz verlangt werden. (2) Für Zustellungen mit Zustellungsurkunde und für Einschreiben gegen Rückschein ist der in Nummer 31002 bestimmte Betrag anzusetzen.	in voller Höhe
32005	Pauschale für Entgelte für Post- und Telekommunikationsdienstleistungen Die Pauschale kann in jedem notariellen Verfahren und bei sonstigen notariellen Geschäften anstelle der tatsächlichen Auslagen nach Nummer 32004 gefordert werden. Ein notarielles Geschäft und der sich hieran anschließende Vollzug sowie sich hieran anschließende Betreuungstätigkeiten gelten insoweit zusammen als ein Geschäft.	20 % der Gebühren – höchstens 20,00 €

I. Allgemeines

Das GNotKG lässt entsprechend den Regelungen bei der Rechtsanwaltsvergütung (Nr. 7001 und 7002 VV RVG) sowohl einen Einzelansatz (Nr. 32004 KV) als auch eine pauschalierte Abrechnung (Nr. 32005 KV) zu. Den Einzelansatz wird der Notar nur dann wählen, wenn im Einzelfall höhere Kosten für Post- und Telekommunikationsdienstleistungen zu erwarten sind. Eine aufwändige Dokumentation der angefallenen Entgelte soll vermieden werden. Auslagen für Post- und Telekommunikationsdienstleistungen sind stets **neben** der Dokumentenpauschale abrechenbar (zur Ausnahme → Rn 2). **1**

II. Entgelte für Post- und Telekommunikationsdienstleistungen

Als Entgelte für Post- und Telekommunikationsdienstleistungen kommen insb. in Betracht: Portokosten aller Art (für Briefe, Postkarten, Einschreiben, förmliche Zustellungen, Pakete usw), Kosten für Expressgut, Fracht und **Boten**, Kosten für Telegramme und Kosten für Telefongespräche und Telefaxe.[1] Aufwand für die Nutzung des **Internets** gilt auch als Entgelt für Telekommunikationsdienstleistung.[2] Im Fall der Dokumentenpauschale bei elektronisch gespeicherten Dateien (Nr. 32002 KV) ist dieser Aufwand jedoch bereits abgegolten. **2**

III. Einzelansatz der Auslagen (Nr. 32004 KV)

Der Aufwand für Post- und Telekommunikationsdienstleistungen ist in diesem Fall einzeln nachzuweisen. Diesen durch geeignete technische Vorrichtungen zu führen, ist Sache des Notars. Eine Beweiserleichterung ist nicht zu gewähren. **3**

Auslagen für die **Beitreibung der Kosten**, etwa für die Zustellung der vollstreckbaren Ausfertigung der Kostenberechnung oder den Versand von Mahnschreiben, dürfen gemäß **Anm. Abs. 1** nicht abgerechnet werden. **4**

Für die Kosten der Zustellung mit **Zustellungsurkunde** und **Einschreiben gegen Rückschein** verweist **Anm. Abs. 2** auf die Nr. 31002 KV. Die Verweisung bezieht sich nur auf den „Betrag" iHv 3,50 €, nicht auf die dortige Anmerkung. Der Verweis ist irreführend formuliert. Es handelt sich um ein Wahlrecht des Notars, ob er für Zustellungen/Einschreiben den Pauschalbetrag oder die tatsächlich angefallenen Kosten abrechnet.[3] Die **Wahl der Versendungsart** muss der Bedeutung der versendeten Unterlagen angemessen sein. **5**

IV. Auslagenpauschale (Nr. 32005 KV)

Die Geltendmachung der Auslagenpauschale setzt voraus („anstelle"), dass überhaupt Auslagen entstanden sind. Ist im Einzelfall **gar kein Aufwand** für Post- und Telekommunikationsdienstleistungen angefallen, etwa bei sofort abgewickelten Unterschriftsbeglaubigungen, darf sie nicht angesetzt werden.[4] Die Höhe der tatsächlich entstandenen Auslagen ist ohne Bedeutung; die Pauschale muss nicht „angemessen" sein. Die Abrechnung der tatsächlichen Kosten und der Pauschale können nicht miteinander kombiniert werden. **6**

---

1 BT-Drucks 17/11471, S. 237. **2** BDS/*Diehn*, Nr. 32004 KV Rn 4. **3** BDS/*Diehn*, Nr. 32004 KV Rn 10. **4** BT-Drucks 17/11471, S. 237.

7   Grundsätzlich kann die Pauschale für **jedes notarielle Verfahren** (§ 85 Abs. 1) und jedes notarielle Geschäft gesondert abgerechnet werden. Eine Einschränkung gilt jedoch hinsichtlich Vollzugs- und Betreuungstätigkeiten. Werden diese im Anschluss an eine notarielle Haupttätigkeit vorgenommen, fällt keine zusätzliche Pauschale an. In anderen Fällen ist auch insoweit eine Pauschale abrechenbar; für sachlich zusammenhängende Vollzugs- und Betreuungstätigkeiten jedoch nur einmal.

8   Die Pauschale beträgt 20 Prozent *nur* der **Gebühren**, höchstens 20 €. Auslagen des Notars gemäß Nr. 32000–32015 KV sind bei der Berechnung also nicht einzubeziehen (vgl § 1 Abs. 1).

Nr.	Auslagentatbestand	Höhe
32006	Fahrtkosten für eine Geschäftsreise bei Benutzung eines eigenen Kraftfahrzeugs für jeden gefahrenen Kilometer	0,30 €
	Mit den Fahrtkosten sind die Anschaffungs-, Unterhaltungs- und Betriebskosten sowie die Abnutzung des Kraftfahrzeugs abgegolten.	
32007	Fahrtkosten für eine Geschäftsreise bei Benutzung eines anderen Verkehrsmittels, soweit sie angemessen sind	in voller Höhe
32008	Tage- und Abwesenheitsgeld bei einer Geschäftsreise	
	1. von nicht mehr als 4 Stunden	20,00 €
	2. von mehr als 4 bis 8 Stunden	35,00 €
	3. von mehr als 8 Stunden	60,00 €
	Das Tage- und Abwesenheitsgeld wird nicht neben der Gebühr 26002 oder 26003 erhoben.	
32009	Sonstige Auslagen anlässlich einer Geschäftsreise, soweit sie angemessen sind	in voller Höhe

I. Allgemeines

1   Nimmt der Notar einen Dienstgang vor, der die Voraussetzungen der Vorbem. 3.2 Abs. 1 KV erfüllt (→ Rn 6), dürfen Reisekosten nach den Nr. 32006–32009 KV abgerechnet werden. Die Regelungen unterscheiden nach den Aufwendungen für An- und Abfahrt (Nr. 32006–32008 KV) und sonstigen Aufwendungen (Nr. 32009 KV); und innerhalb der erstgenannten nach dem verwendeten Verkehrsmittel.

2   Die Geschäftsreise kann nur abgerechnet werden, wenn sie auf einen, auch nur stillschweigend, erteilten **Auftrag** hin vorgenommen wird. Dies ist nicht der Fall, wenn der Notar aus eigenen Erwägungen heraus ein Geschäft außerhalb des Amtssitzes vornimmt. Der Auftrag ist entbehrlich, wenn das Geschäft nur außerhalb der Geschäftsstelle vorgenommen werden kann.

3   Grundsätzlich ist der Notar in der **Wahl des Verkehrsmittels** frei. Die verursachten Kosten für Geschäftsreisen müssen aber angemessen sein. Bei der Benutzung des **eigenen Kfz** ist dies stets der Fall. Die Benutzung eines **Taxis** ist nicht grds. unangemessen; nur wenn ein eigenes Kfz oder ein vergleichbar einfach direkt zum Ziel führendes **öffentliches Verkehrsmittel** zur Verfügung steht, wäre dies anzunehmen. In der Wahl der Reiseklasse ist der Notar ebenfalls grds. frei; auch zuschlagspflichtige schnellere Verkehrsmittel dürfen verwendet werden. Unangemessen sind im Regelfall jedenfalls **Luxusverkehrsmittel** wie Helikopter oder Limousinen, aber auch die Verursachung von Kosten bei sehr kurzen Fußwegen. Die Verwendung eines **Mietwagens** ist in Ausnahmefällen denkbar.

4   Bei den **sonstigen Auslagen** (Nr. 32009 KV) muss der Notar nicht das billigste Hotel oder die billigste Parkmöglichkeit wählen. Frühstückskosten und die Kosten von Halb- oder Vollpension sind angemessen.

5   Die **Reisekosten von Mitarbeitern** des Notars, etwa wenn diese eine Urkunde vorbesprechen, sind nicht ausdrücklich gesetzlich geregelt. Bei ausdrücklichem Auftrag kommt eine Abrechnung über Nr. 32015 KV in Betracht.

II. Begriff der Geschäftsreise (Vorbem. 3.2 Abs. 2 KV)

6   Vorbem. 3.2 Abs. 1 KV enthält eine Legaldefinition der Geschäftsreise. Der Notar muss zu einem Ort außerhalb der politischen Grenzen seines Wohnortes oder der Gemeinde seines Amtssitzes reisen. Der Amtssitz ist in § 10 BNotO legaldefiniert. Der **Ort regelmäßiger Sprechtage** gilt gem. § 87 als Amtssitz; ebenso

Geschäftsstellen. Bei einer kommunalen Neuordnung der Gemeindegebiete ändert sich der Amtssitz.[1] Die Wohnung des Notars befindet sich am amtlich gemeldeten Wohnsitz; Erst- und Zweitwohnsitz sind gleichgestellt.

Die zurückgelegte Distanz ist kein Kriterium für das Vorliegen einer Geschäftsreise; das Überschreiten der Ortsgrenze reicht aus. Wege innerhalb der Ortsgrenzen sind mit der Gebühr für das Geschäft abgegolten. Innerhalb von Großstädten und Flächengemeinden liegt keine Geschäftsreise vor.[2]

Die Gebühren Nr. 26002 und 26003 KV (Auswärtsgebühren) fallen jedoch unabhängig vom Vorliegen   7 einer Geschäftsreise an. Wenn keine Geschäftsreise vorliegt, können Reisekosten nicht pauschal über Nr. 32015 KV abgerechnet werden; dies widerspräche der Regelungssystematik. Im Einzelfall kommt eine Abrechnung aber in Betracht.

III. Fahrtkosten eigener Pkw (Nr. 32006 KV)

Bei der Benutzung eines eigenen Pkw fällt eine **Kilometerpauschale** an, die nach der **Anm.** zu Nr. 32006 KV   8 ausdrücklich auch alle Anschaffungs-, Unterhaltungs- und Betriebskosten sowie die Abnutzung des Fahrzeugs abdeckt. Es können deshalb keine zusätzlichen Kosten abgerechnet werden, auch nicht, wenn diese tatsächlich nachweisbar sind und über der Pauschale liegen.

IV. Fahrtkosten andere Verkehrsmittel (Nr. 32007 KV)

Die Fahrtkosten anderer Verkehrsmittel sind in voller Höhe abrechenbar. In Betracht kommen alle denkbaren Verkehrsmittel, auch Luft-, Wasser- und **Mietfahrzeuge**.   9

V. Tage- und Abwesenheitsgeld (Nr. 32008 KV)

Für die Zeit der Abwesenheit vom Amtssitz oder Wohnort wird der Notar pauschal entschädigt. Die Pau-   10 schale richtet sich nach der Dauer der Abwesenheit und wird in drei Stufen ermittelt. Beginn und Ende der Abwesenheit richten sich nach An- und Abfahrt am Amtssitz bzw Wohnort.

Neben den Gebühren Nr. 26002 oder 26003 KV (Auswärtsgebühren) wird das Tage- und Abwesenheits-   11 geld nicht mehr erhoben. Dies betrifft die bei weitem meisten Auswärtstätigkeiten des Notars.

Nicht davon betroffen sind lediglich Tätigkeiten, die ihrer Natur nach nicht in den Räumen des Notars vor-   12 genommen werden können und in denen deshalb ein „Verlangen" iSd Nr. 26002 und 26003 KV nicht vorliegen kann, also zB bei Wechsel- und Scheckprotesten, bei der Aufnahme von Vermögensverzeichnissen (Vorbem. 2.3.4 und 2.3.5 KV) oder bei der Tätigkeit als Zweitnotar (Nr. 25205 KV).

VI. Sonstige Auslagen anlässlich Geschäftsreisen (Nr. 32009 KV)

Sonstige Auslagen iSd Nr. 32009 KV sind insb. **Park- und Straßenbenutzungsgebühren** und **Übernachtungs-**   13 **kosten.** In Betracht kommen alle ursächlich durch die Vornahme der Geschäftsreise (Vorbem. 3.2 Abs. 2 KV) verursachten Kosten, mit Ausnahme der von Nr. 32006 und 32007 KV abschließend geregelten Fahrtkosten. (Erhöhter) Verpflegungsaufwand ist nicht umfasst, es sei denn, er ist Teil der Übernachtungskosten (Halb-, Vollpension). Die Höhe der Auslagen muss angemessen sein (→ Rn 4).

Nr.	Auslagentatbestand	Höhe
32010	An Dolmetscher, Übersetzer und Urkundszeugen zu zahlende Vergütungen sowie Kosten eines zugezogenen zweiten Notars	in voller Höhe

Erfasst sind **Dolmetscher** und Gebärdensprachdolmetscher, wenngleich deren Kosten in der Praxis selten   1 vom Notar verauslagt werden. Der Begriff „Übersetzer" erfasst auch Übersetzer für Blinde- und Sehbehinderte.

Die Kosten der Zuziehung eines **zweiten Notars** oder eines **Urkundszeugen** (zB §§ 22, 24, 25, 29 BeurkG   2 oder ausländische Formvorschriften) sind ebenfalls Auslagen. Der Aufwand für Urkundszeugen kann deshalb gem. § 89 vollstreckt werden.

Die Höhe der **Gebühren** für die Zuziehung des **Zweitnotars** richtet sich nach Nr. 25205 KV. Schuldner die-   3 ser Gebühren ist nur der Hauptnotar als Auftraggeber des Zweitnotars.[1] Die verauslagten Gebühren rechnet der Hauptnotar dann als Auslagen gegenüber seinem Kostenschuldner ab. Auf wessen Initiative der

---

1 OLG Hamm DNotZ 1978, 758. **2** Korintenberg/*Tiedtke*, Vorbem. 3.2 KV Rn 3. **1** BT-Drucks 17/11471, S. 238.

Zweitnotar hinzugezogen wurde, ist ohne Belang. Eine Zuziehung ohne sachlichen Grund wird wegen § 21 Abs. 1 jedoch ohne Kostenfolge bleiben; es sei denn, dies geschieht auf ausdrücklichen Wunsch eines Beteiligten.

4   Die **Auslagen** sind in der tatsächlich entstandenen Höhe in Rechnung zu stellen. Das JVEG gilt nicht für Notare, so dass die Kosten nicht gesetzlich limitiert sind. Den Notar trifft keine Pflicht, die Angemessenheit der Kosten zu überwachen. Wegen der teils erheblichen Kosten für Dolmetscher- und Übersetzerleistungen empfiehlt es sich, die Beteiligten den Dolmetscher selbst auswählen und beauftragen zu lassen. Dies gilt auch, soweit Urkundszeugen ein Honorar oder eine Aufwandsentschädigung zu gewähren ist.

Nr.	Auslagentatbestand	Höhe
32011	Nach dem JVKostG für den Abruf von Daten im automatisierten Abrufverfahren zu zahlende Beträge	in voller Höhe

1   Der Auslagentatbestand Nr. 32011 KV verweist auf das JVKostG. Als Auslagen sind nur die „für den Abruf von Daten im automatisierten Abrufverfahren zu zahlende(n) Beträge" abrechenbar. Dies sind nach derzeitigem Stand die Gebühren für den Abruf von Daten in Handels-, Partnerschafts-, Genossenschafts- und Vereinsregisterangelegenheiten (Nr. 1140 und 1141 KV) und die Nutzung des automatisierten Abrufverfahrens in Grundbuchangelegenheiten, in Angelegenheiten der Schiffsregister, des Schiffsbauregisters und des Registers für Pfandrechte an Luftfahrzeugen (Nr. 1151 und 1152 KV). Die Kosten für die Anmeldung zum automatisierten Abrufverfahren (Nr. 1150 KV) sind allgemeine Geschäftskosten gem. Vorbem. 3.2 Abs. 1 KV.

2   Der Notar ist Kostenschuldner der Gebühren. Deshalb ist ein eigener Auslagentatbestand erforderlich. Wird die Einsicht in der Geschäftsstelle des Gerichts vorgenommen, fallen keine Gebühren an. Die Abrechnung des Aufwands für die Einsicht ist in diesem Fall nicht zulässig.[1]

Nr.	Auslagentatbestand	Höhe
32012	Im Einzelfall gezahlte Prämie für eine Haftpflichtversicherung für Vermögensschäden, wenn die Versicherung auf schriftliches Verlangen eines Beteiligten abgeschlossen wird	in voller Höhe
32013	Im Einzelfall gezahlte Prämie für eine Haftpflichtversicherung für Vermögensschäden, soweit die Prämie auf Haftungsbeträge von mehr als 60 Mio. € entfällt und wenn nicht Nummer 32012 erfüllt ist .... Soweit sich aus der Rechnung des Versicherers nichts anderes ergibt, ist von der Gesamtprämie der Betrag zu erstatten, der sich aus dem Verhältnis der 60 Mio. € übersteigenden Versicherungssumme zu der Gesamtversicherungssumme ergibt.	in voller Höhe

I. Allgemeines

1   Der Ersatzfähigkeit der Auslagen für Vermögensschaden-Haftpflichtversicherungen liegt der Gedanke der Kompensation der Geschäftswertbegrenzung auf 60 Mio. € zugrunde. Der Auslagentatbestand Nr. 32012 KV erweitert die Möglichkeiten der Abrechnung von Versicherungskosten.

2   Nr. 32013 KV ist im Fall der **Verwahrung von Geld, Wertpapieren und Kostbarkeiten** gem. Vorbem. 2.5.3 Abs. 2 KV nicht anzuwenden.

3   Beide Auslagentatbestände Nr. 32012, 32013 KV setzen eine für den **Einzelfall** abgeschlossene Vermögensschaden-Haftpflichtversicherung voraus. Dies setzt nicht notwendig voraus, dass es sich um eine einzelne Urkunde oder einen einzelnen Vorgang handelt; vielmehr kommt es darauf an, dass die Versicherung für einen von vornherein bestimmten oder bestimmbaren Umfang an Urkunden oder Vorgängen abgeschlossen wurde. Die Kosten einer generell bestehenden Berufshaftpflicht können nicht auf den Mandanten abgewälzt werden; diese sind allgemeine Geschäftskosten gem. Vorbem. 3.2 Abs. 1 KV. Die Prämie muss jeweils **tatsächlich bezahlt** sein.

1 Korinthenberg/*Tiedtke*, Nr. 32011 KV Rn 3; BDS/*Diehn*, Nr. 32011 KV Rn 6.

2104   NK-GK/*Büringer*

II. Kosten für Vermögensschaden-Haftpflichtversicherung (Nr. 32012 KV)

Verlangen Beteiligte den Abschluss einer Vermögensschaden-Haftpflichtversicherung neben der allgemein **4** bestehenden, gem. § 19 a BNotO verpflichtenden Berufshaftpflichtversicherung des Notars, muss die **gesamte Versicherungsprämie** erstattet werden. Das Verlangen der Beteiligten muss in **schriftlicher Form** geäußert werden. Wegen der im Einzelfall hohen Prämien soll dies Beweiszwecken dienen.[1]

III. Kosten für Haftpflichtversicherung über dem Höchstwert (Nr. 32013 KV)

In diesem Fall ist nur die **anteilige Versicherungsprämie**, die auf Vermögensschäden über 60 Mio. € entfällt, **5** zu erstatten. Der Erstattungsbetrag ergibt sich vorrangig aus einer aufgeschlüsselten Rechnung der Versicherung. Ist die Rechnung nicht aufgeschlüsselt, so ist sie proportional zum Verhältnis der 60 Mio. € übersteigenden Versicherungssumme zur Gesamtversicherungssumme aufzuteilen.

Die anteilige Erstattung kommt nur in Betracht, wenn **kein schriftliches Verlangen** auf Abschluss der geson- **6** derten Versicherung vorliegt; andernfalls ist der Auslagentatbestand Nr. 32012 KV vorrangig. Die Auslagen Nr. 32013 KV können also auch ohne Einverständnis der Beteiligten mit dem Abschluss der Versicherung abgerechnet werden.[2]

Nr.	Auslagentatbestand	Höhe
32014	Umsatzsteuer auf die Kosten .... Dies gilt nicht, wenn die Umsatzsteuer nach § 19 Abs. 1 UStG unerhoben bleibt.	in voller Höhe

Schrifttum: *Ihle,* Umsatzsteuerliche Bestimmung des Leistungsempfängers bei der Erbringung notarieller Dienstleistungen, MittBayNot 2013, 97; *Schubert,* Neue Umsatzsteuervorschriften und ihre Bedeutung für den Notar, MittBayNot 2004, 237; *ders.,* Notarkosten und Auslandsberührung, MittBayNot 2005, 357.

I. Steuerbarkeit, durchlaufende Posten, Kleinunternehmer

Der Notar erhält Ersatz der von ihm geschuldeten Umsatzsteuer. Die Tätigkeit des Notars ist eine umsatz- **1** steuerbare sonstige Leistung gem. § 1 Abs. 1 Nr. 1 UStG, auch wenn er untypische Tätigkeiten vornimmt, wie zB selbständige Beratungsleistungen, Autorentätigkeiten oder Testamentsvollstreckungen. Die Umsatzsteuer fällt auf alle Kosten, dh Gebühren und Auslagen (vgl § 1 Abs. 1), an.

Durchlaufende Posten sind gem. § 10 Abs. 1 S. 6 UStG nicht in die Bemessungsgrundlage einzubeziehen. **2** Dies sind nach gegenwärtigem Stand zB die vom Notar verauslagten Gebühren für das Zentrale Vorsorgeregister und das Zentrale Testamentsregister sowie Gerichtskosten (etwa für die Erteilung der Legalisation oder Apostille), Genehmigungsgebühren, Hinterlegungsgebühren bei Testamenten und Erbverträgen und Kosten für Fremdkopien. Auch soweit der Notar sonst Gebühren für Gericht oder Dienstleistungen namens des Beteiligten verauslagt, kommt ein durchlaufender Posten in Betracht. Eine genaue Offenlegung des Namens und der Anschrift des Mandanten gegenüber den Behörden ist entbehrlich, wenn die durchlaufenden Posten nach Gebührenordnungen erhoben werden und der Notar nach der Gebührenordnung Kostenschuldner ist.[1]

Grundbuch- und Registerabrufgebühren sind keine durchlaufenden Posten. **3**

Der Notar erhält keinen Ersatz der Umsatzsteuer, wenn er „**Kleinunternehmer**" gem. § 19 Abs. 1 UStG ist. **4** Voraussetzung dafür ist ein voraussichtlicher Umsatz von höchstens 50.000 € im laufenden Geschäftsjahr und ein Umsatz von höchstens 17.500 € im vorangegangenen Geschäftsjahr. Die Umsätze eines Anwaltsnotars aus notarieller und anwaltlicher Tätigkeit werden gem. § 2 Abs. 1 S. 2 UStG zusammengerechnet.[2]

II. Gestaltung der Rechnung

Die Rechnung hat die volle Umsatzsteuer auszuweisen. Trotz der Kostenhaftung aller Beteiligten (§ 30) **5** kann ein Beteiligter, der die volle Rechnung begleicht, den vollen Vorsteuerabzug geltend machen.[3]

Das Zitiergebot gem. § 19 Abs. 2 Nr. 2 ist nicht verletzt, wenn die Nr. 32014 KV unerwähnt bleibt, da eine **6** andere Vorschrift nicht in Betracht kommt.[4] Die umsatzsteuerrechtlichen Anforderungen an die Rechnung ergeben sich aus §§ 14 Abs. 4, 14 a UStG und aus §§ 31, 33 UStDV. Dem Erfordernis einer fortlaufenden Rechnungsnummer gem. § 14 Abs. 4 Nr. 4 ist genügt, wenn die Urkundennummer verwendet wird; bei

---

[1] BT-Drucks 17/11471, S. 238.   **2** Korintenberg/*Tiedtke,* Nr. 32014 KV Rn 4.   **1** BFH NJW 1968, 423.   **2** AA Korintenberg/ *Tiedtke,* Nr. 32014 KV Rn 4.   **3** FG Nürnberg EFG 1991, 50.   **4** OLG Hamm JurBüro 1997, 100.

mehreren Rechnungen zu einer Urkunde muss jedoch ein weiteres Unterscheidungsmerkmal hinzukommen, da jede Nummer nur einmal vergeben werden darf.[5]

7 Ein Doppel der Rechnung ist gem. § 14 b UStG **zehn Jahre aufzubewahren**. Dies muss nicht in Papierform erfolgen; die elektronische Speicherung genügt (§ 14 b Abs. 2 S. 2 UStG arg. e cont.).[6]

8 In den Fällen des zweifelsfrei auf Notare anwendbaren § 14 Abs. 2 Nr. 2 S. 2 UStG (Leistung an Unternehmer für dessen Unternehmen und an juristische Personen) ist die Rechnung innerhalb einer **Sechsmonatsfrist** zu erteilen. Die Vorschrift des § 14 Abs. 2 Nr. 2 S. 2 UStG ("Leistung im Zusammenhang mit einem Grundstück") ist hingegen auf Notare nicht anwendbar. Etwas anderes folgt auch nicht aus dem auf Notare anwendbaren § 3 a Abs. 3 Nr. 1 Buchst. b UStG,[7] da dieser eine Leistung "im Zusammenhang mit *der Veräußerung oder dem Erwerb* von Grundstücken" verlangt. In der Folge gilt auch die Vorschrift zum **Hinweis auf die Aufbewahrungspflicht** gem. § 14 Abs. 4 S. 1 Nr. 9 UStG iVm § 14 b Abs. 2 S. 5 UStG nicht für Notare, da diese auf die Leistung "im Zusammenhang mit einem Grundstück" Bezug nimmt. Ein vorsorglicher Hinweis schadet dennoch nicht.

III. Auslandssachverhalte

9 **1. Allgemeines.** Der Notar erhält keinen Ersatz der Umsatzsteuer, wenn der Leistungsort im Ausland liegt, mithin der Notar die Umsatzsteuer nicht schuldet. **Beachte:** Der Notar muss eine fälschlicherweise ausgewiesene Umsatzsteuer gem. § 14 c Abs. 2 S. 1 UStG trotzdem aus eigenen Mitteln abführen.

10 Als Ort der notariellen Dienstleistung kommen gem. § 3 a UStG in Betracht:
- das Büro des Notars (§ 3 a Abs. 1 UStG);
- der Ort, von dem aus der Leistungsempfänger sein Unternehmen betreibt (§ 3 a Abs. 2 UStG);
- der Belegenheitsort eines Grundstücks (§ 3 a Abs. 3 Nr. 1 Buchst. b UStG);
- der Wohnsitz oder Sitz des Leistungsempfängers (§ 3 a Abs. 4 S. 2 Nr. 3 UStG).

11 Grundsätzlich wird dabei iE eine im Inland steuerbare Leistung vorliegen. Nur in bestimmten Konstellationen kann ein nichtsteuerbarer Umsatz mit Leistungsort im Ausland vorliegen.

12 **2. Auslandsgrundstück.** Gemäß § 3 a Abs. 3 Nr. 1 Buchst. b UStG ist Leistungsort bei "sonstigen Leistungen im Zusammenhang mit der Veräußerung oder dem Erwerb von Grundstücken" der Belegenheitsort der Immobilie. Darunter fallen die Beurkundung von Grundstückskaufverträgen sowie "anderen Verträgen, die auf die Veränderung von Rechten an einem Grundstück gerichtet sind", etwa die Bestellung von Grundschulden; nicht erforderlich ist ein grundbuchamtlicher Vollzug.[8] Weiter zählen dazu auch die Beurkundungsleistungen eines Notars bei der Einräumung dinglicher Rechte.[9]

13 Die im Zusammenhang mit den vorstehenden Leistungen durchgeführte Rechtsberatung ist eine unselbständige Nebenleistung, die keinen Einfluss auf den Leistungsort hat.[10] Werden Gesellschaftsanteile übertragen, fallen diese auch dann nicht unter § 3 a Abs. 3 Nr. 1 Buchst. b UStG, wenn die Übertragung auf den wirtschaftlichen Übergang von Grundbesitz gerichtet ist.

14 Im Anwendungsbereich des § 3 a Abs. 3 Nr. 1 Buchst. b UStG liegt der Leistungsort also im Ausland, wenn sich die notarielle Tätigkeit auf ein **im Ausland belegenes Grundstück** bezieht.

15 **3. Leistung an ausländischen Unternehmer für dessen Unternehmen.** Gemäß § 3 a Abs. 2 UStG ist Leistungsort bei Leistungen an einen Unternehmer für dessen Unternehmen der Ort, von dem aus der Leistungsempfänger sein Unternehmen betreibt. Dasselbe gilt bei Leistungen an eine **nicht unternehmerische juristische Person**, der eine Umsatzsteuer-Identifikationsnummer erteilt worden ist.

16 Wenn Urkundsbeteiligter ein ausländischer Unternehmer ist und nicht der private Bereich betroffen ist, liegt daher der Leistungsort im Ausland. Den Notar treffen insoweit keine Ermittlungspflichten. Es empfiehlt sich jedoch, die Gültigkeit der USt-ID-Nr. und die Personendaten des Unternehmers gem. § 18 e UStG beim Bundeszentralamt für Steuern bestätigen zu lassen; dann genießt der Notar Vertrauensschutz.[11] Bei Unternehmern aus einem Drittland (Nicht-EU-Staat, § 1 Abs. 2 a S. 3 UStG) sollte zum Nachweis eine Bescheinigung der Steuerbehörden des Drittlandes verlangt werden.[12]

17 **4. Selbstständige Beratungsleistungen an Nicht-EU-Bewohner.** Wenn der Nicht-EU-Bewohner Unternehmer ist und eine Leistung für sein Unternehmen vorliegt, liegt bereits nach § 3 a Abs. 2 UStG ein ausländischer Leistungsort vor. Dies gilt auch für gem. § 3 a Abs. 2 S. 3 gleichgestellte Nichtunternehmer.

---

5 *Schubert*, MittBayNot 2004, 237. **6** *Schubert*, MittBayNot 2004, 237; Rundschreiben der BNotK 42/2004 v. 16.11.2004. **7** BMF Schreiben v. 18.12.2012, IV D 3 – S 7117-a/12/10001, DStR 2013, 45. **8** BMF Schreiben v. 18.12.2012, IV D 3 – S 7117-a/12/10001, DStR 2013, 45. **9** BMF Schreiben v. 18.12.2012, IV D 3 – S 7117-a/12/10001, DStR 2013, 45. **10** Abschnitt 39 Abs. 11 S. 2 UStR. **11** DNotI-Report 2010, 173, 175 mwN. **12** DNotI-Report 2010, 173, 175 f.

Gemäß § 3 a Abs. 4 S. 2 Nr. 3 UStG ist Leistungsort der Sitz oder Wohnsitz des Nicht-EU-Bewohners, wenn   18
eine selbständige rechtliche oder wirtschaftliche Beratungsleistung des Notars vorliegt. Eine selbstständige
Beratungsleistung liegt vor, wenn die Tätigkeit des Notars nicht im Zusammenhang mit einer Beurkundung
steht, etwa bei der isolierten Rechtsberatung.[13] Erfasst ist auch das isolierte Anfertigen von Entwürfen, soweit keine Beurkundung vorgesehen ist.[14]

Nr.	Auslagentatbestand	Höhe
32015	Sonstige Aufwendungen .... Sonstige Aufwendungen sind solche, die der Notar aufgrund eines ausdrücklichen Auftrags und für Rechnung eines Beteiligten erbringt. Solche Aufwendungen sind insbesondere verauslagte Gerichtskosten und Gebühren in Angelegenheiten des Zentralen Vorsorge- oder Testamentsregisters.	in voller Höhe

Der Notar kann verauslagte Kosten gem. § 89 vollstrecken. Voraussetzung ist ein **ausdrücklicher Auftrag**   1
eines Beteiligten. Die Aufwendung muss außerdem **für Rechnung des Beteiligten** getätigt werden. Unter den
Begriff der **sonstigen Aufwendungen** ist jeder denkbare finanzielle Aufwand des Notars zu subsumieren. Soweit eine abschließende Sonderregelung im GNotKG enthalten ist, ist diese jedoch vorrangig. So können
bspw keine tatsächlichen Aufwendungen für Kopier- und Druckaufwand statt der vorgesehenen Dokumentenpauschale abgerechnet werden.

Einzelfälle: verauslagte Gerichtskosten (zB im Beschwerde- oder Aufgebotsverfahren); Gebühren für das   2
Zentrale Vorsorge- und Testamentsregister; Verwaltungsgebühren (zB bei öffentlich-rechtlichen Genehmi-
gungsverfahren); Kosten für Hilfspersonen; Kosten für Sachverständigengutachten zum ausländischen
Recht; usw.

---

13 Korintenberg/*Tiedtke*, Nr. 32014 KV Rn 5; BMF-Schreiben v. 4.9.2009, Nr. 9 Abs. 11 (Rn 70); DNotI-Report 2010, 173, 175.
14 BMF-Schreiben v. 4.9.2009, Nr. 9 Abs. 11 (Rn 70); DNotI-Report 2010, 173, 175.

Geschäfts-wert bis ... €	Gebühr Tabelle A ... €	Gebühr Tabelle B ... €	Geschäfts-wert bis ... €	Gebühr Tabelle A ... €	Gebühr Tabelle B ... €	Geschäfts-wert bis ... €	Gebühr Tabelle A ... €	Gebühr Tabelle B ... €
500	35,00	15,00	200 000	1 746,00	435,00	1 550 000	7 316,00	2 615,00
1 000	53,00	19,00	230 000	1 925,00	485,00	1 600 000	7 496,00	2 695,00
1 500	71,00	23,00	260 000	2 104,00	535,00	1 650 000	7 676,00	2 775,00
2 000	89,00	27,00	290 000	2 283,00	585,00	1 700 000	7 856,00	2 855,00
3 000	108,00	33,00	320 000	2 462,00	635,00	1 750 000	8 036,00	2 935,00
4 000	127,00	39,00	350 000	2 641,00	685,00	1 800 000	8 216,00	3 015,00
5 000	146,00	45,00	380 000	2 820,00	735,00	1 850 000	8 396,00	3 095,00
6 000	165,00	51,00	410 000	2 999,00	785,00	1 900 000	8 576,00	3 175,00
7 000	184,00	57,00	440 000	3 178,00	835,00	1 950 000	8 756,00	3 255,00
8 000	203,00	63,00	470 000	3 357,00	885,00	2 000 000	8 936,00	3 335,00
9 000	222,00	69,00	500 000	3 536,00	935,00	2 050 000	9 116,00	3 415,00
10 000	241,00	75,00	550 000	3 716,00	1 015,00	2 100 000	9 296,00	3 495,00
13 000	267,00	83,00	600 000	3 896,00	1 095,00	2 150 000	9 476,00	3 575,00
16 000	293,00	91,00	650 000	4 076,00	1 175,00	2 200 000	9 656,00	3 655,00
19 000	319,00	99,00	700 000	4 256,00	1 255,00	2 250 000	9 836,00	3 735,00
22 000	345,00	107,00	750 000	4 436,00	1 335,00	2 300 000	10 016,00	3 815,00
25 000	371,00	115,00	800 000	4 616,00	1 415,00	2 350 000	10 196,00	3 895,00
30 000	406,00	125,00	850 000	4 796,00	1 495,00	2 400 000	10 376,00	3 975,00
35 000	441,00	135,00	900 000	4 976,00	1 575,00	2 450 000	10 556,00	4 055,00
40 000	476,00	145,00	950 000	5 156,00	1 655,00	2 500 000	10 736,00	4 135,00
45 000	511,00	155,00	1 000 000	5 336,00	1 735,00	2 550 000	10 916,00	4 215,00
50 000	546,00	165,00	1 050 000	5 516,00	1 815,00	2 600 000	11 096,00	4 295,00
65 000	666,00	192,00	1 100 000	5 696,00	1 895,00	2 650 000	11 276,00	4 375,00
80 000	786,00	219,00	1 150 000	5 876,00	1 975,00	2 700 000	11 456,00	4 455,00
95 000	906,00	246,00	1 200 000	6 056,00	2 055,00	2 750 000	11 636,00	4 535,00
110 000	1 026,00	273,00	1 250 000	6 236,00	2 135,00	2 800 000	11 816,00	4 615,00
125 000	1 146,00	300,00	1 300 000	6 416,00	2 215,00	2 850 000	11 996,00	4 695,00
140 000	1 266,00	327,00	1 350 000	6 596,00	2 295,00	2 900 000	12 176,00	4 775,00
155 000	1 386,00	354,00	1 400 000	6 776,00	2 375,00	2 950 000	12 356,00	4 855,00
170 000	1 506,00	381,00	1 450 000	6 956,00	2 455,00	3 000 000	12 536,00	4 935,00
185 000	1 626,00	408,00	1 500 000	7 136,00	2 535,00			

NK-GK

Verordnung über Gebühren in Handels-, Partnerschafts- und Genossenschaftsregistersachen (Handelsregistergebührenverordnung – HRegGebV)

Vom 30. September 2004 (BGBl. I 2562)
zuletzt geändert durch Art. 123 Abs. 2 des Zweiten Gesetzes über die weitere Bereinigung von Bundesrecht vom 8. Juli 2016 (BGBl. I 1594, 1608)

§ 1 Gebührenverzeichnis

[1]Für Eintragungen in das Handels-, Partnerschafts- oder Genossenschaftsregister, die Entgegennahme, Prüfung und Aufbewahrung der zum Handels- oder Genossenschaftsregister einzureichenden Unterlagen sowie die Übertragung von Schriftstücken in ein elektronisches Dokument nach § 9 Abs. 2 des Handelsgesetzbuchs werden Gebühren nach dem Gebührenverzeichnis der Anlage zu dieser Verordnung erhoben. [2]Satz 1 gilt nicht für die aus Anlass eines Insolvenzverfahrens von Amts wegen vorzunehmenden Eintragungen und für Löschungen nach § 395 des Gesetzes über das Verfahren in Familiensachen und in den Angelegenheiten der freiwilligen Gerichtsbarkeit.

§ 2 Allgemeine Vorschriften

(1) Neben der Gebühr für die Ersteintragung werden nur Gebühren für die gleichzeitig angemeldete Eintragung der Errichtung einer Zweigniederlassung und für die Eintragung einer Prokura gesondert erhoben.

(2) [1]Betrifft dieselbe spätere Anmeldung mehrere Tatsachen, ist für jede Tatsache die Gebühr gesondert zu erheben. [2]Das Eintreten oder das Ausscheiden einzutragender Personen ist hinsichtlich einer jeden Person eine besondere Tatsache.

(3) Als jeweils dieselbe Tatsache betreffend sind zu behandeln:
1. die Anmeldung einer zur Vertretung berechtigten Person und die gleichzeitige Anmeldung ihrer Vertretungsmacht oder deren Ausschlusses;
2. die Anmeldung der Verlegung
   a) der Hauptniederlassung,
   b) des Sitzes oder
   c) der Zweigniederlassung
   und die gleichzeitige Anmeldung der Änderung der inländischen Geschäftsanschrift;
3. mehrere Änderungen eines Gesellschaftsvertrags oder einer Satzung, die gleichzeitig angemeldet werden und nicht die Änderung eingetragener Angaben betreffen;
4. die Änderung eingetragener Angaben und die dem zugrunde liegende Änderung des Gesellschaftsvertrags oder der Satzung.

(4) Anmeldungen, die am selben Tag beim Registergericht eingegangen sind und dasselbe Unternehmen betreffen, werden als eine Anmeldung behandelt.

§ 2 a Recht der Europäischen Union

Umwandlungen und Verschmelzungen nach dem Recht der Europäischen Union stehen hinsichtlich der Gebühren den Umwandlungen nach dem Umwandlungsgesetz gleich.

§ 3 Zurücknahme

(1) [1]Wird eine Anmeldung zurückgenommen, bevor die Eintragung erfolgt oder die Anmeldung zurückgewiesen worden ist, sind 120 Prozent der für die Eintragung bestimmten Gebühren zu erheben. [2]Bei der Zurücknahme einer angemeldeten Ersteintragung bleiben die Gebühren für die gleichzeitig angemeldete Eintragung der Errichtung einer Zweigniederlassung und für die Eintragung einer Prokura unberücksichtigt.

(2) [1]Erfolgt die Zurücknahme spätestens am Tag bevor eine Entscheidung des Gerichts mit der Bestimmung einer angemessenen Frist zur Beseitigung eines Hindernisses (§ 382 Absatz 4 des Gesetzes über das Verfahren in Familiensachen und in den Angelegenheiten der freiwilligen Gerichtsbarkeit) unterzeichnet wird, beträgt die Gebühr 75 Prozent der für die Eintragung bestimmten Gebühr, höchstens jedoch 250 Euro. [2]Der unterzeichneten Entscheidung steht ein gerichtliches elektronisches Dokument gleich (§ 14 Absatz 3 des Gesetzes über das Verfahren in Familiensachen und in den Angelegenheiten der freiwilligen Gerichtsbarkeit in Verbindung mit § 130 b der Zivilprozessordnung). [3]Betrifft eine Anmeldung mehrere Tatsachen, betragen in den Fällen der Sätze 1 und 2 die auf die zurückgenommenen Teile der Anmeldung entfallenden Gebühren insgesamt höchstens 250 Euro.

§ 4 Zurückweisung

[1]Wird eine Anmeldung zurückgewiesen, sind 170 Prozent der für die Eintragung bestimmten Gebühren zu erheben. [2]Bei der Zurückweisung einer angemeldeten Ersteintragung bleiben die Gebühren für die gleichzeitig angemeldete Eintragung der Errichtung einer Zweigniederlassung und für die Eintragung einer Prokura unberücksichtigt.

§ 5 Zurücknahme oder Zurückweisung in besonderen Fällen

[1]Wird die Anmeldung einer sonstigen späteren Eintragung, die mehrere Tatsachen zum Gegenstand hat, teilweise zurückgenommen oder zurückgewiesen, ist für jeden zurückgenommenen oder zurückgewiesenen Teil von den Gebühren 1503, 2501 und 3501 des Gebührenverzeichnisses auszugehen. [2]§ 3 Absatz 2 bleibt unberührt.

§ 5 a Übergangsvorschrift

Für Kosten, die vor dem Inkrafttreten einer Änderung der Rechtsverordnung fällig geworden sind, gilt das bisherige Recht.

§ 6 Übergangsvorschrift zum Gesetz über elektronische Handelsregister und Genossenschaftsregister sowie das Unternehmensregister

Für die Entgegennahme, Prüfung und Aufbewahrung eines Jahres-, Einzel- oder Konzernabschlusses und der dazu gehörenden Unterlagen für ein vor dem 1. Januar 2006 beginnendes Geschäftsjahr werden die Gebühren 5000 und 5001 des Gebührenverzeichnisses in der vor dem 1. Januar 2007 geltenden Fassung erhoben, auch wenn die Unterlagen erst nach dem 31. Dezember 2006 zum Handelsregister eingereicht werden.

Gebührenverzeichnis

Teil 1
Eintragungen in das Handelsregister Abteilung A und das Partnerschaftsregister

Nr.	Gebührentatbestand	Gebührenbetrag

Vorbemerkung 1:

(1) Für Eintragungen, die juristische Personen (§ 33 HGB) und Europäische wirtschaftliche Interessenvereinigungen betreffen, bestimmen sich die Gebühren nach den für Eintragungen bei Gesellschaften mit bis zu 3 eingetragenen Gesellschaftern geltenden Vorschriften. Hinsichtlich der Gebühren für Eintragungen, die Zweigniederlassungen eines Unternehmens mit Hauptniederlassung oder Sitz im Ausland betreffen, bleibt der Umstand, dass es sich um eine Zweigniederlassung handelt, unberücksichtigt; die allgemein für inländische Unternehmen geltenden Vorschriften sind anzuwenden.

(2) Wird die Hauptniederlassung oder der Sitz in den Bezirk eines anderen Gerichts verlegt, wird für die Eintragung im Register der bisherigen Hauptniederlassung oder des bisherigen Sitzes keine Gebühr erhoben.

(3) Für Eintragungen, die Prokuren betreffen, sind ausschließlich Gebühren nach Teil 4 zu erheben.

(4) Für die Eintragung des Erlöschens der Firma oder des Namens sowie des Schlusses der Abwicklung einer Europäischen wirtschaftlichen Interessenvereinigung werden keine Gebühren erhoben; die Gebühren in Abschnitt 4 bleiben unberührt.

Abschnitt 1 Ersteintragung

	Eintragung – außer aufgrund einer Umwandlung nach dem UmwG –	
1100	– eines Einzelkaufmanns	70,00 €
1101	– einer Gesellschaft mit bis zu 3 einzutragenden Gesellschaftern oder einer Partnerschaft mit bis zu 3 einzutragenden Partnern	100,00 €
1102	– einer Gesellschaft mit mehr als 3 einzutragenden Gesellschaftern oder einer Partnerschaft mit mehr als 3 einzutragenden Partnern:	
	Die Gebühr 1101 erhöht sich für jeden weiteren einzutragenden Gesellschafter oder jeden weiteren einzutragenden Partner um	40,00 €
	Eintragung aufgrund einer Umwandlung nach dem UmwG	
1103	– eines Einzelkaufmanns	150,00 €
1104	– einer Gesellschaft mit bis zu 3 einzutragenden Gesellschaftern oder einer Partnerschaft mit bis zu 3 einzutragenden Partnern	180,00 €
1105	– einer Gesellschaft mit mehr als 3 einzutragenden Gesellschaftern oder einer Partnerschaft mit mehr als 3 einzutragenden Partnern:	
	Die Gebühr 1104 erhöht sich für jeden weiteren einzutragenden Gesellschafter oder für jeden weiteren einzutragenden Partner um	70,00 €

Abschnitt 2 Errichtung einer Zweigniederlassung

1200	Eintragung einer Zweigniederlassung	40,00 €

Nr.	Gebührentatbestand	Gebührenbetrag

Abschnitt 3 Verlegung der Hauptniederlassung oder des Sitzes

Vorbemerkung 1.3:

Gebühren nach diesem Abschnitt sind nicht zu erheben, wenn das bisherige Gericht zuständig bleibt; Abschnitt 5 bleibt unberührt.

	Eintragung bei dem Gericht, in dessen Bezirk die Hauptniederlassung oder der Sitz verlegt worden ist, bei	
1300	– einem Einzelkaufmann	60,00 €
1301	– einer Gesellschaft mit bis zu 3 eingetragenen Gesellschaftern oder einer Partnerschaft mit bis zu 3 eingetragenen Partnern	80,00 €
	– einer Gesellschaft mit mehr als 3 eingetragenen Gesellschaftern oder einer Partnerschaft mit mehr als 3 eingetragenen Partnern:	
1302	– – Die Gebühr 1301 erhöht sich für jeden weiteren eingetragenen Gesellschafter oder für jeden weiteren eingetragenen Partner bis einschließlich zur 100. eingetragenen Person um	40,00 €
1303	– – Die Gebühr 1301 erhöht sich für jeden weiteren eingetragenen Gesellschafter oder für jeden weiteren eingetragenen Partner ab der 101. eingetragenen Person um	10,00 €

Abschnitt 4 Umwandlung nach dem Umwandlungsgesetz

	Eintragung einer Umwandlung nach dem UmwG	
1400	– in das Register des übertragenden oder formwechselnden Rechtsträgers	180,00 €
1401	– in das Register des übernehmenden Rechtsträgers	180,00 €
	Für Eintragungen über den Eintritt der Wirksamkeit werden keine besonderen Gebühren erhoben.	

Abschnitt 5 Sonstige spätere Eintragungen

Vorbemerkung 1.5:

Gebühren nach diesem Abschnitt werden nur für Eintragungen erhoben, für die Gebühren nach den Abschnitten 1 bis 4 nicht zu erheben sind.

	Eintragung einer Tatsache bei	
1500	– einem Einzelkaufmann	40,00 €
1501	– einer Gesellschaft mit bis zu 50 eingetragenen Gesellschaftern oder einer Partnerschaft mit bis zu 50 eingetragenen Partnern	60,00 €
1502	– einer Gesellschaft mit mehr als 50 eingetragenen Gesellschaftern oder einer Partnerschaft mit mehr als 50 eingetragenen Partnern	70,00 €
1503	Eintragung der zweiten und jeder weiteren Tatsache aufgrund derselben Anmeldung: Die Gebühren 1500 bis 1502 betragen jeweils .... Tatsachen ohne wirtschaftliche Bedeutung sind nicht als erste Tatsache zu behandeln.	30,00 €
1504	Die Eintragung betrifft eine Tatsache ohne wirtschaftliche Bedeutung: Die Gebühren 1500 bis 1502 betragen	30,00 €

Teil 2
Eintragungen in das Handelsregister Abteilung B

Nr.	Gebührentatbestand	Gebührenbetrag

Vorbemerkung 2:

(1) Hinsichtlich der Gebühren für Eintragungen, die Zweigniederlassungen eines Unternehmens mit Sitz im Ausland betreffen, bleibt der Umstand, dass es sich um eine Zweigniederlassung handelt, unberücksichtigt; die allgemein für inländische Unternehmen geltenden Vorschriften sind anzuwenden.

(2) Wird der Sitz in den Bezirk eines anderen Gerichts verlegt, wird für die Eintragung im Register des bisherigen Sitzes keine Gebühr erhoben.

(3) Für Eintragungen, die Prokuren betreffen, sind ausschließlich Gebühren nach Teil 4 zu erheben.

(4) Für die Eintragung der Löschung der Gesellschaft und des Schlusses der Abwicklung oder der Liquidation werden keine Gebühren erhoben; die Gebühren 2402 und 2403 bleiben unberührt.

Abschnitt 1 Ersteintragung

Nr.	Gebührentatbestand	Gebührenbetrag
2100	Eintragung einer Gesellschaft mit beschränkter Haftung einschließlich einer Unternehmergesellschaft – außer aufgrund einer Umwandlung nach dem UmwG –	150,00 €
2101	Es wird mindestens eine Sacheinlage geleistet: Die Gebühr 2100 beträgt	240,00 €
2102	Eintragung einer Aktiengesellschaft, einer Kommanditgesellschaft auf Aktien oder eines Versicherungsvereins auf Gegenseitigkeit – außer aufgrund einer Umwandlung nach dem UmwG –	300,00 €
2103	Es wird mindestens eine Sacheinlage geleistet: Die Gebühr 2102 beträgt	360,00 €
	Eintragung aufgrund einer Umwandlung nach dem UmwG	
2104	– einer Gesellschaft mit beschränkter Haftung	260,00 €
2105	– einer Aktiengesellschaft oder einer Kommanditgesellschaft auf Aktien	660,00 €
2106	– eines Versicherungsvereins auf Gegenseitigkeit	460,00 €

Abschnitt 2 Errichtung einer Zweigniederlassung

Nr.	Gebührentatbestand	Gebührenbetrag
2200	Eintragung einer Zweigniederlassung	120,00 €

Abschnitt 3 Verlegung des Sitzes

Nr.	Gebührentatbestand	Gebührenbetrag
2300	Eintragung bei dem Gericht, in dessen Bezirk der Sitz verlegt worden ist ... Die Gebühr wird nicht erhoben, wenn das bisherige Gericht zuständig bleibt; Abschnitt 5 bleibt unberührt.	140,00 €

Nr.	Gebührentatbestand	Gebührenbetrag

Abschnitt 4 Besondere spätere Eintragung

Eintragung

2400	– der Nachgründung einer Aktiengesellschaft oder des Beschlusses der Hauptversammlung einer Aktiengesellschaft oder einer Kommanditgesellschaft auf Aktien über Maßnahmen der Kapitalbeschaffung oder der Kapitalherabsetzung oder der Durchführung der Kapitalerhöhung	270,00 €
2401	– der Erhöhung des Stammkapitals durch Sacheinlage oder der Erhöhung des Stammkapitals zum Zwecke der Umwandlung nach dem UmwG ...	210,00 €

Eintragung einer Umwandlung nach dem UmwG

2402	– in das Register des übertragenden oder formwechselnden Rechtsträgers	240,00 €
2403	– in das Register des übernehmenden Rechtsträgers	240,00 €
	Für Eintragungen über den Eintritt der Wirksamkeit werden keine besonderen Gebühren erhoben.	
2404	Eintragung der Eingliederung oder des Endes der Eingliederung einer Aktiengesellschaft	210,00 €
2405	Eintragung des Übertragungsbeschlusses im Fall des Ausschlusses von Minderheitsaktionären (§ 327 e AktG)	210,00 €

Abschnitt 5 Sonstige spätere Eintragung

Vorbemerkung 2.5:
Gebühren nach diesem Abschnitt werden nur für Eintragungen erhoben, für die Gebühren nach den Abschnitten 1 bis 4 nicht zu erheben sind.

2500	Eintragung einer Tatsache	70,00 €
2501	Eintragung der zweiten und jeder weiteren Tatsache aufgrund derselben Anmeldung: Die Gebühr 2500 beträgt jeweils .... Tatsachen ohne wirtschaftliche Bedeutung sind nicht als erste Tatsache zu behandeln.	40,00 €
2502	Die Eintragung betrifft eine Tatsache ohne wirtschaftliche Bedeutung: Die Gebühren 2500 und 2501 betragen	30,00 €

Teil 3
Eintragungen in das Genossenschaftsregister

Nr.	Gebührentatbestand	Gebührenbetrag

Vorbemerkung 3:
(1) Hinsichtlich der Gebühren für Eintragungen, die Zweigniederlassungen einer Europäischen Genossenschaft mit Sitz im Ausland betreffen, bleibt der Umstand, dass es sich um eine Zweigniederlassung handelt, unberücksichtigt; die allgemein für inländische Genossenschaften geltenden Vorschriften sind anzuwenden.

(2) Wird der Sitz in den Bezirk eines anderen Gerichts verlegt, wird für die Eintragung im Register des bisherigen Sitzes keine Gebühr erhoben.

(3) Für Eintragungen, die Prokuren betreffen, sind ausschließlich Gebühren nach Teil 4 zu erheben.

Nr.	Gebührentatbestand	Gebührenbetrag

(4) Für die Eintragung des Erlöschens der Genossenschaft werden keine Gebühren erhoben; die Gebühren in Abschnitt 4 bleiben unberührt.

Abschnitt 1 Ersteintragung

Eintragung

3100	– außer aufgrund einer Umwandlung nach dem UmwG	210,00 €
3101	– aufgrund einer Umwandlung nach dem UmwG	360,00 €

Abschnitt 2 Errichtung einer Zweigniederlassung

3200	Eintragung einer Zweigniederlassung	60,00 €

Abschnitt 3 Verlegung des Sitzes

3300	Eintragung bei dem Gericht, in dessen Bezirk der Sitz verlegt worden ist ... Die Gebühr wird nicht erhoben, wenn das bisherige Gericht zuständig bleibt; Abschnitt 5 bleibt unberührt.	210,00 €

Abschnitt 4 Umwandlung nach dem Umwandlungsgesetz

Eintragung einer Umwandlung nach dem UmwG

3400	– in das Register des übertragenden oder formwechselnden Rechtsträgers	300,00 €
	– in das Register des übernehmenden Rechtsträgers	300,00 €
	Für Eintragungen über den Eintritt der Wirksamkeit werden keine besonderen Gebühren erhoben.	

Abschnitt 5 Sonstige spätere Eintragung

Vorbemerkung 3.5:
Gebühren nach diesem Abschnitt werden nur für Eintragungen erhoben, für die Gebühren nach den Abschnitten 1 bis 4 nicht zu erheben sind.

3500	Eintragung einer Tatsache	110,00 €
3501	Eintragung der zweiten und jeder weiteren Tatsache aufgrund derselben Anmeldung: Die Gebühr 3500 beträgt jeweils .... Tatsachen ohne wirtschaftliche Bedeutung sind nicht als erste Tatsache zu behandeln.	60,00 €
3502	Die Eintragung betrifft eine Tatsache ohne wirtschaftliche Bedeutung: Die Gebühren 3500 und 3501 betragen	30,00 €

Teil 4
Prokuren

Nr.	Gebührentatbestand	Gebührenbetrag
4000	Eintragung einer Prokura, Eintragung von Änderungen oder der Löschung einer Prokura	40,00 €
4001	Die Eintragungen aufgrund derselben Anmeldung betreffen mehrere Prokuren:	
	Die Gebühr 4000 beträgt für die zweite und jede weitere Prokura jeweils ..	30,00 €
	Eine Prokura, wegen der die Gebühr 4002 erhoben wird, ist nicht als erste Prokura zu behandeln.	
4002	Die Eintragung betrifft ausschließlich eine Tatsache ohne wirtschaftliche Bedeutung:	
	Die Gebühr 4000 beträgt	30,00 €

Teil 5
Weitere Geschäfte

Nr.	Gebührentatbestand	Gebührenbetrag
	Vorbemerkung 5: Mit den Gebühren 5000 bis 5006 wird auch der Aufwand für die Prüfung und Aufbewahrung der genannten Unterlagen abgegolten.	
	Entgegennahme	
5000	– der Bescheinigung des Prüfungsverbands (§ 59 Abs. 1 GenG)	30,00 €
5001	– der Bekanntmachung der Eröffnungsbilanz durch die Liquidatoren (§ 89 Satz 3 GenG)	30,00 €
5002	– der Liste der Gesellschafter (§ 40 GmbHG)	30,00 €
5003	– der Liste der Mitglieder des Aufsichtsrats einschließlich der Bekanntmachung über die Einreichung (§ 52 Abs. 3 Satz 2 GmbHG, § 106 AktG)	40,00 €
5004	– der Mitteilung über den alleinigen Aktionär (§ 42 AktG)	40,00 €
5005	– des Protokolls der Hauptversammlung (§ 130 Abs. 5 AktG)	50,00 €
5006	– von Verträgen, eines Verschmelzungsplans oder von entsprechenden Entwürfen nach dem UmwG	50,00 €
5007	Übertragung von Schriftstücken in ein elektronisches Dokument (§ 9 Abs. 2 HGB):	
	für jede angefangene Seite	2,00 € – mindestens 25,00 €
	Die Gebühr wird für die Dokumente jedes Registerblatts gesondert erhoben. Mit der Gebühr wird auch die einmalige elektronische Übermittlung der Dokumente an den Antragsteller abgegolten.	

I. Gesetzliche Systematik

1. Allgemeines. Die Handelsregistergebührenverordnung (HRegGebV) erging als Verordnung zu den 1
§§ 79, 79 a KostO aufgrund der in § 79 a KostO geschaffenen Ermächtigung. Hintergrund war, dass der
EuGH[1] die ursprünglichen gesetzlichen Regelungen zur Gebührenerhebung in Handelsregistersachen nach
den §§ 79, 26 KostO aF für unvereinbar mit der EG-Gesellschaftssteuerrichtlinie vom 17.7.1969 erklärte.
Nach dieser Richtlinie sind Handelsregistergebühren bei Eintragungen im Zusammenhang mit Kapitalgesellschaften der Höhe nach auf die dem Staat hierfür erwachsende Aufwendungen begrenzt. Dementsprechend verstieß die Regelung des § 26 KostO aF gegen Europäisches Gemeinschaftsrecht, soweit sich durch
die Anwendung dieser Bestimmung Gebühren errechneten, die den tatsächlichen Aufwand überstiegen. Die
Regelung des § 26 KostO aF war daher im Folgenden richtlinienkonform anzuwenden.

Die hieraus entstandene Begrenzung der Gebühren für Kapitalgesellschaften war nach dem Gleichheitsge- 2
bot aus Art. 3 GG auch auf die übrigen Handelsregistereintragungen auszudehnen.[2]

Mit der Neufassung bzw Neuschaffung der §§ 79, 79 a KostO wurde dieser Zustand durch Erlass der 3
HRegGebV in nationale Rechtsvorschriften umgesetzt.[3]

Weitere Anpassungen erfolgten durch das Gesetz über elektronische Handelsregister und Genossenschafts- 4
register sowie das Unternehmensregister (EHUG),[4] durch das elektronische Unternehmensregister nach
§ 8 b HGB[5] und durch das Gesetz für die gleichberechtigte Teilhabe von Frauen und Männern an Füh-
rungspositionen in der Privatwirtschaft und im öffentlichen Dienst.[6]

2. Neuregelung durch das 2. KostRMoG. Durch das 2. KostRMoG wurden die §§ 79 Abs. 1, 79 a KostO 5
in den neugeschaffenen § 58 GNotKG überführt. Die Bestimmung des § 79 Abs. 2 KostO findet sich in § 23
Nr. 8 GNotKG wieder; § 58 Abs. 1 S. 2 GNotKG übernimmt die Regelung der §§ 87 Nr. 1 und 88 Abs. 1
KostO, soweit diese Regelungen für die hier zu regelnden Register von Bedeutung sind. Dementsprechend
wurde zur Erleichterung der Rechtsanwendung auch in § 1 durch den neuen Satz 2 eine entsprechende Regelung eingefügt (→ Rn 9).[7]

3. Systematik. Die HRegGebV enthält in § 1 die Regelung über den Anwendungsbereich dieser Verord- 6
nung, die §§ 2–5 enthalten neben allgemeinen Regelungen Gebührenvorschriften für die Zurücknahme und
die Zurückweisung von Anmeldungen zur Eintragung im Handelsregister und die §§ 5 a, 6 beinhalten
Übergangsregelungen. Angefügt ist als Anlage zu § 1 schließlich ein Gebührenverzeichnis, worin die jeweiligen Gebühren genau bestimmt werden.

4. Anwendungsbereich (§ 1) und Übergangsvorschriften (§§ 5 a, 6). Den **Anwendungsbereich** der HReg- 7
GebV als Gebührenverordnung für Eintragungen regeln in sachlicher Hinsicht § 1 und in zeitlicher Hinsicht die §§ 5 a, 6. Nach § 1 S. 1 werden Gebühren nach der HRegGebV erhoben für

- **Eintragungen in das Handelsregister** nach den §§ 8, 8 a HGB und den hierzu relevanten Verfahrensvorschriften nach den §§ 374 ff FamFG. Dabei ist das Handelsregister in die Abteilung A und B eingeteilt.
  In der Abteilung A finden die Eintragungen für Einzelkaufleute, juristische Personen nach § 33 HGB,
  offene Handelsgesellschaften, Kommanditgesellschaften sowie für Europäische wirtschaftliche Interessenvereinigungen statt. In der Abteilung B werden die Vorgänge für Aktiengesellschaften, Kommanditgesellschaften auf Aktien, Gesellschaften mit beschränkter Haftungen und Unternehmergesellschaften,
  Versicherungsvereine auf Gegenseitigkeiten sowie für Europäische Gesellschaften (SE) eingetragen;

- **Eintragungen in das Partnerschaftsregister** (§ 5 PartGG) oder das **Genossenschaftsregister** (§§ 10 ff
  GenG);

- die **Entgegennahme, Prüfung und** Aufbewahrung der zum Handels- oder Genossenschaftsregister einzureichenden Unterlagen sowie die **Übertragung von Schriftstücken in ein elektronisches Dokument** nach
  § 9 Abs. 2 HGB.

Für das **Unternehmensregister** gilt die HRegGebV dagegen nicht,[8] vielmehr findet hierauf das JVKostG und 8
dort die Gebührenvorschriften Nr. 1120–1123 KV JVKostG Anwendung.

Eingefügt wurde durch das **2. KostRMoG** die Regelung des § 1 S. 2. Darin wurde nun ausdrücklich klarge- 9
stellt, dass die HRegGebV nicht für die aus Anlass eines Insolvenzverfahrens von Amts wegen vorzunehmenden Eintragungen und für Löschungen nach § 395 FamFG gilt. Damit wird letztlich die Regelung des
§ 58 Abs. 1 S. 2 GNotKG wiederholt.

---

1 EuGH NZG 1998, 274; dem folgend BayObLG NJW 1998, 652. **2** Korintenberg/*Thamke*, § 58 GNotKG Rn 5. **3** Gesetz
v. 3.7.2004 (BGBl. I 1410). **4** Gesetz v. 10.11.2006 (BGBl. I 2553). **5** Gesetz v. 10.11.2006 (BGBl. I 2553). **6** Gesetz
v. 24.4.2015 (BGBl. I 642). **7** Durch Art. 4 des 2. KostRMoG v. 23.7.2013 (BGBl. I 2586, 2672). **8** AA Korintenberg/*Thamke*,
§ 1 HRegGebV Rn 5; nach Ebenroth/Boujong/Joost/Strohn/*Schaub*, § 9 HGB Rn 25 soll dann, wenn das abzurufende Dokument
in elektronischer Form bislang nicht vorhanden war, der gesonderte Tatbestand GebVerz Nr. 5007 gelten. Richtigerweise wird
dies aber durch Nr. 1123 KV JVKostG umfasst.

10 Durch die **Übergangsvorschriften** wird der Anwendungsbereich der HRegGebV in zeitlicher Hinsicht konkretisiert und noch punktuell erweitert. So bestimmt § 5 a zunächst, dass für Kosten, die vor dem Inkrafttreten einer Änderung der Rechtsverordnung fällig geworden sind, das bisherige Recht gilt. Nach § 6 sind für die Entgegennahme, Prüfung und Aufbewahrung eines Jahres-, Einzel- oder Konzernabschlusses und der dazu gehörenden Unterlagen für ein vor dem 1.1.2006 beginnendes Geschäftsjahr die Gebühren 5000 und 5001 des Gebührenverzeichnisses in der vor dem 1.1.2007 geltenden Fassung zu erheben, auch wenn die Unterlagen erst nach dem 31.12.2006 zum Handelsregister eingereicht werden.

II. Gebührentatbestände nach der HRegGebV

11 **1. Eintragung im Register (GebVerz Teil 1–4). a) Allgemeines. aa) Eintragung, Ersteintragung und spätere Eintragung.** § 1 bestimmt, dass für **Eintragungen** in das Handels-, Partnerschafts- oder Genossenschaftsregister Gebühren erhoben werden. Die Gebühr fällt also an, wenn die Eintragung wirksam erfolgt ist. Für Eintragungen in das Handelsregister ordnet § 8 a Abs. 1 HGB an, dass diese wirksam wird, „sobald sie in den für die Handelsregistereintragungen bestimmten Datenspeicher aufgenommen ist und auf Dauer inhaltlich unverändert in lesbarer Form wiedergegeben werden kann".

12 Die HRegGebV **unterscheidet** zwischen der Ersteintragung und späteren Eintragungen. Die **Ersteintragung** ist – wie der Name schon ausdrückt – die erste Eintragung etwa eines Unternehmens im Handelsregister als Firma. Ergeben sich dann in der zeitlichen Folge Änderungen, so sind diese etwa nach § 34 HGB **später einzutragen**.

13 Als Eintragungen gelten nach § 16 HRV auch Änderung und Löschung nach Gebührenverzeichnis (GebVerz) 4000 sowie Vermerke nach § 20 HRV. Keine Eintragungen stellen dagegen Rotunterstreichungen dar.[9] Eintragungen von Amts wegen sind grds. gebührenfrei, es sei denn, diese sind als weitere Eintragungen aufgrund einer Anmeldung erforderlich[10]

14 **bb) Tatsachen (§ 2 Abs. 1–3).** Was einzutragen ist, ergibt sich aus dem HGB und der Handelsregisterverordnung (HRV). Danach sind in das Handelsregister „**Tatsachen**" einzutragen, wie sie sich aus den §§ 15, 33, 34 HGB ergeben. Die HRV bestimmt dann weiter, wie die jeweiligen Tatsachen im Register einzutragen sind. Dabei stellt jede Tatsache grds. eine gesonderte Eintragung dar.[11] Die HRegGebV macht hiervon jedoch gebührenrechtlich Ausnahmen und sieht die Eintragung an sich mehrerer Tatsachen gebührenrechtlich als nur eine Tatsache an. Nur **eine Tatsache** liegt demnach vor, wenn **mehrere Registertatsachen** eine solche **Einheit** bilden, dass sie **nur gemeinsam eingetragen** werden können.

15 Können mehrere Tatsachen dagegen getrennt eingetragen werden, so fallen hierfür grds. auch mehrere Gebühren an. Allerdings wird dieser Grundsatz nach § 2 modifiziert:

- Bei der **Ersteintragung** bestimmt § 2 Abs. 1, dass neben der Gebühr für die Ersteintragung nur Gebühren für die gleichzeitig angemeldete Eintragung der Errichtung einer Zweigniederlassung und für die Eintragung einer Prokura gesondert erhoben werden.
- Bei **späteren Eintragungen** bestimmt § 2 Abs. 2 S. 1, dass grds. für jede Tatsache eine gesonderte Gebühr zu erheben. Dabei ist nach § 2 Abs. 2 S. 2 das Eintreten oder das Ausscheiden einzutragender Personen hinsichtlich einer jeden Person eine besondere Tatsache im Sinne einer gebührenrechtlich eigenen Tatsache.

Ausnahmeregelungen von diesem Grundsatz enthält § 2 Abs. 3. Danach ist gebührenrechtlich nur eine Tatsache anzunehmen bei

- der Anmeldung einer zur Vertretung berechtigten Person und der gleichzeitigen Anmeldung ihrer Vertretungsmacht oder deren Ausschlusses (**Nr. 1**), wie etwa die Eintragung eines GmbH-Geschäftsführers samt Vertretungsbefugnis oder die Eintragung eines GmbH-Geschäftsführers und das Erlöschen seiner Prokura;[12]
- der Anmeldung der Verlegung der Hauptniederlassung, des Sitzes oder der Zweigniederlassung und der gleichzeitigen Anmeldung der Änderung der inländischen Geschäftsanschrift (**Nr. 2**);
- mehreren Änderungen eines Gesellschaftsvertrags oder einer Satzung, die gleichzeitig angemeldet werden und nicht die Änderung eingetragener Angaben betreffen (**Nr. 3**);
- der Änderung eingetragener Angaben und die dem zugrunde liegende Änderung des Gesellschaftsvertrags oder der Satzung (**Nr. 4**).

---

9 Korintenberg/*Thamke*, § 1 HRegGebV Rn 17. **10** Korintenberg/*Thamke*, § 1 HRegGebV Rn 16. **11** Korintenberg/*Thamke*, § 2 HRegGebV Rn 8. **12** LG Bremen NJW-RR 1998, 1332; aA Korintenberg/*Thamke*, § 2 HRegGebV Rn 18, wonach jede Eintragung als eine besondere, gebührenauslösende Tatsache im kostenrechtlichen Sinne anzusehen ist mit der Folge, dass die Gebühren nach GebVerz Nr. 2500 und 4000 entstehen.

cc) Anmeldung zum Register (§ 2 Abs. 4). Eine weitere gebührenrechtliche Besonderheit regelt § 2 Abs. 4. **16** Danach werden mehrere Anmeldungen, die **am selben Tag** beim Registergericht eingegangen sind und **dasselbe Unternehmen** betreffen, gebührenrechtlich als eine Anmeldung behandelt. Hintergrund dieser Regelung ist, dass bei Eintragungen mehrerer Tatsachen aufgrund derselben Anmeldung statt mehrerer Einzelgebühren eine Zusatzgebühr nach GebVerz Nr. 1503, 2501, 3501 und 4001 erhoben wird.

Entscheidend ist nach § 2 Abs. 4 allein, dass die Anmeldungen **17**

- am selben Tag beim Registergericht eingehen und
- die Anmeldungen dasselbe Unternehmen betreffen.

Nicht erforderlich ist dagegen, dass die Anmeldungen in einer Urkunde enthalten sind, dieselben Anmelder **18** vorliegen oder die Eintragungen zugleich erfolgen. Schließlich ist auch nicht erforderlich, dass die einzutragenden Tatsachen gleichzeitig erfolgt sind, etwa wenn bei einer GmbH das zu unterschiedlichen Zeitpunkten erfolgte Ausscheiden mehrerer Geschäftsführer am selben Tag beim Registergericht angemeldet werden. Auch dann liegt gebührenrechtlich nur eine Anmeldung vor.[13]

Zur Beurteilung, ob es sich um **dasselbe Unternehmen** handelt, kommt es auf die materiellrechtliche Lage **19** und nicht auf die Registerführung an. So handelt es sich etwa um dasselbe Unternehmen, wenn sich eine UG in eine GmbH „wandelt". Dagegen liegen verschiedene Unternehmen vor, wenn ein Einzelkaufmann sein Handelsgeschäft verkauft, verpachtet etc. und der Erwerber die Firma fortführt, da hier der Rechtsträger der Kaufmann und nicht die Firma ist.[14]

b) Die einzelnen Gebührentatbestände. aa) Ersteintragung. Die Gebühren finden sich für Ersteintragungen **20**

- in das Handelsregister Abteilung A und in das Partnerschaftsregister im GebVerz unter Nr. 1100–1105,
- in das Handelsregister Abteilung B im GebVerz unter Nr. 2100–2106 und
- in das Genossenschaftsregister im GebVerz unter Nr. 3100 und 3101.

bb) Zweigniederlassung. Für die Eintragung von **Zweigniederlassungen** werden besondere Gebühren erhoben. Die Eintragung der Zweigniederlassungen erfolgt hierbei nicht mehr auf einem eigenen Registerblatt, **21** sondern auf dem Registerblatt der Hauptniederlassung oder des Sitzes (§ 13 Abs. 2 HGB, §§ 40 Nr. 2 Buchst. b, 43 Nr. 2 Buchst. b HRV). Dementsprechend haben auch die **Anmeldungen** beim Registergericht der Hauptniederlassung zu erfolgen (§ 13 Abs. 1 HGB).

Die HRegGebV unterscheidet hinsichtlich der Gebühren zwischen Zweigniederlassungen inländischer Gesellschaften und denen von ausländischen Gesellschaften nach den §§ 13 d ff HGB nicht. Ausdrücklich werden Zweigniederlassungen **ausländischer Gesellschaften** hinsichtlich der Gebühren den **inländischen Gesell-** **22** **schaften** im GebVerz Vorbem. 1 Abs. 1 S. 2 (Handelsregister A), Vorbem. 2 Abs. 1 (Handelsregister B) und Vorbem. 3 Abs. 1 (Genossenschaftsregister) **gleichgestellt**.

Gebühren werden hierbei für **jede einzelne Zweigniederlassung** erhoben.[15] **23**

An Gebühren fallen an: **24**

- Für die **Ersteintragung** der Zweigniederlassung eine Gebühr nach GebVerz Nr. 1200 (Handelsregister A), Nr. 2200 (Handelsregister B) und Nr. 3200 (Genossenschaftsregister);
- für die **Aufhebung** der Zweigniederlassung oder **sonstige spätere Veränderungen** Gebühren für sonstige spätere Eintragungen nach GebVerz Nr. 1500 ff (Handelsregister A), Nr. 2500 ff (Handelsregister B) und Nr. 3500 ff (Genossenschaftsregister); diese ergehen also nicht gebührenfrei.[16] Gleiches gilt auch für die „Sitzverlegung" der Zweigniederlassung; auch hier handelt es sich gebührenrechtlich um sonstige spätere Eintragungen.

cc) Sitzverlegung. Bei der **Sitzverlegung** ist zwischen der Verlegung des Sitzes bzw der Hauptniederlassung **25** im Bezirk des Registergerichts nach § 13 h Abs. 3 HGB und der Verlegung des Sitzes bzw der Hauptniederlassung in den Bezirk eines anderen Registergerichts nach § 13 h Abs. 2 HGB zu **unterscheiden:**

- Bei der Verlegung des Sitzes bzw der Hauptniederlassung **im Bezirk des Registergerichts nach § 13 h Abs. 3 HGB** fallen lediglich Gebühren für sonstige spätere Eintragungen nach GebVerz Nr. 1500 ff (Handelsregister A), Nr. 2500 ff (Handelsregister B) und Nr. 3500 ff (Genossenschaftsregister) an. Dies ergibt sich ausdrücklich aus Vorbem. 1.3 (Handelsregister A), aus Vorbem. 2 Abs. 2 und GebVerz Nr. 2300 S. 2 (Handelsregister B) sowie aus Vorbem. 3 Abs. 2 und GebVerz Nr. 3300 S. 2 (Genossenschaftsregister).
- Bei der Verlegung des Sitzes bzw der Hauptniederlassung **in den Bezirk eines anderen Registergerichts nach § 13 h Abs. 2 HGB** fallen Gebühren lediglich bei dem neuen Registergericht, in dessen Bezirk der Sitz bzw die Hauptniederlassung verlegt wurde, nach GebVerz Vorbem. 1 Abs. 2 iVm Nr. 1300 ff (Han-

---

13 Korintenberg/*Thamke*, § 2 HRegGebV Rn 57. **14** Korintenberg/*Thamke*, § 2 HRegGebV Rn 55 f. **15** BayObLGZ 1985, 348; OLG Frankfurt Rpfleger 1987, 507. **16** Korintenberg/*Lappe*, KostO, 18. Aufl., §§ 79, 79 a HRegGebV Rn 57.

delsregister A), Vorbem. 2 Abs. 2 iVm Nr. 2300 (Handelsregister B) und Vorbem. 3 Abs. 2 iVm Nr. 3300 (Genossenschaftsregister) an. Die bestehenden Prokuren werden weder im neuen Register zur Eintragung angemeldet noch im bisherigen Register gelöscht, so dass auch keine Gebühren nach GebVerz Nr. 4000 ff anfallen.[17]

26 Bei der „Sitzverlegung" der Zweigniederlassung handelt es sich gebührenrechtlich um sonstige spätere Eintragungen nach GebVerz Nr. 1500 ff (Handelsregister A), Nr. 2500 ff (Handelsregister B) und Nr. 3500 ff (Genossenschaftsregister).

27 **dd) Besondere spätere Eintragungen. (1) Umwandlungen.** Die HRegGebV sieht besondere Gebührentatbestände nur für Umwandlungen **nach dem UmwG** vor. Unter Umwandlungen fallen dementsprechend Verschmelzungen, Spaltungen, Vermögensübertragungen und Formwechsel. § 2 a stellt weiter klar, dass Umwandlungen und Verschmelzungen nach dem Recht der Europäischen Union hinsichtlich der Gebühren den Umwandlungen nach dem UmwG gleichstehen.

28 An Gebühren fallen bei der Umwandlung an:
- die **Ersteintragungsgebühren** für den neuen Rechtsträger nach GebVerz Nr. 1103–1105 (Handelsregister A), Nr. 2104–2106 (Handelsregister B) und Nr. 3101 (Genossenschaftsregister) **und zudem**
- **bei den bisherigen Rechtsträgern** Gebühren für die besondere spätere Eintragung nach GebVerz Nr. 1400 und 1401 (Handelsregister A), Nr. 2402 und 2403 (Handelsregister B) und Nr. 3400 (Genossenschaftsregister).

29 **Löschungsgebühren** fallen dagegen keine an (vgl GebVerz Vorbem. 1 Abs. 4 (Handelsregister A), Vorbem. 2 Abs. 4 (Handelsregister B) und Vorbem. 3 Abs. 4 (Genossenschaftsregister)).

30 Ebenso werden keine Gebühren für **Eintragungen über den Eintritt der Wirksamkeit** von Umwandlungen erhoben, vgl GebVerz Nr. 1401 S. 2 (Handelsregister A), Nr. 2403 S. 2 (Handelsregister B) und Nr. 3400 S. 2 (Genossenschaftsregister).

31 Schließlich gibt es einen besonderen Gebührentatbestand für die **Erhöhung des Stammkapitals** zum Zwecke der Umwandlung nach dem UmwG nach GebVerz Nr. 2401.

32 **(2) Sonstige besondere spätere Eintragungen.** Weitere Gebühren für besondere spätere Eintragungen finden sich in
- GebVerz Nr. 2400: Eintragung der Nachgründung einer Aktiengesellschaft oder des Beschlusses der Hauptversammlung einer Aktiengesellschaft oder einer Kommanditgesellschaft auf Aktien über Maßnahmen der Kapitalbeschaffung oder der Kapitalherabsetzung oder der Durchführung der Kapitalerhöhung;
- GebVerz Nr. 2401: Eintragung der Erhöhung des Stammkapitals durch Sacheinlage;
- GebVerz Nr. 2404: Eintragung der Eingliederung oder des Endes der Eingliederung einer Aktiengesellschaft;
- GebVerz Nr. 2405: Eintragung des Übertragungsbeschlusses im Fall des Ausschlusses von Minderheitsaktionären (§ 327 e AktG).

33 **ee) Sonstige spätere Eintragungen.** Die Gebühren für sonstige spätere Eintragungen finden sich im GebVerz Nr. 1500 ff (Handelsregister A), Nr. 2500 ff (Handelsregister B) und Nr. 3500 ff (Genossenschaftsregister). Für Eintragungen ohne wirtschaftliche Bedeutung gilt hierbei nach GebVerz Nr. 1504, 2502 und 3502 eine ermäßigte Gebühr. Wird etwa die Auflösung der Gesellschaft und die Bestellung des bisherigen Geschäftsführers zum Liquidator angemeldet, so handelt es sich um drei gebührenauslösende Tatsachen: die Auflösung der Gesellschaft (Nr. 2500), die Abberufung des Geschäftsführers (Folgetatsache) (Nr. 2501) und die Eintragung als Liquidator (weitere Folgetatsache) (Nr. 2501), so dass eine Gebühr nach Nr. 2500 und zwei Gebühren nach Nr. 2501 anfallen.[18]

34 **ff) Prokura (GebVerz Teil 4).** Für die **Eintragung** der Prokura werden nach § 2 Abs. 1 iVm GebVerz Nr. 4000–4002 gesondert Gebühren erhoben. Hierbei wird registerrechtlich die Prokura und nicht der Prokurist eingetragen. Nach § 53 HGB ist die Erteilung der Prokura von dem Inhaber des Handelsgeschäfts zur Eintragung in das Handelsregister anzumelden. Ist die Prokura als Gesamtprokura erteilt, so muss auch dies zur Eintragung angemeldet werden. Das **Erlöschen** der Prokura ist in gleicher Weise wie die Erteilung zur Eintragung anzumelden. Erfolgt die Anmeldung der Löschung und Neueintragung einer Prokura hinsichtlich des gleichen Unternehmens beim Registergericht am selben Tag, so sind diese nach § 2 Abs. 4 als eine Anmeldung zu behandeln mit der Folge, dass für die Anmeldung der Löschung und der Neueintragung

---

17 OLG Köln Rpfleger 1987, 1699; Korintenberg/*Thamke*, Nr. 4000 GV HRegGebV Rn 20 mwN; aA BayObLG Rpfleger 1987, 163. **18** Korintenberg/*Thamke*, § 2 HRegGebV Rn 63 und Nr. 2500 GV HRegGebV Rn 4 ff.

NK-GK/*Poller*

nur eine Gebühr nach GebVerz Nr. 4000 von 40 € und nach Nr. 4001 von 30 €, gesamt somit von 70 €, erhoben werden.

Einzutragen ist auch die Tatsache, wenn dem Prokurist die **Befugnis zur Veräußerung und Belastung von** **Grundstücken** erteilt wurde (**§ 49 Abs. 2 HGB**). Diese gehört bei der Ersteintragung zur Eintragung der Prokura dazu und stellt gebührenrechtlich keine eigene Eintragung dar. Anders stellt es sich dar, wenn nachträglich diese Befugnis erteilt und diese zu einer bereits eingetragenen Prokura angemeldet wird. In diesem Fall fällt eine Gebühr nach GebVerz Nr. 4000 für die Eintragung von Änderungen einer Prokura an. **35**

Jede Einzel- wie Gesamtprokura stellt gebührenrechtlich **eine** Eintragung dar. Soll bei einem Inhaberwechsel das „Fortbestehen" der Prokura eingetragen werden, so stellt dies gebührenrechtlich zwei Eintragungen dar, nämlich die Löschung der Vollmacht des bisherigen und die Eintragung der Erteilung durch den neuen Kaufmann.[19] **36**

Die **ständigen Vertreter von Zweigniederlassungen ausländischer Kapitalgesellschaften** nach § 13 e Abs. 2 S. 4 Nr. 3 HGB stehen gebührenrechtlich Prokuristen gleich.[20] **37**

2. Zurücknahme oder Zurückweisung einer Anmeldung (§§ 3–5). a) Zurücknahme einer Anmeldung usw (§ 3). Nach § 3 Abs. 1 sind 120 Prozent der für die Eintragung bestimmten Gebühren zu erheben, wenn eine Anmeldung **zurückgenommen** wird, bevor die Eintragung erfolgt oder die Anmeldung zurückgewiesen worden ist. Dabei haben bei der Zurücknahme einer angemeldeten Ersteintragung die Gebühren für die gleichzeitig angemeldete Eintragung der Errichtung einer Zweigniederlassung und für die Eintragung einer Prokura unberücksichtigt zu bleiben (§ 3 Abs. 1 S. 2). Erfolgt jedoch die Zurücknahme spätestens am Tag, bevor eine Entscheidung des Gerichts mit der Bestimmung einer angemessenen Frist zur Beseitigung eines Hindernisses (§ 382 Abs. 4 FamFG) unterzeichnet wird, beträgt die Gebühr nach § 3 Abs. 2 S. 1 nur 75 Prozent der für die Eintragung bestimmten Gebühr, höchstens jedoch 250,00 €. Der unterzeichneten Entscheidung steht nach § 3 Abs. 2 S. 2 ein gerichtliches elektronisches Dokument gleich (§ 14 Abs. 3 FamFG iVm § 130 b ZPO). Betrifft eine Anmeldung mehrere Tatsachen, betragen die auf die zurückgenommenen Teile der Anmeldung entfallenden Gebühren nach § 3 Abs. 2 S. 1 und 2 insgesamt höchstens 250,00 € (§ 3 Abs. 2 S. 3). **38**

Für den **Zeitpunkt der Wirksamkeit der Zurücknahme** kommt es auf den Eingang beim Registergericht an. **39**

b) Zurückweisung einer Anmeldung (§ 4). Wird eine Anmeldung **zurückgewiesen**, sind 170 Prozent der für die Eintragung bestimmten Gebühren zu erheben (§ 4 S. 1). Hierbei bleiben bei der Zurückweisung einer angemeldeten Ersteintragung die Gebühren für die gleichzeitig angemeldete Eintragung der Errichtung einer Zweigniederlassung und für die Eintragung einer Prokura unberücksichtigt (§ 4 S. 2). **40**

c) Zurücknahme oder Zurückweisung in besonderen Fällen (§ 5). Wird die Anmeldung einer sonstigen späteren Eintragung, die mehrere Tatsachen zum Gegenstand hat, teilweise zurückgenommen oder zurückgewiesen, so bestimmt § 5 S. 1, dass für jeden zurückgenommenen oder zurückgewiesenen Teil von den Gebühren nach GebVerz Nr. 1503, 2501 und 3501 auszugehen ist. Dabei ist aber die Ermäßigung nach § 3 Abs. 2 anwendbar (§ 5 S. 2). **41**

3. Weitere Geschäfte (GebVerz Teil 5). a) Einreichung von Unterlagen (Nr. 5000–5006). § 1 sieht für die Entgegennahme, Prüfung und Aufbewahrung der zum Handels- oder Genossenschaftsregister einzureichenden Unterlagen die Erhebung von Gebühren vor. Die einzelnen Gebührentatbestände finden sich im Gebührenverzeichnis und dort unter Nr. 5000–5006. Im Einzelnen: **42**

- GebVerz Nr. 5000: Bescheinigung des Prüfungsverbands (§ 59 Abs. 1 GenG);
- GebVerz Nr. 5001: Bekanntmachung der Eröffnungsbilanz durch die Liquidatoren (§ 89 S. 3 GenG);
- GebVerz Nr. 5002: Liste der Gesellschafter (§ 40 GmbHG);
- GebVerz Nr. 5003: Liste der Mitglieder des Aufsichtsrats einschließlich der Bekanntmachung über die Einreichung (§ 52 Abs. 3 S. 2 GmbHG, § 106 AktG);
- GebVerz Nr. 5004: Mitteilung über den alleinigen Aktionär (§ 42 AktG);
- GebVerz Nr. 5005: Protokoll der Hauptversammlung (§ 130 Abs. 5 AktG);
- GebVerz Nr. 5006: Verträge, Verschmelzungsplan oder entsprechende Entwürfe nach dem UmwG.

Die Vorbem. 5 stellt hierbei fest, dass mit den Gebühren nach Nr. 5000–5006 auch der Aufwand für die **Prüfung und Aufbewahrung** der genannten Unterlagen abgegolten wird. **43**

Die Gebühr fällt für **jede einzelne Unterlage** an, auch wenn es sich um dasselbe Unternehmen handelt. **44**

---

19 Korintenberg/*Thamke*, Nr. 4000 GV HRegGebV Rn 15. **20** Ebenso Korintenberg/*Lappe*, KostO, 18. Aufl., §§ 79, 79 a HRegGebV Rn 38. AA nunmehr Korintenberg/*Thamke*, Nr. 4000 GV HRegGebV Rn 13, wonach diese Geschäftsführern gleichstehen und daher auch gebührenrechtlich als solche zu behandeln seien, also nach Nr. 2500 ff GV HRegGebV.

45 **b) Elektronisches Dokument (Nr. 5007).** Nach § 1 S. 1 werden für die Übertragung von Schriftstücken in ein elektronisches Dokument nach § 9 Abs. 2 HGB Gebühren erhoben und zwar nach GebVerz Nr. 5007 für jede angefangene Seite 2,00 €, mindestens jedoch 25,00 €. Die Gebühr wird für die Dokumente jedes Registerblatts gesondert erhoben. Mit der Gebühr wird auch die einmalige elektronische Übermittlung der Dokumente an den Antragsteller abgegolten.

46 **4. Fälligkeit der Gebühr.** Die Fälligkeit der Gebühren richtet sich nach den allgemeinen Bestimmungen. Die Gebühren werden nicht bereits mit ihrer Entstehung fällig, sondern nach § 9 Abs. 1 Nr. 1 GNotKG erst dann, wenn eine unbedingte Entscheidung über die Kosten ergangen ist.

47 **5. Gebührenschuldner.** Schuldner der Gebühren bei **Eintragungen in das Handels- oder Genossenschaftsregister** ist nach § 22 Abs. 1 GNotKG grds. der Antragsteller. Bei von Amts wegen vorzunehmenden Eintragungen ist Kostenschuldner nach § 23 Nr. 7 GNotKG die Gesellschaft, der Kaufmann oder die Genossenschaft.

48 Für die **Einreichung von Dokumenten** gilt die Regelung des § 23 Nr. 8 GNotKG. Danach ist Kostenschuldner für die Entgegennahme, Prüfung und Aufbewahrung der zum Handels- oder Genossenschaftsregister einzureichenden Unterlagen das Unternehmen, für das die Unterlagen eingereicht werden.

III. Rechtsmittel

49 Als Rechtsmittel kommen Erinnerung und Beschwerde in Betracht. Hierfür gelten die allgemeinen Bestimmungen der §§ 81 ff GNotKG.

Gesetz über die Vergütung von Sachverständigen, Dolmetscherinnen, Dolmetschern, Übersetzerinnen und Übersetzern sowie die Entschädigung von ehrenamtlichen Richterinnen, ehrenamtlichen Richtern, Zeuginnen, Zeugen und Dritten (Justizvergütungs- und -entschädigungsgesetz – JVEG)

Vom 5. Mai 2004 (BGBl. I 718, 776) (FNA 367-3)
zuletzt geändert durch Art. 4 des Gesetzes zur Einführung einer Speicherpflicht und einer Höchstspeicherfrist für Verkehrsdaten vom 10. Dezember 2015 (BGBl. I 2218, 2224)

Abschnitt 1
Allgemeine Vorschriften

§ 1 Geltungsbereich und Anspruchsberechtigte

(1) [1]Dieses Gesetz regelt

1. die Vergütung der Sachverständigen, Dolmetscherinnen, Dolmetscher, Übersetzerinnen und Übersetzer, die von dem Gericht, der Staatsanwaltschaft, der Finanzbehörde in den Fällen, in denen diese das Ermittlungsverfahren selbstständig durchführt, der Verwaltungsbehörde im Verfahren nach dem Gesetz über Ordnungswidrigkeiten oder dem Gerichtsvollzieher herangezogen werden;
2. die Entschädigung der ehrenamtlichen Richterinnen und Richter bei den ordentlichen Gerichten und den Gerichten für Arbeitssachen sowie bei den Gerichten der Verwaltungs-, der Finanz- und der Sozialgerichtsbarkeit mit Ausnahme der ehrenamtlichen Richterinnen und Richter in Handelssachen, in berufsgerichtlichen Verfahren oder bei Dienstgerichten sowie
3. die Entschädigung der Zeuginnen, Zeugen und Dritten (§ 23), die von den in Nummer 1 genannten Stellen herangezogen werden.

[2]Eine Vergütung oder Entschädigung wird nur nach diesem Gesetz gewährt. [3]Der Anspruch auf Vergütung nach Satz 1 Nr. 1 steht demjenigen zu, der beauftragt worden ist; dies gilt auch, wenn der Mitarbeiter einer Unternehmung die Leistung erbringt, der Auftrag jedoch der Unternehmung erteilt worden ist.

(2) [1]Dieses Gesetz gilt auch, wenn Behörden oder sonstige öffentliche Stellen von den in Absatz 1 Satz 1 Nr. 1 genannten Stellen zu Sachverständigenleistungen herangezogen werden. [2]Für Angehörige einer Behörde oder einer sonstigen öffentlichen Stelle, die weder Ehrenbeamte noch ehrenamtlich tätig sind, gilt dieses Gesetz nicht, wenn sie ein Gutachten in Erfüllung ihrer Dienstaufgaben erstatten, vertreten oder erläutern.

(3) [1]Einer Heranziehung durch die Staatsanwaltschaft oder durch die Finanzbehörde in den Fällen des Absatzes 1 Satz 1 Nr. 1 steht eine Heranziehung durch die Polizei oder eine andere Strafverfolgungsbehörde im Auftrag oder mit vorheriger Billigung der Staatsanwaltschaft oder der Finanzbehörde gleich. [2]Satz 1 gilt im Verfahren der Verwaltungsbehörde nach dem Gesetz über Ordnungswidrigkeiten entsprechend.

(4) Die Vertrauenspersonen in den Ausschüssen zur Wahl der Schöffen und die Vertrauensleute in den Ausschüssen zur Wahl der ehrenamtlichen Richter bei den Gerichten der Verwaltungs- und der Finanzgerichtsbarkeit werden wie ehrenamtliche Richter entschädigt.

(5) Die Vorschriften dieses Gesetzes über die gerichtliche Festsetzung und die Beschwerde gehen den Regelungen der für das zugrunde liegende Verfahren geltenden Verfahrensvorschriften vor.

I. Allgemeines

1   Das JVEG regelt die Vergütung von Sachverständigen, Dolmetschern und Übersetzern sowie die Entschädigung von Zeugen, Dritten iSv § 23 und ehrenamtlichen Richtern im gerichtlichen Verfahren. Weitere Vergütungen und Entschädigungen, die im Bereich der Justiz aus der Staatskasse erstattet werden, fallen nicht in den Regelungsbereich.[1]

II. Geltungsbereich

2   **1. Gericht (Abs. 1 S. 1 Nr. 1).** Das JVEG ist anwendbar, wenn der in → Rn 1, 7 ff genannte Personenkreis durch ein **inländisches staatliches Gericht** in einem gerichtlichen Verfahren aller Gerichtsbarkeiten herangezo-

---

[1] Binz/Dörndorfer u.a./*Binz*, Vorbem. JVEG Rn 1.

zogen wird. Es ist somit nicht anwendbar, wenn die Heranziehung durch ein ausländisches Gericht oder die inländische Justizverwaltung erfolgt.[2] Dem Gericht steht der **Gerichtsvollzieher** gleich.

3   **2. Strafverfolgung (Abs. 1 S. 1 Nr. 1, Abs. 3).** Bei der Verfolgung von Straftaten und Ordnungswidrigkeiten ist das JVEG anwendbar im Fall der Heranziehung durch die Staatsanwaltschaft, die ermittelnde Finanzbehörde und die Verwaltungsbehörde im Ordnungswidrigkeitenverfahren. Der Heranziehung durch die Staatsanwaltschaft stellt Abs. 3 die Heranziehung durch die Polizei oder eine andere Strafverfolgungsbehörde im Auftrag oder mit vorheriger Billigung der Staatsanwaltschaft oder der Finanzbehörde oder der Verwaltungsbehörde im Ordnungswidrigkeitenverfahren gleich.

4   Bei **eigenständiger Ermittlungstätigkeit der Polizei** kommt eine Anwendung des JVEG dagegen **nicht** in Betracht. Diese Regelung erscheint auf den ersten Blick unbefriedigend,[3] erklärt sich aber aus dem systematischen Zusammenhang. Denn das JVEG betrifft allein die Vergütung und Entschädigung im Bereich der Justiz, welcher die polizeiliche Tätigkeiten gleichgestellt werden kann, wenn sie im Auftrag der Staatsanwaltschaft tätig wird. Durch Abs. 3 ist die Heranziehung durch die Polizei oder durch eine andere Strafverfolgungsbehörde ausdrücklich abschließend geregelt. Die **Polizei** muss also **im Auftrag oder mit vorheriger Billigung der Staatsanwaltschaft** gehandelt haben.[4] Dagegen sind Fälle einer nachträglichen Billigung des Vorgehens der Polizei durch die Staatsanwaltschaft nicht vom Anwendungsbereich des JVEG erfasst. Hat die Staatsanwaltschaft keinerlei Kenntnis von den Ermittlungen, kann nicht von einer Billigung ausgegangen werden. Das ist verfassungsrechtlich nicht zu beanstanden.[5]

5   **3. Verweisung durch andere Gesetze auf das JVEG.** Zahlreiche Gesetze verweisen auf das JVEG, u.a.:[6]

- §§ 23 Abs. 2 und 26 Abs. 3 VwVfG (und entsprechend die Verwaltungsverfahrensgesetze der Länder, zB § 23 Abs. 2 BremVwVfG) für die Heranziehung von Dolmetschern, Übersetzern, Zeugen und Sachverständige im Verwaltungsverfahren);
- §§ 19 Abs. 2 und 21 Abs. 3 SGB X für das Verfahren nach den Sozialgesetzbüchern (Sozialverwaltungsverfahren);
- §§ 87 Abs. 2, 107 und 405 AO für das Verfahren nach der AO;
- § 50 Abs. 2 JGG für den im jugendrichterlichen Verfahren geladenen Erziehungsberechtigten und den gesetzlichen Vertreter;
- § 191 SGG für den Beteiligten im sozialgerichtlichen Verfahren;[7]
- § 6 Abs. 2 Auslands-Rechtsauskunftsgesetz (AuRAG) für denjenigen, dem ein entsprechendes Auskunftsersuchen übersandt wurde;
- § 48 Abs. 2 NdsSchiedsämterG für die Vergütung eines im Schiedsverfahren hinzugezogenen Dolmetschers;
- § 46 Abs. 2 S. 3 RVG für den vom gerichtlich beigeordneten oder bestellten Rechtsanwalt zugezogenen Dolmetscher oder Übersetzer;
- § 464 a Abs. 2 Nr. 1 StPO für die Entschädigung für eine notwendige Zeitversäumnis eines Beteiligten im Strafverfahren.

6   **4. Unanwendbarkeit des JVEG.** Das JVEG gilt nicht im Verfahren der Unterbringung nach § 81 StPO,[8] vor privaten Schiedsgerichten sowie für Zeugen, die im landesrechtlich geregelten Schiedsverfahren vernommen werden (zB nach § 29 NdsSchiedsämterG).

III. Anspruchsberechtigte und deren Heranziehung

7   **1. Zeugen (Abs. 1 S. 1 Nr. 3).** Der **Zeuge** muss eine natürliche Person sein,[9] eine juristische Person kann dagegen nicht Zeuge sein.[10] **Herangezogen** ist der Zeuge, wenn er vom Gericht geladen wurde. Der geladene Zeuge, der offensichtlich aufgrund einer Verwechslung geladen wurde oder aus anderen Gründen nichts zum Beweisthema beitragen kann, muss darauf hinweisen, dass er nicht der richtige Zeuge ist. Tut er dies nicht und stellt sich erst bei der Vernehmung heraus, dass seine Ladung hätte unterbleiben können, steht ihm u.U. nach Treu und Glauben kein Anspruch nach dem JVEG zu.[11] Das gilt allerdings uneingeschränkt nur im Bereich des Amtsermittlungsrundsatzes. Denn im Zivilprozess werden häufig Zeugen benannt, die zur Sache nichts beitragen können. Dennoch muss das Gericht diese laden und nach ergebnisloser Vernehmung entschädigen.

2 Binz/Dörndorfer u.a./*Binz*, § 1 JVEG Rn 2.   **3** Sehr krit. deshalb Binz/Dörndorfer u.a./*Binz*, Vorbem. JVEG Rn 8.   **4** OLG Braunschweig 23.5.2013 – 1 Ws 59/13, juris.   **5** BVerfG NJW 2007, 2393.   **6** Eine vollzählige Aufzählung findet sich bei *H. Schneider*, JVEG, § 1 Rn 59.   **7** BayLSG 6.5.2015 – L 15 RF 9/15, juris.   **8** OLG Jena 10.3.2008 – 1 Ws 35/08, juris.   **9** Meyer/Höver/Bach/*Oberlack*, JVEG, § 1 Rn 19.   **10** AG Köln 26.11.2010 – 809 OWi 215/10, juris; Meyer/Höver/Bach/*Oberlack*, JVEG, § 1 Rn 19.   **11** VG Bremen 3.3.2009 – 5 E 20/09, juris.

Wenn ein vom Angeklagten zur Hauptverhandlung gem. § 220 StPO **gestellter** Zeuge vernommen wurde **8** und die Vernehmung zur Aufklärung der Sache dienlich war, ist dieser zu entschädigen. Das gilt jedoch nicht, wenn der Angeklagte die Entschädigung schon selbst veranlasst hat (str).[12] Ebenfalls zu entschädigen ist der **zufällig erschienene** und vernommene Zeuge[13] sowie der **abgeladene** Zeuge, den die Abladung nicht mehr erreicht hat.[14]

2. Dolmetscher und Übersetzer (Abs. 1 S. 1 Nr. 1). Auch Dolmetscher und Übersetzer müssen vom Gericht **9** herangezogen werden. Wenn nach § 119 Abs. 1 S. 2 Nr. 2 StPO, § 27 Abs. 1 IRG eine **akustische Besuchs-überwachung des ausländischen Untersuchungsgefangenen** angeordnet worden und die Hinzuziehung eines Dolmetschers erforderlich ist, weil der Untersuchungsgefangene und seine Besucher sich nicht in deutscher Sprache verständigen können, sind die Kosten eines Dolmetschers, auch eines vom Untersuchungsgefangenen selbst hinzugezogenen, in entsprechender Anwendung des JVEG aus der Staatskasse zu vergüten (str).[15] Einem der deutschen Sprache nicht mächtigen Beschuldigten sind die Kosten eines zu seiner Verständigung mit seinem Wahlverteidiger hinzugezogenen Dolmetschers in dem gebotenen Umfang aus der Staatskasse dann zu erstatten, wenn die Verteidigung notwendig ist und der Beschuldigte allein von einem Wahlverteidiger verteidigt wird, und zwar auch dann, wenn er die übrigen Verfahrenskosten zu tragen hat.[16] Die Erstattung erfolgt dann aber nicht durch den Anweisungsbeamten nach dem JVEG, sondern bei Freispruch im Rahmen des gegen die Staatskasse gerichteten **Verfahrens** auf **Festsetzung der notwendigen Auslagen** gegen die Staatskasse gem. § 464 b StPO, weil es der Staatskasse in diesem Verfahren möglich ist, die Erforderlichkeit der geltend gemachten Dolmetscherkosten zu überprüfen.[17] Auch bei kostenpflichtiger Verurteilung muss die Staatskasse diese Dolmetscherkosten übernehmen. Die Zahlbarmachung kann dann zB ebenfalls im Verfahren nach § 464 b StPO[18] oder in entsprechender Anwendung von § 2 Abs. 5 GKG oder § 46 RVG erfolgen.[19] Das JVEG ist für die Ermittlung der Höhe der bei einer **Wahlverteidigung** zu erstattenden Dolmetscherkosten zwar nicht unmittelbar anwendbar, kann aber Anhaltspunkte für die erstattungsfähige Höhe liefern.[20] Dem **Pflichtverteidiger** werden die Dolmetscherkosten für Verteidigergespräche als Aufwendungen (Vorbem. 7 Abs. 1 VV RVG) im Rahmen seiner aus der Staatskasse zu erstattenden Vergütung im Festsetzungsverfahren gem. § 55 RVG in Höhe der Sätze des JVEG erstattet, § 46 Abs. 2 S. 3 RVG.[21] Der Anspruch gegen die Staatskasse auf Erstattung der Dolmetscherkosten steht dabei nicht dem Dolmetscher, sondern dem Pflichtverteidiger zu. Denn der Dolmetscher ist nicht vom Gericht, sondern vom Pflichtverteidiger zugezogen werden. Dieser kann den Dolmetscher aber ermächtigen, unmittelbar mit der Staatskasse abzurechnen.[22]

3. Sachverständige (Abs. 1 S. 1 Nr. 1). Der Sachverständige wird **herangezogen**, indem das Gericht einen **10** Beweisbeschluss erlässt und den Sachverständigen **mit der Begutachtung beauftragt.** Das bloße Einholen einer Auskunft nach §§ 103, 106 Abs. 3 Nr. 3 SGG führt jedoch nicht zur Entschädigungspflicht.[23] Dagegen ist das JVEG einschlägig, wenn sich das Gericht im Rahmen einer Überprüfung der Voraussetzungen einer Betreuung aus verfahrensökonomischen Gründen an den Betreuer mit der Bitte um die Einholung einer ärztlichen Bescheinigung wendet, weil dann die Einholung der Bescheinigung auf Veranlassung des Gerichts und im Rahmen seiner eigenen Überprüfungspflicht erfolgt.[24] Zur Ladung durch den Angeklagten gem. § 220 StPO → Rn 8.

Eine Entschädigung für von einem Beteiligten selbst beschaffte **Befundberichte** eines Arztes, der vom Ge- **11** richt nicht mit der Abgabe eines Befundberichts beauftragt wurde, kann nicht nach dem JVEG erfolgen.[25] Zu § 109 SGG → § 2 Rn 7. Eine Klinik, in der eine Schlaflaboruntersuchung des Klägers durchgeführt wurde, kann nur dann eine Entschädigung geltend machen, wenn sie entweder selbst iSd Abs. 1 S. 1 herangezogen oder ihr der Anspruch des ernannten Sachverständigen abgetreten wurde.[26] Auch eine **Arzthelferin** ist als Sachverständige zu entschädigen, wenn sie nicht nur eine Sichtung beschlagnahmter Unterlagen vorgenommen, sondern unter Einsatz geeigneter Rechenprogramme und ihres Fachwissens die ermittlungsrelevanten Tatsachen fest- und zusammengestellt hat.[27]

Der **vorläufige Insolvenzverwalter**, der vom Gericht gem. § 22 Abs. 1 S. 2 Nr. 3 Hs 2 InsO als Sachverstän- **12** diger herangezogen wird, hat einen Vergütungsanspruch gegen die Staatskasse nach dem JVEG.[28] Wenn jedoch das Insolvenzverfahren nicht eröffnet wurde, hat der vorläufige Insolvenzverwalter einen materiellrechtlichen Vergütungsanspruch gegen den Schuldner.[29]

---

12 Binz/Dörndorfer u.a./*Binz*, § 1 JVEG Rn 5; Meyer/Höver/Bach/*Oberlack*, JVEG, § 1 Rn 20. **13** *Hartmann*, KostG, § 1 JVEG Rn 39. **14** *Hartmann*, KostG, § 1 JVEG Rn 44. **15** OLG Düsseldorf NStZ-RR 1999, 256; LG Düsseldorf StV 2012, 357; Binz/Dörndorfer u.a./*Binz*, § 1 JVEG Rn 2; aA Meyer/Höver/Bach/*Oberlack*, JVEG, § 1 Rn 9. **16** BVerfG NJW 2004, 50; OLG Celle NStZ 2011, 718. **17** Vgl BVerfG NJW 2004, 50. **18** OLG Düsseldorf NStZ 2011, 719. **19** BGH NJW 2001, 309. **20** OLG Brandenburg StV 2006, 28. **21** OLG Düsseldorf NStZ 2011, 719. **22** OLG Düsseldorf NStZ 2011, 719. **23** LSG Nds-Brem 10.2.2010 – L 1 SF 3/10 E (KR), juris. **24** OLG Brandenburg FamRZ 2011, 400. **25** BayLSG 22.6.2012 – L 15 SF 52/11, juris. **26** ThürLSG MedSach 2012, 128. **27** OLG Koblenz NStZ-RR 2010, 359. **28** OLG Düsseldorf JurBüro 2009, 266. **29** BGH NJW 2008, 583.

13   Ausnahmsweise ist der Sachverständige nicht zu entschädigen, der durch eine vorsätzliche oder grob fahrlässige Pflichtverletzung die **Unverwertbarkeit des Gutachtens** herbeigeführt hat. Dieser Grundsatz ist in § 8 a kodifiziert; auf die dortige Kommentierung wird verwiesen.

14   **4. Dritte (Abs. 1 S. 1 Nr. 3).** Wer Dritter iSd JVEG ist, bestimmt § 23 (s. dort). Auch Dritte, die von Strafverfolgungsbehörden zu Dienstleistungen herangezogen werden, werden nach Abs. 1 S. 1 Nr. 3 iVm § 23 Abs. 2 S. 1 Nr. 2 grds. wie Zeugen entschädigt.[30]

15   **5. Unternehmung (Abs. 1 S. 3).** Wurde der Auftrag einer **Unternehmung** erteilt, so steht auch der Unternehmung der Erstattungsanspruch zu. Der **Mitarbeiter**, welcher den Auftrag ausführt, hat dagegen keinen eigenen Anspruch nach dem JVEG. Der Begriff der Unternehmung ist weit auszulegen.[31] Darunter fallen nicht nur juristische Personen oder Personenvereinigungen. Deshalb ist auch ein nicht entsprechend organisiertes Sprachenbüro eine „Unternehmung" in diesem Sinne.[32]

16   **6. Behörden und sonstige öffentliche Stellen (Abs. 2).** Auch Behörden und sonstige öffentliche Stellen haben nach **Abs. 2 S. 1** einen Anspruch nach dem JVEG, wenn sie zu Sachverständigenleistungen herangezogen (zum Begriff der Heranziehung → Rn 10) werden. Darunter fallen zB die **Gutachterausschüsse** gem. §§ 192 ff BauGB, wobei das Honorar dem Träger der Ausschüsse zusteht und die Leistungen der Mitglieder des Gutachterausschusses und der Mitarbeiter der Geschäftsstelle als einheitliche Sachverständigenleistung gelten.[33]

17   Erforderlich ist also eine **Sachverständigentätigkeit.** Es reicht nicht jede Tätigkeit einer Behörde im Zusammenhang mit einem gerichtlichen Verfahren aus. Die **Amtshilfe**, welche nicht in einer Sachverständigentätigkeit besteht, unterfällt nicht dem JVEG. Das gilt insb. für Behördenauskünfte, wie zB **Auskünfte** aus dem Melderegister,[34] zum Versorgungsausgleich oder zum Wert landwirtschaftlicher Grundstücke gem. § 17 S. 2 LwVG; ferner für **Anhörungen** im gerichtlichen Verfahren, zB des Jugendamts durch das Familiengericht gem. §§ 162, 176 FamFG oder der Landwirtschaftsbehörde durch das Landwirtschaftsgericht gem. § 32 LwVG. Nach Landesrecht kann aber auch im Einzelfall eine gutachterliche Tätigkeit ohne Vergütung bleiben.

18   Die Gutachten werden für die Behörde von deren **Mitarbeitern** erstellt. Diese erhalten nach **Abs. 2 S. 2** keine Vergütung nach dem JVEG, wenn sie ein Gutachten „in Erfüllung ihrer Dienstaufgaben erstatten, vertreten oder erläutern". Das gilt zB für die nach Landesrecht bestellten Gerichtsärzte.[35] Im Einzelfall kommt es darauf an, wie der Aufgabenkreis des Mitarbeiters beschrieben ist. Deshalb steht die Vergütung für die Erstattung von Gutachten in Unterbringungssachen nach dem Betreuungsrecht oder dem PsychKG für den Bereich Berlin grds. dem gutachtenerstattenden Klinikarzt persönlich und nicht der Unterbringungsklinik zu, weil die Erstellung eines gerichtlichen Gutachtens nicht zu den hauptamtlichen Aufgaben eines Arztes gehört.[36] Auch dem Wirtschaftsreferenten einer Staatsanwaltschaft kann eine Vergütung nach dem JVEG zustehen.[37]

19   **7. Ehrenamtliche Richter (Abs. 1 S. 1 Nr. 2).** Die Entschädigung der ehrenamtlichen Richter bestimmt sich – mit Ausnahme der Entschädigung der ehrenamtlichen Richter bei den Kammern für Handelssachen (Handelsrichter, §§ 94 ff GVG) – nach dem JVEG. Nach § 45 a DRiG führen die ehrenamtlichen Richter in der Strafgerichtsbarkeit die Bezeichnung „Schöffe", die ehrenamtlichen Richter bei den Kammern für Handelssachen die Bezeichnung „Handelsrichter" und die anderen ehrenamtlichen Richter die Bezeichnung „ehrenamtlicher Richter". Diese ehrenamtlichen Richter sind tätig in der Verwaltungs-, Sozial- und Finanzgerichtsbarkeit, bei den Truppendiensten und den Wehrdienstsenaten sowie in Landwirtschaftssachen.

20   Für die Entschädigung der **Handelsrichter** gilt nicht das JVEG, sondern § 107 GVG. Auf die Erl. in diesem Kommentar wird verwiesen (Ziff. 6 „Gerichtsverfassungsgesetz – § 107 GVG").

21   **8. Nicht erfasste Personen.** Keinen Anspruch nach dem JVEG haben ein nach § 149 StPO zugelassener Ehegattenbeistand[38] und eine Begleitperson im sozialgerichtlichen Verfahren.[39]

22   **9. Verzicht.** Ein Anspruch steht ferner demjenigen nicht zu, der auf Leistungen nach dem JVEG verzichtet hat.[40] Ein V Verzicht ist **zulässig** und gerade bei der Ladung von Zeugen, für die ein Auslagenvorschuss zu leisten ist, durchaus üblich.

IV. Gerichtliche Festsetzung und Beschwerde (Abs. 5)

23   Nach Abs. 5 gehen die Vorschriften des JVEG über die gerichtliche Festsetzung und die Beschwerde den Regelungen der für das zugrunde liegende Verfahren geltenden Verfahrensvorschriften vor. In den anderen

---

[30] OLG Hamm 27.3.2007 – 3 Ws 661/06, juris.   [31] Binz/Dörndorfer u.a./*Binz*, § 1 JVEG Rn 7.   [32] OLG Düsseldorf JurBüro 2011, 433.   [33] OLG Stuttgart Justiz 1994, 194.   [34] Binz/Dörndorfer u.a./*Binz*, § 1 JVEG Rn 10.   [35] *Hartmann*, KostG, § 1 JVEG Rn 52.   [36] LG Berlin 26.7.2005 – 83 T 601/04, juris.   [37] OLG Koblenz Rpfleger 1998, 214 (zum ZSEG).   [38] LG Offenburg Rpfleger 2007, 625.   [39] BayLSG BtPrax 2012, 218.   [40] *Hartmann*, KostG, § 2 JVEG Rn 5.

Kostengesetzen finden sich vergleichbare Regelungen (zB § 1 Abs. 6 GNotKG, § 1 Abs. 3 RVG, § 1 Abs. 5 GKG, § 1 Abs. 2 FamGKG). Abs. 5 dient der Klarstellung, dass im JVEG die **spezielleren Vorschriften** enthalten sind und deswegen den für das jeweilige Verfahren geltenden allgemeinen Verfahrensvorschriften vorgehen; vgl im Einzelnen die Kommentierung zu § 4 JVEG. Zur Anwendung im Fall des § 109 SGG → § 2 Rn 7.

§ 2 Geltendmachung und Erlöschen des Anspruchs, Verjährung

(1) [1]Der Anspruch auf Vergütung oder Entschädigung erlischt, wenn er nicht binnen drei Monaten bei der Stelle, die den Berechtigten herangezogen oder beauftragt hat, geltend gemacht wird; hierüber und über den Beginn der Frist ist der Berechtigte zu belehren. [2]Die Frist beginnt

1. im Fall der schriftlichen Begutachtung oder der Anfertigung einer Übersetzung mit Eingang des Gutachtens oder der Übersetzung bei der Stelle, die den Berechtigten beauftragt hat,
2. im Fall der Vernehmung als Sachverständiger oder Zeuge oder der Zuziehung als Dolmetscher mit Beendigung der Vernehmung oder Zuziehung,
3. bei vorzeitiger Beendigung der Heranziehung oder des Auftrags in den Fällen der Nummern 1 und 2 mit der Bekanntgabe der Erledigung an den Berechtigten,
4. in den Fällen des § 23 mit Beendigung der Maßnahme und
5. im Fall der Dienstleistung als ehrenamtlicher Richter oder Mitglied eines Ausschusses im Sinne des § 1 Abs. 4 mit Beendigung der Amtsperiode, jedoch nicht vor dem Ende der Amtstätigkeit.

[3]Wird der Berechtigte in den Fällen des Satzes 2 Nummer 1 und 2 in demselben Verfahren, im gerichtlichen Verfahren in demselben Rechtszug, mehrfach herangezogen, ist für den Beginn aller Fristen die letzte Heranziehung maßgebend. [4]Die Frist kann auf begründeten Antrag von der in Satz 1 genannten Stelle verlängert werden; lehnt sie eine Verlängerung ab, hat sie den Antrag unverzüglich dem nach § 4 Abs. 1 für die Festsetzung der Vergütung oder Entschädigung zuständigen Gericht vorzulegen, das durch unanfechtbaren Beschluss entscheidet. [5]Weist das Gericht den Antrag zurück, erlischt der Anspruch, wenn die Frist nach Satz 1 abgelaufen und der Anspruch nicht binnen zwei Wochen ab Bekanntgabe der Entscheidung bei der in Satz 1 genannten Stelle geltend gemacht worden ist.

(2) [1]War der Berechtigte ohne sein Verschulden an der Einhaltung einer Frist nach Absatz 1 gehindert, gewährt ihm das Gericht auf Antrag Wiedereinsetzung in den vorigen Stand, wenn er innerhalb von zwei Wochen nach Beseitigung des Hindernisses den Anspruch beziffert und die Tatsachen glaubhaft macht, welche die Wiedereinsetzung begründen. [2]Ein Fehlen des Verschuldens wird vermutet, wenn eine Belehrung nach Absatz 1 Satz 1 unterblieben oder fehlerhaft ist. [3]Nach Ablauf eines Jahres, von dem Ende der versäumten Frist an gerechnet, kann die Wiedereinsetzung nicht mehr beantragt werden. [4]Gegen die Ablehnung der Wiedereinsetzung findet die Beschwerde statt. [5]Sie ist nur zulässig, wenn sie innerhalb von zwei Wochen eingelegt wird. [6]Die Frist beginnt mit der Zustellung der Entscheidung. [7]§ 4 Abs. 4 Satz 1 bis 3 und Abs. 6 bis 8 ist entsprechend anzuwenden.

(3) [1]Der Anspruch auf Vergütung oder Entschädigung verjährt in drei Jahren nach Ablauf des Kalenderjahrs, in dem der nach Absatz 1 Satz 2 Nr. 1 bis 4 maßgebliche Zeitpunkt eingetreten ist. [2]Auf die Verjährung sind die Vorschriften des Bürgerlichen Gesetzbuchs anzuwenden. [3]Durch den Antrag auf gerichtliche Festsetzung (§ 4) wird die Verjährung wie durch Klageerhebung gehemmt. [4]Die Verjährung wird nicht von Amts wegen berücksichtigt.

(4) [1]Der Anspruch auf Erstattung zu viel gezahlter Vergütung oder Entschädigung verjährt in drei Jahren nach Ablauf des Kalenderjahrs, in dem die Zahlung erfolgt ist. [2]§ 5 Abs. 3 des Gerichtskostengesetzes gilt entsprechend.

I. Allgemeines

Aus § 2 folgt, dass Vergütung und Entschädigung nach dem JVEG nur auf Antrag gewährt werden, welcher 1 innerhalb von drei Monaten zu stellen ist. Geregelt sind der Fristbeginn, die Fristverlängerung, die Wiedereinsetzung bei Fristversäumnis und darüber hinaus die Verjährung des Anspruchs und des Rückzahlungsanspruchs.

II. Antrag (Abs. 1 S. 1)

2   Leistungen nach dem JVEG werden nicht von Amts wegen, sondern nur auf **Antrag** gewährt.[1] Der Antrag ist bei der **heranziehenden Stelle** vorzubringen, dh grds. bei dem Gericht oder den anderen in § 1 genannten Stellen, im Fall der Heranziehung durch die Polizei also auch bei der Polizei (→ § 1 Rn 3). Es genügt nicht, den Antrag bei einer am Verfahren beteiligten Behörde, zB der Deutschen Rentenversicherung Bund in einem Verfahren vor dem Sozialgericht, einzureichen.[2] Eine Ausnahme hiervon gilt für Leistungen, die die Strafverfolgungsbehörden gem. Vorbem. Abs. 2 der Anlage 3 (zu § 23 Abs. 1) über eine **zentrale Kontaktstelle** abrechnen. Der Antrag kann schon vor dem Ende der Heranziehung gestellt werden.[3] Der Anspruchsteller trägt die objektive **Beweislast** dafür, dass sein Antrag innerhalb der Dreimonatsfrist bei Gericht eingegangen ist. Der Eingang muss im Vollbeweis nachgewiesen sein.[4]

3   Der Antrag bedarf **keiner Form**. Zeugen erhalten in der Praxis regelmäßig ein Antragsformular, welches nach ihren Angaben von der Anweisungsstelle ausgefüllt wird. Soweit für die Geltendmachung eines Vergütungsanspruchs **amtliche Formularvordrucke** bestehen, ist deren Benutzung durch den Sachverständigen aber nicht zwingend erforderlich.[5] Für die Geltendmachung des Vergütungsanspruchs ist es jedoch nicht ausreichend, dass sich der Sachverständige nach Beendigung des jeweiligen Termins ein maschinenschriftlich ausgefülltes Anweisungsformular aushändigen und die Anwesenheitszeit bei Gericht bescheinigen lässt.[6]

4   Der Antrag muss Angaben zu **Grund und Höhe** der beanspruchten Vergütung bzw Entschädigung enthalten, denn die Ausschlussfrist von drei Monaten für die Geltendmachung gilt einheitlich für den gesamten Anspruch. Im Antrag nicht enthaltene Positionen können nach Ablauf der Dreimonatsfrist nicht mehr geltend gemacht werden; dasselbe gilt für Änderungen hinsichtlich der Höhe. Eine „**Nachbesserung**" ist nach Fristablauf nur unter den Voraussetzungen der Wiedereinsetzung möglich (str).[7] Deshalb kann auch nicht nachträglich nach Fristablauf die auf die Vergütung entfallende **Umsatzsteuer** geltend gemacht werden.[8] Die im Antrag angegebene Summe bewirkt eine **Begrenzung des maximal festzusetzenden Entschädigungsbetrags** auf die beantragte Entschädigung.[9]

III. Frist (Abs. 1 S. 2)

5   Nach Ablauf von drei Monaten **erlischt** der Anspruch auf Entschädigung oder Vergütung unabhängig von einer Aufforderung durch das Gericht zu einer Bezifferung ohne Weiteres.[10] Für den **Fristbeginn** finden sich in Abs. 1 S. 2 unterschiedliche Zeitpunkte. Die für den Sachverständigen geltende Frist zur Geltendmachung der Vergütungsansprüche beginnt spätestens mit der Kenntnisnahme des Sachverständigen von der Beendigung seines Auftrages, sofern das Gesetz in Abs. 1 S. 2 nicht einen früheren Fristbeginn anordnet.[11] Die heranziehende Stelle ist verpflichtet, über das Erlöschen des Anspruchs nach Fristablauf und den Fristbeginn zu **belehren**.

6   Bei **schriftlicher Begutachtung** oder Anfertigung einer **Übersetzung** beginnt die Frist mit Eingang des Gutachtens oder der Übersetzung bei der heranziehenden Stelle (**Nr. 1**). Zur vorzeitigen Beendigung und zur mehrfachen Heranziehung → Rn 9. Bei Sachverständigengutachten ist zu beachten, dass die Frist für **jeden Auftragsteil** mit dessen Erledigung beginnt, unabhängig davon, ob später eine Erläuterung oder Ergänzung des Gutachtens erfolgt[12] oder eine Ladung zur mündlichen Erläuterung.

7   **Nr. 1** ist auch maßgeblich für die Vergütung im Fall eines Gutachtens nach § **109 SGG**. Aus § 1 Abs. 5 (→ § 1 Rn 23) folgt, dass das JVEG anwendbar ist. Die Frist beginnt in diesem Fall mit der Zustellung des Beschlusses, wonach die Kosten des Arztes von der Staatskasse übernommen werden.[13] Die Vorschrift gilt ferner entsprechend im Fall einer **schriftlichen Zeugenaussage**.[14] Sie gilt dagegen nicht für die Vergütungsansprüche des berufsmäßig tätigen Verfahrensbeistands gem. § 158 Abs. 7 FamFG.[15]

8   Für den **vernommenen Sachverständigen oder Zeugen** und den **hinzugezogenen Dolmetscher** beginnt die Frist mit Beendigung der Vernehmung oder Zuziehung (**Nr. 2**). Beendet ist die Vernehmung oder Zuziehung erst mit der endgültigen Entlassung in der gleichen Sache, nicht mit dem Schluss jedes einzelnen Termins.[16] Zur vorzeitigen Beendigung und zur mehrfachen Heranziehung → Rn 9. Im Fall des § **191 SGG** beginnt die Frist mit der Beendigung der Untersuchung beim jeweiligen medizinischen Sachverständigen.[17]

1 *Hartmann*, KostG, § 2 JVEG Rn 4. 2 BayLSG 19.7.2006 – L 16 R 489/04. 3 *Hartmann*, KostG, § 2 JVEG Rn 7. 4 BayLSG 14.8.2012 – L 15 SF 135/12 B. 5 LSG LSA MedR 2012, 151. 6 OLG Frankfurt NStZ-RR 2007, 256. 7 OLG Bamberg OLGSt JVEG § 2 Nr. 1; OLG München 29.11.2012 – 4 Ws 187/12; aA Meyer/Höver/Bach/*Oberlack*, JVEG, § 2 Rn 2. 8 OLG Bamberg OLGSt JVEG § 2 Nr. 1; OLG München 29.11.2012 – 4 Ws 187/12. 9 BayLSG 26.6.2012 – L 15 SF 423/09, juris. 10 BayLSG 9.3.2010 – L 15 SF 338/09, juris. 11 OLG Celle IBR 2012, 550. 12 OLG Hamm BauR 2010, 1273; OLG Oldenburg NdsRpfl 2010, 384. 13 ThürLSG 26.8.2011 – L 6 SF 84/11, juris. 14 Binz/Dörndorfer u.a./*Binz*, § 2 JVEG Rn 6. 15 OLG München 27.8.2014 – 11 WF 1186/14, juris. 16 Binz/Dörndorfer u.a./*Binz*, § 2 JVEG Rn 6. 17 SG Köln 2.2.2007 – S 6 RA 328/04, juris.

Für den Fall der **vorzeitigen Beendigung** der Heranziehung oder des Auftrags in den Fällen des Abs. 1 S. 2 Nr. 1 und 2 findet sich in **Nr. 3** eine ausdrückliche Regelung über den Fristbeginn. Diese Vorschrift ist zB anwendbar, wenn ein Zivilprozess vor Abgabe des Gutachtens durch Vergleich oder Klagerücknahme vorzeitig endet.[18]   **9**

Auch der entgegengesetzte Fall – die **mehrfache Heranziehung** in demselben Verfahren – ist geregelt. Dazu bestimmt **Abs. 1 S. 3**, dass für den Berechtigten, der in den Fällen des Abs. 1 S. 2 Nr. 1 und 2 in demselben Verfahren, im gerichtlichen Verfahren in demselben Rechtszug, mehrfach herangezogen, als Beginn aller Fristen die letzte Heranziehung maßgebend ist. Hier ist allerdings zu beachten, dass der jeweilige Beendigungstatbestand grds. für jeden Auftragsteil gesondert gilt, zB für das zunächst erstattete schriftliche Gutachten unabhängig von seiner späteren mündlichen Erläuterung.[19] Voraussetzung ist allerdings, dass die jeweilige (Teil-)Leistung als in sich abgeschlossen anzusehen ist und dass dies dem Sachverständigen deutlich ist oder deutlich gemacht wird.[20]

In den in § 23 genannten Fällen beginnt die Frist mit Beendigung der Maßnahme (**Nr. 4**).   **10**

Nr. 5 bestimmt, dass die Frist für den Anspruch auf Entschädigung als ehrenamtlicher Richter oder Mitglied eines Ausschusses iSd § 1 Abs. 4 mit Beendigung der Amtsperiode, jedoch nicht vor dem Ende der Amtstätigkeit, beginnt. Diese Regelung gilt insb. für den Schöffen, der in einem laufenden Verfahren seine Amtstätigkeit über das Ende der Amtsperiode hinaus fortsetzen muss.[21]   **11**

Der Anspruchsteller kann beantragen, dass die **Frist verlängert** wird (**Abs. 1 S. 4 Hs 1**). Die Verlängerung kann nur bis zum Ablauf der Dreimonatsfrist beantragt werden.[22] Der Antrag muss **begründet** werden. Ein unbegründeter Antrag ist in jedem Fall abzulehnen.[23] Bei Ablehnung ist der Antrag dem Gericht vorzulegen, das für die heranziehende Stelle zuständig ist (**Abs. 1 S. 4 Hs 2**); dieses entscheidet durch unanfechtbaren Beschluss. Mit diesem Beschluss verliert der Antragsteller jedoch nicht das Recht, eine Vergütung oder Entschädigung geltend zu machen. Vielmehr kann er innerhalb von zwei Wochen einen erneuten Antrag bei der heranziehenden Stelle anbringen (**Abs. 1 S. 5**). Da diese Möglichkeit auch besteht, wenn der Fristverlängerungsantrag ohne Begründung gestellt wurde, erhält der Antragsteller letztlich die Möglichkeit, die **Dreimonatsfrist** durch einen **unbegründeten Verlängerungsantrag erheblich zu verlängern** und auf diese Weise trotz Fristablaufs noch Geld aus der Staatskasse zu erhalten. Es handelt sich dabei um eine unverständliche, den Antragsteller ohne Notwendigkeit begünstigende Regelung.[24]   **12**

IV. Wiedereinsetzung in den vorigen Stand (Abs. 2)

Nach Fristablauf des Abs. 1 (→ Rn 5) hat der Antragsteller nach Abs. 2 bei unverschuldeter Säumnis die Möglichkeit, Wiedereinsetzung zu beantragen. Die Vorschrift des Abs. 2 hat – wie die zahlreichen veröffentlichten Entscheidungen zeigen – erhebliche praktische Bedeutung, da insb. Sachverständige offenbar die Dreimonatsfrist des Abs. 1 oft nicht einhalten (es dürfte sich um dieselben Sachverständigen handeln, die wiederholt zur Fertigstellung des Gutachtens aufgefordert werden müssen). Die Wiedereinsetzung muss **beantragt** werden, eine Wiedereinsetzung von Amts wegen sieht das JVEG nicht vor.[25] Eine bloße verspätete Beantragung der Entschädigung kann nicht als Wiedereinsetzungsantrag ausgelegt werden.[26] Der Wiedereinsetzungsantrag ist innerhalb von **zwei Wochen nach Wegfall des Hindernisses** unter **Bezifferung des Anspruchs** und der **Glaubhaftmachung der Wiedereinsetzungsgründe** zu stellen (**Abs. 2 S. 1**). Allein die Einreichung der Gutachtenrechnung reicht für eine Wiedereinsetzung nicht aus.[27] Die Wiedereinsetzung ist nach Ablauf der Jahresfrist des **Abs. 2 S. 3** ausgeschlossen.[28]   **13**

Über die Wiedereinsetzung entscheidet das nach § 4 Abs. 1 zuständige **Gericht**, nicht der Urkundsbeamte der Geschäftsstelle als Kostenbeamter (str).[29] Gegen die Ablehnung der Wiedereinsetzung ist die **Beschwerde** zulässig (Abs. 2 S. 4), die innerhalb von **zwei Wochen** nach Zustellung der Entscheidung einzulegen ist (Abs. 2 S. 5 und 6). Versäumt ein Antragsteller die Frist für die Geltendmachung seines Vergütungsanspruchs und wird ihm auf seinen Antrag hin Wiedereinsetzung in den vorigen Stand gewährt, so ist diese Gewährung unangreifbar. Der Staatskasse steht kein Beschwerderecht zu.[30]   **14**

Nach Abs. 2 S. 2 wird ein Fehlen des Verschuldens vermutet, wenn eine Belehrung nach Abs. 1 S. 1 (→ Rn 5) unterblieben oder fehlerhaft ist. Diese kann aber bei verspäteter Antragstellung nur dann zur Anwen-   **15**

---

18 BT-Drucks 17/11471 (neu), S. 259. **19** OLG Oldenburg NdsRpfl 2010, 384; OLG Koblenz MDR 2008, 173. **20** OLG Bremen JurBüro 2013, 486. **21** BT-Drucks 17/11471 (neu), S. 259. **22** LG Hannover JurBüro 2005, 550. **23** Binz/Dörndorfer u.a./ *Binz*, § 2 JVEG Rn 5. **24** Ebenso *Hartmann*, KostG, § 2 JVEG Rn 13: „Deutsche ... Überperfektion". **25** BayLSG 14.8.2012 – L 15 SF 135/12 B, juris. **26** BayLSG 14.11. 2013 – L 15 SF 87/13, juris. **27** BayLSG 14.8.2012 – L 15 SF 135/12 B, juris. **28** BayLSG 30.7.2012 – L 15 SF 159/12, juris. **29** OLG Celle NdsRpfl 2007, 259; Binz/Dörndorfer u.a./*Binz*, § 2 JVEG Rn 6; ThürLSG 27.5.2015 – L 6 JVEG 329/15, juris; aA *Hartmann*, KostG, § 2 JVEG Rn 17. **30** OLG Schleswig BauR 2009, 1789; OLG Koblenz JurBüro 2012, 320.

dung kommen, wenn der Wiedereinsetzungsantrag auf die Unkenntnis der Antragsfrist des Abs. 1 S. 1 ge-stützt wird.[31]

16   Wiedereinsetzung in den vorigen Stand wurde in folgenden Fällen **gewährt**:

- Ein Zusatzgutachter hatte seine Rechnung dem ihm als zuverlässig bekannten Hauptgutachter zusammen mit dem Gutachten zur gemeinsamen Vorlage bei Gericht übersandt.[32]
- Der Sachverständige war nicht darauf hingewiesen worden, dass er Nachbesserungsarbeiten nur noch schiedsgutachterlich abnehmen sollte.[33]

17   In folgenden Fällen wurde der Antrag auf Wiedereinsetzung **zurückgewiesen**:

- Der Sachverständige hatte irrig gemeint, er werde sein bei Gericht eingereichtes Gutachten noch schriftlich ergänzen oder mündlich erläutern müssen.[34]
- Bei dem Sachverständigen bestand die nicht erfüllte Erwartung, nochmals zu einem gerichtlichen Termin herangezogen zu werden und dadurch eine Verlängerung der Antragsfrist zu erhalten.[35]
- Arbeitsüberlastung ist nicht geeignet, Fristversäumnisse zu entschuldigen. Eine bestehende Arbeitsüberlastung muss der Berechtigte bei seinen Vorkehrungen zur Fristeinhaltung in seine Überlegungen einbeziehen.[36]

V. Verjährung (Abs. 3)

18   Der Anspruch auf Vergütung oder Entschädigung verjährt in **drei Jahren** nach Ablauf des Kalenderjahrs, in dem die Frist zur Geltendmachung begonnen hat (**Abs. 3 S. 1**). Im Hinblick auf diese Frist wird die Verjährung des Anspruchs selten praktisch werden. Die Verjährung ist eine **Einrede**, auf welche sich die Staatskasse berufen muss (**Abs. 3 S. 4**). Die Verjährung wird durch den Antrag nach § 4 gehemmt. § 204 Abs. 1 Nr. 1, Abs. 2 S. 1 BGB ist entsprechend anzuwenden, so dass die Hemmung sechs Monate nach rechtskräftigem Abschluss des Verfahrens gem. § 4 endet.[37]

VI. Verjährung zu viel gezahlter Vergütung bzw Entschädigung (Abs. 4)

19   Eine **zu viel gezahlte** Vergütung oder Entschädigung ist zu **erstatten**. Deren Empfänger kann der Zurückforderung als einem öffentlich-rechtlichen Erstattungsanspruch nicht den Entreicherungseinwand nach § 818 Abs. 3 BGB entgegenhalten.[38] § 214 Abs. 2 BGB, wonach das zur Befriedigung eines verjährten Anspruchs Geleistete nicht zurückgefordert werden kann, auch wenn in Unkenntnis der Verjährung geleistet worden ist, ist auf diesen öffentlich-rechtlichen Erstattungsanspruch weder direkt noch entsprechend anwendbar.[39] Die Rückzahlung wird gem. § 1 Nr. 8 JBeitrO durchgesetzt (→ JBeitrO § 1 Rn 10). Wie sich aus der Verweisung des Abs. 4 S. 2 auf die entsprechende Geltung des § 5 Abs. 3 S. 2, 4 GKG ergibt, beginnt die Verjährungsfrist mit einer **Zahlungsaufforderung** oder Mitteilung einer **Stundung** erneut zu laufen, wenn die Kosten mindestens 25 € betragen.

20   Der Empfänger kann sich somit grds. nur auf den Eintritt der Verjährung berufen (und muss dies tun, weil es sich um eine Einrede handelt). Nur ausnahmsweise ist der Verweis auf ein **schützenswertes Vertrauen** in das Behaltendürfen möglich, das sich in einem Zeitraum von unter einem Jahr allenfalls beim Vorliegen ganz besonderer Umstände bilden kann.[40]

21   Der Erstattungsanspruch zu viel gezahlter Vergütung oder Entschädigung verjährt gem. Abs. 4 S. 1 in **drei Jahren** nach Ablauf des Kalenderjahres, in dem die Zahlung erfolgt ist. Der Lauf der Verjährungsfrist wird durch die Einleitung eines Vergütungsfestsetzungsverfahrens nach § 4 Abs. 1 nicht gehemmt.[41]

VII. Praxisproblem: Verzinsung des Vergütungs- bzw Entschädigungsanspruchs

22   Der Vergütungs- und Entschädigungsanspruch wird nicht verzinst. Ferner sind Mahnkosten nicht zu erstatten. Das JVEG enthält dafür keine Anspruchsgrundlage. Auch die §§ 284 ff BGB sind weder direkt noch entsprechend anzuwenden.[42]

---

31 BayLSG 11.5.2015 – L 15 RF 14/15, juris. **32** LSG Bln-Bbg MedSach 2011, 206. **33** OLG Hamm BauR 2006, 415. **34** OLG Koblenz JurBüro 2008, 265. **35** BayLSG 28.1.2015 – L 15 SF 208/14, juris. **36** BayLSG 19.5.2015 – L 15 RF 3/15, juris; LSG Bln-Bbg 15.11.2010 – L 2 SF 218/10, juris. **37** Binz/Dörndorfer u.a./*Binz*, § 2 JVEG Rn 11. **38** OVG Hamburg NVwZ-RR 2010, 1000. **39** ThürLSG 12.6.2007 – L 6 B 131/06 SF, juris. **40** OVG Hamburg NVwZ-RR 2010, 1000. **41** OLG Hamm BauR 2012, 679. **42** BayLSG 14.5.2014 – L 15 SF 122/13, juris.

§ 3 Vorschuss

Auf Antrag ist ein angemessener Vorschuss zu bewilligen, wenn dem Berechtigten erhebliche Fahrtkosten oder sonstige Aufwendungen entstanden sind oder voraussichtlich entstehen werden oder wenn die zu erwartende Vergütung für bereits erbrachte Teilleistungen einen Betrag von 2.000 Euro übersteigt.

I. Allgemeines

Die Vorschrift regelt die Bewilligung eines Vorschusses für Berechtigte iSv § 1. Sie betrifft zum einen Fahrt- 1
kosten und sonstige Aufwendungen, zum anderen die Vergütung für erbrachte Teilleistungen.

II. Gegenstand und Voraussetzungen des Vorschusses

1. Fahrtkosten und sonstige Aufwendungen. Ein Vorschuss kann verlangt werden für die **Fahrtkosten iSv** 2
§ 5. Vorschussfähig sind ferner die **sonstigen Aufwendungen iSv** § 7. Kein Vorschuss kann dagegen hinsichtlich der weiteren möglichen Ansprüche, zB des Verdienstausfalls nach § 22, verlangt werden.[1] Fahrtkosten und sonstige Aufwendungen müssen entweder bereits entstanden sein oder voraussichtlich entstehen und müssen **erheblich** sein. Erheblich sind auf jeden Fall Aufwendungen **ab 250 €**.[2] Im Übrigen kommt es auf die Verhältnisse des Antragstellers an. Bei durchschnittlichen Verhältnissen sind 170 € noch nicht erheblich;[3] dieser Betrag wird jedoch für einen Antragsteller, der ausschließlich Sozialleistungen erhält, erheblich sein. Entscheidend sind also immer die **individuellen Verhältnisse** des Antragstellers. Die Erheblichkeit ist vom Antragsteller darzulegen.[4]

2. Vergütung für Teilleistungen. Die zu erwartende Vergütung für bereits erbrachte Teilleistungen wird ein 3
Betrag von 2.000 € regelmäßig nur übersteigen, wenn es sich um eine Sachverständigenvergütung handelt. Der Sachverständige muss im Einzelnen darlegen und auf Verlangen versichern, dass dieser Wert erreicht ist.[5] Sofern er nicht gem. § 407 a Abs. 3 S. 2 ZPO auf den **nicht ausreichenden Vorschuss** hingewiesen hat, kann er nicht mehr als die als Vorschuss eingezahlte Summe verlangen.[6]

III. Verfahren

Der Vorschuss wird nur auf **Antrag**, nicht aber von Amts wegen gewährt.[7] Der Antrag bedarf keiner Form 4
und kann auch in der bloßen Mitteilung bestehen, den Termin nicht wahrnehmen zu können, weil die Fahrtkosten nicht aufgebracht werden können.[8]

Der Vorschuss wird idR **in Geld** geleistet, kann aber auch durch Übersendung einer **Fahrkarte** erfolgen. Für 5
die Gestellung einer Fahrkarte s. auch **Ziffer 3** der Verwaltungsvorschrift über die Gewährung von Reiseentschädigungen (**VwV Reiseentschädigung**):[9]

3   Zeugen, Sachverständigen, Dolmetschern, Übersetzern, ehrenamtlichen Richtern und Dritten ist nach § 3
        JVEG auf Antrag ein Vorschuss für Reiseentschädigungen zu bewilligen, wenn dem Berechtigten voraussichtlich erhebliche Fahrtkosten oder sonstige Aufwendungen entstehen werden. Hierauf soll in der Ladung oder in anderer geeigneter Weise hingewiesen werden.

3.1   Für die Bewilligung und Anweisung gelten folgende Bestimmungen:

3.1.1   Die Vorschüsse werden von der zum Erlass der Auszahlungsanordnung zuständigen Anweisungsstelle bewilligt und zur Zahlung angewiesen.

3.1.2   Die Nummern 1.1.2 bis 1.1.6 gelten entsprechend mit der Maßgabe, dass Fahrtkosten bis zur Höhe der Kosten für die Benutzung der ersten Wagenklasse gewährt werden können.

3.1.3   Bei der Vorbereitung der Anweisung für die Entschädigung von Zeugen, ehrenamtlichen Richtern und Dritten sowie für die Vergütung von Sachverständigen, Dolmetschern und Übersetzern vor dem Termin ist die Vorschusszahlung, sofern sie aktenkundig ist, in auffälliger Weise zu vermerken. Wird die Berechnung der Entschädigung oder Vergütung nicht schriftlich eingereicht, sind die Antragsteller in jedem Fall zu befragen, ob und gegebenenfalls in welcher Höhe sie Vorschüsse erhalten haben, um deren Anrechnung sicherzustellen. Die Befragung ist in der Auszahlungsanordnung zu vermerken.

---

1 Binz/Dörndorfer u.a./*Binz*, § 3 JVEG Rn 1; Meyer/Höver/Bach/*Oberlack*, JVEG, § 3 Rn 2 aE; *H. Schneider*, JVEG, § 3 Rn 24. **2** Binz/Dörndorfer u.a./*Binz*, § 3 JVEG Rn 2; *Hartmann*, KostG, § 3 JVEG Rn 4. **3** BayLSG 22.6.2006 – L 3 U 267/03, juris. **4** BayLSG 22.6.2006 – L 3 U 267/03, juris. **5** Binz/Dörndorfer u.a./*Binz*, § 3 JVEG Rn 3. **6** Binz/Dörndorfer u.a./*Binz*, § 3 JVEG Rn 3. **7** *Hartmann*, KostG, § 3 JVEG Rn 3. **8** Binz/Dörndorfer u.a./*Binz*, § 3 JVEG Rn 1. **9** Verwaltungsvorschrift über die Gewährung von Reiseentschädigungen (VwV Reiseentschädigung), zul. geänd. d. Bek. v. 20.1.2014 (BAnz AT 29.01.2014 B1).

3.2   Ist in Eilfällen die Übermittlung einer Fahrkarte oder die Auszahlung des Betrags nicht mehr möglich, kann auch die Geschäftsstelle des Amtsgerichts, in dessen Bezirk sich der Antragsteller aufhält, einen Vorschuss nach § 3 JVEG bewilligen und zur Zahlung anweisen. Ist ein Antrag auf gerichtliche Festsetzung des Vorschusses gestellt oder wird eine Festsetzung für angemessen erachtet, kann in dringenden Fällen auf Ersuchen des für die Entscheidung nach § 4 Abs. 1 JVEG zuständigen Gerichts eine Fahrkarte für ein bestimmtes Beförderungsmittel zur Verfügung gestellt und/oder ein festgesetzter Vorschuss ausgezahlt werden. Die Auszahlung des Vorschusses ist in der Ladung auffällig zu vermerken. Die ladende Stelle ist von der Gewährung des Vorschusses unverzüglich zu benachrichtigen.

6   Es entscheidet der Urkundsbeamte der Geschäftsstelle des heranziehenden Gerichts (in Eilfällen die Geschäftsstelle des Amtsgerichts, in dessen Bezirk sich der Antragsteller aufhält, s. Ziffer 3.2 VwV Reiseentschädigung) bzw die heranziehende Behörde. Die Festsetzung erfolgt durch Beschluss (§ 4 Abs. 1 S. 1). Zu den Rechtsmitteln → § 4 Rn 9 ff.

§ 4 Gerichtliche Festsetzung und Beschwerde

(1) [1]Die Festsetzung der Vergütung, der Entschädigung oder des Vorschusses erfolgt durch gerichtlichen Beschluss, wenn der Berechtigte oder die Staatskasse die gerichtliche Festsetzung beantragt oder das Gericht sie für angemessen hält. [2]Zuständig ist

1. das Gericht, von dem der Berechtigte herangezogen worden ist, bei dem er als ehrenamtlicher Richter mitgewirkt hat oder bei dem der Ausschuss im Sinne des § 1 Abs. 4 gebildet ist;
2. das Gericht, bei dem die Staatsanwaltschaft besteht, wenn die Heranziehung durch die Staatsanwaltschaft oder in deren Auftrag oder mit deren vorheriger Billigung durch die Polizei oder eine andere Strafverfolgungsbehörde erfolgt ist, nach Erhebung der öffentlichen Klage jedoch das für die Durchführung des Verfahrens zuständige Gericht;
3. das Landgericht, bei dem die Staatsanwaltschaft besteht, die für das Ermittlungsverfahren zuständig wäre, wenn die Heranziehung in den Fällen des § 1 Abs. 1 Satz 1 Nr. 1 durch die Finanzbehörde oder in deren Auftrag oder mit deren vorheriger Billigung durch die Polizei oder eine andere Strafverfolgungsbehörde erfolgt ist, nach Erhebung der öffentlichen Klage jedoch das für die Durchführung des Verfahrens zuständige Gericht;
4. das Amtsgericht, in dessen Bezirk der Gerichtsvollzieher seinen Amtssitz hat, wenn die Heranziehung durch den Gerichtsvollzieher erfolgt ist, abweichend davon im Verfahren der Zwangsvollstreckung das Vollstreckungsgericht.

(2) [1]Ist die Heranziehung durch die Verwaltungsbehörde im Bußgeldverfahren erfolgt, werden die zu gewährende Vergütung oder Entschädigung und der Vorschuss durch gerichtlichen Beschluss festgesetzt, wenn der Berechtigte gerichtliche Entscheidung gegen die Festsetzung durch die Verwaltungsbehörde beantragt. [2]Für das Verfahren gilt § 62 des Gesetzes über Ordnungswidrigkeiten.

(3) Gegen den Beschluss nach Absatz 1 können der Berechtigte und die Staatskasse Beschwerde einlegen, wenn der Wert des Beschwerdegegenstands 200 Euro übersteigt oder wenn sie das Gericht, das die angefochtene Entscheidung erlassen hat, wegen der grundsätzlichen Bedeutung der zur Entscheidung stehenden Frage in dem Beschluss zulässt.

(4) [1]Soweit das Gericht die Beschwerde für zulässig und begründet hält, hat es ihr abzuhelfen; im Übrigen ist die Beschwerde unverzüglich dem Beschwerdegericht vorzulegen. [2]Beschwerdegericht ist das nächsthöhere Gericht. [3]Eine Beschwerde an einen obersten Gerichtshof des Bundes findet nicht statt. [4]Das Beschwerdegericht ist an die Zulassung der Beschwerde gebunden; die Nichtzulassung ist unanfechtbar.

(5) [1]Die weitere Beschwerde ist nur zulässig, wenn das Landgericht als Beschwerdegericht entschieden und sie wegen der grundsätzlichen Bedeutung der zur Entscheidung stehenden Frage in dem Beschluss zugelassen hat. [2]Sie kann nur darauf gestützt werden, dass die Entscheidung auf einer Verletzung des Rechts beruht; die §§ 546 und 547 der Zivilprozessordnung gelten entsprechend. [3]Über die weitere Beschwerde entscheidet das Oberlandesgericht. [4]Absatz 4 Satz 1 und 4 gilt entsprechend.

(6) [1]Anträge und Erklärungen können ohne Mitwirkung eines Bevollmächtigten schriftlich eingereicht oder zu Protokoll der Geschäftsstelle abgegeben werden; § 129 a der Zivilprozessordnung gilt entsprechend. [2]Für die Bevollmächtigung gelten die Regelungen der für das zugrunde liegende Verfahren geltenden Verfahrensordnung entsprechend. [3]Die Beschwerde ist bei dem Gericht einzulegen, dessen Entscheidung angefochten wird.

(7) [1]Das Gericht entscheidet über den Antrag durch eines seiner Mitglieder als Einzelrichter; dies gilt auch für die Beschwerde, wenn die angefochtene Entscheidung von einem Einzelrichter oder einem Rechtspfleger erlassen wurde. [2]Der Einzelrichter überträgt das Verfahren der Kammer oder dem Senat, wenn die Sache besondere Schwierigkeiten tatsächlicher oder rechtlicher Art aufweist oder die Rechtssache grundsätzliche Bedeutung hat. [3]Das Gericht entscheidet jedoch immer ohne Mitwirkung ehrenamtlicher Richter. [4]Auf eine erfolgte oder unterlassene Übertragung kann ein Rechtsmittel nicht gestützt werden.

(8) [1]Die Verfahren sind gebührenfrei. [2]Kosten werden nicht erstattet.

(9) Die Beschlüsse nach den Absätzen 1, 2, 4 und 5 wirken nicht zu Lasten des Kostenschuldners.

I. Allgemeines

§ 4 regelt das gerichtliche Festsetzungsverfahren, die Beschwerde und die weitere Beschwerde.   1

II. Gerichtliche Festsetzung

1. Geltungsbereich. § 4 gilt für **alle Verfahren nach dem JVEG.** Die Vorschrift beinhaltet bzgl der mögli-   2
chen Rechtsbehelfe im Vergütungsfestsetzungsverfahren eigenständige Verfahrensregeln, welche nach § 1 Abs. 5 vergleichbaren Regelungen der einzelnen Prozessordnungen, insb. **§ 178 S. 1 SGG,** vorgehen. Jedoch soll die Verweisung in § 168 Abs. 1 S. 4 FamFG allein die einfache Zahlbarmachung der **Verfahrensbeistandsvergütung** ermöglichen, nicht aber den Rechtsweg des § 4.[1] Für die Festsetzung der Entschädigung der Handelsrichter wird auf die Erl. in diesem Kommentar verwiesen („6. Gerichtsverfassungsgesetz – § 107 GVG").

2. Voraussetzungen (Abs. 1 S. 1, Abs. 6). Die gerichtliche Festsetzung der Vergütung, der Entschädigung   3
oder des Vorschusses erfolgt regelmäßig durch den Anweisungsbeamten im Verwaltungsverfahren. In diesem Verfahren kann der Richter eine dienstliche Stellungnahme zu Einzelpunkten abgeben – auf Ersuchen des Anweisungsbeamten ist er dazu auch verpflichtet –, an welche der Anweisungsbeamte allerdings nicht gebunden ist.[2]

Nach Abs. 1 S. 1 erfolgt die gerichtliche Festsetzung, wenn der Berechtigte oder die Staatskasse diese bean-   4
tragt oder das Gericht sie für angemessen hält. Das Gericht kann die Festsetzung also **von Amts wegen** vornehmen, wenn es dazu Anlass sieht.

Im Übrigen ist ein **Antrag** Voraussetzung der Festsetzung. Diesen Antrag können der **Berechtigte** und die   5
Staatskasse stellen, nicht aber die Parteien. Die Parteien sind am Festsetzungsverfahren nicht beteiligt.[3] Eine **Frist** für den Antrag besteht nicht, es gelten allerdings die allgemeinen Grundsätze der **Verwirkung.**[4] Gemäß Abs. 6 kann der Antrag **schriftlich oder zu Protokoll der Geschäftsstelle** abgegeben werden; möglich ist weiterhin die Abgabe in der **Form des § 4 b.**[5] In dem Antrag muss zum Ausdruck kommen, dass eine richterliche Entscheidung begehrt wird. Ein bloßer Antrag auf Entschädigung oder Vergütung reicht nicht aus.[6] Der Antrag auf gerichtliche Entscheidung kann jedoch mit dem Entschädigungs- oder Vergütungsantrag gestellt werden.[7] Die Staatskasse kann den Antrag auch dann noch stellen, wenn der Kostenschuldner die festgesetzte Entschädigung oder Vergütung bereits gezahlt hat, weil er selbst deren Berechtigung im Festsetzungsverfahren noch überprüfen lassen kann.[8]

3. Zuständigkeit (Abs. 1 S. 2, Abs. 7). Grundsätzlich zuständig ist das Gericht, welches die Heranziehung   6
veranlasst hat.[9] Nach Abs. 1 S. 2 ist im Übrigen zuständig

- für die Festsetzung der Vergütung **ehrenamtlicher Richter** das heranziehende Gericht (**Nr. 1**);
- bei Heranziehung durch die **Staatsanwaltschaft** (bzw die Polizei oder eine andere Strafverfolgungsbehörde in deren Auftrag oder mit deren vorheriger Billigung; → § 1 Rn 3) das Gericht am Sitz der Staatsanwaltschaft, dh das entsprechende Landgericht, Oberlandesgericht oder der Bundesgerichtshof;[10] nach Erhebung der öffentlichen Klage das für die Durchführung des Verfahrens zuständige Gericht (**Nr. 2**);
- bei Heranziehung durch die **Finanzbehörde** (bzw die Polizei oder eine andere Strafverfolgungsbehörde in deren Auftrag oder mit deren vorheriger Billigung; → § 1 Rn 3) das Landgericht am Sitz der Staatsanwaltschaft, die für das Ermittlungsverfahren zuständig wäre; nach Erhebung der öffentlichen Klage das für die Durchführung des Verfahrens zuständige Gericht (**Nr. 3**);

---

1 OLG Dresden FamRZ 2011, 320; Keidel/*Engelhardt*, § 168 FamFG Rn 4. **2** Binz/Dörndorfer u.a./*Binz*, § 4 JVEG Rn 2.
3 OLG Celle IBR 2011, 552; Meyer/Höver/Bach/*Oberlack*, JVEG, § 4 Rn 7. **4** Binz/Dörndorfer u.a./*Binz*, § 4 JVEG Rn 4, 11.
5 Binz/Dörndorfer u.a./*Binz*, § 4 JVEG Rn 4. **6** *Hartmann*, KostG, § 4 JVEG Rn 5 aE. **7** Binz/Dörndorfer u.a./*Binz*, § 4 JVEG Rn 4. **8** Binz/Dörndorfer u.a./*Binz*, § 4 JVEG Rn 4. **9** *Hartmann*, KostG, § 4 JVEG Rn 12. **10** *Hartmann*, KostG, § 4 JVEG Rn 13.

■ bei Heranziehung durch den **Gerichtsvollzieher** das Amtsgericht, in dessen Bezirk er seinen Amtssitz hat; im Verfahren der Zwangsvollstreckung – und damit in nahezu fast allen Fällen von Nr. 4 – das Vollstreckungsgericht (**Nr. 4**).

7 Sofern der **Rechtspfleger** zuständig ist, entscheidet dieser. Wenn das entscheidende Gericht ein Kollegialgericht ist, so entscheidet nach Abs. 7 S. 1 Hs 1 über den Antrag der **Einzelrichter**. Dieser überträgt das Verfahren der Kammer oder dem Senat, wenn die Sache besondere Schwierigkeiten tatsächlicher oder rechtlicher Art aufweist oder die Rechtssache grundsätzliche Bedeutung hat (Abs. 7 S. 2). Ein Rechtsmittel kann auf die erfolgte oder unterlassene Übertragung nicht gestützt werden (Abs. 7 S. 4). Wenn jedoch die Kammer über die Vergütung oder Entschädigung ohne vorherige Übertragung des Verfahrens auf die Kammer durch den Einzelrichter entschieden hat, stellt die Übernahme einer originären Einzelrichtersache einen **unheilbaren Verfahrensfehler** dar, weil sie den Beteiligten den gesetzlichen Richter entzieht.[11] Die ehrenamtlichen Richter wirken in keinem Fall mit (Abs. 7 S. 3).

8 **4. Verfahren und Entscheidung.** Am Verfahren zu beteiligen sind der Berechtigte und die Staatskasse, nicht dagegen die Parteien.[12] Sie können eine Überprüfung der Vergütung des Sachverständigen nur im Rahmen einer Erinnerung gegen den Kostenansatz gem. § 66 GKG, § 57 FamGKG, § 81 GNotKG erreichen.[13] Der Antrag ist **kein Rechtsbehelf.** Daher gilt das Verschlechterungsverbot (**reformatio in peius**) bei der erstmaligen richterlichen Festsetzung nicht.[14] Nach oben ist die Festsetzung jedoch durch den Antrag begrenzt.[15] Die gerichtliche Festsetzung ist keine Überprüfung der vom Kostenbeamten vorgenommenen Berechnung, sondern eine davon unabhängige erstmalige Festsetzung. Die Kostenfestsetzung durch den Kostenbeamten ist nur eine vorläufige Regelung, die durch den Antrag auf gerichtliche Kostenfestsetzung hinfällig wird.[16] Die Entschädigung oder Vergütung muss **exakt festgesetzt** werden. Nach der Festsetzung darf es nicht dem Ermessen des Kostenbeamten überlassen werden, in welcher Höhe Kosten erstattet werden.[17] Das Gericht entscheidet durch **Beschluss**, der wegen der Möglichkeit der sofortigen Erinnerung nur förmlich zuzustellen ist, wenn der Rechtspfleger entschieden hat und der Beschwerdewert nicht erreicht ist.[18] Im Übrigen genügt, weil die Beschwerde nicht fristgebunden ist, die formlose Übersendung.

III. Rechtsbehelfe

9 **1. Beschwerde (Abs. 3 und 4).** In Abs. 3 ist die Zulässigkeit der Beschwerde geregelt. § 9 Abs. 1 S. 6 schränkt das Beschwerderecht des Sachverständigen nur für den Fall der **isolierten Anfechtung der Vorabentscheidung** über die Zuordnung der Leistungen zu einer bestimmten Honorargruppe ein und lässt das Recht zur Beschwerde gegen die gerichtliche Festsetzung der Vergütung gem. § 4 Abs. 3 unberührt.[19] Die Festsetzung der Zeugenentschädigung kann auch bei einer Entscheidung des Landgerichts im Berufungsverfahren mit der Beschwerde angefochten werden.[20] Zum Sonderfall der Heranziehung durch die Verwaltungsbehörde im Bußgeldverfahren → Rn 15.

10 Abgesehen davon (→ Rn 9) ist die Beschwerde zulässig, wenn der Wert des Beschwerdegegenstands **200 €** **übersteigt** (das gilt jedoch nicht im Fall der isolierten Anfechtung der Vorabentscheidung gem. § 9 Abs. 1 S. 6) oder wenn sie das Gericht wegen der grundsätzlichen Bedeutung der zur Entscheidung stehenden Frage **zugelassen** hat (**Abs. 3**).[21] Die Zulassung muss mit der Entscheidung des Gerichtes erfolgen. Eine nachträgliche Zulassung der Beschwerde ist unzulässig und für das Beschwerdegericht nicht bindend.[22] Im Übrigen ist die Zulassung bindend, dh das Beschwerdegericht entscheidet auch, wenn es der Auffassung ist, dass die Zulassungsvoraussetzungen nicht vorliegen. Eine Nichtzulassungsbeschwerde gegen die Nichtzulassung der Beschwerde ist nicht statthaft.[23]

11 **Beschwerdeberechtigt** sind der Antragsteller und die Staatskasse, nicht dagegen die Parteien. Diese können eine Überprüfung der Vergütung des Sachverständigen nur im Rahmen einer Erinnerung gegen den Kostenansatz gem. § 66 GKG erreichen.[24] Im Beschwerdeverfahren ist – im Unterschied zum Festsetzungsverfahren nach Abs. 1 – das Verschlechterungsverbot (**reformatio in peius**) zu beachten (str).[25]

12 Für die Beschwerde gilt die **Form** des Abs. 6 (→ Rn 5). Es besteht kein Anwaltszwang. Eine Frist ist nicht vorgesehen. Das entscheidende Gericht muss prüfen, ob es der Beschwerde **abhilft** (Abs. 4 S. 1 Hs 1). Sofern

---

11 OLG Celle BauR 2008, 401. **12** OLG Celle IBR 2011, 552; Meyer/Höver/Bach/*Oberlack*, JVEG, § 4 Rn 7. **13** OLG Celle IBR 2011, 552; OLG Naumburg BauR 2012, 842; Meyer/Höver/Bach/*Oberlack*, JVEG, § 4 Rn 7. **14** BayLSG 23.2.2016 – L 15 RF 35/15, juris; ThürLSG 26.8.2011 – L 6 SF 84/11, juris. **15** Binz/Dörndorfer u.a./*Binz*, § 4 JVEG Rn 6. **16** BayLSG 23.2.2016 – L 15 RF 35/15, juris; OLG Braunschweig 12.2.2016 – 1 Ws 365/15, juris. **17** OLG Celle IBR 2011, 552. **18** Binz/Dörndorfer u.a./*Binz*, § 4 JVEG Rn 7; aA *Hartmann*, KostG, § 4 JVEG Rn 19. **19** OLG Celle BauR 2008, 562; KG JurBüro 2011, 604. **20** OLG Karlsruhe 10.4.2007 – 15 W 108/06, juris. **21** LSG NRW 29.5.2009 – L 19 B 101/09 AS, juris. **22** OLG Stuttgart NStZ 2006, 241; OLG München JurBüro 2007, 602. **23** BayLSG 3.8.2012 – L 15 SF 139/12 B NZB, juris. **24** OLG Naumburg BauR 2012, 842. **25** ThürLSG 20.2.2008 – L 6 B 186/07 SF, juris; Binz/Dörndorfer u.a./*Binz*, § 4 JVEG Rn 15; aA Meyer/Höver/Bach/*Oberlack*, JVEG, § 4 Rn 18.

es nicht oder nur teilweise abhilft, legt es die Beschwerde dem Beschwerdegericht vor (Abs. 4 S. 1 Hs 2). Über die Beschwerde entscheidet immer das **nächsthöhere** Gericht (Abs. 4 S. 2). Deshalb soll in **Familiensachen** nicht das Oberlandesgericht, sondern das Landgericht zuständig sein.[26] Dagegen spricht, dass das im Instanzenzug dem Familiengericht übergeordnete nächsthöhere Gericht der **Familiensenat des OLG** (§ 119 Abs. 1 Nr. 1 Buchst. a GVG) ist. Insoweit gilt die formelle Anknüpfung.[27] Auch im Beschwerdeverfahren gelten vor Kollegialgerichten die in → Rn 7 dargestellten Grundsätze. Deshalb entscheidet über die Beschwerde gegen die Entscheidung des Vorsitzenden einer **Kammer für Handelssachen** der Einzelrichter.[28] Über die Beschwerde, die sich gegen einen Beschluss richtet, den der Vorsitzende der **kleinen Strafkammer** außerhalb der Hauptverhandlung ohne Mitwirkung der Schöffen erlassen hat, entscheidet der Strafsenat nicht in der Besetzung mit drei Richtern, sondern durch eines seiner Mitglieder als Einzelrichter.[29]

2. Weitere Beschwerde (Abs. 5). Die weitere Beschwerde ist nur im Fall der **Zulassung** statthaft (→ Rn 10). Weitere Voraussetzung ist, dass das LG als Beschwerdegericht entschieden hat. Gegen die Entscheidung des OLG findet auch bei Zulassung keine weitere Beschwerde statt.[30] Auch im Fall der weiteren Beschwerde muss eine **Abhilfeprüfung** erfolgen, die jedoch, wenn das Gericht schon wegen grundsätzlicher Bedeutung die weitere Beschwerde zugelassen hat, idR nicht zu einer Abhilfe führt. Da Abs. 5 S. 2 Hs 2 auf die entsprechende Geltung der §§ 546 und 547 ZPO verweist, kann die weitere Beschwerde nur auf eine **Rechtsverletzung** gestützt werden, wobei im Fall der absoluten Revisionsgründe die Entscheidung stets als auf einer Rechtsverletzung beruhend anzusehen ist. Nach Abs. 7 S. 4 kann die weitere Beschwerde nicht auf die unrichtige Besetzung des Beschwerdegerichts gestützt werden. Entscheidet jedoch der Einzelrichter in einer Sache, der er rechtsgrundsätzliche Bedeutung beimisst, über die Beschwerde und lässt die weitere Beschwerde zu, so ist die Zulassung zwar wirksam, die Entscheidung unterliegt jedoch auf die weitere Beschwerde wegen fehlerhafter Besetzung des Beschwerdegerichts der Aufhebung von Amts wegen.[31] Eine **außerordentliche Beschwerde** ist **nicht statthaft**, da es gegen die verfassungsrechtlichen Anforderungen an die Rechtsmittelklarheit verstößt, wenn von der Rspr außerordentliche Rechtsbehelfe außerhalb des geschriebenen Rechts geschaffen werden, um tatsächliche oder vermeintliche Lücken im bisherigen Rechtsschutzsystem zu schließen.[32]

3. Sofortige Erinnerung. Soweit der Beschwerdewert (→ Rn 10) nicht erreicht ist, kann gegen eine Entscheidung des **Rechtspflegers** die sofortige Erinnerung nach § 11 Abs. 2 S. 1 RPflG eingelegt werden. Wenn hingegen der Beschwerdewert erreicht ist, sind auch Entscheidungen des Rechtspflegers mit der Beschwerde anfechtbar.

IV. Heranziehung durch die Verwaltungsbehörde (Abs. 2)

Im Fall der Heranziehung durch die Verwaltungsbehörde im **Bußgeldverfahren** kann der Berechtigte die gerichtliche Entscheidung gegen die Festsetzung durch die Verwaltungsbehörde beantragen. Das Verfahren richtet sich dann nach § 62 OWiG:

§ 62 OWiG Rechtsbehelf gegen Maßnahmen der Verwaltungsbehörde

(1) [1]Gegen Anordnungen, Verfügungen und sonstige Maßnahmen, die von der Verwaltungsbehörde im Bußgeldverfahren getroffen werden, können der Betroffene und andere Personen, gegen die sich die Maßnahme richtet, gerichtliche Entscheidung beantragen. [2]Dies gilt nicht für Maßnahmen, die nur zur Vorbereitung der Entscheidung, ob ein Bußgeldbescheid erlassen oder das Verfahren eingestellt wird, getroffen werden und keine selbständige Bedeutung haben.

(2) [1]Über den Antrag entscheidet das nach § 68 zuständige Gericht. [2]Die §§ 297 bis 300, 302, 306 bis 309 und 311 a der Strafprozeßordnung sowie die Vorschriften der Strafprozeßordnung über die Auferlegung der Kosten des Beschwerdeverfahrens gelten sinngemäß. [3]Die Entscheidung des Gerichts ist nicht anfechtbar, soweit das Gesetz nichts anderes bestimmt.

Die Vorschrift des § 62 OWiG gilt auch für den Autovermieter als Kraftfahrzeughalter, der nach einem Verkehrsverstoß von der Bußgeldbehörde einen Zeugenfragebogen erhält und diese Anfrage schriftlich beantwortet.[33] Gemäß § 62 Abs. 2 OWiG iVm § 306 StPO prüft die Verwaltungsbehörde, ob sie abhilft und legt andernfalls vor Ablauf von drei Tagen den Antrag dem Amtsgericht vor. Dieses entscheidet durch **unanfechtbaren Beschluss**.

---

26 OLG Celle FamRZ 2013, 1512; OLG Frankfurt 16.5.2014 – 4 WF 95/14, juris; *H. Schneider*, JVEG, § 4 Rn 46. **27** OLG Koblenz MDR 2014, 476; Aufgabe der in der Vorauflage (1. Aufl. 2014, aaO) vertretenen Ansicht. **28** OLG Dresden JurBüro 2010, 96. **29** KG JurBüro 2015, 39; Aufgabe der in der Vorauflage (1. Aufl. 2014, aaO) vertretenen Ansicht; aA OLG Düsseldorf 5.1.2007 – III-3 Ws 574/06. **30** BGH 15.4.2015 – XII ZB 624/13, juris. **31** OLG Celle FamRZ 2015, 438. **32** KG JurBüro 2009, 375. **33** AG Darmstadt MRW 2010, Nr. 4, 16.

V. Kosten (Abs. 8)

17   Die Verfahren der Beschwerde und weiterer Beschwerde sind gebührenfrei (Abs. 8 S. 1). Über Auslagen muss das Gericht jedoch entscheiden.[34] Kosten werden den Beteiligten nicht erstattet (Abs. 8 S. 2).

VI. Bedeutung der Entscheidung für den Kostenschuldner (Abs. 9)

18   Da die Parteien und somit auch der Kostenschuldner im Verfahren nach § 4 nicht beteiligt sind (→ Rn 8), kann die Entscheidung in diesem Verfahren **nicht zu Lasten des Kostenschuldners** wirken. Im Gegenzug folgt jedoch aus Abs. 9, dass die Entscheidung **zugunsten** des Kostenschuldners wirkt.[35]

§ 4 a Abhilfe bei Verletzung des Anspruchs auf rechtliches Gehör

(1) Auf die Rüge eines durch die Entscheidung nach diesem Gesetz beschwerten Beteiligten ist das Verfahren fortzuführen, wenn

1. ein Rechtsmittel oder ein anderer Rechtsbehelf gegen die Entscheidung nicht gegeben ist und
2. das Gericht den Anspruch dieses Beteiligten auf rechtliches Gehör in entscheidungserheblicher Weise verletzt hat.

(2) [1]Die Rüge ist innerhalb von zwei Wochen nach Kenntnis von der Verletzung des rechtlichen Gehörs zu erheben; der Zeitpunkt der Kenntniserlangung ist glaubhaft zu machen. [2]Nach Ablauf eines Jahres seit Bekanntmachung der angegriffenen Entscheidung kann die Rüge nicht mehr erhoben werden. [3]Formlos mitgeteilte Entscheidungen gelten mit dem dritten Tage nach Aufgabe zur Post als bekannt gemacht. [4]Die Rüge ist bei dem Gericht zu erheben, dessen Entscheidung angegriffen wird; § 4 Abs. 6 Satz 1 und 2 gilt entsprechend. [5]Die Rüge muss die angegriffene Entscheidung bezeichnen und das Vorliegen der in Absatz 1 Nr. 2 genannten Voraussetzungen darlegen.

(3) Den übrigen Beteiligten ist, soweit erforderlich, Gelegenheit zur Stellungnahme zu geben.

(4) [1]Das Gericht hat von Amts wegen zu prüfen, ob die Rüge an sich statthaft und ob sie in der gesetzlichen Form und Frist erhoben ist. [2]Mangelt es an einem dieser Erfordernisse, so ist die Rüge als unzulässig zu verwerfen. [3]Ist die Rüge unbegründet, weist das Gericht sie zurück. [4]Die Entscheidung ergeht durch unanfechtbaren Beschluss. [5]Der Beschluss soll kurz begründet werden.

(5) Ist die Rüge begründet, so hilft ihr das Gericht ab, indem es das Verfahren fortführt, soweit dies aufgrund der Rüge geboten ist.

(6) Kosten werden nicht erstattet.

1   § 4 a entspricht der Vorschrift des § 69 a GKG. Auf die dortige Kommentierung wird daher verwiesen.

§ 4 b Elektronische Akte, elektronisches Dokument

In Verfahren nach diesem Gesetz sind die verfahrensrechtlichen Vorschriften über die elektronische Akte und über das elektronische Dokument anzuwenden, die für das Verfahren gelten, in dem der Anspruchsberechtigte herangezogen worden ist.

1   Die Vorschrift entspricht den kostenrechtlichen Regelungen zur elektronischen Akte und zum elektronischen Dokument, zB § 5 a GKG. Wegen weiterer Einzelheiten wird auf die Kommentierung von § 5 a GKG verwiesen.

§ 4 c Rechtsbehelfsbelehrung

Jede anfechtbare Entscheidung hat eine Belehrung über den statthaften Rechtsbehelf sowie über die Stelle, bei der dieser Rechtsbehelf einzulegen ist, über deren Sitz und über die einzuhaltende Form zu enthalten.

1   Die Vorschrift wurde durch Art. 13 des Gesetzes zur Einführung einer Rechtsbehelfsbelehrung im Zivilprozess und zur Änderung anderer Vorschriften vom 5.12.2012[1] mWz 1.1.2014 eingefügt.

---

34 Binz/Dörndorfer u.a./*Binz*, § 4 JVEG Rn 18. **35** Binz/Dörndorfer u.a./*Binz*, § 4 JVEG Rn 19. **1** BGBl. 2012 I 2418, 2423.

§ 4 c gilt für **alle Entscheidungen nach dem JVEG** und damit auch für die Festsetzungsentscheidung im Ver- 2
waltungswege nach § 4.[2] Mit der Formulierung „Stelle" sollte klargestellt werden, dass auch Behörden wie
die Staatsanwaltschaft oder die Verwaltungsbehörde als zulässige Stelle für die Einlegung eines Rechtsbehelfs in der Belehrung anzugeben sind.[3] Das ist jedoch irrig, weil auch im Fall der Festsetzung im Verwaltungswege der Rechtsbehelf bei Gericht einzulegen ist (→ § 4 Rn 15).

Anfechtbar ist also zunächst die **Festsetzung im Verwaltungswege** durch den Antrag auf gerichtliche Festset- 3
zung (§ 4 Abs. 1). Die Rechtsbehelfsbelehrung kann lauten:

▶ Gegen diese Festsetzung ist der Antrag auf Festsetzung der Vergütung (bzw der Entschädigung bzw des Vorschusses) durch gerichtlichen Beschluss zulässig. Der Antrag ist schriftlich oder zu Protokoll der Geschäftsstelle bei
dem ... (Name und Anschrift des Gerichts) zu stellen. Der Antrag kann auch vor der Geschäftsstelle jedes (anderen)
Amtsgerichts zu Protokoll abgegeben werden. ◀

Im Fall der Heranziehung durch die Verwaltungsbehörde im **Bußgeldverfahren** kann die gerichtliche Ent- 4
scheidung gegen die Festsetzung gem. § 62 OWiG beantragt werden (→ § 4 Rn 15 f). Die Rechtsbehelfsbelehrung kann lauten:

▶ Gegen diese Festsetzung ist der Antrag auf gerichtliche Entscheidung zulässig. Der Antrag ist zu Protokoll des ...
(Name und Anschrift des Gerichts) oder schriftlich zu stellen. ◀

Die Entscheidung des Gerichts ist – mit Ausnahme der Entscheidung im Bußgeldverfahren (→ Rn 4; → § 4 5
Rn 16) – unter den Voraussetzungen des § 4 Abs. 3 mit der **Beschwerde** anfechtbar. Die Rechtsbehelfsbelehrung, die auch für die Festsetzung gem. § 13 Abs. 3 S. 4 (→ § 13 Rn 9) gilt, kann lauten:

▶ Gegen diesen Beschluss ist die Beschwerde zulässig, wenn der Wert des Beschwerdegegenstands 200 € übersteigt oder wenn sie das Gericht, das den Beschluss erlassen hat, zugelassen hat. Die Beschwerde ist schriftlich
oder zu Protokoll der Geschäftsstelle bei dem ... (Name und Anschrift des Gerichts) einzulegen. Sie kann auch vor
der Geschäftsstelle jedes (anderen) Amtsgerichts zu Protokoll eingelegt werden. ◀

Die **weitere Beschwerde** ist nur im Fall der Zulassung durch das Landgericht statthaft (→ § 4 Rn 13). Auch 6
in diesem Fall ist eine Rechtsbehelfsbelehrung erforderlich.

Eine Rechtsbehelfsbelehrung ist ferner erforderlich im Fall des **Vorabentscheidungsverfahrens** nach § 9 7
Abs. 1 S. 5. Diese kann lauten:

▶ Gegen diesen Beschluss ist die Beschwerde zulässig, solange der Anspruch auf Vergütung geltend gemacht
worden ist. Die Beschwerde ist schriftlich oder zu Protokoll der Geschäftsstelle bei dem ... (Name und Anschrift des
Gerichts) einzulegen. Sie kann auch vor der Geschäftsstelle jedes (anderen) Amtsgerichts zu Protokoll eingelegt
werden. ◀

Abschnitt 2
Gemeinsame Vorschriften

§ 5 Fahrtkostenersatz

(1) Bei Benutzung von öffentlichen, regelmäßig verkehrenden Beförderungsmitteln werden die tatsächlich
entstandenen Auslagen bis zur Höhe der entsprechenden Kosten für die Benutzung der ersten Wagenklasse
der Bahn einschließlich der Auslagen für Platzreservierung und Beförderung des notwendigen Gepäcks ersetzt.

(2) [1]Bei Benutzung eines eigenen oder unentgeltlich zur Nutzung überlassenen Kraftfahrzeugs werden

1. dem Zeugen oder dem Dritten (§ 23) zur Abgeltung der Betriebskosten sowie zur Abgeltung der Abnutzung des Kraftfahrzeugs 0,25 Euro,
2. den in § 1 Abs. 1 Satz 1 Nr. 1 und 2 genannten Anspruchsberechtigten zur Abgeltung der Anschaf-
fungs-, Unterhaltungs- und Betriebskosten sowie zur Abgeltung der Abnutzung des Kraftfahrzeugs 0,30
Euro

für jeden gefahrenen Kilometer ersetzt zuzüglich der durch die Benutzung des Kraftfahrzeugs aus Anlass
der Reise regelmäßig anfallenden baren Auslagen, insbesondere der Parkentgelte. [2]Bei der Benutzung durch
mehrere Personen kann die Pauschale nur einmal geltend gemacht werden. [3]Bei der Benutzung eines Kraftfahrzeugs, das nicht zu den Fahrzeugen nach Absatz 1 oder Satz 1 zählt, werden die tatsächlich entstandenen Auslagen bis zur Höhe der in Satz 1 genannten Fahrtkosten ersetzt; zusätzlich werden die durch die

---

2 BeckOK KostR/*Bleutge*, JVEG, § 4 c Rn 1; Meyer/Höver/Bach/*Oberlack*, JVEG, § 4 c Rn 3. **3** BT-Drucks 17/10490, S. 22.

Benutzung des Kraftfahrzeugs aus Anlass der Reise angefallenen regelmäßigen baren Auslagen, insbesondere die Parkentgelte, ersetzt, soweit sie der Berechtigte zu tragen hat.

(3) Höhere als die in Absatz 1 oder Absatz 2 bezeichneten Fahrtkosten werden ersetzt, soweit dadurch Mehrbeträge an Vergütung oder Entschädigung erspart werden oder höhere Fahrtkosten wegen besonderer Umstände notwendig sind.

(4) Für Reisen während der Terminsdauer werden die Fahrtkosten nur insoweit ersetzt, als dadurch Mehrbeträge an Vergütung oder Entschädigung erspart werden, die beim Verbleiben an der Terminsstelle gewährt werden müssten.

(5) Wird die Reise zum Ort des Termins von einem anderen als dem in der Ladung oder Terminsmitteilung bezeichneten oder der zuständigen Stelle unverzüglich angezeigten Ort angetreten oder wird zu einem anderen als zu diesem Ort zurückgefahren, werden Mehrkosten nach billigem Ermessen nur dann ersetzt, wenn der Berechtigte zu diesen Fahrten durch besondere Umstände genötigt war.

I. Anwendungsbereich

1 In § 5 werden die Regelungen zur Erstattung von Fahrtkosten einheitlich zusammengefasst, so dass für **alle Berechtigten** iSd § 1 auf § 5 verwiesen werden kann. Für eine unterschiedliche Behandlung der einzelnen Berechtigten gibt es nach Ansicht des Gesetzgebers keinen Grund.

2 Das JVEG zwingt nicht zur Verwendung eines bestimmten Verkehrsmittels, sondern überlässt die Wahl dem Berechtigten. Die **Wahlfreiheit** ist jedoch dort eingeschränkt, wo Rechtsmissbrauch beginnt.[1] Es werden stets nur die durch Abs. 2–5 festgelegten notwendigen Auslagen erstattet.

3 Die Regelungen des § 5 werden auch in anderen Fällen der Erstattung notwendiger Kosten herangezogen (§ 91 ZPO).[2]

II. Benutzung von öffentlichen, regelmäßig verkehrenden Beförderungsmitteln (Abs. 1)

4 Die Höhe der Fahrtkosten von **öffentlichen, regelmäßig verkehrenden Beförderungsmitteln** richtet sich bei Sachverständigen, Dolmetschern, Übersetzern und Zeugen nicht nach deren persönlichen Verhältnissen, sondern nur nach der Höhe der mit der Benutzung des Verkehrsmittels verbundenen **tatsächlichen Kosten**, allerdings begrenzt auf die Höhe der Kosten, die bei Benutzung der **ersten Wagenklasse der Bahn** entstehen. Die Berechnung der erstattungsfähigen Fahrtkosten wird damit sozial gerecht ausgestaltet und im Übrigen wesentlich erleichtert, weil persönliche Umstände des Erstattungsberechtigten keine Rolle spielen.

5 Erstattet werden nur **tatsächliche** Fahrtkosten. Hatte ein Berechtigter aus Anlass einer Reise keine Fahrtkosten (zB unentgeltliche Mitnahme, Zeitkarte), scheidet eine Erstattung aus.[3] Ebenso wenig können fiktive Fahrtkosten ersetzt werden.[4]

6 Ersetzt werden ausschließlich Kosten von **Kraftfahrzeugen**. Werden Wege **zu Fuß** oder mit dem **Fahrrad** zurückgelegt, werden Aufwendungen nicht erstattet.[5]

7 Die **Wahl des Reiseweges** steht einem Berechtigten grds. ebenfalls frei. Es wird jedoch – weil nur die notwendigen Kosten erstattet werden – der Weg zu wählen sein, der die geringste Entschädigung entstehen lässt. Es wird aber auch insoweit auf die Gesamtentschädigung abzustellen sein, wenn zB durch die Wahl einer anderen Strecke Zeit eingespart wird.[6] Maßgeblich ist die Entfernung vom Wohn- bzw Aufenthaltsort bis zu dem Ort, wo der Berechtigte iSv § 1 herangezogen wird.

8 **Öffentliche Verkehrsmittel** sind öffentlich verkehrende Beförderungsmittel, die uneingeschränkt allen Benutzern zugänglich sind, mit einer behördlichen Genehmigung versehen sind und im regelmäßigen Linienverkehr eingesetzt sind. Neben **Straßenbahn, S- oder U-Bahn, Eisenbahn, Bus,** Schiff und Fähren zählen dazu auch **Flugzeuge.**[7] Auch die Kosten von **Fernbuslinien** werden zu erstatten sein, da sie mit behördlicher Genehmigung im Liniendienst verkehren. Die Erstattung ist nicht davon abhängig, ob es sich um private Betreiber oder kommunale Betreiber des in Betracht kommenden Verkehrsmittels handelt.[8] Keine öffentlichen Verkehrsmittel sind Taxis und Mietwagen.

9 Bei der Benutzung zuschlagpflichtiger Verkehrsmittel anfallende **Zuschläge** werden – ebenso wie die Auslagen für **Platzreservierung** und **Gepäckbeförderung** (vgl Abs. 1 aE) – ebenfalls erstattet.

---

1 LG Cottbus 3.2.2009 – 24 Qs 60/08, juris; LG Dresden Rpfleger 2005, 633; *Hartmann*, KostG, § 5 JVEG Rn 1, 5. **2** *Hartmann*, KostG, § 5 JVEG Rn 3. **3** BayLSG 31.7.2012 – L 15 SF 442/11, juris; BayLSG 30.7.2012 – L 15 SF 439/11, juris; *Meyer/Höver/Bach/Oberlack*, JVEG, § 5 Rn 18. **4** BayLSG 31.7.2012 – L 15 SF 442/11, juris; BayLSG 30.7.2012 – L 15 SF 439/11, juris. **5** *Meyer/Höver/Bach/Oberlack*, JVEG, § 5 Rn 1. **6** *Meyer/Höver/Bach/Oberlack*, JVEG, § 5 Rn 3. **7** *Hartmann*, KostG, § 5 JVEG Rn 4. **8** *Hartmann*, KostG, § 5 JVEG Rn 4.

III. Benutzung eines eigenen oder unentgeltlich zur Nutzung überlassenen Kraftfahrzeugs (Abs. 2 S. 1 und 2)

Sachverständige, Dolmetscher, Übersetzer und ehrenamtliche Richter erhalten auch nach dem JVEG einen **10** höheren Fahrtkostenersatz als Zeugen und Dritte. Die Regelung erfasst Kraftfahrzeuge aller Art (Pkw, Motorrad etc.). Bei Benutzung eines **eigenen** oder **unentgeltlich zur Nutzung überlassenen Kraftfahrzeugs** werden nach **Abs. 2 S. 1** ersetzt:

§5 JVEG	Berechtigter	Abgeltung	Auslagenhöhe
Abs. 2 S. 1 Nr. 1	Zeuge sowie erstattungsberechtigter Dritte (§ 23)	Abgeltung der ■ Betriebskosten ■ Abnutzung des Kraftfahrzeugs	0,25 €
Abs. 2 S. 1 Nr. 2	Sachverständige, Dolmetscher, Übersetzer	Abgeltung der ■ Anschaffungskosten ■ Unterhaltungskosten ■ Betriebskosten ■ Abnutzung des Kraftfahrzeugs	0,30 €
Abs. 2 S. 1 Nr. 2	ehrenamtlicher Richter	Abgeltung der ■ Anschaffungskosten ■ Unterhaltungskosten ■ Betriebskosten ■ Abnutzung des Kraftfahrzeugs	0,30 €

Entschädigungen nach Abs. 1 und 2 können nebeneinander auch im Rahmen **einer Fahrt** entstehen, wenn **11** im Rahmen dieser Fahrt sowohl ein Kraftfahrzeug iSv Abs. 2 als auch ein öffentliches Verkehrsmittel iSv Abs. 1 genutzt wird.

Nutzen **mehrere Berechtigte** gemeinsam dasselbe Kraftfahrzeug, soll die Fahrtkostenerstattung nur **einmal 12** gewährt werden (**Abs. 2 S. 2**). Damit wird eine früher im Gesetz nicht enthaltene – grds. selbstverständliche – Regelung getroffen, wobei sich die Frage stellt, wie dies kontrolliert werden soll.

IV. Benutzung eines anderen als in Abs. 1 oder Abs. 2 S. 1 genannten Kraftfahrzeugs (Abs. 2 S. 3)

Einem Berechtigten, der andere Kraftfahrzeuge als eigene oder ihm unentgeltlich zur Nutzung überlassene **13** (Abs. 2 S. 1) nutzt[9] (zB **Mietwagen, Taxi, Leasingfahrzeug, Leihwagen**) oder der in einem **fremden Kraftfahrzeug mitgenommen** wird, werden nach Abs. 2 S. 3 die tatsächlich entstandenen Auslagen ersetzt.

Der Ersatz ist jedoch grds. auf **maximal 0,25 € (für Zeugen und Dritte) bzw 0,30 € (für die übrigen An- 14 spruchsberechtigten)** für jeden gefahrenen Kilometer zuzüglich der von dem Berechtigten zu tragenden regelmäßigen baren Auslagen, die aus Anlass der Reise angefallen sind (zB **Parkentgelte**), beschränkt. Die Bestimmung des Abs. 2 S. 3 verweist insoweit ausdrücklich auf Abs. 2 S. 1.

Höhere als die in Abs. 1 und 2 bezeichneten Fahrtkosten werden ersetzt, soweit diese u.a. wegen besonde- **15** rer Umstände notwendig sind (Abs. 3) (→ Rn 16 f).

V. Höhere Fahrtkosten (Abs. 3)

Es können im Einzelfall aber auch höhere Kosten als **16**

■ die Kosten öffentlicher Verkehrsmittel (Abs. 1) oder
■ die Kosten eigener oder unentgeltlich zur Nutzung überlassener Kraftfahrzeuge (Abs. 2)

erstattet werden (vgl Abs. 3), soweit dadurch

■ Mehrbeträge an Vergütung oder Entschädigung erspart werden oder
■ höhere Fahrtkosten wegen besonderer Umstände notwendig sind.

„**Besondere Umstände**" in diesem Sinne können zB besondere Eilfälle, ungewöhnlich schlechte Verkehrs- **17** verhältnisse, körperliche Gebrechen oder ein hohes Alter sein.[10] Es muss jedoch immer eine entsprechende Notwendigkeit gegeben sein.[11] **Taxikosten** in voller Höhe können erstattet werden bei Unmöglichkeit der

---

9 *Hartmann*, KostG, § 5 JVEG Rn 14 f. **10** SG Karlsruhe 2.11.2011 – S 1 KO 4475/11, juris; BayLSG 6.10.2006 – L 14 R 476/05.Ko, juris; Meyer/Höver/Bach/*Oberlack*, JVEG, § 5 Rn 19. **11** SG Karlsruhe 16.5.2013 – S 1 KO 1719/13, juris.

Nutzung von Verkehrsmitteln nach Abs. 1 und Abs. 2 S. 1, aus wirtschaftlichen Gründen oder aus Gründen des Vertrauensschutzes.[12]

VI. Speziell: Bahncard/Zeitkarten

18 Derartige käuflich zu erwerbende Ausweiskarten, die dazu berechtigen, Fahrkarten für bestimmte Zeiträume zu einem ermäßigten Preis zu erwerben, werden von Zeugen, Sachverständigen und anderen Berechtigten des JVEG im Regelfall nicht aus Anlass der „Heranziehung" erworben.[13] Zweifelhaft ist bereits, ob es sich um „tatsächlich entstandene Auslagen" iSd **Abs. 1** handelt, da sie im Regelfall bereits nicht aus Anlass der Einzelfahrt beschafft werden.[14] Es werden aber nur **tatsächliche Reisekosten** erstattet, nicht dagegen fiktive Reisekosten[15] oder Anteile allgemeiner Geschäftskosten.[16] Selbst wenn die Kosten der Bahncard nicht den allgemeinen Geschäftskosten zugeordnet würden,[17] wäre Voraussetzung für eine Erstattung anteiliger Kosten einer Bahncard, dass genau bestimmt werden könnte, welcher Anteil der Kosten auf eine bestimmte Fahrt entfällt. Während der Gültigkeitsdauer einer Bahncard ist eine derartige Ermittlung kaum möglich. Es ist nicht feststellbar, ob die Bahncard nicht für weitere, private oder dienstliche Reisen genutzt wird. Der Anteil müsste jedoch genau ermittelt werden, da diese Aufwendungen als Auslagen im Rahmen der Gerichtskosten wieder den Kostenschuldnern der jeweiligen Verfahren in Rechnung zu stellen sind und die konkrete Höhe im Erinnerungs- und Beschwerdeverfahren überprüfbar sein muss.[18]

19 Aber auch unter § 7 (Ersatz für sonstige Aufwendungen) können die Kosten der Bahncard nicht eingeordnet werden. Auch hier handelt es sich um ganz bestimmte, nach Grund und Höhe feststehende besondere Aufwendungen in der Sache, in der die Heranziehung erfolgt ist.

20 Selbst wenn ein Sachverständiger oder Dolmetscher, der oft als solcher herangezogen wird, ausschließlich für seine Tätigkeit die Bahncard/Zeitkarte erworben hat, ist eine Verteilung auf Einzelfahrten kaum möglich, da nicht absehbar sein wird, für wie viele Fahrten die Karte verwendet wird. Mit der Abrechnung kann aber wegen § 2 Abs. 1 auch nicht bis zum Ablauf der Gültigkeit der Karte abgewartet werden.[19]

VII. Reisen während der Terminsdauer (Abs. 4)

21 Bei einem **mehrtägigen Termin** kommt eine **tägliche An- und Abreise** nur in Betracht, wenn dadurch Kosten (zB Übernachtungskosten) erspart werden. Da die Kosten so gering wie möglich zu halten sind, kann dann sogar die Notwendigkeit täglicher Fahrt bestehen.[20]

VIII. Reiseantritt von einem anderen als in der Ladung bezeichneten Ort (Abs. 5)

22 Tritt ein nach § 1 Berechtigter eine Reise mit höheren Kosten **von einem anderen Ort als dem in der Ladung bezeichneten Ort** an, muss er das Gericht darüber informieren.[21] Dem Gericht ist die Prüfung zu ermöglichen, ob eine Heranziehung trotzdem erfolgt. Wird er trotzdem herangezogen, so sind ihm auch die Mehrkosten der An- und/oder Rückreise von oder zu einem anderen als dem in der Ladung oder Terminsmitteilung angegebenen Ort zu erstatten.[22] Dies gilt insb. auch dann, wenn jemand an seiner Arbeits- oder Dienststelle geladen wird und die mit höheren Kosten verbundene Reise von seiner Wohnung aus antritt. Erhält er nach Information des Gerichts keine Abladung, kann er davon ausgehen, dass er anreisen soll.[23] Erfolgt die Information des Gerichts nicht oder verspätet, können nur die geringeren Kosten von dem Ort erstattet werden, an dem geladen wurde, es sei denn, es liegen besondere Umstände vor, die sowohl in der Person des Berechtigten als auch in sonstigen Gründen liegen können, jedoch nicht vom Berechtigten verschuldet sein dürfen.[24] Dies gilt auch, wenn die Anreise von einem anderen Ort verspätet oder überhaupt nicht angezeigt wurde. Die Entscheidung hierüber steht im pflichtgemäßen Ermessen der Anweisungsstelle oder des Gerichts.[25] Über möglicherweise entstehende Mehrkosten müssen die Beteiligten nicht informiert werden.[26]

23 Die Information über die Anreise von einem anderen Ort muss zwingend dem Gericht gegenüber erfolgen. Die Information einer Partei oder eines Prozessbevollmächtigten reicht nicht aus.[27]

12 BayLSG 8.5.2014 – L 15 SF 42/12, juris. **13** OLG Düsseldorf JurBüro 2009, 374. **14** BayLSG 4.11.2014 – L 15 SF 198/14, juris. **15** BayLSG 31.7.2012 – L 15 SF 442/11, juris; BayLSG 30.7.2012 – L 15 SF 439/11, juris. **16** Zur vergleichbaren Situation bei Anwälten vgl OVG Münster Rpfleger 2006, 443; VG Köln NJW 2005, 3513; OLG Düsseldorf RVGreport 2008, 259. **17** OVG Münster Rpfleger 2006, 443. **18** Meyer/Höver/Bach/*Oberlack*, JVEG, § 5 Rn 8. **19** Meyer/Höver/Bach/*Oberlack*, JVEG, § 5 Rn 8. **20** Meyer/Höver/Bach/*Oberlack*, JVEG, § 5 Rn 21; *Hartmann*, KostG, § 5 JVEG Rn 21. **21** OLG Brandenburg JurBüro 2010, 314. **22** OLG Brandenburg JurBüro 2010, 314; OLG Dresden JurBüro 1998, 269. **23** Meyer/Höver/Bach/*Oberlack*, JVEG, § 5 Rn 22. **24** OLG Brandenburg JurBüro 2010, 314; OLG Dresden JurBüro 1998, 269. **25** OLG Brandenburg JurBüro 2010, 314. **26** OVG Bln-Bbg NVwZ-RR 2015, 120. **27** *Hartmann*, KostG, § 5 JVEG Rn 26.

Erfolgt die Anreise von einem anderen Ort aufgrund von Umständen, die ein Herangezogener nicht zu vertreten hat, liegt eine Erstattung der höheren Kosten im Ermessen der Anweisungsstelle oder des Gerichts.[28] 24

IX. Mehrere Reisen an einem Tag

Insbesondere bei Sachverständigen werden auch mehrere Termine an einem Tag an unterschiedlichen Orten wahrgenommen. Eine Berücksichtigung bei der Abrechnung ist dabei letztlich nur möglich, wenn der Sachverständige auf diese Tatsache hinweist. Ansonsten ist dies für die Anweisungsstelle nicht feststellbar. Da die Heranziehung iSd § 1 durch unterschiedliche Stellen erfolgt, ist jeweils getrennt abzurechnen, wobei die Reisekosten anteilig erstattet werden. Nicht möglich ist die Erstattung der Reisekosten in voller Höhe für jeden Termin vom Wohn- oder Aufenthaltsort zum Ort der Heranziehung.[29] 25

§ 6 Entschädigung für Aufwand

(1) Wer innerhalb der Gemeinde, in der der Termin stattfindet, weder wohnt noch berufstätig ist, erhält für die Zeit, während der er aus Anlass der Wahrnehmung des Termins von seiner Wohnung und seinem Tätigkeitsmittelpunkt abwesend sein muss, ein Tagegeld, dessen Höhe sich nach der Verpflegungspauschale zur Abgeltung tatsächlich entstandener, beruflich veranlasster Mehraufwendungen im Inland nach dem Einkommensteuergesetz bemisst.

(2) Ist eine auswärtige Übernachtung notwendig, wird ein Übernachtungsgeld nach den Bestimmungen des Bundesreisekostengesetzes gewährt.

I. Allgemeines

In § 6 wird die **Aufwandsentschädigung bei Abwesenheit** geregelt. Es soll der Aufwand abgegolten werden, der durch Abwesenheit entsteht, insb. für Verpflegung und ggf notwendige Übernachtungen. Diese Vorschrift gilt für alle Sachverständigen, Dolmetscher, Übersetzer, ehrenamtliche Richter, Zeugen und Dritte. 1

Keine Aufwandsentschädigung wird hingegen gezahlt 2

- bei Terminen **am Wohnort bzw Ort der Berufstätigkeit** der herangezogenen Person,
- bei einer **Abwesenheit** des Berechtigten **bis zu acht Stunden** von seinem Wohn- bzw Aufenthaltsort.

Nicht geregelt ist der Fall, dass ein Herangezogener zwar am Terminsort weder wohnt noch berufstätig ist, aber sich trotzdem dort aufhält. Es wird davon ausgegangen, dass auch dann eine Entschädigung für Aufwand wegen Abwesenheit nicht erstattet werden kann.[1] 3

II. Tagegeld (Abs. 1)

Die Aufwandsentschädigung bei Abwesenheit vom Wohn- bzw Tätigkeitsort der herangezogenen Person ist sozial gerecht und einfach gestaltet, indem für die Aufwandsentschädigung nicht auf die persönlichen Verhältnisse der Berechtigten abgestellt wird. Die in Bezug genommenen Verpflegungspauschalen nach § 9 Abs. 4 a EStG werden in allen Fällen gezahlt **ohne Nachweis** oder Darlegung eines tatsächlichen Aufwands. 4

§ 9 EStG Werbungskosten

(...)

(4 a) [1]Mehraufwendungen des Arbeitnehmers für die Verpflegung sind nur nach Maßgabe der folgenden Sätze als Werbungskosten abziehbar. [2]Wird der Arbeitnehmer außerhalb seiner Wohnung und ersten Tätigkeitsstätte beruflich tätig (auswärtige berufliche Tätigkeit), ist zur Abgeltung der ihm tatsächlich entstandenen, beruflich veranlassten Mehraufwendungen eine Verpflegungspauschale anzusetzen. [3]Diese beträgt

1. 24 Euro für jeden Kalendertag, an dem der Arbeitnehmer 24 Stunden von seiner Wohnung und erster Tätigkeitsstätte abwesend ist,
2. jeweils 12 Euro für den An- und Abreisetag, wenn der Arbeitnehmer an diesem, einem anschließenden oder vorhergehenden Tag außerhalb seiner Wohnung übernachtet,
3. 12 Euro für den Kalendertag, an dem der Arbeitnehmer ohne Übernachtung außerhalb seiner Wohnung mehr als 8 Stunden von seiner Wohnung und der ersten Tätigkeitsstätte abwesend ist; beginnt die auswärtige berufliche Tätigkeit an einem Kalendertag und endet am nachfolgenden Kalendertag ohne Übernachtung, werden

---

28 OVG Bln-Bbg NVwZ-RR 2015, 120; OLG Brandenburg JurBüro 2010, 314; *Hartmann*, KostG, § 5 JVEG Rn 26. **29** *Hartmann*, KostG, § 5 JVEG Rn 17; Meyer/Höver/Bach/*Oberlack*, JVEG, § 6 Rn 20. **1** *Hartmann*, KostG, § 6 JVEG Rn 4; Meyer/Höver/Bach/*Oberlack*, JVEG, § 6 Rn 2.

12 Euro für den Kalendertag gewährt, an dem der Arbeitnehmer den überwiegenden Teil der insgesamt mehr als 8 Stunden von seiner Wohnung und der ersten Tätigkeitsstätte abwesend ist.

(...)

5   Danach berechnet sich das Tagegeld wie folgt:

Bei einer Abwesenheit

- von 24 Stunden   24,00 €
- jeweils für den An- und Abreisetag, wenn der Anspruchsberechtigte an diesem, einem anschließenden oder vorhergehenden Tag außerhalb seiner Wohnung übernachtet   12,00 €
- für den Kalendertag, an dem der Arbeitnehmer ohne Übernachtung außerhalb seiner Wohnung mehr als 8 Stunden von seiner Wohnung und der ersten Tätigkeitsstätte abwesend ist   12,00 €

Für die Kalendertage, an denen eine Heranziehung außerhalb des Wohnortes/Ortes des Tätigkeitsmittelpunktes erfolgt und aus diesem Grund der Herangezogene 24 Stunden von dort abwesend ist, kann eine Pauschale von 24,00 € geltend gemacht werden. Eine Pauschale in dieser Höhe kommt somit lediglich für Tage mit vorheriger und anschließender Übernachtung in Betracht, da anderenfalls eine Abwesenheit von vollen 24 Stunden nicht gegeben ist.

Für den An- und Abreisetag einer mehrtägigen auswärtigen Heranziehung, bei der der Anspruchsberechtigte außerhalb seiner Wohnung übernachtet, kann ohne eine Mindestdauer der Abwesenheit eine Pauschale von jeweils 12,00 € berücksichtigt werden.

Für eine auswärtige Heranziehung kann bei einer Abwesenheit von mehr als 8 Stunden eine Pauschale von 12,00 € berücksichtigt werden. Dies gilt auch, wenn sich die Heranziehung (ohne Übernachtung) über Nacht hinzieht und die Heranziehung dadurch insgesamt mehr als 8 Stunden beträgt. Beginnt also die auswärtige Heranziehung an einem Kalendertag und endet am nachfolgenden Kalendertag ohne Übernachtung, werden 12,00 € für den Kalendertag gewährt, an dem der Herangezogene den überwiegenden Teil der insgesamt mehr als 8 Stunden von seiner Wohnung/vom Tätigkeitsmittelpunkt abwesend ist.

6   Maßgebend ist die Zeit der Abwesenheit von der Wohnung/vom Tätigkeitsmittelpunkt bis zur Rückkehr dorthin.[2] Eine mehr als achtstündige Abwesenheit vom Wohnort/vom Tätigkeitsmittelpunkt ist damit zwingende Voraussetzung für das Tagegeld. Eine Abweichung von dieser zeitlichen Vorgabe ist nicht möglich. Eine Härtefallregelung, die eine ausnahmsweise Kostenerstattung auch bei einer Abwesenheitsdauer von bis zu acht Stunden oder beim Vorliegen besonderer Gründe erlauben würde, ist nicht vorgesehen.[3]

III. Übernachtungskosten (Abs. 2)

7   Übernachtungskosten sind nach den für Beamte und Richter des Bundes maßgebenden Regelungen des § 7 **Bundesreisekostengesetz** (BRKG) erstattungsfähig. Dabei werden nur **tatsächlich** entstandene Übernachtungskosten erstattet, wenn die Übernachtung **notwendig** war. Die Notwendigkeit ist nach objektiven Kriterien zu beurteilen, wobei die **Allgemeine Verwaltungsvorschrift zum BRKG (BRKGVwV)**[4] Berücksichtigung finden kann.[5] Notwendigkeit liegt demnach vor, wenn dem Berechtigten die Hinreise oder die Rückreise am selben Tag nicht zugemutet werden kann[6] oder wenn wegen des Sitzungsbeginns eine frühe Anreise und wegen eines späten Sitzungsendes eine Abreise nicht zumutbar ist.[7] Ein Beginn der Hinreise vor 6.00 Uhr ist regelmäßig nicht zumutbar; eine Rückkehr ist bis 24.00 Uhr zumutbar, Nr. 3.1.4 BRKGVwV. Nach den reisekostenrechtlichen Regelungen in NRW ist schon eine Rückkehr nach 22.00 Uhr nicht mehr zumutbar. Bei mehrtägiger Heranziehung wird darauf abzustellen sein, ob eine tägliche Hin- und Rückfahrt zumutbar ist[8] oder diese sogar höhere Fahrtkosten (§ 5 Abs. 3) verursacht.

§ 7 BRKG Übernachtungsgeld

(1) [1]Für eine notwendige Übernachtung erhalten Dienstreisende pauschal 20 Euro. [2]Höhere Übernachtungskosten werden erstattet, soweit sie notwendig sind.

(2) Übernachtungsgeld wird nicht gewährt

1. für die Dauer der Benutzung von Beförderungsmitteln,
2. bei Dienstreisen am oder zum Wohnort für die Dauer des Aufenthalts an diesem Ort,
3. bei unentgeltlicher Bereitstellung einer Unterkunft des Amtes wegen, auch wenn diese Unterkunft ohne triftigen Grund nicht genutzt wird, und

---

2 *Hartmann*, KostG, § 6 JVEG Rn 4. 3 BayLSG 1.8.2012 – L 15 SF 277/10, juris. 4 Allgemeine Verwaltungsvorschrift zum Bundesreisekostengesetz (BRKGVwV) v. 1.6.2005 (GMBl. 2005, S. 830), geänd. d. VwV v. 12.11.2013 (GMBl. Nr. 63, S. 1258). 5 OLG Braunschweig NdsRpfl 2015, 261. 6 ThürLSG JurBüro 2000, 489. 7 *Hartmann*, KostG, § 6 JVEG Rn 4. 8 *Hartmann*, KostG, § 6 JVEG Rn 5.

4. in den Fällen, in denen das Entgelt für die Unterkunft in den erstattungsfähigen Fahrt- oder sonstigen Kosten enthalten ist, es sei denn, dass eine Übernachtung aufgrund einer zu frühen Ankunft am Geschäftsort oder einer zu späten Abfahrt von diesem zusätzlich erforderlich wird.

Die Regelungen des BRKG sind grds. der Maßstab für die Angemessenheit der erstattungsfähigen Übernachtungskosten. Übernachtungskosten sind grds. in dem Umfang erstattungsfähig, in dem sie durch die Heranziehung des Berechtigten **unvermeidbar** waren, wobei nach Ziff. 7.1.3 BRKGVwV ein Betrag von 60 € regelmäßig als erstattungsfähig anzusehen ist. In der gerichtlichen Praxis werden Übernachtungskosten bis ca. 80 €/90 € als unvermeidbar angesehen. **8**

Erstattungsfähig sind nur die **reinen** Übernachtungskosten, da bspw ein darin enthaltenes **Frühstück** durch die Sätze des Abs. 1 abgegolten ist. **9**

Fallen keine Übernachtungskosten an (Übernachtung bei Freunden/Verwandten), soll auch kein Übernachtungsgeld gezahlt werden.[9] Abs. 2 verweist allerdings auf die Bestimmungen des Bundesreisekostengesetzes. § 7 Abs. 1 BRKG gewährt bei einer notwendigen Übernachtung eine **pauschale** Vergütung von 20 €. Bis zu diesem Betrag muss ein Herangezogener keinen Nachweis der Übernachtungskosten führen. Die Übernachtung muss nur notwendig gewesen sein.[10] Nach Ziff. 7.1.1 BRKGVwV wird Übernachtungsgeld entweder **pauschal** gewährt, wenn **keine oder geringere Kosten** als 20 € entstanden sind (§ 7 Abs. 1 S. 1 BRKB), oder in Höhe entstandener notwendiger Kosten (§ 7 Abs. 1 S. 2 BRKG). Der Gesetzgeber geht also von einem Mindestaufwand aus, der bei jeder Übernachtung entsteht. **10**

Da bei höheren Kosten als der pauschalen Entschädigung nur tatsächliche Kosten erstattet werden, ergibt sich daraus auch eine Pflicht des Herangezogenen, die Übernachtungskosten **nachzuweisen**. **11**

§ 7 Ersatz für sonstige Aufwendungen

(1) [1]Auch die in den §§ 5, 6 und 12 nicht besonders genannten baren Auslagen werden ersetzt, soweit sie notwendig sind. [2]Dies gilt insbesondere für die Kosten notwendiger Vertretungen und notwendiger Begleitpersonen.

(2) [1]Für die Anfertigung von Kopien und Ausdrucken werden ersetzt

1. bis zu einer Größe von DIN A3 0,50 Euro je Seite für die ersten 50 Seiten und 0,15 Euro für jede weitere Seite,

2. in einer Größe von mehr als DIN A3 3 Euro je Seite und

3. für Farbkopien und -ausdrucke jeweils das Doppelte der Beträge nach Nummer 1 oder Nummer 2.

[2]Die Höhe der Pauschalen ist in derselben Angelegenheit einheitlich zu berechnen. [3]Die Pauschale wird nur für Kopien und Ausdrucke aus Behörden- und Gerichtsakten gewährt, soweit deren Herstellung zur sachgemäßen Vorbereitung oder Bearbeitung der Angelegenheit geboten war, sowie für Kopien und zusätzliche Ausdrucke, die nach Aufforderung durch die heranziehende Stelle angefertigt worden sind. [4]Werden Kopien oder Ausdrucke in einer Größe von mehr als DIN A3 gegen Entgelt von einem Dritten angefertigt, kann der Berechtigte anstelle der Pauschale die baren Auslagen ersetzt verlangen.

(3) [1]Für die Überlassung von elektronisch gespeicherten Dateien anstelle der in Absatz 2 genannten Kopien und Ausdrucke werden 1,50 Euro je Datei ersetzt. [2]Für die in einem Arbeitsgang überlassenen oder in einem Arbeitsgang auf denselben Datenträger übertragenen Dokumente werden höchstens 5 Euro ersetzt.

I. Ersatz barer Auslagen (Abs. 1)

1. „Nicht besonders genannte bare Auslagen". § 7 trifft in Abs. 1 S. 1 Regelungen dazu, unter welchen Voraussetzungen die an anderer Stelle des JVEG (§§ 5, 6 und 12) **nicht besonders genannten baren Auslagen** ersetzt werden. Abs. 1 S. 2 nennt dazu explizit zunächst die Kosten **notwendiger Vertretungen** und die Kosten von **notwendigen Begleitpersonen**. **1**

Von den „nicht besonders genannten baren Auslagen" werden alle baren Aufwendungen erfasst, soweit sie **notwendig** sind. Abs. 1 S. 1 hat eine Auffangfunktion und soll es ermöglichen, den betroffenen Personen alle durch die Heranziehung verursachten notwendigen baren Auslagen zu erstatten, soweit diese nicht bereits ausdrücklich in anderen Vorschriften (§§ 5, 6 und 12) genannt sind.[1] Eine abschließende Aufzählung möglicher zu erstattender Aufwendungen ist kaum möglich, da immer wieder in Einzelfällen Aufwendungen zur Erstattung angemeldet werden, die im Rahmen dieser Auffangbestimmung zu bewerten sind. Dies **2**

---

9 Meyer/Höver/Bach/*Oberlack*, JVEG, § 6 Rn 4. **10** *Bund*, JurBüro 2006, 491. **1** ThürLSG JurBüro 2003, 96.

können zB Kursgebühren[2] sein, aber auch Telefon- oder Portoauslagen, die konkret durch die Heranziehung entstanden sind. Zu den Porto- und Telefonkosten der Sachverständigen und Übersetzer → § 12 Rn 7.

3   Eine herangezogene Person ist verpflichtet, die heranziehende Stelle über eventuell durch die Heranziehung entstehende besonders hohe Aufwendungen zu **unterrichten** (zB hohe Vertretungskosten, drohende Stornokosten), um der heranziehenden Stelle die Möglichkeit zu eröffnen, die Heranziehung zu überdenken.[3]

4   **2. Einzelfälle. a) Ärztliches Attest.** Erstattungsfähig sind die Kosten ärztlicher Atteste, wenn diese zur ordnungsgemäßen Entschuldigung als zweckmäßig anzusehen waren.[4]

5   **b) Literaturkosten.** Zu den besonderen baren Auslagen können Literaturkosten eines Sachverständigen gehören, wenn diese Literatur zur Erstattung eines konkreten Gutachtens notwendig war. Gemäß § 12 Abs. 1 S. 1 sollen mit dem Honorar nach §§ 9–11 auch die üblichen Gemeinkosten und der mit der Erstattung des Gutachtens oder der Übersetzung üblicherweise verbundene Aufwand abgegolten sein, soweit das JVEG nicht ausdrücklich etwas anderes bestimmt. Zu den üblichen Gemeinkosten rechnen damit auch die Aufwendungen aus der Ausstattung mit fachbezogener Literatur. Bei der Bemessung der Honorargrundlagen ist dies in angemessenem Umfang berücksichtigt worden.[5]

6   **c) Mehrwertsteuer.** Eine Erstattung der Mehrwertsteuer sieht das JVEG nur in § 12 Abs. 1 S. 2 Nr. 4 für Sachverständige, Übersetzer und Dolmetscher vor (zu den Einzelheiten s. dort). Auf andere Entschädigungen von Zeugen oder ehrenamtlichen Richtern kann Mehrwertsteuer nicht erstattet werden.[6]

7   **d) Rechtsanwaltsvergütung.** Auch eine Vergütung nach dem RVG kann im Rahmen des Abs. 1 erstattungsfähig sein, wenn die Zuziehung eines Rechtsanwalts notwendig war (zB zur Fertigung von Schreiben an das Gericht).[7] Die Kosten eines Rechtsanwalts können nur dann als notwendig iSd Abs. 1 S. 1 angesehen werden, wenn die Heranziehung nicht ausschließlich im eigenen Interesse des Zeugen erfolgt ist.[8] Streitig ist, ob auch die Kosten eines Herangezogenen bei Beschwerden gegen Ordnungsgeldbeschlüsse nach Abs. 1 S. 1 zu ersetzen sind.[9]

8   **e) Vertretungskosten (Abs. 1 S. 2).** Die Frage von Vertretungskosten wird sich im Regelfall lediglich bei Zeugen und ehrenamtlichen Richtern stellen. Welche Kosten diesem Personenkreis zu erstatten sind, ist im Einzelnen nicht geregelt. Insoweit wird auf die Grundsätze zurückgegriffen werden müssen, dass die Kosten einer Vertretung insoweit erstattet werden, als sie **notwendig** waren. Notwendige Vertretungskosten sind jedoch nur dann als zwangsläufige Aufwendungen zu erstatten, wenn sie tatsächlich entstanden sind und nachgewiesen wurden. Die detaillierte Darlegung und Glaubhaftmachung der bezeichneten Umstände für die Notwendigkeit einer Vertreterbestellung obliegen dabei dem Herangezogenen.[10]

9   Bei Personen, die allein ein Geschäft führen, sowie bei anderen freiberuflich tätigen Personen (Ärzten) werden Vertretungskosten als erforderlich anzuerkennen sein.[11] Bei notwendiger Vertretung sind eventuelle durch den Vertreter erzielte Einnahmen nicht in Abzug zu bringen.[12] Bei Arbeitnehmern wird ein Vertretungsfall nur in Ausnahmefällen eintreten.[13] Kein Fall einer notwendigen Vertretung liegt vor, wenn ein Arbeitgeber zB einen Zeugen während seiner Abwesenheit vertreten lässt. Vertretungskosten können regelmäßig nicht berücksichtigt werden, sofern Verdienstausfall nach § 18 bzw § 22 erstattet wird, da eine Vertretung gerade der Vermeidung von Einkommenseinbußen dient.[14]

10   In der Praxis werden häufig Vertretungskosten auch von Personen geltend gemacht, zu deren **Berufsalltag** eine **häufige Abwesenheit** vom Geschäft, von der Firma, der Kanzlei oder vom Büro gehört (Versicherungsmakler, Finanzmakler, Rechtsanwälte usw). In diesen Fällen wird zu prüfen sein, ob es sich bei den Kosten der Vertretung tatsächlich um Vertretungskosten handelt, die nur durch den **konkreten Gerichtstermin** verursacht sind. Bei einer Person, die regelmäßig bei Abwesenheit eines Herangezogenen dessen Vertretung übernimmt, fehlt es an einer Erstattungsfähigkeit der Vertretungskosten.

11   Vertretungskosten können aber auch für eine Vertretung bei der **Betreuung von Kindern oder kranken Personen** anfallen.[15] Dabei beschränkt sich die Vertretung auf die Betreuung von Personen. Aufwendungen für die Betreuung von Tieren können nicht entschädigt werden.[16]

12   Aus dem JVEG ergeben sich keine konkreten erstattungsfähigen Vertretungskosten. Der Vertreter hat keinen eigenen Anspruch nach dem JVEG. Der Anspruch ist vielmehr vom Vertretenen gegenüber der heran-

---

2 ThürLSG JurBüro 2003, 96; *Hartmann*, KostG, § 7 JVEG Rn 5. **3** OLG Karlsruhe MDR 1993, 89; Meyer/Höver/Bach/*Oberlack*, JVEG, § 7 Rn 4. **4** *Hartmann*, KostG, § 7 JVEG Rn 5; Meyer/Höver/Bach/*Oberlack*, JVEG, § 7 Rn 2. **5** BT-Drucks 15/1971, S. 184. **6** OLG Koblenz MDR 1994, 1152. **7** Meyer/Höver/Bach/*Oberlack*, JVEG, § 7 Rn 5. **8** OLG Düsseldorf JurBüro 1998, 153. **9** OLG Düsseldorf MDR 1985, 60; aA LG Gießen MDR 1981, 959. **10** KG JurBüro 2004, 441. **11** OLG Düsseldorf MDR 1993, 485; Meyer/Höver/Bach/*Oberlack*, JVEG, § 7 Rn 13 a. **12** OLG Düsseldorf MDR 1993, 485. **13** Meyer/Höver/Bach/*Oberlack*, JVEG, § 7 Rn 13 b. **14** Meyer/Höver/Bach/*Oberlack*, JVEG, § 7 Rn 13 g. **15** OLG Köln NJW-Spezial 2011, 444. **16** OLG Köln NJW-Spezial 2011, 444.

ziehenden Stelle geltend zu machen. Allein der Herangezogene ist **anspruchsberechtigt**. Nur er kann Kosten *seiner* notwendigen Vertretung geltend machen.[17]

Eine konkrete **Höhe** von Vertretungskosten ergibt sich aus Abs. 1 nicht. Daraus, dass aber nur **notwendige** Aufwendungen erstattet werden können, folgt, dass Vertretungskosten der Überprüfung durch das Gericht unterliegen. Als notwendig angesehen wird dabei die angemessene Vergütung, wie sie in gleich oder ähnlich gelagerten Fällen erstattet wird.[18] Eine Beschränkung auf die Stundensätze des Herangezogenen nach § 18 oder § 22 besteht nicht. **13**

Bei der gerichtlichen Nachprüfung wird nicht allein auf die Dauer der Heranziehung abgestellt werden können, da ein Herangezogener die notwendige Zeit nicht vorab bestimmen kann und einen Vertreter für längere Zeiträume bestellt.[19] **14**

f) Begleitperson (Abs. 1 S. 2). In erster Linie werden Begleitpersonen bei Kindern, Jugendlichen und wegen einer Behinderung notwendig sein. In der Praxis werden aber auch zB in Therapieeinrichtungen befindliche Zeugen begleitet. Ebenso kann bei bestehender Betreuung eine Begleitung notwendig sein. **15**

Auch bei Begleitpersonen kann eine Entschädigung nur gewährt werden, wenn die Begleitung **notwendig** ist. Die Beurteilung, ob eine Begleitung notwendig ist, kann nicht pauschal getroffen werden, sondern ist eine Tatfrage und in Zweifelsfällen von der Anweisungsstelle oder vom Gericht nach freiem Ermessen zu entscheiden.[20] Notwendigkeit ist gegeben, wenn eine Anreise ohne Begleitperson mit einem der in § 5 Abs. 1 und 2 genannten Verkehrsmittel nicht möglich oder unzumutbar ist, wenn die Begleitung aus wirtschaftlichen Gründen angezeigt oder hinsichtlich der Begleitung ein Vertrauensschutz besteht.[21] **16**

Eine Begleitperson hat keinen eigenen Entschädigungsanspruch nach dem JVEG.[22] Bei **Ehepartnern als Begleitpersonen** ist der Nachweis der Zahlung von entstandenen Kosten des Herangezogenen an den Ehepartner entbehrlich.[23] Zur Höhe der Kosten von Begleitpersonen kann auf die Sätze des JVEG nur **analog** zurückgegriffen werden. **17**

Nicht zu den Kosten notwendiger Begleitpersonen zählen Kosten, die bei **Gefangenen** oder **Untergebrachten** durch Begleitung bspw zu einem Zeugentermin entstehen. Die dadurch entstandenen Aufwendungen sind daher keine „baren Auslagen" iSv Abs. 1 S. 1, die dem inhaftierten oder untergebrachten Zeugen entstehen. Vorschriften, die die Kosten der Ausführung zu einem Zeugentermin als erstattungsfähige notwendige Auslagen des Zeugen definieren, bestehen daher weder für den Bereich des Straf- noch den des Maßregelvollzugs.[24] **18**

II. Kosten für die Anfertigung von Kopien und Ausdrucken (Abs. 2)

1. Dokumentenpauschale. Eine Dokumentenpauschale entsteht ausschließlich für **19**

- **Kopien und Ausdrucke aus Behörden- und Gerichtsakten**, soweit deren Herstellung zur sachgemäßen Vorbereitung oder Bearbeitung der Angelegenheit geboten war (Abs. 2 S. 3 Alt. 1), sowie
- **Kopien und zusätzliche Ausdrucke, die nach Aufforderung durch die heranziehende Stelle** gefertigt worden sind (Abs. 2 S. 3 Alt. 2).

Durch den Begriff „Ausdrucke" wird klargestellt, dass auch weitere **Ausdrucke** (zB eines Gutachtens oder einer Übersetzung) die Pauschale nach Abs. 2 auslösen. **20**

2. Formatgröße (Abs. 2 S. 1 Nr. 1 und 2); Anfertigung durch Dritte (Abs. 2 S. 4). Abs. 2 S. 1 unterscheidet hinsichtlich des Aufwendungsersatzes zwischen Kopien und Ausdrucken bis zu einer Größe von DIN A3 (Nr. 1) und in einer Größe von mehr als DIN A3 (Nr. 2). **21**

Werden Kopien oder Ausdrucke mit einer Größe **von mehr als DIN A3** gegen Entgelt von einem **Dritten** angefertigt, kann der Berechtigte anstelle der Pauschale die baren Auslagen ersetzt verlangen (**Abs. 2 S. 4**). Bei einer Größe **von bis zu DIN A3** wird damit nur die Pauschale nach Abs. 2 S. 1 Nr. 1 erstattet. Selbst wenn einem Berechtigten bei diesem Format im Einzelfall höhere Kosten entstehen würden, ist eine Erstattung über die Pauschale hinaus ausgeschlossen. **22**

Die Fertigung von Kopien und Ausdrucken in einem **größeren Format als DIN A3** kann insb. bei einem Teil der Sachverständigen (zB Baupläne) durchaus von Bedeutung sein. Die Anfertigung derartiger Kopien erfordert eine besondere Technik und wird daher häufig nicht von dem Sachverständigen selbst vorgenommen werden können, so dass hierfür **Drittfirmen/Dienstleister** herangezogen werden müssen. Eine ausschließlich pauschale Vergütung ist für diese Fälle daher nicht sachgerecht. Mit **Abs. 2 S. 4** wird bestimmt, dass in die- **23**

17 OLG Koblenz JurBüro 1991, 593. **18** Meyer/Höver/Bach/*Oberlack*, JVEG, § 7 Rn 13 e; *Hartmann*, KostG, § 7 JVEG Rn 6. **19** Meyer/Höver/Bach/*Oberlack*, JVEG, § 7 Rn 13 d. **20** ThürLSG 29.11.2012 – L 6 SF 1257/12 E, juris; LG Meiningen 1.9.2009 – 2 Qs 138/09, juris; Meyer/Höver/Bach/*Oberlack*, JVEG, § 7 Rn 7.15; BayLSG 20.7.2009 – L 15 SF 152/09, juris; ThürLSG 2.4.2006 – L 6 B 116/06 SF, juris. **21** BayLSG 3.6.2014 – L 15 SF 402/13 E, juris. **22** BayLSG BtPrax 2012, 218. **23** BayLSG 21.10.2015 – L 15 RF 38/15, juris. **24** OLG Koblenz JurBüro 1991, 593.

sen Fällen entweder die tatsächlichen Aufwendungen ersetzt verlangt werden können oder wahlweise auch eine Pauschale gefordert werden kann.[25]

24   Mit den Pauschalen ist auch der **Zeitaufwand** des Sachverständigen oder einer Hilfskraft für die Anfertigung der Kopien abgegolten. Denn mit dem Begriff „Anfertigung von Kopien und Ausdrucken" (Abs. 2 Einleitung) wird nicht nur die technische Herstellung umfasst, sondern auch der dafür notwendige Zeitaufwand. Neben der Pauschale des Abs. 2 werden daher weitere Kosten nicht erstattet.[26]

25   **3. Speziell: Archivexemplar/Handaktenexemplar.** Ein Anspruch auf Aufwendungsersatz für Archiv-/Handaktenexemplare von Gutachten oder Übersetzungen besteht nicht. Aus Abs. 2 S. 3 ergibt sich, dass die Dokumentenpauschale nur für Kopien und Ausdrucke aus **Behörden- und Gerichtsakten** (Alt. 1) gewährt wird sowie für Kopien und zusätzliche Ausdrucke, die **nach Aufforderung durch die heranziehende Stelle** (Alt. 2) angefertigt wurden. Trotzdem werden immer wieder Aufwendungen für Handaktenexemplare geltend gemacht. Die Erstattung von Kosten für die Herstellung eines Exemplars eines Gutachtens für die Handakten/das Archiv des Sachverständigen kommt nach der ausdrücklichen Regelung des Abs. 2 S. 3, insb. auch der durch das JVEG eingeführten Vergütungsregelung für Sachverständige (§ 8), nicht mehr in Betracht.[27] Für eine erweiternde Auslegung des Abs. 2 S. 3 über den nun einmal eindeutigen Wortlaut hinaus ist kein Raum und es besteht auch keine Notwendigkeit. Der Gesetzgeber wollte u.a. eine Vereinfachung der Kostenerstattung erreichen und die Kosten von Kopien auf das notwendige Maß beschränken.[28] Aus der amtlichen Begründung zur Gesetzesfassung der Abs. 2 und 3 durch das 2. KostRMoG ergibt sich, dass die Bestimmungen über Dokumentenpauschalen in den Kostengesetzen möglichst angeglichen werden sollten.[29] Seit dem Inkrafttreten des JVEG (1.7.2004) erhält der Sachverständige eine **Vergütung**, die an den Honoraren selbständig und hauptberuflich tätiger Sachverständiger orientiert ist und deren Höhe sich an den auf dem freien Markt gezahlten Preisen orientiert.[30] Dies bedeutet in der Praxis aber auch, dass alle allgemeinen Aufwendungen, die von einem Berufssachverständigen erwartet werden dürfen, nicht mehr besonders vergütet werden. In diesem Rahmen versteht es sich von selbst, dass ein ordnungsgemäßes Archiv geführt wird und ein Archiv-/Handakten-Gutachten **ohne Aufwendungsersatz** vorgehalten wird. Berücksichtigt man noch, dass zu den üblichen Gemeinkosten in erster Linie die mit dem Bürobetrieb verbundenen Kosten rechnen, besteht insoweit eine Notwendigkeit für eine Erstattung nicht mehr. Der mit der eigentlichen Leistung des Sachverständigen verbundene Aufwand für die Fertigung einer Gutachtenkopie, die für die Handakten bestimmt ist, wird mit dem Honorar abgegolten.[31]

26   **4. Farbkopien und -ausdrucke (Abs. 2 S. 1 Nr. 3).** Die tatsächlichen Kosten für Farbausdrucke liegen mittlerweile nur noch wenige Cent über den Kosten für Textausdrucke.[32] Für Farbkopien und -ausdrucke wird gleichwohl eine höhere Pauschale gezahlt als für Schwarz-Weiß-Kopien und -Ausdrucke. Auf eine besondere Festlegung von Beträgen wurde verzichtet. Farbkopien bzw -ausdrucke werden mit den doppelten Preisen von Schwarz-Weiß-Ausdrucken vergütet. Dies bedeutet, dass

- bei einer Größe **von bis zu DIN A3** für die ersten 50 Ausdrucke 1,00 € je Seite und für die weiteren Seiten 0,30 € je Seite zu erstatten sind;
- bei einer Größe **von mehr als DIN A3** je Seite 6,00 € zu erstatten sind.

Zur Behandlung von **Fotos** im Sachverständigengutachten s. § 12.

III. Überlassung von elektronisch gespeicherten Dateien (Abs. 3)

27   Überlassen Berechtigte anstelle von Kopien und Ausdrucken elektronische Dateien, entstehen besondere Aufwendungen. Die Höhe der Auslagen für die Überlassung elektronisch gespeicherter Dateien wurde im Rahmen des 2. KostRMoG – wie auch im GNotKG – von 2,50 € auf 1,50 € je Datei herabgesetzt (**Abs. 3 S. 1**).[33] Auf diese Weise soll ein Anreiz geschaffen werden, verstärkt von der Möglichkeit Gebrauch zu machen, Dokumente elektronisch zu versenden.[34]

28   Unklar ist jedoch, was unter „**Datei**" zu verstehen ist. Bilder werden zB jeweils in einer Datei gespeichert. Werden nun **mehrere Bilder** übersandt, würde dies zu erheblichen Auslagen führen, die kaum gerechtfertigt erscheinen, da die Herstellung der Fotos bereits besonders honoriert wird (§ 12 Abs. 1 S. 2 Nr. 2). Allerdings relativiert sich diese Frage, da auch bestimmt wird, dass für die **in einem Arbeitsgang** überlassenen oder in einem Arbeitsgang auf denselben Datenträger übertragenen Dokumente insgesamt höchstens 5,00 € erhoben werden dürften (**Abs. 3 S. 2**). Es wird für die elektronische Überlassung also eine **Höchstgrenze von 5,00 €** vorgeschrieben, wenn Dokumente in einem Arbeitsgang überlassen oder auf einem Datenträger ge-

---

25 BT-Drucks 17/11471 (neu), S. 259. **26** LG Hannover JurBüro 2005, 374; OLG Celle JurBüro 2005, 374; *Bund*, JurBüro 2005, 374. **27** OLG Jena 11.11.2014 – 1 W 467/14, juris. **28** OLG Bamberg JurBüro 2006, 653. **29** BT-Drucks 17/11471 (neu), S. 259. **30** BT-Drucks 15/1971, S. 139, 181 f. **31** Meyer/Höver/Bach/*Oberlack*, JVEG, § 7 Rn 21. **32** BT-Drucks 17/11471 (neu), S. 259. **33** BT-Drucks 17/11471 (neu), S. 259. **34** BT-Drucks 17/11471 (neu), S. 259 iVm S. 235.

speichert werden.[35] Dies entspricht dem Betrag, der als Auslage für die elektronische Übermittlung einer elektronisch geführten Akte in der streitigen Gerichtsbarkeit und vom Familiengericht zu erheben ist.[36]

Abschnitt 3
Vergütung von Sachverständigen, Dolmetschern und Übersetzern

§ 8 Grundsatz der Vergütung

(1) Sachverständige, Dolmetscher und Übersetzer erhalten als Vergütung
1. ein Honorar für ihre Leistungen (§§ 9 bis 11),
2. Fahrtkostenersatz (§ 5),
3. Entschädigung für Aufwand (§ 6) sowie
4. Ersatz für sonstige und für besondere Aufwendungen (§§ 7 und 12).

(2) [1]Soweit das Honorar nach Stundensätzen zu bemessen ist, wird es für jede Stunde der erforderlichen Zeit einschließlich notwendiger Reise- und Wartezeiten gewährt. [2]Die letzte bereits begonnene Stunde wird voll gerechnet, wenn sie zu mehr als 30 Minuten für die Erbringung der Leistung erforderlich war; anderenfalls beträgt das Honorar die Hälfte des sich für eine volle Stunde ergebenden Betrags.

(3) Soweit vergütungspflichtige Leistungen oder Aufwendungen auf die gleichzeitige Erledigung mehrerer Angelegenheiten entfallen, ist die Vergütung nach der Anzahl der Angelegenheiten aufzuteilen.

(4) Den Sachverständigen, Dolmetschern und Übersetzern, die ihren gewöhnlichen Aufenthalt im Ausland haben, kann unter Berücksichtigung ihrer persönlichen Verhältnisse, insbesondere ihres regelmäßigen Erwerbseinkommens, nach billigem Ermessen eine höhere als die in Absatz 1 bestimmte Vergütung gewährt werden.

I. Vergütungsbestandteile (Abs. 1)

Die Vergütung von Sachverständigen, Dolmetschern und Übersetzern setzt sich zusammen aus (Abs. 1):   **1**
einem Honorar für ihre Leistungen (§§ 9–11), dem Fahrtkostenersatz (§ 5), der Entschädigung für Aufwand (§ 6) und dem Ersatz für sonstige und für besondere Aufwendungen (§§ 7 und 12).[1]

II. Stundensätze (Abs. 2)

1. **„Erforderliche Zeit" (Abs. 2 S. 1).** Wie sich aus Abs. 2 ergibt, gilt die Regelung nur dann, wenn das Honorar der Sachverständigen, Dolmetscher und Übersetzer nach Stundensätzen bemessen wird. Sind feste   **2**
Vergütungsbeträge oder Rahmenvergütungen (Anlage 2 zu § 10 Abs. 1; Abschnitt O zur GOÄ) vorgesehen, findet Abs. 2 keine Anwendung.[2]

Maßgeblich für die Bemessung des Honorars ist die **„erforderliche Zeit"**. In der Rspr wird der Begriff der   **3**
erforderlichen Zeit bei Sachverständigen insoweit definiert, als es sich um den Zeitaufwand handelt, den ein mit der Materie vertrauter Sachverständiger von durchschnittlichen Fähigkeiten und Kenntnissen bei sachgemäßer Auftragserledigung mit durchschnittlicher Arbeitsintensität braucht, um sich nach sorgfältigem Aktenstudium ein Bild von den zu beantwortenden Fragen machen zu können und nach eingehenden Überlegungen seine gutachterliche Stellungnahme zu den ihm gestellten Fragen schriftlich niederzulegen.[3] Dabei sind der Umfang des ihm unterbreiteten Streitstoffs, der Grad der Schwierigkeit der zu beantwortenden Fragen, der Umfang seines Gutachtens und die Bedeutung der Streitsache angemessen zu berücksichtigen.[4]

In der Regel ist von der Richtigkeit der Angaben der Sachverständigen, Dolmetscher und Übersetzer über   **4**
die erforderliche Zeit auszugehen.[5] **Ungewöhnliche Höhe** des Zeitaufwands, undifferenzierte Gestaltung der Leistungsabrechnung und Unstimmigkeiten der Leistungsbeschreibung geben Veranlassung, dem Sachverständigen eine spezifizierte und nachvollziehbare Darlegung seines tatsächlichen Zeitaufwands und dessen Erforderlichkeit abzuverlangen.[6] Eine Kürzung des angegebenen Zeitaufwands ist grds. auf solche Fälle zu beschränken, in denen der berechnete Aufwand im Verhältnis zur erbrachten Leistung ungewöhnlich

---

35 BT-Drucks 17/11471 (neu), S. 259 iVm S. 235. **36** BT-Drucks 17/11471 (neu), S. 235. **1** OLG Celle BauR 2012, 1685. **2** Meyer/Höver/Bach/*Oberlack*, JVEG, § 8 Rn 12. **3** BGH GRUR 2004, 446; OLG München JurBüro 1998, 484; OLG Köln JurBüro 1991, 1396. **4** LSG NRW 3.5.2013 – L 15 U 629/12 B, juris; LSG NRW 6.5.2013 – L 15 SB 40/13, juris; LG Dortmund 20.7.2011 – 9 T 46/11, juris; BVerfG JurBüro 2008, 44; BGH MDR 2004, 776; BGH NJW-RR 1987, 1470. **5** OLG Hamm ZKJ 2013, 169; OLG Düsseldorf JurBüro 2009, 205; OLG Hamm OLGR Hamm 1996, 251. **6** LG Dortmund 20.7.2011 – 9 T 46/11, juris; OLG Düsseldorf JurBüro 2009, 205; OLG Düsseldorf OLGR 2008, 746; BGH MDR 2004, 776; OLG Köln JurBüro 1991, 1396; Meyer/Höver/Bach/*Oberlack*, JVEG, § 8 Rn 14.

hoch erscheint, ohne dass der Herangezogene seinen tatsächlichen Zeitaufwand und dessen Erforderlichkeit auf Verlangen spezifiziert und nachvollziehbar darlegt,[7] oder der Zeitaufwand den nach den Erfahrungswerten ermittelten, objektiv erforderlichen Zeitaufwand um mehr als 15 % überschreitet.[8]

5 Die gerichtliche Herabsetzung des durch den Sachverständigen für die Gutachtenerstellung berechneten **Zeitaufwands** muss erkennen lassen, welche der im Einzelnen angegebenen Arbeitszeiten zu lang bemessen sind sowie in welcher Zeit und aus welchen Gründen die Einzelarbeit schneller hätte verrichtet werden können.[9] Da von gerichtlichen Sachverständigen, Dolmetschern und Übersetzern im Allgemeinen erwartet werden kann, dass sie Aufzeichnungen über die für ihre jeweiligen Aufträge aufgewendeten Zeiten führen, müsste eine Aufgliederung des Zeitaufwands in entsprechende Arbeitsabschnitte mit nachvollziehbaren Zeitangaben unschwer möglich sein.[10] Das SG Dortmund geht insoweit von **vier Arbeitsabschnitten** aus: Aktenstudium und vorbereitende Arbeiten, Untersuchung und Ortstermin, Abfassung der Beurteilung, Diktat/Durchsicht/Korrektur.[11] Es besteht eine Verpflichtung des Sachverständigen, seine Rechnung auf Verlangen insoweit aufzugliedern.[12] Bei **unplausiblen Zeitangaben** darf das Gericht den erforderlichen Zeitaufwand schätzen.[13] Indiz für die Überprüfung des Zeitaufwands kann der Umfang des Gutachtens sein.[14] So wird für das Aktenstudium ein Zeitbedarf von 50 Seiten[15] oder 80 Seiten pro Stunde[16] zugrunde gelegt und für die reine Schreibkorrektur von 5 Minuten pro Seite[17] ausgegangen.

6 Zu den zu berücksichtigenden Zeiten gehören ausdrücklich auch die erforderlichen **Reise- und Wartezeiten** (Abs. 2 S. 1), da der Stundensatz für den **gesamten Auftrag** maßgebend ist und die für einen Auftrag erforderliche Zeit grds. nach einem **einheitlichen Stundensatz** zu bemessen ist.[18] Zeiten für **Literaturstudium** sind jedoch grds. nicht zu erstatten, da Sachverständige sich auf ihrem Sachgebiet grds. fortbilden müssen, um ihren Beruf ausüben zu können, es sei denn, das Literaturstudium lässt sich einem einzelnen in der Lit. streitigen Sachverhalt zuordnen.[19] Mittägliche Sitzungsunterbrechungen einer Hauptverhandlung sind keine Wartezeit und daher dem Dolmetscher nicht zu vergüten, wenn er sich nicht zur Verfügung des Gerichts halten muss.[20]

7 **2. Ermittlung des Stundensatzes (Abs. 2 S. 2).** Die **letzte bereits begonnene Stunde** wird nur dann voll gerechnet, wenn sie zu **mehr als 30 Minuten** für die Erbringung der Leistung erforderlich war (Abs. 2 S. 2 Hs 1). Dem Gesetzgeber erschien es nicht gerechtfertigt, den vollen Stundensatz auch dann zu gewähren, wenn die letzte Stunde zB lediglich im Umfang der ersten Minuten für die Erbringung der in Auftrag gegebenen Leistung in Anspruch genommen werden musste. Wird ein Auftrag mit **weniger als 30 Minuten** der letzten angefangenen Stunde beendet, kann dann folgerichtig insoweit auch nur der halbe Stundensatz in Ansatz gebracht werden (Abs. 2 S. 2 Hs 2). In der Praxis hat die Regelung wenig Bedeutung, da regelmäßig auch für Einzeltätigkeiten nach vollen Stunden abgerechnet wird. Allerdings kann nicht jeder auf eine Tätigkeit im Rahmen eines Gutachtens entfallender Zeitaufwand (zB für einen Ortstermin) für sich aufgerundet werden. Grundsätzlich hat der Sachverständige minutengenau abzurechnen. Es kann nur die **letzte** auf einen Auftrag entfallende angefangene Stunde auf eine halbe bzw volle Stunde aufgerundet werden.[21]

III. Speziell: Spätere Vernehmung eines Sachverständigen als Zeuge

8 Gerade die Entschädigung von **Sachverständigen**, die **später als Zeuge** vernommen werden, führt immer wieder zu Schwierigkeiten, da in diesem Fall vom Herangezogenen regelmäßig eine Vergütung als Sachverständiger erwartet wird, während der sachverständige Zeuge wie ein Zeuge zu entschädigen ist. Insoweit macht es keinen Unterschied, ob ein Herangezogener als Zeuge oder als sachverständiger Zeuge vernommen wurde.[22] Dies folgt aus § 414 ZPO, wonach bei einer Beweiserhebung, bei der besonders sachkundige Personen vernommen werden, die Vorschriften über den Zeugenbeweis zur Anwendung gelangen. Vgl auch → § 19 Rn 1.

9 Entscheidend für die Erstattung ist nicht die Bezeichnung in der Ladung oder einem Beweisbeschluss, sondern alleine der sachliche Inhalt einer Heranziehung.[23] Insbesondere kommt es nicht darauf an, ob der Zeuge von Beruf Sachverständiger ist oder nicht, da nicht jede Aussage eines Sachverständigen eine Sachverständigenleistung darstellt. Wer früher ein Gutachten erstattet hat, ist sachverständiger Zeuge und nicht Sachverständiger, wenn er darüber vernommen wird, welche Feststellungen er bei der Begutachtung auf-

---

7 OLG Düsseldorf 18.9.2008 – 10 W 60/08, juris; OLG Köln JurBüro 1991, 1396; Meyer/Höver/Bach/*Oberlack*, JVEG, § 8 Rn 14. **8** BayLSG 1.7.2015 – L 15 SF 180/15, juris. **9** OLG Düsseldorf JurBüro 1995, 488. **10** OLG Köln JurBüro 1991, 1396. **11** SG Dortmund 10.2.2010 – S 40 KR 314/04, juris. **12** ThürLSG 3.8.2009 – L 6 SF 44/08, juris; ThürLSG 9.12.2014 – L 6 SF 723/14 E, juris. **13** OLG Brandenburg 23.11.2007 – 7 W 70/07, juris. **14** LG Bielefeld 3.12.2009 – 2 O 365/04. **15** LSG NRW 22.7.1980 – L 5 S 11/80. **16** ThürLSG 3.8.2009 – L 6 SF 44/08. **17** SchlHLSG 17.7.2009 – L 1 SF 30/09. **18** OLG Düsseldorf JurBüro 1998, 151; OLG Koblenz JurBüro 2000, 210. **19** LG Wuppertal 5.6.2009 – 6 T342/09; LG Wuppertal 3.12.2013 – 6 T 319/13. **20** LG Osnabrück JurBüro 2014, 602. **21** LG Neuruppin 31.12.2012 – 4 T 69/11; LG Wuppertal 5.6.2009 – 6 T 342/09. **22** Binz/Dörndorfer u.a./*Binz*, § 8 JVEG Rn 1. **23** OLG Hamm JurBüro 1991, 1260; OLG Düsseldorf Rpfleger 1987, 40; OLG Hamm JurBüro 1988, 792; OLG München JurBüro 1988, 342.

grund seiner besonderen Sachkunde getroffen hat.[24] Der Herangezogene wird nicht allgemein als Sachverständiger zu einem Beweisthema vernommen, sondern **konkret** zu den „**in sein Wissen gestellten**" Fakten. Ist die vernommene Person auswechselbar, ist sie Sachverständiger; ist sie jedoch unersetzlich, ist sie Zeuge.[25] Wird jedoch in der Vernehmung die sachverständige Bewertung von Tatsachen verlangt und nicht lediglich die Bekundung von Tatsachen aufgrund sachverständiger Kenntnis, so ist der Herangezogene wie ein Sachverständiger zu vergüten.[26] Ausnahmsweise kann auch eine Entschädigung als Sachverständiger gerechtfertigt sein, wenn der sachverständige Zeuge aufgrund der Sachkunde ein eigenes Urteil abgibt, das über die Wiedergabe bloßer Wahrnehmungen hinausgeht.[27]

IV. Gleichzeitige Erledigung mehrerer Angelegenheiten (Abs. 3)

Leistungen und Aufwendungen von Sachverständigen, Dolmetschern und Übersetzern, die der gleichzeitigen Erledigung mehrerer Aufträge dienen, dürfen nur **einmal** abgerechnet werden. Die Gesetzesbegründung nennt dabei – beispielhaft – den in Zwangsversteigerungsverfahren durchaus vorkommenden Fall, dass die Reise eines Bausachverständigen der Besichtigung mehrerer Bauwerke dient. In derartigen Fällen soll der Sachverständige nur einmal die entsprechenden Fahrtkosten und den mit der Reise verbundenen zeitlichen Aufwand abrechnen können. Gleiches gilt, wenn ein Dolmetscher mehrere Termine bei dem gleichen Gericht am selben Tage wahrzunehmen hat. Die Vergütung, soweit sie nur einmal erstattet werden kann, soll nach der Anzahl der erledigten Angelegenheiten auf diese aufgeteilt werden.[28] | 10

V. Heranziehung aus dem Ausland (Abs. 4)

Sachverständigen, Dolmetschern und Übersetzern (und auch Zeugen, vgl § 19 Abs. 4), die ihren gewöhnlichen Aufenthalt im Ausland haben, kann eine höhere als die in Abs. 1 bestimmte Vergütung gewährt werden. Die Bestimmung dieser Vergütung erfolgt unter Berücksichtigung der persönlichen Verhältnisse der Herangezogenen, insb. ihres regelmäßigen Erwerbseinkommens. | 11

Der gewöhnliche Aufenthaltsort eines Herangezogen ist dabei nur der Ort, an dem der Herangezogene sich ständig und längere Zeit niedergelassen hat. Abs. 4 kann daher bei Anreise aus dem Ausland, zB aus dem Urlaub, nicht angewandt werden. | 12

Die Vorschrift stellt nur auf den Aufenthaltsort des Herangezogenen im Ausland ab. Die Nationalität des Herangezogenen spielt dabei keine Rolle, so dass dem im Ausland wohnenden Deutschen ggf eine höhere Vergütung erstattet werden könnte. | 13

Die Festsetzung der erhöhten Vergütung erfolgt nicht durch das Gericht, sondern durch die Anweisungsstelle. Hier kann sich die Einschaltung des Bezirksrevisors empfehlen. Die Entscheidung der Anweisungsstelle kann im Wege der gerichtlichen Entscheidung (§ 4 Abs. 1) überprüft werden. Das Gericht kann aber auch bereits die höhere Vergütung festsetzen, wenn es dies für angemessen hält (§ 4 Abs. 1), und damit die Anweisungsstelle binden. | 14

§ 8 a Wegfall oder Beschränkung des Vergütungsanspruchs

(1) Der Anspruch auf Vergütung entfällt, wenn der Berechtigte es unterlässt, der heranziehenden Stelle unverzüglich solche Umstände anzuzeigen, die zu seiner Ablehnung durch einen Beteiligten berechtigen, es sei denn, er hat die Unterlassung nicht zu vertreten.

(2) ¹Der Berechtigte erhält eine Vergütung nur insoweit, als seine Leistung bestimmungsgemäß verwertbar ist, wenn er

1. gegen die Verpflichtung aus *§ 407 a Absatz 1 bis 3 Satz 1*[1] der Zivilprozessordnung verstoßen hat, es sei denn, er hat den Verstoß nicht zu vertreten;
2. eine mangelhafte Leistung erbracht hat;

---

24 OLG Dresden 8.12.2010 – 3 W 1276/10, juris; BGH MDR 1974, 382. **25** LG Osnabrück JurBüro 1998, 483. **26** OLG Düsseldorf BauR 2011, 152. **27** OVG Lüneburg NJW 2012, 1307; OLG Köln MDR 1993, 391. **28** BT-Drucks 15/1971, S. 181. **1** Die Angabe „§ 407 a Absatz 1 bis 3 Satz 1" soll durch die Wörter „§ 407 a Absatz 1 bis 4 Satz 1" ersetzt werden; s. Art. 5 Abs. 2 Nr. 1 des Entwurfs eines „Gesetzes zur Änderung des Sachverständigenrechts und zur weiteren Änderung des Gesetzes über das Verfahren in Familiensachen und in den Angelegenheiten der freiwilligen Gerichtsbarkeit", RegE BT-Drucks 18/6985, S. 9; aus dem weiteren Gesetzgebungsverfahren s. auch: BT-Drucks 18/9092. – Es handelt sich um eine Folgeänderung, die sich auf die geänderten Bezeichnungen der Absätze des § 407 a ZPO-E bezieht; inhaltliche Änderungen sind damit nicht verbunden (s. Begr. RegE, BT-Drucks. 18/6985, S. 19). Geplantes Inkrafttreten: am Tag nach der Verkündung (BT-Drucks. 18/6985, S. 9).

3. im Rahmen der Leistungserbringung grob fahrlässig oder vorsätzlich Gründe geschaffen hat, die einen Beteiligten zur Ablehnung wegen der Besorgnis der Befangenheit berechtigen; oder

4. trotz Festsetzung eines weiteren Ordnungsgeldes seine Leistung nicht vollständig erbracht hat.

[2]Soweit das Gericht die Leistung berücksichtigt, gilt sie als verwertbar.

(3) Steht die geltend gemachte Vergütung erheblich außer Verhältnis zum Wert des Streitgegenstands und hat der Berechtigte nicht rechtzeitig nach *§ 407 a Absatz 3 Satz 2*[2] der Zivilprozessordnung auf diesen Umstand hingewiesen, bestimmt das Gericht nach Anhörung der Beteiligten nach billigem Ermessen eine Vergütung, die in einem angemessenen Verhältnis zum Wert des Streitgegenstands steht.

(4) Übersteigt die Vergütung den angeforderten Auslagenvorschuss erheblich und hat der Berechtigte nicht rechtzeitig nach *§ 407 a Absatz 3 Satz 2*[3] der Zivilprozessordnung auf diesen Umstand hingewiesen, erhält er die Vergütung nur in Höhe des Auslagenvorschusses.

(5) Die Absätze 3 und 4 sind nicht anzuwenden, wenn der Berechtigte die Verletzung der ihm obliegenden Hinweispflicht nicht zu vertreten hat.

I. Allgemeines

1   Die im Zuge des 2. KostRMoG eingefügte Vorschrift des § 8 a regelt die Voraussetzungen, unter denen insb. ein Sachverständiger wegen eigenen Verschuldens den Anspruch auf seine Vergütung ganz oder teilweise verliert. Früher enthielt das JVEG keine diesbezügliche Regelung. Die Rspr. hat jedoch in einer Vielzahl von Entscheidungen entsprechende Kriterien entwickelt. Mit § 8 a wird das Schicksal des Vergütungsanspruchs für Fälle der nicht ordnungsgemäßen Leistungserbringung nunmehr gesetzlich geregelt.[4]

2   Die Regelung des § 8 a orientiert sich an der für die Sachverständigenvergütung ergangenen Rspr. Für Dolmetscher und Übersetzer kommen im Wesentlichen die Fälle der Befangenheit und der inhaltlichen Schlechtleistung als Kriterium in Betracht. Eine ausdrückliche Bezeichnung dieser Berufsgruppen im Gesetzeswortlaut erschien jedoch unnötig, eine gemeinsame Regelung wird als hinreichend erachtet.[5]

3   Abs. 1 bestimmt, in welchem Fall die Vergütung vollständig wegfallen soll. Abs. 2 sieht eine Minderung – bis zum vollständigen Wegfall – vor und die Abs. 3 und 4 regeln diejenigen Fälle, in denen der Sachverständige gegen Pflichten verstößt, die einen unmittelbaren kostenrechtlichen Bezug haben.

4   Ob sich durch einen Katalog der Fälle – wie in Abs. 1 und 2 –, die zu einem Verlust oder einer Verminderung des Vergütungsanspruchs führen können, eine Erleichterung für die Vergütungsbestimmung ergibt, wird abzuwarten bleiben. Gerade in diesen Fällen stellte die Rspr. auf die zu entscheidenden Einzelfälle ab.

II. Unterlassener Hinweis des Berechtigten (Abs. 1)

5   Nach Abs. 1 lässt der schuldhaft unterlassene Hinweis des Berechtigten auf Umstände, welche seine Ablehnung rechtfertigen, den Vergütungsanspruch entfallen. Das bereits anfängliche Vorliegen eines Ablehnungsgrundes soll – anders als bei dem im Verlaufe des Verfahrens herbeigeführten Ablehnungsgrund – zum vollständigen Wegfall des Vergütungsanspruchs führen. Liegt ein Grund zur Ablehnung vor, der seitens der Parteien mit Sicherheit geltend gemacht worden wäre, scheidet ein Vergütungsanspruch des Sachverständigen aus. Dies gilt jedoch nicht, soweit das Gericht und/oder die Parteien zB sich das Gutachten trotz der bestehenden Ablehnungsgründe zu eigen machen und verwerten.[6] Dies entspricht nicht nur der Rspr.,[7] sondern wird nunmehr auch in Abs. 2 S. 2 ausdrücklich zum Ausdruck gebracht.

III. Bestimmungsgemäße Leistungserbringung (Abs. 2 S. 1)

6   Abs. 2 S. 1 führt die weiteren Fälle der nicht ordnungsgemäßen Leistungserbringung auf, die in der Rspr. relevant geworden sind.

7   **1. Prüfungs- und Mitteilungspflicht; persönliche Leistungserbringung (Nr. 1).** Nr. 1 betrifft die Pflicht des Sachverständigen, das Gericht zu verständigen, wenn der Auftrag nicht in sein Fachgebiet fällt, wenn es der Hinzuziehung weiterer Sachverständiger bedarf (§ 407 a Abs. 1 ZPO) oder wenn Zweifel an Inhalt sowie Umfang des Auftrags bestehen (§ 407 a Abs. 3 S. 1 ZPO). Umfasst ist auch die Pflicht des Sachverständigen, das Gutachten persönlich zu erstatten (§ 407 a Abs. 2 ZPO).

---

2 Die Angabe „§ 407 a Absatz 3 Satz 2" soll durch die Wörter „§ 407 a Absatz 4 Satz 2" ersetzt werden; s. Art. 5 Abs. 2 Nr. 2 des vorgenannten Entwurfs (RegE BT-Drucks 18/6985, S. 9); aus dem weiteren Gesetzgebungsverfahren s. auch: BT-Drucks 18/9092. – Es handelt sich um eine Folgeänderung, die sich auf die geänderten Bezeichnungen der Absätze des § 407 a ZPO-E bezieht; inhaltliche Änderungen sind damit nicht verbunden (s. Begr. RegE, BT-Drucks. 18/6985, S. 19). Geplantes Inkrafttreten: am Tag nach der Verkündung (BT-Drucks. 18/6985, S. 9). **3** Wie vor. **4** BT-Drucks 17/11471 (neu), S. 145, 146. **5** BT-Drucks 17/11471 (neu), S. 259. **6** *Hartmann*, KostG, § 8 JVEG Rn 12. **7** LG Bayreuth JurBüro 1991, 437.

2. Mangelhafte Leistung (Nr. 2). Nr. 2 betrifft die Erbringung einer mangelhaften Leistung, dh einer inhaltlichen Schlechtleistung.[8] Inhaltliche Mängel können vielfältig sein und liegen vor, wenn die von dem Sachverständigen erbrachte Leistung wegen objektiv feststellbarer Mängel unverwertbar ist[9] und auf einem groben Pflichtverstoß des Sachverständigen beruht.[10] Dies ist u.a. der Fall, wenn eine Beantwortung der Beweisfrage fehlt,[11] ein Sachverständiger nur das Ergebnis seiner Untersuchungen mitteilt, ohne dem Gericht zu ermöglichen, den Gedankengängen nachzugehen, sie zu prüfen und sich ihnen anzuschließen oder sie abzulehnen,[12] oder wenn ein Gutachten unstreitig nicht zutreffende Feststellungen enthält.[13]   **8**

Die Annahme einer Unverwertbarkeit des Gutachtens setzt voraus, dass auch Nachbesserungen und Ergänzungen des Gutachtens den Mangel der Verwertbarkeit nicht beheben können.[14]   **9**

3. Ablehnung wegen Besorgnis der Befangenheit (Nr. 3). Nr. 3 betrifft die Schaffung von Ablehnungsgründen während des Verfahrens. Dabei führen im Fall der Nr. 3 nur grobe Fahrlässigkeit und Vorsatz zu einer Minderung des Anspruchs. Dies wurde vor Schaffung dieser Regelung bereits in der Rspr so gehandhabt.[15]   **10**

Die Gründe, die eine Ablehnung des Sachverständigen rechtfertigen, sind vielfältig. Sie können u.a. vorliegen bei unsachlichen Feststellungen im Gutachten,[16] wenn eigene rechtliche Bewertungen oder persönliches Gerechtigkeitsempfinden zum Gegenstand eines Gutachtens gemacht werden,[17] wenn nur eine Partei vom Ortstermin informiert wird[18] oder wenn das Gutachten entgegen dem gerichtlichen Auftrag nicht persönlich erstattet wird.[19] Auch die grobe Verletzung der Sorgfaltspflicht sowie unsachliche und persönliche Angriffe gegenüber Prozessbevollmächtigten führen zur Ablehnung wegen Besorgnis der Befangenheit.[20] Allerdings gilt auch in diesem Falle, dass bei **Verwertung** des Gutachtens durch das Gericht oder die Parteien trotz bestehender Ablehnungsgründe der Vergütungsanspruch bestehen bleibt (vgl Abs. 2 S. 2).[21]   **11**

Keine Vergütung erhält der Sachverständige, der zu einem Ablehnungsgesuch Stellung nimmt. Die zu entschädigende Leistung des Sachverständigen besteht in der schriftlichen oder mündlichen Erstattung des Gutachtens. Für seine Anhörung im Rahmen eines Ablehnungsverfahrens scheidet damit eine Vergütung aus, weil es sich dabei nicht um eine mit Gutachtenerstellung verbundene Tätigkeit handelt.[22] Für eine Vergütung für die Erwiderung auf das Ablehnungsgesuch besteht daher keine gesetzliche Grundlage.[23]   **12**

4. Verspätete Leistung (Nr. 4). Fälle der verspäteten Leistung sind im Zuge der Schaffung der Neuregelung des § 8 a durch das 2. KostRMoG grds. nicht geregelt worden, weil das Gericht durch die Aufsichts- und Führungsmaßnahmen zB nach § 411 Abs. 2 ZPO auf eine Fristversäumnis mit Ordnungsmitteln reagieren kann und daneben der Entzug des Auftrags in Betracht kommt. Nur für den Fall, dass die gesetzlich beschriebenen Ordnungsmittel (Ordnungsgeld wegen Fristversäumnis und wegen wiederholter Fristversäumnis) fruchtlos bleiben, wird nach der neuen Nr. 4 der Vergütungsanspruch gemindert. In diesem Zusammenhang erscheint eine Minderung vorzugswürdig, weil im Falle von fristgerecht erbrachten und verwertbaren Teilleistungen ein vollständiger Wegfall unangemessen erscheint. Auch für die sonstigen Fälle des Abs. 2 S. 1 (Nr. 1–3) soll die Vergütung nicht generell vollständig entfallen, sondern (nur) für die verwertbaren Leistungen gewährt werden, wie Abs. 2 S. 2 bestimmt. Soweit jedoch verwertbare Leistungen oder Leistungsteile nicht festgestellt werden, soll der Vergütungsanspruch vollständig entfallen.   **13**

5. Auftragsüberschreitung bzw -abweichung. Nicht geregelt ist in dem Katalog des Abs. 2 S. 1 der Fall der Auftragsüberschreitung oder des Abweichens von einem erteilten Auftrag. Eine Kürzung einer Vergütung wegen Überschreitung des Auftrages kommt nur in Betracht, wenn festgestellt werden kann, dass die Auftragsüberschreitung bzw das Abweichen vom Auftrag höhere Kosten verursacht hat, als sie andernfalls entstanden wären.[24] Bei Verwertung einer Leistung durch das Gericht oder die Parteien trotz Auftragsüberschreitung bleibt der Vergütungsanspruch bestehen (vgl Abs. 2 S. 2).   **14**

IV. Verwertung (Abs. 2 S. 2)

1. Verwertung. Einem gerichtlich bestellten Sachverständigen kann der Entschädigungsanspruch nur dann entzogen werden, wenn seine Tätigkeit nicht verwertbar ist und die Unverwertbarkeit der Gutachtertätigkeit auf einem groben Pflichtverstoß des Sachverständigen beruht.[25] Wenn aber das Gericht ein Gutachten   **15**

---

8 BT-Drucks 17/11471, S. 405. **9** VGH Baden-Württemberg NJW 2012, 3593; OLG Koblenz JurBüro 1994, 562. **10** OLG Thüringen MedSach 2012, 207; OLG München MDR 2012, 306. **11** OLG Koblenz JurBüro 1994, 562. **12** OLG Düsseldorf JurBüro 1996, 323. **13** OLG Thüringen MedSach 2012, 207. **14** VGH Baden-Württemberg NJW 2012, 3593; OLG Thüringen MedSach 2012, 207; OVG Thüringen 29.12.2009 – 4 VO 1005/06, juris; BayVGH 22.11.2007 – 8 C 07.1535, juris. **15** Meyer/Höver/Bach/*Oberlack*, JVEG, § 8 a Rn 18 ff mwN. **16** OLG Nürnberg MDR 2012, 365. **17** OLG Naumburg 7.1.2010 – 5 W 1/10, juris. **18** OLG Koblenz MDR 2010, 463. **19** OLG Koblenz MDR 2010, 463. **20** SG Karlsruhe 24.7.2015 – S 1 SF 2309/15 E, juris; s.a. OLG Sachsen-Anhalt 16.4.2015 – 10 W 57/14, juris. **21** OLG Düsseldorf JurBüro 1992, 56. **22** LG Osnabrück JurBüro 2013, 99; OLG Celle BauR 2012, 1685; BGH NJW-Spezial 2008, 620; OLG Stuttgart JurBüro 2008, 98; OLG Düsseldorf MDR 1994, 1050; OLG Köln VersR 1995, 1508; OLG München MDR 1994, 1050. **23** BGH NJW-Spezial 2008, 620. **24** Meyer/Höver/Bach/*Oberlack*, JVEG, § 8 a Rn 15 mwN; *Hartmann*, KostG, § 8 JVEG Rn 39. **25** OLG Thüringen 5.6.2012 – 9 W 243/12, juris.

für verwertbar ansieht und seine Entscheidung darauf stützt, ist das Gutachten ohne nähere Prüfung als verwertbar anzusehen,[26] wie Abs. 2 S. 2 ausdrücklich festlegt. Damit sollen Streitigkeiten über die Verwertbarkeit bei der Kostenerstattung vermieden werden (→ Rn 16).

16 **2. Verwertung trotz Mängel.** Abs. 2 S. 2 legt fest, dass im Falle der tatsächlichen Verwertung die Leistung als verwertbar iSd Abs. 2 S. 1 gilt. Das entspricht der bisherigen Handhabung der Rspr[27] und soll verhindern, dass Streitigkeiten über die Verwertbarkeit in den Kosteninstanzen wiederholt werden. Der Sachentscheidung für eine Verwertbarkeit im Hauptsacheverfahren soll präjudizierende Wirkung zukommen.[28]

17 **3. Fehlende Verwertung.** Auch eine fehlende Verwertung durch das Gericht führt nicht automatisch zu einem Verlust des Vergütungsanspruchs. Ein Vergütungsanspruch steht dem Sachverständigen auch dann zu, wenn das Gericht das Gutachten nicht für überzeugend erachtet und deshalb nicht zur Grundlage seiner Entscheidung macht. Es kommt lediglich darauf an, dass die Leistung überhaupt erbracht wurde, nicht etwa auch darauf, wie Gericht oder Verfahrensbeteiligte das Gutachten inhaltlich beurteilen. Demzufolge sind **sachliche Richtigkeit** und **Überzeugungskraft eines Sachverständigengutachtens** kein Maßstab für die Höhe der dem Sachverständigen zu gewährenden Vergütung. Ein Vergütungsanspruch ist ausnahmsweise nur dann zu verneinen, wenn das Gutachten wegen objektiv feststellbarer Mängel unverwertbar ist und der Sachverständige darüber hinaus die Unverwertbarkeit verschuldet hat.[29]

V. Wert des Streitgegenstands (Abs. 3); Überschreitung des Auslagenvorschusses (Abs. 4)

18 Abs. 3 und 4 regelt die Fälle, in denen der Sachverständige pflichtwidrig gegen die Verpflichtung aus § 407 a Abs. 3 S. 2 ZPO verstößt, indem er es unterlässt, rechtzeitig darauf hinzuweisen, dass voraussichtlich Kosten erwachsen, die erkennbar außer Verhältnis zum Wert des Streitgegenstands stehen oder einen angeforderten Kostenvorschuss erheblich übersteigen. Hat das Gericht jedoch dem Sachverständigen die Zahlung eines Kostenvorschusses in einer bestimmten Höhe ohne weitere Hinweise mitgeteilt, kann der Sachverständige unterstellen, dass das Gericht von der Verhältnismäßigkeit dieses Betrags ausgeht.

19 Auch der Inhalt der Abs. 3 und 4 wurde durch die Rspr entwickelt. Erwachsen voraussichtlich Kosten, die erkennbar außer Verhältnis zum Wert des Streitgegenstands stehen oder einen angeforderten Kostenvorschuss erheblich übersteigen, so hat der Sachverständige rechtzeitig hierauf hinzuweisen (§ 407 a Abs. 3 S. 2 ZPO). Es soll für die Parteien die Gelegenheit bestehen, eventuelle hohe Kosten einer Beweisaufnahme noch zu vermeiden.[30] Verletzt der Sachverständige diese Hinweispflicht, konnte die Vergütung des Sachverständigen gekürzt werden.[31] Das Gericht soll den Sachverständigen auf seine Pflichten hinweisen (§ 407 a Abs. 5 ZPO). Da die Verpflichtung zur Unterrichtung des Gerichts aber unabhängig davon normiert ist (§ 407 a Abs. 3 S. 2 ZPO), soll die Hinweispflicht unabhängig von einem gerichtlichen Hinweis sein.[32]

20 Bei unverhältnismäßig hohen Kosten soll die Vergütung vom Gericht nach **billigem Ermessen** bestimmt werden. Zuvor soll das Gericht die Beteiligten anhören, um zu ermitteln, welche Aspekte für diese relevant sind. Nur dann kann eine billige Entscheidung getroffen werden, die **fiktiv** eine Vergütung bestimmt, die in einem angemessen Verhältnis zum Streitgegenstand steht.[33]

21 Wenn die Vergütung einen angeforderten Vorschuss erheblich übersteigt, soll sie mit dem Betrag des Vorschusses gekappt werden. Dadurch soll aber keine generelle Kappungsgrenze für jede Überschreitung des Vorschusses geschaffen werden, sondern nur für Fälle des **erheblichen** Übersteigens.[34] Aus der Regelung des § 8 a ergibt sich nicht, wann von einer Erheblichkeit der Überschreitung auszugehen ist. In Lit. und Rspr wird eine Erheblichkeit erst bei einer um 20–50 % übersteigenden Vergütung, bei höheren Gutachterkosten sogar bei einer um mehr als 10 % übersteigenden Vergütung angenommen.[35]

VI. Verschulden (Abs. 5)

22 Abs. 5 legt ein Verschuldenserfordernis in den Fällen der Abs. 3 und 4 fest. Dadurch wird dem Berechtigten ermöglicht, sich auf ein mangelndes Verschulden berufen zu können, um die Rechtsfolge der Vergütungsminderung nicht eintreten zu lassen. Grundsätzlich wird ein Verschulden generell vermutet, so dass es dem Berechtigten obliegt, mangelndes Verschulden darzulegen. Als Verschuldensmaßstab soll Vorsatz und Fahrlässigkeit genügen.[36]

---

26 KG MDR 2010, 719. **27** OLG Hamm ZKJ 2013, 169; OLG Celle BauR 2012, 1685; KG MDR 2010, 719. **28** BT-Drucks 17/11471 (neu), S. 260. **29** OLG Koblenz NStZ-RR 2011, 158; OLG Köln 8.2.2010 – 17 W 20/10, juris. **30** Meyer/Höver/ Bach/*Oberlack*, JVEG, § 8 a Rn 32; LG Osnabrück JurBüro 1996, 153. **31** Meyer/Höver/Bach/*Oberlack*, JVEG, § 8 a Rn 32; *Hartmann*, KostG, § 8 JVEG Rn 13; LG Osnabrück JurBüro 1996, 153. **32** Meyer/Höver/Bach/*Oberlack*, JVEG, § 8 a Rn 31. **33** BT-Drucks 17/11471 (neu), S. 260. **34** BT-Drucks 17/11471 (neu), S. 260. **35** OLG Hamm 24.7.2014 – 24 U 220/12; OLG Koblenz JurBüro 2010, 214; OLG Zweibrücken JurBüro 1997, 96; OLG Celle 2.10.2007 – 2 W 85/07, juris; Zöller/*Greger*, ZPO, § 413 Rn 6; Meyer/Höver/Bach/*Oberlack*, JVEG, § 8 a Rn 33. **36** BT-Drucks 17/11471 (neu), S. 260.

§ 9 Honorar für die Leistung der Sachverständigen und Dolmetscher

(1) [1]Der Sachverständige erhält für jede Stunde ein Honorar

in der Honorargruppe …	in Höhe von … Euro
1	65
2	70
3	75
4	80
5	85
6	90
7	95
8	100
9	105
10	110
11	115
12	120
13	125
M 1	65
M 2	75
M 3	100

[2]Die Zuordnung der Leistungen zu einer Honorargruppe bestimmt sich entsprechend der Entscheidung über die Heranziehung nach der Anlage 1. [3]Ist die Leistung auf einem Sachgebiet zu erbringen, das in keiner Honorargruppe genannt wird, ist sie unter Berücksichtigung der allgemein für Leistungen dieser Art außergerichtlich und außerbehördlich vereinbarten Stundensätze einer Honorargruppe nach billigem Ermessen zuzuordnen; dies gilt entsprechend, wenn ein medizinisches oder psychologisches Gutachten einen Gegenstand betrifft, der in keiner Honorargruppe genannt wird. [4]Ist die Leistung auf mehreren Sachgebieten zu erbringen oder betrifft das medizinische oder psychologische Gutachten mehrere Gegenstände und sind die Sachgebiete oder Gegenstände verschiedenen Honorargruppen zugeordnet, bemisst sich das Honorar einheitlich für die gesamte erforderliche Zeit nach der höchsten dieser Honorargruppen; jedoch gilt Satz 3 entsprechend, wenn dies mit Rücksicht auf den Schwerpunkt der Leistung zu einem unbilligen Ergebnis führen würde. [5]§ 4 gilt entsprechend mit der Maßgabe, dass die Beschwerde auch zulässig ist, wenn der Wert des Beschwerdegegenstands 200 Euro nicht übersteigt. [6]Die Beschwerde ist nur zulässig, solange der Anspruch auf Vergütung noch nicht geltend gemacht worden ist.

(2) Beauftragt das Gericht den vorläufigen Insolvenzverwalter, als Sachverständiger zu prüfen, ob ein Eröffnungsgrund vorliegt und welche Aussichten für eine Fortführung des Unternehmens des Schuldners bestehen (§ 22 Absatz 1 Satz 2 Nummer 3 der Insolvenzordnung, auch in Verbindung mit § 22 Absatz 2 der Insolvenzordnung), beträgt das Honorar in diesem Fall abweichend von Absatz 1 für jede Stunde 80 Euro.

(3) [1]Das Honorar des Dolmetschers beträgt für jede Stunde 70 Euro und, wenn er ausdrücklich für simultanes Dolmetschen herangezogen worden ist, 75 Euro; maßgebend ist ausschließlich die bei der Heranziehung im Voraus mitgeteilte Art des Dolmetschens. [2]Ein ausschließlich als Dolmetscher Tätiger erhält eine Ausfallentschädigung, soweit er durch die Aufhebung eines Termins, zu dem er geladen war und dessen Aufhebung nicht durch einen in seiner Person liegenden Grund veranlasst war, einen Einkommensverlust erlitten hat und ihm die Aufhebung erst am Terminstag oder an einem der beiden vorhergehenden Tage mitgeteilt worden ist. [3]Die Ausfallentschädigung wird bis zu einem Betrag gewährt, der dem Honorar für zwei Stunden entspricht.

Nr.	Sachgebietsbezeichnung	Honorargruppe
1	Abfallstoffe – soweit nicht Sachgebiet 3 oder 18 – einschließlich Altfahrzeuge und -geräte	11
2	Akustik, Lärmschutz – soweit nicht Sachgebiet 4	4
3	Altlasten und Bodenschutz	4
4	Bauwesen – soweit nicht Sachgebiet 13 – einschließlich technische Gebäudeausrüstung	
4.1	Planung	4
4.2	handwerklich-technische Ausführung	2
4.3	Schadensfeststellung, -ursachenermittlung und -bewertung – soweit nicht Sachgebiet 4.1 oder 4.2 –, Bauvertragswesen, Baubetrieb und Abrechnung von Bauleistungen	5
4.4	Baustoffe	6
5	Berufskunde und Tätigkeitsanalyse	10
6	Betriebswirtschaft	
6.1	Unternehmensbewertung, Betriebsunterbrechungs- und -verlagerungsschäden	11
6.2	Kapitalanlagen und private Finanzplanung	13
6.3	Besteuerung	3
7	Bewertung von Immobilien	6
8	Brandursachenermittlung	4
9	Briefmarken und Münzen	2
10	Datenverarbeitung, Elektronik und Telekommunikation	
10.1	Datenverarbeitung (Hardware und Software)	8
10.2	Elektronik – soweit nicht Sachgebiet 38 – (insbesondere Mess-, Steuerungs- und Regelungselektronik)	9
10.3	Telekommunikation (insbesondere Telefonanlagen, Mobilfunk, Übertragungstechnik)	8
11	Elektrotechnische Anlagen und Geräte – soweit nicht Sachgebiet 4 oder 10	4
12	Fahrzeugbau	3
13	Garten- und Landschaftsbau einschließlich Sportanlagenbau	
13.1	Planung	3
13.2	handwerklich-technische Ausführung	3
13.3	Schadensfeststellung, -ursachenermittlung und -bewertung – soweit nicht Sachgebiet 13.1 oder 13.2	4
14	Gesundheitshandwerk	2
15	Grafisches Gewerbe	6
16	Hausrat und Inneneinrichtung	3

Nr.	Sachgebietsbezeichnung	Honorargruppe
17	Honorarabrechnungen von Architekten und Ingenieuren	9
18	Immissionen	2
19	Kältetechnik – soweit nicht Sachgebiet 4	5
20	Kraftfahrzeugschäden und -bewertung	8
21	Kunst und Antiquitäten	3
22	Lebensmittelchemie und -technologie	6
23	Maschinen und Anlagen – soweit nicht Sachgebiet 4, 10 oder 11	6
24	Medizintechnik	7
25	Mieten und Pachten	10
26	Möbel – soweit nicht Sachgebiet 21	2
27	Musikinstrumente	2
28	Rundfunk- und Fernsehtechnik	2
29	Schiffe, Wassersportfahrzeuge	4
30	Schmuck, Juwelen, Perlen, Gold- und Silberwaren	2
31	Schrift- und Urkundenuntersuchung	8
32	Schweißtechnik	5
33	Spedition, Transport, Lagerwirtschaft	5
34	Sprengtechnik	2
35	Textilien, Leder und Pelze	2
36	Tiere	2
37	Ursachenermittlung und Rekonstruktion bei Fahrzeugunfällen	12
38	Verkehrsregelungs- und -überwachungstechnik	5
39	Vermessungs- und Katasterwesen	
39.1	Vermessungstechnik	1
39.2	Vermessungs- und Katasterwesen im Übrigen	9
40	Versicherungsmathematik	10

Gegenstand medizinischer und psychologischer Gutachten	Honorargruppe
Einfache gutachtliche Beurteilungen, insbesondere – in Gebührenrechtsfragen, – zur Minderung der Erwerbsfähigkeit nach einer Monoverletzung, – zur Haft-, Verhandlungs- oder Vernehmungsfähigkeit, – zur Verlängerung einer Betreuung.	M 1
Beschreibende (Ist-Zustands-)Begutachtung nach standardisiertem Schema ohne Erörterung spezieller Kausalzusammenhänge mit einfacher medizinischer Verlaufsprognose und mit durchschnittlichem Schwierigkeitsgrad, insbesondere Gutachten – in Verfahren nach dem SGB IX, – zur Minderung der Erwerbsfähigkeit und zur Invalidität,	M 2

Gegenstand medizinischer und psychologischer Gutachten	Honorargruppe
– zu rechtsmedizinischen und toxikologischen Fragestellungen im Zusammenhang mit der Feststellung einer Beeinträchtigung der Fahrtüchtigkeit durch Alkohol, Drogen, Medikamente oder Krankheiten, – zu spurenkundlichen oder rechtsmedizinischen Fragestellungen mit Befunderhebungen (z.B. bei Verletzungen und anderen Unfallfolgen), – zu einfachen Fragestellungen zur Schuldfähigkeit ohne besondere Schwierigkeiten der Persönlichkeitsdiagnostik, – zur Einrichtung oder Aufhebung einer Betreuung und der Anordnung eines Einwilligungsvorbehalts gemäß § 1903 BGB, – zu Unterhaltsstreitigkeiten aufgrund einer Erwerbs- oder Arbeitsunfähigkeit, – zu neurologisch-psychologischen Fragestellungen in Verfahren nach der FeV.	
Gutachten mit hohem Schwierigkeitsgrad (Begutachtungen spezieller Kausalzusammenhänge und/oder differenzialdiagnostischer Probleme und/oder Beurteilung der Prognose und/oder Beurteilung strittiger Kausalitätsfragen), insbesondere Gutachten – zum Kausalzusammenhang bei problematischen Verletzungsfolgen, – zu ärztlichen Behandlungsfehlern, – in Verfahren nach dem OEG, – in Verfahren nach dem HHG, – zur Schuldfähigkeit bei Schwierigkeiten der Persönlichkeitsdiagnostik, – in Verfahren zur Anordnung einer Maßregel der Besserung und Sicherung (in Verfahren zur Entziehung der Fahrerlaubnis zu neurologisch/psychologischen Fragestellungen), – zur Kriminalprognose, – zur Aussagetüchtigkeit, – zur Widerstandsfähigkeit, – in Verfahren nach den §§ 3, 10, 17 und 105 JGG, – in Unterbringungsverfahren, – in Verfahren nach § 1905 BGB, – in Verfahren nach dem TSG, – in Verfahren zur Regelung von Sorge- oder Umgangsrechten, – zur Geschäfts-, Testier- oder Prozessfähigkeit, – zu Berufskrankheiten und zur Minderung der Erwerbsfähigkeit bei besonderen Schwierigkeiten, – zu rechtsmedizinischen, toxikologischen und spurenkundlichen Fragestellungen im Zusammenhang mit einer abschließenden Todesursachenklärung, ärztlichen Behandlungsfehlern oder einer Beurteilung der Schuldfähigkeit.	M 3

I. Honorar für Sachverständigenleistungen (Abs. 1)

1 **1. Stundensätze.** Abs. 1 enthält eine Erfassung der am häufigsten in Anspruch genommenen Sachverständigenleistungen in einem Gruppenmodell mit festen Stundensätzen. Die Leistungen, die von Sachverständigen erbracht werden, werden **Honorargruppen** mit **festen Stundensätzen** zugeordnet. Maßgebend für die Frage des zu erstattenden Stundensatzes ist damit das **Sachgebiet, zu dessen Beurteilung der Sachverständige herangezogen** wird.[1] Es kommt also nicht darauf an, welchem Sachgebiet der Sachverständige zuzuordnen ist, sondern auf welchem Sachgebiet er im konkreten Fall tätig wird. Nicht maßgebend sind Ausbildung, Qualifikation und Berufserfahrung eines Sachverständigen, die Schwierigkeit der Fragestellung oder ob sich der Sachverständige in seinem Gutachten mit wissenschaftlichen Fragestellungen auseinandersetzen muss.[2] Dies führt zu einer erheblichen Vereinfachung der Anwendung der Vergütungsbestimmung, aber auch zu einem nur sehr groben Raster, das für die Besonderheiten des Einzelfalls keinen Spielraum lässt. Dadurch werden jedoch aufwändige gerichtliche Festsetzungsverfahren und Streitigkeiten mit Sachverständigen und Dolmetschern über die Höhe des Honorars weitgehend vermieden, was wiederum zu einer Entlastung der Gerichte, aber auch der Sachverständigen führt.[3]

---

1 BT-Drucks 15/1971, S. 2, 182. **2** OLG Brandenburg MDR 2010, 1351; OLG Celle JurBüro 2006, 652; LG Flensburg JurBüro 2005, 600. **3** BT-Drucks 15/1971, S. 182.

Die **Höhe der Honorare** orientiert sich an den Marktpreisen für Sachverständigenleistungen. Die Markt- 2
preise unterliegen jedoch ständigen Veränderungen, die berücksichtigt werden sollten. Dazu wurde eine
Marktanalyse durchgeführt.[4] Die den neu gefassten Sachgebieten zuzuordnenden Honorarsätze richten sich
an dem Ergebnis der Marktanalyse aus. Bei den Sätzen ist mit Rücksicht auf die öffentlichen Haushalte ein
Abschlag auf die ermittelten Marktpreise vorgenommen worden. Dieser Abschlag wird damit begründet,
dass die Justiz als öffentlicher Auftraggeber ein solventer Schuldner ist und auf dem Markt als „Großauf-
traggeber" auftritt.[5]

Für die **Zuordnung zu einer Honorargruppe** kommt es – wie sich aus der Fassung des Abs. 1 S. 2 jetzt aus- 3
drücklich ergibt – allein auf die Entscheidung über die **Heranziehung**, also insb. auf den Inhalt des Beweisbeschlusses und nicht auf die tatsächliche Leistung, an.[6] Dies bedeutet auch, dass bei einem geringen
Schwierigkeitsgrad eines Gutachtens oder etwa bei Rücknahme des Gutachtensauftrags der Stundensatz
nicht ermäßigt werden kann.[7] Das Gericht ist bei der Festsetzung der Sachverständigenvergütung an die
Honorargruppen nach § 9 Abs. 1 und der entsprechenden Anlage 1 gebunden.[8]

Die Stundensätze für **allgemeine Sachverständigenleistungen** orientieren sich am Leitbild eines selbständig 4
und hauptberuflich in dieser Eigenschaft tätigen Sachverständigen und Dolmetschers. Sie schließen die laufenden Gemeinkosten, insb. für Alterssicherung und Krankheitsvorsorge, ein.[9]

Die **Honorargruppen M 1 bis M 3** für die Erbringung von Sachverständigenleistungen zu **medizinischen** 5
Fragestellungen richten sich nicht nach einem Sachgebiet, sondern nach dem konkreten Gegenstand des
Gutachtens, da medizinische Sachverständige in aller Regel nicht in dieser Funktion hauptberuflich und
selbständig tätig sind.

2. Sachgebiete und Sachgebietsliste; medizinische und psychologische Gutachten. Mit der **Sachgebietsliste** 6
(**Anlage 1 zu § 9 Abs. 1**) werden die verschiedenen Sachgebiete den einzelnen Honorargruppen zugeordnet.
Die Aufzählung in der Anlage 1 umfasst nur die in der Praxis wichtigsten Sachgebiete, auf denen Sachverständige tätig sind. Die Zuordnung von weniger häufig nachgefragten und daher nicht genannten Sachgebieten bleibt der Praxis vorbehalten.[10]

Die Sachgebietsliste ist im Zuge des 2. KostRMoG einer erstmaligen Überprüfung unterzogen, grundlegend 7
überarbeitet und um bislang nicht berücksichtigte Sachgebiete, die für die Praxis von Bedeutung sind, erweitert worden.[11] Bei einigen Sachgebieten erfolgte zusätzlich eine Differenzierung innerhalb des einzelnen
Sachgebiets, um durch eine bessere Beschreibung der Sachgebiete unterschiedlich schwierige Leistungen von
Sachverständigen, die bei Leistungen innerhalb eines einzelnen Sachgebiets auftreten können, besser berücksichtigen zu können. Auch weiterhin werden sich aber in der gerichtlichen Praxis Sachgebiete ergeben,
die in der Liste nicht genannt sind, so dass durch die Gerichte die zutreffende Honorargruppe zu ermitteln
sein wird (Abs. 1 S. 3).

Medizinische und psychologische Gutachten werden in drei besonderen **Honorargruppen** erfasst (**M 1–** 8
M 3). Da insoweit nicht nach Sachgebieten zu unterscheiden ist, ist in der Tabelle nicht nach Sachgebieten,
sondern nach dem **konkreten Gegenstand** des medizinischen bzw psychologischen Gutachtens differenziert.[12]

3. Fehlende Zuordnung zu einem Sachgebiet (Abs. 1 S. 3). Ist die Leistung auf einem Sachgebiet zu erbrin- 9
gen, das **in keiner Honorargruppe genannt** wird, werden diese Sachgebiete – ggf im gerichtlichen Festsetzungsverfahren nach § 4 – nach billigem Ermessen einer Honorargruppe zugeordnet (**Abs. 1 S. 3**). Maßgebendes Kriterium für die Zuordnung sind die außergerichtlich und außerbehördlich vereinbarten Stundensätze für Leistungen auf dem betroffenen Sachgebiet, weil auch die Einteilung der Gruppen nach der Anlage 1 nach diesem Maßstab erfolgt ist. Dies wird von den Berechtigten häufig dahin gehend verstanden, dass
bei der außergerichtlichen Überschreitung der höchsten Honorargruppe im Fall der gerichtlichen Heranziehung ausschließlich die höchste Honorarstufe zu erstatten ist. Dies ist aber bei der Entscheidung nach
Abs. 1 S. 3 nicht zugrunde zu legen, sondern neben anderen Ermessensfaktoren lediglich zu berücksichtigen. Ein weiterer Schritt besteht in der Zuordnung der konkreten Leistung nach billigem Ermessen in das
Gefüge der in der Anlage 1 genannten Sachgebiete. Dabei ist neben den außergerichtlich allgemein vereinbarten Stundensätzen zu berücksichtigen, dass die Stundensätze des JVEG nicht zuletzt wegen der Bonität
der öffentlichen Hand generell erheblich niedriger als im außergerichtlichen Bereich liegen und die laufenden Gemeinkosten einschließen. Ebenfalls sind auch **vergleichbare Sachgebiete und Honorargruppen** heran-

---

4 Prof. Dr. *Christoph Hommerich*, Dipl.-Soz. *Nicole Reiß*, Justizvergütungs- und -entschädigungsgesetz – Evaluation und Marktanalyse, Bundesanzeiger Verlag GmbH, 2009. **5** BT-Drucks 17/11471 (neu), S. 145. **6** BT-Drucks 17/11471 (neu), S. 260.
7 LG Koblenz JurBüro 2005, 601. **8** LG Flensburg JurBüro 2005, 600. **9** BT-Drucks 15/1971, S. 182. **10** BT-Drucks 15/1971,
S. 142. **11** BT-Drucks 17/11471 (neu), S. 263 iVm S. 145. **12** BT-Drucks 15/1971, S. 182.

zuziehen.[13] Danach ist die Leistung unter Berücksichtigung der allgemein für Leistungen solcher Art außergerichtlich vereinbarten Stundensätze einer Honorargruppe der Anlage 1 nach billigem Ermessen zuzuordnen.[14]

9a **Beispiele:** Wird ein Meister des Maler- und Lackiererhandwerks beauftragt festzustellen, ob an der durch Unfall beschädigten Stelle an einem Kfz bereits vor dem Unfall eine Beschädigung bestand, dürfte das Sachgebiet Nr. 20 „Kraftfahrzeugschäden und -bewertung" mit der Honorargruppe 8 einschlägig sein. Anthropologische Vergleichsgutachten werden idR der Honorargruppe 6 – und nicht den medizinischen Honorargruppen M 1–M 3 – zugeordnet.[15] Bisher war es umstritten, ob Tierärzte wie Humanmediziner den Honorargruppen M 1–M 3 zugeordnet werden. Nun ist in der Anlage 1 das Sachgebiet Nr. 36 „Tiere" enthalten, welches auch für Veterinärmediziner einschlägig sein dürfte, so dass eine Zuordnung zur Honorargruppe 2 mit einem Stundensatz von 70 € in Betracht kommt.[16] Ein nicht-medizinisches Gutachten auf dem Gebiet der Ernährungskunde könnte der Honorargruppe M 1 zugeordnet werden.[17] Ein Gutachten zur Nachprüfung einer Geschwindigkeitsbestimmung mit einem Lasermessgerät fällt unter das Sachgebiet 38 „Verkehrsregelungs- und -überwachungstechnik".[18]

10 **4. Mehrere Sachgebiete (Abs. 1 S. 4).** Handelt es sich um eine Sachverständigenleistung, die **mehrere Sachgebiete** betrifft, die **verschiedenen Honorargruppen** zuzuordnen sind, die **mehrere Gegenstände aus unterschiedlichen medizinischen und psychologischen Zuordnungen** betrifft, bestimmt Abs. 1 S. 4, dass die Vergütung einheitlich nach dem höchsten Stundensatz zu bemessen ist. Damit wird verhindert, dass eine aus verschiedenen Stundensätzen nach dem jeweiligen Umfang der zeitlichen Inanspruchnahme oder gar auf der Grundlage eines „gemischten" Stundensatzes gebildete Gesamtvergütung zu ermitteln ist.[19] Dies gilt jedoch nur, wenn der **Schwerpunkt** der Sachverständigentätigkeit in der höheren Honorargruppe liegt. Ist der auf eine höhere Honorargruppe entfallende Anteil der Leistung **nur geringfügig,** soll die Tätigkeit – ggf im gerichtlichen Festsetzungsverfahren nach § 4 – der niedrigeren Honorargruppe zugeordnet werden. Werden die Leistungen des Sachverständigen auf medizinischem Gebiet erbracht, soll wiederum entsprechend zu verfahren sein.

11 **5. Antrag auf gerichtliche Entscheidung.** Abs. 1 S. 4 und 5 lassen es zu, dass der Sachverständige bei

- **fehlender Eingruppierung** in eine Honorargruppe,
- einer **Tätigkeit in mehreren** unterschiedlichen **Honorargruppen** und
- **Zweifeln über den Schwerpunkt** der Tätigkeit

gerichtliche Festsetzung beantragen kann, solange der Sachverständige seinen Anspruch auf Vergütung noch nicht abgerechnet hat. Damit wird es dem Sachverständigen ermöglicht, schon vor der Abrechnung – uU sogleich nach seiner Bestellung zum Sachverständigen und damit schon vor Aufnahme der ihm übertragenen Aufgaben – Klarheit über die kostenmäßige Bewertung der von ihm erwarteten Leistungen und damit gleichzeitig über einen für seinen Gesamtanspruch wesentlichen Bemessungsfaktor zu bekommen. Gegen die Entscheidung des Gerichts nach §§ 4 Abs. 1, 9 Abs. 1 S. 4 ist die Beschwerde möglich.

12 Diese **Beschwerde** ist auch möglich, wenn der Beschwerdewert 200 € nicht übersteigt. Dabei wird davon ausgegangen, dass der Sachverständige noch keine Abrechnung seiner Vergütung vorgenommen hat, weil sich in diesen Fällen noch kein Wert der Beschwer beziffern lässt. Die Regelung dient zudem der Rechtsfortbildung, weil sie in der besonders wichtigen Frage der Qualifizierung einzelner Sachverständigenleistungen nach dem neuen Recht obergerichtliche Entscheidungen unabhängig vom Beschwerdewert ermöglicht.[20]

II. Vorläufiger Insolvenzverwalter (Abs. 2)

13 Abs. 2 ist durch das 2. KostRMoG neu gefasst worden. In der Rspr wurde zT vertreten, dass das Honorar eines **isoliert** bestellten Sachverständigen ebenfalls nach Abs. 2 (aF) zu bestimmen sei, weil in der Sachgebietsliste der Anlage 1 (aF) zu § 9 Abs. 1 bisher kein zutreffendes Sachgebiet aufgeführt war.[21] Im Fall einer isolierten Gutachtertätigkeit soll sich das Honorar jedoch ausschließlich nach Abs. 1 bemessen. Dies wird zukünftig regelmäßig ein Sachgebiet sein, das in der neuen Sachgebietsliste unter Nr. 6 (Betriebswirtschaft) aufgeführt ist.[22]

---

13 OLG Celle 26.10.2007 – 2 W 102/07, juris; OLG Bamberg NJW-RR 2005, 359; OLG Dresden 13.10.2005 – 3 Ws 49/05, juris. **14** Binz/Dörndorfer u.a./*Binz,* § 9 JVEG Rn 9. **15** OLG Düsseldorf 9.10.2014 – 1 Ws 16/14 sowie LG Detmold 13.4.2015 – 4 Qs 32/15, juris; aA LG Hannover 25.6.2015 – 46 Qs 43/14, juris. **16** OLG Düsseldorf 18.2.2014 – I-10 W 6/14, juris; aA OLG Köln 23.3.2015 – 17 W 207/14, juris. **17** ThürLSG 12.9.2014 – L 6 SF 477/14 B, juris. **18** KG 10.9.2015 – 1 Ws 47/15, 1 Ws 67/15, juris. **19** BT-Drucks 15/1971, S. 182. **20** BT-Drucks 15/1971, S. 182. **21** OLG Hamburg ZInsO 2010, 634. **22** BT-Drucks 17/11471 (neu), S. 260; vgl auch OLG Düsseldorf 17.4.2014 – 10 W 39/14, juris.

Die Höhe des dem vorläufigen Insolvenzverwalter für seine Sachverständigentätigkeit zu zahlende Honorar beträgt für jede Stunde 80 €. Das entspricht der Honorargruppe 4. **14**

III. Honorar für Dolmetscherleistungen (Abs. 3)

Auch die Stundensätze für Dolmetscherleistungen orientieren sich am Leitbild eines selbständig und haupt- **15** beruflich tätigen Dolmetschers. Dabei wird der Stundensatz der Dolmetscher unter Berücksichtigung von zwei Gesichtspunkten ermittelt. Zum einen wird zwischen Privat- und Geschäftskunden und zum anderen zwischen Konsekutiv- und Simultandolmetschen unterschieden. Die Stundensätze nach Abs. 3 basieren auf den Stundensätzen für Geschäftskunden mit einer Reduzierung um 10 %. Im Übrigen wird danach unterschieden, ob der Dolmetscher mit Simultan- oder Konsekutivdolmetschen beauftragt worden ist. Maßgebend für die Höhe des zu zahlenden Honorars ist die bei Heranziehung mitgeteilte Art des Dolmetschens. Diese kann vom Richter jedoch bis vor Beginn der Verhandlung auch mündlich noch abgeändert werden. Der sich nach der Heranziehung ergebende Stundensatz wird für die gesamte Zeit (einschließlich Reise- und Wartezeiten) gezahlt.[23] Mittagspausen sind nicht zu vergüten, soweit der Dolmetscher sich nicht zur Verfügung des Gerichts halten musste (→ § 8 Rn 6).

Weitere Unterscheidungen als nach der **Art der Dolmetschertätigkeit** sind nicht maßgeblich. Es kommt also **16** nicht darauf an, ob es sich um eine Dolmetschertätigkeit in einer häufiger gesprochenen Sprache oder einer **seltenen Sprache** handelt. Auch eine Abänderung der Stundensätze wegen **besonderer Schwierigkeiten** kommt nicht in Betracht.[24]

Auch bei den Dolmetschern erfolgt eine **Aufrundung** auf die letzte angefangene halbe Stunde (§ 8 Abs. 2), **17** wenn von der letzten Stunde lediglich die ersten Minuten für die Erbringung der in Auftrag gegebenen Dolmetschertätigkeit in Anspruch genommen werden mussten, da sich die Regelungen des § 8 auch auf die Vergütung der Dolmetscher beziehen.[25]

Einen Anspruch auf Honorar haben die Dolmetscher unter bestimmten Umständen auch, wenn ein **Termin** **18** **aufgehoben** wird. Ein eventueller Einkommensverlust im Bereich der Dolmetscher kann – anders als bei Sachverständigen oder Übersetzern – regelmäßig nicht dadurch ausgeglichen werden, dass in derselben Zeit, die für den Termin einschließlich kalkulierter Reise- und Wartezeiten vorgesehen war, andere Aufgaben (wie etwa Arbeiten an einem anderen Gutachten oder einer anderen Übersetzung) vorgenommen werden. **Voraussetzung** für eine pauschale Entschädigung ist der Eingang der Abladung erst am Tag des ursprünglich vorgesehenen Termins oder an einem der beiden vorangehenden Tage sowie der unvermeidbare Einkommensverlust durch die Aufhebung oder Verlegung des Termins (**Abs. 3 S. 2**). Die Ausfallentschädigung wird nur „bis zu einem Betrag, der dem Honorar für zwei Stunden entspricht" gezahlt (**Abs. 3 S. 3**). Der **Betrag von zwei Stundensätzen** ist also nicht zwingend, wenn der Verdienstausfall diesen Betrag nicht erreicht.[26] Wie der Nachweis eines Einkommensverlusts glaubhaft[27] gemacht werden soll, bleibt offen. Man wird einem entsprechenden Vortrag des Dolmetschers Glauben schenken müssen, da ein Nachweis in der Praxis nicht zu führen sein wird.[28] Vom Begriff „Aufhebung eines Termins" ist sowohl die Verschiebung eines Termins als auch die Abladung des Dolmetschers aus sonstigen Gründen umfasst.[29]

Wird eine **juristische Person** (Übersetzungsbüro) mit Dolmetschertätigkeiten beauftragt, gilt als herangezo- **19** gen iSd JVEG die juristische Person, nicht der auftretende Dolmetscher.[30] Dieser Ansicht dürfte, insb. im Hinblick auf § 1 Abs. 1 S. 3, zu folgen sein, da die juristische Person als beauftragt gilt.[31] Dies bedeutet aber auch, dass sich eventuelle Aufwendungen nach §§ 5, 6 nach den Voraussetzungen beim beauftragten Büro richten und nicht nach den Verhältnissen des auftretenden Dolmetschers, so dass zB Reisekosten nur vom Sitz des Übersetzungsbüros erstattet werden können, selbst wenn der Dolmetscher von weiter anreist.

IV. Zur Abgrenzung von Dolmetscher-, Übersetzer- und Sprachsachverständigentätigkeit

Die Übertragung von auf Tonträgern gespeicherten Gesprächen in die geschriebene deutsche Sprache ist **20** eine Übersetzerleistung, die gem. § 11 Abs. 1 zu vergüten ist (→ § 11 Rn 1, 2). Dolmetscher (vgl § 185 GVG) ist ein Sprachkundiger, der zur mündlichen Verhandlung zugezogen wird und durch Übertragung der schriftlichen oder mündlich zum Prozess abgegebenen Erklärungen den Prozessverkehr des Gerichts mit den der deutschen Sprache unkundigen anderen Prozessbeteiligten ermöglicht.[32] Der zur Verständigung mit

---

23 BT-Drucks 17/11471 (neu), S. 261. **24** KG JurBüro 2011, 491; Meyer/Höver/Bach/*Oberlack*, JVEG, § 9 Rn 7; BT-Drucks 15/1971, S. 183. **25** BT-Drucks 15/1971, S. 181. **26** *Hartmann*, KostG, § 9 JVEG Rn 33. **27** Meyer/Höver/Bach/*Oberlack*, JVEG, § 9 Rn 8. **28** AA *Hartmann*, KostG, § 9 JVEG Rn 32. **29** OLG München JurBüro 2014, 382. **30** OLG Celle JurBüro 2005, 147; aA *Bund*, JurBüro 2005, 148. **31** OLG Düsseldorf JurBüro 2011, 433. **32** OLG Schleswig 23.3.2015 – 1 Ws 79/15 (39/15), juris.

einem hörbehinderten Betroffenen hinzugezogene Gebärdendolmetscher wird nach § 9 Abs. 3 als Dolmetscher vergütet.[33]

§ 10 Honorar für besondere Leistungen

(1) Soweit ein Sachverständiger oder ein sachverständiger Zeuge Leistungen erbringt, die in der Anlage 2 bezeichnet sind, bemisst sich das Honorar oder die Entschädigung nach dieser Anlage.

(2) [1]Für Leistungen der in Abschnitt O des Gebührenverzeichnisses für ärztliche Leistungen (Anlage zur Gebührenordnung für Ärzte) bezeichneten Art bemisst sich das Honorar in entsprechender Anwendung dieses Gebührenverzeichnisses nach dem 1,3fachen Gebührensatz. [2]§ 4 Absatz 2 Satz 1, Absatz 2 a Satz 1, Absatz 3 und 4 Satz 1 und § 10 der Gebührenordnung für Ärzte gelten entsprechend; im Übrigen bleiben die §§ 7 und 12 unberührt.

(3) Soweit für die Erbringung einer Leistung nach Absatz 1 oder Absatz 2 zusätzliche Zeit erforderlich ist, erhält der Berechtigte ein Honorar nach der Honorargruppe 1.

Anlage 2
(zu § 10 Abs. 1)

Nr.	Bezeichnung der Leistung	Honorar
	Abschnitt 1 Leichenschau und Obduktion	
	Vorbemerkung 1:	
	(1) Das Honorar in den Fällen der Nummern 100, 102 bis 106 umfasst den zur Niederschrift gegebenen Bericht; in den Fällen der Nummern 102 bis 106 umfasst das Honorar auch das vorläufige Gutachten. Das Honorar nach den Nummern 102 bis 106 enthält jeder Obduzent gesondert.	
	(2) Aufwendungen für die Nutzung fremder Kühlzellen, Sektionssäle und sonstiger Einrichtungen werden bis zu einem Betrag von 300 € gesondert erstattet, wenn die Nutzung wegen der großen Entfernung zwischen dem Fundort der Leiche und dem rechtsmedizinischen Institut geboten ist.	
100	Besichtigung einer Leiche, von Teilen einer Leiche, eines Embryos oder eines Fetus oder Mitwirkung bei einer richterlichen Leichenschau	60,00 €
	für mehrere Leistungen bei derselben Gelegenheit jedoch höchstens	140,00 €
101	Fertigung eines Berichts, der schriftlich zu erstatten oder nachträglich zur Niederschrift zu geben ist	30,00 €
	für mehrere Leistungen bei derselben Gelegenheit jedoch höchstens	100,00 €
102	Obduktion	380,00 €
103	Obduktion unter besonders ungünstigen äußeren Bedingungen:	
	Das Honorar 102 beträgt	500,00 €
104	Obduktion unter anderen besonders ungünstigen Bedingungen (Zustand der Leiche etc.):	
	Das Honorar 102 beträgt	670,00 €
105	Sektion von Teilen einer Leiche oder Öffnung eines Embryos oder nicht lebensfähigen Fetus	100,00 €
106	Sektion oder Öffnung unter besonders ungünstigen Bedingungen:	
	Das Honorar 105 beträgt	140,00 €

---

33 Meyer/Höver/Bach/*Oberlack*, JVEG, § 9 Rn 7.

Nr.	Bezeichnung der Leistung	Honorar
	Abschnitt 2 Befund	
200	Ausstellung eines Befundscheins oder Erteilung einer schriftlichen Auskunft ohne nähere gutachtliche Äußerung	21,00 €
201	Die Leistung der in Nummer 200 genannten Art ist außergewöhnlich umfangreich:	
	Das Honorar 200 beträgt	bis zu 44,00 €
202	Zeugnis über einen ärztlichen Befund mit von der heranziehenden Stelle geforderter kurzer gutachtlicher Äußerung oder Formbogengutachten, wenn sich die Fragen auf Vorgeschichte, Angaben und Befund beschränken und nur ein kurzes Gutachten erfordern	38,00 €
203	Die Leistung der in Nummer 202 genannten Art ist außergewöhnlich umfangreich:	
	Das Honorar 202 beträgt	bis zu 75,00 €
	Abschnitt 3 Untersuchungen, Blutentnahme	
300	Untersuchung eines Lebensmittels, Bedarfsgegenstands, Arzneimittels, von Luft, Gasen, Böden, Klärschlämmen, Wässern oder Abwässern und dgl. und eine kurze schriftliche gutachtliche Äußerung:	
	Das Honorar beträgt für jede Einzelbestimmung je Probe	5,00 bis 60,00 €
301	Die Leistung der in Nummer 300 genannten Art ist außergewöhnlich umfangreich oder schwierig:	
	Das Honorar 300 beträgt	bis zu 1.000,00 €
302	Mikroskopische, physikalische, chemische, toxikologische, bakteriologische, serologische Untersuchung, wenn das Untersuchungsmaterial von Menschen oder Tieren stammt:	
	Das Honorar beträgt je Organ oder Körperflüssigkeit	5,00 bis 60,00 €
	Das Honorar umfasst das verbrauchte Material, soweit es sich um geringwertige Stoffe handelt, und eine kurze gutachtliche Äußerung.	
303	Die Leistung der in Nummer 302 genannten Art ist außergewöhnlich umfangreich oder schwierig:	
	Das Honorar 302 beträgt	bis zu 1.000,00 €
304	Herstellung einer DNA-Probe und ihre Überprüfung auf Geeignetheit (z.B. Hochmolekularität, humane Herkunft, Ausmaß der Degradation, Kontrolle des Verdaus)	bis zu 205,00 €
	Das Honorar umfasst das verbrauchte Material, soweit es sich um geringwertige Stoffe handelt, und eine kurze gutachtliche Äußerung.	
305	Elektrophysiologische Untersuchung eines Menschen	15,00 bis 135,00 €
	Das Honorar umfasst eine kurze gutachtliche Äußerung und den mit der Untersuchung verbundenen Aufwand.	
306	Raster-elektronische Untersuchung eines Menschen oder einer Leiche, auch mit Analysenzusatz	15,00 bis 355,00 €
	Das Honorar umfasst eine kurze gutachtliche Äußerung und den mit der Untersuchung verbundenen Aufwand.	

Nr.	Bezeichnung der Leistung	Honorar
307	Blutentnahme	9,00 €
	Das Honorar umfasst eine Niederschrift über die Feststellung der Identität.	

Abschnitt 4 Abstammungsgutachten

Vorbemerkung 4:

(1) Das Honorar umfasst die gesamte Tätigkeit des Sachverständigen einschließlich aller Aufwendungen mit Ausnahme der Umsatzsteuer und mit Ausnahme der Auslagen für Probenentnahmen durch vom Sachverständigen beauftragte Personen, soweit nichts anderes bestimmt ist. Das Honorar umfasst ferner den Aufwand für die Anfertigung des schriftlichen Gutachtens und von drei Überstücken.

(2) Das Honorar für Leistungen der in Abschnitt M III 13 des Gebührenverzeichnisses für ärztliche Leistungen (Anlage zur GOÄ) bezeichneten Art bemisst sich in entsprechender Anwendung dieses Gebührenverzeichnisses nach dem 1,15-fachen Gebührensatz. § 4 Abs. 2 Satz 1, Abs. 2 a Satz 1, Abs. 3 und 4 Satz 1 und § 10 GOÄ gelten entsprechend.

Nr.	Bezeichnung der Leistung	Honorar
400	Erstellung des Gutachtens	140,00 €
	Das Honorar umfasst	
	1. die administrative Abwicklung, insbesondere die Organisation der Probenentnahmen, und	
	2. das schriftliche Gutachten, erforderlichenfalls mit biostatistischer Auswertung.	
401	Biostatistische Auswertung, wenn der mögliche Vater für die Untersuchungen nicht zur Verfügung steht und andere mit ihm verwandte Personen an seiner Stelle in die Begutachtung einbezogen werden (Defizienzfall):	
	je Person	25,00 €
	Beauftragt der Sachverständige eine andere Person mit der biostatistischen Auswertung in einem Defizienzfall, werden ihm abweichend von Vorbemerkung 4 Absatz 1 Satz 1 die hierfür anfallenden Auslagen ersetzt.	
402	Entnahme einer genetischen Probe einschließlich der Niederschrift sowie der qualifizierten Aufklärung nach dem GenDG:	
	je Person	25,00 €
	Untersuchung mittels	
	1. Short Tandem Repeat Systemen (STR) oder	
	2. diallelischer Polymorphismen:	
	– Single Nucleotide Polymorphisms (SNP) oder	
	– Deletions-/Insertionspolymorphismen (DIP)	
403	– bis zu 20 Systeme:	
	je Person	120,00 €
404	– 21 bis 30 Systeme:	
	je Person	170,00 €
405	– mehr als 30 Systeme:	
	je Person	220,00 €
406	Mindestens zwei Testkits werden eingesetzt, die Untersuchungen erfolgen aus voneinander unabhängigen DNA-Präparationen und die eingesetzten parallelen Analysemethoden sind im Gutachten ausdrücklich dargelegt:	
	Die Honorare nach den Nummern 403 bis 405 erhöhen sich um jeweils ...	80,00 €
407	Herstellung einer DNA-Probe aus anderem Untersuchungsmaterial als Blut oder Mundschleimhautabstrichen einschließlich Durchführung des Tests auf Eignung:	
	je Person	bis zu 120,00 €

I. Allgemeines

§ 10 enthält eine **Spezialvorschrift** für die in der Anlage 2 und in Abschnitt O des Gebührenverzeichnisses   **1**
für ärztliche Leistungen (Anlage zur GOÄ) bezeichneten Leistungen im medizinischen Bereich. Danach sind
feste Vergütungssätze und -rahmen vorgesehen. Es handelt sich um eine eng auszulegende Sondervorschrift.[1] Im Honorar nach § 10 ist auch die Aktendurchsicht enthalten. Wenn ein Sachverständiger – auftragsgemäß (→ Rn 5) – Leistungen nach § 10 sowie ein darüber hinausgehendes Gutachten erbringt, werden die nicht von § 10 erfassten Leistungen gem. § 9 abgerechnet. Dann sind auch Leistungen für Hilfskräfte zu erstatten.[2]

II. Leistungen nach Anlage 2 (Abs. 1)

1. Anwendungsbereich. Die Regelung des Abs. 1 gilt für den **Sachverständigen** und für den **sachverständi-**   **2**
gen Zeugen, wenn er in der Anlage 2 aufgeführte Leistungen erbringt. Im Übrigen gelten für den sachverständigen Zeugen die Vorschriften über den Zeugenbeweis einschließlich der Regelungen über deren Entschädigung nach § 19.[3]

Die Honorierung nach Abs. 1 iVm der Anlage 2 hat zur Folge, dass **daneben kein Honorar nach § 9** bean-   **3**
sprucht werden kann. Über die Vergütung nach dem JVEG hinaus stehen dem **ärztlichen Sachverständigen**
auch keine Gebühren nach der GOÄ zu.[4] Jedoch enthält Abs. 1 keine speziellere oder abschließende Regelung hinsichtlich des Ersatzes für besondere **Aufwendungen.**[5] Diese sind allein in § 12 geregelt. Für den
Sachverständigen findet daher § 12 Abs. 1 S. 2 Nr. 3 hinsichtlich der Schreibauslagen Anwendung,[6] nicht
dagegen für den sachverständigen Zeugen.[7] Ein Sachverständiger kann aber für seine Tätigkeit außerhalb
der gewöhnlichen Bürozeiten keinen „Bereitschaftsdienstzuschlag" verlangen. Deshalb entstehen ihm auch
keine besonderen Kosten iSv § 12 Abs. 1 S. 1 Nr. 1.[8] Eine sog. ERGOS-Arbeitssimulation kann nicht als
besondere Leistung nach § 10 vergütet werden.[9]

2. Spezielle Probleme der Anlage 2. a) Anlage 2 Nr. 100–106 (Leichenschau und Obduktion). Grundsätz-   **4**
lich ist das bei der Besichtigung verfasste **Diktat** mit der Nr. 100 abgegolten. Nr. 101 kommt nur zur Anwendung, wenn das Diktat nachträglich erfolgen muss, weil es im zeitlichen Zusammenhang mit der Besichtigung nicht möglich war. Mehrere Leistungen iSv Nr. 100 können mit höchstens 140 € vergütet werden. Komplexe und schwere Unfallgeschehen sind nicht schon als solche **besonders ungünstige äußere Be-**
dingungen der Obduktion iSv Nr. 103.[10] Andere besonders ungünstige Bedingungen iSv Nr. 104 liegen zB
vor bei der Obduktion einer verwesenden Leiche oder einer Brand- oder Wasserleiche.[11] Die Vergütung für
den **Sektionsgehilfen** ist nach § 12 Nr. 1 zu erstatten, sofern die Teilnahme an der Obduktion nicht zu seinen hauptamtlichen Aufgaben gehört.[12]

Die Vorbemerkung 1 sieht in Abs. 2 vor, dass Aufwendungen für die Nutzung fremder Kühlzellen, Sekti-
onssäle und sonstiger Einrichtungen bis zu einem Betrag von 300 € gesondert erstattet werden, wenn die
Nutzung wegen der großen Entfernung zwischen dem Fundort der Leiche und dem rechtsmedizinischen Institut geboten ist.

b) Anlage 2 Nr. 200–203 (Befund). Der Befundschein und das Zeugnis über einen ärztlichen Befund führen   **5**
lediglich zur Entschädigung nach Nr. 200 bzw 202, das Gutachten dagegen zur Entschädigung nach § 9.
Maßgeblich dafür, ob ein Gutachten zu erstatten ist oder Leistungen nach Nr. 200 ff zu erbringen sind, ist
der **Auftrag des Gerichts,** so wie ihn der Arzt verstehen konnte.[13] Darüber hinausgehende Leistungen sind
nicht zu vergüten.[14] Ein **Gutachten** ist die fachkundige Ermittlung und Zusammenfassung medizinischer
Tatsachen und deren Bewertung in Bezug auf eine medizinische Fragestellung. Es setzt voraus, dass der
Sachverständige die Tatsachengrundlage sowie die angewendeten allgemeinen Erfahrungssätze mitteilt und
die Schlussfolgerungen darlegt, die zu seinem Ergebnis geführt haben.[15] Ein ärztliches Zeugnis dazu, ob für
den Betroffenen ein Betreuer zu bestellen ist, stellt idR ein Gutachten dar.[16]

Ein **Befundschein** nach Nr. 200 ist die Zusammenstellung medizinischer Fakten ohne Bewertung.[17] Für die   **6**
Entstehung des Entschädigungsanspruchs reicht es nicht aus, dass ein früher erstellter Befundschein noch
einmal übersandt wird.[18] Es bedarf vielmehr neuer berichtenswerter Fakten. Die bloße Auflistung von Behandlungsdaten und Diagnosen genügt dem nicht.[19] Auch ein geringfügig individualisierter Computeraus-

1 ThürLSG MedSach 2007, 180. **2** Binz/Dörndorfer u.a./*Binz*, § 10 JVEG Rn 1. **3** BayLSG 31.7.2012 – L 15 SF 229/10, juris.
4 LSG LSA MedR 2012, 151; ThürLSG 9.11.2015 – L 6 JVEG 570/15, juris. **5** ThürLSG 9.11.2015 – L 6 JVEG 570/15, juris.
6 LSG NRW 2.9.2009 – L 4 B 13/08, juris. **7** Binz/Dörndorfer u.a./*Binz*, § 10 JVEG Rn 2. **8** OLG Stuttgart NStZ-RR 2008,
94. **9** ThürLSG MedSach 2007, 180. **10** OLG Jena 23.2.2009 – 1 Ws 518/08, juris. **11** Binz/Dörndorfer u.a./*Binz*, § 10 JVEG
Rn 5. **12** Binz/Dörndorfer u.a./*Binz*, § 10 JVEG Rn 6. **13** OLG Naumburg 12.2.2015 – 2 Wx 9/14; LG Kassel FamRZ 2012,
1974. **14** SchlHLSG ArztR 2009, 323. **15** LG Bochum 28.9.2006 – 1 AR 10/06, juris. **16** OLG Naumburg 12.2.2015 – 2 Wx
9/14; LG Kassel FamRZ 2012, 1974. **17** SchlHLSG MedR 2009, 473. **18** SchlHLSG MedR 2009, 473. **19** SG Karlsruhe
22.5.2015 – S 1 SF 1609/15 E, juris.

druck der ärztlichen Befunddokumentation stellt keinen Befundschein dar.[20] Für die Übersendung eines unbearbeiteten Computerausdrucks anstelle eines angeforderten Befundberichts wird einem Arzt lediglich Aufwendungsersatz für Schreibauslagen nach § 7 Abs. 2 geleistet.[21] Aufwendungen für das Heraussuchen der Patientenpapiere und deren Sichtung können nur nach § 7 Abs. 1 S. 1 ersetzt werden.[22] Eine unterschiedliche Honorierung im ambulanten und stationären Bereich ist nicht vorgesehen.[23]

7 Das **Zeugnis über einen ärztlichen Befund** nach Nr. 202 setzt voraus, dass aus bestimmten Tatsachen konkrete Schlussfolgerungen gezogen, Kenntnisse von Erfahrungssätzen mitgeteilt oder mit besonderem Fachwissen Tatsachen (neu) festgestellt werden.[24] Das Zeugnis enthält Teile eines vollständigen Gutachtens, nämlich regelmäßig die Diagnose, evtl ergänzt durch die Wiedergabe einzelner Befundtatsachen.[25] Wird ein Arzt, der dem Betroffenen aus therapeutischen Erwägungen Hilfsmittel verordnet hat, um die Mitteilung dieser Erwägungen gebeten, welche entweder anhand der Patientendokumentation abgerufen oder als innere Tatsache anhand des dem Arzt bereits präsenten Wissens abgefragt werden können, so liegt kein Gutachten, sondern ein Zeugnis über einen ärztlichen Befund vor.[26]

8 Für die Bewertung als **außergewöhnlich umfangreich** iSv Nr. 201, 203 kommt es auf das Ausmaß der Arbeit an, die der Arzt mit der Berichterstattung hat.[27] Der Arbeitsaufwand kann beurteilt werden anhand der Ausführlichkeit der Beschreibungen, der Schwierigkeit, die berichtenswerten Befunde zusammenzustellen, sowie des Zeitaufwands, zB wenn fachübergreifend eine Vielzahl eigener und fremder Befunde zusammenzufassen sind. Ferner kann ein erhöhter Arbeitsaufwand vorliegen, wenn ein komplexes wechselhaftes Krankheitsbild über Jahre hinweg aus schwer überschaubaren Unterlagen darzustellen ist.[28] Die inhaltliche Qualität des Berichts und die Spezialisierung des berichtenden Arztes sind unbeachtlich.[29] Ferner kommt es nicht darauf an, wie viele Seiten der Befundschein bzw das Zeugnis umfasst (str).[30]

9 Leitlinie für die **Ausfüllung der Rahmensätze** der Nr. 201 und 203 sind die Gebührentatbestände der GOÄ.[31] Eine über den Höchstsatz hinausgehende Vergütung kann durch das Gericht nicht festgesetzt werden.[32] Für einen Befundbericht ohne nähere gutachtliche Äußerung besteht kein Anspruch auf Ersatz von **Umsatzsteuer**.[33] Im Gegensatz dazu ist die Vergütung für den Befundbericht mit gutachtlicher Äußerung nach Nr. 202 nicht als Schadensersatz, sondern als Entgelt für eine Leistung anzusehen mit der Folge, dass ein umsatzsteuerpflichtiger Umsatz vorliegt.[34]

10 c) **Anlage 2 Nr. 300–307 (Untersuchungen, Blutentnahme).** Der Arzt muss die Untersuchungen **selbst durchführen**,[35] das gilt auch für die Blutentnahme.[36] Die Vergütung gem. Nr. 300 fällt für jede untersuchte Probe, diejenige nach Nr. 302 für jedes untersuchte Organ bzw für jede untersuchte Körperflüssigkeit an.[37] Ein gesonderter Ansatz durchgeführter histologischer und histochemischer Untersuchungen ist nach Nr. 302 unzulässig.[38] Zum Begriff der außergewöhnlich umfangreichen Untersuchung → Rn 8. Zu den Rahmensätzen → Rn 9.

11 d) **Anlage 2 Nr. 400–407 (Abstammungsgutachten).** Die Nr. 400–407 sind der heutigen Praxis der **DNA-Gutachten** angepasst. Abs. 1 der Vorbemerkung 4 stellt klar, dass mit dem Honorar nach diesem Abschnitt grds. die Aufwendungen, zB für die Erstellung des schriftlichen Gutachtens und die Fertigung von drei Kopien, abgegolten sind. Nur die Umsatzsteuer und die Auslagen für Probenentnahmen durch vom Sachverständigen beauftragte Personen kann der Sachverständige gesondert berechnen. Abs. 2 der Vorbemerkung 4 betrifft Untersuchungen, die heute praktisch nicht mehr durchgeführt werden und deshalb wegen der wenigen verbleibenden Anwendungsfälle nicht mehr in den Abschnitt über die Honorierung von Abstammungsgutachten aufgenommen wurden.[39] Zur Verweisung auf die GOÄ → Rn 13. Das für die Erstellung des eigentlichen Gutachtens anfallende Honorar und das Honorar für die Untersuchungen sind getrennt geregelt. Für die Probenentnahme ist eine Pauschale vorgesehen. Die Gebühr entsteht für jede untersuchte Person gesondert.

III. Entsprechende Anwendung der GOÄ (Abs. 2)

12 **1. Leistungen nach Abschnitt O des Gebührenverzeichnisses für ärztliche Leistungen.** Abs. 2 sieht eine besondere Regelung für Leistungen der in **Abschnitt O** des Gebührenverzeichnisses für ärztliche Leistungen

---

20 BayLSG 27.1.2007 – L 14 R 511/06.Ko, juris. **21** ThürLSG 26.9.2013 – L 6 SF 1107/13, juris; HessLSG Breith. 2006, 357. **22** SchlHLSG MedR 2009, 473. **23** BayLSG 4.6.2010 – L 15 SF 132/10, juris. **24** ThürLSG 4.1.2010 – L 6 SF 53/09, juris. **25** OLG Naumburg 12.2.2015 – 2 Wx 9/14; LG Bochum 28.9.2006 – 1 AR 10/06, juris. **26** SG Dresden 5.4.2011 – S 18 KR 32/10, juris. **27** ThürLSG 27.2.2008 – L 6 B 134/07 SF, juris; SchlHLSG ArztR 2009, 323; SG Braunschweig 7.1.2011 – S 36 R 287/09, juris. **28** SG Braunschweig 7.1.2011 – S 36 R 287/09, juris. **29** SchlHLSG ArztR 2009, 323. **30** ThürLSG 27.2.2008 – L 6 B 134/07 SF, juris; aA BayLSG NZS 2012, 880. **31** Binz/Dörndorfer u.a./*Binz*, § 10 JVEG Rn 1. **32** SchlHLSG ArztR 2009, 323. **33** BSGE 101, 301 = NZS 2009, 644. **34** LSG NRW 2.9.2009 – L 4 B 13/08, juris. **35** Binz/Dörndorfer u.a./*Binz*, § 10 JVEG Rn 10. **36** LSG BW NJW 1967, 694. **37** SG Aachen 19.10.2009 – S 9 U 112/06. **38** SG Aachen 19.10.2009 – S 9 U 112/06. **39** BT-Drucks 17/11471 (neu), S. 264.

(**Anlage zur GOÄ**)[40] bezeichneten Art vor. Die Vergütung wird in der Anlage zur GOÄ noch in **DM** wiedergegeben, in der folgenden Aufstellung ist **Umrechnung in Euro** erfolgt. Da sich das Honorar nach dem **1,3fachen Gebührensatz** bemisst, sind die Euro-Beträge in der letzten Spalte zusätzlich jeweils mit 1,3 multipliziert; dies gilt insoweit nicht für die Gebührenziffern, für welche die Anlage zur GOÄ nur den einfachen Gebührensatz vorsieht.

Nr.	Leistung	Punkt-zahl	1,0-Gebühr in Euro	1,3-Gebühr

O. Strahlendiagnostik, Nuklearmedizin, Magnetresonanztomographie und Strahlentherapie

I. Strahlendiagnostik

Allgemeine Bestimmungen

1. Mit den Gebühren sind alle Kosten (auch für Dokumentation und Aufbewahrung der Datenträger) abgegolten.
2. Die Leistungen für Strahlendiagnostik mit Ausnahme der Durchleuchtung(en) (Nummer 5295) sind nur bei Bilddokumentation auf einem Röntgenfilm oder einem anderen Langzeitdatenträger berechnungsfähig.
3. Die Befundmitteilung oder der einfache Befundbericht mit Angaben zu Befund(en) und zur Diagnose ist Bestandteil der Leistungen und nicht gesondert berechnungsfähig.
4. Die Beurteilung von Röntgenaufnahmen (auch Fremdaufnahmen) als selbständige Leistung ist nicht berechnungsfähig.
5. Die nach der Strahlenschutzverordnung bzw. Röntgenverordnung notwendige ärztliche Überprüfung der Indikation und des Untersuchungsumfangs ist auch im Überweisungsfall Bestandteil der Leistungen des Abschnitts O und mit den Gebühren abgegolten.
6. Die Leistungen nach den Nummern 5011, 5021, 5031, 5101, 5106, 5121, 5201, 5267, 5295, 5302, 5305, 5308, 5311, 5318, 5331, 5339, 5376 und 5731 dürfen unabhängig von der Anzahl der Ebenen, Projektionen, Durchleuchtungen bzw. Serien insgesamt jeweils nur einmal berechnet werden.
7. Die Kosten für Kontrastmittel auf Bariumbasis und etwaige Zusatzmittel für die Doppelkontrastuntersuchung sind in den abrechnungsfähigen Leistungen enthalten.

1. Skelett

Allgemeine Bestimmung

Neben den Leistungen nach den Nummern 5050, 5060 und 5070 sind die Leistungen nach den Nummern 300 bis 302, 372, 373, 490, 491 und 5295 nicht berechnungsfähig.

Zähne

Nr.	Leistung	Punktzahl	1,0-Gebühr in Euro	1,3-Gebühr
5000	Zähne, je Projektion .... *Werden mehrere Zähne mittels einer Röntgenaufnahme erfaßt, so darf die Leistung nach Nummer 5000 nur einmal und nicht je aufgenommenem Zahn berechnet werden.*	50	2,91	3,78
5002	Panoramaaufnahme(n) eines Kiefers	250	14,57	18,94
5004	Panoramaschichtaufnahme der Kiefer	400	23,31	30,30

Finger oder Zehen

Nr.	Leistung	Punktzahl	1,0-Gebühr in Euro	1,3-Gebühr
5010	jeweils in zwei Ebenen	180	10,49	13,64
5011	ergänzende Ebene(n) .... *Werden mehrere Finger oder Zehen mittels einer Röntgenaufnahme erfaßt, so dürfen die Leistungen nach den Nummern 5010 und 5011 nur einmal und nicht je aufgenommenem Finger oder Zehen berechnet werden.*	60	3,50	4,55

40 Gebührenordnung für Ärzte (GOÄ) v. 12.11.1982 idF der Bek. v. 9.2.1996 (BGBl. I 210), zul. geänd. d. Art. 17 G v. 4.12.2001 (BGBl. I 3320).

Nr.	Leistung	Punkt-zahl	1,0-Gebühr in Euro	1,3-Gebühr
— **Handgelenk, Mittelhand, alle Finger einer Hand, Sprunggelenk, Fußwurzel und/ oder Mittelfuß, Kniescheibe**				
5020	jeweils in zwei Ebenen	220	12,82	16,67
5021	ergänzende Ebene(n)	80	4,66	6,06
	Werden mehrere der in der Leistungsbeschreibung genannten Skeletteile mittels einer Röntgenaufnahme erfaßt, so dürfen die Leistungen nach den Nummern 5020 und 5021 nur einmal und nicht je aufgenommenem Skeletteil berechnet werden.			
Oberarm, Unterarm, Ellenbogengelenk, Oberschenkel, Unterschenkel, Kniegelenk, ganze Hand oder ganzer Fuß, Gelenke der Schulter, Schlüsselbein, Beckenteilaufnahme, Kreuzbein oder Hüftgelenkhead				
5030	jeweils in zwei Ebenen	360	20,98	27,27
5031	ergänzende Ebene(n)	100	5,83	7,58
	Werden mehrere der in der Leistungsbeschreibung genannten Skeletteile mittels einer Röntgenaufnahme erfaßt, so dürfen die Leistungen nach den Nummern 5030 und 5031 nur einmal und nicht je aufgenommenem Skeletteil berechnet werden.			
5035	Teile des Skeletts in einer Ebene, je Teil	160	9,33	12,13
	Die Leistung nach Nummer 5035 ist je Skeletteil und Sitzung nur einmal berechnungsfähig. Das untersuchte Skeletteil ist in der Rechnung anzugeben. *Die Leistung nach Nummer 5035 ist neben den Leistungen nach den Nummern 5000 bis 5031 und 5037 bis 5121 nicht berechnungsfähig.*			
5037	Bestimmung des Skelettalters – gegebenenfalls einschließlich Berechnung der prospektiven Endgröße, einschließlich der zugehörigen Röntgendiagnostik und gutachterlichen Beurteilung –	300	17,49	22,74
5040	Beckenübersicht	300	17,49	22,74
5041	Beckenübersicht bei einem Kind bis zum vollendeten 14. Lebensjahr ...	200	11,66	15,16
5050	Kontrastuntersuchung eines Hüftgelenks, Kniegelenks oder Schultergelenks, einschließlich Punktion, Stichkanalanästhesie und Kontrastmitteleinbringung – gegebenenfalls einschließlich Durchleuchtung(en) –	950	55,37	71,98
5060	Kontrastuntersuchung eines Kiefergelenks, einschließlich Punktion, Stichkanalanästhesie und Kontrastmitteleinbringung – gegebenenfalls einschließlich Durchleuchtung(en) –	500	29,14	37,88
5070	Kontrastuntersuchung der übrigen Gelenke, einschließlich Punktion, Stichkanalanästhesie und Kontrastmitteleinbringung – gegebenenfalls einschließlich Durchleuchtung(en) –, je Gelenk	400	23,31	30,30
5090	Schädel-Übersicht, in zwei Ebenen	400	23,31	30,30
5095	Schädelteile in Spezialprojektionen, je Teil	200	11,66	15,16
5098	Nasennebenhöhlen – gegebenenfalls auch in mehreren Ebenen –	260	15,15	19,70
5100	Halswirbelsäule, in zwei Ebenen	300	17,49	22,74
5101	ergänzende Ebene(n)	160	9,33	12,13

Nr.	Leistung	Punkt-zahl	1,0-Gebühr in Euro	1,3-Gebühr
5105	Brust- oder Lendenwirbelsäule, in zwei Ebenen, je Teil	400	23,31	30,30
5106	ergänzende Ebene(n)	180	10,49	13,64
5110	Ganzaufnahme der Wirbelsäule oder einer Extremität	500	29,14	37,88
5111	ergänzende Ebene(n)	200	11,66	15,16
	Die Leistung nach Nummer 5111 ist je Sitzung nicht mehr als zweimal berechnungsfähig.			
	Die Leistungen nach den Nummern 5110 und 5111 sind neben den Leistungen nach den Nummern 5010, 5011, 5020, 5021, 5030 und 5031 nicht berechnungsfähig.			
	Die Nebeneinanderberechnung der Leistungen nach den Nummern 5100, 5105 und 5110 bedarf einer besonderen Begründung.			
5115	Untersuchung von Teilen der Hand oder des Fußes mittels Feinstfokustechnik (Fokusgröße maximal 0,2 mm) oder Xeroradiographietechnik zur gleichzeitigen Beurteilung von Knochen und Weichteilen, je Teil	400	23,31	30,30
5120	Rippen einer Thoraxhälfte, Schulterblatt oder Brustbein, in einer Ebene	260	15,15	19,70
5121	ergänzende Ebene(n)	140	8,16	10,61
	2. Hals- und Brustorgane			
5130	Halsorgane oder Mundboden – gegebenenfalls in mehreren Ebenen – ..	280	16,32	21,22
5135	Brustorgane-Übersicht, in einer Ebene	280	16,32	21,22
	Die Leistung nach Nummer 5135 ist je Sitzung nur einmal berechnungsfähig.			
5137	Brustorgane-Übersicht – gegebenenfalls einschließlich Breischluck und Durchleuchtung(en) –, in mehreren Ebenen	450	26,23	34,10
5139	Teil der Brustorgane	180	10,49	13,64
	Die Berechnung der Leistung nach Nummer 5139 neben den Leistungen nach den Nummern 5135, 5137 und/oder 5140 ist in der Rechnung zu begründen.			
5140	Brustorgane, Übersicht im Mittelformat	100	5,83	7,58
	3. Bauch- und Verdauungsorgane			
5150	Speiseröhre, gegebenenfalls einschließlich ösophago-gastraler Übergang, Kontrastuntersuchung (auch Doppelkontrast) – einschließlich Durchleuchtung(en) –, als selbständige Leistung	550	32,06	41,68
5157	Oberer Verdauungstrakt (Speiseröhre, Magen, Zwölffingerdarm und oberer Abschnitt des Dünndarms), Monokontrastuntersuchung – einschließlich Durchleuchtung(en) –	700	40,80	53,04
5158	Oberer Verdauungstrakt (Speiseröhre, Magen, Zwölffingerdarm und oberer Abschnitt des Dünndarms), Kontrastuntersuchung – einschließlich Doppelkontrastdarstellung und Durchleuchtung(en), gegebenenfalls einschließlich der Leistung nach Nummer 5150 –	1200	69,94	90,92
5159	Zuschlag zu den Leistungen nach den Nummern 5157 und 5158 bei Erweiterung der Untersuchung bis zum Ileozökalgebiet	300	17,49	22,74

Nr.	Leistung	Punkt-zahl	1,0-Gebühr in Euro	1,3-Gebühr
5163	Dünndarmkontrastuntersuchung mit im Bereich der Flexura duodeno-jejunalis endender Sonde – einschließlich Durchleuchtung(en) –	1300	75,77	98,50
5165	Monokontrastuntersuchung von Teilen des Dickdarms – einschließlich Durchleuchtung(en) –	700	40,80	53,04
5166	Dickdarmdoppelkontrastuntersuchung – einschließlich Durchleuch-tung(en) –	1400	81,60	106,08
5167	Defäkographie nach Markierung der benachbarten Hohlorgane – ein-schließlich Durchleuchtung(en) –	1000	58,29	75,78
5168	Pharyngographie unter Verwendung kinematographischer Techniken – einschließlich Durchleuchtung(en) –, als selbständige Leistung	800	46,63	60,62
5169	Pharyngographie unter Verwendung kinematographischer Techniken – einschließlich Durchleuchtung(en) und einschließlich der Darstellung der gesamten Speiseröhre –	1100	64,12	83,36
5170	Kontrastuntersuchung von Gallenblase und/oder Gallenwegen und/oder Pankreasgängen	400	23,31	30,30
5190	Bauchübersicht, in einer Ebene oder Projektion .... *Die Leistung nach Nummer 5190 ist je Sitzung nur einmal berechnungsfä-hig.*	300	17,49	22,74
5191	Bauchübersicht, in zwei oder mehr Ebenen oder Projektionen	500	29,14	37,88
5192	Bauchteilaufnahme – gegebenenfalls in mehreren Ebenen oder Spezial-projektionen –	200	11,66	15,16
5200	Harntraktkontrastuntersuchung – einschließlich intravenöser Verabrei-chung des Kontrastmittels –	600	34,97	45,46
5201	Ergänzende Ebene(n) oder Projektion(en) im Anschluß an die Leistung nach Nummer 5200 – gegebenenfalls einschließlich Durchleuch-tung(en) –	200	11,66	15,16
5220	Harntraktkontrastuntersuchung – einschließlich retrograder Verabrei-chung des Kontrastmittels, gegebenenfalls einschließlich Durchleuch-tung(en) –, je Seite	300	17,49	22,74
5230	Harnröhren- und/oder Harnblasenkontrastuntersuchung (Urethrozysto-graphie) – einschließlich retrograder Verabreichung des Kontrastmittels, gegebenenfalls einschließlich Durchleuchtung(en) –, als selbständige Leistung	300	17,49	22,74
5235	Refluxzystographie – einschließlich retrograder Verabreichung des Kon-trastmittels, einschließlich Miktionsaufnahmen und gegebenenfalls ein-schließlich Durchleuchtung(en) –, als selbständige Leistung	500	29,14	37,88
5250	Gebärmutter- und/oder Eileiterkontrastuntersuchung – einschließlich Durchleuchtung(en) –	400	23,31	30,30

Nr.	Leistung	Punkt-zahl	1,0-Gebühr in Euro	1,3-Gebühr

4. Spezialuntersuchungen

Nr.	Leistung	Punkt-zahl	1,0-Gebühr in Euro	1,3-Gebühr
5260	Röntgenuntersuchung natürlicher, künstlicher oder krankhaft entstandener Gänge, Gangsysteme, Hohlräume oder Fisteln (z.B. Sialographie, Galaktographie, Kavernographie, Vesikulographie) – gegebenenfalls einschließlich Durchleuchtung(en) – .... *Die Leistung nach Nummer 5260 ist nicht berechnungsfähig für Untersuchungen des Harntrakts, der Gebärmutter und Eileiter sowie der Gallenblase.*	400	23,31	30,30
5265	Mammographie einer Seite, in einer Ebene .... *Die Leistung nach Nummer 5265 ist je Seite und Sitzung nur einmal berechnungsfähig.*	300	17,49	22,74
5266	Mammographie einer Seite, in zwei Ebenen	450	26,23	34,10
5267	Ergänzende Ebene(n) oder Spezialprojektion(en) im Anschluß an die Leistung nach Nummer 5266	150	8,74	11,36
5280	Myelographie	750	43,72	56,84
5285	Bronchographie – einschließlich Durchleuchtung(en) –	450	26,23	34,10
5290	Schichtaufnahme(n) (Tomographie), bis zu fünf Strahlenrichtungen oder Projektionen, je Strahlenrichtung oder Projektion	650	37,89	49,26
5295	Durchleuchtung(en), als selbständige Leistung	240	13,99	18,19
5298	Zuschlag zu den Leistungen nach den Nummern 5010 bis 5290 bei Anwendung digitaler Radiographie (Bildverstärker-Radiographie) .... *Der Zuschlag nach Nummer 5298 beträgt 25 v.H. des einfachen Gebührensatzes der betreffenden Leistung.*			

5. Angiographie

Allgemeine Bestimmungen

Die Zahl der Serien im Sinne der Leistungsbeschreibungen der Leistungen nach den Nummern 5300 bis 5327 wird durch die Anzahl der Kontrastmittelgaben bestimmt.

Die Leistungen nach den Nummern 5300, 5302, 5303, 5305 bis 5313, 5315, 5316, 5318, 5324, 5325, 5327, 5329 bis 5331, 5338 und 5339 sind je Sitzung jeweils nur einmal berechnungsfähig.

Nr.	Leistung	Punkt-zahl	1,0-Gebühr in Euro	1,3-Gebühr
5300	Serienangiographie im Bereich von Schädel, Brust- und/oder Bauchraum, eine Serie	2000	116,57	151,54
5301	Zweite bis dritte Serie im Anschluß an die Leistung nach Nummer 5300, je Serie 400 .... *Bei der angiographischen Darstellung von hirnversorgenden Arterien ist auch die vierte bis sechste Serie jeweils nach Nummer 5301 berechnungsfähig.*	400	23,31	30,30
5302	Weitere Serien im Anschluß an die Leistungen nach den Nummern 5300 und 5301, insgesamt	600	34,97	45,46
5303	Serienangiographie im Bereich von Schädel, Brust- und Bauchraum im zeitlichen Zusammenhang mit einer oder mehreren Leistungen nach den Nummern 5315 bis 5327, eine Serie	1000	58,29	75,78
5304	Zweite bis dritte Serie im Anschluß an die Leistung nach Nummer 5303, je Serie	200	11,66	15,16

Nr.	Leistung	Punkt-zahl	1,0-Gebühr in Euro	1,3-Gebühr
	Bei der angiographischen Darstellung von hirnversorgenden Arterien ist auch die vierte bis sechste Serie jeweils nach Nummer 5304 berechnungsfähig.			
5305	Weitere Serien im Anschluß an die Leistungen nach den Nummern 5303 und 5304, insgesamt	300	17,49	22,74
5306	Serienangiographie im Bereich des Beckens und beider Beine, eine Serie	2000	116,57	151,54
5307	Zweite Serie im Anschluß an die Leistung nach Nummer 5306	600	34,97	45,46
5308	Weitere Serien im Anschluß an die Leistungen nach den Nummern 5306 und 5307, insgesamt	800	46,63	60,62
	Neben den Leistungen nach den Nummern 5306 bis 5308 sind die Leistungen nach den Nummern 5309 bis 5312 für die Untersuchung der Beine nicht berechnungsfähig.			
	Werden die Leistungen nach den Nummern 5306 bis 5308 im zeitlichen Zusammenhang mit einer oder mehreren Leistung(en) nach den Nummern 5300 bis 5305 erbracht, sind die Leistungen nach den Nummern 5306 bis 5308 nur mit dem einfachen Gebührensatz berechnungsfähig.			
5309	Serienangiographie einer Extremität, eine Serie	1800	104,92	136,40
5310	Weitere Serien im Anschluß an die Leistung nach Nummer 5309, insgesamt	600	34,97	45,46
5311	Serienangiographie einer weiteren Extremität im zeitlichen Zusammenhang mit der Leistung nach Nummer 5309, eine Serie	1000	58,29	75,78
5312	Weitere Serien im Anschluß an die Leistung nach Nummer 5311, insgesamt	600	34,97	45,46
5313	Angiographie der Becken- und Beingefäße in Großkassetten-Technik, je Sitzung	800	46,63	60,62
	Die Leistung nach Nummer 5313 ist neben den Leistungen nach den Nummern 5300 bis 5312 sowie 5315 bis 5339 nicht berechnungsfähig.			
5315	Angiokardiographie einer Herzhälfte, eine Serie	2200	128,23	166,70
	Die Leistung nach Nummer 5315 ist je Sitzung nur einmal berechnungsfähig.			
5316	Angiokardiographie beider Herzhälften, eine Serie	3000	174,86	227,32
	Die Leistung nach Nummer 5316 ist je Sitzung nur einmal berechnungsfähig.			
	Neben der Leistung nach Nummer 5316 ist die Leistung nach Nummer 5315 nicht berechnungsfähig.			
5317	Zweite bis dritte Serie im Anschluß an die Leistungen nach Nummer 5315 oder 5316, je Serie	400	23,31	30,30
5318	Weitere Serien im Anschluß an die Leistung nach Nummer 5317, insgesamt	600	34,97	45,46
	Die Leistungen nach den Nummern 5315 bis 5318 sind neben den Leistungen nach den Nummern 5300 bis 5302 sowie 5324 bis 5327 nicht berechnungsfähig.			
5324	Selektive Koronarangiographie eines Herzkranzgefäßes oder Bypasses mittels Cinetechnik, eine Serie	2400	139,89	181,86
	Die Leistungen nach den Nummern 5324 und 5325 sind nicht nebeneinander berechnungsfähig.			

Nr.	Leistung	Punkt-zahl	1,0-Gebühr in Euro	1,3-Gebühr
5325	Selektive Koronarangiographie aller Herzkranzgefäße oder Bypasse mittels Cinetechnik, eine Serie	3000	174,86	227,32
5326	Selektive Koronarangiographie eines oder aller Herzkranzgefäße im Anschluß an die Leistungen nach Nummer 5324 oder 5325, zweite bis fünfte Serie, je Serie	400	23,31	30,30
5327	Zusätzliche Linksventrikulographie bei selektiver Koronarangiographie *Die Leistungen nach den Nummern 5324 bis 5327 sind neben den Leistungen nach den Nummern 5300 bis 5302 und 5315 bis 5318 nicht berechnungsfähig.*	1000	58,29	75,78
5328	Zuschlag zu den Leistungen nach den Nummern 5300 bis 5327 bei Anwendung der simultanen Zwei-Ebenen-Technik .... *Der Zuschlag nach Nummer 5328 ist je Sitzung nur einmal und nur mit dem einfachen Gebührensatz berechnungsfähig.*	1200	69,94	–
5329	Venographie im Bereich des Brust- und Bauchraums	1600	93,26	121,24
5330	Venographie einer Extremität	750	43,72	56,84
5331	Ergänzende Projektion(en) (insbesondere des zentralen Abflußgebiets) im Anschluß an die Leistung nach Nummer 5330, insgesamt	200	11,66	15,16
5335	Zuschlag zu den Leistungen nach den Nummern 5300 bis 5331 bei computergestützter Analyse und Abbildung .... *Der Zuschlag nach Nummer 5335 kann je Untersuchungstag unabhängig von der Anzahl der Einzeluntersuchungen nur einmal und nur mit dem einfachen Gebührensatz berechnet werden.*	800	46,63	–
5338	Lymphographie, je Extremität	1000	58,29	75,78
5339	Ergänzende Projektion(en) im Anschluß an die Leistung nach Nummer 5338 – einschließlich Durchleuchtung(en) –, insgesamt	250	14,57	18,94

6. Interventionelle Maßnahmen

Allgemeine Bestimmung

Die Leistungen nach den Nummern 5345 bis 5356 können je Sitzung nur einmal berechnet werden.

Nr.	Leistung	Punkt-zahl	1,0-Gebühr in Euro	1,3-Gebühr
5345	Perkutane transluminale Dilatation und Rekanalisation von Arterien mit Ausnahme der Koronararterien – einschließlich Kontrastmitteleinbringungen und Durchleuchtung(en) im zeitlichen Zusammenhang mit dem gesamten Eingriff – .... *Neben der Leistung nach Nummer 5345 sind die Leistungen nach den Nummern 350 bis 361 sowie 5295 nicht berechnungsfähig.* *Wurde innerhalb eines Zeitraums von vierzehn Tagen vor Erbringung der Leistung nach Nummer 5345 bereits eine Leistung nach den Nummern 5300 bis 5313 berechnet, darf neben der Leistung nach Nummer 5345 für dieselbe Sitzung eine Leistung nach den Nummern 5300 bis 5313 nicht erneut berechnet werden. Im Falle der Nebeneinanderberechnung der Leistung nach Nummer 5345 neben einer Leistung nach den Nummern 5300 bis 5313 ist in der Rechnung zu bestätigen, daß in den vorhergehenden vierzehn Tagen eine Leistung nach den Nummern 5300 bis 5313 nicht berechnet wurde.*	2800	163,20	212,16
5346	Zuschlag zu der Leistung nach Nummer 5345 bei Dilatation und Rekanalisation von mehr als zwei Arterien, insgesamt .... *Neben der Leistung nach Nummer 5346 sind die Leistungen nach den Nummern 350 bis 361 sowie 5295 nicht berechnungsfähig.*	600	34,97	45,46

Nr.	Leistung	Punkt-zahl	1,0-Gebühr in Euro	1,3-Gebühr
5348	Perkutane transluminale Dilatation und Rekanalisation von Koronararterien – einschließlich Kontrastmitteleinbringungen und Durchleuchtung(en) im zeitlichen Zusammenhang mit dem gesamten Eingriff – .... *Neben der Leistung nach Nummer 5348 sind die Leistungen nach den Nummern 350 bis 361 sowie 5295 nicht berechnungsfähig.* *Wurde innerhalb eines Zeitraums von vierzehn Tagen vor Erbringung der Leistung nach Nummer 5348 bereits eine Leistung nach den Nummern 5315 bis 5327 berechnet, darf neben der Leistung nach Nummer 5348 für dieselbe Sitzung eine Leistung nach den Nummern 5315 bis 5327 nicht erneut berechnet werden. Im Falle der Nebeneinanderberechnung der Leistung nach Nummer 5348 neben einer Leistung nach den Nummern 5315 bis 5327 ist in der Rechnung zu bestätigen, daß in den vorhergehenden vierzehn Tagen eine Leistung nach den Nummern 5315 bis 5327 nicht berechnet wurde.*	3800	221,49	287,94
5349	Zuschlag zu der Leistung nach Nummer 5348 bei Dilatation und Rekanalisation von mehr als einer Koronararterie, insgesamt .... *Neben der Leistung nach Nummer 5349 sind die Leistungen nach den Nummern 350 bis 361 sowie 5295 nicht berechnungsfähig.*	1000	58,29	75,78
5351	Lysebehandlung, als Einzelbehandlung oder ergänzend zu den Leistungen nach Nummer 2826, 5345 oder 5348 – bei einer Lysedauer von mehr als einer Stunde –	500	29,14	37,88
5352	Zuschlag zu der Leistung nach Nummer 5351 bei Lysebehandlung der hirnversorgenden Arterien	1000	58,29	75,78
5353	Perkutane transluminale Dilatation und Rekanalisation von Venen – einschließlich Kontrastmitteleinbringungen und Durchleuchtung(en) im zeitlichen Zusammenhang mit dem gesamten Eingriff – .... *Neben der Leistung nach Nummer 5353 sind die Leistungen nach den Nummern 344 bis 347, 5295 sowie 5329 bis 5331 nicht berechnungsfähig.*	2000	116,57	151,54
5354	Zuschlag zu der Leistung nach Nummer 5353 bei Dilatation und Rekanalisation von mehr als zwei Venen, insgesamt .... *Neben der Leistung nach Nummer 5354 sind die Leistungen nach den Nummern 344 bis 347, 5295 sowie 5329 bis 5331 nicht berechnungsfähig.*	200	11,66	15,16
5355	Einbringung von Gefäßstützen oder Anwendung alternativer Angioplastiemethoden (Atherektomie, Laser), zusätzlich zur perkutanen transluminalen Dilatation – einschließlich Kontrastmitteleinbringungen und Durchleuchtung(en) im zeitlichen Zusammenhang mit dem gesamten Eingriff – .... *Neben der Leistung nach Nummer 5355 sind die Leistungen nach den Nummern 344 bis 361, 5295 sowie 5300 bis 5327 nicht berechnungsfähig.*	2000	116,57	151,54
5356	Einbringung von Gefäßstützen oder Anwendung alternativer Angioplastiemethoden (Atherektomie, Laser), zusätzlich zur perkutanen transluminalen Dilatation einer Koronararterie – einschließlich Kontrastmitteleinbringungen und Durchleuchtung(en) im zeitlichen Zusammenhang mit dem gesamten Eingriff – .... *Neben der Leistung nach Nummer 5356 sind die Leistungen nach den Nummern 350 bis 361, 5295, 5315 bis 5327, 5345, 5353 sowie 5355 nicht berechnungsfähig.* *Neben der Leistung nach Nummer 5356 ist die Leistung nach Nummer 5355 für Eingriffe an Koronararterien nicht berechnungsfähig.*	2500	145,72	189,44

Nr.	Leistung	Punkt-zahl	1,0-Gebühr in Euro	1,3-Gebühr
5357	Embolisation einer oder mehrerer Arterie(n) mit Ausnahme der Arterien im Kopf-Halsbereich oder Spinalkanal – einschließlich Kontrastmittel-einbringung(en) und angiographischer Kontrollen im zeitlichen Zusammenhang mit dem gesamten Eingriff –, je Gefäßgebiet .... *Neben der Leistung nach Nummer 5357 sind die Leistungen nach den Nummern 350 bis 361, 5295 sowie 5300 bis 5312 nicht berechnungsfähig.*	3500	204,01	265,21
5358	Embolisation einer oder mehrerer Arterie(n) im Kopf-Halsbereich oder Spinalkanal – einschließlich Kontrastmitteleinbringung(en) und angiographischer Kontrollen im zeitlichen Zusammenhang mit dem gesamten Eingriff –, je Gefäßgebiet .... *Neben der Leistung nach Nummer 5358 sind die Leistungen nach den Nummern 350, 351, 5295 sowie 5300 bis 5305 nicht berechnungsfähig.*	4500	262,29	340,98
5359	Embolisation der Vena spermatica – einschließlich Kontrastmittelein-bringung(en) und angiographischer Kontrollen im zeitlichen Zusammenhang mit dem gesamten Eingriff – .... *Neben der Leistung nach Nummer 5359 sind die Leistungen nach den Nummern 344 bis 347, 5295 sowie 5329 bis 5331 nicht berechnungsfähig.*	2500	145,72	189,44
5360	Embolisation von Venen – einschließlich Kontrastmitteleinbringung(en) und angiographischer Kontrollen im zeitlichen Zusammenhang mit dem gesamten Eingriff – .... *Neben der Leistung nach Nummer 5360 sind die Leistungen nach den Nummern 344 bis 347, 5295 sowie 5329 bis 5331 nicht berechnungsfähig.*	2000	116,57	151,54
5361	Transhepatische Drainage und/oder Dilatation von Gallengängen – einschließlich Kontrastmitteleinbringung(en) und cholangiographischer Kontrollen im zeitlichen Zusammenhang mit dem gesamten Eingriff – *Neben der Leistung nach Nummer 5361 sind die Leistungen nach den Nummern 370, 5170 sowie 5295 nicht berechnungsfähig.*	2600	151,55	197,02

7. Computertomographie

Allgemeine Bestimmungen

Die Leistungen nach den Nummern 5369 bis 5375 sind je Sitzung jeweils nur einmal berechnungsfähig.

Die Nebeneinanderberechnung von Leistungen nach den Nummern 5370 bis 5374 ist in der Rechnung gesondert zu begründen. Bei Nebeneinanderberechnung von Leistungen nach den Nummern 5370 bis 5374 ist der Höchstwert nach Nummer 5369 zu beachten.

Nr.	Leistung	Punkt-zahl	1,0-Gebühr in Euro	1,3-Gebühr
5369	Höchstwert für Leistungen nach den Nummern 5370 bis 5374 .... *Die im einzelnen erbrachten Leistungen sind in der Rechnung anzugeben.*	3000	174,86	227,32
5370	Computergesteuerte Tomographie im Kopfbereich – gegebenenfalls einschließlich des kranio-zervikalen Übergangs	2000	116,57	151,54
5371	Computergesteuerte Tomographie im Hals- und/oder Thoraxbereich ...	2300	134,06	174,28
5372	Computergesteuerte Tomographie im Abdominalbereich	2600	151,55	197,02
5373	Computergesteuerte Tomographie des Skeletts (Wirbelsäule, Extremitäten oder Gelenke bzw. Gelenkpaare)	1900	110,75	143,98
5374	Computergesteuerte Tomographie der Zwischenwirbelräume im Bereich der Hals-, Brust- und/oder Lendenwirbelsäule – gegebenenfalls einschließlich der Übergangsregionen –	1900	110,75	143,98

Nr.	Leistung	Punkt-zahl	1,0-Gebühr in Euro	1,3-Gebühr
5375	Computergesteuerte Tomographie der Aorta in ihrer gesamten Länge *Die Leistung nach Nummer 5375 ist neben den Leistungen nach den Nummern 5371 und 5372 nicht berechnungsfähig.*	2000	116,57	151,54
5376	Ergänzende computergesteuerte Tomographie(n) mit mindestens einer zusätzlichen Serie (z.B. bei Einsatz von Xenon, bei Einsatz der High-Resolution-Technik, bei zusätzlichen Kontrastmittelgaben) – zusätzlich zu den Leistungen nach den Nummern 5370 bis 5375 –	500	29,14	37,88
5377	Zuschlag für computergesteuerte Analyse – einschließlich speziell nachfolgender 3D-Rekonstruktion – .... *Der Zuschlag nach Nummer 5377 ist nur mit dem einfachen Gebührensatz berechnungsfähig.*	800	46,63	–
5378	Computergesteuerte Tomographie zur Bestrahlungsplanung oder zu interventionellen Maßnahmen .... *Neben oder anstelle der computergesteuerten Tomographie zur Bestrahlungsplanung oder zu interventionellen Maßnahmen sind die Leistungen nach den Nummern 5370 bis 5376 nicht berechnungsfähig.*	1000	58,29	75,78
5380	Bestimmung des Mineralgehalts (Osteodensitometrie) von repräsentativen (auch mehreren) Skeletteilen mit quantitativer Computertomographie oder quantitativer digitaler Röntgentechnik	300	17,49	22,74

II. Nuklearmedizin

Allgemeine Bestimmungen

1. Szintigraphische Basisleistung ist grundsätzlich die planare Szintigraphie mit der Gammakamera, gegebenenfalls in mehreren Sichten/Projektionen. Bei der Auswahl des anzuwendenden Radiopharmazeutikums sind wissenschaftliche Erkenntnisse und strahlenhygienische Gesichtspunkte zu berücksichtigen. Wiederholungsuntersuchungen, die nicht ausdrücklich aufgeführt sind, sind nur mit besonderer Begründung und wie die jeweilige Basisleistung berechnungsfähig.
2. Ergänzungsleistungen nach den Nummern 5480 bis 5485 sind je Basisleistung oder zulässiger Wiederholungsuntersuchung nur einmal berechnungsfähig. Neben Basisleistungen, die quantitative Bestimmungen enthalten, dürfen Ergänzungsleistungen für Quantifizierungen nicht zusätzlich berechnet werden. Die Leistungen nach den Nummern 5473 und 5481 dürfen nicht nebeneinander berechnet werden. Die Leistungen nach den Nummern 5473, 5480, 5481 und 5483 sind nur mit Angabe der Indikation berechnungsfähig.
3. Die Befunddokumentation, die Aufbewahrung der Datenträger sowie die Befundmitteilung oder der einfache Befundbericht mit Angaben zu Befund(en) und zur Diagnose sind Bestandteil der Leistungen und nicht gesondert berechnungsfähig.
4. Die Materialkosten für das Radiopharmazeutikum (Nuklid, Markierungs- oder Testbestecke) sind gesondert berechnungsfähig. Kosten für Beschaffung, Aufbereitung, Lagerung und Entsorgung der zur Untersuchung notwendigen Substanzen, die mit ihrer Anwendung verbraucht sind, sind nicht gesondert berechnungsfähig.
5. Die Einbringung von zur Diagnostik erforderlichen Stoffen in den Körper – mit Ausnahme der Einbringung durch Herzkatheter, Arterienkatheter, Subokzipitalpunktion oder Lumbalpunktion – sowie die gegebenenfalls erforderlichen Entnahmen von Blut oder Urin sind mit den Gebühren abgegolten, soweit zu den einzelnen Leistungen dieses Abschnitts nichts anderes bestimmt ist.
6. Die Einbringung von zur Therapie erforderlichen radioaktiven Stoffen in den Körper – mit Ausnahme der intraartikulären, intralymphatischen, endoskopischen oder operativen Einbringungen des Strahlungsträgers oder von Radionukliden – ist mit den Gebühren abgegolten, soweit zu den einzelnen Leistungen dieses Abschnitts nichts anderes bestimmt ist.
7. Rechnungsbestimmungen
   a) Der Arzt darf nur die für den Patienten verbrauchte Menge an radioaktiven Stoffen berechnen.
   b) Bei der Berechnung von Leistungen nach Abschnitt O II sind die Untersuchungs- und Behandlungsdaten der jeweils eingebrachten Stoffe sowie die Art der ausgeführten Maßnahmen in der Rechnung anzugeben, sofern nicht durch die Leistungsbeschreibung eine eindeutige Definition gegeben ist.

Nr.	Leistung	Punkt-zahl	1,0-Gebühr in Euro	1,3-Gebühr
	1. Diagnostische Leistungen (In-vivo-Untersuchungen)			
	a. Schilddrüse			
5400	Szintigraphische Untersuchung (Schilddrüse) – gegebenenfalls einschließlich Darstellung dystoper Anteile –	350	20,40	26,52
5401	Szintigraphische Untersuchung (Schilddrüse) – einschließlich quantitativer Untersuchung –, mit Bestimmung der globalen, gegebenenfalls auch der regionalen Radionuklidaufnahme in der Schilddrüse mit Gammakamera und Meßwertverarbeitungssystem als Jodidclearance-Äquivalent – einschließlich individueller Kalibrierung und Qualitätskontrollen (z.B. Bestimmung der injizierten Aktivität) –	1300	75,77	98,50
5402	Radiojodkurztest bis zu 24 Stunden (Schilddrüse) – gegebenenfalls einschließlich Blutaktivitätsbestimmungen und/oder szintigraphischer Untersuchung(en) – .... *Die Leistungen nach den Nummern 5400 bis 5402 sind nicht nebeneinander berechnungsfähig.*	1000	58,29	75,78
5403	Radiojodtest (Schilddrüse) vor Radiojodtherapie mit 131 J mit mindestens drei zeitlichen Meßpunkten, davon zwei später als 24 Stunden nach Verabreichung – gegebenenfalls einschließlich Blutaktivitätsbestimmungen – .... *Die Leistungen nach den Nummern 5402 und 5403 sind nicht nebeneinander berechnungsfähig.*	1200	69,94	90,92
	b. Gehirn			
5410	Szintigraphische Untersuchung des Gehirns	1200	69,94	90,92
5411	Szintigraphische Untersuchung des Liquorraums .... *Für die Leistung nach Nummer 5411 sind zwei Wiederholungsuntersuchungen zugelassen, davon eine später als 24 Stunden nach Einbringung(en) des radioaktiven Stoffes.*	900	52,46	68,20
	c. Lunge			
5415	Szintigraphische Untersuchung der Lungenperfusion – mindestens vier Sichten/Projektionen –, insgesamt	1300	75,77	98,50
5416	Szintigraphische Untersuchung der Lungenbelüftung mit Inhalation radioaktiver Gase, Aerosole oder Stäube	1300	75,77	98,50
	d. Herz			
5420	Radionuklidventrikulographie mit quantitativer Bestimmung von mindestens Auswurffraktion und regionaler Wandbewegung in Ruhe – gegebenenfalls einschließlich EKG im zeitlichen Zusammenhang mit der Untersuchung –	1200	69,94	90,92
5421	Radionuklidventrikulographie als kombinierte quantitative Mehrfachbestimmung von mindestens Auswurffraktion und regionaler Wandbewegung in Ruhe und unter körperlicher oder pharmakologischer Stimulation – gegebenenfalls einschließlich EKG im zeitlichen Zusammenhang mit der Untersuchung – .... *Neben der Leistung nach Nummer 5421 ist bei zusätzlicher Erste-Passage-Untersuchung die Leistung nach Nummer 5473 berechnungsfähig.*	3800	221,49	287,94

Nr.	Leistung	Punkt-zahl	1,0-Gebühr in Euro	1,3-Gebühr
5422	Szintigraphische Untersuchung des Myokards mit myokardaffinen Tracern in Ruhe – gegebenenfalls einschließlich EKG im zeitlichen Zusammenhang mit der Untersuchung – .... *Die Leistungen nach den Nummern 5422 und 5423 sind nicht nebeneinander berechnungsfähig.*	1000	58,29	75,78
5423	Szintigraphische Untersuchung des Myokards mit myokardaffinen Tracern unter körperlicher oder pharmakologischer Stimulation – gegebenenfalls einschließlich EKG im zeitlichen Zusammenhang mit der Untersuchung –	2000	116,57	151,54
5424	Szintigraphische Untersuchung des Myokards mit myokardaffinen Tracern in Ruhe und unter körperlicher oder pharmakologischer Stimulation – gegebenenfalls einschließlich EKG im zeitlichen Zusammenhang mit der Untersuchung – *Neben der Leistung nach Nummer 5424 sind die Leistungen nach den Nummern 5422 und/oder 5423 nicht berechnungsfähig.*	2800	163,20	212,16

e. Knochen- und Knochenmarkszintigraphie

Nr.	Leistung	Punkt-zahl	1,0-Gebühr in Euro	1,3-Gebühr
5425	Ganzkörperskelettszintigraphie, Schädel und Körperstamm in zwei Sichten/Projektionen – einschließlich der proximalen Extremitäten, gegebenenfalls einschließlich der distalen Extremitäten –	2250	131,15	170,50
5426	Teilkörperskelettszintigraphie – gegebenenfalls einschließlich der kontralateralen Seite –	1260	73,44	95,47
5427	Zusätzliche szintigraphische Abbildung des regionalen Blutpools (Zwei-Phasenszintigraphie) – mindestens zwei Aufnahmen –	400	23,31	30,30
5428	Ganzkörperknochenmarkszintigraphie, Schädel und Körperstamm in zwei Sichten/Projektionen – einschließlich der proximalen Extremitäten, gegebenenfalls einschließlich der distalen Extremitäten –	2250	131,15	170,50

f. Tumorszintigraphie

Tumorszintigraphie mit radioaktiv markierten unspezifischen Tumormarkern (z.B. Radiogallium oder -thallium), metabolischen Substanzen (auch 131 J), Rezeptorsubstanzen oder monoklonalen Antikörpern

Nr.	Leistung	Punkt-zahl	1,0-Gebühr in Euro	1,3-Gebühr
5430	eine Region	1200	69,94	90,92
5431	Ganzkörper (Stamm und/oder Extremitäten) .... *Für die Untersuchung mehrerer Regionen ist die Leistung nach Nummer 5430 nicht mehrfach berechnungsfähig.* *Für die Leistung nach Nummer 5430 sind zwei Wiederholungsuntersuchungen zugelassen, davon eine später als 24 Stunden nach Einbringung der Testsubstanz(en).* *Die Leistungen nach den Nummern 5430 und 5431 sind nicht nebeneinander berechnungsfähig.*	2250	131,15	170,50

g. Nieren

Nr.	Leistung	Punkt-zahl	1,0-Gebühr in Euro	1,3-Gebühr
5440	Nierenfunktionsszintigraphie mit Bestimmung der quantitativen Ganzkörper-Clearance und der Einzelnieren-Clearance – gegebenenfalls einschließlich Blutaktivitätsbestimmungen und Vergleich mit Standards –	2800	163,20	212,16

Nr.	Leistung	Punkt-zahl	1,0-Gebühr in Euro	1,3-Gebühr
5441	Perfusionsszintigraphie der Nieren – einschließlich semiquantitativer oder quantitativer Auswertung –	1600	93,26	121,24
5442	Statische Nierenszintigraphie	600	34,97	45,46
	Die Leistungen nach den Nummern 5440 bis 5442 sind je Sitzung nur einmal und nicht nebeneinander berechnungsfähig.			
5443	Zusatzuntersuchung zu den Leistungen nach Nummer 5440 oder 5441 – mit Angabe der Indikation (z.B. zusätzliches Radionephrogramm als Einzel- oder Wiederholungsuntersuchung, Tiefenkorrektur durch Verwendung des geometrischen Mittels, Refluxprüfung, forcierte Diurese) –	700	40,80	53,04
5444	Quantitative Clearanceuntersuchungen der Nieren an Sondenmeßplätzen – gegebenenfalls einschließlich Registrierung mehrerer Kurven und Blutaktivitätsbestimmungen –	1000	58,29	75,78
	Neben der Leistung nach Nummer 5444 ist die Leistung nach Nummer 5440 nicht berechnungsfähig.			

h. Endokrine Organe

Nr.	Leistung	Punkt-zahl	1,0-Gebühr in Euro	1,3-Gebühr
5450	Szintigraphische Untersuchung von endokrin aktivem Gewebe – mit Ausnahme der Schilddrüse –	1000	58,29	75,78
	Das untersuchte Gewebe ist in der Rechnung anzugeben.			
	Für die Leistung nach Nummer 5450 sind zwei Wiederholungsuntersuchungen zugelassen, davon eine später als 24 Stunden nach Einbringung der radioaktiven Substanz(en).			
	Die Leistung nach Nummer 5450 ist neben den Leistungen nach den Nummern 5430 und 5431 nicht berechnungsfähig.			

i. Gastrointestinaltrakt

Nr.	Leistung	Punkt-zahl	1,0-Gebühr in Euro	1,3-Gebühr
5455	Szintigraphische Untersuchung im Bereich des Gastrointestinaltrakts (z.B. Speicheldrüsen, Ösophagus-Passage – gegebenenfalls einschließlich gastralem Reflux und Magenentleerung –, Gallenwege – gegebenenfalls einschließlich Gallenreflux –, Blutungsquellensuche, Nachweis eines Meckel'schen Divertikels)	1300	75,77	98,50
5456	Szintigraphische Untersuchung von Leber und/oder Milz (z.B. mit Kolloiden, gallengängigen Substanzen, Erythrozyten), in mehreren Ebenen	1300	75,77	98,50

j. Hämatologie, Angiologie

Nr.	Leistung	Punkt-zahl	1,0-Gebühr in Euro	1,3-Gebühr
5460	Szintigraphische Untersuchung von großen Gefäßen und/oder deren Stromgebieten – gegebenenfalls einschließlich der kontralateralen Seite –	900	52,46	68,20
	Die Leistung nach Nummer 5460 ist neben der Leistung nach Nummer 5473 nicht berechnungsfähig.			
5461	Szintigraphische Untersuchung von Lymphabflußgebieten an Stamm und/oder Kopf und/oder Extremitäten – gegebenenfalls einschließlich der kontralateralen Seite –	2200	128,23	166,70
5462	Bestimmung von Lebenszeit und Kinetik zellulärer Blutbestandteile – einschließlich Blutaktivitätsbestimmungen –	2200	128,23	166,70
5463	Zuschlag zu der Leistung nach Nummer 5462, bei Bestimmung des Abbauorts	500	29,14	37,88

Nr.	Leistung	Punkt-zahl	1,0-Gebühr in Euro	1,3-Gebühr
	Szintigraphische Suche nach Entzündungsherden oder Thromben mit Radiogallium, markierten Eiweissen, Zellen oder monoklonalen Antikörpern			
5465	eine Region	1260	73,44	95,47
5466	Ganzkörper (Stamm und Extremitäten)	2250	131,15	170,50
	Für die Untersuchung mehrerer Regionen ist die Leistung nach Nummer 5465 nicht mehrfach berechnungsfähig.			
	Für die Leistungen nach den Nummern 5462 bis 5466 sind zwei Wiederholungsuntersuchungen zugelassen, davon eine später als 24 Stunden nach Einbringung der Testsubstanz(en).			
	k. Resorptions- und Exkretionsteste			
5470	Nachweis und/oder quantitative Bestimmung von Resorption, Exkretion oder Verlust von körpereigenen Stoffen (durch Bilanzierung nach radioaktiver Markierung) und/oder von radioaktiv markierten Analoga, in Blut, Urin, Faeces oder Liquor – einschließlich notwendiger Radioaktivitätsmessungen über dem Verteilungsraum –	950	55,37	71,98
	l. Sonstige			
5472	Szintigraphische Untersuchungen (z.B. von Hoden, Tränenkanälen, Augen, Tuben) oder Funktionsmessungen (z.B. Ejektionsfraktion mit Meßsonde) ohne Gruppenzuordnung – auch nach Einbringung eines Radiopharmazeutikums in eine Körperhöhle –	950	55,37	71,98
5473	Funktionsszintigraphie – einschließlich Sequenzszintigraphie und Erstellung von Zeit-Radioaktivitätskurven aus ROI und quantifizierender Berechnung (z.B. von Transitzeiten, Impulsratenquotienten, Perfusionsindex, Auswurffraktion aus Erster-Radionuklid-Passage) –	900	52,46	68,20
	Die Leistung nach Nummer 5473 ist neben den Leistungen nach den Nummern 5460 und 5481 nicht berechnungsfähig.			
5474	Nachweis inkorporierter unbekannter Radionuklide	1350	78,69	102,30
	m. Mineralgehalt			
5475	Quantitative Bestimmung des Mineralgehalts im Skelett (Osteodensitometrie) in einzelnen oder mehreren repräsentativen Extremitäten- oder Stammskelettabschnitten mittels Dual-Photonen-Absorptionstechnik ...	300	17,49	22,74
	n. Ergänzungsleistungen			
	Allgemeine Bestimmung			
	Die Ergänzungsleistungen nach den Nummern 5480 bis 5485 sind nur mit dem einfachen Gebührensatz berechnungsfähig.			
5480	Quantitative Bestimmung von Impulsen/Impulsratendichte (Fläche, Pixel, Voxel) mittels Gammakamera mit Meßwertverarbeitung – mindestens zwei ROI –	750	43,72	–
5481	Sequenzszintigraphie – mindestens sechs Bilder in schneller Folge –	680	39,64	–
5483	Subtraktionsszintigraphie oder zusätzliche Organ- oder Blutpoolszintigraphie als anatomische Ortsmarkierung	680	39,64	–

Nr.	Leistung	Punkt-zahl	1,0-Gebühr in Euro	1,3-Gebühr
5484	In-vitro-Markierung von Blutzellen (z.B. Erythrozyten, Leukozyten, Thrombozyten) – einschließlich erforderlicher In-vitro-Qualitätskontrollen –	1300	75,77	–
5485	Messung mit dem Ganzkörperzähler – gegebenenfalls einschließlich quantitativer Analysen von Gammaspektren –	980	57,12	–

o. Emissions-Computer-Tomographie

Nr.	Leistung	Punkt-zahl	1,0-Gebühr in Euro	1,3-Gebühr
5486	Single-Photonen-Emissions-Computertomographie (SPECT) mit Darstellung in drei Ebenen	1200	69,94	90,92
5487	Single-Photonen-Emissions-Computertomographie (SPECT) mit Darstellung in drei Ebenen und regionaler Quantifizierung	2000	116,57	151,54
5488	Positronen-Emissions-Tomographie (PET) – gegebenenfalls einschließlich Darstellung in mehreren Ebenen –	6000	349,72	454,64
5489	Positronen-Emissions-Tomographie (PET) mit quantifizierender Auswertung – gegebenenfalls einschließlich Darstellung in mehreren Ebenen –	7500	437,15	568,30

2. Therapeutische Leistungen (Anwendung offener Radionuklide)

Nr.	Leistung	Punkt-zahl	1,0-Gebühr in Euro	1,3-Gebühr
5600	Radiojodtherapie von Schilddrüsenerkrankungen	2480	144,55	187,92
5602	Radiophosphortherapie bei Erkrankungen der blutbildenden Organe ..	1350	78,69	102,30
5603	Behandlung von Knochenmetastasen mit knochenaffinen Radiopharmazeutika	1080	62,95	81,84
5604	Instillation von Radiopharmazeutika in Körperhöhlen, Gelenke oder Hohlorgane	2700	157,38	204,59
5605	Tumorbehandlung mit radioaktiv markierten, metabolisch aktiven oder rezeptorgerichteten Substanzen oder Antikörpern	2250	131,15	170,50
5606	Quantitative Bestimmung der Therapieradioaktivität zur Anwendung eines individuellen Dosiskonzepts – einschließlich Berechnungen auf Grund von Vormessungen –	2250	52,46	68,20
	Die Leistung nach Nummer 5606 ist nur bei Zugrundeliegen einer Leistung nach den Nummern 5600, 5603 und/oder 5605 berechnungsfähig.			
5607	Posttherapeutische Bestimmung von Herddosen – einschließlich Berechnungen auf Grund von Messungen der Kinetik der Therapieradioaktivität –	1620	94,43	122,76
	Die Leistung nach Nummer 5607 ist nur bei Zugrundeliegen einer Leistung nach den Nummern 5600, 5603 und/oder 5605 berechnungsfähig.			

Nr.	Leistung	Punkt-zahl	1,0-Gebühr in Euro	1,3-Gebühr
	III. Magnetresonanztomographie			

Allgemeine Bestimmungen

Die Leistungen nach den Nummern 5700 bis 5735 sind je Sitzung jeweils nur einmal berechnungsfähig.

Die Nebeneinanderberechnung von Leistungen nach den Nummern 5700 bis 5730 ist in der Rechnung besonders zu begründen. Bei Nebeneinanderberechnung von Leistungen nach den Nummern 5700 bis 5730 ist der Höchstwert nach Nummer 5735 zu beachten.

Nr.	Leistung	Punkt-zahl	1,0-Gebühr in Euro	1,3-Gebühr
5700	Magnetresonanztomographie im Bereich des Kopfes – gegebenenfalls einschließlich des Halses –, in zwei Projektionen, davon mindestens eine Projektion unter Einschluß T2-gewichteter Aufnahmen	4400	256,46	333,40
5705	Magnetresonanztomographie im Bereich der Wirbelsäule, in zwei Projektionen	4200	244,81	318,25
5715	Magnetresonanztomographie im Bereich des Thorax – gegebenenfalls einschließlich des Halses –, der Thoraxorgane und/oder der Aorta in ihrer gesamten Länge	4300	250,64	325,83
5720	Magnetresonanztomographie im Bereich des Abdomens und/oder des Beckens	4400	256,46	333,40
5721	Magnetresonanztomographie der Mamma(e)	4000	233,15	303,10
5729	Magnetresonanztomographie eines oder mehrerer Gelenke oder Abschnitte von Extremitäten	2400	139,89	181,86
5730	Magnetresonanztomographie einer oder mehrerer Extremität(en) mit Darstellung von mindestens zwei großen Gelenken einer Extremität .... *Neben der Leistung nach Nummer 5730 ist die Leistung nach Nummer 5729 nicht berechnungsfähig.*	4000	233,15	303,10
5731	Ergänzende Serie(n) zu den Leistungen nach den Nummern 5700 bis 5730 (z.B. nach Kontrastmitteleinbringung, Darstellung von Arterien als MR-Angiographie)	1000	58,29	75,78
5732	Zuschlag zu den Leistungen nach den Nummern 5700 bis 5730 für Positionswechsel und/oder Spulenwechsel .... *Der Zuschlag nach Nummer 5732 ist nur mit dem einfachen Gebührensatz berechnungsfähig.*	1000	58,29	–
5733	Zuschlag für computergesteuerte Analyse (z.B. Kinetik, 3D-Rekonstruktion) .... *Der Zuschlag nach Nummer 5733 ist nur mit dem einfachen Gebührensatz berechnungsfähig.*	800	46,63	–
5735	Höchstwert für Leistungen nach den Nummern 5700 bis 5730 .... *Die im einzelnen erbrachten Leistungen sind in der Rechnung anzugeben.*	6000	349,72	456,64

IV. Strahlentherapie

Allgemeine Bestimmungen

1. Eine Bestrahlungsserie umfaßt grundsätzlich sämtliche Bestrahlungsfraktionen bei der Behandlung desselben Krankheitsfalls, auch wenn mehrere Zielvolumina bestrahlt werden.
2. Eine Bestrahlungsfraktion umfaßt alle für die Bestrahlung eines Zielvolumens erforderlichen Einstellungen, Bestrahlungsfelder und Strahleneintrittsfelder. Die Festlegung der Ausdehnung bzw. der Anzahl der Zielvolumina und Einstellungen muß indikationsgerecht erfolgen.
3. Eine mehrfache Berechnung der Leistungen nach den Nummern 5800, 5810, 5831 bis 5833, 5840 und 5841 bei der Behandlung desselben Krankheitsfalls ist nur zulässig, wenn wesentliche Änderungen der Behandlung durch Umstellung der Technik (z.B. Umstellung von Stehfeld auf Pendeltechnik, Änderung der Energie und Strahlenart)

Nr.	Leistung	Punkt-zahl	1,0-Gebühr in Euro	1,3-Gebühr

oder wegen fortschreitender Metastasierung, wegen eines Tumorrezidivs oder wegen zusätzlicher Komplikationen notwendig werden. Die Änderungen sind in der Rechnung zu begründen.

4. Bei Berechnung einer Leistung für Bestrahlungsplanung sind in der Rechnung anzugeben: die Diagnose, das/die Zielvolumen/ina, die vorgesehene Bestrahlungsart und -dosis sowie die geplante Anzahl von Bestrahlungsfraktionen.

1. Strahlenbehandlung dermatologischer Erkrankungen

Nr.	Leistung	Punkt-zahl	1,0-Gebühr in Euro	1,3-Gebühr
5800	Erstellung eines Bestrahlungsplans für die Strahlenbehandlung nach den Nummern 5802 bis 5806, je Bestrahlungsserie .... *Der Bestrahlungsplan nach Nummer 5800 umfaßt Angaben zur Indikation und die Beschreibung des zu bestrahlenden Volumens, der vorgesehenen Dosis, der Fraktionierung und der Strahlenschutzmaßnahmen und gegebenenfalls die Fotodokumentation.*	250	14,57	18,94

Orthovoltstrahlenbehandlung (10 bis 100 kV Röntgenstrahlen)

Nr.	Leistung	Punkt-zahl	1,0-Gebühr in Euro	1,3-Gebühr
5802	Bestrahlung von bis zu zwei Bestrahlungsfeldern bzw. Zielvolumina, je Fraktion	200	11,66	15,16
5803	Zuschlag zu der Leistung nach Nummer 5802 bei Bestrahlung von mehr als zwei Bestrahlungsfeldern bzw. Zielvolumina, je Fraktion .... *Der Zuschlag nach Nummer 5803 ist nur mit dem einfachen Gebührensatz berechnungsfähig.* *Die Leistungen nach den Nummern 5802 und 5803 sind für die Bestrahlung flächenhafter Dermatosen jeweils nur einmal berechnungsfähig.*	100	5,83	–
5805	Strahlenbehandlung mit schnellen Elektronen, je Fraktion	1000	58,29	75,78
5806	Strahlenbehandlung der gesamten Haut mit schnellen Elektronen, je Fraktion	2000	116,57	151,54

2. Orthovolt- oder Hochvoltstrahlenbehandlung

Nr.	Leistung	Punkt-zahl	1,0-Gebühr in Euro	1,3-Gebühr
5810	Erstellung eines Bestrahlungsplans für die Strahlenbehandlung nach den Nummern 5812 und 5813, je Bestrahlungsserie .... *Der Bestrahlungsplan nach Nummer 5810 umfaßt Angaben zur Indikation und die Beschreibung des zu bestrahlenden Volumens, der vorgesehenen Dosis, der Fraktionierung und der Strahlenschutzmaßnahmen und gegebenenfalls die Fotodokumentation.*	200	11,66	15,16
5812	Orthovolt- (100 bis 400 kV Röntgenstrahlen) oder Hochvoltstrahlenbehandlung bei gutartiger Erkrankung, je Fraktion .... *Bei Bestrahlung mit einem Telecaesiumgerät wegen einer bösartigen Erkrankung ist die Leistung nach Nummer 5812 je Fraktion zweimal berechnungsfähig.*	190	11,07	14,39
5813	Hochvoltstrahlenbehandlung von gutartigen Hypophysentumoren oder der endokrinen Orbitopathie, je Fraktion	900	52,46	68,20

3. Hochvoltstrahlenbehandlung bösartiger Erkrankungen (mindestens 1 MeV)

Allgemeine Bestimmungen

Die Leistungen nach den Nummern 5834 bis 5837 sind grundsätzlich nur bei einer Mindestdosis von 1,5 Gy im Zielvolumen berechnungsfähig. Muß diese im Einzelfall unterschritten werden, ist für die Berechnung dieser Leistungen eine besondere Begründung erforderlich.

Bei Bestrahlungen von Systemerkrankungen oder metastasierten Tumoren gilt als ein Zielvolumen derjenige Bereich, der in einem Großfeld (z.B. Mantelfeld, umgekehrtes Y-Feld) bestrahlt werden kann.

Nr.	Leistung	Punkt-zahl	1,0-Gebühr in Euro	1,3-Gebühr
	Die Kosten für die Anwendung individuell geformter Ausblendungen (mit Ausnahme der Kosten für wiederverwendbares Material) und/oder Kompensatoren oder für die Anwendung individuell gefertigter Lagerungs- und/oder Fixationshilfen sind gesondert berechnungsfähig.			
5831	Erstellung eines Bestrahlungsplans für die Strahlenbehandlung nach den Nummern 5834 bis 5837, je Bestrahlungsserie .... *Der Bestrahlungsplan nach Nummer 5831 umfaßt Angaben zur Indikation und die Beschreibung des Zielvolumens, der Dosisplanung, der Berechnung der Dosis im Zielvolumen, der Ersteinstellung einschließlich Dokumentation (Feldkontrollaufnahme).*	1500	87,43	113,66
5832	Zuschlag zu der Leistung nach Nummer 5831 bei Anwendung eines Simulators und Anfertigung einer Körperquerschnittszeichnung oder Benutzung eines Körperquerschnitts anhand vorliegender Untersuchungen (z.B. Computertomogramm), je Bestrahlungsserie .... *Der Zuschlag nach Nummer 5832 ist nur mit dem einfachen Gebührensatz berechnungsfähig.*	500	29,14	–
5833	Zuschlag zu der Leistung nach Nummer 5831 bei individueller Berechnung der Dosisverteilung mit Hilfe eines Prozeßrechners, je Bestrahlungsserie .... *Der Zuschlag nach Nummer 5833 ist nur mit dem einfachen Gebührensatz berechnungsfähig.*	2000	116,57	–
5834	Bestrahlung mittels Telekobaltgerät mit bis zu zwei Strahleneintrittsfeldern – gegebenenfalls unter Anwendung von vorgefertigten, wiederverwendbaren Ausblendungen –, je Fraktion	720	41,97	54,56
5835	Zuschlag zu der Leistung nach Nummer 5834 bei Bestrahlung mit Großfeld oder von mehr als zwei Strahleneintrittsfeldern, je Fraktion ..	120	6,99	9,09
5836	Bestrahlung mittels Beschleuniger mit bis zu zwei Strahleneintrittsfeldern – gegebenenfalls unter Anwendung von vorgefertigten, wiederverwendbaren Ausblendungen –, je Fraktion	1000	58,29	75,78
5837	Zuschlag zu der Leistung nach Nummer 5836 bei Bestrahlung mit Großfeld oder von mehr als zwei Strahleneintrittsfeldern, je Fraktion ..	120	6,99	9,09

4. Brachytherapie mit umschlossenen Radionukliden

Allgemeine Bestimmungen

Der Arzt darf nur die für den Patienten verbrauchte Menge an radioaktiven Stoffen berechnen.

Bei der Berechnung von Leistungen nach Abschnitt O IV 4 sind die Behandlungsdaten der jeweils eingebrachten Stoffe sowie die Art der ausgeführten Maßnahmen in der Rechnung anzugeben, sofern nicht durch die Leistungsbeschreibung eine eindeutige Definition gegeben ist.

Nr.	Leistung	Punkt-zahl	1,0-Gebühr in Euro	1,3-Gebühr
5840	Erstellung eines Bestrahlungsplans für die Brachytherapie nach den Nummern 5844 und/oder 5846, je Bestrahlungsserie .... *Der Bestrahlungsplan nach Nummer 5840 umfaßt Angaben zur Indikation, die Berechnung der Dosis im Zielvolumen, die Lokalisation und Einstellung der Applikatoren und die Dokumentation (Feldkontrollaufnahmen).*	1500	87,43	113,66
5841	Zuschlag zu der Leistung nach Nummer 5840 bei individueller Berechnung der Dosisverteilung mit Hilfe eines Prozeßrechners, je Bestrahlungsserie .... *Der Zuschlag nach Nummer 5841 ist nur mit dem einfachen Gebührensatz berechnungsfähig.*	2000	116,57	–

Nr.	Leistung	Punkt-zahl	1,0-Gebühr in Euro	1,3-Gebühr
5842	Brachytherapie an der Körperoberfläche – einschließlich Bestrahlungsplanung, gegebenenfalls einschließlich Fotodokumentation –, je Fraktion	1500	17,49	22,74
5844	Intrakavitäre Brachytherapie, je Fraktion	1000	58,29	75,78
5846	Interstitielle Brachytherapie, je Fraktion	2100	122,40	159,12

5. Besonders aufwendige Bestrahlungstechniken

Nr.	Leistung	Punkt-zahl	1,0-Gebühr in Euro	1,3-Gebühr
5851	Ganzkörperstrahlenbehandlung vor Knochenmarktransplantation – einschließlich Bestrahlungsplanung – .... *Die Leistung nach Nummer 5851 ist unabhängig von der Anzahl der Fraktionen insgesamt nur einmal berechnungsfähig.*	6900	402,18	522,83
5852	Oberflächen-Hyperthermie, je Fraktion	1000	58,29	–
5853	Halbtiefen-Hyperthermie, je Fraktion	2000	116,57	–
5854	Tiefen-Hyperthermie, je Fraktion .... *Die Leistungen nach den Nummern 5852 bis 5854 sind nur in Verbindung mit einer Strahlenbehandlung oder einer regionären intravenösen oder intraarteriellen Chemotherapie und nur mit dem einfachen Gebührensatz berechnungsfähig.*	2490	145,14	–
5855	Intraoperative Strahlenbehandlung mit Elektronen	6900	402,18	522,83

2. Entsprechende Anwendung der GOÄ (Abs. 2 S. 2). Die Verweisung in **Abs. 2 S. 2 Hs 1** betrifft § 4 Abs. 2 S. 1, Abs. 2 a S. 1, Abs. 3, Abs. 4 S. 1 GOÄ und § 10 GOÄ, die folgenden Wortlaut haben: **13**

§ 4 GOÄ Gebühren

(1) (...)

(2) [1]Der Arzt kann Gebühren nur für selbständige ärztliche Leistungen berechnen, die er selbst erbracht hat oder die unter seiner Aufsicht nach fachlicher Weisung erbracht wurden (eigene Leistungen). (...)

(2 a) [1]Für eine Leistung, die Bestandteil oder eine besondere Ausführung einer anderen Leistung nach dem Gebührenverzeichnis ist, kann der Arzt eine Gebühr nicht berechnen, wenn er für die andere Leistung eine Gebühr berechnet. (...)

(3) [1]Mit den Gebühren sind die Praxiskosten einschließlich der Kosten für den Sprechstundenbedarf sowie die Kosten für die Anwendung von Instrumenten und Apparaten abgegolten, soweit nicht in dieser Verordnung etwas anderes bestimmt ist. [2]Hat der Arzt ärztliche Leistungen unter Inanspruchnahme Dritter, die nach dieser Verordnung selbst nicht liquidationsberechtigt sind, erbracht, so sind die hierdurch entstandenen Kosten ebenfalls mit der Gebühr abgegolten.

(4) [1]Kosten, die nach Absatz 3 mit den Gebühren abgegolten sind, dürfen nicht gesondert berechnet werden. (...)

(5) (...)

§ 10 GOÄ Ersatz von Auslagen

(1) [1]Neben den für die einzelnen ärztlichen Leistungen vorgesehenen Gebühren können als Auslagen nur berechnet werden

1. die Kosten für diejenigen Arzneimittel, Verbandmittel und sonstigen Materialien, die der Patient zur weiteren Verwendung behält oder die mit einer einmaligen Anwendung verbraucht sind, soweit in Absatz 2 nichts anderes bestimmt ist,
2. Versand- und Portokosten, soweit deren Berechnung nach Absatz 3 nicht ausgeschlossen ist,
3. die im Zusammenhang mit Leistungen nach Abschnitt O bei der Anwendung radioaktiver Stoffe durch deren Verbrauch entstandenen Kosten sowie
4. die nach den Vorschriften des Gebührenverzeichnisses als gesondert berechnungsfähig ausgewiesenen Kosten.

[2]Die Berechnung von Pauschalen ist nicht zulässig.

(2) Nicht berechnet werden können die Kosten für

1. Kleinmaterialien wie Zellstoff, Mulltupfer, Schnellverbandmaterial, Verbandspray, Gewebeklebstoff auf Histoacrylbasis, Mullkompressen, Holzspatel, Holzstäbchen, Wattestäbchen, Gummifingerlinge,
2. Reagenzien und Narkosemittel zur Oberflächenanästhesie,
3. Desinfektions- und Reinigungsmittel,
4. Augen-, Ohren-, Nasentropfen, Puder, Salben und geringwertige Arzneimittel zur sofortigen Anwendung sowie für
5. folgende Einmalartikel: Einmalspritzen, Einmalkanülen, Einmalhandschuhe, Einmalharnblasenkatheter, Einmalskalpelle, Einmalproktoskope, Einmaldarmrohre, Einmalspekula.

(3) ¹Versand- und Portokosten können nur von dem Arzt berechnet werden, dem die gesamten Kosten für Versandmaterial, Versandgefäße sowie für den Versand oder Transport entstanden sind. ²Kosten für Versandmaterial, für den Versand des Untersuchungsmaterials und die Übermittlung des Untersuchungsergebnisses innerhalb einer Laborgemeinschaft oder innerhalb eines Krankenhausgeländes sind nicht berechnungsfähig; dies gilt auch, wenn Material oder ein Teil davon unter Nutzung der Transportmittel oder des Versandweges oder der Versandgefäße einer Laborgemeinschaft zur Untersuchung einem zur Erbringung von Leistungen beauftragten Arzt zugeleitet wird. ³Werden aus demselben Körpermaterial sowohl in einer Laborgemeinschaft als auch von einem Laborarzt Leistungen aus Abschnitt M oder N ausgeführt, so kann der Laborarzt bei Benutzung desselben Transportweges Versandkosten nicht berechnen; dies gilt auch dann, wenn ein Arzt eines anderen Gebiets Auftragsleistungen aus Abschnitt M oder N erbringt. ⁴Für die Versendung der Arztrechnung dürfen Versand- und Portokosten nicht berechnet werden.

14   Im Anwendungsbereich der o.g. Vorschriften der GOÄ gehen diesen die §§ 7 und 12 vor (**Abs. 2 S. 2 Hs 2**). Kosten für **Hilfskräfte** können daher gem. § 4 Abs. 3 GOÄ nicht gesondert in Rechnung gestellt werden. Für **Versand- und Portokosten** gilt § 10 Abs. 1 Nr. 2, Abs. 3 GOÄ. Die Anwendung der §§ 5 und 6 ist dagegen nicht ausgeschlossen.

IV. Honorar für zusätzlich aufgewendete Zeit (Abs. 3)

15   Soweit ein Sachverständiger oder sachverständiger Zeuge für die Erbringung einer Leistung nach Abs. 1 oder 2 **zusätzliche Zeit** benötigt, erfolgt seine Vergütung nach der Honorargruppe 1 gem. § 9. Er erhält also ein Stundenhonorar von 65 €. Als zusätzliche Zeit in diesem Sinne gelten vor allem **Reise- und Wartezeiten**.[41] Bei der Vernehmung in der mündlichen Verhandlung gelten jedoch die allgemeinen Entschädigungsregeln für Sachverständige und sachverständige Zeugen.

§ 11 Honorar für Übersetzungen

(1) ¹Das Honorar für eine Übersetzung beträgt 1,55 Euro für jeweils angefangene 55 Anschläge des schriftlichen Textes (Grundhonorar). ²Bei nicht elektronisch zur Verfügung gestellten editierbaren Texten erhöht sich das Honorar auf 1,75 Euro für jeweils angefangene 55 Anschläge (erhöhtes Honorar). ³Ist die Übersetzung wegen der besonderen Umstände des Einzelfalls, insbesondere wegen der häufigen Verwendung von Fachausdrücken, der schweren Lesbarkeit des Textes, einer besonderen Eilbedürftigkeit oder weil es sich um eine in Deutschland selten vorkommende Fremdsprache handelt, besonders erschwert, beträgt das Grundhonorar 1,85 Euro und das erhöhte Honorar 2,05 Euro. ⁴Maßgebend für die Anzahl der Anschläge ist der Text in der Zielsprache; werden jedoch nur in der Ausgangssprache lateinische Schriftzeichen verwendet, ist die Anzahl der Anschläge des Textes in der Ausgangssprache maßgebend. ⁵Wäre eine Zählung der Anschläge mit unverhältnismäßigem Aufwand verbunden, wird deren Anzahl unter Berücksichtigung der durchschnittlichen Anzahl der Anschläge je Zeile nach der Anzahl der Zeilen bestimmt.

(2) Für eine oder für mehrere Übersetzungen aufgrund desselben Auftrags beträgt das Honorar mindestens 15 Euro.

(3) Soweit die Leistung des Übersetzers in der Überprüfung von Schriftstücken oder Aufzeichnungen der Telekommunikation auf bestimmte Inhalte besteht, ohne dass er insoweit eine schriftliche Übersetzung anfertigen muss, erhält er ein Honorar wie ein Dolmetscher.

I. Allgemeines

1   Die Vorschrift regelt das Übersetzerhonorar iSv § 8 Abs. 1 Nr. 1. Erforderlich ist, dass der Übersetzer **vom Gericht herangezogen** wurde (→ § 1 Rn 7) und eine schriftliche Übersetzung angefertigt hat. Die **weiterge-**

---

[41] Binz/Dörndorfer u.a./*Binz*, § 10 JVEG Rn 7.

henden Ansprüche des Übersetzers gem. § 8 Abs. 1 – Fahrtkostenersatz (§ 5), Entschädigung für Aufwand (§ 6) und Ersatz für sonstige und für besondere Aufwendungen (§§ 7 und 12) – bleiben davon unberührt. § 12 Abs. 1 S. 2 Nr. 2 und 3 ist jedoch nicht anwendbar (str).[1]

II. Anwendungsbereich

Abs. 1, 2 gelten nur für den gerichtlich herangezogenen Übersetzer. Darunter versteht man einen Sprachmittler, der fixierten Text von einer Ausgangssprache in eine Zielsprache übersetzt. Übersetzer ist deshalb, wer schriftlich von einer Sprache in eine andere überträgt. Wenn dagegen der Ausgangstext und/oder der Zieltext nicht fixiert sind, weil sie zB nur einmalig mündlich dargeboten werden, liegt eine **Dolmetschung** vor. **2**

Im Unterschied zum Dolmetscher und Übersetzer hat der **Sprachsachverständige** die Aufgabe, einen zu dolmetschenden oder zu übersetzenden Text zu interpretieren, insb. bei Erläuterung von im Ausgangstext vorkommenden Abkürzungen, bei unklaren Begriffen, bei unvollständigem oder unklarem Ausgangstext, bei erforderlichen rechtsvergleichenden Überlegungen, aber auch bei Auslegung anderssprachiger Sprachbilder und Redewendungen.[2] Für den Sprachsachverständigen ist nicht § 11, sondern § 9 anzuwenden.[3]

Der **Übersetzer** erhält nach Abs. 3 ein **Dolmetscherhonorar** gem. § 9 Abs. 3, wenn er Schriftstücke oder Telekommunikationsaufzeichnungen auf bestimmte Inhalte überprüft, ohne eine schriftliche Übersetzung anfertigen zu müssen. Das betrifft insb. die Kontrolle im Fall der Untersuchungshaft gem. § 119 Abs. 3 StPO und die Überwachung der Telekommunikation gem. § 100 a StPO. Sofern der Übersetzer anschließend eine schriftliche Übersetzung anfertigen muss, wird zusätzlich nach § 11 vergütet.[4] Wird aber einer Strafsache von vornherein die schriftliche Übersetzung des Wortlauts überwachter Telefonate in Auftrag gegeben, richtet sich die Vergütung nur nach § 11. **2a**

III. Honorar nach Anschlägen (Abs. 1)

Die dem Übersetzer gem. Abs. 1 zustehende Vergütung bemisst sich nach der Anzahl der Anschläge in dem in die Zielsprache übersetzten Text (Abs. 1 S. 4 Hs 1), wobei die in dem Text enthaltenen Leerzeichen mitzählen (str).[5] Maßgeblich ist also zunächst die **Anzahl der Anschläge** (einschließlich Leerzeichen). Ausgehend davon, dass eine Zeile durchschnittlich 55 Anschläge umfasst (vgl Abs. 1 S. 1),[6] ergibt sich damit ein **Zeilenhonorar**. **3**

Grundsätzlich kommt es auf die Anzahl der Anschläge in der **Zielsprache** an (Abs. 1 S. 4 Hs 1). Wenn in dieser jedoch keine lateinischen Schriftzeichen verwendet werden, ist die Anzahl der Anschläge des Textes in der Ausgangssprache maßgebend (Abs. 1 S. 4 Hs 2). Das gilt auch, wenn die Zielsprache eine Alphabetschrift mit vollständiger Vokalwiedergabe, zB Kyrillisch oder Griechisch, ist.[7] Angesichts der automatischen Zählung durch Textverarbeitungsprogramme dürfte ein Anwendungsbereich für Abs. 1 S. 5 – Unverhältnismäßigkeit der Zählung – nicht mehr verbleiben. **4**

IV. Höhe des Honorars (Abs. 1, 2)

Das sog. **Grundhonorar** beläuft sich auf 1,55 € für jeweils angefangene 55 Anschläge des schriftlichen Textes (Abs. 1 S. 1). Gemäß Abs. 2 beträgt das **Mindesthonorar** für eine oder mehrere Übersetzungen 15 €. Nach Abs. 1 S. 2 beträgt das sog. **erhöhte Honorar** bei nicht elektronisch zur Verfügung gestellten editierbaren Texten 1,75 € für jeweils angefangene 55 Anschläge. Die missverständliche Vorschrift ist dahin auszulegen, dass das erhöhte Honorar für die Übersetzung nicht elektronisch zur Verfügung gestellter oder sonstiger nicht editierbarer Texte anfällt.[8] Das gilt für Texte, die dem Übersetzer in schriftlicher Form auf Papier vorgelegt werden,[9] wie für solche, die zwar elektronisch zur Verfügung gestellt werden, aber nicht mit einem Textverarbeitungssystem bearbeitet werden können, zB nicht abänderbare pdf-Dateien.[10] **5**

Zwischen Grund- und erhöhtem Honorar liegende Beträge können nicht festgesetzt werden.[11] Wenn ein Übersetzungsauftrag **mehrere Schriftstücke** betrifft, deren Schwierigkeitsgrad unterschiedlich hoch ist, kann das Honorar nur einheitlich festgesetzt werden. Das folgt aus dem Rechtsgedanken von Abs. 2 und § 9 Abs. 1 S. 4.[12] **6**

---

1 Für § 12 Abs. 1 Nr. 3 ebenso OLG Frankfurt NStZ-RR 2012, 63; aA OLG München JurBüro 2005, 376. **2** OLG Schleswig JurBüro 2015, 598. **3** OLG Düsseldorf NStZ-RR 2000, 96 = JurBüro 2000, 211. **4** Binz/Dörndorfer u.a./*Binz*, § 11 JVEG Rn 22. **5** OLG Hamburg Rpfleger 2005, 111; OLG Zweibrücken 2.10.2013 – 2 W 10/13, juris; Binz/Dörndorfer u.a./*Binz*, § 11 JVEG Rn 3; aA bzgl der Leertasten *Hartmann*, KostG, § 11 JVEG Rn 12. **6** *Hartmann*, KostG, § 11 JVEG Rn 12. **7** AA OLG Frankfurt NStZ-RR 2012, 63. **8** OLG Frankfurt 11.2. 2015 – 4 WF 235/14, juris. **9** OLG Frankfurt 28.11.2014 – 18 W 211/14, juris; OLG Stuttgart Justiz 2015, 140. **10** OLG Celle NStZ-RR 2014, 128; LAG Hessen 14.7.2014 – 13 Ta 195/14, juris. **11** LG Düsseldorf InstGE 5, 152. **12** Binz/Dörndorfer u.a./*Binz*, § 11 JVEG Rn 11; aA LG Mönchengladbach 17.6.2015 – 5 T 112/15.

7   Wenn die Übersetzung wegen der besonderen Umstände des Einzelfalls **besonders erschwert** ist, beträgt das Grundhonorar 1,85 € und das erhöhte Honorar 2,05 € (Abs. 1 S. 3). Für die **besondere Erschwerung** nennt das Gesetz als **Beispiele** die häufige Verwendung von Fachausdrücken, die schwere Lesbarkeit des Textes, die besondere Eilbedürftigkeit und das Vorliegen einer in Deutschland selten vorkommenden Fremdsprache.

8   Die Anwendung des Erhöhungstatbestands wegen **häufiger Verwendung von Fachausdrücken** setzt voraus, dass die Übersetzung des schriftlichen Textes in dessen Gesamtheit nach Art und Umfang der verwendeten Fachterminologie zu einer erheblichen Erschwerung geführt hat. Es reicht also nicht aus, dass in dem Text überhaupt Fachbegriffe benutzt werden oder nur gebräuchliche und häufig verwendete juristische Begriffe zu übersetzen sind, die dem durchschnittlich erfahrenen Übersetzer, der beide Sprachen professionell beherrscht, keine erheblichen Schwierigkeiten bereiten.[13] Eine erhebliche Erschwerung liegt nicht bereits dann vor, wenn Begriffe wie zB Anklageschrift, Staatsanwalt, Haftbefehl, Angeschuldigter, Registerauszug sowie Betäubungsmittel benutzt werden und kompliziertere Fachbegriffe nur vereinzelt auftauchen. Erforderlich ist vielmehr, dass die Verwendung dieser Begriffe zu einer besonderen Erschwerung der Übersetzung führt. Dies ist nur dann der Fall, wenn eine richtige Übersetzung dem durchschnittlichen Übersetzer ohne Beherrschung der Fachterminologie nicht mehr möglich ist.[14] Die Übersetzungen von **Rechtshilfeersuchen**, bei denen die gerichtlichen Anschreiben in weitem Umfang standardisiert sind, stellen den Regelfall der dem JVEG unterfallenden Übersetzungen und keine erhebliche Erschwerung dar.[15]

9   Auch die **schwere Lesbarkeit** des Textes, zB eine kaum leserliche Handschrift, begründet eine besondere Erschwerung. Weiterer Erhöhungstatbestand ist die **besondere Eilbedürftigkeit**. Daher stellt ein eilbedürftiger Auftrag, der die Übersetzung juristischer Fachausdrücke aus einem Europäischen Haftbefehl in eine in Deutschland wenig gebräuchliche Sprache (zB Arabisch) beinhaltet, eine besondere Erschwerung dar.[16] Eine in Deutschland **selten vorkommende Fremdsprache** ist zB das Jiddische, insb. wenn der Text nicht mehr geläufige Ortsnamen und spezielles Vokabular aus dem religiösen Leben enthält.[17] Keine besondere Erschwerung liegt dagegen bei der Übersetzung einer Anklageschrift nebst Begleitschreiben in die französische Sprache vor.[18]

§ 12 Ersatz für besondere Aufwendungen

(1) [1]Soweit in diesem Gesetz nichts anderes bestimmt ist, sind mit der Vergütung nach den §§ 9 bis 11 auch die üblichen Gemeinkosten sowie der mit der Erstattung des Gutachtens oder der Übersetzung üblicherweise verbundene Aufwand abgegolten. [2]Es werden jedoch gesondert ersetzt

1. die für die Vorbereitung und Erstattung des Gutachtens oder der Übersetzung aufgewendeten notwendigen besonderen Kosten, einschließlich der insoweit notwendigen Aufwendungen für Hilfskräfte, sowie die für eine Untersuchung verbrauchten Stoffe und Werkzeuge;

2. für jedes zur Vorbereitung und Erstattung des Gutachtens erforderliche Foto 2 Euro und, wenn die Fotos nicht Teil des schriftlichen Gutachtens sind (§ 7 Absatz 2), 0,50 Euro für den zweiten und jeden weiteren Abzug oder Ausdruck eines Fotos;

3. für die Erstellung des schriftlichen Gutachtens 0,90 Euro je angefangene 1.000 Anschläge; ist die Zahl der Anschläge nicht bekannt, ist diese zu schätzen;

4. die auf die Vergütung entfallende Umsatzsteuer, sofern diese nicht nach § 19 Abs. 1 des Umsatzsteuergesetzes unerhoben bleibt.

(2) Ein auf die Hilfskräfte (Absatz 1 Satz 2 Nr. 1) entfallender Teil der Gemeinkosten wird durch einen Zuschlag von 15 Prozent auf den Betrag abgegolten, der als notwendige Aufwendung für die Hilfskräfte zu ersetzen ist, es sei denn, die Hinzuziehung der Hilfskräfte hat keine oder nur unwesentlich erhöhte Gemeinkosten veranlasst.

I. Gemeinkosten (Abs. 1 S. 1)

1   § 12 nennt die Voraussetzungen, unter denen ein Ersatz für **besondere Aufwendungen** gewährt werden kann. Gemäß Abs. 1 S. 1 sollen mit dem Honorar nach § 9 (Honorar der Sachverständigen und Dolmetscher), § 10 (Honorar für besondere Leistungen nach Anlage 2 zu § 10) und § 11 (Honorar der Übersetzer) auch die üblichen Gemeinkosten und der mit der Erstattung des Gutachtens oder der Übersetzung üblicher-

---

13 KG JurBüro 2009, 604; OLG München JurBüro 2005, 376. **14** KG NStZ-RR 2009, 328; KG 29.5.2009 – 1 Ws 57/09, juris. **15** OLG Köln 17.3.2008 – 17 W 46/08, juris. **16** OLG München 16.3.2011 – 4 Ws 3/11 (K) juris. **17** BayLSG 3.8.2010 – L 15 SF 149/10, juris. **18** LG Osnabrück JurBüro 2009, 657.

weise verbundene Aufwand abgegolten sein, soweit das JVEG nicht in § 5 (Fahrtkosten), § 6 (Aufwandsentschädigung), § 7 (Sonstige Aufwendungen), § 12 Abs. 1 S. 2 Nr. 1–4 (Besondere Aufwendungen) und § 12 Abs. 2 (Gemeinkosten auf Hilfskräfte) ausdrücklich etwas anderes bestimmt.

Dabei regeln die §§ 5–7 die dort genannten Aufwendungen **abschließend**. So können etwa höhere Kosten einer Abwesenheit über die Sätze des § 7 hinaus nicht noch über § 12 abgerechnet werden. **2**

Zu den üblichen **Gemeinkosten** rechnen in erster Linie die mit dem Bürobetrieb verbundenen Kosten, die **3** Aufwendungen, die sich u.a. aus einer angemessenen Ausstattung mit technischen Geräten[1] (zB Anschaffung, Unterhaltung, Reparatur und Pflege der IT-Technik, eines Kopiergeräts, einer Digitalkamera),[2] und die Aufwendungen aus der Ausstattung mit fachbezogener Literatur ergeben. Die Aufwendungen, die dadurch entstehen, sind bei der Bemessung der Stundensätze nach § 9 berücksichtigt worden. Dies gilt auch für den Aufwand für ein selbstentwickeltes Softwareprogramm.[3]

§§ 5–7 nennen Aufwendungen, die allen Berechtigten nach dem JVEG entstehen können. § 12 dagegen betrifft besonders notwendige Aufwendungen, die im Zusammenhang mit Leistungen der Sachverständigen und Übersetzer anfallen, wie sich aus der Verweisung in Abs. 1 S. 1 auf §§ 9–11 ergibt.[4] **4**

Diese Aufwendungen müssen zunächst **tatsächlich** angefallen sein. Sie müssen aber auch **notwendig** gewesen sein. Daraus folgt, dass eine pauschale Erstattung von Auslagen nicht möglich ist und derartige Aufwendungen ggf hinsichtlich Entstehen und Notwendigkeit gegenüber dem Gericht glaubhaft zu machen sind. Dies gilt grds. auch für **Porto- und Telefonkosten**, die in der Praxis oft pauschal abgerechnet werden, obwohl dies nicht vorgesehen ist.[5] Bei nicht nachvollziehbarer Höhe oder ungenügender Begründung kann damit durchaus eine Spezifizierung verlangt werden. **5**

II. Für die Vorbereitung und Erstattung des Gutachtens/der Übersetzung notwendige besondere Kosten (Abs. 1 S. 2 Nr. 1)

1. Vorbereitung und Erstattung des Gutachtens/der Übersetzung. Abs. 1 S. 2 **Nr. 1** nennt zunächst die für **6** die **Vorbereitung** und **Erstattung** des Gutachtens oder der Übersetzung aufgewendeten notwendigen besonderen Kosten.

Dazu gehören auch **Porto- und Telekommunikationskosten** der Sachverständigen und Übersetzer. Diese gehören nicht zu den nach Abs. 1 S. 1 bereits durch die Honorare der §§ 9–11 abgegoltenen Allgemeinkosten.[6] Soweit in der Rspr verschiedentlich auch § 7 als Anspruchsgrundlage für diese Kosten angesehen wird,[7] wird hier die Auffassung vertreten, dass die Erstattung gem. Abs. 1 S. 2 erfolgt. Der Wortlaut „besondere" Kosten ist nach hiesiger Auffassung nicht dahingehend zu verstehen, dass es sich um Kosten besonderer Art handelt, sondern um Kosten, die dem jeweiligen Gutachten/der jeweiligen Übersetzung gesondert zuzuordnen sind. **7**

Zu erstatten sind somit **Portokosten**, die durch die Vorbereitung und Erstattung des Gutachtens oder der Übersetzung angefallen sind, wie zB das Porto für Ladungen zu einem Ortstermin an die Parteien und ihre Vertreter, nicht aber sonstige Portokosten, wie zB das Porto für die Übersendung oder die Spezifizierung einer Kostenrechnung oder für den Schriftverkehr im Rahmen eines Rechtsmittels gegen den Kostenansatz oder der Stellungnahme zu einem Ablehnungsgesuch usw, da derartiger Schriftverkehr zwar im Zusammenhang mit einem Gutachten oder einer Übersetzung angefallen ist, aber eben nicht der Vorbereitung und Erstattung des Gutachtens dient.

Ebenso sind **Telekommunikationskosten** (Fernsprecher, SMS, E-Mail, Internet) zu erstatten. Dabei gehören **8** aber der Kauf oder die Miete sowie die Grundgebühren derartiger Anlagen zu den Gemeinkosten iSd Abs. 1 S. 1 und können nicht besonders erstattet werden. Erstattungsfähig sind daher nur die Kosten der einzelnen Gespräche, der E-Mail- oder der Internetnutzung, die im Rahmen der Vorbereitung und Erstattung des Gutachtens oder der Übersetzung angefallen sind.

2. Einzelfälle. a) Aufwendungen für Telefon. Aufwendungen für **konkrete einzelne Telefonate** im Rahmen **9** einer Heranziehung gehören grds. zu den erstattungsfähigen Aufwendungen.

b) Internet-/Telefonflatrate. Wenn ein Sachverständiger, Dolmetscher oder Übersetzer eine Telefonflatrate **10** abgeschlossen hat, kommt keine gesonderte Erstattung von Telefonkosten in Betracht. Pauschalentschädigungen für Telefonauslagen sind im JVEG nicht vorgesehen.[8] Da sich bei einer Flatrate keine unmittelbar bei Erledigung des konkreten Gutachtensauftrags anfallenden Kosten ergeben, kommt eine gesonderte Erstattung nicht in Betracht, insb. kann kein Ansatz „fiktiver" Kosten erfolgen, da nur **bare Auslagen** zu er-

---

1 BT-Drucks 15/1971, S. 221. **2** AG Erding 9.12.2004 – 1 C 888/04, juris. **3** OVG Lüneburg 11.9.2014 – 7 OA 39/13, juris.
4 Binz/Dörndorfer u.a./*Binz*, § 12 JVEG Rn 1. **5** OLG Düsseldorf 26.1.2006 – I-10 W 101/05, juris. **6** *Hartmann*, KostG, § 12
JVEG Rn 5; aA Binz/Dörndorfer u.a./*Binz*, § 7 JVEG Rn 5. **7** ThürLSG 16.3.2015 – L 6 JVEG 140/15, juris. **8** OLG Düsseldorf
26.1.2006 – I-10 W 101/05, juris.

statten sind. Es werden die für die Flatrate ohnehin entstehenden Gebühren gezahlt, die unabhängig von den im Zusammenhang mit dem Auftrag geführten Telefonaten anfallen. Durch die Telefonate werden keine konkret bezifferbaren Kosten verursacht.[9] Erstattet werden nur „tatsächliche" im Einzelfall angefallene Aufwendungen. Voraussetzung für eine Erstattung anteiliger Kosten einer Flatrate wäre daher, dass genau bestimmt werden könnte, welcher Anteil der Kosten auf ein bestimmtes Telefonat, eine bestimmte E-Mail, SMS oder eine bestimmte Internetnutzung entfällt. Die Auslagenvergütung nach §§ 7, 12 ist ihrem Sinn nach ausschließlich auf die Deckung im jeweiligen gerichtlichen Verfahren konkret angefallener Kosten begrenzt und umfasst daher weder Anteile allgemeiner Geschäftskosten noch die Erstattung fiktiver Aufwendungen. Es handelt sich vielmehr um **allgemeine Geschäftskosten**, die mit dem Stundensatz nach §§ 9–11 abgegolten werden und vom Sachverständigen, Dolmetscher bzw Übersetzer als Unternehmer im Rahmen der steuerlichen Belastung Berücksichtigung finden können.[10] Bedient sich der Sachverständige oder Übersetzer einer Flatrate, ist mE daher ein Ersatz im Rahmen des Abs. 1 S. 1 Nr. 1 nicht möglich. Bei Nutzung einer Flatrate ist somit davon auszugehen, dass die Kosten zu den nicht besonders zu erstattenden Gemeinkosten nach Abs. 1 S. 1 gehören. Insbesondere können bei einer Flatrate auch keine fiktiven Kosten oder Fallpauschalen in Ansatz gebracht werden.

11 **c) Fachliteratur.** Die Ausstattung mit Fachliteratur gehört, da sich jeder Sachverständige und Übersetzer in seinem Fachgebiet auf dem Laufenden halten und fortbilden muss, zu den Gemeinkosten, so dass Kosten für Fachliteratur grds. nicht erstattet werden können. Eine Ausnahme wird dann zu machen sein, wenn der Sachverständige oder Übersetzer speziell für eine Sachverständigenleistung oder Übersetzung Fachliteratur benötigt, die ausschließlich für die gestellte Beweisfrage oder in Auftrag gegebene Übersetzung benötigt wird und nicht auch anderweitig genutzt werden kann. Ein derartiger Aufwand wird daher nur in seltenen Ausnahmefällen erstattungsfähig sein.[11]

12 **d) Leistungen Dritter.** Unter die besonderen Kosten des Abs. 1 S. 2 Nr. 1 fallen Aufwendungen für Leistungen Dritter, die durch den Sachverständigen in Anspruch genommen werden. Die insoweit möglichen Leistungen Dritter sind vielfältig. Kosten können bspw anfallen für das Aufstellen von Gerüsten, die Öffnung von Böden und Wänden, Laboruntersuchungen oder für die Anmietung besonders notwendiger technischer Geräte, aber auch für Untersuchungen im medizinischen Bereich. Da Abs. 1 S. 1 Nr. 1 im Zusammenhang mit den besonderen notwendigen Kosten auf die Aufwendungen für Hilfskräfte verweist, ist es unschädlich, wenn Aufwendungen Dritter als Kosten von Hilfskräften abgerechnet werden.

13 **e) Hilfskräfte (Nr. 1). aa) Allgemeines.** Die ausdrückliche Bestimmung über die Vergütung von Hilfskräften in Abs. 1 S. 2 Nr. 1 zeigt, dass ein Sachverständiger „Hilfskräfte" in Anspruch nehmen darf. Aufwendungen für Hilfskräfte können jedoch nur ersetzt werden, wenn der Aufwand konkret dargelegt und erläutert wird, warum der Einsatz der Hilfskraft notwendig war.[12]

14 **bb) Hilfskrafteigenschaft.** „Hilfskräfte" sind Personen, die zB der bestellte Sachverständige zur Vorbereitung seiner zu erbringenden Leistung im Rahmen des erteilten Auftrags heranzieht, entweder weil er ansonsten deren Arbeiten selbst erledigen müsste (zB Ladung zu einem Ortstermin, Ordnen von Unterlagen durch Bürokraft), ihm Ausstattung für bestimmte Arbeiten nicht zur Verfügung steht (zB Materialprüfung, Messungen) oder er bestimmte Arbeiten Fachfirmen überträgt (Maueröffnungen, Gerüstaufstellung usw).[13]

15 Nicht um den Einsatz einer Hilfskraft handelt es sich aber, wenn ein Sachverständiger zB für Teile eines Gutachtens mangels eigener Kenntnisse ohne Zustimmung des Gerichts einen weiteren Sachverständigen zuzieht.

16 Hilfskräfte arbeiten nach Weisung des Sachverständigen, der auch die Tätigkeit überwachen und Arbeitsergebnisse überprüfen muss. „Hilfskraft" bedeutet nicht, dass es sich immer um weniger qualifizierte Personen als den Sachverständigen selbst handeln muss. Es handelt sich also auch dann um eine Hilfskraft, wenn eine qualifizierte Person beschäftigt wird, die über dasselbe Wissen und ebenso große Erfahrung verfügt wie der Sachverständige selbst.[14]

17 Hilfskräfte werden in mehreren Varianten angetroffen und zur Vergütung angemeldet: (1) für einzelne Aufträge herangezogene Personen; (2) festangestellte Personen; (3) Drittfirmen.

18 Insbesondere ist es nicht erforderlich, dass die Hilfskraft bei dem Sachverständigen angestellt ist, sondern der Sachverständige kann auch andere Firmen oder Unternehmer beschäftigen, wenn dies für die Erstattung des Gutachtens notwendig ist.[15]

---

9 LG Dortmund 20.7.2011 – 9 T 46/11, juris. **10** OVG Nordrhein-Westfalen 24.2.2006 – 2 E 1123/05, juris. **11** BayLSG 30.11.2011 – L 15 SF 97/11, juris. **12** LSG BW 28.5.2015 – L 12 SF 1072/14 E, juris. **13** Binz/Dörndorfer u.a./*Binz*, § 12 JVEG Rn 4; *Bleutge*, JurBüro 1998, 340. **14** *Bleutge*, JurBüro 1998, 340; Meyer/Höver/Bach/*Oberlack*, JVEG, § 12 Rn 12. **15** *Bleutge*, JurBüro 1998, 340.

Für fest bei einem Sachverständigen beschäftigtes Personal, das im Rahmen einzelner Gutachten mit Tätig- 19
keiten beauftragt wird, kann nur die Zeit berücksichtigt werden, die konkret auf das einzelne Gutachten
verwendet wurde, also die Zeit, die aufgewendet wird, wenn die Bürokraft die Parteien zu einem Ortstermin lädt,[16] oder die Zeit, die ein Techniker benötigt, der vor Ort ein Aufmaß vornimmt. Beispielsweise
kann die **ständige Bürokraft** des Sachverständigen im Allgemeinen nicht als Hilfskraft iSd Abs. 1 S. 2 Nr. 1
angesehen werden, da Aufwendungen für typische Büroarbeiten idR bereits durch die Leistungsvergütung
des Sachverständigen oder die Aufwandsentschädigungen nach Abs. 1 S. 2 Nr. 2 und 3 abgegolten werden.
Eine ständige Bürokraft kann jedoch Hilfskraft sein, soweit sie Tätigkeiten ausübt, die – trennbar von sonstigen Tätigkeiten – auf die Anfertigung eines konkreten Gutachtens bezogen werden können.

cc) Ermittlung der Kosten der Hilfskraft. Die Höhe der einer zugezogenen Hilfskraft von dem Sachverstän- 20
digen zu gewährenden Entschädigung richtet sich nicht nach dem JVEG, sondern nach der zwischen dem
Sachverständigen und der Hilfskraft getroffenen Vereinbarung. Der Aufwendungsersatzanspruch ist nicht
an die im JVEG festgelegten Höchstgrenzen gebunden („Prinzip des vollen Aufwendungsersatzes"). Jedoch
sind sowohl die Notwendigkeit der Zuziehung als auch die Angemessenheit der gezahlten Vergütung nachprüfbar.[17] Die an eine Hilfskraft gezahlte Entschädigung ist dann zu korrigieren, wenn nach den Umständen des Einzelfalls eindeutig zu hohe Kosten geltend gemacht werden und diese unbillig sind.[18]

Nicht als notwendig anzusehen sind die Kosten einer Hilfskraft, wenn die Arbeit durch den **Sachverständi-** 21
gen selbst hätte günstiger erledigt werden können. Praktisch bedeutet dies, dass in allen Fällen, in denen der
Sachverständige selbst hätte tätig werden können, die Sätze des JVEG die Höchstgrenze der möglichen Erstattung bilden. Würde ein Sachverständiger mit Honorargruppe 3 einen Techniker mit Aufmaß beauftragen und diesem einen höheren Stundensatz zahlen, wäre maximal der Stundensatz der Honorargruppe 3
erstattungsfähig, da diese Kosten angefallen wären, wenn der Sachverständige selbst diese Tätigkeit erledigt
hätte.

Während bei gesondert beauftragten Hilfskräften die tatsächlich gezahlten Beträge – ggf begrenzt durch 22
mögliche Höchstsätze des JVEG – maßgebend sind, ist bei festangestelltem Personal die Höhe des erstattungsfähigen Aufwands grds. auf Grundlage des an die jeweilige Hilfskraft gezahlten Bruttojahresentgelts
einschließlich Weihnachts- und Urlaubsgratifikation zuzüglich der Arbeitgeberanteile zur Sozialversicherung zu ermitteln.[19] Zur berücksichtigungsfähigen Zeit → Rn 20.

Aufwendungen für Hilfskräfte sind **nicht** erstattungsfähig, wenn sie zu den üblichen **Gemeinkosten** gehö- 23
ren, also zB die Bürokraft die Tagespost zum Briefkasten bringt.[20] Ebenfalls nicht gesondert abrechenbar
sind die Kosten für Hilfskräfte dann, wenn die Tätigkeit durch **Pauschalen** vergütet wird. Daher kann für
die Fertigung von Lichtbildern und für das Schreiben des Gutachtens neben den Pauschalen nach Abs. 1
S. 2 Nr. 2 und 3 nicht gesondert der Zeitaufwand für Hilfskräfte berechnet werden. Ebenso wenig kann
neben den Pauschalen für Ablichtungen (§ 7 Abs. 2) ein Zeitaufwand für die ablichtende Bürokraft geltend
gemacht werden. Dies gilt auch zB dann, wenn statt einer eigenen Bürokraft ein Schreibbüro mit dem
Schreiben des Gutachtens beauftragt wird. Zum Zuschlag auf die Gemeinkosten → Rn 40.

Nicht erstattungsfähig ist der Zeitaufwand für **Arbeitsanweisungen** an die Hilfskraft. Zeitaufwand für Ar- 24
beitsanweisungen gehört zu den Allgemeinkosten des Sachverständigenbüros, die durch dessen Struktur
und Ausstattung mit Hilfskräften bedingt sind. Hilfskräfte arbeiten nach Weisung des Sachverständigen,
dadurch sind Arbeitsanweisungen und/oder Mitarbeiterdialog nicht besonders zu vergüten. Entsprechender
Zeitaufwand ist mit den Honoraren gem. §§ 9–11 abgegolten.

f) Verbrauchte Stoffe und Werkzeuge (Nr. 1). Der Ersatz der Aufwendungen für verbrauchte Stoffe und 25
Werkzeuge betrifft nur den Ersatz solcher Stoffe und Werkzeuge, die im Rahmen einer einzelnen Leistung
„verbraucht" werden. Grundsätzlich gilt auch insoweit, dass die Kosten zur Erbringung einer bestimmten
Sachverständigenleistung zu den Gemeinkosten des Sachverständigen gehören. Die Benutzung von Werkzeugen oder auch technischen Geräten löst keine Aufwandsentschädigung aus. Damit kann auch eine normale Abnutzung von Werkzeugen oder deren Beschädigung bei der Erbringung einer Leistung nicht als
„Verbrauch" iSv Abs. 1 S. 2 Nr. 1 angesehen werden.

III. Zur Vorbereitung und Erstattung des Gutachtens erforderliche Fotos (Abs. 1 S. 2 Nr. 2)

1. Fotos. Für die Fertigung von Fotos erhält ein Sachverständiger einen pauschalen Aufwendungsersatz, 26
der differenziert zwischen dem ersten Abzug bzw Ausdruck und den weiteren Abzügen bzw Ausdrucken.

---

16 OLG Hamm JurBüro 1990, 1516. **17** OLG Thüringen BauR 2012, 997; OLG Düsseldorf 24.2.2009 – 10 W 145/08, juris;
KG 29.9.1998 – 1 W 3211/98, juris. **18** OLG Thüringen BauR 2012, 997; Meyer/Höver/Bach/*Oberlack*, JVEG, § 12 Rn 10.
19 OLG Hamm BauR 2005, 997; KG 29.9.1998 – 1 W 3211/98, juris. **20** OLG Hamm JurBüro 1990, 1516.

Dabei müssen die Fotos nicht von dem Sachverständigen selbst gefertigt worden sein.[21] Auch müssen die Fotos nicht als Ausdruck oder Abzug vorliegen, um den Auslagenersatz zu erhalten. Seit der Digitalisierung der Fotografie ist es nicht mehr zwingend, dass die für die Vorbereitung des Gutachtens erforderlichen Fotos ausgedruckt werden, wenn sie nicht im Gutachten verwendet werden.[22] Mit der für die Zukunft geplanten Einführung der elektronischen Akte wird es auch Fälle geben, in denen das schriftliche Gutachten nur noch elektronisch an das Gericht übermittelt wird. Auch in diesen Fällen soll die Fotopauschale dann anfallen. Da mit den Pauschalen auch die Fertigung der Aufnahme und die Kosten der dafür verwendeten Kamera mit abgegolten werden sollen, ist der Aufwendungsersatz auch dann gerechtfertigt, wenn die Fotos **ohne Ausdruck oder Abzug nur gespeichert bzw versandt** werden.[23]

27 Die Pauschale wird für die zur Erstattung des Gutachtens **notwendigen** Fotos erstattet, aber auch für die „**zur Vorbereitung**" erforderlichen Fotos. Damit sind auch solche Fotos ersatzfähig, die der Sachverständige zwar nicht in das Gutachten selbst aufgenommen hat, die er aber nach seinem pflichtgemäßen Ermessen im Hinblick auf den ihm erteilten Gutachtensauftrag für erforderlich halten durfte.[24] Dies sind zB solche Fotos, die als Erinnerungsstütze für die Erkenntnisse in einem Ortstermin gefertigt wurden.

28 Art, Größe, Herstellungstechnik, Farbe oder Schwarz/Weiß haben keinerlei Einfluss auf die Höhe der Pauschale, insb. rechtfertigen tatsächlich nachgewiesene höhere Kosten keine Erstattung über die Pauschale des Abs. 1 S. 2 Nr. 2 hinaus.[25]

29 Zur Vereinfachung der Abrechnung wird der **zweite und jeder weitere Abzug oder Ausdruck** eines Fotos nur noch dann besonders vergütet, wenn keine Aufwendungen nach § 7 Abs. 2 ersetzt werden. Werden Fotos Teil des schriftlichen Gutachtens, werden für einen zusätzlichen Ausdruck des Gutachtens die Fotos nicht gesondert abgerechnet.[26] Dies bedeutet, dass Aufwendungen für weitere Abzüge/Ausdrucke nicht neben den Aufwendungen für zusätzliche Ausdrucke, die nach Aufforderung durch die heranziehende Stelle angefertigt worden sind, ersetzt werden.[27] Dies bedeutet aber auch, dass bei farbigen Abzügen/Ausdrucken im Gutachten unterschiedliche Aufwendungssätze nach § 7 Abs. 2 S. 1 Nr. 1 und Nr. 3 zu berücksichtigen sind.

30 Das Einfügen von Fotos in ein Gutachten wird nach dem tatsächlichen zeitlichen Aufwand vergütet, da eine Vergütung für Seiten, die nur Fotos enthalten, von der Pauschale nach Abs. 1 S. 2 Nr. 3 nicht umfasst wird.[28] Da die Höhe der Pauschale nach Abs. 1 S. 2 Nr. 3 nach der Zahl der Anschläge bestimmt wird, kann sie für Seiten, die keine Schriftzeichen, sondern nur Fotos enthalten, nicht gewährt werden.[29]

31 **2. Grafiken und Diagramme.** Grafiken und Diagramme fallen nicht unter Abs. 1 S. 2 Nr. 2.[30] Dies wurde zT in den Kommentierungen[31] und von der Rspr[32] anders gesehen. Es wird davon ausgegangen, dass die Notwendigkeit einer besonderen Vergütung für Grafiken und Diagramme grds. nicht besteht, weil der Sachverständige für deren Anfertigung mit dem Stundensatz honoriert wird.[33]

32 **3. Wärmebilder.** Nach Abs. 1 S. 2 Nr. 2 sind auch Wärmebilder zu vergüten, die zB bei der Prüfung der Wärmedämmung von Häusern gefertigt werden. Eine Wärmebildkamera erzeugt ebenso wie eine herkömmliche Kamera ein Bild, das auch in handelsüblichen Bildformaten gespeichert wird, so dass eine Anwendung des Abs. 1 S. 2 Nr. 2 gerechtfertigt ist. Weder die Herstellungstechnik des Wärmebildes noch die Beschaffungskosten der Wärmebildkamera rechtfertigen es, von der Pauschale abzuweichen.

IV. Erstellung des schriftlichen Gutachtens (Abs. 1 S. 2 Nr. 3)

33 Für die Erstellung eines schriftlichen Gutachtens ist eine pauschale Vergütung festgelegt. Für den Umfang des Auslagenersatzes wird auf die **Anzahl der Anschläge (einschließlich Leerzeichen)**[34] abgestellt. Dass auch die Leerzeichen mitzuzählen sind, ergibt sich eindeutig aus der Gesetzesbegründung zu § 11.[35]

34 Die Pauschale nach der Anzahl der Anschläge orientiert sich grds. an der entsprechenden Neuregelung für schriftliche Übersetzungen in § 11 Abs. 1. Da der Sachverständige jedoch für die gedankliche Erarbeitung des Gutachtens bereits ein nach Stunden bemessenes Honorar erhält und Abs. 1 S. 2 Nr. 3 somit nur die mit der reinen Schreibarbeit verbundenen Aufwendungen abgelten soll, wird dem Sachverständigen nur ein geringerer als der in § 11 Abs. 1 genannte Satz erstattet.[36]

35 Der Sachverständige hat die Anzahl der Anschläge mitzuteilen. Die mit der IT-Technik mögliche automatische Zählung bei der Ausführung von Schreibarbeiten erlaubt diese Mitteilung ohne besondere Schwierig-

---

21 OLG Frankfurt MDR 2016, 49. **22** BT-Drucks 17/11471 (neu), S. 261. **23** BT-Drucks 17/11471 (neu), S. 261. **24** LG Berlin JurBüro 2010, 660; OLG Oldenburg NJW-RR 2003, 1655. **25** Binz/Dörndorfer u.a./*Binz*, § 12 JVEG Rn 10. **26** BT-Drucks 17/11471 (neu), S. 261. **27** OLG Hamburg 3.12.2014 – 4 W 133/14, juris. **28** LG Dortmund 20.7.2011 – 9 T 46/11, juris; LG Münster IBR 2009, 484. **29** LG Dortmund 20.7.2011 – 9 T 46/11, juris; Meyer/Höver/Bach/*Oberlack*, JVEG, § 12 Rn 26 a; *Hartmann*, KostG, § 12 JVEG Rn 15. **30** BT-Drucks 17/11471 (neu), S. 261; AG Koblenz 28.1.2011 – 131 C 3468/09, juris. **31** *H. Schneider*, JVEG, § 12 Rn 33. **32** OLG Hamm BauR 2013, 137; OLG Bamberg OLGR Bamberg 2006, 460. **33** BT-Drucks 17/11471 (neu), S. 261. **34** BT-Drucks 15/1971, S. 184. **35** BT-Drucks 15/1971, S. 184. **36** BT-Drucks 15/1971, S. 184.

keit. Erfolgt keine Angabe oder ist die Zahl der Anschläge nicht bekannt, ist die Zahl der Anschläge zu schätzen (Nr. 3 Hs 2).

Neben den Pauschalen nach Abs. 1 S. 2 Nr. 3 kann kein gesonderter Zeitaufwand für Hilfskräfte berechnet **36** werden. Dies gilt zB auch dann, wenn statt einer eigenen Bürokraft ein Schreibbüro mit dem Schreiben des Gutachtens beauftragt wird, das höhere Kosten berechnet.[37] Dabei zählt bereits die Umsetzung eines Gutachtensentwurfs in Form eines Diktats oder eines sonstigen Manuskripts in die Schriftform zu den Tätigkeiten, die durch die Pauschale abgegolten werden.[38] Abs. 1 S. 2 Nr. 3 bezieht sich jedoch nur auf die Reinschrift und die dazugehörigen Nebenarbeiten. Die anderen allgemeinen vorbereitenden Schreibarbeiten und sonstige Tätigkeiten sind damit nicht vergleichbar. Soweit die Schreibkraft etwa Schreiben des Sachverständigen an die Parteien oder ihre Vertreter zur Bestimmung eines Ortstermins oder Umladungen oder sonstige Schreiben fertigt, die nicht der Erstellung des schriftlichen Gutachtens zugeordnet werden können, können dafür Auslagen für Hilfskräfte (Abs. 1 S. 2 Nr. 1) abgerechnet werden.[39]

Mit der Pauschale nach Abs. 1 S. 2 Nr. 3 wird der gesamte personelle und sachliche Aufwand, der mit der **37** Erstellung des schriftlichen Gutachtens verbunden ist, abschließend abgegolten.[40] Es wird also nicht nur das Schreiben des Gutachtens abgegolten, sondern zur Erstellung eines Gutachtens gehört auch das Zusammenstellen, **Ordnen der Seiten, Binden oder Heften**, so dass auch dieser Zeitaufwand abgegolten ist. Ebenso umfasst die pauschale Aufwandsentschädigung das dafür benötigte Material.[41]

V. Umsatzsteuer (Abs. 1 S. 2 Nr. 4)

Abs. 1 S. 2 Nr. 4 erlaubt es den Sachverständigen, Dolmetschern und Übersetzern, die auf die Vergütung **38** (also auf das Honorar und die Aufwendungen) entfallende Umsatzsteuer wiederum als besonderen Aufwand geltend zu machen. Dies gilt aber dann nicht, wenn ein steuerpflichtiger Umsatz nicht erreicht wird. Wie sich aus Abs. 1 ergibt, erfolgt die Erstattung der Umsatzsteuer nur bei Sachverständigen, Dolmetschern und Übersetzern. Für Zeugen oder Dritte (§ 23) ist die Erstattung von Umsatzsteuer nicht vorgesehen.[42]

Umsatzsteuer ist auch auf Aufwendungen für Leistungen Dritter zu erstatten, die selbst nicht der Umsatz- **39** steuer unterliegen, etwa **Porto**.[43] Die Umsatzsteuerpflicht des Sachverständigen/Dolmetschers/Übersetzers hängt nicht davon ab, ob die aufgewendeten Beträge selbst der Umsatzsteuerpflicht unterliegen, sondern vom Entgelt-Umsatz des Sachverständigen/Dolmetschers/Übersetzers für seine Leistung. Entgelt ist dabei alles, was der Leistungsempfänger (hier also die heranziehende Stelle) aufgewendet hat, um die Leistung (hier: des Sachverständigen/Dolmetschers/Übersetzers) zu erhalten, jedoch abzüglich der Umsatzsteuer, § 10 Abs. 1 S. 1 und 2 UStG.

VI. Zuschlag auf die Gemeinkosten bei Hilfskräften (Abs. 2)

Nach Abs. 1 S. 1 sind – soweit im JVEG nichts anderes bestimmt ist – mit der Vergütung nach den §§ 9–11 **40** auch die **üblichen Gemeinkosten** abgegolten. Eine „andere Bestimmung" in diesem Sinne sind dann die besonders zu ersetzenden Aufwendungen nach **Abs. 2**, in dem ausdrücklich der **auf Hilfskräfte entfallende Teil der Gemeinkosten** als vergütungsfähig angesehen wird. Da der tatsächliche anfallende Betrag idR nicht feststellbar sein wird, sind pauschal 15 % der nach Abs. 1 S. 2 Nr. 1 festgestellten notwendigen Kosten einer Hilfskraft zu erstatten. Es müssen allerdings durch Hilfskräfte auch Gemeinkosten entstanden sein. Wird zB eine Drittfirma mit der Erbringung von Leistungen beauftragt oder wird ein nicht im Büro des Sachverständigen beschäftigter freier Mitarbeiters tätig, fallen im Büro des Sachverständigen dadurch keine auf Hilfskräfte entfallenden Gemeinkosten an.[44]

§ 13 Besondere Vergütung

(1) [1]Haben sich die Parteien oder Beteiligten dem Gericht gegenüber mit einer bestimmten oder einer von der gesetzlichen Regelung abweichenden Vergütung einverstanden erklärt, wird der Sachverständige, Dolmetscher oder Übersetzer unter Gewährung dieser Vergütung erst herangezogen, wenn ein ausreichender Betrag für die gesamte Vergütung an die Staatskasse gezahlt ist. [2]Hat in einem Verfahren nach dem Gesetz über Ordnungswidrigkeiten die Verfolgungsbehörde eine entsprechende Erklärung abgegeben, bedarf es auch dann keiner Vorschusszahlung, wenn die Verfolgungsbehörde nicht von der Zahlung der Kosten be-

---

[37] Meyer/Höver/Bach/*Oberlack*, JVEG, § 12 Rn 26 b. **38** OLG Hamm MDR 1991, 800; Meyer/Höver/Bach/*Oberlack*, JVEG, § 12 Rn 26 b. **39** OLG München MDR 1991, 800. **40** *Hartmann*, KostG, § 12 JVEG Rn 15. **41** Meyer/Höver/Bach/*Oberlack*, JVEG, § 12 Rn 26 c. **42** Meyer/Höver/Bach/*Oberlack*, JVEG, § 12 Rn 27 d. **43** SG Fulda NZS 2015, 680; aA SächsLSG 10.3.2015 – L 8 SF 99/13 E, juris. **44** BT-Drucks 15/1971, S. 184.

freit ist. [3]In einem Verfahren, in dem Gerichtskosten in keinem Fall erhoben werden, genügt es, wenn ein die Mehrkosten deckender Betrag gezahlt worden ist, für den die Parteien oder Beteiligten nach Absatz 6 haften.

(2) [1]Die Erklärung nur einer Partei oder eines Beteiligten oder die Erklärung der Strafverfolgungsbehörde oder der Verfolgungsbehörde genügt, soweit sie sich auf den Stundensatz nach § 9 oder bei schriftlichen Übersetzungen auf ein Honorar für jeweils angefangene 55 Anschläge nach § 11 bezieht und das Gericht zustimmt. [2]Die Zustimmung soll nur erteilt werden, wenn das Doppelte des nach § 9 oder § 11 zulässigen Honorars nicht überschritten wird und wenn sich zu dem gesetzlich bestimmten Honorar keine geeignete Person zur Übernahme der Tätigkeit bereit erklärt. [3]Vor der Zustimmung hat das Gericht die andere Partei oder die anderen Beteiligten zu hören. [4]Die Zustimmung und die Ablehnung der Zustimmung sind unanfechtbar.

(3) [1]Derjenige, dem Prozess- oder Verfahrenskostenhilfe bewilligt worden ist, kann eine Erklärung nach Absatz 1 nur abgeben, die sich auf den Stundensatz nach § 9 oder bei schriftlichen Übersetzungen auf ein Honorar für jeweils angefangene 55 Anschläge nach § 11 bezieht. [2]Wäre er ohne Rücksicht auf die Prozess- oder Verfahrenskostenhilfe zur vorschussweisen Zahlung der Vergütung verpflichtet, hat er einen ausreichenden Betrag für das gegenüber der gesetzlichen Regelung oder der vereinbarten Vergütung (§ 14) zu erwartende zusätzliche Honorar an die Staatskasse zu zahlen; § 122 Abs. 1 Nr. 1 Buchstabe a der Zivilprozessordnung ist insoweit nicht anzuwenden. [3]Der Betrag wird durch unanfechtbaren Beschluss festgesetzt. [4]Zugleich bestimmt das Gericht, welcher Honorargruppe die Leistung des Sachverständigen ohne Berücksichtigung der Erklärungen der Parteien oder Beteiligten zuzuordnen oder mit welchem Betrag für 55 Anschläge in diesem Fall eine Übersetzung zu honorieren wäre.

(4) [1]Ist eine Vereinbarung nach den Absätzen 1 und 3 zur zweckentsprechenden Rechtsverfolgung notwendig und ist derjenige, dem Prozess- oder Verfahrenskostenhilfe bewilligt worden ist, zur Zahlung des nach Absatz 3 Satz 2 erforderlichen Betrags außerstande, bedarf es der Zahlung nicht, wenn das Gericht seiner Erklärung zustimmt. [2]Die Zustimmung soll nur erteilt werden, wenn das Doppelte des nach § 9 oder § 11 zulässigen Honorars nicht überschritten wird. [3]Die Zustimmung und die Ablehnung der Zustimmung sind unanfechtbar.

(5) [1]Im Musterverfahren nach dem Kapitalanleger-Musterverfahrensgesetz ist die Vergütung unabhängig davon zu gewähren, ob ein ausreichender Betrag an die Staatskasse gezahlt ist. [2]Im Fall des Absatzes 2 genügt die Erklärung eines Beteiligten des Musterverfahrens. [3]Die Absätze 3 und 4 sind nicht anzuwenden. [4]Die Anhörung der übrigen Beteiligten des Musterverfahrens kann dadurch ersetzt werden, dass die Vergütungshöhe, für die die Zustimmung des Gerichts erteilt werden soll, öffentlich bekannt gemacht wird. [5]Die öffentliche Bekanntmachung wird durch Eintragung in das Klageregister nach § 4 des Kapitalanleger-Musterverfahrensgesetzes bewirkt. [6]Zwischen der öffentlichen Bekanntmachung und der Entscheidung über die Zustimmung müssen mindestens vier Wochen liegen.

(6) [1]Schuldet nach den kostenrechtlichen Vorschriften keine Partei oder kein Beteiligter die Vergütung, haften die Parteien oder Beteiligten, die eine Erklärung nach Absatz 1 oder Absatz 3 abgegeben haben, für die hierdurch entstandenen Mehrkosten als Gesamtschuldner, im Innenverhältnis nach Kopfteilen. [2]Für die Strafverfolgungs- oder Verfolgungsbehörde haftet diejenige Körperschaft, der die Behörde angehört, wenn die Körperschaft nicht von der Zahlung der Kosten befreit ist. [3]Der auf eine Partei oder einen Beteiligten entfallende Anteil bleibt unberücksichtigt, wenn das Gericht der Erklärung nach Absatz 4 zugestimmt hat. [4]Der Sachverständige, Dolmetscher oder Übersetzer hat eine Berechnung der gesetzlichen Vergütung einzureichen.

(7) *(weggefallen)*

I. Allgemeines

1   § 13 regelt die Vereinbarung einer besonderen, dh **höheren Vergütung**. Sie wurde durch das 2. KostRMoG grundlegend umgestaltet. Abs. 1 und 2 enthalten die grundsätzlichen Regelungen über die Vereinbarung einer höheren Vergütung, Abs. 3 und 4 berücksichtigen die Bewilligung von Prozess- oder Verfahrenskostenhilfe, in Abs. 5 findet sich eine Sonderregelung für Musterverfahren nach dem Kapitalanleger-Musterverfahrensgesetz und in Abs. 6 eine Regelung für den Fall, dass keine Partei/kein Beteiligter für die Kosten haftet.

II. Anwendungsbereich

2   § 13 betrifft nur die Vergütung von **Sachverständigen, Dolmetschern und Übersetzern**. Die Entschädigung von Zeugen und ehrenamtlichen Richtern kann nicht abweichend vereinbart werden. In der Praxis handelt es sich fast ausschließlich um die Entschädigung von Sachverständigen. Grundsätzlich sind öffentlich bestellte und vereidigte Sachverständige jedoch zur **Erstattung eines Gutachtens verpflichtet**. Sie verstoßen gegen diese Verpflichtung, wenn sie die Erstellung des Gutachtens von einer Vergütungszahlung abhängig ma-

chen, die der Höhe nach über der Vergütung nach den Vorschriften des JVEG liegt.[1] Dasselbe gilt für vereidigte Dolmetscher und Übersetzer.

III. Einverständniserklärung (Abs. 1 S. 1, Abs. 2 S. 1)

Voraussetzung für die Zahlung einer besonderen Vergütung ist das **Einverständnis** einer Partei oder beider Parteien; dieses Einverständnis ist **dem Gericht gegenüber** zu erklären (Abs. 1 S. 1). Dem Gesetzestext ist nicht zu entnehmen, dass außerdem ein Antrag des Vergütungsberechtigten vorliegen muss.[2] Ohne dessen Anfrage, ob er nach einem erhöhten Vergütungssatz abrechnen kann, wird jedoch kein Anlass für ein solches Einverständnis bestehen. Das Einverständnis kann auch **konkludent** erfolgen. Ausreichend ist, dass der angeforderte höhere Vorschuss gezahlt wird und das Gericht daraufhin die Akten dem Gutachter mit der Bitte um weitere Bearbeitung erneut zuleitet (str).[3] Das Einverständnis der Parteien und die Zustimmung des Gerichts (→ Rn 12) können auch erst **nach der Beauftragung** des Sachverständigen erklärt werden.[4]

3

Im Einzelfall kann trotz fehlenden wirksamen Einverständnisses aus Gesichtspunkten des **Vertrauensschutzes** eine erhöhte Vergütung zu zahlen sein. Dies setzt voraus, dass seitens des Gerichts fehlerhafte oder unrichtige Auskünfte oder Zusagen erteilt worden sind, die bei dem Sachverständigen die unrichtige Vorstellung ausgelöst haben, er könne nach dem erhöhten Stundensatz abrechnen.[5] Damit werden an die Feststellung eines schützenswerten Vertrauens **hohe Anforderungen** gestellt. Es genügt nicht, dass das Gericht die Akten dem Gutachter zur Fortsetzung der Begutachtung wieder zuleitet, ohne dessen Antrag auf Bewilligung eines höheren als des gesetzlichen Stundensatzes ausdrücklich abzulehnen.[6] Wenn jedoch der Sachverständige dem Gericht eine Auftragsbestätigung mit einer detaillierten Übersicht über seine Abrechnungspositionen zusendet, die auch Kosten für ein Handaktenexemplar des Gutachtens enthält, und gleichzeitig um Mitteilung etwaiger Einwände bittet, da sodann ein Antrag nach § 13 gestellt werde, und das Gericht schweigt, sind auch die Kosten des Handaktenexemplars zu ersetzen.[7]

4

IV. Weiteres Verfahren

1. Änderungen durch das 2. KostRMoG. Die Anwendung des Abs. 1 setzte nach früherer Rechtslage voraus, dass die Kosten in jedem Fall einer Partei oder einem Beteiligten aufzuerlegen sind. Abs. 1 wurde durch das 2. KostRMoG dahin gehend geändert, dass unabhängig von der zwingenden Kostenpflicht **mit Einverständnis der Parteien oder Beteiligten** eine höhere als die gesetzliche Vergütung gezahlt werden kann. Infolgedessen kann auch in Verfahren nach dem FamFG, in denen das Gericht gem. § 81 Abs. 1 S. 2 FamFG anordnen kann, von der Erhebung der Kosten abzusehen, die Zustimmung zu einer höheren als der gesetzlichen Vergütung erteilt werden. Dasselbe gilt für Straf- und Bußgeldverfahren.[8] Wie verfahren werden soll, wenn keiner Partei oder keinem Beteiligten die Kosten auferlegt werden, ist nun in Abs. 6 geregelt. Wird eine entsprechende Erklärung von der Strafverfolgungsbehörde oder von der Verfolgungsbehörde in einem Bußgeldverfahren abgegeben, ist diese Behörde nicht zur Vorschusszahlung verpflichtet, weil sie entweder von der Zahlung der Kosten befreit ist oder die Verwaltungsbehörde in Bußgeldsachen ausdrücklich ausgeschlossen ist. Sofern grds. keine Gerichtskosten erhoben werden (zB in den meisten Verfahren vor den Sozialgerichten), reicht die vorherige Zahlung der Mehrkosten aus, für die die Beteiligten nach Abs. 6 haften. Die Neuregelung des § 13 steht nicht in Widerspruch zu § 109 SGG und ersetzt diese Vorschrift auch nicht. Danach muss auf Antrag des Versicherten, des behinderten Menschen, des Versorgungsberechtigten oder Hinterbliebenen ein bestimmter Arzt gutachtlich gehört werden. Die Anhörung kann davon abhängig gemacht werden, dass der Antragsteller die Kosten vorschießt und vorbehaltlich einer anderen Entscheidung des Gerichts endgültig trägt. In § 109 SGG geht es um die Haftung für die gesetzlichen Gutachterkosten, in § 13 dagegen um die Zahlung eines erhöhten Honorars.[9]

5

2. Einverständnis beider Parteien (Abs. 1, 3, 4). Im Fall des **Abs. 1** ist das Einverständnis beider Parteien, denen **nicht Prozess- oder Verfahrenskostenhilfe bewilligt** wurde, erforderlich. Die Parteien können sich nicht nur mit einem höheren Stundensatz (§ 9) oder einem abweichenden Zeilenhonorar (§ 11) einverstanden erklären. Das Einverständnis kann sich auch auf den Aufwendungsersatz nach § 8 Abs. 1 Nr. 2–4 sowie die Honorarsätze des § 10 und der Anlage 2 (zu § 10 Abs. 1) beziehen.[10] Möglich ist auch die Vereinbarung eines **Pauschalbetrags**. Im Verfahren nach dem OWiG kann auch die Verfolgungsbehörde eine entsprechende Erklärung abgeben.

6

1 LG Kiel 20.3.2008 – 11 O 110/07, juris. **2** AA Binz/Dörndorfer u.a./*Binz*, § 13 JVEG Rn 5. **3** OLG Koblenz JurBüro 2010, 214; Binz/Dörndorfer u.a./*Binz*, § 13 JVEG Rn 10; aA OLG Brandenburg MDR 2010, 1351. **4** BGH NJW-RR 2013, 1403; Aufgabe der in der Vorauflage (1. Aufl. 2014, aaO) vertretenen Ansicht. **5** OLG Celle MDR 2016, 362; OLG Brandenburg MDR 2010, 1351. **6** OLG Brandenburg MDR 2010, 1351; OLG Koblenz JurBüro 2010, 213. **7** LG Hamburg JurBüro 2007, 214. **8** BT-Drucks 17/11471 (neu), S. 262. **9** BT-Drucks 17/11471 (neu), S. 262. **10** Binz/Dörndorfer u.a./*Binz*, § 13 JVEG Rn 11.

7   Erforderlich ist weiterhin, dass ein **ausreichender Betrag für die gesamte Vergütung an die Staatskasse gezahlt** ist (Abs. 1 S. 1 aE). Ohne Zahlung des Vorschusses besteht **kein Vertrauensschutz** des Sachverständigen, der sich auf das ihm mitgeteilte Einverständnis der Beteiligten mit dem höheren Stundensatz verlassen hat.[11] Die Vorschusszahlung ist dagegen nicht erforderlich, wenn im Verfahren nach dem OWiG die Verfolgungsbehörde die Erklärung abgegeben hat. Im Fall des Abs. 6 (keine Partei/kein Beteiligter schuldet die Kosten) genügt ein Vorschuss in Höhe der Mehrkosten, für den die Parteien/Beteiligten nach Abs. 6 haften.

8   Sofern einer Partei (oder beiden) **Prozess- oder Verfahrenskostenhilfe bewilligt** wurde, beschränkt sich die Einverständnismöglichkeit auf ein **höheres Stunden- oder Zeilenhonorar**. Für diesen Fall bestimmt **Abs. 3** zunächst, dass derjenige, dem Prozess- oder Verfahrenskostenhilfe bewilligt wurde und der ohne diese Bewilligung vorschusspflichtig wäre, einen ausreichenden Betrag für das gegenüber der gesetzlichen Regelung oder der vereinbarten Vergütung (§ 14) zu erwartende zusätzliche Honorar an die Staatskasse zahlt. Es ist also ein **Vorschuss** in Höhe der Differenz zwischen der gesetzlichen bzw der nach § 14 vereinbarten Vergütung und der besonderen Vergütung iSv § 13 zu zahlen. Wenn die Partei/der Beteiligte zur Zahlung des Vorschusses in der Lage ist, wird jedoch immer zu prüfen sein, ob sich die persönlichen und wirtschaftlichen Verhältnisse iSv § 120 a Abs. 1 ZPO geändert haben.

9   Die Festsetzung des zu zahlenden Betrags ist unanfechtbar. Die Gehörsrüge (§ 4 a) ist aber statthaft.[12] Der Gutachter ist auch dann nach dem begehrten Stundensatz zu entschädigen, wenn das Gericht versäumt hat, bei dem Beweispflichtigen, dem Prozess- oder Verfahrenskostenhilfe bewilligt wurde, einen ausreichenden Vorschuss für die Mehrkosten anzufordern. Es ist nicht Aufgabe des Sachverständigen, die Akten nach einem Beleg für die Zahlung der Partei zu durchforsten. Er darf aufgrund der Wiederholung des Gutachtenauftrags vielmehr davon ausgehen, dass das Gericht eine Entscheidung nach Abs. 4 S. 1 getroffen hat.[13] Mit der Festsetzung des vorab an die Staatskasse zu zahlenden Betrags bestimmt das Gericht gem. Abs. 3 S. 4 zugleich, welcher Honorargruppe die Leistung des Sachverständigen ohne die besondere Vergütung zuzuordnen bzw wie der Übersetzer zu honorieren wäre. Es findet also immer eine **Festsetzung von Amts wegen** gem. § 4 statt. Zur Formulierung der Rechtsbehelfsbelehrung s. das Muster in → § 4 c Rn 5.

10   Falls die Partei/der Beteiligte den **Vorschuss nicht aufbringen** kann, besteht gem. Abs. 4 S. 1 die weitere Möglichkeit, dass das Gericht der **Erklärung zustimmt**. Die Zustimmung soll allerdings nur erteilt werden, wenn das Doppelte des nach § 9 oder § 11 zulässigen Honorars nicht überschritten wird (Abs. 4 S. 2). Die Zustimmung wie deren Ablehnung sind **unanfechtbar** (Abs. 4 S. 3).

11   **3. Einverständnis nur einer Partei, der Strafverfolgungsbehörde oder der Verfolgungsbehörde (Abs. 2).** Nach Abs. 2 S. 1 reicht die Erklärung allein einer Partei oder eines Beteiligten aus, wenn das Gericht zustimmt. In diesem Fall genügt auch die Erklärung der Strafverfolgungsbehörde oder der Staatsanwaltschaft als Verfolgungsbehörde in Bußgeldsachen. Die Zustimmung soll allerdings nur erteilt werden, wenn das Doppelte des nach § 9 oder § 11 zulässigen Honorars nicht überschritten wird und wenn sich zu dem gesetzlich bestimmten Honorar keine geeignete Person zur Übernahme der Tätigkeit bereit erklärt (Abs. 2 S. 2). Das Gericht ist verpflichtet, diese Voraussetzung zunächst in geeigneter Weise zu überprüfen. Vor allem in kartellrechtlichen Gerichtsverfahren wird eine geeignete Person jedoch regelmäßig nicht bereit sein, zu dem gesetzlich bestimmten Honorar tätig zu werden.[14] Im Übrigen soll die Zustimmung nach der Rspr es nur in Ausnahmefällen ermöglichen, von den gesetzlich festgelegten Stundensätzen abzuweichen, wenn es hierfür im Einzelfall besondere Gründe gibt, zB die besonders große Sachkunde und Kompetenz des Sachverständigen oder besonders schwierige Beweisfragen, deren Beantwortung überlegenes Wissen oder den Einsatz technisch anspruchsvoller und selten vorgehaltener Geräte erfordert.[15]

12   Die Ersetzung der Zustimmung einer Partei durch das Gericht ist **nicht nur vor Erstattung des Gutachtens** statthaft.[16] Voraussetzung ist auch in diesem Fall, dass für die gesamte Vergütung ein ausreichender **Betrag an die Staatskasse gezahlt** ist. Der Anspruchsberechtigte kann nicht darauf vertrauen, ihm werde die Vergütung, mit der sich eine Partei einverstanden erklärt hat und der das Gericht zugestimmt hat, auch dann gewährt werden, wenn ein ausreichender Betrag an die Staatskasse nicht geleistet worden ist.[17]

13   Obwohl die Abs. 3 und 4 nur auf Abs. 1 verweisen, wurde bisher angenommen, dass auch die einseitige Erklärung einer Partei, der **Prozess- oder Verfahrenskostenhilfe bewilligt** ist, genügt, wenn das Gericht zustimmt.[18] Diese Ansicht begegnet nun Bedenken, weil der Gesetzgeber im Rahmen der Neuregelung des § 13 durch das 2. KostRMoG keine entsprechende Änderung des Gesetzeswortlauts vorgenommen hat.

---

11 OLG Karlsruhe 18.8.2014 – 7 W 44/14, juris; VG Berlin 21.12.2009 – 2 I 2.09, juris. **12** Binz/Dörndorfer u.a./*Binz*, § 13 JVEG Rn 15. **13** OLG Koblenz JurBüro 2010, 214. **14** BT-Drucks 17/11471 (neu), S. 262. **15** LG Krefeld MDR 2014, 1291; LG Köln 13.3.2015 – 8 OH 38/14 juris. **16** BGH NJW-RR 2013, 1403; Aufgabe der in der Vorauflage (1. Aufl. 2014, aaO) vertretenen Ansicht. **17** OLG Düsseldorf JurBüro 2009, 151. **18** OLG Koblenz JurBüro 2010, 214.

V. Verfahren nach dem KapMuG (Abs. 5)

Da gem. § 9 Abs. 1 S. 2 GKG die Auslagen des Musterverfahrens nach dem Kapitalanleger-Musterverfah- 14
rensgesetz (KapMuG) erst mit dem rechtskräftigen Abschluss des Musterverfahrens fällig werden und somit keine Vorschusspflicht besteht, ist die in Abs. 5 enthaltene Sonderregelung erforderlich.

VI. Andere Verfahren (Abs. 6)

Abs. 6 wurde durch das 2. KostRMoG neu gefasst. Die Regelung gilt für diejenigen Verfahren, in welchen 15
keine Partei/kein Beteiligter die Kosten des Verfahrens zu tragen hat. Dann wird die besondere, sich mittelbar aus Abs. 1 ergebende Kostenhaftung auf die Mehrkosten gegenüber der gesetzlichen Vergütung beschränkt. Dafür haften die Parteien/Beteiligten, welche die Erklärung abgegeben haben, als Gesamtschuldner und im Innenverhältnis nach Kopfteilen (Abs. 6 S. 1). Das gilt aber nicht, wenn Prozess- oder Verfahrenskostenhilfe bewilligt ist und das Gericht der Erklärung nach Abs. 4 zugestimmt hat (Abs. 6 S. 3). Der
entsprechende Anteil an den Mehrkosten verbleibt dann bei der Staatskasse.[19] Für die Strafverfolgungs-
oder Verfolgungsbehörde haftet diejenige Körperschaft, der die Behörde angehört, sofern keine Kostenbefreiung besteht (Abs. 6 S. 2).

VII. Folgen des Einverständnisses

Wenn die Voraussetzungen der Abs. 1–6 (alternativ) vorliegen, hat der Sachverständige bzw Übersetzer 16
einen **Anspruch** auf die **erhöhte Vergütung**. Eine den Kostenvorschuss erheblich übersteigende Gesamtentschädigung kann allenfalls gezahlt werden, wenn der Sachverständige vor der Einverständniserklärung
auch mitgeteilt hat, dass der Vorschuss unzureichend ist.[20] In der Vereinbarung einer **Pauschalvergütung** für
die abgeschlossene Begutachtung liegt ein verbindlicher und rechtswirksamer Verzicht auf einen evtl höheren Vergütungsanspruch aus § 8.[21] Das gilt auch, wenn noch ein Ergänzungsgutachten oder eine mündliche
Anhörung erforderlich werden.[22] Im Fall der **Auftragserweiterung** ist jedoch eine zusätzliche Vergütung geschuldet, im Zweifel allerdings nur die gesetzliche.[23] Eine andere Beurteilung kann gerechtfertigt sein, wenn
ein höherer Stundensatz vereinbart wurde. Dieser gilt im Zweifel auch für die Auftragserweiterung.[24] Im
Rechtsmittelverfahren ist eine neue Vereinbarung über die besondere Vergütung erforderlich.[25]

§ 14 Vereinbarung der Vergütung

Mit Sachverständigen, Dolmetschern und Übersetzern, die häufiger herangezogen werden, kann die oberste
Landesbehörde, für die Gerichte und Behörden des Bundes die oberste Bundesbehörde, oder eine von diesen bestimmte Stelle eine Vereinbarung über die zu gewährende Vergütung treffen, deren Höhe die nach
diesem Gesetz vorgesehene Vergütung nicht überschreiten darf.

I. Zulässigkeit von Vergütungsvereinbarungen

Von der Möglichkeit zum Abschluss von Vergütungsvereinbarungen zwischen der Staatskasse einerseits so- 1
wie Sachverständigen, Dolmetschern und Übersetzern andererseits wird bereits jetzt in weitem Umfang im
Bereich der medizinischen Sachverständigengutachten, insb. in der Sozialgerichtsbarkeit, sowie im Bereich
der Dolmetscherentschädigungen in der Verwaltungsgerichtsbarkeit Gebrauch gemacht.

In Betracht kommen etwa Vereinbarungen über Fallpauschalen, die Höhe des Stundensatzes oder die Pau- 2
schalierung von Fahrtkosten oder sonstigen Aufwandserstattungen. Solche Vereinbarungen sollen zulässig
sein, da sie für alle Beteiligten einen wesentlichen Beitrag zur Vereinfachung der Vergütungsabrechnung
darstellen.[1]

Der Abschluss einer entsprechenden Vereinbarung soll den Berechtigten eine ausreichende Vergütung si- 3
chern, aber komplizierte Berechnungen und Nachprüfungen ersparen.[2] Auch eventuelle Verfahren auf gerichtliche Festsetzung und Beschwerde (§ 4) beschränken sich bei einem entsprechenden Abschluss auf die
Feststellung einer Vereinbarung und deren ordnungsgemäße Umsetzung.[3]

---

19 BT-Drucks 17/11471 (neu), S. 262. **20** OLG Koblenz MDR 2005, 1258. **21** OLG Stuttgart 9.1.2006 – 8 W 611/05, juris.
22 BeckOK KostR/*Bleutge*, JVEG § 13 Rn 37. **23** Binz/Dörndorfer u.a./*Binz*, § 13 JVEG Rn 8. **24** Binz/Dörndorfer u.a./*Binz*,
§ 13 JVEG Rn 8. **25** Binz/Dörndorfer u.a./*Binz*, § 13 JVEG Rn 8. **1** BT-Drucks 15/1971, S. 185. **2** Meyer/Höver/Bach/*Oberlack*,
JVEG, § 14 Rn 2 a. **3** Meyer/Höver/Bach/*Oberlack*, JVEG, § 14 Rn 2 a; *Hartmann*, KostG, § 14 Rn 2.

II. Voraussetzungen

4   **1. Häufige Heranziehung.** Der Abschluss einer Vereinbarung ist mit Sachverständigen, Dolmetschern und Übersetzern möglich, die **häufiger herangezogen** werden. Es ist davon auszugehen, dass die Vereinbarung mit solchen Berechtigten abgeschlossen wird, die wenigstens mehrfach iSd § 1 herangezogen werden.

5   **2. Abschluss einer Vereinbarung.** Der Abschluss der Vereinbarung erfolgt durch die obersten Landesbehörden. Diese können wiederum von ihnen bestimmten Stellen den Abschluss von Vereinbarungen übertragen. Daraus folgt, dass bei unterschiedlichen Zuständigkeiten der Abschluss jeweils nur für den jeweiligen Zuständigkeitsbereich möglich ist.[4] Landesrechtliche Vereinbarungen erstrecken sich nur auf das Land, für welches sie abgeschlossen sind.[5]

6   Der Abschluss derartiger Vereinbarungen ist nur mit dem herangezogenen Sachverständigen, Dolmetscher und Übersetzer möglich, so dass Vereinbarungen mit Berufsverbänden oder sonstigen berufsständischen Zusammenschlüssen der Berechtigten ausscheiden.[6] Wird allerdings eine juristische Person, ein Übersetzungsbüro oder eine Personenvereinigung beauftragt (§ 1 Abs. 1 S. 3), kann eine Vereinbarung abgeschlossen werden. Das LSG NRW geht davon aus, dass eine Vereinbarung iSv § 14 nur mit natürlichen Personen geschlossen werden kann.[7]

7   **3. Höhe der vereinbarten Vergütung.** Die Höhe der vereinbarten Vergütung darf die nach dem JVEG vorgesehene Vergütung nicht überschreiten, dh, vereinbarte Stundensätze dürfen die Sätze nach §§ 8–11 **nicht überschreiten**. Vereinbart werden kann eine zu gewährende „Vergütung". Da die Vergütung das Leistungshonorar umfasst, aber auch Aufwendungen (§ 8 Abs. 1 Nr. 2–4), kann auch der Aufwendungsersatz in eine Vereinbarung aufgenommen werden. Eine Vereinbarung **unterhalb der Sätze des JVEG** ist dagegen möglich, weil Sachverständige, Dolmetscher und Übersetzer ihren Anspruch auf Vergütung geltend machen müssen (§ 2). Dabei können die Berechtigten auch einen Anspruch unterhalb der Sätze oder die Höchstsätze des JVEG geltend machen.[8]

8   Solange eine wirksame Vereinbarung zwischen einem Land und einem Sachverständigen besteht, darf keine davon abweichende Vergütung festgesetzt werden. Dem Anweisungsbeamten und auch dem Richter gem. § 4 ist eine Prüfung, ob die vereinbarte Vergütung angemessen oder kostendeckend ist, versagt.[9]

Abschnitt 4
Entschädigung von ehrenamtlichen Richtern

§ 15 Grundsatz der Entschädigung

(1) Ehrenamtliche Richter erhalten als Entschädigung
1. Fahrtkostenersatz (§ 5),
2. Entschädigung für Aufwand (§ 6),
3. Ersatz für sonstige Aufwendungen (§ 7),
4. Entschädigung für Zeitversäumnis (§ 16),
5. Entschädigung für Nachteile bei der Haushaltsführung (§ 17) sowie
6. Entschädigung für Verdienstausfall (§ 18).

(2) [1]Soweit die Entschädigung nach Stunden bemessen ist, wird sie für die gesamte Dauer der Heranziehung einschließlich notwendiger Reise- und Wartezeiten, jedoch für nicht mehr als zehn Stunden je Tag, gewährt. [2]Die letzte bereits begonnene Stunde wird voll gerechnet.

(3) Die Entschädigung wird auch gewährt,
1. wenn ehrenamtliche Richter von der zuständigen staatlichen Stelle zu Einführungs- und Fortbildungstagungen herangezogen werden,
2. wenn ehrenamtliche Richter bei den Gerichten der Arbeits- und der Sozialgerichtsbarkeit in dieser Eigenschaft an der Wahl von gesetzlich für sie vorgesehenen Ausschüssen oder an den Sitzungen solcher Ausschüsse teilnehmen (§§ 29, 38 des Arbeitsgerichtsgesetzes, §§ 23, 35 Abs. 1, § 47 des Sozialgerichtsgesetzes).

---

4 Meyer/Höver/Bach/*Oberlack*, JVEG, § 14 Rn 1; *Hartmann*, KostG, § 14 JVEG Rn 4. **5** BGH NJW-RR 1998, 1222. **6** Meyer/Höver/Bach/*Oberlack*, JVEG, § 14 Rn 4. **7** LSG NRW 17.9.2015 – L 15 SB 183/15 B, juris. **8** Meyer/Höver/Bach/*Oberlack*, JVEG, § 14 Rn 3. **9** SächsLSG 10.3.2015 – L 8 SF 99/13 E, juris.

I. Allgemeines

§ 15 regelt abschließend in Form eines Anspruchskatalogs die Entschädigungsansprüche der ehrenamtli- 1
chen Richter. Anders als Sachverständige, Dolmetscher und Übersetzer erhalten ehrenamtliche Richter keine Vergütung im Sinne einer Entlohnung ihrer Tätigkeit. Erstattet wird nach dem Gesetzeswortlaut eine
Entschädigung, also ein Ausgleich der mit der Heranziehung verbundenen Unannehmlichkeiten und Nachteile. Ehrenamtliche Richter erfüllen mit der Übernahme des Amtes eine staatsbürgerliche Pflicht. Ihre Entschädigung entspricht daher in vielfacher Hinsicht den für Zeugen geltenden Regelungen. Die Erstattung
muss sich jedoch für den Anspruchsberechtigten als wirkliche Entschädigung und nicht nur als eine Art
„Ehrensold" darstellen.[1]

II. Anspruchsberechtigte (Abs. 1–3)

§ 15 gilt für alle in § 1 Abs. 1 S. 1 Nr. 2 genannten ehrenamtlichen Richter. Erfasst sind somit neben den 2
Schöffen und den ehrenamtlichen Richtern in Landwirtschaftssachen auch ehrenamtliche Richter der Ar-
beits-, Verwaltungs-, Sozial- und Finanzgerichtsbarkeit (→ § 1 Rn 19). Ebenfalls erfasst sind die in § 1
Abs. 4 bezeichneten an der Wahl von Schöffen und ehrenamtlichen Richtern beteiligten Vertrauenspersonen.

Nicht anspruchsberechtigt sind ehrenamtliche Richter in Handelssachen (Handelsrichter, → § 1 Rn 20 f) so- 3
wie in berufs- oder dienstgerichtlichen Verfahren, § 1 Abs. 1 S. 1 Nr. 2 Hs 3. Auch auf ehrenamtliche Richter eines privaten Schieds- oder Vereinsgerichts findet das JVEG unmittelbar keine Anwendung. Eine mittelbare Anwendbarkeit durch eine entsprechende Bestimmung der Beteiligten ist im Einzelfall möglich.

III. Heranziehung als Anspruchsvoraussetzung (Abs. 1–3)

Nach dem JVEG besteht kein Anspruch auf Erstattung sämtlicher im Zusammenhang mit der Tätigkeit als 4
ehrenamtlicher Richter entstandener Aufwendungen. Notwendige Voraussetzung ist stets eine **Heranziehung** der zuständigen Stelle, also ein Tätigwerden dieser Stelle in Form einer Ladung oder einer Anordnung.[2]

IV. Die Ansprüche im Einzelnen (Abs. 1 Nr. 1–6)

Die Aufzählung der Entschädigungsansprüche ist **abschließend**, § 1 Abs. 1 S. 2. Der ehrenamtliche Richter 5
erhält nach Abs. 1 **Nr. 1–3** zunächst die in den gemeinsamen Vorschriften festgelegten Erstattungen des § 5
(Fahrtkostenersatz), § 6 (Entschädigung für Aufwand) und § 7 (Ersatz für sonstige Aufwendungen); zu den
Einzelheiten dieser Ansprüche siehe dort. Bei der in § 5 Abs. 2 geregelten **Kilometerpauschale** für die Benutzung eines eigenen oder unentgeltlich zur Verfügung gestellten Kraftfahrzeugs ist der ehrenamtliche Richter
nicht den Zeugen und Dritten gleichgestellt, die eine Pauschale von 0,25 € je km erhalten, sondern den
Sachverständigen, Dolmetschern und Übersetzern. Erstattet werden **0,30 € je km**.

Hinzu kommen die in Abs. 1 **Nr. 4–6** genannten Ansprüche zu § 16 (Entschädigung für Zeitversäumnis),
§ 17 (Entschädigung für Nachteile bei der Haushaltsführung) und § 18 (Entschädigung für Verdienstausfall). Zu den Einzelheiten dieser Ansprüche siehe dort.

V. Stundenbemessung (Abs. 2)

1. **Berücksichtigungsfähiger Zeitraum (Abs. 2 S. 1 Hs 1)**. Das JVEG gewährt ehrenamtlichen Richtern kei- 6
nen Ersatzanspruch für die gesamte Zeit, die sie persönlich für ihr Ehrenamt aufwenden. Die Erstattung ist
beschränkt auf den durch die Heranziehung beanspruchten Zeitraum, also regelmäßig auf die Dauer der
Anwesenheit bei einer Sitzung. Die für eine Akteneinsicht aufgewendete Zeit kann nur berücksichtigt werden, wenn die Akteneinsicht durch die zuständige Stelle angeordnet wird.[3] Entschädigt werden auch die
notwendigen Reise- und Wartezeiten. Ein ehrenamtlicher Richter, der erst bei der Anfahrt zum Termin von
einer Verzögerung des Terminsbeginns um mehr als 1 Stunde unterrichtet wird, ist nicht gehalten, umzu-
kehren und zurückzufahren; er hat Anspruch auf Berücksichtigung der gesamten versäumten Zeit.[4]

2. **Maximalzeitraum (Abs. 2 S. 1 Hs 2)**. Die zeitliche Obergrenze für sämtliche nach Stunden zu bemessen- 7
den Entschädigungsansprüche liegt bei 10 Stunden pro Tag, entsprechend den für Zeugen geltenden Regelungen zu § 19 Abs. 2.

---

1 *Hartmann*, KostG, § 15 JVEG Rn 2. **2** ThürLSG 10.12.2001 – L 6 B 46/00 SF, juris. **3** LAG Bremen ARST 1988, 146. **4** SG
Leipzig DÖV 2012, 124.

8   **3. Aufrundung der letzten begonnenen Stunde (Abs. 2 S. 2).** Hinsichtlich der Aufrundung der letzten begonnenen Stunde besteht für ehrenamtliche Richter eine Bevorzugung gegenüber Dolmetschern, Übersetzern und Sachverständigen, bei denen jeweils nur eine halbstündige Aufrundung vorgenommen wird.

9   Der Gesetzeswortlaut lässt offen, ob es sich bei der aufzurundenden Stunde um die letzte Stunde eines jeden Tages handelt oder um die letzte geleistete Stunde der gesamten Amtsperiode des ehrenamtlichen Richters. Das Ehrenamt für sich alleine stellt jedoch noch keine mit zu entschädigenden Nachteilen verbundene Heranziehung dar (→ Rn 4, 6). **Heranziehung** ist vielmehr die Veranlassung der zuständigen Stelle zur Erfüllung einer mit dem Amt verbundenen Aufgabe, idR also die Ladung zu einem Verhandlungstermin. Auch dem Wortlaut in §§ 43 Abs. 2, 49 Abs. 2 GVG, § 31 ArbGG, § 27 VwGO lässt sich entnehmen, dass sich die „Heranziehung" auf den jeweiligen Sitzungstag bezieht. Man kann Abs. 2 S. 2 daher dahin gehend auslegen, dass die letzte begonnene Stunde eines jeden Tages, an dem der ehrenamtliche Richter auf Veranlassung der zuständigen Stelle tätig werden musste, aufzurunden ist. Eine einmalige Aufrundung zum Ende einer mehrjährigen Amtsperiode entspricht nicht dem Zweck der Entschädigung (→ Rn 1).[5]

VI. Besondere Tätigkeiten

10   **1. Einführungs- und Fortbildungsveranstaltungen (Abs. 3 Nr. 1).** Abs. 3 Nr. 1 stellt klar, dass über die nach den verfahrensrechtlichen Regelungen vorgesehenen Heranziehungen hinaus auch für die (nicht erzwingbare) Teilnahme an Einführungs- und Fortbildungsveranstaltungen eine Entschädigung erfolgt, sofern der ehrenamtliche Richter von der zuständigen staatlichen Stelle dazu herangezogen wurde. Erfasst sind hier in erster Linie die von den heranziehenden Stellen regelmäßig zu Beginn der Amtsperiode veranstalteten **Informationsveranstaltungen**. Nicht erfasst sind von dritter Seite durchgeführte Veranstaltungen gleicher Art.[6]

11   **2. Ausschusswahlen und -sitzungen (Abs. 3 Nr. 2).** Die Vorschrift erfasst ehrenamtliche Richter der Arbeits- und Sozialgerichtsbarkeit. Soweit diese in einen Ausschuss der ehrenamtlichen Richter berufen werden, wird auch die Teilnahme an den Sitzungen des Ausschusses entschädigt. Auch für die Teilnahme an der zur Bildung der Ausschüsse erforderlichen Wahl besteht ein Entschädigungsanspruch. Nicht erfasst sind die Schöffen und ehrenamtliche Richter der Finanz- und Verwaltungsgerichtsbarkeit. Der Entschädigungsanspruch dieses Personenkreises für gleichartige Tätigkeiten ergibt sich bereits aus § 1 Abs. 4.

§ 16 Entschädigung für Zeitversäumnis

Die Entschädigung für Zeitversäumnis beträgt 6 Euro je Stunde.

1   Die Regelung konkretisiert den in § 15 Abs. 1 Nr. 4 festgelegten Anspruch und dient dem Ausgleich immaterieller Nachteile (→ § 20 Rn 1).

2   Einzige Voraussetzung des Anspruchs ist ein dem ehrenamtlichen Richter durch die Heranziehung entstandener **zeitlicher Aufwand**. Die Entschädigung wird selbst dann gezahlt, wenn dem ehrenamtlichen Richter durch die Heranziehung ersichtlich kein Nachteil entstanden ist. Eine den Regelungen für Zeugen entsprechende Einschränkung besteht nicht. Ferner wird die Entschädigung für denselben Zeitraum auch neben einer Entschädigung nach § 17 (→ § 17 Rn 1) und § 18 (→ § 18 Rn 1) erstattet. Die Regelung stellt somit eine Bevorzugung der ehrenamtlichen Richter gegenüber Zeugen dar, vgl § 20.

3   Zur **Stundenbemessung** vgl zunächst → § 15 Rn 6 ff. Der Stundensatz beträgt 6 €.

§ 17 Entschädigung für Nachteile bei der Haushaltsführung

[1]Ehrenamtliche Richter, die einen eigenen Haushalt für mehrere Personen führen, erhalten neben der Entschädigung nach § 16 eine zusätzliche Entschädigung für Nachteile bei der Haushaltsführung von 14 Euro je Stunde, wenn sie nicht erwerbstätig sind oder wenn sie teilzeitbeschäftigt sind und außerhalb ihrer vereinbarten regelmäßigen täglichen Arbeitszeit herangezogen werden. [2]Ehrenamtliche Richter, die ein Erwerbsersatzeinkommen beziehen, stehen erwerbstätigen ehrenamtlichen Richtern gleich. [3]Die Entschädigung von Teilzeitbeschäftigten wird für höchstens zehn Stunden je Tag gewährt abzüglich der Zahl an Stunden, die der vereinbarten regelmäßigen täglichen Arbeitszeit entspricht. [4]Die Entschädigung wird nicht gewährt, soweit Kosten einer notwendigen Vertretung erstattet werden.

---

5 Anders Meyer/Höver/Bach/*Oberlack*, JVEG, § 15 Rn 2.   **6** BAGE 40, 75 = DB 1983, 183.

I. Allgemeines

Die Regelung konkretisiert den in § 15 Abs. 1 Nr. 5 festgelegten Anspruch. Sie entspricht inhaltlich der für 1 Zeugen geltenden Regelung des § 21. Davon abweichend wird den ehrenamtlichen Richtern die Entschädigung nach § 17 für denselben Zeitraum zusätzlich zur Entschädigung für Zeitversäumnis nach § 16 erstattet.

II. Anspruchsvoraussetzungen (S. 1, 2)

1. Haushaltsführung (S. 1 Hs 1). Die Führung eines fremden Haushalts begründet nach dem Wortlaut der 2 Vorschrift keinen Entschädigungsanspruch. Voraussetzung ist die Führung eines eigenen Haushaltes für mehrere Personen, wobei die geforderte Personenmehrheit bereits vorliegt, wenn neben dem ehrenamtlichen Richter eine weitere Person zum Haushalt gehört. Dass es sich bei der anderen Person um einen nicht erwerbstätigen Ehepartner handelt, hindert den Anspruch nicht.[1] Die konkrete Ausgestaltung der Haushaltsführung regeln die Ehepartner im Rahmen des persönlichen Ehezuschnitts[2] (vgl insoweit auch → § 21 Rn 4).

2. Keine Erwerbstätigkeit oder Teilzeitbeschäftigung (S. 1 Hs 2). Ehrenamtliche Richter, die im Rahmen 3 einer Vollzeitbeschäftigung erwerbstätig sind, sind vom Entschädigungsanspruch ausgeschlossen. Die Frage, ob **Nichterwerbstätige** die Entschädigung nach § 17 auch dann erhalten, wenn sie ein **Erwerbsersatzeinkommen** (Rente, Pension, Arbeitslosengeld etc.) beziehen, war bislang streitig. Während das OLG Stuttgart[3] aufgrund des Wortlauts der Vorschrift eine Beschränkung des anspruchsberechtigten Personenkreises ablehnte, hielt das KG Berlin[4] diese für geboten, um eine Bevorzugung der Bezieher von Erwerbsersatzeinkommen gegenüber Vollzeitbeschäftigten zu vermeiden. Mit der Einfügung des Satzes 2 durch das 2. KostRMoG ist die Rechtslage nunmehr eindeutig: Ehrenamtliche Richter, die ein Erwerbsersatzeinkommen beziehen, sind vom Anspruch ausgeschlossen, da sie den erwerbstätigen ehrenamtlichen Richtern gleichgestellt sind (vgl insoweit auch → § 21 Rn 3). Als Erwerbsersatzeinkommen sind sämtliche Leistungen zu berücksichtigen, die ein Erwerbseinkommen ersetzen sollen (also zB Renten, Pensionen, Arbeitslosengeld I und II, Insolvenz- und Kurzarbeitergeld, Kranken- und Verletztengeld, Mutterschafts- und Elterngeld), nicht jedoch Leistungen, die nur aufgrund von Bedürftigkeit gezahlt werden (zB Sozialhilfe).

Teilzeitbeschäftigten wird eine Erstattung gewährt, soweit ihre Heranziehung außerhalb der für die Er- 4 werbstätigkeit vorgesehenen Zeit stattfindet. Entfällt der Zeitraum der Heranziehung vollständig auf die zu leistende Arbeitszeit, kommt eine Entschädigung nach § 17 nicht in Betracht. Da der Wortlaut der Vorschrift **keine alleinige Haushaltsführung** des Anspruchsberechtigten verlangt, ist bei Teilzeitbeschäftigten eine arbeitsteilige gemeinschaftliche Haushaltsführung notwendig, aber auch ausreichend für die Erstattung der Entschädigung.[5]

III. Berechnung der Entschädigung (S. 1, 3)

1. Stundensatz; zu berücksichtigender Zeitraum (S. 1). Der Erstattungsbetrag beträgt 14 € je Stunde. Zeit- 5 licher Maßstab für die Entschädigung ist die **Zeit der Heranziehung,** nicht die Zeit ausgefallener Haushaltsführungstätigkeiten. Ebenso kommt es nicht darauf an, ob und in welchem Umfang in der fraglichen Zeit Haushaltsführungstätigkeiten tatsächlich zu verrichten waren.[6] Zu den weiteren Einzelheiten der Stundenbemessung → § 15 Rn 6 ff.

2. Sonderregelungen bei Teilzeitbeschäftigung (S. 3). Bei Teilzeitbeschäftigten ist die für die Haushaltsfüh- 6 rung zu berücksichtigende Zeit auf 10 Stunden täglich begrenzt, wobei die auf die Erwerbstätigkeit entfallenden Stunden in Abzug zu bringen sind. Abzuziehen ist nach dem Wortlaut der Vorschrift nicht die durchschnittliche Tagesarbeitszeit, sondern die vereinbarte regelmäßige Arbeitszeit, also die am Tag der Heranziehung konkret abzuleistende Arbeitszeit. Der danach verbleibende Zeitraum bildet die zeitliche Obergrenze der Entschädigung nach § 17.

Beispiel: Ehrenamtlicher Richter mit Teilzeitbeschäftigung zu 50 % = 20 Wochenstunden. Vereinbarte Arbeitszeit:

Montag und Dienstag	7.30 Uhr–15.00 Uhr (inkl. 30 Minuten Pause)
Donnerstag	8.00 Uhr–12.00 Uhr
Freitag	8.00 Uhr–10.00 Uhr
Mittwoch	Arbeitsfreier Tag

---

1 OLG Köln NStZ-RR 2002, 32. **2** BAG NJW 1987, 461. **3** OLG Stuttgart 18.12.2012 – 5 Ws 63/12, juris. **4** KG Berlin JurBüro 2010, 660. **5** LG Bonn 26.10.2015 – KLs 1/14, juris. **6** SächsLSG 15.2.2011 – L 6 SF 47/09 ERI, juris.

I. **Termin am Montag** (inkl. Reise- und Wartezeit)	13.00 Uhr–19.00 Uhr
Zu berücksichtigender Zeitraum	15.00 Uhr–19.00 Uhr = 4 Std.
(Die Zeit von 13.00 Uhr–15.00 Uhr wird nach § 18 entschädigt.)	
Maximal zu berücksichtigende Zeit jedoch nur	3 Std.
(10 Std. abzgl. der montags abzuleistenden Arbeitszeit von 7 Std.)	
Erstattet werden somit lediglich	3 Std. á 14 € = 42 €
II. **Termin am Donnerstag** (inkl. Reise- und Wartezeit)	13.00 Uhr–19.00 Uhr
Zu berücksichtigender Zeitraum	13.00 Uhr–19.00 Uhr = 6 Std.
(da vollständig außerhalb der Arbeitszeit)	
Maximal zu berücksichtigende Zeit	6 Std.
(10 Std. abzgl. der donnerstags abzuleistenden Arbeitszeit von 4 Std.)	
Keine Überschreitung des Maximalzeitraums, also Erstattung von 6 Std. á 14 € = 84 €.	
III. **Termin am Freitag** (inkl. Reise- und Wartezeit)	9.00 Uhr–19.00 Uhr
Zu berücksichtigender Zeitraum	10.00 Uhr–19.00 Uhr = 9 Std.
(Die Zeit von 9.00 Uhr–10.00 Uhr wird nach § 18 entschädigt.)	
Maximal zu berücksichtigende Zeit	8 Std.
(10 Std. abzgl. der freitags abzuleistenden Arbeitszeit von 2 Std.)	
Maximalzeitraum wird überschritten, daher Erstattung von nur 8 Std. á 14 € = 112 €.	
IV. **Termin am Mittwoch** (inkl. Reise- und Wartezeit)	8.00 Uhr–19.00 Uhr
Zu berücksichtigender Zeitraum	8.00 Uhr–19.00 Uhr = 11 Std.
(da vollständig außerhalb der Arbeitszeit)	
Maximal zu berücksichtigende Zeit	10 Std.
(kein Abzug, da mittwochs keine Arbeitszeit abzuleisten ist)	
Maximalzeitraum wird überschritten, daher Erstattung von nur 10 Std. á 14 € = 140 €.	

7   Bezieht ein ehrenamtlicher Richter zum Ausgleich einer **teilweisen Erwerbsminderung** ein Erwerbsersatzeinkommen und führt im Übrigen einen Haushalt, hat er einen Anspruch auf Entschädigung für Nachteile bei der Haushaltsführung wie folgt: Die Entschädigung wird nur anteilig für den Teil von maximal 10 Stunden täglich gewährt, der der verbliebenen Erwerbsfähigkeitsquote entspricht.[7]

IV. Vertretungskosten (S. 4)

8   Eine nach § 7 erfolgte Erstattung von Kosten einer notwendigen Vertretung schließt die Erstattung nach S. 1 und 3 aus. Dies kann jedoch nur gelten, wenn durch die Vertretung Haushaltsführungstätigkeiten in angemessenem Umfang auszuführen waren. Erfolgte die Vertretung lediglich zur **Beaufsichtigung eines minderjährigen Kindes** oder eines **pflegebedürftigen Angehörigen**, werden dadurch Nachteile bei der Haushaltsführung insgesamt nicht vermieden. Die Entschädigung nach § 17 kann in derartigen Fällen zusätzlich zu den Vertretungskosten verlangt werden.

§ 18 Entschädigung für Verdienstausfall

[1]Für den Verdienstausfall wird neben der Entschädigung nach § 16 eine zusätzliche Entschädigung gewährt, die sich nach dem regelmäßigen Bruttoverdienst einschließlich der vom Arbeitgeber zu tragenden Sozialversicherungsbeiträge richtet, jedoch höchstens 24 Euro je Stunde beträgt. [2]Die Entschädigung beträgt bis zu 46 Euro je Stunde für ehrenamtliche Richter, die in demselben Verfahren an mehr als 20 Tagen herangezogen oder innerhalb eines Zeitraums von 30 Tagen an mindestens sechs Tagen ihrer regelmäßigen Erwerbstätigkeit entzogen werden. [3]Sie beträgt bis zu 61 Euro je Stunde für ehrenamtliche Richter, die in demselben Verfahren an mehr als 50 Tagen herangezogen werden.

I. Allgemeines

1   Die Regelung konkretisiert den in § 15 Abs. 1 Nr. 6 festgelegten Anspruch. Die Entschädigung für Verdienstausfall wird abweichend von der für Zeugen geltenden Regelung des § 22 für denselben Zeitraum zusätzlich zur Entschädigung für Zeitversäumnis nach § 16 erstattet. Ebenfalls abweichend sind die für ehrenamtliche Richter gegenüber den Zeugen geltenden höheren und an der Terminshäufigkeit orientierten Stundensätze.

---

7 LG Lüneburg 22.5.2015 – 110 AR 2/15, juris.

II. Anspruchsvoraussetzungen (S. 1–3)

1. Heranziehung während der Arbeitszeit. Ein Verdienstausfall kann nur eintreten, sofern die Heranziehung während der regelmäßigen täglichen Arbeitszeit erfolgt. Ehrenamtliche Richter haben für die Zeit ihrer Amtstätigkeit gegenüber ihrem Arbeitgeber einen Anspruch auf Freistellung von der Arbeitsleistung, § 45 Abs. 1 a S. 2 DRiG. Der Anspruch auf Fortzahlung der Bezüge richtet sich nach § 616 S. 1 BGB sowie nach tariflichen oder arbeitsvertraglichen Regelungen.[1] **2**

2. Verdienstausfall. Die Entschädigung wird nicht für Stunden gewährt, sondern für geldbetragsmäßig nachgewiesenen Verdienstausfall. Der tatsächlich eingetretene Verdienstausfall bildet dabei stets die Obergrenze der Entschädigung.[2] Einem ehrenamtliche Richter, der als Arbeitnehmer im Rahmen einer Gleitzeitregelung über die Arbeits- und Freizeit autonom befinden kann, entsteht idR durch seine gelegentliche Heranziehung als ehrenamtlicher Richter in der jeweiligen Sitzungszeit kein erstattungspflichtiger Verdienstausfall.[3] Einem ehrenamtlichen Richter, der beruflich selbständig ist, ist auch für den Zeitraum, in dem der Sitzungstag durch Pausen unterbrochen ist, der Verdienstausfall zu entschädigen, wenn er in den betroffenen Zeiträumen üblicherweise keine Pausen macht.[4] **3**

Die Erstattung von Kosten einer notwendigen Vertretung gem. § 7 schließt die Erstattung nach § 18 idR aus, da Ziel einer Vertretergestellung die Vermeidung von Einkommenseinbußen ist. Der ehrenamtliche Richter ist bei zu erwartenden besonders hohen Vertretungskosten im Vorweg zur unverzüglichen Unterrichtung des Gerichts gehalten, damit überprüft werden kann, ob diese einen Verhinderungsgrund darstellen.[5] **4**

3. Nachweis des Verdienstausfalls. Der Verdienstausfall des ehrenamtlichen Richters ist nachzuweisen oder zumindest glaubhaft zu machen. Bei abhängig Beschäftigten erfolgt der Nachweis durch Vorlage der **Gehaltsabrechnung.** Bei Selbstständigen ist der geldwerte Einsatz der für das Gericht verbrachten Zeit beim Einsatz für das Unternehmen zu schätzen. Ein schriftlicher Verdienstnachweis kann kaum verlangt werden.[6] Bei einer selbstständigen Tätigkeit mit angestellten Mitarbeitern kann idR von einem Verdienstausfall mindestens in Höhe der in § 18 festgelegten Stundensätze ausgegangen werden, wenn nicht weitere Anhaltspunkte, wie zB drohende Insolvenz, Aufstockung durch SGB II-Leistungen o.Ä., auf geringere Einkünfte hinweisen.[7] **5**

III. Berechnung der Entschädigung

1. Allgemeiner Höchstbetrag (S. 1). Der Höchstbetrag der Entschädigung beträgt 24 € je **Stunde,** wobei der tatsächliche Verdienstfall nicht überschritten werden darf. Berechnet wird der Verdienstausfall anhand des Bruttoverdienstes einschließlich des Arbeitgeberanteils zu den Sozialversicherungsbeiträgen. Hinzugerechnet werden können regelmäßig zu zahlende tariflich vereinbarte Zusatzleistungen des Arbeitgebers, wie etwa 13. und 14. Gehälter, nicht jedoch sonstige einmalige Sonderzahlungen.[8] Der ausgezahlte Nettolohn spielt bei der Berechnung keine Rolle. **6**

2. Erhöhter Stundensatz bei erhöhter Terminsdichte (S. 2 und 3). Eine Erhöhung des Stundensatzes auf bis zu 46 € tritt ein bei Heranziehung an mehr als 20 Tagen in demselben Verfahren (S. 2 Alt. 1). Bei Heranziehung an mehr als 50 Tagen in demselben Verfahren beträgt der Stundensatz bis zu 61 € (S. 3). Dabei spielt der Zeitraum, über den sich die 20 bzw 50 Tage verteilen, keine Rolle. Die Erhöhung ist auf das entsprechende Verfahren beschränkt. **7**

Eine Erhöhung des Stundensatzes auf bis zu 46 € tritt auch ein, wenn der ehrenamtliche Richter (auch in verschiedenen Verfahren) an mehr als sechs Tagen innerhalb eines 30-Tage-Zeitraums herangezogen wird (S. 2 Alt. 2). **8**

Auch bei den erhöhten Stundensätzen nach S. 2 und 3 bleibt absolute Obergrenze der Entschädigung der tatsächliche Verdienstausfall (→ Rn 5). Die Voraussetzungen für die erhöhten Stundensätze sind für den jeweiligen Sitzungstag separat zu prüfen. Der erhöhte Stundensatz von 46 € nach S. 2 Alt. 1 gilt bei einer Heranziehung an mehr als 20 Tagen in demselben Verfahren vom ersten Tag der Heranziehung an, der erhöhte Stundensatz von 61 € nach S. 3 dementsprechend bei einer Heranziehung an mehr als 50 Tagen in demselben Verfahren vom ersten Tag der Heranziehung an.[9] Eine Erhöhung erst ab dem 21. bzw. 51. Verhandlungstag ergibt sich weder aus dem Wortlaut noch aus dem Sinn und Zweck der Norm.[10] Der erhöhte Stundensatz nach S. 2 Alt. 2 gilt für jeden Sitzungstag innerhalb eines Zeitraumes von 30 Tagen, in dem der **9**

---

1 LAG Berlin-Brandenburg 6.9.2007 – 26 Sa 577/07, juris. **2** SächsLSG 15.2.2011 – L 6 SF 47/09 ERI, juris. **3** LSG LSA 21.3.2014 – L 1 SV 1/12 B; LAG Stuttgart ArbuR 2006, 286; dazu sehr krit. *Wolmerath,* in: jurisPR extra 2006, 66 sowie *Natter,* ArbuR 2006, 264. **4** KG Berlin StRR 2012, 357. **5** OVG Hamburg DÖV 2006, 880. **6** *Hartmann,* KostG, § 18 JVEG Rn 6. **7** SG Leipzig DÖV 2011, 864. **8** *Hartmann,* KostG, § 18 JVEG Rn 5. **9** OLG Celle NdsRpfl 2015, 381. **10** Anders *Hartmann,* KostG, § 18 JVEG Rn 8, Meyer/Höver/Bach/*Oberlack*, JVEG, § 18 Rn 3.

ehrenamtliche Richter an weiteren fünf Sitzungstagen herangezogen wurde.[11] Bei der Bemessung des Stundensatzes ist hierbei nicht von „festgelegten" 30-tägigen Zeitspannen auszugehen. Es ist vielmehr für jeden einzelnen Sitzungstag separat zu prüfen, ob er in einen Zeitraum von 30 Tagen mit mindestens fünf weiteren Verhandlungstagen fällt. Ist dies der Fall, bemisst sich der Verdienstausfall für diesen Tag nach dem erhöhten Satz nach S. 2 Alt. 2.[12]

Beispiel: (Die Berechnung wird im Folgenden anhand des vom KG entschiedenen Sachverhalts – Beschl. v. 12.12.2011, 1 Ws 121/10, StRR 2012, 357 – dargestellt.)

Die Verhandlungstage sind in folgender Kalenderübersicht mit „VT" dargestellt:

	September 2009					Oktober 2009				
So		6	13	20	27		4	11	18	25
Mo		7	VT	21	28		5	12	19	26
Di	1	8	15	VT	VT		VT	13	VT	VT
Mi	2	9	16	23	30		7	14	21	28
Do	3	10	17	24		1	8	15	22	29
Fr	4	11	18	VT		VT	9	16	VT	VT
Sa	5	12	19	26		3	10	17	24	31

Für jeden Verhandlungstag ist zu prüfen, ob ein 30-tägiges Zeitfenster gefunden werden kann, in dem zusätzlich zu diesem Termin mindestens weitere fünf Verhandlungstage liegen.

A. Verhandlungstag 14.9.2009

Zeitfenster 14.9.2009–13.10.2009 (= 30 Tage); in diesem Zeitfenster liegen fünf weitere Termine (22.9., 25.9., 29.9., 2.10. und 6.10.2009):

	September 2009					Oktober 2009				
So		6	13	20	27		4	11	18	25
Mo		7	**14**	21	28		5	12	19	26
Di	1	8	15	22	29		6	13	20	27
Mi	2	9	16	23	30		7	14	21	28
Do	3	10	17	24		1	8	15	22	29
Fr	4	11	18	25		2	9	16	23	30
Sa	5	12	19	26		3	10	17	24	31

Für den Termin am 14.9.2009 sind die Voraussetzungen für den erhöhten Stundensatz somit gegeben. Es können also bis zu 46 € erstattet werden.

Auch für die Verhandlungstage 22.9., 25.9., 29.9., 2.10. und 6.10.2009 kann der erhöhte Stundensatz berücksichtigt werden. Da sie sich ebenfalls im dargestellten Zeitfenster befinden, liegt für jeden dieser Termine eine Heranziehung des ehrenamtlichen Richters an mindestens sechs Tagen innerhalb eines 30-tägigen Zeitraums vor. Dabei spielt es keine Rolle, ob sich der abzurechnende Verhandlungstag am Anfang, in der Mitte oder am Ende des 30-tägigen Zeitfensters befindet.

Für jeden der Termine lassen sich **noch weitere mögliche Zeitfenster** finden, zB:

---

11 OLG Frankfurt NStZ-RR 2002, 352.   **12** KG Berlin StRR 2012, 357; LG Offenburg JurBüro 1996, 491.

B. Verhandlungstag 22.9.2009

Zeitfenster wie zu A. (s.o.) oder:

Zeitfenster 22.9.2009–21.10.2009 (= 30 Tage); auch in diesem Zeitfester liegen fünf weitere Termine (25.9., 29.9., 2.10., 6.10. und 20.10.2009):

	September 2009					Oktober 2009				
So		6	13	20	27		4	11	18	25
Mo		7	14	21	28		5	12	19	26
Di	1	8	15	22	29		6	13	20	27
Mi	2	9	16	23	30		7	14	21	28
Do	3	10	17	24		1	8	15	22	29
Fr	4	11	18	25		2	9	16	23	30
Sa	5	12	19	26		3	10	17	24	31

C. Verhandlungstag 25.9.2009

Zeitfenster wie zu A. oder zu B. (s.o.) oder:

Zeitfenster 25.9.2009–24.10.2009 (= 30 Tage); auch in diesem Zeitfenster liegen fünf weitere Termine (29.9., 2.10., 6.10., 20.10. und 23.10.2009):

	September 2009					Oktober 2009				
So		6	13	20	27		4	11	18	25
Mo		7	14	21	28		5	12	19	26
Di	1	8	15	22	29		6	13	20	27
Mi	2	9	16	23	30		7	14	21	28
Do	3	10	17	24		1	8	15	22	29
Fr	4	11	18	25		2	9	16	23	30
Sa	5	12	19	26		3	10	17	24	31

Mit der dargestellten Methode lassen sich für jeden der abzurechnenden Verhandlungstage eines oder mehrere 30-tägige Zeitfenster finden, in denen neben dem fraglichen Termin mindestens fünf weitere Termine liegen. Der erhöhte Stundensatz kann daher für alle Verhandlungstage berücksichtigt werden.

Abwandlung: Die Verhandlungstage sind in folgender Kalenderübersicht mit „VT" dargestellt:

	September 2009					Oktober 2009				
So		6	13	20	27		4	11	18	25
Mo		7	VT	21	28		5	12	19	26
Di	1	8	15	VT	29		VT	13	VT	VT
Mi	2	9	16	23	30		7	14	21	28
Do	3	10	17	24		1	8	15	22	29
Fr	VT	11	18	VT		VT	9	VT	23	VT
Sa	5	12	19	26		3	10	17	24	31

A. Verhandlungstag 4.9.2009

Für diesen Verhandlungstag lässt sich kein 30-tägiges Zeitfenster finden, in dem neben diesem Verhandlungstag noch mindestens weitere fünf Verhandlungstage liegen:

	September 2009					Oktober 2009				
So		6	13	20	27		4	11	18	25
Mo		7	14	21	28		5	12	19	26
Di	1	8	15	22	29		6	13	20	27
Mi	2	9	16	23	30		7	14	21	28
Do	3	10	17	24		1	8	15	22	29
Fr	4	11	18	25		2	9	16	23	30
Sa	5	12	19	26		3	10	17	24	31

Eine Erhöhung des Stundensatzes findet somit nicht statt.

B. Verhandlungstag 14.9.2009

Wie zu A. (s.o.): Im Zeitfenster 14.9.2009–13.10.2009 (= 30 Tage) liegen nur vier weitere Termine:

	September 2009					Oktober 2009				
So		6	13	20	27		4	11	18	25
Mo		7	14	21	28		5	12	19	26
Di	1	8	15	22	29		6	13	20	27
Mi	2	9	16	23	30		7	14	21	28
Do	3	10	17	24		1	8	15	22	29
Fr	4	11	18	25		2	9	16	23	30
Sa	5	12	19	26		3	10	17	24	31

Auch bei einer Verschiebung des Zeitfensters bis auf den Zeitraum 4.9.2009–3.10.2009 erhöht sich die Terminsdichte nicht (vgl Übersicht zu A.). Es bleibt bei weiteren vier Terminen. Ein erhöhter Stundensatz kommt somit nicht in Betracht.

C. Verhandlungstag 22.9.2009

Im Zeitfenster 22.9.2009–21.10.2009 liegen fünf weitere Termine (25.9., 2.10., 6.10., 16.10. und 20.10.2009):

	September 2009					Oktober 2009				
So		6	13	20	27		4	11	18	25
Mo		7	14	21	28		5	12	19	26
Di	1	8	15	22	29		6	13	20	27
Mi	2	9	16	23	30		7	14	21	28
Do	3	10	17	24		1	8	15	22	29
Fr	4	11	18	25		2	9	16	23	30
Sa	5	12	19	26		3	10	17	24	31

Der erhöhte Stundensatz ist zu gewähren, und zwar für alle in diesem Zeitfenster liegenden Verhandlungstage (s. dazu das Ausgangsbeispiel).

Auch für die beiden letzten Verhandlungstage 27.10. und 30.10.2009 lässt sich mindestens ein 30-tägiges Zeitfenster finden, in dem fünf weitere Termine liegen. Zeitfenster 1.10.2009–30.10.2009:

		September 2009					Oktober 2009		
So		6	13	20	27	4	11	18	25
Mo		7	14	21	28	5	12	19	26
Di	1	8	15	22	29	6	13	20	27
Mi	2	9	16	23	30	7	14	21	28
Do	3	10	17	24		1	8	15	22	29
Fr	4	11	18	25		2	9	16	23	30
Sa	5	12	19	26		3	10	17	24	31

Auch für diese Verhandlungstage kann somit der erhöhte Stundensatz berücksichtigt werden.

3. Zu berücksichtigender Zeitraum. Zu den Einzelheiten der Stundenbemessung → § 15 Rn 6 ff. War eine   10
Arbeitsaufnahme vor oder nach dem Termin aus betriebsorganisatorischen Gründen nicht möglich, so ist
auch dieser Zeitraum zu entschädigen.

4. Tatsächlicher Verdienstausfall als Höchstbetrag der Entschädigung. Errechnet sich ein Erstattungsbetrag,   11
der den tatsächlich entstandenen Verdienstausfall des ehrenamtlichen Richters übersteigt, so kann maximal
der tatsächliche Verdienstausfall erstattet werden (vgl insoweit → § 19 Rn 15 mit Berechnungsbeispielen).

Abschnitt 5
Entschädigung von Zeugen und Dritten

§ 19 Grundsatz der Entschädigung

(1) [1]Zeugen erhalten als Entschädigung
1. Fahrtkostenersatz (§ 5),
2. Entschädigung für Aufwand (§ 6),
3. Ersatz für sonstige Aufwendungen (§ 7),
4. Entschädigung für Zeitversäumnis (§ 20),
5. Entschädigung für Nachteile bei der Haushaltsführung (§ 21) sowie
6. Entschädigung für Verdienstausfall (§ 22).
[2]Dies gilt auch bei schriftlicher Beantwortung der Beweisfrage.

(2) [1]Soweit die Entschädigung nach Stunden bemessen ist, wird sie für die gesamte Dauer der Heranziehung
einschließlich notwendiger Reise- und Wartezeiten, jedoch für nicht mehr als zehn Stunden je Tag, gewährt.
[2]Die letzte bereits begonnene Stunde wird voll gerechnet, wenn insgesamt mehr als 30 Minuten auf die Heranziehung
entfallen; anderenfalls beträgt die Entschädigung die Hälfte des sich für eine volle Stunde ergebenden
Betrags.

(3) Soweit die Entschädigung durch die gleichzeitige Heranziehung in verschiedenen Angelegenheiten veranlasst
ist, ist sie auf diese Angelegenheiten nach dem Verhältnis der Entschädigungen zu verteilen, die bei gesonderter
Heranziehung begründet wären.

(4) Den Zeugen, die ihren gewöhnlichen Aufenthalt im Ausland haben, kann unter Berücksichtigung ihrer
persönlichen Verhältnisse, insbesondere ihres regelmäßigen Erwerbseinkommens, nach billigem Ermessen
eine höhere als die in den §§ 20 bis 22 bestimmte Entschädigung gewährt werden.

I. Allgemeines und Anspruchsberechtigte

§ 19 regelt die Entschädigungsansprüche der Zeugen. Die **Abgrenzung** zwischen **Zeugen, sachverständigen**   1
Zeugen und Sachverständigen richtet sich nach dem sachlichen Gehalt der der Beweisperson gestellten Aufgabe.
Ein Sachverständiger „begutachtet aufgrund seiner besonderen Sachkunde auf einem Fachgebiet als
Gehilfe des Gerichts einen von diesem festzustellenden Sachverhalt. Er ist in dieser Funktion grundsätzlich
austauschbar. Der Zeuge hingegen soll lediglich von ihm beobachtete Tatsachen oder Zustände bekunden.
(...) Auch der sachverständige Zeuge bekundet Tatsachen aufgrund seiner früheren Wahrnehmungen; er
vermag dies jedoch nur aufgrund seiner besonderen Fachkenntnisse".[1] Zeuge und sachverständiger Zeuge

---

1 *Meyer/Höver/Bach*, JVEG, § 8 Rn 2.

sind nicht austauschbar, da nur sie persönlich die Tatsachen wahrgenommen haben.[2] Zum Begriff des sachverständigen Zeugen vgl auch den Wortlaut des § 414 ZPO und des § 85 StPO. Für die Abgrenzung kommt es auf die tatsächliche Art der Heranziehung und nicht auf den Inhalt der Ladung an.[3] Ein Zeuge wird durch einzelne gutachterliche Äußerungen nicht zum Sachverständigen, wenn Tatsachenbekundungen im Vordergrund stehen.[4] Vgl auch → § 8 Rn 8 f.

2 **Zeugen** sollen im Gegensatz zu den Sachverständigen lediglich eine **Entschädigung** erhalten. Diese muss nicht zwingend sämtliche Kosten, die dem Zeugen durch die Heranziehung entstehen, vollständig ausgleichen. Da Zeugen einer **staatsbürgerlichen Pflicht** nachkommen, haben sie Nachteile hinzunehmen. Anders ist die Regelung bei den **Sachverständigen**, welche eine leistungsgerechte **Vergütung** erhalten sollen.[5]

3 Der Zeuge kann auf die Zeugenentschädigung **verzichten**, so dass der Anspruch auf Entschädigung vollständig erlischt. Der Verzicht ist auf einzelne Bestandteile der Entschädigung beschränkbar.

II. Die Ansprüche im Einzelnen (Abs. 1 S. 1 Nr. 1–6)

4 In Abs. 1 S. 1 sind die einzelnen **Bestandteile** aufgezählt, aus denen sich die Gesamtentschädigung eines Zeugen zusammensetzen kann. Die Regelung entspricht insoweit dem Aufbau des § 15 Abs. 1 für die Entschädigung der ehrenamtlichen Richter (→ § 15 Rn 1 ff) und dem Aufbau des § 8 Abs. 1 für die Vergütung der Sachverständigen, Dolmetscher und Übersetzer (→ § 8 Rn 1 ff). Auch der Zeuge erhält die in den gemeinsamen Vorschriften festgelegten Erstattungen des § 5 (Fahrtkostenersatz), § 6 (Entschädigung für Aufwand) und § 7 (Ersatz für sonstige Aufwendungen); zu den Einzelheiten dieser Ansprüche siehe dort. Bei der in § 5 Abs. 2 geregelten **Kilometerpauschale** für die Benutzung des eigenen oder unentgeltlich zur Verfügung gestellten Kraftfahrzeugs gilt § 5 Abs. 2 Nr. 1 mit einer Pauschale von **0,25 € je Kilometer**. Daneben sind die speziell für Zeugen geltenden Ansprüche aus § 20 (Entschädigung für Zeitversäumnis), § 21 (Entschädigung für Nachteile bei der Haushaltsführung) und/oder § 22 (Entschädigung für Verdienstausfall) zu berücksichtigen; zu den Einzelheiten dieser Ansprüche siehe dort.

III. Schriftliche Beantwortung der Beweisfrage (Abs. 1 S. 2)

5 Eine Entschädigung steht dem Zeugen nach Abs. 1 S. 2 auch bei schriftlicher Beantwortung der Beweisfrage zu, wenn das Gericht dies gem. § 377 Abs. 3 ZPO angeordnet hat. In Betracht kommt insoweit eine **Entschädigung für Zeitversäumnis** gem. § 20 und für sonstige **Aufwendungen gem. § 7**, zB für Porto- oder Telefonkosten. Nur ausnahmsweise dürften eine Entschädigung für Nachteile bei der Haushaltsführung gem. § 21 oder für Verdienstausfall gem. § 22 in Betracht kommen. Dann müsste plausibel dargelegt werden, dass ausgerechnet in der Arbeitszeit oder in der Zeit zur Führung des Haushalts – und nicht wie üblicherweise anzunehmen in der Freizeit – die schriftliche Beantwortung der Beweisfrage erfolgte und dies auch notwendig war.

6 Hinsichtlich der Dauer der zu berücksichtigenden Zeit ist zunächst die Angabe des Zeugen zu beachten. Die Umstände des Einzelfalls und die persönlichen Voraussetzungen des Zeugen (zB Bildungsstand, Alter) sind bei der **Bemessung der Zeit** ebenfalls zu berücksichtigen. Bei einem groben Missverhältnis zwischen dem Umfang der schriftlichen Aussage und dem Zeitaufwand sind Kürzungen vorzunehmen.

7 Bei der Inanspruchnahme eines Zeugen in einem Verwaltungsverfahren zur **Ermittlung des Halters eines Kraftfahrzeugs** wurde im Hinblick auf den äußerst geringen Aufwand der schriftlichen Beantwortung der Zeugenfrage vom AG Karlsruhe[6] eine Entschädigung von 10 € für angemessen erachtet. Zur Erteilung einer einfachen Auskunft über den **Mieter eines Kraftfahrzeugs** durch einen Autovermieter → § 20 Rn 9.

IV. Stundenbemessung (Abs. 2)

8 **1. Berücksichtigungsfähiger Zeitraum (Abs. 2 S. 1 Hs 1).** Die für die gesamte Entschädigung **zu berücksichtigende Zeit** richtet sich nach der Abwesenheit, die für die Heranziehung als Zeuge insgesamt erforderlich war. Nicht nur die Zeit der tatsächlichen Anwesenheit bei Gericht, sondern auch Reise- und Wartezeiten werden berücksichtigt. Beginn und Ende dürften sich idR durch Verlassen der Wohnung oder Arbeitsstätte und Rückkunft an die Wohnung oder Arbeitsstätte ergeben. Die **Reise- und Wartezeiten** sind jedoch nur zu berücksichtigen, soweit sie **notwendig** waren.

9 So kann der Zeuge grds. das Verkehrsmittel frei wählen. Wenn er den Pkw nutzt, erhält er die nach § 5 Abs. 2 (→ § 5 Rn 10 ff) zu erstattenden Kosten, wenn öffentliche Verkehrsmittel benutzt werden, die nach § 5 Abs. 1 (→ § 5 Rn 4 ff) entstandenen Ausgaben. Höhere Kosten sind im Rahmen von § 5 Abs. 3 erstat-

---

2 *Schneider*, JVEG, § 19 Rn 12. **3** OLG Koblenz 1.8.2014 – 13 UF 175/14, juris. **4** OLG Düsseldorf 7.1.2014 – 1 Ws 430/13, juris. **5** Begr. RegE, BT-Drucks 15/1971, S. 217 (zu § 1 JVEG). **6** AG Karlsruhe 18.4.2005 – 7 OWi 554/04, juris.

tungsfähig (→ § 5 Rn 16 f). Unabhängig von den Entschädigungen nach § 5 ist allerdings zu prüfen, ob die **Reisezeiten** auch **notwendig** waren und nicht durch die **Wahl eines bestimmten Verkehrsmittels** ein wesentlich höherer Zeitaufwand eingetreten ist als bei der Wahl des anderen Verkehrsmittels, welches in dieser Situation eher üblich gewesen wäre. Die Reisezeiten sind dann entsprechend zu kürzen.[7] Das LG Cottbus[8] hält die Wahlfreiheit des Verkehrsmittels dann für eingeschränkt, wenn sie rechtsmissbräuchlich erfolgt. Das hielt das LG für gegeben, wenn durch die Benutzung eines Pkw ohne nachvollziehbaren Grund Auslagen entstehen, die deutlich höher sind als die, die ohne Nachteil für den Zeugen diesem sonst entstanden wären.

Falls das **Gericht** die **Benutzung eines bestimmten Verkehrsmittels bewilligt** oder angeordnet hat, ist eine Prüfung der Notwendigkeit der Reisezeiten durch den Anweisungsbeamten nicht möglich.   **10**

Neben den Reisezeiten sind auch die **notwendigen Wartezeiten** zu entschädigen, zB die bei Benutzung von öffentlichen Verkehrsmitteln entstehenden Wartezeiten durch Umsteigen in andere Züge. Bei längeren Fahrten mit dem Pkw sind auch die notwendigen, von der Gesamtfahrtzeit und den persönlichen Voraussetzungen des Zeugen abhängigen **Pausenzeiten** zu berücksichtigen. Bei Polizeibeamten als Zeugen kann es vorkommen, dass sie an einem Tag in mehreren Verfahren hintereinander als Zeugen vernommen werden. Wartezeiten zwischen diesen Terminen dürften idR als für die Heranziehung zu berücksichtigende Zeit gelten, da der Zeuge in dieser Zeit keiner anderen sinnvollen Beschäftigung nachgehen kann.   **11**

2. Maximalzeitraum (Abs. 2 S. 1 Hs 2). Die zeitliche Obergrenze für sämtliche nach Stunden zu bemessenden Entschädigungsansprüche liegt bei **10 Stunden pro Tag**, entsprechend den für ehrenamtliche Richter geltenden Regelungen zu § 15 Abs. 2. Die Höchstgrenze gilt ebenso, wenn der Zeuge Anspruch auf verschiedene Entschädigungsansprüche hat.   **12**

Beispiel: Der Zeuge hat durch die Heranziehung zunächst 6 Stunden seiner Arbeitszeit und anschließend 5 Stunden seiner Freizeit versäumt.

Der Zeuge erhält die ihm nach § 22 zustehende Verdienstausfallentschädigung für 6 Stunden. Außerdem erhält er die ihm nach § 20 zustehende Entschädigung für Zeitversäumnis für 4 Stunden, da gem. § 19 Abs. 2 S. 1 Hs 2 die gesamte nach Stunden zu bemessende Entschädigung für höchstens 10 Stunden täglich gewährt werden kann.

3. Aufrundung der letzten begonnenen Stunde (Abs. 2 S. 2). Soweit die Heranziehungszeit des Zeugen *insgesamt* mind. 30 Minuten beträgt, wird die (letzte) bereits begonnene Stunde voll gerechnet, also auf volle Stunden aufgerundet. Dies entspricht der Regelung für ehrenamtliche Richter (→ § 15 Rn 8). Die Aufrundung auf die Hälfte des sich für eine volle Stunde ergebenden Betrags, somit auf 30 Minuten, betrifft lediglich Zeugen, deren *gesamte* Heranziehungszeit bis 30 Minuten beträgt. Dies kommt durch die Verwendung des Wortes „insgesamt" in Abs. 2 S. 2 zum Ausdruck. Hätte der Gesetzgeber eine der Rundungsregel für Sachverständige, Dolmetscher und Übersetzer nach § 8 Abs. 2 S. 2 entsprechende Regelung schaffen wollen, so hätte er auch in § 19 Abs. 2 S. 2 wortgleich (Verwendung des Wortes „sie" statt „insgesamt") formuliert.   **13**

Die Rundung dürfte für jeden Tag der Heranziehung gelten, da Satz 2 auf Satz 1 Bezug nimmt. Dieser beschränkt den Entschädigungsanspruch auf 10 Stunden **je Tag**.[9] Zudem darf nach dem Wortlaut nur die letzte bereits begonnene Stunde gerundet werden, somit nur, wenn am Ende eines Heranziehungstages tatsächlich der Bruchteil einer Stunde bei einer Entschädigung gem. § 20, § 21 oder § 22 angefallen ist.   **14**

Die **Aufrundung von Verdienstausfallentschädigung** gem. § 22 darf jedoch nicht dazu führen, dass der Zeuge mehr Entschädigung erhält, als ihm tatsächlich an Verdienstausfall entstanden ist.   **15**

Beispiel 1: Der Zeuge hat 7 Stunden 45 Minuten seiner Arbeitszeit durch die Heranziehung versäumt. Er erhält 20 € Bruttolohn.

Eine Aufrundung auf 8 Stunden zu je 20 € (= 160 €) ist nicht möglich, da sein tatsächlicher Verdienstausfall 155 € beträgt und dieser als Entschädigung zu berücksichtigen ist.

Beispiel 2: Der Zeuge hat 7 Stunden 15 Minuten seiner Arbeitszeit durch die Heranziehung versäumt. Er erhält 32 € Bruttolohn.

Eine Aufrundung auf 8 Stunden zu je 21 € (Höchstbetrag gem. § 22) ist hier möglich, da die Gesamtentschädigung von 168 € den tatsächlichen Verdienstausfall (7,25 Stunden zu je 32 € = 232 €) nicht erreicht.

4. Gleichzeitige Heranziehung in verschiedenen Angelegenheiten (Abs. 3). Falls ein Zeuge zu zwei verschiedenen Terminen an einem Tag herangezogen ist, kann er insb. den Fahrtkostenersatz gem. Abs. 1 Nr. 1 iVm § 5 nur einmal abrechnen. Dieser ist nach dem Verhältnis der Entschädigungen auf die beiden Angelegenheiten zu verteilen. Zu den Wartezeiten zwischen verschiedenen Terminen → Rn 11.   **16**

---

7 LG Dresden Rpfleger 2005, 633. **8** LG Cottbus 3.2.2009 – 24 Qs 60/08, juris. **9** Vgl auch Binz/Dörndorfer u.a./*Binz*, § 19 JVEG Rn 10; aA *Meyer/Höver/Bach*, JVEG, 25. Aufl. 2010, Rn 32.12.

17   **5. Zeugen aus dem Ausland (Abs. 4).** Die Regelung entspricht der Regelung für Sachverständige in § 8 Abs. 4; auf die dortigen Erl. wird verwiesen (→ § 8 Rn 11 ff).

§ 20 Entschädigung für Zeitversäumnis

Die Entschädigung für Zeitversäumnis beträgt 3,50 Euro je Stunde, soweit weder für einen Verdienstausfall noch für Nachteile bei der Haushaltsführung eine Entschädigung zu gewähren ist, es sei denn, dem Zeugen ist durch seine Heranziehung ersichtlich kein Nachteil entstanden.

I. Allgemeines

1   Die Regelung konkretisiert den in § 19 Abs. 1 Nr. 4 festgelegten Anspruch. Der **Stundensatz** beträgt 3,50 €. Die Entschädigung für Zeitversäumnis soll **immaterielle Nachteile**, zB durch den Verlust von Freizeit, entschädigen (**Nachteilsentschädigung**). Sie kann jedoch die immateriellen Nachteile nicht vollständig abgelten, sondern nur eine gewisse Anerkennung für die Erfüllung einer staatsbürgerlichen Pflicht darstellen.[1]

2   Gemäß § 19 Abs. 2 S. 1 kann die Nachteilsentschädigung für höchstens 10 Stunden je Tag gewährt werden. Es gilt außerdem die Rundungsvorschrift des § 19 Abs. 2 S. 2, nach der die letzte begonnene Stunde voll zählt, es sei denn, die gesamte Zeit der Heranziehung beträgt insgesamt nur bis zu 30 Minuten.

II. Anspruchsvoraussetzungen

3   **1. Zeitversäumnis; keine andere Entschädigung.** Soweit kein Verdienstausfall gem. § 22 entschädigt und keine Haushaltsführungsentschädigung nach § 21 gewährt wird, kann der Zeuge eine Nachteilsentschädigung erhalten. Anders als in § 16 für die ehrenamtlichen Richter vorgesehen (→ § 16 Rn 2), kann Zeugen die Nachteilsentschädigung daher nur gewährt werden, wenn für **denselben Zeitraum** keine andere Entschädigung gewährt wird und ein Nachteil entstanden ist. Die Gesetzesformulierung „soweit weder für einen Verdienstausfall noch für Nachteile bei der Haushaltsführung eine Entschädigung zu gewähren ist" kann nur so, nämlich als Abgrenzung zur Regelung für die ehrenamtlichen Richter in § 16, verstanden werden.[2]

Beispiel: Der Zeuge hat durch die Heranziehung insgesamt 8,5 Stunden wie folgt versäumt:

Arbeitszeit von 10.00 Uhr–12.00 Uhr

Unbezahlte Mittagspause von 12.00 Uhr–12.30 Uhr

Arbeitszeit von 12.30 Uhr–15.30 Uhr

Freizeit von 15.30 Uhr–18.30 Uhr

Der Zeuge erhält die ihm nach § 22 zustehende Verdienstausfallentschädigung für 5 Stunden. Außerdem erhält er die Nachteilsentschädigung für 4 Stunden, somit 14 €.

4   **2. Nachteil.** Aus der Formulierung „(...), es sei denn, dem Zeugen ist durch seine Heranziehung ersichtlich kein Nachteil entstanden (...)" ergibt sich, dass die Gewährung der Nachteilsentschädigung den **Regelfall** darstellen soll und nur ausnahmsweise eine solche Entschädigung nicht gewährt wird. Der Zeuge muss daher nicht darlegen, dass er die versäumte Zeit in irgendeiner Form nutzbringend verbracht hätte und es darf idR auch kein **Nachweis** für die Entstehung von Nachteilen verlangt werden. Ein typischer Fall, in welchem dem Zeugen **ersichtlich kein Nachteil** entstanden ist, liegt dann vor, wenn der Zeuge keinen Verdienstausfall hat, weil seine Bezüge weitergezahlt werden (zB bei **Beamten**) und er während der versäumten Arbeitszeit vertreten wird. Dies dürfte bspw idR bei **Polizeibeamten** im Streifendienst gegeben sein. Bei Beamten, die hauptsächlich mit Aktenbearbeitung beschäftigt sind und während ihrer Abwesenheit (nicht vollständig) vertreten werden, ergibt sich durch die Notwendigkeit, die liegengebliebene Arbeit nachzuholen, ein Nachteil. Davon, dass ersichtlich kein Nachteil entstanden ist, ist dann auszugehen, wenn sich aus den eigenen Angaben des Zeugen ergibt, dass er die Zeit nicht anderweitig sinnvoll verwendet hätte.[3]

5   Hat ein Zeuge anlässlich der Heranziehung für die Wahrnehmung des Gerichtstermins **Urlaub** genommen oder im Rahmen eines **Gleitzeitmodells** seine Freizeit geopfert, so steht ihm keine Verdienstausfallentschädigung gem. § 22, sondern nur ein Anspruch auf Nachteilsentschädigung zu (→ § 22 Rn 7).[4]

6   Eine **Polizeibeamtin im Schicht- und Wechseldienst**, die in ihrer Freizeit einen Gerichtstermin als Zeugin wahrnimmt und für die Zeit der Heranziehung Freizeitausgleich erhält, hat gleichwohl einen Anspruch auf

---

1 Vgl *Bleutge*, ZSEG, 3. Aufl. 1995, § 2 Rn 21 mwN.   **2** Vgl *Schneider*, JVEG, § 20 Rn 3; aA Meyer/Höver/Bach/*Oberlack*, JVEG, § 20 Rn 6.   **3** BayLSG 14.5.2014 – L 15 SF 122/13, juris.   **4** Vgl BGH 26.1.2012 – VII ZB 60/09 sowie BayLSG 9.10.2009 – L 15 SF 289/09, juris.

Nachteilsentschädigung. Denn Nachteile sind bereits dadurch entstanden, dass sie ihre Freizeitaktivitäten wegen des Termins unterbrechen musste und die dringend benötigte Freizeit – denn Personen im Schicht- und Wechseldienst unterliegen besonderen Belastungen – damit im Erholungswert massiv herabgesetzt ist.[5]

Auszubildende erhalten keine Verdienstausfallentschädigung (→ § 22 Rn 11). Durch versäumte Ausbildungszeit ist jedoch offensichtlich ein Nachteil entstanden, da in der Zeit der Heranziehung u.a. der Erwerb der erforderlichen Berufserfahrungen nicht möglich war.   **7**

Die Entschädigung kann nicht nur Zeugen, die einer Arbeit nachgehen und deren Heranziehung in ihre Freizeit oder in einen Urlaub fällt, gewährt werden, sondern auch Zeugen, die **nicht (mehr) erwerbstätig** sind, zB Rentnern, Pensionären, Empfängern von Erwerbsersatz- oder Sozialleistungen.   **8**

Ein gewerblicher Autovermieter, der als Einzelkaufmann und damit als natürliche Person als Zeuge in einem Bußgeldverfahren **schriftlich Auskunft über den Mieter eines Kraftfahrzeugs** erteilen soll, erhält für eine einfache Auskunft keine Zeugenentschädigung. Selbst eine Nachteilsentschädigung kommt nicht in Betracht, da **ersichtlich kein Nachteil** entstanden ist. Eine einfach gelagerte Anfrage kann in einem ordentlich geführten Geschäftsbetrieb innerhalb weniger Minuten mit einem Formschreiben beantwortet werden. Diese Belastung ist vergleichbar mit täglich häufig vorkommenden Kundenanfragen, Werbeanrufen oder sonstigen, sozialadäquaten Störungen und begründet keinen Anspruch auf Entschädigung für eine staatsbürgerschaftliche Verpflichtung. Der gewerbliche Autovermieter ist als Zeuge einzustufen, wenn er als natürliche Person und nicht das gewerbliche Unternehmen Halter des Kraftfahrzeugs ist. Eine Entschädigung als **Dritter gem. § 23** kommt daher nicht in Betracht.[6] Zum gewerblichen Autovermieter als Halter des Kraftfahrzeuges → § 23 Rn 8.   **9**

Im Hinblick auf die Kosten für die Terminteilnahme von **Behördenvertretern** → § 22 Rn 12.   **10**

§ 21 Entschädigung für Nachteile bei der Haushaltsführung

[1]Zeugen, die einen eigenen Haushalt für mehrere Personen führen, erhalten eine Entschädigung für Nachteile bei der Haushaltsführung von 14 Euro je Stunde, wenn sie nicht erwerbstätig sind oder wenn sie teilzeitbeschäftigt sind und außerhalb ihrer vereinbarten regelmäßigen täglichen Arbeitszeit herangezogen werden. [2]Zeugen, die ein Erwerbsersatzeinkommen beziehen, stehen erwerbstätigen Zeugen gleich. [3]Die Entschädigung von Teilzeitbeschäftigten wird für höchstens zehn Stunden je Tag gewährt abzüglich der Zahl an Stunden, die der vereinbarten regelmäßigen täglichen Arbeitszeit entspricht. [4]Die Entschädigung wird nicht gewährt, soweit Kosten einer notwendigen Vertretung erstattet werden.

I. Allgemeines

Die Regelung konkretisiert den in § 19 Abs. 1 Nr. 5 festgelegten Anspruch. Sie entspricht inhaltlich der für ehrenamtliche Richter geltenden Regelung des § 17 mit dem Unterschied, dass Zeugen neben der Haushaltsführungsentschädigung keine Nachteilsentschädigung erhalten.   **1**

Der **Stundensatz** beträgt **14 €**. Gemäß § 19 Abs. 2 S. 1 kann die Entschädigung für Nachteile bei der Haushaltsführung (**Haushaltsführungsentschädigung**) für **höchstens 10 Stunden** je Tag gewährt werden. Es gilt außerdem die Rundungsvorschrift des § 19 Abs. 2 S. 2, nach der die letzte begonnene Stunde voll zählt, es sei denn, die gesamte Zeit der Heranziehung beträgt insgesamt nur bis zu 30 Minuten.   **2**

II. Anspruchsvoraussetzungen (S. 1 und 2)

Es wird auf die Erl. in → § 17 Rn 2 f verwiesen. Auch Zeugen, die im Rahmen einer Vollzeitbeschäftigung erwerbstätig sind, sind vom Entschädigungsanspruch ausgeschlossen. Zu der Frage, ob Zeugen, die **nicht erwerbstätig** sind, die Entschädigung auch dann erhalten, wenn sie ein **Erwerbsersatzeinkommen** beziehen, gab es unterschiedliche Meinungen. Die Einfügung des Satzes 2 durch das 2. KostRMoG schafft nun Klarheit: Zeugen, die ein Erwerbsersatzeinkommen beziehen, werden den Zeugen gleichgestellt, die Einkommen aus einer Erwerbstätigkeit beziehen. In der Gesetzesbegründung zu § 17 S. 2[1] werden als Beispiele für Erwerbsersatzeinkommen aufgeführt: Rente, Arbeitslosengeld, Leistungen nach dem SGB II. Zumeist werden auch Arbeitslosenhilfe und sonstige Sozialleistungen dazugezählt.[2] Im Sozialrecht wird jedoch differenziert, ob die Leistung ein Erwerbseinkommen ersetzen soll oder nur aufgrund von Bedürftigkeit gezahlt wird, so dass die reine Sozialhilfe nicht als Erwerbsersatzeinkommen gewertet wird.[3] Weitere Beispiele von Erwerbs-   **3**

---

5 OLG Düsseldorf 27.12.2005 – III-4 Ws 572/05; ebenso OLG Frankfurt 23.4.2008 – 2 Ws 14/08, juris. **6** AG Heilbronn 26.1.2011 – 32 OWi 8010/11, juris. **1** BT-Drucks 17/11471, S. 325. **2** Meyer/Höver/Bach/*Oberlack*, JVEG, § 17 Rn 1. **3** BFH 21.9.2009 – VI B 31/09, juris.

ersatzeinkommen: Erwerbsminderungsrente, Insolvenz-, Kurzarbeiter-, Kranken-, Mutterschutz-, Elterngeld. Eine Rente wegen teilweiser Erwerbsminderung bei Berufsunfähigkeit führt ebenfalls dazu, dass ein Erwerbsersatzeinkommen vorliegt und daher ein Anspruch auf Haushaltsführungsentschädigung nicht gegeben ist.[4]

4   Wenn beide Ehepartner nicht berufstätig sind, dürfte eine klassische Aufgabenteilung zwischen Haushalts- und Erwerbstätigkeit nicht gegeben und daher beide Ehepartner gleichrangig zur Haushaltsführung verpflichtet sein, so dass keiner der beiden (allein) den Haushalt für sich und eine weitere Person führt, eine Haushaltsführungsentschädigung somit keinem der beiden zusteht.[5]

III. Berechnung der Entschädigung (S. 1 und 3)

5   Auch im Hinblick auf die Berechnung ergeben sich keine Abweichungen gegenüber der für die ehrenamtlichen Richter geltenden Regelung, so dass auf die Erl. in → § 17 Rn 6 f verwiesen wird.

6   Die Regelungen für **Teilzeitbeschäftigte** sollen eine Benachteiligung verhindern. Voll Erwerbstätige und Personen, die „nur" einen Haushalt für mehrere Personen führen, erhalten die Verdienstausfallentschädigung bzw die Haushaltsführungsentschädigung für bis zu 10 Stunden täglich. Teilzeitbeschäftigte können nach S. 3 ebenfalls eine Entschädigung für bis zu 10 Stunden täglich erhalten, wobei die regelmäßige tägliche Arbeitszeit und die verbleibende Zeit bis zu 10 Stunden als Haushaltsführungsentschädigung zusammen zu berücksichtigen sind.

Beispiel: Der Zeuge ist teilzeitbeschäftigt zu 50 %, er führt daneben einen eigenen Haushalt für sich und seinen minderjährigen Sohn. Vereinbarte regelmäßige Arbeitszeit des Zeugen von 8.00 Uhr–12.30 Uhr. Abwesenheit durch die Heranziehung als Zeuge von 11.30 Uhr–19.15 Uhr.

Gemäß S. 2 kann eine Haushaltsführungsentschädigung für 10 Stunden abzüglich der vereinbarten regelmäßigen täglichen Arbeitszeit von 4,5 Stunden, somit für 5,5 Stunden gewährt werden.

Der Zeuge erhält somit für die Zeit von 11.30 Uhr–12.30 Uhr eine Verdienstausfallentschädigung gem. § 22 für eine Stunde.

Die Haushaltsführungsentschädigung für höchstens 5,5 Stunden beträgt (5,5 x 14 € =) 77 €, so dass die Zeit bis 18.00 Uhr abgegolten ist.

Für die Zeit von 18.00 Uhr–19.15 Uhr erhält der Zeuge eine Nachteilsentschädigung gem. § 20 unter Beachtung von § 19 Abs. 2 S. 1: Der gesamte Entschädigungsanspruch wird für die Zeit von 11.30 Uhr–19.15 Uhr, somit für nicht mehr als 10 Stunden, berücksichtigt. Außerdem ist § 19 Abs. 2 S. 2 zu beachten, so dass eine Nachteilsentschädigung für zwei Stunden zu gewähren ist, somit 7 €.

IV. Vertretungskosten (S. 4)

7   Es wird auf die Erl. in → § 17 Rn 8 verwiesen.

§ 22 Entschädigung für Verdienstausfall

[1]Zeugen, denen ein Verdienstausfall entsteht, erhalten eine Entschädigung, die sich nach dem regelmäßigen Bruttoverdienst einschließlich der vom Arbeitgeber zu tragenden Sozialversicherungsbeiträge richtet und für jede Stunde höchstens 21 Euro beträgt. [2]Gefangene, die keinen Verdienstausfall aus einem privatrechtlichen Arbeitsverhältnis haben, erhalten Ersatz in Höhe der entgangenen Zuwendung der Vollzugsbehörde.

I. Allgemeines

1   Die Regelung konkretisiert den in § 19 Abs. 1 Nr. 6 festgelegten Anspruch auf Entschädigung für Verdienstausfall (**Verdienstausfallentschädigung**). Dem Zeugen wird der tatsächlich entgangene **Bruttoverdienst** einschließlich der vom Arbeitgeber zu tragenden Sozialversicherungsbeiträge und der regelmäßig gezahlten Zuschläge (zB Prämien, Nachtdienstzuschläge) erstattet. **Spesen** dürften nicht zum regelmäßigen Bruttolohn zählen, da sie während der Heranziehung nicht verbraucht werden.

2   Die Erstattung kommt allerdings nur bis zur festgelegten **Höchstgrenze** in Betracht. Diese wurde durch das 2. KostRMoG im **Stundensatz** auf 21 € angehoben. Dieser Höchstbetrag gilt auch dann, wenn der nachgewiesene Bruttolohn pro Stunde höher ist. Die **staatsbürgerliche Ehrenpflicht** eines jeden Bürgers verlangt keinen vollen Ausgleich.[1] Eine Ausnahme von dieser Höchstgrenze kommt nur im Rahmen des § 19 Abs. 4 bei Zeugen in Betracht, die ihren gewöhnlichen Aufenthalt im Ausland haben (→ § 19 Rn 17).

---

4 ThürLSG 26.2.2014 – L 6 SF 21/14 E, juris. **5** LSG NRW 25.4.1996 – L 4 S 3/96; aA OLG Köln 14.9.2001 – 2 Ws 389/01. **1** Für viele: BayLSG 2.2.2009 – L 15 SF 12/07 AL KO, juris.

Gemäß § 19 Abs. 2 S. 1 kann die Verdienstausfallentschädigung für **höchstens 10 Stunden je Tag** gewährt 3
werden. Es gilt außerdem die Rundungsvorschrift des § 19 Abs. 2 S. 2, nach der die letzte begonnene Stunde voll zählt, es sei denn die gesamte Zeit der Heranziehung beträgt insgesamt nur bis zu 30 Minuten. Die
Rundung darf jedoch nur erfolgen, soweit der **tatsächliche Verdienstausfall** nicht überschritten wird (→
§ 19 Rn 15 mit Berechnungsbeispielen).

II. Anspruchsvoraussetzungen (S. 1)

1. Heranziehung während der Arbeitszeit. Eine Voraussetzung für die Gewährung der Verdienstausfallent- 4
schädigung ist, dass die Heranziehung **während der regelmäßigen täglichen Arbeitszeit** erfolgte. Unbezahlte
Pausen gehören nicht dazu. Diese sind vom Arbeitgeber aber in der Verdienstausfallbescheinigung gesondert auszuweisen.

Eine Gewährung von Verdienstausfall kommt auch für die sich **an die Heranziehung anschließende oder die** 5
der Heranziehung vorhergehende Zeit in Betracht. Voraussetzung ist, dass der Zeuge vor oder nach Abschluss der Heranziehung aus betriebsorganisatorischen Gründen seine Arbeit nicht (wieder) aufnehmen
konnte (zB bei einer Tätigkeit als **Kraftfahrer im Fernverkehr** oder bei Montagetätigkeiten auf **auswärtigen**
Baustellen). Diesbezüglich dürfte bei abhängig Beschäftigten eine entsprechende Bescheinigung des Arbeitgebers verlangt werden können.

Eine Entschädigung für Verdienstausfall kommt ebenfalls in Betracht, wenn ein **Polizeibeamter** wegen der 6
Heranziehung als Zeuge eine dauerhafte Verkürzung der vorgesehenen abrechnungsfähigen Nachtdienstzei-
ten hinnehmen muss.[2] Falls dies durch eine entsprechende Nachtdienstbescheinigung nachgewiesen wird,
besteht die Verdienstausfallentschädigung in den nachgewiesenen **Nachtdienstzulagen**.

2. Verdienstausfall. Es muss ein tatsächlicher **finanzieller Verlust** in Form eines Verdienstausfalls entstan- 7
den sein. Kein Verdienstausfall ist entstanden, wenn der Zeuge während des bezahlten **Urlaubs** oder im
Rahmen des **Gleitzeitkontos** herangezogen wurde[3] (→ § 20 Rn 5). Ein finanzieller Verlust ist ebenfalls nicht
eingetreten, wenn der Zeuge zwar während seiner Arbeitszeit herangezogen wurde, der Arbeitgeber jedoch
die **Bezüge** während der Heranziehung als Zeuge **weiterzahlt**.

Der Arbeitgeber hat die Bezüge weiterzuzahlen, wenn die Zeugenaussage zu den arbeitsvertraglichen oder 8
dienstlichen **Pflichten des Arbeitnehmers** gehört oder zumindest den Tätigkeiten zuzurechnen ist, die sich
als Fortsetzung bzw Ergänzung der Arbeit des Zeugen darstellen. Dieser Zusammenhang mit der Arbeit des
Zeugen ist gegeben, wenn der Zeuge im Rahmen seiner Tätigkeit Unregelmäßigkeiten feststellt, die zu
einem Strafverfahren führen und er in diesem Verfahren als Zeuge aussagt, um zur Aufklärung der Angelegenheit beizutragen (zB mit der Überwachung des ruhenden Verkehrs beauftragte Beschäftigte einer Kommune oder abhängig beschäftigte **Detektive**). Dem Zeugen steht dann für die Zeit der Terminswahrnehmung gegen seinen Arbeitgeber ein Anspruch auf Fortzahlung der Bezüge zu, so dass weder ihm noch seinem Arbeitgeber eine Entschädigung für Verdienstausfall gewährt werden kann.[4] Legt ein als angestellter
Detektiv tätiger Zeuge eine Verdienstausfallbescheinigung vor, aus der eindeutig hervorgeht, dass er einen
Verdienstausfall hatte, und bestehen keine Zweifel an der inhaltlichen Richtigkeit, so ist ein Entschädigungsanspruch wegen Verdienstausfalls gegeben. Von einer tarifvertraglichen Vergütungspflicht des Arbeitgebers kann idR nicht ausgegangen werden, insb. dann nicht, wenn die für den Strafprozess ursächliche
Strafanzeige nicht vom Zeugen oder von seinem Arbeitgeber gestellt wurde.[5]

Bei **Selbstständigen**, welche hauptsächlich die **Aufsicht** in ihrem Betrieb mit vielen Beschäftigten führen und 9
aufgrund ihrer Heranziehung nur kurz dem Betrieb fernbleiben, dürfte regelmäßig keine Gewinnminderung
eintreten, wenn der Betrieb auch ohne sie weiterläuft.[6] Auch bei Selbstständigen, welche die Möglichkeit
haben, ihre **Arbeitszeit frei einzuteilen**, kann davon ausgegangen werden, dass bei kurzer Abwesenheit eine
Gewinnminderung nicht eintritt.[7] Bei einer unregelmäßig ausgeübten selbstständigen Tätigkeit mit geringen
Einkünften kann ebenfalls davon ausgegangen werden, dass diese Tätigkeit problemlos verschoben werden
kann und wegen des Gerichtstermins kein Verdienstausfall entstanden ist. Dies hat das BayLSG für die Tätigkeit als selbstständige Nachhilfelehrerin oder Inhaberin eines Nachhilfeinstituts angenommen.[8] Die Tätigkeit als selbstständiger Kurierdienst mit geringer zeitlicher Flexibilität kann im Einzelfall den Anspruch
auf Verdienstausfall begründen, wenn die Angaben des Zeugen plausibel erscheinen und nicht in sich widersprüchlich sind.[9]

---

2 Vgl OVG NRW 29.4.2010 – 6 A 1811/08, juris. **3** BayLSG 23.10.2008 – L 15 SF 191/08 SB KO, juris. **4** Vgl LG Detmold
28.4.2014 – 4 Qs 50/14, juris; LG Düsseldorf 19.4.2010 – 10 KLs 18/09; AG Bonn 21.7.1997 – 71 Ds 40/97; AG Bonn
27.10.1997 – 73 Ds 95/97 mwN. **5** OLG Düsseldorf 11.2.2015 – III-3 Ws 224/14, juris. **6** Meyer/Höver/Bach/*Oberlack*,
JVEG, § 22 Rn 18 c. **7** OLG Köln 30.9.1996 – 17 W 308/96. **8** BayLSG 22.10.2015 – L 15 RF 24/15, juris. **9** BayLSG
6.5.2015 – L 15 RF 9/15, juris.

10   Die Höhe der **Stundenvergütung für Selbstständige** ist für den jeweiligen Einzelfall zu beurteilen, dürfte in aller Regel jedoch nur selten unter dem Höchstsatz von 21 € pro Stunde liegen. Für die Ermittlung des Stundensatzes könnte ein Vergleich mit den abhängig Beschäftigten, welche gleiche oder ähnliche Tätigkeiten ausüben, in Betracht kommen. Bei einem zeitlich reduzierten Umfang der selbstständigen Tätigkeit kann die Entschädigung – hier für einen Kurierfahrer –, welche sich grds. an dem vom Zeugen nachzuweisenden Bruttoverdienst orientiert, sehr niedrig ausfallen. Ein Mindestsatz ist vom Gesetzgeber zwar nicht vorgesehen, eine Unterschreitung der Stundensätze der Entschädigung für Zeitversäumnis dürfte jedoch schwer nachvollziehbar sein.[10]

11   **Auszubildende** erhalten **keinen Verdienst** als Gegenleistung für ihre Tätigkeit, sondern lediglich eine Ausbildungsvergütung, die leistungsunabhängig ist. Sie stellen nicht in erster Linie ihre Arbeitskraft zur Verfügung, sondern sind bereit (und verpflichtet) zu lernen, um die notwendige berufliche Handlungsfähigkeit zu erwerben, die ihnen vom Ausbildenden vermittelt wird. Ein Verdienstausfall entsteht somit nicht.[11] Die Ausbildungsvergütung ist daher vom Ausbildenden gem. § 19 Abs. 1 Nr. 2 Buchst. b BBiG (die Vorschrift ist nicht abdingbar) für die Dauer der Heranziehung als Zeuge fortzuzahlen. Wegen des Anspruchs auf Nachteilsentschädigung → § 20 Rn 7.

12   **Juristische Personen** können keine Zeugen sein, denn nur natürliche Personen können über selbst wahrgenommene Tatsachen Auskunft geben (→ § 1 Rn 7). Ein Verdienstausfall von juristischen Personen infolge Teilnahme ihres Geschäftsführers an einer Gerichtsverhandlung ist gleichwohl möglich, da **§ 91 Abs. 1 S. 2 ZPO** eine Entschädigung der Partei eines Zivilprozesses für die durch notwendige Reisen oder durch die notwendige Wahrnehmung von Terminen entstandene Zeitversäumnis vorsieht und die für die Entschädigung von Zeugen geltenden Vorschriften entsprechend anzuwenden sind.[12] Diese Entschädigung – wie auch die Entschädigung von Zeugen – unterliegt nicht der **Umsatzsteuer**, weil es an einem zweckgerichteten Leistungsaustausch fehlt.[13] Eine juristische Person des öffentlichen Rechts erhält jedoch keine Erstattung von Verdienstausfall oder Zeitversäumnis gem. § 91 Abs. 1 S. 2 ZPO iVm §§ 20, 22 JVEG für die Teilnahme eines ihrer Mitarbeiter an einem gerichtlichen Termin.[14]

13   **3. Nachweis des Verdienstausfalls.** Abhängig Beschäftigte haben die Höhe des Verdienstausfalls idR durch Vorlage einer **Bescheinigung ihres Arbeitgebers** nachzuweisen. Eine Verpflichtung dazu ergibt sich aus dem Gesetz jedoch nicht, so dass ein anderweitig plausibel dargelegter Verdienstausfall zur Annahme des Entschädigungsanspruchs im Ausnahmefall ausreicht. Eine Bescheinigung des Arbeitgebers ist als Nachweis ausreichend, es sei denn, dass der Verdacht eines **böswilligen Zusammenwirkens** besteht.[15]

14   Hinsichtlich des Nachweises unbezahlter Pausen sowie der Tatsache, dass eine **Arbeitsaufnahme vor oder nach der Heranziehung nicht möglich** war, → Rn 4 f.

15   Bei **Selbstständigen** ist eine Bescheinigung nur in den seltensten Fällen möglich, hier kommt im Einzelfall ausnahmsweise eine **Glaubhaftmachung** gem. § 294 ZPO in Betracht (auch → Rn 9 f).

III. Gefangene als Zeugen (S. 2)

16   Der Ersatz in Höhe der entgangenen Zuwendung der Vollzugsbehörde nach S. 2 kommt dann in Betracht, wenn der Gefangene keinen Verdienstausfall aus einem privatrechtlichen Arbeitsverhältnis hat. Die Höhe ist durch eine entsprechende **Bescheinigung der Justizvollzugsanstalt** nachzuweisen.

IV. Abgrenzung zu den Kosten eines Vertreters nach § 7 Abs. 1 S. 2

17   Die Erstattung von Vertretungskosten schließt eine zusätzliche Erstattung von Verdienstausfall regelmäßig aus, da der Vertreter ja gerade die Aufgaben des Vertretenen übernehmen soll.[16] Die Vertretungskosten unterliegen nicht dem Höchstbetrag des Stundensatzes von 21 €. Sie müssen nur notwendig sein. So dürften die Kosten für eine Vertretung, welche einfache handwerkliche Aufträge erledigt, möglicherweise unter 21 € liegen, wohingegen ein Facharzt, welcher die Vertretung einer Facharztpraxis übernimmt, deutlich über 21 € pro Stunde wird beanspruchen können.

18   Bei freiberuflich tätigen Personen, die ihr Geschäft oder ihre Praxis allein führen (zB Ärzte oder Apotheker), dürfte eine Vertretung regelmäßig in Betracht kommen. Allerdings hat der Zeuge (hier: ein niedergelassener Arzt) alle zumutbaren Vorkehrungen zu treffen, um die Notwendigkeit einer Vertreterbestellung abzuwenden. Er hat zB auf Terminsüberschneidungen und das Entstehen hoher Vertretungskosten hinzuweisen.[17] Vgl im Übrigen → § 7 Rn 3.

---

10 BayLSG 6.5.2015 – L 15 RF 9/15, juris. **11** Vgl AG Tiergarten 27.11.2008 – (310 OWi) 3034 PLs 9750/08 (394/08), juris. **12** BGH 2.12.2008 – VI ZB 63/07, juris. **13** VG Aachen 17.9.2009 – 6 K 287/07, juris. **14** BGH 7.5.2014 – XII ZB 630/12, juris. **15** Meyer/Höver/Bach/*Oberlack*, JVEG, § 22 Rn 3. **16** Meyer/Höver/Bach/*Oberlack*, JVEG, § 17 Rn 13 g; aA *Schneider*, JVEG, § 7 Rn 18. **17** OLG Frankfurt 24.11.1999 – 25 U 87/98, juris.

§ 23 Entschädigung Dritter

(1) Soweit von denjenigen, die Telekommunikationsdienste erbringen oder daran mitwirken (Telekommunikationsunternehmen), Anordnungen zur Überwachung der Telekommunikation umgesetzt oder Auskünfte erteilt werden, für die in der Anlage 3 zu diesem Gesetz besondere Entschädigungen bestimmt sind, bemisst sich die Entschädigung ausschließlich nach dieser Anlage.

(2) [1]Dritte, die aufgrund einer gerichtlichen Anordnung nach § 142 Abs. 1 Satz 1 oder § 144 Abs. 1 der Zivilprozessordnung Urkunden, sonstige Unterlagen oder andere Gegenstände vorlegen oder deren Inaugenscheinnahme dulden, sowie Dritte, die aufgrund eines Beweiszwecken dienenden Ersuchens der Strafverfolgungs- oder Verfolgungsbehörde

1. Gegenstände herausgeben (§ 95 Abs. 1, § 98 a der Strafprozessordnung) oder die Pflicht zur Herausgabe entsprechend einer Anheimgabe der Strafverfolgungs- oder Verfolgungsbehörde abwenden oder

2. in anderen als den in Absatz 1 genannten Fällen Auskunft erteilen,

werden wie Zeugen entschädigt. [2]Bedient sich der Dritte eines Arbeitnehmers oder einer anderen Person, werden ihm die Aufwendungen dafür (§ 7) im Rahmen des § 22 ersetzt; § 19 Abs. 2 und 3 gilt entsprechend.

(3) [1]Die notwendige Benutzung einer eigenen Datenverarbeitungsanlage für Zwecke der Rasterfahndung wird entschädigt, wenn die Investitionssumme für die im Einzelfall benutzte Hard- und Software zusammen mehr als 10.000 Euro beträgt. [2]Die Entschädigung beträgt

1. bei einer Investitionssumme von mehr als 10.000 bis 25.000 Euro für jede Stunde der Benutzung 5 Euro; die gesamte Benutzungsdauer ist auf volle Stunden aufzurunden;

2. bei sonstigen Datenverarbeitungsanlagen

   a) neben der Entschädigung nach Absatz 2 für jede Stunde der Benutzung der Anlage bei der Entwicklung eines für den Einzelfall erforderlichen, besonderen Anwendungsprogramms 10 Euro und

   b) für die übrige Dauer der Benutzung einschließlich des hierbei erforderlichen Personalaufwands ein Zehnmillionstel der Investitionssumme je Sekunde für die Zeit, in der die Zentraleinheit belegt ist (CPU-Sekunde), höchstens 0,30 Euro je CPU-Sekunde.

[3]Die Investitionssumme und die verbrauchte CPU-Zeit sind glaubhaft zu machen.

(4) Der eigenen elektronischen Datenverarbeitungsanlage steht eine fremde gleich, wenn die durch die Auskunftserteilung entstandenen direkt zurechenbaren Kosten (§ 7) nicht sicher feststellbar sind.

Anlage 3
(zu § 23 Abs. 1)

Nr.	Tätigkeit	Höhe

Allgemeine Vorbemerkung:

(1) Die Entschädigung nach dieser Anlage schließt alle mit der Erledigung des Ersuchens der Strafverfolgungsbehörde verbundenen Tätigkeiten des Telekommunikationsunternehmens sowie etwa anfallende sonstige Aufwendungen (§ 7 JVEG) ein.

(2) Für Leistungen, die die Strafverfolgungsbehörden über eine zentrale Kontaktstelle des Generalbundesanwalts, des Bundeskriminalamtes, der Bundespolizei oder des Zollkriminalamtes oder über entsprechende für ein Bundesland oder für mehrere Bundesländer zuständige Kontaktstellen anfordern und abrechnen, ermäßigt sich die Entschädigungsbeträge nach den Nummern 100, 101, 300 bis 321 und 400 bis 402 um 20 Prozent, wenn bei der Anforderung darauf hingewiesen worden ist, dass es sich bei der anfordernden Stelle um eine zentrale Kontaktstelle handelt.

Abschnitt 1 Überwachung der Telekommunikation

Vorbemerkung 1:

(1) Die Vorschriften dieses Abschnitts gelten für die Heranziehung im Zusammenhang mit Funktionsprüfungen der Aufzeichnungs- und Auswertungseinrichtungen der berechtigten Stellen entsprechend.

(2) Leitungskosten werden nur entschädigt, wenn die betreffende Leitung innerhalb des Überwachungszeitraums mindestens einmal zur Übermittlung überwachter Telekommunikation an die Strafverfolgungsbehörde genutzt worden ist.

(3) Für die Überwachung eines Voice-over-IP-Anschlusses oder eines Zugangs zu einem elektronischen Postfach richtet sich die Entschädigung für die Leitungskosten nach den Nummern 102 bis 104. Dies gilt auch für die Überwachung eines Mobilfunkanschlusses, es sei denn, dass auch die Überwachung des über diesen Anschluss abgewickelten Datenverkehrs angeordnet worden ist und für die Übermittlung von Daten Leitungen mit Übertragungsgeschwindigkeiten von mehr als 144 kbit/s genutzt werden müssen und auch genutzt worden sind. In diesem Fall richtet sich die Entschädigung einheitlich nach den Nummern 111 bis 113.

Nr.	Tätigkeit	Höhe
100	Umsetzung einer Anordnung zur Überwachung der Telekommunikation, unabhängig von der Zahl der dem Anschluss zugeordneten Kennungen: je Anschluss	100,00 €
	Mit der Entschädigung ist auch der Aufwand für die Abschaltung der Maßnahme entgolten.	
101	Verlängerung einer Maßnahme zur Überwachung der Telekommunikation oder Umschaltung einer solchen Maßnahme auf Veranlassung der Strafverfolgungsbehörde auf einen anderen Anschluss dieser Stelle	35,00 €
	Leitungskosten für die Übermittlung der zu überwachenden Telekommunikation: für jeden überwachten Anschluss,	
102	– wenn die Überwachungsmaßnahme nicht länger als eine Woche dauert	24,00 €
103	– wenn die Überwachungsmaßnahme länger als eine Woche, jedoch nicht länger als zwei Wochen dauert	42,00 €
104	– wenn die Überwachungsmaßnahme länger als zwei Wochen dauert: je angefangenen Monat	75,00 €
	Der überwachte Anschluss ist ein ISDN-Basisanschluss:	
105	– Die Entschädigung nach Nummer 102 beträgt	40,00 €
106	– Die Entschädigung nach Nummer 103 beträgt	70,00 €
107	– Die Entschädigung nach Nummer 104 beträgt	125,00 €

Nr.	Tätigkeit	Höhe
	Der überwachte Anschluss ist ein ISDN-Primärmultiplexanschluss:	
108	– Die Entschädigung nach Nummer 102 beträgt	490,00 €
109	– Die Entschädigung nach Nummer 103 beträgt	855,00 €
110	– Die Entschädigung nach Nummer 104 beträgt	1.525,00 €
	Der überwachte Anschluss ist ein digitaler Teilnehmeranschluss mit einer Übertragungsgeschwindigkeit von mehr als 144 kbit/s, aber kein ISBN-Primärmultiplexanschluss:	
111	– Die Entschädigung nach Nummer 102 beträgt	65,00 €
112	– Die Entschädigung nach Nummer 103 beträgt	110,00 €
113	– Die Entschädigung nach Nummer 104 beträgt	200,00 €

Abschnitt 2 Auskünfte über Bestandsdaten

Nr.	Tätigkeit	Höhe
200	Auskunft über Bestandsdaten nach § 3 Nr. 3 TKG, sofern 1. die Auskunft nicht über das automatisierte Auskunftsverfahren nach § 112 TKG erteilt werden kann und die Unmöglichkeit der Auskunftserteilung auf diesem Wege nicht vom Unternehmen zu vertreten ist und 2. für die Erteilung der Auskunft nicht auf Verkehrsdaten zurückgegriffen werden muss: je angefragten Kundendatensatz	18,00 €
201	Auskunft über Bestandsdaten, zu deren Erteilung auf Verkehrsdaten zurückgegriffen werden muss: für bis zu 10 in demselben Verfahren gleichzeitig angefragte Kennungen, die der Auskunftserteilung zugrunde liegen .... <small>Bei mehr als 10 angefragten Kennungen wird die Pauschale für jeweils bis zu 10 weitere Kennungen erneut gewährt. Kennung ist auch eine IP-Adresse.</small>	35,00 €
202	Es muss auf Verkehrsdaten nach § 113 b Abs. 2 bis 4 TKG zurückgegriffen werden: Die Pauschale 201 beträgt	40,00 €

Abschnitt 3 Auskünfte über Verkehrsdaten

Nr.	Tätigkeit	Höhe
300	Auskunft über gespeicherte Verkehrsdaten: für jede Kennung, die der Auskunftserteilung zugrunde liegt .... <small>Die Mitteilung der die Kennung betreffenden Standortdaten ist mit abgegolten.</small>	30,00 €
301	Für die Auskunft muss auf Verkehrsdaten nach § 113 b Abs. 2 bis 4 TKG zurückgegriffen werden: Die Pauschale 300 beträgt	35,00 €
302	Die Auskunft wird im Fall der Nummer 300 aufgrund eines einheitlichen Ersuchens auch oder ausschließlich für künftig anfallende Verkehrsdaten zu bestimmten Zeitpunkten erteilt: für die zweite und jede weitere in dem Ersuchen verlangte Teilauskunft	10,00 €

Nr.	Tätigkeit	Höhe
303	Auskunft über gespeicherte Verkehrsdaten zu Verbindungen, die zu einer bestimmten Zieladresse hergestellt wurden, durch Suche in allen Datensätzen der abgehenden Verbindungen eines Betreibers (Zielwahlsuche):	
	je Zieladresse	90,00 €
	Die Mitteilung der Standortdaten der Zieladresse ist mit abgegolten.	
304	Für die Auskunft muss auf Verkehrsdaten nach § 113 b Abs. 2 bis 4 TKG zurückgegriffen werden:	
	Die Pauschale 303 beträgt	110,00 €
305	Die Auskunft wird im Fall der Nummer 303 aufgrund eines einheitlichen Ersuchens auch oder ausschließlich für künftig anfallende Verkehrsdaten zu bestimmten Zeitpunkten erteilt:	
	für die zweite und jede weitere in dem Ersuchen verlangte Teilauskunft	70,00 €
306	Auskunft über gespeicherte Verkehrsdaten für eine von der Strafverfolgungsbehörde benannte Funkzelle (Funkzellenabfrage):	30,00 €
307	Für die Auskunft muss auf Verkehrsdaten nach § 113 b Abs. 2 bis 4 TKG zurückgegriffen werden:	
	Die Pauschale 306 beträgt	35,00 €
308	Auskunft über gespeicherte Verkehrsdaten für mehr als eine von der Strafverfolgungsbehörde benannte Funkzelle:	
	Die Pauschale 306 erhöht sich für jede weitere Funkzelle um	4,00 €
309	Auskunft über gespeicherte Verkehrsdaten für mehr als eine von der Strafverfolgungsbehörde benannte Funkzelle und für die Auskunft muss auf Verkehrsdaten nach § 113 b Abs. 2 bis 4 TKG zurückgegriffen werden:	
	Die Pauschale 306 erhöht sich für jede weitere Funkzelle um	5,00 €
310	Auskunft über gespeicherte Verkehrsdaten in Fällen, in denen lediglich Ort und Zeitraum bekannt sind:	
	Die Abfrage erfolgt für einen bestimmten, durch eine Adresse bezeichneten Standort	60,00 €
311	Für die Auskunft muss auf Verkehrsdaten nach § 113 b Abs. 2 bis 4 TKG zurückgegriffen werden:	
	Die Pauschale 310 beträgt	70,00 €
	Die Auskunft erfolgt für eine Fläche:	
312	– Die Entfernung der am weitesten voneinander entfernten Punkte beträgt nicht mehr als 10 Kilometer:	
	Die Pauschale 310 beträgt	190,00 €
313	– Die Entfernung der am weitesten voneinander entfernten Punkte beträgt mehr als 10, aber nicht mehr als 25 Kilometer:	
	Die Pauschale 310 beträgt	490,00 €
314	– Die Entfernung der am weitesten voneinander entfernten Punkte beträgt mehr als 25, aber nicht mehr als 45 Kilometer:	
	Die Pauschale 310 beträgt	930,00 €

Nr.	Tätigkeit	Höhe
	Liegen die am weitesten voneinander entfernten Punkte mehr als 45 Kilometer auseinander, ist für den darüber hinausgehenden Abstand die Entschädigung nach den Nummern 312 bis 314 gesondert zu berechnen.	
	Die Auskunft erfolgt für eine Fläche und es muss auf Verkehrsdaten nach § 113 b Abs. 2 bis 4 TKG zurückgegriffen werden:	
315	– Die Entfernung der am weitesten voneinander entfernten Punkte beträgt nicht mehr als 10 Kilometer:	
	Die Pauschale 310 beträgt	230,00 €
316	– Die Entfernung der am weitesten voneinander entfernten Punkte beträgt mehr als 10, aber nicht mehr als 25 Kilometer:	
	Die Pauschale 310 beträgt	590,00 €
317	– Die Entfernung der am weitesten voneinander entfernten Punkte beträgt mehr als 25, aber nicht mehr als 45 Kilometer:	
	Die Pauschale 310 beträgt	1.120,00 €
	Liegen die am weitesten voneinander entfernten Punkte mehr als 45 Kilometer auseinander, ist für den darüber hinausgehenden Abstand die Entschädigung nach den Nummern 315 bis 317 gesondert zu berechnen.	
318	Die Auskunft erfolgt für eine bestimmte Wegstrecke:	
	Die Pauschale 310 beträgt für jeweils angefangene 10 Kilometer Länge	110,00 €
319	Die Auskunft erfolgt für eine bestimmte Wegstrecke und es muss auf Verkehrsdaten nach § 113 b Abs. 2 bis 4 TKG zurückgegriffen werden:	
	Die Pauschale 310 beträgt für jeweils angefangene 10 Kilometer Länge	130,00 €
320	Umsetzung einer Anordnung zur Übermittlung künftig anfallender Verkehrsdaten in Echtzeit:	
	je Anschluss	100,00 €
	Mit der Entschädigung ist auch der Aufwand für die Abschaltung der Übermittlung und die Mitteilung der den Anschluss betreffenden Standortdaten entgolten.	
321	Verlängerung der Maßnahme im Fall der Nummer 320	35,00 €
	Leitungskosten für die Übermittlung der Verkehrsdaten in den Fällen der Nummern 320 und 321:	
322	– wenn die angeordnete Übermittlung nicht länger als eine Woche dauert	8,00 €
323	– wenn die angeordnete Übermittlung länger als eine Woche, aber nicht länger als zwei Wochen dauert	14,00 €
324	– wenn die angeordnete Übermittlung länger als zwei Wochen dauert:	
	je angefangenen Monat	25,00 €
325	Übermittlung der Verkehrsdaten auf einem Datenträger	10,00 €

Nr.	Tätigkeit	Höhe
	Abschnitt 4 Sonstige Auskünfte	
400	Auskunft über den letzten dem Netz bekannten Standort eines Mobiltelefons (Standortabfrage)	90,00 €
401	Im Fall der Nummer 400 muss auf Verkehrsdaten nach § 113 b Abs. 2 bis 4 TKG zurückgegriffen werden: Die Pauschale 400 beträgt	110,00 €
402	Auskunft über die Struktur von Funkzellen: je Funkzelle	35,00 €

I. Allgemeines

1 Durch das 2. KostRMoG wurde die Anlage 3 im Wesentlichen **geändert**. Weitere Änderungen erfolgten zuletzt durch das „Gesetz zur Einführung einer Speicherpflicht und einer Höchstspeicherfrist für Verkehrsdaten" vom 10.12.2015.[1]

2 Dritte werden durch eine in § 1 genannte Stelle **herangezogen**. Sie haben einen Entschädigungsanspruch, wenn sie eine der in § 23 oder in der Anlage 3 genannten Leistungen erbringen.

II. Anspruchsvoraussetzungen

3 **Dritte** iSd § 23 sind **Personen**, die nach den § 142 Abs. 1 S. 1 oder § 144 Abs. 1 ZPO sowie § 113 Abs. 1 S. 2 FamFG zur Vorlegung von Urkunden, sonstigen Unterlagen oder Objekten, oder zur Duldung der Inaugenscheinnahme vom Prozessgericht verpflichtet werden (vgl Abs. 2 S. 1 Hs 1). Im Übrigen sind es Personen, die keine Zeugen oder Sachverständige sind (zur Abgrenzung → Rn 8) und von Strafverfolgungsbehörden zu Beweiszwecken in Anspruch genommen werden (vgl Abs. 2 S. 1 Hs 2 Nr. 1, 2). Dritte können somit neben natürlichen Personen **auch private Körperschaften** sein. Sie werden grds. wie Zeugen entschädigt. Bedient sich ein Dritter eines **Arbeitnehmers**, so werden ihm seine Aufwendungen hierfür im Rahmen von § 22 ersetzt.[2] Fordert ein Gericht von einem Dritten Röntgenbilder an, sind die angemessenen Kosten für die Digitalisierung zu übernehmen, wenn dem Dritten die ersatzlose Herausgabe der Originale nicht zugemutet werden kann.[3]

4 **Behörden** kommen als Dritte nicht in Betracht, da sie gem. § 1 Abs. 2 S. 1 nur bei Heranziehung zu Sachverständigenleistungen entschädigt werden (→ § 1 Rn 16 ff).

5 Eine **Nutzung** iSv **Nr. 104** der Anlage 3 liegt gem. Abs. 2 der Vorbem. 1 nur dann vor, wenn auch tatsächlich Gesprächsinhalte auf der vom Telekommunikationsunternehmen zur Verfügung gestellten Leitung an die Strafverfolgungsbehörde übermittelt wurden.[4] Das OLG Jena sieht die Nutzung iSv Nr. 104 bereits als erfüllt an, wenn erfolglose Anwählversuche an die Strafverfolgungsbehörde übermittelt werden. Bei mehrmonatiger Überwachung ist die Entschädigung je angefangenem Monat zu gewähren, wenn mindestens eine Datenübermittlung in dem betreffenden Monat stattgefunden hat.[5] Bei der Telefonüberwachung kommt es auf die Art des überwachten Anschlusses an, nicht auf Art und Menge der übermittelten Daten.[6]

Der Umfang der Entschädigung des Telekommunikationsunternehmens richtet sich nach der Auskunftsanordnung. Wenn danach mehrfach Auskünfte zu erteilen waren, ist der Entschädigungsanspruch gem. **Nr. 300** der Anlage 3 auch dann entsprechend oft anzusetzen, wenn die mehrfachen Auskünfte nur zu einer Kennung erteilt wurden.[7] Zur Frage, ob Mobilfunkanschlüsse wie DSL-Anschlüsse zu behandeln sind, meint *Coen*, dass dazu keine ausreichenden Anhaltspunkte in der Anlage 3 ersichtlich sind.[8]

6 Wenn das Telekommunikationsunternehmen im Auftrag der Staatsanwaltschaft die Überwachung von **UMTS-Mobilfunkanschlüssen** ermöglicht, dann werden ihm gem. **Nr. 100** der Anlage 3 zunächst 100 € je Anschluss für die Umsetzung der Überwachungsanordnung und gem. **Nr. 104** der Anlage 3 zusätzlich 75 € für die Übermittlung der zu überwachenden Telekommunikation zuerkannt. Da es sich bei den UMTS-Mo-

---

1 BGBl. I 2218, 2224. Inkrafttreten: 18.12.2015. **2** OLG Hamm 27.3.2007 – 3 Ws 661/06, juris. **3** LSG BW 10.2.2011 – L 12 KO 4899/10 B, juris. **4** LG Meiningen 12.4.2012 – 2 Qs 68/12, juris. **5** OLG Jena 14.8.2013 – 1 Ws 217/13, juris. **6** OLG Düsseldorf 3.7.2015 – 3 Ws 106/15, juris. **7** OLG Oldenburg 25.10.2010 – 1 Ws 460/10, juris. **8** *Coen*, CR 2013, 217–222.

bilfunkanschlüssen um digitale Anschlüsse mit hoher Übertragungsgeschwindigkeit handelt, wird der Entschädigungsbetrag nach Nr. 104 gem. **Nr. 113** der Anlage 3 durch einen Betrag iHv 200 € ersetzt.[9]

Eine Bank, welche im Rahmen einer Aufforderung der Staatsanwaltschaft gem. § 95 StPO der **Vorlage von Unterlagen** nachkommt und sich dazu eines Arbeitnehmers bedient, erhält eine Entschädigung der Aufwendungen dafür (§ 7) nach § 22; hinsichtlich der Rundung → Rn 8. Die notwendigen **Arbeitskosten und Kopierkosten** können erstattet werden. Mehrkosten, die dadurch entstanden sind, dass **mikroverfilmte Unterlagen** durch manuelle Rückvergrößerung lesbar gemacht werden, zählen jedoch nicht zu den notwendigen Kosten.[10]

III. Abgrenzung zu Zeugen und Sachverständigen

Zur Einstufung eines gewerblichen Autovermieters, der als natürliche Person Auskunft über die **Vermietung** eines Kraftfahrzeugs geben soll, dessen Halter er selbst als natürliche Person ist, → § 20 Rn 9. Ist der gewerbliche Autovermieter (auch als private Körperschaft, → Rn 3) selbst Halter des Kraftfahrzeugs, so wird er gem. Abs. 2 S. 1 Nr. 2 wie ein Zeuge entschädigt. Bedient er sich eines Arbeitnehmers, so erhält er eine Entschädigung der Aufwendungen dafür nach § 22 (→ Rn 7).[11] War der Arbeitnehmer nur wenige Minuten mit der Auskunftserteilung beschäftigt, so wurde bisher auf eine volle Stunde aufgerundet. Nach der Neufassung des § 19 Abs. 2 S. 2 (→ § 19 Rn 13) wird in diesem Fall lediglich auf „die Hälfte des sich für eine volle Stunde ergebenden Betrages" aufgerundet. Nach der Begründung des Gesetzentwurfs zielte die Änderung des § 19 Abs. 2 S. 2 genau auf diese Fälle, in denen ein gewerblicher Autovermieter eine gerichtliche Mieteranfrage erhält. Da diese regelmäßig innerhalb kurzer Zeit bearbeitet werden kann, erscheint eine Reduzierung der Entschädigung auf den halben Stundensatz in diesen und ähnlichen Fällen gerechtfertigt.

Abschnitt 6
Schlussvorschriften

§ 24 Übergangsvorschrift

[1]Die Vergütung und die Entschädigung sind nach bisherigem Recht zu berechnen, wenn der Auftrag an den Sachverständigen, Dolmetscher oder Übersetzer vor dem Inkrafttreten einer Gesetzesänderung erteilt oder der Berechtigte vor diesem Zeitpunkt herangezogen worden ist. [2]Dies gilt auch, wenn Vorschriften geändert werden, auf die dieses Gesetz verweist.

I. Allgemeines

Die Vorschrift enthält eine alle Rechtsänderungen nach Inkrafttreten des JVEG betreffende Übergangsvorschrift. Die Übergangsregelung gilt also auch für die mit dem 2. KostRMoG verbundenen Änderungen. § 24 betrifft sämtliche nach dem JVEG Anspruchsberechtigte, also Sachverständige, Dolmetscher, Zeugen, Dritte iSv § 23 und ehrenamtliche Richter (→ § 1 Rn 1, 7 ff). Für den Übergang vom ZSEG zum JVEG gilt als speziellere Bestimmung die Regelung des § 25.

II. Erteilung des Auftrags; Heranziehung (S. 1)

Bei Sachverständigen, Dolmetschern und Übersetzern kommt es nach dem Gesetzeswortlaut (S. 1) für die Anwendung des jeweils geltenden Rechts darauf an, **wann** der **Auftrag** erteilt wurde. Das gilt aber nur, sofern sie ihre Leistung **schriftlich** erbringen sollen.[1] Entscheidend ist nicht, wann das Gericht beschlossen hat, den Auftrag zu erteilen, sondern gem. § 130 BGB, wann der **Auftrag eingegangen** ist.[2] Dasselbe gilt für die schriftliche Zeugenaussage.[3] Für die in Rechnung gestellte **Umsatzsteuer** kommt es dagegen darauf an, wann die Leistung erbracht wurde.[4]

Im Übrigen ist der Zeitpunkt der Heranziehung entscheidend. Das gilt auch für die Ladung des Sachverständigen oder Dolmetschers zum **Termin.** Im Unterschied zum Heranziehungsbegriff des § 1 (→ § 1 Rn 7 ff) kommt es für die Anwendbarkeit des jeweiligen Rechts auf den **Aufruf der Verhandlung** an.[5] Das danach maßgebliche Recht gilt auch für den Ersatz von **Vorbereitungszeiten.**[6] Erstattet der Sachverständige sein Gutachten schriftlich vor dem Inkrafttreten der Gesetzesänderung und wird er beauftragt, es nach diesem Zeitpunkt mündlich zu erläutern, so handelt es sich dabei regelmäßig um mehrere selbstständige Auf-

---

9 OLG Frankfurt 31.10.2011 – 2 Ws 121/11, juris. **10** OLG Koblenz 8.9.2005 – 2 Ws 514/05; LG Koblenz 7.1.2005 – 3 AR 29/04, juris. **11** AG Darmstadt 11.5.2010 – 210 OWi 15/10, juris. **1** Binz/Dörndorfer u.a./*Binz*, § 24 JVEG Rn 2. **2** *Hartmann*, KostG, § 24 JVEG Rn 4. **3** Binz/Dörndorfer u.a./*Binz*, § 24 JVEG Rn 2. **4** KG 21.2.2007 – 26 U 230/01, juris. **5** OLG Stuttgart Justiz 1988, 73. **6** Binz/Dörndorfer u.a./*Binz*, § 24 JVEG Rn 3.

träge. Dann sind das schriftliche Gutachten nach bisherigem Recht und die mündliche Erläuterung nach neuem Recht zu vergüten (str).[7]

III. Änderung anderer Gesetze (S. 2)

4 § 24 ist auch anwendbar, soweit das JVEG auf andere Gesetze verweist und diese geändert werden. Das betrifft die Verweisungen

- in § 2 Abs. 4 auf § 5 Abs. 3 GKG (→ § 2 Rn 19),
- in § 6 Abs. 1 auf die Regelung der Verpflegungspauschale zur Abgeltung tatsächlich entstandener, beruflich veranlasster Mehraufwendungen im Inland nach dem EStG (→ § 6 Rn 4 f) und
- in § 10 Abs. 2 auf Abschnitt O der Anlage zur GOÄ sowie auf § 4 Abs. 2 S. 1, Abs. 2 a S. 1, Abs. 3 und 4 S. 1 und § 10 GOÄ (→ § 10 Rn 12 ff).

§ 25 Übergangsvorschrift aus Anlass des Inkrafttretens dieses Gesetzes

[1]Das Gesetz über die Entschädigung der ehrenamtlichen Richter in der Fassung der Bekanntmachung vom 1. Oktober 1969 (BGBl. I S. 1753), zuletzt geändert durch Artikel 1 Abs. 4 des Gesetzes vom 22. Februar 2002 (BGBl. I S. 981), und das Gesetz über die Entschädigung von Zeugen und Sachverständigen in der Fassung der Bekanntmachung vom 1. Oktober 1969 (BGBl. I S. 1756), zuletzt geändert durch Artikel 1 Abs. 5 des Gesetzes vom 22. Februar 2002 (BGBl. I S. 981), sowie Verweisungen auf diese Gesetze sind weiter anzuwenden, wenn der Auftrag an den Sachverständigen, Dolmetscher oder Übersetzer vor dem 1. Juli 2004 erteilt oder der Berechtigte vor diesem Zeitpunkt herangezogen worden ist. [2]Satz 1 gilt für Heranziehungen vor dem 1. Juli 2004 auch dann, wenn der Berechtigte in derselben Rechtssache auch nach dem 1. Juli 2004 herangezogen worden ist.

1 Die Vorschrift hat heute keine praktische Bedeutung mehr, da mittlerweile sämtliche noch vor Inkrafttreten des JVEG (Inkrafttreten: 1.7.2004) entstandenen Honorare und Entschädigungsansprüche geregelt sein dürften. Im Übrigen gelten für die Anwendung des jeweils geltenden Rechts die zu § 24 dargestellten Grundsätze.

Anlage 1 (zu § 9 Abs. 1): abgedruckt bei § 9.
Anlage 2 (zu § 10 Abs. 1): abgedruckt bei § 10.
Anlage 3 (zu § 23 Abs. 1): abgedruckt bei § 23.

---

[7] OLG Celle JurBüro 2005, 550; OLG Düsseldorf 29.10.1996 – 10 W 102/96, juris; aA OVG Sachsen-Anhalt 23.3.2005 – 2 L 276/02, juris.

Gerichtsverfassungsgesetz (GVG)

In der Fassung der Bekanntmachung vom 9. Mai 1975 (BGBl. I 1077)
zuletzt geändert durch Art. 2 des Gesetzes zur Bekämpfung von Korruption im Gesundheitswesen
vom 30. Mai 2016 (BGBl. I 1254, 1255)

– Auszug –

§ 107 [Entschädigung für ehrenamtliche Handelsrichter]

(1) Die ehrenamtlichen Richter, die weder ihren Wohnsitz noch ihre gewerbliche Niederlassung am Sitz der Kammer für Handelssachen haben, erhalten Tage- und Übernachtungsgelder nach den für Richter am Landgericht geltenden Vorschriften.

(2) Den ehrenamtlichen Richtern werden die Fahrtkosten in entsprechender Anwendung des § 5 des Justizvergütungs- und -entschädigungsgesetzes ersetzt.

I. Gesetzliche Systematik

1. Allgemeines. § 107 GVG regelt abschließend die Entschädigung für **ehrenamtliche Handelsrichter**. Dabei handelt es sich um eine **Spezialvorschrift**, die die Regelungen des JVEG verdrängt, wie sich aus § 1 Abs. 1 S. 1 Nr. 2 JVEG auch ausdrücklich ergibt. Insbesondere finden damit die §§ 15–18 JVEG, die die Entschädigung für ehrenamtliche Richter regeln, keine Anwendung. Folge dessen ist, dass ehrenamtliche Handelsrichter – anders als die übrigen ehrenamtlichen Richter – etwa keine Entschädigung für Zeitversäumnis (§ 16 JVEG) oder für Verdienstausfall (§ 18 JVEG) erhalten. Hintergrund dieser Unterscheidung soll zum einen sein, dass Handelsrichter – anders als die übrigen ehrenamtlichen Richter – die Übernahme des Amtes ablehnen können,[1] zum anderen historisch darin begründet sein, dass die Heranziehung als Handelsrichter hohes Ansehen verleiht.[2] Diese erhebliche Ungleichbehandlung soll gegen den Gleichheitsgrundsatz nach Art. 3 GG nicht verstoßen.[3] Handelsrichtern stehen daher nur ein Tage- und Übernachtungsgeld nach den Voraussetzungen des Abs. 1 und ein Ersatz der Fahrtkosten nach Abs. 2 zu. 1

2. Verfahren und Rechtsmittel. Über die Entschädigung nach § 107 GVG wird **von Amts wegen** durch die Justizverwaltung im Rahmen eines **Justizverwaltungsakts** entschieden. Die Ausschluss- bzw Erlöschensfrist nach § 2 JVEG gilt nicht; die Verjährung richtet sich nach § 195 BGB.[4] 2

Die Entscheidung über die Tage- und Übernachtungsgelder nach Abs. 1 ist gem. § 30 a EGGVG vor dem Amtsgericht, in dessen Bezirk die für die Einziehung oder Befriedigung des Anspruchs zuständige Kasse ihren Sitz hat, **anfechtbar**.[5] Für die Überprüfung der Fahrtkosten nach Abs. 2 gelten nach einer Ansicht wie bei Abs. 1 die §§ 23–30 EGGVG,[6] nach aA[7] findet hier die Regelung des § 4 JVEG Anwendung. 3

II. Tage- und Übernachtungsgelder (Abs. 1)

Nach Abs. 1 erhalten Handelsrichter, die weder ihren Wohnsitz noch ihre gewerbliche Niederlassung am Sitz der Kammer für Handelssachen haben, Tage- und Übernachtungsgelder nach den für Richter am Landgericht geltenden Vorschriften. Entscheidend für den Wohnsitz, Niederlassung oder Sitz ist hierbei die politische Gemeinde, wobei für die Niederlassung jedwede Art, somit auch eine Zweigniederlassung, ausreichend ist.[8] Der Höhe nach bestimmt sich die Vergütung nach den für Richter am Landgericht maßgeblichen Vorschriften. Richter am Landgericht sind in der Besoldungsgruppe R1 eingruppiert, wobei die konkrete Ausgestaltung dem Landesrecht unterliegt. Daher verweist Abs. 1 für die Tage- und Übernachtungsgelder letztlich auf die jeweiligen landesrechtlichen Reisekostenvorschriften für Richter am Landgericht (Landesreisekostengesetze). Diese verweisen, sofern keine eigenständigen landesrechtlichen Vorschriften bestehen, wiederum auf das JVEG (§ 5 JVEG) oder auf das EStG (vgl hierzu nur § 6 Abs. 1 JVEG iVm § 4 Abs. 5 Nr. 5 S. 1 EStG) oder hinsichtlich des Übernachtungsgeldes auf das Bundesreisekostengesetz[9] (vgl hierzu § 6 Abs. 2 JVEG). 4

Zur Anfechtung der Entscheidung über die zu bewilligenden Tage- und Übernachtungsgelder → Rn 3. 5

---

1 MüKo-ZPO/*Zimmermann*, § 107 GVG Rn 1. **2** *Hartmann*, KostG, § 107 GVG Rn 4. **3** OLG Celle Rpfleger 1975, 39. Der Regelung ablehnend gegenüberstehend etwa *F. Scholz*, DRiZ 1976, 239. **4** *Hartmann*, KostG, § 107 GVG Rn 2; Binz/Dörndorfer/*Binz*, § 107 GVG Rn 2. **5** *Hartmann*, KostG, § 107 GVG Rn 3; aA Binz/Dörndorfer/*Binz*, § 107 GVG Rn 2, Antrag nach §§ 23–30 EGGVG beim OLG, § 25 EGGVG. **6** So wohl Binz/Dörndorfer/*Binz*, § 107 GVG Rn 2. **7** MüKo-ZPO/*Zimmermann*, § 107 GVG Rn 2. **8** Binz/Dörndorfer/*Binz*, § 107 GVG Rn 4. **9** Vom 26.5.2005 (BGBl. I 1418).

III. Fahrtkosten (Abs. 2)

6 Nach Abs. 2 erhalten die Handelsrichter Fahrtkosten nach § 5 JVEG ersetzt (s. dort). Besonderheiten im Vergleich zu den übrigen ehrenamtlichen Richtern bestehen nicht. Zur Anfechtung der Entscheidung über die zu ersetzenden Fahrtkosten → Rn 3.

IV. Gerichtskostenansatz

7 Die Fahrtkosten der Handelsrichter sind in entsprechender Anwendung von Abs. 1 der Anm. zu Nr. 9005 KV GKG nicht nach Nr. 9006 Nr. 1 KV GKG als Auslagen im Rahmen des Gerichtskostenansatzes vom Kostenschuldner zu erheben (→ GKG Nr. 9006 KV Rn 7).

Gesetz über Kosten der Gerichtsvollzieher (Gerichtsvollzieherkostengesetz – GvKostG)

Vom 19. April 2001 (BGBl. I 623)[1] (BGBl. III 362-2)
zuletzt geändert durch Art. 6 des 2. Kostenrechtsmodernisierungsgesetzes
vom 23. Juli 2013 (BGBl. I 2586, 2677)

Vorbemerkung zu §§ 1 ff

I. GvKostG

1. Stellung des Gerichtsvollziehers und Entwicklungen im GvKostG. Im Rahmen des gerichtlichen Gefüges **1** nimmt der **Gerichtsvollzieher** eine Sonderstellung ein. Er ist in erster Linie **Vollstreckungsorgan**, aber auch **Kostenbeamter**, der für seine Tätigkeit Kosten (Gebühren und Auslagen, § 1 Abs. 1) für die Landeskasse (Nr. 1 DB-GvKostG) erhebt. Die Gerichtsvollzieher berechnen Kosten nach dem „Gesetz über Kosten der Gerichtsvollzieher (Gerichtsvollzieherkostengesetz – GvKostG)". Um die Anwendung des Justizkostenrechts so weit wie möglich zu vereinfachen, sollen die Kostengesetze in ihrem Aufbau einander weitgehend angeglichen werden. Der Aufbau des GvKostG ist deshalb eng an den des Gerichtskostengesetzes (GKG) angelehnt. Das Kostenrecht der Gerichtsvollzieher wurde daher durch das „Gesetz zur Neuordnung des Gerichtsvollzieherkostenrechts (GvKostRNeuOG)" vom 19.4.2001[1] völlig neugefasst. Dieses Gesetz warf in der praktischen Arbeit viele streitige Fragen auf, die in der Rechtsprechung kontrovers beantwortet wurden, und bedurfte daher alsbald der Korrektur.[2] Auch das „Gesetz zur Reform der Sachaufklärung in der Zwangsvollstreckung" vom 29.7.2009[3] hat die Arbeit mit dem GvKostG nicht vereinfacht. Es zeigt sich die Schwierigkeit, neues Verfahrensrecht auf altes Kostenrecht „aufzupropfen", was dazu führt, dass das Kostenrecht (Folgerecht) unübersichtlicher ist als das Verfahrensrecht. Insbesondere bei Anzahl und Inhalt der Aufträge ergeben sich erhebliche Probleme.

2. Aufbau des GvKostG. Das GvKostG beinhaltet in einem **Paragrafenteil** zunächst in fünf Abschnitten **2** einen Allgemeinen Teil. Diese allgemeinen Bestimmungen der §§ 1–19 regeln grundsätzliche Tatsachen, zB den Begriff des Auftrags (§ 3), die Zuständigkeit für den Kostenansatz (§ 5 Abs. 1), die Rechtsmittelverfahren gegen den Kostenansatz (§ 5 Abs. 2 und 3), den Abgeltungsbereich der Gebühren (§ 10), den Kostenschuldner (§ 13) oder die Fälligkeit (§ 14), also Tatsachen, die für alle Gebühren- und Auslagentatbestände in gleicher Weise gelten.

Die Gebühren und Auslagentatbestände sind sodann in einem **Kostenverzeichnis** (KV GvKostG) geregelt, **3** das als Anlage zu § 9 beigefügt ist. Das Kostenverzeichnis ist in seinem Aufbau dem Kostenverzeichnis des GKG nachgebildet und enthält in sieben Abschnitten die einzelnen vom Gerichtsvollzieher zu erhebenden Beträge. Die **Abschnitte** teilen sich wie folgt auf:

1. Abschnitt:	Gebührentatbestände zur Zustellung	Nr. 100–102
2. Abschnitt:	Gebührentatbestände für Vollstreckungsmaßnahmen	Nr. 200–270
3. Abschnitt:	Gebührentatbestände zur Verwertung	Nr. 300–310
4. Abschnitt:	Gebührentatbestände für besondere Geschäfte	Nr. 400–440
5. Abschnitt:	Zeitzuschlag	Nr. 500
6. Abschnitt:	Gebühren für nicht erledigte Amtshandlungen	Nr. 600–604
7. Abschnitt:	Auslagen	Nr. 700–716

Die bei der Kostenberechnung zu beachtenden Besonderheiten sind entweder einem Abschnitt als **Vorbe-** **4** **merkungen** vorangestellt oder als **Anmerkung** zu einem einzelnen Gebühren- oder Auslagentatbestand diesem nachgestellt.

Das Kostenverzeichnis enthält ausschließlich **Festgebühren**. Die Gebühren haben also **Pauschcharakter**. Sie **5** gelten damit auch Vorbereitungsmaßnahmen und Nebentätigkeiten mit ab. Lediglich für die Gebühren für Siegelungen und Entsiegelungen, für die Aufnahme von Vermögensverzeichnissen sowie für Proteste und ähnliche Geschäfte wird auf die Bestimmungen des Gerichts- und Notarkostengesetzes (GNotKG) verwiesen (§ 12).

---

[1] Verkündet als Art. 1 des Gesetzes zur Neuordnung des Gerichtsvollzieherkostenrechts (GvKostRNeuOG) v. 19.4.2001 (BGBl. I 623); in Kraft getreten am 1.5.2001. [1] BGBl. 2001 I 623; in Kraft getreten am 1.5.2001. [2] Durch Gesetz zur Änderung des Rechts der Vertretung durch Rechtsanwälte vor den Oberlandesgerichten (OLG-Vertretungsänderungsgesetz – OLGVertrÄndG) v. 23.7.2002; in Kraft getreten am 1.8.2002. [3] BGBl. 2009 I 2258; in Kraft getreten am 1.1.2013.

6 Das GvKostG kennt – zur Vereinfachung der Kostenberechnung – nur noch zwei Gebührenformen: zum einen für die **erledigte Amtshandlung** (Abschnitte 1 bis 4 KV), zum anderen für die **nicht erledigte Amtshandlung** (Abschnitt 6 KV). Dabei ergibt sich aus dem Kostenverzeichnis nur die Art oder das Ergebnis der Erledigung.[4]

7 Rechtswirksame Änderungen des GvKostG ergaben sich in jüngerer Vergangenheit durch:

■ Art. 3 des Gesetzes über die Internetversteigerung in der Zwangsvollstreckung und zur Änderung anderer Gesetze v. 30.7.2009[5] (mWv 5.8.2009);

■ Art. 47 Abs. 3 des Gesetzes zur Reform des Verfahrens in Familiensachen und in den Angelegenheiten der freiwilligen Gerichtsbarkeit (FGG-Reformgesetz – FGG-RG) v. 17.12.2008[6] (mWv 1.9.2009);

■ Art. 3 Abs. 3 des Gesetzes zur Reform der Sachaufklärung in der Zwangsvollstreckung v. 29.7.2009[7] (mWv 1.1.2013);

■ Art. 7 des Gesetzes über die energetische Modernisierung von vermietetem Wohnraum und über die vereinfachte Durchsetzung von Räumungstiteln (Mietrechtsänderungsgesetz – MietRÄndG) v. 11.3.2013[8] (mWv 1.5.2013);

■ Art. 6 des Zweiten Gesetzes zur Modernisierung des Kostenrechts (2. Kostenrechtsmodernisierungsgesetz – 2. KostRMoG) v. 23.7.2013[9] (mWv 1.8.2013);[10]

■ Art. 11 des Gesetzes zur Einführung einer Rechtsbehelfsbelehrung im Zivilprozess und zur Änderung anderer Vorschriften v. 5.12.2012[11] (mWv 1.1.2014).

II. DB-GvKostG

8 Ergänzt wird das GvKostG durch die „**Durchführungsbestimmungen zum Gerichtsvollzieherkostengesetz (DB-GvKostG)**". Die DB-GvKostG beinhalten Bestimmungen, die das GvKostG – und zwar sowohl die Vorschriften des Paragrafenteils als auch das Kostenverzeichnis – kommentieren, Auslegungsschwierigkeiten beseitigen oder aber auch im GvKostG nicht enthaltene, ergänzende Regelungen treffen. Es handelt sich um Durchführungsbestimmungen der Länder,[12] die jedoch bundeseinheitlich beschlossen werden, aber in einzelnen Bestimmungen voneinander abweichen können. Somit sind die DB-GvKostG **landesrechtliche Verwaltungsbestimmungen**, die für Gerichtsvollzieher, Dienstaufsicht und Bezirksrevisor **bindend** sind.[13] Für die Gerichte sind sie **nicht bindend**, können aber als ergänzende Durchführungsbestimmungen zur Auslegung des GvKostG herangezogen werden und zeigen auf, was der Gesetzgeber bei der Fassung der Bestimmungen des GvKostG zum Ausdruck bringen wollte.[14]

9 **Hinweis:** Die Vorschriften der DB-GvKostG sind nachfolgend bei der jeweiligen GvKostG-Norm abgedruckt. Dem **Abdruck der DB-GvKostG** liegt die Fassung von Nordrhein-Westfalen zugrunde: AV d. JM vom 25.5.2001 (5653 - I B. 7), JMBl. NRW S. 149, zul. geänd. d. AV d. JM vom 20.12.2013 (5653 - Z. 7), JMBl. NRW 2014 S. 12; in Kraft getreten am **1.1.2014**.

Abschnitt 1
Allgemeine Vorschriften

§ 1 Geltungsbereich

(1) Für die Tätigkeit des Gerichtsvollziehers, für die er nach Bundes- oder Landesrecht sachlich zuständig ist, werden Kosten (Gebühren und Auslagen) nur nach diesem Gesetz erhoben.

(2) Landesrechtliche Vorschriften über die Kosten der Vollstreckung im Verwaltungszwangsverfahren bleiben unberührt.

DB-GvKostG (Zu § 1) Nr. 1
Die Gerichtsvollzieherkosten (GV-Kosten) werden für die Landeskasse erhoben.

1 Für die Tätigkeit des Gerichtsvollziehers, für die er nach Bundes- oder Landesrecht zuständig ist, werden Kosten erhoben. Eine bundeseinheitliche allgemeine Regelung der Zuständigkeit des Gerichtsvollziehers

---

4 BT-Drucks 14/3432, S. 29. **5** BGBl. 2009 I 2474, 2475. **6** BGBl. 2008 I 2586, 2715. **7** BGBl. 2009 I 2258, 2268. **8** BGBl. 2013 I 434, 439. **9** BGBl. 2013 I 2586, 2677. **10** Zu den strukturellen Änderungen des GvKostG und den Gebührenerhöhungen durch das 2. KostRMoG s. die Ausführungen in der Vorauflage (1. Aufl. 2014), Vor §§ 11 ff Rn 9 ff. **11** BGBl. 2012 I 2418, 2423. **12** Vgl zB in Nordrhein-Westfalen: AV d. JM v. 25.5.2001 (5653 - I B. 7), JMBl. NRW S. 149, zul. geänd. d. AV d. JM v. 20.12.2013 (5653 - Z. 7), JMBl. NRW 2014 S. 12. **13** *Köhler*, DGVZ 1981, 177. **14** LG Frankenthal DGVZ 2004, 187; BayVGH DGVZ 2004, 25; LG Koblenz DGVZ 1982, 76; LG Wiesbaden NJW 1961, 2025; *Hartmann*, KostG, Grdz. vor § 1 GvKostG Rn 12.

gibt es nicht. Abgesehen von der Tätigkeit des Gerichtsvollziehers im Rahmen der Zwangsvollstreckung, die sich aus § 753 ZPO ergibt, wurde vielfach von der Ermächtigung des § 154 GVG durch die Landesjustizverwaltungen Gebrauch gemacht und die Zuständigkeit der Gerichtsvollzieher für weitere Tätigkeiten auf Landesebene geregelt.

Wird der Gerichtsvollzieher nicht als solcher tätig, wie zB bei einer Bestellung zum **Sequester** (§ 154 Abs. 1 GVGA), findet das GvKostG keine Anwendung.[1] Soweit der Gerichtsvollzieher bei einer Tätigkeit als Sequester auch als Vollstreckungsorgan tätig wird (§ 154 Abs. 2 GVGA), gilt wiederum das GvKostG. 2

Der Begriff „Kosten" ist in **Abs. 1** gesetzlich definiert und umfasst **Gebühren** und **Auslagen**. Die Definition ist in allen Justizkostengesetzen einheitlich (vgl § 1 Abs. 1 S. 1 GKG, § 1 Abs. 1 S. 1 FamGKG, § 1 Abs. 1 S. 1 GNotKG). 3

Die Gerichtsvollzieherkosten werden für die **Landeskasse** erhoben (Nr. 1 DB-GvKostG). Gerichtsvollzieher sind keine „Gebührenbeamten",[2] insb. sind also auch die Auslagen, die dem Gerichtsvollzieher zur Abgeltung seiner baren Auslagen überlassen werden (§ 7 Abs. 2 GVO), zunächst für das Land zu erheben.[3] Das GvKostG regelt ausschließlich die Rechtsbeziehungen zwischen dem **jeweiligen Kostenschuldner und der Staatskasse**, nicht jedoch zum Gerichtsvollzieher.[4] 4

§ 2 Kostenfreiheit

(1) [1]Von der Zahlung der Kosten sind befreit der Bund, die Länder und die nach dem Haushaltsplan des Bundes oder eines Landes für Rechnung des Bundes oder eines Landes verwalteten öffentlichen Körperschaften oder Anstalten, bei einer Zwangsvollstreckung nach § 885 der Zivilprozessordnung wegen der Auslagen jedoch nur, soweit diese einen Betrag von 5.000 Euro nicht übersteigen. [2]Bei der Vollstreckung wegen öffentlich-rechtlicher Geldforderungen ist maßgebend, wer ohne Berücksichtigung des § 252 der Abgabenordnung oder entsprechender Vorschriften Gläubiger der Forderung ist.

(2) [1]Bei der Durchführung des Zwölften Buches Sozialgesetzbuch sind die Träger der Sozialhilfe, bei der Durchführung des Zweiten Buches Sozialgesetzbuch die nach diesem Buch zuständigen Träger der Leistungen, bei der Durchführung des Achten Buches Sozialgesetzbuch die Träger der öffentlichen Jugendhilfe und bei der Durchführung der ihnen obliegenden Aufgaben nach dem Bundesversorgungsgesetz die Träger der Kriegsopferfürsorge von den Gebühren befreit. [2]Sonstige Vorschriften, die eine sachliche oder persönliche Befreiung von Kosten gewähren, gelten für Gerichtsvollzieherkosten nur insoweit, als sie ausdrücklich auch diese Kosten umfassen.

(3) Landesrechtliche Vorschriften, die in weiteren Fällen eine sachliche oder persönliche Befreiung von Gerichtsvollzieherkosten gewähren, bleiben unberührt.

(4) Die Befreiung von der Zahlung der Kosten oder der Gebühren steht der Entnahme der Kosten aus dem Erlös (§ 15) nicht entgegen.

DB-GvKostG (Zu § 2): keine Regelung

I. Anwendungsbereich

Das Gerichtsvollzieherkostenrecht kennt nur Fälle einer sachlichen Kosten- oder Gebührenbefreiung. Es **entsteht** zwar grds. ein Kosten- oder Gebührenanspruch, doch können entstandene Kosten bzw Gebühren von einzelnen Personen, Personengruppen und Institutionen nicht erhoben werden.[1] Im Bereich des Gerichtsvollzieherkostenrechts gilt dies jedoch nur, soweit ein Kosten- bzw Gebührenbefreiter als **Antragsteller/Gläubiger** haftet. Als **Vollstreckungsschuldner** und Verpflichteter haftet auch der Kosten- bzw Gebührenbefreite nach § 13 Abs. 1 Nr. 2 und 3 für die nach dem GvKostG entstandenen Kosten im Rahmen des § 788 ZPO.[2] 1

II. Kostenbefreiung (Abs. 1)

1. **Bund/Länder.** Kostenbefreit sind der Bund, die Länder sowie die dem Bund und den Ländern nachgeordneten Mittel- und Unterbehörden (Abs. 1 S. 1). 2

---

1 OLG Bremen JurBüro 1999, 327. **2** BGH DGVZ 2001, 75; OLG Hamm DGVZ 1994, 27; LG Frankfurt DGVZ 1993, 74; LG Wiesbaden DGVZ 1991, 59; OVG Berlin DGVZ 1981, 138. **3** OLG Köln NJW 1988, 503. **4** OLG Köln NJW 1988, 503; BVerwG DGVZ 1982, 151. **1** LG Köln DGVZ 1990, 159. **2** AG Hannover MDR 1963, 146; aA *Winterstein/Richter/Zuhn,* GvKostR, § 2 Rn 6.

3 **2. Öffentliche Anstalten und Körperschaften.** Ebenfalls kostenbefreit sind die nach den Haushaltsplänen des Bundes oder eines Landes für Rechnung des Bundes oder eines Landes verwalteten öffentlichen Anstalten und Körperschaften (Abs. 1 S. 1). Es handelt sich um Einrichtungen mit eigener Rechtspersönlichkeit, die unmittelbar der Erfüllung öffentlicher Aufgaben des Bundes oder eines Landes dienen. Von der Zahlung der Kosten sind nur solche öffentlichen Anstalten befreit, deren Einnahmen und Ausgaben in den Haushaltsplan des Bundes oder eines Landes aufzunehmen sind.[3] Nicht ausreichend ist, dass die wirtschaftlichen Ergebnisse der öffentlichen Anstalt oder Körperschaft irgendwie im Haushalt erscheinen oder dass aus dem Bundes- oder Landeshaushalt Zuschüsse gezahlt werden.[4]

4 **3. Räumungsvollstreckung.** Die Kostenbefreiung für Bund, Länder und die nach den Haushaltsplänen des Bundes oder eines Landes für Rechnung des Bundes oder eines Landes verwalteten öffentlichen Anstalten oder Körperschaften erfährt bei der Vollstreckung nach § 885 ZPO eine Einschränkung. Hinsichtlich der Auslagen besteht keine Befreiung, soweit die Auslagen 5.000 € übersteigen (Abs. 1 S. 1 aE). Übersteigen die Auslagen diesen Betrag, besteht für die übersteigenden Beträge eine Zahlungsverpflichtung.

5 **4. Vollstreckung wegen öffentlich-rechtlicher Forderungen.** Bei der Vollstreckung öffentlich-rechtlicher Forderungen von Sozialversicherungsträgern, Berufsgenossenschaften usw, die nicht kostenbefreit sind, tritt die Kostenbefreiung nicht dadurch ein, dass sich die Gläubiger zur Vollstreckung zB einer Bundesbehörde bedienen (vgl Abs. 1 S. 2). Maßgebend ist, ob dem im Vollstreckungstitel bezeichneten Gläubiger Kostenfreiheit zusteht.[5] Umgekehrt bedeutet dies jedoch auch, dass die durch einen zB nur Gebührenbefreiten für eine kostenbefreite Partei durchgeführte Vollstreckung der Kostenbefreiung unterliegt.[6]

III. Gebührenbefreiung (Abs. 2)

6 **1. Gebührenfreiheit.** Von den Gebühren für Tätigkeiten des Gerichtsvollziehers, die infolge bestimmter Tätigkeiten nach den Sozialgesetzbüchern erfolgen, sind die insoweit **zuständigen Träger** befreit (vgl Abs. 2 S. 1). Die Befreiung bezieht sich allein auf die Gebühren. Auslagen nach dem 7. Abschnitt des Kostenverzeichnisses sind daher zu erheben.[7]

7 **2. Sonstige Kostenbefreiungen.** Kostenbefreiungsvorschriften anderer Gesetze können für die Kostenberechnung der Gerichtsvollzieher nicht herangezogen werden (Abs. 2 S. 2). Eine Kostenfreiheit gilt bezüglich der Gerichtsvollziehertätigkeit nur dann, wenn dies ausdrücklich festgelegt worden ist.[8]

IV. Landesrecht (Abs. 3)

8 Abs. 3 verweist auf die landesrechtlichen Bestimmungen, die eine Kosten- oder Gebührenbefreiung für Gerichtsvollzieher enthalten. Landesrechtliche Bestimmungen erstrecken sich nur auf das Land, für welches sie erlassen sind. Eine Gebietskörperschaft – wie eben ein Land – kann Kostenregelungen allenfalls für die von ihr unterhaltenen Einrichtungen treffen. Ein Landesgesetz gilt nur in dem Bereich, in welchem dem Bundesland die Gesetzgebungskompetenz zusteht.[9]

V. Wirtschaftliche Unternehmen

9 Weder von den Kosten noch den Gebühren befreit sind wirtschaftliche Unternehmen des Bundes, der Länder, Kreise, Städte und Gemeinden. „Wirtschaftliches Unternehmen" wird **definiert** als eine Einrichtung, die aus der allgemeinen Verwaltung ausgegliedert ist und in bestimmtem Rahmen eine eigene Verwaltung und Wirtschaftsführung erfordert. Wirtschaftliche Unternehmen von Körperschaften des öffentlichen Rechts sind damit solche Einrichtungen, die auch von einem privaten Unternehmer mit der Absicht der Erzielung dauernder Einnahmen betrieben werden könnten.[10] In Betracht kommen u.a. Einrichtungen, die – einem privaten Wirtschaftsunternehmen vergleichbar – als selbständige Rechtspersönlichkeiten des bürgerlichen Rechts, zB als GmbH oder AG, oder nach den Bestimmungen des Haushaltsrechts als Eigenbetriebe geführt werden.[11] Dies gilt selbst dann, wenn dieses Wirtschaftsunternehmen ausschließlich im Eigentum des Bundes oder eines Landes steht.[12] Unerheblich ist, ob ein solches Unternehmen auf Gewinnerzielung gerichtet ist oder nicht, da allein auf die betriebswirtschaftliche Selbstständigkeit abzustellen ist.[13] Es wird jedoch auch die Ansicht vertreten, dass kein wirtschaftliches Unternehmen vorliegt, wenn keine Gewinnerzielung

---

3 BGH DGVZ 1997, 87; BGH MDR 1978, 1016; BGH WM 1956, 195. **4** BGH DGVZ 2009, 116; KG JurBüro 1997, 149; KG JurBüro 1996, 42; BGH Rpfleger 1956, 97. **5** AG Mönchengladbach-Rheydt DGVZ 2003, 159. **6** LG Osnabrück DGVZ 2007, 40; AG Meppen DGVZ 2007, 40; LG Leipzig DGVZ 2005, 27. **7** LG Mönchengladbach JurBüro 2009, 657. **8** AG Wittenberg DGVZ 2009, 19. **9** AG Bonn DGVZ 2007, 95, LG Ulm DGVZ 2005, 28; BGH NJW-RR 1998, 1222. **10** OLG Celle JurBüro 2015, 201. **11** OLG Köln NVwZ-RR 1998, 469. **12** BGH Rpfleger 1982, 81. **13** OLG Hamm DGVZ 2009, 18; BGH Rpfleger 1982, 81; Schröder-Kay/*Gerlach*, § 2 GvKostG Rn 15.

verfolgt wird.[14] Diese Ansicht überzeugt nicht, da bei einer Führung als wirtschaftliches Unternehmen auf eine eigenständige Verwaltung und Wirtschaftsführung und nicht auf den Gewinn abzustellen ist.[15]

VI. Entnahme von Kosten aus dem Erlös (Abs. 4)

Die einem Gläubiger zustehende Kostenbefreiung steht der Entnahme der Kosten aus einem Erlös (§ 15) nicht entgegen. Die Entnahme aus dem Erlös ist nach Abs. 4 bei Kosten- oder Gebührenbefreiung ausdrücklich zugelassen. Der Gerichtsvollzieher ist demnach berechtigt, die bei der Zwangsvollstreckung entstandenen Kosten vorweg dem Vollstreckungserlös oder einer Zahlung zu entnehmen.   10

VII. Zweifelsfragen

Die Befreiungen von Kosten oder Gebühren sind zahlreich und unübersichtlich. Auch ergeben sich Zweifelsfragen, wenn zB das **Hauptzollamt** als Unterbehörde des Bundes kostenbefreit ist (§ 2 Abs. 1 S. 1), während es bei Vollstreckungen für Dritte nicht befreit ist (§ 2 Abs. 1 S. 2).[16] Ebenso sind bestimmte Institutionen selbst nicht kostenbefreit (zB Bau- und Liegenschaftsbetrieb NRW);[17] treten sie jedoch wiederum als Vertreter eines kostenbefreiten Landes auf, besteht Kostenfreiheit (§ 2 Abs. 1 S. 2).[18] Oft wird eine Befreiung angenommen, die zB in einem anderen Bundesland nicht gegeben ist, oder eine Befreiung vorgetragen, die für Gerichtsvollzieherkosten nicht gilt. In derartigen Fällen sollte der Bezirksrevisor beteiligt werden.[19]   11

§ 3 Auftrag

(1) [1]Ein Auftrag umfasst alle Amtshandlungen, die zu seiner Durchführung erforderlich sind; einem Vollstreckungsauftrag können mehrere Vollstreckungstitel zugrunde liegen. [2]Werden bei der Durchführung eines Auftrags mehrere Amtshandlungen durch verschiedene Gerichtsvollzieher erledigt, die ihren Amtssitz in verschiedenen Amtsgerichtsbezirken haben, gilt die Tätigkeit jedes Gerichtsvollziehers als Durchführung eines besonderen Auftrags. [3]Jeweils verschiedene Aufträge sind die Zustellung auf Betreiben der Parteien, die Vollstreckung einschließlich der Verwertung und besondere Geschäfte nach Abschnitt 4 des Kostenverzeichnisses, soweit sie nicht Nebengeschäft sind. [4]Die Vollziehung eines Haftbefehls ist ein besonderer Auftrag.

(2) [1]Es handelt sich jedoch um denselben Auftrag, wenn der Gerichtsvollzieher gleichzeitig beauftragt wird,

1. einen oder mehrere Vollstreckungstitel zuzustellen und hieraus gegen den Zustellungsempfänger zu vollstrecken,

2. mehrere Zustellungen an denselben Zustellungsempfänger oder an Gesamtschuldner zu bewirken oder

3. mehrere Vollstreckungshandlungen gegen denselben Vollstreckungsschuldner oder Verpflichteten (Schuldner) oder Vollstreckungshandlungen gegen Gesamtschuldner auszuführen; der Gerichtsvollzieher gilt als gleichzeitig beauftragt, wenn der Auftrag zur Abnahme der Vermögensauskunft mit einem Vollstreckungsauftrag verbunden ist (§ 807 Abs. 1 der Zivilprozessordnung), es sei denn, der Gerichtsvollzieher nimmt die Vermögensauskunft nur deshalb nicht ab, weil der Schuldner nicht anwesend ist.

[2]Bei allen Amtshandlungen nach § 845 Abs. 1 der Zivilprozessordnung handelt es sich um denselben Auftrag. [3]Absatz 1 Satz 2 bleibt unberührt.

(3) [1]Ein Auftrag ist erteilt, wenn er dem Gerichtsvollzieher oder der Geschäftsstelle des Gerichts, deren Vermittlung oder Mitwirkung in Anspruch genommen wird, zugegangen ist. [2]Wird der Auftrag zur Abnahme der Vermögensauskunft mit einem Vollstreckungsauftrag verbunden (§ 807 Abs. 1 der Zivilprozessordnung), gilt der Auftrag zur Abnahme der Vermögensauskunft als erteilt, sobald die Voraussetzungen nach § 807 Abs. 1 der Zivilprozessordnung vorliegen.

(4) [1]Ein Auftrag gilt als durchgeführt, wenn er zurückgenommen worden ist oder seiner Durchführung oder weiteren Durchführung Hinderungsgründe entgegenstehen. [2]Dies gilt nicht, wenn der Auftraggeber zur Fortführung des Auftrags eine richterliche Anordnung nach § 758 a der Zivilprozessordnung beibringen muss und diese Anordnung dem Gerichtsvollzieher innerhalb eines Zeitraumes von drei Monaten zugeht, der mit dem ersten Tag des auf die Absendung einer entsprechenden Anforderung an den Auftraggeber folgenden Kalendermonats beginnt. [3]Satz 2 ist entsprechend anzuwenden, wenn der Schuldner zu dem Termin zur Abnahme der Vermögensauskunft nicht erscheint oder die Abgabe der Vermögensauskunft ohne Grund verweigert und der Gläubiger innerhalb des in Satz 2 genannten Zeitraums einen Auftrag zur Vollziehung eines Haftbefehls erteilt. [4]Der Zurücknahme steht es gleich, wenn der Gerichtsvollzieher dem Auftraggeber

---

14 OLG Hamm JurBüro 2010, 542; OLG Celle JurBüro 2015, 201. **15** Schröder-Kay/*Gerlach*, § 2 GvKostG Rn 15. **16** Schröder-Kay/*Gerlach*, § 2 GvKostG Rn 18. **17** OLG Köln OLGR 2005, 90. **18** OLG Köln 12.7.2010 – 2 Wx 74/10. **19** Schröder-Kay/*Gerlach*, § 2 GvKostG Rn 36.

mitteilt, dass er den Auftrag als zurückgenommen betrachtet, weil damit zu rechnen ist, die Zwangsvollstreckung werde fruchtlos verlaufen, und wenn der Auftraggeber nicht bis zum Ablauf des auf die Absendung der Mitteilung folgenden Kalendermonats widerspricht. [5]Der Zurücknahme steht es auch gleich, wenn im Falle des § 4 Abs. 1 Satz 1 und 2 der geforderte Vorschuss nicht bis zum Ablauf des auf die Absendung der Vorschussanforderung folgenden Kalendermonats beim Gerichtsvollzieher eingegangen ist.

§ 3 Auftrag [Fassung gem. RegE EuKoPfVODG, BT-Drucks 18/7560][1]

(1) (unverändert)

(2) [1]*Es handelt sich jedoch um denselben Auftrag, wenn der Gerichtsvollzieher gleichzeitig beauftragt wird,*

1. (unverändert)
2. (unverändert)
3. *mehrere Vollstreckungshandlungen gegen denselben Vollstreckungsschuldner oder Verpflichteten (Schuldner) oder Vollstreckungshandlungen gegen Gesamtschuldner auszuführen.*

[2]*Der Gerichtsvollzieher gilt auch dann als gleichzeitig beauftragt, wenn*

1. *der Auftrag zur Abnahme der Vermögensauskunft mit einem Vollstreckungsauftrag verbunden ist (§ 807 Absatz 1 der Zivilprozessordnung), es sei denn, der Gerichtsvollzieher nimmt die Vermögensauskunft nur deshalb nicht ab, weil der Schuldner nicht anwesend ist, oder*
2. *der Auftrag, eine gütliche Einigung der Sache zu versuchen, in der Weise mit einem Auftrag auf Vornahme einer Amtshandlung nach § 802 a Absatz 2 Satz 1 Nummer 2 oder Nummer 4 der Zivilprozessordnung verbunden ist, dass diese Amtshandlung nur im Fall des Scheiterns des Versuchs der gütlichen Einigung vorgenommen werden soll.*

[3]*Bei allen Amtshandlungen nach § 845 Abs. 1 der Zivilprozessordnung handelt es sich um denselben Auftrag.* [4]*Absatz 1 Satz 2 bleibt unberührt.*

(3) (unverändert)

(4) (unverändert)

DB-GvKostG (Zu § 3) Nr. 2

(1) Gibt die Gerichtsvollzieherin oder der Gerichtsvollzieher einen unvollständigen oder fehlerhaften Auftrag zurück, so ist der Auftraggeber darauf hinzuweisen, dass der Auftrag als abgelehnt zu betrachten ist, wenn er nicht bis zum Ablauf des auf die Rücksendung folgenden Monats ergänzt oder berichtigt zurückgereicht wird. Wird der Mangel innerhalb der Frist behoben, so liegt kostenrechtlich kein neuer Auftrag vor. Die Sätze 1 und 2 gelten nicht, wenn der Auftrag zurückgegeben wird, weil die Anschrift des Schuldners unzutreffend und die zutreffende Anschrift der Gerichtsvollzieherin oder dem Gerichtsvollzieher nicht bekannt ist und auch nicht ermittelt werden konnte.

(2) Bei bedingt erteilten Aufträgen gilt der Auftrag mit Eintritt der Bedingung als erteilt. § 3 Abs. 2 Nr. 3 GvKostG bleibt unberührt.

(3) Es handelt sich grundsätzlich um denselben Auftrag, wenn die Gerichtsvollzieherin oder der Gerichtsvollzieher gleichzeitig beauftragt wird, einen oder mehrere Vollstreckungstitel zuzustellen, aufgrund der Titel Vollstreckungshandlungen gegen den Schuldner auszuführen und beim Vorliegen der Voraussetzungen nach § 807 Abs. 1 ZPO die Vermögensauskunft abzunehmen.

(4) Verbindet der Gläubiger den Vollstreckungsauftrag mit dem Auftrag zur Abnahme der Vermögensauskunft (§ 807 Abs. 1 ZPO), so liegt kostenrechtlich derselbe Auftrag auch dann vor, wenn der Schuldner der sofortigen Abnahme der Vermögensauskunft widerspricht. Scheitert die sofortige Abnahme nur deshalb, weil der Schuldner abwesend ist, handelt es sich um zwei Aufträge.

(5) Bei der Zustellung eines Pfändungs- und Überweisungsbeschlusses an mehrere Drittschuldner handelt es sich um mehrere Aufträge. Die Zustellungen an Schuldner und Drittschuldner sind ein Auftrag.

(6) Mehrere Aufträge liegen vor, wenn der Auftraggeber lediglich als Vertreter (z.B. als Inkassounternehmen, Hauptzollamt, Rechtsanwältin oder Rechtsanwalt) für mehrere Gläubiger tätig wird; maßgebend ist die Zahl der Gläubiger. Es handelt sich jedoch um denselben Auftrag, wenn mehrere Gläubiger, denen die Forderung gemeinschaftlich zusteht (z.B. Gesamtgläubiger – § 428 BGB –, Mitgläubiger – § 432 BGB –, Gesamthandsgemeinschaften) auf Grund eines gemeinschaftlich erwirkten Titels die Vollstreckung oder die Zustellung des Titels beantragen.

---

1 *Kursive Hervorhebung:* Geplante Änderungen durch Art. 12 Nr. 1 des „Entwurfs eines Gesetzes zur Durchführung der Verordnung (EU) Nr. 655/2014 sowie zur Änderung sonstiger zivilprozessualer Vorschriften (EuKoPfVODG)", RegE, BT-Drucks 18/7560, S. 20. Geplantes Inkrafttreten dieser Änderung: am Tag nach der Verkündung. – Siehe dazu näher Rn 16, 23.

(7) Nebengeschäfte im Sinne des § 3 Abs. 1 Satz 3 GvKostG sind insbesondere

a) *die Entgegennahme einer Zahlung im Zusammenhang mit einem Vollstreckungsauftrag oder einem sonstigen selbständigen Auftrag; dies gilt auch dann, wenn im Zeitpunkt der Entgegennahme der Zahlung das Hauptgeschäft bereits abschließend erledigt ist,*

b) *die Einholung von Auskünften bei einer der in den §§ 755, 802 l ZPO genannten Stellen,*

c) *das Verfahren zur gütlichen Erledigung der Sache (§ 802 b ZPO), es sei denn, der Gerichtsvollzieher wurde isoliert mit dem Versuch der gütlichen Erledigung der Sache beauftragt (§ 802 a Abs. 2 Satz 2 ZPO).*

(8) Stellt die Gerichtsvollzieherin oder der Gerichtsvollzieher fest, dass der Schuldner in einen anderen Amtsgerichtsbezirk verzogen ist, sind die bis zum Zeitpunkt der Auftragsabgabe fällig gewordenen Gebühren und Auslagen anzusetzen. Ist der Schuldner innerhalb des Amtsgerichtsbezirks verzogen, sind die entstandenen Gebühren und Auslagen der übernehmenden Gerichtsvollzieherin oder dem übernehmenden Gerichtsvollzieher zum Zweck des späteren Kostenansatzes (§ 5 Abs. 1 Satz 1 GvKostG) mitzuteilen. Satz 3 der Vorbemerkung zum 6. Abschnitt des Kostenverzeichnisses bleibt unberührt. Hat die abgebende Gerichtsvollzieherin oder der abgebende Gerichtsvollzieher einen Vorschuss gemäß § 4 GvKostG erhoben, sind die durch Abrechnung des Vorschusses bereits eingezogenen Gebühren und Auslagen der übernehmenden Gerichtsvollzieherin oder dem übernehmenden Gerichtsvollzieher mitzuteilen.

I. Auftrag

1. Grundlegendes. Da die Kosten des Gerichtsvollziehers sich am erteilten Auftrag orientieren, ist § 3, der **1** den Auftrag regelt, eine Kernvorschrift des Gerichtsvollzieherkostenrechts. Es wird unterschieden zwischen der „Durchführung" des Auftrags (vgl Abs. 3 und § 14) und der „Erledigung" der Amtshandlung (vgl Abs. 1 S. 2).

Durch das Gesetz zur Reform der Sachaufklärung in der Zwangsvollstreckung vom 29.7.2009[2] wurde der **2** Begriff „eidesstattliche Versicherung" durch „Vermögensauskunft" ersetzt. Es handelt sich um reine Folgeänderungen;[3] rechtliche Änderungen oder Neuregelungen im Rahmen des Auftrags sind damit nicht verbunden.[4] Gerade dies führt jedoch bei nach der Sachaufklärungsreform gestellten Anträgen (in Kraft getreten am 1.1.2013) nach wie vor zu Schwierigkeiten bei der Frage, ob ein Auftrag oder mehrere Aufträge vorliegen, da die neuen Auftragsmöglichkeiten nicht ohne Probleme in die Systematik des § 3 eingepasst werden können.

2. Amtshandlung. Abs. 1 stellt klar, dass der einem Gerichtsvollzieher erteilte Auftrag auf Erledigung einer, **3** aber auch mehrerer Amtshandlungen gerichtet sein kann. Dies bedeutet, dass nicht die einzelne Amtshandlung (Zustellung, Vollstreckung, Verwertung usw) den Auftrag bestimmt, sondern dass die Gesamtheit der notwendigen Amtshandlungen für den Auftrag maßgebend ist.

---

2 BGBl. 2009 I 2258. **3** BT-Drucks 16/10069, S. 48. **4** Vgl BT-Drucks 16/10069, S. 48.

4 **3. Mehrere Gerichtsvollzieher.** Werden bei der Durchführung eines Auftrags Gerichtsvollzieher aus **verschiedenen Amtsgerichtsbezirken** tätig (zB Vollstreckung gegen Gesamtschuldner mit Wohnsitz in verschiedenen Amtsgerichtsbezirken), wird die Durchführung des Auftrags bei jedem Gerichtsvollzieher kostenrechtlich als besonderer Auftrag behandelt (**Abs. 1 S. 2**).

5 Die Tätigkeit mehrerer Gerichtsvollzieher **desselben Amtsgerichtsbezirks** erfolgt im Rahmen desselben Auftrags.

6 Die Kostenberechnung bei einer Tätigkeit mehrerer Gerichtsvollzieher in demselben Amtsgerichtsbezirk führt im Rahmen der **Ermittlungen nach § 755 ZPO** zu Problemen. Wenn mehrere Gerichtsvollzieher eines Amtsgerichtsbezirks tätig werden, muss einheitlich so abgerechnet werden, als ob nur ein Gerichtsvollzieher tätig geworden wäre. Nach § 5 Abs. 1 S. 1 ist für die Kostenerhebung derjenige Gerichtsvollzieher zuständig, der als Letzter mit der Sache befasst wird. Somit darf der zunächst beauftragte Gerichtsvollzieher Kosten gem. § 5 Abs. 1 S. 1 nicht erheben. Dies gilt sowohl für die Gebühr Nr. 440 KV GvKostG und die Gebühr Nr. 604 KV GvKostG (s. auch Vorbem. 6 KV GvKostG sowie Nr. 2 Abs. 8 DB-GvKostG) als auch für die Auslagen nach Nr. 708 KV GvKostG.

7 Das kann aus Sicht des abgebenden Gerichtsvollziehers zu einem unbilligen und kaum nachvollziehbaren Ergebnis führen, wenn er Ermittlungen nach § 755 ZPO vorgenommen hat und hierfür weder Gebühren noch vorgelegte Auslagen (Nr. 708 KV GvKostG) ansetzen kann.[5] Im Grundsatz sollte davon ausgegangen werden, dass die Fälle der Bevorzugung und Benachteiligung sich langfristig ausgleichen.[6] Derartige Fallgestaltungen kamen auch früher bereits vor (zB Durchsuchungsverweigerung und Erledigung des Auftrags durch einen anderen Gerichtsvollzieher), jedoch nicht mit den kostenrechtlichen Folgen, wie sie heute eintreten, wenn dem ersten Gerichtsvollzieher hinsichtlich der Auskunftsanträge bereits erhebliche Auslagen entstanden sind (Nr. 708 KV GvKostG) und auch die Gebühren (Nr. 440 und Nr. 604 KV GvKostG) nicht erhoben werden können.

8 In der Literatur werden **zwei Lösungswege** in Betracht gezogen:[7]
- Lösungsweg 1: Die beteiligten Gerichtsvollzieher teilen sich die Kosten. – Eine derartige Teilung ist nach den geltenden Bestimmungen zwar nicht vorgeschrieben, aber auch nicht verboten oder nicht unmöglich. Der Gerichtsvollzieher, der den Auftrag endgültig erledigt, überweist dem zunächst tätigen Gerichtsvollzieher die bei diesem entstandenen Gebühren und Auslagen. Allerdings ergeben sich dabei jedoch bereits weitere Probleme, da dies ggf eine Aufteilung der nur einmal entstehenden Auslagenpauschale und des im Regelfall nur einmal entstehenden Wegegeldes erfordert.
- Lösungsweg 2: Der abgebende Gerichtsvollzieher erhebt einen Vorschuss. – Bei den Auslagen ist eine Verrechnung mit dem Vorschuss schon deshalb ohne weiteres möglich, weil Auslagen sofort nach ihrer Entstehung fällig werden (§ 14 S. 2). Eine Vorschusserhebung stellt auch noch keinen Kostenansatz dar, so dass auch § 5 Abs. 1 S. 1 der Erhebung nicht entgegensteht.[8] Eine Verrechnung mit bereits entstandenen Gebühren erscheint ebenfalls möglich, wenn dem übernehmenden Gerichtsvollzieher die Verrechnung für den bei ihm erfolgenden Kostenansatz mitgeteilt wird. Eine entsprechende Regelung in den DB-GvKostG wird derzeit erarbeitet. Die Erhebung eines Vorschusses dürfte dabei wegen des damit verbundenen Aufwands und der Verzögerung zu Beginn der Vollstreckung nicht zu einer Beschleunigung der Vollstreckung führen.

9 Eine Lösung dieser Problemkonstellation könnte nur durch eine Änderung des Abs. 1 S. 2 erreicht werden, indem die Tätigkeit jedes Gerichtsvollziehers auch dann als Durchführung eines besonderen Auftrags anzusehen ist, wenn die Gerichtsvollzieher ihren Amtssitz **im gleichen Amtsgerichtsbezirk** haben.[9] Dies würde bedeuten, dass Wegegeld und Auslagenpauschale gesondert entstehen. Ob die Zuständigkeit eines weiteren Gerichtsvollziehers in demselben Amtsgerichtsbezirk zu einer weiteren Belastung der Kostenschuldner führen darf, erscheint zweifelhaft. Bis zu einer Regelung wird von den Justizverwaltungen auf die mögliche Erhebung eines Vorschusses verwiesen.

10 **4. Mehrere Vollstreckungstitel.** Einem Vollstreckungsauftrag können mehrere Vollstreckungstitel zugrunde liegen (**Abs. 1 S. 1 Hs 2**). Dabei muss es sich um Titel desselben Gläubigers handeln. Diese insoweit aus dem Gesetzt nicht ersichtliche Voraussetzung folgt aus Nr. 2 Abs. 2 S. 2 DB-GvKostG. Danach liegen mehrere Aufträge vor, wenn der Auftraggeber lediglich als Vertreter (zB als Inkassounternehmen, Hauptzollamt, Rechtsanwalt) für mehrere Gläubiger tätig wird; maßgebend ist die Zahl der Gläubiger.

11 **5. Abgrenzung: ein Auftrag/mehrere Aufträge.** In **Abs. 1 S. 3** wird ausdrücklich geregelt, nach welchen Kriterien verschiedene Aufträge voneinander abgegrenzt werden. In **Abs. 2** werden dann bestimmte Fälle ge-

5 Schröder-Kay/*Gerlach*, § 3 GvKostG Rn 19, § 5 GvKostG Rn 3.   **6** Schröder-Kay/*Gerlach*, § 3 GvKostG Rn 20, § 5 GvKostG Rn 3.   **7** Schröder-Kay/*Gerlach*, § 3 GvKostG Rn 20, § 5 GvKostG Rn 3.   **8** Schröder-Kay/*Gerlach*, § 3 GvKostG Rn 20, § 5 GvKostG Rn 3.   **9** Schröder-Kay/*Gerlach*, § 3 GvKostG Rn 20, § 5 GvKostG Rn 4.

nannt, die in Abweichung von diesem Grundsatz – kostenrechtlich – nur einen Auftrag darstellen. Mit dem Wort „jedoch" wird deutlich gemacht, dass es sich bei den in der Folge aufgezählten Fällen um Ausnahmen zu der Definition des Auftrags in Abs. 1 handelt, die zwar danach grds. mehrere Aufträge darstellen würden, aber eben kraft gesetzlicher Bestimmung – kostenrechtlich – nur als ein Auftrag anzusehen sind.

In welchen Fällen ein einheitlicher Auftrag vorliegt, ist insb. für die Frage von Bedeutung, ob die Gebühren oder bestimmte Auslagen nur einmal oder mehrmals zu erheben sind: Nach § 10 kann der Gerichtsvollzieher zB gleichartige Gebühren bei Durchführung desselben Auftrags grds. nur einmal fordern. Die Regelung ist aber auch für die Frage von Bedeutung, zu welchem Zeitpunkt ein Auftrag durchgeführt ist. Dieser Zeitpunkt ist im Hinblick auf die Bestimmungen, die an die Durchführung anknüpfen sollen, zB die Vorschriften über die Nachforderung (§ 6) und die Verjährung (§ 8), von Bedeutung. **12**

II. Besondere Regelungen

1. Verhaftungsauftrag. Mit **Abs. 1 S. 4** wird klargestellt, dass der auf die Vollziehung eines Haftbefehls gerichtete Auftrag immer ein besonderer Auftrag ist, auch wenn der Antrag auf Erlass eines Haftbefehls mit dem Auftrag zur Abnahme der Vermögensauskunft verbunden wird und der Auftrag zur Vollziehung des Haftbefehls zugleich mit dem Auftrag zur Abnahme der Vermögensauskunft erteilt worden ist. Der Auftrag wird in diesem Fall bedingt erteilt und erst mit Eintritt der Bedingung wirksam. Damit wird die Vollziehung eines Haftbefehls von dem Verfahren zur Abnahme der Vermögensauskunft abgegrenzt. Die Klarstellung ist auch erforderlich, da ansonsten Abs. 2 S. 1 Nr. 3 (mehrere Vollstreckungshandlungen gegen denselben Schuldner) greifen würde. **13**

2. Pfändungs- und Verhaftungsauftrag. Aus der Bestimmung des Abs. 1 S. 4 ergibt sich aber auch noch eine weitere Folge: Auch bei dem Auftrag zur Pfändung und Verhaftung handelt es sich um zwei Aufträge, mit der Folge, dass der Auftrag zur Verhaftung als erteilt gilt (Nr. 2 Abs. 2 DB-GvKostG), sobald die Voraussetzungen für den Haftauftrag eingetreten sind. **14**

3. Zusammenfassung von Aufträgen (Abs. 2). Als **ein Auftrag** sind nach **Abs. 2** anzusehen: **15**

- die Zustellung eines oder mehrerer Titel und Vollstreckung aus einem oder mehreren Titeln gegen einen Schuldner (Nr. 1);
- mehrere Zustellungen an denselben Zustellungsempfänger oder an Gesamtschuldner (Nr. 2);
- mehrere Vollstreckungshandlungen gegen denselben Vollstreckungsschuldner oder denselben Verpflichteten (Nr. 3 Hs 1 Alt. 1);
- mehrere Vollstreckungshandlungen gegen Gesamtschuldner (Nr. 3 Hs 1 Alt. 2);
- der Auftrag zur Mobiliarvollstreckung und der damit verbundene bedingte Auftrag zur Abnahme der eidesstattlichen Versicherung nach § 900 Abs. 2 S. 1 ZPO (Nr. 3 Hs 2).

Nach dem RegE eines „Gesetzes zur Durchführung der Verordnung (EU) Nr. 655/2014 sowie zur Änderung sonstiger zivilprozessualer Vorschriften (**EuKoPfVODG**)" wird in Abs. 2 in dem geplanten neuen **Satz 2 Nr. 2**[10] ein weiterer Fall geregelt, dass der Gerichtsvollzieher als gleichzeitig beauftragt gilt, wenn „der Auftrag, eine gütliche Erledigung der Sache zu versuchen, in der Weise mit einem Auftrag auf Vornahme einer Amtshandlung nach § 802 a Absatz 2 Satz 1 Nummer 2 oder Nummer 4 der Zivilprozessordnung verbunden ist, dass diese Amtshandlung nur im Fall des Scheiterns des Versuchs der gütlichen Einigung vorgenommen werden soll" (näher → Rn 23). **16**

Diese Zusammenfassung bestimmter Maßnahmen des Gerichtsvollziehers war notwendig, da sich nach dem Willen des Gesetzgebers der kostenrechtliche Begriff des Auftrags nicht mit dem Begriff des Auftrags in § 753 ZPO decken muss.[11] **17**

Abs. 2 S. 1 nennt in Nr. 3 neben dem Vollstreckungsschuldner auch den „Verpflichteten". Das **FamFG** kennt den Begriff „Vollstreckungsschuldner" nicht, sondern verwendet den Begriff „**Verpflichteter**" (§§ 92 Abs. 1, 95 Abs. 3, 96 Abs. 1 FamFG). Um im GvKostG nicht wiederholt beide Begriffe nebeneinander verwenden zu müssen, werden damit beide Begriffe unter dem Begriff „Schuldner" zusammengefasst.[12] Der Begriff des Schuldners umfasst damit also sowohl den Vollstreckungsschuldner als auch den Verpflichteten. In Vollstreckungsverfahren nach dem FamFG gelten damit auch die kostenrechtlichen Regelungen des GvKostG. **18**

4. Bedingte Aufträge. a) Allgemeines. Das GvKostG regelt nur einen Fall des bedingten Auftrags, nämlich dass der Auftrag zur Abnahme der Vermögensauskunft mit einem Vollstreckungsauftrag verbunden wird **19**

---

10 BT-Drucks 18/7560, S. 20. Geplantes Inkrafttreten dieser Änderung: am Tag nach der Verkündung (Art. 14 Abs. 2 S. 1 ÄndG). **11** *Winterstein/Richter/Zuhn*, GvKostR, § 3 Rn 2 b). **12** BT-Drucks 16/6308, S. 338.

(§ 807 Abs. 1 ZPO). Über die dort geregelten Fälle hinaus kennt die Praxis jedoch weitere Fälle bedingter Aufträge, zB

- Vollstreckungs- und Verhaftungsauftrag, wobei der Verhaftungsauftrag unter der Bedingung steht, dass die Vollstreckung fruchtlos verläuft;
- Vollstreckungsauftrag und Auftrag zum Erlass einer Vorpfändungsbenachrichtigung, wobei der Auftrag zum Erlass der Vorpfändungsbenachrichtigung unter der Bedingung steht, dass Forderungen gegen Dritte ermittelt werden.

20   Für diese Fälle wurde daher eine ergänzende Regelung in **Nr. 2 Abs. 2 S. 1 DB-GvKostG** dahin gehend getroffen, dass diese bedingten Aufträge kostenrechtlich erst dann als erteilt gelten, wenn die Bedingungen eingetreten sind.

21   **b) Spezialregelung „Kombi-Auftrag", § 807 Abs. 1 ZPO.** Eine **Ausnahme** dazu ist die Kostenberechnung bei einem „**Kombi-Auftrag**" (§ 807 Abs. 1 ZPO). Der Auftrag auf Abnahme der Vermögensauskunft gilt erst als erteilt, sobald die Voraussetzungen nach § 807 Abs. 1 ZPO vorliegen. Trotzdem handelt es sich bei dem Kombi-Auftrag nur um **einen Auftrag** (Abs. 2 S. 1 Nr. 3), es sei denn, der Gerichtsvollzieher nimmt die Vermögensauskunft nur deshalb nicht ab, weil der Schuldner nicht anwesend ist. Diese Ausnahmeregelung ergibt sich aus Abs. 2 S. 1 Nr. 3, der durch die Regelungen zum bedingten Auftrag **unberührt** bleiben soll (Nr. 2 Abs. 2 S. 2 DB-GvKostG).

22   **c) Sonstige bedingte Aufträge.** Aus der Tatsache, dass dem Gläubiger seit der Reform der Sachaufklärung in der Zwangsvollstreckung seit dem 1.1.2013 freisteht, welche Vollstreckungsmaßnahme nach § 802 a Abs. 2 S. 1 ZPO er beantragen will, ergeben sich neue Fragen zum bedingten Auftrag. Die **Reihenfolge der Anträge nach § 802 a Abs. 2 S. 1 Nr. 1–5 ZPO** steht in seinem Ermessen. Der Gläubiger muss nicht mehr vor der Vermögensauskunft (§ 802 c ZPO) die Pfändung und Verwertung körperlicher Sachen betreiben. Er kann Anträge nach § 802 a Abs. 2 S. 1 Nr. 1–5 ZPO auch kombinieren. Die vom Gläubiger begehrten Maßnahmen sind jedoch im Vollstreckungsauftrag zu bezeichnen (§ 802 a Abs. 2 S. 2 ZPO). Bei der **Verbindung von Aufträgen** stellt sich die Frage, ob von einem oder von mehreren (bedingten) Aufträgen auszugehen ist.

23   Ist eine isoliert gütliche Erledigung (§ 802 a Abs. 2 S. 1 Nr. 1 ZPO) und für den Fall des Scheiterns der gütlichen Erledigung bedingt die Vollstreckung und/oder Vermögensauskunft beantragt, wird – mE zutreffend – die Ansicht vertreten, dass es sich um **zwei Aufträge** handelt, mit der Folge, dass neben weiteren Gebühren auch ein weiteres Wegegeld sowie eine weitere Auslagenpauschale anfallen können. Es handelt sich dann bei dem Auftrag zur Vollstreckung/Vermögensauskunft um einen bedingten Auftrag, der für den Fall gestellt wird, dass die gütliche Erledigung scheitert. Bei bedingt erteilten Aufträgen gilt der Auftrag mit Eintritt der Bedingung als erteilt (Nr. 2 Abs. 2 S. 1 DB-GvKostG), so dass die Aufträge zur Vollstreckung/Vermögensauskunft nur für den Fall gestellt sind, dass der Versuch der gütlichen Erledigung scheitert.[13] In diesem Fall sind die Aufträge nicht als „gleichzeitig" gestellt iSv Abs. 2 S. 1 Nr. 3 anzusehen, so dass von mehreren Aufträgen ausgegangen werden kann. Voraussetzung dabei ist, dass der Gerichtsvollzieher die Anträge auch entsprechend behandelt und nicht gleichzeitig erledigt. Diese Ansicht ist jedoch nicht unstreitig. Es wird auch vertreten, dass eine Gebühr Nr. 207 KV GvKostG nur dann anfällt, wenn der Auftrag zum Versuch einer gütlichen Erledigung (§ 802 a Abs. 2 S. 1 Nr. 1 ZPO) als **einziger Auftrag** isoliert erteilt und daneben keine weitere Vollstreckungsmaßnahme beantragt wird. Dies soll auch dann gelten, wenn die weiteren Vollstreckungsmaßnahmen nur bedingt für den Fall beantragt sind, dass der Versuch der zunächst beantragten gütlichen Erledigung scheitert. Soweit eine bestimmte Reihenfolge durch den Gläubiger vorgeschrieben worden ist und nur für den Fall des Scheiterns der gütlichen Erledigung weitere Anträge gestellt werden, sei von einer „Gleichzeitigkeit" der Aufträge iSv Nr. 207 KV GvKostG auszugehen, weil sie eben gleichzeitig in einem Antragsschreiben genannt und dem Gerichtsvollzieher gleichzeitig zugegangen sind.[14]

Mit dem Entwurf eines „Gesetzes zur Durchführung der Verordnung (EU) Nr. 655/2014 sowie zur Änderung sonstiger zivilprozessualer Vorschriften (EuKoPfVODG)" soll nun eine Regelung der vorstehenden Streitfrage herbeigeführt werden. Der RegE geht davon aus, dass es unbillig erscheint, das Entstehen der Gebühr Nr. 207 KV GvKostG daran zu knüpfen, wie der Vollstreckungsauftrag im Einzelfall formuliert ist, ob er also unbedingt oder unter der Bedingung des Scheiterns des Versuchs der gütlichen Erledigung erteilt ist. Mit der geplanten Ergänzung des Abs. 2 um den neuen **Satz 2 Nr. 2** soll klargestellt werden, dass der Gerichtsvollzieher auch dann als gleichzeitig beauftragt gilt, wenn der Auftrag, eine gütliche Erledigung der

---

13 AG Wolfenbüttel DGVZ 2016, 136; AG Bretten DGVZ 2013, 164; AG Pforzheim DGVZ 2013, 219; AG München DGVZ 2013, 247; AG Kerpen DGVZ 2014, 25; AG Freiburg DGVZ 2014, 25; AG Calw DGVZ 2013, 247; AG Stuttgart DGVZ 2104, 47; AG Augsburg DGVZ 2013, 188; AG München DGVZ 2013, 247; *Rauch*, DGVZ 2014, 7; *Richter*, DGVZ 2013, 169; *Mroß*, DGVZ 2012, 178; *ders.*, DGVZ 2013, 69; Schröder-Kay/*Gerlach*, § 3 GvKostG Rn 11; *Winterstein/Richter/Zubn*, GvKostR, § 3 Rn 2 f). **14** LG Dresden DGVZ 2013, 163; AG Leipzig DGVZ 2013, 189; LG Freiburg DGVZ 2014, 106; OLG Köln DGVZ 2014, 199; *Seip*, DGVZ 2014, 71; *Mroß*, DGVZ 2015, 55.

Sache zu versuchen, in der Weise mit einem Auftrag auf Vornahme einer Amtshandlung nach § 802 a Abs. 2 S. 1 Nr. 2 oder Nr. 4 ZPO verbunden ist, dass diese Amtshandlung nur im Fall des Scheiterns des Versuchs der gütlichen Erledigung vorgenommen werden soll.[15]

Mit dieser beabsichtigten Neuregelung wird zum einen der Begriff der gleichzeitigen Beauftragung präzisiert und dadurch verdeutlicht, in welchen Fällen der Tatbestand der Nr. 207 KV GvKostG erfüllt ist. Zum anderen wird klargestellt, dass es sich in den einschlägigen Fällen um **denselben Auftrag** handelt, mit der Folge, dass Wegegeld und Auslagenpauschale jeweils nur einmal anfallen.[16]

Gleichzeitig mit der vorgeschlagenen Ergänzung soll der zweite Halbsatz des geltenden Abs. 2 S. 1 Nr. 3 wegen des Sachzusammenhangs in den neuen **Satz 2 Nr. 1** übernommen werden.[17]

Zur „Gleichzeitigkeit" im Weiteren → Rn 25 ff. | **23a**

5. Räumungsvollstreckung. Bei dem gleichzeitigen Räumungsauftrag gegen mehrere Personen in einer | **24** Wohnung/Haus liegt nur **ein Auftrag** vor (Abs. 2 S. 1 Nr. 3), weil auch hier von einem gleichzeitigen Antrag zu Vollstreckungshandlungen gegen Gesamtschuldner auszugehen ist. Bei Räumungs- und Herausgabepflicht mehrerer Personen ist eine Gesamtschuld zu bejahen.[18] Die engen Zusammenhänge im Rahmen einer gesamtschuldnerischen Haftung mehrerer Personen prägen deren Verpflichtung stärker als der Umstand, dass jede Person die Herausgabe als selbständige Leistung zu erbringen hat.[19]

III. Gleichzeitigkeit

Die vorgenannten Amtshandlungen sind jedoch nur dann als ein Auftrag anzusehen, wenn der Gerichts- | **25** vollzieher **gleichzeitig** beauftragt wird (Abs. 2 S. 1 Einleitungssatz). Das GvKostG definiert den Begriff der Gleichzeitigkeit selbst nicht und auch in der Literatur zum GvKostG findet sich keine Definition. Bereits aus dem Begriff der Gleichzeitigkeit folgt, dass der zeitliche Ablauf eines Auftragseingangs hier von entscheidender Bedeutung ist. „Gleichzeitigkeit" wird sprachlich definiert mit den Begriffen „zum selben Zeitpunkt", „etwas findet in demselben Moment statt", „zur gleichen Zeit". Damit ist eine „Gleichzeitigkeit" nach Abs. 2 ausgeschlossen, wenn die **Auftragserteilung zu unterschiedlichen Zeiten bzw Zeitpunkten** erfolgt. Damit stellt sich die Frage einer „Gleichzeitigkeit" aus Abs. 2 bei getrennter Auftragserteilung bereits nicht. Unterschiedliche Zeiten bzw Zeitpunkte liegen aber auch vor, wenn Anträge bei dem Gerichtsvollzieher eingehen, die in keiner Weise verbunden sind, sondern mit einzelnen, gesonderten Anschreiben versehen sind, dass nur die zum selben Zeitpunkt bei dem Gerichtsvollzieher eingehenden Aufträge als gleichzeitige Aufträge zu behandeln sind. Dies liegt im Regelfall nur dann vor, wenn die Aufträge als zusammengehörig verbunden sind und sie damit gleichzeitig bei dem Gerichtsvollzieher eingehen. Eine „Gleichzeitigkeit" nach Abs. 2 ist ausgeschlossen, wenn die Auftragserteilung zu unterschiedlichen Zeiten, Zeitpunkten oder mit mehreren Auftragsschreiben erfolgt.[20]

Werden gleichzeitig **unbedingt mehrere Vollstreckungsmaßnahmen nach § 802 a Abs. 2 ZPO** beantragt, | **26** liegt nach Abs. 2 S. 1 Nr. 3 nur **ein Auftrag** vor, da es sich um denselben Auftrag handelt, wenn der Gerichtsvollzieher **gleichzeitig** beauftragt wird, mehrere Vollstreckungshandlungen gegen denselben Vollstreckungsschuldner auszuführen. Ein derartiger Fall liegt zB vor, wenn beantragt wird,

- eine Vermögensauskunft des Schuldners (§ 802 c ZPO) einzuholen,
- Auskünfte Dritter über das Vermögen des Schuldners (§ 802 l ZPO) einzuholen,
- die Pfändung und Verwertung körperlicher Sachen zu betreiben,
- eine Vorpfändung (§ 845 ZPO) durchzuführen.

Im vorgenannten Beispiel ist der (**eine**) Auftrag mit Eingang bei dem Gerichtsvollzieher erteilt (Abs. 3 S. 1). | **27** Erfolgt nun zB Zahlung im Rahmen der beantragten Vermögensauskunft, entsteht die Gebühr **Nr. 604/260 KV GvKostG**. Es ist aber auch eine Gebühr **Nr. 604/205 KV GvKostG** entstanden, da auch diese Vollstreckungsmaßnahme beantragt war. In Abschnitt 6 des Kostenverzeichnisses werden alle Gebührentatbestände zusammengefasst, die eine **nicht erledigte Amtshandlung** betreffen. Hierunter fallen die Gebühren, die zu erheben sind, wenn ein Auftrag vor seiner Durchführung zurückgenommen wurde oder wenn die Amtshandlung aus Rechtsgründen oder infolge von Umständen, die weder in der Person des Gerichtsvollziehers liegen noch von seiner Entschließung abhängig sind, nicht erledigt wurde.[21] Auch der Auftrag zur Vollstreckung war im Beispiel erteilt, da er dem Gerichtsvollzieher ohne Bedingungen zugegangen war, so dass eine Gebühr nach Abschnitt 6 des Kostenverzeichnisses gerechtfertigt ist.

---

15 Begr. RegE, BT-Drucks 18/7560, S. 50. **16** Begr. RegE, BT-Drucks 18/7560, S. 50. **17** Begr. RegE, BT-Drucks 18/7560, S. 51. **18** OLG Brandenburg 13.12.2007 – 5 U 39/05, juris; BGH Rpfleger 2006, 99. **19** BGH Rpfleger 2006, 99. **20** AG Wuppertal DGVZ 2007, 158; *Kessel,* DGVZ 2007, 66; *Lappe,* NJW 2008, 485. **21** BT-Drucks 14/3432, S. 32.

IV. Der kombinierte Auftrag zur Vollstreckung und Abnahme der Vermögensauskunft ("Kombi-Auftrag") (Abs. 2 S. 1 Nr. 3)

28   **1. Allgemeines.** Abs. 2 S. 1 Nr. 3 schafft besondere Regelungen für den Fall des Auftrags zur Vollstreckung und Abnahme der Vermögensauskunft (**Kombi-Auftrag, § 807 Abs. 1 ZPO**).

29   Auch weiterhin ist ein Kombi-Auftrag in der bisher bekannten Form (Vollstreckung und anschließende Abnahme der Vermögensauskunft) möglich. Nach Abs. 2 S. 1 Nr. 3 handelt es sich in diesem Fall ausdrücklich nur um **einen Auftrag**. Anders ist dies nur (zwei Aufträge), wenn der Gerichtsvollzieher die Vermögensauskunft nur deshalb nicht abnimmt, weil der **Schuldner nicht anwesend** ist (Abs. 2 S. 1 Nr. 3 aE). Vollstreckt also der Gerichtsvollzieher zB in Anwesenheit eines Dritten fruchtlos und ist der Schuldner selbst nicht anwesend, splittet sich der zunächst einheitliche Kombi-Auftrag in zwei Aufträge.

30   Obwohl ein **wiederholtes Nichtantreffen** des Schuldners in § 807 Abs. 1 ZPO als Voraussetzung für das Verfahren zur Abnahme der sofortigen Vermögensauskunft nicht mehr genannt ist, kann es auch bei wiederholtem Nichtantreffen zu einem weiteren Auftrag kommen. Liegt ein kombinierter Auftrag gem. § 807 Abs. 1 ZPO vor, stimmt der Gerichtsvollzieher nach § 61 Abs. 6 S. 2 GVGA im Falle des wiederholten Nichtantreffens des Schuldners das weitere Vorgehen mit dem Gläubiger ab, sofern der Auftrag nicht bereits für diesen Fall bestimmte Vorgaben enthält. Hat der Gläubiger auch bereits die Vermögensauskunft nach § 802 c ZPO beantragt, wird der Gerichtsvollzieher nach der Feststellung, dass der Schuldner die Vermögensauskunft noch nicht abgegeben hat (§ 135 GVGA), zur Abnahme der Vermögensauskunft laden. Auch in diesem Fall unterbleibt die beantragte Sofortabnahme, weil der Schuldner nicht anwesend ist. Damit ist auch in diesem Fall die in Abs. 2 S. 1 Nr. 3 bestimmte Voraussetzung für einen weiteren Auftrag erfüllt.

31   **2. Widerspruch des Schuldners.** Widerspricht der **Schuldner** der Sofortabnahme der Vermögensauskunft, liegt derselbe Auftrag vor (Nr. 2 Abs. 4 S. 1 DB-GvKostG). Nur noch der Schuldner kann einer sofortigen Abnahme widersprechen (§ 807 Abs. 2 S. 1 ZPO). Hat der **Gläubiger** einen Kombi-Auftrag erteilt, ist er auch an diesen Auftrag gebunden und kann nicht widersprechen. Der Gläubiger, der einen kombinierten Auftrag erteilt, muss mit einer Sofortabnahme der Vermögensauskunft, an der er aus zeitlichen Gründen nicht teilnehmen kann, rechnen.[22]

32   **3. Abwesender Schuldner.** Der einheitliche Kombi-Auftrag (§ 807 Abs. 1 ZPO) splittet sich in zwei Aufträge, wenn der Gerichtsvollzieher die Vermögensauskunft nur deshalb nicht sofort abnimmt, weil der Schuldner nicht anwesend ist. Der besondere Auftrag auf Abnahme der Vermögensauskunft beginnt, sobald die Voraussetzungen dafür vorliegen (Nr. 2 Abs. 4 S. 2 DB-GvKostG).

33   Keine Auftragssplittung tritt hingegen ein, wenn der Schuldner zwar nicht angetroffen wurde, die Vermögensauskunft jedoch bereits abgegeben war. Das Wort „nur" in Abs. 2 S. 1 Nr. 3 Hs 2 und in Nr. 2 Abs. 4 S. 2 DB-GvKostG steht der Annahme, es lägen zwei Aufträge vor, entgegen. Die sofortige Abnahme der Vermögensauskunft scheitert nicht nur an der Abwesenheit des Schuldners, sondern sie wäre – wegen der Sperrwirkung des § 802 d Abs. 1 S. 1 ZPO – auch nicht möglich, wenn der Schuldner angetroffen wird. Die bereits abgegebene Vermögensauskunft ist eine feststehende Tatsache und damit auch die Sperrwirkung des § 802 d Abs. 1 S. 1 ZPO. Die Sperrwirkung besteht bereits zum Zeitpunkt des Eintritts der Voraussetzungen für die Sofortabnahme nach § 807 Abs. 1 S. 1 ZPO. Dies bedeutet, dass die Abnahme der Vermögensauskunft nicht alleine an der Abwesenheit des Schuldners scheitert.[23]

34   **4. Sonstige verbundene Aufträge.** Neben dem Kombi-Auftrag (§ 807 Abs. 1 ZPO) sind seit der Reform der Sachaufklärung in der Zwangsvollstreckung weitere Auftragsverbindungen möglich. Es steht dem Gläubiger frei, welche Vollstreckungsmaßnahme nach § 802 a Abs. 2 ZPO er beantragen will. Auch die Reihenfolge steht in seinem Ermessen. Der Gläubiger muss vor der Vermögensauskunft zB keinen Vollstreckungsversuch durchführen. Er kann einen Auftrag zur Anschriftenermittlung (§ 755 ZPO) mit dem Vollstreckungsauftrag verbinden. Werden Maßnahmen nach § 802 a Abs. 2 ZPO ohne jede Bedingung **gleichzeitig** beantragt, erfolgen diese im Rahmen desselben Auftrags, da mehrere Vollstreckungshandlungen gegen denselben Vollstreckungsschuldner beantragt werden (Abs. 2 S. 1 Nr. 3).

35   Insbesondere handelt es sich dann nicht um bedingte Aufträge iSv Nr. 2 Abs. 2 S. 1 DB-GvKostG. Dass die verschiedenen Maßnahmen nach § 802 a Abs. 2 ZPO uU nach den für sie einschlägigen Vorschriften besondere weitere Voraussetzungen haben, ist keine Bedingung im kostenrechtlichen Sinne. Wird zB der Ermittlungsauftrag mit einem Vollstreckungsauftrag erteilt (§ 755 Abs. 1 S. 1 ZPO), soll auch vollstreckt werden.

---

22 BT-Drucks 16/10069, S. 34. **23** AG Meißen JurBüro 2004, 669; LG Dresden DGVZ 2009, 154; Schröder-Kay/*Gerlach*, § 3 GvKostG Rn 39. AA AG Leipzig DGVZ 2009, 118; AG Neuwied DGVZ 2004, 386; AG Goslar DGVZ 2010, 18; *Winterstein/Richter/Zuhn*, GvKostR, § 3 Rn 2 c).

Dass dies nur erfolgen kann, wenn eine Anschrift festgestellt wird, bedarf keiner Erörterung. Neben der (bzw mehreren Gebühren) Nr. 440 KV GvKostG, vgl § 10 Abs. 2) entsteht daher mindestens eine Gebühr Nr. 604 (205) KV GvKostG. Wird Vermögensauskunft und Pfändung beantragt, ist auch der Vollstreckungsauftrag erteilt. Dass die Pfändung nur dann erfolgen kann, wenn sich Pfändbares ergibt, ist grundsätzliche Voraussetzung dieser beantragten Zwangsvollstreckungsmaßnahme.

5. Weitere Auftragsfragen. a) Anschriftenermittlung. Nach einer vertretenen Ansicht soll die **Ermittlung** **36** **einer Anschrift** (zB § 755 Abs. 1 ZPO) gegenüber dem Vollstreckungsauftrag einen eigenen Auftrag darstellen.[24] Dieser Ansicht ist nicht zu folgen. Die Ermittlung der Anschrift ist nicht als eigene besondere Vollstreckungsmaßnahme in § 802 a Abs. 2 ZPO qualifiziert. Auch darf der Gerichtsvollzieher nur aufgrund des Vollstreckungsauftrags die Anschrift ermitteln (§ 755 Abs. 1 ZPO). Eigene oder isolierte Ermittlungsaufträge sind nicht möglich.[25] Soll der Gerichtsvollzieher mit einer Adressenermittlung beauftragt werden, so ist daneben ein Vollstreckungsauftrag zu erteilen, der eine konkrete Vollstreckungsmaßnahme bezeichnet.[26] Bei der Anschriftenermittlung handelt es sich um ein Nebengeschäft iSd Abs. 1 S. 3. Daran ändert auch nicht, dass die Einholung einer Auskunft eine kostenpflichtige Amtshandlung darstellt, da ein Auftrag mehrere Amtshandlungen beinhalten kann (Abs. 2 S. 1). Dementsprechend bestimmt Nr. 2 Abs. 7 Buchst. b) DB-GvKostG, dass Nebengeschäfte iSd § 3 Abs. 1 S. 3 GvKostG die Einholung von Auskünften bei einer der in §§ 755, 802 l ZPO genannten Stellen sind.

b) Vermögensauskunft und ggf Pfändung. Beantragt der Gläubiger zB die **Vermögensauskunft** und für den **37** Fall, dass sich pfändbare Habe ergibt, die **Vollstreckung** in diese, wird die Auffassung vertreten, dass mehrere Aufträge vorliegen, da der Auftrag zur Pfändung bedingt sei. Der Gläubiger will, dass **nach der Abnahme der Vermögensauskunft** die Vollstreckungsmöglichkeiten geprüft werden. Er stellt also den Vollstreckungsauftrag unter die Bedingung der Abnahme der Vermögensauskunft und sich daraus ergebender Vollstreckungsmöglichkeiten. Das Vermögensauskunftsverfahren ist mit der Abgabe der Vermögensauskunft und dem sich daran anschließenden von Amts wegen durchzuführenden Eintragungsanordnungsverfahren gem. § 882 c ZPO abgeschlossen. Der Gerichtsvollzieher hat sodann die Pfändungsvoraussetzungen durch Einblick in das Vermögensverzeichnis zu prüfen. Das Pfändungsverfahren, das dann mangels entsprechenden Vermögens unterbleibt (= nicht erledigte Amtshandlung), beginnt bereits mit der Überprüfung anhand des Vermögensverzeichnisses, ob pfändbares Vermögens vorhanden ist. Diese Prüfung ist unstreitig beauftragt und als Teil des Pfändungsverfahrens nicht der Disposition des Gläubigers unterworfen.[27] Nach Nr. 2 Abs. 2 S. 1 DB-GvKostG gilt bei bedingt erteilten Aufträgen der (bedingte) Auftrag mit Eintritt der Bedingung als erteilt. Mit Abnahme der Vermögensauskunft gilt damit der Auftrag zur Vollstreckung als erteilt, der damit nicht „gleichzeitig" iSv Abs. 2 S. 1 Nr. 3 erteilt ist, so dass **zwei Aufträge** vorliegen, da der Gerichtsvollzieher nicht als gleichzeitig beauftragt gilt.[28] Liegen aber zwei Aufträge vor, werden die Gebühren nach dem Umkehrschluss aus § 10 Abs. 1 für jeden Auftrag gesondert erhoben. Dies bedeutet, dass die Vollstreckung in Vermögensgegenstände einen besonderen Auftrag darstellt. Ein ggf anfallendes Wegegeld (Nr. 711 KV GvKostG) und die Auslagenpauschale (Nr. 716 KV GvKostG) sind für jeden Auftrag gesondert zu erheben (§ 17 S. 2).

Eine andere Ansicht geht davon aus, dass ein Pfändungsauftrag des Gläubigers, welcher unter der aufschiebenden Bedingung gestellt wird, dass eine Pfändung nur nach Abgabe der Vermögensauskunft erfolgen soll und auch nur dann, soweit sich hieraus pfändbare Gegenstände ergeben sollten, erst dann als gestellt gilt, wenn die Bedingung „Vorhandensein pfändbarer Gegenstände" eingetreten ist.[29] Sofern diese Bedingung nicht eintritt, entsteht auch keine Gebühr, insb. auch nicht nach Nr. 604 iVm Nr. 205 KV GvKostG für eine nicht erledigte Amtshandlung. Bereits im Rahmen des Vermögensauskunftsverfahrens gehört es zu den Amtspflichten des Gerichtsvollziehers zu prüfen, ob pfändbare Gegenstände vorhanden sind.[30]

Die zuletzt genannte Ansicht überzeugt nicht. Es gibt keinen Auftrag, nur zu vollstrecken, wenn pfändbare Gegenstände ersichtlich sind, sondern es kann nur die Vollstreckung als solche beantragt werden, die ggf in eine Pfändung mündet. Im Übrigen bedeutet das Vorhandensein grundsätzlich pfändbarer Gegenstände nicht unbedingt deren Pfändung, da ggf bestehende Pfändungshindernisse (zB § 811 ZPO) zu prüfen sind, welche nicht (mehr) im Verfahren der Vermögensauskunft geprüft werden.

Es stellt sich dann jedoch die Frage, ob ein besonderer Auftrag auch vorliegt, wenn eine **Vollstreckung un-** **38** **terbleibt.** Der Gläubiger will, dass **nach der Abnahme der Vermögensauskunft** die Vollstreckungsmöglichkeiten geprüft werden. Auch für den Fall, dass sich aus dem Vermögensverzeichnis keine pfändbaren Ge-

24 *Puppe*, DGVZ 2013, 73; *Seip*, DGVZ 2013, 74. **25** *Harnacke*, DGVZ 2012, 198. **26** AG Leipzig DGVZ 2013, 245; AG Wiesloch DGVZ 2014, 20; LG Heidelberg DGVZ 2014, 93; BGH DGVZ 2014, 257. **27** LG Bonn DGVZ 2015, 114. **28** OLG Schleswig-Holstein DGVZ 2015, 228; AG Limburg an der Lahn DGVZ 2014, 71; AG Bingen DGVZ 2014, 107; AG Linz DGVZ 2014, 177. **29** Schröder-Kay/*Gerlach*, § 3 GvKostG Rn 14; *Harnacke*, DGVZ 2012, 198. **30** LG Koblenz DGVZ 2014, 175.

genstände ergeben, wird nach Abnahme der Vermögensauskunft der (bedingte) Auftrag zur Vollstreckung wirksam und gilt als erteilt. Damit ist auch die Gebühr Nr. 604/205 KV GvKostG entstanden, wenn der Gerichtsvollzieher nach Prüfung der Vollstreckungsmöglichkeiten aus dem Vermögensverzeichnis von einer Pfändung absieht. Die Prüfung, ob sich aus dem Vermögensverzeichnis eine Vollstreckungsmöglichkeit ergibt und ob diese Vollstreckungsmöglichkeit ausgeschöpft wird oder nicht (zB wenn Vollstreckungshindernisse vorliegen), erfolgt nicht mehr im Verfahren der Vermögensauskunft, sondern in dem beantragten Vollstreckungsverfahren. Diese Prüfung ist nicht der Disposition des Gläubigers unterworfen und kann daher auch nicht unter eine Bedingung gestellt werden. Erfolgt mangels entsprechenden Vermögens keine Pfändung, entsteht die Gebühr für eine nicht erledigte Amtshandlung nach Nr. 604/205 KV GvKostG.[31] Der Auftrag gilt mit Eintritt der Bedingung Vermögensauskunft als erteilt. In diesem Moment ist eine Gebühr Nr. 604/205 KV GvKostG entstanden, die auch nicht mehr wegfällt. In Abschnitt 6 des Kostenverzeichnisses werden alle Gebührentatbestände zusammengefasst, die **nicht erledigte Amtshandlung** betreffen. Hierunter fallen die Gebühren, die zu erheben sind, wenn ein Auftrag vor seiner Durchführung zurückgenommen wurde oder wenn die Amtshandlung aus Rechtsgründen oder infolge von Umständen, die weder in der Person des Gerichtsvollziehers liegen noch von seiner Entschließung abhängig sind, nicht erledigt wurde (vgl Vorbem. 6 S. 1 KV GvKostG). Hier unterbleibt die Pfändung mangels pfändbarer Gegenstände. In all diesen Fällen hat der Gerichtsvollzieher idR bereits einen Aufwand erbracht (hier zB Prüfung der Vollstreckungsmöglichkeiten).[32] Der Ansicht wird zT mit der Argumentation widersprochen, die Prüfung der Vollstreckungsmöglichkeiten erfolge im Rahmen des § 882 c ZPO, da der Gerichtsvollzieher zu entscheiden habe, welche Prognose sich aus der abgegebenen Vermögensauskunft ergibt, denn davon hänge es ab, wann er die Eintragungsanordnung erlässt bzw ob er sie überhaupt erlässt (§ 882 c Abs. 1 Nr. 2 ZPO). Also erfolge die Prüfung, ob sich Anhaltspunkte für eine pfändbare Habe ergeben, noch vor Erlass der Eintragungsanordnung und somit eindeutig innerhalb des Auftrags auf Abgabe der Vermögensauskunft. ME ist jedoch zu berücksichtigen, dass es eine Gebühr nur für einen erledigten Auftrag nach dem GvKostG nicht gibt. Soweit Abschnitt 6 des Kostenverzeichnisses eine Gebühr für die Nichterledigung eines Auftrags vorsieht (hier Nr. 604/205 KV GvKostG), muss diese Gebühr auch anfallen können. Dies ist mE der Fall, wenn der Gerichtsvollzieher im Rahmen des ihm erteilten Auftrags von einer Pfändung absieht.

39 **c) Wiederholtes Nichtantreffen des Schuldners.** Obwohl ein wiederholtes Nichtantreffen des Schuldners in § 807 Abs. 1 ZPO als Voraussetzung für das Verfahren zur Abnahme der Vermögensauskunft nicht mehr genannt ist, kann es auch in diesem Fall zu einem weiteren Auftrag kommen. Liegt ein kombinierter Auftrag gem. § 807 Abs. 1 ZPO vor, stimmt der Gerichtsvollzieher nach § 61 Abs. 6 S. 2 GVGA im Falle des wiederholten Nichtantreffens des Schuldners das weitere Vorgehen mit dem Gläubiger ab, sofern der Auftrag nicht bereits für diesen Fall bestimmte Vorgaben enthält. Hat der Gläubiger auch bereits die Vermögensauskunft beantragt, wird der Gerichtsvollzieher nach der Feststellung, dass der Schuldner die Vermögensauskunft noch nicht abgegeben hat (§ 135 S. 1 GVGA), den Schuldner zur Abnahme der Vermögensauskunft laden. Auch in diesem Fall unterbleibt die beantragte Sofortabnahme, weil der Schuldner nicht anwesend ist. Damit ist auch in diesem Fall die in Abs. 2 S. 1 Nr. 3 bestimmte Voraussetzung für einen weiteren Auftrag erfüllt.[33]

40 **d) Antrag auf Auskunft nach § 802 l ZPO.** Unterschiedliche Ansichten werden zu der Frage vertreten, ob ein Gläubiger **nach Übersendung einer Vermögensauskunft** oder ein Drittgläubiger **nach Übermittlung einer bereits abgegebenen Vermögensauskunft** die **Einholung von Auskünften nach § 802 l ZPO beantragen** kann (§ 802 a Abs. 2 S. 1 Nr. 3 ZPO).

41 Meines Erachtens kann sich der Gläubiger auch erst nach Erhalt einer Vermögensauskunft für die Stellung eines Antrags nach § 802 l ZPO entscheiden. Aus der ZPO ergibt sich kein Verbot eines derartigen nachträglichen Antrags. Da dieser Antrag nach § 802 a Abs. 2 S. 1 Nr. 3 ZPO sogar eine eigenständige Vollstreckungsmaßnahme ist, muss ein derartiger Auftrag möglich sein. Dies gilt auch für einen Drittgläubiger. Auf **Antrag** soll es dem Gläubiger möglich sein, die Vermögenssituation des Schuldners anhand objektiver Informationsquellen zu überprüfen, um geeignete Vollstreckungsobjekte aufzufinden.[34] Kostenrechtlich kann jedoch nicht von einem besonderen eigenen Auftrag ausgegangen werden. Zu berücksichtigen ist Nr. 2 Abs. 7 Buchst. b) DB-GvKostG, wonach die Einholung von Auskünften bei einer der in §§ 755, 802 l ZPO genannten Stellen **Nebengeschäft** iSd Abs. 1 S. 3 aE ist. Kostenrechtlich würde dies dazu führen, dass die Einholung von Auskünften nach § 802 l ZPO kostenrechtlich **immer zusammen** mit dem Auftrag zur Abnahme der Vermögensauskunft zu sehen ist und **keinen** besonderen Auftrag darstellt. Dies erscheint auch vertretbar, wenn davon ausgegangen wird, dass die Einholung von Auskünften bei den in § 802 l ZPO genannten

---

31 OLG Schleswig-Holstein 11.9.2015 – 9 W 95/15, juris; LG Bonn DGVZ 2015, 114; AG Bad Segeberg 17.11.2014 – 6 M 131/14. **32** BT-Drucks 14/3432, S. 32. **33** Schröder-Kay/*Gerlach*, § 3 GvKostG Rn 41 f. **34** BT-Drucks 16/10069, S. 32.

Stellen untrennbar mit dem Verfahren auf Abgabe der Vermögensauskunft verknüpft ist und nur in Verbindung mit einem solchen Verfahren diese Drittstellenauskünfte zulässig sind. Dies folgt mE daraus, dass § 802 l ZPO eine Einholung von Auskünften normiert, wenn u.a. eine Vollstreckung in die in der Vermögensauskunft aufgeführten Vermögensgegenstände eine vollständige Befriedigung des Gläubigers voraussichtlich nicht erwarten lässt. Dies bedingt, dass für den die Auskünfte beantragenden Gläubiger die Vermögensauskunft abgenommen (§ 802 c ZPO) oder ihm eine Vermögensauskunft übersandt wurde (§ 802 d Abs. 1 S. 2 ZPO). In der Rspr wird jedoch auch vertreten, dass Aufträge auf Auskunft isoliert und ohne gleichzeitigen oder vorhergehenden Auftrag zur Abnahme der Vermögensauskunft gestellt werden können und auch wiederholt gestellt werden können. Dann kann es sich jedoch nicht um ein Nebengeschäft handeln, sondern es ist von einem besonderen Auftrag auszugehen (dazu auch → Nr. 400–440 KV GvKostG Rn 14).

V. Vorpfändung (Abs. 2 S. 2)

Besonders geregelt ist die Vorpfändungsbenachrichtigung (§ 845 Abs. 1 ZPO). Nach Abs. 2 S. 2 handelt es sich bei allen Amtshandlungen nach § 845 Abs. 1 ZPO um denselben Auftrag. Dies bedeutet, dass Herstellung der Vorpfändungsbenachrichtigung, Zustellung an den/die Drittschuldner und Zustellung an den/die Schuldner einen Auftrag darstellen. Insbesondere ist für die Frage der Anzahl der Aufträge – anders als bei einem Pfändungs- und Überweisungsbeschluss (Nr. 2 Abs. 5 DB-GvKostG) – die Anzahl der Drittschuldner nicht maßgebend. **42**

Wird der Auftrag zur Vorpfändung **mit einem Vollstreckungsauftrag verbunden**, handelt es sich um **einen Auftrag** iSv Abs. 2 S. 1 Nr. 3. Der Auftrag zum Erlass der Vorpfändungsbenachrichtigung kann mit dem Vollstreckungsauftrag oder jedem anderen Auftrag verbunden werden. Der Auftrag zur Vollstreckung und zum Erlass einer Vorpfändungsbenachrichtigung wird vom Gläubiger gleichzeitig erteilt, so dass die Voraussetzungen des Abs. 2 S. 1 Nr. 3 auch gegeben sind. Insbesondere handelt es sich auch bei der Vorpfändung wohl hM um eine „Vollstreckungsmaßnahme" mit öffentlich-rechtlicher Wirkung, obwohl es sich letztlich um eine „private Benachrichtigung" über die bevorstehende Pfändung an den Drittschuldner handelt. Die Wirkungen der Vorpfändung stehen denen der Pfändung nach § 829 ZPO gleich. Der Annahme eines Auftrags steht auch Nr. 2 Abs. 2 S. 1 DB-GvKostG nicht entgegen, wie sich aus Nr. 2 Abs. 2 S. 2 DB-GvKostG ergibt, wonach Abs. 2 S. 1 Nr. 3 unberührt bleibt. Dass die gleichzeitig mit der Vollstreckung beantragte Vorpfändung erst erlassen werden kann, wenn eine Forderung gegen Dritte festgestellt wurde, ist Grundvoraussetzung für ihren Erlass, ändert jedoch nichts daran, dass sie gleichzeitig mit der Vollstreckung beantragt war. Dass der Auftrag zur Vorpfändung nach Nr. 2 Abs. 2 DB-GvKostG erst als gestellt gilt, wenn der Gerichtsvollzieher pfändbare Ansprüche gegen Dritte feststellt, bedeutet, dass eine Gebühr für die beantragte Vorpfändung (Nr. 200 KV GvKostG) erst entstehen kann, wenn die Voraussetzungen für die Vorpfändung eingetreten sind und der Gerichtsvollzieher die Vorpfändungsbenachrichtigung erlassen hat. Diese Folge ergibt sich auch aus der Kostenberechnung beim Kombi-Auftrag (Abs. 2 S. 1 Nr. 3). Der Auftrag auf Abnahme der Vermögensauskunft gilt als erteilt, sobald die Voraussetzungen nach § 807 Abs. 1 ZPO vorliegen. Trotzdem handelt es sich bei dem Kombi-Auftrag doch nur um einen Auftrag. **43**

VI. Pfändungs- und Überweisungsbeschluss

Keine ausdrückliche Regelung besteht für den Pfändungs- und Überweisungsbeschluss. Abs. 1 S. 1 ist jedoch hinsichtlich des Pfändungs- und Überweisungsbeschlusses so zu verstehen, dass der Auftrag zur Zustellung eines Pfändungs- und Überweisungsbeschlusses die notwendigen Amtshandlungen „Zustellung an Drittschuldner" und „Zustellung an Schuldner" umfasst. Klargestellt wird dies ausdrücklich auch noch in Nr. 2 Abs. 5 S. 2 DB-GvKostG, wonach die Zustellungen an Drittschuldner und Schuldner ein Auftrag sind. Bei mehreren Drittschuldnern dagegen liegen mehrere Aufträge vor. Nach Abs. 1 S. 3 handelt sich bei der Zustellung auf Betreiben der Parteien um einen Auftrag. Es handelt sich – als Ausnahme zu Abs. 1 – nach Abs. 2 S. 1 Nr. 2 auch dann um einen Auftrag, wenn der Gerichtsvollzieher mehrere Zustellungen an „denselben" Zustellungsempfänger bewirkt. Da es sich bei mehreren Drittschuldnern aber nicht um „denselben" Zustellungsempfänger handelt, bleibt es bei dem Grundsatz des Abs. 1 S. 3, dass die Zustellung auf Betreiben der Partei an mehrere Drittschuldner jeweils einen besonderen Auftrag darstellt. Die im GvKostG selbst fehlende ausdrückliche Regelung ist in **Nr. 2 Abs. 5 S. 1 DB-GvKostG** enthalten, wonach bei der Zustellung eines Pfändungs- und Überweisungsbeschlusses an mehrere Drittschuldner **mehrere Aufträge** vorliegen. **44**

VII. Auftragserteilung (Abs. 3)

45 **1. Entstehung von Gebühren.** Ein Auftrag ist erteilt, wenn er dem Gerichtsvollzieher oder der Geschäfts-stelle des Gerichts, deren Vermittlung oder Mitwirkung in Anspruch genommen wird, zugegangen ist (**Abs. 3 S. 1**). Die mündliche oder schriftliche Erteilung des Auftrags bei der Gerichtsvollzieher-Verteilerstel-le nebst der Aushändigung der erforderlichen Schriftstücke steht der unmittelbaren Auftragserteilung an den zuständigen Gerichtsvollzieher gleich (§ 24 Abs. 1 S. 1 GVO). Mit der Erteilung des Auftrags entsteht eine Gebühr, da der Gerichtsvollzieher idR bereits einen Aufwand erbracht oder noch zu erbringen hat (zB Rücksendung des Titels). Dies rechtfertigt grds. den Ansatz einer Gebühr.

46 **2. Auftragserweiterung.** Aus der Regelung des Abs. 3 S. 1 folgt damit aber auch, dass es im Gerichtsvollzie-herkostenrecht eine Auftragserweiterung **nicht** gibt. Wird ein Auftrag hinsichtlich eines weiteren Titels „er-weitert" (zB nach Auftrag zur Vollstreckung aus dem Urteil der Auftrag zur Vollstreckung aus dem später ergangene Kostenfestsetzungsbeschluss), handelt es sich um einen weiteren Auftrag.

VIII. Auftragsdurchführung (Abs. 4)

47 **1. Durchgeführter Auftrag.** Die entstandenen Gebühren werden fällig, wenn der Auftrag durchgeführt ist (vgl § 14 S. 1). Wurde die Vollstreckung – unabhängig von ihrem Ausgang – durchgeführt, können Gebüh-ren erhoben werden.

48 **2. Nicht durchgeführter Auftrag (Abs. 4 S. 1).** In zahlreichen Fällen kommt es jedoch nicht zur Durchfüh-rung der Vollstreckung. Nach **Abs. 4 S. 1** gilt ein Auftrag, der tatsächlich nicht durchgeführt konnte, weil er zurückgenommen wurde oder seiner Durchführung oder weiteren Durchführung Hinderungsgründe entge-genstehen (zB Schuldner unbekannt verzogen, verstorben, nicht zu ermitteln), trotzdem als durchgeführt. Eine solche Regelung ist im Hinblick auf die Bestimmungen, die an die Durchführung anknüpfen sollen (zB Zuständigkeit für den Kostenansatz, § 5 Abs. 1 S. 1; Fälligkeit der Kosten, § 14 S. 1) erforderlich.

49 **3. Fristen bei der Durchführung von Aufträgen (Abs. 4 S. 2–5).** Abs. 4 S. 2–5 enthält Ausnahmeregelungen zu Abs. 4 S. 1. Ein Auftrag gilt nicht als durchgeführt, wenn zur Fortsetzung eines Vollstreckungsauftrags eine richterliche Durchsuchungsanordnung oder eine Anordnung zur Vollstreckung zur Nachtzeit oder an Sonn- und Feiertagen (§ 758 a ZPO) beizubringen ist und diese Anordnung oder Erlaubnis dem Gerichts-vollzieher innerhalb eines Zeitraumes von drei Monaten zugeht (**Abs. 4 S. 2**). Die Frist beginnt mit dem ers-ten Tag des auf die Absendung einer entsprechenden Anforderung an den Auftraggeber folgenden Kalen-dermonats (Abs. 4 S. 2 aE). Tatsächlich handelt es sich in einem solchen Fall um eine **Unterbrechung der Amtstätigkeit** des Gerichtsvollziehers, deren Fortsetzung grds. keine neuen Gebühren auslöst. Mit der zeitli-chen Befristung soll aber verhindert werden, dass die Angelegenheit kostenrechtlich auf unbestimmte Zeit in der Schwebe bleibt. Der Auftrag gilt in diesen Fällen nach fruchtlosem Fristablauf als durchgeführt. Wird die Vollstreckung nach Fristablauf fortgesetzt, handelt es sich kostenrechtlich um einen neuen Auf-trag.

50 Eine in der Praxis nicht seltene Art der Erledigung eines Auftrags ist die **Rückgabe der Vollstreckungsunter-lagen** an den Auftraggeber mit dem Hinweis, dass der Auftrag zur Vermeidung von Kosten als zurückge-nommen betrachtet wird, weil der Gerichtsvollzieher begründeten Anhalt dafür hat, dass die Zwangsvoll-streckung fruchtlos verlaufen wird (§ 32 Abs. 1 GVGA). Diese unterstellte Zurücknahme wird wirksam, wenn der Auftraggeber der Mitteilung des Gerichtsvollziehers nicht bis zum Ablauf des auf die Absendung der Mitteilung folgenden Kalendermonats widerspricht (**Abs. 4 S. 4**).

51 Ebenfalls als zurückgenommen gilt ein Auftrag, wenn **Vorschüsse nicht rechtzeitig gezahlt** werden. Nach § 4 Abs. 1 S. 1 ist der Auftraggeber zur Zahlung eines Vorschusses verpflichtet, der die voraussichtlich ent-stehenden Kosten deckt. Die Durchführung des Auftrags kann von der Zahlung des Vorschusses abhängig gemacht werden (§ 4 Abs. 1 S. 2). Einer Zurücknahme des Auftrags steht es gleich, wenn der geforderte Vorschuss nicht binnen einer Frist von einem Monat bei dem Gerichtsvollzieher eingeht (**Abs. 4 S. 5**). Auch hier beginnt die Frist mit dem ersten Tag des Monats, der auf den Tag folgt, an dem dem Gläubiger mitge-teilt wurde, dass ein Vorschuss zur Durchführung des Auftrags erforderlich ist.

52 **Erscheint** der Schuldner zu dem Termin zur **Abnahme der Vermögensauskunft nicht** oder verweigert er oh-ne Grund die Abgabe der Vermögensauskunft, gilt der Auftrag ebenfalls als durchgeführt, wenn nicht bin-nen drei Monaten ein Verhaftungsauftrag erteilt wird (**Abs. 4 S. 3**). Die Frist beginnt mit dem ersten Tag des Monats, der auf den Tag folgt, an welchem dem Gläubiger mitgeteilt wurde, dass eine Verhaftung notwen-dig wird. Es liegt damit ein neuer Auftrag zur Abnahme der Vermögensauskunft vor, wenn ein Verhaf-tungsauftrag erst nach Ablauf der Frist erteilt wird, der insoweit gesonderte Gebühren und Auslagen entste-hen lässt.

53 **4. Erhebung von Kosten bei Fristen.** Der Gerichtsvollzieher kann es vermeiden, in Verfahren, in denen die Fälligkeit nach Abs. 4 S. 2–5 befristet ist, einen bzw drei Monate mit der Kostenberechnung bis zum Ein-

tritt der Fälligkeit zu warten. Er kann die Kosten mit der Absendung der entsprechenden Nachricht **vorschussweise** erheben. Die Möglichkeit dazu bietet § 4 Abs. 3. Die Bestimmung sieht in den Fällen des Abs. 4 S. 2–5 eine Fortdauer der Vorschusspflicht vor. Grundsätzlich ist bereits begrifflich ein *Vorschuss* für Handlungen des Gerichtsvollziehers, die bereits erfolgt sind (unterstellte Rücknahme nach § 32 Abs. 1 S. 2 GVGA/Anforderung der Anordnung nach § 758 a ZPO), nicht möglich. § 4 Abs. 3 erweitert aber die Möglichkeit der Vorschusserhebung in diesen Fällen bis zur Fälligkeit der Gebühren.

IX. Fehlerhafte/unvollständige Aufträge

Wird ein unvollständiger oder fehlerhafter Auftrag zurückgegeben, so ist der Auftraggeber darauf hinzuweisen, dass der Auftrag als abgelehnt zu betrachten ist, wenn er nicht bis zum Ablauf des auf die Rücksendung folgenden Monats ergänzt oder berichtigt zurückgereicht wird (Nr. 2 Abs. 1 S. 1 DB-GvKostG). Wird der Mangel innerhalb der Frist behoben, so liegt kostenrechtlich kein neuer Auftrag vor (Nr. 2 Abs. 1 S. 2 DB-GvKostG). **54**

Kein Fall eines unvollständigen Auftrags liegt vor, wenn die **Anschrift des Schuldners unzutreffend** und die zutreffende Anschrift dem Gerichtsvollzieher nicht bekannt ist und der Auftrag deshalb zurückgegeben wird (Nr. 2 Abs. 1 S. 3 DB-GvKostG). Der weiteren Durchführung des Auftrags stehen Hinderungsgründe entgegen; er gilt als durchgeführt (Abs. 4 S. 1).[35] **55**

§ 3 a Rechtsbehelfsbelehrung

Jede Kostenrechnung und jede anfechtbare Entscheidung hat eine Belehrung über den statthaften Rechtsbehelf sowie über die Stelle, bei der dieser Rechtsbehelf einzulegen ist, über deren Sitz und über die einzuhaltende Form zu enthalten.

Die Vorschrift des § 3 a ist durch das Gesetz zur Einführung einer Rechtsbehelfsbelehrung im Zivilprozess und zur Änderung anderer Gesetze[1] mit Inkrafttreten zum 1.1.2014 in das GvKostG eingefügt worden. Vergleichbare Bestimmungen sind auch in die anderen Kostengesetze aufgenommen worden (§ 5 b GKG, § 8 a FamGKG, § 4 c JVEG, § 12 c RVG). **1**

Im Zivilprozess einschließlich des Zwangsvollstreckungsverfahrens waren Rechtsbehelfsbelehrungen früher nicht vorgeschrieben. Das Fehlen einer Rechtsbehelfsbelehrung erschwerte den Bürgern die Orientierung im gerichtlichen Instanzenzug und erhöhte die Gefahr unzulässiger Rechtsbehelfe, weil sich Form, Frist und zuständiges Gericht für den Rechtsbehelf nicht aus der Entscheidung entnehmen ließen.[2] Im Kostenrecht – also auch beim GvKostG – wurde eine **generelle Rechtsbehelfsbelehrungspflicht** eingeführt, ohne danach zu unterscheiden, ob eine anwaltliche Vertretung obligatorisch ist oder nicht, da in Kostenentscheidungen die Interessen des Anwalts und seines Mandanten auseinanderfallen können.[3] Die Belehrungspflicht über die Rechtsschutzmöglichkeiten in Kostensachen soll den Rechtsschutz für den Beteiligten noch wirkungsvoller gestalten. Dazu soll die Belehrungspflicht umfassend für Kostenrechnungen und jede anfechtbare kostenrechtliche Entscheidung gelten, unabhängig davon, ob sie als gerichtliche Entscheidung im Beschlusswege oder in sonstiger Weise erfolgt.[4] **2**

Mit der Formulierung „**Stelle**" soll klargestellt werden, dass auch der Gerichtsvollzieher als Stelle für die zulässige Einlegung eines Rechtsbehelfs in der Belehrung anzugeben ist.[5] **3**

§ 4 Vorschuss

(1) [1]Der Auftraggeber ist zur Zahlung eines Vorschusses verpflichtet, der die voraussichtlich entstehenden Kosten deckt. [2]Die Durchführung des Auftrags kann von der Zahlung des Vorschusses abhängig gemacht werden. [3]Die Sätze 1 und 2 gelten nicht, wenn der Auftrag vom Gericht erteilt wird oder dem Auftraggeber Prozess- oder Verfahrenskostenhilfe bewilligt ist. [4]Sie gelten ferner nicht für die Erhebung von Gebührenvorschüssen, wenn aus einer Entscheidung eines Gerichts für Arbeitssachen oder aus einem vor diesem Gericht abgeschlossenen Vergleich zu vollstrecken ist.

---

35 AG Wiesbaden DGVZ 2006, 127; AG Augsburg DGVZ 2006, 30; AG Leipzig DGVZ 2004, 46; AG Hamburg DGVZ 2002, 47; *Kessel*, JurBüro 2004, 65. **1** Art. 11 G v. 5.12.2012 (BGBl. I 2418, 2423). **2** Vgl BT-Drucks 17/10490, S. 1. **3** Vgl BT-Drucks 17/10490, S. 11. **4** BT-Drucks 17/10490, S. 22. **5** BT-Drucks 17/10490, S. 22.

(2) ¹Reicht ein Vorschuss nicht aus, um die zur Aufrechterhaltung einer Vollstreckungsmaßnahme voraus-sichtlich erforderlichen Auslagen zu decken, gilt Absatz 1 entsprechend. ²In diesem Fall ist der Auftraggeber zur Leistung eines weiteren Vorschusses innerhalb einer Frist von mindestens zwei Wochen aufzufordern. ³Nach Ablauf der Frist kann der Gerichtsvollzieher die Vollstreckungsmaßnahme aufheben, wenn die Auf-forderung verbunden mit einem Hinweis auf die Folgen der Nichtzahlung nach den Vorschriften der Zivil-prozessordnung zugestellt worden ist und die geforderte Zahlung nicht bei dem Gerichtsvollzieher einge-gangen ist.

(3) In den Fällen des § 3 Abs. 4 Satz 2 bis 5 bleibt die Verpflichtung zur Zahlung der vorzuschießenden Be-träge bestehen.

DB-GvKostG (Zu § 4) Nr. 3

(1) Ein Vorschuss soll regelmäßig nicht erhoben werden bei

a) Aufträgen von Behörden oder von Körperschaften, Anstalten oder Stiftungen des öffentlichen Rechts, auch soweit ihnen keine Kostenfreiheit zusteht,

b) Aufträgen, deren Verzögerung dem Auftraggeber einen unersetzlichen Nachteil bringen würde,

c) Aufträgen zur Erhebung von Wechsel- oder Scheckprotesten.

(2) Bei der Einforderung des Vorschusses ist der Auftraggeber darauf hinzuweisen, dass der Auftrag erst durchgeführt wird, wenn der Vorschuss gezahlt ist und dass der Auftrag als zurückgenommen gilt, wenn der Vorschuss nicht bis zum Ablauf des auf die Absendung der Vorschussanforderung folgenden Kalender-monats bei der Gerichtsvollzieherin oder dem Gerichtsvollzieher eingegangen ist.

(3) Für die Einhaltung der Fristen nach § 3 Abs. 4 Satz 5 und § 4 Abs. 2 Satz 2 GvKostG ist bei einer Über-weisung der Tag der Gutschrift auf dem Dienstkonto und bei der Übersendung eines Schecks der Tag des Eingangs des Schecks unter der Voraussetzung der Einlösung maßgebend.

(4) Die Rückgabe der von dem Auftraggeber eingereichten Schriftstücke darf nicht von der vorherigen Zah-lung der Kosten abhängig gemacht werden.

(5) Bei länger dauernden Verfahren (z.B. Ratenzahlung, Ruhen des Verfahrens) können die Gebühren be-reits vor ihrer Fälligkeit (§ 14 GvKostG) vorschussweise erhoben oder den vom Schuldner gezahlten Beträ-gen (§ 15 Abs. 2 GvKostG) entnommen werden.

I. Anwendungsbereich

1   Durch Abs. 1 und 2 wird die Möglichkeit geschaffen, eine Amtshandlung oder deren Fortsetzung von der Zahlung eines Vorschusses abhängig zu machen. Abs. 1 bestimmt eine ausdrückliche **Vorschusspflicht des Auftraggebers**. Eine Verpflichtung des Gerichtsvollziehers zur Erhebung eines Vorschusses ergibt sich hier-aus nicht. Die **Vorschusserhebung** steht in seinem **Ermessen**. Er ist bei der Ausübung seines Ermessens an die Durchführungsbestimmungen gebunden, dh, er soll regelmäßig einen Vorschuss einfordern, wenn kein Ausnahmetatbestand vorliegt.[1]

2   Zahlt der Vorschusspflichtige den angeforderten Vorschuss innerhalb des auf die Absendung der Vor-schussanforderung folgenden Kalendermonats, ist der Auftrag durchzuführen bzw er gilt nach § 3 Abs. 4 S. 5 noch nicht als durchgeführt und ist damit fortzusetzen. Die Fortsetzung erfolgt im Rahmen **desselben Auftrags**. Erfolgt die Zahlung des Vorschusses nicht bis zum Ablauf des auf die Absendung der Vor-schussanforderung folgenden Kalendermonats, gilt der Auftrag als zurückgenommen (Nr. 3 Abs. 2 DB-GvKostG).

II. Bemessung des Vorschusses

3   Der Vorschuss ist so zu bemessen, dass er die **voraussichtlich entstehenden Kosten deckt**. Der Gerichtsvoll-zieher ist also nicht verpflichtet, zunächst die entstehenden Kosten zu beziffern und dann den Vorschuss anzufordern. Daher ist im Allgemeinen die Bemessung des Vorschusses, v.a. hinsichtlich der Auslagen, der Erfahrung und dem Ermessen des Gerichtsvollziehers überlassen.[2] Nicht der Gläubiger bestimmt, welcher Vorschuss angemessen ist, sondern der Gerichtsvollzieher.[3] Die Höhe eines angeforderten Vorschusses ist nur dann nicht gerechtfertigt, wenn die Bestimmung ermessensfehlerhaft oder rechtsmissbräuchlich war.[4] Der Gerichtsvollzieher hat die Vorschriften des § 4 zu beachten und grds. vor der Erledigung eines Auftrags zu prüfen, ob die Anforderung eines Vorschusses angebracht ist.[5] Sein Ermessen hat der Gerichtsvollzieher

---

1 LG Konstanz DGVZ 2001, 45. **2** AG Coburg DGVZ 1995, 14. **3** *Winterstein/Richter/Zuhn*, GvKostR, § 4 Rn 1, 3. **4** LG Konstanz DGVZ 2001, 45; AG Villingen-Schwenningen DGVZ 2000, 15. **5** *Gilleßen/Kernenbach*, DGVZ 1999, 17.

dahin gehend auszuüben, dass er grds. verpflichtet ist, einen Vorschuss einzufordern, wenn kein Ausnahmetatbestand vorliegt.[6]

Beauftragt der Gläubiger den Gerichtsvollzieher mit den gesamten Vollstreckungsmaßnahmen des § 802 a **4** Abs. 2 ZPO, die in dem Vollstreckungsauftrag einzeln zu bezeichnen sind, muss er auch hinnehmen, dass für alle durch diesen Auftrag möglicherweise entstehenden Kosten ein Vorschuss erhoben wird. Der Gerichtsvollzieher kann einen Vorschuss erheben, der alle **voraussichtlich** entstehenden Kosten (also Gebühren und Auslagen) des erteilten gesamten Auftrags deckt. Es sind damit alle **beantragten Amtshandlungen** zu berücksichtigen und nicht nur die Kosten, die durch die zunächst vorzunehmende Amtshandlung entstehen.[7]

III. Ausschluss eines Vorschusses (Abs. 1 S. 3 und 4)

Ausgeschlossen ist die Erhebung eines Vorschusses bei Aufträgen des Gerichts (Abs. 1 S. 3 Alt. 1), bei Bewil- **5** ligung von Prozesskostenhilfe (Abs. 1 S. 3 Alt. 2) und bei Bewilligung von Verfahrenskostenhilfe (Abs. 1 S. 3 Alt. 2).

Die Erhebung von Gebührenvorschüssen ist im Übrigen bei einer Vollstreckung aus einer Entscheidung ei- **6** nes Gerichts für Arbeitssachen oder aus einem dort abgeschlossenen Vergleich ausgeschlossen (Abs. 1 S. 4).

In den im FamFG geregelten Verfahren wird keine Prozesskostenhilfe bewilligt, sondern „Verfahrenskos- **7** tenhilfe" (§§ 76 ff FamFG), da Regelungsgegenstand des FamFG-Verfahrens keine Prozesse sind.[8] In ihren Wirkungen entspricht die „Verfahrenskostenhilfe" der Prozesskostenhilfe, mit der Folge, dass auch von den Personen, denen Verfahrenskostenhilfe bewilligt ist, ein Kostenvorschuss nicht erhoben werden kann.

Eine Vorschusserhebung ist auch nicht möglich, wenn einem Auftraggeber **Kostenfreiheit** nach § 2 zusteht. **8** Gegenstand der Vorschusserhebung sind die Kosten, die voraussichtlich entstehen würden, wenn der Gerichtsvollzieher einen Auftrag unter Beachtung der gesetzlichen Vorschriften und der Verwaltungsbestimmungen erledigen würde. Da derartige Kosten aber in der Person eines kostenbefreiten Auftraggebers nicht entstehen können, kommt insoweit auch eine Vorschusserhebung nicht in Betracht.

IV. Absehen von Vorschusserhebung

1. DB-GvKostG. Ein Vorschuss **soll** nach Nr. 3 Abs. 1 DB-GvKostG regelmäßig nicht erhoben werden bei **9**

- Aufträgen von Behörden oder von Körperschaften, Anstalten oder Stiftungen des öffentlichen Rechts, auch soweit ihnen keine Kostenfreiheit zusteht (Buchst. a),
- Aufträgen, deren Verzögerung dem Auftraggeber einen unersetzlichen Nachteil bringen würde (Buchst. b),
- Aufträgen zur Erhebung von Wechsel- oder Scheckprotesten (Buchst. c).

Dabei stellt Nr. 3 Abs. 1 DB-GvKostG **kein Verbot** einer Vorschusserhebung dar. Bei den genannten Auf- **10** traggebern geht der Gesetzgeber von einer besonderen Zuverlässigkeit aus, so dass damit gerechnet werden kann, dass die Kosten gezahlt werden. Im **Einzelfall** kann durchaus ein Vorschuss erhoben werden, auch wenn einer der in Nr. 3 Abs. 1 DB-GvKostG genannten Fälle vorliegt. Dies gilt zB auch dann, wenn es sich bei dem Kostenschuldner um eine Stadt, Behörde oder ähnliche Institution handelt.[9] Bei gebührenbefreiten Gläubigern orientiert sich jedoch der zu erhebende Vorschuss ausschließlich an der voraussichtliche Höhe der Auslagen. Auslagen, die nur unter bestimmten Umständen entstehen, können in die Vorschussberechnung aufgenommen werden, wenn ihr Entstehen nach den Erfahrungen des Gerichtsvollziehers voraussehbar ist.[10]

2. Vorschussfragen bei Räumung (§§ 885, 885 a ZPO). Der Gläubiger kann einen beschränkten Vollstre- **11** ckungsauftrag (§ 885 a Abs. 1 ZPO) erteilen, wobei eine Räumung darauf beschränkt wird, den Schuldner aus dem Besitz und den Gläubiger in den Besitz der Wohnung zu setzen. Damit wird dem Gläubiger eine Möglichkeit eröffnet, hohe Transport- und Lagerkosten zu vermeiden und damit den Kostenvorschuss für die Vollstreckung ganz erheblich zu reduzieren.[11]

Es wird jedoch auch vertreten, dass auch bei einem beschränkten Vollstreckungsauftrag offensichtlich un- **12** pfändbare Gegenstände des Schuldners wie Kleidung, Toilettengegenstände und persönliche Papiere aus der zu räumenden Wohnung zu entfernen sind. Dafür darf der Gerichtsvollzieher einen angemessenen Kostenvorschuss verlangen.[12]

---

6 LG Konstanz DGVZ 2001, 45; LG Frankenthal DGVZ 2004, 187. **7** AG Saarbrücken 22.10.2014 – 108 M 3329/14; Schröder-Kay/*Gerlach*, § 4 GvKostG Rn 15 f; *Hartmann*, KostG, § 4 GvKostG Rn 9. **8** BT-Drucks 16/6308, S. 212. **9** AG Braunschweig DGVZ 1998, 46; *Winterstein/Richter/Zuhn*, GvKostR, § 4 Rn 2 e). **10** LG Cottbus DGVZ 2015, 151. **11** BT-Drucks 17/10485, S. 15. **12** LG Aachen DGVZ 2015, 110.

13   Im Falle der Räumung dürfen die für eine ggf notwendige Einlagerung von Geschäftsunterlagen des Schuldners entstehenden Kosten, soweit diese nach Ablauf der Frist des § 885 Abs. 4 S. 1 ZPO anfallen, nicht mehr dem von dem Gläubiger gezahlten Kostenvorschuss entnommen werden.[13] Die Aufbewahrungspflichten nach § 257 HGB, § 147 AO treffen nicht den Gläubiger, sondern allein den Vollstreckungsschuldner.

V. Nachforderung von Vorschuss (Abs. 2)

14   Nach Abs. 2 kann die **Fortsetzung der Amtstätigkeit** des Gerichtsvollziehers von der Zahlung eines weiteren Vorschusses abhängig gemacht werden, wenn der ursprünglich kalkulierte Vorschussbetrag nicht ausreicht, um die gesamten **Auslagen** zu decken. Die fehlenden Beträge können uU sehr hoch sein (zB Kosten für die Unterbringung von Tieren oder die Einlagerung von Pfand- oder Räumungsgut). Mit der Verweisung in Abs. 2 S. 1 auf die entsprechende Anwendung von Abs. 1 wird erreicht, dass die dort in S. 3 und 4 genannten Ausnahmen von der Abhängigmachung (Auftrag des Gerichts, Prozesskosten- und Verfahrenskostenhilfe, Urteile und Vergleiche der Arbeitsgerichte) auch bei der Nachforderung zu beachten sind.

15   Der Gerichtsvollzieher kann nach Abs. 2 S. 1 androhen, dass er die getroffenen Vollstreckungsmaßnahmen aufhebt, wenn der Vorschuss nicht fristgerecht gezahlt wird. Die Aufhebung einer Vollstreckungsmaßnahme durch den Gerichtsvollzieher ist nur nach vorheriger **Fristsetzung** und **Zustellung** einer entsprechenden Aufforderung unter Hinweis auf die Folgen der Nichtzahlung zulässig (Abs. 2 S. 3).

VI. Fortdauer der Vorschusspflicht (Abs. 3)

16   Nach § 3 Abs. 4 S. 1 gilt ein Auftrag unter bestimmten Voraussetzungen **sofort** als durchgeführt. In den Fällen des § 3 Abs. 4 S. 2–5 gilt er jedoch erst nach Ablauf bestimmter **Fristen** als durchgeführt. Die Fälligkeit der Gebühren, die von der Durchführung des Auftrags abhängt (§ 14 S. 1), tritt erst später ein. Abs. 3 bestimmt für diese Fälle, dass die Vorschusspflicht des Gläubigers bis zum Eintritt der Fälligkeit bestehen bleibt. Dies bedeutet, dass der Gerichtsvollzieher bis zum Eintritt der Fälligkeit Vorschuss erheben kann. In diesen Fällen stehen die Gebühren, die bei Ablauf der Frist entstehen, bereits fest. Abs. 3 erlaubt nun dem Gerichtsvollzieher, diese Gebühren noch als Vorschuss zu erheben. Abs. 3 korrespondiert mit Nr. 2 Abs. 5 DB-GvKostG, wonach bei länger dauernden Verfahren die Gebühren bereits vor ihrer Fälligkeit vorschussweise erhoben werden können.

VII. Rechtsmittel

17   Gegen die Anordnung des Gerichtsvollziehers, die Durchführung des Auftrags oder die Aufrechterhaltung einer Vollstreckungsmaßnahme von der Zahlung eines Vorschusses abhängig zu machen, sind die Bestimmungen über die Erinnerung und die Beschwerde (§ 5 Abs. 2) entsprechend anzuwenden (vgl § 5 Abs. 3). Eine unmittelbare Anwendung kommt nicht in Betracht, da eine Vorschussanforderung selbst noch kein Kostenansatz ist.[14]

VIII. Vorschuss aus der Landeskasse

18   Bei Aufträgen, in denen der Gerichtsvollzieher keinen Vorschuss erheben kann (Abs. 1 S. 3, 4) oder von einer Vorschusserhebung absehen soll, aber höhere Auslagen anfallen, kann die **Dienstbehörde** einen angemessenen Vorschuss/Abschlag gewähren.[15] Nach § 8 S. 1 GVO kann die Dienstbehörde dem Gerichtsvollzieher nur auf die in den Spalten 12 und 13 des Kassenbuchs II einzustellenden Auslagen einen angemessenen Vorschuss/Abschlag gewähren. Hierunter fallen jedoch nur die Auslagen, die nach § 7 Abs. 3 GVO aus der Landeskasse erstattet werden, also u.a. Auslagen, die bei der Ausführung von Aufträgen von gem. § 2 kostenbefreiten Gläubigern entstehen. Auf Aufträge von gebühren-, aber nicht auslagenbefreiten Gläubigern ist diese Vorschrift nicht anzuwenden.[16] Dieser Vorschuss wird ihm von der Landeskasse zur Verfügung gestellt, um erforderliche Auslagen zahlen zu können, die er als bevollmächtigter Vertreter des Justizfiskus verursacht hat.[17] Ein Vorschuss/Abschlag soll in der einzelnen Sache nur dann gewährt werden, wenn die Durchführung eines Auftrags voraussichtlich mehr als 10,00 € Auslagen erfordert (§ 8 S. 3 GVO). Die Zahlung hat auf sein Dienstkonto zu erfolgen und ist nach Erledigung des Auftrags mit der Landeskasse abzurechnen.[18]

---

13 BGH DGVZ 2008, 139. **14** *Hartmann*, KostG, § 5 GvKostG Rn 1; Schröder-Kay/*Gerlach*, § 3 GvKostG Rn 20, § 5 GvKostG Rn 3. **15** *Gilleßen/Polzius*, DGVZ 2001, 5. **16** VGH BW 15.6.1993 – 4 S 2505/91. **17** BGH DGVZ 1999, 167. **18** *Winterstein*, DGVZ 1999, 166.

§ 5 Kostenansatz, Erinnerung, Beschwerde, Gehörsrüge

(1) [1]Die Kosten werden von dem Gerichtsvollzieher angesetzt, der den Auftrag durchgeführt hat. [2]Der Kostenansatz kann im Verwaltungswege berichtigt werden, solange nicht eine gerichtliche Entscheidung getroffen ist.

(2) [1]Über die Erinnerung des Kostenschuldners und der Staatskasse gegen den Kostenansatz entscheidet, soweit nicht nach § 766 Abs. 2 der Zivilprozessordnung das Vollstreckungsgericht zuständig ist, das Amtsgericht, in dessen Bezirk der Gerichtsvollzieher seinen Amtssitz hat. [2]Auf die Erinnerung und die Beschwerde ist § 66 Absatz 2 bis 8 des Gerichtskostengesetzes, auf die Rüge wegen Verletzung des Anspruchs auf rechtliches Gehör ist § 69 a des Gerichtskostengesetzes entsprechend anzuwenden.

(3) Auf die Erinnerung des Kostenschuldners gegen die Anordnung des Gerichtsvollziehers, die Durchführung des Auftrags oder die Aufrechterhaltung einer Vollstreckungsmaßnahme von der Zahlung eines Vorschusses abhängig zu machen, und auf die Beschwerde ist Absatz 2 entsprechend anzuwenden.

(4) Für Verfahren nach den Absätzen 1 bis 3 sind die Vorschriften der Zivilprozessordnung über die elektronische Akte und über das elektronische Dokument anzuwenden.

DB-GvKostG (Zu § 5) Nr. 4

(1) Solange eine gerichtliche Entscheidung oder eine Anordnung im Dienstaufsichtswege nicht ergangen ist, hat die Gerichtsvollzieherin oder der Gerichtsvollzieher auf Erinnerung oder auch von Amts wegen unrichtige Kostenansätze richtigzustellen (vgl. Nr. 7 Abs. 4). Soweit einer Erinnerung abgeholfen wird, wird sie gegenstandslos.

(2) Hilft die Gerichtsvollzieherin oder der Gerichtsvollzieher einer Erinnerung des Kostenschuldners nicht oder nicht in vollem Umfang ab, so ist sie mit den Vorgängen der Bezirksrevisorin oder dem Bezirksrevisor vorzulegen. Dort wird geprüft, ob der Kostenansatz im Verwaltungsweg zu ändern ist oder ob Anlass besteht, für die Landeskasse ebenfalls Erinnerung einzulegen. Soweit der Erinnerung nicht abgeholfen wird, veranlasst die Bezirksrevisorin oder der Bezirksrevisor, dass die Erinnerung mit den Vorgängen unverzüglich dem Gericht vorgelegt wird.

(3) Alle gerichtlichen Entscheidungen über Kostenfragen hat die Gerichtsvollzieherin oder der Gerichtsvollzieher der zuständigen Bezirksrevisorin oder dem zuständigen Bezirksrevisor mitzuteilen, sofern diese nicht nach Absatz 2 an dem Verfahren beteiligt waren.

I. Zuständigkeit

1. Allgemeines. Die Kosten werden von dem Gerichtsvollzieher erhoben, der den Auftrag durchgeführt hat (Abs. 1 S. 1). Müssen mehrere Gerichtsvollzieher eines Amtsgerichtsbezirks tätig werden, ist derjenige für die Kostenerhebung zuständig, der den Auftrag abschließend bearbeitet. Werden jedoch mehrere Gerichtsvollzieher in verschiedenen Amtsgerichtsbezirken mit einem Auftrag befasst, gilt die Tätigkeit jedes Gerichtsvollziehers als Durchführung eines besonderen Auftrags (§ 3 Abs. 1 S. 2). 1

Die Abgabe an einen anderen Gerichtsvollzieher nach Ermittlung einer neuen Anschrift nach entsprechendem Auftrag nach § 755 ZPO erfolgt **von Amts wegen** (§§ 20 Abs. 2 S. 1 Nr. 1, 17 Abs. 2 GVO).[1] Es liegt insb. kein Fall des § 802 e Abs. 2 ZPO vor, bei dem eine Abgabe nur auf Antrag des Gläubigers erfolgt, da bei Antragseingang – vor Ermittlung der neuen Anschrift – der zunächst beauftragte Gerichtsvollzieher zuständig war. § 802 e Abs. 2 ZPO betrifft also ausschließlich den Fall, dass der angegangene Gerichtsvollzieher *von vornherein* nicht zuständig ist. 2

2. Verfahrensweise bei Unzuständigkeit – Fallkonstellationen. a) Schuldner an eine bekannte Anschrift in demselben Amtsgerichtsbezirk verzogen (§§ 20 Abs. 2 S. 1 Nr. 1, 21 GVO). Ist der Gerichtsvollzieher für einen ihm schriftlich erteilten Auftrag nach Annahme des Auftrags nicht zuständig, so gibt er ihn nach Eintragung in das Dienstregister, falls der Auftrag im eigenen Amtsgerichtsbezirk oder in einem zugeschlagenen Bezirk des Amtsgerichts zu erledigen ist, unverzüglich an den zuständigen Gerichtsvollzieher ab, der den Auftraggeber umgehend von der Übernahme des Auftrags zu benachrichtigen hat. Die Kosten sind durch den Gerichtsvollzieher zu berechnen, der den Auftrag abschließend durchgeführt hat (Abs. 1 S. 1). Diesem sind die beim ersten Gerichtsvollzieher entstandenen Kosten zum Zweck des Einzugs mitzuteilen (Nr. 2 Abs. 8 S. 2 DB-GvKostG). 3

b) Schuldner an eine bekannte Anschrift eines anderen Amtsgerichtsbezirks verzogen (§§ 20 Abs. 2 S. 1 Nr. 2, 21 GVO). Ist der Gerichtsvollzieher für einen ihm schriftlich erteilten Auftrag nach Annahme des 4

[1] BT-Drucks 16/10069, S. 23.

Auftrags nicht zuständig, so gibt er ihn nach Eintragung in das Dienstregister, falls der Auftrag in einem anderen Amtsgerichtsbezirk zu erledigen ist, unter Benachrichtigung des Auftraggebers an das zuständige Amtsgericht weiter; ist dies nicht angängig oder zweckmäßig, so ist der Auftrag dem Auftraggeber mit entsprechender Mitteilung zurückzusenden. – Die Tätigkeit jedes Gerichtsvollziehers gilt als Durchführung eines besonderen Auftrags (§ 3 Abs. 1 S. 2). Von jedem Gerichtsvollzieher können die in seiner Person angefallenen Gebühren und Auslagen erhoben werden (Nr. 2 Abs. 8 S. 1 DB-GvKostG). Beim abgebenden Gerichtsvollzieher darf eine Gebühr nach Abschnitt 6 des Kostenverzeichnisses jedoch nicht erhoben werden (Vorbem. 6 S. 3 KV GvKostG), da der Auftrag abgegeben wird bzw hätte abgegeben werden können.

5 **c) Ladung zur Vermögensauskunft durch die Post. Es erfolgt Rückbrief mit neuer Anschrift in demselben Amtsgerichtsbezirk (§ 137 Abs. 1 S. 1, 3 GVGA).** Der Gerichtsvollzieher kann mangels anderer Anhaltspunkte regelmäßig davon ausgehen, dass der Schuldner bereits bei Auftragseingang an den anderen Ort verzogen war. Der Fall wird damit nicht als Fall der Rechtshilfe (§ 137 Abs. 2 GVGA) behandelt. Ist der Schuldner innerhalb des Amtsgerichtsbezirks in den Bezirk eines anderen Gerichtsvollziehers umgezogen, so gibt er den Auftrag unverzüglich an den zuständigen Gerichtsvollzieher ab. Es handelt sich wieder um den Fall, dass nur der Gerichtsvollzieher, der den Auftrag erledigt, die Kosten berechnen kann (Abs. 1 S. 1). Diesem Gerichtsvollzieher sind die entstandenen Gebühren und Auslagen zum Einzug mitzuteilen (Nr. 2 Abs. 8 S. 2 DB-GvKostG).

6 **d) Ladung zur Vermögensauskunft durch die Post. Es erfolgt Rückbrief mit neuer Anschrift in einem anderen Amtsgerichtsbezirk (§ 137 Abs. 1 S. 1, 4 GVGA).** Die Tätigkeit jedes Gerichtsvollziehers gilt als Durchführung eines besonderen Auftrags (§ 3 Abs. 1 S. 2), wobei von dem abgebenden Gerichtsvollzieher keine Gebühr nach Abschnitt 6 des Kostenverzeichnisses erhoben werden kann (Vorbem. 6 S. 3 KV GvKostG), da der Auftrag abgegeben wird bzw hätte abgegeben werden können.

7 **e) Ladung zur Vermögensauskunft durch die Post. Es erfolgt Rückbrief mit neuer Anschrift in einem anderen Amtsgerichtsbezirk (§ 137 Abs. 1 S. 5 GVGA).** Ist der Wohnsitz oder gewöhnliche Aufenthaltsort nach der Rückbriefadresse unbekannt und hat der Gläubiger für diesen Fall den Gerichtsvollzieher mit der Ermittlung des Aufenthaltsorts des Schuldners beauftragt, führt der Gerichtsvollzieher zunächst diesen Auftrag aus.

8 **f) Ladung zur Vermögensauskunft durch die Post. Rückbrief ohne neue Anschrift. Kein Auftrag nach § 755 ZPO bzw Auftrag nach § 755 ZPO ohne Ergebnis (§ 137 Abs. 1 S. 5 GVGA).** Ist ein Auftrag nach § 755 ZPO nicht erteilt oder bleibt die Aufenthaltsermittlung erfolglos, so ist der Auftrag dem Gläubiger mit entsprechender Mitteilung zurückzusenden (§ 20 Abs. 2 S. 1 Nr. 2 GVO). Der Auftrag gilt als durchgeführt, weil seiner weiteren Erledigung Hinderungsgründe entgegenstehen (§ 3 Abs. 4 S. 1). Der Gerichtsvollzieher rechnet die bis dahin entstandenen Kosten ab.

9 **3. Abgabe an einen Gerichtsvollzieher desselben Amtsgerichtsbezirks nach Ermittlungen nach § 755 ZPO.** Die Kostenberechnung durch den Gerichtsvollzieher, der den Auftrag abschließend erledigt, ist bei Fallgestaltungen, die aus dem Gesetz zur Reform der Sachaufklärung in der Zwangsvollstreckung folgen, unbefriedigend. Ist der Gerichtsvollzieher auch mit Ermittlungen beauftragt (§ 755 ZPO) und ermittelt eine Anschrift im Bezirk desselben Amtsgerichtsbezirks, ist der Auftrag an den anderen Gerichtsvollzieher abzugeben (§§ 20 Abs. 2 S. 1 Nr. 1, 17 Abs. 2 GVO). Wenn mehrere Gerichtsvollzieher eines Amtsgerichtsbezirks tätig werden, muss einheitlich so abgerechnet werden, als ob nur ein Gerichtsvollzieher tätig geworden wäre. Denn bei der Tätigkeit mehrerer Gerichtsvollzieher eines Amtsgerichtsbezirks dürfen keine höheren Kosten entstehen, als wenn nur einer tätig wäre. Das kann aus Sicht des abgebenden Gerichtsvollziehers zu einem unbilligen Ergebnis führen, wenn er Auskünfte eingeholt hat und hierfür weder Gebühren noch Auslagen ansetzen kann.

10 Derzeit ist für diese Praxiskonstellation die bestehende Regelung eindeutig: Die Kosten werden von dem Gerichtsvollzieher angesetzt, der den Auftrag durchgeführt hat (Abs. 1 S. 1). Ist der Schuldner innerhalb des Amtsgerichtsbezirks verzogen, so sind die entstandenen Auslagen dem übernehmenden Gerichtsvollzieher zum Zweck des späteren Kostenansatzes (Abs. 1 S. 1) mitzuteilen (Nr. 16 S. 2 DB-GvKostG). In der Literatur werden zwei Lösungswege erörtert:

(1) Die beteiligten Gerichtsvollzieher teilen sich die Kosten. – Eine derartige Teilung ist nach den geltenden Bestimmungen nicht vorgeschrieben, aber auch nicht verboten oder unmöglich.

(2) Der Gerichtsvollzieher, der den Auftrag endgültig erledigt, überweist dem zunächst tätigen Gerichtsvollzieher die bei diesem entstandenen Gebühren und Auslagen. – Diese Verfahrensweise ist jedoch kompliziert und unübersichtlich, insb. wenn mehrere Gerichtsvollzieher beteiligt sind. Der abgebende Gerichtsvollzieher erhebt einen Vorschuss. Bei den Auslagen ist eine Verrechnung mit dem Vorschuss schon deshalb ohne Weiteres möglich, weil Auslagen sofort nach ihrer Entstehung fällig werden (§ 14 S. 2). Eine Verrechnung mit bereits entstandenen Gebühren erscheint ebenfalls möglich (Nr. 3 Abs. 5 DB-GvKostG), wenn dem

übernehmenden Gerichtsvollzieher die Verrechnung für den bei ihm erfolgenden Kostenansatz mitgeteilt wird. Dies erscheint jedoch wenig praktikabel, da eine Verzögerung des Verfahrens durch die Vorschusserhebung und die wohl häufige Anforderung von Vorschüssen zu erwarten wären.

Dringend erforderlich ist letztlich eine Regelung in Verwaltungsvorschriften, wie der die Kosten einziehende Gerichtsvollzieher die auf den früher mit dem Auftrag befassten Gerichtsvollzieher entfallenden Kosten an diesen abführt und wie bei den Gebührenanteilen zu verfahren ist. Bis zum Erlass einer solchen Regelung werden die Gerichtsvollzieher auf den Weg des **Vorschusses** (§ 4; Nr. 2 Abs. 8 S. 4 DB-GvKostG) verwiesen. Bei den Auslagen ist eine Verrechnung mit dem Vorschuss ohne weiteres möglich, weil Auslagen sofort fällig werden (§ 14 S. 2). Eine Vorschusserhebung stellt auch noch keinen Kostenansatz dar, so dass auch § 5 Abs. 1 S. 1 der Erhebung nicht entgegensteht.[2] Eine Verrechnung mit bereits entstandenen Gebühren erscheint ebenfalls möglich, wenn dem übernehmenden Gerichtsvollzieher die Verrechnung für den bei ihm erfolgenden Kostenansatz mitgeteilt wird. Die Erhebung eines Vorschusses dürfte dabei wegen des damit verbundenen Aufwands und der Verzögerung zu Beginn der Vollstreckung nicht zu einer Beschleunigung der Vollstreckung führen, die u.a. mit dem Gesetz zur Reform der Sachaufklärung herbeigeführt werden sollte. Auch führt die Erhebung von Kosten aus einem Vorschuss auch weiterhin zu unglücklichen Ergebnissen. Der abgebende Gerichtsvollzieher muss *alle* bei ihm entstandenen Gebühren und Auslagen entnehmen. Er kann seine Entnahme nicht auf bestimmte Gebühren und Auslagen beschränken, er wird daher neben der Gebühr Nr. 440 KV GvKostG und den Auslagen nach Nr. 708 KV GvKostG auch ein angefallenes Wegegeld (Nr. 711 KV GvKostG) und die Auslagenpauschale (Nr. 716 KV GvKostG) erheben müssen. Damit erhält aber der übernehmende Gerichtsvollzieher kein Wegegeld und nur eine anteilige Auslagenpauschale, obwohl auch ihm Aufwendungen entstanden sind.

4. Abnahme der Vermögensauskunft durch den Gerichtsvollzieher des Haftortes (§ 802 i ZPO). Eine weitere Problematik der Zuständigkeit für den Kostenansatz folgt aus einer Änderung des § 802 i ZPO. Die Abnahme der Vermögensauskunft durch den Gerichtsvollzieher des Haftortes in einem anderen Amtsgerichtsbezirk wurde bis zum Inkrafttreten der Reform der Sachaufklärung in der Zwangsvollstreckung (also bis 31.12.2012) als Fall der Rechtshilfe angesehen. Dem entsprach auch § 187 Abs. 5 GVGA aF, der bestimmte, dass der Gerichtsvollzieher des Haftortes die Urschriften des Protokolls und des Vermögensverzeichnisses zusammen mit den Vollstreckungsunterlagen unverzüglich dem beauftragten Gerichtsvollzieher übersendet. Dieser hinterlegt beides unverzüglich bei dem Vollstreckungsgericht und leitet Abschriften dem Gläubiger zu. Insoweit sieht seit dem 1.1.2013 jedoch § 802 i ZPO eine andere Verfahrensweise vor:

Der Gerichtsvollzieher des Haftortes hat das Protokoll und die Niederschrift über die Vermögensauskunft nicht mehr dem Gerichtsvollzieher des Wohnortes zu übersenden, vielmehr erklärt § 802 i Abs. 2 S. 2 ZPO die Vorschrift des § 802 f Abs. 5 und 6 ZPO für entsprechend anwendbar. Der Gerichtsvollzieher des Haftortes hat somit das Vermögensverzeichnis in elektronischer Form dem nach § 802 k ZPO zuständigen Gericht zu übermitteln und dem Gläubiger eine Abschrift zuzuleiten (vgl auch § 145 Abs. 5 S. 4 GVGA). Da sich Abs. 2 auf den nach Abs. 1 zuständigen Gerichtsvollzieher bezieht, erfolgt also Erledigung des Auftrags zur Vermögensauskunft durch den Gerichtsvollzieher des Haftortes. Die Kosten der Vermögensauskunft werden von dem Gerichtsvollzieher angesetzt, der den Auftrag abschließend durchgeführt hat (Abs. 1 S. 1). Dies ist jetzt der Gerichtsvollzieher des Haftortes. Dieser kann damit nunmehr die Gebühr für die Abnahme der Vermögensauskunft ansetzen, da er den Auftrag abschließend erledigt. Dabei sind natürlich vom Gerichtsvollzieher des Wohn- bzw Aufenthaltsortes ggf vorschussweise erhobene Kosten (Nr. 3 Abs. 5 DB-GvKostG) anzurechnen. Zweifel können sich insoweit daraus ergeben, dass für das Eintragungsanordnungsverfahren aber wiederum der Gerichtsvollzieher zuständig ist, der den Schuldner verhaftet hat (§ 145 Abs. 7 S. 1 GVGA). Jedoch ist zu berücksichtigen, dass der Gerichtsvollzieher des Haftortes den eigentlichen Auftrag, die Abnahme der Vermögensauskunft einschließlich der Übermittlung Vermögensauskunft an das Vollstreckungsgericht und Gläubiger, abschließend erledigt hat.

5. Rechtshilfe (§ 137 Abs. 2 GVGA). Ist der Schuldner nach Eingang des Auftrags zur Abnahme der Vermögensauskunft nach Kenntnis des Gerichtsvollziehers an einen Ort außerhalb des Amtsgerichtsbezirks verzogen, ersucht der Gerichtsvollzieher den für den jetzigen Wohnort oder Aufenthaltsort zuständigen Gerichtsvollzieher, den Schuldner im Wege der Rechtshilfe dort zur Abgabe der Vermögensauskunft bei ihm zu laden (§ 137 Abs. 2 GVGA). Gegenstand der Rechtshilfe sind Amtshandlungen, die der ersuchende Gerichtsvollzieher selbst vornehmen könnte, die er aber aus Zweckmäßigkeitsgründen oder um nicht außerhalb seines Bezirks tätig zu werden, einem anderen Gerichtsvollzieher überträgt.[3] Nach Abnahme der Vermögensauskunft hat der ersuchte Gerichtsvollzieher die Urschrift des Protokolls und das elektronisch errichtete Vermögensverzeichnis an den ersuchenden Gerichtsvollzieher zu senden. Dieser Gerichtsvollzieher

11

12

13

---

2 Schröder-Kay/*Gerlach*, § 3 GvKostG Rn 20, § 5 GvKostG Rn 3. **3** BGH NJW 1990, 2936.

hinterlegt das Vermögensverzeichnis bei dem zentralen Vollstreckungsgericht und leitet dem Gläubiger unverzüglich einen Ausdruck des Vermögensverzeichnisses zu (§ 137 Abs. 3 GVGA). Die Erhebung der Kosten kann nach Abs. 1 S. 1 nur durch den ersuchenden Gerichtsvollzieher erfolgen, da nur dieser für die Durchführung des Auftrags zuständig bleibt und den Auftrag abschließend erledigt hat. Es handelt sich auch nicht um einen Fall des § 3 Abs. 1 S. 2, da es an „mehreren Amtshandlungen" fehlt.

II. Rechtsmittel gegen den Kostenansatz in Vollstreckungsangelegenheiten

14   **1. Erinnerung.** Die Erinnerung nach Abs. 2, § 766 Abs. 2 ZPO richtet sich gegen solche Kosten, die der Gerichtsvollzieher für Maßnahmen der **Zwangsvollstreckung** erhebt, bzw gegen die Inanspruchnahme als Kostenschuldner für Kosten von Zwangsvollstreckungsmaßnahmen. Abs. 2 S. 1 verweist insoweit auf § 766 Abs. 2 ZPO. Dieser ist auch dann maßgebend, wenn Erinnerung gegen den Kostenansatz eines Gerichtsvollziehers erhoben wird. Die Erinnerung ist weder an eine Form noch an eine Frist gebunden.[4] Sie ist auch nach Erledigung des Vollstreckungsauftrags zulässig.[5]

15   **2. Beteiligte.** Das Rechtsmittel der Erinnerung kann vom Kostenschuldner und der Landeskasse eingelegt werden (vgl Abs. 2 S. 1). Die Landeskasse wird dabei durch den Bezirksrevisor vertreten.[6] Der Gerichtsvollzieher ist an dem Erinnerungsverfahren nicht beteiligt.[7]

16   Die Landeskasse hat zwar auch die Möglichkeit, eine Abänderung des Kostenansatzes im Verwaltungsweg zu erreichen (vgl Abs. 1 S. 2), eine Erinnerung kann aber trotzdem anzuraten sein (zB zur Klärung grundsätzlicher Fragen kostenrechtlicher Art). Die Erinnerung der Staatskasse gegen den Kostenansatz des Gerichtsvollziehers ist zum einen möglich, wenn schon ein Erinnerungsverfahren auf Antrag des Kostenschuldners mit dem Ziel der Herabsetzung der Kosten anhängig ist und die Staatskasse eine Erhöhung des Kostenansatzes erreichen will (Nr. 4 Abs. 2 DB-GvKostG), aber auch dann, wenn sie **zu Gunsten des Kostenschuldners** eine **Herabsetzung oder Nichterhebung der Gerichtsvollzieherkosten** erreichen will. Die Erinnerungsbefugnis der Staatskasse zu Gunsten eines Kostenschuldners leitet sich daraus her, dass sie, um Ansprüche gegen die Staatskasse auf Rückforderungen falsch berechneter Kosten zu vermeiden, auf einen zutreffenden Kostenansatz achten muss.[8]

17   Der Gerichtsvollzieher ist an dem Erinnerungsverfahren nur insoweit beteiligt, als er – wie jeder Kostenbeamte in den Justizkostengesetzen – der Erinnerung abhelfen kann.[9] In dem Verfahren geht es ausschließlich um das **Verhältnis zwischen Staatskasse und Bürger**. Die Staatskasse ist alleiniger Gläubiger des Kostenanspruchs.[10] Der Gerichtsvollzieher ist Organ der Zwangsvollstreckung und kann deshalb idR nicht Partei der Rechtsbehelfsverfahren in Zwangsvollstreckungssachen sein.[11]

18   **3. Abhilfe.** Solange eine gerichtliche Entscheidung oder eine Anordnung im Verwaltungswege nicht vorliegt, kann der Gerichtsvollzieher auf Erinnerung selbst unrichtige Kostenansätze richtigstellen (Nr. 4 Abs. 1 S. 1 DB-GvKostG). Durch die Abhilfe wird eine Erinnerung **gegenstandslos** (Nr. 4 Abs. 1 S. 2 DB-GvKostG).

19   **4. Verfahren.** Hilft der Gerichtsvollzieher daher einer Erinnerung des Kostenschuldners nicht oder nicht in vollem Umfang ab, so ist das Rechtsmittel dem Bezirksrevisor vorzulegen (Nr. 4 Abs. 2 S. 1 DB-GvKostG). Der Bezirksrevisor kann den angefochtenen Kostenansatz im Verwaltungswege ändern (Nr. 4 Abs. 2 S. 2 DB-GvKostG).[12] Hält auch der Bezirksrevisor die Erinnerung für nicht begründet, veranlasst er die Vorlage an das Gericht zur **Entscheidung** über das Rechtsmittel (Nr. 4 Abs. 2 S. 3 DB-GvKostG).

20   **5. Rechtliches Gehör.** Der Bezirksrevisor ist als Vertreter der Staatskasse, die in jedem Fall Betroffene des Verfahrens ist, immer zu hören (Art. 103 Abs. 1 GG; vgl Abs. 2).[13] Dies gilt insb. auch, wenn ein Rechtsmittel unmittelbar bei Gericht eingelegt wird.[14] Ist eine Anhörung der Landeskasse unterblieben, kann die **Anhörungsrüge** nach Abs. 2 S. 2 iVm § 69 a GKG erhoben werden.[15]

21   **6. Entscheidung.** Dem Vollstreckungsgericht ist die Entscheidung übertragen, wenn wegen der vom Gerichtsvollzieher in Ansatz gebrachten Kosten im Rahmen der Vollstreckung Erinnerung erhoben wird (§ 766 Abs. 2 ZPO; Abs. 2). Vollstreckungsgericht ist regelmäßig das Amtsgericht, in dessen Bezirk die Zwangsvollstreckung stattfinden soll oder stattgefunden hat (§ 764 Abs. 2 ZPO). Das Gericht entscheidet, ob die vom Gerichtsvollzieher angesetzten Kosten zutreffend berechnet sind oder ob die Inanspruchnahme

4 BT-Drucks 15/1971, S. 157. **5** OLG Hamm InVo 2001, 307. **6** LG Frankfurt DGVZ 1993, 74; LG Lüneburg DGVZ 1981, 125. **7** BT-Drucks 14/3432, S. 26. **8** Schröder-Kay/*Gerlach*, § 5 GvKostG Rn 14; *Hartmann*, KostG, § 5 GvKostG Rn 8; KG Rpfleger 1977, 227; LG Gießen JurBüro 1990, 113. **9** *Hartmann*, KostG, § 5 GvKostG Rn 8; LG Wiesbaden DGVZ 1991, 59; OLG Düsseldorf NJW-RR 1993, 1280; *Polzius/Kessel*, DGVZ 2002, 35. **10** BT-Drucks 14/3432, S. 26. **11** AG Verden JurBüro 2008, 441; BGH NJW 2004, 2979. **12** AG Deggendorf DGVZ 2001, 190. **13** LG Wiesbaden DGVZ 1991, 59; *Geißler*, DGVZ 1990, 105; LG Lüneburg DGVZ 1981, 125. **14** *Hartmann*, KostG, § 5 GvKostG Rn 8. **15** Schröder-Kay/*Gerlach*, § 5 GvKostG Rn 27.

des Kostenschuldners zu Recht erfolgt ist. Eine ggf erforderliche Rückzahlung hat der Gerichtsvollzieher zu veranlassen (Nr. 7 Abs. 4 DB-GvKostG).

7. Beschwerde. Gegen die Entscheidung über die Erinnerung durch das Vollstreckungsgericht findet die **22** **(unbefristete) Beschwerde** statt, wenn der Wert des Beschwerdegegenstands **200 €** übersteigt (Abs. 2 S. 2 iVm § 66 Abs. 2 S. 1 GKG). Beschwerdegericht ist das nächsthöhere Gericht. Damit ergibt sich in Angelegenheiten, die den Kostenansatz der Gerichtsvollzieher betreffen, immer das **Landgericht als Beschwerdegericht**.[16] Insbesondere findet auch in Erinnerungsverfahren, die sich auf **Vollstreckungskosten** beziehen, § 66 Abs. 3 S. 3 GKG entsprechende Anwendung, der eine Beschwerde an einen obersten Gerichtshof des Bundes nicht zulässt.[17]

Die Verweisung in Abs. 2 S. 1 regelt alleine die **Zuständigkeit** und verweist im Übrigen auf § 66 Abs. 2–8 **23** GKG. Der Rechtsmittelweg des § 766 ZPO mit sofortiger Beschwerde zum Landgericht (§§ 567 Abs. 1 Nr. 1, 793 ZPO) und die Rechtsbeschwerde zum Bundesgerichtshof (§ 574 Abs. 1 Nr. 2, Abs. 3 S. 1 ZPO) sind nicht anwendbar. Soweit einer Entscheidung des BGH[18] etwas anderes entnommen werden könnte, hält der BGH daran nicht mehr fest.[19]

8. Beteiligung des Gerichtsvollziehers im Beschwerdeverfahren. Eine Beteiligung des Gerichtsvollziehers am **24** Beschwerdeverfahren wird in Literatur und Rechtsprechung uneinheitlich beurteilt. Die hM schließt eine Beteiligung aus.[20] Der Ausschluss eines Beschwerderechts überzeugt, da es nicht Aufgabe des Gerichtsvollziehers als Vollstreckungsorgan sein kann, Rechtsmittel gegenüber dem Vollstreckungsgericht einzulegen. Bejaht wird ein Beschwerderecht des Gerichtsvollziehers allerdings dann, wenn er durch eine Entscheidung des Vollstreckungsgerichts selbst betroffen ist, sich also aus der Erinnerungsentscheidung **persönliche und wirtschaftliche Nachteile** ergeben.[21] Es kann grds. davon ausgegangen werden, dass der Gerichtsvollzieher nur dann beschwert ist, wenn er wie jeder andere Dritte in seinen persönlichen Interessen berührt wird. Ein derartiger Fall liegt immer dann vor, wenn einem Gerichtsvollzieher zB die Kosten des Erinnerungsverfahrens auferlegt werden.[22] Der Gerichtsvollzieher ist Organ der Zwangsvollstreckung und kann deshalb idR nicht Kostenschuldner der Rechtsbehelfsverfahren in Zwangsvollstreckungssachen sein.[23] Ein persönlicher Nachteil liegt nicht darin, dass durch eine Änderung der Kostenberechnung ggf die dem Gerichtsvollzieher überlassenen Gebührenanteile und Auslagen gemindert werden können (§ 7 Abs. 1 und 2 GVO). Die Kosten, also Gebühren und Auslagen (§ 1 Abs. 1), werden für die Landeskasse erhoben (Nr. 1 DB-GvKostG).[24] Gerichtsvollzieher sind keine „Gebührenbeamte".[25] Eine Abänderung des Kostenansatzes durch ein Rechtsmittel betrifft den Gerichtsvollzieher nicht unmittelbar.[26]

9. Weitere Beschwerde. Gegen Entscheidungen des Vollstreckungsgerichts ist nach Abs. 2 S. 2 iVm § 66 **25** Abs. 4 S. 1 GKG die weitere Beschwerde zum Oberlandesgericht zulässig, wenn das Landgericht sie wegen der grundsätzlichen Bedeutung der zur Entscheidung stehenden Frage in dem Beschluss zugelassen hat.[27] Die Beschwerde kann durch den Kostenschuldner und die Staatskasse eingelegt werden. Eine Beschwerde an einen obersten Gerichtshof des Bundes findet nicht statt.[28]

10. Rechtsbeschwerde. Da eine Beschwerde an einen obersten Gerichtshof des Bundes nicht stattfindet, ist **26** auch eine Rechtsbeschwerde an den BGH ausgeschlossen.[29] Dies gilt auch für Gerichtsvollzieherkosten als Vollstreckungskosten.[30] Die Rechtsbeschwerde wegen Gerichtsvollzieherkosten ist unzulässig, selbst wenn das Beschwerdegericht sie zugelassen hat.[31]

---

16 Schröder-Kay/*Gerlach*, § 5 GvKostG Rn 21. **17** BGH DGVZ 2008, 187; aA LG Gießen JurBüro 1990, 113; *Gerlach*, DGVZ 2003, 74; Schröder-Kay/*Gerlach*, § 5 GvKostG Rn 20. **18** BGH DGVZ 2005, 23. **19** BGH DGVZ 2008, 187. **20** OLG Hamm 10.2.2015 – 25 W 277/14, juris; LG Lübeck DGVZ 2014, 226; OLG Stuttgart DGVZ-Newsletter 25, S. 36; LG Mannheim JurBüro 2014, 665; LG Konstanz DGVZ 2002, 139; LG Wiesbaden DGVZ 1991, 59; LG Frankfurt DGVZ 1992, 74; LG Wuppertal DGVZ 1993, 59; LG Osnabrück DGVZ 1980, 124; Schröder-Kay/*Gerlach*, § 5 GvKostG Rn 31; Schuschke/Walker/*Walker*, § 766 ZPO Rn 17, § 793 ZPO Rn 3; *Zimmermann*, § 766 ZPO Rn 17; Brox/*Walker*, Zwangsvollstreckungsrecht, Rn 1258; *Hintzen/Wolf*, Handbuch der Mobiliarvollstreckung, § 766 ZPO Rn 35; aA LG Nürnberg DGVZ 1981, 120; *Lackmann*, DGVZ 2015, 242; *Polzius/Kessel*, DGVZ 2002, 35. **21** LG Konstanz DGVZ 2002, 139; OLG Düsseldorf NJW-RR 1993, 1280; LG Hamburg DGVZ 1977, 139; LG Siegen DGVZ 1975, 28; *Zimmermann*, § 766 ZPO Rn 17; Schuschke/Walker/*Walker*, § 793 ZPO Rn 3; Brox/*Walker*, Zwangsvollstreckungsrecht, Rn 1258. **22** LG Wetzlar DGVZ 1995, 127; OLG Hamm DGVZ 1994, 27; LG Wuppertal DGVZ 1993, 59; *Geißler*, DGVZ 1990, 105; *Lackmann*, DGVZ 2015, 242. **23** BGH NJW 2004, 2979. **24** LG Wiesbaden DGVZ 1991, 59; LG Frankfurt DGVZ 1993, 74; OVG Berlin DGVZ 1981, 138; OLG Hamm DGVZ 1994, 27; LG Konstanz DGVZ 2002, 139; VG München DGVZ 2003, 27; VG Freiburg NVwZ-RR 2005, 597. **25** BGH DGVZ 2001, 75. **26** Schröder-Kay/*Gerlach*, § 5 GvKostG Rn 31. **27** BGH DGVZ 2008, 187; aA LG Gießen JurBüro 1990, 113; *Gerlach*, DGVZ 2003, 74; Schröder-Kay/*Gerlach*, § 5 GvKostG Rn 25. **28** BGH DGVZ 2014, 257. **29** BGH 18.4.2013 – V ZB 77/12, NJW-RR 2013, 1080. **30** BGH DGVZ 2014, 257. **31** BGH DGVZ 2008, 189; BGH DGVZ 2003, 74.

III. Rechtsmittel gegen den Kostenansatz in sonstigen Angelegenheiten

27   **1. Erinnerung.** Die weiter geregelte Erinnerung gegen den Kostenansatz (Abs. 2 S. 2 iVm § 66 Abs. 2–8 GKG) betrifft den Ansatz in solchen Verfahren, die keine Zwangsvollstreckungsverfahren sind, für die der Gerichtsvollzieher jedoch ebenfalls zuständig ist.[32] Abs. 2 verweist hinsichtlich der Einzelheiten dieses Rechtsmittels auf § 66 Abs. 2–8 GKG. Hinsichtlich Form, Frist, Beteiligte des Rechtsmittelverfahrens, Verfahren und Vertretung der Landeskasse kann auf die Erinnerung in Verfahren, die Vollstreckungsmaßnahmen betreffen, Bezug genommen werden (→ Rn 14 ff).

28   **2. Entscheidung.** Wird der Kostenansatz in einer anderen Angelegenheit, die nicht Vollstreckungstätigkeit ist, angegriffen, kann § 766 Abs. 2 ZPO keine Anwendung finden. Zuständig für die Entscheidung über diese Erinnerung ist das Amtsgericht, bei dem der Gerichtsvollzieher seinen Amtssitz hat.[33]

29   **3. Rechtsmittel.** Gegen die Entscheidung über die Erinnerung durch das Vollstreckungsgericht findet die **Beschwerde** statt, wenn der Wert des Beschwerdegegenstands 200 € übersteigt (Abs. 2 S. 2 iVm § 66 Abs. 2 S. 1 GKG). Beschwerdegericht ist das nächsthöhere Gericht. Damit ergibt sich in Angelegenheiten, die den Kostenansatz der Gerichtsvollzieher betreffen, immer das Landgericht als Beschwerdegericht.[34] Gegen Entscheidungen des Vollstreckungsgerichts ist nach Abs. 2 S. 2 iVm § 66 Abs. 4 GKG die weitere Beschwerde zum Oberlandesgericht zulässig, wenn das Landgericht sie wegen der grundsätzlichen Bedeutung der zur Entscheidung stehenden Frage in dem Beschluss zugelassen hat.[35]

IV. Rechtsmittel gegen die Erhebung eines Vorschusses (Abs. 3)

30   Ebenfalls geregelt ist in § 5 die Erinnerung des Kostenschuldners gegen die Abhängigmachung von der Zahlung eines Vorschusses. Durch die Verweisung in Abs. 3 auf die entsprechende Anwendung von Abs. 2 sind die Regelungen für das Erinnerungs- und Beschwerdeverfahren maßgebend (§ 766 Abs. 2 ZPO; Abs. 2). Insoweit kann uneingeschränkt auf die Ausführungen zur Erinnerung, Beschwerde und weiteren Beschwerde gegen den Kostenansatz Bezug genommen werden (→ Rn 14 ff, 22 f und 25). Eine evtl gerichtliche Entscheidung erfolgt in Vollstreckungsangelegenheiten durch das Vollstreckungsgericht, ansonsten durch das Amtsgericht.

V. Anhörungsrüge

31   Um auch im GvKostG die Gehörsrüge zu ermöglichen, verweist Abs. 2 S. 2 auf § 69 a GKG. Abs. 2 S. 2 iVm § 69 a Abs. 2 GKG regelt Frist, Form und Inhalt der Anhörungsrüge. Die Anhörungsrüge ist innerhalb einer **Notfrist von zwei Wochen** zu erheben (§ 69 a Abs. 2 S. 1 GKG). Die Frist beginnt in dem Zeitpunkt, in dem der Betroffene von der Verletzung des rechtlichen Gehörs Kenntnis erlangt. Der Betroffene muss glaubhaft machen, wann er von der Verletzung des rechtlichen Gehörs Kenntnis erlangt hat. Im Interesse der Rechtssicherheit sieht § 69 a Abs. 2 S. 2 GKG eine **Ausschlussfrist von einem Jahr** seit Bekanntgabe der angegriffenen Entscheidung vor. Die Frist ist als materielle Ausschlussfrist der Wiedereinsetzung nicht zugänglich.

32   Die Anhörungsrüge ist bei dem Gericht zu erheben, dessen Entscheidung angegriffen wird (§ 69 a Abs. 2 S. 4 GKG). Aus der Rügeschrift muss hervorgehen, welche Entscheidung mit der Rüge angegriffen wird und aus welchen Umständen sich eine entscheidungserhebliche Verletzung des Anspruchs auf rechtliches Gehör ergibt (§ 69 a Abs. 2 S. 5 iVm Abs. 1 Nr. 2 GKG).

33   Der in § 69 a Abs. 6 GKG geregelte Ausschluss der Kostenerstattung entspricht dem Grundsatz in allen kostenrechtlichen Verfahren.

VI. Unzulässige Rechtsmittel

34   Gegebenenfalls unzulässige Rechtsmittel müssen ausgedeutet werden.[36] So kann durchaus ein gestellter Antrag, aufgrund § 7 Gerichtskosten nicht zu erheben, nach Zugang der Kostenrechnung als Erinnerung gegen den Kostenansatz nach § 5 oder umgekehrt umzudeuten sein.

VII. Kosten

35   Durch die Verweisung in Abs. 2 S. 2 auf § 66 Abs. 8 GKG wird klargestellt, dass Erinnerungs- und Beschwerdeverfahren gebührenfrei sind und eine Kostenerstattung nicht stattfindet.[37]

---

32 Vgl die Aufzählung bei Schröder-Kay/*Gerlach*, § 4 GvKostG Rn 70. **33** Schröder-Kay/*Gerlach*, § 5 GvKostG Rn 11; *Winterstein/Richter/Zuhn*, GvKostR, § 5 Rn 1 b). **34** Schröder-Kay/*Gerlach*, § 5 GvKostG Rn 20. **35** BGH DGVZ 2008, 187; aA LG Gießen JurBüro 1990, 113; *Gerlach*, DGVZ 2003, 74; Schröder-Kay/*Gerlach*, § 5 GvKostG Rn 26. **36** BGH NJW-RR 1997, 831. **37** OLG Hamm DGVZ 1994, 27.

VIII. Elektronische Akte, elektronisches Dokument (Abs. 4)

Die Regelung des Abs. 4 ist durch das 2. KostRMoG neu aufgenommen worden. Die Ergänzung ist dem **36** Zweck geschuldet, dass alle kostenrechtlichen Regelungen zur elektronischen Akte und zum elektronischen Dokument durch eine allgemeine Verweisung auf die jeweiligen verfahrensrechtlichen Regelungen für das zugrunde liegende Verfahren ersetzt werden. Damit ist sichergestellt, dass für die kostenrechtlichen Verfahren die gleichen Grundsätze wie für das Verfahren zur Hauptsache gelten.[38] Abs. 4 verweist damit auf die Regelungen der §§ 130 a, 298 a ZPO.

§ 6 Nachforderung

Wegen unrichtigen Ansatzes dürfen Kosten nur nachgefordert werden, wenn der berichtigte Ansatz vor Ablauf des nächsten Kalenderjahres nach Durchführung des Auftrags dem Zahlungspflichtigen mitgeteilt worden ist.

DB-GvKostG (Zu § 6): keine Regelung

Die Vorschrift des § 6, der in der Praxis eine geringe Bedeutung hat, beschränkt die Möglichkeit, Kosten **1** wegen eines unrichtigen Ansatzes nachzufordern. Ein **unrichtiger Ansatz** liegt zB vor, wenn der Gerichtsvollzieher eine Gebühr falsch abgelesen oder eine Gebühr vergessen hat. Die Nachforderung darf nur im Jahr der Erledigung und im darauf folgenden Kalenderjahr erfolgen. Für den Beginn der Frist ist die Auftragserledigung maßgebend. Maßgebend ist nicht die Beendigung einzelner Amtshandlungen, da ein Auftrag mehrere Amtshandlungen beinhalten kann (§ 3 Abs. 1 S. 1), sondern die **Erledigung des gesamten Auftrags**. Werden grds. besondere Aufträge erteilt, die jedoch wegen der gleichzeitigen Auftragserteilung als **ein Auftrag** gelten (§ 3 Abs. 2), ist für den Fristbeginn insoweit entscheidend, dass alle beantragten Amtshandlungen dieses Auftrags durchgeführt wurden oder als durchgeführt gelten (§ 3 Abs. 4). Nach Ablauf des folgenden Kalenderjahres ist von Amts wegen keine Nachforderung mehr möglich. Erhebt der Gerichtsvollzieher trotz Fristablaufs Kosten nach, so kann der Kostenschuldner hiergegen Erinnerung nach § 5 einlegen.[1]

§ 7 Nichterhebung von Kosten wegen unrichtiger Sachbehandlung

(1) Kosten, die bei richtiger Behandlung der Sache nicht entstanden wären, werden nicht erhoben.
(2) ¹Die Entscheidung trifft der Gerichtsvollzieher. ²§ 5 Abs. 2 ist entsprechend anzuwenden. ³Solange nicht das Gericht entschieden hat, kann eine Anordnung nach Absatz 1 im Verwaltungsweg erlassen werden. ⁴Eine im Verwaltungsweg getroffene Anordnung kann nur im Verwaltungsweg geändert werden.

DB-GvKostG (Zu § 7) Nr. 5

Hilft die Gerichtsvollzieherin oder der Gerichtsvollzieher einem Antrag des Kostenschuldners auf Nichterhebung von GV-Kosten wegen unrichtiger Sachbehandlung nicht oder nicht in vollem Umfang ab, so ist die Entscheidung dem Kostenschuldner mitzuteilen. Erhebt dieser gegen die Entscheidung Einwendungen, so legt die Gerichtsvollzieherin oder der Gerichtsvollzieher die Vorgänge unverzüglich mit einer dienstlichen Äußerung der unmittelbaren Dienstvorgesetzten oder dem unmittelbaren Dienstvorgesetzten (§ 1 Satz 3 GVO) vor. Von dort wird die Bezirksrevisorin oder der Bezirksrevisor beteiligt; die Nichterhebung der Kosten nach § 7 Abs. 2 Satz 3 GvKostG im Verwaltungsweg wird angeordnet, wenn die Voraussetzungen hierfür erfüllt sind. Anderenfalls wird zunächst geprüft, ob der Kostenschuldner eine Entscheidung im Verwaltungswege oder eine gerichtliche Entscheidung begehrt. Nach dem Ergebnis der Prüfung entscheidet die Dienstvorgesetzte oder der Dienstvorgesetzte entweder selbst oder legt die Vorgänge mit der Äußerung der Gerichtsvollzieherin oder des Gerichtsvollziehers dem Amtsgericht (§ 7 Abs. 2 i.V.m. § 5 Abs. 2 GvKostG) zur Entscheidung vor.

I. Anwendungsbereich

Die Vorschrift des § 7 normiert den Einwand der **unrichtigen Sachbehandlung**. Geregelt wird also die Befreiung des Kostenschuldners von Kosten infolge fehlerhaften Verhaltens des Gerichtsvollziehers. „Fehler" **1**

---

38 BT-Drucks 17/11471 (neu), S. 254 iVm S. 156. **1** Schröder-Kay/*Gerlach*, § 6 GvKostG Rn 16; *Hartmann*, KostG, § 6 GvKostG Rn 9.

in diesem Sinne bedeutet, dass nur ein offen zutage tretender Verstoß gegen eindeutige Gesetzesbestimmungen oder ein **offensichtliches Versehen** eine unrichtige Sachbehandlung darstellt.[1] Von dem Begriff „Gesetzesbestimmungen" werden zum einen gesetzliche Bestimmungen, aber auch Verwaltungsbestimmungen, wie etwa GVGA oder DB-GvKostG, umfasst.[2] Keine unrichtige Sachbehandlung liegt vor, wenn eine im Ermessen des Gerichtsvollziehers liegende vertretbare Handlung gegeben war; ein Ermessen führt erst bei seiner Überschreitung zur Unrichtigkeit.[3] Auch eine nur unsachgemäße Behandlung einer Sache durch den Gerichtsvollzieher reicht nicht aus, um von einer unrichtigen Sachbehandlung auszugehen.[4] Zwar können mangelnde Kenntnis der Rechtslage und entscheidungserhebliche Unkenntnis der aktuellen Rechtsprechung der Rechtsmittelgerichte eine unrichtige Sachbehandlung darstellen. Soweit jedoch eine Streitfrage in der Rechtsprechung der Instanzgerichte unterschiedlich beantwortet wird und in der obergerichtlichen Rechtsprechung nicht geklärt ist, kann eine Entscheidung des Gerichtsvollziehers nicht als offensichtlicher und schwerer Fehler angesehen werden und deshalb keine unrichtige Sachbehandlung sein.[5]

1a   Das Rechtsmittel der unrichtigen Sachbehandlung orientiert sich zwar an der Erinnerung gegen den Kostenansatz, es handelt sich jedoch um ein besonderes eigenständiges Rechtsmittel.[6]

II. Anzuwendende Vorschriften

2   Durch die Verweisung des Abs. 2 S. 2 auf die entsprechende Anwendung von § 5 Abs. 2 ergibt sich, dass für das Verfahren und die Entscheidung die Bestimmungen für das Erinnerungs- und Beschwerdeverfahren maßgebend sind. Daraus folgt, dass in dem Fall, in dem sich der Einwand der unrichtigen Sachbehandlung gegen die Verfahrensweise des Gerichtsvollziehers in einer **Vollstreckungsangelegenheit** richtet, wiederum das **Vollstreckungsgericht** zu entscheiden hat, während in sonstigen Angelegenheiten die Entscheidung durch das Amtsgericht getroffen wird.

III. Unrichtige Sachbehandlung

3   **1. Mehrkosten.** Nur die Kosten werden nicht erhoben, die durch die unrichtige Sachbehandlung entstanden sind. Die Kosten, die bei richtiger Sachbehandlung entstanden wären, sollen auch weiterhin erhoben werden (vgl **Abs. 1**). Damit umfasst § 7 ausdrücklich nur Mehrkosten, dh Kosten, die durch die unrichtige Sachbehandlung zusätzlich entstanden sind.[7] Die Kosten, die bei richtiger Sachbehandlung entstanden wären, sind den durch die tatsächliche – unrichtige – Sachbehandlung entstandenen Kosten gegenüberzustellen.[8]

4   **2. Fehler anderer Justizorgane.** Die unrichtige Sachbehandlung braucht nicht zwingend durch den Gerichtsvollzieher erfolgt sein. Es reicht hier aus, dass Mehrkosten dadurch entstanden sind, dass andere Gerichtsorgane eine unrichtige Sachbehandlung begangen haben.[9] Nicht anzuwenden ist § 7, wenn Fehler außerhalb der Justiz vorliegen, die zu weiteren Gerichtsvollzieherkosten führen (zB Abnahme der eidesstattlichen Versicherung durch das Finanzamt[10] oder bei Zustellungsfehlern der Post).

IV. Verfahren (Abs. 2)

5   Der Gerichtsvollzieher trifft die Entscheidung, ob eine unrichtige Sachbehandlung vorliegt (Abs. 2 S. 1). Liegt nach seiner Ansicht **keine unrichtige Sachbehandlung** vor und erhebt der Rechtsmittelführer gegen diese Entscheidung des Gerichtsvollziehers Einwendungen, legt der Gerichtsvollzieher die Vorgänge unverzüglich mit einer dienstlichen Äußerung dem unmittelbaren Dienstvorgesetzten (§ 1 S. 3 GVO) vor (Nr. 5 S. 2 DB-GvKostG). Der Dienstvorgesetzte beteiligt den Bezirksrevisor (Nr. 5 S. 3 DB-GvKostG). Hält der Dienstvorgesetzte den Einwand der unrichtigen Sachbehandlung für **begründet**, ordnet er die Nichterhebung der Kosten im Verwaltungswege an (Abs. 2 S. 3). Hält der Dienstvorgesetzte den Einwand der unrichtigen Sachbehandlung für **nicht begründet**, hat der Rechtsmittelführer ein Wahlrecht, ob eine Entscheidung im Verwaltungswege (durch den Dienstvorgesetzten des Gerichtsvollziehers) oder eine gerichtliche Entscheidung (durch das Gericht) angestrebt wird. Nach Äußerung des Rechtsmittelführers entscheidet der Dienstvorgesetzte entweder selbst oder legt die Vorgänge mit der Stellungnahme des Gerichtsvollziehers zur Entscheidung vor (Abs. 2 S. 2 iVm § 5 Abs. 2; Nr. 5 S. 5 DB-GvKostG). Liegt eine unrichtige Sachbehandlung vor, ordnet das Gericht zwingend die Nichterhebung der Kosten an, die bei richtiger Sachbehandlung nicht entstanden wären.

---

1 OLG Köln NJW 1988, 503; LG Mainz NJW-RR 1998, 1294. **2** LG Berlin JurBüro 2000, 376 und 549. **3** AG Darmstadt DGVZ 2003, 159. **4** OLG Düsseldorf DGVZ 2014, 264. **5** OLG Düsseldorf DGVZ 2014, 264. **6** LG Düsseldorf JurBüro 2000, 666. **7** LG Düsseldorf JurBüro 2000, 666. **8** LG Berlin DGVZ 1991, 140. **9** LG Berlin DGVZ 1975, 42; LG Mannheim DGVZ 1991, 140; AG Erfurt DGVZ 2000, 158. **10** AG Wuppertal DGVZ 2007, 77.

V. Rechtsmittel

Gegen die Entscheidung des Gerichts ist nach Abs. 2 S. 2 iVm § 5 Abs. 2 S. 2 iVm § 66 Abs. 2–8 GKG die **6** Beschwerde zum Landgericht zulässig.[11] Der Wert des Beschwerdegegenstandes muss 200 € übersteigen. Insbesondere findet auch in Verfahren wegen unrichtiger Sachbehandlung im Rahmen der **Zwangsvollstreckung** § 66 Abs. 2 S. 3 GKG Anwendung, der eine Beschwerde an einen obersten Gerichtshof des Bundes nicht zulässt.[12]

Gegen Entscheidungen des Vollstreckungsgerichts ist nach Abs. 2 S. 2 iVm § 5 Abs. 2 S. 2 iVm § 66 Abs. 4 **7** GKG die **weitere Beschwerde** zum Oberlandesgericht zulässig, wenn das Landgericht sie wegen der grundsätzlichen Bedeutung der zur Entscheidung stehenden Frage in dem Beschluss zugelassen hat.[13]

VI. Einzelfälle

1. Mehrere Ausfertigungen. Eine Nichterhebung der Kosten ist gerechtfertigt, wenn dem Gerichtsvollzieher **8** durch die Geschäftsstelle **mehrere Ausfertigungen** desselben Pfändungs- und Überweisungsbeschlusses übersandt werden, die durch den Gerichtsvollzieher mehrfach zugestellt werden, da durch die nicht erforderliche mehrfache Zustellung Mehrkosten angefallen sind, die bei richtiger Sachbehandlung nicht entstanden wären. Auch wenn der Gerichtsvollzieher die mehrfache Übersendung und damit den Fehler nicht zu vertreten hat, sind auch seine Kosten niederzuschlagen.

2. Nachbesserung einer Vermögensauskunft. Eine Nichterhebung von Kosten kann in Betracht kommen, **9** wenn ein Gläubiger die **Nachbesserung** (§ 142 GVGA) einer Vermögensauskunft (§ 802 c ZPO) beantragt. Hier ist jedoch nach dem **Grund** der Nachbesserung zu unterscheiden:

Hat der Gerichtsvollzieher die Nachbesserung verschuldet, weil zB Forderungen nach Grund und Höhe **10** nicht ausreichend bezeichnet sind, kommt eine erneute Erhebung von Kosten nicht in Betracht. Eine erneute Gebühr für die Abnahme der Vermögensauskunft entsteht bereits nicht, da das Verfahren auf Gesuch des früheren Gläubigers oder eines anderen Gläubigers zur Ergänzung oder Nachbesserung des Vermögensverzeichnisses fortzusetzen ist. Die Nachbesserung erfolgt nicht in einem neuen oder gesonderten Verfahren, sondern ist **Fortsetzung des alten Verfahrens**, weil der Schuldner die ihm dort obliegende Offenbarungspflicht noch nicht vollständig erfüllt hat.[14] Auch wenn der Gerichtsvollzieher dem Schuldner die Vermögensauskunft bzgl der nachbessernden bzw ergänzenden Angaben nochmals abnimmt, fällt keine neue Gebühr Nr. 260 KV GvKostG an. Dies verhindert § 10 Abs. 1 S. 1, wonach bei Durchführung desselben Auftrags eine Gebühr nach derselben Nummer des Kostenverzeichnisses nur einmal erhoben wird. In diesem Fall wegen unrichtiger Sachbehandlung aber nicht zu erheben sind die weiteren zusätzlichen Kosten, zB für die **Ladung zum Termin** zur Nachbesserung (§ 802 f Abs. 4 ZPO) oder auch für ein notwendiges **Verhaftungsverfahren** (§ 802 g ZPO), weil diese zusätzlich jetzt entstandenen Kosten auf die unrichtige Sachbehandlung durch den Gerichtsvollzieher zurückzuführen sind. Dies gilt insb. auch dann, wenn die Nachbesserung durch einen anderen als den ursprünglichen Gerichtsvollzieher erfolgt, wenn der ursprüngliche Gerichtsvollzieher die Nachbesserung notwendig gemacht hat.[15]

Ist dem Gerichtsvollzieher jedoch **keine** unrichtige Sachbehandlung unterlaufen, beruht die notwendige **11** Nachbesserung vielmehr auf anderen Gründen, kommt auch eine Niederschlagung von Kosten nicht in Betracht. Dies ist zB der Fall, wenn ein **Drittgläubiger Zusatzfragen zum Vermögensverzeichnis** stellt. Eine Nachbesserung bzw Ergänzung des alten Vermögensverzeichnisses ist nämlich auch vorzunehmen, wenn Zusatz-/(Ergänzungs-)Fragen gestellt werden, die bis zu diesem Zeitpunkt noch nicht gestellt wurden.[16] In diesem Fall entsteht zwar auch keine Gebühr Nr. 260 KV GvKostG, weil auch hier eine Fortführung des Ursprungsverfahrens vorliegt, jedoch können die Kosten für eine erneute Ladung des Schuldners zum Nachbesserungstermin und die ggf anfallenden Kosten für eine Verhaftung erhoben werden, da diese nicht auf einer unrichtigen Sachbehandlung des Gerichtsvollziehers beruhen.

§ 8 Verjährung, Verzinsung

(1) Ansprüche auf Zahlung von Kosten verjähren in vier Jahren nach Ablauf des Kalenderjahres, in dem die Kosten fällig geworden sind.

---

11 BGH DGVZ 2008, 187. **12** BGH DGVZ 2008, 187; aA LG Gießen JurBüro 1990, 113; *Gerlach*, DGVZ 2003, 74; Schröder-Kay/*Gerlach*, § 5 GvKostG Rn 26. **13** BGH DGVZ 2008, 187; aA LG Gießen JurBüro 1990, 113; *Gerlach*, DGVZ 2003, 74; Schröder-Kay/*Gerlach*, § 5 GvKostG Rn 26. **14** Noch zur eidesstattlichen Versicherung vgl BGH DGVZ 2008, 124. **15** AG Perleberg DGVZ 2015, 262. **16** LG Freiburg DGVZ 1994, 118; LG Mannheim DGVZ 1994, 118; LG Göttingen DGVZ 1994, 29; LG Stuttgart DGVZ 1996, 121; LG Kiel JurBüro 1997, 271; LG Deggendorf JurBüro 2003, 159.

(2) [1]Ansprüche auf Rückerstattung von Kosten verjähren in vier Jahren nach Ablauf des Kalenderjahres, in dem die Zahlung erfolgt ist. [2]Die Verjährung beginnt jedoch nicht vor dem in Absatz 1 bezeichneten Zeitpunkt. [3]Durch die Einlegung eines Rechtsbehelfs mit dem Ziel der Rückerstattung wird die Verjährung wie durch Klageerhebung gehemmt.

(3) [1]Auf die Verjährung sind die Vorschriften des Bürgerlichen Gesetzbuchs anzuwenden; die Verjährung wird nicht von Amts wegen berücksichtigt. [2]Die Verjährung der Ansprüche auf Zahlung von Kosten beginnt auch durch die Aufforderung zur Zahlung oder durch eine dem Kostenschuldner mitgeteilte Stundung erneut. [3]Ist der Aufenthalt des Kostenschuldners unbekannt, so genügt die Zustellung durch Aufgabe zur Post unter seiner letzten bekannten Anschrift. [4]Bei Kostenbeträgen unter 25 Euro beginnt die Verjährung weder erneut noch wird sie oder ihr Ablauf gehemmt.

(4) Ansprüche auf Zahlung und Rückerstattung von Kosten werden nicht verzinst.

DB-GvKostG (Zu § 8): keine Regelung

I. Verjährung (Abs. 1–3)

1   Die Bestimmung regelt die Verjährung sowohl hinsichtlich des Zahlungsanspruchs der Staatskasse (Abs. 1) als auch hinsichtlich des Rückerstattungsanspruchs des Kostenschuldners (Abs. 2).

2   Die Verjährung ist nicht von Amts wegen zu beachten (Abs. 3 S. 1 Hs 2).

3   Hinsichtlich beider Ansprüche verjähren diese in **vier Jahren** nach Ablauf des Kalenderjahres, in dem der Auftrag erledigt wurde. Für den Rückerstattungsanspruch des Kostenschuldners ist daneben maßgebend der Zeitpunkt des Entstehens des Anspruchs. Entscheidend ist der spätere Zeitpunkt. Entstanden ist der Anspruch dann, wenn die zu erhebenden Kosten zu Unrecht bezahlt werden, nicht bereits dann, wenn die Kostenrechnung erstellt wird. Bei einem Rückerstattungsanspruch nach § 7 (unrichtige Sachbehandlung) ist der Zeitpunkt der ergangenen Entscheidung maßgebend.

4   Die Fristen berechnen sich gem. Abs. 3 S. 1 Hs 1 nach den Vorschriften des BGB (§§ 194 ff BGB). Es gelten die üblichen Vorschriften über Hemmung (§ 209 BGB) und Neubeginn (§ 212 BGB) der Verjährung.

5   Die Einlegung von Rechtsbehelfen stellt eine gerichtliche Geltendmachung dar und ist in Abs. 2 S. 3 der Klageerhebung ausdrücklich gleichgestellt (§ 204 BGB). Es wird damit klargestellt, dass jeder Rechtsbehelf mit dem Ziel der Rückerstattung von Kosten die Verjährung hemmt.

6   Der Neubeginn der Verjährung (§ 212 BGB) kann erfolgen durch weitere Vollstreckungsmaßnahmen, Abschlagzahlungen oder durch Zahlungsaufforderung oder Stundung (Abs. 3 S. 2).

7   Zum Neubeginn der Verjährung genügt die formlose Mitteilung der Stundung oder der Zahlungsaufforderung an den Kostenschuldner. Ist der Kostenschuldner unbekannten Aufenthalts, genügt es, wenn die Zustellung der Zahlungsaufforderung oder Stundung durch Aufgabe zur Post (§ 175 ZPO) unter seiner letzten bekannten Adresse erfolgt (Abs. 3 S. 3). Bei Kostenbeträgen unter 25 € tritt kein Neubeginn der Verjährung ein (Abs. 3 S. 4).

8   Ist Verjährung eingetreten, kann der Kostenschuldner bzw im umgekehrten Fall die Staatskasse die Zahlung verweigern. Erfolgt trotzdem die Zahlung, kann die Zahlung nicht zurückgefordert werden (§ 214 Abs. 2 BGB).

II. Verzinsung (Abs. 4)

9   Mit Abs. 4 soll eine Verzinsungspflicht für Ansprüche auf Zahlung und Rückerstattung von Gerichtsvollzieherkosten grds. ausgeschlossen werden.

§ 9 Höhe der Kosten

Kosten werden nach dem Kostenverzeichnis der Anlage zu diesem Gesetz erhoben, soweit nichts anderes bestimmt ist.

DB-GvKostG (Zu § 9): keine Regelung

1   Da die allgemeinen Bestimmungen der §§ 1–19 keine Aussage enthalten, welche Kosten (Gebühren und Auslagen, § 1 Abs. 1) im Einzelfall erhoben werden, verweist § 9 auf das **Kostenverzeichnis** des GvKostG (**KV GvKostG**). Aus dem Kostenverzeichnis ergibt sich, für welchen Vorgang welche Gebühr oder welche Auslagen zu erheben sind. Das Kostenverzeichnis zum GvKostG kennt nur **Festgebühren**. Damit soll die

Gebührenberechnung vereinfacht werden. Eine Ausnahme sieht lediglich § 12 vor; dort bestimmen sich die Gebühren nach den für Notare geltenden Regelungen des GNotKG.

Abschnitt 2
Gebührenvorschriften

§ 10 Abgeltungsbereich der Gebühren

(1) ¹Bei Durchführung desselben Auftrags wird eine Gebühr nach derselben Nummer des Kostenverzeichnisses nur einmal erhoben. ²Dies gilt nicht für die nach Abschnitt 6 des Kostenverzeichnisses zu erhebenden Gebühren, wenn für die Erledigung mehrerer Amtshandlungen Gebühren nach verschiedenen Nummern des Kostenverzeichnisses zu erheben wären. ³Eine Gebühr nach dem genannten Abschnitt wird nicht neben der entsprechenden Gebühr für die Erledigung der Amtshandlung erhoben.

(2) ¹Ist der Gerichtsvollzieher beauftragt, die gleiche Vollstreckungshandlung wiederholt vorzunehmen, sind die Gebühren für jede Vollstreckungshandlung gesondert zu erheben. ²Dasselbe gilt, wenn der Gerichtsvollzieher auch ohne ausdrückliche Weisung des Auftraggebers die weitere Vollstreckung betreibt, weil nach dem Ergebnis der Verwertung der Pfandstücke die Vollstreckung nicht zur vollen Befriedigung des Auftraggebers führt oder Pfandstücke bei dem Schuldner abhanden gekommen oder beschädigt worden sind. ³Gesondert zu erheben sind

1. eine Gebühr nach Abschnitt 1 des Kostenverzeichnisses für jede Zustellung,
2. eine Gebühr nach Nummer 430 des Kostenverzeichnisses für jede Zahlung,
3. eine Gebühr nach Nummer 440 des Kostenverzeichnisses für die Einholung jeder Auskunft und
4. eine Gebühr nach Nummer 600 des Kostenverzeichnisses für jede nicht erledigte Zustellung.

(3) ¹Ist der Gerichtsvollzieher gleichzeitig beauftragt, Vollstreckungshandlungen gegen Gesamtschuldner auszuführen, sind die Gebühren nach den Nummern 200, 205, 260, 261, 262 und 270 des Kostenverzeichnisses für jeden Gesamtschuldner gesondert zu erheben. ²Das Gleiche gilt für die in Abschnitt 6 des Kostenverzeichnisses bestimmten Gebühren, wenn Amtshandlungen der in den Nummern 205, 260, 261, 262 und 270 des Kostenverzeichnisses genannten Art nicht erledigt worden sind.

§ 10 Abgeltungsbereich der Gebühren [Fassung gem. RegE EuKoPfVODG, BT-Drucks 18/7560]¹

(1) (unverändert)

(2) ¹Ist der Gerichtsvollzieher beauftragt, die gleiche Vollstreckungshandlung wiederholt vorzunehmen, sind die Gebühren für jede Vollstreckungshandlung gesondert zu erheben. ²Dasselbe gilt, wenn der Gerichtsvollzieher auch ohne ausdrückliche Weisung des Auftraggebers die weitere Vollstreckung betreibt, weil nach dem Ergebnis der Verwertung der Pfandstücke die Vollstreckung nicht zur vollen Befriedigung des Auftraggebers führt oder Pfandstücke bei dem Schuldner abhanden gekommen oder beschädigt worden sind. ³Gesondert zu erheben sind

1. (unverändert)
2. (unverändert)
3. eine Gebühr nach Nummer 440 *oder Nummer 441* des Kostenverzeichnisses für die *Erhebung von Daten bei jeder der in den §§ 755 und 802 l der Zivilprozessordnung genannten Stellen* und
4. (unverändert)

(3) (unverändert)

DB-GvKostG (Zu § 10): keine Regelung

I. Grundsatz (Abs. 1 S. 1)

1. Einmaliger Gebührenansatz je Auftrag (Abs. 1 S. 1). Grundsätzlich ist davon auszugehen, dass bei der Durchführung desselben Auftrags eine Gebühr nach derselben Nummer des Kostenverzeichnisses nur einmal erhoben wird (Abs. 1 S. 1). Der Auftrag kann, wie sich aus § 3 Abs. 1 ergibt, auf die Erledigung einer oder mehrerer Amtshandlungen gerichtet sein. Innerhalb dieses Auftrags kann daher zB nur einmal die Gebühr Nr. 205 KV GvKostG erhoben werden, selbst wenn zur Durchführung des Auftrags dieselbe Amtshandlung mehrfach zu erledigen ist.

1

---

1 *Kursive Hervorhebung:* Geplante Änderung durch Art. 12 Nr. 2 des „Entwurfs eines Gesetzes zur Durchführung der Verordnung (EU) Nr. 655/2014 sowie zur Änderung sonstiger zivilprozessualer Vorschriften (EuKoPfVODG)", RegE, BT-Drucks 18/7560, S. 20. Geplantes Inkrafttreten dieser Änderung: am Tag nach der Verkündung. – Siehe dazu näher Rn 11.

2 **2. Mehrmaliger Gebührenansatz bei mehreren Aufträgen.** Im Umkehrschluss ergibt sich aus Abs. 1 S. 1 jedoch auch der Grundsatz, dass die Gebühren für mehrere Aufträge jeweils gesondert zu erheben sind. Eine Aufteilung von Gebühren – auch bei gleichzeitiger Erledigung – mehrerer Aufträge findet daher nicht statt.

II. Ausnahmen (Abs. 1 S. 2)

3 Die Vorschrift des Abs. 1 S. 2 enthält eine Ausnahme zu dem Grundsatz, dass bei der Erledigung eines Auftrags jede Gebühr nur einmal anfällt. Diese Ausnahme betrifft die in Abschnitt 6 des Kostenverzeichnisses geregelten Gebühren für die Nichterledigung von Amtshandlungen (Nr. 600–604 KV GvKostG). Abs. 1 S. 2 erlaubt, bei mehreren nicht erledigten Amtshandlungen die Gebühren nach Abschnitt 6 des Kostenverzeichnisses mehrfach zu erheben, wenn für die Erledigung der verschiedenen Amtshandlungen unterschiedliche Gebühren angefallen wären.

III. Teilerledigung (Abs. 1 S. 3)

4 Nach Abs. 1 S. 3 kann eine Gebühr nach Abschnitt 6 des Kostenverzeichnisses für die Nichterledigung nicht neben einer Gebühr für die Erledigung erhoben werden, wenn die Amtshandlung hinsichtlich eines Teils des Auftrags erledigt und die gleiche Amtshandlung für einen anderen Teil nicht erledigt wird. Es kann nur die Gebühr für die Erledigung der Amtshandlung erhoben werden. Soweit für die nicht erledigte Amtshandlung ein eigener Gebührentatbestand vorgesehen ist, liegt diese Gebühr regelmäßig unter der Gebühr für die Erledigung oder ist gleich hoch. Diese Gebühr soll nicht neben der Gebühr für die Erledigung erhoben werden, weil sonst die Teilerledigung teurer als die vollständige Erledigung würde.

IV. Mehrfacher Gebührenansatz in demselben Auftrag (Abs. 2)

5 **1. Wiederholung von Vollstreckungshandlungen (Abs. 2 S. 1).** Ist der Auftrag darauf gerichtet, Vollstreckungshandlungen zu wiederholen (zB mehrfache Kassenpfändungen), können die Gebühren für jede Vollstreckungshandlung gesondert erhoben werden (Abs. 2 S. 1).

6 **2. Nach- und Ausfallpfändung (Abs. 2 S. 2).** Das Gleiche gilt für den Fall, dass der Gerichtsvollzieher auch ohne ausdrückliche Weisung des Auftraggebers die weitere Vollstreckung betreibt, weil nach dem Ergebnis der Verwertung der Pfandstücke die volle Befriedigung des Gläubigers nicht erreicht wurde oder weil Pfandstücke, die im Gewahrsam des Schuldners belassen wurden, abhanden gekommen oder beschädigt worden sind (Abs. 2 S. 2).

7 **3. Wegegeld, Nr. 711 KV GvKostG.** Abweichend von dem Grundsatz, dass ein Wegegeld nur einmal je Auftrag entsteht (Nr. 711 KV GvKostG), kann bei der Wiederholung von Vollstreckungshandlungen (vgl Abs. 2 S. 1) und bei Nach- und Ausfallpfändung (vgl Abs. 2 S. 2) nach Abs. 4 S. 1 der Anmerkung zu Nr. 711 KV GvKostG das Wegegeld in den Fällen des § 10 Abs. 2 S. 1 und 2 für jede Vollstreckungshandlung gesondert erhoben werden.

8 **4. Zustellungs- und Hebegebühren (Abs. 2 S. 3 Nr. 1, 2 und 4).** Abs. 2 enthält in S. 3 weitere Besonderheiten für Zustellungs- (Nr. 1, 4) und Hebegebühren (Nr. 2):

9 Gebühren nach Abschnitt 1 des Kostenverzeichnisses sind für jede **Zustellung** im Rahmen eines Auftrags gesondert zu erheben (Abs. 2 S. 3 **Nr. 1**). Das Gleiche gilt für die Gebühr nach Nr. 600 KV GvKostG, wenn eine Zustellung nicht erledigt wird (Abs. 2 S. 3 **Nr. 4**).

10 Ebenso ist die Gebühr für die **Entgegennahme einer Zahlung** (Nr. 430 KV GvKostG) für jede Zahlung gesondert zu erheben (Abs. 2 S. 3 **Nr. 2**). Dies gilt sowohl für mehrere Zahlungen im Rahmen desselben Auftrags (zB Ratenzahlungen nach § 802 b ZPO) als auch für den Fall, dass gleichzeitig Zahlungen für mehrere Aufträge entgegengenommen werden.

11 **5. Einholung von Auskünften (Abs. 2 S. 3 Nr. 3).** Für die Einholung von Auskünften bei einer der in den §§ 755, 802 l ZPO genannten Stellen erhält der Gerichtsvollzieher eine Gebühr nach Nr. 440 KV GvKostG bzw – nach der durch das **EuKoPfVODG** geplanten Ergänzung[2] – auch eine ermäßigte Gebühr nach der neuen Nr. 441 KV GvKostG-E (zu dieser beabsichtigten Gesetzesänderung näher → Nr. 400–440 KV GvKostG Rn 15 f). Gemäß Abs. 2 S. 3 **Nr. 3** ist diese Gebühr für jede Auskunftseinholung gesondert zu erheben, wenn der Gläubiger den Gerichtsvollzieher im Rahmen der Durchführung eines Vollstreckungsauftrags mit der Einholung mehrerer Auskünfte beauftragt. Bei der geplanten Änderung des Abs. 2 S. 3 Nr. 3 handelt es sich um eine Folgeänderung zu der beabsichtigten Einführung der neuen Nr. 441 KV GvKostG-E.

---

2 Durch Art. 12 Nr. 2 des „Entwurfs eines Gesetzes zur Durchführung der Verordnung (EU) Nr. 655/2014 sowie zur Änderung sonstiger zivilprozessualer Vorschriften (EuKoPfVODG)", BT-Drucks 18/7560, S. 20. Geplantes Inkrafttreten dieser Änderung: am Tag nach der Verkündung (s. Art. 14 Abs. 2 S. 1 ÄndG).

Es muss für die Einholung der Auskünfte ein ausdrücklicher Auftrag des Gläubigers vorliegen. Dies ergibt **12** sich zwar nicht aus dem Wortlaut des § 755 ZPO, die Gesetzesbegründung zu § 755 ZPO ist jedoch insoweit eindeutig. Die Befugnis (nach § 755 Abs. 1 ZPO) steht dem Gerichtsvollzieher nicht von Amts wegen zu, sondern nur aufgrund eines entsprechenden Antrags des Gläubigers; ein Ermessen ist ihm nicht eröffnet.[3] Amtliche Begründungen sind zwar weder zur bindenden Auslegung noch zur Ausfüllung einer Gesetzesbestimmung geeignet, lassen aber erkennen, was der Gesetzgeber regeln wollte. Das Erfordernis eines ausdrücklichen Antrags ist auch durchaus sinnvoll, da es Fälle geben wird, bei denen der Gläubiger Auskünfte kostengünstiger (zB ohne Gebühr des Gerichtsvollziehers) erlangen kann.

V. Gesamtschuldner (Abs. 3)

1. Mehrere Gebühren (Abs. 3 S. 1 und 2). Nach § 3 Abs. 2 S. 1 Nr. 2 und 3 handelt es sich bei der Zustel- **13** lung und Vollstreckung gegen Gesamtschuldner um denselben Auftrag, wenn dieser gleichzeitig erteilt worden ist. Nach dem Grundsatz des Abs. 1 S. 1 könnten die Gebühren nach derselben Nummer des Kostenverzeichnisses nur einmal anfallen. Hiervon werden bestimmte Fälle ausgenommen: Bei den in **Abs. 3 S. 1** ausdrücklich genannten Amtshandlungen – **Nr. 200, 205, 260, 261, 262 KV GvKostG** – können die Gebühren hinsichtlich jeden Gesamtschuldners gesondert angesetzt werden. **Abs. 3 S. 2** dehnt dies auf die Fälle aus, in denen die vorgenannten Aufträge nicht erledigt werden, mit der Folge, dass jeweils eine besondere Gebühr Nr. 604 KV GvKostG entsteht. Aus der Fassung des Abs. 3 S. 1 ergibt sich darüber hinaus, dass andere Amtshandlungen gegen Gesamtschuldner jeweils nur eine Gebühr nach der jeweiligen Nummer des Kostenverzeichnisses auslösen können. Dies gilt auch für die Gebühr **Nr. 207 KV GvKostG**, die bei einem Versuch der gütlichen Erledigung eines Auftrags gegen Gesamtschuldnern nur **einmal** entsteht, da Nr. 207 KV GvKostG in Abs. 3 nicht in Bezug genommen ist.

2. Zeitzuschlag, Nr. 500 KV GvKostG. Ist bei einer Gebühr ein Zeitzuschlag vorgesehen, kann bei einem **14** mehrfachen Ansatz einer Gebühr im Rahmen des Abs. 3 auch der **Zeitzuschlag mehrfach** erhoben werden. Die jeweilige Gebühr ist also für jeden Gesamtschuldner um den Zeitzuschlag zu erhöhen, kann also mehrfach zugebilligt werden, wenn in der Person des Gesamtschuldners ein erhöhter Zeitaufwand angefallen ist. Es ist unerheblich, dass die Nr. 500 KV GvKostG in Abs. 3 nicht erwähnt ist. Denn der Zeitzuschlag ist keine eigenständige Gebühr, er kann für sich alleine nicht entstehen, sondern ist immer vom Ansatz einer Gebühr abhängig, bei der ein Zeitzuschlag möglich ist. Der Zeitzuschlag erhöht die jeweilige Gebühr.

3. Räumungsvollstreckung (Nr. 240, 241 KV GvKostG). Nr. 240, 241 KV GvKostG sind in Abs. 3 nicht **15** bezogen. Daraus folgt, dass auch bei Entsetzung mehrerer Personen aus dem Besitz aufgrund eines Auftrags nur eine Gebühr Nr. 240 bzw Nr. 241 KV GvKostG erhoben werden kann. Die gleichzeitig beantragte Entsetzung mehrerer Personen aus dem Besitz erfolgt auch im Rahmen desselben Auftrags, da davon ausgegangen wird, dass bei Räumungs- und Herausgabepflicht mehrerer Personen eine Gesamtschuld zu bejahen ist.[4] Die engen Zusammenhänge im Rahmen einer gesamtschuldnerischen Haftung mehrerer Personen prägen deren Verpflichtung stärker als der Umstand, dass jede Person eine sie selbständig betreffende Leistung zu erbringen hat.[5] Damit liegt bei dem gleichzeitigen Räumungsauftrag gegen mehrere Personen wiederum nur ein Auftrag vor (§ 3 Abs. 2 S. 1 Nr. 3). Im Rahmen desselben Auftrags entsteht eine Gebühr nach derselben Nummer des Kostenverzeichnisses nur einmal.

§ 11 Tätigkeit zur Nachtzeit, an Sonnabenden, Sonn- und Feiertagen

Wird der Gerichtsvollzieher auf Verlangen zur Nachtzeit (§ 758 a Abs. 4 Satz 2 der Zivilprozessordnung) oder an einem Sonnabend, Sonntag oder Feiertag tätig, so werden die doppelten Gebühren erhoben.

DB-GvKostG (Zu § 11): keine Regelung

Wird der Gerichtsvollzieher auf Verlangen zur Nachtzeit (§ 758 a Abs. 4 S. 2 ZPO), an einem Samstag oder **1** an einem Sonn- oder Feiertag tätig, so werden die **doppelten Gebühren** erhoben. § 11 betrifft alle Gebühren, die das GvKostG vorsieht oder auf die das GvKostG verweist (zB in § 12 auf die Gebühren des GNotKG). Eine Verdoppelung der sonstigen Kosten (Auslagen) findet nicht statt.

---

3 BT-Drucks 16/10069, S. 23. **4** OLG Brandenburg 13.12.2007 – 5 U 39/05, juris; BGH Rpfleger 2006, 99. **5** BGH Rpfleger 2006, 99.

2 Der Ansatz der doppelten Gebühren ist an bestimmte Voraussetzungen geknüpft:

■ Der Gerichtsvollzieher muss persönlich zur Nachtzeit, am Samstag oder an Sonn- und Feiertagen tätig geworden sein. Eine Tätigkeit von Büro- oder Schreibkräften oder sonstigen Arbeitshilfen reicht nicht aus.

■ Die Tätigkeit muss zur Nachtzeit, an einem Samstag oder an einem Sonn- oder Feiertag erfolgen.

■ Es muss sich um das gebührenpflichtige Hauptgeschäft der Amtshandlung handeln. Ein gebührenfreies Nebengeschäft der Amtshandlung (zB Übersendung von Benachrichtigungen o.Ä.) löst die Verdoppelung nicht aus.

■ Es muss ein besonderes Verlangen eines Beteiligten auf Durchführung der Amtshandlung zu diesem Zeitpunkt vorliegen. Hierzu ist kein förmlicher Antrag erforderlich, es genügt die schlüssige Handlung (zB Schuldner erscheint am Sonntag zur Zahlung).

3 Das **Verlangen** ist insb. nicht auf den Gläubiger beschränkt, sondern kann auch vom Schuldner ausgehen.[1] Der Gesetzeswortlaut ist hier eindeutig und beschränkt das „Verlangen" nicht nur auf ein ausschließliches Verlangen des Gläubigers.

4 Streitig diskutiert wird die Frage, was unter „**tätig**" zu verstehen ist, dh ob jede Tätigkeit, die im Rahmen eines Auftrags zur Nachtzeit oder an einem Samstag, Sonn- oder Feiertag erfolgt, eine doppelte Gebühr aus § 11 auslöst, zB wenn der Schuldner zur Nachtzeit mit entsprechender Ermächtigung (§ 758 a Abs. 4 ZPO) aufgesucht, aber nicht angetroffen wird und dann der Auftrag zu anderen Zeiten und Tagen außerhalb des § 11 endgültig erledigt wird. Der Gerichtsvollzieher hat in der Nachtzeit versucht, den Auftrag zu erledigen, ist also „tätig" geworden. Nach § 11 entsteht die doppelte Gebühr, sobald der Gerichtsvollzieher zu den in § 11 genannten Zeiten tätig geworden ist. Eine Erledigung des Auftrags oder die Fälligkeit der Gebühren zu diesem Zeitpunkt ist nicht Voraussetzung der Anwendung des § 11. Es wird daher zutreffend auch für diese Fälle von einer Verdopplung der Gebühren ausgegangen.[2]

5 Auch der **Zeitzuschlag** (Nr. 500 KV GvKostG) kann verdoppelt werden, wenn er durch eine Tätigkeit zur Nachtzeit oder an einem Sonnabend, Sonn- oder Feiertag entsteht. Sind die Voraussetzungen des § 11 nur für einen Teil des Zeitzuschlags erfüllt, wird der Zeitzuschlag nur für die Stunden, die ganz oder zum Teil in die Nachtzeit fallen, verdoppelt.[3]

§ 12 Siegelungen, Vermögensverzeichnisse, Proteste und ähnliche Geschäfte

Die Gebühren für Wechsel- und Scheckproteste, für Siegelungen und Entsiegelungen, für die Aufnahme von Vermögensverzeichnissen sowie für die Mitwirkung als Urkundsperson bei der Aufnahme von Vermögensverzeichnissen bestimmen sich nach den für Notare geltenden Regelungen des Gerichts- und Notarkostengesetzes.

DB-GvKostG (Zu § 12): keine Regelung

I. Verweisung auf das GNotKG

1 § 12 behandelt die Gebühren für Tätigkeiten, die dem Gerichtsvollzieher aufgrund Landesrechts zugewiesen wurden, nämlich die Aufnahme von Scheck- und Wechselprotesten, die Siegelung und Entsiegelung, die Aufnahme von Vermögensverzeichnissen und die Mitwirkung als Urkundsperson bei der Aufnahme von Vermögensverzeichnissen. Die Gebühren richten sich für diese Tätigkeiten nach den Vorschriften des **GNotKG**. Für die übrigen Kosten (Wegegeld, Auslagen) gelten aber weiterhin die Vorschriften des GvKostG. Die Verweisung auf die einschlägigen Vorschriften des GNotKG ist damit zu erklären, dass die Tätigkeiten, die in § 12 genannt sind, auch durch die Notare durchgeführt werden können. Die Verweisung auf das GNotKG führt daher zu den gleichen Kosten, wie dies bei einer Tätigkeit der Notare der Fall wäre. Unterschiedlich hohe Gebühren für die gleiche Tätigkeit verschiedener Rechtspflegeorgane lassen sich sachlich nicht rechtfertigen.

2 Nach § 12 werden nur die **Gebühren** nach den Bestimmungen des **GNotKG** berechnet. Im Übrigen, dh hinsichtlich der Fälligkeit usw und hinsichtlich der zu erhebenden Auslagen, finden die Bestimmungen des GvKostG Anwendung. Dies bedeutet insb. auch, dass Nr. 711 KV GvKostG (Wegegeld) und Nr. 716 KV GvKostG (Auslagenpauschale) Anwendung finden. Da das GNotKG keine Wegegebühr mehr vorsieht, entfällt die früher in Abs. 1 S. 2 enthaltene Anrechnungsvorschrift.

---

1 LG Aachen JurBüro 2003, 212. **2** *Winterstein/Richter/Zuhn*, GvKostR, § 11 Rn 4 a). **3** Schröder-Kay/*Gerlach*, § 11 GvKostG Rn 26.

Das GNotKG sieht die nachstehenden Gebühren vor:

3

II. Wechsel- und Scheckprotest

4

Nr.	Gebührentatbestand	Gebühr oder Satz der Gebühr nach § 34 GNotKG – Tabelle B
Abschnitt 4 Wechsel- und Scheckprotest		
Vorbemerkung 2.3.4: Neben den Gebühren dieses Abschnitts werden die Gebühren 25300 und 26002 nicht erhoben.		
23400	Verfahren über die Aufnahme eines Wechsel- und Scheckprotests .... Die Gebühr fällt auch dann an, wenn ohne Aufnahme des Protestes an den Notar gezahlt oder ihm die Zahlung nachgewiesen wird.	0,5
23401	Verfahren über die Aufnahme eines jeden Protests wegen Verweigerung der Ehrenannahme oder wegen unterbliebener Ehrenzahlung, wenn der Wechsel Notadressen enthält	0,3

Eine **Hebegebühr** beim Wechsel- und Scheckprotest sieht das GNotKG nicht vor, so dass eine solche auch beim Gerichtsvollzieher nicht entstehen kann. Insbesondere kann auch keine Gebühr Nr. 430 KV GvKostG erhoben werden, da § 12 hinsichtlich der **Gebühren** auf das GNotKG verweist. Nur hinsichtlich der **Auslagen** sind die Bestimmungen des GvKostG anzuwenden. Dies wird insb. auch durch die Anmerkung S. 2 zu Nr. 430 KV GvKostG deutlich gemacht, wonach die Gebühr bei Wechsel- oder Scheckprotesten für die Entgegennahme der Wechsel- oder Schecksumme (Art. 84 Wechselgesetz, Art. 55 Abs. 3 Scheckgesetz) nicht erhoben wird.

5

III. Siegelung und Entsiegelung

6

Nr.	Gebührentatbestand	Gebühr oder Satz der Gebühr nach § 34 GNotKG – Tabelle B
Abschnitt 5 Vermögensverzeichnis und Siegelung		
Vorbemerkung 2.3.5: Neben den Gebühren dieses Abschnitts wird die Gebühr 26002 nicht erhoben.		
23500	Verfahren über die Aufnahme eines Vermögensverzeichnisses einschließlich der Siegelung .... Die Gebühr entsteht nicht, wenn die Aufnahme des Vermögensverzeichnisses Teil eines beurkundeten Vertrags ist.	2,0
23501	Vorzeitige Beendigung des Verfahrens: Die Gebühr 23500 ermäßigt sich auf	0,5
23502	Mitwirkung als Urkundsperson bei der Aufnahme eines Vermögensverzeichnisses einschließlich der Siegelung	1,0
23503	Siegelung, die nicht mit den Gebühren 23500 oder 23502 abgegolten ist, und Entsiegelung	0,5

§ 115 GNotKG Vermögensverzeichnis, Siegelung
Der Geschäftswert für die Aufnahme von Vermögensverzeichnissen sowie für Siegelungen und Entsiegelungen ist der Wert der verzeichneten oder versiegelten Gegenstände. Dies gilt auch für die Mitwirkung als Urkundsperson bei der Aufnahme von Vermögensverzeichnissen.

7 Eine zeitliche Komponente, wie sie sich für Sieglung/Entsieglung in der KostO fand, ist im GNotKG nicht mehr enthalten. Der Wert für die Sieglung/Entsieglung ergibt sich aus § 115 GNotKG und richtet sich nach dem Wert der verzeichneten oder versiegelten Gegenstände.

Abschnitt 3
Auslagenvorschriften

§ 12 a Erhöhtes Wegegeld

(1) Die Landesregierungen werden ermächtigt, durch Rechtsverordnung eine höhere Stufe nach Nummer 711 des Kostenverzeichnisses für Wege festzusetzen, die von bestimmten Gerichtsvollziehern in bestimmte Regionen des Bezirks eines Amtsgerichts zurückzulegen sind, wenn die kürzeste öffentlich benutzbare Wegstrecke erheblich von der nach der Luftlinie bemessenen Entfernung abweicht, weil ein nicht nur vorübergehendes Hindernis besteht.

(2) Eine erhebliche Abweichung nach Absatz 1 liegt vor, wenn die kürzeste öffentlich nutzbare Wegstrecke sowohl vom Amtsgericht als auch vom Geschäftszimmer des Gerichtsvollziehers mindestens doppelt so weit ist wie die nach der Luftlinie bemessene Entfernung.

(3) In der Rechtsverordnung ist die niedrigste Stufe festzusetzen, bei der eine erhebliche Abweichung nach Absatz 2 nicht mehr vorliegt.

(4) Die Landesregierungen können die Ermächtigung durch Rechtsverordnung auf die Landesjustizverwaltung übertragen.

1 Die Vorschrift des § 12 a ist durch das 2. KostRMoG eingefügt worden. Gleichzeitig ist damit auch der Abschnitt 3 neu eingefügt worden.

2 Die Höhe des Wegegelds richtet sich nach der Entfernung zwischen dem Amtsgericht oder, wenn diese Entfernung geringer ist, zwischen dem Geschäftszimmer des Gerichtsvollziehers und dem Ort der Amtshandlung. Maßgebend ist die **Luftlinie**. Diese Regelung dient der Vereinfachung der Berechnung der Wegegelder.

3 Die Regelung der Berechnung der Wegegelder nach der Luftlinie führt allerdings dann zu nicht sachgerechten Ergebnissen, wenn der Gerichtsvollzieher zu bestimmten Teilen seines Bezirks wegen eines (meist natürlichen) Hindernisses ständig einen erheblichen Umweg in Kauf nehmen muss, wie zB einen See, einen Berg oder einen Fluss bis zur nächsten Brücke. Eine Änderung der Wegegeldstufe nach eigenen Berechnungen des Gerichtsvollziehers könnte zu Auseinandersetzungen über die Berechnungsweise führen. Es wurde daher eine **Verordnungsermächtigung** für die Landesregierungen eingeführt, in der diese die betroffenen Gerichtsvollzieherbezirke in einer Rechtsverordnung festlegen und bestimmen, dass das Wegegeld nach einer höheren Stufe zu erheben ist, wenn die kürzeste öffentlich nutzbare Strecke mindestens doppelt so weit ist wie die Entfernung nach der Luftlinie (Abs. 2). Die Verordnungsermächtigung ist durch Rechtsverordnung auf die Landesjustizverwaltung übertragbar (Abs. 4).[1] Ob sich diese doch sehr aufwendige Lösung, die für jeden Einzelfall eine gesonderte Entscheidung verlangt, in der Praxis bewährt, wird abzuwarten bleiben. Obwohl in der Praxis immer wieder von derartigen Fällen die Rede ist, ist bisher der Erlass einer entsprechenden Rechtsverordnung nicht bekannt geworden.

Abschnitt 4
Kostenzahlung

§ 13 Kostenschuldner

(1) [1]Kostenschuldner sind
1. der Auftraggeber,
2. der Vollstreckungsschuldner für die notwendigen Kosten der Zwangsvollstreckung und
3. der Verpflichtete für die notwendigen Kosten der Vollstreckung.

---

1 BT-Drucks 17/11471 (neu), S. 254.

²Schuldner der Auslagen nach den Nummern 714 und 715 des Kostenverzeichnisses ist nur der Ersteher.

(2) Mehrere Kostenschuldner haften als Gesamtschuldner.

(3) Wird der Auftrag vom Gericht erteilt, so gelten die Kosten als Auslagen des gerichtlichen Verfahrens.

DB-GvKostG (Zu § 13) Nr. 6

(1) Von Prozess- oder Verfahrensbevollmächtigten oder sonstigen Vertretern des Auftraggebers sollen Kosten nur eingefordert werden, wenn sie sich zur Zahlung bereit erklärt haben.

(2) Können die GV-Kosten wegen Bewilligung von Prozess- oder Verfahrenskostenhilfe auch vom Auftraggeber nicht erhoben werden, so teilt die Gerichtsvollzieherin oder der Gerichtsvollzieher die nicht bezahlten Kosten ohne Rücksicht auf die aus der Landeskasse ersetzten Beträge dem Gericht mit, das die Sache bearbeitet hat (vgl. § 57 GVO). Das gleiche gilt bei gerichtlichen Aufträgen.

(3) Genießt der Auftraggeber Kostenfreiheit, so sind die nicht bezahlten Kosten nach Absatz 2 der zuständigen Gerichtskasse oder der an Stelle der Gerichtskasse zuständigen Vollstreckungsbehörde mitzuteilen; diese hat die Einziehung der Kosten zu veranlassen. Die in einem Verfahren nach der Einforderungs- und Beitreibungsanordnung entstandenen Kosten sind jedoch zu den Sachakten mitzuteilen. Bei Gebührenfreiheit des Auftraggebers sind etwaige Auslagen von diesem einzufordern.

(4) Mitteilungen nach den Absätzen 2 oder 3 können unterbleiben, wenn die Kosten voraussichtlich auch später nicht eingezogen werden können.

(5) In den Sonderakten oder – bei Zustellungs- und Protestaufträgen – in Spalte 8 des Dienstregisters I ist zu vermerken, dass die Kostenmitteilung abgesandt oder ihre Absendung gemäß Absatz 4 unterblieben ist.

I. Kostenhaftung von Auftraggeber, Vollstreckungsschuldner und Verpflichteten (Abs. 1 S. 1)

1. Kostenschuldner nach Abs. 1 S. 1 Nr. 1–3. Die Vorschrift des § 13 regelt alle Fälle der Auftragserteilung **1** an den Gerichtsvollzieher und der daraus folgenden Kostenschuldnerschaft. Der Regelfall dabei ist die Kostenhaftung von **Auftraggeber, Vollstreckungsschuldner** und **Verpflichteten** (Abs. 1 S. 1 Nr. 1–3). Auftraggeber ist derjenige, der die gebührenpflichtige Amtshandlung veranlasst hat. Der Verpflichtete, der nach den Vollstreckungsvorschriften des FamFG bei der Vollstreckung an die Stelle des Vollstreckungsschuldners in der Zwangsvollstreckung nach der ZPO tritt (§§ 92 Abs. 1, 95 Abs. 3, 96 Abs. 1 FamFG), wird als Kostenschuldner ausdrücklich neben dem Vollstreckungsschuldner genannt.

2. Bevollmächtigte. In der Praxis wird der Auftrag nur in den seltensten Fällen unmittelbar vom Gläubiger **2** erteilt, sondern idR von einem Rechtsanwalt. Dieser Prozessbevollmächtigte oder sonstige Vertreter haften nicht für die Kosten, sondern nur der Vertretene, es sei denn, der Vertreter hat sich ausdrücklich zur Zahlung bereit erklärt. Der Prozessbevollmächtigte, der den Auftrag zur Zwangsvollstreckung idR erteilt hat, haftet damit nur dann für die Kosten, wenn er sich ausdrücklich für die Zahlung der **Kosten stark gesagt** hat (Nr. 6 Abs. 1 DB-GvKostG).

3. Notwendige Kosten der Vollstreckung. Eine Haftung des Vollstreckungsschuldners (Abs. 1 S. 1 Nr. 2) **3** und des Verpflichteten (Abs. 1 S. 1 Nr. 3) besteht nur für die Kosten, die **notwendige Kosten** der Zwangsvollstreckung (§§ 788, 91 ZPO) sind. Damit soll vermieden werden, dass der Schuldner und der Verpflichtete für Kosten in Anspruch genommen werden können, die zur Rechtsverfolgung nicht notwendig waren. Maßgebend dafür, ob die Kosten notwendig waren, ist, ob der Gläubiger die entsprechende Vollstreckungsmaßnahme im Zeitpunkt ihrer Vornahme objektiv für erforderlich halten durfte.[1] Ob die Zwangsvollstreckung letztlich dann doch erfolglos verlaufen ist, spielt keine Rolle.[2]

4. Gesamtschuldnerische Haftung (Abs. 2). Auftraggeber, Vollstreckungsschuldner und Verpflichteter haf- **4** ten als Gesamtschuldner (Abs. 2). In erster Linie wird der Vollstreckungsschuldner in Anspruch genommen, sofern die Kosten zugleich mit dem Hauptsacheanspruch eingezogen werden können. Erst wenn eine Einziehung der Kosten beim Vollstreckungsschuldner nicht möglich ist, ist der Auftraggeber in Anspruch zu nehmen, soweit diesem nicht Kostenfreiheit zusteht oder Prozesskostenhilfe bewilligt wurde.

5. Antragstellerhaftung. Die Kostenschuldnerschaft des Abs. 1 S. 1 **Nr. 1** bleibt auch dann bestehen, wenn **5** der Schuldner im Rahmen eines Vollstreckungsauftrags Auslagen verursachende Anträge stellt (zB Abschriften). Es haftet auch weiterhin der Auftraggeber (Antragsteller) der Vollstreckung.[3]

---

1 OLG Zweibrücken DGVZ 1998, 8; BGH NJW-RR 2003, 1581; BGH DGVZ 2004, 24; OLG Brandenburg 28.6.2007 – 10 UF 14/07, juris. **2** OLG Brandenburg 28.6.2007 – 10 UF 14/07, juris; Hk-ZPO/*Saenger*, § 788 Rn 26; *Stöber*, Forderungspfändung, Rn 829. **3** AG Neuwied DGVZ 1992, 174.

II. Kostenhaftung des Erstehers (Abs. 1 S. 2)

6   Nachdem eine öffentliche Versteigerung nach Wahl des Gerichtsvollziehers – neben der Präsenzversteigerung (§ 814 Abs. 1 Nr. 1 ZPO) – auch als allgemein zugängliche Versteigerung im Internet über eine Versteigerungsplattform erfolgen kann (§ 814 Abs. 1 Nr. 2 ZPO), können bei den Gerichtsvollziehern Auslagen für Verpackung und Transportversicherung entstehen. Die Auslagen richten sich nach den Auslagentatbeständen der **Nr. 714 und 715 KV GvKostG**. Für die nach diesen Auslagentatbeständen zu erhebenden Kosten des **Versands oder Transports** von im Rahmen der Verwertung erstandenen Tieren oder Sachen, für eine **Transportversicherung** und für die **Verpackung** haftet nach Abs. 1 S. 2 ausschließlich der **Ersteher**. Denn nur der Ersteher hat Einfluss auf die Höhe dieser Kosten, zB weil er eine Transportversicherung wünscht oder weil die Gegenstände wegen des vom Ersteher gewünschten Versands verpackt werden müssen.[4]

III. Aufträge des Gerichts (Abs. 3)

7   Eine Sonderregelung trifft Abs. 3 für Aufträge des Gerichts. Der Gerichtsvollzieher erhebt die Kosten hier nicht selbst, sondern sie gelten als **Auslagen des gerichtlichen Verfahrens** und werden dementsprechend nach Mitteilung zu den Verfahrensakten des Gerichts als Auslagen nach den Bestimmungen des gerichtlichen Verfahrens, also zB des GKG oder des GNotKG, eingezogen, indem sie zum Soll gestellt werden (vgl § 19 KostVfg). Bei Eingang dieser Kosten werden sie vom Gericht als durchlaufende Gelder behandelt und an den Gerichtsvollzieher weitergeleitet.

§ 14 Fälligkeit

[1]Gebühren werden fällig, wenn der Auftrag durchgeführt ist oder länger als zwölf Kalendermonate ruht. [2]Auslagen werden sofort nach ihrer Entstehung fällig.

DB-GvKostG (Zu § 14) Nr. 7

(1) Die Gerichtsvollzieherin oder der Gerichtsvollzieher stellt über jeden kostenpflichtigen Auftrag alsbald nach Fälligkeit der Kosten in den Akten eine Kostenrechnung auf. Darin sind die Kostenvorschriften, eine kurze Bezeichnung des jeweiligen Gebührentatbestands, die Bezeichnung der Auslagen, die Beträge der angesetzten Gebühren und Auslagen sowie etwa empfangene Vorschüsse anzugeben. Sofern die Höhe der Kosten davon abhängt, sind auch der Wert des Gegenstandes (§ 12 GvKostG) und die Zeitdauer des Dienstgeschäfts, beim Wegegeld und bei Reisekosten gemäß Nr. 712 KV auch die nach Nr. 18 Abs. 1 maßgebenden Entfernungen anzugeben. Die Urschrift der Kostenrechnung ist unter Angabe von Ort, Tag und Amtsbezeichnung eigenhändig zu unterschreiben. Die dem Kostenschuldner zuzuleitende Reinschrift der Kostenrechnung ist mit der Unterschrift oder dem Dienststempel zu versehen, die auch maschinell erzeugt sein können. Die Reinschrift der Kostenrechnung ist dem Kostenschuldner unter Beifügung der gemäß § 3 a GvKostG vorgeschriebenen Rechtsbehelfsbelehrung zu übermitteln.

(2) Ist über die Amtshandlung eine Urkunde aufzunehmen, so ist die Kostenrechnung auf die Urkunde zu setzen und auf alle Abschriften zu übertragen. Bei der Zustellung eines Pfändungs- und Überweisungsbeschlusses an einen Drittschuldner ist die Abschrift der Kostenrechnung entweder auf die beglaubigte Abschrift des Pfändungs- und Überweisungsbeschlusses oder auf die mit dieser zu verbindenden Abschrift der Zustellungsurkunde zu setzen.

(3) Wird dem Kostenschuldner weder die Urschrift noch die Abschrift einer Urkunde ausgehändigt, so muss die Kostenrechnung außer den in Absatz 1 genannten Angaben auch die Geschäftsnummer und eine kurze Bezeichnung der Sache enthalten; eine Abschrift der Kostenrechnung, gegebenenfalls mit Zahlungsaufforderung, ist dem Kostenschuldner umgehend mitzuteilen.

(4) Bei unrichtigem Kostenansatz stellt die Gerichtsvollzieherin oder der Gerichtsvollzieher eine berichtigte Kostenrechnung auf und zahlt den etwa überzahlten Betrag zurück. Dieser Betrag wird in den laufenden Geschäftsbüchern unter besonderer Nummer als Minusbuchung von den Kosten abgesetzt.

(5) Bei der Nachforderung von Kosten ist § 6 GvKostG, bei der Zurückzahlung von Kleinbeträgen § 59 GVO zu beachten.

---

4 BT-Drucks 17/11471 (neu), S. 254.

DB-GvKostG (Zu § 14) Nr. 8

(1) Kosten im Betrag von weniger als 2,50 Euro sollen nicht für sich allein eingefordert, sondern vielmehr gelegentlich kostenfrei oder zusammen mit anderen Forderungen eingezogen werden. Kleinbeträge, die hiernach nicht eingezogen werden können, sind durch einen Vermerk bei der Kostenrechnung in den Sonderakten zu löschen. Die der Gerichtsvollzieherin oder dem Gerichtsvollzieher nach den geltenden Bestimmungen (§ 7 Abs. 3 GVO) aus der Landeskasse zu ersetzenden Beträge sind in die Spalten 12 und 13 des Kassenbuchs II einzutragen. Der Buchungsvorgang ist dort in Spalte 14 durch den Buchstaben K zu kennzeichnen. Bei im Dienstregister I verzeichneten Aufträgen sind dort in Spalte 5 die Kosten durch Minusbuchung zu löschen, die aus der Landeskasse zu ersetzenden Auslagen in Spalte 7 einzutragen und der Buchungsvorgang durch den Buchstaben K in Spalte 8 zu kennzeichnen. Auch wenn Beträge gelöscht sind, können sie später nach Satz 1 eingezogen werden.

(2) Die GV-Kosten können insbesondere erhoben werden

a) *durch Einlösung eines übersandten oder übergebenen Schecks;*

b) *durch Einziehung im Lastschriftverfahren;*

c) *durch Aufforderung an den Kostenschuldner, die Kosten innerhalb einer Frist, die regelmäßig zwei Wochen beträgt, unter Angabe der Geschäftsnummer an die Gerichtsvollzieherin oder den Gerichtsvollzieher zu zahlen;*

d) *ausnahmsweise durch Nachnahme, wenn dies zur Sicherung des Eingangs der Kosten angebracht erscheint.*

DB-GvKostG (Zu § 14) Nr. 9

(1) Zahlt ein Kostenschuldner die angeforderten GV-Kosten nicht fristgemäß, so soll er gemahnt werden. Die Mahnung kann unterbleiben, wenn damit zu rechnen ist, dass der Kostenschuldner sie unbeachtet lässt. War die Einziehung der Kosten durch Nachnahme versucht, so ist nach Nr. 8 Abs. 2 Buchstabe c zu verfahren; einer Mahnung bedarf es in diesem Falle nicht.

(2) Die Gerichtsvollzieherin oder der Gerichtsvollzieher beantragt bei der für den Wohnsitz oder Sitz des Kostenschuldners zuständigen Gerichtskasse oder bei der an Stelle der Gerichtskasse zuständigen Vollstreckungsbehörde die zwangsweise Einziehung der rückständigen Kosten, falls eine Mahnung nicht erforderlich ist oder der Schuldner trotz Mahnung nicht gezahlt hat (vgl. § 57 GVO). Bei einem Rückstand von weniger als 25 Euro soll ein Antrag nach Satz 1 in der Regel nur gestellt werden, wenn Anhaltspunkte für die Annahme vorliegen, dass bei der Gerichtskasse oder Vollstreckungsbehörde noch weitere Forderungen gegen den Kostenschuldner bestehen; Nr. 8 Abs. 1 Satz 2 bis 6 gilt entsprechend. Der Kosteneinziehungsantrag ist mit dem Abdruck des Dienststempels zu versehen. In den Sonderakten oder – bei Zustellungs- und Protestaufträgen – in Spalte 8 des Dienstregisters I ist der Tag der Absendung des Antrags zu vermerken und anzugeben, warum kein Kostenvorschuss erhoben ist. Zahlt der Kostenschuldner nachträglich oder erledigt sich der Kosteneinziehungsantrag aus anderen Gründen ganz oder teilweise, so ist dies der Gerichtskasse oder Vollstreckungsbehörde unverzüglich mitzuteilen.

(3) Die eingegangenen Beträge sind in folgender Reihenfolge auf die offenstehenden Kosten anzurechnen, sofern sie zu ihrer Tilgung nicht ausreichen:

a) *Wegegelder und Reisekosten gemäß Nr. 712 KV,*

b) *Dokumentenpauschalen,*

c) *sonstige Auslagen,*

d) *Gebühren.*

(4) Die Gerichtsvollzieherin oder der Gerichtsvollzieher löscht die rückständigen Kosten, wenn

a) *die Kostenforderung nicht oder nicht in voller Höhe einziehbar ist, insbesondere die Gerichtskasse oder Vollstreckungsbehörde mitgeteilt hat, dass der Versuch der zwangsweisen Einziehung ganz oder zum Teil erfolglos verlaufen sei, und*

b) *nach der Mitteilung der Gerichtskasse oder Vollstreckungsbehörde oder der eigenen Kenntnis keine Anhaltspunkte dafür vorhanden sind, dass die Kosten in Zukunft einziehbar sein werden.*

Die Gerichtsvollzieherin oder der Gerichtsvollzieher löscht die Beträge durch Vermerk bei der Kostenrechnung in den Sonderakten und stellt gleichzeitig die zu erstattenden Auslagen in die Spalten 12 und 13 des Kassenbuchs II ein. Bei Zustellungs- und Protestaufträgen sind die Beträge durch Minusbuchung in Spalte 5 des Dienstregisters I zu löschen und die zu erstattenden Auslagen dort in Spalte 7 einzustellen.

I. Anwendungsbereich

1   **1. Eintritt der Fälligkeit.** § 14 regelt die Fälligkeit von Gebühren (S. 1) und Auslagen (S. 2). Zu unterscheiden ist zwischen dem Entstehen von Gebühren und deren Fälligkeit. **Entstanden** sind Gebühren bereits dann, wenn ein Auftrag erteilt (s. § 3 Abs. 3) und ein Gebührentatbestand erfüllt ist. Bereits mit Erteilung des Auftrags ist damit im Regelfall eine Gebühr für die nicht erledigte Amtshandlung entstanden. **Fällig** werden **Gebühren** nach S. 1, wenn ein Auftrag durchgeführt ist oder als durchgeführt gilt (s. § 3 Abs. 4).

2   **Auslagen** werden nach S. 2 sofort nach ihrer Entstehung **fällig**, also mit der Zahlung anfallender Beträge an Dritte oder der Erfüllung eines Auslagentatbestandes (zB Dokumentenpauschale Nr. 700 KV GvKostG; Wegegeld Nr. 711 KV GvKostG; Auslagenpauschale Nr. 716 KV GvKostG).

3   Mit dem in **S. 1** bestimmten Fälligkeitszeitpunkt wird erreicht, dass sämtliche Gebühren eines Auftrags, der mehrere Amtshandlungen umfassen kann, zum gleichen Zeitpunkt fällig werden und damit auch gleichzeitig verjähren, weil die Kosten erst nach Erledigung sämtlicher Amtshandlungen fällig werden. Nicht durch den Vorschuss gedeckte Beträge sollen nach Durchführung des Auftrags in einer einheitlichen Schlusskostenrechnung abgerechnet werden. Die Bestimmung des § 14 steht in einem unmittelbaren Zusammenhang mit § 3. Wie sich aus § 3 Abs. 1 S. 1 ergibt, ist der Auftrag auf die Erledigung einer oder mehrerer Amtshandlungen gerichtet. Damit ist jetzt festgeschrieben, was grds. bereits immer **Definition des Auftrags** war, dass nämlich der Auftrag entweder eine konkrete Amtshandlung beinhaltet (zB Verhaftung) oder aber auch auf die Durchführung mehrerer Amtshandlungen (Pfändung, Verwertung) gerichtet sein kann. Der Auftrag, wegen einer Forderung zu vollstrecken, beinhaltet damit den Auftrag zur Vollstreckung und zu allen weiteren Amtshandlungen bis zur Befriedigung des Gläubigers.

4   **2. Fälligkeit bei Nichterledigung.** Nicht jeder Auftrag endet jedoch mit der Durchführung der beantragten Amtshandlung. Nach § 3 Abs. 4 S. 1 soll ein Auftrag, der tatsächlich nicht durchgeführt worden ist, unter bestimmten Voraussetzungen als durchgeführt gelten. Eine solche Regelung ist im Hinblick auf die Fälligkeit, die an die Durchführung anknüpft, erforderlich. Ein Auftrag gilt danach als durchgeführt, wenn er zurückgenommen worden ist oder seiner Durchführung oder weiteren Durchführung Hinderungsgründe entgegenstehen (zB Schuldner ist verstorben, unbekannt verzogen, nicht zu ermitteln). Ebenfalls hier einzuordnen ist die Insolvenzeröffnung gegen einen Schuldner.

5   Dabei kommt es nicht darauf an, ob diese Tatsachen bei Eingang des Auftrags bereits bekannt waren (der Durchführung stehen Hinderungsgründe entgegen) oder im Verlauf der Vollstreckung bekannt werden (der weiteren Durchführung stehen Hinderungsgründe entgegen). In all diesen Fällen hat der Gerichtsvollzieher idR bereits einen Aufwand erbracht oder noch zu erbringen (zB Rücksendung des Titels). Dies rechtfertigt grds. den Ansatz einer Gebühr. Diese Gebühr wird mit Feststellung der entsprechenden Tatsache fällig, weil dann der Auftrag iSd §§ 3 Abs. 4 S. 1, 14 durchgeführt ist.

II. Ruhende Aufträge

6   Aufträge können zum Ruhen gebracht werden (§ 27 Abs. 1 GVO; § 64 Abs. 3 Nr. 2 GVGA). Für diese Fälle bestimmt S. 1, dass die Gebühren fällig werden, wenn der Auftrag **länger als zwölf Kalendermonate** ruht. Da ein längeres Ruhen der Durchführung gleichgestellt ist, muss ein nach Ablauf von zwölf Monaten fortgesetzter Auftrag kostenrechtlich als neuer Auftrag behandelt werden.

III. Erhebung von Kosten vor Fälligkeit

7   Kosten können aber auch bereits **vor** ihrer Fälligkeit, also letztlich, bevor ein Auftrag durchgeführt ist oder länger als zwölf Monate ruht, **vorschussweise erhoben** oder aus den vom Schuldner gezahlten Beträgen (§ 15 Abs. 2) **entnommen** werden. Nr. 3 Abs. 5 DB-GvKostG nennt insoweit zunächst das Ruhen des Verfahrens und die Ratenzahlung. Da diese Aufzählung jedoch nur beispielhaft ist („z.B."), kann diese vorschussweise Kostenerhebung in allen Verfahren angewandt werden, in denen es bis zur Durchführung des Auftrags und damit bis zum Eintritt der Fälligkeit längere Zeit dauern kann.

§ 15 Entnahmerecht

(1) [1]Kosten, die im Zusammenhang mit der Versteigerung oder dem Verkauf von beweglichen Sachen, von Früchten, die vom Boden noch nicht getrennt sind, sowie von Forderungen oder anderen Vermögensrechten, ferner bei der öffentlichen Verpachtung an den Meistbietenden und bei der Mitwirkung bei einer Versteigerung durch einen Dritten (§ 825 Abs. 2 der Zivilprozessordnung) entstehen, können dem Erlös vorweg entnommen werden. [2]Dies gilt auch für die Kosten der Entfernung von Pfandstücken aus dem Gewahrsam des Schuldners, des Gläubigers oder eines Dritten, ferner für die Kosten des Transports und der Lagerung.

(2) Andere als die in Absatz 1 genannten Kosten oder ein hierauf zu zahlender Vorschuss können bei der Ablieferung von Geld an den Auftraggeber oder bei der Hinterlegung von Geld für den Auftraggeber entnommen werden.

(3) ¹Die Absätze 1 und 2 gelten nicht, soweit § 459 b der Strafprozessordnung oder § 94 des Gesetzes über Ordnungswidrigkeiten entgegensteht. ²Sie gelten ferner nicht, wenn dem Auftraggeber Prozess- oder Verfahrenskostenhilfe bewilligt ist. ³Bei mehreren Auftraggebern stehen die Sätze 1 und 2 einer Vorwegentnahme aus dem Erlös (Absatz 1) nicht entgegen, wenn deren Voraussetzungen nicht für alle Auftraggeber vorliegen. ⁴Die Sätze 1 und 2 stehen einer Entnahme aus dem Erlös auch nicht entgegen, wenn der Erlös höher ist als die Summe der Forderungen aller Auftraggeber.

DB-GvKostG (Zu § 15): keine Regelung

I. Anwendungsbereich

1. Allgemeines. Die Vorschrift des § 15 enthält das Recht und die Pflicht des Gerichtsvollziehers, bestimmte **Kosten** (Gebühren und Auslagen, § 1 Abs. 1) aus einem Erlös zu entnehmen (Abs. 1 und 2). Aus der **Entnahmebefugnis** ergibt sich eine Pflicht des Gerichtsvollziehers zu einer Entnahme, wenn die Möglichkeit nach § 15 gegeben ist.[1]   **1**

2. Entnahme von Verwertungs-, Lager- und Transportkosten (Abs. 1). Es dürfen **vorweg** entnommen werden Kosten, die im Zusammenhang mit der Versteigerung, dem Verkauf, der öffentlichen Verpachtung oder der Mitwirkung bei einer Versteigerung durch einen Dritten entstanden sind (Abs. 1 S. 1), einschließlich der Kosten für die Entfernung von Pfandstücken aus dem Gewahrsam des Schuldners und aller damit verbundenen Transport- und Lagerkosten (Abs. 1 S. 2). Es handelt sich um die Kosten, hinsichtlich derer auch bei mehreren Auftraggebern eine **gemeinsame Haftung** der Auftraggeber besteht. Eine Erstreckung des Entnahmerechts auf alle anfallenden Kosten ist nicht möglich, weil bei mehreren Aufträgen für Kosten, die nicht im Zusammenhang mit der Verwertung (zB Pfändung) stehen, keine gemeinsame Haftung der Auftraggeber besteht.   **2**

3. Entnahme sonstiger Kosten (Abs. 2). Abs. 2 legt den **Zeitpunkt** fest, an dem andere als die in Abs. 1 genannten Kosten entnommen werden können. Andere als die in Abs. 1 genannten Kosten können immer dann entnommen werden, wenn Geld an den Auftraggeber abzuführen ist, auch wenn es sich dabei nicht um Erlös handelt. Bei der **Ablieferung von Geld** an den Auftraggeber können sonstige Kosten entnommen werden, und zwar ohne Rücksicht darauf, ob sie fällig sind oder nicht, was sich daraus ergibt, dass ein Vorschuss auf zu zahlende Gerichtsvollzieherkosten entnommen werden kann (zB bei Ratenzahlung), wenn der Auftrag insgesamt aber noch nicht durchgeführt ist (Nr. 3 Abs. 5 DB-GvKostG), auch wenn die Fälligkeit der Gebühren (§ 14 S. 1) noch nicht eingetreten ist. Als „Ablieferung an den Auftraggeber" iSv Abs. 2 gilt auch die Auszahlung an einen Bevollmächtigten des Auftraggebers (zB Prozessbevollmächtigten), die Auszahlung auf Weisung des Auftraggebers an einen Dritten oder die Auszahlung an Dritten bei Abtretung oder Pfändung.   **3**

Im Zuge des 2. KostRMoG wurden die Wörter „oder bei der Hinterlegung von Geld für den Auftraggeber" eingefügt. Mit dieser Ergänzung wird klargestellt, dass das **Entnahmerecht** auch bei der **Hinterlegung** besteht.[2] Wenn eine Entnahme nunmehr ausdrücklich auch bei der Hinterlegung von Geld **für den Auftraggeber** (zB § 155 S. 2 Nr. 6 GVGA) zugelassen wird, wurde dies auch bereits ohne ausdrückliche Regelung als möglich angesehen. Das Entnahmerecht wird aber nicht ausgeübt, wenn strittig ist, wem der Erlös zusteht,[3] weil die Empfangsberechtigung des Auftraggebers nicht sicher ist.[4]   **4**

4. Mehrere Gläubiger. Von besonderer Bedeutung ist die Entnahme nach § 15, wenn eine Verwertung für mehrere Gläubiger vorzunehmen ist, da eine Entnahme der Kosten aus Abs. 2 erst erfolgt, wenn eine Ablieferung von Geld an den Gläubiger vorzunehmen ist. Es ist also zunächst notwendig zu ermitteln, welche Beträge an die einzelnen Gläubiger abzuliefern sind. Daher muss eine Verteilung durch den Gerichtsvollzieher nach § 117 Abs. 5 GVGA erfolgen. Dem Schuldner steht in der Zwangsvollstreckung hinsichtlich des Versteigerungserlöses ein Tilgungsbestimmungsrecht nach § 366 Abs. 1 BGB nicht zu.[5]   **5**

II. Entnahmeverbot (Abs. 3 S. 1 und 2)

1. Prozesskostenhilfe/Verfahrenskostenhilfe (Abs. 3 S. 2). Die Entnahme von Kosten ist ausgeschlossen, wenn dem Gläubiger **Prozesskostenhilfe** oder **Verfahrenskostenhilfe** bewilligt ist. Die Regelung des Abs. 3 S. 2 bezieht den im FamFG verwendeten Begriff der Verfahrenskostenhilfe in das Entnahmerecht ein und   **6**

1 OLG Frankfurt Rpfleger 1975, 325. **2** BT-Drucks 17/11471 (neu), S. 254. **3** *Winterstein/Richter/Zuhn*, GvKostR, § 15 Rn 1. **4** Schröder-Kay/*Gerlach*, § 15 GvKostG Rn 20; *Hartmann*, KostG, § 15 GvKostG Rn 6. **5** BGH DGVZ 1999, 134.

schließt damit ebenfalls eine Erhebung der Gerichtsvollzieherkosten aus, wenn Verfahrenskostenhilfe bewilligt ist. Die Bewilligung der Prozesskostenhilfe bewirkt, dass die Landeskasse die rückständigen und die entstehenden Gerichtsvollzieherkosten nur nach den Bestimmungen, die das Gericht trifft (Prozesskostenhilfe mit oder ohne Raten), gegen die Partei geltend machen kann (§ 122 Abs. 1 Nr. 1 Buchst. a ZPO). Dies würde umgangen, wenn auch in diesen Fällen Kosten entnommen werden könnten.

7   **2. § 459 b StPO und § 94 OWiG (Abs. 3 S. 1).** Das Entnahmerecht der Abs. 1 und 2 ist ebenfalls ausgeschlossen, wenn beigetriebene oder als Erlös erzielte Beträge auf **Geldstrafen** oder **Geldbußen** zu verrechnen sind. In Abs. 3 S. 1 wird klargestellt, dass die Regelungen in § 459 b StPO und § 94 OWiG grds. **Vorrang** haben. Nach diesen Vorschriften sind Teilzahlungen zunächst auf die Strafe bzw Geldbuße, dann auf angeordnete Nebenfolgen, die zu einer Geldzahlung verpflichten, und zuletzt auf die Kosten anzurechnen. Der wegen einer Straftat oder Ordnungswidrigkeit Verurteilte soll bei zwangsweiser Beitreibung nicht schlechter gestellt sein als bei freiwilliger Zahlung. Würden Beträge zunächst auf Gerichtsvollzieherkosten verrechnet, bleiben ggf die Forderung oder Forderungsteile ungedeckt, was dazu führt, dass uU Freiheitsstrafen, Ersatzfreiheitsstrafen oder Erzwingungshaft vollstreckt würden.

8   Bei **Verwertungsaufträgen** der Staatsanwaltschaften (§§ 979, 983 BGB) können die Gerichtsvollzieherkosten dem Erlös entnommen werden (§ 981 Abs. 3 BGB; §§ 189 Abs. 6, 198 Abs. 4 S. 3, 195 Abs. 2 S. 1 GVGA).

III. Ausnahme zum Entnahmeverbot (Abs. 3 S. 3 und 4)

9   Die Ausnahmen vom Entnahmerecht gelten jedoch wiederum nicht, wenn bei Vollstreckung für mehrere Auftraggeber die Voraussetzungen nicht für alle Auftraggeber vorliegen (**Abs. 3 S. 3**). Trotz Prozesskostenhilfe oder trotz Zahlung auf Geldstrafe oder Geldbuße ist dann eine Entnahme aus dem Erlös erlaubt, wenn **mehrere Aufträge unterschiedlicher Gläubiger** vorliegen, von denen nicht alle die Vollstreckung einer Geldstrafe/Geldbuße betreffen bzw in denen nicht allen Gläubigern Prozess- oder Verfahrenskostenhilfe bewilligt ist. Zu beachten ist, dass Abs. 3 S. 3 ausschließlich auf Abs. 1 verweist. Bei Prozesskostenhilfe, Verfahrenskostenhilfe, Geldstrafen und Geldbußen ist somit nur die Vorwegentnahme aus dem Erlös möglich. Ausgeschlossen ist also auch weiterhin die Entnahme bei Ablieferung von Geld an den Auftraggeber nach Abs. 2.

10   Eine Entnahme aus dem Erlös ist trotz Prozess- oder Verfahrenskostenhilfe oder Zahlungen auf Geldbuße/Geldstrafe immer möglich, wenn der **Erlös höher ist als die Summe der Forderungen aller Auftraggeber** (**Abs. 3 S. 4**).

IV. Kosten- und Gebührenbefreiung

11   Die Befreiung von der Zahlung der Kosten oder der Gebühren steht der Entnahme der Kosten aus dem Erlös nicht entgegen (§ 2 Abs. 4). Deshalb ist auch bei der Zwangsvollstreckung im Auftrag eines kosten- oder gebührenbefreiten Gläubigers von der Möglichkeit der Entnahme aus dem Erlös Gebrauch zu machen.

§ 16 Verteilung der Verwertungskosten

Reicht der Erlös einer Verwertung nicht aus, um die in § 15 Abs. 1 bezeichneten Kosten zu decken, oder wird ein Erlös nicht erzielt, sind diese Kosten im Verhältnis der Forderungen zu verteilen.

DB-GvKostG (Zu § 16): keine Regelung

1   Kosten (Gebühren und Auslagen, § 1 Abs. 1), die zu den in § 15 Abs. 1 genannten Kosten gehören –

- Gebühren der Verwertung (Nr. 300, 301, 302, 310 KV GvKostG sowie Nr. 604 KV GvKostG, wenn eine der vorstehenden Amtshandlungen nicht erledigt wird),
- Gebühren der Entfernung aus dem Gewahrsam (Nr. 220 KV GvKostG),
- Auslagen einer Verwertung (zB Arbeitshilfen oder anteilige Auslagenpauschale) –,

aber nicht durch den Erlös gedeckt sind, sind im Verhältnis der Forderungen auf die einzelnen Aufträge zu verteilen. Damit wird erreicht, dass jeder Auftraggeber nur für den auf ihn entfallenden Teil dieser Kosten haftet.[1] Die Buchung dieser Kosten erfolgt unter Berücksichtigung von Nr. 9 Abs. 3 DB-GvKostG auf Auslagen und Gebühren.

---

1 *Winterstein/Richter/Zuhn*, GvKostR, § 16.

§ 17 Verteilung der Auslagen bei der Durchführung mehrerer Aufträge

[1]Auslagen, die in anderen als den in § 15 Abs. 1 genannten Fällen bei der gleichzeitigen Durchführung mehrerer Aufträge entstehen, sind nach der Zahl der Aufträge zu verteilen, soweit die Auslagen nicht ausschließlich bei der Durchführung eines Auftrags entstanden sind. [2]Das Wegegeld (Nummer 711 des Kostenverzeichnisses) und die Auslagenpauschale (Nummer 716 des Kostenverzeichnisses) sind für jeden Auftrag gesondert zu erheben.

DB-GvKostG (Zu § 17): keine Regelung

I. Anwendungsbereich

Auslagen, die bei der Durchführung mehrerer Aufträge **gemeinsam** entstehen, aber keine Auslagen der Verwertung darstellen (zB Kosten einer Türöffnung), sollen nach der Zahl der Aufträge verteilt werden (**S. 1**). Kosten, die bei der Durchführung eines einzelnen Auftrags entstanden sind, sollen auch nur diesem Auftrag zugerechnet werden. Jeder Auftraggeber haftet danach für die nur auf seine Aufträge entfallenden Kosten alleine. — 1

Wegegelder (Nr. 711 KV GvKostG) und die Auslagenpauschale (Nr. 716 KV GvKostG) werden für jeden Auftrag gesondert erhoben (**S. 2**). Eine Verteilung dieser Auslagen scheidet daher aus. — 2

II. Mehrere Aufträge und Wegegeld

1. Erledigung mehrerer Aufträge gleichzeitig auf einem Weg. Das Wegegeld kann auch mehrfach erhoben werden, wenn mehrere Aufträge gleichzeitig auf einem Weg erledigt werden, weil mit dem Wegegeld die Aufwendungen des Gerichtsvollziehers, die mit seinen dienstlichen Fahrten verbunden sind, abgegolten werden sollen. Da diese Aufwendungen nach Nr. 711 KV GvKostG **pauschal je Auftrag** abgegolten werden, ist bei mehreren Aufträgen der mehrfache Ansatz der Wegegeldpauschale gerechtfertigt.[1] Das Aufkommen aus der Gesamtheit dieser Pauschalen je Auftrag soll den gesamten Aufwand (u.a. Treibstoff, Versicherung, Kfz-Steuer, Anschaffungskosten, aber auch Maut-, Fähr-, Brückengebühren usw)[2] abgelten, der durch Fahrten, Wege und Gänge entsteht, die im Rahmen der Erledigung von Amtshandlungen durch den Gerichtsvollzieher erforderlich werden. Dabei ist nicht entscheidend, dass für jeden Auftrag ein eigener besonderer Weg unternommen wird, sondern maßgeblich und ausreichend ist, dass auf einem tatsächlich unternommenen Weg mehrere Aufträge erledigt werden. Im Rahmen des 2. KostRMoG weist der Gesetzgeber nochmals auf diesen Grundsatz hin und führt aus, dass das Wegegeld bei der Erledigung **mehrerer Aufträge auf derselben Dienstreise** für jeden Auftrag gesondert anfällt.[3] — 3

2. Pfändungs- und Verhaftungsauftrag. Damit löst auch der durchgeführte Pfändungs- und Verhaftungsauftrag jeweils gesonderte Wegegelder aus, da der Verhaftungsauftrag einen besonderen Auftrag darstellt (§ 3 Abs. 1 S. 4), auch gegenüber dem Pfändungsauftrag.[4] — 4

3. Kombi-Auftrag, § 807 Abs. 1 ZPO. Ebenfalls gesonderte Wegegelder löst der zunächst als gleichzeitig erteilt geltende **kombinierte Auftrag** (Kombi-Auftrag) zur Vollstreckung und Abnahme der Vermögensauskunft (§ 807 Abs. 1 ZPO) aus, der, weil der Schuldner nicht angetroffen wird, hinsichtlich der Abnahme der Vermögensauskunft zu einem besonderen weiteren Auftrag wird (§ 3 Abs. 2 S. 1 Nr. 3). Trifft der Gerichtsvollzieher einen Dritten in der Schuldnerwohnung an, vollstreckt dann in Abwesenheit des Schuldners fruchtlos und stellt gleichzeitig eine Ladung zum Termin zur Abnahme der Vermögensauskunft im Wege der Ersatzzustellung zu, erfolgt die Ladung zum Termin zur Abnahme der Vermögensauskunft im Rahmen des nunmehr vorliegenden **besonderen** Auftrags zur Abnahme der Vermögensauskunft.[5] Die gegenteilige Ansicht überzeugt nicht, da es nicht auf mehrere unternommene Wege ankommt, sondern alleine darauf, dass **auf derselben Dienstreise** mehrere Aufträge erledigt werden.[6] Mit dem Wegegeld sollen **pauschal je Auftrag** die mit der Fahrt anfallenden Kosten (Kraftstoff, Versicherung, Anschaffung usw) abgegolten werden. Diese Kosten sind aber auch bzgl des besonderen Auftrags zur Abnahme der Vermögensauskunft angefallen. Nach Nr. 711 KV GvKostG entsteht ein Wegegeld grds. „je Auftrag", es sei denn, es sind besondere Regelungen getroffen, die einen mehrfachen Ansatz im Rahmen von Wegegeldern im Rahmen eines Auftrags erlauben. Ein zweites Wegegeld für die Zustellung der Ladung zum Termin zur Abnahme der Vermögensauskunft ist damit angefallen und seine Erhebung berechtigt. Der Fall ist nicht anders zu beurteilen, als wenn dem Gerichtsvollzieher mehrere Aufträge unterschiedlicher Gläubiger gegen denselben Schuldner vorliegen. Auch in diesem Fall entstehen mehrere Wegegelder, wenn der Gerichtsvollzieher diese Aufträge — 5

---

[1] *Kessel*, DGVZ 2003, 86. [2] *Meyer*, GvKostG, „Auslagen" Rn 32. [3] BT-Drucks 17/11471 (neu), S. 257. [4] *Winterstein/Richter/Zuhn*, GvKostR, Nr. 711 KV GvKostG Rn 2 e). [5] AA *Winterstein/Richter/Zuhn*, GvKostR, Nr. 711 KV GvKostG Rn 2 c). [6] BT-Drucks 17/11471 (neu), S. 257.

gleichzeitig erledigt. Teils werden für einen mehrfachen Wegegeldansatz „Mehraufwendungen" des Gerichtsvollziehers verlangt. Gerade der Fall mehrerer unterschiedlicher Gläubiger gegen denselben Schuldner zeigt, dass dies gerade nicht erfordert wird. Bei Erledigung mehrerer Aufträge auf einem Weg entstehen hinsichtlich der Aufwendungen, die durch den Weg verursacht werden, keine Mehraufwendungen. Trotzdem kann nach S. 2 das **Wegegeld mehrfach** erhoben werden.

6   Nicht systemgerecht ist die Diskussion, ob durch den **Rückweg** das zusätzliche Wegegeld angefallen ist. Darauf kommt es bei der pauschalen Wegegeldbestimmung nicht mehr an. Maßgebend ist allein, dass tatsächlich gefahren wurde. Die Aufwendungen, die dem Gerichtsvollzieher durch diese Fahrt entstehen, werden pauschal auf den bzw die Aufträge umgelegt. Das Wegegeld ist eine stark pauschalierte Form des Aufwendungsersatzes und hat mit den tatsächlichen Kosten im Einzelfall nichts zu tun.[7]

7   Praxisfremd ist die Ansicht, dass ein Wegegeld nur angesetzt werden kann, wenn die Zustellung mit neuem Weg an einem **Folgetag** erfolgt. Für diese Ansicht bieten die Bestimmungen des S. 2 und der Nr. 711 KV GvKostG keinerlei Anhaltspunkte.

Abschnitt 5
Übergangs- und Schlussvorschriften

§ 18 Übergangsvorschrift

(1) [1]Die Kosten sind nach bisherigem Recht zu erheben, wenn der Auftrag vor dem Inkrafttreten einer Gesetzesänderung erteilt worden ist, Kosten der in § 15 Abs. 1 genannten Art jedoch nur, wenn sie vor dem Inkrafttreten einer Gesetzesänderung entstanden sind. [2]Wenn der Auftrag zur Abnahme der Vermögensauskunft mit einem Vollstreckungsauftrag verbunden ist, ist der Zeitpunkt maßgebend, zu dem der Vollstreckungsauftrag erteilt ist.

(2) Absatz 1 gilt auch, wenn Vorschriften geändert werden, auf die dieses Gesetz verweist.

DB-GvKostG (Zu § 18): keine Regelung

I. Auftragserteilung ist maßgeblich (Abs. 1 S. 1 Hs 1)

1   Es handelt sich um eine allgemeine Übergangsbestimmung auch für zukünftige Änderungen des GvKostG. Beim Zusammentreffen mehrerer Aufträge ist die Kostenberechnung weitgehend unproblematisch, weil die Gebühren für jeden Auftrag gesondert zu erheben sind. Die Kostenberechnung richtet sich also danach, ob der Auftrag vor oder nach Inkrafttreten einer Gesetzesänderung erteilt ist (Abs. 1 S. 1 Hs 1). Ein **Auftrag** ist **erteilt**, wenn er dem Gerichtsvollzieher oder der Gerichtsvollzieher-Verteilerstelle **zugegangen** ist (§ 3 Abs. 3 S. 1). Ist der Auftrag mithin vor Inkrafttreten einer Änderung des GvKostG erteilt, findet altes Recht Anwendung. Ist er nach diesem Zeitpunkt erteilt, findet neues Recht Anwendung.

II. Entstehung der Kosten ist maßgeblich (Abs. 1 S. 1 Hs 2)

2   Für die Gebühren und Auslagen der Verwertung (§ 15 Abs. 1), die auch dann nur einmal entstehen, wenn mehrere Aufträge zugrunde liegen, soll einheitlich das zur Zeit der **Entstehung der Kosten** geltende Recht maßgebend sein (vgl Abs. 1 S. 1 Hs 2). Erfolgt die Verwertung also nach dem Zeitpunkt des Inkrafttretens der Änderung des GvKostG, sind die in § 15 Abs. 1 bezeichneten Kosten nach neuem Recht zu berechnen.[1]

III. Vollstreckungsauftrag ist maßgeblich (Abs. 1 S. 2)

3   Ist der Auftrag zur Abnahme der **Vermögensauskunft** mit dem Auftrag zur Vollstreckung **verbunden** (**Kombi-Auftrag**, § 807 Abs. 1 ZPO), soll unabhängig von dem Zeitpunkt, der für die Abnahme der Vermögensauskunft als Zeitpunkt der Auftragserteilung gilt, der Zeitpunkt maßgebend sein, zu dem der Vollstreckungsauftrag erteilt worden ist (Abs. 1 S. 2), damit der gesamte Auftrag einheitlich nach der zu einer bestimmten Zeit geltenden Regelung abgerechnet werden kann. Ist der Vollstreckungsauftrag damit vor Inkrafttreten einer Änderung des GvKostG erteilt worden, werden auch die Kosten der Abnahme der Vermögensauskunft nach altem GvKostG berechnet, unabhängig von dem Zeitpunkt, wann die Vermögensauskunft abgeändert abgenommen wird.[2]

---

[7] BT-Drucks 17/11471 (neu), S. 257.   [1] BT-Drucks 14/3432, S. 28; Schröder-Kay/*Gerlach*, § 18 GvKostG Rn 7.   [2] BT-Drucks 14/3432, S. 29; *Hartmann*, KostG, § 18 GvKostG Rn 6.

IV. Bedingte Aufträge

Wird ein **bedingter Auftrag** erteilt, gilt der weitere Auftrag mit Eintritt der Bedingung als erteilt (Nr. 2 **4** Abs. 2 DB-GvKostG). Würde also mit dem Auftrag zur Vollstreckung ein Auftrag zur Vorpfändung verbunden, wäre für den Vollstreckungsauftrag, wenn er vor dem Inkrafttreten der Änderungen des GvKostG erteilt wäre, altes Recht maßgebend, während für den Auftrag zur Vorpfändung (§ 845 ZPO), der nach Inkrafttreten der Änderungen wirksam würde, wenn Forderungen gegen Dritte festgestellt werden, neues Kostenrecht gelten würde.[3] Bedingte Aufträge können sich auch bei Auftragskonstellationen nach dem Gesetz zur Reform der Sachaufklärung in der Zwangsvollstreckung ergeben.

V. Änderung anderer Vorschriften (Abs. 2)

Der Zeitpunkt einer Auftragserteilung an den Gerichtsvollzieher ist auch dann maßgebend, wenn sich Bestimmungen ändern, auf die das GvKostG nur verweist. Dies ist in § 12 der Fall, wo auf das GNotKG verwiesen wird. **5**

VI. Weitere Übergangsvorschriften

Zu den Übergangsvorschriften des Gesetzes zur Reform der Sachaufklärung in der Zwangsvollstreckung[4] **6** und den Übergangsvorschriften aus Anlass des 2. KostRMoG[5] wird verwiesen auf die Ausführungen in § 18 Rn 6–8 bzw Rn 9 in der Vorauflage (1. Aufl. 2014).

§ 19 Übergangsvorschrift aus Anlass des Inkrafttretens dieses Gesetzes

(1) [1]Die Kosten sind vorbehaltlich des Absatzes 2 nach dem Gesetz über Kosten der Gerichtsvollzieher in der im Bundesgesetzblatt Teil III, Gliederungsnummer 362-1, veröffentlichten bereinigten Fassung, zuletzt geändert durch Artikel 2 Abs. 5 des Gesetzes vom 17. Dezember 1997 (BGBl. I S. 3039), zu erheben, wenn der Auftrag vor dem Inkrafttreten dieses Gesetzes erteilt worden ist; § 3 Abs. 3 Satz 1 und § 18 Abs. 1 Satz 2 sind anzuwenden. [2]Werden solche Aufträge und Aufträge, die nach dem Inkrafttreten dieses Gesetzes erteilt worden sind, durch dieselbe Amtshandlung erledigt, sind die Gebühren insoweit gesondert zu erheben.

(2) Kosten der in § 15 Abs. 1 genannten Art sind nach neuem Recht zu erheben, soweit sie nach dem Inkrafttreten dieses Gesetzes entstanden sind.

DB-GvKostG (Zu § 19): keine Regelung

Es handelt sich um eine besondere Übergangsbestimmung, die nur aus Anlass des Erlasses des GvKostG **1** gelten sollte.

§ 20 (aufgehoben)

Anlage
(zu § 9)

Kostenverzeichnis

Gliederung

3 Schröder-Kay/*Gerlach*, § 18 GvKostG Rn 11. **4** Vom 29.7.2009 (BGBl. I 2258). **5** Vom 23.7.2013 (BGBl. I 2586).

Abschnitt 1
Zustellung auf Betreiben der Parteien (§ 191 ZPO)

Nr.	Gebührentatbestand	Gebühr
	Vorbemerkung 1:	
	(1) Die Zustellung an den Zustellungsbevollmächtigten mehrerer Beteiligter gilt als eine Zustellung.	
	(2) Die Gebühr nach Nummer 100 oder 101 wird auch erhoben, wenn der Gerichtsvollzieher die Ladung zum Termin zur Abnahme der Vermögensauskunft (§ 802 f ZPO) oder den Pfändungs- und Überweisungsbeschluss an den Schuldner (§ 829 Abs. 2 Satz 2, auch i.V.m. § 835 Abs. 3 Satz 1 ZPO) zustellt.	
100	Persönliche Zustellung durch den Gerichtsvollzieher	10,00 €
101	Sonstige Zustellung	3,00 €
102	Beglaubigung eines Schriftstückes, das dem Gerichtsvollzieher zum Zwecke der Zustellung übergeben wurde (§ 192 Abs. 2 ZPO) je Seite .... Eine angefangene Seite wird voll berechnet.	Gebühr in Höhe der Dokumentenpauschale

DB-GvKostG (Zu Nrn. 100, 101 KV) Nr. 10
Für Zustellungen von Amts wegen wird keine Zustellungsgebühr erhoben.

DB-GvKostG (Zu Nr. 102 KV) Nr. 10 a
Für die Beglaubigung der von der Gerichtsvollzieherin oder dem Gerichtsvollzieher selbst gefertigten Abschriften wird keine Beglaubigungsgebühr erhoben.

I. Zustellung auf Betreiben der Parteien, § 191 ZPO (Abschnitt 1)

1   **1. Zustellung im Parteibetrieb.** Mit der Überschrift von Abschnitt 1 – „Zustellung auf Betreiben der Parteien (§ 191 ZPO)" – wird klargestellt, dass Gebühren nur für **Zustellungen im Parteibetrieb** zu erheben sind. **Zustellungen von Amts wegen** lösen keine Gebühren aus, weil der Gerichtsvollzieher dann nicht als gerichtliches Zustellungsorgan, sondern als Beamter der Justizverwaltung handelt.[1]

Die Frage, ob es sich bei einer Zustellung um eine solche von Amts wegen oder eine Parteizustellung handelt, ist in mehreren Fällen umstritten, insb. bei der Zustellung der **Räumungsmitteilung** (§ 128 Abs. 2 S. 2 GVGA), der Übergabe des **Haftbefehls** (§ 802 g Abs. 2 S. 2 ZPO) und der Zustellung der **Eintragungsanordnung** (§ 882 c Abs. 2 S. 2 ZPO). Durch das 2. KostRMoG wurde die Überschrift des Gliederungsabschnitts 1 durch den klarstellenden Verweis auf § 191 ZPO ergänzt, womit die immer wieder diskutierte Frage, ob es sich bei der Zustellung der Benachrichtigung über den festgesetzten Räumungstermin um eine Zustellung von Amts wegen oder um eine Zustellung im Parteibetrieb handelt,[2] geklärt wurde.

2   Aus § 191 ZPO ergibt sich, wann eine **Zustellung auf Betreiben der Parteien** vorliegt. Eine Zustellung auf Betreiben der Parteien ist dann gegeben, wenn diese **zugelassen** oder **vorgeschrieben** ist. Beide Voraussetzungen treffen auf die Zustellung der Benachrichtigung über den festgesetzten Räumungstermin (§ 128 Abs. 2 S. 2 GVGA) nicht zu, so dass – entgegen einer zT vertretenen Ansicht[3] – keine Zustellungsgebühr zu erheben ist. Durch die Verweisung auf § 191 ZPO ist nunmehr ausdrücklich klargestellt, dass eine Zustellung des Räumungstermins an den Schuldner eine Zustellungsgebühr nicht auslöst.[4] Die dabei entstehenden Auslagen der Post können jedoch in Ansatz gebracht werden. In der Lit. wird die Zustellung der Mitteilung des Räumungstermins jedoch immer noch als Parteizustellung angesehen.[5]

3   **2. Ausnahmen: Zustellungsgebühren bei Amtszustellung.** In zwei Fällen der **Amtszustellung** erlaubt jedoch **Vorbem. 1 Abs. 2 KV GvKostG** die Erhebung von Zustellungsgebühren: Die Gebühr nach Nr. 100 oder 101 KV GvKostG wird auch erhoben, wenn der Gerichtsvollzieher

---

[1] Schröder-Kay/*Winter*, Nr. 100–102 KV GvKostG Rn 1. **2** BT-Drucks 17/11471 (neu), S. 255. **3** *Tenner*, DGVZ 2015, 31; AG Köln DGVZ 2004, 175; *Heinze*, DGVZ 2004, 164. **4** BT-Drucks 17/11471 (neu), S. 255. **5** Schröder-Kay/*Winter*, Nr. 100–102 KV GvKostG Rn 18–22; *Tenner*, DGVZ 2015, 31.

- die **Ladung zum Termin** zur Abnahme der Vermögensauskunft (§ 802 f ZPO) oder
- den Pfändungs- und Überweisungsbeschluss an den **Schuldner** (§ 829 Abs. 2 S. 2 ZPO, auch iVm § 835 Abs. 3 S. 1 ZPO)

zustellt.

3. Speziell: Zustellung der Eintragungsanordnung, § 882 c Abs. 2 S. 2 ZPO. a) Amtszustellung oder Zustellung im Parteibetrieb? Hinsichtlich der nunmehr zusätzlich durch den Gerichtsvollzieher vorzunehmenden Zustellung der **Eintragungsanordnung** (§ 882 c Abs. 2 S. 2 ZPO) wurde keine Ausnahmeregelung geschaffen. Da der Gerichtsvollzieher sie bei Abwesenheit des Schuldners auch ohne Antrag des Gläubigers zwingend vorzunehmen hat, liegt eine **Amtszustellung** (§ 9 Abs. 2 GVGA) vor, so dass eine Zustellungsgebühr nicht zu erheben ist.[6]   **4**

Mit der Begründung, dass die Zustellung der Eintragungsanordnung auf dem Antrag des Gläubigers auf Abnahme der Vermögensauskunft beruht, wird jedoch in Literatur und Rechtsprechung eine Parteizustellung gesehen.[7] Diese Ansicht überzeugt nicht. Eine Parteizustellung liegt nur dann vor, wenn die Zustellung dem Gläubiger ausdrücklich übertragen oder ermöglicht ist.[8] Diese Ansicht wird insb. auch durch § 191 ZPO bestätigt. Durch diese Bestimmung wird der Tatsache Rechnung getragen, dass die Amtszustellung zum Regelfall geworden ist.[9] § 191 ZPO definiert, wann eine Parteizustellung vorliegt, nämlich dann, wenn eine Zustellung auf Betreiben der Parteien **zugelassen** oder **vorgeschrieben** ist (vgl zB nur §§ 750, 845 ZPO). Bemerkenswert ist dazu auch die Begründung zum Zustellungsreformgesetz,[10] die eine Aufzählung enthält, wann eine Parteizustellung heute noch gegeben ist. Ein praktisches Bedürfnis besteht für die Zustellung auf Betreiben der Parteien insb. für die Zustellung von   **5**

- Willenserklärungen nach § 132 BGB;
- Schuldtiteln, die ausschließlich im Parteibetrieb zuzustellen sind (vgl vollstreckbare Urkunden, Urkunden zur Einleitung der Zwangsvollstreckung gem. § 750 Abs. 2, § 751 Abs. 2, §§ 756, 765, 795 ZPO);
- Arresten und einstweiligen Verfügungen, wenn diese durch Beschluss angeordnet sind (§ 922 Abs. 2, § 936 ZPO);
- Pfändungs- und Überweisungsbeschlüssen (§ 829 Abs. 2, § 835 Abs. 3, § 846, § 857 Abs. 1, § 858 Abs. 3 ZPO);
- Benachrichtigungen (§ 845 ZPO);
- Verzichten der Gläubiger auf die Rechte aus der Pfändung und Überweisung (§ 843 ZPO);
- Vollstreckungsbescheiden, die das Gericht dem Antragsteller zur Zustellung im Parteibetrieb übergeben hat (§ 699 Abs. 4 S. 2 und 3 ZPO).

Im 2. KostRMoG verwendet der Gesetzgeber diese Definition der Parteizustellung erneut und verweist zur Definition der Parteizustellung auf § 191 ZPO.[11] Die Zustellung der Eintragungsanordnung nach § 882 c Abs. 2 S. 2 ZPO wird insb. auch nicht zu einer Parteizustellung, weil der Gläubiger das Verfahren auf Abnahme der Vermögensauskunft durch seinen Antrag eingeleitet hat. Zwar ist das Verfahren von einem Antrag des Gläubigers abhängig, jedoch folgt die Durchführung des Verfahrens – und damit auch die Zustellung der Eintragungsanordnung – unabhängig von der Parteiherrschaft gesetzlichen Regeln. Im Übrigen kommt es nicht auf das eingeleitete Verfahren an, vielmehr stellt § 191 ZPO auf die **einzelne** konkret vorzunehmende Zustellung ab. In einem Verfahren können daher durchaus Partei- und Amtszustellungen nebeneinander vorliegen. Der Ansicht, dass es sich bei der Zustellung der Eintragungsanordnung um eine Amtszustellung handelt, wird entgegengehalten, dass der Gerichtsvollzieher für eine Amtszustellung nur zuständig ist, wenn er durch richterliche Anordnung damit beauftragt wird.[12] Dem steht der eindeutige Wortlaut des § 9 **Abs. 2 GVGA** entgegen. Dass der Gerichtsvollzieher für Amtszustellungen „*nur*" im Fall des § 168 Abs. 2 ZPO (Beauftragung mit der Ausführung der Zustellung durch den Vorsitzenden des Prozessgerichts oder ein von ihm bestimmtes Mitglied) zuständig sein soll, ist nach dem eindeutigen Wortlaut des § 9   **6**

---

6 OLG Saarbrücken 26.4.2016 – 5 W 22/16; OLG Frankfurt DGVZ 2016, 82; LG Limburg a.d. Lahn DGVZ 2016, 61; OLG Koblenz DGVZ 2016, 59; OLG Frankfurt 10.2.2016 – 14 W 1/16, juris; OLG Köln 1.2.2016 – 17 W 177/15, juris; AG Dillenburg DGVZ 2015, 116; LG Limburg a.d. Lahn DGVZ 2015, 255; LG Stuttgart DGVZ 2015, 115; AG Schwäbisch Gmünd DGVZ 2015, 257; OLG Düsseldorf DGVZ 2015, 91; AG Stuttgart DGVZ 2015, 64; AG Pinneberg DGVZ 2015, 27; AG Mannheim DGVZ 2014, 152; AG Siegburg 10.2.2014 – 34 a M 2687/13; AG Saarburg 15.8.2014 – 7 M 532/14; AG Oberndorf am Neckar 17.11.2014 – 3 M 1345/14; *Schlaak*, DGVZ 2014, 154; *Volpert*, Neuerungen im Kostenrecht durch das Gesetz zur Reform der Sachaufklärung in der Zwangsvollstreckung, in: Seibel u.a., Zwangsvollstreckungsrecht aktuell, 2. Aufl. 2013, § 2 Rn 105. **7** LG Saarbrücken DGVZ 2016, 85; AG Stadthagen DGVZ 2016, 62; AG Darmstadt DGVZ 2015, 73; AG Burgwedel 12.5.2014 – 11 M 115/14; AG Geldern DGVZ 2015, 27; AG Stuttgart-Bad Cannstatt DGVZ 2015, 25; AG Koblenz DGVZ 2015, 27; AG Gernsbach DGVZ 2015, 27; AG Köln 14.10.2014 – 288 M 965/14; AG Villingen-Schwenningen DGVZ 2015, 27; AG Kleve DGVZ 2015, 27; LG Verden DGVZ 2015, 61; AG Albstadt 26.1.2015 – 5 M 1770/14; *Gietmann*, DGVZ 2016, 1; *Tenner*, DGVZ 2015, 32; *Theis/Rutz*, DGVZ 2014, 154. **8** *Steder*, JurBüro 1998, 575; *Hornung*, Rpfleger 2002, 493. **9** *Coenen*, DGVZ 2002, 5 mwN. **10** BT-Drucks 14/4554, S. 25. **11** BT-Drucks 17/11471 (neu), S. 255. **12** *Winterstein/Richter/Zuhn*, GvKostR, Nr. 100–102 KV GvKostG Rn 1.

Abs. 2 GVGA nicht zutreffend. § 9 Abs. 2 GVGA entspricht dem früheren § 11 Abs. 2 GVGA. Die Bestimmung § 11 Abs. 2 GVGA wurde 2001 infolge des Zustellungsreformgesetzes geändert, als damals neu *zusätzlich* die Möglichkeit aufgenommen wurde, dass der Gerichtsvollzieher gem. § 168 Abs. 2 ZPO beauftragt werden kann. Danach ist der Gerichtsvollzieher zuständig für Amtszustellungen, die ihm durch **Gesetz, Rechtsverordnung** oder **Verwaltungsanordnung** übertragen sind oder **durch das Gericht übertragen** werden. Genau diese Übertragung ist durch § 882 c ZPO erfolgt. Bereits daraus ergibt sich, dass die Zustellung der Eintragungsanordnung nicht der Parteimaxime unterliegen kann, da eine Weisung des Gläubigers insoweit ausgeschlossen ist, weil § 882 c ZPO die Zustellung der Eintragungsanordnung dem Gerichtsvollzieher als Amtspflicht aufgibt, sie also nicht von einem entsprechenden Auftrag (Antrag) des Gläubigers abhängig ist. Der Gerichtsvollzieher allein entscheidet, ob zuzustellen ist. Ist der Schuldner bei Anordnung der Eintragung anwesend (im Fall der Abgabeverweigerung vor Ort gem. § 882 c Abs. 1 Nr. 1 ZPO oder nach Abgabe der Vermögensauskunft gem. § 882 Abs. 1 Nr. 2 ZPO), so kann ihm der Gerichtsvollzieher die Anordnung mündlich bekannt geben und sie nach § 763 Abs. 1 ZPO ins Vollstreckungsprotokoll aufnehmen (vgl § 882 c Abs. 2 S. 2 ZPO). In allen anderen Fällen ist gem. § 882 c Abs. 2 S. 2 ZPO die Anordnung dem Schuldner zuzustellen.[13] Die Zustellung ist dem Gläubiger weder übertragen noch überlassen (§ 191 ZPO).

7 Dass es bei einer Zustellung nicht auf den Vollstreckungsauftrag des Gläubigers ankommt, wird auch hinsichtlich der Frage, ob der **Haftbefehl zuzustellen** ist, vom Gesetzgeber eindeutig klargestellt. Durch das **EuKoPfVODG** soll § 802 g Abs. 2 S. 2 ZPO wie folgt gefasst werden:[14]

„Der Gerichtsvollzieher händigt dem Schuldner von Amts wegen bei der Verhaftung eine beglaubigte Abschrift des Haftbefehls aus."

In der Gesetzesbegründung wird ausgeführt: „Die Änderung in [§ 802g] Absatz 2 dient der Klärung der in der Praxis streitigen und kostenrechtlich relevanten Frage, ob die Übergabe des Haftbefehls bei der Verhaftung als Parteizustellung zu behandeln ist. Die Verhaftung des Schuldners geschieht zwar infolge eines Vollstreckungsauftrags des Gläubigers. Einer förmlichen Zustellung des Haftbefehls vor seiner Vollziehung bedarf es aber nach [§ 802g] Absatz 1 Satz 3 nicht. Die Aushändigung des Haftbefehls an den Schuldner bei der Verhaftung ist zudem aus rechtsstaatlichen Gründen zwingend erforderlich und steht nicht zur Disposition des Gläubigers. Sie hat mithin von Amts wegen zu erfolgen und stellt keine Parteizustellung dar."[15]

8 Hinsichtlich der Heranziehung des § 9 Abs. 2 GVGA wird argumentiert, dass es sich gegenüber der ZPO um eine untergeordnete Verwaltungsbestimmung handelt. Dabei wird übersehen, dass § 154 GVG bestimmt, dass die Dienst- und Geschäftsverhältnisse der mit den Zustellungen, Ladungen und Vollstreckungen zu betrauenden Beamten (Gerichtsvollzieher) bei den Landesgerichten durch die **Landesjustizverwaltung** bestimmt werden. Die Regelung der Dienst- und Geschäftsverhältnisse findet sich in der GVO und der GVGA.[16] Die Bestimmung des § 9 Abs. 2 GVGA fußt daher unmittelbar auf § 154 GVG. Ebenso wird übersehen, dass Zustellungen, für die der Gerichtsvollzieher zuständig ist, sich nicht nur aus der ZPO ergeben. Wie auch aus § 9 Abs. 2 GVGA folgt, werden Zustellungen nicht zwingend durch ein Gesetz geregelt, sondern können sich auch aus **Verwaltungsanordnungen** (GVO, GVGA) ergeben, wie dies zB bei der Zustellung der Mitteilung über den Räumungstermin der Fall ist. Die Zuständigkeit des Gerichtsvollziehers für diese Zustellung ist ausschließlich in § 128 Abs. 2 S. 2 GVGA geregelt.

9 Soweit vertreten wird, dass es sich bei der Zustellung der Eintragungsanordnung nach § 882 c Abs. 2 S. 2 ZPO um eine Parteizustellung handelt, die der Gerichtsvollzieher ohne besonderen (Gläubiger-)Auftrag (weil im Gesetz vorgesehen) vornimmt,[17] überzeugt dies nicht, denn wenn eine Parteizustellung dann vorliegt, wenn sie dem Gläubiger übertragen oder überlassen ist, schließt dies aus, dass auch dann eine Parteizustellung vorliegt, wenn der Gerichtsvollzieher **ohne besonderen Parteiauftrag** eine Zustellung vorzunehmen hat.

10 **Fazit:** Insgesamt muss davon ausgegangen werden, dass trotz der gegenteiligen Ansicht in Rechtsprechung und Literatur die Zustellung der Eintragungsanordnung nach § 882 c Abs. 2 S. 2 ZPO eine **Amtszustellung** ist. Diese Streitfrage könnte – wie alle übrigen zur Amts- oder Parteizustellung – vermieden werden, wenn alle Zustellungen, die der Gerichtsvollzieher durchzuführen hat (Partei- und Amtszustellungen), kostenpflichtig würden. Dies ist auch hinsichtlich der Amtszustellung nicht unbillig, da der Gläubiger durch seinen Auftrag diese Kosten veranlasst hat.

11 **b) Auslagen.** Wenn davon ausgegangen wird, dass die Zustellung der Eintragungsanordnung gem. § 882 c Abs. 2 S. 2 ZPO eine Amtszustellung darstellt (→ Rn 10), ist der Gerichtsvollzieher trotzdem berechtigt,

---

13 BT-Drucks 16/10069, S. 38 (re. Sp.). **14** Art. 1 Nr. 9 des „Entwurfs eines Gesetzes zur Durchführung der Verordnung (EU) Nr. 655/2014 sowie zur Änderung sonstiger zivilprozessualer Vorschriften (EuKoPfVODG)", RegE, BT-Drucks 18/7560, S. 9. Geplantes Inkrafttreten dieser Änderung: am Tag nach der Verkündung (Art. 14 Abs. 2 S. 1 ÄndG). **15** Begr. RegE, BT-Drucks 18/7560, S. 37 f. **16** Baumbach/*Hartmann*, § 154 GVG Rn 1. **17** *Tenner*, DGVZ 2015, 31.

Auslagen für die von ihm vorgenommene Zustellung zu erheben.[18] Erfolgt die Zustellung durch die Post, sind daher die **Zustellungsauslagen (Nr. 701 KV GvKostG)** anzusetzen. Nr. 701 KV GvKostG bestimmt uneingeschränkt die Erhebung der Auslagen für Entgelte für Zustellungen mit Zustellungsurkunde vom Kostenschuldner, unabhängig davon, ob die Auslagen durch Zustellung im Parteibetrieb oder durch Zustellung von Amts wegen erfolgen.[19]

Stellt der Gerichtsvollzieher also die Eintragungsanordnung persönlich zu, kann auch ein **Wegegeld (Nr. 711 KV GvKostG)** erhoben werden.[20] Ein Wegegeld entsteht, wenn ein Weg zur Erledigung einer **Amtshandlung** zurückgelegt wird.[21] Die Eintragungsanordnung ist dem Schuldner zuzustellen, wenn sie ihm mündlich bekannt gegeben werden kann (§ 882 c Abs. 2 S. 2 ZPO), so dass es sich bei der (persönlichen) Zustellung der Ladung um einen Weg zur Durchführung einer Amtshandlung handelt. Ein Verbot der Erhebung eines Wegegeldes ergibt sich für diesen Fall der Zustellung weder aus dem GvKostG noch auch der ZPO, der GVO und der GVGA. Insbesondere § 882 c Abs. 2 S. 2 ZPO normiert lediglich, dass zuzustellen ist; wie dies zu erfolgen hat, entscheidet der Gerichtsvollzieher. Es wird beim Wegegeld auch an keiner Stelle im Auslagentatbestand zwischen Amts- und Parteizustellung unterschieden. Zur Art der Zustellung → Rn 13 f.

Es wird jedoch auch die Auffassung vertreten, dass mangels Gebührentatbestands für die Amtszustellung auch keine Auslagen zu erheben sind.[22] Diese Ansicht überzeugt nicht. Für das Entstehen von Auslagen für die Zustellung der Eintragungsanordnung ist es ohne Bedeutung, ob eine Zustellung von Amts wegen oder im Parteibetrieb erfolgt. Nr. 701 KV GvKostG bspw bestimmt – uneingeschränkt – die Erhebung der Auslagen für Entgelte für Zustellungen mit Zustellungsurkunde vom Kostenschuldner, unabhängig davon, ob die Auslagen durch Zustellung im Parteibetrieb oder durch Zustellung von Amts wegen erfolgen.[23] **12**

c) Zustellungsart. Zwischen der **persönlichen Zustellung** und der **Zustellung durch die Post** hat der Gerichtsvollzieher nach pflichtgemäßem **Ermessen** die **Wahl** (§ 15 Abs. 2 S. 1 GVGA). Dabei wird grds. sogar der persönlichen Zustellung der Vorzug gegeben (§ 15 Abs. 2 S. 2 GVGA). Dies gilt sowohl für den Fall, dass von einer Parteizustellung ausgegangen wird, als auch bei Annahme einer Amtszustellung. Die Bestimmung über die **Wahl der Zustellungsart** ist in den allgemeinen Bestimmungen über die Zustellung (§§ 9 ff GVGA) enthalten und nicht bei den speziellen Bestimmungen über die Parteizustellung (§§ 16 ff GVGA). Die persönliche Zustellung ist damit grds. auch im Rahmen der Zustellung der Eintragungsanordnung nach § 882 c Abs. 2 S. 2 ZPO möglich. Insbesondere kann der Gläubiger dem Gerichtsvollzieher nicht vorschreiben, ob eine Zustellung persönlich oder durch Beauftragung der Post erfolgt.[24] Es wird jedoch auch vertreten, dass dem Gerichtsvollzieher kein Ermessen zusteht, wenn eine Anweisung des Gläubigers zur Zustellung mit der Post vorliegt.[25] **13**

Soweit die Wahl der Zustellungsart in das Ermessen des Gerichtsvollziehers gestellt ist, kann dieses Ermessen nicht im Hinblick auf die Kosten eingeschränkt werden.[26] Würde das Ermessen des Gerichtsvollziehers bei seiner Entscheidung nach § 15 Abs. 2 S. 1 GVGA auf reine Kostenerwägungen beschränkt, würde der Frage der Kosten eine Bedeutung eingeräumt, die sich weder der ZPO noch der GVGA entnehmen lässt.[27] **14**

Wenn dem Gerichtsvollzieher jedoch die Entscheidung über die Wahl der Zustellungsart überlassen bleibt, sind auch die jeweils damit verbundenen **Kosten als notwendig** anzusehen. Dem kann auch nicht mit Hinweis auf § 802 a Abs. 1 ZPO begegnet werden, wonach der Gerichtsvollzieher auf eine zügige, vollständige und kostensparende Beitreibung von Geldforderungen hinzuwirken hat. Der Anwendung dieser Bestim-

---

18 AG Bretten DGVZ 2014, 153; aA AG Stuttgart DGVZ 2015, 65 (ohne nähere Begründung zu den Zustellungsauslagen). 19 OLG Stuttgart DGVZ 2015, 91; OLG Nürnberg FoVo 2015, 175; AG Schöneberg DGVZ 2015, 62. 20 AG Darmstadt DGVZ 2014, 73; AG Bretten DGVZ 2014, 153; AG Solingen DGVZ 2014, 178; *Schlaak*, DGVZ 2014, 154; *Wasserl*, DGVZ 2013, 90; aA AG Mannheim DGVZ 2014, 152. 21 *Hartmann*, KostG, Nr. 711 KV GvKostG Rn 5; *Winterstein/Richter/Zuhn*, GvKostR, Nr. 711 KV GvKostG Rn 1. 22 AG Saarland 26.4.2016 – 5 W 22/16; OLG Koblenz DGVZ 2016, 58; AG Mannheim DGVZ 2014, 152. 23 OLG Stuttgart DGVZ 2015, 91; OLG Nürnberg FoVo 2015, 75; AG Bretten DGVZ 2014, 153. 24 OLG Stuttgart DGVZ 2016, 133; KG DGVZ 2016, 110; AG Stadthagen DGVZ 2016, 87; AG Otterndorf DGVZ 2016, 88; AG Leipzig DGVZ 2015, 136; OLG Stuttgart DGVZ 2015, 91; OLG Nürnberg FoVo 2015, 175; AG Homburg DGVZ 2015, 25; AG Schöneberg DGVZ 2015, 62; AG Neunkirchen DGVZ 2014, 130; AG Königswinter 13.7.2014 – 6 M 273/14; AG Pirmasens 20.8.2014 – 1 M 1166/14; AG Saarlouis DGVZ 2014, 259; AG Neustadt a.d. Weinstraße 25.8.2014 – 1 M 766/14; AG Grünstadt 22.9.2014 – M 436/14; AG Bremen-Blumenthal 25.11.2014 – 22 M 1311/14; AG Homburg 16.10.2014 – 15 M 628/14; AG St. Ingbert 3.12.2014 – 5 M 446/14; AG Viersen 19.11.2014 – 15 M 2240/14; AG Krefeld 26.11.2014 – 112 M 781/14; AG Ludwigsburg 12.12.2014 – 1 M 4468/14; AG Mönchengladbach-Rhydt 15.7.2014 – 32 M 1665/14; AG Grevenbroich 22.12.2014 – 30 M 2918/14; AG Leipzig 28.1.2015 – 431 M 23908/14; AG Backnang 8.1.2015 – 3 M 1548/14; LG Ellwangen 12.1.2015 – 1 T 224/15; AG Ellwangen 31.10.2014 – 2 M 1072/14; AG Limburg a.d. Lahn DGVZ 2014, 204; AG Lichtenberg DGVZ 2014, 205; AG Wetzlar 9.10.2014 – 81 M 2026/14; AG Groß-Gerau DGVZ 2014, 259; AG Waldbröl DGVZ 2014, 259; AG Freudenstadt DGVZ 2014, 259; AG Lahr DGVZ 2014, 259; AG Bremerhaven DGVZ 2014, 259; AG Gernsbach DGVZ 2014, 259; LG Offenburg DGVZ 2014, 259; AG Köln 14.10.2014 – 286 M 0798/14; LG Köln 7.11.2014 – 34 T 116/14; LG Bochum DGVZ 2014, 260. 25 OLG Frankfurt DGVZ 2016, 82. 26 AA Schröder-Kay/*Winter*, Nr. 100–102 KV GvKostG Rn 54. 27 OLG Köln Rpfleger 2015, 661.

mung auf den Ansatz des Wegegeldes steht bereits die amtliche Begründung zu § 802 a Abs. 1 ZPO entgegen, wonach sich die Regelung als allgemeine Leitlinie versteht. Konkrete Rechtsfolgen sind aus ihr allein jedoch nicht abzuleiten.[28] Es wird zT eine Protokollierung der maßgeblichen Gründe vorgeschlagen,[29] während auch vertreten wird, dass die Ermessensausübung auch mit Erwägungen begründet wird, die für eine Mehrzahl von Fällen gelten.[30] Im Interesse einer zügigen und effektiven Erledigung der Vollstreckungsaufträge dürfen die Anforderungen an die Darlegung der maßgebenden Gründe nicht überspannt werden.[31] Vertreten wird jedoch auch, dass im Einzelfall konkrete Gründe zu benennen sind und allgemeine Erwägungen nicht ausreichen, um von einer Anweisung des Gläubigers abzuweichen.[32] Diese Entscheidungen überzeugen nicht.[33]

II. Persönliche Zustellung durch den Gerichtsvollzieher (Nr. 100 KV GvKostG); sonstige Zustellung (Nr. 101 KV GvKostG)

15 Umfasst sind die persönliche Zustellung durch den Gerichtsvollzieher (§§ 192, 193 ZPO) und die Zustellung durch die Post bzw entsprechende Dienstleistungsunternehmen (§ 194 ZPO). Umfasst werden aber auch zB Zustellungen durch Aufgabe zur Post (§ 184 ZPO, § 15 Abs. 1 GVGA), wie sich aus „Sonstige Zustellungen" (Nr. 101 KV GvKostG) ergibt.[34] Die Wahl der Zustellungsart (persönliche Zustellung oder Zustellung durch die Post) liegt im Regelfall im Ermessen des Gerichtsvollziehers (§ 15 Abs. 2 S. 1 GVGA).[35] Die Zustellung durch Aufgabe zur Post ist nur in den gesetzlich bestimmten Fällen zulässig. Zustellungsgebühren können für jede Zustellung gesondert erhoben werden, können also im Rahmen eines Auftrags auch mehrfach anfallen. Bei der Zustellung durch Aufgabe zur Post und bei der Zustellung durch die Post ist der Gebührentatbestand der „Zustellung" bereits mit Übergabe an die Post erfüllt (zB Einwurf in den Briefkasten). Wird ein Brief als unzustellbar zurückgegeben, entsteht daher die Gebühr Nr. 101 KV GvKostG (nicht Nr. 600/101 KV GvKostG).[36]

16 Die Zustellung **mehrerer Schriftstücke** an einen Beteiligten regelt § 12 GVGA. Sind **verschiedene Rechtsangelegenheiten** betroffen, so stellt der Gerichtsvollzieher jedes Schriftstück besonders zu (§ 12 Abs. 1 GVGA), mit der Folge, dass auch die Zustellungsgebühren jeweils gesondert anfallen (§ 10 Abs. 2 S. 3). Betreffen die Schriftstücke **dieselbe Rechtsangelegenheit**, so erledigt der Gerichtsvollzieher den Auftrag durch eine einheitliche Zustellung, wenn die Schriftstücke durch äußere Verbindung zusammengehörig gekennzeichnet sind oder wenn der Auftraggeber eine gemeinsame Zustellung beantragt hat (§ 12 Abs. 2 GVGA). Es entsteht in diesem Fall nur eine Zustellungsgebühr.

17 Eine Zustellung **an mehrere Beteiligte** ist an jeden einzelnen Beteiligten zu bewirken (§ 12 Abs. 1 GVGA). Dies gilt auch dann, wenn die Zustellungsadressaten in häuslicher Gemeinschaft leben (zB Ehegatten, Lebenspartner, Eltern, Kinder). Entsprechend fallen mehrere Zustellungsgebühren an.

18 Bei der Zustellung **an den Vertreter** mehrerer Beteiligter (zB gesetzliche Vertreter, Prozessbevollmächtigter) erfolgt nur eine Zustellung. Gleiches gilt für die Zustellung an den **Zustellungsbevollmächtigten** mehrerer Beteiligter, die als eine Zustellung gilt (**Vorbem. Abs. 1 KV GvKostG**).

III. Beglaubigungsgebühr (Nr. 102 KV GvKostG)

19 Beglaubigungsgebühren entstehen in Höhe der Dokumentenpauschale. Dabei entstehen Dokumentenpauschale und Beglaubigungsgebühr hinsichtlich eines Schriftstücks nicht nebeneinander. Die Beglaubigungsgebühr fällt nach Nr. 102 KV GvKostG nur dann an, wenn ein Schriftstück beglaubigt wird, das dem Gerichtsvollzieher zum Zwecke der Zustellung übergeben wurde. Wenn dieses Schriftstück aber dem Gerichtsvollzieher übergeben wurde, ist die Dokumentenpauschale ausgeschlossen, weil keine Abschrift zu fertigen ist. Muss der Gerichtsvollzieher Abschriften fertigen, handelt es sich wiederum nicht um ein „übergebenes" Schriftstück, so dass in diesem Fall keine Beglaubigungsgebühr entstehen kann.[37]

20 Im Rahmen desselben Auftrags können dagegen durchaus Dokumentenpauschale und Beglaubigungsgebühren nebeneinander entstehen, etwa wenn nicht ausreichend (zu beglaubigende) Abschriften eingereicht wurden, mit der Folge, dass Beglaubigungsgebühren anfallen und zusätzlich (weitere) Abschriften zu fertigen sind, die wiederum die Dokumentenpauschale auslösen.

---

28 BT-Drucks 16/10069, S. 24.   **29** *Schröder-Kay/Winter*, Nr. 100–102 KV GvKostG Rn 57.   **30** OLG Stuttgart DGVZ 2016, 133; KG DGVZ 2016, 110.   **31** KG DGVZ 2016, 110; LG Bochum DGVZ 2014, 260; LG Offenburg DGVZ 2014, 259; AG Homburg DGVZ 2015, 25.   **32** OLG Frankfurt DGVZ 2016, 82; OLG Koblenz DGVZ 2015, 254.   **33** *Mroß*, DGVZ 2015, 254.   **34** *Schröder-Kay/Winter*, Nr. 100–102 KV GvKostG Rn 76.   **35** AG Bonn DGVZ 2004, 44; *Kessel*, DGVZ 2004, 45.   **36** *Schröder-Kay/Winter*, Nr. 100–102 KV GvKostG Rn 77.   **37** *Meyer*, JurBüro 2003, 295; *Hundertmark*, JurBüro 2003, 461.

IV. Speziell: Übergabe des Haftbefehls bei der Verhaftung, § 802 g Abs. 2 S. 2 ZPO

In der Praxis wird zT die Übergabe des Haftbefehls bei der Verhaftung (§ 802 g Abs. 2 S. 2 ZPO) als Partei- **21** zustellung angesehen[38] und eine Zustellungsgebühr (Nr. 100 KV GvKostG) erhoben. Es handelt sich jedoch nicht um eine Zustellung, da es nach § 802 g Abs. 1 S. 3 ZPO einer Zustellung des Haftbefehls vor seiner Vollziehung nicht bedarf.[39] Wenn dazu die Ansicht vertreten wird, dass es sich eine um eine besondere Form der Zustellung handelt (persönliche Übergabe), widerspricht dies § 802 g Abs. 1 S. 3 ZPO. Insbesondere liegt auch keine Parteizustellung vor, da die Übergabe dem Gerichtsvollzieher als Amtspflicht obliegt und diese Übergabe dem Gläubiger weder überlassen noch vorgeschrieben ist (§ 191 ZPO).[40] Auch wenn die Übergabe des Haftbefehls eine Rechtsmittelfrist gegen den Erlass des Haftbefehls in Gang setzt, bedarf es keiner förmlichen Zustellung, da der Gerichtsvollzieher die Übergabe des Haftbefehls zu protokolieren hat und damit der Fristbeginn bestimmt ist. Das Gerichtsvollzieherprotokoll ist eine öffentliche Urkunde mit entsprechender Beweiskraft.[41] Das Protokoll begründet vollen Beweis der darin bezeugten Tatsachen.[42]

Es ist beabsichtigt, die Streitfrage durch eine Änderung des § 802 g Abs. 2 S. 2 ZPO zu klären. Die Vor- **22** schrift soll nach dem RegE zum **EuKoPfVODG** wie folgt gefasst werden:

„Der Gerichtsvollzieher händigt dem Schuldner von Amts wegen bei der Verhaftung eine beglaubigte Abschrift des Haftbefehls aus."[43]

Zur Begründung wird darauf verwiesen, dass die Verhaftung des Schuldners zwar infolge eines Vollstreckungsauftrags des Gläubigers geschehe, es aber nach § 802 g Abs. 1 S. 3 ZPO einer förmlichen Zustellung des Haftbefehls vor seiner Vollziehung nicht bedürfe. Die Aushändigung des Haftbefehls an den Schuldner bei der Verhaftung sei zudem aus rechtsstaatlichen Gründen zwingend erforderlich und stehe nicht zur Disposition des Gläubigers. Sie habe mithin von Amts wegen zu erfolgen und stelle keine Parteizustellung dar.[44] Insbesondere ergibt sich daraus aber auch, dass mit § 802 g Abs. 1 S. 3 ZPO nicht nur eine Zustellung durch das Vollstreckungsgericht ausgeschlossen wird,[45] sondern – da es der Zustellung des Haftbefehls vor seiner Vollziehung nicht bedarf – auch keine Zustellung durch den Gerichtsvollzieher erfolgt.

Abschnitt 2
Vollstreckung

Nr.	Gebührentatbestand	Gebühr
200	Amtshandlung nach § 845 Abs. 1 Satz 2 ZPO (Vorpfändung)	16,00 €

Wird der Gerichtsvollzieher isoliert oder im Zusammenhang mit einer Vollstreckungsmaßnahme nicht nur **1** mit der Zustellung, sondern auch mit der **Herstellung einer Benachrichtigung und Aufforderung** beauftragt (§ 845 Abs. 1 S. 2 ZPO, **Vorpfändung**), entsteht dafür eine besondere Gebühr, mit der auch die zur Zustellung herzustellenden Abschriften abgegolten sind.[1]

Eine Besonderheit besteht hinsichtlich **nicht erledigter** Vorpfändungen: In Nr. 604 KV GvKostG ist die **2** Nr. 200 nicht bezogen, so dass bei Nichterledigung keine Gebühr entsteht.

Nr.	Gebührentatbestand	Gebühr
205	Bewirkung einer Pfändung (§ 808 Abs. 1, 2 Satz 2, §§ 809, 826 oder § 831 ZPO) .... Neben dieser Gebühr wird gegebenenfalls ein Zeitzuschlag nach Nummer 500 erhoben.	26,00 €

---

38 AG Northeim DGVZ 2003, 14; *Mroß*, DGVZ 2015, 65; *Hansen*, JurBüro 2004, 125; *Blaskowitz*, DGVZ 2004, 55; *Schwörer*, DGVZ 2003, 152; *Winter*, DGVZ 2003, 137; Schröder-Kay/*Winter*, Nr. 100–102 KV GvKostG Rn 8–12. **39** LG Ellwangen DGVZ 2016, 111. **40** LG Ellwangen DGVZ 2016, 111; AG Stuttgart DGVZ 2015, 64; AG Westerburg DGVZ 2003, 142; *Winterstein*, DGVZ 2004, 54; *Kessel*, DGVZ 2004, 51. **41** KG Rpfleger 1994, 309; OLG Köln NJW-RR 1991, 383; OLG Köln Rpfleger 1986, 393. **42** OLG Köln Rpfleger 1986, 393. **43** Art. 1 Nr. 9 des „Entwurfs eines Gesetzes zur Durchführung der Verordnung (EU) Nr. 655/2014 sowie zur Änderung sonstiger zivilprozessualer Vorschriften (EuKoPfVODG)", RegE, BT-Drucks 18/7560, S. 9. Geplantes Inkrafttreten dieser Änderung: am Tag nach der Verkündung (Art. 14 Abs. 2 S. 1 ÄndG). **44** Begr. RegE, BT-Drucks 18/7560, S. 37 f. **45** Schröder-Kay/*Winter*, Nr. 100–102 KV GvKostG Rn 10. **1** BT-Drucks 14/3432, S. 33.

DB-GvKostG (Zu Nr. 205 KV) Nr. 11

(1) Für eine Anschlusspfändung wird dieselbe Gebühr erhoben wie für eine Erstpfändung. Durch die Gebühr wird auch die Zustellung des Pfändungsprotokolls durch die nachpfändende Gerichtsvollzieherin oder den nachpfändenden Gerichtsvollzieher an die erstpfändende Gerichtsvollzieherin oder den erstpfändenden Gerichtsvollzieher (§ 826 Abs. 2 ZPO, § 116 Abs. 2 GVGA) abgegolten.

(2) Für die Hilfspfändung (§ 106 GVGA) wird die Gebühr nicht erhoben.

1 Die Gebühr Nr. 205 KV GvKostG entsteht für die **tatsächlich vorgenommene Pfändung** in den im Gebührentatbestand aufgeführten Verfahren (§ 808 Abs. 1, Abs. 2 S. 2, §§ 809, 826 und § 831 ZPO). Werden **Nach- oder Ausfallpfändungen** notwendig, entsteht die Gebühr erneut (§ 10 Abs. 2 S. 2). Wird der Auftrag erteilt, sowohl in der Wohnung als auch im Geschäft des Schuldners in demselben Amtsgerichtsbezirk zu pfänden, entsteht die Pfändungsgebühr nur einmal, da es sich zwar um eine gleichartige, aber nicht um die Wiederholung der gleichen Vollstreckungsmaßnahme handelt. Ein Fall von § 10 Abs. 2 liegt nicht vor.

2 Die **Austauschpfändung** (§ 811 a ZPO, § 74 GVGA) lässt die Gebühr Nr. 205 KV GvKostG nur einmal entstehen. Die mit dem Austausch verbundene Tätigkeit löst keine besondere Gebühr aus.

3 Mehrfach kann die Gebühr jedoch anfallen, wenn der Gerichtsvollzieher mehrfach in derselben Angelegenheit zu unterschiedlichen Terminen pfändet (zB Kassenpfändung), da in diesem Fall die Vollstreckungshandlung wiederholt vorgenommen wird (§ 10 Abs. 2 S. 1).

4 Neben der Gebühr Nr. 205 KV GvKostG kann, wenn die Voraussetzung der Nr. 500 KV GvKostG vorliegen, auch ein **Zeitzuschlag** erhoben werden, da dieser bei der Gebühr Nr. 205 KV GvKostG nach der **Anmerkung** ausdrücklich zugelassen wird.

Nr.	Gebührentatbestand	Gebühr
206	Übernahme beweglicher Sachen zum Zwecke der Verwertung in den Fällen der §§ 847 und 854 ZPO	16,00 €

1 Die Bestimmung der Nr. 206 KV GvKostG trifft nur die im Gebührentatbestand aufgeführten Fälle (§§ 847 und 854 ZPO, § 124 GVGA). Da in diesen Fällen keine Gebühr Nr. 205 KV GvKostG bei dem Gerichtsvollzieher anfällt, soll der Aufwand, der durch die **Übernahme beweglicher Sachen zum Zwecke der Verwertung** entsteht, durch eine besondere Gebühr abgegolten werden.

Nr.	Gebührentatbestand	Gebühr
207	Versuch einer gütlichen Erledigung der Sache (§ 802 b ZPO) .... Die Gebühr entsteht auch im Fall der gütlichen Erledigung. Sie entsteht nicht, wenn der Gerichtsvollzieher gleichzeitig mit einer auf eine Maßnahme nach § 802 a Abs. 2 Satz 1 Nr. 2 und 4 ZPO gerichteten Amtshandlung beauftragt ist.	16,00 €

Fassung gem. RegE EuKoPfVODG, BT-Drucks 18/7560 (Inkrafttreten: am Tag nach der Verkündung):[1]

Nr.	Gebührentatbestand	Gebühr
207	Versuch einer gütlichen Erledigung der Sache (§ 802 b ZPO) .... Die Gebühr entsteht auch im Fall der gütlichen Erledigung. Sie entsteht nicht, wenn der Gerichtsvollzieher gleichzeitig mit einer auf eine Maßnahme nach § 802 a Abs. 2 Satz 1 Nr. 2 *oder Nr.* 4 ZPO gerichteten Amtshandlung beauftragt ist.	16,00 €

---

1 *Kursive Hervorhebung:* Geplante Änderung durch Art. 12 Nr. 3 Buchst. a) des „Entwurfs eines Gesetzes zur Durchführung der Verordnung (EU) Nr. 655/2014 sowie zur Änderung sonstiger zivilprozessualer Vorschriften (EuKoPfVODG)", RegE, BT-Drucks 18/7560, S. 20. Siehe dazu näher Rn 13.

I. Entstehen der Gebühr

In § 802 b ZPO werden seit Inkrafttreten der Reform der Sachaufklärung in der Zwangsvollstreckung (1.1.2013)[2] die früheren Regelungen der §§ 806 b, 813 a und 900 Abs. 3 ZPO aF (Ratengewährung durch den Gerichtsvollzieher) unter dem Begriff „**Gütliche Erledigung**" zusammengeführt. Nach § 802 a Abs. 2 S. 1 Nr. 1 ZPO kann der Gläubiger den Gerichtsvollzieher auch **isoliert** mit dem **Versuch** einer gütlichen Erledigung der Sache beauftragen.[3] In derartigen Fällen soll der Gerichtsvollzieher eine Gebühr erheben können, um den mit dem Versuch einer gütlichen Erledigung verbundenen Aufwand abzugelten. Ohne diesen Gebührentatbestand würde der Gerichtsvollzieher bei einem erfolglosen Güteversuch für seine Tätigkeit keinerlei Gebühren erhalten.[4]   **1**

Die Gebühr **entsteht** für den „Versuch" der gütlichen Erledigung. Unter „**Versuch**" ist jedes tatsächliche Handeln des Gerichtsvollziehers zu verstehen, eine gütliche Erledigung herbeizuführen. Dass der Schuldner zwingend aufgesucht werden müsste, lässt sich dem Gebührentatbestand nicht entnehmen. In geeigneten Fällen reicht also auch ein schriftlicher oder telefonischer Versuch aus, die Gebühr auszulösen. Erforderlich ist dann jedoch eine ordnungsgemäße Protokollierung des Versuchs (§ 39 Abs. 2 GVO). Auch aus der amtlichen Begründung ergibt sich, dass der Aufwand des Gerichtsvollziehers für den Versuch einer gütlichen Erledigung abgegolten werden soll.[5] Zwar wird insb. das Aufsuchen des Schuldners als Aufwand genannt.[6] Aus der Formulierung „insbesondere" folgt, dass dies nicht den gesamten mit dem Versuch verbundenen Aufwand darstellt. – Zum „Versuch" einer gütlichen Erledigung ferner → Rn 15.   **2**

Aus **Anm. S. 1** zu Nr. 207 KV GvKostG ergibt sich ausdrücklich, dass die Gebühr auch im Fall der **erfolgreichen** gütlichen Erledigung entsteht, also nicht nur – wie dem Gebührentatbestand entnommen werden könnte – im Falle eines „Versuchs" einer gütlichen Einigung.   **3**

II. Kein Entstehen der Gebühr (Anm. S. 2)

Nach **Anm. S. 2** zu Nr. 207 KV GvKostG entsteht die Gebühr jedoch **nicht**, wenn der Gerichtsvollzieher **gleichzeitig mit einer auf eine Maßnahme nach § 802 a Abs. 2 S. 1 Nr. 2 und 4 ZPO gerichteten Amtshandlung** beauftragt wird (Einholung einer Vermögensauskunft des Schuldners und Pfändung und Verwertung körperlicher Sachen). In diesen Fällen wird der Aufwand für den Versuch der gütlichen Erledigung, insb. das Aufsuchen des Schuldners, durch die Gebühren für die Einholung der Vermögensauskunft und für die Pfändung mit abgegolten.[7] Kostenrechtlich interessant ist für den Gerichtsvollzieher damit nur der Fall der **isoliert** beantragten Herbeiführung einer gütlichen Einigung. Bei einem Auftrag zur gütlichen Einigung in Verbindung mit einem Vollstreckungsauftrag, einem Auftrag zur Vermögensauskunft oder einem Kombi-Auftrag kann damit die Gebühr Nr. 207 KV GvKostG dagegen nicht entstehen. Dies gilt insb. dann, wenn der Auftrag zur gütlichen Erledigung unbedingt mit sonstigen Aufträgen verbunden wird.[8] Zu weiteren Auslegungsfragen der Anm. S. 2 → Rn 9 ff.   **4**

III. Streitfragen in der Abrechnungspraxis

Die Einführung der Nr. 207 KV GvKostG hat zu zahlreichen Streitfragen geführt und sorgt für erhebliche Unsicherheit bei der Abrechnung der erteilten Aufträge in der täglichen Praxis der Gerichtsvollzieher.[9]   **5**

1. Isolierte Auftragserteilung? Streitig ist bereits die Frage, ob die Gebühr Nr. 207 KV GvKostG einen konkreten Auftrag des Gläubigers nach § 802 a Abs. 2 S. 1 Nr. 1 ZPO voraussetzt. Es wird vertreten, dass ohne einen isolierten (oder einen bedingten isolierten) Auftrag eine Gebühr Nr. 207 KV GvKostG nicht entstehen kann.[10] Demgegenüber wird auch vertreten, dass die Gebühr beim Versuch einer gütlichen Erledigung unabhängig von einem entsprechenden Antrag des Gläubigers entsteht.[11] Diese Ansicht überzeugt nicht, da nach § 802 a Abs. 2 S. 2 ZPO der Gläubiger die begehrten Maßnahmen im Vollstreckungsauftrag konkret bezeichnen muss. Für die gütliche Erledigung gilt dies zwar nur, wenn sie isoliert beantragt wird. Nur in diesem Fall kann aber überhaupt die Gebühr Nr. 207 KV GvKostG entstehen.[12]   **6**

Es wird weiter vertreten, dass eine Gebühr Nr. 207 KV GvKostG nur dann anfällt, wenn der Auftrag zum Versuch einer gütlichen Erledigung (§ 802 a Abs. 2 S. 1 Nr. 1 ZPO) als **einziger Auftrag** isoliert erteilt und daneben keine weitere Vollstreckungsmaßnahme beantragt wird. Dies gilt auch dann, wenn die weiteren Vollstreckungsmaßnahmen nur bedingt für den Fall beantragt sind, dass der Versuch der zunächst beantragten gütlichen Erledigung scheitert. Soweit eine **bestimmte Reihenfolge** durch den Gläubiger vorgeschrie-

---

2 Gesetz zur Reform der Sachaufklärung in der Zwangsvollstreckung v. 29.7.2009 (BGBl. I 2258). **3** BT-Drucks 16/10069, S. 48. **4** BT-Drucks 16/10069, S. 48. **5** BT-Drucks 16/10069, S. 48. **6** BT-Drucks 16/10069, S. 48. **7** BT-Drucks 16/10069, S. 48. **8** *Richter*, DGVZ 2013, 172. **9** *Mroß*, DGVZ 2015, 55. **10** AG Saarbrücken DGVZ 2015, 152; AG Solingen DGVZ 2015, 134. **11** LG Mönchengladbach DGVZ 2015, 60; LG Stendal DGVZ 2015, 86; AG Dresden DGVZ 2015, 233. **12** BT-Drucks 16/10069, S. 24.

ben worden ist und nur für den Fall des Scheiterns der gütlichen Erledigung weitere Anträge gestellt werden, sei von einer „Gleichzeitigkeit" der Aufträge iSv Nr. 207 KV GvKostG auszugehen, weil sie eben gleichzeitig in einem Antragsschreiben genannt und dem Gerichtsvollzieher gleichzeitig zugegangen sind und diesen in die Lage versetzt hätten, seine Tätigkeit auch bereits im Hinblick auf die zweite (bedingte) Stufe des Vollstreckungsauftrags auszurichten. Damit könne für den Versuch der gütlichen Erledigung keine Gebühr Nr. 207 KV GvKostG angesetzt werden.[13] Der Anfall einer Gebühr Nr. 207 KV GvKostG würde dabei nur auf wenige Fälle beschränkt.[14]

7 Demgegenüber wird jedoch auch – mE praxisgerecht und effektiv – die Ansicht vertreten, dass eine isolierte Auftragserteilung zur gütlichen Einigung nicht nur dann vorliegt, wenn ausschließlich die Durchführung der gütlichen Einigung beantragt wird, sondern auch, wenn sich aus dem Antrag eindeutig ergibt, dass der Gerichtsvollzieher die gütliche Einigung vor allen anderen Aufträgen versuchen soll und die anderen Aufträge erst nach Scheitern des Versuchs der gütlichen Einigung durchgeführt werden sollen, also wenn eine feste Reihenfolge der Aufträge vorgegeben ist.[15]

8 Erörtert wird derzeit eine Änderung des GvKostG dahin gehend, dass eine Gebühr Nr. 207 KV GvKostG nur entstehen soll, wenn **ausschließlich** ein **isolierter Auftrag** zur gütlichen Erledigung vorliegt, nie aber bei Verbindung mit anderen Aufträgen. Dies soll auch für eine bedingte Antragstellung gelten.[16] Der Anfall einer Gebühr Nr. 207 KV GvKostG würde dabei allerdings wohl nur auf wenige Fälle beschränkt.[17] Die Verfahrensweise wäre wenig effektiv, überflüssiger und vergeblicher Vollstreckungsaufwand würde entgegen dem Ziel der Reform der Sachaufklärung[18] nicht vermieden und die Förderung der gütlichen Einigung verfehlt.[19]

9 **2. Auslegung von Anm. S. 2.** Ebenfalls zu Auslegungsfragen hat **Anm. S. 2** zu Nr. 207 KV GvKostG geführt, wonach die Gebühr nicht entsteht, wenn der Gerichtsvollzieher gleichzeitig mit einer auf eine Maßnahme nach § 802 a Abs. 2 S. 1 Nr. 2 und 4 ZPO gerichteten Amtshandlung beauftragt ist. Insoweit wird die Ansicht vertreten, dass nach dem Wortlaut der Anmerkung die Gebühr nur dann nicht erhoben werden kann, wenn eine Beauftragung mit einer Maßnahme nach § 802 a Abs. 2 S. 1 Nr. 2 **und** 4 ZPO vorliegt, wenn also der Gerichtsvollzieher neben dem Versuch der gütlichen Erledigung gleichzeitig auch mit Vermögensauskunft und Pfändung und Verwertung beauftragt ist.[20] Ist der Auftrag zur gütlichen Erledigung dagegen nur mit **einer** der Maßnahmen nach § 802 a Abs. 2 S. 1 **Nr. 2 oder Nr. 4** ZPO verbunden, entsteht die Gebühr Nr. 207 KV GvKostG für den Versuch einer gütlichen Erledigung unabhängig von einem ausdrücklichen Auftrag des Gläubigers.[21] Unter Berücksichtigung auch der Motive des Gesetzgebers[22] erscheint die vorstehende Ansicht jedoch bedenklich. Nach früherem Recht war es dem Gerichtsvollzieher ausschließlich möglich, im Rahmen eines Zwangsvollstreckungsauftrags eine gütliche Einigung herbeizuführen. Auch heute soll der Gerichtsvollzieher in jeder Lage des Verfahrens auf eine gütliche Erledigung bedacht sein (§ 802 b Abs. 1 ZPO), so dass auch weiterhin eine gütliche Erledigung im Rahmen eines bereits erteilten Zwangsvollstreckungsauftrags möglich ist. Zusätzlich wurde jedoch mit § 802 a Abs. 2 S. 1 Nr. 1, S. 2 ZPO die Möglichkeit geschaffen, den Gerichtsvollzieher auch **ohne Zwangsvollstreckungsauftrag** mit dem Versuch einer gütlichen Einigung zu beauftragen. Der Gebührentatbestand Nr. 207 KV GvKostG wurde durch das Gesetz zur Reform der Sachaufklärung in der Zwangsvollstreckung[23] eingeführt, weil nunmehr die Möglichkeit besteht, den Versuch der gütlichen Einigung **isoliert** zu beantragen. Nur dann soll der Gerichtsvollzieher eine Gebühr erheben können, um den mit dem Versuch einer gütlichen Erledigung verbundenen Aufwand (insb. das Aufsuchen des Schuldners) abzugelten.[24] Der Aufwand, der mit dem Versuch einer gütlichen Erledigung verbunden ist, wird – wenn der Einigungsversuch mit einem sonstigen Auftrag verbunden ist – durch die dann anfallenden Gebühren für diesen Auftrag mit abgedeckt. Aus der Gesetzesbegründung ergibt sich, dass der Gerichtsvollzieher eine Gebühr erheben kann, um den mit dem **isolierten Versuch einer gütlichen Erledigung** verbundenen Aufwand abzugelten. Ohne diesen Gebührentatbestand würde der Gerichtsvollzieher bei einem isolierten erfolglosen Güteversuch für seine Tätigkeit keinerlei Gebühren erhalten.[25]

[13] OLG Stuttgart DGVZ 2015, 85; OLG Köln DGVZ 2014, 199; LG Dresden DGVZ 2013, 163; AG Leipzig DGVZ 2013, 189; AG Vaihingen Vollstreckung effektiv 2013, 207; AG Schöneberg Grundeigentum 2014, 1008; LG Freiburg DGVZ 2014, 105; *Seip*, DGVZ 2014, 71; *Mroß*, DGVZ 2015, 55. [14] *Mroß*, DGVZ 2015, 55. [15] AG Bretten DGVZ 2013, 164; AG Pforzheim DGVZ 2013, 219; AG München DGVZ 2013, 247; AG Kerpen DGVZ 2014, 25; AG Freiburg DGVZ 2014, 25; AG Calw DGVZ 2014, 46; AG Stuttgart DGVZ 2104, 47; *Richter*, DGVZ 2013, 169. [16] BMJ-Schreiben v. 15.5.2014, R B 5 - 5652 - R3 288/2014; *Mroß*, DGVZ 2015, 55. [17] *Mroß*, DGVZ 2015, 55. [18] BT-Drucks 16/10069, S. 20. [19] BT-Drucks 16/10069, S. 21. [20] AG Zeitz DGVZ 2016, 33; LG Stendal DGVZ 2015, 86; LG Mönchengladbach DGVZ 2015, 60; AG Achern DGVZ 2014, 270; OLG Düsseldorf DGVZ 2014, 152; LG Kleve DGVZ 2014, 134; *Richter*, DGVZ 2013, 169; *Rauch*, DGVZ 2014, 7; *Mroß*, DGVZ 2015, 55. [21] OLG Düsseldorf DGVZ 2014, 152; LG Mönchengladbach DGVZ 2015, 60; OLG Düsseldorf 3.3.2015 – 10 W 25/15, juris; *Mroß*, DGVZ 2015, 55. [22] *Richter*, DGVZ 2013, 171. [23] Art. 3 Nr. 4 Buchst. b des Gesetzes v. 29.7.2009 (BGBl. I 2258, 2268). [24] BT-Drucks 16/10069, S. 48. [25] BT-Drucks 16/10069, S. 48.

Die Gegenansicht lässt die Gebühr Nr. 207 KV GvKostG bereits dann entfallen, wenn eine gleichzeitige Beauftragung mit **einer** der genannten Maßnahmen erfolgt ist und es nicht darauf ankommt, dass Maßnahmen sowohl nach Nr. 2 als auch nach Nr. 4 des § 802 a Abs. 2 S. 1 ZPO von dem Auftrag umfasst werden. Bereits aus dem Wortlaut der Anmerkung ließe sich ableiten, dass eine Gebühr für die gütliche Erledigung dann nicht in Ansatz gebracht werden kann, wenn der Gerichtsvollzieher neben der gütlichen Erledigung mit der Pfändung oder der Abnahme der Vermögensauskunft beauftragt wird.[26] 10

3. Geplante Gesetzesänderungen durch das EuKoPfVODG. Die zahlreichen Streitfragen, die in der Praxis mit der Einführung der Gebühr Nr. 207 KV GvKostG entstanden sind, sollen mit dem „Entwurf eines Gesetzes zur Durchführung der Verordnung (EU) Nr. 655/2014 sowie zur Änderung sonstiger zivilprozessualer Vorschriften (**EuKoPfVODG**)" (RegE, BT-Drucks 18/7560 v. 17.2.2016) durch Änderungen des § 3 Abs. 2 und der Anm. S. 2 zu Nr. 207 KV GvKostG geklärt werden. 11

Zum einen soll § 3 **Abs. 2** um einen neuen **Satz 2 Nr. 2** dahin gehend ergänzt werden, dass der Gerichtsvollzieher auch dann als gleichzeitig beauftragt gilt, wenn der Auftrag, eine gütliche Erledigung der Sache zu versuchen, in der Weise mit einem Auftrag auf Vornahme einer Amtshandlung nach § 802 a Abs. 2 S. 1 Nr. 2 oder Nr. 4 ZPO verbunden ist,[27] wobei die gleichzeitige Beauftragung mit nur einer der in § 802 a Abs. 2 S. 1 Nr. 2 oder Nr. 4 ZPO genannten Maßnahmen genügt. Dazu ausf. → § 3 Rn 16, 23. 12

Des Weiteren ist beabsichtigt, die **Anm. S. 2 zu Nr. 207 KV GvKostG** dahin gehend zu ändern, dass die Gebühr nicht entsteht, wenn der Gerichtsvollzieher gleichzeitig mit einer auf eine Maßnahme nach § 802 a Abs. 2 S. 1 Nr. 2 **oder** Nr. 4 ZPO gerichteten Amtshandlung beauftragt ist.[28] Die Änderung des Satzes 2 der Anmerkung dient der Klarstellung, dass die gleichzeitige Beauftragung bereits mit nur einer der in § 802 a Abs. 2 S. 1 Nr. 2 oder Nr. 4 ZPO genannten Maßnahmen genügt, damit die Gebühr Nr. 207 KV GvKostG nicht entsteht.[29] 13

IV. Weitere Abrechnungskonstellationen

Auch ein **nicht erledigter Auftrag** zur gütlichen Einigung ist denkbar. Dementsprechend ist Nr. 207 KV GvKostG auch in der Aufzählung der Nr. 604 KV GvKostG enthalten („Nummern 205 bis 221"). Eine Gebühr entsteht dann ggf in derselben Höhe wie die Gebühr Nr. 207 KV GvKostG selbst. Es sind jedoch auch Fallgestaltungen denkbar, in denen die Gebühr Nr. 604 KV GvKostG (zu Nr. 207 KV GvKostG) anfällt, wenn der Auftrag zwar bei dem Gerichtsvollzieher eingegangen und damit erteilt ist (§ 3 Abs. 3 S. 1), aber es nicht zu einem Versuch der gütlichen Einigung kommt (zB Rücknahme nach Eingang vor Versuch). Auch in diesem Fall sind die Voraussetzungen erfüllt, mit denen der Gesetzgeber die Gebühr Nr. 604 KV GvKostG begründet hat, dass die Amtshandlung aus Rechtsgründen oder infolge von Umständen, die weder in der Person des Gerichtsvollziehers liegen noch von seiner Entschließung abhängig sind, nicht erledigt wurde. In diesen Fällen hat der Gerichtsvollzieher idR bereits einen Aufwand erbracht oder noch zu erbringen (zB Rücksendung des Titels). 14

Es stellt sich die Frage, ob bereits ein **Versuch** vorliegt, wenn der Gerichtsvollzieher den Schuldner mit einem Auftrag zur gütlichen Erledigung aufsucht und dieser **unbekannt verzogen** oder **verstorben** ist oder er einen **Rückbrief** mit entsprechenden Angaben enthält. Insoweit wird vertreten, dass es sich noch nicht um eine Vollstreckungshandlung handelt, wenn versucht wird, den Schuldner vergeblich zu erreichen, so dass auch noch nicht vom Versuch einer gütlichen Erledigung ausgegangen werden kann. Eine andere Ansicht hält den Versuch der gütlichen Erledigung für gescheitert, wenn eine **Kontaktaufnahme zum Schuldner erfolglos** geblieben ist, der Schuldner freiwillige Zahlungen verweigert oder sich hierzu nicht in der Lage sieht.[30] Dies würde bedeuten, dass das versuchte Aufsuchen des Schuldners bereits im Rahmen des „Versuchs der gütlichen Erledigung" erfolgt, so dass die Gebühr Nr. 207 KV GvKostG anzusetzen wäre. Die zuletzt dargestellte Ansicht erscheint jedoch bedenklich, da es zur Erfüllung eines Gebührentatbestands des „Versuchs" konkreter Handlungen bedarf (zB Schreiben, Telefonat, Gespräch mit Schuldner). Ein vergeblicher Versuch der Kontaktaufnahme stellt daher eher einen „nicht erledigten Versuch" dar (Nr. 604/207 KV GvKostG). 15

Ist ein Auftrag zur gütlichen Erledigung ausdrücklich erteilt, muss der Gerichtsvollzieher einen entsprechenden Versuch unternehmen. Dies gilt insb. auch dann, wenn begründeter Anhalt dafür besteht, dass eine 16

---

[26] OLG Frankfurt DGVZ 2016, 57; OLG Karlsruhe DGVZ 2015, 208; OLG Stuttgart DGVZ 2015, 85 = JurBüro 2015, 326; OLG Köln DGVZ 2014, 199; *Richter*, DGVZ 2013, 169. [27] Art. 12 Nr. 1 Buchst. b) des „Entwurfs eines Gesetzes zur Durchführung der Verordnung (EU) Nr. 655/2014 sowie zur Änderung sonstiger zivilprozessualer Vorschriften (EuKoPfVODG)", RegE, BT-Drucks 18/7560, S. 20. Geplantes Inkrafttreten dieser Änderung: am Tag nach der Verkündung (s. Art. 14 Abs. 2 S. 1 ÄndG). [28] Art. 12 Nr. 3 Buchst. a) des „Entwurfs eines Gesetzes zur Durchführung der Verordnung (EU) Nr. 655/2014 sowie zur Änderung sonstiger zivilprozessualer Vorschriften (EuKoPfVODG)", RegE, BT-Drucks 18/7560, S. 20. Geplantes Inkrafttreten dieser Änderung: Wie vor. [29] Begr. RegE, BT-Drucks 18/7560, S. 51. [30] *Mroß*, AnwBl 2013, 16.

Zwangsvollstreckung fruchtlos verlaufen würde. Insbesondere findet § 32 Abs. 1 GVGA keine Anwendung. § 32 GVGA ist nur anzuwenden, wenn der Gerichtsvollzieher mit einer **Pfändung** beauftragt wurde (§ 803 ZPO) und er begründeten Anhalt dafür hat, dass die Zwangsvollstreckung fruchtlos verlaufen werde. Bei einem isolierten Auftrag zur gütlichen Erledigung ist der Gläubiger nicht mit der Pfändung beauftragt.

Nr.	Gebührentatbestand	Gebühr
210	Übernahme des Vollstreckungsauftrags von einem anderen Gerichtsvollzieher, wenn der Schuldner unter Mitnahme der Pfandstücke in einen anderen Amtsgerichtsbezirk verzogen ist	16,00 €

1   Ist der Schuldner unter Mitnahme von Pfandstücken in einen **anderen Amtsgerichtsbezirk verzogen,** hat der nunmehr zuständige Gerichtsvollzieher den Gegenstand zu verwerten. Da in diesem Fall keine Gebühr Nr. 205 KV GvKostG bei dem nunmehr zuständigen Gerichtsvollzieher entstanden ist, soll der Aufwand des übernehmenden Gerichtsvollziehers durch eine besondere Gebühr abgegolten werden. Eine Übernahme durch einen anderen Gerichtsvollzieher desselben Amtsgerichtsbezirks oder eine Übernahme wegen Wechsels von Gerichtsvollzieherbezirken lässt die Gebühr nicht entstehen.

Nr.	Gebührentatbestand	Gebühr
220	Entfernung von Pfandstücken, die im Gewahrsam des Schuldners, des Gläubigers oder eines Dritten belassen waren	16,00 €
	Die Gebühr wird auch dann nur einmal erhoben, wenn die Pfandstücke aufgrund mehrerer Aufträge entfernt werden. Neben dieser Gebühr wird gegebenenfalls ein Zeitzuschlag nach Nummer 500 erhoben.	

DB-GvKostG (Zu Nr. 220 KV) Nr. 12
(1) Die Gebühr wird ohne Rücksicht auf die Zahl der entfernten Sachen und die Zahl der Aufträge erhoben.
(2) Bei der Berechnung der Zeitdauer (vgl. Nr. 15) ist auch die Zeit zu berücksichtigen, die erforderlich ist, um die Sachen von dem bisherigen an den neuen Standort zu schaffen.
(3) Werden Arbeitshilfen hinzugezogen, so genügt es, wenn die Gerichtsvollzieherin oder der Gerichtsvollzieher ihnen an Ort und Stelle die nötigen Weisungen gibt und ihnen die weitere Durchführung überlässt. Dabei rechnet nur die Zeit, während welcher die Gerichtsvollzieherin oder der Gerichtsvollzieher zugegen ist.

1   Eine Gebühr ist auch für den Fall der **Entfernung von Pfandstücken** aus dem Gewahrsam des **Gläubigers** oder eines zur Herausgabe bereiten **Dritten** vorgesehen. Die **Anm. S. 1** zu Nr. 220 KV GvKostG enthält darüber hinaus eine Ausnahme von dem allgemeinen Grundsatz, dass die Gebühren für jeden Auftrag gesondert erhoben werden. Hierdurch soll der Tatsache Rechnung getragen werden, dass die Entfernung von Pfandstücken, auch wenn sie für mehrere Gläubiger erfolgt, immer nur ein **einheitlicher Vorgang** sein kann.

2   Die Gebühr fällt nur an, wenn gepfändete Gegenstände zunächst im Gewahrsam des Schuldners, des Gläubigers oder eines Dritten belassen waren und nunmehr in einer besonderen Amtshandlung entfernt werden. Werden Gegenstände zugleich mit der Pfändung entfernt, entsteht die Gebühr nicht.

Nr.	Gebührentatbestand	Gebühr
221	Wegnahme oder Entgegennahme beweglicher Sachen durch den zur Vollstreckung erschienenen Gerichtsvollzieher	26,00 €
	Neben dieser Gebühr wird gegebenenfalls ein Zeitzuschlag nach Nummer 500 erhoben.	

Nr.	Gebührentatbestand	Gebühr
230	Wegnahme oder Entgegennahme einer Person durch den zur Vollstreckung erschienenen Gerichtsvollzieher .... *Neben dieser Gebühr wird gegebenenfalls ein Zeitzuschlag nach Nummer 500 erhoben. Sind mehrere Personen wegzunehmen, werden die Gebühren für jede Person gesondert erhoben.*	52,00 €

DB-GvKostG (Zu Nr. 221 KV) Nr. 13
Im Fall der Hilfspfändung (§ 106 GVGA) wird die Gebühr nur erhoben, wenn der Gläubiger den Pfändungsbeschluss über die dem Papier zugrunde liegende Forderung vorlegt, bevor die Gerichtsvollzieherin oder der Gerichtsvollzieher das Papier an den Schuldner zurückgegeben hat. Sonst werden nur die Auslagen erhoben.

Die Gebühr Nr. 221 KV GvKostG fällt an, unabhängig davon, ob der Gerichtsvollzieher die bewegliche Sache **wegnimmt** oder ob der Schuldner sie ihm an Ort und Stelle **freiwillig aushändigt**. Übergibt der Schuldner dem Gerichtsvollzieher die Sache allerdings an einer anderen Stelle, bringt er sie zB in sein Büro, so fällt nur eine Gebühr nach Nr. 604 KV GvKostG an. Nr. 221 KV GvKostG spricht ausdrücklich nur von der Wegnahme oder Entgegennahme durch den „zur Vollstreckung erschienenen" Gerichtsvollzieher.   1

Nr.	Gebührentatbestand	Gebühr
240	Entsetzung aus dem Besitz unbeweglicher Sachen oder eingetragener Schiffe oder Schiffsbauwerke und die Einweisung in den Besitz (§ 885 ZPO) .... *Neben dieser Gebühr wird gegebenenfalls ein Zeitzuschlag nach Nummer 500 erhoben.*	98,00 €
241	In dem Protokoll sind die frei ersichtlichen beweglichen Sachen zu dokumentieren und der Gerichtsvollzieher bedient sich elektronischer Bildaufzeichnungsmittel (§ 885 a Abs. 2 ZPO): Die Gebühr 240 erhöht sich auf	108,00 €
242	Wegnahme ausländischer Schiffe, die in das Schiffsregister eingetragen werden müssten, wenn sie deutsche Schiffe wären, und ihre Übergabe an den Gläubiger .... *Neben dieser Gebühr wird gegebenenfalls ein Zeitzuschlag nach Nummer 500 erhoben.*	130,00 €
243	Übergabe unbeweglicher Sachen an den Verwalter im Falle der Zwangsversteigerung oder Zwangsverwaltung .... *Neben dieser Gebühr wird gegebenenfalls ein Zeitzuschlag nach Nummer 500 erhoben.*	98,00 €

Nr. 240 KV GvKostG: Drei Vorgänge zeichnen sich bei der **Räumung einer Wohnung** ab: (1) die Entsetzung des Schuldners aus dem Besitz, (2) die Inbesitznahme durch den Gerichtsvollzieher sowie (3) die Einweisung des Gläubigers in den Besitz durch den Gerichtsvollzieher. Die Gebühr **Nr. 240 KV GvKostG** ist entstanden, wenn alle Vorgänge abgeschlossen sind.[1] Soweit in der Zustellung der Mitteilung des Räumungstermins ein weiterer besonderer Auftrag gesehen wird,[2] vermag dies nicht zu überzeugen. Durch die Verweisung auf § 191 ZPO („Zustellung auf Betreiben der Parteien") in der Gliederung des Kostenverzeichnisses wurde ausdrücklich klargestellt, dass eine Zustellung des Räumungstermins an den Schuldner eine Zustellungsgebühr nicht auslöst.[3] Im Übrigen umfasst ein Auftrag alle Amtshandlungen, die zu seiner Durchführung erforderlich sind (§ 3 Abs. 1 S. 1). Die nach § 128 Abs. 2 S. 2 ZPO vorzunehmende Zustellung ist aber eine Amtshandlung des Gerichtsvollziehers im Rahmen des Herausgabeauftrags.   1

---

1 Schröder-Kay/*Winter*, Nr. 240 KV GvKostG Rn 6 f; *Winterstein/Richter/Zuhn*, GvKostR, Nr. 240 KV GvKostG Rn 2.   **2** Schröder-Kay/*Winter*, Nr. 240 KV GvKostG Rn 11, 15.   **3** BT-Drucks 17/11471 (neu), S. 255.

2   **Nr. 241 KV GvKostG:** Der Gebührentatbestand der Nr. 241 KV GvKostG ist durch das Mietrechtsänderungsgesetz (MietRÄndG) vom 11.3.2013[4] eingefügt worden und am 1.5.2013 in Kraft getreten. Mit dem Gebührentatbestand wird der neuen Befugnis des Gerichtsvollziehers Rechnung getragen, sich im Rahmen der **vereinfachten Räumung** zum Zwecke der Dokumentation der frei ersichtlichen beweglichen Habe des Schuldners elektronischer Bildaufzeichnungsmittel zu bedienen (§ 885 a Abs. 2 ZPO). Die dem Gerichtsvollzieher anvertraute Tatsachenfeststellung muss nicht die Anforderungen an eine vollständige Inventarisierung erfüllen. Sie hat lediglich einen zuverlässigen Überblick über den zur Zeit der Räumung vorhandenen wesentlichen Bestand und Zustand der beweglichen Sachen des Schuldners zu bieten. Aus diesem Grund beschränkt sich die Dokumentation auf die frei ersichtlichen beweglichen Sachen (§ 129 Abs. 2 S. 1 GVGA). Eine Pflicht zur weitergehenden Dokumentation, die unter Umständen mit aufwändigen Feststellungen über den Zustand der in den Räumlichkeiten befindlichen beweglichen Sachen verbunden sein kann, trifft den Gerichtsvollzieher nicht.[5] Bei umfangreichen Räumungen soll so ermöglicht werden, dass der Gerichtsvollzieher durch digitale Fotos schnell und ohne großen Aufwand die wesentlichen Tatsachen über Bestand und Zustand der vom Schuldner in die Räume eingebrachten Gegenstände sichert. Es steht hierbei im pflichtgemäßen Ermessen des Gerichtsvollziehers zu entscheiden, ob und gegebenenfalls in welcher Form die Herstellung von Bildaufzeichnungen sachgerecht ist.[6] Dies soll für ihn den Aufwand bei der Protokollierung erleichtern. Hierdurch wird die Dauer der Räumung verkürzt, was auch dem Gläubiger und dem Schuldner entgegenkommt, weil hierdurch tendenziell weniger Zeitzuschläge nach Nr. 500 KV GvKostG anfallen. Allerdings wird sich die Zeit für die Erstellung des Protokolls erhöhen, weil die Bilder in geeigneter Weise in das Protokoll eingearbeitet werden müssen. Ferner muss der Gerichtsvollzieher zB einen Fotoapparat bereithalten und idR die Protokolle in Farbe ausdrucken. Die Bilder bzw das Protokoll mit den Bildern müssen elektronisch archiviert werden. Mit Nr. 241 KV GvKostG soll der entstehende Mehraufwand durch eine Erhöhung der Gebühr Nr. 240 KV GvKostG um 10 € abgegolten werden.

3   Keine Gebühr Nr. 241 KV GvKostG kann erhoben werden, wenn der Gerichtsvollzieher sich eines **Dritten** für die Fertigung der Bilder bedient, da der Gebührentatbestand darauf abstellt, dass „der Gerichtsvollzieher" sich der Bildaufzeichnungsmittel bedient. Ob die Kosten Dritter als Auslagen geltend gemacht werden können, ist danach zu beurteilen, ob dies notwendig war; dazu → Nr. 709 KV GvKostG Rn 2.

4   **Nr. 242, 243 KV GvKostG:** Die Gebühren Nr. 242 und 243 KV GvKostG (= Nr. 241 und 242 KV GvKostG aF) sind Folge der Einfügung der neuen Nr. 241 KV GvKostG in das Kostenverzeichnis durch das Mietrechtsänderungsgesetz zum 1.5.2013 (→ Rn 2).

Nr.	Gebührentatbestand	Gebühr
250	Zuziehung zur Beseitigung des Widerstandes (§ 892 ZPO) oder zur Beseitigung einer andauernden Zuwiderhandlung gegen eine Anordnung nach § 1 GewSchG (§ 96 Abs. 1 FamFG) sowie Anwendung von unmittelbarem Zwang auf Anordnung des Gerichts im Fall des § 90 FamFG .... Neben dieser Gebühr wird gegebenenfalls ein Zeitzuschlag nach Nummer 500 erhoben.	52,00 €

1   Nach § 892 ZPO kann der Gläubiger zur Beseitigung des Widerstands einen Gerichtsvollzieher zuziehen, wenn der Schuldner Widerstand gegen die Vornahme einer Handlung leistet, die er nach den Vorschriften der §§ 887, 890 ZPO zu dulden hat. Der Gerichtsvollzieher kann dabei Gewalt anwenden und zu diesem Zwecke die Unterstützung der polizeilichen Vollzugsorgane in Anspruch nehmen (§ 892 iVm § 758 Abs. 3 ZPO).

2   **Tatsächlicher Widerstand** durch den Schuldner ist nicht erforderlich. Die Gebühr entsteht mit der **Zuziehung** durch den Gläubiger. Damit wird durch Nr. 250 KV GvKostG nicht die Beseitigung bzw Brechung des Widerstands mit einer Gebühr belegt, sondern bereits die **Zuziehung** des Gerichtsvollziehers, also dessen Anwesenheit bei der Vornahme der Handlung.[1] Die Gebühr entsteht aber auch, wenn der Gerichtsvollzieher sich an Ort und Stelle begeben hatte. Findet die beabsichtigte Handlung nicht statt, war der Gerichtsvollzieher trotzdem bereits „zugezogen".[2]

---

4 BGBl. 2013 I 434.   **5** BT-Drucks 17/10485, S. 31.   **6** BT-Drucks 17/10485, S. 32.   **1** Schröder-Kay/*Winter*, Nr. 250 KV GvKostG Rn 9; *Winterstein/Richter/Zuhn*, GvKostR, Nr. 250 KV GvKostG.   **2** Schröder-Kay/*Winter*, Nr. 250 KV GvKostG Rn 9.

Die Zuziehung zur Beseitigung von Zuwiderhandlungen gegen die Verpflichtung, eine Handlung zu **unter- 3 lassen** (§ 1 GewSchG, § 96 Abs. 1 FamFG), lässt ebenfalls die Gebühr Nr. 250 KV GvKostG entstehen.

Wird durch das Gericht die **Anwendung unmittelbaren Zwangs** zur Durchsetzung von Herausgabe- und/ 4 oder Umgangsregelungen angeordnet (§ 90 Abs. 1 FamFG), ist mit dieser Ermächtigung des Gerichtsvollziehers (§ 156 Abs. 2 GVGA) ebenfalls der Gebührentatbestand Nr. 250 KV GvKostG erfüllt. Die Gebühr ist neben der Gebühr Nr. 230 KV GvKostG anzusetzen. Diese Kosten gelten nach § 13 Abs. 3 als Auslagen des gerichtlichen Verfahrens. Sie werden demnach nicht vom Gerichtsvollzieher, sondern vom Gericht angesetzt und ggf mit den Kosten des gerichtlichen Verfahrens erhoben.

Nr.	Gebührentatbestand	Gebühr
260	Abnahme der Vermögensauskunft nach den §§ 802 c, 802 d Abs. 1 oder nach § 807 ZPO	33,00 €

Eine Gebühr nach Nr. 260 KV GvKostG entsteht für   1

- die Abnahme der Vermögensauskunft des Schuldners (§ 802 c ZPO),
- die Abnahme der erneuten Vermögensauskunft aufgrund wesentlicher Veränderung der Vermögensverhältnisse des Schuldners (§ 802 d Abs. 1 ZPO) und
- die Sofortabnahme der Vermögensauskunft nach Pfändungsversuch (§ 807 ZPO).

Nr.	Gebührentatbestand	Gebühr
261	Übermittlung eines mit eidesstattlicher Versicherung abgegebenen Vermögensverzeichnisses an einen Drittgläubiger (§ 802 d Abs. 1 Satz 2, Abs. 2 ZPO)	33,00 €

I. Geltungsbereich

1. Allgemeines. Die **Übermittlung von Ausdrucken** der Vermögensverzeichnisse **an Drittgläubiger** ist dem 1 Gerichtsvollzieher übertragen (§ 802 d Abs. 1 S. 2, Abs. 2 ZPO). Hierfür ist eine Gebühr bestimmt, die sowohl bei der Übermittlung als Papierausdruck wie als elektronisches Dokument (§ 802 d Abs. 2 ZPO) erhoben wird. Die Gebühren Nr. 260 und 261 KV GvKostG werden in gleicher Höhe in Ansatz gebracht. Der Drittgläubiger, der eine Abschrift der Vermögensauskunft nach § 802 d ZPO erhält, wird damit genauso in Anspruch genommen wie der Gläubiger, für den die Vermögensauskunft ursprünglich erteilt wurde.

Nr. 260 und 261 KV GvKostG können in der Person desselben Schuldners nicht nebeneinander entstehen. 2 Ist die Vermögensauskunft noch nicht abgegeben und wird sie durch den Gerichtsvollzieher abgenommen (§ 802 c ZPO), entsteht die Gebühr Nr. 260 KV GvKostG. Diese Gebühr fällt ebenfalls an, wenn der Fall einer erneuten Vermögensauskunft (§ 802 d Abs. 1 S. 1 ZPO) vorliegt. Liegen diese Fälle nicht vor, leitet der Gerichtsvollzieher dem Gläubiger einen Ausdruck des letzten abgegebenen Vermögensverzeichnisses zu, wodurch die Gebühr Nr. 261 KV GvKostG entsteht.

2. Praxiskonstellation: Gebührenanrechnung? Unterschiedlich wird in der Praxis der folgende Fall gehand- 3 habt: Der Gerichtsvollzieher wird beauftragt, eine Vermögensauskunft einzuholen. Der Schuldner erscheint nach ordnungsgemäßer Ladung nicht zum Termin. Vor der Abgabe der Sache an das Vollstreckungsgericht zum Erlass eines Haftbefehls erhebt der Gerichtsvollzieher seine bis dahin angefallenen Kosten (insb. Nr. 604/260 KV GvKostG) vorschussweise (Nr. 3 Abs. 5 DB-GvKostG). Nach Abgabe an das Vollstreckungsgericht zum Erlass eines Haftbefehls gibt der Schuldner in anderer Sache bei demselben Gerichtsvollzieher die Vermögensauskunft ab. Das erste Verfahren kann nunmehr nur noch insoweit erledigt werden, als dem Gläubiger gem. § 802 d Abs. 1 S. 2 ZPO eine Abschrift der in anderer Sache abgegebenen Vermögensauskunft zugeleitet wird, mit der Kostenfolge der Gebühr Nr. 261 KV GvKostG. Es stellt sich die **Frage**, ob die **Gebühr Nr. 604/260 KV GvKostG auf die Gebühr Nr. 261 KV GvKostG anzurechnen** ist.

§ 10 Abs. 1 S. 3 steht der Erhebung beider Gebühren **ohne Anrechnung** grds. **nicht** entgegen. Es kann nur 4 dann eine Gebühr Nr. 604 KV GvKostG nicht neben einer Gebühr für die Erledigung der Amtshandlung erhoben werden, wenn es sich um eine Nichterledigung neben einer Erledigung derselben Amtshandlung handeln würde. Eine Anrechnung der Gebühren ist im Kostenverzeichnis nicht vorgesehen und würde sich auch nicht aus § 10 Abs. 1 S. 1 verbieten. Der Fall ist im GvKostG selbst nicht geregelt. Die Gebühr

Nr. 604/260 KV GvKostG ist zunächst zwar entstanden, aber sie wird nicht fällig (§§ 3 Abs. 4, 14), da der Auftrag zur Vermögensauskunft nicht mehr zur Durchführung gelangt und es damit letztlich zunächst weder zu einer Erledigung noch zu einer Nichterledigung des Auftrags zur Vermögensabnahme kommt und damit eine Fälligkeit der Gebühr Nr. 604/260 KV GvKostG erst unter den Voraussetzungen des § 3 Abs. 4 S. 3 eintritt. Die Fälligkeit wäre aber Voraussetzung für eine Erhebung der bisher nur „vorschussweise" erhobenen Gebühr Nr. 604/260 KV GvKostG. Stattdessen erfolgt die Übersendung des Vermögensverzeichnisses mit der Kostenfolge der Gebühr Nr. 261 KV GvKostG. Dies würde letztlich dazu führen, dass die Gebühr Nr. 604/260 KV GvKostG zu erstatten wäre und die Gebühr Nr. 261 KV GvKostG zu erheben wäre. In der Praxis sollte jedoch keine Anrechnung erfolgen, da keinem Gläubiger verständlich zu machen ist, dass zunächst eine Rückzahlung und sodann eine Neuerhebung erfolgt.

5 Diese „Anrechnung" ist jedoch nur dann vorzunehmen, wenn die Übersendung der Vermögensauskunft binnen drei Monaten erfolgt (§ 3 Abs. 4 S. 3), da dann Fälligkeit eintritt. Erfolgt die Übersendung später als X Tage und drei Monate, war die Fälligkeit der Gebühr Nr. 604/260 KV GvKostG eingetreten und die Übersendung würde im Rahmen eines weiteren Auftrags erfolgen.

II. Ausschluss der Übermittlung des Vermögensverzeichnisses an Drittgläubiger

6 Der Gerichtsvollzieher leitet auch ohne ausdrücklichen Antrag des Gläubigers diesem einen Ausdruck des letzten abgegebenen Vermögensverzeichnisses zu, wie sich aus der Formulierung in § 802 d Abs. 1 S. 2 ZPO ergibt. In der Praxis wird die Übersendung in Vollstreckungsanträgen zT ausdrücklich **ausgeschlossen**, unter Bedingungen ausgeschlossen[1] oder der entsprechende Antrag für bestimmte Fälle zurückgenommen/ widerrufen. Es stellt sich die Frage, ob ein derartiger Ausschluss möglich ist.

7 Dazu wird die Ansicht vertreten, dass die ZPO nur noch den Antrag auf Vermögensauskunft oder für den Fall der bereits abgegebenen Vermögensauskunft die „zwingende" Erteilung einer Abschrift vorsieht, um die „von Amts wegen" vorzunehmende Eintragung in das Schuldnerverzeichnis nach § 882 c Abs. 1 Nr. 2 ZPO vorzubereiten.[2] Dieser Ansicht folgend wäre eine Übersendung der Vermögensauskunft und eine Erhebung der Gebühr Nr. 261 KV GvKostG vorzunehmen.[3] Vertreten wird in zunehmendem Maß jedoch auch die Ansicht, dass die Vollstreckung der **Parteiherrschaft** unterliegt. Der Gläubiger kann hiernach einen Auftrag ganz oder zum Teil zurücknehmen, die Vollstreckung von Teilforderungen beantragen.[4] Der Gläubiger kann also auch die Übermittlung eines Vermögensverzeichnisses ausschließen.[5] Wünscht der Gläubiger die Übermittlung nicht, ist die Übersendung ausdrücklich auszuschließen. Dieser Ausschluss ist wiederum für den Gerichtsvollzieher beachtlich, da er Weisungen des Gläubigers insoweit zu berücksichtigen hat, als sie mit den Gesetzen oder der Geschäftsanweisung nicht in Widerspruch stehen, da er Herr des Verfahrens ist. Es entsteht dann keine Gebühr Nr. 604 KV GvKostG (zu Nr. 261 KV GvKostG), weil es nicht zur Amtshandlung „nicht erledigte Übermittlung" kommt.[6] Eine anderslautenden Entscheidung,[7] wonach für den nicht erledigten Antrag durch den Gerichtsvollzieher eine Gebühr Nr. 604 KV GvKostG angesetzt werden kann, übersieht, dass Gebühren nach Abschnitt 6 des Kostenverzeichnisses nur für nicht erledigte Amtshandlungen anfallen können. Hat der Gläubiger aber von vornherein eine Übermittlung ausgeschlossen, kommt es nicht zu einer nichterledigten Übersendung. Eine Gebühr Nr. 604 KV GvKostG (zu Nr. 260 KV GvKostG) entsteht ebenfalls nicht, da die Vermögensauskunft innerhalb der letzten zwei Jahre bereits abgegeben war (Anm. zu Nr. 604 KV GvKostG). In der Rspr werden nach wie vor beide Ansichten vertreten.

8 Wird von einer Dispositionsbefugnis[8] ausgegangen und hat der Gläubiger die Übersendung jedoch **unter Bedingungen ausgeschlossen**, muss der Gerichtsvollzieher prüfen, ob die Bedingung, unter die die Übersendung gestellt wird, erfüllt ist. Für diese Tätigkeit entsteht die Gebühr Nr. 604/261 KV GvKostG.

---

1 AG Schwerin DGVZ 2015, 258; AG Weißenfels 8.1.2015 – 13 M 1641/14, juris. 2 AG Bochum 2.5.2013 – 51 M 1177/13; AG Heidelberg DGVZ 2013, 166; AG Heidelberg 5.12.2014 – 1 M 25/14; AG Mühldorf am Inn DGVZ 2013, 193; AG Lünen 30.9.2013 – 15 M 845/13; AG Peine 28.5.2013 – 8 M 592/13; AG Dortmund DGVZ 2014, 72; AG Bergisch Gladbach 28.3.2014 – 37 M 1308/13; AG Hagen 13.3.2014 – 48 M 82/14; AG Siegburg 25.6.2014 – 34 a M 322/14; AG Siegburg 30.7.2013 – 34 M 795/13; LG Münster DGVZ 2014, 201; LG Kiel DGVZ 2014, 220; AG Nürnberg 4.8.2014 – 5 M 8242/14; AG Saarbrücken 6.10.2014 – 108 M 3610/14; AG Öhringen 12.12.2014 – M 1403/14; LG Mosbach 9.1.2015 – 5 T 108/14. 3 AG Bochum 2.5.2013 – 51 M 1177/13; AG Siegburg 30.7.2013 – 34 M 795/13; AG Heidelberg DGVZ 2013, 166. 4 OLG Köln DGVZ 2016, 13; Zöller/*Stöber*, vor § 704 ZPO Rn 19. 5 OLG Dresden DGVZ 2016, 34; OLG Köln DGVZ 2016, 13; OLG Schleswig-Holstein DGVZ-Newsletter 25, S. 16; OLG Hamm 10.2.2015 – I-25 W 277/14; LG Essen DGVZ 2014, 220; OLG Hamm 10.2.2015 – I-25 W 306/14; LG Arnsberg DGVZ 2014, 18; LG Bochum DGVZ 2014, 261; AG Dortmund 25.3.2013 – 242 M 300/13; *Kessel*, DGVZ 2012, 213. 6 AG Dortmund 25.3.2013 – 242 M 300/13. 7 AG Erkelenz 16.7.2013 – 17 M 1021/13. 8 OLG Schleswig-Holstein DGVZ-Newsletter 25, S. 16; OLG Hamm 10.2.2015 – I-25 W 277/14; LG Essen DGVZ 2014, 220; OLG Hamm 10.2.2015 – I-25 W 306/14; LG Arnsberg DGVZ 2014, 18; LG Bochum DGVZ 2014, 261; AG Dortmund 25.3.2013 – 242 M 300/13; *Kessel*, DGVZ 2012, 213.

Gleiches gilt, wenn der Auftrag zur Übersendung **widerrufen** oder **zurückgenommen** wird. Es soll keine un- 9
zulässige Bedingung vorliegen, wenn der Gläubiger einen Auftrag zur Abnahme der Vermögensauskunft zurücknimmt, wenn der Schuldner bereits eine Vermögensauskunft abgegeben hat. Es entstehen dann keine
Kosten für die Erteilung einer Abschrift des Vermögensverzeichnisses (Nr. 260 KV GvKostG).[9] Ein Auftrag
ist erteilt, wenn er dem Gerichtsvollzieher zugegangen ist (§ 3 Abs. 3 S. 1). Er gilt als durchgeführt, wenn
der Auftrag zurückgeführt wird (§ 3 Abs. 4 S. 1). In diesen Fällen hat der Gerichtsvollzieher bereits
einen Aufwand erbracht oder noch zu erbringen (zB Rücksendung des Titels). Dies rechtfertigt grds. den
Ansatz einer Gebühr,[10] so dass in diesem Fall aber die Gebühr Nr. 604/261 KV GvKostG entsteht.

Um die vorstehende Streitfrage zu klären, ist beabsichtigt, § 802 d Abs. 1 S. 2 ZPO zu ändern. Die Vor- 10
schrift soll durch das **EuKoPfVODG** wie folgt gefasst werden:[11]

„Andernfalls leitet der Gerichtsvollzieher dem Gläubiger einen Ausdruck des letzten abgegebenen Vermö
gensverzeichnisses zu; ein Verzicht des Gläubigers auf die Zuleitung ist unbeachtlich."

Daraus folgt, dass der Gesetzgeber davon ausgeht, dass dem Gläubiger in jedem Fall ein Ausdruck der letzten abgegebenen Vermögensauskunft zuzuleiten ist. Dementsprechend wird in der Gesetzesbegründung zur
beabsichtigten Änderung des § 802 d Abs. 1 S. 2 ZPO ausgeführt, dass die Änderung der Klärung der in der
Praxis streitigen Frage diene, ob der Gläubiger auf die Zuleitung des letzten abgegebenen Vermögensverzeichnisses verzichten kann. Gemäß § 882 c Abs. 1 Nr. 3 ZPO sei die Zuleitung des Vermögensverzeichnisses an den Gläubiger Voraussetzung dafür, dass der Schuldner in das Schuldnerverzeichnis eingetragen werden kann. Der Gläubiger solle vor diesem Hintergrund nicht auf die Zuleitung des Vermögensverzeichnisses verzichten können, da andernfalls der Zweck des Schuldnerverzeichnisses, Auskunft über die Kreditunwürdigkeit einer Person zu geben, nicht erreicht werden könnte.[12] Wenn dem Gläubiger jedoch in jedem
Fall ein Ausdruck des letzten abgegebenen Vermögensverzeichnisses zuzuleiten ist, entsteht zwingend auch
immer eine Gebühr Nr. 261 KV GvKostG. Auch bei einem Verzicht des Gläubigers unter bestimmten Bedingungen oder einem Widerruf bzw einer Rücknahme des Antrags würde nicht nur die Gebühr
Nr. 604/261 KV GvKostG entstehen, vielmehr wäre auch in diesen Fällen ein Ausdruck des letzten abgegebenen Vermögensverzeichnisses zuzuleiten mit der Folge des Entstehens einer Gebühr Nr. 261 KV
GvKostG.

Ob damit die Streitfragen beseitigt werden, muss bezweifelt werden. Geregelt werden soll der Verzicht auf
Übersendung. Offen bleibt, ob eine Antragsrücknahme des Gläubigers einem Verzicht gleichzustellen ist.
Der Gläubiger bestimmt mit seinem Antrag Beginn, Art und Ausmaß des Vollstreckungszugriffs. Das
Zwangsvollstreckungsverfahren endet daher, wenn der Gläubiger dies verlangt.[13] Meines Erachtens darf die
Dispositionsmaxime durch § 802 d Abs. 2 S. 1 ZPO nicht eingeschränkt werden.

Zum Teil wird vertreten, dass die grundlegende Frage, ob eine Beschränkung des Zwangsvollstreckungsauf- 11
trags bzw die unter eine Bedingung gestellte Antragsrücknahme zulässig ist, nicht erst im Verfahren über
die Erinnerung gegen den Kostenansatz des Gerichtsvollziehers entschieden wird. Die Frage der Zulässigkeit des Gläubigerantrags muss zwingend vor Beginn der Tätigkeit des Gerichtsvollziehers geklärt werden.[14] Vertreten wird jedoch auch, dass im Kostenerinnerungsverfahren als kostenrechtliche Vorfrage geprüft werden kann, ob der Gläubiger eine wirksame Bedingung im Antrag als Voraussetzung zur Durchführung des Auftrags stellen kann.[15]

Nr.	Gebührentatbestand	Gebühr
262	Abnahme der eidesstattlichen Versicherung nach § 836 Abs. 3 oder § 883 Abs. 2 ZPO	38,00 €

Bei der Neufassung der Nr. 260 KV GvKostG durch das Gesetz zur Reform der Sachaufklärung in der 1
Zwangsvollstreckung[1] ist seinerzeit übersehen worden, dass der frühere Gebührentatbestand auch für die
Abnahme der **eidesstattlichen Versicherung nach § 836 Abs. 3 oder § 883 Abs. 2 ZPO** gegolten hat. Für diese beiden Fälle der Abnahme der eidesstattlichen Versicherung durch den Gerichtsvollzieher soll aber auch

9 LG Neubrandenburg DGVZ 2014, 219; LG Itzehoe DGVZ 2014, 220; LG Bochum DGVZ 2014, 261. **10** BT-Drucks
14/3432, S. 32. **11** Art. 1 Nr. 7 des „Entwurfs eines Gesetzes zur Durchführung der Verordnung (EU) Nr. 655/2014 sowie zur
Änderung sonstiger zivilprozessualer Vorschriften (EuKoPfVODG)", RegE, BT-Drucks 18/7560, S. 9. Geplantes Inkrafttreten
dieser Änderung: am Tag nach der Verkündung (s. Art. 14 Abs. 2 S. 1 ÄndG). **12** Begr. RegE, BT-Drucks 18/7560, S. 37.
13 OLG Köln DGVZ 2016, 13; Zöller/*Stöber*, vor § 704 ZPO Rn 19. **14** OLG Düsseldorf DGVZ 2014, 264; AG Neubrandenburg DGVZ 2014, 131; AG Bad Segeberg DGVZ 2014, 95. **15** OLG Köln DGVZ 2016, 13. **1** Gesetz v. 29.7.2009 (BGBl. I
2258).

weiterhin eine Gebühr erhoben werden können. Es ist daher im Zuge des 2. KostRMoG ein eigener Gebührentatbestand Nr. 262 KV GvKostG für Abnahme der eidesstattlichen Versicherungen nach § 836 Abs. 3 und § 883 Abs. 2 ZPO geschaffen worden.[2]

Nr.	Gebührentatbestand	Gebühr
270	Verhaftung, Nachverhaftung, zwangsweise Vorführung	39,00 €

1 Sowohl **Verhaftung** und **Nachverhaftung** als auch **zwangsweise Vorführung** lösen jeweils eine Gebühr in derselben Höhe aus. Gebührentatbestand ist dabei nur die **durchgeführte Verhaftung**.

2 Der Gerichtsvollzieher kann die Gebühr Nr. 270 KV GvKostG nicht erheben, wenn er keine Verhaftung vornimmt oder vornehmen kann. Der reine **Versuch** einer Verhaftung löst nur die Gebühr Nr. 604 KV GvKostG aus.[1]

3 Für die Ansicht, dass die Gebühr Nr. 270 KV GvKostG beim Gerichtsvollzieher bereits dann entsteht, wenn der Schuldner sich freiwillig im Büro des Gerichtsvollziehers eingefunden hat, findet sich im GvKostG keine Stütze.[2] Beim **freiwilligen Erscheinen des Schuldners** beim Gerichtsvollzieher mit der Bereitschaft, die Vermögensauskunft abzugeben, ist die Verhaftung nicht erforderlich.[3]

4 Nach § 144 Abs. 3 GVGA unterbleibt die Verhaftung, wenn der Schuldner die **Leistung bewirkt**, die ihm nach dem Schuldtitel obliegt. Der Gerichtsvollzieher würde also seine Amtspflichten verletzen (§ 144 Abs. 3 S. 1 iVm § 1 S. 4 GVGA), wenn er einen Schuldner verhaften würde, der bei bestehendem Haftbefehl bei ihm erscheint, um seine Schuld zu tilgen. Das Zwangsmittel der Haft hat den Zweck, die Abgabe der Vermögensauskunft herbeizuführen. Vor der Vollziehung eines Haftbefehls ist damit immer zu klären, ob der Schuldner zur freiwilligen Abgabe der Vermögensauskunft bereit ist.[4] Die fehlende Verhaftung kann auch nicht dadurch ersetzt werden, dass der Gerichtsvollzieher den Schuldner schriftlich aufgefordert hat, in sein Büro zu kommen. Diese schriftliche Aufforderung ersetzt die Verhaftung nicht.[5]

Abschnitt 3
Verwertung

Nr.	Gebührentatbestand	Gebühr
	Vorbemerkung 3:	
	Die Gebühren werden bei jeder Verwertung nur einmal erhoben. Dieselbe Verwertung liegt auch vor, wenn der Gesamterlös aus der Versteigerung oder dem Verkauf mehrerer Gegenstände einheitlich zu verteilen ist oder zu verteilen wäre und wenn im Falle der Versteigerung oder des Verkaufs die Verwertung in einem Termin, bei einer Versteigerung im Internet in einem Ausgebot, erfolgt.	
300	Versteigerung, Verkauf oder Verwertung in anderer Weise nach § 825 Abs. 1 ZPO von – beweglichen Sachen, – Früchten, die noch nicht vom Boden getrennt sind, – Forderungen oder anderen Vermögensrechten .... Neben dieser Gebühr wird gegebenenfalls ein Zeitzuschlag nach Nummer 500 erhoben. Dies gilt nicht bei einer Versteigerung im Internet.	52,00 €
301	Öffentliche Verpachtung an den Meistbietenden .... Neben dieser Gebühr wird gegebenenfalls ein Zeitzuschlag nach Nummer 500 erhoben.	52,00 €

---

2 BT-Drucks 17/11471 (neu), S. 255. **1** AG Hildesheim DGVZ 2005, 30; *Hartmann*, KostG, Nr. 270 KVGv Rn 6; *Winterstein/Richter/Zuhn*, GvKostR, Nr. 270 KV GvKostG Rn 2; Schröder-Kay/*Winter*, Nr. 270 KV GvKostG Rn 12; *Wiedemann*, DGVZ 2004, 129. **2** AG Bremen JurBüro 2007, 158; AG Augsburg DGVZ 2003, 191; aA *Seip*, DGVZ 2004, 184. **3** *Wiedemann*, DGVZ 2004, 129. **4** *Wiedemann*, DGVZ 2004, 129. **5** *Wiedemann*, DGVZ 2004, 129.

Nr.	Gebührentatbestand	Gebühr
302	Anberaumung eines neuen Versteigerungs- oder Verpachtungstermins oder das nochmalige Ausgebot bei einer Versteigerung im Internet	10,00 €
	(1) Die Gebühr wird für die Anberaumung eines neuen Versteigerungs- oder Verpachtungstermins nur erhoben, wenn der vorherige Termin auf Antrag des Gläubigers oder des Antragstellers oder nach den Vorschriften der §§ 765 a, 775, 802 b ZPO nicht stattgefunden hat oder wenn der Termin infolge des Ausbleibens von Bietern oder wegen ungenügender Gebote erfolglos geblieben ist.	
	(2) Die Gebühr wird für das nochmalige Ausgebot bei einer Versteigerung im Internet nur erhoben, wenn das vorherige Ausgebot auf Antrag des Gläubigers oder des Antragstellers oder nach den Vorschriften der §§ 765 a, 775, 802 b ZPO abgebrochen worden ist oder wenn das Ausgebot infolge des Ausbleibens von Geboten oder wegen ungenügender Gebote erfolglos geblieben ist.	
310	Mitwirkung bei der Versteigerung durch einen Dritten (§ 825 Abs. 2 ZPO)	16,00 €
	Neben dieser Gebühr wird gegebenenfalls ein Zeitzuschlag nach Nummer 500 erhoben.	

I. Grundsatz der einmaligen Gebührenerhebung bei Verwertung (Vorbem. 3)

Vorbem. 3 S. 1 KV GvKostG, wonach die Gebühren bei jeder Verwertung nur einmal erhoben werden, stellt eine Abweichung von § 10 Abs. 1 dar. Danach sollen die Gebühren bei Durchführung desselben Auftrags grds. nur einmal erhoben werden. Daraus folgt, dass bei mehreren Aufträgen die Gebühren grds. gesondert erhoben werden sollen. Verwertungsgebühren sollen jedoch unabhängig von der Zahl der Aufträge nur einmal erhoben werden. Ist zB ein Gegenstand für mehrere Gläubiger gepfändet und wird dieser Gegenstand für alle Gläubiger **einheitlich** (im gleichen Rang) verwertet, entsteht nur **eine Gebühr** für die Verwertung. Sind verschiedene Gläubiger an gepfändeten Gegenständen in verschiedenen Rängen beteiligt, fehlt es an der Möglichkeit der einheitlichen Verteilung des Gesamterlöses, so dass mehrere Verwertungen vorliegen. Mehrere Verwertungen liegen auch vor, wenn einzelne Gegenstände für verschiedene Gläubiger getrennt gepfändet wurden.[1] Mehrere Verwertungsgebühren entstehen auch dann, wenn auf einzelne Gegenstände keine Gebote abgegeben werden, so dass sie erneut versteigert werden müssen.[2]   **1**

Die nach § 814 Abs. 2 Nr. 2 ZPO mögliche **Internetversteigerung** unterliegt den gleichen Gebühren- und Auslagenvorschriften wie die Präsenzversteigerung nach § 814 Abs. 1 Nr. 1 ZPO. Auch eine Versteigerung im Internet lässt die Gebühren von Abschnitt 3 des Kostenverzeichnisses entstehen.[3]   **2**

II. Versteigerung, Verkauf oder Verwertung in anderer Weise nach § 825 Abs. 1 ZPO (Nr. 300 KV GvKostG)

Die Gebühr Nr. 300 KV GvKostG entsteht für alle Versteigerungen und Verkäufe im Rahmen der Zuständigkeit der Gerichtsvollzieher (§§ 814, 821, 824, 825 Abs. 1, 847 Abs. 2, 885 Abs. 4, 930 Abs. 3 ZPO). Auch die Versteigerung im Internet ist umfasst. Dabei kann jedoch kein Zeitzuschlag nach Nr. 500 KV GvKostG für eine laufende Verwertung im Internet erhoben werden (S. 2 der Anm.). Durch das 2. KostRMoG wurde der Gebührentatbestand explizit um die anderweitige Verwertung nach § 825 Abs. 1 ZPO ergänzt. Diese Form der Verwertung wird somit der Versteigerung und dem Verkauf gleichgestellt.   **3**

III. Anberaumung eines neuen Versteigerungstermins (Nr. 301 KV GvKostG)

Bei der Gebühr Nr. 302 KV GvKostG für die Anberaumung eines neuen Versteigerungstermins rechtfertigen nur bestimmte Gründe den Ansatz der Gebühr, insb. darf die Terminsaufhebung nicht in der Person des Gerichtsvollziehers begründet sein (vgl Anm. Abs. 1). Die Gebühr entsteht auch für ein nochmaliges Ausgebot im Internet (vgl Anm. Abs. 2).   **4**

---

1 *Winterstein/Richter/Zuhn*, GvKostR, Nr. 300 KV GvKostG Rn 1; aA Schröder-Kay/*Winter*, Nr. 300 KV GvKostG Rn 15–17. **2** *Winterstein/Richter/Zuhn*, GvKostR, Nr. 300 KV GvKostG Rn 1. **3** BT-Drucks 16/12811, S. 11.

Abschnitt 4
Besondere Geschäfte

Nr.	Gebührentatbestand	Gebühr
400	Bewachung und Verwahrung eines Schiffes, eines Schiffsbauwerks oder eines Luftfahrzeugs (§§ 165, 170, 170 a, 171, 171 c, 171 g, 171 h ZVG, § 99 Abs. 2, § 106 Abs. 1 Nr. 1 des Gesetzes über Rechte an Luftfahrzeugen) .... Neben dieser Gebühr wird gegebenenfalls ein Zeitzuschlag nach Nummer 500 erhoben.	98,00 €
401	Feststellung der Mieter oder Pächter von Grundstücken im Auftrag des Gerichts je festgestellte Person .... Die Gebühr wird auch erhoben, wenn die Ermittlungen nicht zur Feststellung eines Mieters oder Pächters führen.	7,00 €
410	Tatsächliches Angebot einer Leistung (§§ 293, 294 BGB) außerhalb der Zwangsvollstreckung	16,00 €
411	Beurkundung eines Leistungsangebots .... Die Gebühr entfällt, wenn die Gebühr nach Nummer 410 zu erheben ist.	7,00 €
420	Entfernung von Gegenständen aus dem Gewahrsam des Inhabers zum Zwecke der Versteigerung oder Verwahrung außerhalb der Zwangsvollstreckung	16,00 €
430	Entgegennahme einer Zahlung, wenn diese nicht ausschließlich auf Kosten nach diesem Gesetz entfällt, die bei der Durchführung des Auftrags entstanden sind .... Die Gebühr wird auch erhoben, wenn der Gerichtsvollzieher einen entgegengenommenen Scheck selbst einzieht oder einen Scheck aufgrund eines entsprechenden Auftrags des Auftraggebers an diesen weiterleitet. Die Gebühr wird nicht bei Wechsel- oder Scheckprotesten für die Entgegennahme der Wechsel- oder Schecksumme (Artikel 84 des Wechselgesetzes, Artikel 55 Abs. 3 des Scheckgesetzes) erhoben.	4,00 €
440	Einholung einer Auskunft bei einer der in den §§ 755, 802 l ZPO genannten Stellen .... Die Gebühr entsteht nicht, wenn die Auskunft nach § 882 c Abs. 3 Satz 2 ZPO eingeholt wird.	13,00 €

DB-GvKostG (Zu Nrn. 410, 411 KV) Nr. 14
(1) Die in den Nrn. 410, 411 KV bestimmten Gebühren werden nur erhoben, wenn die Gerichtsvollzieherin oder der Gerichtsvollzieher mit dem Angebot der Leistung oder der Beurkundung des Leistungsangebots außerhalb eines Auftrags zur Zwangsvollstreckung besonders beauftragt war. Ein Leistungsangebot im Rahmen eines Vollstreckungsauftrags nach § 756 ZPO oder die Beurkundung eines solchen Angebots ist Nebengeschäft der Vollstreckungstätigkeit (vgl. § 45 Abs. 4 GVGA).
(2) Gebühren werden nicht erhoben, wenn die Gerichtsvollzieherin oder der Gerichtsvollzieher nach Landesrecht für die Amtshandlung sachlich nicht zuständig ist.

I. Hebegebühr (Nr. 430 KV GvKostG)

1   Die Gebühr Nr. 430 KV GvKostG gilt für die Entgegennahme einer Zahlung, wenn diese nicht ausschließlich auf Kosten nach dem GvKostG entfällt, die bei der Durchführung des Auftrags entstanden sind (**Hebegebühr**). Keine Gebühr nach Nr. 430 KV GvKostG kann somit erhoben werden, wenn eine Zahlung ausschließlich auf Kosten nach dem GvKostG erfolgt oder Zahlungen auf Gerichtsvollzieherkosten verrechnet werden.

2   Die Gebührenvorschrift gilt nach **S. 1 der Anmerkung** auch für die **Einziehung eines entgegengenommenen Schecks** durch den Gerichtsvollzieher oder für dessen **auftragsgemäße Weiterleitung** an den Auftraggeber. Für die Weiterleitung an den Auftraggeber fällt die Gebühr nur an, wenn der Auftraggeber (Gläubiger) die

Weiterleitung ausdrücklich erbeten hat. In diesem Fall soll es nicht darauf ankommen, ob der Scheck zur Einlösung gelangt. Die Bitte des Schuldners hingegen, den Scheck an den Auftraggeber weiterzuleiten, löst keine Hebegebühr aus.

Eine Hebegebühr ist bei Wechsel- oder Scheckprotesten für die **Entgegennahme der Wechsel- oder Scheck-** **3** **summe** seit dem Inkrafttreten des 2. KostRMoG nicht mehr vorgesehen, so dass eine solche auch beim Gerichtsvollzieher nicht entstehen kann. Insbesondere kann auch keine Gebühr Nr. 430 KV GvKostG erhoben werden, da § 12 hinsichtlich der **Gebühren** auf das GNotKG verweist. Die Nichterhebung einer Hebegebühr in diesen Fällen wird insb. auch durch **S. 2 der Anmerkung** deutlich gemacht.

II. Einholung einer Auskunft bei einer der in §§ 755, 802 I ZPO genannten Stellen (Nr. 440 KV GvKostG)

1. Ermittlung des Aufenthaltsorts des Schuldners, § 755 ZPO

§ 755 ZPO Ermittlung des Aufenthaltsorts des Schuldners   **4**

(1) Ist der Wohnsitz oder gewöhnliche Aufenthaltsort des Schuldners nicht bekannt, darf der Gerichtsvollzieher auf Grund des Vollstreckungsauftrags und der Übergabe der vollstreckbaren Ausfertigung zur Ermittlung des Aufenthaltsorts des Schuldners bei der Meldebehörde die gegenwärtigen Anschriften sowie Angaben zur Haupt- und Nebenwohnung des Schuldners erheben.

(2) ¹Soweit der Aufenthaltsort des Schuldners nach Absatz 1 nicht zu ermitteln ist, darf der Gerichtsvollzieher

1. zunächst beim Ausländerzentralregister die Angaben zur aktenführenden Ausländerbehörde sowie zum Zuzug oder Fortzug des Schuldners und anschließend bei der gemäß der Auskunft aus dem Ausländerzentralregister aktenführenden Ausländerbehörde den Aufenthaltsort des Schuldners,

2. bei den Trägern der gesetzlichen Rentenversicherung die dort bekannte derzeitige Anschrift, den derzeitigen oder zukünftigen Aufenthaltsort des Schuldners sowie

3. bei dem Kraftfahrt-Bundesamt die Halterdaten nach § 33 Abs. 1 Satz 1 Nr. 2 des Straßenverkehrsgesetzes

erheben. ²Ist der Schuldner Unionsbürger, darf der Gerichtsvollzieher die Daten nach Satz 1 Nummer 1 nur erheben, wenn ihm tatsächliche Anhaltspunkte für die Vermutung der Feststellung des Nichtbestehens oder des Verlusts des Freizügigkeitsrechts vorliegen. ³Eine Übermittlung der Daten nach Satz 1 Nummer 1 an den Gerichtsvollzieher ist ausgeschlossen, wenn der Schuldner Unionsbürger ist, für den eine Feststellung des Nichtbestehens oder des Verlusts des Freizügigkeitsrechts nicht vorliegt. ⁴Die Daten nach Satz 1 Nr. 2 und 3 darf der Gerichtsvollzieher nur erheben, wenn die zu vollstreckenden Ansprüche mindestens 500 Euro betragen; Kosten der Zwangsvollstreckung und Nebenforderungen sind bei der Berechnung nur zu berücksichtigen, wenn sie allein Gegenstand des Vollstreckungsauftrags sind.

§ 755 ZPO-E Ermittlung des Aufenthaltsorts des Schuldners [Fassung gem. RegE EuKoPfVODG, BT-Drucks   **4a** 18/7560; Inkrafttreten: am Tag nach der Verkündung]¹

(1) ¹Ist der Wohnsitz oder gewöhnliche Aufenthaltsort des Schuldners nicht bekannt, darf der Gerichtsvollzieher auf Grund des Vollstreckungsauftrags und der Übergabe der vollstreckbaren Ausfertigung zur Ermittlung des Aufenthaltsorts des Schuldners bei der Meldebehörde die gegenwärtigen Anschriften sowie Angaben zur Haupt- und Nebenwohnung des Schuldners erheben. ²*Der Gerichtsvollzieher darf auch beauftragt werden, die gegenwärtigen Anschriften, den Ort der Hauptniederlassung oder den Sitz des Schuldners zu erheben*

1. *durch Einsicht in das Handels-, Genossenschafts-, Partnerschafts-, Unternehmens- oder Vereinsregister oder*

2. *durch Einholung einer Auskunft bei den nach Landesrecht für die Durchführung der Aufgaben nach § 14 Absatz 1 der Gewerbeordnung zuständigen Behörden.*

(2) ¹Soweit der Aufenthaltsort des Schuldners nach Absatz 1 nicht zu ermitteln ist, darf der Gerichtsvollzieher

1. zunächst beim Ausländerzentralregister die Angaben zur aktenführenden Ausländerbehörde sowie zum Zuzug oder Fortzug des Schuldners und anschließend bei der gemäß der Auskunft aus dem Ausländerzentralregister aktenführenden Ausländerbehörde den Aufenthaltsort des Schuldners,

2. bei den Trägern der gesetzlichen Rentenversicherung die dort bekannte derzeitige Anschrift, den derzeitigen oder zukünftigen Aufenthaltsort des Schuldners sowie

3. bei dem Kraftfahrt-Bundesamt die Halterdaten nach § 33 Abs. 1 Satz 1 Nr. 2 des Straßenverkehrsgesetzes

erheben. ²Ist der Schuldner Unionsbürger, darf der Gerichtsvollzieher die Daten nach Satz 1 Nummer 1 nur erheben, wenn ihm tatsächliche Anhaltspunkte für die Vermutung der Feststellung des Nichtbestehens oder des Verlusts des Freizügigkeitsrechts vorliegen. ³Eine Übermittlung der Daten nach Satz 1 Nummer 1 an den Gerichtsvollzieher ist ausgeschlossen, wenn der Schuldner Unionsbürger ist, für den eine Feststellung des Nichtbestehens oder

---

1 *Kursive Hervorhebungen bzw Streichung:* Geplante Änderungen durch Art. 1 Nr. 6 des „Entwurfs eines Gesetzes zur Durchführung der Verordnung (EU) Nr. 655/2014 sowie zur Änderung sonstiger zivilprozessualer Vorschriften (EuKoPfVODG)", RegE, BT-Drucks 18/7560, S. 8 f. Siehe dazu näher Rn 8 a.

des Verlusts des Freizügigkeitsrechts nicht vorliegt. [4]Die Daten nach Satz 1 Nr. 2 und 3 darf der Gerichtsvollzieher nur erheben, wenn die zu vollstreckenden Ansprüche *einschließlich titulierter Nebenforderungen und Kosten* mindestens 500 Euro betragen; Kosten der Zwangsvollstreckung ~~und Nebenforderungen~~ sind bei der Berechnung nur zu berücksichtigen, wenn sie allein Gegenstand des Vollstreckungsauftrags sind.

(3) Nach Absatz 1 oder Absatz 2 erhobene Daten, die innerhalb der letzten drei Monate bei dem Gerichtsvollzieher eingegangen sind, darf dieser auch in einem Zwangsvollstreckungsverfahren eines weiteren Gläubigers gegen denselben Schuldner nutzen, wenn die Voraussetzungen für die Datenerhebung auch bei diesem Gläubiger vorliegen.

5   Das Gesetz zur Reform der Sachaufklärung in der Zwangsvollstreckung[2] weist den Gerichtsvollziehern mit der **Ermittlung des Aufenthaltsorts des Schuldners (§ 755 ZPO)** bei der Meldebehörde sowie – ggf – beim Ausländerzentralregister, bei der aktenführenden Ausländerbehörde, bei den Trägern der gesetzlichen Rentenversicherung sowie beim Kraftfahrt-Bundesamt neue Aufgaben zu.

6   Die Ermittlungen nach § 755 ZPO sind nur im Rahmen eines Vollstreckungsauftrags, **nicht** jedoch „isoliert" zulässig. Dies ergibt sich eindeutig aus der Formulierung in § 755 Abs. 1 ZPO, wonach der Gerichtsvollzieher **„auf Grund des Vollstreckungsauftrags"** und unter **„Übergabe der vollstreckbaren Ausfertigung"** Ermittlungen des Aufenthaltsorts des Schuldners vornehmen darf, was bislang Sache des Gläubigers war. Die Notwendigkeit eines „ausdrücklichen" Auftrags zur Ermittlung ergibt sich nicht aus dem Gesetzestext, sondern „nur" aus der Gesetzesbegründung.[3] Im Hinblick auf die erheblichen Kostenfolgen (Nr. 440 KV GvKostG – ggf mehrfach (§ 10 Abs. 2 GvKostG zzgl. Auslagen) – sollte ein **ausdrücklicher Auftrag** verlangt werden.

7   Für diese zusätzlichen Tätigkeiten wird nach der Gebührenvorschrift Nr. 440 KV GvKostG eine Gebühr erhoben.[4] Diese ist insb. in Verbindung mit der Änderung des § 10 Abs. 2 von Bedeutung. Nach dem neugefassten § 10 Abs. 2 S. 3 ist diese Gebühr für **jede** Auskunftseinholung **gesondert** zu erheben, wenn der Gläubiger den Gerichtsvollzieher im Rahmen der Durchführung eines Auftrags mit der Einholung mehrerer Auskünfte beauftragt (→ § 10 Rn 11 f).[5] Dabei ist ein isolierter Antrag auf Aufenthaltsermittlung des Schuldners nicht zulässig. Daneben ist immer ein Vollstreckungsauftrag zu erteilen, der eine konkrete Vollstreckungsmaßnahme bezeichnet.[6] Wird ein isolierter Auftrag erteilt, entsteht bei Ablehnung des Antrags keine Gebühr, da eine Nichterledigungsgebühr zu Nr. 440 KV GvKostG nicht vorgesehen ist. Bei Zurückweisung des Auftrags ist aber die Mindestauslagenpauschale (Nr. 716 KV GvKostG) in Ansatz zu bringen.

8   Bei den Ermittlungen betreffend den Aufenthaltsort des Schuldners zunächst beim Ausländerzentralregister nach den Angaben zur aktenführenden Ausländerbehörde und anschließend bei der gemäß der Auskunft aus dem Ausländerzentralregister aktenführenden Ausländerbehörde (§ 755 Abs. 2 S. 1 Nr. 1 ZPO) handelt es sich um eine Auskunft iSd Nr. 440 KV GvKostG iVm § 10 Abs. 2. In der Gesetzesbegründung wird festgestellt, dass „die Auskunft" nach § 755 Abs. 2 S. 1 Nr. 1 ZPO in **zwei Schritten** eingeholt werden muss,[7] iE aber kostenrechtlich nur **eine Auskunft** vorliegt.

8a   Für die **weitere Nutzung von Daten nach § 755 Abs. 3 ZPO-E** (zum Wortlaut der geplanten Neuregelung → Rn 4 a) fallen keine Gebühren an. Denn in Nr. 442 KV GvKostG-E (→ Rn 17) ist ausschließlich § 802 l Abs. 4 ZPO-E genannt, obwohl auch § 755 Abs. 3 ZPO-E nach der geplanten Neufassung durch das EuKoPfVODG[8] die weitere Nutzung bereits erhobener Daten vorsieht.

2. Auskunftsrechte des Gerichtsvollziehers, § 802 l ZPO

9   **§ 802 l ZPO Auskunftsrechte des Gerichtsvollziehers**

(1) [1]Kommt der Schuldner seiner Pflicht zur Abgabe der Vermögensauskunft nicht nach oder ist bei einer Vollstreckung in die dort aufgeführten Vermögensgegenstände eine vollständige Befriedigung des Gläubigers voraussichtlich nicht zu erwarten, so darf der Gerichtsvollzieher

1. bei den Trägern der gesetzlichen Rentenversicherung den Namen, die Vornamen oder die Firma sowie die Anschriften der derzeitigen Arbeitgeber eines versicherungspflichtigen Beschäftigungsverhältnisses des Schuldners erheben;

2. das Bundeszentralamt für Steuern ersuchen, bei den Kreditinstituten die in § 93 b Abs. 1 der Abgabenordnung bezeichneten Daten abzurufen (§ 93 Abs. 8 Abgabenordnung);

3. beim Kraftfahrt-Bundesamt die Fahrzeug- und Halterdaten nach § 33 Abs. 1 des Straßenverkehrsgesetzes zu einem Fahrzeug, als dessen Halter der Schuldner eingetragen ist, erheben.

---

2 Vom 29.7.2001 (BGBl. I 2258). **3** BT-Drucks 16/10069, S. 23. **4** BT-Drucks 16/10069, S. 49. **5** BT-Drucks 16/10069, S. 48. **6** BGH DGVZ 2014, 257; LG Heidelberg DGVZ 2014, 93; AG Wiesloch DGVZ 2014, 20; AG Leipzig DGVZ 2013, 245; *Kessel*, DGVZ 2012, 214. **7** BT-Drucks 16/10069, S. 23. **8** BT-Drucks 18/7560, S. 9.

²Die Erhebung oder das Ersuchen ist nur zulässig, soweit dies zur Vollstreckung erforderlich ist und die zu vollstreckenden Ansprüche mindestens 500 Euro betragen; Kosten der Zwangsvollstreckung und Nebenforderungen sind bei der Berechnung nur zu berücksichtigen, wenn sie allein Gegenstand des Vollstreckungsauftrags sind.

(2) ¹Daten, die für die Zwecke der Vollstreckung nicht erforderlich sind, hat der Gerichtsvollzieher unverzüglich zu löschen oder zu sperren. ²Die Löschung ist zu protokollieren.

(3) ¹Über das Ergebnis einer Erhebung oder eines Ersuchens nach Absatz 1 setzt der Gerichtsvollzieher den Gläubiger unter Beachtung des Absatzes 2 unverzüglich und den Schuldner innerhalb von vier Wochen nach Erhalt in Kenntnis. ²§ 802 d Abs. 1 Satz 3 und Abs. 2 gilt entsprechend.

§ 802 l ZPO-E Auskunftsrechte des Gerichtsvollziehers [Fassung gem. RegE EuKoPfVODG, BT-Drucks 18/7560; **9a**
Inkrafttreten: am Tag nach der Verkündung]⁹

(1) ¹Kommt der Schuldner seiner Pflicht zur Abgabe der Vermögensauskunft nicht nach oder ist bei einer Vollstreckung in die dort aufgeführten Vermögensgegenstände eine vollständige Befriedigung des Gläubigers voraussichtlich nicht zu erwarten, so darf der Gerichtsvollzieher

1. bei den Trägern der gesetzlichen Rentenversicherung den Namen, die Vornamen oder die Firma sowie die Anschriften der derzeitigen Arbeitgeber eines versicherungspflichtigen Beschäftigungsverhältnisses des Schuldners erheben;

2. das Bundeszentralamt für Steuern ersuchen, bei den Kreditinstituten die in § 93 b Abs. 1 der Abgabenordnung bezeichneten Daten abzurufen (§ 93 Abs. 8 Abgabenordnung);

3. beim Kraftfahrt-Bundesamt die Fahrzeug- und Halterdaten nach § 33 Abs. 1 des Straßenverkehrsgesetzes zu einem Fahrzeug, als dessen Halter der Schuldner eingetragen ist, erheben.

²Die Erhebung oder das Ersuchen ist nur zulässig, soweit dies zur Vollstreckung erforderlich ist und die zu vollstreckenden Ansprüche *einschließlich titulierter Nebenforderungen und Kosten* mindestens 500 Euro betragen; Kosten der Zwangsvollstreckung ~~und Nebenforderungen~~ sind bei der Berechnung nur zu berücksichtigen, wenn sie allein Gegenstand des Vollstreckungsauftrags sind.

(2) ¹Daten, die für die Zwecke der Vollstreckung nicht erforderlich sind, hat der Gerichtsvollzieher unverzüglich zu löschen oder zu sperren. ²Die Löschung ist zu protokollieren.

(3) ¹Über das Ergebnis einer Erhebung oder eines Ersuchens nach Absatz 1 setzt der Gerichtsvollzieher den Gläubiger unter Beachtung des Absatzes 2 unverzüglich und den Schuldner innerhalb von vier Wochen nach Erhalt in Kenntnis. ²§ 802 d Abs. 1 Satz 3 und Abs. 2 gilt entsprechend.

(4) ¹Nach Absatz 1 Satz 1 erhobene Daten, die innerhalb der letzten drei Monate bei dem Gerichtsvollzieher eingegangen sind, darf dieser auch einem weiteren Gläubiger übermitteln, wenn die Voraussetzungen für die Datenerhebung auch bei diesem Gläubiger vorliegen. ²Der Gerichtsvollzieher hat dem weiteren Gläubiger die Tatsache, dass die Daten in einem anderen Verfahren erhoben wurden, und den Zeitpunkt ihres Eingangs bei ihm mitzuteilen. ³Eine erneute Auskunft ist auf Antrag des weiteren Gläubigers einzuholen, wenn Anhaltspunkte dafür vorliegen, dass seit dem Eingang der Auskunft eine Änderung der Vermögensverhältnisse, über die nach Absatz 1 Satz 1 Auskunft eingeholt wurde, eingetreten ist.

(5) Übermittelt der Gerichtsvollzieher Daten nach Absatz 4 Satz 1 an einen weiteren Gläubiger, so hat er den Schuldner davon innerhalb von vier Wochen nach der Übermittlung in Kenntnis zu setzen; § 802 d Absatz 1 Satz 3 und Absatz 2 gilt entsprechend.

Pflichten ergeben sich für den Gerichtsvollzieher aus **§ 802 l Abs. 1 ZPO**, wenn der Schuldner seiner Pflicht **10**
zur Abgabe der Vermögensauskunft nicht nachkommt oder bei einer Vollstreckung in die in der Vermögensauskunft aufgeführten Vermögensgegenstände eine vollständige Befriedigung des Gläubigers voraussichtlich nicht zu erwarten ist. Der Gerichtsvollzieher darf, wenn die in § 802 l Abs. 1 ZPO genannten Voraussetzungen vorliegen, die Angaben des Schuldners überprüfen bzw wenn eine Vermögensauskunft nicht abgegeben wurde, Fremdauskünfte bei den Trägern der gesetzlichen Rentenversicherung, dem Bundeszentralamt für Steuern sowie dem Kraftfahrt-Bundesamt einholen. Es soll dem Gläubiger möglich sein, die Vermögenssituation des Schuldners anhand objektiver Informationsquellen zu überprüfen, um geeignete Vollstreckungsobjekte aufzufinden.¹⁰

Auch für die **Einholung von Fremdauskünften** nach § 802 l Abs. 1 S. 1 Nr. 1–3 ZPO wird nach Nr. 440 KV **11**
GvKostG eine Gebühr erhoben.¹¹ Im Fall der Einholung mehrerer Fremdauskünfte kann diese Gebühr für **jede** Fremdauskunft **gesondert** erhoben werden, wenn der Gläubiger den Gerichtsvollzieher im Rahmen der Durchführung eines Auftrags mit der Einholung der Auskünfte beauftragt hat (§ 10 Abs. 2 S. 3).¹²

---

9 *Kursive Hervorhebungen bzw Streichung*: Geplante Änderungen durch Art. 1 Nr. 10 des „Entwurfs eines Gesetzes zur Durchführung der Verordnung (EU) Nr. 655/2014 sowie zur Änderung sonstiger zivilprozessualer Vorschriften (EuKoPfVODG)", RegE, BT-Drucks 18/7560, S. 9. **10** BT-Drucks 16/10069, S. 31 f. **11** BT-Drucks 16/10069, S. 49. **12** BT-Drucks 16/10069, S. 48.

12 Der zuständige Gerichtsvollzieher ordnet nach § 882 c ZPO unter bestimmten Voraussetzungen von Amts wegen die Eintragung des Schuldners in das Schuldnerverzeichnis an. Dabei sind ggf bestimmte Auskünfte einzuholen, die im Schuldnerverzeichnis einzutragen sind (§ 882 b Abs. 2 Nr. 1–3 ZPO). Da die Einholung von Auskünften in diesem Fall nicht auf Antrag des Gläubigers, sondern von Amts wegen erfolgt, wird durch die **Anmerkung zu Nr. 440 KV GvKostG** insofern die Erhebung einer Gebühr ausgeschlossen.

13 Allerdings kann für die Ermittlung von Daten für die Anordnung der Eintragung (§ 882 c Abs. 3 S. 2 ZPO) nur die Gebühr Nr. 440 KV GvKostG nicht erhoben werden. Die Erhebung der Kosten der Auskunftsstellen ist dagegen nicht ausgeschlossen. Der Auslagentatbestand Nr. 708 KV GvKostG enthält keine entsprechende Einschränkung. Unter Nr. 708 KV GvKostG fallende Beträge sind daher anzusetzen und dem Kostenschuldner in Rechnung zu stellen.

14 Nach Nr. 2 Abs. 7 Buchst. b) DB-GvKostG handelt es sich bei der Einholung von Auskünften bei einer der in § 802 l ZPO genannten Stellen um **Nebengeschäfte iSd § 3 Abs. 1 S. 3**. Damit liegt kein besonderer Auftrag vor und die mit der Einholung verbundenen Auslagen (zB Nr. 440, 708, 716 KV GvKostG) sind im Rahmen des Hauptgeschäfts (zB Abnahme der Vermögensauskunft) mit zu berücksichtigen. Für den Fall, dass ein Drittgläubiger Auskünfte zu einem ihm übersandten Vermögensverzeichnis (§ 802 d Abs. 1 S. 2 ZPO) beantragt, wird jedoch die Auffassung vertreten, dass es sich kostenrechtlich um kein Nebengeschäft handelt.[13] Die Ansicht überzeugt nicht, da auch in diesem Fall ein Hauptgeschäft vorgelegen hat. Es wurde ein Antrag auf Abnahme der Vermögensauskunft gestellt, der durch Übersendung der bereits abgegebenen Vermögensauskunft erledigt wurde. Es kann jedoch kein Nebengeschäft vorliegen, wenn ein Auftrag auf Einholung von Auskünften **isoliert** erteilt wird. Es wird zwar vertreten, dass Aufträge auf Auskunft, die ohne gleichzeitigen Antrag auf Vollstreckung gestellt werden, unzulässig sind.[14] Vertreten wird aber auch, dass isolierte Aufträge möglich bzw unter bestimmten Voraussetzungen möglich sind.[15] Diese Ansicht geht mE zutreffend davon aus, dass sich aus § 802 a Abs. 2 S. 1 Nr. 3, § 802 l Abs. 1 ZPO nicht ergibt, dass ein Antrag auf Einholung von Drittauskünften nur in Verbindung mit einem Antrag auf Einholung der Vermögensauskunft gestellt werden kann. Vielmehr ergibt sich aus § 802 a Abs. 2 S. 1 Nr. 3 ZPO, dass es sich um eine Vollstreckungsmaßnahme handelt, die vom Gläubiger auch isoliert beantragt werden kann.[16] Mit dem Antrag, Auskünfte Dritter über das Vermögen des Schuldners einzuholen, nimmt der Gläubiger eine der Möglichkeiten wahr, die das Gesetz ihm im Rahmen der Zwangsvollstreckung eröffnet.[17]

Eine andere Ansicht sieht isolierte Anträge ebenfalls nicht als unzulässig an, verlangt jedoch ergänzend, dass der Gläubiger darlegt, warum die im bereits vorliegenden Vermögensverzeichnis aufgeführten Vermögenswerte eine vollständige Befriedigung des Gläubigers voraussichtlich nicht erwarten lassen.[18] Wird der Ansicht gefolgt, dass ein isolierter Antrag möglich ist, kann es sich nicht um ein Nebengeschäft handeln, da daneben kein weiterer Auftrag vorliegt. Es kann dann nur von einem besonderen Auftrag ausgegangen werden.

Es wird auch eine **wiederholte isolierte Antragstellung** nach § 802 a Abs. 2 S. 1 Nr. 3, § 802 l Abs. 1 ZPO für zulässig erachtet, wenn nicht ausgeschlossen ist, dass die Drittauskünfte zu einer auch nur teilweisen Befriedigung des Gläubigers führen können.[19] Auch hinsichtlich einer wiederholten Antragstellung ergibt sich aus § 802 a ZPO keine Einschränkung. Wird jedoch der Antrag wiederholt, kann es sich ebenfalls nicht mehr um ein Nebengeschäft handeln, da daneben kein Hauptgeschäft vorliegt. Es kann dann auch nur von einem besonderen Auftrag ausgegangen werden, der neben den Gebühren der Nr. 440 KV GvKostG eine eigene Auslagenpauschale (Nr. 716 KV GvKostG) anfallen lässt.

15 **3. Geplante Änderung der Nr. 440 KV GvKostG durch das EuKoPfVODG. a) Geplante neue Gebührentatbestände Nr. 440–442 KV GvKostG-E.** Nach dem „Entwurf eines Gesetzes zur Durchführung der Verordnung (EU) Nr. 655/2014 sowie zur Änderung sonstiger zivilprozessualer Vorschriften (EuKoPfVODG)" sollen eine neue Nr. 441 und eine neue Nr. 442 in das KV GvKostG eingeführt werden, die den ebenfalls geänderten Gebührentatbestand der Nr. 440 KV GvKostG ergänzen sollen.

---

13 Schröder-Kay/*Gerlach*, § 3 GvKostG Rn 8. **14** AG Esslingen 16.5.2013 – 5 M 445/13; AG Fürth 20.6.2014 – 701 M 2556/14. **15** AG Euskirchen DGVZ 2015, 94; LG Bonn 6.3.2015 – 4 T 44/15; AG Bonn 31.1.2014 – 24 M 352/14; LG Oldenburg 14.6.2014 – 6 T 489/14; AG Schöneberg DGVZ 2014, 241. **16** AG Heidelberg DGVZ 2016, 54; AG Gladbeck JurBüro 2015, 326. **17** AG Solingen DGVZ 2014, 132. **18** LG Frankfurt DGVZ 2016, 28; LG Frankfurt (Oder) DGVZ 2016, 28; AG Heidelberg DGVZ 2015, 226; LG Koblenz DGVZ 2015, 111; AG Euskirchen DGVZ 2015, 94; LG Oldenburg 14.6.2014 – 6 T 489/14, juris. **19** BGH NJW 2015, 2509 = MDR 2015, 1038 = DGVZ 2015, 197; AG Gladbeck JurBüro 2015, 326.

Geplant sind folgende Fassungen:[20]

Nr.	Gebührentatbestand	Gebühr
440	Erhebung von Daten bei einer der in § 755 Abs. 2, § 802 l Abs. 1 ZPO genannten Stellen .... Die Gebühr entsteht nicht, wenn die Auskunft nach § 882 c Abs. 3 Satz 2 ZPO eingeholt wird.	13,00 €
441	Erhebung von Daten bei einer der in § 755 Abs. 1 ZPO genannten Stellen .... Die Gebühr entsteht nicht, wenn die Auskunft nach § 882 c Abs. 3 Satz 2 ZPO eingeholt wird.	5,00 €
442	Übermittlung von Daten nach § 802 l Abs. 4 ZPO	5,00 €

b) Zu Nr. 440, 441 KV GvKostG-E. Zur Begründung wird angeführt:[21] „Derzeit erhält der Gerichtsvollzie-   **16** her die Gebühr 440 KV GvKostG in Höhe von 13 Euro für die Einholung einer Auskunft bei einer der in den §§ 755, 802 l ZPO genannten Stellen. Mit dieser Gebühr wird insbesondere der Aufwand abgegolten, der dem Gerichtsvollzieher dadurch entsteht, dass er sich mit einem Auskunftsersuchen an die registerführende Stelle wenden, den Rücklauf der Antwort dieser Stelle überwachen, die Auskunft entgegennehmen und dem betroffenen Vorgang zuordnen muss."

Mit den Änderungen durch das EuKoPfVODG ist beabsichtigt, die Gebührenhöhe nun nach dem Aufwand zu staffeln, der für den Gerichtsvollzieher mit der Datenerhebung regelmäßig verbunden ist. Für den Fall, dass der Gerichtsvollzieher die Daten mittels eines von ihm selbst durchzuführenden elektronischen Abrufs aus einem Register erhebt, hatte der Gesetzgeber bisher keine Gebühr vorgesehen. Nunmehr wird vorgeschlagen, dem Gerichtsvollzieher in den in den §§ 755, 802 l ZPO genannten Fällen auch dann eine Gebühr zuzubilligen, wenn die **Datenerhebung im Online-Abrufverfahren** erfolgt. Wegen des im Vergleich zum oben beschriebenen Auskunftsverfahren deutlich niedrigeren Aufwands soll die Gebühr für den Online-Abruf jedoch nur 5,00 € betragen. – Seitens der Praxis der Gerichtsvollzieher wird allerdings bezweifelt, dass bei einer Datenerhebung im Abrufverfahren einschließlich der Information des Gläubigers ein niedriger Aufwand entsteht.

c) Zu Nr. 442 KV GvKostG-E. Die geplante neue Nr. 442 KV GvKostG-E beruht unmittelbar auf dem   **17** ebenfalls durch das EuKoPfVODG eingeführten neuen § 802 l Abs. 4 ZPO-E (zum Wortlaut der Neuregelung → Rn 9 a). § 802 l Abs. 4 ZPO-E ermöglicht es dem Gerichtsvollzieher, Daten, die er innerhalb der letzten drei Monate erhoben hat, unter bestimmten Voraussetzungen auch einem weiteren Gläubiger zu übermitteln. Da es sich nicht um die „Erhebung von Daten" handelt, erhält der Gerichtsvollzieher hierfür keine Gebühr nach Nr. 440 oder Nr. 441 KV GvKostG-E. Für seinen Aufwand – insb. für die Vorhaltung der Daten und die Prüfung, ob die Voraussetzungen für eine Datenweitergabe vorliegen – soll der Gerichtsvollzieher eine Gebühr nach Nr. 442 KV GvKostG-E erhalten.[22] Die Gebührenhöhe von 5,00 € entspricht der Höhe der Gebühr für Online-Abrufe (→ Rn 16) und soll nach Ansicht des Gesetzgebers angemessen sein.[23]

In Nr. 442 KV GvKostG-E ist ausschließlich § 802 l Abs. 4 ZPO-E genannt, obwohl auch § 755 Abs. 3   **18** ZPO-E nach dem EuKoPfVODG[24] (zum Wortlaut der Neuregelung → Rn 4 a) die weitere Nutzung bereits erhobener Daten vorsieht. Für die weitere Nutzung von Daten nach § 755 Abs. 3 ZPO-E fallen damit keine Gebühren an. Die gesetzgeberischen Gründe, die im Fall der Übermittlung der Daten nach § 802 l Abs. 4 ZPO-E für eine Gebühr angeführt werden (Aufwand für die Prüfung, ob die Voraussetzungen für eine weitere Datennutzung vorliegen[25]), liegen auch im Fall des § 755 Abs. 3 ZPO-E vor. Zwar werden die Daten in diesem Fall nicht „übermittelt", sondern nur „genutzt". Ein zusätzlicher Aufwand des Gerichtsvollziehers ist jedoch erforderlich, so dass die Nichtberücksichtigung des § 755 Abs. 3 ZPO-E in Nr. 442 KV GvKostG-E erstaunt. Ob von der Möglichkeit des § 755 Abs. 3 ZPO-E in der Praxis Gebrauch gemacht wird, bleibt abzuwarten, insb. im Hinblick darauf, dass der Gerichtsvollzieher den Inhalt jeder einzelnen Erhebung nicht speichern muss und auch seine Befugnis, bei Vorliegen von Auskunftsdaten aus einem vor-

---

20 Geplante Änderungen durch Art. 12 Nr. 3 Buchst. b) des „Entwurfs eines Gesetzes zur Durchführung der Verordnung (EU) Nr. 655/2014 sowie zur Änderung sonstiger zivilprozessualer Vorschriften (EuKoPfVODG)", RegE, BT-Drucks 18/7560, S. 20. 21 Begr. RegE, BT-Drucks 18/7560, S. 51. 22 Begr. RegE, BT-Drucks 18/7560, S. 51. 23 Begr. RegE, BT-Drucks 18/7560, S. 51. 24 BT-Drucks 18/7560, S. 9. 25 Begr. RegE, BT-Drucks 18/7560, S. 51.

herigen Vollstreckungsverfahren neue Erhebungen nach § 755 Abs. 1 und 2 ZPO vorzunehmen, nicht eingeschränkt ist.[26]

Abschnitt 5
Zeitzuschlag

Nr.	Gebührentatbestand	Gebühr
500	Zeitzuschlag, sofern dieser bei der Gebühr vorgesehen ist, wenn die Erledigung der Amtshandlung nach dem Inhalt des Protokolls mehr als 3 Stunden in Anspruch nimmt, für jede weitere angefangene Stunde .... Maßgebend ist die Dauer der Amtshandlung vor Ort.	20,00 €

DB-GvKostG (Zu Nr. 500 KV) Nr. 15

(1) Bei der Berechnung des Zeitaufwandes für eine Amtshandlung ist auch die Zeit für die Aufnahme des Protokolls, für die Zuziehung von weiteren Personen oder für die Herbeiholung polizeilicher Unterstützung mit einzurechnen. Dagegen darf weder die Zeit für Hin- und Rückweg noch die Zeit, die vor der Amtshandlung zur Herbeischaffung von Transportmitteln verwendet worden ist, in die Dauer der Amtshandlung eingerechnet werden (vgl. auch Nr. 12 Abs. 2 und 3).

(2) Bei der Wegnahme von Personen oder beweglichen Sachen rechnet die für die Übergabe erforderliche Zeit mit. Nr. 12 Abs. 2 und 3 gilt entsprechend.

1   Ein **Zeitzuschlag** entsteht nur dann, wenn die längere Zeitdauer bei Gebührentatbeständen, die einen Zeitzuschlag vorsehen, anfallen. Voraussetzung ist, dass die Amtstätigkeit des Gerichtsvollziehers **mehr als drei Stunden** dauert. Weitere Voraussetzung ist, dass sich die Zeitdauer aus dem **Protokoll** ergibt. Der Zeitzuschlag kann angesetzt werden, wenn er bei einer **Gebühr** vorgesehen ist. Er kann also im Rahmen eines Auftrags durchaus mehrfach anfallen. Der Zeitzuschlag ist keine „eigene" Gebühr, sondern ein Zuschlag auf die Gebühren, bei denen er vorgesehen ist.[1] Ein Zeitzuschlag entsteht **nicht** bei **nicht erledigten Amtshandlungen** des Abschnitts 6.

Abschnitt 6
Nicht erledigte Amtshandlung

Nr.	Gebührentatbestand	Gebühr
	Vorbemerkung 6: Gebühren nach diesem Abschnitt werden erhoben, wenn eine Amtshandlung, mit deren Erledigung der Gerichtsvollzieher beauftragt worden ist, aus Rechtsgründen oder infolge von Umständen, die weder in der Person des Gerichtsvollziehers liegen noch von seiner Entschließung abhängig sind, nicht erledigt wird. Dies gilt insbesondere auch, wenn nach dem Inhalt des Protokolls pfändbare Gegenstände nicht vorhanden sind oder die Pfändung nach § 803 Abs. 2, §§ 812, 851 b Abs. 4 Satz 3 ZPO zu unterbleiben hat. Eine Gebühr wird nicht erhoben, wenn der Auftrag an einen anderen Gerichtsvollzieher abgegeben wird oder hätte abgegeben werden können.	
	Nicht erledigte	
600	– Zustellung (Nummern 100 und 101)	3,00 €
601	– Wegnahme einer Person (Nummer 230)	26,00 €
602	– Entsetzung aus dem Besitz (Nummer 240), Wegnahme ausländischer Schiffe (Nummer 242) oder Übergabe an den Verwalter (Nummer 243)	32,00 €
603	– Beurkundung eines Leistungsangebots (Nummer 411)	6,00 €

26 Begr. RegE, BT-Drucks 18/7560, S. 36.   **1** Schröder-Kay/*Winter*, Nr. 500 KV GvKostG Rn 5; *Winterstein/Richter/Zuhn*, GvKostR, Nr. 500 KV GvKostG Rn 1.

Nr.	Gebührentatbestand	Gebühr
604	– Amtshandlung der in den Nummern 205 bis 221, 250 bis 301, 310, 400, 410 und 420 genannten Art	15,00 €
	Die Gebühr für die nicht abgenommene Vermögensauskunft wird nicht erhoben, wenn diese deshalb nicht abgenommen wird, weil der Schuldner sie innerhalb der letzten zwei Jahre bereits abgegeben hat (§ 802 d Abs. 1 Satz 1 ZPO).	

I. Nicht erledigte Amtshandlungen (Vorbem. 6)

In Abschnitt 6 des Kostenverzeichnisses werden alle Gebührentatbestände zusammengefasst, die eine **nicht** **1** **erledigte Amtshandlung** betreffen. Hierunter fallen die Gebühren, die zu erheben sind, wenn ein Auftrag vor seiner Durchführung zurückgenommen wurde oder wenn die Amtshandlung aus Rechtsgründen oder infolge von Umständen, die weder in der Person des Gerichtsvollziehers liegen noch von seiner Entschließung abhängig sind, nicht erledigt wurde (**Vorbem. 6 S. 1**). In all diesen Fällen hat der Gerichtsvollzieher idR bereits einen Aufwand erbracht oder noch zu erbringen (zB Rücksendung der Vollstreckungsunterlagen). Dies rechtfertigt grds. den Ansatz einer Gebühr. Die insoweit früher maßgebende Regelung des § 851 Abs. 2 S. 2 ZPO findet sich ohne inhaltliche Änderung in § 851 Abs. 4 S. 3 ZPO. Bei der durch das Gesetz zur Reform der Sachaufklärung in der Zwangsvollstreckung erfolgten Änderung handelt es sich daher lediglich um eine Folgeänderung.

Ausgenommen wird der Fall, dass der Gerichtsvollzieher örtlich nicht zuständig ist und deshalb den Auf- **2** trag an den zuständigen Gerichtsvollzieher weiterleitet (**Vorbem. 6 S. 3**). Dies entspricht dem auch im GKG geltenden Grundsatz, dass bei der Verweisung an das zuständige Gericht die Gebühren nicht doppelt anfallen. Schon die **Möglichkeit der Abgabe** schließt das Entstehen der Gebühr aus.

Ist ein Schuldner **unbekannt verzogen**, können die Gebühren des Abschnitts 6 erhoben werden. Es kann al- **3** so insoweit nicht von einer Unzuständigkeit iSd Vorbem. 6 S. 3 ausgegangen werden. Ermittelt der Gläubiger in einem derartigen Fall eine neue Anschrift und beauftragt den Gerichtsvollzieher (denselben oder auch einen anderen Gerichtsvollzieher desselben Amtsgerichtsbezirks), liegt ein **neuer Auftrag** vor, weil es sich nicht um die Fortsetzung eines Auftrags handelt, wenn die Anschrift des Schuldners unzutreffend und die zutreffende nicht bekannt ist und der Auftrag deshalb zurückgegeben wird (Nr. 2 Abs. 1 S. 3 DB-GvKostG).

II. Nicht erledigte Zustellung (Nr. 600 KV GvKostG); speziell: Nicht erledigte Zustellung der Ladung zur Abnahme der Vermögensauskunft; nicht erledigte Zustellung des Pfändungs- und Überweisungsbeschlusses

Es stellt sich die Frage, ob für die **4**

- nicht erledigte **Zustellung der Ladung** zum Termin zur Abnahme der Vermögensauskunft (§ 802 f ZPO) oder
- nicht erledigte **Zustellung des Pfändungs- und Überweisungsbeschlusses** an den Schuldner (§ 829 Abs. 2 S. 2, auch iVm § 835 Abs. 3 S. 1 ZPO)

eine Gebühr nach Abschnitt 6 des Kostenverzeichnisses erhoben werden kann.

Es wird zT davon ausgegangen, dass es sich bei diesen Zustellungen um **Amtszustellungen** handelt.[1] Dies **5** soll auch im Rahmen der Sachaufklärung noch gelten, da die Ausnahmeregelung in der Vorbem. 1 Abs. 2 KV GvKostG auch für die Ladung zum Termin zur Abnahme der Vermögensauskunft (§ 802 f ZPO) gilt.[2] Der Anfall einer Gebühr nach Abschnitt 6 KV GvKostG bei Nichterledigung wird bei Amtszustellungen zT bezweifelt. Dies wird damit begründet, dass eine Gebühr nach Nr. 600 KV GvKostG nicht entstehen kann, wenn eine **gebührenpflichtige Zustellung von Amts wegen** nicht erledigt wird.[3] Es wird davon ausgegangen, dass Gebühren nach Abschnitt 6 KV GvKostG nur anfallen können, wenn es sich um eine Parteizustellung handelt, weil nur in diesem Fall der Gerichtsvollzieher mit der Zustellung „beauftragt" ist. Wird jedoch die Ansicht vertreten, dass es sich um eine Parteizustellung handelt,[4] stellt sich die Streitfrage nicht.

Die zur Amtszustellung vertretene Auffassung überzeugt nicht. Eine Gebühr Nr. 600 KV GvKostG entsteht **6** für eine „Nicht erledigte Zustellung (Nummern 100 und 101)". Dies bedeutet, dass immer dann, wenn die Möglichkeit des Anfalls einer Gebühr Nr. 100 bzw. Nr. 101 KV GvKostG besteht, gegebenenfalls (!) auch eine Gebühr Nr. 600 KV GvKostG anfallen kann. Der Gesetzgeber verweist nicht auf die Nichterledigung von Parteizustellungen, sondern ausdrücklich auf Nr. 100 bzw 101 KV GvKostG. Hätte der Gesetzgeber

---

1 *Tenner*, DGVZ 2015, 31; *Otto*, JurBüro 2001, 70; *Kessel*, DGVZ 2004, 51. **2** BT-Drucks 16/10069, S. 15, 48. **3** *Winterstein/Richter/Zuhn*, GvKostR, Nr. 100–102 KV GvKostG Rn 5. **4** *Tenner*, DGVZ 2015, 32.

bestimmte Zustellungsfälle hinsichtlich der Gebühr für die Nichterledigung ausschließen wollen, hätte dies konkret zum Ausdruck gebracht werden müssen, wie dies zB auch für die nicht erledigte Vorpfändung geschehen ist, die im Rahmen der Änderung des GvKostG[5] aus dem Katalog der Fälle, die eine Nichterledigungsgebühr auslösen, herausgenommen wurde.[6] Anhaltspunkte dafür, dass die – gebührenauslösenden – Zustellungen der Ladung zum Termin zur Abnahme der Vermögensauskunft oder des Pfändungs- und Überweisungsbeschluss an den Schuldner im Falle einer Nichterledigung kostenrechtlich anders behandelt werden sollten als die übrigen Zustellungen, ergeben sich nicht.[7] Es ist auch nicht zu begründen, dass zB eine versuchte persönliche Zustellung der Ladung zum Termin zur Abnahme der eidesstattlichen Versicherung oder eine versuchte persönliche Zustellung des Pfändungs- und Überweisungsbeschlusses an den Schuldner, die nicht erledigt werden können, weil der Schuldner zB unbekannt verzogen, verstorben oder nicht zu ermitteln ist, keine Gebühr auslösen sollten, da dem Gerichtsvollzieher auch in diesen Fällen ein tatsächlicher Aufwand entstanden ist (zB Vorbereitung der Ladung oder der zuzustellenden Schriftstücke), der durch die Gebühren abgegolten wird.

III. Bestimmte nicht erledigte Amtshandlungen (Nr. 604 KV GvKostG)

7   1. Nicht abgenommene Vermögensauskunft (Anm. zu Nr. 604 KV GvKostG). Einen Ausnahmefall zur Nichterledigung einer Amtshandlung und einer damit verbundenen Gebühr für die Nichterledigung normiert die **Anmerkung** zu Nr. 604 KV GvKostG. Danach wird die Gebühr für die **nicht abgenommene Vermögensauskunft** nicht erhoben, wenn diese deshalb nicht abgenommen wird, weil der Schuldner sie innerhalb der letzten zwei Jahre bereits abgegeben hat (§ 802 d Abs. 1 S. 1 ZPO). Dabei ist es ohne Belang, ob der Gerichtsvollzieher dies nach § 135 GVGA feststellt oder ob ihm dies bekannt ist, da sich die Anmerkung zu Nr. 604 KV GvKostG ausdrücklich auf die „Abgabe" der Vermögensauskunft bezieht.[8]

8   2. Nicht erledigter Versuch der gütlichen Erledigung. Von der Aufzählung der KV-Nummern im Gebührentatbestand Nr. 604 KV GvKostG (u.a. „Nummern 205 bis 221") wird auch die Nr. 207 KV GvKostG umfasst, die dann ggf in derselben Höhe anfällt wie die Gebühr Nr. 207 KV GvKostG selbst. Es sind jedoch auch Fallgestaltungen denkbar, in denen die Gebühr Nr. 604 KV GvKostG (zu Nr. 207 KV GvKostG) anfällt, wenn der Auftrag zwar bei dem Gerichtsvollzieher eingegangen und damit erteilt ist (§ 3 Abs. 3 S. 1), es aber **nicht zu einem Versuch der gütlichen Einigung kommt** (Rücknahme nach Eingang vor Versuch). Auch in diesem Fall sind die Voraussetzungen erfüllt, mit denen der Gesetzgeber die Gebühr Nr. 604 KV GvKostG begründet hat, nämlich dass die Amtshandlung aus Rechtsgründen oder infolge von Umständen, die weder in der Person des Gerichtsvollziehers liegen noch von seiner Entschließung abhängig sind, **nicht erledigt** wurde. In diesen Fällen hat der Gerichtsvollzieher idR bereits einen Aufwand erbracht oder hat ihn noch zu erbringen (zB Rücksendung des Titels).

8a   In der Praxis diskutiert wird der Fall, dass der Gerichtsvollzieher bei einem isolierten Auftrag zur gütlichen Erledigung (§ 802 a Abs. 2 S. 1 Nr. 1 ZPO) feststellt, dass der Schuldner **verstorben** oder **unbekannt verzogen** ist oder er einen **Rückbrief** mit entsprechenden Angaben enthält. Dazu wird vertreten, dass der Versuch einer gütlichen Erledigung mangels Kontakt mit dem Schuldner gar nicht erfolgen konnte, mit der Folge, dass lediglich die Gebühr Nr. 604 (207) KV GvKostG angesetzt werden kann. Es wird aber auch vertreten, dass der Versuch der gütlichen Erledigung gescheitert ist, wenn eine **Kontaktaufnahme zum Schuldner erfolglos** geblieben ist, der Schuldner freiwillige Zahlungen verweigert oder sich hierzu nicht in der Lage sieht.[9] Dies würde bedeuten, dass das versuchte Aufsuchen des Schuldners bereits im Rahmen des „Versuchs der gütlichen Erledigung" erfolgt, so dass die Gebühr Nr. 207 KV GvKostG anzusetzen wäre. Die zuletzt dargestellte Ansicht erscheint jedoch bedenklich, da es zur Erfüllung des Gebührentatbestands des „Versuchs" konkreter Handlungen bedarf (zB Schreiben, Telefonat, Gespräch mit Schuldner). Ein vergeblicher Versuch der Kontaktaufnahme stellt daher eher einen „nicht erledigten Versuch" dar (Nr. 604/207 KV GvKostG) dar.

9   3. Nicht erledigte Vorpfändungsbenachrichtigung. Keine Gebühr nach Abschnitt 6 entsteht, wenn ein Auftrag zur Herstellung einer Vorpfändungsbenachrichtigung nicht erledigt wird, denn Nr. 200 KV GvKostG (Amtshandlung nach § 845 Abs. 1 S. 2 ZPO) ist in Nr. 604 KV GvKostG nicht genannt.

10   4. Nicht erledigtes Nachbesserungsverfahren zur Vermögensauskunft. Keine Gebühr Nr. 604 KV GvKostG entsteht für ein nicht erledigtes Nachbesserungsverfahren zur Vermögensauskunft. Das Nachbesserungsverfahren ist Teil des alten Auftrags und setzt das ursprüngliche Verfahren zur Abnahme der Vermögensaus-

5 Durch Art. 19 Nr. 3 Buchst. f) des Gesetzes zur Änderung des Rechts der Vertretung durch Rechtsanwälte vor den Oberlandesgerichten (OLG-Vertretungsänderungsgesetz – OLGVertrÄndG) v. 23.7.2002; in Kraft getreten am 1.8.2002.   **6** Nr. 604 KV GvKostG nennt die Vorpfändungsbenachrichtigung (Nr. 200 KV GvKostG) nicht.   **7** AG Wuppertal DGVZ 2007, 174.   **8** AG Magdeburg DGVZ 2002, 79.   **9** *Mroß*, AnwBl 2013, 16.

kunft fort.[10] Es wird nicht zwischen begründetem und unbegründetem Nachbesserungsverfahren unterschieden. Wenn aber der Nachbesserungsantrag keinen neuen Auftrag darstellt, kann auch im Falle der Abweisung eines unberechtigten Nachbesserungsantrags keine Gebühr Nr. 604 KV GvKostG anfallen, denn die Abweisung des Antrags erfolgt im Rahmen des – gebührenfreien – Nachbesserungsverfahrens. Weist der Gerichtsvollzieher einen Antrag des Gläubigers auf Nachbesserung einer Vermögensauskunft als unbegründet zurück, so entsteht hierdurch kein neuer Gebührentatbestand; ein solcher kann insb. nicht auf Nr. 604 KV GvKostG (Nichterledigung aus Rechtsgründen) gestützt werden.[11] Eine Gebühr Nr. 604 KV GvKostG für die Ablehnung des (unbegründeten) Antrags beim Gerichtsvollzieher wird vereinzelt damit begründet, dass dieser unbegründete Antrag zusätzliche Arbeit und Auslagen verursacht.[12] Dies kann für sich alleine jedoch noch keinen Gebührenansatz begründen. Auch durch einen zu Unrecht gestellten Nachbesserungsantrag wird kein neuer Gebührentatbestand geschaffen. In Nr. 604 KV GvKostG ist das Nachbesserungsverfahren in den dort aufgezählten Amtshandlungen nicht enthalten.[13] Für das Nachbesserungsverfahren – mit welchem Ausgang auch immer – ist eine Gebühr nicht vorgesehen. Daher kann auch für das unbegründete Nachbesserungsverfahren eine Gebühr Nr. 604 KV GvKostG nicht erhoben werden.[14]

5. Nicht erledigter Ermittlungsauftrag nach §§ 755, 802 l ZPO. Eine Nichterledigungsgebühr zu Nr. 440   11
KV GvKostG ist nicht vorgesehen. Wird also ein Ermittlungsauftrag (§§ 755, 802 l ZPO) nicht erledigt, entsteht keine Gebühr. Wurde unzulässigerweise ein Auftrag nach § 755 ZPO ohne Vollstreckungsauftrag erteilt,[15] ist bei Zurückweisung des Auftrags aber die Mindestauslagenpauschale (Nr. 716 KV GvKostG) in Ansatz zu bringen.

Abschnitt 7
Auslagen

Nr.	Auslagentatbestand	Höhe
700	Pauschale für die Herstellung und Überlassung von Dokumenten: 1. Kopien und Ausdrucke, a) die auf Antrag angefertigt oder per Telefax übermittelt werden, b) die angefertigt werden, weil der Auftraggeber es unterlassen hat, die erforderliche Zahl von Mehrfertigungen beizufügen:	
	für die ersten 50 Seiten je Seite	0,50 €
	für jede weitere Seite	0,15 €
	für die ersten 50 Seiten in Farbe je Seite	1,00 €
	für jede weitere Seite in Farbe	0,30 €
	2. Überlassung von elektronisch gespeicherten Dateien oder deren Bereitstellung zum Abruf anstelle der in Nummer 1 genannten Kopien und Ausdrucke:	
	je Datei	1,50 €
	für die in einem Arbeitsgang überlassenen, bereitgestellten oder in einem Arbeitsgang auf denselben Datenträger übertragenen Dokumente insgesamt höchstens	5,00 €
	(1) Die Höhe der Dokumentenpauschale nach Nummer 1 ist bei Durchführung eines jeden Auftrags und für jeden Kostenschuldner nach § 13 Abs. 1 Nr. 1 GvKostG gesondert zu berechnen; Gesamtschuldner gelten als ein Schuldner.	

---

10 Noch zur eidesstattlichen Versicherung vgl BGH DGVZ 2008, 124. **11** LG Verden JurBüro 2003, 543. **12** AG Hamburg-Harburg DGVZ 2003, 126; AG Frankfurt DGVZ 2003, 13; AG Münster DGVZ 2004, 63; AG Lindau DGVZ 2004, 157; AG Gütersloh DGVZ 2004, 94. **13** *Winterstein*, DGVZ 2004, 119; *Seip*, DGVZ 2001, 70; *Winterstein/Richter/Zuhn*, GvKostR, § 7 Rn 1. **14** LG Verden JurBüro 2003, 544; AG Bremen JurBüro 2002, 432; LG Frankfurt/Oder JurBüro 2004, 216; AG Ahlfeld JurBüro 2003, 39; AG Öhringen JurBüro 2003, 105; AG Bremen JurBüro 2004, 159; AG Berlin-Tiergarten DGVZ 2002, 77; AG Unna NJW-RR 2004, 1727; AG Bottrop DGVZ 2004, 94; AG Cloppenburg JurBüro 2005, 607; AG Hannover DGVZ 2006, 142; LG Dresden JurBüro 2005, 609; AG Bremen JurBüro 2005, 608; AG Syke JurBüro 2006, 495; AG Darmstadt JurBüro 2006, 331; AG Rahden JurBüro 2006, 269; AG Saarbrücken JurBüro 2006, 496; *Winterstein*, DGVZ 2004, 119; Schröder-Kay/*Winter*, Nr. 260 KV GvKostG Rn 54–56; *Hartmann*, KostG, Nr. 260 KVGv Rn 4; *Drumann*, JurBüro 2003, 544; *Sturm*, JurBüro 2004, 62. **15** BGH DGVZ 2014, 257; LG Heidelberg DGVZ 2014, 93; AG Wiesloch DGVZ 2014, 20; AG Leipzig DGVZ 2013, 245.

Nr.	Auslagentatbestand	Höhe
	(2) Werden zum Zweck der Überlassung von elektronisch gespeicherten Dateien Dokumente zuvor auf Antrag von der Papierform in die elektronische Form übertragen, beträgt die Dokumentenpauschale nach Nummer 2 nicht weniger, als die Dokumentenpauschale im Fall der Nummer 1 betragen würde. (3) § 191 a Abs. 1 *Satz 2* GVG bleibt unberührt.[1] (4) Eine Dokumentenpauschale für die erste Kopie oder den ersten Ausdruck des Vermögensverzeichnisses und der Niederschrift über die Abgabe der Vermögensauskunft wird von demjenigen Kostenschuldner nicht erhoben, von dem die Gebühr 260 oder 261 zu erheben ist. Entsprechendes gilt, wenn anstelle der in Satz 1 genannten Kopien oder Ausdrucke elektronisch gespeicherte Dateien überlassen werden (§ 802 d Abs. 2 ZPO).	

I. Allgemeines

1   Eine Dokumentenpauschale nach Nr. 700 Nr. 1 KV GvKostG wird nur für die Fertigung von „Kopien" und „Ausdrucken" erhoben. Durch den Begriff „**Ausdrucke**" neben den der Kopien wird klargestellt, dass nicht nur Kopien, sondern auch weitere Ausdrucke, die der Gerichtsvollzieher herstellt, dokumentenpauschalenpflichtig sind.[2] Da zwischenzeitlich auch die Überlassung von Dokumenten in elektronischer Form, insb. per E-Mail, von der Regelung umfasst wird (s. Nr. 700 Nr. 2 KV GvKostG), wurde der frühere Begriff „Schreibauslagen" durch den Begriff „**Dokumentenpauschale**" ersetzt.

2   Für ein **Ermessen** des Gerichtsvollziehers bei der Erhebung der Dokumentenpauschale ist **kein Raum**.[3] Der Gerichtsvollzieher kann damit nur in den in Nr. 700 KV GvKostG genannten Fällen Dokumentenpauschalen ansetzen.

II. Dokumentenpauschale nach Nr. 700 Nr. 1 KV GvKostG

3   Der früher verwendete Begriff „Ablichtung" wurde im Zuge des 2. KostRMoG durch „Kopie" ersetzt. Grund für die Begriffsänderung ist – neben der Einführung einer heute gebräuchlicheren Bezeichnung – die Vermeidung von Missverständnissen bei der Erstellung von elektronischen Dokumenten (Scans). Da nämlich auch beim Scannen idR das Papierdokument „abgelichtet" wird, wird zT unter dem Begriff „Ablichtung" auch ein eingescanntes Dokument verstanden. Durch den Begriff der Kopie soll klargestellt werden, dass es sich bei Scans nicht um Kopien iSd GvKostG handelt. **Kopie iSd Kostenrechts** ist die Reproduktion einer Vorlage auf einem körperlichen Gegenstand, zB Papier, Karton oder Folie.[4]

4   Unterschieden wird zwischen **Schwarz-Weiß-Kopien** und -Ausdrucken und Kopien und Ausdrucken **in Farbe**. Der Gerichtsvollzieher ist befugt, sich im Rahmen der vereinfachten Räumung (§ 885 a Abs. 2 ZPO) zum Zwecke der Dokumentation der vorgefundenen beweglichen Habe des Schuldners elektronischer Bildaufzeichnungsmittel zu bedienen (§ 885 a Abs. 2 S. 2 ZPO). Das Protokoll über eine Räumung kann (§ 762 ZPO) daher Lichtbilder enthalten, die als Farbausdruck wiederzugeben sind.[5] Ebenso werden häufig bei der Zustellung einstweiliger Verfügungen Kopien von farbigen Anlagen notwendig. Für Farbkopien sind die doppelten Sätze der Schwarz-Weiß-Kopien vorgesehen.

5   Entsprechend der Regelung bei der früheren eidesstattlichen Versicherung wird auch weiterhin neben der Gebühr für die **Abnahme der Vermögensauskunft** (Nr. 260 KV GvKostG) eine Dokumentenpauschale nicht erhoben. Dies ergibt sich aus **Anm. Abs. 4 S. 1** zu Nr. 700 KV GvKostG. Es entsteht also auch dann keine Dokumentenpauschale, wenn einem Drittgläubiger durch den Gerichtsvollzieher eine Abschrift einer bereits abgenommenen Vermögensauskunft erteilt wird (§ 802 d Abs. 1 S. 2, Abs. 2 ZPO). Es kann auch dann keine Dokumentenpauschale erhoben werden, wenn anstelle der in Nr. 700 Nr. 1 KV GvKostG genannten Kopien oder Ausdrucke elektronisch gespeicherte Dateien überlassen werden (§ 802 d Abs. 2 ZPO), wie **Anm. Abs. 4 S. 2** zu Nr. 700 KV GvKostG ausdrücklich bestimmt.

6   Dem (**verhafteten**) **Schuldner** ist auf Verlangen nach Erstellung einer Vermögensauskunft als elektronisches Dokument ein **Ausdruck** zu erteilen (§ 802 i Abs. 2 S. 2 iVm § 802 f Abs. 5 S. 3 ZPO). Auch dieser Ausdruck ist nach **Anm. Abs. 4 S. 1** zu Nr. 700 KV GvKostG frei von einer Dokumentenpauschale. Es handelt

---

1 *Kursive Hervorhebung:* Die Angabe „Satz 2" soll durch die Angabe „Satz 5" ersetzt werden (s. Art. 12 Nr. 3 Buchst. c) des Eu-KoPfVODG (RegE, BT-Drucks. 18/7560, S. 21). Geplantes Inkrafttreten dieser Änderung: am Tag nach der Verkündung. – Gesetzesbegründung: Anpassung der Verweisung auf § 191 a Abs. 1 GVG, der durch Art. 19 des Gesetzes zur Förderung des elektronischen Rechtsverkehrs mit den Gerichten v. 10.10.2013 (BGBl. I 3786, 3796) neugefasst worden ist (BT-Drucks. 18/7560, S. 51). **2** *Winterstein/Richter/Zuhn,* GvKostR, Nr. 700 KV GvKostG Rn 2. **3** BVerwG NJW 1983, 896. **4** BT-Drucks 17/11471 (neu), S. 156, 257. **5** BT-Drucks 17/10485, S. 35.

sich um die „**erste Abschrift**" der abgegebenen Vermögensauskunft für den Schuldner, der auch nach § 13 Abs. 1 S. 1 Nr. 2 und 3 auch als Vollstreckungsschuldner/Verpflichteter auch für die Gebühr Nr. 260 KV GvKostG haftet. Nach der Formulierung in Nr. 700 KV GvKostG ist der Begriff „erste Abschrift" auf den **jeweiligen** Kostenschuldner (also Gläubiger *und* Schuldner) bezogen.[6] Es lässt sich dem Wortlaut von Nr. 700 Abs. 3 KV GvKostG gerade nicht entnehmen, dass die Dokumentenpauschale nur von demjenigen Kostenschuldner nicht erhoben wird, von dem die Kosten letztlich beglichen werden, sondern von demjenigen, von dem die Gebühr 260, 261 „zu erheben ist". Dies trifft jedoch auf Gläubiger und Schuldner gleichermaßen zu.[7] Dies entspricht auch dem Grundsatz in anderen Kostengesetzen, dass jeweils der erste Ausdruck einer Niederschrift über eine Sitzung für jeden Beteiligten frei von der Dokumentenpauschale ist. Eine andere Ansicht geht davon aus, dass es sich um eine **weitere (kostenpflichtige) Abschrift** handelt, für die der Gläubiger als Auftraggeber gegenüber dem Gerichtsvollzieher haftet.[8]

Soweit **keine Protokollabschrift beantragt** ist, kann eine Dokumentenpauschale für eine Information des **7** Gläubigers über die vorgenommenen Ermittlungen nach dem Aufenthaltsort des Schuldners (§ 755 ZPO) und Fremdauskünfte (§ 802 l Abs. 1 ZPO) nicht erhoben werden, da der Gläubiger über den Ausgang des Auftrags zu unterrichten ist (§ 34 GVGA). Eine solche Benachrichtigung ist Teil der Pflichten, die der Gerichtsvollzieher von Amts wegen zu erfüllen hat.[9]

Über das Ergebnis einer Erhebung oder eines Ersuchens über Auskünfte nach § 802 l Abs. 1 ZPO setzt der **8** Gerichtsvollzieher den Gläubiger unter Beachtung des § 802 l Abs. 2 ZPO unverzüglich und den Schuldner innerhalb von vier Wochen nach Erhalt in Kenntnis. Erfolgt diese Unterrichtung durch Kopien der eingeholten Auskünfte, kann für die Abschriften der Auskünfte eine Dokumentenpauschale nicht erhoben werden. Eine Dokumentenpauschale entsteht nur noch für Abschriften, die auf Antrag angefertigt oder per Telefax übermittelt werden, und für Abschriften, die angefertigt worden sind, weil der Auftraggeber es unterlassen hat, einem Schriftstück die erforderliche Zahl von Abschriften beizufügen. Für ein Ermessen des Gerichtsvollziehers bei der Erhebung von Dokumentenpauschalen ist kein Raum. Die abschließende gesetzliche Regelung der Nr. 700 KV GvKostG lässt für ein Ermessen keinen Spielraum.[10] Bereits in der Begründung zur Einführung des GvKostG ist dazu ausgeführt, dass sonstiger Aufwand des Gerichtsvollziehers grds. zu den Gemeinkosten gehört, die durch die Gebühren abgegolten werden. Dies gilt insb. für Abschriften, die von Amts wegen angefertigt oder per Telefax übermittelt werden.[11] Aus der Formulierung „insbesondere" ergibt sich, dass die Aufzählung in der gesetzlichen Begründung nicht abschließend ist. Außerdem wird klargestellt, dass alle Abschriften, die „**von Amts wegen**" angefertigt werden, keine Dokumentenpauschale auslösen. Die Einholung von Auskünften nach § 802 l ZPO ist – wie sich aus der Aufstellung der möglichen Vollstreckungsmaßnahmen in § 802 a Abs. 2 S. 1 Nr. 3 ZPO ausdrücklich ergibt – eine Vollstreckungsmaßnahme. Die Unterrichtung des Gläubigers und des Schuldners über den Ausgang dieser Vollstreckung ist eine Amtspflicht des Gerichtsvollziehers (§§ 1 S. 4, 34 S. 1 GVGA).[12] Beim Schuldner ist auch zu berücksichtigen, dass die Einholung von Auskünften zunächst ohne seine Information erfolgt.

Dokumentenpauschalen fallen insb. auch dann nicht an, wenn die ermittelten Informationen nicht in einem **9** besonderen Schreiben, sondern durch eine **Protokollabschrift** mitgeteilt werden.

Eine Dokumentenpauschale kann allerdings erhoben werden, wenn Kopien angefertigt worden sind, weil **10** der Auftraggeber es unterlassen hat, die **erforderliche Zahl von Mehrfertigungen** beizufügen (**Nr. 700 Nr. 1 Buchst. b KV GvKostG**). Damit können zB fehlende Abschriften von Antrag und Forderungsaufstellung, die der Ladung zur Abnahme der Vermögensauskunft beizufügen sind (§ 136 Abs. 1 GVGA), unter Ansatz der Dokumentenpauschale gefertigt werden. Der Gerichtsvollzieher darf die Vollstreckung nicht einstellen, jedoch auf Kosten des Gläubigers die Abschriften selbst fertigen.[13]

III. Überlassung von elektronisch gespeicherten Dateien (Nr. 700 Nr. 2 KV GvKostG)

Übermittelt der Gerichtsvollzieher **elektronisch gespeicherte Dateien** anstelle von Ausdrucken und Kopien, **11** kann eine pauschale Auslage von 1,50 € je Datei erhoben werden (**Nr. 700 Nr. 2 KV GvKostG**). Diese Auslagenhöhe wurde im Zuge des 2. KostRMoG gegenüber der früheren Fassung des GvKostG (2,50 €) gesenkt. Auf diese Weise soll ein Anreiz geschaffen werden, verstärkt von der Möglichkeit Gebrauch zu machen, die elektronische Versendung von Dokumenten zu beantragen. Der Betrag entspricht demjenigen für den elektronischen Abruf von Dokumenten, die zu einem Register eingereicht worden sind.

6 Vgl *Volpert*, Neuerungen im Kostenrecht durch das Gesetz zur Reform der Sachaufklärung in der Zwangsvollstreckung, in: Seibel u.a., Zwangsvollstreckungsrecht aktuell, 2. Aufl. 2013, § 2 Rn 58 ff. **7** AG Mönchengladbach-Rheydt 26.6.2013 – 32 M 1380/13. **8** LG Mönchengladbach DGVZ 2014, 23. **9** BGH DGVZ 2004, 61. **10** BVerwG 29.4.1982 – 2 C 33/80, NJW 1983, 896; Schröder-Kay/*Winter*, Nr. 700 KV GvKostG Rn 5. **11** Drucks. 14/3432, S. 33. **12** BGH DGVZ 2004, 61. **13** BGH DGVZ 2012, 46.

12   Werden **mehrere** elektronisch gespeicherte Dokumente übermittelt, besteht für die elektronische Überlassung eine Höchstgrenze von 5,00 €, wenn Dokumente in einem Arbeitsgang überlassen oder auf einem Datenträger gespeichert werden. Dieser Betrag entspricht dem Betrag, der derzeit als Auslage für die elektronische Übermittlung einer elektronisch geführten Akte in der streitigen Gerichtsbarkeit und vom Familiengericht erhoben wird.[14]

13   Müssen zur Überlassung von elektronisch gespeicherten Dateien die Dokumente **zuvor** auf Antrag **von der Papierform in die elektronische Form übertragen** werden, gilt die besondere Regelung in **Anm. Abs. 2** zu Nr. 700 KV GvKostG. Diese Bestimmung betrifft die Fälle, in denen die Übermittlung als elektronische Datei ausdrücklich beantragt wird, das Dokument aber nur in Papierform vorliegt. In diesem Fall wird für das Einscannen mindestens der Betrag erhoben, der auch bei der Fertigung einer Kopie oder bei der Übermittlung per Fax angefallen wäre.[15]

Nr.	Auslagentatbestand	Höhe
701	Entgelte für Zustellungen mit Zustellungsurkunde	in voller Höhe

1   Die Fassung dieses Auslagentatbestands berücksichtigt, dass inzwischen neben der Deutschen Post AG weitere Unternehmen Zustellungen mit Zustellungsurkunde durchführen.

Nr.	Auslagentatbestand	Höhe
702	Auslagen für öffentliche Bekanntmachungen und Einstellung eines Ausgebots auf einer Versteigerungsplattform zur Versteigerung im Internet .... Auslagen werden nicht erhoben für die Bekanntmachung oder Einstellung in einem elektronischen Informations- und Kommunikationssystem, wenn das Entgelt nicht für den Einzelfall oder nicht für ein einzelnes Verfahren berechnet wird.	in voller Höhe

1   Neben den **Veröffentlichungskosten in Printmedien** regelt der Auslagentatbestand auch, dass Auslagen für die **Einstellung eines Ausgebots auf einer Versteigerungsplattform** dann nicht angesetzt werden können, wenn ein Entgelt nicht zu zahlen ist oder das Entgelt nicht für den Einzelfall oder ein einzelnes Verfahren berechnet wird (**Anm.**).[1]

2   Auslagentatbestand ist die **Einstellung eines Ausgebots**. Werden im Rahmen einer Verwertung mehrere Gegenstände **einzeln** ausgeboten, handelt es sich um mehrere Ausgebote, so dass Nr. 702 KV GvKostG mehrfach erhoben werden kann.

Nr.	Auslagentatbestand	Höhe
703	Nach dem JVEG an Zeugen, Sachverständige, Dolmetscher und Übersetzer zu zahlende Beträge .... (1) Die Beträge werden auch erhoben, wenn aus Gründen der Gegenseitigkeit, der Verwaltungsvereinfachung oder aus vergleichbaren Gründen keine Zahlungen zu leisten sind. (2) Auslagen für Gebärdensprachdolmetscher (§ 186 Abs. 1 GVG) und für Übersetzer, die zur Erfüllung der Rechte blinder oder sehbehinderter Personen herangezogen werden (§ 191 a Abs. 1 GVG), werden nicht erhoben.	in voller Höhe

1   Die Entschädigung bzw Vergütung von **Zeugen, Sachverständigen, Dolmetschern und Übersetzern** richtet sich auch bei der Heranziehung durch den Gerichtsvollzieher ausdrücklich nach dem JVEG (§ 1 Abs. 1 S. 1 Nr. 1 JVEG). Der Gerichtsvollzieher ist jedoch wie das Vollstreckungsgericht ein Vollstreckungsorgan, so dass es sachgerecht erscheint, die Vergütung bzw Entschädigung der von ihm herangezogenen Personen den gleichen Regelungen zu unterwerfen, wie sie für eine Heranziehung durch das Gericht gelten.

---

14 BT-Drucks 17/11471 (neu), S. 235.   **15** BT-Drucks 17/11471 (neu), S. 235.   **1** BT-Drucks 17/11471 (neu), S. 257 iVm S. 235.

Nr.	Auslagentatbestand	Höhe
704	An die zum Öffnen von Türen und Behältnissen sowie an die zur Durchsuchung von Schuldnern zugezogenen Personen zu zahlende Beträge	in voller Höhe

I. Öffnung von Türen und Behältnissen

Der Gerichtsvollzieher ist befugt, die Wohnung und die Behältnisse des Schuldners zu durchsuchen, soweit **1** der Zweck der Vollstreckung dies erfordert (§ 758 Abs. 1 ZPO, § 61 GVGA). Bei der Zwangsvollstreckung wahrt der Gerichtsvollzieher neben dem Interesse des Gläubigers auch das des Schuldners, soweit dies ohne Gefährdung des Erfolgs der Zwangsvollstreckung geschehen kann. Er vermeidet u.a. jede unnötige Schädigung des Schuldners (§ 58 Abs. 1 S. 1, 2 GVGA). Die Durchsuchung muss daher so **schonend und sachgerecht** wie möglich vorgenommen werden.

Der Gerichtsvollzieher ist befugt, die verschlossenen Haustüren, Zimmertüren und Behältnisse öffnen zu **2** lassen (§ 758 Abs. 2 ZPO). Er wird daher ggf fachkundige Personen (zB **Schlosser, Schlüsseldienste**) mit der Öffnung von Türen und Behältnissen beauftragen. Die Kosten, die die zugezogenen Personen gegenüber dem Gerichtsvollzieher geltend machen, können als Auslagen des Gerichtsvollziehers vom Kostenschuldner (§ 13 Abs. 1 Nr. 1–3, Abs. 2) wieder eingezogen werden. Da der Gerichtsvollzieher bedacht sein muss, dass nur die unbedingt notwendigen Kosten und Aufwendungen entstehen (§ 58 Abs. 1 S. 2 GVGA), können nur die **ortsüblichen Kosten** für die in Anspruch genommene Dienstleistung als Auslagen in Rechnung gestellt werden.[1]

II. Durchsuchung von Personen

Der Gerichtsvollzieher darf auch die Kleider und Taschen des Schuldners durchsuchen (§ 61 Abs. 10 S. 1 **3** GVGA). Die Durchsuchung einer weiblichen Person lässt der Gerichtsvollzieher durch eine zuverlässige weibliche Hilfsperson durchführen. Die Durchsuchung einer männlichen Person ist durch eine zuverlässige männliche Hilfskraft durchzuführen, wenn eine Gerichtsvollzieherin vollstreckt (§ 61 Abs. 10 S. 4, 5 GVGA). Für diese Tätigkeit kann der Gerichtsvollzieher den Hilfspersonen eine Vergütung zahlen, die als Auslagen des Gerichtsvollziehers dem Kostenschuldner (§ 13 Abs. 1 Nr. 1–3, Abs. 2) in Rechnung gestellt werden. Die Höhe der Vergütung ist nicht festgelegt. Sie liegt daher im Ermessen des Gerichtsvollziehers und soll nach den ortsüblichen Sätzen erfolgen.[2] Bei dem in etwa vergleichbaren Fall der Zuziehung von Dritten als Zeugen (§ 759 ZPO) wird auf die Bestimmungen des JVEG verwiesen (§ 62 Abs. 2 S. 5 GVGA), das auch bei der Zuziehung zur Durchsuchung Anwendung finden soll.[3] Ob jemand bereit ist, eine derartige Durchsuchung zu den Sätzen des JVEG vorzunehmen, insb. wenn kein Fall eines Verdienstausfalls vorliegt (derzeit 4,00 €/Std.), muss bezweifelt werden.

Nr.	Auslagentatbestand	Höhe
705	Kosten für die Umschreibung eines auf den Namen lautenden Wertpapiers oder für die Wiederinkurssetzung eines Inhaberpapiers	in voller Höhe

Lautet ein Wertpapier auf Namen, so kann der Gerichtsvollzieher durch das Vollstreckungsgericht ermäch- **1** tigt werden, die Umschreibung auf den Namen des Käufers zu erwirken und die hierzu erforderlichen Erklärungen an Stelle des Schuldners abzugeben (§§ 821, 822 ZPO, § 105 GVGA). Ebenso so kann der Gerichtsvollzieher durch das Vollstreckungsgericht ermächtigt werden, die Wiederinkurssetzung zu erwirken und die hierzu erforderlichen Erklärungen an Stelle des Schuldners abzugeben, wenn ein Inhaberpapier durch Einschreibung auf den Namen oder in anderer Weise außer Kurs gesetzt ist (§§ 821, 823 ZPO, § 105 GVGA). Gebühren entstehen für die Tätigkeit des Gerichtsvollziehers nicht, da es sich bei den Tätigkeiten des Gerichtsvollziehers um ein gebührenfreies Nebengeschäft der Verwertung handelt.[1] Fallen jedoch Auslagen (zB Bankgebühren) an, sind diese Kosten als Auslagen des Gerichtsvollziehers vom Kostenschuldner (§ 13 Abs. 1 Nr. 1–3, Abs. 2) zu erheben.

---

1 *Winterstein/Richter/Zuhn*, GvKostR, Nr. 701–710 KV GvKostG Buchst. f).   **2** Schröder-Kay/*Winter*, Nr. 704 KV GvKostG Rn 6.   **3** *Winterstein/Richter/Zuhn*, GvKostR, Nr. 701–710 KV GvKostG Buchst. f).   **1** Schröder-Kay/*Winter*, Nr. 705 KV GvKostG; *Hartmann*, KostG, Nr. 705 KVGv Rn 3.

Nr.	Auslagentatbestand	Höhe
706	Kosten, die von einem Kreditinstitut erhoben werden, weil ein Scheck des Schuldners nicht eingelöst wird	in voller Höhe

1 Wird ein **Scheck** des Vollstreckungsschuldners nicht eingelöst, können die Kosten konkret einem Auftrag oder mehreren Aufträgen zugeordnet und daher von dem Auftraggeber oder dem Schuldner auch erhoben werden. Da sie ganz gezielt einem Auftrag zugerechnet werden können, gehören derartige Kosten nicht zu den Gemeinkosten eines Gerichtsvollziehers, wie zB allgemeine Kontoführungskosten. Schuldner ist nach der Legaldefinition in § 3 Abs. 2 S. 1 Nr. 3 der Vollstreckungsschuldner und auch der Verpflichtete des FamFG.

Nr.	Auslagentatbestand	Höhe
707	An Dritte zu zahlende Beträge für die Beförderung von Personen, Tieren und Sachen, das Verwahren von Tieren und Sachen, das Füttern von Tieren, die Beaufsichtigung von Sachen sowie das Abernten von Früchten	in voller Höhe
	Diese Vorschrift ist nicht anzuwenden bei dem Transport von Sachen oder Tieren an den Ersteher oder an einen von diesem benannten Dritten im Rahmen der Verwertung.	

1 Durch das 2. KostRMoG wurde die **Anmerkung** angefügt, mit der der Auslagentatbestand Nr. 707 KV GvKostG von dem ebenfalls im Zuge des 2. KostRMoG neu eingefügten Auslagentatbestand Nr. 714 KV GvKostG abgegrenzt wird, so dass ein gleichzeitiger Ansatz von Nr. 707 und Nr. 714 KV GvKostG nicht in Betracht kommt und bei Transport im Rahmen der Verwertung ausschließlich Nr. 714 KV GvKostG maßgebend ist. S. dazu ergänzend die Erl. zu Nr. 714 KV GvKostG.

Nr.	Auslagentatbestand	Höhe
708	An deutsche Behörden für die Erfüllung von deren eigenen Aufgaben zu zahlende Gebühren sowie diejenigen Auslagen, die diesen Behörden, öffentlichen Einrichtungen oder deren Bediensteten als Ersatz für Auslagen der in den Nummern 700 und 701 bezeichneten Art zustehen	in voller Höhe

1 Regelungen über die Erhebung von **Gebühren für Auskünfte** gehören zum Recht des Verfahrens der jeweiligen Behörde. Im Rahmen der für die Gerichtsvollzieher geltenden Vorschriften wird daher insoweit nur angeordnet, dass Zahlungen, die eventuell für die Erteilung der Auskünfte geleistet werden müssen, von dem Kostenschuldner als Auslagen erhoben werden können.[1] Die Vorschrift Nr. 708 KV GvKostG wurde durch das 2. KostRMoG neugefasst. Die Änderung soll eine Weitergabe von vom Gerichtsvollzieher verauslagten Gebühren und bestimmten Auslagen, die an andere Behörden zu zahlen sind, an die Parteien ermöglichen.[2] Muss der Gerichtsvollzieher zB im Rahmen der Ermittlung des Aufenthaltsorts des Schuldners (§ 755 Abs. 1 ZPO) an die Meldebehörde oder für Auskünfte der Rentenversicherungsträger oder des Kraftfahrt-Bundesamtes (§ 755 Abs. 2 ZPO) Gebühren entrichten, werden diese wiederum von ihm als Auslagen erhoben. Der Auslagentatbestand ist unabhängig davon, ob im Einzelfall tatsächlich Gebühren für Auskünfte gezahlt werden.

2 Das GvKostG kann die **Höhe** der an die Behörden zu zahlenden Gebühren nicht regeln. Regelungen über die Erhebung von Gebühren gehören zum Recht des Verfahrens der jeweiligen Behörde,[3] so dass entsprechende Gebührenregelungen bei den zur Auskunft verpflichteten Behörden maßgebend sind und daher nicht im GvKostG zu regeln sind. Im Rahmen des GvKostG kann daher nur ein allgemeiner Auslagentatbestand bestimmt werden.[4]

---

1 Stellungnahme der BReg zum Gesetzentwurf des Bundesrates (Anlage 2 der BT-Drucks 16/10069, S. 57).   **2** BT-Drucks 17/11471 (neu), S. 257.   **3** BT-Drucks 16/13432, S. 49.   **4** BT-Drucks 16/13432, S. 49.

NK-GK/*Kessel*

Auch bei einer späteren Einführung von Gebühren für Auskünfte können diese unmittelbar vom Kosten- 3
schuldner eingezogen werden, da Nr. 708 KV GvKostG bestimmt, dass **„zu zahlende Gebühren"** in voller
Höhe als Auslagen in Rechnung gestellt werden können.

Festgelegt wurden die Auskunftskosten bei den **Trägern der Rentenversicherung.** Diese betragen nach §§ 64 4
Abs. 1 S. 2, 74 a Abs. 2 S. 1 SGB X derzeit 10,20 €. Bei Auskünften des **Kraftfahrt-Bundesamtes** fallen Gebühren nach der Gebührenordnung für Maßnahmen im Straßenverkehr (GebOSt) an. Die Auskunft aus
dem **Ausländerzentralregister** erfolgt im Wege der Amtshilfe ohne Gebühren.[5] Für die Auskünfte der jeweiligen zuständigen **Ausländerbehörden** können die Städte und Gemeinden wiederum Gebühren festlegen.
Kontenabrufe (§ 802 l Abs. 1 Nr. 2 ZPO) beim **Bundeszentralamt für Steuern** sind für den Gerichtsvollzieher gebührenfrei.[6]

Bei den Kosten der **Meldebehörden** sind die Bestimmungen der einzelnen Bundesländer maßgebend. Im Re- 5
gelfall ist das Land von Verwaltungsgebühren **befreit,** so dass die Gerichtsvollzieher als Landesbeamte grds.
von den Gebühren des **Einwohnermeldeamts** befreit wären. Die Befreiung tritt jedoch nicht ein, soweit das
Land (dh der Gerichtsvollzieher) berechtigt ist, zu zahlende Verwaltungsgebühren Dritten aufzuerlegen,
oder wenn sonst Dritte mit dem betreffenden Betrag belastet werden können. Gleiches gilt für die Gebühren des **Kraftfahrt-Bundesamtes.** Nach § 8 Abs. 2 des Bundesgebührengesetzes (BGebG) ist den Ländern
eine persönliche Gebührenfreiheit eingeräumt worden. Dies gilt nach § 8 Abs. 3 BGebG allerdings nicht in
den Fällen, in denen die Gebühren Dritten auferlegt werden können,[7] wie dies bei den Gerichtsvollziehern
der Fall ist, die diese Gebühren als Auslagen (Nr. 708 KV GvKostG) gegenüber den Kostenschuldnern (§ 13
Abs. 1 Nr. 1–3) erheben können. Die Gebühren an Auskunftstellen nach §§ 755, 802 l ZPO sind auch dann
an diese zu zahlen, wenn dem Gläubiger Kostenfreiheit zusteht oder Prozesskostenhilfe bzw Verfahrenskostenhilfe bewilligt wird, da neben dem Auftraggeber als Kostenschuldner (§ 13 Abs. 1 Nr. 1) auch der Vollstreckungsschuldner bzw der Verpflichtete haftet (§ 13 Abs. 1 Nr. 2 und 3). Sind die Auslagen auch vom Vollstreckungsschuldner nicht beizutreiben, können sie gegenüber der Landeskasse geltend gemacht werden
(§ 7 Abs. 2, 3 GVO) und sind dem Gericht bzw der zuständigen Gerichtskasse oder der an Stelle der Gerichtskasse zuständigen Vollstreckungsbehörde mitzuteilen (§ 57 Abs. 2 GVO, Nr. 6 Abs. 2 und 3 DB-
GvKostG).

Auch dann, wenn der Gerichtsvollzieher Auskünfte zur Anfertigung der Eintragungsanordnung einholt 6
(§ 882 c Abs. 3 S. 2 ZPO), sind vom Gerichtsvollzieher zu zahlende Auslagen den Kostenschuldnern (§ 13
Abs. 1 S. 1 Nr. 1–3) in Rechnung zu stellen. Nur die Erhebung der Gebühr Nr. 440 KV GvKostG ist ausgeschlossen, nicht jedoch die Erhebung von Auslagen nach Nr. 708 KV GvKostG. Der Auslagentatbestand
enthält keine entsprechende Einschränkung.

Nr.	Auslagentatbestand	Höhe
709	Kosten für Arbeitshilfen	in voller Höhe

Eine **Arbeitshilfe** kann im Rahmen einer Amtshandlung nach dem pflichtgemäßen Ermessen des Gerichts- 1
vollziehers hinzugezogen werden. Die Hinzuziehung muss notwendig gewesen sein, da nur notwendige
Kosten in Ansatz gebracht werden dürfen (§ 802 a Abs. 1 ZPO, § 58 Abs. 1 S. 3 GVGA). Eine **Notwendigkeit** ist dann gegeben, wenn der Umfang einer Amtshandlung die Zuziehung von Arbeitshilfen rechtfertigt
oder eine Arbeit vom Gerichtsvollzieher nicht selbst erledigt werden kann (zB Schlüsseldienst, Schlosser).

Im Zusammenhang mit der Möglichkeit der **Bilddokumentation bei der Räumung** (§ 885 a ZPO) stellt sich 2
die Frage, ob der Gerichtsvollzieher **Dritte** mit der Bilddokumentation beauftragen und die Kosten als Auslagen erheben kann. Der Gesetzgeber geht davon aus, dass der Gerichtsvollzieher selbst die Bilddokumentation fertigt (vgl Nr. 241, 713 KV GvKostG). Diese hat im Regelfall auch keinen derartig großen Umfang,
dass sie nicht durch den Gerichtsvollzieher selbst erledigt werden könnte. Es handelt sich auch nicht um
eine Tätigkeit, die der Gerichtsvollzieher nicht selbst erledigen könnte. Unter Berücksichtigung, dass nur
die unbedingt notwendigen Kosten und Aufwendungen entstehen dürfen (§ 58 Abs. 1 S. 3 GVGA), dürften
Kosten Dritter für eine Bilddokumentation nicht notwendig sein. Da die Bilddokumentation im Übrigen
auch eine ausführliche Protokollierung ersetzen und die Dokumentation vereinfachen soll, dürfte der Dritte
einer Schreibkraft ähnlicher sein als einer Arbeitshilfe. Wenn eine solche Schreibhilfe zur Entlastung des
Gerichtsvollziehers zugezogen wird, können Auslagen nicht angesetzt werden.[1]

---

5 BT-Drucks 16/13432, S. 49. **6** BT-Drucks 16/13432, S. 49. **7** BT-Drucks 16/13432, S. 49. **1** Schröder-Kay/*Winter*, Nr. 709 KV
GvKostG Rn 3.

Nr.	Auslagentatbestand	Höhe
710	Pauschale für die Benutzung von eigenen Beförderungsmitteln des Gerichtsvollziehers zur Beförderung von Personen und Sachen je Fahrt	6,00 €

DB-GvKostG (Zu Nr. 710 KV) Nr. 17

(1) Die Pauschale nach Nr. 710 KV wird nur erhoben, wenn die Beförderung der Erledigung einer Amtshandlung dient und durch die Benutzung des eigenen Beförderungsmittels die ansonsten erforderliche Benutzung eines fremden Beförderungsmittels vermieden wird.

(2) Der Name einer mitgenommenen Person und der Grund für die Beförderung durch die Gerichtsvollzieherin oder den Gerichtsvollzieher sind in den Akten zu vermerken.

1 Anstelle der tatsächlichen Kosten für die Benutzung von eigenen **Beförderungsmitteln** des Gerichtsvollziehers zur Beförderung von Personen und Sachen kann aus Gründen der Vereinfachung eine **Pauschale je Fahrt** erhoben werden. Die Pauschale ist nur dann anzusetzen, wenn durch die Benutzung des eigenen Fahrzeugs des Gerichtsvollziehers die ansonsten erforderliche Benutzung eines fremden Fahrzeugs vermieden wird. Damit kann die Pauschale dann nicht erhoben werden, wenn im Regelfall kein Dritter mit dem Transport beauftragt würde.

Nr.	Auslagentatbestand	Höhe
711	Wegegeld je Auftrag für zurückgelegte Wegstrecken, wenn sich aus einer Rechtsverordnung nach § 12 a GvKostG nichts anderes ergibt,	
	– Stufe 1: bis zu 10 Kilometer	3,25 €
	– Stufe 2: von mehr als 10 Kilometern bis 20 Kilometer	6,50 €
	– Stufe 3: von mehr als 20 Kilometern bis 30 Kilometer	9,75 €
	– Stufe 4: von mehr als 30 Kilometern bis 40 Kilometer	13,00 €
	– Stufe 5: von mehr als 40 Kilometern	16,25 €
	(1) Das Wegegeld wird erhoben, wenn der Gerichtsvollzieher zur Durchführung des Auftrags Wegstrecken innerhalb des Bezirks des Amtsgerichts, dem der Gerichtsvollzieher zugewiesen ist, oder innerhalb des dem Gerichtsvollzieher zugewiesenen Bezirks eines anderen Amtsgerichts zurückgelegt hat.	
	(2) Maßgebend ist die Entfernung von dem Amtsgericht, dem der Gerichtsvollzieher zugewiesen ist, zum Ort der Amtshandlung, wenn nicht die Entfernung vom Geschäftszimmer des Gerichtsvollziehers geringer ist. Werden mehrere Wege zurückgelegt, ist der Weg mit der weitesten Entfernung maßgebend. Die Entfernung ist nach der Luftlinie zu messen.	
	(3) Wegegeld wird nicht erhoben für	
	1. die sonstige Zustellung (Nummer 101),	
	2. die Versteigerung von Pfandstücken, die sich in der Pfandkammer befinden, und	
	3. im Rahmen des allgemeinen Geschäftsbetriebes zurückzulegende Wege, insbesondere zur Post und zum Amtsgericht.	
	(4) In den Fällen des § 10 Abs. 2 Satz 1 und 2 GvKostG wird das Wegegeld für jede Vollstreckungshandlung, im Falle der Vorpfändung für jede Zustellung an einen Drittschuldner gesondert erhoben. Zieht der Gerichtsvollzieher Teilbeträge ein (§ 802 b ZPO), wird das Wegegeld für den Einzug des zweiten und sodann jedes weiteren Teilbetrages je einmal gesondert erhoben. Das Wegegeld für den Einzug einer Rate entsteht bereits mit dem ersten Versuch, die Rate einzuziehen.	
712	Bei Geschäften außerhalb des Bezirks des Amtsgerichts, dem der Gerichtsvollzieher zugewiesen ist, oder außerhalb des dem Gerichtsvollzieher zugewiesenen Bezirks eines anderen Amtsgerichts, Reisekosten nach den für den Gerichtsvollzieher geltenden beamtenrechtlichen Vorschriften	in voller Höhe

DB-GvKostG (Zu Nrn. 711, 712 KV) Nr. 18

(1) Die Höhe des Wegegeldes nach Nr. 711 KV hängt davon ab, in welcher Entfernungszone der Ort der am weitesten entfernt stattfindenden Amtshandlung liegt, sofern sich aus einer Rechtsverordnung nach § 12 a GvKostG nichts anderes ergibt. Für jede Amtshandlung kommen zwei Entfernungszonen in Betracht. Mittelpunkt der ersten Entfernungszone ist das Hauptgebäude des Amtsgerichts und zwar auch dann, wenn sich die Verteilungsstelle (§ 22 GVO) in einer Nebenstelle oder Zweigstelle des Amtsgerichts befindet. Mittelpunkt der zweiten Entfernungszone ist das Geschäftszimmer der Gerichtsvollzieherin oder des Gerichtsvollziehers. Maßgebend ist in beiden Fällen die (einfache) nach der Luftlinie zu messende Entfernung vom Mittelpunkt zum Ort der Amtshandlung. Die kürzere Entfernung ist entscheidend.

(2) Neben dem Wegegeld werden andere durch die auswärtige Tätigkeit bedingte Auslagen, insbesondere Fähr- und Brückengelder sowie Aufwendungen für eine Übernachtung oder einen Mietkraftwagen nicht angesetzt.

(3) Wird eine Amtshandlung von der Vertretungskraft der Gerichtsvollzieherin oder des Gerichtsvollziehers vorgenommen, so gilt folgendes:

a) Sind die Gerichtsvollzieherin oder der Gerichtsvollzieher und die Vertretungskraft demselben Amtsgericht zugewiesen, so ist für die Berechnung des Wegegeldes in den Fällen der Nr. 711 KV das Geschäftszimmer der Vertretungskraft maßgebend.

b) Sind die Gerichtsvollzieherin oder der Gerichtsvollzieher und die Vertretungskraft nicht demselben Amtsgericht zugewiesen, so liegt bei Amtshandlungen der Vertretungskraft im Bezirk der Gerichtsvollzieherin oder des Gerichtsvollziehers ein Fall der Nr. 712 KV nicht vor. Für die Berechnung des Wegegeldes ist in diesem Fall das Amtsgericht maßgebend, dem die vertretene Gerichtsvollzieherin oder der vertretene Gerichtsvollzieher zugewiesen ist. Unterhält die Vertretungskraft im Bezirk dieses Amtsgerichts ein Geschäftszimmer, so ist für die Vergleichsberechnung nach Absatz 1 von diesem auszugehen.

I. Wegegeld (Nr. 711 KV GvKostG)

1. Allgemeines. Für zurückgelegte Fahrten erhält der Gerichtsvollzieher ein **Wegegeld** in pauschalierter Form. Das Wegegeld hat mit den tatsächlichen Kosten im Einzelfall nichts zu tun.[1] Das Aufkommen aus der Gesamtheit dieser Pauschalen je Auftrag soll den gesamten Aufwand abgelten, der durch Fahrten, Wege und Gänge entsteht, die im Rahmen der Erledigung von Amtshandlungen durch den Gerichtsvollzieher erforderlich werden. Selbst wenn im Einzelfall ein höherer Aufwand anfällt (zB bei notwendiger Benutzung eines Taxis), werden diese Kosten ohne Rücksicht auf ihre tatsächliche Höhe in diesem Einzelfall durch das pauschalierte Wegegeld entschädigt. Durch das Wegegeld wird der gesamte Aufwand abgegolten, der dem Gerichtsvollzieher entsteht. Neben der Pauschale können daher gesonderte Kosten, wie zB Maut-, Fähr- und Brückengebühren, nicht mehr erhoben werden.[2] Dies wird in Nr. 18 Abs. 2 DB-GvKostG auch noch einmal ausdrücklich zum Ausdruck gebracht. 1

2. Berechnung des Wegegeldes. Im Einleitungssatz wird die Abweichungsmöglichkeit durch Rechtsverordnung nach § 12 a vorbehalten. Durch Rechtsverordnung (§ 12 a) kann festgelegt werden, dass das Wegegeld nach einer höheren Wegegeldstufe zu erheben ist, wenn die kürzeste öffentlich nutzbare Strecke mindestens doppelt so weit ist wie die Entfernung nach der Luftlinie ($\rightarrow$ § 12 a Rn 3).[3] 2

Außerdem erhielten die Wegegeldstufen eine Nummerierung (Stufe 1–5), um sie insb. bei Erlass einer Rechtsverordnung nach § 12 a besser zitieren zu können. Eine weitere Wegegeldstufe (Stufe 5) ist angefügt worden, gleichzeitig wurde die frühere höchste Wegegeldstufe auf Entfernungen bis 40 Kilometer begrenzt. Die neue Stufe 5 gilt für Entfernungen über 40 Kilometer. Das Wegegeld ist somit nunmehr nach **fünf Entfernungszonen** gestaffelt. 3

Bei der Berechnung des Wegegeldes ist auch dann, wenn dem Gerichtsvollzieher ein Bezirk eines benachbarten Amtsgerichts zugeschlagen wird, für die Bestimmung der Entfernung immer von dem Amtsgericht auszugehen, dem der Gerichtsvollzieher zugewiesen ist (s. **Anm. Abs. 2 S. 1**), und zwar unabhängig davon, auf welche Weise der benachbarte Bezirk in verwaltungstechnischer Hinsicht übertragen wird.[4] Ist einem Gerichtsvollzieher neben seinem Bezirk noch ein weiterer Bezirk eines anderen Amtsgerichts zugewiesen (§ 12 GVO), ist ebenfalls Nr. 711 KV GvKostG und nicht Nr. 712 KV GvKostG maßgebend. **Anm. Abs. 1** zu Nr. 711 KV GvKostG stellt insoweit klar, dass das Wegegeld erhoben wird, wenn der Gerichtsvollzieher zur Durchführung des Auftrags Wegstrecken innerhalb des Bezirks des Amtsgerichts, dem der Gerichtsvollzieher zugewiesen ist, oder innerhalb des dem Gerichtsvollzieher **zugewiesenen Bezirks eines anderen Amtsge-** 4

---

1 BT-Drucks 17/11471 (neu), S. 257. **2** *Winterstein/Richter/Zuhn*, GvKostR, Nr. 240 KV GvKostG Rn 2; *Meyer*, GvKostG „Auslagen" Rn 32; OVG Niedersachsen JurBüro 2006, 496. **3** BT-Drucks 17/11471 (neu), S. 254, 257. **4** BT-Drucks 17/11471 (neu), S. 257.

richts zurückgelegt hat. Dies folgt aus der Anm. Abs. 2 S. 1 zu Nr. 711 KV GvKostG, der nur das Amtsgericht nennt, dem der Gerichtsvollzieher **zugewiesen** ist.[5]

5 Die Entfernung ist nach der **Luftlinie** zu messen (**Anm. Abs. 2 S. 3**).

6 Werden im Rahmen eines Auftrags mehrere Wege zurückgelegt, ist der Weg mit der weitesten Entfernung maßgebend (**Anm. Abs. 2 S. 2**). Das Wegegeld kann also bei der Durchführung eines Auftrags unabhängig von der Zahl der Wege grds. nur einmal nach der weitesten Entfernung erhoben werden. Der Begriff „Auftrag" ist wiederum in § 3 definiert. Andererseits entsteht das Wegegeld unabhängig von der Anzahl der tatsächlich zurückgelegten Wege für jeden Auftrag gesondert (§ 17 S. 2). Dies bedeutet, dass in Fällen, in denen nur **ein Auftrag** vorliegt, der gegebenenfalls an **unterschiedlichen Orten** mit **unterschiedlichen Entfernungszonen** zu erledigen ist (zB Auftrag zur Vollstreckung in Wohnung und Geschäftslokal; Auftrag zur Vollstreckung gegen Gesamtschuldner an unterschiedlichen Orten), zwar auch nur ein Wegegeld auslöst, jedoch das Wegegeld der weitesten Entfernungszone erhoben werden kann.

7 Ein Wegegeld wird nur dann erhoben, wenn zur Durchführung eines Auftrags tatsächlich ein Weg zurückgelegt worden ist (vgl **Anm. Abs. 1**). Aus der Formulierung „**zurückgelegte**" Wegstrecken folgt, dass ein Wegegeld nur dann erhoben werden kann, wenn zur Durchführung eines Auftrags tatsächlich ein Weg zurückgelegt worden ist.[6] Der Gerichtsvollzieher muss sein Büro verlassen haben.[7]

8 **3. Kein Ansatz von Wegegeld (Anm. Abs. 3). Anm. Abs. 3 Nr. 1:** Ausgeschlossen ist der Ansatz eines Wegegeldes bei einer **sonstigen Zustellung** (Nr. 101 KV GvKostG), somit also der Ansatz eines Wegegeldes für den Gang oder die Fahrt zum Briefkasten. Kommt es zu der durch das **EuKoPfVODG** geplanten Änderung des § 882 c Abs. 2 ZPO dahin gehend, dass über die Bewilligung der öffentlichen Zustellung abweichend von § 186 Abs. 1 S. 1 ZPO der Gerichtsvollzieher entscheidet (§ 882 c Abs. 2 S. 3 ZPO-E),[8] würde damit auch die **Fahrt zum öffentlichen Aushang** kein Wegegeld auslösen.

9 **Anm. Abs. 3 Nr. 2:** Gleichfalls ausgeschlossen ist der Ansatz eines Wegegeldes zur Versteigerung von Pfandstücken, die sich in der **Pfandkammer** befinden. Dem liegt der Grundsatz zugrunde, dass Fahrten zu Räumen, die zu den Geschäftsräumen des Gerichtsvollziehers gehören, kein Wegegeld auslösen. Die Frage eines Wegegeldes insoweit dürfte sich in der Praxis regelmäßig nicht stellen, da grds. nur ein Wegegeld je Auftrag entsteht. Da der Auftrag aber die Vollstreckung einschließlich der Verwertung umfasst, dürfte regelmäßig bereits ein mögliche Wegegeldansatz erschöpft sein, bevor es zu einer Fahrt zur Pfandkammer kommt.

10 **Anm. Abs. 3 Nr. 3:** Kein Wegegeld darf der Gerichtsvollzieher ferner für Wege ansetzen, die im Rahmen des **allgemeinen Bürobetriebes**[9] zurückgelegt werden, wobei **Wege zur Post und zum Amtsgericht** beispielhaft genannt sind (arg.: „insbesondere"). Ausgeschlossen sind damit u.a. Wege zur Schreibkraft oder zum Einkauf von Büromaterial.

11 In bestimmten Angelegenheiten, die dem Grunde nach ebenfalls dienstliche Angelegenheiten des Gerichtsvollziehers betreffen, kommt ein Ansatz von Wegegeld nicht in Betracht, weil der Gerichtsvollzieher nicht in seiner Eigenschaft als „Gerichtsvollzieher" tätig wird und nach § 1 Kosten (Gebühren und Auslagen) nur für Tätigkeiten des Gerichtsvollziehers erhoben werden, für die er nach Bundes- oder Landesrecht sachlich zuständig ist. Ausgeschlossen ist der Wegegeldansatz zB in Angelegenheiten, die die **persönlichen Dienstangelegenheiten** des Gerichtsvollziehers betreffen (zB Fahrten aus Anlass von Versetzungen, Dienstbesprechungen, Fortbildungen usw). Die Entschädigung richtet sich in diesem Fall nach allgemeinem Reisekostenrecht der Beamten.[10] Ausgeschlossen ist der Wegegeldansatz **als Zeuge oder Sachverständiger** bei Ladung durch Gericht oder Staatsanwaltschaft; die Entschädigung richtet sich in diesem Fall nach dem JVEG.

12 Ausgeschlossen ist der Wegegeldansatz aber auch, wenn der Gerichtsvollzieher **als Zustellungsorgan** tätig wird. Nach § 168 Abs. 1 S. 2 ZPO kann die Geschäftsstelle bei einer Zustellung von Amts wegen einen Justizbediensteten mit der Ausführung beauftragen. Der Gerichtsvollzieher ist in diesem Falle dann nicht als „Gerichtsvollzieher", sondern als „Justizbediensteter" beauftragt. Er erhält hier Reisekosten nach dem jeweiligen Reisekostengesetz. Anders ist es im Falle des § 168 Abs. 2 ZPO. Dort wird der Gerichtsvollzieher durch den Vorsitzenden des Prozessgerichts nach dem ausdrücklichen Wortlaut der Bestimmung in seiner Funktion als „Gerichtsvollzieher" mit der Amtszustellung beauftragt. Ausgeschlossen ist ein Wegegeldansatz auch, wenn der Gerichtsvollzieher **als „Sequester"** tätig wird.[11]

---

[5] BT-Drucks 17/11471 (neu), S. 257; aA wohl *Winterstein/Richter/Zuhn*, GvKostR, Nr. 711 KV GvKostG Rn 5. **6** NK-GK/*Kessel*, GvKostG, Nr. 711 KV GvKostG Rn 1. **7** *Winterstein/Richter/Zuhn*, GvKostR, Nr. 711 KV GvKostG Rn 1. **8** Art. 1 Nr. 16 Buchst. a) des „Entwurfs eines Gesetzes zur Durchführung der Verordnung (EU) Nr. 655/2014 sowie zur Änderung sonstiger zivilprozessualer Vorschriften (EuKoPfVODG)", RegE, BT-Drucks 18/7560, S. 10. Geplantes Inkrafttreten: am Tag nach der Verkündung (s. Art. 14 Abs. 2 S. 1 ÄndG). **9** Schröder-Kay/*Winter*, Nr. 711 KV GvKostG Rn 4. **10** Schröder-Kay/*Winter*, Nr. 711 KV GvKostG Rn 4. **11** Schröder-Kay/*Winter*, Nr. 711 KV GvKostG Rn 4.

4. Ausnahmeregelungen (Anm. Abs. 4). Für bestimmte Fälle enthält Anm. Abs. 4 Ausnahmereglungen vom   13
Grundsatz der einmaligen Erhebung des Wegegeldes je Auftrag.

So kann das Wegegeld bei jeder persönlichen Zustellung einer **Vorpfändungsbenachrichtigung** an einen   14
Drittschuldner gesondert erhoben werden (Anm. Abs. 4 S. 1). Ein besonderes Wegegeld kann auch bei
mehrfacher **Wiederholung der gleichen Vollstreckungshandlung** (§ 10 Abs. 2 S. 1 und 2) erhoben werden
(Anm. Abs. 4 S. 1).

Ein mehrfacher Ansatz von Wegegeld kann auch beim **Einzug von Raten** erfolgen (**Anm. Abs. 4 S. 2 und 3**).   15
Der Gerichtsvollzieher ist auch berechtigt, Raten beim Schuldner abzuholen (§ 68 Abs. 2 Nr. 3 GVGA). Dabei soll ein Wegegeld für die Abholung der ersten Rate nach dem Willen des Gesetzgebers nicht entstehen.
Durch Anm. Abs. 4 S. 3 wird ausdrücklich klargestellt, dass für die Abholung der ersten Rate ein Wegegeld
nicht anfallen kann, sondern nur beim Einzug der **folgenden** Raten.[12] Die bisher zT vertretene Auffassung,
dass ein Wegegeld auch für die Abholung der ersten Rate, wenn die erste Rate gesondert abgeholt und
nicht im Rahmen der Vollstreckung gezahlt wird,[13] entsteht, kann somit nicht mehr aufrechterhalten werden. Zur Begründung wird darauf verwiesen, dass bereits nach der früheren Regelung der Nr. 711 KV
GvKostG das Wegegeld bei der Erledigung desselben Auftrags nur einmal entsteht. Dabei gehört auch die
Verwertung zum Auftrag (§ 3 Abs. 1). Selbst wenn der Gerichtsvollzieher auf seiner ersten Fahrt zum
Schuldner dort eine Pfändung ausbringt und bei der zweiten Fahrt zur Abholung des Pfandstücks vom
Schuldner die Forderung und die Kosten in einer Summe erhält, fällt das Wegegeld nur einmal an. Wenn
nunmehr die Zahlung aus nur **einem Teilbetrag** besteht, soll dies kein zusätzliches Wegegeld auslösen.[14]
Das Wegegeld fällt für jeden Rateneinzug unabhängig vom Erfolg und von der Anzahl der Einziehungsver-
suche nur einmal an. Es entsteht beim **ersten Einziehungsversuch**.[15]

Es wird zT bezweifelt, dass bei der persönlichen Zustellung der **Eintragungsanordnung** (§ 882 c ZPO) ein   16
Wegegeld erhoben werden kann, auch wenn es sich bei dem Weg zur persönlichen Zustellung um den **einzigen Weg** im Rahmen des Auftrags handelt. Dies kann zB der Fall sein, wenn eine Vermögensauskunft bereits abgenommen und dem Gläubiger eine Abschrift zugeleitet wurde und sodann eine persönliche Zustellung der Eintragungsanordnung erfolgt. Zum Teil wird die Ansicht vertreten, dass es sich weder um einen
besonderen Auftrag handele noch dass nach dem GvKostG der Ansatz eines Wegegeldes vorgesehen sei. Ein
Wegegeld entsteht, wenn ein Weg zur Erledigung einer **Amtshandlung** zurückgelegt wurde.[16] Der zuständige Gerichtsvollzieher ordnet **von Amts wegen** die Eintragung des Schuldners in das Schuldnerverzeichnis an
(§ 882 c Abs. 1 S. 1, Abs. 2 S. 2 ZPO), so dass es wohl kaum zweifelhaft ist, dass es sich bei der (persönlichen) Zustellung der Eintragungsanordnung um einen Weg zur Durchführung einer Amtshandlung handelt.
Ein Verbot der Erhebung eines Wegegeldes ergibt sich für diesen Fall der Zustellung weder aus dem
GvKostG noch auch der ZPO, der GVO oder der GVGA. Insbesondere § 882 c Abs. 2 S. 2 ZPO normiert
lediglich, dass dem Schuldner die Eintragungsanordnung „zuzustellen" ist. Das Aufkommen aus der Erhebung der Wegegelder soll den gesamten Wegeaufwand decken, der mit der für die Erledigung von Amtshandlungen notwendigen dienstlichen Tätigkeit des Gerichtsvollziehers als **Zustellungs- und Vollstreckungsorgan** verbunden ist.[17] Die Nichterhebung ist insb. auch nicht damit zu begründen, dass es sich bei
der Zustellung nach § 882 c Abs. 2 S. 2 ZPO um eine Amtszustellung handelt, für die der Gerichtsvollzieher
zuständig ist, weil sie ihm durch Gesetz übertragen ist (§ 882 c Abs. 2 S. 2 ZPO, § 9 Abs. 2 GVGA). Es wird
beim Wegegeld an keiner Stelle zwischen Amts- und Parteizustellung unterschieden. Vielmehr ist die Bestimmung über die **Wahl der Zustellungsart** in den allgemeinen Bestimmungen über die Zustellung (§§ 9 ff
GVGA) enthalten und nicht in den Bestimmungen über die Parteizustellung (§§ 16 ff GVGA). Wenig überzeugend ist auch die Argumentation, dass es sich bei der Eintragungsanordnung nicht um einen besonderen
Auftrag handeln würde. Die Eintragungsanordnung ist immer die Folge eines Vollstreckungsauftrags
(§ 882 a Abs. 2 ZPO) und ist daher Nebengeschäft der Zwangsvollstreckungsaufträge. Zwischen der persönlichen Zustellung und der **Zustellung durch die Post** hat der Gerichtsvollzieher wiederum nach pflichtgemäßem **Ermessen** die Wahl (§ 15 Abs. 2 S. 1 GVGA). Dabei wird grds. sogar der persönlichen Zustellung
der Vorzug gegeben (§ 15 Abs. 2 S. 2 GVGA). Eine Ausnahme für diesen Weg ist insb. auch in der Anm.
Abs. 3 zu Nr. 711 KV GvKostG nicht enthalten.

5. Speziell: Vertretungen, Nr. 18 Abs. 3 DB-GvKostG. Vertretungsregelungen ergeben sich nicht aus dem   17
GvKostG, sondern sind in Nr. 18 Abs. 3 DB-GvKostG geregelt. Dabei sind wiederum verschiedene Fälle zu
unterscheiden.

---

12 BT-Drucks 17/11471 (neu), S. 257.   **13** *Winterstein/Richter/Zuhn,* GvKostR, Nr. 711 KV GvKostG Rn 2.   **14** BT-Drucks
17/11471 (neu), S. 257 f.   **15** BT-Drucks 17/11471 (neu), S. 257.   **16** *Hartmann,* KostG, Nr. 711 KVGv Rn 5; *Winterstein/Richter/
Zuhn,* GvKostR, Nr. 711 KV GvKostG Rn 1.   **17** *Schröder-Kay/Winter,* Nr. 711 KV GvKostG Rn 2.

18 **a) Der zu vertretende Gerichtsvollzieher und der vertretende Gerichtsvollzieher sind demselben Amtsgericht zugewiesen (Nr. 18 Abs. 3 Buchst. a) DB-GvKostG).** Für die Berechnung des Wegegeldes ist in den Fällen der Nr. 711 KV GvKostG das Geschäftszimmer der Vertretungskraft maßgebend. Dies bedeutet, dass grds. wieder der Vergleich zwischen Amtsgericht und Geschäftszimmer nach der Anm. Abs. 2 zu Nr. 711 KV GvKostG, Nr. 18 Abs. 1 DB-GvKostG vorzunehmen ist. Dabei ist im Vergleich die Entfernung vom Geschäftszimmer des vertretenden Gerichtsvollziehers zum Ort der Amtshandlung zugrunde zu legen.

19 **b) Der zu vertretende Gerichtsvollzieher und der vertretende Gerichtsvollzieher sind nicht demselben Amtsgericht zugewiesen (Nr. 18 Abs. 3 Buchst. b) DB-GvKostG).** Obwohl der vertretende Gerichtsvollzieher „ein Geschäft außerhalb des Bezirks des Amtsgerichts, dem er zugewiesen ist", vornimmt und damit grds. den Auslagentatbestand der Nr. 712 KV GvKostG erfüllt, bestimmt Nr. 18 Abs. 3 Buchst. b) S. 1 DB-GvKostG, dass ein Fall der Nr. 712 KV GvKostG nicht vorliegt. Für die Berechnung des Wegegeldes gilt dann, dass das Amtsgericht maßgebend ist, dem der vertretene Gerichtsvollzieher zugewiesen ist. Sollte der Vertreter in diesem Amtsgericht ein Geschäftszimmer unterhalten, muss dieses der Vergleichsberechnung nach Nr. 18 Abs. 1 DB-GvKostG zugrunde gelegt werden.

II. Bestimmte Reisekosten (Nr. 712 KV GvKostG)

20 Nach Nr. 712 KV GvKostG werden bestimmte Reisekosten des Gerichtsvollziehers dem Kostenschuldner in Rechnung gestellt. Es handelt sich um die Auslagen (Reisekosten), die einem Gerichtsvollzieher entstehen, wenn er eine in seine Zuständigkeit fallende Amtshandlung

- außerhalb des Bezirks des Amtsgerichts, dem er zugewiesen ist, oder
- außerhalb des dem Gerichtsvollzieher zugewiesenen Bezirks eines anderen Amtsgerichts

erledigt. An Amtshandlungen, die der Gerichtsvollzieher außerhalb des Bezirks des Amtsgerichts, dem er zugewiesen ist, oder die außerhalb des dem Gerichtsvollzieher zugewiesenen Bezirks eines anderen Amtsgerichts zu erledigen sind, kommen u.a. die **Vorführung von Zeugen oder Parteien** (§ 149 GVGA) in Betracht. Das Gericht kann den Gerichtsvollzieher mit der zwangsweisen Vorführung einer Person, insb. eines Zeugen oder einer Partei, beauftragen (§ 149 S. 1 GVGA).

21 Es wird in diesen Fällen – anders als bei Nr. 711 KV GvKostG – kein fester Pauschsatz genannt, sondern der Gerichtsvollzieher kann Reisekosten nach den für ihn geltenden beamtenrechtlichen Regelungen abrechnen und dem Kostenschuldner über Nr. 712 KV GvKostG in Rechnung stellen. Es können Reisekosten nach den für den Gerichtsvollzieher geltenden beamtenrechtlichen Vorschriften des Bundesreisekostengesetzes und der Reisekosten der Länder erhoben werden. Damit können ggf neben den eigentlichen Entschädigungen für die gefahrenen Strecken auch Tagegeld, Übernachtungskosten und sonstige Nebenkosten anfallen.

Nr.	Auslagentatbestand	Höhe
713	Pauschale für die Dokumentation mittels geeigneter elektronischer Bildaufzeichnungsmittel (§ 885 a Abs. 2 Satz 2 ZPO) .... Mit der Pauschale sind insbesondere die Aufwendungen für die elektronische Datenaufbewahrung abgegolten.	*5,00 EUR*[1]

1 Der Auslagentatbestand Nr. 713 KV GvKostG ist durch das Mietrechtsänderungsgesetz vom 11.3.2013[2] mit Wirkung zum 1.5.2013 neu in das Kostenverzeichnis aufgenommen worden. Der mit der Dokumentation nach § 885 a Abs. 2 S. 1 und 2 ZPO verbundene zusätzliche Zeitaufwand des Gerichtsvollziehers wird bereits durch den Zuschlag bei der Gebühr Nr. 241 KV GvKostG abgegolten. Wegen der mit der Verwendung digitaler Technik verbundenen baren Aufwendungen, insb. für die **Datenaufbewahrung (Archivierung)**, ist mit diesem Auslagentatbestand neben der Gebühr Nr. 241 KV GvKostG eine besondere Auslagenpauschale im Rahmen der **vereinfachten Räumung** geschaffen worden. Der Umfang der im Rahmen der vereinfachten Räumung vorgefundenen beweglichen Habe des Schuldners kann sehr unterschiedlich sein. Im Einzelfall kann die Menge notwendiger digitaler Fotografien in einer kleinen Mietwohnung gering sein,

---

1 *Kursive Hervorhebung:* Die Angabe „EUR" soll durch die Angabe „€" ersetzt werden (s. Art. 12 Nr. 3 Buchst. d) des EuKoPf-VODG (RegE, BT-Drucks. 18/7560, S. 21). Geplantes Inkrafttreten dieser Änderung: am Tag nach der Verkündung. Es handelt sich um eine rein redaktionelle Änderung (Begr., BT-Drucks. 18/7560, S. 51). **2** Gesetz über die energetische Modernisierung von vermietetem Wohnraum und über die vereinfachte Durchsetzung von Räumungstiteln (Mietrechtsänderungsgesetz – MietRÄndG) v. 11.3.2013 (BGBl. I 434).

in einem großen Gewerbeobjekt aber erheblich. Die Höhe der Pauschale ist so bemessen, dass sie im Querschnitt der Fälle ein angemessenes Äquivalent für die Kosten der vorzuhaltenden Speicherkapazitäten darstellt. Mit der Pauschale sind ebenfalls die Aufwendungen für die Bereit- und Instandhaltung einer Digitalkamera abgegolten.[3]

Nr.	Auslagentatbestand	Höhe
714	An Dritte zu zahlende Beträge für den Versand oder den Transport von Sachen oder Tieren im Rahmen der Verwertung an den Ersteher oder an einen von diesem benannten Dritten und für eine von dem Ersteher beantragte Versicherung für den Versand oder den Transport	in voller Höhe
715	Kosten für die Verpackung im Fall der Nummer 714	in voller Höhe – mindestens 3,00 €

I. Allgemeines

Bei der Versteigerung von Gegenständen, die auf einer Versteigerungsplattform zur Versteigerung im Internet ausgeboten werden (§ 814 Abs. 1 Nr. 2 ZPO), ist der Ersteher – anders als bei der Präsenzversteigerung (§ 814 Abs. 1 Nr. 1 ZPO) – nicht persönlich anwesend. Die ersteigerten Gegenstände können dem Ersteher daher nicht unmittelbar an Ort und Stelle gegen Zahlung des Kaufgeldes ausgehändigt werden. Die Gegenstände müssen vielmehr in aller Regel **versandt** oder durch einen Spediteur **transportiert** werden. Hinzu kommen die Kosten für die **Verpackung** der zu versendenden Sachen. Die Kosten des Versands trägt der Ersteher aufgrund der ihm vorab bekanntgegebenen Versteigerungsbedingungen (§ 814 Abs. 3 S. 1 Nr. 5 ZPO iVm der entsprechenden landesrechtlichen Regelung).   1

II. Versand-, Transport- und Versicherungskosten (Nr. 714 KV GvKostG)

Mit dem Auslagentatbestand Nr. 714 KV GvKostG wird dem Gerichtsvollzieher die Möglichkeit gegeben, die für den Versand verwerteter Gegenstände anfallenden Kosten zu erheben. Der Auslagentatbestand ist nicht auf die Internetversteigerung beschränkt, sondern findet auch dann Anwendung, wenn ausnahmsweise bei der Präsenzversteigerung ein Transport oder Versand vom Gerichtsvollzieher organisiert wird.   2

Beantragt der Ersteher ausdrücklich den Abschluss einer besonderen **Versicherung** für den Versand oder Transport der Gegenstände, werden auch diese gesonderten Kosten erhoben.   3

Nach § 817 Abs. 2 ZPO darf eine zugeschlagene Sache nur abgeliefert werden, wenn der Kaufpreis und anfallende Versandkosten gezahlt worden sind oder bei Ablieferung gezahlt werden. Die besondere **Kostenpflicht des Erstehers**, der ausschließlich für diese Auslagen haftet, wird in § 13 Abs. 1 S. 2 bestimmt (→ § 13 Rn 6).   4

III. Verpackungskosten (Nr. 715 KV GvKostG)

Eventuell bei dem Gerichtsvollzieher anfallende Verpackungskosten können ebenfalls erhoben werden. Sie können in voller Höhe geltend gemacht werden, mindestens aber fällt eine Pauschale von 3,00 € an. Die auch für diese Auslagen bestehende besondere Kostenpflicht des Erstehers wird ebenfalls in § 13 Abs. 1 S. 2 bestimmt (→ § 13 Rn 6).   5

Nr.	Auslagentatbestand	Höhe
716	Pauschale für sonstige bare Auslagen je Auftrag	20 % der zu erhebenden Gebühren – mindestens 3,00 €, höchstens 10,00 €

---

3 BT-Drucks 17/10485, S. 35 f.

1   Die **Auslagenpauschale** tritt an die Stelle bestimmter Auslagen der Gerichtsvollzieher. Abgegolten werden Entgelte für Post- und Telekommunikationsdienstleistungen, ausgenommen Zustellungen mit Zustellungsurkunde (Nr. 701 KV GvKostG), Vordruckauslagen und Entgelte für Bankdienstleistungen. Hinsichtlich dieser Auslagen kann daher ein einzelner Auslagenansatz nicht erfolgen.[1]

2   Die Auslagenpauschale entsteht – unabhängig von der Höhe der im Einzelfall angefallenen Auslagen – in Höhe von **mindestens 3,00 €** bzw **20 % der zu erhebenden Gebühren** bis **höchstens 10,00 €**. Die Pauschale erhebt nicht den Anspruch, die genannten Auslagen in jedem Einzelfall vollständig zu decken.[2]

3   Es besteht keine Möglichkeit, zusätzliche **Portoauslagen** (zB für Mahnungen im Rahmen der Kosteneinziehung oder Strafporto) zu erheben, da im GvKostG dafür kein Auslagentatbestand vorgesehen ist.[3] Da Kosten (= Gebühren *und* Auslagen, § 1 Abs. 1) aber nur nach dem GvKostG erhoben werden dürfen (§ 1 Abs. 1), ist kein Auslagentatbestand für **Einzelporto** gegeben.

4   Die Auslagenpauschale entsteht auch, wenn keine Gebühr erhoben werden kann, aber tatsächlich Auslagen angefallen sind. Der Auslagentatbestand Nr. 713 KV GvKostG ist so zu lesen, dass Grundlage für die Berechnung der Auslagenpauschale die für den Auftrag zu erhebenden Gebühren sind, mindestens aber, also **unabhängig** von den Gebühren, eine Pauschale von 3,00 € zu erheben ist.[4]

5   Bei einer **Gebühren-/Kostenbefreiung** ist die Höhe der Pauschale nach der Höhe der zu berechnenden Gebühr (fiktiv) zu ermitteln.[5] Kosten- bzw Gebührenbefreiung bedeutet nicht, dass Gebühren bzw Kosten grds. nicht erhoben werden könnten.

---

1 AG Überlingen InVo 2002, 40.   **2** BT-Drucks 14/3432, S. 33.   **3** *Winterstein/Richter/Zuhn*, GvKostR, Nr. 713 KV GvKostG Rn 1.   **4** *Winterstein/Richter/Zuhn*, GvKostR, Nr. 713 KV GvKostG Rn 2; *Schröder-Kay/Winter*, Nr. 716 KV GvKostG Rn 5. **5** LG Wuppertal DGVZ 2007, 173; OLG Düsseldorf DGVZ 2006, 200.

Gesetz über die Vergütung der Rechtsanwältinnen und Rechtsanwälte (Rechtsanwaltsvergütungsgesetz – RVG)

Vom 5. Mai 2004 (BGBl. I 718, 788) (BGBl. III 368-3)
zuletzt geändert durch Art. 5 des Gesetzes zur Umsetzung der Richtlinie 2014/26/EU über die kollektive Wahrnehmung von Urheber- und verwandten Schutzrechten und die Vergabe von Mehrgebietslizenzen für Rechte an Musikwerken für die Online-Nutzung im Binnenmarkt sowie zur Änderung des Verfahrens betreffend die Geräte- und Speichermedienvergütung (VG-Richtlinie-Umsetzungsgesetz) vom 24. Mai 2016 (BGBl. I 1190, 1216)

Abschnitt 1
Allgemeine Vorschriften

§ 1 Geltungsbereich

(1) ¹Die Vergütung (Gebühren und Auslagen) für anwaltliche Tätigkeiten der Rechtsanwältinnen und Rechtsanwälte bemisst sich nach diesem Gesetz. ²Dies gilt auch für eine Tätigkeit als Prozesspfleger nach den §§ 57 und 58 der Zivilprozessordnung. ³Andere Mitglieder einer Rechtsanwaltskammer, Partnerschaftsgesellschaften und sonstige Gesellschaften stehen einem Rechtsanwalt im Sinne dieses Gesetzes gleich.

(2) ¹Dieses Gesetz gilt nicht für eine Tätigkeit als Syndikusrechtsanwalt (§ 46 Absatz 2 der Bundesrechtsanwaltsordnung). ²Es gilt ferner nicht für eine Tätigkeit als Vormund, Betreuer, Pfleger, Verfahrenspfleger, Verfahrensbeistand, Testamentsvollstrecker, Insolvenzverwalter, Sachwalter, Mitglied des Gläubigerausschusses, Nachlassverwalter, Zwangsverwalter, Treuhänder oder Schiedsrichter oder für eine ähnliche Tätigkeit. ³§ 1835 Abs. 3 des Bürgerlichen Gesetzbuchs bleibt unberührt.

(3) Die Vorschriften dieses Gesetzes über die Erinnerung und die Beschwerde gehen den Regelungen der für das zugrunde liegende Verfahren geltenden Verfahrensvorschriften vor.

I. Allgemeines

Durch die Vorschrift wird der Geltungsbereich des RVG bestimmt. Dabei regelt Abs. 1 den persönlichen und sachlichen Anwendungsbereich, während Abs. 2 solche Personen und Tätigkeiten benennt, für die das RVG keine Anwendung findet. Abs. 1 S. 1 enthält zudem die Legaldefinition des Begriffs der Vergütung, die sich danach aus Gebühren und Auslagen zusammensetzt. In Abs. 2 wurde mWz 1.1.2016 durch das Gesetz zur Neuordnung des Rechts der Syndikusanwälte und zur Änderung der Finanzgerichtsordnung[1] ein neuer Satz 1 vorangestellt, um die Tätigkeit der Syndikusrechtsanwälte zu regeln (→ Rn 21). **1**

Abs. 3 soll das Verhältnis zwischen den Verfahrensvorschriften des RVG und den Verfahrensvorschriften der jeweiligen Verfahrensordnung klären und dient insoweit der Klarstellung. **2**

II. Vergütungsanspruch

1. Vergütung. Für die anwaltliche Tätigkeit kann eine Vergütung verlangt werden, die sich aus Gebühren und Auslagen zusammensetzt. Die Gebühren sind im Vergütungsverzeichnis (Anlage 1 zu § 2 Abs. 2) geregelt. Davon abweichend kann jedoch in außergerichtlichen Angelegenheiten eine niedrigere Vergütung vereinbart werden (§ 4). Für Hilfeleistungen in Steuersachen gelten §§ 23–39 iVm §§ 10, 13 StBGebV entsprechend (§ 35). Auslagen sind die Tatbestände der Nr. 7000 ff VV, jedoch ist auch diese Aufzählung nicht abschließend, weil zusätzlich Ersatz nach § 675 iVm § 670 BGB für entstandene Aufwendungen verlangt werden kann (Vorbem. 7 Abs. 1 S. 2 VV). **3**

2. Dienstvertrag. Der Vergütungsanspruch setzt regelmäßig den Abschluss eines Vertrages zwischen dem Rechtsanwalt und dem Auftraggeber voraus; jedoch genügt der bloße Vertragsabschluss noch nicht, vielmehr muss die bestimmte anwaltliche Tätigkeit auch ausgeübt werden. Für den Vertragsabschluss gelten §§ 145 ff BGB, so dass es auch einer bestimmten Form nicht bedarf; jedoch empfiehlt sich gleichwohl schon aus Gründen der späteren Beweisführung die Schriftform. Der Vertrag kann daher auch durch schlüssiges Handeln zustande kommen.[2] Es wird regelmäßig von einem **Dienstvertrag** nach §§ 611, 675 BGB auszugehen sein, der eine entgeltliche Geschäftsbesorgung zum Gegenstand hat.[3] Ein **Werkvertrag** wird hingegen **4**

---

1 Vom 21.12.2015 (BGBl. I 2517).   **2** Gerold/Schmidt/*Müller-Rabe*, § 1 Rn 72; Mayer/Kroiß/*Mayer*, § 1 Rn 11.   **3** Gerold/Schmidt/*Müller-Rabe*, § 1 Rn 80; Mayer/Kroiß/*Mayer*, § 1 Rn 10.

nur in seltenen Fällen anzunehmen sein, nämlich dann, wenn der Rechtsanwalt einen bestimmten Erfolg herbeizuführen hat,[4] zB die Erstellung eines Rechtsgutachtens.

5   **3. Vergütungsgläubiger und -schuldner. Gläubiger** der Vergütung ist der vertraglich beauftragte Rechtsanwalt. Handelt es sich um eine Anwaltssozietät, wird der Vertrag regelmäßig mit allen der Sozietät angehörigen Mitgliedern geschlossen.[5] **Schuldner** der Vergütung ist der Auftraggeber, was auch gilt, wenn der Rechtsanwalt im Einverständnis des Auftraggebers einen anderen Rechtsanwalt beauftragt oder eine Rechtsschutzversicherung im Auftrag und in Vollmacht des Versicherungsnehmers den Rechtsanwalt beauftragt.[6] In den Fällen von PKH, VKH, Beratungshilfe oder in anderen Fällen gerichtlicher Bestellung oder Beiordnung schuldet die Staatskasse die Vergütung (§§ 44, 45), jedoch bei Beiordnung oder Bestellung nach § 138 FamFG, § 109 Abs. 3, § 119 a Abs. 6 StVollzG, § 67 a Abs. 1 S. 2 VwGO nur dann, wenn der Zahlungspflichtige mit der Zahlung der Vergütung in Verzug ist (§ 45 Abs. 2).

6   **4. Geltendmachung.** Der Rechtsanwalt kann unter den Voraussetzungen des § 11 die **Vergütungsfestsetzung** beantragen. Im Übrigen kann **Vergütungsklage** erhoben werden, der aber das Rechtsschutzbedürfnis fehlt, soweit die Vergütung im Festsetzungsverfahren nach § 11 geltend gemacht werden kann, anders aber, wenn die Festsetzung dort wegen der Erhebung nicht gebührenrechtlicher Einwendungen abgelehnt wird (§ 11 Abs. 5 S. 1). Besteht ein Rechtsschutzbedürfnis, kann die Vergütung auch im Mahnverfahren geltend gemacht werden.

7   **5. Erstattungspflicht des Gegners.** Die Erstattungspflicht des Gegners wird nicht durch das RVG geregelt, denn sie ergibt sich vielmehr aus materiell- oder verfahrensrechtlichen Vorschriften (vgl § 91 Abs. 2 ZPO, § 80 FamFG).

III. Sachlicher und persönlicher Geltungsbereich (Abs. 1)

8   **1. Sachlicher Geltungsbereich.** Das RVG findet nur Anwendung, wenn eine anwaltliche Tätigkeit erbracht wird (Abs. 1 S. 1). Hierzu ist auf die Bestimmungen von BRAO und BORA zurückzugreifen. Neben der anwaltlichen Unabhängigkeit ist maßgeblich darauf abzustellen, dass die Leistung rechtlichen Beistands im Vordergrund steht, sie also nicht in den Hintergrund treten oder keine praktische Bedeutung mehr spielen darf.[7]

9   Eine anwaltliche Tätigkeit liegt daher **nicht** vor bei Anlageberatung, Vermögensverwaltung oder kaufmännischer Buchführung.[8] Bei Maklertätigkeit liegt eine anwaltliche Tätigkeit nicht mehr vor, wenn der Rechtsanwalt im Rahmen der erbrachten Maklerleistungen seinem Auftraggeber rechtlichen Rat von nicht völlig unerheblicher Bedeutung zuteil werden lässt,[9] also die Vermittlung eines Grundstücksverkaufs ganz im Vordergrund steht.[10]

10   Die Tätigkeit als **Mediator** ist hingegen wegen der Regelung des § 34 als anwaltliche Tätigkeit anzusehen.

11   **2. Persönlicher Geltungsbereich. a) Allgemeines.** Das RVG ist anwendbar, wenn eine anwaltliche Tätigkeit erbracht wird durch
- Rechtsanwälte (Abs. 1 S. 1),
- Prozesspfleger nach §§ 57 und 58 ZPO (Abs. 1 S. 2),
- andere Mitglieder einer Rechtsanwaltskammer, Partnerschaftsgesellschaften und sonstige Gesellschaften (Abs. 1 S. 3).

12   Die Anwendung des RVG ist jedoch ausgeschlossen, wenn solche Personen Tätigkeiten erbringen, die in Abs. 2 genannt sind (→ Rn 19 ff). Wird eine anwaltliche Tätigkeit von anderen als in Abs. 1 genannten Personen erbracht, findet das RVG keine Anwendung. Das gilt auch für Steuerberater oder Wirtschaftsprüfer sowie für Inkassobüros, wenn hier kein Rentenberater (→ Rn 17) tätig geworden ist.

13   **b) Rechtsanwälte.** Maßgeblich sind die Regelungen der BRAO. Danach wird die Zulassung mit Aushändigung der Urkunde wirksam. Für einen Volljuristen, der weder als Rechtsanwalt zugelassen ist noch die Erlaubnis zur geschäftsmäßigen Besorgung fremder Rechtsangelegenheiten besitzt, kommt das RVG nicht zur Anwendung.[11]

14   Rechtsanwälte können auch dann nach dem RVG abrechnen, wenn sie als Prozesspfleger (§§ 57, 58 ZPO) tätig werden, so dass die Einschränkung des Abs. 2 insoweit nicht gilt.[12] Für Patentanwälte ist die Gebührenordnung für Patentanwälte anzuwenden. Wird ein Patentanwalt jedoch in den in § 1 Abs. 1 des Gesetzes

4 Hartung/Schons/Enders/*Enders*, § 1 Rn 12.   5 Mayer/Kroiß/*Mayer*, § 1 Rn 21.   6 Gerold/Schmidt/*Müller-Rabe*, § 1 Rn 123. 7 Mayer/Kroiß/*Mayer*, § 1 Rn 61.   8 Mayer/Kroiß/*Mayer*, § 1 Rn 62.   9 BGH MDR 1992, 617.   10 OLG Hamm 12.4.2011 – I-28 U 159/10, juris. 11 SG Würzburg RVGreport 2009, 195.   12 OLG Düsseldorf MDR 2009, 415.

über die Beiordnung von Patentanwälten bei Prozeßkostenhilfe[13] genannten Rechtsstreitigkeiten beigeordnet, gilt das RVG entsprechend.

c) Partnerschaftsgesellschaften. Erfasst sind Gesellschaften nach dem PartGG, so dass sämtliche ihr angehörende Rechtsanwälte für die anwaltliche Tätigkeit nach dem RVG abrechnen können. 15

d) Sonstige Gesellschaften. Zu den sonstigen Gesellschaften gehören Anwalts-AG, Anwalts-KGaA sowie 16 Anwaltsgesellschaften mbH.[14]

e) Andere Mitglieder einer Rechtsanwaltskammer. Gemäß $\S 4$ Abs. 1 S. 1 RDGEG gilt das RVG auch für 17 **Rentenberater**, also Personen, die nach $\S 10$ Abs. 1 S. 1 Nr. 2 RDG registriert sind. Danach kommt eine Registrierung nur in Betracht für

- Inkassodienstleistungen ($\S 2$ Abs. 2 S. 1 RDG),
- Rentenberatung auf dem Gebiet der gesetzlichen Renten- und Unfallversicherung, des sozialen Entschädigungsrechts, des übrigen Sozialversicherungs- und Schwerbehindertenrechts mit Bezug zu einer gesetzlichen Rente sowie der betrieblichen und berufsständischen Versorgung,
- Rechtsdienstleistungen in einem ausländischen Recht; ist das ausländische Recht das Recht eines EU-Mitgliedstaates oder eines anderen EWR-Vertragsstaates, auch auf dem Gebiet des Rechts der EUR und des EWR.

Das RVG gilt auch für **ausländische Anwälte**, wenn sie nach $\S 206$ BRAO oder $\S 2$ EuRAG in der Rechts- 18 anwaltskammer aufgenommen sind. Darüber hinaus auch für **Kammerrechtsbeistände** ($\S 209$ BRAO) oder **Prozessagenten**.[15]

IV. Unanwendbarkeit des RVG (Abs. 2)

Abs. 2 bestimmt die Tätigkeiten, für die das RVG keine Anwendung findet, auch wenn sie von einer in 19 Abs. 1 genannten Person erbracht werden. Es handelt sich nicht um eine abschließende Aufzählung, was aus dem Wortlaut „oder in ähnlicher Stellung" (s. Abs. 2 S. 2 aE) folgt, so dass auch ein als Liquidator tätiger Anwalt nicht nach dem RVG abrechnen kann.[16]

Im Einzelnen gilt das **RVG** danach **nicht** für die Tätigkeit als (**Abs. 1 S. 2**): Vormund; Betreuer; Pfleger, je- 20 doch mit Ausnahme des Prozesspflegers nach $\S\S 57, 58$ ZPO, für den das RVG gilt (Abs. 1 S. 2); Verfahrenspfleger; Verfahrensbeistand; Testamentsvollstrecker; Insolvenzverwalter; Sachwalter; Mitglied des Gläubigerausschusses; Nachlassverwalter; Zwangsverwalter; Treuhänder; Schiedsrichter. Auf die ausführlichen Erläuterungen der maßgeblichen Vergütungsregelungen in diesem Kommentar (Ziff. 26–29) wird verwiesen.

Das RVG findet nach **Abs. 2 S. 1** auch keine Anwendung auf die Tätigkeit eines **Syndikusrechtsanwalts** 21 nach $\S 46$ Abs. 2 BRAO. Mit der Regelung, die durch das Gesetz zur Neuordnung des Rechts der Syndikusanwälte und zur Änderung der Finanzgerichtsordnung[17] mWz 1.1.2016 eingefügt wurde, hat der Gesetzgeber auf die Rspr des BSG reagiert, wonach für Syndikusrechtsanwälte eine Befreiung von der Versicherungspflicht in der gesetzlichen Rentenversicherung zugunsten einer Versorgung in den berufsständischen Versorgungswerken nicht möglich sei.[18] Die Tätigkeiten von Syndikusrechtsanwälten sollen deshalb auf die Beratung und Vertretung in Rechtsangelegenheiten des Arbeitgebers beschränkt sein, was seinen Niederschlag in den Vertretungsverboten des $\S 46$ c BRAO gefunden hat. Der Gesetzgeber hat mit Abs. 2 S. 1 klarstellen wollen, dass sich die Vergütung des Syndikusrechtsanwalts nicht nach dem RVG richtet, obwohl es sich um anwaltliche Tätigkeit handelt. Anwendbar bleiben jedoch, zum Schutz der anwaltlichen Unabhängigkeit, die in $\S 49$ b BRAO geregelten berufsrechtlichen Beschränkungen, wie zB das Verbot eines Erfolgshonorars.[19]

Die Regelung des $\S 1835$ **Abs. 3** BGB bleibt unberührt (Abs. 2 S. 3), was für sämtliche von Abs. 2 S. 2 er- 22 fasste Tätigkeiten gilt. Wird daher ein Rechtsanwalt oder eine andere in Abs. 1 genannte Person tätig, kann sie auch solche Dienste, die zu ihrem Gewerbe oder seinem Beruf gehören, als **Aufwendungen** geltend machen. Das gilt insb. für solche Tätigkeiten, die ein nach Abs. 2 tätiger Anwalt zu erbringen hat, für die ein Laie in gleicher Lage vernünftigerweise einen Rechtsanwalt zuziehen würde.[20]

V. Verfahrensvorschriften bei Rechtsbehelfen nach dem RVG (Abs. 3)

Abs. 3 stellt klar, dass die Vorschriften des RVG über die Erinnerung oder Beschwerde den allgemeinen Vor- 23 schriften der Verfahrensordnungen (zB FamFG, StPO, ZPO) vorgehen. Entsprechende Vorschriften finden

---

13 Vom 7.9.1966 (BGBl. I 557, 585), zul. geänd. d. Art. 5 Abs. 15 G v. 10.10.2013 (BGBl. I 3799). **14** Hartung/Schons/Enders/ *Enders*, $\S 1$ Rn 92. **15** Hartung/Schons/Enders/*Enders*, $\S 1$ Rn 94. **16** BGH NJW 1998, 3567 = MDR 1998, 1435. **17** Art. 5 G v. 21.12.2015 (BGBl. I 2517, 2521). **18** BSG NJW 2014, 2743. **19** BT-Drucks 18/5201, S. 40. **20** BGH MDR 2012, 1066.

sich insb. in § 33 Abs. 3–9 wegen der Beschwerde gegen die Wertfestsetzung für Rechtsanwaltsgebühren und in § 56 wegen der Erinnerung und Beschwerde gegen die Festsetzung der aus der Staatskasse zu zahlenden Vergütung. Richten sich die Einwendungen gegen den Ansatz der nach § 59 Abs. 1 auf die Staatskasse übergegangenen Ansprüche, gelten wegen § 59 Abs. 2 S. 1 die Vorschriften über die Kosten des gerichtlichen Verfahrens entsprechend, so dass die Regelungen des GKG, FamGKG, GNotKG über die Erinnerung und Beschwerde gelten, die jedoch wegen § 1 Abs. 5 GKG, § 1 Abs. 2 FamGKG, § 1 Abs. 6 GNotKG gleichfalls den allgemeinen Verfahrensvorschriften vorgehen.

24 Weichen die Regelungen der §§ 33, 56 von den Vorschriften der jeweiligen Verfahrensordnung ab, gehen §§ 33, 56 als Spezialvorschriften vor.[21] Im Übrigen gelten die Regelungen der jeweiligen Verfahrensordnungen.

25 So können Beschwerde oder Erinnerung nach §§ 33, 56 auch ohne anwaltliche Mitwirkung oder zu Protokoll der Geschäftsstelle erklärt werden, auch wenn in dem Verfahren Anwaltszwang besteht (§ 33 Abs. 7 S. 1, ggf iVm § 56 Abs. 2 S. 1). Die Regelungen der Verfahrensvorschriften über die Bevollmächtigung gelten nach § 33 Abs. 7 S. 2, ggf iVm § 56 Abs. 2 S. 1, nur, wenn gleichwohl eine anwaltliche Vertretung erfolgt. Abweichend von den Verfahrensordnungen findet die Beschwerde nach §§ 33, 56 zudem stets statt, wenn der Beschwerdewert 200,00 € übersteigt, auch wenn es sich um vermögensrechtliche Angelegenheiten handelt, so dass abweichende höhere Zulässigkeitswerte (zB § 61 Abs. 1 FamFG, § 511 Abs. 2 ZPO) nicht gelten.

26 In **Familiensachen** besteht abweichend von § 68 Abs. 1 S. 2 FamFG ein Abhilferecht, weil § 33 Abs. 4 S. 1, ggf iVm § 56 Abs. 2 S. 1, vorgeht.

27 Wegen Abs. 3 sind auch die Vorschriften der Verfahrensordnungen über die Kostentragung (zB §§ 80 ff FamFG, §§ 464 StPO, §§ 91 ff ZPO) nicht anwendbar, weil hier § 33 Abs. 9 S. 2, § 56 Abs. 2 S. 3 vorgehen und die Erstattung von Kosten danach ausdrücklich ausgeschlossen ist.

§ 2 Höhe der Vergütung

(1) Die Gebühren werden, soweit dieses Gesetz nichts anderes bestimmt, nach dem Wert berechnet, den der Gegenstand der anwaltlichen Tätigkeit hat (Gegenstandswert).
(2) [1]Die Höhe der Vergütung bestimmt sich nach dem Vergütungsverzeichnis der Anlage 1 zu diesem Gesetz. [2]Gebühren werden auf den nächstliegenden Cent auf- oder abgerundet; 0,5 Cent werden aufgerundet.

I. Allgemeines

1 Aus Abs. 1 ergibt sich die **Legaldefinition** für den **Gegenstandswert** und ist der Grundsatz abzuleiten, dass sich die Gebühren des Anwalts nach dem Wert berechnen, den der Gegenstand der anwaltlichen Tätigkeit hat. Ergänzend dazu regelt Abs. 2 S. 1, dass sich die Höhe der Vergütung nach dem Vergütungsverzeichnis der Anlage 1 richtet. Abs. 2 S. 2 bestimmt, dass Gebühren auf den nächstliegenden Cent auf- oder abgerundet werden. Der in Abs. 1 geregelte Grundsatz ergibt sich auch aus allen weiteren Kostengesetzen (§ 3 Abs. 1 GKG, § 3 Abs. 1 FamGKG, § 3 Abs. 1 GNotKG). Soweit Abs. 2 S. 1 wegen der Höhe der Gebühren auf das Vergütungsverzeichnis verweist, entspricht dies ebenfalls der Struktur der übrigen Kostengesetze zum Zwecke der Vereinheitlichung aller Gebührentatbestände in einem Vergütungsverzeichnis.

II. Grundsatz der Abrechnung nach Wertgebühren (Abs. 1)

2 Die Höhe der Gebühren für die anwaltliche Tätigkeit iSd § 1 Abs. 1 richtet sich grds. nach dem Gegenstandswert. Für Tätigkeiten nach § 1 Abs. 2 ist die Regelung des Abs. 1 nicht maßgeblich. Die Tätigkeit des Anwalts bestimmt sich auch dann nicht nach dem Gegenstandswert, wenn sich aus dem RVG abweichende Regelungen ergeben.

3 Ist nach dem Gegenstandswert abzurechnen, so ergibt sich die Höhe der Gebühren aus dem Vergütungsverzeichnis der Anlage 1 (**Abs. 2 S. 1**).

4 Wertgebühren kommen in nahezu allen Gerichtsbarkeiten vor. Ausnahme sind die in Teil 6 VV geregelten „Sonstigen Verfahren":
- Teil 6 Abschnitt 1 VV: Verfahren nach dem Gesetz über die internationale Rechtshilfe in Strafsachen und Verfahren nach dem Gesetz über die Zusammenarbeit mit dem Internationalen Strafgerichtshof;

---

[21] BT-Drucks 17/11471 (neu), S. 266 iVm S. 154.

■ Teil 6 Abschnitt 2 VV: Disziplinarverfahren, berufsgerichtliche Verfahren wegen der Verletzung einer Berufspflicht;

■ Teil 6 Abschnitt 3 VV: gerichtliche Verfahren bei Freiheitsentziehung und in Unterbringungssachen nach § 312 FamFG und bei Unterbringungsmaßnahmen nach § 151 Nr. 6 und 7 FamFG;

■ Teil 6 Abschnitt 4 VV: gerichtliche Verfahren nach der Wehrbeschwerdeordnung;

■ Teil 6 Abschnitt 5 VV: Einzeltätigkeiten und Verfahren nach Aufhebung oder Änderung einer Disziplinarmaßnahme.

III. Anderweitige Bestimmungen

Die Gebühren richten sich nach dem Gegenstandswert, soweit das RVG „nichts anderes bestimmt" (Abs. 1). 5

1. § 3 (Gebühren in sozialrechtlichen Angelegenheiten). In Verfahren vor den Gerichten der Sozialgerichtsbarkeit, in denen das Gerichtskostengesetz nicht anzuwenden ist, entstehen Betragsrahmengebühren (§ 3 Abs. 1 S. 1). § 3 Abs. 1 enthält den Grundsatz, dass in sozialrechtlichen Angelegenheiten Betragsrahmengebühren erhoben werden, es sei denn, das GKG ist anwendbar. Ungeachtet dessen bestimmt § 3 Abs. 1 S. 2, dass in sonstigen Verfahren die Gebühren nach dem Gegenstandswert berechnet werden, wenn der Auftraggeber nicht zu den in § 183 SGG genannten Personen gehört. Darüber hinaus ist auch im Verfahren nach § 201 Abs. 1 SGG eine Abrechnung nach dem Gegenstandswert vorgesehen. Das gilt ausdrücklich auch für Verfahren wegen überlanger Gerichtsverfahren gem. § 202 S. 2 SGG. 6

2. § 3 a (Vergütungsvereinbarung). Anderweitige Bestimmung gegenüber dem Grundsatz, dass die Gebühren nach dem Wert des Gegenstands der anwaltlichen Tätigkeit abzurechnen sind, ist § 3 a, wonach eine Vereinbarung über die Vergütung des Rechtsanwalts getroffen werden kann. § 3 a schließt eine Abrechnung nach dem Gegenstandswert allerdings nicht aus. Auch einer Vergütungsvereinbarung kann eine Abrechnung nach dem Gegenstandswert immanent sein. 7

3. Nr. 1009 VV (Hebegebühr). Auch Hebegebühren nach Nr. 1009 VV werden nach dem Gegenstandswert berechnet; sie richten sich allerdings nicht nach den Gebührenbeträgen der §§ 13, 49, sondern nach gestaffelten Prozentsätzen. 8

4. Nr. 2500 ff VV (Beratungshilfegebühren). Bei der Beratungshilfe entstehen ausschließlich Festgebühren nach den Nr. 2500–2508 VV und keine Wertgebühren. Abs. 1 ist unanwendbar. 9

5. Nr. 4100 ff VV und Nr. 5100 ff VV (Straf- und Bußgeldsachen). In Straf- und Bußgeldsachen entstehen grds. Betragsrahmengebühren für den Wahlanwalt und Festgebühren für den gerichtlich bestellten oder beigeordneten Rechtsanwalt. Bei Einziehung und verwandten Maßnahmen, vermögensrechtlichen Ansprüchen des Verletzten oder seines Erben, in Berufungs- oder Revisionsverfahren über vermögensrechtliche Ansprüche des Verletzten oder seines Erben, in Verfahren über die Beschwerde gegen den Beschluss, mit dem nach § 406 Abs. 5 S. 2 StPO von einer Entscheidung abgesehen wird, und in Verfahren über einen Antrag auf gerichtliche Entscheidung über die Beschwerde gegen eine den Rechtszug beendende Entscheidung nach §§ 25 Abs. 1 S. 3–5, 13 StRehaG entstehen allerdings Wertgebühren (vgl Nr. 4142 ff VV). 10

6. § 34 (Beratung, Gutachten und Mediation). Trifft der Rechtsanwalt für eine Beratung, für die Ausarbeitung eines schriftlichen Gutachtens und für die Tätigkeit als Mediator keine Vereinbarung, so ist der Rechtsanwalt berechtigt, eine Vergütung nach dem BGB zu verlangen (§§ 612, 632 BGB). Die Höhe seiner Vergütung richtet sich insoweit nicht nach dem Wert des Gegenstands. Soweit der Auftraggeber Verbraucher ist, beträgt die Gebühr für die Beratung oder für die Ausarbeitung eines schriftlichen Gutachtens höchstens 250 €. Für ein erstes Beratungsgespräch beträgt die Gebühr jedoch höchstens 190 €. Auch insoweit handelt es sich um gesetzlich geregelte Ausnahmen zu dem Grundsatz, dass sich die Gebühren des Rechtsanwalts nach dem Wert des Gegenstands bemessen. 11

7. § 35 (Hilfeleistung in Steuersachen). Für die Hilfeleistung bei der Erfüllung allgemeiner Steuerpflichten und bei der Erfüllung steuerlicher Buchführungs- und Aufzeichnungspflichten gelten gem. § 35 die §§ 23–39 iVm §§ 10, 13 StBVV entsprechend. Den durch die Verweisung in Bezug genommenen Vorschriften der StBVV liegt überwiegend eine Abrechnung nach dem Gegenstandswert zugrunde; zT ist hier auch nach Zeitaufwand abzurechnen. 12

IV. Gegenstandswert

1. Definition. Gegenstandswert ist der Wert, den der Gegenstand der anwaltlichen Tätigkeit hat. Was „Gegenstand der anwaltlichen Tätigkeit" bedeutet und nach welchen Kriterien sich der Gegenstand festlegen lässt, regelt Abs. 1 nicht. Aus § 13 kann hergeleitet werden, dass es sich bei dem Gegenstandswert um einen **Geldbetrag in Euro** handeln muss, der den abstrakten Gegenstand der anwaltlichen Tätigkeit bemisst, um 13 eine Abrechnung nach dem Gegenstandswert überhaupt zu ermöglichen. Aus Abs. 1 iVm § 13 Abs. 1 lässt sich insoweit folgende Definition bestimmen:

14 Hat der Anwalt seine Gebühren nach dem Wert des Gegenstands abzurechnen, so ist der Gegenstand der anwaltlichen Tätigkeit in Euro zu bemessen. Die Werte mehrerer Gegenstände sind grds. zusammenzurechnen, wobei der Wert in derselben Angelegenheit höchstens 30 Mio. € beträgt (bei mehreren Auftraggebern bis 100 Mio. €), soweit kein niedrigerer Höchstwert gesetzlich bestimmt ist (§ 22 Abs. 1).

15 **2. Wertermittlung.** Wie der Gegenstandswert im Übrigen zu ermitteln ist, ergibt sich aus den §§ 22 ff.

16 **a) Gerichtliches Verfahren.** Im gerichtlichen Verfahren ist für die Ermittlung des Gegenstandswerts der für die Gerichtsgebühren maßgebende
- Streitwert (§ 3 Abs. 1 GKG),
- Verfahrenswert (§ 3 Abs. 1 FamGKG),
- Geschäftswert (§ 3 Abs. 1 GNotKG)

zugrunde zu legen (§§ 23 Abs. 1 S. 1, 32 Abs. 1). Soweit im gerichtlichen Verfahren keine oder Festgebühren erhoben werden, so ist der Wert des Gegenstands für die Abrechnung der anwaltlichen Tätigkeit dennoch dem GKG oder dem FamGKG zu entnehmen, es sei denn, das RVG hält vorrangige Regelungen über den Gegenstandswert vor, wie dies zB gem. § 25 bei der Vollstreckung und der Vollziehung der Fall ist.

17 **b) Außergerichtliche Tätigkeit.** Der für die Gerichtsgebühren maßgebliche Wert gilt auch für die außergerichtliche Tätigkeit des Anwalts, wenn der Gegenstand der anwaltlichen Tätigkeit auch Gegenstand eines gerichtlichen Verfahrens sein kann (§ 23 Abs. 1 S. 2).

18 **c) Entsprechende Anwendung der bestimmter Vorschriften des GNotKG.** Ist § 23 Abs. 1 nicht einschlägig und lässt sich der Gegenstandswert auch nicht aus Abschnitt 4 des RVG („Gegenstandswert") unmittelbar herleiten, dann gelten in anderen Angelegenheiten für den Gegenstandswert die Bewertungsvorschriften des GNotKG, die §§ 37, 38, 42–45 sowie 99–102, entsprechend. Sind die Vorschriften des GNotKG nicht einschlägig, dann ist der Wert nach billigem Ermessen zu bestimmen.

19 **d) Auffangregelwert.** Fehlen ausreichende Anhaltspunkte für die Bestimmung nach billigem Ermessen, ist in Ermangelung genügender tatsächlicher Anhaltspunkte für eine Schätzung und bei nicht vermögensrechtlichen Angelegenheiten der Gegenstandswert für die anwaltliche Tätigkeit mit 5.000 € zu bemessen.

20 **e) Abweichung vom Auffangregelwert und Höchstwert.** Dieser Wert kann nach Lage des Falls niedriger oder höher angesetzt werden, jedoch nicht über 500.000 € liegen (§ 23 Abs. 3 S. 2). Soweit das RVG vom „Gegenstandswert" spricht, ist stets der **Gebührenwert**, also derjenige Wert gemeint, nach dem sich die Abrechnung der anwaltlichen Tätigkeit vollzieht.

21 **3. Hinweis des Anwalts auf die Abrechnung nach dem Gegenstandswert.** Liegen die Voraussetzungen des Abs. 1 vor, so hat der Rechtsanwalt vor Übernahme des Auftrags auf eine Abrechnung nach dem Gegenstandswert hinzuweisen (§ 49 b Abs. 5 BRAO).

22 **4. Anwaltliche Tätigkeit und Höhe der Vergütung.** Für die Bestimmung der anwaltlichen Tätigkeit ist der erteilte Auftrag maßgeblich. Die Höhe der Vergütung richtet sich nach dem Vergütungsverzeichnis (Abs. 2 S. 1) und bestimmt sich im Übrigen nach §§ 13, 49.

23 **5. Zeitpunkt für die Bewertung des Gegenstandswerts.** In gerichtlichen Verfahren ist über Abs. 1 S. 1 auf § 40 GKG, § 34 FamGKG oder § 59 GNotKG abzustellen (§ 23 Abs. 1 S. 1). Maßgebend ist der Zeitpunkt der Einreichung der Klage, eines Rechtsmittels oder eines sonstigen Antrags. Spätere Wertveränderungen sind hier daher unerheblich. Für die außergerichtliche Tätigkeit fehlt eine entsprechende Regelung, so dass hier Wertveränderungen von Bedeutung sind.[1]

24 **6. Gesonderte Gegenstandswertermittlung für die Gebührentatbestände.** Für die jeweils ausgelösten Gebührentatbestände ist der Gegenstandswert der anwaltlichen Tätigkeit gesondert zu ermitteln. Soweit mehrere Gebührentatbestände entstanden sind, kann auch nach verschiedenen Gegenstandswerten abzurechnen sein.

25 **Beispiel:** Die Ehefrau verlangt vom Ehemann im Stufenverfahren Auskunft und Zahlung eines Zugewinnausgleichsanspruchs. In der Auskunftsstufe wird mündlich verhandelt. Danach wird das Verfahren für erledigt erklärt und durch Beschluss gem. § 91 a ZPO (§ 113 Abs. 1 S. 2 FamFG) entschieden. Die Zahlungserwartung der Ehefrau entsprach 5.000 €.

Der Verfahrenswert für das Stufenverfahren beträgt 5.000 €. Die Verfahrensgebühr des Anwalts ist aus dem Verfahrenswert iHv 5.000 € abzurechnen. Soweit mündlich verhandelt worden ist, war nur die Auskunftsstufe betroffen. Der Wert für die Auskunft entspricht etwa einem Viertel des Werts des Leistungsantrags, mithin einem Betrag

---

1 S. zB OLG Nürnberg AGS 2002, 232 = OLGR 2002, 248.

iHv 1.500 €, so dass die Terminsgebühr des Rechtsanwalts nur nach einem Wert iHv 1.500 € ausgelöst worden ist. Dieser Wert ist ggf auf Antrag nach § 33 gesondert festzusetzen.

V. Auf- bzw Abrundung auf den nächstliegenden Cent (Abs. 2 S. 2)

Gebühren sind auf den nächstliegenden Cent auf- oder abzurunden. Gebühren sind nur ein Teil der Vergütung (§ 1 Abs. 1 S. 1). In Abs. 2 sind ausdrücklich nur Gebühren erwähnt. Deshalb ist dem Gesetzgeber zu unterstellen, dass Auslagen von der Rundungsbestimmung nicht erfasst sein sollen, auch wenn Rspr und Lit. in der Praxis abweichend verfahren. Die Regelung des RVG entspricht dem kaufmännischen Runden: Bis 0,4 Cent wird abgerundet, ab 0,5 Cent wird auf den nächsten vollen Cent aufgerundet.

§ 3 Gebühren in sozialrechtlichen Angelegenheiten

(1) [1]In Verfahren vor den Gerichten der Sozialgerichtsbarkeit, in denen das Gerichtskostengesetz nicht anzuwenden ist, entstehen Betragsrahmengebühren. [2]In sonstigen Verfahren werden die Gebühren nach dem Gegenstandswert berechnet, wenn der Auftraggeber nicht zu den in § 183 des Sozialgerichtsgesetzes genannten Personen gehört; im Verfahren nach § 201 Absatz 1 des Sozialgerichtsgesetzes werden die Gebühren immer nach dem Gegenstandswert berechnet. [3]In Verfahren wegen überlanger Gerichtsverfahren (§ 202 Satz 2 des Sozialgerichtsgesetzes) werden die Gebühren nach dem Gegenstandswert berechnet.

(2) Absatz 1 gilt entsprechend für eine Tätigkeit außerhalb eines gerichtlichen Verfahrens.

I. Rechtliche Einordnung

Der Gesetzgeber der ersten Rechtsanwaltsgebührenordnung 1879 hat grds. eine Anknüpfung der Vergütung an den Gegenstandswert vorgesehen. Diese findet sich in § 2. Eine Ausnahme galt schon immer für das Strafrecht, wo Betragsrahmengebühren entstanden. 1957 wurden mit der Schaffung besonderer Regelungen für das sozialgerichtliche Verfahren für bestimmte Teile des Sozialrechts anstelle streitwertbezogener Gebühren ebenfalls **Betragsrahmengebühren** vorgesehen.

Der Regelungszweck war, anwaltliche Leistung im sozialrechtlichen Bereich für bedürftige Rechtsuchende bezahlbar zu erhalten. Im Sozialrecht geht es häufig um Leistungen aufgrund von Dauerschuldverhältnissen, etwa im SGB VI, oder um hochwertige Leistungen, etwa im SGB V. Eine Abrechnung nach dem Gegenstandswert würde deshalb hohe Gebühren bewirken. Dagegen ist der Leistungsberechtigte häufig in einer wirtschaftlich schwachen Position und im Rahmen des Anwaltsvertrages wenig leistungsfähig. Diese Vorstellung des Gesetzgebers ist angesichts der Kostendeckung durch Rechtsschutzversicherungen und die Gewährung von Beratungs- und Prozesskostenhilfe heute im Grunde überholt.

Der Gesetzgeber hat neben der Kostenfreiheit auch nur geringe Gebühren für Leistungen auf dem sozialrechtlichen Gebiet vorgesehen.[1] Das ist problematisch, weil die Gebühren in vielen Fällen kaum kostendeckend ausgestaltet sind und zugleich durch die Schaffung der Fachanwaltschaft Sozialrecht eine Kanalisierung der anwaltlichen Leistungserbringung auf einen Kreis von Spezialisten erfolgt, denen zugleich die Möglichkeit der Quersubventionierung nicht kostendeckender Mandate durch hoch vergütete Mandate fehlt. Das 2. KostRMoG 2013 hat daher aus verfassungsrechtlichen Gründen eine deutliche – wenn auch kaum ausreichende – Anhebung der Gebühren nach § 3 vorgesehen.

II. Anwendungsbereich

Abs. 1 ist dem Wortlaut nach anwendbar auf bestimmte **sozialgerichtliche Verfahren**. Die Formulierung ist der BRAGO entnommen, die die Gebühren im Sozialrecht ausschließlich für den gerichtlichen Bereich vorgesehen hatte, so dass die außergerichtliche Tätigkeit im Wege der Analogie auf Betragsrahmengebühren beschränkt worden war. Das war verfassungsrechtlich bedenklich, weil es sich um die Berufsausübung einschränkende Regelungen handelt. In **Abs. 2** ist deshalb bestimmt, dass die den gerichtlichen Verfahren vorausgehenden **außergerichtlichen Tätigkeiten** ebenfalls mit Betragsrahmengebühren abgegolten werden sollen.

Abs. 1 S. 1 stellt eine Ausnahme vom Grundsatz der Abrechnung nach Wertgebühren dar. Das ergibt sich nicht nur aus § 2, sondern auch aus Abs. 1 S. 2. Danach ist in allen Verfahren ohne Gerichtskostenbefreiung auch vor den Sozialgerichten nach Wertgebühren abzurechnen. Weil die Regelung eine (weitere) Ein-

---

[1] Weiterführend *Hinne*, Anwaltsvergütung im Sozialrecht, 2. Aufl. 2013, Einleitung.

schränkung der Berufsausübungsfreiheit darstellt, kann sie **nicht erweitert ausgelegt** werden. Im Zweifel ist die Vergütung nach der allgemeinen Vorschrift des § 2 zu bestimmen.

6   Abs. 1 S. 1 verweist durch die Formulierung „… Verfahren …, in denen das Gerichtskostengesetz nicht anzuwenden ist", auf § 197 a Abs. 1 SGG, der wiederum auf § 183 SGG verweist. Begünstigt werden deshalb alle Leistungsempfänger von Sozial- und Sozialversicherungsleistungen, gleichgestellte Personen und Behinderte sowie Sonderrechtsnachfolger nach § 56 SGB I. Weiter werden alle Personen begünstigt, die mit dem Ziel streiten, einen Status zu erhalten, der ihnen den Bezug von Leistungen ermöglichen würde. Zu den kostenbefreiten Verfahren gehören deshalb nicht nur Verfahren über **Leistungsstreitigkeiten**, sondern auch **Statusstreitverfahren**.

§ 183 SGG

[1]Das Verfahren vor den Gerichten der Sozialgerichtsbarkeit ist für Versicherte, Leistungsempfänger einschließlich Hinterbliebenenleistungsempfänger, behinderte Menschen oder deren Sonderrechtsnachfolger nach § 56 des Ersten Buches Sozialgesetzbuch kostenfrei, soweit sie in dieser jeweiligen Eigenschaft als Kläger oder Beklagte beteiligt sind. [2]Nimmt ein sonstiger Rechtsnachfolger das Verfahren auf, bleibt das Verfahren in dem Rechtszug kostenfrei. [3]Den in Satz 1 und 2 genannten Personen steht gleich, wer im Falle des Obsiegens zu diesen Personen gehören würde. [4]Leistungsempfängern nach Satz 1 stehen Antragsteller nach § 55 a Absatz 2 Satz 1 zweite Alternative gleich. [5]§ 93 Satz 3, § 109 Abs. 1 Satz 2, § 120 Abs. 2 Satz 1 und § 192 bleiben unberührt. [6]Die Kostenfreiheit nach dieser Vorschrift gilt nicht in einem Verfahren wegen eines überlangen Gerichtsverfahrens (§ 202 Satz 2).

§ 184 SGG

(1) [1]Kläger und Beklagte, die nicht zu den in § 183 genannten Personen gehören, haben für jede Streitsache eine Gebühr zu entrichten. [2]Die Gebühr entsteht, sobald die Streitsache rechtshängig geworden ist; sie ist für jeden Rechtszug zu zahlen. [3]Soweit wegen derselben Streitsache ein Mahnverfahren (§ 182 a) vorausgegangen ist, wird die Gebühr für das Verfahren über den Antrag auf Erlass eines Mahnbescheids nach dem Gerichtskostengesetz angerechnet.

(2) Die Höhe der Gebühr wird für das Verfahren

–   vor den Sozialgerichten auf 150 Euro,

–   vor den Landessozialgerichten auf 225 Euro,

–   vor dem Bundessozialgericht auf 300 Euro

festgesetzt.

(3) § 2 des Gerichtskostengesetzes gilt entsprechend.

§ 197 a SGG

(1) [1]Gehört in einem Rechtszug weder der Kläger noch der Beklagte zu den in § 183 genannten Personen oder handelt es sich um ein Verfahren wegen eines überlangen Gerichtsverfahrens (§ 202 Satz 2), werden Kosten nach den Vorschriften des Gerichtskostengesetzes erhoben; die §§ 184 bis 195 finden keine Anwendung; die §§ 154 bis 162 der Verwaltungsgerichtsordnung sind entsprechend anzuwenden. [2]Wird die Klage zurückgenommen, findet § 161 Abs. 2 der Verwaltungsgerichtsordnung keine Anwendung.

(2) [1]Dem Beigeladenen werden die Kosten außer in den Fällen des § 154 Abs. 3 der Verwaltungsgerichtsordnung auch auferlegt, soweit er verurteilt wird (§ 75 Abs. 5). [2]Ist eine der in § 183 genannten Personen beigeladen, können dieser Kosten nur unter den Voraussetzungen von § 192 auferlegt werden. [3]Aufwendungen des Beigeladenen werden unter den Voraussetzungen des § 191 vergütet; sie gehören nicht zu den Gerichtskosten.

(3) Die Absätze 1 und 2 gelten auch für Träger der Sozialhilfe, soweit sie an Erstattungsstreitigkeiten mit anderen Trägern beteiligt sind.

7   Ist eine solche Person am Verfahren beteiligt, wird das Verfahren für alle Beteiligten **kostenbefreit**. Aus der Formulierung von Abs. 1 S. 1 wird deshalb geschlossen, dass auch bei der Vertretung des Verfahrensgegners der Personen, für die Kostenbefreiung gilt, nur die Gebühren nach § 3 abrechenbar sind.

8   Ist § 3 anwendbar, **verdrängt** er die Abrechnung nach § 2 vollständig. Die Gebührenrahmen stehen unverändert fest; es ist ausschließlich nach Vorschriften abzurechnen, die Rahmengebühren vorsehen. Das gilt auch dann, wenn die Abrechnung nach Wertgebühren im Einzelfall günstiger wäre oder der Gesetzgeber (zB bei Kostenbeschwerden und in der Zwangsvollstreckung; hier aber eingeschränkt durch Abs. 1 S. 2 Hs 2, → Rn 16) bei Abrechnung nach Wertgebühren geringere Gebührenfaktoren festgelegt hat, während im Sozialrecht die Rahmen einheitlich gestaltet sind. Wegen des geringen Gebührensatzes und der fehlenden Quersubventionierung der Rahmengebühren wäre eine weitere Herabsetzung sachlich auch nicht gerechtfertigt.[2]

---

2 AA *Hartmann*, KostG, § 3 RVG Rn 5.

Die Gebührenbegrenzung durch § 3 gilt in der gesamten Angelegenheit, jedoch nicht über diese hinaus. **9**
Siehe dazu die Erl. zu §§ 15 ff.

III. Betragsrahmengebühren (Abs. 1 S. 1)

In der BRAGO war eine einheitliche Pauschgebühr für das gesamte gerichtliche Verfahren vorgesehen – **10**
eine Unterscheidung in Verfahrens- und Terminsgebühr gab es nicht. Vielmehr stand für jede Bearbeitung
der Angelegenheit immer der ungeteilte Rahmen zur Verfügung. Heute sind die Gebühren aufgespalten in
Verfahrens- und in Terminsgebühren. Das führt, soweit der Gesetzgeber des RVG 2013 fiktive Terminsgebühren im Verfahren mit Entscheidung durch Gerichtsbescheid, in denen eine mündliche Verhandlung
nicht beantragt werden kann, vorgesehen hat, zu einer Verminderung der Gebühren gegenüber dem Stand
der BRAGO.

Betragsrahmengebühren ergeben sich nach dem RVG insb. aus **11**
- Nr. 2302 VV für die außergerichtliche Rechtsvertretung,
- Nr. 3102 und 3106 VV für die Tätigkeit in der ersten Instanz,
- Nr. 3204, 3205 VV für die Tätigkeit in der Berufungsinstanz,
- Nr. 3212, 3213 VV für die Tätigkeit in der Revisionsinstanz,
- Nr. 1010 VV für besonders umfangreiche Beweisaufnahmen,
- Nr. 2102, 2103 VV für die Beratung über Rechtsmittel,
- Nr. 3335 VV für Verfahren über den Prozesskostenhilfeantrag und
- den Beschwerdegebühren Nr. 3501, 3511, 3512, 3515, 3517 und 3518 VV.
- Daneben gibt es Betragsrahmengebühren für Einigung und Erledigung (Nr. 1005–1007 VV).
- Auch die Mehrvertretungsgebühr Nr. 1008 VV ist auf Betragsrahmengebühren anzuwenden.

Das RVG idF **ab 1.8.2013** (2. KostRMoG) hat bei den sozialrechtlichen Gebühren eine Vereinheitlichung **12**
mit den Wertgebühren vorgenommen. So wurde die gesonderte Regelung der Gebühren in Verfahren nach
§ 3 in Teil 2 Abschnitt 4 VV (Nr. 2400, 2401 VV [aF]) aufgegeben und die Geschäftsgebühr in den Abschnitt 3 integriert. Die Regelung insb. der Voraussetzungen der Terminsgebühr Nr. 3106 VV wurde an die
Terminsgebühr in Verfahren nach Wertgebühren angepasst.

Für die konkrete **Bemessung** von Betragsrahmengebühren gilt **§ 14 Abs. 1** uneingeschränkt (→ § 14 Rn 2; **13**
zu den Bemessungskriterien im Einzelnen → § 14 Rn 5 ff).[3] Dabei obliegt die Bestimmung der Gebühr dem
abrechnenden bzw liquidierenden Rechtsanwalt, der die konkrete Gebühr in jedem Einzelfall unter Bewertung der Regelkriterien des § 14 Abs. 1 und aller die Bearbeitung prägenden Umstände nach seinem Ermessen zu bestimmen hat. Die Gesetzesformulierung verbietet deshalb jede Formalisierung[4] (wie sie bspw mit
dem „Kieler Kostenkästchen" und anderen, bei einzelnen Gerichten verwendeten Schemata erfolgte) und
jede Pauschalisierung (wie bei der Begrenzung der Abrechnung von Untätigkeitsklagen).[5]

Bei der **Kostenerstattung** und der Vergütung des im Wege der **Prozesskostenhilfe** beigeordneten Rechtsan- **14**
walts gilt § 14 Abs. 1 S. 2, so dass nur eine Überprüfung auf Unbilligkeit vorzunehmen ist. Bei der Vergütung des beigeordneten Rechtsanwalts ist der Gebührenrahmen mit dem des Wahlanwalts identisch; eine
Regressionsverflachung, wie bei den Wertgebühren, ist nicht vorgesehen und wäre, weil die Gebühren ohnehin besonders niedrig ausgestaltet sind und damit dem bedürftigen Auftraggeber Rechnung tragen, auch
nicht sachgerecht. Auch bei der Kostenerstattung ist grds. von der Bestimmung der Gebühr durch den
Rechtsanwalt im Einzelfall auszugehen.

IV. Wertgebühren (Abs. 1 S. 2)

Wertgebühren sind in allen **nicht kostenbefreiten Verfahren** abzurechnen. Dazu gehören insb. das Vertrags- **15**
arztrecht, Streitigkeiten unter Leistungsträgern und Behörden über Leistungsausgleiche und alle weiteren
Verfahren, die der Zuständigkeit der Sozialgerichte unterstellt sind, aber für die keine Kostenbefreiung gilt.
Die Gebührenbemessung erfolgt wie bei allen Angelegenheiten, die nach § 2 abzurechnen sind.

Zudem sind Wertgebühren nach Abs. 1 S. 2 **Hs 2** auch dann abzurechnen, wenn es sich zwar um ein Ver- **16**
fahren handelt, das zwar in der Hauptsache nach Abs. 1 S. 1 mit Betragsrahmengebühren abzurechnen ist,
in dem jedoch nach § 201 Abs. 1 SGG im Rahmen der Zwangsvollstreckung **Zwangsgelder** zur Durchsetzung der der Behörde auferlegten Verpflichtung festgesetzt werden müssen. Hier gelten die allgemeinen Re-

3 LSG NRW 26.4.2007 – L 7 B 36/07 AS; LSG NRW 7.12.2007 – L 18 B 9/06 R; s. ferner *Hinne*, Anwaltsvergütung im Sozialrecht, § 2 Rn 127–145. **4** AA Gerold/Schmidt/*Mayer*, § 3 Rn 10. **5** LSG NRW 5.5.2008 – L 19 B 24/08 AS; s. auch *Hinne*, Anwaltsvergütung im Sozialrecht, § 3 Rn 157 ff.

gelungen zur Bemessung des Gegenstandswerts in der Zwangsvollstreckung (§ 25 Abs. 1 Nr. 3) und zur Bemessung des Gebührenfaktors (Teil 3 Abschnitt 3 Unterabschnitt 3 VV = Nr. 3309, 3310 VV).

V. Vorgerichtliches Verfahren (Abs. 2)

17   Die BRAGO enthielt für die vorgerichtliche Tätigkeit keine eigenen Gebührentatbestände. Daher war seinerzeit umstritten, ob eine Analogie zu den gerichtlichen Gebühren oder zu der Abrechnung nach Wertgebühren gezogen werden sollte. Auch Abs. 1 verweist nur auf Vorschriften aus dem SGG, die naturgemäß nur das gerichtliche Verfahren betreffen können. Der Gesetzgeber des RVG 2004 hat deshalb sowohl durch Abs. 2 klargestellt, dass die Abrechnung in den einem nach § 3 abrechenbaren Gerichtsverfahren vorgelagerten Verwaltungsverfahren nach Betragsrahmengebühren abgerechnet werden sollen, als auch eigene Gebührenvorschriften für die **vorgerichtliche** Bearbeitung geschaffen.

§ 3 a Vergütungsvereinbarung

(1) [1]Eine Vereinbarung über die Vergütung bedarf der Textform. [2]Sie muss als Vergütungsvereinbarung oder in vergleichbarer Weise bezeichnet werden, von anderen Vereinbarungen mit Ausnahme der Auftragserteilung deutlich abgesetzt sein und darf nicht in der Vollmacht enthalten sein. [3]Sie hat einen Hinweis darauf zu enthalten, dass die gegnerische Partei, ein Verfahrensbeteiligter oder die Staatskasse im Falle der Kostenerstattung regelmäßig nicht mehr als die gesetzliche Vergütung erstatten muss. [4]Die Sätze 1 und 2 gelten nicht für eine Gebührenvereinbarung nach § 34.

(2) [1]Ist eine vereinbarte, eine nach § 4 Abs. 3 Satz 1 von dem Vorstand der Rechtsanwaltskammer festgesetzte oder eine nach § 4 a für den Erfolgsfall vereinbarte Vergütung unter Berücksichtigung aller Umstände unangemessen hoch, kann sie im Rechtsstreit auf den angemessenen Betrag bis zur Höhe der gesetzlichen Vergütung herabgesetzt werden. [2]Vor der Herabsetzung hat das Gericht ein Gutachten des Vorstands der Rechtsanwaltskammer einzuholen; dies gilt nicht, wenn der Vorstand der Rechtsanwaltskammer die Vergütung nach § 4 Abs. 3 Satz 1 festgesetzt hat. [3]Das Gutachten ist kostenlos zu erstatten.

(3) [1]Eine Vereinbarung, nach der ein im Wege der Prozesskostenhilfe beigeordneter Rechtsanwalt für die von der Beiordnung erfasste Tätigkeit eine höhere als die gesetzliche Vergütung erhalten soll, ist nichtig. [2]Die Vorschriften des bürgerlichen Rechts über die ungerechtfertigte Bereicherung bleiben unberührt.

I. Allgemeines

1   Die Bestimmung enthält die allgemeinen Regelungen für die nachfolgenden spezielleren Vorschriften über die erfolgsunabhängige Vergütung (§ 4), das Erfolgshonorar (§ 4 a) sowie die fehlerhafte Vergütungsvereinbarung (§ 4 b). Systematisch wäre es wegen des Zusammenhangs zweifellos besser gewesen, dem Paragraphen die „alte Hausnummer" 4 zu belassen und die folgenden Paragraphen mit den Bezeichnungen 4 a, 4 b und 4 c zu versehen.

2   Während § 1 Abs. 1 S. 1 festhält, dass sich die Vergütung für anwaltliche Tätigkeiten nach diesem Gesetz bemisst, beschreibt § 3 a die **formellen** Regeln für von den gesetzlichen Vergütungen des RVG abweichend vereinbarte Vergütungen zwischen Rechtsanwalt und Mandant, ggf auch Dritten. Vorausgesetzt wird aber stillschweigend die Berechtigung, abweichend vom Gebührenkorsett des RVG individuell Vereinbarungen über die anwaltliche Vergütung zu treffen, soweit dies nach den §§ 48, 49, 49 a BRAO nicht wiederum eingeschränkt ist.

3   Die mit dem RVG geschaffene erweiterte Möglichkeit, unabhängig von den gesetzlichen Gebührenregelungen Gebührenvereinbarungen zu treffen,[1] trägt der Regelung in **Art. 12 GG** zur grds. freien Berufsausübung Rechnung; sie trägt aber auch dem Umstand Rechnung, dass die von der Rechtsanwaltsgebührenordnung vorausgesetzte **Querfinanzierung** der Anwaltsgebühren ausgehebelt wird. Durch die Querfinanzierung sollten die höheren Gebühren aus höheren Streitwerten in keinem Verhältnis zum Arbeitsaufwand stehenden niedrigen Gebühren aus niedrigen Streitwerten ausgleichen; erst durch umfangreiche Untersuchungen[2] zeigte sich Ende der 1990er Jahre, dass die Vorstellung einer funktionierenden Querfinanzierung eine Schimäre ist: Mandate mit hohen Streitwerten bleiben bei einer kleinen Anzahl großer Kanzleien hängen, während Mandate mit kleinen Streitwerten beim Gros der sonstigen kleinen und mittelgroßen Kanzleien verbleiben.

---

[1] Aber Achtung: Ein Prozessfinanzierungsvertrag kann uU ein verbotenes Erfolgshonorar beinhalten, OLG München NJW 2012, 2207. [2] *Hommerich/Kilian*, Vergütungsvereinbarungen, 2006, S. 20 ff.

Auch die Generaldirektion Wettbewerb der Europäischen Union drängt im Zuge der Deregulierung zur Abschaffung von gesetzlichen Vergütungsregelungen, wenn sie damit auch nicht immer Erfolg hat.[3]

Auch wenn das 2. KostRMoG ab 1.8.2013 die viel zu niedrigen Gebühren für die Strafverteidigung und die **4** sozialrechtliche Vertretung erhöhte, ist die Tätigkeit gerade in diesen Rechtsbereichen weiterhin kaum kostendeckend. Um gerade bei Strafverteidigungen und sozialrechtlichen Vertretungen kostendeckend oder gar mit Gewinn arbeiten zu können, ist hier der **Abschluss von Vergütungsvereinbarungen** unumgänglich.

II. Formelle Erfordernisse der Vergütungsvereinbarung (Abs. 1)

Für sämtliche Vergütungsvereinbarungen – mit Ausnahme der Gebührenvereinbarung nach § 34 (s. Abs. 1 **5** S. 4) – schreibt **Abs. 1 S. 1** die **Textform gem. § 126 b BGB** vor. Dabei muss die Erklärung in einer Urkunde oder auf andere, zur dauerhaften Wiedergabe in Schriftzeichen geeignete Weise abgegeben, die Person des Erklärenden genannt und der Abschluss der Erklärung durch Nachbildung der Namensunterschrift oder anders erkennbar gemacht werden. Die Textform wird bei jeder Art von Übermittlung mit Ausnahme der mündlichen Erklärung eingehalten, soweit diese Erklärung ausgedruckt und auf diese Weise gesichert werden kann, wobei der Aussteller erkennbar sein muss. Neben einem **Papierdokument** ist also auch ein **elektronisches Dokument** ohne qualifizierte Signatur, zB durch E-Mail, eine abgerufene Internetseite oder ein Datenträger, wie Diskette oder CD, zulässig.[4]

Eindeutig muss das Ende der Vereinbarung erkennbar sein; der Textform ist nicht genügt, wenn es infolge **6** nachträglicher handschriftlicher Ergänzungen an einem **räumlichen Abschluss** der Vereinbarung fehlt.[5] Zweifel, ob eine zunächst unvollständige Vergütungsvereinbarung abredewidrig von dem Rechtsanwalt vervollständigt worden ist, gehen zu dessen Lasten.[6]

Die Vereinbarung muss **als Vergütungsvereinbarung oder in vergleichbarer Weise bezeichnet** werden (**Abs. 1** **7** **S. 2 Alt. 1**). Damit ist die frühere restriktive Rspr einiger Gerichte, die eine Vereinbarung als nichtig erklärten, die *expressis verbis* nicht als Vergütungsvereinbarung bezeichnet wurde, hinfällig.[7]

Die Vereinbarung muss von anderen Vereinbarungen – mit Ausnahme der Auftragserteilung – **deutlich abgesetzt** **8** sein (**Abs. 1 S. 2 Alt. 2**).[8] Als „andere Vereinbarungen" gelten Gerichtsstandsvereinbarungen, Haftungsbeschränkungen, Handaktenaufbewahrungsregelungen und Unterrichtungspflichten.

Zu den zulässigen Vergütungsvereinbarungen gehören Regelungen zB über die Fälligkeit, die Vergütung bei **9** vorzeitiger Mandatsbeendigung, die Vergütung von Hilfspersonen oder über Vorschüsse.

Die Vergütungsvereinbarung darf **nicht in der Vollmacht** enthalten sein (**Abs. 1 S. 2 Alt. 3**); sie soll nicht als **10** „Nebenklausel"[9] erscheinen – die Trennung von der Vollmacht soll die Aufmerksamkeit des Mandanten schärfen. Die Bestimmung dient dem Schutz des Mandanten – der Gesetzgeber geht davon aus, dass sowohl die Vollmachtsurkunde als auch die Vergütungsvereinbarung vom Rechtsanwalt formuliert wird. Ob Auftragserteilung, Bevollmächtigung und Vergütungsvereinbarung in einem Schreiben des Mandanten zur Nichtigkeit der Vergütungsvereinbarung führt, erscheint zweifelhaft.[10]

Die Vergütungsvereinbarung muss einen **Hinweis** darauf enthalten, dass eine **Erstattungspflicht** von dritter **11** Seite regelmäßig nur in Höhe der gesetzlichen Vergütung besteht (**Abs. 1 S. 3**).[11] Auch diese Bestimmung dient der Warnung des Mandanten, der sich darüber im Klaren sein soll, dass auch bei vollständigem Obsiegen und bei voller Erstattungspflicht des Gegners ein Teil der Kosten bei ihm verbleibt, zumal ihm nach hM kein Recht zur Streitwertbeschwerde mit dem Ziel eines höheren Streitwerts zusteht, auch wenn dadurch der Erstattungsanspruch höher wäre.[12]

Die **Verletzung dieser Hinweispflicht** führt nicht zur Nichtigkeit der Vergütungsvereinbarung, da diese Be- **12** stimmung in § 4 b nicht aufgeführt ist. Nicht ausgeschlossen sind aber Schadenersatzansprüche zB in Höhe der über den gesetzlichen Gebühren liegenden vereinbarten Vergütung, wenn der Mandant belegen kann, im Falle der Belehrung die Vergütungsvereinbarung nicht abgeschlossen zu haben. Es wird die Auffassung vertreten, dass im Einzelfall der Rechtsanwalt verpflichtet sein kann, über das Maß der mit der Honorarvereinbarung verbundenen Überschreitung der gesetzlichen Gebühr **aufzuklären**.[13]

Die Formvorschriften des Abs. 1 gelten nicht für Gebührenvereinbarungen nach § 34 (**Abs. 1 S. 4**). Auf die **13** Erl. zu § 34 wird verwiesen.

---

3 Vgl zB *Schriever*, AnwBl 2004, 171; *Hellwig*, AnwBl 2006, 505. **4** LG Görlitz AnwBl 2013, 939; Palandt/*Ellenberger*, § 126 b BGB Rn 3; NK-BGB/*Noack/Kremer*, § 126 b BGB Rn 15 f; Prütting/Wegen/*Ahrens*, § 126 b BGB Rn 4. **5** BGH MDR 2011, 1460. **6** OLG Düsseldorf MDR 2009, 1002. **7** Zum Meinungsstand s. *Henke*, AnwBl 2007, 611; *Mayer*, AnwBl 2008, 479. **8** BGH BRAK-Mitt. 2016, 90. **9** Mayer/Kroiß/*Teubel*, § 3 a Rn 46. **10** AnwK-RVG/*Onderka*, § 3 a Rn 42; Mayer/Kroiß/*Teubel*, § 3 a Rn 46. **11** OLG München AGS 2006, 207 m. Anm. *N. Schneider* spricht den vereinbarten Gebührenbetrag als erstattungsfähig zu; Hinweis mit dem Zusatz „unter Umständen" zulässig: OLG München AGS 2012, 377 m. Anm. *Schons*. **12** OLG Köln MDR 2012, 185; aA OLG Düsseldorf MDR 2006, 297; zulässig bei Vergütungsvereinbarung: OLG Frankfurt AGS 2013, 33. **13** OLG Düsseldorf MDR 2012, 316.

III. Herabsetzung der Vergütung wegen Unangemessenheit (Abs. 2)

14   Die Angemessenheit der vereinbarten Gebühr kann im Rechtsstreit überprüft werden. Ist sie **unangemessen** hoch, kann sie auf den angemessenen Betrag bis zur Höhe der gesetzlichen Vergütung herabgesetzt werden (**Abs. 2 S. 1**).

15   Unabhängig hiervon kann auch die **Sittenwidrigkeit** einer Vergütungsvereinbarung überprüft werden. Eine sittenwidrige Vergütungsvereinbarung überschreitet die Grenze der Unangemessenheit. Eine sittenwidrige Vergütungsvereinbarung führt zur Herabsetzung auf die gesetzliche Gebühr, weil die sittenwidrige Vergütungsvereinbarung nichtig ist, § 138 BGB. Dem Gericht bleibt in diesem Fall kein Spielraum. Sittenwidrigkeit wird bspw angenommen, wenn das Honorar das 17-Fache der gesetzlichen Gebühr ausmacht.[14] Der Gegenbeweis durch den Rechtsanwalt ist aber zulässig.[15]

16   Als **unangemessen** wird üblicherweise eine vereinbarte Vergütung angesehen, die das 5- bis 6-Fache der gesetzlichen Vergütung überschreitet; die Terminologie des BGH ist hier leider schwammig. So wird mal vom 5-Fachen der gesetzlichen Gebühren, mal vom 5-fach überhöhten der gesetzlichen Gebühren gesprochen, Letzteres ist das 6-Fache.[16]

Diese lange Jahre geltende starre Grenze der BGH-Rspr, die bei Instanzgerichten auf berechtigten Widerstand gestoßen ist,[17] ist inzwischen aufgrund der Intervention des BVerfG[18] aufgeweicht; der Rechtsanwalt kann den Beweis führen, dass auch eine über dieser Schwelle liegende Vergütungsvereinbarung nicht unangemessen ist. Dies gilt insb. bei der Vereinbarung von **Zeithonoraren**: Ist das Zeithonorar angemessen, dann kann das Überschreiten des 6-Fachen der gesetzlichen Gebühr nur schwerlich unangemessen sein.[19]

17   Eine unangemessen hoch vereinbarte Vergütung kann auf die angemessene Höhe **herabgesetzt** werden, zB auf das 4-Fache der gesetzlichen Gebühren. Die Herabsetzung kann aber auch bis zur Höhe der gesetzlichen Gebühren erfolgen.

18   Dies gilt nicht nur für die **vereinbarte Vergütung**, sondern auch für eine vom Vorstand der zuständigen Rechtsanwaltskammer nach billigem Ermessen **festgesetzte Vergütung** gem. § 4 Abs. 3 S. 1 (näher → § 4 Rn 12). Die Herabsetzung gilt ferner auch für ein vereinbartes **Erfolgshonorar** gem. § 4 a (→ § 4 a Rn 8).

19   Bei der Prüfung der Unangemessenheit sind „**alle Umstände**" zu berücksichtigen. Zu den zu prüfenden Umständen dürften gehören:

- die Art und Weise des Zustandekommens der Vergütungsvereinbarung,
- die persönliche Situation des Mandanten,
- der Umfang der anwaltlichen Tätigkeit (→ § 14 Rn 5 ff),
- die Schwierigkeit der anwaltlichen Tätigkeit (→ § 14 Rn 10 ff),
- die Bedeutung der Angelegenheit insb. für den Mandanten (→ § 14 Rn 16 ff),
- die Einkommensverhältnisse des Mandanten (→ § 14 Rn 22),
- die Vermögensverhältnisse des Mandanten (→ § 14 Rn 23),
- das Haftungsrisiko des Rechtsanwalts (→ § 14 Rn 24 ff).

20   Es handelt sich also im Wesentlichen um die gleichen Prüfungskriterien, wie sie in § 14 bei der Angemessenheitsprüfung von Rahmengebühren aufgeführt sind.

21   Nicht aus den Augen verloren werden darf aber, dass der Mandant mit dem Rechtsanwalt eine über den gesetzlichen Gebühren liegende Vergütung vereinbart hat. Es erschiene zB als problematisch, wenn bei der Prüfung der Angemessenheit einer vereinbarten Gebühr der Höchstbetrag einer Rahmengebühr unterschritten würde.

22   Vor der Herabsetzung einer vereinbarten Gebühr wegen Unangemessenheit hat das Gericht ein **Gutachten des Vorstands der Rechtsanwaltskammer** einzuholen, wobei dies nicht erforderlich ist, wenn die Vergütung zuvor gem. § 4 Abs. 3 S. 1 vom Vorstand der Rechtsanwaltskammer festgesetzt worden ist (**Abs. 2 S. 2**).

23   Anders als im Rechtsstreit über Rahmengebühren, in dem generell gem. § 14 Abs. 2 ein Gutachten einzuholen ist (zu den Ausnahmen → § 14 Rn 65 ff), ist das Gutachten bei einer vereinbarten Gebühr nur dann einzuholen, wenn das Gericht die vereinbarte Gebühr herabsetzen will. Die Angemessenheitsprüfung erfolgt also zuerst beim Gericht und erst dann durch das Kammergutachten, wenn das Gericht die vereinbarte Gebühr für unangemessen hoch hält.

24   Das Gutachten ist ein **Rechtsgutachten**, das **von Amts wegen** einzuholen ist, an das das Gericht aber **nicht gebunden** ist.[20] Erforderlich ist das Gutachten nur, wenn die Höhe der vereinbarten Gebühr streitig ist und das Gericht herabsetzen will; ob der Gegenstandswert zutreffend ist oder ob die abgerechnete Gebühr über-

---

14 BGH NJW 2003, 3486. **15** BGH NJW 2011, 63. **16** BGHZ 144, 343 = NJW 2000, 2669; BGH NJW 2005, 2142. **17** OLG Hamm NJW 2008, 546. **18** BVerfG AnwBl 2009, 650. **19** Vgl hierzu insb. zu den Aufzeichnungsverpflichtungen BGHZ 184, 209 = NJW 2010, 1364. **20** BGH AnwBl 2004, 251; AnwBl 2005, 251; NJW 2008, 3641 = MDR 2009, 112.

haupt angefallen ist, ob vom Mandanten erhobene außerhalb des Gebührenrechts liegende Einwendungen bestehen – all dies ist einer Begutachtung durch den Kammervorstand gem. Abs. 2 nicht zugänglich.

Keiner Gutachtenseinholung bedarf es, wenn der Mandant keine Einwendungen zur Höhe der Vergütung **25** erhoben hat, wenn er sich mit dem Erfüllungseinwand verteidigt oder wenn der Auftraggeber die Klagforderung anerkennt oder die Beteiligten einen Vergleich schließen.[21]

Auch im Verfahren gem. § 495 a ZPO ist bei Herabsetzungsabsicht des Gerichts ein Gutachten einzuholen, **26** während im **Mahnverfahren** kein Gutachten einzuholen ist.

Zuständig für die Erstellung des Gutachtens ist unabhängig vom Prozessort der Vorstand der Rechtsan- **27** waltskammer, der der Rechtsanwalt zum Zeitpunkt des Rechtsstreits angehört. Bei einer Kanzlei mit mehreren Filialen kommt es auf die Kammerangehörigkeit des abrechnenden Rechtsanwalts an.[22] Dies gilt auch für Zweigstellen.[23] Bei Wechsel des Kammerbezirks während des laufenden Mandats ist für die Zuständigkeit auf den Zeitpunkt der Rechnungsstellung abzustellen. Eine Auswahlmöglichkeit unter mehreren Kammern besteht nicht, auch kein Ablehnungsrecht.[24]

Das Gutachten, zu dessen Erstellung das Gericht die vollständige Prozessakte nebst Beiakten übermittelt, ist **28** vom **Vorstand** der Rechtsanwaltskammer zu erstatten; der Vorstand setzt sich aus den in § 63 Abs. 2 BRAO genannten Personen zusammen; über das Gutachten ist gem. § 72 BRAO vom Vorstand zu beschließen. Bei größeren Rechtsanwaltskammern werden üblicherweise Gebührenabteilungen iSv § 77 BRAO gebildet; ob angesichts des klaren Wortlauts in § 14 die Stellung und insb. Beschlussfassung über das Gutachten einer solchen Abteilung iSv § 77 BRAO übertragen werden kann, erscheint zweifelhaft.

Unzulässig ist die Begutachtung gem. Abs. 2 durch einen einzelnen Gutachter, wobei in der Praxis das Gut- **29** achten üblicherweise von einem **Gebührenreferenten** für den Vorstand oder die Abteilung iSv § 77 BRAO vorbereitet, sodann im Plenum beraten und beschlossen wird.

Grundsätzlich soll eine **Ablehnung wegen Besorgnis der Befangenheit** möglich sein.[25] Der Befangenheits- **30** vorwurf müsste sich gegen das gesamte Beschlussgremium und nicht nur gegen den das Gutachten vorbereitenden Gebührenreferenten richten, welcher üblicherweise im Prozess überhaupt nicht bekannt wird. Eine Befangenheit des Vorstands ist jedenfalls allein nicht deshalb gegeben, weil eine Partei von einem Anwalt vertreten wird, der Funktionsträger der Rechtsanwaltskammer ist.[26]

Eine **mündliche Erläuterung** des Gutachtens gem. § 411 Abs. 3 ZPO durch den den Entwurf verfassenden **31** Gebührenreferenten kann nicht erfolgen.[27] Möglich ist aber die Erläuterung des Gutachtens durch den vorbereitenden Gebührenreferenten, stellvertretend für den Kammervorstand bei entsprechender Beauftragung durch diesen.[28]

Das **Gericht** ist an das Gutachten **nicht gebunden**.[29] **32**

Abs. 2 S. 1 gilt für sämtliche Rechtsstreitigkeiten zwischen Rechtsanwalt und Mandant, in denen Rahmen- **33** gebühren Klagegegenstand sind, gleich ob im Wege der Forderung, der Aufrechnung oder der Rückforderung.

Die Herabsetzung der vereinbarten Vergütung ohne Gutachtenseinholung ist ein schwerer **Verfahrensfeh-** **34** **ler**.[30] Bei Nichteinholung in der ersten Instanz ist das Gutachten in der Berufungsinstanz einzuholen; ein Zurückverweisungsgrund gem. § 538 ZPO kann vorliegen.[31] Die Einholung und Verwertung eines Gutachtens eines Vorstands einer unzuständigen Rechtsanwaltskammer ist ebenfalls ein Verfahrensfehler.

Das Gutachten ist vom Vorstand der Rechtsanwaltskammer **kostenlos** zu erstatten (**Abs. 2 S. 3**). Dies be- **35** trifft aber lediglich das im Prozess zwischen Rechtsanwalt und Auftraggeber erstellte Gutachten, das sich mit der Höhe der vereinbarten Gebühr befasst; andere Gebührengutachten sind gem. § 73 Abs. 2 Nr. 8 BRAO zu erstatten, im Gegensatz zu Abs. 2 S. 2 ist in § 73 Abs. 2 BRAO die Kostenlosigkeit nicht statuiert;[32] derartige Gutachten fallen unter die Vergütungspflicht gem. § 1 Abs. 2 JVEG, wobei hier eine Abrechnung auf der Basis des § 9 JVEG Honorargruppe 9 empfohlen wird.[33] Es empfiehlt sich dringend, Gericht und Parteien im entsprechenden Fall von der Kostenpflichtigkeit des Gutachtens zu informieren und die Einholung eines Vorschusses bei der beweisbelasteten Partei anzuregen.

---

21 OLG Düsseldorf AnwBl 1984, 443; AnwBl 1985, 259. **22** *Ebert*, BRAK-Mitt. 2005, 271, 272. **23** *von Seltmann*, RVGreport 2011, 50. **24** OLG Schleswig JurBüro 1989, 1679; OLG Thüringen BauR 2004, 1996. **25** BGHZ 62, 93 = NJW 1974, 701; aA AG Bühl 5.2.2009 – 6 C 3/09; vgl auch jetzt BGHZ 184, 209 = NJW 2010, 1364 = AGS 2010, 267 = NJ 2010, 392. **26** BGH NJW 2010, 1364 = AGS 2010, 267 Rn 42; vgl auch Schleswig-Holsteinischer AGH BRAK-Mitt. 2010, 172. **27** OLG Celle AnwBl 1973, 144 = NJW 1973, 203; AG Reinbek 20.5.2010 – 5 C 594/08. **28** BGHZ 62, 93 = NJW 1974, 701. **29** BGH AnwBl 2005, 251; BGH NJW 2008, 3641; BGH NJW 2010, 1364 = NJ 2010, 392; OLG Hamm AGS 2007, 550. **30** BVerfG FamRZ 2002, 532 = AGS 2002, 148 m. Anm. *Madert*; OLG Bamberg OLGZ 1976, 351; OLG Frankfurt MDR 1998, 800 = AnwBl 1998, 484. **31** BVerfG FamRZ 2002, 532 = AGS 2002, 148 m. Anm. *Madert*; OLG Bamberg OLGZ 1976, 351; OLG Frankfurt MDR 1998, 800 = AnwBl 1998, 484. **32** AA LG Baden-Baden Justiz 2001, 424 = Rpfleger 2002, 324. **33** Mayer/Kroiß/*Winkler*, § 14 Rn 90.

IV. Keine Vergütungsvereinbarung bei PKH oder VKH (Abs. 3)

36 Im Falle einer PKH/VKH-Beiordnung des Rechtsanwalts ist eine Vergütungsvereinbarung, die für die von der Beiordnung erfasste Tätigkeit eine höhere als die gesetzliche Vergütung vorsieht, nichtig. Die Vereinbarung der gesetzlichen Vergütung ist demnach zulässig (arg. e contrario), empfiehlt sich auch angesichts des § 120 a ZPO. Sinnvoll ist also eine Vereinbarung bzgl der Differenz zwischen Wahlanwalts- und PKH-Gebühren.[34] Das Spannungsverhältnis zu § 122 Abs. 1 Nr. 3 ZPO bleibt bestehen: Die vereinbarte Differenzgebühr ist für die Dauer der PKH-Bewilligung gegen den Mandanten nicht durchsetzbar.[35]

Soweit der Rechtsanwalt vom Mandanten unmittelbar Zahlungen erhalten hat, muss er diese bei der PKH-Abrechnung angeben (§ 55 Abs. 5 S. 2).

37 Soweit der Mandant über die gesetzliche Vergütung hinausgehend freiwillig Zahlungen erbringt in der Kenntnis, dass er diese Zahlungen nicht schuldet oder die Zahlung dem Anstand oder einer sittlichen Pflicht entspricht, kann er sie nicht zurückfordern (§ 814 BGB); ausdrücklich sind in Abs. 3 S. 2 die Vorschriften über die **ungerechtfertigte Bereicherung** aufgeführt. Die **Beweislast** für die Voraussetzung des § 814 BGB liegt im Falle der Rückforderung beim Rechtsanwalt als Leistungsempfänger.[36]

V. Vergütungsvereinbarung und Beratungshilfe

38 Während früher der zum 1.1.2014 weggefallene Abs. 4 den Abschluss einer Vergütungsvereinbarung mit einem Beratungshilfeberechtigten unter Hinweis auf den damaligen § 8 BerHG („Vereinbarungen über eine Vergütung sind nichtig") untersagte, können seither zwischen Rechtsanwalt und Beratungshilfeberechtigten – auch bei Überschreiten der gesetzlichen Vergütung – Vergütungsvereinbarungen abgeschlossen werden.

39 Die Einschränkung des Abs. 3 gilt nur für PKH- und VKH-Berechtigte.[37]

40 Gemäß § 6 a Abs. 2 BerHG kann die Beratungsperson – i.e. zB der Rechtsanwalt – die Aufhebung der Bewilligung beantragen, wenn der Rechtsuchende aufgrund der Beratung oder Vertretung, für die ihm Beratungshilfe bewilligt wurde, etwas erlangt hat, sofern noch keine BerH-Vergütung nach § 44 S. 1 beantragt wurde und der Rechtsuchende bei der Mandatsübernahme auf die Möglichkeit der Antragstellung und der Aufhebung der Bewilligung sowie auf die sich für die Vergütung nach § 8 a Abs. 2 BerHG ergebenden Folgen in Textform hingewiesen wurde.

41 Das klassische Beispiel ist die Beratung in einer erbrechtlichen Angelegenheit, die zur Erlangung eines Erbes oder nennenswerten Pflichtteils führt:[38] Bislang waren dem Rechtsanwalt in diesen Fällen die Hände gebunden, denn auch eine für diesen Fall abgeschlossene Vergütungsvereinbarung war nichtig. Anders als in PKH-Verfahren, in denen das Gericht von Vermögenszuwächsen aus dem entsprechenden Verfahren erfährt und Änderungen herbeiführen kann (§ 120 a ZPO), fehlten dem Amtsgericht für das BerH-Verfahren diese Kenntnisse und die Offenbarung durch den Anwalt gegenüber dem Gericht wurde in der Anwaltschaft teils als berufsrechtswidrig, wenn nicht sogar als strafbar angesehen.

42 Die Neufassung des BerHG erlaubt dem BerH-Anwalt nun, mit dem Mandanten nach Belehrung gem. § 6 a Abs. 2 Nr. 2 BerHG für den Fall einer erfolgreichen Tätigkeit in diesem Verfahren eine Vergütung zu vereinbaren oder zumindest die Wahlanwaltsgebühren zu liquidieren.

VI. Inhalte von Vergütungsvereinbarungen

43 **1. Allgemeines.** Die Art von Vergütungsvereinbarungen ist derart vielfältig, dass eine ausführliche Darstellung hier nicht möglich ist, sondern auf die umfangreicheren RVG-Kommentierungen[39] oder einschlägige Literatur[40] verwiesen wird. Einzelne häufig benutzte Typen von Vergütungsvereinbarungen sollen dennoch kurz angesprochen werden:

44 **2. Vereinbarung des Gegenstandswerts.** Eine derartige Vereinbarung empfiehlt sich bei komplizierten Familiensachen mit relativ geringen Streitwerten, aber auch in Bausachen, insb. bei Baumängelprozessen mit zahllosen Einzelpositionen. Vereinbart werden kann auch die Abbedingung der Gegenstandswertbegrenzung gem. § 22 Abs. 2 oder zB § 25 Abs. 1 Nr. 4. **Formulierungsbeispiele:**

---

34 Poller/Teubel/*Teubel*, § 120 a ZPO Rn 27.   **35** Poller/Teubel/*Teubel*, § 120 a ZPO Rn 28 ff.   **36** Palandt/*Sprau*, § 814 BGB Rn 11.   **37** *Reckin*, AnwBl 2013, 889, 893.   **38** Poller/Teubel/*Köpf*, § 6 a BerHG Rn 9.   **39** ZB *Bischof/Jungbauer/Bräuer/Curkovic/Klipstein/Klüsener/Uher*, RVG Kommentar, 7. Aufl. 2016; *Gerold/Schmidt*, RVG, Kommentar, 22. Aufl. 2015; *Hartung/Schons/Enders*, RVG, Kommentar, 2. Aufl. 2014; *Mayer/Kroiß* (Hrsg.), RVG Handkommentar, 6. Aufl. 2013; *Schneider/Wolf* (Hrsg.), AnwaltKommentar RVG, 7. Aufl. 2014 (zit. AnwK-RVG).   **40** ZB *Hinne/Klees/Müllerschön/Teubel/Winkler*, Vereinbarungen mit Mandanten, 3. Aufl. 2015; *Krämer/Mauer/Kilian*, Vergütungsvereinbarung und -management, 2005; *Madert/Schons*, Die Vergütungsvereinbarung des Rechtsanwalts, 3. Aufl. 2006; *Mayer/Winkler*, Erfolgshonorar – Grundlagen, Erläuterungen, Muster, 2008; *Schneider/Onderka*, Die erfolgreiche Vergütungsvereinbarung, 2017 (in Vorb.).

▶ Der Gegenstandswert für das Ehescheidungsverfahren wird mit 30.000 € vereinbart; setzt das Gericht einen höheren Gegenstandswert fest, so wird auf der Basis dieses Gegenstandswertes abgerechnet (§ 49 b Abs. 1 S. 1 BRAO). ◀   45

▶ Der Gegenstandswert für das Zugewinnausgleichsverfahren beträgt das Fünffache des Ausgleichsbetrags. ◀

3. Vereinbarung über die Nichtanrechnung von Gebühren. Im RVG sind verschiedentlich Anrechnungen vorgesehen, zB in § 34 oder in § 15 a iVm Vorbem. 3 Abs. 4 VV. Zulässig ist es, diese Anrechnung durch Vereinbarung abzudingen. **Formulierungsbeispiele:**   46

▶ Die Anrechnungsregel der Vorbemerkung 3 Abs. 4 VV RVG wird abgedungen; es erfolgt keine Anrechnung von Geschäftsgebühren der Vergütungsnummern 2300 bis 2303 auf Verfahrensgebühren gemäß Teil 3 VV RVG. ◀   47

▶ Die Absätze 1, 2 und 3 der Anmerkung zu Nr. 3100 VV RVG werden abgedungen; es erfolgt keine der dort aufgeführten Anrechnungen. ◀

4. Vereinbarung von Zeithonorar. Außergerichtliche, aber auch gerichtliche Mandate können insb. im Verhältnis zu den gesetzlichen Gebühren zeitraubend sein. Die Vereinbarung eines Zeithonorars kann sinnvoll sein, wobei aber zu berücksichtigen ist, dass in gerichtlichen Verfahren mindestens die gesetzlichen Gebühren geschuldet sind und die Rspr[41] eine sehr genaue Aufzeichnung für die Abrechnung auf Zeitbasis verlangt. Die Vereinbarung eines Zeithonorars erfordert bei höheren Gegenstandswerten eine sorgfältige Vorauskalkulation; es empfiehlt sich eine Klarstellung, dass gesetzliche Erfolgsgebühren wie zB Einigungs-, Erledigungs- oder Aussöhnungsgebühren iSd Nr. 1000 ff VV neben dem Zeithonorar geschuldet sind. **Formulierungsbeispiel:**   48

▶ Die beratende/gutachterliche/außergerichtliche Tätigkeit des Rechtsanwalts wird mit einem Stundensatz[42] von netto ... € je Stunde abgerechnet.   49

Tätigkeiten vor 7.00 Uhr und nach 20.00 Uhr sowie an Samstagen, Sonn- und Feiertagen werden zu einem 25 % höheren Stundensatz abgerechnet.

Vereinbart wird eine Taktung[43] von je angefangenen 6 Minuten.

Der Rechtsanwalt führt über die Tätigkeit Aufzeichnungen,[44] aus der sich das Datum, die Dauer der Tätigkeit sowie die Tätigkeitsart selber ergeben. Diese Aufzeichnungen werden mit der Rechnung dem Auftraggeber vorgelegt.[45]

Erfolgt eine Einigung, so ist die gesetzliche Einigungsgebühr neben der Zeitvergütung geschuldet.

Neben dem Zeithonorar sind die Auslagen gemäß Teil 7 des Vergütungsverzeichnisses zum RVG geschuldet; dazu gehört auch die gesetzliche Umsatzsteuer in jeweils geltender Höhe. ◀

§ 4 Erfolgsunabhängige Vergütung

(1) [1]In außergerichtlichen Angelegenheiten kann eine niedrigere als die gesetzliche Vergütung vereinbart werden. [2]Sie muss in einem angemessenen Verhältnis zu Leistung, Verantwortung und Haftungsrisiko des Rechtsanwalts stehen. [3]Liegen die Voraussetzungen für die Bewilligung von Beratungshilfe vor, kann der Rechtsanwalt ganz auf eine Vergütung verzichten. [4]§ 9 des Beratungshilfegesetzes bleibt unberührt.

(2) [1]Der Rechtsanwalt kann sich für gerichtliche Mahnverfahren und Zwangsvollstreckungsverfahren nach den §§ 802 a bis 863 und 882 b bis 882 f der Zivilprozessordnung verpflichten, dass er, wenn der Anspruch des Auftraggebers auf Erstattung der gesetzlichen Vergütung nicht beigetrieben werden kann, einen Teil des Erstattungsanspruchs an Erfüllungs statt annehmen werde. [2]Der nicht durch Abtretung zu erfüllende Teil der gesetzlichen Vergütung muss in einem angemessenen Verhältnis zu Leistung, Verantwortung und Haftungsrisiko des Rechtsanwalts stehen.

(3) [1]In der Vereinbarung kann es dem Vorstand der Rechtsanwaltskammer überlassen werden, die Vergütung nach billigem Ermessen festzusetzen. [2]Ist die Festsetzung der Vergütung dem Ermessen eines Vertragsteils überlassen, gilt die gesetzliche Vergütung als vereinbart.

---

[41] BGH MDR 2009, 922; BGH VersR 2010, 351; BGH AGS 2010, 267 = NJW 2010, 1364; OLG Düsseldorf AnwBl 2011, 871. **42** Zur Stundensatzhöhe vgl OLG Celle MDR 2010, 116; OLG Düsseldorf RVGreport 2010, 23; OLG Koblenz NJW 2009, 1153 = MDR 2009, 817; OLG Koblenz BRAK-Mitt. 2010, 277. **43** Zum Zeittakt vgl OLG Koblenz NJW 2009, 1153 = MDR 2009, 817. **44** BGH MDR 2009, 922; BGH VersR 2010, 351; BGH AGS 2010, 267 = NJW 2010, 1364; OLG Düsseldorf AnwBl 2011, 871. **45** OLG Düsseldorf NJW 2012, 621 = AnwBl 2012, 372.

I. Niedrigere als die gesetzliche Vergütung in außergerichtlichen Angelegenheiten (Abs. 1)

1   Grundsätzlich schließt § 49 b Abs. 1 BRAO die Unterschreitung der in der gesetzlichen Gebührentabelle aufgeführten Gebühren als unzulässig aus, ermöglicht aber gleichzeitig eine Ausnahme, wenn das RVG anderes bestimmt. § 4 ermöglicht demzufolge die Vereinbarung geringerer Gebühren und Auslagen als im Gesetz vorgesehen, soweit hiervon nicht die Tätigkeit in gerichtlichen Verfahren betroffen ist (vgl **Abs. 1 S. 1**).

2   Der Begriff „**außergerichtliche Angelegenheiten**" bezieht sich auf Tätigkeiten gem. Teil 2 VV, schließt aber die Tätigkeiten gem. Abschnitt 5 (§§ 34, 35 und 36) ein,[1] nicht aber Tätigkeiten anderer Teile des Vergütungsverzeichnisses.

3   Das Vergütungsverzeichnis sieht für die außergerichtliche Tätigkeit grds. Gebühren, teilweise Rahmengebühren vor (s. zB Nr. 2100, 2102, 2300, 2303 VV). Die in Teil 2 VV aufgeführten Gebührentatbeständen außergerichtlicher Tätigkeiten zeigen, dass sie entweder als Betragsrahmengebühren, wie zB Nr. 2302 VV, oder als Satzrahmengebühren, wie zB Nr. 2300 VV, einen unteren und einen oberen Rahmen aufweisen. Innerhalb dieses Rahmens liegt die gesetzliche Gebühr.

4   Die **Unterschreitung** dieser gesetzlichen Vergütung ist **zulässig**; so kann zB für die Nr. 2300 VV eine Geschäftsgebühr von 0,3 genauso vereinbart werden wie für Nr. 2302 VV eine Geschäftsgebühr von 30 €. Wer eine solche den unteren Rahmen unterschreitende Gebühr anbietet und vereinbart, muss die Wirtschaftlichkeit einer solchen Gebühr für sich kalkulieren. Zulässig ist auch die Vereinbarung eines niedrigeren Gegenstandswerts, wenn Satzrahmengebühren abgerechnet werden.[2]

5   Die unterhalb der gesetzlichen Gebührensätze vereinbarte Vergütung in außergerichtlichen Angelegenheiten muss aber in einem **angemessenen Verhältnis zu Leistung, Verantwortung und Haftungsrisiko** des Rechtsanwalts stehen (**Abs. 1 S. 2**). Faktisch handelt es sich hierbei um eine gesetzliche Leerformel, wie in mehreren Gerichtsentscheidungen festgestellt wurde.[3] Letztlich ist auch die Versteigerung anwaltlicher außergerichtlicher Dienstleistungen im Internet auf den bekannten Versteigerungsplattformen zulässig.[4] Insbesondere der Wegfall der gesetzlichen Gebührenregelung für anwaltliche Beratung hat zu einem Preisdumping[5] geführt.

Die seit 1.1.2014 geltenden Sätze 3 und 4[6] sollen dem Rechtsanwalt die Möglichkeit eröffnen, auf seine Vergütung ganz zu **verzichten** (**Abs. 1 S. 3**),[7] ohne dass ihm der gesetzliche Erstattungsanspruch gem. § 9 BerHG gegen den Gegner seines Mandanten verlorengeht (**Abs. 1 S. 4**). Dieser **Erstattungsanspruch** besteht in gesetzlicher Vergütungshöhe, wie § 9 BerHG nun ausdrücklich festhält, nachdem hier anderslautende Auffassungen vertreten wurden.[8]

II. Vereinbarungen in Mahn- und Vollstreckungsverfahren (Abs. 2)

6   § 49 b Abs. 1 S. 1 BRAO untersagt dem Rechtsanwalt, in gerichtlichen Verfahren geringere Gebühren und Auslagen zu vereinbaren als im RVG vorgesehen. Für das gerichtliche Mahnverfahren und Zwangsvollstreckungsverfahren nach den §§ 802 a–863 und 882 b–882 f ZPO kann sich aber der Rechtsanwalt verpflichten, bei Nichtbeitreibbarkeit des Kostenerstattungsanspruchs seines Auftraggebers einen Teil des Erstattungsanspruchs an Erfüllungs statt anzunehmen (**Abs. 2 S. 1**).

7   Neben dem gerichtlichen Mahnverfahren gem. §§ 688–703 d ZPO einschließlich der Rechtsbehelfsverfahren im gerichtlichen Mahnverfahren[9] gilt dies auch für bestimmte Zwangsvollstreckungen: Mobiliarvollstreckung (§§ 803 ff ZPO), Zwangsvollstreckung in Forderungen und andere Vermögenswerte (§§ 828 ff ZPO) sowie EV-Verfahren gem. §§ 899 ff ZPO.

8   Abs. 2 Satz 1 gilt nicht für: die Mobiliarvollstreckung (§§ 864 ff ZPO), das Verteilungsverfahren (§§ 872 ff ZPO), die Zwangsvollstreckung gegen juristische Personen des öffentlichen Rechts (§ 882 a ZPO) und die Zwangsvollstreckung zur Erwirkung der Herausgabe von Sachen und zur Erwirkung von Handlungen und Unterlassungen (§§ 883 ff ZPO).

9   Letztlich übernimmt der Rechtsanwalt bei entsprechender Vereinbarung das Ausfallrisiko für seinen Vergütungsanspruch; es handelt sich um ein verkapptes Erfolgshonorar.

10   Zu berücksichtigen ist aber weiterhin, dass der nicht durch Abtretung zu erfüllende Teil der gesetzlichen Vergütung in einem angemessen Verhältnis zu Leistung, Verantwortung und Haftungsrisiko stehen muss;

---

1 Mayer/Kroiß/*Teubel*, § 4 Rn 3; aA AnwK-RVG/*Onderka*, § 4 Rn 7 ff. **2** BGH AnwBl 2007, 870. **3** BGH AnwBl 2007, 870 = BRAK-Mitt. 2008, 38 = AGS 2008, 7 m. Anm. *Schons* = RVGreport 2008, 19 m. Anm. *Hansens*; OLG Naumburg AnwBl 2008, 142 = RVGreport 2008, 119 m. Anm. *Hansens*; OLG Stuttgart NJW 2007, 924 = AGS 2007, 59 = RVGreport 2007, 79 m. Anm. *Hansens*. **4** BVerfG RVGreport 2008, 159. **5** Gerold/Schmidt/*Mayer*, § 4 Rn 7. **6** Angefügt durch Art. 14 Nr. 2 des Gesetzes zur Änderung des Prozesskostenhilfe- und Beratungshilferechts v. 31.8.2013 (BGBl. I 3533, 3539) mWz 1.1.2014. **7** *Mayer*, AnwBl 2013, 894. **8** BGH AGS 2011, 261 = NJW 2011, 2300; s.a. Poller/Teubel/*Köpf*, § 9 BerHG Rn 6. **9** Gerold/Schmidt/*Mayer*, § 4 Rn 12.

unzulässig wäre demzufolge eine Vereinbarung, wonach der Anwalt das *gesamte* Kostenrisiko aufgrund einer Abtretung gem. S. 1 trägt.[10]

Da nach dem Wortlaut lediglich „**ein Teil des Erstattungsanspruchs**" an Erfüllungs statt abgetreten werden 11 kann, bleibt ein „freier" Gebührenrestanspruch gegen den Auftraggeber bestehen. Bei der Abtretung ist von vornherein darauf zu achten, dass dieser restliche Vergütungsanspruch gegen den Mandanten in einem angemessenen Verhältnis zur Leistung, Verantwortung und zum Haftungsrisiko des Rechtsanwalts steht. Eine allgemeine prozentuale Regelung, die diese Gesichtspunkte berücksichtigt, dürfte ausreichen, während Pauschalbeträge, wie zB 75 € netto bei Forderungseinzug zwischen 5.000 € und 1,5 Mio. €, den Kriterien insb. Verantwortung und Haftungsrisiko nicht gerecht werden und als Verstoß gegen § 49 b BRAO wettbewerbswidrig sind.[11]

III. Festsetzung der Vergütung durch den Vorstand der Rechtsanwaltskammer oder einen Vertragsteil (Abs. 3)

In der in Textform (§ 3 a Abs. 1) abzuschließenden Vereinbarung kann es auch dem **Vorstand der Rechtsan-** 12 **waltskammer** überlassen werden, die Vergütung nach billigem Ermessen festzusetzen (Abs. 3 S. 1). Die praktische Bedeutung dieser Regelung erscheint gering.[12] Zuständig ist der Vorstand derjenigen Rechtsanwaltskammer, der der Rechtsanwalt als Mitglied angehört (§ 33 Abs. 3 BRAO).

Eine Vereinbarung, die Festsetzung der Vergütung dem Ermessen eines **Vertragsteils** zu überlassen, sieht der 13 Gesetzgeber als unwirksam an und fingiert stattdessen die gesetzliche Vergütung als vereinbart (Abs. 3 S. 2).

§ 4 a Erfolgshonorar

(1) [1]Ein Erfolgshonorar (§ 49 b Abs. 2 Satz 1 der Bundesrechtsanwaltsordnung) darf nur für den Einzelfall und nur dann vereinbart werden, wenn der Auftraggeber aufgrund seiner wirtschaftlichen Verhältnisse bei verständiger Betrachtung ohne die Vereinbarung eines Erfolgshonorars von der Rechtsverfolgung abgehalten würde. [2]In einem gerichtlichen Verfahren darf dabei für den Fall des Misserfolgs vereinbart werden, dass keine oder eine geringere als die gesetzliche Vergütung zu zahlen ist, wenn für den Erfolgsfall ein angemessener Zuschlag auf die gesetzliche Vergütung vereinbart wird. [3]Für die Beurteilung nach Satz 1 bleibt die Möglichkeit, Beratungs- oder Prozesskostenhilfe in Anspruch zu nehmen, außer Betracht.

(2) Die Vereinbarung muss enthalten:

1. die voraussichtliche gesetzliche Vergütung und gegebenenfalls die erfolgsunabhängige vertragliche Vergütung, zu der der Rechtsanwalt bereit wäre, den Auftrag zu übernehmen, sowie

2. die Angabe, welche Vergütung bei Eintritt welcher Bedingungen verdient sein soll.

(3) [1]In der Vereinbarung sind außerdem die wesentlichen Gründe anzugeben, die für die Bemessung des Erfolgshonorars bestimmend sind. [2]Ferner ist ein Hinweis aufzunehmen, dass die Vereinbarung keinen Einfluss auf die gegebenenfalls vom Auftraggeber zu zahlenden Gerichtskosten, Verwaltungskosten und die von ihm zu erstattenden Kosten anderer Beteiligter hat.

I. Allgemeines

Angesichts einer Entscheidung des BVerfG[1] war der Gesetzgeber gehalten, eine Regelung für Erfolgshono- 1 rarvereinbarungen zu treffen, nachdem über Jahrzehnte hinweg die Vereinbarung eines Erfolgshonorars als berufsrechtswidrig angesehen wurde und ab 1.7.1994 durch § 49 b BRAO *expressis verbis* verboten war.[2] Der jetzigen Vorschrift des § 4 a ist anzumerken, dass der Gesetzgeber Vereinbarungen eines Erfolgshonorars nur für den **Ausnahmefall** als zulässig ansieht; die bislang eher seltene Rspr ist dem Gesetzgeber hierin gefolgt.[3]

Die Vorschrift ist weder unmittelbar noch analog auf einen Rechtsdienstleistungen erbringenden Hochschullehrer anzuwenden.[4]

---

10 AnwK-RVG/*Onderka*, § 4 Rn 26; Gerold/Schmidt/*Mayer*, § 4 Rn 16; Mayer/Kroiß/*Teubel*, § 4 Rn 9. **11** OLG Köln NJW 2006, 923. **12** In 16jähriger Gebührenreferententätigkeit des Autors im Vorstand der Rechtsanwaltskammer Freiburg hat es keinen derartigen Fall gegeben. **1** BVerfG NJW 2007, 997. **2** Zur Historie s. Mayer/Winkler/*Winkler*, Erfolgshonorar, S. 17 ff. **3** LG Berlin AnwBl 2011, 150 = AGS 2011, 14. **4** OLG Düsseldorf MDR 2016, 58.

II. Zulässigkeit des Erfolgshonorars (Abs. 1)

2   Ein Erfolgshonorar darf nur für den **Einzelfall** vereinbart werden; eine generelle Vereinbarung für mehrere Mandate ist demnach ausgeschlossen. Genauso ist ausgeschlossen, dass ein Rechtsanwalt alle Mandate als Erfolgshonorarvereinbarungen ausgestaltet.[5]

3   Kumulativ hierzu ist die Vereinbarung auch nur dann zulässig, wenn der Auftraggeber aufgrund seiner wirtschaftlichen Verhältnisse bei verständiger Betrachtung ohne die Vereinbarung eines Erfolgshonorars von der Rechtsverfolgung abgehalten würde.

4   Die **wirtschaftlichen Verhältnisse** dürfen es dem Mandanten nicht erlauben, ohne Vereinbarung eines Erfolgshonorars seine Ansprüche geltend zu machen. Der Rechtsanwalt ist aus diesem Grunde gut beraten, wenn er eine Wirtschaftlichkeitsprüfung vornimmt, wie sie das Gericht bei der Beantragung von Prozesskostenhilfe durchführt. Stellt sich dann heraus, dass die finanziellen Verhältnisse tatsächlich eine Anspruchsverfolgung aus eigener finanzieller Kraft nicht erlauben, dann ist die Vereinbarung des Erfolgshonorars unter Berücksichtigung der anderen Bedingungen zulässig. Die bisherige Rspr[6] erwartet erkennbar vom Rechtsanwalt, dass er die wirtschaftliche Situation des Mandanten heraus leuchtet und diesen faktisch zum Offenbarungseid zwingt.[7] Nach der Logik der Entscheidung des LG Berlin dürfte eine Erfolgshonorarvereinbarung erst zulässig sein, wenn ein Prozesskostenhilfeverfahren gescheitert ist.

Abs. 1 S. 3[8] verdeutlicht, dass diese Auffassung nicht im Sinne des Gesetzes ist, sondern das Erfolgshonorar **losgelöst von PKH-, VKH- und BerH-Berechtigung** vereinbart werden kann.[9]

5   Zulässig soll die Erfolgshonorarvereinbarung nur dann sein, wenn der Mandant **bei verständiger Betrachtung** unter Berücksichtigung der bisher angesprochenen Kriterien **von der Rechtsverfolgung abgehalten** würde. Die Leerformel ist ein Einfallstor für eine subjektive Bewertung durch Gerichte – im Streitfall dürfte es doch schwerfallen, eine „verständige Betrachtung" in erheblichem zeitlichem Abstand zum Abschluss der Vereinbarung nachzuvollziehen. Nach Auffassung des LG Berlin[10] scheint eine „verständige Betrachtung" nur dann vorzuliegen, wenn die oben angesprochene **Prozesskostenhilfeüberprüfung** durchgeführt wird. Dies würde entgegen den Vorstellungen des Gesetzgebers darauf hinauslaufen, dass Anwalt und Mandant ins Prozesskostenhilfeprüfungsverfahren gezwungen werden und eine Erfolgshonorarvereinbarung nur treffen könnten, wenn PKH wegen Aussichtslosigkeit versagt würde oder die Ratenzahlungen die wirtschaftlichen Fähigkeiten des Mandanten überschreiten. Unter die „verständige Betrachtung" wird man zumindest das gesamte Kostenrisiko insb. einschließlich des Erstattungsanspruchs des Gegners subsumieren müssen.

6   Mit der Erfolgshonorarvereinbarung soll dem Mandanten der Zugang zum Recht – ein verfassungsrechtlicher Anspruch[11] – gewährleistet werden. Erfahrungsgemäß handelt es sich hierbei um komplizierte Rechtsstreitigkeiten, die zudem ein erhebliches Kostenrisiko bergen und auch durch Rechtsschutzversicherungsverträge meistens nicht abgedeckt sind (zB erbrechtliche Auseinandersetzungen, baurechtliche Streitigkeiten oder familienrechtliche Vermögensstreitigkeiten).

7   In einem gerichtlichen Verfahren (zu Vergütungsvereinbarungen in außergerichtlichen Verfahren → § 4 Rn 1 ff) wird für die Vereinbarung eines Erfolgshonorars ein weiter Spielraum zugestanden: Dieser beginnt beim völligen Ausfall der anwaltlichen Vergütung bei vollständigem Unterliegen, geht über eine reduzierte Vergütung bis zu einem „angemessenen Zuschlag auf die gesetzliche Vergütung im Erfolgsfall".

8   Die zulässige Vereinbarung *„no win, no fee"* soll dem Rechtsanwalt im Erfolgsfall einen entsprechenden angemessenen Zuschlag auf die gesetzliche Vergütung zustehen, wonach die Erfolgswahrscheinlichkeit zu berücksichtigen ist. Die Berücksichtigung der Erfolgswahrscheinlichkeit erfolgt **ex ante** bei Abschluss der Vergütungsvereinbarung, im Streitfall erfolgt die Betrachtung zwangsläufig zumindest **indirekt ex post**.

9   Beträgt die Erfolgswahrscheinlichkeit 50 % und wird für den Misserfolg nur ein Gebührenanspruch in halber Höhe vereinbart, so soll umgekehrt die vereinbarte Gebühr im Fall eines Erfolges das 1,5-Fache betragen; wird im Misserfolgsfall keine Gebühr geschuldet, so müsste nach dieser Auffassung im Erfolgsfall die doppelte Gebühr geschuldet sein.

Diese in der Literatur[12] teilweise sehr ausführlich dargestellte Berechnung überzeugt wenig und kann höchstens als Beispiel herangezogen werden. Tatsächlich soll die Regelung des § 4 a den Bereich der Vergütungsvereinbarungen ausweiten, so dass unter Berücksichtigung von der Rspr anerkannten angemessenen und zulässigen Vergütungsvereinbarungen eine parallele Bewertung für den Misserfolgs- und für den Erfolgsfall nicht vereinbart zu werden braucht.

---

5 Mayer/Kroiß/*Teubel*, § 4 a Rn 23 ff; Gerold/Schmidt/*Mayer*, § 4 a Rn 5. **6** LG Berlin AnwBl 2011, 150. **7** Vgl Anm. *Schons* zu LG Berlin AGS 2011, 14 ff. **8** Angefügt durch Art. 14 Nr. 3 des Gesetzes zur Änderung des Prozesskostenhilfe- und Beratungshilferechts v. 31.8.2013 (BGBl. I 3533, 3539) mWz 1.1.2014. **9** *Mayer*, AnwBl 2013, 894, 895. **10** LG Berlin AnwBl 2011, 150. **11** BVerfG NJW 2007, 979. **12** Gerold/Schmidt/*Mayer*, § 4 a Rn 13.

Es erscheint durchaus zulässig, für den Misserfolgsfall den Ausfall sämtlicher Anwaltsgebühren einerseits zu vereinbaren, für den Erfolgsfall aber zB das 5-Fache der gesetzlichen Gebühren.[13] Gesteht die Rspr die Vereinbarung des 6-Fachen der gesetzlichen Gebühren zu, so müsste die Vereinbarung des 11-Fachen bei vollem Erfolg dann zulässig sein, wenn der Anwalt im Fall des vollständigen Unterliegens nichts bekommen soll.

Auch die „Berechnungsrichtwerte", wie sie zB *Mayer*[14] sehr ausführlich unter Bezugnahme auf das angelsächsische Recht entwickelt, überzeugen letztlich angesichts der statuierten Freiheit zum Abschluss nicht unangemessener und nicht sittenwidriger Vergütungsvereinbarungen nicht. **10**

III. Inhalt der Vereinbarung (Abs. 2)

Ähnlich der Hinweispflicht in § 49 b Abs. 5 BRAO bei streitwertabhängiger Abrechnung muss die Vereinbarung Angaben über die **voraussichtliche gesetzliche Vergütung** enthalten (**Abs. 2 Nr. 1**). Bei streitwertabhängigen Gebühren sind also auf jeden Fall die Verfahrensgebühr und die Terminsgebühr einschließlich Auslagenpauschalen und – bei fehlender Vorsteuerabzugsberechtigung – die Mehrwertsteuer aufzuführen. An dieser Stelle dürfte sich der Hinweis in der Vereinbarung empfehlen, dass der angegebene Gegenstandswert nur beispielhaft ist und sich bei Änderungen des Gegenstandswerts die gesetzlichen Gebühren entsprechend verändern. **11**

Hätte der Rechtsanwalt das Mandat zu den gesetzlichen Gebührensätzen nicht angenommen, dann muss er zusätzlich die Gebühren benennen, die er im Falle einer erfolgsunabhängigen vertraglichen Vergütung mit dem Mandanten hätte vereinbaren wollen. **12**

Die Vereinbarung muss zudem die Angaben enthalten, **welche Vergütung bei Eintritt welcher Bedingung** verdient sein soll (**Abs. 2 Nr. 2**). Dem Gesetzgeber reicht ersichtlich die Vereinbarung, dass bei vollständigem Verlust zB kein Honorar, bei vollständigem Obsiegen zB das doppelte gesetzliche Honorar geschuldet ist, nicht aus; sofern Zwischenschritte ebenfalls zu Honoraransprüchen führen, müssen diese benannt werden. Liegt der Erfolg zB bei 30 %, dann könnte vereinbart werden, dass der Mandant 60 % des gesetzlichen Honorars trägt; liegt der Erfolg bei 60 %, dann könnte vereinbart werden, dass 120 % der gesetzlichen Gebühren zu zahlen sind. Fehlt die Angabe einer solchen Bedingung, dann muss davon ausgegangen werden, dass nur im Erfolgsfalle das für diesen Fall geschuldete Honorar, schon bei einem geringfügigen Misserfolg aber kein Honorar zu zahlen ist. **13**

Sinnvoll ist zudem, eine Regelung über im Obsiegensfalle von der Gegenseite zu erstattende Gebühren zu treffen. **14**

IV. Weiterer Inhalt der Vereinbarung (Abs. 3)

Die Vereinbarung hat zudem Angaben über die **wesentlichen Gründe**, die für die Bemessung des Erfolgshonorars bestimmend sind, zu enthalten (**Abs. 3 S. 1**). Man wird dies als Verpflichtung zur Einschätzung der Erfolgsaussichten ansehen, mithin als Geschäftsgrundlage der Erfolgshonorarvereinbarung.[15] Eine detaillierte Einschätzung der Erfolgsaussichten soll nicht erforderlich sein,[16] die asymmetrische Informationsverteilung zwischen Rechtsanwalt und Mandant soll hierdurch aber berücksichtigt werden. **15**

Die Vereinbarung muss den **Hinweis** enthalten, dass sie **keinen Einfluss auf die gegebenenfalls vom Mandanten zu zahlenden Gerichtskosten**, Verwaltungskosten und die von ihm zu erstattenden Kosten anderer Beteiligter hat (**Abs. 3 S. 2**). Damit soll ausdrücklich die in den USA bei der Vereinbarung von Erfolgshonorar häufige Praxis verhindert werden, wonach der Rechtsanwalt auch noch für die Gerichtskosten oder andere Auslagen aufzukommen hat. Da landläufig deshalb der Begriff „Erfolgshonorar" an die Vorstellung vollständiger Kostenbefreiung im Unterliegensfalle geknüpft ist, enthält diese Regelung eine Schutzfunktion für den Mandanten, der gleichzeitig darüber informiert wird, dass er die Gerichtskosten, eventuelle Verwaltungskosten und insb. im Unterliegensfalle die der Gegenseite zu erstattenden Kosten zu tragen hat. **16**

V. Erfolgshonorar in Beratungshilfe- und PKH-Fällen

Zur Vereinbarung eines Erfolgshonorars in Beratungshilfefällen → § 3 a Rn 38 ff. Eine Erfolgshonorarvereinbarung in PKH-Fällen ist gem. § 3 a Abs. 3 nichtig (→ § 3 a Rn 36 f). **17**

---

13 S. hierzu Mayer/Winkler/*Winkler*, Erfolgshonorar, S. 43 Rn 52 ff. **14** Gerold/Schmidt/*Mayer*, § 4 a Rn 17 ff. **15** Gerold/Schmidt/*Mayer*, § 4 a Rn 38; Mayer/Kroiß/*Teubel*, § 4 a Rn 61. **16** Mayer/Kroiß/*Teubel*, § 4 a Rn 62.

§ 4 b Fehlerhafte Vergütungsvereinbarung

[1]Aus einer Vergütungsvereinbarung, die nicht den Anforderungen des § 3 a Abs. 1 Satz 1 und 2 oder des § 4 a Abs. 1 und 2 entspricht, kann der Rechtsanwalt keine höhere als die gesetzliche Vergütung fordern. [2]Die Vorschriften des bürgerlichen Rechts über die ungerechtfertigte Bereicherung bleiben unberührt.

1   Die Vergütungsvereinbarung bedarf der Textform, dies gilt auch für die Vereinbarung eines Erfolgshonorars gem. § 4 a RVG. Die Vereinbarung muss als Vergütungsvereinbarung oder in vergleichbarer Weise, zB als Honorarvereinbarung, bezeichnet werden; sie ist von anderen Vereinbarungen mit Ausnahme der Auftragserteilung deutlich abzusetzen und darf nicht in der Vollmacht enthalten sein – so die hier in **S. 1** aufgeführten Bedingungen des § 3 a Abs. 1 S. 1 und 2. Hinsichtlich der einzuhaltenden Vorschriften für die Vereinbarung eines Erfolgshonorars gem. § 4 a Abs. 1 und 2 wird auf die dortigen Erl. verwiesen (→ § 4 a Rn 2 ff, 11 ff).

2   **Nicht** aufgeführt ist die Vorschrift des § 4 a Abs. 3. Der Verstoß gegen die dortigen Verpflichtungen (Angabe der bestimmenden Gründe und Kostenhinweis, → § 4 a Rn 15 f) macht also die Vereinbarung nicht fehlerhaft iSd § 4 b.

3   Die Folge eines Verstoßes gegen die Form- und Inhaltsvorschriften des § 3 a Abs. 1 S. 1 und 2 bzw § 4 a Abs. 1 und 2 ist die **Reduzierung** einer **höher als die gesetzliche Vergütung** vereinbarten Vergütung **auf die gesetzliche Vergütung.**

4   Nach Auffassung des BGH[1] fällt die gesetzliche Vergütung bei einer unwirksamen Vergütungsvereinbarung unmittelbar an, sofern die unwirksam vereinbarte Vergütung über der gesetzlichen Vergütung liegt. Ist die unwirksam vereinbarte Vergütung niedriger als die gesetzliche Vergütung, so ist auch nur die niedrigere Vergütung geschuldet.

Das bedeutet, dass entgegen bisheriger Auffassung und Rechtsprechung keine Voraussetzung für die Geltendmachung der gesetzlichen anstelle der vereinbarten Vergütung eine **ordnungsgemäße Rechnung** gem. § 10 ist. Im Prozess wegen einer vereinbarten Vergütung kann es aber angezeigt sein, vorsorglich eine Rechnung auf der gesetzlichen Vergütungsbasis vorzulegen – das Gericht kann dann insb. bei Rahmengebühren leichter eine Reduzierung auf die gesetzliche Vergütung vornehmen, wenn eine diesbezügliche Berechnung, die nicht den Formvorschriften des § 10 genügen muss, vorliegt.

5   Aus dieser Entscheidung ergibt sich zwingend, dass bei **ersatzweiser** Forderung der **gesetzlichen Vergütung** der **Hinweispflicht gem. § 49 b Abs. 5 BRAO** nicht Genüge getan werden muss.[2] Das OLG Koblenz[3] ist von einer Hinweispflicht ausgegangen, verneint aber ohne nähere Begründung einen Schadensersatzanspruch bei fehlendem Hinweis[4] und schließt sich offensichtlich der Auffassung des erstinstanzlichen LG Koblenz[5] an: Hat ein Mandant auf eine (fehlerhaft) vereinbarte Vergütung in erheblichem Umfange gezahlt, dann ist davon auszugehen, dass er auch bei Hinweis gem. § 49 b Abs. 5 BRAO das Mandat erteilt hätte.

Empfohlen wird dennoch, in die Vergütungsvereinbarung schon den Hinweis auf die ersatzweise geltende gesetzliche Vergütung mit Verweis auf die Streitwertabhängigkeit der Abrechnung aufzunehmen, zumal der 4. Strafsenat zeitlich parallel einen Betrug bei Vereinbarung einer unwirksamen Erfolgshonorarvereinbarung annimmt.[6]

6   Wurde eine **niedrigere als die gesetzliche Vergütung** vereinbart, so kann der Rechtsanwalt bei Verstoß gegen die oben beschriebenen Form- und Inhaltsvorschriften nun nicht etwa die höhere gesetzliche Vergütung fordern, sondern ist gem. § 242 BGB gehalten, sich an der Vereinbarung festhalten zu lassen.[7]

7   Der Verweis in **S. 2** auf die Vorschriften der **ungerechtfertigten Bereicherung** gem. §§ 812 ff BGB hat zu einer wesentlichen Änderung der früheren gesetzlichen Regelung geführt, wonach der Mandant bei Vorliegen einer Vereinbarung über den gesetzlichen Gebühren liegende Zahlungen nicht zurückfordern konnte, wenn diese Zahlungen aufgrund einer unwirksamen Vergütungsvereinbarung erfolgten (§ 4 Abs. 5 S. 2 aF: „Hat der Auftraggeber freiwillig und ohne Vorbehalt geleistet, kann er das Geleistete nicht deshalb zurückfordern, weil eine Verbindlichkeit nicht bestanden hat").

8   Der Verweis auf die Bestimmungen der ungerechtfertigten Bereicherung führt dazu, dass umgekehrt der Mandant bei fehlerhafter Vergütungsvereinbarung einen **Rückforderungsanspruch** hat und der Anwalt lediglich die bereicherungsrechtlichen Einwendungen, wie zB § 814, § 818 Abs. 3 BGB, erheben kann.

---

1 BGH AGS 2014, 319 = AnwBl 2014, 758 = BB 2014, 1809 = MDR 2014, 931; *Winkler*, AGS 2014, 370. **2** *Winkler*, AGS 2014, 370. **3** OLG Koblenz NJW-RR 2012, 1466. **4** Vgl hierzu *Winkler*, AGS 2014, Heft 2. **5** LG Koblenz 27.7.2009 – 15 O 446/09, nv. **6** BGH AGS 2014, 493 m. krit. Anm. *Schons*. **7** BGH AGS 2014, 319 = AnwBl 2014, 758 = BB 2014, 1809 = MDR 2014, 931; OLG München MDR 2013, 60.

Die **Beweislast** dafür, dass der Mandant in Kenntnis der gem. § 4 b fehlerhaften Vergütungsvereinbarung 9
geleistet und demzufolge keinen Rückforderungsanspruch hat, liegt beim der Rückforderung ausgesetzten
Rechtsanwalt. Angesichts dessen, dass dieser kaum bewusst eine fehlerhafte Vergütungsvereinbarung abgeschlossen hat, dürfte dieser Beweis kaum zu führen sein, würde doch damit implizit behauptet, dass der
Mandant besseres Wissen über den Abschluss einer Vergütungsvereinbarung hat als der Anwalt.

§ 5 Vergütung für Tätigkeiten von Vertretern des Rechtsanwalts

**Die Vergütung für eine Tätigkeit, die der Rechtsanwalt nicht persönlich vornimmt, wird nach diesem Ge-
setz bemessen, wenn der Rechtsanwalt durch einen Rechtsanwalt, den allgemeinen Vertreter, einen Assessor
bei einem Rechtsanwalt oder einen zur Ausbildung zugewiesenen Referendar vertreten wird.**

I. Allgemeines

§ 5 regelt die Vergütung bei Vertretung eines Rechtsanwalts. Er erhält bei bestimmten Stellvertretern vom 1
Auftraggeber die gleiche Vergütung, als hätte er die Tätigkeit selbst vorgenommen. Der Stellvertreter erwirbt seinen Vergütungsanspruch dagegen unmittelbar gegenüber dem Rechtsanwalt, der vertreten wird,
sofern er nicht unentgeltlich tätig wird. Die Vergütung des Stellvertreters richtet sich nicht nach dem RVG,
sondern nach der zwischen ihm und dem vertretenen Anwalt getroffenen Vereinbarung.

II. Voraussetzungen der Stellvertretung

1. Zulässigkeit der Stellvertretung. Grundsätzlich hat der zur Dienstleistung verpflichtete Rechtsanwalt sei- 2
ne Tätigkeiten im Zweifel in Person zu leisten (§ 613 S. 1 BGB), so dass die Dienste im Zweifel nicht übertragbar (§ 613 S. 2 BGB) sind. § 5 setzt die Stellvertretung als zulässig voraus. Sie ist es insb., wenn sie mit
dem Auftraggeber vereinbart worden ist, aber auch dann, wenn der Anwalt sie nach den Umständen des
Einzelfalls für erforderlich halten darf. Dies ist insb. dann der Fall, wenn ein gegenläufiges Interesse des
Auftraggebers nicht ersichtlich und keine ernsthaften Zweifel daran bestehen, dass der Auftraggeber mit
der Stellvertretung einverstanden gewesen wäre, wenn er gefragt worden wäre. Davon, dass der Auftraggeber bei Kenntnis der Sachlage die Abweichung gebilligt haben würde, ist bspw. auszugehen bei Wahrnehmung eines Termins durch einen Stellvertreter, in dem das Gericht bereits darauf hingewiesen hat, dass es
dem Begehren des Auftraggebers stattgeben werde. Die Billigung des Auftraggebers darf auch dann unterstellt werden, wenn im Termin zur mündlichen Verhandlung erwartungsgemäß ein Versäumnisurteil zu
Gunsten des Auftraggebers ergeht, und auch dann, wenn durch einen Stellvertreter die Kosten des Rechtsstreits minimiert werden können.

2. Vergütung des Stellvertreters. Da der Stellvertreter nicht vom Auftraggeber, sondern vom Rechtsanwalt 3
beauftragt wird, schuldet dessen Vergütung der Anwalt selbst, nicht der Auftraggeber. Dem Rechtsanwalt
ist es deshalb verwehrt, die in der Person des Stellvertreters entstandenen Gebühren an seinen Auftraggeber
weiterzugeben, es sei denn, die Stellvertretung ist mit dem Auftraggeber vereinbart worden. Werden dem
Auftraggeber durch die Stellvertretung indes Kosten erspart (etwa Reisekosten), so ist der Rechtsanwalt
grds. berechtigt, die Mehrkosten der Stellvertretung dem Auftraggeber in Höhe der ersparten (eigenen)
Kosten in Rechnung zu stellen.[1]

3. Höhe der Vergütung. Die Vergütung nach dem RVG erhält der vertretene Rechtsanwalt, wenn der Ver- 4
treter zu dem in § 5 genannten Personenkreis gehört. Der dort aufgeführte Personenkreis ist abschließend.
Nehmen andere Personen, die nicht von dem in § 5 bestimmten Personenkreis erfasst sind, eine Stellvertre-
terfunktion des Rechtsanwalts wahr, kommt eine Abrechnung nach dem RVG grds. nicht in Betracht, sondern lediglich nach BGB.

4. Stellvertreter des Rechtsanwalts. § 5 nennt als Vertreter des Rechtsanwalts den Rechtsanwalt, der einen 5
anderen Rechtsanwalt vertritt, den allgemeinen Vertreter, einen Assessor bei einem Rechtsanwalt oder
einen zur Ausbildung zugewiesenen Referendar.

a) Rechtsanwalt. Übernimmt ein anderer Rechtsanwalt die Stellvertretung eines Rechtsanwalts, so erhält 6
der vertretene Anwalt grds. die volle Vergütung.

b) Allgemeiner Vertreter. Ist der Rechtsanwalt länger als eine Woche daran gehindert, seinen Beruf auszu- 7
üben, oder beabsichtigt er, sich länger als eine Woche von seiner Kanzlei zu entfernen, so ist er nach § 53
Abs. 1 BRAO verpflichtet, für seine Vertretung zu sorgen. Der Vertreter, den der Rechtsanwalt selbst oder

---

1 AnwK-RVG/*N. Schneider*, § 5 Rn 29.

aber auch die Rechtsanwaltskammer bestimmen kann, ist in § 53 BRAO als allgemeiner Vertreter bezeichnet. Auch der allgemeine Vertreter wird im Interesse, für Rechnung und auf Kosten des vertretenen Rechtsanwalts tätig, so dass dieser für seine Tätigkeiten die Vergütung nach dem RVG abrechnen kann.

8   c) **Assessor bei einem Rechtsanwalt.** Wer die 2. Juristische Staatsprüfung erfolgreich bestanden hat, darf die Bezeichnung „Assessorin" oder „Assessor" führen. Da der Assessor zu dem Personenkreis des § 5 gehört, ist der Anwalt, der einen Assessor mit seiner Stellvertretung beauftragt, berechtigt, die volle Vergütung abzurechnen. Allerdings kann der Anwalt nicht für jeden mit der Stellvertretung beauftragten Assessor die volle Vergütung verlangen, vielmehr nach dem Wortlaut des § 5 nur derjenige, der „bei einem Rechtsanwalt" ist. Das Merkmal ist dahin gehend auszulegen, dass es sich um einen **bei einem Rechtsanwalt angestellten** Assessor handeln muss. Dann, aber auch nur dann, entsteht nach § 5 unmittelbar in der Person des vertretenen Rechtsanwalts die volle gesetzliche Vergütung. Nicht erforderlich ist, dass der Assessor beim vertretenen Anwalt angestellt ist; er kann auch bei einem anderen Anwalt angestellt sein.

9   Der **nicht angestellte** Assessor gehört vom Wortlaut her ausdrücklich nicht zum Personenkreis des § 5, so dass er die Vergütung nach dem RVG auch nicht auslöst. In diesem Fall dürfte aber die angemessene Vergütung geschuldet sein (§ 612 Abs. 2 BGB). Zum Teil nimmt die Rspr an, dass keine, jedenfalls keine erstattungsfähige Vergütung zugebilligt werden kann.[2]

10   d) **Zur Ausbildung zugewiesener Referendar.** Auch wenn sich der Rechtsanwalt durch einen zur Ausbildung zugewiesenen Referendar vertreten lässt, können die Gebühren für seine Tätigkeit nach dem RVG abgerechnet werden. Wer die 1. Juristische Staatsprüfung bestanden hat, wird nach Maßgabe bestimmter Voraussetzungen im Rahmen eines öffentlich-rechtlichen Ausbildungsverhältnisses zum Land mit der Dienstbezeichnung „Rechtsreferendarin" oder „Rechtsreferendar" in den Vorbereitungsdienst aufgenommen. Lässt sich der Rechtsanwalt insoweit von einem Referendar vertreten, so ist die hierfür in der Person des Anwalts entstehende Vergütung nach dem RVG abzurechnen. Die Kosten entstehen in der Höhe, in der sie auch durch die Tätigkeit des Anwalts selbst entstanden wären. Dabei ist unerheblich, ob sich der Rechtsreferendar in der Pflicht- oder Wahlstation befindet.[3] Es ist auch nicht erforderlich, dass der Referendar gerade dem Anwalt zugewiesen ist, von dem er als Stellvertreter eine Tätigkeit ausübt. Der Wortlaut des § 5 fordert lediglich die rechtliche Stellung „eines zur Ausbildung zugewiesenen Referendars", was den Fall einschließt, dass der Referendar auch einem anderen Anwalt zur Ausbildung zugewiesen sein darf.[4] Die gegenteilige Auffassung des OLG Düsseldorf[5] steht gegen den Wortlaut des § 5. Dagegen spricht auch die Intention des Gesetzgebers: § 5 will denjenigen Personen den vollen Vergütungsanspruch nach dem RVG zubilligen, die einen gesicherten Ausbildungsstand erreicht haben. Es entspricht ausbildungsrechtlichen Grundsätzen, dass ein zur Ausbildung zugewiesener Referendar bereits fünf Monate zur Ausbildung bei einem ordentlichen Gericht in Zivilsachen, drei Monate zur Ausbildung bei einer Staatsanwaltschaft, drei Monate zur Ausbildung bei einer Verwaltungsbehörde abgeleistet hat. Diese Voraussetzungen sind bei jedem zugewiesenen Referendar die gleichen, so dass es für das Entstehen der Gebühren keinen Unterschied bedeuten darf, ob der Referendar dem vertretenen Rechtsanwalt oder einem anderen Rechtsanwalt zur Ausbildung zugewiesen wurde.

11   Soweit der Referendar indes **nicht Stationsreferendar** ist, so wird er vom Personenkreis des § 5 als nicht erfasst angesehen. Dies ergibt sich bereits unmittelbar aus dem Wortlaut und ist der insoweit nicht überprüfbaren Qualifikation geschuldet.

12   **5. Stellvertreter gehört nicht zum Personenkreis des § 5.** Gehört der Vertreter des Rechtsanwalts nicht zu dem in § 5 genannten Personenkreis, so richtet sich der Vergütungsanspruch des Vertretenen nicht nach dem RVG, sondern nach § 612 BGB. Danach ist die vereinbarte Vergütung maßgeblich. Mangels Vereinbarung ist die übliche Vergütung als vereinbart anzusehen (§ 612 Abs. 2 BGB). Dabei kann die vereinbarte Vergütung oder die übliche Vergütung den Gebühren nach dem RVG entsprechen oder aber darunter oder höher gelegen sein. Eine entsprechende Anwendung des § 5 auf andere Stellvertreter, die nicht in § 5 genannt worden sind, ist ausgeschlossen.

III. Kostenerstattung

13   **1. Allgemeines.** Zählt der Vertreter zu dem in § 5 genannten Personenkreis, ist also Rechtsanwalt, allgemeiner Vertreter, Assessor oder ein zur Ausbildung zugewiesener Referendar, so ist die dadurch ausgelöste Ver-

---

2 LG Berlin AnwBl 2001, 243 = DSPZ 2001, 37255; LG Schleswig SchlHA 2002, 27 = NJW-RR 2002, 498; OLG Düsseldorf JMBl 1963, 64. **3** LG Frankfurt AnwBl 1978, 30. **4** OLG Karlsruhe JurBüro 1988, 74; LG Frankfurt AnwBl 1978, 30; LG Osnabrück JurBüro 1992, 798. **5** OLG Düsseldorf AGS 2005, 487 m. Anm. *N. Schneider* = JurBüro 2005, 364 = Rpfleger 2005, 487.

gütung stets erstattungsfähig und festsetzbar. Das ergibt sich unmittelbar aus § 91 Abs. 2 S. 1 ZPO. Erstattungsfähig sind damit stets die gesetzlichen Gebühren und Auslagen des Rechtsanwalts.

Gehört der Stellvertreter nicht zu den in § 5 genannten Personen, so sind die in seiner Person entstehenden 14
Kosten nur im Umfang des § 91 Abs. 1 S. 1 ZPO erstattungsfähig, als sie zur zweckentsprechenden Rechtsverfolgung oder Rechtsverteidigung notwendig gewesen sind. Die Rspr verfährt unterschiedlich je nachdem, welchen Ausbildungsumfang der Vertretene hat.

2. Vertreter außerhalb des Anwendungsbereichs des § 5. Für eine **Büroangestellte** soll nach dem LG Gie- 15
ßen[6] keine Vergütung zu erstatten sein.

Das OLG Oldenburg geht davon aus, dass für einen **Bürovorsteher** keine Vergütung verlangt werden kön- 16
ne. Nach aA erhält der Anwalt zwar keine Vergütung, aber Auslagenersatz.[7] Andere Gerichte gehen davon aus, dass im Falle der Vertretung des Rechtsanwalts durch einen Bürovorsteher ein Bruchteil der gesetzlichen Vergütung für eine Terminswahrnehmung zu erstatten ist.[8]

Für einen **Professor** an einer Fachhochschule **als freier Mitarbeiter** soll eine Vergütung entsprechend § 9 17
JVEG erstattungsfähig sein.[9]

Für die Abrechnung ist § 4 Abs. 1 RDGEG heranzuziehen, soweit **Rentenberater** betroffen sind; iÜ geht die 18
Rspr davon aus, dass 2/3 der Kosten eines Rechtsanwalts erstattungsfähig sein können.

Es wird einerseits die Auffassung vertreten, dass auch bei Beauftragung eines **Referendars außerhalb der** 19
Pflicht- oder Wahlstation (Nichtstationsreferendar) die Vergütung zu erstatten sei, die entstanden und erstattungsfähig wäre, wenn der Anwalt selbst aufgetreten wäre.[10] Nach zutreffender Auffassung löst allerdings die Vertretung des Anwalts durch einen nicht zugewiesenen Referendar in einem Termin zur mündlichen Verhandlung grds. keine erstattungsfähige Vergütung aus.[11] Nach anderen Auffassungen wird es für sachgerecht gehalten, zumindest 50 % oder auch 2/3 der gesetzlichen Vergütung zu erstatten.[12]

Für die Vertretung durch eine **Steuerfachangestellte** kann der Anwalt keine Vergütung verlangen.[13] 20

Die Erstattungsfähigkeit der Kosten eines **Hochschullehrers** auf der Grundlage des RVG ist grds. abzuleh- 21
nen.[14]

Auch auf einen **Rechtsfachwirt** ist § 5 nicht anwendbar, da der Rechtsfachwirt in den Personenkreis nicht 22
aufgenommen worden ist.

IV. Vereinbarung der gesetzlichen Gebühren

Es bleibt dem Rechtsanwalt jedoch stets unbenommen zu vereinbaren, dass auch bei Wahrnehmung von 23
anwaltlichen Tätigkeiten durch eine Person außerhalb des in § 5 genannten Personenkreises die gesetzliche Vergütung nach dem RVG berechnet werden darf.

V. Auslagen

§ 5 bezeichnet die Vergütung, dh Gebühren und Auslagen (§ 1 Abs. 1), mit der Folge, dass grds. auch die 24
Auslagen nach dem RVG entstehen, soweit die in § 5 genannten Personen den Rechtsanwalt vertreten.

VI. Prozess-/Verfahrenskostenhilfe; Beratungshilfe; Pflichtverteidiger

Ist der Rechtsanwalt im Wege der **PKH/VKH** beigeordnet worden, so stehen ihm bei einer Stellvertretung 25
durch eine der in § 5 genannten Personen die vollen gesetzlichen Gebühren gegenüber der Staatskasse zu.[15]

Die **Beratungshilfe** wird durch Rechtsanwälte und durch Rechtsbeistände, die Mitglied einer Rechtsan- 26
waltskammer sind, gewährt. Insoweit muss die Beratungshilfe grds. nicht ausschließlich durch einen Rechtsanwalt gewährt werden, so dass die Gebührentatbestände auch dann ausgelöst werden können, wenn eine Stellvertretung erfolgt durch einen nicht in § 5 genannten Personenkreis.

Der **Pflichtverteidiger** ist verpflichtet, seine Dienste in Person abzuleisten.[16] Im Falle notwendiger Verteidi- 27
gung muss deshalb das Gericht einen anderen Pflichtverteidiger bestellen, wobei auch der Vertreter als Pflichtverteidiger bestellt werden kann.

6 LG Gießen VersR 1981, 963. **7** AG Hannover JurBüro 1965, 715. **8** LG Münster AnwBl 1996, 475 = Rpfleger 1996, 527; LG Essen JurBüro 1975, 466 m. Anm. *Mümmler*; LG Wuppertal JurBüro 1986, 1515; LG Düsseldorf JurBüro 1987, 1804; LG Saarbrücken JurBüro 1989, 628. **9** VGH Mannheim NVBZ-RA 1999, 167. **10** LG Düsseldorf JurBüro 1994, 732. **11** LG Heilbronn MDR 1995, 968 = JurBüro 1995, 585 = FamRZ 1996, 678; LG Darmstadt AnwBl 2009, 463; OLG Düsseldorf JurBüro 1991, 671 m. abl. Anm. *Mümmler*; LG Oldenburg Rpfleger 1984, 35 = JurBüro 1984, 387; KG NJW 1997, 1872; AG Mainz AnwBl 1981, 512 m. abl. Anm. *Schmidt*. **12** LG Düsseldorf JurBüro 1987, 1031; LG Aachen JurBüro 1978, 261; AG Freiburg AnwBl 1982, 264; LG Bochum AnwBl 1971, 296; LG Aschaffenburg JurBüro 1977, 1254 m. Anm. *Mümmler*. **13** LG Darmstadt AnwBl 2009, 463. **14** LG Münster MDR 1995, 1175 = Rbeistand 1995, 88. **15** OLG Köln AGkompakt 2010, 110; BayLSG AGS 2016, 94 = zfs 2015, 642. **16** BGH STV 1981, 393.

VII. Berechnung der Vergütung

28 Die Stellvertretung muss nicht ausdrücklich in der Abrechnung ausgewiesen sein. Der vertretene Rechtsanwalt ist berechtigt, die entstandenen Kosten abzurechnen, da er für die Kosten des Vertreters im Innenverhältnis selbst haftet. Ein Hinweis ist nur dann erforderlich, wenn sich der Anwalt Hilfspersonen bedient, die nicht zum Personenkreis des § 5 gehören.

VIII. Vergütungsfestsetzung

29 Ist § 5 anwendbar, ergeben sich keinerlei Besonderheiten: Der Anwalt kann die gesetzliche Vergütung unter den Voraussetzungen des § 11 gegen seinen Auftraggeber festsetzen lassen. Ausgeschlossen ist eine Festsetzung auf der Grundlage des § 11 allerdings dann, wenn Personen als Stellvertreter tätig geworden sind, deren Vergütung sich nicht nach dem RVG richtet.

§ 6 Mehrere Rechtsanwälte

Ist der Auftrag mehreren Rechtsanwälten zur gemeinschaftlichen Erledigung übertragen, erhält jeder Rechtsanwalt für seine Tätigkeit die volle Vergütung.

I. Geltungsbereich

1 Die Vorschrift regelt den Vergütungsanspruch, wenn der Mandant in derselben Angelegenheit mehrere Rechtsanwälte gleichrangig mit der Bearbeitung des Mandats beauftragt, zB drei Strafverteidiger.

2 Entgegen dem missverständlichen Wortlaut fällt die Beauftragung einer **Anwaltssozietät** nicht unter diese Vorschrift, obwohl formal mehrere Anwälte beauftragt werden;[1] dies gilt auch für **überörtliche Sozietäten**.[2] Die Vergütung einzelner Anwälte einer Sozietät nach § 6 wird dann für möglich gehalten, wenn ausdrücklich mehrere Anwälte einer Sozietät mit der Bearbeitung beauftragt sind.[3] Eine Regelung der Vergütung durch eine Vereinbarung wird in einem solchen Falle empfohlen.

3 Die Vorschrift gilt ebenfalls nicht für die Mitglieder einer **Anwalts-Partnerschaft**, da die Partnerschaft, aber nicht deren einzelne Mitglieder Vertragspartner werden.[4]

4 Die Vorschrift gilt nicht für **Bürogemeinschaften**, da hier nur ein einzelner Anwalt jeweils mandatiert wird; anders, wenn mehrere Mitglieder einer Bürogemeinschaft zur gleichzeitigen Bearbeitung einer Angelegenheit mandatiert werden (zB Beauftragung zweier Rechtsanwälte aus einer Bürogemeinschaft als Strafverteidiger).

5 Die Vorschrift gilt nicht im **Verhältnis Hauptbevollmächtigter/Unterbevollmächtigter**, da hierfür das Gesetz besondere Gebührenregelungen enthält.[5]

6 § 6 regelt ebenfalls nicht die Gebührenansprüche mehrerer Rechtsanwälte, die **nacheinander in derselben Sache** beauftragt werden.[6]

7 Die Vorschrift gilt ebenfalls nicht, wenn der beauftragte Anwalt einen weiteren Anwalt zur **Mitarbeit** hinzuzieht, da der zweite Anwalt lediglich im Rahmen eines Dienstverhältnisses für den ersten Anwalt tätig ist.[7]

8 Die Vorschrift gilt ebenfalls nicht, wenn mehrere Anwälte in einem Gesamtkomplex mit der **Bearbeitung unterschiedlicher Tätigkeiten** beauftragt sind.[8]

9 **Beispiel:** In einem Insolvenzfall werden mehrere Anwälte von Arbeitnehmerseite mandatiert, wobei der eine die insolvenzrechtlichen, der zweite die arbeitsrechtlichen Fragen und der dritte die möglichen sozialversicherungsrechtlichen Fragen klären soll.

II. Voraussetzungen und Höhe der Vergütung

10 Voraussetzung für § 6 ist: (1.) der Abschluss mehrerer selbstständiger Anwaltsverträge, die (2.) die gleiche Tätigkeit beinhalten und (3.) sich auf denselben Gegenstand beziehen.

1 AnwK-RVG/N. *Schneider*, § 6 Rn 4, 43 ff; Bischof u.a./*Bischof*, § 6 Rn 5; Gerold/Schmidt/*Mayer*, § 6 Rn 9; *Hartmann*, KostG, § 6 RVG Rn 5; Mayer/Kroiß/*Teubel*, § 6 Rn 4; BGH NJW 2001, 1056. 2 KG JurBüro 2000, 86; OLG Brandenburg AnwBl 1999, 413; OLG Karlsruhe JurBüro 1995, 31; OLG München JurBüro 1996, 139. 3 AnwK-RVG/N. *Schneider*, § 6 Rn 46 ff; abl. Mayer/Kroiß/*Teubel*, § 6 Rn 4. 4 VG Düsseldorf AGS 2011, 215. 5 Bischof u.a./*Bischof*, § 6 Rn 22; Gerold/Schmidt/*Mayer*, § 6 Rn 8. 6 AnwK-RVG/N. *Schneider*, § 6 Rn 4; Bischof u.a./*Bischof*, § 6 Rn 21; Gerold/Schmidt/*Mayer*, § 6 Rn 7. 7 S. hierzu BGH NJW 2001, 753. 8 AnwK-RVG/N. *Schneider*, § 6 Rn 4; Bischof u.a./*Bischof*, § 6 Rn 21; *Hartmann*, KostG, § 6 RVG Rn 11; Mayer/Kroiß/*Teubel*, § 6 Rn 7 ff.

Dies bezieht sich auf den gesamten Auftrag und nicht nur auf Einzeltätigkeiten, wie zB Terminsvertretungen. **11**

Sofern keine gesonderte Vereinbarung getroffen ist, die nicht unter § 6 fällt, richtet sich die Vergütung der **12** Anwälte nach dem RVG, jedem Anwalt steht die volle Vergütung zu.

Sofern die Vergütung an bestimmte Tätigkeiten gebunden ist, fällt sie individuell an. **13**

Beispiel: Nur einer von zwei mit der Bearbeitung beauftragten Anwälten nimmt einen Gerichtstermin wahr. Die **14** Terminsgebühr Nr. 3104 VV fällt nur bei diesem Anwalt an.

Bei Rahmengebühren ist § 14 individuell zu berücksichtigen, wobei sich dies lediglich auf die Kriterien Umfang und Schwierigkeit der anwaltlichen Tätigkeit auswirken dürfte, da die restlichen in § 14 aufgeführten **15** Kriterien gegenüber allen Anwälten wirken dürften.[9]

Bei Wertgebühren kann in Ausnahmefällen nicht ausgeschlossen werden, dass sich aufgrund unterschiedli- **16** cher Gegenstandswerte unterschiedliche Gebühren ergeben.[10]

§ 6 regelt das Verhältnis zwischen Auftraggeber und mehreren von ihm beauftragten Anwälten; die Vor- **17** schrift hat keinen Einfluss auf die **Erstattungsfähigkeit** von Anwaltsgebühren, die sich im Prozessfall nach § 91 ZPO richtet. Nach § 91 Abs. 2 S. 1 ZPO sind die Kosten mehrerer hauptbevollmächtigter Anwälte nur insoweit zu erstatten, als sie die Kosten eines Rechtsanwalts nicht übersteigen oder als in der Person des Rechtsanwalts ein Wechsel eintreten musste.[11]

Der **notwendige Anwaltswechsel**, zB aufgrund Todes oder Zulassungsverlusts des bisherigen Anwalts, ist **18** ebenfalls kein Fall des § 6.[12]

§ 7 Mehrere Auftraggeber

(1) Wird der Rechtsanwalt in derselben Angelegenheit für mehrere Auftraggeber tätig, erhält er die Gebühren nur einmal.

(2) [1]Jeder der Auftraggeber schuldet die Gebühren und Auslagen, die er schulden würde, wenn der Rechtsanwalt nur in seinem Auftrag tätig geworden wäre; die Dokumentenpauschale nach Nummer 7000 des Vergütungsverzeichnisses schuldet er auch insoweit, wie diese nur durch die Unterrichtung mehrerer Auftraggeber entstanden ist. [2]Der Rechtsanwalt kann aber insgesamt nicht mehr als die nach Absatz 1 berechneten Gebühren und die insgesamt entstandenen Auslagen fordern.

I. Tätigkeit für mehrere Auftraggeber in derselben Tätigkeit (Abs. 1)

Die Vorschrift regelt, dass bei der Vertretung mehrerer Auftraggeber in derselben Angelegenheit die einzel- **1** nen Gebühren nicht mehrfach anfallen, sondern nur **einmal.**

Beispiel: Bei der Vertretung von drei Prozessparteien in derselben Angelegenheit fällt die Verfahrensgebühr **2** Nr. 3100 VV nur einmal an.

Durch die Vertretung von mehr als einem Auftraggeber wird diese Gebühr lediglich nach Nr. 1008 VV bis zu einer bestimmten Grenzhöhe erhöht.

Es muss sich um **dieselbe Angelegenheit** handeln; auf die Erl. zu § 15 wird verwiesen. Nicht ausgeschlossen **3** ist, dass die Angelegenheit unterschiedliche Gegenstände betrifft; in diesem Fall erfolgt eine Zusammenrechnung der Werte (§§ 22 Abs. 1, 15 Abs. 3).

Der Auftrag muss von **mehreren Personen** erteilt sein. Eine BGB-Gesellschaft gilt als eine Person.[1] Etwas **4** anderes gilt, wenn die BGB-Gesellschafter einzeln einen Vertretungsauftrag erteilen; Vergleichbares gilt für die Wohnungseigentümergemeinschaft (§ 10 Abs. 6 WEG).[2]

Die Auswirkung der Gebührenerhöhung nach Nr. 1008 VV wird dort behandelt (s. daher die Erl. zu **5** Nr. 1008 VV).

II. Zahlungspflicht des einzelnen Auftraggebers (Abs. 2)

Die Vorschrift regelt das Abrechnungsverhältnis zwischen dem Anwalt und dem einzelnen Auftraggeber im **6** Verhältnis zu den anderen Auftraggebern. Der einzelne Auftraggeber schuldet dem Anwalt lediglich die Gebühren, die bei einer alleinigen Beauftragung durch ihn entstanden wären (Abs. 2 S. 1 Hs 1).

---

9 AnwK-RVG/*N. Schneider*, § 6 Rn 15. **10** AnwK-RVG/*N. Schneider*, § 6 Rn 18. **11** AnwK-RVG/*N. Schneider*, § 6 Rn 22; Gerold/Schmidt/*Mayer*, § 6 Rn 5 ff. **12** AnwK-RVG/*N. Schneider*, § 6 Rn 26 ff und Gerold/Schmidt/*Mayer*, § 6 Rn 16 ff behandeln diese Fragen. **1** BGHZ 146, 341 = NJW 2001, 1056. **2** S. OLG Köln 10.2.2012 – 17 W 24/12, IMR 2012, 257.

7   **Beispiel:** Der Anwalt vertritt drei Mandanten in einer gerichtlich anhängigen Forderungssache mit einem Gegenstandswert von 6.000 €.

Es fällt an eine 1,3-Verfahrensgebühr Nr. 3100 VV	460,20 €
Die Verfahrensgebühr erhöht sich wegen zweier weiterer Auftraggeber um 2 x 0,3 gem. Nr. 1008 VV (á 106,20 €)	212,40 €
= ergibt den Gesamtgebührenanspruch von	672,60 €

Gegen jeden einzelnen Auftraggeber hat der Anwalt einen Gebührenanspruch auf die 1,3-Verfahrensgebühr Nr. 3100 VV iHv 460,20 €. Insgesamt kann er aber nicht mehr verlangen als 672,60 € (Abs. 2 S. 2).

8   Zwischen den Auftraggebern wiederum gibt es ein **eigenartiges Gesamtschuldverhältnis**,[3] das unter den Auftraggebern gem. § 426 BGB auszugleichen ist: Bei fehlender anderweitiger Bestimmung hätte im vorigen Beispiel intern jeder Auftraggeber 672,60 € : 3 = 224,20 € zu tragen. Eine gesamtschuldnerische Haftung besteht individuell nur in Höhe einer 1,3-Verfahrensgebühr abzüglich 0,3-Zuschlag gem. Nr. 1008 VV = 1,0-Teil-Verfahrensgebühr (s. iÜ → Nr. 1008 VV Rn 22 ff).[4]

9   Wird der Anwalt für mehrere Auftraggeber in derselben Angelegenheit bei Geltendmachung unterschiedlicher, gem. § 22 Abs. 1 zusammenzurechnender Gegenstandswerte tätig, ergibt sich folgendes Beispiel:

10   **Beispiel:**[5] Aus einem Verkehrsunfall sind dem Fahrer und Halter A Forderungen iHv 5.000 €, dem Beifahrer B Forderungen iHv 4.000 € und dem Beifahrer C Forderungen iHv 3.000 € entstanden.[6] Insgesamt beläuft sich der Gegenstandswert auf 12.000 €.

I. Bei der gerichtlichen Geltendmachung beläuft sich die

1,3-Verfahrensgebühr Nr. 3100 VV aus 5.000 € (A) auf	393,90 €
1,3-Verfahrensgebühr Nr. 3100 VV aus 4.000 € (B) auf	327,60 €
1,3-Verfahrensgebühr Nr. 3100 VV aus 3.000 € (C) auf	261,30 €
insgesamt addiert	982,80 €

Die insgesamt geschuldete 1,3-Verfahrensgebühr Nr. 3100 VV aus 12.000 € (§§ 22 Abs. 1, 15 Abs. 3) beläuft sich auf 785,20 €.

II. Der Anwalt hat gegen A einen Gebührenanspruch über 393,90 €, gegen B über 327,60 € und gegen C über 261,30 €, insgesamt aber nicht mehr als 785,20 €.

Zahlt A die ihn treffende Gebühr von 393,90 € voll, kann der Anwalt von B maximal noch 327,60 € verlangen, während er von C lediglich 261,30 € erhalten könnte.

III. Der Ausgleich unter A, B und C erfolgt gem. § 426 BGB folgendermaßen:

A: 785,20 € : 982,80 € x 393,90 € =	314,70 €
B: 785,20 € : 982,80 € x 327,60 € =	261,73 €
C: 785,20 € : 982,80 € x 261,30 € =	208,76 €
Summe	785,20 €

11   Hinsichtlich der **Dokumentenpauschale** Nr. 7000 VV wird die Zurechenbarkeit unterbrochen, als diese Gebühr auch zur Unterrichtung mehrerer Auftraggeber entstanden ist. Der Gesetzgeber geht davon aus, dass die gleichmäßige Information aller Auftraggeber im Interesse jedes einzelnen Auftraggebers liegt.[7]

§ 8 Fälligkeit, Hemmung der Verjährung

(1) [1]Die Vergütung wird fällig, wenn der Auftrag erledigt oder die Angelegenheit beendet ist. [2]Ist der Rechtsanwalt in einem gerichtlichen Verfahren tätig, wird die Vergütung auch fällig, wenn eine Kostenentscheidung ergangen oder der Rechtszug beendet ist oder wenn das Verfahren länger als drei Monate ruht.

(2) [1]Die Verjährung der Vergütung für eine Tätigkeit in einem gerichtlichen Verfahren wird gehemmt, solange das Verfahren anhängig ist. [2]Die Hemmung endet mit der rechtskräftigen Entscheidung oder anderweitigen Beendigung des Verfahrens. [3]Ruht das Verfahren, endet die Hemmung drei Monate nach Eintritt der Fälligkeit. [4]Die Hemmung beginnt erneut, wenn das Verfahren weiter betrieben wird.

I. Allgemeines

1   **1. Regelungsgehalt.** Die Vorschrift regelt in **Abs. 1** die Fälligkeit der Vergütung des Rechtsanwalts, somit der Gebühren und Auslagen (vgl § 1 Abs. 1 S. 1) für die anwaltliche Tätigkeit, die nach dem RVG abzurechnen ist (→ § 1 Rn 3, 8 f). Die Regelung gilt daher nicht für sonstige, nicht im Vergütungsverzeichnis

---

3 OLG Düsseldorf AGS 2011, 534; OLG Koblenz BRAGO-Report 2002, 56. **4** OLG Düsseldorf AGS 2011, 534 m. Anm. *N. Schneider*. **5** Nach Mayer/Kroiß/*Teubel*, § 7 Rn 3 ff. **6** Die Problematik eines solchen Mandats angesichts verschuldensunabhängiger Haftung sei hier ausgeklammert. **7** AnwK-RVG/*Volpert*, § 7 Rn 33 ff.

aufgeführte Auslagen, zB für durch den Rechtsanwalt verauslagte Gerichtskosten.[1] **Abs. 2** enthält Regelungen zur Hemmung der Verjährung, sofern sie für eine Tätigkeit in einem gerichtlichen Verfahren anfällt.

2. Anwendungsbereich. Die Regelungen gelten für sämtliche Vergütungen, die dem Anwendungsbereich des RVG unterliegen, somit neben der gesetzlichen Vergütung auch für eine vereinbarte Vergütung (§§ 3 a, 4, 4 a).[2] 2

3. Fälligkeit. Mit dem Eintritt der Fälligkeit ist der Rechtsanwalt zur Geltendmachung der Vergütung gegenüber seinem Schuldner berechtigt, unabhängig davon, ob dies der Auftraggeber selbst oder im Falle der Beiordnung die Staatskasse ist (vgl §§ 45 ff mit teilweisen Sonderregelungen zB § 52). Darüber hinaus ist der Rechtsanwalt mit Eintritt der Fälligkeit auch berechtigt, die Festsetzung der Vergütung gegen seinen Auftraggeber (§ 11 Abs. 2 S. 1) und eine Wertfestsetzung gem. § 33 Abs. 2 S. 1 zu beantragen.[3] Weiterhin bewirkt die Fälligkeit den Beginn der Verjährung.[4] 3

Die Fälligkeit setzt naturgemäß die Entstehung der jeweiligen Vergütung voraus. Dazu muss der jeweilige Gebühren- bzw Auslagentatbestand des Vergütungsverzeichnisses erfüllt sein. Ist die Fälligkeit noch nicht gegeben, kann der Rechtsanwalt ggf einen Vorschuss verlangen (vgl §§ 9, 47). Die Fälligkeit der Vergütung tritt ein, wenn einer und damit der früheste der in Abs. 1 genannten Tatbestände erfüllt ist.[5] 4

Die Fälligkeit der Vergütung kann auch – abweichend zur Bestimmung des § 8 – zwischen Auftraggeber und Rechtsanwalt vereinbart werden (→ § 3 a Rn 9).[6] 5

II. Fälligkeitszeitpunkte

1. Erledigung des Auftrags (Abs. 1 S. 1 Alt. 1). Die Erledigung des Auftrags kann insb. durch dessen Kündigung eintreten, im Falle der Beiordnung hinsichtlich des Vergütungsanspruchs gegen die Staatskasse insoweit mit der Aufhebung der Beiordnung. Der Auftrag ist auch beim Tod oder mit dem Ende der Zulassung des (einzeln beauftragten) Rechtsanwalts wie auch – im Falle der Vergütung für eine Tätigkeit in einem gerichtlichen Verfahren – mit der Verweisung oder Abgabe an ein Gericht, bei dem der Rechtsanwalt nicht zugelassen ist, als erledigt anzusehen.[7] 6

Eine Erledigung des Auftrags kann naturgemäß vor der Beendigung der Angelegenheit gegeben sein. 7

2. Beendigung der Angelegenheit (Abs. 1 S. 1 Alt. 2). Insoweit ist zunächst der Abgeltungsbereich der Vergütung zu beachten (vgl §§ 15 Abs. 2, 16, 19, 20, 21), da der Auftrag auch mehrere Angelegenheiten iSd RVG umfassen kann. Sofern dieser vergütungsrechtliche Rahmen, für den die jeweilige Vergütung entsteht, prozessual bzw außergerichtlich abgeschlossen ist, ist der Fälligkeitszeitpunkt des Abs. 1 S. 1 Alt. 2 gegeben. 8

Für die Vergütung hinsichtlich einer außergerichtlichten Angelegenheit wird dieser Fälligkeitszeitpunkt den Regelfall darstellen, so zB durch eine außergerichtliche Einigung, durch die Erfüllung des Anspruchs oder deren endgültige Ablehnung durch den Gegner.[8] Notwendig ist die Beendigung der gesamten (vergütungsrechtlichen) Angelegenheit, eine teilweise Erledigung reicht nicht aus. 9

Die Fälligkeit der Vergütung für gerichtliche Angelegenheiten wird zumeist durch andere Tatbestände (zB Kostenentscheidung, Beendigung des Rechtszugs) eintreten. 10

3. Fälligkeitszeitpunkte bei Tätigwerden in einem gerichtlichen Verfahren (Abs. 1 S. 2). a) Allgemeines. Neben der Erledigung des Auftrags und der Beendigung der Angelegenheit (Abs. 1 S. 1) bestimmt Abs. 1 S. 2 **weitere Fälligkeitszeitpunkte**, die jedoch nur für eine Vergütung bzgl einer Tätigkeit in einem **gerichtlichen Verfahren** anwendbar sind (vgl die Formulierung „auch"). 11

b) Ergangene Kostenentscheidung (Var. 1). In einem gerichtlichen Verfahren tritt die Fälligkeit auch mit einer ergangenen Kostenentscheidung ein. Die Kostenentscheidung muss nicht rechtskräftig, jedoch nach den jeweiligen verfahrensrechtlichen Vorschriften wirksam sein. Ausreichend ist auch eine Entscheidung lediglich hinsichtlich der Gerichtskosten.[9] 12

Sofern (ausnahmsweise) die Kostenentscheidung nur einen Teil des Verfahrens oder einzelne Beteiligte, insb. Streitgenossen betrifft, wird damit nur der diesbezügliche Teil der Vergütung fällig.[10] So bewirkt die nach Abtrennung einer Folgesache gem. §§ 140, 137 Abs. 2, Abs. 5 S. 1 FamFG im Scheidungsbeschluss enthaltene Kostenentscheidung nur die Fälligkeit der Vergütung hinsichtlich der damit erledigten Verfahrensgegen- 13

---

1 Gerold/Schmidt/*Mayer*, § 8 Rn 1; Riedel/Sußbauer/*Ahlmann*, § 8 Rn 1; aA Bischof u.a./*Bischof*, § 8 Rn 4 f. **2** Gerold/Schmidt/*Mayer*, § 8 Rn 1; Riedel/Sußbauer/*Ahlmann*, § 8 Rn 1; Bischof u.a./*Bischof*, § 8 Rn 3. **3** Gerold/Schmidt/*Mayer*, § 8 Rn 2. **4** Gerold/Schmidt/*Mayer*, § 8 Rn 32. **5** Gerold/Schmidt/*Mayer*, § 8 Rn 4; *Hartmann*, KostG, § 8 RVG Rn 1, 5. **6** Bischof u.a./*Bischof*, § 8 Rn 18. **7** Gerold/Schmidt/*Mayer*, § 8 Rn 10; *Hartmann*, KostG, § 8 RVG Rn 7. **8** Bischof u.a./*Bischof*, § 8 Rn 29. **9** Gerold/Schmidt/*Mayer*, § 8 Rn 14; *Hartmann*, KostG, § 8 RVG Rn 13. **10** Gerold/Schmidt/*Mayer*, § 8 Rn 15; *Hartmann*, KostG, § 8 RVG Rn 13; Bischof u.a./*Bischof*, § 8 Rn 36 f.

stände; die Fälligkeit des Teils der die abgetrennte Folgesache betreffenden Vergütung tritt erst mit der diesbezüglichen späteren Kostenentscheidung oder mit einer sonstigen späteren Erledigung ein.[11]

14 c) **Beendigung des Rechtszugs (Var. 2).** Weiterer möglicher Fälligkeitszeitpunkt ist die Beendigung des Rechtszugs, die dann naturgemäß nur die Fälligkeit der Vergütung für den jeweiligen Rechtszug bewirkt. Ob der Rechtszug beendet ist, bestimmt sich nach den jeweiligen verfahrensrechtlichen Bestimmungen.

15 Im Falle einer **Rücknahme** der Klage, des Antrags oder eines Rechtsmittels wird der Rechtszug unabhängig von einer evtl. noch nachfolgenden Kostenentscheidung (§§ 269 Abs. 4, 516 Abs. 3 ZPO) mit der Wirksamkeit der Rücknahmeerklärung beendet sein.[12] Dies muss zumindest dann gelten, wenn eine Kostenentscheidung nach der Rücknahme nicht obligatorisch ist, wie zB gem. § 269 Abs. 3, 4 ZPO, da andernfalls ohne entsprechenden Kostenantrag keine Fälligkeit eintreten würde.

16 Die Beendigung des Rechtszugs durch **Vergleich** setzt dessen Wirksamkeit voraus, tritt somit bei einem Widerrufvorbehalt erst mit Ablauf der – nicht genutzten – Widerrufsfrist ein. Nachfolgende (Abrechnungs-)Tätigkeiten sind insoweit unbeachtlich und schieben die Fälligkeit nicht hinaus.[13] Auch ein außergerichtlicher Vergleich führt zur Beendigung des Rechtszugs, bedarf naturgemäß aber der Übermittlung an das Gericht.[14]

17 Ein **Grundurteil** beendet im Regelfall den (erstinstanzlichen) Rechtszug nicht, da es noch der Fortsetzung durch das Betragsverfahrens bedarf (vgl § 304 Abs. 2 ZPO).[15]

18 In **Strafsachen** bewirkt erst die endgültige Einstellung des Verfahrens die Fälligkeit, nicht jedoch eine vorläufige Einstellung gem. § 153 a StPO.[16]

19 d) **Ruhen des Verfahrens (Var. 3).** Die Vergütung wird auch fällig, wenn das (gerichtliche) Verfahren **länger als drei Monate ruht**. In einem solchen Fall ist die Einforderung der Vergütung möglich, obwohl verfahrensrechtlich noch keine endgültige Beendigung des Rechtszugs gegeben ist.

20 Unter den Begriff des **Ruhens** fällt nicht nur die förmliche Anordnung gem. §§ 251, 251 a Abs. 3 ZPO. Es kann auch ausreichen, wenn in der (gerichtlichen) Angelegenheit mehr als drei Monate nichts mehr geschieht und das Gericht erkennen lässt, in der Sache zunächst nichts weiter zu veranlassen. Auch eine Verfahrensaussetzung oder Unterbrechung fällt wohl unter diese Variante.[17] Eine danach einmal eingetretene Fälligkeit wird durch eine spätere Fortsetzung des Verfahrens nicht wieder beseitigt.[18]

III. Verjährung

21 **1. Beginn der Verjährung.** Die dreijährige Verjährungsfrist (§ 195 BGB) beginnt mit dem Schluss des Jahres, in dem die Fälligkeit gem. Abs. 1 oder aufgrund einer abweichenden Vereinbarung eingetreten ist.[19] Dies gilt auch für den Anspruch des beigeordneten Rechtsanwalts sowie des Pflichtverteidigers gegen die Staatskasse.[20] Die Verjährungsfrist beginnt unabhängig davon zu laufen, ob dem Schuldner eine dem § 10 entsprechende Berechnung mitgeteilt wurde (§ 10 Abs. 1 S. 2).

22 **2. Hemmung der Verjährung (Abs. 2).** Die Hemmung der Verjährung bewirkt, dass der Zeitraum, währenddessen die Verjährung gehemmt ist, bei der Berechnung der Verjährungsfrist nicht mitgerechnet wird (§ 209 BGB) und damit nach Wegfall des Hemmungstatbestands die restliche Verjährungsfrist weiterläuft.[21]

23 Es gelten die Tatbestände der Hemmung gem. §§ 203–208 BGB. Auch durch einen Festsetzungsantrag gegen die eigene Partei gem. § 11 wird die Verjährung gehemmt (§ 11 Abs. 7).

24 Gemäß **Abs. 2 S. 1** wird die Verjährung einer Vergütung für eine Tätigkeit in einem gerichtlichen Verfahren auch gehemmt, **solange das Verfahren anhängig** ist. Insoweit ist auch die Anhängigkeit von Nebenverfahren, wie zB das Verfahren betreffend die Streitwertfestsetzung, oder die Kostenfestsetzung zu berücksichtigen.[22]

25 Die eingetretene Hemmung der Verjährung endet gem. **Abs. 2 S. 2** mit der rechtskräftigen Entscheidung oder anderweitigen Beendigung des Verfahrens, zB durch Vergleich oder Klagerücknahme.[23]

26 Ruht das (gerichtliche) Verfahren, endet die Hemmung drei Monate nach Eintritt der Fälligkeit (**Abs. 2 S. 3**). Wird das (ruhende) Verfahren sodann weiter betrieben, beginnt die Hemmung der Verjährung erneut (**Abs. 2 S. 4**).

---

11 Gerold/Schmidt/*Mayer*, § 8 Rn 21. 12 *Hartmann*, KostG, § 8 RVG Rn 16; aA Gerold/Schmidt/*Mayer*, § 8 Rn 16. 13 OLG Düsseldorf AGS 2008, 535; AG Köln VersR 2008, 815; *Hartmann*, KostG, § 8 RVG Rn 14. 14 Gerold/Schmidt/*Mayer*, § 8 Rn 16. 15 Gerold/Schmidt/*Mayer*, § 8 Rn 18; *Hartmann*, KostG, § 8 RVG Rn 15. 16 LG Koblenz AGS 2008, 431. 17 LAG Köln 17.11.2011 – 7 Ta 30/11, juris; Gerold/Schmidt/*Mayer*, § 8 Rn 29 f; AnwK-RVG/*Schneider*, § 8 Rn 25; *Hartmann*, KostG, § 8 RVG Rn 17; aA LG Karlsruhe AGS 2008, 61. 18 Gerold/Schmidt/*Mayer*, § 8 Rn 31. 19 OLG Düsseldorf MDR 2012, 436; Gerold/Schmidt/*Mayer*, § 8 Rn 33; *Hartmann*, KostG, § 8 RVG Rn 22. 20 Gerold/Schmidt/*Mayer*, § 8 Rn 34, 35; *Hartmann*, KostG, § 8 RVG Rn 25. 21 Gerold/Schmidt/*Mayer*, § 8 Rn 42. 22 Gerold/Schmidt/*Mayer*, § 8 Rn 43; Riedel/Sußbauer/*Ahlmann*, § 8 Rn 27; AnwK-RVG/N. *Schneider*, § 8 Rn 127. 23 Bischof u.a./*Bischof*, § 8 Rn 60.

§ 9 Vorschuss

Der Rechtsanwalt kann von seinem Auftraggeber für die entstandenen und die voraussichtlich entstehenden Gebühren und Auslagen einen angemessenen Vorschuss fordern.

I. Allgemeines

1. Regelungsgehalt. Die dem Rechtsanwalt aufgrund des zwischen ihm und dem Auftraggeber geschlossenen Dienstvertrages (§§ 611, 675 BGB) und der zu erbringenden anwaltlichen Tätigkeit zustehende Vergütung (→ § 1 Rn 4 f) wird erst zu einem – teilweise erheblich – späteren Zeitpunkt fällig (vgl § 8). Der in § 9 begründete Vorschussanspruch dient deshalb der Sicherung des späteren Vergütungsanspruchs für den vorleistungspflichtigen Rechtsanwalt.[1] Es besteht daher jedoch keine Verpflichtung zur Vorschussanforderung.[2]   **1**

2. Anwendungsbereich. Die Regelung gilt grds. für alle Rechtsanwälte, denen ein Vergütungsanspruch nach dem RVG gegen den Auftraggeber zusteht. Keine Anwendung findet die Regelung somit für beigeordnete/bestellte Rechtsanwälte, die ihren Vergütungsanspruch nicht oder nur unter besonderen Voraussetzungen gegen den Auftraggeber geltend machen können. Insoweit gelten teilweise **Sonderregelungen** hinsichtlich einer Vorschusspflicht. Dazu gehören insb:[3]   **2**

- im Rahmen der PKH/VKH beigeordnete Rechtsanwälte (vgl § 122 Abs. 1 Nr. 3 ZPO); Anspruch auf Vorschuss gegen die Staatskasse gem. § 47;
- gerichtlich bestellte Verteidiger (§ 52);
- dem Privat-/Nebenkläger, Antragsteller im Klageerzwingungsverfahren etc. beigeordnete Rechtsanwälte (§§ 52, 53);
- zum Prozesspfleger bestellte Rechtsanwälte (§ 41);
- gem. §§ 138, 270 FamFG beigeordnete Rechtsanwälte (§ 39);
- der Notanwalt gem. § 78 b ZPO (§ 78 c ZPO);
- der gem. § 67 a Abs. 1 S. 2 VwGO bestellte Rechtsanwalt (§ 40).

Soweit zB einem Vormund/Betreuer/Verfahrenspfleger für einzelne anwaltsspezifische Tätigkeiten – gem. § 2 Abs. 2 S. 2 RVG, §§ 1908 i, 1835 Abs. 3 BGB, § 277 FamFG – Gebühren nach dem RVG zustehen, sind die diesbezüglichen Sonderregelungen (vgl § 1835 Abs. 4 BGB) zu beachten.[4]   **3**

II. Geltendmachung des Vorschusses

1. Zeitpunkt und Form. Der Anspruch auf Vorschuss entsteht zugleich mit dem Abschluss des Mandatsvertrages (→ Rn 1).[5] Sofern der Auftraggeber einen ordnungsgemäß angeforderten Vorschuss nicht pünktlich und vollständig zahlt, ist der Rechtsanwalt berechtigt, weitere Tätigkeiten abzulehnen, bis der Vorschuss eingegangen ist. Er macht damit ein Zurückbehaltungsrecht gem. § 320 BGB geltend, darf seine Leistung jedoch nicht zur Unzeit zurückhalten.[6] So muss dem Auftraggeber ausreichende Gelegenheit verbleiben, (bei Nichtzahlung des Vorschusses) seine Rechte noch selber wahrzunehmen oder einen anderen Anwalt zu beauftragen.[7]   **4**

Der Vorschuss muss der Höhe nach konkret bestimmt werden. Die Anforderung muss zwar nicht die Voraussetzungen des § 10 erfüllen.[8] Für den Zahlungspflichtigen muss jedoch die Berechnung nachvollziehbar sein und – ggf auf Nachfrage – erläutert werden.[9] Die Festsetzung nur eines Vorschusses gem. § 11 ist nicht zulässig, da insoweit die Fälligkeit der Vergütung gegeben sein muss (s. § 11 Abs. 2 S. 1).   **5**

2. Höhe des Vorschusses. Der Anspruch auf Vorschuss umfasst sowohl die bereits entstandene als auch die voraussichtlich entstehende Vergütung (Gebühren und Auslagen) in der jeweiligen Angelegenheit.   **6**

Angemessen wird der Vorschuss sein, sofern er die nach dem zu erwartenden Verfahrensablauf voraussichtliche entstehende Vergütung nicht übersteigt. So wird zB in einem erstinstanzlichen Zivilprozessverfahren die Anforderung einer 1,3-fachen Verfahrens-, einer 1,2-fachen Terminsgebühr nebst Pauschale (Nr. 7002 VV) sowie der Umsatzsteuer als angemessen anzusehen sein.[10]   **7**

Andererseits wird es bei **Rahmengebühren** unbillig sein, als Vorschuss die Höchstgebühr anzufordern, wenn (zum Zeitpunkt der Vorschussanforderung) noch nicht abzusehen ist, dass diese anfallen wird und es   **8**

---

1 BGH NJW 2004, 1043; Gerold/Schmidt/*Mayer*, § 9 Rn 1; *Hartmann*, KostG, § 9 RVG Rn 1.   **2** Gerold/Schmidt/*Mayer*, § 9 Rn 26.   **3** Gerold/Schmidt/*Mayer*, § 9 Rn 4 ff; *Hartmann*, KostG, § 9 RVG Rn 3 ff; Bischof u.a./*Mathias*, § 9 Rn 8 ff.   **4** Bischof u.a./*Mathias*, § 9 Rn 11.   **5** BGH NJW 1989, 1167 = AnwBl 1989, 227; *Hartmann*, KostG, § 9 RVG Rn 7.   **6** OLG Hamm RVGreport 2011, 238; Riedel/Sußbauer/*Ahlmann*, § 9 Rn 14.   **7** OLG Karlsruhe 19.11.1987 – 4 U 178/86, juris; OLG Hamm RVGreport 2011, 238.   **8** Gerold/Schmidt/*Mayer*, § 9 Rn 24.   **9** Gerold/Schmidt/*Mayer*, § 9 Rn 24; *Hartmann*, KostG, § 9 RVG Rn 17.   **10** BGH NJW 2004, 1043; Gerold/Schmidt/*Mayer*, § 9 Rn 7 f; *Hartmann*, KostG, § 9 RVG Rn 13.

ebenso gut möglich ist, dass nur die Mittel- oder gar Mindestgebühr entstehen wird.[11] Die Höchstgebühr kann dann nicht als „voraussichtlich entstehende" Gebühr angesehen werden. Die (spätere) Nachforderung eines weiteren Vorschusses ist bei Änderung der – gebührenrechtlich relevanten – Umstände möglich. Bei der Anforderung von Rahmengebühren sollte die Bezeichnung als Vorschuss besonders deutlich gemacht werden, um damit eine ggf bereits bindende Bestimmung gem. § 14 Abs. 1 zu vermeiden.[12]

9   Auch ein **vereinbartes Honorar** kann vorschussweise geltend gemacht werden.[13] Es handelt sich insoweit je nach Gestaltung der Vereinbarung um eine bereits entstandene oder zumindest voraussichtlich entstehende Vergütung.

III. Zahlungspflichtiger

10   Zur Zahlung des Vorschusses ist derjenige verpflichtet, der auch die Vergütung als solche schuldet. Dies ist aufgrund des Mandatsvertrages in erster Linie der Auftraggeber, bei bestehenden Sonderregelungen (→ Rn 2) die Staatskasse. Aber auch Dritte, die aufgrund spezieller gesetzlicher Regelungen für Verbindlichkeiten des Auftraggebers haften (zB der Bürge oder derjenige, der die Verbindlichkeit dem Rechtsanwalt gegenüber übernommen hat), sind auf Anforderung zur Vorschusszahlung verpflichtet.

11   Haftet jemand **lediglich** im **Innenverhältnis** dem Auftraggeber gegenüber für die Anwaltsvergütung, steht dem Rechtsanwalt gegen diesen **Dritten kein eigener unmittelbarer Anspruch** zu. Somit kann der Rechtsanwalt keinen Vorschuss vom Ehegatten des Auftraggebers verlangen, auch wenn dieser gem. § 1360 a Abs. 4 BGB zur Zahlung eines Prozesskostenvorschusses verpflichtet ist.[14]

12   Auch gegen eine **Rechtsschutzversicherung** des Mandanten steht dem Rechtsanwalt kein unmittelbarer Anspruch zu. Die für den Auftraggeber, somit dem Versicherungsnehmer, vorgenommene Zahlung eines angeforderten Vorschusses kann die Rechtsschutzversicherung jedoch von dem Rechtsanwalt nicht mehr zurückfordern, da sie namens des Mandanten in Erfüllung des (Freistellungs-)Anspruchs[15] aus dem Versicherungsvertrag gezahlt hat.[16]

13   Tritt der Auftraggeber ausschließlich als **Vertreter eines Dritten** auf, wird auch nur der **Dritte** Partner des Mandatsvertrages und somit Schuldner der Vergütung und auch des Vorschusses. Dies gilt auch für gesetzliche Vertreter eines Minderjährigen oder eines Betreuten.[17]

14   Eine Partei kraft Amtes (zB Testamentsvollstrecker, Insolvenzverwalter) hingegen ist selbst Vertragspartner und schuldet somit die Vergütung und den Vorschuss selbst.[18]

IV. Verrechnung, Rückzahlung

15   Da der Vorschuss jeweils für eine konkrete Angelegenheit gefordert wird, kann er auch nur für die diesbezügliche Vergütung verrechnet werden. Dem Auftraggeber ist dann eine der Vorschrift des § 10 entsprechende Berechnung mitzuteilen.

16   Sofern feststeht, dass in der Angelegenheit, für die der Vorschuss gefordert wurde, keine weitere Vergütung mehr entstehen kann, besteht auch eine Verpflichtung zur Rückzahlung eines sich ergebenden Überschusses. Bestehen noch Ansprüchen aus anderen Angelegenheiten/Aufträgen, kommt insoweit allenfalls eine Aufrechnung in Betracht.[19]

§ 10 Berechnung

(1) [1]Der Rechtsanwalt kann die Vergütung nur aufgrund einer von ihm unterzeichneten und dem Auftraggeber mitgeteilten Berechnung einfordern. [2]Der Lauf der Verjährungsfrist ist von der Mitteilung der Berechnung nicht abhängig.

(2) [1]In der Berechnung sind die Beträge der einzelnen Gebühren und Auslagen, Vorschüsse, eine kurze Bezeichnung des jeweiligen Gebührentatbestands, die Bezeichnung der Auslagen sowie die angewandten Nummern des Vergütungsverzeichnisses und bei Gebühren, die nach dem Gegenstandswert berechnet sind, auch dieser anzugeben. [2]Bei Entgelten für Post- und Telekommunikationsdienstleistungen genügt die Angabe des Gesamtbetrags.

---

11 BGH NJW 2004, 1043; Gerold/Schmidt/*Mayer*, § 9 Rn 8 ff. **12** OLG Köln AGS 2009, 525; Bischof u.a./*Mathias*, § 9 Rn 26. **13** *Gerold/Schmidt/Mayer*, § 9 Rn 11; *Hartmann*, KostG, § 9 RVG Rn 16. **14** Gerold/Schmidt/*Mayer*, § 9 Rn 15; Riedel/Sußbauer/*Ahlmann*, § 8 Rn 7. **15** Vgl BGH NJW 2006, 1281; LG Bonn SVR 2011, 231. **16** Gerold/Schmidt/*Mayer*, § 9 Rn 28; Bischof u.a./*Mathias*, § 9 Rn 21. **17** Gerold/Schmidt/*Mayer*, § 9 Rn 16 f; *Hartmann*, KostG, § 9 RVG Rn 11 f. **18** Gerold/Schmidt/*Mayer*, § 9 Rn 16 f; *Hartmann*, KostG, § 9 RVG Rn 11 f; Bischof u.a./*Mathias*, § 9 Rn 17. **19** Gerold/Schmidt/*Mayer*, § 9 Rn 22 f; *Hartmann*, KostG, § 9 RVG Rn 22 ff; Bischof u.a./*Mathias*, § 9 Rn 42.

(3) Hat der Auftraggeber die Vergütung gezahlt, ohne die Berechnung erhalten zu haben, kann er die Mitteilung der Berechnung noch fordern, solange der Rechtsanwalt zur Aufbewahrung der Handakten verpflichtet ist.

I. Allgemeines

Die Vergütung des Rechtsanwalts **entsteht** mit der Entgegennahme der Information. Sie wird **fällig,** wenn   **1**
der Auftrag erledigt oder die Angelegenheit beendet ist (§ 8 Abs. 1 S. 1). In einem gerichtlichen Verfahren
wird die Vergütung gem. § 8 Abs. 1 S. 2 auch fällig, wenn eine Kostenentscheidung ergangen oder der
Rechtszug beendet ist oder wenn das Verfahren länger als drei Monate ruht. **Einfordern kann der Rechtsanwalt** seine Vergütung aber erst dann, wenn er dem Auftraggeber eine den Anforderungen des § 10 entsprechende Abrechnung mitgeteilt hat. Der Lauf der Verjährungsfrist ist nach Abs. 1 S. 2 von der Mitteilung der
Rechnung nicht abhängig. Die konkreten **Anforderungen** an eine ordnungsgemäße Abrechnung ergeben
sich aus Abs. 2. Der Anspruch des Auftraggebers auf Erteilung einer Abrechnung besteht auch dann noch,
wenn die Vergütung bereits gezahlt worden ist, und zwar solange der Anwalt verpflichtet ist, seine Handakten aufzubewahren (Abs. 3).

II. Anwendungsbereich

§ 10 ist anzuwenden, wenn der Anwalt seine **Vergütung nach dem RVG** abrechnet. Nicht einschlägig ist die   **2**
Vorschrift, wenn der Anwalt die in § 1 Abs. 2 beschriebenen Tätigkeitsfelder übernimmt. § 10 gilt aber
dann, wenn der Rechtsanwalt als Mediator oder beratend iSv § 34 Abs. 1 oder nach § 35 bei der Hilfeleistung in Steuersachen tätig wird und findet grds. auch auf Vergütungsvereinbarungen Anwendung, wenn
keine abweichende Regelung getroffen wird.[1] Die in § 10 enthaltenen Grundsätze für die Abrechnung sind
insoweit dispositiv.

Für **Auslagen** ist der Maßstab des § 10 nur dann zu berücksichtigen, wenn sie nach dem RVG abgerechnet   **3**
werden.

Für **Vorschussanforderungen** ist § 10 unanwendbar.[2] Mit Fälligkeit der Vergütung des Rechtsanwalts gem.   **4**
§ 8 Abs. 1 kann ein Vorschuss nach § 9 allerdings nicht mehr verlangt werden. Der Rechtsanwalt muss seine Vergütung dann nach § 10 abrechnen.[3]

Auch für die Abrechnung der Vergütung gegenüber der Staatskasse bei **Prozess-, Verfahrenskosten- und Beratungshilfe** und bei Abrechnung der Pflichtverteidigervergütung gilt § 10 nicht, weil die Vorschrift die Abrechnungsbeziehung zwischen Auftraggeber und Rechtsanwalt, nicht aber das Abrechnungsverhältnis zwischen Rechtsanwalt und Staatskasse bestimmt, das eigenen Regelungen folgt (vgl §§ 44, 45, 55).   **5**

Im **Kostenfestsetzungsverfahren** nach §§ 103 ff ZPO und bei **Beanspruchung eines materiell-rechtlichen**   **6**
Kostenerstattungsanspruchs ist § 10 ebenfalls unanwendbar, weil es um die Geltendmachung eines Erstattungsanspruchs und nicht der gesetzlichen Vergütung nach dem RVG geht.[4]

Schließlich kann auch der **Rechtsschutzversicherer** keine den Anforderungen des § 10 entsprechende Abrechnung verlangen, weil er nicht Auftraggeber ist; er hat lediglich Anspruch auf eine nachvollziehbare Berechnung seiner Gebühren.   **7**

III. Voraussetzungen für die Abrechnung nach dem RVG

1. Einforderbarkeit der Vergütung. Der Rechtsanwalt ist nur berechtigt, seine Vergütung auf der Grundlage   **8**
einer dem Auftraggeber mitgeteilten **Rechnung** einzufordern. „**Einfordern**" bedeutet jegliche außergerichtliche oder gerichtliche Geltendmachung des Vergütungsanspruchs.[5]

2. Form der Abrechnung. Die Abrechnung der Vergütung hat der Form des § 126 Abs. 1 BGB zu entsprechen.[6] Danach muss die Rechnung vom Rechtsanwalt eigenhändig durch Namensunterschrift oder mittels
notariell beglaubigten Handzeichens unterzeichnet worden sein. Sie kann in ein Anschreiben an den Auftraggeber eingebunden sein und sich auch am Ende eines Anschreibens befinden. Die jeweilige Angelegenheit muss zwar nicht, sollte aber stets gesondert abgerechnet werden. Für jede Angelegenheit ist der Leistungszeitraum auszuweisen.   **9**

3. Adressat der Rechnung. Adressat der Abrechnung ist der **Auftraggeber,** der nicht der Vertretene sein   **10**
muss. Im Haftpflichtprozess kann der Versicherer den Auftrag deshalb auch im Namen des Fahrers oder
des Halters erteilen. Bei vereinbarter Übernahme der Vergütung durch einen Dritten muss der Auftraggeber

---

1 *N. Schneider,* Vergütungsvereinbarung, Rn 1878; Gerold/Schmidt/*Burhoff,* § 10 Rn 12; LG Wuppertal AGS 2013, 381.
2 Gerold/Schmidt/*Burhoff,* § 10 Rn 3; aA AG München AGS 2006, 588 m. abl. Anm. *N. Schneider.* **3** AG Lichtenberg AGS
2013, 274 = RVGreport 2013, 306. **4** OLG Brandenburg AnwBl 2001, 306. **5** Gerold/Schmidt/*Burhoff,* § 10 Rn 4. **6** *Hartmann,* KostG, § 10 RVG Rn 6.

in der Rechnung aufgeführt und der Rechtsanwalt die Vergütung durch einen Dritten damit offen legen. Anderenfalls setzt er sich einem Haftungsrisiko aus.

11 Bei **mehreren Auftraggebern** ist jeder einzelne Auftraggeber in der Abrechnung anzugeben sowie auch die Höhe des Anteils, für die er haftet.[7] Es sollte für jeden Auftraggeber ohnehin stets eine eigene Rechnung erstellt werden, die den jeweiligen Haftungsanteil nachvollziehbar ausweist.

12 **4. Bezeichnung der Angelegenheit.** Die Berechnung muss die Angelegenheiten, die abgerechnet werden, nach der jeweiligen Instanz konkret bezeichnen, damit der Auftraggeber zu erkennen in der Lage ist, welche Angelegenheit abgerechnet wird. Ist offenkundig, dass der Rechtsanwalt nur in einer einzigen Angelegenheit tätig gewesen ist, und für den Auftraggeber deshalb erkennbar, dass sich die Abrechnung nur auf diesen einen Auftrag beziehen kann, ist eine ausführliche Darstellung entbehrlich.

13 **5. Angabe der jeweiligen Gebührentatbestände.** Die der Berechnung zugrunde liegenden Gebührentatbestände müssen aufgeführt werden. Gibt es keinen Gebührentatbestand, der die Tätigkeit spiegelt, dann ist die Tätigkeit anderweitig zu bezeichnen (zB im Falle einer Beratungstätigkeit). Soweit aufgrund einer Vergütungsvereinbarung Abrechnung erteilt wird, aber auf gesetzliche Gebührentatbestände Bezug genommen wird, so sind die jeweiligen Gebührentatbestände gleichermaßen anzugeben.[8]

14 **6. Angabe des Gebührensatzes.** Bei Rahmengebühren ist der Gebührensatz anzugeben.[9] Eine Begründung des angewandten Gebührensatzes ist in der Rechnung nicht erforderlich. Gegebenenfalls sollte dies in einem Begleitschreiben erläutert werden, insb. wenn von den Mittelgebühren oder der Schwellengebühr abgewichen wird.

15 **7. Angabe des Gegenstandswerts.** Bei Gebühren, die nach dem Gegenstandswert berechnet sind, ist der Gegenstandswert anzugeben, selbst wenn Rechtsanwalt und Auftraggeber den Gegenstandswert individuell vereinbart haben und er deshalb von dem sich nach dem Gesetz zugrunde zu legenden Wert abweicht.[10]

16 **8. Angabe der Gebührenvorschriften.** Die angewandten Nummern des Vergütungsverzeichnisses müssen aufgeführt werden sowie auch die jeweilige Gesetzesangabe, aufgeschlüsselt nach Absätzen, Sätzen und Verweisungen.[11] Wenn der Anwalt nach § 5 verfährt, sollte auch diese Information durch die Angabe der Vorschrift transparent gemacht werden. Im Falle einer Beratung ist § 34 Abs. 1 S. 2 RVG iVm §§ 675, 612 BGB zu zitieren.[12] Ist Gegenstand der Abrechnung eine vereinbarte Vergütung, die sich an den gesetzlichen Gebühren orientiert, sich insb. ihre Höhe allein danach ermitteln lässt, sind die Gebührenvorschriften ebenfalls anzugeben.[13] Eine Angabe ist aber dann entbehrlich, wenn die vereinbarte Vergütung unabhängig von Gebührentatbeständen des RVG erfolgt ist.

17 **9. Angabe der Auslagen (Abs. 2 S. 1).** Bei Entgelten für Post- und Telekommunikationsleistungen ist die Angabe eines Gesamtbetrags ausreichend. Bei pauschalierter Abrechnung ist Nr. 7002 VV, bei konkreter Abrechnung der Gesamtbetrag anzugeben, deren Aufschlüsselung der Auftraggeber allerdings verlangen kann. Reisekosten sollten stets nachvollziehbar für den Auftraggeber aufgeführt werden.

18 **10. Anrechnung von Vorschüssen.** Gemäß Abs. 2 S. 1 muss der Rechtsanwalt erhaltene Vorschüsse oder anderweitig erhaltene Zahlungen in seiner Berechnung ausweisen. Dabei sollten die Nettobeträge der Vorschüsse von der Nettovergütung abgezogen und erst danach die Umsatzsteuer ausgewiesen werden. Bei Abzug von der Bruttosumme würde die auf die Vorschüsse entfallende Umsatzsteuer zu Unrecht doppelt geltend gemacht und müsste deshalb auch „doppelt" abgeführt werden.

19 **11. Eigenhändige Unterschrift des Anwalts.** Die Berechnung muss vom Rechtsanwalt eigenhändig unterschrieben worden sein; ein Faksimilestempel[14] oder eine eingescannte Unterschrift genügt den Anforderungen des Abs. 1 S. 1 nicht. Die Unterschrift eines Praxisnachfolgers hat die Rspr als ausreichend angesehen.[15] Nach OLG Düsseldorf[16] soll auch die Unterschrift „eines bevollmächtigten Vertreters" den Anforderungen des § 10 genügen. Diese Auffassung ist aber deshalb abzulehnen, weil sie gegen den ausdrücklichen Wortlaut des Abs. 1 S. 1 steht. Die Unterschrift des Prozessbevollmächtigten eines Alleinerben einer verstorbenen Rechtsanwältin erfüllt hingegen die Anforderungen des Abs. 1 S. 1.[17]

20 **12. Gesetzlich nicht geregelte Voraussetzungen.** Weitere Angaben schreibt § 10 nicht ausdrücklich vor. Sie sind bspw aber dann erforderlich, wenn sie sich aus einer Vergütungsvereinbarung unmittelbar ergeben,

7 LG Mannheim AGS 2012, 324 = NJW-Spezial 2012, 444 = RVGreport 2012, 414; AG Kerpen AGS 2014, 375 = zfs 2014, 588; *Hartmann*, KostG, § 10 RVG Rn 5. **8** *N. Schneider*, Vergütungsvereinbarung, Rn 1890. **9** LG Freiburg AGS 2012, 222. **10** *N. Schneider*, Vergütungsvereinbarung, Rn 1899. **11** *Hartmann*, KostG, § 10 RVG Rn 7. **12** AG Remscheid AGS 2015, 219 = RVGreport 2015, 298 = NJW-Spezial 2015, 315. **13** *N. Schneider*, Vergütungsvereinbarung, Rn 1903. **14** OLG Hamburg AnwBl 1970, 233; *Hansens*, § 10 RVG Rn 5; Gerold/Schmidt/*Burhoff*, § 10 Rn 7. **15** *Fischer-Dorp*, AnwBl 1991, 89; aA AG Waiblingen AnwBl 1989, 400 = AnwBl 1991, 54. **16** OLG Düsseldorf MDR 2000, 360 = BRAGOreport 2000, 8 m. Anm. *N. Schneider*. **17** OLG Schleswig AGS 2012, 381 = MDR 2012, 1259.

weil der Rechtsanwalt bestimmte Angaben bei der Berechnung mit dem Auftraggeber individuell vereinbart hat, was insb. bei der Abrechnung nach Stunden oder nach anderen Zeitabschnitten der Fall ist (→ Rn 21).

13. Vergütungsvereinbarungen. Auf Vergütungsvereinbarungen ist § 10 grds. anzuwenden.[18] Die Angaben   **21** in der Berechnung folgen der Vergütungsvereinbarung. Bei einer Abrechnung nach Stunden oder anderen Zeittakten ist die Anzahl der abgerechneten Stunden anzugeben.[19] Der BGH fordert zur ordnungsgemäßen Abrechnung insoweit eine Tätigkeitsbeschreibung, die dem Auftraggeber die Prüfung der anwaltlichen Tätigkeit ermöglicht.[20] Die Umsatzsteuer ist immer gesondert auszuweisen. Auch die Abrechnung der vereinbarten Vergütung ist vom Rechtsanwalt zu unterzeichnen. Ist die Vergütungsvereinbarung unwirksam, so ist der Rechtsanwalt berechtigt, die gesetzliche Vergütung abzurechnen, so dass § 10 in vollem Umfang gilt.

14. Mitteilung der Abrechnung. Die Berechnung muss dem Auftraggeber mitgeteilt werden, dh **zugehen**.   **22** Eine förmliche Zustellung ist nicht erforderlich.[21] Eine Übermittlung per Telefax wird als ausreichend angesehen.[22] Die Übersendung an den Rechtsschutzversicherer reicht – wenn er nicht zahlt – nicht aus. Der Rechtsschutzversicherer ist kein Vertreter des Auftraggebers und deshalb auch nicht richtiger Adressat iSd Abs. 2 S. 1. Die Rechnung muss in diesem Fall dem Auftraggeber unmittelbar zugehen. Die Rspr erkennt die Übersendung der Kostenrechnung als Anlage eines Schriftsatzes im Rechtsstreit über die Vergütung und auch im Vergütungsfestsetzungsverfahren als Zugang an.[23] In diesem Fall dürfte es aber erforderlich sein, dass die Berechnung in der Anlage eigenhändig durch den Rechtsanwalt unterzeichnet worden ist.

15. Kosten der Abrechnung. Der Rechtsanwalt kann für die Abrechnung seiner Vergütung, die gem. § 19   **23** Abs. 1 S. 2 Nr. 14 zum Rechtszug gehört, weder gesondert Gebühren noch Auslagen beanspruchen (Anm. zu Nr. 7001 VV).

16. Verzicht auf Abrechnung. Auf eine ordnungsgemäße Berechnung gem. § 10 kann der Auftraggeber verzichten. Ist die Frage streitig, hat der Rechtsanwalt darzulegen und zu beweisen, wann ein entsprechender   **24** Verzicht mit seinem Auftraggeber vereinbart worden ist.[24] Eine Abrechnung kommt nach Abs. 3 noch bis zum Ablauf der Frist zur Aufbewahrung der Handakten in Betracht, so dass die Zahlung ohne Rechnung grds. keinen Verzicht auf eine Berechnung nach § 10 darstellen kann.[25]

17. Fehlen einer ordnungsgemäßen Abrechnung. Genügt die Vergütungsberechnung nicht den Anforderungen des § 10, kann sie nicht verlangt werden. Verzug des Auftraggebers kann durch Überlassung einer nicht   **25** den Anforderungen des § 10 entsprechenden Abrechnung nicht erreicht werden. Ein Anspruch auf Zinsen kann deshalb auch erst nach Erteilung einer ordnungsgemäßen Abrechnung entstehen. Liegt eine ordnungsgemäße Abrechnung nicht vor, muss eine auf die Vergütung gerichtete Klage als „zurzeit" unbegründet abgewiesen werden. Rechnet der Rechtsanwalt danach ordnungsgemäß „neu" ab, steht der Einwand der Rechtskraft nicht entgegen, weil ein neuer Sachverhalt nach Erteilung ordnungsgemäßer Abrechnung gegeben ist. Der Rechtsanwalt muss in diesem Fall allerdings darauf achten, dass er eine Tenorierung herbeiführt, die den Zusatz „zurzeit" enthält, weil sich anderenfalls Rechtskraftprobleme ergeben können.

18. Aufrechnungslage. Die Aufrechnung mit einer Vergütungsforderung des Rechtsanwalts ist erst zulässig,   **26** wenn dem Auftraggeber eine ordnungsgemäße Berechnung zugegangen ist.[26] Liegt eine ordnungsgemäße Abrechnung vor, ist eine Aufrechnung nur zulässig, wenn die Aufrechnungslage bereits bei Verrechnung bestanden hat. Nach Eintritt der Verjährung ist eine Aufrechnung unter den Voraussetzungen des § 215 BGB möglich. Wird erst nach Ablauf der Verjährung Abrechnung erteilt, kann eine Aufrechnungslage nicht mehr herbeigeführt werden.[27]

19. Verjährung der Vergütung. Ist eine ordnungsgemäße Abrechnung nicht erteilt worden, können auch ein   **27** Antrag auf Erlass eines Mahnbescheids, die Erhebung einer Klage und auch ein Vergütungsfestsetzungsantrag eine die Verjährung hemmende Wirkung nicht entfalten,[28] es sei denn, die als Zulässigkeitsmangel angesehene Ausgangssituation wird im Laufe des Rechtsstreits verändert und ordnungsgemäß Abrechnung erteilt. Dann tritt die Heilung ex nunc ein. Wird der Mangel als die Begründetheit der Klage betreffend angesehen, so gilt dies erst recht, weil die Begründetheit der Klage bezogen auf den Zeitpunkt der letzten mündlichen Verhandlung maßgeblich ist.[29]

20. Verjährung des Abrechnungsanspruchs (Abs. 1 S. 2). Die Vorschrift des Abs. 1 S. 2 stellt darüber hinaus   **28** klar, dass die Abrechnung auf den Ablauf der Verjährung keinen Einfluss hat. Auch dann, wenn der

---

18 N. *Schneider*, Vergütungsvereinbarung, Rn 1878; *Hartmann*, KostG, § 10 RVG Rn 1; Gerold/Schmidt/*Burhoff*, RVG, § 10 Rn 12; LG Wuppertal AGS 2013, 381. **19** N. *Schneider*, Vergütungsvereinbarung, Rn 1918. **20** BGH AGS 2011, 9 = MDR 2011, 73. **21** *Hartmann*, KostG, § 10 RVG Rn 15. **22** KG AGS 2005, 491 m. Anm. N. *Schneider*. **23** OLG Brandenburg AnwBl 2001, 306. **24** *Hartmann*, KostG, § 10 RVG Rn 9. **25** Gerold/Schmidt/*Burhoff*, RVG, § 10 Rn 16. **26** BGH AnwBl 1985, 257; KG AnwBl 1982, 71; OLG Köln AnwBl 1994, 471; OLG Frankfurt a.M. AnwBl 1975, 163; OLG Düsseldorf AGS 2009, 12 = MDR 2009, 535; OLG Koblenz MDR 2011, 576 = NJW-RR 2011, 1205. **27** OLG Köln OLGR 1997, 362; OLG Düsseldorf VersR 2008, 1347 = JurBüro 2008, 437. **28** LG Berlin AnwBl 1992, 400. **29** BGH AGS 1998, 177 = NJW 1998, 3466.

Rechtsanwalt nicht abrechnet, beginnt die Verjährung zu laufen. Die hM nimmt dies auch für Ansprüche des Auftraggebers gegen den Rechtsanwalt auf Rückzahlung zu viel gezahlter Vergütung an,[30] was allerdings mit berufsrechtlichen Grundsätzen nicht vereinbar erscheint und die Auffassung deshalb abzulehnen sein dürfte.

29　**21. Beantragung des Gegenstandswerts.** Anträge auf Festsetzung des Gegenstandswerts nach §§ 23 Abs. 1, 32 Abs. 1, 33 Abs. 1 und Einlegung einer Beschwerde gegen die Wertfestsetzung sind bereits vor Erteilung einer ordnungsgemäßen Abrechnung möglich und auch zulässig. Die Wertfestsetzung durch das Gericht ist im gerichtlichen Verfahren ohnehin Voraussetzung einer ordnungsgemäßen Abrechnung. Die Vergütung muss allerdings fällig sein (§ 8 Abs. 1). An das bei der Festsetzung von Rahmengebühren seitens des Rechtsanwalts ausgeübte Ermessen ist der Rechtsanwalt auch dann gebunden, wenn er seine Vergütung nach einem nicht zutreffenden Gegenstandswert abgerechnet hat.

30　**22. Abrechnungsanspruch.** Dem Auftraggeber steht unmittelbar aus dem Anwaltsvertrag auf der Grundlage materiellen Rechts ein Anspruch auf ordnungsgemäße Abrechnung zu (§§ 675, 666 BGB). In Ergänzung dazu bestimmt Abs. 3, dass der Auftraggeber seinen Abrechnungsanspruch so lange, wie der Rechtsanwalt gem. § 50 Abs. 2 BRAO verpflichtet ist, die **Handakten aufzubewahren**, geltend machen kann. Der Rechtsanwalt hat die Handakten gem. § 50 Abs. 2 BRAO auf die Dauer von fünf Jahren nach Beendigung des Auftrags aufzubewahren. Diese Verpflichtung erlischt jedoch schon vor Beendigung dieses Zeitraums, wenn der Rechtsanwalt den Auftraggeber aufgefordert hat, die Handakten in Empfang zu nehmen und der Auftraggeber dieser Aufforderung binnen sechs Monaten, nachdem er sie erhalten hat, nicht nachgekommen ist. Entsprechend verkürzt sich auch der Zeitraum für die Geltendmachung der Abrechnung gem. Abs. 3.

31　**23. Honorarrückforderung.** Ergibt sich nach Abrechnung oder Korrektur einer **zu hoch** ausgestellten Rechnung eine Überzahlung des Auftraggebers, steht ihm gegenüber dem Rechtsanwalt ein Anspruch auf Rückzahlung aus § 812 BGB zu.[31] Die Geltendmachung des Einwands der Entreicherung kann berufswidrig und deshalb unerheblich sein. Ein Anspruch auf Rückforderung gezahlten Honorars verjährt innerhalb von drei Jahren (§ 195 BGB).

IV. Kostenfestsetzung

32　Im Kostenfestsetzungsverfahren nach §§ 103 ff ZPO braucht eine formelle Gebührenberechnung nicht vorgelegt zu werden, da hier keine Vergütung, sondern ein Erstattungsanspruch geltend gemacht wird. Der Erstattungsschuldner kann sich auch nicht darauf berufen, dem Ersatzpflichtigen sei keine ordnungsgemäße Abrechnung nach § 10 überlassen oder die Berechnung sei nicht vom Rechtsanwalt unterschrieben worden.[32] Bei Kosten eines Terminsvertreters verlangt die Rspr allerdings zur Glaubhaftmachung die Vorlage einer entsprechenden Rechnung.[33]

V. Materiellrechtlicher Kostenerstattungsanspruch

33　Auch wenn der Auftraggeber einen materiellrechtlichen Schadensersatzanspruch auf Ersatz seiner Anwaltskosten verfolgt, kann der Einwand des Schuldners, es sei noch keine ordnungsgemäße Kostenrechnung nach § 10 erteilt worden, den geltend gemachten Anspruch deshalb nicht zu Fall bringen, weil § 10 nur das Abrechnungsverhältnis zwischen Auftraggeber und Rechtsanwalt betrifft.[34]

VI. Rechtsschutzversicherer

34　Auch gegenüber dem Rechtsschutzversicherer des Auftraggebers kann nicht eingewandt werden, die Voraussetzungen des § 10 seien nicht erfüllt, es sei denn, es besteht unmittelbar gegenüber dem Rechtsschutzversicherer ein Direktanspruch. Dem Versicherer steht allerdings ein Zurückbehaltungsrecht zu, bis der Nachweis der ordnungsgemäßen Abrechnung gegenüber dem Auftraggeber erbracht worden ist.[35]

VII. Steuerliche Voraussetzungen für die ordnungsgemäße Abrechnung

35　Auf der Grundlage der Richtlinie 2001/115/EG des Rates werden seit dem 1.1.2004 strengere Anforderungen an die anwaltliche Abrechnung gestellt. Angegeben werden müssen zwingend die Steuernummer des Rechtsanwalts oder die Umsatzsteuer-Identifikationsnummer (USt-ID-Nr.). Anzugeben ist darüber hinaus der Zeitpunkt der Leistung. Erfüllt die Abrechnung der anwaltlichen Vergütung nicht die steuerlichen An-

30 OLG Düsseldorf OLGR 1992, 75. **31** Gerold/Schmidt/*Burhoff*, RVG, § 10 Rn 18. **32** OLG Brandenburg AnwBl 2001, 306; unzutr. LSG NRW 24.4.2012 – L 19 AS 26/12 B u. 2.4.2012 – L 19 AS 312/12 B. **33** BGH AGS 2011, 568 = JurBüro 2012, 29 = zfs 2011, 582 = VRR 2012, 158. **34** LG Frankfurt a.M. r+s 2011, 43; LG Hagen AGS 2012, 593 = RVGreport 2012, 353 = SVR 2012, 463; OLG München AGS 2006, 540 = JurBüro 2006, 634 = zfs 2007, 48; LG Berlin ZMR 2010, 527; AG Rüsselsheim AGS 2012, 259; AG Kehl AGS 2012, 6 = SVR 2011, 459. **35** *Hartmann*, KostG, § 10 RVG Rn 1.

forderungen, so hat dies für die Klagbarkeit allerdings keine Bedeutung. Hierfür kommt es grds. nur auf die Voraussetzungen des § 10 an. Der Auftraggeber hat allerdings insoweit ein Zurückbehaltungsrecht gem. § 273 BGB, solange er mangels ordnungsgemäßer Rechnung gezahlte Beträge nicht steuerlich geltend machen kann.

Die Angaben, die eine ordnungsgemäße Abrechnung nach dem UStG enthalten muss, ergeben sich unmittelbar aus § 14 Abs. 4 UStG. Eine Rechnung muss danach folgende Angaben enthalten: 36

- den vollständigen Namen und die vollständige Anschrift des leistenden Unternehmers und des Leistungsempfängers,
- die dem leistenden Unternehmer vom Finanzamt erteilte Steuernummer oder die ihm vom Bundeszentralamt für Steuern erteilte Umsatzsteuer-Identifikationsnummer,
- das Ausstellungsdatum,
- eine fortlaufende Nummer mit einer oder mehreren Zahlenreihen, die zur Identifizierung der Rechnung vom Rechnungsaussteller einmalig vergeben wird (Rechnungsnummer),
- die Menge und die Art (handelsübliche Bezeichnung) der gelieferten Gegenstände oder den Umfang und die Art der sonstigen Leistung,
- den Zeitpunkt der Lieferung oder sonstigen Leistung; in den Fällen des § 14 Abs. 5 S. 1 UStG den Zeitpunkt der Vereinnahmung des Entgelts oder eines Teils des Entgelts, sofern der Zeitpunkt der Vereinnahmung feststeht und nicht mit dem Ausstellungsdatum der Rechnung übereinstimmt,
- das nach Steuersätzen und einzelnen Steuerbefreiungen aufgeschlüsselte Entgelt für die Lieferung oder sonstige Leistung (§ 10 EStG) sowie jede im Voraus vereinbarte Minderung des Entgelts, sofern sie nicht bereits im Entgelt berücksichtigt ist,
- den anzuwendenden Steuersatz sowie den auf das Entgelt entfallenden Steuerbetrag oder im Fall einer Steuerbefreiung einen Hinweis darauf, dass für die Lieferung oder sonstige Leistung eine Steuerbefreiung gilt,
- in den Fällen des § 14 b Abs. 1 S. 5 EStG einen Hinweis auf die Aufbewahrungspflicht des Leistungsempfängers und
- in den Fällen der Ausstellung der Rechnung durch den Leistungsempfänger oder durch einen von ihm beauftragten Dritten gem. § 14 Abs. 2 S. 2 EStG die Angabe „Gutschrift".

Für den Anwalt bedeutet das in der Praxis, dass er ein **Rechnungsausgangsbuch** führen muss, in dem **fortlaufend nummeriert** seine Rechnungen erfasst werden. 37

§ 11 Festsetzung der Vergütung

(1) ¹Soweit die gesetzliche Vergütung, eine nach § 42 festgestellte Pauschgebühr und die zu ersetzenden Aufwendungen (§ 670 des Bürgerlichen Gesetzbuchs) zu den Kosten des gerichtlichen Verfahrens gehören, werden sie auf Antrag des Rechtsanwalts oder des Auftraggebers durch das Gericht des ersten Rechtszugs festgesetzt. ²Getilgte Beträge sind abzusetzen.

(2) ¹Der Antrag ist erst zulässig, wenn die Vergütung fällig ist. ²Vor der Festsetzung sind die Beteiligten zu hören. ³Die Vorschriften der jeweiligen Verfahrensordnung über das Kostenfestsetzungsverfahren mit Ausnahme des § 104 Abs. 2 Satz 3 der Zivilprozessordnung und die Vorschriften der Zivilprozessordnung über die Zwangsvollstreckung aus Kostenfestsetzungsbeschlüssen gelten entsprechend. ⁴Das Verfahren vor dem Gericht des ersten Rechtszugs ist gebührenfrei. ⁵In den Vergütungsfestsetzungsbeschluss sind die von dem Rechtsanwalt gezahlten Auslagen für die Zustellung des Beschlusses aufzunehmen. ⁶Im Übrigen findet eine Kostenerstattung nicht statt; dies gilt auch im Verfahren über Beschwerden.

(3) ¹Im Verfahren vor den Gerichten der Verwaltungsgerichtsbarkeit, der Finanzgerichtsbarkeit und der Sozialgerichtsbarkeit wird die Vergütung vom Urkundsbeamten der Geschäftsstelle festgesetzt. ²Die für die jeweilige Gerichtsbarkeit geltenden Vorschriften über die Erinnerung im Kostenfestsetzungsverfahren gelten entsprechend.

(4) Wird der vom Rechtsanwalt angegebene Gegenstandswert von einem Beteiligten bestritten, ist das Verfahren auszusetzen, bis das Gericht hierüber entschieden hat (§§ 32, 33 und 38 Abs. 1).

(5) ¹Die Festsetzung ist abzulehnen, soweit der Antragsgegner Einwendungen oder Einreden erhebt, die nicht im Gebührenrecht ihren Grund haben. ²Hat der Auftraggeber bereits dem Rechtsanwalt gegenüber derartige Einwendungen oder Einreden erhoben, ist die Erhebung der Klage nicht von der vorherigen Einleitung des Festsetzungsverfahrens abhängig.

(6) ¹Anträge und Erklärungen können ohne Mitwirkung eines Bevollmächtigten schriftlich eingereicht oder zu Protokoll der Geschäftsstelle abgegeben werden. ²§ 129 a der Zivilprozessordnung gilt entsprechend.

³Für die Bevollmächtigung gelten die Regelungen der für das zugrunde liegende Verfahren geltenden Verfahrensordnung entsprechend.

(7) Durch den Antrag auf Festsetzung der Vergütung wird die Verjährung wie durch Klageerhebung gehemmt.

(8) ¹Die Absätze 1 bis 7 gelten bei Rahmengebühren nur, wenn die Mindestgebühren geltend gemacht werden oder der Auftraggeber der Höhe der Gebühren ausdrücklich zugestimmt hat. ²Die Festsetzung auf Antrag des Rechtsanwalts ist abzulehnen, wenn er die Zustimmungserklärung des Auftraggebers nicht mit dem Antrag vorlegt.

I. Allgemeines

1   **1. Regelungsgehalt.** Das sog. **Vergütungsfestsetzungsverfahren des § 11** – in Abgrenzung zum Kostenfestsetzungsverfahren der §§ 103 ff ZPO[1] – ermöglicht es dem Rechtsanwalt, auf einfachem und kostengünstigem Wege zu einem Titel über seine Honorarforderung gegen den eigenen Mandanten zu gelangen. Dies gilt jedoch nur, sofern die gesetzliche – nicht eine vereinbarte – Vergütung für die Tätigkeit in einem gerichtlichen Verfahren geltend gemacht wird. Darüber hinaus können gem. § 670 BGB zu ersetzende Aufwendungen (Abs. 1) – insb. verauslagte Gerichtskosten – sowie die Auslagen für die Zustellung des Festsetzungsbeschlusses (Abs. 2 S. 5) in diesem vereinfachten Verfahren festgesetzt werden. Soweit eine Festsetzung gem. § 11 möglich ist, fehlt einer Klage wegen des Honorars und der festsetzbaren Aufwendungen das Rechtsschutzinteresse.[2]

2   **2. Anwendungsbereich.** Die Regelung des § 11 ist in allen gerichtlichen Verfahren anwendbar, so insb. in Verfahren der ZPO, des FamFG, der StPO, des OWiG, der VwGO, der Finanzgerichtsbarkeit und der Sozialgerichtsbarkeit.

3   Vergütungen für eine Tätigkeit in Verfahren vor anderen Behörden, die kein gerichtliches Verfahren darstellen, sind von der Regelung nicht erfasst. Dies gilt auch für ein schiedsrichterliches Verfahren.[3]

II. Verfahren

4   **1. Antrag.** Den für das Festsetzungsverfahren gem. § 11 notwendigen Antrag kann **jeder Rechtsanwalt**, unabhängig von seiner konkreten Funktion (Prozessbevollmächtigter, Verkehrs-, Terminsanwalt, Verteidiger etc.), aber auch der Auftraggeber selbst stellen.[4] Nicht anwendbar ist die Regelung auf den Patentanwalt, selbst wenn er im Einzelfall eine Vergütung nach dem RVG geltend macht.[5] Beteiligte dieses Verfahrens sind immer nur der Rechtsanwalt und der Auftraggeber, keinesfalls der Gegner des gerichtlichen (Haupt)-Verfahrens. Im Falle der Beiordnung oder Bestellung eines Rechtsanwalts ist die Staatskasse nicht Auftraggeber des Rechtsanwalts. Die Festsetzung des Anspruchs gegen die Staatskasse richtet sich nach den jeweiligen speziellen Regelungen (zB §§ 45, 55).

5   Das Verfahren ist strikt vom **Kostenfestsetzungsverfahren** zwischen den Beteiligten des gerichtlichen Hauptverfahrens (zB §§ 103 ff ZPO, § 464 b StPO) zu **unterscheiden** und betrifft nur das **Innenverhältnis zwischen dem Rechtsanwalt und seinem Mandanten.**

6   Die – nach § 8 Abs. 1 zu beurteilende – **Fälligkeit** der geltend gemachten Vergütung ist Zulässigkeitsvoraussetzung (Abs. 2 S. 1), so dass ein Vorschuss nicht gem. § 11 festgesetzt werden kann, wenn nicht (ausnahmsweise) bereits die Fälligkeit gegeben ist.

7   Die geltend gemachten Kosten müssen nachvollziehbar berechnet und dargelegt und Ablichtungen für den Auftraggeber beigefügt werden (Abs. 2 S. 3; § 104 Abs. 2 S. 3 ZPO). Der Antrag selbst bedarf zwar nicht der Form des § 10. Jedoch ist eine dem § 10 entsprechende Kostenrechnung beizufügen, sofern der Rechtsanwalt nicht vorträgt, dass der Auftraggeber diese bereits zuvor erhalten hat.[6]

8   Anwaltliche Vertretung ist nicht vorgeschrieben (Abs. 6; §§ 78 Abs. 3, 129 a ZPO; § 13 RPflG).

9   **2. Gegenstand des Festsetzungsverfahrens.** In diesem Vergütungsfestsetzungsverfahren kann nur die **gesetzliche,** sich aus dem RVG ergebende Vergütung festgesetzt werden. Dazu gehören neben den Gebühren die Auslagen gem. Teil 7 VV, auch die dem Anwalt gegen seinen Auftraggeber zustehende Umsatzsteuer (Nr. 7008 VV), ohne dass es insoweit einer Erklärung zur Umsatzsteuer (vgl § 104 Abs. 2 S. 3 ZPO) bedarf.[7] Hinsichtlich der **Rahmengebühren** gelten gem. Abs. 8 Besonderheiten (→ Rn 37).

---

1 Gerold/Schmidt/*Müller-Rabe*, § 11 Rn 6.   **2** *Hartmann,* KostG, § 11 RVG Rn 1 f; Gerold/Schmidt/*Müller-Rabe,* § 1 Rn 178; Bischof u.a./*Bischof,* § 11 Rn 74. **3** Gerold/Schmidt/*Müller-Rabe,* § 11 Rn 9 f. **4** Gerold/Schmidt/*Müller-Rabe,* § 11 Rn 11 ff; *Hartmann,* KostG, § 11 RVG Rn 6. **5** EBE/BGH 2015, 306. **6** Gerold/Schmidt/*Müller-Rabe,* § 11 Rn 226 f; Riedel/Sußbauer/ *Ahlmann,* § 11 Rn 8. **7** Gerold/Schmidt/*Müller-Rabe,* § 11 Rn 83.

Die Festsetzung einer **vereinbarten** Vergütung ist – unabhängig von deren Höhe – nicht zulässig; insoweit 10
verbleibt dem Rechtsanwalt nur die Honorarklage.[8] Auch eine in Straf-/OWi-Sachen auf die jeweilige Mittelgebühr vereinbarte Gebühr stellt eine vereinbarte und keine gesetzliche Vergütung dar.[9]

Die pauschale Gebühr gem. § 42 ergibt sich zwar gerade nicht aus dem Gesetz, ist aber nach deren Feststellung aufgrund der ausdrücklichen Regelung in Abs. 1 S. 1 ebenfalls gem. § 11 festsetzbar und insoweit 11
nicht mehr überprüfbar (§ 42 Abs. 4).

Neben der Vergütung des RVG können zur Durchführung des Auftrags erforderliche **Aufwendungen** (§ 670 12
BGB) festgesetzt werden. Dazu gehören in erster Linie vom Anwalt verauslagte **Gerichtskostenvorschüsse**,
aber auch von ihm verauslagte Vorbereitungskosten, die – nach den Maßstäben des § 91 ZPO[10] – zu den
Kosten des gerichtlichen Verfahrens gerechnet werden können.[11]

Die Vergütung sowie die Aufwendungen müssen zu den Kosten eines **konkreten gerichtlichen Verfahrens** 13
gehören. Diese Zuordnung ist nach denselben Maßstäben zu beurteilen, wie sie für § 91 ZPO gelten (→
Rn 12). Andererseits muss die – eine Gebühr oder Auslagen auslösende – Tätigkeit nicht in jedem Fall dem
Gericht gegenüber entfaltet worden sein. Deshalb kann auch zB eine Verfahrensgebühr des Verkehrsanwalts (Nr. 3400 VV), eine nur aufgrund außergerichtlicher Besprechungen (Vorbem. 3 Abs. 3 VV) angefallene Terminsgebühr und auch eine Einigungsgebühr für einen außergerichtlichen Vergleich gem. § 11 festgesetzt werden, wenn sie dem konkreten gerichtlichen Verfahren zugeordnet werden kann.[12] Werden in
dem Vergleich auch in diesem (gerichtlichen) Verfahren nicht anhängige Ansprüche mitverglichen, können
die diesbezüglichen Gebühren – somit die Verfahrensgebühr gem. Nr. 3101 Nr. 2 VV sowie die Einigungsgebühr, zumeist Nr. 1000 VV – sowie evtl. Auslagen ebenfalls gem. § 11 festgesetzt werden.[13] Auch die im
Rahmen eines gerichtlichen Zwangsvollstreckungsverfahrens anfallende Vergütung (zB Nr. 3309 VV ff;)
kann festgesetzt werden. Die bloße Zahlungsaufforderung mit Androhung der Vollstreckung reicht dazu jedoch nicht aus.[14] Das dem Gerichtsvollzieher übertragene Vollstreckungsverfahren dürfte als gerichtliches
Verfahren anzusehen sein, so dass auch die darin angefallene Rechtsanwaltsvergütung festgesetzt werden
kann.[15]

Es kann nur die dem jeweiligen Anwalt zustehende Vergütung/Aufwendung für diesen festgesetzt werden, 14
somit zB die Vergütung des Terminsanwalts/Verkehrsanwalts nur diesem, nicht dem Prozessbevollmächtigten.[16] Sind für den vom Auftraggeber beauftragten Rechtsanwalt Vertreter gem. § 5 tätig geworden, steht
die Vergütung dennoch dem beauftragten Rechtsanwalt zu, der die Festsetzung gem. § 11 beantragen
kann.[17] Der Stellvertreter selbst hat keinen Anspruch gegen die Partei. Im Falle einer Vertretung durch andere als die in § 5 genannten Personen kann die Vergütung für die diesbezügliche Tätigkeit mangels Anwendung des RVG nicht gem. § 11 festgesetzt werden (→ § 5 Rn 3, 29).

Festgesetzt kann die Vergütung nur gegen den **tatsächlichen Auftraggeber** bzw dessen Rechtsnachfolger (zB 15
Erbe). Dies ist zB nicht der Fall, wenn ein Terminsanwalt vom Prozessbevollmächtigten im eigenen Namen
und auch ohne Einverständnis/Genehmigung des Mandanten beauftragt wurde. Auch eine Festsetzung gegen andere Personen, die nicht (auch) Auftraggeber sind (zB Bürgen, Versicherung, persönlich haftender
Gesellschafter gem. § 128 HGB), ist nicht möglich.[18] Auch gegen den Rechtsschutzversicherer steht dem
Rechtanwalt, sofern er nicht von diesem selbst beauftragt worden ist, im Regelfall kein unmittelbarer Anspruch zu.[19]

Die dem im Wege der **PKH/VKH** beigeordneten Rechtsanwalt zustehende Vergütung ist zwar eine gesetzliche Vergütung eines gerichtlichen Verfahrens (§§ 45 ff), aufgrund der Forderungssperre (§ 122 Abs. 1 Nr. 3 16
ZPO) gegen den Mandanten (Auftraggeber) jedoch nicht gem. § 11 festsetzbar. Nach Aufhebung der
PKH/VKH fällt diese Forderungssperre jedoch weg und die Festsetzung – dann der Wahlanwaltsvergütung
(§ 13) – kann auf Antrag im Verfahren gem. § 11 erfolgen,[20] wobei naturgemäß Zahlungen der Landeskasse zu berücksichtigen sind (vgl auch Abs. 1 S. 2). Im Falle der teilweisen Bewilligung von PKH/VKH kann
die Differenz zwischen der Wahlanwaltsvergütung nach dem Gesamtwert und der Wahlanwaltsvergütung
nach dem von der PKH-Bewilligung erfassten Wert gem. § 11 festgesetzt werden.[21] Stehen einem Rechtsanwalt, der nach einem Anwaltswechsel im Rahmen der PKH/VKH mit einer Einschränkung (zB der Staats-

---

8 Gerold/Schmidt/*Müller-Rabe*, § 11 Rn 44; *Hartmann*, KostG, § 11 RVG Rn 9. **9** BGH NJW 2007, 2187; LG Saarbrücken
AGS 2010, 238 = RVGreport 2010, 180. **10** Zöller/*Herget*, § 91 ZPO Rn 13 „Vorbereitungskosten"; Baumbach/Lauterbach/
Hartmann, § 91 ZPO Rn 270. **11** Gerold/Schmidt/*Müller-Rabe*, § 11 Rn 84 f. **12** Gerold/Schmidt/*Müller-Rabe*, § 11 Rn 45 ff.
13 Gerold/Schmidt/*Müller-Rabe*, § 11 Rn 45 f; Riedel/Sußbauer/*Ahlmann*, § 11 Rn 14. **14** Gerold/Schmidt/*Müller-Rabe*, § 11
Rn 63 f. **15** AnwK-RVG/N. *Schneider*, § 11 Rn 82 ff; aA Mayer/Kroiß/*Mayer*, § 11 Rn 39. **16** Gerold/Schmidt/*Müller-Rabe*, § 11
Rn 13 f. **17** Gerold/Schmidt/Müller-Rabe, § 5 Rn 2 f. **18** Gerold/Schmidt/*Müller-Rabe*, § 11 Rn 14 f; *Hartmann*, KostG, § 11
RVG Rn 24 f. **19** AnwK-RVG/N. *Schneider*, § 11 Rn 101 f. **20** KG MDR 2011, 627; OLG Brandenburg JurBüro 2010, 261;
Gerold/Schmidt/*Müller-Rabe*, § 11 Rn 160; *Hartmann*, KostG, § 11 RVG Rn 6. **21** OLG Celle AGS 2011, 495 = FamRZ 2011,
666; OLG Düsseldorf AGS 2005, 457 = Rpfleger 2005, 267; Gerold/Schmidt/*Müller-Rabe*, § 11 Rn 160; AnwK-RVG/N. *Schneider*, § 11 Rn 82 ff.

kasse dürfen keine Nachteile entstehen) beigeordnet wurde, gegen die Staatskasse (ggf teilweise) keine Vergütungsansprüche gem. § 55 zu, besteht insoweit keine Sperrwirkung gem. § 122 Abs. 1 Nr. 3 ZPO; die nicht (gem. § 55) aus der Staatskasse zu zahlende Vergütung kann insoweit gegen die Partei gem. § 11 festgesetzt werden.[22] Bei Zurückweisung einer beantragten PKH/VKH kann die anwaltliche Vergütung für das (gerichtliche) PKH-Prüfungsverfahren (Gebühr Nr. 3335 VV nebst Auslagen) – mangels Forderungssperre gem. § 122 Abs. 1 Nr. 3 ZPO – gegen den Mandanten festgesetzt werden.[23]

17 Die Vergütung für eine Tätigkeit hinsichtlich eines (ggf zunächst) erteilten Auftrags nur für eine **außergerichtliche** Tätigkeit (Gebühr Nr. 2300 VV nebst Auslagen) gehört nicht zu den Kosten eines Rechtsstreits und kann somit nicht gem. § 11 festgesetzt werden.[24] Dies gilt auch für die Gebühr hinsichtlich einer Beratung gem. § 34 (arg: keine gesetzliche Vergütung) und für Gebühren im Rahmen der Beratungshilfe gem. Nr. 2501 ff VV (insoweit besteht auch kein Anspruch gegen den Mandanten, sondern nur gegen die Staatskasse).[25]

18 Soweit einem **Vormund/Betreuer/Verfahrenspfleger** für einzelne anwaltspezifische Tätigkeiten – gem. § 1 Abs. 2 S. 2 RVG, §§ 1908 i, 1835 Abs. 3 BGB, §§ 168, 277 FamFG – Gebühren nach dem RVG zustehen, sind die diesbezüglichen Sonderregelungen (vgl § 1835 Abs. 1, 3, 4 BGB) zu beachten.[26]

19 **3. Zuständigkeit.** Für das Vergütungsfestsetzungsverfahren ist die Zuständigkeit auf das **Gericht des ersten Rechtszugs** konzentriert (Abs. 1 S. 1), auch wenn die Vergütung auch oder ausschließlich für ein Verfahren höherer Instanzen festgesetzt werden soll. Funktionell ist der Rechtspfleger (§§ 3 Nr. 3 Buchst. b, 21 Nr. 2 RPflG), bei Gerichten der Verwaltungs-, Finanz- und Sozialgerichtsbarkeit der Urkundsbeamte der Geschäftsstelle (Abs. 3 S. 1) zuständig.

20 Im Falle der **Verweisung** an ein anderes Gericht ist das Gericht des ersten Rechtszugs zuständig, an das verwiesen wurde.[27]

21 Wird im Anschluss an ein **Mahnverfahren** ein streitiges Verfahren nicht durchgeführt, so erscheint – mangels konkreter gesetzlicher Zuweisung dieses Verfahrens – dennoch die Zuständigkeit des im Falle der Durchführung des streitigen Verfahrens zuständigen Gerichts des ersten Rechtszugs (§ 690 Abs. 1 Nr. 5 ZPO) für das Vergütungsfestsetzungsverfahren gegeben.[28] Die abweichende Auffassung[29] beruft sich auf – nicht unbeachtliche – Zweckmäßigkeitserwägungen, da das Mahngericht ohnehin (allein) mit der Sache befasst ist.

22 Hinsichtlich der vereinfachten Festsetzung von Kosten anwaltlicher Tätigkeit im **Vollstreckungsverfahren** hat sich der BGH (noch zum insoweit gleichlautenden § 19 BRAGO) unter Hinweis auf die gem. § 788 Abs. 2 ZPO für die Kostenfestsetzung gem. §§ 103 ff ZPO bestehende Regelung für die Zuständigkeit des Vollstreckungsgerichts ausgesprochen.[30] Die örtliche Zuständigkeit bestimmt sich danach, wo die letzte Vollstreckungshandlung vorgenommen worden ist.[31]

23 **4. Verfahrensablauf.** Das Gericht hat neben den förmlichen Voraussetzungen des Verfahrens (gesetzliche Vergütung/Aufwendung als Kosten eines gerichtlichen Verfahrens, Fälligkeit etc.) auch – anhand der Akten des gerichtlichen Verfahrens sowie der ggf zusätzlich eingereichten Unterlagen – die Entstehung der geltend gemachten Kosten zu prüfen und den **Antragsgegner anzuhören**. Die Anhörung muss in jedem Fall erfolgen, auch wenn die angemeldeten Kosten eindeutig entstanden erscheinen. Neben der konkreten Regelung (Abs. 2 S. 2) wird auch nur so dem Antragsgegner die Möglichkeit zur Erhebung von Einwendungen (Zahlung gem. Abs. 1 S. 2 und/oder gem. Abs. 5) ermöglicht.[32]

24 Im Rahmen der Prüfung der Entstehung der Kosten ist § 91 hinsichtlich der **Erstattungsfähigkeit**/Notwendigkeit grds. nicht anwendbar, da diese Regelung sich ausschließlich auf das Rechtsverhältnis zum Gegner des Hauptverfahrens bezieht. Die Notwendigkeit kann allenfalls im Rahmen der Einwendungen gem. Abs. 5 relevant werden (→ Rn 31 ff).

25 Sodann entscheidet der Rechtspfleger/UdG (→ Rn 19) über die Höhe der festzusetzenden Vergütung durch einen auf den Namen des Rechtsanwalts gegen den Antragsgegner lautenden **Festsetzungsbeschluss** oder durch einen **Zurückweisungsbeschluss**. Dabei hat er auch über die Begründetheit von Einwendungen gebührenrechtlicher Art – aufgrund der ihm vorliegenden Gerichtsakten und ggf weiterer Unterlagen und Stellungnahmen der Beteiligten (Rechtsanwalt und Auftraggeber) – zu befinden. Dies gilt insb. für die Frage, ob Gebühren und auch Auslagen tatsächlich entstanden sind. Bereits **getilgte Beträge** sind abzusetzen

---

22 OLG Düsseldorf AGS 2008, 245 = FamRZ 2008, 1767. **23** Gerold/Schmidt/*Müller-Rabe*, § 11 Rn 160. **24** BGH NJW 2006, 2560; Gerold/Schmidt/*Müller-Rabe*, § 11 Rn 60; Bischof u.a./*Bischof*, § 11 Rn 18. **25** Gerold/Schmidt/*Müller-Rabe*, § 11 Rn 44. **26** Bischof u.a./*Bischof*, § 11 Rn 18. **27** Gerold/Schmidt/*Müller-Rabe*, § 11 Rn 246. **28** Gerold/Schmidt/*Müller-Rabe*, § 11 Rn 244. **29** OLG Naumburg NJW 2008, 1238. **30** BGH NJW 2005, 1273; OLG Celle AGS 2015, 451; LG Freiburg AGS 2012, 340; Gerold/Schmidt/*Müller-Rabe*, § 11 Rn 247; *Hartmann*, KostG, § 11 RVG Rn 41; Bischof u.a./*Bischof*, § 11 Rn 45; krit. AnwK-RVG/*N. Schneider*, § 11 Rn 150 f. **31** OLG Celle AGS 2015, 451. **32** Gerold/Schmidt/*Müller-Rabe*, § 11 Rn 209; *Hartmann*, KostG, § 11 RVG Rn 43; Bischof u.a./*Bischof*, § 11 Rn 39 f.

(**Abs. 1 S. 2**), unabhängig davon, ob sie bereits im Antrag angegeben wurden oder nach der Stellungnahme des Mandanten vom Rechtsanwalt eingeräumt werden und auch die Verrechnung auf die Vergütung unstreitig ist. Bei der Entscheidung ist die Bindung an den Antrag (§ 308 Abs. 1 ZPO) zu beachten.[33]

Der Beschluss ist zu **begründen,** sofern dem Antrag und/oder den erhobenen Einwendungen nicht voll entsprochen wurde.[34] **26**

Evtl. angefallene bzw noch anfallende Auslagen für förmliche Zustellungen (Nr. 9002 KV GKG) sind hinzuzusetzen und eine beantragte Verzinsung ist auszusprechen (**Abs. 2 S. 3, 5**; § 104 Abs. 1 2 ZPO). **27**

Eine Kostenentscheidung erscheint entbehrlich. Gerichtsgebühren fallen für das erstinstanzliche Festsetzungsverfahren nicht an und die Zustellungsauslagen können im Beschluss selbst festgesetzt werden (**Abs. 2 S. 5**). Eine **Kostenerstattung** ist ausdrücklich **nicht** vorgesehen (**Abs. 2 S. 6 Hs 1**).[35] **28**

Wird – im Rahmen der Anhörung oder auch noch im Erinnerungs- bzw Beschwerdeverfahren – der vom Anwalt angegebene **Gegenstandswert** seitens des Auftraggebers **bestritten**, ist das Vergütungsfestsetzungsverfahren auszusetzen, bis im gerichtlichen Verfahren eine Wertfestsetzung gem. §§ 32, 33, 38 Abs. 1 erfolgt ist (**Abs. 4**). **29**

Aus dem Vergütungsfestsetzungsbeschluss kann der Rechtsanwalt die **Zwangsvollstreckung** nach den Vorschriften der ZPO betreiben (**Abs. 2 S. 3**; § 794 Abs. 1 Nr. 2 ZPO), wobei die zweiwöchige Wartefrist des § 798 ZPO zu beachten ist.[36] **30**

5. Einwendungen außerhalb des Gebührenrechts. Das Vergütungsfestsetzungsverfahren dient der Entscheidung über die Höhe der vom Auftraggeber geschuldeten Vergütung durch den Rechtspfleger oder Urkundsbeamten bzw den richterlichen Kosteninstanzen der – aufgrund ihrer besonderen Sachkenntnis in kostenrechtlicher Hinsicht – in einem vereinfachten Verfahren.[37] Dieser Zielsetzung würde eine Entscheidung über Einwendungen/Einreden, die ihre Grundlage nicht im Gebührenrecht haben, widersprechen. Sofern solche Einwendungen (nichtgebührenrechtlicher Art) erhoben werden, ist der Festsetzungsantrag gem. **Abs. 5 S. 1 grds.** in jedem Fall **abzulehnen**. Sind die erhobenen Einwendungen dem Gebührenrecht zuzuordnen (zB die Gebühr sei nicht oder nicht in dieser Höhe entstanden, Fälligkeit sei nicht gegeben etc.), ist darüber aufgrund der von den Beteiligten vorgelegten Unterlagen und ihres Vorbringens zu entscheiden.[38] **31**

Eine Prüfung der Begründetheit der – nichtgebührenrechtlichen Einwendung/Einrede – steht dem Rechtspfleger/UdG nicht zu. Er hat jedoch zu prüfen, ob die Einwendung überhaupt Auswirkungen auf die Vergütung haben kann. Eine Substantiierung oder gar Begründung der Einwendung/Einrede ist zwar nicht erforderlich. Allerdings müssen die auf den konkreten Sachverhalt bezogenen Umstände so konkret dargelegt werden, dass ein möglicher Einfluss auf den Vergütungsanspruch und der nichtgebührenrechtliche Charakter der Einwendung/Einrede erkennbar werden.[39] **32**

Eine **Ausnahme** von der Verpflichtung zur Ablehnung gem. Abs. 5 besteht jedoch hinsichtlich solcher Einwendungen/Einreden, die **offensichtlich unbegründet** sind, dh wenn „die Haltlosigkeit ohne nähere Sachprüfung auf der Hand liegt, gleichsam „ins Auge springt", substanzlos ist oder erkennbar rechtsmissbräuchlich eingesetzt wird", wie das OLG Köln überzeugend formuliert.[40] Dies wird man bei einer lediglich floskelhaften Wiederholung des Gesetzestextes oder sonstigen Einwendungen annehmen können, die pauschal und ohne jeden Bezug zum konkreten Sachverhalt erhoben werden (zB pauschaler Einwand der Schlechterfüllung).[41] Auch wenn feststeht, dass – die Richtigkeit des erhobenen Einwands unterstellend – der Vergütungsanspruch gleichwohl unverändert bliebe, besteht für eine Ablehnung gem. Abs. 5 keine Rechtfertigung. So zB der Vortrag, es bestehe eine Rechtsschutzversicherung, da dies auf den Vergütungsanspruch gegen den Mandanten als Auftraggeber regelmäßig keinen Einfluss hat.[42] Diese Ansicht wird weit überwiegend vertreten.[43] Es ist jedoch zu beachten, dass diese Verfahrensweise auf besondere Ausnahmefälle beschränkt bleiben muss, in denen die Offensichtlichkeit der Unbegründetheit der von einem Mandanten erhobenen Einwendungen zweifelsfrei feststeht.[44] **33**

---

33 Gerold/Schmidt/*Müller-Rabe*, § 11 Rn 251 f; *Hartmann*, KostG, § 11 RVG Rn 45, 50; Bischof u.a./*Bischof*, § 11 Rn 52–54. **34** Gerold/Schmidt/*Müller-Rabe*, § 11 Rn 258. **35** Gerold/Schmidt/*Müller-Rabe*, § 11 Rn 349. **36** Gerold/Schmidt/*Müller-Rabe*, § 11 Rn 332; AnwK-RVG/*N. Schneider*, § 11 Rn 318 f. **37** Bischof u.a./*Bischof*, § 11 Rn 69. **38** Gerold/Schmidt/*Müller-Rabe*, § 11 Rn 102 ff; Riedel/Sußbauer/*Ahlmann*, § 11 Rn 29 f. **39** LAG RhPf RVGreport 2015, 135; Gerold/Schmidt/*Müller-Rabe*, § 11 Rn 116 ff; Mayer/Kroiß/*Mayer*, § 11 Rn 137; *Hansens*, RVGreport 2016, 135. **40** BVerfG 25.4.2016 – 1 BvR 1255/14, juris; OLG Koblenz NJW-RR 2016, 380 = AGS 2016, 80; OLG Köln AGS 2013, 19. **41** LAG RhPf RVGreport 2015, 135. **42** HessLAG RVGreport 2015, 373; AnwK-RVG/*N. Schneider*, § 11 Rn 227. **43** LAG RhPf RVGreport 2015, 135; OLG Koblenz AGS 2013, 282; OLG Koblenz JurBüro 2011, 596; OLG Frankfurt AGS 2012, 74; Gerold/Schmidt/*Müller-Rabe*, § 11 Rn 117 ff; Bischof u.a./*Bischof*, § 11 Rn 72. **44** OLG Frankfurt AGS 2012, 74; Gerold/Schmidt/*Müller-Rabe*, § 11 Rn 117.

34 Die in Betracht kommenden **Einwendungen/Einreden nichtgebührenrechtlicher Art** sind überaus zahlreich und kaum überschaubar. Hierzu gehört insb.[45] der Vortrag des fehlenden Auftrags;[46] der – vom Rechtsanwalt – bestrittenen Erfüllung; der Stundung/des Erlasses der Vergütung; der streitigen Verrechnung einer vom Rechtsanwalt eingeräumten Zahlung; einer abweichend vereinbarten Vergütung; einer vereinbarten Kostenobergrenze;[47] der Schlechterfüllung des Auftrags durch den Rechtsanwalt; der versäumten Einholung einer Deckungszusage bei der Rechtsschutzversicherung; es sei vereinbart worden, die Kosten über Prozesskosten- bzw Beratungshilfe abzurechnen.[48]

35 Wird die Festsetzung aufgrund solcher Einwendungen/Einreden gem. Abs. 5 S. 1 abgelehnt, ist das – sonst fehlende – Rechtsschutzbedürfnis für die Vergütungsklage nun gegeben.[49] Die Einwendungen können auch noch im Erinnerungs- bzw Beschwerdeverfahren erhoben werden.[50]

III. Hemmung der Verjährung (Abs. 7)

36 Unabhängig von weiteren Hemmungsgründen (§ 203 BGB; § 8 Abs. 2) wird durch die Einreichung des Festsetzungsantrags – beim zuständigen Gericht (→ Rn 19) – die Verjährung wie durch Klageerhebung gehemmt (Abs. 7; § 204 Abs. 1 Nr. 1 BGB), ohne dass es auf dessen Zustellung bzw Mitteilung an den Auftraggeber ankommt. Die Hemmungswirkung endet sechs Monate nach rechtskräftiger Entscheidung oder anderweitiger Erledigung des Festsetzungsverfahrens (§ 204 Abs. 2 BGB). Durch Erhebung einer Vergütungsklage wird die Verjährung erneut gehemmt (§ 204 Abs. 1 Nr. 1, Abs. 2 S. 3 BGB).[51]

IV. Besonderheiten bei Rahmengebühren (Abs. 8)

37 Die Festsetzung von Rahmengebühren – sowohl sog. Satzrahmen- als auch Betragsrahmengebühren – ist grds. nur zulässig, sofern lediglich die **Mindestgebühr** geltend gemacht wird (**Abs. 8 S. 1 Alt. 2**). Die geltend gemachte Mindestgebühr ist dann als verbindliche Bestimmung iSd § 14 zu betrachten, so dass eine Geltendmachung zunächst nur der Mindestgebühr im Vergütungsfestsetzungsverfahren unter Vorbehalt der restlichen Gebühr nicht zulässig ist.[52] Hat der Rechtsanwalt dem Auftraggeber zuvor (eine) höhere Gebühr(en) in Rechnung gestellt, ist der Antrag auf Festsetzung der Mindestgebühr(en) als Verzicht auf weitere Gebührenforderungen anzusehen.[53]

38 **Höhere Gebühren als die Mindestgebühr** können nur festgesetzt werden, wenn der Auftraggeber diesen Gebühren ausdrücklich zustimmt (**Abs. 8 S. 1 Alt. 2**). Das bloße Schweigen des Antragsgegners oder das Nichtbestreiten im Rahmen der Anhörung reicht dazu nicht aus.[54]

39 Abs. 8 S. 2 verlangt die **Vorlage** dieser **ausdrücklichen Zustimmung** bereits mit dem Antrag (des Rechtsanwalts). Es erscheint jedoch auch gerechtfertigt, die Vorlage der Zustimmung noch vor der Entscheidung (Zurückweisung) über den Festsetzungsantrag ausreichen zu lassen, zumal nach einer Zurückweisung gem. Abs. 8 S. 2 ein neuer Antrag mit dann vorgelegter Zustimmung gestellt werden könnte.[55]

V. Anfechtung der Entscheidung

40 Die Anfechtbarkeit und der Instanzenweg im Falle der Anfechtung einer Entscheidung gem. § 11 bestimmen sich nach der jeweils gegebenen Gerichtsbarkeit (Abs. 2 S. 3). Mit Ausnahme der Verwaltungs-, Finanz- und Sozialgerichtsbarkeit (Zuständigkeit des Urkundsbeamten der Geschäftsstelle – Abs. 3 S. 1; → Rn 19), somit der **Zivil-, Straf- und Arbeitsgerichtsbarkeit**, ist die Zuständigkeit des Rechtspflegers gegeben, so dass sich insoweit die Anfechtbarkeit nach den Bestimmungen der § 11 Abs. 1, 2 RPflG, § 104 Abs. 3 S. 1 ZPO richtet. Grundsätzlich ist danach die sofortige Beschwerde gegeben. Sofern der Beschwerdewert (von mehr als 200 €) nicht erreicht ist, ist die Rechtspflegererinnerung statthaft (§ 11 Abs. 2 RPflG).[56] Im Übrigen wird auf Kommentierungen zu § 11 RPflG verwiesen.

41 In Bereich der **Verwaltungs-, Finanz- und Sozialgerichtsbarkeit** sind vom Urkundsbeamten der Geschäftsstelle gem. Abs. 3 S. 1 erlassene Entscheidungen sind gem. Abs. 3 S. 2 nach den diesbezüglichen speziellen Vorschriften anfechtbar (§§ 165, 151, 146 VwGO; §§ 149, 53 ff, 149 FGO; §§ 178, 197 SGG).[57] Auch insoweit wird auf Kommentierungen zur VwGO, FGO und zum SGG verwiesen.

---

[45] Weitere Beispiele s. Gerold/Schmidt/*Müller-Rabe*, § 11 Rn 119 ff; *Hartmann*, KostG, § 11 RVG Rn 58 ff.   **46** BVerfG 25.4.2016 – 1 BvR 1255/14, juris. **47** OLG Koblenz NJW-RR 2016, 380 = AGS 2016, 80. **48** OLG Düsseldorf AGS 2011, 494. **49** Bischof u.a./*Bischof*, § 11 Rn 62. **50** *Hansens*, RVGreport 2016, 135. **51** *Hartmann*, KostG, § 11 RVG Rn 127; Bischof u.a./*Bischof*, § 11 Rn 76. **52** Gerold/Schmidt/*Müller-Rabe*, § 11 Rn 67 f; Bischof u.a./*Bischof*, § 11 Rn 77. **53** BGH NJW 2013, 3102. **54** Gerold/Schmidt/*Müller-Rabe*, § 11 Rn 71; Bischof u.a./*Bischof*, § 11 Rn 77. **55** Gerold/Schmidt/*Müller-Rabe*, § 11 Rn 75 f; AnwK-RVG/*N. Schneider*, § 11 Rn 126; aA Mayer/Kroiß/*Mayer*, § 11 Rn 68. **56** Vgl dazu auch Gerold/Schmidt/*Müller-Rabe*, § 11 Rn 272 ff; *Hartmann*, KostG, § 11 RVG Rn 82 ff; Bischof u.a./*Bischof*, § 11 Rn 56 ff. **57** Vgl auch Gerold/Schmidt/*Müller-Rabe*, § 11 Rn 313 ff; *Hartmann*, KostG, § 11 RVG Rn 42; Bischof u.a./*Bischof*, § 11 Rn 65 ff.

Eine **Kostenerstattung** unter den Beteiligten findet auch im Rechtsmittelverfahren nicht statt (Abs. 2 S. 6 **42** Hs 2). Gerichtskosten können für ein Beschwerdeverfahren anfallen (zB Nr. 1812 KV GKG).[58]

§ 12 Anwendung von Vorschriften für die Prozesskostenhilfe

[1]Die Vorschriften dieses Gesetzes für im Wege der Prozesskostenhilfe beigeordnete Rechtsanwälte und für Verfahren über die Prozesskostenhilfe sind bei Verfahrenskostenhilfe und im Fall des § 4 a der Insolvenzordnung entsprechend anzuwenden. [2]Der Bewilligung von Prozesskostenhilfe steht die Stundung nach § 4 a der Insolvenzordnung gleich.

Das RVG enthält zahlreiche Bestimmungen, die die im Wege der Prozesskostenhilfe beigeordneten Rechts- **1** anwälte und Verfahren über die Prozesskostenhilfe betreffen (zB §§ 45 ff, Nr. 3335 VV). § 12 erstreckt deren Anwendungsbereich ausdrücklich auch auf Rechtsanwälte, die im Wege der **Verfahrenskostenhilfe** (zB gem. § 78 FamFG) und im Rahmen der **Stundung der Kosten des Insolvenzverfahrens gem. § 4 a InsO** (§ 4 a Abs. 2 InsO) beigeordnet wurden, und auf die diesbezüglichen Verfahren (der Verfahrenskostenhilfe und der Stundung der Kosten im Insolvenzverfahren). Aufgrund dieser Verweisung ist es nicht erforderlich, beide Varianten in allen anwendbaren Vorschriften konkret zu benennen bzw jeweils zu wiederholen.[1] Die Regelung dient daher letztlich der Übersichtlichkeit.

Der Verweis betrifft jedoch nur die konkret genannte Fallgestaltung, somit die im Wege der Prozesskosten- **2** hilfe beigeordneten Rechtsanwälte sowie Verfahren über die Prozesskostenhilfe. Dazu gehören die Bestimmungen der §§ 3 a Abs. 3, 45 Abs. 1, 3, §§ 46, 47 Abs. 1, §§ 48–50, 54–59, nicht jedoch lediglich ähnliche Regelungen, wie zB §§ 39, 40 oder 41. Darüber hinaus gilt die Regelung nur im Rahmen des RVG, nicht auch für andere Gesetze.[2]

Die bis zum 31.12.2013 aufgeführte Fallgestaltung des § 11 a ArbGG ist durch die Änderung des § 12 **3** durch das Gesetz zur Änderung des Prozesskostenhilfe- und Beratungshilferechts vom 31.8.2013[3] mit Wirkung zum 1.1.2014 entbehrlich geworden.

§ 12 a Abhilfe bei Verletzung des Anspruchs auf rechtliches Gehör

(1) Auf die Rüge eines durch die Entscheidung nach diesem Gesetz beschwerten Beteiligten ist das Verfahren fortzuführen, wenn

1. ein Rechtsmittel oder ein anderer Rechtsbehelf gegen die Entscheidung nicht gegeben ist und
2. das Gericht den Anspruch dieses Beteiligten auf rechtliches Gehör in entscheidungserheblicher Weise verletzt hat.

(2) [1]Die Rüge ist innerhalb von zwei Wochen nach Kenntnis von der Verletzung des rechtlichen Gehörs zu erheben; der Zeitpunkt der Kenntniserlangung ist glaubhaft zu machen. [2]Nach Ablauf eines Jahres seit Bekanntmachung der angegriffenen Entscheidung kann die Rüge nicht mehr erhoben werden. [3]Formlos mitgeteilte Entscheidungen gelten mit dem dritten Tage nach Aufgabe zur Post als bekannt gemacht. [4]Die Rüge ist bei dem Gericht zu erheben, dessen Entscheidung angegriffen wird; § 33 Abs. 7 Satz 1 und 2 gilt entsprechend. [5]Die Rüge muss die angegriffene Entscheidung bezeichnen und das Vorliegen der in Absatz 1 Nr. 2 genannten Voraussetzungen darlegen.

(3) Den übrigen Beteiligten ist, soweit erforderlich, Gelegenheit zur Stellungnahme zu geben.

(4) [1]Das Gericht hat von Amts wegen zu prüfen, ob die Rüge an sich statthaft und ob sie in der gesetzlichen Form und Frist erhoben ist. [2]Mangelt es an einem dieser Erfordernisse, so ist die Rüge als unzulässig zu verwerfen. [3]Ist die Rüge unbegründet, weist das Gericht sie zurück. [4]Die Entscheidung ergeht durch unanfechtbaren Beschluss. [5]Der Beschluss soll kurz begründet werden.

(5) Ist die Rüge begründet, so hilft ihr das Gericht ab, indem es das Verfahren fortführt, soweit dies aufgrund der Rüge geboten ist.

(6) Kosten werden nicht erstattet.

---

58 Gerold/Schmidt/*Müller-Rabe*, § 11 Rn 347 f. **1** Gerold/Schmidt/*Müller-Rabe*, § 12 Rn 1; *Hartmann*, KostG, § 12 RVG Rn 2; Bischof u.a./*Klüsener*, § 12 Rn 1. **2** Gerold/Schmidt/*Müller-Rabe*, § 11 Rn 2; *Hartmann*, KostG, § 12 RVG Rn 4. **3** BGBl. 2013 I 3533.

I. Allgemeines und Anwendungsbereich

1 Die Vorschrift entspricht § 61 FamGKG, § 69 a GKG und § 84 GNotKG und betrifft diejenigen Fälle, in denen in einem **Verfahren nach dem RVG** der Anspruch auf rechtliches Gehör verletzt worden ist. Wird in der Hauptsache der materiellrechtliche Anspruch eines Beteiligten auf rechtliches Gehör verletzt, gilt § 12 a nicht, sondern die entsprechende Vorschrift der jeweiligen Verfahrensordnung.

2 Das Gericht – dazu gehört auch die Geschäftsstelle – ist dafür verantwortlich, dass dem Gebot des rechtlichen Gehörs entsprochen wird.[1]

3 § 12 a erfasst Gehörsverletzungen in folgenden Verfahren: Verfahren über eine Erinnerung oder Beschwerde gegen die Festsetzung nach § 55 (§ 56); Verfahren über einen Antrag auf gerichtliche Entscheidung der Verwaltungsbehörde im Bußgeldverfahren (§ 57); Verfahren über eine Beschwerde oder weitere Beschwerde gegen die Festsetzung des Verfahrenswerts (§ 33 Abs. 3, 6); Verfahren über die Feststellung einer Pauschgebühr (§§ 42, 51); Verfahren über die Feststellung eines Anspruchs gegen den Betroffenen oder den Beschuldigten (§ 52).

4 § 12 a bezieht sich in Abs. 1 Nr. 2 nur auf Gehörsverletzungen. Eine analoge Anwendung auf **sonstige Grundrechtsverletzungen** scheidet aus.[2] Das kostenrechtliche Analogieverbot verbietet eine Heranziehung der Vorschrift. Bei anderen Grundrechtsverletzungen ist die Erhebung einer Verfassungsbeschwerde möglich (§ 90 Abs. 1 BVerfGG).

5 Die Anhörungsrüge ist nur **gegen unanfechtbare Entscheidungen** möglich, also gegen solche, die weder mit der Erinnerung noch mit der Beschwerde und auch nicht mit einem Antrag auf gerichtliche Entscheidung nach dem RVG angefochten werden können (Rechtsmittelausschluss).

II. Verletzung rechtlichen Gehörs

6 **1. Anspruchsgrundlage Art. 103 Abs. 1 GG.** Mit § 12 a soll den Anforderungen des Art. 103 Abs. 1 GG Rechnung getragen werden, wonach vor Gericht jedermann Anspruch auf rechtliches Gehör hat. Der Anspruch auf Gewährung rechtlichen Gehörs besagt, dass jeder Beteiligte Gelegenheit haben muss, sich **zumindest einmal umfassend zur Sach- und Rechtslage zu äußern.**[3] Dafür, dass er diese Möglichkeit gehabt hat, ist das Gericht verantwortlich.[4] Es ist demnach die Pflicht des Gerichts, vor dem Erlass seiner Entscheidung zu prüfen, ob den Verfahrensbeteiligten das rechtliche Gehör umfassend gewährt worden ist.[5]

7 **2. Einzelfälle und Umfang der Gehörsgewährung.** Ein Gericht verstößt zB gegen Art. 103 Abs. 1 GG, wenn es **ohne vorherigen Hinweis** auf einen rechtlichen Gesichtspunkt abstellt, mit dem auch ein gewissenhafter und kundiger Verfahrensbeteiligter selbst unter Berücksichtigung der Vielzahl vertretbarer Rechtsauffassungen nicht zu rechnen braucht.[6]

8 Unterlassene Hinweise, die nach § 139 ZPO geboten gewesen wären, können rechtliches Gehör verletzen. Bei Erteilung eines Hinweises muss Gelegenheit zur Stellungnahme gewährt werden. Eine jahrelang hingenommene Unterschrift darf nicht ohne Vorwarnung als ungenügend angesehen werden und ein Schriftsatz deshalb nicht unberücksichtigt bleiben.[7]

9 Eine Gehörsverletzung kann schon darin liegen, dass das Gericht sich nicht ausreichend Zeit nimmt, rechtzeitig eingegangene Schriftsätze zu prüfen.[8] Das gilt erst recht, wenn Schriftsätze überhaupt nicht berücksichtigt werden, mögen sie auch verspätet eingereicht worden sein.[9]

10 Der **Umfang** der gebotenen Gehörsgewährung entspricht dem Vorbringen der Beteiligten, also dem Tatsachenstoff und den Rechtsausführungen, über die das Gericht entscheiden soll.

11 Gerät ein Schriftsatz wegen Änderung des Aktenzeichens nicht in die richtigen Verfahrensakten und bleibt er deshalb unberücksichtigt, dann wird dadurch Art. 103 Abs. 1 GG verletzt.[10]

12 Art. 103 Abs. 1 GG gibt den Beteiligten das Recht, sich vor Erlass einer gerichtlichen Entscheidung zu dem zugrunde liegenden Sachverhalt zu äußern. Das gilt auch für **Rechtsausführungen**, so dass die Beteiligten befugt sind, sich zur Rechtslage zu äußern.[11] Deshalb ist es eine Gehörsverletzung, wenn ein Gericht die Rechtsausführungen eines Beteiligten nicht zur Kenntnis nimmt oder bei seiner Entscheidung nicht berücksichtigt.[12]

13 Keine Gehörsverletzung liegt vor, wenn der Rechtsverlust auf das Verhalten des Beteiligten selbst zurückzuführen ist. Wer es erkennbar selbst versäumt, sich vor Gericht Gehör zu verschaffen, kann sich nicht mit Erfolg auf einen Verstoß gegen Art. 103 Abs. 1 GG berufen.[13] Daher dient eine Anhörungsrüge auch nicht

---

1 BVerfGE 40, 105 = Rpfleger 1975, 293; BVerfGE 81, 264 = NJW 1990, 2373. **2** BGH NJW 2008, 2126, 2127. **3** BVerfGE 65, 234. **4** BVerfG NJW 1990, 2374. **5** BVerfGE 36, 88. **6** BVerfGE 84, 188; 86, 144. **7** BVerfGE 78, 123. **8** BVerfG NJW 1985, 2095. **9** BVerfGE 11, 220; 70, 218. **10** BVerfG Rpfleger 1995, 293. **11** BVerfGE 86, 144 = NJW-RR 1993, 764. **12** BVerfG NJW 1983, 383. **13** BVerfGE 5, 10; 21, 137.

dazu, einer Partei nach einer abschließenden Entscheidung noch die Möglichkeit nachträglichen Bestreitens zu eröffnen.[14]

3. Verursachung durch das Gericht. Für die Verletzung des Gehörsrechts kommt es auf die **Verursachung,** 14 nicht auf ein Verschulden des Gerichts an.[15]

4. Entscheidungserheblichkeit. Voraussetzung einer begründeten Anhörungsrüge ist nach Abs. 1 Nr. 2, dass 15 der Verstoß gegen Art. 103 Abs. 1 GG entscheidungserheblich ist. Gehörsverletzungen wirken sich im gerichtlichen Verfahren nur aus, wenn nicht ausgeschlossen werden kann, dass die Gehörsgewährung zu einer anderen, für den betroffenen Beteiligten günstigeren Entscheidung geführt hätte.

III. Verfahrensrechtliche Voraussetzungen

1. Begründung der erhobenen Rüge. Es ist darzulegen, wodurch der Anspruch auf Gewährung rechtlichen 16 Gehörs verletzt worden ist und dass sich diese Verletzung entscheidungserheblich ausgewirkt hat.

2. Kein Antragserfordernis. Die Anhörungsrüge ist kein im Gesetz vorgesehenes Rechtsmittel. Der rügende 17 Beteiligte muss daher keinen Antrag stellen, auch nicht die Fortsetzung des abgeschlossenen Verfahrens beantragen.

3. Zuständiges Gericht (Abs. 2 S. 4). Die Rüge ist bei dem Gericht zu erheben, dessen Entscheidung angegriffen wird (Abs. 2 S. 4). 18

4. Rügefrist (Abs. 2 S. 1 und 2); Rechtsbehelfsbelehrung. Die Anhörungsrüge muss innerhalb von **zwei Wochen** 19 nach Kenntnis von der Gehörsverletzung erhoben werden (Abs. 2 S. 1 Hs 1). Der Zeitpunkt der Kenntniserlangung ist glaubhaft zu machen (Abs. 2 S. 1 Hs 2). Nach Ablauf eines Jahres ist die Rüge ausgeschlossen (Abs. 2 S. 2). Die Einlegungsfrist ist keine Notfrist. Deshalb gibt es auch keine Wiedereinsetzung wegen Fristversäumung. Der betroffene Beteiligte kann jedoch darlegen, dass die anzugreifende Entscheidung ihn zu einem späteren Zeitpunkt oder überhaupt nicht erreicht hat.

Auch im Kostenrecht ist zum 1.1.2014 eine **Rechtsbehelfsbelehrungspflicht** eingeführt[16] worden, ohne danach 20 zu unterscheiden, ob eine anwaltliche Vertretung obligatorisch ist oder nicht. Ausgehend davon, dass es sich bei der Frist zur Erhebung der Anhörungsrüge begrifflich um einen Rechtsbehelf handeln dürfte,[17] wird das Gericht verpflichtet sein, über die Voraussetzungen des Abs. 2 zu belehren.

5. Stellungnahme der Beteiligten (Abs. 3). Im Rügeverfahren hat der Gegner einen Anspruch auf Gewährung 21 rechtlichen Gehörs (Abs. 3). Ihm muss Gelegenheit gegeben werden, sich zur Rügeschrift zu äußern.[18]

6. Prüfung der Rüge. Auf eine zulässige und begründete Rüge hin wird das Verfahren in die Lage zurückversetzt, 22 in der es sich vor der anzugreifenden Entscheidung befunden hat. Nach Heilung der Gehörsverletzung ist das Gericht berechtigt und verpflichtet, neu zu entscheiden. Ein Verschlechterungsverbot (reformatio in peius) besteht nicht.[19]

7. Verfassungsbeschwerde. Eine Verfassungsbeschwerde wegen Verletzung des Anspruchs auf rechtliches 23 Gehör ist nur zulässig, wenn zuvor die Anhörungsrüge erhoben worden ist. Wird sie zurückgewiesen, dann beginnt die Monatsfrist für die Einlegung der Verfassungsbeschwerde mit der Zustellung oder formlosen Mitteilung des Zurückweisungsbeschlusses zu laufen (§ 93 Abs. 1 S. 2, 3 BVerfGG).

8. Kosten; Kostenerstattung (Abs. 6). Das Gehörsrügeverfahren ist **gebührenfrei.** Das gilt auch dann, wenn 24 die Rüge insgesamt zurückgewiesen oder verworfen wird. Ein Gebührentatbestand für Anhörungsrügen im Kostenrecht ist generell nicht geregelt.[20] Es ist insoweit auch nicht von einer Regelungslücke auszugehen. Der Gesetzgeber hat die Nr. 1800 KV FamGKG durch das 2. KostRMoG um Anhörungsrügeverfahren in Ehe- und Familienstreitsachen, die bis dahin gerichtsgebührenfrei gewesen waren,[21] ergänzt. Da er Verfahren nach § 12 a und auch die Anhörungsrügeverfahren nach den übrigen Kostengesetzen weiterhin unberücksichtigt gelassen hat, ist ihm zu unterstellen, dass die Erhebung von Gerichtsgebühren im Anhörungsrügeverfahren auch im Falle der Verwerfung oder Zurückweisung nicht gewollt ist.

IV. Anwaltsgebühren und Gegenstandswert

Das Verfahren gehört zum Rechtszug (§ 19 Abs. 1 S. 2 Nr. 5 Buchst. b). Der Rechtsanwalt erhält lediglich 25 dann eine gesonderte Vergütung, wenn er ausschließlich im Gehörsrügeverfahren tätig ist. Diese richtet sich dann nach Nr. 3330 VV in Höhe der Verfahrensgebühr für das Verfahren, in dem die Rüge erhoben wird, höchstens 0,5. Die Terminsgebühr bestimmt sich nach Nr. 3331 VV in Höhe der Terminsgebühr für das

---

14 OLG Naumburg 27.6.2013 – 10 W 23/13 (RVG). **15** BVerfGE 11, 220; 61, 81. **16** Gesetz zur Einführung einer Rechtsbehelfsbelehrung im Zivilprozess und zur Änderung anderer Vorschriften v. 5.12.2012 (BGBl. I 2418). **17** Musielak/*Borth*, § 44 FamFG Rn 4 ff. **18** BVerfG ZIP 1998, 1047; BVerfGE 64, 144; 89, 392. **19** BGH NJW-RR 2012, 977 = MDR 2012, 988. **20** OLG Düsseldorf AGS 2010, 194 = RVGreport 2010, 199; OLG Celle AGS 2012, 529 = RVGreport 2012, 474. **21** OLG Köln AGS 2012, 530 = RVGreport 2013, 207.

Verfahren, in dem die Rüge erhoben wird, höchstens 0,5. Der Gegenstandswert ergibt sich aus § 23 Abs. 2 S. 3 iVm S. 1, 2. Das Gericht hat den Wert für das Gehörsrügeverfahren ggf. auf Antrag nach § 33 Abs. 1 festzusetzen.

§ 12 b Elektronische Akte, elektronisches Dokument

[1]In Verfahren nach diesem Gesetz sind die verfahrensrechtlichen Vorschriften über die elektronische Akte und über das elektronische Dokument für das Verfahren anzuwenden, in dem der Rechtsanwalt die Vergütung erhält. [2]Im Fall der Beratungshilfe sind die entsprechenden Vorschriften des Gesetzes über das Verfahren in Familiensachen und in den Angelegenheiten der freiwilligen Gerichtsbarkeit anzuwenden.

I. Anwendungsbereich

1   § 12 b ist durch das Justizkommunikationsgesetz (JKomG) v. 22.3.2005[1] eingeführt worden und am 1.4.2005 in Kraft getreten. § 12 b hat die elektronische Akte, das elektronische gerichtliche Dokument und das elektronische Dokument in das RVG eingeführt und ermöglicht den Gerichten damit auch für Verfahren nach dem RVG die elektronische Aktenführung und den Gerichten und Beteiligten den elektronischen Rechtsverkehr.

2   Zu den von § 12 b erfassten Verfahren gehören daher insb. die folgenden:[2] die Festsetzung der Vergütung gegen den eigenen Mandanten gem. § 11; die Festsetzung der Vergütung des gerichtlich bestellten oder beigeordneten Rechtsanwalts gegen die Landeskasse gem. § 55; die Festsetzung des Gegenstandswerts gem. § 33 (für die Wertfestsetzung für die Gerichtsgebühren gem. § 32 gilt § 5 a GKG).

3   Aufgrund der Verortung des § 12 b in Abschnitt 1 des RVG („Allgemeine Vorschriften") gilt § 12 b für alle Verfahren des RVG, in denen der Rechtsanwalt die Vergütung erhält (→ Rn 1), somit auch für entsprechende Rechtsbehelfsverfahren.[3] Die Rechtsbehelfsverfahren (§§ 11 Abs. 2 S. 3, 33 Abs. 3–6, 56 Abs. 2) sind damit ebenfalls erfasst.

4   Durch das 2. KostRMoG[4] ist § 12 b mWz 1.8.2013 geändert worden. Alle kostenrechtlichen Regelungen zur elektronischen Akte und zum elektronischen Dokument sind durch eine allgemeine Verweisung auf die jeweiligen verfahrensrechtlichen Regelungen für das zugrunde liegende Verfahren ersetzt worden. Damit ist sichergestellt, dass für die kostenrechtlichen Verfahren die gleichen Grundsätze wie für das Verfahren zur Hauptsache gelten.[5] Es kann daher grds. auf die Erl. der Vorschriften zur elektronischen Akte und zum elektronischen Dokument in den Kommentaren zur ZPO bzw zu den anderen Verfahrensordnungen verwiesen werden. Übergangsfälle sind nach § 60 zu beurteilen.

5   Nach dem Gesetz zur Förderung des elektronischen Rechtsverkehrs mit den Gerichten vom 10.10.2013[6] (zum gestaffelten Inkrafttreten s. Art. 26 des Gesetzes;[7] auch → Rn 15) wird der elektronische Zugang zur Justiz durch entsprechende bundeseinheitliche Regelungen in der ZPO und den anderen Verfahrensordnungen erweitert (dazu auch → Rn 15). Die damit verbundenen Änderungen in den Verfahrensordnungen sind gem. § 12 b auch für die Kostenverfahren des RVG von Bedeutung.

II. Elektronische Akte und elektronisches Dokument

6   1. Begriffsbestimmungen. a) Elektronische Akte. Die elektronische Akte ersetzt die Gerichtsakte aus Papier. Es werden nach Zulassung und Einführung der elektronischen Akte keine herkömmlichen Gerichtsakten mehr geführt. Die Akte kann dann nur noch auf dem Bildschirm aufgerufen und bearbeitet werden.

7   Die elektronische Aktenführung ist in den einschlägigen Verfahrensordnungen aller Gerichtsbarkeiten vorgesehen (vgl § 298 a ZPO, § 14 FamFG, § 55 b VwGO, § 52 b FGO, § 65 b SGG, § 46dArbGG). In Strafsachen gibt es (noch) keine elektronische Aktenführung, in Bußgeldsachen hingegen schon (§ 110 b OWiG).[8]

8   b) Elektronisches Dokument. Es ist zu unterscheiden zwischen dem elektronischen Dokument der Parteien bzw Beteiligten (vgl zB § 130 a ZPO, § 55 a Abs. 1 VwGO, § 46 d ArbGG) und dem gerichtlichen elektronischen Dokument (vgl § 130 b ZPO, § 55 a Abs. 3 VwGO, § 46 d ArbGG).

9   In einem elektronischen Dokument ist ein Text, sind Zahlen oder Bilder oder eine Kombination hieraus durch Digitalisieren (Umwandlung in einen Binärcode) in Dateiform angelegt oder überführt worden. Ein elektronisches Dokument ist damit eine maschinell lesbare Aufzeichnung iSv § 690 Abs. 3 ZPO.[9]

---

1 BGBl. 2005 I 837.   **2** Gerold/Schmidt/*Müller-Rabe*, § 12 b Rn 3.   **3** BT-Drucks 15/4067, S. 56 f (zu § 5 a GKG).   **4** Vom 23.7.2013 (BGBl. I 2586).   **5** BT-Drucks 17/11471 (neu), S. 155, 243.   **6** BGBl. 2013 I 3786.   **7** BGBl. 2013 I 3786, 3798.   **8** Vgl AnwK-RVG/*Mock*, § 12 b Rn 2; Gerold/Schmidt/*Müller-Rabe*, § 12 b Rn 6.   **9** Vgl BT-Drucks 14/4987, S. 24; AnwK-RVG/*Mock*, § 12 b Rn 10.

2. Verweisung auf verfahrensrechtliche Vorschriften. Das RVG enthält für Verfahren nach dem RVG keine 10 eigenen Verfahrensvorschriften über die elektronische Akte und das elektronische Dokument, sondern verweist insoweit auf die Vorschriften des Verfahrens, in dem der Rechtsanwalt die Vergütung erhält. Nach § 12 b gelten die verfahrensrechtlichen Vorschriften über die elektronische Akte und über das elektronische Dokument in dem Verfahren, in dem der Rechtsanwalt die Vergütung erhält (**S. 1**). Im Fall der Beratungshilfe sind die entsprechenden Vorschriften des FamFG anzuwenden (**S. 2**).

Beispielsweise können im Zivilprozess nach § 298 a Abs. 1 S. 1 ZPO die Prozessakten elektronisch geführt 11 werden. Für das elektronische Dokument sind zB die §§ 130 a ff und 298 ZPO entsprechend anwendbar. Ähnliche Regelungen sind in anderen Prozess- bzw Verfahrensordnungen vorhanden (vgl zB auch § 14 FamFG, § 46 c ArbGG, § 65 a SGG, § 55 a VwGO, § 52 a FGO). Diese Bestimmungen gelten damit auch für Verfahren nach dem RVG.

Ist die **elektronische Aktenführung** nach der Verfahrensordnung zulässig, die dem Verfahren nach dem 12 RVG zugrunde liegt, können auch die das RVG-Verfahren betreffenden Aktenteile (zB das Festsetzungsverfahren gem. § 11 oder gem. § 55) elektronisch geführt werden. Denkbar ist deshalb die Einreichung von Anträgen gem. §§ 11, 33 und 55 als elektronische Dokumente, die Führung der Akten dieser Kostenverfahren gem. §§ 11, 33 und 55 als elektronische Akten und die Entscheidung durch das Gericht in Form eines elektronischen Dokuments.[10]

3. Rechtsverordnung. Ob elektronische Akten geführt oder elektronische Dokumente bei den Gerichten 13 eingereicht werden können, bestimmen die Bundesregierung und die Landesregierungen für ihren Bereich durch **Rechtsverordnung** (vgl dazu zB §§ 298, 130 a Abs. 2 ZPO, §§ 55 a Abs. 1 und 55 b Abs. 1 VwGO, §§ 46 c Abs. 2 und 46 e ArbGG). Die Landesregierungen können die Ermächtigung durch Rechtsverordnung auf die Landesjustizverwaltungen übertragen. Die Zulassung der elektronischen Form kann auf einzelne Gerichte oder Verfahren beschränkt werden.[11]

Bei den **Bundesgerichten** ist der elektronische Rechtsverkehr weitgehend zugelassen.[12] Die Zulassung kann 14 auf einzelne Gerichte oder Verfahren beschränkt werden (Pilotbetrieb; Experimentierklausel).[13] In **NRW** können seit Januar 2013 bei allen **Verwaltungs-, Finanz- und Sozialgerichten Klagen, Anträge** und **sonstige Schriftsätze** elektronisch eingereicht werden. Die Einreichung erfolgt über das sog. **Elektronische Gerichts- und Verwaltungspostfach (EGVP)**. Deshalb können auch in Verfahren nach dem RVG Schriftsätze in den erfassten Verfahren (→ Rn 2 f) elektronisch eingereicht werden.

Nach Art. 24 des Gesetzes zur Förderung des elektronischen Rechtsverkehrs mit den Gerichten (→ Rn 5) 15 können die Landesregierungen für ihren Bereich durch Rechtsverordnung bestimmen, dass u.a. § 130 a ZPO, § 46 c ArbGG, § 65 a SGG, § 55 a VwGO, § 52 a FGO in der jeweils am 31.12.2017 geltenden Fassung bis zum jeweils 31.12. des Jahres 2018 oder 2019 weiter Anwendung finden.[14]

III. Elektronisches Dokument

1. Elektronisches Dokument der Parteien. Das elektronische Dokument (**E-Mail**, nicht Telefax)[15] betrifft 16 Anträge und Erklärungen der Parteien bzw der Beteiligten und von deren Bevollmächtigten im Verfahren sowie Auskünfte, Aussagen, Gutachten und Erklärungen Dritter.

Durch die allgemeine Verweisung zum elektronischen Dokument auf die jeweiligen verfahrensrechtlichen 17 Regelungen für das zugrunde liegende Verfahren ist sichergestellt, dass für die kostenrechtlichen Verfahren nach dem RVG die gleichen Grundsätze wie für das Verfahren zur Hauptsache gelten.

Ist die Einreichung von elektronischen Dokumenten für das zugrunde liegende Verfahren zugelassen, in 18 dem der Rechtsanwalt die Vergütung erhält, ist zB die Einreichung von Festsetzungsanträgen gem. §§ 11, 55 als elektronisches Dokument möglich.[16] Für Verfahren nach dem RVG ist somit keine ausdrückliche Zulassung der Einreichung von elektronischen Dokumenten erforderlich.

---

10 Gerold/Schmidt/*Müller-Rabe*, § 12 b Rn 6, 10, 12. **11** Vgl zu den in Betracht kommenden Rechtsverordnungen: AnwK-RVG/ *Mock*, § 12 b Rn 8 ff. **12** Verordnung über den elektronischen Rechtsverkehr beim Bundesgerichtshof und Bundespatentgericht (BGH/BPatGERVV) v. 24.8.2007 (BGBl. I 2130), zul. geänd. d. Art. 5 Abs. 3 G v. 10.10.2013 (BGBl. I 3799); Verordnung über den elektronischen Rechtsverkehr beim Bundesverwaltungsgericht und beim Bundesfinanzhof (ERVVOBVerwG/BFH) v. 26.11.2004 (BGBl. I 3091), geänd. d. Art. 1 V v. 10.12.2015 (BGBl. I 2207); Verordnung über den elektronischen Rechtsverkehr beim Bundesarbeitsgericht (ERVVOBAG) v. 9.3.2006 (BGBl. I 519), geänd. d. Art. 1 V v. 14.12.2015 (BGBl. I 2338); Verordnung über den elektronischen Rechtsverkehr beim Bundessozialgericht (ERVVOBSG) v. 18.12.2006 (BGBl. I 3219), geänd. d. Art. 1 V. v. 14.12.2015 (BGBl. I 2339). **13** Vgl zum Stand beim Bund und in den einzelnen Bundesländern iE www.justiz.de (dort: „Elektronischer Rechtsverkehr") oder www.egvp.de. **14** BGBl. 2013 I 3786, 3797. **15** Vgl BGH NJW 2010, 2134 = MDR 2010, 460; BGH FamRZ 2009, 319 = NJW-RR 2009, 357. **16** Gerold/Schmidt/*Müller-Rabe*, § 12 b Rn 10; Binz/Dörndorfer/*Petzold*, § 5 a GKG Rn 5.

19 Ist noch keine Zulassung der Einreichung von Anträgen und Erklärungen als elektronisches Dokument durch entsprechende Rechtsverordnung erfolgt (→ Rn 13 ff), wahrt zB die Einreichung eines Festsetzungsantrags gem. § 11 oder gem. § 55 nicht die vorgeschriebene Form (§ 11 Abs. 6 S. 1, 2: Erklärung zu Protokoll der Geschäftsstelle eines jeden Amtsgerichts oder schriftliche Einreichung).[17] Allerdings kann der Festsetzungsantrag jederzeit neu gestellt werden. Auch die durch ein elektronisches Dokument eingelegte **unbefristete Erinnerung** gem. § 56 kann in der durch §§ 56 Abs. 2 S. 1, 33 Abs. 7 vorgeschriebenen Form nachgeholt werden. Handelt es sich aber um einen **fristgebundenen Rechtsbehelf** (zB die Beschwerde gem. § 33 Abs. 3 S. 3, ggf iVm § 56 Abs. 2), der durch ein nicht zugelassenes elektronisches Dokument eingelegt wird, besteht die Gefahr der Versäumung der Einlegungsfrist.

20 **2. Gerichtliches elektronisches Dokument.** Die Verfahrensordnungen sehen auch gerichtliche elektronische Dokumente vor. Soweit dem Richter, dem Rechtspfleger, dem Urkundsbeamten der Geschäftsstelle oder dem Gerichtsvollzieher die handschriftliche Unterzeichnung durch Gesetz vorgeschrieben ist, genügt dieser Form die Aufzeichnung als elektronisches Dokument, wenn die verantwortenden Personen am Ende des Dokuments ihren Namen hinzufügen und das Dokument mit einer qualifizierten elektronischen Signatur versehen (vgl zB § 130 b ZPO, § 55 a Abs. 3 VwGO, § 46 d ArbGG). Entscheidungen dieser Personen können dann auch in den Kostenverfahren des RVG als elektronisches Dokument erfolgen.

21 **3. Signatur. a) Qualifizierte elektronische Signatur.** Die Verfahrensordnungen sehen vor, dass die elektronischen Dokumente mit einer **qualifizierten elektronischen Signatur** nach dem Signaturgesetz (SigG) versehen werden (vgl zB §§ 130 a Abs. 1 S. 2, 130 b ZPO, § 55 a Abs. 1 S. 3, Abs. 3 VwGO, §§ 46 c Abs. 1 S. 2, 46 d ArbGG).

22 Eine qualifizierte elektronische Signatur tritt an die Stelle der eigenhändigen Unterschrift iSv § 130 Nr. 6 ZPO.[18] Sie soll dem elektronischen Dokument insb. im Hinblick auf dessen Flüchtigkeit und sonst spurenlos mögliche Manipulierbarkeit eine einem Papierdokument vergleichbare dauerhafte Fassung verleihen.[19]

23 **b) Sollvorschrift.** § 130 a Abs. 1 S. 2 ZPO in der derzeit geltenden Fassung wird in der Gesetzesbegründung zum Gesetz zur Förderung des elektronischen Rechtsverkehrs mit den Gerichten (→ Rn 5) als Ordnungsvorschrift bezeichnet[20] und deswegen teilweise als Sollvorschrift angesehen.[21] Der BGH hat § 130 a Abs. 1 S. 2 ZPO aF nicht nur als bloße Ordnungsvorschrift angesehen; bestimmende Schriftsätze müssten vielmehr mit einer Signatur versehen sein.[22]

24 **Fehlt** die **Signatur,** ist der elektronische Antrag bzw die elektronische Erklärung auch in den Kostenverfahren des RVG als unwirksam anzusehen, wenn die durch die Signatur ersetzte Unterschrift als unverzichtbare Wirksamkeitsvoraussetzung angesehen wird.[23] Der Gesetzgeber weist in den Motiven zu § 130 a Abs. 3 ZPO idF des Gesetzes zur Förderung des elektronischen Rechtsverkehrs mit den Gerichten ausdrücklich darauf hin, dass die verfahrensrechtliche Form künftig nicht gewahrt ist, wenn das elektronische Dokument weder qualifiziert elektronisch signiert noch auf einem sicheren Übermittlungsweg eingereicht wird. Ein solches Dokument ist, sofern die Verfahrensordnung Schriftform voraussetzt, nicht wirksam eingereicht.

25 **4. Mitteilungspflicht.** Ist ein von den Beteiligten übermitteltes elektronisches Dokument zur Bearbeitung nicht geeignet, hat das Gericht dies dem Absender unverzüglich (= ohne schuldhaftes Zögern, § 121 BGB) mitzuteilen (vgl zB § 130 a Abs. 1 S. 3 ZPO, § 55 a Abs. 2 S. 3 VwGO, § 46 c Abs. 1 S. 3 ArbGG). Hieraus ergibt sich, dass eine sofortige Zurückweisung eines Antrags wegen mangelnder Eignung nicht zulässig ist, sondern dem Antragsteller Gelegenheit zur **Nachholung eines geeigneten Antrags** innerhalb einer angemessenen Frist zu geben ist.

26 Ein übermitteltes elektronisches Dokument ist **zur Bearbeitung durch das Gericht nicht geeignet,** wenn es zwar vollständig von der Empfangseinrichtung des Gerichts aufgezeichnet worden ist, aber den durch Rechtsverordnung (→ Rn 13 ff) bestimmten technischen Anforderungen bzw Rahmenbedingungen nicht entspricht. Auch ein von der Empfangseinrichtung des Gerichts nicht oder nur unvollständig aufgezeichnetes Dokument ist für die weitere Bearbeitung durch das Gericht nicht geeignet. Das Risiko einer **fehlgeschlagenen Mitteilung** trägt damit allein der Absender.[24]

27 Für die gerichtliche Mitteilung ist kein bestimmter Übertragungsweg vorgeschrieben. Da aber eine unverzügliche Mitteilung erforderlich ist, dürfte zur Beschleunigung der schnellstmögliche Übertragungsweg zu

---

17 Vgl zu §§ 5 a, 66 GKG BGH AGS 2015, 226 = RVGreport 2015, 160; BGH NJW-RR 2009, 357 = MMR 2009, 99; BayVGH RVGreport 2008, 359 m. zust. Anm. *Hansens*; OLG Hamm RVGreport 2013, 120 = FGPrax 2013, 84; OLG Oldenburg NJW 2009, 536; OLG Schleswig SchlHA 2009, 244. **18** Vgl BGH NJW 2010, 2134 = MDR 2010, 460; BGH NJW 2008, 2649. **19** BGH NJW 2010, 2134 = MDR 2010, 460; BGH FamRZ 2009, 319 = NJW-RR 2009, 357. **20** BT-Drucks 14/4987, S. 24, 43 f; BT-Drucks 17/12634, S. 25; vgl hierzu auch BGH NJW 2010, 2134 = MDR 2010, 460. **21** Zöller/*Greger*, ZPO, § 130 a Rn 4; Musielak/*Stadler*, ZPO, § 129 Rn 8; BFH NJW 2009, 1903 (für § 77 a FGO). **22** BGH NJW 2010, 2134 = MDR 2010, 460 (für Berufung gegen ein LG-Urteil); so auch *Krüger-Bütter*, MDR 2003, 181; *Dästner*, NJW 2011, 3469. **23** AA *Meyer*, GKG § 5 a Rn 3. **24** OLG Koblenz NJW 2007, 3224.

wählen sein. Der Antragsteller oder Erklärende kann nach der Mitteilung des Gerichts erneut den elektronischen Übermittlungsweg oder einen herkömmlichen Übertragungsweg wählen (zB Telefax oder Schriftform).[25]

IV. Zeitpunkt der Einreichung

§ 130a Abs. 3 ZPO und vergleichbare Bestimmungen in den übrigen Verfahrensordnungen regeln den Zeitpunkt des Eingangs des elektronischen Dokuments bei Gericht. Die Aufzeichnung **ersetzt** damit den **Einwurf in den Briefkasten des Gerichts** bei herkömmlichen Dokumenten.[26] Das Dokument ist eingereicht, sobald die für den Empfang bestimmte Einrichtung des Gerichts es vollständig und verständlich aufgezeichnet bzw gespeichert hat.[27] Es kommt somit nicht darauf an, zu welchem Zeitpunkt das Dokument von einem Justizbediensteten geöffnet oder gelesen[28] bzw welches Absendedatum beim Absender vermerkt bzw gespeichert worden ist.[29] Bei gemeinsamen Empfangseinrichtungen mehrerer Gerichte ist der Zeitpunkt der Aufzeichnung auf der gemeinsamen Empfangseinrichtung maßgebend.[30]   28

V. Beratungshilfe (S. 2)

Bei **Beratungshilfe** sind nach **S. 2** die verfahrensrechtlichen Vorschriften über die elektronische Akte und über das elektronische Dokument des **FamFG** anzuwenden (§ 14 FamFG).   29

VI. Auslagen

Für die Überlassung von elektronisch gespeicherten Dateien oder deren Bereitstellung zum Abruf anstelle der in Nr. 7000 Ziff. 1 Buchst. d genannten Kopien und Ausdrucke erhält der Anwalt nach Nr. 7000 Ziff. 2 VV je überlassener Datei eine Dokumentenpauschale in Höhe von 1,50 €. Für die in einem Arbeitsgang überlassenen, bereitgestellten oder in einem Arbeitsgang auf denselben Datenträger übertragenen Dokumente beträgt die Dokumentenpauschale aber insgesamt höchstens 5 €.   30

§ 12c Rechtsbehelfsbelehrung

Jede anfechtbare Entscheidung hat eine Belehrung über den statthaften Rechtsbehelf sowie über das Gericht, bei dem dieser Rechtsbehelf einzulegen ist, über dessen Sitz und über die einzuhaltende Form und Frist zu enthalten.

I. Allgemeines

§ 12c ist durch das Gesetz zur Einführung einer Rechtsbehelfsbelehrung im Zivilprozess und zur Änderung anderer Vorschriften vom 5.12.2012[1] mWv 1.1.2014 in das RVG eingefügt worden. § 12c soll den Rechtsschutz für den Beteiligten noch wirkungsvoller gestalten.[2] Vergleichbare Bestimmungen sind auch in andere Kostengesetze eingefügt worden (§ 5b GKG, § 8a FamGKG, § 3a GvKostG, § 4c JVEG).   1

Der **Bundesrat**[3] hatte im Gesetzgebungsverfahren kritisiert, dass die in allen Kostengesetzen eingeführte Belehrungspflicht nicht zwischen befristeten oder unbefristeten Rechtsbehelfen unterscheide, und gefordert, die Rechtsbehelfsbelehrung nur für befristet anfechtbare Entscheidungen vorzusehen. **Fristgebunden** sind im RVG die Beschwerde und weitere Beschwerde gegen die Festsetzung des Gegenstandswerts (§ 33) sowie gegen Entscheidungen im Verfahren auf Festsetzung der Vergütung des gerichtlich beigeordneten und bestellten Rechtsanwalts (→ Rn 7 ff). **Unbefristet** ist im RVG die Erinnerung gem. § 56 gegen die Festsetzung der Vergütung des gerichtlich bestellten oder beigeordneten Rechtsanwalts gem. § 55. Im Übrigen wird zur Entstehungsgeschichte von § 12c auf → GKG § 5b Rn 2f verwiesen.   2

II. Belehrungspflicht

1. Anfechtbare Entscheidungen. Die Belehrungspflicht nach § 12c gilt umfassend für jede **anfechtbare Entscheidung**, unabhängig davon, ob sie als gerichtliche Entscheidung durch Beschluss oder in sonstiger Weise erfolgt (zB als Festsetzungsbeschluss oder als Festsetzung gem. § 55). Eine Rechtsbehelfsbelehrung kommt deshalb insb. bei folgenden Entscheidungen in Betracht, soweit sie anfechtbar sind (→ Rn 29f; zur Festsetzung gem. § 11 → Rn 18f):   3

---

25 Binz/Dörndorfer/*Petzold*, § 5a GKG Rn 13. **26** *Meyer*, GKG § 5a Rn 5. **27** AnwK-RVG/*Mock*, § 12b Rn 13; vgl auch BGH FamRZ 2009, 319 = NJW-RR 2009, 307. **28** Binz/Dörndorfer/*Petzold*, § 5a GKG Rn 14. **29** *Meyer*, GKG § 5a Rn 5. **30** Binz/Dörndorfer/*Petzold*, § 5a GKG Rn 15. **1** BGBl. 2012 I 2418. **2** BT-Drucks 17/10490, S. 22. **3** BT-Drucks 17/10490, S. 29.

4   § 33 – Festsetzung des Gegenstandswerts, ggf Beschwerdeentscheidung (→ Rn 30; zum Anwendungsbereich von § 33 s. dort): Wird der für die Gerichtsgebühren maßgebende Wert gerichtlich festgesetzt, ist die Festsetzung gem. § 32 Abs. 1 auch für die Gebühren des Rechtsanwalts maßgebend. Der Rechtsanwalt kann gem. § 32 Abs. 2 aus eigenem Recht die Festsetzung des Werts beantragen und Rechtsmittel gegen die Festsetzung einlegen. Das Rechtsmittelverfahren richtet sich auch für den Rechtsanwalt gem. § 32 Abs. 2 S. 1 zB nach § 68 GKG und § 59 FamFGKG. Die Rechtsbehelfsbelehrung unter einer Wertfestsetzung für die Gerichtsgebühren, die der Rechtsanwalt gem. § 32 Abs. 2 S. 1 aus eigenem Recht anfechten kann, ergibt sich deshalb dann aus § 5 b GKG, § 8 a FamGKG.

5   § 52 – Feststellungsentscheidung: Gerichtliche Feststellung auf Antrag des Pflichtverteidigers, dass der Beschuldigte ohne Beeinträchtigung des für ihn und seine Familie notwendigen Unterhalts zur Zahlung oder zur Leistung von Raten in der Lage ist (→ Rn 16 f; vgl auch § 53).

6   §§ 55, 56 – Vergütungsfestsetzung: Festsetzung der Vergütung des gerichtlich beigeordneten oder bestellten Rechtsanwalts, ggf Erinnerungs- und Beschwerdeentscheidung (→ Rn 7 ff).

7   **2. Vergütungsfestsetzung durch das Gericht, § 55. a) Rechtsbehelfsbelehrung.** Die Festsetzung der Vergütung des gerichtlich beigeordneten oder bestellten Rechtsanwalts gem. § 55 ist eine anfechtbare Entscheidung iSv § 12 c, die deshalb nach dem Gesetzeswortlaut mit einer Rechtsbehelfsbelehrung zu versehen ist. Der Bundesrat hat allerdings im Gesetzgebungsverfahren die Einführung einer Rechtsbehelfsbelehrungspflicht insb. für die unbefristet anfechtbare Festsetzung gem. § 55 kritisiert. Zutreffend hat der Bundesrat darauf hingewiesen, dass kein praktischer Bedarf oder ein schutzwürdiges Interesse an einer Belehrung des ohnehin rechtskundigen Rechtsanwalts über die Rechtsbehelfsmöglichkeit des § 56 Abs. 1 besteht und deshalb gefordert, für die Rechtsbehelfsbelehrung zwischen befristeten oder unbefristeten Rechtsbehelfen zu unterscheiden und die Rechtsbehelfsbelehrung nur für befristet anfechtbare Entscheidungen vorzusehen.[4]

8   Die Bundesregierung ist dem nicht gefolgt, weil zur Erleichterung der Rechtsanwendung und zur Gewährleistung der Rechtsklarheit Verfahrensrecht und Kostenrecht so weit wie möglich strukturell angeglichen werden sollen. Die weitere Begründung, dass es sich bei Kostenrechnungen um belastende Justizverwaltungsakte handele, bei denen ein Bürger finanziell von einer Justizbehörde in Anspruch genommen werde,[5] passt für die Festsetzung gem. § 55 allerdings nicht. Denn die Festsetzung gem. § 55 kann nur von dem Rechtsanwalt und der Staatskasse, von den Parteien bzw Beteiligten des Verfahrens dagegen nicht angefochten werden. Insoweit ist deshalb eine Rechtsbehelfsbelehrung gar nicht erforderlich. Wenn die gem. § 55 an den Rechtsanwalt aus der Staatskasse gezahlte Vergütung nach Nr. 9007 KV GKG oder als Übergangsanspruch gem. § 59 den Parteien oder Beteiligten durch die gerichtliche Kostenrechnung in Rechnung gestellt wird (§ 19 GKG, § 18 FamGKG), kann diese gem. § 66 GKG, § 57 FamGKG vom Kostenschuldner mit der Erinnerung angefochten werden. Hierauf muss dann in der Rechtsbehelfsbelehrung unter der Kostenrechnung (§ 5 b GKG, § 8 a FamGKG) hingewiesen werden. Für den Kostenschuldner ist die Belehrung unter einer Festsetzung gem. § 55 danach nicht erforderlich.

9   **b) Für den Rechtsanwalt.** Der Pflicht zur Rechtsbehelfsbelehrung gem. § 12 c bei Festsetzungen nach § 55 wird man keine größere praktische Bedeutung beimessen können. Wenn antragsgemäß festgesetzt wird, erhält der **Rechtsanwalt** nach den einschlägigen Verwaltungsbestimmungen[6] hierüber keine besondere Mitteilung, sondern erfährt davon durch die Überweisungsgutschrift auf seinem Konto.[7] Der Rechtsanwalt kann die antragsgemäße Festsetzung **mangels Beschwer** auch nicht anfechten, so dass eine Rechtsbehelfsbelehrung nicht erforderlich ist (→ Rn 30).

10   Wird nicht antragsgemäß festgesetzt oder der Festsetzungsantrag vollständig zurückgewiesen, besteht zwar ebenfalls kein praktischer Bedarf oder ein schutzwürdiges Interesse an einer Belehrung des ohnehin rechtskundigen Rechtsanwalts über die Rechtsbehelfsmöglichkeit des § 56 Abs. 1.[8] Allerdings wird hier in den (Festsetzungs-)Beschluss, durch den der Festsetzungsantrag teilweise zurückgewiesen wird, bzw in den Zurückweisungsbeschluss die Rechtsbehelfsbelehrung nach dem Wortlaut von § 12 c aufgenommen werden müssen.

11   **c) Für die Staatskasse.** Der **Staatskasse** wird die Festsetzung (§ 55) zur Vermeidung von unnötigem Verwaltungsaufwand nicht von Amts wegen mitgeteilt,[9] zumal die Staatskasse nach den einschlägigen Verwal-

---

4 BT-Drucks 17/10490, S. 30.   **5** BT-Drucks 17/10490, S. 32.   **6** Vgl zB für den Bund die Verwaltungsvorschrift über die Festsetzung der aus der Staatskasse zu gewährenden Vergütung der Rechtsanwälte (VwV Vergütungsfestsetzung) v. 19.7.2005 (BAnz 2005 Nr. 147 S. 11997), zul. geänd. d. Bek. v. 11.4.2014 (BAnz AT 28.04.2014 B1); für NRW: Festsetzung der aus der Staatskasse zu gewährenden Vergütung, AV d. JM v. 30.6.2005 (5650 - Z. 20) – JMBl. NRW S. 181 – idF v. 1.4.2014 – JMBl. NRW S. 139.   **7** Wie vor; AnwK-RVG/*Volpert*, § 55 Rn 45.   **8** Vgl Stellungnahme des Bundesrats, BT-Drucks 17/10490, S. 30.   **9** Gerold/Schmidt/*Müller-Rabe*, § 55 Rn 60; AnwK-RVG/*Volpert*, § 55 Rn 47.

tungsbestimmungen[10] Erinnerungen nur einlegen soll, wenn es um Fragen von grundsätzlicher Bedeutung oder um Beträge geht, die nicht in offensichtlichem Missverhältnis zu dem durch das Erinnerungsverfahren entstehenden Zeit- und Arbeitsaufwand stehen. Der Staatskasse ist der Festsetzungsbeschluss nun nicht von Amts wegen mitzuteilen, nur um ihr die durch § 12 c vorgeschriebene Rechtsbehelfsbelehrung zur Kenntnis zu bringen, zumal die Erinnerungsmöglichkeit gem. § 56 dem Vertreter der Staatskasse bekannt sein wird. Vor diesem Hintergrund ist für die Staatskasse eine Rechtsbehelfsbelehrung unter einer Festsetzung gem. § 55 ebenfalls entbehrlich.

d) Weitere Entscheidungen im Festsetzungsverfahren. Gegen die gerichtliche Entscheidung über die Erinnerung gem. § 56 Abs. 1 gegen die Vergütungsfestsetzung gem. § 55 kann ggf Beschwerde, gegen die Beschwerdeentscheidung ggf weitere Beschwerde eingelegt werden, auf die Erl. zu § 56 iVm § 33 wird insoweit verwiesen. Da auch an diesen Rechtsbehelfsverfahren nur der gerichtlich bestellte oder beigeordnete Rechtsanwalt und die Staatskasse beteiligt sind – das gilt iÜ auch für die Wertfestsetzung gem. § 33 –, kann hier ebenfalls die Frage aufgeworfen werden, ob eine Rechtsbehelfsbelehrung unter der Erinnerungs- bzw Beschwerdeentscheidung erforderlich ist. Letztlich wird man das hier schon wegen des Wortlauts von § 12 c (anfechtbare Entscheidung) bejahen müssen. Bei der Festsetzung gem. § 55 liegt für die Rechtsbehelfsbelehrung insoweit eine besondere Situation vor, als die Festsetzungsentscheidungen der Staatskasse nicht von Amts wegen und dem Rechtsanwalt nur in bestimmten Fällen bekanntzugeben sind (→ Rn 9–11). **12**

3. Vergütungsfestsetzung gem. § 55 durch andere Stellen, § 59 a. Nach § 59 a ist für die Festsetzung der Vergütung des von der Staatsanwaltschaft beigeordneten Zeugenbeistands die **Staatsanwaltschaft**[11] bzw des vom Bundesamt für Justiz bestellten Beistands das **Bundesamt für Justiz** zuständig. Das Festsetzungsverfahren richtet sich nach § 55.[12] Für die Rechtsbehelfsbelehrung bei der Festsetzung gem. § 55 durch diese Behörden gelten die Erl. in → Rn 7 ff entsprechend. **13**

Nach § 59 a Abs. 3 kann gegen die Entscheidungen der Staatsanwaltschaft und des Bundesamts für Justiz über die Vergütungsfestsetzung **gerichtliche Entscheidung beantragt** werden. Zuständig für die Entscheidung ist das **Landgericht**, in dessen Bezirk die Justizbehörde ihren Sitz hat. Bei Entscheidungen des Generalbundesanwalts entscheidet der **Bundesgerichtshof**. **14**

Das Rechtsmittelverfahren gegen die Festsetzung der Vergütung des Zeugenbeistands durch die Staatsanwaltschaft bzw des Beistands durch das Bundesamt für Justiz richtet sich deshalb nicht nach §§ 56, 33 (Erinnerung bzw Beschwerde),[13] sondern nach § 161 a Abs. 3 StPO.[14] Nach § 161 a Abs. 3 S. 3 StPO gilt für das Verfahren u.a. § 306 StPO entsprechend. Danach wäre der Antrag auf gerichtliche Entscheidung bei der Staatsanwaltschaft bzw beim Bundesamt für Justiz zu stellen, weil die anfechtbare Entscheidung dort erlassen worden ist. Die Formulierung in § 12 c, dass die Belehrung auch das **Gericht**, bei dem dieser Rechtsbehelf einzulegen ist, nennen muss, greift deshalb für diese Fälle zu kurz. Im Übrigen ist die Pflicht zur Rechtsbehelfsbelehrung gem. § 12 c nur zu bejahen, wenn der Antrag auf gerichtliche Entscheidung gem. § 59 a Abs. 3 überhaupt als ein Rechtsbehelf anzusehen ist. **15**

4. Feststellung der wirtschaftlichen Leistungsfähigkeit gem. § 52 Abs. 2. Nach § 52 Abs. 2 (s. auch § 53) kann das Gericht des ersten Rechtszugs (§ 22 Nr. 3 RPflG) auf Antrag des Pflichtverteidigers feststellen, dass der Beschuldigte ohne Beeinträchtigung des für ihn und seine Familie notwendigen Unterhalts zur Zahlung oder zur Leistung von Raten in der Lage ist. Gegen diesen Beschluss ist gem. § 52 Abs. 4 die **sofortige Beschwerde** nach den Vorschriften der §§ 304–311 a StPO zulässig. Die Beschwerde gegen die gerichtliche Feststellung der Leistungsfähigkeit ist durch den Verweis des § 52 Abs. 4 auf die Vorschriften der §§ 304–311 a StPO als Beschwerde nach dem Strafprozessrecht geregelt. **16**

Die Pflicht zur Rechtsbehelfsbelehrung ergibt sich aus § 12 c, nicht aus § 35 a StPO. Denn durch den durch das Gesetz zur Einführung einer Rechtsbehelfsbelehrung im Zivilprozess und zur Änderung anderer Vorschriften vom 5.12.2012[15] angefügten § 52 Abs. 4 S. 2 ist klargestellt worden, dass im Rahmen der Wiedereinsetzungsvorschriften der §§ 44 ff StPO die Versäumung einer Rechtsbehelfsfrist über die in § 44 S. 2 StPO genannten Fälle hinaus auch dann als unverschuldet anzusehen ist, wenn die **Belehrung nach § 12 c** unterblieben bzw fehlerhaft ist.[16] Aus dieser Formulierung ergibt sich, dass der Gesetzgeber bei der Feststel- **17**

---

10 Vgl zB für den Bund die Verwaltungsvorschrift über die Festsetzung der aus der Staatskasse zu gewährenden Vergütung der Rechtsanwälte (VwV Vergütungsfestsetzung) v. 19.7.2005 (BAnz 2005 Nr. 147 S. 11997), zul. geänd. d. Bek. v. 11.4.2014 (BAnz AT 28.04.2014 B1); für NRW: Festsetzung der aus der Staatskasse zu gewährenden Vergütung, AV d. JM v. 30.6.2005 (5650 - Z. 20) - JMBl. NRW S. 181 - idF v. 1.4.2014 - JMBl. NRW S. 139. **11** So auch schon vor Inkrafttreten des § 59 a: OLG Düsseldorf 3.5.2012 – III-1 Ws 126/12, JurionRS 2012, 20128; LG Düsseldorf 15.2.2012 – 4 Qs 86/11, StRR 2012, 400; LG Essen 8.7.2011 – 22 AR 5/11. **12** AnwK-RVG/*Volpert*, § 59 a Rn 12, 21. **13** Gerold/Schmidt/*Burhoff*, § 59 a Rn 27; anders noch OLG Düsseldorf 3.5.2012 – III-1 Ws 126/12, JurionRS 2012, 20128; LG Düsseldorf 15.2.2012 – 4 Qs 86/11, StRR 2012, 400. **14** AnwK-RVG/*Volpert*, § 59 a Rn 27 f. **15** BGBl. 2012 I 2418. **16** BT-Drucks 17/10490, S. 22.

lungsentscheidung gem. § 52 Abs. 2 die Rechtsbehelfsbelehrung nach § 12 c und nicht nach § 35 a StPO angewendet haben will.

18 **5. Festsetzung gem. § 11.** Die Festsetzung gem. § 11, für die in der ordentlichen Gerichtsbarkeit und der Arbeitsgerichtsbarkeit gem. § 21 Nr. 2 RPflG der **Rechtspfleger** und im Verfahren vor den Verwaltungs-, Sozial- und Finanzgerichten gem. § 11 Abs. 3 S. 1 der Urkundsbeamte **zuständig** ist, bildet ebenfalls eine anfechtbare gerichtliche Entscheidung. Das Festsetzungsverfahren richtet sich gem. § 11 Abs. 2 S. 3 nach den **Vorschriften der jeweiligen Verfahrensordnung über das Kostenfestsetzungsverfahren.**

19 Weil sich das Festsetzungsverfahren sowie das Rechtsmittelverfahren gegen den Festsetzungsbeschluss damit nach der ZPO bzw der sonst einschlägigen Verfahrensordnung richten, dürfte sich die Rechtsbehelfsbelehrungspflicht im Festsetzungsbeschluss[17] nicht aus § 12 c, sondern aus der jeweiligen Vorschrift der Verfahrensordnung, in der ordentlichen Gerichtsbarkeit also aus § 232 ZPO, ergeben. Dafür spricht jedenfalls der in § 11 fehlende Hinweis auf § 12 c, vgl im Gegensatz dazu § 52 Abs. 4 (→ Rn 17).

20 **6. Gericht, bei dem der Rechtsbehelf einzulegen ist.** Jede anfechtbare Entscheidung hat nach § 12 c auch eine Belehrung über das **Gericht, bei dem dieser Rechtsbehelf einzulegen ist**, zu enthalten. In § 5 b GKG ist durch die Verwendung der Formulierung „Stelle" statt „Gericht" klargestellt, dass auch eine Behörde wie die Staatsanwaltschaft als Stelle für die zulässige Einlegung eines Rechtsbehelfs in der Belehrung anzugeben ist (→ GKG § 5 b Rn 5).[18]

21 Zur Belehrungspflicht bei Festsetzungsentscheidungen der Staatsanwaltschaft bzw des Bundesamts für Justiz gem. §§ 59 a, 55 wird auf die Erl. in → Rn 13 ff verwiesen.

22 **7. Inhalt der Belehrung.** Die vergleichbare Rechtsbehelfsbelehrung nach § 39 **FamFG** muss nach der Rspr des BGH neben der Bezeichnung des statthaften Rechtsmittels oder Rechtsbehelfs das für die Entgegennahme zuständige Gericht und dessen vollständige Anschrift sowie die bei der Einlegung einzuhaltende Form und Frist angeben. Dazu gehört auch die Information über einen bestehenden **Anwaltszwang.** Sie muss mit diesem zwingenden Inhalt aus sich heraus verständlich sein.[19] Diese Überlegungen dürften auch auf § 12 c übertragbar sein.

23 In der Rechtsbehelfsbelehrung unter jeder anfechtbaren Entscheidung ist im Einzelnen anzugeben:

24 **a) mit welchem Rechtsbehelf** die Entscheidung anzufechten ist; der konkrete Rechtsbehelf ist daher in der Belehrung zu benennen (zB Erinnerung, Beschwerde, weitere Beschwerde, ggf Antrag auf gerichtliche Entscheidung, → Rn 14). Der Festsetzungsbeschluss gem. § 55 ist daher mit einer Belehrung über die Erinnerung gem. § 56, die Erinnerungsentscheidung gem. § 56 Abs. 1 ist mit einer Belehrung über die Beschwerde zu versehen. Beschwerdeentscheidungen des Landgerichts (§ 33 Abs. 6 S. 1, § 56 Abs. 2 S. 1) sind mit einer Belehrung über die weitere Beschwerde zu versehen. Das gilt aber nur, wenn das Landgericht die weitere Beschwerde auch zugelassen hat. Wird die weitere Beschwerde nicht zugelassen, ist keine Belehrung erforderlich (→ Rn 29 f). Eine Belehrung über die Beschwerde unter einer gem. § 56 Abs. 1 getroffenen Erinnerungsentscheidung oder unter einer Wertfestsetzung gem. § 33 Abs. 1 ist ebenfalls nicht erforderlich, wenn der Wert des Beschwerdegegenstands 200,00 € nicht übersteigt und das Gericht in diesem Fall die grundsätzliche Bedeutung der zur Entscheidung stehenden Frage verneint und die Beschwerde in seiner Entscheidung nicht zugelassen hat (§ 33 Abs. 3 S. 2, § 56 Abs. 2 S. 1).

25 **b) bei welchem Gericht** der Rechtsbehelf einzulegen ist (→ Rn 20 f).[20] Das Gericht ergibt sich zB aus §§ 33 Abs. 7 S. 3, 56 Abs. 2 S. 1; weil nach § 12 c der Sitz des Einlegungsgerichts anzugeben ist, sind genaue Angaben zur Anschrift des Gerichts erforderlich (Straße/Postfach, Postleitzahl, Ort); hat der Rechtsbehelfsführer ein **Wahlrecht** zwischen mehreren Gerichten für die Einlegung des Rechtsbehelfs, müssen beide Gerichte in der Rechtsbehelfsbelehrung angegeben werden;[21]

26 **c) welche Form** bei der Einlegung des Rechtsbehelfs zu beachten ist; weil Rechtsbehelfe in Kostensachen auch **ohne anwaltliche Vertretung** eingelegt werden können (§ 33 Abs. 7 S. 2, 56 Abs. 2),[22] muss ein nicht anwaltlich vertretener Beteiligter in den Stand gesetzt werden, allein anhand der Rechtsbehelfsbelehrung ohne Mandatierung eines Rechtsanwalts eine formrichtige Beschwerde einzulegen.[23] Daher muss die Belehrung in diesen Fällen auch Angaben zu der einzuhaltenden Form und ggf zum notwendigen Inhalt der Rechtsbehelfsschrift enthalten.[24] Anzugeben ist daher, dass der Rechtsbehelf ohne Rechtsanwalt schriftlich eingereicht oder zu Protokoll der Geschäftsstelle abgegeben werden kann und dass § 129 a ZPO entsprechend gilt.

17 AnwK-RVG/N. *Schneider*, § 11 Rn 231; Gerold/Schmidt/*Müller-Rabe*, § 11 Rn 269. **18** BT-Drucks 17/10490, S. 22. **19** BGH AGS 2011, 333 = MDR 2010, 1073. **20** Vgl ThürLSG RVGreport 2015, 174. **21** BT-Drucks 17/10490, S. 13 (zu § 232 ZPO). **22** AnwK-RVG/*Volpert*, § 56 Rn 9, 39; OVG Hamburg Rpfleger 2008, 46. **23** Zu § 39 FamFG: BGH AGS 2011, 333 = MDR 2010, 1073; OLG Köln FamRZ 2011, 1251. **24** Vgl BT-Drucks 17/10490, S. 13 (zu § 232 ZPO).

d) ob eine **Frist** bei der Einlegung zu beachten ist. Handelt es sich um einen **unbefristeten Rechtsbehelf**, genügt zur Erfüllung der erforderlichen Belehrungspflicht über die Frist der Hinweis, dass keine Frist existiert.[25]   **27**

8. Erinnerungsentscheidung des Rechtspflegers. Hat der **Rechtspfleger** bei **Beratungshilfe** über die Erinnerung gem. § 56 gegen die Festsetzung entschieden,[26] ist gegen die Entscheidung des Rechtspflegers die Erinnerung gem. § 11 Abs. 2 RPflG gegeben (**Zweiterinnerung**), über die der Richter abschließend entscheidet. Gemäß § 12 c ist über das Recht zur Erinnerung nach § 11 Abs. 2 RPflG gegen die Entscheidung des Rechtspflegers zu belehren.[27] Die abschließende und nicht anfechtbare Entscheidung des Richters über die Zweiterinnerung gem. § 11 Abs. 2 RPflG bedarf keiner Rechtsbehelfsbelehrung (→ Rn 30).   **28**

III. Keine Belehrungspflicht

1. Außerordentliche Rechtsbehelfe/nicht anfechtbare Entscheidungen. Keine Belehrungspflicht besteht für **unanfechtbare Entscheidungen** (→ Rn 30) – der Wortlaut erfasst nur anfechtbare Entscheidungen – und für **außerordentliche Rechtsbehelfe**. Zu den außerordentlichen Rechtsbehelfen gehören:[28] die Anhörungsrüge gem. § 12 a (→ Rn 30) (die Verwerfung der Rüge als unbegründet erfolgt gem. § 12 a Abs. 4 S. 4 durch unanfechtbaren Beschluss); die Ergänzung bzw Berichtigung einer Entscheidung (§ 319 ZPO); die Wiedereinsetzung in den vorigen Stand (→ Rn 31 f); die Gegenvorstellung; und die Verfassungsbeschwerde.   **29**

Da der Wortlaut von § 12 c nur **anfechtbare Entscheidungen** erfasst, besteht **keine Belehrungspflicht**, wenn kein Rechtsmittel bzw kein Rechtsbehelf statthaft ist.[29] Beispielsweise ist deshalb in folgenden Fällen eine Rechtsbehelfsbelehrung nicht erforderlich: **30**

- Wird dem Antrag des gerichtlich beigeordneten oder bestellten Rechtsanwalts auf Festsetzung seiner Vergütung gem. § 55 in voller Höhe entsprochen, ist keine Rechtsbehelfsbelehrung erforderlich. Denn mangels Beschwer kann der **Rechtsanwalt** die Festsetzung nicht mit der Erinnerung anfechten. Der **Staatskasse** wird die Festsetzung zur Vermeidung von unnötigem Verwaltungsaufwand nicht von Amts wegen mitgeteilt,[30] zumal die Staatskasse nach den einschlägigen Verwaltungsbestimmungen[31] Erinnerungen nur einlegen soll, wenn es um Fragen von grundsätzlicher Bedeutung oder um Beträge geht, die nicht in offensichtlichem Missverhältnis zu dem durch das Erinnerungsverfahren entstehenden Zeit- und Arbeitsaufwand stehen. Vor diesem Hintergrund ist für die Staatskasse eine Rechtsbehelfsbelehrung ebenfalls entbehrlich (auch → Rn 11).

- Lässt das **Landgericht** die **weitere Beschwerde** zum OLG gegen seine Entscheidung über die Beschwerde gegen die Festsetzung des Gegenstandswerts (§ 33) bzw der Vergütung des gerichtlich bestellten oder beigeordneten Rechtsanwalts nicht zu (s. § 33 Abs. 6 S. 1, § 56 Abs. 2 S. 1), ist keine Rechtsbehelfsbelehrung erforderlich (→ Rn 24).

- Dasselbe gilt für die **Wertfestsetzung** gem. § 33 Abs. 1, wenn der Wert des Beschwerdegegenstands 200,00 € nicht übersteigt und das Gericht des Rechtszugs in diesem Fall die grundsätzliche Bedeutung der zur Entscheidung stehenden Frage verneint und die Beschwerde in seiner Entscheidung nicht zugelassen hat (§ 33 Abs. 3 S. 2; → Rn 24).

- Eine Rechtsbehelfsbelehrung ist ebenfalls nicht erforderlich, wenn über die Erinnerung gegen die Festsetzung der Vergütung des gerichtlich beigeordneten Rechtsanwalts entschieden worden ist und das Erinnerungsgericht bei fehlender Überschreitung des Werts des Beschwerdegegenstands (200,00 €) die Beschwerde nicht zugelassen hat (→ Rn 24).

- Eine Rechtsbehelfsbelehrung ist entbehrlich, wenn über die Erinnerung gem. § 56 Abs. 1 das OLG, das FG, das LAG, der VGH, das OVG oder das LSG oder ein Bundesgericht entschieden hat. Denn eine Beschwerde an einen obersten Gerichtshof des Bundes findet dann gem. § 56 Abs. 2 S. 1 iVm § 33 Abs. 4 S. 3 nicht statt.[32]

25 Vgl BT-Drucks 17/10490, S. 13 (zu § 232 ZPO); vgl OVG Berlin-Brandenburg 4.6.2015 – OVG 3 K 32.14, juris (zur unzutreffenden Belehrung über eine nicht vorhandene Frist). **26** So LG Mönchengladbach AGS 2009, 80 = JurBüro 2009, 95; AG Kiel AGS 2010, 96 = Rpfleger 2010, 126; AGS 2009, 126 = Rpfleger 2009, 249; AG Lübeck Rpfleger 1984, 75; *Fölsch*, NJW 2010, 350; AnwK-RVG/*Volpert*, § 56 Rn 19; aA (Zuständigkeit des Richters) OLG Düsseldorf NJOZ 2005, 61; LG Gießen AGS 2010, 190; LG Mönchengladbach Rpfleger 1989, 245 (noch zur BRAGO); AG Halle AGS 2011, 84; *Schoreit/Groß*, BerH/PKH, § 56 RVG Rn 4. **27** Vgl BT-Drucks 17/10490, S. 13 (zu § 232 ZPO). **28** Vgl BT-Drucks 17/10490, S. 13 (zu § 232 ZPO); Gerold/Schmidt/*Müller-Rabe*, § 12 c Rn 5. **29** Vgl BT-Drucks 17/10490, S. 13 (zu § 232 ZPO). **30** Gerold/Schmidt/*Müller-Rabe*, § 55 Rn 59; AnwK-RVG/*Volpert*, § 55 Rn 47. **31** Vgl zB für den Bund die Verwaltungsvorschrift über die Festsetzung der aus der Staatskasse zu gewährenden Vergütung der Rechtsanwälte (VwV Vergütungsfestsetzung) v. 19.7.2005 (BAnz 2005 Nr. 147 S. 11997), zul. geänd. d. Bek. v. 11.4.2014 (BAnz AT 28.04.2014 B1); für NRW: Festsetzung der aus der Staatskasse zu gewährenden Vergütung, AV d. JM v. 30.6.2005 (5650 - Z. 20) – JMBl. NRW S. 181 – idF v. 1.4.2014 – JMBl. NRW S. 139. **32** BGH 17.9.2014 – I ZB 71/14, DGVZ 2014, 257 (für den Ansatz von Gerichtsvollzieherkosten); BGH AGS 2013, 194 = RVGreport 2013, 245 = JurBüro 2013, 311; BGH WuM 2010, 114; BGH AGS 2010, 387 = RVGreport 2010, 338; OLG Bamberg FamRZ 2011, 1605; OLG Köln FamFR 2012, 302 = RENOpraxis 2012, 175; LAG Mainz AGS 2012, 302 = NZA-RR 2012, 443.

■ Keiner Rechtsbehelfsbelehrung bedarf es, wenn das **OLG** bzw der **BGH** gem. **§ 42 oder § 51** eine **Pauschgebühr** feststellt bzw festsetzt. Denn diese Beschlüsse sind unanfechtbar.[33] Die gegen diese Beschlüsse möglichen Gegenvorstellungen[34] führen ebenfalls nicht zu einer Belehrungspflicht (→ Rn 29).

■ Trifft das Gericht auf Antrag des Rechtsanwalts gem. **§ 46 Abs. 2 S. 1, 3** die Feststellung, dass **bestimmte Auslagen oder Aufwendungen** erforderlich sind, ist diese Entscheidung nicht anfechtbar.[35] Eine Rechtsbehelfsbelehrung ist deshalb nicht erforderlich.

■ Die Entscheidung des Richters über die **Zweiterinnerung** gem. § 11 Abs. 2 RPflG bei der Festsetzung der Beratungshilfevergütung bedarf keiner Rechtsbehelfsbelehrung (→ Rn 28).

■ Die Anhörungsrüge gem. § 12 a, wenn diese als unbegründet verworfen wird. Denn diese erfolgt gem. § 12 a Abs. 4 S. 4 durch unanfechtbaren Beschluss (→ Rn 29).

31 **2. Wiedereinsetzung in den vorigen Stand. a) Rechtsbehelfe gem. §§ 33, 56.** Die **Wiedereinsetzung in den vorigen Stand** kommt im RVG gem. § 33 Abs. 5 S. 1 in Betracht bei der Versäumung der Frist gem. § 33 Abs. 3 S. 3, Abs. 6 S. 4 für die Einlegung der Beschwerde bzw der weiteren Beschwerde gegen die **Festsetzung des Gegenstandswerts** bzw gem. §§ 56 Abs. 2 S. 1, 33 Abs. 3 S. 3, Abs. 6 S. 4 für die Einlegung der Beschwerde bzw der weiteren Beschwerde gegen die Erinnerungs- bzw Beschwerdeentscheidung betr. die **Vergütung des gerichtlich beigeordneten oder bestellten Rechtsanwalts.** Gemäß § 33 Abs. 5 S. 3 und 4, ggf iVm § 56 Abs. 2 S. 1, findet gegen die Ablehnung der Wiedereinsetzung die Beschwerde statt, die nur zulässig ist, wenn sie innerhalb von zwei Wochen eingelegt wird.

32 Die Wiedereinsetzung in den vorigen Stand gem. § 233 ZPO sieht der Gesetzgeber als **außerordentlichen Rechtsbehelf** an, der deshalb von der Rechtsbehelfsbelehrungspflicht gem. § 232 ZPO nicht erfasst wird,[36] obwohl auch die Ablehnung der Wiedereinsetzung gem. § 238 Abs. 2 ZPO anfechtbar ist. Vor diesem Hintergrund dürfte kein Anlass bestehen, eine Belehrungspflicht nach § 12 c für die Wiedereinsetzung in den vorigen Stand gem. § 33 Abs. 5 S. 1, § 56 Abs. 2 S. 1 zu fordern.

33 Hat der Beschwerdeführer die Frist zur Einlegung der Beschwerde bzw weiteren Beschwerde gegen die **Wertfestsetzung gem. § 33** wegen einer **unterlassenen** bzw **fehlerhaften Rechtsbehelfsbelehrung** versäumt, stellt § 33 Abs. 5 S. 2 klar, dass ein Fehlen des Verschuldens der Frist vermutet wird, wenn eine Rechtsbehelfsbelehrung unterblieben oder fehlerhaft ist. § 33 Abs. 5 S. 2 enthält damit eine **gesetzliche Vermutung**, nach der die unterlassene bzw fehlerhafte Rechtsbehelfsbelehrung ursächlich für ein Fristversäumnis ist.[37] Der Gesetzgeber hat die „Wiedereinsetzungslösung" gewählt, um einerseits die Bestandskraft kostenrechtlicher Maßnahmen nicht unnötig hinauszuzögern, andererseits aber einen effektiven Rechtsschutz zu gewährleisten.[38] § 33 Abs. 5 S. 2 findet gem. § 56 Abs. 2 S. 1 auch im **Erinnerungs- und Beschwerdeverfahren** betr. die Festsetzung der Vergütung des gerichtlich beigeordneten und bestellten Rechtsanwalts und bei Beratungshilfe Anwendung.

34 **b) Sofortige StPO-Beschwerde gem. § 52 Abs. 4.** Auf die Erl. in → Rn 16 f wird verwiesen.

IV. Form der Belehrung

35 § 12 c regelt nicht, in welcher **Form** die Belehrung erfolgen muss. Bei schriftlichen Beschlüssen fordert die Lit. zu § 39 FamFG eine schriftliche Belehrung und deren Einfügung in den Beschluss, also oberhalb der Unterschrift des Richters oder des Rechtspflegers.[39] Das dürfte für § 12 c entsprechend gelten. Die Rechtsbehelfsbelehrung erfolgt somit oberhalb der Unterschrift des Richters oder des Rechtspflegers. Eine Rechtsbehelfsbelehrung in **deutscher Sprache** reicht aus.[40]

V. Folgen einer unzutreffenden Rechtsbehelfsbelehrung

36 Zur Bedeutung einer **unterlassenen** bzw **fehlerhaften** Rechtsbehelfsbelehrung für die **Wiedereinsetzung** wird auf → Rn 33 verwiesen. Eine unzutreffende Rechtsbehelfsbelehrung ist rechtlich nicht relevant. Die Festsetzung bzw die gerichtliche Entscheidung ist wirksam. Durch eine unzutreffende Rechtsbehelfsbelehrung wird insb. ein gesetzlich ausgeschlossener Rechtsbehelf nicht eröffnet[41] und eine Rechtsmittelfrist nicht in Gang gesetzt.[42]

---

33 *Burhoff*, RVG Straf- und Bußgeldsachen, § 42 Rn 25, § 51 Rn 55; AnwK-RVG/N. *Schneider*, § 42 Rn 36 f, § 51 Rn 91 f. **34** *Burhoff*, RVG Straf- und Bußgeldsachen, § 42 Rn 25, § 51 Rn 55; AnwK-RVG/N. *Schneider*, § 42 Rn 36 f, § 51 Rn 91 f. **35** OLG Düsseldorf 22.9.2014 – III-1 Ws 246/14, III-1 Ws 272/14, 1 Ws 246/14, 1 Ws 272/14, juris; OLG Düsseldorf 22.9.2014 – III-1 Ws 307/14, III-1 Ws 312/14, 1 Ws 307/14, 1 Ws 312/14, juris; OLG Celle AGS 2012, 480 = NStZ-RR 2012, 326; OLG Düsseldorf Rpfleger 1994, 226 (noch zu § 126 BRAGO); AnwK-RVG/*Fölsch*, § 46 Rn 50. **36** Vgl BT-Drucks 17/10490, S. 13 (zu § 232 ZPO). **37** Vgl ThürLSG RVGreport 2015, 174; BT-Drucks 17/10490, S. 22. **38** Vgl BT-Drucks 17/10490, S. 22. **39** *Zöller/Feskorn*, ZPO, 28. Aufl., § 39 FamFG Rn 10; MüKo-ZPO/*Ulrici*, 3. Aufl., § 39 FamFG Rn 9. **40** Vgl BT-Drucks 17/10490, S. 13 (zu § 232 ZPO). **41** BGH AGS 2010, 387 = RVGreport 2010, 338; BSG 20.5.2003 – B 1 KR 25/01 R, juris. **42** Vgl ThürLSG RVGreport 2015, 174 (in der Rechtsbehelfsbelehrung wurde fehlerhaft das LSG und nicht gem. § 33 Abs. 7 S. 3 das SG als Einlegungsgericht bezeichnet).

Nach § 33 Abs. 4 S. 3, ggf iVm § 56 Abs. 2 S. 1, findet eine Beschwerde an einen obersten Gerichtshof des **37** Bundes nicht statt.[43] Lässt daher zB das OLG in seiner Beschwerdeentscheidung gem. §§ 56 Abs. 2 S. 1, 33 Abs. 3 S. 2 gegen die Entscheidung des LG über die Erinnerung (§ 56 Abs. 1) die Rechtsbeschwerde bzw die weitere Beschwerde zum BGH zu, ist der BGH an diese Zulassung nicht gebunden. Eine von Gesetzes wegen unanfechtbare Entscheidung bleibt auch bei irriger oder fehlerhafter Rechtsbehelfszulassung unanfechtbar.[44] Daran ändert auch eine Rechtsbehelfsbelehrung nicht, die unzutreffend oder irrig auf ein gesetzlich nicht statthaftes Rechtsmittel hinweist.

VI. Folgen einer fehlenden Rechtsbehelfsbelehrung

Hat der Beschwerdeführer die Frist zur Einlegung der Beschwerde bzw weiteren Beschwerde gegen die **38** **Wertfestsetzung** gem. § 33 wegen einer unterlassenen bzw fehlerhaften Rechtsbehelfsbelehrung versäumt, stellt § 33 Abs. 5 S. 2 klar, dass ein Fehlen des Verschuldens der Versäumung der Frist vermutet wird, wenn eine Rechtsbehelfsbelehrung unterblieben oder fehlerhaft ist.[45] § 33 Abs. 5 S. 2 enthält damit eine **gesetzliche Vermutung**, nach der die unterlassene bzw fehlerhafte Rechtsbehelfsbelehrung ursächlich für eine Fristversäumnis ist (→ Rn 33).[46]

Fehlt die Rechtsbehelfsbelehrung, kann sich das lediglich auf eine Rechtsmittelfrist auswirken. Die gericht- **39** liche Entscheidung wird dadurch nicht unwirksam oder nichtig. Nach den Motiven des Gesetzgebers wird vermutet, dass diejenige Partei, die keine oder nur eine fehlerhafte Rechtsbehelfsbelehrung erhalten hat, die Frist zur Einlegung des Rechtsbehelfs unverschuldet versäumt hat und deshalb **Wiedereinsetzung in den vorigen Stand** beantragen kann. Der Gesetzgeber hat diese Wiedereinsetzungslösung gewählt, um einerseits die Bestandskraft kostenrechtlicher Maßnahmen nicht unnötig hinauszuzögern, andererseits aber einen effektiven Rechtsschutz zu gewährleisten.[47] Ist gegen die Festsetzung oder eine anfechtbare Entscheidung ein unbefristetes Rechtsmittel eröffnet, ist das Fehlen der Rechtsbehelfsbelehrung daher irrelevant.

Abschnitt 2
Gebührenvorschriften

§ 13 Wertgebühren

[1]Wenn sich die Gebühren nach dem Gegenstandswert richten, beträgt die Gebühr bei einem Gegenstandswert bis 500 Euro 45 Euro. [2]Die Gebühr erhöht sich bei einem

Gegenstandswert bis ... Euro	für jeden angefangenen Betrag von weiteren ... Euro	um ... Euro
2.000	500	35
10.000	1.000	51
25.000	3.000	46
50.000	5.000	75
200.000	15.000	85
500.000	30.000	120
über 500.000	50.000	150

[3]Eine Gebührentabelle für Gegenstandswerte bis 500.000 Euro ist diesem Gesetz als Anlage 2 beigefügt.

(2) Der Mindestbetrag einer Gebühr ist 15 Euro.

I. Allgemeines

Abs. 1 ist grds. maßgeblich, wenn sich die Gebühren nach dem Wert richten. Ob dies der Fall ist, ergibt sich **1** insb. aus §§ 2, 3 und 34 und unmittelbar aus dem Vergütungsverzeichnis. Richten sich die Gebühren nach dem Wert des Gegenstands, dann entspricht die Gebühr bei einem Gegenstandswert bis 500 € 45 €. Hieran anknüpfend steigt die volle Gebühr um einen bestimmten Betrag, sobald die nächsthöhere Wertstufe er-

---

43 BGH 17.9.2014 – I ZB 71/14, DGVZ 2014, 257 (für den Ansatz von Gerichtsvollzieherkosten); BGH AGS 2013, 194 = RVGreport 2013, 245 = JurBüro 2013, 311; BGH WuM 2012, 114; BGH AGS 2010, 387 = RVGreport 2010, 338; OLG Bamberg FamRZ 2011, 1605; OLG Köln FamFR 2012, 302 = RENOpraxis 2012, 175; LAG Mainz AGS 2012, 302 = NZA-RR 2012, 443. **44** BGH AGS 2010, 387 = RVGreport 2010, 338. **45** Vgl ThürLSG RVGreport 2015, 174 (keine Verfristung bei fehlerhafter Rechtsbehelfsbelehrung). **46** Vgl ThürLSG RVGreport 2015, 174; BT-Drucks 17/10490, S. 22. **47** Vgl BT-Drucks 17/10490, S. 22.

reicht ist. Die Staffelung der Wertstufen nimmt mit zunehmendem Wert eine immer größere Bandbreite ein. Dadurch wird eine Degression der Gebühren bei höheren Werten erreicht. Der Mindestbetrag einer Gebühr beträgt 15 € (Abs. 2).

II. Anwendungsbereich

2   **1. Wertgebühren.** Abs. 1 bestimmt die Gebühren, wenn nach dem Gegenstandswert der anwaltlichen Tätigkeit abzurechnen ist (§§ 2 Abs. 1, 3 Abs. S. 2 und 3, Abs. 2), und gilt für alle Wertgebühren, die das RVG vorsieht.

3   **2. Betragsrahmengebühren und Festgebühren.** Trifft das RVG eine vom Grundsatz der Abrechnung nach dem Gegenstandswert abweichende Bestimmungen, so wie

- § 3 für sozialrechtliche Angelegenheiten Betragsrahmengebühren,
- § 3 a eine von den Wertgebühren unabhängige vereinbarte Gebühr,
- Nr. 2500 ff VV im Rahmen der Beratungshilfe Festgebühren,
- Nr. 4100 ff, 5100 ff VV für die Gebühren des Wahlverteidigers Betragsrahmengebühren,
- Nr. 4100 ff, 5100 ff VV für die Gebühren des Pflichtverteidigers Festgebühren,
- Nr. 6100 ff VV für sämtliche dort aufgeführten Verfahren Betragsrahmengebühren und für den gerichtlich bestellten oder beigeordneten Rechtsanwalt Festgebühren

vorsehen, gilt Abs. 1 nicht.

4   **3. Hebegebühr.** Die Hebegebühr wird für die Auszahlung oder Rückzahlung von entgegengenommenen Geldbeträgen erhoben. Die Berechnung der Hebegebühr ergibt sich unmittelbar aus Nr. 1009 VV und folgt eigenen Regelungen. Auch sie richtet sich gem. § 2 Abs. 1 nach dem Gegenstandswert; wegen der vorrangigen Regelungen in Nr. 1009 VV ist Abs. 1 jedoch unanwendbar.

5   **4. Vergütung für Beratung, Gutachten und Mediation gem. § 34.** Abs. 1 ist grds. unanwendbar, soweit die anwaltliche Tätigkeit nach § 34 zu vergüten ist, es sei denn, die Abrechnung nach dem Gegenstandswert wird ausdrücklich vereinbart.[1]

6   **5. Prozess-/Verfahrenskostenhilfe.** Für Tätigkeiten des Rechtsanwalts in PKH/VKH-Verfahren gilt Abs. 1 bis zu einem Gegenstandswert bis 4.000 €. Bei höheren Werten bestimmt § 49 anstelle der Beträge nach Abs. 1 die in § 49 abweichenden Beträge, so dass Abs. 1 dann insoweit unanwendbar ist. Das gilt allerdings nur im Verhältnis zur Staatskasse. Macht der Rechtsanwalt seinen Anspruch gem. §§ 124, 126 ZPO geltend, so richten sich die Gebühren nach Abs. 1.

III. Berechnung der Gebühr

7   Abs. 1 bestimmt den Gebührenbetrag nach einem Gebührensatz von 1,0. Ausgangspunkt bei einem Gegenstandswert von bis 500 € ist eine 1,0-Gebühr, die 45 € beträgt. Mit der Erhöhung des Gegenstandswerts erhöht sich der Betrag der 1,0-Gebühr. Die Gebühren und Gebührenstufen sind vom Gesetzgeber degressiv ausgestaltet worden, dh, bei gleichzeitiger Steigerung der Bezugsgröße „Gegenstandswert" verringern sich die Gebühren proportional. Seit Inkrafttreten des 1. KostRMoG sind ausschließlich Dezimalgebühren vorgesehen. Ausgewiesen in Abs. 1 S. 2, 3 iVm Anlage 2 (zu § 13 Abs. 1 S. 3) ist eine Gebühr, die einem Gebührensatz von 1,0 entspricht. Diese kann dem RVG bis zu einem Gegenstandswert bis 500.000 € unmittelbar entnommen und abweichende Gebührensätze können daraus abgeleitet werden (Abs. 1 S. 3). Die Berechnung geschieht dann wie folgt:

8   **Beispiele:** Der Tabellenbetrag einer Gebühr bei einem Gegenstandswert bis 6.000 € entspricht 354 € (vgl Anlage 2 zu § 13 Abs. 1 S. 3).

Eine 0,5-Gebühr berechnet sich demnach wie folgt: 0,5 x 354,00 € = 177,00 €
Eine 2,3-Gebühr berechnet sich wie folgt: 2,3 x 354,00 € = 814,20 €

9   Eine Auf- und Abrundung von Gebührenbeträgen richtet sich nach § 2 Abs. 2 S. 2.

IV. Mindestbetrag einer Gebühr (Abs. 2)

10   **1. Anwendungsbereich ist für Gebühren eröffnet.** Der Mindestbetrag einer Gebühr ergibt sich aus Abs. 2 und beläuft sich auf 15 €. Auswirkungen hat Abs. 2 nur für Gebührensätze, die unterhalb von 0,34 aus einem Gegenstandswert von 500 € gelegen sind. Die Vorschrift des Abs. 2 gilt ausschließlich für Gebühren, nicht für Auslagen.

---

[1] S. hierzu auch ausf. *N. Schneider*, Vergütungsvereinbarung, Rn 897 ff.

Beispiel: Der Anwalt ist mit einer Tätigkeit in der Vollstreckung beauftragt. Der Gegenstandswert entspricht 11 500 €. Die Verfahrensgebühr der Nr. 3309 VV würde demnach 0,3 x 45 € = 13,50 € betragen. Sie ist auf der Grundlage des Abs. 2 allerdings auf 15 € anzuheben.

2. Auftraggeber sind in derselben Angelegenheit mehrere Personen. Auf die sich aus Nr. 1008 VV ergeben- 12 de Gebührenerhöhung ist Abs. 2 deshalb nicht anwendbar,[2] weil es sich nicht um eine Gebühr iSd Abs. 2 handelt.[3] Ist allerdings die erhöhte Gebühr unterhalb des Mindestbetrags gelegen, darf sie nach Abs. 2 an- gehoben werden.[4]

3. Hebegebühr. Der Mindestbetrag bei der Hebegebühr beträgt nach Nr. 1009 VV 1,00 €. Diese Regelung 13 würde keinen Sinn ergeben, wenn die gesetzlich bestimmte Festlegung eines Mindestbetrags über Abs. 2 ausgehebelt werden könnte. Entscheidendes Kriterium für die Unanwendbarkeit ist letztlich aber, dass es sich bei der Hebegebühr nicht um eine solche Gebühr handelt, die unmittelbar nach dem Wert der anwaltli- chen Tätigkeit zu bemessen und § 13 deshalb unanwendbar ist. Nr. 1009 VV sieht eine vorrangige Wertbe- rechnung vor.

4. Gebührenanrechnung; Auslagen; Vergütungsvereinbarung. Unanwendbar ist Abs. 2 auf das nach einer 14 Gebührenanrechnung verbleibende Gebührenaufkommen. Unanwendbar ist Abs. 2 auch auf Auslagen.[5] Abs. 2 enthält keine Mindestgebührensätze für den Fall einer Gebührenvereinbarung.[6]

5. Prozess- und Verfahrenskostenhilfe. Abs. 2 bleibt hingegen von vornherein im PKH/VKH-Verfahren 15 auch ab einem Gegenstandswert über 4.000 € hinausgehend anwendbar, weil sich auch auf der Grundlage des § 49 die Gebühren weiterhin nach dem Gegenstandswert bestimmen.

6. Höchstbetrag einer Gebühr. Ein Höchstbetrag ist Abs. 2 nicht zu entnehmen. Er ergibt sich aber aus 16 §§ 22 Abs. 2, 23 Abs. 1 S. 1 RVG iVm § 39 Abs. 2 GKG, § 30 Abs. 2 FamGKG, § 35 Abs. 2 GNotKG.

§ 14 Rahmengebühren

(1) [1]Bei Rahmengebühren bestimmt der Rechtsanwalt die Gebühr im Einzelfall unter Berücksichtigung al- ler Umstände, vor allem des Umfangs und der Schwierigkeit der anwaltlichen Tätigkeit, der Bedeutung der Angelegenheit sowie der Einkommens- und Vermögensverhältnisse des Auftraggebers, nach billigem Ermes- sen. [2]Ein besonderes Haftungsrisiko des Rechtsanwalts kann bei der Bemessung herangezogen werden. [3]Bei Rahmengebühren, die sich nicht nach dem Gegenstandswert richten, ist das Haftungsrisiko zu berücksichti- gen. [4]Ist die Gebühr von einem Dritten zu ersetzen, ist die von dem Rechtsanwalt getroffene Bestimmung nicht verbindlich, wenn sie unbillig ist.

(2) [1]Im Rechtsstreit hat das Gericht ein Gutachten des Vorstands der Rechtsanwaltskammer einzuholen, so- weit die Höhe der Gebühr streitig ist; dies gilt auch im Verfahren nach § 495 a der Zivilprozessordnung. [2]Das Gutachten ist kostenlos zu erstatten.

---

2 LG Berlin AGS 2006, 484 = RVGreport 2006, 306; AG Hohenschönhausen AGS 2006, 117 m. Anm. *N. Schneider* = RVGreport 2006, 143; AG Stuttgart AGS 2005, 331 m. Anm. *N. Schneider*; NdsFG EFG 2010, 749 = AGS 2010, 438 = RVGreport 2010, 223. **3** KG AGS 2009, 4 = Rpfleger 2008, 669; NdsFG AGS 2010, 749. **4** LG Berlin AGS 2006, 484 = RVGreport 2006, 306; AG Hohenschönhausen AGS 2006, 117 m. Anm. *N. Schneider* = RVGreport 2006, 143; AG Stuttgart AGS 2005, 331 m. Anm. *N. Schneider*; *N. Schneider*, AGS 2003, 284; Mayer/Kroiß/*Kroiß*, § 13 Rn 33; *N. Schneider*, AGS 2005, 325; *Hansens*, RVGreport 2005, 372; so jetzt auch Gerold/Schmidt/*Mayer*, § 13 Rn 15 ff; AnwK-RVG/*N. Schneider*, § 13 Rn 28. **5** Gerold/Schmidt/*Mayer*, § 13 Rn 18. **6** BGH GRUR 2006, 169 = NJW-RR 2006, 215 = NJW 2006, 780.

I. Allgemeines

1 Bei der Abrechnung von Rahmengebühren obliegt dem Rechtsanwalt eine Ermessensausübung, die sich an bestimmten Kriterien auszurichten hat.

2 **Rahmengebühren** unterscheiden sich nach Satzrahmengebühren und Betragsrahmengebühren:

Satzrahmengebühren richten sich einerseits nach dem Gegenstandswert und der daraus resultierenden Gebührentabelle nach § 13, andererseits werden sie bestimmt durch einen unteren und einen oberen Gebührenrahmen, zB „0,5 bis 2,5" (zB Nr. 2300 VV) der vollen Gebühr des § 13.

Betragsrahmengebühren richten sich nicht nach Gegenstandswerten, sondern nach einem im Gesetz konkret angegebenen unteren und oberen Gebührenbetrag, zB „50,00 bis 640,00 €" (zB Nr. 2302 VV).

3 **Umfang** und **Schwierigkeit der anwaltlichen Tätigkeit** sind an die erste Stelle der Aufzählung in Abs. 1 S. 1 der für die Bemessung von Rahmengebühren zu berücksichtigenden Kriterien gesetzt. Es folgt sodann die **Bedeutung der Angelegenheit** als Bewertungskriterium, wobei allgemein der Blickwinkel des Auftraggebers als maßgeblich angesehen wird, ein objektiver Gesichtspunkt aber nicht ausgeschlossen werden kann.[1] Die **Einkommens- und Vermögensverhältnisse des Auftraggebers** sind ebenfalls zu berücksichtigen. Ein **besonderes Haftungsrisiko** des Rechtsanwalts kann bei der Bemessung herangezogen werden (Abs. 1 S. 2). Bei Rahmengebühren, die sich nicht nach dem Gegenstandswert richten, ist das Haftungsrisiko zwingend zu bewerten (Abs. 1 S. 3).

4 Umfang und Schwierigkeit der anwaltlichen Tätigkeit werden in einigen Vergütungsnummern besonders berücksichtigt, vgl bspw die Anmerkungen zu Nr. 2300 VV oder Nr. 2302 VV.

II. Die Bemessungskriterien im Einzelnen (Abs. 1)

5 **1. Umfang der anwaltlichen Tätigkeit.** Im Wesentlichen bezieht sich der Begriff des Umfangs der anwaltlichen Tätigkeit auf den tatsächlichen **zeitlichen Aufwand** des Anwalts bei der Mandatsbearbeitung;[2] die persönliche Situation des Mandanten kann berücksichtigt werden.[3] Um bei der Abrechnung ggf den Umfang der anwaltlichen Tätigkeit bei einem länger laufenden Mandat feststellen zu können, empfiehlt sich die Führung von Zeitkonten unabhängig von zeitabhängigen Vergütungsvereinbarungen.[4]

6 Als **Beispiele** für den Umfang der anwaltlichen Tätigkeit können aufgelistet werden: Aktenstudium nebst Studium von Rechtsprechung und Literatur;[5] Aktenumfang;[6] Anzahl der Tatvorwürfe;[7] Arzthaftungssache;[8] auswärtige Beweisaufnahmen;[9] Auswertung von Beiakten;[10] Auswertung von Fachgutachten;[11] Befangenheitsverfahren;[12] Besprechungen mit dem Mandanten,[13] dem Gegner,[14] mit Sachverständigen[15] und Zeugen; Besprechungen außerhalb der Bürozeit;[16] Besuche in der Justizvollzugsanstalt,[17] unabhängig vom Haftzuschlag gem. Vorbem. 4 Abs. 4 VV; Dauer der (Haupt-)Verhandlung[18] (bei mehreren parallelen Verfahren Aufteilung der Zeit nach Verfahrensanzahl[19]); Dauer der von der Versicherung verzögerten Schadensregulierung;[20] Dienstaufsichtsbeschwerden im Verfahren;[21] familienrechtliche Verfahren; Gebrechen des Mandanten, die die Bearbeitung durch den Rechtsanwalt erschweren;[22] intellektuelle Minderbegabung des Mandanten;[23] mangelhafte Deutschkenntnisse des Mandanten;[24] Prüfung eines Bebauungsplans;[25] psychische Auffälligkeiten des Mandanten[26] oder eines Belastungszeugen;[27] Rationalisierungseffekt bei der Be-

1 *Winkler*, AGS 2010, 579. **2** Vgl AnwK-RVG/*Onderka*, § 14 Rn 32; Gerold/Schmidt/*Mayer*, § 14 Rn 15; Mayer/Kroiß/*Winkler*, § 14 Rn 16; *Otto*, NJW 2006, 1472, 1477 geht von durchschnittlich drei Stunden aus. **3** OLG Zweibrücken AGS 2010, 85. **4** Hartung/Schons/Enders/*Enders*, § 14 Rn 28. **5** LG Wuppertal AnwBl 1985, 160. **6** OLG Düsseldorf StRR 2011, 119. **7** *Burhoff*, Straf- und Bußgeldsachen, § 14 Rn 17. **8** OLG Köln AGS 2015, 373. **9** LG Lüneburg AnwBl 1966, 29. **10** OLG Bremen JurBüro 1981, 1193; OLG Düsseldorf Rpfleger 1993, 41. **11** LG Kiel JurBüro 1992, 602. **12** LG Köln BRAGO-Report 2001, 74 (zur Dienstaufsichtsbeschwerde). **13** Gerold/Schmidt/*Mayer*, § 14 Rn 15. **14** LG Berlin 26.10.2006 – 52 S 149/06 (nv). **15** AG Ansbach MittBl ARGE VerkR 2008, 40; AG Saarbrücken AGS 2006, 126 = RVGreport 2006, 181; AG Saarbrücken zfs 2008, 228 m. Anm. *Hansens*. **16** *N. Schneider*, zfs 2004, 396, 397. **17** OLG München JurBüro 1975, 1475; OLG München RVGreport 2009, 110; OLG Nürnberg StV 2000, 441; LG Hamburg AGS 2008, 343; AG Koblenz AGS 2008, 346 (Hauptverhandlungsdauer von 2 Minuten!). **18** OLG Bamberg JurBüro 1977, 1103; OLG Bremen JurBüro 1981, 1193; OLG Düsseldorf Rpfleger 1993, 41; OLG Hamm JurBüro 1979, 552; OLG Hamm 3.12.2009 – 2 Ws 270/09, JurionRS 2009, 28126; OLG Jena RVGreport 2008, 56; OLG Jena RVGreport 2008, 458; LG Berlin 24.11.2011 – 1 Ws 113/10, JurionRS 2011, 30446; LG Detmold 3.2.2009 – 4 Qs 172/08; AG Betzdorf 25.2.2009 – 2070 Js 53842/05.2 a Cs; AG Koblenz RVGreport 2009, 340 m. Anm. *Burhoff*; AG Trier RVGreport 2005, 271; SG Berlin 25.1.2010 – S 165 SF 1315/09 E, JurionRS 2010, 10393; ähnl. SG Würzburg 22.12.2009 – S 2SF 25/09 E, JurionRS 2009, 36189 (durchschnittliche Terminsdauer 30–45 min); vgl auch *Burhoff*, in: Arbeitsgemeinschaft Strafrecht des Deutschen Anwaltvereins, Strafverteidigung im Rechtsstaat, 2009, S. 107 ff, 114 ff; KG JurBüro 2010, 363 (Mittagspause wird bei der Strafverteidigung nicht mitgezählt). **19** BayLSG RVGreport 2016, 13. **20** AG Gießen 23.2.2010 – 45 C 395/09, Verkehrsanwälteinfo 06/2010. **21** LG Köln BRAGO-Report 2001, 74 m. Anm. *N. Schneider*. **22** SG Aachen RVGreport 2009, 353 (eingeschränkte Seh- und Hörfähigkeit). **23** OLG Celle AGS 2010, 87 und OLG Zweibrücken AGS 2010, 85 (jeweils zur Beiordnung gem. §§ 114 ff ZPO); OLG Nürnberg JurBüro 2000, 476 = StV 2000, 441; LG Bochum StV 1984, 293. **24** AG Bühl MittBl ARGE VerkR 2004, 72; AG München MittBl ARGE VerkR 2008, 30 = RVGreport 2009, 100. **25** OVG Rheinland-Pfalz NJW 2010, 3739. **26** LG Saarbrücken RVGreport 2009, 424 m. Anm. *Burhoff*. **27** LG Saarbrücken 4.12.2008 – 4 II 50/06 I, JurionRS 2008, 28913.

arbeitung mehrerer gleichgelagerter Mandate;[28] Sozialplan und Kündigungsabwehr;[29] Tätigkeit gegenüber mehreren Gegnern;[30] Umfang der Schadensregulierung für mehrere Geschädigte;[31] Verhandlungspausen von längerer Dauer;[32] Verweisung an ein anderes Gericht (§ 20 S. 1);[33] Vorbereitung der (Haupt-)Verhandlung;[34] Vorbereitung des Plädoyers;[35] Wartezeiten vor Beginn der (Haupt-)Verhandlung;[36] Zahl und Umfang der Schriftsätze;[37] Zahl der Zeugen.[38]

Keine Berücksichtigung findet ein Vorgang, der eine eigene Gebühr auslöst, so bspw im Strafverfahren der **7** zweite Verhandlungstag (Nr. 4108, 4126 VV) oder der Haftprüfungstermin (Nr. 4102 VV), die jeweils wiederum nach den Kriterien des § 14 zu bewerten sind.[39] Die Nr. 4110, 4111, 4116, 4117, 4122, 4123 VV usw bieten Anhaltspunkte für die vom Gesetzgeber angenommene jeweils durchschnittliche zeitliche Bewertung des Umfangs der anwaltlichen Tätigkeit.

Die Auffassung, dass eine **Hauptverhandlungsdauer** bis acht Stunden unter Einschluss einer zweistündigen **8** Mittagspause noch als durchschnittlich bezeichnet werden kann, wird sich nicht mehr aufrechterhalten lassen, so aber OLG Bamberg,[40] OLG Bremen[41] und OLG Hamm[42] zu § 99 BRAGO. Das OLG Karlsruhe schlägt die Dauer der Mittagspause der Gesamtzeit zu.[43]

Nicht gesondert zu berücksichtigen ist der Umfang der anwaltlichen Tätigkeit, wenn dieser Umfang schon **9** in der Gegenstandswertfestsetzung berücksichtigt ist.[44] Fällt in sozialgerichtlichen Verfahren eine Terminsgebühr ohne Termin an, so ist wegen des geringeren Aufwands des Rechtsanwalts ein Abschlag von der Terminsgebühr vorzunehmen, die bei einem Termin angemessen gewesen wäre.[45] Der Umfang der anwaltlichen Tätigkeit ist dann nicht geringer zu bewerten, wenn die Staatsanwaltschaft Freispruch beantragt (so aber LG München I[46]). Nach Auffassung des VG Bremen[47] ist bei einer Untätigkeitsklage der Umfang der anwaltlichen Tätigkeit gering.

2. Schwierigkeit der anwaltlichen Tätigkeit. Das Bemessungsmerkmal der Schwierigkeit der anwaltlichen **10** Tätigkeit betrifft die **inhaltliche** anwaltliche Tätigkeit, wobei Maßstab die Kenntnisse eines durchschnittlichen, nicht spezialisierten Rechtsanwalts sind.[48] Die individuelle Unfähigkeit eines Rechtsanwalts ist nicht zu berücksichtigen.[49]

Ob eine anwaltliche Tätigkeit in einem durch eine **Fachanwaltsbezeichnung** abgedeckten Gebiet gem. § 1 **11** FAO generell als schwierig anzusehen ist,[50] mag angesichts einer zwischenzeitlich nahezu vollständig erfolgten Abdeckung aller Rechtsgebiete durch Fachanwaltsbezeichnungen offen bleiben, eine Indizwirkung kann aber nicht verneint werden.[51]

Eine **Beiordnung** gem. § 78 Abs. 2 FamFG indiziert einen rechtlich oder tatsächlich schwierig gelagerten **12** Fall.[52]

Fallen in einem Verfahren mehrere Rahmengebühren (zB Verfahrensgebühr und Terminsgebühr) an, so ist **13** die Schwierigkeit der Angelegenheit bei sämtlichen Gebühren in gleicher Weise zu berücksichtigen, da die Schwierigkeit die gesamte Angelegenheit und nicht die einzelnen Gebührentatbestände betrifft.[53]

Da unter den Sozialgerichtsverfahren inzwischen sog. Hartz IV-Verfahren mehr als 50 % ausmachen,[54] ist **14** davon auszugehen, dass die bisher als Durchschnittsverfahren beurteilten Rentenverfahren mit Bearbeitung von ärztlichen Gutachten als schwierig anzusehen sind.[55]

---

28 BSG 22.2.1993 – 14b/4 Reg 12/91; LSG Berlin-Brandenburg 26.3.2008 – L 26 B 2007/07 (Schwierigkeitsgrad ist hiervon nicht betroffen); LSG NRW 16.12.2009 – L 19 B 180/09 AS JurionRS 2009, 31399 (gleichlautende, datumsgleiche Schriftsätze in parallelen Verfahren). **29** OLG Frankfurt AGS 2015, 562; LG Darmstadt AGS 2015, 561 **30** AnwK-RVG/*Onderka*, § 14 Rn 33. **31** AG München AGS 2014, 210 (Achtung Vertretungsrisiko gem. § 43a Abs. 4 BRAO: LG Saarbrücken BRAK-Mitt. 2015, 142). **32** OLG Hamm AnwBl 1999, 124; OLG Karlsruhe AGS 1993, 77; OLG München RVGreport 2009, 110; LG Berlin 24.11.2011 – 1 Ws 113/10, JurionRS 2011, 30446; LG Ravensburg AnwBl 1985, 160. **33** BVerwG AnwBl 1981, 191. **34** LG Wuppertal AnwBl 1985, 160; LG Bochum StV 1984, 293; LG Freiburg AnwBl 1998, 213; AG Pinneberg AGS 2005, 552; LSG NRW 31.5.2007 – L 10 B 6/07 SB; aA LSG NRW 16.12.2009 – L 19 B 180/09 AS, JurionRS 2009, 31399 (Vorbereitung gehört zur Verfahrensgebühr). **35** LG Wuppertal AnwBl 1985, 160. **36** OLG Hamm AnwBl 1999, 124; OLG Karlsruhe AGS 1993, 77; LG Ravensburg AnwBl 1985, 160; SG Augsburg 9.2.2009 – S 3 SF 122/08 KO; aA SG Würzburg 8.1.2010 – S 2 SF 30/09 E. **37** *Straßfeld*, SGb 2008, 705, 708 gegen LSG Sachsen 7.7.2008 – L 6 B 33/08 AS-KO. **38** AnwK-RVG/*Onderka*, § 14 Rn 33. **39** So zB KG RVGreport 2007, 180. **40** OLG Bamberg JurBüro 1974, 862; 1975, 202; 1977, 1103; 1979, 71. **41** OLG Bremen JurBüro 1981, 1193. **42** OLG Hamm JurBüro 1979, 552. **43** OLG Karlsruhe AGS 2013, 573. **44** AG Pankow/Weißensee FamRZ 2004, 213. **45** SG Augsburg 17.11.2008 – S 10 SB 32/05 Ko; SG Hamburg 17.1.2008 – S 8 AL 750/06 (Abschlag um ein Drittel). **46** LG München I JurBüro 1982, 1182 m. Anm. *Mümmler*. **47** VG Bremen AGS 2009, 278; aA SG Berlin 13.2.2009 – S 164 SF 126/09 E. **48** FG Köln RVGreport 2009, 338 m. Anm. *Hansens*; FG München RVGreport 2011, 174 m. Anm. *Hansens*; LG Freiburg AnwBl 1965, 184; LG Karlsruhe AnwBl 1973, 367; AG Köln AnwBl 1978, 63; AnwK-RVG/*Onderka*, § 14 Rn 36; Bischof u.a./*Jungbauer*, § 14 Rn 39; Gerold/Schmidt/*Mayer*, § 14 Rn 22; Hartung/Schons/Enders/*Enders*, § 14 Rn 31. **49** Bischof u.a./*Jungbauer*, § 14 Rn 25. **50** AnwK-RVG/*Onderka*, § 14 Rn 37; Bischof u.a./*Jungbauer*, § 14 Rn 31. **51** AG Tempelhof-Kreuzberg AGS 2008, 325. **52** BGH RVGreport 2010, 355; OLG Hamburg FamRZ 2010, 1459; OLG Hamm FamRZ 2010, 1363; OLG Rostock MDR 2010, 636; OLG Saarbrücken AGS 2010, 185. **53** SG Reutlingen AGS 2008, 452. **54** LSG Sachsen 31.3.2010 – L 6 AS 99/10 BKO; Jahresbericht 2008 des BSG v. 22.1.2009, zit. bei *Dietermann*, NJW 2009 Heft 13 XX; *Straßfeld*, SGb 2008, 705, 707 f. **55** Mayer/Kroiß/*Winkler*, § 14 Rn 23.

15   Als **Beispiele** für schwierige Angelegenheiten können angeführt werden: Arzthaftungssache;[56] Aufklärung technischer und medizinischer Fragen;[57] Ausländer- und Asylverfahrensrecht;[58] Auswertung eines Fachgutachtens in Spezialgebieten;[59] besoldungsrechtliche Fragen bei Scheidungs- und Unterhaltsverfahren eines Beamten;[60] buchhalterische und steuerrechtliche Kenntnisse über das Normalmaß hinausgehend;[61] EG- und EU-Recht;[62] eingeschränkte Erreichbarkeit des Mandanten (zB Aufenthalt im Ausland);[63] Fremdsprachenkenntnisse sind bei der Mandatsbearbeitung erforderlich;[64] Gegner ist schwierig, uneinsichtig und unnachgiebig;[65] gesellschaftsrechtliche Verhältnisse auf der Gegenseite sind unklar;[66] Komplexität von Haftungsgrund und Haftungshöhe;[67] Kündigung eines Mietverhältnisses für den Vermieter;[68] Mieterhöhungsverlangen bzw Abwehr eines Mieterhöhungsverlangens;[69] mehrere gleichgelagerte Mandate;[70] Haftdauer des Mandanten;[71] Hinzuziehung eines psychiatrischen Sachverständigen und Verwertung des Fachgutachtens;[72] Konzernrecht;[73] großes öffentliches Interesse am Verfahren;[74] Persönlichkeits- und Presserecht;[75] Prüfung eines Bebauungsplans;[76] Prüfung medizinischer Gutachten;[77] Rechtslage unklar mangels höchstrichterlicher Klärung;[78] Sachverhaltsaufklärung bei erheblichen Widersprüchen,[79] unterschiedlichen Zeugenaussagen und mehreren Wahllichtbildvorlagen im Strafverfahren;[80] Sachverständigengutachten muss erhoben werden;[81] Schadensersatzberechnung bei zu berücksichtigenden Vorschäden;[82] Schutzrechtsverletzung;[83] schwierige Beweiswürdigung im Strafverfahren;[84] Schwierigkeiten im Umgang mit einem problematischen,[85] sehbehinderten,[86] hörbehinderten[87] oder geistig retardierten[88] Mandanten; Sicherungsverwahrung;[89] Sorgerechtsverfahren bei verstrittenen Eltern;[90] Spezialgebiet des Anwalts;[91] nicht alltägliches Rechtsgebiet;[92] Steuerrecht;[93] umfangreiche Ermittlungsakten;[94] Umgangsauseinandersetzung;[95] Unterhalt, vereinfachtes Verfahren;[96] Urheberrecht;[97] Vaterschaftsanfechtungsverfahren;[98] Vergaberecht;[99] Verkehrsunfall mit erheblichem Personenschaden;[100] Verständigungsprobleme;[101] Hinzuziehung eines Dolmetschers;[102] Vertragsartrecht;[103] Vertretung mehrerer Auftraggeber, ohne dass ein Fall der Nr. 1008 VV gegeben ist;[104] Wettbewerbsrecht;[105] Wirtschaftsstrafsache;[106] Zwangshypothek (Eintragung).[107]

16   **3. Bedeutung der Angelegenheit.** Bei der Bemessung von Satzrahmengebühren kann die Bedeutung der Angelegenheit berücksichtigt werden, bei Betragsrahmengebühren ist dies zwingend vorgeschrieben. Die Bedeutung der Angelegenheit betrifft im Wesentlichen die Perspektive des Mandanten;[108] es wird aber auch die Auffassung vertreten, dass maßgebend die Sicht eines unbeteiligten Dritten sei.[109]

---

56 OLG Köln AGS 2015, 373. **57** AG Oberndorf Der Verkehrsanwalt 2010, 36. **58** Bischof u.a./*Jungbauer*, § 14 Rn 30. **59** LG Kiel JurBüro 1992, 603; SG Dortmund AGS 2007, 247; aA LG Köln AGS 2008, 378 m. Anm. *Schons*. **60** OLG Düsseldorf FamRZ 2008, 892. **61** AnwK-RVG/*Onderka* § 14 Rn 37. **62** *Enders*, JurBüro 2004, 516. **63** Bischof u.a./*Jungbauer*, § 14 Rn 35. **64** LG Karlsruhe AnwBl 1980, 121; LG Nürnberg-Fürth AnwBl 1969, 208; AG Darmstadt AnwBl 1970, 80; AG Krefeld AnwBl 1980, 303; aA OLG Düsseldorf AnwBl 1999, 704; Übersetzungen durch einen Rechtsanwalt fallen nicht unter die allgemeinen Anwaltsgebühren, sondern sind gesondert zu vergüten, OLG Düsseldorf AGKompakt 2011, 94. **65** Bischof u.a./*Jungbauer*, § 14 Rn 35. **66** LG Dortmund 14.11.2008 – 12 O 264/06, JurionRS 2008, 38353. **67** LG Köln RVGreport 2014, 103 (Einsturz des Kölner Stadtarchivs). **68** LG Heidelberg AGS 2009, 48. **69** AG Halle AGS 2011, 83 (für Beratungshilfe). **70** LSG Berlin-Brandenburg 26.3.2008 – L 26 B 2007/07. **71** OLG Koblenz Rpfleger 2003, 468; OLG München FamRZ 2011, 1240. **72** LG Bochum AnwBl 1985, 151. **73** *Enders*, JurBüro 2004, 516. **74** OLG Hamm AnwBl 2002, 664. **75** Bischof u.a./*Jungbauer*, § 14 Rn 30. **76** OVG Rheinland-Pfalz NJW 2010, 3739. **77** BVerwG NVwZ 1983, 607. **78** OLG Brandenburg NJW 2009, 1287 = juris-PR 2009, 109 m. Anm. *Tierel*. **79** LG Dortmund 14.11.2008 – 12 O 264/06, JurionRS 2008, 38353; Bischof u.a./*Jungbauer*, § 14 Rn 35. **80** LG Bochum 15.10.2009 – II-3 Qs-230 JS 500/08-15/09, JurionRS 2009, 25945. **81** OLG Düsseldorf Rpfleger 2001, 371 = AnwBl 2001, 371; OLG Koblenz JurBüro 2000, 415; AG Saarbrücken zfs 2008, 228 m. anm. *Hansens*. **82** LG Dortmund 14.11.2008 – 12 O 264/06, JurionRS 2008, 38353. **83** LG Düsseldorf 20.10.2005 – 4 b O 199/05, JurionRS 2005, 39584. **84** OLG Hamm AnwBl 1999, 124; LG Saarbrücken 4.12.2008 – 4 II 50/06 I, JurionRS 2008, 28913 (psychisch auffälliger Belastungszeuge). **85** OLG München AnwBl 1981, 462 m. Anm. *Schmidt*; LG Karlsruhe AnwBl 1987, 338. **86** SG Aachen RVGreport 2005, 353. **87** Bischof u.a./*Jungbauer*, § 14 Rn 35. **88** OLG Celle AGS 2010, 87 (zur Beiordnung gem. §§ 114 ff ZPO); OLG Zweibrücken AGS 2010, 85 (zur Beiordnung gem. §§ 114 ff ZPO). **89** LG Mainz AGS 2015, 391. **90** KG FamRZ 2011, 1741; OLG München MDR 1992, 83; OLG Hamm FamRZ 2011, 915 (situationsabhängig). **91** LG Freiburg AnwBl 1965, 184; LG Karlsruhe AnwBl 1973, 367; LG Karlsruhe AnwBl 1980, 121; AG Köln AnwBl 1978, 63; VGH Kassel MDR 1992, 910; AG Hünfeld JurBüro 1970, 97. **92** LG Potsdam AGS 2009, 590 (Verstoß gegen Waldgesetz). **93** FG Köln AGS 2010, 610 = RVGreport 2009, 338 m. Anm. *Hansens*. **94** OLG Düsseldorf StRR 2011, 119. **95** BGH AGS 2010, 446 = NJW 2010, 3029; OLG Schleswig MDR 2011, 543 = FamRZ 2011, 1241 (jew. zur Beiordnung); aA OLG Koblenz FamRZ 2011, 915 (zur Aufhebung der Umgangspflegschaft). **96** OLG Brandenburg AGS 2015, 409 m. Anm. *N. Schneider/Thiel*; OLG Oldenburg RVGreport 2011, 194 m. Anm. *Hansens*. **97** *Enders*, JurBüro 2005, 516. **98** OLG Hamburg AGS 2011, 241; OLG Koblenz FamRZ 2011, 914; aA OLG Oldenburg FamRZ 2011, 914. **99** BayObLG JurBüro 2005, 361; OLG Düsseldorf 20.7.2005 – VII-Verg 102/04; Bundeskartellamt AGS 2008, 82. **100** OLG Brandenburg 4.11.2010 – 12 U 87/10. **101** AG München MittBl ARGE VerkR 2008, 30. **102** OLG Bamberg JurBüro 1979, 1527; OLG Bamberg JurBüro 1988, 1178; OLG Hamm AnwBl 1998, 416; KG Rpfleger 1962, 40; OLG Koblenz KostenRspr BRAGO § 99 Nr. 11; AG Bühl AGS 2004, 287. **103** SG Marburg AGS 2008, 451. **104** AnwK-RVG/*Onderka*, § 14 Rn 37. **105** BGH RVGreport 2010, 456 = KuR 2010, 809 (Gebühr Nr. 2300 VV für Abmahnung nicht unter 1,3); *Enders*, JurBüro 2004, 516; die Aufforderung zur Abgabe einer Abschlusserklärung nach Erlass einer einstweiligen Verfügung sieht BGH MDR 2010, 1087 als einfache Angelegenheit an; es handelt sich nicht um Schreiben iSv Nr. 2302 VV, so OLG Hamburg AnwBl 2014, 364. **106** OLG Saarbrücken RVGreport 2014, 103. **107** OLG München AGS 2015, 535. **108** LSG NRW NJW-RR 2008, 87; AnwK-RVG/*Onderka*, § 14 Rn 40; Bischof u.a./*Jungbauer*, § 14 Rn 41; Gerold/Schmidt/*Mayer*, § 14 Rn 17; Hartung/Schons/Enders/*Enders*, § 14 Rn 36. **109** LG Koblenz JurBüro 2010, 32.

Beispielhaft für die Bedeutung der Angelegenheit seien genannt: Altersrente;[110] Kündigung des Arbeitsver- **17**
hältnisses;[111] Arzt wird zum Wehrdienst einberufen;[112] berufliche Stellung des Mandanten;[113] berufliche
Nachteile für einen Rechtsreferendar;[114] Berufsunfähigkeitsrente;[115] Betreuerbestellung;[116] dienstliche Verwendung (hier: truppendienstliche Verwendung);[117] Disziplinarmaßnahmen gegen einen Beamten;[118] Einsturz eines Gebäudekomplexes;[119] Eintragung im Verkehrszentralregister;[120] Führerscheinentzug für Berufs-
kraftfahrer;[121] Fahrverbot;[122] gesellschaftliche Stellung;[123] drohende Haftstrafe von erheblicher Dauer;[124]
drohende Inhaftierung einer Mutter mehrerer Kleinkinder;[125] Leistungen nach SGB II;[126] öffentliche Aufmerksamkeit;[127] Pflegegeld;[128] Risiko einer langen Haftstrafe;[129] Risiko einer umfänglichen Gesamtstrafenbildung aufgrund von Vorstrafen;[130] Schadensersatzansprüche drohen bei Verurteilung;[131] Sicherung des
Lebensunterhalts;[132] Streitwerthöhe;[133] Höhe der Strafandrohung bzw des Bußgeldes;[134] verkehrsrechtliche
Vorbelastung bei Bußgeldsachen;[135] Verlust des Arbeitsplatzes;[136] Verlust der beruflichen Existenz;[137] Vorbelastung des Betroffenen im Bußgeldverfahren;[138] Vorstrafe für bislang nicht Vorbestraften;[139] wirtschaftliche Bedeutung.[140]

Die Bedeutung der Angelegenheit kann sich auch mit der Haftungsträchtigkeit (teilweise) decken (vgl inso- **18**
weit die zB zu Eheverträgen zitierte Rspr, Fn 163).

Unrichtig und verfassungsrechtlich bedenklich ist es, bestimmte anwaltliche Tätigkeitsbereiche generell als **19**
von minderer Bedeutung anzusehen und trotz entsprechender gesetzlicher Gebührenregelungen die Rah-
menmittelgebühren zu versagen.[141] Es empfiehlt sich, mit dem Mandanten die individuelle Bedeutung der
Angelegenheit auch im außerrechtlichen Bereich (zB gesellschaftliche Auswirkungen) zu besprechen und in
den Handakten festzuhalten. Die Bedeutung der Angelegenheit kann objektiv von der subjektiven Sicht des
Mandanten abweichen, wenn zB eine geringe Betriebskostenforderung oder vergleichsweise geringe Renovierungskosten im Rahmen eines Mietverhältnisses bei gerichtlicher Klärung große Allgemeinwirkung entfalten.[142]

Bei Rahmengebühren ist die Bedeutung der Angelegenheit sowohl bei der Verfahrensgebühr als auch bei **20**
weiteren Gebühren in gleicher Weise zu berücksichtigen, denn die Bedeutung betrifft die gesamte Angelegenheit und nicht die einzelnen Gebührentatbestände.[143] Nach Auffassung des SG Bremen[144] ist bei einer
Untätigkeitsklage die Mittelgebühr unangemessen hoch, da die Bedeutung der Angelegenheit gering sei. Die
Auffassung, bei zu erwartendem Freispruch läge eine mindere Bedeutung vor,[145] ist problematisch. Teilweise ist die Bedeutung schon in den Gebühren berücksichtigt.[146]

110 SG Augsburg 9.1.2009 – S 3 SF 27/09 E. **111** BAG BB 2011, 59 = NJW 2011, 167 (Fall „Emmely": Diebstahl von Pfand-
bons im Wert von 1,30 € durch Kassiererin nach 30jährigem Arbeitsverhältnis; Einzelentscheidung führt zur grundlegenden
Rechtsprechungsänderung). **112** BVerwG NVwZ 1983, 607. **113** AG Zittau RVGLetter 2006, 8. **114** AG Homburg zfs 1997,
388. **115** LSG Thüringen MDR 2002, 606. **116** LG Freiburg FamRZ 2003, 45. **117** BVerwG 18.11.2010 – 1 WB 34.10. **118** LG
Hanau AnwBl 1982, 388; LG Zweibrücken zfs 1992, 172; AG München AGS 2009, 178; aA LG Flensburg JurBüro 1977,
1089. **119** LG Köln RVGreport 2014, 103 (Kölner Stadtarchiv). **120** LG Würzburg JurionRS 2012, 19193; AG Bad Segeberg
30.12.2009 – 5 OwiEH 116/09, JurionRS 2009, 30749; AG Bielefeld RVGreport 2011, 296 = VRR 2011, 360 m. Anm. *Burhoff*; AG Cloppenburg RVGreport 2011, 295 = VRR 2011, 477 m. Anm. *Burhoff*; AG Rudolstadt RVGreport 2012, 24; keine
zusätzliche Bedeutung: LG Hannover RVGreport 2012, 26 m. Anm. *Hansens*. **121** LG Flensburg JurBüro 1976, 1216; oder
Handelsvertreter: LG Heidelberg AnwBl 1965, 184; zu den arbeitsrechtlichen Konsequenzen vgl LAG Mecklenburg-Vorpommern 16.8.2011 – 5 Sa 295/10. **122** OLG Oldenburg AnwBl 1976, 255; LG Leipzig RVGreport 2009, 61; LG Leipzig
RVGreport 2010, 182 m. Anm. *Burhoff*; LG Stralsund zfs 2006, 407; LG Würzburg JurionRS 2012, 19193; AG Chemnitz AGS
2005, 430; AG Dresden AGS 2010, 431; AG Frankenthal RVGreport 2005, 271 = AGS 2005, 292 m. Anm. *N. Schneider*; AG
Karlsruhe AGS 2008, 492; AG München AGS 2005, 430 = RVGreport 2005, 381; AG Viechtach AGS 2007, 308; AG Viechtach
RVGreport 2008, 338; VGH Mannheim RVGreport 2008, 232; zu den arbeitsrechtl. Konsequenzen vgl LAG Mecklenburg-Vor-
pommern 16.8.2011 – 5 Sa 295/10. **123** LG Kaiserslautern AnwBl 1964, 289. **124** OLG Düsseldorf RVGreport 2011, 57.
125 Bischof u.a./*Jungbauer*, § 14 Rn 41. **126** BSG AGS 2014, 458, 460. **127** OLG Hamm AnwBl 2002, 664; AG Zittau RV-
GLetter 2006, 8. **128** SG Dortmund AGS 2007, 247. **129** OLG Düsseldorf 28.9.2010 – III-1 Ws 117/10. **130** OLG Düsseldorf
Rpfleger 2001, 46. **131** LG Freiburg AnwBl 1970, 243; LG München I AnwBl 1982, 263. **132** SG Duisburg 14.7.2008 – S 10
AS 165/07 ER; SG Saarbrücken AGS 2014, 168. **133** LG Kiel JurBüro 1992, 602; zutr. krit. Gerold/Schmidt/*Mayer*, § 14 Rn 17;
aber: hoher Streitwert kann für „Otto Normalverbraucher" eine hohe Bedeutung haben, so Bischof u.a./*Jungbauer*, § 14 Rn 44.
134 LG Potsdam AGS 2009, 590 – problematisch, da in Teil 5 VV nach der Bußgeldhöhe differenziert wird; zutr. AG Cloppenburg RVGreport 2011, 295 = VRR 2011, 477 m. Anm. *Burhoff*. **135** AG Eilenburg RVGreport 2010, 60. **136** AG Tempelhof-
Kreuzberg AGS 2008, 325. **137** LG Flensburg JurBüro 1984, 1038. **138** AG Eilenburg AGS 2010, 74 m. Anm. *N. Schneider*.
139 AG Hannover AnwBl 1980, 311. **140** LSG NRW AGS 2007, 508; LSG NRW NJW-RR 2008, 87 geht von einer Kompensation aus. **141** So aber AG Göttingen RVGreport 2007, 454; zum verfassungswidrigen „Doppelopfer" (in PKH-Sachen) vgl
BVerfG NJW 2005, 2980; zur Gebührenbemessung in straßenverkehrsrechtlichen OWi-Verfahren vgl *Burhoff* RVGreport 2007,
252 mit umfassenden Rechtsprechungsnachweisen; gegen die weitverbreitete Auffassung, die Gebühren in sozialgerichtlichen
Verfahren des vorläufigen Rechtsschutzes auf 2/3 zu kürzen: SG Duisburg 14.7.2008 – S 10 AS 165/07 ER. **142** ZB BGH WuM
2004, 529 (Kostenabwälzung Schönheitsreparaturen); BGH WuM 2008, 2183 (Umfang der Schönheitsreparaturen); BGH WuM
2009, 286 (dto, hier Außenteile); BGH WuM 2009, 225 (Teppichreinigung); BGH WuM 2010, 85 (Parkettbearbeitung).
143 SG Reutlingen AGS 2008, 452; aA SG Duisburg 14.7.2008 – S 10 AS 165/07 ER. **144** AGS 2009, 278; aA SG Berlin
13.2.2009 – S 164 SF 126/09 E. **145** So aber AG Pirmasens VRR 2012, 79 = RVGreport 2012, 55 m. Anm. *Burhoff*. **146** OLG
Nürnberg RVGreport 2015, 213 (zu Nr. 4118 und 4120 VV).

21　Je geringer die Einkommens- und Vermögensverhältnisse des Mandanten sind, um so bedeutender sind für ihn Verfahren nach dem SGB II und SGB XII.[147] Generell bestimmte anwaltliche Tätigkeitsbereiche als von minderer Bedeutung anzusehen, ist bedenklich.[148]

22　**4. Einkommensverhältnisse des Auftraggebers.** Die Einkommensverhältnisse des Auftraggebers können angemessen berücksichtigt werden, sind also nicht zwingend ein Bemessungskriterium. Ausgangspunkt sind die durchschnittlichen Einkommensverhältnisse, wie sie vom Statistischen Bundesamt jährlich festgestellt werden,[149] wobei ein Abschlag angesichts der großen Zahl von Transferleistungsbeziehern sinnvoll ist.[150] Ein Einkommen von 1.500 € wird als durchschnittlich angesehen.[151] Neben dem Erwerbseinkommen sind auch sonstige Einkünfte, wie zB Mieten, Zinsen, Dividenden oder Leibrenten, zu berücksichtigen.[152]

23　**5. Vermögensverhältnisse des Auftraggebers.** Die Vermögensverhältnisse des Auftraggebers müssen nicht, können aber im Einzelfall angemessen berücksichtigt werden. Ausgangspunkt ist für die Vermögensbewertung der Zeitpunkt, in dem der Mandant wirtschaftlich am besten gestellt ist.[153] Das Bestehen eines Rechtsschutzversicherungsvertrages kann die Vermögensverhältnisse des Auftraggebers beeinflussen;[154] die finanziellen Verhältnisse der Rechtsschutzversicherung sind neben denen des Mandanten zu berücksichtigen.[155]

24　**6. Das Haftungsrisiko des Rechtsanwalts.** Bei Betragsrahmengebühren, die sich nicht nach dem Gegenstandswert richten, *ist* das Haftungsrisiko als Bemessungskriterium zu berücksichtigen, während es bei Satzrahmengebühren als Bemessungskriterium herangezogen werden *kann*.

25　Bei der Bemessung von Betragsrahmengebühren stehen die Kriterien „Bedeutung der Angelegenheit" und „Haftungsrisiko des Rechtsanwalts" gleichwertig nebeneinander. Die Differenzierung – zwingendes Bemessungskriterium bei Betragsrahmengebühren, fakultatives Bemessungskriterium bei Satzrahmengebühren – ist weiterhin nicht einsehbar.[156] Das *generelle* Haftungsrisiko des Rechtsanwalts ist kein Bewertungskriterium iSv § 14, sondern nur das in der konkreten Angelegenheit individualisierte.[157]

26　Die vereinzelt vertretene Auffassung, wegen der Offizialmaxime bestünde in sozialrechtlichen Verfahren kein besonderes Haftungsrisiko,[158] widerspricht den Vorstellungen des Gesetzgebers, denn gerade in diesem Verfahren gelten häufig Betragsrahmengebühren (zB sozialrechtliche Verfahren, Strafverfahren, Ordnungswidrigkeitenverfahren).

27　**Beispiele** für die Annahme eines Haftungsrisikos des Rechtsanwalts sind: Abschluss eines Abfindungsvergleichs bei nicht unerheblicher Körperverletzung des Mandanten bei einem Verkehrsunfall[159] oder im Rahmen einer vermögensrechtlichen Auseinandersetzung;[160] Beamtenverhältnis, drohende Entfernung;[161] besoldungsrechtliche Auswirkungen eines Scheidungs- und Unterhaltsverfahrens bei einem Beamten;[162] Ehevertrag (mit unausgewogenen Regelungen);[163] Erbrechtsmandat;[164] komplexes Mandat, das aus mehreren verzahnten Teilbereichen besteht („Jonglieren mit mehreren Bällen"); letztwillige Verfügungen;[165] Scheidungsfolgenvereinbarung zum Versorgungs- und Zugewinnausgleich;[166] Übernahme eines Mandates unmit-

147 BSG AGS 2010, 233; LSG NRW NJW-RR 2008, 87. **148** BVerfG NJW 2005, 2980 („Doppelopfer" in PKH-Sachen); AG Göttingen RVGreport 2007, 454; SG Duisburg 14.7.2008 – S 10 AS 165/07 ER (gegen Gebührenkürzung im vorläufigen Rechtsschutz auf 2/3). **149** AnwK-RVG/*Onderka*, § 14 Rn 42. **150** Gerold/Schmidt/*Mayer*, § 14 Rn 35. **151** Gerold/Schmidt/*Mayer*, § 14 Rn 35. **152** Mayer/Kroiß/*Winkler*, § 14 Rn 28. **153** Gerold/Schmidt/*Mayer*, § 14 Rn 36; Mayer/Kroiß/*Winkler*, § 14 Rn 29. AA LG Bayreuth JurBüro 1985, 1187; LG Krefeld AnwBl 1976, 136; LG Nürnberg-Fürth JurBüro 1985, 968 m. Anm. *Mümmler* (Zeitpunkt der Auftragserteilung); LG Krefeld AnwBl 1976, 136; AnwK-RVG/*Onderka*, § 14 Rn 46; *Hartmann*, KostG, § 14 RVG Rn 8, 11 (wirtschaftliche Verhältnisse zum Zeitpunkt der Abrechnungsfälligkeit); LG Bayreuth JurBüro 1985, 1187 (Vermögensentwicklung während der gesamten Tätigkeit des Rechtsanwalts). **154** LG Kaiserslautern AnwBl 1964, 289; *Hartmann*, KostG, § 14 Rn 11. **155** LG Kaiserslautern AnwBl 1964, 289. **156** S. schon die Kritik bei Mayer/Kroiß/*Winkler*, § 14 Rn 32 ff. **157** S. amtl. Begr. zum KostRMoG 2004, BT-Drucks 15/1971, S. 189. **158** LSG Sachsen 31.3.2010 – L 6 AS 99/10 B KO. **159** BGH VersR 1961, 276. **160** BGH FamRZ 2009, 193; BGH NJW 2010, 1357 = AnwBl 2010, 627. **161** VG Berlin RVGreport 2011, 99. **162** OLG Düsseldorf FamRZ 2008, 892. **163** BVerfG NJW 2001, 957; BVerfG NJW 2001, 2248; BGH NJW 1977, 2073; BGH NJW 2004, 930; BGH NJW 2005, 137; BGH NJW 2005, 139; BGH NJW 2005, 1194; BGH NJW 2005, 1370; BGH MDR 2005, 1353; BGH NJW 2006, 2331 = FamRZ 2006, 1097 = MDR 2006, 1232; BGH FamRZ 2006, 1359 = NJW 2006, 3142; BGH FamRZ 2007, 197 = NJW 2007, 904; BGH NJW 2007, 907 = FamRZ 2007, 450; BGH NJW 2007, 2848 = MDR 2007, 1023; BGH FamRZ 2007, 1310; BGH FamRZ 2008, 2011; BGH NJW 2008, 1076; BGH NJW 2008, 1080; BGH FamRZ 2009, 198 = MDR 2009, 266; BGH MDR 2009, 388; BGH FamRZ 2009, 1041; BGH FamRZ 2011, 1577; KG FamRZ 2010, 212; OLG Bremen MDR 2007, 529; OLG Celle FamRZ 2008, 1192; OLG Celle FamRZ 2008, 2115; OLG Celle FamRZ 2009, 1682; OLG Dresden FamRZ 2006, 1546; OLG Dresden 2007, 1546; OLG Düsseldorf FamRZ 2004, 461; OLG Düsseldorf NJW 2006, 2049; OLG Hamm FamRZ 2006, 1034; OLG Hamm FamRZ 2006, 1682; OLG Hamm FamRZ 2009, 1678; OLG Hamm FamRZ 2010, 1904; OLG Karlsruhe FamRZ 2007, 477; OLG Koblenz FamRZ 2006, 1447; OLG Koblenz FamRZ 2007, 479; OLG Koblenz FamRZ 2009, 1680; OLG Köln FamRZ 2002, 828; OLG Köln 25.10.2010 – 4 UF 158/10; OLG München FamRZ 2003, 35; OLG München FamRZ 2003, 376; OLG München FamRZ 2006, 1446; OLG Nürnberg FamRZ 2005, 454; OLG Saarbrücken FamRZ 2008, 1149; OLG Schleswig FamRZ 2007, 1891; OLG Stuttgart FamRZ 2005, 455; LG Ravensburg NJW-Spezial 2009, 8; AG Steinfurt FamRZ 2009, 1496; vgl auch *Kindermann*, Die Abrechnung in Ehe- und Familiensachen, 2005, Rn 41; vgl iÜ *Bergschneider*, Richterliche Inhaltskontrolle von Eheverträgen und Scheidungsvereinbaren, 2. Aufl. 2008; *Münch*, Unterhaltsvereinbarungen nach der Reform, FamRZ 2009, 171. **164** *Scherer*, NJW 2011, 3498. **165** BGH NJW 1995, 51. **166** BGH VersR 2010, 1648 = FamRZ 2010, 2067.

telbar vor dem Verjährungsablauf; unterbliebener Vergleichsabschluss;[167] Unterhaltsvereinbarung;[168] Vergleich in Familiensachen.[169]

7. Besondere Umstände. Neben den konkret aufgeführten Bewertungskriterien können weitere, nicht konkretisierte Umstände berücksichtigt werden. Als „besondere Umstände" sind **bspw** zu nennen: Bedrohung des Rechtsanwalts durch den Gegner;[170] Erfolg des Rechtsanwalts;[171] Reputation des Rechtsanwalts;[172] Tätigkeit an Samstagen, Sonn- und Feiertagen,[173] in der Nacht;[174] verbesserte Strategie in der Berufungsinstanz;[175] Zeitdruck, zB bei einstweiliger Verfügung, in Wettbewerbssachen;[176] Ziel des Mandats;[177] nicht regulierender Haftpflichtversicherer bei langwieriger Schadensregulierung;[178] Schwierigkeit der Angelegenheit für den Mandanten.[179] 28

III. Die Bestimmung der Gebühr

1. Bestimmungsrecht des Rechtsanwalts. Dem Rechtsanwalt obliegen das Recht und die Pflicht, die Höhe der Vergütung zu bestimmen; §14 ist ein gesetzlich geregelter Sonderfall des §315 BGB.[180] Das Bestimmungsrecht gem. Abs. 1 gilt nicht nur für Wahlanwaltsgebühren, sondern auch für PKH/VKH-Gebühren;[181] Vergütungsschuldner ist hier die Staatskasse. 29

Bei wirksamer Abtretung des Vergütungsanspruchs kann das Bestimmungsrecht nicht ohne Einverständnis des Mandanten an den Abtretungsempfänger delegiert werden.[182] Dies dürfte auch für die Pfändung von Vergütungsansprüchen gelten. 30

Bei der Beantragung einer Pauschgebühr gem. §42 muss unter Berücksichtigung von Abs. 1 dargelegt werden, dass der Rahmen der Wahlanwaltsgebühren wegen des besonderen Umfangs und der besonderen Schwierigkeit für die angemessene Vergütung nicht ausreicht; entsprechende Feststellungen hat das Oberlandesgericht ebenfalls anzustellen.[183] 31

Die Vertretung mehrerer Auftraggeber in derselben Angelegenheit erhöht die Rahmengebühren gem. Nr. 1008 VV; Nr. 1008 VV ist keine eigenständige Gebühr, sondern eine von der Grundgebühr abhängige Gebühr.[184] 32

Beispiel 1 (Erhöhung einer Satzrahmengebühr bei zwei zusätzlichen Auftraggebern): Der Gebührensatz bei der Geschäftsgebühr Nr. 2300 VV wird von 0,5 bis 2,5 um jeweils zweimal 0,3 (= 0,6) auf 1,1 bis 3,1 erhöht. 33

Beispiel 2 (Erhöhung einer Betragsrahmengebühr bei zwei zusätzlichen Auftraggebern): Die Geschäftsgebühr Nr. 2302 VV wird von 50 € bis 640 € um jeweils zweimal 30 % (= 60 %) auf 80 € bis 1.024 € erhöht. 34

2. Die Ausübung der Bestimmung, die Mittelgebühr, die Mindest- und Höchstgebühr. Unter zwingender Berücksichtigung der Kriterien Umfang und Schwierigkeit der Angelegenheit – bei Betragsrahmengebühren auch von Bedeutung der Angelegenheit und Haftungsrisiko – und fakultativer Berücksichtigung der restlichen in Abs. 1 aufgeführten Kriterien hat der Rechtsanwalt die angemessene Gebühr im konkreten Abrechnungsfall festzustellen.[185] 35

Die Kriterien Umfang und Schwierigkeit der Angelegenheit sowie bei Betragsrahmengebühren Bedeutung der Angelegenheit für den Auftraggeber und Haftungsrisiko des Rechtsanwalts sind **kompensierbar** mit den weiteren Kriterien wie zB den Einkommens- und Vermögensverhältnissen des Mandanten.[186] 36

Zur Vereinfachung der Abwägung haben Lit. und Rspr die sog. **Mittelgebühr** geschaffen.[187] Dogmatische Bedenken bestehen aus Praktikabilitätsgründen nicht, wenn von der Mittelgebühr als Abrechnungsgrundlage ausgegangen wird.[188] Die Mittelgebühr soll im „Normalfall"[189] gelten, wenn also die „Pflichtkriterien" als durchschnittlich zu bewerten sind. 37

---

[167] BGH NJW 2010, 1961 = FamRZ 2010, 1154 m. Anm. *Schlünder.* [168] OLG Karlsruhe AnwBl 2003, 115; OLG Karlsruhe NJW 2004, 3431. [169] BGH MDR 2010, 926. [170] Bischof u.a./*Jungbauer*, §14 Rn 13. [171] LG Saarbrücken RVGreport 2009, 424 m. Anm. *Burhoff* (Freispruch in der Berufungsinstanz); AnwK-RVG/*Onderka*, §14 Rn 55. [172] BGH NJW 2010, 1364 Rn 49; AnwK-RVG/*Onderka*, §14 Rn 55. [173] AnwK-RVG/*Onderka*, §14 Rn 55; Gerold/Schmidt/*Mayer*, §14 Rn 39 (Samstag: Erhöhung um 0,3; Sonntag: Erhöhung um 0,4; Feiertag: Erhöhung um 0,5). [174] Hartung/Schons/Enders/*Enders*, §14 Rn 43. [175] LG Saarbrücken RVGreport 2009, 424 m. Anm. *Burhoff.* [176] Bischof u.a./*Jungbauer*, §14 Rn 13; Gerold/Schmidt/*Mayer*, §14 Rn 39. [177] BGH NJW 2010, 1364 Rn 49. [178] AG Mannheim AGS 2008, 538. [179] OLG Oldenburg RVGreport 2011, 194 m. Anm. *Hansens.* [180] Erman/*J. Hager*, §315 BGB Rn 26; Palandt/*Grüneberg*, §315 BGB Rn 7. [181] AA LSG Sachsen 31.3.2010 – L 6 AS 99/10 B KO. [182] BGH BRAK-Mitt. 2009, 28 = AGS 2009, 107 = RVGreport 2009, 96 m. Anm. *Hansens.* [183] KG RVGreport 2010, 23 m. Anm. *Burhoff.* [184] AnwK-RVG/*Schnapp/Volpert*, Nr. 1008 VV Rn 2; Gerold/Schmidt/*Müller-Rabe*, Nr. 1008 VV Rn 3. [185] AG München MittBl ARGE VerkR 2007, 42 in kritischer Auseinandersetzung mit dem Gutachten der RAK Berlin MittBl ARGE VerkR 2007, 44. [186] AG Eilenburg JurBüro 2010, 35; AG Mannheim MittBl ARGE VerkR 2008, 171; SG Düsseldorf AGS 2007, 356. [187] BVerwG AnwBl 1998, 540; OLG München MDR 1979, 252; LG Duisburg AnwBl 1983, 222; LG Flensburg JurBüro 1979, 1845; statt vieler: Gerold/Schmidt/*Mayer*, §14 Rn 10 ff. [188] BVerwG NJW 2006, 247; BSG NJW 2010, 1400; aA OLG Celle NJW 1966, 1425. [189] OLG Düsseldorf VersR 2008, 1347; LG Zweibrücken RVGreport 2010, 377; BVerwG Rpfleger 2002, 98; VG Stade MDR 2009, 1255.

38 Die Mittelgebühr errechnet sich durch Addition von Mindest- und Höchstgebühr und Division der Summe durch zwei.

39 **Beispiel 1 (Berechnung der Mittelgebühr bei Satzrahmengebühren):** Die Gebühr Nr. 2300 VV hat einen Gebührenrahmen von 0,5 bis 2,5. Beide Werte addiert ergeben 3,0. Wird dieser Wert durch 2 dividiert, so ergibt dies die Mittelgebühr von 1,5.

40 **Beispiel 2 (Berechnung der Mittelgebühr bei einer Betragsrahmengebühr):** Die Gebühr Nr. 2302 VV hat einen unteren Rahmen von 50 € und einen oberen Rahmen von 640 €. Die Addition beider Rahmenbeträge ergibt 690 €. Dieser Betrag geteilt durch 2 ergibt die Mittelgebühr von 345 €.

41 Die Auffassung, dass zB bei Eilverfahren[190] oder Untätigkeitsklagen[191] die Mittelgebühr nicht anzuwenden ist, ist unzutreffend.

42 Die **Mindestgebühr** kommt nur bei ganz einfachen Angelegenheiten von geringem Umfang, bei äußerst geringer Schwierigkeit der anwaltlichen Tätigkeit, ggf auch bei geringer Bedeutung der Angelegenheit für den Mandanten und bei geringem Haftungsrisiko in Betracht.[192]

43 Die **Höchstgebühr** kann nur gefordert werden, wenn Umfang und Schwierigkeit in der anwaltlichen Tätigkeit deutlich überdurchschnittlich sind, bei Betragsrahmengebühren auch Bedeutung der Angelegenheit für die Mandantschaft und Haftungsrisiko des Anwalts, wobei hier nicht alle Pflichtkriterien überdurchschnittlich sein müssen.[193]

44 Der **Ansatz der Mittelgebühr** bedarf nach allgemeiner Auffassung keiner besonderen Begründung. Die Mittelgebühr ist üblicherweise Ausgangspunkt der Angemessenheitsbewertung.[194] Zu den Besonderheiten bei Nr. 2302 VV → Rn 48 ff.

45 Für den **Ansatz einer über der Mittelgebühr liegenden Gebühr** trägt der Rechtsanwalt die Vortrags- und Beweislast.[195] Dem Auftraggeber – ggf auch dem Gericht – hat er darzulegen und zu beweisen, dass die über der Mittelgebühr liegende abgerechnete Gebühr zutreffend ist.[196]

46 Aber auch der Ansatz der **Mittelgebühr** ist im **Prozess** anhand der Kriterien des § 14 darzulegen.

47 Der Mandant ist umgekehrt dafür vortrags- und beweisbelastet, dass die vom Anwalt abgerechnete Mittelgebühr zu hoch ist. Angesichts der Fassung von Abs. 1 werden die „weichen" Kriterien der Einkommens- und Vermögensverhältnisse, aber auch bei Satzrahmengebühren das Kriterium des evtl. geringen Haftungsrisikos des Rechtsanwalts die Mittelgebühr kaum nach unten gewichten.

48 **3. Die Gebühr Nr. 2302 VV.** Die Vergütungsnummer 2302 zeichnet sich durch die Anmerkung aus, wonach „eine Gebühr von mehr als 300,00 EUR (...) nur gefordert werden (kann), wenn die Tätigkeit umfangreich oder schwierig war". Der Anwalt muss Schwierigkeit und/oder Umfang der Angelegenheit vortragen, um den Gebührenbetrag von 300 € überschreiten zu können.

49 Ist die anwaltliche Tätigkeit bei einer Betragsrahmengebühr wie Nr. 2302 VV durchschnittlich umfangreich und durchschnittlich schwierig, dann ist die Mittelgebühr von 345 € angemessen, da die weiter in § 14 Abs. 1 aufgeführten Kriterien nicht zwingend bei der Bemessung zu berücksichtigen sind. Durchschnittlicher Umfang und durchschnittliche Schwierigkeit der anwaltlichen Tätigkeit führen zu keiner über 300 € liegenden Gebühr.

50 **4. Die Erklärung gegenüber dem Auftraggeber.** Durch Erklärung des Rechtsanwalts gegenüber dem Mandanten – üblicherweise durch Übermittlung der Gebührenrechnung gem. § 10 – übt der Rechtsanwalt sein Bestimmungsrecht aus; bei Satzrahmengebühren ist der Gebührensatz anzugeben.[197] Wird die Mittelgebühr überschritten, empfiehlt sich eine Erläuterung gegenüber dem Mandanten, für den damit die Abrechnung transparenter wird; das Vertrauensverhältnis wird zudem nicht beschädigt.

51 **5. Die Verbindlichkeit der Bestimmung.** Mit der Angabe des Gebührensatzes bei einer Satzrahmengebühr übt der Rechtsanwalt sein Bestimmungsrecht aus, er ist dann an diese Bestimmung gebunden.[198] Diese **Bindungswirkung** tritt auch ein, wenn eine Vorschussrechnung nicht als solche gekennzeichnet wird.[199] Die Abrechnung enthält die Ausübung des Bestimmungsrechts iSv § 315 Abs. 2 BGB gegenüber dem Mandanten in rechtsgestaltender Weise durch eine einseitige empfangsbedürftige Willenserklärung;[200] der Leis-

---

190 SG Marburg AGS 2009, 232. **191** SG Berlin 13.2.2009 – S 164 SF 126/09 E; aA SG Bremen AGS 2009, 278. **192** LG Zweibrücken RVGreport 2010, 377. **193** KG JurBüro 1980, 1022; OLG Schleswig JurBüro 1989, 489; OLG Zweibrücken Rpfleger 1972, 71; LG Berlin Rpfleger 1979, 275; aA OLG Karlsruhe AnwBl 2000, 133. **194** AA LG Duisburg DStR 2007, 2035 m. Anm. *Wolf*: Steuerberater muss die Mittelgebühr begründen. **195** OLG Düsseldorf VersR 2008, 1347. **196** OLG Jena AnwBl 2008, 151 ist der Auffassung, dass sich die Begründung erübrigt, wenn die Kriterien des § 14 offenkundig und aktenkundig sind. **197** LG Freiburg 4.10.2010 – 8 O 338/09 (n. rkr.). **198** OLG Köln RVGreport 2010, 138 m. Anm. *Hansens*. **199** OLG Köln AGS 2009, 525. **200** Palandt/*Grüneberg*, § 315 BGB Rn 11.

tungsinhalt ist konkretisiert und unwiderruflich,[201] abgesehen vom Übersehen eines gesetzlichen Gebührentatbestands.[202]

Keine Bindungswirkung entfaltet demgegenüber die Berechnung der Staatskasse bei Freispruch für die Gebührenrechnung gegenüber dem Mandanten oder der Rechtsschutzversicherung.[203] **52**

Die Bindung des Rechtsanwalts bezieht sich nicht auf den angegebenen Streitwert.[204] Das Bestimmungsrecht des Rechtsanwalts lebt wieder auf, wenn nach Abrechnung weitere Tätigkeiten entfaltet werden.[205] **53**

Bei Täuschung des Anwalts über die Bemessungskriterien ist das ausgeübte Ermessen nicht verbindlich.[206] **54**

Die Bestimmung der Gebühr durch den Anwalt ist verbindlich, wenn sie der **Billigkeit entspricht**; eine unbillige Gebühr ist vom Mandanten nicht geschuldet. Eine unbillige Gebühr wird im Streitfall durch das Urteil ersetzt (§ 315 Abs. 2 S. 2 BGB). Im Gebührenprozess muss das Gericht demzufolge eine Billigkeitsprüfung vornehmen, um zu einem gerechten Ergebnis zu kommen. **55**

Das Gericht ist im Gebührenprozess zwischen Rechtsanwalt und Mandant verpflichtet, beim Vorstand der zuständigen Rechtsanwaltskammer ein Gebührengutachten hierzu einzuholen. **56**

6. Das Ermessen. Bei der Bestimmung der angemessenen Gebühr wird dem Rechtsanwalt ein Ermessensspielraum zugestanden. Die herrschende Rspr geht von einem **Spielraum von 20 %** aus;[207] in Einzelfällen werden sogar 25 %[208] oder gar 30 %[209] zugestanden. **57**

Dieser Ermessensspielraum enthebt den Rechtsanwalt nicht der individuellen Bemessung und führt nicht zur generellen Möglichkeit der Anhebung der Mittelgebühr um 20 %. Sie führt auch nicht dazu, dass die 1,3-Schwellengebühr der Nr. 2300 VV ohne Berücksichtigung der in der Anm. zu Nr. 2300 VV genannten Kriterien um 20 % erhöht werden kann.[210] **58**

Die Toleranzschwelle von 20 %, ggf 25 % oder gar 30 %, bedeutet lediglich, dass bei einer niedrigeren Bewertung der angemessenen Gebühr durch das Gericht die vom Anwalt getroffene Bestimmung so lange nicht als unbillig angesehen wird, als mit der abgerechneten Gebühr der Toleranzbereich nicht überschritten wird.[211] **59**

Die Bestimmung ist auch verbindlich gegenüber der **Staatskasse**, weil bei einer Erstattungspflicht aus der Staatskasse grds. die gleichen Gesichtspunkte gelten. Erkennbar ist der Versuch, bei Erstattungsansprüchen möglichst die Mittelgebühr als die einzig angemessene zu etablieren. **60**

7. Exkurs: Die Ausschreibung anwaltlicher Dienstleistungen. Aufgrund europarechtlicher Bestimmungen[212] müssen anwaltliche Dienstleistungen in einem Umfang von mehr als 750.000 €, soweit sie von öffentlichen Stellen beauftragt werden sollen, ausgeschrieben werden. Nach derzeitiger Erkenntnis handelt es sich hier häufiger um Ausschreibungen von Prozessmandaten in Masseverfahren wie sog. Hartz IV-Verfahren. Bei der Abgabe von Angeboten sind – da diese Verfahren nach Rahmengebühren vergütet werden – die Kriterien des § 14 grds. zu berücksichtigen, wobei für den Anbieter nur eine Abschätzung des durchschnittlichen Verfahrens mit entsprechender Hochrechnung auf die Anzahl der Verfahren möglich ist. Man wird die Ausschreibung als eine Angelegenheit ansehen müssen.[213] **61**

---

201 BGH NJW 1966, 539; BAG VersR 1981, 942; OLG Brandenburg AGS 2009, 315; OLG Köln NJW-RR 1993, 1073. **202** OLG Köln RVGreport 2010, 138 m. Anm. *Hansens*; Bischof u.a./*Jungbauer*, § 14 Rn 118; Gerold/Schmidt/*Mayer*, § 14 Rn 4; AnwK-RVG/*Onderka*, § 14 Rn 93. **203** AG Wiesbaden MittBl ARGE VerkR 2008, 173. **204** BGH NJW 1966, 539; BGH MDR 2000, 137 (zur Schlussrechnung des Architekten); Gerold/Schmidt/*Mayer*, § 14 Rn 4 sieht eine Bindungswirkung, wenn auch der Gegenstandswert nach billigem Ermessen zu bestimmen war. **205** AnwK-RVG/*Onderka*, § 14 Rn 93. **206** Bischof u.a./*Jungbauer*, § 14 Rn 118; Gerold/Schmidt/*Mayer*, § 14 Rn 4. **207** BGH AGS 2011, 120 m. Anm. *Schons* = AnwBl 2011, 402 = MDR 2011, 454; KG RVGreport 2011, 174 = StRR 2011, 3 hält ausdrücklich an der 20 %-Grenze gegen die in den nachfolgenden Fußnoten zitierte Ausweitung fest; OLG Düsseldorf AnwBl 1982, 262; OLG Düsseldorf JurBüro 1983, 875; OLG Düsseldorf AnwBl 1999, 704; OLG Düsseldorf NStZ 1990, 287; OLG Düsseldorf JurBüro 2000, 359; OLG Düsseldorf Rpfleger 2001, 46; OLG Düsseldorf MDR 2002, 666; OLG Düsseldorf Rpfleger 2002, 330; OLG Düsseldorf RVGreport 2011, 59; OLG Düsseldorf StRR 2011, 119; OLG Hamm Rpfleger 1999, 565; OLG Köln AGS 1993, 60; OLG Köln JurBüro 1994, 30; OLG Köln RVGreport 2008, 55 = AGS 2008, 76; OLG München MDR 1975, 336 = Rpfleger 1975, 106; OLG München Rpfleger 1991, 464; OLG München AnwBl 1992, 455; OLG Zweibrücken MDR 1992, 196; LG Düsseldorf AnwBl 1983, 41; LG Hamburg AGS 2008, 343; LG Koblenz zfs 1992, 134; LG Koblenz RVGreport 2009, 97; LG Köln MDR 1996, 645; LG München I AnwBl 1979, 241; AG Aachen RVG-Letter 2005, 42; AG Bühl zfs 1992, 243; OVG Rheinland-Pfalz 12.7.2010 – 1 E 10773/10 OVG; SG Aachen AGS 1992, 20; SG Freiburg MDR 1999, 833; SG Marburg AGS 2009, 232; SG Münster AnwBl 1992, 399; SG Münster AnwBl 1992, 399; SG Nürnberg AnwBl 1992, 399; AnwK-RVG/*Onderka*, § 14 Rn 79; Gerold/Schmidt/*Mayer*, § 14 Rn 12; *Hartmann*, KostG, § 14 Rn 24; krit. hierzu BFH RVGreport 2006, 20; BVerwG RVGreport 2006, 21; aA jetzt VG Bremen 23.6.2010 – S 4 E 574/10. **208** OLG Zweibrücken MDR 1992, 196. **209** LG Potsdam AGS 2009, 590; AG Limburg RVGreport 2009, 98 = AGS 2009, 161; AG Saarbrücken RVGreport 2006, 181. **210** So aber unrichtigerweise BGH AGS 2011, 120 m. Anm. *Schons* = AnwBl 2011, 402 = MDR 2011, 454; aA zutr. BGH AnwBl 2012, 775 = AGS 2012, 373 m. Anm. *Schons*. **211** AG AGS 2004, 443. **212** Richtlinie 2014/24/EU des Europäischen Parlaments und des Rates vom 26. Februar 2014 über die öffentliche Auftragsvergabe und zur Aufhebung der Richtlinie 2004/18/EG (ABl. EU L 94, S. 65 v. 28.3.2014), Art. 4 Buchst. d, Art. 74, Anhang XIV; amtl. Begr. RegE BT-Drucks 18/6281, S. 92 f (zu § 116 Abs. 1 Nr. 1 GWB). **213** *Winkler*, AGS 2010, 579; aA tlw. *Hofmann*, RVGreport 2012, 250; s. auch OLG Düsseldorf 2.1.2012 – Verg 70/11; *Eschenbruch*, IBR-online 15.2.2012.

62 **8. Ersatz durch einen Dritten (Abs. 1 S. 4).** Eine unbillige Gebühr muss der Dritte nicht ersetzen.[214] § 254 Abs. 2 BGB ist zu berücksichtigen.[215] Durch die Kostenerstattung der Staatskasse bei Freispruch wird der Rechtsanwalt mit seiner Abrechnung gegenüber dem Mandanten nicht gebunden.[216] Gebühren, die dem Mandanten gegenüber unter Berücksichtigung der Kriterien des Abs. 1 korrekt abgerechnet sind, können vom erstattungspflichtigen Dritten dann nicht als unbillig und demzufolge als nicht erstattungsfähig abgewehrt werden, wenn sich die Höhe der Gebühren allein aus den immer zu berücksichtigenden Kriterien ergibt. Bestreitet der erstattungspflichtige Dritte im Kostenfestsetzungsverfahren die geltend gemachte Rahmengebühr nicht, so ist sie ohne weitere Prüfung durch das Gericht festzusetzen.[217]

63 Versuche der Rspr, Schematisierungen für Kostenerstattungsansprüche einzuführen, widersprechen der individuellen Pflicht des Rechtsanwalts zur Ermessensausübung, aber auch seinem Recht, bei der Gebührenbestimmung sein Ermessen auszuüben.[218]

64 Wendet der erstattungspflichtige Dritte im Kostenfestsetzungsverfahren die Anrechnungsverpflichtung gem. Vorbem. 3 Abs. 4 VV, § 15 a ein, so ist der Rechtspfleger im Rahmen des Kostenfestsetzungsverfahrens verpflichtet, die Angemessenheit der vorgerichtlich entstandenen Geschäftsgebühr zu überprüfen.[219] Konsequent zu Ende gedacht, müsste in diesem Fall sogar ein Kammergutachten eingeholt werden, da ja hinsichtlich der vorgerichtlich entstandenen Anwaltsgebühren lediglich ein materiellrechtlicher Kostenerstattungsanspruch des Mandanten berücksichtigt wird.[220]

IV. Das Gutachten des Vorstands der Rechtsanwaltskammer (Abs. 2)

65 **1. Erforderlichkeit der Gutachtenseinholung.** Lediglich im Rechtsstreit zwischen Rechtsanwalt und Mandant, in dem die tatbestandlichen Voraussetzungen der Rahmengebühr uneingeschränkt gerichtlich überprüfbar sind,[221] hat das Gericht ein Gutachten des Vorstands der Rechtsanwaltskammer, bei der der Rechtsanwalt zugelassen ist, einzuholen, soweit die Höhe der gesetzlichen Rahmengebühr streitig ist; für vereinbarte oder übliche Gebühren iSv § 34, aber auch für die Bestimmung des Gegenstandswerts besteht keine Verpflichtung zur Einholung eines Gutachtens.[222]

66 Erforderlich ist das Gutachten nur, wenn die Höhe der geltend gemachten Rahmengebühr streitig ist; ob der Gegenstandswert zutreffend ist oder ob die abgerechnete Gebühr überhaupt angefallen ist, ob vom Mandanten erhobene außerhalb des Gebührenrechts liegende Einwendungen bestehen – all dies ist einer Begutachtung durch den Kammervorstand gem. Abs. 2 nicht zugänglich.

67 Im Rechtsstreit mit einem erstattungspflichtigen Dritten muss kein Gutachten eingeholt werden, es kann aber eingeholt werden.[223] Dies gilt auch für den Rechtsstreit mit einer eintrittspflichtigen Rechtsschutzversicherung.[224]

68 Das Gutachten ist ein **Rechtsgutachten**, das **von Amts wegen** einzuholen ist, an das das Gericht aber nicht gebunden ist.[225]

69 Keiner Gutachtenseinholung bedarf es, wenn der Mandant keine Einwendungen zur Höhe der Vergütung erhoben hat, wenn er sich mit dem Erfüllungseinwand verteidigt oder wenn der Rechtsanwalt lediglich den Mindestbetrag der Rahmengebühr abgerechnet hat oder wenn der Auftraggeber die Klagforderung anerkennt oder die Beteiligten einen Vergleich schließen.[226]

70 Vor Erlass eines Versäumnisurteils bedarf es keiner Gutachtenseinholung, da das Gutachten nur dann einzuholen ist, „soweit die Höhe der Gebühr streitig ist", während im Säumnisverfahren gerade fingiert wird, dass der Beklagte die geltend gemachte Forderung nicht bestreitet, sondern sein Verhalten Geständnisfiktion hat.[227] Eines Gutachtens bedarf es auch nicht bei einem unechten Versäumnisurteil.[228]

71 Wird lediglich die Mittelgebühr geltend gemacht und diese beklagtenseits nicht substantiiert bestritten, soll ein Gutachten nicht erforderlich sein.[229]

214 AG Berlin-Mitte, MittBl ARGE VerkR 2007, 163; *Bauerschmidt*, JuS 2011, 601. **215** *Bauerschmidt*, JuS 2011, 601, 605. **216** AG Wiesbaden MittBl ARGE VerkR 2008, 173. **217** BGH RVGreport 2011, 145. **218** So aber „Kieler Kostenkästchen": SG Kiel 12.4.2011 – S 21 SF 8/11 E, JurionRS 2011, 16883. **219** OLG Koblenz MDR 2009, 716 = AGS 2009, 217 m. krit. Anm. *Schons*. **220** AA OLG Koblenz MDR 2009, 716 = AGS 2009, 217 m. krit. Anm. *Schons*. **221** LG Mannheim VerkAnw 2014, 168. **222** Vgl hierzu *Bohnenkamp/Winkler*, Das Gutachten des Vorstands der Rechtsanwaltskammer in Gebührensachen, in: FS 65 Jahre Rechtsanwaltskammer Freiburg, 2011, S. 161 ff; BGH AGS 2009, 569. **223** BFH RVGreport 2006, 20; BVerwG RVGreport 2006, 21; BSG RVGreport 2009, 180 = AGS 2009, 398; BSG AGS 2010, 373 m. Anm. *N. Schneider*; OLG Düsseldorf NJW-Spezial 2008, 458; OLG München AGS 2014, 591; LG Hof MittBl ARGE VerkR 2005, 139. **224** OLG Düsseldorf AGS 2008, 1685. **225** BGH AnwBl 2004, 251; BGH AnwBl 2005, 251; BGH NJW 2008, 3641 = MDR 2009, 112. **226** OLG Düsseldorf AnwBl 1984, 443; AnwBl 1985, 259. **227** *Baumbach/Hartmann*, § 331 ZPO Rn 5; *Saenger/Pukall*, § 331 ZPO Rn 6; *Zöller/Herget*, § 331 ZPO Rn 6. **228** *Hartmann*, KostG, § 14 RVG Rn 31. **229** LG Flensburg JurBüro 1987, 1515; *N. Schneider*, NJW 2004, 193.

Auch im Verfahren gem. § 495 a ZPO ist ein Gutachten einzuholen (Abs. 2 S. 1 Hs 2), während im **Mahn-** 72
verfahren kein Gutachten einzuholen ist.

2. Die Gutachtenserstellung. Zuständig für die Erstellung des Gutachtens ist unabhängig vom Prozessort 73
der Vorstand der Rechtsanwaltskammer, der der die Abrechnung unterzeichnende Rechtsanwalt zum Zeitpunkt des Rechtsstreits angehört; bei einer Kanzlei mit mehreren Filialen kommt es auf die Kammerangehörigkeit des die Rechnung verantwortlich unterzeichnenden und nicht des sachbearbeitenden Rechtsanwalts an.[230] Dies gilt auch für Zweigstellen.[231] Bei einem Wechsel des Kammerbezirks während des laufenden Mandats ist für die Zuständigkeit auf den Zeitpunkt der Rechnungsstellung abzustellen. Eine Auswahlmöglichkeit unter mehreren Kammern besteht nicht, auch kein Ablehnungsrecht.[232]

Das Gutachten, zu dessen Erstellung das Gericht die vollständige Prozessakte nebst Beiakten übermittelt, ist 74
vom **Vorstand** der Rechtsanwaltskammer zu erstatten. Der Vorstand setzt sich aus den in § 63 Abs. 2
BRAO genannten Personen zusammen. Über das Gutachten ist gem. § 72 BRAO vom Vorstand zu beschließen. Bei größeren Rechtsanwaltskammern werden üblicherweise **Gebührenabteilungen** iSv § 77 BRAO gebildet. Ob angesichts des klaren Wortlauts in Abs. 2 S. 1 die Stellung und insb. Beschlussfassung über das
Gutachten einer solchen Abteilung iSv § 77 BRAO übertragen werden kann, erscheint zweifelhaft.

Unzulässig ist die Begutachtung gem. Abs. 2 S. 1 durch einen einzelnen Gutachter, wobei in der Praxis das 75
Gutachten üblicherweise von einem Gebührenreferenten für den Vorstand oder die Abteilung iSv § 77
BRAO vorbereitet, sodann im Plenum beraten und beschlossen wird.

Grundsätzlich soll eine Ablehnung wegen **Besorgnis der Befangenheit** möglich sein.[233] Der Befangenheits- 76
vorwurf müsste sich gegen das gesamte Beschlussgremium und nicht nur gegen den das Gutachten vorbereitenden Gebührenreferenten richten, welcher üblicherweise im Prozess überhaupt nicht bekannt wird.
Eine Befangenheit des Vorstands ist jedenfalls allein nicht deshalb gegeben, weil eine Partei von einem
Rechtsanwalt vertreten wird, der Funktionsträger der Rechtsanwaltskammer ist.[234]

Eine **mündliche Erläuterung** des Gutachtens gem. § 411 Abs. 3 ZPO durch den den Entwurf verfassenden 77
Gebührenreferenten kann nicht erfolgen.[235] Möglich ist aber die Erläuterung des Gutachtens durch den
vorbereitenden Gebührenreferenten, stellvertretend für den Kammervorstand bei entsprechender Beauftragung durch diesen.[236]

Das **Gericht** ist an das Gutachten **nicht gebunden**.[237] 78

Ein Gutachten des Vorstands der Rechtsanwaltskammer ist auch für **verkammerte Rechtsbeistände und** 79
Rechtsdienstleister iSv § 4 RDGEG einzuholen, nicht aber für sonstige Rechtsdienstleister;[238] s. auch § 1
Abs. 1 S. 3. Ein dennoch eingeholtes Gutachten für einen sonstigen Rechtsdienstleister ist kein Gutachten
iSv Abs. 2 und demzufolge auch nicht kostenlos zu erstatten.

Abs. 2 S. 1 gilt für sämtliche Rechtsstreitigkeiten zwischen Rechtsanwalt und Mandant, in denen Rahmen- 80
gebühren Klagegegenstand sind, gleich ob im Wege der Forderung, der Aufrechnung oder der Rückforderung.

Das **Unterlassen einer Gutachtenseinholung** entgegen Abs. 2 ist ein schwerer **Verfahrensfehler**.[239] Bei Nicht- 81
einholung in der ersten Instanz ist das Gutachten in der Berufungsinstanz einzuholen; ein Zurückverweisungsgrund gem. § 538 ZPO kann vorliegen.[240] Die Einholung und Verwertung eines Gutachtens eines Vorstands einer **unzuständigen Rechtsanwaltskammer** ist ebenfalls ein Verfahrensfehler.

Das Gutachten ist vom Vorstand der Rechtsanwaltskammer **kostenlos** zu erstatten (Abs. 2 S. 2). Dies be- 82
trifft aber lediglich das im Prozess zwischen Rechtsanwalt und Auftraggeber erstellte Gutachten, das sich
mit der Höhe der Rahmengebühr befasst. Andere Gebührengutachten sind gem. § 73 Abs. 2 Nr. 8 BRAO zu
erstatten; im Gegensatz zu Abs. 2 S. 2 ist in § 73 Abs. 2 BRAO die Kostenlosigkeit nicht statuiert;[241] derartige Gutachten fallen unter die Vergütungspflicht gem. § 1 Abs. 2 JVEG, wobei hier eine Abrechnung auf
der Basis des § 9 JVEG Honorargruppe 9 empfohlen wird.[242] Es empfiehlt sich dringend, Gericht und Parteien im entsprechenden Fall von der Kostenpflicht des Gutachtens zu informieren und die Einholung eines
Vorschusses bei der beweisbelasteten Partei anzuregen.

230 *Ebert*, BRAK-Mitt. 2005, 271, 272. **231** *von Seltmann*, RVGreport 2011, 50. **232** OLG Schleswig JurBüro 1989, 1679; OLG Thüringen BauR 2004, 1996. **233** BGHZ 62, 93; aA AG Bühl 5.2.2009 – 6 C 3/09; vgl auch jetzt BGH NJW 2010, 1364 = AGS 2010, 267 Rn 42. **234** BGH NJW 2010, 1364 = AGS 2010, 267 Rn 42; vgl auch Schleswig-Holsteinischer AGH BRAK-Mitt. 2010, 172; BerlVerfGH NJW 2014, 3015. **235** OLG Celle AnwBl 1973, 144 = NJW 1973, 203; AG Reinbek 20.5.2010 – 5 C 594/08. **236** BGHZ 62, 93 = NJW 1974, 701. **237** BGH AnwBl 2005, 251; BGH NJW 2008, 3641; BGH NJW 2010, 1364 = AGS 2010, 267 Rn 94; OLG Hamm AGS 2007, 550. **238** *Krenzler/K. Winkler*, RDG, 2. Aufl., § 4 RDGEG Rn 33. **239** BVerfG NJW-RR 2002, 786 = AGS 2002, 148 m. Anm. *Madert*; OLG Bamberg OLGZ 1976, 351; OLG Frankfurt MDR 1998, 800 = AnwBl 1998, 484. **240** BVerfG NJW-RR 2002, 786 = AGS 2002, 148 m. Anm. *Madert*; OLG Bamberg OLGZ 1976, 351; OLG Frankfurt MDR 1998, 800 = AnwBl 1998, 484. **241** AA LG Baden-Baden Justiz 2001, 424 = Rpfleger 2002, 324. **242** Mayer/Kroiß/*Winkler*, § 14 Rn 90.

§ 15 Abgeltungsbereich der Gebühren

(1) Die Gebühren entgelten, soweit dieses Gesetz nichts anderes bestimmt, die gesamte Tätigkeit des Rechtsanwalts vom Auftrag bis zur Erledigung der Angelegenheit.

(2) Der Rechtsanwalt kann die Gebühren in derselben Angelegenheit nur einmal fordern.

(3) Sind für Teile des Gegenstands verschiedene Gebührensätze anzuwenden, entstehen für die Teile gesondert berechnete Gebühren, jedoch nicht mehr als die aus dem Gesamtbetrag der Wertteile nach dem höchsten Gebührensatz berechnete Gebühr.

(4) Auf bereits entstandene Gebühren ist es, soweit dieses Gesetz nichts anderes bestimmt, ohne Einfluss, wenn sich die Angelegenheit vorzeitig erledigt oder der Auftrag endigt, bevor die Angelegenheit erledigt ist.

(5) [1]Wird der Rechtsanwalt, nachdem er in einer Angelegenheit tätig geworden ist, beauftragt, in derselben Angelegenheit weiter tätig zu werden, erhält er nicht mehr an Gebühren, als er erhalten würde, wenn er von vornherein hiermit beauftragt worden wäre. [2]Ist der frühere Auftrag seit mehr als zwei Kalenderjahren erledigt, gilt die weitere Tätigkeit als neue Angelegenheit und in diesem Gesetz bestimmte Anrechnungen von Gebühren entfallen. [3]Satz 2 gilt entsprechend, wenn ein Vergleich mehr als zwei Kalenderjahre nach seinem Abschluss angefochten wird oder wenn mehr als zwei Kalenderjahre nach Zustellung eines Beschlusses nach § 23 Absatz 3 Satz 1 des Kapitalanleger-Musterverfahrensgesetzes der Kläger einen Antrag nach § 23 Absatz 4 des Kapitalanleger-Musterverfahrensgesetzes auf Wiedereröffnung des Verfahrens stellt.

(6) Ist der Rechtsanwalt nur mit einzelnen Handlungen oder mit Tätigkeiten, die nach § 19 zum Rechtszug oder zum Verfahren gehören, beauftragt, erhält er nicht mehr an Gebühren als der mit der gesamten Angelegenheit beauftragte Rechtsanwalt für die gleiche Tätigkeit erhalten würde.

I. Allgemeines

1   Die Norm des § 15 stellt die maßgebliche Grundvorschrift für den Abgeltungsbereich der Gebühren dar. Abs. 5 S. 2 bestimmt jedoch für den Fall, dass der frühere Auftrag seit mehr als zwei Kalenderjahren erledigt ist, dass die weitere Tätigkeit als neue Angelegenheit gilt und gesetzlich vorgesehene Anrechnungen entfallen. Denn auch in diesen Fällen muss sich der Anwalt wegen des Zeitablaufs wieder neu in die Angelegenheit einarbeiten.

II. Begriffe „Auftrag", „Gegenstand" und „Angelegenheit"

2   Die Rechtsanwaltsgebührenordnung schuf 1879 im Rahmen der Reichsjustizgesetze erstmals eine reichseinheitliche Regelung des Vergütungsrechts. Sie beruhte auf drei Grundideen: 1. der **Einfachheit der Gebühren** (nur einmalige Abrechnung in jedem Tätigkeitsabschnitt mittels einer pauschalen Gebühr), 2. der **Sicherheit über die Abrechnung** (Verbot der Über- und Unterschreitung der Gebührenrahmen) und 3. der **Erschwinglichkeit anwaltlicher Vertretung** für weniger Bemittelte (Anknüpfung an den Gegenstandswert anstatt an den Aufwand und die Quersubventionierung der Gebühren untereinander). Das RVG hat diese drei Grundideen im Wesentlichen übernommen und sie um die Ziele der **Erhöhung des Verbraucherschutzes** (insb. durch Vereinfachung der Regelungen), der **Deregulierung** und der **Vereinheitlichung der Gesetzesstruktur** in allen Kostengesetzen ergänzt.

3   Die Vorgängervorschrift des § 15 diente der Regelung der Einfachheit der Gebühren durch den Ausschluss der Abrechnung jedes einzelnen Tätigkeitsschritts zu Gunsten von Pauschalgebühren für definierte Verfahrensabschnitte und des Verbots der Mehrfachabrechnung der Pauschale innerhalb desselben Verfahrensabschnitts. Der **Grundsatz der Einfachheit der Gebühr** findet sich ausdrücklich in Abs. 1 und 2. Danach sind alle Tätigkeiten innerhalb der Bearbeitung mit einer **pauschalen Gebühr** abgegolten.

4   Zur Abgrenzung der Reichweite der Regelung wurde bestimmt, dass diese Begrenzung der Abrechnung anwaltlicher Leistungen nur innerhalb derselben Angelegenheit gelten soll. Der **Begriff der Angelegenheit** ist trotz vieler bekannter Unschärfen nicht gesetzlich definiert worden. Auch der Gesetzgeber des RVG hat das unterlassen, obwohl der unbedarfte Leser des RVG die verwandten, ebenfalls nicht gesetzlich definierten Begriffe des Auftrags (zB in § 7) und des Gegenstands (zB in §§ 13, 22) für bedeutungsgleich ansehen wird. Tatsächlich sind die zentralen Begriffe „Auftrag", „Gegenstand" und „Angelegenheit" **nicht bedeutungsgleich**, sondern betreffen unterschiedliche Regelungsgegenstände. Erschwerend kommt hinzu, dass zur Zeit der Reichsjustizgesetze die Terminologie des erst 20 Jahre später verabschiedeten BGB nicht mit der Begrifflichkeit des RVG identisch ist.

5   Der „Auftrag" entspricht nicht § 662 BGB. Vielmehr ist damit die **Leistungsbeschreibung der anwaltlichen Hauptleistungspflicht** aus dem Anwaltsvertrag gemeint. Aus dem Auftrag ergibt sich, was der Rechtsanwalt für den Auftraggeber vertragsgemäß tun soll und was dieser im Rahmen der synallagmatischen Beziehung

zwischen Leistung und Entgelt im Rahmen des Anwaltsvertrages abrechnen darf. Damit ist klar, dass ein Auftrag sich auf mehrere Sachverhalte und Rechtsprobleme beziehen kann.[1]

Um die anwaltliche Dienstleistung jedem zugänglich machen zu können, hat der Gesetzgeber – Abrechnungen nach § 3 und nach Teil 4, 5 und 6 VV ausgenommen – die Abrechnung an die Gegenstandswerte angeknüpft. Der Begriff des **Gegenstands** entspricht nicht dem des Prozessgegenstands in der ZPO, sondern meint die **jeweiligen Rechtsbeziehungen**, mit denen sich der Rechtsanwalt im Rahmen des erteilten Auftrags auseinandersetzen muss.[2] Jeder dieser Gegenstände wird bewertet, um ihn abrechnen zu können.　**6**

Der Gesetzgeber hat bei der Abrechnung der Wertgebühren keine lineare Funktion zwischen Wert und Gebühr vorgesehen, sondern sich für eine **degressive Steigerung** entschieden. Damit wird der Mandant begünstigt, wenn die Werte mehrerer Gegenstände zusammenzurechnen sind. Es kommt deshalb darauf an zu regeln, in welchen Fällen Gegenstände zusammen abzurechnen sind und in welchen nicht.　**7**

Die **Abgrenzung** zwischen im Rahmen des Auftrags zusammenzurechnenden Gegenständen und solchen, die nicht zusammenzurechnen sind, erfolgt mit Hilfe des Begriffs der **Angelegenheit**.　**8**

III. Die „Angelegenheit"

1. Problematik. Der Begriff der Angelegenheit ist gesetzlich nicht definiert. Die Definitionen in Rspr und Lit. sind hinsichtlich der Terminologie und ihres Inhalts nicht einheitlich; sie sind von der Notwendigkeit zur Regelung des Einzelfalls geprägt und schwer zu systematisieren. Oft gehen dabei Inhalte und Begriffe durcheinander, so dass dieselben Inhalte unterschiedlichen Begriffen zugeordnet werden und umgekehrt. Der BGH hat mit der Feststellung, dass es sich um einen „spezifisch vergütungsrechtlichen Begriff" handelt,[3] nicht viel weitergeholfen, zumal er sich selbst nicht an diese Feststellung hält.[4] Er hat dabei lediglich auf den Abgrenzungszweck abgestellt und leitet aus diesem Folgerungen ab. Die damit einhergehende dezisionistische Rspr wird der Bewertung des Gleichgewichts von Leistung und Gegenleistung nur eingeschränkt gerecht. Wünschenswert wäre eine positivistische Vorgehensweise durch eine klare, haltbare Definition des Begriffs statt einer floatenden, zweckorientierten Betrachtung.　**9**

2. Begriffsbestimmung. Ein Auftrag kann mehrere Angelegenheiten umfassen, eine Angelegenheit mehrere Gegenstände haben.[5] Aufgrund der Bewertung der Lit. und Rspr empfiehlt sich, bei der Prüfung, ob eine einheitliche Angelegenheit vorliegt, in **drei Schritten** vorzugehen.　**10**

a) Koinzidenz. Die Erteilung eines einheitlichen Auftrags indiziert das Vorliegen einer einheitlichen Angelegenheit. Der Auftrag definiert die Handlungspflichten des Rechtsanwalts im Rahmen des zwischen ihm und dem Mandanten geschlossenen Dienst- oder Werkvertrages. Deshalb ist auch **indiziell** von einer **Identität von Auftrag und Angelegenheit** auszugehen.　**11**

Die Einheitlichkeit des Auftrags ist idR gegeben, wenn er **zeitgleich erteilt** wird. Aber auch eine **sukzessive Erweiterung** des Auftrags muss der Einheitlichkeit nicht entgegenstehen.　**12**

b) Typizität. Die Gleichsetzung von Auftragserteilung und Angelegenheit passt jedoch nicht immer. Wird ein Auftrag nicht einheitlich erteilt, sondern sukzessive um weitere Gegenstände erweitert, so sollte keine gesonderte Abrechnung erfolgen. Wird andererseits ein einheitlicher Auftrag erteilt, haben die Gegenstände aber keinen sinnvollen Bezug zueinander, macht eine einheitliche Abrechnung keinen Sinn. Beide Fälle kommen häufig vor. Deshalb wird mit verschiedenen Ansätzen versucht, **typisch zusammengehörende Gegenstände** auch ohne einheitlichen Auftrag zusammenzufassen und typisch nicht zusammengehörende Gegenstände auch bei einheitlicher Auftragsvergabe zu trennen.　**13**

Ein Ansatz ist der Rückgriff auf den Prozessgegenstandsbegriff. Stammen mehrere Gegenstände aus demselben Lebenssachverhalt her, so sollen sie typischerweise zusammen gehören (**Prozessgegenstandstheorie**).[6]　**14**

Ein anderer Ansatz stellt darauf ab, ob die Bearbeitung in demselben Rahmen erfolgt. Werden mehrere Gegenstände in denselben Schriftsätzen oder Verhandlungen bearbeitet, so soll eine einheitliche Angelegenheit vorliegen (**Rahmentheorie**).[7]　**15**

Sowohl die Prozessualisten als auch die anwaltlichen Praktiker kommen mit den von ihnen vertretenen monokausalen Theorien schnell an die Grenzen. Sowohl nach der Prozessgegenstandstheorie als auch nach der Rahmentheorie sind Zusammenfassungen mehrerer Gegenstände möglich, die eigentlich nichts miteinander zu tun haben. Wird etwa die Vertretung von Erben und Vermächtnisnehmern gemeinschaftlich in Auftrag gegeben, so ist sowohl nach der Prozessgegenstandstheorie eine einheitliche Angelegenheit gegeben, weil die Ansprüche aus demselben Lebenssachverhalt herrühren, als auch nach der Rahmentheorie, wenn die Aus-　**16**

---

1 BGH NJW 2006, 2703. **2** BGH AnwBl 1984, 501; BGH 13.12.2011 – IV ZR 274/10 (Rn 9); BGH 19.10.2010 – VI ZR 237/09 (Rn 17). **3** BGH NJW 1995, 1431. **4** BGH 5.11.2009 – IX ZR 237/08. **5** BGH 26.5.2009 – IV ZR 174/08; BGH 3.8.2010 – VI ZR 113/09 (Rn 17). **6** Vgl *Teubel/Klüsener*, in: MAH-VergütungsR, 2. Aufl. 2011, § 3 Rn 47. **7** BGH 26.5.2009 – VI ZR 174/08.

einandersetzung der Erbengemeinschaft und der Anspruch auf Herausgabe des Legats in denselben Handlungsschritten geltend gemacht werden. Dabei ist die Vertretung von Erben und Vermächtnisnehmern wegen des darin angelegten Interessenkonflikts berufsrechtlich hochproblematisch.

17   Es **empfiehlt** sich daher, unabhängig von der Prozessgegenstandstheorie und der Rahmentheorie in einer **wertenden Betrachtung** zu prüfen, ob Gegenstände **typischerweise gemeinsam in Auftrag gegeben** werden und ob ein **innerer Zusammenhang** der Gegenstände besteht. Dabei haben das Herkommen aus demselben Lebenssachverhalt und die Bearbeitung im selben Rahmen eine indizielle, aber keine abschließende Bedeutung.

18   Es ist deshalb sinnvoller, mit dem **Begriff** der **Typizität** eine Abgrenzung dergestalt vorzunehmen, dass danach gefragt wird, ob die mehreren Ansprüche ihrem Sinn und nach der Lebenserfahrung **typischerweise gleichzeitig und zusammen geltend gemacht** werden. Ist diese Typizität zu bejahen, so liegt eine einheitliche Angelegenheit vor, die gemeinsam abzurechnen ist.

19   Der BGH geht dagegen von einem breiteren und unbestimmteren Begriff der Typizität im Sinne eines „inneren Zusammenhangs" aus.[8]

20   c) **Formalität.** Die Vertreter der Prozessgegenstandstheorie und der Rahmentheorie benötigen daneben ein weiteres Korrektiv. Nach Bejahung der Typizität im Sinne dieser Theorien wird deshalb zu fragen sein, ob eine Geltendmachung der mehreren Gegenstände **in demselben Prozess** möglich ist.[9] Ist das zu verneinen (etwa bei der Vertretung von Erben und Vermächtnisnehmern oder bei der Vertretung verschiedener presserechtlicher Ansprüche), so liegt eine einheitliche Angelegenheit nicht vor und eine einheitliche Abrechnung ist ausgeschlossen.

IV. Rspr-Beispiele

21   Der Gesetzgeber hat erkannt, dass die Unschärfen vielfältige Probleme aufwerfen. Er hat deshalb zwar keine gesetzliche Begriffsbestimmung vorgenommen, sondern bestimmte, häufig vorkommende Problemfälle in Einzelvorschriften geregelt (§§ 16–18; s. dort). Unabhängig davon gibt es eine große Zahl von Einzelentscheidungen:

22   **Dieselbe Angelegenheit:** Unterlassungsanspruch gegen Autor und Verlag;[10] Unterlassungsanspruch gegen Verlag und Online-Berichterstatter.[11]

23   **Verschiedene Angelegenheiten:** Scheidungs- und Scheidungsfolgenvereinbarung;[12] das Rechtsverhältnis des Rechtsstreits und das Rechtsverhältnis, das einer Streitverkündung zugrunde liegt, können unterschiedliche Angelegenheiten darstellen;[13] Vertretung mehrerer Mitglieder einer Bedarfsgemeinschaft, wenn gesonderte Bescheide ergangen sind;[14] Vertretung mehrerer Adhäsionskläger im selben Strafprozess.[15]

24   **Neue Angelegenheit:** Prüfung der Erfolgsaussichten einer anhängigen Klage und anschließende außergerichtliche Vertretung wegen desselben Gegenstands;[16] nach Abtrennung und Aussetzung wiederaufgenommenes Sorgerechtsverfahren;[17] dagegen keine neue Angelegenheit bei gleicher Sachlage im Versorgungsausgleichsverfahren, auch nicht, wenn seit der Aussetzung zwei Jahre vergangen sind.[18]

25   Einholung einer **Rechtsschutzzusage** sowie die Kommunikation mit der Rechtsschutzversicherung ist inhaltlich eine eigene Angelegenheit.[19] Soweit sich der Auftrag auch hierauf bezieht, entsteht grds. auch ein Gebührenanspruch des Rechtsanwalts für diese Tätigkeit. Vor dem Hintergrund des Normzwecks von § 49 a Abs. 5 BRAO ist jedoch davon auszugehen, dass erst die Kenntnis des Mandanten von dem Entstehen der Kostenpflicht den Vergütungsanspruch auslösen kann.[20]

V. Beratungshilfe/Berechtigungsschein

26   Der Begriff der Angelegenheit ist ein typisch vergütungsrechtlicher Begriff,[21] der einheitlich für das gesamte Vergütungsrecht gilt. Er gilt mit derselben Begriffsbestimmung auch im Beratungshilferecht. Das BerHG

---

8 BGH 19.10.2010 – IV ZR 237/09 (Rn 18).   **9** BGH 3.8.2010 – VI ZR 113/09 (Rn 17).   **10** BGH 5.10.2010 – VI ZR 152/09, MDR 2010, 1492.   **11** BGH 19.10.2010 – VI ZR 237/09, NJW 2011, 155.   **12** KG 26.1.2010 – 1 W 92/08, AGS 2010, 612. **13** Beschluss der Konferenz der Gebührenreferenten der Rechtsanwaltskammern v. 16.4.2016 (noch unveröffentlicht); anders OLG Celle MDR 2014, 117.   **14** Anders, aber unrichtig: BSG 2.4.2014 – B 4 AS 27/13 R. Dort werden Vergütungs-, Kostenerstattungs- und PKH-Bewilligungsrecht vermischt.   **15** Anders, aber unrichtig: OLG Düsseldorf 12.12.2013 – 1 Ws 416/13. Die Entscheidung verkennt, dass bereits die Einhaltung der Verschwiegenheitspflicht gegenüber dem jeweils anderen Adhäsionskläger eine einheitliche Bearbeitung im Sinne der Rahmentheorie unmöglich macht und dass zumeist auch unterschiedliche Lebenssachverhalte im Sinne der Prozessgegenstandstheorie vorliegen werden.   **16** OLG Düsseldorf 29.6.2010 – I-24 U 212/09, MDR 2010, 1496.   **17** OLG Celle 16.9.2010 – 12 WF 102/10, NJW 2010, 3791.   **18** KG 28.10.2010 – 19 WF 174/10, RVGreport 2011, 19 (die Entscheidung ist falsch, § 15 Abs. 5 S. 2 RVG).   **19** KG AnwBl 2010, 445; KG 19.3.2010 – 5 U 42/08 (Rn 38), juris; Gerold/Schmidt/*Müller-Rabe*, § 1 Rn 324; AnwK-RVG/*Mock*, § 19 Rn 8.   **20** So iE, jedoch mit teilweise fehlerhafter Begründung: OLG München 4.12.1990 – 13 U 3085/90, juris; Gerold/Schmidt/*Müller-Rabe*, § 1 Rn 337.   **21** BGH NJW 1995, 1431.

enthält keine eigene Begriffsbestimmung.[22] Der **Berechtigungsschein** für Beratungshilfe ist nur die Beschreibung des Auftrags, also der im Rahmen des Vergütungsverhältnisses zu erbringenden Tätigkeiten. Der Auftrag kann jedoch mehrere Angelegenheiten enthalten, so dass aufgrund der Bewilligung von Beratungshilfe durch einen einheitlichen Berechtigungsschein mehrere Angelegenheiten bearbeitet und auch liquidiert werden können.[23]

VI. Rechtszug (Abs. 2)

Grundsätzlich kann nach Abs. 2 jede Gebühr in derselben Angelegenheit nur einmal entstehen. 27

Der mit dem 2. KostRMoG aufgehobene Abs. 2 S. 2 sah vor, dass abweichend davon auch innerhalb derselben Angelegenheit dieselben Gebühren mehrfach abgerechnet werden können, wenn die Bearbeitung der Angelegenheit sich über mehrere Rechtszüge erstreckt. Diese Regelung findet sich seit dem 2. KostRMoG 2013 in § 17 Nr. 1, der jeden Rechtszug als verschiedene Angelegenheit bestimmt. Was unter einem **Rechtszug** zu verstehen ist, ist nicht gesetzlich definiert. Zunächst kann auf die Vorschriften der jeweiligen Verfahrensordnungen (ZPO, VwGO, SGG, StPO etc.) zurückgegriffen werden. Jedoch ist zu beachten, dass in §§ 17, 19 und 20 besondere Vorschriften für die vergütungsrechtliche Zuordnung vom und Wegordnung vom Rechtszug bestehen, die der ZPO vorgehen (vgl dort). Ob ein Rechtszug objektiv begonnen hat, ist vergütungsrechtlich unerheblich. Das RVG enthält Entgeltregelungen für vertragliche oder (zB im Falle der Beiordnung) vertragsgleiche Leistungen. Es kommt deshalb allein auf den Auftrag des Rechtsanwalts an. Ist die Instanz begonnen, erstreckt sich der Auftrag jedoch nicht auf die Tätigkeit in dieser Instanz, es fallen die Gebühren nicht erneut an. Ist die Instanz noch nicht begonnen, hat der Rechtsanwalt jedoch den Auftrag erhalten, in ihr tätig zu werden, fallen die Gebühren, soweit der Anwalt eine Tätigkeit entfaltet, die den Gebührentatbestand auslöst, bereits an. Die zum Rechtszug gehörenden Tätigkeiten werden in § 19 bestimmt. Der Tätigkeitsumfang reicht von der Vorbereitung der Instanz bis zur Abwicklung der Instanz, geht also erheblich über die Dauer der verfahrensrechtlich bestimmten Dauer der Instanz hinaus. 28

VII. Verschiedene Gebührensätze für Teile des Gegenstands (Abs. 3)

Eine Angelegenheit kann verschiedene Gegenstände beinhalten. Diese sind grds. mit einer einheitlichen Angelegenheit abzurechnen, wobei der Auftraggeber in den Genuss der Gebührendegression durch Zusammenrechnung der Werte aller Gegenstände der Angelegenheit kommt. 29

Abs. 3 meint – nicht ganz begriffsrein – zum einen den Fall, dass für verschiedene Gegenstände derselben Angelegenheit oder aber zum anderen für Teile desselben Gegenstands unterschiedliche Gebührensätze anfallen. Das kann zB sein, wenn eine beklagte Partei sich nur teilweise verteidigt und deshalb wegen eines Teilgegenstands Versäumnisurteil ergeht, während über den anderen streitig verhandelt wird, wenn ein Teilvergleich abgeschlossen wird oder wenn nur für einen Teil der Forderung Prozesskostenhilfe bewilligt wird, so dass die Abrechnung nach den Gebührentabellen zu § 2 Abs. 2 und zu § 49 erfolgen muss. In diesen Fällen wird für jeden Teilgegenstand die Gebühr gesondert berechnet. 30

Abs. 3 aE sieht für diesen Fall aber eine **Begrenzung** der insgesamt anfallenden Gebühren vor. Trotzdem die Gebühren für alle Teilgegenstände einzeln berechnet werden, darf deren Summe nicht den Betrag überschreiten, der sich bei einer einheitlichen Abrechnung nach dem höchsten Steigerungssatz ergeben würde. 31

VIII. Vorzeitige Erledigung (Abs. 4)

Die Gebühr entsteht mit der Aufnahme der Tätigkeit. Sie ist fällig, wenn der Auftrag erledigt ist. Die Art der Erledigung kann im Abschluss aller beauftragten Tätigkeiten oder aber in einer vorzeitigen Beendigung liegen. Der Anwaltsvertrag ist ein Vertrag über Dienste höherer Art. Er kann deshalb von jeder Vertragspartei jederzeit ohne Angabe von Gründen gekündigt werden (§ 626 BGB); anders ist dies bei Dauerberatungsverträgen.[24] 32

Abs. 4 stellt klar, dass eine solche vorzeitige Kündigung nichts am **Anfall der Gebühr** ändert. Hinsichtlich der **Gebührenhöhe** kommt es darauf an, ob es sich um eine Festgebühr oder eine Rahmengebühr handelt: 33

- Im Falle einer **Festgebühr** steht die Höhe der Gebühr auch bei der vorzeitigen Beendigung fest; sie ist nicht zu mindern. Allenfalls kämen gegenüber der Gebühr Einwendungen aus Schadenersatzgesichtspunkten nach §§ 627, 628 BGB in Betracht.
- Im Falle einer **Rahmengebühr** ist ein geringerer Aufwand bei der Bestimmung der Gebühr gem. § 14 Abs. 1 im Rahmen des Regelkriteriums des Umfangs der Bearbeitung zu berücksichtigen. Hierauf verweist der Zwischensatz des Abs. 4 („soweit dieses Gesetz nichts anderes bestimmt").

---

22 OLG Köln RVGreport 2010, 299. **23** KG 26.1.2010 – 1 W 92/08, AGS 2010, 612. **24** OLG Hamm NJW-RR 1995, 1530.

IX. Neue Angelegenheit (Abs. 5)

34   Grundsätzlich geht der Gesetzgeber davon aus, dass in derselben Angelegenheit Gebühren für dieselben Tätigkeiten nur einfach entstehen können. Das gilt nach **Abs. 5 S. 1** auch dann, wenn die Tätigkeit **unterbrochen** und später aufgrund eines erneuten Auftrags wieder aufgenommen wird. Damit ist jedoch nur gemeint, dass die Gebühr nicht mehrfach anfallen kann. Wird durch die erneute Wiedereinarbeitung jedoch ein größerer Aufwand verursacht, ist das durchaus bei der Bestimmung der Höhe der Gebühr nach § 14 Abs. 1 (Umfang der anwaltlichen Tätigkeit) zu berücksichtigen.

35   Hiervon macht **Abs. 5 S. 2** eine Ausnahme für den Fall, dass die Bearbeitung für eine längere Zeit unterbrochen werden muss, etwa im Falle einer Aussetzung oder einer endgültig gemeinten, aber tatsächlich nur vorübergehenden Erledigung. In einem solchen Fall ist nach einer bestimmten Zeit eine vollständige neue Wiedereinarbeitung erforderlich. Der Gesetzgeber hat deshalb bestimmt, dass nach einer Unterbrechung der Tätigkeit von **zwei Jahren** die Gebühren neu entstehen. Dogmatisch wird damit von einem neuen Auftrag mit neuer vertraglicher Vergütungsfolge ausgegangen.

X. Mehrere Einzelaufträge (Abs. 6)

36   Im Normalfall wird der Rechtsanwalt beauftragt werden, eine Angelegenheit in ihrer Gesamtheit zu bearbeiten. Es ist jedoch denkbar, dass der Auftraggeber nur eine teilweise Bearbeitung durch den Rechtsanwalt wünscht. Werden so sukzessive mehrere Aufträge zu Einzeltätigkeiten innerhalb derselben Angelegenheit erteilt, so können die Gebühren für Einzeltätigkeiten in ihrer Summe höher liegen, als es die Gebühr für die Gesamtbearbeitung wäre. Für diesen Fall sieht der Gesetzgeber eine Höhenbegrenzung auf die Höhe der Gebühr für die Gesamtbearbeitung vor.

37   Dieser Fall wird zumeist bei der Abrechnung nach Teil 4 VV (Strafsachen) kommen, weil hier in den Abschnitten 2 und 3 Abrechnungen für Einzeltätigkeiten vorgesehen sind, während Einzeltätigkeiten in den übrigen Rechtsgebieten selten gesondert und außerhalb der Gebühr Nr. 2300 VV anfallen werden.

38   Die Regelung des Abs. 6 ist sachlich wenig gerechtfertigt, denn die mehrmalige Wiedereinarbeitung in den womöglich zwischenzeitlich deutlich veränderten Sachverhalt kann einen erheblich höheren Aufwand erfordern, als er bei einer durchgängigen Bearbeitung entstehen würde.[25]

§ 15 a Anrechnung einer Gebühr

(1) Sieht dieses Gesetz die Anrechnung einer Gebühr auf eine andere Gebühr vor, kann der Rechtsanwalt beide Gebühren fordern, jedoch nicht mehr als den um den Anrechnungsbetrag verminderten Gesamtbetrag der beiden Gebühren.

(2) Ein Dritter kann sich auf die Anrechnung nur berufen, soweit er den Anspruch auf eine der beiden Gebühren erfüllt hat, wegen eines dieser Ansprüche gegen ihn ein Vollstreckungstitel besteht oder beide Gebühren in demselben Verfahren gegen ihn geltend gemacht werden.

---

25 So auch Mayer/Kroiß/*Winkler*, § 15 Rn 202.

I. Allgemeines

Das RVG ordnet in zahlreichen Fällen an, dass eine Gebühr auf die Gebühr einer nachfolgenden Angelegenheit anzurechnen ist. Diese Anrechnung soll das Gesamtaufkommen der Gebühren in den Fällen begrenzen, in denen der Aufwand des Anwalts deshalb geringer ist, weil er in einer vorangegangenen Angelegenheit bereits mit der Sache befasst war. Die gesetzgeberische Intention zeigt sich insb. bei den Anrechnungsvorschriften der Vorbem. 2.3 Abs. 4 S. 3 VV und Vorbem. 3 Abs. 4 S. 3 VV, soweit Satz- oder Betragsrahmengebühren betroffen sind. Danach darf in der nachfolgenden Angelegenheit bei der Gebührenbemessung nach § 14 Abs. 1 nicht berücksichtigt werden, „dass der Umfang der Tätigkeit infolge der vorangegangenen Tätigkeit geringer" war. Der geringere Umfang soll durch die Anrechnung der Gebühren ausgeglichen werden. **1**

Abs. 1 regelt dabei das Innenverhältnis zwischen Anwalt und Auftraggeber, während Abs. 2 das Außenverhältnis betrifft, dh das Erstattungsverhältnis des Auftraggebers mit einem Dritten. **2**

II. Abrechnung mit dem Auftraggeber (Abs. 1)

1. Selbstständigkeit der Gebühren. Mit der Regelung des Abs. 1 wird klargestellt, dass Gebühren, die aufeinander anzurechnen sind, zunächst einmal unabhängig voneinander selbstständig entstehen und zwar in voller Höhe. **3**

Ist eine Gebühr entstanden und entsteht später eine weitere Gebühr, auf die die erste Gebühr anzurechnen ist, dann führt dies entgegen der früheren Rspr des BGH nicht dazu, dass die zweite Gebühr nur in verminderter Höhe, nämlich um den Anrechnungsbetrag reduziert, entsteht. Die zweite Gebühr wird vielmehr zunächst einmal in voller Höhe ausgelöst und kann unbeschadet einer Anrechnung geltend gemacht werden. **4**

Die Anrechnung führt gegenüber dem Auftraggeber lediglich dazu, dass insgesamt nicht mehr verlangt werden kann als das um die Anrechnung verminderte Gesamtaufkommen beider Gebühren. **5**

2. Wahlrecht des Anwalts. Der Anwalt kann nach Abs. 1 frei wählen, welche der aufeinander anzurechnenden Gebühren er in voller Höhe einfordert und welche in verminderter Höhe. Er kann allerdings nicht beide Gebühren unvermindert einfordern. **6**

Beispiel: Der Anwalt hatte nach einem Gegenstandswert von 8.000 € eine 1,5-Geschäftsgebühr (Nr. 2300 VV) verdient und anschließend im gerichtlichen Verfahren eine 1,3-Verfahrensgebühr (Nr. 3100 VV). **7**

Nach Abs. 1 entstehen beide Gebühren zunächst einmal unabhängig voneinander, insgesamt kann allerdings nicht mehr beansprucht werden als der um die Anrechnung gekürzte Betrag. Insgesamt steht dem Anwalt also zu: 1,5 + 1,3 – 0,75 = 2,05.

A. Fordert der Anwalt die Geschäftsgebühr in voller Höhe ein, dann darf er von der Verfahrensgebühr lediglich noch 0,65 verlangen.

I. Außergerichtliche Vertretung (Wert: 8.000 €)

1. 1,5-Geschäftsgebühr, Nr. 2300 VV	684,00 €
2. Postentgeltpauschale, Nr. 7002 VV	20,00 €
Zwischensumme	704,00 €
3. 19 % Umsatzsteuer, Nr. 7008 VV	133,76 €
Gesamt	**837,76 €**

II. Gerichtliches Verfahren (Wert: 8.000 €)

1. 1,3-Verfahrensgebühr, Nr. 3100 VV	592,80 €
2. gem. Vorbem. 3 Abs. 4 VV anzurechnen, 0,75 aus 8.000 €	– 342,00 €
3. 1,2-Terminsgebühr, Nr. 3104 VV	547,20 €
4. Postentgeltpauschale, Nr. 7002 VV	20,00 €
Zwischensumme	818,00 €
5. 19 % Umsatzsteuer, Nr. 7008 VV	155,42 €
Gesamt	**973,42 €**
Gesamt I. + II.	**1.811,18 €**

B. Fordert der Anwalt dagegen die Verfahrensgebühr in voller Höhe ein, dann verringert sich die Geschäftsgebühr um 0,75, so dass er insoweit lediglich noch restliche 0,75 verlangen kann.

I. Gerichtliches Verfahren (Wert: 8.000 €)

1. 1,3-Verfahrensgebühr, Nr. 3100 VV	592,80 €
2. 1,2-Terminsgebühr, Nr. 3104 VV	547,20 €
3. Postentgeltpauschale, Nr. 7002 VV	20,00 €
Zwischensumme	1.160,00 €
4. 19 % Umsatzsteuer, Nr. 7008 VV	220,40 €
Gesamt	**1.380,40 €**

II. Außergerichtliche Vertretung (Wert: 8.000 €)

1. 1,5-Geschäftsgebühr, Nr. 2300 VV		684,00 €
2. gem. § 15 a RVG, Vorbem. 3 Abs. 4 VV anzurechnen, 0,75 aus 8.000 €		− 342,00 €
3. Postentgeltpauschale, Nr. 7002 VV		20,00 €
Zwischensumme	362,00 €	
4. 19 % Umsatzsteuer, Nr. 7008 VV		68,78 €
Gesamt		**430,78 €**
Gesamt I. + II.		**1.811,18 €**

Auf das Gesamtergebnis hat es keinen Einfluss, welche Gebühr auf welche angerechnet wird.

8 Das gilt auch dann, wenn Betragsrahmengebühren nach § 3 Abs. 1 S. 1 anzurechnen sind.

9 **Beispiel:** Der Anwalt hatte im sozialrechtlichen Verwaltungs- und Nachprüfungsverfahren jeweils eine Geschäftsgebühr (Mittelgebühr) verdient.

A. Wird die Geschäftsgebühr des Verwaltungsverfahrens auf die Geschäftsgebühr des Widerspruchsverfahrens angerechnet, ergibt sich folgende Abrechnung:

I. Verwaltungsverfahren

1. Geschäftsgebühr, Nr. 2302 Nr. 1 VV		345,00 €
2. Postentgeltpauschale, Nr. 7002 VV		20,00 €
Zwischensumme	365,00 €	
3. 19 % Umsatzsteuer, Nr. 7008 VV		69,35 €
Gesamt		**434,35 €**

II. Widerspruchsverfahren

1. Geschäftsgebühr, Nr. 2302 Nr. 1 VV		345,00 €
2. gem. Vorbem. 2.3 Abs. 4 S. 1 VV anzurechnen		− 172,50 €
3. Postentgeltpauschale, Nr. 7002 VV		20,00 €
Zwischensumme	192,50 €	
4. 19 % Umsatzsteuer, Nr. 7008 VV		36,58 €
Gesamt		**229,08 €**
Gesamt I. + II.		**663,43 €**

B. Wird dagegen die Anrechnung der Geschäftsgebühr des Verwaltungsverfahrens bereits dort berücksichtigt, ergibt sich folgende Abrechnung:

I. Verwaltungsverfahren

1. Geschäftsgebühr, Nr. 2302 Nr. 1 VV		345,00 €
2. gem. Vorbem. 2.3 Abs. 4 S. 1 VV anzurechnen		− 172,50 €
3. Postentgeltpauschale, Nr. 7002 VV		20,00 €
Zwischensumme	192,50 €	
4. 19 % Umsatzsteuer, Nr. 7008 VV		36,58 €
Gesamt		**229,08 €**

II. Widerspruchsverfahren

1. Geschäftsgebühr, Nr. 2302 Nr. 1 VV		345,00 €
2. Postentgeltpauschale, Nr. 7002 VV		20,00 €
Zwischensumme	365,00 €	
3. 19 % Umsatzsteuer, Nr. 7008 VV		69,35 €
Gesamt		**434,35 €**
Gesamt I. + II.		**663,43 €**

10 **3. Auslagen.** Eine Anrechnung von Auslagen ist im Gesetz nicht vorgesehen. Die Selbstständigkeit der aufeinander anzurechnenden Gebühren führt bei der Berechnung der Postentgeltpauschale der Nr. 7002 VV dazu, dass diese sich immer aus dem Gebührenaufkommen vor Anrechnung ermittelt, da die Gebühr zunächst einmal entsteht. Sie kann lediglich im Falle der Anrechnung nicht geltend gemacht werden, soweit sie angerechnet wird.

11 **4. Durchführung der Anrechnung. a) Allgemeines.** Anrechnungsvorschriften sind sowohl für Gebühren, deren Höhe sich gem. § 2 Abs. 1 nach dem Gegenstandswert richtet, als auch für Gebühren, deren Höhe sich nach Betragsrahmen richtet, bestimmt. Ausnahmsweise ist auch eine vereinbarte Gebühr anzurechnen (§ 34 Abs. 2). Auch bei Festgebühren ist eine Anrechnung vorgesehen.

12 **b) Abrechnung bei Wertgebühren. aa) Derselbe Gegenstand.** Sind die Gegenstände der aufeinander anzurechnenden Angelegenheiten identisch, ergeben sich keine Probleme. Es wird die zuerst entstandene Gebühr in vollem Umfang abgerechnet und dann der Anrechnungsbetrag bei der zweiten Rechnung wie ein Vorschuss netto in Abzug gebracht. Der Anwalt kann auch umgekehrt vorgehen (→ Rn 6). Am Ergebnis ändert sich allerdings nichts. Bedeutung hat die Reihenfolge lediglich für die Kostenerstattung und die Abrechnung mit dem Rechtsschutzversicherer (→ Rn 53 f). Nachfolgend wird zur Nachvollziehbarkeit immer von der chronologischen Methode ausgegangen werden. Zu dem abweichenden Vorgehen bei der Kostenerstattung → Rn 29 ff und bei der Abrechnung mit dem Rechtsschutzversicherer → Rn 53 f.

Beispiel: Außergerichtlich war nach einem Gegenstandswert von 8.000 € eine 1,5-Geschäftsgebühr (Nr. 2300 VV)   **13** angefallen. Anschließend kommt es zum Rechtsstreit über die 8.000 €.

I. Außergerichtliche Vertretung (Wert: 8.000 €)

1. 1,5-Geschäftsgebühr, Nr. 2300 VV		684,00 €
2. Postentgeltpauschale, Nr. 7002 VV		20,00 €
Zwischensumme	704,00 €	
3. 19 % Umsatzsteuer, Nr. 7008 VV		133,76 €
Gesamt		**837,76 €**

II. Gerichtliches Verfahren (Wert: 8.000 €)

1. 1,3-Verfahrensgebühr, Nr. 3100 VV		592,80 €
2. gem. Vorbem. 3 Abs. 4 VV anzurechnen, 0,75 aus 8.000 €		– 342,00 €
3. 1,2-Terminsgebühr, Nr. 3104 VV		547,20 €
4. Postentgeltpauschale, Nr. 7002 VV		20,00 €
Zwischensumme	818,00 €	
5. 19 % Umsatzsteuer, Nr. 7008 VV		155,42 €
Gesamt		**973,42 €**

bb) Unterschiedliche Gegenstände. Ist der Gegenstandswert der nachfolgenden Angelegenheit gleich hoch   **14** oder höher als derjenige der vorangegangenen Angelegenheit, so ist voll anzurechnen. Ist der Gegenstandswert dagegen geringer, so ist nur anzurechnen, soweit sich die Gegenstände decken. Für die Geschäftsgebühr ist dieser allgemeine Grundsatz in Vorbem. 2.3 Abs. 4 S. 4 VV und Vorbem. 3. Abs. 4 S. 4 VV ausdrücklich geregelt. Dieser Grundsatz gilt aber auch für andere Anrechnungsfälle.

Beispiel: Der Anwalt erhält einen Auftrag für ein Mahnverfahren über 7.500 €. Der Antragsgegner legt fristge-   **15** recht Widerspruch ein. Das streitige Verfahren wird nur wegen einer Forderung von 5.000 € durchgeführt, da zwischenzeitlich 2.500 € gezahlt worden sind.

Angerechnet wird analog Vorbem. 3 Abs. 4 S. 3 VV nur, soweit sich der Gegenstand der außergerichtlichen Tätigkeit im Rechtsstreit fortsetzt, also iHv 5.000 €.

I. Mahnverfahren (Wert: 7.500 €)

1. 1,0-Verfahrensgebühr, Nr. 3305 VV		456,00 €
2. Postentgeltpauschale, Nr. 7002 VV		20,00 €
Zwischensumme	476,00 €	
3. 19 % Umsatzsteuer, Nr. 7008 VV		90,44 €
Gesamt		**566,44 €**

II. Streitiges Verfahren (Wert: 5.000 €)

1. 1,3-Verfahrensgebühr, Nr. 3100 VV		393,90 €
2. anzurechnen gem. Anm. zu Nr. 3305 VV, 1,0 aus 5.000 €		– 303,00 €
3. 1,2-Terminsgebühr, Nr. 3104 VV		363,60 €
4. Postentgeltpauschale, Nr. 7002 VV		20,00 €
Zwischensumme	474,50 €	
5. 19 % Umsatzsteuer, Nr. 7008 VV		90,16 €
Gesamt		**564,66 €**

cc) Geringerer Gebührensatz in nachfolgender Angelegenheit. Ist der Gebührensatz in der nachfolgenden   **16** Angelegenheit geringer als der anzurechnende Gebührensatz, so ist die Anrechnung zu begrenzen. Es kann nicht mehr angerechnet werden, als der Anwalt in der nachfolgenden Angelegenheit erhält. Die Anrechnung kann allenfalls zu einer rechnerischen „Null" führen, aber nicht zu einem negativen Betrag.

Beispiel: Der Anwalt wehrt außergerichtlich für den Auftraggeber eine Forderung iHv 8.000 € ab. Die Sache ist   **17** umfangreich, aber durchschnittlich. Der Gegner erwirkt daraufhin einen Mahnbescheid, gegen den der Anwalt Widerspruch einlegt.

Ausgehend von einer 1,5-Geschäftsgebühr wäre diese zu einem Gebührensatz von 0,75 anzurechnen. Da der Anwalt im Mahnverfahren aber nur 0,5 erhält (Nr. 3307 VV), kann nicht mehr angerechnet werden.

I. Außergerichtliche Vertretung (Wert: 8.000 €)

1. 1,5-Geschäftsgebühr, Nr. 2300 VV		684,00 €
2. Postentgeltpauschale, Nr. 7002 VV		20,00 €
Zwischensumme	704,00 €	
3. 19 % Umsatzsteuer, Nr. 7008 VV		133,76 €
Gesamt		**837,76 €**

II. Mahnverfahren (Wert: 8.000 €)

1. 0,5-Verfahrensgebühr, Nr. 3307 VV		228,00 €
2. gem. Vorbem. 3 Abs. 4 VV anzurechnen, 0,5 aus 8.000 €		− 228,00 €
3. Postentgeltpauschale, Nr. 7002 VV		20,00 €
Zwischensumme	20,00 €	
4. 19 % Umsatzsteuer, Nr. 7008 VV		3,80 €
Gesamt		**23,80 €**

18 **dd) Mehrfach aufeinander folgende Anrechnungen.** Folgen mehrere Anrechnungsvorgänge hintereinander, wird zT die Auffassung vertreten, anzurechnen sei nur das nach Anrechnung verbleibende Gebührenaufkommen, da ja nicht mehr angerechnet werden könne, als der Anwalt erhalten hat. Diese Auffassung ist unzutreffend und widerspricht dem eindeutigen Wortlaut des Abs. 1, wonach jede Gebühr selbstständig ist und der Anwalt nicht mehr als das um die Anrechnung verminderte Gesamtaufkommen verlangen kann.[1]

19 **Beispiel:** Der Anwalt ist zunächst außergerichtlich tätig; die Sache ist weder umfangreich noch schwierig (Gegenstandswert: 10.000 €). Anschließend führt der Anwalt das selbstständige Beweisverfahren durch. Es findet ein Sachverständigentermin statt, an dem er teilnimmt. Hiernach kommt es zum Hauptsacheverfahren, in dem nach mündlicher Verhandlung ein Urteil ergeht.

Die 1,3-Geschäftsgebühr ist hälftig auf die Verfahrensgebühr des selbstständigen Beweisverfahrens anzurechnen (Vorbem. 3 Abs. 4 VV), da das selbstständige Beweisverfahren das erste nachfolgende gerichtliche Verfahren nach Teil 3 VV ist. Im Hauptsacheverfahren ist dann nach Vorbem. 3 Abs. 5 VV die volle – und nicht nur die um die Anrechnung verminderte – Verfahrensgebühr des selbstständigen Beweisverfahrens auf die Verfahrensgebühr des Rechtsstreits anzurechnen.[2]

I. Außergerichtliche Vertretung (Wert: 10.000 €)

1. 1,3-Geschäftsgebühr, Nr. 2300 VV		725,40 €
2. Postentgeltpauschale, Nr. 7002 VV		20,00 €
Zwischensumme	745,40 €	
3. 19 % Umsatzsteuer, Nr. 7008 VV		141,63 €
Gesamt		**887,03 €**

II. Selbstständiges Beweisverfahren (Wert: 10.000 €)

1. 1,3-Verfahrensgebühr, Nr. 3100 VV		725,40 €
2. gem. Vorbem. 3 Abs. 4 VV anzurechnen, 0,65 aus 30.000 €		− 362,70 €
3. 1,2-Terminsgebühr, Nr. 3104 VV		669,60 €
4. Postentgeltpauschale, Nr. 7002 VV		20,00 €
Zwischensumme	1.052,30 €	
5. 19 % Umsatzsteuer, Nr. 7008 VV		199,94 €
Gesamt		**1.252,24 €**

III. Rechtsstreit (Wert: 10.000 €)

1. 1,3-Verfahrensgebühr, Nr. 3100 VV		725,40 €
2. gem. Vorbem. 3 Abs. 5 VV anzurechnen, 1,3 aus 10.000 €		− 725,40 €
3. 1,2-Terminsgebühr, Nr. 3104 VV		669,60 €
4. Postentgeltpauschale, Nr. 7002 VV		20,00 €
Zwischensumme	689,60 €	
5. 19 % Umsatzsteuer, Nr. 7008 VV		131,02 €
Gesamt		**820,62 €**

20 **ee) Anrechnung eines überschießenden Anrechnungsbetrags auf nachfolgende Angelegenheit.** Kommt die Anrechnung der ersten Gebühr bei der unmittelbar nachfolgenden Angelegenheit nicht im vollen Umfang zum Tragen, weil der Gebührensatz oder der Gegenstandswert der nachfolgenden Angelegenheit geringer ist (→ Rn 21 f), kommt es dann aber zu einer weiteren nachfolgenden Angelegenheit, auf die auch anzurechnen ist, so wird der bisher nicht angerechnete Restbetrag nunmehr angerechnet.[3]

21 **Beispiel 1:** Der Anwalt war zunächst nach einem Wert von 12.000 € außergerichtlich tätig. Anschließend wurde ein selbstständiges Beweisverfahren über einen Teilbetrag iHv 6.000 € geführt, da nur insoweit Beweisbedürftigkeit bestand. Im Rechtsstreit werden wiederum die vollen 12.000 € geltend gemacht.

Die Geschäftsgebühr ist auf die Verfahrensgebühr des selbstständigen Beweisverfahrens anzurechnen, allerdings nur nach einem Wert von 6.000 €. Der nach Anrechnung im Beweisverfahren verbleibende Restbetrag der Geschäftsgebühr ist anschließend im Rechtsstreit anzurechnen.

---

1 BGH AGS 2010, 621 = JurBüro 2011, 80; OLG Hamm AGS 2011, 419 = NJW 2011, 3166 = JurBüro 2011, 584. **2** So iE, wenn auch mit anderer Anrechnungsreihenfolge: OLG Stuttgart AGS 2008, 384 = JurBüro 2008, 526; OLG München AGS 2009, 438 = JurBüro 2009, 475. **3** OLG Köln AGS 2009, 476 = NJW-Spezial 2009, 716; so iE auch OLG München AGS 2009, 438 m. Anm. *N. Schneider* = JurBüro 2009, 475.

I. Außergerichtliche Vertretung (Wert: 12.000 €)
1. 1,3-Geschäftsgebühr, Nr. 2300 VV — 785,20 €
2. Postentgeltpauschale, Nr. 7002 VV — 20,00 €
   Zwischensumme — 805,20 €
3. 19 % Umsatzsteuer, Nr. 7008 VV — 152,99 €
   Gesamt — **958,19 €**

II. Selbstständiges Beweisverfahren (Wert: 6.000 €)
1. 1,3-Verfahrensgebühr, Nr. 3100 VV — 460,20 €
2. anzurechnen gem. Vorbem. 3 Abs. 4 VV, 0,65 aus 6.000 € — − 230,10 €
3. Postentgeltpauschale, Nr. 7002 VV — 20,00 €
   Zwischensumme — 250,10 €
4. 19 % Umsatzsteuer, Nr. 7008 VV — 47,52 €
   Gesamt — **297,62 €**

III. Rechtsstreit
1. 1,3-Verfahrensgebühr, Nr. 3100 VV (Wert: 12.000 €) — 785,20 €
2. anzurechnen gem. Vorbem. 3 Abs. 5 VV, 1,3 aus 6.000 € — − 460,20 €
3. anzurechnen gem. Vorbem. 3 Abs. 4 VV,
   0,65 aus 12.000 € — − 392,60 €
   ./. bereits im Beweisverfahren angerechneter — 230,10 €
   — − 162,50 €
4. Terminsgebühr, Nr. 3104 VV (Wert: 12.000 €) — 724,80 €
5. Postentgeltpauschale, Nr. 7002 VV — 20,00 €
   Zwischensumme — 907,30 €
6. 19 % Umsatzsteuer, Nr. 7008 VV — 172,39 €
   Gesamt — **1.079,69 €**

Beispiel 2: Der Anwalt wehrt außergerichtlich für den Auftraggeber eine Forderung iHv 8.000 € ab. Die Sache ist **22** umfangreich, aber durchschnittlich. Der Gegner erwirkt daraufhin einen Mahnbescheid, gegen den der Anwalt Widerspruch einlegt. Hiernach kommt es zum streitigen Verfahren, in dem verhandelt wird.

Ausgehend von einer 1,5-Geschäftsgebühr wäre diese zu einem Gebührensatz von 0,75 anzurechnen. Da der Anwalt im Mahnverfahren aber nur 0,5 erhält (Nr. 3307 VV), kann nicht mehr angerechnet werden. Der nicht verbrauchte Anrechnungsbetrag iHv 0,25 ist jetzt auf das streitige Verfahren zu „übertragen" und dort anzurechnen. Daneben ist auch die 0,5-Verfahrensgebühr der Nr. 3307 VV anzurechnen.

I. Außergerichtliche Vertretung (Wert: 8.000 €)
1. 1,5-Geschäftsgebühr, Nr. 2300 VV — 684,00 €
2. Postentgeltpauschale, Nr. 7002 VV — 20,00 €
   Zwischensumme — 704,00 €
3. 19 % Umsatzsteuer, Nr. 7008 VV — 133,76 €
   Gesamt — **837,76 €**

II. Mahnverfahren (Wert: 8.000 €)
1. 0,5-Verfahrensgebühr, Nr. 3307 VV — 228,00 €
2. gem. Vorbem. 3 Abs. 4 VV anzurechnen, 0,5 aus 8.000 € — − 228,00 €
3. Postentgeltpauschale, Nr. 7002 VV — 20,00 €
   Zwischensumme — 20,00 €
4. 19 % Umsatzsteuer, Nr. 7008 VV — 3,80 €
   Gesamt — **23,80 €**

III. Gerichtliches Verfahren (Wert: 8.000 €)
1. 1,3-Verfahrensgebühr, Nr. 3100 VV — 592,80 €
2. gem. Anm. zu Nr. 3307 VV anzurechnen, 0,5 aus 8.000 € — − 228,00 €
3. gem. Vorbem. 3 Abs. 4 VV anzurechnen,
   0,75 aus 8.000 € — − 342,00 €
   ./. bereits angerechneter 0,5 aus 8.000 € — 226,00 €
   — − 116,00 €
4. 1,2-Terminsgebühr, Nr. 3104 VV — 547,20 €
5. Postentgeltpauschale, Nr. 7002 VV — 20,00 €
   Zwischensumme — 816,00 €
6. 19 % Umsatzsteuer, Nr. 7008 VV — 155,04 €
   Gesamt — **971,04 €**

23   **ff) Anrechnung mehrerer Gebühren.** Sind mehrere Gebühren aus verschiedenen einzelnen Angelegenheiten auf eine einheitliche nachfolgende Gebühr anzurechnen, ist grds. jede Gebühr anzurechnen. In analoger Anwendung des § 15 Abs. 3 darf jedoch nicht mehr angerechnet werden als ein Betrag nach dem höchsten anzurechnenden Satz aus dem Gesamtwert der einzelnen Angelegenheiten. Solche Konstellationen können bei mehreren selbstständigen Beweisverfahren zur selben nachfolgenden Hauptsache auftreten[4] oder auch im Scheidungsverbundverfahren.[5]

24   **Beispiel:** Der Anwalt führt zunächst wegen eines Teils eines Gewerks ein selbstständiges Beweisverfahren durch (Wert: 10.000 €). Später kommt es wegen eines weiteren Teilgewerks (Wert: 15.000 €) zu einem weiteren selbstständigen Beweisverfahren. Anschließend kommt es zum Rechtsstreit über das gesamte Objekt (Wert: 100.000 €). In den Beweisverfahren sind die Verfahrensgebühren jeweils aus den Einzelwerten (10.000 € und 15.000 €) angefallen. Im gerichtlichen Verfahren sind diese Gebühren nach Vorbem. 3 Abs. 5 VV anzurechnen, allerdings nicht mehr als 1,3 aus dem Gesamtwert von 25.000 €.

I. Erstes Beweisverfahren (Wert: 10.000 €)

1. 1,3-Verfahrensgebühr, Nr. 3100 VV		725,40 €
2. Postentgeltpauschale, Nr. 7002 VV		20,00 €
Zwischensumme	745,40 €	
3. 19 % Umsatzsteuer, Nr. 7008 VV		141,63 €
Gesamt		**887,03 €**

II. Zweites Beweisverfahren (Wert: 15.000 €)

1. 1,3-Verfahrensgebühr, Nr. 3100 VV		845,00 €
2. Postentgeltpauschale, Nr. 7002 VV		20,00 €
Zwischensumme	865,00 €	
3. 19 % Umsatzsteuer, Nr. 7008 VV		164,35 €
Gesamt		**1.029,35 €**

III. Gerichtliches Verfahren (Wert: 25.000 €)

1. 1,3-Verfahrensgebühr, Nr. 3100 VV		1.024,40 €
2. gem. Vorbem. 3 Abs. 5 VV anzurechnen, 1,3 aus 10.000 €		– 725,40 €
3. gem. Vorbem. 3 Abs. 5 VV anzurechnen, 1,3 aus 15.000 €		– 845,00 €
gem. § 15 Abs. 3 jedoch nicht mehr als 1,3 aus 25.000 €		– 1.024,40 €
4. 1,2-Terminsgebühr, Nr. 3104 VV		945,60 €
5. Postentgeltpauschale, Nr. 7002 VV		20,00 €
Zwischensumme	965,60 €	
6. 19 % Umsatzsteuer, Nr. 7008 VV		183,46 €
Gesamt		**1.149,06 €**

25   **5. Anrechnungsausschluss nach mehr als zwei Kalenderjahren, § 15 Abs. 5 S. 2.** Liegen zwischen der Erledigung der Angelegenheit, deren Gebühr anzurechnen ist, und dem Auftrag zur nachfolgenden Angelegenheit, in der anzurechnen ist, **mehr als zwei Kalenderjahre**, so ist nach § 15 Abs. 5 S. 2 eine Gebührenanrechnung ausgeschlossen.[6] Der Anwalt erhält dann in der nachfolgenden gerichtlichen Angelegenheit die Gebühren, ohne dass er sich die vorangegangene Gebühr hierauf anrechnen lassen muss.

26   **Beispiel:** Der Anwalt hatte außergerichtlich für den Auftraggeber im September 2013 eine Forderung geltend gemacht. Im Januar 2016 hat der Anwalt den Auftrag zur Klage erhalten, über die verhandelt wird. – Lösung: Da der Auftrag zur außergerichtlichen Vertretung seit mehr als zwei Kalenderjahren erledigt ist, kommt gem. § 15 Abs. 5 S. 2 eine Gebührenanrechnung nicht mehr in Betracht. Die Verfahrensgebühr entsteht vielmehr anrechnungsfrei.

27   **6. Anrechnung und Kürzung nach § 15 Abs. 3.** Entsteht im gerichtlichen Verfahren die Verfahrensgebühr aus verschiedenen Teilwerten zu unterschiedlichen Sätzen, ist eine vorangegangene Geschäftsgebühr aber nur aus einem dieser Teilwerte angefallen, ist erst die Anrechnung aus dem Teilwert vorzunehmen und dann ggf das Gesamtaufkommen nach § 15 Abs. 3 zu kürzen.[7]

28   **Beispiel:** Der Anwalt war für den Kläger nach einem Gegenstandswert von 10.000 € außergerichtlich tätig geworden und hatte dafür eine 1,3-Geschäftsgebühr (725,40 €) abgerechnet. Später kommt es zum Rechtsstreit, in dem

---

4 S. dazu auch OLG Frankfurt AGS 2013, 163 m. Anm. *N. Schneider.* **5** S. hierzu OLG Koblenz AGS 2009, 167 zum vergleichbaren Fall bei vorgerichtlicher Tätigkeit für mehrere Auftraggeber und einheitlichem Rechtsstreit. **6** OLG Köln AGkompakt 2009, 54; OLG Düsseldorf AGS 2009, 212 = RVGreport 2009, 181; OLG München AGS 2006, 369 = FamRZ 2006, 1561; AG Siegburg AGS 2016, 267 = NJW-Spezial 2016, 413; noch zur vergleichbaren Lage nach der BRAGO: OLG München AGS 2001, 151 = JurBüro 2000, 469 = Rpfleger 2000, 516. **7** OLG Stuttgart AGS 2009, 56 = JurBüro 2009, 246; OLG Karlsruhe AGS 2011, 165 = zfs 2011, 468 m. Anm. *Hansens;* OLG München AGS 2012, 231 = JurBüro 2012, 355 = RVGreport 2012, 176.

die 10.000 € eingeklagt werden und die Parteien darüber hinaus einen Vergleich über weitere, gerichtlich nicht anhängige 5.000 € schließen.

Im gerichtlichen Verfahren entsteht jetzt eine 1,3-Verfahrensgebühr aus 10.000 € und eine 0,8-Verfahrensdifferenzgebühr aus 5.000 €. Bevor die Kürzung nach § 15 Abs. 3 geprüft werden darf, ist die Anrechnung der vorgerichtlich entstandenen Geschäftsgebühr vorzunehmen:

1. 1,3-Verfahrensgebühr, Nr. 3100 VV (Wert: 10.000 €)	725,40 €
2. gem. Vorbem. 3 Abs. 4 VV anzurechnen, 0,75 aus 10.000 €	− 362,70 €
	362,70 €
3. 0,8-Verfahrensgebühr, Nr. 3100, 3101 VV (Wert: 5.000 €)	242,40 €

Die Höchstgrenze des § 15 Abs. 3, nicht mehr als 1,3 aus 15.000 € (845 €), ist nicht erreicht.

III. Kostenerstattung (Abs. 2)

1. Allgemeines. Während Abs. 1 das Innenverhältnis zwischen Anwalt und Auftraggeber regelt, betrifft   29
Abs. 2 die Kostenerstattung. An sich ist die Vorschrift insoweit systemwidrig in das RVG eingefügt worden, weil das RVG grds. nur das Vergütungsverhältnis zwischen Anwalt und Auftraggeber regelt (s. § 1 Abs. 1) und nicht die Kostenerstattungsansprüche des Auftraggebers gegen Dritte. Die Vorschrift wäre deshalb richtigerweise in die ZPO einzustellen gewesen. Wegen des engen Zusammenhangs hat der Gesetzgeber die Kostenerstattungsregelung jedoch in § 15 a mit aufgenommen.

2. Grundsatz. Abs. 2 bestimmt, dass sich ein Dritter grds. nicht auf eine Anrechnung berufen kann. Dies   30
hat vor allem Bedeutung für die Kostenerstattung. Da jede Gebühr selbstständig ist, kann die im Rechtsstreit obsiegende Partei grds. die Festsetzung der vollen Verfahrensgebühr verlangen und zwar unbeschadet der Anrechnung einer eventuell zuvor entstandenen Geschäftsgebühr.

Der Erstattungspflichtige kann also vor allem nicht einwenden, es sei auf Seiten des Erstattungsberechtigten   31
zuvor eine Geschäftsgebühr entstanden, daher seien die Kosten des Rechtsstreits um den anzurechnenden Betrag vermindert. Nur dann, wenn der Erstattungspflichtige selbst die anzurechnende Gebühr bereits gezahlt oder anderweitig erfüllt hat, diese gegen ihn bereits rechtskräftig tituliert ist oder sie zeitgleich gegen ihn geltend gemacht wird, kann der Dritte sich nach Abs. 2 auf die Anrechnung berufen.

Beispiel: Der Beklagte war bereits vorgerichtlich in Anspruch genommen worden und hatte die Forderung durch   32
seinen Anwalt die Forderung abwehren lassen. Hiernach kam es zum Rechtsstreit. Die Klage wurde kostenpflichtig abgewiesen. – Lösung: Der Beklagte kann unbeschadet der Anrechnung nach Vorbem. 3 Abs. 4 VV vom Kläger die Erstattung der vollen Verfahrensgebühr verlangen.

Der Grundsatz des Abs. 2 betrifft nicht nur die Kostenerstattung im gerichtlichen Verfahren, sondern seit   33
Inkrafttreten des 2. KostRMoG auch die Erstattung in verwaltungs-, sozial- und steuerrechtlichen Nachprüfungsverfahren.[8]

Beispiel: Der Anwalt war sowohl im Verwaltungsverfahren vor der Behörde als auch im Widerspruchsverfahren   34
beauftragt. Der Widerspruch ist erfolgreich. Die Behörde hat die Kosten des Widerspruchsverfahrens zu tragen. Zwar ist die Geschäftsgebühr des Verwaltungsverfahrens nach Vorbem. 2.3 Abs. 4 S. 1 VV auf die Geschäftsgebühr des Widerspruchsverfahrens anzurechnen. Die Behörde kann sich jedoch nicht auf die Anrechnung berufen, sondern muss die volle Geschäftsgebühr des Widerspruchsverfahrens ungeachtet der Anrechnung erstatten.

3. Erfüllung (Abs. 2, 1. Var.). Die Anrechnung einer Gebühr ist nach Abs. 2, 1. Var. dann bei der Kosten-   35
erstattung zu berücksichtigen, wenn die erstattungspflichtige Partei die anzurechnende Gebühr bereits gezahlt oder anderweitig erfüllt hat. Bei der Erfüllung muss es sich nicht um eine Zahlung handeln. Jede andere Erfüllung reicht auch aus, etwa eine Aufrechnung. Hauptanwendungsfall ist die Anrechnung einer vorgerichtlich entstandenen Geschäftsgebühr, die als Schadensersatz mit eingeklagt wird.

Beispiel: Der Kläger klagt auf Zahlung von 8.000 € sowie einer daraus vorgerichtlich entstandenen 1,3-Ge-   36
schäftsgebühr. Der Gegner zahlt während des Rechtsstreits sowohl die Hauptforderung als auch die vorgerichtlichen Kosten. Daraufhin wird der Rechtsstreit übereinstimmend in der Hauptsache für erledigt erklärt. Die Kosten wurden dem Beklagten auferlegt (§ 91 a ZPO).

Da der Beklagte die Geschäftsgebühr bereits gezahlt hat, kann er sich jetzt im Kostenfestsetzungsverfahren auf die Anrechnung berufen. Es dürfen lediglich noch 1,3 – 0,65 = 0,65 gegen ihn festgesetzt werden.[9]

1. 1,3-Verfahrensgebühr, Nr. 3100 VV (Wert: 8.000 €)	592,80 €
2. gem. Vorbem. 3 Abs. 4 VV anzurechnen, 0,65 aus 8.000 €	− 296,40 €
3. 1,2-Terminsgebühr, Nr. 3100 VV (Wert: 8.000 €)	547,20 €
4. Postentgeltpauschale, Nr. 7002 VV	20,00 €

---

8 SG Dresden AGS 2016, 35 = NJW-Spezial 2016, 59; SächsFG StE 2016, 405; unzutr. SG Gießen AGS 2015, 203 = NZS 2015, 320 = ASR 2015, 101. **9** OLG Köln AGS 2011, 619 = JurBüro 2012, 22.

	Zwischensumme	863,60 €
5.	19 % Umsatzsteuer, Nr. 7008 VV	164,08 €
	Gesamt	**1.027,68 €**

37   **4. Titulierung (Abs. 2, 2. Var.). a) Grundsatz.** Des Weiteren ist die Anrechnung einer Gebühr nach Abs. 2, 2. Var. bei der Kostenerstattung zu berücksichtigen, soweit sie bereits gegen die erstattungspflichtige Partei tituliert worden ist. Rechtskraft ist nicht erforderlich. Hauptanwendungsfall ist auch hier die Geschäftsgebühr.

38   **Beispiel:** Der Beklagte ist verurteilt worden, die Klageforderung iHv 8.000 € zu zahlen sowie die vorgerichtlich daraus vorgerichtlich entstandene 1,3-Geschäftsgebühr.

Der Beklagte kann sich auf die Anrechnung berufen. Er ist in der Hauptsache bereits zur Zahlung der Geschäftsgebühr verurteilt worden, muss also die 1,3-Geschäftsgebühr zahlen. Dann kann von ihm aber im Kostenfestsetzungsverfahren nicht einmal die 1,3-Verfahrensgebühr verlangt werden. Hier sind im Ergebnis lediglich noch 1,3 − 0,65 = 0,65 festzusetzen.

Abzurechnen ist wie im vorangegangenen Beispiel (→ Rn 36).

1.	1,3-Verfahrensgebühr, Nr. 3100 VV (Wert: 8.000 €)	592,80 €
2.	gem. Vorbem. 3 Abs. 4 VV anzurechnen, 0,65 aus 8.000 €	− 296,40 €
3.	1,2-Terminsgebühr, Nr. 3104 VV (Wert: 8.000 €)	547,20 €
4.	Postentgeltpauschale, Nr. 7002 VV	20,00 €
	Zwischensumme	863,60 €
5.	19 % Umsatzsteuer, Nr. 7008 VV	164,08 €
	Gesamt	**1.027,68 €**

39   Zu beachten ist, dass die Anrechnung nur im Rahmen der Titulierung vorzunehmen ist. Soweit die Titulierung hinter dem Klageantrag zurückbleibt, ist nicht auf den Antrag, sondern auf den Titel abzustellen.

40   **Beispiel:** Der Kläger klagt neben der Klageforderung auch eine daraus vorgerichtlich entstandene 1,5-Geschäftsgebühr ein, im Urteil wird aber nur eine 1,3-Geschäftsgebühr zugesprochen. – Lösung: In der Kostenfestsetzung ist jetzt nur 0,65 der Geschäftsgebühr anzurechnen, nicht 0,75.

41   **b) Problem: Gesamtvergleich.** Werden neben der Hauptsache auch vorgerichtliche Kosten mit eingeklagt und schließen die Parteien einen Vergleich über Hauptsache und vorgerichtliche Kosten, gilt Folgendes:

- Soweit sich aus dem Inhalt des Vergleichs eindeutig ergibt, inwieweit die Geschäftsgebühr in der Vergleichssumme enthalten sein soll, ist sie entsprechend bei der Kostenerstattung anzurechnen.
- Fehlt eine eindeutige Regelung, lässt sich aber im Wege der Auslegung ermitteln, inwieweit die Geschäftsgebühr nach dem Willen der Parteien in dem Vergleichsbetrag enthalten sein soll, ist ebenfalls entsprechend anzurechnen.[10]
- Fehlt eine eindeutige Regelung und lässt sich auch nicht im Wege der Auslegung ermitteln, inwieweit die Geschäftsgebühr nach dem Willen der Parteien in dem Vergleichsbetrag enthalten sein soll, scheidet eine Anrechnung aus.[11]

42   **5. Zeitgleiche Geltendmachung (Abs. 2, 3. Var.).** Schließlich kann sich ein Erstattungspflichtiger auch dann auf die Anrechnung berufen, wenn gleichzeitig zwei Gebühren gegen ihn geltend gemacht werden, die aufeinander anzurechnen sind.

43   Dabei ist erforderlich, dass beide Gebühren entweder im Erkenntnisverfahren oder beide Gebühren im Kostenfestsetzungsverfahren beansprucht werden. Es reicht nicht aus, dass eine Gebühr im Erkenntnisverfahren und die andere Gebühr im Festsetzungsverfahren geltend gemacht wird.

44   Zeitgleiche Geltendmachung im Erkenntnisverfahren kommt vor, wenn die Kosten eines vorangegangenen gerichtlichen Verfahrens nebst vorausgegangener Geschäftsgebühr begehrt werden.

45   **Beispiel:** Der Kläger hatte zur Feststellung von Mietmängeln (Wert: 8.000 €) zunächst ein selbstständiges Beweisverfahren eingeleitet. Nach Abschluss des Beweisverfahrens werden die Mängel beseitigt. Der Kläger klagt nunmehr als Schadensersatz die Kosten des Beweisverfahrens sowie die dazu gehörige vorgerichtliche 1,3-Geschäftsgebühr ein.

Auch jetzt muss der Kläger die Anrechnung gegen sich gelten lassen. Er kann zwar sowohl die 1,3-Geschäftsgebühr als auch die 1,3-Verfahrensgebühr verlangen, muss aber die Anrechnung von 0,65 gegen sich gelten lassen.

46   Ein zeitgleiches Geltendmachen im Kostenfestsetzungsverfahren kommt insb. in Verwaltungs- oder Sozialsachen vor, weil hier die Geschäftsgebühr eines Vorverfahrens festsetzbar ist.

---

10 OLG Koblenz AGS 2010, 465 = JurBüro 2010, 585; OLG Düsseldorf AGS 2012, 357 = JurBüro 2012, 141. **11** BGH AGS 2011, 6 = NJW 2011, 861 = JurBüro 2011, 188; OLG Karlsruhe AGS 2010, 209 = RVGreport 2010, 227; OLG Karlsruhe AGS 2010, 211 = JurBüro 2010, 299; OLG Karlsruhe AGS 2010, 212 = JurBüro 2010, 470; OLG Köln AGS 2010, 462 = JurBüro 2010, 526 = RVGreport 2010, 346.

Beispiel: Der Kläger beauftragt seinen Anwalt im Verwaltungsverfahren (Wert: 8.000 €), im anschließenden Wi-   47
derspruchsverfahren und im nachfolgenden Rechtsstreit vor dem VG. Die Kosten des Verfahrens einschließlich des
Widerspruchsverfahrens werden der beklagten Behörde auferlegt.

Die Geschäftsgebühr für das Verwaltungsverfahren (Nr. 2300 VV) ist nicht erstattungsfähig. Zu erstatten sind dagegen die Geschäftsgebühr des Widerspruchsverfahrens (Nr. 2300 VV) und die Verfahrensgebühr des Rechtsstreits
(Nr. 3100 VV). Während der Kläger im Nachprüfungsverfahren die Anrechnung der vorangegangenen Geschäftsgebühr nicht gegen sich gelten lassen muss, ist die Geschäftsgebühr des Nachprüfungsverfahrens im Rechtsstreit
anzurechnen, da sie zeitgleich geltend gemacht wird.

Der Kläger kann – ausgehend jeweils von der Mittelgebühr – insgesamt zur Festsetzung anmelden:

I. Widerspruchsverfahren

1. 1,5-Geschäftsgebühr, Nr. 2300 VV (Wert: 8.000 €)		684,00 €
2. Postentgeltpauschale, Nr. 7002 VV		20,00 €
Zwischensumme	704,00 €	
3. 19 % Umsatzsteuer, Nr. 7008 VV		133,76 €
Gesamt		**837,76 €**

II. Rechtsstreit

1. 1,3-Verfahrensgebühr, Nr. 3100 VV (Wert: 8.000 €)		592,80 €
2. gem. Vorbem. 3 Abs. 4 VV anzurechnen, 0,75 aus 8.000 €		– 342,00 €
3. 1,2-Terminsgebühr, Nr. 3104 VV (Wert: 8.000 €)		547,20 €
4. Postentgeltpauschale, Nr. 7002 VV		20,00 €
Zwischensumme	818,00 €	
5. 19 % Umsatzsteuer, Nr. 7008 VV		155,42 €
Gesamt		**973,42 €**
Gesamt I. + II.		**1.811,18 €**

IV. Prozess-/Verfahrenskostenhilfe

Die Regelung des Abs. 2 hat auch Bedeutung für die Abrechnung mit der Landeskasse in Prozess- oder Ver-   48
fahrenskostenhilfemandaten. Auch die Landeskasse kann sich in Anrechnungsfällen grds. nur auf Zahlungen berufen, die sie selbst geleistet hat.

Soweit die Landeskasse Beratungshilfegebühren nach den Nr. 2501, 2503 VV gezahlt hat, sind diese gem.   49
Abs. 1 iVm § 58 Abs. 1 auf die PKH-Vergütung ganz (Nr. 2501 VV) oder hälftig (Anm. Abs. 2 zu Nr. 2503
VV) anzurechnen.

Im Übrigen kann sich die Landeskasse aber nicht auf eine Anrechnung berufen. Sie kann also nicht geltend   50
machen, der Anwalt sei für die bedürftige Partei außergerichtlich als Wahlanwalt tätig gewesen, so dass
dieser dem Anwalt eine Geschäftsgebühr schulde und die Landeskasse daher nur noch die um die Anrechnung verminderte Verfahrensgebühr zu zahlen habe.

Die Landeskasse kann sich nur mittelbar auf eine Anrechnung berufen, soweit die bedürftige Partei tatsächlich   51
auf die vorgerichtliche Geschäftsgebühr Zahlungen geleistet hat. Dabei ist aber § 58 Abs. 2 zu berücksichtigen.
Tatsächlich geleistete Zahlungen der bedürftigen Partei auf anzurechnende Gebühren sind zwar grds. zu
berücksichtigen; diese Zahlungen werden aber zunächst einmal auf die nicht gedeckte Differenz zwischen
Pflicht- (§ 13) und Wahlanwaltsgebühren (§ 49) verrechnet bzw angerechnet und sind nur dann, wenn dieser
Differenzbetrag gedeckt ist, auf die PKH-Gebühren anzurechnen. Bedeutung hat dies allerdings erst für
Verfahren mit Werten über 4.000 €, weil bis 4.000 € die Wahl- und Pflichtanwaltsgebühren identisch sind.

Beispiel: Der Anwalt wird für den Auftraggeber wegen einer Forderung iHv 10.000 € als Wahlanwalt tätig. Bera-   52
tungshilfe war nicht beantragt worden. Der Anwalt hatte abgerechnet eine 1,3-Geschäftsgebühr iHv 725,40 €.
Anschließend wird er im gerichtlichen Verfahren tätig.

Hatte der Mandant die Geschäftsgebühr nicht gezahlt, ist nichts anzurechnen. Die Landeskasse muss dann die
vollen Gebühren des § 49 zahlen. Hatte der Mandant die Geschäftsgebühr gezahlt, ist die hälftige Geschäftsgebühr anzurechnen, allerdings gem. § 58 Abs. 2 zunächst auf die nicht gedeckte Wahlanwaltsvergütung.[12]

1. 1,3-Verfahrensgebühr, Nr. 3100 VV, § 49 RVG		399,10 €
2. anrechnungsfähig nach Vorbem. 3 Abs. 4 VV:		
– 0,65 aus 10.000 € nach § 13		– 362,70 €
– davon nach § 58 Abs. 2 anrechnungsfrei		
(725,40 € + 669,60 € – 399,10 € – 368,40 €)	627,50 €	
		– 0,00 €

---

12 OLG Zweibrücken AGS 2010, 329 = RVGreport 2010, 297; OLG Braunschweig RVGreport 2011, 254 = RVGprof. 2011,
151; OLG Oldenburg AGS 2011, 611 = FamRZ 2012, 244; OLG Brandenburg JurBüro 2011, 580 = AGS 2011, 549.

3.	1,2-Terminsgebühr, Nr. 3104 VV, § 49 RVG	368,40 €
4.	Postentgeltpauschale, Nr. 7002 VV	20,00 €
	Zwischensumme	787,50 €
5.	19 % Umsatzsteuer, Nr. 7008 VV	149,63 €
	Gesamt	**937,13 €**

V. Rechtsschutzversicherer

53 Auch ein Rechtsschutzversicherer ist Dritter iSd Abs. 2. Auch er kann sich auf eine Anrechnung der Geschäftsgebühr nur dann berufen, wenn er die Geschäftsgebühr gezahlt hat.

54 **Beispiel:** Der rechtsschutzversicherte Mandant beauftragt den Anwalt außergerichtlich wegen einer Forderung iHv 8.000 €. Hiernach kommt es zum Rechtsstreit über diesen Betrag. Für den Rechtsstreit erteilt der Rechtsschutzversicherer Deckungsschutz. Außergerichtlich besteht bedingungsgemäß kein Versicherungsschutz. – Lösung: Der Versicherer muss die volle Verfahrensgebühr übernehmen. Er kann sich nicht auf die Anrechnung berufen.

55 Das gilt auch für die Kostenerstattung. Die volle Verfahrensgebühr des Gegners ist auch dann vom Versicherer zu übernehmen, wenn der Mandant die nicht versicherte Geschäftsgebühr selbst gezahlt hat, so dass in der Kostenerstattung ihm gegenüber die Anrechnung der Geschäftsgebühr zu berücksichtigen ist.[13]

Abschnitt 3
Angelegenheit

§ 16 Dieselbe Angelegenheit

Dieselbe Angelegenheit sind

1. das Verwaltungsverfahren auf Aussetzung oder Anordnung der sofortigen Vollziehung sowie über einstweilige Maßnahmen zur Sicherung der Rechte Dritter und jedes Verwaltungsverfahren auf Abänderung oder Aufhebung in den genannten Fällen;

2. das Verfahren über die Prozesskostenhilfe und das Verfahren, für das die Prozesskostenhilfe beantragt worden ist;

3. mehrere Verfahren über die Prozesskostenhilfe in demselben Rechtszug;

3a. das Verfahren zur Bestimmung des zuständigen Gerichts und das Verfahren, für das der Gerichtsstand bestimmt werden soll; dies gilt auch dann, wenn das Verfahren zur Bestimmung des zuständigen Gerichts vor Klageerhebung oder Antragstellung endet, ohne dass das zuständige Gericht bestimmt worden ist;

4. eine Scheidungssache oder ein Verfahren über die Aufhebung einer Lebenspartnerschaft und die Folgesachen;

5. das Verfahren über die Anordnung eines Arrests, *zur Erwirkung eines Europäischen Beschlusses zur vorläufigen Kontenpfändung,*[1] über den Erlass einer einstweiligen Verfügung oder einstweiligen Anordnung, über die Anordnung oder Wiederherstellung der aufschiebenden Wirkung, über die Aufhebung der Vollziehung oder die Anordnung der sofortigen Vollziehung eines Verwaltungsakts und jedes Verfahren über deren Abänderung, Aufhebung *oder Widerruf;*[2]

6. das Verfahren nach § 3 Abs. 1 des Gesetzes zur Ausführung des Vertrages zwischen der Bundesrepublik Deutschland und der Republik Österreich vom 6. Juni 1959 über die gegenseitige Anerkennung und Vollstreckung von gerichtlichen Entscheidungen, Vergleichen und öffentlichen Urkunden in Zivil- und Handelssachen in der im Bundesgesetzblatt Teil III, Gliederungsnummer 319-12, veröffentlichten bereinigten Fassung, das zuletzt durch Artikel 23 des Gesetzes vom 27. Juli 2001 (BGBl. I S. 1887) geändert worden ist, und das Verfahren nach § 3 Abs. 2 des genannten Gesetzes;

7. das Verfahren über die Zulassung der Vollziehung einer vorläufigen oder sichernden Maßnahme und das Verfahren über einen Antrag auf Aufhebung oder Änderung einer Entscheidung über die Zulassung der Vollziehung (§ 1041 der Zivilprozessordnung);

8. das schiedsrichterliche Verfahren und das gerichtliche Verfahren bei der Bestellung eines Schiedsrichters oder Ersatzschiedsrichters, über die Ablehnung eines Schiedsrichters oder über die Beendigung des

---

13 AG München AGS 2011, 414 m. Anm. *Henke* = RVGreport 2011, 318. **1** *Kursive Hervorhebung:* Geplante Änderung durch Art. 13 Nr. 1 des Entwurfs eines „Gesetzes zur Durchführung der Verordnung (EU) Nr. 655/2014 sowie zur Änderung sonstiger zivilprozessualer Vorschriften (EuKoPfVODG)", BT-Drucks 18/7560, S. 21. Geplantes Inkrafttreten dieser Änderung: 18.1.2017 (s. Art. 14 Abs. 1 ÄndG). – Siehe dazu Rn 13 a. **2** Wie vor.

Schiedsrichteramts, zur Unterstützung bei der Beweisaufnahme oder bei der Vornahme sonstiger richterlicher Handlungen;

9. das Verfahren vor dem Schiedsgericht und die gerichtlichen Verfahren über die Bestimmung einer Frist (§ 102 Abs. 3 des Arbeitsgerichtsgesetzes), die Ablehnung eines Schiedsrichters (§ 103 Abs. 3 des Arbeitsgerichtsgesetzes) oder die Vornahme einer Beweisaufnahme oder einer Vereidigung (§ 106 Abs. 2 des Arbeitsgerichtsgesetzes);

10. im Kostenfestsetzungsverfahren und im Verfahren über den Antrag auf gerichtliche Entscheidung gegen einen Kostenfestsetzungsbescheid (§ 108 des Gesetzes über Ordnungswidrigkeiten) einerseits und im Kostenansatzverfahren sowie im Verfahren über den Antrag auf gerichtliche Entscheidung gegen den Ansatz der Gebühren und Auslagen (§ 108 des Gesetzes über Ordnungswidrigkeiten) andererseits jeweils mehrere Verfahren über

    a) die Erinnerung,
    b) den Antrag auf gerichtliche Entscheidung,
    c) die Beschwerde in demselben Beschwerderechtszug;

11. das Rechtsmittelverfahren und das Verfahren über die Zulassung des Rechtsmittels; dies gilt nicht für das Verfahren über die Beschwerde gegen die Nichtzulassung eines Rechtsmittels;

12. das Verfahren über die Privatklage und die Widerklage und zwar auch im Fall des § 388 Abs. 2 der Strafprozessordnung und

13. das erstinstanzliche Prozessverfahren und der erste Rechtszug des Musterverfahrens nach dem Kapitalanleger-Musterverfahrensgesetz.

I. Rechtliche Einordnung

Der Gesetzgeber ist eine grundsätzliche Definition des Begriffs der Angelegenheit schuldig geblieben. Wegen der Vielzahl der Unschärfen hat er deshalb versucht, für bestimmte Sonderfälle feste Regelungen zu treffen. Das geschieht in den §§ 16–19. Diese Vorschriften lassen sich nicht klar gegeneinander abgrenzen. Sie lassen sen es auch nicht zu, aus ihnen Schlüsse für ähnliche Fallgestaltungen zu ziehen. Vielmehr ist grds., wie in § 15 dargestellt (→ § 15 Rn 10 ff), zu prüfen, ob eine oder mehrere Angelegenheiten vorliegen, wenn nicht eine Sonderregelung in den §§ 16–19 getroffen worden ist. Zum Begriff der Angelegenheit → § 15 Rn 9 ff.

II. Die Regelungen im Einzelnen

1. Verwaltungsverfahren auf Aussetzung oder Anordnung der sofortigen Vollziehung sowie über einstweilige Maßnahmen zur Sicherung der Rechte Dritter (Nr. 1). Die Vorschrift ergänzt § 17 Nr. 1. Das Verwaltungsverfahren ist, soweit nicht durch Ländergesetzgebung eingeschränkt, mehrstufig ausgebildet. Die vorgerichtliche Bearbeitung wird dementsprechend durch § 17 Nr. 1 in verschiedene Angelegenheiten aufgespalten. Nr. 1 wiederum zieht denkbar abtrennbare Gegenstände zu derselben Angelegenheit zusammen. Das gilt für die Tätigkeit in Bezug auf vorläufige Maßnahmen der Aussetzung oder Anordnung der sofortigen Vollziehung sowie für einstweilige Maßnahmen.

In Betracht kommen insb. Verfahren nach §§ 80 Abs. 4, 80 a Abs. 1, 2 VwGO, § 69 Abs. 2 FGO und § 86 a Abs. 3 SGG. Diese Verfahren stellen gem. § 17 Nr. 1 a gegenüber dem Hauptsacheverfahren jeweils eigene Angelegenheiten dar. Sie sind deshalb gesondert abzurechnen. Für die Abrechnung gelten die Nr. 2300 und 2302 VV. Eine Kostenerstattung durch die Verwaltung erfolgt mangels einer Rechtsgrundlage nicht.

Das gesonderte Verfahren über die Vollziehung oder Sicherung der Rechte Dritter stellt in sich immer nur eine Angelegenheit dar, auch wenn nach der entsprechenden Verwaltungsentscheidung Verfahren auf Änderung oder Aufhebung dieser Entscheidung betrieben werden.

Nr. 1 gilt nur für die **außergerichtliche Tätigkeit.** Soweit sich der Auftrag auf die Vertretung in einem gerichtlichen Verfahren mit demselben Gegenstand bezieht, handelt es sich um eine gesonderte Angelegenheit (§ 17 Nr. 1 a aE).

2. Verfahren über die Prozesskostenhilfe (Nr. 2). Wird der Rechtsanwalt sowohl im Prozesskostenhilfeantragsverfahren als auch im anschließenden Hauptsacheverfahren tätig, so handelt es sich um eine Angelegenheit. Das bedeutet, dass nur eine Verfahrensgebühr entstehen kann.

Ist zunächst nur Prozesskostenhilfe beantragt, entsteht die Verfahrensgebühr Nr. 3335 VV. Mit Wegfall der aufschiebenden Bedingung bei bedingter Klageerhebung oder Erhebung der unbedingten Klage entsteht die Verfahrensgebühr Nr. 3100 VV, die zugleich die Gebühr Nr. 3335 VV konsumiert. Ab der Bewilligung von Prozesskostenhilfe wirkt zudem die Sperrwirkung des § 123 ZPO, so dass auch die Gebühr Nr. 3335 VV gegenüber dem Mandanten weder abgerechnet noch Forderungen aus einer vor der Bewilligung erfolgten Abrechnung der Prozesskostenhilfeantragsgebühr erhoben werden können.

8   Nr. 2 gilt gem. § 12 S. 1, 1. Fall für die Verfahren entsprechend, in denen Verfahrenskostenhilfe nach dem FamFG beantragt wird.

9   **3. Mehrere Verfahren über die Prozesskostenhilfe in demselben Rechtszug (Nr. 3).** Nr. 3 ist die konsequente Fortsetzung von Nr. 2. Durch die Einheit des Verfahrens bei Fortsetzung des Rechtsstreites nach Prozesskostenhilfebewilligung werden bereits alle Prozesskostenhilfeanträge Teil desselben Verfahrens und damit dieselbe Angelegenheit. Nr. 3 stellt klar, das dasselbe gilt, wenn wiederholte Prozesskostenhilfeanträge in demselben Verfahren gestellt werden oder die Abänderung oder Ausweitung von Prozesskostenhilfe beantragt wird.

10 Das Beschwerdeverfahren gehört nicht zum Rechtszug, so dass es sich um eine eigene Angelegenheit handelt.

11 **4. Verfahren zur Bestimmung des zuständigen Gerichts und das Verfahren, für das der Gerichtsstand bestimmt werden soll (Nr. 3 a).** Die Bestimmung des zuständigen Gerichts erfolgt zB im Verfahren nach §§ 36, 37 ZPO, § 53 VwGO und § 5 FamFG (**Gerichtsstandsbestimmungsverfahren**). Die Vorschrift wurde durch das 2. KostRMoG eingefügt. Mit ihr soll die Frage,[3] ob die Regelung des § 19 Abs. 1 S. 2 Nr. 3, nach der die Bestimmung des zuständigen Gerichts zum Rechtszug gehört, auch dann anzuwenden ist, wenn das Verfahren nicht zur Bestimmung des Gerichtsstands führt, geklärt werden. Die Regelung entscheidet den Streit dahin gehend, dass ein Gerichtsbestimmungsverfahren mit dem betroffenen Verfahren immer dieselbe Angelegenheit bildet[4] und somit keine gesonderte Vergütung auslöst. Dies gilt unabhängig davon, ob es zur Bestimmung gekommen ist oder nicht; das stellt Hs 2 klar, wonach auch die vorzeitige Beendigung des Zuständigkeitsstreits die Zugehörigkeit zur Instanz nicht hindert. Eine gesonderte Vergütung für das Gerichtsbestimmungsverfahren erhält der Anwalt daher nur noch dann, wenn es nicht zu einem Hauptsacheverfahren kommt oder der Anwalt dort nicht beauftragt wird. Die Regelung ergänzt § 20.

12 **5. Scheidungssache bzw Verfahren über die Aufhebung einer Lebenspartnerschaft und die Folgesachen (Nr. 4).** Nach § 137 FamFG sind die Scheidung bzw ein Verfahren über die Aufhebung einer Lebenspartnerschaft und die Folgeverfahren grds. eigenständige Verfahren und damit getrennte Angelegenheiten. Nr. 4 regelt, dass ein Verbundverfahren nach § 44 FamGKG die enthaltenen Gegenstände zu derselben Angelegenheit verbindet. Verschiedene Angelegenheiten bleiben die nicht verbundenen Verfahren auch dann, wenn sie gemeinsam verhandelt werden. Dasselbe gilt für die Abtrennung eines Gegenstands aus dem Verbund, der als gesonderte Angelegenheit fortgeführt wird.

13 **6. Gerichtsverfahren des vorläufigen Rechtsschutzes (Nr. 5); Europäischer Beschluss zur vorläufigen Kontenpfändung.** Die Verfahren auf einstweiligen Rechtsschutz und das Hauptsacheverfahren sind gem. § 17 Nr. 4 verschiedene Angelegenheiten. Die vergütungsrechtliche Angelegenheit des einstweiligen Verfahrens erstreckt sich nach Nr. 5 auf alle **Abänderungs- und Aufhebungsverfahren**. Die Vorschrift deckt nicht den Fall, dass mehrere einstweilige Verfahren durchgeführt werden; jedes dieser Verfahren ist eine gesonderte Angelegenheit. Dem Wortlaut nach ist die Vorschrift sowohl auf zivilrechtliche (ZPO, FamFG) als auch auf öffentlich-rechtliche Verfahren (VwGO, SGG) anwendbar. Neue Angelegenheiten sind das Beschwerdeverfahren und das Vollstreckungsverfahren.

13a Der RegE[5] eines „Gesetzes zur Durchführung der Verordnung (EU) Nr. 655/2014 sowie zur Änderung sonstiger zivilprozessualer Vorschriften (**EuKoPfVODG**)" plant eine Erweiterung der Nr. 5 wie folgt (Änderungen kursiv hervorgehoben): „5. das Verfahren über die Anordnung eines Arrests, *zur Erwirkung eines Europäischen Beschlusses zur vorläufigen Kontenpfändung*, über den Erlass einer einstweiligen Verfügung oder einstweiligen Anordnung, über die Anordnung oder Wiederherstellung der aufschiebenden Wirkung, über die Aufhebung der Vollziehung oder die Anordnung der sofortigen Vollziehung eines Verwaltungsakts und jedes Verfahren über deren Abänderung, Aufhebung *oder Widerruf.*" Die Erweiterung führt dazu, dass der Rechtsanwalt für Verfahren zur Aufhebung oder zum Widerruf einer Entscheidung betreffend den **Europäischen Beschluss zur vorläufigen Kontenpfändung** im Verhältnis zum Erstverfahren die Gebühren nur einmal erhält (s. § 15 Abs. 1).[6]

14 **7. Vertrag mit Österreich (Nr. 6).** Die Vorschrift erfasst die Fälle der Entscheidungen über die Reichweite der Vollstreckbarkeit von österreichischen Gerichtsentscheidungen vor und nach Rechtskraft.[7] Das Verfahren über die Umwandlung der vorläufigen in die endgültige Vollstreckbarkeit ist mit dem Verfahren über die vorläufige Vollstreckbarkeit eine einheitliche Angelegenheit.[8]

15 **8. Verfahren über die Zulassung der Vollziehung (Nr. 7).** Die Vorschrift behandelt Entscheidungen des einstweiligen Rechtsschutzes im schiedsrichterlichen Verfahren (§ 1041 ZPO). Sie entspricht der Regelung

---

3 Vgl *N. Schneider*, AGS 2007, 67.   **4** BT-Drucks 11/11471 (neu), S. 267.   **5** BT-Drucks 18/7560, S. 21.   **6** Begr. RegE, BT-Drucks 18/7560, S. 52.   **7** Vgl Mayer/Kroiß/*Rohn*, § 16 Rn 21.   **8** Vgl AnwK-RVG/*Mock/N. Schneider/Wahlen*, § 16 Rn 111 ff.

in Nr. 5, so dass alle auf Abänderung und Aufhebung gerichtete Verfahren mit dem Anordnungsverfahren eine Angelegenheit bilden.

9. Schiedsrichterliches Verfahren und Nebenverfahren (Nr. 8). Das schiedsrichterliche Verfahren und das   16
gerichtliche Verfahren bei der Bestellung des Schiedsrichters bilden dieselbe Angelegenheit, so dass hier nur
eine einheitliche Gebühr entstehen kann, wenn der Rechtsanwalt in beiden Verfahren tätig wird. Es fallen
hier die Gebühren Nr. 3327 VV und Nr. 3332 VV nur einmal an.

10. Verfahren vor dem Schiedsgericht und die gerichtlichen Verfahren nach § 102 Abs. 3, § 103 Abs. 3 und   17
§ 106 Abs. 2 ArbGG (Nr. 9). Das arbeitsgerichtlichen Schiedsverfahren und die begleitenden gerichtlichen
Verfahren bilden dieselbe Angelegenheit, so dass auch hier nur eine einheitliche Gebühr entstehen kann,
wenn der Rechtsanwalt in beiden Verfahren tätig wird. Es fallen hier die Gebühren Nr. 3327 VV und
Nr. 3332 VV nur einmal an.

11. Kostenfestsetzungsverfahren (Nr. 10). Nr. 10 wurde durch das 2. KostRMoG neu gefasst. Grundsätz-   18
lich sind mehrere Beschwerden und Erinnerungen gem. § 18 Abs. 1 Nr. 3 jeweils eigene Angelegenheiten.
Nr. 10 macht hiervon für die nur die Kosten betreffenden Verfahren eine Ausnahme, soweit diese Verfahren
dieselbe Instanz betreffen und denselben Gegenstand haben. Die Neuregelung hat hierzu auch den Fall des
Antrags auf gerichtliche Entscheidung im Ordnungswidrigkeitenverfahren hinzugezogen. Es handelt sich
dabei nur um eine Klarstellung.[9]

12. Rechtsmittelverfahren und das Verfahren über die Zulassung des Rechtsmittels (Nr. 11). Die Vorschrift   19
unterscheidet zwischen dem Verfahren auf Zulassung des Rechtsmittels und dem Verfahren der Beschwerde
gegen die Nichtzulassung. Der Beginn des Rechtsmittelverfahrens wird auf den Antrag auf Zulassung vor-
verlagert. In beiden Verfahren entstehen die Gebühren deshalb nur einheitlich. Dagegen bleiben das Verfahren über die Beschwerde gegen die Nichtzulassung und das Rechtsmittelverfahren, wie auch in § 17 Nr. 9
klargestellt, getrennte Verfahren, in denen die Gebühren besonders entstehen.

13. Verfahren über die Privatklage und die Widerklage (Nr. 12). Bei gleichem Prozessgegenstand kann sich   20
der Beschuldigte im Privatklageverfahren mit einer Widerklage gegen den Privatkläger wehren. Nach § 388
Abs. 1 und 3 StPO wird über beide Anträge in demselben Strafverfahren einheitlich entschieden. Es handelt
sich deshalb um eine einheitliche Angelegenheit. Nach § 388 Abs. 2 StPO kann aber auch ein Dritter in den
Rechtsstreit hineingezogen werden, der dann ebenfalls von einem der Prozessvertreter als Beistand oder
Verteidiger vertreten werden könnte. In diesem Falle handelt es sich um dieselbe Angelegenheit. In diesem
Falle ist eine Mehrvertretungsgebühr nach Nr. 1008 VV abrechenbar.

14. Erstinstanzliches Prozessverfahren und erstinstanzliches Verfahren nach KapMuG (Nr. 13). Das Zwi-   21
schenverfahren nach dem Kapitalanleger-Musterverfahrensgesetz (KapMuG) und das erstinstanzliche
Hauptsacheverfahren haben denselben Inhalt und laufen weitgehend parallel. Ziel des Gesetzgebers war es,
dem einzelnen Kläger durch die Bündelung mehrerer Verfahren verschiedener Anleger zu einem Musterverfahren eine Kostenerleichterung zu ermöglichen. Nr. 13 sieht wegen der Inhaltsidentität beider Verfahren
vor, dass beide Verfahren dieselbe Angelegenheit bilden sollen.

§ 17 Verschiedene Angelegenheiten

Verschiedene Angelegenheiten sind

1. das Verfahren über ein Rechtsmittel und der vorausgegangene Rechtszug,
1a. jeweils das Verwaltungsverfahren, das einem gerichtlichen Verfahren vorausgehende und der Nachprü-
    fung des Verwaltungsakts dienende weitere Verwaltungsverfahren (Vorverfahren, Einspruchsverfahren,
    Beschwerdeverfahren, Abhilfeverfahren), das Verfahren über die Beschwerde und die weitere Be-
    schwerde nach der Wehrbeschwerdeordnung, das Verwaltungsverfahren auf Aussetzung oder Anord-
    nung der sofortigen Vollziehung sowie über einstweilige Maßnahmen zur Sicherung der Rechte Dritter
    und ein gerichtliches Verfahren,
2. das Mahnverfahren und das streitige Verfahren,
3. das vereinfachte Verfahren über den Unterhalt Minderjähriger und das streitige Verfahren,

---

9 BT-Drucks 17/11471 (neu), S. 267.

4. das Verfahren in der Hauptsache und ein Verfahren über[1]
    a) die Anordnung eines Arrests,
    b) den Erlass einer einstweiligen Verfügung oder einer einstweiligen Anordnung,
    c) die Anordnung oder Wiederherstellung der aufschiebenden Wirkung, die Aufhebung der Vollziehung oder die Anordnung der sofortigen Vollziehung eines Verwaltungsakts sowie
    d) die Abänderung oder Aufhebung einer in einem Verfahren nach den Buchstaben a bis c ergangenen Entscheidung,
5. der Urkunden- oder Wechselprozess und das ordentliche Verfahren, das nach Abstandnahme vom Urkunden- oder Wechselprozess oder nach einem Vorbehaltsurteil anhängig bleibt (§§ 596, 600 der Zivilprozessordnung),
6. das Schiedsverfahren und das Verfahren über die Zulassung der Vollziehung einer vorläufigen oder sichernden Maßnahme sowie das Verfahren über einen Antrag auf Aufhebung oder Änderung einer Entscheidung über die Zulassung der Vollziehung (§ 1041 der Zivilprozessordnung),
7. das gerichtliche Verfahren und ein vorausgegangenes
    a) Güteverfahren vor einer durch die Landesjustizverwaltung eingerichteten oder anerkannten Gütestelle (§ 794 Abs. 1 Nr. 1 der Zivilprozessordnung) oder, wenn die Parteien den Einigungsversuch einvernehmlich unternehmen, vor einer Gütestelle, die Streitbeilegung betreibt (§ 15 a Abs. 3 des Einführungsgesetzes zur Zivilprozessordnung),
    b) Verfahren vor einem Ausschuss der in § 111 Abs. 2 des Arbeitsgerichtsgesetzes bezeichneten Art,
    c) Verfahren vor dem Seemannsamt zur vorläufigen Entscheidung von Arbeitssachen und
    d) Verfahren vor sonstigen gesetzlich eingerichteten Einigungsstellen, Gütestellen oder Schiedsstellen,
8. das Vermittlungsverfahren nach § 165 des Gesetzes über das Verfahren in Familiensachen und in den Angelegenheiten der freiwilligen Gerichtsbarkeit und ein sich anschließendes gerichtliches Verfahren,
9. das Verfahren über ein Rechtsmittel und das Verfahren über die Beschwerde gegen die Nichtzulassung des Rechtsmittels,
10. das strafrechtliche Ermittlungsverfahren und
    a) ein nachfolgendes gerichtliches Verfahren und
    b) ein sich nach Einstellung des Ermittlungsverfahrens anschließendes Bußgeldverfahren,
11. das Bußgeldverfahren vor der Verwaltungsbehörde und das nachfolgende gerichtliche Verfahren,
12. das Strafverfahren und das Verfahren über die im Urteil vorbehaltene Sicherungsverwahrung und
13. das Wiederaufnahmeverfahren und das wiederaufgenommene Verfahren, wenn sich die Gebühren nach Teil 4 oder 5 des Vergütungsverzeichnisses richten.

I. Rechtliche Einordnung

1 § 17 ist, wie auch §§ 16, 18 und 19, der Tatsache geschuldet, dass durch die fehlende gesetzliche Definition der Angelegenheit viele Zweifelsfälle entstehen. Der Gesetzgeber hat deshalb versucht, bestimmte Einzelfälle klarstellend zu regeln. Während § 16 regelt, dass verschiedene Tätigkeiten zu derselben Angelegenheit zusammengefasst werden, stellt § 17 klar, dass in den geregelten Fällen eine Trennung in verschiedene Angelegenheiten vorzunehmen ist. Auch § 17 kann nicht zu einer Verallgemeinerung oder als Vorlage einer Analogie dienen. Zum Begriff der Angelegenheit → § 15 Rn 9 ff.

II. Die Regelungen im Einzelnen

2 **1. Verfahren über ein Rechtsmittel und der vorausgegangene Rechtszug (Nr. 1).** Der Gesetzgeber hat die Trennung der Rechtszüge in verschiedene Angelegenheiten nunmehr mit dem 2. KostRMoG 2013 ausdrücklich geregelt. Zugleich ist die frühere identische Regelung des § 15 Abs. 2 S. 2 entfallen. Mit der Regelung der Nr. 1 wird zugleich klargestellt, dass auch verschiedene Rechtsstreite notwendig immer verschiedene Angelegenheiten darstellen.[2] Die Klarstellung war erforderlich, weil Gebührenfolgen idR an den Begriff der Angelegenheit angeknüpft werden. So entsteht zB die Auslagenpauschale Nr. 7002 VV in einer Angelegenheit nur einmal. Das wäre dem Wortlaut nach auch der Fall, wenn in einer Angelegenheit mehrere Rechtszüge bearbeitet werden. Der Gesetzgeber hat deshalb klargestellt, dass durch den Wechsel in einen anderen Rechtszug zugleich auch eine weitere Angelegenheit entsteht.[3]

---

1 Zum Wortlaut der geplanten Änderung der Nr. 4 durch Art. 13 Nr. 2 des Entwurfs eines „Gesetzes zur Durchführung der Verordnung (EU) Nr. 655/2014 sowie zur Änderung sonstiger zivilprozessualer Vorschriften (EuKoPfVODG)", BT-Drucks 18/7560, S. 21, s. Rn 14. Geplantes Inkrafttreten dieser Änderung: 18.1.2017 (s. Art. 14 Abs. 1 ÄndG). **2** Beschluss der Konferenz der Gebührenreferenten der Rechtsanwaltskammern v. 21.3.2015. **3** BT-Drucks 17/11471 (neu), S. 267.

Die **Beschleunigungsbeschwerde gem.** § 155 c FamFG ist vergütungsrechtlich eine weitere Angelegenheit. Es   2a
entstehen Gebühren nach Teil 3 Abschnitt 5 VV.[4] – Zur Beschleunigungsrüge gem. § 155 b FamFG → § 19
Rn 18.

2. Mehrere Verwaltungsverfahren (Nr. 1 a). Durch die Einfügung der neuen Nr. 1 (→ Rn 2) durch das   3
2. KostRMoG wurde die bisherige Regelung der Nr. 1 nun zu Nr. 1 a. Die Vorschrift trägt der Tatsache
Rechnung, dass das Verwaltungsverfahren vorgerichtlich regelmäßig zweigeteilt ist, wenn die Landesgesetzgebung für ihren Bereich nicht etwas anderes vorsieht. So sind das Antrags- oder Anhörungsverfahren bis
zum Erlass des Grundbescheids und das Verfahren über ein vorgerichtliches Rechtsmittel verschiedene Angelegenheiten.

Das RVG idF bis 31.7.2013 stellte für das erste vom Rechtsanwalt bearbeitete Verwaltungsverfahren den   4
vollen Gebührenrahmen zur Verfügung (Nr. 2300 und 2400 VV aF), während für das Folgeverfahren eine
Minderung der Gebühren (Nr. 2301 und 2401 VV aF) gegolten hat. Die Gebührenminderung beruhte darauf, dass für ein Folgeverfahren eine komplette Einarbeitung in den Sach- und Streitstoff nicht mehr notwendig ist.

Mit dem 2. KostRMoG hat der Gesetzgeber die gesonderten sozialrechtlichen Gebühren (Teil 2 Abschnitt 4   5
VV) abgeschafft und zudem von der Minderung auf das Anrechnungsmodell umgestellt. Damit liegt jetzt
eine einheitliche rechtliche Gestaltung für alle Rechtsgebiete und Instanzenzüge vor. Das ist zu begrüßen
und vereinfacht die Handhabung des RVG. Für die Anrechnung gilt § 15 a.

Neben dem Rechtsmittelverfahren vor der Verwaltung werden zugleich auch die Verwaltungsverfahren   6
über die Anordnung der Vollstreckbarkeit oder der Aussetzung der Vollstreckung sowie das Verfahren zur
einstweiligen Sicherung von Rechten Dritter vom Hauptsacheverfahren abgetrennt und bilden eine eigene
Angelegenheit. Das ist folgerichtig, weil sie einen anderen, zugleich weiterreichenden, als auch beschränkten Verfahrensgegenstand haben. So ist das Ziel dieser Verfahren ein anderes als das des Hauptsacheverfahrens. Dieses Verfahrensziel ist weiter reichend, weil durch die Anordnung der Vollstreckbarkeit die Wirkung der Entscheidung vorgezogen bzw durch die Aussetzung die Wirkung hinausgeschoben wird. Andererseits ist die Wirkung der zu treffenden vorläufigen Verwaltungsentscheidung zeitlich auf die Dauer bis
zur endgültigen Entscheidung beschränkt.

Häufig wird in einem Widerspruchsbescheid über mehrere Anträge und Rechtsmittel zugleich entschieden.   7
Es handelt sich aber dennoch um getrennte Angelegenheiten, die gesondert abzurechnen sind.

Bei **Beratungshilfe** sind auch das Antragsverfahren nach § 44 SGB X und das sich anschließende Wider-   7a
spruchsverfahren verschiedene Angelegenheiten, die gesonderte Gebühren nach Nr. 2503 VV auslösen.[5]

Die Trennung von Verwaltungsverfahren und gerichtlichen Verfahren in verschiedene Angelegenheiten ent-   8
spricht Nr. 1 a.

3. Mahnverfahren und das streitige Verfahren (Nr. 2). Das Mahnverfahren und das streitige Verfahren sind   9
verschiedene Angelegenheiten. Es erfolgt jedoch gem. Anm. 1 zu Nr. 3305 VV eine Anrechnung der im
Mahnverfahren entstehenden Gebühren, soweit eine Überleitung derselben Gegenstände in das streitige
Verfahren erfolgt.

4. Vereinfachtes Verfahren über den Unterhalt Minderjähriger und das streitige Verfahren (Nr. 3). Die Vor-   10
schrift betrifft die vereinfachte Unterhaltsfestsetzung durch den Rechtspfleger im Beschlussverfahren nach
§§ 249, 253 FamFG. Werden hiergegen Einwendungen erhoben, wird das streitige gerichtliche Verfahren
eingeleitet. In beiden Verfahren entsteht die Verfahrensgebühr Nr. 3100 VV. Aus § 255 Abs. 5 FamFG ist zu
schließen, dass auch die außergerichtlichen Kosten des Beschlussverfahrens auf das streitige Verfahren anzurechnen sind, obwohl es eine ausdrückliche Anrechnungsvorschrift nicht gibt.

5. Verfahren in der Hauptsache und ein gerichtliches Verfahren des vorläufigen Rechtsschutzes (Nr. 4). Die   11
Regelung spiegelt die prozessuale Eigenständigkeit der Verfahren im vorläufigen Rechtsschutz in allen Prozessordnungen wider. Ohne die Regelung könnte streitig sein, ob Hauptsache und einstweiliger Rechtsschutz verschiedene Angelegenheiten wären. Im Hinblick auf den einerseits nur beschränkten, andererseits
aber weitergehenden Prozessgegenstand liegt eine Verschiedenheit auf der Hand. Andererseits wird die
einstweilige Regelung im Normalfall ein Zwischenschritt zur Erledigung der Hauptsache sein. Die Klarstellung ist daher notwendig.

Aufgrund der Trennung in verschiedene Angelegenheiten erfolgt keine Anrechnung oder Minderung auf-   12
grund Vorbefassung zwischen Hauptsacheverfahren und einstweiligem Rechtsschutzverfahren. Vielmehr

---

4 BT-Drucks 18/9092 v. 6.7.2016, Begr. S. 21 (Beschlussempfehlung und Bericht des Ausschusses für Recht und Verbraucherschutz zu RegE BT-Drucks 18/6985 v. 9.12.2015 „Entwurf eines Gesetzes zur Änderung des Sachverständigenrechts und zur
weiteren Änderung des Gesetzes über das Verfahren in Familiensachen und in den Angelegenheiten der freiwilligen Gerichtsbarkeit"). **5** Beschluss der Konferenz der Gebührenreferenten der Rechtsanwaltskammern v. 21.3.2015.

stehen dem Rechtsanwalt für das einstweilige Rechtsschutzverfahren die entstehenden Gebühren in voller Höhe ohne Anrechnung der Gebühren für die Tätigkeit im Hauptsacheverfahren zu.

13   Die Regelung wird ergänzt durch § 16 Nr. 5 in Bezug auf die Verfahren auf Abänderung oder Aufhebung der Entscheidung im einstweiligen Rechtsschutz. Danach bilden diese Verfahren mit dem Anordnungsverfahren dieselbe Angelegenheit.

14   Der RegE[6] eines „Gesetzes zur Durchführung der Verordnung (EU) Nr. 655/2014 sowie zur Änderung sonstiger zivilprozessualer Vorschriften (EuKoPfVODG)" beabsichtigt mWz 18.1.2017 folgende Neufassung der Nr. 4:

      „4. das Verfahren in der Hauptsache und ein Verfahren

      a) auf Anordnung eines Arrests oder zur Erwirkung eines Europäischen Beschlusses zur vorläufigen Kontenpfändung,

      b) auf Erlass einer einstweiligen Verfügung oder einer einstweiligen Anordnung,

      c) über die Anordnung oder Wiederherstellung der aufschiebenden Wirkung, über die Aufhebung der Vollziehung oder über die Anordnung der sofortigen Vollziehung eines Verwaltungsakts sowie

      d) über die Abänderung, die Aufhebung oder den Widerruf einer in einem Verfahren nach den Buchstaben a bis c ergangenen Entscheidung,"

      Die Erweiterung in Buchst. a um das Verfahren zur Erwirkung eines **Europäischen Beschlusses zur vorläufigen Kontenpfändung** dient der Gleichstellung des Europäischen Kontenpfändungsbeschlusses mit dem Arrestverfahren im Übrigen.[7]

15   **6. Urkunden- oder Wechselprozess und das ordentliche Verfahren nach Abstandnahme oder nach einem Vorbehaltsurteil (Nr. 5).** Im Urkunden- und Wechselprozess sowie wegen § 605 a ZPO auch im Scheckprozess wird der Grundsatz der Einheit des Rechtszugs gem. § 15 Abs. 2 S. 2 durchbrochen. Grund ist der erhebliche inhaltliche Unterschied zwischen dem Urkunden- und dem Nachverfahren.

16   Im Falle der Verurteilung wird dem Verurteilten die Ausführung der Rechte im Nachverfahren vorbehalten (§ 599 Abs. 1 ZPO). Das Nachverfahren ist dann eine weitere, eigene Angelegenheit. Es entstehen deshalb jeweils eigene Verfahrensgebühren.[8]

17   Wegen Anm. Abs. 2 zu Nr. 3100 VV erfolgt jedoch eine Anrechnung der Verfahrensgebühren beider Angelegenheiten aufeinander, soweit die Gegenstände identisch sind. Sind die Gegenstände unterschiedlich, erfolgt die Anrechnung nur in dem Umfang, in dem Vor- und Nachverfahren deckungsgleich sind.

18   Die sonstigen anfallenden Gebühren, insb. aber etwaige Terminsgebühren, werden nicht aufeinander angerechnet.

19   **7. Schiedsverfahren und das Verfahren über die Zulassung der Vollziehung (Nr. 6).** Die Regelung widerspricht scheinbar § 16 Nr. 7. Der Grund ist die Trennung der Tätigkeit vor dem Schiedsgericht (§ 16 Nr. 7) und vor dem Streitgericht (Nr. 6), die auch prozessual unterschiedliche Anforderungen stellt.

20   **8. Gerichtliches Verfahren und vorausgegangenes Güteverfahren (Nr. 7).** Die Verfahren vor Gütestellen und das anschließende gerichtliche Verfahren in derselben Angelegenheit werden als verschiedene Angelegenheiten definiert. Die Gebühren fallen deshalb in beiden Verfahren jeweils gesondert an. Das soll umfassend für Güteverfahren aller Art gelten.

21   Die Tätigkeit vor Gütestellen ist nicht die eines gerichtlichen Verfahrens, sondern eine geschäftsführende Tätigkeit. Es fällt deshalb eine Geschäftsgebühr nach Nr. 2303 VV an. Auf sie ist eine vorher entstandene Geschäftsgebühr wegen desselben Gegenstands nach Nr. 2300 VV zur Hälfte, maximal mit 0,75, anzurechnen. Folgt ein gerichtliches Verfahren, so ist die Geschäftsgebühr Nr. 2303 VV zur Hälfte, maximal mit 0,75, auf die wegen desselben Gegenstands entstehende Verfahrensgebühr Nr. 3100 VV anzurechnen.

22   Die Aufzählung in Nr. 7 Buchst. a)–d) soll nicht abschließend sein; das ergibt sich aus Buchst. d) („Verfahren vor sonstigen gesetzlich eingerichteten Einigungsstellen, Gütestellen oder Schiedsstellen"). Güte- und Schlichtungsstellen sind insb. die nach § 15 a EGZPO eingerichteten Stellen.

23   Nicht unter Nr. 7 fallen gerichtliche Güteverhandlungen und Mediationsverfahren; diese gehören zum gerichtlichen Rechtszug. Auch Verhandlungen vor privat eingerichteten Gütestellen, etwa den Schlichtungsstellen und Gutachterkommissionen der Ärztekammern, werden nicht von dieser Vorschrift erfasst.[9]

24   **9. Vermittlungsverfahren nach § 165 FamFG und ein nachfolgendes gerichtliches Verfahren (Nr. 8).** Mit § 165 FamFG wird ein Vermittlungsverfahren vor dem Familiengericht eingerichtet. Damit soll eine gütliche Einigung an Stelle einer streitigen gerichtlichen Auseinandersetzung gefördert werden.

---

6 BT-Drucks 18/7560, S. 21.   **7** Begr. RegE, BT-Drucks 18/7560, S. 52.   **8** Insoweit unrichtig *Hartmann*, KostG, § 17 RVG Rn 24.   **9** *Madert*, AGS 2001, 50.

Es handelt sich um ein gerichtliches Verfahren. Es entstehen also Verfahrensgebühren nach Nr. 3100 VV. 25
Auf die im anschließenden gerichtlichen Verfahren anfallende Verfahrensgebühr Nr. 3100 VV wird die Verfahrensgebühr des Vermittlungsverfahrens angerechnet (Anm. 3 zu Nr. 3100 VV).

10. Verfahren über ein Rechtsmittel und das Verfahren über die Nichtzulassungsbeschwerde (Nr. 9). Die 26
gesondert ausgestalteten Verfahren über die Beschwerde gegen die Nichtzulassung des Rechtsmittels und
das Rechtsmittelverfahren sind verschiedene Angelegenheiten. Die Verfahrensgebühr wird auf die des nachfolgenden Rechtsmittelverfahrens angerechnet (vgl Anm. zu Nr. 3504, 3506, 3511, 3512 VV) (iÜ → § 16
Rn 19).

11. Strafrechtliches Ermittlungsverfahren und ein nach dessen Einstellung sich anschließendes Bußgeldverfahren (Nr. 10). Die Regelung der Nr. 10 bestimmt die vergütungsrechtliche Trennung zwischen dem straf- 27
rechtlichen Ermittlungsverfahren einerseits und dem sich anschließenden gerichtlichen Verfahren (Buchst. a)
bzw dem sich nach Einstellung des Ermittlungsverfahrens anschließenden Bußgeldverfahren (Buchst. b) andererseits. Die Vorschrift wurde durch das 2. KostRMoG neu gefasst; es handelt sich nicht um eine inhaltliche Änderung, sondern lediglich um eine Klarstellung. Infolgedessen ist die neugefasste gesetzliche Regelung auch in Altverfahren, in denen das RVG in der Fassung vor dem 1.8.2013 gilt, anzuwenden.

Straf- und Bußgeldverfahren wegen desselben Prozessgegenstands sind verschiedene Angelegenheiten. Alle 28
Gebühren fallen deshalb in beiden Verfahren gesondert an.

Die Grundgebühr ist nach heute mehrheitlicher Auffassung keine Garantiegebühr, sondern entsteht nur bei 29
der erstmaligen Informationsaufnahme. Danach kann die Grundgebühr beim sukzessiven Übergang vom
Straf- zum Bußgeldverfahren nur im Strafverfahren entstehen.

Die Verfahrensgebühren entstehen in beiden Verfahren gesondert. Anrechnungsvorschriften bestehen nicht. 30

Die Erledigungsgebühren Nr. 4141 und 5115 VV entstehen jeweils innerhalb jedes Verfahrens. Das stellt 31
Nr. 10 klar. Die entgegenstehende Rspr ist gesetzeswidrig. Den besonderen strafrechtlichen Verfahrensbegriff des BGH[10] kennt das RVG nicht. Nach mehrfachem Wechsel der Rspr[11] ist zu hoffen, dass der BGH
zur richtigen Anwendungsweise in Übereinstimmung mit dem RVG zurückfindet.

12. Bußgeldverfahren vor der Verwaltungsbehörde und ein nachfolgendes gerichtliches Bußgeldverfahren 32
(Nr. 11). Die Regelung der Nr. 11 wurde durch das 2. KostRMoG eingeführt. Sie bestimmt, dass – wie im
Strafrecht – auch im Bußgeldrecht eine vergütungsrechtliche Trennung zwischen Ermittlungsverfahren einerseits und dem gerichtlichen Verfahren andererseits besteht. Es fallen deshalb alle Gebühren in beiden
Angelegenheiten gesondert an. Das gilt auch für die Auslagenpauschale Nr. 7002 VV. Es handelt sich nicht
um eine Änderung der Rechtslage, sondern um eine Klarstellung.

13. Strafverfahren und das Verfahren über die im Urteil vorbehaltene Sicherungsverwahrung 33
(Nr. 12). Wird im Strafurteil eine Entscheidung über die Sicherungsverwahrung vorbehalten, erfolgt ein gesondertes Verfahren nach § 275 a StPO. In diesem Verfahren entstehen die Gebühren nach Teil 4 Abschnitt 1 VV besonders, auch die Postentgeltpauschale Nr. 7002 VV entsteht neu. Eine Anrechnung der Gebühren findet nicht statt.

14. Wiederaufnahmeverfahren und das wiederaufgenommene Verfahren, wenn sich die Gebühren nach 34
Teil 4 oder 5 VV richten (Nr. 13). In Straf- und Bußgeldangelegenheiten sind das Verfahren über die Wiederaufnahme und das wiederaufgenommene Verfahren verschiedene Angelegenheiten. Das Verfahren über
die Wiederaufnahme bezweckt die Beseitigung der Rechtskraft, nicht aber eine abschließende Entscheidung
über die Schuld des Angeklagten. Es handelt sich deshalb um verschiedene Angelegenheiten, was Nr. 12
klarstellt.

Die Vorschrift bezieht sich nur auf die Wiederaufnahme nach einer rechtskräftigen gerichtlichen Entscheidung, nicht auf den Fall, dass das Verfahren nach einer vorläufigen Einstellung weitergeführt wird. 35

§ 18 Besondere Angelegenheiten

(1) Besondere Angelegenheiten sind

1. jede Vollstreckungsmaßnahme zusammen mit den durch diese vorbereiteten weiteren Vollstreckungshandlungen bis zur Befriedigung des Gläubigers; dies gilt entsprechend im Verwaltungszwangsverfahren (Verwaltungsvollstreckungsverfahren);
2. jede Vollziehungsmaßnahme bei der Vollziehung eines Arrests oder einer einstweiligen Verfügung (§§ 928 bis 934 und 936 der Zivilprozessordnung), die sich nicht auf die Zustellung beschränkt;

---

10 BGH 5.11.2009 – IX ZR 237/08. **11** Vgl *Burhoff*, RVG Straf- und Bußgeldsachen, 2. Aufl., Teil B, „Anmerkung", Rn 15.

3. solche Angelegenheiten, in denen sich die Gebühren nach Teil 3 des Vergütungsverzeichnisses richten, jedes Beschwerdeverfahren, jedes Verfahren über eine Erinnerung gegen einen Kostenfestsetzungsbeschluss und jedes sonstige Verfahren über eine Erinnerung gegen eine Entscheidung des Rechtspflegers, soweit sich aus § 16 Nummer 10 nichts anderes ergibt;

4. das Verfahren über Einwendungen gegen die Erteilung der Vollstreckungsklausel, auf das § 732 der Zivilprozessordnung anzuwenden ist;

5. das Verfahren auf Erteilung einer weiteren vollstreckbaren Ausfertigung;

6. jedes Verfahren über Anträge nach den §§ 765 a, 851 a oder 851 b der Zivilprozessordnung und jedes Verfahren über Anträge auf Änderung oder Aufhebung der getroffenen Anordnungen, jedes Verfahren über Anträge nach § 1084 Absatz 1, § 1096 oder § 1109 der Zivilprozessordnung und über Anträge nach § 31 des Auslandsunterhaltsgesetzes;

7. das Verfahren auf Zulassung der Austauschpfändung (§ 811 a der Zivilprozessordnung);

8. das Verfahren über einen Antrag nach § 825 der Zivilprozessordnung;

9. die Ausführung der Zwangsvollstreckung in ein gepfändetes Vermögensrecht durch Verwaltung (§ 857 Abs. 4 der Zivilprozessordnung);

10. das Verteilungsverfahren (§ 858 Abs. 5, §§ 872 bis 877, 882 der Zivilprozessordnung);

11. das Verfahren auf Eintragung einer Zwangshypothek (§§ 867, 870 a der Zivilprozessordnung);

12. die Vollstreckung der Entscheidung, durch die der Schuldner zur Vorauszahlung der Kosten, die durch die Vornahme einer Handlung entstehen, verurteilt wird (§ 887 Abs. 2 der Zivilprozessordnung);

13. das Verfahren zur Ausführung der Zwangsvollstreckung auf Vornahme einer Handlung durch Zwangsmittel (§ 888 der Zivilprozessordnung);

14. jede Verurteilung zu einem Ordnungsgeld gemäß § 890 Abs. 1 der Zivilprozessordnung;

15. die Verurteilung zur Bestellung einer Sicherheit im Fall des § 890 Abs. 3 der Zivilprozessordnung;

16. das Verfahren zur Abnahme der Vermögensauskunft (§§ 802 f und 802 g der Zivilprozessordnung);

17. das Verfahren auf Löschung der Eintragung im Schuldnerverzeichnis (§ 882 e der Zivilprozessordnung);

18. das Ausüben der Veröffentlichungsbefugnis;

19. das Verfahren über Anträge auf Zulassung der Zwangsvollstreckung nach § 17 Abs. 4 der Schifffahrtsrechtlichen Verteilungsordnung;

20. das Verfahren über Anträge auf Aufhebung von Vollstreckungsmaßregeln (§ 8 Abs. 5 und § 41 der Schifffahrtsrechtlichen Verteilungsordnung) und

21. das Verfahren zur Anordnung von Zwangsmaßnahmen durch Beschluss nach § 35 des Gesetzes über das Verfahren in Familiensachen und in den Angelegenheiten der freiwilligen Gerichtsbarkeit.

(2) Absatz 1 gilt entsprechend für

1. die Vollziehung eines Arrestes und

2. die Vollstreckung

nach den Vorschriften des Gesetzes über das Verfahren in Familiensachen und in den Angelegenheiten der freiwilligen Gerichtsbarkeit.

I. Rechtliche Einordnung

1 § 18 dient, wie auch die §§ 16, 17 und 19, der Klarstellung bei bestimmten Zweifelsfragen zur Bestimmung der Einheit von Angelegenheiten. Wie sich aus Abs. 2 ergibt, können die Wertungen der einzelnen geregelten Fälle nicht Grundlage für Analogieentscheidungen sein. Zum Begriff der Angelegenheit → § 15 Rn 9 ff.

II. Die Regelungen des Abs. 1 im Einzelnen

2 **1. Vollstreckungsmaßnahmen; Verwaltungszwangsverfahren (Abs. 1 Nr. 1).** Jede Vollstreckungsmaßnahme ist grds. eine eigene Angelegenheit. Andererseits gehören die zu der Maßnahme vorgenommenen Handlungen mit zu dieser Angelegenheit. Das sind insb. die Vollstreckungsankündigung und die Einholung von Informationen (zB EMA-Anfragen).[1] Auch die Fortsetzung derselben Maßnahme (zB nach einem Wohnortwechsel des Schuldners) oder die Ausweitung der Vollstreckung (zB vom Ort der Wohnung auf das Geschäftslokal und der Antrag auf Durchsuchung) gehört zu derselben Vollstreckungsmaßnahme. Ebenso gehören zur Vollstreckungsmaßnahme alle Vorbereitungshandlungen, zB die Einholung einer Zulassung der Vollstreckung gegen eine Gebietskörperschaft durch die Aufsichtsbehörde nach den kommunalrechtlichen Vorschriften.

---

[1] BGH FamRZ 2004, 536.

Dagegen sind unterschiedliche Maßnahmen stets verschiedene Angelegenheiten, wenn also etwa nach der Sachpfändung eine Kontenpfändung eingeleitet wird. 3

Wird ein wiederholter Auftrag derselben Art von Vollstreckungsmaßnahmen erteilt, gehört er nicht zur derselben Angelegenheit, wenn die vorangegangene Maßnahme abgeschlossen war, zB durch Auftragsrücknahme oder Feststellung der Fruchtlosigkeit durch den Gerichtsvollzieher. 4

2. Vollziehungsmaßnahmen (Abs. 1 Nr. 2). Inhaltlich entspricht Abs. 1 Nr. 2 der Regelung in Abs. 1 Nr. 1; sie zielt jedoch auf die Vollstreckungsmaßnahmen im einstweiligen Rechtsschutz. Die Zustellung des Titels gehört noch zum Rechtszug, weil nur durch die rechtzeitige Zustellung die Wirksamkeit der vorläufigen Entscheidung gesichert ist (§ 19 Abs. 1 S. 2 Nr. 16). Die darüber hinausgehenden Vollziehungsmaßnahmen stellen jedoch eine besondere Angelegenheit dar. 5

3. Angelegenheiten mit Gebühren nach Teil 3 VV, Beschwerde- und Erinnerungsverfahren (Abs. 1 Nr. 3). Die Vorschrift gilt für alle Beschwerden, soweit Teil 3 VV anwendbar ist. Ausgenommen sind die gem. § 16 Nr. 10 zusammengefassten Verfahren sowie die in § 19 Abs. 1 S. 2 Nr. 5 und Abs. 2 Nr. 2 genannten Maßnahmen. Jede Erinnerung und Beschwerde stellt eine gesonderte Angelegenheit dar. Mit der Neufassung ab dem 1.8.2013 wird klargestellt, dass nicht nur Erinnerungen gegen Entscheidungen des Rechtspflegers, sondern auch solche gegen Entscheidungen des Urkundsbeamten der Geschäftsstelle bei den Verwaltungs- und Sozialgerichten gemeint sind.[2] 6

4. Verfahren über Einwendungen gegen die Erteilung der Vollstreckungsklausel, auf das § 732 ZPO anzuwenden ist (Abs. 1 Nr. 4). Das Klauselerteilungsverfahren wird durch die Vorschrift der Nr. 4 von dem späteren Vollstreckungsverfahren getrennt. Die Klauselerteilung gehört zum Rechtszug der Hauptsache. Einwendungen gegen die Zulässigkeit der Klausel, die nach Erteilung der Klausel erhoben werden, stellen eine besondere Angelegenheit dar und lösen eine eigene Gebühr aus. Ein Verfahren über den Erlass einer einstweiligen Anordnung während der Zulässigkeitsprüfung, das nach § 732 Abs. 2 ZPO möglich ist, gehört gem. § 19 Abs. 1 S. 2 Nr. 11 zur Angelegenheit und löst keine eigenen Gebühren aus, es sei denn, dass eine mündliche Verhandlung über den Erlass der einstweiligen Anordnung stattfindet. Die Gebühr fällt auch bereits für die Prüfung der Erfolgsaussichten des Antrags an. 7

5. Verfahren auf Erteilung einer weiteren vollstreckbaren Ausfertigung (Abs. 1 Nr. 5). Die erstmalige Erteilung der vollstreckbaren Ausfertigung gehört zum Rechtszug, § 19 Abs. 1 S. 2 Nr. 13. Die Erteilung weiterer Ausfertigungen erfolgt in einem gesonderten gerichtlichen Verfahren und stellt deshalb eine gesonderte Angelegenheit dar. Die gleichzeitige Beantragung mehrerer weiterer Ausfertigungen ist dieselbe Angelegenheit; die sukzessive Beantragung mehrerer weiterer Ausfertigungen stellt mehrere besondere Angelegenheiten dar. Die Umschreibung der Ausfertigung auf einen Rechtsnachfolger richtet sich nach § 19 Abs. 1 S. 2 Nr. 13. Die Gebühr fällt auch bereits für die Prüfung der Erfolgsaussichten des Antrags an. 8

6. Verfahren über Anträgen nach den §§ 765 a, 851 a oder 851 b ZPO und jedes Verfahren über Anträge auf Änderung oder Aufhebung der getroffenen Anordnungen, jedes Verfahren über Anträge nach § 1084 Abs. 1, § 1096 oder § 1109 ZPO und über Anträge nach § 31 AUG (Abs. 1 Nr. 6). Vollstreckungsschutzverfahren und Verfahren auf Abänderung oder Aufhebung von Vollstreckungsanordnungen stellen gegenüber dem Verfahren auf Anordnung der Maßnahme gesonderte Verfahren dar. Gemeint sind nur gerichtliche Verfahren, nicht jedoch Entscheidungen des Gerichtsvollziehers in eigener Zuständigkeit. Mehrere verschiedene oder sukzessive Anträge stellen jeweils weitere gesonderte Angelegenheiten dar. Eine einstweilige Anordnung vor der endgültigen Vollstreckungsschutzentscheidung ist möglich; das Verfahren über die einstweilige Anordnung ist gem. § 19 Abs. 1 S. 2 Nr. 11 Teil des Rechtszugs und löst keine gesonderten Gebühren aus, wenn nicht eine gesonderte mündliche Verhandlung stattfindet. 9

7. Verfahren auf Zulassung der Austauschpfändung (Abs. 1 Nr. 7). Nr. 7 betrifft nicht die vom Gerichtsvollzieher ausgehende Austauschpfändung (§ 811 b ZPO), sondern das gerichtliche Verfahren aufgrund eines Antrags des Schuldners auf Austauschpfändung (§ 811 a ZPO). Mehrere solche Anträge stellen jeweils gesonderte Angelegenheiten dar, wenn sie sich auf verschiedene Gegenstände richten oder wenn nach Ablehnung ein erneuter Antrag gestellt wird. 10

8. Verfahren über einen Antrag nach § 825 ZPO (Abs. 1 Nr. 8). Nr. 8 bezieht sich wegen des eindeutigen Wortlauts nur auf die **Verwertung von Sachen nach § 825 ZPO** und nicht auch auf die Verwertung von Forderungen nach § 844 ZPO. Mehrere Aufträge zu einer Verwertung gem. § 825 ZPO sind eine einheitliche Angelegenheit, wenn sie sich auf denselben Gegenstand beziehen, jedoch verschiedene Angelegenheiten, wenn sie sich auf verschiedene Gegenstände beziehen.[3] 11

2 BT-Drucks 17/11471 (neu), S. 267. **3** *Hartmann*, KostG, § 18 RVG Rn 41.

12 **9. Ausführung der Zwangsvollstreckung in ein gepfändetes Vermögensrecht durch Verwaltung (Abs. 1 Nr. 9).** Nr. 9 bezieht sich auf die Verwaltung eines unveräußerlichen Rechts, soweit dessen Ausübung gem. § 847 Abs. 3 ZPO einem Dritten überlasen werden kann. Solche Rechte können Nießbrauch, beschränkte persönliche Dienstbarkeiten und schuldrechtliche Besitzrechte aus Miete, Pacht oder Leasing sein.

13 Die Pfändung in die Nutzungsrechte erfordert eine Verwaltung, die durch das Gericht gem. § 857 Abs. 4 ZPO angeordnet wird. Die Herbeiführung der Anordnung wird nach Nr. 3309 VV vergütet; die Verwaltungstätigkeit selbst stellt eine besondere Angelegenheit dar. Sie dauert vom ersten Verwaltungsakt bis zur Befriedigung des Gläubigers oder zur Beendigung der Verwaltung.

14 **10. Verteilungsverfahren gem. § 858 Abs. 5, §§ 872–877, 882 ZPO (Abs. 1 Nr. 10).** Nr. 10 bezieht sich ausschließlich auf das im Wortlaut genannte Verteilungsverfahren. Die Tätigkeit bis zur Anordnung des Verteilungsverfahrens wird mit Nr. 3309 VV vergütet. Die Tätigkeit im Verteilungsverfahren stellt eine besondere Angelegenheit dar. Sie dauert vom ersten Tätigkeitsschritt im Rahmen des Verteilungsverfahrens bis zur Befriedigung des Gläubigers oder zur Beendigung der Verteilung.

15 **11. Verfahren auf Eintragung einer Zwangshypothek gem. §§ 867, 870 a ZPO (Abs. 1 Nr. 11).** Nr. 11 bezieht sich allein auf die Eintragung der Zwangshypothek einschließlich aller notwendigen vorbereitenden und begleitenden Tätigkeiten. Sie gilt nicht für ähnliche Vollstreckungsmaßnahmen und auch nicht für Tätigkeiten, die für die Eintragung nicht notwendig sind. Solche Tätigkeiten liegen häufig außerhalb der Vollstreckung, so dass für sie nicht eine Gebühr nach Nr. 3309 VV, sondern nach Nr. 2300 VV abzurechnen ist, etwa bei Berichtigungsanträgen oder der Beschaffung von Genehmigungen.

16 **12. Vollstreckung wegen eines Kostenvorschusses (Abs. 1 Nr. 12); Verfahren zur Ausführung der Zwangsvollstreckung auf Vornahme einer Handlung durch Zwangsmittel (Abs. 1 Nr. 13).** Nr. 12 und 13 trennen das Verfahren auf Kostenvorschuss für vertretbare Maßnahmen und die Durchführung der vertretbaren Maßnahmen voneinander und von anderen Vollstreckungstätigkeiten.

17 Jedes Kostenvorschussverfahren für eine besondere Maßnahme bildet eine besondere Angelegenheit (Nr. 12). Jeder einzelne Antrag für eine Maßnahme bildet ebenfalls eine besondere Angelegenheit (Nr. 13).

18 **13. Jede Verurteilung zu einem Ordnungsgeld gem. § 890 Abs. 1 ZPO (Abs. 1 Nr. 14).** Die Androhung der Verurteilung zu einem Zwangsgeld gehört zum Rechtszug, in dem die Verpflichtung ausgesprochen wird (vgl § 19 Abs. 1 S. 1); sie stellt also eine besondere Angelegenheit dar. Jeder Verurteilungsantrag begründet eine besondere Angelegenheit. Hingegen ist die Vollstreckung des Ordnungsgeldes keine besondere Angelegenheit; sie fällt in den staatlichen Aufgabenbereich.

19 **14. Verurteilung zur Bestellung einer Sicherheit im Fall des § 890 Abs. 3 ZPO (Abs. 1 Nr. 15).** Das Verfahren stellt gegenüber anderen Verfahren, wie etwa dem Verfahren auf Ordnungsgeld (→ Rn 18), eine besondere Angelegenheit dar. Das Verfahren umfasst die Tätigkeit des Anwalts vom Antrag bis zur Verurteilung.

20 **15. Verfahren zur Abnahme der Vermögensauskunft gem. §§ 802 f und 802 g ZPO (Abs. 1 Nr. 16).** Das Verfahren beginnt mit dem Antrag des Gläubigers auf Abnahme der Vermögensauskunft. Wird der Antrag mit dem Antrag auf Sachpfändung verbunden, so ist das als bedingter Auftrag zu verstehen. Mit Eintritt der Bedingung (Erfolglosigkeit der Sachpfändung und Einstellung durch den Gerichtsvollzieher) wird die Gebühr für das Verfahren zur Abnahme der Vermögensauskunft ausgelöst. Durch die Reform der Sachaufklärung in der Zwangsvollstreckung mit Wirkung ab 1.1.2013 ist die Kombination beider Vollstreckungsmaßnahmen der Regelfall geworden. Die Maßnahmen zur Durchsetzung der Zwangsvollstreckung hat der Gerichtsvollzieher in eigener Zuständigkeit zu veranlassen.

21 **16. Verfahren auf Löschung der Eintragung im Schuldnerverzeichnis gem. § 882 e ZPO (Abs. 1 Nr. 17).** Die Eintragung im Schuldnerverzeichnis wird von Amts wegen nach drei Jahren gelöscht (§ 882 e Abs. 1 S. 1 ZPO). Eine vorzeitige Löschung kann zB bei Befriedigung des Gläubigers durch den Schuldner beantragt werden. Dieses ist das von Nr. 17 gemeinte Verfahren.

22 **17. Ausüben der Veröffentlichungsbefugnis (Abs. 1 Nr. 18).** Hier geht es um die Veröffentlichungsbefugnis zB nach § 7 UKlaG oder nach § 103 UrhG, aber auch bei Unterlassungsansprüchen nach § 823 BGB (Rufschädigung). Die Veröffentlichung in mehreren Veröffentlichungsorganen stellt dieselbe Angelegenheit dar.

23 **18. Verfahren auf Zulassung der Zwangsvollstreckung gem. § 17 Abs. 4 SVertO (Abs. 1 Nr. 19); Verfahren auf Aufhebung von Vollstreckungsmaßregeln gem. § 8 Abs. 5 und § 41 SVertO (Abs. 1 Nr. 20).** Es handelt sich um ein besonderes Verfahren nach der Schifffahrtsrechtlichen Verteilungsordnung (SVertO). Verfahren über Anträge auf Zulassung, Durchführung und Aufhebung des Verfahrens sind besondere Angelegenheiten.

24 **19. Verfahren zur Anordnung von Zwangsmaßnahmen durch Beschluss nach § 35 FamFG (Abs. 1 Nr. 21).** Die Vorschrift bezieht sich auf Zwangsmaßnahmen in Familiensachen und in Verfahren der freiwilligen Gerichtsbarkeit. § 35 FamFG lautet:

§ 35 FamFG Zwangsmittel

(1) [1]Ist auf Grund einer gerichtlichen Anordnung die Verpflichtung zur Vornahme oder Unterlassung einer Handlung durchzusetzen, kann das Gericht, sofern ein Gesetz nicht etwas anderes bestimmt, gegen den Verpflichteten durch Beschluss Zwangsgeld festsetzen. [2]Das Gericht kann für den Fall, dass dieses nicht beigetrieben werden kann, Zwangshaft anordnen. [3]Verspricht die Anordnung eines Zwangsgeldes keinen Erfolg, soll das Gericht Zwangshaft anordnen.

(2) Die gerichtliche Entscheidung, die die Verpflichtung zur Vornahme oder Unterlassung einer Handlung anordnet, hat auf die Folgen einer Zuwiderhandlung gegen die Entscheidung hinzuweisen.

(3) [1]Das einzelne Zwangsgeld darf den Betrag von 25.000 Euro nicht übersteigen. [2]Mit der Festsetzung des Zwangsmittels sind dem Verpflichteten zugleich die Kosten dieses Verfahrens aufzuerlegen. [3]Für den Vollzug der Haft gelten § 802 g Abs. 1 Satz 2 und Abs. 2, die §§ 802 h und 802 j Abs. 1 der Zivilprozessordnung entsprechend.

(4) [1]Ist die Verpflichtung zur Herausgabe oder Vorlage einer Sache oder zur Vornahme einer vertretbaren Handlung zu vollstrecken, so kann das Gericht, soweit ein Gesetz nicht etwas anderes bestimmt, durch Beschluss neben oder anstelle einer Maßnahme nach den Absätzen 1, 2 die in §§ 883, 886, 887 der Zivilprozessordnung vorgesehenen Maßnahmen anordnen. [2]Die §§ 891 und 892 der Zivilprozessordnung gelten entsprechend.

(5) Der Beschluss, durch den Zwangsmaßnahmen angeordnet werden, ist mit der sofortigen Beschwerde in entsprechender Anwendung der §§ 567 bis 572 der Zivilprozessordnung anfechtbar.

Für die Tätigkeit in den einzelnen Verfahren des § 35 FamFG erhält der Anwalt Gebühren nach Nr. 3309 bzw 3310 VV. **25**

III. Vollziehung eines Arrests und Vollstreckung nach FamFG (Abs. 2)

Aus Abs. 2 ergibt sich, dass Analogien in anderen als den hier genannten Fallgestaltungen nicht zulässig **26** sind. Gemeint sind hier die Familienstreitverfahren nach § 266 FamFG, in denen nach §§ 119, 120 FamFG Arreste und Vollstreckungen möglich sind. Gegenüber der Vollstreckung von verfahrenseinleitenden Anordnungen gem. § 35 FamFG findet sich in Abs. 1 Nr. 21 eine Sonderregelung (→ Rn 24 f).

§ 266 FamFG Sonstige Familiensachen

(1) Sonstige Familiensachen sind Verfahren, die

1. Ansprüche zwischen miteinander verlobten oder ehemals verlobten Personen im Zusammenhang mit der Beendigung des Verlöbnisses sowie in den Fällen der §§ 1298 und 1299 des Bürgerlichen Gesetzbuchs zwischen einer solchen und einer dritten Person,
2. aus der Ehe herrührende Ansprüche,
3. Ansprüche zwischen miteinander verheirateten oder ehemals miteinander verheirateten Personen oder zwischen einer solchen und einem Elternteil im Zusammenhang mit Trennung oder Scheidung oder Aufhebung der Ehe,
4. aus dem Eltern-Kind-Verhältnis herrührende Ansprüche oder
5. aus dem Umgangsrecht herrührende Ansprüche

betreffen, sofern nicht die Zuständigkeit der Arbeitsgerichte gegeben ist oder das Verfahren eines der in § 348 Abs. 1 Satz 2 Nr. 2 Buchstabe a bis k der Zivilprozessordnung genannten Sachgebiete, das Wohnungseigentumsrecht oder das Erbrecht betrifft und sofern es sich nicht bereits nach anderen Vorschriften um eine Familiensache handelt.

(2) Sonstige Familiensachen sind auch Verfahren über einen Antrag nach § 1357 Abs. 2 Satz 1 des Bürgerlichen Gesetzbuchs.

§ 19 Rechtszug; Tätigkeiten, die mit dem Verfahren zusammenhängen

(1) [1]Zu dem Rechtszug oder dem Verfahren gehören auch alle Vorbereitungs-, Neben- und Abwicklungstätigkeiten und solche Verfahren, die mit dem Rechtszug oder Verfahren zusammenhängen, wenn die Tätigkeit nicht nach § 18 eine besondere Angelegenheit ist. [2]Hierzu gehören insbesondere

1. die Vorbereitung der Klage, des Antrags oder der Rechtsverteidigung, soweit kein besonderes gerichtliches oder behördliches Verfahren stattfindet;
1a. die Einreichung von Schutzschriften;
2. außergerichtliche Verhandlungen;
3. Zwischenstreite, die Bestellung von Vertretern durch das in der Hauptsache zuständige Gericht, die Ablehnung von Richtern, Rechtspflegern, Urkundsbeamten der Geschäftsstelle oder Sachverständigen, die Entscheidung über einen Antrag betreffend eine Sicherungsanordnung, die Wertfestsetzung, *die*

Beschleunigungsrüge nach § 155 b des Gesetzes über das Verfahren in Familiensachen und in den Angelegenheiten der freiwilligen Gerichtsbarkeit;[1]

4. das Verfahren vor dem beauftragten oder ersuchten Richter;

5. das Verfahren
    a) über die Erinnerung (§ 573 der Zivilprozessordnung),
    b) über die Rüge wegen Verletzung des Anspruchs auf rechtliches Gehör,
    c) nach Artikel 18 der Verordnung (EG) Nr. 861/2007 des Europäischen Parlaments und des Rates vom 13. Juni 2007 zur Einführung eines europäischen Verfahrens für geringfügige Forderungen,
    d) nach Artikel 20 der Verordnung (EG) Nr. 1896/2006 des Europäischen Parlaments und des Rates vom 12. Dezember 2006 zur Einführung eines Europäischen Mahnverfahrens und
    e) nach Artikel 19 der Verordnung (EG) Nr. 4/2009 über die Zuständigkeit, das anwendbare Recht, die Anerkennung und Vollstreckung von Entscheidungen und die Zusammenarbeit in Unterhalts-sachen;

6. die Berichtigung und Ergänzung der Entscheidung oder ihres Tatbestands;

7. die Mitwirkung bei der Erbringung der Sicherheitsleistung und das Verfahren wegen deren Rückgabe;

8. die für die Geltendmachung im Ausland vorgesehene Vervollständigung der Entscheidung und die Bezifferung eines dynamisierten Unterhaltstitels;

9. die Zustellung oder Empfangnahme von Entscheidungen oder Rechtsmittelschriften und ihre Mitteilung an den Auftraggeber, die Einwilligung zur Einlegung der Sprungrevision oder Sprungrechtsbeschwerde, der Antrag auf Entscheidung über die Verpflichtung, die Kosten zu tragen, die nachträgliche Vollstreckbarerklärung eines Urteils auf besonderen Antrag, die Erteilung des Notfrist- und des Rechtskraftzeugnisses;

9a. die Ausstellung von Bescheinigungen, Bestätigungen oder Formblättern einschließlich deren Berichtigung, Aufhebung oder Widerruf nach
    a) § 1079 oder § 1110 der Zivilprozessordnung,
    b) § 48 des Internationalen Familienrechtsverfahrensgesetzes,
    c) § 57 oder § 58 des Anerkennungs- und Vollstreckungsausführungsgesetzes,
    d) § 14 des EU-Gewaltschutzverfahrensgesetzes,
    e) § 71 Absatz 1 des Auslandsunterhaltsgesetzes und
    f) § 27 des Internationalen Erbrechtsverfahrensgesetzes;

10. die Einlegung von Rechtsmitteln bei dem Gericht desselben Rechtszugs in Verfahren, in denen sich die Gebühren nach Teil 4, 5 oder 6 des Vergütungsverzeichnisses richten; die Einlegung des Rechtsmittels durch einen neuen Verteidiger gehört zum Rechtszug des Rechtsmittels;

10a. Beschwerdeverfahren, wenn sich die Gebühren nach Teil 4, 5 oder 6 des Vergütungsverzeichnisses richten und dort nichts anderes bestimmt ist oder keine besonderen Gebührentatbestände vorgesehen sind;

11. die vorläufige Einstellung, Beschränkung oder Aufhebung der Zwangsvollstreckung, wenn nicht eine abgesonderte mündliche Verhandlung hierüber stattfindet;

12. die einstweilige Einstellung oder Beschränkung der Vollstreckung und die Anordnung, dass Vollstreckungsmaßnahmen aufzuheben sind (§ 93 Abs. 1 des Gesetzes über das Verfahren in Familiensachen und in den Angelegenheiten der freiwilligen Gerichtsbarkeit), wenn nicht ein besonderer gerichtlicher Termin hierüber stattfindet;

13. die erstmalige Erteilung der Vollstreckungsklausel, wenn deswegen keine Klage erhoben wird;

14. die Kostenfestsetzung und die Einforderung der Vergütung;

15. *(weggefallen)*

16. die Zustellung eines Vollstreckungstitels, der Vollstreckungsklausel und der sonstigen in § 750 der Zivilprozessordnung genannten Urkunden und

17. die Herausgabe der Handakten oder ihre Übersendung an einen anderen Rechtsanwalt.

(2) Zu den in § 18 Abs. 1 Nr. 1 und 2 genannten Verfahren gehören ferner insbesondere

1. gerichtliche Anordnungen nach § 758 a der Zivilprozessordnung sowie Beschlüsse nach den §§ 90 und 91 Abs. 1 des Gesetzes über das Verfahren in Familiensachen und in den Angelegenheiten der freiwilligen Gerichtsbarkeit,

2. die Erinnerung nach § 766 der Zivilprozessordnung,

---

1 Geplante Ergänzung gem. BT-Drucks 18/9092 v. 6.7.2016, S. 6 (Beschlussempfehlung und Bericht des Ausschusses für Recht und Verbraucherschutz zu RegE BT-Drucks 18/6985 v. 9.12.2015 „Entwurf eines Gesetzes zur Änderung des Sachverständigenrechts und zur weiteren Änderung des Gesetzes über das Verfahren in Familiensachen und in den Angelegenheiten der freiwilligen Gerichtsbarkeit"). Inkrafttreten: am Tag nach der Verkündung. – Siehe dazu Rn 18.

3. die Bestimmung eines Gerichtsvollziehers (§ 827 Abs. 1 und § 854 Abs. 1 der Zivilprozessordnung) oder eines Sequesters (§§ 848 und 855 der Zivilprozessordnung),
4. die Anzeige der Absicht, die Zwangsvollstreckung gegen eine juristische Person des öffentlichen Rechts zu betreiben,
5. die einer Verurteilung vorausgehende Androhung von Ordnungsgeld und
6. die Aufhebung einer Vollstreckungsmaßnahme.

I. Rechtliche Einordnung

Nach § 15 Abs. 2 kann der Rechtsanwalt die Gebühren in jeder Angelegenheit nur einmal fordern, jedoch in jedem Rechtszug eines gerichtlichen Verfahrens erneut. § 19 dient der Abgrenzung, welche Tätigkeiten zu demselben Rechtszug gehören und deshalb keine erneute Abrechnung erlauben. **1**

Prozessrechtlich beginnt der Rechtszug mit der tatsächlichen Einreichung einer Klage, eines Antrags oder einer Rechtsmittelschrift und endet mit dem Urteil oder einem die Instanz beendenden Beschluss. Das ist im Vergütungsrecht anders. **2**

Der Rechtszug beginnt aus **vergütungsrechtlicher** Sicht schon mit dem Auftrag, ihn zu betreiben, und endet nicht notwendig bereits mit dem Urteil, sondern mit der Beratung des Mandanten über den Inhalt des Urteils; wie sich aus Nr. 2100 VV ergibt, ist erst die Beratung über die Erfolgsaussichten zum folgenden Rechtszug zu zählen. Weiter gehört auch die kostenmäßige Abwicklung zum Rechtszug, selbst dann, wenn die folgende Instanz bereits – prozessrechtlich – tatsächlich begonnen hat oder auch schon beendet ist. In diesem Zusammenhang dient § 19 der Klarstellung, welche einzelnen Tätigkeiten zum Rechtszug gehören. **3**

Anders als die §§ 16–18 enthält § 19 nur in **Abs. 1 S. 1** eine abschließende Bestimmung des Inhalts des Rechtszugs. Die anschließende Aufzählung in **Abs. 1 S. 2** und in **Abs. 2** ist dem Wortlaut folgend (jeweils „insbesondere") nur beispielhaft zu verstehen. **4**

5   Nach Abs. 1 S. 1 gehört zum **Rechtszug** jede Tätigkeit von der Vorbereitung bis zur Abwicklung des Rechtszugs einschließlich aller Nebentätigkeiten. Ausdrücklich wird darauf hingewiesen, dass eine in der abschließenden Aufzählung des § 18 genannte besondere Angelegenheit aufgrund ihrer Spezialität der allgemeinen Regelung des § 19 **vorgeht**.

6   **Abs. 2** ist eine Ergänzung und Konkretisierung von § 18 Abs. 1 Nr. 1 und 2. Die Regelung hat im Grunde nichts mit der Bestimmung des Rechtszugs zu tun, sondern hätte eine passende Verortung in § 18 erfahren müssen.

II. Die Regelungen des Abs. 1 S. 2 im Einzelnen

7   **1. Vorbereitung der Klage, des Antrags oder der Rechtsverteidigung, soweit kein besonderes gerichtliches oder behördliches Verfahren stattfindet (Abs. 1 S. 2 Nr. 1).** Zum Rechtszug gehört zunächst die Vorbereitung der Klage, des Antrags oder der Rechtsverteidigung.

8   Unklar bleibt, was zur **Vorbereitung** gehört. Bezieht sich der Auftrag allein auf das Klageverfahren, so gehört hierzu die Entgegennahme der Information vom Mandanten, die Einholung weiterer Informationen von Dritten, die Entwicklung einer Prozessstrategie und die Beratung über den richtigen Weg. Teilweise wird vertreten, dass auch die Herbeiführung der Prozessvoraussetzungen, etwa des Verzugs über eine Mahnung oder Zahlungsaufforderung,[2] oder sogar eine Kündigung zum Rechtszug gehören soll. Diese Auffassung ist abzulehnen. Vielmehr handelt es sich hierbei um eine Geschäftsführungstätigkeit im außergerichtlichen Bereich, die noch nicht zum Rechtszug gehört und mit der Geschäftsgebühr Nr. 2300 VV zu entgelten ist.

9   Ebenfalls nicht zum Rechtszug gehört die grundsätzliche **Beratung nach § 34**. Nach dessen Abs. 2 ist jedoch die insoweit entstehende Gebühr auf die Verfahrensgebühr anzurechnen, wenn im Zusammenhang mit der Beratung auch der Auftrag für den Rechtszug erteilt wird.

Auch die vereinzelt dem Rechtszug zugerechnete **Einholung der Deckungszusage** bei einer Rechtsschutzversicherung[3] gehört tatsächlich nicht zum Rechtszug, sondern stellt eine eigene Angelegenheit dar[4] (→ § 15 Rn 25).

10   **2. Einreichung von Schutzschriften (Abs. 1 S. 2 Nr. 1 a).** Die Einreichung von Schutzschriften gehört zum Rechtszug der Hauptsache. Das bedeutet, dass für den einreichenden Rechtsanwalt die Verfahrensgebühr des (noch nicht anhängigen) Rechtsstreits mit der Einreichung der Schutzschrift bereits ausgelöst wird.[5] Wegen des Grundsatzes der Einmaligkeit der Gebühren entsteht die Gebühr nach Anhängigwerden des Rechtsstreits nicht erneut.

11   **3. Außergerichtliche Verhandlungen (Abs. 1 S. 2 Nr. 2).** Außergerichtliche Verhandlungen stellen grds. keine zum Rechtszug gehörende Tätigkeit dar. Wird jedoch ein unbedingter Auftrag zur aktiven oder passiven Prozessführung erteilt, gehört alles zur Verhandlungsführung, was das Prozessergebnis fördern kann. In diesem Fall werden außergerichtliche Verhandlungen mit der Verfahrensgebühr entgolten, und zwar unabhängig davon, ob der Prozess bereits eingeleitet ist oder nicht oder ob er bereits beendet ist. Es fällt dann die Terminsgebühr nach Vorbem. 3 Abs. 3 Hs 1, 3. Fall VV an.

12   Verhandlungen nach Erlass des Urteils gehören zum Rechtszug der abgeschlossenen Instanz, soweit nicht bereits ein Rechtsmittel eingelegt ist. Nach Einlegung des Rechtsmittels gehören sie zur Rechtsmittelinstanz.

13   Beziehen sich die außergerichtlichen Verhandlungen auf nicht prozessbefangene Gegenstände, gehören sie nicht zum Rechtszug.

14   **4. Zwischenstreite; Bestellung von Vertretern; Ablehnung von Gerichtspersonen oder Sachverständigen; Wertfestsetzung; Beschleunigungsrüge nach § 155 b FamFG (Abs. 1 S. 2 Nr. 3). a) Zwischenstreite.** Nebenverfahren, die nicht unbedingt die Hauptsache des Prozesses betreffen, werden nach Nr. 3 mit zur Prozessführung gerechnet, wenn sie keine instanzabschließende Wirkung haben und vor dem Prozessgericht geführt werden. Der Begriff „Zwischenstreite" stellt den Oberbegriff für solche Nebenverfahren dar; die weiteren genannten Fälle sind einzelne, unter diesen Begriff fallende Nebenverfahren, wie etwa die **Wertfestsetzung**.

15   **Zwischenstreite** betreffen etwa die Zulassung einer Streitverkündung oder Streithilfe die Berechtigung von Aussageverweigerungsrechten von Zeugen und Sachverständigen und vergleichbare Streite im Laufe des Verfahrens.

---

2 OLG Hamm NJW-RR 2006, 242. **3** OLG München JurBüro 1993, 163. **4** Richtig Mayer/Kroiß/*Ebert*, § 19 Rn 15; *Hartmann*, KostG, § 19 RVG Rn 8. **5** Beschluss der Konferenz der Gebührenreferenten der Rechtsanwaltskammern v. 15.4.2016 (noch nicht veröffentlicht).

Keine **Zwischenstreite** sind die Hauptintervention, ein Normenkontrollverfahren oder auch einstweilige Anordnungen in Familiensachen.[6] Auch kein Zwischenstreit sind das selbstständige Beweisverfahren und das Prozesskostenhilfeverfahren, die in § 37 BRAGO noch zu den Nebenverfahren gezählt wurden. Ebenfalls ist die Berufung gegen ein Zwischenurteil nach § 21 Abs. 1 kein Zwischenstreit.

Der ehemals hier genannte Fall der **Bestimmung des zuständigen Gerichts** findet sich seit dem 2. KostRMoG in der neu aufgenommenen Nr. 3 a des § 16. **16**

Rechtsmittel gegen die Entscheidungen in Zwischenstreiten sind jedoch ein besonderer Rechtszug (§ 17 Nr. 1) und lösen besondere Gebühren nach Nr. 3500 VV aus. **17**

b) Beschleunigungsrüge gem. § 155 b FamFG. Bei der geplanten **Beschleunigungsrüge gem. § 155 b FamFG-E**[7] handelt es sich um einen eigenständigen präventiven Rechtsbehelf in den in § 155 Abs. 1 FamFG benannten kindschaftsrechtlichen Verfahren, der an das bereits in § 155 Abs. 1 FamFG verankerte Vorrang- und Beschleunigungsprinzip anknüpft. § 155 b FamFG-E normiert die Beschleunigungsrüge als eine Verfahrenserklärung eines Beteiligten, in welcher der Rügende geltend macht, dass die bisherige Verfahrensdauer nicht dem Vorrang- und Beschleunigungsgebot nach § 155 Abs. 1 FamFG entspricht. Die Beschleunigungsrüge ist im Hauptsacheverfahren ebenso wie im Verfahren der einstweiligen Anordnung statthaft, und zwar unabhängig von der Instanz, in der sich das Verfahren befindet. Die Beschleunigungsrüge kann nur bis zur Beendigung des Verfahrens eingelegt werden; nach einer Verfahrensbeendigung entfällt das Rechtsschutzbedürfnis für das Rügeverfahren, weil der Verfahrenszweck der Beschleunigung nicht mehr erreicht werden kann.[8] **18**

Die Ergänzung in Nr. 3 dient der Klarstellung, dass die anwaltliche Tätigkeit im Rahmen einer gem. § 155 b FamFG-E eingelegten Beschleunigungsrüge mit den Gebühren für das Verfahren, in dem die Rüge erhoben wird, abgegolten ist.

Zusätzliche Gerichtsgebühren für das Verfahren über die gem. § 155 b Abs. 1 FamFG-E eingelegte Beschleunigungsrüge entstehen nicht.

Die Beschleunigungsbeschwerde gem. § 155 c FamFG-E ist das Rechtsmittel gegen die Beschleunigungsrüge (→ § 17 Rn 2 a). Die Gerichtsgebühr für eine erfolglose Beschleunigungsbeschwerde richtet sich nach Nr. 1912 KV FamGKG (→ FamGKG Nr. 1912 KV Rn 2).

5. Verfahren vor dem beauftragten oder ersuchten Richter (Abs. 1 S. 2 Nr. 4). Die Vorschrift meint den Fall, dass im Rahmen des laufenden Verfahrens Termine gem. §§ 361, 362 ZPO, § 128 Abs. 3 FamFG oder § 96 Abs. 2 VwGO stattfinden. Ist der Rechtsanwalt nur für diese Termine beauftragt, handelt es sich um eine Einzeltätigkeit. Ist der Rechtsanwalt für das gesamte Verfahren beauftragt, entstehen keine gesonderten Gebühren. **19**

6. Verfahren über die Erinnerung gem. § 573 ZPO und die Gehörsrüge (Abs. 1 S. 2 Nr. 5). Die Vorschrift gilt für innerhalb eines laufenden Verfahrens erhobene Erinnerungen gegen Entscheidungen des beauftragten Richters oder eines Urkundsbeamten der Geschäftsstelle oder für Gehörsrügen und Gegenvorstellungen. Bezieht sich der dem Rechtsanwalt erteilte Auftrag nur auf die Erinnerung (§ 573 ZPO), handelt es sich um eine Einzeltätigkeit. **20**

7. Berichtigung und Ergänzung der Entscheidung oder ihres Tatbestands (Abs. 1 S. 2 Nr. 6). Die Berichtigung des Tatbestands des Urteils (§§ 319–321, 716 ZPO) ist insb. wegen der Präklusion neuer Tatsachen im Berufungsverfahren (§§ 529 Abs. 1 Nr. 2, 531 Abs. 2 ZPO) von hoher Bedeutung. Wegen des Aufwands und der engen Frist wäre eigentlich eine eigene Gebühr oder die Ausscheidung aus der Instanz sinnvoll. Der Gesetzgeber hat jedoch bestimmt, dass die Tätigkeit zur durch Urteil beendeten Instanz gehört und mit der Verfahrensgebühr abgegolten ist. **21**

8. Mitwirkung bei der Erbringung der Sicherheitsleistung und das Verfahren wegen deren Rückgabe (Abs. 1 S. 2 Nr. 7). Die Tätigkeiten zur Sicherheitsleistung und das Verfahren wegen deren Rückgabe werden mit zum Verfahren gezogen. Insbesondere sind das die Fristbestimmung zur Einwilligung in die Rückgabe (§ 109 Abs. 1 ZPO) und der Antrag auf Anordnung der Rückgabe (§§ 109 Abs. 2, 715 ZPO). **22**

Bislang war streitig, ob auch die Tätigkeiten zur Erbringung der Sicherheit zum Rechtszug gehörten.[9] Der Gesetzgeber hat den Streit nunmehr im Rahmen des 2. KostRMoG dahin gehend entschieden, dass die Erbringung der Sicherheitsleistung immer zum Rechtszug des Streitverfahrens gehört. Unter „**Erbringung der** **23**

---

6 So aber noch LG Düsseldorf FamRZ 1991, 358; *Hartmann*, KostG, § 19 RVG Rn 11. **7** S. dazu BT-Drucks 18/9092 v. 6.7.2016, S. 4 mit Begr. S. 17 (Beschlussempfehlung und Bericht des Ausschusses für Recht und Verbraucherschutz zu RegE BT-Drucks 18/6985 v. 9.12.2015 „Entwurf eines Gesetzes zur Änderung des Sachverständigenrechts und zur weiteren Änderung des Gesetzes über das Verfahren in Familiensachen und in den Angelegenheiten der freiwilligen Gerichtsbarkeit"). Inkrafttreten: am Tag nach der Verkündung. **8** BT-Drucks 18/9092 v. 6.7.2016, S. 17. **9** Mit guten Gründen verneinend: *Mayer/Kroiß/Ebert*, § 19 Rn 66; bejahend: *Hartmann*, KostG, § 19 RVG Rn 24.

Sicherheitsleistung" ist die Tätigkeit im gerichtlichen Verfahren, also gegenüber dem Gericht, und die Beratung des Mandanten über die Art der möglichen Sicherheitsleistung zu verstehen und nicht deren Beschaffung.[10] Ein Auftrag zur Beschaffung wäre eine eigene Angelegenheit, die gesondert abzurechnen wäre.

24 **9. Die für die Geltendmachung im Ausland vorgesehene Vervollständigung der Entscheidung und die Bezifferung eines dynamisierten Unterhaltstitels (Abs. 1 S. 2 Nr. 8).** Die Vorschrift bezieht das Verfahren um die Bezifferung eines Urteils auf Regelunterhalt sowie auch die Begründung von Versäumnis- und Anerkenntnisurteilen in die Instanz mit ein, wenn diese erfolgen, um eine Vollstreckung im Ausland zu ermöglichen. Sie bezieht sich weiter auf Urteile, die in abgekürzter Form ergehen (Anerkenntnis-, Versäumnisurteil), die in einigen europäischen Ländern nicht vollstreckungsfähig sind und deshalb ggf ergänzt werden müssen. Diese ergänzende Tätigkeit des Rechtsanwalts gehört für sich zum Rechtszug, dessen Entscheidung ergänzt werden soll.

25 **10. Fälle des Abs. 1 S. 2 Nr. 9.** Die Vorschrift enthält eine Regelung für sehr unterschiedliche Prozesssituationen, in denen die erforderlichen Tätigkeiten mit zum Rechtszug gezogen werden. Die Aufzählung dieser Tätigkeiten ist beispielhaft zu verstehen.[11]

26 a) Die **Zustellung oder Empfangnahme von Entscheidungen oder Rechtsmittelschriften** und ihre **Mitteilung an den Auftraggeber** zu Händen des Rechtsanwalts bleibt aus Gründen der Prozessökonomie auch nach Mandatsniederlegung wirksam. Das Gericht muss sich deshalb nicht um die Ermittlung des Aufenthalts der Partei bemühen. Zudem wirken auch nach prozessualem Abschluss der Instanz Beratungs- und Fürsorgepflichten aus dem Anwaltsvertrag nach. Folgerichtig gehören die genannten Tätigkeiten zum Rechtszug. Die Rspr dehnt den Anwendungsbereich der Vorschrift teilweise extrem aus.[12]

27 b) Die **Einwilligung in die Rechtswegverkürzung** (Sprungrevision nach § 566 ZPO, Sprungrechtsbeschwerde nach § 75 FamFG) zieht der Gesetzgeber ebenfalls noch zur abgeschlossenen Instanz. Das meint auch die Einholung der Einwilligung der anderen Partei.

28 c) Die **Kostengrundanträge** gehören regelmäßig mit zur Abwicklung der Instanz. Die Vorschrift bestätigt das auch für den Fall einer Erledigung des Verfahrens, wenn nach § 91 a ZPO entschieden werden soll.

29 d) Die **nachträgliche Vollstreckbarerklärung des Urteils** gem. §§ 537, 558 ZPO erfolgt insb. dann, wenn ein Urteil insgesamt angegriffen, das Rechtsmittel nachträglich beschränkt und der rechtskräftig gewordene Teil vollstreckt werden soll.

30 e) Die Beschaffung des **Notfrist- oder des Rechtskraftzeugnisses** dient der Vollstreckbarkeit eines vorläufig vollstreckbaren Urteils, aber noch nicht der Vollstreckung. Sie gehört deshalb noch zum Rechtszug.

31 **11. Ausstellung von Bescheinigungen, Bestätigungen oder Formblättern einschließlich deren Berichtigung, Aufhebung oder Widerruf (Abs. 1 S. 2 Nr. 9 a).** Die Ausstellung einer Bescheinigung nach § 48 IntFamRVG oder nach § 57 oder § 58 AVAG ist ebenfalls Voraussetzung für die Vollstreckbarkeit im Ausland. Sie gehört deshalb zum Rechtszug.

Dasselbe gilt für die Vollstreckbarkeit von unbestrittenen Forderungen durch Beschaffung einer Bestätigung nach § 1079 ZPO und einer Bescheinigung nach § 1110 ZPO.

Auch die Ausstellung des Formblatts oder der Bescheinigung nach § 71 Abs. 1 AUG ist noch Teil des Rechtszugs.

32 Das EU-Gewaltschutzverfahrensgesetz (EUGewSchVG) regelt den grenzüberschreitenden Gewaltschutz in allen EU-Staaten. Die in einem EU-Staat ergangenen Gewaltschutzanordnungen werden in allen anderen EU-Staaten anerkannt. Dazu werden nach Art. 5 und Art. 13 der Verordnung (EU) Nr. 606/2013 auf standardisierten Formularen die erlassenen Schutzanordnungen bescheinigt. Diese Bescheinigungen werden von den sie erlassenden Gerichten ausgestellt (§ 14 EUGewSchVG). Sie stehen vollstreckbaren Ausfertigungen gleich. Der Gesetzgeber hat deshalb angeordnet, dass die Beantragung der Ausstellung einer solchen Bescheinigung, wie die Erteilung der vollstreckbaren Ausfertigung, zum Rechtszug gehört, also keine gesonderten Gebühren auslöst.

33 Im Internationalen Erbrechtsverfahrensgesetz (IntErbRVG) wird die Anerkennung von erbrechtlichen Titeln innerhalb der EU geregelt. In § 27 IntErbRVG wird die Erstellung von Bescheinigungen durch die den Titel erlassenden Stellen geregelt. Dabei handelt es sich nach den Art. 46 Abs. 3 Buchst. b, Art. 60 Abs. 2 und Art. 61 Abs. 2 der Verordnung (EU) Nr. 650/2012 um Bescheinigungen, die das Bestehen eines anzuerkennenden Titels ausweisen. Diese Bescheinigungen stehen vollstreckbaren Ausfertigungen gleich. Der Gesetzgeber hat deshalb angeordnet, dass ihre Beantragung zum Rechtszug gehört und damit keine gesonderten Gebühren auslöst.

---

10 BT-Drucks 17711471 (neu), S. 268. **11** BGH NJW 1991, 2084, 2085; *Hansens*, NJW 1992, 1148. **12** BGH NJW 2005, 2233.

12. Einlegung von Rechtsmitteln (Abs. 1 S. 2 Nr. 10). Die Vorschrift ist eine Ausnahme von der Regel, dass **34** die Einlegung des Rechtsmittels den Beginn der neuen Instanz darstellt und deshalb der Rechtsmittelinstanz zugeordnet werden sollte. Die Einlegung von Rechtsmitteln in Straf- und Bußgeldsachen und vergleichbaren Verfahren des Teils 6 VV wird noch dem durch Urteil abgeschlossenen Rechtszug zugeordnet. Der Grund liegt darin, dass bereits ohne Vorliegen einer schriftlichen Begründung der in der mündlichen Verhandlung ausgesprochenen Entscheidung in kurzer Frist der Zugang zum nächsten Rechtszug eröffnet werden muss. Das Rechtsmittel wird beim erkennenden Gericht eingelegt.

Die Begründung des Rechtsmittels gehört jedoch zum folgenden Rechtszug ebenso wie die Rücknahme des **35** Rechtsmittels.

13. Bestimmte Beschwerdeverfahren (Abs. 1 S. 2 Nr. 10 a). Die mit dem 2. KostRMoG eingeführte Vor- **36** schrift weitet Nr. 10 auch auf bestimmte Beschwerdeverfahren aus. Gemeint ist damit, dass Verfahren, die Zwischenstreite betreffen und keine eigene instanzabschließende Wirkung haben sollen, keine eigenen Gebührenforderungen begründen sollen. Das sind zB Beschwerden gegen die Zurückweisung von Befangenheitsanträgen, von Beweisanträgen etc. Nach Rspr und Lit. galt das auch bereits zuvor.[13] Die Vorschrift entspricht Vorbem. 4.1 Abs. 2 S. 1 VV, Vorbem. 5.1 Abs. 1 VV und Vorbem. 6.2 Abs. 1 VV, nach denen die Gebühren dieser Abschnitte jeweils die gesamte Tätigkeit des Verteidigers in den jeweils geregelten Verfahrensabschnitten abdecken sollen.

14. Vorläufige Einstellung, Beschränkung oder Aufhebung der Zwangsvollstreckung (Abs. 1 S. 2 **37** **Nr. 11).** Die Herbeiführung oder Abwehr von Entscheidungen über die Beschränkung der (zumeist vorläufigen) Vollstreckbarkeit gehört zur Führung des Rechtsstreits, soweit keine mündliche Verhandlung stattfindet. Die mündliche Verhandlung muss jedoch gesondert von der Hauptsache stattfinden, um einen gesonderten Gebührenanspruch begründen zu können. Es entstehen dann Gebühren nach Nr. 3328 und 3332 VV.

15. Einstweilige Einstellung oder Beschränkung der Vollstreckung und die Aufhebungsanordnung von Voll- **38** **streckungsmaßnahmen nach § 93 Abs. 1 FamFG (Abs. 1 S. 2 Nr. 12).** Mit den allgemeinen Gebühren des Verfahrens sind grundsätzlich die einstweilige Einstellung oder Beschränkung der Vollstreckung und die Aufhebungsanordnung von Vollstreckungsmaßnahmen nach § 93 Abs. 1 FamFG abgegolten, da diese zum gebührenrechtlichen Rechtszug gehören. Anders verhält es sich jedoch, wenn ein besonderer gerichtlicher Termin hierüber stattfindet (s. Nr. 12 aE); dann liegt eine gesonderte Angelegenheit vor; es entstehen Gebühren nach Nr. 3328 und 3332 VV.

16. Erstmalige Erteilung der Vollstreckungsklausel, wenn deswegen keine Klage erhoben wird **39** **(Abs. 1 S. 2 Nr. 13).** Der Antrag auf Erteilung der Vollstreckungsklausel dient der Vollstreckbarkeit, nicht der Vollstreckung. Er gehört deshalb noch zum Rechtszug. Nicht mehr zum Rechtszug gehört der Antrag auf eine weitere Vollstreckungsklausel gem. § 733 ZPO, wie sich aus § 18 Abs. 1 Nr. 5 ergibt. Eine besondere Angelegenheit ist das Verfahren auf Erteilung der Klausel gem. § 18 Abs. 1 Nr. 4 auch dann, wenn der Schuldner Einwendungen gegen die Erteilung erhebt. Auch eine gesonderte Klage auf Erteilung der Vollstreckungsklausel gem. § 731 ZPO stellt eine eigene Angelegenheit dar.

17. Kostenfestsetzung und die Einforderung der Vergütung (Abs. 1 S. 2 Nr. 14). Das **Kostenfestsetzungsver-** **40** **fahren** – mit Ausnahme eines etwaigen Erinnerungs- oder Beschwerdeverfahrens – gehört ebenfalls zum Rechtszug. Es handelt sich um eine typische Nebentätigkeit des Prozessbevollmächtigten. Deshalb bezieht sich Nr. 14 auch nur auf die Kostenfestsetzung des von den Prozessbevollmächtigten bearbeiteten Rechtszugs, nicht auch auf andere, von ihm nicht bearbeitete Verfahrensabschnitte. Das Erinnerungs- und Beschwerdeverfahren ist gem. § 18 Abs. 1 Nr. 3 eine besondere Angelegenheit.

Das **Einfordern der Vergütung** ist ebenfalls Teil des Rechtszugs. Allerdings ist es keine Tätigkeit für den **41** Auftraggeber, sondern eine Tätigkeit im Eigeninteresse des Rechtsanwalts. Insoweit ist die Vorschrift letztlich eine Klarstellung, dass hierfür keine gesonderte Vergütung vom Auftraggeber verlangt werden kann.

18. Zustellung eines Vollstreckungstitels, der Vollstreckungsklausel und der sonstigen in § 750 ZPO ge- **42** **nannten Urkunden (Abs. 1 S. 2 Nr. 16).** Die Zustellung ist eine weitere Voraussetzung der Vollstreckung. Sie dient der Vollstreckbarkeit, aber nicht der Vollstreckung. Sie gehört deshalb zum Rechtszug und löst keine gesonderten Gebühren aus. Dabei ist nicht zu unterscheiden, ob der im Hauptsacheverfahren oder der im Zwangsvollstreckungsverfahren tätige Rechtsanwalt die Zustellung vornimmt oder veranlasst. Für beide gilt, dass die Zustellung mit der jeweiligen Verfahrensgebühr abgegolten ist und keine gesonderten Gebühren entstehen können.

---

13 Mayer/Kroiß/*Ebert*, § 19 Rn 89; *Hartmann*, KostG, § 19 RVG Rn 42.

43   **19. Herausgabe der Handakten oder ihre Übersendung an einen anderen Rechtsanwalt (Abs. 1 S. 2 Nr. 17).** Nach Beendigung des Mandats hat der Rechtsanwalt das, was er durch die Geschäftsführung erlangt hat, herauszugeben. Diese zivilrechtliche Pflicht fällt unter Nr. 17.

44   Die Herausgabe der Handakten an den Mandanten oder einen nachfolgend beauftragten Rechtsanwalt gehört ebenfalls zum Rechtszug. Die Vorschrift stammt noch aus der Zeit der Singularzulassung, die bis zum Jahr 2000 galt, bei der dem nachfolgenden Rechtsanwalt die kurzfristige Kenntnisnahme aller Vorgänge des Rechtsstreits vermittelt werden musste. Die Herausgabe gehört deshalb zum abgeschlossenen Rechtszug.

45   Ob und in welchem Umfang der Rechtsanwalt über das im Rahmen der Mandatsführung Erlangte hinaus Handakten herausgeben muss, regelt die Vorschrift nicht. Die Herausgabepflicht richtet sich nach den Regeln des bürgerlichen Rechts und des Berufsrechts. Jedenfalls entstehen für die Herausgabe aber keine neuen Vergütungsansprüche.

III. Die Regelungen des Abs. 2 im Einzelnen

46   **1. Gerichtliche Anordnungen nach § 758 a ZPO sowie Beschlüsse nach §§ 90, 91 Abs. 1 FamFG (Abs. 2 Nr. 1).** Die Vorschrift stellt eine Ergänzung und Konkretisierung von § 18 Abs. 1 Nr. 1 und 2 dar. Zu einer Vollstreckungsmaßnahme in diesem Sinne gehören die zu ihrer Durchführung erforderlichen gerichtlichen Anordnungen. Insbesondere ist das die Gestattung der **Vollstreckung zu Nachtzeiten und an Sonn- und Feiertagen (§ 758 a Abs. 4 ZPO)** und die Anordnung einer **Wohnungsdurchsuchung (§ 758 a Abs. 1 ZPO)**. Das ist inkonsequent, weil § 18 zB in Abs. 1 Nr. 6, 11 und 14 gerichtliche Verfahren aus der sonstigen Vollstreckung herausgehoben werden. Demgegenüber handelt es sich um ein formalisiertes Verfahren, das idR ohne eingehende Begründung durchgeführt wird. Ist der Rechtsanwalt nicht mit der vorangegangenen Pfändungsmaßnahme beauftragt gewesen, handelt es sich für ihn um eine neue Angelegenheit.

47   Nach § 90 Abs. 1 FamFG kann das Gericht durch ausdrücklichen Beschluss zur Vollstreckung unmittelbaren Zwang anordnen, wenn 1. die Festsetzung von Ordnungsmitteln erfolglos geblieben ist, 2. die Festsetzung von Ordnungsmitteln keinen Erfolg verspricht oder 3. eine alsbaldige Vollstreckung der Entscheidung unbedingt geboten ist. § 91 Abs. 1 FamFG regelt die Voraussetzungen für einen richterlichen Durchsuchungsbeschluss. Der bereits insoweit mit der Vollstreckung beauftragte Rechtsanwalt erhält keine besonderen Gebühren.

48   **2. Erinnerung nach § 766 ZPO (Abs. 2 Nr. 2).** Zu derselben Vollstreckungsangelegenheit gehört auch eine etwaige Erinnerung gegen die Art und Weise der Zwangsvollstreckung gem. § 766 ZPO. Es handelt sich hier um Erinnerungen gegen Vollstreckungsmaßnahmen des Rechtspflegers oder Gerichtsvollziehers. Eine Zwangsvollstreckungsmaßnahme liegt vor, wenn eine beantragte Zwangsvollstreckung durchgeführt wird.

49   Nicht erfasst ist hingegen der Fall, dass eine Erinnerung oder Beschwerde gegen eine Zwangsvollstreckungsentscheidung betrieben werden soll. Die Zwangsvollstreckungsentscheidung ist als Ablehnung einer beantragten Zwangsvollstreckung nach § 11 RPflG anzugreifen. Dieses Verfahren ist gem. § 18 Abs. 1 Nr. 3 eine besondere Angelegenheit.

50   **3. Bestimmung eines Gerichtsvollziehers oder Sequesters (Abs. 2 Nr. 3).** Die Bestimmung eines Gerichtsvollziehers im Rahmen der Anschlusspfändung nach § 827 Abs. 1 ZPO oder bei der Sachpfändung für mehrere Gläubiger nach § 854 Abs. 1 ZPO und die Bestimmung des Sequesters bei der Pfändung von Ansprüchen, die unbewegliche Sachen betreffen, gem. § 848 ZPO oder der mehrfachen Immobiliarpfändung nach § 855 ZPO gehören zu derselben Vollstreckungsangelegenheit iSv § 18 Abs. 1 Nr. 1 oder 2.

51   **4. Anzeige der Vollstreckungsabsicht gegen eine juristische Person des öffentlichen Rechts (Abs. 2 Nr. 4).** Die Anzeige der Vollstreckungsabsicht gegenüber dem Organ einer juristischen Person des öffentlichen Rechts ist gem. § 882 a ZPO Voraussetzung der Vollstreckung. Sie stellt den Beginn der Vollstreckungstätigkeit dar und begründet den Ansatz der Verfahrensgebühr für die Zwangsvollstreckung, die jedoch bei der Durchführung der Zwangsvollstreckung nicht ein weiteres Mal entsteht.

52   Die Vorschrift ist entsprechend anzuwenden, wenn ein Antrag nach § 152 Abs. 2 FGO oder nach § 114 GO-NRW[14] gestellt wird, nicht dagegen bei einem Antrag nach § 146 HessGO.[15]

53   **5. Die einer Verurteilung vorausgehende Androhung von Ordnungsgeld (Abs. 2 Nr. 5).** Die Tätigkeit in Bezug auf die nachträgliche Androhung von Ordnungsgeld als Voraussetzung der Festsetzung gem. § 890 Abs. 2 Hs 2 ZPO gehört zur Zwangsvollstreckung und wird durch die Verfahrensgebühr der Zwangsvollstreckung abgedeckt. Mit dem Antrag entsteht die Gebühr Nr. 3309 VV;[16] für die anschließende Vollstre-

---

[14] OLG Düsseldorf JurBüro 1986, 730. [15] OLG Frankfurt JurBüro 1974, 1551. [16] BGH NJW 1979, 217.

ckung entsteht gem. § 18 Abs. 1 Nr. 14 eine erneute Verfahrensgebühr. Sofern die Androhung bereits im Urteil erfolgt ist, gehört sie zum Rechtszug, in dem das Urteil ergangen ist.[17]

6. Aufhebung einer Vollstreckungsmaßnahme (Abs. 2 Nr. 6). Wird der Rechtsanwalt nicht nur in Bezug auf die Anordnung einer Zwangsvollstreckungsmaßnahme, sondern auch in Bezug auf die Aufhebung der Zwangsvollstreckungsmaßnahme tätig, gehört diese Tätigkeit zu derselben Vollstreckungsangelegenheit. Ist der Rechtsanwalt ausschließlich mit der Aufhebung betraut, fällt eine besondere Gebühr an. Die Aufhebung besteht zB in der Pfandfreigabe, dem Verzicht auf das Pfandrecht oder einfach in der Rücknahme des Antrags auf Durchführung der Pfändung. 54

§ 20 Verweisung, Abgabe

[1]Soweit eine Sache an ein anderes Gericht verwiesen oder abgegeben wird, sind die Verfahren vor dem verweisenden oder abgebenden und vor dem übernehmenden Gericht ein Rechtszug. [2]Wird eine Sache an ein Gericht eines niedrigeren Rechtszugs verwiesen oder abgegeben, ist das weitere Verfahren vor diesem Gericht ein neuer Rechtszug.

I. Rechtliche Einordnung

§ 15 Abs. 2 regelt, dass der Rechtsanwalt in gerichtlichen Verfahren die Gebühren in jedem Rechtszug nur einmal fordern kann. § 20 definiert den **Rechtszug** insoweit, als er bestimmt, in welchem Fall bei einer Verweisung oder Abgabe das Verfahren vor dem abgebenden und vor dem übernehmenden Gericht denselben Rechtszug bilden und in welchem Fall nicht. Die Vorschrift wird ergänzt und weiter konkretisiert durch § 21. Die Norm des § 20 gilt nur für alle **gerichtlichen Verfahren**, aber nicht für Verwaltungsverfahren.[1] 1

Nicht von der Vorschrift erfasst werden die Fälle der Verfahren auf Zulassung von Rechtsmitteln. Hierfür gelten die spezielleren Regeln in den §§ 16 und 17. Ebenfalls nicht erfasst ist der Fall einer Klageabweisung als (derzeit) unzulässig. Hier ist das Verfahren abgeschlossen. Mit erneuter Klageerhebung entstehen die Gebühren erneut. Die Rückverweisung wird durch § 21 als die speziellere Regelung erfasst. 2

Die §§ 15 ff gelten insgesamt nur für die Fälle, in denen derselbe Rechtsanwalt den Auftrag bearbeitet. Wird ein anderer Rechtsanwalt beauftragt, entstehen bei diesem alle Gebühren gesondert. 3

II. Verweisung an ein Gericht der gleichen Instanz (S. 1)

S. 1 meint die Verweisung oder Abgabe im Sinne einer **Horizontalverweisung**.[2] In der Regel handelt es sich um Fälle der örtlichen, sachlichen oder funktionalen Unzuständigkeit oder um Fälle des falschen Rechtswegs. In diesen Fällen besteht eine einheitliche Instanz, in der durch die Verweisung keine weiteren Gebühren entstehen: 4

- Die Verweisung wegen **sachlicher Unzuständigkeit** vom Amts- zum Landgericht oder umgekehrt erfolgt gem. § 281 ZPO, die Verweisung wegen des **unzulässigen Rechtswegs** nach §§ 17 a, 17 b GVG.
- Die Verweisung wegen **örtlicher Unzuständigkeit** erfolgt ebenfalls nach § 281 ZPO.
- Bei **funktioneller Zuständigkeit** oder Unzuständigkeit der Kammer für Handelssachen erfolgt die Verweisung gem. §§ 97 ff GVG.

Im **einstweiligen Rechtsschutz** erfolgt die Verweisung nach § 942 ZPO.

In **Strafsachen** erfolgt die Verweisung nach § 270 StPO oder im Falle der Eröffnung vor dem Amtsgericht durch das Landgericht nach § 209 StPO. Eine Verweisung wegen örtlicher Unzuständigkeit ist in der StPO nicht vorgesehen. Die **VwGO** sieht eine Verweisung wegen örtlicher Unzuständigkeit in § 83 vor. In Verfahren vor den **Sozialgerichten** wird die Verweisung wegen örtlicher Zuständigkeit nach § 98 SGG ausgesprochen. Das **Finanzgericht** verweist bei örtlicher Unzuständigkeit gem. § 70 FGO. 5

S. 1 umfasst auch den denkbaren Fall, dass eine Verweisung vom fehlerhaft für die Berufung nicht zuständigen Gericht an das zuständige Berufungsgericht erfolgt. 6

III. Verweisung und Abgabe an ein Gericht niedrigeren Rechtszugs (S. 2)

S. 2 macht vom Grundsatz der Einheit des Rechtszugs (→ Rn 1) eine Ausnahme für die Fälle der Verweisung oder Abgabe an ein **niedrigeres** Gericht. Diese **Diagonalverweisung** bewirkt das Entstehen eines neuen Rechtszugs mit der vergütungsrechtlichen Folge, dass in diesem Rechtszug die Gebühren erneut entstehen. 7

---

17 BGH MDR 1979, 116. **1** *Hartmann*, KostG, § 20 RVG Rn 3; Mayer/Kroiß/*Kroiß*, § 20 RVG Rn 1. **2** Hartung/Römermann/*Schons*, § 20 Rn 5 ff.

§ 21 Zurückverweisung, Fortführung einer Folgesache als selbständige Familiensache

(1) Soweit eine Sache an ein untergeordnetes Gericht zurückverwiesen wird, ist das weitere Verfahren vor diesem Gericht ein neuer Rechtszug.

(2) In den Fällen des § 146 des Gesetzes über das Verfahren in Familiensachen und in den Angelegenheiten der freiwilligen Gerichtsbarkeit, auch in Verbindung mit § 270 des Gesetzes über das Verfahren in Familiensachen und in den Angelegenheiten der freiwilligen Gerichtsbarkeit, bildet das weitere Verfahren vor dem Familiengericht mit dem früheren einen Rechtszug.

(3) Wird eine Folgesache als selbständige Familiensache fortgeführt, sind das fortgeführte Verfahren und das frühere Verfahren dieselbe Angelegenheit.

I. Allgemeines

1   Die Vorschrift des § 21 steht im Zusammenhang mit den in §§ 15 ff enthaltenen Regelungen, die den Umfang der Angelegenheit bestimmen.

2   **Abs. 1** ist **Ausnahmeregelung** zu dem in § 15 Abs. 1 enthaltenen Grundsatz, wonach der Anwalt die Gebühren in demselben Rechtszug nur einmal erhält. Wird das Verfahren an ein **untergeordnetes Gericht zurückverwiesen**, gilt infolge Abs. 1 das weitere Verfahren vor diesem Gericht gebührenrechtlich als neuer Rechtszug und damit als selbständige Angelegenheit iSd § 15. Im Verfahren nach Zurückverweisung können daher sämtliche Gebühren erneut anfallen. Die Verfahrensgebühr des Ausgangsverfahrens ist in Angelegenheiten nach Teil 3 VV auf die Verfahrensgebühr, die nach Zurückverweisung entsteht – ausgenommen die Fälle des § 15 Abs. 5 S. 2 – anzurechnen (Vorbem. 3 Abs. 6 VV).

3   **Abs. 2, 1. Alt.** enthält für das **Scheidungsverbundverfahren** eine Ausnahme zu Abs. 1 und bestimmt den Grundsatz des § 15 Abs. 1 für die in der Regelung aufgeführten Fälle, der nach **Abs. 2, 2. Alt.** auch in Verfahren nach dem **LPartG** gilt.

4   **Abs. 3** fingiert eine Angelegenheit mit dem früheren Verfahren, wenn eine Folgesache selbständig fortgeführt wird.

II. Zurückverweisung (Abs. 1)

5   **1. Anwendungsbereich.** Abs. 1 ist maßgeblich für alle Verfahren der Zivilgerichtsbarkeit, der freiwilligen Gerichtsbarkeit, in Strafsachen, der Arbeitsgerichtsbarkeit, Verwaltungsgerichtsbarkeit, Finanzgerichtsbarkeit und der Sozialgerichtsbarkeit. Darüber hinaus ist Abs. 1 auch anzuwenden, wenn ein Verfassungsgericht die Entscheidung eines anderen Gerichts aufhebt und die Sache an das Gericht zurückgibt, dessen Entscheidung aufgehoben worden ist.[1] Unanwendbar ist Abs. 1, wenn eine Sache vom Gericht an die Verwaltungsbehörde zurückgegeben wird. Das gilt auch bei Rückgabe einer Strafsache vom Gericht an die Staatsanwaltschaft oder die Bußgeldbehörde.

6   **2. Voraussetzungen.** Abs. 1 hat ausschließlich für den Anwalt Bedeutung, der auch schon im Verfahren vor Zurückverweisung tätig gewesen ist. Anderenfalls ergibt sich bereits aus den allgemeinen Vorschriften, dass der Anwalt im Verfahren nach Zurückverweisung sämtliche dort anfallenden Gebühren abrechnen kann.

7   Abs. 1 setzt voraus, dass es sich bei dem weiteren Verfahren nach Zurückverweisung ohne die Anwendung des Abs. 1 um dieselbe Angelegenheit iSd § 15 handeln würde. Ist dies nicht der Fall, so erhält der Anwalt nach § 15 Abs. 2 die Gebühren erneut. Auf Abs. 1 ist in diesem Fall nicht abzustellen.

8   Liegt zwischen der Beendigung des erstinstanzlichen Verfahrens und der Zurückverweisung ein Zeitraum von mehr als zwei Kalenderjahren, gilt das weitere Verfahren bereits nach § 15 Abs. 5 S. 2 als neue Angelegenheit, in der alle Gebühren erneut anfallen. Abs. 1 ist auch insoweit unanwendbar.[2] Jedenfalls ist hier eine Anrechnung nach Vorbem. 3 Abs. 6 VV ausgeschlossen. Nach OLG Hamburg[3] soll es für die Berechnung der Zweijahresfrist nicht auf die Verkündung des aufhebenden Urteils ankommen, sondern auf den Zeitpunkt der Kenntnisnahme des Rechtsanwalts von der Zurückverweisung.

9   Abs. 1 regelt nur die Zurückverweisung an ein **untergeordnetes Gericht**, also die **Verweisung innerhalb desselben Rechtszugs**. Das Empfangsgericht muss sachlich und örtlich im Instanzenzug dem verweisenden Gericht untergeordnet sein. Wird an ein Gericht eines abweichenden sachlichen oder örtlichen Rechtszugs verwiesen, ist nicht Abs. 1, sondern § 20 einschlägig.

---

1 OVG Lüneburg AnwBl 1966, 137 = NJW 1966, 468. **2** OLG München AGS 2006, 369 = FamRZ 2006, 1561; OLG Köln OLGR 2009, 601 = MDR 2009, 1365; OLG Düsseldorf AGS 2009, 212 = RVGreport 2009, 181; OLG Düsseldorf 18.2.2010 – I-24 W 2/10; *N. Schneider*, MDR 2003, 727; *ders.*, AGS 2003, 240; *Hansens*, AGS 2004, 103. **3** OLG Hamburg AGS 2014, 267 = zfs 2014, 410 = JurBüro 2014, 412.

Verweist das Revisionsgericht die Sache nicht an das Berufungsgericht zurück, sondern an das Erstgericht, 10
so gilt Abs. 1 für das weitere Verfahren vor dem Erstgericht. Wird gegen die erneute Entscheidung des Erstgerichts wiederum Berufung eingelegt, so gilt Abs. 1 nicht auch für das Berufungsverfahren. Insoweit ist §15 Abs. 2 (§17 Nr. 1) anzuwenden, so dass der Anwalt die Verfahrensgebühr erneut erhält.[4]

Voraussetzung für die Anwendung des Abs. 1 ist ferner eine **Zurückverweisung**. Eine Zurückverweisung 11
nach Abs. 1 liegt vor, wenn das Rechtsmittelgericht durch eine das Rechtsmittelverfahren beendende Entscheidung oder einen Vergleich einem untergeordneten Gericht die abschließende Entscheidung überträgt: Die Sache muss durch ein Rechtsmittel gegen eine Endentscheidung des zuvor befassten Gerichts in die nächste Instanz gelangt sein, insb. durch eine Berufung, Revision, Beschwerde oder Rechtsbeschwerde. Ein Rechtsmittel gegen eine Zwischenentscheidung ist nicht ausreichend. Anzuwenden ist Abs. 1 auch dann, wenn ein Verfassungsgericht die Entscheidung eines Gerichts aufhebt und die Sache an dieses Gericht zurückverweist.[5]

Aus der Entscheidung des Rechtsmittelgerichts muss sich darüber hinaus die **Notwendigkeit einer weiteren** 12
Entscheidung durch das Erstgericht ergeben. Hierzu zählt insb. der Fall, dass das Rechtsmittelgericht das vorinstanzliche Urteil aufhebt und die Sache zur erneuten Entscheidung zurückverweist.

Keine Zurückverweisung iSd Abs. 1 liegt vor, wenn das Berufungsgericht die Berufung gegen ein Grund- 13
urteil zurückweist und die Sache zur weiteren Entscheidung über die Höhe an das Erstgericht zurückgibt.[6] Eine Zurückverweisung iSd Abs. 1 ist aber gegeben, wenn die Berufung gegen das Grundurteil erfolgreich war und sich hieraus die Notwendigkeit einer neuen Verhandlung vor dem Vordergericht ergibt.[7] Das gilt auch dann, wenn das Berufungsgericht zum Haftungsgrund entscheidet und die Sache zur Entscheidung über die Höhe an das Erstgericht zurückverweist.[8] Keine Zurückverweisung liegt vor, wenn nach einem Grundurteil die Nichtzulassungsbeschwerde erfolglos bleibt und die Sache an das Berufungsgericht zurückgegeben wird.[9]

3. Rechtsfolge. Sind die Voraussetzungen des Abs. 1 gegeben, so gilt das Verfahren nach Zurückverweisung 14
als **neue selbständige Gebührenangelegenheit**, so dass dort alle Gebührentatbestände nochmals oder erstmals ausgelöst werden können. Auch die Verfahrensgebühr entsteht ggf ein zweites Mal; sie wird allerdings in Angelegenheiten nach Teil 3 VV **angerechnet**, es sei denn, es ist an ein Gericht verwiesen worden, das mit der Sache noch nicht befasst war (Vorbem. 3 Abs. 6 VV), oder wenn mehr als zwei Kalenderjahre vergangen sind (§15 Abs. 5 S. 2); in diesen Fällen bleibt auch die weitere Verfahrensgebühr anrechnungsfrei bestehen.

Die Anrechnungsbestimmung der Vorbem. 3 Abs. 6 VV gilt nur für die Verfahrensgebühr nach Teil 3 VV. 15
Für Verfahren nach Teil 4–6 VV ist eine Anrechnung nicht vorgesehen.

4. Gebührenberechnung. a) Verfahren nach Teil 3 VV. Wenn gegen das gesamte erstinstanzliche Urteil ein 16
Rechtsmittel **in vollem Umfang** eingelegt wird und das Rechtsmittelgericht das Verfahren **insgesamt zurückverweist**, ergeben sich bei der Abrechnung keinerlei Probleme. Die Gebühren und die Postentgeltpauschale nach Nr. 7002 VV entstehen erneut.

Beispiel: Nach mündlicher Verhandlung wird der Beklagte dazu verurteilt, an den Kläger 900 € zu zahlen. Hier- 17
gegen legt der Beklagte beim LG Berufung ein. Das LG hebt das Urteil des AG auf und verweist die Sache an das AG zurück, das nach erneuter mündlicher Verhandlung und Beweisaufnahme die Klage abweist.

I. Ausgangsverfahren (Wert: 900 €)

1. 1,3-Verfahrensgebühr, Nr. 3100 VV		104,00 €
2. 1,2-Terminsgebühr, Nr. 3104 VV		96,00 €
3. Postentgeltpauschale, Nr. 7002 VV		20,00 €
Zwischensumme	220,00 €	
4. 19 % Umsatzsteuer, Nr. 7008 VV		41,80 €
Gesamt		**261,80 €**

II. Verfahren nach Zurückverweisung (Wert: 900 €)

1. 1,3-Verfahrensgebühr, Nr. 3100 VV		104,00 €
2. gem. Vorbem. 3 Abs. 6 VV anzurechnen (1,3 aus 900 €)		104,00 €
3. 1,2-Terminsgebühr, Nr. 3104 VV		96,00 €
4. Postentgeltpauschale, Nr. 7002 VV		20,00 €
Zwischensumme	116,00 €	

4 KG JurBüro 1969, 983. **5** BGH AGS 2013, 453 = NJW 2013, 3453 = JurBüro 2014, 20. **6** BGH AGS 2005, 234 m. Anm. N. *Schneider* = JurBüro 2004, 479. **7** OLG Schleswig AGS 1995, 63 = JurBüro 1996, 135. **8** OLG München AnwBl 1985, 589 = JurBüro 1985, 1190. **9** OLG Koblenz AGS 1997, 112 m. zust. Anm. *Madert* = JurBüro 1997, 643 = zfs 1998, 30; OLG Frankfurt JurBüro 1983, 1193 m. Anm. *Mümmler* = AnwBl 1984, 98; aA OLG Hamburg JurBüro 1987, 233.

5. 19 % Umsatzsteuer, Nr. 7008 VV   22,04 €
   Gesamt   138,04 €

18   Wird nur **teilweise zurückverwiesen,** so berechnen sich die Gebühren aus dem Wert der zurückverwiesenen Gegenstände.

19   Auch in sozialgerichtlichen Verfahren gelten Abs. 1 und Vorbem. 3 Abs. 6 VV. In Verfahren der freiwilligen Gerichtsbarkeit ist Abs. 1 ebenfalls anwendbar.

20   **b) Verfahren nach den Teilen 4–6 VV.** In **Straf- und Bußgeldsachen (Teil 4 und 5 VV)** gilt Abs. 1 ebenfalls. Der Anwalt erhält nach Zurückverweisung entstehende Verfahrens- und Terminsgebühren erneut,[10] wobei eine Anrechnung der Verfahrensgebühr in Straf- und Bußgeldsachen nicht vorgesehen ist. Auch in **Verfahren nach Teil 6 VV** („Sonstige Verfahren") gilt Abs. 1, wobei auch hier eine Anrechnung der Verfahrensgebühr nicht vorgesehen ist.

III. Zurückverweisung nach § 146 FamFG, ggf iVm § 270 FamFG (Abs. 2)

21   Wird in einem familiengerichtlichen Verfahren von einem Rechtsmittelgericht die Entscheidung der Vorinstanz aufgehoben und die Sache zur erneuten Entscheidung an die Vorinstanz zurückverwiesen, gilt grds. Abs. 1. Von diesem Grundsatz enthält Abs. 2 eine **Ausnahme,** die nur **Scheidungsverbundverfahren** erfasst und sich nur auf eine **Zurückverweisung nach § 146 FamFG** bezieht. Richtet sich die Zurückverweisung nach § 69 Abs. 1 S. 2, 3 FamFG oder nach § 74 Abs. 4 S. 2, 3 FamFG, ist Abs. 2, 1. Alt. nicht einschlägig. Das Verfahren vor und nach Zurückverweisung bildet dann eine einzige Angelegenheit, in der die Gebühren und Auslagen nur einmal entstehen.

22   Werden **nur Folgesachen angefochten** und verweist das Rechtsmittelgericht die Sache zurück, ist Abs. 2 ebenfalls unanwendbar. Es gilt der sich aus Abs. 1 ergebende Grundsatz.

23   In **Lebenspartnerschaftssachen** gilt Abs. 2, 1. Alt. entsprechend (vgl § 270 FamFG iVm § 146 FamFG).

IV. Fortsetzung einer Folgesache als selbständiges Verfahren (Abs. 3)

24   **1. Voraussetzungen.** Wird eine Folgesache aus dem Verbund abgetrennt (§ 140 FamFG), so kann dies zur Auflösung des Verbunds führen, so dass das abgetrennte Verfahren seine Eigenschaft als Folgesache verliert und als isolierte Familiensache fortgeführt wird. § 16 Nr. 4 gilt dann nicht mehr. Abs. 3 bestimmt aber, dass das **fortgeführte Verfahren und das frühere Verfahren dieselbe Angelegenheit** darstellen:

- Bleibt das abgetrennte Verfahren weiterhin Folgesache (§ 137 Abs. 5 S. 1 FamFG), hat dies keine gebührenrechtlichen Folgen, weil der Verbund erhalten bleibt und § 16 Nr. 4 weiterhin gilt.
- Wird die abgetrennte Folgesache selbständig weitergeführt, so kann sie gesondert abgerechnet werden. Für das abgetrennte Verfahren gilt § 16 Nr. 4 nicht mehr. Das abgetrennte Verfahren wird eine selbständige Angelegenheit iSd § 15. Allerdings sind das fortgeführte Verfahren und das frühere Verfahren gebührenrechtlich dieselbe Angelegenheit (Abs. 3).

25   **2. Abrechnung nach Auflösung des Verbunds.** Kommt es im Falle einer Abtrennung zur Auflösung des Verbunds, gilt § 16 Nr. 4 nicht mehr. Es ist gesondert abzurechnen. Das gilt auch für die Gerichtsgebühren (§ 6 Abs. 2 FamGKG). Es ist ferner eine gesonderte Kostenentscheidung zu treffen (§ 150 Abs. 5 S. 2 FamFG). Die im Verbund bewilligte Verfahrenskostenhilfe erstreckt sich nicht auf das selbständig fortgeführte Verfahren.[11] Eine Lösung aus dem Verbund folgt nur

- bei Abtrennung einer Kindschaftssache nach § 140 Abs. 2 Nr. 3 FamFG (§ 137 Abs. 3, Abs. 5 S. 2 FamFG),
- bei Fortführung einer Folgesache nach § 141 S. 3 FamFG,
- bei Fortführung einer Folgesache nach § 142 Abs. 2 S. 3 FamFG,
- bei einer abgetrennten Versorgungsausgleichssache unter den Voraussetzungen des Art. 111 Abs. 4 FGG-ReformG.

26   Das abgetrennte Verfahren gilt als selbständige Angelegenheit iSd § 15. Allerdings sind das fortgeführte Verfahren und das frühere Verfahren dieselbe Angelegenheit (Abs. 3), so dass der Anwalt ein **Wahlrecht** bei der Abrechnung hat:

27   **Beispiel:** In einem Verbundverfahren (Ehesache 6.000 €, Versorgungsausgleich 1.200 €, elterliche Sorge 1.200 €) wird nach mündlicher Verhandlung gem. § 140 Abs. 2 Nr. 3 FamFG die Folgesache elterliche Sorge abgetrennt. Sowohl im Verbund als auch im isolierten Verfahren wird nach der Abtrennung erneut verhandelt.

Es gilt § 137 Abs. 3, Abs. 5 S. 2 FamFG. Die Kindschaftssache wird zur selbständigen Familiensache. Der Anwalt kann wählen, ob er gemeinsam oder getrennt abrechnet. Mit der Abtrennung der Kindschaftssache wird diese zu

---

10 OLG Düsseldorf JurBüro 1994, 425 = Rpfleger 1994, 37.   **11** BGH AGS 2011, 167 = NJW 2011, 1141 = MDR 2011, 442.

einer selbständigen Familiensache und es gilt daher nicht mehr der Wert des § 44 Abs. 2 S. 1 FamGKG gilt, sondern der des § 45 FamGKG.

I. Gemeinsame Abrechnung Verbundverfahren

1. 1,3-Verfahrensgebühr, Nr. 3100 VV (Wert: 8.400 €)	659,10 €
2. 1,2-Terminsgebühr Nr. 3104 VV (Wert: 8.400 €)	608,40 €
3. Postentgeltpauschale, Nr. 7002 VV	20,00 €
Zwischensumme	1.287,50 €
4. 19 % Umsatzsteuer, Nr. 7008 VV	244,63 €
Gesamt	**1.532,13 €**

II. Getrennte Abrechnung

a) Verbundverfahren ohne elterliche Sorge

1. 1,3-Verfahrensgebühr, Nr. 3100 VV (Wert: 7.200 €)	592,80 €
2. 1,2-Terminsgebühr Nr. 3104 VV (Wert: 7.200 €)	547,20 €
3. Postentgeltpauschale, Nr. 7002 VV	20,00 €
Zwischensumme	1.160,00 €
4. 19 % Umsatzsteuer, Nr. 7008 VV	220,40 €
Gesamt	**1.380,40 €**

b) Selbständiges Verfahren über elterliche Sorge

1. 1,3-Verfahrensgebühr, Nr. 3100 VV (Wert: 3.000 €)	261,30 €
2. 1,2-Terminsgebühr Nr. 3104 VV (Wert: 3.000 €)	241,20 €
3. Postentgeltpauschale, Nr. 7002 VV	20,00 €
Zwischensumme	522,50 €
4. 19 % Umsatzsteuer, Nr. 7008 VV	99,28 €
Gesamt	**621,78 €**
Gesamt a) + b)	**2.002,18 €**

Die getrennte Abrechnung ist günstiger.

Abschnitt 4
Gegenstandswert

§ 22 Grundsatz

(1) In derselben Angelegenheit werden die Werte mehrerer Gegenstände zusammengerechnet.

(2) [1]Der Wert beträgt in derselben Angelegenheit höchstens 30 Millionen Euro, soweit durch Gesetz kein niedrigerer Höchstwert bestimmt ist. [2]Sind in derselben Angelegenheit mehrere Personen wegen verschiedener Gegenstände Auftraggeber, beträgt der Wert für jede Person höchstens 30 Millionen Euro, insgesamt jedoch nicht mehr als 100 Millionen Euro.

I. Allgemeines

Abs. 1 ist Ausdruck des Grundsatzes der Einfachheit und Einmaligkeit der Gebührenabrechnung. In einer   **1** Angelegenheit darf nur einheitlich abgerechnet werden. Handelt es sich dagegen um mehrere Angelegenheiten, sind diese gesondert abzurechnen. Wenn im Rahmen derselben Angelegenheit mehrere Gegenstände zugrunde liegen, sind die jeweiligen Werte zu addieren.

Nach **Abs. 2 S. 1** beträgt der Gegenstandswert höchstens 30 Mio. € je Auftraggeber. Dies gilt auch dann,   **2** wenn der Gegenstandswert der anwaltlichen Tätigkeit gem. § 23 Abs. 1 S. 1 nach den für die Gerichtsgebühren geltenden Werten zu bestimmen ist, weil die Gerichtskostengesetze in gleicher Weise eine Höchstgrenze von 30 Mio. € bestimmen (§ 39 Abs. 2 GKG; § 33 Abs. 2 FamGKG; § 35 Abs. 2 GNotKG, soweit die Tabelle A betroffen ist).

Bei den Anwaltsgebühren ist in **Abs. 2 S. 2** eine weitere Wertbegrenzung vorgesehen, die einschlägig ist,   **3** wenn in derselben Angelegenheit wegen verschiedener Gegenstände mehrere Personen Auftraggeber sind. Grundsätzlich beträgt der Wert in diesem Fall für jeden weiteren Auftraggeber 30 Mio. € (Abs. 2 S. 2 Hs 1). Abs. 2 S. 2 Hs 2 bestimmt jedoch, dass die Summe der einzelnen Werte nicht oberhalb von 100 Mio. € gelegen sein darf. Die Begrenzung nach Abs. 2 S. 2 ist gem. § 23 Abs. 1 S. 4 auch für diejenigen Fälle vorgesehen, in denen sich die Wertbegrenzung aus § 23 Abs. 1 S. 1–3 in Verbindung mit den Wertvorschriften der Gerichtskostengesetze (§ 39 Abs. 2 GKG; § 33 Abs. 2 FamGKG; § 35 Abs. 2 GNotKG) ergibt. Abs. 2 S. 2 ist **vorrangig** gegenüber den sich aus den Gerichtskostengesetzen ergebenden Wertbegrenzungen und Bestimmungen über die Wertaddition (vgl § 23 Abs. 1 S. 4).

II. Zusammenrechnung (Abs. 1)

4 Zu den Begriffen der **Angelegenheit** und des **Gegenstands** → § 15 Rn 9 ff. Ob eine oder mehrere Angelegenheiten vorliegen, ist nach den dortigen Grundsätzen zu bestimmen, wenn nicht in den §§ 16–21 besondere Regelungen getroffen wurden.

5 In die Zusammenrechnung sind alle Gegenstände und Werte einzubeziehen, die im Verlauf der Bearbeitung der Angelegenheit angefallen sind. Dabei ist ausschließlich auf den abzurechnenden Gebührentatbestand abzustellen.

6 Die Bestimmung des Werts hat deshalb bei sukzessiv entstehenden Gebühren jeweils gesondert stattzufinden. Bezieht sich die **außergerichtliche Vertretung** auf mehrere Gegenstände, so sind diese sämtlich bei der Bestimmung des Gegenstandswerts einzubeziehen. Erfolgt die anschließende gerichtliche Vertretung mit Bezug auf bestimmte dieser Gegenstände oder auf bestimmte Teile dieser Gegenstände oder auf unterschiedliche Werte derselben Gegenstände, so bestimmt sich der Wert der Verfahrensgebühr nur nach den Gegenständen und Werten, auf die sich die gerichtliche Tätigkeit bezogen hat. Umgekehrt kann sich die **gerichtliche Tätigkeit** auch auf Gegenstände und Werte beziehen, die (noch) nicht Teil der außergerichtlichen Vertretung gewesen sind. Dann sind auch diese Gegenstände und Werte bei der Bestimmung des Werts der gerichtlichen Vertretung hinzuzurechnen. Bei der Anrechnung nach Vorbem. 2.3 Abs. 4 VV und Vorbem. 3 Abs. 4 VV ist deshalb immer nur der Wert anzurechnen, der bei beiden Gebühren deckungsgleich ist.

7 Auch innerhalb der Instanz können die Werte verschiedener Gebühren unterschiedlich zu bestimmen sein. So sind die Gegenstände bzw deren Werte bei der Verfahrensgebühr, der Terminsgebühr und der Einigungs- oder Erledigungsgebühr nicht notwendig deckungsgleich.

8 Die Zusammenrechnung wird **rechtssystematisch** als **Ausnahme** angesehen;[1] deshalb ist eine weite Auslegung der Vorschrift, die einen Eingriff in die Berufsausübungsfreiheit darstellt, nicht sachgerecht.[2] Andererseits soll der Rechtsanwalt die Degressionswirkung der Zusammenrechnung nicht willkürlich unterlaufen dürfen.[3]

9 Das RVG sieht einige **Ausnahmen von der Zusammenrechnung** vor, etwa: bei der Hebegebühr Nr. 1009 VV; im PKH-/VKH-Prüfungsverfahren nach § 23 a Abs. 2; gem. § 23 Abs. 1 iVm § 48 Abs. 4 GKG bzw § 33 Abs. 1 S. 2 FamGKG; gem. § 23 Abs. 1 iVm § 44 GKG bzw § 38 FamGKG; gem. § 23 Abs. 1 iVm § 45 Abs. 1 S. 3 GKG bzw § 39 Abs. 1 S. 3 FamGKG etc.

III. Anwendungsbereich (Abs. 2)

10 **1. Wertbegrenzung bei einem Auftraggeber in derselben Angelegenheit (Abs. 2 S. 1). a) Grundsatz.** Abs. 2 S. 1 bestimmt den Grundsatz, dass der Wert in derselben Angelegenheit bei einem Auftraggeber **höchstens 30 Mio. €** beträgt. Diese **Wertbegrenzung** hat das BVerfG[4] als verfassungsgemäß angesehen. Der Gesetzgeber will mit der Gebührenbegrenzung auch in allen vergleichbaren übrigen Kostengesetzen (GKG, FamGKG, GNotKG) erreichen, dass bei hohen Werten unverhältnismäßig hohe Gebühren entstehen. Das mit der Führung eines gerichtlichen Verfahrens verbundene Kostenrisiko soll für die Verfahrensbeteiligten in Verfahren mit hohen Werten auf ein gesetzlich bestimmtes – angemessenes Maß – zurückgeführt werden.

11 **b) Gesetzlich geregelte niedrigere Höchstwerte.** Die Wertbegrenzung des Abs. 2 S. 1 Hs 1 gilt für den Rechtsanwalt nur dann, wenn im Gesetz kein niedrigerer Höchstwert vorgesehen ist. **Niedrigere Höchstwerte** sind zB geregelt in:

- § 48 Abs. 1 S. 2 GKG (Rechtsstreitigkeiten aufgrund des UKlaG: 250.000 €);
- § 48 Abs. 2 S. 2 GKG (Nichtvermögensrechtliche Streitigkeiten: 1 Mio. €);
- § 52 Abs. 4 Nr. 2 und 3 GKG (Rechtsstreitigkeiten vor dem Sozialgericht nach dem Krankenhausfinanzierungsgesetz: 2.500.00 € und Verfahren vor den Verwaltungsgerichten über Ansprüche nach dem Vermögensgesetz: 500.000 €);
- § 53 Abs. 1 Nr. 4 GKG (Verfahren nach § 148 Abs. 1 und 2 AktG: 500.000 €);
- § 36 Abs. 3 FamGKG (Genehmigung einer Erklärung oder deren Ersetzung: 1 Mio. €);
- § 43 Abs. 1 FamGKG (Ehesache: 1 Mio. €);
- § 46 Abs. 3 FamGKG (Übrige Kindschaftssachen: 1 Mio. €);
- § 60 Abs. 3 GNotKG (Genehmigung oder Ersetzung einer Erklärung oder Genehmigung eines Rechtsgeschäfts: 1 Mio. €);
- § 73 GNotKG (Ausschlussverfahren nach dem WpÜG: 7,5 Mio. €);
- § 74 GNotKG (Verfahren nach dem Spruchgesetz: 7,5 Mio. €);

---

1 *Hartmann*, KostG, § 20 RVG Rn 2. **2** *Schneider*, Rpfleger 1982, 370. **3** BGH NJW 2004, 1045. **4** BVerfG AGS 2007, 413 = NJW 2007, 2098 = JurBüro 2007, 425.

- §106 GNotKG (Höchstwert für Anmeldungen zu bestimmten Registern: 1 Mio. €);
- §23 Abs. 3 S. 2 RVG (500.000 €);
- §25 Abs. 1 Nr. 4 RVG (2.000 €).

Soweit Regelungen einschlägig sind, die einen niedrigeren Höchstwert bestimmen, ist Abs. 2 nicht anzuwenden.

c) Gesetzlich geregelte höhere Höchstwerte oder Wertregelungen ohne Begrenzung. aa) §35 Abs. 2 **12** **GNotKG.** Gemäß §35 Abs. 2 GNotKG beträgt der Geschäftswert höchstens 60 Mio. €, wenn Tabelle B anzuwenden ist. Dieser gesetzlich geregelte höhere Höchstwert gilt nicht für den Rechtsanwalt. Über §23 Abs. 1 S. 1 wäre dieser Wert zwar grds. im gerichtlichen Verfahren und auch außerhalb eines gerichtlichen Verfahrens (§23 Abs. 1 S. 3) maßgebend. Abweichend davon bestimmt aber §23 Abs. 1 S. 4, dass Abs. 2 S. 2 bei Anwendung des §23 Abs. 1 unberührt bleibt mit der Folge, dass Abs. 2 auch bei gesetzlich bestimmten höheren Höchstwerten einschlägig ist und gesetzlich geregelte höhere Werte beschneidet.

bb) §35 RVG. Die Begrenzung des Abs. 2 S. 1 gilt nicht, soweit der Rechtsanwalt Hilfeleistung in Steuersa- **13** chen leistet, weil Abs. 2 S. 1 nur Vorrang hat gegenüber den in der StBVV geregelten Werten, soweit der Anwalt seine Tätigkeit unmittelbar nach dem RVG abrechnet. Bei der Hilfeleistung in Steuersachen rechnet der Anwalt seine Tätigkeit aber nach der StBVV, insb. den dort vorgesehenen Gebührensätzen, Gegenstandswerten und den in der Anlage 1 Tabelle A zur StBVV vorgesehenen Gebühren ab, die eine dem RVG vergleichbare Gebührenbegrenzung nicht kennen. Eine §23 Abs. 1 S. 4 vergleichbare Regelung enthält §35 nicht.

cc) Vergütungsvereinbarung. Abs. 2 ist **dispositiv**. Unter den Voraussetzungen der §§3 a ff können Abwei- **14** chungen von Abs. 2 vereinbart werden.

2. Wertbegrenzung bei mehreren Auftraggebern in derselben Angelegenheit (Abs. 2 S. 2). Der Wortlaut des **15** Abs. 2 S. 2 hatte bis zum Inkrafttreten des 2. KostRMoG (1.8.2013) nicht danach unterschieden, ob der Gegenstand der anwaltlichen Tätigkeit für die verschiedenen Auftraggeber derselbe ist oder ob verschiedene Gegenstände zugrunde liegen müssen. Der BGH[5] hatte die zutreffende Auslegung des Abs. 2 S. 2 bereits vor Inkrafttreten der Änderung durch das 2. KostRMoG berücksichtigt und entschieden, dass eine Anhebung der Höchstgebühr gem. Abs. 2 S. 2 nur in Betracht komme, wenn der Anwalt **mehrere Auftraggeber** wegen **verschiedener Gegenstände** vertritt. Die Rspr des BGH ist durch die Änderung des Abs. 2 S. 2 aufgrund des 2. KostRMoG Gesetz geworden.

IV. Wertfestsetzung

Da in den Gerichtskostengesetzen GKG, FamGKG und GNotKG eine Werterhöhung bei mehreren Auftrag- **16** gebern nicht vorgesehen ist, ist die gerichtliche Wertfestsetzung auch bei mehreren Auftraggebern auf einen Wert iHv 30 Mio. € (bei Anwendung der Tabelle B gem. §35 Abs. 2 GNotKG auf 60 Mio. €) begrenzt. Soweit der Rechtsanwalt auf der Grundlage des Abs. 2 S. 2 berechtigt ist, seine Gebühren bei mehreren Auftraggebern aus einem höheren Gegenstandswert geltend zu machen, darf eine Wertfestsetzung von Amts wegen nicht erfolgen. Der Rechtsanwalt erreicht eine Wertfestsetzung bei mehreren Auftraggebern auf der Grundlage des Abs. 2 S. 2 deshalb nur über einen eigenen Antrag nach §33 Abs. 1.

§23 Allgemeine Wertvorschrift

(1) [1]Soweit sich die Gerichtsgebühren nach dem Wert richten, bestimmt sich der Gegenstandswert im gerichtlichen Verfahren nach den für die Gerichtsgebühren geltenden Wertvorschriften. [2]In Verfahren, in denen Kosten nach dem Gerichtskostengesetz oder dem Gesetz über Gerichtskosten in Familiensachen erhoben werden, sind die Wertvorschriften des jeweiligen Kostengesetzes entsprechend anzuwenden, wenn für das Verfahren keine Gerichtsgebühr oder eine Festgebühr bestimmt ist. [3]Diese Wertvorschriften gelten auch entsprechend für die Tätigkeit außerhalb eines gerichtlichen Verfahrens, wenn der Gegenstand der Tätigkeit auch Gegenstand eines gerichtlichen Verfahrens sein könnte. [4]§22 Abs. 2 Satz 2 bleibt unberührt.

(2) [1]In Beschwerdeverfahren, in denen Gerichtsgebühren unabhängig vom Ausgang des Verfahrens nicht erhoben werden oder sich nicht nach dem Wert richten, ist der Wert unter Berücksichtigung des Interesses des Beschwerdeführers nach Absatz 3 Satz 2 zu bestimmen, soweit sich aus diesem Gesetz nichts anderes ergibt. [2]Der Gegenstandswert ist durch den Wert des zugrunde liegenden Verfahrens begrenzt. [3]In Verfahren über

---

5 BGH AGS 2010, 213 = NJW 2010, 1373; OLG Hamm AGS 2010, 394 = RVGreport 2010, 273; bestätigt in AGS 2012, 142 = NJW-Spezial 2012, 91; ebenso OLG Hamm AGS 2010, 394 = RVGreport 2010, 273; *Thiel*, AGS 2010, 215.

eine Erinnerung oder eine Rüge wegen Verletzung des rechtlichen Gehörs richtet sich der Wert nach den für Beschwerdeverfahren geltenden Vorschriften.

(3) [1]Soweit sich aus diesem Gesetz nichts anderes ergibt, gelten in anderen Angelegenheiten für den Gegenstandswert die Bewertungsvorschriften des Gerichts- und Notarkostengesetzes und die §§ 37, 38, 42 bis 45 sowie 99 bis 102 des Gerichts- und Notarkostengesetzes entsprechend. [2]Soweit sich der Gegenstandswert aus diesen Vorschriften nicht ergibt und auch sonst nicht feststeht, ist er nach billigem Ermessen zu bestimmen; in Ermangelung genügender tatsächlicher Anhaltspunkte für eine Schätzung und bei nichtvermögensrechtlichen Gegenständen ist der Gegenstandswert mit 5.000 Euro, nach Lage des Falles niedriger oder höher, jedoch nicht über 500.000 Euro anzunehmen.

I. Allgemeines

1   § 23 ist allgemeine Wertvorschrift und regelt, auf welche Art und Weise der Rechtsanwalt für die Abrechnung seiner anwaltlichen Tätigkeit den zutreffenden Gegenstandswert ermittelt.

2   Während **Abs. 1 S. 1 und 3** den Regelungsgehalt des § 8 Abs. 1 und 2 S. 1 und 2 BRAGO übernommen hatte, war **Abs. 1 S. 2** durch das 1. KostRMoG erst eingeführt worden, weil nach dem GKG bestimmte Wertgebühren durch Festgebühren ersetzt worden waren, insb. in Verfahren für die Vollstreckbarerklärung ausländischer Titel und ähnlichen Verfahren. Um zu gewährleisten, dass die Wertvorschriften des GKG auch weiterhin für die Abrechnung der anwaltlichen Tätigkeit anwendbar sein können, bedurfte es der Aufnahme des Abs. 1 S. 2 in das RVG. Damit war sichergestellt worden, dass für die Rechtsanwaltsgebühren bis heute die gleichen Wertvorschriften anwendbar sind wie bereits auf der Grundlage der BRAGO.

3   Auch **Abs. 2** war durch das 1. KostRMoG neu aufgenommen worden. Die Regelung war deshalb erforderlich, weil es auf der Grundlage der BRAGO keine generelle Wertvorschrift für Beschwerdeverfahren gegeben hatte, in denen Gerichtsgebühren unabhängig vom Ausgang des Verfahrens nicht erhoben werden oder sich die Gebühren nicht nach dem Wert richten. Wenn in einem Beschwerdeverfahren Gerichtsgebühren allerdings nur erhoben werden, soweit die Beschwerde verworfen oder zurückgewiesen wird, ist Abs. 2 S. 1 auch dann anzuwenden, wenn im konkreten Fall keine Gebühr erhoben wird.

4   Ebenfalls durch das 1. KostRMoG war in Abs. 2 S. 2 eine Wertvorschrift für die Bestimmung des Gegenstandswerts im Erinnerungsverfahren aufgenommen worden, weil für Erinnerungsverfahren grds. keine Gerichtsgebühren erhoben werden. Zusätzlich wurde geregelt ein Gegenstandswert für Verfahren über die Rüge wegen Verletzung des rechtlichen Gehörs, weil für diese Verfahren nach den Gerichtskostengesetzen eine Festgebühr vorgesehen ist.

5   In **Abs. 3** wird für den Bereich der vorsorgenden Rechtspflege seit Inkrafttreten des 2. KostRMoG zum 1.8.2013 auf Wertvorschriften des GNotKG verwiesen. Zu den früheren Verweisungen auf die KostO ergeben sich Änderungen insb. beim Schuldenabzug, Eheverträge betreffend (§ 103 GNotKG), und bei Testamenten und Erbverträgen, wenn über den gesamten Nachlass oder einen Bruchteil verfügt wird. Während nach früherem Recht auf der Grundlage der KostO der Wert nach Abzug der Verbindlichkeiten zugrunde zu legen war, findet nach dem GNotKG nur noch ein **eingeschränkter Schuldenabzug** statt. Abs. 3 S. 1 nimmt mittelbar Bezug auf die §§ 46–54 GNotKG (weil sie in den „Bewertungsvorschriften des GNotKG" enthalten sind) und auf die §§ 37, 38, 42–45 sowie 99–102 GNotKG. In Abs. 3 S. 2 Hs 2 ist der **allgemeine Auffangwert** von 4.000 € auf **5.000 €** angehoben worden. Damit entspricht der Wert jetzt den übrigen Auffangwerten in den Kostengesetzen (vgl § 52 Abs. 2 GKG, § 42 Abs. 3 FamGKG, § 36 Abs. 3 GNotKG).

II. Anwendungsbereich

6   **Abs. 1 S. 1** bestimmt, dass sich die Gebühren für die anwaltliche Tätigkeit grds. nach dem für die Gerichtsgebühren maßgeblichen Wert bestimmen. Für den Rechtsanwalt ist deshalb über Abs. 1 S. 1 im gerichtlichen Verfahren das GKG, das FamGKG oder das GNotKG maßgeblich, soweit sich die Gerichtsgebühren nach dem Wert richten.

7   **Abs. 1 S. 2:** Auch in Verfahren, in denen Kosten nach dem GKG oder dem FamGKG nicht oder Festgebühren erhoben werden, sind das GKG und FamGKG – nicht aber das GNotKG – gem. Abs. 1 S. 2 entsprechend anzuwenden.

8   **Abs. 1 S. 3:** Die für die Gerichtsgebühren geltenden Wertbestimmungen des GKG, FamGKG oder GNotKG sind auch für die **außergerichtliche** Tätigkeit des Anwalts maßgeblich, wenn sie Gegenstand eines gerichtlichen Verfahrens sein könnte.

9   **Abs. 1 S. 4:** Sind in derselben Angelegenheit mehrere Personen wegen verschiedener Gegenstände Auftraggeber, dann beträgt der Wert für jede Person höchstens 30 Mio. €. Insgesamt darf der Wert nicht mehr als 100 Mio. € betragen.

Abs. 2 gilt für Beschwerdeverfahren, in denen Gerichtsgebühren unabhängig vom Ausgang des Verfahrens 10
nicht oder nicht nach dem Wert erhoben werden. Dann ist der Wert nach dem Interesse des Beschwerdeführrers, begrenzt auf den zugrunde liegenden Wert des Verfahrens, zu bestimmen. Im Erinnerungs- oder Gehörsrügeverfahren richtet sich der Wert nach den für die Beschwerdeverfahren geltenden Vorschriften.

Abs. 3 ist dann einschlägig, wenn sich die Wertvorschriften für die anwaltliche Tätigkeit weder aus Abs. 1 11
oder Abs. 2 noch aus anderen Vorschriften des RVG herleiten lassen. Für diesen Fall gelten für den Gegenstandswert die allgemeinen Bewertungsvorschriften des GNotKG und die §§ 37, 38, 42–45 sowie 99–102
GNotKG entsprechend. Ergibt sich der Wert auch nicht aus den Vorschriften des GNotKG und steht er
auch sonst nicht fest, ist er nach billigem Ermessen zu bestimmen. Liegen keine genügenden tatsächlichen
Anhaltspunkte für eine Schätzung vor, ist der Wert mit 5.000 € zu bemessen, wobei auch dieser Auffangwert nach Lage des Falls niedriger oder höher ausfallen kann.

III. Ermittlung des Gegenstandswerts für die anwaltliche Tätigkeit (Abs. 1 S. 1)

1. Wertgebühren im gerichtlichen Verfahren. Abs. 1 S. 1 gilt für alle gerichtlichen Verfahren, soweit sich die 12
Gerichtsgebühren nach dem Wert richten. Welche **gerichtlichen Verfahren** im Einzelnen gemeint sind, ergibt
sich aus den jeweiligen Kostengesetzen und den dort angegebenen Geltungsbereichen (§ 1 GKG, § 1
FamGKG, § 1 GNotKG).

Ergeben sich aus den jeweiligen Kostengesetzen Vorschriften, nach denen der Wert für das gerichtliche Ver 13
fahren zu bemessen ist, so richtet sich auch der Gegenstandswert für die anwaltliche Tätigkeit nach dem
GKG, dem FamGKG oder dem GNotKG.

Beispiel 1: Der Anwalt erhält vom Auftraggeber den Auftrag, rückständige Miete einzuklagen. Gemäß § 63 14
Abs. 2 GKG setzt das Gericht den Streitwert für die Gerichtsgebühren gem. § 48 Abs. 1 S. 1 GKG iVm §§ 3, 6
ZPO nach dem bezifferten Klageantrag fest. – Lösung: Gemäß Abs. 1 S. 1 ist dieser Wert auch für die Abrechnung
der Anwaltsgebühren maßgeblich. Gemäß § 32 Abs. 1 ist die von Amts wegen vorgenommene Wertfestsetzung für
die Gebühren des Rechtsanwalts sogar bindend.

Beispiel 2: Der Rechtsanwalt erhält den Auftrag zur Einleitung eines gerichtlichen Verfahrens auf Überlassung der 15
ehelichen Wohnung. Das Gericht setzt den Verfahrenswert für die Gerichtsgebühren nach § 55 Abs. 2 FamGKG
gem. § 48 Abs. 1 S. 1 FamGKG auf 3.000 € fest. – Lösung: Nach Abs. 1 S. 1 gilt der für die Gerichtsgebühren maßgebliche Wert auch für die anwaltliche Tätigkeit und ist gem. § 32 Abs. 1 auch bindend.

Beispiel 3: Der Anwalt ist beauftragt, beim Nachlassgericht die Erbausschlagung zu beantragen. Der Nachlass 16
wert beträgt 500.000 € bei bestehenden Verbindlichkeiten iHv 490.000 €. – Lösung: Das Gericht setzt den Wert
des Verfahrens gem. § 102 Abs. 1 GNotKG auf 250.000 € fest, weil Verbindlichkeiten gem. § 102 Abs. 1 S. 2
GNotKG nur bis zur Hälfte des Werts des Vermögens abgezogen werden. Gemäß Abs. 1 S. 1 ist der für die Gerichtsgebühren von Amts wegen nach § 79 Abs. 1 GNotKG festgesetzte Wert auch für die Abrechnung der anwaltlichen Tätigkeit maßgebend, wobei auch hier der Rechtsanwalt über § 32 Abs. 1 an die Wertfestsetzung gebunden ist.

2. Keine Gebühren oder Festgebühren im gerichtlichen Verfahren. Die Vorschriften des FamGKG und des 17
GKG sind auch dann für die anwaltliche Tätigkeit maßgebend, wenn im gerichtlichen Verfahren keine Gebühren erhoben werden oder Festgebühren bestimmt sind. Zu einer entsprechenden Anwendung der Vorschriften des GNotKG kann es über Abs. 1 S. 2 deshalb nicht kommen, weil das GNotKG in der Vorschrift
dort nicht aufgeführt worden ist. Soweit also in den Angelegenheiten der freiwilligen Gerichtsbarkeit (§ 1
GNotKG) keine Gebühren im gerichtlichen Verfahren erhoben werden oder Festgebühren vorgesehen sind,
scheidet die entsprechende Anwendung des GNotKG über Abs. 1 S. 2 aus. Der Gesetzgeber wollte vermeiden, dass über Abs. 1 S. 2 weitergehende Vorschriften des GNotKG anwendbar sind, als dies im Rahmen
des Abs. 3 der Fall sein würde. Werden in den Angelegenheiten der freiwilligen Gerichtsbarkeit in den im
Einzelnen in § 1 GNotKG aufgeführten Verfahren keine Gebühren oder Festgebühren erhoben, so richtet
sich der Wert für die anwaltliche Tätigkeit, wenn er sich anderweitig nicht aus dem RVG ergibt, nach
Abs. 3 mit der Maßgabe, dass bestimmte Wertvorschriften des GNotKG anwendbar sind.

Beispiel 1: Der Anwalt ist beauftragt, ein gerichtliches Verfahren über einen Antrag auf Vollstreckbarerklärung 18
eines ausländischen Titels zu führen. – Lösung: Im gerichtlichen Verfahren entstehen Festgebühren (Nr. 1510 KV
GKG iHv 240 €). Eine Wertfestsetzung von Amts wegen erfolgt deshalb nicht. Die anwaltliche Tätigkeit richtet
sich in Verfahren über Anträge auf Vollstreckbarerklärung ausländischer Titel allerdings nach dem Gegenstandswert, so dass die Wertvorschriften des GKG über Abs. 1 S. 2 anzuwenden sind. Der Gegenstandswert für die Anwaltsgebühren richtet sich nach § 48 Abs. 1 S. 1 GKG iVm § 3 ZPO und ist zu schätzen. Da im gerichtlichen Verfahren mangels Erforderlichkeit bei Festgebühren eine Wertfestsetzung nicht vorgenommen werden darf, muss der
Rechtsanwalt zur Abrechnung seiner Gebühren eine Wertfestsetzung gem. § 33 Abs. 1 beantragen auf der Grundlage der Vorschriften des § 48 Abs. 1 S. 1 GKG iVm § 3 ZPO.

19 **Beispiel 2:** Der Anwalt ist beauftragt, ein Verfahren, das die Annahme eines minderjährigen Kindes betrifft, vor dem Familiengericht zu führen. – Lösung: Adoptionssachen Minderjähriger sind nach dem aus Vorbem. 1.3.2 Abs. 1 Nr. 2 KV GKG abzuleitenden Umkehrschluss gerichtsgebührenfrei. Gerichtsgebühren werden nur für Adoptionssachen Volljährige betreffend erhoben (Nr. 1320 ff KV FamGKG). Eine Wertfestsetzung von Amts wegen erfolgt deshalb nicht. Für die Wertfestsetzung der anwaltlichen Tätigkeit im Adoptionsverfahren einen Minderjährigen betreffend sind die Wertvorschriften des FamGKG über Abs. 1 S. 2 entsprechend heranzuziehen. Da das FamGKG keine besondere Wertvorschrift für Adoptionssachen vorsieht, ist der Auffangwert des § 42 Abs. 2 FamGKG heranzuziehen. § 42 Abs. 2 FamGKG ist Auffangwertvorschrift für nichtvermögensrechtliche Angelegenheiten. Wenn keine genügenden Anhaltspunkte vorliegen, ist nach § 42 Abs. 3 FamGKG mit dem Auffangwert iHv 5.000 € zu bemessen. Da Adoptionsverfahren Minderjähriger gerichtsgebührenfrei geführt werden, darf eine Wertfestsetzung von Amts wegen nicht erfolgen. Die Festsetzung des Gegenstandswerts ist deshalb gem. § 33 Abs. 1 vom Rechtsanwalt zu beantragen und das Gericht hat eine Wertfestsetzung auf der Grundlage des FamGKG (hier § 42 Abs. 2, 3 FamGKG) auf Antrag vorzunehmen.

20 **Beispiel 3:** Der Rechtsanwalt ist beauftragt, ein Verfahren über die Ersteintragung in das Vereinsregister zu führen. – Lösung: Im gerichtlichen Verfahren entstehen Festgebühren nach Nr. 3100 VV iHv 75 €. Eine Wertfestsetzung gem. Abs. 1 S. 2 unmittelbar nach dem GNotKG scheidet aus, weil Abs. 1 S. 2 auf das GNotKG nicht Bezug nimmt. Es hat deshalb gem. § 33 Abs. 1 auf Antrag eine Wertfestsetzung nach Abs. 3 für den Gegenstandswert der anwaltlichen Gebühren zu erfolgen.

21 **3. Anwaltliche Tätigkeiten außerhalb eines gerichtlichen Verfahrens (Abs. 1 S. 3).** Die Wertvorschriften, die für das gerichtliche Verfahren maßgebend sind, gelten für den Anwalt auch bei Ausübung seiner außergerichtlichen Tätigkeit, wenn der Gegenstand seiner Tätigkeit Gegenstand eines gerichtlichen Verfahrens sein könnte.

22 **Beispiel 1:** Der Rechtsanwalt wird beauftragt, eine Forderung in Höhe eines Betrags von 5.000 € außergerichtlich geltend zu machen. – Lösung: Als Gegenstandswert für die Abrechnung der anwaltlichen Tätigkeit ist das GKG (§ 48 Abs. 1 GKG iVm § 3 ZPO) maßgeblich. Wäre die außergerichtliche Tätigkeit Gegenstand des gerichtlichen Verfahrens, wäre der Wert für das gerichtliche Verfahren gem. § 48 Abs. 1 GKG iVm § 3 ZPO auf 5.000 € festzusetzen. Dieser Wert ist auch für die außergerichtliche Tätigkeit maßgebend, weil die Tätigkeit – Aufforderung zur Zahlung eines Geldbetrags – auch Gegenstand eines gerichtlichen Verfahrens sein könnte.

23 **Beispiel 2:** Der Anwalt wird beauftragt, einen Erbvertrag zu gestalten. – Lösung: Dieser Auftrag kann nicht Gegenstand einer gerichtlichen Tätigkeit sein. Eine entsprechende Anwendung der Wertvorschriften des GKG, FamGKG oder GNotKG über Abs. 1 S. 1 scheidet deshalb aus. Eine Wertfestsetzung für die Mitwirkung an der Gestaltung eines Erbvertrags ergibt sich auch nicht aus anderen Vorschriften des RVG, so dass für die Wertfestsetzung auf der Grundlage des Abs. 3 S. 1 die genannten Vorschriften des GNotKG heranzuziehen sind. Abs. 3 S. 1 verweist u.a. auf § 102 GNotKG, wonach sich der Geschäftswert bei der Beurkundung einer Verfügung von Todes wegen, soweit der gesamte Nachlass betroffen wird, nach dem Wert des Vermögens richtet und Verbindlichkeiten des Erblassers bis zur Hälfte des Werts des Vermögens abgezogen werden. Eine Wertfestsetzung hat deshalb gem. § 23 Abs. 3 S. 1 RVG iVm § 102 Abs. 1 S. 1, 2 GNotKG zu erfolgen.

24 **4. Gegenstandswert im Beschwerdeverfahren. a) Allgemeines.** Insoweit Gerichtsgebühren unabhängig vom Ausgang des Verfahrens in Beschwerdeverfahren nicht erhoben werden oder sich die Gebühren nicht nach dem Wert richten, so ist der Wert für die anwaltliche Tätigkeit in diesen Beschwerdeverfahren unter Berücksichtigung des Interesses des Beschwerdeführers nach Abs. 3 S. 2 zu bestimmen. Die Berechnung des Gegenstandswerts auf der Grundlage des Abs. 3 S. 2 erfolgt nach billigem Ermessen.

25 **b) Beschwerdeverfahren, in denen Gerichtsgebühren unabhängig vom Ausgang des Verfahrens nicht erhoben werden.** Der Gegenstandswert für die anwaltliche Tätigkeit ist unter Berücksichtigung des Interesses des Beschwerdeführers nach Abs. 3 S. 2 zu bestimmen, wenn im Beschwerdeverfahren Gerichtsgebühren unabhängig vom Ausgang des Verfahrens nicht erhoben werden oder wenn sie sich nicht nach dem Wert richten. Dies ist zB im Verfahren über Beschwerden nach §§ 71 Abs. 2, 91 a Abs. 2, 99 Abs. 2, 269 Abs. 5 oder § 94 a Abs. 2 S. 2 ZPO der Fall. Wenn in einem Beschwerdeverfahren Gerichtsgebühren nur erhoben werden, soweit die Beschwerde verworfen oder zurückgewiesen wird (zB Nr. 1812 KV GKG), ist Abs. 2 S. 1 auch dann anzuwenden, wenn im konkreten Fall keine Gebühr erhoben wird.

26 **Beispiel:** Der Rechtsanwalt ist beauftragt, gem. § 99 Abs. 2 S. 1 ZPO sofortige Beschwerde gegen die Kostenentscheidung einzulegen. – Lösung: Im Verfahren über die Beschwerde gem. § 99 Abs. 2 ZPO entsteht eine Festgebühr nach Nr. 1810 KV GKG iHv 90 €. Der Wert für die Anwaltsgebühren ergibt sich im Beschwerdeverfahren nach Abs. 2 S. 1 iVm Abs. 3 S. 1 und ist nach billigem Ermessen zu bestimmen. Maßgeblich dürfte hier das Interesse an dem Ausgang der Entscheidung über die Kosten, dh das Kosteninteresse, sein. Nach Abs. 2 S. 2 ist der Gegenstandswert stets durch den Wert des zugrunde liegenden Verfahrens begrenzt.

27 **c) Erinnerungsverfahren (Abs. 2 S. 3 Alt. 1).** Auch in Verfahren über eine Erinnerung richtet sich der Wert nach den für die Beschwerdeverfahren geltenden Vorschriften, dh nach Abs. 2 S. 1 nach dem Interesse des

Beschwerdeführers unter Berücksichtigung des Abs. 3 S. 2, nach billigem Ermessen. Erinnerungsverfahren sind in den Kostengesetzen geregelt.

Von Abs. 2 S. 3 Alt. 1 sind dabei insb. Erinnerungsverfahren erfasst nach § 56 Abs. 1 RVG, § 66 Abs. 1 **28** GKG, § 57 FamGKG, § 81 GNotKG und § 11 Abs. 2 RPflG.

d) Verfahren über eine Rüge wegen Verletzung des Anspruchs auf rechtliches Gehör (Abs. 2 S. 3 **29** **Alt. 2).** Der Gesetzgeber hat in Abs. 2 S. 3 Alt. 2 darüber hinausgehend bestimmt, dass sich auch der Wert nach den für das Beschwerdeverfahren geltenden Vorschriften, dh nach Abs. 2 S. 1 nach dem Interesse des Beschwerdeführers nach Billigkeit richtet und in Ermangelung genügender tatsächlicher Anhaltspunkte für eine Schätzung und bei nichtvermögensrechtlichen Gegenständen der Gegenstandswert mit 5.000 €, nach Lage des Falles niedriger oder höher zu bemessen ist.

5. Entsprechende Anwendung bestimmter Vorschriften des GNotKG (Abs. 3 S. 1). Soweit Abs. 1 nicht ein- **30** schlägig ist und sich auch aus anderen Vorschriften über den Gegenstandswert gem. §§ 23 a–31 b kein Wert für die anwaltliche Tätigkeit herleiten lässt, sind die „anderen Angelegenheiten" entsprechend den Bewertungsvorschriften des Gerichts- und Notarkostengesetzes und den §§ 37, 38, 42–45 sowie 99–102 GNotKG zu bemessen.

Beispiel: Der Anwalt wird beauftragt, einen Mietvertrag zu gestalten. – Lösung: Dieser Auftrag kann nicht Ge- **31** genstand einer gerichtlichen Tätigkeit sein. Eine entsprechende Anwendung der Wertvorschriften des GKG, FamGKG oder GNotKG über Abs. 1 S. 1 scheidet deshalb aus. Eine Wertfestsetzung für die Mitwirkung an der Gestaltung eines Erbvertrags ergibt sich auch nicht aus anderen Vorschriften des RVG, so dass für die Wertfestsetzung auf der Grundlage des Abs. 3 S. 1 die genannten Vorschriften des GNotKG heranzuziehen sind. Abs. 3 S. 1 verweist u.a. auf § 99 GNotKG, wonach sich der Geschäftswert bei der Beurkundung eines Mietvertrags nach dem Wert aller Leistungen des Mieters während der gesamten Vertragslaufzeit richtet. Eine Wertfestsetzung für die anwaltliche Tätigkeit hat deshalb gem. Abs. 3 S. 1 iVm § 99 Abs. 1 S. 1, 2 GNotKG zu erfolgen.

Soweit der Gesetzgeber wegen der Aufhebung der KostO eine Anpassung auf die Verweisung bestimmter **32** Wertvorschriften auf das GNotKG vornehmen musste, formuliert er in der Gesetzesbegründung, dass sich dadurch wesentliche Änderungen nicht ergeben haben. Dies ist auch grds. zutreffend. Allerdings haben sich insb. im Hinblick auf den Schuldenabzug gegenüber der KostO Abweichungen ergeben, die sich auf den Gegenstandswert nicht unerheblich auswirken:

In den erbrechtlichen Angelegenheiten war bei einer Verfügung über den Nachlass oder einen Bruchteil da- **33** von bei der Gebührenberechnung der Wert des nach Abzug der Verbindlichkeiten verbleibenden reinen Vermögens oder der Wert des entsprechenden Bruchteils des reinen Vermögens zugrunde zu legen. In Abweichung dazu bestimmt § 102 Abs. 1 GNotKG nunmehr, dass bei der Beurkundung einer Verfügung von Todes wegen, wenn über den ganzen Nachlass oder einen Bruchteil verfügt wird, der Wert des Vermögens oder der Wert des entsprechenden Bruchteils des Vermögens als Geschäftswert in Ansatz zu bringen ist, gem. § 102 Abs. 1 S. 2 GNotKG Verbindlichkeiten des Erblassers jedoch (nur noch) bis zur Hälfte des Werts des Vermögens abgezogen werden. Danach ergeben sich nunmehr in Verfahren über die **Erbausschlagung** der Höhe nach wesentliche Änderungen, weil selbst bei überschuldetem Nachlass stets ein Wert oberhalb der ersten Wertstufe anzunehmen sein dürfte (s. Beispiel → Rn 16).

In Abs. 3 aF hatte der Gesetzgeber eine Verweisung auf konkret bezeichnete Vorschriften der KostO vorge- **34** nommen. Abs. 3 (nF) verweist nunmehr umfassend auf die Bewertungsvorschriften des GNotKG und auf die §§ 37, 38, 42–45 sowie 99–102 GNotKG. Bewertungsvorschriften des GNotKG sind die in Abschnitt 7 („Wertvorschriften") Unterabschnitt 3 („Bewertungsvorschriften") in den §§ 46–54 aufgenommenen Bewertungsregelungen. Die nachfolgende synoptische Gegenüberstellung ermöglicht den Umgang mit den Vorschriften des GNotKG:

KostO (bis 31.7.2013)	GNotKG (ab 1.8.2013)
§ 18 Abs. 2	§ 37 Abs. 1
§ 19	§ 56
§ 20	§ 47
§ 21	§ 49 Abs. 2, § 43 Abs. 1, § 42 Abs. 1 und 2
§ 22	keine Entsprechung im GNotKG
§ 23 Abs. 1	§ 53 Abs. 2
§ 23 Abs. 2	§ 53 Abs. 1

KostO (bis 31.7.2013)	GNotKG (ab 1.8.2013)
§ 23 Abs. 2 Hs 2	§ 44 Abs. 1
§ 23 Abs. 2	§ 45 Abs. 1
§ 23 Abs. 3 S. 2	§ 45 Abs. 2
§ 24 Abs. 1	§ 52 Abs. 1
§ 24 Abs. 2	§ 52 Abs. 4
§ 24 Abs. 4	§ 52 Abs. 5
§ 24 Abs. 5	§ 52 Abs. 6
§ 25	§ 99
§ 39 Abs. 2	§ 97 Abs. 2
§ 39 Abs. 3	§ 100 Abs. 1
§ 46 Abs. 4	§ 102 Abs. 1

35   **6. Bewertung nach billigem Ermessen (Abs. 3 S. 2). a) Ermessensausübung nach Billigkeit (Abs. 3 S. 2 Hs 1).** Soweit sich die Tätigkeit aus den Vorschriften des Abschnitts 7 Unterabschnitt 3 des GNotKG und den §§ 37, 38, 42–45 sowie 99–102 GNotKG nicht herleiten lässt und der Wert auch sonst nicht feststeht, ist er nach **billigem Ermessen** zu bestimmen (Abs. 3 S. 2 Hs 1). Die Möglichkeit der Ermessensausübung nach Billigkeit eröffnet einen erweiterten Entscheidungsspielraum, weil es grds. nicht nur eine richtige Entscheidung gibt.[1] Der Wert ist insoweit unter Berücksichtigung der allen Bewertungsvorschriften zugrunde liegenden Grundgedanken und Wertungen unter Einbeziehung verfassungsrechtlicher Grundsätze und unter Beachtung aller Umstände des Einzelfalls zu ermitteln.

36   **b) Keine ausreichenden Anhaltspunkte für eine Schätzung (Abs. 3 S. 2 Hs 2).** Liegen keine ausreichenden Anhaltspunkte für eine Schätzung vor, so ist bei vermögensrechtlichen und nichtvermögensrechtlichen Gegenständen der Gegenstandswert mit **5.000 €** zu bemessen. Eine Abweichung dieses Werts nach oben oder unten kommt nach Lage des Falls grds. in Betracht. Bei dem sog. **Auffangwert**, den der Gesetzgeber auf der Grundlage des 2. KostRMoG von 4.000 € auf 5.000 € angehoben hat, handelt es sich deshalb nicht um einen Auffangfestwert, vielmehr um einen Ausgangswert, der nach Lage des Falls **niedriger oder auch höher** bemessen werden kann. Bei dem Kriterium „**nach Lage des Falles**" kann abgestellt werden auf die Umstände des Einzelfalls, den Umfang der Sache, die Bedeutung der Sache und die Vermögensverhältnisse der Beteiligten.

37   Soweit nach Billigkeit zu bestimmen ist, ist davon auszugehen, dass auch bei einer Abweichung vom Auffangwert nach Billigkeitsgesichtspunkten vorgegangen werden muss.

38   Soweit der Gegenstandswert nach billigem Ermessen festgesetzt wird, sei es für vermögensrechtliche Angelegenheiten oder auch für nichtvermögensrechtliche Gegenstände, dann bestimmt Abs. 3 S. 2 Hs 2 aE eine **Wertgrenze iHv 500.000 €**. Die allgemeine Wertgrenze des § 22 Abs. 2 ist daher in anderen Angelegenheiten, also solchen, die nicht nach Abs. 1, 2 oder den übrigen Wertvorschriften nach dem RVG zu bemessen ist, nicht zu beachten. Sie gilt insb. nach ihrem Wortlaut auch nur dann, wenn kein niedrigerer Höchstwert bestimmt worden ist (§ 22 Abs. 2 S. 2).

39   In Ermangelung tatsächlicher Anhaltspunkte wird häufig auf den Auffangwert iHv 5.000 € gem. Abs. 3 S. 2 Hs 2 abgestellt und dabei übersehen, dass auch dieser Ausgangswert noch erhöht oder ermäßigt werden kann. Ergeben sich aus den Umständen des Einzelfalls, insb. auf der Grundlage der Vermögensverhältnisse der Beteiligten Anhaltspunkte dafür, dass eine oberhalb von 5.000 € gelegene Wertfestsetzung billig erscheint, so kann von dem angenommenen Auffangwert nach oben, allerdings auch nach unten abgewichen werden, wenn Umstände des Einzelfalles dies rechtfertigen.

---

[1] HK-FamGKG/*Thiel*, § 42 Rn 36.

§ 23 a Gegenstandswert im Verfahren über die Prozesskostenhilfe

(1) Im Verfahren über die Bewilligung der Prozesskostenhilfe oder die Aufhebung der Bewilligung nach § 124 Absatz 1 Nummer 1 der Zivilprozessordnung bestimmt sich der Gegenstandswert nach dem für die Hauptsache maßgebenden Wert; im Übrigen ist er nach dem Kosteninteresse nach billigem Ermessen zu bestimmen.

(2) Der Wert nach Absatz 1 und der Wert für das Verfahren, für das die Prozesskostenhilfe beantragt worden ist, werden nicht zusammengerechnet.

I. Allgemeines

§ 23 a[1] entspricht der früheren Anm. zu Nr. 3335 VV. Mit der „Versetzung" dieser Wertvorschrift sollte **1** entsprechend der allgemeinen Systematik des RVG die für die Anwälte geltenden Vorschriften zum Gegenstandswert einheitlich in Abschnitt 4 („Gegenstandswert") des Gesetzesteils zusammengeführt werden. Die Vorschrift ist deshalb erforderlich, da Verfahren über die Prozesskostenhilfe gerichtsgebührenfrei sind und es daher keine gerichtlichen Werte gibt, auf die nach § 23 Abs. 1 S. 1 zurückgegriffen werden kann.

Soweit das Gesetz von „Prozesskostenhilfe" spricht, gelten die Vorschriften auch in Verfahren der **Verfah-** **2** **renskostenhilfe** sowie in den Fällen des § 11 a ArbGG aF und des § 4 a InsO entsprechend (§ 12 S. 1).

II. Wertfestsetzung

1. Verfahren über die Bewilligung der PKH oder deren Aufhebung nach § 124 Abs. 1 Nr. 1 ZPO (Abs. 1 **3** **Hs 1).** In Verfahren über die Bewilligung der Prozesskostenhilfe oder deren Aufhebung nach § 124 **Abs. 1** **Nr. 1 ZPO** richtet sich der Gegenstandswert nach dem **für die Hauptsache maßgebenden Wert (Abs. 1** **Hs 1).** Wird die Prozesskostenhilfe nur hinsichtlich eines Teils der Hauptsache beantragt, so ist nur dieser Teilwert maßgebend. Das Interesse an der Befreiung von Prozesskosten ist unerheblich. Daher kommt es insb. nicht darauf an, ob die Prozesskosten geringer oder höher sind als der Wert der Hauptsache. Auch dann, wenn lediglich Prozesskostenhilfe mit Ratenzahlung beantragt wird oder mit der Maßgabe, dass die Partei einen Teil ihres Vermögens einzusetzen hat oder aus einem durch den Rechtsstreit erzielten Erlös die Prozesskosten später zurückzahlen soll, bleibt es beim vollen Wert der Hauptsache.[2]

2. Verfahren auf Beiordnung. Der volle Wert ist auch dann maßgebend, wenn es „nur" um die Frage der **4** Beiordnung geht, da auch hier zuvor die Erfolgsaussichten zu prüfen sind.[3]

3. Sonstige Verfahren (Abs. 1 Hs 2). In sonstigen Verfahren, die nicht auf Bewilligung, Aufhebung oder Ab- **5** änderung gerichtet sind, also in den **Verfahren nach § 124 Abs. 1 Nr. 2–4 ZPO,** ergibt sich der Gegenstandswert aus dem **Kosteninteresse** und ist nach **billigem Ermessen** zu bestimmen (**Abs. 1 Hs 2**). Grund hierfür ist, dass in den Fällen des § 124 Abs. 1 Nr. 2–4 ZPO die Erfolgsaussichten der Hauptsache keine Rolle spielen. Hier geht es um die Aufhebung der Prozesskostenhilfe aus anderen Gründen.

4. Beschwerdeverfahren. In Beschwerdeverfahren gelten über § 23 Abs. 2 S. 1 die gleichen Grundsätze wie **6** in den Ausgangsverfahren. Bei einer Beschwerde gegen die Zurückweisung der Bewilligung oder Beiordnung gilt der volle Hauptsachewert, soweit die Bewilligung oder Beiordnung weiterverfolgt wird. Bei einer Beschwerde gegen die Anordnung oder Höhe der Ratenzahlungen ergibt sich der Gegenstandswert aus der Differenz der angeordneten und der vom Beschwerdeführer begehrten Ratenzahlungen.[4]

5. Wertfestsetzung. Da in Verfahren auf Bewilligung, Beiordnung, Abänderung oder Aufhebung keine Ge- **7** richtsgebühren erhoben werden und in Beschwerde- und Rechtsbeschwerdeverfahren im Falle der Zurückweisung oder Verwerfung wertunabhängige Festgebühren anfallen (Nr. 1812, 1826 u.a. KV GKG; Nr. 1912, 1923 KV FamGKG; Nr. 19116, 19126 KV GNotKG), kommt eine Wertfestsetzung von Amts wegen nach § 63 Abs. 2 GKG, § 55 Abs. 2 FamGKG, § 79 GNotKG nicht in Betracht, obwohl die Praxis dennoch häufig so verfährt. Solche Wertfestsetzungen sind gegenstandslos und auf Beschwerde oder Gegenvorstellung hin aufzuheben.[5] Eine Wertfestsetzung ist hier nur auf Antrag im Verfahren nach § 33 möglich.

---

1 Eingefügt durch 2. KostRMoG v. 23.7.2013 (BGBl. I 2586) mWz 1.8.2013. **2** OLG Nürnberg JurBüro 1962, 345 = Rpfleger 1963, 138. **3** BGH AGS 2010, 549 m. Anm. *N. Schneider* = MDR 2010, 1350. **4** BGH AGS 2012, 32 m. Anm. *N. Schneider* = RVGreport 2013, 75 m. Anm. *Hansens* = FamRZ 2012, 1937. **5** OLG Karlsruhe MDR 2009, 587 = JurBüro 2009, 314 = AGS 2009, 401; LAG Schleswig-Holstein AGS 2012, 487; BayVGH AGS 2015, 131 = RVGreport 2015, 156.

§ 23 b Gegenstandswert im Musterverfahren nach dem Kapitalanleger-Musterverfahrensgesetz

Im Musterverfahren nach dem Kapitalanleger-Musterverfahrensgesetz bestimmt sich der Gegenstandswert nach der Höhe des von dem Auftraggeber oder gegen diesen im Ausgangsverfahren geltend gemachten Anspruchs, soweit dieser Gegenstand des Musterverfahrens ist.

I. Allgemeines

1 Die Vorschrift ist als § 23 a durch das Gesetz zur Einführung von Kapitalanleger-Musterverfahren[1] eingeführt worden, das eine effektive gerichtliche Handhabung von Massenklagen zu erreichen beabsichtigt. Der Gesetzgeber hatte die Geltungsdauer des Gesetzes zu Evaluationszwecken zeitlich begrenzt, so dass es am 31.10.2012 zunächst außer Kraft und am 1.11.2012[2] überarbeitet „neu" in Kraft getreten ist. Gemäß § 28 KapMuG wird das Gesetz erneut außer Kraft treten mit Wirkung vom 1.11.2020. Infolge der Einfügung des neuen § 23 a (Gegenstandswert im Verfahren über die Prozesskostenhilfe) durch das 2. KostRMoG ist der bisherige § 23 a (Gegenstandswert im Musterverfahren nach dem Kapitalanleger-Musterverfahrensgesetz) zum neuen § 23 b aufgerückt; eine inhaltliche Änderung ist damit nicht verbunden.

II. Wertfestsetzung in Verfahren nach dem KapMuG für die Gerichtsgebühren

2 **1. Anmeldung eines Anspruchs zum Musterverfahren.** Für die Anmeldung eines Anspruchs zum Musterverfahren (§ 10 Abs. 2 KapMuG) bestimmt sich der Wert nach der Höhe des Anspruchs. Gerichtsgebühren werden zu einem Gebührensatz iHv 0,5 nach Nr. 1902 KV GKG ausgelöst. Die Gebühr wird angerechnet, wenn wegen desselben Streitgegenstands ein Rechtsstreit geführt und die Gebühr nach Nr. 1210 KV GKG ausgelöst wird.

3 **2. Erstinstanzliches Musterverfahren vor dem OLG.** Das erstinstanzliche Musterverfahren gilt nach Vorbem. 1.2.1 KV GKG als Teil des ersten Rechtszugs des Prozessverfahrens. Das ist der Grund dafür, dass das GKG keine Wertbestimmung für das erstinstanzliche Verfahren vor dem OLG enthält. Da im erstinstanzlichen Musterverfahren vor dem OLG keine Gerichtsgebühren entstehen, scheidet eine Wertfestsetzung von Amts wegen aus.

4 **3. Rechtsbeschwerdeverfahren.** Das OLG erlässt aufgrund mündlicher Verhandlung den Musterentscheid durch Beschluss. Gegen den Musterentscheid findet die Rechtsbeschwerde statt.

5 Im Rechtsbeschwerdeverfahren ist bei der Bestimmung des Streitwerts für die Gebühren nach den Nr. 1821, 1822 KV GKG von der Summe der in sämtlichen nach § 8 KapMuG ausgesetzten Verfahren geltend gemachten Ansprüche auszugehen, soweit diese von den Feststellungszielen des Musterverfahrens betroffen sind (§ 51 a Abs. 2 GKG). Musterkläger und Beigeladene schulden allerdings im Rechtsbeschwerdeverfahren Gerichtsgebühren jeweils nur nach dem Wert, der sich aus den von ihnen im Ausgangsverfahren geltend gemachten Ansprüchen, die von den Feststellungszielen des Musterverfahrens betroffen sind, ergibt (§ 51 a Abs. 3 GKG). Das gilt nach § 51 a Abs. 4 GKG auch für die Musterbeklagten, die im Rechtsbeschwerdeverfahren Gerichtsgebühren jeweils nur nach dem Wert, der sich aus den gegen sie im Ausgangsverfahren geltend gemachten Ansprüchen ergibt.

III. Gegenstandswert für die Anwaltsgebühren in gerichtlichen Verfahren nach dem KapMuG

6 **1. Anmeldung eines Anspruchs zum Musterverfahren.** Da für die Anmeldung im gerichtlichen Verfahren in § 51 a Abs. 1 GKG eine Wertvorschrift geregelt ist, bemisst sich auch die anwaltliche Verfahrensgebühr nach der Höhe des durch den Anmelder geltend gemachten Anspruchs (§ 23 Abs. 1 S. 1). Auf § 23 b ist nicht zurückzugreifen, weil die Vorschrift allein für das erstinstanzliche Musterverfahren vor dem OLG gilt.

7 **2. Erstinstanzliches Musterverfahren vor dem OLG.** Im gerichtsgebührenfreien erstinstanzlichen Musterverfahren vor dem OLG bestimmt § 23 b den Gegenstandswert für die Anwaltsgebühren. Nach § 23 b ist als Gegenstandswert die volle Höhe des im Hauptsacheverfahren geltend gemachten Anspruchs zu berücksichtigen, soweit dieser auch Gegenstand des Musterverfahrens ist. Da § 16 Nr. 13 davon ausgeht, dass das erstinstanzliche Prozessverfahren und der erste Rechtszug des Musterverfahrens nach dem KapMuG dieselbe Angelegenheit darstellen, ist § 23 b im erstinstanzlichen Musterverfahren vor dem OLG maßgeblich, wenn der Anwalt den Auftraggeber im Musterverfahren, nicht aber im erstinstanzlichen Prozessverfahren

---

[1] Vom 16.8.2005 (BGBl. I 2437). **2** Gesetz zur Reform des Kapitalanleger-Musterverfahrensgesetzes und zur Änderung anderer Vorschriften v. 19.10.2012 (BGBl. I 2182).

vertritt oder im erstinstanzlichen Musterverfahren vor dem OLG Gebührentatbestände ausgelöst werden, die im erstinstanzlichen Prozessverfahren nicht entstehen.

Den Gegenstandswert für die besondere Gebühr des Rechtsanwalts, der den Musterkläger vertritt, regelt   8
§ 41 a Abs. 1 S. 4 (→ § 41 a Rn 14).

3. Rechtsbeschwerdeverfahren gem. § 20 KapMuG. Im Rechtsbeschwerdeverfahren ist bei der Bestimmung   9
des Streitwerts für die Gerichtsgebühren von der Summe der in sämtlichen nach § 8 KapMuG ausgesetzten
Verfahren geltend gemachten Ansprüche auszugehen, soweit diese von den Feststellungszielen des Musterverfahrens betroffen sind (§ 51 a Abs. 2 GKG). Musterkläger, Musterbeklagte und Beigeladene schulden allerdings im Rechtsbeschwerdeverfahren Gerichtsgebühren nur nach dem Wert, der sich aus den von ihnen
oder gegen sie im Ausgangsverfahren geltend gemachten Ansprüchen ergibt. Nach der Systematik der allgemeinen Wertvorschrift (§ 23 Abs. 1 S. 1) erscheint auf den ersten Blick nahe liegend, § 51 a GKG auch für
die Bemessung der Anwaltsgebühren heranzuziehen. Allerdings passt § 51 a Abs. 2 GKG insoweit nicht auf
die anwaltliche Tätigkeit, als für die Gerichtsgebühren auf die Summe der von sämtlichen nach § 8
KapMuG ausgesetzten Verfahren geltend gemachten Ansprüche auszugehen ist, soweit sie von den Feststellungszielen des Musterverfahrens betroffen sind. Zutreffend bestimmt der Gesetzgeber in seiner Begründung[3] daher, dass für die Anwaltsgebühren im Rechtsbeschwerdeverfahren über § 23 Abs. 1 S. 1 für die Anwaltsgebühren auf § 47 Abs. 1 S. 1 GKG und damit auf die Anträge des Rechtsmittelführers und unter den
Voraussetzungen des § 47 Abs. 1 S. 2 GKG auf die Beschwer abzustellen ist. So verfährt zutreffend auch der
BGH.[4]

Fölsch[5] lehnt diese Vorgehensweise ab und wendet § 23 b analog auch im Rechtsbeschwerdeverfahren an.   10
Diese Auffassung überzeugt nicht. Die Vorgehensweise verstößt gegen das im Kostenrecht geltende Analogieverbot. Darüber hinaus liegt keine Regelungslücke vor. § 51 a GKG ist auf die anwaltliche Tätigkeit
nicht zugeschnitten, weil die Einschränkungen der Abs. 3 und 4 über § 23 Abs. 1 S. 1 nicht herangezogen
werden könnten. Es handelt sich insoweit nicht um eine Gegenstandsbestimmung, sondern um die Regelung der Kostenhaftung, deren entsprechende Anwendung über § 23 Abs. 1 nicht erreicht werden kann.
§ 51 a GKG ist deshalb als Ergänzung zu § 47 GKG zu verstehen, auf den im Rechtsbeschwerdeverfahren
nach § 20 KapMuG für die Anwaltsgebühren allein abzustellen ist.

IV. Anwaltsgebühren

Vertritt der Rechtsanwalt den **Anmelder** eines Anspruchs im Musterverfahren, entsteht für ihn die Gebühr   11
Nr. 3338 VV zu einem Gebührensatz von 0,8.

Im **erstinstanzlichen** Musterverfahren vor dem OLG entstehen die Gebühren nach den Nr. 3100 ff VV. Ver-   12
tritt der Rechtsanwalt im erstinstanzlichen Musterverfahren vor dem OLG den Musterkläger, kann er eine
besondere Gebühr nach § 41 a Abs. 1 S. 1 verlangen (→ § 41 a Rn 3 ff).

Im **Rechtsbeschwerdeverfahren** entstehen nach Vorbem. 3.2.2 Nr. 1 Buchst. b VV die Gebühren nach den   13
Nr. 3208 ff VV.

V. Weitere praktische Hinweise

Die **Kostenerstattung** richtet sich nach § 26 KapMuG. Die **Wertfestsetzung** nach § 23 b geschieht auf An-   14
trag nach § 33 Abs. 1. Wird der Anwalt für mehrere Auftraggeber tätig, ist der Gegenstandswert für die
Bestimmung der außergerichtlichen Kosten in Höhe der Summe der nach § 23 b zu bestimmenden persönlichen Streitwerte der Auftraggeber festzusetzen.[6]

§ 24 Gegenstandswert im Sanierungs- und Reorganisationsverfahren nach dem Kreditinstitute-Reorganisationsgesetz

Ist der Auftrag im Sanierungs- und Reorganisationsverfahren von einem Gläubiger erteilt, bestimmt sich
der Wert nach dem Nennwert der Forderung.

I. Allgemeines

Mit Inkrafttreten des Gesetzes zur Restrukturierung und geordneten Abwicklung von Kreditinstituten, zur   1
Errichtung eines Restrukturierungsfonds für Kreditinstitute und zur Verlängerung der Verjährungsfrist der

---

3 BT-Drucks 15/5091, S. 38. **4** BGH DB 2012, 168 = WM 2012, 115 = NJW-RR 2012, 491. **5** AnwK-RVG/*Fölsch*, § 23 b
Rn 15. **6** BGH AGS 2016, 186 = JurBüro 2016, 245.

aktienrechtlichen Organhaftung[1] ist auf der Grundlage des Art. 10 ein „neuer" § 24 in das RVG eingefügt worden. Nach § 5 KredReorgG können vor dem OLG Sanierungsverfahren und Reorganisationsverfahren zur Stabilisierung des Finanzmarktes geführt werden. Das Verfahren richtet sich nach den Vorschriften der ZPO (vgl § 1 Abs. 2 KredReorgG). Gerichtliche Entscheidungen in Sanierungs- und Reorganisationsverfahren ergehen im Interesse der Beschleunigung und aufgrund der Eilbedürftigkeit der Verfahren durch Beschluss (§ 1 Abs. 3 S. 1 KredReorgG). Dieser wird idR ohne mündliche Verhandlung verkündet (§ 1 Abs. 2 KredReorgG iVm § 128 Abs. 4 ZPO). Gerichtliche Beschlüsse in Sanierungs- und Reorganisationsverfahren sind unanfechtbar (§ 1 Abs. 3 S. 1 KredReorgG). Dadurch wird der Rechtsschutz gegen die in beiden Verfahren getroffenen gerichtlichen Entscheidungen unter Beachtung des Grundsatzes der Verhältnismäßigkeit eingeschränkt, um effektive Sanierung und Reorganisation zu gewährleisten.

II. Streitwert im gerichtlichen Verfahren bei Vertretung des Kreditinstituts

2   Die Gerichtskosten des Verfahrens sind als wertabhängige Gebühren in den Nr. 1650–1653 KV GKG ausgestaltet. Gemäß § 23 a GKG schuldet die Kosten des Sanierungs- und Reorganisationsverfahrens das Kreditinstitut.

3   Der Streitwert im gerichtlichen Verfahren richtet sich nach § 53 a GKG. Danach sind die Gebühren nach der Bilanzsumme des letzten Jahresabschlusses vor der Stellung des Antrags auf Durchführung des Sanierungs- oder Reorganisationsverfahrens zu erheben. Damit soll erreicht werden, dass sich die Höhe der Gebühren an der **wirtschaftlichen Bedeutung des Kreditinstituts** ausrichtet. Der sich aus § 53 a GKG ergebende Wert ist nach § 23 Abs. 1 S. 1 für die Tätigkeit des Rechtsanwalts maßgeblich, soweit er das **Kreditinstitut vertritt**, und über § 32 Abs. 1 insoweit für ihn auch bindend.

III. Gegenstandswert im gerichtlichen Verfahren bei Vertretung eines Gläubigers

4   Vertritt der Rechtsanwalt **nur einen Gläubiger**, der im Sanierungs- und Reorganisationsverfahren nach dem KredReorgG am Verfahren beteiligt ist, gilt nicht der volle sich aus § 53 a GKG ergebende Wert des gesamten Verfahrens. Für ihn ist vielmehr nach § 24 nur auf den **Nennwert der den Gläubiger betreffenden Forderung** abzustellen. Die Einführung des § 24 in das RVG war erforderlich, weil anderenfalls auch für die Vertretung nur eines Gläubigers über § 23 Abs. 1 S. 1 gem. § 53 a GKG auf die gesamte Bilanzsumme des Kreditinstituts abzustellen gewesen wäre, was unverhältnismäßig gewesen und dem Interesse des Gläubigers in keiner Weise gerecht geworden wäre.[2] Ist der Gläubiger mit **mehreren Forderungen** betroffen, werden die Nennwerte der Forderungen nach § 22 Abs. 1 zusammengerechnet. Der Höchstwert beträgt auch bei mehreren Forderungen 30 Mio. €. Der den Gläubiger vertretende Rechtsanwalt kann die für ihn maßgebliche **Wertfestsetzung** durch Antragstellung gem. § 33 Abs. 1 erreichen.

§ 25 Gegenstandswert in der Vollstreckung und bei der Vollziehung

(1) In der Zwangsvollstreckung, in der Vollstreckung, in Verfahren des Verwaltungszwangs und bei der Vollziehung eines Arrests oder einer einstweiligen Verfügung bestimmt sich der Gegenstandswert

1.   nach dem Betrag der zu vollstreckenden Geldforderung einschließlich der Nebenforderungen; soll ein bestimmter Gegenstand gepfändet werden und hat dieser einen geringeren Wert, ist der geringere Wert maßgebend; wird künftig fällig werdendes Arbeitseinkommen nach § 850 d Abs. 3 der Zivilprozessordnung gepfändet, sind die noch nicht fälligen Ansprüche nach § 51 Abs. 1 Satz 1 des Gesetzes über Gerichtskosten in Familiensachen und § 9 der Zivilprozessordnung zu bewerten; im Verteilungsverfahren (§ 858 Abs. 5, §§ 872 bis 877 und 882 der Zivilprozessordnung) ist höchstens der zu verteilende Geldbetrag maßgebend;

2.   nach dem Wert der herauszugebenden oder zu leistenden Sachen; der Gegenstandswert darf jedoch den Wert nicht übersteigen, mit dem der Herausgabe- oder Räumungsanspruch nach den für die Berechnung von Gerichtskosten maßgeblichen Vorschriften zu bewerten ist;

3.   nach dem Wert, den die zu erwirkende Handlung, Duldung oder Unterlassung für den Gläubiger hat, und

4.   in Verfahren über die Erteilung der Vermögensauskunft nach § 802 c der Zivilprozessordnung nach dem Betrag, der einschließlich der Nebenforderungen aus dem Vollstreckungstitel noch geschuldet wird; der Wert beträgt jedoch höchstens 2.000 Euro.

---

1 Gesetz v. 9.12.2010 (BGBl. I 1900), in Kraft getreten am 1.1.2011. **2** So die Begr. zu § 24 RVG (BT-Drucks 17/3024, S. 83).

(2) In Verfahren über Anträge des Schuldners ist der Wert nach dem Interesse des Antragstellers nach billigem Ermessen zu bestimmen.

I. Änderungen durch das 2. KostRMoG

§ 25 hatte bereits zum 1.1.2013 eine neue Fassung erhalten[1] und ist durch das 2. KostRMoG nochmals ergänzt worden.   **1**

1. Klarstellung des Anwendungsbereichs (Überschrift und Abs. 1 Nr. 1). In der Überschrift ist der Anwendungsbereich der Vorschrift durch das 2. KostRMoG klargestellt worden mit der Maßgabe, dass § 25 für alle Gerichtsbarkeiten einschlägig ist. In Abs. 1 ist die begriffliche Erweiterung ebenfalls eingefügt worden, so dass die Vorschrift in der Vollstreckung, in Verfahren des Verwaltungszwangs und bei der Vollziehung eines Arrests oder einer einstweiligen Verfügung umfassend gilt.   **2**

Mit der Änderung der Überschrift (früher: „Gegenstandswert in der Zwangsvollstreckung") ist klargestellt, dass die Wertvorschriften für die Zwangsvollstreckung auch anzuwenden sind für   **3**

- die Vollstreckung in Familiensachen (§§ 86 ff FamFG),
- die Vollstreckung in Verwaltungssachen (§§ 167 ff VwGO),
- die Vollstreckung in finanzgerichtlichen Verfahren (§§ 150 ff FGO),
- die Vollstreckung in sozialrechtlichen Angelegenheiten (§§ 198 ff SGG) etc.,
- Verfahren des Verwaltungszwangs (§§ 6 ff VwVG),
- die Vollziehung eines Arrests (§§ 928 ff ZPO) und die
- die Vollziehung einer einstweiligen Verfügung (§§ 930, 928 ff ZPO).[2]

2. Änderung der Verweisung in Abs. 1 Nr. 1. In Abs. 1 Nr. 1 wird nicht mehr auf den aufgehobenen § 42 Abs. 1 GKG aF verwiesen, sondern auf § 9 ZPO.[3] Wird auf **wiederkehrende Leistungen** aus einer **Schadensersatzrente wegen der Verletzung des Körpers oder der Gesundheit eines Menschen** aufgrund gesetzlicher Vorschriften (§§ 843 ff BGB) in wiederkehrendes Arbeitseinkommen gepfändet, gilt gem. § 9 ZPO nunmehr der dreieinhalbfache Jahresbetrag (42 Monate). Fällige Beträge sind weiterhin hinzuzurechnen.   **4**

Beispiel: Der Gläubiger beauftragt seinen Anwalt im Januar 2014, gegen den Schuldner 300 € Schadensersatzrente, beginnend ab März 2012, zu vollstrecken. – Lösung: Der Gegenstandswert ist wie folgt zu berechnen: **5**

1. Fällige Beträge (März 2012 bis Januar 2014), 23 x 300 € =	6.900,00 €
2. Zukünftige Beträge, 42 x 300 €	12.600,00 €
Gesamt	19.500,00 €

3. Höchstwert im Verfahren nach § 802 c ZPO. Der Gegenstandswert für die Vertretung in einem Verfahren über den Antrag auf Abnahme der eidesstattlichen Versicherung nach § 807 ZPO aF entsprach dem Betrag, der einschließlich der Nebenforderungen aus dem Vollstreckungstitel noch geschuldet wird, höchstens 1.500 €. Verfahren auf Abgabe der eidesstattlichen Versicherung iSd § 807 ZPO aF sind seit dem 1.1.2013 **Verfahren über die Erteilung der Vermögensauskunft nach § 802 c ZPO.** Der Höchstwert von 1.500 € ist auf der Grundlage des 2. KostRMoG auf 2.000 € angehoben werden.   **6**

Beispiel: Der Anwalt wird wegen eines Vollstreckungstitels über 7.000 € beauftragt, das Verfahren auf Abgabe der Vermögensauskunft einzuleiten. – Lösung: Der Gegenstandswert entspricht gem. Abs. 1 Nr. 4 Hs 2 2.000 €.   **7**

II. Gegenstandswertermittlung in der Vollstreckung und bei der Vollziehung

1. Geldforderungen (Abs. 1 Nr. 1 Hs 1 und 2). Bei **Geldforderungen** ist der Wert der zu vollstreckenden Forderung einschließlich der Nebenforderungen maßgebend (Abs. 1 Nr. 1 Hs 1). Ist der Vollstreckungsauftrag darauf beschränkt, einen bestimmten Gegenstand zu pfänden und hat dieser Gegenstand einen geringeren Wert, so ist der geringere Wert maßgebend für den Gegenstandswert (Abs. 1 Nr. 1 Hs 2). Der Gegenstandswert für einen Antrag auf Sicherungsvollstreckung richtet sich nicht nach Abs. 1 Nr. 1 nach dem Betrag der zu vollstreckenden Forderung, weil die Sicherungsvollstreckung nicht der Befriedigung des Gläubigers dient.[4]   **8**

2. Wertlose Forderungen. Streitig ist die Bewertung bei Pfändung einer **wertlosen Forderung.** Nach einer Auffassung ist der Gegenstandswert einer Forderungspfändung unabhängig von der Frage des Erfolgs nach dem Wert der zu vollstreckenden Geldforderung zu bestimmen.[5] Nach gegenteiliger Ansicht[6] ist auf den ge-   **9**

1 Durch Art. 3 Abs. 4 Nr. 3 des Gesetzes zur Reform der Sachaufklärung in der Zwangsvollstreckung v. 29.7.2009 (BGBl. I 2258) mWz 1.1.2013. **2** *Schneider/Thiel,* Das neue Gebührenrecht für Rechtsanwälte, § 3 Rn 192. **3** Änderung durch Art. 8 Abs. 1 Nr. 15 Buchst. b) des 2. KostRMoG. **4** OVG Sachsen-Anhalt AGS 2013, 65 = NVwZ 2012, 703 = RVGprof. 2013, 2. **5** OLG Hamburg AnwBl 2006, 499; LG Düsseldorf AGS 2006, 86 = RVGreport 2006, 86; LG Kiel JurBüro 1991, 1198. **6** OLG Köln Rpfleger 2001, 149; AG Hamburg-Altona AGS 2007, 100; LG Stuttgart DGVZ 2013, 185 = AGS 2013, 475 = Rpfleger 2013, 712.

ringeren Wert der Forderung abzustellen und bei Wertlosigkeit der Forderung hinsichtlich des Gegenstandswerts in der Vollstreckung die unterste Wertstufe anzunehmen. Streitentscheidend dürfte der Wortlaut des Abs. 1 Nr. 1 Hs 2 sein: Soll ein bestimmter Gegenstand gepfändet werden und hat dieser einen geringeren Wert, dann ist für den Gegenstandswert der geringere Wert maßgebend.

10 Anders liegt der Fall aber dann, wenn sich der Wert der Forderung nach Einleitung der Vollstreckungsmaßnahmen verändert. Dann ist der Wert der Forderung anzunehmen, auch wenn die Vollstreckung im Ergebnis ins Leere geht.

11 **3. Pfändung von Arbeitseinkommen bei wiederkehrenden Leistungen (Abs. 1 Nr. 1 Hs 3).** Für die Pfändung künftig fällig werdendes Arbeitseinkommen gem. § 850 d Abs. 3 ZPO gelten § 51 Abs. 1 FamGKG und § 9 ZPO für die noch nicht fälligen Ansprüche (Abs. 1 Nr. 1 Hs 3).

12 **a) Schadensersatzrenten.** Vollstreckung wegen Schadensersatzrente in laufendes Arbeitseinkommen:

Beispiel (Pfändung in laufendes Arbeitseinkommen aufgrund von Schadensersatzrenten): Der Gläubiger hat gegen den Schuldner ein Urteil erwirkt, wonach von diesem monatlich 500 € Schadensersatzrente beginnend ab Januar 2014 zu zahlen ist. Da der Schuldner nicht zahlt, beauftragt der Gläubiger im Januar 2015 seinen Anwalt, wegen der fälligen und zukünftigen Beträge in das Arbeitseinkommen zu vollstrecken.

Der Gegenstandswert der anwaltlichen Vollstreckungstätigkeit berechnet sich (ohne Zinsen und Kosten) wie folgt:

1.	Fällige Beträge (Januar 2014 bis Januar 2015), 13 x 500 € =	6.500,00 €
2.	Zukünftige Beträge, 42 x 500 €	21.000,00 €
	Gesamt	27.500,00 €

13 **b) Unterhaltsansprüche.** Wird wegen **laufenden Unterhalts** vollstreckt, so gilt § 51 Abs. 1 FamGKG. Maßgebend ist der Betrag der nächsten zwölf Monate. Bei Einreichung des Vollstreckungsauftrags fällige Beträge sind nach § 51 Abs. 2 FamGKG hinzuzurechnen.[7]

14 **4. Verteilungsverfahren gem. §§ 858 Abs. 5, 872–877, 882 ZPO (Abs. 1 Nr. 1 Hs 4).** Auch im Verteilungsverfahren (§ 858 Abs. 5, §§ 872–877 und § 882 ZPO) richtet sich der Gegenstandswert für die anwaltliche Tätigkeit nach Abs. 1 Nr. 1, allerdings mit der Maßgabe, dass höchstens der zu verteilende Geldbetrag zu berücksichtigen ist.

15 **5. Herausgabe oder Leistung von Sachen (Abs. 1 Nr. 2).** Bei Vollstreckungen auf **Herausgabe oder Leistung von Sachen** ist der Wert der Sache maßgebend, also der **Verkehrswert** (Abs. 1 Nr. 2 Hs 1). Der Wert darf jedoch nicht den Wert übersteigen, mit dem der Herausgabe- oder Räumungsanspruch nach den für die Berechnung von Gerichtskosten maßgeblichen Vorschriften zu bewerten ist (Abs. 1 Nr. 2 Hs 2). Soweit die Gerichtskostengesetze privilegierte Wertbestimmungen enthalten, gelten diese auch in der Vollstreckung.

16 **Beispiel:** Der Anwalt hat für seinen Mandanten ein Räumungsurteil gegen den Mieter eines Hauses erwirkt. – Lösung: In der Räumungsvollstreckung wäre nach Abs. 1 Nr. 2 Hs 1 der Verkehrswert des Hauses maßgebend. Zu berücksichtigen ist aber die sich aus Abs. 1 Nr. 2 Hs 2 ergebende Begrenzung, wonach kein höherer als der im Räumungsprozess maßgebende Wert des § 41 Abs. 2 GKG (12 x 1.000 € = 12.000 €) berücksichtigt werden darf.

17 **6. Gegenstandswert bei Handlungen, Duldungen oder Unterlassungen (Abs. 1 Nr. 3).** Sind **Handlungen, Duldungen oder Unterlassungen** zu vollstrecken, richtet sich der Gegenstandswert nach dem Interesse des Gläubigers, also dem **Erfüllungsinteresse** und damit nach dem Wert der Hauptsache.[8] Soweit zT von der Rspr die Auffassung vertreten wird, hier sei nur ein Bruchteil anzusetzen, weil es nur um die Vollstreckung gehe,[9] so ist dies schlichtweg falsch. In der Vollstreckung ist stets der Wert des Anspruchs maßgebend, der vollstreckt werden soll. Das geringere Interesse an einer Vollstreckung wird bereits durch die geringeren Anwaltsgebühren nach den Nr. 3309 ff VV berücksichtigt. Auch die Höhe eines im Rahmen der §§ 888, 890 ZPO festgesetzten Zwangs- oder Ordnungsmittels ist für das Interesse ohne Bedeutung.[10] Der Wert des Ordnungsmittels ist lediglich für die anschließende Vollstreckung des Ordnungsmittels maßgebend (Abs. 1 Nr. 1).

18 **Beispiel:** Der Gläubiger verlangt von Schuldner im Wege der Vollstreckung die Durchsetzung seines titulierten Auskunftsanspruchs. – Lösung: Interesse des Gläubigers im Rahmen der Vollstreckung ist die Vorbereitung seines Zahlungsanspruchs (Pflichtteil iHv 20.000 €). Bei einem Auskunftsanspruch ist ein Bruchteil der Forderung für den Gegenstandswert maßgeblich, den die Rspr[11] zwischen 1/10–1/4 des Werts des Anspruchs annimmt. Ausgehend von 1/4 ist Gegenstandswert für die Vollstreckung des Auskunftsanspruchs ein Betrag iHv 5.000 €.

---

7 *Mock*, RVGreport 2007, 130 ff. **8** OLG Köln AGS 2005, 262; OLG Nürnberg Rpfleger 1963, 218; OLG Celle FamRZ 2006, 1689; AnwK-RVG/*Wolf/Mock*, § 25 Rn 19; Schneider/Herget/*Kurpat*, Streitwert-Kommentar, Rn 4256; aA (Bruchteil der Hauptsache) OLG München AGS 2011, 248 = FamRZ 2011, 1686; OLG Celle NdsRpfl 2009, 218 = OLGR 2009, 657. **9** OLG Celle NdsRpfl 2009, 218 = OLGR 2009, 657. **10** OLG Karlsruhe MDR 2000, 229; OLG Celle FamRZ 2006, 1689; AnwK-RVG/*Wolf/Mock*, § 25 Rn 21; Schneider/Herget/*Kurpat*, Streitwert-Kommentar, Rn 4256. **11** OLG Saarbrücken AGS 2012, 82 = FamRB 2012, 150 = RVGreport 2012, 310.

7. **Abgabe der Vermögensauskunft nach § 802 c ZPO (Abs. 1 Nr. 4).** Im Verfahren über die Erteilung der **19** **Vermögensauskunft** ist der Wert der Forderung (einschließlich der Nebenforderungen, Zinsen und Kosten früherer Vollstreckungsmaßnahmen) maßgebend.[12] Der Wert darf jedoch höchstens 2.000 € betragen. Erfasst sind die Verfahren nach § 802 c ZPO. Insoweit im Rahmen der Vollstreckung eine eidesstattliche Versicherung über den Verbleib von Sachen nach § 883 Abs. 2 ZPO abzugeben ist, gilt für den Gegenstandswert Abs. 1 Nr. 2.

8. **Vollstreckungsschutzanträge des Schuldners (Abs. 2).** Vollstreckungsschutzanträge sind nach dem Inter- **20** esse des den Antrag stellenden Schuldners nach **billigem Ermessen** zu bewerten. Maßgeblich ist, welchen Wert der Vollstreckungsaufschub, die Aussetzung der Vollstreckung oder sonstige Schutzmaßnahmen für den Schuldner haben. So wird ein Vollstreckungsschutzantrag gegen eine Räumungsvollstreckung idR mit dem Mietwert der streitigen Zeit bemessen.[13] Der Wert für einen Kontenpfändungsschutzantrag nach § 850 k ZPO ist nach den laufenden Einkünften des gesamten Zeitraums, den die Vollstreckungsmaßnahme voraussichtlich noch fortdauern wird, in entsprechender Anwendung des § 42 Abs. 2 GKG anzusetzen.[14] Bei Schuldnerschutzanträgen gegen Zwangs- und Ordnungsmitteln ist auf den Wert der zugrunde liegenden Handlung oder Unterlassung abzustellen, sofern sich der Schuldner nicht ausschließlich gegen die Höhe des Zwangsordnungsmittels wendet.[15]

9. **Gegenstandswert bei Zahlungsvereinbarungen in der Vollstreckung.** Ist Gegenstand einer Einigung bei **21** der Vollstreckung nur eine Zahlungsvereinbarung (Nr. 1000 VV), so richtet ich der Gegenstandswert für die Einigungsgebühr nach § 31 b (→ § 31 b Rn 1 ff, Nr. 1000 VV Rn 2).

III. Wertfestsetzung

In der Vollstreckung entstehen im gerichtlichen Verfahren Festgebühren, so dass eine Wertfestsetzung nach **22** § 25 von Amts wegen nicht erfolgt. Das gilt auch für Verteilungsverfahren, in denen zwar Wertgebühren gelten, der Gegenstandswert für die Anwaltsgebühren allerdings abweichend davon zu bemessen ist, so dass auch insoweit keine Wertfestsetzung von Amts wegen erfolgen würde. Soweit eine Wertfestsetzung für die Abrechnung der Anwaltsgebühren erforderlich ist, geschieht sie auf **Antrag** nach § 33 Abs. 1.

§ 26 Gegenstandswert in der Zwangsversteigerung

In der Zwangsversteigerung bestimmt sich der Gegenstandswert

1. bei der Vertretung des Gläubigers oder eines anderen nach § 9 Nr. 1 und 2 des Gesetzes über die Zwangsversteigerung und die Zwangsverwaltung Beteiligten nach dem Wert des dem Gläubiger oder dem Beteiligten zustehenden Rechts; wird das Verfahren wegen einer Teilforderung betrieben, ist der Teilbetrag nur maßgebend, wenn es sich um einen nach § 10 Abs. 1 Nr. 5 des Gesetzes über die Zwangsversteigerung und die Zwangsverwaltung zu befriedigenden Anspruch handelt; Nebenforderungen sind mitzurechnen; der Wert des Gegenstands der Zwangsversteigerung (§ 66 Abs. 1, § 74 a Abs. 5 des Gesetzes über die Zwangsversteigerung und die Zwangsverwaltung), im Verteilungsverfahren der zur Verteilung kommende Erlös, sind maßgebend, wenn sie geringer sind;
2. bei der Vertretung eines anderen Beteiligten, insbesondere des Schuldners, nach dem Wert des Gegenstands der Zwangsversteigerung, im Verteilungsverfahren nach dem zur Verteilung kommenden Erlös; bei Miteigentümern oder sonstigen Mitberechtigten ist der Anteil maßgebend;
3. bei der Vertretung eines Bieters, der nicht Beteiligter ist, nach dem Betrag des höchsten für den Auftraggeber abgegebenen Gebots, wenn ein solches Gebot nicht abgegeben ist, nach dem Wert des Gegenstands der Zwangsversteigerung.

I. Allgemeines

Der Gegenstandswert in der Zwangsversteigerung richtet sich nach § 26. Die Vorschrift unterscheidet da- **1** nach, ob der Rechtsanwalt einen Gläubiger oder sonstigen Berechtigten (Nr. 1), einen sonstigen Beteiligten, insb. den Schuldner (Nr. 2) oder den nicht beteiligten Bieter (Nr. 3), vertritt. Insoweit ergeben sich unterschiedliche Bewertungen.

12 AnwK-RVG/*Wolf/Mock*, § 25 Rn 19. **13** AnwK-RVG/*Wolf/Mock*, § 25 Rn 22. **14** OLG Frankfurt OLGR 2004, 241; AnwK-RVG/*Wolf/Mock*, § 26 Rn 23. **15** AnwK-RVG/*Wolf/Mock*, § 25 Rn 24.

II. Gegenstandswertbestimmung in der Zwangsversteigerung

2   **1. Vertretung des Gläubigers oder eines sonstigen nach § 9 Nr. 1 und 2 ZVG Beteiligten (Nr. 1).** Vertritt der Anwalt den Gläubiger oder einen sonstigen gem. § 9 Nr. 1 und 2 ZVG Beteiligten, so bestimmt sich der Gegenstandswert nach Nr. 1. Danach ist der **Wert des dem Gläubiger oder Beteiligten zustehenden Rechts (Hs 1)** einschließlich der **Nebenforderungen** (Hs 3) maßgebend. Hinzuzurechnen sind demgemäß die Zinsen bis zum Erlass des Anordnungs- oder Beitrittsbeschlusses sowie die angemeldeten Kosten des Rechtsstreits und vorheriger Zwangsvollstreckungs- und Zwangsversteigerungsmaßnahmen. Ist nur eine **Teilforderung** Gegenstand des Verfahrens, ist diese maßgebend (Hs 2). Wird die Zwangsversteigerung wegen **mehrerer Rechte** beantragt, sind die jeweiligen Werte nach § 22 Abs. 1 zusammenzurechnen. Ist dagegen der zur Verteilung kommende **Erlös** geringer, so ist der geringere Betrag maßgebend (Hs 4).

3   **Beispiel (Vertretung des Gläubigers im Zwangsversteigerungs- und Verteilungsverfahren):** Der Anwalt erwirkt für seinen Auftraggeber wegen einer Gesamtforderung iHv 30.000 € die Eintragung einer Zwangshypothek. Die bisherigen Kosten der Zwangsvollstreckung betragen 300 €. Nach Eintragung der Zwangshypothek stellt er einen Zwangsversteigerungsantrag. Es kommt zur Versteigerung, an der der Anwalt teilnimmt. Der Erlös beträgt 50.000 €.

Der Gegenstandswert beläuft sich gem. Abs. 1 Nr. 1 auf den Wert der dem Gläubiger oder einem anderen Beteiligten zustehenden Rechts zuzüglich der bisherigen Kosten der Zwangsvollstreckung und liegt daher bei 30.300 €. Im Zwangsversteigerungsverfahren ist abzurechnen wie folgt:

Zwangsversteigerung und Verteilungsverfahren (Wert: 30.300 €)

1.	0,4-Verfahrensgebühr, Anm. Nr. 1 zu Nr. 3311 VV	375,20 €
2.	0,4-Terminsgebühr, Nr. 3312 VV	375,20 €
3.	0,4-Verfahrensgebühr, Anm. Nr. 2 zu Nr. 3311 VV	375,20 €
4.	Postentgeltpauschale, Nr. 7002 VV	20,00 €
	Zwischensumme	1.145,60 €
5.	19 % Umsatzsteuer, Nr. 7008 VV	217,66 €
	Gesamt	**1.363,26 €**

4   Das gilt auch bei der Geltendmachung nur eines **Teilbetrags**, es sei denn, es handelt sich um einen nach § 10 Abs. 1 Nr. 5 ZVG zu befriedigenden Anspruch. Dann ist nur die Teilforderung maßgebend.

5   **2. Vertretung eines anderen Beteiligten, insb. des Schuldners (Nr. 2).** Vertritt der Anwalt einen sonstigen Beteiligten, insb. den Schuldner, ist der Gegenstandswert nach dem Wert des Gegenstands der Zwangsversteigerung und nicht nach dem Wert der Forderung, wegen der die Zwangsversteigerung betrieben wird, zu bemessen.[1] Abzustellen ist insoweit auf den Wert des zur Zwangsversteigerung stehenden Grundstücks. Bei Miteigentümern oder Mitberechtigten ist der jeweilige Anteil maßgebend. Entscheidend ist demnach nicht, was an den Beteiligten tatsächlich ausbezahlt wird. Im Verteilungsverfahren richtet sich der Gegenstandswert bei Vertretung des Schuldners oder eines anderen Beteiligten nach dem Wert des zur Verteilung kommenden Erlöses.

6   **3. Vertretung eines Bieters, der nicht Beteiligter ist (Nr. 3).** Vertritt der Anwalt einen Bieter, der nicht Beteiligter ist, richtet sich der Gegenstandswert nach dem **höchsten Gebot.** Maßgeblich ist das Bargebot gem. § 49 ZVG zuzüglich des Werts des bestehen bleibenden Rechts.[2] Wird kein Bargebot abgegeben, ist nach dem Wert des Gegenstands der Zwangsversteigerung zu bemessen.

§ 27 Gegenstandswert in der Zwangsverwaltung

[1]In der Zwangsverwaltung bestimmt sich der Gegenstandswert bei der Vertretung des Antragstellers nach dem Anspruch, wegen dessen das Verfahren beantragt ist; Nebenforderungen sind mitzurechnen; bei Ansprüchen auf wiederkehrende Leistungen ist der Wert der Leistungen eines Jahres maßgebend. [2]Bei der Vertretung des Schuldners bestimmt sich der Gegenstandswert nach dem zusammengerechneten Wert aller Ansprüche, wegen derer das Verfahren beantragt ist, bei der Vertretung eines sonstigen Beteiligten nach § 23 Abs. 3 Satz 2.

---

1 LG Düsseldorf RVGreport 2007, 155 = AGkompakt 2012, 199. **2** AnwK-RVG/*Wolf/Mock*, § 26 Rn 14.

I. Allgemeines

Der Gegenstandswert in der Zwangsverwaltung bestimmt sich nach § 27. Ein Streit über die Höhe der   1
Zwangsverwaltervergütung ist von § 27 allerdings nicht erfasst.[1] § 27 unterscheidet die Vertretung des Antragstellers, des Schuldners und eines sonstigen Beteiligten.

II. Gegenstandswertbestimmung in der Zwangsverwaltung

1. Vertretung des Antragstellers (S. 1). Vertritt der Anwalt den Antragsteller, so richtet sich der Gegen-   2
standswert nach dem Anspruch, wegen dessen das Verfahren beantragt wird (S. 1 Hs 1). Nebenforderungen, dh Zinsen und Kosten, sind hinzuzurechnen (S. 1 Hs 2). Wird in der Zwangsverwaltung nur ein Teil einer Forderung geltend gemacht, ist für die Bemessung des Gegenstandswerts nur die **Teilforderung** maßgebend. **Mehrere Forderungen** werden addiert (§ 22 Abs. 1). Handelt es sich bei dem Anspruch um **wiederkehrende Leistungen,** so ist der Jahreswert der Leistungen maßgebend (S. 1 Hs 3). Beim Jahreswert verbleibt es auch dann, wenn die tatsächliche Forderung geringer ist.[2] Die bis zur Anordnung des Zwangsverwaltungsverfahrens entstandenen Rückstände sind nicht zu bewerten.

Beispiel: Der Anwalt vertritt den Gläubiger wegen einer Forderung iHv 40.000 € im Verfahren auf Anordnung   3
der Zwangsverwaltung. Abzurechnen ist wie folgt:

1.	0,4-Verfahrensgebühr, Anm. Nr. 4 zu Nr. 3311 VV (Wert: 40.000 €)	405,20 €
2.	Postentgeltpauschale, Nr. 7002 VV	20,00 €
	Zwischensumme	425,20 €
3.	19 % Umsatzsteuer, Nr. 7008 VV	80,79 €
	Gesamt	**505,99 €**

2. Vertretung des Schuldners (S. 2 Alt. 1). Vertritt der Anwalt den Schuldner, so richtet sich der Gegen-   4
standswert nach der Summe aller Ansprüche (Haupt- und Nebenforderungen), wegen derer das Zwangsverwaltungsverfahren beantragt worden ist.

Beispiel: Der Anwalt vertritt den Schuldner. Das Zwangsveraltungsverfahren ist wegen Forderungen iHv insgesamt 100.000 € angeordnet worden. Abzurechnen ist wie folgt:

1.	0,4-Verfahrensgebühr, Anm. Nr. 4 zu Nr. 3311 VV (Wert: 100.000 €)	903,60 €
2.	Postentgeltpauschale, Nr. 7002 VV	20,00 €
	Zwischensumme	923,60 €
3.	19 % Umsatzsteuer, Nr. 7008 VV	175,48 €
	Gesamt	**1.099,08 €**

Wird der Anwalt beauftragt, nachdem Anträge bereits zurückgenommen oder ein Beitritt abgewiesen wor-   5
den ist, dann ist der Gegenstandswert nur nach dem Wert der verbleibenden Ansprüche zu bemessen.

3. Vertretung sonstiger Beteiligter (S. 2 Alt. 2). Vertritt der Anwalt sonstige Beteiligte, so bestimmt sich der   6
Gegenstandswert nach § 23 Abs. 3 S. 2, dh nach billigem Ermessen, wobei es auf das Interesse des jeweils vom Anwalt vertretenen sonstigen Beteiligten ankommt.[3] Liegen keine genügenden Anhaltspunkte für eine Schätzung vor, ist der Auffangwert iHv 5.000 € maßgebend, der nach Lage des Falls ebenfalls noch herauf- oder herabgesetzt werden kann.

§ 28 Gegenstandswert im Insolvenzverfahren

(1) [1]Die Gebühren der Nummern 3313, 3317 sowie im Fall der Beschwerde gegen den Beschluss über die Eröffnung des Insolvenzverfahrens der Nummern 3500 und 3513 des Vergütungsverzeichnisses werden, wenn der Auftrag vom Schuldner erteilt ist, nach dem Wert der Insolvenzmasse (§ 58 des Gerichtskostengesetzes) berechnet. [2]Im Fall der Nummer 3313 des Vergütungsverzeichnisses beträgt der Gegenstandswert jedoch mindestens 4.000 Euro.

(2) [1]Ist der Auftrag von einem Insolvenzgläubiger erteilt, werden die in Absatz 1 genannten Gebühren und die Gebühr nach Nummer 3314 nach dem Nennwert der Forderung berechnet. [2]Nebenforderungen sind mitzurechnen.

(3) Im Übrigen ist der Gegenstandswert im Insolvenzverfahren unter Berücksichtigung des wirtschaftlichen Interesses, das der Auftraggeber im Verfahren verfolgt, nach § 23 Abs. 3 Satz 2 zu bestimmen.

---

1 BGH AGS 2007, 527 = NJW 2007, 527. **2** AnwK-RVG/*Wolf/Mock*, § 27 Rn 4. **3** AnwK-RVG/*Wolf/Mock*, § 27 Rn 7.

I. Allgemeines

1   § 28 bestimmt den Gegenstandswert für die Abrechnung der Anwaltsgebühren im Insolvenzverfahren. Im Zuge des 1. KostRMoG war der nach der BRAGO geltende Mindestwert iHv 3.000 € ausweislich der Gesetzesbegründung an den allgemeinen Auffangwert des § 23 Abs. 3 S. 2 auf 4.000 € angepasst worden. Diese Anpassung des sich aus Abs. 1 S. 2 ergebenden Mindestwerts ist auf der Grundlage des 2. KostRMoG unterblieben. Während der Auffangwert des § 23 Abs. 3 S. 2 5.000 € beträgt, entspricht der Mindestwert nach Abs. 1 S. 2 nach wie vor 4.000 €.

2   Bei einem Streit über die Höhe der Insolvenzverwaltervergütung richtet sich der Gegenstandswert auch für die Gebühren des Verfahrensbevollmächtigten eines Gläubigers hingegen nach der Höhe der streitigen Vergütung und nicht nach der vom Gläubiger angestrebten Verbesserung seiner Befriedigung.[1]

3   § 28 unterscheidet danach, ob der Auftrag vom Schuldner erteilt worden ist, dann ist Abs. 1 S. 1 iVm S. 2 maßgebend. Nach Abs. 2 ist der Gegenstandswert zu bemessen, wenn der Anwalt vom Insolvenzgläubiger beauftragt worden ist. Bei den sonstigen Auftraggebern des Anwalts richtet sich die Bemessung des Gegenstandswerts im Insolvenzverfahren nach Abs. 3.

II. Gegenstandswertbestimmung im Insolvenzverfahren

4   **1. Vertretung des Schuldners (Abs. 1).** Vertritt der Anwalt im Insolvenzverfahren den **Schuldner, der den Auftrag zur Einleitung des Insolvenzverfahrens erteilt hat**, gilt **Abs. 1 S. 1**. Danach ist der Wert der Insolvenzmasse (§ 58 Abs. 1 GKG) maßgebend. **Insolvenzmasse** ist nach der Legaldefinition des § 35 Abs. 1 InsO das gesamte Vermögen, das dem Schuldner zur Zeit der Eröffnung des Verfahrens gehört und das er während des Verfahrens erlangt. Vorzugehen ist wie bei § 58 GKG: Gegenstände, die der abgesonderten Befriedigung dienen, werden nur in Höhe des für diese nicht erforderlichen Betrags angesetzt (§ 58 Abs. 1 S. 2 GKG).[2]

5   Nach **Abs. 1 S. 2** beträgt der Mindestwert des Insolvenzverfahrens bei Vertretung des Schuldners im Eröffnungsverfahren (Nr. 3313 VV) **mindestens 4.000 €.** Für die Vertretung nach den Nr. 3317, 3500, 3513 VV ist ein Mindestwert nicht zu berücksichtigen.

6   Der sich aus Abs. 1 S. 1 ergebende Gegenstandswert ist maßgebend für die Gebühren der
   - Nr. 3313 VV: Verfahrensgebühr für die Vertretung des Schuldners im Eröffnungsverfahren;
   - Nr. 3317 VV: Verfahrensgebühr für das Insolvenzverfahren;
   - Nr. 3500 VV: Verfahrensgebühr für Verfahren über die Beschwerde gegen den Beschluss über die Eröffnung des Insolvenzverfahren;
   - Nr. 3513 VV: Terminsgebühr im Verfahren über die Beschwerde gegen den Beschluss über die Eröffnung des Insolvenzverfahrens.

7   **2. Vertretung des Insolvenzgläubigers (Abs. 2).** Vertritt der Rechtsanwalt den **Gläubiger** im Insolvenzverfahren, dann gilt (nur) der (Nenn-)Wert der Forderung des Gläubigers (Abs. 2 S. 1), wobei Nebenforderungen (zB Zinsen und Kosten) hinzuzurechnen sind (Abs. 2 S. 2).

8   Der sich aus Abs. 2 S. 1 ergebende Gegenstandswert ist maßgebend für die Gebühren der
   - Nr. 3314 VV: Verfahrensgebühr für die Vertretung des Gläubigers im Eröffnungsverfahren;
   - Nr. 3317 VV: Verfahrensgebühr für das Insolvenzverfahren;
   - Nr. 3500 VV: Verfahrensgebühr für Verfahren über die Beschwerde gegen den Beschluss über die Eröffnung des Insolvenzverfahren;
   - Nr. 3513 VV: Terminsgebühr im Verfahren über die Beschwerde gegen den Beschluss über die Eröffnung des Insolvenzverfahrens.

9   **3. Vertretung eines anderen Beteiligten im Insolvenzverfahren, der weder Schuldner noch Gläubiger ist, in den in Abs. 1 und 2 nicht genannten Verfahren (Abs. 3).** Bei Vertretung eines weiteren Beteiligten im Insolvenzverfahren ist der Gegenstandswert nach dem Interesse des Beteiligten nach § 23 Abs. 3 S. 2, hilfsweise mit dem Auffangwert iHv 4.000 €, zu bemessen. Nach dem Interesse des Auftraggebers ist auch in den übrigen Verfahren zu bemessen, die in Abs. 1 und 2 nicht gesondert aufgeführt sind, also in Verfahren
   - über den Schuldenbereinigungsplan bei Vertretung des Schuldners (Nr. 3315 VV);
   - über den Schuldenbereinigungsplan bei Vertretung des Gläubigers (Nr. 3316 VV);
   - über einen Insolvenzplan bei Vertretung eines Beteiligten mit Ausnahme des Schuldners (Nr. 3318 VV);
   - über einen Insolvenzplan bei Vertretung des Schuldners, der den Insolvenzplan vorlegt (Nr. 3319 VV);
   - auf Anmeldung einer Insolvenzforderung (Nr. 3320 VV);

---

1 BGH ZIP 2012, 1732 = JurBüro 2012, 590. **2** KG ZInsO 2013, 1541 = ZIP 2013, 1973.

- über einen Antrag auf Versagung oder Widerruf der Restschuldbefreiung (Nr. 3321 VV).

In den genannten Verfahren fehlt eine ausdrückliche Regelung zum Gegenstandswert, so dass nach § 23 **10** Abs. 3 S. 2 der Gegenstandswert nach **billigem Ermessen** unter Berücksichtigung aller Umstände des Einzelfalls zu bestimmen ist. Bei der Vertretung des **Schuldners** ist dabei Maßstab und Ausgangspunkt für die Wertfestsetzung stets der Wert der Insolvenzmasse. Bei der Vertretung des **Gläubigers** ist das Interesse am Wert seiner Forderung zu berücksichtigen. Liegen keine genügenden Anhaltspunkte vor, ist nach dem Auffangwert zu bemessen iHv 5.000 €, der im Einzelfall noch herauf- oder herabgesetzt werden kann.

Bei der Festsetzung des Gegenstandswerts im Verfahren auf Anmeldung einer Insolvenzforderung ist maß- **11** gebend das **wirtschaftliche Interesse**, das der Auftraggeber verfolgt (§ 23 Abs. 2 S. 3), zu berücksichtigen. Bei der Vertretung des **Schuldners** ist der Betrag der Forderung wertbestimmend, von dem er befreit werden will. Bei der Vertretung des **Gläubigers** im Verfahren auf Anmeldung einer Insolvenzforderung richtet sich der Wert nur nach der Forderung des jeweiligen Gläubigers, von der der Schuldner befreit werden soll.

§ 29 Gegenstandswert im Verteilungsverfahren nach der Schifffahrtsrechtlichen Verteilungsordnung

Im Verfahren nach der Schifffahrtsrechtlichen Verteilungsordnung gilt § 28 entsprechend mit der Maßgabe, dass an die Stelle des Werts der Insolvenzmasse die festgesetzte Haftungssumme tritt.

I. Allgemeines

Mit der Vorschrift des § 29 ist § 81 Abs. 1 S. 1 BRAGO durch das 1. KostRMoG in modifizierter Form in **1** das RVG übernommen worden. Gemäß § 1 Abs. 1 der Schifffahrtsrechtlichen Verteilungsordnung (SVertO) kann ein **gerichtliches Verfahren (Verteilungsverfahren)** zur **Errichtung** und **Verteilung** eines Fonds iSd Art. 11 des Übereinkommens von 1976 über die Beschränkung der Haftung für Seeforderungen[1] oder iSd Art. V Abs. 3 des Haftungsübereinkommens von 1992[2] eingeleitet werden. Ein **Verteilungsverfahren** findet gem. § 1 Abs. 4 SVertO statt für

- Ansprüche wegen Tod oder Körperverletzung iSd Art. 6 Abs. 1 Buchst. a des Haftungsbeschränkungsübereinkommens (Ansprüche wegen Personenschäden) und sonstige Ansprüche iSd Art. 6 Abs. 1 Buchst. b des Haftungsbeschränkungsübereinkommens (Ansprüche wegen Sachschäden),
- Ansprüche von Reisenden iSd Art. 7 des Haftungsbeschränkungsübereinkommens,
- Ansprüche nach § 487 HGB,
- Ansprüche nach dem Haftungsübereinkommen von 1992.

Sind aus demselben Ereignis sowohl Ansprüche, für welche die Haftung nach § 486 Abs. 1 HGB be- **2** schränkt werden kann, als auch Ansprüche, für welche die Haftung nach § 486 Abs. 3 S. 1 HGB beschränkt werden kann, entstanden, so findet jeweils ein gesondertes Verteilungsverfahren für diese Ansprüche statt.

Die Eröffnung eines Verteilungsverfahrens können insb. der Eigentümer, Charterer, Reeder oder Ausrüster **3** eines Seeschiffs sowie jede Person, für deren Handeln, Unterlassen oder Verschulden sie haften, beantragen (vgl § 1 Abs. 3 SVertO).

Auf das Verteilungsverfahren finden, soweit die SVertO nichts anderes bestimmt, die Vorschriften der ZPO **4** entsprechende Anwendung. Die Entscheidungen können ohne mündliche Verhandlung ergehen. Gegen die Entscheidungen im Verteilungsverfahren findet die sofortige Beschwerde statt, soweit nicht in §§ 12, 33 SVertO etwas anderes bestimmt ist. Gegen Entscheidungen des Beschwerdegerichts ist die Rechtsbeschwerde möglich. Gemäß § 5 Abs. 1 SVertO setzt das Gericht durch Beschluss die Summe fest, die zur Errichtung des Fonds einzuzahlen ist (**Haftungssumme**).

II. Streitwert im gerichtlichen Verfahren für die Gerichtsgebühren

1. Eröffnungsverfahren und Verteilungsverfahren nach der SVertO. Gemäß § 59 S. 1 GKG richten sich die **5** Gebühren für den Antrag auf **Eröffnung** des Verteilungsverfahrens nach der SVertO und für die **Durchführung** des Verteilungsverfahrens nach dem **Betrag der festgesetzten Haftungssumme.** Ist diese höher als der Gesamtbetrag der Ansprüche, für deren Gläubiger das Recht auf Teilnahme an dem Verteilungsverfahren festgestellt wird, richten sich die Gebühren nach dem Gesamtbetrag der Ansprüche (§ 59 S. 2 GKG). Nach dem gem. § 59 GKG von Amts wegen festzusetzenden Wert entstehen im gerichtlichen Verfahren die Ge-

1 BGBl. 1986 II 786, geänd. d. Protokoll v. 2.5.1996 (BGBl. 2000 II 790). **2** BGBl. 1994 II 1152.

bühren der Nr. 2410 KV GKG (1,0-Gebühr für das Verfahren über den Antrag auf Eröffnung des Schifffahrtsrechtlichen Verteilungsverfahrens) und der Nr. 2420 KV GKG (2,0-Gebühr für die Durchführung des Schifffahrtsrechtlichen Verteilungsverfahrens).

6 **2. Besonderer Prüfungstermin und schriftliches Prüfungsverfahren.** Im Verfahren nach § 18 S. 3 SVertO, § 177 InsO entstehen gem. Nr. 2430 KV GKG Festgebühren iHv 20 €.

7 **3. Beschwerde- und Rechtsbeschwerdeverfahren.** Im Verfahren über die Beschwerde (Nr. 2440 KV GKG, 60 €) und im Verfahren über die Rechtsbeschwerde (Nr. 2442 KV GKG, 120 €) entstehen Festgebühren.

III. Gegenstandswert im gerichtlichen Verfahren nach der SVertO für die Anwaltsgebühren

8 **1. Eröffnungsverfahren und Verteilungsverfahren nach der SVertO. a) Geltungsbereich.** Im Verteilungsverfahren nach der SVertO richtet sich der Gegenstandswert für die Anwaltsgebühren nach § 29 RVG. Danach ist § 28 für die Bewertung entsprechend heranzuziehen mit der Maßgabe, dass an die Stelle des Werts der Insolvenzmasse die festgesetzte **Haftungssumme** (§ 5 Abs. 1 SVertO) tritt.

9 Die amtliche Überschrift zu § 29 ist irreführend, weil sie den Eindruck erweckt, § 29 gelte nur für das Verteilungsverfahren, nicht aber für das **Eröffnungsverfahren** nach der SVertO. Da der Wortlaut der Vorschrift aber weitergehend ist als die Überschrift, ist dem Gesetzgeber zu unterstellen, dass sie den Umfang der Vorschrift nicht einzuschränken geeignet ist, es sich bei der Formulierung vielmehr um ein bisher nicht wahrgenommenes Versehen des Gesetzgebers handelt. Auch der für die Gerichtsgebühren maßgebliche Wert richtet sich gem. § 59 S. 1 GKG nach der Haftungssumme, so dass es insoweit einer gesonderten Wertfestsetzung auf den ersten Blick nicht bedurft hätte, weil über § 23 Abs. 1 S. 1 RVG iVm § 59 S. 1 GKG dieselbe Wertfestsetzung erreicht worden wäre. Der Gesetzgeber wollte aber durch die gesonderte Regelung des Gegenstandswerts für die Anwaltsgebühren nach der SVertO gem. § 29 insb. die Anwendung des § 59 S. 2 GKG ausschließen, der eine Wertbegrenzung durch den Gesamtbetrag der Gläubigeransprüche vorsieht, wonach eine auch unterhalb der Haftungssumme gelegene Wertfestsetzung in Betracht kommt. Darüber hinaus gilt nach § 59 GKG kein Mindestwert, den der Gesetzgeber für den Gegenstandswert der Anwaltsgebühren im Eröffnungsverfahren nach der SVertO aber berücksichtigt wissen wollte (§ 29 iVm § 28 Abs. 1 S. 2).

10 **b) Vertretung des Schuldners im Eröffnungs- und Verteilungsverfahren nach der SVertO.** Vertritt der Rechtsanwalt im Eröffnungs- und Verteilungsverfahren nach der SVertO den **Schuldner**, dann richtet sich der Gegenstandswert nach § 29 iVm § 28 Abs. 1 S. 1 und S. 2, wobei an die Stelle der „Insolvenzmasse" die in § 5 Abs. 1 SVertO legaldefinierte „Haftungssumme" anzusetzen ist. **Haftungssumme** ist danach die Summe, die zur Errichtung des Fonds einzuzahlen ist. Gemäß § 29 iVm § 28 Abs. 1 S. 2 entspricht der Gegenstandswert für die Vertretung des **Schuldners** im Eröffnungsverfahren **mindestens 4.000 €** und höchstens der Haftungssumme.

11 **c) Vertretung des Gläubigers im Eröffnungs- und Verteilungsverfahren nach der SVertO.** Vertritt der Rechtsanwalt im Eröffnungs- und Verteilungsverfahren nach der SVertO einen oder mehrere Gläubiger, dann richtet sich der Gegenstandswert nach § 29 iVm § 28 Abs. 2 S. 1 und S. 2, wobei der **Nennwert der jeweiligen Forderung** des vertretenen Gläubigers anzusetzen und **Nebenforderungen** bis zum Tag vor der Eröffnung des Verteilungsverfahrens hinzuzurechnen sind.[3] Insoweit *Mayer*[4] als Höchstwert die Gesamtsumme der Gläubigeransprüche und damit einen ggf. unterhalb der Haftungssumme gelegenen Gegenstandswert für die Anwaltsgebühren annimmt, ist diese Auffassung abzulehnen, weil sich eine Begrenzung aus § 29 iVm § 28 insoweit nicht, vielmehr nur aus § 59 S. 2 GKG ergibt, der für den Gegenstandswert der Anwaltsgebühren wegen der Regelung des § 29 allerdings nicht anwendbar ist.

12 **d) Vertretung des Gläubigers oder des Schuldners im Prüfungstermin.** Im Prüfungstermin gem. § 11 SVertO richtet sich der Gegenstandswert nach § 29 iVm § 28 Abs. 3. In diesem Fall ist das wirtschaftliche Interesse des Auftraggebers, das er im Verteilungsverfahren hat, nach § 23 Abs. 3 S. 2 nach billigem Ermessen zu bestimmen. In Ermangelung genügender Anhaltspunkte für eine Schätzung ist der Gegenstandswert mit 4.000 € zu bestimmen, nach Lage des Falles höher oder niedriger bei einem zu berücksichtigenden Höchstwert von 500.000 €.

13 **e) Vertretung des Gläubigers oder des Schuldners im Beschwerde- und Rechtsbeschwerdeverfahren.** Vertritt der Rechtsanwalt den Gläubiger oder den Schuldner im Beschwerde- oder Rechtsbeschwerdeverfahren, richtet sich der Gegenstandswert für die Anwaltsgebühren nach § 23 Abs. 2, also nach dem Interesse des Beschwerdeführers (§ 23 Abs. 3 S. 2).

---

3 Gerold/Schmidt/*Mayer*, 21. Aufl., § 29 Rn 6. **4** Gerold/Schmidt/*Mayer*, 21. Aufl., § 29 Rn 6.

IV. Anwaltsgebühren

Im gerichtlichen Verfahren über den Antrag auf **Eröffnung** des Verteilungsverfahrens nach der SVertO entsteht für den Rechtsanwalt, der den **14**

- **Schuldner** vertritt, die Gebühr nach Nr. 3313 VV (Anm. zu Nr. 3313 VV) zu einem Gebührensatz von 1,0;
- **Gläubiger** vertritt, die Gebühr nach Nr. 3314 VV[5] (Anm. zu Nr. 3314 VV) zu einem Gebührensatz von 0,5.

Im **Verteilungsverfahren** nach der SVertO entsteht für den Rechtsanwalt, der den **15**

- **Schuldner** vertritt, die Gebühr nach Nr. 3317 VV (Anm. zu Nr. 3317 VV) zu einem Gebührensatz von 1,0;
- **Gläubiger** vertritt, die Gebühr nach Nr. 3317, 3320 VV (Anm. zu Nr. 3320 VV) zu einem Gebührensatz von 0,5.

Im **Beschwerde- und Rechtsbeschwerdeverfahren** werden die Gebühren nach den Nr. 3500, 3113 VV zu einem Gebührensatz iHv jeweils 0,5 ausgelöst. **16**

V. Kostenerstattung

Die Gerichtskosten schuldet, wer das Verfahren beantragt hat (§ 25 GKG). Kosten, die einem Gläubiger im Verteilungsverfahren entstanden sind, können gem. § 14 Abs. 3 SVertO im Verteilungsverfahren nicht geltend gemacht werden. Der Haftungssumme fallen zur Last aber die Kosten von Rechtsstreitigkeiten über im Verteilungsverfahren angemeldete Ansprüche und über das Recht ihrer Gläubiger auf Teilnahme an dem Verfahren, welche aus der Prozessführung des Sachwalters entstehen, und die Kosten von Rechtsstreitigkeiten, welche nach § 19 Abs. 3 SVertO iVm § 183 Abs. 3 InsO der Haftungssumme. Das Gericht ordnet von Amts wegen die Zahlung der vom Antragsteller nach § 31 Abs. 1 SVertO zu tragenden Kosten zur Haftungssumme an. **17**

§ 30 Gegenstandswert in gerichtlichen Verfahren nach dem Asylgesetz

(1) ¹In Klageverfahren nach dem Asylgesetz beträgt der Gegenstandswert 5.000 Euro, in Verfahren des vorläufigen Rechtsschutzes 2.500 Euro. ²Sind mehrere natürliche Personen an demselben Verfahren beteiligt, erhöht sich der Wert für jede weitere Person in Klageverfahren um 1.000 Euro und in Verfahren des vorläufigen Rechtsschutzes um 500 Euro.

(2) Ist der nach Absatz 1 bestimmte Wert nach den besonderen Umständen des Einzelfalls unbillig, kann das Gericht einen höheren oder einen niedrigeren Wert festsetzen.

I. Allgemeines

Mit dem 2. KostRMoG hat sich eine Änderung der Vorschrift dahin gehend ergeben, dass der Gegenstandswert nach § 30 nunmehr für **alle Klageverfahren nach dem AsylG** maßgeblich ist. Darüber hinaus ist der Gegenstandswert für Klagverfahren nach dem AsylG von ehemals 3.000 € bzw 1.500 € auf einheitlich 5.000 € und in Verfahren des vorläufigen Rechtsschutzes von ehemals 1.500 € bzw der „Hälfte des Hauptsachewerts" auf 2.500 € angehoben worden ist. Bei Beteiligung mehrerer Personen erhöht sich der Wert im Klageverfahren um nunmehr 1.000 € (bisher 900 €) und im Verfahren des vorläufigen Rechtsschutzes um 500 € (bisher 600 €). Ergänzt worden ist § 30 um einen Abs. 2, der eine Abweichung von den sich aus Abs. 1 ergebenden Regelwerten unter Billigkeitsgesichtspunkten zulässt. **1**

Eine **Wertfestsetzung** in Verfahren nach dem AsylG darf wegen der Gerichtsgebührenfreiheit der Verfahren von Amts wegen nicht vorgenommen werden. Eine Festsetzung des Gegenstandswerts erfolgt deshalb nur auf **Antrag** im Verfahren nach § 33 Abs. 1. **2**

II. Anwendungsbereich (Abs. 1)

Abs. 1 unterscheidet nur noch zwischen **Klageverfahren** nach dem AsylG und **Verfahren des vorläufigen Rechtsschutzes** nach dem AsylG. **3**

1. Klageverfahren nach dem AsylG (Abs. 1 S. 1, 1. Alt.). Klageverfahren nach dem AsylG sind solche, in denen Ausländer Schutz als politisch Verfolgte nach Art. 16 a Abs. 1 GG oder Schutz vor Verfolgung nach **4**

---

5 Einschränkend AnwK-RVG/*Mock*, Nr. 3314 VV Rn 18.

dem Abkommen über die Rechtsstellung der Flüchtlinge vom 28.7.1951 (BGBl. 1953 II 559) gerichtlich beantragen (§ 1 Abs. 1 AsylG). Für alle Klageverfahren iSd Abs. 1 S. 1 beträgt der Gegenstandswert einheitlich 5.000 €. Die frühere komplexe Unterscheidung zwischen bestimmten und sonstigen Klageverfahren hat der Gesetzgeber aus Vereinfachungsgründen im Zuge des 2. KostRMoG aufgegeben.

5   **2. Einstweiliger Rechtsschutz nach dem AsylG (Abs. 1 S. 1, 2. Alt.).** Der Gegenstandswert im einstweiligen Rechtsschutzverfahren nach dem AsylG entsprach früher 1.500 € bzw der Hälfte des Werts der Hauptsache. Er beträgt nunmehr einheitlich in allen einstweiligen Rechtsschutzverfahren nach dem AsylG **2.500 €.** Der Gegenstandswert nach Abs. 1 S. 1, 2. Alt. ist in allen Verfahren des vorläufigen Rechtsschutzes nach dem AsylG maßgeblich. Eine Unterscheidung wie nach früherem Recht ist auch hier nicht (mehr) vorzunehmen.

6   **3. Beteiligung mehrerer natürlicher Personen in Verfahren nach dem AsylG (Abs. 1 S. 2).** Soweit mehrere natürliche Personen an demselben Verfahren nach dem AsylG beteiligt sind, erhöht sich der Wert für **jede weitere Person** in **Klageverfahren** um **1.000 €** und in Verfahren des **einstweiligen Rechtsschutzes** um **500 €.** Durch die Regelung des Abs. 1 S. 2 ist Nr. 1008 VV unanwendbar,[1] weil der Gesetzgeber bei Vertretung mehrerer Personen in demselben Verfahren jedes Asylgesuch als eigenen Gegenstand definiert. Unanwendbar ist Abs. 1. S. 2, wenn mehrere Familienangehörige auf **Einbürgerung** klagen.[2]

III. Billigkeitskorrektur (Abs. 2)

7   Neu eingeführt worden ist durch das 2. KostRMoG die in Abs. 2 enthaltene Billigkeitskorrektur, die eine Erhöhung oder Ermäßigung vorsieht, wenn die sich aus Abs. 1 ergebenden Werte nach den besonderen Umständen des Einzelfalles unbillig sind. Die Formulierung entspricht den §§ 44 Abs. 3, 45 Abs. 3, 47 Abs. 2, 48 Abs. 3, 49 Abs. 2, 50 Abs. 3 und 51 Abs. 3 S. 2 FamGKG. Nach Billigkeit zu korrigieren ist immer erst dann, wenn eine Bewertung nach Abs. 1 abschließend erfolgt ist.[3]

8   **Beispiel:** Der Anwalt erhält den Auftrag, Klage gegen die Abschiebungsandrohung von sieben Personen zu erheben. – Lösung: Der Gegenstandswert für das Klageverfahren beträgt nach Abs. 1 S. 1, 1. Alt. 5.000 €. Nach Abs. 1 S. 2 erhöht sich der Wert zunächst je weitere Person um 1.000 €, so dass der Wert nach Abs. 1 mit 11.000 € festzusetzen ist. Erst jetzt kommt die Billigkeitsregelung des Abs. 2 zur Anwendung.

9   Ist der Fall sehr einfach gelagert und für die Beteiligten nicht bedeutsam, kommt eine Billigkeitskorrektur bei Hinzutreten weiterer Kriterien nach Abs. 2 im Sinne einer **Ermäßigung** des Gegenstandswerts in Betracht. Ist das Verfahren hingegen umfangreich, besonders bedeutsam für die Beteiligten und schwierig etc., kann nach Billigkeit **erhöht** werden. Der einfach gelagerte Durchschnittsfall dürfte Ausgangspunkt für die Festlegung des Regelwerts sein, da dieser den Regelfall darstellt und von Abs. 1 erfasst wird. Liegen **besondere Umstände des Einzelfalls und sich eine daraus abzuleitende Unbilligkeit** vor, kann vom Regelwert abgewichen werden.

10   **Besondere Umstände,** die zur **Erhöhung** des Gegenstandswerts führen, können Folgende sein: Umfang des Rechtsstreits; Bedeutung des Verfahrens; unsicherer Herkunftsstaat unter Einbeziehung einer Vielzahl von Abkommen; krankheitsbedingte Einschränkungen der am Verfahren Beteiligten; umfangreiche Anhörungen; Einholung eines oder mehrerer Sachverständigengutachten; Interesse der Beteiligten an einer gerichtlichen Regelung; mangelnde Kooperationsbereitschaft der Beteiligten; Verständigungsschwierigkeiten mangels Sprachkenntnissen; Anzahl und Umfang gewechselter Schriftsätze; intensive Beteiligung Dritter (Bundesamt, die Vereinten Nationen etc.); mit der Klage auf Anerkennung als Asylberechtigter wir eine Abschiebungsandrohung angefochten.

11   **Besondere Umstände,** die zur **Ermäßigung** des Gegenstandswerts führen, können folgende sein: Umfang des Rechtsstreits; Klagerücknahme zu Beginn des Rechtsstreits; Erledigung des Rechtsstreits unmittelbar nach Einreichung der Klage oder des Antrags auf Erlass einstweiligen Rechtsschutzes.

12   Die Beteiligung **mehrerer natürlicher Personen** im Klageverfahren oder im einstweiligen Rechtsschutzverfahren wird von Abs. 1, nicht von Abs. 2 erfasst.

13   „Billigkeit" bedeutet angemessene und ausgewogene Gerechtigkeit bei der Festsetzung des Gegenstandswerts. **Unbillig** ist eine Festsetzung, wenn die gesetzlichen Kriterien des Abs. 1 für sich allein genommen zu einer nicht angemessenen und unausgewogenen Entscheidung führen. Das Gericht ist demnach verpflichtet, den angemessenen Wert des Verfahrens unter Berücksichtigung der in den individuellen Einzelfallumständen zum Ausdruck kommenden Grundgedanken und Wertungen unter Einbeziehung verfassungsrechtlicher Grundsätze zu ermitteln.[4]

---

1 Vgl *Schneider/Thiel*, Das neue Gebührenrecht für Rechtsanwälte, § 3 Rn 210 ff; LG Berlin Rpfleger 1996, 464. **2** VGH BW AGS 1997, 41; OVG Münster 22.3.2002 – 19 E 205/02; AnwK-RVG/*Thiel*, § 30 Rn 24. **3** Vgl *Schneider/Thiel*, Das neue Gebührenrecht für Rechtsanwälte, § 3 Rn 213. **4** OLG Düsseldorf JurBüro 1995, 252.

IV. Gegenstandswertfestsetzung

Verfahren nach dem AsylG sind gerichtskostenfrei, so dass von Amts wegen keine Wertfestsetzung erfolgt. **14** Der Gegenstandswert ist deshalb durch das Gericht auf **Antrag** des Rechtsanwalts nach § 33 Abs. 1 durch Beschluss festzusetzen. Nach § 80 AsylG ist gegen Entscheidungen in Rechtsstreitigkeiten nach dem AsylG die **Beschwerde ausgeschlossen.** Dieser Beschwerdeausschluss soll nach stRspr der Oberverwaltungsgerichte auch die Beschwerde gegen die Festsetzung des Gegenstandswertes nach § 33 Abs. 1 erfassen.[5] Diese Auffassung ist auf der Grundlage des durch das 2. KostRMoG eingeführten Abs. 3 in die Regelung des § 1 nicht mehr vertretbar.

§ 31 Gegenstandswert in gerichtlichen Verfahren nach dem Spruchverfahrensgesetz

(1) [1]Vertritt der Rechtsanwalt im Verfahren nach dem Spruchverfahrensgesetz einen von mehreren Antragstellern, bestimmt sich der Gegenstandswert nach dem Bruchteil des für die Gerichtsgebühren geltenden Geschäftswerts, der sich aus dem Verhältnis der Anzahl der Anteile des Auftraggebers zu der Gesamtzahl der Anteile aller Antragsteller ergibt. [2]Maßgeblicher Zeitpunkt für die Bestimmung der auf die einzelnen Antragsteller entfallenden Anzahl der Anteile ist der jeweilige Zeitpunkt der Antragstellung. [3]Ist die Anzahl der auf einen Antragsteller entfallenden Anteile nicht gerichtsbekannt, wird vermutet, dass er lediglich einen Anteil hält. [4]Der Wert beträgt mindestens 5.000 Euro.

(2) Wird der Rechtsanwalt von mehreren Antragstellern beauftragt, sind die auf die einzelnen Antragsteller entfallenden Werte zusammenzurechnen; Nummer 1008 des Vergütungsverzeichnisses ist insoweit nicht anzuwenden.

I. Allgemeines

Die Vorschrift selbst regelt nicht unmittelbar die Bemessung des Gegenstandswerts für das gerichtliche Verfahren, sondern nur die **anteilige** Bemessung für den jeweiligen Anwalt, wenn er im Spruchverfahren **nicht sämtliche Antragsteller** vertritt. Vertritt der Anwalt **alle Antragsteller**, also wenn er sämtliche von mehreren Antragstellern vertritt oder wenn nur ein einziger Antragsteller vorhanden ist, ist § 31 nicht einschlägig, weil sich eine Bindung des Anwalts an den für die Gerichtsgebühren festgesetzten Wert ergibt (§ 23 Abs. 1 S. 1 iVm § 74 GNotKG, § 32 Abs. 1 RVG).

II. Wertfestsetzung für die Gerichtsgebühren folgt § 74 GNotKG

Die Bemessung des Gegenstandswerts für das **gesamte Verfahren** folgt nicht aus § 31. Der Gegenstandswert **2** ergab sich nach früherem Recht aus § 15 Abs. 1 SpruchG aF und ist seit Inkrafttreten des 2. KostRMoG in § 74 **GNotKG** geregelt. Inhaltliche Abweichungen sind damit aber nicht verbunden. Der Wert für das Spruchverfahren beträgt demgemäß nach wie vor zwischen 200.000 € und 7,5 Mio. €. Die kostenrechtlichen Regelungen in § 15 Abs. 1 und 3 SpruchG aF sind auf der Grundlage des 2. KostRMoG in das GNotKG übernommen worden. Die bestehen bleibende Haftung des Antragsgegners auch für den Fall, dass die Gerichtskosten dem Antragsteller auferlegt werden, ergibt sich daraus, dass keine Vorschrift den Wegfall der Haftung im Falle einer Kostenentscheidung vorsieht. Vielmehr haften nach § 32 Abs. 1 GNotKG mehrere Kostenschuldner als Gesamtschuldner.

Die unbedingte Verpflichtung des Antragsgegners zur Zahlung eines Auslagenvorschusses ergibt sich aus **3** § 14 Abs. 3 S. 2 GNotKG.

§ 74 GNotKG übernimmt inhaltlich § 15 Abs. 1 S. 2 und 3 SpruchG aF. Der Wert in Verfahren nach dem **4** SpruchG richtet sich allein nach dem GNotKG und nicht mehr nach dem SpruchG. Die Umgestaltung trägt der Systematik des Gesetzgebers Rechnung, alle Angelegenheiten der freiwilligen Gerichtsbarkeit, die nicht Familiensachen sind, und solche, die nach § 1 Abs. 2 GNotKG verfahrensrechtlich als solche angesehen werden, einheitlich nach dem GNotKG zu bewerten (§ 1 Abs. 2 Nr. 5 GNotKG).

An die Bemessung des Gegenstandswerts durch das Gericht nach § 74 GNotKG ist der Anwalt auch im Fall **5** des § 31 **nach § 32 Abs. 1 gebunden** und zwar auch dann, wenn eine rechtskräftige Geschäftswertfestsetzung unrichtig sein sollte.[1] Sie muss dann ggf angegriffen werden. Geschieht dies nicht, bleibt der festgesetzte Wert bindend. Von diesem festgesetzten Wert ist der Anteil des jeweiligen Antragstellers dann aber nach § 31 zu ermitteln.

---

5 OVG Hamburg 11.3.1999 – 4 So 15/99. **1** OLG Brandenburg 24.5.2007 – 6 W 63/07.

III. Wertfestsetzung nach § 31 nur auf Antrag

6   Die Wertfestsetzung nach § 31 ist gem. § 33 Abs. 1 gesondert zu **beantragen**, weil sie auf die Gerichtsgebühren keinerlei Auswirkungen hat, vielmehr nur für den Anwalt maßgeblich ist, der einen oder mehrere, aber nicht alle Antragsteller im Verfahren nach dem SpruchG vertritt. Eine Wertfestsetzung nach § 31 **von Amts wegen** ist **nicht** zulässig.

7   Mit Einwendungen gegen die Wertfestsetzung nach § 74 GNotKG ist der Anwalt im Festsetzungsverfahren nach § 33 Abs. 1 ausgeschlossen, wenn sie im Rahmen der für die gerichtliche Wertfestsetzung vorgesehenen Fristen nach dem GNotKG nicht geltend gemacht worden sind. Sofern der Anwalt **nur einen** von mehreren Antragstellern vertritt, gilt **Abs. 1.** Sofern der Anwalt **mehrere** Antragsteller vertritt, gilt **Abs. 1 iVm Abs. 2.**

8   Sinn und Zweck der Regelung des § 31 ist eine ausgewogene Berücksichtigung der Interessen der Beteiligten und ihrer Vertreter. Sofern der Antragsteller in einem Spruchverfahren erfolgreich ist, können die außergerichtlichen Kosten dem Antragsgegner auferlegt werden. Dessen Kostenrisiko soll durch die Vorschrift des § 31 auf ein vertretbares Maß beschränkt werden. Berücksichtigt wird hierbei, dass das Interesse eines jeden Antragstellers idR nur einen Bruchteil des Gesamtinteresses des Antragsgegners ausmacht.

IV. Wertbemessung nach Abs. 1

9   **1. Berechnung (Abs. 1 S. 1).** Sofern der Anwalt nur **einen von mehreren Antragstellern** in einem Verfahren nach dem SpruchG vertritt, ist der Gegenstandswert für die Tätigkeit dieses Anwalts nach Abs. 1 zu ermitteln. Sofern der Vertretene **alleiniger Antragsteller** ist, gilt der volle gerichtlich festgesetzte Wert; auf § 31 kommt es dann nicht an.

10   Die Vorschrift des Abs. 1 S. 1 bestimmt, dass sich der Gegenstandswert zwar nach dem für die Gerichtsgebühren festgesetzten Geschäftswert richtet, hier aber nur ein entsprechender Anteil zu berücksichtigen ist. Maßgebend ist nur der **Bruchteil** des für die Gerichtsgebühren geltenden Geschäftswerts, der sich aus dem Verhältnis der Anzahl der Anteile des Auftraggebers zu der Gesamtzahl der Anteile aller Antragsteller (nicht sämtlicher vorhandener Anteile) ergibt.

11   Anteile von außen stehenden Aktionären, die nicht auf Antragstellerseite beteiligt sind, bleiben bei der Bestimmung des Geschäftswerts außen vor. Sie werden nicht herangezogen, da ihnen lediglich die Stellung streitgenössischer Nebenintervenienten zukommt.[2]

12   Bei der Ermittlung des Gegenstandswerts für den jeweiligen Anwalt ist wie folgt vorzugehen:

$$\text{Geschäftswert der Gerichtsgebühren} \times \frac{\text{Anzahl der Anteile des Auftraggebers}}{\text{Gesamtzahl der Anteile aller Antragsteller}}$$

13   Vorzugehen ist in mehreren Schritten:
    a)   Zunächst einmal muss die Zahl der Anteile des Auftraggebers ermittelt werden.
    b)   Sodann ist die Gesamtzahl der Anteile sämtlicher Antragsteller zu ermitteln. Sofern nicht sämtliche hier maßgebenden Faktoren zu ermitteln sind, ist nach Abs. 1 S. 3 zu verfahren.
    c)   Hiernach ist dann der Bruchteil a) / b) zu ermitteln.
    d)   Sodann ist der Geschäftswert des gesamten Verfahrens nach § 74 GNotKG zu ermitteln und ggf. gerichtlich festsetzen zu lassen, sofern die Festsetzung nicht von Amts wegen erfolgt.
    e)   Schließlich ist dann der nach d) festgesetzte oder ermittelte Wert mit dem sich aus c) ergebenden Bruch zu multiplizieren.
    f)   Sofern sich danach ein geringerer Wert als 5.000 € ergibt, wird dieser nach Abs. 1 S. 4 auf 5.000 € angehoben.

14   **Beispiel 1:** Der Anwalt vertritt einen von fünf Antragstellern, der 100 Anteile hält. Die übrigen Antragsteller halten insgesamt 700 Anteile. Der Geschäftswert wird auf 400.000 € festgesetzt.

Der Gegenstandswert für die Tätigkeit des Anwalts berechnet sich wie folgt:

$100/700 \times 400.000\ € = 57.142,86\ €$

15   **Beispiel 2:** Auf die sofortige Beschwerde der Antragsteller zu 1) bis 5) (s. Beispiel 1) wird der angefochtene Beschluss abgeändert und die Barabfindung über den vergleichsweise zugesprochenen Betrag iHv 500 € je Stückaktie hinausgehend auf 1.000 € festgesetzt. Die verfahrensbeteiligten Aktien belaufen sich auf insgesamt 2.000 Stück.

---

2 *Hartung/Römermann*, RVG, § 31 Rn 9.

Der Gesamtgegenstandswert beträgt 1.000.000 € (1.000 € – 500 € x 2.000). Der Anwalt vertritt die Antragsteller zu 1) bis 3) und kann die Gebühren des Beschwerdeverfahrens nach dem jeweiligen auf sie entfallenden Anteil abrechnen.

Antragsteller	Vertretene Aktien	Verfahrensanteilige Beteiligung: 2.000 = 100	Teilwert 1.000.000 € = 100
Antragsteller zu 1)	150		75.000 €
Antragsteller zu 2)	270		135.000 €
Antragsteller zu 3)	380		190.000 €
Antragsteller zu 4)	540		…
Antragsteller zu 5)	72		

Die Gebühren des Anwalts berechnen sich danach aus dem Gegenstandswert von (75.000 € + 135.000 € + 190.000 € =) 400.000 € (§ 31 Abs. 2).

Liegt der Wert des gesamten Verfahrens unterhalb des Betrags von 200.000 € und wird daher nach § 74 S. 1 GNotKG der Mindestwert von 200.000 € festgesetzt, so ist auch dieser für die Quotelung nach § 31 maßgebend.[3]

Beispiel 3: Der Anwalt vertritt einen von fünf Antragstellern, die insgesamt 4.000 Aktien halten. Der vom Anwalt vertretene Antragsteller hält 1.000 Aktien. Das Gericht spricht nach § 1 Nr. 3 SpruchG eine zusätzliche Barabfindung iHv 40 € aus. **16**

Der Gesamtwert des Verfahrens beläuft sich gem. § 74 GNotKG auf (40 × 4.000 € =) 160.000 € und wird daher auf den Mindestwert von 200.000 € festgesetzt.

Der Gegenstandswert für die Tätigkeit des Anwalts berechnet sich nach § 31 wie folgt:
1.000/4.000 × 200.000 € = 50.000 €

2. Maßgeblicher Zeitpunkt (Abs. 1 S. 2). a) Bewertung der Anteile des Auftraggebers. Für die Bestimmung des anteiligen Gegenstandswerts nach Abs. 1 S. 1 ist gem. Abs. 1 S. 2 auf den Zeitpunkt der Antragstellung abzustellen,[4] und zwar auf den **Zeitpunkt der Antragstellung durch den eigenen Auftraggeber.** Unter „Antragstellung" ist dabei der Eingang des Antrags beim Gericht zu verstehen. Dies entspricht im Wesentlichen dem gleichermaßen in den übrigen Kostengesetzen geregelten Zeitpunkt für die Wertberechnung (§ 40 GKG, § 34 S. 1 FamGKG, § 59 S. 1 GNotKG). **17**

Nachträgliche Veränderungen während des Verfahrens sind ohne Bedeutung und Auswirkung auf den Gegenstandswert. Demnach lässt auch eine einseitige Erledigungserklärung den Wert des Verfahrens unberührt.[5] **18**

b) Bewertung der Anteile der weiteren Antragsteller. Der Zeitpunkt für die Berechnung der Anteile anderer Antragsteller ist nach Abs. 1 S. 2 ebenfalls der Zeitpunkt der Antragstellung. Hier ist allerdings nicht auf den Zeitpunkt der Antragstellung des Auftraggebers abzustellen, sondern auf den Zeitpunkt der jeweiligen Antragstellung der weiteren Antragsteller. Für jeden Antragsteller ist also gesondert die Anzahl seiner Anteile zum jeweiligen Stichtag, nämlich dem Tag der Einreichung seines Antrags, zu bewerten. Auch hier bleiben spätere Wertveränderungen grds. außer Betracht. **19**

Allerdings ist eine Einschränkung vorzunehmen. Nach § 59 S. 1 GNotKG bleiben **nachträgliche Veränderungen** außer Betracht. Die zeitliche Grenze für die Einbeziehung anderer Anteile ist daher der Zeitpunkt der Antragstellung des Auftraggebers. In diesem Zeitpunkt entsteht die Verfahrensgebühr für dessen Anwalt. Diese Gebühr kann sich nicht dadurch nachträglich reduzieren, dass weitere Auftraggeber hinzukommen. Maßgebend sind also die Anteile des Auftraggebers sowie die Anteile der zu diesem Zeitpunkt vorhandenen weiteren Auftraggeber. **20**

3. Bewertung nicht bekannter Anteile (Abs. 1 S. 3). a) Anteile des Auftraggebers. Abzustellen ist auf die tatsächliche Zahl der Anteile. Lässt sich diese Zahl der Anteile nicht ermitteln, so ist eine **Schätzung** vorzunehmen.[6] *Römermann* weist zutreffend darauf hin, dass die Vorschrift des Abs. 1 S. 3 **nicht im Verhältnis zwischen Rechtsanwalt und Auftraggeber** für die Zahl seiner Anteile gelten kann. Zwar lässt der Wortlaut eine solche Auslegung zu. Dies wäre jedoch sinn- und auch interessenwidrig. Es kann nicht darauf ankommen, was dem Gericht über die Anteile des Mandanten bekannt ist. Der Mandant ist aufgrund des Anwaltsvertrags verpflichtet, die für seine Gebührenbemessung relevanten Informationen zur Verfügung zu **21**

3 Mayer/Kroiß/*Pukall*, § 31 Rn 6. 4 Mayer/Kroiß/*Pukall*, § 31 Rn 9. 5 OLG Brandenburg 24.5.2007 – 6 W 63/07. 6 Hartung/*Römermann*, RVG, § 31 Rn 13.

stellen. Er muss also Auskunft über seine Anteile erteilen. Sofern der Auftraggeber dieser Verpflichtung nicht nachkommt oder sogar wider besseres Wissen falsche Auskünfte gibt oder gar keine Auskünfte erteilt, würde die hieraus resultierende Unklarheit bei wörtlicher Anwendung des Abs. 1 S. 3 stets zu Lasten des Anwalts ausgehen. Der für ihn maßgebende Gegenstandswert würde auf das denkbare Minimum reduziert. Der Auftraggeber hätte es daher in der Hand, durch eine Weigerung, die Zahl seiner Anteile zu offenbaren, den Gegenstandswert zu beeinflussen. Daher kann Abs. 1 S. 3 im Verhältnis zum eigenen Auftraggeber nicht angewandt werden. Sofern der Auftraggeber, der ja die Anzahl seiner eigenen Anteile kennen muss, keine Auskünfte erteilt, ist zu schätzen. Dem Auftraggeber steht es dann frei, das Ergebnis der Schätzung zu widerlegen, indem er dem Anwalt die tatsächliche Anzahl seiner Anteile nachweist.[7]

22   Für die **Kostenerstattung** bleibt es dagegen bei der Regelung nach Abs. 1 S. 3, da es sich insoweit um eine Schutzbestimmung zugunsten des erstattungspflichtigen Antragsgegners handelt.[8] Erteilt der Antragsteller also keine Auskünfte über die Anzahl der von ihm gehaltenen Anteile, so könnte der Rechtsanwalt aufgrund seiner weitergehenden Kenntnisse den Anteilswert schätzen, da er insoweit nicht an die gerichtliche Wertfestsetzung gebunden ist. Der Antragsteller erhält dagegen eine Kostenerstattung nur nach einem geringeren Anteil. Er hat sich dies selbst zuzuschreiben, wenn er sich weigert, Auskünfte zu erteilen.

23   **b) Anteile der weiteren Antragsteller.** Soweit die Anzahl der Anteile anderer Anspruchsteller nicht bekannt ist, greift im Verhältnis zum eigenen Auftraggeber die Vorschrift des Abs. 1 S. 3. Es wird danach vermutet, dass jeder andere Antragsteller, dessen tatsächliche Anteile nicht bekannt sind, nur einen Anteil hält. Abzustellen ist darauf, welche Zahl von Anteilen „gerichtsbekannt" ist. Hieraus folgt, dass der Anwalt vor der Wertbestimmung durch Akteneinsicht bei Gericht oder auf andere Weise bei Gericht versuchen muss, die tatsächliche Zahl der Anteile der anderen Antragsteller in Erfahrung zu bringen. Sonstige Nachforschungen, etwa Auskunftsverlangen bei den übrigen Antragstellern, muss er jedoch nicht vornehmen. Gegebenenfalls ist dies Sache des eigenen Auftraggebers, der dadurch eine günstigere Quote für die Berechnung des für ihn maßgebenden Geschäftswerts erreicht. Sind die Anteile der übrigen Antragsteller zu den jeweiligen Stichtagen ermittelt, so sind die Anteile zu addieren. Addiert werden u.U. Anteile zu unterschiedlichen Zeitpunkten, was – wie bereits ausgeführt – dazu führen kann, dass die tatsächliche Zahl der Anteile zu keinem Zeitpunkt zutreffend war.

24   **4. Mindestwert (Abs. 1 S. 4).** Sofern sich nach Abs. 1 S. 1–3 ein geringerer Wert als 5.000 € ergibt, greift Abs. 1 S. 4. Der **Mindestwert** beträgt 5.000 €.

V. Vertretung mehrerer Antragsteller (Abs. 2)

25   Vertritt der Anwalt in einem Spruchverfahren mehrere Antragsteller, so sind an sich die Voraussetzungen der Nr. 1008 VV gegeben, da der Tätigkeit derselbe Gegenstand zugrunde liegt. Der Anwalt wird hinsichtlich der Sache tätig, nicht hinsichtlich der Anteile. Die Anteile sind lediglich Bemessungsfaktor. Ungeachtet dessen wird in Abs. 2 Hs 2 die Anwendung der Nr. 1008 VV insoweit ausgeschlossen. Anderenfalls würde die Vorschrift des § 22 Abs. 1 neben der Erhöhung nach Nr. 1008 VV zur Anwendung kommen, so dass sich die Vergütung des Anwalts doppelt erhöhen würde. Vertritt der Anwalt mehrere Antragsteller, so sind die Werte nach Abs. 2 Hs 1 zusammenzurechnen. Dies entspricht der Regelung des § 22 Abs. 1.

26   Vorzugehen ist daher wie folgt:
a) Zunächst sind nach Abs. 1 die einzelnen Werte zu ermitteln. Gegebenenfalls ist der Einzelwert nach Abs. 1 S. 4 auf 5.000 € anzuheben.
b) Sind nach Abs. 1 die einzelnen Werte ermittelt, so sind sie nach Abs. 2 Hs 1 zu addieren. Daneben ist dann die Anwendung der Nr. 1008 VV ausgeschlossen.
c) Obwohl vom Wortlaut gedeckt, gilt Abs. 2 dann nicht, wenn mehrere Antragsteller dieselben Anteile halten, etwa Ehegatten.[9] Dem Wortlaut nach könnte zwar auch dann nach Abs. 1 verfahren und nach Abs. 2 addiert werden. Hier bleibt es jedoch bei dem einfachen Wert. Dieselben Anteile werden nicht addiert. Dies würde dem Grundsatz des Additionsverbots bei wirtschaftlicher Identität widersprechen. Der Gegenstandswert bemisst sich also auch hier nur nach dem Wert der einfachen Anteile.
d) Im Gegenzug ist dann Nr. 1008 VV anzuwenden. Der Ausschluss nach Abs. 2 Hs 2 greift nur, soweit eine Anrechnung nach Abs. 2 Hs 1 stattfindet. Die Gebühren des Anwalts sind daher nach Nr. 1008 VV zu erhöhen.

27   **Beispiel:** Zwei Ehegatten halten die Anteile gemeinschaftlich. – Lösung: Die Verfahrensgebühr des Anwalts ist nach Nr. 1008 VV zu erhöhen.[10]

---

7 *Hartung/Römermann*, RVG, § 31 Rn 13.   **8** *Hartung/Römermann*, RVG, § 31 Rn 15.   **9** *Hartung/Römermann*, RVG, § 31 Rn 24.   **10** *Hartung/Römermann*, RVG, § 31 Rn 24; Mayer/Kroiß/*Pukall*, RVG, § 31 Rn 7.

VI. Vertretung des Antragsgegners

Für die Vertretung des Antragsgegners im Spruchverfahren gilt die Vorschrift des § 31 nicht. Für den Antragsgegner ist gem. § 32 Abs. 1 allein der für die Gerichtsgebühren nach § 74 GNotKG festgesetzte Wert maßgebend. Für ihn hat die Vorschrift des § 31 nur mittelbar Bedeutung, nämlich für die Kostenerstattung insoweit, als der jeweilige Antragsgegner die zu erstattenden Anwaltskosten aus dem nach § 31 zu ermittelnden Gegenstandswert berechnen muss.

28

§ 31 a Ausschlussverfahren nach dem Wertpapiererwerbs- und Übernahmegesetz

[1]Vertritt der Rechtsanwalt im Ausschlussverfahren nach § 39 b des Wertpapiererwerbs- und Übernahmegesetzes einen Antragsgegner, bestimmt sich der Gegenstandswert nach dem Wert der Aktien, die dem Auftraggeber im Zeitpunkt der Antragstellung gehören. [2]§ 31 Abs. 1 Satz 2 bis 4 und Abs. 2 gilt entsprechend.

I. Allgemeines

§ 31 a ist eingefügt worden durch das Gesetz zur Umsetzung der Richtlinie 24/25/EG des Europäischen Parlaments und des Rates vom 21. April 2004 betreffend Übernahmeangebote (Übernahmerichtlinie-Umsetzungsgesetz).[1] Ziel des Gesetzes ist der Schutz von Aktionärsinteressen bei Übernahmeangeboten und Kontrollerwerben. Die Regelungen zum Ablauf des Ausschlussverfahrens ergeben sich aus dem WpÜG. § 39 b Abs. 1 WpÜG bestimmt, dass auf das **Ausschlussverfahren** auch die Vorschriften des **FamFG** Anwendung finden, soweit sich aus § 39 b Abs. 2–6 WpÜG nichts Abweichendes ergibt. **Zuständig** im Ausschlussverfahren ist das OLG Frankfurt am Main (§ 39 Abs. 5 WpÜG).

1

II. Berechnung des Gegenstandswerts im Ausschlussverfahren

1. Vertretung des Antragstellers. Der Wert des gerichtlichen Ausschlussverfahrens richtet sich nach § 73 GNotKG. Die bisher in § 39 b Abs. 6 S. 5 WpÜG aF enthaltene Regelung des **Geschäftswerts in Ausschlussverfahren nach § 39 b WpÜG** ist mit dem 2. KostRMoG aufgehoben und in § 73 GNotKG übernommen worden. Inhaltlich haben sich keinerlei Änderungen ergeben. Maßgebend ist der Wert aller Aktien, auf die sich der Ausschluss bezieht. Der **Mindestwert** beträgt 200.000 €, der **Höchstwert** 7,5 Mio. € (§ 73 GNotKG).

2

Über § 23 Abs. 1 S. 1 ist § 79 GNotKG auch für die Tätigkeit des Anwalts maßgebend, soweit er den Antragsteller im gerichtlichen Verfahren vertritt.

3

2. Vertretung des Antragsgegners. Der sich aus § 73 GNotKG ergebende Wert ist für die Tätigkeit des Rechtsanwalts angemessen, soweit er den oder die Antragsgegner vertritt, dh alle vom Ausschluss betroffenen Aktionäre. Erhält er den Auftrag nur von einem oder einzelnen Aktionären, bestimmt § 31 a im Sinne einer Korrektur, dass sich sein Vergütungsanspruch nur nach dem **Wert der Aktien seines oder seiner Auftraggeber** berechnet.

4

Für die Wertbestimmung ist der **Zeitpunkt** der Antragstellung maßgebend, wobei auf den Eingang des Antrags im Ausschlussverfahren beim OLG Frankfurt am Main abzustellen sein dürfte. Aufgrund der in S. 2 auf § 31 Abs. 1 S. 2–4 und Abs. 2 aufgenommenen Verweisung ist bei Unkenntnis die Vermutung zugrunde zu legen, dass der Antragsteller eine Aktie besitzt, deren Wert mindestens 5.000 € beträgt.

5

III. Kostenerstattung

Mit dem durch das 2. KostRMoG neu angefügten § 39 Abs. 6 S. 2 WpÜG wird eine Überbürdung der Gerichtskosten erster Instanz auf den Antragsgegner weiterhin ausgeschlossen. Das Gericht ordnet an, dass die Kosten der Antragsgegner, die zur zweckentsprechenden Erledigung der Angelegenheit notwendig waren, ganz oder zum Teil vom Antragsteller zu erstatten sind, wenn dies der Billigkeit entspricht (§ 39 b Abs. 6 S. 1 WpÜG). Der den Antrag stellende Bieter hat stets die eigenen außergerichtlichen Kosten zu tragen.

6

---

1 Gesetz v. 8.7.2006 (BGBl. I 1426) mWv 14.7.2006.

§ 31 b Gegenstandswert bei Zahlungsvereinbarungen

Ist Gegenstand einer Einigung nur eine Zahlungsvereinbarung (Nummer 1000 des Vergütungsverzeichnisses), beträgt der Gegenstandswert 20 Prozent des Anspruchs.

I. Allgemeines

1 Ergänzend zu der in Anm. Abs. 1 S. 1 Nr. 2 zu Nr. 1000 VV geregelten Einigungsgebühr für eine Zahlungsvereinbarung ist in § 31 b mit dem 2. KostRMoG eine Wertvorschrift für Einigungen eingeführt worden, deren Gegenstand nur eine Zahlungsvereinbarung ist. Bei Inkrafttreten des 1. KostRMoG war der Gesetzgeber davon ausgegangen, dass die Einigungsgebühr auch für die Mitwirkung bei einer Ratenzahlungsvereinbarung anfällt. Regelungen zum Gegenstandswert gab es bisher allerdings nicht, so dass Rspr und Lit. die Ratenzahlungsvereinbarung bei der Wertfestsetzung unterschiedlich behandelt hatten. Die Einführung des § 31 b durch das 2. KostRMoG soll zu einer Vereinheitlichung bei der Wertfestsetzung, soweit (nur) Ratenzahlungsvereinbarungen betroffen sind, beitragen.

II. Anwendungsbereich

2 **1. Zahlungsvereinbarung zwischen Anspruchsinhaber und Anspruchsgegner.** Die Vorschrift über den Gegenstandswert bei Zahlungsvereinbarungen ist nur anwendbar, wenn die zugrunde liegende Forderung zum Zeitpunkt der Einigung **unstreitig** ist. Ist die Forderung selbst streitig, dann entspricht der Gegenstandswert für eine Einigung dem Wert des Umfangs, in dem er streitig ist, so dass § 31 b insoweit unanwendbar ist.

3 Die Formulierung, dass „nur eine Zahlungsvereinbarung Gegenstand ist" und zur ermäßigten Wertfestsetzung führt, könnte zu der Annahme verleiten, dass bei Abschluss einer Einigung über die gesamte Forderung selbst dann nur der Wert der Forderung zugrunde gelegt werden dürfe, wenn zusätzlich noch eine Zahlungsvereinbarung getroffen wird. Diese Auslegung ergibt sich aber nicht zwingend aus der Vorschrift, so dass eine Zahlungsvereinbarung, die neben einer Einigung über die Forderung getroffen wird, jedenfalls dann gesondert zu bewerten und abzurechnen sein dürfte, wenn verschiedene Angelegenheiten vorliegen.

4 Wird bei einer unstreitigen Forderung eine Einigung nur über die Zahlungsmodalitäten geschlossen, orientiert sich das Interesse der Beteiligten nicht an dem Wert der Hauptsache, sondern an der Fälligkeit des Anspruchs bzw dessen Stundung. Dieses Interesse ist grds. geringer als das Hauptsacheinteresse und deshalb nur mit einem Bruchteil des Hauptsachewerts zu bemessen. Obgleich das Interesse je nach Fallkonstellation höher oder niedriger gelegen sein kann, hat sich der Gesetzgeber zur Vereinheitlichung dazu entschlossen, einen festen Prozentsatz iHv **20 Prozent des Anspruchs** für den Gegenstandswert anzunehmen.

5 Da für Zahlungsvereinbarungen keine Gerichtsgebühren erhoben werden, musste der Gesetzgeber für die Anwaltsgebühren eine gesonderte Wertvorschrift in das RVG einfügen, weil sich der Gegenstandswert auf der Grundlage der §§ 23 Abs. 1, 32 Abs. 1 nicht herleiten lässt. Da der Gesetzgeber aus systematischen Gründen alle Wertvorschriften in Abschnitt 4 des Paragrafenteils zusammengefasst hat (vgl auch die Überführung der bisherigen Anm. zu Nr. 3335 VV in § 23 a RVG), ist auch die neue Wertvorschrift für Zahlungsvereinbarungen dort aufgenommen und nicht etwa als Anmerkung zu Nr. 1000 VV geregelt worden.

6 **2. Zahlungsvereinbarung zwischen Gläubiger und Gerichtsvollzieher.** Für eine im Rahmen der Vollstreckung nach Maßgabe des § 802 b ZPO abgeschlossene **Ratenzahlungsvereinbarung** entsteht idR keine Einigungsgebühr gem. Anm. Abs. 1 zu Nr. 1000 VV und zwar weder in der Variante der Nr. 2 noch in der der Nr. 1.[1] Die Frage, ob § 31 b hier anwendbar ist, stellt sich deshalb nicht.

III. Ermittlung des Gegenstandswerts

7 Die Voraussetzungen für die Ermittlung des Gegenstandswerts nach § 31 b ergeben sich unmittelbar aus der Vorschrift selbst. Danach ist erforderlich, dass über einen **Anspruch** eine **Zahlungsvereinbarung** vorliegt, die **Gegenstand einer Einigung** ist.

8 **1. Anspruchsermittlung.** § 31 b bestimmt den Gegenstandswert mit 20 Prozent des Anspruchs. Ausgehend von der Legaldefinition des § 194 Abs. 1 BGB bedeutet „**Anspruch**", von dem anderen ein Tun oder Unterlassen verlangen zu können. § 31 b nimmt nur Zahlungsvereinbarungen in Bezug. Deshalb kann mit „Anspruch" insoweit nur ein Geldwert gemeint sein. Abgeleitet aus § 194 Abs. 1 BGB bedeutet Anspruch iSd § 31 b deshalb **Geld von einem anderen verlangen zu können**. Maßstab für die Festsetzung des Gegenstandswerts gem. § 31 b ist insoweit ausdrücklich der „Anspruch", nicht der Wert der „Hauptsache". Wird eine Zahlungsvereinbarung demnach **vor einer Titulierung** geschlossen, ist für die Anspruchsermittlung nur

---

1 LG Duisburg RVGreport 2013, 431 = AGS 2013, 577 m. Anm. *N. Schneider.*

auf den Wert der Hauptforderung abzustellen (§ 23 Abs. 1 S. 3 RVG iVm § 43 Abs. 1 GKG, § 37 Abs. 1 FamGKG, § 37 Abs. 1 GNotKG), weil Zinsen und Kosten als Nebenforderungen unberücksichtigt bleiben. Anders liegt der Fall **nach einer Titulierung**.

Beispiel (Zahlungsvereinbarung vor Titulierung): Der Anwalt wird beauftragt, eine Forderung iHv 5.000 € nebst Zinsen und vorgerichtlicher Kosten geltend zu machen. Die Forderung ist unstreitig. Es wird eine Zahlungsvereinbarung getroffen. – Lösung: Der Gegenstandswert beläuft sich auf 20 Prozent der Forderung, also auf 1.000 €. **9**

Ist die Forderung **tituliert**, sind auch **Zinsen** und **Kosten** hinzuzurechnen, weil sich der Gegenstandswert einer Forderung in der Vollstreckung nicht allein nach der Hauptsache richtet, sondern Zinsen und Kosten hinzuzurechnen sind (§ 25 Abs. 1 Nr. 1). Der Prozentsatz ist also ausgehend von dem Forderungsstand einschließlich der bislang aufgelaufenen Kosten und Zinsen zu berechnen. **10**

Beispiel (Zahlungsvereinbarung nach Titulierung): Der Anwalt wird beauftragt, wegen eines Titels über 2.000 € Hauptforderung zu vollstrecken. Es sind 90 € Zinsen aufgelaufen und 180 € Vollstreckungskosten. Es wird eine Zahlungsvereinbarung getroffen. – Lösung: Der Gegenstandswert beläuft sich auf 20 Prozent der Gesamtforderung iHv (2.000 € + 90 € + 180 € =) 2.270 €, also auf 227 €. **11**

2. Zahlungsvereinbarung. Der Gesetzgeber hat den Begriff der Zahlungsvereinbarung in Anm. Abs. 1 Nr. 2 zu Nr. 1000 VV legaldefiniert. Danach liegt eine Zahlungsvereinbarung dann vor, wenn die Erfüllung des Anspruchs bei gleichzeitigem vorläufigem Verzicht auf die gerichtliche Geltendmachung und, wenn bereits ein zur Zwangsvollstreckung geeigneter Titel vorliegt, bei gleichzeitigem vorläufigem Verzicht auf Vollstreckungsmaßnahmen geregelt wird. Von der Anm. Abs. 1 S. 1 Nr. 2 zu Nr. 1000 VV werden demnach die Fälle erfasst, in denen **12**

- **kein Streit über den Bestand der Forderung** (mehr) besteht,
- die **Forderung bereits tituliert** ist oder **noch tituliert** werden soll,
- dem Schuldner die Forderung **gestundet** oder ihm **nachgelassen** wird, die **Forderung in Raten zu zahlen**, und
- der Gläubiger auf eine **Vollstreckung der Forderung vorläufig verzichtet**.

3. Gegenstand einer Einigung. § 31 b ist anwendbar, wenn eine Zahlungsvereinbarung nach Anm. Abs. 1 S. 1 Nr. 2 zu Nr. 1000 VV getroffen wird. Die Gebühr entsteht danach für die Mitwirkung beim Abschluss eines Vertrags iSd Anm. Abs. 1 Nr. 2 zu Nr. 1000 VV. Eine Einigung iSd Anm. Abs. 1 Nr. 1 zu Nr. 1000 VV ist nicht erforderlich. Es müssen lediglich die Voraussetzungen der Anm. Abs. 1 Nr. 2 zu Nr. 1000 VV erfüllt sein. **13**

4. Mitwirkung des Anwalts an der Einigung über die Zahlungsvereinbarung. Gemäß § 31 b iVm Anm. Abs. 1 Nr. 2 zu Nr. 1000 VV wird die Einigungsgebühr ausgelöst, wenn der Rechtsanwalt an der Einigung mitgewirkt hat. Erforderlich ist eine gewisse Mitursächlichkeit für die abgeschlossene Einigung, die nach Anm. Abs. 2 VV zu Nr. 1000 VV grds. vermutet wird. **14**

5. Teileinigung. Eine Einigungsgebühr wird auch aus dem vollen Wert des § 31 b ausgelöst, wenn nur für einen befristeten Zeitraum auf Vollstreckungsmaßnahmen oder auf eine Titulierung verzichtet wird. **15**

6. Einigung über Forderung und Stundung. Wird sowohl eine Einigung über den Anspruch getroffen als auch eine Zahlungsvereinbarung abgeschlossen, ist zu differenzieren: 1. Soweit Einigung und Zahlungsvereinbarung in verschiedenen Angelegenheiten erfolgen, ergeben sich keine Probleme, weil die Einigungsgebühr mehrfach ausgelöst werden kann. Werden Einigung und Zahlungsvereinbarung in verschiedenen Angelegenheiten abgeschlossen, sind die Werte demnach jeweils gesondert anzusetzen. 2. Werden in derselben Angelegenheit sowohl eine Einigung über den Anspruch als auch eine Zahlungsvereinbarung nach Anm. Abs. 1 S. 1 Nr. 2 zu 1000 VV geschlossen, scheidet eine Wertaddition wegen wirtschaftlicher Identität der „Ansprüche" aus. **16**

Beispiel: Der Gegenstandswert der Einigung im Rechtsstreit beläuft sich auf 10.000 €, der Wert der Zahlungsvereinbarung auf 20 Prozent aus 6.000 €, also 1.200 €. Da es sich um verschiedene Angelegenheiten handelt, entsteht in jeder Angelegenheit eine Einigungsgebühr aus dem jeweiligen Wert. **17**

IV. Keine gerichtliche Wertfestsetzung

Der Gegenstandswert der Zahlungsvereinbarung ist vom Rechtsanwalt selbst zu ermitteln. Soweit die außergerichtliche Tätigkeit betroffen ist, kommt eine Wertfestsetzung weder von Amts wegen noch auf Antrag nach § 33 Abs. 1 in Betracht, weil kein gerichtliches Verfahren vorliegt. Ist der Anspruch bereits tituliert, könnten die Kosten einer Zahlungsvereinbarung auf der Grundlage des § 788 ZPO als festsetzungsfähig anzusehen sein mit der Folge, dass der Wertansatz im Festsetzungsverfahren nach § 788 ZPO überprüft werden könnte. Soweit die Zahlungsvereinbarung in einem gerichtlichen Verfahren getroffen wird, kommt auch auf entsprechenden Antrag eine Wertfestsetzung nach § 33 Abs. 1 RVG nicht in Betracht, weil diese **18**

Variante in der Praxis wegen des Wortlauts der Anm. Abs. 1 Nr. 2 zu Nr. 1000 VV deshalb nicht vorkommen dürfte, da ihr der Verzicht auf die gerichtliche Geltendmachung immanent ist.

§ 32 Wertfestsetzung für die Gerichtsgebühren

(1) Wird der für die Gerichtsgebühren maßgebende Wert gerichtlich festgesetzt, ist die Festsetzung auch für die Gebühren des Rechtsanwalts maßgebend.

(2) [1]Der Rechtsanwalt kann aus eigenem Recht die Festsetzung des Werts beantragen und Rechtsmittel gegen die Festsetzung einlegen. [2]Rechtsbehelfe, die gegeben sind, wenn die Wertfestsetzung unterblieben ist, kann er aus eigenem Recht einlegen.

I. Allgemeines

1 **1. Bindungswirkung und Fiktion einer Rechtsstellung.** § 32 setzt voraus, dass sich die Gebühren des Rechtsanwalts im gerichtlichen Verfahren nach dem für die Gerichtsgebühren maßgeblichen Wert richten. Die Vorschrift bestimmt die **Bindung** des Rechtsanwalts an die **Wertfestsetzung des Gerichts** für die Gerichtsgebühren (Abs. 1). Aus diesem Grund fingiert Abs. 2 seine Rechtsstellung als Beteiligter eines gerichtlichen Verfahrens, damit ihm gegen die Wertfestsetzung im gerichtlichen Verfahren dieselben Rechtsbehelfe zur Verfügung stehen, wie sie sich für den Beteiligten des gerichtlichen Verfahrens unmittelbar aus den Kostengesetzen ergeben (§ 68 GKG, § 59 FamGKG, § 83 GNotKG). Diese Rechtsstellung ist erforderlich, weil der Rechtsanwalt in dem Umfang beschwert sein kann wie ein Kostenschuldner oder die Landes- oder Bundeskasse durch eine Festsetzung nach dem GKG, FamGKG oder dem GNotKG. Gemäß Abs. 2 ist er deshalb berechtigt, die in Betracht kommenden Rechtsbehelfe und Rechtsmittel **aus eigenem Recht** einzulegen.

2 **2. Gerichtliche Tätigkeit ist mit der anwaltlichen Tätigkeit identisch.** Die sich aus Abs. 1 ergebende Bindungswirkung besteht, wenn die Tätigkeit des Rechtsanwalts der durch die Wertfestsetzung erfassten gerichtlichen Tätigkeit entspricht. Stimmt der Gegenstand der gerichtlichen Tätigkeit nicht mit dem der anwaltlichen Tätigkeit überein oder berechnen sich die Gebühren in einem gerichtlichen Verfahren nicht nach dem Wert, dann muss der Wert auf Antrag des Anwalts gesondert festgesetzt werden (§ 33 Abs. 1).[1] Eine Bindungswirkung gem. Abs. 1 ist insoweit nicht möglich.

3 **3. Anwaltliche Tätigkeit ist nach dem Gegenstandswert abzurechnen.** Eine Bindungswirkung des Rechtsanwalts scheidet auch aus, wenn sich seine Gebühren nicht nach dem Wert richten. Die gerichtliche Wertfestsetzung ist in diesen Fällen für ihn unbeachtlich (vgl Nr. 6300 ff VV RVG – der Rechtsanwalt rechnet Betragsrahmengebühren ab).

4 **4. Tätigkeit des Anwalts außerhalb eines gerichtlichen Verfahrens.** Gemäß § 23 Abs. 1 S. 3 gelten die für die Gerichtsgebühren maßgeblichen Wertvorschriften zwar auch für die Tätigkeit des Rechtsanwalts außerhalb eines gerichtlichen Verfahrens, wenn der Gegenstand der Tätigkeit Gegenstand eines gerichtlichen Verfahrens sein könnte. Wird der Anwalt aber gar nicht in einem gerichtlichen Verfahren tätig, kann es mangels Wertfestsetzung auch nicht zu einer Bindung kommen. Ein „fiktiver" Wert bindet nicht. Bei einem Streit über den angesetzten Gegenstandswert müsste der Rechtsanwalt sein Honorar einzuklagen.

II. Bindung an die Wertfestsetzung (Abs. 1)

5 **1. Allgemeines.** Das Gesetz sieht unterschiedliche Wertfestsetzungen vor. Abzugrenzen voneinander sind die Festsetzung des Zuständigkeitsstreitwerts, des Werts des Beschwerdegegenstands, des Gegenstandswerts nach RVG, des Streitwerts nach GKG, des Verfahrenswerts iSd FamGKG, des Geschäftswerts iSd GNotKG. Von Abs. 1 erfasst sind nur die Wertfestsetzungen nach den Gerichtskostengesetzen oder anderen Gesetzen, die eine Erhebung von Gerichtsgebühren vorsehen.

6 **2. Wertfestsetzung von Amts wegen nach dem GKG. a) Abrechnung nach Streitwert.** Nach § 3 Abs. 1 GKG berechnen sich die Gerichtsgebühren in Zivilsachen grds. nach dem **Streitwert** und im Falle eines gerichtlichen Vergleichs über nicht anhängige Gegenstände nach dem **Vergleichsmehrwert** (Nr. 1900 KV GKG), soweit nichts anderes bestimmt ist. Streitwert und Vergleichsmehrwert hat das Gericht nach § 63 GKG von Amts wegen festzusetzen, damit die zu erhebenden Gerichtsgebühren angesetzt werden können. Diese gerichtliche Wertfestsetzung gilt grds. auch für die Anwaltsgebühren (Abs. 1) und zwar für den **Rechtsanwalt** selbst, für den **Auftraggeber** und bei Bewilligung von Prozesskostenhilfe für die **Landes- oder**

---

1 BayObLG JurBüro 1982, 1510; OLG Bamberg JurBüro 1981, 923.

Bundeskasse und schließlich für eine **erstattungspflichtige und erstattungsberechtigte Partei** oder einen **erstattungsberechtigten Beteiligten.**

Soweit die gerichtliche Wertfestsetzung nach dem GKG ausnahmsweise für die **Anwaltsgebühren** nicht bindend ist, weil sich dessen Gebühren nicht nach dem Wert berechnen oder Festgebühren erhoben werden, ist durch den Anwalt ein gesonderter Antrag nach Abs. 1 auf Festsetzung des Gegenstandswerts zu stellen. Mit dem Wertfestsetzungsverfahren nach dem GKG hat dieser Antrag allerdings nichts zu tun. Es handelt sich (dann) um ein Wertfestsetzungsverfahren nach dem RVG. **7**

b) Wertangabe bei Einleitung des gerichtlichen Verfahrens. Nach $\S$ 61 S. 1 GKG ist bei **Einreichung einer Klage** oder eines anderweitigen verfahrenseinleitenden oder den Streitgegenstand erweiternden Antrags, der Gerichtsgebühren auslöst, grds. der **Streitwert anzugeben.** Die Wertangabe kann vom Kläger oder von einem anderweitigen Antragsteller jederzeit berichtigt werden ($\S$ 61 S. 2 GKG). Es besteht grds. keine Möglichkeit, eine vorläufige Wertfestsetzung korrigieren zu lassen. Weder ist eine Beschwerde nach Abs. 2 iVm $\S$ 68 GKG gegen die vorläufige Wertfestsetzung zulässig ($\rightarrow$ Rn 10)[2] noch besteht die Möglichkeit der Beschwerde nach $\S$ 67 GKG, da diese nur auf Herabsetzung gerichtet ist. **8**

c) Abschätzung durch einen Sachverständigen. Das Gericht kann den Verfahrenswert durch einen **Sachverständigen abschätzen** lassen ($\S$ 64 GKG), wenn dies erforderlich ist, wenn also das Gericht weder aus eigener Sachkunde noch unter Mithilfe der Angaben der Parteien in der Lage ist, den zutreffenden Wert für die Erhebung der Gerichtsgebühren zu ermitteln. Die Sachverständigenschätzung ist von Amts wegen einzuholen. Die Kosten des Sachverständigen trägt grds. die Staatskasse, da die Schätzung in ihrem eigenen Interesse erfolgt. Nur ausnahmsweise können die Kosten der Sachverständigenschätzung ganz oder teilweise einer Partei auferlegt werden, wenn die Partei die ihr nach $\S$ 63 GKG obliegende Wertangabe unterlassen oder sie einen unrichtigen Wert angegeben hatte. **9**

d) Vorläufige Wertfestsetzung. Nach Eingang der Klage oder eines sonstigen Antrags hat das Gericht den Streitwert vorläufig festzusetzen ($\S$ 63 Abs. 1 S. 1 GKG), sofern wertabhängige Gerichtsgebühren mit Einreichung des Klageantrags oder eines sonstigen Antrags fällig werden. Sinn und Zweck der vorläufigen Festsetzung ist es, dem Kostenbeamten einen Wert vorzugeben, damit die Gerichtsgebühren erhoben werden können. Eine vorläufige Wertfestsetzung ist unzulässig, jedenfalls aber bedeutungslos, wenn keine Gerichtsgebühren erhoben werden.[3] Gleiches gilt, wenn die Gebühren noch nicht fällig sind, da sich bis zur Fälligkeit noch Veränderungen ergeben können und Gerichtsgebühren vor Eintritt der Fälligkeit auch nicht geschuldet sind. Werden wertabhängige Gerichtsgebühren nicht bereits mit ihrer Einreichung fällig, dann ist erst bei späterer Fälligkeit ein Wert festzusetzen. Das GKG sieht nur eine Anfechtung der endgültigen Wertfestsetzung vor ($\S$ 68 GKG). Das Gericht ist von Amts wegen aber verpflichtet, den Streitwert zutreffend festzusetzen ($\S$ 68 Abs. 1 S. 1 GKG). Dies gilt auch für eine vorläufige Wertfestsetzung. Eine vorläufige Streitwertfestsetzung ist entbehrlich, wenn Gegenstand des Verfahrens eine bestimmte Geldsumme in Euro ist oder wenn das Gesetz einen Fest- oder Regelwert vorsieht. Grund hierfür ist, dass in diesen Fällen der Kostenbeamte die fällige Gebühr selbst berechnen und anfordern kann. Auch wenn eine vorläufige Wertfestsetzung in diesen Fällen entbehrlich ist, kann das Gericht dennoch vorläufig einen Wert festsetzen. Das wiederum ist dann geboten, wenn sich bei Zahlungsansprüchen Bewertungsschwierigkeiten ergeben, etwa wenn die Zusammensetzung der Geldforderung im Hinblick auf $\S$ 43 Abs. 1 GKG nicht ohne Weiteres ersichtlich ist oder wenn verschiedene Anträge oder Widerklageanträge gestellt werden und die Frage der Zusammenrechnung unklar ist. Die vorläufige Wertfestsetzung ist unanfechtbar, auch für den Rechtsanwalt.[4] Die Beschwerde nach $\S$ 68 GKG ist nur gegen die endgültige Wertfestsetzung gegeben. **10**

e) Endgültige Wertfestsetzung. Sobald eine **Entscheidung über den gesamten Streitgegenstand** ergangen ist oder sich das **Verfahren anderweitig erledigt** hat, muss das Gericht grds. den **Streitwert** endgültig festsetzen ($\S$ 63 Abs. 2 S. 1 GKG). Eine Teil-Wertfestsetzung ist im GKG nicht vorgesehen. Daher ist auch nach Erlass eines Teilurteils keine endgültige Wertfestsetzung nach $\S$ 63 Abs. 2 GKG möglich.[5] Das gilt selbst dann, wenn durch ein Teilurteil ein Teil des Streitgegenstands endgültig aus dem Rechtsstreit ausscheidet, etwa im Falle eines Teilurteils gegen einen von mehreren Beklagten. Das Gericht ist nach $\S$ 63 Abs. 2 S. 1 GKG auch von Amts wegen verpflichtet, einen eventuellen **Vergleichs(mehr)wert** festsetzen, wenn ein Vergleich (auch) über nicht anhängige Gegenstände geschlossen worden ist, da insoweit eine gesonderte Gerichtsgebühr nach Nr. 1900 KV GKG ausgelöst wird. Einer endgültigen Wertfestsetzung bedarf es lediglich dann nicht, wenn das Gericht bereits einen Streitwert für die Zuständigkeit des Gerichts (Zuständigkeitsstreitwert) oder **11**

---

2 OLG Schleswig SchlHA 2012, 468 = DÖV 2012, 820. **3** *Schneider/Thiel*, Über die „Wertlosigkeit" höchstrichterlicher Wertfestsetzungen, NJW 2013, 25. **4** OLG Jena MDR 2010, 1211; OLG Düsseldorf AGS 2009, 455 = JurBüro 2009, 542; OVG Nordrhein Westfalen 27.8.2008 – 16 E 1126/08; OLG Schleswig SchlHA 2012, 468 = DÖV 2012, 820. **5** OVG Magdeburg NJW 2009, 3115.

für die Zulässigkeit eines Rechtsmittels festgesetzt hat und dieser Wert nach § 62 GKG auch für den Gebührenstreitwert gilt (§ 63 Abs. 2 GKG). **Beendet** ist das Verfahren, wenn

- eine die Instanz abschließende Entscheidung ergeht,
- die Klage oder ein sonstiger Antrag zurückgenommen wird,
- das Rechtsmittel zurückgenommen wird,
- die Hauptsache übereinstimmend für erledigt erklärt wird oder
- die Beteiligten einen Vergleich schließen, der den Streitgegenstand erledigt.

12 **Erledigt** ist das Verfahren – abgesehen von den Fällen der Beendigung – dann, wenn es, ohne förmlich beendet worden zu sein, von den Beteiligten nicht mehr betrieben wird. Die endgültige Wertfestsetzung ergeht durch Beschluss (§ 63 Abs. 2 S. 1 GKG) und hat nach § 5 b GKG eine Belehrung über den statthaften Rechtsbehelf sowie über die Stelle, bei der dieser Rechtsbehelf einzulegen ist, über deren Sitz und über die einzuhaltende Form und Frist zu enthalten.[6] Zuständig für die endgültige Wertfestsetzung ist das mit der Hauptsache befasste Gericht. Im Falle einer Verweisung oder einer Abgabe ist das Empfangsgericht zuständig, den Streitwert festzusetzen. Soweit ein vorangegangenes selbstständiges Beweisverfahren vor einem anderen Gericht stattgefunden hat als der nachfolgende Rechtsstreit, ist das Gericht des Beweisverfahrens für die Festsetzung des Werts für die Gebühr der Nr. 1610 KV GKG zuständig und das Prozessgericht für die Festsetzung des Werts der Gebühr der Nr. 1210 KV GKG. Ist ein Mahnverfahren vorausgegangen, so ist das Prozessgericht sowohl für die Festsetzung des Werts der Gebühr nach Nr. 1100 KV GKG zuständig als auch für die Gebühr Nr. 1210 KV GKG.

13 Setzt sich der Wert für die Gerichtsgebühren aus **mehreren Teilwerten** zusammen (§ 39 Abs. 1 GKG), bei Klage und Widerklage (§ 45 Abs. 1 GKG) oder beschiedenen Hilfsanträgen oder Hilfsaufrechnungen (§ 45 Abs. 2, 3 GKG), reicht es, den Gesamtwert festzusetzen. Der Beschluss über die Wertfestsetzung hat eine Begründung zu enthalten. Ist der Wert ohne Begründung festgesetzt worden, dann muss die Begründung auf eine Beschwerde hin zumindest im Nichtabhilfebeschluss bei Vorlage an das Beschwerdegericht nachgeholt werden.[7] Geschieht auch das nicht, kann das zur Aufhebung und Zurückverweisung wegen eines wesentlichen Verfahrensmangels führen.[8] Soweit mehrere Gerichtsgebühren anfallen, ist für jede Gerichtsgebühr der maßgebende Wert festzusetzen. Mehrere Wertfestsetzungen sind auch dann vorzunehmen, wenn neben der Gebühr für das Verfahren im Allgemeinen eine Vergleichsgebühr nach Nr. 1900 KV GKG erhoben wird.

14 **3. Wertfestsetzung von Amts wegen nach dem FamGKG und dem GNotKG.** Die Wertfestsetzung nach dem FamGKG und dem GNotKG ist derjenigen nach dem GKG nachgebildet. Die jeweiligen Vorschriften über die Vorgehensweise bei der Wertfestsetzung weichen inhaltlich nicht voneinander ab. Nach dem GNotKG ist eine vorläufige Wertfestsetzung allerdings nicht erforderlich, wohl aber die Angabe des Werts bei Einleitung des Verfahrens.

Übersicht: Wertfestsetzung nach dem GKG/FamGKG/GNotKG

Inhalt	GKG	FamGKG	GNotKG
Angabe des Werts	§ 61	§ 53	§ 77
Vorläufige Wertfestsetzung	§ 63 Abs. 1	§ 55 Abs. 1	./.
Schätzung des Werts	§ 64	§ 56	§ 80
Endgültige Wertfestsetzung	§ 63 Abs. 2	§ 57 Abs. 2	§ 79 Abs. 1
Rechtsmittelbelehrung	§ 5 b	§ 8 a	§ 7 a

15 Es wird deshalb zur Vorgehensweise auf die Ausführungen zur gerichtlichen Wertfestsetzung nach dem GKG Bezug genommen (→ Rn 6 ff).

---

6 BT-Drucks 17/10490, S. 9.   **7** OLG Dresden JurBüro 1998, 317; OLG Nürnberg MDR 2001, 893; OLG Nürnberg MDR 2004, 169; OLG München MDR 2004, 291; OLG Hamm MDR 2004, 412.   **8** OLG Frankfurt NJW 1968, 409; OLG Nürnberg MDR 1970, 517; OLG Bamberg JurBüro 1991, 1689; OLG Köln VersR 1992, 338; 1997, 601; OLG Jena FamRZ 2001, 780; LG Koblenz JurBüro 1967, 893; LAG BW JurBüro 1990, 1272; KG MDR 2013, 863 = MarkenR 2013, 127 = WRP 2013, 699.

III. Bindungswirkung und Vergütungsrechtsstreit

Keine Bindungswirkung eines von Amts wegen festgesetzten Werts besteht zwischen **verschiedenen Verfah-** 16
ren, auch wenn sich hierdurch Divergenzen ergeben können.[9]

IV. Bindung an die gerichtliche Wertfestsetzung (GKG, FamGKG, GNotKG)

1. Bindungswirkung (Abs. 1). Ist der Wert für die Gerichtsgebühren nach dem GKG, FamGKG, GNotKG 17
festgesetzt worden, so ist die Festsetzung nach Abs. 1 auch für die Gebühren des Rechtsanwalts maßgebend. Die **Wertfestsetzung von Amts wegen** ist für den Anwalt allerdings nur **bindend**, wenn seine Gebühren in dem gerichtlichen Verfahren entstanden sind, an dem er beteiligt ist. Dabei kann es sich auch um
Gebühren handeln, die vor Einleitung eines Rechtsstreits oder nach Erledigung entstanden sind (§ 19 Abs. 1
S. 2 Nr. 3). Abweichend ist zu verfahren, wenn der Anwalt nur während des gerichtlichen Verfahrens tätig
wird, wie beim außergerichtlichen Vergleich. Dann muss der Anwalt eine Wertfestsetzung nach § 33 Abs. 1
beantragen.[10] Eine Bindungswirkung an die gerichtliche Wertfestsetzung entsteht nicht. Das gilt auch dann,
wenn der außergerichtliche Vergleich Gegenstände einbezieht, die im anhängigen Rechtsstreit oder gerichtlichen Verfahren nicht geltend gemacht worden sind.[11] Wird aber ein Vergleich über die Hauptsache und
gerichtlich nicht anhängige weitere Ansprüche abgeschlossen und gerichtlich protokolliert oder kommt ein
Vergleich gem. § 278 Abs. 6 ZPO zustande, dann tritt die Bindungswirkung nach Abs. 1 für den Rechtsanwalt ein. In dieser Fallkonstellation fällt nämlich nach dem den Wert des Streit- oder Verfahrensgegenstands übersteigenden Wert der mitverglichenen Ansprüche eine 0,25-Gerichtsgebühr an (Nr. 1900 KV
GKG; Nr. 1500 KV FamGKG; Nr. 17005 KV GNotKG). Zur Berechnung dieser Gebühr muss das Gericht
auch den Wert für den Mehrwert des Vergleichs von Amts wegen festsetzen.[12]

Die Bindungswirkung nach Abs. 1 betrifft nur eine Tätigkeit des Anwalts, die sich auf den **Streit- oder Ver-** 18
fahrensgegenstand bezieht.[13] Das Verfahren muss insoweit **anhängig** sein, nicht aber rechtshängig sein.

2. Umgehung der Bindungswirkung nach Abs. 1 durch Vergütungsvereinbarung. Der Rechtsanwalt ist 19
grds. berechtigt, die Bindungswirkung des Abs. 1 durch eine Vergütungsvereinbarung zu umgehen. Der Anwalt kann sich zB mit dem Mandanten darüber einigen, dass die Gebühren aus einem höheren als dem für
das gerichtliche Verfahren maßgebenden Wert zu berechnen sind. Auch bei der Vereinbarung eines Gegenstandswerts handelt es sich um eine Vergütungsvereinbarung, die gem. § 3 a formbedürftig ist.[14] Eine vereinbarte höhere Vergütung ist jedoch grds. nicht erstattungsfähig (§ 91 Abs. 2 S. 1 ZPO).

3. Bindungswirkung nach Abs. 1 in Verfahren auf Vergütungsfestsetzung nach § 11. Auch das Gericht ist 20
an seine Wertfestsetzung – ungeachtet der gesetzlichen Abänderungsmöglichkeiten – gebunden. Daraus
folgt, dass es im Verfahren **nach § 11 keine vom zugrunde liegenden gerichtlichen Verfahren abweichende
Wertfestsetzung** aussprechen darf. Das Gericht muss von dem im gerichtlichen Verfahren festgesetzten Wert
ausgehen oder das Vergütungsfestsetzungsverfahren aussetzen (§ 11 Abs. 4). Damit sollen divergierende
Wertfestsetzungen verhindert und dem Vorrang der Wertfestsetzung im zugrunde liegenden gerichtlichen
Verfahren nach den Gerichtskostengesetzen (GKG, FamGKG, GNotKG) Rechnung getragen werden.

Die Bindungswirkung erstreckt sich auch auf den **Honorarprozess**. Klagt der Anwalt sein Honorar ein, weil 21
der Auftraggeber nicht gebührenrechtliche Einwendungen erhebt (§ 11 Abs. 5 S. 1), dann muss das Gericht
die Anwaltsgebühren auf der Grundlage des im vorangegangenen Rechtsstreit festgesetzten Werts berechnen.

Das gilt auch bei der Festsetzung der Vergütung des Anwalts im **Prozess- oder Verfahrenskostenhilfeverfah-** 22
ren (§ 45). Es darf auch dort kein anderer Wert als der in der Hauptsache festgesetzte Wert zugrunde gelegt
werden (§ 23 a).

V. Antragsrecht des Rechtsanwalts (Abs. 2 S. 1, 1. Alt.)

Dem Rechtsanwalt steht nach Abs. 2 S. 1 ein Antragsrecht auf Festsetzung des Werts für die Gerichtsgebüh- 23
ren zu. Das Gericht ist zwar verpflichtet, den Wert des gerichtlichen Verfahrens von Amts wegen festzusetzen. Unterlässt es die Wertfestsetzung aber dennoch, so steht dem Rechtsanwalt das Recht zu, die gerichtliche Wertfestsetzung nach dem GKG, dem FamGKG, dem GNotKG für die Abrechnung seiner Gebühren zu
beantragen.

---

9 LG Nürnberg-Fürth AnwBl 1986, 38; KG Rpfleger 1970, 407 = JurBüro 1970, 853; OLG Frankfurt OLGR 1999, 43.
10 OLG Hamburg MDR 1961, 148; OLG München MDR 1961, 780; OLG Schleswig AnwBl 1963, 199; KG JurBüro 1970, 70
= Rpfleger 1970, 407; LAG Nds JurBüro 1987, 231; LAG Köln JurBüro 1991, 1678. **11** LAG Düsseldorf JurBüro 1993, 165;
LAG Köln MDR 1999, 121; irrig: OLG Düsseldorf JurBüro 1963, 154 m. abl. Anm. *Mümmler*. **12** S. dazu *Clausnitzer* zu LG
Stuttgart, ZAP Fach 24, S. 609 ff. **13** VGH BW AGS 2008, 138 m. Anm. *E. Schneider* = Justiz 2008, 196 = RVGreport 2008,
154. **14** *N. Schneider*, Die Vergütungsvereinbarung, Rn 904.

VI. Rechtsmittelrecht des Rechtsanwalts (Abs. 2 S. 1, 2. Alt.)

24 **1. Allgemeines.** Abs. 2 S. 1, 2. Alt. regelt die Befugnis des Rechtsanwalts zur Einlegung von Rechtsmitteln gegen die gerichtliche Wertfestsetzung, weil er als Vertreter einer Partei oder eines Beteiligten eines gerichtlichen Verfahrens nicht selbst Partei oder Beteiligter ist. Er erlangt dadurch aber nicht mehr Rechte als die Partei oder der Beteiligte selbst. Ist das Beschwerderecht ausgeschlossen (§ 68 Abs. 1 S. 3 iVm § 62 Abs. 3 S. 2 GKG; § 59 Abs. 1 S. 3 iVm § 55 Abs. 3 S. 2 FamGKG; § 83 Abs. 1 S. 3 iVm § 79 Abs. 2 S. 2 GNotKG), dann gilt das auch für den Rechtsanwalt.[15]

25 Das Recht des Rechtsanwalts zur Einlegung von Rechtsmitteln gegen die Wertfestsetzung geht nur insoweit auf ihn über, als es den Beteiligten des gerichtlichen Verfahrens unmittelbar auch aus den Kostengesetzen zusteht.

26 **Überblick: Rechtsmittel gegen die endgültige Wertfestsetzung nach den Kostengesetzen**

Rechtsmittel	GKG	FamGKG	GNotKG
Beschwerde gegen die Wertfestsetzung	§ 68 Abs. 2	§ 59 Abs. 2	§ 83 Abs. 2
Weitere Beschwerde	§ 66 Abs. 4	./.	§ 81 Abs. 4

27 **2. Voraussetzungen der Beschwerde. a) Beschwerdefähige Entscheidung.** Die Einlegung einer Beschwerde setzt eine beschwerdefähige Entscheidung voraus. Das ist nicht der Fall, wenn ein OLG entschieden hat.

28 **b) Wert des Beschwerdegegenstands.** Nach § 68 Abs. 1 S. 1 GKG muss der „Wert des Beschwerdegegenstandes" 200 € übersteigen. **Wert des Beschwerdegegenstands** ist der Betrag, der mit der Beschwerde als „belastend" geltend gemacht wird.

29 **Beispiel:** Der Rechtsanwalt fordert die Festsetzung eines Streitwerts von 10.000 €, während das Gericht von 5.000 € ausgeht. – Lösung: Die Beschwer ergibt sich nunmehr aus der Differenz der Beträge gem. § 13 RVG nach den Streitwerten 10.000 € und 5.000 €.

30 Für die Zulässigkeit der Beschwerde kommt es nur auf den Wert des Beschwerdegegenstands an. Der Wert der Beschwer von über 200 € muss erreicht sein, andernfalls ist die Beschwerde unzulässig, sofern das Gericht sie nicht zugelassen hat.

31 **Beispiel:** Das LG hat den Streitwert iHv **8.000 €** festgesetzt. Der Rechtsanwalt begehrt die Heraufsetzung auf den Betrag von **15.000 €**.

Bei einer Wertfestsetzung iHv **8.000 €** würde der Rechtsanwalt folgende Gebühren erhalten:

1. 1,3-Verfahrensgebühr, Nr. 3100 VV	592,80 €
2. 1,2-Terminsgebühr, Nr. 3104 VV	547,20 €
3. Postentgeltpauschale, Nr. 7002 VV	20,00 €
Zwischensumme	1.160,00 €
4. 19 % Umsatzsteuer, Nr. 7008 VV	220,40 €
Gesamt	**1.380,40 €**

Bei einer Wertfestsetzung iHv **15.000 €** erhält er:

1. 1,3-Verfahrensgebühr, Nr. 3100 VV	845,00 €
2. 1,2-Terminsgebühr, Nr. 3104 VV	780,00 €
3. Postentgeltpauschale, Nr. 7002 VV	20,00 €
Zwischensumme	1.645,00 €
4. 19 % Umsatzsteuer, Nr. 7008 VV	312,55 €
Gesamt	**1.957,55 €**

Der Wert des Beschwerdegegenstands beläuft sich somit auf (1.957,55 € – 1.380,40 € =) 577,15 €. Die Beschwerde ist demnach zulässig.

32 Gerichtskosten bleiben bei der Berechnung des Werts des Beschwerdegegenstands außen vor, da sie den Anwalt nicht beschweren. Das Gebührenaufkommen anderer Anwälte darf nicht berücksichtigt werden, auch wenn die Wertfestsetzung für sie ebenfalls verbindlich ist (vgl Nr. 3400 VV). Die Umsatzsteuerdifferenz ist allerdings Teil der Beschwer.[16] Auch dann, wenn der Anwalt im Rahmen der Prozess- oder Verfahrenskostenhilfe oder anderweitig beigeordnet worden ist, ist auf die Differenz der Wahlanwaltsgebühren (§ 13) abzustellen,[17] da dem Anwalt ein weitergehender Anspruch gegen die Staatskasse zustehen kann. Wird Prozess- oder Verfahrenskostenhilfe aufgehoben (§ 120 Abs. 4 ZPO), kann der Anwalt auch gegen den Auf-

15 OLG Nürnberg Rpfleger 1963, 137; OLG Celle JurBüro 1970, 150 = Rpfleger 1970, 103. **16** OVG Hamburg AnwBl 1981, 501. **17** OLG Frankfurt AGS 2012, 347 = FamRZ 2012, 1970.

traggeber unmittelbar wegen weitergehender Ansprüche vorgehen. Darüber hinaus können sich auch Erstattungsansprüche gegen Dritte ergeben (§ 126 ZPO). Deshalb ergibt sich auch dann eine Beschwer, wenn die Höchstbeträge des § 49 bereits erreicht oder überschritten sind.

c) **Beschwerdefrist.** Die Beschwerde, auch die zugelassene Beschwerde, muss innerhalb von **sechs Monaten** 33 eingelegt werden, nachdem die Entscheidung in der Hauptsache rechtskräftig geworden ist oder das Verfahren sich anderweitig erledigt hat (§ 68 Abs. 1 S. 3 GKG iVm § 63 Abs. 3 S. 2 GKG; § 59 Abs. 1 S. 3 iVm § 55 Abs. 2 S. 3; § 81 Abs. 1 S. 3 iVm § 79 Abs. 2 S. 2 GNotKG). In selbstständigen Beweisverfahren ist für die Fristberechnung das Ende dieses Verfahrens maßgeblich; auf die Beendigung des Hauptsacheverfahrens kommt es nicht an.[18] Die Beschwerdefrist des § 66 Abs. 3 S. 2 FamGKG läuft in Familiensachen nach einer endgültigen Teilverfahrenswertfestsetzung unabhängig davon, ob abgetrennte Folgesachen noch nicht erledigt sind, weil § 137 Abs. 5 FamFG nicht dazu führt, dass alle Teilverfahrenswertfestsetzungen nur vorläufig sind.[19]

Wiedereinsetzung in den vorigen Stand ist möglich (§ 68 Abs. 2 GKG, § 59 Abs. 2 FamGKG, § 83 Abs. 2 34 GNotKG). Ein Fehlen des Verschuldens vermutet, wenn eine Rechtsbehelfsbelehrung nach § 5 b GKG, § 8 a FamGKG, § 7 a GNotKG unterblieben oder fehlerhaft ist.[20]

Im Beschwerdeverfahren gibt es auch die **weitere Beschwerde** (§ 68 Abs. 1 S. 5 GKG, § 83 Abs. 1 S. 6 35 GNotKG). Für Familiensachen ist die weitere Beschwerde nicht vorgesehen, weil über Beschwerden gegen die Verfahrenswertsetzung das OLG entscheidet und Entscheidungen insoweit nicht anfechtbar sind. Für die nach dem GKG und dem GNotKG in Betracht kommende weitere Beschwerde gilt jedoch nicht die Frist von sechs Monaten, sondern sie muss **innerhalb eines Monats** nach Zustellung der Entscheidung des Beschwerdegerichts eingelegt werden (s. § 68).

d) **Beschwerdeerhebung im eigenen Namen des Rechtsanwalts.** Da der Rechtsanwalt im Zweifel immer mit 36 einer Auslegung zu seinen Ungunsten durch das Gericht rechnen muss, sollte stets klar zum Ausdruck gebracht werden, dass er die Beschwerde **im eigenen Namen** einlege. Es kommt häufig vor, dass der Anwalt die für ihn nur in Betracht kommende **Erhöhungsbeschwerde** (unreflektiert) „namens und im Auftrag der Partei" einlegt. Die Erhöhungsbeschwerde des Auftraggebers ist aber mangels Beschwer grds. unzulässig.

e) **Reformatio in peius.** Das Verbot der reformatio in peius gilt nicht im Streitwertbeschwerdeverfahren 37 nach den Gerichtskostengesetzen.[21] Die Parteien können ihre Wertangaben jederzeit berichtigen. Das Gericht ist verpflichtet, den Streitwert zutreffend zu bemessen und deshalb auch zur Abänderung von Amts wegen befugt (§ 63 Abs. 3 S. 1 GKG, § 55 Abs. 3 FamGKG, § 79 Abs. 2 GNotKG). Das bedeutet, dass der Anwalt einerseits mit seiner Erhöhungsbeschwerde scheitern kann und darüber hinaus im Ergebnis auch damit rechnen muss, wegen Abs. 1 auch nach einem auf der Grundlage der Beschwerde noch herabgesetzten Streitwert abzurechnen verpflichtet ist.

f) **Verzicht auf Rechtsmittel gegen die Wertfestsetzung des Gerichts.** Streitig ist, ob das Beschwerderecht 38 wegen eines erklärten **Rechtsmittelverzichts** entfällt, der Streitwert **„auf übereinstimmenden Antrag"** durch das Gericht festgesetzt wird oder die im Termin Anwesenden auf eine **Begründung des Festsetzungsbeschlusses verzichten.**[22] Der eindeutig erklärte Rechtsmittelverzicht führt zur Unzulässigkeit der Beschwerde gegen die gerichtliche Wertfestsetzung, die Festsetzung aufgrund übereinstimmenden Antrags der Beteiligten der Verzicht auf eine Begründung des Beschlusses über die Wertfestsetzung hingegen nicht.[23] Ein Rechtsmittelverzicht muss eindeutig erklärt und auch gem. § 160 Abs. 3 Nr. 9 ZPO protokolliert werden. Unterbleibt das, dann folgt aus der Beweiskraft des Protokolls (§ 165 ZPO), dass kein Verzicht vorliegt. Ein Rechtsanwalt, der ohne Belehrung seines Auftraggebers einen ihn benachteiligenden Rechtsmittelverzicht erklärt, verletzt schuldhaft seine Pflichten aus dem Anwaltsvertrag. Haben sich die Beteiligten in der mündlichen Verhandlung mit einer bestimmten Wertfestsetzung einverstanden erklärt oder gar einen Verzicht erklärt, so verliert der Verkehrsanwalt mangels Beteiligung sein Beschwerderecht nicht.[24]

3. Anhörungsrüge. Gegen die Entscheidung des Beschwerdegerichts ist der Anwalt über Abs. 2 auch be- 39 rechtigt, Anhörungsrüge nach § 69 a GKG, § 61 FamGKG, § 84 GNotKG binnen zwei Wochen ab Kenntnis der Gehörsverletzung zu erheben.

---

18 OLG Köln AGS 2013, 180 = IBR 2013, 390. **19** OLG Hamm AGS 2013, 414. **20** BT-Drucks 17/10490, S. 9. **21** OLG Köln MDR 1968, 593; OLG Köln OLGR 1999, 404; OLG Karlsruhe Justiz 1971, 354; OLG Karlsruhe AnwBl 1998, 616; OLG München JurBüro 1977, 1421 = Rpfleger 1977, 335; OLG Düsseldorf JurBüro 1985, 225 = KostRsp. GKG § 25 Nr. 82 m. Anm. *E. Schneider*; OLG Brandenburg JurBüro 1998, 418 = FamRZ 1999, 607; LAG Köln AGS 2013, 288. **22** S. dazu *E. Schneider*, MDR 2000, 987 m. Nachw. **23** OLG Neustadt JurBüro 1963, 774; OLG Bamberg JurBüro 197, 1463 = KostRsp. BRAGO § 9 Nr. 20 m. abl. Anm. *E. Schneider*; OLG Köln GRUR 1988, 724; OLG Köln MDR 2000, 472; OLG Frankfurt OLGR 1998, 335; ebenso früher zB OLG Neustadt JurBüro 1963, 774; verneinend: OLG München JurBüro 1981, 892; OLG Köln KostRsp. BRAGO § 9 Nr. 43. **24** OLG Köln GRUR 1988, 824.

40   **4. Anwaltsvergütung im Beschwerdeverfahren gegen die Wertfestsetzung.** Erhebt der Rechtsanwalt in eigener Sache Wertbeschwerde, so erhält er mangels eines Auftraggebers keine Vergütung. Beauftragt der Anwalt einen anderen Anwalt mit der Einlegung einer Streitwertbeschwerde, so erhält dieser hierfür eine Vergütung.[25] Dann entsteht die Gebühr der Nr. 3500 VV nebst Auslagen und Umsatzsteuer.

41   **Beispiel:** Das Gericht setzt den Streitwert nach mündlicher Verhandlung im Urteil auf 4.500 € fest. Der Rechtsanwalt beauftragt einen Kollegen mit der Einlegung der Beschwerde, der die Festsetzung des Streitwerts auf 10.000 € beantragt. Die Differenz zwischen der Vergütung nach 9.500 € und 5.000 € beträgt 758,98 €. Bei einem Wert von 758,98 € erhielte der Anwalt:

1. 0,5-Verfahrensgebühr, Nr. 3500 VV   40,00 €
2. Postentgeltpauschale, Nr. 7002 VV   8,00 €
    Zwischensumme   48,00 €
3. 19 % Umsatzsteuer, Nr. 7008 VV   9,12 €
    Gesamt   57,12 €

42   **5. Gegenstandswert für die Abrechnung der Anwaltsgebühren im Beschwerdeverfahren.** Der Gegenstandswert richtet sich nach § 23 Abs. 2 nach dem Interesse des Beschwerdeführers. Das entspricht dem Mehrbetrag der Vergütung, die der die Beschwerde führende Rechtsanwalt bei höherer Wertfestsetzung erhalten würde. Dieser Wert gilt auch für den Beschwerdegegner, selbst wenn sein Interesse letztlich höher gelegen ist, weil er nach dem höheren Wert nicht nur die Kosten des Gegners im Rechtsstreit erstatten, sondern auch den eigenen Anwalt und die Gerichtskosten zahlen muss. Nach § 33 Abs. 1 wird der Wert jedoch durch den Antrag des Beschwerdeführers bestimmt und ist einheitlich festzusetzen.

43   **6. Gerichtsgebühren.** Das Beschwerdeverfahren gegen die Festsetzung des Streitwerts ist gebührenfrei (§ 68 Abs. 3 S. 1 GKG; § 59 Abs. 3 S. 1 FamGKG; § 83 Abs. 3 S. 1 GNotKG). Entgegen BGH und OLG Celle gilt dies auch für die unstatthafte Beschwerde gegen eine Wertfestsetzung.[26]

44   **7. Kostenerstattung.** Das Beschwerdeverfahren ist gerichtsgebührenfrei; nur Auslagen werden geschuldet. Eine Kostenerstattung ist nach allen Gerichtskostengesetzen ausgeschlossen (§ 68 Abs. 3 S. 2 GKG; § 59 Abs. 3 S. 2 FamGKG; § 83 Abs. 3 S. 2 GNotKG).

45   Weder kann der Anwalt nach § 91 Abs. 2 S. 3 ZPO noch der Gegner nach § 91 Abs. 1 ZPO bzw. §§ 80 ff FamFG die Erstattung seiner Kosten verlangen. Deshalb trifft das Beschwerdegericht keine Kostenentscheidung.

VII. Unterlassene Wertfestsetzung durch das Gericht (Abs. 2 S. 2)

46   Abs. 2 S. 2 regelt, dass der Rechtsanwalt auch „Rechtsbehelfe" gegen eine „unterbliebene" Wertfestsetzung aus eigenem Recht einzulegen berechtigt ist. Dem Anwalt steht deshalb nach Abs. 2 S. 1 das Recht zu, die Wertfestsetzung aus eigenem Recht zu beantragen. Bei Zurückweisung dieses Antrags durch das Gericht oder bei Verweigerung zur Bescheidung wegen rechtsirriger Annahme des Gerichts, es sei nichts zu veranlassen, hat der Rechtsanwalt auch das Recht, auch insoweit „Rechtsmittel" in eigenem Namen einzulegen, weil auch die Zurückweisung oder Nichtbescheidung des Antrags eine Entscheidung des Gerichts über eine Wertfestsetzung darstellt und deshalb als anfechtbar gilt.

§ 33 Wertfestsetzung für die Rechtsanwaltsgebühren

(1) Berechnen sich die Gebühren in einem gerichtlichen Verfahren nicht nach dem für die Gerichtsgebühren maßgebenden Wert oder fehlt es an einem solchen Wert, setzt das Gericht des Rechtszugs den Wert des Gegenstands der anwaltlichen Tätigkeit auf Antrag durch Beschluss selbstständig fest.

(2) [1]Der Antrag ist erst zulässig, wenn die Vergütung fällig ist. [2]Antragsberechtigt sind der Rechtsanwalt, der Auftraggeber, ein erstattungspflichtiger Gegner und in den Fällen des § 45 die Staatskasse.

(3) [1]Gegen den Beschluss nach Absatz 1 können die Antragsberechtigten Beschwerde einlegen, wenn der Wert des Beschwerdegegenstands 200 Euro übersteigt. [2]Die Beschwerde ist auch zulässig, wenn sie das Gericht, das die angefochtene Entscheidung erlassen hat, wegen der grundsätzlichen Bedeutung der zur Entscheidung stehenden Frage in dem Beschluss zulässt. [3]Die Beschwerde ist nur zulässig, wenn sie innerhalb von zwei Wochen nach Zustellung der Entscheidung eingelegt wird.

25 Ausf. *N. Schneider*, Vergütung im Verfahren über die Streitwertbeschwerde, AGS 2003, 13. **26** OLG Celle AGS 2012, 576 = JurBüro 2013, 29.

(4) [1]Soweit das Gericht die Beschwerde für zulässig und begründet hält, hat es ihr abzuhelfen; im Übrigen ist die Beschwerde unverzüglich dem Beschwerdegericht vorzulegen. [2]Beschwerdegericht ist das nächsthöhere Gericht, in Zivilsachen der in § 119 Abs. 1 Nr. 1 des Gerichtsverfassungsgesetzes bezeichneten Art jedoch das Oberlandesgericht. [3]Eine Beschwerde an einen obersten Gerichtshof des Bundes findet nicht statt. [4]Das Beschwerdegericht ist an die Zulassung der Beschwerde gebunden; die Nichtzulassung ist unanfechtbar.

(5) [1]War der Beschwerdeführer ohne sein Verschulden verhindert, die Frist einzuhalten, ist ihm auf Antrag von dem Gericht, das über die Beschwerde zu entscheiden hat, Wiedereinsetzung in den vorigen Stand zu gewähren, wenn er die Beschwerde binnen zwei Wochen nach der Beseitigung des Hindernisses einlegt und die Tatsachen, welche die Wiedereinsetzung begründen, glaubhaft macht. [2]Ein Fehlen des Verschuldens wird vermutet, wenn eine Rechtsbehelfsbelehrung unterblieben oder fehlerhaft ist. [3]Nach Ablauf eines Jahres, von dem Ende der versäumten Frist an gerechnet, kann die Wiedereinsetzung nicht mehr beantragt werden. [4]Gegen die Ablehnung der Wiedereinsetzung findet die Beschwerde statt. [5]Sie ist nur zulässig, wenn sie innerhalb von zwei Wochen eingelegt wird. [6]Die Frist beginnt mit der Zustellung der Entscheidung. [7]Absatz 4 Satz 1 bis 3 gilt entsprechend.

(6) [1]Die weitere Beschwerde ist nur zulässig, wenn das Landgericht als Beschwerdegericht entschieden und sie wegen der grundsätzlichen Bedeutung der zur Entscheidung stehenden Frage in dem Beschluss zugelassen hat. [2]Sie kann nur darauf gestützt werden, dass die Entscheidung auf einer Verletzung des Rechts beruht; die §§ 546 und 547 der Zivilprozessordnung gelten entsprechend. [3]Über die weitere Beschwerde entscheidet das Oberlandesgericht. [4]Absatz 3 Satz 3, Absatz 4 Satz 1 und 4 und Absatz 5 gelten entsprechend.

(7) [1]Anträge und Erklärungen können ohne Mitwirkung eines Bevollmächtigten schriftlich eingereicht oder zu Protokoll der Geschäftsstelle abgegeben werden; § 129 a der Zivilprozessordnung gilt entsprechend. [2]Für die Bevollmächtigung gelten die Regelungen der für das zugrunde liegende Verfahren geltenden Verfahrensordnung entsprechend. [3]Die Beschwerde ist bei dem Gericht einzulegen, dessen Entscheidung angefochten wird.

(8) [1]Das Gericht entscheidet über den Antrag durch eines seiner Mitglieder als Einzelrichter; dies gilt auch für die Beschwerde, wenn die angefochtene Entscheidung von einem Einzelrichter oder einem Rechtspfleger erlassen wurde. [2]Der Einzelrichter überträgt das Verfahren der Kammer oder dem Senat, wenn die Sache besondere Schwierigkeiten tatsächlicher oder rechtlicher Art aufweist oder die Rechtssache grundsätzliche Bedeutung hat. [3]Das Gericht entscheidet jedoch immer ohne Mitwirkung ehrenamtlicher Richter. [4]Auf eine erfolgte oder unterlassene Übertragung kann ein Rechtsmittel nicht gestützt werden.

(9) [1]Das Verfahren über den Antrag ist gebührenfrei. [2]Kosten werden nicht erstattet; dies gilt auch im Verfahren über die Beschwerde.

I. Allgemeines

§ 33 regelt das Verfahren, wonach der Wert für die Berechnung der Rechtsanwaltsgebühren in solchen Fällen festzusetzen ist, in denen sich die Anwaltsgebühren nicht nach dem für die Gerichtsgebühren maßgebenden Wert richten oder ein solcher Wert fehlt. In diesen Fällen bedarf es deshalb einer gesonderten Wertfestsetzung, ggf. auch neben einer bereits erfolgten gerichtlichen Wertfestsetzung. Eine Berechtigung des

Gerichts, in diesen Fällen den Wert von Amts wegen festzusetzen, besteht allerdings nicht. Das Verfahren darf nur auf **Antrag** betrieben werden. Die Vorschrift regelt umfassend auch das Erinnerungs- und Beschwerdeverfahren für den Fall, dass eine Wertfestsetzung trotz Antrags nach Abs. 1 nicht oder aber unzutreffend erfolgt ist.

II. Voraussetzungen der Wertfestsetzung nach Abs. 1

2   **1. Allgemeines.** Richten sich die Rechtsanwaltsgebühren in einem gerichtlichen Verfahren nicht nach dem für die Gerichtsgebühren maßgebenden Wert oder fehlt es an einem solchen Wert, setzt das Gericht den Wert des Gegenstands der anwaltlichen Tätigkeit Rechtsanwalt auf Antrag fest (Abs. 1). Der **Antrag** ist demgemäß zulässig, wenn

- sich die Gerichtsgebühren in einem gerichtlichen Verfahren nicht nach dem Wert richten,
- sich Tätigkeit des Anwalt nicht vollständig mit der des Gerichts deckt,
- das RVG eine von den Kostengesetzen (GKG, FamGKG, GNotKG) abweichende Wertfestsetzung für die Tätigkeit des Anwalts im gerichtlichen Verfahren vorhält.

3   **2. Antragsberechtigung (Abs. 1 S. 2).** Das Antragsrecht nach Abs. 1 steht dem **Rechtsanwalt**, dem **Auftraggeber**, einem **erstattungspflichtigen Gegner** und in den Fällen des § 45 auch der **Staatskasse** zu (Abs. 1 S. 2). Hat der Mandant die ihm in Rechnung gestellte Vergütung bereits gezahlt, so entfällt damit nicht das Rechtsschutzbedürfnis für die Stellung des Antrags nach Abs. 1. Mit der rechtskräftigen Festsetzung kann späteren Meinungsverschiedenheiten und eventuellen Rückforderungsansprüchen von vornherein begegnet werden. Abgesehen davon kann die Wertfestsetzung auch gegenüber Dritten, zB einem Rechtsschutzversicherer, Bedeutung haben.

4   Dem **Rechtsanwalt** steht das Antragsrecht nach Abs. 1 zu, wenn sich seine Gebühren nicht dem durch das Gericht festgesetzten Wert richten, im gerichtlichen Verfahren keine oder Festgebühren erhoben werden.

5   Der **Rechtsschutzversicherer** eines Verfahrensbeteiligten ist grds. nicht antragsberechtigt.[1] Handelt ein Rechtsanwalt bei der Wertfestsetzung auf Weisung des Rechtsschutzversicherers seines Auftraggebers, handelt es sich um einen Antrag des Auftraggebers selbst und nicht um den des Rechtsanwalts.[2]

6   Vertritt der **Anwalt sich selbst**, dann erwirbt er nach § 91 Abs. 3 S. 4 ZPO einen Erstattungsanspruch gegen seinen unterliegenden Gegner. In diesem Fall kann er sich durch den Festsetzungsantrag unter den Voraussetzungen des Abs. 1 die Berechnungsgrundlage verschaffen.

7   Der **Verkehrsanwalt** (Nr. 3400 VV), der **Terminsvertreter** (Nr. 3401 VV) und der mit **sonstigen Einzeltätigkeiten** beauftragte Anwalt (Nr. 3403 VV) sind ebenfalls antragsberechtigt.

8   Antragsrechte nach § 32 Abs. 2 S. 1 und § 33 Abs. 1 stehen, soweit derselbe Verfahrensgegenstand betroffen ist, im Verhältnis der Exklusivität zueinander, können aber dann, wenn unterschiedliche Gebührentatbestände nach verschiedenen Werten ausgelöst werden, auch nebeneinander bestehen. Dies kommt zB in **Stufenverfahren** vor.

9   **Beispiel:** Der Rechtsanwalt vertritt den unterlegenen Beklagten im Stufenklageverfahren vor dem LG. Der Wert für die Gerichtsgebühren wird entsprechend der Erwartung des Klägers die Leistungsstufe betreffend auf insgesamt 6.000 € festgesetzt. Nach Verhandlung über die Auskunftsstufe wird das gesamte Verfahren in der Hauptsache übereinstimmend für erledigt erklärt.

Die Verfahrensgebühr nach Nr. 3100 VV richtet sich nach dem für die Gerichtsgebühren maßgeblichen Wert iHv 6.000 €. Die Terminsgebühr ist nur nach dem Wert der Auskunft zu bemessen, deren Wert nach Abs. 1 gesondert beantragt werden kann.[3]

10   **3. Keine Bindung nach § 32 Abs. 1.** Grundsätzlich ist die Wertfestsetzung für die Gerichtsgebühren auch für die Gebühren des Rechtsanwalts maßgeblich (§§ 32 Abs. 1, 23 Abs. 1 S. 1). Eine Wertfestsetzung nach Abs. 1 kommt in diesem Fall nicht in Betracht und ist auch nicht erforderlich, wenn die gesamte Tätigkeit des Rechtsanwalts von der gerichtlichen Wertfestsetzung erfasst wird. Erst dann, die anwaltliche Tätigkeit nicht oder nicht in dem konkreten Umfang durch die gerichtliche Wertfestsetzung nach dem GKG, dem FamGKG, dem GNotKG erfasst wird, ist ein Antrag nach Abs. 1 zulässig.[4]

11   **4. Vergütungsrechtsstreit.** Dem Rechtsanwalt, der für den Auftraggeber außerhalb eines gerichtlichen Verfahrens tätig geworden ist, und den übrigen Antragsberechtigten stehen die Rechte aus Abs. 1 nicht zu. Voraussetzung für die Anwendbarkeit des Abs. 1 ist, dass ein **gerichtliches Verfahren betrieben worden ist**. Dass die Tätigkeit des Rechtsanwalts außerhalb eines gerichtlichen Verfahrens auch Gegenstand der Tätigkeit eines gerichtlichen Verfahrens sein *könnte* (§ 23 Abs. 1 S. 3), reicht nicht aus.

---

1 LAG München AGS 2010, 148 = NJW-Spezial 2010, 60. **2** LAG Hamburg AGS 2013, 146. **3** OLG Köln AG kompakt 2012, 31. **4** KG JurBüro 1970, 854 = Rpfleger 1970, 407.

5. Wertgrenze nach § 22. Für die Gerichtsgebühren ist ein Höchstwert von 30 Mio. € bestimmt (§ 39   12
Abs. 2 GKG, § 33 Abs. 2 FamGKG, § 35 Abs. 2 GNotKG). Diese Begrenzung gilt nach § 23 Abs. 1 S. 4 iVm
§ 22 Abs. 2 S. 2 nicht für die Tätigkeit des Anwalts, wenn in derselben Angelegenheit mehrere Personen
Auftraggeber wegen verschiedener Gegenstände sind. Dann kann der Wert für die Anwaltsgebühr für jede
Person um höchstens 30 Mio. € angehoben werden, höchstens jedoch auf 100 Mio. €. Die Divergenz lässt
die Bindungswirkung nach § 32 Abs. 1 entfallen und führt zur Antragsberechtigung nach § 33 Abs. 1.

6. Wertunabhängige Gerichtsgebühren. Eine Bindungswirkung nach § 32 Abs. 1 scheidet auch aus, wenn   13
im Verfahren wertunabhängige Gerichtsgebühren erhoben werden, zB im Falle der Erhebung einer erfolglosen Anhörungsrüge (Nr. 1700 KV GKG, Nr. 1800 KV FamGKG, Nr. 19200 KV GNotKG); es entsteht eine
Gebühr iHv 60 €; oder im Falle einer Beschwerde nach §§ 71 Abs. 2, 91 a Abs. 2, 99 Abs. 2, 269 Abs. 5
oder 494 a Abs. 2 S. 2 ZPO (Nr. 1810 KV GKG, Nr. 1910 KV FamGKG); es entsteht eine Gebühr iHv 85 €.

Auch in diesen Fällen steht das Antragsrecht nach Abs. 1 zur Verfügung, um eine Wertfestsetzung für die   14
anwaltliche Tätigkeit zu erreichen. Soweit im gerichtlichen Verfahren Festgebühren erhoben werden,
kommt nach Abs. 1 wegen § 23 Abs. 1 S. 2 eine Wertfestsetzung nach den Vorschriften des GKG oder des
FamGKG in Betracht. § 23 Abs. 1 S. 2 verweist allein auf das GKG und das FamGKG. Eine Bezugnahme
auf das GNotKG ist nicht erfolgt, so dass in diesen Fällen auf § 23 Abs. 2 oder § 23 Abs. 3 abzustellen ist
und eine Wertfestsetzung insoweit nach Abs. 1 erreicht werden kann.

7. Keine Gebühren im gerichtlichen Verfahren. Soweit im gerichtlichen Verfahren Gerichtsgebühren nicht   15
vorgesehen sind, kann ebenfalls keine Bindungswirkung nach § 32 Abs. 1 bestehen, weil eine gerichtliche
Wertfestsetzung ausscheidet, sich aber die anwaltliche Tätigkeit nach dem Gegenstandswert richtet. Dies ist
zB in Verfahren über die Bewilligung, Aufhebung oder Abänderung von Prozess- oder Verfahrenskostenhilfe der Fall (§ 23 a), in erfolgreichen Verfahren über eine Anhörungsrüge (vgl Nr. 3330, 3331 VV), in Erinnerungsverfahren (vgl § 23 Abs. 2) oder in Verfahren auf Gerichtsstandsbestimmung; es entstehen keine
Gerichtsgebühren; die anwaltliche Tätigkeit ist aber nach dem Gegenstandswert zu bemessen; in arbeitsgerichtlichen Verfahren nach Vorbem. 8 KV GKG.

Soweit in Verfahren nach Vorbem. 1.3.1 Abs. 1 Nr. 2 KV FamGKG und in Unterbringungssachen nach   16
§ 312 FamFG Gerichtsgebühren nicht erhoben werden, steht das Antragsrecht nach Abs. 1 allerdings deshalb nicht zur Verfügung, weil sich die Anwaltsgebühren nicht nach dem Wert richten, sondern Betragsrahmengebühren abzurechnen sind (Nr. 6300 ff VV). Das gilt auch in Freiheitsentziehungssachen nach § 415
FamFG, in denen zwar Gerichtsgebühren entstehen, der Anwalt aber auch hier Betragsrahmengebühren
nach Nr. 6300 ff VV abrechnet.

8. Tätigkeit des Anwalts wird von gerichtlicher Wertfestsetzung nicht erfasst. Auch dann, wenn die anwalt-   17
liche Tätigkeit über den Verfahrensgegenstand hinausgeht, die Bevollmächtigten in einem Termin zur
mündlichen Verhandlung etwa Vergleichsgespräche über nicht rechtshängige Gegenstände führen, die allerdings nicht zum Vergleichsabschluss führen, steht für die vom Verfahrensgegenstand nicht erfasste anwaltliche Tätigkeit das Antragsrecht nach Abs. 1 zur Verfügung.[5] Dies gilt gleichermaßen, wenn die anwaltliche
Tätigkeit hinter dem gerichtlichen Verfahrensgegenstand zurückbleibt, was sich zB dann ergeben kann,
wenn vor Klageerweiterung ein Mandatswechsel stattfindet und sich die Gebühren des zunächst beauftragten Anwalts nach dem geringeren, vor Klageerweiterung maßgeblichen Wert richten.

9. Vorrangige Gegenstandswertbestimmungen des RVG in bestimmten Verfahren. Das RVG sieht in be-   18
stimmten Verfahren, in denen sich die Gerichtsgebühren nach dem Wert richten, unter Durchbrechung der
Bindungswirkung des § 32 Abs. 1 vorrangige Gegenstandswertbestimmungen vor für die anwaltliche Tätigkeit in Musterverfahren nach dem KapMuG (§ 23 b), Sanierungs- und Reorganisationsverfahren nach dem
KredReorgG (§ 24), Verfahren nach dem SpruchG (§ 31), Verfahren nach dem WpÜG (§ 31 a), Gegenstand
ist nur eine Zahlungsvereinbarung (§ 31 b). Auch insoweit besteht das Antragsrecht nach Abs. 1.

III. Voraussetzungen des Wertfestsetzungsverfahrens

1. Allgemeines. Das Verfahren nach § 33 richtet sich nicht nach dem GKG, FamGKG oder GNotKG, son-   19
dern nach dem RVG.

2. Zuständiges Gericht (Abs. 1). Sachlich und örtlich zuständig für die Festsetzung ist das jeweilige **Gericht**   20
der Hauptsache, also das Gericht der Instanz, für die der Wert festgesetzt werden soll.

3. Fälligkeit (Abs. 2 S. 1). Die Fälligkeit des Vergütungsanspruchs (§ 8 Abs. 1) ist **Zulässigkeitsvorausset-**   21
zung für den Festsetzungsantrag. Nach § 8 Abs. 1 S. 1 gelten folgende Fälligkeitstatbestände für alle gerichtlichen Vergütungen nach dem RVG: die Erledigung des Auftrags (§ 8 Abs. 1 S. 1, 1. Alt.), die Beendi-

---

5 AG Siegburg AGS 2008, 361.

gung der Angelegenheit (§ 8 Abs. 1 S. 1, 2. Alt.), der Erlass einer Kostenentscheidung (§ 8 Abs. 1 S. 2, 1. Alt.), die Beendigung des Rechtszugs (§ 8 Abs. 1 S. 2, 2. Alt.).

22 Nach § 9 ist der Anwalt jedoch berechtigt, vom Auftraggeber einen **Vorschuss** zu verlangen. Insoweit besteht kein Antragsrecht nach Abs. 1. Für die Geltendmachung eines Vorschusses gegenüber dem Auftraggeber ist der Wert der anwaltlichen Tätigkeit auf der Grundlage einer Schätzung in die Abrechnung einzustellen.

23 **4. Anhörung der Beteiligten.** Das Gericht muss den Beteiligten Gelegenheit zur Äußerung geben und ihre Äußerungen in Erwägung ziehen.[6] Jede Partei muss sich umfassend zur Wertfestsetzung äußern können.[7]

24 **5. Antragserfordernis.** Eine Wertfestsetzung nach Abs. 1 von Amts wegen kommt nicht in Betracht, sondern erfolgt immer nur auf Antrag. Es sollte stets klargestellt werden, wer Antragsteller ist und nach welcher Vorschrift die Wertfestsetzung begehrt wird. Der Antrag ist schriftlich oder zu Protokoll der Geschäftsstelle zu stellen (§ 33 Abs. 7 S. 1). Anwaltszwang für den Antrag nach Abs. 1 besteht nicht. Zur **Antragsberechtigung** → Rn 3 ff.

25 **6. Entscheidung über den Wertfestsetzungsantrag.** Das Gericht prüft die Zulässigkeit und Begründetheit des Antrags. Ist er unzulässig, ist er durch Beschluss zu verwerfen. Ist der Antrag zulässig, so ist durch Beschluss entweder eine Wertfestsetzung vorzunehmen oder der Antrag ist als unbegründet zurückzuweisen. Über den Festsetzungsantrag des Anwalts ist für jede Instanz gesondert durch **Beschluss** zu entscheiden. Er muss **begründet** werden.[8] Da gegen die Festsetzung die **Beschwerde** vorgesehen ist (Abs. 3 S. 1), muss der Beschluss den Beteiligten **förmlich zugestellt** werden, dh auch den Parteien bzw Verfahrensbeteiligten persönlich.[9]

IV. Voraussetzungen der Beschwerde gegen die Wertfestsetzung (Abs. 3)

26 **1. Allgemeines.** Gegen die Wertfestsetzung nach Abs. 1 ist nach Abs. 3 S. 1 grds. die Beschwerde statthaft. Eine Beschwerde gegen eine Wertfestsetzung des OLG, OVG/VGH, LSG, LAG oder FG ist mit der Beschwerde nicht anfechtbar, da nach Abs. 4 S. 3 eine solche an ein oberstes Gericht des Bundes nicht statthaft ist.

27 **2. Beschwer (Abs. 3 S. 1).** Ohne Beschwer von mehr als 200 € (Abs. 3 S. 1) ist eine Beschwerde unzulässig, es sei denn, die Beschwerde ist zugelassen worden.

28 **3. Zuständigkeit (Abs. 4 S. 1).** Das Gericht kann der Beschwerde abhelfen, soweit es sie für zulässig und begründet hält. Die Beschwerde ist insoweit immer beim Ausgangsgericht einzulegen. Im Übrigen ist die Beschwerde an das nächsthöhere Gericht als Beschwerdegericht vorzulegen, wobei eine Beschwerde zum BGH oder zu einem anderen obersten Gerichtshof des Bundes (BVerwG, BAG, BFH, BSG) ausscheidet (Abs. 4 S. 3). Die Beschwerdeinstanz ist **Tatsacheninstanz.** Neue Tatsachen und Beweismittel sind zu berücksichtigen.

29 **4. Reformatio in peius.** Im Beschwerdeverfahren gilt das Verschlechterungsverbot, da es sich – im Gegensatz zu den gerichtlichen Wertfestsetzungsverfahren – um ein Antragsverfahren handelt.[10]

30 **5. Zugelassene Beschwerde (Abs. 3 S. 2).** Die Beschwerde ist auch zulässig, wenn das Gericht sie zugelassen hat wegen grundsätzlicher Bedeutung. Von **grundsätzlicher Bedeutung** sind ungeklärte Rechtsfragen, deren Beantwortung über den konkreten Rechtsfall hinaus für alle weiteren Fälle dieser Art entscheidungserheblich sein kann. Eine **Zulassung wegen Abweichens** von ober- und höchstrichterlichen oder verfassungsrechtlichen Entscheidungen ist **nicht** vorgesehen. Der Anwalt sollte rechtzeitig auf die grundsätzliche Bedeutung der zur Entscheidung stehenden Frage hinweisen und die Zulassung der weiteren Beschwerde beantragen. Damit zwingt er das Beschwerdegericht, sich mit dieser Frage auseinanderzusetzen.

31 **6. Beschwerdefrist (Abs. 3 S. 3; Abs. 5).** Die Beschwerde muss innerhalb von **zwei Wochen ab Zustellung** des Festsetzungsbeschlusses eingelegt werden (Abs. 3 S. 3). Eine formlose Mitteilung setzt die Frist nicht in Gang.[11] Die Zwei-Wochen-Frist des Abs. 3 S. 3 ist keine Notfrist, so dass § 233 ZPO nicht anwendbar ist. Deshalb bedurfte es einer eigenen **Wiedereinsetzungsregelung.** Sie ist in Abs. 5 enthalten. Nach Abs. 5 S. 1 ist durch das am 1.1.2014 in Kraft getretene Gesetz zur Einführung einer Rechtsbehelfsbelehrung im Zivilprozess[12] folgender Satz eingefügt worden: „Ein Fehlen des Verschuldens wird vermutet, wenn eine Rechtsbehelfsbelehrung unterblieben oder fehlerhaft ist." Durch die Regelung ist klargestellt worden, dass die Versäumung der Rechtsbehelfsfrist auch dann als unverschuldet gilt, wenn die Belehrung nach § 12 c unter-

---

[6] BVerfGE 21, 194; 36, 97. [7] BVerfGE 65, 234. [8] MüKo-ZPO/*Musielak*, § 329 Rn 5. [9] LAG Köln JurBüro 1991, 1678. [10] OVG Hamburg Rpfleger 2013, 544 = NJW 2013, 2378 = DÖV 2013, 744; LAG Hamburg 23.9.2013 – 4 Ta 14/13; Gerold/ Schmidt/*Mayer*, § 33 Rn 15; aA BayObLG JurBüro 1982, 1024; 1993, 309; LAG Köln MDR 2000, 670; LAG Köln AGS 2013, 288. [11] OLG Koblenz FamRZ 2004, 208. [12] Gesetz zur Einführung einer Rechtsbehelfsbelehrung im Zivilprozess und zur Änderung anderer Vorschriften v. 5.12.2012 (BGBl. I 2418).

blieben bzw fehlerhaft gewesen ist. Auch für das Kostenrecht soll für Fälle der Fristversäumnis bei unterlassener bzw fehlerhafter Rechtsbehelfsbelehrung die Wiedereinsetzungsmöglichkeit bestehen, um einerseits die Rechtskraft kostenrechtlicher Maßnahmen nicht unnötig hinauszuzögern, andererseits aber einen effektiven Rechtsschutz zu gewährleisten. Deshalb gilt die gesetzliche Vermutung, nach der die unterlassene bzw fehlerhafte Rechtsbehelfsbelehrung ursächlich für ein Fristversäumnis ist.

7. Abhilfeentscheidung (Abs. 4 S. 1). Das Erstgericht muss nach Eingang der Beschwerde seine Entscheidung überprüfen. Erkennt es dabei, dass ihm ein Fehler unterlaufen ist, dann ist es verpflichtet, sie abändern. Das Erstgericht muss den Beschwerdeführer ggf auf die Unzulässigkeit der Beschwerde hinweisen und ihm Gelegenheit geben, das Rechtsmittel zurückzunehmen. Geht die Partei darauf nicht ein, dann ist die Sache dem Beschwerdegericht vorzulegen. Die **Nichtabhilfeentscheidung** ergeht durch zu begründenden Beschluss. Unterbleibt die Begründung des Nichtabhilfebeschlusses, dann kann das Beschwerdegericht ihn aufheben und die Sache zur erneuten Beschlussfassung und Begründung zurückverweisen.[13] | 32

Der **Abhilfebeschluss** kann für den Gegner des Beschwerdeführers eine **Beschwer** auslösen, wenn die Abhilfeprüfung ganz oder teilweise zu seinen Ungunsten ausfällt. Der Gegner kann dann eine eigene Beschwerde oder Anschlussbeschwerde einlegen. | 33

Hat das Erstgericht einer Beschwerde **teilweise abgeholfen** und legt daraufhin die andere Partei gegen den Abhilfebeschluss Beschwerde ein, dann ist das Beschwerdegericht mit **zwei Beschwerden** befasst. Darüber kann in einem Beschluss entschieden werden. | 34

Eine **Teilabhilfe** kann eine Beschwerde unzulässig machen, wenn dadurch der Wert des Beschwerdegegenstands von mehr als 200 € (Abs. 3 S. 1) nicht (mehr) erreicht wird.[14] | 35

Neues Vorbringen ist zu berücksichtigen.[15] Sind dafür Beweismittel vorgelegt oder Beweise angetreten, dann muss bei Erheblichkeit des Vorbringens noch im Abhilfeverfahren Beweis erhoben werden. Anderenfalls wird der Anspruch auf Gewährung rechtlichen Gehörs (Art. 103 Abs. 1 GG) verletzt. | 36

Bei **Nichtabhilfe** muss das Erstgericht die Sache **unverzüglich** dem Beschwerdegericht vorlegen. Das bedeutet nach der Legaldefinition in § 121 Abs. 1 S. 1 BGB „ohne schuldhaftes Zögern". Eine Verzögerung kann aber erst dann eintreten, wenn das Gericht die ihm obliegende Überprüfung seiner Entscheidung abgeschlossen hat.[16] | 37

Die Nichtabhilfeentscheidung muss den Parteien **bekanntgegeben** werden. Die Kenntnis der zusätzlichen oder neuen Begründung kann für ihr weiteres Vorbringen im Beschwerderechtszug von Bedeutung sein. Der Nichtabhilfebeschluss muss den Parteien wegen Unanfechtbarkeit nicht zugestellt werden, da er keine Frist in Lauf setzt. | 38

8. Zuständigkeit (Abs. 4 S. 2–4). Beschwerdegericht ist das LG, wenn eine Wertfestsetzung des Amtsgerichts angegriffen wird, das OLG, wenn das LG erstinstanzlich entschieden hat. Unabhängig von diesem Instanzenzug ist das OLG immer zuständig, wenn die Beschwerde eine Entscheidung des Familiengerichts betrifft (§§ 119 Abs. 1 Nr. 1 Buchst. a, Abs. 2, 23 b GVG). | 39

Der **BGH** ist im Beschwerdeverfahren die Wertfestsetzung für die Rechtsanwaltsgebühren betreffend niemals zuständig. Auch eine Ausnahmebeschwerde wegen greifbarer Gesetzwidrigkeit ist ausgeschlossen.[17] Wird gleichwohl gegen eine Wertfestsetzung des OLG eine unzulässige Beschwerde eingelegt, dann besteht keine Vorlagepflicht an den BGH. Das OLG darf diese Beschwerde selbst verwerfen.[18] Besteht der Beschwerdeführer allerdings auf einer Vorlage der Beschwerde an den BGH, dann wird diesem grds. vorzulegen sein,[19] ohne dass es aber einer Nichtabhilfeentscheidung bedarf.[20] | 40

Die Bindung des Beschwerdegerichts an die Zulassung kann entfallen, wenn die Vorinstanz gegen das Gebot der Gewährung des gesetzlichen Richters (Art. 101 Abs. 1 S. 2 GG) verstoßen hat. | 41

Der auf die Beschwerde hin ergehende Beschluss wird mit seinem Erlass **rechtskräftig**, sofern nicht die **weitere Beschwerde** (→ Rn 43 ff) gegeben ist. Er bindet dann in allen weiteren Verfahren, in denen die Wertfestsetzung Berechnungsgrundlage ist, dh in der Kostenfestsetzung nach §§ 103 ff ZPO, bei der Vergütungsfestsetzung nach § 11, bei der Vergütungsberechnung für den PKH-/VKH-Anwalt (§ 45 Abs. 1) und in einem nachfolgenden Honorarprozess. | 42

---

13 OLG Hamburg MDR 1988, 871; OLG Hamburg MDR 2004, 412; OLG München MDR 2004, 291; OLG Nürnberg MDR 2004, 169; KG MarkenR 2013, 127 = WRP 2013, 699. **14** S. etwa OLG Frankfurt Rpfleger 1988, 30; OLG Düsseldorf JurBüro 1987, 1260. **15** OLG Brandenburg FamRZ 2004, 653. **16** OLG Frankfurt NJW 1968, 57; OLG Hamm Rpfleger 1986, 483. **17** BGHZ 150, 133. **18** OLG Zweibrücken FamRZ 1984, 1031. **19** OLG Köln Rpfleger 1975, 67. **20** OLG Düsseldorf NJW 1981, 352.

V. Weitere Beschwerde (Abs. 6)

43 Die weitere Beschwerde ist eine **Rechtsbeschwerde** (Abs. 6 iVm §§ 546, 547 ZPO). In Betracht kommt sie nur, wenn das LG als Beschwerdegericht entschieden hat. Eine weitere Beschwerde ist nur gegeben, wenn das LG sie wegen der **grundsätzlichen Bedeutung** der zur Entscheidung stehenden Frage in seinem Beschluss **zugelassen** hat. Das OLG ist an die Zulassung gebunden, wie sich aus der Bezugnahme in Abs. 6 S. 3 auf Abs. 4 S. 4 ergibt. Auch die weitere Beschwerde ist **fristgebunden** und wiedereinsetzungsfähig (Verweis in Abs. 6 S. 4 auf Abs. 3 S. 3 und Abs. 5). Der Vorlage an das OLG geht ein **Abhilfeverfahren** voraus (Abs. 6 S. 4, Abs. 4 S. 1).

44 Das Gericht der weiteren Beschwerde überprüft nicht die tatsächlichen Feststellungen der Vorinstanz und erhebt auch keine Beweise. Deshalb ist seine Prüfungskompetenz auf **Rechtsfragen** beschränkt. Die Grenzen des Prüfungsrechts des Gerichts der weiteren Beschwerde werden durch die §§ 546, 547 ZPO gezogen. Das Gericht der weiteren Beschwerde ist nur mit der Rechtsfrage befasst. Zu den rügefähigen Gesetzesverletzungen gehören auch Verstöße gegen die Denkgesetze,[21] etwa Rechenfehler,[22] oder wenn eine Beweiswürdigung in sich widersprüchlich ist.[23] Eine Entscheidung ist stets als auf einer Verletzung des Rechts beruhend anzusehen, wenn das erkennende Gericht nicht vorschriftsmäßig besetzt war; wenn bei der Entscheidung ein Richter mitgewirkt hat, der von der Ausübung des Richteramts kraft Gesetzes ausgeschlossen war, sofern nicht dieses Hindernis mittels eines Ablehnungsgesuchs ohne Erfolg geltend gemacht ist; wenn die Entscheidung aufgrund einer mündlichen Verhandlung ergangen ist, bei der die Vorschriften über die Öffentlichkeit des Verfahrens verletzt sind; wenn die Entscheidung entgegen den Bestimmungen dieses Gesetzes nicht mit Gründen versehen ist (absolute Beschwerdegründe).

45 Eine Rechtsbeschwerde kommt nicht in Betracht, da das RVG sie nicht vorsieht. Auf Rechtsbeschwerdevorschriften anderer Gesetze kann nicht zurückgegriffen werden (§ 1 Abs. 3).

VI. Einlegung der Beschwerde (Abs. 7)

46 Da Beschwerden und sonstige Eingaben zu Protokoll der Geschäftsstelle eingelegt werden können, bestehen nach § 78 Abs. 3 ZPO kein Anwaltszwang/Postulationszwang.

VII. Einzelrichterzuständigkeit (Abs. 8)

47 Hinsichtlich der primären Zuständigkeit des Einzelrichters ergeben sich die gleichen praktischen Schwierigkeiten wie zu der nahezu wortgleichen Vorschrift des § 568 ZPO.[24] Auch unerfahrene und mit der Materie nicht oder nicht hinreichend vertraute Richter werden allein zuständig, um über die Beschwerde zu entscheiden. Hat die einzelne Rechtssache **grundsätzliche Bedeutung,** dann **muss** der Einzelrichter sie dem Kollegium übertragen. Unter dieser Voraussetzung ist er nicht mehr der gesetzliche Richter und verstößt gegen Art. 101 Abs. 1 S. 2 GG, wenn er von der Übertragung absieht. Ebenso hat er zu verfahren, wenn eine Sache **besondere Schwierigkeiten** tatsächlicher oder rechtlicher Art aufweist.

VIII. Gerichtsgebühren (Abs. 9 S. 1)

48 Die Gebührenfreiheit ist auf das **Antragsverfahren** (Abs. 1) beschränkt. Für das **Beschwerdeverfahren** und das Verfahren der **weiteren Beschwerde** richten sich die Gebühren nach Nr. 1812 KV GKG oder Nr. 1912 KV FamGKG. Wird die Beschwerde nur teilweise verworfen oder zurückgewiesen, kann das Gericht die Gebühr nach billigem Ermessen auf die Hälfte ermäßigen oder bestimmen, dass eine Gebühr nicht zu erheben ist.

IX. Kostenerstattung (Abs. 9 S. 2)

49 Kosten werden weder im Wertfestsetzungs- noch im Beschwerdeverfahren erstattet.

X. Anwaltsgebühren

50 Betreibt der Anwalt das Verfahren im eigenen Namen, entsteht keine Vergütung. Wird der Anwalt im Auftrag des Mandanten tätig oder beauftragt dieser einen anderen Anwalt damit, den Festsetzungsantrag seines früheren Anwalts abzuwehren, dann fallen Gebühren nach Nr. 3403 VV (0,8) an. Die Gebühren berechnen sich nach dem Differenzbetrag zwischen der festgesetzten und der erstrebten Wertfestsetzung (§ 23 Abs. 1 S. 2 iVm § 48 Abs. 1 GKG, § 3 ZPO bzw § 42 FamGKG). Im Beschwerdeverfahren richtet sich die Wertfestsetzung für die Anwaltsgebühren nach § 23 Abs. 2 S. 1 und es entstehen Gebühren nach Nr. 3500 VV.

---

21 BGH NJW-RR 1990, 455; BGH NJW 1992, 1967. **22** OLG Koblenz MDR 1994, 99 = OLGZ 1994, 221. **23** BGH NJW-RR 1992, 920. **24** *E. Schneider*, Praxis der neuen ZPO, Rn 1104 ff.

Abschnitt 5
Außergerichtliche Beratung und Vertretung

§ 34 Beratung, Gutachten und Mediation

(1) [1]Für einen mündlichen oder schriftlichen Rat oder eine Auskunft (Beratung), die nicht mit einer anderen gebührenpflichtigen Tätigkeit zusammenhängen, für die Ausarbeitung eines schriftlichen Gutachtens und für die Tätigkeit als Mediator soll der Rechtsanwalt auf eine Gebührenvereinbarung hinwirken, soweit in Teil 2 Abschnitt 1 des Vergütungsverzeichnisses keine Gebühren bestimmt sind. [2]Wenn keine Vereinbarung getroffen worden ist, erhält der Rechtsanwalt Gebühren nach den Vorschriften des bürgerlichen Rechts. [3]Ist im Fall des Satzes 2 der Auftraggeber Verbraucher, beträgt die Gebühr für die Beratung oder für die Ausarbeitung eines schriftlichen Gutachtens jeweils höchstens 250 Euro; § 14 Abs. 1 gilt entsprechend; für ein erstes Beratungsgespräch beträgt die Gebühr jedoch höchstens 190 Euro.

(2) Wenn nichts anderes vereinbart ist, ist die Gebühr für die Beratung auf eine Gebühr für eine sonstige Tätigkeit, die mit der Beratung zusammenhängt, anzurechnen.

I. Gebührenvereinbarung (Abs. 1 S. 1) – Beratung, Gutachten, Mediation

Mit Abs. 1 durchbricht der Gesetzgeber die bislang übliche Gebührenregelung, indem an erster Stelle auf eine Gebührenvereinbarung (S. 1) und an zweiter Stelle auf die Vergütung nach den Vorschriften des bürgerlichen Rechts (S. 2) abgehoben wird. Lediglich für Verbraucher gibt es bei Fehlen einer Gebührenvereinbarung eine Auffangregelung (vgl S. 3). Die Bestimmung regelt die Honorierung des Rechtsanwalts bei Beratung, Gutachtenerstellung und Mediation. **1**

Die **Beratung** betrifft das Innenverhältnis zwischen Rechtsanwalt und Mandant. Geht der an den Rechtsanwalt gerichtete Auftrag über die Beratung hinaus, dann kann zwar auch eine Vergütungsvereinbarung iSv § 3 a abgeschlossen werden; geschieht dies nicht, dann gelten die allgemeinen Vergütungsregelungen nach dem Vergütungsverzeichnis. **2**

Die **Unterscheidung zur Geschäftstätigkeit von Nr. 2300 VV** ist manchmal schwierig und auch umstritten. Der Entwurf eines Schreibens fällt noch unter § 34, der Entwurf eines Vertrages fällt demgegenüber unter Nr. 2300 VV. Im Falle einer verdeckten Tätigkeit empfiehlt sich die Vereinbarung der Abrechnung nach Nr. 2300 VV. **3**

Unter „**Gutachten**" wird eine eingehende schriftliche[1] Untersuchung eines Falles unter Berücksichtigung der Rechtsprechung und Rechtslehre mit eigener Stellungnahme, die zu einer bestimmten Beurteilung des Falles führt, verstanden. Eine geordnete Darstellung des zu beurteilenden Sachverhalts sowie der rechtlichen Probleme und die Auffassung von Rechtsprechung und Literatur ist erforderlich. Eine eigene Stellungnahme zu Rechtsprechung und Literatur ist notwendig, die daraus gezogenen Schlüsse sind für den Auftraggeber darzustellen.[2] Das Gutachten ist idR kein Dienst-, sondern ein Werkvertrag.[3] **4**

Die **Mediation** dient dem gleichgerichteten Interesse der an der Mediation Beteiligten auf Herbeiführen einer einvernehmlichen Regelung.[4] Ziel ist die Herstellung einer vertraglichen Einigung unter Wahrung der unterschiedlichen Interessen (vgl auch die Legaldefinition in § 1 MediationsG). § 34 regelt lediglich die Vergütung des Mediators, nicht aber der an der Mediation als Parteivertreter beteiligten Rechtsanwälte, für die Nr. 2303 VV unter den dortigen Bedingungen gilt. **5**

Für die Gebührenvereinbarung des § 34 gelten nicht die strengen Form- und Inhaltsvorschriften des § 3 a Abs. 1 S. 1 und 2, wie § 3 a Abs. 1 S. 4 betont. Grundsätzlich kann also eine Gebührenvereinbarung nach § 34 auch **mündlich** abgeschlossen werden; empfehlenswert dürfte dies aus Beweisgründen nicht sein. Den Abreden der Parteien muss sich entnehmen lassen, dass oder in welchem Umfang die vereinbarte Vergütung ausschließlich Leistungen nach § 34 umfasst.[5] Von den strengen Vorschriften des § 3 a Abs. 1 gelten also bspw nicht die Regelung über die Trennung von Vergütungsvereinbarung und anderen Regelungen. Die Hinweispflicht auf die Kostenerstattung durch Dritte in Höhe der gesetzlichen Vergütung ist angesichts der Notwendigkeit zum Abschluss einer Vergütungsvereinbarung ebenfalls hinfällig. **6**

---

1 OLG München MDR 1992, 195; OLG München AnwBl 1999, 228. **2** OLG Karlsruhe BB 1976, 334; OLG München MDR 1992, 193. **3** BGH NJW 1965, 106; BGH NJW 1967, 719 = MDR 1967, 296; LG Hamburg AnwBl 1975, 237. **4** Gerold/Schmidt/*Mayer*, § 34 Rn 36. **5** BGH BRAK-Mitt. 2016, 90.

II. Fehlen einer Gebührenvereinbarung (Abs. 1 S. 2) – Vergütung nach bürgerlichem Recht

7   Wurde keine Vergütungsvereinbarung ausgehandelt und abgeschlossen, dann erhält der Rechtsanwalt die Gebühren nach den Vorschriften des bürgerlichen Rechtes, es gilt also § 612 BGB; im Falle eines Gutachtensauftrags gilt § 632 BGB. Festzustellen ist in diesem Fall die **übliche Vergütung**; insoweit wird auf die einschlägigen Kommentierungen zu den §§ 612 und 632 BGB verwiesen. Obwohl die Regelung inzwischen zehn Jahre gilt, bereitet die Feststellung der (am Ort) üblichen Gebühr weiterhin Probleme.[6]

8   Die übliche Vergütung kann **streitwertabhängig** unter Berücksichtigung der Gebührentabelle sein. Sie kann aber auch in einem **Zeithonorar** bestehen. Für die übliche Vergütung auf Zeithonorarbasis gibt die sog. Erstberatungsgebühr iHv 190 € einen Anhaltspunkt: Allgemein wird für die Erstberatung ein zeitlicher Aufwand von einer Stunde als zutreffend angesehen,[7] so dass bei einer zeitlich darüber hinausgehenden Beratung eines Nicht-Verbrauchers dieser Stundensatz zugrunde gelegt werden könnte.

III. Kappungsgrenze bei Verbrauchermandat (Abs. 1 S. 3)

9   Ist keine Vergütungsvereinbarung getroffen, so erfolgt bei der Vergütung nach bürgerlichem Recht gegenüber einem **Verbraucher** eine Kappung (Abs. 1 S. 3): Das **Erstberatungsgespräch** kann höchstens mit 190 € abgerechnet werden (Hs 3). Geht die Beratung über eine Erstberatung hinaus oder wird ein schriftliches Gutachten ausgearbeitet, so ist gegenüber einem Verbraucher bei fehlender Gebührenvereinbarung ein Betrag von 250 € maximal abrechenbar (Hs 1). Diese Kappung gilt lediglich gegenüber Verbrauchern als Mandanten, wobei der BGH den Begriff des Verbrauchers deutlich ausgeweitet hat.[8]

10 Die Kappung auf 190 € betrifft lediglich ein „erstes Beratungsgespräch", ein Telefongespräch gehört dazu.[9] Schon die schriftliche Beratung fällt nicht unter die Erstberatung, wohl aber unter die Kappung auf 250 €.[10]

IV. Anrechnung (Abs. 2)

11 Die Gebühr für eine Beratung ist auf die Gebühr für eine sonstige Tätigkeit anzurechnen, die mit der Beratung zusammenhängt, sofern nichts anderes vereinbart ist (Abs. 2). Wird bspw aufgrund der Beratung ein Vertretungs- oder Prozessmandat erteilt, so wird ohne die Anrechnung ausschließende Vereinbarung die zuvor verdiente Beratungsgebühr auf die Geschäfts- oder Verfahrensgebühr angerechnet.

12 Ist für die Beratung zB ein Zeithonorar vereinbart und die Beratung sehr umfangreich gewesen, so kann es geschehen, dass die komplette Beratungsgebühr auf die nachfolgende Geschäfts- und Verfahrensgebühr anzurechnen ist und die Geschäfts- und Verfahrenstätigkeit möglicherweise kostenneutral erfolgen muss. Es empfiehlt sich aus diesem Grunde bei Vereinbarung einer Beratungsgebühr, die Anrechnung auszuschließen.[11]

§ 35 Hilfeleistung in Steuersachen

(1) Für die Hilfeleistung bei der Erfüllung allgemeiner Steuerpflichten und bei der Erfüllung steuerlicher Buchführungs- und Aufzeichnungspflichten gelten die §§ 23 bis 39 der Steuerberatervergütungsverordnung in Verbindung mit den §§ 10 und 13 der Steuerberatervergütungsverordnung entsprechend.

(2) [1]Sieht dieses Gesetz die Anrechnung einer Geschäftsgebühr auf eine andere Gebühr vor, stehen die Gebühren nach den §§ 23, 24 und 31 der Steuerberatervergütungsverordnung, bei mehreren Gebühren deren Summe, einer Geschäftsgebühr nach Teil 2 des Vergütungsverzeichnisses gleich. [2]Bei der Ermittlung des Höchstbetrags des anzurechnenden Teils der Geschäftsgebühr ist der Gegenstandswert derjenigen Gebühr zugrunde zu legen, auf die angerechnet wird.

I. Allgemeines

1   Rechtsanwälte sind gem. § 3 Nr. 1 StBerG zur unbeschränkten geschäftsmäßigen Hilfeleistung in Steuersachen befugt. Dementsprechend ist eine Vielzahl von Rechtsanwälten steuerberatend tätig. Da die BRAGO

---

6 Mayer/Kroiß/*Teubel/Winkler*, § 34 Rn 61. **7** BGH AnwBl 2007, 870 = RVGreport 2008, 19; AG Augsburg AGS 1999, 132; *Henke*, AGS 1994, 78. **8** Vgl beispielhaft BVerfG NJW 2007, 286; BGH AnwBl 2003, 721; BGH NJW 2009, 3780; BGH MDR 2005, 796; BGH MDR 2008, 131; BGH NJW 2011, 1236; BAG NJW 2005, 1273; OLG München NJW-Spezial 2008, 738; LG Köln WuM 2009, 730. **9** AG Uelzen 25.10.2007 – 3 C 5424/07, nv; AG Detmold AGS 2009, 430 m. Anm. *N. Schneider*. **10** AnwK-RVG/*Onderka*, § 34 Rn 111; Mayer/Kroiß/*Teubel/Winkler*, § 34 Rn 102. **11** S. zB Hinne u.a./*Winkler*, Vereinbarungen mit Mandanten, 3. Aufl. 2015, Rn 412.

keine Vergütungsregelung für die steuerberatende Berufstätigkeit des Rechtsanwalts vorsah, war § 35 mit dem 1. KostRMoG zum 1.7.2004 eingeführt worden.

II. Abrechnung der Vergütung nach der StBVV

1. Allgemeines. Die §§ 23–39 StBVV regeln die für die Hilfeleistung in Steuersachen in Betracht kommenden Tatbestände umfassend, so dass sich der Gesetzgeber bereits bei Einführung der Vorschrift des § 35 dazu entschlossen hatte, darauf auch für die Abrechnung des Rechtsanwalts zu verweisen, der in Steuersachen Hilfe leistet, um eine angemessene Vergütung für ihn bei diesen Tätigkeiten zu erreichen. Die Vorschriften der **StBVV** sind über § 35 allerdings nur dann anwendbar, wenn sich für die anwaltliche Tätigkeit **keine vorrangigen Bestimmungen aus dem RVG** ergeben. Das ist insb. dann der Fall, soweit eine Verweisung in § 35 unterblieben ist. **2**

2. Gebühren des Rechtsanwalts bei Rat, Auskunft, Erstberatung und Gutachten. Der Gesetzgeber hat in Abs. 1 nicht auf den 4. Abschnitt der StBVV – die §§ 21, 22 StBVV – verwiesen, so dass bei Rat, Auskunft, Erstberatung und Ausarbeitung eines Gutachtens in Steuersachen § 34 für die Abrechnung der anwaltlichen Tätigkeit maßgeblich ist. **3**

3. Gebühren im außergerichtlichen Rechtsbehelfsverfahren. Auch auf den 6. Abschnitt der StBVV, die §§ 40–44 StBVV (Gebühren für die Vertretung im außergerichtlichen Rechtsbehelfsverfahren und im Verwaltungsvollstreckungsverfahren), und auf den 7. Abschnitt, die §§ 45, 46 StBVV (Gerichtliche und andere Verfahren), wird nicht verwiesen, so dass der Rechtsanwalt seine Tätigkeit im außergerichtlichen Verwaltungsverfahren, insb. im Rechtsbehelfsverfahren (Einspruchsverfahren) gegen einen Verwaltungsakt, nach den Nr. 2300 ff VV abrechnet. **4**

4. Gebühren im gerichtlichen Verfahren. Ist der Rechtsanwalt im gerichtlichen Verfahren vor den Finanzgerichten tätig, so rechnet er seine Gebühren unmittelbar nach Teil 3 VV ab. Die StBVV selbst verweist insoweit auf das RVG (§ 45 StBVV). **5**

5. Abrechnung von Auslagen. Umsatzsteuer, Entgelte für Post- und Telekommunikationsdienstleistungen, Dokumentenpauschale und Kosten für Geschäftsreisen und Abwesenheitsgeld sind in den §§ 15–20 StBVV geregelt, auf die § 35 nicht verweist mit der Folge, dass der Anwalt bei Abrechnung seiner Gebühren nach der StBVV Auslagen etc. immer nach dem RVG abrechnet. **6**

III. Gebühren nach der StBVV

Die StBVV sieht **Wertgebühren, Rahmengebühren, Zeitgebühren** und **Pauschalvergütungen** vor. **7**

§ 35 verweist auf die §§ 10, 11, 23–39 StBVV. Danach ist in erster Linie nach Wertgebühren, vereinzelt nach Zeitgebühren abzurechnen. Für die in §§ 23–27, 30, 31, 33, 35, 37, 38 Abs. 1, 39 StBVV geregelten Tätigkeiten sind überwiegend **Wertgebühren** maßgeblich und, soweit die §§ 24 Abs. 4, 25 Abs. 2, 28, 29 Nr. 1, 32, 33 Abs. 7, 34 Abs. 5, 35 Abs. 3, 36 Abs. 1 und 2, 38 Abs. 2 StBVV betroffen sind, entsteht eine **Zeitgebühr.** Für die Lohnbuchführung wird eine **Betragsrahmengebühr** nach § 34 StBVV ausgelöst, deren Rahmen über § 35 RVG nach § 11 StBVV zu bestimmen ist. Auf die Regelung zur Pauschalvergütung verweist § 35 nicht, so dass sich Vereinbarungen über die Vergütung nach § 3 a und nicht nach § 14 StBVV richten. **8**

Soweit der Gesetzgeber in den §§ 23–39 StBVV Zeitgebühren regelt, sind sie über Abs. 1 S. 1 auch für die entsprechende Tätigkeit des Rechtsanwalts maßgeblich, obwohl das RVG Zeitgebühren nur im Rahmen einer Vergütungsvereinbarung kennt. Zeitgebühren sind insb. für Tätigkeiten nach § 24 Abs. 4 StBVV (Anfertigung einer Erklärung zur Hauptfeststellung, Fortschreibung oder Nachfeststellung der Einheitswerte für Grundbesitz, Arbeiten zur Feststellung des verrechenbaren Verlusts gem. § 15 a EStG) zu berücksichtigen. **9**

Der **Mindestbetrag** einer Gebühr beträgt gem. § 3 Abs. 1 StBVV 10 €. Dieser Mindestbetrag ist für den Rechtsanwalt aber deshalb nicht maßgeblich, weil § 35 nicht auf den 1. Abschnitt der StBVV verweist und für den Rechtsanwalt deshalb § 13 Abs. 2 maßgebend ist (15 €). **10**

IV. Änderungen des § 35

1. Änderungen durch Verordnung vom 11.12.2012. Durch Art. 6 der Verordnung zum Erlass und zur Änderung steuerlicher Verordnungen vom 11.12.2012[1] war der Name der Verordnung geändert worden: Die ursprüngliche Bezeichnung „Steuerberater*gebühren*verordnung" wurde durch die Bezeichnung „Steuerberater*vergütungs*verordnung" ersetzt. Anlass war, dass die Verordnung nicht nur die Erhebung von Gebüh- **11**

---

[1] BGBl. 2012 I 2637.

8 RVG § 35 | Abschnitt 5 | Außergerichtliche Beratung und Vertretung

ren, sondern auch die Erstattung von **Auslagen** regelt. Beides wird von dem Begriff der **Vergütung** nunmehr umfasst. Deshalb wäre auch in der Regelung des § 35 eine entsprechende Anpassung vorzunehmen gewesen. Das hatte der Gesetzgeber aber vergessen, so dass durch die Verordnung vom 11.12.2012 eine Umbenennung zunächst nicht erfolgt war.

12 In der StBVV waren die Gegenstandswerte und Gebührenbeträge mWz 1.1.2013 angehoben worden. Für den Rechtsanwalt galten insoweit bereits vor dem 1.8.2013 (Inkrafttreten 2. KostRMoG) höhere Gebührenbeträge. Zu beachten ist allerdings, dass die sich aus den Tabellen der StBVV ergebenden Gebührenbeträge unterhalb derjenigen des § 13 gelegen sind und sich auch unabhängig davon entwickeln.

13 **2. Änderungen durch das 2. KostRMoG.** Die vergessene Umbenennung der „StGebV" in „StBVV" in § 35 (→ Rn 11) sollte auf der Grundlage des 2. KostRMoG nachgeholt werden. Der Gesetzgeber hat eine Änderung des Abs. 2 realisiert, dabei aber wiederum übersehen, dass auch Abs. 1 eine Verweisung enthält. Soweit im Zuge des 2. KostRMoG der Zitiername der Verordnung in Abs. 2 in „StBVV" geändert worden war, hatte der Gesetzgeber aber eine Anpassung in Abs. 1 unterlassen. Die erforderliche Anpassung des Abs. 1 erfolgte schließlich mWz 16.7.2014.[2]

14 Durch das 2. KostRMoG ist Nr. 2301 VV aF aufgehoben worden.[3] Es war deshalb eine Anrechnungsregelung für diejenigen Fälle erforderlich, in denen sich die Gebühren in einer dem Rechtsbehelfsverfahren vorausgehenden anwaltlichen Tätigkeit nicht unmittelbar nach dem RVG, sondern gem. § 35 nach der StBVV richten. Eine solche Regelung ergibt sich nunmehr aus Abs. 2 S. 1. Die Regelung des Abs. 2 S. 2 stellt ergänzend für die Ermittlung des Höchstbetrags des anzurechnenden Teils der Geschäftsgebühr klar, dass der Gegenstandswert derjenigen Gebühr maßgeblich ist, auf die angerechnet wird.

V. Die Abrechnung der Gebühren des Rechtsanwalts bei der Hilfeleistung in Steuersachen

15 **1. Gebühren für die Beratung (Rat, Auskunft, Erstberatung, Gutachten).** Die Gebühren des Rechtsanwalts bei Rat, Auskunft, Erstberatung oder Ausarbeitung eines Gutachtens richten sich nach § 34, weil § 35 nicht auf die §§ 21 und 22 StBVV verweist.

16 **2. Gebühren für die Hilfeleistung bei der Erfüllung allgemeiner Steuerpflichten, Buchführungs- und Aufzeichnungspflichten.** Für die Hilfeleistung bei der Erfüllung allgemeiner Steuerpflichten, Buchführungs- und Aufzeichnungspflichten richten sich die Gebühren aufgrund der in Abs. 1 enthaltenen Verweisung nach den §§ 23–29 StBVV iVm §§ 10, 13 StBVV.

17 **a) Wertgebühren.** Die Wertgebühren bestimmen sich nach den der StBVV als Anlage beigefügten Tabellen A bis E (§ 10 Abs. 1 S. 1 StBVV). Soweit nach dem Gegenstandswert abzurechnen ist, entspricht er dem Wert, den der Gegenstand der beruflichen Tätigkeit hat (§ 10 Abs. 1 S. 2 StBVV). Soweit die StBVV nichts anderes bestimmt, ist der Wert des Interesses maßgeblich.

18 **Beispiel:** Der Rechtsanwalt stellt einen Antrag auf Anpassung der Vorauszahlung von 5.000 € auf 0,00 €. Abzurechnen ist wie folgt:

1. 4/10-Gebühr, § 35 RVG iVm § 23 S. 1 Nr. 3 StBVV (Wert: 5.000 €)	126,40 €
2. Postentgeltpauschale, Nr. 7002 VV	20,00 €
Zwischensumme	146,40 €
3. 19 % Umsatzsteuer, Nr. 7008 VV	27,82 €
Gesamt	**174,22 €**

19 In derselben Angelegenheit werden die Werte mehrerer Gegenstände zusammengerechnet, es sei denn, der Rechtsanwalt leistet Tätigkeiten nach den §§ 24–27, 30, 35 und 37 StBVV ab (§ 10 Abs. 2 StBVV).

20 **b) Zeitgebühren.** Führt der Rechtsanwalt Tätigkeiten nach § 24 Abs. 4, § 25 Abs. 2, § 28, § 29 Nr. 1, § 32, § 33 Abs. 7, § 34 Abs. 5, § 35 Abs. 3, § 36 Abs. 1 und 2, § 38 Abs. 2 StBVV aus, entsteht eine **Zeitgebühr**. Zeitgebühren sind auch dann abzurechnen, wenn keine genügenden Anhaltspunkte für die Ermittlung des Gegenstandswerts vorliegen (§ 13 StBVV). Die Zeitgebühr beträgt 30 bis 70 € je angefangene Stunde.

21 Für Tätigkeiten nach § 23 StBVV, für das außergerichtliche Rechtsbehelfsverfahren nach § 40 StBVV und in den Verfahren nach den §§ 44, 45, 46 StBVV kommt die Abrechnung einer Zeitgebühr nie in Betracht.

22 **Beispiel:** Der Rechtsanwalt fertigt die Meldung über die Beteiligung an ausländischen Körperschaften, Vermögensmassen und Personenvereinigungen und an ausländischen Personengesellschaften gem. § 24 Abs. 4 Nr. 4 StBVV und wendet 1,5 Stunden dazu auf. Die Angelegenheit hat für den Auftraggeber durchschnittliche Bedeutung, so dass die mittlere Zeitgebühr angemessen ist. Abzurechnen ist wie folgt:

1. Zeitgebühr, § 35 RVG iVm § 24 Abs. 4 Nr. 4 StBVV (1,5 Stunden)	100,00 €
2. Postentgeltpauschale, Nr. 7002 VV	20,00 €

---

2 Durch Art. 10 Nr. 3 G v. 8.7.2014 (BGBl. I 890, 895). **3** *Schneider/Thiel*, Neues Gebührenrecht für Anwälte, § 3 Rn 247.

Zwischensumme	120,00 €
3. 19 % Umsatzsteuer, Nr. 7008 VV	22,80 €
Gesamt	**142,80 €**

c) Gebühren für die Vertretung im außergerichtlichen Rechtsbehelfsverfahren. Vertritt der **Rechtsanwalt** 23 den Auftraggeber im außergerichtlichen Rechtsbehelfsverfahren – Einspruchsverfahren –, scheidet eine Abrechnung nach der StBVV aus. Soweit der **Steuerberater** den Auftraggeber im außergerichtlichen Rechtsbehelfsverfahren vertritt, rechnet er nach § 40 StBVV ab. § 35 verweist aber nicht auf § 40 StBVV, so dass der Tatbestand des § 40 StBVV, der allerdings ebenfalls eine Abrechnung nach dem RVG verweist, für die anwaltliche Tätigkeit auch nicht einschlägig sein kann. Die Tätigkeit des Rechtsanwalts im außergerichtlichen Rechtsbehelfsverfahren ist vielmehr unmittelbar nach dem RVG abzurechnen (Nr. 2300 ff VV).

Beispiel: Der Rechtsanwalt legt Einspruch gegen den Steuerbescheid ein, mit dem das Finanzamt Einkommensteu- 24 er iHv 10.000 € festgesetzt hat. Der Auftraggeber begehrt eine Reduzierung der festgesetzten Einkommensteuer iHv 8.000 €. Der Rechtsanwalt rechnet seine Tätigkeit im Einspruchsverfahren wie folgt ab:

1. 1,3-Geschäftsgebühr, Nr. 2300 VV (Wert: 8.000 €)	592,80 €
2. Postentgeltpauschale, Nr. 7002 VV	20,00 €
Zwischensumme	612,80 €
3. 19 % Umsatzsteuer, Nr. 7008 VV	116,43 €
Gesamt	**729,23 €**

d) Gebühren für die Vertretung im Verwaltungsvollstreckungsverfahren. Vertritt der **Rechtsanwalt** den Auf- 25 traggeber im Verwaltungsvollstreckungsverfahren, scheidet eine Abrechnung nach der StBVV ebenfalls aus. Soweit der **Steuerberater** den Auftraggeber im Verwaltungsvollstreckungsverfahren vertritt, rechnet er seine Gebühren nach § 44 StBVV ab, der auf die entsprechende Anwendung der Vorschriften des RVG verweist. § 35 verweist aber nicht auf § 44 StBVV, so dass der Tatbestand des § 44 StBVV für die anwaltliche Tätigkeit auch nicht einschlägig sein kann. Die Tätigkeit des Rechtsanwalts im Verwaltungsvollstreckungsverfahren ist vielmehr **unmittelbar** nach dem RVG abzurechnen (Vorbem. 3.3.3 Nr. 3 VV).

e) Gebühren für die Vertretung im gerichtlichen Verfahren vor den Gerichten der Finanzgerichtsbar- 26 **keit.** Vertritt der **Rechtsanwalt** den Auftraggeber im finanzgerichtlichen Verfahren, scheidet eine Abrechnung nach der StBVV aus. Soweit der **Steuerberater** den Auftraggeber im gerichtlichen Verfahren vertritt, rechnet er nach § 45 StBVV ab, der die Vorschriften des RVG für entsprechend anwendbar erklärt. § 35 verweist aber nicht auf § 45 StBVV, so dass der Tatbestand des § 45 StBVV für die anwaltliche Tätigkeit auch nicht einschlägig sein kann. Die Tätigkeit des Rechtsanwalts im gerichtlichen Verfahren ist vielmehr **unmittelbar** nach dem RVG abzurechnen (Nr. 3200 ff VV).

VI. Anrechnung der Geschäftsgebühr nach dem RVG

1. Allgemeines. Im Rahmen des 2. KostRMoG hat der Gesetzgeber die Vorschrift der ermäßigten Rahmen- 27 gebühr nach Nr. 2301 VV aF bei Vorbefassung aufgehoben.[4] Es war deshalb eine ergänzende Regelung für diejenigen Fälle erforderlich, in denen sich die Gebühren in einer dem Rechtsbehelfsverfahren vorausgehenden anwaltlichen Tätigkeit nicht unmittelbar nach dem RVG richten, sondern nach der StBVV. Nach Abs. 2 S. 1 iVm §§ 23, 24 oder 31 StBVV ist die entstandene Gebühr anzurechnen wie eine Geschäftsgebühr gem. der Nr. 2300 VV. Gemäß Vorbem. 2.3 Abs. 4 S. 1 VV und Vorbem. 3 Abs. 4 S. 1 VV erfolgt eine hälftige Anrechnung, höchstens zu einem Gebührensatz von 0,75. Der Gegenstandswert nach der StBVV im Besteuerungsverfahren ist idR höher als der Gegenstandswert nach dem RVG im Nachprüfungsverfahren. Abs. 2 S. 2 ordnet deshalb an, dass die Gebühr nach der StBVV nur nach dem geringen Wert der nachfolgenden Geschäftsgebühr anzurechnen ist.

2. Hilfeleistung in Steuersachen und Einspruchsverfahren. In dieser Konstellation erfolgt die Abrechnung 28 wie folgt:

Beispiel: Der Anwalt war beauftragt, an der Schenkungsteuererklärung (Wert der Schenkung: 500.000 €) mitzuwirken und beim Finanzamt einzureichen. Es ist ein Schenkungsteuerbescheid über 10.000 € ergangen. Dagegen legt der Rechtsanwalt auftragsgemäß Einspruch ein.

Für das Besteuerungsverfahren erhält der Anwalt eine Gebühr nach § 35 RVG iVm § 24 Abs. 1 Nr. 13 StBVV auf der Grundlage der Tabelle A der StBVV. Der Gegenstandswert richtet sich nach § 24 Abs. 1 Nr. 13 StBVV und beläuft sich auf den Rohwert der Schenkung (mindestens 12.500 €).

Im Einspruchsverfahren greift die Verweisung des § 35 RVG nicht, da auf § 40 StBVV nicht Bezug genommen wird. Der Anwalt rechnet seine Tätigkeit deshalb im Einspruchsverfahren unmittelbar nach dem RVG ab. Er erhält daher eine Geschäftsgebühr nach Nr. 2300 VV. Maßgebend ist jetzt nicht der Wert des § 24 Nr. 13 StBVV

---

4 *Schneider/Thiel*, Neues Gebührenrecht für Anwälte, § 3 Rn 247.

(§ 35 RVG), sondern über § 23 Abs. 1 S. 3 RVG, § 52 Abs. 1, 3 GKG der Wert der Forderung, wie sie im Einspruchsverfahren geltend gemacht wird. Da sich der Einspruch auf den gesamten Bescheid bezieht, ist der Gegenstandswert für die anwaltliche Tätigkeit insoweit mit 10.000 € in Ansatz zu bringen. Anzurechnen ist allerdings die Gebühr des § 24 Abs. 1 Nr. 13 StBVV zur Hälfte gem. Vorbem. 2.3 Abs. 4 S. 1 VV aus dem Wert der Steuerforderung iHv 10.000 € (Abs. 2 S. 2).

I. Anfertigung der Schenkungsteuererklärung

1. 6/10-Gebühr, § 35 RVG iVm § 24 Abs. 1 Nr. 13 StBVV (Wert: 500.000 €)	1.634,40 €
2. Postentgeltpauschale, Nr. 7002 VV	20,00 €
Zwischensumme	1.654,40 €
3. Umsatzsteuer, Nr. 7008 VV	310,54 €
Gesamt	**1.964,94 €**

II. Einspruchsverfahren

1. 1,5-Geschäftsgebühr, Nr. 2300 VV (Wert: 10.000 €)	837,00 €
2. gem. § 35 Abs. 2 RVG iVm Vorbem. 2.3 Abs. 4 S. 1 VV anzurechnen 3/10 aus 10.000 € nach Tabelle A der StBVV	– 153,00 €
3. Postentgeltpauschale, Nr. 7002 VV	20,00 €
Zwischensumme	704,00 €
4. 19 % Umsatzsteuer, Nr. 7008 VV	133,76 €
Gesamt	**837,76 €**

29 So ist auch anzurechnen, wenn der Tätigkeit des Anwalts nach Erstellung der Schenkungsteuererklärung und der Tätigkeit im Einspruchsverfahren ein gerichtliches Verfahren nachfolgt. Anzurechnen ist dann über Abs. 2 gem. Vorbem. 3 Abs. 4 S. 1 VV.

30 **3. Hilfeleistung in Steuersachen und Vertretung im gerichtlichen Verfahren.** In dieser Konstellation erfolgt die Abrechnung wie folgt:

31 **Beispiel:** Der Anwalt hatte für seinen Mandanten die Schenkungsteuererklärung (Wert der Schenkung: 500.000 €) erstellt und beim Finanzamt eingereicht. Es ist ein Schenkungsteuerbescheid über 10.000 € ergangen. Gegen den Schenkungsteuerbescheid legt der Mandant selbst unmittelbar Einspruch ein. Nach Zurückweisung wird der Anwalt beauftragt, Klage vor dem Finanzgericht zu erheben.

Für das Besteuerungsverfahren kann der Anwalt die Gebühr nach § 35 RVG iVm § 24 Abs. 1 Nr. 13 StBVV abrechnen. Die Gebühr des § 24 Abs. 1 Nr. 13 StBVV ist zur Hälfte auf die Verfahrensgebühr des gerichtlichen Verfahrens anzurechnen und zwar aus dem Wert der Steuerforderung (§ 35 Abs. 2 S. 2 RVG iVm Vorbem. 3 Abs. 4 S. 1 VV).

Abzurechnen ist deshalb wie folgt:

I. Anfertigung der Schenkungsteuererklärung

1. 6/10-Gebühr, § 35 RVG iVm § 24 Abs. 1 Nr. 13 StBVV (Wert: 500.000 €)	1.634,40 €
2. Postentgeltpauschale Nr. 7002 VV	20,00 €
Zwischensumme	1.654,40 €
3. Umsatzsteuer, Nr. 7008 VV	310,54 €
Gesamt	**1.964,94 €**

II. Gerichtliches Verfahren

1. 1,6-Verfahrensgebühr, Nr. 3200 VV (Wert: 10.000 €)	892,80 €
2. gem. § 35 Abs. 2 RVG iVm Vorbem. 3 Abs. 4 S. 1 VV anzurechnen 3/10 aus 10.000 € nach Tabelle A der StBVV	– 153,00 €
3. 1,2-Terminsgebühr, Nr. 3202 VV (Wert: 10.000 €)	669,60 €
4. Postentgeltpauschale, Nr. 7002 VV	20,00 €
Zwischensumme	1.429,40 €
5. 19 % Umsatzsteuer, Nr. 7008 VV	271,59 €
Gesamt	**1.700,99 €**

32 **4. Mehrere Tätigkeiten nach den §§ 23, 24, 39 StBVV (Hilfeleistung in Steuersachen) und Tätigkeit im Einspruchsverfahren.** Nach der StBVV können grds. mehrere Gebühren anfallen. Für diesen Fall bestimmt **Abs. 2 S. 2**, dass die Summe der Gebühren hälftig **anzurechnen** ist.

33 **Beispiel:** Der Rechtsanwalt fertigt die Gewerbesteuererklärung (§ 24 Abs. 1 Nr. 5 StBVV) und führt eine Besprechung mit dem Finanzamt über tatsächliche und rechtliche Fragen (§ 31 Abs. 1 StBVV). Darüber hinaus vertritt der Rechtsanwalt den Auftraggeber im Einspruchsverfahren, dessen Gegenstand der Bescheid über die Festsetzung der Körperschaftsteuer über 10.000 € ist. Anzurechnen ist jetzt die Summe der Gebühren des § 24 Abs. 1 Nr. 5 StBVV und des § 31 Abs. 1 StBVV zur Hälfte (Vorbem. 2.3. Abs. 4 S. 1 VV), und zwar aus dem Wert der Steuerforderung (Abs. 2 S. 2).

Ausgehend von den Mittelgebühren ist abzurechnen wie folgt:

I. Besteuerungsverfahren
1. 5/10-Gebühr, § 35 RVG iVm § 24 Abs. 1 Nr. 5 StBVV (Wert: 40.000 €) 473,50 €
2. 7,5/10-Gebühr, § 35 RVG iVm § 31 StBVV (Wert: 40.000 €) 710,25 €
3. Postentgeltpauschale, Nr. 7002 VV 20,00 €
   Zwischensumme 1.203,75 €
4. 19 % Umsatzsteuer, Nr. 7008 VV 228,71 €
   Gesamt **1.432,46 €**

II. Einspruchsverfahren
1. 1,5-Geschäftsgebühr, Nr. 2300 VV (Wert: 10.000 €) 837,00 €
2. gem. § 35 Abs. 2 RVG iVm Vorbem. 2.3 Abs. 4 S. 1 VV anzurechnen (1,25 : 2 =) 6,25/10
   aus 10.000 € nach Tabelle A der StBVV − 318,75 €
3. Postentgeltpauschale, Nr. 7002 VV 20,00 €
   Zwischensumme 538,25 €
4. 19 % Umsatzsteuer, Nr. 7008 VV 102,27 €
   Gesamt **640,52 €**

Ebenso ist anzurechnen, wenn der Tätigkeit ein gerichtliches Verfahren nachfolgt. Es gilt dann Abs. 2 iVm 34
Vorbem. 3 Abs. 4 S. 1 VV.

Zu beachten ist die Begrenzung der Anrechnung auf 0,75 nach Vorbem. 2.3 Abs. 4 S. 1 VV und Vorbem. 3 35
Abs. 4 S. 1 VV.

VII. Wertbegrenzung gem. § 22 Abs. 2

In der StBVV ist keine Begrenzung des Gegenstandswerts vorgesehen (arg. e § 10 StBVV). Dies gilt auch für 36
den Fall, dass der Rechtsanwalt in derselben Angelegenheit mehrere Personen wegen verschiedener Gegenstände vertritt. Abs. 1 verweist auf § 10 StBVV, so dass § 22 aus diesem Grund unanwendbar sein dürfte.
§ 35 enthält insb. auch keine § 23 Abs. 1 S. 4 vergleichbare Reglung, wonach § 22 anzuwenden wäre. Bei
der **Hilfeleistung in Steuersachen** gilt deshalb bei der Abrechnung der anwaltlichen Tätigkeit **keine Wertbegrenzung**. Im **Rechtsbehelfsverfahren** und im **gerichtlichen Verfahren** ist § 22 hingegen deshalb anzuwenden, weil sich die Abrechnung der Gebühren des Rechtsanwalts unmittelbar nach dem RVG richtet. Die
Unterscheidung ist sachgerecht, weil der Rechtsanwalt, der Hilfe in Steuersachen leistet, die gleichen Gebühren erhalten soll wie der Steuerberater, zumal sich auch die Gebührensätze und die Gebührenhöhe nach
der Anlage zur StBVV richten. Die Anwendung des § 22 Abs. 2 würde zu unsachgerechten Ergebnissen,
insb. zu einer Ungleichbehandlung führen.

Überwiegend wird die Auffassung vertreten, die sich aus § 22 Abs. 2 ergebende Wertbegrenzung sei für die 37
Tätigkeit des Rechtsanwalts bei der Hilfeleistung in Steuersachen zu berücksichtigen. Dogmatische Gründe
tragen diese Auffassung nicht.

Beispiel: Der Auftraggeber muss eine Schenkungsteuererklärung abgeben. Der Wert der Schenkung beträgt 38
90 Mio. €. Er beauftragt den Rechtsanwalt mit der Abgabe der Schenkungsteuererklärung. Der Steuerberater
rechnet die Abgabe der Steuererklärung gem. § 24 Abs. 1 Nr. 12 StBVV ab und zwar ausgehend von einer Mittelgebühr (6/10) und einem Gegenstandswert, der dem Wert der Schenkung entspricht (90 Mio. €), und erhält hierfür Gebühren wie folgt:

Für den Rechtsanwalt richten sich die Gebühren nach § 24 Abs. 1 Nr. 13 StBVV (§ 35 RVG). Die Nr. 2300 ff VV
sind nicht anwendbar, weil § 35 RVG auf die entsprechende Vorschrift der StBVV verweist. Hinsichtlich des Gegenstandswerts gilt für den Rechtsanwalt einschränkend und in Ergänzung zu § 35 RVG iVm § 24 Abs. 1 Nr. 13
StBVV § 22 Abs. 2 S. 1 RVG, wonach der Anwalt seiner Berechnung höchstens einen Wert von 30 Mio. € zugrunde legen darf.

VIII. Vergütungsvereinbarung

Auch in Tätigkeiten, die die Hilfeleistung in Steuersachen betreffen, bleibt es dem Rechtsanwalt unbenom- 39
men, abweichend von der Abrechnung nach § 35 iVm der StBVV eine Vergütungsvereinbarung zu treffen.
Zu berücksichtigen sind dabei die Voraussetzungen des § 3 a. § 14 StBVV ist nicht zu berücksichtigen, weil
§ 35 keine entsprechende Verweisung enthält.

IX. Abrechnung von Auslagen

Auslagen sind nach Nr. 7000 ff VV abzurechnen, weil § 35 auf die Auslagentatbestände der StBVV (§§ 15– 40
20 StBVV) nicht verweist.

§ 36 Schiedsrichterliche Verfahren und Verfahren vor dem Schiedsgericht

(1) Teil 3 Abschnitt 1, 2 und 4 des Vergütungsverzeichnisses ist auf die folgenden außergerichtlichen Verfahren entsprechend anzuwenden:

1. schiedsrichterliche Verfahren nach Buch 10 der Zivilprozessordnung und

2. Verfahren vor dem Schiedsgericht (§ 104 des Arbeitsgerichtsgesetzes).

(2) Im Verfahren nach Absatz 1 Nr. 1 erhält der Rechtsanwalt die Terminsgebühr auch, wenn der Schiedsspruch ohne mündliche Verhandlung erlassen wird.

I. Funktion der Schiedsgerichte und Verhältnis zur staatlichen Gerichtsbarkeit

1   Ein wesentliches Charakteristikum zivilrechtlicher Rechtsbeziehungen ist deren Gestaltbarkeit durch freien Willensentschluss der Betroffenen. Diese Dispositionsmöglichkeit betrifft nicht nur die materielle Seite des Zivilrechts, sie setzt sich auch im Formellen fort. Zivilrechtliche Rechtsbeziehungen sind nicht nur ihrem Inhalt nach gestaltbar, sondern auch in der Frage ihrer endgültigen Klärung; auch der Zivilrechtsstreit kann – so die Betroffenen dies übereinstimmend wollen – abseits des Systems staatlicher Gerichtsbarkeit durch **privatgerichtliche Strukturen**, durch **Schiedsgerichte**, rechtskräftig entschieden werden.[1]

2   Auf der Grundlage einer entsprechenden Empfehlung durch die Generalversammlung der Vereinten Nationen, die diese in Form einer Resolution am 11.12.1985 ausgesprochen hat,[2] hat der deutsche Gesetzgeber im **10. Buch der ZPO**, in §§ 1025 ff ZPO, Kernvorschriften für ein schiedsrichterliches Verfahren erlassen, die einen rechtsstaatlichen Rahmen für Schiedsgerichte gewährleisten sollen.[3] Es bleibt freilich zu beachten, dass die Vorschriften der §§ 1025 ff ZPO ihrem Charakter nach grds. von einer Gestaltbarkeit der Abläufe eines Schiedsverfahrens durch die Beteiligten ausgehen.

3   Ihre Grenzen findet die inhaltliche Offenheit der **schiedsverfahrensrechtlichen Normen der ZPO** dort, wo der Staat einem Schiedsspruch auf der Grundlage seiner verfassungsmäßig garantierten rechtsstaatlichen Grundsätze die Anerkennung versagen muss, so dass der ergangene Schiedsspruch den Rechtsstreit nicht zu beenden vermag, sondern seinerseits rechtliche Streitfragen aufwirft. Um derartigen Problematiken von vornherein zu begegnen, sieht die ZPO eine Reihe von **Antragsmöglichkeiten** zugunsten der Parteien eines schiedsgerichtlichen Verfahrens vor, die gewährleisten sollen, dass das Schiedsverfahren in einer Art und Weise abläuft, die den **Schiedsspruch als Äquivalent zum Urteil** eines staatlichen Gerichts anerkennen lassen und damit die **Vollstreckung** eröffnet, die wegen des Gewaltmonopols des Staates allein den staatlichen Gerichten obliegt (§ 794 Abs. 1 Nr. 4 a ZPO iVm §§ 1060 f ZPO).

4   Zu diesen Antragsrechten gehören: Probleme bei der **Zusammensetzung** des Schiedsgerichts nach §§ 1034, 1035, 1037, 1038 ZPO; Fragen der **Zulässigkeit oder Unzulässigkeit eines Schiedsverfahrens** nach § 1032 ZPO; Fragen der **Unzuständigkeit des entsprechenden Schiedsgerichts** nach § 1040 ZPO; Fragen der Vollziehung, Änderung oder Aufhebung von Maßnahmen des **einstweiligen Rechtsschutzes** nach § 1041 ZPO; Fragen der **Aufhebung eines ergangenen Schiedsspruches** (§ 1059 ZPO); Fragen, die durch die **Vollstreckbarerklärung** ausgelöst werden (§§ 1060 ff ZPO).

II. Schiedsrichterliche Verfahren nach Buch 10 der ZPO (Abs. 1 Nr. 1)

5   **1. Echte und unechte Schiedsgerichte.** Abs. 1 Nr. 1 ist inhaltlich begrenzt auf schiedsrichterliche Verfahren, die auf der Grundlage des 10. Buches der ZPO, also nach den §§ 1025 ff ZPO, ablaufen. Dies setzt zunächst und vor allem voraus, dass es sich im konkreten Fall um **echte Schiedsgerichte** handelt. Echte Schiedsgerichte kennzeichnen sich dadurch,

- dass sich die Beteiligten freiwillig dem Schiedsspruch unterwerfen,
- dass sie sämtlich an der konkreten Ausgestaltung des Verfahrens mitwirken können,
- dass eine allseitig freie Richterauswahl gewährleistet ist und
- dass dem gebildeten Schiedsgericht volle Spruchgewalt zugestanden wird.[4]

6   Nicht zuletzt zur Sicherung gerade dieser Kriterien dienen die vorstehend genannten Antragsrechte (→ Rn 4) an staatliche Gerichte, durch die mithilfe staatlicher Gerichtsbarkeit ein nach allen Seiten faires schiedsrichterliches Verfahren herbeigeführt werden kann. Umgekehrt führen die vorgenannten Kriterien einer echten Schiedsgerichtsbarkeit regelmäßig dazu, dass eine Reihe von Gremien und Organen, die auf privatautonomer Grundlage zur Streitschlichtung eingerichtet werden, nicht als Schiedsgerichte iSd

---

1 MüKo-ZPO/*Münch*, Vor § 1025 Rn 99 f. **2** A/RES/40/72. **3** Gesetz zur Neuregelung des Schiedsverfahrensrechts (Schiedsverfahrens-Neuregelungsgesetz – SchiedsVfG) v. 22.12.1997 (BGBl. I 3225), aufgehoben d. Art. 52 G. v. 19.4.2006 (BGBl. I 866, 875) mit Wirkung ab 25.4.2006. **4** MüKo-ZPO/*Münch*, Vor § 1025 Rn 3.

                 NK-GK/*Kreutz/Köpf*

§§ 1025 ff ZPO eingestuft werden können, so in den allermeisten Fällen die zumeist sog. „**Vereins- oder Verbandsgerichte**" der Sportvereine und Sportverbände sowie die „**Parteigerichte**".[5]

Liegt ein Verfahren vor einem echten Schiedsgericht vor, so eröffnet Abs. 1 Nr. 1 die gebührenrechtlichen Vorschriften des Teiles 3 Abschnitt 1, 2 und 4 des Vergütungsverzeichnisses, die Regelgebühren nach Nr. 3100–3211 VV können insoweit also ebenso wie Nr. 3400 ff VV auch im echten schiedsrichterlichen Verfahren erhoben werden, wie sie es auch können, würde der Rechtsstreit vor dem zuständigen staatlichen Gericht betrieben. **7**

Die Begleitung der **Mitwirkungshandlungen eines staatlichen Gerichts** als Prozessbevollmächtigter nach den zuvor genannten Vorschriften, also das gerichtliche Verfahren **8**

- über die Bestellung eines Schiedsrichters oder Ersatzschiedsrichters (§§ 1034, 1035 ZPO),
- über die Ablehnung eines Schiedsrichters (§ 1037 ZPO) oder
- über die Beendigung des Schiedsrichteramts (§ 1038 ZPO) sowie darüber hinaus
- zur Unterstützung bei der Beweisaufnahme (§ 1050 S. 1 Alt. 1 ZPO) oder
- bei der Vornahme sonstiger richterlicher Handlungen (§ 1050 S. 1 Alt. 2 ZPO, „staatsunterstützt betriebenes Schiedsverfahren"),[6]

ist als solche von Abs. 1 Nr. 1 dem Grundsatz nach nicht betroffen, da dafür nicht die allgemeinen gebührenrechtlichen Vorschriften der Nr. 3100–3211 VV gelten, die Abs. 1 Nr. 1 im Schiedsverfahren für entsprechend anwendbar erklärt. Vielmehr ist für alle diese sogenannten Mitwirkungsmöglichkeiten staatlicher Gerichtsbarkeit in Form von **Nr. 3327 VV** ein **besonderer Gebührentatbestand** erlassen worden, der den allgemeinen Gebührennormen der Nr. 3100–3211 VV im Wege der **Spezialität** vorgeht.

Zu beachten ist freilich, dass sämtliche in **Nr. 3327 VV** aufgeführten Unterstützungsakte staatlicher Gerichtsbarkeit wegen **§ 16 Nr. 8** im Kontext des Betreibens des schiedsrichterlichen Verfahrens selbst durch den Prozessbevollmächtigten als **dieselbe Angelegenheit** gelten und keine separate Gebühr auslösen. **9**

Nicht von § 16 Nr. 8 RVG erfasst und damit gebührenrechtlich als **eigenständige Angelegenheit** zu behandeln ist das Verfahren der **Vollstreckbarerklärung von Schiedssprüchen** nach § 1060 Abs. 1 ZPO,[7] das erforderlich ist, um aus dem Schiedsspruch eines echten Schiedsgerichts, das ja nun Privatgericht ist, einen Vollstreckungstitel nach § 794 Abs. 1 Nr. 4 a ZPO zu erlangen, der auf der Grundlage des staatlichen Gewaltmonopols mit den Mitteln (staatlicher) Zwangsvollstreckung durchgesetzt werden kann. Schiedssprüche ausländischer Schiedsgerichte können nach § 1061 ZPO für vollstreckbar erklärt werden, auch hier liegt im Umkehrschluss aus dem Wortlaut von § 16 Nr. 8 RVG eine eigenständige Angelegenheit vor. In beiden Fällen der Vollstreckbarerklärung von Schiedssprüchen ist Abs. 1 Nr. 1 damit direkt anwendbar mit der Folge einer eigenständigen Gebührenberechnung nach Nr. 3100–3211 VV.[8] **10**

2. Abgrenzung zum Schiedsgutachten. Der Tatbestand des Abs. 1 Nr. 1 greift nicht, wenn ein bloßes **Schiedsgutachten**, nicht also ein schiedsgerichtliches Verfahren, angefordert wird. Dieser Fall wird gemeinhin den §§ 317–319 BGB zugeordnet.[9] Fällt also nicht unter §§ 1025 ff ZPO, das 10. Buch der ZPO also, was Tatbestandsvoraussetzung für Abs. 1 Nr. 1 wäre. Er fällt unter den Gebührentatbestand von Nr. 2300 VV.[10] **11**

3. Fragen der Anwendung von Abs. 1 Nr. 1. Soweit der Tatbestand des Abs. 1 Nr. 1 Anwendung findet, soweit also die Nr. 3100–3211 VV, die prinzipiell für das Erkenntnisverfahren vor staatlichen Gerichten konzipiert sind, im schiedsgerichtlichen Verfahren entsprechende Anwendung finden können, sind folgende Maßgaben zu beachten: **12**

a) Verfahrensgebühr. Die Verfahrensgebühr Nr. 3100 VV entsteht für den Prozessbevollmächtigten mit jeder auftragsgemäßen Tätigkeit. Bei Bestimmung der Tätigkeit ist der spezifische Charakter des schiedsrichterlichen Verfahrens zugrunde zu legen.[11] Das Verfahren beginnt mit Einberufung des Schiedsgerichts und endet mit der Übermittlung des Schiedsspruchs als Akt der Kundbarmachung nach § 1054 Abs. 4 ZPO,[12] sofern nicht ein Beschluss zur anderweitigen Verfahrensbeendigung ergeht (§ 1056 Abs. 1 Alt. 2, Abs. 2 ZPO).[13] **13**

b) Terminsgebühr. Hinsichtlich der Terminsgebühr nach Nr. 3104 VV gilt im schiedsrichterlichen Verfahren die Besonderheit, dass für eine Entstehung dieser Gebühr dem Erlass des Schiedsspruchs **keine mündliche Verhandlung vorausgegangen** sein muss, wie **Abs. 2** klarstellt, der den allgemeinen Regeln von Nr. 3104 Abs. 1 Nr. 1 VV im Wege der Spezialität vorgeht.[14] Gerade an dieser Stelle wird die gesteigerte Flexibilität des Schiedsgerichts gegenüber dem staatlichen Gericht deutlich. Das Schiedsgericht ist wegen § 1047 Abs. 1 **14**

---

5 Thomas/Putzo/*Reichold*, ZPO, Vorbem. §§ 1029 ff Rn 2. 6 MüKo-ZPO/*Münch*, § 1050 Rn 30. 7 Thomas/Putzo/*Reichold*, ZPO, § 1060 Rn 7. 8 Gerold/Schmidt/*Mayer*, § 36 Rn 9. 9 MüKo-BGB/*Gottwald*, § 317 Rn 8 ff, 28 ff. 10 Mayer/Kroiß/*Teubel*, § 36 Rn 2. 11 *Hartmann*, KostG, § 36 RVG Rn 6. 12 MüKo-ZPO/*Münch*, § 1054 Rn 38 ff. 13 MüKo-ZPO/*Münch*, § 1056 Rn 14 ff. 14 Gerold/Schmidt/*Mayer*, § 36 Rn 11; *Hartmann*, KostG, § 36 RVG Rn 7; Mayer/Kroiß/*Teubel*, § 36 Rn 3.

ZPO nicht gehalten, zur Vorbereitung seines Schiedsspruchs eine mündliche Verhandlung anzusetzen, soweit es sein ihm in § 1042 Abs. 3 und 4 ZPO eingeräumtes Ermessen korrekt ausübt und dabei insb. den Beteiligten rechtliches Gehör gewährt (§ 1042 Abs. 1 S. 2 ZPO).[15]

15   Abs. 3 der Vorbem. 3 VV ist im Hinblick auf die Spezifika eines schiedsrichterlichen Verfahrens entsprechend zu würdigen. Für das **Entstehen** der Terminsgebühr genügt bereits die Teilnahme des Prozessbevollmächtigten an einem einfachen Erörterungstermin mit anderen Verfahrensbeteiligten als dem Auftraggeber (Vorbem. 3 Abs. 3 S. 3 Nr. 2 Hs 2 VV), zu dem nicht einmal ein Mitglied des Schiedsgerichts selbst anwesend sein muss. Als insoweit gebührenauslösender Termin gilt wegen Vorbem. 3 Abs. 3 S. 1 Alt. 1 iVm S. 3 Nr. 2 Alt. 1 VV auch die Beteiligung an Gesprächen mit anderen Beteiligten, deren Ziel es ist, der Stellung eines Antrags auf Einberufung eines Schiedsgerichts auszuweichen.[16] Gleiches gilt für die Teilnahme an einem Verfahren der Beweisaufnahme, wobei auf der Grundlage der Schiedsvereinbarung zu bestimmen ist, was als Beweisaufnahme zu werten ist, da im privatautonom gestaltbaren privatgerichtlichen Verfahren nicht notwendig auf die gesetzlichen Beweismittel zurückgegriffen werden muss.[17]

16   Nachdem § 16 Nr. 8 das schiedsrichterliche Verfahren selbst und **Akte des staatsunterstützten Betreibens des schiedsrichterlichen Verfahrens** als **einheitliche Angelegenheit** begreift, löst auch die verhandlungsbereite Teilnahme des Prozessbevollmächtigten an Terminen der Unterstützung des schiedsgerichtlichen Verfahrens durch Staatsgerichte die Terminsgebühr aus.

17   Für das Entstehen der Terminsgebühr als solcher ist das **verhandlungsbereite Erscheinen** des Prozessbevollmächtigten **Grundvoraussetzung**; Aktivitäten, die über das grundsätzliche Betreiben hinausreichen, sind wegen des Wortlauts insb. von Vorbem. 3 Abs. 3 VV sowie von Nr. 3104 ff VV nicht erforderlich,[18] auch wenn dadurch der Unterschied zwischen Verfahrensgebühr und Terminsgebühr verwischt wird.[19] Dies aber ist durch den weit gestalteten Wortlaut von Abs. 2, der dem besonderen Charakter des Schiedsverfahrens Rechnung trägt, letztlich konsequente Folge.

18   **c) Einigungsgebühr.** Die Einigungsgebühr aus Nr. 1000 VV findet auch im Kontext eines schiedsrichterlichen Verfahrens Anwendung, die Voraussetzungen für das Entstehen der Gebühr sind die identischen (vgl dazu die Erl. zu Nr. 1000 VV).

19   **d) Rechtsmittelverfahren.** Hinsichtlich der Gebührenberechnung im **Rechtsmittelverfahren** gelten – soweit das Schiedsverfahren in seiner konkreten Gestalt mehrere Rechtszüge ermöglicht – die Gebührenvorschriften für Berufung und Revision entsprechend, also die Nr. 3200 ff VV und die Nr. 3206 ff VV.

20   **e) Einzeltätigkeiten.** Auch im schiedsrichterlichen Verfahren ist es denkbar, dass keine Prozessbevollmächtigung für das Schiedsgerichtsverfahren als solches vorgenommen wird, sondern dass Aufträge für Einzeltätigkeiten erteilt werden. In diesem Fall sind die im Erkenntnisverfahren vor staatlichen Gerichten geltenden einschlägigen Gebührentatbestände entsprechend heranzuziehen, also im Wesentlichen die Nr. 3400 ff VV.[20]

21   **f) Gegenstandswert.** Hinsichtlich der Bestimmung des Gegenstandswerts ist im schiedsrichterlichen Verfahren zu bedenken, dass den beteiligten Parteien in Zusammenwirken mit ihren Prozessbevollmächtigten und dem Schiedsgericht grds. die Möglichkeit offensteht, eine **Wertvereinbarung** zu treffen, die damit Verbindlichkeit erwirbt.[21] Sollte hinsichtlich einer solchen Wertvereinbarung freilich kein Konsens zu erzielen sein, sei es zwischen den Parteien und dem Schiedsgericht oder zwischen den Parteien und den Prozessbevollmächtigten, ist es dem Schiedsgericht grds.[22] untersagt, seinerseits eine Wertfestsetzung vorzunehmen, da insoweit eine unzulässige richterliche Tätigkeit in eigener Sache ausgeübt würde.[23]

22   **g) Kostenerstattung.** Auch die Frage der Kostenerstattung ist im schiedsrichterlichen Verfahren grds. einer **Parteivereinbarung** zugänglich.[24] Liegt eine solche nicht vor, wird das Schiedsgericht auf der Grundlage von § 1057 ZPO eine diesbezügliche Entscheidung treffen, § 1057 Abs. 1 S. 2 ZPO gibt dabei Wertungsrahmen und Maßstab vor.[25]

III. Verfahren vor dem Schiedsgericht nach § 104 ArbGG (Abs. 1 Nr. 2)

23   **1. Anwendungsbereich.** Für die Gebühren und Auslagen von Rechtsanwälten (vgl § 1 Abs. 1 S. 1) im Verfahren vor dem **Schiedsgericht iSv § 104 ArbGG** gelten nicht die Nr. 2300 ff VV, sondern die Nr. 3100–3212 VV. Dabei handelt es sich um bürgerliche Rechtsstreitigkeiten zwischen **Tarifvertragsparteien** aus Tarifverträgen oder über das Bestehen oder Nichtbestehen von Tarifverträgen aufgrund einer entsprechenden

---

15 MüKo-ZPO/*Münch*, § 1042 Rn 26 ff.   **16** *Hartmann*, KostG, § 36 RVG Rn 7.   **17** *Hartmann*, KostG, § 36 RVG Rn 8. **18** Gerold/Schmidt/*Mayer*, § 36 Rn 11.   **19** *Hartmann*, KostG, § 36 RVG Rn 9.   **20** Gerold/Schmidt/*Mayer*, § 36 Rn 13. **21** *Enders*, JurBüro 1998, 172.   **22** *Enders*, JurBüro 1998, 172 deutet hins. der Grundsätzlichkeit der Unzulässigkeit eine andere Ansicht zumindest an.   **23** In weiterem Zusammenhang dazu BGH NJW 1985, 1903; *Hartmann*, KostG, § 36 RVG Rn 13. **24** Gerold/Schmidt/*Mayer*, § 36 Rn 16.   **25** MüKo-ZPO/*Münch*, § 1057 Rn 13 ff.

Vereinbarung (§ 101 Abs. 1 ArbGG). § 36 gilt nicht für den Schiedsrichter selbst.[26] Andere arbeitsrechtliche Auseinandersetzungen im außergerichtlichen Bereich dagegen werden gerichtlichen Verfahren nicht gleichgestellt.

In Verfahren vor einem **Ausschuss für Streitigkeiten mit Auszubildenden nach § 111 Abs. 2 ArbGG** bleibt es 24 bei der Anwendung des Abschnitts 3 von Teil 2 VV mit der Sonderbestimmung der Nr. 2303 Nr. 2 VV.

Das Gleiche gilt für Verfahren vor dem **Seemannsamt** zur vorläufigen Entscheidungen von Arbeitssachen 25 (Nr. 2303 Nr. 3 VV) und für Verfahren vor sonstigen **gesetzlich** eingerichteten **Einigungsstellen**, Gütestellen oder Schiedsstellen (Nr. 2303 Nr. 4 VV). Dabei unterfällt Nr. 2303 Nr. 3 VV nur die Vergütung als Vertreter einer Betriebspartei vor der Einigungsstelle, nicht dagegen als Besitzer. Hierfür gilt § 76 a BetrVG (→ BetrVG § 40 Rn 6, § 76 a Rn 1).

2. Gebühren. Anwendbar im Verfahren vor dem **Schiedsgericht iSv § 104 ArbGG** sind damit die Vorschrif- 26 ten, die an sich (erst) im arbeitsgerichtlichen Verfahren gelten würden.

Das sind in **erster Instanz** die Verfahrensgebühr gem. Nr. 3100, 3101 VV und die Terminsgebühr nach 27 Nr. 3104, 3105 VV. Bezüglich der Einigungsgebühr gilt der 1,5fache Satz[27] der Nr. 1000 VV, nicht der Gebührensatz von 1,0 nach Nr. 1003 VV, da es sich hierbei um kein gerichtliches Verfahren handelt, denn anderenfalls bedürfte es der Verweisung in § 36 auf Teil 3 Abschnitt 1 und 2 VV nicht.

In der **zweiten Instanz** gelten für die Verfahrensgebühr die Nr. 3200, 3201 VV, für die Terminsgebühr 28 Nr. 3206, 3207 VV. Für die Einigungsgebühr gilt auch hier Nr. 1000 VV.

In **dritter Instanz** sind für die Verfahrensgebühr die Nr. 3206, 3207 VV und für die Terminsgebühr 29 Nr. 3210, 3211 VV anzuwenden. Für die Einigungsgebühr gilt auch hier Nr. 1000 VV.

Für die Vergütung von **Einzeltätigkeiten** im schiedsgerichtlichen Verfahren, für die gesetzlich ein **arbeitsge-** 30 **richtliches** Verfahren vorgeschrieben ist, gelten Nr. 3326, 3332, 3337 VV.

Abschnitt 6
Gerichtliche Verfahren

§ 37 Verfahren vor den Verfassungsgerichten

(1) Die Vorschriften für die Revision in Teil 4 Abschnitt 1 Unterabschnitt 3 des Vergütungsverzeichnisses gelten entsprechend in folgenden Verfahren vor dem Bundesverfassungsgericht oder dem Verfassungsgericht (Verfassungsgerichtshof, Staatsgerichtshof) eines Landes:

1. Verfahren über die Verwirkung von Grundrechten, den Verlust des Stimmrechts, den Ausschluss von Wahlen und Abstimmungen,
2. Verfahren über die Verfassungswidrigkeit von Parteien,
3. Verfahren über Anklagen gegen den Bundespräsidenten, gegen ein Regierungsmitglied eines Landes oder gegen einen Abgeordneten oder Richter und
4. Verfahren über sonstige Gegenstände, die in einem dem Strafprozess ähnlichen Verfahren behandelt werden.

(2) [1]In sonstigen Verfahren vor dem Bundesverfassungsgericht oder dem Verfassungsgericht eines Landes gelten die Vorschriften in Teil 3 Abschnitt 2 Unterabschnitt 2 des Vergütungsverzeichnisses entsprechend. [2]Der Gegenstandswert ist unter Berücksichtigung der in § 14 Abs. 1 genannten Umstände nach billigem Ermessen zu bestimmen; er beträgt mindestens 5.000 Euro.

I. Grundsätze und Normzweck

Gemäß **Abs. 1** gelten die Vorschriften für die Revision nach Teil 4 Abschnitt 1 Unterabschnitt 3 des Vergü- 1 tungsverzeichnisses „entsprechend" für die in Abs. 1 Nr. 1–4 bezeichneten Verfahren vor dem Bundesverfassungsgericht oder aber dem Verfassungsgericht – Verfassungsgerichtshof, Staatsgerichtshof – eines Landes, während für „sonstige Verfahren" vor dem Bundesverfassungsgericht oder dem Verfassungsgericht eines Landes die Vorschriften nach Teil 3 Abschnitt 2 Unterabschnitt 2 des Vergütungsverzeichnisses „entsprechend" anzuwenden sind (**Abs. 2 S. 1**).

§ 37 trifft daher eine umfassende Regelung für die Vergütung des in Verfahren vor Bundesverfassungs- 2 gericht wie Landesverfassungsgerichten tätigen Anwalts, wobei dies aufgrund der Geltung der sonstigen Vorschriften des RVG, soweit die Besonderheiten des Verfahrens dies zulassen, gem. Vorbem. 4 Abs. 1 VV

---

26 Mayer/Kroiß/*Teubel*, § 36 Rn 2. **27** Hartung/Schons/Enders/*Hartung*, § 36 Rn 16.

auch gilt für die Tätigkeit als Beistand oder Vertreter eines Privatklägers, eines Nebenklägers, eines Einziehungs- oder Nebenbeteiligten, eines Verletzten, eines Zeugen oder Sachverständigen,[1] korrespondierend mit dem Befund, dass sich die „Beteiligten" gem. § 22 Abs. 1 S. 1, 1. Hs BVerfGG in jeder Lage des Verfahrens durch einen Rechtsanwalt oder einen Rechtslehrer an einer staatlichen oder staatlich anerkannten Hochschule eines Mitgliedstaates der Europäischen Union, eines anderen Vertragsstaates des Abkommens über den Europäischen Wirtschaftsraum oder der Schweiz, der die Befähigung zum Richteramt besitzt, als Bevollmächtigten vertreten lassen können. Für den Fall der Durchführung einer mündlichen Verhandlung gilt § 22 Abs. 1 S. 1, 2. Hs BVerfGG ein Vertretungsgebot, wobei sich gesetzgebende Körperschaften und Teile von ihnen, die in der Verfassung oder in der Geschäftsordnung mit eigenen Rechten ausgestattet sind, gem. § 22 Abs. 1 S. 2 BVerfGG auch durch ihre Mitglieder vertreten lassen können, der Bund, die Länder und deren Verfassungsorgane „außerdem" durch Beamte, soweit diese die Befähigung zum Richteramt besitzen oder aufgrund der vorgeschriebenen Staatsprüfungen die Befähigung zum höheren Verwaltungsdienst erworben haben (§ 22 Abs. 1 S. 3 BVerfGG). Unabhängig von diesen Maßgaben kann das Bundesverfassungsgericht auch andere Personen als „Beistand" eines Beteiligten zulassen (§ 22 Abs. 1 S. 4 BVerfGG). Die schriftlich zu erteilende Vollmacht (§ 22 Abs. 2 S. 1 BVerfGG) muss sich ausdrücklich auf das Verfahren beziehen (§ 22 Abs. 2 S. 2 BVerfGG).[2]

II. Anwendungsbereich von Abs. 1 Nr. 1–4

3   **1. Kanon der Verfassungsstreitigkeiten.** Die Anwendbarkeit von Teil 4 Abschnitt 1 Unterabschnitt 3 VV, dh der Nr. 4130–4135 VV über die „Revision", wird durch Abs. 1 beschränkt auf die in Nr. 1–4 bezeichneten Verfahren, also auf einen bestimmten „Ausschnitt" von Verfassungsstreitigkeiten. Diese sind zu differenzieren nach (a) Verfassungsstreitigkeiten „im engeren Sinne", (b) Verfahren der objektiven Normenkontrolle sowie (c) Individual- und Kommunalverfassungsbeschwerde.

4   **a) Verfassungsstreitigkeiten „im engeren Sinne".** Den Verfassungsstreitigkeiten „im engeren Sinne" unterfallen

- **Organstreitverfahren** aus Anlass von Streitigkeiten über den Umfang der Rechte und Pflichten eines obersten Bundesorgans oder anderer Beteiligter, die durch das Grundgesetz oder in der Geschäftsordnung eines obersten Bundesorgans mit eigenen Rechten ausgestattet sind (Art. 93 Abs. 1 Nr. 1 GG iVm § 13 Nr. 5, §§ 63–67 BVerfGG),
- **Streitigkeiten zwischen Bund und Ländern**
  - bei Meinungsverschiedenheiten oder Zweifeln über die förmliche und sachliche Vereinbarkeit von Bundesrecht oder Landesrecht mit dem Grundgesetz oder die Vereinbarkeit von Landesrecht mit sonstigem Bundesrecht (Art. 93 Abs. 1 Nr. 2 GG iVm § 13 Nr. 6, §§ 76–79 BVerfGG),
  - bei Meinungsverschiedenheiten, ob ein Gesetz den Voraussetzungen des Art. 72 Abs. 2 GG entspricht (Art. 93 Abs. 1 Nr. 2 a GG iVm § 13 Nr. 6 a, §§ 76–79 BVerfGG), bzw darüber, ob im Falle von Art. 72 Abs. 4 GG die Erforderlichkeit für eine bundesgesetzliche Regelung nach Art. 72 Abs. 2 GG nicht mehr besteht oder Bundesrecht in den Fällen des Art. 125 a Abs. 2 S. 1 GG nicht mehr erlassen werden kann (Art. 93 Abs. 1 Nr. 2 a GG iVm § 13 a Nr. 6 b, §§ 76–79 BVerfGG),
  - über Rechte und Pflichten des Bundes und der Länder insb. bei der Ausführung von Bundesrecht durch die Länder und bei der Ausübung der Bundesaufsicht (Art. 93 Abs. 1 Nr. 3 GG iVm § 13 Nr. 7, §§ 68–70 BVerfGG),
- **andere öffentlich-rechtliche Streitigkeiten zwischen dem Bund und den Ländern, zwischen verschiedenen Ländern oder innerhalb eines Landes,** soweit nicht ein anderer Rechtsweg gegeben ist (Art. 93 Abs. 1 Nr. 4 GG iVm § 13 Nr. 8, §§ 71 f BVerfGG).

5   **b) Verfassungsstreitigkeiten der objektiven Normenkontrolle.** Von den Verfassungsstreitigkeiten „im engeren Sinne" (→ Rn 4) sind abzugrenzen die Verfassungsstreitverfahren, die die **objektive Normenkontrolle** wie folgt betreffen:

- Meinungsverschiedenheiten oder Zweifel über die förmliche und sachliche Vereinbarkeit von Bundesrecht oder Landesrecht mit dem Grundgesetz oder die Vereinbarkeit mit sonstigem Bundesrecht (**abstrakte Normenkontrolle** gem. Art. 93 Abs. 1 Nr. 2 GG iVm § 13 Nr. 6, §§ 76–79 BVerfGG),
- **Richtervorlage** als **konkrete Normenkontrolle** gem. Art. 100 Abs. 1 GG iVm § 13 Nr. 11, §§ 80 ff BVerfGG,
- **Normqualifikationsverfahren** gem. Art. 126 GG iVm § 13 Nr. 14, §§ 86 ff BVerfGG, dienen der Feststellung der Fortgeltung von Recht als Bundesrecht,

---

1 *Hartmann*, KostG, § 37 RVG Rn 1.   **2** Vgl *Hofmann-Hoeppel*, Verfassungsbeschwerde nach Bundes- und Landesrecht, in: Eiding/Hofmann-Hoeppel, VerwR, § 15 Rn 127.

- **Normverifikationsverfahren,** betreffend Zweifel in einem Rechtsstreit darüber, ob eine Regel des Völkerrechts Bestandteil des Bundesrechts ist und unmittelbar Rechte und Pflichten für den Einzelnen erzeugt (Art. 100 Abs. 2 GG iVm § 13 Nr. 12, §§ 83 f BVerfGG).

c) Individual- und Kommunalverfassungsbeschwerde. Sowohl von Verfassungsstreitigkeiten „im engeren **6** Sinne" (→ Rn 4) als auch den Normenkontroll- und Verfassungsbeschwerdeverfahren (→ Rn 5) sind abzugrenzen die Rechtsinstitute der

- **Individualverfassungsbeschwerde** gem. Art. 93 Abs. 1 Nr. 4 a GG iVm § 13 Nr. 8 a, §§ 90 ff BVerfGG, die von jedermann mit der Behauptung erhoben werden kann, durch die öffentliche Gewalt in einem seiner Grundrechte oder in einem seiner in Art. 20 Abs. 4, 33, 38, 101, 103 und 104 GG enthaltenen Rechte verletzt zu sein,
- **Kommunalverfassungsbeschwerde** von Gemeinden und Gemeindeverbänden gem. Art. 93 Abs. 1 Nr. 4 b GG iVm § 13 Nr. 8 a, §§ 90 ff BVerfGG wegen Verletzung des Rechts auf Selbstverwaltung nach Art. 28 GG durch ein Gesetz, bei einem Landesgesetz jedoch nur, soweit nicht Beschwerde zum Landesverfassungsgericht erhoben werden kann.

d) Konstellationen gem. Art. 93 Abs. 1 Nr. 5 GG. Jenseits der vorbezeichneten Konstellationen ergibt sich **7** eine Zuständigkeit des Bundesverfassungsgerichts „in den übrigen in diesem Grundgesetz vorgesehenen Fällen" (Art. 93 Abs. 1 Nr. 5 GG) wie folgt:

- **Verwirkung von Grundrechten** (Art. 18 GG iVm § 13 Nr. 1, §§ 36–41 BVerfGG),
- **Verfassungswidrigkeit von Parteien** (Art. 21 Abs. 2 GG iVm § 13 Nr. 2, §§ 43–47 BVerfGG),
- Entscheidungen des Bundestages über die **Gültigkeit einer Wahl oder den Erwerb oder Verlust der Mitgliedschaft eines Abgeordneten des Deutschen Bundestages** (Art. 41 Abs. 2 GG iVm § 13 Nr. 3, § 48 BVerfGG),
- **Anklagen** des Bundestages oder des Bundesrates **gegen den Bundespräsidenten** wegen vorsätzlicher Verletzung des Grundgesetzes oder eines anderen Bundesgesetzes (Art. 61 Abs. 1 S. 1 GG iVm § 13 Nr. 4, §§ 49–57 BVerfGG),
- **Richteranklagen gegen Bundes- oder Landesrichter** wegen Verstöße gegen die Grundsätze des Grundgesetzes oder gegen die verfassungsmäßige Ordnung eines Landes (Art. 98 Abs. 2 und 5 GG iVm § 13 Nr. 9, §§ 58–62 BVerfGG),
- **Verfassungsstreitigkeiten innerhalb eines Landes** unter der Voraussetzung, dass diese Entscheidung durch Landesgesetz dem Bundesverfassungsgericht zugewiesen ist (Art. 99 GG iVm § 13 Nr. 10, §§ 73–75 BVerfGG).[3]

Aus der Gegenüberstellung der Regelungen nach Abs. 1 Nr. 1–4 – Anwendbarkeit der Nr. 4130–4135 VV – **8** und Abs. 2 S. 1 – Anwendbarkeit der Nr. 3206–3213 VV als Teil 3 Abschnitt 2 Unterabschnitt 2 VV – ergibt sich, dass für die Anwendbarkeit der Nr. 4130–4135 VV der Numerus clausus der in Abs. 1 Nr. 1–4 bestimmten Verfahrensarten gilt.

2. Verwirkung von Grundrechten, Verlust des Stimmrechts, Ausschluss von Wahlen und Abstimmungen **9** **(Abs. 1 Nr. 1).** Die Nr. 4130–4135 VV als Teil 4 Abschnitt 1 Unterabschnitt 3 VV über die Revision in Strafverfahren gelten für die von Abs. 1 Nr. 1 bezeichneten Verfahren wie folgt:

a) Verwirkung von Grundrechten. Gemäß Art. 18 S. 2 GG werden Verwirkung von Grundrechten und ihr **10** Ausmaß durch das Bundesverfassungsgericht ausgesprochen. Die Verwirkung setzt voraus, dass die Freiheit der Meinungsäußerung, insb. die Pressefreiheit (Art. 5 Abs. 1 GG), die Lehrfreiheit (Art. 5 Abs. 3 GG), die Versammlungsfreiheit (Art. 8 GG), die Vereinigungsfreiheit (Art. 9 GG), das Brief-, Post- und Fernmeldegeheimnis (Art. 10 GG), das Eigentum (Art. 14 GG) oder aber das Asylrecht (Art. 16 a GG) zum Kampf gegen die freiheitliche demokratische Grundordnung missbraucht werden.[4]

Hierüber entscheidet das Bundesverfassungsgericht gem. Art. 18 S. 2 GG iVm § 13 Nr. 1, §§ 36–41 **11** BVerfGG.

b) Verlust des Stimmrechts. Das weitere Tatbestandsmerkmal „Verlust des Stimmrechts" in Abs. 1 Nr. 1 ist **12** insoweit unspezifisch und stimmt nicht mit der Terminologie des BVerfGG überein, als das Bundesverfassungsgericht im Rahmen eines Verfahrens gem. § 13 Nr. 1 BVerfGG dem Antragsgegner auf die Dauer der

---

3 Vgl *Hofmann-Hoeppel,* Verfassungsbeschwerde nach Bundes- und Landesrecht, in: Eiding/Hofmann-Hoeppel, VerwR, § 15 Rn 1–5. **4** Bzgl der Tatbestandsvoraussetzungen eines „Missbrauchs" zum „Kampf" gegen die freiheitliche demokratische Grundordnung vgl *Gröschner,* in: Dreier, GG, Kommentar (Bd. 1), Art. 18 Rn 21 ff unter Hinweis darauf, dass es bisher nur drei Verfahren wegen Verwirkung von Grundrechten gegeben habe: 1952 gegen den 2. Vorsitzenden der im selben Jahr verbotenen (BVerfG 2, 1 ff) ehemaligen Sozialistischen Reichspartei SRP (BVerfGE 11, 282 f), 1969 gegen den Herausgeber der Deutschen Nationalzeitung (BVerfGE 38, 23 ff) und 1992 gegen zwei Rechtsextreme; zu den Voraussetzungen von Vereinsverboten vgl *Hofmann-Hoeppel,* Öffentliches Vereinsrecht, in: Eiding/Hofmann-Hoeppel, VerwR, § 64 Rn 9 ff.

Verwirkung der Grundrechte das Wahlrecht, die Wählbarkeit und die Fähigkeit zur Bekleidung öffentlicher Ämter aberkennen sowie bei juristischen Personen deren Auflösung anordnen kann (§ 39 Abs. 2 BVerfGG). Ungeachtet dessen ist davon auszugehen, dass mit dem „Verlust des Stimmrechts" die **Aberkennung** sowohl des (aktiven) **Wahlrechts** wie der **Wählbarkeit (als passives Wahlrecht)** gemeint ist.

13 c) **Ausschluss von Wahlen und Abstimmungen.** Auch der Terminus „Ausschluss von Wahlen und Abstimmungen" ist erklärungsbedürftig. Zum einen kann es sich um die in § 39 Abs. 2 BVerfGG in Verfahren gem. § 13 Nr. 1 BVerfGG in Bezug genommene Aberkennung des Wahlrechts sowie der Wählbarkeit und der Fähigkeit zur Bekleidung öffentlicher Ämter auf die Dauer der Verwirkung der Grundrechte in Art. 18 S. 1 GG, zum anderen aber auch um Streitigkeiten iSv § 13 Nr. 3 iVm § 48 BVerfGG, Art. 41 Abs. 2 GG handeln, bei denen mit der Beschwerde gegen den Beschluss des Bundestages über den Verlust der Mitgliedschaft eines Abgeordneten im Bundestag. Antragsberechtigt ist nicht nur der betroffene Abgeordnete, dessen Mitgliedschaft bestritten wird, sondern auch ein Wahlberechtigter, dessen Einspruch vom Bundestag verworfen wurde (unter der Voraussetzung eines Beitritts von mindestens 100 Wahlberechtigten), eine Fraktion des Deutschen Bundestages oder eine Minderheit, die wenigstens 1/10 der gesetzlichen Mitgliederzahl umfasst (§ 48 Abs. 1, 1. Hs BVerfGG).

14 **3. Verfahren über die Verfassungswidrigkeit von Parteien, § 13 Nr. 2 iVm §§ 43–47 BVerfGG, Art. 21 Abs. 2 GG (Abs. 1 Nr. 2).** Gemäß Art. 21 Abs. 2 S. 2 GG entscheidet über die Frage der Verfassungswidrigkeit von Parteien, die nach ihren Zielen oder nach dem Verhalten ihrer Anhänger darauf ausgehen, die freiheitliche demokratische Grundordnung zu beeinträchtigen oder zu beseitigen oder den Bestand der Bundesrepublik Deutschland zu gefährden (Art. 21 Abs. 2 S. 1 GG), das Bundesverfassungsgericht, geschuldet der im Verhältnis zur Weimarer Reichsverfassung durch das Grundgesetz erfolgten Anerkennung unter Hervorhebung der „Mitwirkung bei der politischen Willensbildung des Volkes" als wesentliche Funktion der politischen Parteien,[5] die in § 1 Abs. 2 PartG detailliert beschrieben wird. Antragsberechtigt sind gem. § 43 Abs. 1 BVerfGG der Bundestag, der Bundesrat und die Bundesregierung, eine Landesregierung nur hinsichtlich einer Partei, deren Organisation sich auf das Gebiet ihres Landes beschränkt (§ 43 Abs. 2 BVerfGG). Dementsprechend kann die Feststellung der Verfassungswidrigkeit gem. § 46 Abs. 2 BVerfGG auf einen rechtlich oder organisatorisch selbstständigen Teil einer Partei beschränkt werden.

15 **4. Verfahren über Anklagen gegen den Bundespräsidenten, gegen ein Regierungsmitglied eines Landes oder gegen einen Abgeordneten oder Richter (Abs. 1 Nr. 3). a) Verfahren gegen den Bundespräsidenten.** Bundestag oder Bundesrat können mit 1/4 ihrer Mitglieder (Art. 61 Abs. 1 S. 2 GG) den Bundespräsidenten wegen vorsätzlicher Verletzung des Grundgesetzes oder eines anderen Bundesgesetzes vor dem Bundesverfassungsgericht anklagen (Art. 61 S. 1 GG), wobei der Beschluss auf Erhebung der Anklage der Mehrheit von 2/3 der Mitglieder des Bundestages bzw des Bundesrates bedarf (Art. 61 Abs. 1 S. 3 GG).[6] Entscheidungen des Bundesverfassungsgerichts für diese Verfahren gem. § 13 Nr. 4 iVm §§ 49–57 BVerfGG liegen nicht vor.

16 **b) Verfahren gegen Regierungsmitglied/Abgeordneten eines Landes.** Eine Reihe von Landesverfassungen und Landesgesetzen über den Verfassungsgerichtshof/Staatsgerichtshof[7] sehen sowohl die Möglichkeit einer Anklage gegen ein **Mitglied der Staats-/Landesregierung** wegen vorsätzlicher – oder aber auch grob fahrlässiger – Verletzung der Verfassung oder eines anderen Gesetzes vor dem Verfassungs-/Staatsgerichtshof ebenso vor wie gegen ein **Mitglied des Landtags**, das in gewinnsüchtiger Absicht seinen Einfluss oder sein Wissen als Mitglied des Vertretungskörpers in einer das Ansehen der Volksvertretung gröblich gefährdenden Weise missbraucht oder vorsätzlich Mitteilungen, deren Geheimhaltung in einer Sitzung des Landtags oder einer seiner Ausschlüsse beschlossen worden ist, in der Voraussicht, dass sie öffentlich bekannt werden, einem anderen zur Kenntnis gebracht hat.

17 Zuständig für beide Verfahrensarten ist das Verfassungsgericht bzw der Verfassungs-/Staatsgerichtshof des jeweiligen Bundeslandes.

18 **c) Verfahren über Anklagen gegen Richter.** Bezüglich der Richteranklage ist zwischen Bundesrichtern einerseits, (hauptamtlichen) Richtern eines Bundeslandes anderseits zu differenzieren:

19 Eine Zuständigkeit des Bundesverfassungsgerichts ist gem. § 13 Nr. 9 iVm §§ 58–62 BVerfGG, Art. 98 Abs. 2 GG dann begründet, wenn der Bundestag gegen einen **Bundesrichter** im Anklagewege vorgeht, der im Amt oder außerhalb des Amtes gegen die Grundsätze des Grundgesetzes oder gegen die verfassungsmäßige Ordnung eines Landes verstoßen hat.

---

5 *Morlok*, in: Dreier, GG, Kommentar (Bd. 2), Art. 21 Rn 19 ff. **6** Vgl *Pernice*, in: Dreier, GG, Kommentar (Bd. 2), Art. 61 Rn 7 ff. **7** Vgl etwa Art. 57 Abs. 1 BWLV iVm § 8 Nr. 6, §§ 30–38 BWStHG; Art. 61 Abs. 1 BV iVm Art. 2 Nr. 1, 31–43 BayVerfGHG; Art. 115 Abs. 1 HessLV iVm § 15 Nr. 1, §§ 31–35 HessStHG; Art. 63 Abs. 1 VerfNW iVm § 12 Nr. 3, §§ 47–49 NWVGHG.

NK-GK/Hofmann-Hoeppel

Angesichts der Tatsache, dass die – zT vor Inkrafttreten des Grundgesetzes (23.5.1949) – in Kraft getrete- **20**
nen Landesverfassungen der Bundesrepublik die Möglichkeit einer Richteranklage vorsehen,[8] dieses Lan-
desverfassungsrecht gem. Art. 98 Abs. 5 S. 2 GG jedoch „unberührt" bleibt und im Übrigen die neuen Bundesländer von der in Art. 98 Abs. 5 S. 1 GG eröffneten Kompetenz Gebrauch gemacht haben, für **Landesrichter** eine Art. 98 Abs. 2 GG „entsprechende Regelung" zu treffen, wird für beide Konstellationen des
Art. 98 Abs. 5 S. 1 und Art. 98 Abs. 5 S. 2 GG eine Zuständigkeit des Bundesverfassungsgerichts begründet
(Art. 98 Abs. 5 S. 3 GG).

5. Verfahren über „sonstige Gegenstände" (Abs. 1 Nr. 4). Abs. 1 Nr. 4, betreffend Verfahren über „sonstige **21**
Gegenstände", die in einem dem Strafprozess „ähnlichen Verfahren" behandelt werden, ist ersichtlich eine
Auffangklausel, dies ungeachtet der Tatsache, dass

- in Verfahren gem. § 13 Nr. 1 BVerfGG (Verwirkung von Grundrechten) wie gem. § 13 Nr. 2 BVerfGG
  (Verfassungswidrigkeit von Parteien) Beschlagnahme und Durchsuchung nach den Vorschriften der
  StPO angeordnet werden können (§§ 38 Abs. 1, 47 BVerfGG);
- für die Vernehmung von Zeugen und Sachverständigen in Verfahren nach § 13 Nr. 1, 2, 4 und 9
  BVerfGG die Vorschriften der StPO, in den übrigen Anwendungsfällen des § 13 BVerfGG die Vorschrif-
  ten der ZPO entsprechend gelten.

Die praktische Bedeutung der Auffangklausel des Abs. 1 Nr. 4 ist angesichts der Tatsache allerdings gering, **22**
als für die Vernehmung von Zeugen und Sachverständigen die Vorschriften der StPO für die Konstellationen des § 13 BVerfGG gelten, die bereits erfasst werden durch Abs. 1

- Nr. 1 hinsichtlich der Verwirkung von Grundrechten (§ 13 Nr. 1 BVerfGG),
- Nr. 2 hinsichtlich der Verfassungswidrigkeit von Parteien (§ 13 Nr. 2 BVerfGG),
- Nr. 3 hinsichtlich der Anklage gegen den Bundespräsidenten (§ 13 Nr. 4 BVerfGG) sowie gegen Bun-
  des-/Landesrichter (§ 13 Nr. 9 BVerfGG).

III. Anwendungsbereich von Abs. 2

Für „sonstige Verfahren" vor dem Bundesverfassungsgericht oder aber dem **Verfassungsgericht eines Lan-** **23**
des gelten gem. Abs. 2 S. 1 die Nr. 3206–3213 als Teil 3 Abschnitt 2 Unterabschnitt 2 VV, dh über die Revision in Zivilsachen.

Hiervon werden folgende Konstellationen des § 13 BVerfGG erfasst: **24**

- Organstreitverfahren gem. § 13 Nr. 5 iVm §§ 63–67 BVerfGG, Art. 93 Abs. 1 Nr. 1 GG;
- Streitigkeiten zwischen Bund und Ländern
  - gem. § 13 Nr. 6 iVm §§ 76–79 BVerfGG, Art. 93 Abs. 1 Nr. 2 GG,
  - gem. § 13 Nr. 6 a, 6 b iVm §§ 76–79 BVerfGG, Art. 93 Abs. 1 Nr. 2 a, 2 b GG,
  - gem. § 13 Nr. 7 iVm §§ 68–70 BVerfGG, Art. 93 Abs. 1 Nr. 3 GG,
  - gem. § 13 Nr. 8 iVm §§ 71 f BVerfGG, Art. 93 Abs. 1 Nr. 4 GG,
  - gem. § 13 Nr. 14 iVm §§ 86 ff BVerfGG, Art. 126 GG,
  - gem. § 13 Nr. 12 iVm §§ 83 f BVerfGG, Art. 100 Abs. 2 GG;
- Verfassungsstreitigkeiten innerhalb eines Landes gem. § 13 Nr. 10 iVm §§ 73–75 BVerfGG, Art. 99 GG.

Hauptanwendungsfall sind die **Individualverfassungsbeschwerde** gem. § 13 Nr. 8 a iVm §§ 90 ff BVerfGG, **25**
Art. 93 Abs. 1 Nr. 4 a GG wie die **Kommunalverfassungsbeschwerde** gem. § 13 Nr. 8 a, §§ 90 ff BVerfGG,
Art. 93 Abs. 1 Nr. 4 b GG.

Bezüglich der konkreten Normenkontrolle – **Richtervorlage** – gem. § 13 Nr. 11 iVm §§ 80 ff BVerfGG, **26**
Art. 100 Abs. 1 GG ist der Anwendungsbereich des Abs. 2 nur für den Fall denkbar, dass das Bundesverfassungsgericht von der allgemein eröffneten Möglichkeit der Vernehmung von Zeugen oder Sachverständigen
gem. § 28 Abs. 1 BVerfGG Gebrauch macht und Zeugen oder Sachverständige sich eines Beistands bedienen, da „Beteiligter" iSv § 22 Abs. 1 S. 1 BVerfGG jeder Äußerungsberechtigte ist.[9]

IV. Allgemeine Grundsätze für Gebührenregelungen in Verfahren nach § 37

1. Gebührenrechtliche Selbstständigkeit iSv § 15 Abs. 2 S. 1. Ungeachtet der Maßgaben der Geltung der **27**
Nr. 4130–4135 VV als Teil 4 Abschnitt 1 Unterabschnitt 3 VV für Verfahren nach Abs. 1 Nr. 1–4 bzw der
Nr. 3206–3213 als Teil 3 Abschnitt 2 Unterabschnitt 2 VV für Verfahren nach Abs. 2 gelten die sonstigen
Vorschriften des RVG, soweit die Besonderheiten der Verfahren vor dem Bundesverfassungsgericht bzw den

---

8 Vgl *Schulze-Fielitz*, in: Dreier, GG, Kommentar (Bd. 3), Art. 98 Rn 18 unter Verweis auf Art. 66 Abs. 2 BWLV, Art. 111
BbgVerf, Art. 136 Abs. 3, 138 BremVerf, Art. 63 Abs. 3, 4 HHVerf, Art. 127 Abs. 4 HessLV, Art. 77 Verf M-V, Art. 73 NWLV,
Art. 132 RhPfVerf, Art. 80 SächsVerf, Art. 84 LV LSA, Art. 40 Abs. 3 ThLV. **9** BVerfG NJW 1997, 233.

Landesverfassungsgerichten/-gerichtshöfen/Staatsgerichtshöfen dies zulassen.[10] Damit ist insb. § 15 mit der Konsequenz anwendbar, dass jedes der verfassungsgerichtlichen Verfahren als **selbstständige Gebührenangelegenheit** (§ 15 Abs. 2 S. 1) gilt,[11] insb. auch das konkrete Normenkontrollverfahren (Richtervorlage) gem. Art. 100 Abs. 1 GG.[12]

28   **2. Anwendbarkeit der Erhöhungsgebühr der Nr. 1008 VV.** Im Gegensatz zur alten Rechtslage nach der BRAGO, dh der Rechtslage bis 30.6.2004 (§ 61), nach der eine erhöhte Verfahrensgebühr auch bei anwaltlicher Vertretung mehrerer Beschwerdeführer in einer gegen eine Rechtsnorm gerichteten Verfassungsbeschwerde nicht anfiel,[13] ist seit Geltung des RVG für diese Konstellationen Nr. 1008 VV ohne Weiteres anwendbar.

29   **3. Abschluss einer Vergütungsvereinbarung nach § 3 a.** Ebenfalls anwendbar ist § 3 a über den Abschluss einer Vergütungsvereinbarung,[14] eine Möglichkeit, die insb. wegen der für Verfahren gem. Abs. 1 Nr. 1–4 erfolgten Anordnung der Gebührenvorschriften nach Teil 4 Abschnitt 1 Unterabschnitt 3 VV und der dort für den Wahlanwalt vorgesehenen Rahmengebühren in der forensischen Praxis besondere Bedeutung hat.

30   **4. Beiordnung im Wege der Prozesskostenhilfe.** Ungeachtet der Tatsache, dass sich im BVerfGG keine Regelung über die Gewährung von Prozesskostenhilfe findet, ist jedenfalls im Individualverfassungsbeschwerdeverfahren gem. §§ 13 Nr. 8 a, 90 ff BVerfGG iVm Art. 93 Abs. 1 Nr. 4 a GG die Bewilligung von Prozesskostenhilfe dem Grundsatze nach eröffnet,[15] wobei dies auch für Dritte als Äußerungsberechtigte iSv § 94 Abs. 3 BVerfGG gilt.[16]

31   Dabei ist die Beiordnung eines Rechtsanwalts nicht nur für die gem. § 22 Abs. 1 S. 1, 2. Hs BVerfGG unter Anwaltszwang fallende mündliche Verhandlung, sondern auch für das schriftliche Verfahren gem. § 22 Abs. 1 S. 1, 1. Hs BVerfGG möglich. Dies hat zur Folge, dass der beigeordnete Rechtsanwalt im Verfahren der Verfassungsbeschwerde Vergütungsansprüche nach den §§ 45 ff besitzt.

32   Die Gewährung von Prozesskostenhilfe spielt allerdings in Verfassungsbeschwerdeverfahren deshalb keine große Rolle, weil

- für die Einlegung kein Anwaltszwang besteht (§ 22 Abs. 1 S. 1, 1. Hs BVerfGG),
- Gerichtskostenfreiheit besteht (§ 34 Abs. 1 BVerfGG),
- die mündliche Verhandlung bei Individualverfassungsbeschwerden gem. § 13 Nr. 8 a iVm §§ 90 ff BVerfGG, Art. 93 Abs. 1 Nr. 4 a GG angesichts einer Erfolgsquote von ca. 2 %[17] und der absoluten Dominanz des Kammerverfahrens gem. § 93 b S. 1 BVerfGG die absolute Ausnahme darstellt.

33   **5. Anwendbarkeit der Nr. 7000–7008 VV.** Anwendbar sind des Weiteren die Nr. 7000–7008 VV. Geltend gemacht werden können daher:

- Dokumentenpauschale gem. Nr. 7000 VV,
- Entgelte für Post- und Telekommunikationsdienstleistungen (Nr. 7001 VV),
- Pauschale für Entgelte für Post- und Telekommunikationsdienstleistungen gem. Nr. 7002 VV (sofern Nr. 7001 VV nicht in Ansatz gebracht wird),
- Fahrtkosten gem. Nr. 7003 VV (für den Fall einer stattfindenden mündlichen Verhandlung),
- Fahrtkosten für die Benutzung eines anderen Verkehrsmittels als des eigenen Kfz gem. Nr. 7004 VV (wiederum nur für den Ausnahmefall einer stattfindenden mündlichen Verhandlung),
- Tage- und Abwesenheitsgeld gem. Nr. 7005 Nr. 1–3 VV (ebenfalls nur im Ausnahmefall einer stattfindenden mündlichen Verhandlung),
- Umsatzsteuer auf den Gesamtbetrag der Rechtsanwaltsgebühren gem. Nr. 7008 VV.

V. Maßgaben für die Rechtsanwaltsvergütung für Verfahren gem. Abs. 1 Nr. 1–4

34   **1. Rahmengebührensätze nach Nr. 4130–4135 VV.** Aufgrund der Maßgabe des Abs. 1 gelten für die in Abs. 1 Nr. 1–4 bezeichneten Verfahren die Gebührenvorschriften der Nr. 4130–4135 VV über die Revision, dh

- für den **Wahlanwalt** die Rahmengebühren von
  - 120 € bis 1.110 € (Mittelgebühr: 615 €) als Verfahrensgebühr (Nr. 4130 VV),
  - 120 € bis 1.387,50 € (Mittelgebühr: 753,25 €) als Verfahrensgebühr mit Zuschlag (Nr. 4131 VV),
  - 120 € bis 560 € (Mittelgebühr: 340 €) als Terminsgebühr je Hauptverhandlungstag (Nr. 4132 VV),
  - 120 € bis 700 € (Mittelgebühr: 410 €) als Terminsgebühr mit Zuschlag (Nr. 4133 VV),

---

10 *Hartmann*, KostG, § 37 RVG Rn 1. **11** Gerold/Schmidt/*Burhoff*, § 37 Rn 11. **12** BVerfGE 53, 332. **13** BVerfG NVwZ-RR 2001, 139. **14** *Hartmann*, KostG, § 37 RVG Rn 3 und 5; Gerold/Schmidt/*Burhoff*, § 37 Rn 6. **15** Vgl BVerfGE 1, 109 (110 f). **16** Vgl BVerfGE 92, 122 (123 ff) sowie *Zuck*, Das Recht der Verfassungsbeschwerde, 3. Aufl. 2006, Rn 1230 ff. **17** Zu Gesamtverfahrenseingängen seit 7.9.1951, Verfahrenserledigung von Verfassungsbeschwerden und deren durchschnittlichen Verfahrensdauer (für die Eingangsjahre 1994–2004) vgl das Zahlenwerk bei *Zuck*, Das Recht der Verfassungsbeschwerde, Rn 104.

■ für den **gerichtlich bestellten oder beigeordneten Rechtsanwalt** die fest bestimmten Gebührensätze von

– 492 € als Verfahrensgebühr (Nr. 4130 VV),

– 603 € als Verfahrensgebühr mit Zuschlag (Nr. 4131 VV),

– 272 € als Terminsgebühr je Verhandlungstag (Nr. 4132 VV),

– 328 € als Terminsgebühr mit Zuschlag je Verhandlungstag (Nr. 4133 VV),

– 136 € als zusätzliche Gebühr neben den Terminsgebühren nach Nr. 4132 oder 4133 VV bei einer Hauptverhandlung von mehr als 5 Stunden bis 8 Stunden (Nr. 4134 VV),

– 272 € als zusätzliche Gebühr neben den Terminsgebühren nach Nr. 4132 oder 4133 VV bei einer mehr als 8 Stunden dauernden Verhandlung (Nr. 4135 VV).

2. Mündliche Verhandlung als Ausnahme. Da die mündliche Verhandlung vor dem Bundesverfassungsgericht allgemein (§ 25 Abs. 1 BVerfGG) angesichts   35

■ einer a-limine-Abweisung wegen unzulässiger oder offensichtlich unzulässiger oder unbegründeter Anträge (§ 24 S. 1 BVerfGG),

■ der Ablehnungsbefugnis der Kammer des zuständigen Senats hinsichtlich der erforderlichen Annahme sowohl der Individualverfassungsbeschwerde nach Art. 93 Abs. 1 Nr. 4 a GG sowie der Kommunalverfassungsbeschwerde gem. Art. 93 Abs. 1 Nr. 4 b GG iVm §§ 13 Nr. 8 a, 90 ff BVerfGG gem. § 93 b S. 1, 1. Alt. iVm § 93 a Abs. 1 BVerfGG

die absolute Ausnahme darstellt und im Übrigen bei Vorliegen der Voraussetzungen des § 93 a Abs. 2 Buchst. b BVerfGG zur Durchsetzung der in § 90 Abs. 1 BVerfGG bezeichneten Rechtspositionen erfolgenden Stattgabe der Beschwerde durch die Kammer des zuständigen Senats (§ 93 c Abs. 1 S. 1 BVerfGG) ebenfalls eine mündliche Verhandlung nicht stattfindet, sind die vorstehend bezeichneten Gebührensätze sowohl für den Wahl- wie für den über Prozesskostenhilfe beigeordneten Rechtsanwalt (→ Rn 34) ungeachtet der seit 1.8.2013 geltenden Erhöhung der Gebührensätze illusorisch, da fernab jeglicher Realität.

VI. Bestimmung des Gegenstandswerts nach „billigem Ermessen" in sonstigen Verfahren (Abs. 2 S. 2)

Bezüglich der Bemessung der Rechtsanwaltsgebühren in den „sonstigen Verfahren" iSv Abs. 2 S. 1, also   36
insb. hinsichtlich der Individual- und auch der Kommunalverfassungsbeschwerdeverfahren, gilt Folgendes:

1. Handhabung des „billigen Ermessens". Da das BVerfGG keine Regelung enthält, bestimmt Abs. 2 S. 2,   37
dass der Gegenstandswert unter Berücksichtigung der in § 14 Abs. 1 genannten Umstände „nach billigem Ermessen" zu bestimmen sei (Hs 1) und „mindestens 5.000 € betrage" (Hs 2).

a) „Billiges Ermessen" (Abs. 2 S. 2, 1. Hs). Das „billige Ermessen" – das im Übrigen nur pflichtgemäßes   38
Ermessen sein kann – hat sich gem. Abs. 2 S. 2, 1. Hs an den in – für die Bestimmung von Rahmengebühren, dh vor Gerichten der Sozialgerichtsbarkeit (§ 3 iVm § 14 Abs. 1) geltenden – Umständen zu orientieren, dh vornehmlich an **Umfang und Schwierigkeit der anwaltlichen Tätigkeit, Bedeutung der Angelegenheit** sowie der **Einkommens- und Vermögensverhältnisse** des Auftraggebers.

In diesem Zusammenhang wird zu Recht darauf hingewiesen, dass die anwaltliche Tätigkeit insb. im Indi-   39
vidual- wie auch im Kommunalbeschwerdeverfahren nach Art. 93 Abs. 1 Nr. 4 a, 4 b GG (iVm §§ 13 Nr. 8 a, 8 b, 90 ff BVerfGG) eine „ganz ungewöhnliche Leistung" erfordert, so dass dies bei der Bestimmung des Gegenstandswerts zu berücksichtigen ist.[18] Es bedarf keines außerordentlichen Sachverstands, um festzustellen, dass der in Abs. 2 S. 2, 2. Hs bestimmte Mindestgegenstandswert von 5.000 € nicht einmal eine ansatzweise „angemessene" anwaltliche Vergütung gewährleistet. Angesichts der „sehr eigenen Wege"[19] des BVerfG ist darüber hinaus darauf hinzuweisen, dass eine Orientierung der Bestimmung des Gegenstandswerts daran, ob

■ die Verfassungsbeschwerde erfolgreich war oder erfolglos blieb[20] oder

■ es sich um eine Kammer- oder aber Senatsentscheidung handelt,

außer Betracht zu bleiben hat, da die „Bedeutung der Angelegenheit" iSd § 14 Abs. 1 S. 1 nicht (allein) davon abhängig ist.[21]

b) Mindestgegenstandswert (Abs. 2 S. 2, 2. Hs). Die in Abs. 2 S. 2, 2. Hs bezeichnete Mindestgrenze von   40
5.000 € für den Gegenstandswert ist auch nach der Rspr des BVerfG eine **Untergrenze**, also **kein „Regelwert"** für eine wegen Verneinung der Voraussetzungen nach § 93 a Abs. 2 Buchst. a, b BVerfGG nicht zur Entscheidung angenommene Verfassungsbeschwerde,[22] da auch in diesem Falle „Bedeutung der Angelegenheit", „Umfang" und „Schwierigkeit der anwaltlichen Tätigkeit" iSv § 14 Abs. 1 S. 1 zum Ansatz eines hö-

---

18 *Hartmann*, KostG, § 37 RVG Rn 2; *Zuck*, Das Recht der Verfassungsbeschwerde, Rn 1274 ff. **19** *Hartmann*, KostG, § 37 RVG Rn 8 unter Verweis auf BVerfGE 79, 369 und *Kakeldey*, AnwBl 1996, 229. **20** BVerfG NJW 2010, 1195. **21** AA offensichtlich BVerfG NVwZ-RR 2001, 281. **22** Vgl die Nachweise bei *Hartmann*, KostG, § 37 RVG Rn 8.

heren Gegenstandswerts als 5.000 € führen können.[23] Bei erfolgender Stattgabe einer Verfassungsbeschwerde – ob durch Senatsentscheidung aufgrund mündlicher Verhandlung gem. § 25 Abs. 2 BVerfGG oder aber durch Annahmebeschluss der Kammer (§ 93 c Abs. 1 BVerfGG aus den Gründen des § 93 a Abs. 2 Buchst. b BVerfGG) – wird daher „mindestens" eine Verdopplung des Mindestgegenstandswerts von 5.000 € angemessen sein.[24]

41   **2. Gebührentatbestände nach Nr. 3206, 3210 VV.** In den „sonstigen Verfahren" iSd Abs. 2 S. 1 fällt daher in jedem Falle die Verfahrensgebühr der Nr. 3206 VV (1,6) an. Die auch ohne Stattfinden einer mündlichen Verhandlung wegen des unter Nr. 3210 VV erfolgten Verweises auf Anm. Abs. 1 Nr. 1 und 2 zu Nr. 3104 VV dem Grundsatze nach entstehende Terminsgebühr nach Nr. 3210 VV (1,5) kommt regelmäßig deshalb nicht zum Ansatz, weil es sich nicht um eine notwendige mündliche Verhandlung handelt, auf die – analog §§ 307, 495 a ZPO bzw § 101 Abs. 2 VwGO – verzichtet werden könnte oder aber statt einer mündlichen Verhandlung gem. § 84 Abs. 1 S. 1 VwGO, § 105 Abs. 1 SGG durch Gerichtsbescheid entschieden wird, da die mündliche Verhandlung absolute Ausnahme ist. Im Übrigen kommt hinzu, dass selbst

- bei Ausschluss einer Stattgabe der Beschwerde durch die Kammer des zuständigen Senats wegen grundsätzlicher verfassungsrechtlicher Bedeutung der Verfassungsbeschwerde (§ 93 a Abs. 2 Buchst. a iVm § 93 c Abs. 1 S. 1 BVerfGG),
- im Falle der Annahme der Verfassungsbeschwerde durch den Senat nach den Voraussetzungen des § 93 d Abs. 3 S. 2 BVerfGG

die Anberaumung einer mündlichen Verhandlung im gerichtlichen Ermessen liegt.[25] Im Verfahren über eine Individual- wie Kommunalverfassungsbeschwerde nach Art. 93 Abs. 1 Nr. 4 a, 4 b GG (iVm § 13 Nr. 8 a, 8 b iVm §§ 90 ff BVerfGG) kann daher ohne eine mündliche Verhandlung eine Terminsgebühr nicht entstehen.[26]

VII. Kostenfreiheit/Missbrauchsgebühr

42   Ungeachtet der in § 34 Abs. 1 BVerfGG normierten Kostenfreiheit des Verfahrens vor dem Bundesverfassungsgericht kann gem. § 34 Abs. 2 BVerfGG eine sog. **Missbrauchsgebühr** bis zu 2.600 € auferlegt werden, wenn die Einlegung der Verfassungsbeschwerde oder der Beschwerde nach Art. 41 Abs. 2 GG einen Missbrauch darstellt oder der Antrag auf Erlass einer einstweiligen Anordnung (§ 32 BVerfGG) missbräuchlich gestellt ist. Die Auferlegung einer Missbrauchsgebühr ist indes die absolute Ausnahme.

VIII. Gebühren-/Auslagenerstattung gem. § 34 a BVerfGG

43   Erstattungspflichtig sind nach § 34 a Abs. 1 BVerfGG notwendige Auslagen einschließlich der Kosten der Verteidigung für den Fall, dass sich als unbegründet erweisen

- der Antrag auf Verwirkung der Grundrechte (§ 13 Nr. 1 BVerfGG),
- die Anklage gegen den Bundespräsidenten (§ 13 Nr. 4 BVerfGG),
- die Anklage gegen einen Bundes-/Landesrichter (§ 13 Nr. 9 BVerfGG).

44   Erweist sich die Verfassungsbeschwerde als begründet, so besteht ein Rechtsanspruch auf gänzliche oder teilweise Erstattung der notwendigen Auslagen (§ 34 a Abs. 2 BVerfGG).

45   Jenseits der Konstellation des § 34 a Abs. 1, 2 BVerfGG besteht Ermessen hinsichtlich der Anordnung voller oder teilweiser Erstattung der Auslagen (§ 34 a Abs. 3 BVerfGG).

46   Zu beachten ist, dass der sich im Verfassungsbeschwerdeverfahren selbst vertretende Rechtsanwalt entsprechend § 91 Abs. 2 S. 4 ZPO Auslagen in Höhe der gesetzlichen Gebühren als bevollmächtigter Rechtsanwalt geltend machen kann,[27] dies im Gegensatz zu den in eigener Sache auftretenden Hochschullehrern.[28]

§ 38 Verfahren vor dem Gerichtshof der Europäischen Gemeinschaften

(1) [1]In Vorabentscheidungsverfahren vor dem Gerichtshof der Europäischen Gemeinschaften gelten die Vorschriften in Teil 3 Abschnitt 2 Unterabschnitt 2 des Vergütungsverzeichnisses entsprechend. [2]Der Gegenstandswert bestimmt sich nach den Wertvorschriften, die für die Gerichtsgebühren des Verfahrens gelten, in dem vorgelegt wird. [3]Das vorlegende Gericht setzt den Gegenstandswert auf Antrag durch Beschluss fest. [4]§ 33 Abs. 2 bis 9 gilt entsprechend.

---

[23] BVerfG NJW 1995, 1737; BbgVerfGH NVwZ-RR 2004, 154. [24] BVerfG NJW 2006, 2249; zur kommunalen Verfassungsbeschwerde vgl NWVerfGH NVwZ-RR 1998, 151. [25] BVerfGE 41, 228. [26] Vgl BVerfGE 35, 41; 41, 228 sowie *Zuck*, Das Recht der Verfassungsbeschwerde, Rn 1295. [27] BVerfGE 50, 254 (255); 53, 207 (212 f); 71, 23 f; 81, 387 (389). [28] BVerfGE 71, 23 (24 f).

(2) Ist in einem Verfahren, in dem sich die Gebühren nach Teil 4, 5 oder 6 des Vergütungsverzeichnisses richten, vorgelegt worden, sind in dem Vorabentscheidungsverfahren die Nummern 4130 und 4132 des Vergütungsverzeichnisses entsprechend anzuwenden.

(3) Die Verfahrensgebühr des Verfahrens, in dem vorgelegt worden ist, wird auf die Verfahrensgebühr des Verfahrens vor dem Gerichtshof der Europäischen Gemeinschaften angerechnet, wenn nicht eine im Verfahrensrecht vorgesehene schriftliche Stellungnahme gegenüber dem Gerichtshof der Europäischen Gemeinschaften abgegeben wird.

I. Grundsätze und Normzweck

1. Beschränkung des Anwendungsbereichs auf Vorabentscheidungsverfahren gem. Art. 267 AEUV. Die [1] durch den Gesetzgeber für § 38 gewählte Überschrift „Verfahren vor dem Gerichtshof der Europäischen Gemeinschaften" könnte zunächst den Schluss nahe legen, davon würden sämtliche Verfahrensarten erfasst. Sieht man davon ab, dass sich dies für „Direktverfahren" bereits aus Kompetenzgründen verbietet, stellt Abs. 1 S. 1 durch die Bezugnahme auf Vorabentscheidungsverfahren klar, dass § 38 **ausschließlich** für das **Verfahren gem. Art. 267 AEUV** Geltung besitzt, das sich dadurch auszeichnet, dass es durch die Gerichte der Mitgliedstaaten initiiert wird, nicht jedoch unmittelbar durch die Parteien eines fachinstanzlichen Ausgangsverfahrens der Mitgliedstaaten eingeleitet werden kann.[1]

2. Relevanz der gebührenrechtlichen Qualifizierung des Ausgangsverfahrens. Aus der Gegenüberstellung [2] von Abs. 1 S. 1 – Geltung von Teil 3 Abschnitt 2 Unterabschnitt 2 VV – und Abs. 2 – entsprechende Anwendung der Nr. 4130 und 4132 VV für den Fall, dass sich die Gebühren des Ausgangsverfahrens nach Teil 4, 5 oder 6 VV richten – ergibt sich, dass die Anwaltsgebühren im Vorabentscheidungsverfahren gem. Art. 267 AEUV sich nach der gebührenrechtlichen Behandlung des Ausgangsrechtsstreits vor den nationalen Instanzgerichten richtet:

- Entstehen im Ausgangsrechtsstreit – Zivil-, Verwaltungsgerichts-, Finanzgerichtsprozess – Gebühren nach den Nr. 3100 ff VV, so entstehen sie auch im Vorabentscheidungsverfahren;
- sind für den Ausgangsrechtsstreit – Straf-, Bußgeld-, Sozialgerichtsverfahren – Betragsrahmengebühren maßgeblich, so gilt dies auch für das Vorabentscheidungsverfahren.[2]

II. Das Vorabentscheidungsverfahren im System der Verfahrensarten beim EuGH

1. Der EuGH als Gerichtshof der Europäischen Gemeinschaften. Der Gerichtshof der Europäischen Union [3] – zu unterscheiden von dem Europäischen Gerichtshof für Menschenrechte in Straßburg (EGMR), der die Einhaltung der Europäischen Menschenrechtskonvention (EMRK) sichern soll und für dessen Verfahren der neu eingefügte § 38 a gilt – umfasst gem. Art. 19 EUV zum einen den EuGH mit dem Sitz in Luxemburg, zuständig für die Wahrung des EU-Rechts bei Auslegung und Anwendung der Gründungsverträge der Europäischen Union, zum anderen das Europäische Gericht (EuG), zuständig für Streitigkeiten zwischen Organen und Mitgliedstaaten der Europäischen Union, zum Dritten das Europäische Gericht für den öffentlichen Dienst als Fachgericht.[3]

Aufgrund der in § 38 erfolgten Beschränkung auf das Vorabentscheidungsverfahren vor dem EuGH werden [4] daher **nicht** erfasst Verfahren vor dem

- Europäischen Gericht (EuG) wegen Geltendmachung der Verletzung von Individualrechten durch Organe der Europäischen Union (Europäische Kommission oder Rat der EU) bzw in seiner Funktion als Rechtsmittelinstanz gegen Entscheidungen des Europäischen Gerichts für den öffentlichen Dienst;
- Europäischen Gericht für den öffentlichen Dienst als Fachgericht (Art. 257 AEUV) hinsichtlich Streitigkeiten von Beamten des Europäischen Dienstes einschließlich der Bediensteten der Europäischen Zentralbank wegen Verletzung deren Rechtsstellung.[4]

2. Funktion und Voraussetzungen des Vorabentscheidungsverfahrens. Das Vorabentscheidungsverfahren [5] gem. Art. 267 AEUV (ex-Art. 234 EGV) soll die einheitliche Auslegung des Rechts der Europäischen Union im Bereich der Mitgliedstaaten angesichts unterschiedlicher Rechtssysteme, -traditionen und -methoden sichern. Zu unterscheiden ist zum einen die Befugnis der Gerichte der Mitgliedstaaten zur Einholung einer Vorabentscheidung gem. Art. 267 Abs. 2 AEUV einerseits, der Verpflichtung der letztinstanzlichen nationa-

---

1 Vgl *Gutmann*, Rechtsschutz vor den Europäischen Gerichten, in: Eiding/Hofmann-Hoeppel, VerwR, § 16 Rn 46. **2** Gerold/Schmidt/*Burhoff*, § 38 Rn 10 ff. **3** Vgl *Gutmann*, Rechtsschutz vor den Europäischen Gerichten, in: Eiding/Hofmann-Hoeppel, VerwR, § 16 Rn 2 ff. **4** Dem Anwendungsbereich von § 38 unterfallen daher nicht u.a.: Nichtigkeitsklage gem. Art. 263 AEUV (vgl hierzu *Gutmann*, Rechtsschutz vor den Europäischen Gerichten, in: Eiding/Hofmann-Hoeppel, VerwR, § 16 Rn 22 ff); Untätigkeitsklage gem. Art. 265 AEUV (vgl hierzu *Gutmann*, aaO, § 16 Rn 33); Schadensersatzklage gem. Art. 340 Abs. 2 AEUV (vgl hierzu *Gutmann*, aaO, § 16 Rn 34 ff).

len Gerichte zur Vorlage gem. Art. 267 Abs. 3 AEUV andererseits. Die **Vorlagepflicht letztinstanzlicher nationaler Gerichte** gem. Art. 267 Abs. 3 AEUV hat Relevanz vornehmlich vor dem Hintergrund, dass der EuGH gesetzlicher Richter iSv Art. 101 Abs. 1 S. 2 GG ist[5] mit der Folge, dass die **Nichtvorlage an den EuGH** einen Verfassungsverstoß dann darstellt, wenn ein nationales Gericht

■ eine Vorlage gem. Art. 267 Abs. 3 AEUV überhaupt nicht in Erwägung zieht,

■ bewusst von der Rechtsprechung des EuGH abweicht oder

■ bei Nichtexistenz einer einschlägigen Rechtsprechung des EuGH Europarecht in „unvertretbarer Weise" dadurch auslegt, dass es sich auf singuläre Minderheitsmeinungen im Europarecht stützt und das Europarecht daher auf „unhaltbare Weise" handhabt.

6   Für **Verfahren des vorläufigen Rechtsschutzes** nach § 80 a Abs. 3 iVm § 80 Abs. 5 VwGO bzw § 123 Abs. 1 VwGO ist im Hinblick auf die Beschwerdeentscheidung als Abschluss des vorläufigen gerichtlichen Rechtsschutzverfahrens zu unterscheiden: Eine Rechtspflicht zur Vorlage gem. Art. 267 Abs. 3 AEUV besteht lediglich hinsichtlich der Beantwortung von Rechtsfragen, die sich ausschließlich im Verfahren des vorläufigen gerichtlichen Rechtsschutzes stellen können; ist dies nicht der Fall, dh handelt es sich um Rechtsfragen, die auch im Hauptsacheverfahren zur Entscheidung anstehen, besteht eine Vorlageverpflichtung nicht.[6]

7   Weiterhin hat die Vorlagepflicht gem. Art. 267 Abs. 3 AEUV Relevanz für das **Antragszulassungsberufungsverfahren** gem. §§ 124 ff VwGO, da OVG/VGH im Verfahren wegen Antrags auf Zulassung der Berufung ebenfalls letztinstanzliches Gericht sind mit der Folge, dass ein Verstoß gegen die Vorlagepflicht gleichzeitig einen Verfassungsverstoß iSv Art. 101 Abs. 1 S. 2 GG darstellt und eine Verpflichtung zum Schadensersatz auslösen kann.[7]

8   In der Rechtsprechung des EuGH wird zur Beantwortung einer bestehenden bzw verletzten Vorlagepflicht gem. Art. 267 Abs. 3 AEUV das **Prinzip der „acte clare"** herangezogen, nach dem eine Vorlagepflicht dann nicht besteht, wenn keinerlei vernünftige Zweifel an der Vereinbarkeit von Vorschriften des nationalen Rechts des Mitgliedstaates mit dem Recht der Europäischen Union bestehen oder aber der EuGH bereits in gesicherter Rechtsprechung die Vorlagefrage geklärt hat.[8]

9   Ungeachtet der Tatsache, dass die Einleitung des Vorabentscheidungsverfahrens nur durch das nationale Gericht der Mitgliedstaaten erfolgen kann, besteht die Möglichkeit, im Rahmen des fachgerichtlichen Verfahrens vor dem nationalen Gericht des jeweiligen Mitgliedstaates einen Antrag auf Vorabentscheidung anzubringen, mit dem darzulegen ist, in welcher Weise der Ausgang des fachinstanzlichen Verfahrens von der Entscheidung der europarechtlich zu klärenden Zweifelsfrage abhängig ist.[9]

III. Gegenstandswertfestsetzung und Gebührenberechnung gem. Abs. 1

10   **1. Verfahrens- und Terminsgebühr gem. Nr. 3206, 3210 VV.** Entstehen im Ausgangsverfahren vor dem nationalen Gericht des Mitgliedstaates Gebühren nach dem Gegenstandswert, handelt es sich also um einen Zivil-, Verwaltungsgerichts- oder aber Finanzgerichtsprozess, so gilt dies auch für das Vorabentscheidungsverfahren vor dem EuGH mit der Folge, dass die Nr. 3200–3213 VV entsprechend anwendbar sind.[10] Unerheblich ist, ob der Rechtsanwalt auch im Ausgangsverfahren vor dem nationalen Gericht des Mitgliedstaates tätig war. Zum Ansatz gelangen daher die

■ Verfahrensgebühr der Nr. 3206 VV (1,6),

■ Terminsgebühr der Nr. 3210 VV (1,5), diese mit der Maßgabe, dass sie aufgrund des erfolgten Verweises auf Abs. 2 der Anm. zu Nr. 3202 VV auch dann anfällt, wenn ohne mündliche Verhandlung entschieden wird.

11   **2. Maßgaben für Gebührenfestsetzung (Abs. 1 S. 2–4).** Aufgrund der Relevanz des Gegenstandswerts für den anwaltlichen Gebührenansatz

■ bestimmt sich der **Gegenstandswert** nach den Wertvorschriften, die für die Gerichtsgebühren des Verfahrens gelten, in dem vorgelegt wird (Abs. 1 S. 2),

■ setzt das vorlegende Gericht den Gegenstandswert auf Antrag durch Beschluss fest (Abs. 1 S. 3), wobei § 33 Abs. 2–9 entsprechend gilt (Abs. 1 S. 4).

---

5 Vgl hierzu BVerfGE 73, 339 (366 f); 75, 223 (233 ff); 82, 159 (195 f); BVerfGK 1, 207 f; 2, 179 (184); 3, 355 (364); 4, 116 f; 8, 280 ff; 8, 401 (404 ff); BVerfG NVwZ 2005, 572 (574); BVerfG NJW 2007, 1521 sowie – mit umfassenden weiteren Hinweisen zur Kommentarliteratur – *Schulze-Fielitz*, in: Dreier, GG, Kommentar (Bd. 3), Art. 101 Rn 62. **6** *Gutmann*, Rechtsschutz vor den Europäischen Gerichten, in: Eiding/Hofmann-Hoeppel, VerwR, § 16 Rn 50 unter Verweis auf *Bergmann*, ZAR 2011, 41. **7** BVerfG 25.8.2008 – 2 BvR 2213/06, InfAuslR 2009, 416; EuGH 30.9.2003 – Rs. C-224/01, Slg 2003, I-20329. **8** BVerfG 25.2.2010 – 1 BvR 230/09, NJW 2010, 1268; EuGH 6.12.2005 – Rs. C-461/03, Slg 2005, I-10513. **9** Vgl *Gutmann*, Rechtsschutz vor den Europäischen Gerichten, in: Eiding/Hofmann-Hoeppel, VerwR, § 16 Rn 53. **10** So zutr. *Hartmann*, KostG, § 38 RVG Rn 4; missverständlich insoweit Gerold/Schmidt/*Burhoff*, § 38 Rn 11, wonach die Nr. 3100 ff VV einschlägig sein sollen.

3. Voraussetzungen für die Anrechnung (Abs. 3). Gemäß Abs. 3 wird die Verfahrensgebühr des Ausgangs- 12
verfahrens, in dem die Vorlage gem. Art. 267 AEUV erfolgt, auf die Verfahrensgebühr des Verfahrens vor
dem EuGH angerechnet, wenn nicht eine im Verfahrensrecht vorgesehene schriftliche Stellungnahme gegenüber dem EuGH abgegeben wird. Die in Abs. 3 getroffene Regelung verdankt sich den Besonderheiten des
Vorabentscheidungsverfahrens, das mit dem – nicht anfechtbaren – Beschluss des nationalen Gerichts des
Mitgliedstaates der EU über die Aussetzung des fachinstanzlichen Verfahrens und die Frage der Vereinbarkeit nationalen Rechts mit Gemeinschaftsrecht der EU beginnt und dazu führt, dass der EuGH den Beschluss mit der Vorabentscheidungsfrage unter Eröffnung einer Gelegenheit zur Stellungnahme an die Mitgliedstaaten zustellt, wodurch die zweimonatige Stellungnahmefrist (Art. 23 Abs. 2 der Satzung EuGH) in
Lauf gesetzt wird. Im Falle des fristgemäßen Eingangs der eingereichten Stellungnahmen, die den Parteien
zur Vorbereitung der mündlichen Verhandlung (mit Übersetzung in die jeweilige Verfahrenssprache) zugestellt werden, erfolgt die Verweisung gem. Art. 44 § 3 VerfO EuGH an den zur Entscheidung berufenen
Spruchkörper (Kammer, Große Kammer, Plenum).[11]

Ungeachtet der nach diesem Zeitpunkt erfolgenden Verfahrensmöglichkeiten – 13

- Entscheidung durch den EuGH ohne mündliche Verhandlung durch Beschluss nach Anhörung des Ge-
  neralanwalts (Art. 104 § 3 VerfO EuGH) für den Fall, dass eine zur Vorabentscheidung vorgelegte Frage durch den EuGH bereits entschieden wurde oder ihre Beantwortung nach der bisherigen Rechtsprechung des EuGH ohne Weiteres erfolgen kann,
- Entscheidung ohne mündliche Verhandlung durch Beschluss, wenn keiner der Verfahrensbeteiligten innerhalb der Stellungnahmefrist einen Antrag auf Durchführung der mündlichen Verhandlung gestellt
  hat,
- Durchführung einer mündlichen Verhandlung –

ist daher die gem. Abs. 3 angeordnete Anrechnung der Verfahrensgebühr des Ausgangsverfahrens nur dann
geboten, wenn eine im Verfahrensrecht vorgesehene **schriftliche Stellungnahme** – Art. 20, 23 Abs. 2, 24 der
Satzung EuGH oder aber Art. 103 VerfO EuGH – erfolgt oder nicht.

IV. Gebühren der Nr. 4130 und 4132 VV in Verfahren nach Betragsrahmengebühren (Abs. 2) bzw der Nr. 3212 und 3213 VV in Sozialgerichtssachen

1. Geltung der Teile 4–6 VV für Ausgangsverfahren. Sind für die Anwaltsgebühren im Ausgangsverfahren 14
relevant

- Teil 4 VV, dh in Strafsachen,
- Teil 5 VV, dh in Bußgeldsachen,
- Teil 6 VV, dh in „sonstigen Verfahren", also in
  - Verfahren nach dem Gesetz über die internationale Rechtshilfe in Strafsachen sowie nach dem Ge-
    setz über die Zusammenarbeit mit dem internationalen Strafgerichtshof (Abschnitt 1),
  - Disziplinarverfahren sowie berufsgerichtlichen Verfahren wegen der Verletzung einer Berufspflicht
    (Abschnitt 2),
  - gerichtlichen Verfahren bei Freiheitsentziehung und in Unterbringungssachen (Abschnitt 3) sowie
    gerichtlichen Verfahren nach der Wehrbeschwerdeordnung (Abschnitt 4),

so bestimmen sich die

- Verfahrensgebühr nach Nr. 4130 VV (120 € bis 1.110 €; Mittelgebühr: 615 €),
- Terminsgebühr nach Nr. 4132 VV (120 € bis 560 €; Mittelgebühr: 340 €).

2. Sozialgerichtssachen als Ausgangsverfahren. Hinsichtlich Vorabentscheidungsverfahren vor dem EuGH 15
in Sozialgerichtssachen gelten ebenfalls Betragsrahmengebühren, die jedoch vom Wortlaut gem. Abs. 2
nicht erfasst werden. Ungeachtet dessen besteht eine Regelungslücke deshalb nicht, weil hierfür die Maßgabe des Abs. 1 S. 1 über die entsprechende Geltung der Vorschriften nach Teil 3 Abschnitt 2 Unterabschnitt 2 VV angeordnet ist. Dies hat zur Folge, dass für Vorabentscheidungsverfahren in sozialgerichtlichen Streitigkeiten in Ansatz zu bringen sind die

- Verfahrensgebühr gem. Nr. 3212 VV (80 € bis 880 €; Mittelgebühr: 480 €),
- Terminsgebühr gem. Nr. 3213 VV (80 € bis 830 €; Mittelgebühr: 455 €).[12]

3. Geltung von Abs. 3. Die Maßgaben über die Anrechnung der Verfahrensgebühr des Ausgangsverfahrens 16
vor dem nationalen Gericht des Mitgliedstaates auf die Verfahrensgebühr im Vorabentscheidungsverfahren
vor dem EuGH gem. Abs. 3 gelten entsprechend.

---

11 Vgl *Gutmann*, Rechtsschutz vor den Europäischen Gerichten, in: Eiding/Hofmann-Hoeppel, VerwR, § 16 Rn 56 ff. **12** Vgl
Gerold/Schmidt/*Burhoff*, § 38 Rn 19.

V. Geltung weiterer Vorschriften des RVG

17 1. **Gebührenrechtliche Selbstständigkeit iSv § 15 Abs. 2 S. 1.** Ebenso wie hinsichtlich der Anwendung von § 37 (→ § 37 Rn 27) ist das Vorabentscheidungsverfahren vor dem EuGH eine **besondere Angelegenheit** iSv § 15 Abs. 2 S. 1.[13]

18 2. **Weitere anwendbare Vorschriften.** Anwendbar sind des Weiteren:
- § 3 a über den Abschluss einer Vergütungsvereinbarung (→ § 37 Rn 29),
- Nr. 1008 VV über die Erhöhung der Gebühren bei Vertretung mehrerer Auftraggeber (→ § 37 Rn 28),
- Nr. 7000–7008 VV über Auslagen, Fahrtkosten, Tage- und Abwesenheitsgeld sowie Umsatzsteuer (→ § 37 Rn 33),
- Nr. 2100 VV über die Prüfung der Erfolgsaussicht eines Rechtsmittels.[14]

VI. Kostenentscheidung

19 Die Kosten des Vorabentscheidungsverfahrens sind Bestandteil der Kostenentscheidung des nationalen Gerichts des Ausgangsverfahrens, da in den Entscheidungen des EuGH regelmäßig verfügt wird, die zu treffende Kostenentscheidung obliege dem Gericht des Ausgangsverfahrens, da für dessen Parteien das Vorabentscheidungsverfahren einen Zwischenstreit in dem vor dem nationalen Gericht anhängigen Rechtsstreit darstellt.[15]

§ 38 a Verfahren vor dem Europäischen Gerichtshof für Menschenrechte

[1]In Verfahren vor dem Europäischen Gerichtshof für Menschenrechte gelten die Vorschriften in Teil 3 Abschnitt 2 Unterabschnitt 2 des Vergütungsverzeichnisses entsprechend. [2]Der Gegenstandswert ist unter Berücksichtigung der in § 14 Absatz 1 genannten Umstände nach billigem Ermessen zu bestimmen; er beträgt mindestens 5.000 Euro.

I. Allgemeines

1 Gemäß S. 1 gelten in Verfahren vor dem Europäischen Gerichtshof für Menschenrechte die Vorschriften in Teil 3 Abschnitt 2 Unterabschnitt 2 des Vergütungsverzeichnisses entsprechend. S. 1 bedeutet, dass damit in diesen Verfahren die gleichen Gebühren zum Ansatz gelangen wie für Verfahren über Verfassungsbeschwerden vor dem Bundesverfassungsgericht (§ 37 Abs. 2).

2 Hinsichtlich der Maßgaben für die „Berücksichtigung der in § 14 Absatz 1 genannten Umstände" → § 37 Rn 39. Zur Handhabung des „billigen Ermessens" → § 37 Rn 37 f. Zur Geltung der **übrigen Vorschriften des RVG** → § 37 Rn 27 ff.

II. Verfahren vor dem Europäischen Gerichtshof für Menschenrechte (EGMR)

3 1. **Funktion des EGMR.** Der durch den Europarat errichtete Europäische Gerichtshof für Menschenrechte (EGMR) sichert die Einhaltung der Europäischen Menschenrechtskonvention (EMRK), die neben den Mitgliedstaaten der Europäischen Union u.a. auch durch Russland und die Türkei unterzeichnet wurde. Ähnlich wie für das Bundesverfassungsgericht gilt, dass die nach Art. 19 EMRK bestehende Verpflichtung, die Einhaltung der Rechtspositionen aus der EMRK und den dazugehörigen Protokollen sicherzustellen, nicht bedeutet, in jedem Falle Einzelfallgerechtigkeit herzustellen und damit die Funktion einer „Superrevisionsinstanz" zu erfüllen. Der EGMR ist kein Berufungsgericht im Verhältnis zu nationalen Gerichten, kann daher deren Entscheidungen weder aufheben noch abändern. Dies hat zur Folge, dass Beschwerdegegner weder Einzelpersonen noch private Organisationen, sondern ausschließlich die Staaten sind, die die Konvention oder das betreffende Zusatzprotokoll (Nr. 1, 4, 6, 7, 12 und 13) ratifiziert haben. Für die schriftliche Beschwerdeeinreichung ist das durch den EGMR auf seiner Homepage zum Herunterladen bereitgestellte Formular zwingend zu verwenden.[1]

4 2. **Zulässigkeitsvoraussetzungen.** Ähnlich wie bzgl der Individualverfassungsbeschwerde gem. Art. 93 Abs. 1 Nr. 4 a GG iVm § 13 Nr. 8 a, §§ 90 ff BVerfGG erfordert die im Rahmen einer Eingangsprüfung[2] erfolgende Vergewisserung der Zulässigkeitsvoraussetzungen die

---

[13] Vgl *Hartmann*, KostG, § 38 RVG Rn 3. **14** Vgl Gerold/Schmidt/*Burhoff*, § 38 Rn 21 (unter unzutr. Verweisung auf § 4). **15** Vgl Gerold/Schmidt/*Burhoff*, § 38 Rn 8. **1** Vgl hierzu *Gutmann*, Rechtsschutz vor den Europäischen Gerichten, in: Eiding/Hofmann-Hoeppel, VerwR, § 16 Rn 82. **2** Vgl die Darstellung bei *Gutmann*, Rechtsschutz vor den Europäischen Gerichten, in: Eiding/Hofmann-Hoeppel, VerwR, § 16 Rn 75.

- Erschöpfung des Rechtswegs vor den nationalen Gerichten des Signatarstaates,
- Wahrung der Einlegungsfrist von 6 Monaten nach Zustellung der letzten nationalstaatlichen Gerichtsentscheidung,
- Darlegung eines „erheblichen Nachteils" zur Vermeidung der Verwerfung wegen Unzulässigkeit (Art. 35 Abs. 3 lit. b EMRK),
- Darlegung, in welcher Weise durch welche Akte der Exekutive, Legislative oder Judikative des Signatarstaats der EMRK eine Verletzung der in der EMRK gewährleisteten Rechtspositionen eingetreten ist,
- Verwendung des für Beschwerdeverfahren vorgeschriebenen Formulars, es sei denn, der Beschwerdeführer wurde durch den Präsidenten des EGMR von dieser Verpflichtung entbunden.[3]

Genau so wie die Individualverfassungsbeschwerde gem. Art. 93 Abs. 1 Nr. 4 a GG (iVm § 13 Nr. 8 a, §§ 90 ff BVerfGG) entfaltet die Beschwerde zum EGMR keine aufschiebende Wirkung. Vorläufige Maßnahmen durch den Antrag auf Erlass einer einstweiligen Anordnung (Art. 39 Abs. 1 VerfO EGMR) kommen nach der Rechtsprechung des EGMR nur in Betracht, wenn ein unwiederbringlicher Schaden droht, u.a. Gefahren für Leib und Leben.[4]   **5**

3. Gerichtskostenfreiheit. Für Beschwerdeverfahren beim EGMR gilt – wie gem. § 34 Abs. 1 BVerfGG für   **6**
Verfahren vor dem Bundesverfassungsgericht – Gerichtskostenfreiheit.

4. Prozesskostenhilfe. Gemäß Art. 100 VerfO EGMR kann Prozesskostenhilfe bewilligt werden, wenn sie   **7**
für die ordnungsgemäße Prüfung der Rechtssache vor der Kammer notwendig ist und der Beschwerdeführer nicht über hinreichende finanzielle Mittel verfügt, um die anfallenden Kosten ganz oder teilweise zu begleichen.

§ 39 Von Amts wegen beigeordneter Rechtsanwalt

(1) Der Rechtsanwalt, der nach § 138 des Gesetzes über das Verfahren in Familiensachen und in den Angelegenheiten der freiwilligen Gerichtsbarkeit, auch in Verbindung mit § 270 des Gesetzes über das Verfahren in Familiensachen und in den Angelegenheiten der freiwilligen Gerichtsbarkeit, dem Antragsgegner beigeordnet ist, kann von diesem die Vergütung eines zum Prozessbevollmächtigten bestellten Rechtsanwalts und einen Vorschuss verlangen.

(2) Der Rechtsanwalt, der nach § 109 Absatz 3 oder § 119 a Absatz 6 des Strafvollzugsgesetzes einer Person beigeordnet ist, kann von dieser die Vergütung eines zum Verfahrensbevollmächtigten bestellten Rechtsanwalts und einen Vorschuss verlangen.

I. Allgemeines

Abs. 1 stellt klar, dass der nach § 138 FamFG beigeordnete Rechtsanwalt einen eigenen Vergütungsanspruch gegen den Antragsgegner der Scheidungs- oder Lebenspartnerschaftssache, für den die Beiordnung erfolgt, besitzt. Abs. 2 regelt den Vergütungsanspruch des nach § 109 Abs. 3 StVollzG oder § 119 a Abs. 6 StVollzG beigeordneten Rechtsanwalts gegen die Person, für welche die Beiordnung erfolgte. Neben dem Vergütungsanspruch wird auch der Anspruch auf Vorschusszahlung geregelt.   **1**

§ 39 betrifft nur das Verhältnis zwischen Anwalt und Mandant, während § 45 Abs. 2 und § 47 Abs. 1 S. 2 den Vergütungsanspruch gegenüber der Staatskasse regeln.

II. Beiordnung nach § 138 FamFG (Abs. 1)

1. Ansprüche gegenüber dem Beteiligten. a) Allgemeines. Der Vergütungsanspruch gegenüber dem Antragsgegner entsteht mit der **gerichtlichen Beiordnung.** Er besteht unabhängig davon, ob der Antragsgegner mit der Beiordnung einverstanden war oder Einwendungen dagegen vorgetragen hat. Wird aufgrund Beschwerde jedoch festgestellt, dass eine Beiordnung überhaupt nicht zulässig war, besteht kein Vergütungsanspruch gegenüber dem Antragsgegner.   **2**

b) Umfang der Beiordnung. Ein Vergütungsanspruch kann nur im Umfang der Beiordnung entstehen, die   **3**
nach § 138 Abs. 1 FamFG nur für die Scheidungs- und Kindschaftsfolgesachen (§ 137 Abs. 3 FamFG) wegen der elterlichen Sorge, des Umgangsrechts oder der Herausgabe eines gemeinsamen Kindes zulässig ist. Für andere Folgesachen kann Beiordnung nicht erfolgen. Auch für den Versorgungsausgleich ist eine Beiordnung nicht zulässig, da er nicht vom Wortlaut des § 138 Abs. 1 FamFG erfasst ist.[1] Werden Folgesachen

---

[3] Abgedruckt bei *Gutmann*, Rechtsschutz vor den Europäischen Gerichten, in: Eiding/Hofmann-Hoeppel, VerwR, § 16 Rn 83.
[4] Vgl *Gutmann*, Rechtsschutz vor den Europäischen Gerichten, in: Eiding/Hofmann-Hoeppel, VerwR, § 16 Rn 92 ff. **1** KG
FamRZ 1978, 607.

als selbstständige Verfahren geltend gemacht, gilt § 138 FamFG nicht, ebenso bei Verfahren wegen Erlass einer einstweiligen Anordnung, weil sie stets selbstständige Verfahren sind (§ 51 Abs. 3 S. 1 FamFG), so dass keine Beiordnung erfolgen kann. Eine Beiordnung ist zudem nur für das erstinstanzliche Verfahren möglich, nicht für das Beschwerde- oder Rechtsbeschwerdeverfahren.[2]

4   **c) Höhe der Vergütung.** Der beigeordnete Anwalt kann dieselbe Vergütung wie ein Verfahrensbevollmächtigter verlangen. Das gilt auch dann, wenn der Antragsgegner keine Vollmacht zur Vertretung erteilt und der Anwalt deshalb nur die Stellung eines Beistands behält (§ 138 Abs. 2 iVm § 113 Abs. 1 FamFG iVm § 90 ZPO).

5   Im Einzelnen erhält der Anwalt daher insb. eine 1,3-Verfahrens- und 1,2-Terminsgebühr (Nr. 3100, 3104 VV). In Kindschaftsfolgesachen kann auch eine 1,0-Einigungsgebühr (Nr. 1000, 1003 VV) anfallen. Sie kann zwar in der Scheidungssache selbst nicht entstehen, jedoch kann der beigeordnete Anwalt eine **Aussöhnungsgebühr** nach Nr. 1001, 1003 VV verdienen.[3] Die Gebühren berechnen sich nach § 13 Abs. 1. § 49 gilt nicht, wenn die Vergütung gegenüber dem Antragsgegner geltend gemacht wird, sondern nur in den Fällen der § 45 Abs. 2, § 47 Abs. 1 S. 2. Neben den Gebühren können **Auslagen** (Nr. 7000 ff VV) verlangt werden.

6   Wird Vollmacht erteilt, besitzt der Anwalt im Umfang der Vollmachtserteilung Vergütungsansprüche wie jeder andere Verfahrensbevollmächtigte auch.

7   **d) Vorschuss.** Von dem Antragsgegner kann der beigeordnete Anwalt Vorschuss verlangen. Es gilt § 9, so dass Vorschuss für entstandene und voraussichtlich entstehende Gebühren und Auslagen gefordert werden kann. Im Einzelnen können angefordert werden die Verfahrens- und Terminsgebühr (Nr. 3100, 3104 VV) sowie Post- und Telekommunikationspauschale und Umsatzsteuer (Nr. 7002, 7008 VV). Wegen des Vorschusses aus der Staatskasse s. § 47 Abs. 1 S. 2.

8   Wird der Vorschuss nicht verbraucht, ist er nach Fälligkeitseintritt (§ 8 Abs. 1 S. 2) zurückzuzahlen. Der Rückzahlungsanspruch verjährt in drei Jahren, wobei die Frist gem. §§ 195, 199 BGB mit Ablauf des Jahres zu laufen beginnt, in dem sich der Auftrag erledigt hat.[4]

9   **e) Vergütungsfestsetzung nach § 11.** Die Vorschrift des Abs. 1 ermöglicht auch eine Geltendmachung im Vergütungsfestsetzungsverfahren nach § 11.

10   **2. Ansprüche gegenüber dem Antragsteller.** Gegenüber dem Antragsteller der Scheidungs- oder Lebenspartnerschaftssache erlangt der beigeordnete Anwalt keinen Vergütungsanspruch. Ein solcher kann auch nicht aus § 126 ZPO iVm § 113 Abs. 1 FamFG abgeleitet werden, da diese Regelung keine Anwendung findet.[5] Auch eine analoge Anwendung scheidet aus, da eine planwidrige Regelungslücke nicht vorliegt, weil der Gesetzgeber bei Einführung des RVG die Norm des § 126 ZPO kannte und auch in § 41 darauf verwiesen hat, so dass davon auszugehen ist, dass das Fehlen eines entsprechenden Verweises in Abs. 1 nicht auf einem Versehen oder bloßer Unkenntnis beruht. Werden dem Antragsteller Kosten auferlegt, kann der Antragsgegner aber Kostenfestsetzung (§§ 103 ff ZPO iVm § 113 Abs. 1 FamFG) betreiben.

11   **3. Ansprüche gegenüber der Staatskasse. a) Verzug.** Gegenüber der Staatskasse erlangt der beigeordnete Anwalt einen Vergütungsanspruch nur dann, wenn der Antragsgegner mit der Zahlung in Verzug ist. Es gilt § 286 BGB, so dass der Antragsgegner zur Zahlung aufgefordert und gemahnt werden muss. Verzug tritt dann spätestens ein, wenn innerhalb von 30 Tagen nach Fälligkeit und Zugang einer Rechnung oder gleichwertigen Zahlungsaufstellung nicht geleistet wird (§ 286 Abs. 3 S. 1 BGB). Der Verzug muss glaubhaft gemacht werden, wobei im Regelfall die Übersendung einer Ablichtung der an den Antragsgegner gerichteten Berechnung und des Mahnschreibens genügt. War eine Vergütungsfestsetzung nach § 11 beantragt, gerät der Antragsgegner in Verzug, wenn er auf den Vergütungsfestsetzungsbeschluss nicht leistet.[6] Eine Verpflichtung, zunächst das Verfahren nach § 11 zu betreiben, besteht aber nicht. Liegt Verzug vor, kann auch **Vorschuss** aus der Staatskasse verlangt werden (§ 47 Abs. 1 S. 2); zur Höhe → § 47 Rn 2 ff.

12   **b) Zahlungen des Antragsgegners.** Leistet der Antragsgegner Zahlungen an den beigeordneten Anwalt, erlischt dessen Anspruch gegenüber der Staatskasse, soweit der Vergütungsanspruch befriedigt wird, so dass bei Teilzahlungen die Staatskasse für die noch offene Vergütung in Anspruch genommen werden kann. Schuldet der Antragsgegner dem Anwalt mehrere Forderungen, gilt § 366 BGB, wonach Zahlungen des Antragsgegners, bei denen er nicht bestimmt, auf welche Forderung gezahlt wird, zunächst auf diejenige Forderung zu verrechnen sind, die dem Anwalt die geringere Sicherheit bieten, so dass zunächst nur auf solche Beträge angerechnet wird, für die aus der Staatskasse keine Zahlung verlangt werden kann. Erteilt der Antragsgegner später Vollmacht, erlischt dadurch der Vergütungsanspruch gegenüber der Staatskasse nicht.[7]

---

2 Keidel/*Weber*, § 138 FamFG Rn 3; MüKo-FamFG/*Heiter*, § 138 FamFG Rn 13; Zöller/*Philippi*, ZPO, § 138 FamFG Rn 6. **3** Gerold/Schmidt/*Burhoff*, § 39 Rn 15.   **4** *Hartmann*, KostG, § 9 RVG Rn 27.   **5** Gerold/Schmidt/*Burhoff*, § 39 Rn 36. **6** Gerold/Schmidt/*Burhoff*, § 39 Rn 21. **7** *Mümmler*, JurBüro 1981, 1454, 1460.

c) **Höhe der Vergütung.** Aus der Staatskasse kann im Umfang der Beiordnung die Zahlung sämtlicher Ge- 13
bühren und Auslagen verlangt werden, jedoch sind wegen der Auslagen auch die Einschränkungen des § 46
zu beachten, also Notwendigkeitsprüfung und ggf Beschränkung auf die Sätze des JVEG. Die Gebühren berechnen sich nicht nach § 13 Abs. 1, sondern nach § 49, was aus der Stellung des § 45 Abs. 2 innerhalb des
RVG folgt.[8] Für die Differenzvergütung besteht daher weiterhin ein Vergütungsanspruch gegenüber dem
Antragsgegner, der nach § 11 oder mit Vergütungsklage geltend zu machen ist.

Beispiel: Für die Scheidungssache, nicht für Folgesachen, wird dem Antragsgegner ein Anwalt nach § 138 FamFG 14
beigeordnet. Der Wert beträgt 14.000 € für die Scheidung und 5.000 € für die Folgesachen. Die Kosten des Verfahrens werden gegeneinander aufgehoben.

Nachdem der Antragsgegner mit der Zahlung in Verzug gerät, wird Vergütung aus der Landeskasse beantragt. Ein
Vergütungsanspruch besteht jedoch nur nach einem Wert von 14.000 €, da die Beiordnung die Folgesachen nicht
erfasst. Wegen der Gebühren gilt § 49.

Aus der Landeskasse sind zu vergüten:

1,3-Verfahrensgebühr, Nr. 3100 VV	435,50 €
1,2-Terminsgebühr, Nr. 3104 VV	402,00 €
Post- und Telekommunikationspauschale, Nr. 7002 VV	20,00 €
Umsatzsteuer, Nr. 7008 VV (19 % aus 857,50 €)	162,93 €
Gesamt	1.020,43 €

d) **Scheidungsfolgenvereinbarung.** § 48 Abs. 3 gilt auch für nach § 138 FamFG beigeordnete Anwälte,[9] so 15
dass gegenüber der Staatskasse auch ein Vergütungsanspruch besteht für den Abschluss einer Scheidungsfolgenvereinbarung wegen Regelungen hinsichtlich gegenseitigen Ehegattenunterhalts, Unterhalts gegenüber Kindern im Verhältnis der Ehegatten zueinander, der elterlichen Sorge, des Umgangsrechts, wegen der
Rechtsverhältnisse an der Ehewohnung und den Haushaltsgegenständen oder ehelichen Güterrechts, jedoch
muss auch hier Zahlungsverzug vorliegen (§ 45 Abs. 2). Die Erstattung nach § 48 Abs. 3 beschränkt sich
nicht auf die Einigungsgebühr, sondern umfasst alle entstehenden Gebühren,[10] so dass im Einzelnen verlangt werden kann die 0,8-Verfahrensgebühr (Nr. 3101 VV), 1,2-Terminsgebühr (Nr. 3104 VV) und Einigungsgebühr (Nr. 1000, 1003 VV); s. näher → § 48 Rn 34 ff.

e) **Verfahren.** Das Festsetzungsverfahren richtet sich nach § 55. Auf die dortigen Erl. wird daher verwiesen. 16

f) **Einzug der Vergütung.** Mit Zahlung der Vergütung gehen die Vergütungsansprüche nach § 59 Abs. 1 auf 17
die Staatskasse über. Die Vergütung kann daher vom Antragsgegner durch Sollstellung wieder eingezogen
werden (§ 59 Abs. 2 S. 1). Bei Nichtzahlung erfolgt die Beitreibung nach § 1 Abs. 1 Nr. 10 JBeitrO. Da es
sich um außergerichtliche Kosten handelt, kommt bei Kostenaufhebung (§ 150 Abs. 1 FamFG) Kosteinein-
zug nur gegen den Antragsgegner in Betracht, weil der Antragsteller für außergerichtliche Kosten des Antragsgegners nicht haftet (§ 92 Abs. 1 S. 2 ZPO iVm § 113 Abs. 1 FamFG). Vom Antragsteller ist ein Einzug
nur zulässig, wenn ihm die Kosten des Verfahrens auferlegt werden, zB nach § 150 Abs. 2 FamFG.

III. Beiordnung nach § 109 Abs. 3 oder § 119 a Abs. 6 StVollzG (Abs. 2)

Wird einem Gefangenen nach § 109 Abs. 3 oder § 119 a Abs. 6 StVollzG für das gerichtliche Verfahren ein 18
Rechtsanwalt beigeordnet, erlangt dieser einen eigenen **Vergütungsanspruch** gegenüber dem Gefangenen
(Abs. 2). Die Regelung ermöglicht daher bei Nichtzahlung durch den Gefangenen auch die Geltendma-
chung im Vergütungsfestsetzungsverfahren nach § 11 oder im Wege der Vergütungsklage. Der beigeordnete
Anwalt erhält dieselben Gebühren wie ein Wahlverteidiger, so dass Teil 3 VV und für die Gebührenhöhe
§ 13 Abs. 1 gilt.

Von dem Gefangenen kann der Anwalt auch einen **Vorschuss** verlangen. Es gilt § 9 Abs. 1, so dass der Vor- 19
schuss für die voraussichtlich entstehenden Gebühren und Auslagen gefordert werden kann. Wegen der
Rückforderung → Rn 8.

Abs. 2 regelt nur das Verhältnis zwischen beigeordneten Anwalt und Gefangenen, während das Verhältnis 20
zwischen beigeordneten Anwalt und Staatskasse durch § 45 Abs. 2 geregelt wird. Danach kann der beigeordnete Anwalt eine Zahlung aus der Staatskasse nur verlangen, wenn sich der Gefangene mit der Zahlung
der Vergütung in Verzug befindet. Es gilt § 286 BGB (ausf. → Rn 11 ff). Erfolgt die Zahlung aus der Staatskasse, bestimmen sich die Gebühren nicht nach § 13 Abs. 1, sondern nach § 49 (→ Rn 13). Auch ein Vorschuss kann aus der Staatskasse nur gezahlt werden, wenn sich der Gefangene gegenüber dem Anwalt in
Zahlungsverzug befindet (§ 47 Abs. 1 S. 2). Hat der Antragsgegner bereits Teilzahlungen geleistet, braucht
der Anwalt diese nur nach § 58 Abs. 2 anzurechnen.[11]

---

8 Gerold/Schmidt/*Burhoff*, § 39 Rn 26. **9** OLG München JurBüro 1979, 1672. **10** BT-Drucks 17/11471 (neu), S. 270 zu § 48
RVG. **11** AnwK-RVG/*Wahlen*/N. *Schneider*, § 39 Rn 32.

§ 40 Als gemeinsamer Vertreter bestellter Rechtsanwalt

Der Rechtsanwalt kann von den Personen, für die er nach § 67 a Abs. 1 Satz 2 der Verwaltungsgerichtsordnung bestellt ist, die Vergütung eines von mehreren Auftraggebern zum Prozessbevollmächtigten bestellten Rechtsanwalts und einen Vorschuss verlangen.

I. Anwendungsbereich

1 Die Bestellung eines Rechtsanwalts als gemeinsamen Vertreter durch Gerichtsbeschluss gem. § 67 a Abs. 1 S. 2 VwGO setzt voraus, dass eine **Konstellation nach § 67 a Abs. 1 S. 1 VwGO** gegeben ist. Es müssen also an einem Rechtsstreit mehr als 20 Personen „im gleichen Interesse" beteiligt sein, ohne durch einen Prozessbevollmächtigten vertreten zu sein; durch diese Konstellation muss die ordnungsgemäße Durchführung des Rechtsstreits beeinträchtigt werden.

2 Zweck des § 67 a Abs. 1 VwGO ist – in Anlehnung an die §§ 56 a, 65 Abs. 3 und 93 a VwGO[1] – die Erleichterung der Durchführung gerichtlicher „**Massenverfahren**" mit einer Vielzahl von Beteiligten, wobei zu Recht darauf hingewiesen wird, dass die praktische Bedeutung mehr als zweifelhaft erscheint, weil eine Vielzahl von Beteiligten iSd § 67 a Abs. 1 S. 1 VwGO idR in Verfahren zu gewärtigen ist, für die eine erstinstanzliche Zuständigkeit des OVG bzw VGH gem. § 48 Abs. 1 S. 1 Nr. 1–9, S. 2, S. 3, § 48 Abs. 2 VwGO mit der Folge gegeben ist, dass ohnedies Anwaltszwang gem. § 67 Abs. 1 S. 1 und 2 VwGO besteht.

3 Die **Beteiligung von mehr als 20 Personen** „im gleichen Interesse" setzt zunächst die Beteiligung von nicht durch einen Bevollmächtigten – auch iSv § 67 Abs. 2 S. 3 VwGO – vertretenen Klägern voraus. Dies hat zur Folge, dass bei der Berechnung der Zahl von 20 Personen nur solche Beteiligte zu berücksichtigen sind, die nicht bereits durch einen Prozessbevollmächtigten vertreten sind.[2]

4 Bezüglich der Beurteilung des Tatbestandsmerkmals „**im gleichen Interesse**" ist auf die entsprechende Antragstellung im verwaltungsgerichtlichen Verfahren abzustellen; der Vertreter öffentlichen Interesses ist, soweit er nicht in Vertretung des Beklagten auftritt, weder der Kläger- noch der Beklagtenseite zuzurechnen.

5 Hinsichtlich des Erfordernisses einer **Beeinträchtigung der ordnungsgemäßen Durchführung des Rechtsstreits** steht dem Gericht ein Beurteilungsspielraum zu,[3] wobei ausschließlich die Anforderungen zugrunde zu legen sind, die sich aus der Zahl der Beteiligten ergeben, da der nicht vorhandenen Fähigkeit einzelner Beteiligter zum sachgemäßen Vortrag durch Anordnung nach § 67 Abs. 2 S. 2 VwGO zu begegnen ist.

6 Liegen die Voraussetzungen gem. § 67 a Abs. 1 S. 1 VwGO vor, so folgt aus der durch Beschluss zu ergehenden Anordnung, innerhalb einer „angemessenen Frist" einen **gemeinsamen Bevollmächtigten** zu bestellen, die gerichtliche Befugnis, bei fruchtlosem Ablauf der gesetzten Frist ebenfalls durch Beschluss einen Rechtsanwalt als gemeinsamen Vertreter zu bestellen. Dadurch verlieren die am Rechtsstreit mit mehr als 20 Personen Beteiligten infolge Unanfechtbarkeit der nach § 67 a Abs. 1 S. 1 und 2 VwGO ergangenen Beschlüsse (§ 67 a Abs. 1 S. 4 VwGO) die **Postulationsfähigkeit** für das Verfahren, dh die Möglichkeit, Verfahrenshandlungen selbst wirksam vornehmen zu können (§ 67 a Abs. 1 S. 3 VwGO).

II. Wirkungen einer Bestellung gem. § 67 a Abs. 1 S. 2 VwGO

7 § 40 bewirkt, dass dem gem. § 67 a Abs. 1 S. 2 VwGO durch gerichtlichen Beschluss bestellten Rechtsanwalt ein **Vergütungsanspruch** gegenüber den nicht durch einen Prozessbevollmächtigten vertretenen Personen iSd § 67 a Abs. 1 S. 1 VwGO zusteht, ohne dass eine Mandatierung durch diese Personen erfolgt ist. Unerheblich ist daher nicht nur die Tatsache, dass eine **Vollmachtserteilung nicht** erfolgte, sondern auch, ob die Personen iSd § 67 a Abs. 1 S. 1 VwGO mit der Bestellung des konkreten Rechtsanwalts durch gerichtlichen Beschluss einverstanden sind.[4]

8 Darüber hinaus erlangt der bestellte Rechtsanwalt einen Rechtsanspruch auf Forderung eines **Vorschusses**.

9 Aufgrund der Mehrheit der durch den bestellten Rechtsanwalt vertretenen Personen erhöht sich die Verfahrensgebühr nach Nr. 3100 VV daher gem. **Nr. 1008 VV** für jede weitere vertretene „Person" iSv § 67 a Abs. 1 S. 1 VwGO.

III. Geltendmachung des Vergütungsanspruchs

10 Da der bestellte Rechtsanwalt – selbst gegen den Willen der Vertretenen – infolge der Beschlussfassung nach § 67 a Abs. 1 S. 2 VwGO einen unmittelbaren Vergütungsanspruch erwirbt (→ Rn 7), ist er bei **Fällig-**

---

1 Vgl *Kopp/Schenke*, VwGO, § 67 a Rn 1. **2** Vgl *Kopp/Schenke*, VwGO, § 67 a Rn 3. **3** Str, vgl *Kopp/Schenke*, VwGO, § 67 a Rn 4. **4** Gerold/Schmidt/*Burhoff*, § 40 Rn 4.

NK-GK/Hofmann-Hoeppel

keit der Vergütung unter den Voraussetzungen des § 8 Abs. 1 berechtigt, seinen Vergütungsanspruch – als Wahlanwalt – gegenüber den vertretenen Personen geltend zu machen.[5]

Ist der zur Zahlung Verpflichtete mit der Zahlung der Vergütung – ganz oder teilweise – in **Verzug**, so kann der bestellte Rechtsanwalt seine Vergütung gem. § 45 Abs. 2 entweder gegenüber der Landeskasse oder aber gegenüber der Bundeskasse (§ 45 Abs. 3 S. 1) geltend machen, allerdings nur in der Höhe, die ein gerichtlich beigeordneter Rechtsanwalt beanspruchen kann (§ 49). Hinsichtlich der sich ergebenden Differenz zwischen Wahlanwaltsvergütung und einer nach § 49 zu berechnenden Vergütung bleibt die „zwangsweise" infolge Bestellung gem. § 67 a Abs. 1 S. 2 VwGO vertretene Person weiterhin dem bestellten Rechtsanwalt gegenüber vergütungspflichtig, wobei der Anspruch des Rechtsanwalts gegen den Antrags-/Klagegegner in Höhe der Zahlung der Landes- oder Bundeskasse gem. § 59 übergeht.

11

§ 41 Prozesspfleger

[1]Der Rechtsanwalt, der nach § 57 oder § 58 der Zivilprozessordnung dem Beklagten als Vertreter bestellt ist, kann von diesem die Vergütung eines zum Prozessbevollmächtigten bestellten Rechtsanwalts verlangen. [2]Er kann von diesem keinen Vorschuss fordern. [3]§ 126 der Zivilprozessordnung ist entsprechend anzuwenden.

I. Allgemeines

Der Regelungsgehalt betrifft den sog. **Prozesspfleger**, den das Gericht unter den Voraussetzungen des § 57 oder § 58 ZPO bestellt. Die Vorschrift begründet für den Rechtsanwalt, der als Prozesspfleger bestellt ist, sowohl einen Vergütungsanspruch gegen den vertretenen Beklagten als auch ein eigenes Beitreibungsrecht gegen den unterlegenen Gegner (Kläger). Die zugleich gegen die Staatskasse bestehenden Ansprüche ergeben sich aus § 45. Für den gem. § 9 Abs. 5 FamFG, §§ 57, 58 ZPO bestellten **Verfahrenspfleger** ist die Vorschrift ebenfalls anzuwenden.[1]

1

Die **Bestellung** eines Prozesspflegers ist vorgesehen für einen nicht prozessfähigen Beklagten, wenn Gefahr in Verzug besteht, bis zum Eintritt eines (zunächst nicht vorhandenen) gesetzlichen Vertreters (§ 57 Abs. 1 ZPO) oder wenn dieser an seinem Aufenthaltsort verklagt wird (§ 57 Abs. 2 ZPO), weiterhin für einen Beklagten in einem Rechtsstreit wegen des Rechts an einem herrenlosen Grundstück bzw Schiff oder Schiffsbauwerk (§ 58 ZPO).[2]

2

II. Regelungsgehalt

1. Gesetzliche Vergütung (S. 1); kein Vorschussrecht (S. 2). Mit der Bestellung als Prozesspfleger steht dem Rechtsanwalt die **Vergütung eines Prozessbevollmächtigten** zu, somit Gebühren nach Teil 3 VV nebst Auslagen nach Teil 7 VV (**S. 1**; § 1 Abs. 1 S. 2). Darüber hinaus gelten die allgemeinen Bestimmungen des RVG (§§ 2 ff).

3

Nicht anwendbar ist jedoch § 9 (s. **S. 2**), so dass der Prozesspfleger von dem vertretenen Beklagten **keinen Vorschuss** geltend machen kann und er die Vergütung somit erst nach Eintritt der Fälligkeit (vgl § 8) fordern kann.[3] Entgegen der früheren Auffassung[4] erscheint auch eine Festsetzung gem. § 11 gegen den Vertretenen zulässig. Zwar ist dieser nicht Auftraggeber, jedoch begründet S. 1 einen unmittelbaren Anspruch gegen den Beklagten wie auch im Falle der Auftragserteilung. Dieses Verfahren gem. § 11 kann naturgemäß nur durchgeführt werden, wenn nunmehr ein gesetzlicher Vertreter vorhanden ist. Sofern der vertretene Beklagte zwischenzeitlich (durch den eingetretenen gesetzlichen Vertreter) eine Vollmacht erteilt hat, fällt die Beschränkung des S. 2 weg und der Prozesspfleger kann gem. § 9 von dem Mandanten einen Vorschuss verlangen.[5]

4

2. Anspruch gegen die (beklagte) Partei. Der Vergütungsanspruch gegen den vom Prozesspfleger vertretenen Beklagten entsteht mit der gerichtlichen Bestellung und ist unabhängig davon, ob dieser mit der Bestellung einverstanden ist oder gar Einwendungen dagegen erhoben hat. Auch eine Bevollmächtigung ist nicht erforderlich. Die Gebühren berechnen sich hinsichtlich des Anspruchs gegen den vertretenen Beklagten nach § 13 Abs. 1; § 49 gilt nur hinsichtlich des Anspruchs gegen die Staatskasse (→ Rn 7).[6]

5

5 Gerold/Schmidt/*Burhoff*, § 40 Rn 7. **1** Riedel/Sußbauer/*Pankatz*, § 41 Rn 1. **2** Gerold/Schmidt/*Mayer*, § 41 Rn 1; *Hartmann*, KostG, § 41 RVG Rn 3. **3** Gerold/Schmidt/*Mayer*, § 41 Rn 4; *Hartmann*, KostG, § 41 RVG Rn 5. **4** OLG Düsseldorf AnwBl 1980, 156; OLG München MDR 1972, 155. **5** Gerold/Schmidt/*Mayer*, § 41 Rn 4; *Hartmann*, KostG, § 41 RVG Rn 5; Bischof u.a./*Jungbauer*, § 41 Rn 11. **6** Gerold/Schmidt/*Mayer*, § 41 Rn 3, 8.

6   Der Rechtsanwalt hat die Wahl, gegen wen er seinen Vergütungsanspruch geltend machen kann (Mandant, Staatskasse und/oder ggf. unterlegener Gegner). Eine zwingende Reihenfolge ist nicht vorgesehen.[7]

7   **3. Anspruch gegen die Staatskasse.** Neben dem Anspruch gegen den vertretenen Beklagten steht dem Prozesspfleger gem. § 45 Abs. 1 zugleich ein Anspruch gegen die Staatskasse zu. Dieser Anspruch besteht – wie auch bei dem im Wege der Prozesskostenhilfe beigeordneten Rechtsanwalt – allein aufgrund der Bestellung durch das Gericht. Weitere Voraussetzungen – zB der Verzug des Mandanten wie im Falle des § 39 (s. § 45 Abs. 2) müssen nicht erfüllt sein. Die Gebühren berechnen sich hinsichtlich des Anspruchs gegen die Staatskasse nach der niedrigeren Tabelle des § 49; § 13 Abs. 1 gilt nur hinsichtlich des Anspruchs gegen den Mandanten (→ Rn 5).[8]

8   Die Festsetzung der Vergütung gegen die Staatskasse bestimmt sich nach § 55. Von der Staatskasse kann der Prozesspfleger – anders als vom Mandanten (→ Rn 4) – gem. § 47 Abs. 1 einen Vorschuss verlangen (→ § 47 Rn 1). Auch die Staatskasse kann den Rechtsanwalt nicht auf einen gegen den Mandanten oder ggf. den unterlegenen Gegner bestehenden Vergütungsanspruch verweisen (→ Rn 6).

9   Ein Forderungsübergang gem. § 59 Abs. 1 findet nach der Zahlung der Vergütung durch die Staatskasse nicht statt, da der Prozesspfleger in dieser Vorschrift – im Gegensatz zur Bestimmung des § 45 Abs. 1 – gerade nicht genannt ist. Somit wird dessen Vergütung von der Regelung der Nr. 9007 KV GKG erfasst und gehört zu den Gerichtskosten des Verfahrens, was *Jungbauer*[9] wohl übersieht.[10] Die aus der Staatskasse gezahlte Vergütung kann dann nach den diesbezüglichen Bestimmungen über die Haftung (§§ 22, 29, 31 GKG) von den Parteien eingezogen werden.

10   **4. Anspruch gegen den unterlegenen Gegner (S. 3).** Gemäß S. 3 steht dem Prozesspfleger hinsichtlich seines Vergütungsanspruchs auch ein eigenes **Beitreibungsrecht gem.** § 126 ZPO gegen den unterlegenen Gegner (Kläger) zu. Er kann in diesem Fall die Wahlanwaltsvergütung (§ 13 Abs. 1) geltend machen und die Kostenfestsetzung (§§ 103 ff ZPO) im eigenen Namen beantragen.[11] Sofern er bereits eine Vergütung aus der Staatskasse erhalten hat, steht ihm gegen den Gegner naturgemäß allenfalls nur noch der verbleibende Differenzbetrag bis zur Wahlanwaltsvergütung zu. Im Übrigen wird auf Kommentierungen zu § 126 ZPO verwiesen.

§ 41 a Vertreter des Musterklägers

(1) [1]Für das erstinstanzliche Musterverfahren nach dem Kapitalanleger-Musterverfahrensgesetz kann das Oberlandesgericht dem Rechtsanwalt, der den Musterkläger vertritt, auf Antrag eine besondere Gebühr bewilligen, wenn sein Aufwand im Vergleich zu dem Aufwand der Vertreter der beigeladenen Kläger höher ist. [2]Bei der Bemessung der Gebühr sind der Mehraufwand sowie der Vorteil und die Bedeutung für die beigeladenen Kläger zu berücksichtigen. [3]Die Gebühr darf eine Gebühr mit einem Gebührensatz von 0,3 nach § 13 Absatz 1 nicht überschreiten. [4]Hierbei ist als Wert die Summe der in sämtlichen nach § 8 des Kapitalanleger-Musterverfahrensgesetzes ausgesetzten Verfahren geltend gemachten Ansprüche zugrunde zu legen, soweit diese Ansprüche von den Feststellungszielen des Musterverfahrens betroffen sind, höchstens jedoch 30 Millionen Euro. [5]Der Vergütungsanspruch gegen den Auftraggeber bleibt unberührt.

(2) [1]Der Antrag ist spätestens vor dem Schluss der mündlichen Verhandlung zu stellen. [2]Der Antrag und ergänzende Schriftsätze werden entsprechend § 12 Absatz 2 des Kapitalanleger-Musterverfahrensgesetzes bekannt gegeben. [3]Mit der Bekanntmachung ist eine Frist zur Erklärung zu setzen. [4]Die Landeskasse ist nicht zu hören.

(3) [1]Die Entscheidung kann mit dem Musterentscheid getroffen werden. [2]Die Entscheidung ist dem Musterkläger, dem Musterbeklagten, den Beigeladenen sowie dem Rechtsanwalt mitzuteilen. [3]§ 16 Absatz 1 Satz 2 des Kapitalanleger-Musterverfahrensgesetzes ist entsprechend anzuwenden. [4]Die Mitteilung kann durch öffentliche Bekanntmachung ersetzt werden, § 11 Absatz 2 Satz 2 des Kapitalanleger-Musterverfahrensgesetzes ist entsprechend anzuwenden. [5]Die Entscheidung ist unanfechtbar.

(4) [1]Die Gebühr ist einschließlich der anfallenden Umsatzsteuer aus der Landeskasse zu zahlen. [2]Ein Vorschuss kann nicht gefordert werden.

---

7 OLG Düsseldorf OLGR 2009, 93; Bischof u.a./*Jungbauer*, § 41 Rn 8.   **8** Gerold/Schmidt/*Mayer*, § 41 Rn 8; Bischof u.a./*Jungbauer*, § 41 Rn 8.   **9** In: Bischof u.a., § 41 Rn 8.   **10** OLG Düsseldorf OLGR 2009, 93.   **11** Gerold/Schmidt/*Mayer*, § 41 Rn 7; *Hartmann*, KostG, § 41 RVG Rn 6; Bischof u.a./*Jungbauer*, § 41 Rn 12 f.

I. Allgemeines

Bestreben des Gesetzgebers bei Einführung des KapMuG war die Minimierung des Prozesskostenrisikos ge- 1
schädigter Kapitalanleger. Im erstinstanzlichen Musterverfahren sollten deshalb grds. keine zusätzlichen
Gerichts- oder Rechtsanwaltsgebühren entstehen (§ 16 Nr. 13). Der Arbeitsaufwand des Musterklägervertreters kommt aber auch den Beigeladenen zugute, so dass der Gesetzgeber es als sachgerecht angesehen
hat, bei entsprechendem Mehraufwand eine **zusätzliche Vergütung für den Vertreter des Musterklägers** zu
erreichen, an dem sich die Beigeladenen angemessen zu beteiligen haben. Eingeführt worden ist deshalb für
den Musterklägervertreter eine zu zahlende besondere Gebühr,[1] die nach Abschluss des Musterverfahrens
als gerichtliche Auslage auf die einzelnen zugrunde liegenden Verfahren verteilt wird. Mit Rücksicht darauf, dass der entstehende Mehraufwand durch gerichtliche Auswahlentscheidung des OLG nach § 9 Abs. 2
KapMuG ausgelöst wird, erschien es dem Gesetzgeber angemessen, die **Staatskasse** hinsichtlich der Gebühr
zunächst **in Vorleistung treten** zu lassen. Sie wird demnach zuzüglich anteiliger Umsatzsteuer zunächst aus
der Staatskasse gezahlt (Abs. 4 S. 1) und ist als Auslage des Musterverfahrens (vgl Nr. 9007 KV GKG) zu
behandeln. Nach **Nr. 9018 KV GKG** werden die Auslagen des Musterverfahrens im Verhältnis der geltend
gemachten Forderungen auf die einzelnen Verfahren verteilt. Auf diese Weise werden die zusätzlichen
Rechtsanwaltskosten des Musterverfahrens, wie zB Sachverständigenkosten, auf alle beigeladenen Kläger
verteilt.

Die Voraussetzungen für das Entstehen der besonderen Gebühr regelt Abs. 1 S. 1. Die Höhe der Gebühr 2
regelt Abs. 1 S. 2.

II. Voraussetzungen der besonderen Gebühr (Abs. 1 S. 1)

1. Vertretung des Musterklägers im erstinstanzlichen Musterverfahren nach KapMuG. Die besondere Ge- 3
bühr nach Abs. 1 S. 1 kann nur bewilligt werden, wenn der Rechtsanwalt im **erstinstanzlichen Musterverfahren** den **Musterkläger** vertritt. Vertritt er den Musterbeklagten oder einen oder mehrere Beigeladene,
kann ihm eine besondere Gebühr nach Abs. 1 S. 1 nicht gewährt werden.

Im Verfahren auf Anmeldung eines Anspruchs zum Musterverfahren (§ 10 Abs. 2 KapMuG) ist § 41 a un- 4
anwendbar. Auch im Rechtsbeschwerdeverfahren nach § 20 KapMuG kommt die Bewilligung einer besonderen Gebühr nach Abs. 1 S. 1 nicht in Betracht.

2. Höherer Aufwand gegenüber beigeladenen Klägern. Der Aufwand bei der Vertretung des Musterklägers 5
muss gegenüber dem Aufwand der Vertreter der beigeladenen Kläger höher sein (Abs. 1 S. 1). Auf den Aufwand des Rechtsanwalts, der den oder die Musterbeklagten vertritt, kommt es auch dann nicht an, wenn er
höher ist als derjenige des Musterklägervertreters. Ist der Aufwand allerdings auf Seiten eines Beigeladenenvertreters offenkundig höher als der des Musterklägervertreters, dann scheidet die Bewilligung der besonderen Gebühr auf Seiten des Musterklägervertreters aus.

Der Wortlaut des Abs. 1 S. 1 will den tatsächlich vergütungsrechtlich relevanten Aufwand berücksichtigt 6
und in das Verhältnis zur Tätigkeit eines Beigeladenenvertreters gesetzt wissen. Das ist einem Umkehrschluss aus Abs. 1 S. 2 zu entnehmen, wonach bei der Festsetzung der Höhe der Gebühr neben dem Mehraufwand auch der Vorteil und die Bedeutung der Tätigkeit des Musterklägervertreters für die beigeladenen
Kläger in die Bemessung einzufließen haben. Es ist deshalb stets der gesamte **tatsächliche Aufwand** des
Musterkläger- und des jeweiligen Vertreters eines beigeladenen Klägers zu **vergleichen**. Ist der des Musterklägervertreters höher, kann die besondere Gebühr des Abs. 1 S. 1 bewilligt werden. Unerheblich ist deshalb
auch, inwieweit die Tätigkeit des Musterklägervertreters im erstinstanzlichen Musterverfahren objektiv
aufwändig ist oder nicht. Für die Bewilligung der besonderen Gebühr ist allein darauf abzustellen, ob der
tatsächliche Aufwand unabhängig von seinem abstrahierten Umfang höher ist oder nicht.

Die besondere Gebühr scheidet demnach aus, wenn sich die Vertreter der Beigeladenen in vergleichbarer 7
Weise an dem Musterverfahren beteiligen wie der Rechtsanwalt des Musterklägers.

3. Antragserfordernis. Eine Gebühr nach Abs. 1 S. 1 kann nur gewährt werden, wenn sie vom Musterklä- 8
gervertreter bis zum Schluss der mündlichen Verhandlung im erstinstanzlichen Musterverfahren beantragt
worden ist. Die Antragstellung ist formlos möglich, bedarf insb. nicht der Schriftform. Der Antrag ist bei
dem für das Musterverfahren zuständigen OLG zu stellen.

---

[1] Gesetz zur Reform des Kapitalanleger-Musterverfahrensgesetz und zur Änderung anderer Vorschriften v. 19.10.2012 (BGBl. I
2182).

III. Höhe der Gebühr (Abs. 1 S. 2)

9   **1. Vorteile und Bedeutung des Aufwands des Musterklägervertreters für die Beigeladenen.** Zur Bemessung der Höhe der besonderen Gebühr ist insb. zu berücksichtigen, welche Vorteile und Bedeutung der Aufwand des Musterklägervertreters für die beigeladenen Kläger hat (Abs. 1 S. 2).

10   **a) Vorteile für die beigeladenen Kläger.** Ob der Aufwand für die beigeladenen Kläger vorteilhaft ist oder nicht, ist anhand objektiver Umstände zu ermitteln, die unabhängig vom individuellen Verlauf eines Verfahrens bereits stets darin zu erkennen und zu unterstellen sind, weil dem Musterkläger verfahrensrechtlich gegenüber den Beigeladenen abweichende Pflichten, zB beim Abschluss eines gerichtlich zu billigenden Vergleichs, auferlegt werden, deren Erfüllung die Beigeladenen entlastet.

11   **b) Bedeutung für die beigeladenen Kläger.** Die Höhe der Gebühr ist auch an der Bedeutung des Aufwands für die beigeladenen Kläger zu orientieren, die daran zu bemessen ist, in welchem Umfang der Musterkläger im Verhältnis zu den beigeladenen Klägern mit seiner Forderung am Verfahren beteiligt ist. Ist der Anteil des Musterklägers gemessen am Gesamtgegenstandswert erheblich, so ist die Bedeutung für die beigeladenen Kläger geringer einzustufen gegenüber der Situation, dass die Mehrheit der Anteile auf die beigeladenen Kläger entfällt.

12   **2. Ermessensentscheidung.** Der Gesetzgeber hat die Vorschrift als Kann-Bestimmung ausgestaltet. Selbst wenn die Voraussetzungen des Abs. 1 S. 1 vorliegen, besteht **kein durchsetzbarer Anspruch** des Musterklägervertreters auf die besondere Gebühr. Die Bewilligung hängt vielmehr davon ab, in welcher Art und Weise das Gericht das eingeräumte Ermessen ausüben möchte. Nach Abs. 1 S. 1 kann deshalb von der Bewilligung der Gebühr abgesehen werden, auch wenn die Voraussetzungen für ihre Entstehung vorliegen.

13   Scheidet ein Musterkläger während des Verfahrens aus und wird das Verfahren von einem anderen Musterkläger fortgesetzt, ist das Gericht auf der Grundlage des ihm eingeräumten Ermessens auch berechtigt, einem der Musterklägervertreter keine oder beiden eine niedrigere Gebühr zu bewilligen.

14   **3. Gegenstandswert für die Bemessung der Gebühr (Abs. 1 S. 4); Höchstwert der Gebühr (Abs. 1 S. 3).** Als Gegenstandswert für die Bemessung der Gebühr ist die Summe der in sämtlichen nach § 8 KapMuG ausgesetzten Verfahren geltend gemachten Ansprüche maßgeblich, soweit diese Ansprüche von den Feststellungszielen des Musterverfahrens betroffen sind.

15   Der Höchstwert der Gebühr entspricht einem Gebührensatz von 0,3 nach dem Gesamtgegenstandswert des Musterverfahrens. Begrenzt ist die Gebühr auf den Wert iHv 30 Mio. € und entspricht einem Betrag von 27.513,90 € nebst Umsatzsteuer bei einem Gesamtwert aller Forderungen von mehr als 30 Mio. €.

IV. Festsetzung der Gebühr; kein Vorschuss

16   Die Entscheidung über den Antrag ergeht durch **Beschluss**, der **unanfechtbar** ist (Abs. 3 S. 5). Die besondere Gebühr ist gegenüber der Staatskasse zur Festsetzung anzumelden. Ein **Vorschuss** kann nicht beansprucht werden (Abs. 4 S. 2).

Abschnitt 7
Straf- und Bußgeldsachen sowie bestimmte sonstige Verfahren

§ 42 Feststellung einer Pauschgebühr

(1) ¹In Strafsachen, gerichtlichen Bußgeldsachen, Verfahren nach dem Gesetz über die internationale Rechtshilfe in Strafsachen, in Verfahren nach dem IStGH-Gesetz, in Freiheitsentziehungs- und Unterbringungssachen sowie bei Unterbringungsmaßnahmen nach § 151 Nummer 6 und 7 des Gesetzes über das Verfahren in Familiensachen und in den Angelegenheiten der freiwilligen Gerichtsbarkeit stellt das Oberlandesgericht, zu dessen Bezirk das Gericht des ersten Rechtszugs gehört, auf Antrag des Rechtsanwalts eine Pauschgebühr für das ganze Verfahren oder für einzelne Verfahrensabschnitte durch unanfechtbaren Beschluss fest, wenn die in den Teilen 4 bis 6 des Vergütungsverzeichnisses bestimmten Gebühren eines Wahlanwalts wegen des besonderen Umfangs oder der besonderen Schwierigkeit nicht zumutbar sind. ²Dies gilt nicht, soweit Wertgebühren entstehen. ³Beschränkt sich die Feststellung auf einzelne Verfahrensabschnitte, sind die Gebühren nach dem Vergütungsverzeichnis, an deren Stelle die Pauschgebühr treten soll, zu bezeichnen. ⁴Die Pauschgebühr darf das Doppelte der für die Gebühren eines Wahlanwalts geltenden Höchstbeträge nach den Teilen 4 bis 6 des Vergütungsverzeichnisses nicht übersteigen. ⁵Für den Rechtszug, in dem der Bundesgerichtshof für das Verfahren zuständig ist, ist er auch für die Entscheidung über den Antrag zuständig.

(2) ¹Der Antrag ist zulässig, wenn die Entscheidung über die Kosten des Verfahrens rechtskräftig ist. ²Der gerichtlich bestellte oder beigeordnete Rechtsanwalt kann den Antrag nur unter den Voraussetzungen des § 52 Abs. 1 Satz 1, Abs. 2, auch in Verbindung mit § 53 Abs. 1, stellen. ³Der Auftraggeber, in den Fällen des § 52 Abs. 1 Satz 1 der Beschuldigte, ferner die Staatskasse und andere Beteiligte, wenn ihnen die Kosten des Verfahrens ganz oder zum Teil auferlegt worden sind, sind zu hören.

(3) ¹Der Senat des Oberlandesgerichts ist mit einem Richter besetzt. ²Der Richter überträgt die Sache dem Senat in der Besetzung mit drei Richtern, wenn es zur Sicherung einer einheitlichen Rechtsprechung geboten ist.

(4) Die Feststellung ist für das Kostenfestsetzungsverfahren, das Vergütungsfestsetzungsverfahren (§ 11) und für einen Rechtsstreit des Rechtsanwalts auf Zahlung der Vergütung bindend.

(5) ¹Die Absätze 1 bis 4 gelten im Bußgeldverfahren vor der Verwaltungsbehörde entsprechend. ²Über den Antrag entscheidet die Verwaltungsbehörde. ³Gegen die Entscheidung kann gerichtliche Entscheidung beantragt werden. ⁴Für das Verfahren gilt § 62 des Gesetzes über Ordnungswidrigkeiten.

I. Allgemeines

Nach § 42 kann der **Wahlanwalt** (und unter den Voraussetzungen des Abs. 2 in Ausnahmefällen auch der 1 gerichtlich bestellte oder beigeordnete Rechtsanwalt) für das gesamte Verfahren oder einzelne Verfahrensabschnitte eine Pauschgebühr feststellen lassen, wenn ihm die Gebühren der Teile 4–6 VV wegen des besonderen Umfangs oder der besonderen Schwierigkeit seiner Tätigkeit nicht zumutbar sind. Die Regelung entspricht weitgehend § 51 für den gerichtlich bestellten oder beigeordneten Rechtsanwalt, wobei – anders als dort – eine Pauschgebühr nicht bewilligt, sondern **festgestellt** wird. Dies liegt daran, dass dem Wahlanwalt nicht die Staatskasse, sondern sein Auftraggeber zur Zahlung verpflichtet ist.

II. Sachlicher Anwendungsbereich (Abs. 1 S. 1)

Sachlich beschränkt ist die Feststellung einer Pauschgebühr auf folgende Verfahren: 2

- Strafsachen;
- gerichtliche Bußgeldsachen;
- Verfahren nach dem Gesetz über die internationale Rechtshilfe in Strafsachen (IRG);
- Verfahren nach dem Gesetz über die Zusammenarbeit mit dem Internationalen Strafgerichtshof (IStGH-Gesetz);
- Freiheitsentziehungs- und Unterbringungssachen sowie Unterbringungsmaßnahmen nach § 151 Nr. 6 und 7 FamFG.

III. Voraussetzungen der Pauschgebühr (Abs. 1)

1. **Betragsrahmengebühr(en).** Die Feststellung einer Pauschgebühr kommt wegen **Abs. 1 S. 2** nur in Betracht, soweit der Rechtsanwalt **Betragsrahmengebühren** für seine Tätigkeit erhält. Eine Pauschgebühr kann nicht an die Stelle von **Wertgebühren**, etwa nach den Nr. 4142–4145 VV und Nr. 5116 VV, treten. Wird eine Pauschgebühr festgestellt, können diese Wertgebühren weiterhin daneben geltend gemacht werden, auch wenn der Beschluss dies nicht ausdrücklich ausspricht. 3

2. **Besonderer Umfang oder besondere Schwierigkeit.** Die Feststellung einer Pauschgebühr setzt gem. **Abs. 1 S. 1** voraus, dass eine Abrechnung mit den Gebühren nach dem Vergütungsverzeichnis diesem wegen des **besonderen Umfangs** oder der **besonderen Schwierigkeit des Verfahrens** nicht zumutbar ist. Damit wird die gleiche Terminologie wie in § 51 verwendet. Deshalb kann hinsichtlich der Voraussetzungen des „besonderen Umfangs" und der „besonderen Schwierigkeit" auf die Ausführungen in → § 51 Rn 16 ff und 21 ff verwiesen werden. 4

3. **Unzumutbarkeit.** Die im Vergütungsverzeichnis vorgesehenen Gebühren müssen wegen des besonderen Umfangs oder der besonderen Schwierigkeit seiner Tätigkeit für den Rechtsanwalt **unzumutbar** niedrig sein. Dies richtet sich nach den Umständen des Einzelfalls; eine Schematisierung ist unzulässig. Dem Gericht eröffnet dies einen **weiten Beurteilungsspielraum**. 5

Ein Wahlverteidiger erhält, anders als ein gerichtlich bestellter Verteidiger, keine Festgebühren, sondern Gebühren aus Betragsrahmen. Deshalb kann er einen besonderen Umfang oder eine besondere Schwierigkeit seiner Tätigkeit bereits durch Bestimmung einer hohen Gebühr innerhalb des vorgesehenen Rahmens berücksichtigen. Erst wenn selbst das Ausschöpfen der Betragsrahmen nicht ausreicht, ist Raum für die Fest- 6 stellung einer Pauschgebühr. Die Feststellung einer Pauschgebühr nach Abs. 1 ist daher nur in **seltenen Ausnahmefällen** veranlasst.[1]

7 Bei Prüfung der Unzumutbarkeit sind die weiteren Umstände, die nach § 14 bei der Bemessung der Gebühren innerhalb des Betragsrahmens maßgeblich sind, insb. die **Bedeutung der Angelegenheit** sowie die **Einkommens- und Vermögensverhältnisse des Auftraggebers**, zu berücksichtigen. Denn nur unter Einschluss auch dieser Gesichtspunkte kann beurteilt werden, ob der Höchstbetrag der Rahmengebühr für den Verteidiger noch zumutbar ist oder nicht.[2] Das darf nicht dazu verleiten, lediglich die Unzumutbarkeit der Vergütung zu prüfen. Allein die Unzumutbarkeit reicht nach dem Gesetz für die Feststellung einer Pauschgebühr gerade nicht aus. Vielmehr muss **zusätzlich** ein **besonderer Umfang** oder eine **besondere Schwierigkeit** der Tätigkeit vorgelegen haben.

IV. Das Feststellungsverfahren

8 **1. Zuständigkeit.** Zuständig für die Feststellung der Pauschgebühr ist nach Abs. 1 S. 1 das **OLG**, zu dessen Bezirk das Gericht des ersten Rechtszugs gehört. Gemäß Abs. 1 S. 5 ist der **BGH** für die Feststellung einer Pauschgebühr für die Revisionsinstanz zuständig.

9 Das OLG entscheidet idR durch den Einzelrichter (Abs. 3 S. 1). Beim BGH entscheidet der Senat in voller Besetzung mit fünf Richtern.[3]

10 **2. Antrag (Abs. 1 S. 1).** Nach Abs. 1 S. 1 wird die Pauschgebühr auf Antrag festgestellt. Der Antrag kann nur von dem **Rechtsanwalt selbst** gestellt werden, hingegen nicht durch den Mandanten.

11 In dem Fall, in dem der gerichtlich bestellte oder beigeordnete Rechtsanwalt von seinem Mandanten nach § 52 die Zahlung der Gebühren eines Wahlanwalts verlangen will, muss er die Voraussetzungen des § 52 Abs. 1 S. 1, Abs. 2 in seinem Antrag darlegen.[4]

12 Im Übrigen ist eine **Begründung** des Antrags nicht vorgesehen, aber sinnvoll. Zwar lassen sich manche Gesichtspunkte für die Feststellung einer Pauschgebühr dem Akteninhalt entnehmen. Zahlreiche Bewertungsfaktoren werden dem OLG oder BGH aber nicht ohne Weiteres erkennbar sein. Von sich aus muss das OLG oder der BGH solche Umstände nicht ermitteln.

13 Der Antrag kann und sollte unbeschadet der Entscheidungszuständigkeit des OLG bzw des BGH **beim erstinstanzlichen Gericht** gestellt werden. Von dort müssen ohnehin die Akten angefordert werden. Zudem ist in Verwaltungsvorschriften geregelt, dass der Urkundsbeamte der Geschäftsstelle eine Verfahrensübersicht erstellt, in die er die verfahrensrelevanten Daten (Anzahl und Dauer der Hauptverhandlungstermine, die Anzahl der vernommenen Zeugen etc.) und den gesetzlichen Gebührenrahmen aufnimmt. Auch nimmt der Vorsitzende zur besonderen Schwierigkeit des Verfahrens Stellung (vgl für Nordrhein-Westfalen: RV d. JM vom 12.5.2005 (5650 - Z. 22)).

14 **3. Statthaftigkeit des Antrags (Abs. 2 S. 1).** Gemäß Abs. 2 S. 1 ist der Antrag erst zulässig, wenn die Entscheidung über die Kosten des Verfahrens **rechtskräftig** ist.

15 Nach Auffassung vieler Oberlandesgerichte[5] kann der Antrag nicht mehr gestellt werden, wenn – etwa bei einem Freispruch – die gesetzlichen Gebühren gegen die Staatskasse festgesetzt worden sind, weil der Rechtsanwalt nach § 14 sein Bestimmungsrecht hinsichtlich der Festlegung der Gebühren innerhalb des Betragsrahmens mit seinem Antrag auf Festsetzung der Gebühren ausgeübt hat. Dies erscheint zweifelhaft. Zum einen setzt die Ausübung gem. § 315 Abs. 2 BGB eine Erklärung „gegenüber dem anderen Teil" voraus. Dies ist der Vertragspartner des Rechtsanwalts. Ein Kostenfestsetzungsantrag richtet sich jedoch an das Gericht, welches – die Fälle des § 52 hier einmal ausklammernd – nicht der Schuldner des Wahlanwalts ist und daher auch nicht ohne Weiteres Erklärungsempfänger. Auch wenn der Kostenerstattungsanspruch an den Rechtsanwalt abgetreten ist, ist es kaum begründbar, wieso Erklärungsempfänger nunmehr die Staatskasse sein soll.[6] Letztlich wird sich die Praxis aber an der Rspr der Oberlandesgerichte zu orientieren haben. Danach ist es erforderlich, **zunächst** die **Feststellung der Pauschgebühr** zu beantragen und **erst dann** die **Kostenfestsetzung** zu betreiben.

16 Der Feststellung einer Pauschgebühr steht eine **Vergütungsvereinbarung** mit dem Mandanten nicht entgegen. Der Rechtsanwalt rechnet dann zwar dem Mandanten gegenüber nicht die Pauschgebühr ab, sondern die vereinbarte Vergütung. Die Feststellung einer Pauschgebühr ermöglicht es jedoch dem Mandanten, die-

---

1 BGH JurBüro 2007, 531; OLG Frankfurt a. M. 7.7.2015 – 2 ARs 24/15, burhoff.de; KG JurBüro 2010, 140. **2** OLG Köln JurBüro 2009, 254 f. **3** Vgl etwa die fünf Unterschriften unter BGH 14.3.2011 – 5 StR 109/07, juris; aA *Hartmann*, KostG, § 42 RVG Rn 16, wonach § 42 Abs. 3 auch für den BGH gelte und auch dort der Einzelrichter zuständig sein soll. **4** Vgl OLG Jena 10.3.2008 – 1 AR (S) 14/07, burhoff.de. **5** OLG Düsseldorf NStZ-RR 2013, 63 f; OLG Bamberg DAR 2011, 237; OLG Celle NStZ-RR 2009, 31 f; KG 25.7.2011 – 1 ARs 48/09, juris; OLG Jena Rpfleger 2008, 98; OLG Köln JurBüro 2009, 254 f. **6** So aber (ohne weitere Begr.) OLG Bamberg DAR 2011, 237.

se im Verfahren nach § 464 b StPO als „gesetzliche Gebühr" iSv § 464 a Abs. 2 Nr. 2 StPO, § 91 Abs. 2 S. 1 ZPO gegen erstattungspflichtige Dritte festsetzen zu lassen. Nur diese „gesetzliche Gebühr" ist dem Erstattungsberechtigten zu erstatten, nicht hingegen die vereinbarte Vergütung.[7] Nach der Gesetzesbegründung ist es gerade gewollt, durch die Einführung des § 42 die Erstattung vereinbarter Honorare, die höher als die gesetzlichen Gebühren sind, in Zukunft teilweise – in Höhe der (gesetzlichen) Pauschgebühr – möglich zu machen.[8] Steht allerdings fest, dass ein Erstattungspflichtiger nicht vorhanden ist, ist der Antrag unzulässig.

4. Anhörung der Beteiligten (Abs. 2 S. 3). Nach Abs. 2 S. 3 sind der Auftraggeber, in den Fällen des § 52 Abs. 1 S. 1 der Beschuldigte, ferner die Staatskasse und andere Beteiligte, wenn ihnen die Kosten des Verfahrens ganz oder teilweise auferlegt worden sind, zu **hören**. Dies ist erforderlich, da die Entscheidung gem. Abs. 4 Bindungswirkung für alle Gebührenstreitigkeiten entfaltet (→ Rn 27). **17**

5. Entscheidung (Abs. 1 S. 1). a) Entscheidung durch unanfechtbaren Beschluss. Die Entscheidung über die Pauschgebühr ergeht durch **Beschluss**, der gem. Abs. 1 S. 1 **unanfechtbar** ist. Unbeschadet seiner Unanfechtbarkeit ist der Beschluss jedenfalls kurz zu **begründen**. **18**

b) Entscheidungsgegenstand. Liegen die Voraussetzungen für eine Pauschgebühr vor, so wird eine solche nur **festgestellt**, nicht – wie in § 51 – bewilligt. **19**

Einwendungen, die den Grund der Vergütungsforderung betreffen, werden in dem Verfahren nicht geprüft.[9] Diese können später geltend gemacht werden, etwa im Vergütungsprozess gegen den Mandanten. **20**

c) Rechtsanspruch auf Feststellung. Bei Vorliegen der Voraussetzungen für eine Pauschgebühr besteht ein **Anspruch** auf Feststellung einer solchen. Jedoch besteht ein weiter Beurteilungsspielraum hinsichtlich der Voraussetzungen für die Pauschgebühr, der diesen Rechtsanspruch relativiert (→ Rn 5). **21**

d) Höhe der Pauschgebühr (Abs. 1 S. 4). Gemäß Abs. 1 S. 4 darf die Pauschgebühr das **Doppelte der Wahlverteidigerhöchstgebühren** nach Teil 4–6 VV nicht übersteigen. Innerhalb dieses Rahmens steht die Höhe der Pauschgebühr nach verbreiteter Ansicht „im pflichtgemäßen Ermessen des Gerichts".[10] Eine solche Formulierung ist allerdings irreführend: § 42 soll in den seltenen Ausnahmefällen, in denen die Vergütung unzumutbar niedrig ist, eine für den Rechtsanwalt zumutbare Vergütung gewährleisten. Sie soll aber keine angemessene Vergütung im Sinne dessen sicherstellen, was überwiegend als angemessen angesehen wird.[11] Die Pauschgebühr hat sich daher **am unteren Ende des Angemessenen** zu bewegen. Es ist eine Vergütung festzustellen, die dem Rechtsanwalt **gerade noch zumutbar** ist.[12] **22**

Der Beschluss umfasst **nicht** die **Auslagen**. Diese muss der Rechtsanwalt im Vergütungsprozess oder Festsetzungsverfahren geltend machen. Auch die **Umsatzsteuer** (Nr. 7008 VV) ist im Feststellungsbeschluss nicht enthalten. Ob **Zahlungen des Mandanten oder von Dritten** anzurechnen sind, wird ebenfalls erst später geprüft. Bei der Feststellung der Pauschgebühr bleiben sie außer Betracht. **23**

e) Pauschgebühr für bestimmte Verfahrensabschnitte (Abs. 1 S. 3). Wird eine Pauschgebühr für **einzelne Verfahrensabschnitte** festgestellt oder anstelle oder in Ergänzung einzelner Gebühren sind die Gebühren, an deren Stelle die Pauschgebühr treten soll, zu bezeichnen (Abs. 1 S. 3). **24**

Entstehen Gebühren mehrfach, wie etwa die Terminsgebühr nach Nr. 4114 VV, so ist zudem zu bezeichnen, welche Gebühr konkret betroffen ist. Formulierungsvorschlag: **25**

▶ „anstelle der Gebühr nach Nr. 4114 VV RVG für den Hauptverhandlungstag am ..." ◀

f) Vorschuss/Abschlag. Anders als § 51 Abs. 1 S. 5 sieht das RVG für den Wahlanwalt einen **Vorschuss** auf die Pauschgebühr nicht vor. Allerdings kann der Wahlanwalt nach § 9 einen Vorschuss auf die allgemeinen gesetzlichen Gebühren verlangen. **26**

g) Bindungswirkung der Feststellung (Abs. 4). Nach Abs. 4 ist die Feststellung der Pauschgebühr **bindend** für **27**

- das Kostenfestsetzungsverfahren nach § 464 b StPO, unabhängig davon, ob sich die Kostenfestsetzung gegen einen erstattungspflichten Dritten richtet oder gegen die Staatskasse;
- das Vergütungsfestsetzungsverfahren nach § 11;
- für einen Vergütungsprozess gegen den Auftraggeber.

Damit soll ausgeschlossen werden, dass in diesen Verfahren divergierende Entscheidungen zu derjenigen des OLG (bzw des BGH) ergehen. Dies dient der Verfahrensvereinfachung und -beschleunigung.

---

7 BGH NJW-RR 2005, 499; BVerfG NJW 1985, 727. **8** BT-Drucks 15/1971, S. 198. **9** OLG Jena Rpfleger 2008, 98; OLG Bamberg DAR 2011, 237. **10** So etwa *Hartmann*, KostG, § 42 RVG Rn 20. **11** In diese Richtung gehen aber häufig Formulierungen der Oberlandesgerichte, etwa: OLG Jena Rpfleger 2010, 107–109, wonach aufgrund einer „Gesamtbetrachtung aller Umstände die nach Zeitaufwand und Schwierigkeit angemessene Vergütung zu ermitteln" sei. **12** Vgl OLG Rostock 23.7.2010 – I Ws 384/09 (RVG), juris (zu § 51).

V. Entsprechende Anwendung im Bußgeldverfahren vor der Verwaltungsbehörde (Abs. 5)

28   Eine Sonderregelung besteht für das **Bußgeldverfahren vor der Verwaltungsbehörde** gem. Abs. 5. Kommt es nicht zu einem gerichtlichen Verfahren, stellt nach Abs. 5 S. 2 die Verwaltungsbehörde – gem. Abs. 5 S. 4 iVm § 62 Abs. 5 S. 2 OWiG gerichtlich durch das Amtsgericht (§ 68 Abs. 1 S. 1 OWiG) überprüfbar – die Pauschgebühr fest.

29   Ist das Bußgeldverfahren **gerichtshängig** geworden, gilt dies nicht. Hier gelten die Abs. 1 und 2 unmittelbar. Über die Pauschgebühr entscheidet dann das Oberlandesgericht und zwar auch in Bezug auf den Verfahrensabschnitt bei der Verwaltungsbehörde.

§ 43 Abtretung des Kostenerstattungsanspruchs

[1]Tritt der Beschuldigte oder der Betroffene den Anspruch gegen die Staatskasse auf Erstattung von Anwaltskosten als notwendige Auslagen an den Rechtsanwalt ab, ist eine von der Staatskasse gegenüber dem Beschuldigten oder dem Betroffenen erklärte Aufrechnung insoweit unwirksam, als sie den Anspruch des Rechtsanwalts vereiteln oder beeinträchtigen würde. [2]Dies gilt jedoch nur, wenn zum Zeitpunkt der Aufrechnung eine Urkunde über die Abtretung oder eine Anzeige des Beschuldigten oder des Betroffenen über die Abtretung in den Akten vorliegt.

I. Allgemeines

1   Bei einem Teilfreispruch oder bei einem Teilerfolg eines Rechtsmittels oder beim vollen Erfolg eines beschränkten Rechtsmittels hat der Beschuldigte oder der Betroffene einen Anspruch auf Erstattung der hierauf entfallenen notwendigen Auslagen gegen die Staatskasse. Dazu gehören gem. § 464 a Abs. 2 Nr. 2 StPO die Gebühren und Auslagen des Verteidigers, soweit sie nach § 91 Abs. 2 ZPO zu erstatten sind. Diesem Erstattungsanspruch steht in den vorstehenden Fällen ein Anspruch der Staatskasse auf Zahlung der auf die Verurteilung entfallenen Verfahrenskosten gegenüber und ggf zusätzlich ein Anspruch auf Zahlung einer Geldstrafe oder Geldbuße. Gleiches gilt, wenn der Angeklagte oder Betroffene freigesprochen wurde, jedoch aus einem anderen Verfahren (noch) ein Zahlungsanspruch der Staatskasse besteht.

2   Die Staatskasse wird idR eine **Aufrechnung** der gegenseitigen Ansprüche vornehmen wollen. Eine Aufrechnung der Staatskasse nimmt dem Verteidiger, der gegenüber dem Beschuldigten oder Betroffenen ohne (vollen) Vorschuss in Vorleistung getreten ist, die Möglichkeit, sich wegen seines Vergütungsanspruchs aus der Staatskasse zu befriedigen. Wegen der in §§ 406, 407 BGB getroffenen Regelungen bleibt eine Aufrechnung der wechselseitigen Ansprüche auch dann noch möglich, wenn der Verteidiger sich den Auslagenerstattungsanspruch des Mandanten gegen die Staatskasse abtreten lässt.

3   Das vorstehende Ergebnis wird als nicht sachgerecht angesehen. Daher ist nach **S. 1** die Aufrechnung der Staatskasse unter bestimmten Voraussetzungen unwirksam, wenn der Verteidiger ansonsten durch die Aufrechnung mit seiner Vergütungsforderung gegen den Mandanten auszufallen droht. In **S. 2** ist geregelt, dass die Unwirksamkeit voraussetzt, dass zum Zeitpunkt der Aufrechnungserklärung eine Urkunde über die Abtretung oder eine Anzeige des Beschuldigten oder des Betroffenen über die Abtretung in den Akten vorliegt. Damit wurde eine Streitfrage zur Vorgängernorm (§ 96 a BRAGO) beseitigt.

II. Sachlicher und persönlicher Anwendungsbereich

4   § 43 gilt nur im **Straf- und Bußgeldverfahren.** Dies folgt daraus, dass sich die Vorschrift im Abschnitt 7 findet, der Regelungen (nur) für Straf- und Bußgeldsachen enthält. Im Wortlaut ist zudem von dem „Beschuldigten" bzw dem „Betroffenen" die Rede.

5   Geschützt durch § 43 ist nur der als Verteidiger tätig gewordene **Rechtsanwalt.** Daher profitiert ein Verteidiger, der nicht Rechtsanwalt ist, etwa ein Hochschullehrer (vgl § 138 Abs. 1 StPO), nicht von der Regelung. Dies gilt auch dann, wenn dieser eine Abrechnung nach dem RVG vereinbart hat, denn diese Vereinbarung wirkt nur zwischen den Vertragspartnern, nicht aber gegenüber der Staatskasse.[1]

III. Voraussetzungen für die Unwirksamkeit der Aufrechnung der Staatskasse

6   Die Aufrechnungserklärung der Staatskasse ist unwirksam, wenn die nachstehend aufgeführten Voraussetzungen erfüllt sind.

---

[1] Vgl *Hansens*, StV 1991, 44, 45 (zu § 96 a BRAGO).

1. Anspruch auf Erstattung der Anwaltskosten als notwendige Auslagen. Dem Rechtsanwalt muss vom Beschuldigten oder Betroffenen der **Anspruch auf Erstattung der Anwaltskosten** gegen die Staatskasse abgetreten worden sein. Geschützt ist dieser Erstattungsanspruch vor einer Aufrechnung durch die Staatskasse nur, soweit es sich bei den Anwaltskosten um notwendige Auslagen handelt. Gemäß § 464 a Abs. 2 Nr. 2 StPO iVm § 91 Abs. 2 ZPO sind dies (nur) die gesetzlichen Gebühren und Auslagen nach dem RVG, nicht aber ein **vereinbartes Honorar gem. § 3 a,** soweit es die gesetzlichen Gebühren und Auslagen übersteigt. Eine nach § 42 festgestellte **Pauschgebühr** stellt hingegen eine gesetzliche Vergütung iSd § 43 dar. **7**

Sonstige notwendige Auslagen des Beschuldigten oder Betroffenen, die keine Anwaltskosten sind, werden von § 43 nicht erfasst. Dies gilt für Parteiauslagen, wie zB Reisekosten des Beschuldigten oder Betroffenen, Verdienstausfall oder Ansprüche aus anderen Straf- oder Zivilverfahren. Auch gegen einen Anspruch auf Haftentschädigung nach § 7 StrEG für zu Unrecht verbüßte Untersuchungshaft kann die Staatskasse unbeschränkt aufrechnen.[2] **8**

2. Abtretung an den tätig gewordenen Rechtsanwalt. Der Erstattungsanspruch (s. → 7) muss an den Rechtsanwalt abgetreten worden sein. Erforderlich ist ein **Vertrag iSv §§ 398 ff BGB.** Eine bloße **Einziehungs- oder Verfügungsermächtigung** des Rechtsanwalts reicht nicht aus, selbst wenn mit dem Mandanten vereinbart ist, dass der Rechtsanwalt seine Vergütung dem Erstattungsbetrag entnehmen darf.[3] **9**

Die Abtretung muss **materiellrechtlich wirksam** sein. Unwirksam ist eine Abtretung, die als **kleingedruckter Formulartext in der Strafprozessvollmacht** enthalten ist.[4] Denn dabei handelt sich um eine überraschende Klausel iSv § 305 c BGB. Daran ändert nichts, dass die Abtretung des Erstattungsanspruchs in § 43 ausdrücklich vorgesehen ist.[5] Mit diesem Argument mag eine unangemessene Benachteiligung des Mandanten gem. § 307 Abs. 1 S. 2 BGB verneint werden. Dies ändert jedoch nichts daran, dass ein durchschnittlicher Mandant mit einer Abtretung in einer Vollmacht nicht rechnet. Ist die Abtretung in der Strafprozessvollmacht deutlich (etwa durch Fettdruck) hervorgehoben, mag anders zu entscheiden sein. Im Regelfall ist eine Abtretung in der Strafprozessvollmacht jedoch unwirksam.[6] **10**

3. Abtretungsurkunde bzw Abtretungsanzeige bei den Akten im Zeitpunkt der Aufrechnung (S. 2). Nach S. 2 setzt die Unwirksamkeit voraus, dass eine **Abtretungsurkunde** oder eine **Abtretungsanzeige** des Beschuldigten oder Betroffenen **zum Zeitpunkt der Aufrechnung** (maßgeblich ist der Zugang der Aufrechnungserklärung) bei Gericht oder bei der Verwaltungsbehörde eingegangen ist.[7] Eine Regelung, die eine Abtretung oder Anzeige nach der Aufrechnung noch zulässt, wollte der Gesetzgeber nicht, weil dies für unbestimmte Zeit zu einer Unsicherheit auf Seiten der Staatskasse führen würde.[8] **11**

Die **Abtretungsurkunde** muss nicht im Original zu den Akten gereicht werden, es reicht eine Kopie (vgl den Wortlaut: „eine" Urkunde und nicht „die" Urkunde).[9] **12**

Teilweise wird vertreten, dass die **Abtretungsurkunde** die **Unterschriften** sowohl des Beschuldigten bzw Betroffenen als auch des Rechtsanwalts aufweisen muss, da es sich bei der Abtretung um einen Vertrag handele.[10] Dies lässt außer Acht, dass oftmals keine schriftliche Annahme der Abtretung gegenüber dem Abtretenden erfolgt. Dies ist auch nicht erforderlich: Für die Annahme eines lediglich vorteilhaften Angebots reicht es nach § 151 S. 1 BGB aus, dass es zugeht und nicht durch eine nach außen erkennbare Willensäußerung des Begünstigten abgelehnt wird.[11] Die Abtretung wird daher auch durch eine nur vom Abtretenden unterschriebene Urkunde hinreichend nachgewiesen. **13**

Auch die **Abtretungsanzeige** muss schriftlich erfolgen, obwohl das Gesetz dies nicht ausdrücklich anordnet. Denn sie muss „in den Akten" vorliegen. Eine mündliche Abtretungsanzeige genügt ebenso wenig wie ein von der Geschäftsstelle gefertigter Aktenvermerk. Nach dem eindeutigen Wortlaut reicht auch eine Abtretungsanzeige des Rechtsanwalts nicht aus.[12] Die Erklärung muss vielmehr vom Beschuldigten oder Betroffenen stammen. Es ist aber nicht erforderlich, dass der Mandant sie übermittelt. Vielmehr kann die Anzeige auch vom Rechtsanwalt übersandt werden.[13] **14**

4. Beeinträchtigung oder Vereitelung des Vergütungsanspruchs des Rechtsanwalts. § 43 soll gewährleisten, dass der Rechtsanwalt die (gesetzliche) Vergütung erhält. Hat der Mandant den Anspruch seines Rechtsan- **15**

---

2 LG Saarbrücken NJW-RR 2010, 1647 f. **3** LG Düsseldorf AGS 2007, 34. **4** OLG Nürnberg JurBüro 2015, 405; LG Konstanz Rpfleger 2008, 59; LG Düsseldorf AGS 2007, 34; LG Nürnberg-Fürth AnwBl 1976, 166; AG Hamm 11.1.2010 – 18 AR 59/09; *Lissner*, Rpfleger 2008, 596 f; Mayer/Kroiß/*Kroiß*, § 43 Rn 7; aA LG Leipzig AGS 2010, 129; LG Hamburg AnwBl 1977, 70; AnwK-RVG/N. *Schneider*, § 43 Rn 23; Burhoff/*Volpert*, Teil B, § 43 Rn 18; Gerold/Schmidt/*Burhoff*, 21. Aufl., § 43 Rn 12. **5** AA Gerold/Schmidt/*Burhoff*, 21. Aufl., § 43 Rn 12; *Burhoff*, RVGreport 2014, 450, 451. **6** So nun auch OLG Nürnberg JurBüro 2015, 405. **7** Ob die Erklärung bereits zu den Akten genommen wurde oder noch auf der Posteingangsstelle oder der Geschäftsstelle liegt, ist hingegen trotz des Wortlauts des S. 2 unbeachtlich, da der Rechtsanwalt dies nicht beeinflussen kann, so auch Bischof u.a./*Uher*, § 43 Rn 9. **8** BT-Drucks 15/1971, S. 247. **9** Vgl KG JurBüro 2006, 387. **10** LG Würzburg StraFo 2013, 40, welches in einer nur von dem Mandanten unterschriebenen Abtretungsurkunde jedoch eine Anzeige des Mandanten über die Abtretung sieht. **11** BGH NJW 2000, 276. **12** AA AnwK-RVG/N. *Schneider*, § 43 Rn 34. **13** LG Würzburg StraFo 2013, 40.

walts auf Vergütung bereits (teilweise) bezahlt oder ist sichergestellt, dass der Rechtsanwalt seine Vergütung vom Mandanten erhält, besteht kein Anlass, ihn durch die Unwirksamkeit einer Aufrechnung der Staatskasse zu schützen. Deshalb ist die Aufrechnung der Staatskasse nach S. 1 nur „insoweit unwirksam", als sie den Anspruch des Rechtsanwalts auf Zahlung seiner Vergütung vereiteln oder beeinträchtigen würde.

16 Daraus folgt Dreierlei:

1. Der Erstattungsanspruch des Mandanten gegen die Staatskasse muss gerade aus derjenigen Forderung des Rechtsanwalts hervorgehen, die dieser gegen den Beschuldigten oder Betroffenen hat (Deckungsgleichheit).

2. Der Vergütungsanspruch des Rechtsanwalts gegen den Mandanten darf noch nicht (vollständig) erfüllt sein. Besteht die Vergütungsforderung gegen den Mandanten nur noch teilweise, ist die Aufrechnung der Staatskasse nur in dieser Höhe unwirksam.

3. Der Vergütungsanspruch des Rechtsanwalts gegen den Beschuldigten oder Betroffenen muss durch die Aufrechnung vereitelt oder beeinträchtigt werden. Es darf also nicht anderweitig sichergestellt sein, dass der Rechtsanwalt die gesetzliche Vergütung nach dem RVG für seine Leistung erhält.

17 Als **Beeinträchtigung** gilt jede nicht unerhebliche Erschwerung bei der Einziehung der Vergütungsforderung.[14] Dies ist bereits dann der Fall, wenn unsicher ist, ob der Mandant das Honorar in absehbarer Zeit zahlt. Auf eine **Ratenzahlung** muss sich der Verteidiger nicht verweisen lassen.[15] An einer Beeinträchtigung fehlt es jedoch, wenn der **Rechtsschutzversicherer** für die gesetzliche Vergütung eintritt.[16] Auch in Höhe gezahlter **Vorschüsse**, die zur Verrechnung zur Verfügung stehen, ist der Honoraranspruch durch eine Aufrechnung nicht beeinträchtigt. **Vorschüsse und Teilzahlungen** des Mandanten sind zunächst auf die gesetzliche Vergütung und nicht auf eine eventuelle überschießend vereinbarte Vergütung anzurechnen.[17] Grund: § 43 will sicherstellen, dass der Rechtsanwalt, der sich den Erstattungsanspruch des Mandanten gegen die Staatskasse hat abtreten lassen, für seine Leistung jedenfalls die gesetzliche Vergütung erhält. Mehr nicht.[18]

18 **5. Nachweis der Unwirksamkeit der Aufrechnung.** Der Anwalt muss die Höhe seiner Honorarforderung gegen den Mandanten und einen erhaltenen Vorschuss oder eine Teilzahlung sowie die Vereitelung oder Beeinträchtigung seines Anspruchs **darlegen und glaubhaft machen**. Vollen Beweis muss er nicht erbringen.[19]

19 Ausreichend ist idR, die Gebührenrechnung vorzulegen und anwaltlich zu versichern, dass bzw in welcher Höhe sie noch nicht beglichen ist und keine Vorschüsse gezahlt sind, oder es ist anzugeben, ob und in welcher Höhe Teilzahlungen und Vorschüsse geleistet wurden. Die Abtretung ist durch die Abtretungsurkunde bzw Anzeige des Beschuldigten oder Betroffenen, welche sich wegen S. 2 zum Zeitpunkt der Aufrechnung durch die Staatskasse bei den Akten befinden müssen, hinreichend nachgewiesen. Bezüglich der Vereitelung oder Beeinträchtigung des Vergütungsanspruchs reicht idR die schlichte Behauptung aus, da davon auszugehen ist, dass eine wirksame Aufrechnung der Staatskasse die Durchsetzung des Vergütungsanspruchs des Rechtsanwalts jedenfalls erschwert.

IV. Rechtsbehelfe

20 Umstritten ist, wie sich der Rechtsanwalt gegen eine gleichwohl erklärte Aufrechnung wehren kann. Ihm steht nach hM als Rechtsbehelf der **Antrag auf gerichtliche Entscheidung gem. § 30 a EGGVG** (vormals: Art. XI § 1 KostÄndG 1957) zu, da es sich bei der Aufrechnung um einen Justizverwaltungsakt auf dem Gebiet des Kostenrechts handelt.[20] Zuständig ist der Zivilrichter des Amtsgerichts, in dessen Bezirk die für die Einziehung oder Befriedigung zuständige Kasse ihren Sitz hat. Es wird aber auch die Auffassung vertreten, die Aufrechnung sei eine allein zivilrechtliche, jegliche hoheitliche Momente entbehrende Erklärung und kein Justizverwaltungsakt. Die Einwendungen seien als Erinnerung **analog § 66 GKG** zu behandeln.[21] Vertreten wird zudem, dass der Kostenfestsetzungsbeschluss als Vollstreckungstitel durch die Aufrechnung nicht berührt werde. Die Staatskasse müsse die Aufrechnung mit der Vollstreckungsgegenklage durchsetzen.[22] Soweit mit einer Geldstrafe aufgerechnet wird, kann der Rechtsanwalt seine Einwendungen auch im Rahmen der Strafvollstreckung gem. **§ 458 Abs. 1 StPO** geltend machen.[23]

---

14 *Hansens*, StV 1991, 44, 46. 15 OLG Bamberg JurBüro 1977, 1250. 16 *Mümmler*, JurBüro 1977, 1253; AnwK-RVG/ *N. Schneider*, § 43 Rn 39 f weist jedoch zutreffend darauf hin, dass dieser Fall wegen der Versicherungsbedingungen idR nicht auftreten wird, da die Rechtsschutzversicherung danach, soweit die Aufrechnung greift, leistungsfrei ist. 17 KG JurBüro 1992, 99; OLG München JurBüro 1979, 394; *Hansens*, StV 1991, 44, 46; aA *Chemnitz*, AnwBl 1979, 72; Gerold/Schmidt/*Burhoff*, 21. Aufl., § 43 Rn 21; AnwK-RVG/*N. Schneider*, § 43 Rn 44 ff; Bischof u.a./*Uher*, § 43 Rn 23 f. 18 KG JurBüro 1992, 92. 19 So aber *Hartmann*, KostG, § 43 RVG Rn 11. 20 OLG Karlsruhe Die Justiz 1994, 182; KG NJW 1979, 28; OLG Schleswig JurBüro 1997, 313; OLG Hamburg AnwBl 1986, 42 f; OLG Nürnberg JurBüro 1989, 1685 f; *Hansens*, StV 1991, 44, 46; *Mümmler*, JurBüro 1990, 1173; *Hartmann*, KostG, § 43 RVG Rn 13; Bischof u.a./*Uher*, § 43 Rn 25; Gerold/Schmidt/*Burhoff*, 21. Aufl., § 43 Rn 22. 21 OLG Bamberg JurBüro 1990, 1172 (zu § 5 GKG aF); *Lappe*, NJW 1988, 3130, 3136. 22 ZB *Schmidt*, MDR 1974, 951 f. 23 BGH NJW 1998, 2066.

Abschnitt 8
Beigeordneter oder bestellter Rechtsanwalt, Beratungshilfe

§ 44 Vergütungsanspruch bei Beratungshilfe

[1]Für die Tätigkeit im Rahmen der Beratungshilfe erhält der Rechtsanwalt eine Vergütung nach diesem Gesetz aus der Landeskasse, soweit nicht für die Tätigkeit in Beratungsstellen nach § 3 Abs. 1 des Beratungshilfegesetzes besondere Vereinbarungen getroffen sind. [2]Die Beratungshilfegebühr (Nummer 2500 des Vergütungsverzeichnisses) schuldet nur der Rechtsuchende.

I. Allgemeines

Die Vorschrift des § 44 bildet die zentrale Norm der Beratungshilfevergütung. In S. 2 wird geregelt, dass die Beratungshilfegebühr Nr. 2500 VV iHv 15 € (nur) der Rechtsuchende schuldet. Im Übrigen besteht der Vergütungsanspruch, der sich ausschließlich (Vorbem. 2.5 VV) nach Nr. 2501–2508 VV richtet, (nur) gegen die Staatskasse (S. 1). **1**

§ 44 wird durch weitere Vorschriften ergänzt: Die Durchsetzungssperre des § 8 Abs. 2 BerHG bewirkt, dass Vergütungsansprüche (betroffen ist die regelmäßige gesetzliche Vergütung) gegen den Rechtsuchenden seitens des Rechtsanwalts nicht geltend gemacht werden können.[1] § 9 BerHG aber ordnet an, dass die Beratungshilfegewährung auf die Kostenersatzansprüche gegen Dritte keine gebührenmindernde Auswirkung hat.[2] **2**

Neben den Gebühren Nr. 2500 ff VV kommen die Gebühr für die Mehrfachvertretung (Nr. 1008 VV) und Auslagen (Nr. 7000–7008 VV) in Betracht. **3**

Die Festsetzung der Gebühren erfolgt gem. §§ 55 ff. **4**

Im Hinblick auf die **zeitliche Anwendbarkeit** ist zu beachten, dass die Änderungen, die durch das 2. KostRMoG[3] erfolgt sind, bereits **ab 1.8.2013** gelten, während die Änderungen, die durch das Gesetz zur Änderung des Prozesskostenhilfe- und Beratungshilferechts[4] vorgenommen wurden, **ab 1.1.2014** Geltung beanspruchen. Die Änderungen des BerHG, von § 47 Abs. 2 und Nr. 7002 VV erfolgten durch das Gesetz zur Änderung des Prozesskostenhilfe- und Beratungshilferechts. Alle übrigen für die Beratungshilfevergütung relevanten Änderungen erfolgten durch das 2. KostRMoG. **5**

Die Niedrigkeit der Vergütungshöhe für die Tätigkeit im Rahmen der Beratungshilfe wurde zu Recht vielfach kritisiert, teilweise sogar für verfassungswidrig erachtet.[5] Das 2. KostRMoG,[6] in Kraft seit 1.8.2013, brachte diesbezüglich nur geringe Erhöhungen: Angehoben wurden **6**

- die vom Mandanten zu zahlende Beratungshilfegebühr Nr. 2500 VV von 10 € auf 15 €,
- die von der Staatskasse zu zahlende Beratungsgebühr Nr. 2500 VV von 30 € auf 35 €,
- die Geschäftsgebühr Nr. 2503 VV von 70 € auf 85 € und
- die Einigungs- und Erledigungsgebühr Nr. 2508 VV von 125 € auf 150 €.

---

1 Hk-KostenhilfeR/*Köpf*, BerHG § 8 Rn 4 ff. **2** Hk-KostenhilfeR/*Köpf*, BerHG § 9 Rn 3 ff. **3** BGBl. 2013 I 2586. **4** BGBl. 2013 I 3533. **5** *Hartung*, in: Hartung/Schons/Enders, § 44 Rn 20, 56–64 nennt dies „Frondienste der Anwaltschaft" und folgert aus der Verpflichtung zur Mandatsübernahme von Beratungshilfemandaten iVm der Tatsache, dass diese in aller Regel nicht kostendeckend zu bearbeiten sind, die Verfassungswidrigkeit der Nr. 2501 ff VV. **6** BGBl. 2013 I 2586.

II. Die Angelegenheit

7 **1. Allgemeines.** Die Bedeutung des Begriffs der Angelegenheit liegt auf der Hand: Bei Berechnung der üblichen gesetzlichen Gebühren erfolgt die Honorierung der Tätigkeit über die Erhöhung des Gegenstandswerts (§ 22 Abs. 1), was im Bereich der Beratungshilfe wegen der Pauschgebühren nicht möglich ist.[7]

8 Daher gilt für die Beratungshilfeabrechnung: Je mehr Angelegenheiten, desto mehr Gebühren werden ausgelöst.

9 Nach Vorbem. 2.5 VV entstehen die in Abschnitt 5 („Beratungshilfe") genannten Gebühren im Rahmen der Beratungshilfe.

10 Das BerHG spricht den Begriff der **Angelegenheit** zwar an (§ 2 Abs. 2 BerHG), definiert ihn aber nicht. Gemäß §§ 15 Abs. 2 S. 1, 16 ff kann der Rechtsanwalt die Gebühren in derselben Angelegenheit nur einmal fordern.

11 Der Gesetzgeber hat den Versuch,[8] den Begriff der Angelegenheit zumindest bzgl Beratungshilfesachen im Familienrecht zu definieren, aufgegeben.[9] Durch Beschluss vom 8.4.1992[10] konkretisierte das BVerfG den Begriff der Angelegenheit iSv § 2 Abs. 2 BerHG. Angelegenheit sei „**der gesamte, für die Bewilligung von Beratungshilfe maßgebende Lebenssachverhalt in Bezug auf bestimmte Rechtsgebiete, nicht aber die Art der Erledigung eines Anliegens oder ein bestimmter Anspruch**".

12 Der für die Bemessung der Höhe der anwaltlichen Gebühren wichtige Begriff der Angelegenheit im gebührenrechtlichen Sinne (seit 1.7.2004: §§ 16 ff) beschäftigte das BVerfG erneut am 31.10.2001,[11] wobei das Gericht betonte, dass bei der Beurteilung, ob dieselbe oder mehrere Angelegenheiten vorlägen, auch zu beachten sei, „den **Rechtsanwalt, der in der Beratungshilfe** ohnehin zu niedrigen Gebühren tätig wird, nicht **unnötig zu belasten**".

13 Nach Auffassung des BGH[12] ist stets eine **Einzelfallbetrachtung** erforderlich, bei der es insb. auf den Inhalt des erteilten Auftrags ankommt und hierbei wiederum auf einen einheitlichen verfahrensrechtlichen Rahmen und einen inneren Zusammenhang der Gegenstände.

14 Angelegenheit ist mehr als nur Gegenstand, wie sich schon aus § 22 Abs. 1 ergibt. Eine Angelegenheit liegt nach allgemeiner Auffassung[13] vor, wenn es sich um einen einheitlichen Beratungsvorgang[14] bzw um einen zeitlichen und sachlichen Zusammenhang der Bearbeitung[15] handelt, was der Fall ist bei **kumulativem** Vorliegen

- einer **Gleichzeitigkeit des Auftrags,**
- einer **Gleichartigkeit des Verfahrens** und
- einem **inneren Zusammenhang der Beratungsgegenstände.**[16]

15 Die **Gleichzeitigkeit des Auftrags** kann sich auch dann noch ergeben, wenn der Rechtsuchende erst im Laufe der Beratung sein Anliegen erweitert, nicht jedoch, wenn dies erst später erfolgt,[17] insb. nicht, wenn die ursprüngliche Angelegenheit schon abgeschlossen ist.[18]

16 Die **Gleichartigkeit des Verfahrens** ist zu bejahen, wenn das Anliegen einheitlich bearbeitet werden kann, also zB in einem Beratungstermin oder durch ein Schreiben an den Gegner.[19] Sobald die Tätigkeit des Rechtsanwalts bzgl der verschiedenen Streitgegenstände unterschiedlich ist, liegen mehrere Angelegenheiten vor.[20] Dabei kann zunächst eine Angelegenheit wegen einer sich im Verlauf erforderlichen differenzierten Bearbeitung zu mehreren Angelegenheiten werden.[21]

17 Ein **innerer Zusammenhang** ist anzunehmen, wenn die Beratungsgegenstände einem einheitlichen Lebenssachverhalt entspringen.[22] Dabei darf das Verständnis nicht zu eng sein, weil sonst die Abgrenzung zum Gegenstand iSv § 22 Abs. 1 nicht gelingt.[23] Der innere Zusammenhang ist zu bejahen, wenn die verschiedenen Gegenstände bei objektiver Betrachtung und unter Berücksichtigung des mit der anwaltlichen Tätigkeit nach dem Inhalt des Auftrags erstrebten Erfolgs zusammengehören.[24]

18 Letztlich kommt es immer auf eine **Betrachtung des Einzelfalls** an.

7 Gerold/Schmidt/*Mayer*, Nr. 2500–2508 VV Rn 27; *Büttner/Wrobel-Sachs/Gottschalk/Dürbeck*, Rn 1012. **8** RefE des BMJ zum 2. KostRMoG v. 11.11.2011, S. 157 f, 414–416. **9** 2. KostRMoG v. 23.7.2013 (BGBl. I 2586); aufgegeben wurde das Vorhaben schon frühzeitig und war bereits im RegE, BT-Drucks 17/11472 v. 14.11.2012, nicht mehr enthalten. **10** BVerfG 8.4.1992 – 2 BvR 1609/91, juris. **11** BVerfG 31.10.2001 – 1 BvR 1720/01, juris. **12** BGH NJW 2011, 155. **13** Gerold/Schmidt/*Mayer*, § 15 Rn 5–9; Hartung/Schons/Enders/*Enders*, § 15 Rn 35; *Lissner/Dietrich/Eilzer/Germann/Kessel*, Rn 219. **14** *Schoreit/Groß*, RVG § 44 Rn 65. **15** *Büttner/Wrobel-Sachs/Gottschalk/Dürbeck*, Rn 1012. **16** *Büttner/Wrobel-Sachs/Gottschalk/Dürbeck*, Rn 1012; *Schoreit/Groß*, RVG § 44 Rn 65; Mayer/Kroiß/*Pukall*, § 55 Rn 46; *Lindemann*, NJW 1986, 2299 ff. **17** *Lindemann*, NJW 1986, 2299, 2300; aA *Büttner/Wrobel-Sachs/Gottschalk/Dürbeck*, Rn 1013, der auch die Erweiterung in einem späteren Beratungstermin für ausreichend hält; ähnl. *Lissner/Dietrich/Eilzer/Germann/Kessel*, Rn 219. **18** Hartung/Schons/Enders/*Enders*, § 15 Rn 36. **19** *Büttner/Wrobel-Sachs/Gottschalk/Dürbeck*, Rn 1014. **20** *Lindemann*, NJW 1986, 2299, 2230 f. **21** BGH NJW 2011, 155. **22** *Büttner/Wrobel-Sachs/Gottschalk/Dürbeck*, Rn 1015; *Schoreit/Groß*, RVG § 44 Rn 68. **23** *Büttner/Wrobel-Sachs/Gottschalk/Dürbeck*, Rn 1015; *Schoreit/Groß*, RVG § 44 Rn 68. **24** BGH NJW 2011, 155.

Ohne jede Bedeutung ist, ob **ein oder mehrere Berechtigungsscheine** erteilt worden waren,[25] selbst wenn im Berechtigungsschein ausdrücklich der Begriff Angelegenheit als Singular verwendet worden ist.[26] Dies liegt daran, dass Bewilligungs- und Kostenfestsetzungsverfahren getrennte Verfahrensabschnitte sind[27] und für die hier maßgebliche Frage nur §§ 15 ff, nicht aber § 2 BerHG, maßgeblich sind.[28] Im Erteilungsverfahren nach § 6 BerHG sind überdies mögliche Weiterungen der Sache nicht überblickbar.[29] Die Prüfung, ob eine oder mehrere Angelegenheiten vorliegen, ist dem Kostenfestsetzungsverfahren nach § 55 Abs. 4 vorbehalten.[30] Allerdings kommt dem Berechtigungsschein eine Konkretisierungsfunktion zu. Der maßgebliche Lebenssachverhalt, für den Vergütung beansprucht wird, muss vom Berechtigungsschein erfasst sein.[31] Es sollte daher von Anfang an auf eine möglichst weitreichende Beschreibung der Angelegenheit im Berechtigungsschein hingewirkt werden, anderenfalls ist oftmals eine weitere – ggf nachträgliche – Antragstellung zum Zwecke der Beratungshilfebewilligung unumgänglich.[32]

2. Einzelfälle. a) Mehrere Auftraggeber. Das Vorhandensein mehrerer Auftraggeber spricht zunächst für 20 das Vorliegen **verschiedener** Angelegenheiten.

Etwas anderes gilt aber, wenn diese einer einheitlichen rechtlichen Situation ausgesetzt sind, wie zB Eheleu- 21 te, Familien oder Mitglieder einer Bedarfsgemeinschaft einem Sozialhilfebescheid.[33] Differenziert zu betrachten sind Asylangelegenheiten. Hier liegen idR mehrere Angelegenheiten vor, auch wenn der Rechtsanwalt mehrere Asylbewerber einer Familie vertritt, weil jeder sein höchstpersönliches (Asyl-)Recht geltend macht.[34] Anders ist dies aber in den Fällen des Familienasyls nach § 26 Abs. 2 AsylG.[35] Weiteres Beispiel für eine Angelegenheit ist die Abwehr eines Anspruchs, der gegen Gesamtschuldner geltend gemacht wird.

b) Mehrere Gegner. Auch das Vorhandensein mehrerer Gegner spricht zunächst für das Vorliegen **verschie-** 22 **dener** Angelegenheiten.

Anders ist dies aber, wenn die Tätigkeit des Rechtsanwalts die Gleiche ist. Beispiele hierfür sind die Inan- 23 spruchnahme mehrerer Schädiger durch einheitliche Schreiben[36] und das einheitliche Anschreiben mehrerer Gläubiger im Rahmen der Schuldenbereinigung nach § 305 Abs. 1 Nr. 1 InsO[37] oder auch im Rahmen eines Sanierungsversuchs (zB mit dem Ziel eines teilweisen Forderungsverzichts).[38] Sobald sich aber der Rechtsanwalt gesondert mit den einzelnen Gegnern auseinandersetzen muss, entsteht nach Auffassung des BGH jeweils eine gebührenrechtliche Angelegenheit.[39] Diese Rspr wird sich nicht auf die Beratungshilfe im Bereich der Schuldenbereinigung iSv § 305 Abs. 1 Nr. 1 InsO übertragen lassen,[40] da die Tatbestände der Nr. 2504–2507 VV durch die Gebührenerhöhung mit steigender Gläubigerzahl gerade der Tatsache geschuldet sind, dass hiermit ein höherer Aufwand wegen mehrerer Gegner verbunden ist.[41]

c) Mehrere Ansprüche. aa) Allgemeines. Schwierige Abgrenzungsprobleme ergeben sich vor allem beim 24 Vorliegen mehrerer Ansprüche. Damit **nicht** gemeint ist selbstverständlich das Vorliegen **mehrerer Anspruchsgrundlagen** für einen Anspruch. In diesen Fällen liegt stets eine Angelegenheit vor. Gemeint ist das konkrete Begehren aufgrund eines Lebenssachverhalts.

bb) Arbeitsrecht. Grundsätzlich ist eine Angelegenheit anzunehmen, soweit sich Rechtsfragen decken. Das 25 ist der Fall, wenn der Rechtsanwalt nach Kündigung des Arbeitgebers mit der Beratungshilfe durch den Arbeitnehmer betraut wird zur möglichen Rechtswahrnehmung hiergegen und zur Geltendmachung von Lohn- oder Gehaltsansprüchen für die Zeit nach Ablauf der Kündigungsfrist. Mehrere Angelegenheiten liegen dagegen vor, wenn zusätzlich zur Beratung bzgl der Wirksamkeit der Kündigung rückständige Vergütung aus der Zeit vor Ablauf der Kündigungsfrist geltend gemacht werden soll.[42]

Gelegentlich wird davon ausgegangen, dass es von Bedeutung sei, ob ein **Rechtsverhältnis**, wie das **Arbeits-** 26 **verhältnis** oder dessen **Auflösung**, die **einzelnen Gegenstände** verbindet.[43] Dies greift mE zu kurz. Letztlich

---

25 OLG Sachsen-Anhalt 28.3.2013 – 2 W 25/13, juris; OLG Köln MDR 2010, 474; Gerold/Schmidt/*Mayer*, Nr. 2500–2508 VV Rn 27; *Büttner/Wrobel-Sachs/Gottschalk/Dürbeck*, Rn 1019; *Schoreit/Groß*, RVG § 44 Rn 69, 86; LG Osnabrück JurBüro 2008, 600 f; LG Mönchengladbach AGS 2003, 76; LG Münster JurBüro 1990, 333; LG Tübingen Rpfleger 1986, 239; LG Kleve JurBüro 1986, 1384; LG Stuttgart JurBüro 1986, 1519; LG Berlin JurBüro 1985, 1667; LG Bonn AnwBl 1985, 109; LG Wuppertal JurBüro 1985, 1426; LG Dortmund Rpfleger 1984, 478; LG Dortmund AnwBl 1985, 334; *Hansens*, JurBüro 1987, 23; *Greißinger*, AnwBl 1996, 606 ff und NJW 1985, 1671, 1676; aA OLG Oldenburg VersR 2010, 688 mit beachtlicher Argumentation zum Vertrauensschutz auf einen erteilten Berechtigungsschein; LG Köln MDR 1985, 944. **26** LG Düsseldorf FamRZ 2007, 1113. **27** *Büttner/Wrobel-Sachs/Gottschalk/Dürbeck*, Rn 1019. **28** LG Düsseldorf FamRZ 2007, 1113. **29** *Lissner/Dietrich/Eilzer/Germann/Kessel*, Rn 223. **30** S. Hk-KostenhilfeR/*Köpf*, RVG § 55 Rn 17. **31** OLG München 13.1.2014 – 11 WF 1863/13. **32** *Härtl*, Bindungswirkung der im Berechtigungsschein genannten Angelegenheit, NZFam 2014, 233. **33** LG Koblenz AnwBl 1998, 54; AG Halle (Saale) 25.7.2011 – 103 II 1790/11, juris. **34** LG Berlin AnwBl 1984, 105. **35** Eine Angelegenheit, vgl LG Osnabrück JurBüro 2000, 140. **36** BGH NJW 2011, 155. **37** *Schoreit/Groß*, RVG § 44 Rn 75. **38** BGH NJW 2005, 2927. **39** BGH NJW 2011, 155; BGH NJW 2005, 2927; anders für den Fall der Inanspruchnahme durch zwei Gegner bei gleichgelagerter Verletzungshandlung (Urheberrechtsverstoß) in engem zeitlichen Zusammenhang AG Magdeburg 22.2.2013 – 10 UR 243/13, juris. **40** Auch Hartung/Schons/Enders/*Schons*, Nr. 2504–2570 VV Rn 1 hält die Anzahl der Gläubiger für irrelevant für die Frage der Anzahl der Angelegenheiten. **41** *Schoreit/Groß*, RVG § 44 Rn 75. **42** Hartung/Schons/Enders/*Enders*, § 15 Rn 44. **43** *Schoreit/Groß*, RVG § 44 Rn 80.

handelt es sich hier im Kern um dieselbe Rechtsfrage, wie sie im Familienrecht seit langem umstritten ist (→ Rn 28 ff). Auch im Arbeitsrecht kann mit gleichgelagerter Begründung (hier gibt es nicht einmal eine Vorschrift wie § 16 Nr. 4) nicht davon ausgegangen werden, das Arbeitsverhältnis bzw dessen Beendigung begründe stets den inneren Zusammenhang für alle damit einhergehenden Ansprüche, weshalb stets eine Angelegenheit vorläge. Dies wird indes nur der Fall sein, soweit sich die Rechtsfragen decken, wie im vorgenannten Beispiel der Vergütung nach Ablauf der Kündigungsfrist. Anders zu beurteilen ist die Frage mE, sobald weitere Gesichtspunkte eine Rolle spielen, also etwa wenn zusätzliche Voraussetzung des Vergütungsanspruchs neben dem Bestand des Arbeitsverhältnisses auch noch die Vorlage einer Bescheinigung nach § 5 EFZG ist. Entsprechendes gilt mE bei der Frage nach Urlaubsabgeltung oder Zeugnisberichtigung. Zur Bejahung des erforderlichen inneren Zusammenhangs kann nicht ausreichen, wenn die verschiedenen Begehren ein bestimmtes Rechtsverhältnis (oder dessen Beendigung) als gemeinsame Anspruchsvoraussetzung haben, ohne dass ein weiteres verbindendes Element hinzutritt.

27 Keinesfalls von einer Angelegenheit auszugehen ist, wenn sich zusätzlich Fragen des **Sozial(versicherungs)rechts** stellen[44] (zB Sperrzeit), weil es schon an der Gleichartigkeit des Verfahrens fehlt.

28 **cc) Familienrecht.** Gerade im Familienrecht stellt sich die Abgrenzungsfrage, wann eine Angelegenheit vorliegt, besonders häufig, denn Trennung und Scheidung sind ja Ursache für alle folgenden Rechtsfragen, insb. die sog. Folgesachen. Dies sind (vgl § 137 FamFG): Versorgungsausgleich, Unterhalt, Ehewohnung und Hausrat, Güterrecht (Zugewinnausgleich), elterliche Sorge und Umgangsrecht.

29 Das OLG München[45] vertrat in einer Entscheidung aus dem Jahre 1987 die Auffassung, dass die Tatsache der Trennung bzw Scheidung einen hinreichenden inneren Zusammenhang bilde, weshalb bei Beratung über alle vorgenannten Fragen nur **eine** Angelegenheit vorläge. Noch im Jahre 2004 folgte dem das OLG Nürnberg,[46] das diese Auffassung als „im Grundsatz der wohl herrschenden Meinung" entsprechend ansah mit der Begründung, Trennung und Scheidung seien nicht nur der Anlass für die Folgesachen, sondern diese seien hiermit typischerweise verbunden, weshalb ein einheitlicher Lebensvorgang vorläge.

30 Das OLG Stuttgart entschied 2006,[47] dass auf § 16 Nr. 4 abzustellen sei, weshalb immerhin **zwei**, aber auch nicht mehr Angelegenheiten vorliegen können: alle Fragen nach der Trennung bis zur Scheidung bildeten eine Angelegenheit, die Fragen für die Zeit nach der Scheidung eine weitere. Dem folgte 2009 das OLG Brandenburg.[48]

31 Schon 1983 vertrat das OLG Braunschweig[49] die gegenteilige Auffassung und hielt die Trennung lediglich für die Ursache der Folgesache, da sich die Vielzahl anschließender Fragen auseinanderentwickeln kann. Das OLG Hamm[50] sah im Jahre 2004 Kindesunterhalt sowie Umgang als zwei Angelegenheiten an.

32 Das OLG Düsseldorf[51] entschied 2008, dass bei einer Beratungshilfetätigkeit für die Scheidung und deren Folgen von verschiedenen Angelegenheiten auszugehen ist mit der Begründung, anderenfalls bedurfte es des § 16 Nr. 4 nicht. Wenn nicht die Scheidung und deren Folgesachen jeweils einzelne Angelegenheiten wären, sondern eine, so wäre die Anordnung des § 16 Nr. 4 überflüssig. Diese für das gerichtliche Verfahren geltende Norm könne nicht entsprechend auf die (außergerichtliche) Beratungshilfe angewendet werden, da es schon an einer unbewussten Regelungslücke fehle, denn dem Gesetzgeber sei bei Einführung des RVG[52] die kontrovers geführte Diskussion um den Begriff der Angelegenheit bekannt gewesen, was dieser aber nicht zum Anlass genommen habe, eine entsprechende Regelung für die außergerichtliche Tätigkeit zu schaffen. Im Hinblick auf die niedrigen Gebühren im Bereich der Beratungshilfe gäbe es überdies keine zwingenden Gründe für eine einschränkende Auslegung.

33 Dem folgte 2009 das OLG Köln[53] und erkannte, dass die Beratung über Ehegattenunterhalt, Kindesunterhalt, Umgangsrecht und das eheliche Güterrecht (einschließlich des Hausrats und der Vermögensauseinandersetzung) **vier** verschiedene Angelegenheiten sind. Entsprechend entschied das OLG Frankfurt a. M.[54] 2010 schlossen sich dem das KG Berlin,[55] das OLG Hamm[56] und das OLG Rostock[57] sowie 2011 das OLG Dresden,[58] das OLG Nürnberg[59] und das OLG Celle[60] an, teilweise unter ausdrücklicher Hervorhebung, dass anders als im gerichtlichen Verfahren hier keine Streitwert- und damit Gebührenerhöhung erfolgt, was im gerichtlichen Verfahren die Rechtfertigung für § 16 Nr. 4 bildet. 2014 folgte das OLG Frankfurt a. M.[61]

---

44 AA LG Koblenz NJW-RR 1996, 631. **45** OLG München JurBüro 1988, 593. **46** OLG Nürnberg FamRZ 2005, 740. **47** OLG Stuttgart FamRZ 2007, 574. **48** OLG Brandenburg FamRZ 2010, 833. **49** OLG Braunschweig AnwBl 1984, 514. **50** OLG Hamm FamRZ 2005, 532. **51** OLG Düsseldorf FamRZ 2009, 1244. **52** BGBl. 2004 I 718. **53** OLG Köln FamRZ 2009, 1345. **54** OLG Frankfurt a. M. FamRZ 2010, 230. **55** KG Berlin AGS 2010, 612. **56** OLG Hamm 18.11.2010 – 25 W 499/10 I-25 W 499/10, juris. **57** OLG Rostock FamRZ 2011, 834. **58** OLG Dresden NJW-RR 2011, 713. **59** OLG Nürnberg AGS 2011, 298. **60** OLG Celle NJW 2011, 3109. **61** OLG Frankfurt a. M. 12.5.2014 – 20 W 237/13, BeckRS 2014, 16739.

Auch das OLG München[62] hält nicht mehr an seiner früheren Rspr[63] fest. Im Jahr 2011 erachtete es die   34
Beratungsgegenstände im Zusammenhang mit der Trennung einerseits und der Scheidung andererseits als
mindestens zwei Angelegenheiten, wenngleich zur Begründung zu Unrecht § 16 Nr. 4 herangezogen wurde.
Seit 2015[64] geht es von vier Angelegenheiten aus. 2012 hatte das OLG Stuttgart seine alte Rspr aufgegeben.[65]

Damit kann die Auffassung, dass im Bereich der Beratungshilfe Trennung/Scheidung und die damit verbun-   35
dene Beratung zu Folgesachen **verschiedene** Angelegenheiten sind, als **hM** bezeichnet werden, wenngleich
die Rspr bzgl der Anzahl der Angelegenheiten doch recht uneinheitlich ist.

Folgende Angelegenheiten können nach Ansicht des OLG Köln[66] und des OLG Düsseldorf[67] als **verschiede-**   36
ne Angelegenheiten anfallen **und zwar jeweils bei Trennung und Scheidung gesondert** – daher können insgesamt **acht** Angelegenheiten vorliegen:

- Ehegattenunterhalt,
- Kindesunterhalt,
- Umgangsrecht/Sorgerecht,
- eheliches Güterrecht (einschließlich des Hausrats und der Vermögensauseinandersetzung).

Das OLG Sachsen-Anhalt[68] geht von bis zu **sechs** Angelegenheiten aus: 37

- Ehesachen iSv §§ 111 Nr. 1, 121 FamFG,
- Kindschaftssachen iSv §§ 111 Nr. 2, 151 FamFG (ggf auch § 111 Nr. 10 iVm § 266 Abs. 1 Nr. 4 und 5
  FamFG),
- Ehewohnungs- und Haushaltssachen iSv §§ 111 Nr. 5, 200 FamFG,
- Versorgungsausgleichssachen iSv §§ 111 Nr. 7, 217 FamFG,
- Unterhaltssachen iSv §§ 111 Nr. 8, 231 FamFG (dh sowohl Kindschafts- als auch Ehegattenunterhalt)
  sowie
- Güterrecht iSv §§ 111 Nr. 9, 261 FamFG und sonstige Vermögensauseinandersetzungen (ggf auch
  § 111 Nr. 10 iVm § 266 Abs. 1 Nr. 2 und 3 FamFG).

Nach Ansicht des OLG München,[69] des OLG Frankfurt a. M.,[70] des OLG Stuttgart,[71] des OLG Nürn-   38
berg,[72] des OLG Celle[73] und des OLG Schleswig[74] gibt es folgende **vier** gesonderte Komplexe und damit
Angelegenheiten:

- Scheidung als solche,
- Angelegenheiten im Zusammenhang mit dem persönlichen Verhältnis zu den Kindern (Personensorge,
  Umgang),
- Angelegenheiten im Zusammenhang mit der Ehewohnung und Hausrat,
- finanzielle Auswirkungen von Trennung und Scheidung (Unterhaltsansprüche, Güterrecht und Vermö-
  gensauseinandersetzung)

dd) Mietrecht. Auch im Bereich des Mietrechts wird vergleichbar dem Arbeitsrecht (→ Rn 25 ff) allgemein   39
davon ausgegangen, dass die gleichzeitige Beratungshilfe wegen verschiedener Rechte oder Pflichten aus
demselben Mietverhältnis eine Angelegenheit bildet.[75]

Als eine Angelegenheit wurde angesehen: 40

- die Vertretung bei einem Streit sowohl wegen der Nebenkostenabrechnung als auch wegen einer überzahlten Monatsmiete;[76]
- die Vertretung bei einem Streit über zwei Nebenkostenabrechnungen für verschieden Jahre;[77]
- die Beratung wegen Kehrwoche, Nebenkosten sowie Mietkaution;[78]
- die Beratung wegen Nebenkostenabrechnung, Mängel und Kündigung des Mietverhältnisses;[79]
- die Beratung wegen einer Kündigung sowie eines Mieterhöhungsverlangens bzgl desselben Mietverhältnisses;[80]
- die Beratung wegen der Beendigung des Mietverhältnisses und Zahlungsansprüchen hieraus;[81] – gleichzeitige Beratung wegen Fragen wechselseitiger Zutrittsberechtigungen von Vermieter und Mieter, einer

62 OLG München MDR 2011, 1386 f. **63** OLG München JurBüro 1988, 593. **64** OLG München 26.2.2015 – 11 WF 1738/14, BeckRS 2015, 05916. **65** OLG Stuttgart 17.10.2012 – 8 W 379/12, juris. **66** OLG Köln FamRZ 2009, 1345. **67** OLG Düsseldorf 16.10.2012 – I-3 Wx 189/12, juris. **68** OLG Sachsen-Anhalt 28.3.2013 – 2 W 25/13, juris. **69** OLG München 26.2.2015 – 11 WF 1738/14, BeckRS 2015, 05916 (unter ausdrücklicher Aufgabe der bisherigen Rspr). **70** OLG Frankfurt a. M. 12.5.2014 – 20 W 237/13, BeckRS 2014, 16739. **71** OLG Stuttgart 17.10.2012 – 8 W 379/12, juris. **72** OLG Nürnberg AGS 2011, 298. **73** OLG Celle NJW 2011, 3109. **74** OLG Schleswig 25.4.2013 – 9 W 41/13, juris. **75** *Büttner/Wrobel-Sachs/Gottschalk/Dürbeck*, Rn 1023; *Schoreit/Groß*, RVG § 44 Rn 81. **76** LG Darmstadt JurBüro 1985, 556. **77** OLG Köln MDR 2010, 474. **78** LG Stuttgart JurBüro 1986, 1519. **79** AG Vechta 4.2.2008 – 4 II 1940/07, juris. **80** LG Koblenz JurBüro 1995, 201. **81** LG Darmstadt JurBüro 1988, 1164.

etwaigen Mängelbeseitigungspflicht des Vermieters sowie der Berechtigung einer fristlosen Kündigung.[82]

41 Dies ist mE nicht uneingeschränkt zutreffend. Auch hier wird – vergleichbar der neueren Rspr zum Familienrecht (→ Rn 28 ff) – stärker zu differenzieren sein. Allein das **Mietverhältnis** kann nicht die Klammer sein, die alle mietrechtlichen Ansprüche zu einer Angelegenheit zusammenfasst.[83]

42 **ee) Sozialrecht.** Die Angelegenheiten des SGB II, des SGB XII und des SGB III sind jeweils **selbstständige** Angelegenheiten, da sie **anderen Behörden gegenüber** geltend zu machen sind.[84] Selbstständige Angelegenheiten sind auch die **jeweiligen** für einen bestimmten **Bewilligungszeitraum** erlassenen Bescheide. Mehrere Bescheide begründen, auch wenn sie in einem engen zeitlichen Zusammenhang erlassen worden sind, stets verschiedene Angelegenheiten,[85] allein deshalb, weil in gesonderten Widerspruchsverfahren hiergegen vorgegangen werden muss. Die gleichzeitige Geltendmachung **verschiedener Ansprüche** gegen **dieselbe** Behörde in einem Verwaltungsverfahren ist eine Angelegenheit.[86] Bei Erlass von weiteren Bescheiden während des **Widerspruchsverfahrens** wird nur dann keine weitere Angelegenheit anzunehmen sein, wenn diese gem. § 86 SGG Gegenstand des Widerspruchsverfahrens werden. Nach aA handle es sich bei Bescheiden, die während der Widerspruchsfrist gegen den ursprünglichen Bescheid eingehen und gegen die Widerspruch eingelegt werden soll, stets um dieselbe Angelegenheit.[87]

III. Vergütung aus der Landeskasse (S. 1 iVm Nr. 2501 ff VV)

43 **1. Anwendungsbereich.** S. 1 ordnet an, dass der an sich aus der Mandatierung des Rechtsanwalts folgende Vergütungsanspruch nicht entsteht, sondern – **mit Ausnahme der Beratungshilfegebühr (S. 2)** – nur ein **Vergütungsanspruch gegen die Landeskasse.** Dies bekräftigen Vorbem. 2.5 VV und § 8 Abs. 2 BerHG. Voraussetzung hierfür ist eine **Tätigkeit im Rahmen der Beratungshilfe.**

44 **Abzugrenzen** sind der Gebührenanspruch des Rechtsanwalts gegen die Landeskasse nach S. 1 und der gegen den Rechtsuchenden nach allgemeinen Vorschriften (§ 34, Nr. 2300 VV).

45 Auch nach der Änderung des BerHG (zur zeitlichen Anwendbarkeit → Rn 5) durch das Gesetz zur Änderung des Prozesskostenhilfe- und Beratungshilferechts vom 31.8.2013[88] mit Wirkung ab 1.1.2014 gilt: Die **Bewilligung der Beratungshilfe durch das Amtsgericht (Berechtigungsschein)** ist **Voraussetzung für die Vergütung aus der Landeskasse** nach S. 1. Diese Bewilligung kann, muss aber nicht **vor** der Beratungshilfegewährung vorliegen, § 6 Abs. 1 BerHG. Innerhalb der Vierwochenfrist des § 6 Abs. 2 BerHG ist ein Antrag auf nachträgliche Bewilligung möglich.[89] **Ohne** (ggf auch nachträgliche) **Bewilligung** der Beratungshilfe besteht **kein Vergütungsanspruch gegen die Landeskasse** nach S. 1, Nr. 2501 ff VV.

46 Nach § 8 Abs. 2 S. 1 BerHG bewirkt die Bewilligung der Beratungshilfe durch das Amtsgericht eine **Durchsetzungssperre** der Vergütungsansprüche des Rechtsanwalts nach den allgemeinen Vorschriften. Gleiches gilt für den Antrag auf nachträgliche Bewilligung vom Eingang bis zur gerichtlichen Entscheidung hierüber. Der Vergütungsanspruch gegen die Landeskasse schließt **jeglichen** Vergütungsanspruch gegen den Rechtsuchenden – mit Ausnahme der Beratungshilfegebühr Nr. 2500 VV iHv 15 € – aus.[90]

47 **Problematisch** war schon nach altem[91] und ist nach neuem Recht die Fallgestaltung, wenn sich erst **während der Beratungshilfegewährung herausstellte,** dass ein **Beratungshilfefall** vorlag, insb. die Beratung durch den Rechtsanwalt in Unkenntnis der Bedürftigkeit des Rechtsuchenden erfolgt ist. Nach zutreffender Auffassung[92] gilt: Erfolgt nachträgliche Bewilligung, besteht ein Anspruch gegen die Staatskasse. Erfolgt die Bewilligung nicht, besteht der Vergütungsanspruch gegen den Rechtsuchenden nach allgemeinen Vorschriften, es sei denn, die Belehrung iSv § 8 a Abs. 4 BerHG unterblieb; im letztgenannten Fall erhält der Rechtsanwalt keine Vergütung.

48 **2. Die Gebührentatbestände im Überblick. a) Allgemeines.** Das Vergütungsverzeichnis kennt die Beratungsgebühr (Nr. 2501 und 2502 VV), die Geschäftsgebühr (Nr. 2503–2507 VV) und die Einigungs- und Erledigungsgebühr (Nr. 2508 VV).

49 Die Grundtatbestände sind in Nr. 2501, 2503 und 2508 Anm. Abs. 1 VV geregelt. Die Gebührenvorschriften Nr. 2502 und 2504–2507 und 2508 Anm. Abs. 2 VV RVG enthalten **Sonderregelungen** für den Bereich der **außergerichtlichen Schuldenbereinigung.** Ebenfalls anwendbar ist Nr. 1008 VV RVG bei Vertretung **mehrerer Personen.** Bezüglich **Auslagen** gilt § 46.

---

82 LG Kleve JurBüro 1986, 886. **83** AG Gelsenkirchen AGS 2012, 487. **84** Mayer/Kroiß/*Winkler*, RVG § 15 Rn 23; *Büttner/ Wrobel-Sachs/Gottschalk/Dürbeck*, Rn 1027; aA AG Mainz 1990, 213. **85** AA AG Weißenfels 28.6.2011 – 13 II 235/11, juris; aA jedenfalls für das Überprüfungsverfahren nach § 44 SGB X LG Osnabrück16.12.2014 – 9 T 567/14. **86** *Büttner/Wrobel-Sachs/Gottschalk/Dürbeck*, Rn 1027. **87** AG Halle (Saale) 23.2.2011 – 103 II 6904/10, juris; AG Halle (Saale) 27.6.2011 – 103 II 2276/11, juris. **88** BGBl. 2013 I 3533. **89** Hk-KostenhilfeR/*Köpf*, BerHG § 6 Rn 10 ff. **90** Hk-KostenhilfeR/*Köpf*, BerHG § 8 Rn 4 ff. **91** S. hierzu Hk-KostenhilfeR/*Köpf*, RVG § 44 Rn 38 ff. **92** Hk-KostenhilfeR/*Köpf*, BerHG § 6 Rn 13 ff.

b) Beratungsgebühr, Nr. 2501 VV. Die Beratungsgebühr Nr. 2501 VV entsteht für eine Beratung, wenn die 50
Beratung nicht mit einer anderen gebührenpflichtigen Tätigkeit zusammenhängt (Anm. Abs. 1 zu Nr. 2501
VV). Sie ist auf eine Gebühr für eine sonstige Tätigkeit anzurechnen, die mit der Beratung zusammenhängt
(Anm. Abs. 1 zu Nr. 2501 VV). Auf die weiteren Erl. zu Nr. 2501 VV wird verwiesen.

c) Geschäftsgebühr, Nr. 2503 VV. Die Geschäftsgebühr Nr. 2503 VV entsteht für das **Betreiben des Ge-** 51
schäfts einschließlich der Information oder die Mitwirkung bei der Gestaltung eines Vertrages (Anm. Abs. 1
zu Nr. 2503 VV). Die Gebühr beträgt **85 €.** Die Geschäftsgebühr entsteht daher bei Tätigkeiten, die über
die bloße Beratung hinausgehen.[93] Auf die weiteren Erl. zu Nr. 2503 VV wird verwiesen.

d) Mehrfachvertretung, Nr. 1008 VV. Die Gebührenerhöhung bei Mehrfachvertretung gem. Nr. 1008 VV 52
gilt auch für die **Geschäftsgebühr** im Rahmen der Beratungshilfe (Nr. 2503 VV).[94]

Keine Anwendung findet Nr. 1008 VV auf Tatbestände der bloßen **Beratung** mehrerer Auftraggeber. Dies 53
folgt aus dem eindeutigen Wortlaut der Vorschrift, der nur von „Verfahrens- oder Geschäftsgebühr", nicht
aber von Beratungsgebühr spricht.[95] Die in der Lit. teilweise vertretene andere Ansicht,[96] auch im Bereich
der Beratung entstünde bei mehreren Mandanten ein höherer Aufwand als bei der Beratung nur eines Mandanten, ist zwar von der Begründung völlig zutreffend, kann jedoch wegen des klaren Gesetzeswortlauts
nicht zu einem anderen Ergebnis führen. Dem Gesetzgeber war bei Einführung der Nr. 1008 VV der Meinungsstreit betreffend die Vorgängervorschrift des § 6 Abs. 1 S. 2 BRAGO bekannt, so dass hier nicht von
einer unbewussten Regelungslücke ausgegangen werden kann.[97]

e) Einigungs- und Erledigungsgebühr, Nr. 2508 Anm. Abs. 1 VV. Gemäß Nr. 2508 Anm. Abs. 1 VV sind 54
die Anmerkungen zu Nr. 1000 und 1002 VV auch für die Beratungshilfe maßgeblich. Die Gebühren
Nr. 1000 und 1002 VV werden nicht auf andere Gebühren, insb. die Geschäftsgebühr, angerechnet, sondern entstehen neben diesen (Nr. 2508 Anm. Abs. 1 iVm Vorbem. 1 VV).[98] Anders als für die Festsetzbarkeit der Geschäftsgebühr (→ Nr. 2503 VV Rn 2) ist die Erforderlichkeit der Vertretung für die Festsetzbarkeit der Gebühr nach Nr. 2508 Anm. Abs. 1 RVG keine Voraussetzung, da das Gesetz hier keinen § 2
Abs. 1 BerHG entsprechenden Vorbehalt formuliert.[99] Die Gebühr kann daher insb. neben der Beratungsgebühr (Nr. 2501 RVG) erhoben werden. Auf die weiteren Erl. zu Nr. 2508 VV wird verwiesen.

f) Gebührentatbestände bei Schuldenbereinigung auf der Grundlage eines Plans (§ 305 Abs. 1 Nr. 1 55
InsO). Für die Tätigkeit **vor** Eröffnung eines **Verbraucherinsolvenzverfahrens** oder **sonstigen Kleinverfah-**
rens iSv § 304 InsO gelten die besonderen Gebührentatbestände der Beratungsgebühr Nr. 2502 VV, der Geschäftsgebühr Nr. 2504–2507 VV sowie der Einigungs- und Erledigungsgebühr Nr. 2508 Anm. Abs. 2 VV.

Der Anwendungsbereich dieser Vorschriften betrifft die **Tätigkeit mit dem Ziel einer außergerichtlichen Ei-** 56
nigung mit den Gläubigern auf der Grundlage eines Plans (§ 305 Abs. 1 Nr. InsO). Dies ist möglich bei Verbraucherinsolvenzverfahren oder sonstigen Kleinverfahren (§ 304 InsO). Auf die dortigen Erl. wird verwiesen.

IV. Beratungshilfegebühr (S. 2 iVm Nr. 2500 VV)

Gemäß S. 2 hat der Rechtsanwalt einen Anspruch gegen den Rechtsuchenden auf die **Beratungshilfegebühr** 57
Nr. 2500 VV von 15 €. Die Gebühr fällt an, sobald der Rechtsanwalt den Rechtsuchenden berät, egal, ob
schon ein Berechtigungsschein vorliegt und unabhängig auch davon, ob sich die Tätigkeit in einer Beratung
erschöpft oder der Rechtsanwalt den Rechtsuchenden auch vertritt.

Nach Nr. 2500 Anm. S. 1 VV dürfen neben der Gebühr **keine Auslagen** erhoben werden und damit insb. 58
keine Mehrwertsteuer (Nr. 7008 VV). Damit verbleiben dem Rechtsanwalt nur 12,61 € netto, der Rest
muss an das Finanzamt abgeführt werden.[100]

Nach Nr. 2500 Anm. S. 2 VV kann die Gebühr durch den Rechtsanwalt **erlassen** werden. 59

Auf die weiteren Erl. zu Nr. 2500 VV wird verwiesen. 60

V. Verjährung, Verwirkung

Die Vergütungsansprüche nach Nr. 2500–2508 VV RVG unterliegen der regelmäßigen **Verjährung** nach 61
§ 195 BGB.[101] Die Frist beträgt **drei Jahre** und beginnt am Ende des Jahres, in das die Fälligkeit des An-

---

93 Zur Abgrenzung der beiden Tatbestände s. Hk-KostenhilfeR/*Köpf*, BerHG § 2 Rn 32 ff. **94** OLG Thüringen 31.8.2011 – 9
W 406/11, juris; OLG Sachsen-Anhalt JurBüro 2010, 472; Hartung/Schons/Enders/*Schons*, Nr. 2503 VV Rn 19. **95** KG Rpfleger
2007, 401; zur Vorgängernorm des § 6 Abs. 1 S. 2 BRAGO: OLG Köln Rpfleger 1992, 223. **96** Hartung/Schons/Enders/*Har-
tung*, § 44 Rn 24; Gerold/Schmidt/*Mayer*, Nr. 2500–2508 VV Rn 33. **97** KG Rpfleger 2007, 401. **98** Mayer/Kroiß/*Klees*,
Nr. 1000 VV Rn 1. **99** AG Halle (Saale) 8.2.2012 – 103 II 931/11, juris; AG Halle (Saale) 2.7.2010 – 103 II 6552/09, juris; aA
AG Halle (Saale) 29.11.2011 – 103 II 2102/11, juris. **100** Gerold/Schmidt/*Mayer*, Nr. 2500–2508 VV Rn 28; Hartung/Schons/
Enders/*Schons*, Nr. 2500 VV Rn 25; *Lissner/Dietrich/Eilzer/Germann/Kessel*, Rn 295. **101** *Schoreit/Groß*, RVG § 44 Rn 57.

spruchs fällt (§ 199 Abs. 1 BGB). Gemäß § 8 Abs. 1 S. 1 ist die Vergütung fällig, wenn der Auftrag erledigt oder die Angelegenheit beendet ist. Mündet die Beratungshilfeangelegenheit in ein gerichtliches Verfahren, endet sie zu diesem Zeitpunkt.[102]

62   Eine Verwirkung kommt regelmäßig nicht in Betracht, auch nicht bei Nachliquidation bisher nicht berechneter Beträge, insb. gilt die Jahresfrist des § 20 GKG nicht analog.[103]

§ 45 Vergütungsanspruch des beigeordneten oder bestellten Rechtsanwalts

(1) Der im Wege der Prozesskostenhilfe beigeordnete oder nach § 57 oder § 58 der Zivilprozessordnung zum Prozesspfleger bestellte Rechtsanwalt erhält, soweit in diesem Abschnitt nichts anderes bestimmt ist, die gesetzliche Vergütung in Verfahren vor Gerichten des Bundes aus der Bundeskasse, in Verfahren vor Gerichten eines Landes aus der Landeskasse.

(2) Der Rechtsanwalt, der nach § 138 des Gesetzes über das Verfahren in Familiensachen und in den Angelegenheiten der freiwilligen Gerichtsbarkeit, auch in Verbindung mit § 270 des Gesetzes über das Verfahren in Familiensachen und in den Angelegenheiten der freiwilligen Gerichtsbarkeit, nach § 109 Absatz 3 oder § 119 a Absatz 6 des Strafvollzugsgesetzes beigeordnet oder nach § 67 a Abs. 1 Satz 2 der Verwaltungsgerichtsordnung bestellt ist, kann eine Vergütung aus der Landeskasse verlangen, wenn der zur Zahlung Verpflichtete (§ 39 oder § 40) mit der Zahlung der Vergütung im Verzug ist.

(3) [1]Ist der Rechtsanwalt sonst gerichtlich bestellt oder beigeordnet worden, erhält er die Vergütung aus der Landeskasse, wenn ein Gericht des Landes den Rechtsanwalt bestellt oder beigeordnet hat, im Übrigen aus der Bundeskasse. [2]Hat zuerst ein Gericht des Bundes und sodann ein Gericht des Landes den Rechtsanwalt bestellt oder beigeordnet, zahlt die Bundeskasse die Vergütung, die der Rechtsanwalt während der Dauer der Bestellung oder Beiordnung durch das Gericht des Bundes verdient hat, die Landeskasse die dem Rechtsanwalt darüber hinaus zustehende Vergütung. [3]Dies gilt entsprechend, wenn zuerst ein Gericht des Landes und sodann ein Gericht des Bundes den Rechtsanwalt bestellt oder beigeordnet hat.

(4) [1]Wenn der Verteidiger von der Stellung eines Wiederaufnahmeantrags abrät, hat er einen Anspruch gegen die Staatskasse nur dann, wenn er nach § 364 b Abs. 1 Satz 1 der Strafprozessordnung bestellt worden ist oder das Gericht die Feststellung nach § 364 b Abs. 1 Satz 2 der Strafprozessordnung getroffen hat. [2]Dies gilt auch im gerichtlichen Bußgeldverfahren (§ 85 Abs. 1 des Gesetzes über Ordnungswidrigkeiten).

(5) [1]Absatz 3 ist im Bußgeldverfahren vor der Verwaltungsbehörde entsprechend anzuwenden. [2]An die Stelle des Gerichts tritt die Verwaltungsbehörde.

I. Anwendungsbereich

1   **1. Erfasste Rechtsanwälte.** Von einem Gericht beigeordnete oder bestellte Rechtsanwälte erwerben mit der Beiordnung oder Bestellung einen Vergütungsanspruch gegenüber der Staatskasse. Der Anwendungsbereich des § 45 geht über die PKH/VKH hinaus, da er in Abs. 3 auch alle anderen Rechtsanwälte umfasst, die gerichtlich bestellt oder beigeordnet sind, so dass im Einzelnen erfasst sind:

- Beiordnungen im Rahmen von PKH oder VKH (§ 121 ZPO, § 78 FamFG), einschließlich solcher in den Fachgerichtsbarkeiten (§ 11 a ArbGG, § 142 FGO, § 73 a SGG, § 166 VwGO) und in Strafsachen (§§ 172 Abs. 3, 379 Abs. 3, 404 Abs. 5 StPO);
- zum Prozesspfleger bestellte Rechtsanwälte (§§ 57, 58 ZPO, ggf iVm § 9 Abs. 5 FamFG);
- Pflichtverteidiger;
- Beiordnungen im Insolvenzverfahren (§§ 4, 4 a InsO);
- nach § 142 FGO beigeordnete Steuerberater, Steuerbevollmächtigte, Wirtschaftsprüfer oder vereidigte Buchprüfer;
- Beiordnungen bzw Bestellungen nach § 138 FamFG, § 67 a Abs. 1 VwGO – mit der Einschränkung des Abs. 2;
- Beiordnung von Rechtsanwälten nach § 109 Abs. 3 oder § 119 a Abs. 6 StVollzG – mit der Einschränkung des Abs. 2;
- durch die Staatsanwaltschaft beigeordnete Zeugenbeistände (vgl § 59 a).

2   **2. Sozietät.** Im Rahmen der PKH/VKH kann auch eine Sozietät beigeordnet werden.[1] Der Vergütungsanspruch steht dann der Sozietät, nicht einem einzelnen Anwalt zu. Wird ein konkreter Anwalt aus der Sozie-

---

102 AG Halle (Saale) AGS 2011, 300.   **103** Zur Nachliquidation OLG Köln 22.6.2011 – 17 W 69/11, BeckRS 2011, 17667. **1** BGH MDR 2009, 103.

tät zugeordnet, kann er die Vergütung auch geltend machen, wenn ein anderer Anwalt der Sozietät die Tätigkeiten ausführt, jedoch darf der Anspruch von der Sozietät insgesamt nur einmal geltend gemacht werden.[2]

3. Vertreter des Rechtsanwalts. Ein Vergütungsanspruch besteht auch dann, wenn die Tätigkeit nicht durch   3
den beigeordneten oder bestellten Rechtsanwalt selbst, sondern von einem in § 5 benannten Vertreter erfolgt,[3] so dass auch Assessoren und zur Ausbildung zugewiesene Referendare erfasst sind.[4] Auch die Erstattung der Terminsgebühr setzt deshalb nicht voraus, dass der beigeordnete Anwalt den Termin wahrgenommen hat.[5] Der Vergütungsanspruch gegen die Staatskasse kann jedoch nur vom beigeordneten Rechtsanwalt, nicht durch den Vertreter geltend gemacht werden.

4. Patentanwälte. Patentanwälte erlangen durch Beiordnung einen Vergütungsanspruch, jedoch muss für   4
bestimmte Verfahren auch das „Gesetz über die Beiordnung von Patentanwälten bei Prozeßkostenhilfe"[6]
beachtet werden. In den von § 1 dieses Gesetzes erfassten Verfahren sind nach § 2 des Gesetzes für die Erstattung der Vergütung des beigeordneten Patentanwalts die §§ 45 ff sinngemäß mit der Maßgabe anzuwenden, dass der Patentanwalt eine Gebühr mit einem 1,0-Gebührensatz und, wenn er eine mündliche Verhandlung oder einen Beweistermin wahrgenommen hat, eine Gebühr mit einem 2,0-Gebührensatz nach § 49 erhält. Reisekosten für die Wahrnehmung einer mündlichen Verhandlung oder eines Beweistermins werden nur ersetzt, wenn das Prozessgericht vor dem Termin die Teilnahme des Patentanwalts für geboten erklärt hat.

5. Rechtsbeistände. Rechtsbeistände können nicht im Rahmen von PKH oder VKH beigeordnet werden, so   5
dass sie auch keinen Vergütungsanspruch nach § 45 besitzen. Ein solcher entsteht auch dann nicht, wenn sich ein beigeordneter oder bestellter Rechtsanwalt (Abs. 1, 3) durch einen Rechtsbeistand vertreten lässt.[7] Hat das Gericht aber irrtümlich einen Rechtsbeistand beigeordnet oder bestellt, erhält dieser dieselbe Vergütung wie ein beigeordneter Rechtsanwalt, da die Wirksamkeit der Beiordnung im Verfahren nach § 55 nicht überprüft werden darf. Anders aber, wenn der Rechtsbeistand wegen bestehenden Anwaltszwangs erkennen musste, dass er nicht postulationsfähig ist.[8]

6. Fehlender Vergütungsanspruch. Keinen Anspruch auf Vergütung nach § 45 aus der Staatskasse haben   6
Verfahrenspfleger (§§ 276, 317, 419 FamFG) und **Verfahrensbeistände** (§§ 158, 167, 174, 191 FamFG); sie können jedoch Ansprüche gegen die Staatskasse aufgrund anderer Vorschriften besitzen (vgl § 158 Abs. 7 S. 5, § 277 Abs. 5 S. 1 FamFG). Ferner nach § 78 b ZPO bestelle **Notanwälte**, da auch Abs. 3 nicht für sie gilt.[9]

II. Begründung des Vergütungsanspruchs

1. Beiordnung als PKH- oder VKH-Anwalt. a) Allgemeines. Die Zahlung einer Vergütung aus der Staats-   7
kasse setzt neben der Tätigkeit für die vertretene Partei voraus, dass Beiordnung oder Bestellung durch das Gericht erfolgt ist und eine Auftragserteilung durch die vertretene Partei vorliegt.

b) Beiordnung. Es muss eine **wirksame** Beiordnung oder Bestellung erfolgt sein. Die Beiordnung des PKH-   8
oder VKH-Anwalts erfolgt durch Beschluss, sie ist für jeden (Kosten-)Rechtszug (vgl § 119 ZPO) gesondert auszusprechen. Wirksamkeit tritt für den beigeordneten Anwalt ein, wenn die Beiordnung diesem schriftlich oder mündlich zugeht.[10] Die Beiordnung bewirkt ein **öffentlich-rechtliches Schuldverhältnis** zwischen beigeordneten Rechtsanwalt und der Staatskasse, jedoch nur im Umfang der Beiordnung (§ 48 Abs. 1), so dass auch Tätigkeiten, die vor der Beiordnung ausgeführt werden, keinen Vergütungsanspruch herbeiführen; in Angelegenheiten nach den Teilen 4–6 VV ist jedoch § 48 Abs. 6 zu beachten. Maßgeblich ist die Urschrift des Beiordnungsbeschlusses, auf fehlerhafte Ausfertigungen kommt es nicht an; jedoch besteht ein Vergütungsanspruch dann, wenn der Anwalt auf die Richtigkeit der Ausfertigung vertrauen konnte.[11] Die Beiordnung umfasst die Tätigkeit als Prozessbevollmächtigter für die gesamte Instanz.[12]

c) Auftrag der Partei. Allein durch die Beiordnung wird jedoch noch kein Vergütungsanspruch begründet,   9
so dass der PKH- oder VKH-Anwalt zusätzlich auch der **Mandatierung durch die Partei** bedarf, die auch stillschweigend erfolgen kann.[13] Der notwendige Geschäftsbesorgungsvertrag kommt spätestens zustande, wenn der Anwalt im Einverständnis mit der vertretenen Partei tätig wird.[14] Die Auftragsteilung vor Beiordnung ist ausreichend, auch wenn sie unter der Bedingung der erfolgten Beiordnung erfolgt ist. Ein Nachweis über den erteilten Auftrag muss im Regelfall nicht vorgelegt werden.[15] Wird dem Anwalt

---

2 OLG Naumburg AGS 2010, 32. **3** OLG Köln JurBüro 1995, 202. **4** OLG Düsseldorf MDR 1978, 1031. **5** OLG Brandenburg AGS 2008, 194. **6** BGBl. 1966 I 557, 585, zul. geänd. d. G v. 10.10.2013 (BGBl. I 3799). **7** OLG Düsseldorf JurBüro 1985, 1496. **8** Gerold/Schmidt/*Müller-Rabe*, § 45 Rn 23. **9** Zöller/*Vollkommer*, ZPO, § 78 b Rn 10. **10** Riedel/Sußbauer/*Schneider*, § 45 Rn 16. **11** Gerold/Schmidt/*Müller-Rabe*, § 45 Rn 19. **12** Zöller/*Geimer*, ZPO, § 121 Rn 27. **13** OLG Frankfurt EzFamR aktuell 2001, 348; KG JurBüro 1985, 404. **14** BGH MDR 2005, 435. **15** Gerold/Schmidt/*Müller-Rabe*, § 45 Rn 30.

PKH/VKH bewilligt und er sich selbst beigeordnet, kann er zwar mit sich selbst keinen Mandatsvertrag schließen, jedoch wird gleichwohl ein Vergütungsanspruch begründet, weil die Berechtigung der Beiordnung im Festsetzungsverfahren nach § 55 nicht zu überprüfen ist.[16] Werden im Rahmen der Geschäftsführung ohne Auftrag unaufschiebbare Handlungen durchgeführt, können diese einen Vergütungsanspruch herbeiführen.[17] Gleiches gilt für Fälle der ungerechtfertigten Bereicherung, wenn die anwaltliche Tätigkeit zur Verbesserung der Vermögenslage der vertretenen Partei geführt hat.[18]

10   **2. Prozesspfleger.** Der Prozesspfleger wird nach §§ 57, 58 ZPO durch Beschluss bestellt. Er erlangt mit der Bestellung einen Vergütungsanspruch aus der Landeskasse (Abs. 1), s. § 41. Ein Vorschuss kann nicht vom Beklagten verlangt werden (§ 41 S. 2), wohl aber von der Landeskasse nach § 47 Abs. 1.[19]

11   **3. Beiordnung und Bestellung in den Fällen der §§ 39, 40.** Erfolgt die Beiordnung oder Bestellung des Anwalts nach § 138 FamFG, ggf iVm § 270 FamFG, oder nach § 67 a Abs. 1 S. 2 VwGO, § 109 Abs. 3 bzw § 119 a Abs. 6 StVollzG, erlangt der Anwalt einen Vergütungsanspruch gegenüber der Staatskasse nur dann, wenn sich der nach §§ 39, 40 zur Zahlung Verpflichtete in Zahlungsverzug befindet (→ § 39 Rn 11, § 40 Rn 11). Auch ein Vorschuss kann nur unter dieser Voraussetzung gewährt werden (§ 47 Abs. 1 S. 2).

12   **4. Pflichtverteidiger.** Die nach § 141 StPO erfolgte Bestellung durch das Gericht begründet den Vergütungsanspruch. Sie bedarf keiner ausdrücklichen Entscheidung oder Erklärung. Schlüssiges Verhalten des Vorsitzenden genügt,[20] wenn es unter Beachtung der sonstigen maßgeblichen Umstände zweifelsfrei eine solche Schlussfolgerung rechtfertigt.[21] Erfolgt eine Beiordnung nach § 109 Abs. 3 StVollzG oder nach § 119 a Abs. 6 StVollzG, gilt **Abs. 2**, so dass der beigeordnete Anwalt eine Vergütung aus der Landeskasse nur verlangen kann, wenn sich der nach § 39 Abs. 2 zur Zahlung verpflichtete in Zahlungsverzug befindet.

III. Höhe des Vergütungsanspruchs

13   Der beigeordnete oder bestellte Rechtsanwalt erhält nach Abs. 1 aus der Staatskasse nur die gesetzliche Vergütung. Gleiches gilt für die von Abs. 2, 3 und 5 umfassten Rechtsanwälte. Hierzu gehören die im Vergütungsverzeichnis aufgeführten Gebühren in ihrer dort bezeichneten Höhe, jedoch ist bei Wertgebühren die Vorschrift des § 49 zu beachten. Weiter sind im Rahmen des § 46 Auslagen zu erstatten. Darüber hinaus haftet die Staatskasse jedoch nicht, so dass vereinbarte Vergütungen nicht erfasst sind, soweit sie die gesetzliche Vergütung übersteigen.

IV. Staatskasse als Schuldner

14   **1. Unmittelbare Geltendmachung.** Besteht ein Anspruch nach § 45, kann der Rechtsanwalt die Vergütung **unmittelbar gegen die Staatskasse** geltend machen. Er muss sich nicht auf andere Möglichkeiten (zB § 126 ZPO) verweisen lassen, so dass ihm auch das Wahlrecht zusteht, ob er die Vergütung gegen die Staatskasse oder gegen einen ggf vorhandenen erstattungspflichtigen Gegner geltend macht. Hat die Staatskasse bereits eine Vergütung an den Rechtsanwalt gezahlt, geht auch der Erstattungsanspruch nach § 126 ZPO in Höhe der Zahlung auf die Staatskasse über (§ 59), wenn eine Kostengrundentscheidung gegen den Gegner ergangen ist.

15   Zu beachten ist ferner, dass durch Beiordnung und Mandatserteilung zwei Verhältnisse entstehen, die von einander zu trennen sind. Die Beiordnung schafft einen öffentlich-rechtlichen Anspruch, während durch die Auftragserteilung durch die Partei ein privates Vertragsverhältnis zwischen ihr und dem Anwalt entsteht. Letzteres wird durch die Beiordnung nicht aufgehoben, jedoch kann der Anwalt wegen § 122 Abs. 1 Nr. 3 ZPO den Vergütungsanspruch gegen die PKH/VKH-Partei, für die er beigeordnet ist, nicht geltend machen, solange die PKH/VKH nicht aufgehoben ist. Erst nach Aufhebung kann er die Vergütung einfordern, zB durch Festsetzungsantrag nach § 11.

16   **2. Vergütungsschuldner.** Abs. 1, 3 bestimmen zugleich, wer Vergütungsschuldner ist. Danach ist die Vergütung aus der Landeskasse zu zahlen, wenn Beiordnung oder Bestellung durch ein Gericht eines Landes erfolgt. In den übrigen Fällen haftet die Bundeskasse. In den Fällen der Verweisung an ein anderes Gericht regelt Abschn. I der Vereinbarung über den Ausgleich von Kosten die Zuständigkeit, ein Kostenausgleich zwischen den Ländern findet nicht statt (Abschn. IV Nr. 2 der Vereinbarung).

17   **3. Fälligkeit.** Die Vergütung muss fällig sein, hierfür gilt § 8 Abs. 1. Es kann jedoch nach § 47 ein Vorschuss verlangt werden. Werden Beiordnung oder PKH/VKH-Bewilligung aufgehoben, wird die Vergütung spätestens mit Wirksamwerden der Aufhebung fällig.

---

16 KG MDR 2009, 1363. **17** KG JurBüro 1985, 404. **18** Gerold/Schmidt/*Müller-Rabe*, § 45 Rn 37. **19** Hartung/Schons/Enders/ *Hartung*, § 41 Rn 15, § 47 Rn 7. **20** OLG Hamm Rpfleger 1998, 440. **21** OLG Koblenz NStZ-RR 1997, 384.

NK-GK/*H. Schneider*

4. Verjährung. Für Vergütungsansprüche nach §§ 45 ff gelten dieselben Verjährungsbestimmungen wie für Ansprüche gegen den Mandanten, so dass die Verjährungsfrist gem. § 195 BGB **drei Jahre** beträgt.[22] Sie beginnt mit Ablauf des Jahres, in dem die Vergütung fällig geworden ist,[23] § 8 Abs. 2 ist anzuwenden. Bei der Festsetzung ist Nr. 1.2.2 FestsetzungsAV zu beachten. Danach hat der Urkundsbeamte der Geschäftsstelle, wenn Verjährung eingetreten sein kann, die Akten dem Vertreter der Staatskasse vorzulegen. Dieser hat zu prüfen, ob **Verjährungseinrede** erhoben werden soll. Vor Erhebung ist jedoch die Einwilligung des unmittelbar vorgesetzten Präsidenten einzuholen (Nr. 1.4.4 FestsetzungsAV). Im Rahmen dieser Verwaltungsvorschrift kann die Verjährungseinrede **rechtsmissbräuchlich** sein, wenn der Vergütungsanspruch zweifelsfrei begründet ist und entweder die Verjährungsfrist erst verhältnismäßig kurze Zeit abgelaufen ist oder der Anwalt aus verständlichen Gründen (zB Rechtsmittel, Parallelverfahren, längeres Ruhen des Verfahrens, Tod des Anwalts) mit der Geltendmachung abgewartet hat.[24] | 18

5. Rückzahlung. Ist die Vergütung **zu hoch** festgesetzt, kann die Staatskasse **Rückforderung der zuviel gezahlten Beträge** verlangen. Für die Einziehung und Beitreibung gilt die JBeitrO (§ 1 Nr. 8 JBeitrO). Die Rückforderung setzt jedoch eine Abänderung der nach § 55 vorgenommenen Festsetzung des Urkundsbeamten der Geschäftsstelle voraus, die nur aufgrund Erinnerung oder Beschwerde (§ 56) ergehen kann.[25] Die Erinnerung ist anders als die Beschwerde nicht fristgebunden, jedoch kann Rückforderung nicht mehr verlangt werden, wenn diese so lange verzögert wird, dass die Kostenabwicklung abgeschlossen ist und alle Beteiligten auf den Bestand der Vergütung vertraut haben.[26] Dabei kann in entsprechender Anwendung von § 20 Abs. 1 GKG von einer **Verwirkung** mit Ablauf des auf die Festsetzung folgenden Kalenderjahres ausgegangen werden,[27] wenn neben bloßem Zeitablauf keine Umstände vorliegen, nach denen der Anwalt mit der Änderung der Festsetzung rechnen musste.[28] | 19

V. Abtretung und Pfändung der Vergütung

1. Abtretung. Der beigeordnete oder bestellte Rechtsanwalt kann seinen Vergütungsanspruch abtreten, jedoch ist § 49 b Abs. 4 BRAO zu beachten, der auch für solche Ansprüche gilt.[29] Danach ist Abtretung oder Übertragung ihrer Einziehung an Rechtsanwälte oder rechtsanwaltliche Berufsausübungsgemeinschaften (§ 59 a BRAO) zulässig. Im Übrigen aber nur, wenn eine ausdrückliche, schriftliche Einwilligung des Mandanten vorliegt oder die Forderung rechtskräftig festgestellt ist. Vor Einwilligung ist der Mandant über die Informationspflicht des Rechtsanwalts gegenüber dem neuen Gläubiger oder Einziehungsermächtigten aufzuklären. Da §§ 409, 410 BGB auch für Ansprüche nach § 45 gelten, braucht die Staatskasse dem neuen Gläubiger gegenüber nur zu leisten gegen Aushändigung einer vom bisherigen Gläubiger über die Abtretung ausgestellten Urkunde oder wenn der bisherige Gläubiger ihr die Abtretung schriftlich angezeigt hat.[30] Dem Rechtsnachfolger steht auch ein Erinnerungs- oder Beschwerderecht (§ 56) zu.[31] | 20

2. Pfändung. Der Vergütungsanspruch gegen die Staatskasse kann nur im Rahmen des § 49 b Abs. 4 BRAO gepfändet werden, weil nur insoweit eine Übertragbarkeit (§ 851 ZPO) vorliegt. Soweit eine Pfändung erfolgen kann, ist sie zulässig, sobald der Anwalt bestellt oder beigeordnet ist.[32] Zur Bestimmtheit der Forderung genügt es, wenn das beiordnende und anweisende Gericht bestimmt ist. Die Angabe der konkreten Beiordnung (Rechtsstreit und Aktenzeichen) ist nicht erforderlich. | 21

VI. Abraten von Stellung des Wiederaufnahmeantrags (Abs. 4)

Für die Tätigkeit wegen der Stellung des Wiederaufnahmeantrags in Strafsachen, einschließlich der Prüfung der Erfolgsaussicht eines solchen Verfahrens, besteht ein Vergütungsanspruch gegen die Staatskasse nur unter den Voraussetzungen des **Abs. 4 S. 1.** Danach muss der Anwalt dem Verurteilten bereits für die Vorbereitung des Wiederaufnahmeverfahrens beigeordnet sein (§ 364 b Abs. 1 S. 1 StPO) oder das Gericht eine Feststellung nach § 364 b Abs. 1 S. 2 StPO getroffen haben. In diesen Fällen erhält der Anwalt eine Vergütung auch dann aus der Staatskasse, wenn er dem Verurteilten von der Stellung des Wiederaufnahmeantrags abrät. Er kann dann eine Gebühr nach Nr. 4136 VV verlangen. Für die Auslagenerstattung gilt § 46 Abs. 3. | 22

Abs. 4 S. 1 gilt auch, wenn Wiederaufnahmeanträge nach § 85 Abs. 1 OWiG in gerichtlichen Bußgeldverfahren gestellt werden (**Abs. 4 S. 2**). | 23

---

22 OLG Düsseldorf MDR 2008, 947. **23** OLG Celle JurBüro 1983, 699. **24** OLG Düsseldorf MDR 2008, 947. **25** OLG Bremen AGS 2007, 207. **26** OLG Brandenburg JurBüro 2010, 307. **27** OLG Brandenburg JurBüro 2010, 307; OLG Saarbrücken OLGR 1999, 199; OLG Düsseldorf NJW-RR 1996, 441. **28** OLG Schleswig FamRZ 2009, 451. **29** OLG Düsseldorf FamRZ 2009, 1179; OLG Hamm MDR 2008, 654. **30** OLG Düsseldorf MDR 2009, 1074. **31** OLG Düsseldorf MDR 1997, 1071. **32** LG Nürnberg-Fürth Rpfleger 1998, 118.

VII. Bußgeldverfahren vor der Verwaltungsbehörde (Abs. 5)

24   Abs. 3 gilt entsprechend, wenn der Rechtsanwalt in einem Bußgeldverfahren vor der Verwaltungsbehörde beigeordnet wird (Abs. 5). Er erlangt somit einen öffentlich-rechtlichen Vergütungsanspruch, und zwar zwischen ihm und der Körperschaft, welcher die Behörde angehört,[33] und kann aus der Staatskasse die gesetzliche Vergütung verlangen, welche Gebühren nach Teil 5 VV und Auslagen (§ 46) umfasst. Die Zahlung erfolgt aus der Landeskasse, wenn Beiordnung oder Bestellung durch eine Verwaltungsbehörde des Landes erfolgen, andernfalls aus der Bundeskasse.

25   Die Beiordnung oder Bestellung muss tatsächlich in einem Bußgeldverfahren erfolgen, das von der Verwaltungsbehörde zu bearbeiten ist. Erfolgt sie in einem von der Staatsanwaltschaft zu bearbeitenden Verfahren, liegt eine Strafsache vor, für die Abs. 3 gilt. Hat die Polizei ermittelt, kommt es darauf an, ob das Verfahren an die Staatsanwaltschaft oder die Verwaltungsbehörde abgegeben wird.[34]

26   Die an den Rechtsanwalt gezahlten Beträge gehören nach § 107 Abs. 3 Nr. 7 OWiG zu den Auslagen des Verfahrens.

§ 46 Auslagen und Aufwendungen

(1) Auslagen, insbesondere Reisekosten, werden nicht vergütet, wenn sie zur sachgemäßen Durchführung der Angelegenheit nicht erforderlich waren.

(2) [1]Wenn das Gericht des Rechtszugs auf Antrag des Rechtsanwalts vor Antritt der Reise feststellt, dass eine Reise erforderlich ist, ist diese Feststellung für das Festsetzungsverfahren (§ 55) bindend. [2]Im Bußgeldverfahren vor der Verwaltungsbehörde tritt an die Stelle des Gerichts die Verwaltungsbehörde. [3]Für Aufwendungen (§ 670 des Bürgerlichen Gesetzbuchs) gelten Absatz 1 und die Sätze 1 und 2 entsprechend; die Höhe zu ersetzender Kosten für die Zuziehung eines Dolmetschers oder Übersetzers ist auf die nach dem Justizvergütungs- und -entschädigungsgesetz zu zahlenden Beträge beschränkt.

(3) [1]Auslagen, die durch Nachforschungen zur Vorbereitung eines Wiederaufnahmeverfahrens entstehen, für das die Vorschriften der Strafprozessordnung gelten, werden nur vergütet, wenn der Rechtsanwalt nach § 364 b Abs. 1 Satz 1 der Strafprozessordnung bestellt worden ist oder wenn das Gericht die Feststellung nach § 364 b Abs. 1 Satz 2 der Strafprozessordnung getroffen hat. [2]Dies gilt auch im gerichtlichen Bußgeldverfahren (§ 85 Abs. 1 des Gesetzes über Ordnungswidrigkeiten).

I. Allgemeines

1   **1. Regelungszweck.** Der beigeordnete oder bestellte Anwalt erhält im Umfang der Beiordnung seine Vergütung aus der Staatskasse. Sie umfasst Gebühren und Auslagen (§ 1 Abs. 1 S. 1). § 46 stellt klar, dass auch Auslagen aus der Staatskasse zu vergüten sind, wenn keine Ausnahmeregelung besteht.

2   **2. Begriff.** Abs. 1 erfasst sämtliche Auslagen nach Nr. 7000 ff VV, zu denen auch der Ersatz sonstiger Aufwendungen (§ 675 iVm § 670 BGB) gehört, zB Zahlungen an Dolmetscher oder Übersetzer. Aus der Staatskasse werden jedoch nur solche Auslagen vergütet, die nach Beiordnung oder Bestellung entstanden sind. Die Auslagen müssen zudem zur Interessenwahrung der Partei erforderlich sein.[1] Erstattet werden nur tatsächliche Auslagen, keine fiktiven oder ersparten Kosten.

3   **3. Anwendungsbereich.** § 46 gilt für sämtliche bestellte und beigeordnete Anwälte, für die ein Vergütungsanspruch gegenüber der Staatskasse besteht, so dass neben PKH/VKH-Anwälten auch Pflichtverteidiger und die in den Fachgerichtsbarkeiten beigeordneten oder bestellten Rechtsanwälte oder sonstigen Personen Anspruch auf Auslagenersatz haben. Anzuwenden ist § 46 auch für die Beratungshilfe. Es muss sich aber um Auslagen des Rechtsanwalts handeln, so dass Parteiauslagen nicht über § 46 aus der Staatskasse zu erstatten sind.

II. Erforderlichkeit

4   **1. Allgemeines.** Abs. 1 schränkt die Erstattung der Auslagen insoweit ein, als dass sie nur erfolgt, wenn die Auslagen **für die sachgemäße Durchführung der Angelegenheit erforderlich** waren. Dabei sind alle Umstände des Einzelfalls zu würdigen, wobei auch zu berücksichtigen ist, ob eine vermögende Partei die Aufwendungen in gleicher Weise vorgenommen hätte. Die Erforderlichkeit kann auf Antrag durch das Gericht festgestellt werden (Abs. 2 S. 1) und bindet im Verfahren nach § 55. Ist eine solche Feststellung nicht erfolgt, hat der Urkundsbeamte der Geschäftsstelle im Festsetzungsverfahren die Erforderlichkeit zu prüfen. Ist sie

---

[33] AnwK-RVG/*Fölsch*, § 45 Rn 25.   **34** Riedel/Sußbauer/*Schneider*, § 45 Rn 89.   **1** OLG Schleswig SchlHA 1998, 318.

     NK-GK/*H. Schneider*

nicht gegeben, besteht kein Erstattungsanspruch. Obwohl dem Rechtsanwalt ein Ermessensspielraum zusteht, hat er die Grundsätze der sparsamen Prozessführung zu beachten, was aber nicht dazu führen darf, dass ein mittelloser Beteiligter schlechter gestellt wird als ein bemittelter Beteiligter.

2. Beweislast. Aus der negativen Fassung des Abs. 1 folgt, dass die Beweislast für die Frage, ob Auslagen **5** zur sachgemäßen Wahrnehmung der Interessen der Partei erforderlich waren, bei der **Staatskasse** liegt. Im Zweifel ist die Notwendigkeit anzuerkennen. Es ist auch nicht Aufgabe des Urkundsbeamten der Geschäftsstelle oder des über eine Erinnerung entscheidenden Gerichts, seine eigene Auffassung an die Stelle der Meinung des Rechtsanwalts zu setzen.[2]

3. Bewertungszeitpunkt. Maßgeblich für die Erforderlichkeit ist der Zeitpunkt der Entstehung der Ausla- **6** gen, so dass der Entstehungs-, nicht der spätere Festsetzungszeitpunkt maßgebend ist.[3]

4. Umfang der Beiordnung. Auslagen werden nur erstattet, wenn sie für solche Verfahrensgegenstände ent- **7** standen sind, die von der Beiordnung oder Bestellung erfasst sind. Ist nur Teilbewilligung von PKH/VKH erfolgt, ist zu prüfen, ob sich die Auslagen dem nicht von der Bewilligung erfassten Verfahrensteil eindeutig zuordnen lassen, weil dann keine Erstattung aus der Staatskasse erfolgt. Lassen sich die Auslagen nicht eindeutig zuordnen, kann wie bei den gerichtlichen Auslagen im Verhältnis der Werte zueinander aufgeteilt werden. Im Übrigen gilt, dass eine Erstattung aus der Staatskasse nur für solche Auslagen erfolgt, die **nach** Wirksamwerden der Beiordnung oder Bestellung entstanden sind, was auch für Pflichtverteidiger gilt.[4] Etwas anders gilt aber dann, wenn die Kosten notwendigerweise auch nach danach entstanden wären.[5]

5. Reisekosten. a) Umfang. Reisekosten sind als Auslagen zu erstatten, wenn auch der Wahlanwalt solche **8** nach Nr. 7000 ff VV geltend machen könnte. Es muss daher stets eine Geschäftsreise iSd Vorbem. 7 Abs. 2 VV vorliegen, so dass sich das Reiseziel außerhalb der Gemeinde befinden muss, in der sich Kanzlei oder Wohnung des Anwalts befinden. Zu erstatten sind die Fahrtkosten (Nr. 7003, 7004 VV), Tage- und Abwesenheitsgelder (Nr. 7005 VV) und sonstige angemessene bare Auslagen, die aufgrund der Geschäftsreise entstanden sind (Nr. 7006 VV), zB Parkgebühren, notwendige Übernachtungskosten.

b) Beschränkungen nach § 121 Abs. 3 ZPO. Einschränkungen können sich aus dem Verfahrensrecht erge- **9** ben. So kann nach § 121 Abs. 3 ZPO, § 78 Abs. 3 FamFG ein nicht in dem Bezirk des Prozessgerichts niedergelassener Rechtsanwalt nur beigeordnet werden, wenn dadurch weitere Kosten nicht entstehen. Da sich der Umfang der Vergütung aus dem Beiordnungsbeschluss ergibt, sind die Reisekosten zu erstatten, wenn die Beiordnung ohne Einschränkungen iSd § 121 Abs. 3 ZPO, § 78 Abs. 3 FamFG erfolgt ist.[6] Hat das Gericht keine Beiordnung zu den Bedingungen eines ortsansässigen Anwalts ausgesprochen, ist auch der Urkundsbeamte der Geschäftsstelle im Festsetzungsverfahren gebunden.[7] Die uneingeschränkte Beiordnung bedeutet jedoch nur, dass Reisekosten dem Grunde nach zu erstatten sind, während die Frage, ob sie im konkreten Fall erforderlich oder der Höhe nach zu vergüten sind, nur im Festsetzungsverfahren nach § 55 zu klären ist.[8] Als nicht erforderlich sind insb. Reisen zur Beschaffung von Informationen und Unterlagen anzusehen, weil es sich dabei um Aufgaben der Partei handelt,[9] wenn nicht Unzumutbarkeit oder besondere Umstände (zB Krankheit) vorliegen. War die Beiordnung zu den Bedingungen eines ortsansässigen Anwalts erfolgt, können Reisekosten aus Anlass der Wahrnehmung von Gerichtsterminen nicht erstattet werden.

Ist der auswärtige Rechtsanwalt ohne Einschränkungen beigeordnet, kann er mit der Terminswahrneh- **10** mung auch einen am Gerichtsort ansässigen **Unterbevollmächtigten** beauftragen. Dieser hat zwar aufgrund fehlender Beiordnung keinen eigenen Vergütungsanspruch gegenüber der Staatskasse, jedoch sind diese Kosten im Umfang der ersparten Reisekosten für den beigeordneten Anwalt nach § 46 grds. erstattungsfähig.[10]

c) Pflichtverteidiger. Wird nach § 142 Abs. 1 S. 2 StPO ein ortsansässiger Rechtsanwalt zum Pflichtvertei- **11** diger bestellt, sind ihm entstehende Reisekosten zu erstatten, wenn diese zur sachgemäßen Erledigung erforderlich waren. In Betracht kommen insb. Kosten zur Wahrnehmung von Gerichts- oder Vernehmungsterminen oder Informationsreisen zum Mandanten in der JVA. Dabei sind auch dem neben einem Wahlverteidiger bestellten Pflichtverteidiger angemessene Besuchskosten in der JVA zuzubilligen.[11] Wegen der Erforderlichkeit ist auf den Zeitpunkt der Entstehung der Auslagen abzustellen[12] und ferner darauf, ob auch ein verständiger nicht mittelloser Beschuldigter oder Angeklagter die Auslagen in gleicher Situation veranlasst

2 BT-Drucks 15/1971, S. 200. **3** OLG Dresden StRR 2011, 362; OLG Stuttgart MDR 2008, 948. **4** OLG Koblenz Rpfleger 1989, 343; OLG Stuttgart Justiz 1989, 205; OLG Zweibrücken JurBüro 1983, 1203. **5** Gerold/Schmidt/*Müller-Rabe*, § 46 Rn 85; Mayer/Kroiß/*Ebert*, § 46 Rn 17. **6** BGH NJW 2006, 3783; KG MDR 2011, 327; OLG Brandenburg MDR 2009, 175; OLG Stuttgart MDR 2008, 948; OLG Nürnberg MDR 2008, 112; OLG Celle MDR 2007, 865; OLG Rostock FamRZ 2001, 510. **7** OLG Düsseldorf AGS 2014, 196. **8** OLG Stuttgart MDR 2008, 948. **9** Mayer/Kroiß/*Ebert*, § 46 Rn 64. **10** OLG Stuttgart MDR 2008, 948; KG Rpfleger 2005, 200. **11** OLG Zweibrücken StRR 2012, 399. **12** KG StRR 2008, 398.

hätte.[13] Die Beweislast trägt die Staatskasse.[14] Ist der Pflichtverteidiger unzulässigerweise zu den Bedingungen eines ortsansässigen Anwalts bestellt, kann er gleichwohl die Erstattung von Reisekosten verlangen.[15] Der Pflichtverteidiger kann aber sein Einverständnis mit einer solchen Bestellung erklären. Sie bewirkt den wirksamen Verzicht auf Erstattung der Reisekosten, kann aber jederzeit mit Wirkung für die Zukunft, nicht für bereits entstandene Kosten, widerrufen werden.[16]

6. Sonstige Auslagen (Einzelfälle A–Z)

12   ■   **Dokumentenpauschale.** Sie ist nur nach Maßgabe der Nr. 7000 VV zu vergüten. Die Regelung der Nr. 7000 Nr. 1 Buchst. b VV, wonach Kopien der für Zustellungen erforderlichen Mehrfertigungen bis zu 100 Blatt ohne Erstattung zu fertigen sind, gilt auch im Rahmen des § 46.[17] Kosten für **Kopien aus Gerichtsakten** sind nur erstattungsfähig, wenn sie zur sachgemäßen Durchführung erforderlich waren. Zählen die Kopiekosten aber zu den Allgemeinkosten, etwa weil sie nur aus Gründen der Arbeitserleichterung gefertigt werden, sind sie nicht erstattungsfähig.[18] Kopien von amtlichen Auskünften zum Zwecke der Information der Partei sind hingegen zu erstatten, wenn sie erforderlich und zweckmäßig waren.[19] Auch die für den **Ausdruck von elektronischen Akten** entstehende Dokumentenpauschale ist von Nr. 7000 VV erfasst, jedoch besteht kein pauschaler Anspruch auf Ausdruck der gesamten Akte,[20] sondern nur, soweit ein Ausdruck notwendig war. Es ist dem Verteidiger daher zuzumuten, die elektronische Akte zunächst danach zu sichten, welche Bestandteile als Papierausdruck benötigt werden.[21] Keine Notwendigkeit liegt vor, wenn der Ausdruck nur erfolgt, um die Dokumente in der Handakte leichter auffinden zu können.[22]

Auch in **Strafsachen** ist dem Verteidiger ein Ermessensspielraum zuzubilligen, welche Aktenbestandteile er für die sachgerechte Verteidigung erforderlich hält.[23] Die Vergütung ist danach nur zu versagen, wenn feststeht, dass die Kopien nicht erforderlich waren, wobei Zweifel zu Lasten der Staatskasse gehen.[24] Dabei kann im Einzelfall über die anwaltliche Versicherung hinaus weitere Glaubhaftmachung verlangt werden.[25] Als nicht erforderlich anzusehen sind aber insb. Ablichtungen von Leerblättern oder von in den Akten befindlichen Mehrfachausfertigungen von Verfügungen, Entscheidungen oder Schriftsätzen. Jedoch ist dem Verteidiger auch hier nicht zuzumuten, jedes einzelne Blatt durchzusehen, so dass er im Rahmen grober Sichtung der Akten die Bestandteile aussondern kann, deren Kenntnis mit Sicherheit für die Verteidigung keine Bedeutung haben. Fallen trotz einer solchen Prüfung im Einzelfall unnötige Ablichtungen an und ist deren Anteil an den Gesamtkopien gering, sind die hierfür entstehenden Kopiekosten kaum zu vermeiden und deshalb erstattungsfähig.[26] Ein zur Verfahrenssicherung bestellter weiterer Pflichtverteidiger muss sich nicht auf vom „Erstverteidiger" gefertigte Ablichtungen verweisen lassen.[27]

In **Beratungshilfesachen** sind nur solche Kopien zu erstatten, die der Anwalt zur sachgerechten Erledigung benötigt, so dass er nicht aus zeitlichen Erwägungen die gesamte Akte oder solche Schriftstücke ablichten darf, die für die Sachbearbeitung ohne Belang sind.[28] Dabei ist bei der Beurteilung auf die Sicht abzustellen, die ein sorgfältiger und sachkundiger Rechtsanwalt walten lässt.[29]

13   ■   **Dolmetscher.** Ist seine Hinzuziehung im Verhältnis zwischen Anwalt und Mandanten zur sachgemäßen Durchführung des gerichtlichen Verfahrens erforderlich, sind die Kosten nach § 46 zu erstatten.[30] In **Strafsachen** ist Art. 6 Abs. 3 lit. e EMRK zu beachten, wonach ein der deutschen Sprache nicht mächtiger Angeklagter, unabhängig von seiner finanziellen Lage, für das gesamte Strafverfahren, einschl. vorbereitender Gespräche mit einem Verteidiger, einen Anspruch auf unentgeltliche Zuziehung eines Dolmetschers besitzt.[31] Wird ein solcher vom Verteidiger zu Gesprächen hinzugezogen, besitzt der Dolmetscher keinen Vergütungsanspruch gegenüber der Staatskasse, er muss sich an den Anwalt als Auftraggeber halten.[32] Da es sich um Aufwendungen nach § 670 BGB handelt, sind sie nach § 46 zu erstatten,[33] jedoch ist die Erstattung ihrer Höhe nach auf die gesetzliche Vergütung des JVEG beschränkt (**Abs. 2 S. 3 Hs 2**). Es gelten daher § 9 Abs. 3 JVEG und wegen der Auslagen § 8 iVm §§ 5–7, 12 JVEG.

Auch in **Beratungshilfesachen** kann eine Erstattung von Dolmetscherkosten in Betracht kommen.[34]

---

13 OLG Brandenburg AGS 2007, 400. **14** OLG Düsseldorf StRR 2008, 399; OLG Brandenburg StRR 2014, 264. **15** OLG Zweibrücken NStZ-RR 1997, 287; OLG Braunschweig AnwBl 1983, 570; OLG Hamm AnwBl 1982, 214. **16** OLG Zweibrücken NStZ-RR 1997, 287. **17** LG Koblenz NJW-RR 2002, 134. **18** OLG Celle NdsRpfl 2001, 270. **19** OLG Bamberg JurBüro 1988, 745. **20** OLG Düsseldorf NStZ-RR 2015, 64. **21** OLG Rostock JurBüro 2015, 22. **22** OLG München RVGreport 2015, 106. **23** LG Aachen AGS 2014, 429. **24** OLG Düsseldorf Rpfleger 2002, 224; LG Oldenburg StV 1988, 75. **25** OLG Köln NStZ-RR 2014, 64. **26** OLG Düsseldorf StV 1984, 193. **27** OLG Köln StV 2010, 179. **28** LG Detmold 30.10.2010 – 3 T 260/10, juris. **29** VG Sigmaringen NVwZ-RR 2003, 910. **30** OLG Hamm FamRZ 2008, 1463. **31** BGH NJW 2001, 309. **32** OLG Düsseldorf NStZ 2011, 719. **33** OLG Hamm AGS 1999, 59; LG Düsseldorf RVGreport 2011, 358. **34** LG Bochum JurBüro 2002, 147; AG Meschede Rpfleger 1997, 119.

■ **Gerichtskosten.** Sie gehören zu den Aufwendungen und sind grds. zu erstatten, zB wenn Akteneinsicht　**14**
in Verfahrensakten genommen wird und dort die Aktenversendungspauschale entsteht. Auch dem
Pflichtverteidiger ist die Pauschale nach Nr. 9003 KV GKG zu erstatten.[35] Waren aber in dem Verfahren, in denen die Beiordnung erfolgt, vor Wirksamwerden der PKH- oder VKH-Bewilligung Gerichtskostenvorschüsse gezahlt, sind diese nicht zurückzuzahlen (ausf. → FamGKG § 15 Rn 15 ff). Erstattung
nach § 46 kann nicht verlangt werden.

■ **Informationsbeschaffung.** Die dafür aufgewendeten Kosten sind erstattungsfähig, wenn die zugrunde-　**15**
liegenden Aufklärungsmaßnahmen bei objektiver Betrachtung erforderlich waren.[36] Hierzu zählen zB
Kosten für Register- oder Grundbuchauszüge oder Einwohnermeldeamtsanfragen. In Einzelfällen können auch die Kosten für Privatgutachten zu erstatten sein, wenn nach in der Rspr anerkannten Grundsätzen ein solches Gutachten auch im Kostenfestsetzungsverfahren zu berücksichtigen gewesen wäre,
wobei in diesen Fällen auch ein angemessener Vorschuss nach § 47 Abs. 1 zu gewähren ist.[37] Bei hohen
Kosten empfiehlt sich eine Feststellung nach Abs. 2.

■ **Portokosten.** Der beigeordnete Anwalt kann die Pauschale der Nr. 7002 VV geltend machen. Ist sie　**16**
nach der Gebührenhöhe zu berechnen, sind bei beigeordneten PKH/VKH-Anwälten die Gebühren nach
§ 13 Abs. 1, nicht nach § 49, zugrunde zu legen.[38] Das gilt auch für den Pflichtverteidiger, bei dem die
Wahlanwaltsgebühren heranzuziehen sind.[39] Nach Anm. Abs. 2 zu Nr. 7002 VV bemisst sich die Postentgeltpauschale in den Fällen, in denen die Gebühren aus der Staatskasse zu zahlen sind, nur nach diesen Gebühren, nicht nach den Wahlanwaltsgebühren. Das gilt für sämtliche Zahlungen aus der Staatskasse, also neben der Beratungshilfe insb. auch für die PKH/VKH.[40]

■ **Übersetzungskosten.** Waren die Übersetzungskosten zur sachgemäßen Erledigung notwendig, sind sie　**17**
nach § 46 zu erstatten. Sie sind jedoch der Höhe nach auf die gesetzliche Vergütung des JVEG beschränkt (**Abs. 2 S. 3 Hs 2**), es gilt daher § 11 JVEG, für die Auslagen § 8 iVm §§ 7, 12 JVEG. Zu erstatten sind auch Übersetzungskosten für Korrespondenzschreiben.[41] Die Kosten sind auch dann nach
dem JVEG zu erstatten, wenn der Anwalt die Schreiben selbst übersetzt hat.[42]

Auch in **Strafsachen** sind Übersetzungskosten nur zu erstatten, wenn sie für eine sachgerechte Verteidi-　**18**
gung erforderlich sind,[43] zB Vernehmungsprotokolle[44] oder notwendige frühere ausländische Urteile
oder Urkunden.[45] Sind Aktenbestandteile betroffen, auf deren kostenfreie Übersetzung der Beschuldigte
selbst keinen Anspruch gehabt hätte, scheidet eine Erstattung nach § 46 aus.[46] Ist ein Schriftstück doppelt, zB durch Beschuldigten und Staatsanwaltschaft übersetzt, ist für die Erstattung auf die Sicht zum
Zeitpunkt der Auftragstellung abzustellen, so dass zu erstatten ist, wenn nicht absehbar war, dass die
Staatsanwaltschaft eine Übersetzung veranlassen würde.[47]

Liegt Erforderlichkeit vor, sind auch in **Beratungshilfesachen** Übersetzungskosten zu erstatten.

7. Parteiauslagen. Für Parteiauslagen besteht kein Erstattungsanspruch, er lässt sich auch nicht aus § 122　**19**
Abs. 1 ZPO herleiten.[48]

Eine Ausnahme besteht aber für **Parteireisekosten**, die aus Anlass der Reise zu einem Verhandlungs-, Ver-　**20**
nehmungs- oder Untersuchungstermin entstehen. Dabei ist bestritten, ob es einer ausdrücklichen gerichtlichen Entscheidung bedarf, die aber keine erneute Überprüfung der Hilfsbedürftigkeit mehr voraussetzt,
oder ob die PKH- bzw VKH-Bewilligung pauschal auch die Reiseentschädigung umfasst.[49] Es empfiehlt
sich aber die Bewilligung der Reiseentschädigung **vorher** zu **beantragen**, weil im Regelfall nur die Bereitstellung von Bahnfahrkarten erfolgt. Eine Antragstellung nach Durchführung der Reise ist aber gleichwohl zulässig, da Nr. 1.3 der Verwaltungsvorschrift[50] bestimmt, dass der Anspruch erst erlischt, wenn er nicht binnen drei Monate nach der Verhandlung geltend gemacht wird. Ein vorheriger Antrag ist aber, auch aus
Gründen der Rechtssicherheit, ratsam, weil die Gewährung der Reiseentschädigung, die Akt der Rechtsprechung ist, nur durch das Gericht, nicht aber durch den Urkundsbeamten der Geschäftsstelle erfolgen darf.

Zu erstatten sind im Regelfall nur die Fahrtkosten mit **öffentlichen Verkehrsmitteln** der zweiten Wagenklas-　**21**
se sowie Tagegeld und notwendige Übernachtungskosten, aber kein Verdienstausfall oder Zeitversäumnis.

Sind ausnahmsweise **Pkw-Kosten** zu erstatten, sind 0,25 €/km zu zahlen; die für Sachverständige geltenden　**22**
Sätze sind nicht anzuwenden.

---

35 OLG Düsseldorf Rpfleger 2002, 224. **36** AnwK-RVG/*Fölsch*, § 45 Rn 39. **37** OLG Hamm AGS 2013, 348. **38** OLG Nürn-
berg JurBüro 2010, 40. **39** BGH NJW 1971, 1845. **40** BT-Drucks 17/11472, S. 50. **41** OLG Oldenburg JurBüro 1996, 255;
OLG Celle FamRZ 1991, 215; OLG Frankfurt NJW 1974, 2095. **42** LG Stuttgart MDR 1973, 594. **43** OLG Hamm JurBüro
2001, 248. **44** KG Rpfleger 1995, 226. **45** OLG Dresden StRR 2011, 362. **46** OLG Hamm NStZ-RR 1999, 158. **47** OLG
Dresden StRR 2011, 362. **48** Hk-ZPO/*Rathmann/Pukall*, § 122 Rn 6. **49** OLG Bamberg JurBüro 1987, 249; aA *H. Schneider*,
JVEG, Anhang VwV Reiseentschädigung Rn 20. **50** In den Ländern in Kraft gesetzte bundeseinheitliche „Verwaltungsvorschrift
über die Gewährung von Reiseentschädigungen (VwV Reiseentschädigung)".

23   Andere Parteikosten, wie zB für **Privatgutachter** oder **Übersetzungskosten**, können gleichfalls nach § 46 erstattet werden, wenn sie nach § 91 Abs. 1 ZPO als notwendig anzusehen sind und der beigeordnete oder bestellte Rechtsanwalt sie aus eigenen Mitteln geleistet hat.[51]

III. Feststellung der Erforderlichkeit (Abs. 2)

24   **1. Anwendungsbereich.** Das Gericht kann auf Antrag des Rechtsanwalts darüber entscheiden, ob von diesem durchgeführte Reisen als erforderlich iSd Abs. 1 anzusehen sind (Abs. 2 S. 1). Wegen der Regelung des Abs. 2 S. 3 kann die Feststellung, auch außerhalb der Pflichtverteidigung, auch für andere Auslagen nach Nr. 7000 ff VV (Aufwendungen) ergehen.[52] Sie kann ferner auch für Aufwendungen nach § 670 BGB getroffen werden (Abs. 2 S. 3). Die Vorschrift soll Rechtssicherheit für den Anwalt schaffen. Abs. 2 lässt die Geltendmachung von Vorschüssen (§ 47) unberührt. Die Regelung gilt für sämtliche Rechtsanwälte, denen ein Vergütungsanspruch gegenüber der Staatskasse zusteht (§ 45), einschließlich der nach § 142 FGO bestellten Personen.

25   **2. Antrag.** Der Feststellungsbeschluss ergeht nur auf Antrag des beigeordneten oder bestellten Rechtsanwalts, nicht aber von Amts wegen. Die Staatskasse und der vertretende Mandant haben kein Antragsrecht.[53] Der Antrag muss vor Durchführung der Reise oder des auslagenverursachenden Geschäfts gestellt sein, danach ist er unzulässig.

26   **3. Entscheidung.** Die Entscheidung ergeht durch begründeten Beschluss, der formlos mitzuteilen ist, da kein Rechtsbehelf gegeben ist. Über den Antrag entscheidet das Gericht (**Abs. 2 S. 1**), also der Richter, nicht der Urkundsbeamte der Geschäftsstelle. Ist das Verfahren dem Rechtspfleger übertragen, entscheidet dieser, aber nicht als Urkundsbeamte der Geschäftsstelle des gehobenen Dienstes. In Bußgeldverfahren vor der Verwaltungsbehörde entscheidet diese (**Abs. 2 S. 2**).

27   Das Gericht entscheidet über die Erforderlichkeit der Reisekosten oder sonstigen Auslagen nur dem Grunde nach, nicht aber über die Höhe der Auslagen. Hierfür besteht auch keine Notwendigkeit, weil die Erstattungsfähigkeit insoweit durch Nr. 7000 ff VV geregelt wird.[54] Über die Erforderlichkeit der Art und Höhe nach entscheidet der Urkundsbeamte der Geschäftsstelle im Festsetzungsverfahren (§ 55),[55] der daher auch bei festgestellter Notwendigkeit Kürzungen wegen der Auslagenhöhe vornehmen kann.

28   **4. Rechtsbehelfe.** Gegen die Entscheidung, mit der die Erforderlichkeit der Auslagen verneint wird, findet kein Rechtsbehelf statt, auch nicht nach § 56.[56] Das gilt bei positiven Entscheidungen auch für die Staatskasse.[57]

29   **5. Bindungswirkung.** Stellt das Gericht die Erforderlichkeit fest, bindet die Entscheidung den Urkundsbeamten der Geschäftsstelle im Festsetzungsverfahren nach § 55. Dieser hat aber Art und Höhe der Auslagen selbstständig zu prüfen. Da die Entscheidung nach Abs. 2 Vertrauensschutz bewirkt, bindet sie auch dann, wenn sie zu Unrecht ergangen ist. Eine positive Entscheidung ist aber nicht Voraussetzung für eine spätere Festsetzung, so dass die Auslagen auch dann nach § 55 festgesetzt werden können, wenn ein Antrag nach Abs. 2 S. 1 nicht gestellt wurde.[58]

30   Hat das Gericht die Erforderlichkeit verneint, ist der Urkundsbeamte der Geschäftsstelle nicht gehindert, die Auslagen gleichwohl festzusetzen, wenn er zum Ergebnis der Erforderlichkeit gelangt. Denn die negative Feststellung führt nicht automatisch dazu, dass etwa durchgeführte Reisen als nicht notwendig anzusehen sind, weil dann nur der angestrebte Vertrauensschutz fehlt.[59] Auch im Kostenfestsetzungsverfahren (§§ 103 ff ZPO) bindet eine negative Entscheidung nach Abs. 2 nicht.[60]

IV. Vorbereitung von Wiederaufnahmeverfahren (Abs. 3)

31   Auslagen, die für Nachforschungen zur Vorbereitung eines Wiederaufnahmeverfahrens in Strafsachen entstehen, sind aus der Staatskasse zu vergüten, wenn der Rechtsanwalt nach § 364 b Abs. 1 S. 1 StPO bestellt wurde. Die Bestellung muss also schon vor Entstehung der Auslagen erfolgt sein;[61] jedoch erfolgt eine Vergütung auch dann, wenn nachträglich durch das Gericht nach § 364 b Abs. 1 S. 2 StPO festgestellt wird, dass die Voraussetzungen des § 364 b Abs. 1 S. 1 Nr. 1–3 StPO vorliegen. Vorgenannte Grundsätze gelten gem. **Abs. 3 S. 2** entsprechend bei Wiederaufnahme gerichtlicher Bußgeldverfahren (§ 85 OWiG).

32   Die Vergütung wird im Verfahren nach § 55 durch den Urkundsbeamten der Geschäftsstelle festgesetzt, der an die gerichtlichen Entscheidungen nach § 364 b Abs. 1 StPO gebunden ist.

---

51 Hk-ZPO/*Rathmann/Pukall*, § 122 Rn 6. **52** BT-Drucks 15/3281, S. 15 (zu Art. 7 Nr. 2). **53** Hartung/Schons/Enders/*Hartung*, § 46 Rn 55. **54** OLG Hamm 25.4.1980 – 6 Ws 38/80, juris. **55** BFH/NV 1995, 724. **56** OLG Düsseldorf MDR 1994, 517; OLG Zweibrücken JurBüro 1984, 418; OLG Frankfurt NStZ 1981, 264. **57** OLG München StV 1989, 404. **58** BT-Drucks 15/1971, S. 200. **59** SG Dresden ASR 2004, 94. **60** OLG Düsseldorf MDR 1994, 517. **61** Hartung/Schons/Enders/*Hartung*, § 46 Rn 65.

§ 47 Vorschuss

(1) ¹Wenn dem Rechtsanwalt wegen seiner Vergütung ein Anspruch gegen die Staatskasse zusteht, kann er für die entstandenen Gebühren und die entstandenen und voraussichtlich entstehenden Auslagen aus der Staatskasse einen angemessenen Vorschuss fordern. ²Der Rechtsanwalt, der nach § 138 des Gesetzes über das Verfahren in Familiensachen und in den Angelegenheiten der freiwilligen Gerichtsbarkeit, auch in Verbindung mit § 270 des Gesetzes über das Verfahren in Familiensachen und in den Angelegenheiten der freiwilligen Gerichtsbarkeit, nach § 109 Absatz 3 oder § 119 a Absatz 6 des Strafvollzugsgesetzes beigeordnet oder nach § 67 a Abs. 1 Satz 2 der Verwaltungsgerichtsordnung bestellt ist, kann einen Vorschuss nur verlangen, wenn der zur Zahlung Verpflichtete (§ 39 oder § 40) mit der Zahlung des Vorschusses im Verzug ist.

(2) Bei Beratungshilfe kann der Rechtsanwalt aus der Staatskasse keinen Vorschuss fordern.

I. Allgemeines

Steht dem Rechtsanwalt ein Vergütungsanspruch gegenüber der Staatskasse zu, kann er von ihr grds. einen Vorschuss verlangen. § 47 gilt für im Rahmen von PKH oder VKH beigeordnete Anwälte, Pflichtverteidiger, Prozesspfleger (§§ 57, 58 ZPO), beigeordnete Anwälte nach § 138 FamFG, beigeordnete Anwälte nach § 67 a Abs. 1 S. 2 VwGO (aber → Rn 8 ff) oder für nach § 142 Abs. 2 FGO beigeordnete Personen. Der Grundsatz wird jedoch durch Abs. 1 S. 2 und Abs. 2 eingeschränkt. Andere Vorschriften, wie zB § 51 Abs. 1 S. 5 für Pflichtverteidiger, bleiben unberührt (s. dort). 1

II. Höhe des Vorschusses

1. Vergütung. Vorschuss kann für die Vergütung (§ 1), dh Gebühren und Auslagen, verlangt werden, jedoch nicht für die nach § 50 zu zahlende weitere Vergütung.[1] 2

2. Gebühren. Vorschuss wird nur für Gebühren gewährt, die **bereits entstanden** sind, so dass bereits eine anwaltliche Tätigkeit vorliegen muss.[2] Die Verfahrensgebühr entsteht bereits mit der Beiordnung, wenn der Anwalt davor schon tätig war, weil nach Vorbem. 3 Abs. 2 VV oder Vorbem. 4 Abs. 2 VV die Verfahrensgebühr mit Entgegennahme der Information entsteht. Eine Terminsgebühr kann nach Beginn der ersten Verhandlung geltend gemacht werden. Im Übrigen steht dem Pflichtverteidiger ein Vorschuss zu, sobald er seine Tätigkeit aufnimmt und etwa an einer Vernehmung teilnimmt oder Akten einsieht.[3] Auch für **Betragsrahmengebühren** kann Vorschuss verlangt werden, zB in sozialgerichtlichen Verfahren,[4] nicht aber für nur voraussichtlich entstehende Gebühren (zB Einigungsgebühr). Auf den Eintritt der Fälligkeit (§ 8) kommt es nicht an.[5] 3

Der Vorschuss für Gebühren ist **in voller Höhe** zu leisten, dabei gilt für Wertgebühren § 49. Sind bei Betragsrahmengebühren feste Sätze für gerichtlich bestellte oder beigeordnete Anwälte vorgesehen, sind diese als Vorschuss zu zahlen. Im Übrigen kann bei Betragsrahmengebühren die Mittelgebühr zugrunde gelegt werden, jedoch ist der konkrete Vorschussbetrag im Einzelfall nach § 14 zu bestimmen. Liegen die Voraussetzungen nach § 14 vor, kann der Vorschuss die Mittelgebühr auch unter- oder überschreiten. 4

3. Auslagen. Für Auslagen kann gleichfalls Vorschuss verlangt werden. Erfasst sind sämtliche in Nr. 7000 ff VV genannten Auslagen sowie wegen Vorbem. 7 Abs. 1 S. 2 VV auch die Aufwendungen nach § 675 iVm § 670 BGB. Wegen des eindeutigen Wortlauts ist Vorschuss sowohl für **bereits entstandene** als auch **voraussichtlich entstehende** Auslagen zu zahlen. Unerheblich ist dabei, ob der Anwalt in der Lage ist, die Kosten selbst zu verauslagen. 5

4. Angemessenheit. Es braucht nur angemessener Vorschuss gewährt zu werden. Bei **Gebühren** liegt stets Angemessenheit vor, weil sie bereits entstanden sind und der beigeordnete Anwalt nicht schlechter gestellt ist als ein Wahlanwalt (§ 9); Abschläge sind daher nicht vorzunehmen. 6

Wegen der **Auslagen** liegt Angemessenheit im Regelfall gleichfalls in Höhe der tatsächlichen Aufwendungen vor, jedoch muss hier wegen § 46 Abs. 1 S. 1 auch Notwendigkeit vorliegen, die nach § 47 zu prüfen ist. Liegt eine Entscheidung nach § 46 Abs. 2 S. 1 vor, bindet sie auch für den Vorschuss. War die Beiordnung ohne Einschränkung erfolgt, kann der auswärtige Anwalt daher Vorschuss für die Reisekosten verlangen.[6] Bei Hinzuziehung von Dolmetschern und Übersetzern ist auch der Vorschuss wegen § 46 Abs. 2 S. 3 auf die Vergütung nach dem JVEG begrenzt. 7

---

1 OLG Bamberg JurBüro 1990, 725. **2** AG Koblenz AGS 2005, 352. **3** OLG Hamburg StV 1988, 73. **4** LSG BW JurBüro 1990, 883. **5** *Hartmann*, KostG, § 47 RVG Rn 4. **6** LG Bautzen JurBüro 2007, 655.

III. Zahlungsverzug (Abs. 1 S. 2)

8   Rechtsanwälte, die nach § 138 FamFG, ggf iVm § 270 FamFG, oder nach § 109 Abs. 3, § 119 a Abs. 6 StPO beigeordnet oder nach § 67 a Abs. 1 S. 2 VwGO bestellt sind, können Vorschuss nur verlangen, wenn die nach §§ 39, 40 Zahlungsverpflichteten mit der Zahlung in Verzug sind (Abs. 1 S. 2). Für den Verzug gilt § 286 BGB. Der Anwalt muss daher zur Zahlung auffordern und mahnen. Nach § 286 Abs. 3 BGB tritt Verzug spätestens ein, wenn der Schuldner nicht innerhalb von 30 Tagen nach Fälligkeit und Zugang einer Rechnung oder gleichwertigen Zahlungsaufstellung leistet. Ist der Zeitpunkt des Zugangs unsicher, kommt der Schuldner, der nicht Verbraucher ist, spätestens 30 Tage nach Fälligkeit und Empfang der Gegenleistung in Verzug. Der Verzug ist glaubhaft zu machen. Dabei genügt im Regelfall die Übersendung einer Ablichtung der an den Antragsgegner gerichteten Berechnung und des Mahnschreibens. Wird durch den Anwalt ein Festsetzungsantrag nach § 11 gestellt, gerät der Zahlungspflichtige mit Nichtzahlung auf den Vergütungsfestsetzungsbeschluss in Verzug.[7] Eine Verpflichtung, zunächst das Verfahren nach § 11 zu betreiben, besteht aber nicht.

9   Vertritt der Anwalt **mehrere Personen**, genügt es, dass eine von ihnen in Verzug gerät.[8]

10   Ist Verzug eingetreten, besteht ein Vorschussanspruch nach Abs. 1 S. 1, also für entstandene Gebühren sowie entstandene und entstehende Auslagen. Für die Gebührenhöhe gilt § 49.

IV. Beratungshilfe (Abs. 2)

11   Wird der Anwalt im Rahmen der **Beratungshilfe** tätig, kann er keinen Vorschuss verlangen (Abs. 2). Der Ausschluss umfasst Gebühren und Auslagen. Mit dem Wortlaut „aus der Staatskasse" soll klargestellt werden, dass sich der Ausschluss des Vorschussanspruchs ausschließlich auf den Vergütungsanspruch gegen die Staatskasse, nicht aber auf die beim Rechtsuchenden zu erhebende Beratungshilfegebühr (Nr. 2500 VV) bezieht, denn Letztere kann als Vorschuss verlangt werden.[9]

V. Verfahren

12   **1. Antrag und Zuständigkeit.** Der Vorschuss wird nicht von Amts wegen gewährt, sondern nur auf Antrag. § 10 gilt auch für Vorschüsse, so dass der Antrag mit den berechneten Gebühren und Auslagen zweifach bei der Geschäftsstelle einzureichen ist. Zuständig für die Vorschussfestsetzung ist der Urkundsbeamte der Geschäftsstelle. Für das Verfahren gilt § 55, wobei gem. Nr. 1.5.1 VergütungsfestsetzungsAV für den Vorschuss dieselben Bestimmungen wie für die Festsetzung des endgültigen Betrags gelten. Besteht der Vergütungsanspruch gegenüber der Bundeskasse, hat diese auch die Auszahlungsanordnung für Vorschüsse nach § 47 zu veranlassen.

13   **2. Rechtsbehelfe.** Wird die Zahlung des Vorschusses ganz oder teilweise abgelehnt, findet Erinnerung bzw Beschwerde nach § 56 statt, auch in sozialrechtlichen Verfahren.[10] Untätigkeitserinnerung oder -beschwerde sind zulässig.[11]

14   **3. Rückforderung.** Festsetzung und Zahlung des Vorschusses sind vorläufige Maßnahmen, die unter dem Vorbehalt der endgültigen Festsetzung nach Verfahrensabschluss stehen.[12] Wurde ein überhöhter Vorschuss gezahlt, kann die Staatskasse diesen daher zurückfordern. Überzahlte Vorschüsse sind nach der JBeitrO einzuziehen (Nr. 1.6 VergütungsfestsetzungsAV).

§ 48 Umfang des Anspruchs und der Beiordnung

(1) Der Vergütungsanspruch bestimmt sich nach den Beschlüssen, durch die die Prozesskostenhilfe bewilligt und der Rechtsanwalt beigeordnet oder bestellt worden ist.

(2) [1]In Angelegenheiten, in denen sich die Gebühren nach Teil 3 des Vergütungsverzeichnisses bestimmen und die Beiordnung eine Berufung, eine Beschwerde wegen des Hauptgegenstands, eine Revision oder eine Rechtsbeschwerde wegen des Hauptgegenstands betrifft, wird eine Vergütung aus der Staatskasse auch für die Rechtsverteidigung gegen ein Anschlussrechtsmittel und, wenn der Rechtsanwalt für die Erwirkung eines Arrests, einer einstweiligen Verfügung oder einer einstweiligen Anordnung beigeordnet ist, auch für deren Vollziehung oder Vollstreckung gewährt. [2]Dies gilt nicht, wenn der Beiordnungsbeschluss ausdrücklich etwas anderes bestimmt.

---

7 Gerold/Schmidt/*Burhoff*, § 39 Rn 23.   **8** Hartung/Schons/Enders/*Hartung*, § 47 Rn 29.   **9** BT-Drucks 17/11472, S. 50 (zu Nummer 5).   **10** BayLSG ASR 2010, 270.   **11** Gerold/Schmidt/*Müller-Rabe*, § 47 Rn 9.   **12** OVG Lüneburg JurBüro 1991, 1348.

(3) [1]Die Beiordnung in einer Ehesache erstreckt sich im Fall des Abschlusses eines Vertrags im Sinne der Nummer 1000 des Vergütungsverzeichnisses auf alle mit der Herbeiführung der Einigung erforderlichen Tätigkeiten, soweit der Vertrag

1. den gegenseitigen Unterhalt der Ehegatten,
2. den Unterhalt gegenüber den Kindern im Verhältnis der Ehegatten zueinander,
3. die Sorge für die Person der gemeinschaftlichen minderjährigen Kinder,
4. die Regelung des Umgangs mit einem Kind,
5. die Rechtsverhältnisse an der Ehewohnung und den Haushaltsgegenständen oder
6. die Ansprüche aus dem ehelichen Güterrecht

betrifft. [2]Satz 1 gilt im Fall der Beiordnung in Lebenspartnerschaftssachen nach § 269 Abs. 1 Nr. 1 und 2 des Gesetzes über das Verfahren in Familiensachen und in den Angelegenheiten der freiwilligen Gerichtsbarkeit entsprechend.

(4) [1]Die Beiordnung in Angelegenheiten, in denen nach § 3 Absatz 1 Betragsrahmengebühren entstehen, erstreckt sich auf Tätigkeiten ab dem Zeitpunkt der Beantragung der Prozesskostenhilfe, wenn vom Gericht nichts anderes bestimmt ist. [2]Die Beiordnung erstreckt sich ferner auf die gesamte Tätigkeit im Verfahren über die Prozesskostenhilfe einschließlich der vorbereitenden Tätigkeit.

(5) [1]In anderen Angelegenheiten, die mit dem Hauptverfahren nur zusammenhängen, erhält der für das Hauptverfahren beigeordnete Rechtsanwalt eine Vergütung aus der Staatskasse nur dann, wenn er ausdrücklich auch hierfür beigeordnet ist. [2]Dies gilt insbesondere für

1. die Zwangsvollstreckung, die Vollstreckung und den Verwaltungszwang;
2. das Verfahren über den Arrest, *den Europäischen Beschluss zur vorläufigen Kontenpfändung*,[1] die einstweilige Verfügung und die einstweilige Anordnung;
3. das selbstständige Beweisverfahren;
4. das Verfahren über die Widerklage oder den Widerantrag, ausgenommen die Rechtsverteidigung gegen den Widerantrag in Ehesachen und in Lebenspartnerschaftssachen nach § 269 Abs. 1 Nr. 1 und 2 des Gesetzes über das Verfahren in Familiensachen und in den Angelegenheiten der freiwilligen Gerichtsbarkeit.

(6) [1]Wird der Rechtsanwalt in Angelegenheiten nach den Teilen 4 bis 6 des Vergütungsverzeichnisses im ersten Rechtszug bestellt oder beigeordnet, erhält er die Vergütung auch für seine Tätigkeit vor dem Zeitpunkt seiner Bestellung, in Strafsachen einschließlich seiner Tätigkeit vor Erhebung der öffentlichen Klage und in Bußgeldsachen einschließlich der Tätigkeit vor der Verwaltungsbehörde. [2]Wird der Rechtsanwalt in einem späteren Rechtszug beigeordnet, erhält er seine Vergütung in diesem Rechtszug auch für seine Tätigkeit vor dem Zeitpunkt seiner Bestellung. [3]Werden Verfahren verbunden, kann das Gericht die Wirkungen des Satzes 1 auch auf diejenigen Verfahren erstrecken, in denen vor der Verbindung keine Beiordnung oder Bestellung erfolgt war.

---

1 *Kursive Hervorhebung:* Geplante Ergänzung ab 18.1.2017 durch Art. 13 Nr. 3 des Entwurfs eines Gesetzes zur Durchführung der Verordnung (EU) Nr. 655/2014 sowie zur Änderung sonstiger zivilprozessualer Vorschriften (EuKoPfVODG), BT-Drucks 18/7560, S. 21. Siehe dazu näher Rn 51.

I. Regelungsinhalt

1   Durch die Norm soll der Umfang des Vergütungsanspruchs dem Grunde nach bestimmt werden. Dabei stellt Abs. 1 den Grundsatz auf, dass Vergütungsansprüche nur im Umfang der gerichtlichen Beiordnung oder Bestellung bestehen können. Abs. 2–6 schaffen hiervon Ausnahmetatbestände, indem sie den Vergütungsanspruch in bestimmten Fällen kraft Gesetzes auf andere Tätigkeiten ausdehnen oder im Fall des Abs. 6 S. 3 eine solche Erweiterung in das Ermessen des Gerichts stellen.

II. Umfang von Beiordnung oder Bestellung (Abs. 1)

2   **1. Allgemeines.** Ein Vergütungsanspruch besteht nur im Umfang der gerichtlichen Beiordnung. Das Gericht entscheidet über die Beiordnung im Regelfall sogleich mit der PKH/VKH-Bewilligung durch Beschluss. Die Beiordnung ist neben dem Abschluss eines Mandatsvertrages Voraussetzung für das Entstehen eines Vergütungsanspruchs gegenüber der Staatskasse. Die Beiordnung umfasst die Tätigkeit als Prozess- oder Verfahrensbevollmächtigter für die gesamte Instanz.[2] Der Urkundsbeamte ist im Festsetzungsverfahren (§ 55) an den Beiordnungsbeschluss gebunden.[3]

3   Es kommt nur auf die Urschrift der Beiordnung an, so dass fehlerhaft erteilte Ausfertigungen unbeachtlich sind und auch keinen Vergütungsanspruch herleiten können.[4]

4   **2. Wirksamwerden der Beiordnung.** Die Beiordnung wird wirksam mit der Bekanntgabe des Beschlusses an die Partei oder den Rechtsanwalt.[5] Wird PKH/VKH rückwirkend bewilligt und wirkt sie auf den Tag zurück, an dem die Partei einen formgerechten Bewilligungsantrag gestellt hat, wirkt auch die Beiordnung auf diesen Tag zurück.[6] In diesem Falle erhält der Anwalt in jedem Fall die Verfahrensgebühr aus der Staatskasse, da diese im Verfahrensverlauf immer wieder neu entsteht. Wegen der Terminsgebühr muss jedoch die Wahrnehmung eines entsprechenden Termins nach dem Wirksamwerden der Beiordnung erfolgt sein.

5   **3. Beendigung der Beiordnung.** Die Beiordnung endet mit der Aufhebung von PKH/VKH (§ 124 ZPO), der Aufhebung der Beiordnung nach § 48 Abs. 2 BRAO oder mit dem Tod des Mandanten bzw des beigeordneten Rechtsanwalts.

6   In diesen Fällen endet auch der Vergütungsanspruch. Tätigkeiten, die nach Aufhebung der PKH/VKH oder der Beiordnung ausgeübt werden, können keinen Vergütungsanspruch mehr begründen. Das Gleiche gilt bei Tod der Partei; jedoch kann ein Rechtsanwalt, der in Unkenntnis vom Tod der Partei weiter tätig wird, einen Anspruch gegen die Staatskasse nach § 674 BGB geltend machen.[7]

7   Mit der Aufhebung der PKH/VKH (§ 124 ZPO) endet zugleich die Sperrwirkung des § 122 Abs. 1 Nr. 3 ZPO, so dass der Rechtsanwalt seine Vergütungsansprüche gegenüber dem Mandaten geltend machen und auch Festsetzung nach § 11 beantragen kann.

8   **4. Umfang der Beiordnung. a) Rechtszug.** Die Bewilligung von PKH/VKH erfolgt für jeden Rechtszug gesondert (§ 119 Abs. 1 ZPO), so dass sich auch die Beiordnung auf diesen Rechtszug beschränkt. Soll ein Vergütungsanspruch auch für die höheren Rechtszüge begründet werden, muss PKH/VKH gesondert beantragt und bewilligt werden sowie eine ausdrückliche Beiordnung erfolgen. Für den Rechtszug iSd § 119 ZPO ist nicht auf den verfahrensrechtlichen, sondern auf den kostenrechtlichen Begriff abzustellen,[8] so dass als besonderer Rechtszug jeder Verfahrensabschnitt zu verstehen ist, der gesonderte Gerichts- oder Rechtsanwaltskosten auslöst. Es ist daher auch für jeden entsprechenden Verfahrensabschnitt gesondert zu prüfen, ob eine Beiordnung erforderlich ist.[9] Ausnahmen von diesem Grundsatz ergeben sich jedoch aus den Abs. 2–6, die den Vergütungsanspruch in bestimmten Fällen ausweiten. Vor der Festsetzung der Vergütung hat der Urkundsbeamte daher zunächst zu prüfen, ob eine Beiordnung für die konkrete Tätigkeit tatsächlich vorliegt.

b) Einzelfälle A–Z

9   ■   **Arrestverfahren.** Es bedarf einer besonderen PKH/VKH-Bewilligung und Beiordnung, was auch durch Abs. 5 S. 2 Nr. 2 klargestellt wird. Soweit mit der Beiordnung nichts anderes bestimmt wird, erstreckt sie sich jedoch auch auf die Vollziehung des Arrests (Abs. 2 S. 1).

10   ■   **Einstweilige Anordnungen.** Sie stellen gegenüber dem Hauptsacheverfahren und auch untereinander stets gesonderte Rechtszüge dar, so dass PKH/VKH gesondert beantragt und bewilligt werden muss (vgl

---

2 Zöller/*Geimer*, ZPO, § 121 Rn 27.   **3** OLG Köln FamRZ 1997, 683.   **4** Zöller/*Geimer*, ZPO, § 121 Rn 32.   **5** Zöller/*Geimer*, ZPO, § 121 Rn 29.   **6** OLG Karlsruhe MDR 2007, 1447; Zöller/*Geimer*, ZPO, § 121 Rn 17; MüKo-ZPO/*Motzer*, § 121 Rn 20. **7** Gerold/Schmidt/*Müller-Rabe*, § 48 Rn 107.   **8** BGH MDR 2007, 1032; OLG Düsseldorf FamRZ 2006, 628.   **9** BGH NJW 2004, 3260.

auch Abs. 5 S. 2 Nr. 2). Die Vollstreckung der einstweiligen Anordnung wird jedoch von der Beiordnung umfasst, wenn nichts Abweichendes bestimmt ist (Abs. 2 S. 1).

■ **Hilfsweise Aufrechnung.** Sie ist kein besonderer Rechtszug iSd § 119 ZPO, auch wenn sie nach § 45   **11**
Abs. 3 GKG, § 39 Abs. 3 FamGKG zu einer Werterhöhung geführt hat, so dass es keiner besonderen
Bewilligung und Beiordnung bedarf. Abs. 5 S. 2 Nr. 4 ist auf die hilfsweise Aufrechnung nicht analog
anwendbar.[10]

■ **Klage-/Antragserweiterungen.** Die PKH/VKH-Bewilligung erstreckt sich nicht darauf, so dass sowohl   **12**
für die Rechtsverfolgung als auch die Rechtsverteidigung gesondert beantragt und bewilligt werden
muss.[11]

■ **Klageänderung.** Es bedarf einer gesonderten PKH-Bewilligung und Beiordnung, was auch gilt, wenn es   **13**
zu keiner Werterhöhung kommt.[12]

■ **Mahnverfahren.** Es liegt ein eigenständiger Rechtszug vor, so dass sich die Bewilligung im Mahnverfah-   **14**
ren nicht auf das streitige Verfahren erstreckt.[13] Auch erstreckt sich die im streitigen Verfahren bewilligte PKH/VKH nicht auf das Mahnverfahren.

■ **Rechtsmittelverfahren.** Sie sind stets gesonderte Rechtszüge, für die PKH/VKH gesondert beantragt und   **15**
bewilligt werden muss. Das gilt auch für ein Anschlussrechtsmittel.[14] In Angelegenheiten, in denen sich
die Gebühren nach Teil 3 VV richten, ist jedoch Abs. 2 zu beachten. Danach erstreckt sich die Beiordnung in einem Berufungs-, Revisions-, Beschwerde- und Rechtsbeschwerdeverfahren wegen des Hauptgegenstands nach §§ 511 ff, 542 ff ZPO, §§ 58 ff, 70 ff FamFG auch auf die Rechtsverteidigung gegen
ein Anschlussrechtsmittel. Auf die Anhörungsrüge erstreckt sich die Beiordnung nicht.[15]

■ **Scheidungsverbund.** Siehe → Rn 34 ff („Beiordnung in Ehesachen, Abs. 3").   **16**

■ **Selbstständiges Beweisverfahren.** Es handelt sich um einen eigenständigen Rechtszug, so dass   **17**
PKH/VKH für Beweis- und Hauptverfahren stets gesondert beantragt und bewilligt werden muss. Das
wird nochmals durch Abs. 5 S. 2 Nr. 3 klargestellt.

■ **Stufenklagen.** Die bewilligte PKH/VKH erstreckt sich auf sämtliche Stufen.[16] Eine uneingeschränkte Be-   **18**
willigung erstreckt sich daher auch auf den Zahlungsanspruch.[17] Obwohl das Gericht die Bewilligung
nicht für jede Stufe gesondert vornehmen darf, geht die Bewilligung nur soweit, als der spätere Antrag
in der Leistungsstufe durch die Auskunft gedeckt ist.[18]

■ **Urkundenverfahren.** Vorbehalts- und Nachverfahren bilden einen einheitlichen Rechtszug. Zu unter-   **19**
scheiden ist jedoch zwischen Bewilligung für den Kläger oder den Beklagten. Wird dem Beklagten PKH
erst im Nachverfahren bewilligt, erstreckt sich die Bewilligung automatisch auch auf das Vorverfahren,
auch wenn seine Verteidigung erst im Nachverfahren Erfolg verspricht.[19] Hinsichtlich des Klägers kann
die PKH-Bewilligung zunächst nur auf das Vorverfahren beschränkt werden, wenn sich die Erfolgsaussichten für das Nachverfahren noch nicht bewerten lassen.[20] Ist eine ausdrückliche Beschränkung nicht
erfolgt, erstreckt sich die Bewilligung auch für den Kläger automatisch auf das Nachverfahren. Hinsichtlich vorgenommener Klageerweiterungen bedarf es aber auch dann einer besonderen Bewilligung
und Beiordnung. War der Anwalt zuvor bereits in einem Urkunden-, Wechsel- oder Scheckmahnverfahren (§ 703 a ZPO) tätig gewesen, ist zu beachten, dass sich die für das spätere Streitverfahren erfolgte
Bewilligung nicht auf die anwaltliche Tätigkeit in dem Mahnverfahren erstreckt.[21] Das Vorgesagte gilt
auch für Urkundenverfahren in Familiensachen.

■ **Widerklage/Widerantrag.** Siehe → Rn 53 („Widerklage/Widerantrag, Abs. 5 S. 2 Nr. 4").   **20**

■ **Zurückverweisung.** Das weitere Verfahren nach Zurückverweisung durch ein höheres Gericht gehört   **21**
zum selben Rechtszug iSd § 119 ZPO,[22] so dass es keiner gesonderten PKH/VKH-Bewilligung und Beiordnung bedarf. Daran ändert auch die Regelung des § 21 Abs. 2 nichts, weil sie nur die Berechnung
der Vergütung betrifft. Etwaige Anrechnungsregelungen (vgl Vorbem. 3 Abs. 6 VV) hat der Rechtsanwalt jedoch zu beachten.

■ **Zwangsvollstreckung.** Siehe → Rn 48 ff („Zwangsvollstreckung, Abs. 5 S. 2 Nr. 1").   **22**

5. Teilbewilligung. Erfolgen PKH/VKH-Bewilligung und die Beiordnung nur für bestimmte Verfahrensteile,   **23**
beschränkt sich auch der Vergütungsanspruch auf die von der Beiordnung umfassten Gegenstände.

---

10 LG Frankenthal JurBüro 1983, 1843.   **11** LG Koblenz MDR 2007, 1338.   **12** BGH MDR 2006, 224.   **13** LAG Düsseldorf
JurBüro 1990, 379.   **14** Zöller/*Geimer*, ZPO, § 119 Rn 3.   **15** BGH AGS 2014, 290.   **16** OLG Celle MDR 2011, 1200.   **17** OLG
Jena FamRZ 2005, 1186; OLG Düsseldorf FamRZ 2000, 101.   **18** OLG München FamRZ 2005, 42; OLG Brandenburg MDR
2003, 171; OLG Koblenz FamRZ 1985, 953.   **19** MüKo-ZPO/*Wax*, § 119 Rn 17; Zöller/*Geimer*, ZPO, § 119 Rn 17.   **20** OLG
Saarbrücken MDR 2002, 1211 = AGS 2003, 83.   **21** Gerold/Schmidt/*Müller-Rabe*, § 48 Rn 46.   **22** OLG Schleswig NJW-RR
2015, 192; OLG Düsseldorf JurBüro 1987, 263.

24   **Beispiel 1:** Klage wegen Zahlung von 10.000 €. PKH und Beiordnung beschränken sich auf eine Forderung von 6.000 €.

Gegenüber der Staatskasse können geltend gemacht werden:

1,3-Verfahrensgebühr, Nr. 3100 VV (Wert: 6.000 €)	347,10 €
1,2-Terminsgebühr, Nr. 3101 VV (Wert: 6.000 €)	320,40 €
Postentgeltpauschale, Nr. 7002 VV	20,00 €
Umsatzsteuer, Nr. 7008 VV (19 % aus 687,50 €)	130,63 €
Gesamt	**818,13 €**

25   Wird der Rechtsanwalt für die nicht von der Beiordnung umfassten Verfahrensteile als Wahlanwalt tätig, kann er seine Vergütung insoweit gegenüber dem Mandanten geltend machen. Die Wahlanwaltsvergütung ist nach der Differenz zwischen der Wahlanwaltsvergütung nach dem Gesamtwert und der Wahlanwaltsvergütung nach dem Wert, für den er beigeordnet worden ist, zu berechnen.[23]

26   **Beispiel 2:** Klage wegen Zahlung von 10.000 €. PKH und Beiordnung beschränken sich auf eine Forderung von 6.000 €. Wegen der nicht von Bewilligung und Beiordnung umfassten Gegenstände wird der Anwalt als Wahlanwalt tätig.

Die PKH-Vergütung berechnet sich wie in Beispiel 1.

Gegenüber dem Mandanten können verlangt werden:

1,3-Verfahrensgebühr, Nr. 3100 VV (Wert: 10.000 €)	725,40 €
abzgl. 1,3-Verfahrensgebühr nach 6.000 €	− 460,20 €
1,2-Terminsgebühr, Nr. 3101 VV (Wert: 10.000 €)	669,60 €
abzgl. 1,2-Terminsgebühr nach 6.000 €	− 424,80 €
Postentgeltpauschale, Nr. 7002 VV	20,00 €
Umsatzsteuer, Nr. 7008 VV (19 % aus 530 €)	100,70 €
Gesamt	**630,70 €**

27   **6. Abschluss von gerichtlichen Vergleichen.** Wird ein Vergleich über solche **anhängigen Ansprüche** geschlossen, für die auch eine PKH/VKH-Bewilligung und Beiordnung erfolgt ist, erstreckt sich die Beiordnung automatisch auch auf den Vergleich.

28   Sind in dem Vergleich auch **nicht anhängige Ansprüche mitverglichen**, besteht kein Vergütungsanspruch gegenüber der Staatskasse, wenn keine Erweiterung der Beiordnung für den Vergleich oder die nicht anhängigen Gegenstände erfolgt. Es kann dann für die nicht anhängigen Gegenstände keine Verfahrens-, Termins- oder Einigungsgebühr geltend gemacht werden.

29   Wird die Beiordnung hingegen für den „(Abschluss des) Vergleichs" erweitert, ist nach dem Wert der nicht anhängigen Ansprüche eine 1,5-Einigungsgebühr zu vergüten. Bestritten ist jedoch, ob auch die **Terminsgebühr** und die **Verfahrensdifferenzgebühr** zu vergüten sind. Nach überwiegender Auffassung scheidet eine Vergütung hier aus, wenn die Beiordnung nur auf den „(Abschluss des) Vergleichs" erweitert wird.[24] Dabei sei aus der Regelung des Abs. 3, der sich ausdrücklich nur auf die Beiordnung in einer Ehesache bezieht, der Umkehrschluss zu ziehen, dass die dort angeordnete Zahlung sämtlicher Gebühren aus der Staatskasse nur auf Mehrvergleiche in solchen Verfahren beziehe. Hätte der Gesetzgeber eine solche Erstattungsregelung auch für andere Mehrvergleiche anordnen wollen, wäre angesichts des Ausnahmecharakters von Abs. 3 eine ausdrückliche Regelung geboten gewesen.[25] Auch nach Sinn und Zweck von PKH/VKH als einer sozialhilfeähnlichen Leistung staatlicher Daseinsfürsorge sei eine andere Handhabung nicht geboten, da sie der armen Partei eine Rechtsverfolgung bzw -verteidigung ermöglichen, aber keine Belohnung für eine Vergleichsbereitschaft der Partei darstellen soll.[26] Auch eine Regelungslücke kann seit dem 2. KostRMoG nicht mehr angenommen werden.[27] Aus diesem Grunde wird die in der Vorauflage vertretene Auffassung aufgegeben. Zu Bedenken gegeben wird jedoch, dass der Gesetzgeber des 2. KostRMoG mit der Novellierung von Abs. 3 berücksichtigen wollte, dass Parteien mit geringem Einkommen nur auf diese Weise die gleiche Möglichkeit erhalten, ihre Streitigkeiten möglichst umfangreich beizulegen, wie Parteien mit ausreichend hohem Einkommen.[28] Ob deshalb eine Differenzierung zwischen verschiedenen Verfahren angezeigt ist, erscheint zweifelhaft, da die arme Partei sonst in anderen Verfahren gezwungen wäre, ihre nicht anhängigen Rechte nicht durch Vergleichsabschluss geltend zu machen, aber für ein eigenständiges Klageverfahren PKH/VKH erhalten würde, so dass daher bei Erweiterung der Beiordnung auf den Vergleich auch die Zahlung von Termins- und Verfahrensdifferenzgebühr aus der Staatskasse angezeigt wäre. Um Unsicherheiten zu vermeiden, sollte jedoch – wie in der Lit. empfohlen – die Beiordnung auf die „**nicht**

---

23 OLG Düsseldorf Rpfleger 2005, 267; OLG Zweibrücken Rpfleger 1995, 74; OLG Hamburg JurBüro 1995, 426.   24 OLG Dresden AGS 2016, 21; OLG Celle AGS 2015, 236; OLG Koblenz FamRZ 2014, 1877.   25 OLG Celle AGS 2015, 236. 26 OLG Dresden AGS 2016, 21.   27 OLG Koblenz FamRZ 2014, 1877.   28 BT-Drucks 17/11471 (neu), S. 270.

anhängigen, mitverglichenen Ansprüche" erweitert werden, weil dann unzweifelhaft auch die Terminsgebühr umfasst ist.[29]

III. Rechtsmittelverfahren und Eilverfahren (Abs. 2)

1. Rechtsmittelverfahren. Für Verfahren, in denen sich Gebühren nach Teil 3 VV richten (s. dort), ordnet 30 Abs. 2 S. 1 **Hs 1** eine automatische Erweiterung der Beiordnung an. Für andere Verfahren gilt Abs. 2 nicht. Danach erstreckt sich in Angelegenheiten, in denen sich die Gebühren nach Teil 3 VV bestimmen, die Beiordnung für

- Berufungsverfahren,
- Revisionsverfahren,
- Beschwerdeverfahren,
- Rechtsbeschwerdeverfahren

wegen des Hauptgegenstands automatisch auf die **Rechtsverteidigung** gegen eine Anschlussberufung, Anschlussrevision, Anschlussbeschwerde und Anschlussrechtsbeschwerde. Die Erstreckung tritt automatisch kraft Gesetzes ein, so dass es keines besonderen Beschlusses bedarf. Aus Abs. 2 S. 2 folgt nämlich, dass es eines ausdrücklichen Ausspruchs durch das Gericht nur bedarf, wenn die Erstreckung nicht gelten soll.

Soweit Abs. 2 S. 1 auch „Beschwerden" und „Rechtsbeschwerden" umfasst, sind damit solche nach 31 §§ 58 ff, 70 ff FamFG gemeint,[30] die sich jedoch gegen die Endentscheidung über den Hauptgegenstand richten müssen. Allerdings ist Abs. 2 nach überwiegender Auffassung auch auf die Anschlussbeschwerde des § 567 Abs. 3 ZPO anzuwenden.[31]

Abs. 2 S. 1 erfasst jedoch nur die **Rechtsverteidigung** gegen ein Anschlussrechtsmittel, so dass er nicht für 32 die Einlegung gilt. Hierfür ist PKH/VKH gesondert zu beantragen und zu bewilligen.

2. Eilverfahren. Wird in einem Verfahren, in dem sich die Gebühren nach Teil 3 VV richten (s. dort), **einst-** 33 **weilige Anordnung, einstweilige Verfügung** oder ein **Arrest** beantragt, erstreckt sich die hierfür erfolgte Beiordnung automatisch auch auf die **Vollziehung** oder **Vollstreckung** (Abs. 2 S. 1 Hs 2). Die Erstreckung tritt automatisch kraft Gesetzes ein, so dass es keines besonderen Beschlusses bedarf, denn aus Abs. 2 S. 2 folgt, dass es eines ausdrücklichen Ausspruchs durch das Gericht nur bedarf, wenn die Erstreckung nicht gelten soll.

IV. Beiordnung in Ehesachen (Abs. 3)

1. Umgang der Beiordnung. Erfolgt die Beiordnung in einer Ehesache (§ 121 FamFG), gilt grds. Abs. 1, so 34 dass sich der Vergütungsanspruch auch hier nur nach dem Umfang des Beiordnungsbeschlusses bestimmt. Wird VKH für die Scheidungssache bewilligt, erstreckt sie sich nicht automatisch auf die Folgesachen des § 137 FamFG. Eine Ausnahme gilt für den Versorgungsausgleich, wenn nicht das Gericht die Erstreckung der VKH ausdrücklich ausgeschlossen hat (§ 149 FamFG). Für alle anderen Folgesachen muss VKH daher gesondert beantragt und bewilligt werden, weil sonst kein Vergütungsanspruch gegenüber der Staatskasse besteht. Entsprechendes gilt wegen § 270 Abs. 1 FamFG für die Lebenspartnerschaftssachen.

2. Erstreckung der Beiordnung auf Vertragsabschluss. Abs. 3 S. 1 schränkt diesen Grundsatz insoweit ein, 35 als er bestimmt, dass sich die Beiordnung in einer Ehesache im Fall eines Vertragsabschlusses auf sämtliche mit seiner Herbeiführung anfallenden Tätigkeiten erstreckt. Das gilt jedoch nur, soweit der Vertrag

- den gegenseitigen Unterhalt der Ehegatten (Nr. 1),
- den Unterhalt gegenüber den Kindern im Verhältnis der Ehegatten zueinander (Nr. 2),
- die Personensorge für die gemeinschaftlichen minderjährigen Kinder (Nr. 3),
- die Regelung des Umgangs mit einem Kind (Nr. 4),
- die Rechtsverhältnisse an der Ehewohnung und den Haushaltsgegenständen (Nr. 5) oder
- Ansprüche aus dem ehelichen Güterrecht (Nr. 6).

umfasst.

Andere Folgesachen werden nicht erfasst, da die Aufzählung in Abs. 3 **abschließend** ist. Die Beiordnung in 36 der Ehesache erstreckt sich daher insb. nicht auf Regelungen über sonstige Familiensachen nach § 266 Abs. 1 Nr. 3 FamFG wegen sonstiger Ansprüche zwischen verheirateten Personen, die im Zusammenhang mit Trennung, Scheidung oder Aufhebung der Ehe stehen. Insoweit ist Abs. 3 Nr. 6 auch dahin gehend einschränkend zu verstehen, dass er nur die Güterrechtssachen des § 261 FamFG umfasst.[32] Soll die Beiordnung auf andere Ansprüche ausgedehnt werden, muss das Gericht die Beiordnung ausdrücklich erweitern.

---

29 Gerold/Schmidt/*Müller-Rabe*, § 48 Rn 157. **30** BT-Drucks 17/11471 (neu), S. 270. **31** Gerold/Schmidt/*Müller-Rabe*, § 48 Rn 41; Hartung/Schons/Enders/*Hartung*, § 48 Rn 21. **32** So auch Gerold/Schmidt/*Müller-Rabe*, § 48 Rn 20.

37 Hingegen gilt Abs. 3 auch für den Abschluss entsprechender Verträge in Verfahren über die Aufhebung einer **Lebenspartnerschaft** nach dem LPartG oder des Feststellens des Bestehens oder Nichtbestehens einer Lebenspartnerschaft (**Abs. 3 S. 2**).

38 Der Vertrag muss in einer Ehesache oder Lebenspartnerschaftssache abgeschlossen werden. Wird in einer isolierten Familiensache ein Vergleich geschlossen, der nicht anhängige Ansprüche umfasst, erstreckt sich die Beiordnung nicht automatisch darauf, auch wenn der Gegenstand in Abs. 3 genannt ist.

39 Die Regelung setzt nicht voraus, dass es sich um einen vor Gericht protokollierten Vergleich handeln muss, so dass ein Vergütungsanspruch auch besteht, wenn es sich um einen **außergerichtlichen Vergleich** handelt.[33]

40 **3. Gebührenanspruch.** Der Gesetzgeber hat Abs. 3 S. 1 durch das 2. KostRMoG novelliert und mit dem geänderten Wortlaut „auf alle mit der Herbeiführung der Einigung erforderlichen Tätigkeiten" klarstellen wollen, dass der Vergütungsanspruch nicht auf die Einigungsgebühr der Nr. 1000 VV beschränkt wird, sondern daneben auch die Terminsgebühr (Nr. 3104 VV) und die Verfahrensdifferenzgebühr (Nr. 3101 VV) umfasst,[34] ohne dass es einer ausdrücklichen Nennung im VKH-Bewilligungsbeschluss bedarf.

Beispiel: Neben der Scheidung wird neben dem Versorgungsausgleich keine weitere Folgesache anhängig. Dem Antragsteller wird VKH bewilligt, die sich automatisch auf den Versorgungsausgleich erstreckt. In der mündlichen Verhandlung schließen die Beteiligten einen Vergleich, der den Ehegatten- und Kindesunterhalt regelt. Der Verfahrenswert für Scheidung und Versorgungsausgleich beträgt 14.000 €. Der Wert des Vergleichs beträgt 8.000 €. Eine ausdrückliche Erstreckung der VKH auf den Vergleich erfolgt nicht.

Es gilt Abs. 3 S. 1, so dass die Beiordnung auch sämtliche Tätigkeiten für den Vergleichsabschluss umfasst.

Aus der Staatskasse kann nach §§ 45 ff verlangt werden:

1,3-Verfahrensgebühr, Nr. 3100 VV (Wert: 14.000 €)	435,50 €
0,8-Verfahrensgebühr, Nr. 3101 VV (Wert: 8.000 €)	229,60 €
gem. § 15 Abs. 3 RVG zusammen höchstens	471,90 €
1,2-Terminsgebühr, Nr. 3104 VV (Wert: 22.000 €)	435,60 €
1,5-Einigungsgebühr, Nr. 1000 VV (Wert: 8.000 €)	430,50 €
Postentgeltpauschale, Nr. 7002 VV	20,00 €
Umsatzsteuer, Nr. 7008 VV (19 % aus 1.358 €)	258,02 €
Gesamt	**1.616,02 €**

V. Betragsrahmengebühren in Sozialgerichtssachen (Abs. 4)

41 Erhält der Rechtsanwalt Betragsrahmengebühren, weil er in einem von § 3 Abs. 1 genannten Verfahren vor dem Sozialgericht tätig geworden ist, muss die konkrete Gebührenhöhe nach den Kriterien des § 14 bestimmt werden. Erfasst sind im Einzelnen die Gebühren nach Nr. 3102, 3106, 3204, 3205, 3212 und 3213 VV.

42 Abs. 4 S. 1 ordnet an, dass sich die Beiordnung auch auf Tätigkeiten erstreckt, die ab dem Zeitpunkt der Beantragung der PKH erbracht werden. Für die Gebührenermittlung nach § 14 ist somit auch die Tätigkeit des Rechtsanwalts im PKH-Bewilligungsverfahren einzubeziehen. Ist hier eine umfangreiche Tätigkeit erfolgt, kommt es aber im Anschluss an die PKH-Bewilligung zu einer zeitigen Beendigung des Verfahrens, ist die umfangreiche Tätigkeit im Bewilligungsverfahren folglich zu berücksichtigen. Da die einzureichende Klageschrift auch der Begründung des PKH-Antrags dient, ist auch die hierfür notwendige Tätigkeit im Rahmen des § 14 zu berücksichtigen.[35]

43 Die **Rückwirkung** des Abs. 4 S. 1 tritt **automatisch** ein und bedarf keines besondern Ausspruchs im PKH-Bewilligungsbeschluss.

44 Eines besonderen **Ausspruchs** bedarf es vielmehr nur dann, wenn das Gericht die Rückwirkung nach Abs. 4 S. 1 aE („wenn vom Gericht nichts anderes bestimmt ist") ausschließen will. Die Entscheidung kann nur das Gericht (Richter) treffen, nicht der Urkundsbeamte. Dieser ist vielmehr an die gerichtliche Entscheidung gebunden. Ein Ausschluss der Rückwirkung setzt zudem einen besonderen rechtfertigenden Grund voraus, der auch im Verhalten des Antragstellers liegen kann.[36]

---

33 OLG Celle JurBüro 2006, 319; OLG Brandenburg FamRZ 2005, 1264; OLG Hamburg FamRZ 1991, 469; OLG Frankfurt MDR 1991, 450; AnwK-RVG/*Fölsch/Schafhausen/N. Schneider/Thiel*, § 48 Rn 83; Hartung/Enders/Schons/*Hartung*, § 48 Rn 32; aA OLG Karlsruhe FamRZ 2008, 802. **34** BT-Drucks 17/11471 (neu), S. 270; so auch schon: OLG Schleswig FamRZ 2012, 1418; OLG Nürnberg MDR 2011, 325; OLG Bamberg JurBüro 2009, 591; OLG Saarbrücken NJW 2008, 3150; OLG Stuttgart MDR 2008, 1067. **35** BT-Drucks 17/11471 (neu), S. 270. **36** BT-Drucks 17/11471 (neu), S. 270.

Die Regelung dient jedoch nicht dazu, eine doppelte Gebührenzahlung aus der Staatskasse zu verlangen, 45 weil PKH-Bewilligungsverfahren und anschließendes Hauptsacheverfahren gem. § 16 Nr. 2 dieselbe Angelegenheit darstellen.

VI. Mit dem Hauptverfahren zusammenhängende Tätigkeiten (Abs. 5)

1. Allgemeines. Handelt es sich um Angelegenheiten, die mit dem Hauptverfahren **nur zusammenhängen,** 46 besteht ein Vergütungsanspruch nur, wenn hierfür eine **ausdrückliche Beiordnung** erfolgt (Abs. 5 S. 1). Das gilt insbesondere für (**Abs. 5 S. 2**)

- die Zwangsvollstreckung, die Vollstreckung und den Verwaltungszwang (**Nr. 1**);
- das Verfahren über den Arrest, die einstweilige Verfügung und die einstweilige Anordnung (**Nr. 2**);
- selbstständige Beweisverfahren (**Nr. 3**);
- Widerklagen und Wideranträge (**Nr. 4**).

Es handelt sich jedoch nicht um eine abschließende Aufzählung, so dass eine gesonderte Beiordnung auch 47 erforderlich ist für die Einholung einer familien- oder betreuungsgerichtlichen Genehmigung oder für die Hinterlegung.[37]

2. Zwangsvollstreckung (Nr. 1). Für die Zwangsvollstreckung, gleich ob in das bewegliche oder unbewegli- 48 che Vermögen, muss PKH gesondert beantragt und bewilligt werden. Eine Ausnahme gilt nur für die Vollziehung oder Vollstreckung von Arresten, einstweiligen Verfügungen oder einstweiligen Anordnungen, wenn in dem Verfahren Gebühren nach Teil 3 VV entstehen (Abs. 2 S. 1). Über den PKH-Antrag entscheidet das Vollstreckungsgericht. Hat dieses PKH für die Vollstreckung in das bewegliche Vermögen bewilligt, sind sämtliche Vollstreckungshandlungen im Bezirk des Vollstreckungsgerichts, einschließlich des Verfahrens auf Abgabe der Vermögensauskunft des Schuldners, umfasst (§ 119 Abs. 2 ZPO). Es bedarf hierfür keiner erneuten Bewilligung. Soll in das unbewegliche Vermögen vollstreckt werden, muss PKH jedoch für jeden Antrag gesondert beantragt und bewilligt werden.

Einer besonderen Beiordnung bedarf es daher insbesondere für 49

- Ordnungsgeldverfahren (§ 890 ZPO, ggf iVm § 96 FamFG, §§ 89, 90 FamFG),
- Zwangsgeldverfahren (§ 888 ZPO, ggf iVm § 95 FamFG),
- Zwangsmittelverfahren (§ 35 FamFG),
- Verfahren auf Erteilung einer weiteren vollstreckbaren Ausfertigung (§ 733 ZPO),
- Anträge nach §§ 765 a, 851 a oder 851 b ZPO,
- Verteilungsverfahren (§§ 858 Abs. 5, 872–877, 882 ZPO),
- Verfahren auf Eintragung einer Zwangshypothek (§§ 867, 870 a ZPO),
- Verfahren zur Abnahme der Vermögensauskunft des Schuldners (§§ 802 c ff ZPO) oder der eidesstattlichen Versicherung (§ 94 FamFG), jedoch ist bei Arrest und einstweiliger Verfügung Abs. 2 S. 1 Hs 2 zu beachten (→ Rn 33).

Besondere Rechtszüge sind auch Vollstreckungsabwehrklage (§ 767 ZPO) und die Drittwiderspruchsklage 50 (§ 771 ZPO), so dass es auch hier stets einer gesonderten Beiordnung bedarf.

3. Eilverfahren (Nr. 2). Die Verfahren wegen Arrest, einstweiliger Verfügung oder einstweiliger Anordnung 51 sind gesonderte Rechtszüge. Für sie muss stets gesondert beigeordnet werden, denn die Beiordnung in der Hauptsache erstreckt sich nicht auf diese Eilverfahren. Die Tätigkeiten im Widerspruchs- oder Aufhebungsverfahren nach §§ 926 ff ZPO werden von der Beiordnung im Eilverfahren erfasst, ebenso die Abänderungsverfahren nach § 54 FamFG.[38]

Mit der voraussichtlich zum 18.1.2017 in Kraft tretenden Änderung der Nr. 2[39] (die Regelung soll dann lauten: „*2. das Verfahren über den Arrest, den Europäischen Beschluss zur vorläufigen Kontenpfändung, die einstweilige Verfügung und die einstweilige Anordnung;*") wird klargestellt, dass es auch in dem Verfahren über die Erwirkung eines **Europäischen Beschlusses zur vorläufigen Kontenpfändung**, das gem. § 17 Nr. 4 Buchst. a gegenüber dem Hauptsacheverfahren eine eigenständige Angelegenheit darstellt, stets einer besonderen PKH-Bewilligung und Beiordnung bedarf.

4. Beweisverfahren (Nr. 3). Das selbstständige Beweisverfahren (§§ 485 ff ZPO) ist ein eigenständiger 52 Rechtszug. Es bedarf deshalb einer besonderen Beiordnung. Das gilt auch dann, wenn die Kosten des Beweisverfahrens wegen Partei- und Gegenstandsidentität Teil der Kosten des Hauptverfahrens sind. Wird erst im Hauptverfahren PKH/VKH beantragt und bewilligt, entfaltet dies keine Rückwirkung auf das Be-

---

37 Hartung/Schons/Enders/*Hartung*, § 48 Rn 52. **38** Mayer/Kroiß/*Ebert*, § 48 Rn 108 f. **39** Durch Art. 13 Nr. 3 des Entwurfs eines Gesetzes zur Durchführung der Verordnung (EU) Nr. 655/2014 sowie zur Änderung sonstiger zivilprozessualer Vorschriften (EuKoPfVODG), BT-Drucks 18/7560, S. 21.

weisverfahren. Ist eine Beiordnung in beiden Verfahren erfolgt, muss der Rechtsanwalt die Anrechnungsregelung der Vorbem. 3 Abs. 5 VV beachten.

53 **5. Widerklage/Widerantrag (Nr. 4).** Es muss gesondert PKH/VKH beantragt und bewilligt werden, denn die Beiordnung für die Klage oder den Antrag umfasst die Widerklage/den Widerantrag nicht. Das gilt sowohl für den Widerkläger als auch für den Kläger, der sich dagegen verteidigen will.[40] Eine Ausnahme besteht jedoch für die Rechtsverteidigung gegen einen Widerantrag in einer Ehesache (§ 121 FamFG) und in Lebenspartnerschaftssachen nach § 269 Abs. 1 Nr. 1, 2 FamFG, da diese ausdrücklich von der Ausnahmeregelung des Abs. 5 S. 2 Nr. 4 ausgenommen sind.

VII. Angelegenheiten nach Teil 4–6 VV (Abs. 6)

54 **1. Regelungsinhalt.** Abs. 6 ordnet an, dass sich die Beiordnung bzw Bestellung ausnahmsweise auch auf solche Tätigkeiten erstreckt, die **vor** seiner Beiordnung oder Bestellung vorgenommen worden. Es handelt sich folglich um eine **Ausnahmeregelung zu Abs. 1**, die nicht über ihren Wortlaut hinaus angewendet werden darf. Vergütet werden aber nur solche Tätigkeiten, die der Rechtsanwalt tatsächlich erbracht hat.

55 Im Einzelnen regelt Abs. 6 folgende Fälle der Tätigkeiten in solchen Angelegenheiten:
- Beiordnung oder Bestellung erfolgt im ersten Rechtszug (S. 1),
- Beiordnung oder Bestellung erfolgt in einem späteren Rechtszug (S. 2),
- Verbindung mit Verfahren, in denen keine Beiordnung oder Bestellung erfolgt war (S. 3).

56 Die Rückwirkung umfasst sämtliche Teile der Vergütung, so dass auch vor der Beiordnung oder Bestellung angefallene Auslagen erfasst sind. Das gilt auch für Fotokopiekosten, wenn die vor der Bestellung zum Pflichtverteidiger hergestellten Ablichtungen nach objektivem Maßstab erforderlich waren.[41]

57 **2. Beiordnung oder Bestellung im ersten Rechtszug (Abs. 6 S. 1).** Wird ein Rechtsanwalt **in der ersten Instanz** beigeordnet oder bestellt, sind ihm auch solche Tätigkeiten aus der Staatskasse zu vergüten, die **vor** dem Zeitpunkt der Beiordnung oder Bestellung angefallen sind (S. 1). In Strafsachen sind ausdrücklich auch die Tätigkeiten vor der Erhebung der öffentlichen Klage und in Bußgeldsachen solche vor der Verwaltungsbehörde umfasst. Die Folgen des S. 1 treten **automatisch** ein, so dass es eines besonderen Ausspruchs des Gerichts im Beiordnungs- oder Bestellungsbeschlusses nicht bedarf. Dabei ist unerheblich, ob die Tätigkeiten gegenüber dem Gericht erfolgt sind.[42]

58 Von Bedeutung ist S. 1 insb. für die Gebühren wegen der Teilnahme an einer Hauptverhandlung. Der beigeordnete oder bestellte Anwalt erhält aus der Staatskasse auch solche Gebühren erstattet, die für seine Tätigkeit in Verhandlungen vor der Beiordnung oder Bestellung entstanden sind.[43] Hierzu zählen auch Vorführungstermine.[44] Das gilt auch für einen zum weiteren Pflichtverteidiger bestellten Anwalt, so dass auch er die vor seiner Bestellung verdienten Gebühren, einschließlich solcher für vorher wahrgenommene Hauptverhandlungen, aus der Staatskasse erhält.[45]

59 **3. Beiordnung oder Bestellung in späteren Rechtszügen (Abs. 6 S. 2).** Erfolgen Beiordnung oder Bestellung erst in einem **späteren Rechtszug**, erhält der Rechtsanwalt aus der Staatskasse eine Vergütung auch für vorher angefallene Tätigkeiten (S. 2). Es muss sich jedoch um Tätigkeiten handeln, die in diesem Rechtszug vorgenommen worden sind, so dass Tätigkeiten, die einem unteren Rechtszug zuzuordnen sind, oder gar Tätigkeiten vor Erhebung der öffentlichen Klage oder der Verwaltungsbehörde nicht umfasst sind, denn eine instanzübergreifende Rückwirkung tritt nicht ein.[46]

60 **4. Verfahrensverbindung (Abs. 6 S. 3).** Erfolgt die Verbindung von Verfahren, kann das Gericht anordnen, dass der beigeordnete oder bestellte Rechtsanwalt eine Vergütung für Tätigkeiten vor Beiordnung oder Bestellung auch für die Verfahren aus der Staatskasse verlangen kann, in denen keine Beiordnung oder Bestellung erfolgt war. Im Gegensatz zu Abs. 6 S. 1, 2 tritt die Wirkung **nicht automatisch** ein, sondern bedarf einer ausdrücklichen gerichtlichen Entscheidung.[47] Die Anordnung kann noch nach rechtskräftigem Anschluss des Verfahrens erfolgen.[48] S. 3 erfasst nur die Verfahrensverbindungen nach §§ 4, 13 Abs. 2 StPO,[49] nicht aber die Fälle des § 237 StPO.[50]

61 Bestritten ist, ob S. 3 nur gilt, wenn der Rechtsanwalt vor der Verfahrensverbindung bereits in einem Verfahren beigeordnet bzw bestellt war oder auch dann eingreift, wenn die Beiordnung bzw Bestellung überhaupt erstmals nach der Verbindung erfolgt. Es ist wohl der Auffassung zu folgen, die eine gerichtliche Anordnung der Erstreckung nach S. 3 nur für notwendig erachtet, wenn der Anwalt bereits vor der Verbin-

40 OLG Düsseldorf 23.3.1988 – 7 W 23/88, juris. **41** KG StraFo 1999, 285. **42** Hartung/Schons/Enders/*Hartung*, § 48 Rn 69. **43** KG JurBüro 1997, 361. **44** OLG Hamm Rpfleger 2001, 450. **45** OLG Köln NJW 2003, 2038. **46** Hartung/Schons/Enders/*Hartung*, § 48 Rn 72. **47** BT-Drucks 15/1971, S. 200 zu § 48 RVG. **48** LG Düsseldorf StraFo 2012, 117. **49** Gerold/Schmidt/*Burhoff*, § 48 Rn 204; Hartung/Schons/Enders/*Hartung*, § 48 Rn 75. **50** BT-Drucks 15/1971, S. 200 zu § 48 RVG.

dung in einem Verfahren beigeordnet bzw bestellt war. Erfolgt seine Bestellung oder Beiordnung in dem Verfahren erstmals nach der Verbindung, kommt vielmehr S. 1 zur Anwendung.[51]

Die Anordnung nach S. 3 kann von **Amts wegen** oder auf **Antrag** hin ausgesprochen werden. Der Antrag 62 kann noch nach rechtskräftigem Verfahrensabschluss gestellt werden.[52] Es handelt sich um eine Ermessensentscheidung, wobei eine Anordnung insb. dann in Betracht kommt, wenn in einem der verbundenen Verfahren eine Bestellung unmittelbar bevorgestanden hätte,[53] was jedoch nicht voraussetzt, dass in dem verbundenen Verfahren bereits ein Antrag auf Bestellung zum Pflichtverteidiger bei Gericht eingegangen ist.

Wird die Anordnung **abgelehnt**, kann Beschwerde (§ 304 StPO) auch durch den Rechtsanwalt im eigenem 63 Namen eingelegt werden.[54] Dem Mandanten steht hingegen kein Beschwerderecht zu.[55]

§ 49 Wertgebühren aus der Staatskasse

Bestimmen sich die Gebühren nach dem Gegenstandswert, werden bei einem Gegenstandswert von mehr als 4.000 Euro anstelle der Gebühr nach § 13 Absatz 1 folgende Gebühren vergütet:

Gegenstandswert bis ... Euro	Gebühr Euro	Gegenstandswert bis ... Euro	Gebühr Euro
5.000	257	16.000	335
6.000	267	19.000	349
7.000	277	22.000	363
8.000	287	25.000	377
9.000	297	30.000	412
10.000	307	über 30.000	447
13.000	321		

I. Allgemeines

Im Umfang seiner Beiordnung oder Bestellung erhält der Rechtsanwalt anstelle der Wertgebühren des § 13 1 Abs. 1 nur Gebühren nach § 49 vergütet. Die Regelung dient der Schonung öffentlicher Kassen bei bestehenden Vergütungsregelungen als vernünftige Erwägung des Gemeinwohls. Sie ist daher nicht verfassungswidrig,[1] jedoch können darüber hinaus keine weiteren Einschränkungen, wie etwa eine Reduzierung des Werts, vorgenommen werden.

Die Regelung gilt für sämtliche Rechtsanwälte und nach § 142 FGO beigeordnete Personen, denen ein Ver- 2 gütungsanspruch gegenüber der Staatskasse zusteht (§ 45), unabhängig von der Art des Verfahrens. Erfasst sind aber nur **Wertgebühren**, also solche Gebühren, die sich nach dem Wert des Gegenstands der anwaltlichen Tätigkeit bemessen (§ 2 Abs. 1). Unerheblich ist dabei, ob das Vergütungsverzeichnis einen festen Gebührensatz oder Satzrahmengebühren vorsieht. Nicht erfasst sind Betragsrahmengebühren.

II. Gebührenhöhe

§ 49 nimmt für die Wertgebühren eine **dreistufige Staffelung** vor: 3

In der **ersten Stufe**, die Wertgebühren **bis zu einem Gegenstandswert von 4.000 €** umfasst, erhält der beige- 4 ordnete oder bestellte Rechtsanwalt dieselben Gebühren nach § 13 Abs. 1 wie ein Wahlanwalt. Dabei ist auf den Gesamtwert abzustellen. Sind in dem Verfahren mehrere Gegenstände geltend gemacht, sind ihre Werte zusammenzurechnen. Wird durch die Zusammenrechnung der Wert von 4.000 € überschritten, sind die Gebühren für das Verfahren einheitlich nach § 49 zu berechnen, der Ansatz von Teilgebühren nach § 13 Abs. 1 unterbleibt.

Beispiel: In einer Zivilsache wegen Zahlung von 3.000 € wird PKH bewilligt. Der beigeordnete Anwalt kann 5 nach § 13 geltend machen:

1,3-Verfahrensgebühr, Nr. 3100 VV (Wert: 3.000 €)	261,30 €
1,2-Terminsgebühr, Nr. 3104 VV (Wert: 3.000 €)	241,20 €

Abweichungen zur Wahlanwaltsvergütung bestehen also nicht, da § 49 erst ab einem Wert von 4.000 € greift.

---

51 OLG Jena Rpfleger 2009, 171; OLG Rostock StRR 2009, 279; OLG Hamm JurBüro 2005, 535; LG Aurich AG kompakt 2011, 105; Gerold/Schmidt/*Burhoff*, § 48 Rn 205. **52** KG StraFo 2012, 292; LG Freiburg RVGreport 2006, 183. **53** BT-Drucks 15/1971, S. 200 (zu § 48 RVG). **54** KG StraFo 2012, 78. **55** KG StraFo 2012, 78. **1** BVerfG NJW 2005, 2980.

6   Die **zweite Stufe** erfasst die Verfahren, in denen der **Gegenstandswert 4.000 € übersteigt**. Hier sind Gebühren nur nach § 49 zu vergüten. Dabei gibt die Tabelle jeweils die Höhe einer vollen Gebühr, dh ein 1,0-Gebührensatz wieder. Der Gebührenbetrag ist daher mit dem tatsächlichen Gebührensatz (zB 1,3 bei Nr. 3100 VV, 0,8 bei Nr. 3101 VV) zu multiplizieren. Die **Mindestgebühr** beträgt auch nach § 49 stets 15 € (§ 13 Abs. 2).

7   **Beispiel:** In einer Zivilsache wegen Zahlung von 6.000 € wird PKH bewilligt. Der beigeordnete Anwalt kann nach § 49 geltend machen:

1,3-Verfahrensgebühr, Nr. 3100 VV (Wert: 6.000 €)	347,10 €
1,2-Terminsgebühr, Nr. 3104 VV (Wert: 6.000 €)	320,40 €

8   **Übersteigt der Gegenstandswert 30.000 € (dritte Stufe)** erhält der Rechtsanwalt unabhängig von der tatsächlichen Werthöhe als volle Gebühr höchstens 447 € vergütet, jedoch ist dieser Betrag mit dem tatsächlichen Gebührensatz zu multiplizieren. Der Höchstbetrag ist zudem für jede entstehende Gebühr gesondert zu vergüten, denn auch Verfahrens- und Terminsgebühr entstehen gesondert. Die Höchstgebühr gilt auch, wenn nach § 15 Abs. 3 für Teile des Gegenstands verschiedene Gebührensätze zugrunde zu legen sind.[2]

9   **Beispiel:** In einer Zivilsache wegen Zahlung von 50.000 € wird PKH bewilligt. Der beigeordnete Anwalt kann nach § 49 geltend machen:

1,3-Verfahrensgebühr, Nr. 3100 VV (Wert: 50.000 €)	581,10 €
1,2-Terminsgebühr, Nr. 3104 VV (Wert: 50.000 €)	536,40 €

III. Insbesondere: Mehrere Auftraggeber

10   Wird nur einem Auftraggeber PKH oder VKH bewilligt, kann der beigeordnete Rechtsanwalt die Gebühren in vollem Umfang nach § 49 geltend machen, so dass keine Beschränkung auf Nr. 1008 VV besteht.[3]

11   Ist sämtlichen Auftraggebern PKH oder VKH bewilligt, kann auch der beigeordnete Rechtsanwalt die nach Nr. 1008 VV erhöhte Verfahrensgebühr geltend machen, die nach § 49 zu berechnen ist. Liegen die Voraussetzungen für eine Erhöhung der Gebühr nach Nr. 1008 VV nicht vor, weil der Rechtsanwalt die Auftraggeber nicht wegen desselben Gegenstands vertritt, erhöht sich die Höchstgebühr des § 49 für jeden weiteren Auftraggeber um 134,10 € (0,3 x 447 €),[4] weil die wortgetreue Auslegung der Vorschrift in solchen Fällen zu nicht gewollten Unbilligkeiten führen würde.

12   **Beispiel:** In einer Zivilsache wird der Anwalt A und B beigeordnet. A klagt eine Forderung von 25.000 €, B eine Forderung von 15.000 €.

Es liegt keine Gesamtgläubigerschaft vor, so dass keine Gegenstandsgleichheit iSd Nr. 1008 VV gegeben ist. Die Gebühren erhöhen sich nicht, sondern es erfolgt nur eine Wertaddition.

Der PKH-Anwalt kann gegenüber der Staatskasse geltend machen:

1,3-Verfahrensgebühr, Nr. 3100 VV (Wert: 40.000 €)	755,43 €
1,2-Terminsgebühr, Nr. 3104 VV (Wert: 40.000 €)	536,40 €

Hinsichtlich der Verfahrensgebühr ist die Höchstgebühr des § 49 um 0,3 auf 581,10 € zu erhöhen und dieser Betrag mit dem 1,3-Gebührensatz der Nr. 3100 VV zu multiplizieren. Hinsichtlich der Terminsgebühr tritt keine Erhöhung der Gebühr ein, weil Nr. 1008 VV nur eine Erhöhung der Verfahrensgebühr vorsieht.

IV. Weitere Vergütung

13   Die Differenz zwischen Wahlanwaltsvergütung (§ 13 Abs. 1) und der nach § 49 zu zahlenden Vergütung kann zunächst weder gegen die Staatskasse noch gegen den Mandanten geltend gemacht werden (§ 122 Abs. 1 Nr. 3 ZPO). Sie kann aber nach § 50 gefordert werden, wenn die dortigen Voraussetzungen erfüllt sind (s. dort). Werden PKH oder VKH aufgehoben, kann die Differenzvergütung auch gegen den Mandanten, auch mit einen Antrag auf Vergütungsfestsetzung nach § 11, geltend gemacht werden.

V. Auslagen

14   Für die Auslagen gilt § 49 nicht, so dass hier grds. keine Einschränkungen für den beigeordneten oder bestellten Anwalt bestehen. Eine Ausnahme gilt aber für die nach Nr. 7002 VV zu berechnende Post- und Telekommunikationsentgeltpauschale, deren Höhe vom Gebührenbetrag abhängt, wenn nicht der Höchstbetrag von 20 € entsteht. Sie berechnet sich nach den Gebührenbeträgen des § 49 (Anm. Abs. 2 zu Nr. 7002

---

2 Gerold/Schmidt/*Müller-Rabe*, § 49 Rn 6.   **3** OLG München MDR 2011, 326; OLG Zweibrücken Rpfleger 2009, 88; OLG Celle Rpfleger 2007, 151; OLG Hamm Rpfleger 2003, 447; OLG Bamberg OLGR 2001, 28; OLG Köln NJW-RR 1999, 725; OLG Düsseldorf MDR 1997, 1071; OLG Stuttgart JurBüro 1997, 200; Hartung/Schons/Enders/*Hartung*, § 49 Rn 26; Gerold/Schmidt/*Müller-Rabe*, § 49 Rn 11 ff; aA BGH NJW 1993, 1715; OLG Naumburg Rpfleger 2004, 168.   **4** BGH MDR 1981, 1004; Hartung/Schons/Enders/*Hartung*, § 49 Rn 25; AnwK-RVG/*Fölsch/Schnapp*, § 49 Rn 13 ff.

VV), nicht nach den fiktiven Wahlanwaltsgebühren.[5] Das gilt für sämtliche Zahlungen aus der Staatskasse, also neben der Beratungshilfe insb. auch für die PKH/VKH.[6]

VI. Anrechnung

Zur Anrechnungsproblematik bei Anwendung von § 49 wird auf die Ausführungen in → § 58 Rn 13 ff verwiesen. 15

§ 50 Weitere Vergütung bei Prozesskostenhilfe

(1) [1]Nach Deckung der in § 122 Absatz 1 Nummer 1 der Zivilprozessordnung bezeichneten Kosten und Ansprüche hat die Staatskasse über die auf sie übergegangenen Ansprüche des Rechtsanwalts hinaus weitere Beträge bis zur Höhe der Regelvergütung einzuziehen, wenn dies nach den Vorschriften der Zivilprozessordnung und nach den Bestimmungen, die das Gericht getroffen hat, zulässig ist. [2]Die weitere Vergütung ist festzusetzen, wenn das Verfahren durch rechtskräftige Entscheidung oder in sonstiger Weise beendet ist und die von der Partei zu zahlenden Beträge beglichen sind oder wegen dieser Beträge eine Zwangsvollstreckung in das bewegliche Vermögen der Partei erfolglos geblieben ist oder aussichtslos erscheint.

(2) Der beigeordnete Rechtsanwalt soll eine Berechnung seiner Regelvergütung unverzüglich zu den Prozessakten mitteilen.

(3) Waren mehrere Rechtsanwälte beigeordnet, bemessen sich die auf die einzelnen Rechtsanwälte entfallenden Beträge nach dem Verhältnis der jeweiligen Unterschiedsbeträge zwischen den Gebühren nach § 49 und den Regelgebühren; dabei sind Zahlungen, die nach § 58 auf den Unterschiedsbetrag anzurechnen sind, von diesem abzuziehen.

I. Allgemeines

1. Regelungszweck. Die Regelung soll die Folgen, die sich aus der geringeren Vergütung zB des § 49 ergeben, abmildern und erlaubt die Zahlung der weiteren Vergütung (auch **Differenzvergütung**) aus der Staatskasse. § 50 regelt zugleich die Voraussetzungen für die Zahlung aus der Staatskasse. 1

2. Höhe. Die weitere Vergütung umfasst die Differenz zwischen der Wahlanwaltsgebühr nach § 13 Abs. 1 und den Gebühren nach § 49, aber auch andere Vergütungsgegenstände, wie etwa die verringerte Postpauschale der Nr. 7002 VV. 2

Beispiel: In einer Zivilsache wegen Zahlung von 8.000 € wird ein PKH-Anwalt beigeordnet. 3

I. Aus der Landeskasse erhält er wegen § 49 zunächst nur vergütet:

1,3-Verfahrensgebühr, Nr. 3100 VV (Wert: 8.000 €)	373,10 €
1,2-Terminsgebühr, Nr. 3104 VV (Wert: 8.000 €)	344,40 €
Post- und Telekommunikationspauschale, Nr. 7002 VV	20,00 €
Umsatzsteuer, Nr. 7008 VV (19 % aus 737,50 €)	140,13 €
Gesamt	**877,63 €**

II. Nach Kostendeckung kann als weitere Vergütung (§ 13 Abs. 1, § 50) geltend gemacht werden:

1,3-Verfahrensgebühr, Nr. 3100 VV (Wert: 8.000 €)	592,80 €
1,2-Terminsgebühr, Nr. 3104 VV (Wert: 8.000 €)	547,20 €
Post- und Telekommunikationspauschale, Nr. 7002 VV	20,00 €
Umsatzsteuer, Nr. 7008 VV (19 % aus 1.160 €)	220,40 €
Gesamt	1.380,40 €
abzgl. aus der Landeskasse bereits erhaltener	– 877,63 €
Noch festzusetzen (§ 50) sind	**502,77 €**

II. Voraussetzungen für die Festsetzung (Abs. 1 S. 1)

1. Kostendeckung. Die weitere Vergütung wird erst festgesetzt, wenn die nach § 122 Abs. 1 Nr. 1 ZPO zu leistenden Kosten gedeckt sind. Hierzu gehören auch von der Staatskasse einzuziehende durchlaufende Gelder wie Gerichtsvollzieherkosten für vom Gericht beantragte Aufträge. Erfasst sind auch solche Gerichtskosten, für welche die PKH-Partei als Zweitschuldner haften würde, weil in diesem Fall mit der PKH/VKH-Ratenzahlung auch diese Gerichtskosten zu zahlen sind (vgl auch Nr. 2.5.1.3 VergütungsfestsetzungsAV, Nr. 2.5, 4.9 DB-PKH). 4

---

5 OLG Nürnberg JurBüro 2010, 40. **6** BT-Drucks 17/11472, S. 50.

5 **2. Einziehungspflicht der Staatskasse.** Hat das Gericht nach § 115 ZPO monatliche Raten oder die Zahlung von Beträgen aus dem Vermögen angeordnet, sind diese zunächst auf die von § 122 Abs. 1 Nr. 1 ZPO umfassten Kosten zu verrechnen, so dass zunächst die Gerichtskosten und die nach § 59 auf die Staatskasse übergegangenen Ansprüche zu tilgen sind. Dabei sind die Gebührenbeträge des § 49 maßgeblich. Sind diese Kosten gedeckt, stellt Abs. 1 S. 1 klar, dass die Staatskasse auch verpflichtet ist, die weiteren Anwaltsgebühren bis zur Höhe der gesetzlichen Vergütung einzuziehen. Dabei sind auch solche Auslagen einzuziehen, die im Rahmen der PKH/VKH nicht aus der Staatskasse erstattet wurden.[1] Es ist daher auch nach Deckung der in § 122 Abs. 1 Nr. 1 ZPO genannten Kosten durch die Geschäftsstelle an die Zahlung zu erinnern. Bei Nichtzahlung kann die Aufhebung der PKH/VKH nach § 124 Abs. 1 Nr. 5 ZPO erfolgen, in den Fällen der Nr. 2.5.2, 4.7 DB-PKH kommt Sollstellung in Betracht. Wegen § 115 Abs. 2 S. 4 ZPO dürfen jedoch höchstens 48 Monatsraten eingezogen werden, auch wenn dann noch keine vollständige Kostendeckung eingetreten ist. Auch bei nachträglicher Änderung der PKH/VKH-Raten müssen die Differenzkosten beigetrieben werden.[2]

6 **3. Verrechnung bei verschiedenen Instanzen.** Wurde in erster Instanz PKH/VKH ohne Ratenzahlung bewilligt, während für die höhere Instanz Ratenzahlung angeordnet wird, dürfen die Ratenzahlungen nur zur Deckung der Kosten für die höhere Instanz verwendet werden, nicht aber für erstinstanzlichen Kosten. Das hat zur Folge, dass für die Berechnung und Festsetzung der weiteren Vergütung für die zweite Instanz die Vergütung des erstinstanzlichen Anwalts unbeachtlich bleibt.[3]

7 **Beispiel:** In erster Instanz wird dem Kläger PKH ohne Ratenzahlung bewilligt. Für die zweite Instanz wird PKH mit Zahlung von monatlichen Raten iHv 45 € bewilligt.

Die Gerichtskosten betragen 400 € (1. Instanz) und 600 € (2. Instanz). Der beigeordnete Anwalt erhält eine PKH-Vergütung (§ 49) für die 1. Instanz iHv 700 €, für die 2. Instanz iHv 1.100 €.

Die PKH-Partei leistet 48 Monatsraten á 45 € = 2.160 €. Davon sind zunächst die Kosten des § 122 Abs. 1 Nr. 1 ZPO abzuziehen, jedoch nur für die 2. Instanz:

2.160 € abzgl. 600 € Gerichtskosten abzgl. 1.100 € PKH-Vergütung. Es verbleiben 460 €, die für die weitere Vergütung (§ 50) der 2. Instanz zur Verfügung stehen. Kosten für die 1. Instanz dürfen nicht abgesetzt werden.

8 Haben beide Instanzen Ratenzahlung angeordnet, sind wegen § 366 BGB zunächst die Kosten der ersten Instanz zu tilgen.[4] Zu ihnen gehört dann auch die weitere Vergütung des § 50, so dass erst nach deren Deckung auf die Kosten der zweiten Instanz verrechnet werden kann.

9 **4. Zeitpunkt (Abs. 1 S. 2). a) Rechtskraft, sonstige Beendigung.** Die Festsetzung darf nach Abs. 1 S. 2 erst erfolgen, wenn das Verfahren durch rechtskräftige Entscheidung oder in sonstiger Weise beendet ist, zB Vergleichsabschluss, Erledigung der Hauptsache. Keine Beendigung liegt hingegen vor bei längerem Ruhen des Verfahrens[5] oder Unterbrechung.[6] Im Scheidungsverbundverfahren müssen sämtliche Verbundteile beendet sein, so dass die weitere Vergütung auch für die Scheidungssache erst nach Erledigung der Folgesachen festgesetzt werden kann,[7] auch wenn hier wegen besonderer Umstände mit einer sehr langen Dauer zu rechnen ist.[8] Werden nach Art. 111 Abs. 4 FGG-RG Versorgungsausgleichsfolgesachen wieder aufgenommen, liegt im Hinblick auf das Verbundverfahren aber Erledigung vor, weil die Versorgungsausgleichsverfahren als selbstständige Familiensachen fortzuführen sind. Anders aber, wenn eine Folgesache wegen des Versorgungsausgleichs nach § 140 FamFG abgetrennt wird, weil diese dann ihren Charakter als Folgesache behalten (§ 137 Abs. 5 S. 1 FamFG).

10 **b) Vollstreckung.** Die weitere Vergütung kann auch festgesetzt werden, wenn wegen der PKH/VKH-Zahlungen eine Vollstreckung in das bewegliche Vermögen des mittellosen Beteiligten erfolglos geblieben oder aussichtslos erscheint (Abs. 1 S. 2); hierzu → FamGKG § 26 Rn 20 ff. Auf unbewegliches Vermögen kommt es daher nicht an.

III. Umfang der Zahlung

11 Unabhängig vom Zeitpunkt der Festsetzung, kann die weitere Vergütung nur in der Höhe festgesetzt werden, wie die Staatskasse tatsächlich Zahlungen einziehen konnte. Von diesen Zahlungen sind stets die Kosten nach § 122 Abs. 1 Nr. 1 ZPO abzuziehen, so dass nur der tatsächlich verbleibende Überschuss für § 50 zu Verfügung steht.

1 BT-Drucks 17/11471 (neu), S. 270. **2** OLG Oldenburg Rpfleger 2001, 244. **3** OLG München OLGR 1995, 156. **4** Zöller/ *Geimer*, ZPO, § 119 Rn 61. **5** OLG Düsseldorf JurBüro 1991, 828. **6** Hartung/Schons/Enders/*Hartung*, § 50 Rn 38. **7** OLG Düsseldorf JurBüro 1983, 719. **8** OLG Koblenz MDR 2000, 851.

IV. Mehrere Rechtsanwälte (Abs. 3)

Waren der Partei mehrere Anwälte beigeordnet, regelt Abs. 3 die Verwendung des nach Abzug der Kosten **12** des § 122 Abs. 1 Nr. 1 ZPO verbleibenden Überschusses. Handelt es sich um dieselbe Instanz, sind die Ansprüche der Anwälte gleichberechtigt, so dass der Überschuss im Verhältnis der Gebührenhöhen untereinander aufzuteilen ist.

Waren hingegen in verschiedenen Instanzen jeweils andere Anwälte beigeordnet, ist die Einziehungsreihen- **13** folge bei den PKH-Zahlungen zu beachten (→ Rn 6 ff).

Beispiel: In einer Zivilsache wegen Zahlung von 8.000 € waren der Partei zwei PKH-Anwälte beigeordnet. Die **14** Partei hat Zahlungen von 2.880 € geleistet (48 x 60 €).

Die Gerichtskosten betragen 510 €. Die PKH-Vergütung beträgt jeweils 877,63 €.

Von den PKH-Raten sind daher zunächst abzuziehen:

2.880 € abzgl. 510 € Gerichtskosten abzgl. 1.755,26 € PKH-Anwaltskosten (2 x 877,63 €), so dass ein Überschuss von 614,74 € verbleibt.

Die Wahlanwaltsvergütung beträgt bei Anwalt A 1.380,40 € und bei Anwalt B ebenfalls 1.380,40 €. Zahlungen hat die PKH-Partei an die Anwälte nicht geleistet. Die weitere Vergütung beträgt also jeweils 502,77 € (1.380,40 – 877,63), für beide Anwälte also 1.005,54 €. Im Verhältnis der Beträge zueinander stehen Anwalt A und B jeweils 50 % zu, so dass auch der Überschuss von 614,74 € in diesem Verhältnis aufzuteilen ist.

Als weitere Vergütung sind daher festzusetzen für Anwalt A 307,37 € und für Anwalt B 307,37 €.

V. Verfahren

Die weitere Vergütung ist nicht von Amts wegen zu berücksichtigen, sondern der beigeordnete Anwalt **15** muss die Regelvergütung bei dem Gericht in der Form des § 10 **anmelden. Abs. 2** ordnet daher an, dass der beigeordnete Anwalt seine **Regelvergütung** unverzüglich, also ohne schuldhaftes Verzögern (§ 121 Abs. 1 S. 1 BGB), **zu den Prozessakten mitteilen** soll. Unterbleibt die Mitteilung, erlöschen die Ansprüche jedoch noch nicht automatisch, Verjährung bleibt aber unberührt. Der Urkundsbeamte der Geschäftsstelle hat den Anwalt zunächst aufzufordern, die weitere Vergütung binnen eines Monats geltend zu machen (§ 55 Abs. 6; → § 55 Rn 23). Erst nach fruchtlosem Fristablauf erlischt der Anspruch.

Ist die Anmeldung erfolgt, muss die weitere Vergütung in den Ratenplan aufgenommen werden. Wird dies **16** versehentlich unterlassen, kann ein Amtshaftungsanspruch vorliegen, wenn die Raten später zB wegen Insolvenz der Partei nicht mehr beigetrieben werden können und folglich keine weitere Vergütung mehr gezahlt wird.[9]

Im Übrigen gilt für das Festsetzungsverfahren die Regelung des § 55. Zuständig für die Festsetzung ist das **17** nach § 55 zuständige Gericht. Ist die Bundeskasse zahlungspflichtig, muss sie auch die weitere Vergütung auszahlen. Für die Festsetzung der weiteren Vergütung ist Nr. 2.5 VergütungsfestsetzungsAV zu beachten. Danach muss sich der Urkundsbeamte der Geschäftsstelle vor der Festsetzung überzeugen, dass

■ die Zeitpunkte nach Abs. 1 S. 2 vorliegen;

■ sämtliche der Partei beigeordneten Rechtsanwälte und, soweit der gegnerischen Partei ebenfalls PKH bewilligt und die PKH-Partei dem Gegner erstattungspflichtig ist, auch die der gegnerischen Partei beigeordneten Rechtsanwälte ihre Vergütung (§§ 45 Abs. 1, 49) beantragt haben und dass über diese Anträge abschließend entschieden worden ist;

■ die Schlusskostenrechnung, einschl. der nach § 59 Abs. 1 S. 1 auf die Staatskasse übergegangenen Ansprüche, aufgestellt ist und ein gegen den gegnerische Partei zum Soll gestellter Betrag, für den die Partei als Zweitschuldner haften würde, gezahlt ist, so dass feststeht, welcher Betrag zur Deckung der in § 122 Abs. 1 Nr. 1 ZPO bezeichneten Kosten und Ansprüche erforderlich ist;

■ sämtliche der Partei beigeordneten Rechtsanwälte die weitere Vergütung beantragt haben.

§ 51 Festsetzung einer Pauschgebühr

(1) [1]In Straf- und Bußgeldsachen, Verfahren nach dem Gesetz über die internationale Rechtshilfe in Strafsachen, in Verfahren nach dem IStGH-Gesetz, in Freiheitsentziehungs- und Unterbringungssachen sowie bei Unterbringungsmaßnahmen nach § 151 Nummer 6 und 7 des Gesetzes über das Verfahren in Familiensachen und in den Angelegenheiten der freiwilligen Gerichtsbarkeit ist dem gerichtlich bestellten oder beigeordneten Rechtsanwalt für das ganze Verfahren oder für einzelne Verfahrensabschnitte auf Antrag eine

---

9 LG Mainz AGS 2003, 359.

Pauschgebühr zu bewilligen, die über die Gebühren nach dem Vergütungsverzeichnis hinausgeht, wenn die in den Teilen 4 bis 6 des Vergütungsverzeichnisses bestimmten Gebühren wegen des besonderen Umfangs oder der besonderen Schwierigkeit nicht zumutbar sind. ²Dies gilt nicht, soweit Wertgebühren entstehen. ³Beschränkt sich die Bewilligung auf einzelne Verfahrensabschnitte, sind die Gebühren nach dem Vergütungsverzeichnis, an deren Stelle die Pauschgebühr treten soll, zu bezeichnen. ⁴Eine Pauschgebühr kann auch für solche Tätigkeiten gewährt werden, für die ein Anspruch nach § 48 Absatz 6 besteht. ⁵Auf Antrag ist dem Rechtsanwalt ein angemessener Vorschuss zu bewilligen, wenn ihm insbesondere wegen der langen Dauer des Verfahrens und der Höhe der zu erwartenden Pauschgebühr nicht zugemutet werden kann, die Festsetzung der Pauschgebühr abzuwarten.

(2) ¹Über die Anträge entscheidet das Oberlandesgericht, zu dessen Bezirk das Gericht des ersten Rechtszugs gehört, und im Fall der Beiordnung einer Kontaktperson (§ 34 a des Einführungsgesetzes zum Gerichtsverfassungsgesetz) das Oberlandesgericht, in dessen Bezirk die Justizvollzugsanstalt liegt, durch unanfechtbaren Beschluss. ²Der Bundesgerichtshof ist für die Entscheidung zuständig, soweit er den Rechtsanwalt bestellt hat. ³In dem Verfahren ist die Staatskasse zu hören. ⁴§ 42 Abs. 3 ist entsprechend anzuwenden.

(3) ¹Absatz 1 gilt im Bußgeldverfahren vor der Verwaltungsbehörde entsprechend. ²Über den Antrag nach Absatz 1 Satz 1 bis 3 entscheidet die Verwaltungsbehörde gleichzeitig mit der Festsetzung der Vergütung.

I. Allgemeines

1 **1. Normzweck.** Der gerichtlich bestellte oder beigeordnete Rechtsanwalt erhält nach dem Vergütungsverzeichnis Festgebühren. Diese sind unabhängig von dem konkreten Umfang und von der konkreten Schwierigkeit der Angelegenheit gleich hoch. Bei besonders umfangreichen oder besonders schwierigen Verfahren kann die Vergütung des Rechtsanwalts mit diesen Festgebühren daher unzumutbar niedrig sein. Da der Rechtsanwalt der Bestellung bzw Beiordnung nachkommen muss und das Mandat nicht ablehnen kann, darf er aus verfassungsrechtlichen Gründen (Berufsfreiheit) für seine Indienstnahme nicht unzumutbar niedrig oder sogar existenzgefährdend vergütet werden.[1] § 51 gewährleistet durch die Pauschgebühr in derartigen Fällen das **verfassungsrechtlich gebotene Mindesthonorar** (mehr jedoch nicht, → Rn 38).

2 **2. Aufbau der Norm.** In Abs. 1 sind die Voraussetzungen geregelt, unter denen eine Pauschgebühr zu bewilligen ist. Abs. 2 regelt das Verfahren. Abs. 3 erklärt die Vorschrift im Bußgeldverfahren vor der Verwaltungsbehörde für entsprechend anwendbar.

3 **3. Bedeutung der Rspr zu § 99 BRAGO.** § 51 ist an die Stelle des § 99 BRAGO getreten. Die **zu § 99 BRAGO ergangene Rspr** hat daher auch für § 51 Bedeutung. Indes ist zu berücksichtigen, dass nach „neuem" Recht eine Pauschgebühr nur noch zu bewilligen ist, wenn die im Vergütungsverzeichnis vorgesehenen (Fest-)Gebühren wegen des **besonderen Umfangs** oder der **besonderen Schwierigkeit** der Sache **unzumutbar**

---

1 BVerfG NJW 2011, 3079–3081.

niedrig sind. Diese Einschränkung gegenüber § 99 BRAGO ist nach der amtlichen Begründung[2] gerechtfertigt, weil die Festgebühren mit dem RVG angehoben und neue Gebührentatbestände aufgenommen wurden, welche in der Vergangenheit häufig zur Bewilligung einer Pauschgebühr führten.

II. Sachlicher Anwendungsbereich (Abs. 1 S. 1)

Sachlich beschränkt ist die Bewilligung einer Pauschgebühr auf   4

- Straf- und Bußgeldsachen,
- Verfahren nach dem Gesetz über die internationale Rechtshilfe in Strafsachen (IRG),
- Verfahren nach dem Gesetz über die Zusammenarbeit mit dem Internationalen Strafgerichtshof (IStGH-Gesetz),
- Freiheitsentziehungs- und Unterbringungssachen sowie
- Unterbringungsmaßnahmen nach § 151 Nr. 6 und 7 FamFG.

In Disziplinarverfahren oder berufsgerichtlichen Verfahren kommt die Bewilligung einer Pauschgebühr   5
nicht in Betracht.

Bei **Wertgebühren** ist eine Pauschgebühr ausgeschlossen (Abs. 1 S. 2).[3] Dort kommt die Bedeutung bereits   6
durch den Wert, an den die Gebühr anknüpft, zum Ausdruck. Wertgebühren entstehen in Strafsachen nach
Nr. 4142 ff VV v.a. bei der Einziehung und im Adhäsionsverfahren.

III. Persönlicher Anwendungsbereich (Abs. 1 S. 1)

Die Vorschrift ist auf alle **gerichtlich bestellten oder beigeordneten Rechtsanwälte** anwendbar. Der Haupt-   7
anwendungsfall ist der **Pflichtverteidiger**. Die Pauschgebühr ist aber nicht auf ihn beschränkt.

Auf den **Wahlverteidiger** oder **Wahlanwalt** ist § 51 **nicht** anwendbar. Er kann bei besonders umfangreichen   8
oder besonders schwierigen Sachen die Übernahme des Mandats von dem Abschluss einer Vergütungsvereinbarung abhängig machen. Zudem sieht das Vergütungsverzeichnis für den Wahlanwalt Gebührenrahmen vor, die es erlauben, den Besonderheiten des Rechtsfalls Rechnung zu tragen. In besonders gravierenden Fällen, in denen selbst bei Ausschöpfen der Gebührenrahmen seine Vergütung unzumutbar niedrig ist, kann der Wahlanwalt zudem nach § 42 eine Pauschgebühr feststellen lassen.

IV. Voraussetzungen der Pauschgebühr (Abs. 1 S. 1)

1. Grundsätzliches. Eine Pauschgebühr wird bewilligt, wenn die im Vergütungsverzeichnis vorgesehenen   9
Festgebühren wegen des **besonderen Umfangs** oder der **besonderen Schwierigkeit** des Verfahrens **nicht zumutbar** sind. Aus dem Wort „oder" folgt, dass *sowohl* der besondere Umfang *als auch* die besondere Schwierigkeit *isoliert* zur Bewilligung einer Pauschgebühr führen können. Ausreichend ist aber auch, wenn (erst) beide Gesichtspunkte *kumulativ* die Unzumutbarkeit der Festgebühren begründen.

2. Verfahrensgegenstand. Eine Pauschgebühr kann gem. Abs. 1 S. 1 für das **ganze Verfahren** oder für **einzelne Verfahrensabschnitte** bewilligt werden. Daraus folgt, dass eine Pauschgebühr auch isoliert für das   10
Vorverfahren und isoliert für die jeweiligen gerichtlichen Instanzen bewilligt werden kann. Zudem ist es möglich, eine Pauschgebühr anstelle oder neben einer **einzelnen Gebühr** zu bewilligen, wenn die *dafür* seitens des Rechtsanwalts zu erbringende Tätigkeit nicht zumutbar vergütet ist.

Teilweise wird in der Rspr[4] indes die Ansicht vertreten, dass die Bewilligung einer Pauschgebühr vorausset-   11
ze, dass die Vergütung für das **Verfahren insgesamt** unzumutbar niedrig sei. Nach dieser Ansicht ist eine **Kompensation** einer für bestimmte Verfahrensabschnitte unzumutbar niedrigen Vergütung durch eine hohe Vergütung für andere Verfahrensabschnitte nicht nur möglich, sondern zwingend. Ist etwa die Tätigkeit des Rechtsanwalts, für welche er die Verfahrensgebühr erhält, besonders umfangreich oder von besonderer Schwierigkeit, so dass die Tätigkeit mit der Verfahrensgebühr unzumutbar niedrig entlohnt wird, kann dies durch kurze Hauptverhandlungstermine ausgeglichen werden, da die deshalb anfallenden Terminsgebühren die Teilnahme an der Hauptverhandlung bis zu fünf Stunden abgelten (vgl zB Nr. 4110 VV).

Würde man dieser Ansicht uneingeschränkt folgen, würde dies einen Vorschuss auf die Pauschgebühr stark einschränken.[5] Denn während des Verfahrens mag die bereits geleistete Tätigkeit die Voraussetzungen für die Gewährung einer Pauschgebühr zwar erfüllen, in vielen Fällen wird sich aber nicht (sicher) ausschließen lassen, dass die weitere Tätigkeit im Verfahren eher unterdurchschnittlich ist und daher das Verfahren *insgesamt* die Voraussetzungen für die Gewährung einer Pauschgebühr nicht erfüllt.

---

2 Vgl BT-Drucks 15/1971, S. 203. **3** OLG Karlsruhe NStZ-RR 2015, 96. **4** KG 15.4.2015 – 1 ARs 22/14, juris; OLG Frankfurt NStZ-RR 2009, 296; wie hier jedoch: OLG Hamm AGS 2005, 112; OLG Jena StraFo 2005, 172. **5** Daher lehnt das BVerfG diese Ansicht ab, vgl etwa BVerfG 1.6.2011 – 1 BvR 3181/10, juris.

12   Nach hier vertretener Ansicht ist die Bewilligung einer Pauschgebühr bereits möglich, wenn die Vorausset-zungen des § 51 **isoliert** bezogen auf eine einzelne bereits entstandene Gebühr oder für bereits entstandene Gebühren für einen Verfahrensabschnitt gegeben sind.[6] Der Antrag kann sich deshalb darauf beschränken, die *diesbezügliche* Anpassung oder Ergänzung durch eine Pauschgebühr zu beantragen. Auf den durch den Antrag umgrenzten Verfahrensgegenstand ist das OLG bzw der BGH dann bei der Prüfung der Unzumut-barkeit beschränkt.[7]

Diese Ansicht hat zur Folge, dass eine **Kompensation** durch andere Gebühren, für welche die dadurch ent-lohnte Tätigkeit des Rechtsanwalts unterdurchschnittlich war, **nicht** erfolgt.[8] Allerdings ist dann, wenn der Rechtsanwalt nur hinsichtlich einer einzelnen Gebühr oder einiger Gebühren die Anpassung beantragt, da-von auszugehen, dass die Gebühren für die sonstige Tätigkeit auskömmlich waren und sind, was die Anfor-derungen an eine Unzumutbarkeit der einzelnen Gebühr oder einzelnen Gebühren erhöht.

13   **3. Vergleichsmaßstab.** Als Maßstab sind die Verfahren heranzuziehen, die den **Durchschnittsfall der vor dem jeweiligen Spruchkörper verhandelten Sachen** darstellen.[9] Umstände, denen das Gesetz bereits durch (höhere) Gebühren Rechnung trägt, können keinen Anspruch auf eine Pauschgebühr begründen. Beispiele:

14   Das Gesetz geht bei **Schwurgerichtsverfahren** und **Wirtschaftsstrafverfahren** von einem erhöhten Aufwand aus und gewährt deshalb höhere Verfahrens- und Terminsgebühren als in Verfahren vor einer allgemeinen großen Strafkammer. Zum gewöhnlichen Zuschnitt eines Schwurgerichtsverfahrens gehört die Auseinan-dersetzung mit psychiatrischen und psychologischen Sachverständigengutachten.[10] Bei Wirtschaftsstrafver-fahren ist ein erhöhter Aktenumfang nicht ungewöhnlich, zudem das Erfordernis besonderer Kenntnisse des Wirtschaftslebens. Eine Pauschgebühr kann allein damit nicht begründet werden.

15   Dem erhöhten Umfang durch lange Hauptverhandlungstage hat der Gesetzgeber durch zusätzliche Gebüh-ren („Längenzuschläge") Rechnung getragen (zB Nr. 4122 und 4123 VV). Ein Anspruch auf eine Pauschge-bühr kann hierauf idR nicht gestützt werden.

16   **4. Besonderer Umfang. a) Allgemeines, insb. Zeitaufwand.** Eine Sache ist besonders umfangreich, wenn der **zeitliche Aufwand** erheblich über dem Zeitaufwand liegt, den ein Rechtsanwalt in einer „normalen" Sa-che aufzuwenden hat.[11]

17   Abzustellen ist allein auf **objektive Kriterien.** Entscheidend ist, ob die konkrete Sache selbst – **aus sich he-raus und unabhängig vom konkreten Rechtsanwalt** – besonders umfangreich war.[12] Es ist nur der Zeitauf-wand berücksichtigungsfähig, der allein aus verfahrensbezogenen Tätigkeiten des Antragstellers herrührt, nicht hingegen solcher, der seinen Grund in nur persönlichen Umständen hat.[13] Deshalb ist nicht allein die vom Rechtsanwalt aufgewendete Arbeitszeit maßgeblich. Sie kann von individuellen Faktoren beeinflusst sein, die keinen unmittelbaren Bezug zur Sache aufweisen. Eine hohe vom Rechtsanwalt aufgewendete **Ar-beitszeit** ist daher nur ein **Indiz** für einen besonderen Umfang der Sache, nicht aber unmittelbarer Maßstab dieses Tatbestandsmerkmals.[14]

18   **b) Speziell: Konfliktverteidigung.** Eine sog. **Konfliktverteidigung** rechtfertigt die Bewilligung einer Pausch-gebühr idR nicht. Tätigkeiten, die ein Rechtsanwalt nicht zu einer sachgerechten Verteidigung, sondern im Rahmen bloßer Konfliktverteidigung entfaltet hat, bleiben unberücksichtigt.[15] Meist wird der Konflikt-verteidiger ohnehin zu hoch vergütet, weil seine Verteidigungsstrategie zu einer Verlängerung des Verfahrens führt, durch welche Terminsgebühren und Längenzuschläge entstehen, obwohl dieser zeitliche Aufwand *in der Sache selbst* (objektiv) nicht angelegt ist (zur Maßgeblichkeit objektiver Kriterien → Rn 17). Dies gilt selbst dann, wenn der Rechtsanwalt selbst keine Konfliktverteidigung betreibt, sondern **Mitverteidiger** oder – was bei einer sog. **Sockelverteidigung** nicht selten ist – eine solche im Wechsel erfolgt: Denn durch eine solche Verteidigungsstrategie, die idR mit einer Vielzahl von Anträgen und Beanstandungen einhergeht, wird auch für den nicht daran beteiligten Rechtsanwalt der zu bewältigende Prozessstoff nicht substanziell umfangreicher, sondern meist werden lediglich mehr Hauptverhandlungstage erforderlich, welche über die zusätzlichen Terminsgebühren abgegolten sind.[16]

---

6 So auch AnwK-RVG/N. *Schneider*, 7. Aufl., § 51 Rn 101 ff.   **7** So auch: Burhoff/*Burhoff*, Teil B, § 51 Rn 21, 74; *Burhoff*, Anm. zu OLG Hamm 5.1.2012 – III-5 RVGs 81/11, StraFo 2012, 161 ff; ähnl., aber hins. der Bindung an den Antrag unklar: AnwK-RVG/N. *Schneider*, 7. Aufl., § 51 Rn 107; vgl auch BVerfG 1.6.2011 – 1 BvR 3181/10, juris.   **8** AA KG 2.10.2015 – 1 ARs 26/13, burhoff.de.   **9** Vgl BGH Rpfleger 1996, 169; OLG Hamm JurBüro 1999, 194.   **10** OLG Zweibrücken 23.1.2009 – 1 AR 21/08, juris.   **11** OLG Celle RVGreport 2011, 177 f; OLG Hamm 17.1.2006 – 2 (s) Sbd VIII – 237/05, juris.   **12** BGH NStZ-RR 2015, 295.   **13** OLG Braunschweig 25.4.2016 – 1 ARs 9/16, burhoff.de.   **14** BGH Rpfleger 1996, 169; OLG Nürn-berg 30.12.2014 – 2 AR 36/14, juris.   **15** OLG Hamm 23.7.2012 – III-5 RVGs 65/12, juris; OLG Köln 2.12.2005 – 2 ARs 223/05, juris; *Stollenwerk*, DRiZ 2014, 66; so auch AnwK-RVG/N. *Schneider*, 7. Aufl., § 51 Rn 42; krit. *Eisenberg/Classen*, NJW 1990, 1021, 1022 f; restriktiv Burhoff/*Burhoff*, Teil B, § 51 Rn 25 f.   **16** Vgl OLG Stuttgart Rpfleger 2014, 692; OLG Hamm 13.3.2013 – 5 RVGs 108/12, juris; *Stollenwerk*, DRiZ 2014, 66.

Welche Handlungen der Rechtsanwalt für sinnvoll zur Wahrung der Interessen seines Mandanten erachtet, **19** ist allerdings zunächst einmal seine Sache. Es darf daher nicht vorschnell unter Hinweis auf Konflikte in der Hauptverhandlung eine Pauschgebühr versagt werden.[17] Wird allerdings nicht lediglich unter Inkaufnahme (auch) von Konflikten „hart" verteidigt, sondern wird *durch* (künstlich geschürte) **Konflikte** verteidigt, ist eine Pauschgebühr zur Abgeltung des durch eine solche Strategie beim Rechtsanwalt entstehenden höheren Aufwands nicht zu bewilligen.[18]

c) **Einzelfälle A–Z.** Für die Beurteilung, ob eine Sache **besonders umfangreich** war, spielen – nicht abschlie- **20** ßend – folgende Gesichtspunkte eine Rolle (alphabetisch):

- **Aktenumfang.**[19] Einem großen Aktenumfang entspricht idR ein großer Einarbeitungs-/Vorbereitungsaufwand. Dies gilt jedenfalls für die Hauptakte. Für Beiakten und Sonderbände bedarf es einer differenzierten Betrachtung. So hat der Verteidiger nach der Rspr des BGH[20] einen Anspruch auf Herausgabe sämtlicher Verschriftungen von Telefonüberwachungsmaßnahmen, auch wenn sich daraus keine verfahrensrelevanten Erkenntnisse ergeben. Anders als die Hauptakte liest der Verteidiger diese idR allenfalls auszugsweise und muss den Inhalt nicht in der mitunter erforderlichen Tiefe durchdringen. Die sich daraus ergebenden – oft beachtlichen – Blattzahlen haben daher nur eine geringe Aussagekraft. Es macht auch einen Unterschied, ob der Verteidiger bereits im Ermittlungsverfahren tätig war und dort die Akten bereits eingesehen hat oder ob er erst im gerichtlichen Verfahren erster Instanz tätig wird und dort die bis dahin angehäuften Akten sichten muss, da für die Tätigkeit im Ermittlungsverfahren gesondert Gebühren entstehen.

- **Aufgehobene Termine,** die der Rechtsanwalt nicht mehr anderweitig nutzen kann, sollen nach dem OLG Celle keine Rolle spielen, da die Pauschgebühr nur den tatsächlich entstandenen Aufwand für die Tätigkeit des Verteidigers abdecke.[21] Dies ist zutreffend. Kann der Rechtsanwalt aber *nachweisen,* dass er andere Mandate *gerade wegen* der Termine nicht angenommen hat oder dass die Absage sehr kurzfristig erfolgte und er sich auf den abgesagten Termin bereits vorbereitet hatte und der Vorbereitungsaufwand nochmals angefallen ist, kann anders zu entscheiden sein.

- **Ausländereigenschaft** nur, soweit daraus Verständigungsprobleme resultieren.[22] Ist der Rechtsanwalt sprachkundig, kann er nicht deshalb eine Pauschvergütung verlangen, weil er der Staatskasse die Hinzuziehung eines Dolmetschers erspart hat.[23] Die Pauschgebühr ist keine Bonuszahlung für der Staatskasse ersparte Auslagen.[24]

- **Besprechungstermine** mit dem Mandanten oder Dritten. Eine hohe Anzahl und lange Dauer können für eine Pauschgebühr sprechen.[25]

- **Besprechungen in der JVA.** Befindet sich der Mandant nicht auf freiem Fuß, so wird den dadurch bedingten Erschwernissen in Strafsachen mit dem Haftzuschlag (Vorbem. 4 Abs. 4 VV) Rechnung getragen. Nur überdurchschnittlich viele Besuche des Rechtsanwalts in der JVA sprechen daher für eine Pauschgebühr. Besonders zu berücksichtigen ist eine Inhaftierung des Mandanten aber in den Verfahren, die einen Haftzuschlag nicht kennen, etwa Bußgeldsachen.

- **Eigene Ermittlungen des Rechtsanwalts** können für eine Pauschgebühr sprechen.

- **Fahrzeiten/Abwesenheit von der Kanzlei.** Ob Zeiten für die An- und Abreise zu Terminen berücksichtigt werden können, wird nicht einheitlich beantwortet. Sie ist mit dem BGH[26] zu verneinen.[27] Entscheidend ist, ob die konkrete Strafsache selbst umfangreich war und infolge dieses Umfangs eine zeitaufwändigere, gegenüber anderen Verfahren erhöhte Tätigkeit des Verteidigers erforderlich geworden ist.[28] Zeiten für An- und Abreise resultieren aber nicht aus dem Verfahren selbst, sondern haben ihren Grund in der Person des Verteidigers, nämlich dessen vom Gerichtsort verschiedenen Kanzleisitz. Sie können deshalb bei dem zugrunde zu legenden objektiven Maßstab (→ Rn 17) nicht mit herangezogen

---

17 So auch AnwK-RVG/*N. Schneider,* 7. Aufl., § 51 Rn 42. **18** Vgl auch Gerold/Schmidt/*Burhoff,* 21. Aufl., § 43 Rn 27, wonach es nicht dem OLG obliege, nachträglich über die Frage der Sachwidrigkeit eines Verteidigungsantrags zu befinden. Daran ist richtig, dass nur in eindeutigen Fällen ein Antrag als sachwidrig angesehen werden sollte. **19** OLG Saarbrücken RVGreport 2011, 58 f: mehr als 1.000 Seiten sind bei einem amtsgerichtlichen Verfahren überdurchschnittlich; OLG Köln 23.8.2013 – III-1 RVGs 63/13: mehrere 1.000 Seiten bei einem landgerichtlichen Verfahren. **20** BGH StV 2010, 228. **21** OLG Celle 22.2.2013 – 1 ARs 6/13 P, 1 ARs 16/13 P, juris. **22** OLG Celle 22.2.2013 – 1 ARs 6/13 P, 1 ARs 16/13 P, juris. **23** KG 4.6.2012 – 1 ARs 16/11, juris; OLG Düsseldorf Rpfleger 2009, 644 f; OLG Celle NStZ 2007, 342; aA OLG Köln StraFo 2006, 258. **24** KG 4.6.2012 – 1 ARs 16/11, juris. **25** OLG Hamm NStZ-RR 2002, 95. **26** BGH NStZ-RR 2015, 295. **27** So auch: OLG Celle JurBüro 2013, 301; OLG Saarbrücken StRR 2011, 121; OLG Jena StraFo 2004, 75 f; OLG Nürnberg StV 2000, 441 f; BayObLG JurBüro 1988, 479–481; OLG Bamberg JurBüro 1987, 1687 f; aA OLG Nürnberg 14.1.2016 – 2 Ars 31/15, ber- hoff.de („wenn der Höchstsatz für den Zeitaufwand gemäß Nr. 7005 Nr. 3 VV RVG im Einzelfall unzureichend ist"); OLG Stuttgart Rpfleger 2014, 692; OLG Hamm 17.1.2012 – 5 RVGs 38/11, juris; OLG Karlsruhe NStZ-RR 2015, 96 („eingeschränkt zu berücksichtigen"); OLG Köln StraFo 2006, 130 (wenn die Fahrzeiten im Verhältnis zur Hauptverhandlungsdauer besonders ins Gewicht fallen); OLG Bremen StraFo 1998, 358 f. **28** OLG Nürnberg StV 2000, 441 f.

werden.[29] Im Übrigen werden die besonderen Belastungen eines nicht am Gerichtsort ansässigen Rechtsanwalts durch die Zahlung einer Fahrtkostenentschädigung nebst Tage- und Abwesenheitsgeld abgegolten (Nr. 7004, 7005 VV).[30] Der Gesetzgeber hat zudem bei der Bemessung der Terminsgebühr für die Hauptverhandlung ausdrücklich auf die Dauer der Hauptverhandlung abgestellt und nicht auf den für die Wahrnehmung der Hauptverhandlungstermine von dem Rechtsanwalt insgesamt erforderlichen Zeitaufwand. Daraus ist zu entnehmen, dass An- und Abreisezeiten, die notwendigerweise immer anfallen, grds. für die Vergütung des Verteidigers ohne Bedeutung sein sollen.[31] Nicht begründbar ist auch, wie es insb. das OLG Hamm[32] und im Anschluss daran *Burhoff*[33] und *N. Schneider*[34] tun, zu differenzieren und bei der Frage, *ob* dem Pflichtverteidiger *überhaupt* eine Pauschgebühr zu bewilligen ist, die Fahrzeiten nicht zu berücksichtigen, dann aber, wenn aus anderen Gründen eine Pauschgebühr zu bewilligen ist, die Fahrzeiten bei der Höhe zu berücksichtigen.[35] Dies beruht möglicherweise auf der irrigen Vorstellung, dass dann, wenn die Klippe zur Pauschgebühr genommen ist, eine angemessene Vergütung zu bewilligen ist. Dies aber ist nicht zutreffend (dazu → Rn 38).

- **Hauptverhandlungsdauer und Anzahl der Tage.** Da der Rechtsanwalt für jeden Tag eine Terminsgebühr (bei erheblicher Dauer zudem einen Längenzuschlag) erhält, ist der zeitliche Aufwand dafür regelmäßig abgegolten. Eine außergewöhnliche zeitliche Inanspruchnahme deutlich über 8 Stunden hinaus kann aber eine Pauschgebühr rechtfertigen.[36] Wird hingegen an einer Vielzahl von Tagen nur wenige Stunden verhandelt, spricht das gegen die Bewilligung einer Pauschgebühr, weil der Rechtsanwalt durch die große Anzahl der jeweils einzeln vergüteten Hauptverhandlungstermine erheblich besser gestellt wird als in einem durchschnittlichen Verfahren.[37] Zudem geht der Gesetzgeber davon aus, dass mit der Terminsgebühr ein zeitlicher Aufwand innerhalb der Hauptverhandlung von bis zu 5 Stunden abgegolten ist. Dauern die einzelnen Hauptverhandlungstage nicht so lange, ist es dem Rechtsanwalt zumutbar, diese ersparte, bereits vergütete Zeit in die Vorbereitung der weiteren Termine zu investieren.

  Beispiel:[38] Der Rechtsanwalt hat an 7 Verhandlungstagen als Verteidiger an der Hauptverhandlung im Durchschnitt 1 Stunde 44 Minuten teilgenommen, also insgesamt 12 Stunden und 9 Minuten. Durch die 7 Terminsgebühren wäre aber auch eine Tätigkeit in der Hauptverhandlung von 35 Stunden abgegolten. Macht er einen erheblichen zeitlichen Aufwand außerhalb der Hauptverhandlung geltend, ist hier zu berücksichtigen, dass er insgesamt 22 Stunden und 51 Minuten an Zeit, die mit den Terminsgebühren nach der gesetzlichen Regelung mitabgegolten gewesen wären, nicht hat aufwenden müssen. Zu berücksichtigen ist andererseits allerdings, dass eine Vielzahl nur kurzer Termine den Rechtsanwalt zeitlich idR mehr in Anspruch nimmt als wenige längere, insb. wegen der dann mehrfach notwendigen An- und Abreise zu den Terminen.

- **Mitverteidiger.** Erfolgte eine Arbeitsteilung mit (Mit-)Verteidigern, kann dies die anderen Kriterien, wie etwa einen erheblichen Aktenumfang, relativieren.[39]

- **Plädoyer.** Wird nicht plädiert, endet das Verfahren etwa mit einer Einstellung durch Beschluss, entfällt der dadurch regelmäßig angefallene Vorbereitungsaufwand, was gegen die Bewilligung einer Pauschgebühr spricht.[40]

- **Prozessökonomische Tätigkeiten** spielen bei der Bewilligung keine Rolle.[41] Sie stellen keinen besonderen Aufwand dar, sondern ersparen diesen. Auch eine „gute Vorbereitung" ist für sich genommen kein Kriterium für die Bewilligung einer Pauschgebühr.[42]

- **Schriftsätze und Anträge.** Eine überdurchschnittliche Anzahl von Schriftsätzen und außerhalb der Hauptverhandlung vorbereiteter Anträge spricht für einen erheblichen Aufwand (vgl aber zur Konfliktverteidigung → Rn 18 f). Ein gewisser **Vor- und Nachbereitungsaufwand** ist allerdings bereits durch die Terminsgebühren abgegolten.

- **Selbstleseverfahren.** Die Durchführung des Selbstleseverfahrens führt idR nicht zu einem zusätzlichen Aufwand, da davon auszugehen ist, dass der Rechtsanwalt die Akten im Rahmen der Einarbeitung ohnehin gelesen hat.[43]

---

29 BGH NStZ-RR 2015, 295; OLG Saarbrücken RVGreport 2011, 58 f. **30** BGH NStZ-RR 2015, 295; BGH 20.3.2002 – 4 StR 225/00, juris; *Hansens*, RVGreport 2015, 375. **31** OLG Köln StraFo 2006, 130. **32** OLG Hamm NStZ 2007, 343 mwN. **33** Gerold/Schmidt/*Burhoff*, 21. Aufl., § 51 Rn 22. **34** AnwK-RVG/*N. Schneider*, 7. Aufl., § 51 Rn 32. **35** So im Anschluss an das OLG Hamm allerdings auch OLG Nürnberg 30.12.2014 – 2 AR 36/14, juris. **36** Etwa 13 1/2 Stunden: OLG Hamm StraFo 2007, 174. **37** OLG Düsseldorf 23.6.2015 – III-3 AR 65/14, BeckRS 2015, 11279. **38** OLG Saarbrücken RVGreport 2011, 58 f; ähnl. auch OLG Stuttgart StRR 2014, 453. **39** OLG Frankfurt a. M. 10.2.2016 – 2 Ars 56/15, juris; OLG Düsseldorf 23.6.2015 – III-3 AR 65/14, BeckRS 2015, 11279; OLG Nürnberg 30.12.2014 – 2 AR 36/14, juris; KG 11.7.2014 – 1 ARs 22/11, juris; OLG München 9.9.2013 – 6 St (K) 1/13, burhoff.de (NSU-Verfahren); OLG Köln 23.8.2013 – III-1 RVGs 63/13; OLG Rostock 23.7.2010 – I Ws 384/09 (RVG), juris; OLG Hamm 13.3.2013 – 5 RVGs 108/12. **40** KG 11.7.2014 – 1 ARs 22/11, juris. **41** AA OLG Hamm 27.3.2014 – III-5 RVGs 8/14, juris. **42** So jedoch OLG Braunschweig 15.2.2016 – 1 AR 10/16, burhoff.de, das sich statt einer Begründung für seine Ansicht darauf zurückzieht, der Bezirksrevisor habe keine Einwände geltend gemacht. **43** OLG Nürnberg 30.12.2014 – 2 AR 36/14, juris (Ausnahme: Urkunden waren nicht in der Akte enthalten); OLG Köln 23.8.2013 – III-1 RVGs 63/13; vgl OLG Düsseldorf StraFo 2002, 71.

- **Terminierungsdichte.** Auch die Terminierungsdichte kann ein zu berücksichtigender Aufwand sein, insb. bei langen Hauptverhandlungen, wenn die Dichte der Termine dem Rechtsanwalt keine Möglichkeit lässt, daneben noch andere Mandate wahrzunehmen.[44]
- **Vermeidung weiterer Verfahrenskosten/Abkürzung des Verfahrens.** Keine Rolle spielt, ob die Tätigkeit des Rechtsanwalts zu einer Abkürzung des Verfahrens geführt hat, etwa indem er seinem Mandanten zu einem Geständnis geraten hat, mit der Verlesung von Urkunden statt ansonsten erforderlicher Zeugenvernehmungen einverstanden war oder an einer Verständigung iSv § 257 c StPO mitwirkte. Entscheidend ist allein, ob die tatsächliche Inanspruchnahme eine Vergütung über die gesetzlichen Gebühren hinaus erfordert.[45]
- **Verständigung (§ 257 c StPO).** Gespräche außerhalb der Hauptverhandlung mit dem Ziel einer Verständigung können einen besonderen Aufwand begründen und damit für die Bewilligung einer Pauschgebühr streiten.

5. Besondere Schwierigkeit der Sache. a) Allgemeines. „Besonders schwierig" kann eine Sache aus **rechtlichen oder tatsächlichen Gründen** sein. Insoweit gibt es Überschneidungen zu den Umständen, welche einen besonderen Umfang der Sache begründen.   **21**

b) Einzelfälle A–Z. Gesichtspunkte, welche bei der Beurteilung der Sache als **besonders schwierig** eine Rolle spielen (alphabetisch):   **22**

- **Besetzung der Kammer.** Indiziell gegen eine besondere Schwierigkeit der Sache spricht, wenn die Kammer beim Landgericht gem. § 76 Abs. 2 GVG nur mit zwei Berufsrichtern besetzt ist.
- **Beweislage.** Stehen bei einem Verfahren Indizien im Vordergrund (Indizienprozess) kann die Beweiswürdigung und damit das Verfahren besonders schwierig sein.
- **Gutachten.** Die Einholung zahlreicher – insb. sich widersprechender – Gutachten kann ein Indiz für eine besondere Schwierigkeit sein.
- **Mitverteidiger.** Erfolgte eine Arbeitsteilung mit anderen (Mit-)Verteidigern, kann dies die anderen Kriterien, wie etwa die Vielzahl von rechtlichen Problemen, relativieren.[46]
- **Länge des Verfahrens.** Für eine besondere Schwierigkeit spricht eine sehr lange Hauptverhandlung, insb. mehr als ein Jahr (vgl jedoch zur Konfliktverteidigung → Rn 18 f).
- **Persönlichkeit des Mandanten.**[47] Ist vom Rechtsanwalt besondere Überzeugungsarbeit zu leisten oder sabotiert der Mandant gar die Arbeit des Rechtsanwalts, spricht auch dies für eine Pauschgebühr. Auch sonstige Eigenheiten des Mandanten, durch welche ein besonderer Aufwand entsteht, etwa eine Psychose, können für eine Pauschgebühr sprechen.
- **Revisionsbegründungsschrift.** Ist diese besonders umfangreich und befasst sie sich mit einer Vielzahl schwieriger Verfahrensfragen, kann dies dafür sprechen, dass bereits die Hauptverhandlung besonders schwierig war.
- **Sachverständigengutachten.** Eine Vielzahl von Sachverständigengutachten oder sich widersprechende Gutachten sind ein Indiz für eine besondere Schwierigkeit der Sache.
- **Spezialwissen.** Das Erfordernis von Rechtskenntnissen in abgelegenen Rechtsgebieten oder besondere steuerliche, buchhalterische oder wirtschaftliche Kenntnisse können eine besondere Schwierigkeit der Sache begründen.
- **Staatsschutzsachen** sind im Allgemeinen als besonders schwierig anzusehen.[48] Das ist aber mit den dafür vorgesehenen erhöhten Gebühren idR bereits abgegolten.
- **Urteilsumfang und -inhalt.** Auch ein besonderer Umfang des Urteils, insb. darin enthaltene lange und schwierige Ausführungen zu Tat- und Rechtsfragen, ist ein Indiz für erhebliche tatsächliche und/oder rechtliche Schwierigkeiten.[49]
- **Verfassungsbeschwerde.** Diese spielt bei der Bewilligung einer Pauschgebühr keine Rolle, weil dafür eigene Gebühren entstehen (§ 37).
- **Vorbereitungszeit.** War sie unangemessen kurz, etwa aufgrund kurzfristiger Bestellung/Beiordnung, spricht dies wegen der nicht ausreichenden Planbarkeit der Arbeitsbelastung für eine größere Schwierigkeit der Vorbereitung.[50] Hat der Rechtsanwalt sich bereits vor seiner Bestellung als Wahlanwalt einge-

---

44 OLG Düsseldorf 23.6.2015 – III-3 AR 65/14, BeckRS 2015, 11279; vgl auch OLG Rostock NStZ-RR 2010, 326; OLG Hamm 13.3.2013 – 5 RVGs 108/12, juris; vgl auch OLG Köln 23.8.2013 – III-1 RVGs 63/13, juris. **45** Vgl OLG Köln 23.8.2013 – III-1 RVGs 63/13; OLG Köln 25.9.2008 – 1 ARs 59/08; aA AnwK-RVG/N. *Schneider*, 7. Aufl., § 51 Rn 43 unter Bezugnahme auf ältere Rspr. **46** OLG Nürnberg 30.12.2014 – 2 AR 36/14, juris; OLG Stuttgart Rpfleger 2014, 692. **47** OLG Nürnberg StV 2000, 441 f; vgl OLG Jena 17.3.2008 – 1 AR (S) 3/08, juris; OLG Jena 9.1.2006 – AR (S) 149/05, juris. **48** OLG Köln JMBl NW 2009, 84. **49** Vgl OLG Hamm 27.8.2007 – 2 (s) Sbd IX – 121/07, juris. **50** OLG Saarbrücken RVGreport 2011, 58 f; OLG Köln 23.8.2013 – III-1 RVGs 63/13; vgl auch OLG Celle 22.2.2013 – 1 ARs 6/13 P–1 ARs 16/13 P, juris.

arbeitet, ist dieser Zeitraum wegen der Rückwirkung der Bestellung nach § 48 Abs. 5 S. 1 zu berücksichtigen.[51]

In der **Praxis** schließt sich das OLG häufig der Ansicht des Vorsitzenden des (Tat-)Gerichts an, der im Verfahren zur Bewilligung einer Pauschgebühr eine Einschätzung abgibt (→ Rn 35).

23 **6. Unzumutbarkeit. a) Allgemeines.** Die Vergütung seiner Tätigkeit (allein) durch die im Vergütungsverzeichnis vorgesehenen Festgebühren muss dem Rechtsanwalt zudem **unzumutbar** sein. Die Betonung des Zumutbarkeitsgesichtspunkts soll den Ausnahmecharakter der Pauschgebühr betonen. Der unbestimmte Rechtsbegriff der „Unzumutbarkeit" eröffnet den OLGs bzw dem BGH einen **weiten Beurteilungsspielraum**. Maßgabe muss nach dem eindeutigen Willen des Gesetzgebers sein, dass die Bewilligung einer Pauschgebühr die Ausnahme ist; es ist ein **strenger Maßstab** anzulegen. Die anwaltliche Mühewaltung muss sich von sonstigen – auch überdurchschnittlichen Sachen – **in exorbitanter Weise** abheben.[52] Dass die gesetzlichen Gebühren *nicht angemessen* sind, genügt nicht (→ Rn 38).

24 Da erst der Vergleich mit dem gesetzlichen Gebührenanspruch die Bewertung zulässt, ob dieser für den Verteidiger unzumutbar ist, sind stets zunächst die gesetzlichen Gebühren festzustellen.

25 Zu berücksichtigen ist auch, ob dem Rechtsanwalt von seinem Mandanten bzw dessen Familie bereits ein **zusätzlicher Betrag zugeflossen** ist, der gem. § 58 Abs. 3 im Zuge der Gewährung der gesetzlichen Gebühren anrechnungsfrei bleibt.[53] Ist der Rechtsanwalt unter Berücksichtigung dieser Beträge hinreichend vergütet, liegt ein auszugleichendes Sonderopfer nicht vor.

26 **b) Speziell: Freiwillige Mandatsübernahme.** Hat der Rechtsanwalt **selbst seine Beiordnung beantragt**, wird es bei ihm idR – jedenfalls, soweit er die anstehende Tätigkeit überblicken konnte – an einer Unzumutbarkeit der „regulären" gesetzlichen Festgebühren fehlen. Dies folgt aus dem verfassungsrechtlichen Hintergrund der Norm (→ Rn 1): Diese beruht darauf, dass bei einer *staatlich erzwungenen* Indienstnahme des Rechtsanwalts diese nur dann mit Art. 12 Abs. 1 GG vereinbar ist, wenn er für die von ihm zu leistende Tätigkeit eine Vergütung erhält, die dem Eintritt einer für ihn unzumutbaren wirtschaftlichen Belastung vorbeugt.[54] Hat der Rechtsanwalt indes selbst bei Gericht seine Beiordnung für ein bestimmtes Mandat beantragt, kann von einem staatlichen *Eingriff* in die Berufsausübungsfreiheit des Rechtsanwalts, der eine finanzielle Kompensation erfordert, allenfalls noch insoweit gesprochen werden, als der Verteidiger das Mandat nach seiner Bestellung nicht einseitig durch eine Kündigung beenden kann.[55]

Selbst wenn man der Ansicht sein sollte, dass das einfache Recht über die verfassungsrechtliche Garantie hinausgeht, ist die Freiwilligkeit der Mandatsübernahme jedenfalls ein gewichtiger Gesichtspunkt, welcher gegen eine Unzumutbarkeit der gesetzlichen Gebühren spricht.

V. Das Bewilligungsverfahren

27 **1. Zuständigkeit (Abs. 2).** Zuständig für die Bewilligung der Pauschgebühr ist nach **Abs. 2 S. 1** das **OLG**, zu dessen Bezirk das Gericht des ersten Rechtszugs gehört. Im Fall der Beiordnung einer Kontaktperson (§ 34 a EGGVG) ist das OLG zuständig, in dessen Bezirk die JVA liegt.

28 Gemäß **Abs. 2 S. 2** ist der **BGH** zuständig, soweit er den Rechtsanwalt bestellt hat. Das „soweit" grenzt die Zuständigkeit ein. War der in der Revisionsinstanz tätige Rechtsanwalt bereits durch das Landgericht bestellt bzw beigeordnet worden, wirkt diese Beiordnung bis zum rechtskräftigen Abschluss des Strafverfahrens einschließlich des Revisionsverfahrens. Ausgenommen hiervon sind die Revisionshauptverhandlung und deren Vorbereitung, also der Abgeltungsbereich der Terminsgebühr(en) für die Teilnahme an der Hauptverhandlung vor dem BGH. Hierauf erstreckt sich die Bestellung bzw Beiordnung nicht; es ist eine besondere Bestellung bzw Beiordnung durch das Revisionsgericht erforderlich.[56]

29 Das **OLG** entscheidet idR durch den **Einzelrichter (Abs. 2 S. 4** iVm § 42 Abs. 3 S. 1). Die Sache ist dem Senat in der Besetzung durch drei Richter zu übertragen, wenn es zur Sicherung einer einheitlichen Rechtsprechung geboten ist (Abs. 2 S. 4 iVm § 42 Abs. 3 S. 2). Beim **BGH** entscheidet hingegen die jeweilige Spruchgruppe bestehend aus **fünf Richtern**.[57]

---

51 OLG Nürnberg 30.12.2014 – 2 AR 36/14, juris. **52** So wörtlich BGH 1.6.2015 – 4 StR 267/11, burhoff.de; BGH 17.9.2013 – 3 StR 117/12, burhoff.de; BGH StRR 2014, 198; zust. OLG Nürnberg 30.12.2014 – 2 AR 36/14, juris; krit. *Hansens*, zfs 2015, 587, 588; aA Burhoff/*Burhoff*, Teil B, § 51 Rn 12. **53** OLG Hamm 16.10.2012 – III-5 RVGs 101/12, juris; aA OLG Saarbrücken 11.5.2015 – AR 2/15, burhoff.de; ggf OLG Karlsruhe StraFo 2012, 290. **54** BVerfG, 1. Kammer des Zweiten Senats, NJW 2007, 1445 mwN. **55** Vgl BVerfG NJW 2008, 1063, 1064 zur Prozesskostenhilfe: Das vom dortigen Verfassungsbeschwerdeführer geltend gemachte Missverhältnis zwischen Arbeitsaufwand und Vergütung werde entscheidend dadurch gemildert, dass er ohne staatlichen Zwang und in Kenntnis aller wesentlichen Umstände seine Bereitschaft zur Übernahme der Prozessvertretung erklärt hatte. Denn eine berufsrechtliche Pflicht zur Übernahme der Prozessvertretung werde erst mit der Beiordnung durch das Gericht begründet (für PKH: § 48 BRAO; für den Pflichtverteidiger: § 49 BRAO); so auch Gaier/Wolf/Göcken/*Gaier*, Anwaltliches Berufsrecht, 2. Aufl., Art. 12 GG Rn 68. **56** Vgl BGH NJW 2012, 167 mwN. **57** BGH AGS 2006, 120.

2. Antrag (Abs. 1 S. 1). Die Bewilligung einer Pauschgebühr erfolgt auf **Antrag**. Er umgrenzt den Verfah-   30
rensgegenstand (→ Rn 12). Zulässig ist ein Antrag erst ab Fälligkeit der Pauschalgebühr (→ Rn 49). Vorher
kann ggf ein Vorschuss verlangt werden (→ Rn 53 f). Der Antrag kann unbeschadet der Entscheidungszuständigkeit des OLG bzw des BGH beim erstinstanzlichen Gericht gestellt werden. Dies ist sogar sinnvoll,
da dort ein Bericht erstellt wird, in dem die wichtigsten Daten des Verfahrens aufgeführt werden. Auch
nimmt der Vorsitzende zum Antrag Stellung (→ Rn 35).

Der Antrag sollte umfassend **begründet** werden. Zwar lassen sich einige Gesichtspunkte für die Bewilligung   31
einer Pauschgebühr dem Akteninhalt entnehmen. Zahlreiche Bewertungsfaktoren werden dem OLG oder
BGH aber nicht erkennbar sein. Der Amtsermittlungsgrundsatz ist eingeschränkt. Umstände, die nicht aktenkundig sind, braucht das Gericht nicht von sich aus zu ermitteln.[58]

Zweckmäßig ist es, die **Höhe** der Pauschgebühr anzugeben, wobei der Rechtsanwalt deutlich machen soll-   32
te, dass es sich um einen **Mindestbetrag** handelt. Zwar sind das OLG bzw der BGH nicht gehindert, den
bezifferten Betrag zu überschreiten.[59] Indes wurde hierzu in der Vergangenheit auch die gegenteilige Ansicht vertreten.[60]

3. Pauschgebühr aufgrund der Erstreckungswirkung nach § 48 Abs. 6 RVG (Abs. 1 S. 4). In Abs. 1 S. 4 ist   33
geregelt, dass der Rechtsanwalt die Pauschgebühr auch für solche Verfahrensabschnitte beanspruchen
kann, für die er nur aufgrund der Erstreckungswirkung gem. § 48 Abs. 6 eine Vergütung als gerichtlich bestellter bzw beigeordneter Rechtsanwalt erhält.

4. Verfahrensgang. Der **Vertreter der Staatskasse**, also entweder der Bezirksrevisor oder der Kostenprü-   34
fungsbeamte beim OLG, ist zu dem Antrag zu **hören** (Abs. 2 S. 3). Gibt dieser eine Stellungnahme ab, ist
dem Antragsteller dazu rechtliches Gehör zu gewähren. Etwas anderes gilt nur dann, wenn das Gericht
dem Antrag des Rechtsanwalts ohnehin in vollem Umfang stattgibt.

In Verwaltungsvorschriften ist das Verfahren ergänzend geregelt. So wird in Nordrhein-Westfalen eine Ver-   35
fahrensübersicht erstellt, in die der Urkundsbeamte der Geschäftsstelle die verfahrensrelevanten Daten (Anzahl und Dauer der Hauptverhandlungstermine, Anzahl der vernommenen Zeugen etc.) und die gesetzlichen Gebühren für den Wahl- und Pflichtverteidiger zusammenstellt. Zudem nimmt der Vorsitzende zur
Frage einer besonderen Schwierigkeit des Verfahrens Stellung (vgl RV d. JM v. 12.5.2005 (5650 - Z. 22)).

5. Antrag nach Festsetzung der gesetzlichen Vergütung. Es ist nicht ausgeschlossen, die Pauschgebühr erst   36
zu beantragen, nachdem die gesetzlichen (Fest-)Gebühren festgesetzt und ausgezahlt worden sind. Dies ist
sogar sinnvoll, weil das Verfahren auf Festsetzung der Pauschgebühr oft lange dauert. Zur falschen, aber
unanfechtbaren Festsetzung der Regelgebühren → Rn 43 f.

6. Entscheidung. a) Rechtsanspruch auf Pauschgebühr. Bei Vorliegen der Voraussetzungen für eine Pausch-   37
gebühr besteht ein **Anspruch** auf Bewilligung. Jedoch besteht ein weiter Beurteilungsspielraum hinsichtlich
der Voraussetzungen der Bewilligung, der diesen Rechtsanspruch relativiert (→ Rn 23).

b) Höhe der Pauschgebühr. § 51 soll in den Ausnahmefällen, in denen die Vergütung unzumutbar niedrig   38
ist, eine dem Rechtsanwalt zumutbare Vergütung gewährleisten. Sie **soll keine angemessene Vergütung** im
Sinne dessen sicherstellen, was überwiegend als angemessen angesehen wird.[61] Deshalb hat sich die Pauschgebühr **am unteren Ende des Angemessenen** zu bewegen. Sie soll eine Vergütung sicherstellen, die dem
Rechtsanwalt **gerade noch zumutbar** ist.[62] Hier lässt die Praxis die gebotene Zurückhaltung nicht selten
vermissen,[63] was daran liegen mag, dass man sich noch zu sehr an der Vorgängervorschrift des § 99
BRAGO orientiert. Diese sah aber das Kriterium der Unzumutbarkeit für die Bewilligung einer Pauschgebühr noch nicht vor (→ Rn 3). Es ist auch nicht begründbar, wieso ein Rechtsanwalt, dessen Tätigkeit
durch die Pflichtverteidigergebühren *gerade noch* zumutbar vergütet ist, mangels Vorliegens der Voraussetzungen für eine Pauschgebühr weniger erhalten soll (nämlich nur diese Pflichtverteidigergebühren) als derjenige, der knapp unter dieser Schwelle liegt.

Da die von dem Rechtsanwalt aufgewendete Stundenzahl für die Beurteilung, ob die gesetzliche Vergütung   39
unzumutbar niedrig ist, allenfalls ein (schwaches) Indiz ist (→ Rn 17), kommt es auf die Frage, welcher
Stundensatz üblich oder zur Kostendeckung erforderlich ist, nicht an. Dementsprechend kann die Pausch-

---

58 OLG Koblenz 12.3.2012 – 1 AR 43/11, juris. **59** OLG Hamm JurBüro 2001, 413; OLG Jena 17.3.2008 – 1 AR (S) 3/08,
juris. **60** Vgl etwa die frühere Rspr des OLG Jena, auf welche dieses im Beschl. v. 17.3.2008 – 1 AR (S) 3/08, juris, eingeht.
61 In diese Richtung aber tendierend: AnwK-RVG/*N. Schneider*, 7. Aufl., § 51 Rn 114; Gerold/Schmidt/*Burhoff*, 21. Aufl., § 51
Rn 39, der verlangt, dass die nach Zeit und Aufwand angemessene Vergütung zu ermitteln sei. **62** Vgl OLG München 9.9.2013
– 6 St (K) 1/13, burhoff.de (NSU-Verfahren); OLG Rostock 23.7.2010 – I Ws 384/09, juris; aA AnwK-RVG/*N. Schneider*,
7. Aufl., § 51 Rn 114: angemessene Honorierung. **63** Zutr. aber OLG München 9.9.2013 – 6 St (K) 1/13, burhoff.de (NSU-Verfahren).

gebühr nicht auf der Grundlage eines fiktiven Stundensatzes festgesetzt werden.[64] Abzustellen ist auch bei der Bemessung der Pauschgebühr allein auf objektive Kriterien (→ Rn 17).

40   Für die **erstmalige Einarbeitung in den Rechtsfall** und somit anstelle der Grundgebühr Nr. 4100 VV hat das OLG Düsseldorf[65] einen innovativen Weg zur Bemessung der Pauschgebühr eingeschlagen: Es orientiert sich daran, dass für die „normale" Grundgebühr vom Pflichtverteidiger das Studium einer Akte von idR nicht mehr als 500 Blatt erwartet werden kann. Mit Blick auf den tatsächlich gegebenen Aktenumfang multipliziert das Gericht daher die Grundgebühr mit der entsprechenden Anzahl der Seiten. Diese Vorgehensweise mag im konkret vom OLG entschiedenen Fall zu einem angemessenen Ergebnis geführt haben. Verallgemeinerungsfähig ist diese Berechnungsweise hingegen nicht, weil die sonstigen Umstände des Einzelfalls, etwa auch die Frage, wie auskömmlich die weiteren Gebühren sind, nicht außer Betracht bleiben können.

41   Ob auch eine **erhebliche Verzögerung der Bearbeitung** des Pauschantrags zu einer Erhöhung der Pauschgebühr führen kann, erscheint zweifelhaft.[66]

42   Im Gegensatz zur Pauschgebühr beim Wahlverteidiger nach § 42 Abs. 1 S. 4 ist bei § 51 **keine höhenmäßige Begrenzung** auf das Doppelte der Wahlverteidigerhöchstgebühren vorgesehen. Ob die Begrenzung analog anzuwenden ist, ist umstritten. Einige bejahen dies.[67] Argumentiert wird, dass kein Grund bestehe, den bestellten bzw beigeordneten Rechtsanwalt besser zu stellen als den Wahlverteidiger.[68] Vorzugswürdig ist aber die Gegenansicht,[69] da es an einer Regelungslücke fehlt und der bestellte oder beigeordnete Rechtsanwalt im Gegensatz zum Wahlverteidiger seine (weitere) Tätigkeit nicht vom Abschluss einer Vergütungsvereinbarung abhängig machen kann, sondern zum (weiteren) Tätigwerden verpflichtet ist.[70]

43   c) **Pauschgebühr nach falscher Festsetzung der Regelgebühren.** Es ist streitig, ob bei **zu niedriger Festsetzung** der Regelgebühren ein Ausgleich über die Pauschvergütung möglich ist.[71] Für den umgekehrten Fall der **zu hohen Festsetzung** hat das OLG Köln entschieden, dass dieser Umstand bei der Bemessung der Pauschgebühr zu berücksichtigen ist.[72]

44   Zutreffend dürfte sein, dass bei der Prüfung, ob die Regelgebühren zu einer (gerade noch, → Rn 38) zumutbaren Vergütung führen, auf die gesetzlich vorgesehenen „richtigen" Regelgebühren abzustellen ist und nicht auf die falsche Festsetzung. Eine Pauschgebühr kann also nur beansprucht werden, wenn die regulären gesetzlichen Gebühren unangemessen sind, nicht aber, wenn erst eine falsche Festsetzung der Regelgebühren zur Unzumutbarkeit der Vergütung führt. Ist aber auch unabhängig von diesem Fehler eine Pauschgebühr zu bewilligen, spricht nichts dagegen, bei der Bewilligung der Pauschgebühr den Fehler zu korrigieren. Hätte der Antragsteller von vornherein eine Pauschgebühr anstelle der gesetzlichen Regelgebühren beantragt, wäre diese in einem solchen Fall auch ohne Abzug festgesetzt worden.

45   d) **Beschränkung auf bestimmte Verfahrensabschnitte (Abs. 1 S. 3).** Wird eine Pauschgebühr für einzelne Verfahrensabschnitte gewährt oder anstelle oder in Ergänzung einzelner Gebühren, sind die Gebühren, an deren Stelle die Pauschgebühr treten soll, zu bezeichnen.

46   Entstehen Gebühren mehrfach, wie etwa die Terminsgebühr nach Nr. 4114 VV, so ist zudem zu bezeichnen, welche Gebühr konkret betroffen ist. Formulierungsvorschlag:

▶ „anstelle der Gebühr nach Nr. 4114 VV RVG für den Hauptverhandlungstag am ..." ◀

47   e) **Auslagen und Umsatzsteuer.** Auslagen und Umsatzsteuer sind nicht Gegenstand der Entscheidung, weil die Pauschgebühr ausschließlich an die Stelle der gesetzlichen Gebühren tritt. Über die Auslagen und Umsatzsteuer ist erst im ordentlichen Festsetzungsverfahren zu entscheiden.[73] Siehe auch → Rn 60.

48   f) **Unanfechtbarkeit.** Der Beschluss ist unanfechtbar (Abs. 2 S. 1).

VI. Fälligkeit und Verjährung

49   1. **Fälligkeit.** Der Antrag auf Bewilligung der Pauschgebühr kann **nach Fälligkeit der Vergütung** gem. § 8 Abs. 1 gestellt werden. Dies ist im gerichtlichen Verfahren der Abschluss der jeweiligen Instanz (§ 8 Abs. 1 S. 2 Alt. 1). Dies wird teilweise anders gesehen: Es wird argumentiert, dass eine Bewilligung zu diesem Zeit-

---

64 OLG Karlsruhe NStZ-RR 2015, 96; OLG Nürnberg 30.12.2014 – 2 AR 36/14, juris; KG NStZ-RR 2013, 232; OLG München 9.9.2013 – 6 St (K) 1/13, burhoff.de (NSU-Verfahren). **65** OLG Düsseldorf 23.6.2015 – III-3 AR 65/14, BeckRS 2015, 11279. **66** So aber OLG Hamm 17.1.2012 – III-5 RVGs 38/11, juris. **67** KG 11.7.2014 – 1 Ars 22/11, juris; *Hartmann*, KostG, § 51 RVG Rn 33; Riedel/Sußbauer/*Schmahl*, § 51 Rn 23. **68** *Hartmann*, KostG, § 51 RVG Rn 33. **69** OLG Nürnberg 30.12.2014 – 2 AR 36/14, juris; OLG München 9.9.2013 – 6 St (K) 1/13, burhoff.de (NSU-Verfahren); OLG Stuttgart Rpfleger 2008, 441 f; Burhoff/*Burhoff*, Teil B, § 51 Rn 39 f; AnwK-RVG/*N. Schneider*, 7. Aufl., § 51 Rn 112. **70** Ausf. OLG Stuttgart Rpfleger 2008, 441 f. **71** Verneinend: OLG Köln JurBüro 2002, 303 f; Gerold/Schmidt/*Burhoff*, 21. Aufl., § 51 Rn 47; bejahend: OLG Hamm NStZ-RR 2002, 158 f. **72** OLG Köln StraFo 2006, 130; OLG Köln 18.3.2005 – 2 ARs 43/05, juris. **73** OLG München 9.9.2013 – 6 St (K) 1/13, burhoff.de (NSU-Verfahren); OLG Rostock 7.1.2013 – I Ws 308/12, burhoff.de.

punkt ausgeschlossen sei, da die Frage, ob eine Pauschgebühr zu bewilligen sei, immer erst im Nachhinein beantwortet werden könne, wenn die Tätigkeit des Rechtsanwalts abgeschlossen sei.[74] Diese Ansicht geht davon aus, dass für die Bewilligung einer Pauschgebühr stets eine Gesamtbetrachtung erforderlich ist, was jedoch nicht zutrifft (→ Rn 12). Vielmehr kann eine Pauschgebühr auch isoliert für einzelne Verfahrensabschnitte und sogar anstelle einzelner oder neben einzelnen Gebühren bewilligt werden. Lediglich dann, wenn erst eine Gesamtbetrachtung des gesamten Verfahrens (aufgrund von Kumulierungseffekten) die Bewilligung einer Pauschgebühr rechtfertigt, muss der Rechtsanwalt kraft Natur der Sache die Verfahrensbeendigung abwarten. Nur für diesen Fall wird die Pauschgebühr erst dann fällig, wenn das gesamte Verfahren beendet ist.[75]

2. Verjährung. Da die Verjährung eine Einrede ist, ist diese vom OLG oder BGH nicht von Amts wegen zu prüfen, sondern nur, wenn der Vertreter der Staatskasse diese Einrede erhebt.[76]   **50**

Der Anspruch verjährt gem. § 195 BGB in drei Jahren ab dem Ende des Kalenderjahres, in dem Fälligkeit   **51** eingetreten ist (§ 200 BGB). Gemäß § 8 Abs. 2 S. 1 wird die Verjährung der Vergütung für eine Tätigkeit in einem gerichtlichen Verfahren **gehemmt**, solange das Verfahren anhängig ist, so dass die Verjährung erst mit rechtskräftigem Abschluss des Verfahrens entsteht.[77] Dies soll nicht gelten, wenn ein Rechtsanwalt bereits vorzeitig aus dem Verfahren durch „Entpflichtung" ausscheidet.[78] Mit der derzeitigen eindeutigen Gesetzesfassung ist dies aber nicht vereinbar.[79]

Der Antrag auf Bewilligung hemmt den Ablauf der Verjährung gem. § 193 BGB analog. Während eines Festsetzungsverfahrens in Bezug auf die gesetzlichen vorgesehenen (Regel-)Gebühren ist der Lauf der Verjährungsfrist hinsichtlich der Pauschgebühr hingegen nicht gehemmt.[80]

Die Verjährung des Anspruchs soll nach einer Ansicht erst im Festsetzungsverfahren nach § 55 zu prüfen   **52** sein.[81] Die überwiegende Ansicht in der Rspr prüft sie aber schon im Bewilligungsverfahren.[82] Letzteres erscheint sachgerecht, um überflüssigen Aufwand zu vermeiden.

VII. Vorschuss/Abschlag (Abs. 1 S. 5)

Der Rechtsanwalt hat unter den Voraussetzungen des Abs. 1 S. 5 einen Anspruch auf einen **Vorschuss auf**   **53** **die Pauschgebühr.** Der Begriff „Vorschuss" ist missverständlich: Es geht nicht darum, dem Verteidiger für zukünftige Leistungen „vorab" eine Vergütung zu gewähren, sondern der Vorschuss wird für eine **bereits erbrachte Leistung** gezahlt. Ein „Vorschuss" ist die Zahlung nur deshalb, als sie vor Eintritt der Fälligkeit und damit vor der endgültigen Gebührenfestsetzung erfolgt. Letztlich handelt es sich um eine **Abschlagszahlung.**[83]

Ein Vorschuss ist zu gewähren, wenn dem Rechtsanwalt (insb. wegen der langen Dauer des Verfahrens und   **54** der Höhe der zu erwartenden Pauschgebühr) nicht zugemutet werden kann, die Festsetzung der Pauschgebühr abzuwarten. Dieses Zumutbarkeitskriterium knüpft – anders als das Zumutbarkeitskriterium in Abs. 1 S. 1 – an ein Zeitmoment an. Während es bei Abs. 1 S. 1 darum geht, einen unverhältnismäßigen Eingriff in die Berufsfreiheit dadurch abzuwenden, dass dem Pflichtverteidiger eine höhere als die gesetzlich vorgesehene Vergütung gewährt wird, soll Abs. 1 S. 5 die unverhältnismäßige Beeinträchtigung der Berufsfreiheit dadurch abwehren, dass ein Vorschuss auf die höhere Vergütung vor Abschluss des Verfahrens gewährt wird. Es genügt nicht, dass eine Pauschgebühr „irgendwann" festgesetzt und gezahlt wird. Vielmehr ist ab einer bestimmten Vergütungshöhe auch eine zeitnahe Entlohnung der bereits erbrachten Leistungen erforderlich, um den Eingriff in die Berufsfreiheit des Rechtsanwalts zu kompensieren. Dies wird man nur ausnahmsweise bei einer Verfahrensdauer unter 6 Monaten annehmen können.

Ein Anspruch auf einen Vorschuss setzt zudem voraus, dass zum Zeitpunkt der Entscheidung über den Vor-   **55** schuss eine Pauschgebühr **mit Sicherheit zu erwarten** ist.[84] Dies ist nach der hier vertretenen Ansicht (→ Rn 12) der Fall, wenn entweder eine isolierte Gebühr oder die Gebühren für einen Verfahrensabschnitt aus den in Abs. 1 genannten Gründen unzumutbar niedrig sind. Nur dann, wenn erst die Gebühren für das Verfahren *insgesamt* – aufgrund von Kumulationseffekten – unzumutbar niedrig ist, kann dies aus der Natur

---

74 KG StraFo 2015, 307; so auch AnwK-RVG/*N. Schneider*, 7. Aufl., § 51 Rn 128, was aber seinen Ausführungen in Rn 106 widerspricht. **75** So auch Burhoff/*Burhoff*, Teil B, § 51 Rn 74; vgl auch OLG Braunschweig 25.4.2016 – 1 ARs 9/16, burhoff.de. **76** In OLG Braunschweig JurBüro 2001, 308 f wird ausdrücklich darauf hingewiesen, dass die Bezirksrevisorin die Einrede der Verjährung erhoben hat. Ebenso in OLG Hamm NStZ-RR 2001, 190 f, wobei dies wie eine Voraussetzung der Verjährungseinrede behandelt wird. **77** Im Ergebnis ebenso, aber mit dem Argument, dass die Pauschgebühr erst mit rechtskräftigem Abschluss des Verfahrens fällig wird: OLG Braunschweig 25.4.2016 – 1 ARs 9/16, burhoff.de. **78** *Hansens*, zfs 2015, 587, 588; Mayer/Kroiß/*Kroiß*, § 51 Rn 24, der insoweit auf eine Entscheidung des OLG Hamm NStZ-RR 2001, 190 f verweist, die allerdings zur alten abweichenden Rechtslage unter Geltung der BRAGO ergangen ist. **79** Zweifelnd auch AnwK-RVG/*N. Schneider*, 7. Aufl., § 51 Rn 140. **80** OLG Hamm Rpfleger 1998, 38. **81** AnwK-RVG/*N. Schneider*, 7. Aufl., § 51 Rn 143; *Hartmann*, KostG, 65. Aufl., § 51 RVG Rn 33 aE. **82** OLG Köln NStZ 2006, 410; OLG Hamm BRAGOreport 2001, 170. **83** AnwK-RVG/*N. Schneider*, 7. Aufl., § 51 Rn 118. **84** KG 16.8.2005 – 4 AR 26 u. 27/05, burhoff.de.

der Sache heraus erst bei Abschluss des Verfahrens beurteilt werden. In diesen Fällen wird aber ohnehin dem Rechtsanwalt nur in Ausnahmefällen das weitere Zuwarten bis zur (endgültigen) Festsetzung der Pauschgebühr nicht zumutbar sein.

56   Eine Vorschusszahlung ist auch **mehrfach** möglich.[85]

57   Ungeachtet der Möglichkeit, Vorschusszahlungen auf die Pauschgebühr zu beantragen, besteht immer auch die Möglichkeit, auf die bereits verdienten Gebühren einen **Vorschuss nach** § 47 zu verlangen.

VIII. Entsprechende Anwendung im Bußgeldverfahren vor der Verwaltungsbehörde (Abs. 3)

58   Eine Sonderregelung besteht für das **Bußgeldverfahren** vor der Verwaltungsbehörde gem. Abs. 3. Kommt es nicht zu einem gerichtlichen Verfahren, entscheidet die Verwaltungsbehörde – gem. § 57 gerichtlich überprüfbar – über die Bewilligung der Pauschgebühr. Die Verwaltungsbehörde entscheidet dabei gleichzeitig über die Bewilligung und Festsetzung, was darin begründet ist, dass hier die beiden zuständigen Instanzen nicht auseinanderfallen.

59   Ist das Bußgeldverfahren **gerichtshängig** geworden, gilt dies nicht. Hier gelten die Abs. 1 und 2 unmittelbar. Über die Pauschgebühr entscheidet das OLG und zwar auch in Bezug auf den Verfahrensabschnitt bei der Verwaltungsbehörde.

IX. Festsetzung

60   Allein aufgrund der Bewilligung der Pauschgebühr wird eine Auszahlung nicht veranlasst. Vielmehr ist nach Bewilligung der Pauschgebühr diese zur **Vergütungsfestsetzung nach** § 55 anzumelden. Erst dort werden durch den Urkundsbeamten der Geschäftsstelle die gesetzliche Umsatzsteuer (Nr. 7008 VV) auf die Pauschgebühr und etwaige Auslagen festgesetzt (→ Rn 47). Ebenso werden nur dort etwaige Vorschüsse oder auf die gesetzlichen Gebühren bereits geleistete Teilzahlungen berücksichtigt.

§ 52 Anspruch gegen den Beschuldigten oder den Betroffenen

(1) [1]Der gerichtlich bestellte Rechtsanwalt kann von dem Beschuldigten die Zahlung der Gebühren eines gewählten Verteidigers verlangen; er kann jedoch keinen Vorschuss fordern. [2]Der Anspruch gegen den Beschuldigten entfällt insoweit, als die Staatskasse Gebühren gezahlt hat.

(2) [1]Der Anspruch kann nur insoweit geltend gemacht werden, als dem Beschuldigten ein Erstattungsanspruch gegen die Staatskasse zusteht oder das Gericht des ersten Rechtszugs auf Antrag des Verteidigers feststellt, dass der Beschuldigte ohne Beeinträchtigung des für ihn und seine Familie notwendigen Unterhalts zur Zahlung oder zur Leistung von Raten in der Lage ist. [2]Ist das Verfahren nicht gerichtlich anhängig geworden, entscheidet das Gericht, das den Verteidiger bestellt hat.

(3) [1]Wird ein Antrag nach Absatz 2 Satz 1 gestellt, setzt das Gericht dem Beschuldigten eine Frist zur Darlegung seiner persönlichen und wirtschaftlichen Verhältnisse; § 117 Abs. 2 bis 4 der Zivilprozessordnung gilt entsprechend. [2]Gibt der Beschuldigte innerhalb der Frist keine Erklärung ab, wird vermutet, dass er leistungsfähig im Sinne des Absatzes 2 Satz 1 ist.

(4) [1]Gegen den Beschluss nach Absatz 2 ist die sofortige Beschwerde nach den Vorschriften der §§ 304 bis 311 a der Strafprozessordnung zulässig. [2]Dabei steht im Rahmen des § 44 Satz 2 der Strafprozessordnung die Rechtsbehelfsbelehrung des § 12 c der Belehrung nach § 35 a Satz 1 der Strafprozessordnung gleich.

(5) [1]Der für den Beginn der Verjährung maßgebende Zeitpunkt tritt mit der Rechtskraft der das Verfahren abschließenden gerichtlichen Entscheidung, in Ermangelung einer solchen mit der Beendigung des Verfahrens ein. [2]Ein Antrag des Verteidigers hemmt den Lauf der Verjährungsfrist. [3]Die Hemmung endet sechs Monate nach der Rechtskraft der Entscheidung des Gerichts über den Antrag.

(6) [1]Die Absätze 1 bis 3 und 5 gelten im Bußgeldverfahren entsprechend. [2]Im Bußgeldverfahren vor der Verwaltungsbehörde tritt an die Stelle des Gerichts die Verwaltungsbehörde.

I. Regelungsgehalt

1   Der gerichtlich bestellte oder beigeordnete Rechtsanwalt erhält aus der Staatskasse Gebühren, die idR geringer sind als die Gebühren des Wahlanwalts. § 52 regelt zwei Fälle, in denen der Rechtsanwalt von seinem Mandanten die Wahlverteidigergebühren verlangen kann. Die Vorschrift schafft einen gesetzlichen An-

---

[85] OLG Hamm AGS 1998, 141.

spruch, der seine Grundlage in der Bestellung/Beiordnung hat und von einem Vertragsverhältnis zwischen dem Rechtsanwalt und seinem Mandanten unabhängig ist.

II. Persönlicher Anwendungsbereich

Anspruchsberechtigt ist der **Pflichtverteidiger**, der dem Beschuldigten im Strafverfahren vom Gericht **bestellt** wurde. **2**

Infolge Inbezugnahme ist § 52 auch auf den nach § 7 Abs. 1 **ThUG** beigeordneten Beistand im Unterbringungsverfahren anwendbar (§ 20 Abs. 2 S. 1 ThUG). **3**

Für das **Bußgeldverfahren** gelten gem. Abs. 6 S. 1 die Absätze 1–3 und 5 entsprechend (→ Rn 28). **4**

Auf **andere gerichtlich bestellte oder beigeordnete Rechtsanwälte**, deren Vergütung sich nach den Teilen 4, 5 oder 6 VV richtet, ist § 52 entsprechend anwendbar (§ 53 Abs. 1); hier sind die Sonderregelungen in § 53 Abs. 2 und 3 zu beachten. **5**

III. Sachlicher Anwendungsbereich

§ 52 setzt eine **wirksame Verteidigerbestellung** (auch gegen den Willen des Beschuldigten) voraus. Der Anspruch besteht auch dann, wenn der Beschuldigte neben dem Pflichtverteidiger einen Wahlverteidiger hat. Der Anspruch hängt vom **Umfang der Bestellung** ab. Für Tätigkeiten als Pflichtverteidiger, die keinen Gebührenanspruch gegen die Staatskasse auslösen, können daher gem. § 52 keine Wahlverteidigergebühren vom Beschuldigten gefordert werden. **6**

IV. Anspruchsvoraussetzungen

1. Allgemeines. Die Voraussetzungen des Anspruchs des Pflichtverteidigers gegen den Beschuldigten nach Abs. 1 S. 1 sind in **Abs. 2 S. 1** geregelt. Der Anspruch (bzw nach dem Wortlaut seine Durchsetzbarkeit) setzt voraus, dass entweder **7**

- der Beschuldigte einen **Erstattungsanspruch** gegen die Staatskasse hat (Alt. 1) oder
- die **finanzielle Leistungsfähigkeit des Beschuldigten** gerichtlich festgestellt (Alt. 2) wird.

2. Erste Alternative: Erstattungsanspruch des Beschuldigten gegen die Staatskasse (Abs. 2 S. 1 Alt. 1). Soweit der Beschuldigte einen (rechtskräftigen) Anspruch auf Erstattung seiner Verteidigerkosten gegen die Staatskasse hat, soll der bestellte Verteidiger die Wahlverteidigervergütung erhalten. Deshalb sieht § 52 einen Anspruch gegen den Beschuldigten in Höhe des Erstattungsanspruchs vor. Der Beschuldigte kann seinerseits aufgrund des Erstattungsanspruchs von der Staatskasse die Zahlung (auch) dieser zusätzlichen Vergütung verlangen, so dass im Ergebnis die Wahlverteidigervergütung aus der Staatskasse zu zahlen ist. **8**

Anspruchsgrundlagen für einen Erstattungsanspruch sind etwa: **9**

- § 467 StPO: (Teil-)Freispruch,
- § 467 a StPO: bei Anklagerücknahme und Einstellung des Verfahrens,
- § 473 Abs. 2 S. 1 StPO: bei erfolglosem Rechtsmittel der Staatsanwaltschaft,
- § 473 Abs. 3, 4 StPO: (teilweise) erfolgreiches beschränktes Rechtsmittel des Angeklagten.

3. Zweite Alternative: Gerichtliche Feststellung der finanziellen Leistungsfähigkeit des Beschuldigten (Abs. 2 S. 1 Alt. 2). a) Finanzielle Leistungsfähigkeit des Beschuldigten. Als zweite Alternative nennt Abs. 2 S. 1 die finanzielle Leistungsfähigkeit des Beschuldigten. Auf den Verfahrensausgang kommt es nicht an, so dass der Beschuldigte auch dann in Anspruch genommen werden kann, wenn er verurteilt wurde.[1] Zur Feststellung der finanziellen Leistungsfähigkeit findet ein gerichtliches Feststellungsverfahren statt, Abs. 3. **10**

b) Verfahren zur Feststellung der finanziellen Leistungsfähigkeit (Abs. 3). aa) Antrag des Verteidigers. Es bedarf eines Antrags des Pflichtverteidigers auf Feststellung der finanziellen Leistungsfähigkeit des Beschuldigten. Der Antrag ist an keine Frist gebunden und kann noch gestellt werden, nachdem die Pflichtverteidigergebühren festgesetzt und ausgezahlt sind. Der Anspruch muss jedoch fällig sein (§ 8 Abs. 1), weil der Verteidiger gem. Abs. 1 S. 1 Hs 2 keinen Vorschuss verlangen kann; fehlt es daran, ist der Antrag bereits unzulässig. **11**

bb) Muster: Antrag auf Feststellung der finanziellen Leistungsfähigkeit

▶ „... beantrage ich gem. § 52 Abs. 2 RVG festzustellen, dass Herr ... in der Lage ist, Wahlverteidigergebühren iHv ... € zuzüglich der gesetzlichen Mehrwertsteuer iHv ... € zu bezahlen, ohne dass der für ihn oder seine Familie notwendige Unterhalt beeinträchtigt werden würde. **12**

---

1 LG Mühlhausen 23.6.2009 – 3 Qs 103/09, juris.

Sollte das Gericht zu dem Ergebnis kommen, dass eine Einmalzahlung zur Unterhaltsbeeinträchtigung führen würde, ist Ratenzahlung festzustellen, deren jeweilige Höhe festgelegt werden möge.

Herr ... ist derzeit Disponent bei der Spedition ... und erhält ein monatliches Bruttogehalt von 2.825 €. Er ist verheiratet; die Ehefrau ist berufstätig, wobei die Höhe ihrer monatlichen Einkünfte nicht bekannt ist. Aus der Ehe sind keine Kinder hervorgegangen; über anderweitige Unterhaltspflichten von Herrn ... ist nichts bekannt. Das Ehepaar ... bewohnt eine Eigentumswohnung in ..., die noch nicht ganz abbezahlt ist. ...

Herr ... möge aufgefordert werden, zu seinen persönlichen und wirtschaftlichen Verhältnissen iSd § 117 ZPO Stellung zu nehmen. ...“ ◄

13   **cc) Zuständigkeit.** Die Leistungsfähigkeit stellt das Gericht des ersten Rechtszugs fest (Abs. 2 S. 1). Falls es zu keinem gerichtlichen Verfahren gekommen ist, ist das Gericht zuständig, das den Verteidiger bestellt hat (Abs. 2 S. 2). Funktionell zuständig für die Entscheidung über den Feststellungsantrag ist gem. § 22 Nr. 3 RPflG der **Rechtspfleger**. Bei einem Betroffenen im Bußgeldverfahren vor der Verwaltungsbehörde entscheidet die Verwaltungsbehörde (Abs. 6 S. 2).

14   **dd) Fristsetzung.** Dem Beschuldigten ist gem. Abs. 3 S. 1 innerhalb angemessener Frist (diese sollte nur in Ausnahmefällen weniger als zwei Wochen ab Zustellung betragen) Gelegenheit zu geben, zur Abwendung des Vergütungsanspruchs seine finanzielle Leistungs*unfähigkeit* darzulegen. Sinnvollerweise wird der Fristsetzung das amtliche Formular nach § 117 Abs. 4 ZPO beigefügt. Der Beschuldigte hat sich wie beim Antrag auf Gewährung von Prozesskostenhilfe über seine persönlichen und wirtschaftlichen Verhältnisse (Familienverhältnisse, Beruf, Vermögen, Einkommen und Lasten) zu erklären, seine Angaben zu belegen und ggf glaubhaft zu machen. Kommt der Beschuldigte der Aufforderung innerhalb der Frist nicht nach, wird seine Leistungsfähigkeit vermutet (Abs. 3 S. 2). Es handelt sich bei der Frist jedoch um **keine Ausschlussfrist**. Auch eine nach Fristablauf eingehende Erklärung des Beschuldigten ist bei der Entscheidung zu berücksichtigen.

15   **c) Feststellung der finanziellen Leistungsfähigkeit. aa) Zeitpunkt der Beurteilung.** Maßgeblicher Zeitpunkt für die Frage der Leistungsfähigkeit ist der Zeitpunkt der **Entscheidung des Gerichts im Feststellungsverfahren**.[2] Dies folgt aus dem Gesetzeswortlaut „zur Zahlung in der Lage *ist*“ (nicht „war“).

16   **bb) Maßstab der Beurteilung.** Inhaltlich können die §§ 114 f, 850 c ZPO als Orientierungshilfe herangezogen werden. Zu berücksichtigen sind auch Ansprüche des Beschuldigten für erlittene Strafverfolgungsmaßnahmen[3] oder gegen Dritte, zB aus §§ 1360 a Abs. 4, 1610 BGB.[4] Wenn der Beschuldigte **keiner Erwerbstätigkeit** nachgeht und sich auch nicht nachweisbar um Arbeit bemüht, kann bei der Beurteilung der finanziellen Leistungsfähigkeit – ähnlich wie im Unterhaltsrecht – ein fiktives Einkommen zugrunde gelegt werden.

17   **d) Entscheidung des Gerichts.** Das Gericht entscheidet durch zu begründenden Beschluss (vgl Abs. 4 S. 1). Dabei wird **nur** über die **Frage der finanziellen Leistungsfähigkeit** entschieden. Ggf ist festzustellen, dass der Beschuldigte (nur) zur Leistung von konkret nach Höhe und Zahlungsterminen festzusetzender Raten in der Lage ist (vgl Abs. 2 S. 1). Tenorierung:

▶ Es wird festgestellt, dass der Verurteilte ohne Beeinträchtigung des für ihn und seine Familie notwendigen Unterhalts zur Zahlung der Gebühren eines gewählten Verteidigers in Raten zu je 200 €, fällig jeweils zum dritten Werktag eines jeden Monats, in der Lage ist. ◄

18   Hingegen erfolgt in dem Beschluss **keine Festsetzung der Vergütung.** Der Feststellungsbeschluss ist kein Vollstreckungstitel. Für den Rechtsanwalt besteht nunmehr die Möglichkeit eines vereinfachten Festsetzungsverfahrens nach § 11. Notfalls muss der Verteidiger auf Zahlung klagen. Der Beschluss muss den Beteiligten förmlich zugestellt werden, um die Beschwerdefrist in Gang zu setzen.

19   **e) Sofortige Beschwerde (Abs. 4).** Der Beschluss kann gem. **Abs. 4 S. 1** iVm §§ 304–311 a StPO mit der **sofortigen Beschwerde** innerhalb einer Woche nach Zustellung (§ 311 a Abs. 2 StPO) angefochten werden. Beim ThUG beträgt die Beschwerdefrist zwei Wochen (§ 20 Abs. 2 S. 2 Hs 2 ThUG iVm § 16 Abs. 2 ThUG). § 304 Abs. 3 StPO findet keine Anwendung, da das Gericht nicht (unmittelbar) über (konkrete) Kosten oder notwendige Auslagen entscheidet.[5]

20   **Abs. 4 S. 2** stellt klar, dass im Rahmen der Wiedereinsetzungsvorschriften der §§ 44 ff StPO die **Versäumung einer Rechtsbehelfsfrist** über die in § 44 S. 2 StPO genannten Fälle hinaus als **unverschuldet** anzusehen ist, wenn die **Belehrung** nach § 12 c unterblieben bzw fehlerhaft war.

---

2 OLG Bamberg JurBüro 1990, 482; OLG Düsseldorf AnwBl 1974, 88; OLG Düsseldorf AnwBl 1985, 594 = Rpfleger 1985, 327; OLG Hamm MDR 1971, 601; OLG Stuttgart AnwBl 1973, 148; OLG Koblenz MDR 1971, 866; OLG Oldenburg NJW 1973, 2313; OLG Zweibrücken MDR 1974, 66. **3** LG Hamburg AnwBl 1985, 594. **4** Gerold/Schmidt/*Burhoff*, § 52 Rn 25. **5** OLG München AnwBl 1978, 265 (zur BRAGO); Gerold/Schmidt/*Burhoff*, § 52 Rn 41; aA *Hartmann*, KostG, § 52 RVG Rn 39.

Hat das OLG über den Antrag auf Feststellung der Leistungsfähigkeit entschieden, so ist nach § 304 Abs. 4 21
StPO eine Beschwerde nicht zulässig. Eine **weitere Beschwerde** ist ebenfalls nicht statthaft (§ 310 Abs. 2
StPO).

V. Verjährung (Abs. 5)

Der Anspruch nach Abs. 1 verjährt nach drei Jahren (§ 195 BGB). Fristbeginn ist der erste Tag des Folge- 22
jahres, in dem die gerichtliche Entscheidung rechtskräftig geworden oder auf andere Weise beendet ist
(Abs. 5 S. 1, § 199 Abs. 1 BGB). Ein rechtzeitig gestellter Antrag auf Feststellung der Leistungsfähigkeit des
Verteidigten hemmt den Eintritt der Verjährung bis sechs Monate nach Entscheidung des Gerichts über den
Antrag (Abs. 5 S. 2 und 3).

VI. Anspruchsumfang

1. Rechtsanwaltsgebühren (Abs. 1 S. 1 Hs 1). Der Anspruch bemisst sich nach den Gebühren des gewählten 23
Verteidigers, wobei die Bestimmung der Gebühren innerhalb des jeweils vorgesehenen Gebührenrahmens
nach § 14 erfolgt. Die Erstattung von Auslagen kann nach § 52 nicht verlangt werden.[6] Insoweit besteht ein
Anspruch des gerichtlich bestellten Rechtsanwalts gegen die Staatskasse nach § 46. Eine Ausnahme gilt für
die Umsatzsteuer gem. Nr. 7008 VV, soweit sie auf die Gebühren/Gebührendifferenz entfällt.[7] Denn die
Umsatzsteuer hängt von der Höhe des Gebührenanspruchs ab.

2. Vorschuss (Abs. 1 S. 1 Hs 2). Einen Vorschuss kann der Verteidiger vom Verteidigten nicht fordern 24
(Abs. 1 S. 1 Hs 2).

3. Zahlung der Gebühren durch die Staatskasse (Abs. 1 S. 2). Der Anspruch des Verteidigers entfällt, so- 25
weit die Staatskasse (Pflichtverteidiger-)Gebühren **gezahlt hat** (Abs. 1 S. 2). Es kommt also nicht darauf an,
ob noch Gebühren zu zahlen sind. Auch die Festsetzung vor der Auszahlung reicht nicht aus. Dies erklärt
sich daraus, dass die Pflichtverteidigervergütung zu den gerichtlichen Auslagen iSd § 464 a Abs. 1 S. 1 StPO
zählt und erst ihre Auszahlung an den Verteidiger zu einem Anspruchsübergang auf die Staatskasse führt.
Wenn der Pflichtverteidiger die ihm von der Staatskasse zu zahlenden Festgebühren bereits erhalten hat,
kann er gegen den Beschuldigten nur noch die Differenz zwischen Pflichtverteidiger- und Wahlverteidigergebühren geltend machen.

Infolge der rechtlichen Verschiedenheit des Gebührenanspruchs des Pflichtverteidigers einerseits und des 26
Kostenerstattungsanspruchs eines Freigesprochenen andererseits **droht** eine **Doppelbelastung der Staatskasse**, wenn zunächst der Freigesprochene seinen Erstattungsanspruch und danach der Pflichtverteidiger seinen
Vergütungsanspruch gegen die Staatskasse geltend macht.[8] Deshalb steht der Staatskasse im Fall noch nicht
ausbezahlter Pflichtverteidigergebühren bei der Festsetzung des Erstattungsanspruchs ein Zurückbehaltungsrecht in Höhe der Pflichtverteidigergebühren zu, sofern der Pflichtverteidiger nicht erklärt, auf seine
Ansprüche gegenüber der Staatskasse zu verzichten.[9]

4. Anrechnung der durch die Staatskasse gezahlten Gebühren im Fall des Teilfreispruchs. Im Fall des **Teil-** 27
freispruchs (Abs. 2 S. 1 Alt. 1) stellt sich die Frage, in welchem Umfang gezahlte Pflichtverteidigergebühren
auf den auch für den Anspruch des Pflichtverteidigers maßgebenden Erstattungsanspruch des teilweise Freigesprochenen anzurechnen sind. Dazu wird vertreten, dass der auf den Freispruch entfallende fiktive Gebührenanteil zu errechnen und nur in Höhe dieses Anteils eine Anrechnung der gezahlten Pflichtverteidigergebühren vorzunehmen sei.[10] Richtig ist hingegen, die gesamten gezahlten Pflichtverteidigergebühren anzurechnen.[11] Dies entspricht sowohl dem Wortlaut der Norm als auch ihrem Sinn und Zweck, den Pflichtverteidiger im Ergebnis (nur) in der Höhe einen Anspruch auf Wahlverteidigergebühren zu gewähren, in der
ein Erstattungsanspruch des Beschuldigten gegen die Staatskasse besteht. Ein darüber hinausgehender zusätzlicher Anspruch auf (anteilige) Pflichtverteidigergebühren sieht das Gesetz nicht vor. Das Argument der
Gegenauffassung, der Erstattungsanspruch berücksichtige bei voller Anrechnung der Pflichtverteidigergebühren den Teilfreispruch nicht hinreichend, verkennt, dass der (teilweise) Freigesprochene wegen der Anrechnung zugleich von den Pflichtverteidigergebühren entlastet wird, die er ansonsten der Staatskasse gem.
Nr. 9007 KV GKG schuldete. Im Ergebnis führt dies allerdings oftmals dazu, dass die Pflichtverteidigergebühren den nach der Differenzmethode für den freizusprechenden Teil ermittelten fiktiven Erstattungsan-

---

6 HM, OLG Saarbrücken 10.11.2015 – 1 Ws 197/15, juris mwN. **7** OLG Saarbrücken 10.11.2015 – 1 Ws 197/15, juris; OLG
Düsseldorf StRR 2010, 276; OLG Stuttgart MDR 1985, 959. **8** Vgl BVerfG JurBüro 2009, 418. **9** OLG Frankfurt JurBüro
2011, 34. **10** OLG Oldenburg StraFo 2007, 127; OLG Celle NJW 2004, 2396. **11** OLG Saarbrücken 10.11.2015 – 1 Ws
197/15, juris; OLG Braunschweig StRR 2014, 510; OLG Jena 28.2.2014 – 1 Ws 403/13, juris; OLG Köln 4.1.2013 – 2 Ws
837/12, juris; OLG Düsseldorf StRR 2010, 276.

spruch übersteigen, so dass trotz des Teilfreispruchs kein Anspruch des Pflichtverteidigers auf (anteilige) Wahlverteidigergebühren verbleibt. Dies aber ist vom Gesetzgeber gewollt.

VII. Bußgeldverfahren (Abs. 6)

28 Die Abs. 1–3 und 5 gelten für das Bußgeldverfahren entsprechend (Abs. 6 S. 1). Soweit der Rechtsanwalt für ein Bußgeldverfahren vor der Verwaltungsbehörde bestellt worden ist, tritt an die Stelle des Gerichts die Verwaltungsbehörde (Abs. 6 S. 2).

§ 53 Anspruch gegen den Auftraggeber, Anspruch des zum Beistand bestellten Rechtsanwalts gegen den Verurteilten

(1) Für den Anspruch des dem Privatkläger, dem Nebenkläger, dem Antragsteller im Klageerzwingungsverfahren oder des sonst in Angelegenheiten, in denen sich die Gebühren nach Teil 4, 5 oder 6 des Vergütungsverzeichnisses bestimmen, beigeordneten Rechtsanwalts gegen seinen Auftraggeber gilt § 52 entsprechend.

(2) [1]Der dem Nebenkläger, dem nebenklageberechtigten Verletzten oder dem Zeugen als Beistand bestellte Rechtsanwalt kann die Gebühren eines gewählten Beistands aufgrund seiner Bestellung nur von dem Verurteilten verlangen. [2]Der Anspruch entfällt insoweit, als die Staatskasse die Gebühren bezahlt hat.

(3) [1]Der in Absatz 2 Satz 1 genannte Rechtsanwalt kann einen Anspruch aus einer Vergütungsvereinbarung nur geltend machen, wenn das Gericht des ersten Rechtszugs auf seinen Antrag feststellt, dass der Nebenkläger, der nebenklageberechtigte Verletzte oder der Zeuge zum Zeitpunkt des Abschlusses der Vereinbarung allein auf Grund seiner persönlichen und wirtschaftlichen Verhältnisse die Voraussetzungen für die Bewilligung von Prozesskostenhilfe in bürgerlichen Rechtsstreitigkeiten nicht erfüllt hätte. [2]Ist das Verfahren nicht gerichtlich anhängig geworden, entscheidet das Gericht, das den Rechtsanwalt als Beistand bestellt hat. [3]§ 52 Absatz 3 bis 5 gilt entsprechend.

I. Regelungsgehalt und persönlicher Anwendungsbereich

1 § 52 gilt für den Pflichtverteidiger. In § 53 wird geregelt, unter welchen Voraussetzungen andere gerichtlich bestellte/beigeordnete Rechtsanwälte (etwa **Nebenklägervertreter, Zeugenbeistände etc.**) aufgrund der Bestellung/Beiordnung eine Wahlanwaltsvergütung verlangen können.

II. Sachlicher Anwendungsbereich

2 **1. Beiordnung des Rechtsanwalts (Abs. 1).** Die **Beiordnung** eines Rechtsanwalts erfolgt zur Herstellung der Rechtsanwendungsgleichheit. Im Unterschied zur Bestellung (→ Rn 3) wird nicht an das Verfahren angeknüpft, sondern daran, dass der Rechtsuchende ohne staatliche Unterstützung seine Rechte nicht ausreichend wahrnehmen kann, weil er hierzu nicht über die erforderlichen finanziellen Mittel verfügt, und das Anliegen der Rechtswahrnehmung jedenfalls nicht mutwillig erscheint, weshalb ihm nach §§ 114 ff ZPO **Prozesskostenhilfe** zu gewähren ist. Die Beiordnung berührt den – vorausgesetzten[1] – **Vertrag** zwischen dem Rechtsanwalt und dem Mandanten nicht so, dass trotz der Beiordnung stets auch ein Anspruch auf die **Wahlanwaltsvergütung** besteht. Diese kann der Rechtsanwalt jedoch gegen seinen Mandanten nicht geltend machen, solange die Prozesskostenhilfe ihre Wirkung entfaltet (§ 122 Abs. 1 Nr. 3 ZPO). Die **Staatskasse** tritt vergütungsrechtlich neben den Mandanten, wobei sie im Regelfall nur im Vergleich zum Anspruch des Wahlanwalts geringere Festgebühren schuldet.

3 **2. Bestellung des Rechtsanwalts (Abs. 2).** Die **Bestellung** des Rechtsanwalts erfolgt ebenfalls durch Hoheitsakt (**Pflichtanwalt**). Dieser wird in Erfüllung einer **öffentlich-rechtlichen Pflicht** tätig. Zwischen ihm und dem Vertretenen kommt aufgrund der Bestellung **kein Mandatsvertrag** zustande. Die Staatskasse schuldet dem Rechtsanwalt die geringeren Festgebühren. Der Pflichtanwalt kann die Vergütung des Wahlanwalts aufgrund der Bestellung nur ausnahmsweise geltend machen, wenn dem Mandanten Erstattungsansprüche gegen die Staatskasse zustehen oder gerichtlich festgestellt wird, dass er die Wahlanwaltsvergütung ohne Beeinträchtigung seiner Lebensverhältnisse zu zahlen in der Lage ist (§ 52). Der Rechtsanwalt kann seine Wahlanwaltsgebühren aber ggf auch unabhängig davon vom Mandanten verlangen, denn für die Bestellung zum Bestand ist nach § 397 a Abs. 1 StPO – anders als bei der Bestellung eines Pflichtverteidigers gem. § 141 StPO (vgl § 141 Abs. 1 StPO: „dem Angeschuldigten, der noch keinen Verteidiger hat") – nicht erfor-

---

[1] Hartung/Enders/Schons/*Hartung*, § 57 Rn 7.

derlich, dass der Rechtsanwalt sein Wahlmandat niederlegt. Durch die (nachträgliche) Einfügung[2] der einschränkenden Worte „aufgrund seiner Bestellung" in Abs. 2 hat der Gesetzgeber nunmehr auch eindeutig klargestellt, dass der Rechtsanwalt durch Abs. 2 nicht gehindert ist, aus einem parallel zur Bestellung bestehenden Wahlanwaltsvertrag seine vertraglich geschuldete Vergütung vom Mandanten zu fordern.

3. Zuordnung. Die Zuordnung zu Abs. 1 oder Abs. 2 sollte sich eigentlich nach dem Wortlaut des jeweiligen Verfahrensgesetzes bestimmen lassen, wonach entweder eine **Beiordnung oder** eine **Bestellung** erfolgt. Allerdings hat der Gesetzgeber – sofern er die Begriffe überhaupt verwendet[3] – die Terminologie insgesamt und auch in § 53 nicht konsequent beibehalten.[4]   4

III. Beigeordnete Rechtsanwälte (Abs. 1)

1. Persönlicher Anwendungsbereich. a) Nach Teil 4 VV zu vergütende Tätigkeiten. Die Beiordnung kann   5 erfolgen für

- Adhäsionskläger/Adhäsionsbeklagte (§ 404 Abs. 5 StPO),
- Antragsteller im Klageerzwingungsverfahren (§ 172 Abs. 3 S. 2 StPO),
- Antragsteller im Verfahren nach dem StrRehaG (§ 7 Abs. 4 StrRehaG),
- Einziehungs- und Nebenbeteiligte (§ 434 Abs. 2 StPO),
- Nebenkläger (§ 397 a Abs. 2 StPO),
- nebenklageberechtigte Verletzte (§§ 406 g Abs. 3 Nr. 2, 397 a Abs. 2 StPO),
- Privatkläger, Widerkläger (§ 397 Abs. 3 StPO).

Hinweis: Bei Nebenklägern und nebenklageberechtigten Verletzten sieht das Gesetz sowohl die Möglichkeit der Beistandsbestellung (§ 397 a Abs. 1 StPO) als auch der Beistandsbeiordnung (§ 397 a Abs. 2 StPO) und für den Fall, dass nicht sofort darüber entschieden werden kann, die vorläufige Beistandsbestellung (§ 406 g Abs. 4 StPO) vor.   6

b) Nach Teil 5 VV zu vergütende Tätigkeiten. Verfalls- und Einziehungsbeteiligten kann nach § 434 Abs. 2   7 StPO ein Rechtsanwalt beigeordnet werden (§ 87 Abs. 1 OWiG).

c) Nach Teil 6 VV zu vergütende Tätigkeiten. In sonstigen Verfahren erfolgt eine Beiordnung zB für Probanden der **Therapieunterbringung** (§§ 7 Abs. 1, 20 Abs. 1 ThUG) oder Beschuldigte im Disziplinarverfahren (§ 3 BDG, § 166 VwGO).   8

Auf Probanden in der **Sicherungsverwahrung** (§§ 109 Abs. 3, 119 Abs. 6 StVollzG) ist § 53 **nicht** anzuwenden, da die Vergütung dieser Tätigkeit für den genannten Personenkreis nach Teil 3 VV erfolgt.

2. Regelungsgehalt. Abs. 1 stellt eine **Ausnahmevorschrift** zu § 122 Abs. 1 Nr. 3 ZPO dar. Denn beigeordneten Rechtsanwälten ermöglicht Abs. 1, ihre Vergütungsansprüche trotz der an sich bestehenden „Forderungssperre" geltend zu machen. Dies ist allerdings dahin gehend eingeschränkt, dass eine der beiden Voraussetzungen des § 52 Abs. 2 S. 1 vorliegen muss und die Staatskasse die Prozesskostenhilfevergütung noch nicht gezahlt haben darf. Ist bereits Zahlung durch die Staatskasse erfolgt, kann lediglich die Differenz zwischen Wahl- und Pflichtanwaltsvergütung geltend gemacht werden (§ 52 Abs. 1 S. 2, Abs. 2 S. 2).   9

Besondere **praktische Relevanz** dürfte der Vorschrift nicht zukommen, nachdem die Gewährung von Prozesskostenhilfe Bedürftigkeit voraussetzt, was idR dazu führen wird, dass der nach § 52 Abs. 2 erforderliche Feststellungsantrag erfolglos bleiben wird. Gegen den rechtskräftig Verurteilten werden die Vergütungsansprüche im Verfahren nach § 464 b StPO festgesetzt, so dass der beigeordnete Rechtsanwalt seine Gebühren und Auslagen vom Verurteilten im eigenen Namen beitreiben kann (§ 126 Abs. 1 ZPO), soweit die Staatskasse noch nicht geleistet hat.   10

IV. Bestellte Rechtsanwälte (Abs. 2)

1. Persönlicher Anwendungsbereich. Die Bestellung erfolgt für Nebenkläger (§ 397 a Abs. 1 StPO), nebenklageberechtigte Verletzte (§§ 406 g Abs. 3 Nr. 1, Abs. 4, 397 a Abs. 1 StPO), Vollstreckungsschuldner einer europäischen Geldsanktion (§ 87 e IRG, § 59 a Abs. 2 RVG) oder Zeugen (§ 68 b StPO, § 59 a Abs. 1 RVG).   11

Ungeregelt ist die Frage, ob § 53 auch auf Beistände, die in anderen als den in § 87 e IRG genannten Fällen (zB § 40 Abs. 2 IRG) oder in den Fällen des § 31 IStGHG zum Beistand bestellt worden sind, angewendet werden kann. Dagegen spricht der Wortlaut der Vorschrift, da die dort genannten Verfolgten nicht zu dem in Abs. 2 S. 1 aufgeführten Personenkreis zählen und darüber hinaus – anders als nach Abs. 2 S. 2 vorausge-   12

---

2 Durch Art. 5 Nr. 1 des Gesetzes zur Stärkung des Rechts des Angeklagten auf Vertretung in der Berufungsverhandlung und über die Anerkennung von Abwesenheitsentscheidungen in der Rechtshilfe v. 17.7.2015 (BGBl. I 1332, 1336) mWv 25.7.2015. **3** Vgl § 172 Abs. 3 S. 2 Hs 2 StPO bzw § 379 Abs. 3 StPO jeweils nur: „für die Prozesskostenhilfe ...". **4** Der Zeugenbeistand wird nach §§ 68 b Abs. 2, 163 Abs. 3 S. 2 StPO, § 59 a Abs. 1 RVG beigeordnet, nach § 58 Abs. 2 RVG hingegen „bestellt".

setzt – zwischen Auftraggeber und „Verurteiltem" Personenidentität besteht. Ein Rückgriff auf Abs. 1 scheidet schon deshalb aus, weil der persönliche Anwendungsbereich dort auf beigeordnete Rechtsanwälte beschränkt ist.[5]

13 **2. Regelungsgehalt.** Die Wahlanwaltsvergütung kann der bestellte Beistand nur gegen den – rechtskräftig – Verurteilten geltend machen (Abs. 2 S. 2) und nach Festsetzung (§ 464 b StPO) in eigenem Namen entsprechend § 126 Abs. 1 ZPO beitreiben, soweit die Staatskasse keine Zahlungen geleistet hat.

V. Vergütungsvereinbarung (Abs. 3)

14 Der bestellte Beistand kann wie der Pflichtverteidiger mit seinem Auftraggeber eine Vergütungsvereinbarung (§ 3 a) schließen. Eine derartige Vereinbarung mit einem Auftraggeber, dem Prozesskostenhilfe gewährt wurde, ist dagegen nichtig (§ 3 a Abs. 3 S. 1). Im Hinblick auf Nebenkläger und nebenklageberechtigte Verletzte (vgl Hinweis, → Rn 6) würde dies zu einer vergütungsrechtlichen Ungleichbehandlung führen, weil ihnen nach § 397 a Abs. 1 StPO aufgrund der in den Nr. 1–4 zu ihrem Nachteil begangenen schweren Straftaten der Beistand zu bestellen ist, während es bei Fehlen der – gravierenden – Voraussetzungen des § 397 a Abs. 1 StPO „nur" zur Beiordnung des Beistands kommen kann: In weniger schwerwiegenden Fällen wären sie vor einer Inanspruchnahme aus einer Vergütungsvereinbarung infolge deren Nichtigkeit geschützt, in den schwereren Fällen trotz bestehender Bedürftigkeit iSd PKH-Vorschriften indes nicht.

15 Abs. 3 lässt deshalb die Geltendmachung von Vergütungsansprüchen aus einer diesbezüglichen Vereinbarung nur dann zu, wenn zuvor gerichtlich festgestellt wurde, dass der Nebenkläger, der nebenklageberechtigte Verletzte oder der Zeuge zum Zeitpunkt des Abschlusses der Vereinbarung allein aufgrund seiner persönlichen und wirtschaftlichen Verhältnisse die **Voraussetzungen für die Bewilligung von Prozesskostenhilfe** in bürgerlichen Rechtsstreitigkeiten **nicht erfüllt** hätte. Will der bestellte Rechtsanwalt seinen Mandanten aus einer Vergütungsvereinbarung in Anspruch nehmen, muss er dies deshalb zuvor vom Gericht des ersten Rechtszugs feststellen lassen.

16 ▶ **Muster: Antrag auf Feststellung der Leistungsfähigkeit**

... beantrage ich gem. § 53 Abs. 3 iVm § 52 RVG festzustellen, dass Frau ... am 2.5.2016 aufgrund ihrer persönlichen und wirtschaftlichen Verhältnisse zu diesem Zeitpunkt keinen Anspruch auf Prozesskostenhilfe gem. § 397 a Abs. 2 StPO (ggf iVm § 406 g StPO) hatte.

Begründung

Frau ... beauftragte mich am 2.5.2016 mit der Wahrnehmung ihrer Rechte in dem vorliegenden Strafverfahren gegen T, dem u.a. Vergewaltigung zu ihrem Nachteil vorgeworfen und der deswegen auch verurteilt wurde. Gleichzeitig vereinbarte ich mit Frau ... eine Vergütung in Höhe der Wahlanwaltshöchstgebühren. Mit Schriftsatz vom 8.5.2016 beantragte ich bei Gericht unter Bezugnahme auf § 395 Abs. 1 Nr. 1 StPO, Frau ... als Nebenklägerin zuzulassen und ihr mich gem. § 397 a Abs. 1 Nr. 1 StPO zum Beistand zu bestellen, was durch Beschluss vom 15.5.2016 erfolgte.

Am 2.5.2016 hatte Frau ... aufgrund ihrer persönlichen und wirtschaftlichen Verhältnisse keinen Anspruch auf Prozesskostenhilfe. Frau ... ist verheiratet und hat einen Sohn im Alter von heute 16 Jahren. Seit April 2015 ist Frau ... als Assistentin der Geschäftsführung bei der Firma ... tätig und erzielt dort ein monatliches Erwerbseinkommen, das nach Abzug der in § 82 Abs. 2 SGB XII aufgeführten Positionen 4.643 € beträgt. Werden sodann gem. § 115 Abs. 1 ZPO iVm Prozesskostenhilfebekanntmachung 2016[6]

– gem. § 115 Abs. 1 S. 3 Nr. 1 Buchst. b ZPO	213,00 €,
– gem. § 115 Abs. 1 S. 3 Nr. 2 Buchst. a ZPO	468,00 € und
– gem. § 115 Abs. 1 S. 3 Nr. 2 Buchst. b ZPO	353,00 €,
insgesamt somit	1.034,00 €

in Abzug gebracht, verbleiben Frau ... monatlich 3.609,00 € und damit ein Mehrfaches des nach § 115 ZPO einzusetzenden Einkommens. ◀

17 Für die Entscheidung nach Abs. 3 ist in Fällen, in denen ein Beistand durch das Gericht bestellt wird, es nach der Bestellung aber zu keinem gerichtlichen Verfahren kommt, das Gericht zuständig, das den Rechtsanwalt als Beistand bestellt hat (Abs. 3 S. 2). Wurde der Beistand durch die Staatsanwaltschaft bestellt, entscheidet diese nach Abs. 3 (§ 59 a Abs. 1).

---

5 Burhoff/*Volpert*, RVG, § 53 Rn 26; Gerold/Schmidt/*Burhoff*, § 53 Rn 3. **6** Bekanntmachung zu § 115 der Zivilprozessordnung (Prozesskostenhilfebekanntmachung 2016 – PKHB 2016) v. 8.12.2015 (BGBl. I 2357).

§ 54 Verschulden eines beigeordneten oder bestellten Rechtsanwalts

Hat der beigeordnete oder bestellte Rechtsanwalt durch schuldhaftes Verhalten die Beiordnung oder Bestellung eines anderen Rechtsanwalts veranlasst, kann er Gebühren, die auch für den anderen Rechtsanwalt entstehen, nicht fordern.

I. Regelungsgehalt

Nach § 54 führt ein schuldhaftes Verhalten des beigeordneten oder bestellten Rechtsanwalts, welches zu 1 seiner Auswechslung führt, zum Verlust seines Anspruchs auf diejenigen Gebühren, die bei dem neuen Rechtsanwalt ein zweites Mal entstehen. Hierdurch wird sichergestellt, dass aus der Staatskasse trotz der Beiordnung oder Bestellung von zwei Rechtsanwälten insgesamt nur die Gebühren für *einen* Rechtsanwalt erstattet werden. § 54 ist somit nur insoweit einschlägig, als für beide beigeordneten oder bestellten Rechtsanwälte **dieselben Gebühren** entstehen, die **Gebührentatbestände** somit **deckungsgleich** sind.

II. Voraussetzungen

1. Anwaltswechsel. Es muss ein Anwaltswechsel stattgefunden haben. Erfolgt nach Entpflichtung des ur- 2 sprünglichen Rechtsanwalts keine Bestellung oder Beiordnung eines neuen Rechtsanwalts, ist § 54 nicht anwendbar.

2. Schuldhafte Veranlassung des Wechsels. a) Verschuldensmaßstab; Zurechnung. Der Anwaltswechsel 3 muss durch ein schuldhaftes Verhalten des ursprünglichen Rechtsanwalts herbeigeführt worden sein. Ein **grobes** Verschulden ist nicht erforderlich; es genügt einfache Fahrlässigkeit. Das Verschulden eines **Erfüllungsgehilfen** ist analog § 278 BGB zuzurechnen.

b) Einzelfälle. aa) Hinweispflicht bei Mandatsübernahme. Schuldhaft kann der Wechsel herbeigeführt sein, 4 wenn der Rechtsanwalt bei Mandatsübernahme nicht auf Umstände hingewiesen hat, die ihn hindern werden, die Angelegenheit zu Ende zu führen.[1] Bedenken muss er dem Gericht mitteilen. Dies gilt insb. bei Arbeitsüberlastung.[2]

bb) Alter. Auf sein fortgeschrittenes (hohes) Alter muss der Rechtsanwalt idR nicht hinweisen, sondern 5 kann es als bekannt voraussetzen. Er muss jedoch darauf hinweisen, wenn er beabsichtigt, in absehbarer Zeit seine Zulassung aufzugeben und er das Mandat möglicherweise nicht zu Ende führen kann.

cc) Krankheit. Eine (auch längerfristige) Erkrankung ist nicht vorwerfbar, selbst wenn der Rechtsanwalt 6 die Krankheit als solche „verschuldet" hat. Besteht eine Erkrankung bei Übernahme des Mandats bereits in einer Ausprägung, die es bei objektiver Betrachtung nahelegt, dass das Mandat nicht zu Ende geführt werden kann, liegt das schuldhafte Verhalten des Rechtsanwalts darin, dass er hierauf bei der Beiordnung/Bestellung nicht hingewiesen hat.

dd) Beendigung des Mandats durch den Rechtsanwalt. Beendet der Rechtsanwalt das Mandat und macht 7 dies die Aufhebung seiner Beiordnung bzw Bestellung erforderlich, ist zunächst von einem Verschulden des Rechtsanwalts auszugehen. Den Rechtsanwalt trifft die Darlegungslast, dass die von ihm veranlasste Aufhebung nicht auf sein Verschulden zurückzuführen ist.

Nur **wichtige Gründe** iSd § 48 Abs. 2 BRAO schützen vor einem Gebührenverlust. Hierzu zählen alle Grün- 8 de, die bei Durchführung des Mandats dem Rechtsanwalt ein berufsrechtswidriges Verhalten abverlangen würden oder wenn das Vertrauensverhältnis aus in der Sphäre des Mandanten liegenden Gründen zerstört oder erheblich erschüttert ist. So kann es liegen, wenn der Mandant einen anderen Rechtsanwalt beauftragt, weil sich der beigeordnete Rechtsanwalt weigert, gegen den gerichtlich bestellten Sachverständigen ein nicht stichhaltiges Ablehnungsgesuch anzubringen.[3] Die Mandatsniederlegung kann auch wegen Unerreichbarkeit des Mandanten gerechtfertigt sein[4] oder weil sich dieser weigert, die Prozessvollmacht an den Rechtsanwalt unterzeichnet zurückzusenden.[5]

ee) Beendigung des Mandats durch den Mandanten. Auch bei einem durch den Mandanten veranlassten 9 Anwaltswechsel kann dieser durch den Rechtsanwalt verschuldet sein. Dies ist der Fall, wenn der Rechtsanwalt, obwohl er zuvor auf Vorschusszahlung verzichtete und Prozesskostenhilfe beantragte, während des laufenden Verfahrens – ohne dass besondere Umstände hierfür ersichtlich wären – vom Mandanten nachträglich Gebühren und Auslagen fordert, da der Mandant auf das Unterlassen solchen Verlangens vertrauen darf.[6]

---

1 Vgl OLG Jena Rpfleger 2006, 434; OLG München NJW-RR 2002, 353. **2** OLG Jena Rpfleger 2006, 434 (Pflichtverteidiger). **3** BayVGH 23.4.2009 – 11 B 07.30511, juris. **4** OLG Köln 29.7.2010 – 4 WF 130/10; aA wohl OLG Hamm 14.11.2011 – II-8 WF 256/11. **5** BGH EzFamR ZPO § 78 b Nr. 1 (Notaranwalt). **6** KG 13.10.2011 – 5 W 230/11, juris.

10 Im Zusammenhang mit der Auswechslung des **Pflichtverteidigers** (§ 143 StPO) hat die **Rspr** folgende **verhaltensbedingte** und vom Rechtsanwalt iSd § 54 verschuldete Umstände anerkannt: unangemessene Honorarforderungen;[7] fehlende Kontaktaufnahme bei Inhaftierung;[8] Unkonzentriertheit bei Besprechungen;[9] fehlende Verteidigungsbereitschaft;[10] durch den Rechtsanwalt erschüttertes/zerstörtes Vertrauensverhältnis.[11]

11 Bei (faktischer) **Verweigerung der Verteidigung** durch den Pflichtverteidiger hat das Gericht „sogleich" einen anderen Verteidiger zu bestellen (§ 145 Abs. 1 S. 1 StPO). Dass ein derartiges Verteidigerhandeln zum Verlust des Gebührenanspruchs iSv § 54 führt, versteht sich von selbst. Erscheint der Verteidiger zum Gerichtstermin nicht, so kommt es darauf an, ob dies auf einem Verschulden beruht oder ob er etwa einen Verkehrsunfall erlitten hat und deshalb nicht erscheinen kann (dass der Rechtsanwalt den Verkehrsunfall verschuldet hat, genügt nicht, weil dieses Verschulden keinen hinreichenden Bezug zum Mandatsverhältnis hat).

12 **ff) Tod des Rechtsanwalts.** Verstirbt der Rechtsanwalt während der Führung des Mandats, liegt kein Fall des § 54 vor. Dies gilt auch für die Selbsttötung. Durch die Rechtsanwaltskammer wird regelmäßig ohnehin ein Kanzleiabwickler bestellt, dem die anwaltlichen Befugnisse zustehen, die der verstorbene Rechtsanwalt hatte (§ 55 Abs. 2 S. 3 BRAO). Der Abwickler rückt daher auch in die Bestellung/Beiordnung ein, so dass idR ohnehin keine Mehrkosten für die Staatskasse entstehen.

13 **gg) Zulassungsaufgabe/-entzug.** Die **Aufgabe der Zulassung** durch den Rechtsanwalt führt zum Verlust des Gebührenanspruchs, wenn für den Rechtsanwalt bei der Mandatsübernahme feststand, dass sie noch vor Beendigung des übernommenen Mandats erfolgen werde, und der Rechtsanwalt das Gericht nicht darauf hingewiesen hat (→ Rn 4).[12]

14 Auch ein **verschuldeter Entzug der Zulassung** erfüllt die Voraussetzungen des § 54. Ein Bezug zu dem konkreten Mandant ist hierbei nicht erforderlich. Schuldhaftes Verhalten wird man auch dort annehmen können, wo die Aufgabe der Zulassung dazu dient, der **Ausschließung aus der Rechtsanwaltschaft zuvorzukommen**, weil dieser anwaltsgerichtlichen Maßnahme ein Fehlverhalten vorausgeht.

15 Soweit die Aufgabe der Zulassung auf **achtenswerten Gründen** beruht, führt sie nach hM[13] nicht zum Verlust des Gebührenanspruchs, wenn der Rechtsanwalt bei Mandatsübernahme nicht vorhersehen konnte, dass er die Zulassung in absehbarer Zeit aufgeben und deshalb das Mandat nicht zu Ende führen könne. Finanzielle Schwierigkeiten gehören nicht hierzu.[14]

III. Umfang des Gebührenverlusts

16 Der Anspruch des bisherigen Rechtsanwalts verringert sich um die **Gebühren**, die der an seine Stelle tretende Rechtsanwalt ein zweites Mal von der Staatskasse verlangen kann. Für den Fall, dass die Entstehung von Gebühren bei dem neuen Anwalt noch ungewiss ist, → Rn 18.

17 Ob der Anspruchsverlust auch **Auslagen** umfasst, ist streitig. Bejaht wird dies mit dem Zweck der Vorschrift, die Staatskasse vor doppelter Inanspruchnahme zu bewahren.[15] Dieser auf fiskalischen Erwägungen beruhenden Auffassung steht der Gesetzeswortlaut entgegen: Der Gesetzgeber hätte anstelle von Gebühren – wie zB in § 55 Abs. 1 – den Begriff der Vergütung verwendet, wenn er die Auslagen hätte miteinbeziehen wollen. Oftmals kommen beide Auffassungen zum selben Ergebnis, weil nach § 46 Abs. 1 Auslagen nur insoweit zu erstatten sind, als sie „notwendig" waren. Hier kann man die bei § 54 maßgeblichen Kriterien oftmals entsprechend anwenden.[16]

IV. Behandlung bei Ungewissheit der nochmaligen Gebührenentstehung

18 Über die Frage, ob der zuerst beigeordnete oder bestellte Rechtsanwalt eine Kürzung seines Gebührenanspruchs hinzunehmen hat, entscheidet der UdG im Festsetzungsverfahren gem. § 55. Lässt sich die Frage, welche Gebühren doppelt entstehen, noch nicht übersehen, kann das Festsetzungsverfahren für den ursprünglichen Rechtsanwalt ausgesetzt werden bis feststeht, inwieweit sein Vergütungsanspruch durch die später erwachsenen Gebühren entfällt.[17]

---

7 KG StV 2013, 142; LG Marburg NStZ-RR 2012, 317. **8** OLG Düsseldorf StV 2011, 85; LG Osnabrück StV 2010, 563; AG München StV 2011, 668; AG Ottweiler ZJJ 2007, 312. **9** LG Trier StV 2012, 591. **10** KG StV 2009, 571. **11** OLG Hamm StV 2007, 290; LG Aachen StV 2005, 439. **12** OLG Frankfurt JurBüro 1984, 764; OLG Koblenz MDR 1991, 1098, jew. zu § 125 BRAGO. **13** BGH NJW 1957, 1152; OLG Frankfurt Rpfleger 1986, 66; OLG Hamburg JurBüro 1993, 351; OLG Hamm NJW-RR 1996, 1343; OLG Koblenz MDR 1991, 1098; OLG München JurBüro 2007, 596 (unter Aufgabe der bisherigen Rspr). **14** BGH MDR 2012, 1436. **15** OLG Hamburg Rpfleger 1977, 420; Mayer/Kroiß/*Kroiß*, § 54 Rn 12; AnwK-RVG/*Fölsch*, § 54 Rn 14; Hartung/Schons/Enders/*Hartung*, § 54 Rn 25. **16** OLG Jena Rpfleger 2006, 434. **17** OLG Nürnberg AnwBl 2003, 375 (zur BRAGO).

§ 55 Festsetzung der aus der Staatskasse zu zahlenden Vergütungen und Vorschüsse

(1) [1]Die aus der Staatskasse zu gewährende Vergütung und der Vorschuss hierauf werden auf Antrag des Rechtsanwalts von dem Urkundsbeamten der Geschäftsstelle des Gerichts des ersten Rechtszugs festgesetzt. [2]Ist das Verfahren nicht gerichtlich anhängig geworden, erfolgt die Festsetzung durch den Urkundsbeamten der Geschäftsstelle des Gerichts, das den Verteidiger bestellt hat.

(2) In Angelegenheiten, in denen sich die Gebühren nach Teil 3 des Vergütungsverzeichnisses bestimmen, erfolgt die Festsetzung durch den Urkundsbeamten des Gerichts des Rechtszugs, solange das Verfahren nicht durch rechtskräftige Entscheidung oder in sonstiger Weise beendet ist.

(3) Im Fall der Beiordnung einer Kontaktperson (§ 34 a des Einführungsgesetzes zum Gerichtsverfassungsgesetz) erfolgt die Festsetzung durch den Urkundsbeamten der Geschäftsstelle des Landgerichts, in dessen Bezirk die Justizvollzugsanstalt liegt.

(4) Im Fall der Beratungshilfe wird die Vergütung von dem Urkundsbeamten der Geschäftsstelle des in § 4 Abs. 1 des Beratungshilfegesetzes bestimmten Gerichts festgesetzt.

(5) [1]§ 104 Abs. 2 der Zivilprozessordnung gilt entsprechend. [2]Der Antrag hat die Erklärung zu enthalten, ob und welche Zahlungen der Rechtsanwalt bis zum Tag der Antragstellung erhalten hat. [3]Bei Zahlungen auf eine anzurechnende Gebühr sind diese Zahlungen, der Satz oder der Betrag der Gebühr und bei Wertgebühren auch der zugrunde gelegte Wert anzugeben. [4]Zahlungen, die der Rechtsanwalt nach der Antragstellung erhalten hat, hat er unverzüglich anzuzeigen.

(6) [1]Der Urkundsbeamte kann vor einer Festsetzung der weiteren Vergütung (§ 50) den Rechtsanwalt auffordern, innerhalb einer Frist von einem Monat bei der Geschäftsstelle des Gerichts, dem der Urkundsbeamte angehört, Anträge auf Festsetzung der Vergütungen, für die ihm noch Ansprüche gegen die Staatskasse zustehen, einzureichen oder sich zu den empfangenen Zahlungen (Absatz 5 Satz 2) zu erklären. [2]Kommt der Rechtsanwalt der Aufforderung nicht nach, erlöschen seine Ansprüche gegen die Staatskasse.

(7) [1]Die Absätze 1 und 5 gelten im Bußgeldverfahren vor der Verwaltungsbehörde entsprechend. [2]An die Stelle des Urkundsbeamten der Geschäftsstelle tritt die Verwaltungsbehörde.

I. Allgemeines

1. Regelungsgehalt. Vor der Auszahlung der gesetzlichen Vergütung oder eines Vorschusses hierauf an den beigeordneten/bestellten Rechtsanwalt wird die Vergütungshöhe gerichtlich festgesetzt. § 55 regelt das Festsetzungsverfahren und bestimmt das zur Festsetzung berufene Gericht. Funktionell zuständig ist der Urkundsbeamte der Geschäftsstelle (UdG; § 153 Abs. 2 GVG).   1

2. Terminologie. Das Festsetzungsverfahren nach § 55 ist zu unterscheiden vom Kostenfestsetzungsverfahren nach §§ 103 ff ZPO, an dem – etwa bei einem Freispruch im Straf- oder Bußgeldverfahren – ebenfalls die Staatskasse als Kostenschuldner beteiligt sein kann. In der Praxis wird dennoch (auch) bezogen auf § 55 von einem Kostenfestsetzungsverfahren gesprochen, was zu vermeidbarer Verwirrung führt. Das Verfahren nach § 55 sollte besser als „**Vergütungsfestsetzungsverfahren**" bezeichnet werden.   2

II. Festsetzungsantrag (Abs. 1 S. 1)

1. Antragsberechtigung. Zur Antragstellung ist der vom Gericht oder von der Verwaltungsbehörde beigeordnete oder bestellte Rechtsanwalt berechtigt, grds. nicht die Partei oder ein sonstiger Dritter; Letztere sind am Festsetzungsverfahren nicht beteiligt. Ausnahmen sind der Kanzleiabwickler und der Einzel- oder Gesamtrechtsnachfolger (Erbe) bzw der Pfändungsgläubiger nach § 829 ZPO.[1]   3

2. Form des Antrags. Aus systematischen Gründen (vgl §§ 10 Abs. 1 S. 1, 11 Abs. 6 S. 1) reicht ein mündlich gestellter Antrag nicht aus; er ist **schriftlich oder zu Protokoll der Geschäftsstelle** anzubringen.   4

3. Antragsfrist. Für den Antrag gilt **grds. keine Frist**. Allerdings ist der Antrag – abgesehen von einem Vorschussantrag nach § 47 – erst nach Fälligkeit (§ 8) zulässig.[2] Zudem **verjährt** der Vergütungsanspruch in drei Jahren (§ 195 BGB).[3] Stellt der UdG fest, dass die Forderung verjährt ist, legt er die Akte mit einem entsprechenden Hinweis dem Bezirksrevisor als Vertreter der Staatskasse vor, der über die Erhebung der Verjährungseinrede entscheidet.   5

Eine **Ausnahme** von der fehlenden Fristgebundenheit macht **Abs. 6** für die Festsetzung der weiteren Vergütung nach § 50. Kommt der Rechtsanwalt der förmlich zugestellten Aufforderung binnen Monatsfrist nicht   6

---

1 Zur Antragsberechtigung der Anwaltssozietät s. BGH Rpfleger 2009, 87. **2** AA *Hartmann*, KostG, § 55 RVG Rn 8. **3** Vgl OLG Düsseldorf AGS 2008, 397; OLG Köln AGS 2006, 281.

nach, erlöschen seine Ansprüche, soweit sie noch nicht befriedigt sind. Erforderlich ist ein **ausdrücklicher Hinweis auf die Folgen** der Fristversäumnis; sie treten sonst nicht ein. Da es sich nicht um eine Notfrist handelt, kommt bei Fristversäumung eine **Wiedereinsetzung nicht** in Betracht.[4] Das Erlöschen der Ansprüche kann durch Beschluss festgestellt werden, der nach § 56 angefochten werden kann.[5]

7   **4. Antragsinhalt (Abs. 5 S. 2 und 3).** Dem Antrag muss zu entnehmen sein, **welche Vergütung für welche Tätigkeit** verlangt wird. Erforderlich ist eine Abrechnung entsprechend § 10, die jedoch nicht im Original vorgelegt werden muss.[6] Nach Abs. 5 S. 3 muss der Satz oder der Betrag der Gebühr und bei Wertgebühren auch der zugrunde gelegte Wert angegeben werden. Der Antrag ist zu unterzeichnen.[7] Zudem muss die Erklärung gem. Abs. 5 S. 2 die Angabe enthalten, ob und welche Zahlungen der Rechtsanwalt bis zum Tag der Antragstellung erhalten hat. Mangels gesetzlich normierter Sanktion führt die Verletzung dieser Pflicht nicht zwingend zu einem Wegfall oder einer Kürzung der aus der Staatskasse festzusetzenden Vergütung. Vielmehr verbleibt es bei der normalen Überprüfung, ob diese Zahlungen auf die (festgesetzte) Vergütung anzurechnen sind. Die unterlassene Anzeige erhaltener Mandantenzahlungen kann lediglich berufsrechtlich verfolgt werden oder auch strafrechtliche Relevanz entfalten.[8]

8   **5. Glaubhaftmachung (Abs. 5 S. 1).** Der Vergütungsanfall ist glaubhaft zu machen (Abs. 5 S. 1 iVm § 104 Abs. 2 S. 1 ZPO). Bezüglich der Auslagen für Post und Telekommunikation genügt die anwaltliche Versicherung, dass diese Auslagen entstanden sind (Abs. 5 S. 1 iVm § 104 Abs. 2 S. 2 ZPO). Der Rechtsanwalt hat unabhängig von einer etwaigen Vorsteuerabzugsberechtigung seines Mandanten einen Anspruch auf Erstattung der Umsatzsteuer auf seine Gebühren, weshalb es keiner Erklärung nach § 104 Abs. 2 S. 3 ZPO bedarf.

9   **6. Beratungshilfe.** Für die Beratungshilfe (§ 55 Abs. 4 und 5) ist nach § 11 BerHG iVm § 1 Nr. 2 BerHFV ein Vordruck zum Zwecke der Abrechnung zu verwenden. Dem Antrag ist das Original des Berechtigungsscheins/des Antrags auf nachträgliche Bewilligung beizufügen, zudem eine Erklärung zu erhaltenen Zahlungen und bestehenden Kostenerstattungsansprüchen und eine Erklärung, ob die Angelegenheit in ein gerichtliches/behördliches Verfahren übergegangen ist.

III. Entscheidungszuständigkeit (Abs. 2–4)

10   **1. Grundsatz/Ausnahmen.** § 55 überträgt die Zuständigkeit für die Vergütungsfestsetzung dem örtlich und sachlich zuständigen Gericht des ersten Rechtszugs. Ausgenommen ist die Vergütungsfestsetzung

-   in Angelegenheiten, in denen sich die **Gebühren nach Teil 3 VV** bestimmen (also zB auch in Verfahren nach Vorbem. 4 Abs. 5 VV) und das Streitverfahren nicht durch rechtskräftige Entscheidung oder in sonstiger Weise beendet ist (Abs. 2). Die Festsetzung erfolgt dann durch den UdG des Gerichts des Rechtszugs;
-   in Angelegenheiten der **Beratungshilfe** (§ 4 Abs. 1 BerHG). Hier erfolgt die Festsetzung durch den UdG des Amtsgerichts, das gem. § 4 BerHG für den Antrag auf Erteilung des Berechtigungsscheins zuständig war (Abs. 4);
-   nach **Beiordnung als Kontaktperson** (§ 34 a EGGVG) durch den UdG des Landgerichts, in dessen Bezirk sich die Justizvollzugsanstalt und damit die gefangene Person befindet (Abs. 3).

11   **2. Abgabe/Verweisung.** Wird ein Verfahren an ein anderes Gericht verwiesen, bestimmt sich die Entscheidungszuständigkeit nach dem **Zeitpunkt der Antragstellung.** Vor der Änderung der Verfahrenszuständigkeit gestellte Anträge sind vom vormals zuständigen, danach gestellte Anträge vom neu befassten Gericht zu verbescheiden.[9] Dies folgt auch aus Nr. 2.2.2 VwV Vergütungsfestsetzung.

12   **3. Gerichtlich nicht anhängig gewordene Verfahren (Abs. 1 S. 2, Abs. 7).** Wird der Rechtsanwalt in einem **Ermittlungsverfahren** bestellt (§§ 141, 397 a StPO), das dann aber eingestellt wird, ist der UdG des Gerichts für die Festsetzung zuständig, das die Bestellung vorgenommen hat.

13   In **Bußgeldverfahren** erfolgt die Bestellung durch die Verwaltungsbehörde (§ 60 S. 1 OWiG), die auch für die Vergütungsfestsetzung zuständig ist (§ 51 Abs. 7).

14   Für den nach §§ 87 e, 53 IRG durch das Bundesamt für Justiz bestellten Beistand erfolgt die Festsetzung der Vergütung durch diese Behörde (§ 59 a Abs. 2 S. 2).

15   **4. Beigeordneter Zeugenbeistand.** Wird der Rechtsanwalt durch das **Gericht** als Zeugenbeistand beigeordnet (§ 68 b Abs. 2 StPO), ist dessen UdG für die Vergütungsfestsetzung zuständig. Ordnet die **Staatsanwalt-**

---

4 OLG Köln NJW-RR 1999, 1582 (zur BRAGO). **5** KG JurBüro 1984, 1692 (zur BRAGO). **6** KG 16.5.2014 – 1 Ws 21/14, NStZ-RR 2014, 328. **7** OLG Koblenz FamRZ 2002, 1506 (zur BRAGO). **8** OLG Hamm 15.2.2016 – II-6 WF 46/14, juris. **9** AnwK-RVG/*Volpert*, § 55 Rn 37; aA Gerold/Schmidt/*Müller-Rabe*, § 55 Rn 17, der für den Fall der Verfahrensfortführung unter Beibehaltung von Beiordnung/Bestellung das neu befasste Gericht auch für die Festsetzung für zuständig hält.

schaft den Beistand bei (§ 163 Abs. 3 S. 2 StPO), setzt deren UdG die Vergütung fest. In den Fällen des § 59 a Abs. 1 S. 1 gilt dies für den Generalbundesanwalt entsprechend.

IV. Prüfung durch den UdG

Der UdG ist an die gerichtliche Entscheidung über die Beiordnung/Bestellung (§ 48) und im Rahmen der 16 Beratungshilfe an die Bewilligung durch den Rechtspfleger gem. § 6 Abs. 1 BerHG iVm § 24 a Abs. 1 Nr. 1 RPflG gebunden. Das gilt auch beim Direktzugang (§ 6 Abs. 2 BerHG).

Über den Festsetzungsantrag darf der UdG nicht hinausgehen (*ne ultra petita*). Er darf aber zur Vermeidung 17 späterer Nachforderungen darauf hinweisen, dass der Rechtsanwalt eine gegenüber dem Antrag höhere Vergütung verlangen kann.

Der UdG prüft: 18

- ob die Tätigkeit, für die eine Festsetzung beantragt ist, von der Beiordnung bzw Bestellung **sachlich und zeitlich umfasst** ist;
- ob die im Antrag unterbreitete **Berechnung richtig** ist, die Gebührentatbestände erfüllt und die richtigen Werte gem. § 49 angesetzt sind, was auch eine Prüfung der in Ansatz gebrachten (Streit-)Werte umfasst; soweit in Teil 3 VV Rahmengebühren vorgesehen sind, erfolgt zusätzlich eine Billigkeitskontrolle (§ 315 Abs. 3 S. 1 BGB);[10]
- ob gem. § 47 gezahlte **Vorschüsse** abzuziehen sind;
- ob Zahlungen von Dritten oder dem Mandanten **anzurechnen** sind (§ 58);
- im Fall der **Beratungshilfe:** ob eine Vertretung iSv § 2 Abs. 1 BerHG notwendig war, denn zum Zeitpunkt der Erteilung des Berechtigungsscheins ist die Beantwortung der Frage, ob die Vertretung erforderlich ist – da es gem. § 2 Abs. 1 BerHG hierfür auf den Zeitpunkt nach der Beratung ankommt – nicht möglich.

Hinsichtlich **Auslagen und Aufwendungen** ist durch den UdG zu prüfen, ob diese iSv § 46 Abs. 1 zur sach- 19 gemäßen Durchführung der Angelegenheit erforderlich waren. Wurden sie dem Grunde nach durch das erkennende Gericht bereits durch Beschluss gem. § 46 Abs. 2 als erforderlich anerkannt, ist dies für den UdG bindend. Der UdG darf dann nur noch deren Höhe prüfen.

V. Entscheidung

Die Vergütungsfestsetzung erfolgt durch **Beschluss,** der keiner Begründung bedarf, wenn dem Festsetzungs- 20 antrag vollumfänglich entsprochen wird. In diesem Fall wird der Beschluss idR nicht übersandt, sondern mit einer Auszahlungsanordnung nur zur Akte genommen. Der Rechtsanwalt erfährt von der antragsgemäßen Festsetzung durch die Gutschrift auf seinem Konto. Nur bei einer Abweichung vom Antrag ist der Beschluss zu begründen und dem Antragsteller förmlich zuzustellen, der ihn nach § 56 anfechten kann.

Für eine **Verzinsung** der aus der Staatskasse zu gewährenden Vergütung ist im Gesetz keine Anspruchs- 21 grundlage ersichtlich. Abs. 5 S. 1 verweist nur auf § 104 Abs. 2 ZPO. Das schließt eine Anwendung von § 104 Abs. 1 S. 2 ZPO, in dem die Verzinsung geregelt ist, aus.[11]

VI. Verfahren bei Festsetzung der weiteren Vergütung (Abs. 6)

In Verfahren, in denen einem Beteiligten Prozesskostenhilfe gewährt wurde, kann dessen Rechtsanwalt zu- 22 nächst Wertgebühren nur entsprechend der in § 49 enthaltenen (herabgesetzten) Gebührenstaffelung festgesetzt verlangen. § 50 sieht unter bestimmten Voraussetzungen die Festsetzung bis zur Höhe der Wertgebühren des § 13 vor.

Da das Antragserfordernis (→ Rn 3 ff) auch insoweit besteht, kann der UdG den Rechtsanwalt unter Frist- 23 setzung auffordern, die zur weiteren Festsetzung erforderlichen Erklärungen abzugeben. Bei der in Abs. 6 S. 1 genannten **Monatsfrist** handelt es sich um eine **Ausschlussfrist.** Wird sie nicht gewahrt, erlöschen die Ansprüche des Rechtsanwalts gegen die Staatskasse (Abs. 6 S. 2).

VII. Bußgeldverfahren (Abs. 7)

In Bußgeldverfahren vor der Verwaltungsbehörde gelten die Abs. 1–5 entsprechend. Die Festsetzungszu- 24 ständigkeit liegt bei der Verwaltungsbehörde (Abs. 7 S. 2; → Rn 13).

---

10 Vgl ausf. AnwK-RVG/*Volpert*, § 55 Rn 50. **11** ThürLSG 15.6.2015 – L 6 SF 723/15 B, juris.

§ 56 Erinnerung und Beschwerde

(1) [1]Über Erinnerungen des Rechtsanwalts und der Staatskasse gegen die Festsetzung nach § 55 entscheidet das Gericht des Rechtszugs, bei dem die Festsetzung erfolgt ist, durch Beschluss. [2]Im Fall des § 55 Abs. 3 entscheidet die Strafkammer des Landgerichts. [3]Im Fall der Beratungshilfe entscheidet das nach § 4 Abs. 1 des Beratungshilfegesetzes zuständige Gericht.
(2) [1]Im Verfahren über die Erinnerung gilt § 33 Abs. 4 Satz 1, Abs. 7 und 8 und im Verfahren über die Beschwerde gegen die Entscheidung über die Erinnerung § 33 Abs. 3 bis 8 entsprechend. [2]Das Verfahren über die Erinnerung und über die Beschwerde ist gebührenfrei. [3]Kosten werden nicht erstattet.

I. Regelungsgehalt

1   § 56 regelt die Erinnerung und Beschwerde des beigeordneten/bestellten bzw im Rahmen der Beratungshilfe tätigen Rechtsanwalts sowie der Staatskasse gegen die Festsetzung nach § 55.

II. Der Rechtsbehelf der Erinnerung

2   **1. Anfechtungsberechtigung.** Als Verfahrensbeteiligte des Vergütungsfestsetzungsverfahrens nach § 55 können der beigeordnete/bestellte Rechtsanwalt und die Staatskasse die Festsetzung mit der Erinnerung und die Erinnerungsentscheidung ggf mit der Beschwerde anfechten.

3   Hingegen sind die vom Rechtsanwalt vertretene Partei, der erstattungspflichtige Gegner oder im Strafverfahren der zur Kostentragung Verurteilte nicht erinnerungsbefugt. Diese Personen sind durch die Festsetzung der Vergütung des Rechtsanwalts nur insoweit betroffen, als die Staatskasse die Zahlungen ihnen gegenüber abrechnen will. Macht die Staatskasse diese **als Kosten des Verfahrens** geltend, kann (erst) dieser **Kostenansatz** mit der **Erinnerung** angefochten werden. Für die Erinnerung und die Beschwerde gegen die Geltendmachung des Übergangsanspruchs gelten gem. § 59 Abs. 2 S. 1 die Vorschriften über die Kosten des gerichtlichen Verfahrens entsprechend.

4   **2. Beschwer.** Es bedarf **keiner Mindestbeschwer.** Die Erinnerung wird auch nicht dadurch unzulässig, dass die Vergütung bereits ausgezahlt worden ist.

5   **3. Form und Frist.** Die Erinnerung kann **schriftlich** und auch **zu Protokoll der Geschäftsstelle** eingelegt werden.

6   Eine Frist ist nicht vorgesehen. Allerdings kann das Erinnerungsrecht der Staatskasse – in analoger Anwendung des § 20 Abs. 1 GKG – mit Ablauf des auf die Festsetzung folgenden Kalenderjahres **verwirkt** sein.[1]

7   **4. (Nicht-)Abhilfe.** Der UdG hilft der Erinnerung ab, soweit er sie für begründet erachtet.[2] Andernfalls legt er sie mit dem Nichtabhilfebeschluss dem zuständigen Richter vor (Abs. 2 S. 1 iVm § 33 Abs. 4 S. 1). Hilft der UdG der Erinnerung der Staatskasse ab, stellt die Abhilfeentscheidung für den beigeordneten/bestellten Rechtsanwalt eine geänderte Festsetzungsentscheidung dar, die er mit der Erinnerung anfechten kann.[3] Allerdings soll der UdG dieser Erinnerung nicht neuerlich abhelfen können.[4]

8   **5. Entscheidung des Erinnerungsgerichts. a) Entscheidungszuständigkeit.** Über die Erinnerung entscheidet das Gericht des ersten Rechtszugs, dessen UdG die Festsetzung vorgenommen hat (Abs. 1 S. 1).[5] Bei Kollegialgerichten entscheidet der Einzelrichter (Abs. 2 S. 1 iVm § 33 Abs. 8); dieser kann die Entscheidung auf die Kammer oder den Senat übertragen. Bei der Beiordnung einer Kontaktperson (§ 34 a EGGVG) entscheidet ein Richter der zuständigen Strafkammer des Landgerichts, in dessen Bezirk sich die Justizvollzugsanstalt befindet, in der die gefangene Person inhaftiert ist. In Angelegenheiten der Beratungshilfe entscheidet der Richter des Amtsgerichts, in dessen Bezirk der Rechtsuchende seinen allgemeinen Gerichtsstand hat (§ 4 Abs. 1 BerHG).

9   **b) Inhalt.** Gegenstand der Erinnerungsentscheidung ist die gesamte Kostenfestsetzung, nicht nur die einzelne Gebühr, gegen deren Versagung sich die Erinnerung richtet, so dass es zulässig ist, der Erinnerung in der konkreten Beanstandung zu entsprechen, in anderer Hinsicht jedoch die Vergütung zu kürzen. Das Gericht entscheidet stets in der Sache; eine Zurückverweisung an den UdG erfolgt nicht. Erachtet das Gericht die Erinnerung für begründet, setzt es die Vergütung neu fest.[6] Andernfalls weist es die Erinnerung als unbegründet zurück. Einer Kostenentscheidung bedarf es nicht (Abs. 2 S. 2 und 3).

10   **c) Bekanntgabe.** Der Beschluss ist mit Gründen zu versehen und den Verfahrensbeteiligten zuzustellen, da erst durch die Zustellung die Beschwerdefrist (Abs. 2 S. 1 iVm § 33 Abs. 3 S. 3) in Lauf gesetzt wird.

---

1 LSG NRW NZS 2011, 720; OLG Rostock JurBüro 2012, 197; aA OLG Düsseldorf 4.2.2016 – I-10 W 5-14/16, 17-28/16, juris. **2** OLG Köln AGS 2013, 73; OLG Naumburg FamRZ 2007, 1115. **3** OLG Düsseldorf StRR 2010, 276. **4** AnwK-RVG/*Volpert*, § 56 Rn 16. **5** OLG Naumburg FamRZ 2007, 1115. **6** OLG Brandenburg FamRZ 2008, 708.

III. Beschwerde

1. Adressat, Form, Frist. Die Beschwerde gegen die Entscheidung über die Erinnerung ist bei dem Gericht schriftlich oder zu Protokoll der Geschäftsstelle einzulegen, das über die Erinnerung entschieden hat. 11

Das Rechtsmittel ist eine **fristgebundene, hingegen keine sofortige Beschwerde**, weshalb die Frist auch in Strafsachen zwei Wochen beträgt, gerechnet ab Zustellung der Erinnerungsentscheidung. Wird die Entscheidung nur formlos zugestellt, läuft keine Beschwerdefrist.[7] Wiedereinsetzung in den vorigen Stand ist möglich. 12

2. Beschwerdewert/Beschwerdezulassung. Die Beschwerde ist zulässig, wenn ihr Wert mehr als 200 € beträgt (also mindestens 200,01 €). Der Beschwerdewert errechnet sich aus dem Unterschied zwischen der von der Vorinstanz festgesetzten und der mit der Beschwerde erstrebten Vergütung einschließlich der Umsatzsteuer.[8] Das Rechtsmittel kann infolge Teilabhilfe und der damit einhergehenden Unterschreitung des Beschwerdewerts unzulässig werden.[9] 13

Wird der Beschwerdewert nicht erreicht, ist die Beschwerde nur zulässig, wenn sie das Erinnerungsgericht wegen grundsätzlicher Bedeutung zulässt (Abs. 2 S. 1 iVm § 33 Abs. 4 S. 4 Hs 1). Die Zulassung muss bereits in der Erinnerungsentscheidung erfolgen. Eine nachträgliche Zulassung der Beschwerde ist nicht statthaft.[10] Das Beschwerdegericht ist an die Zulassung gebunden.[11] 14

3. (Nicht-)Abhilfe. Infolge der Beschwerdeeinlegung beim Erinnerungsgericht wird zunächst dieses mit der Beschwerde befasst. Erachtet es die Beschwerde für zulässig und begründet, ist es zur Abhilfe verpflichtet; andernfalls hat es die Beschwerde dem Beschwerdegericht vorzulegen, was auch für den Fall gilt, dass der Beschwerde nur teilweise abgeholfen und diese infolge der Unterschreitung des Beschwerdewerts unzulässig wird.[12] 15

4. Entscheidung des Beschwerdegerichts. a) Entscheidungszuständigkeit. Zur Entscheidung ist das im Instanzenzug übergeordnete Gericht berufen, für Beschwerden gegen Erinnerungsentscheidungen des Amtsgerichts das Landgericht und gegen landgerichtliche Erinnerungsentscheidungen das Oberlandesgericht, bei Familiensachen (vgl § 119 GVG) auch gegen amtsgerichtliche Entscheidungen. Eine Beschwerde gegen Entscheidungen des OLG an den BGH ist nicht zulässig (§ 33 Abs. 4 S. 3). 16

Das Beschwerdegericht entscheidet durch den Einzelrichter, wenn der Einzelrichter über die Erinnerung entschieden hat, andernfalls – oder nach Übertragung durch den Einzelrichter – als Kollegialgericht (Abs. 1 S. 2 iVm § 33 Abs. 8 S. 1). 17

b) Inhalt. Ist die Beschwerde unzulässig, wird sie verworfen. Ansonsten entscheidet das Beschwerdegericht in der Sache. Ist die Beschwerde begründet, führt dies zu einer Neufestsetzung der Vergütung. Gegenstand der Beschwerdeentscheidung ist die gesamte Kostenfestsetzung, nicht nur die einzelne Gebühr, gegen deren Versagung sich die Beschwerde richtet, so dass es zulässig ist, der Beschwerde in der konkreten Beanstandung zu entsprechen, in anderer Hinsicht jedoch die Vergütung zu kürzen oder die Beschwerde schlicht zum Anlass für eine gesetzeskonforme Kürzung zu nehmen.[13] Das Verschlechterungsverbot gilt nicht.[14] Einer Kostenentscheidung bedarf es nicht (Abs. 2 S. 2 und 3). 18

c) Bekanntgabe. Der Beschluss ist mit Gründen zu versehen und den Verfahrensbeteiligten zuzustellen, wenn die weitere Beschwerde (Abs. 2 S. 1 iVm § 33 Abs. 6 S. 1) zugelassen wird; andernfalls wird er formlos mitgeteilt. 19

IV. Weitere Beschwerde

1. Adressat, Form, Frist. Aus § 56 ergibt sich nicht ausdrücklich, dass eine **weitere Beschwerde** möglich ist. Dies ergibt sich aber aus dem Verweis in Abs. 2 S. 1 (auch) auf die Vorschriften über die weitere Beschwerde in § 33 Abs. 6. Zu den Formalien der weiteren Beschwerde gelten die Ausführungen in → Rn 11 ff entsprechend. 20

2. Zulassung. Die weitere Beschwerde ist nur im Fall ihrer Zulassung statthaft (Abs. 2 S. 1 iVm § 33 Abs. 6 S. 1). Eine ausdrückliche Entscheidung darüber ist nicht erforderlich. Enthält die Entscheidung über die Beschwerde keine Zulassung der weiteren Beschwerde, ist damit die Nichtzulassung erklärt; der Beschluss ist dann unanfechtbar (§ 33 Abs. 6 S. 4, Abs. 4 S. 4 Hs 2). Die Zulassung muss bereits in der Beschwerdeent- 21

---

7 OLG Köln 3.7.2015 – III-2 Ws 400/15, juris. **8** ThürLSG 9.7.2015 – L 6 SF 679/15 B, juris. **9** OLG Frankfurt Rpfleger 1988, 30; OLG Hamm JurBüro 1982, 582; OLG Stuttgart JurBüro 1988, 1504. **10** OLG Hamm NStZ-RR 2015, 64. **11** OLG Brandenburg Rpfleger 2010, 392. **12** So ausdr. BT-Drucks 15/1971, S. 157 (zu § 66 GKG); aA noch OLG Frankfurt Rpfleger 1988, 30; OLG Hamm JurBüro 1982, 582. **13** ThürLSG 15.4.2015 – L 6 SF 331/15 B, juris. **14** Es handelt sich bei dem Verschlechterungsverbot nicht um ein universales Rechtsprinzip, sondern um eine Ausnahme, die ausdrücklich angeordnet werden muss. Daran fehlt es hier. Gegen ein Verschlechterungsverbot auch: OLG Hamburg 2.8.2010 – 2 Ws 95/10, juris; aA – ohne überzeugende Begr. – die hM, etwa ThürLSG 15.4.2015 – L 6 SF 331/15 B, juris.

scheidung erfolgen. Eine nachträgliche Zulassung ist nicht statthaft.[15] Es gibt auch keine Nichtzulassungsbeschwerde. Über die Zulassung der weiteren Beschwerde entscheidet die Kammer des Landgerichts in voller Besetzung, in Strafsachen nur die Berufsrichter. Dies folgt daraus, dass eine weitere Beschwerde nur bei grundsätzlicher Bedeutung der Sache zuzulassen ist und in diesem Fall die Beschwerde vom Einzelrichter auf die Kammer übertragen werden muss (Abs. 1 S. 1 iVm § 33 Abs. 8 S. 2). Aber auch wenn rechtsfehlerhaft der Einzelrichter die weitere Beschwerde zulässt, ist das höhere Gericht an die Zulassung gebunden.

§ 57 Rechtsbehelf in Bußgeldsachen vor der Verwaltungsbehörde

[1]Gegen Entscheidungen der Verwaltungsbehörde im Bußgeldverfahren nach den Vorschriften dieses Abschnitts kann gerichtliche Entscheidung beantragt werden. [2]Für das Verfahren gilt § 62 des Gesetzes über Ordnungswidrigkeiten.

I. Regelungsgehalt

1   Gegen die Entscheidung der Verwaltungsbehörde nach § 55 Abs. 7 ist der Antrag auf gerichtliche Entscheidung zum Amtsgericht möglich. In der Sache vergleichbar, jedoch nicht damit zu verwechseln ist die Rechtsschutzmöglichkeit in § 59 a Abs. 3, die den staatsanwaltschaftlich beigeordneten Zeugenbeistand oder den behördlich beigeordneten (Verfahrens-)Beistand im Bewilligungsverfahren nach IRG betrifft.

II. Persönlicher Anwendungsbereich

2   § 57 ist auf alle Rechtsanwälte anzuwenden, die in Bußgeldverfahren eine der in Teil 5 VV aufgeführten Tätigkeiten ausüben und hierzu **behördlich bestellt oder beigeordnet** wurden. Zwar ist auch gegen die Nichtbeiordnung ein Antrag auf gerichtliche Entscheidung möglich; dieser richtet sich aber nach § 62 Abs. 1 OWiG.

III. Sachlicher Anwendungsbereich (S. 1)

3   Entscheidungen, gegen die nach S. 1 Antrag auf gerichtliche Entscheidung gestellt werden kann, betreffen
- die Anrechnung von Zahlungen und Vorschüssen (§ 58 Abs. 3),
- Auslagen, insb. wenn es die Behörde abgelehnt hat, deren Erforderlichkeit festzustellen (§ 46 Abs. 2),
- die Festsetzung der Vergütung (§ 55),
- die Inanspruchnahme des Betroffenen/anderweitig Vertretenen zur Zahlung der Wahlanwaltsvergütung (§§ 52 Abs. 2, 53),
- die Pauschvergütung und Vorschüsse darauf (§§ 42, 51 Abs. 1 S. 5, Abs. 3).

4   **Hinweis:** Die Vorschrift des § 57 kommt nur zur Anwendung, wenn ausschließlich die Verwaltungsbehörde tätig geworden ist und das entsprechende Verfahren auch vor der Behörde geendet hat.

IV. Verfahren (S. 2)

5   **1. Entscheidungszuständigkeit.** Satz 2 weist die beantragte gerichtliche Entscheidung über § 62 OWiG den **Amtsgerichten** zu, in dessen Bezirk die Verwaltungsbehörde ihren Sitz hat (§ 68 OWiG). Dies gilt auch für Verfahren, denen eine **Kartell-OWi** zugrunde liegt, da sich die Sonderzuständigkeit des Oberlandesgerichts nach § 83 Abs. 1 S. 1 GWB nur auf die Entscheidung über die Gewährung von Wiedereinsetzung in den vorigen Stand (§ 52 Abs. 2 S. 3 OWiG) und den Antrag auf gerichtliche Entscheidung gegen die Verwerfung des gegen den Bußgeldbescheid gerichteten Einspruchs (§ 69 Abs. 1 S. 2 OWiG) erstreckt.

6   **2. Antrag. a) Adressat.** Der Antrag ist an die Verwaltungsbehörde zu richten, die die Entscheidung erlassen hat (§ 62 Abs. 1 OWiG, § 306 Abs. 1 StPO).

7   **b) Form.** Wie bei allen Rechtsbehelfen und Rechtsmitteln ist der Antrag **schriftlich** oder **zu Protokoll** (hier: der Behörde) zu stellen.[1] Da allerdings sogar der Einspruch gegen den Bußgeldbescheid **telefonisch** eingelegt werden kann,[2] wird man auch einen auf diese Weise bei der Verwaltungsbehörde gestellten Antrag auf gerichtliche Entscheidung als formgültig ansehen müssen.

---

15 So auch OLG Hamm NStZ-RR 2015, 64 für die Beschwerde gegen die Erinnerungsentscheidung. **1** Vgl Burhoff/Kotz/*Kotz*, Handbuch für die strafrechtlichen Rechtsmittel und Rechtsbehelfe, 2013, Teil A: Rechtsmittel/Rechtsbehelfe, Form Rn 1749 ff, 1777 ff. **2** Vgl BGH NJW 1980, 1290.

c) Frist. Der Antrag ist **nicht befristet**. In Ausnahmefällen kann der Antrag auf gerichtliche Entscheidung **8**
verwirkt sein, wenn eine erhebliche Zeit verstrichen ist (Zeitmoment) und sich der Antragsgegner darauf
einstellen konnte, dass die Entscheidung hingenommen wird (Umstandsmoment).

d) Antragstellung. Das Ziel des Antrags wird sich idR der Akte entnehmen lassen, etwa wenn eine Vergü- **9**
tung von 200 € beantragt, dagegen nur eine solche von 150 € festgesetzt wurde. Keinesfalls schädlich ist es
jedoch, wenn ein eigenständiger Antrag dahin gehend gestellt wird,

▶ ... die Entscheidung der ... (Behörde) vom ... aufzuheben (abzuändern) und die Vergütung entsprechend dem
Antrag vom ... festzusetzen. ◀

e) Antragsbegründung. Die – gesetzlich nicht vorgeschriebene – Begründung des Antrags ist dringend zu **10**
empfehlen, weil dem mit der Sache erstmals befassten Richter des Amtsgerichts diese noch unbekannt ist.

3. Antragsbefugnis. Die Berechtigung zur Anfechtung leitet sich aus der von der behördlichen Entschei- **11**
dung ausgehenden **Beschwer** ab, die zumeist in der Abweichung der Vergütungsfestsetzung vom entsprechenden Festsetzungsantrag liegen wird. Denkbar ist aber auch, dass die Verwaltungsbehörde eine Pauschvergütung gewährt, mit deren Höhe der Betroffene nicht einverstanden ist. Anders als nach § 304 Abs. 3
StPO besteht **keine Wertgrenze**.

4. Abhilfeverfahren. Die Verwaltungsbehörde kann dem Antrag auf gerichtliche Entscheidung ganz oder **12**
teilweise abhelfen (§ 62 Abs. 2 S. 1 OWiG, § 306 Abs. 2 StPO). Da die Behörde nur abhelfen kann, besteht
für sie ein **Verschlechterungsverbot**.[3] Sie hat neues Vorbringen von Erheblichkeit und ggf Beweisangebote
des Antragstellers zu berücksichtigen.[4]

Will die Behörde dem Antrag abhelfen, hat sie nach § 308 Abs. 1 S. 1 StPO zuvor dem **Antragsgegner recht-** **13**
liches Gehör zu gewähren. Durch die vollständige Abhilfe erledigt sich der Antrag auf gerichtliche Entscheidung.

In allen Fällen, in denen der Antrag unzulässig ist oder dem Antragsbegehren **nicht vollständig abgeholfen** **14**
wird, legt die Behörde dem Gericht die Akten vor.

5. Gerichtliches Verfahren. Das gerichtliche Verfahren beginnt mit dem Eingang der Akten. Anzuwenden **15**
sind die §§ 297–300, 302, 306–309, 311 a StPO (§ 62 Abs. 2 S. 2 OWiG).

a) Sachentscheidung. Ist der Antrag zulässig, trifft das Gericht eine eigene Sachentscheidung (§ 309 Abs. 2 **16**
StPO); nur bei erheblichen Verfahrensmängeln kann es unter Aufhebung der Entscheidung die Sache an die
Verwaltungsbehörde zurückverweisen. Die **Prüfung** erfolgt sowohl in tatsächlicher als auch in rechtlicher
Hinsicht. Nach § 308 Abs. 2 StPO kann das Gericht eigene Ermittlungen anstellen und Beweise erheben
oder durch Polizei oder Verwaltungsbehörde anstellen. Ermessensentscheidungen der Verwaltungsbehörde
darf das Gericht nur auf Ermessensfehler überprüfen.

b) Kosten- und Auslagenentscheidung. Durch Vorbem. 5 Abs. 4 Nr. 1 VV ist das Verfahren über den An- **17**
trag auf gerichtliche Entscheidung vergütungsrechtlich dem Verfahren über die Erinnerung oder die Beschwerde gegen einen Kostenfestsetzungsbeschluss gleichgestellt. Dadurch hat der im Verfahren auf gerichtliche Entscheidung tätige Rechtsanwalt unabhängig vom Ausgangsverfahren einen gesonderten Vergütungsanspruch. Das Verfahren selbst ist gebührenfrei; Kosten werden nicht erstattet (§ 56 Abs. 2 S. 2 und 3).

c) Entscheidungsform. Die Entscheidung ergeht durch **Beschluss**. Der Beschluss ist mit einer Begründung **18**
zu versehen, wenn der Antrag (teilweise) negativ beschieden wird (§ 34 StPO).

d) Bekanntmachung. Die Entscheidung ist formlos mitzuteilen (§ 35 Abs. 2 S. 2 StPO). **19**

e) Anfechtung. Die gerichtliche Entscheidung ist unanfechtbar (§ 62 Abs. 2 S. 3 OWiG). Aus der Systema- **20**
tik des strafprozessualen Beschwerderechts folgt, dass die Unanfechtbarkeit auch für denjenigen gilt, der
durch die gerichtliche Entscheidung erstmals beschwert wird. Möglich ist ggf die Gehörsrüge (§ 12 a).

§ 58 Anrechnung von Vorschüssen und Zahlungen

(1) Zahlungen, die der Rechtsanwalt nach § 9 des Beratungshilfegesetzes erhalten hat, werden auf die aus
der Landeskasse zu zahlende Vergütung angerechnet.
(2) In Angelegenheiten, in denen sich die Gebühren nach Teil 3 des Vergütungsverzeichnisses bestimmen,
sind Vorschüsse und Zahlungen, die der Rechtsanwalt vor oder nach der Beiordnung erhalten hat, zunächst
auf die Vergütungen anzurechnen, für die ein Anspruch gegen die Staatskasse nicht oder nur unter den Voraussetzungen des § 50 besteht.

3 AnwK-RVG/N. *Schneider*, § 57 Rn 35. **4** BVerfG NStZ-RR 2008, 209.

(3) [1]In Angelegenheiten, in denen sich die Gebühren nach den Teilen 4 bis 6 des Vergütungsverzeichnisses bestimmen, sind Vorschüsse und Zahlungen, die der Rechtsanwalt vor oder nach der gerichtlichen Bestellung oder Beiordnung in einer gebührenrechtlichen Angelegenheit erhalten hat, auf die von der Staatskasse für diese Angelegenheit zu zahlenden Gebühren anzurechnen. [2]Hat der Rechtsanwalt Zahlungen empfangen, nachdem er Gebühren aus der Staatskasse erhalten hat, ist er zur Rückzahlung an die Staatskasse verpflichtet. [3]Die Anrechnung oder Rückzahlung erfolgt nur, soweit der Rechtsanwalt durch die Zahlungen insgesamt mehr als den doppelten Betrag der ihm ohne Berücksichtigung des § 51 aus der Staatskasse zustehenden Gebühren erhalten würde. [4]Sind die dem Rechtsanwalt nach Satz 3 verbleibenden Gebühren höher als die Höchstgebühren eines Wahlanwalts, ist auch der die Höchstgebühren übersteigende Betrag anzurechnen oder zurückzuzahlen.

I. Regelungsgehalt

1   § 58 regelt, wie Vorschüsse und Zahlungen, die ein beigeordneter oder bestellter Rechtsanwalt erhalten hat, sich auf seinen Vergütungsanspruch gegen die Staatskasse auswirken. Geregelt ist

■ in Abs. 1: die Behandlung von Zahlungen, die der im Wege der Beratungshilfe tätige Rechtsanwalt vom kostenerstattungspflichtigen Gegner erhalten hat;

■ in Abs. 2: die Behandlung von Vorschüssen und Zahlungen an den Prozesskostenhilfeanwalt und den von Amts wegen (§ 39) beigeordneten sowie als Prozesspfleger (§§ 57 f ZPO) bestellten Rechtsanwalt, wenn die Tätigkeit nach Teil 3 VV vergütet wird;

■ in Abs. 3: die Behandlung von Vorschüssen und Zahlungen an den in Straf- oder Bußgeldsachen (Teil 4 und 5 VV) oder in sonstigen Verfahren (Teil 6 VV) bestellten oder beigeordneten Rechtsanwalt.

II. Leistungsbestimmungsrecht des Vergütungsschuldners; Auskunfts-/Anzeigepflicht des Rechtsanwalts

2   In allen vorgenannten Fällen steht dem Vergütungsschuldner das **Leistungsbestimmungsrecht** des § 366 Abs. 1 BGB zu. Die Frage der Anrechnung kann sich erst stellen, wenn der Vergütungsschuldner von seinem Leistungsbestimmungsrecht keinen Gebrauch macht.

3   Um der Staatskasse eine Kontrolle über Zahlungen durch den Auftraggeber oder Dritte zu ermöglichen, besteht für den Rechtsanwalt die Pflicht, bis dahin erhaltene Zahlungen zusammen mit seinem Antrag auf Vergütungsfestsetzung **mitzuteilen** (§ 55 Abs. 5 S. 2) bzw Zahlungen, die nach Leistung durch die Staatskasse erfolgen, **unverzüglich anzuzeigen** (§ 55 Abs. 5 S. 4).

III. Zahlungen bei Beratungshilfe (Abs. 1)

4   Auch in Angelegenheiten der **Beratungshilfe** hat der Rechtsanwalt einen Anspruch auf die volle gesetzliche **Vergütung eines Wahlanwalts**. Dies folgt aus dem BerHG. Nach § 9 S. 1 BerHG ist der Gegner des Beratungshilfemandanten verpflichtet, diesem die Kosten der Wahrnehmung seiner Rechte zu ersetzen, wozu auch die gesetzliche Vergütung für die Tätigkeit des Rechtsanwalts zählt. Dieser materiellrechtliche Kostenerstattungsanspruch geht auf den im Rahmen der Beratungshilfe tätigen Rechtsanwalt über (§ 9 S. 2 BerHG), der ihn im eigenen Namen geltend machen kann. Gegenüber der Staatskasse hat der Rechtsanwalt nach Nr. 2501 ff VV einen der Höhe nach beschränkten und im Vergleich dazu deutlich niedrigeren Vergütungsanspruch. Gegen den Beratungshilfemandanten besteht lediglich der Anspruch auf die Schutzgebühr der Nr. 2500 VV (§ 44 S. 3).[1]

5   Gemäß Abs. 1 werden Zahlungen, die der Rechtsanwalt nach § 9 BerHG erhalten hat, auf die aus der Landeskasse zu zahlende Vergütung angerechnet. Voraussetzung für die Anrechnung ist der tatsächliche Erhalt; nicht genügend ist, dass ein Anspruch auf die Zahlung besteht. Weitere Voraussetzung ist, dass sich die Zahlung auf dieselbe Angelegenheit bezieht, für die Beratungshilfe bewilligt wurde.

6   Streitig ist, ob Zahlungen der Gegenseite vorrangig der Staatskasse zugutekommen oder – wie in Abs. 2 vorgesehen ist – zunächst dem Rechtsanwalt, bis dieser seine volle Wahlanwaltsvergütung erhalten hat. Die Rspr[2] wendet die Vorschrift des Abs. 1 entsprechend ihrem Wortlaut uneingeschränkt auf **alle erhaltenen Zahlungen** an. Einer anderen Auslegung stehe Abs. 2 entgegen, dessen im Vergleich zu Abs. 1 unterschiedliche Ausgestaltung gegen die Existenz einer planwidrigen Regelungslücke in Abs. 1 spreche.[3] Würde die

---

1 Zu der Frage, ob die Schutzgebühr vom Rechtsanwalt zurückzuzahlen ist, wenn der Gegner die Gebühren ersetzt: *Nickel*, NZFam 2016, 18. 2 OLG Bamberg 16.1.2009 – 4 W 171/08; OLG Celle NJW-RR 2011, 719; OLG Naumburg Rpfleger 2012, 155; OLG Saarbrücken 24.7.2009 – 5 W 148/09; LG Detmold 7.7.2011 – 3 T 5/11; LG Duisburg 12.4.2011 – 11 T 40/11; AG Halle 9.3.2011 – 103 II 8727/06; AG Mosbach AGS 2011, 243. 3 OLG Celle NJW-RR 2011, 719; OLG Saarbrücken 24.7.2009 – 5 W 148/09.

Staatskasse trotz Zahlung der Gegenpartei die Beratungshilfevergütung ungeschmälert an den Rechtsanwalt auskehren müssen, würde sie durch die Auszahlung an den Rechtsanwalt mittelbar zum Erhalt von dessen Wahlanwaltsvergütung – ganz oder teilweise – beitragen, ein Ergebnis, das durch den mit der Beratungshilfe verfolgten Zweck nicht mehr gedeckt wäre.[4]

IV. Zahlungen und Vorschüsse bei Teil 3 VV (Abs. 2)

Abs. 2 regelt die Anrechnung von Vorschüssen und Zahlungen vor und nach der Beiordnung in allen Angelegenheiten, in denen Gebühren nach Teil 3 VV entstehen.　**7**

Die Regelung hat folgenden Hintergrund: Rechtsanwälte, die im Wege der Prozesskostenhilfe beigeordnet werden, haben ab einem Gegenstandswert iHv 4.000 € (§ 49) gegen die Staatskasse nur Anspruch auf eine im Vergleich zum Wahlanwalt geringere Vergütung. Der Anspruch auf die (volle) Wahlanwaltsvergütung besteht daneben sowohl gegen den Auftraggeber als auch – im Fall des Obsiegens – gegen den Prozessgegner fort, gegen den Auftraggeber ist sie jedoch regelmäßig nicht durchsetzbar (§ 122 Abs. 1 Nr. 3 ZPO). Abs. 2 bestimmt, dass Vorschüsse und Zahlungen zunächst auf die Differenz zwischen PKH-Vergütung (§ 49) und Wahlanwaltsvergütung (§ 13) angerechnet werden, also grds. – abgesehen von dem Anspruch auf Zahlung einer zusätzlichen Vergütung nach § 50 – nicht vorrangig den Anspruch des Rechtsanwalts gegen die Staatskasse vermindern. Die Staatskasse profitiert erst, wenn der Rechtsanwalt ansonsten überzahlt wäre. Abs. 2 unterscheidet dabei nicht danach, ob die **Zahlung vom Mandanten oder von Dritten**, insb. von dem unterlegenen Gegner, erfolgt ist.　**8**

Beispiel:[5] Der im Wege der Prozesskostenhilfe in einem Rechtsstreit mit einem Gegenstandswert von 6.000 € beigeordnete Rechtsanwalt erhält eine Verfahrensgebühr aus Nr. 3100 VV iHv 347,10 €, während diese Tätigkeit beim Wahlanwalt mit 460,20 € vergütet wird. Die Terminsgebühr aus Nr. 3104 VV beträgt beim Prozesskostenhilfeanwalt 320,40 €, beim Wahlanwalt 424,80 €. Die Gebührendifferenz beträgt zulasten des beigeordneten Rechtsanwalts 217,50 € netto bzw 258,83 € brutto (inkl. 19 % USt). Zahlt in diesem Fall der Gegner auf die Rechtsanwaltskosten einen Betrag von 250 €, ist für eine Anrechnung kein Raum, da sie erst ab einer Zahlung von 258,84 € zulässig wäre.　**9**

Abs. 2 ist auch anwendbar, wenn nur für Teile einer einheitlichen Angelegenheit Prozesskostenhilfe bewilligt wurde, etwa für eine Schmerzensgeldklage in Höhe von 15.000 € nur in Höhe von 5.000 €. Zahlt der Mandant in diesem Fall an den Rechtsanwalt einen Geldbetrag, ist dieser vorrangig auf den Teil der Vergütung anzurechnen, der nicht durch die Prozesskostenhilfebewilligung gedeckt ist.　**10**

Vereinbarungen über die Anrechnung sind möglich. So kann vor Entscheidung über das PKH-Gesuch vereinbart werden, dass eine Vorschusszahlung nur für eine Tätigkeit des Rechtsanwalts als Wahlanwalt bestimmt sein soll und daher zurückzuzahlen ist, wenn Prozesskostenhilfe bewilligt wird. Die Partei kann auch bestimmen, dass ein Vorschuss ausschließlich für solche Ansprüche gezahlt wird, für die die Staatskasse nicht eintreten muss. Wenn dieser Betrag dann geringer als die Vorschusszahlung ist, kann die Partei vom Rechtsanwalt die Rückzahlung verlangen, es erfolgt keine Anrechnung.　**11**

Problematisch ist die in Vorbem. 3 Abs. 4 VV angeordnete Anrechnung der Vergütung für die **außergerichtliche Tätigkeit** auf die Verfahrensgebühr, wenn für die gerichtliche Vertretung Prozesskostenhilfe bewilligt wurde. Das Verfahren der Anrechnung ist in § 15 a klargestellt. Es werden die Vergütungsansprüche aus der Wahlanwaltstabelle berechnet und zwar sowohl für die außergerichtliche wie für die gerichtliche Tätigkeit. Danach werden die Zahlungen des Mandanten (oder des Gegners) addiert und die von der Staatskasse geschuldete volle PKH-Gebühr berechnet. (Erst) wenn beide Beträge den Gesamtanspruch des Anwalts aus der Wahlanwaltstabelle übersteigen, wird die PKH-Gebühr gekürzt.　**12**

V. Zahlungen auf die Gebühren nach den Teilen 4–6 VV (Abs. 3)

1. Anrechnung auf die Gebühren. Abs. 3 regelt die Anrechnung auf die Gebühren des beigeordneten oder bestellten Rechtsanwalts in Strafsachen (Teil 4 VV), Bußgeldverfahren (Teil 5 VV) und „sonstigen Verfahren" (Teil 6 VV). Hier werden Vorschüsse und Zahlungen angerechnet, soweit der Anwalt insgesamt　**13**

- mehr als den **doppelten Betrag** der ihm ohne Berücksichtigung des § 51 aus der Staatskasse zustehenden Gebühren (Abs. 3 S. 3) oder
- mehr als die **Höchstgebühren eines Wahlverteidigers** (Abs. 3 S. 4) erhalten würde.

Bis zum Doppelten der Pflichtverteidigergebühren behält der Rechtsanwalt also die Zahlungen bzw hat die Staatskasse die Pflichtverteidigergebühren auszuzahlen; erst dann, wenn das Zweifache überstiegen wird,　**14**

---

4 OLG Naumburg Rpfleger 2012, 155; vgl *Nickel*, NZFam 2016, 18, 19. **5** Beispiel nach *Nickel*, NZFam 2016, 18, 19.

ist der übersteigende Betrag anzurechnen. Gemäß Abs. 3 S. 4 bilden zudem die Wahlanwaltsgebühren eine weitere Obergrenze. Der Rechtsanwalt soll niemals mehr erhalten als die Wahlanwaltsgebühren.

15 Die Anrechnungsvorschrift in Abs. 3 S. 1 unterscheidet nicht nach der Person des Zahlenden. Die Anrechnung findet statt, gleich, ob die Zahlung vom Beschuldigten, von einem erstattungspflichtigen Dritten oder von einem sonstigen Dritten stammt.[6] Auch Vorschüsse und Zahlungen von Rechtsschutzversicherungen sind zu berücksichtigen und anzurechnen.

16 Es muss sich aber jeweils um Vorschüsse und Zahlungen für dieselbe gebührenrechtliche Angelegenheit handeln. Das bedeutet, dass Zahlungen, die für das Ermittlungsverfahren geleistet worden sind, nicht auf die Pflichtverteidigergebühren für die Verteidigung in erster Instanz anzurechnen sind, weil es sich nach § 17 Nr. 10 um zwei unterschiedliche gebührenrechtliche Angelegenheiten handelt.[7]

17 **Beispiel:** M wird von Pflichtverteidiger P seit Beginn der Ermittlungen in einem Verfahren verteidigt, das mit einer eintägigen Hauptverhandlung vor dem Amtsgericht endet. Wie von P gewünscht, werden die Gebühren durch eine Einmalzahlung iHv 700 € aus der Sphäre des Mandanten aufgebessert, ohne dass gesagt wurde, wofür genau dieser Betrag bestimmt ist. – Lösung: P hat gegen die Staatskasse einen Anspruch auf Grundgebühr (160 €), Verfahrensgebühren für das vorbereitende Verfahren (132 €) und gerichtliche Verfahren (132 €) und auf die Terminsgebühr (220 €) in der Gesamthöhe von 644 €.

18 Die Anrechnung der erhaltenen Zahlung (bzw die Berechnung der Rückzahlung) erfolgt in zwei Schritten:

Schritt 1:

Zahlung	700,00 €
+ Gebührenanspruch gegen die Staatskasse	644,00 €
Zwischensumme	1.344,00 €
./. doppelter Gebührenanspruch gegen die Staatskasse	1.288,00 €
Anrechnungs-/Rückzahlungsbetrag	56,00 €

Schritt 2:

Gebührenanspruch gegen die Staatskasse	644,00 €
./. Anrechnungs-/Rückzahlungsbetrag	56,00 €
Verbleibender Gebührenanspruch gegen die Staatskasse	588,00 €

19 **2. Anrechnung/Rückzahlung.** Sind die Pflichtverteidigergebühren aus der Staatskasse noch nicht gezahlt, erfolgt die **Anrechnung** (bzw kann dann, wenn das Zweifache der Pflichtverteidigergebühren bereits bezahlt ist, die Zahlung der Staatskasse entfallen). Hat der Rechtsanwalt durch Vorschuss oder Festsetzung bereits mehr aus der Staatskasse erhalten, als ihm nach Anrechnung zusteht, muss er den zu viel erhaltenen Betrag **zurückzahlen**. Soweit eine Pauschgebühr nach § 51 festgesetzt wird, erhöht diese nicht den „Freibetrag", die Anrechnung erfolgt dann auf die auszuzahlende Pauschgebühr.

20 **3. Überschreiten der Wahlanwaltshöchstgebühren (Abs. 3 S. 4).** Nach Abs. 3 S. 4 erfolgt die Anrechnung auch, wenn die Wahlanwaltshöchstgebühren überschritten werden. Die Vorschrift wirft zunächst die Frage auf, wie der Begriff „Höchstgebühren eines Wahlanwalts" zu verstehen ist. Bei den **Wertgebühren** bestimmen sich die Höchstgebühren auch für den beigeordneten/bestellten Rechtsanwalt nach § 13 Abs. 1. Anders verhält es sich bei den **Rahmengebühren**, bei denen jeweils zwar in der Spalte der Gebührenhöhe eine Rahmenhöchstgebühr festgelegt ist, diese aber im Fall der Feststellung einer Pauschvergütung (§ 42) erhöht werden und nach § 42 Abs. 1 S. 4 bis zur Höhe des Doppelten der für den Wahlanwalt geltenden Rahmenhöchstgebühr(en) reichen kann. Da auch der Pflichtverteidiger unter den Voraussetzungen des § 52 die Feststellung einer Pauschvergütung beantragen und festgestellt erhalten kann,[8] ist Abs. 3 S. 4 dahin gehend auszulegen, dass unter den „Höchstgebühren eines Wahlanwalts" auch die nach § 42 festgestellten Gebühren zu verstehen sind, weil diese nach § 42 Abs. 1 S. 3 **an die Stelle der jeweiligen Gebühr(en) treten**.[9] Dafür spricht nicht zuletzt auch, dass in Abs. 3 S. 3 die Vorschrift des § 51 ausdrücklich ausgenommen wurde, während in Satz 4 eine entsprechende Ausnahme bzgl § 42 fehlt. Wird eine Pauschgebühr nach § 42 nicht festgestellt, bilden die Rahmenhöchstgebühren die Grenze dessen, was dem Pflichtverteidiger verbleiben darf.

21 **4. Exkurs: Auslagen.** Bei der Anrechnung von Vorschüssen/Zahlungen auf Auslagen scheidet eine Berufung auf Abs. 3 S. 1 aus, da dieser nur eine solche auf Gebühren regelt.[10] Sie soll jedoch so „selbstverständlich"[11] sein, dass es einer gesonderten Regelung nicht bedarf, zumal es zwischen den Auslagen des Wahl- und Pflichtverteidigers der Höhe nach keinen Unterschied gibt; zumindest soll Abs. 3 für Zahlungen auf Ausla-

---

6 OLG Karlsruhe StraFo 2012, 290. **7** LG Berlin 31.3.2016 – 538 KLs 7/15, burhoff.de. **8** Burhoff/*Burhoff*, RVG, § 42 Rn 3; Gerold/Schmidt/*Burhoff*, § 42 Rn 5. **9** AA wohl Gerold/Schmidt/*Burhoff*, § 58 Rn 79. **10** Gerold/Schmidt/*Burhoff*, § 58 Rn 72. **11** OLG Frankfurt NStZ-RR 2007, 328 m. Anm. *Volpert*, AGS 2007, 194; Burhoff/*Volpert*, RVG, § 58 Abs. 3 Rn 27.

gen entsprechend anzuwenden sein,[12] da der Rechtsanwalt andernfalls Auslagen doppelt abrechnen könnte.[13]

Haftet die Staatskasse nicht für Auslagen, auf die von dritter Seite Zahlungen geleistet wurden, und sind   22
diese nach Art und Höhe konkret bezeichnet, scheidet eine Anrechnung aus, soweit bei Gericht nur solche
konkreten Auslagen zur Festsetzung angemeldet werden, auf die bislang von anderer Seite keine Zahlungen
erfolgt sind.[14]

§ 59 Übergang von Ansprüchen auf die Staatskasse

(1) [1]Soweit dem im Wege der Prozesskostenhilfe oder nach § 138 des Gesetzes über das Verfahren in Familiensachen und in den Angelegenheiten der freiwilligen Gerichtsbarkeit, auch in Verbindung mit § 270 des Gesetzes über das Verfahren in Familiensachen und in den Angelegenheiten der freiwilligen Gerichtsbarkeit, beigeordneten oder nach § 67 a Abs. 1 Satz 2 der Verwaltungsgerichtsordnung bestellten Rechtsanwalt wegen seiner Vergütung ein Anspruch gegen die Partei oder einen ersatzpflichtigen Gegner zusteht, geht der Anspruch mit der Befriedigung des Rechtsanwalts durch die Staatskasse auf diese über. [2]Der Übergang kann nicht zum Nachteil des Rechtsanwalts geltend gemacht werden.

(2) [1]Für die Geltendmachung des Anspruchs sowie für die Erinnerung und die Beschwerde gelten die Vorschriften über die Kosten des gerichtlichen Verfahrens entsprechend. [2]Ansprüche der Staatskasse werden bei dem Gericht des ersten Rechtszugs angesetzt. [3]Ist das Gericht des ersten Rechtszugs ein Gericht des Landes und ist der Anspruch auf die Bundeskasse übergegangen, wird er insoweit bei dem jeweiligen obersten Gerichtshof des Bundes angesetzt.

(3) Absatz 1 gilt entsprechend bei Beratungshilfe.

I. Regelungsgehalt

Soweit die Staatskasse dem bestellten oder beigeordneten Rechtsanwalt eine Vergütung zahlt, gehen gem.   1
Abs. 1 S. 1 Ansprüche gegen die Partei oder erstattungspflichtige Dritte auf die Staatskasse über. Die übergegangenen Ansprüche werden gem. Abs. 2 nach der JBeitrO festgesetzt und beigetrieben, ohne dass die Staatskasse sich einen besonderen Vollstreckungstitel beschaffen muss.

II. Bedeutung bei Prozesskostenhilfe

1. Persönlicher Anwendungsbereich. Die Vorschrift ist auf alle im Wege der Prozesskostenhilfe (§§ 114 ff   2
ZPO) beigeordneten Rechtsanwälte – unabhängig von der jeweiligen Gerichtsbarkeit – anwendbar.

2. Anspruch gegen den Mandanten. Ein Vergütungsanspruch des Rechtsanwalts gegen die Partei, der er   3
beigeordnet wurde, besteht auch im Fall der Bewilligung von PKH. Allerdings ist der Anspruch idR nicht
durchsetzbar (§ 122 Abs. 1 Nr. 3 ZPO). Nur wenn die Bewilligung gem. § 124 ZPO aufgehoben wird, kann
der Vergütungsanspruch geltend gemacht werden. Das hat im Ergebnis zur Folge, dass der gem. § 59 auf
die Staatskasse übergehende Vergütungsanspruch des Rechtsanwalts gegen den Mandanten **regelmäßig keine praktische Bedeutung** hat.

3. Anspruch gegen die unterlegene Gegenseite. Von praktischer Relevanz ist das **Beitreibungsrecht des**   4
Rechtsanwalts gegen die unterlegene Gegenpartei nach § 126 ZPO. Ein Erstattungsanspruch besteht, soweit
dem Gegner die Kosten auferlegt wurden oder er sie übernommen hat. Einreden gegen den Anspruch sind
beschränkt (§ 126 Abs. 2 ZPO). Die Staatskasse erwirbt den Anspruch nach § 126 ZPO in dem Zustand, in
dem er sich im Zeitpunkt der Zahlung der Vergütung durch die Staatskasse befindet.[1] Das bedeutet, dass
die Beschränkungen nach § 126 Abs. 2 ZPO mitübergehen.[2] Der Erstattungsanspruch ist auflösend bedingt,
wenn die Kostenentscheidung nur vorläufig vollstreckbar ist.[3] Auch wenn dem Gegner Prozesskostenhilfe
bewilligt wurde, ist die Beitreibung der von ihm zu erstattenden Kosten zulässig.[4] Denn die Bewilligung der
Prozesskostenhilfe hat auf die Verpflichtung, die dem Gegner entstandenen Kosten zu erstatten, keinen Einfluss (§ 123 ZPO).

---

12 OLG Köln StraFo 2008, 399. **13** KG StraFo 2009, 84. **14** KG StraFo 2009, 84; OLG Oldenburg JurBüro 2007, 415. **1** OLG Düsseldorf Rpfleger 2011, 446; KG 3.3.2009 – 1 W 551/08, juris. **2** OLG Braunschweig JurBüro 2015, 150. **3** OLG Düsseldorf Rpfleger 2011, 446. **4** BGH FamRZ 1997, 1141 (zur BRAGO); OLG Celle MDR 2014, 923; OLG Dresden FamRZ 2010, 583; aA OLG München Rpfleger 2014, 90.

III. Bedeutung in sonstigen Verfahren

5 § 59 ist ferner anzuwenden, wenn das Gericht für die Scheidungssache und eine Kindschaftssache als Folgesache von Amts wegen zur Wahrnehmung der Rechte im ersten Rechtszug (§ 138 FamFG), einer Angelegenheit in einer Lebenspartnerschaftssache (§ 270 FamFG) oder in einem verwaltungsrechtlichen Rechtsstreit, in dem mehr als zwanzig Personen im gleichen Interesse beteiligt sind (§ 67 a VwGO), einen Rechtsanwalt beiordnet. Die Vorschrift ist auch auf die nach §§ 109 Abs. 3, 119 Abs. 6 StVollzG von **Amts wegen beigeordneten Beistände** (§ 39 Abs. 2) anzuwenden.

IV. Voraussetzungen des Anspruchsübergangs

6 § 59 kommt erst dann zur Anwendung, wenn die Staatskasse **tatsächlich Zahlungen geleistet**, also den Rechtsanwalt befriedigt hat; allein eine Kostenfestsetzung lässt den Anspruch noch nicht übergehen.

V. Gegenstand des Forderungsübergangs

7 Gemäß Abs. 1 S. 1 gehen sowohl Ansprüche des Rechtsanwalts gegen die Partei über als auch sein Beitreibungsrecht gegen den Gegner, im Fall der Prozesskostenhilfe gem. § 126 ZPO.

8 **Nicht** erfasst vom gesetzlichen Forderungsübergang auf die Staatskasse ist ein **Anspruch** des beigeordneten Rechtsanwalts **gegenüber einem Streitgenossen** der bedürftigen Partei, den er ebenfalls in der nämlichen Sache vertritt. Für diesen Streitgenossen ist keine Bestellung/Beiordnung erfolgt. Dem Streitgenossen kommt die Zahlung an den gemeinsamen Rechtsanwalt jedoch wirtschaftlich zugute, falls die Staatskasse mehr zahlt, als die Partei im Innenverhältnis dem Streitgenossen gegenüber zu zahlen gehabt hätte. In diesem Fall stünde der Partei, würde sie selbst geleistet haben, ein **interner Ausgleichsanspruch** zu. Gemäß § 426 Abs. 2 S. 1 BGB ginge auf diese in Höhe der Zahlung an diesen Rechtsanwalt die Vergütungsforderung des Rechtsanwalts gegen den Streitgenossen über. Dieser Anspruch **geht jedoch nicht auf die Staatskasse über**, weil er nicht in der Person des Rechtsanwalts besteht. Es besteht jedoch ein Ausgleichsanspruch der Staatskasse gegen den Streitverkündeten aus dem Rechtsinstitut der Geschäftsführung ohne Auftrag, den der UdG mit einer Zahlungsaufforderung an die Staatskasse geltend machen kann. Kommt der Streitgenosse einer solchen Zahlungsaufforderung des UdG nicht nach, so legt dieser den Vorgang dem **Gerichtspräsidenten** vor, der darüber **entscheidet**, ob zivilrechtliche **Leistungsklage** erhoben werden soll (Teil A Nr. 2.4.3 VwV Vergütungsfestsetzung). Um auf den Aspekt des Gesamtschuldnerausgleichs aufmerksam zu machen, hat der UdG in dem Beschluss über die Festsetzung der Vergütung des beigeordneten Rechtsanwalts zu **vermerken**, ob und welche Streitgenossen der Partei dieser vertreten hat und ob ein **Ausgleichsanspruch** der Staatskasse gegen die Streitgenossen geltend gemacht oder weshalb davon abgesehen worden ist (Teil A Nr. 2.4.4 VwV Vergütungsfestsetzung).

9 Anders ist es in den Fällen des **§ 67 a VwGO** (gemeinsamer Prozessbevollmächtigter in Massenverfahren), in dem eine Beiordnung für alle Streitgenossen erfolgt, so dass der Forderungsübergang im Umfang der Forderung des beigeordneten Rechtsanwalts auf die Staatskasse übergeht.[5]

VI. Folgen des Forderungsübergangs

10 Auf den gesetzlichen Forderungsübergang findet gem. § 412 BGB die Vorschrift des § 401 BGB Anwendung. Daher gehen Sicherungsrechte auf die Staatskasse mit über. Das können Prozesskostensicherheiten gem. § 110 ZPO oder Pfändungspfandrechte sein. Der Forderungsübergang erfasst nur die – geringere – PKH-Anwaltsvergütung, nicht hingegen auch die Differenz zwischen der PKH-Anwaltsvergütung und der – höheren – Wahlanwaltsvergütung.[6]

VII. Benachteiligungsverbot (Abs. 1 S. 2)

11 Gemäß Abs. 1 S. 2 kann der Übergang nicht zum Nachteil des Rechtsanwalts geltend gemacht werden. Die Berufung auf den Forderungsübergang durch die Staatskasse darf nicht dazu führen, dass der beigeordnete Rechtsanwalt einen **Nachteil** erleidet, was anzunehmen wäre, wenn der Rechtsanwalt

- letztlich weniger als die ihm zustehende Wahlanwaltsvergütung erhalten würde
- oder (vgl § 47 Abs. 1 S. 2 bzw § 43[7]) sein fälliger Vergütungsanspruch nicht sofort und in vollem Umfang erfüllt werden könnte.

12 Besteht zwischen den Ansprüchen des Rechtsanwalts und denjenigen der Staatskasse Anspruchskonkurrenz, räumt die Vorschrift dem Erfüllungsanspruch des Rechtsanwalts Vorrang vor der Geltendmachung der auf die Staatskasse übergegangenen Ansprüche durch diese ein.

---

5 AnwK-RVG/*Fölsch*, § 59 Rn 11. **6** BVerwG RVGreport 2008, 155. **7** Beck-OK/*Kotz*, RVG, § 43 Rn 24.

Für das Beitreibungsrecht nach § 126 ZPO bedeutet dies, dass die Vergütung aus der Staatskasse zunächst   13
auf denjenigen Teil der Vergütungsforderung des Rechtsanwalts zu verrechnen ist, für die ein erstattungspflichtiger Gegner *nicht* haftet. Erst wenn der Rechtsanwalt seine gesamte Vergütung (Gebühren und Auslagen) erhalten hat, kann die Staatskasse den dann noch verbleibenden Teil des auf sie übergegangenen Bei-
treibungsrechts nach § 126 ZPO für sich einsetzen.

Beispiel:[8] Es ist ratenfreie Prozesskostenhilfe bewilligt worden. Die Staatskasse hat 600 € bezahlt, die vollen Re-   14
gelgebühren des beigeordneten Anwalts belaufen sich auf 950 €. Der gesamte Erstattungsanspruch gegen den nur
teilweise kostentragungspflichtigen Gegner beträgt 380 €.

Durch die Befriedigung des Rechtsanwalts iHv 600 € ist dessen Beitreibungsrecht maximal bis zu dieser Höhe auf
die Staatskasse übergegangen. Der Anwalt benötigt die Forderung aber teilweise für sich selbst, da von den Regelgebühren noch 350 € offen sind. Deshalb ist die Zahlung aus der Staatskasse auf den „ungedeckten" Teil seiner
Vergütung zu verrechnen. Der Rechtsanwalt kann den Restbetrag von 350 € im Wege der Kostenfestsetzung vom
Gegner einfordern. Erst wenn er voll befriedigt ist, kann die Staatskasse die übergegangene Forderung in Höhe
der verbleibenden 30 € geltend machen.

VIII. Geltendmachung des Anspruchs durch die Staatskasse (Abs. 2)

Macht die Staatskasse ihre Ansprüche geltend, werden diese nach Abs. 2 S. 2 bei dem Gericht des ersten   15
Rechtszugs durch den UdG angesetzt. Ist der Anspruch auf die Bundeskasse übergegangen, wird er bei dem
jeweiligen obersten Gericht des Bundes angesetzt (Abs. 2 S. 3). Der Anspruch der Staatskasse wird unter
Berücksichtigung und nach Vorgabe der JBeitrO geltend gemacht (Abs. 2 S. 1). Grundlage ist ein entsprechender Vermerk im Kostenfestsetzungsbeschluss.

Der auf die Staatskasse nach Abs. 1 übergegangene Anspruch des beigeordneten Rechtsanwalts gegen den   16
ersatzpflichtigen Gegner **verjährt** gem. § 197 Abs. 1 Nr. 3 BGB in 30 Jahren; es gilt nicht die vierjährige
Verjährungsfrist nach § 5 Abs. 1 S. 1 GKG.[9] Denn durch den Übergang des Anspruchs des Rechtsanwalts
auf die Staatskasse ändert sich nicht dessen rechtliche Qualität. Er bleibt ein Erstattungsanspruch auf außergerichtliche Kosten und wird nicht zu Gerichtskosten.

IX. Anfechtung

1. Erinnerung. Der Ansatz der auf die Landes- oder Bundeskasse übergegangenen Ansprüche ist zunächst   17
mit der Erinnerung anzufechten (§ 66 Abs. 1 GKG, § 57 Abs. 1 FamGKG, § 81 Abs. 1 GNotKG). Der
Rechtsbehelf ist weder fristgebunden noch von einem bestimmten Erinnerungswert abhängig und bei dem
Gericht einzulegen, das den Ansatz vorgenommen hat. Der UdG kann der Erinnerung abhelfen. Das Erinnerungsverfahren ist nach § 66 Abs. 8 GKG, § 57 Abs. 8 FamGKG, § 81 Abs. 8 GNotKG gerichtsgebührenfrei; außergerichtliche Kosten werden nicht erstattet.

2. Beschwerde. Verbleibt nach der Entscheidung über die Erinnerung eine **Beschwer von mindestens**   18
200,01 € oder führt die Erinnerung beim Erinnerungsgegner zu einer solchen in dieser Höhe, kann die Entscheidung mit der Beschwerde angefochten werden (§ 66 Abs. 2 GKG, § 57 Abs. 2 S. 1 FamGKG, § 81
Abs. 2 S. 1 GNotKG). Unabhängig von der Höhe der Beschwer ist die Beschwerde statthaft, wenn sie durch
das Erinnerungsgericht zugelassen wurde.

Hält das Gericht die Beschwerde für zulässig und begründet, hat es ihr abzuhelfen; im Übrigen ist die Be-   19
schwerde unverzüglich dem Beschwerdegericht vorzulegen. Eine Beschwerde an ein oberstes Bundesgericht
findet nicht statt. Auch das Beschwerdeverfahren ist nach § 66 Abs. 8 GKG, § 57 Abs. 8 FamGKG, § 81
Abs. 8 GNotKG gerichtsgebührenfrei; außergerichtliche Kosten werden nicht erstattet.

3. Weitere Beschwerde. Eine weitere Beschwerde ist nur zulässig, wenn das Landgericht als Beschwerdege-   20
richt entschieden und es die Beschwerde wegen grundsätzlicher Bedeutung in dem Beschluss zugelassen hat.

X. Entsprechende Anwendung des Abs. 1 auf die Beratungshilfe (Abs. 3)

Bei der Beratungshilfe besteht die Besonderheit, dass der Rechtsanwalt von dem Beratenen keinesfalls mehr   21
als 10 € verlangen kann (Nr. 2500 VV). Im Rahmen der Beratungshilfe (Nr. 2501 ff VV) **schuldet allein** die
Staatskasse die Gebühren. Daher kommt als Gegenstand eines Forderungsübergangs allein ein Erstattungsanspruch gegen den Gegner in Betracht. Anders als bei der Prozesskostenhilfe, wo der Rechtsanwalt gem.
§ 126 ZPO lediglich ein Beitreibungsrecht hat, geht bei der Beratungshilfe dieser Erstattungsanspruch originär auf den Rechtsanwalt über (§ 9 S. 2 BerHG). Eine entsprechende Anwendung des Abs. 2 scheidet allerdings aus, weil die Beratungshilfe nicht in einem gerichtlichen Verfahren stattfindet, sondern eine außerge-

---

8 Beispiel nach AnwK-RVG/*Fölsch*, § 59 Rn 26. **9** VG Berlin 7.3.2012 – 35 KE 5.12, (23 A 32.06), juris.

richtliche Tätigkeit darstellt. Damit fehlt der Staatskasse die Zugriffsmöglichkeit über das Kostenrecht. Wenn der erstattungspflichtige Gegner nicht freiwillig zahlt, bleibt der Staatskasse nur der Klageweg.[10]

§ 59 a Beiordnung und Bestellung durch Justizbehörden

(1) [1]Für den durch die Staatsanwaltschaft beigeordneten Zeugenbeistand gelten die Vorschriften über den gerichtlich beigeordneten Zeugenbeistand entsprechend. [2]Über Anträge nach § 51 Absatz 1 entscheidet das Oberlandesgericht, in dessen Bezirk die Staatsanwaltschaft ihren Sitz hat. [3]Hat der Generalbundesanwalt einen Zeugenbeistand beigeordnet, entscheidet der Bundesgerichtshof.

(2) [1]Für den nach § 87 e des Gesetzes über die internationale Rechtshilfe in Strafsachen in Verbindung mit § 53 des Gesetzes über die internationale Rechtshilfe in Strafsachen durch das Bundesamt für Justiz bestellten Beistand gelten die Vorschriften über den gerichtlich bestellten Rechtsanwalt entsprechend. [2]An die Stelle des Urkundsbeamten der Geschäftsstelle tritt das Bundesamt. [3]Über Anträge nach § 51 Absatz 1 entscheidet das Bundesamt gleichzeitig mit der Festsetzung der Vergütung.

(3) [1]Gegen Entscheidungen der Staatsanwaltschaft und des Bundesamts für Justiz nach den Vorschriften dieses Abschnitts kann gerichtliche Entscheidung beantragt werden. [2]Zuständig ist das Landgericht, in dessen Bezirk die Justizbehörde ihren Sitz hat. [3]Bei Entscheidungen des Generalbundesanwalts entscheidet der Bundesgerichtshof.

I. Regelungsgehalt

1   Die **Staatsanwaltschaft** kann bei einer eigenen Zeugenvernehmung (§ 161 a Abs. 1 S. 2 StPO) und bei polizeilichen Zeugenvernehmungen (§ 163 Abs. 3 S. 2 StPO) einen **Zeugenbeistand** beiordnen. Das **Bundesamt für Justiz** kann einen (Verfahrens-)**Beistand** bestellen, wenn es nach §§ 87 ff IRG mit der Vollsteckbarkeit ausländischer Geldsanktionen befasst ist (§§ 53, 87 e IRG). Die Vorschrift regelt den Vergütungsanspruch des jeweiligen Beistands und die (gerichtliche) Zuständigkeit für die Gewährung einer Pauschvergütung (§ 51).

II. Vergütung des staatsanwaltschaftlich beigeordneten Zeugenbeistands (Abs. 1 S. 1)

2   Die Vergütung des durch die Staatsanwaltschaft beigeordneten Zeugenbeistands richtet sich nach den Vorschriften über den gerichtlich beigeordneten Zeugenbeistand. Zu dem insoweit bestehenden Meinungsstreit, ob sich die Vergütung des Zeugenbeistands nach den Vergütungsvorschriften für einen Vollverteidiger oder für eine Einzeltätigkeit (Nr. 4301 Nr. 4 VV) richtet, s. die Erl. in → Vorbem. 4 VV Rn 3.

3   Wird der Zeugenbeistand durch die Staatsanwaltschaft (den Generalbundesanwalt) beigeordnet, setzt der dortige Urkundsbeamte der Geschäftsstelle die Vergütung fest.

III. Vergütung des durch das Bundesamt für Justiz bestellten Beistands in Bewilligungsverfahren (Abs. 2 S. 1)

4   **1. Vergütungsanspruch.** Die Vergütung richtet sich nach Vorbem. 6 Abs. 1 VV.

5   **2. Verfahrens- und Terminsgebühr.** In Verfahren über die Hilfe zur Vollstreckung ausländischer Geldbußen und Geldsanktionen (§ 87 e IRG) wird der Beistand für seine Tätigkeit **vor dem Bundesamt für Justiz** durch eine Verfahrensgebühr (Nr. 6100 VV) vergütet, die auch Besprechungen mit und Termine in der Behörde abgilt. Es entsteht weder eine Grund- noch eine Terminsgebühr.

6   Kommt es zu einem **gerichtlichen Verfahren**, in dem dem Betroffenen neuerlich Beistand zu leisten ist, können eine weitere Verfahrensgebühr (Nr. 6101 VV iVm § 17 Nr. 11) sowie die Terminsgebühr (Nr. 6102 VV) entstehen.

7   **3. Festsetzungszuständigkeit.** Die Vergütung für die Beistandstätigkeit im behördlichen Bewilligungsverfahren wird durch das **Bundesamt für Justiz** festgesetzt.

IV. Anfechtung (Abs. 3)

8   Gegen die Vergütungsfestsetzung durch die Staatsanwaltschaft kann Antrag auf gerichtliche Entscheidung gestellt werden. Diese trifft die zuständige Strafkammer des örtlich zuständigen Landgerichts, in Fällen, in denen die Beiordnung durch den Generalbundesanwalt erfolgt war, der Bundesgerichtshof. Hat das Bundesamt für Justiz die Vergütung festgesetzt, entscheidet das für die Behörde zuständige Landgericht Bonn.

---

10 Mayer/Kroiß/*Kießling*, § 59 Rn 47.

V. Pauschvergütung (Abs. 1 S. 2, 3, Abs. 2 S. 3)

Die Festsetzung einer Pauschvergütung nach § 51 erfolgt in Fällen der Beiordnung durch   9

- die Staatsanwaltschaft durch das örtlich zuständige Oberlandesgericht,
- den Generalbundesanwalt durch den Bundesgerichthof,
- das Bundesamt für Justiz durch dieses selbst.

Hat das Bundesamt für Justiz die Pauschvergütung festgesetzt/abgelehnt, ist dagegen Antrag auf gerichtliche Entscheidung möglich (Art. 19 Abs. 4 GG). Gemäß § 51 Abs. 2 entscheidet das Oberlandesgericht Köln.   10

Unter den Voraussetzungen des § 52 ist auch die Feststellung einer Pauschvergütung nach § 42 möglich.   11

Abschnitt 9
Übergangs- und Schlussvorschriften

§ 59 b Bekanntmachung von Neufassungen

[1]Das Bundesministerium der Justiz und für Verbraucherschutz kann nach Änderungen den Wortlaut des Gesetzes feststellen und als Neufassung im Bundesgesetzblatt bekannt machen. [2]Die Bekanntmachung muss auf diese Vorschrift Bezug nehmen und angeben

1. den Stichtag, zu dem der Wortlaut festgestellt wird,
2. die Änderungen seit der letzten Veröffentlichung des vollständigen Wortlauts im Bundesgesetzblatt sowie
3. das Inkrafttreten der Änderungen.

I. Allgemeines

§ 59 b ist – zunächst als § 59 a (aF) – durch das **Gesetz zur Umsetzung der Dienstleistungsrichtlinie in der Justiz** und zur Änderung weiterer Vorschriften vom 22.12.2010[1] in das RVG eingefügt worden und am 28.12.2010 in Kraft getreten.[2] Eine gleichlautende Vorschrift ist auch in andere Kostengesetze eingefügt worden (vgl § 70 a GKG, § 62 a FamGKG). Das vorgenannte Gesetz enthält in den Art. 1, 2–5 und 8, 9–11 und 18 Änderungen der BRAO, des RDG, des EGInsO, der PatO, des StBerG, der ZPO, der VwGO, des SGG, des BVerfGG und der WPO, die teilweise der Umsetzung der Richtlinie 2006/123/EG des Europäischen Parlaments und des Rates vom 12. Dezember 2006 über Dienstleistungen im Binnenmarkt[3] dienen. Diese Richtlinie erforderte Rechtsanpassungen im Bereich der Justiz insb. in den Verfahren der Berufszulassung zu den rechtsberatenden Berufen. Durch das 2. KostRMoG[4] ist § 59 a mWv 1.8.2013 zu § 59 b geworden.   1

Art. 12–16 des vorgenannten Gesetzes enthalten weitere Änderungen von Kostengesetzen. So sind u.a. klarstellende und redaktionelle Anpassungen vorgenommen worden, um aufgetretene Streitfragen zu den Gerichtskosten und Anwaltsgebühren im familienrechtlichen Verfahren zu lösen.[5]   2

II. Regelungsgehalt

§ 59 b erlaubt es dem Bundesministerium der Justiz und für Verbraucherschutz (BMJV), das RVG bei Bedarf in der neuen Fassung bekannt zu machen, um die Übersichtlichkeit der aktuellen Rechtslage weiter zu gewährleisten. Das hält der Gesetzgeber für erforderlich, weil der Wortlaut des RVG in der Vergangenheit mehrfach und in größerem Umfang geändert worden ist. § 59 b räumt dem BMJV deshalb die allgemeine **Erlaubnis zur Bekanntmachung von Neufassungen** ein, da das RVG und die anderen Kostengesetze wegen ihrer Abhängigkeit von zahlreichen Verfahrensgesetzen einer häufigen Änderung unterliegen. Oft seien mehrere Änderungen gleichzeitig im Gesetzgebungsverfahren und es lasse sich nicht abschätzen, welches Gesetz als Letztes verabschiedet werde und somit den Anlass für eine Neubekanntmachungserlaubnis gebe.[6]   3

---

1 BGBl. 2010 I 2248, 2252. **2** Vgl Art. 19 des Gesetzes: Inkrafttreten am Tage nach der Verkündung (27.12.2010), BGBl. 2010 I 2248, 2254. **3** ABl. Nr. L 376 v. 27.12.2006, S. 36. **4** BGBl. 2013 I 2586. **5** BT-Drucks 17/3356, S. 1. **6** BT-Drucks 17/3356, S. 20 f.

§ 60 Übergangsvorschrift

(1) [1]Die Vergütung ist nach bisherigem Recht zu berechnen, wenn der unbedingte Auftrag zur Erledigung derselben Angelegenheit im Sinne des § 15 vor dem Inkrafttreten einer Gesetzesänderung erteilt oder der Rechtsanwalt vor diesem Zeitpunkt bestellt oder beigeordnet worden ist. [2]Ist der Rechtsanwalt im Zeitpunkt des Inkrafttretens einer Gesetzesänderung in derselben Angelegenheit bereits tätig, ist die Vergütung für das Verfahren über ein Rechtsmittel, das nach diesem Zeitpunkt eingelegt worden ist, nach neuem Recht zu berechnen. [3]Die Sätze 1 und 2 gelten auch, wenn Vorschriften geändert werden, auf die dieses Gesetz verweist.

(2) Sind Gebühren nach dem zusammengerechneten Wert mehrerer Gegenstände zu bemessen, gilt für die gesamte Vergütung das bisherige Recht auch dann, wenn dies nach Absatz 1 nur für einen der Gegenstände gelten würde.

I. Allgemeines

1   Die Vorschrift betrifft grds. Übergangsfälle, die sich auf der Grundlage einer **Änderung des RVG** ergeben. Soweit die BRAGO zum 1.7.2004 in das RVG überführt worden ist, ist § 60 nicht anzuwenden; einschlägig ist insoweit § 61 als Übergangsvorschrift aus Anlass des Inkrafttretens des RVG.

2   Im Zuge des 2. KostRMoG ist in Abs. 1 S. 1 nach dem Wort „Zeitpunkt" das Wort „gerichtlich" gestrichen worden, was mit der Einführung des § 59 a (Übergang von Ansprüchen auf die Staatskasse) zusammenhängt. Die Übergangsregelung erfasst deshalb jetzt auch diejenigen Fälle, in denen der Rechtsanwalt von der Staatsanwaltschaft oder vom Bundesamt für Justiz bestellt worden ist. Darüber hinausgehend sind in Abs. 1 S. 2 die Wörter „und, wenn ein gerichtliches Verfahren anhängig ist, in demselben Rechtszug" gestrichen worden, weil nach § 17 Nr. 1 ohnehin jeder Rechtszug eine eigene Angelegenheit bildet.

II. Regelungsgehalt

3   **1. Allgemeines.** Grundsätzlich kommt es für die Anwendung alten oder neuen Gebührenrechts auf den Tag der unbedingten Auftragserteilung zur Erledigung derselben Angelegenheit iSv § 15 an bzw auf den Tag der Bestellung oder Beiordnung (Abs. 1 S. 1).

4   **2. Auftragserteilung (Abs. 1 S. 1).** Zu differenzieren ist:

- Ist dem Rechtsanwalt der Auftrag vor dem Stichtag erteilt, ist er vor diesem Tag bestellt oder beigeordnet worden, dann ist die Vergütung nach dem bis zum Stichtag maßgebenden Recht zu berechnen.
- Ist der Rechtsanwalt nach dem Stichtag beauftragt, beigeordnet oder bestellt worden, gilt neues Recht.

5   Sind die in Abs. 1 S. 1 genannten Tatbestände beide erfüllt, soll für die Frage, welches Vergütungsrecht Anwendung findet, der Zeitpunkt ausschlaggebend sein, an dem erstmals einer der Tatbestände erfüllt war. Wird zB der unbedingte Auftrag vor dem Stichtag erteilt, soll die Vergütung nach dem bisherigen Recht zu berechnen sein, auch wenn die Beiordnung im Rahmen der Prozesskostenhilfe erst nach dem Stichtag erfolgt.[1] Legt hingegen der Wahlverteidiger sein Mandat nieder und wird er anschließend zum Pflichtverteidiger bestellt, liegt hinsichtlich der Pflichtverteidigervergütung kein Zusammentreffen mehrerer Tatbestände iSd Abs. 1 S. 1 vor. Erfolgt die Pflichtverteidigerbestellung nach dem Stichtag, ist die Pflichtverteidigervergütung nach neuem Recht zu berechnen. Diese Vorgehensweise soll nach dem Willen des Gesetzgebers auch dann maßgeblich sein, wenn nach § 48 Abs. 5 zu vergüten ist.

6   Die Berücksichtigung des Zeitpunkts der Auftragserteilung kann dazu führen, dass sich während eines laufenden Mandats das zugrunde liegende Recht ändert, wenn eine neue Angelegenheit beginnt.

7   **Beispiel:** Der Anwalt wird im Mai 2013 außergerichtlich beauftragt. Im Januar 2014 hat er Klageauftrag erhalten.

Die Geschäftsgebühr (Nr. 2300 VV) richtet sich nach den Gebührenbeträgen des § 13 in der bis zum 31.7.2013 geltenden Fassung; der Rechtsstreit richtet sich nach den Gebührenbeträgen des § 13 idF des 2. KostRMoG. Anzurechnen gem. Vorbem. 3 Abs. 4 VV ist die hälftige Geschäftsgebühr nach den alten Gebührenbeträgen des § 13 aF.[2]

---

1 BT-Drucks 15/1971, S. 203. **2** FG Münster AGS 2015, 570.

Die Anwendung dieses Grundsatzes kann dazu führen, dass der Rechtsanwalt der einen Partei bereits nach   8
neuem Recht abrechnet, während der andere noch nach altem Recht abzurechnen hat.

Beispiel (Unterschiedliches Recht für mehrere Anwälte): Anwalt A erhebt für den Kläger im Juli 2013 Klage. Die   9
Klage wird dem Beklagten im August 2013 zugestellt, worauf dieser Anwalt B mit seiner Vertretung beauftragt.
Später legt Anwalt A das Mandat nieder, so dass der Kläger im Januar 2014 Anwalt C beauftragt.

Für Anwalt A gilt altes Recht, da er vor dem 1.8.2013 beauftragt worden ist. Für die Anwälte B und C gilt dagegen bereits neues Recht, da ihnen der Auftrag erst nach dem 31.7.2013 erteilt worden ist.

3. Rechtsmittelverfahren (Abs. 1 S. 2). Im Rechtsmittelverfahren bestimmt Abs. 1 S. 2, dass nicht der Zeit-   10
punkt der Auftragserteilung maßgeblich ist, vielmehr ist maßgeblich, ob der Rechtsanwalt zum Zeitpunkt
des Inkrafttretens einer Gesetzesänderung **in derselben Angelegenheit bereits tätig** ist. Nachdem der Gesetzgeber klargestellt hat, dass es sich bei einem Rechtsmittelverfahren um eine eigene Angelegenheit handelt
(§ 17 Nr. 1), hätte Abs. 1 S. 2 eigentlich aufgehoben werden können, damit eine einheitliche Anwendung
neuen und alten Gebührenrechts möglich geworden wäre. Offenbar wollte der Gesetzgeber aber die bisherige Differenzierung nicht aufgeben. Es gilt im Rechtsmittelverfahren deshalb weiterhin, dass für den bereits vorinstanzlich befassten Anwalt hinsichtlich eines Rechtsmittelverfahrens andere Gebührenvorschriften gelten können als für den erstmals beauftragten Anwalt. Für den **erstmals beauftragten Rechtsanwalt**
wird nämlich nach Abs. 1 S. 2 nicht auf die Auftragserteilung, sondern auf den **Zeitpunkt der Einlegung des
Rechtsmittels** abgestellt.

- War der Anwalt vorinstanzlich nicht tätig, bleibt es auch im Rechtsmittelverfahren beim allgemeinen
  Grundsatz des Abs. 1 S. 1: Es kommt auf den Zeitpunkt der Auftragserteilung an.
- War der Anwalt bereits in der Vorinstanz tätig, dann gilt nach Abs. 1 S. 2 nicht das Datum der Auftragserteilung, sondern der Tag, an dem das Rechtsmittel eingelegt worden ist, wenn die Einlegung
  nach dem Stichtag erfolgte.

4. Zusammengerechnete Werte (Abs. 2). Sind Gebühren nach dem zusammengerechneten Wert mehrerer   11
Gegenstände zu bemessen, gilt für die gesamte Vergütung das bisherige Recht, sofern für einen der Gegenstände altes Recht gilt.

III. Übergangsfälle anlässlich des 2. KostRMoG (A–Z)

- **Anfechtung eines Prozessvergleichs.** Das Verfahren vor und nach Anfechtung eines Prozessvergleichs ist   12
  eine Angelegenheit. Es ist deshalb altes Gebührenrecht anzuwenden, wenn der Vergleich vor dem
  31.7.2013 geschlossen und danach angefochten worden ist. Neues Recht ist allerdings dann anzuwenden, wenn zwischen Vergleich und Anfechtung mehr als zwei Kalenderjahre vergangen sind.[3]

- **Anrechnung von Gebühren.** Bei aufeinander anzurechnenden Gebühren ist grds. von verschiedenen An-   13
  gelegenheiten auszugehen. Für die jeweilige Angelegenheit ist auf den Zeitpunkt der Auftragserteilung
  abzustellen. In der neuen Angelegenheit werden die Beträge nach bisherigem Recht angerechnet, weil
  nicht mehr angerechnet werden darf, als der Anwalt tatsächlich erhalten hat.

  Beispiel: Der Anwalt war im Juni 2013 beauftragt worden, den Mandanten außergerichtlich zu vertreten. Im
  Januar 2014 erhält er Klageauftrag.

  Für die außergerichtliche Vertretung gilt das bisherige Recht, für die gerichtliche Vertretung gilt neues Recht.
  Die Geschäftsgebühr ist nach den alten Beträgen hälftig auf die Verfahrensgebühr anzurechnen ist.

  I. Außergerichtliche Vertretung (Gebühren des § 13 aF)

1. 1,5-Geschäftsgebühr, Nr. 2300 VV (Wert: 6.000 €)	507,00 €
2. Postentgeltpauschale, Nr. 7002 VV	20,00 €
Zwischensumme	527,00 €
3. 19 % Umsatzsteuer, Nr. 7008 VV	100,13 €
Gesamt	**627,13 €**

  II. Gerichtliches Verfahren (Gebühren des § 13)

1. 1,5-Geschäftsgebühr, Nr. 3100 VV (Wert: 6.000 €)	531,00 €
2. gem. Vorbem. 3 Abs. 4 S. 1 VV anzurechnen, 0,75 aus 6.000 €	– 253,50 €
3. Postentgeltpauschale, Nr. 7002 VV	20,00 €
Zwischensumme	297,50 €
4. 19 % Umsatzsteuer, Nr. 7008 VV	56,53 €
Gesamt	**354,03 €**

  Der vorgenannte Grundsatz gilt auch dann, wenn nach altem Recht andere Gebühren vorgesehen wa-   14
  ren als nach neuem Recht, insb. in Verwaltungs- und Sozialsachen. So ist auch die für das Wider-

---

3 BGH AGS 2010, 477.

spruchsverfahren gezahlte Geschäftsgebühr nach Nr. 2400, 2401 VV aF zur Hälfte auf die Verfahrensgebühr nach Nr. 3102 VV nF anzurechnen.[4]

15 ■ **Anwalt in eigener Sache.** Wird ein Rechtsanwalt in eigener Sache tätig, so kann er seine Kosten nach neuem Gebührenrecht erstattet verlangen (§ 91 Abs. 2 S. 3 ZPO), wenn seine Tätigkeit nach dem Stichtag begonnen hat.[5]

16 ■ **Anwaltswechsel.** Bei einem Anwaltswechsel kann der neue Anwalt, sofern er nach dem Stichtag beauftragt worden ist, nach neuem Recht abrechnen.[6] Allerdings sind in diesem Fall nur die Kosten nach altem Recht zu erstatten, wenn der Anwaltswechsel nicht ausnahmsweise gewesen ist.[7]

17 ■ **Arrestverfahren/einstweilige Verfügungsverfahren.** Arrest- und einstweilige Verfügungsverfahren sind gegenüber dem Hauptsacheverfahren (§ 17 Nr. 4 Buchst. a und b) jeweils eigene Angelegenheiten. Wird vor dem 1.8.2013 ein Arrest- oder einstweiliges Verfügungsverfahren und nach dem 31.7.2013 das Hauptsacheverfahren eingeleitet, so kann der Anwalt im Hauptsacheverfahren die Gebühren nach neuem Recht abrechnen, wenn auch der Auftrag insoweit nach dem 1.8.2013 erteilt worden ist.

18 ■ **Anordnungsverfahren gegenüber Abänderungs- oder Aufhebungsverfahren.** Anders (als in → Rn 26 dargestellt) verhält es sich bei Anordnungsverfahren gegenüber Abänderungs- oder Aufhebungsverfahren, weil nach § 16 Nr. 5 insoweit nur eine Angelegenheit vorliegt.

19 ■ **Auslagen.** Die sich aus § 60 ergebenden Grundsätze gelten auch für die Auslagen des Rechtsanwalts.[8]

20 ■ **Außergerichtliche Vertretung.** Die außergerichtliche Vertretung ist eine Angelegenheit, unabhängig davon, wie lange sie dauert.[9]

21 ■ **Aussetzung.** Ist das Verfahren vor dem 1.8.2013 ausgesetzt und nach dem 31.7.2013 wieder aufgenommen worden, bleibt es beim bisherigen Recht. Auf den Zeitpunkt der Wiederaufnahme kommt es auch dann nicht an, wenn zwei Kalenderjahre abgelaufen sind.

22 ■ **Bedingter Auftrag.** Bei bedingtem Auftrag ist nach Abs. 1 der spätere Zeitpunkt des Bedingungseintritts (§ 158 Abs. 1 BGB) maßgebend.[10]

23 ■ **Beratungshilfe.** Maßgebend ist nicht die Ausstellung oder Erteilung des Beratungshilfescheins, sondern die Auftragserteilung, die temporal auch vor der Erteilung des Beratungshilfescheins gelegen sein kann.

24 ■ **Beschwerde.** Die Beschwerde ist ein Rechtsmittel (s. „Rechtsmittelverfahren", → Rn 37). Soweit die Beschwerde keine neue Angelegenheit auslöst, insb. nach Teil 4–6 VV (§ 19 Abs. 1 S. 2 Nr. 10 a), bleibt es bei der Anwendung des bisherigen Rechts.[11]

25 ■ **Einspruch gegen Versäumnisurteil.** Das Verfahren über den Einspruch stellt keine eigene Angelegenheit dar, so dass ein Wechsel des Gebührenrechts insoweit nicht in Betracht kommt.

26 ■ **Einstweilige Anordnungen.** Einstweilige Anordnungen sind nach § 17 Nr. 4 Buchst. b gegenüber der Hauptsache und untereinander selbständige Angelegenheiten (s. daher „Arrestverfahren/einstweilige Verfügungsverfahren", → Rn 17). Anordnungs- und Abänderungsverfahren sind auch hier dieselbe Angelegenheit (§ 16 Nr. 5), so dass es ggf. bei der Anwendung alten Rechts verbleibt.

27 ■ **Erinnerung.** Die Erinnerung ist kein Rechtsmittel, sondern nur ein Rechtsbehelf, so dass Abs. 1 S. 2 nicht einschlägig ist. Stellt die Erinnerung eine eigene Angelegenheit dar (§ 18 Abs. 1 Nr. 3), gilt für sie neues Recht, wenn der Auftrag nach dem Stichtag erteilt worden ist. Bei anderen Erinnerungen stellt sich die Frage des Gebührenrechts nicht, da solche Verfahren keine neue Angelegenheit darstellen (§ 19 Abs. 1 S. 2 Nr. 5), es sei denn, der Anwalt ist ausschließlich mit der Erinnerung beauftragt worden.

28 ■ **Erneuter Auftrag.** War der nach bisherigem Recht erteilte Auftrag beendet (zB infolge Mandatsniederlegung) und erhält der Anwalt später den Auftrag, wieder tätig zu werden, bleibt es bei der Anwendung des bisherigen Rechts (§ 15 Abs. 5 S. 1), es sei denn, es liegt ein Fall des § 15 Abs. 5 S. 2 vor.

29 ■ **Hebegebühr.** Jede Auszahlung stellt eine eigene Angelegenheit dar. Auswirkungen durch das 2. KostRMoG ergeben sich aber deshalb nicht, weil sich für die Nr. 1009 VV keine Änderung ergeben hat.

30 ■ **Hinzutreten eines weiteren Anwalts.** Werden nebeneinander mehrere Anwälte beauftragt, gilt § 5. Jeder Anwalt kann seine Vergütung gesondert nach dem für ihn maßgeblichen Recht abrechnen.

31 ■ **Hinzutreten weiterer Auftraggeber.** Wird der Anwalt neben dem bisherigen Auftraggeber nach Inkrafttreten der Gesetzesänderung von weiteren Auftraggebern beauftragt, so ist zu differenzieren:

---

4 SG Hannover 31.3.2016 – S 34 SF 227/15 E. **5** OLG München AGS 2005, 342; KG JurBüro 1976, 762. **6** OLG München MDR 1995, 967 = JurBüro 1995, 415; OLG Nürnberg JurBüro 1995 475. **7** LG Berlin JurBüro 1988 752 = Rpfleger 1988, 123; OLG München JurBüro 1989, 977; LG Duisburg AGS 2005, 446 m. Anm. *Schons* und *N. Schneider*. **8** OLG Koblenz JurBüro 1989, 208; OLG Schleswig SchlHA 1989, 80; VG Braunschweig JurBüro 1989, 806. **9** BGH NJW 1995, 1431 = NZV 1995, 229. **10** OLG Bamberg JurBüro 1987, 1678. **11** SächsFG AGS 2014, 63 = RVGreport 2014, 106.

- Ist der Auftrag des weiteren Auftraggebers eine eigene Angelegenheit iSd § 15, richtet sich die Vergütung nach neuem Recht.
- Wird die bereits bestehende Angelegenheit nur erweitert, ist nach Abs. 1 einheitlich nach bisherigem Gebührenrecht abzurechnen.[12]
- Kommt es zu einer Gebührenerhöhung nach Nr. 1008 VV, bleibt es für die Erhöhung beim bisherigen Recht.[13]

■ **Klageerweiterung.** Die Klageerweiterung ist keine neue Angelegenheit, sondern stellt nur eine Erweiterung der bisherigen Angelegenheit dar.[14] **32**

■ **Mahnverfahren.** Erhält der Anwalt den Auftrag zum Mahnverfahren vor dem Stichtag und den Auftrag zur Durchführung des streitigen Verfahrens nach Inkrafttreten der Gesetzesänderung, gilt für das Mahnverfahren altes Recht und für das streitige Verfahren neues Recht (§ 17 Nr. 2). **33**

■ **Parteiwechsel.** Wird nach einem Parteiwechsel derselbe Anwalt, der die austretende Partei vertreten hat, auch für die eintretende Partei tätig, so liegt nach der Rspr des BGH[15] keine neue Angelegenheit vor, so dass sich die Vergütung nach altem Recht berechnet. **34**

■ **Pauschgebühr.** Die Bemessung der Pauschgebühr richtet sich nach Abs. 1 S. 1.[16] **35**

■ **Prozesskostenhilfeprüfungsverfahren.** Hatte der Anwalt den Auftrag, zunächst Prozesskostenhilfe zu beantragen, richtet sich sowohl die Vergütung für das Prozesskostenhilfeprüfungsverfahren (Nr. 3335 VV) als auch für das Hauptsacheverfahren (Nr. 3100 ff VV) nach bisherigem Recht, wenn der Auftrag vor Inkrafttreten der Gesetzesänderung erteilt worden ist.[17] Soweit die Rspr[18] dies anders beurteilt und auf den Zeitpunkt der Bewilligung abstellt, ist diese Auffassung abzulehnen.[19] **36**

■ **Rechtsmittelverfahren.** Grundsätzlich ist auch hier auf das Datum der Auftragserteilung abzustellen mit der sich aus Abs. 1 S. 2 ergebenden Einschränkung (→ Rn 10). **37**

■ **Ruhen des Verfahrens.** Wurde das Verfahren vor dem 1.7.2004 zum Ruhen gebracht und wird es erst nach dem 31.7.2013 wieder fortgeführt, bleibt es bei der Anwendung des früheren Rechts. **38**

■ **Selbständiges Beweisverfahren.** Selbständiges Beweis- und Hauptsacheverfahren sind jeweils eigene Angelegenheiten und deshalb gesondert nach Abs. 1 S. 1 zu würdigen.[20] **39**

■ **Straf- und Bußgeldverfahren.** Wird das Strafverfahren eingestellt und die Sache als Ordnungswidrigkeit weiterverfolgt, ist eine Gebührenänderung zu beachten, da es sich um zwei verschiedene Angelegenheiten handelt (§ 17 Nr. 10). **40**

■ **Streitverkündung.** Die Streitverkündung löst keine neue Angelegenheit aus. **41**

■ **Stufenklage/Stufenantrag.** Bei Stufenklage/Stufenantrag kommt es nur auf den Zeitpunkt des Auftrags zur Einleitung des Stufenverfahrens an und nicht auf den Zeitpunkt, zu dem der Leistungsanspruch beziffert wird.[21] **42**

■ **Terminsvertreter.** Für den Terminsvertreter ist die Anwendung des maßgebenden Gebührenrechts unabhängig davon zu prüfen, wann dem Prozessbevollmächtigten der Auftrag erteilt worden ist. Maßgeblich ist die Auftragserteilung ihm gegenüber. **43**

■ **Unterbrechung.** Wird das Verfahren unterbrochen und später wieder fortgeführt, so bleibt das ursprüngliche Auftragsdatum weiterhin maßgebend. § 15 Abs. 5 S. 2 ist unanwendbar.[22] **44**

■ **Urkunden-, Wechsel- und Scheckprozess und Nachverfahren.** Das Nachverfahren stellt gegenüber dem Urkunden-, Wechsel- oder Scheckprozess eine gesonderte Angelegenheit dar (§ 17 Nr. 5), so dass der Anwalt für das Nachverfahren bereits die Gebühren nach neuem Recht erhält, wenn der Auftrag nach dem 31.7.2013 erteilt worden ist. **45**

■ **Verbindung.** Nach Verbindung berechnen sich die Gebühren aus den zusammengerechneten Werten der verbundenen Verfahren. Soweit für das eine Verfahren altes Recht galt und für das andere bereits neues Recht, gilt nach Verbindung gem. Abs. 2 insgesamt das neue Recht. **46**

■ **Verbundverfahren.** Das gesamte Verbundverfahren bildet gebührenrechtlich eine einzige Angelegenheit (§ 16 Nr. 4). Die jeweiligen Gebühren sind daher aus den nach § 23 Abs. 1 RVG iVm § 44 Abs. 2 S. 2 FamGKG zusammengerechneten Werten von Ehe- und Folgesachen zu berechnen. Daher gilt für das **47**

---

12 OLG Karlsruhe MDR 1976, 676; OLG München JurBüro 1978, 1492. **13** BGH AGS 2006, 583. **14** OLG Hamburg JurBüro 1976, 489; OLG Karlsruhe MDR 1976, 676; OLG Hamm JurBüro 1976, 1493 u. 1644; KG JurBüro 1976, 1056; OLG München JurBüro 1978, 1491; OLG Frankfurt JurBüro 1979, 1503. **15** BGH AGS 2006, 58. **16** OLG Hamm RVGreport 2005, 419 = JurBüro 2006, 29. **17** OLG Köln AGS 2005, 448; OLG Zweibrücken AGS 2006, 81; LG Berlin AGS 2005, 403; OLG Koblenz AGS 2006, 183. **18** OLG Dresden AGS 2007, 625; KG AGS 2006, 79; AG Tempelhof-Kreuzberg JurBüro 2005, 365. **19** BT-Drucks 15/1971, S. 203. **20** BGH AGS 2007, 357; BGH AGS 2007, 459. **21** AG Koblenz AGS 2008, 349. **22** FG Saarl AGS 2008, 290; OLG Hamm JurBüro 1989, 1403 = Rpfleger 1989, 525; OLG München JurBüro 1989, 977; LG Berlin JurBüro 1988, 601; OLG Bamberg JurBüro 1991, 239.

gesamte Verbundverfahren altes Recht, wenn der Auftrag vor dem 1.8.2013 erteilt worden ist. Auch für Folgesachen, zu denen der Anwalt den Auftrag erst nach dem 31.7.2013 erhält, gilt das bisherige Gebührenrecht.[23]

47a   ■   **Vergleich.** Wird der Anwalt vor der Änderung des Vergütungsrechts beauftragt und wird nach der Änderung ein Vergleich geschlossen, richtet sich die gesamte Vergütung nach altem Recht, und zwar auch dann, wenn ein Mehrwertvergleich geschlossen wird.[24]

48   ■   **Verweisung.** Die Verweisung löst keine neue Angelegenheit aus (§ 20 S. 1), so dass das bisherige Gebührenrecht gilt, es sei denn, gem. § 20 S. 2 beginnt eine neue Angelegenheit.

49   ■   **Verwaltungsverfahren.** Verwaltungsverfahren und Nachprüfungsverfahren sind zwei verschiedene Angelegenheiten (§ 17 Nr. 1 a). Ist der Auftrag für das Verwaltungsverfahren vor dem 1.8.2013 erteilt worden, gilt ungeachtet dessen für das Nachprüfungsverfahren neues Recht (einschließlich der Anrechnung nach Vorbem. 2.3 Abs. 4 VV), wenn der Auftrag für das Nachprüfungsverfahren erst nach dem 31.7.2013 erteilt worden ist.

50   ■   **Widerklage, Drittwiderklage (Widerantrag, Drittwiderantrag).** Für eine Widerklage gilt das Gleiche wie für die Klageerweiterung. Es gilt einheitlich bisheriges Recht, auch wenn der Auftrag zur Widerklage nach dem Stichtag erteilt worden ist.[25]

51   ■   **Zulassung eines Rechtsmittels.** Das Verfahren auf Zulassung eines Rechtsmittels ist Teil des Rechtsmittelverfahrens und bildet mit dem zugelassenen Rechtsmittel eine Angelegenheit (§ 16 Nr. 11). Eine Änderung des Gebührenrechts ist daher unerheblich.

52   ■   **Zurückverweisung.** Wird ein Verfahren nach dem 31.7.2013 zurückverwiesen, so richten sich die Gebühren im Verfahren nach Zurückverweisung nach neuem Recht

53   ■   **Zwangsvollstreckung.** Eine eigene Angelegenheit stellt auch die Zwangsvollstreckung dar (§ 18 Abs. 1 Nr. 1). Hier kommt es auf den jeweiligen Vollstreckungsauftrag an.

§ 61 Übergangsvorschrift aus Anlass des Inkrafttretens dieses Gesetzes

(1) [1]Die Bundesgebührenordnung für Rechtsanwälte in der im Bundesgesetzblatt Teil III, Gliederungsnummer 368-1, veröffentlichten bereinigten Fassung, zuletzt geändert durch Artikel 2 Abs. 6 des Gesetzes vom 12. März 2004 (BGBl. I S. 390), und Verweisungen hierauf sind weiter anzuwenden, wenn der unbedingte Auftrag zur Erledigung derselben Angelegenheit im Sinne des § 15 vor dem 1. Juli 2004 erteilt oder der Rechtsanwalt vor diesem Zeitpunkt gerichtlich bestellt oder beigeordnet worden ist. [2]Ist der Rechtsanwalt am 1. Juli 2004 in derselben Angelegenheit und, wenn ein gerichtliches Verfahren anhängig ist, in demselben Rechtszug bereits tätig, gilt für das Verfahren über ein Rechtsmittel, das nach diesem Zeitpunkt eingelegt worden ist, dieses Gesetz. [3]§ 60 Abs. 2 ist entsprechend anzuwenden.

(2) Auf die Vereinbarung der Vergütung sind die Vorschriften dieses Gesetzes auch dann anzuwenden, wenn nach Absatz 1 die Vorschriften der Bundesgebührenordnung für Rechtsanwälte weiterhin anzuwenden und die Willenserklärungen beider Parteien nach dem 1. Juli 2004 abgegeben worden sind.

I. Allgemeines

1   § 61 regelt das Übergangsrecht anlässlich des Inkrafttretens des RVG zum 1.7.2004 und bestimmt Abgrenzungsregelungen für die Frage, ob für die Vergütungsberechnung die Vorschriften der BRAGO oder des RVG zugrunde zu legen sind. Die Vorschrift orientiert sich dabei an Wortlaut und Inhalt des § 60.

II. Anwendungsbereich (Abs. 1)

2   Auch im Anwendungsbereich des § 61 kommt es für die Beantwortung der Frage, welches Recht – BRAGO oder RVG – anzuwenden ist, auf den Zeitpunkt der **unbedingten Auftragserteilung in der jeweiligen Angelegenheit** an. Das Recht, das am Tag der Auftragserteilung maßgeblich gewesen ist, gilt einheitlich für die gesamte Angelegenheit.

3   Ist der Auftrag bedingt erteilt worden, dann kommt es auf den Eintritt der Bedingung an (§ 158 Abs. 1 BGB).

4   Auch im Falle der gerichtlichen Beiordnung bei der **Prozess- und Verfahrenskostenhilfe** kommt es auf den Zeitpunkt der Auftragserteilung und nicht auf den Zeitpunkt der Beiordnung an (→ § 60 Rn 36).

---

23 OLG Düsseldorf JurBüro 1996, 253; OLG Nürnberg RVGreport 2005, 220.   **24** Unzutr. OLG Hamburg AGS 2014, 557 = MDR 2014, 1295.   **25** OLG Bamberg JurBüro 1978, 364; OLG Hamm JurBüro 1979, 45; OLG Düsseldorf JurBüro 1980, 852.

Im Falle einer **gerichtlichen Bestellung** – insb. beim Pflichtverteidiger – ist allerdings abweichend zu verfahren. Hier kommt es auch dann auf den Zeitpunkt der Bestellung an, wenn der Rechtsanwalt den Auftrag zum Wahlanwaltsmandat bereits vor dem 1.7.2004 erhalten hatte, weil das Mandat zur Wahlverteidigung mit der Bestellung zum Pflichtverteidiger beendet ist. In diesem Fall erhält der Anwalt die Wahlverteidigervergütung nach der BRAGO und die Pflichtverteidigervergütung nach RVG.[1] Es wird im Übrigen Bezug genommen auf die Ausführungen in → § 60 Rn 5. 5

Sind Gebühren nach dem **zusammengerechneten Wert** mehrerer Gegenstände zu bemessen, gilt für die gesamte Vergütung das bisherige Recht auch dann, wenn dies nach Abs. 1 nur für einen der Gegenstände gelten würde (**Abs. 1 S. 3 iVm § 60 Abs. 2 S. 1**). Dies betrifft ausschließlich die Verbindung eines BRAGO- mit einem RVG-Verfahren. Ab Verbindung setzt sich das ältere Gebührenrecht durch. 6

III. Anrechnungsfälle bei Anwendung unterschiedlichen Rechts (BRAGO/RVG)

Eine Besonderheit gilt in Anrechnungsfällen. 7

Beispiel: Der Anwalt hatte im Juni 2004 den Auftrag für ein Stufenklageverfahren vor dem AG (Wert: 5.000 €) erhalten. Im August 2005 erging ein Endurteil, gegen das Berufung eingelegt wurde. Das LG hob das Urteil des AG im November 2005 auf und verwies die Sache an das AG zurück. Dort wurde erneut verhandelt. 8

Für das Verfahren vor Zurückverweisung ist gem. § 61 Abs. 1 RVG die BRAGO anzuwenden, während für das Verfahren nach Zurückverweisung das RVG gilt. Die BRAGO-Prozessgebühr ist jetzt analog Vorbem. 3 Abs. 6 VV auf die RVG-Verfahrensgebühr anzurechnen.[2]

I. Verfahren vor der Zurückverweisung (BRAGO)

1. 10/10-Prozessgebühr, § 31 Abs. 1 Nr. 1 BRAGO	301,00 €
2. 10/10-Verhandlungsgebühr, § 31 Abs. 1 Nr. 2 BRAGO	301,00 €
3. Postentgeltpauschale, § 26 S. 2 BRAGO	20,00 €
Zwischensumme	622,00 €
4. 16 % Umsatzsteuer, § 25 Abs. 2 BRAGO[3]	99,52 €
Gesamt	721,52 €

II. Verfahren nach der Zurückverweisung (RVG)

1. 1,3-Verfahrensgebühr, Nr. 3100 VV	393,30 €
2. gem. Vorbem. 3 Abs. 6 VV anzurechnen	– 301,00 €
3. 1,2-Terminsgebühr, Nr. 3104 VV	363,60 €
4. Postentgeltpauschale, Nr. 7002 VV	20,00 €
Zwischensumme	471,50 €
5. 19 % Umsatzsteuer, Nr. 7008 VV	89,59 €
Gesamt	561,09 €

IV. Vergütungsvereinbarungen (Abs. 2)

Nach Abs. 2 sollen die Regelungen über die Vergütungsvereinbarung auch dann Anwendung finden, wenn zwar der Auftrag vor dem Inkrafttreten des RVG erteilt worden ist, aber die Willenserklärungen zum Abschluss einer Vergütungsvereinbarung nach diesem Zeitpunkt abgegeben worden sind. Abs. 2 ist gesetzlich geregelte Ausnahme zu Abs. 1, weil für Vergütungsvereinbarungen die Regelungen des RVG auch dann maßgeblich sind, wenn der unbedingte Auftrag in der Angelegenheit bereits vor dem 1.7.2004 erteilt worden war. 9

§ 62 Verfahren nach dem Therapieunterbringungsgesetz

Die Regelungen des Therapieunterbringungsgesetzes zur Rechtsanwaltsvergütung bleiben unberührt.

I. Regelungszweck

§ 62 wurde aus Anlass der Einführung des Gesetzes zur Therapierung und Unterbringung psychisch gestörter Gewalttäter (Therapieunterbringungsgesetz – ThUG) vom 22.12.2010[1] in das RVG eingefügt, weil dieses in § 20 eine eigene Regelung über die Vergütung des Rechtsanwalts enthält, im RVG aber eine Verweisung auf anderes Bundesrecht bis dahin fehlte. Soweit § 20 ThUG keine abweichenden Regelungen enthält, gelten die Vorschriften des RVG. 1

---

1 OLG Bamberg AGS 2005, 399 = RVGreport 2005, 260. **2** OLG München AGS 2007, 624; LG München AGS 2007, 459. **3** Hier gilt noch der frühere Steuersatz von 16 %. **1** BGBl. 2010 I 2300; in Kraft getreten am 1.1.2011.

II. Vergütung des Wahlanwalts

2　**1. Grundsatz.** In Verfahren nach dem ThUG erhält der Anwalt Gebühren in entsprechender Anwendung von Teil 6 Abschnitt 3 VV (§ 20 Abs. 1 ThUG).

3　**2. Anordnungsverfahren.** Im Anordnungsverfahren entsteht eine Verfahrensgebühr nach Nr. 6300 VV sowie eine Terminsgebühr nach Nr. 6301 VV. Letztere entsteht für die Teilnahme an gerichtlichen Terminen, für die Mitwirkung bei der Anhörung des Betroffenen (§ 8 ThUG) oder bei der mündlichen Vernehmung des nach § 9 ThUG bestellten Sachverständigen. In demselben Rechtszug kann die Terminsgebühr nur einmal entstehen.[2]

4　**3. Verlängerung oder Aufhebung der Therapieunterbringung.** Beim Aufhebungs- und Verlängerungsverfahren (§§ 12, 13 ThUG) handelt es sich gegenüber dem Anordnungsverfahren und auch untereinander um eigenständige Angelegenheiten, so dass auch die Post- und Telekommunikationsentgeltpauschale der Nr. 7002 VV gesondert anfällt. Im Aufhebungs- oder Verlängerungsverfahren entsteht eine Verfahrensgebühr nach Nr. 6302 VV und ggf eine Terminsgebühr nach Nr. 6303 VV, die unter denselben Voraussetzungen wie die Gebühr der Nr. 6301 VV entsteht.

5　**4. Einstweilige Anordnung.** Verfahren nach §§ 14, 15 ThUG sind stets eigenständige Angelegenheiten, so dass die Gebühren der Nr. 6300, 6301 VV und auch die Post- und Telekommunikationsentgeltpauschale der Nr. 7002 VV gesondert entstehen.[3]

6　**5. Rechtsmittel.** In Beschwerdeverfahren (§§ 58 ff FamFG) werden Gebühren nach Nr. 6300, 6301 VV verdient, da sie für jeden Rechtszug gesondert anfallen (Anm. zu Nr. 6300 VV).

III. Beigeordnete Rechtsanwälte

7　**1. Beiordnung.** Dem Betroffenen ist für das Verfahren nach dem ThUG ein Rechtsanwalt beizuordnen (§ 7 Abs. 1 S. 1 ThUG). § 78 c Abs. 1, 3 ZPO gilt entsprechend. Die Auswahl erfolgt daher durch den Vorsitzenden der zuständigen Zivilkammer, eine Übertragung auf den Einzelrichter ist wegen § 4 Abs. 1 S. 2 ThUG ausgeschlossen. Gegen die Auswahlentscheidung findet die sofortige Beschwerde nach §§ 567 ff ZPO durch den Betroffenen bzw den Rechtsanwalt statt.

8　**2. Anordnungsverfahren.** Ein nach § 7 Abs. 1 ThUG beigeordneter Rechtsanwalt hat einen Vergütungsanspruch gegenüber der Landeskasse (§ 45 Abs. 3). Im Anordnungsverfahren beträgt die Verfahrensgebühr Nr. 6300 VV 204 €, die Terminsgebühr Nr. 6301 VV 204 €. Hinzu kommen notwendige Auslagen (§ 46), zB nach Nr. 7002, 7003 ff, 7008 VV. Eine Pauschgebühr kann nicht bewilligt werden, da § 51 nicht auf die Verfahren nach dem ThUG anwendbar ist.[4] Da Festgebühren bzw dem Wahlanwalt Betragsrahmengebühren entstehen, fehlt das Rechtsschutzbedürfnis für einen Antrag nach § 33.[5]

9　**3. Verlängerung oder Aufhebung der Therapieunterbringung.** In den Verfahren nach §§ 12, 13 ThUG erhält der beigeordnete Anwalt die Verfahrensgebühr Nr. 6302 VV iHv 128 € und ggf die Terminsgebühr Nr. 6303 VV iHv 128 €. Es handelt sich gegenüber dem Anordnungsverfahren und untereinander jeweils um gesonderte Angelegenheiten.

10　**4. Einstweilige Anordnung, Rechtsmittelverfahren.** Da die Beiordnung erst mit der Entlassung des Betroffenen aus der geschlossenen Einrichtung endet, wenn zu diesem Zeitpunkt kein gerichtliches Verfahren anhängig ist, andernfalls mit dem rechtskräftigen Abschluss dieses Verfahrens, erhält der beigeordnete Anwalt auch für ein einstweiliges Anordnungsverfahren (§§ 14, 15 ThUG) oder ein Rechtsmittelverfahren (§§ 58 ff FamFG) eine Vergütung aus der Landeskasse, ohne dass es hierfür einer ausdrücklichen oder nochmaligen Beiordnung für diese Verfahren bedarf.

11　**5. Dauer der Therapieunterbringung.** Die Beiordnung nach § 7 ThUG erstreckt sich auch auf die gesamte Dauer der Therapieunterbringung. Um Unbilligkeiten zu vermeiden, erhält der beigeordnete Anwalt für die Zeit zwischen rechtskräftigem Abschluss eines Anordnungs-, Verlängerungs- oder Aufhebungsverfahrens und der ersten Tätigkeit in einem erneuten Verfahren dieser Art eine Verfahrensgebühr nach Nr. 6302 VV iHv 128 € (§ 20 Abs. 3 S. 1 ThUG). Sie entsteht neben der Verfahrensgebühr für das Aufhebungs- oder Verlängerungsverfahren. Eine Anrechnung findet nicht statt. § 20 Abs. 3 S. 2 ThUG stellt zudem klar, dass die Tätigkeit während der Unterbringung eine besondere Angelegenheit darstellt, so dass auch die Post- und Telekommunikationsentgeltpauschale der Nr. 7002 VV gesondert anfällt.

12　**6. Vollzugsangelegenheiten.** Für Angelegenheiten des Vollzugs der Unterbringung gilt die Beiordnung nicht (§ 7 Abs. 4 ThUG), so dass kein Vergütungsanspruch gegenüber der Landeskasse besteht. Es bedarf vielmehr der gesonderten Bewilligung von VKH und der Beiordnung des Rechtsanwalts nach § 78 Abs. 2

---

2 Gerold/Schmidt/*Mayer*, Nr. 6300–6303 VV Rn 5. **3** BT-Drucks 17/3403, S. 59. **4** OLG München RVGreport 2015, 18; OLG Nürnberg RVGreport 2013, 144. **5** OLG Nürnberg NJW-RR 2012, 1407.

FamFG.[6] Erst wenn eine solche Bewilligung und Beiordnung erfolgen, besteht ein Vergütungsanspruch nach § 45 Abs. 3.

7. Ansprüche gegen den Betroffenen. Der nach § 7 ThUG beigeordnete Anwalt besitzt gegenüber dem Be-   13
troffenen die gleichen Rechte wie ein Pflichtverteidiger (§ 20 Abs. 2 S. 1 ThUG iVm § 52 Abs. 1–3, 5). Er kann daher nach § 20 Abs. 2 ThUG iVm § 52 Abs. 1 S. 2 von dem Betroffenen die Wahlgebühren fordern, soweit er sie nicht bereits aus der Landeskasse erhalten hat und die Voraussetzungen des § 52 Abs. 2 vorliegen (dazu → § 52 Rn 7 ff). Gegen den Beschluss nach § 52 Abs. 2 findet die Beschwerde statt, die innerhalb von zwei Wochen einzulegen ist (§ 20 Abs. 3 S. 2, § 16 Abs. 2 ThUG).

6 BT-Drucks 17/3403, S. 57.

Vergütungsverzeichnis

Gliederung

Teil 1
Allgemeine Gebühren

Nr.	Gebührentatbestand	Gebühr oder Satz der Gebühr nach § 13 RVG
Vorbemerkung 1: Die Gebühren dieses Teils entstehen neben den in anderen Teilen bestimmten Gebühren.		

I. Allgemeines

1 Vorbem. 1 VV bestimmt, dass die in Teil 1 VV (Nr. 1000–1010 VV) enthaltenen Gebühren grds. in allen Angelegenheiten entstehen können. Unanwendbar sind die Gebührentatbestände des Teil 1 VV, wenn Ausnahmen ausdrücklich geregelt sind. So ist im Privatklageverfahren Teil 1 VV unanwendbar; es gilt Nr. 4147 VV (Anm. Abs. 1 S. 3 zu Nr. 1000 VV).

II. Die Gebührentatbestände nach Teil 1 VV

2 **1. Einigungs-, Erledigungs- und Aussöhnungsgebühr, Nr. 1000–1006 VV.** In den Nr. 1000–1006 VV sind Einigungs-, Erledigungs- und Aussöhnungsgebühr, insb. die unterschiedlichen Gebührensätze, geregelt, abhängig davon, in welcher Instanz das Verfahren gerichtlich anhängig ist:

- Nr. 1000 Anm. Abs. 1 S. 1 Nr. 1 VV: Allgemeine Einigungsgebühr (grds. 1,5);
- Nr. 1000 Anm. Abs. 1 S. 1 Nr. 2 VV: Einigungsgebühr bei Zahlungsvereinbarung (grds. 1,5);
- Nr. 1000 Anm. Abs. 5 S. 3 VV: Einigungsgebühr bei außergerichtlicher Vereinbarung in Kindschaftssachen (grds. 1,5);
- Nr. 1001 Anm. S. 1 VV: Aussöhnungsgebühr in Ehesachen (grds. 1,5);
- Nr. 1001 Anm. S. 2 VV: Aussöhnungsgebühr in Lebenspartnerschaftssachen (grds. 1,5);
- Nr. 1002 VV: Erledigungsgebühr in verwaltungs- und sozialrechtlichen Angelegenheiten (grds. 1,5);
- Nr. 1003 VV: Gebührensatz grds. 1,0 bei gerichtlicher Anhängigkeit;
- Nr. 1004 VV: Gebührensatz grds. 1,3 bei Anhängigkeit in Rechtsmittelverfahren;
- Nr. 1005 VV: Gebührenrahmen in Höhe der Geschäftsgebühr bei außergerichtlicher Vertretung in sozialrechtlichen Angelegenheiten, die nach Betragsrahmen abgerechnet werden;
- Nr. 1006 VV: Gebührenrahmen in Höhe der Verfahrensgebühr bei gerichtlicher Vertretung in sozialrechtlichen Angelegenheiten, die nach Betragsrahmen abgerechnet werden.

3 Die Gebühren der Nr. 1000–1006 VV können grds. in allen Angelegenheiten entstehen – also auch in Strafsachen (Teil 4 VV), Bußgeldsachen (Teil 5 VV) und in den sonstigen Verfahren nach Teil 6 VV neben den jeweils in diesen Teilen geregelten Gebühren.[1] Teil 1 VV ist auch anwendbar bei der Hilfeleistung in Steuersachen (§ 35). Eine Gebühr nach Nr. 1000–1006 VV kann nur neben den Gebühren anderer Teile des Vergütungsverzeichnisses entstehen und **nie isoliert** ausgelöst werden.[2]

4 **2. Gebührenerhöhung nach Nr. 1008 VV bei Vertretung mehrerer Auftraggeber.** In Nr. 1008 VV ist die Gebührenerhöhung bei Vertretung mehrerer Auftraggeber geregelt. Die Gebührenerhöhung nach Nr. 1008 VV kann in allen Angelegenheiten vorkommen, auch in Straf- (Teil 4 VV) und Bußgeldsachen (Teil 5 VV) und den sonstigen Verfahren (Teil 6 VV), nicht aber bei der Hilfeleistung in Steuersachen (§ 35).

5 Der Gebührenerhöhungstatbestand bezieht sich im **außergerichtlichen Bereich** auf Geschäftsgebühren. In den in der Vorschrift des § 35 aufgeführten Regelungen der Steuerberatervergütungsverordnung (StBVV) handelt es sich aber nicht um Geschäftsgebühren, so dass eine Gebührenerhöhung bei Vertretung mehrerer Auftraggeber bei der **Hilfeleistung in Steuersachen** ausscheidet. Die StBVV kennt eine Gebührenerhöhung bei Vertretung mehrerer Auftraggeber bei der Hilfeleistung in Steuersachen nicht. In steuerrechtlichen Angelegenheiten im Übrigen ist Nr. 1008 VV anwendbar, weil der Anwalt ohnehin unmittelbar nach dem RVG abrechnet.

---

1 Völlig unzutreffend und mit dem Gesetz unvereinbar Vergabekammer des Saarlands (AGS 2009, 393), wonach neben einer Geschäftsgebühr keine Einigungsgebühr soll anfallen können. **2** OLG Schleswig AGS 2011, 115 = MDR 2011, 394.

NK-GK/*Thiel*

Die Gebührenerhöhung kommt auch bei Beratungs-,[3] Prozess- und Verfahrenskostenhilfemandaten in Betracht kommt. Auf Nr. 2500 VV ist Nr. 1008 VV allerdings unanwendbar.   6

3. Hebegebühr, Nr. 1009 VV. In Nr. 1009 VV ist die Hebegebühr geregelt. Die zugrunde liegende Tätigkeit ist stets eine eigene Angelegenheit, so dass diese Gebühr immer gesondert entsteht.   7

4. Zusatzgebühr für besonders umfangreiche Beweisaufnahmen, Nr. 1010 VV. Die Zusatzgebühr Nr. 1010 VV für besonders umfangreiche Beweisaufnahmen gilt neben Gebühren des Teil 3 VV für besonders umfangreiche Beweisaufnahmen unter den in der Vorschrift genannten Voraussetzungen. In anderen Teilen des Vergütungsverzeichnisses ist die Gebühr nicht anwendbar.   8

Nr.	Gebührentatbestand	Gebühr oder Satz der Gebühr nach § 13 RVG
1000	Einigungsgebühr	1,5
	(1) Die Gebühr entsteht für die Mitwirkung beim Abschluss eines Vertrags, durch den	
	1. der Streit oder die Ungewissheit über ein Rechtsverhältnis beseitigt wird oder	
	2. die Erfüllung des Anspruchs bei gleichzeitigem vorläufigem Verzicht auf die gerichtliche Geltendmachung und, wenn bereits ein zur Zwangsvollstreckung geeigneter Titel vorliegt, bei gleichzeitigem vorläufigem Verzicht auf Vollstreckungsmaßnahmen geregelt wird (Zahlungsvereinbarung).	
	Die Gebühr entsteht nicht, wenn sich der Vertrag ausschließlich auf ein Anerkenntnis oder einen Verzicht beschränkt. Im Privatklageverfahren ist Nummer 4147 anzuwenden.	
	(2) Die Gebühr entsteht auch für die Mitwirkung bei Vertragsverhandlungen, es sei denn, dass diese für den Abschluss des Vertrags im Sinne des Absatzes 1 nicht ursächlich war.	
	(3) Für die Mitwirkung bei einem unter einer aufschiebenden Bedingung oder unter dem Vorbehalt des Widerrufs geschlossenen Vertrag entsteht die Gebühr, wenn die Bedingung eingetreten ist oder der Vertrag nicht mehr widerrufen werden kann.	
	(4) Soweit über die Ansprüche vertraglich verfügt werden kann, gelten die Absätze 1 und 2 auch bei Rechtsverhältnissen des öffentlichen Rechts.	
	(5) Die Gebühr entsteht nicht in Ehesachen und in Lebenspartnerschaftssachen (§ 269 Abs. 1 Nr. 1 und 2 FamFG). Wird ein Vertrag, insbesondere über den Unterhalt, im Hinblick auf die in Satz 1 genannten Verfahren geschlossen, bleibt der Wert dieser Verfahren bei der Berechnung der Gebühr außer Betracht. In Kindschaftssachen ist Absatz 1 Satz 1 und 2 auch für die Mitwirkung an einer Vereinbarung, über deren Gegenstand nicht vertraglich verfügt werden kann, entsprechend anzuwenden.	

I. Allgemeines

Seit dem Inkrafttreten des 2. KostRMoG zum 1.8.2013 regelt Nr. 1000 VV zwei Alternativen der **Einigungsgebühr**: Die Einigungsgebühr entsteht für die **Mitwirkung** beim **Abschluss eines Vertrags,**   1

- durch den der **Streit oder die Ungewissheit über ein Rechtsverhältnis beseitigt** worden ist (Anm. Abs. 1 S. 1 **Nr. 1**), und
- für den **Abschluss einer Zahlungsvereinbarung** (Anm. Abs. 1 S. 1 **Nr. 2**).

Anm. Abs. 1 S. 1 **Nr. 2** erweitert den Anwendungsbereich der Einigungsgebühr auf den Abschluss von **Ratenzahlungsvereinbarungen.** Auch nach Inkrafttreten des 1. KostRMoG bestand weiterhin Unsicherheit über den Umfang des Anwendungsbereichs der Einigungsgebühr. Dabei war insb. streitig, ob sie durch den Abschluss einer Ratenzahlungsvereinbarung bei bereits titulierten Forderungen entstehen konnte. Dies war deshalb problematisch, weil die Anm. Abs. 1 S. 1 aF nur den Wortlaut des § 779 Abs. 1 BGB unter Verzicht auf das gegenseitige Nachgeben enthielt. Nicht enthalten war, inwieweit der Ungewissheit über ein Rechtsverhältnis die Unsicherheit bei der Verwirklichung des Anspruchs gleichsteht (§ 779 Abs. 2 BGB). Dieser Problematik hat der Gesetzgeber nunmehr auf der Grundlage des 2. KostRMoG Rechnung getragen, indem   2

---

[3] KG AGS 2007, 466 = Rpfleger 2007, 553 = NJ 2008, 83; OLG Nürnberg FamRZ 2007, 844 = OLGR 2007, 686; OLG Oldenburg AGS 2007, 45 = JurBüro 2007, 140 = RVGreport 2006, 465; KG AGS 2007, 466 = Rpfleger 2007, 553 = JurBüro 2007, 543; OLG Düsseldorf AGS 2006, 244 = RVGreport 2006, 225; LG Kleve AGS 2006, 244; OLG Nürnberg FamRZ 2007, 844 = OLGR 2007, 686.

er die Anm. Abs. 1 zu Nr. 1000 VV um eine Tatbestandsalternative erweitert und festgelegt hat, dass die Einigungsgebühr auch bei einer Vereinbarung über die Erfüllung des Anspruchs bei gleichzeitigem vorläufigen Verzicht auf Titulierung oder auf Vollstreckungsmaßnahmen anfällt. Gleichzeitig hat er in § 31 b klargestellt, dass eine solche Einigung nicht mit dem Wert der Hauptsache, sondern lediglich mit 20 % des Anspruchs zu bewerten ist (→ § 31 b Rn 8).

II. Anwendungsbereich

3 Eine Einigungsgebühr kann der Rechtsanwalt in den meisten Angelegenheiten **neben** den in anderen Teilen des RVG bestimmten Gebühren verdienen. Ausgeschlossen ist die Einigungsgebühr

- gem. Anm. Abs. 4 bei Rechtsverhältnissen des öffentlichen Rechts, soweit über die Ansprüche nicht verfügt werden kann; möglich ist allerdings die Erledigungsgebühr Nr. 1002 VV (→ Rn 5);
- gem. Anm. Abs. 5 in **Ehesachen** (§ 121 FamFG) und in Lebenspartnerschaftssachen (§ 269 Abs. 1 Nr. 1 und 2 FamFG). Insoweit kann aber eine Aussöhnungsgebühr ausgelöst werden (→ Nr. 1001 VV Rn 1); eine Einigung über **Folgesachen** ist hingegen **möglich**.

4 Auch in **Beratungshilfeangelegenheiten** kann eine Einigungsgebühr nach Nr. 1000 VV nicht entstehen, weil Nr. 2508 VV die Einigungsgebühr in der Beratungshilfe als Festgebühr (150 €) geregelt hat.

5 Im **Privatklageverfahren** ist Nr. 1000 VV hinsichtlich des Strafausspruchs und der Kosten ebenfalls unanwendbar. Gemäß Anm. Abs. 1 S. 3 gilt Nr. 4147 VV. Möglich ist die Einigungsgebühr der Nr. 1000 VV aber, soweit (auch) eine Einigung über vermögensrechtliche Gegenstände getroffen wird (Anm. S. 1 zu Nr. 4147 VV).

6 Werden in einem Verfahren **mehrere Einigungen** geschlossen, etwa eine Einigung zum Haftungsgrund und später über die Höhe des Schadens, oder erfolgen mehrere Teileinigungen, so entsteht die Gebühr aus dem Gesamtwert (§ 22 Abs. 1) nur einmal (§ 15 Abs. 2).

III. Allgemeine Voraussetzungen der Einigung

7 Die Einigungsgebühr Nr. 1000 VV entsteht in beiden Tatbestandsalternativen für die **Mitwirkung beim Abschluss eines Vertrags**, wenn dem Rechtsanwalt der **Auftrag** erteilt worden ist, an einer Einigung mitzuwirken.[1]

8 **1. Auftrag.** Ein Auftrag, an einer Einigung mitzuwirken, kann **ausdrücklich** oder **konkludent** erteilt werden.

9 **2. Abschluss eines Vertrags.** Was ein Vertrag ist, hat der Gesetzgeber nicht definiert. Allerdings hat er Buch 1 Abschnitt 3 Titel 3 des Allgemeinen Teils des BGB mit „Vertrag" überschrieben. Den Vorschriften der **§§ 145 ff BGB** ist deshalb zu entnehmen, dass ein Vertrag vorliegt, wenn einer einem anderen die Schließung eines Vertrags anträgt und der andere das Vertragsangebot annimmt.

10 **3. Mitwirkung.** Für das Entstehen der Einigungsgebühr ist weiterhin erforderlich, dass der Rechtsanwalt beim Abschluss eines Vertrags mitwirkt. In welcher Form der Anwalt mitgewirkt hat, ist unerheblich. Ausreichend ist grds. **jede mitursächliche Tätigkeit**, die zum Abschluss der Einigung führt.[2] Die **Teilnahme an Vertragsverhandlungen** reicht aus, es sei denn, die Teilnahme war für den späteren Abschluss des Vertrags nicht ursächlich (**Anm. Abs. 2**).

11 Auch für weitere beteiligte Rechtsanwälte kann die Einigungsgebühr anfallen, wenn sie mitursächlich für den Abschluss der Einigung waren. Dies gilt insb. für den Verkehrsanwalt oder einen Terminsvertreter.[3]

12 Der Vertrag muss nicht notwendigerweise mit der Gegenpartei geschlossen werden. Auch die Einigung mit einem Dritten kann ausreichen.[4]

13 Die **Beweislast** für die Mitwirkung an der Einigung liegt grds. beim Rechtsanwalt. Lediglich dann, wenn er an Vertragsverhandlungen teilgenommen hat, kehrt sich die Beweislast um. Seine Mitwirkung wird vermutet (Anm. Abs. 2). Der Auftraggeber muss dann die fehlende Ursächlichkeit beweisen.

14 An der Mitwirkung iSd Anm. Abs. 1 S. 1 Hs 1 fehlt es nach der Rspr, wenn eine Forderung mit Zustimmung des Gläubigervertreters in Raten durch den Gerichtsvollzieher eingezogen wird, und zwar selbst dann, wenn vor der Einleitung der Zwangsvollstreckung zwischen den Parteivertretern Verhandlungen über die Möglichkeit einer Ratenzahlung stattgefunden haben.[5] Der BGH[6] lehnt eine Mitwirkung auch für den

1 Gerold/Schmidt/*Müller-Rabe*, Nr. 1000 VV Rn 288. **2** AnwK-RVG/*Onderka/Schafhausen/N. Schneider/Thiel*, Nr. 1000 VV Rn 125. **3** OLG München AGS 2008, 52 = JurBüro 2007, 595 = RVGreport 2007, 392; OLG München OLGR 2009, 688 = JurBüro 2009, 487; AG Köln AGS 2007, 133 = JurBüro 2007, 139; AG Berlin-Mitte JurBüro 2006, 422 = AnwBl 2007, 91. **4** AnwK-RVG/*Onderka/Schafhausen/Schneider/Thiel*, Nr. 1000 VV Rn 35. **5** AG Wiesbaden DGVZ 2007, 159. **6** BGH AGS 2006, 496 = DGVZ 2006, 133.

Fall ab, dass sich der Gläubiger nur allgemein gegenüber dem Gerichtsvollzieher mit der Gestattung von Ratenzahlungen durch den Schuldner einverstanden erklärt hat (→ Rn 33).

IV. Besondere Voraussetzungen für das Entstehen der Einigungsgebühr

1. Allgemeines. In beiden Tatbestandsalternativen der Nr. 1000 VV (→ Rn 1) setzt das Entstehen der Eini- 15 gungsgebühr die Mitwirkung beim Abschluss eines Vertrags voraus, so dass die in → Rn 7–14 dargestellten Voraussetzungen für beide Tatbestandsalternativen gelten. Darüber hinaus regelt die Anm. Abs. 1, welche besonderen Voraussetzungen für das Entstehen der Einigungsgebühr vorliegen müssen, damit die geregelten Tatbestandsalternativen als erfüllt anzusehen sind und der Rechtsanwalt die Einigungsgebühr abrechnen kann.

2. Einigungsgebühr nach Anm. Abs. 1 S. 1 Nr. 1 (Beseitigung eines Streits oder der Ungewissheit über ein 16 **Rechtsverhältnis).** Besondere Tatbestandsvoraussetzung der Anm. Abs. 1 S. 1 **Nr. 1** ist die **Beseitigung eines Streits oder einer Ungewissheit** über ein Rechtsverhältnis. Der Abschluss eines Vergleichs iSd § 779 BGB, also ein *gegenseitiges* Nachgeben, ist nicht erforderlich. Es reicht nach dem Wortlaut der Vorschrift aus, wenn durch den Vertrag der Streit oder die Ungewissheit über ein Rechtsverhältnis beseitigt wird.

An der Beseitigung eines Streits oder der Ungewissheit über ein Rechtsverhältnis **fehlt** es beim bloßen Ab- 17 schluss eines Vertrags, insb. eines **Aufhebungsvertrags**. Mangels Streits über ein Rechtsverhältnis entsteht in diesem Fall auch keine Einigungsgebühr,[7] es sei denn, durch den Vertrag oder Aufhebungsvertrag soll ein Streit darüber vermieden werden, ob ein Anspruch auf Abschluss eines solchen Vertrags überhaupt besteht.

Der Streit oder die Ungewissheit über ein Rechtsverhältnis der Parteien muss durch ein zumindest **einseiti-** 18 **ges Nachgeben** beseitigt werden, wobei ein vollständiges Nachgeben in Form eines **Anerkenntnisses** oder eines **vollständigen Verzichts** nicht ausreicht (**Anm. Abs. 1 S. 2**), damit die Einigungsgebühr ausgelöst werden kann. Es reicht aber eine Einigung darüber, dass die eine Partei die Klageforderung teilweise anerkennt und die andere Partei die Klage im Übrigen zurücknimmt.[8]

Wird die Einigung unter einem **Widerrufsvorbehalt** geschlossen, so entsteht die Einigungsgebühr erst, wenn 19 die Einigung nicht mehr widerrufen werden kann (**Anm. Abs. 3 Alt. 2**). Ist die Einigung vom **Eintritt einer aufschiebenden Bedingung** abhängig, so entsteht die Gebühr erst mit Eintritt der Bedingung (**Anm. Abs. 3 Alt. 1**).

Ein späterer **Rücktritt** vom Einigungsvertrag lässt die entstandene Gebühr unberührt, da diese nicht die 20 Wirksamkeit des Vertrags berührt.[9] Eine **Anfechtung** nach §§ 119 ff BGB beseitigt dagegen den Vertrag und führt somit auch zum Wegfall der Einigungsgebühr.[10]

Der **Gegenstandswert** für die Einigung nach Anm. Abs. 1 S. 1 Nr. 1 richtet sich nach dem Rechtsverhältnis, 21 über das die Parteien gestritten haben. Abzustellen ist demgemäß auf das „**Worüber**", **nicht** auf das „**Worauf**" der Einigung.[11]

Die **Höhe** der Einigungsgebühr nach Anm. Abs. 1 S. 1 Nr. 1 richtet sich nach den Nr. 1000, 1003, 1004 VV. 22 Ist die Forderung gerichtlich nicht anhängig, beträgt der Gebührensatz 1,5. Ist die Forderung gerichtlich anhängig, ergibt sich der Gebührensatz aus den Nr. 1003 und 1004 VV (Ausnahme: selbständiges Beweisverfahren und darauf gerichtetes PKH- oder VKH-Verfahren).

3. Einigungsgebühr nach Anm. Abs. 1 S. 1 Nr. 2 (Zahlungsvereinbarung). a) Allgemeines. Mit der Alterna- 23 tive nach Anm. Abs. 1 S. 1 **Nr. 2** werden die Fälle erfasst, in denen

- kein Streit über den Bestand der Forderung (mehr) besteht,
- die betreffende Forderung bereits tituliert ist oder noch tituliert werden soll,
- dem Schuldner die Forderung gestundet oder ihm nachgelassen wird, die Forderung in Raten zu zahlen, und
- der Gläubiger auf eine Vollstreckung der Forderung vorläufig verzichtet.

Die Zahlungsvereinbarung kann auch **konkludent** geschlossen werden.[12]

b) Kein Streit über die Forderung. Ist die **Titulierung** eines Anspruchs erfolgt, besteht grds. über das 24 Rechtsverhältnis kein Streit mehr. Deshalb hatte die Rspr auch schon auf der Grundlage der Geltung der BRAGO das Entstehen einer Einigungsgebühr jedenfalls für den Fall abgelehnt, dass die Parteien über eine

---

7 OLG Düsseldorf AGS 2003, 496 m. Anm. *N. Schneider*; OLG Düsseldorf JurBüro 2001, 87 = OLGR 2001, 259; LG Köln AGS 2002, 64, 210 = JurBüro 2001, 643; Bischof u.a./*Bischof*, Nr. 1000 VV Rn 60 ff; AnwK-RVG/*Onderka/Schafhausen/Schneider/Thiel*, Nr. 1000 VV Rn 63. **8** BGH AGS 2007, 366 = AnwBl 2007, 551 = RVGreport 2007, 275. **9** OLG Koblenz JurBüro 1986, 1526. **10** OLG München MDR 1991, 263 = AnwBl 1991, 273; aA OLG Schleswig JurBüro 1991, 932. **11** OLG Köln AGS 2007, 322 m. Anm. *N. Schneider*; HK-FamGKG/*Thiel*, § 42 Rn 23 und HK-FamGKG/*N. Schneider*, § 52 Rn 58; Schneider/Herget/*Thiel*, Streitwert-Kommentar, Rn 8673. **12** AG Heidelberg 18.3.2015 – 1 M 10/15; AG Landsberg 30.8.2012 – 2 M 1330/12; LG Augsburg 18.10.2012 – 43 T 3572/12.

bereits titulierte Forderung einen Ratenzahlungsvergleich abgeschlossen hatten.[13] Dies wurde insb. damit begründet, dass insoweit kein gegenseitiges Nachgeben iSd § 23 Abs. 1 BRAGO feststellbar gewesen wäre und nach Titulierung auch kein streitiges Rechtsverhältnis mehr bestanden hat, das zwischen den Parteien noch hätte beseitigt werden können. Vereinzelt wurde dagegen auch eine Einigung bejaht.[14] Anders hatte die Rspr[15] den Fall bewertet, ob und inwieweit die titulierte Forderung zu realisieren sein werde und dieser Unsicherheit durch Vereinbarung einer Ratenzahlungsvereinbarung begegnet werden konnte. Das Inkrafttreten des 1. KostRMoG sollte den Anwendungsbereich der Einigungsgebühr in diesem Sinne erweitern, hat allerdings nicht umfassend Klarheit darüber herbeiführen können, unter welchen Voraussetzungen eine Einigungsgebühr bei einer Zahlungsvereinbarung entstehen kann, was der Gesetzgeber nunmehr mit Einführung der Anm. Abs. 1 S. 1 Nr. 2 durch das 2. KostRMoG erreicht hat.

25   **Beispiel (Streit über die Forderung):** Der Anwalt ist vom Gläubiger beauftragt worden, eine Forderung gegen den Schuldner iHv 5.000 € durchzusetzen. Der Schuldner bestreitet die Forderung. Nach Verhandlungen ist er bereit, sein Bestreiten aufzugeben, wenn ihm eine Ratenzahlung bewilligt wird. Daraufhin wird ein Vergleich geschlossen, wonach der Schuldner die 5.000 € nebst Zinsen in monatlichen Raten zu 100 € zahlt. Da die Einigung auch den Streit über die Forderung beseitigt hat, liegt eine Einigung nach Anm. Abs. 1 S. 1 Nr. 1 vor, so dass die Einigungsgebühr aus dem Wert in Höhe von 5.000 € anfällt. Ausgehend von einer Mittelgebühr nach Nr. 2300 VV erhält der Anwalt folgende Vergütung:

1. 1,5-Geschäftsgebühr, Nr. 2300 VV (Wert: bis 5.000 €)	454,50 €
2. 1,5-Einigungsgebühr, Nr. 1000 VV (Wert: bis 5.000 €)	454,50 €
3. Postentgeltpauschale, Nr. 7002 VV	20,00 €
Zwischensumme	929,00 €
4. Umsatzsteuer, Nr. 7008 VV	176,51 €
Gesamt	**1.105,51 €**

26   **c) Vorläufiger Verzicht auf Titulierung oder Vollstreckungsmaßnahmen.** Erforderlich ist eine Einigung, in der der Schuldner die Erfüllung des Anspruchs zusagt und der Gläubiger dem Schuldner durch die Gewährung von Ratenzahlung oder Stundung entgegenkommt und gleichzeitig für den Zeitraum der Ratenzahlung oder Stundung vorläufig auf eine Titulierung bzw auf Vollstreckungsmaßnahmen verzichtet. Beiden in Anm. Abs. 1 S. 1 Nr. 2 enthaltenen Alternativen ist gemein, dass die **Forderung unstreitig** sein muss. Ist die Forderung streitig, liegt bereits immer ein Fall der Anm. Abs. 1 S. 1 Nr. 1 vor. Der Anwalt erhält dann eine Einigungsgebühr aus dem vollen Wert.

27   Liegen die Voraussetzungen der Anm. Abs. 1 S. 1 Nr. 2 vor, dann haben die Parteien eine in der Vorschrift **legal definierte Zahlungsvereinbarung** getroffen, so dass die Einigungsgebühr ausgelöst wird.

28   **Beispiel 1 (Zahlungsvereinbarung vor Titulierung):** Der Anwalt macht für seinen Mandanten eine Forderung iHv 4.500 € geltend. Der Schuldner erkennt sie an, erklärt aber, nicht zahlen zu können. Er bietet eine Ratenzahlungsvereinbarung an, der der Anwalt für den Auftraggeber zustimmt und für den Fall der pünktlichen Ratenzahlung auf eine Titulierung verzichtet. Abzurechnen ist wie folgt:

1. 1,3-Geschäftsgebühr, Nr. 2300 VV (Wert: 5.000 €)	393,90 €
2. 1,5-Einigungsgebühr, Nr. 1000 VV (Wert: 900 €)	120,00 €
3. Postentgeltpauschale, Nr. 7002 VV	20,00 €
Zwischensumme	533,90 €
4. Umsatzsteuer, Nr. 7008 VV	101,44 €
Gesamt	**635,34 €**

29   **Beispiel 2 (Zahlungsvereinbarung und Androhung der Vollstreckung):** Der Anwalt hat für seinen Mandanten einen Vollstreckungsbescheid über 2.000 € erwirkt und droht die Vollstreckung an. Daraufhin meldet sich der Gegner und bietet eine Ratenzahlungsvereinbarung an, der der Anwalt für seinen Mandanten zustimmt und für den Fall der pünktlichen Ratenzahlung auf Vollstreckungsmaßnahmen verzichtet. Abzurechnen ist wie folgt:

1. 0,3-Verfahrensgebühr, Nr. 3309 VV (Wert: 2.000 €)	45,00 €
2. 1,5-Einigungsgebühr, Nr. 1000 VV (Wert: 400 €)	67,50 €
3. Postentgeltpauschale, Nr. 7002 VV	20,00 €
Zwischensumme	132,50 €
4. Umsatzsteuer, Nr. 7008 VV	25,18 €
Gesamt	**157,68 €**

---

13 AG Koblenz DGVZ 2012, 127; ebenso AG Koblenz 8.1.2009 – 40 UR IIa 1368/08; LG Münster 3.9.2007 – 5 T 697/07; KG JurBüro 2006, 530 = Rpfleger 2006, 610 = NJ 2006, 514; AG Plön AGS 2011, 323 = DGVZ 2011, 135. **14** OLG Naumburg AGS 2011, 607; AG Halle 2.7.2010 – 103 II 6552/09; BGH VRR 2009, 158; LG Wuppertal DGVZ 2008, 185; AG Erfurt 14.5.2009 – 2 T 115/09; OLG Rostock AGS 2008, 326 = MDR 2008, 1308 = RVGreport 2008, 261; LG Memmingen JurBüro 2008, 384; OLG Jena OLG-NL 2006, 210 = FamRZ 2006, 1692 = Rpfleger 2006, 547; LG Tübingen DGVZ 2006, 61 = RVGprof. 2005, 184. **15** BGH AGS 2005, 140 = FamRZ 2005, 794 = DGVZ 2005, 93; BGH FamRZ 2009, 43.

Beispiel 3 (Zahlungsvereinbarung/vorläufiger Vollstreckungsverzicht bei titulierter Forderung): Der Kläger hat ge- **30**
gen den Beklagten ein Urteil über eine Forderung iHv 5.000 € nebst Zinsen erwirkt. Nach Androhung der
Zwangsvollstreckung wegen der 5.000 € zuzüglich zwischenzeitlich aufgelaufener 500 € Zinsen wird ein Vergleich geschlossen, wonach der Beklagte die gesamte Forderung nebst Zinsen in monatlichen Raten tilgen wird
und der Kläger auf Vollstreckungsmaßnahmen verzichtet, solange die Raten pünktlich gezahlt werden. Abzurechnen ist wie folgt:

1. 0,3-Verfahrensgebühr, Nr. 3309 VV (Wert: 5.500 €)   106,20 €
2. 1,5-Einigungsgebühr, Nr. 1000 VV (Wert: 1.100 €)   172,50 €
3. Postentgeltpauschale, Nr. 7002 VV   20,00 €
   Zwischensumme   298,70 €
4. Umsatzsteuer, Nr. 7008 VV   56,75 €
   Gesamt   355,45 €

d) Einigung über einen Teil der Forderung. Eine Einigungsgebühr entsteht auch dann, wenn die Zahlungs- **31**
vereinbarung lediglich einen **Teilbetrag** betrifft.

Beispiel (Zahlungsvereinbarung über einen Teilbetrag): Der Kläger hat gegen den Beklagten ein Urteil über eine **32**
Forderung iHv 5.500 € erwirkt. Nach Androhung der Vollstreckung zahlt der Schuldner 3.000 €. Im Übrigen
wird ein Vergleich geschlossen, wonach der Schuldner die Restforderung nebst Zinsen in monatlichen Raten tilgen
wird und der Kläger auf Vollstreckungsmaßnahmen verzichtet, solange die Raten pünktlich gezahlt werden. Der
Wert der Verfahrensgebühr (Nr. 3309 VV) beläuft sich gem. § 25 Abs. 1 Nr. 1 wiederum auf 5.500 €, der Wert der
Einigung beläuft sich jedoch nur auf 20 % aus 2.500 € = 500 €. Abzurechnen ist wie folgt:

1. 0,3-Verfahrensgebühr, Nr. 3309 VV (Wert: 5.500 €)   106,20 €
2. 1,5-Einigungsgebühr, Nr. 1000 VV (Wert: 500 €)   67,50 €
3. Postentgeltpauschale, Nr. 7002 VV   20,00 €
   Zwischensumme   193,70 €
4. Umsatzsteuer, Nr. 7008 VV   36,80 €
   Gesamt   230,50 €

e) Vereinbarung über die Forderung zwischen Gläubiger und Gerichtsvollzieher. Für eine im Rahmen der **33**
Vollstreckung nach Maßgabe des **§ 802 b ZPO** abgeschlossene Ratenzahlungsvereinbarung entsteht idR
keine Einigungsgebühr gem. Anm. Abs. 1 und zwar weder in der Variante der Nr. 2 noch in der der Nr. 1.[16]
Als Begründung führt die Rspr an, dass es bereits an dem Tatbestandsmerkmal der „Mitwirkung" des Anwalts fehle, weil die Ratenzahlungsvereinbarung nicht durch die Tätigkeit eines Verfahrensbevollmächtigten, sondern des Gerichtsvollziehers abgeschlossen wird. Gemäß § 802 b Abs. 2 ZPO komme die Zahlungsvereinbarung dadurch zustande, dass der Gerichtsvollzieher eine Tilgung durch Teilleistungen gestattet und
einen entsprechenden Zahlungsplan festsetzt. Dem Gläubiger stehe nach § 802 b Abs. 3 ZPO ein Wider-
spruchsrecht zu, durch dessen Ausübung der Zahlungsplan rückwirkend hinfällig werden kann. Das Unterlassen des Widerspruchs stelle allerdings noch keine Mitwirkung beim Abschluss der Zahlungsvereinbarung durch den Verfahrensbevollmächtigten dar. Ferner sei die Zahlungsvereinbarung gem. § 802 b Abs. 2
ZPO auch kein Vertrag, durch den der Streit oder die Ungewissheit über ein Rechtsverhältnis beseitigt
wird.[17] Soweit Gläubiger und Gerichtsvollzieher eine Zahlungsvereinbarung nach § 802 b Abs. 2 ZOP treffen, ist Anm. Abs. 1 S. 1 Nr. 2 unanwendbar.

Diese ablehnende Auffassung erscheint nicht in jedem Fall sachgerecht, weil an die Mitwirkung beim Ab- **34**
schluss einer Einigung keine allzu hohen Anforderungen gestellt werden dürfen.[18]

f) Vereinbarung über einen befristeten Zeitraum. Eine Einigungsgebühr entsteht auch dann aus dem vollen **35**
Wert, wenn nur für einen befristeten Zeitraum auf Vollstreckungsmaßnahmen verzichtet wird.

g) Höhe der Einigungsgebühr. Die Höhe der Einigungsgebühr nach Anm. Abs. 1 S. 1 Nr. 2 richtet sich nach **36**
den Nr. 1000, 1003, 1004 VV. Ist die Forderung nicht (mehr) anhängig und ist auch keine Vollstreckungsmaßnahme anhängig, beträgt der Gebührensatz 1,5. Dass die Forderung zuvor in einem gerichtlichen Verfahren anhängig war, steht dem Anfall der 1,5-Gebühr nicht entgegen.[19] Nur eine 1,0-Einigungsgebühr
(Nr. 1003 VV) entsteht, wenn zum Zeitpunkt der Einigung ein Vollstreckungsverfahren anhängig ist (dazu
gehört auch ein Vollstreckungsauftrag an den Gerichtsvollzieher – Nr. 1003 Anm. Abs. 1 S. 3 VV). Das ist
auch der Fall, wenn die Hauptsache noch anhängig ist. In Betracht kommt auch eine 1,3-Einigungsgebühr,
wenn die Hauptsache in einem Rechtsmittelverfahren anhängig ist.

h) Gegenstandswert. Den Gegenstandswert für die Zahlungsvereinbarung regelt § 31 b. **37**

---

16 LG Duisburg FoVo 2013, 195 = RVGreport 2013, 431 = AGS 2013, 577 m. Anm. *N. Schneider*. **17** AG Wiesbaden DGVZ
2007, 159; AG Bersenbrück DGVZ 2006, 202; BGH AGS 2006, 496 = DGVZ 2006, 133 = JurBüro 2007, 24 = RVGreport
2006, 382; LG Koblenz DGVZ 2005, 170; AG Euskirchen AGS 2005, 199 = DGVZ 2005, 29. **18** *Schneider/Thiel*, Das neue
Gebührenrecht für Rechtsanwälte, § 3 Rn 393. **19** AnwK-RVG/*Onderka*, Nr. 1000 VV Rn 152 f.

V. Kostenerstattung

38   Der BGH geht davon aus, dass die Kosten eines außergerichtlich geschlossenen Vergleichs mangels abweichender Regelung als gegeneinander aufgehoben gelten.[20] Nach der Rspr des BGH[21] gilt dies auch für die Kosten eines im Vollstreckungsverfahren geschlossenen Vergleichs, die entsprechend § 98 S. 1 ZPO als gegeneinander aufgehoben anzusehen sind, wenn nichts Abweichendes vereinbart worden ist.

Nr.	Gebührentatbestand	Gebühr oder Satz der Gebühr nach § 13 RVG
1001	Aussöhnungsgebühr .... Die Gebühr entsteht für die Mitwirkung bei der Aussöhnung, wenn der ernstliche Wille eines Ehegatten, eine Scheidungssache oder ein Verfahren auf Aufhebung der Ehe anhängig zu machen, hervorgetreten ist und die Ehegatten die eheliche Lebensgemeinschaft fortsetzen oder die eheliche Lebensgemeinschaft wieder aufnehmen. Dies gilt entsprechend bei Lebenspartnerschaften.	1,5

I. Allgemeines

1   Nach Anm. Abs. 5 S. 1 zu Nr. 1000 VV kann die Einigungsgebühr nach Nr. 1000 VV in Ehesachen und in Lebenspartnerschaftssachen (§ 269 Abs. 1 Nr. 1 und 2 FamFG) nicht entstehen (→ Nr. 1000 VV Rn 3). Als Ausgleich dafür ist in Nr. 1001 VV die **Aussöhnungsgebühr** geregelt, die ausgelöst wird, wenn der Rechtsanwalt an einer **Aussöhnung** der Eheleute oder Lebenspartner mitwirkt.

2   Nicht in allen Ehesachen kann allerdings eine Aussöhnungsgebühr ausgelöst werden. Die Anm. S. 1 geht davon aus, dass nur der **ernstlich hervorgetretene Wille**, eine Scheidungs- oder Eheaufhebungssache anhängig zu machen, den Gebührentatbestand erfüllt. **Ehesachen** definiert **§ 121 FamFG**. § 121 FamFG regelt die
- **Scheidung der Ehe** in Nr. 1. Scheidungssachen sind solche, die ihre materielle Grundlage in den §§ 1564–1568 BGB haben;
- **Aufhebung der Ehe** in Nr. 2. Eheaufhebungssachen sind solche, die ihre materielle Grundlage in den §§ 1314 ff BGB haben.

3   Nach **Anm. S. 2** gilt im Verfahren über die Aufhebung der **Lebenspartnerschaft** (§ 269 FamFG) Anm. S. 1 entsprechend. Es gelten deshalb die Ausführungen zur Ehesache nach § 121 Nr. 1 und 2 FamFG sinngemäß. In der **Beratungshilfe** ist eine Aussöhnungsgebühr nach dem Wortlaut der Nr. 2508 VV nicht vorgesehen. Der Gesetzgeber hat auch das Inkrafttreten des 2. KostRMoG nicht zum Anlass genommen, die Nr. 2508 VV um eine Aussöhnungsgebühr zu erweitern, so dass für das Entstehen der Gebühr keine Grundlage besteht.

II. Voraussetzungen für das Entstehen der Aussöhnungsgebühr

4   **1. Allgemeines.** Eine Aussöhnungsgebühr nach Nr. 1001 VV entsteht nur anlässlich einer anderen gebührenrechtlichen Angelegenheit. Auch im Rechtsmittelverfahren kann eine Aussöhnungsgebühr noch ausgelöst werden.

5   **2. Tatbestände der Anm. S. 1 (Aussöhnung der Ehegatten). a) Überblick.** Die Höhe des Gebührensatzes bei der Aussöhnung richtet sich danach, ob die Ehesache
- **nicht anhängig** (Anm. S. 1 zu Nr. 1001 VV) ist: dann entsteht eine 1,5-Gebühr (→ Rn 6 ff);
- **erstinstanzlich anhängig** (Nr. 1003 VV) ist: dann entsteht eine 1,0-Gebühr (→ Rn 11); oder
- **im Rechtsmittelverfahren anhängig** (Nr. 1004 VV) ist: dann entsteht eine 1,3-Gebühr (→ Rn 12).

6   **b) Ehesache nach § 121 Nr. 1 oder 2 FamFG ist nicht anhängig.** Voraussetzung für das Entstehen der Aussöhnungsgebühr nach Anm. S. 1 ist, dass eine Ehesache **noch nicht anhängig**, aber der ernstliche Wille eines Ehegatten hervorgetreten ist, ein solches Verfahren anhängig zu machen. Ist die Ehesache oder ein Verfahren auf Aufhebung einer Ehe bereits anhängig oder ein Antrag auf Verfahrenskostenhilfe zur Durchführung eines solchen Verfahrens gestellt, gilt nicht Anm. S. 1, sondern Nr. 1003 VV oder Nr. 1004 VV (Anm. S. 1 zu Nr. 1003 VV).

---

20 BGH NJW 2011, 1680; BGH FamRZ 2009, 40 = AnwBl 2009, 73. **21** BGH AGS 2007, 302 = DGVZ 2007, 36 = JurBüro 2007, 216.

        NK-GK/*Thiel*

Ein **ernstlicher Wille** eines Ehegatten, die Scheidung oder ein Verfahren zur Aufhebung der Ehe zu beantra-   7
gen, muss nach außen hervorgetreten sein.[1] Dabei genügt es, einen Rechtsanwalt mit der Durchführung des
Verfahrens zu beauftragen oder einen Antrag auf Gewährung von Verfahrenskostenhilfe für das Verfahren
zu stellen. Nicht ausreichend ist, dass ein Ehegatte aus der Ehewohnung auszieht oder lediglich eine anwaltliche Beratung über den Verlauf einer Scheidungssache erfolgt.[2]

Beispiel: Der Anwalt beantragt beim FamG für die Ehefrau Zahlung von Trennungsunterhalt und ist beauftragt,   8
außergerichtlich mit dem Ehemann wegen der Scheidung (Wert: 6.000 €) zu verhandeln. Der Anwalt erreicht eine
Aussöhnung der Eheleute.

In der Ehesache war der Anwalt außergerichtlich tätig und erhält hierfür eine Geschäftsgebühr nach Nr. 2300 VV.
Hinzu kommt eine 1,5-Aussöhnungsgebühr nach Nr. 1001 VV. Eine Reduzierung des Gebührensatzes tritt nicht
ein, da die Ehesache nicht anhängig war. Die Anhängigkeit anderer Gegenstände wirkt sich nicht aus, selbst wenn
es sich um Gegenstände handelt, die im Falle des Scheidungsantrags als Folgesache zu führen gewesen wären. Abzurechnen ist wie folgt:

1.	1,5-Geschäftsgebühr, Nr. 2300 VV (Wert: 6.000 €)	531,00 €
2.	1,5-Aussöhnungsgebühr, Nr. 1001 VV (Wert: 6.000 €)	531,00 €
3.	Postentgeltpauschale, Nr. 7002 VV	20,00 €
	Zwischensumme	1.082,00 €
4.	19 % Umsatzsteuer, Nr. 7008 VV	205,58 €
	Gesamt	**1.287,58 €**

Dass noch weitere gerichtliche Verfahren, etwa Unterhalt oder Sorgerecht anhängig sind, ist unerheblich.   9

Beispiel: Im Sorgerechtsverfahren (Wert: 3.000 €) söhnen sich die Beteiligten aus (Wert: Ehesache: 6.000 €); der   10
Unterhaltsantrag wird daraufhin zurückgenommen. Abzurechnen ist wie folgt:

1.	1,3-Verfahrensgebühr, Nr. 3100 VV (Wert: 3.000 €)	261,30 €
2.	0,8-Verfahrensgebühr, analog Nr. 3101 Nr. 2 VV (Wert: 6.000 €)	283,20 €
	(die Höchstgrenze des § 15 Abs. 3 (1,3 aus 9.000 € =) 659,10 € ist nicht erreicht)	
3.	1,2-Terminsgebühr, Nr. 3104 VV (Wert: 9.000 €)	608,40 €
4.	1,5-Aussöhnungsgebühr, Nr. 1001, 1003 VV (Wert: 6.000 €)	531,00 €
5.	Postentgeltpauschale, Nr. 7002 VV	20,00 €
	Zwischensumme	1.703,90 €
6.	19 % Umsatzsteuer, Nr. 7008 VV	323,74 €
	Gesamt	**2.027,64 €**

c) Ehesache nach § 121 Nr. 1 oder 2 FamFG ist erstinstanzlich anhängig. Die Gebühr nach **Nr. 1001, 1003**   11
VV iHv 1,0 wird ausgelöst, wenn das Verfahren auf Ehescheidung oder auf Aufhebung der Ehe zumindest
anhängig ist entweder als isoliertes Verfahren oder als Verbundverfahren. Anhängigkeit eines Verfahrens-
kostenhilfeverfahrens reicht tatbestandlich aus. Der Antrag darf für das Entstehen der Aussöhnungsgebühr
auch noch nicht zurückgenommen oder rechtskräftig darüber entschieden worden sein. Es genügt, wenn
bereits von einem der Ehegatten Verfahrenskostenhilfe beantragt worden ist.

d) Ehesache nach § 121 Nr. 1 oder 2 FamFG ist im Rechtsmittelverfahren anhängig. Die Gebühr nach   12
Nr. 1001, 1004 VV wird ausgelöst, wenn das Verfahren auf Ehescheidung oder auf Aufhebung der Ehe **im**
Beschwerde- oder Rechtsbeschwerdeverfahren anhängig ist (Anm. zu Nr. 1004 VV). Auch hier reicht es aus,
wenn für das Rechtsmittelverfahren Verfahrenskostenhilfe beantragt worden ist.

3. Begriff der Aussöhnung. Es muss eine Aussöhnung der Eheleute stattgefunden haben. Dabei muss der   13
beiderseitige ernstliche Wille, die Ehe wieder aufzunehmen oder fortzusetzen, erkennbar sein.[3] Dieser Vorgang ist nicht rechtlich, sondern tatsächlich zu beurteilen. Eine Aussöhnung der Eheleute iSv Anm. S. 1 zu
Nr. 1001, 1003, 1004 VV ist bei bereits eingereichtem Scheidungsantrag grds. dann anzunehmen, wenn die
Anträge zurückgenommen werden. Die Antragsrücknahme lässt aber nicht in jedem Fall auf eine Aussöhnung schließen.

Eine Aussöhnung ist zB dann nicht anzunehmen, wenn die Ehegatten nur aus finanziellen, steuerlichen oder   14
gesellschaftlichen Gründen verheiratet bleiben, ohne die eheliche Gemeinschaft wieder aufzunehmen. Von
einer Aussöhnung ist auch dann nicht auszugehen, wenn die Rücknahme des Antrags nur erfolgt, um der
Drohung des Ehepartners, im Falle einer Scheidung belastende Tatsachen vorzutragen, entgegenzutreten.[4]
Ebenso reicht die Rücknahme des Scheidungsantrags nicht, wenn ein Ehegatte beabsichtigt, zu einem späteren – ihr im Hinblick auf Versorgungs- und Zugewinnausgleich günstigeren – Zeitpunkt den Scheidungsantrag erneut zu stellen.

---

1 Vgl Gerold/Schmidt/*Müller-Rabe*, Nr. 1001 VV Rn 7. **2** AG Oberhausen JurBüro 2011, 245; aA LG Duisburg JurBüro 2011,
245; OLG Bamberg JurBüro 1985, 233. **3** OLG Koblenz OLGR 2000, 428. **4** OLG Düsseldorf Rpfleger 1965, 380.

15 **Objektiv erkennbare Umstände** sind maßgeblich für die Frage, ob es zu einer Aussöhnung gekommen ist. Es reicht insoweit zwar aus, dass die Aussöhnung nur vorübergehend war, allerdings wird von der Rspr für die Annahme der Fortsetzung der ehelichen Lebensgemeinschaft oder deren Aufnahme eine gewisse Dauer der Lebensgemeinschaft nach der Aussöhnung verlangt.[5] Wann in dem vorgenannten Sinn von einer **gewissen Dauer** gesprochen werden kann, ist unklar. Das Vorliegen der Voraussetzungen für das Entstehen der Aussöhnungsgebühr sollte nicht an konkrete Wochenangaben geknüpft, sondern individuell bestimmt werden. – Dem Wortlaut der Anm. S. 1 zu Nr. 1001 VV ist als Voraussetzung eine gewisse Dauer der Fortsetzung oder Wiederaufnahme der Lebensgemeinschaft für das Entstehen der Aussöhnungsgebühr nicht zu entnehmen. Es ist dem Gesetzgeber deshalb auch zu unterstellen, dass zeitliche Kriterien kein Anknüpfungsmaßstab sein sollen.

16 Nicht erforderlich ist, dass eine häusliche Lebensgemeinschaft wiederhergestellt wird.[6] Der Wortlaut der Anm. zu Nr. 1001 VV fordert lediglich die Fortsetzung oder Wiederaufnahme der ehelichen Lebensgemeinschaft.

17 Eine **versuchsweise Aussöhnung** reicht allerdings nicht aus.[7] Es muss aber der **beiderseitige ernstliche Wille** vorhanden gewesen sein, die eheliche Lebensgemeinschaft **wiederaufzunehmen oder fortzusetzen**, selbst wenn die tatsächliche Aussöhnung im Ergebnis nicht von Dauer ist.[8] Nach OLG Hamburg[9] wird die Aussöhnungsgebühr auch ausgelöst, wenn die Eheleute während einer Urlaubsreise zusammenleben und die Aussöhnung bereits mit dem Ende der Urlaubsreise wieder ihr Ende gefunden hat. Die Gebühr entfällt nicht, wenn sich die ausgesöhnten Eheleute wieder trennen.[10]

18 Wird die Aussöhnung an **Bedingungen** oder **Vorbehalte** geknüpft, entsteht die Aussöhnungsgebühr nach Anm. S. 1 zu Nr. 1001, 1003, 1004 VV nur, wenn die Bedingungen erfüllt werden und die Vorbehalte entfallen.

19 **4. Mitwirkung des Rechtsanwalts.** Der Rechtsanwalt muss bei der Aussöhnung der Eheleute mitgewirkt haben, damit er die Gebühr der Nr. 1001 VV abrechnen kann. Dabei kommt es nicht allein auf ein Tätigwerden an, sondern auch auf den **Erfolg**. Die eheliche Gemeinschaft muss – zumindest auch – aufgrund der Aussöhnung, bei der der Rechtsanwalt mitgewirkt hat, wieder aufgenommen worden sein.[11] Der Rechtsanwalt wirkt mit, wenn er die Bereitschaft der Eheleute zur Aussöhnung weckt oder fördert.[12] Voraussetzung ist nicht, dass sein Beitrag die maßgebliche Ursache der Aussöhnung gesetzt hat.[13] Es genügt jede Tätigkeit, die geeignet war, die Aussöhnung herbeizuführen.[14]

20 Dem Tatbestandsmerkmal „**Mitwirkung**" genügen: Teilnahme an Gesprächen zwischen den Eheleuten und Beratung über Scheidungsfolgen;[15] Gespräch und Erörterung der Probleme mit dem anderen Ehegatten; telefonische Erörterung mit dem Rechtsanwalt des anderen Ehegatten; Beratung des Auftraggebers dahingehend, eine verfahrensrechtliche Maßnahme nicht zu ergreifen, um die Aussöhnung nicht zu gefährden oder zu ermöglichen;[16] Empfehlung, das Ruhen des Scheidungsverfahrens zu beantragen.[17]

III. Gegenstandswert

21 Der Gegenstandswert der Aussöhnungsgebühr richtet sich in **gerichtlichen Verfahren** nach dem für die Ehesache festgesetzten Wert (§ 23 Abs. 1 S. 1), der sich wiederum nach § 43 FamGKG[18] bestimmt und danach mindestens 3.000 € beträgt.[19] Soweit eine **außergerichtliche** Aussöhnung erfolgt, gilt nach § 23 Abs. 1 S. 3, S. 1 der Wert, der für die Ehesache gelten würde. Maßgebend für die Bewertung ist der **Zeitpunkt** der Aussöhnung.

IV. Bestimmte Verfahrenskonstellationen

22 **1. Aussöhnung und gleichzeitige Einigung.** Unklar ist die gesetzliche Regelung, wenn sich die Eheleute in der Ehesache aussöhnen und dabei gleichzeitig eine Einigung über weitere Gegenstände treffen.[20] Nach OLG Frankfurt[21] soll nur eine Aussöhnungsgebühr anfallen. Nach zutreffender Ansicht sind aber für Aussöhnung und eine begleitende Einigung gesonderte Gebühren abzurechnen.[22] Dann stellt sich aber die Frage, ob die Gebühren gem. § 15 Abs. 3 auf eine 1,5-Gebühr aus dem Gesamtwert zu kürzen sind. Gegen eine Anwendung des § 15 Abs. 3 spricht, dass es sich nicht um Teilgebühren desselben Gebührentatbestands

---

5 OLG Koblenz OLGR 2000, 428; KG NJ 1994, 16 = FuR 1996, 38. **6** OLG Hamburg MDR 1962, 417. **7** OLG Hamm JurBüro 1964, 733. **8** OLG Hamburg MDR 1962, 417. **9** OLG Hamburg MDR 1962, 417. **10** Gerold/Schmidt/*Müller-Rabe*, Nr. 1001 VV Rn 10. **11** OLG Bamberg JurBüro 1985, 233. **12** OLG Hamm JurBüro 1964, 735. **13** LG Hildesheim JurBüro 1964, 894 = KostRsp. BRAGO § 36 Nr. 3. **14** OLG Zweibrücken JurBüro 2000, 199. **15** LG Duisburg JurBüro 2011, 245; OLG Bamberg JurBüro 1985, 233. **16** OLG Zweibrücken JurBüro 2000, 199. **17** OLG München JurBüro 1963, 99 = NJW 1963, 962. **18** In Altfällen: § 48 Abs. 2, Abs. 3 S. 1 GKG. **19** Schneider/Herget/*Thiel*, Streitwert-Kommentar, Rn 7085 ff. **20** *N. Schneider*, ZFE 2006, 429. **21** OLG Frankfurt AnwBl 1970, 136. **22** Mayer/Kroiß/*Ebert*, Nr. 1001 VV Rn 29 ff; Gerold/ Schmidt/*Müller-Rabe*, Nr. 1001 VV Rn 24.

handelt. Hier sind nicht zwei verschiedene Einigungsgebühren angefallen, sondern eine Einigungs- und eine Aussöhnungsgebühr.

2. Ermäßigte Verfahrensgebühr bei Aussöhnung außerhalb der Ehesache. Wird eine Aussöhnung zwischen **23** den Eheleuten anlässlich eines anderen gerichtlichen Verfahrens als der Ehesache getroffen, stellt sich die Frage, welche Verfahrensgebühr der Anwalt aus dem Wert der Ehesache erhält. Im Gegensatz zur Einigung (Nr. 3101 Nr. 2, 3201 Nr. 2 VV) fehlte für die Aussöhnung eine ausdrückliche Regelung. Die Nr. 3101 Nr. 2, 3201 Nr. 2 VV wurden deshalb analog angewandt und dem Anwalt nur eine entsprechend ermäßigte Verfahrensgebühr wie beim Abschluss einer Einigung über nicht anhängige Gegenstände gewährt. Mit der Änderung der Nr. 3101 Nr. 2 VV durch das 2. KostRMoG hat der Gesetzgeber klargestellt, dass Verhandlungen der Beteiligten über nicht rechtshängige Ansprüche die Ermäßigung auslösen. Damit ist die Regelungslücke nunmehr geschlossen.

V. Verfahrenskostenhilfe

Wird ein Rechtsanwalt in einer Ehesache nach § 121 Nr. 1 oder 2 FamFG beigeordnet, erstreckt sich seine **24** Tätigkeit auch auf eine Aussöhnung, ohne dass es hierfür eines besonderen Beschlusses bedarf.[23] Bei einer Mitwirkung an der Aussöhnung erhält er die Gebühr aus der Staatskasse, jedoch ab einem Gegenstandswert von mehr als 4.000 € aus den ermäßigten Beträgen des § 49.

Nr.	Gebührentatbestand	Gebühr oder Satz der Gebühr nach § 13 RVG
1002	Erledigungsgebühr, soweit nicht Nummer 1005 gilt .... Die Gebühr entsteht, wenn sich eine Rechtssache ganz oder teilweise nach Aufhebung oder Änderung des mit einem Rechtsbehelf angefochtenen Verwaltungsakts durch die anwaltliche Mitwirkung erledigt. Das Gleiche gilt, wenn sich eine Rechtssache ganz oder teilweise durch Erlass eines bisher abgelehnten Verwaltungsakts erledigt.	1,5

I. Allgemeines

Durch die Regelung der Erledigungsgebühr zu einem Gebührensatz von 1,5 soll das anwaltliche Bestreben, **1** Streitigkeiten auch im **öffentlichen Recht** möglichst ohne Anrufung des Gerichts beizulegen, gefördert und belohnt werden. Aus den gleichen Gründen hat es der Gesetzgeber deshalb als gerechtfertigt angesehen, auch in dem Fall, dass sich eine Verwaltungsrechtssache ganz oder teilweise nach Zurücknahme oder Änderung des mit einem Rechtsbehelf angefochtenen Verwaltungsakts erledigt, dem Rechtsanwalt eine Gebühr mit einem Gebührensatz von 1,5 zuzubilligen, wenn dadurch der Verwaltungsrechtsstreit bzw ein Verfahren über die Prozesskostenhilfe vermieden wird.

In **verwaltungsrechtlichen** Angelegenheiten einschließlich der **sozial- oder steuerrechtlichen Angelegenheiten** **2** ist eine Einigungsgebühr häufig nicht möglich, weil über die Ansprüche vertraglich nicht verfügt werden kann (vgl Anm. Abs. 4 zu Nr. 1000 VV). Stattdessen kann unter den Voraussetzungen der Nr. 1002 VV eine Erledigungsgebühr entstehen.

II. Voraussetzungen der Erledigungsgebühr

1. Überblick. Voraussetzung ist, dass sich eine Rechtssache durch anwaltliche Mitwirkung ganz oder teil- **3** weise erledigt
- durch Aufhebung oder Änderung des mit einem Rechtsbehelf angefochtenen Verwaltungsakts oder
- durch Erlass eines bisher abgelehnten Verwaltungsakts.

2. Rechtssache und Verwaltungsakt. „Rechtssache" ist jeder rechtliche oder tatsächliche Sachverhalt, der **4** Gegenstand eines Verwaltungsakts sein kann. Verwaltungsakt ist jede Regelung eines Einzelfalls auf dem Gebiet des öffentlichen Rechts, die auf unmittelbare Außenwirkung gerichtet und regelmäßig mit einer Rechtsbehelfsbelehrung versehen ist.

3. Erledigung der Rechtssache insgesamt oder teilweise durch Aufhebung bzw Änderung oder durch Erlass **5** **des Verwaltungsakts.** Die Gebühr nach Nr. 1002 VV wird ausgelöst, wenn sich die Rechtssache ganz oder teilweise erledigt hat. Eine **Erledigung** iSv Nr. 1002 VV liegt vor, wenn eine abschließende Entscheidung in

---

23 KG NJ 1994, 126 = FPR 1996, 38.

der Hauptsache ganz oder teilweise nicht mehr notwendig ist,[1] die begehrte Änderung oder Aufhebung im Wege der Abhilfe erfolgt oder der begehrte Verwaltungsakt erlassen wird.

6 **4. Anwaltliche Mitwirkung.** Für den Rechtsanwalt fällt die Erledigungsgebühr nach Nr. 1002 VV nur dann an, wenn er an der Erledigung mitgewirkt hat. Die Mitwirkung muss über das hinausgehen, was von dem Anwalt im Allgemeinen im Rahmen aufgrund seiner Bevollmächtigung zu erwarten ist.[2] Der Anwalt muss insb. eine über die Einlegung und Begründung des Widerspruchs hinausgehende besondere Tätigkeit entfaltet haben, die über das Maß desjenigen hinausgeht, das schon durch den allgemeinen Gebührentatbestand für das anwaltliche Auftreten im Widerspruchsverfahren abgegolten wird.[3] Welche Anforderungen im Einzelnen zu stellen sind, ist umstritten. Eine einheitliche Linie lässt sich in der Rspr nicht erkennen, vielmehr muss auf der Grundlage des Einzelfalls dargelegt und überprüft werden.

7 Für das Vorliegen einer Mitwirkung reicht es nach Auffassung des OVG NRW[4] nicht aus, wenn der Rechtsanwalt lediglich sämtliche für seinen Mandanten sprechenden rechtlichen Argumente in möglichst überzeugender Weise vorträgt. Erforderlich ist eine qualifizierte, auf Erledigung gerichtete Mitwirkung, die über das Maß hinausgeht, das schon durch den allgemeinen Gebührentatbestand für das anwaltliche Auftreten im Widerspruchsverfahren abgegolten wird. Eine solche qualifizierte, eine Erledigungsgebühr begründende Tätigkeit liegt bspw nach Auffassung des BSG[5] dann vor, wenn der Rechtsanwalt zum Zwecke des Beweises entscheidungserheblicher Tatsachen neue Beweismittel, etwa während des Vorverfahrens neu erstattete Befundberichte oder fachliche Stellungnahmen, beibringt.

III. Höhe der Erledigungsgebühr

8 Die Erledigungsgebühr entsteht grds. zu einem Gebührensatz von 1,5, soweit nicht Nr. 1003, 1004 VV oder die Rahmengebühren nach Nr. 1005, 1006 VV gelten. Ist über den Gegenstand ein anderes gerichtliches Verfahren als ein selbständiges Beweisverfahren anhängig, dann entspricht die Gebühr nach Nr. 1002 VV einem Gebührensatz von 1,0; bei Anhängigkeit im Berufungs-, Revisionsverfahren, im Verfahren über die Beschwerde gegen die Nichtzulassung eines dieser Rechtsmittel oder im Verfahren vor dem Rechtsmittelgericht über die Zulassung des Rechtsmittels wird die Erledigungsgebühr zu einem Gebührensatz iHv 1,3 (Nr. 1004 VV) ausgelöst.

Nr.	Gebührentatbestand	Gebühr oder Satz der Gebühr nach § 13 RVG
1003	Über den Gegenstand ist ein anderes gerichtliches Verfahren als ein selbständiges Beweisverfahren anhängig: Die Gebühren 1000 bis 1002 betragen .... (1) Dies gilt auch, wenn ein Verfahren über die Prozesskostenhilfe anhängig ist, soweit nicht lediglich Prozesskostenhilfe für ein selbständiges Beweisverfahren oder die gerichtliche Protokollierung des Vergleichs beantragt wird oder sich die Beiordnung auf den Abschluss eines Vertrags im Sinne der Nummer 1000 erstreckt (§ 48 Abs. 3 RVG). Die Anmeldung eines Anspruchs zum Musterverfahren nach dem KapMuG steht einem anhängigen gerichtlichen Verfahren gleich. Das Verfahren vor dem Gerichtsvollzieher steht einem gerichtlichen Verfahren gleich. (2) In Kindschaftssachen entsteht die Gebühr auch für die Mitwirkung am Abschluss eines gerichtlich gebilligten Vergleichs (§ 156 Abs. 2 FamFG) und an einer Vereinbarung, über deren Gegenstand nicht vertraglich verfügt werden kann, wenn hierdurch eine gerichtliche Entscheidung entbehrlich wird oder wenn die Entscheidung der getroffenen Vereinbarung folgt.	1,0

I. Allgemeines

1 Nr. 1003 VV regelt den Gebührensatz der Nr. 1000 VV (Einigungsgebühr), Nr. 1001 VV (Aussöhnungsgebühr) und Nr. 1002 VV (Erledigungsgebühr), wenn ein Gegenstand **gerichtlich anhängig** ist. Abweichend von dem in Nr. 1000–1002 VV geregelten Gebührensatz von 1,5 bestimmt Nr. 1003 VV in diesem Fall einen auf 1,0 ermäßigten Gebührensatz.

---

1 AnwK-RVG/*Schafhausen*, Nr. 1002 VV Rn 13; Mayer/Kroiß/*Mayer*, Nr. 1002 VV Rn 12.   2 VGH München AGS 2007, 622; BSG AGS 2007, 195; s. dazu auch AnwK-RVG/*Schafhausen*, Nr. 1002 VV Rn 20 f.   3 BSG RVGreport 2011, 256.   4 OVG NRW 19.12.2013 – 16 E 204/13.   5 BSG SGb 2014, 88.

II. Ermäßigung des Gebührensatzes nach Nr. 1003 VV (Anm. Abs. 1)

1. Allgemeines. Die Gebührensatzermäßigung setzt voraus, dass der Gegenstand gerichtlich anhängig ist 2 und es sich bei dem gerichtlich anhängigen Verfahren nicht um ein selbständiges Beweisverfahren handelt.

2. Gerichtliche Anhängigkeit des Gegenstands. Eine Ermäßigung des Gebührensatzes von 1,5 auf 1,0 tritt 3 ein, wenn der Gegenstand gerichtlich anhängig ist. Gerichtliche Anhängigkeit liegt vor, wenn ein den Gegenstand enthaltener Antrag bei Gericht eingereicht und sein Eingang festgestellt wird.[1]

3. Anhängigkeit in einem selbständigen Beweisverfahren nicht ausreichend. Obwohl auch im selbständigen 4 Beweisverfahren eine gerichtliche Anhängigkeit eines Gegenstands gegeben ist, ordnet Nr. 1003 VV an, dass keine Ermäßigung des Gebührensatzes der Einigungsgebühr nach Nr. 1003 VV eintritt. Intention ist, im Beweisverfahren eine kurzfristige Einigung zur Entlastung der Gerichte zu erreichen. Rechtshängigkeit des Gegenstands ist nicht erforderlich.

4. Anhängigkeit in einem Prozess- oder Verfahrenskostenhilfeverfahren (Anm. Abs. 1 S. 1). Nach Anm. 5 Abs. 1 S. 1 tritt eine Ermäßigung des Gebührensatzes auf 1,0 auch dann ein, wenn ein Verfahren über die Prozess- oder Verfahrenskostenhilfe gerichtlich anhängig ist, soweit nicht lediglich Prozess- oder Verfahrenskostenhilfe für ein selbständiges Beweisverfahren oder die gerichtliche Protokollierung des Vergleichs beantragt wird oder sich die Verfahrenskostenhilfe nach § 48 Abs. 3 auf eine Einigung über nicht anhängige Gegenstände erstreckt.

5. Anhängigkeit durch Anmeldung des Anspruchs zum Musterverfahren nach dem KapMuG (Anm. Abs. 1 6 **S. 2).** Nach Anm. Abs. 1 S. 2 tritt eine Ermäßigung des Gebührensatzes auf 1,0 auch dann ein, wenn ein Anspruch zum Musterverfahren nach dem KapMuG angemeldet worden ist. Der Vertreter eines Anmelders zum Musterverfahren nach dem KapMuG soll bei der Bemessung einer anwaltlichen Einigungsgebühr genauso behandelt wird wie der Vertreter eines sonstigen Beteiligten am Musterverfahren.

6. Anhängigkeit eines Verfahrens vor dem Gerichtsvollzieher (Anm. Abs. 1 S. 3). Die Ergänzung der Anm. 7 Abs. 1 durch einen S. 3 hat auf der Grundlage des 2. Justizmodernisierungsgesetzes[2] zu der Klarstellung geführt, dass auch im Rahmen der Zwangsvollstreckung wegen Anhängigkeit des Gegenstands lediglich eine reduzierte 1,0-Einigungsgebühr anfällt. Soweit ein gerichtliches Verfahren iSd §§ 888, 890 ZPO anhängig ist, fällt demnach nur eine 1,0-Einigungsgebühr nach Nr. 1000, 1003 VV an.

III. Ermäßigung des Gebührensatzes auch in Kindschaftssachen (Anm. Abs. 2)

Anm. Abs. 2 zu Nr. 1003 VV regelt, dass der Anwalt in Kindschaftssachen auch dann eine Einigungsgebühr 8 erhält, wenn er

- am Abschluss eines gerichtlich gebilligten Vergleichs (§ 156 Abs. 2 FamFG) oder
- an einer Vereinbarung mitwirkt, über deren Gegenstand vertraglich nicht verfügt werden kann,
- hierdurch eine gerichtliche Entscheidung entbehrlich wird oder die Entscheidung der getroffenen Vereinbarung folgt.

Wenn in einem erstinstanzlichen gerichtlichen Verfahren über die elterliche Sorge oder das Umgangsrecht 9 eine Einigung erzielt wird, entsteht die Einigungsgebühr der Nr. 1000 VV lediglich iHv 1,0 (Nr. 1003 VV). Das gilt auch in einem Vermittlungsverfahren nach § 165 FamFG.

Wird in einem erstinstanzlichen Verfahren über die elterliche Sorge das gerichtlich nicht anhängige Um- 10 gangsrecht in die Einigung einbezogen, entsteht aus dem Mehrwert, der die Umgangssache betrifft, eine 1,5-Einigungsgebühr unter Berücksichtigung des § 15 Abs. 3. Nr. 1003 VV ist insoweit unanwendbar, weil der Gegenstand insoweit nicht gerichtlich anhängig ist.

Beispiel: Der Ehemann beantragt die Übertragung der alleinigen elterlichen Sorge. Im Anhörungstermin verhan- 11 deln die Beteiligten auch über Umgangsrecht und einigen sich (Werte: elterliche Sorge 3.000 €; Umgangsrecht 3.000 €). Abzurechnen ist folgendermaßen:

1. 1,3-Verfahrensgebühr, Nr. 3100 VV (Wert: 3.000 €)   261,30 €
2. 0,8-Verfahrensgebühr, Nr. 3100, 3101 Nr. 2 VV (Wert: 3.000 €)   160,80 €
   (die Grenze des § 15 Abs. 3, nicht mehr als 1,3 aus 6.000 € = 460,20 €, ist nicht erreicht)
3. 1,2-Terminsgebühr, Nr. 3104 VV (Wert: 6.000 €)   424,80 €
4. 1,0-Einigungsgebühr, Nr. 1000, 1003 VV (Wert: 3.000 €)   201,00 €
5. 1,5-Einigungsgebühr, Nr. 1000 VV (Wert: 3.000 €)   301,50 €
   (die Grenze des § 15 Abs. 3, nicht mehr als 1,5 aus 6.000 € = 531 €, ist nicht erreicht)
6. Postentgeltpauschale, Nr. 7002 VV   20,00 €
   Zwischensumme   1.369,40 €

---

1 Gerold/Schmidt/*Müller-Rabe*, Nr. 1003, 1004 VV Rn 20. **2** BGBl. 2006 I 3416, in Kraft getreten am 31.12.2006.

7. 19 % Umsatzsteuer, Nr. 7008 VV   260,19 €
  Gesamt   1.629,59 €

12 Die Einigungsgebühr entsteht auch in Verfahren nach § 1666 BGB (Kindeswohlgefährdung).[3] Nach dem Wortlaut des Abs. 2 entsteht die Gebühr sowohl für die Mitwirkung am Abschluss eines gerichtlich gebilligten Vergleichs (§ 156 Abs. 2 FamFG) und an einer Vereinbarung, über deren Gegenstand nicht vertraglich verfügt werden kann, wenn hierdurch eine gerichtliche Entscheidung entbehrlich wird oder wenn die Entscheidung der getroffenen Vereinbarung folgt.[4]

IV. Mischfälle

13 In sog. Mischfällen, in denen die Einigungs-, Aussöhnungs- oder Erledigungsgebühr sowohl aus einem Teilwert nach dem 1,0-Gebührensatz der Nr. 1003 VV anfällt als auch zu 1,5 nach Nr. 1000 VV und/oder zu 1,3 nach Nr. 1004 VV, ist § 15 Abs. 3 zu beachten: Zunächst ist die Einigungsgebühr nach den unterschiedlichen Sätzen aus den jeweiligen Teilwerten zu berechnen. Anschließend ist dann das Gebührenaufkommen nach § 15 Abs. 3 auf den Gebührenbetrag aus dem höchsten Satz nach dem Gesamtwert zu kürzen.

Nr.	Gebührentatbestand	Gebühr oder Satz der Gebühr nach § 13 RVG
1004	Über den Gegenstand ist ein Berufungs- oder Revisionsverfahren, ein Verfahren über die Beschwerde gegen die Nichtzulassung eines dieser Rechtsmittel oder ein Verfahren vor dem Rechtsmittelgericht über die Zulassung des Rechtsmittels anhängig: Die Gebühren 1000 bis 1002 betragen .... (1) Dies gilt auch in den in den Vorbemerkungen 3.2.1 und 3.2.2 genannten Beschwerde- und Rechtsbeschwerdeverfahren. (2) Absatz 2 der Anmerkung zu Nummer 1003 ist anzuwenden.	1,3

I. Allgemeines

1 Ist der Gegenstand der Einigung in einem der in Nr. 1004 VV genannten Verfahren anhängig, so reduziert sich die 1,5-Einigungsgebühr der Nr. 1000 VV auf 1,3. Ebenfalls reduzieren sich die 1,5-Aussöhnungsgebühr der Nr. 1001 VV sowie die 1,5-Erledigungsgebühr der Nr. 1002 VV auf 1,3, wenn über den Gegenstand der Aussöhnung oder Erledigung eines der Nr. 1004 VV genannten Verfahren anhängig ist.

2 Durch das 2. KostRMoG ist in Nr. 1004 VV der Gebührentatbestand ergänzt worden um die Verfahren über die Beschwerde gegen die Nichtzulassung der in Nr. 1004 VV und Anm. Abs. 1 zu Nr. 1004 VV genannten Rechtsmittel sowie um die Verfahren vor dem Rechtsmittelgericht über die Zulassung eines Rechtsmittels. Mittelbar ergibt sich eine zusätzliche Erweiterung des Anwendungsbereichs der Nr. 1004 VV durch die Änderung der in Bezug genommenen Vorbem. 3.2.1 VV (Anm. Abs. 1 zu Nr. 1004 VV), weil insoweit weitere Beschwerdeverfahren aufgenommen worden sind. Das hat zur Folge, dass anstelle der Gebühren nach Nr. 3500 ff VV die der Nr. 3200 ff VV gelten und schließlich, dass Nr. 1004 VV auch insoweit einschlägig ist.

II. Anwendungsbereich

3 Erfasst werden nach Nr. 1004 VV folgende Verfahren:
- Berufungsverfahren,
- Revisionsverfahren,
- Verfahren der Beschwerde gegen die Nichtzulassung der Berufung,
- Verfahren der Beschwerde gegen die Nichtzulassung der Revision,
- Verfahren auf Zulassung der Berufung,
- Verfahren auf Zulassung der Revision,

---

3 AA OLG Koblenz MDR 2010, 1350 = FamRZ 2011, 245; OLG Koblenz FamRZ 2006, 720 = Rpfleger 2006, 442; OLG Karlsruhe OLGR 2007, 923 = FamRZ 2007, 1672; OLG Stuttgart AGS 2011, 276 m. abl. Anm. *Thiel* = Rpfleger 2011, 463 = RVGreport 2011, 225; aA OLG Sachsen-Anhalt AGS 2013, 62; OLG Saarbrücken AnwBl 2009, 726; OLG Düsseldorf OLGR 2009, 566. **4** So auch Gerold/Schmidt/*Müller-Rabe*, Nr. 1003, 1004 VV Rn 36.

- Beschwerdeverfahren nach Vorbem. 3.2.1 Nr. 2 und 3 VV sowie nach Vorbem. 3.2.2 Nr. 2 und 3 VV,
- Rechtsbeschwerdeverfahren nach Vorbem. 3.2.1 Nr. 4 VV sowie nach Vorbem. 3.2.2 Nr. 1 VV.

Dagegen ist Nr. 1004 VV nicht anwendbar in erstinstanzlichen finanzgerichtlichen Verfahren. Hier erhält der Anwalt zwar die Gebühren nach den Nr. 3200 ff VV, also die Gebühren eines Berufungsverfahrens. Für die Einigungsgebühr bleibt es jedoch bei Nr. 1003 VV.[1]

III. Erhöhung des Gebührensatzes nach Nr. 1004 VV

Vergleichbar Nr. 1003 VV handelt es sich auch bei Nr. 1004 VV nicht um einen eigenen Gebührentatbestand, sondern um eine Vorschrift, die die Höhe des Gebührensatzes der Nr. 1000, 1001, 1002 VV bestimmt.   **4**

IV. Prozess- oder Verfahrenskostenhilfeverfahren

Im Gegensatz zu Nr. 1003 VV wird der Fall der Anhängigkeit in einem Prozess- oder Verfahrenskostenhilfeverfahren nicht geregelt, also wenn um Prozess- oder Verfahrenskostenhilfe für eines der genannten Rechtsmittel, Zulassungs- oder Nichtzulassungsbeschwerdeverfahren, nachgesucht wird und Anm. Abs. 1 S. 1 zu Nr. 1003 VV insoweit bestimmt, dass grds. auch das Verfahren über die Prozesskostenhilfe als solches iSd Nr. 1003 VV gilt und zur Ermäßigung der Einigungsgebühr führt. Dieser Grundsatz dürfte jedoch entsprechend von Nr. 1004 VV umfasst sein,[2] wenn eine Einigung, Aussöhnung oder Erledigung in einem Verfahren auf Bewilligung von Prozess- oder Verfahrenskostenhilfe für ein unter Nr. 1004 VV fallendes Verfahren erzielt wird.   **5**

V. Kindschaftssachen (Anm. Abs. 2)

Die Verweisung in Anm. Abs. 2 auf die Anm. Abs. 2 zu Nr. 1003 VV ist an sich systemwidrig, da Nr. 1004 VV keinen Gebührentatbestand enthält. Sie stellt jedoch klar, dass der Anwalt in Kindschaftssachen auch dann eine erhöhte 1,3-Einigungsgebühr erhält, wenn er in einem der genannten Rechtsmittelverfahren (Vorbem. 3.2.1 Nr. 2 Buchst. b VV, Vorbem. 3.2.2 Nr. 1 Buchst. a VV)   **6**

- am Abschluss eines gerichtlich gebilligten Vergleichs (§ 156 Abs. 2 FamFG) oder
- an einer Vereinbarung mitwirkt, über deren Gegenstand nicht vertraglich verfügt werden kann,
- wenn hierdurch eine gerichtliche Entscheidung entbehrlich wird oder
- die Entscheidung der getroffenen Vereinbarung folgt.

VI. Mischfälle

In den Fällen, in denen die Einigungs-, Aussöhnungs- oder Erledigungsgebühr sowohl aus einem Teilwert nach dem 1,3-Gebührensatz der Nr. 1004 VV anfällt als auch zu 1,5 nach Nr. 1000 VV und/oder zu 1,0 nach Nr. 1003 VV, ist § 15 Abs. 3 zu beachten: Zunächst ist die Einigungsgebühr nach den unterschiedlichen Sätzen aus den jeweiligen Teilwerten zu berechnen. Anschließend ist dann das Gebührenaufkommen nach § 15 Abs. 3 auf den Gebührenbetrag aus dem höchsten Satz nach dem Gesamtwert zu kürzen.   **7**

Nr.	Gebührentatbestand	Gebühr oder Satz der Gebühr nach § 13 RVG
1005	Einigung oder Erledigung in einem Verwaltungsverfahren in sozialrechtlichen Angelegenheiten, in denen im gerichtlichen Verfahren Betragsrahmengebühren entstehen (§ 3 RVG): Die Gebühren 1000 und 1002 entstehen .... (1) Die Gebühr bestimmt sich einheitlich nach dieser Vorschrift, wenn in die Einigung Ansprüche aus anderen Verwaltungsverfahren einbezogen werden. Ist über einen Gegenstand ein gerichtliches Verfahren anhängig, bestimmt sich die Gebühr nach Nummer 1006. Maßgebend für die Höhe der Gebühr ist die höchste entstandene Geschäftsgebühr ohne Berücksichtigung einer Erhöhung nach Nummer 1008. Steht dem Rechtsanwalt ausschließlich eine Gebühr nach § 34 RVG zu, beträgt die Gebühr die Hälfte des in der Anmerkung zu Nummer 2302 genannten Betrags.	in Höhe der Geschäftsgebühr

---

1 FG Hamburg EFG 2014, 1817; FG Köln AGS 2012, 522 = EFG 2012, 2236 = NJW-Spezial 2012, 699. **2** *N. Schneider*, NJW-Spezial 2011, 283.

Nr.	Gebührentatbestand	Gebühr oder Satz der Gebühr nach § 13 RVG
	(2) Betrifft die Einigung oder Erledigung nur einen Teil der Angelegenheit, ist der auf diesen Teil der Angelegenheit entfallende Anteil an der Geschäftsgebühr unter Berücksichtigung der in § 14 Abs. 1 RVG genannten Umstände zu schätzen.	
1006	Über den Gegenstand ist ein gerichtliches Verfahren anhängig:	in Höhe der Verfahrensgebühr
	Die Gebühr 1005 entsteht	
	(1) Die Gebühr bestimmt sich auch dann einheitlich nach dieser Vorschrift, wenn in die Einigung Ansprüche einbezogen werden, die nicht in diesem Verfahren rechtshängig sind. Maßgebend für die Höhe der Gebühr ist die im Einzelfall bestimmte Verfahrensgebühr in der Angelegenheit, in der die Einigung erfolgt. Eine Erhöhung nach Nummer 1008 ist nicht zu berücksichtigen.	
	(2) Betrifft die Einigung oder Erledigung nur einen Teil der Angelegenheit, ist der auf diesen Teil der Angelegenheit entfallende Anteil an der Verfahrensgebühr unter Berücksichtigung der in § 14 Abs. 1 RVG genannten Umstände zu schätzen.	
1007	*(nicht belegt)*	

1   Die durch das 2. KostRMoG neu gefassten Gebührenvorschriften **Nr. 1005 und 1006** VV bringen gegenüber den Nr. 1005–1007 VV aF mehr Klarheit und Rechtssicherheit. Die früheren Gebührenvorschriften Nr. 1005–1007 VV aF sahen für die **Einigungs- und Erledigungsgebühr** in nach § 3 abzurechnenden sozialrechtlichen Verwaltungs- und Widerspruchsverfahren eine Gebühr mit einem eigenen Betragsrahmen vor. Problematisch war aber, wie dieser Betragsrahmen unter Berücksichtigung der Kriterien des § 14 Abs. 1 auszufüllen war, wenn die Höhe der Gebühr nicht von den Kriterien des § 14 Abs. 1 abhängen konnte, weil es im abzurechnenden Mandat insb. nicht auf den Umfang und die Schwierigkeit der anwaltlichen Tätigkeit ankam.[1]

2   Bei der Einigungs- oder Erledigungsgebühr soll aber der Beitrag des Anwalts an der **Herbeiführung der Einigung oder Erledigung** honoriert werden. Dieser Beitrag lässt sich aber mit den Kriterien des § 14 Abs. 1 nur schwer bewerten,[2] für die Kriterien „Umfang" und „Schwierigkeit" der anwaltlichen Tätigkeit sind kaum eigene Anhaltspunkte für die Einigungs- und Erledigungsgebühr zu finden. Die Rspr hatte deshalb zum überwiegenden Teil zu der Lösung gegriffen, dass die Gebühren an die Geschäftsgebühr angelehnt zu bilden sein sollten, zT aber auch gemeint, dass regelmäßig die Mittelgebühr verdient sei. Der Gesetzgeber des 2. KostRMoG knüpfte nun wegen der Gebührenhöhe an die in der Angelegenheit konkret angefallene Geschäfts- bzw Verfahrensgebühr an und hat klargestellt, dass die Einigungs- und Erledigungsgebühr **in Höhe der Geschäftsgebühr** (im Fall der **Nr. 1005** VV) bzw **in Höhe der Verfahrensgebühr** (im Fall der **Nr. 1006** VV) verdient wird.

3   Nach **Anm. Abs. 1 zu Nr. 1006** VV ist die Gebührenvorschrift für anhängige Verfahren einheitlich auch dann anzuwenden, in dem **nicht rechtshängige** Ansprüche einbezogen werden.

4   Auch die erhöhte Einigungs- und Erledigungsgebühr im **Rechtsmittelverfahren** wird durch die Anknüpfung an die Verfahrensgebühr berücksichtigt, so dass die frühere Gebühr Nr. 1007 VV (aF) aufgehoben werden konnte.

5   Betrifft die Einigung oder Erledigung nur einen **Teil der Angelegenheit**, so bestimmt sich die Einigungs- oder Erledigungsgebühr auch nur nach einem Anteil an der Geschäfts- bzw Verfahrensgebühr, der nach den Kriterien des § 14 Abs. 1 zu bemessen ist. Dieser Anteil an der Geschäfts- oder Verfahrensgebühr wird geschätzt (je **Anm. Abs. 2 zu Nr. 1005** VV bzw Nr. 1006 VV).

1 Vgl BT-Drucks 17/11471 (neu), S. 272.   **2** BT-Drucks 17/114471 (neu), S. 272.

Nr.	Gebührentatbestand	Gebühr oder Satz der Gebühr nach § 13 RVG
1008	Auftraggeber sind in derselben Angelegenheit mehrere Personen: Die Verfahrens- oder Geschäftsgebühr erhöht sich für jede weitere Person um .... (1) Dies gilt bei Wertgebühren nur, soweit der Gegenstand der anwaltlichen Tätigkeit derselbe ist. (2) Die Erhöhung wird nach dem Betrag berechnet, an dem die Personen gemeinschaftlich beteiligt sind. (3) Mehrere Erhöhungen dürfen einen Gebührensatz von 2,0 nicht übersteigen; bei Festgebühren dürfen die Erhöhungen das Doppelte der Festgebühr und bei Betragsrahmengebühren das Doppelte des Mindest- und Höchstbetrags nicht übersteigen. (4) Im Fall der Anmerkung zu den Gebühren 2300 und 2302 erhöht sich der Gebührensatz oder Betrag dieser Gebühr entsprechend.	0,3 oder 30 % bei Festgebühren, bei Betragsrahmengebühren erhöhen sich der Mindest- und Höchstbetrag um 30 %

I. Allgemeines

Während sich die Regelung zur Vertretung mehrerer Auftraggeber in § 7 befindet, ist die Berechnung der Erhöhung in Nr. 1008 VV geregelt. Mit der Erhöhung der Verfahrens- oder Geschäftsgebühr soll der Mehraufwand des Anwalts bei der Tätigkeit für mehrere Mandanten abgegolten werden. Dass damit üblicherweise ein erheblicher Kommunikationskostenaufwand (Nr. 7002 VV) einhergeht, ist nicht bedacht: Die Erhöhung gilt für diese Vergütungsnummer nicht – hier ist der Rechtsanwalt ggf auf Einzelabrechnung angewiesen. Die Gebührenerhöhung soll zudem auch das erhöhte Haftungsrisiko des Rechtsanwalts bei der Tätigkeit für mehrere Personen abgelten.[1] **1**

II. Die Auftraggeber

Üblicherweise sind Auftraggeber und Mandant identisch, dennoch unterscheidet Nr. 1008 VV zwischen Auftraggeber einerseits und Personen andererseits; die Textfassung wird teilweise als missglückt angesehen.[2] Beispiele: **2**

BGB-Gesellschaft: Die BGB-Gesellschaft wird zwischenzeitlich bei der eigennützigen Interessenvertretung als eigenes Rechtssubjekt angesehen;[3] somit erfolgt keine Gebührenerhöhung nach Nr. 1008 VV. Klagen die Gesellschafter einer BGB-Gesellschaft aus unterschiedlichen Interessen, so tritt die Gebührenerhöhung ein.[4] Insbesondere gilt die Gebührenerhöhung für den Fall, dass nicht nur die BGB-Gesellschaft, sondern auch die einzelnen Gesellschafter verklagt werden.[5] **3**

Erbengemeinschaft: Hier tritt üblicherweise die Gebührenerhöhung ein,[6] sofern nicht die Erbengemeinschaft bewusst ungeteilt ein Unternehmen des Erblassers fortführt.[7] **4**

HGB-Gesellschaften (OHG, KG): Hier handelt es sich um Personengesellschaften, so dass eine Gebührenerhöhung nach Nr. 1008 VV erfolgt.[8] **5**

Vor-GmbH und nichtrechtsfähiger Verein: Da die Vor-GmbH auch als aktiv parteifähig angesehen wird[9] und dies zwischenzeitlich auch für die aktive Parteifähigkeit nichtrechtsfähiger Vereine gilt,[10] tritt eine Gebührenerhöhung ebenfalls nicht ein, solange nicht die einzelnen Vorgesellschafter bzw Vereinsmitglieder am Verfahren beteiligt sind. **6**

Wohnungseigentümergemeinschaft: Da zwischenzeitlich die Wohnungseigentümergemeinschaft als teilrechts- und parteifähig gilt,[11] tritt eine Gebührenerhöhung nicht ein, sofern nicht die einzelnen Eigentümer klagen oder verklagt werden. **7**

Wegen weiterer Einzelfälle wird auf die einschlägigen größeren Kommentare verwiesen.[12] **8**

Keine Mehrheit von Auftraggebern iSv Nr. 1008 VV liegt vor, wenn die Vertretung **mehrerer Behörden einer Gebietskörperschaft** erfolgt.[13] **9**

1 AnwK-RVG/*Volpert*, Nr. 1008 VV Rn 1. **2** Bischof u.a./*Bräuer*, Nr. 1008 VV Rn 1. **3** BGH MDR 2001, 459 = NJW 2001, 1056; BAG NJW 2005, 1004; BGH AnwBl 2004, 251 = FamRZ 2004, 623 = NJW-RR 2004, 489. **4** AnwK-RVG/*Volpert*, Nr. 1008 VV Rn 13; Gerold/Schmidt/*Müller-Rabe*, Nr. 1008 VV Rn 69 f. **5** BGH NJW 2001, 1056. **6** BGH AnwBl 2004, 450 = FamRZ 2004, 1193. **7** AnwK-RVG/*Volpert*, Nr. 1008 VV Rn 20. **8** SG Dortmund JurBüro 1994, 731; Gerold/Schmidt/*Müller-Rabe*, Nr. 1008 VV Rn 104. **9** BGH NJW 1998, 1079. **10** BGH NJW 2008, 69. **11** BGH NJW 2007, 1952. **12** ZB AnwK-RVG/*Volpert*, Nr. 1008 VV „Anwendungs-ABC" Rn 23; Gerold/Schmidt/*Müller-Rabe*, Nr. 1008 VV „Einzelfälle" Rn 52 ff; Mayer/Kroiß/*Dinkat*, Nr. 1008 VV Rn 3 Fn 2. **13** VG Potsdam RVGreport 2013, 57.

III. Die Erhöhung der Grundgebühr

10 Bei der Vertretung mehrerer Personen erhöht sich die Verfahrens- oder Geschäftsgebühr, wobei unter dem Begriff „**Verfahrens- oder Geschäftsgebühr**" allgemein die Betriebsgebühren verstanden werden, also auch die Beratungsgebühren (insb. Verbraucherberatungsgebühren) gem. § 34[14] sowie die Gebühren für die Prüfung der Erfolgsaussichten eines Rechtsmittels (Nr. 2100–2103 VV).

11 Die Erhöhung um 0,3 errechnet sich bei **Wertgebühren** aus der 1,0-Gebühr der Anlange 2 zu § 13 Abs. 1; sie errechnet sich zB bei der Verfahrensgebühr Nr. 3100 VV (1,3) nicht aus 1,3 auf 0,39.[15] Bei Vertretung einer weiteren Person erhöht sich also

- die 1,3-Verfahrensgebühr Nr. 3100 VV um 0,3 auf 1,6,
- die 1,6-Verfahrensgebühr Nr. 3200 VV um 0,3 auf 1,9,
- die 1,0-Verfahrensgebühr Nr. 3305 VV um 0,3 auf 1,3,
- die 0,3-Verfahrensgebühr Nr. 3309 VV um 0,3 auf 0,6.

12 Bei **Festgebühren** erhöht sich die Gebühr für jede weitere vertretene Person um 30 %, also zB für die zweite Person

- die Geschäftsgebühr Nr. 2503 VV iHv 85,00 € um 30 % = 25,50 € auf 110,50 €.

13 Bei **Betragsrahmengebühren** erhöht sich der Rahmen für jede zusätzliche Person durch Erhöhung der Mindest- und Höchstbetragsgebühr um 30 %. Bei Vertretung einer zweiten Person erhöht sich zB

- die Geschäftsgebühr Nr. 2302 VV von 50,00 € bis 640,00 € um jeweils 30 % (15,00 € bzw 192,00 €) auf 65,00 € bis 832,00 €.

14 Die Erhöhung tritt aber bei **Wertgebühren** nur insoweit ein, als der Gegenstand der anwaltlichen Tätigkeit derselbe ist (**Anm. Abs. 1**).

15 **Beispiel 1:** Klagen drei Personen den Betrag von 5.000 € ein, so beträgt die

1,3-Verfahrensgebühr Nr. 3100 VV	393,90 €,
die sich um 2 x 0,3 á 90,90 € =	181,80 €
erhöht auf	575,70 €.

16 **Beispiel 2:** Klagen drei Personen den Betrag von 5.000 € ein, wobei der Kläger Ziff. 2) an der Gesamtforderung lediglich mit 3.000 €, der Kläger Ziff. 3) mit lediglich 2.000 € beteiligt sind, so berechnet sich die erhöhte Verfahrensgebühr wie folgt:

1,3-Verfahrensgebühr Nr. 3100 VV aus 5.000 €	393,90 €
0,3-Gebührenerhöhung Nr. 1008 VV aus 3.000 €	60,30 €
0,3-Gebührenerhöhung Nr. 1008 VV aus 2.000 €	45,00 €
Die erhöhte Verfahrensgebühr beträgt demzufolge	499,20 €

17 Die Gebührenerhöhung wird **gekappt**, sobald die Erhöhung 2,0 bzw das Doppelte der Festgebühr bzw bei Betragsrahmengebühren das Doppelte des Mindest- und Höchstbetrags erreicht (**Anm. Abs. 3**).

18 Das bedeutet in jedem Fall: Sobald mehr als insgesamt acht Personen vertreten werden, erfolgt keine weitere Erhöhung.

19 **Beispiel (Fortsetzung):** Im Beispiel 1 (→ Rn 15) würde also die Geltendmachung einer Forderung von 5.000 € durch acht oder mehr Personen zu folgender Berechnung führen:

1,3-Verfahrensgebühr Nr. 3100 VV	393,90 €
Gebührenerhöhung Nr. 1008 VV 7 x 0,3 = 2,1, gekappt auf 2,0	606,00 €
Gesamt	999,90 €

20 Die 2,0-Kappung bezieht sich auf die jeweiligen Erhöhungen um 0,3, wird also bei unterschiedlich hohen Beteiligungen – wie im Beispiel 2 (→ Rn 16) – nicht zu einer 2,0-Erhöhung aus dem Gegenstandswert von 5.000 € mit 606 € führen, sondern auf darunter liegende Beträge.

21 Obwohl es in Nr. 1008 VV heißt, dass sich „die **Verfahrens- oder Geschäftsgebühr**" erhöht, ist inzwischen unstreitig, dass es sich hierbei nicht um eine Alternative, sondern um eine **Aufzählung** handelt. Verdient der Rechtsanwalt nacheinander die Geschäfts- und die Verfahrensgebühr, so sind beide Gebühren zu erhöhen, wenn er mehr als eine Person vertritt.[16] Die **Anrechnung** gem. § 15 a RVG, Vorbem. 3 Abs. 4 VV erfolgt dennoch lediglich in Höhe von max. 0,75, die anzurechnende Teilgebühr nimmt also nur bis max. 0,75 an der Erhöhung teil.[17] Die Anrechnung gem. Vorbem. 3 Abs. 5 VV bei einem **selbstständigen Beweisverfahren**

14 Gerold/Schmidt/*Mayer*, § 34 Rn 56; Mayer/Kroiß/*Teubel/Winkler*, § 34 Rn 86, 112 ff; AnwK-RVG/*Volpert*, § 34 Rn 104 ff; Gerold/Schmidt/*Müller-Rabe*, Nr. 1008 VV Rn 13 ff. **15** So war aber früher die Rspr zu § 6 BRAGO. **16** KG RVGreport 2008, 391; LG Düsseldorf AGS 2007, 381; LG Saarbrücken NJW-Spezial 2009, 429; LG Ulm AnwBl 2008, 73. **17** KG AGS 2009, 4 = RVGreport 2008, 391; OG Stuttgart NJW-Spezial 2008, 674; LG Düsseldorf AGS 2007, 381; LG Saarbrücken AGS 2009, 315; LG Ulm AnwBl 2008, 73.

neben dem den gleichen Vorgang betreffenden Rechtsstreit erfolgt unter Einbezug der Gebührenerhöhungen nach Nr. 1008 VV.[18]

Die Haftung der Mandanten für die Anwaltsgebühren führt zu einer Gemengelage, die das OLG Düsseldorf[19] als „eigenartige Gesamtschuld" bezeichnet. Von den nicht erhöhten Gebühren wird eine Gebührenerhöhung Nr. 1008 VV abgezogen, der sich dann ergebende Betrag ist die Gesamtschuld aller Mandanten, während sämtliche Mandanten – auch schon der Erste! – allein auf die Erhöhungsgebühr Nr. 1008 VV individuell haften.[20]   22

Beispiel (Fortsetzung): Das Beispiel 1 (→ Rn 15) führt zu folgender individualisierter Abrechnung insb. bei der Titulierung: 23

1,3-Verfahrensgebühr Nr. 3100 VV (Wert 5.000 €)	393,90 €
abzgl. 0,3-Gebührenerhöhung Nr. 1008 VV	– 90,90 €
gesamtschuldnerischer Betrag	303,00 €
zzgl. individueller Anspruch gegen jeden Mandanten 0,3 gem. Nr. 1008 VV	90,90 €
Gesamtforderung gegen jeden einzelnen Mandanten	393,90 €
Gesamt aber	484,80 €

Bei der gerichtlichen Geltendmachung müsste der **Klagantrag** lauten: 24

▶ Die Beklagten werden als Gesamtschuldner verurteilt, an den Kläger 303,00 € zu zahlen. Der Beklagte Ziff. 1) wird verurteilt, an den Kläger weitere 90,90 € zu zahlen, der Beklagte Ziff. 2) wird verurteilt, an den Kläger weitere 90,90 € zu zahlen. ◀

Bei der Kostenfestsetzung gegen den Gegner wäre grds. vergleichbar zu verfahren, da insoweit nur teilweise Gesamtgläubigerschaft besteht.   25

IV. Die Klarstellung zu Nr. 2300 und 2302 VV (Anm. Abs. 4)

Nach den Anmerkungen zu Nr. 2300 und Nr. 2302 VV sind die dortigen Betriebsgebühren nicht höher als 1,3 (Nr. 2300 VV) bzw 300 € (Nr. 2302 VV), wenn die Tätigkeit umfangreich oder schwierig war. Um Diskussionen darüber, ob die Erhöhung nach Nr. 1008 VV auch für diese sog. Schwellengebühren gilt, zu vermeiden, ist in Abs. 4 zu Anm. Nr. 1008 VV eine Klarstellung erfolgt: Auch diese Gebühr erhöht sich bei mehreren Auftraggebern um je 0,3 bzw 30 % bis zu insgesamt 2,0 bzw 200 %, wobei die Erhöhung um 0,3 nicht von 1,3 ausgehend, sondern von 1,0 ausgehend berechnet wird, bei zwei Auftraggebern also 1,3 + 0,3 = 1,6 beträgt.   26

Nr.	Gebührentatbestand	Gebühr oder Satz der Gebühr nach § 13 RVG
1009	Hebegebühr	
	1. bis einschließlich 2.500,00 €	1,0 %
	2. von dem Mehrbetrag bis einschließlich 10.000,00 €	0,5 %
	3. von dem Mehrbetrag über 10.000,00 €	0,25 %
	(1) Die Gebühr wird für die Auszahlung oder Rückzahlung von entgegengenommenen Geldbeträgen erhoben.	des aus- oder zurückgezahlten Betrags – mindestens 1,00 €
	(2) Unbare Zahlungen stehen baren Zahlungen gleich. Die Gebühr kann bei der Ablieferung an den Auftraggeber entnommen werden.	
	(3) Ist das Geld in mehreren Beträgen gesondert ausgezahlt oder zurückgezahlt, wird die Gebühr von jedem Betrag besonders erhoben.	
	(4) Für die Ablieferung oder Rücklieferung von Wertpapieren und Kostbarkeiten entsteht die in den Absätzen 1 bis 3 bestimmte Gebühr nach dem Wert.	
	(5) Die Hebegebühr entsteht nicht, soweit Kosten an ein Gericht oder eine Behörde weitergeleitet oder eingezogene Kosten an den Auftraggeber abgeführt oder eingezogene Beträge auf die Vergütung verrechnet werden.	

18 OLG Stuttgart AGS 2010, 121. **19** OLG Düsseldorf AGS 2011, 534. **20** Vgl hierzu Anm. *N. Schneider* zu OLG Düsseldorf AGS 2011, 534.

I. Anwendungsbereich

1   Wickelt der Anwalt Zahlungen über sein Konto ab, zahlt er insb. entgegengenommene Gelder aus oder zurück (Anm. Abs. 1) oder leitet er Wertpapiere oder Kostbarkeiten weiter (Anm. Abs. 3), so kann er hierfür die in Nr. 1009 VV geregelte Hebegebühr abrechnen. Die Gebührenvorschrift der Nr. 1009 VV gilt für alle Tätigkeiten, die in den Anwendungsbereich des § 1 Abs. 1 fallen.

2   Soweit der Anwalt Vormund, Betreuer, Verfahrenspfleger, Verfahrensbeistand etc. ist, ist Nr. 1009 VV nicht anwendbar. Das gilt auch für den Rechtsanwalt, der als Notar tätig wird und in dieser Eigenschaft Gelder verwahrt. Allerdings stehen dem Notar für die Verwahrung von Geldbeträgen und bei der Entgegennahme von Wertpapieren und Kostbarkeiten zur Verwahrung die Gebühren der Nr. 25300 und 25301 KV GNotKG zu. Verkammerte Rechtsbeistände rechnen unmittelbar nach dem RVG ab, so dass auch für sie die Hebegebühr gilt. Nichtverkammerte Rechtsbeistände können die Hebegebühr aber gleichermaßen abrechnen (§ 4 Abs. 4 RDGEG, § 1 RVG).

3   Während der Mindestbetrag einer Gebühr nach § 13 Abs. 2 mit Inkrafttreten des 2. KostRMoG auf 15,00 € angehoben worden ist, entspricht die Hebegebühr weiterhin mindestens (nur) 1,00 €; § 13 Abs. 2 ist unanwendbar.

II. Entstehung der Hebegebühr

4   **1. Aus- oder Rückzahlung sind maßgeblich (Anm. Abs. 1, 2 und 4).** Die Hebegebühr entsteht – anders als beim Notar – grds. mit der **Weiterleitung**, also der **Aus- oder Rückzahlung des vereinnahmten Geldes.** Zu beachten ist daher, dass der Anwalt die Hebegebühren nicht auch von Zahlungseingängen oder für die Entgegennahme von Wertpapieren oder Kostbarkeiten geltend machen darf.

5   **Unbare Zahlungen** (zB Überweisungen, Scheckübergabe oder die Übersendung eines Schecks) stehen einer Barauszahlung gleich (Anm. Abs. 2 S. 1). Gemäß Anm. Abs. 2 S. 2 kann die Hebegebühr bei unbaren Zahlungen bei der Ablieferung an den Auftraggeber entnommen werden.

6   Auch die Ablieferung oder Rücklieferung von **Kostbarkeiten** oder **Wertpapieren** berechnet sich nach dem Wert (Anm. Abs. 4).

7   **2. Auftrag zur Auszahlung oder Rückzahlung.** Erforderlich ist ein Auftrag zur Auszahlung oder Rückzahlung entgegengenommener Gelder, der regelmäßig konkludent erteilt wird. Von einer Auftragserteilung ist jedenfalls dann auszugehen, wenn der Anwalt mit der Beitreibung und Einziehung von Forderungen beauftragt worden ist oder der Auftrageber dem Anwalt Geld zur Weiterleitung übergibt.[1]

8   Es kommt für das Entstehen der Gebühr nicht darauf an, von wem Beträge an den Anwalt überlassen werden und an wen sie weitergeleitet werden. Maßgeblich ist allein ihre auftragsgemäße Auszahlung an den Auftraggeber oder an einen Dritten. Deshalb kann die Hebegebühr in der Person des Anwalts auch dann entstehen, wenn Beträge selbst verauslagt und auftragsgemäß an einen Dritten oder den Auftraggeber weitergeleitet werden.

9   Ein Rechtsanwalt, der Fremdgelder einbehält und sie mit vermeintlichen Vergütungsansprüchen verrechnet, kann nach einer Verurteilung zur Auszahlung des Fremdgeldbetrags aufgrund fehlender Ablieferung des Geldes allerdings keine Hebegebühr für die Auszahlung geltend machen.[2]

10   **3. Mehrere Auftraggeber.** Entsteht die Hebegebühr in der Person mehrerer Auftraggeber, so kann der Anwalt die Gebühr der Nr. 1009 VV nur in Höhe des jeweils an den Auftraggeber oder in seinem Auftrag ausgezahlten Betrags von jedem einzelnen Auftraggeber verlangen.

11   **4. Auszahlung in Teilbeträgen (Anm. Abs. 3).** Jede Auszahlung löst in Höhe des jeweiligen Teilbetrags die Hebegebühr gesondert aus (Anm. Abs. 3).

12   **5. Gesetzlicher Ausschluss der Hebegebühr (Anm. Abs. 5).** Anm. Abs. 5 regelt den gesetzlichen Ausschluss des Entstehens der Hebegebühr für den Fall, dass Kosten an ein Gericht oder eine Behörde weitergeleitet oder eingezogene Kosten an den Auftraggeber abgeführt oder eingezogene Beträge auf die Anwaltsvergütung verrechnet werden.

---

1 AnwK-RVG/N. *Schneider*, Nr. 1009 VV Rn 12 ff. **2** KG AGS 2013, 61.

III. Berechnung der Hebegebühr (Nr. 1–3)

1. Auszahlung und Rückzahlung entgegengenommener Gelder. Die Höhe der Hebegebühr errechnet sich 13
nach Nr. 1–3 wie folgt:

Bei Aus- oder Rückzahlungen erhält der Anwalt bei einem Betrag 14

- bis einschließlich 2.500 €   1,0 %
- von dem Mehrbetrag bis einschließlich 10.000 €   0,5 %
- von dem Mehrbetrag über 10.000 €   0,25 %

Die Hebegebühr berechnet sich deshalb: 15

- **bei Beträgen oder Werten bis einschließlich 2.500 €:**

  Betrag x 1 %

  oder

  $$\frac{\text{Betrag}}{100}$$

- **bei Beträgen oder Werten ab 2.500,01 € bis einschließlich 10.000 €:**

  (Betrag – 2.500 €) x 0,5 % + 25 €

  oder

  $$\frac{(\text{Betrag} - 2.500\ €) + 25\ €}{200}$$

- **bei Beträgen oder Werten über 10.000 €:**

  (Betrag – 10.000 €) x 0,25 % + 62,50 €

  oder

  $$\frac{(\text{Betrag} - 10.000\ €) + 62,50\ €}{400}$$

Beispiel: Der Anwalt erhält vom Gegner eine Zahlung iHv 6.500 € und leitet diese an den Mandanten weiter. Der 16
Anwalt kann für die Auszahlung berechnen:

1. Hebegebühr, Nr. 1009 VV (Wert: 6.500 €)			45,00 €
– bis einschließlich 2.500 €	1 % =	25,00 €	
– von dem Mehrbetrag bis 10.000 € (4.000 €)	0,5 % =	20,00 €	
2. Postentgeltpauschale, Nr. 7002 VV			9,00 €
Zwischensumme		54,00 €	
3. 19 % Umsatzsteuer, Nr. 7008 VV			10,26 €
Gesamtbetrag			**64,26 €**

2. Mehrere Auszahlungen oder Rückzahlungen entgegengenommener Gelder. Jede Auszahlung stellt eine 17
eigene Angelegenheit iSd § 15 dar. Erfolgen also mehrere Auszahlungen, erhält der Anwalt die Hebegebühr
aus jeder Auszahlung gesondert, unabhängig davon, ob der Zahlungseingang auch gesondert erfolgt ist
oder einheitlich gestaltet war.

Beispiel: An den Rechtsanwalt werden 15.000 € gezahlt. Er hat den Auftrag, den Betrag iHv 6.500 € an den A, 18
iHv 6.000 € an den B und iHv 2.500 € an den C auszuzahlen. Die Hebegebühren berechnen sich wie folgt:

A. Weiterleitung von 6.500 € an A

1. Hebegebühr, Nr. 1009 VV (Wert: 6.500 €)			45,00 €
– bis einschließlich 2.500 €	1 % =	25,00 €	
– von dem Mehrbetrag bis 10.000 €	0,5 % =	20,00 €	
2. Postentgeltpauschale, Nr. 7002 VV			9,00 €
Zwischensumme		54,00 €	
3. 19 % Umsatzsteuer, Nr. 7008 VV			10,26 €
Gesamtbetrag			**64,26 €**

B. Weiterleitung von 6.000 € an B

1. Hebegebühr, Nr. 1009 VV (Wert: 6.000 €)			42,50 €
– bis einschließlich 2.500 €	1 % =	25,00 €	
– von dem Mehrbetrag bis 10.000 €	0,5 % =	17,50 €	
2. Postentgeltpauschale, Nr. 7002 VV			8,50 €
Zwischensumme		51,00 €	
3. 19 % Umsatzsteuer, Nr. 7008 VV			9,69 €
Gesamtbetrag			**60,69 €**

C. Weiterleitung von 2.500 € an C

1. Hebegebühr, Nr. 1009 VV (Wert: 2.500 €)		25,00 €
2. Postentgeltpauschale, Nr. 7002 VV		5,00 €
Zwischensumme	30,00 €	
3. 19 % Umsatzsteuer, Nr. 7008 VV		5,70 €
Gesamtbetrag		35,70 €

Insgesamt kann der Anwalt Hebegebühren in einem Umfang von **160,65 €** beanspruchen. Eine Begrenzung der Gebühren der Hebegebühr aus dem Gesamtbetrag – die Hebegebühr würde dann (nur) iHv **107,10 €** entstehen – besteht nicht.

19 **3. Auszahlung der Hebegebühr.** Umgekehrt erhält der Anwalt die Hebegebühr nur einmal, wenn das Geld in mehreren Teilzahlungen bei ihm eingeht, er selbst es letztlich aber einheitlich auszahlt.

20 **Beispiel:** Der Anwalt erhält vom Gegner eine erste Teilzahlung iHv 4.000 € und später eine weitere Teilzahlung iHv 3.000 €. Er zahlt die gesamten 7.000 € mit einer Einmalzahlung aus. Der Anwalt kann jetzt die Hebegebühr nebst Auslagen nur einmal aus dem Gesamtwert (§ 22 Abs. 1) berechnen.

21 **4. Entnahme der Hebegebühr (Anm. Abs. 2 S. 2).** Der Anwalt ist berechtigt, die ihm zustehenden Hebegebühren unmittelbar bei Weiterleitung an den Auftraggeber zu entnehmen (Anm. Abs. 2 S. 2). Ein Einverständnis des Auftraggebers ist nicht erforderlich. Es handelt sich bei dieser Vorschrift um ein gesondert geregeltes **Vorschussrecht**, denn auch die Hebegebühr wird grds. gem. § 8 Abs. 1 S. 1 RVG erst mit Beendigung des Auftrags fällig, dh mit Ablieferung des Geldes.[3] Das Entnahmerecht entbindet den Anwalt daher auch nicht davon, die Hebegebühr nachträglich gem. § 10 Abs. 2 S. 1, Abs. 3 ordnungsgemäß abzurechnen.

22 **Beispiel:** Der Anwalt hat 15.000 € ausbezahlt erhalten und will vor Weiterleitung seine Hebegebühr vorab entnehmen. Der Anwalt erhält auch in diesem Fall die Hebegebühr aus 15.000 €, obwohl er diesen Betrag nicht in voller Höhe weiterleitet.

Er darf aus dem weiterzuleitenden Betrag iHv 15.000 € seine Hebegebühren nebst Auslagen entnehmen,	– 107,10 €
so dass nur noch auszuzahlen sind:	14.892,90 €

23 Die Höhe der zu entnehmenden Gebühr berechnet sich in diesen Fällen – entgegen dem Wortlaut – nicht nach dem ausgezahlten Betrag, sondern nach dem ohne Entnahme auszuzahlenden Betrag, auch wenn dieser infolge der Entnahme – wie hier – nicht mehr in voller Höhe ausgezahlt wird.

24 **5. Mindestbetrag, Rundung.** Die Mindestgebühr der Hebegebühr beträgt 1,00 €. Ab 0,5 Cent wird aufgerundet, darunter wird abgerundet (§ 2 Abs. 2 S. 2).

IV. Gegenstandswert

25 Der Gegenstandswert richtet sich auch hier nach den §§ 22 ff. Maßgebend ist im Falle einer Geldzahlung der ausgezahlte Betrag. Ausgezahlte Zinsen und Kosten sind werterhöhend zu berücksichtigen. Kosten sind werterhöhend dann nicht maßgebend, soweit sie an ein Gericht oder eine Behörde weitergeleitet oder wenn eingezogene Kosten an den Auftraggeber abgeführt werden (Anm. Abs. 5). Werden Wertgegenstände oder Kostbarkeiten ausgehändigt, so gilt deren Verkehrswert (§ 23 Abs. 3 S. 1 RVG iVm § 46 Abs. 1 GNotKG).

V. Kostenerstattung

26 Die Hebegebühr kann nach §§ 788, 91 ZPO zu erstatten sein.[4] Grundsätzlich wird die Hebegebühr nicht als notwendig und damit nicht als erstattungsfähig angesehen, sofern die Möglichkeit besteht, den Zahlungsverkehr unmittelbar unter den Beteiligten abzuwickeln. Die Rspr. fordert zur Erstattungsfähigkeit besondere Gründe, die in der Person oder dem Verhalten des Schuldners begründet sein können, in einer schwierigen Rechtslage o.Ä. und die die Einschaltung eines Rechtsanwalts in den Zahlungsverkehr notwendig machen. Ist nach diesen Grundsätzen die Abwicklung des Zahlungsvorgangs über den Prozessbevollmächtigten notwendig, ist die Hebegebühr auch erstattungsfähig.[5]

---

3 AnwK-RVG/*N. Schneider*, Nr. 1009 VV Rn 57. **4** S. hierzu *Schneider/Thiel*, ABC der Kostenerstattung, „Hebegebühr"; *Thiel*, AGS 2011, 573 ff. **5** BGH AGS 2007, 212 m. Anm. N. Schneider = NJW 2007, 1535 = JurBüro 2007, 253 = FamRZ 2007, 637; OLG Frankfurt OLGR 1993, 171; OLG Hamburg OLGR 2000, 210.

VI. Übersicht: Erstattungsfähigkeit

27

Einzelfälle[6]	Fundstellen
Unregelmäßige Zahlungen des Schuldners	Zu erwartende unregelmäßige Zahlungen des Schuldners sowie der Umstand, dass der Schuldner sich bei der Zahlung voraussichtlich nicht an die chronologische Reihenfolge bei der Geltendmachung der Forderungen halten wird, und die Verursachung langwieriger Lohnpfändungen führen zur gerechtfertigten Einschaltung des Prozessbevollmächtigten in den Zahlungsverkehr der Parteien und zur Erstattungsfähigkeit der Hebegebühr. ■ AG Eisenhüttenstadt Rpfleger 2005, 384 ■ OLG Hamburg OLGR 2006, 505 ■ AG Limburg AGS 2005, 308 m. Anm. *N. Schneider* = RVGreport 2005, 357 ■ OLG Düsseldorf JurBüro 1995, 49 = AGS 1998, 115 = zfs 1999, 178
Zahlung an den Prozessbevollmächtigten ohne Aufforderung	Besonderer, zur Erstattungsfähigkeit der Hebegebühr führender Grund ist auch der zahlungspflichtige Beklagte, der unaufgefordert an den Prozessbevollmächtigten des Klägers zahlt. ■ OLG Frankfurt JurBüro 1981, 1181 = Rpfleger 1981, 367 ■ OLG Schleswig zfs 1989, 162 ■ OLG Schleswig SchlHA 1985, 164 = JurBüro 1985, 394 ■ LG Hagen AnwBl 1982, 541 = zfs 1982, 333 = r+s 1983, 5 ■ AG Ahaus JurBüro 1982, 1187 = AnwBl 1982, 438 = zfs 1982, 367 ■ OLG Hamburg MDR 1991, 679 ■ AG Gronau AGS 2000, 211 = DAR 2001, 94 ■ AG Rostock r+s 1997, 88 ■ AG Wiesbaden AGS 1993, 66 = zfs 1993, 387 ■ AG Krefeld Schaden-Praxis 1992, 292 = zfs 1992, 351 ■ LG Hanau zfs 1989, 126 ■ AG Gronau zfs 1988, 357 ■ OLG Schleswig AnwBl 1989, 169 = zfs 1989, 162 ■ LG Frankfurt AnwBl 1989, 109 = zfs 1989, 127 ■ OLG Frankfurt JurBüro 1981, 1181 = MDR 1981, 1181 ■ OLG Düsseldorf AnwBl 1980, 264 = VersR 1980, 682 ■ OLG Schleswig SchlHA 1979, 59
Zahlung ist mit einer Gegenleistung verbunden	Ist die Zahlung mit der Überwachung einer Gegenleistung verbunden, insbesondere mit der Herausgabe einer Bürgschaft, ist die Einschaltung eines Prozessbevollmächtigten für den Zahlungsverkehr gerechtfertigt. Die Hebegebühr ist erstattungsfähig und zwar unabhängig davon, ob der Prozessbevollmächtigte den vereinnahmten Betrag an seinen Auftraggeber oder den Gegner auszahlt. ■ BGH AGS 2007, 212 m. Anm. *N. Schneider* = NJW 2007, 1535 = JurBüro 2007, 253 = FamRZ 2007, 637
Erstattungsfähigkeit durch vergleichsweise übernommene Zahlungsverpflichtung	Strittig ist, ob die Erstattungsfähigkeit der Hebegebühr bereits dadurch begründet wird, dass sich die zur Zahlung verpflichtete Partei vergleichsweise verpflichtet hat, an den Prozessbevollmächtigten zu zahlen. **1. Erstattungsfähigkeit:** Eine Auffassung bejaht in diesem Fall die Erstattungsfähigkeit, wenn es sich aus objektiven Gründen angeboten hatte, die Zahlungsabwicklung über das Konto eines der beteiligten Prozessbevollmächtigten zu erledigen. ■ OLG Karlsruhe AGS 2006, 406 = OLGR 2006, 365 ■ AG Charlottenburg JurBüro 1996, 607 ■ KG JurBüro 1981, 1349 = Rpfleger 1981, 410 ■ OLG Nürnberg JurBüro 1962, 342

6 S. *Schneider/Thiel*, ABC der Kostenerstattung, „Hebegebühr".

Einzelfälle	Fundstellen
	■ OLG Nürnberg Rpfleger 1963, 137 ■ OLG Schleswig SchlHA 1979, 59 ■ OLG Schleswig JurBüro 1999, 137 = AGS 1999, 163 = SchlHA 1999, 161 = OLGR 1999, 78 **2. Keine Erstattungsfähigkeit:** Nach gegenteiliger Auffassung soll die bloße Erwähnung der Zahlungsmodalität grds. keine Erstattungspflicht begründen, zumal die Vereinbarung regelmäßig nur für eine der Parteien Bedeutung hat. ■ OLG Hamburg MDR 1991, 679 ■ OLG München AGS 1998, 93 = MDR 1998, 438 = NJW-RR 1998, 1452 ■ OLG Celle DAR 1970, 328 ■ LG Detmold AGS 2003, 129 = Rpfleger 2003, 36 **3. Offengelassen:** Offengelassen haben die Beantwortung der Frage der Erstattungsfähigkeit der Hebegebühr in diesen Fällen das ■ OLG Nürnberg JurBüro 1968, 398 und ■ OLG Schleswig JurBüro 1999, 137
Ausdrückliche Aufforderung, an die Partei zu leisten	Zahlt eine Partei entgegen ausdrücklicher Aufforderung nicht unmittelbar an die andere Partei, sondern an den Prozessbevollmächtigten, so ist die Hebegebühr zu erstatten. ■ LG Berlin zfs 1990, 413 = NZV 1991, 74 ■ OLG Düsseldorf JurBüro 1985, 714 = Rbeistand 1985, 27
Zahlung durch den Haftpflichtversicherer	Die Hebegebühr ist auch erstattungsfähig, wenn der Haftpflichtversicherer an den Anwalt zahlt ohne hierzu aufgefordert worden zu sein. ■ AG Steinfurt AGS 1995, 135 = zfs 1996, 72 ■ LG Hanau zfs 1989, 126 ■ AG Gronau zfs 1988, 356
Partei lebt im Ausland	Wohnt die Partei im Ausland, so wird durch die Zahlung an den Prozessbevollmächtigten die ausgelöste Hebegebühr als erstattungsfähig angesehen. ■ AG Bruchsal VersR 1986, 689
Eilfälle	Auch in Eilfällen ist die Erstattungsfähigkeit der Hebegebühr anerkannt worden. ■ AG Ulm zfs 1988, 388
Arbeitsrecht	Die Hebegebühr ist auch dann erstattungsfähig, wenn der Schädiger auf einen auf den Arbeitgeber des Geschädigten übergegangenen Anspruch an den Prozessbevollmächtigten des Arbeitgebers leistet. ■ AG Gronau VersR 1997, 1155
Abschlagszahlungen	Das OLG Celle verneint die Erstattungsfähigkeit der Hebegebühr, wenn Abschlagszahlungen geleistet werden. ■ OLG Celle DAR 1970, 328 ■ LG Detmold AGS 2003, 129 = Rpfleger 2003, 36
Zahlung an den Prozessbevollmächtigten wird verlangt	Keine Erstattungsfähigkeit wird auch dann angenommen, wenn der Prozessbevollmächtigte unter Vorlage einer Geldempfangsvollmacht Zahlung unmittelbar an sich verlangt. ■ AG Dortmund VersR 1981, 490 Das gilt auch bei einem Geldeinzug durch den Gerichtsvollzieher und Zahlung an den Prozessbevollmächtigten, wenn die Zahlung unmittelbar an den Gläubiger hätte erfolgen können. ■ AG Neukölln DGVZ 1995, 13 ■ OLG Frankfurt OLGR 1993, 171 ■ LG Stuttgart Justiz 1997, 213

Einzelfälle	Fundstellen
Veranlassung durch Gläubiger	Darüber hinaus ist die Erstattungsfähigkeit der Hebegebühr auch verneint worden, wenn der Schuldner durch den Gläubiger veranlasst wird, an den Prozessbevollmächtigten zu zahlen. ■ OLG Schleswig JurBüro 1983, 1527 ■ AG Frankfurt DGVZ 1995, 79
Nur Angabe von Anwaltskonten	Abgelehnt wird die Erstattungsfähigkeit ferner, wenn in der Zahlungsaufforderung nur Rechtsanwaltskonten aufgeführt sind. ■ AGS Dorsten zfs 1991, 199
Entgegennehmen eines Schecks des Schuldnervertreters	Die Hebegebühr soll auch dann nicht erstattungsfähig sein, wenn zunächst die Annahme eines ungedeckten Schecks des Vollstreckungsschuldners abgelehnt, anschließend aber ein Scheck des Schuldnervertreters angenommen wird. ■ OLG Nürnberg JurBüro 1992, 107 ■ AG Limburg AGS 2005, 308 m. Anm. *N. Schneider* = RVGreport 2005, 357
Ratenzahlungen des Schuldners	Werden bei Ratenzahlungen des Schuldners über den Gerichtsvollzieher Zahlungen an den Anwalt weitergeleitet, ohne dass besondere Berechnungsprobleme auftauchen und handelt es sich nur um fünf Zahlungseingänge innerhalb eines Jahres, soll die Hebegebühr nicht erstattungsfähig sein. ■ AG Freiburg AGS 2009, 199 = JurBüro 499 ■ AG Cloppenburg DGVZ 2008, 15
Hinweis auf das Entstehen der Hebegebühr	Für die Erstattungsfähigkeit ist es nicht erforderlich, auf das Entstehen und die Erstattungsverpflichtung der Hebegebühr hinzuweisen. ■ BGH AGS 2007, 212 m. Anm. *N. Schneider* = NJW 2007, 1535 = JurBüro 2007, 253 = RVGreport 2007, 153 = FamRZ 2007, 637 ■ OLG Karlsruhe OLGR 2006, 365 = AGS 2006, 406 Ein Hinweis auf das Entstehen der Hebegebühr soll allerdings dann unerlässlich und Voraussetzung für die Erstattung der Hebegebühr sein, wenn der Beklagte dem klägerischen Prozessbevollmächtigten persönlich einen Scheck übergibt. ■ OLG München JurBüro 1992, 178 ■ AG Bonn VersR 1997, 1155 ■ AGS Rostock NZV 1997, 524
Zahlung des nur teilweise verurteilten Beklagten	Zahlt der nur teilweise verurteilte Beklagte die Urteilssumme unaufgefordert an den Prozessbevollmächtigten des Klägers, dann ist er dennoch verpflichtet, die Hebegebühr aus dem Teilbetrag ungequotelt zu erstatten. ■ OLG Düsseldorf AnwBl 1980, 264 = VersR 1980, 264 ■ OLG Frankfurt JurBüro 1981, 1181 = MDR 1981, 856 = zfs 1981, 337 = Rpfleger 1981, 367
Zahlung eines Gesamtschuldners	Überweist einer von mehreren Gesamtschuldnern den Urteilsbetrag unaufgefordert auf das Konto des Prozessbevollmächtigten des Klägers, dann ist er zur Erstattung der gesamten Hebegebühr allein verpflichtet. ■ KG RVGreport 2004, 399 ■ AG Gronau AGS 2000, 211 = DAR 2001, 94

Nr.	Gebührentatbestand	Gebühr oder Satz der Gebühr nach § 13 RVG
1010	Zusatzgebühr für besonders umfangreiche Beweisaufnahmen in Angelegenheiten, in denen sich die Gebühren nach Teil 3 richten und mindestens drei gerichtliche Termine stattfinden, in denen Sachverständige oder Zeugen vernommen werden .... Die Gebühr entsteht für den durch besonders umfangreiche Beweisaufnahmen anfallenden Mehraufwand.	0,3 oder bei Betragsrahmengebühren erhöhen sich der Mindest- und Höchstbetrag der Terminsgebühr um 30 %

I. Allgemeines

1   Nr. 1010 VV ist durch das 2. KostRMoG neu eingeführt worden und regelt eine Zusatzgebühr für besonders umfangreiche Beweisaufnahmen. Der Wegfall der Beweisgebühr durch das 1. KostRMoG hat nachhaltig zu Gebühreneinbußen geführt und der Gesetzgeber war seitdem der Kritik ausgesetzt, das RVG halte keine angemessene Vergütung für umfangreiche Beweisaufnahmen (mehr) vor. Die Wiedereinführung der „Beweisgebühr" kam nicht in Betracht und wäre von der Anwaltschaft ebenso kritisiert worden, weil dann auch die Gebührensätze von Verfahrens- und Terminsgebühr zu ermäßigen gewesen wären. Die Wiedereinführung der Beweisgebühr hätte auch das Ziel des Gesetzgebers konterkariert, einen Anreiz für zügige Verfahrenserledigungen zu schaffen. Der Gesetzgeber hat sich auf der Grundlage des 2. KostRMoG zwar gegen die Einführung einer generellen Beweisgebühr entschieden, andererseits aber einen Ausgleich für umfangreiche Beweisaufnahmen eingeführt.[1] Die Zusatzgebühr soll nach der Formulierung des Gesetzgebers in seiner Begründung den besonderen Aufwand bei umfangreichen Beweisaufnahmen ausgleichen: „Durch diese Gebühr sollen aber keine Fehlanreize gesetzt werden, die dazu animieren könnten, zusätzliche Beweisaufnahmetermine zu provozieren. Die Hürde bis zu einem dritten Beweistermin erscheint hierfür ausreichend."

2   Systematisch hätte die Vorschrift der Nr. 1010 VV an sich in Teil 3 VV gehört, weil sie ausschließlich für alle Verfahren nach diesem Teil gilt und es sich deshalb eigentlich auch nicht um eine allgemeine Gebühr handelt. Der Gesetzgeber hat sich allerdings dazu entschlossen, sie als „Allgemeine Gebühr" in Teil 1 VV zu regeln.

II. Voraussetzungen für die Entstehung der Zusatzgebühr

3   **1. Überblick.** Die Zusatzgebühr entsteht, wenn
- durch eine besonders umfangreiche Beweisaufnahme
- Mehraufwand in einer Angelegenheit nach Teil 3 VV ausgelöst wird und
- mindestens drei gerichtliche Termine stattfinden, in denen Sachverständige oder Zeugen vernommen werden.

Die Voraussetzungen müssen kumulativ erfüllt sein.

4   **2. Mehraufwand durch besonders umfangreiche Beweisaufnahme.** Zunächst einmal ist Voraussetzung, dass eine „besonders umfangreiche Beweisaufnahme" stattgefunden hat. Eine umfangreiche Beweisaufnahme genügt nicht. Sie muss **besonders umfangreich** sein. Auf der Grundlage der Rspr ist zu erwarten, dass sich eine Kasuistik bilden lässt, nach der eine Abgrenzungsdefinition der Voraussetzung „besonders umfangreich" möglich wird. Rspr ist bisher zu Nr. 1010 VV noch nicht ergangen. Eine Anlehnung an die §§ 42 und 51 könnte derzeit deshalb sachgerecht sein, weil sie tatbestandlich ebenfalls einen „besonderen Umfang" voraussetzen.[2] Soweit *Mayer*[3] die Auffassung vertritt, dass das Merkmal „besonders umfangreich" keine eigenständige Bedeutung habe und die Erfüllung der übrigen in der Vorschrift genannten Voraussetzungen allein zur Verwirklichung des Gebührentatbestands ausreichen, kann dem nicht gefolgt werden. Abzuleiten ist dies aus dem Wortlaut, insbesondere der kumulativen Darstellung, wonach eine „besonders um-

---

1 *Schneider/Thiel*, Das neue Gebührenrecht für Rechtsanwälte, § 3 Rn 498.   **2** *Schneider/Thiel*, Das neue Gebührenrecht für Rechtsanwälte, § 3 Rn 498.   **3** Gerold/Schmidt/*Mayer*, Nr. 1010 VV Rn 1.

fangreiche Beweisaufnahme" *und* „mindestens drei gerichtliche Termine stattfinden, in denen Sachverständige oder Zeugen vernommen werden".

Beispiel (Fehlender besonderer Umfang): In einem Verfahren kommt es zu drei Beweisaufnahmeterminen, in denen jeweils ein Zeuge für jeweils zehn Minuten vernommen wird. – Von einem „besonderen Umfang" der Beweisaufnahme kann nicht ausgegangen werden, so dass eine Zusatzgebühr nicht ausgelöst wird. **5**

Der Wortlaut fordert allerdings nicht, dass sich der besondere Umfang gerade aus der Vernehmung von Sachverständigen oder Zeugen ergeben muss. Es genügt insoweit, dass die Beweisaufnahme insgesamt besonders umfangreich war, so dass auch bei der Vernehmung jeweils eines Zeugen in drei verschiedenen Terminen für die Dauer von 10 Minuten die Zusatzgebühr ausgelöst werden kann, wenn weitere Umstände hinzutreten, die die Beweisaufnahme umfangreich gestalten. **6**

Beispiel (Besonderer Umfang aus anderen Gründen): Wie vorangegangenes Beispiel: Vor der Vernehmung der Zeugen war es zu zahlreichen und umfangreichen Sachverständigenterminen und mehreren Gutachten gekommen. – Jetzt kann ein besonderer Umfang bei der Beweisaufnahme vorliegen, so dass durch die drei Zeugenvernehmungstermine die Zusatzgebühr ausgelöst wird. **7**

3. Angelegenheit nach Teil 3 VV. Die Zusatzgebühr kann nach dem Wortlaut der Nr. 1010 VV nur in Angelegenheiten ausgelöst werden, in denen sich die **Gebühren nach Teil 3 VV** richten. Gebühren nach Teil 3 VV erhält der Rechtsanwalt, dem ein unbedingter Auftrag als Prozess- oder Verfahrensbevollmächtigter, als Beistand für einen Zeugen oder Sachverständigen oder für eine sonstige Tätigkeit in einem gerichtlichen Verfahren, insb. in **8**

- Zivilsachen,
- Verfahren der öffentlich-rechtlichen Gerichtsbarkeiten,
- Verfahren nach dem Strafvollzugsgesetz iVm § 92 JGG etc.,

erteilt worden ist (Vorbem. 3 Abs. 1 S. 1 VV). Der Beistand für einen Zeugen oder Sachverständigen erhält die gleichen Gebühren wie ein Verfahrensbevollmächtigter (Vorbem. 3 Abs. 1 S. 2 VV).

Nr. 1010 VV ist insoweit auch nicht auf Erkenntnisverfahren beschränkt, sondern kann auch in anderen Verfahren ausgelöst werden, zB in einem selbständigen Beweisverfahren. Sie gilt auch für einen Terminsvertreter oder einen Beweisanwalt (Nr. 3401 VV), wenn diese an den genannten Beweisterminen teilnehmen. Für den Verkehrsanwalt (Nr. 3400 VV) ist Nr. 1010 VV dagegen deshalb nicht anzuwenden, weil er an der Beweisaufnahme grds. nicht teilnimmt. **9**

4. Mindestens drei gerichtliche Termine zur Vernehmung von Zeugen oder Sachverständigen. a) Mindestens drei gerichtliche Termine. Es müssen darüber hinaus mindestens drei gerichtliche Termine zur Vernehmung von Zeugen oder Sachverständigen in derselben Angelegenheit iSd § 15 stattgefunden haben, dh in demselben Rechtszug (s. § 17 Nr. 1). Zu beachten ist dabei insb., dass das selbständige Beweisverfahren und das Hauptsacheverfahren und auch ein Verfahren vor und nach Zurückverweisung jeweils gesonderte Angelegenheiten sind, so dass die stattgefundenen Termine auch jeweils gesondert gezählt werden müssen. **10**

b) Zeugenvernehmungstermine. Termine zur Vernehmung eines Zeugen müssen solche iSd §§ 394 ff ZPO oder nach vergleichbaren Vorschriften anderer Verfahrensordnungen sein. Schriftliche Zeugenaussagen reichen hingegen nicht aus. Unerheblich ist aber, ob der Zeuge vor dem erkennenden Gericht, dem beauftragten oder ersuchten Richter vernommen worden ist. Erforderlich ist nur eine Vernehmung des Zeugen. Der Zeuge gilt grds. auch als vernommen, wenn er ein Zeugnis- oder Aussageverweigerungsrecht geltend macht. Das bloße Erscheinen des Geladenen ohne Vernehmung reicht nicht aus. Soweit derselbe Zeuge in mehreren Terminen vernommen wird, zählen diese gesondert. **11**

c) Sachverständigenvernehmungstermine. Termine zur Vernehmung eines Sachverständigen müssen solche nach § 411 Abs. 3 ZPO oder nach vergleichbaren Vorschriften anderer Verfahrensordnungen sein. Schriftliche Gutachten zählen nicht hierzu, ebenso wenig Termine, die von einem gerichtlichen Sachverständigen anberaumt worden sind, da es sich insoweit nach Vorbem. 3 Abs. 3 S. 3 Nr. 1 VV nicht um gerichtliche Termine, sondern um außergerichtliche Termine handelt. Wird derselbe Sachverständige in mehreren Terminen vernommen, so zählen diese Termine – wie bei der Zeugenvernehmung – gesondert. Werden Zeuge und Sachverständiger in einem Termin vernommen, zählt dies nur als ein Termin. Erscheint der Sachverständige lediglich, wird aber nicht vernommen, hat kein Termin iSd Nr. 1010 VV stattgefunden. **12**

III. Höhe der Gebühr

1. Allgemeines. Bei der Bemessung der Höhe der Gebühr für die besonders umfangreiche Beweisaufnahme ist danach zu unterscheiden, ob sich die Gebühren gem. § 2 Abs. 1 nach dem Gegenstandswert richten oder ob Betragsrahmen abzurechnen sind (§ 3 Abs. 1). **13**

14 **2. Abrechnung nach Wertgebühren.** Bei der Abrechnung nach Wertgebühren entsteht eine gesonderte Zusatzgebühr, die neben den anderen Gebühren ausgelöst wird. Die Gebühr muss daher auch in der Rechnung gesondert ausgewiesen werden (§ 10). Sie kann in jedem Rechtszug erneut anfallen, so dass sie im Verlauf eines Rechtsstreits mehrfach entstehen kann. Die Höhe des Gebührensatzes beträgt bei Wertgebühren immer 0,3 und zwar unabhängig davon, in welcher Instanz die Gebühr ausgelöst wird. Eine Erhöhung der Gebühr im Rechtsmittelverfahren hat der Gesetzgeber nicht vorgesehen. Auch eine Erhöhung dieser Gebühr bei mehreren Auftraggebern (Nr. 1008 VV) ist ausgeschlossen, weil es sich nicht um eine Verfahrensgebühr handelt.

15 Maßgebender Wert ist der Gesamtwert der Gegenstände, über die Beweis erhoben worden ist (§ 2 Abs. 1). Deshalb kann der Wert für die Zusatzgebühr hinter dem Wert der Hauptsache zurückbleiben. Für diesen Fall muss der Rechtsanwalt einen Antrag nach § 33 Abs. 1 stellen, um die insoweit erforderliche gesonderte Wertfestsetzung herbeizuführen, die für die Gerichtsgebühren nicht maßgeblich sein kann.

16 **Beispiel (Gebührenerhöhung bei umfangreicher Beweisaufnahme – Wertgebühren):** In dem Verfahren (Wert: 150.000 €) kommt es zu einer umfangreichen Beweisaufnahme mit drei Terminen zur Vernehmung von Zeugen und Sachverständigen. Neben der Verfahrens- und der Terminsgebühr entsteht jetzt die Zusatzgebühr der Nr. 1010 VV.

Abzurechnen ist wie folgt:

1. 1,3-Verfahrensgebühr, Nr. 3100 VV (Wert: 150.000 €)	2.285,40 €
2. 1,2-Terminsgebühr, Nr. 3104 VV (Wert: 150.000 €)	2.109,60 €
3. 0,3-Zusatzgebühr, Nr. 1010 VV (Wert: 150.000 €)	527,40 €
4. Postentgeltpauschale, Nr. 7002 VV	20,00 €
Zwischensumme	4.942,40 €
5. 19 % Umsatzsteuer, Nr. 7008 VV	939,06 €
Gesamt	**5.881,46 €**

17 **Beispiel (Gebührenerhöhung bei umfangreicher Beweisaufnahme – Wertgebühren; Beweisaufnahme nur über einen Teil des Streitgegenstands):** Wie vorangegangenes Beispiel. Es kommt aber nur wegen eines Teils der Forderungen iHv 100.000 € zu einer umfangreichen Beweisaufnahme mit drei Terminen zur Vernehmung von Zeugen und Sachverständigen. Neben der Verfahrens- und der Terminsgebühr aus dem Gesamtwert entsteht jetzt die Zusatzgebühr der Nr. 1010 VV nur aus dem Wert von 100.000 €.

Abzurechnen ist wie folgt:

1. 1,3-Verfahrensgebühr, Nr. 3100 VV (Wert: 150.000 €)	2.285,40 €
2. 1,2-Terminsgebühr, Nr. 3104 VV (Wert: 150.000 €)	2.109,60 €
3. 0,3-Zusatzgebühr, Nr. 1010 VV (Wert: 100.000 €)	450,90 €
4. Postentgeltpauschale, Nr. 7002 VV	20,00 €
Zwischensumme	4.865,90 €
5. 19 % Umsatzsteuer, Nr. 7008 VV	924,52 €
Gesamt	**5.790,42 €**

18 **3. Abrechnung nach Betragsrahmengebühren.** Bei Betragsrahmengebühren erhöhen sich der Mindest- und der Höchstbetrag der Terminsgebühr um 30 %. Dadurch ergibt sich dann gleichzeitig eine um 30 % erhöhte Mittelgebühr.

19 **Beispiel (Gebührenerhöhung bei umfangreicher Beweisaufnahme – Betragsrahmengebühren):** Der Anwalt vertritt einen Auftraggeber. Es kommt zu einer umfangreichen Beweisaufnahme mit drei Terminen zur Vernehmung von Zeugen und Sachverständigen. Auszugehen ist von der Höchstgebühr.

Es ergibt sich folgende Berechnung:

1. Verfahrensgebühr, Nr. 3102 VV	550,00 €
2. Terminsgebühr, Nr. 3106, 1010 VV	663,00 €
3. Postentgeltpauschale, Nr. 7002 VV	20,00 €
Zwischensumme	1.233,00 €
4. 19 % Umsatzsteuer, Nr. 7008 VV	234,27 €
Gesamt	**1.467,27 €**

20 Vertritt der Anwalt mehrere Auftraggeber, so sind die Erhöhungen nach Nr. 1008 VV und nach Nr. 1010 VV getrennt anzuwenden. Bei Nr. 1008 VV erhöht sich die Verfahrensgebühr, bei Nr. 1010 VV die Terminsgebühr.

IV. Kostenerstattung

21 Die Kostenerstattung richtet sich nach den jeweils für das Verfahren anwendbaren Regelungen. Die Zusatzgebühr gehört zu den Kosten des gerichtlichen Verfahrens.

V. Prozess- und Verfahrenskostenhilfe

Soweit einer Partei oder einem Beteiligten PKH/VKH bewilligt worden ist, erstreckt sich die Beiordnung   22
auch auf die Zusatzgebühr der Nr. 1010 VV.

Teil 2
Außergerichtliche Tätigkeiten einschließlich der Vertretung im Verwaltungsverfahren

Nr.	Gebührentatbestand	Gebühr oder Satz der Gebühr nach § 13 RVG
	Vorbemerkung 2:	
	(1) Die Vorschriften dieses Teils sind nur anzuwenden, soweit nicht die §§ 34 bis 36 RVG etwas anderes bestimmen.	
	(2) Für die Tätigkeit als Beistand für einen Zeugen oder Sachverständigen in einem Verwaltungsverfahren, für das sich die Gebühren nach diesem Teil bestimmen, entstehen die gleichen Gebühren wie für einen Bevollmächtigten in diesem Verfahren. Für die Tätigkeit als Beistand eines Zeugen oder Sachverständigen vor einem parlamentarischen Untersuchungsausschuss entstehen die gleichen Gebühren wie für die entsprechende Beistandsleistung in einem Strafverfahren des ersten Rechtszugs vor dem Oberlandesgericht.	

I. Allgemeines

In Teil 2 VV sollen alle **außergerichtlichen Tätigkeiten** des Rechtsanwalts zusammengefasst werden, soweit   1
sich aus den §§ 34–36 nichts anderes ergibt (**Vorbem. 2 Abs. 1 VV**). Eine weitere Ausnahme bildet nach
Vorbem. 2 Abs. 2 S. 2 VV die Tätigkeit als **Beistand eines Zeugen oder Sachverständigen vor einem parlamentarischen Untersuchungsausschuss.** Hierfür soll der Rechtsanwalt die gleichen Gebühren wie für die
entsprechende Beistandsleistung in einem Strafverfahren des ersten Rechtszugs vor dem Oberlandesgericht erhalten. Es kommen hier Gebühren nach Teil 4 Abschnitt 1 Unterabschnitt 1 VV („Gebühren des Verteidigers – Allgemeine Gebühren" [Nr. 4100–4103 VV]) und nach den Nr. 4118–4143 VV in Betracht.

Neben den ausdrücklich in diesem Teil 2 VV vorgesehenen Gebührentatbeständen soll sich die Tätigkeit als   2
Beistand eines Zeugen oder Sachverständigen in einem Verwaltungsverfahren nach den Gebühren eines Bevollmächtigten in diesem Verfahren richten (**Vorbem. 2 Abs. 2 S. 1 VV**).

II. Anwendungsbereich (Abs. 1)

Abs. 1 schließt die Anwendung der Vergütungsnummern des Teils 2 VV (Nr. 2100–2508 VV) in den Fällen   3
außergerichtlicher Tätigkeit aus, die in den §§ 34, 35 und 36 geregelt sind. Es handelt sich um die Vorschriften des Abschnitts 5 des Paragrafenteils „Außergerichtliche Beratung und Vertretung".

1. Beratung, Gutachten und Mediation, § 34

§ 34 RVG Beratung, Gutachten und Mediation   4
(1) [1]Für einen mündlichen oder schriftlichen Rat oder eine Auskunft (Beratung), die nicht mit einer anderen gebührenpflichtigen Tätigkeit zusammenhängen, für die Ausarbeitung eines schriftlichen Gutachtens und für die Tätigkeit als Mediator soll der Rechtsanwalt auf eine Gebührenvereinbarung hinwirken, soweit in Teil 2 Abschnitt 1
des Vergütungsverzeichnisses keine Gebühren bestimmt sind. [2]Wenn keine Vereinbarung getroffen worden ist, erhält der Rechtsanwalt Gebühren nach den Vorschriften des bürgerlichen Rechts. [3]Ist im Fall des Satzes 2 der Auftraggeber Verbraucher, beträgt die Gebühr für die Beratung oder für die Ausarbeitung eines schriftlichen Gutachtens jeweils höchstens 250 Euro; § 14 Abs. 1 gilt entsprechend; für ein erstes Beratungsgespräch beträgt die Gebühr jedoch höchstens 190 Euro.
(2) Wenn nichts anderes vereinbart ist, ist die Gebühr für die Beratung auf eine Gebühr für eine sonstige Tätigkeit,
die mit der Beratung zusammenhängt, anzurechnen.

Nach § 34 Abs. 1 S. 1 soll der Rechtsanwalt für seine Tätigkeit als Berater, Gutachter oder Mediator auf   5
eine Gebührenvereinbarung hinwirken. Wird keine Vereinbarung getroffen, so bestimmt sich die Gebühr
nach den Vorschriften des bürgerlichen Rechts (§ 34 Abs. 1 S. 2), also nach § 612 Abs. 2 BGB: „Ist die Höhe der Vergütung nicht bestimmt, so ist bei dem Bestehen einer Taxe die taxmäßige Vergütung, in Ermangelung einer Taxe die übliche Vergütung als vereinbart anzusehen." Für Verbraucher gelten ohne Vereinbarung Sonderregelungen (s. hierzu → § 34 Rn 9 ff). Siehe im Weiteren die Erl. zu § 34.

2. Hilfeleistung in Steuersachen, § 35

6   **§ 35 RVG Hilfeleistung in Steuersachen**

(1) Für die Hilfeleistung bei der Erfüllung allgemeiner Steuerpflichten und bei der Erfüllung steuerlicher Buchführungs- und Aufzeichnungspflichten gelten die §§ 23 bis 39 der Steuerberatervergütungsverordnung in Verbindung mit den §§ 10 und 13 der Steuerberatervergütungsverordnung entsprechend.

(2) [1]Sieht dieses Gesetz die Anrechnung einer Geschäftsgebühr auf eine andere Gebühr vor, stehen die Gebühren nach den §§ 23, 24 und 31 der Steuerberatervergütungsverordnung, bei mehreren Gebühren deren Summe, einer Geschäftsgebühr nach Teil 2 des Vergütungsverzeichnisses gleich. [2]Bei der Ermittlung des Höchstbetrags des anzurechnenden Teils der Geschäftsgebühr ist der Gegenstandswert derjenigen Gebühr zugrunde zu legen, auf die angerechnet wird.

7   Mit § 35 wird erstmals in einem Anwaltsgebührengesetz eine konkrete Abrechnungsgrundlage für die Tätigkeit des Rechtsanwalts im Zusammenhang mit der Bearbeitung von Steuererklärungen, der Durchführung von Buchführungsarbeiten etc. geschaffen. Siehe im Weiteren die Erl. zu § 35.

3. Schiedsrichterliche Verfahren und Verfahren vor dem Schiedsgericht, § 36

8   **§ 36 RVG Schiedsrichterliche Verfahren und Verfahren vor dem Schiedsgericht**

(1) Teil 3 Abschnitt 1, 2 und 4 des Vergütungsverzeichnisses ist auf die folgenden außergerichtlichen Verfahren entsprechend anzuwenden:

1. schiedsrichterliche Verfahren nach Buch 10 der Zivilprozessordnung und
2. Verfahren vor dem Schiedsgericht (§ 104 des Arbeitsgerichtsgesetzes).

(2) Im Verfahren nach Absatz 1 Nr. 1 erhält der Rechtsanwalt die Terminsgebühr auch, wenn der Schiedsspruch ohne mündliche Verhandlung erlassen wird.

9   § 36 bezieht sich nur auf die in Abs. 1 unter Nr. 1 und 2 genannten Verfahren; die einverständliche Einholung eines Schieds*gutachtens* fällt nicht unter diese Vorschrift.[1] Soweit der Anwalt als Schiedsrichter tätig ist, gelten die Gebührenregelungen des RVG auch nicht; er ist auf die Vereinbarung einer Vergütung angewiesen, ansonsten ist er auf die angemessene Vergütung angewiesen.[2] Inwieweit die angemessene Gebühr gem. § 612 Abs. 2 BGB sich an den gesetzlichen Anwaltsvergütungen orientiert, ist nicht sicher geklärt.[3] Vgl iÜ die Erl. zu § 36.

III. Beistand für einen Zeugen oder Sachverständigen (Abs. 2)

10   **Vorbem. 2 Abs. 2 S. 1 VV** beseitigt eine zu BRAGO-Zeiten bestehende Unklarheit, nach welchen Gebührenbestimmungen der als Zeugenbeistand oder Sachverständigenbeistand in einem **Verwaltungsverfahren** tätige Rechtsanwalt vergütet wird.

11   Soweit der Anwalt als Beistand des Zeugen oder Sachverständigen vor einem **parlamentarischen Untersuchungsausschuss** tätig wird, stehen ihm die gleichen Gebühren wie für die entsprechende Beistandsleistung in einem Strafverfahren des ersten Rechtszugs vor dem Oberlandesgericht (Nr. 4118– 4123 VV) zu (**Vorbem. 2 Abs. 2 S. 2 VV**).

---

1 AnwK-RVG/*Wahlen/Wolf/Thiel*, § 36 Rn 3; Bischof u.a./*Bischof*, § 36 Rn 10; Gerold/Schmidt/*Mayer*, § 36 Rn 6. **2** AnwK-RVG/ *Wahlen/Wolf/Thiel*, § 36 Rn 3; Bischof u.a./*Bischof*, § 36 Rn 10; Gerold/Schmidt/*Mayer*, § 36 Rn 6; Gerold/Schmidt/*Müller-Rabe*, § 1 Rn 751 ff. **3** LG Mainz AnwBl 1953, 336; AG Emmerich AnwBl 2008, 74 = AGS 2008, 484 m. Anm. *N. Schneider*; unsicher AG Brühl MDR 2009, 58; vgl auch *Kilian*, MDR 2008, 780.

Abschnitt 1
Prüfung der Erfolgsaussicht eines Rechtsmittels

Nr.	Gebührentatbestand	Gebühr oder Satz der Gebühr nach § 13 RVG
2100	Gebühr für die Prüfung der Erfolgsaussicht eines Rechtsmittels, soweit in Nummer 2102 nichts anderes bestimmt ist .... *Die Gebühr ist auf eine Gebühr für das Rechtsmittelverfahren anzurechnen.*	0,5 bis 1,0
2101	Die Prüfung der Erfolgsaussicht eines Rechtsmittels ist mit der Ausarbeitung eines schriftlichen Gutachtens verbunden: Die Gebühr 2100 beträgt	1,3
2102	Gebühr für die Prüfung der Erfolgsaussicht eines Rechtsmittels in sozialrechtlichen Angelegenheiten, in denen im gerichtlichen Verfahren Betragsrahmengebühren entstehen (§ 3 RVG), und in den Angelegenheiten, für die nach den Teilen 4 bis 6 Betragsrahmengebühren entstehen .... *Die Gebühr ist auf eine Gebühr für das Rechtsmittelverfahren anzurechnen.*	30,00 bis 320,00 €
2103	Die Prüfung der Erfolgsaussicht eines Rechtsmittels ist mit der Ausarbeitung eines schriftlichen Gutachtens verbunden: Die Gebühr 2102 beträgt	50,00 bis 550,00 €

I. Rechtliche Einordnung der Nr. 2100–2103 VV

Die Rechtsanwaltsgebührenordnung von 1879 hatte drei Grundprinzipien: Einfachheit der Gebühren, Sicherheit über die Gebühren und Erreichbarkeit der anwaltlichen Dienstleistung für wirtschaftlich wenig Leistungsfähige. Das sind auch die Grundprinzipien des RVG. Der Gesetzgeber des RVG 2004 hatte als Zusatzziele auch die Deregulierung und den Verbraucherschutz definiert. Diese sollten in einem ersten Schritt auch dadurch erreicht werden, dass der Rechtsanwalt durch § 49 b Abs. 5 BRAO und durch eine Neufassung des § 34 dazu bewogen werden sollte, mit dem Mandanten vorrangig Vergütungsvereinbarungen abzuschließen, anstatt nach dem RVG abzurechnen. In einem zweiten Schritt hat der Gesetzgeber mit Wirkung ab dem 1.7.2006 die allgemeinen Vergütungstatbestände für die außergerichtliche Beratung als der ersten Tätigkeit im anwaltlichen Mandat abgeschafft. Es muss bezweifelt werden, dass das tatsächlich zu einer Verbesserung des Verbraucherschutzes geführt hat, weil die Kalkulation für Beratungsleistungen sich an den tatsächlichen Kosten der Beratung orientieren wird und nicht mehr am Gegenstandswert. Die Rechtsschutzversicherer haben das erkannt und die frühere Fassung der Beratungsgebühr (Nr. 2100 idF des RVG vom 1.7.2004–30.6.2006) in den ARB als Erstattungshöchstgrenze festgeschrieben. **1**

Die jetzigen Nr. 2100–2103 VV betreffen nur noch **Sonderfälle der außergerichtlichen Beratung**. **2**

II. Prüfung der Erfolgsaussicht eines Rechtsmittels (Nr. 2100 VV)

1. Entstehen der Gebühr. Die Gebühr Nr. 2100 VV ist bei nach § 3 abzurechnenden Tätigkeiten anzuwenden. Für die Gebühr bleibt nur ein geringer Anwendungsbereich. **3**

Nach dem Wortlaut fällt die Gebühr Nr. 2100 VV für die Prüfung der Erfolgsaussicht eines Rechtsmittels an. Das setzt zunächst voraus, dass eine Entscheidung ergangen ist, gegen die ein Rechtsmittel eingelegt werden soll. Es kann sich dabei um eine Verwaltungsentscheidung, aber auch um eine gerichtliche Entscheidung in Form eines Urteils oder eines Beschlusses handeln. **4**

Der **Auftrag** muss sich darauf richten, dass die Erfolgsaussichten des Rechtsmittels überprüft werden sollen. Damit ist nicht die **Aufklärung über den Inhalt** oder die **Rechtsmittelfähigkeit** der anzufechtenden Entscheidung gemeint. Vielmehr ist die Aufklärung über den Inhalt der anzufechtenden Entscheidung bereits mit der Geschäfts- oder Verfahrensgebühr für den abgeschlossenen Verfahrensabschnitt abgegolten. Es handelt dabei sich um eine Neben- bzw Abwicklungstätigkeit iSv § 19 Abs. 1 S. 1, die mit der Gebühr für dieses Verfahren abgegolten wird. **5**

6   Erfolgt darüber hinaus aufgrund des Auftrags des Mandanten eine Beratung über die Statthaftigkeit und die Aussichten des Rechtsmittels, so ist die Gebühr Nr. 2100 VV verdient.[1] Damit ist gemeint, dass sich der Auftrag isoliert auf diese Beratung beziehen soll. Häufig wird sich der Auftrag auf das Einlegen des Rechtsmittels selbst richten. Dann ist zu unterscheiden, ob es sich um einen bedingten oder unbedingten Auftrag handelt. Wird der unbedingte Auftrag zum Einlegen des Rechtsmittels erteilt, ist für Nr. 2100 VV kein Raum mehr. Der Auftrag zur Einlegung des Rechtsmittels unter der Bedingung, dass Erfolgsaussichten bejaht werden, lässt die Gebühr Nr. 2100 VV entstehen, solange die Bedingung nicht eingetreten ist.

7   Die Gebühr Nr. 2100 VV fällt auch an, wenn der Auftrag zur Beratung über das Rechtsmittel des Gegners erteilt wird,[2] gleich, ob das Rechtsmittel des Gegners bereits eingelegt ist oder nicht.

8   Die Gebühr ist auch nicht mehr vom Inhalt der Prüfung abhängig. Es handelt sich aufgrund des durch das 2. KostRMoG neu gefassten Wortlauts nicht mehr um eine Abrategebühr. Vielmehr fällt sie auch dann an, wenn zum Rechtsmittel zugeraten wird, das Rechtsmittel jedoch nicht oder nicht durch den beratenden Rechtsanwalt eingelegt wird.

9   **2. Anrechnung (Anm.).** Wird das Rechtsmittel durch den beratenden Rechtsanwalt durchgeführt, konsumiert die Gebühr für das Rechtsmittel die angefallene Gebühr. Der Gesetzgeber spricht in der Anmerkung davon, dass eine Anrechnung erfolgt.

10 Bei der Anrechnung ist zu beachten, dass sich die Prüfung auf mehrere Gegenstände derselben Angelegenheit beziehen kann. Wird das Rechtsmittel nur bzgl eines Gegenstands eingelegt, bzgl eines anderen jedoch nicht oder erfolgt eine Einlegung nur zu einem Teil des Gegenstands, erfolgt eine Anrechnung nur insoweit, als eine Identität der Gegenstände zwischen Beratung und Rechtsmittel besteht. Es ist dann die fiktive Beratungsgebühr für den Teil der Beratungsgegenstände zu bilden, die sich im Rechtsmittel fortgesetzt haben.

11 **3. Höhe der Gebühr.** Die Gebühr Nr. 2100 VV beträgt 0,5–1,0 der Wertgebühr. Die Gebührenmitte liegt bei 0,75 der Wertgebühr. Die Ausfüllung des Rahmens erfolgt durch Bestimmung durch den Rechtsanwalt anhand der Kriterien des § 14 Abs. 1.

12 Ob auch eine Mehrvertretungsgebühr Nr. 1008 VV anfallen kann, wenn die Beratung für **mehrere Auftraggeber** erfolgt, ist zweifelhaft. Es kommt darauf an, ob es sich bei der Gebühr Nr. 2100 VV um eine Verfahrens- oder eine Geschäftsgebühr handelt[3] oder nicht.

13 **4. Beratungshilfe, Prozesskostenhilfe.** Ob für die Prüfung der Erfolgsaussicht eines Rechtsmittels Prozess-/Verfahrenskostenhilfe bewilligt werden kann, ist umstritten. Nach überwiegender Auffassung ist die Gewährung von PKH/VKH für eine Rechtsmittelprüfung nicht möglich,[4] weil es sich nicht um eine Prozessführung iSd § 114 ZPO handelt. Beratungshilfe ist dagegen zu bewilligen.[5]

III. Prüfung der Erfolgsaussicht eines Rechtsmittels verbunden mit der Ausarbeitung eines schriftlichen Gutachtens (Nr. 2101 VV)

14 Die Gebühr Nr. 2101 VV ist gegenüber Nr. 2100 VV **spezieller.** Sie erfasst die nach Nr. 2100 VV abzurechnenden Beratungen über die Erfolgsaussicht eines Rechtsmittels, wenn diese in der Form eines **schriftlichen Gutachtens** erfolgen.

15 Bei Nr. 2101 VV handelt es sich nicht um einen eigenen Gebührentatbestand, sondern lediglich um eine Regelung zur Höhe der Gebühr Nr. 2100 VV, wie sich aus dem Wortlaut eindeutig ergibt („Die Gebühr 2100 beträgt …").

16 Der **Auftrag** muss sich auf die Erstellung eines **schriftlichen Gutachtens** über die mündliche Beratung über die Rechtsmittelprüfung hinaus beziehen. Das Gutachten muss mindestens die Darstellung des Sachverhalts, die Darstellung des rechtlichen Problems, die Darstellung der Gesetzeslage unter Nennung von maßgeblicher Rechtsprechung und Literatur sowie eine eigene Bewertung enthalten.[6]

17 Schriftform iSv § 126 ZPO ist nicht erforderlich; mit „**schriftlich**" ist eher Textform gemeint.

18 Inhalt des Gutachtens müssen die Erfolgsaussichten eines Rechtsmittels sein. Es muss daher eine Entscheidung einer Behörde oder eines Gerichts vorliegen, gegen die ein Rechtsmittel eingelegt werden soll. Das Gutachten kann sich auch auf ein Rechtsmittel des Gegners beziehen.

19 Für die Erstellung des Gutachtens ist eine Festgebühr iHv **1,3** der Wertgebühr vorgesehen. Das entspricht der gekappten Mittelgebühr der Nr. 2300 VV.

---

1 Mayer/Kroiß/*Winkler*, Nr. 2100 VV Rn 10. **2** Mayer/Kroiß/*Winkler*, Nr. 2100 VV Rn 19. **3** So wohl Mayer/Kroiß/*Winkler*, Nr. 2100 VV Rn 21; AnwK-RVG/*N. Schneider*, Nr. 2100 VV Rn 28. **4** Anders *Hartung*, AnwBl 2005, 206. **5** OLG Düsseldorf AGS 2005, 567; *Schons*, AnwBl 2005, 656. **6** AnwK-RVG/*Onderka*, § 34 Rn 44.

Bei einer **vorzeitigen Beendigung** des Auftrags gilt § 649 BGB, so dass sich der Rechtsanwalt ersparte Aufwendungen anrechnen lassen muss. Ist der Auftrag erteilt und eine Leistung bereits erbracht, jedoch nicht beendet, ist fraglich, ob angesichts der als Festgebühr vorgesehenen Taxe tatsächlich eine Anrechnung der Ersparungen stattfinden soll.[7]   20

Eine **Anrechnung** der Gutachtengebühr auf die Verfahrensgebühr für ein sich anschließendes Rechtsmittel erfolgt nicht. Weder sieht § 34 Abs. 2 eine Anrechnung vor, noch enthält Nr. 2101 VV eine Anrechnungsvorschrift, wie etwa Anm. zu Nr. 2100 VV. Dennoch wird vertreten, dass wegen der Bezugnahme im Gebührentatbestand von Nr. 2101 VV auf Nr. 2100 VV eine teilweise Anrechnung stattzufinden habe;[8] die Verweisung ist jedoch wohl nur als Rechtsgrund-, nicht als Rechtsfolgenverweisung zu verstehen.[9]   21

IV. Prüfung der Erfolgsaussicht eines Rechtsmittels in sozialrechtlichen Angelegenheiten (Nr. 2102 VV)

Die Vorschrift Nr. 21021 VV ist bei nach § 3 abzurechnenden Tätigkeiten sowie bei Tätigkeiten in Verfahren anzuwenden, wenn sie nach den Teilen 4, 5 und 6 VV abzurechnen wären. Sie entspricht inhaltlich in vollem Umfang der Gebühr Nr. 2100 VV bei den nach Wertgebühren abzurechnenden Tätigkeiten.   22

Die Bestimmung der konkreten Gebührenhöhe erfolgt anhand der Kriterien des § 14 Abs. 1.   23

Die Gebühr ist auf die Gebühr für das Rechtsmittelverfahren **anzurechnen** (**Anm.**).   24

Für die Gebühr bleibt nur ein geringer Anwendungsbereich. Denn die Aufklärung über den Inhalt der anzufechtenden Entscheidung ist bereits mit der Geschäfts- oder Verfahrensgebühr für den abgeschlossenen Verfahrensabschnitt abgegolten. Erfolgt darüber hinaus aufgrund des Auftrags des Mandanten eine Beratung über die Statthaftigkeit und die Aussichten des Rechtsmittels, so ist die Gebühr Nr. 2101 VV verdient.[10] Wird das Rechtsmittel durch den beratenden Rechtsanwalt durchgeführt, konsumiert die Gebühr für das Rechtsmittel die angefallene Gebühr.   25

Die Gebühr fällt auch an, wenn der Auftrag zur Beratung über das Rechtsmittel des Gegners erteilt wird.[11]   26

V. Prüfung der Erfolgsaussicht eines Rechtsmittels verbunden mit der Ausarbeitung eines schriftlichen Gutachtens (Nr. 2103 VV)

Die Vorschrift Nr. 2103 VV ist gegenüber Nr. 2101 und Nr. 2102 VV **spezieller**. Sie erfasst diejenigen der nach Nr. 2102 VV abzurechnenden Beratungen, wenn diese in der Form eines schriftlichen oder in Textform erstellten Gutachtens erfolgen.   27

Abschnitt 2
Herstellung des Einvernehmens

Nr.	Gebührentatbestand	Gebühr oder Satz der Gebühr nach § 13 RVG
2200	Geschäftsgebühr für die Herstellung des Einvernehmens nach § 28 EuRAG	in Höhe der einem Bevollmächtigten oder Verteidiger zustehenden Verfahrensgebühr

---

7 Bejahend AnwK-RVG/*N. Schneider*, Nr. 2101 VV Rn 15. **8** AnwK-RVG/*N. Schneider*, Nr. 2101 VV Rn 19 ff. **9** Mayer/Kroiß/*Winkler*, Nr. 2101 VV Rn 42 ff. **10** Mayer/Kroiß/*Winkler*, Nr. 2100 VV Rn 10. **11** Mayer/Kroiß/*Winkler*, Nr. 2100 VV Rn 19.

Nr.	Gebührentatbestand	Gebühr oder Satz der Gebühr nach § 13 RVG
2201	Das Einvernehmen wird nicht hergestellt: Die Gebühr 2200 beträgt	0,1 bis 0,5 oder Mindestbetrag der einem Bevollmächtigten oder Verteidiger zustehenden Verfahrensgebühr

I. Allgemeines

1 Das **Gesetz über die Tätigkeit europäischer Rechtsanwälte in Deutschland (EuRAG)**[1] regelt für natürliche Personen, die berechtigt sind, als Rechtsanwalt unter einer der in der Anlage zu § 1 EuRAG (→ Rn 4) genannten Berufsbezeichnungen selbständig tätig zu sein (**europäische Rechtsanwälte**), die **Berufsausübung** und die **Zulassung zur Rechtsanwaltschaft in Deutschland**. Gemäß § 27 Abs. 1 EuRAG hat der dienstleistende europäische Rechtsanwalt im Zusammenhang mit der Vertretung oder Verteidigung eines Mandanten im Bereich der Rechtspflege oder vor Behörden die Stellung eines Rechtsanwalts, insb. dessen Rechte und Pflichten, soweit diese nicht die Zugehörigkeit zu einer Rechtsanwaltskammer sowie die Kanzlei betreffen. Bei der Ausübung sonstiger Tätigkeiten hat er die für einen Rechtsanwalt geltenden Regeln einzuhalten (§§ 43, 43 a, 43 b und 45 BRAO).

2 Der europäische Rechtsanwalt darf in gerichtlichen Verfahren sowie in behördlichen Verfahren wegen Straftaten, Ordnungswidrigkeiten, Dienstvergehen oder Berufspflichtverletzungen, in denen der Mandant nicht selbst den Rechtsstreit führen oder sich verteidigen kann, als Vertreter oder Verteidiger eines Mandanten nur im Einvernehmen mit einem Rechtsanwalt (**Einvernehmensanwalt**) handeln. Der Einvernehmensanwalt muss zur Vertretung oder Verteidigung bei dem Gericht oder der Behörde befugt sein. Ihm obliegt es auch, gegenüber dem europäischen Rechtsanwalt darauf hinzuwirken, dass dieser bei der Vertretung oder Verteidigung die Erfordernisse einer geordneten Rechtspflege beachtet. Der dienstleistende europäische Rechtsanwalt darf einen Mandanten, dem in einem Strafverfahren die Freiheit aufgrund gerichtlicher oder behördlicher Anordnung entzogen ist, nur in Begleitung eines Einvernehmensanwalts nach § 28 Abs. 1 EuRAG besuchen und mit dem Mandanten nur über einen solchen schriftlich verkehren. Mit dem Einvernehmensanwalt ist auch das Einvernehmen über die Ausübung des Besuchs- und Schriftverkehrs herzustellen. Der europäische Rechtsanwalt hat einen Zustellungsbevollmächtigten, der im Inland wohnt oder dort einen Geschäftsraum hat, zu benennen, sobald er in Verfahren vor Gerichten oder Behörden tätig wird.

3 Das **Einvernehmen nach § 29 Abs. 1 EuRAG** ist bei der ersten Handlung gegenüber dem Gericht oder der Behörde **nachzuweisen**; es wird schriftlich hergestellt. Ein Vertragsverhältnis zwischen dem Einvernehmensanwalt und dem Mandanten kommt nicht zustande, sofern nicht etwas anderes vereinbart worden ist (§ 28 Abs. 3 EuRAG).

§ 28 EuRAG Vertretung und Verteidigung im Bereich der Rechtspflege

(1) Der dienstleistende europäische Rechtsanwalt darf in gerichtlichen Verfahren sowie in behördlichen Verfahren wegen Straftaten, Ordnungswidrigkeiten, Dienstvergehen oder Berufspflichtverletzungen, in denen der Mandant nicht selbst den Rechtsstreit führen oder sich verteidigen kann, als Vertreter oder Verteidiger eines Mandanten nur im Einvernehmen mit einem Rechtsanwalt (**Einvernehmensanwalt**) handeln.

(2) Der Einvernehmensanwalt muss zur Vertretung oder Verteidigung bei dem Gericht oder der Behörde befugt sein. Ihm obliegt es, gegenüber dem dienstleistenden europäischen Rechtsanwalt darauf hinzuwirken, dass dieser bei der Vertretung oder Verteidigung die Erfordernisse einer geordneten Rechtspflege beachtet.

(3) Zwischen dem Einvernehmensanwalt und dem Mandanten kommt kein Vertragsverhältnis zustande, wenn die Beteiligten nichts anderes bestimmt haben.

(4) (*weggefallen*)

---

1 Vom 9.3.2000 (BGBl. I 182, 1349).

§ 29 EuRAG Nachweis des Einvernehmens, Widerruf

(1) Das Einvernehmen ist bei der ersten Handlung gegenüber dem Gericht oder der Behörde schriftlich nachzuweisen.

(2) Ein Widerruf des Einvernehmens ist schriftlich gegenüber dem Gericht oder der Behörde zu erklären. Er hat Wirkung nur für die Zukunft.

(3) Handlungen, für die der Nachweis des Einvernehmens zum Zeitpunkt ihrer Vornahme nicht vorliegt, sind unwirksam.

§ 30 EuRAG Besonderheiten bei Verteidigung

(1) Der dienstleistende europäische Rechtsanwalt darf einen Mandanten, dem in einem Strafverfahren die Freiheit auf Grund gerichtlicher oder behördlicher Anordnung entzogen ist, nur in Begleitung eines Einvernehmensanwalts nach § 28 Abs. 1 besuchen und mit dem Mandanten nur über einen solchen schriftlich verkehren. Mit dem Einvernehmensanwalt ist das Einvernehmen über die Ausübung des Besuchs- und Schriftverkehrs herzustellen.

(2) Das Gericht oder die Behörde kann den Besuch ohne Begleitung oder den unmittelbaren schriftlichen Verkehr gestatten, wenn eine Gefährdung der Sicherheit nicht zu besorgen ist.

(3) Die §§ 138 a bis 138 d, 146, 146 a und 148 der Strafprozessordnung sowie §§ 26, 27 Abs. 3, § 29 Abs. 1 und § 31 Abs. 4 des Strafvollzugsgesetzes sind auf den Einvernehmensanwalt entsprechend anzuwenden.

Die **Anlage zu § 1 EuRAG** bestimmt, wer in Mitgliedstaaten der Europäischen Union, anderen Vertragsstaaten des Abkommens über den Europäischen Wirtschaftsraum und der Schweiz als **europäischer Anwalt iSd § 1 Abs. 1 EuRAG** tätig werden darf: 4

– in Belgien:	Avocat/Advocaat/Rechtsanwalt
– in Bulgarien:	Адвокат (Advokat)
– in Dänemark:	Advokat
– in Estland:	Vandeadvokaat
– in Finnland:	Asianajaja/Advokat
– in Frankreich:	Avocat
– in Griechenland:	Δικηγόρος (Dikigoros)
– in Großbritannien:	Advocate/Barrister/Solicitor
– in Irland:	Barrister/Solicitor
– in Island:	Lögmaur
– in Italien:	Avvocato
– in Kroatien:	Odvjetnik
– in Lettland:	Zvērināts advokāts
– in Liechtenstein:	Rechtsanwalt
– in Litauen:	Advokatas
– in Luxemburg:	Avocat
– in Malta:	Avukat/Prokuratur Legali
– in den Niederlanden:	Advocaat
– in Norwegen:	Advokat
– in Österreich:	Rechtsanwalt
– in Polen:	Adwokat/Radca prawny
– in Portugal:	Advogado
– in Rumänien:	Avocat
– in Schweden:	Advokat
– in der Schweiz:	Advokat, Rechtsanwalt, Anwalt, Fürsprecher, Fürsprech/Avocat/Avvocato
– in der Slowakei:	Advokát/Komerčný právnik
– in Slowenien:	Odvetnik/Odvetnica
– in Spanien:	Abogado/Advocat/Avogado/Abokatu
– in der Tschechischen Republik:	Advokát
– in Ungarn:	Ügyvéd
– in Zypern:	Δικηγόρος (Dikigoros)

II. Gebühren Nr. 2200 und 2201 VV

1. Allgemeines. Für die Herstellung des Einvernehmens und darauf gerichtete Tätigkeiten werden Gebühren nach den Nr. 2200, 2201 VV ausgelöst. Die Gebühr Nr. 2200 VV ist eine (Teil-)Erfolgsgebühr. Die volle Gebühr nach Nr. 2200 VV entsteht nämlich nur dann, wenn das Einvernehmen hergestellt worden ist. Wird   5 das Einvernehmen nicht hergestellt, war die Tätigkeit aber darauf gerichtet, es herbeizuführen, ist Nr. 2201 VV einschlägig.

6   Nr. 2200, 2201 VV gelten ausschließlich für den **Einvernehmensanwalt** (§ 28 Abs. 1 EuRAG). Der ausländische Rechtsanwalt rechnet seine Vergütung nach seinem Heimatrecht ab. Ein Vertragsverhältnis zwischen dem Einvernehmensanwalt und dem Auftraggeber kommt nicht zustande, weshalb allein der ausländische Anwalt und nicht sein Auftraggeber die Gebühren schuldet.

7   **2. Einvernehmen wird hergestellt (Nr. 2200 VV).** Für die Herstellung des Einvernehmens nach §§ 28 Abs. 1 und 30 Abs. 1 S. 2 EuRAG erhält der Einvernehmensanwalt die Vergütung nach Nr. 2200 VV. Wie sich die Vergütung berechnet, richtet sich nach den Gebühren, die der Einvernehmensanwalt erhalten würde, wenn er selbst als Prozess- oder Verfahrensbevollmächtigter oder Verteidiger vom Mandanten beauftragt worden wäre. Die volle Gebühr nach Nr. 2200 VV setzt voraus, dass das **Einvernehmen** auch **tatsächlich hergestellt** worden ist.

8   **3. Einvernehmen wird nicht hergestellt (Nr. 2201 VV).** Kommt es nicht zur Herstellung des Einvernehmens, hat der Rechtsanwalt aber darauf gerichtete Tätigkeiten ausgeübt, richtet sich seine Vergütung nach Nr. 2201 VV, die bestimmt, dass die Gebühr nach Nr. 2200 VV nur ermäßigt entsteht. Sie entspricht 0,1– 0,5 oder dem Mindestbetrag, den der Einvernehmensanwalt erhalten würde, wenn er selbst als Prozess-, Verfahrensbevollmächtigter oder Verteidiger vom Mandanten beauftragt worden wäre.

III. Abgeltungsbereich der Gebühren

9   Die Einvernehmensgebühr **Nr. 2200 VV** vergütet die gesamte Tätigkeit des Einvernehmensanwalts im Verfahren über die Herstellung des Einvernehmens ab, also insb. die Beratung und Belehrung des ausländischen Rechtsanwalts über die Erfordernisse einer geordneten Rechtspflege, die Belehrung über das prozessuale Vorgehen, insb. die Beachtung von Formalien der Klageerhebung, über die Zahlung von Gerichtskostenvorschüssen, die Wahrnehmung von Terminen sowie die Wahrung von Schriftsatz- und Rechtsmittelfristen.[2] Ebenfalls durch die Gebühr Nr. 2200 VV wird die Abgabe des schriftlichen Nachweises des Einvernehmens gegenüber der Behörde oder dem Gericht gem. § 29 Abs. 1 EuRAG abgegolten sowie ein Widerruf nach § 29 Abs. 2 S. 1 EuRAG. Zum Abgeltungsbereich der Gebühr Nr. 2200 VV gehört auch die Tätigkeit als Zustellungsbevollmächtigter (§ 31 EuRAG). Ist der Anwalt hinsichtlich des Einvernehmens nach § 30 EuRAG tätig, so vergütet die Einvernehmensgebühr auch die Mitwirkung beim Schriftverkehr und auch die Begleitung in die Haft- oder Unterbringungsanstalt. Da es sich um eine (Teil-)Erfolgsgebühr handelt, entsteht die Gebühr erst dann, wenn das Einvernehmen hergestellt worden ist.

10   Die **ermäßigte Gebühr** der Nr. 2200, **2201 VV** entsteht mit der ersten Tätigkeit des Einvernehmensanwalts nach Erteilung des Auftrags, regelmäßig mit der Entgegennahme der Information. Nr. 2201 VV berücksichtigt, dass ein Einvernehmen nicht hergestellt werden kann, aber eine darauf gerichtete Tätigkeit entfaltet worden war.

11   Hinsichtlich des Umfangs der Angelegenheit gilt § 15. Für jede selbstständige Angelegenheit nach § 28 EuRAG muss ein Einvernehmen hergestellt werden, so dass Gebühren nach Nr. 2200, 2201 VV auch jeweils gesondert ausgelöst werden können.[3]

IV. Höhe der Vergütung

12   **1. Allgemeines.** Die **Höhe der Gebühr** richtet sich nach der jeweiligen Verfahrensgebühr, die der Anwalt als Verfahrensbevollmächtigtem oder Verteidiger beanspruchen könnte. Maßgeblich ist, welche Gebühr der Einvernehmensanwalt erhalten würde, wenn er selbst Verfahrensbevollmächtigter oder Verteidiger gewesen wäre. Nr. 2200 VV ist eine **Festgebühr.** Der Anwalt erhält nicht die gleiche Gebühr wie der Bevollmächtigte oder der Verteidiger, sondern eine feste Geschäftsgebühr, für deren Höhe lediglich eine konkret bestimmte andere (fiktive) Gebühr maßgebend ist. In Nr. 2201 VV ist hingegen ein Betragsrahmen vorgesehen.

13   **2. Volle Gebühr Nr. 2200 VV.** Folgende Konstellationen:

- Würde in der Person des Anwalts als Prozess- oder Verfahrensbevollmächtigtem die volle Verfahrensgebühr entstehen, dann erhält der Einvernehmensanwalt eine Geschäftsgebühr in Höhe der vollen Verfahrensgebühr.
- Vertritt der Hauptbevollmächtigte mehrere Auftraggeber gemeinschaftlich wegen desselben Gegenstands, so würde der Einvernehmensanwalt als Verfahrensbevollmächtigter eine nach Nr. 1008 VV erhöhte Verfahrensgebühr erhalten. Demzufolge richtet sich auch die Einvernehmens-Geschäftsgebühr nach der insoweit erhöhten fiktiven Gebühr eines Bevollmächtigten.

---

2 *Raiser*, NJW 1991, 2049. **3** Mayer/Kroiß/*Teubel*, Nr. 2200–2201 VV Rn 9.

- Soweit die Verfahrensgebühr nur reduziert entstehen würde, weil die Voraussetzungen der Nr. 3101 Nr. 1 VV, Anm. Abs. 1 Nr. 1 zu Nr. 3201 VV vorliegen, dann erhält auch der Einvernehmensanwalt nur die Geschäftsgebühr in Höhe der ermäßigten fiktiven Verfahrensgebühr.
- Würde dem Bevollmächtigten eine Verfahrensdifferenzgebühr zustehen, so erhält auch der Einvernehmensanwalt in dieser Höhe seine Gebühr.

Beispiel: Das Einvernehmen nach § 28 Abs. 1 EuRAG wurde hergestellt. Es wird Klage über 15.000 € erhoben. Im Termin einigen sich die Parteien über die 15.000 € sowie weitere 3.000 €.

Ein Verfahrensbevollmächtigter würde erhalten:

1. 1,3-Verfahrensgebühr, Nr. 3100 VV (Wert: 15.000 €)	845,00 €	
2. 0,8-Verfahrensgebühr, Nr. 3101 Nr. 2 VV (Wert: 3.000 €)	160,80 €	
gem. § 15 Abs. 3 nicht mehr als 1,3 aus 18.000 €		904,80 €

Die Geschäftsgebühr des Einvernehmensanwalts Nr. 2200 VV beträgt somit 904,80 €.

Entsprechend ist zu verfahren, wenn Betragsrahmengebühren maßgeblich sind.

Auf die Höhe der Geschäftsgebühr haben **Ermäßigungsvorschriften** wie die Nr. 3101, 3201 VV u.a. unmittelbar keinen Einfluss; insoweit gilt vielmehr Nr. 2201 VV. Sie beeinflussen aber mittelbar, wenn sich das Verfahren, für das das Einvernehmen hergestellt worden ist, erledigt, ohne dass der ausländische Anwalt eine die volle Gebühr auslösende Handlung vorgenommen hat.   **14**

3. Ermäßigte Gebühr Nr. 2200 VV (Nr. 2201 VV). Wird ein Einvernehmen nicht hergestellt, erhält der Einvernehmensanwalt die Gebühr der Nr. 2200 VV nur ermäßigt (**Nr. 2201 VV**).   **15**

a) Wertgebühren. Gelten im zugrunde liegenden Verfahren Wertgebühren, erhält der Rechtsanwalt die Geschäftsgebühr der Nr. 2200 VV gem. Nr. 2201 VV nur iHv 0,1–0,5; die Mittelgebühr beträgt 0,3. Die Höhe der Gebühr bestimmt der Einvernehmensanwalt nach § 14 Abs. 1. Es handelt sich um eine Rahmengebühr, so dass es darauf ankommt, in welchem Umfang die Umstände des Verfahrens zur Herstellung des Einvernehmens die Kriterien des § 14 Abs. 1 erfüllen.   **16**

Ist der Anwalt beauftragt, das Einvernehmen für **mehrere ausländische Anwälte** herzustellen, erhöht sich der Gebührensatz um 0,3 je weiterer Auftraggeber. Soweit in dem zugrunde liegenden Verfahren Betragsrahmengebühren gelten, erhält der Anwalt lediglich den Mindestbetrag der Verfahrensgebühr, die er als Bevollmächtigter oder Verteidiger in dem Verfahren erhalten hätte. Insoweit ist wiederum eine Festgebühr vorgesehen. Die Mindestbeträge erhöhen sich nach Nr. 1008 VV um jeweils 30 %, soweit der Anwalt das Einvernehmen für mehrere ausländische Anwälte herstellen sollte.   **17**

b) Betragsrahmengebühren. Richten sich die Gebühren für das Verfahren, in dem ein Einvernehmen herzustellen ist, nicht nach dem Gegenstandswert, insb. bei einem Einvernehmen für ein Strafverfahren oder ein sozialgerichtliches Verfahren nach § 3 Abs. 1 S. 1, erhält der Einvernehmensanwalt ebenfalls eine Geschäftsgebühr in Höhe der Gebühr, die ihm zustünde, wenn er als Bevollmächtigter oder als Verteidiger beauftragt wäre. Vorzugehen ist in diesem Fall folgendermaßen: **18**

- Zunächst ist zu ermitteln, welche Gebühren ein inländischer Anwalt unter Berücksichtigung der Kriterien des § 14 Abs. 1 verdient hätte, wobei die Umstände des Verfahrens und nicht die Umstände bei der Herstellung des Einvernehmens zu berücksichtigen sind.
- Der so ermittelte Betrag ergibt die Geschäftsgebühr, die dem Einvernehmensanwalt zusteht.

Vertritt der inländische Anwalt **mehrere Auftraggeber**, so erhöht sich die Einvernehmensgebühr um jeweils 30 % je weiterer Auftraggeber. Die Einvernehmensgebühr ist eine Geschäftgebühr und daher vom Anwendungsbereich der Nr. 1008 VV erfasst.   **19**

Bei der Frage, ob mehrere Auftraggeber vorliegen, kommt es nicht darauf an, wie viele Auftraggeber der ausländische Anwalt vertritt, da zwischen den Mandanten und dem inländischen Rechtsanwalt kein Vertragsverhältnis zustande kommt (§ 28 Abs. 3 EuRAG). Entscheidend ist vielmehr, **von wie vielen** ausländischen Anwälten der inländische Anwalt beauftragt worden ist, das Einvernehmen herzustellen, weil nur sie seine Auftraggeber sind.[4] Die Erhöhung beträgt 30 % und nicht 0,3. Das folgt daraus, dass der Einvernehmensanwalt keine Wertgebühr erhält, sondern eine feste Gebühr, die sich ggf lediglich nach einer fiktiven Wertgebühr berechnet. Wird der Anwalt von mehreren ausländischen Anwälten beauftragt, so ist der sich nach Nr. 2200, 2201 VV ergebende Betrag um 30 % je weiterer Auftraggeber zu erhöhen.   **20**

4. Anrechnung. Eine Anrechnung der Einvernehmensgebühr nach Nr. 2200, 2201 VV ist nicht geregelt und scheidet deshalb aus.   **21**

5. Auslagen. Neben den Gebühren nach Nr. 2200, 2201 VV erhält der Anwalt Ersatz seiner Auslagen, insb. eine Postentgeltpauschale nach Nr. 7002 VV. Sofern der Einvernehmensanwalt Geschäftsreisen unter-   **22**

---

4 Mayer/Kroiß/*Teubel*, Nr. 2200–2201 VV Rn 10.

nimmt, erhält er Fahrtkosten nach Nr. 7003, 7004 VV und Abwesenheitsgeld nach Nr. 7005 VV. Umsatzsteuer nach Nr. 7008 VV fällt dagegen nicht an.

V. Gegenstandswert

23   Richtet sich das Verfahren, für das ein Einvernehmen herzustellen ist, nach dem Wert, sind die Wertvorschriften heranzuziehen, die für das Verfahren gelten, aus dem sich die Höhe der Gebühr des Einvernehmensanwalts ableitet. **Zeitpunkt** für die Berechnung der Gebühren nach Nr. 2200, 2201 VV ist der seiner Auftragserteilung.

VI. Kostenerstattung

24   Der EuGH[5] hat entschieden, dass die Kosten des Einvernehmensanwalts grds. erstattungsfähig sind. So verfährt die Rspr auch.[6]

Abschnitt 3
Vertretung

Nr.	Gebührentatbestand	Gebühr oder Satz der Gebühr nach § 13 RVG
Vorbemerkung 2.3:		

Vorbemerkung 2.3:

(1) Im Verwaltungszwangsverfahren ist Teil 3 Abschnitt 3 Unterabschnitt 3 entsprechend anzuwenden.

(2) Dieser Abschnitt gilt nicht für die in den Teilen 4 bis 6 geregelten Angelegenheiten.

(3) Die Geschäftsgebühr entsteht für das Betreiben des Geschäfts einschließlich der Information und für die Mitwirkung bei der Gestaltung eines Vertrags.

(4) Soweit wegen desselben Gegenstands eine Geschäftsgebühr für eine Tätigkeit im Verwaltungsverfahren entstanden ist, wird diese Gebühr zur Hälfte, bei Wertgebühren jedoch höchstens mit einem Gebührensatz von 0,75, auf eine Geschäftsgebühr für eine Tätigkeit im weiteren Verwaltungsverfahren, das der Nachprüfung des Verwaltungsakts dient, angerechnet. Bei einer Betragsrahmengebühr beträgt der Anrechnungsbetrag höchstens 175,00 €. Bei der Bemessung einer weiteren Geschäftsgebühr innerhalb eines Rahmens ist nicht zu berücksichtigen, dass der Umfang der Tätigkeit infolge der vorangegangenen Tätigkeit geringer ist. Bei einer Wertgebühr erfolgt die Anrechnung nach dem Wert des Gegenstands, der auch Gegenstand des weiteren Verfahrens ist.

(5) Absatz 4 gilt entsprechend bei einer Tätigkeit im Verfahren nach der Wehrbeschwerdeordnung, wenn darauf eine Tätigkeit im Beschwerdeverfahren oder wenn der Tätigkeit im Beschwerdeverfahren eine Tätigkeit im Verfahren der weiteren Beschwerde vor den Disziplinarvorgesetzten folgt.

(6) Soweit wegen desselben Gegenstands eine Geschäftsgebühr nach Nummer 2300 entstanden ist, wird diese Gebühr zur Hälfte, jedoch höchstens mit einem Gebührensatz von 0,75, auf eine Geschäftsgebühr nach Nummer 2303 angerechnet. Absatz 4 Satz 4 gilt entsprechend.

I. Allgemeines

1   Teil 2 Abschnitt 3 VV (Nr. 2300–2303 VV) regelt den Anwendungsbereich der Gebühren für die **außergerichtliche Vertretung** in **zivilrechtlichen** und **öffentlich-rechtlichen** Streitigkeiten. Die außergerichtliche Vertretung ist dabei von der bloßen Beratung einerseits und der gerichtlichen Vertretung andererseits **abzugrenzen**. Soweit speziellere Regelungen bestehen, gehen diese vor.

2   Tätigwerden im Rahmen der **Beratungshilfe** ist in Teil 2 Abschnitt 5 VV „Beratungshilfe" eigens geregelt und wird nach den dortigen Gebührennummern (Nr. 2500 ff VV) abgerechnet.[1] Der Rechtsanwalt des Beratungshilfeberechtigten kann allerdings den Gebührenanspruch des Wahlanwalts uU gegen den Gegner unmittelbar durchsetzen, § 9 BerHG.

II. Verwaltungszwangsverfahren (Abs. 1)

3   Vorbem. 2.3 Abs. 1 VV ordnet die Anwendung der Gebühren aus Teil 3 Abschnitt 3 Unterabschnitt 3 VV (Nr. 3309, 3310 VV) für Tätigkeiten im **Verwaltungszwangsverfahren** an. Im Verwaltungszwangsverfahren setzt die Behörde im Wege des Verwaltungsakts ohne die Inanspruchnahme der Gerichte ihre Forderungen

---

5 EuGH RVGreport 2004, 32 = BRAK-Mitt. 2004, 28 m. Anm. Struve = NJW 2004, 833 = RIW 2004, 145 = EWS 2004, 80 m. Anm. *Hartung* = ZZPInt 2003, 527 = DVBl 2004, 390.   6 OLG München JurBüro 2004, 380 = Rpfleger 2004, 653.   1 Vgl AnwK-RVG/*Onderka/Wahlen*, Vorbem. 2.3 VV Rn 18.

durch; es handelt sich also um ein außergerichtliches Verfahren. Ohne die Verweisung wären daher die Gebühren für die außergerichtliche Vertretung, also die Gebühren aus Teil 2 VV, anzuwenden. **Abs. 1** der Vorbem. 2.3 VV ist daher eine **abdrängende Sonderzuweisung**.

Nach § 18 Abs. 1 Nr. 1 Hs 1 ist jede Vollstreckungsmaßnahme zusammen mit den durch diese vorbereiteten **4** weiteren Vollstreckungshandlungen bis zur Befriedigung des Gläubigers eine besondere Angelegenheit. Wegen der Einbeziehung des Verwaltungszwangsverfahrens in § 18 Abs. 1 Nr. 1 Hs 2 wären jeweils die Gebühren aus Teil 2 Abschnitt 3 VV anzuwenden. Vorbem. 2.3 Abs. 1 VV sorgt für einen Gleichlauf mit der Vollstreckung in zivilrechtlichen Angelegenheiten und ordnet die Anwendung der (wesentlich niedrigeren) Gebühren aus Teil 3 Abschnitt 3 Unterabschnitt 3 VV an.[2]

III. Ausschluss für Angelegenheiten aus den Teilen 4–6 VV (Abs. 2)

Vorbem. 2.3 Abs. 2 VV schließt die Anwendung von Teil 2 Abschnitt 3 VV für einzelne Angelegenheiten **5** aus.

Der ehemalige Teil 2 Abschnitt 4 VV (= Nr. 2400, 2401 VV aF) wurde durch das 2. KostRMoG gestrichen **6** und die dortigen Regelungen wurden teilweise allgemeinen Regelungen der außergerichtlichen Vertretung in diesem Abschnitt zugeordnet, teils wurden Gebühren von Abschnitt 4 in Abschnitt 3 verschoben.[3]

Die Anwendung von Teil 2 Abschnitt 3 VV auf die in den **Teilen 4–6 VV** geregelten Angelegenheiten wird **7** ausgeschlossen. Dies entspricht auch der Rechtslage vor dem 2. KostRMoG und damit hat Abs. 2 der Vorbem. 2.3 VV lediglich klarstellende Funktion: Die Teile 4–6 VV enthalten abschließende Regelungen zu außergerichtlichen Tätigkeiten und gehen damit bereits nach allgemeiner Gesetzessystematik als **speziellere Regelung** vor:

- Teil 4 VV enthält Regelungen für die **Tätigkeit in Strafsachen**.
- Teil 5 VV enthält Regelungen für die **Tätigkeit in Ordnungswidrigkeitensachen**.
- Teil 6 VV enthält Regelungen für sonstige Verfahren, von denen die berufsrechtlichen Verfahren und die Verfahren nach dem Gesetz über die internationale Rechtshilfe in Strafsachen (IRG) hervorzuheben sind.

IV. Entstehen der Geschäftsgebühr (Abs. 3)

1. Allgemeines. Vorbem. 2.3 Abs. 3 VV benennt die Voraussetzungen für das Entstehen der Geschäftsgebühr und ist damit der eigentliche Kern der Vorbem. 2.3 VV. Die Geschäftsgebühr findet ihre Entsprechung **8** im gerichtlichen Verfahren in der Verfahrensgebühr Nr. 3100 VV. Beide Gebühren sind definiert als Gebühren für das „Betreiben des Geschäfts" (→ Vorbem. 3 VV Rn 10) und werden deshalb auch als „Betriebsgebühren" bezeichnet.[4] Abs. 3 ist durch das 2. KostRMoG nicht geändert worden; bisher ergangene Rspr kann weiter herangezogen werden.

2. Anwaltliche Tätigkeit. Grundvoraussetzung für die Anwendbarkeit der Vergütungsregelungen aus Teil 2 Abschnitt 3 VV und damit für das Entstehen von Geschäftsgebühren für die außergerichtliche Tätigkeit ist **9** das Vorliegen einer **anwaltlichen Tätigkeit** (→ § 1 Rn 8 f).

Nicht zu den anwaltlichen Tätigkeiten gehört die Tätigkeit als Vormund, Betreuer, Pfleger, Verfahrenspfleger, Verfahrensbeistand, Testamentsvollstrecker, Insolvenzverwalter, Sachwalter, Mitglied des Gläubigerausschusses, Nachlassverwalter, Zwangsverwalter, Treuhänder oder Schiedsrichter oder für eine ähnliche Tätigkeit (→ § 1 Rn 18 f). **10**

Davon abzugrenzen sind wiederum anwaltliche Tätigkeiten, die kraft Sonderzuweisung nach anderen Vorschriften vergütet werden. Dazu zählen Tätigkeiten nach der Steuerberatergebührenordnung[5] (§ 35 RVG) **11** oder Tätigkeiten in Schiedsgerichtsverfahren[6] (§ 36 RVG; s. auch → Vorbem. 2 VV Rn 6 ff) oder Tätigkeiten als Notar.

Die **Abgrenzung zur Notartätigkeit** ist mitunter schwierig, denn die Frage, ob der mit Doppelfunktion versehene Auftragnehmer als Notar oder Rechtsanwalt handelt, ist nicht von seinem Willen abhängig, sondern **12** muss aus dem Inhalt des Auftrags beantwortet werden. Der Auftraggeber wird die Unterscheidung häufig nicht treffen können, weshalb § 24 BNotO heranzuziehen ist. Die Regelung bestimmt in ihrem Abs. 2, dass bei allen Geschäften und vorbereitenden Handlungen, die ein Notar in Ausübung seiner in §§ 20–23 BNotO geregelten Amtsgeschäfte erledigt, eine Tätigkeit als Notar vermutet wird. Im Übrigen wird im Zweifel vermutet, er werde als Rechtsanwalt tätig. § 24 BNotO lautet:

---

2 Vgl AnwK-RVG/*Onderka/Wahlen*, Vorbem. 2.3 VV Rn 4. **3** BT-Drucks 17/11471 (neu), S. 274 zu Art. 8 Abs. 2 Nr. 14. **4** Mayer/Kroiß/*Teubel*, Vorbem. 2.3 VV Rn 1. **5** AnwK-RVG/*Onderka/Wahlen*, Vorbem. 2.3 VV Rn 17 mit weiteren Beispielen; Gerold/Schmidt/*Mayer*, Nr. 2300, 2301 VV Rn 5. **6** Gerold/Schmidt/*Mayer*, Nr. 2300, 2301 VV Rn 4.

§ 24 BNotO

(1) [1]Zu dem Amt des Notars gehört auch die sonstige Betreuung der Beteiligten auf dem Gebiete vorsorgender Rechtspflege, insbesondere die Anfertigung von Urkundenentwürfen und die Beratung der Beteiligten. [2]Der Notar ist auch, soweit sich nicht aus anderen Vorschriften Beschränkungen ergeben, in diesem Umfange befugt, die Beteiligten vor Gerichten und Verwaltungsbehörden zu vertreten.

(2) [1]Nimmt ein Notar, der zugleich Rechtsanwalt ist, Handlungen der in Absatz 1 bezeichneten Art vor, so ist anzunehmen, daß er als Notar tätig geworden ist, wenn die Handlung bestimmt ist, Amtsgeschäfte der in den §§ 20 bis 23 bezeichneten Art vorzubereiten oder auszuführen. [2]Im übrigen ist im Zweifel anzunehmen, daß er als Rechtsanwalt tätig geworden ist.

(3) ...

13   Nur im Falle konkurrierender Zuständigkeit hat der **Anwaltsnotar** die Entscheidungsmöglichkeit, als Rechtsanwalt anstatt als Notar tätig zu werden; er muss dann aber den Auftraggeber darauf und insb. auf etwaige höhere Kosten hinweisen.[7]

14   **3. Auftrag zu außergerichtlicher Tätigkeit. a) Abgrenzung zur gerichtlichen Tätigkeit.** Außergerichtliche Vertretung ist von der gerichtlichen Vertretung danach zu unterscheiden, wer **Adressat eines Schreibens oder Handelns** des Rechtsanwalts sein soll (ausf. → Rn 22 ff).[8] Formuliert der Rechtsanwalt dem Mandanten Briefvorlagen, die jener für eigene Schreiben an das Gericht verwendet, liegt doch nur ein außergerichtliches Tätigwerden des Rechtsanwalts vor, da die Schreiben nicht als Schreiben des Rechtsanwalts an ein Gericht adressiert werden. Werden indes Schreiben durch den Rechtsanwalt an ein Gericht adressiert, liegt eine gerichtliche Tätigkeit auch bereits in der Akteneinsicht, solange der Auftrag nicht alleine auf eine Beratung beschränkt ist.

15   Außergerichtliche Tätigkeit in Strafverfahren als Verletzten- oder Zeugenbeistand ist in Teil 4 VV den Strafsachen zugerechnet, weshalb die dortigen Gebührennummern zur Anwendung gelangen; s. Vorbem. 2.3 Abs. 2 VV (→ Rn 7).

16   **b) Betreiben des Geschäfts.** Nach Vorbem. 2.3 Abs. 3 VV entsteht die Gebühr für das **Betreiben des Geschäfts**. Die außergerichtliche Vertretung des Mandanten unterscheidet sich von der bloßen Beratung also durch die **Intention des Auftretens nach außen**.

17   Allerdings wird der Beginn dieses „Betreibens" nach Vorbem. 2.3 Abs. 3 VV auf den Zeitpunkt der **Entgegennahme der Information** vorverlegt. Die Geschäftsgebühr ist eine Pauschgebühr und entsteht einmal mit diesem Schritt.[9] Die Bestimmung der Höhe im Einzelfall erfolgt anhand von § 14 (insb. → § 14 Rn 46); der Umfang der Angelegenheit (wiederholte Besprechungen mit dem Mandanten oder dem Gegner etc.) ändert also nichts am einmaligen Anfall der Gebühr, sondern betrifft nur deren konkrete Höhe. Zur Bestimmung der Gebührenhöhe → Nr. 2300 VV Rn 2 ff und § 14 Rn 29 ff. Zur Kappung der Gebühr Nr. 2300 VV → Nr. 2300 VV Rn 10 ff.

18   Der Begriff „Betreiben des Geschäfts" ist weit auszulegen und umfasst u.a. die erste auftragsgemäße Unterhaltung mit dem Auftraggeber, das anschließende Anlegen einer Handakte, den Entwurf eines Schreibens oder Schriftsatzes, seine Übersendung an den Auftraggeber zur Prüfung, die Durchsicht der Stellungnahme des Auftraggebers, die Reinschrift des Schriftsatzes, seine Unterzeichnung, seine Absendung und Einreichung sowie eine Akteneinsicht.[10]

19   **c) Inhalt des Auftrags entscheidet. aa) Allgemeines.** Entscheidend ist damit der Inhalt des durch den Mandanten erteilten **Auftrags**.[11] Erteilt der Mandant dem Rechtsanwalt den Auftrag, ihn gegenüber anderen zu vertreten, kommt es nicht darauf an, ob der Rechtsanwalt tatsächlich mit Dritten in Kontakt tritt.[12] Es genügt, dass der Rechtsanwalt die Informationen für die Bearbeitung des Auftrags entgegennimmt, der auf eine Tätigkeit gerichtet ist. Rät zB der Rechtsanwalt dem Mandanten nach Sichtung der für die Bearbeitung des Mandats erforderlichen Unterlagen von der Geltendmachung der Forderungen ab, ohne den Gegner kontaktiert zu haben, ist wegen des darauf lautenden Auftrags bereits eine Gebühr aus dem Abschnitt der außergerichtlichen Vertretung (= Nr. 2300 ff VV) angefallen, nicht lediglich die in § 34 in Ermangelung besonderer Vereinbarungen geregelte Vergütung für eine Beratung.

20   **bb) Abgrenzung von der Beratung.** Dieser **Abgrenzung von Beratung und Rat** anhand des konkreten Auftrags kommt seit Streichung der gesetzlichen Vergütungsregeln für die Beratung (Nr. 2100 VV aF) zum 1.7.2006 große Bedeutung zu. Dem Rechtsanwalt ist daher zu raten, bei einer bloßen Beratung auf den Abschluss einer Vergütungsvereinbarung hinzuwirken, um Streitigkeiten über den unklaren Rechtsbegriff der

---

7 Gerold/Schmidt/*Mayer*, Nr. 2300, 2301 VV Rn 25 mwN. **8** AnwK-RVG/*Onderka/Wahlen*, Vorbem. 2.3 VV Rn 12. **9** Vgl AnwK-RVG/*Onderka/Wahlen*, Vorbem. 2.3 VV Rn 33; Gerold/Schmidt/*Mayer*, Nr. 2300, 2301 VV Rn 13. **10** BGH NJW 2011, 1603. **11** BGH JurBüro 2005, 141. **12** Dieses Auftreten kann aber im Streitfall von indizieller Bedeutung sein.

üblichen Vergütung (§ 612 Abs. 2 BGB) von vornherein auszuweichen. Eine solche „übliche Vergütung" hat sich nach Streichung der gesetzlichen Gebührentatbestände für die Beratung immer noch nicht hinreichend klar herausgebildet. Erschwerend kommt die Kappung dieser üblichen Vergütung auf höchstens 250 € bei der Beratung eines Verbrauchers hinzu (§ 34 Abs. 1 S. 3 Hs 1).

Andererseits genügt der Auftrag alleine nicht, wenn noch nicht mindestens die Information entgegenge- **21** nommen worden ist.[13]

cc) Abgrenzung von einem Auftrag zur gerichtlichen Tätigkeit. Die Abgrenzung des Auftrags von einem **22** Auftrag zur gerichtlichen Tätigkeit kann Schwierigkeiten bereiten, wenn eine Streitigkeit über Ansprüche vorliegt, von denen Teile bereits rechtshängig sind. Abzugrenzen ist hinsichtlich der anfallenden Gebühren wiederum nach dem **Auftrag:** Hat der Rechtsanwalt den umfassenden Auftrag, alle Streitigkeiten gerichtlich zu regeln, richten sich die Gebühren für alle Teile der Streitigkeit nach den Vorschriften von Teil 3 VV.[14] Liegt aber hinsichtlich der nicht rechtshängigen Ansprüche nur ein Auftrag zum außergerichtlichen Tätigwerden vor, sind aus diesen Ansprüchen die Gebühren nach Teil 2 Abschnitt 2 VV zu berechnen.[15]

War der Auftrag des Mandanten darauf gerichtet, gerichtlich tätig zu werden, bezahlt aber der Gegner auf **23** ein außergerichtliches Anschreiben, entstehen Gebühren nach Teil 3 VV, nicht nach Teil 2 VV.[16]

Beispiel 1: Der Rechtsanwalt wird beauftragt, Klage auf Zahlung von 5.000 € zu erheben, schreibt aber noch **24** einen außergerichtlichen Brief an den Schuldner, der daraufhin schriftlich eine Ratenzahlung anbietet, die der Rechtsanwalt für den Auftraggeber annimmt.

Abzurechnen ist wie folgt:

1. 0,8-Verfahrensgebühr, Nr. 3100, 3101 VV	242,40 €
2. 1,5-Einigungsgebühr, Nr. 1000 VV (Wert: 1.000 €)[17]	120,00 €
3. Auslagenpauschale, Nr. 7002 VV	20,00 €
Zwischensumme	382,40 €
4. 19 % Mehrwertsteuer, Nr. 7008 VV	72,66 €
Gesamt	**455,06 €**

Beispiel 2: Wie Beispiel 1 (→ Rn 24), nur vereinbart der Schuldner mit dem Rechtsanwalt telefonisch eine Raten- **24a** zahlung.

Abzurechnen ist wie folgt:

1. 0,8-Verfahrensgebühr, Nr. 3100, 3101 VV	242,40 €
2. 1,2-Terminsgebühr, Nr. 3104 VV	363,60 €
3. 1,5-Einigungsgebühr, Nr. 1000 VV (Wert: 1.000 €)[18]	120,00 €
4. Auslagenpauschale, Nr. 7002 VV	20,00 €
Zwischensumme	746,00 €
5. 19 % Mehrwertsteuer, Nr. 7008 VV	131,74 €
Gesamt	**887,74 €**

Beispiel 3: Wie Beispiel 1 (→ Rn 24), nur hat der Rechtsanwalt lediglich den Auftrag, außergerichtlich vorzuge- **25** hen, die Angelegenheit ist hinsichtlich aller Kriterien des § 14 durchschnittlich, nicht aber umfangreich oder schwierig.

Abzurechnen ist wie folgt:

1. 1,3-Geschäftsgebühr, Nr. 2300 VV	393,90 €
2. 1,5-Einigungsgebühr, Nr. 1000 VV (Wert: 1.000 €)	120,00 €
3. Auslagenpauschale, Nr. 7002 VV	20,00 €
Zwischensumme	533,90 €
4. 19 % Mehrwertsteuer, Nr. 7008 VV	101,44 €
Gesamt	**635,34 €**

Wird ein Auftrag zur außergerichtlichen Geltendmachung einer Forderung mit einem aufschiebend beding- **26** ten Klagauftrag verbunden, endet die Anwendung der Gebührenvorschriften aus Teil 2 Abschnitt 3 VV mit dem Scheitern außergerichtlicher Verhandlungen. Erst durch dieses Scheitern der außergerichtlichen Verhandlungen tritt die aufschiebende Bedingung ein und ist der Klagauftrag nach den Vergütungsvorschriften aus Teil 3 VV zu vergüten (→ Vorbem. 3 VV Rn 4 ff).[19]

---

13 Mayer/Kroiß/*Teubel*, Vorbem. 2.3 VV Rn 3. **14** Vgl AnwK-RVG/*Onderka/Wahlen*, Vorbem. 2.3 VV Rn 12. **15** BGH NJW 1969, 932; vgl auch Gerold/Schmidt/*Mayer*, Nr. 2300, 2301 VV Rn 7. **16** Vgl AnwK-RVG/*Onderka/Wahlen*, Vorbem. 2.3 VV Rn 12. **17** Der Wert der Ratenzahlungsvereinbarung beläuft sich nach dem durch das 2. KostRMoG neu eingefügten § 31 b und der zur Klarstellung der Einbeziehung von Zahlungsvereinbarungen ergänzten Nr. 1000 VV nur auf 20 % des Werts der Forderung, also auf 1.000 €. **18** Der Wert der Ratenzahlungsvereinbarung beläuft sich nach dem durch das 2. KostRMoG neu eingefügten § 31 b und der zur Klarstellung der Einbeziehung von Zahlungsvereinbarungen ergänzten Nr. 1000 VV nur auf 20 % des Werts der Forderung, also auf 1.000 €. **19** BGH AnwBl 1969, 15.

27　**Beispiel 4:** Wie Beispiel 3 (→ Rn 25), nur erhält der Rechtsanwalt den außergerichtlichen Auftrag und sodann Klageauftrag. Er erhebt die Klage, wird nach Zustellung durch den Gegner angerufen und schließt einen Vergleich. Die außergerichtliche Tätigkeit ist weder umfangreich noch schwierig, ansonsten aber durchschnittlich.

Abzurechnen ist wie folgt:

1. 1,3-Geschäftsgebühr, Nr. 2300 VV	393,90 €
2. Auslagenpauschale, Nr. 7002 VV	20,00 €
3. 1,3-Verfahrensgebühr, Nr. 3100 VV	393,90 €
4. 1,2-Terminsgebühr, Nr. 3104 VV	363,60 €
5. 1,0-Einigungsgebühr, Nr. 1000 (Wert: 5.000)[20]	303,00 €
6. Auslagenpauschale, Nr. 7002 VV	20,00 €
./. Anrechnung, Vorbem. 3 Abs. 4 VV (0,65)	– 196,95 €
Zwischensumme	1.297,45 €
7. 19 % Mehrwertsteuer, Nr. 7008 VV	246,52 €
Gesamt	**1.543,97 €**

28　**Beispiel 5:** Wie Beispiel 4 (→ Rn 27), nur ergeht Versäumnisurteil. Der Schuldner meldet sich nach Ablauf der Einspruchsfrist und Androhung der Zwangsvollstreckung und bittet um Nachlass ratenweiser Zahlung bei Vollstreckungsaufschub, was vereinbart wird; ein Kostentitel liegt noch nicht vor und ist auch nicht berücksichtigt.

Abzurechnen ist wie folgt:

1. 1,3-Geschäftsgebühr, Nr. 2300 VV	393,90 €
2. Auslagenpauschale, Nr. 7002 VV	20,00 €
3. 1,3-Verfahrensgebühr, Nr. 3100 VV	393,90 €
4. 0,5-Terminsgebühr, Nr. 3104, 3105 VV	151,50 €
5. Auslagenpauschale, Nr. 7002 VV	20,00 €
./. Anrechnung, Vorbem. 3 Abs. 4 VV (0,65)	– 196,95 €
6. 0,3-Vollstreckungsandrohungsgebühr, Nr. 3309 VV	90,90 €
7. 1,5-Einigungsgebühr, Nr. 1000 VV (Wert: 1.000 €)[21]	120,00 €
8. Auslagenpauschale, Nr. 7002 VV	20,00 €
Zwischensumme	1.013,25 €
9. 19 % Mehrwertsteuer, Nr. 7008 VV	192,52 €
Gesamt	**1.205,77 €**

29　**4. Mitwirkung bei Vertragsgestaltung und der Erstellung einseitiger Willenserklärungen. a) Vertragsgestaltung.** Vorbem. 2.3 Abs. 3 VV ordnet die Anwendung der Gebührentatbestände dieses Abschnitts (= Nr. 2300–2303 VV) auch auf die **Mitwirkung bei der Gestaltung eines Vertrages** an. Das Betreiben des Geschäfts kann also auch auf eine Tätigkeit beschränkt sein, bei der der Rechtsanwalt nicht notwendig nach außen auftritt, solange er nur auf die Gestaltung des Vertrages durch seine Mitwirkung Einfluss haben kann.[22] Es ist nicht erforderlich, dass sich seine Mitwirkung in Änderungen niedergeschlagen hat. Im Einzelfall aber wird die **Abgrenzung zur Beratungtätigkeit** Schwierigkeiten bereiten. So soll bspw nach einer Auffassung die Überprüfung eines vorgelegten notariellen Vertragsentwurfs die Geschäftsgebühr Nr. 2300 VV auslösen.[23] Die Auffassung überzeugt nicht, denn die bloße Überprüfung eines Vertrages ist ein Auftrag zur Erteilung eines **Rats**. Daran ändert sich nichts, wenn Gegenstand der Beratung ein notarieller Vertrag ist. Anders ist es, wenn Alternativvorschläge/Verbesserungsvorschläge mit in Auftrag gegeben sind. Dann ist Gegenstand des Anwaltsvertrages die Gestaltung eines Vertrages. Dem Rechtsanwalt ist daher zu raten, eine Vergütungsvereinbarung abzuschließen.

30　**b) Erstellung einer einseitigen Willenserklärung.** Umstritten ist, ob auch die **Mitwirkung bei der Erstellung einer einseitigen Willenserklärung** zu den nach Teil 2 Abschnitt 3 VV (Nr. 2300–2303 VV) zu vergütenden Tätigkeiten zählt. Ein Teil der Lit. spricht sich mit der Begründung dafür aus, dass der Aufwand häufig vergleichbar sei mit dem bei der Mitwirkung bei der Vertragsgestaltung, so zB bei der **Gestaltung eines Testaments.**[24] Dagegen spricht allerdings seit Einführung des RVG als Nachfolger der BRAGO die Entstehungsgeschichte: Die Vorgängervorschrift des § 118 BRAGO hatte sich auf das „Entwerfen einer Urkunde" bezo-

---

[20] Die mit dem durch das 2. KostRMoG neu eingefügte Begrenzung des Gegenstandswerts auf 20 % für eine Zahlungsvereinbarung (§ 31b) greift nicht ein, da die Definition der Zahlungsvereinbarung in Nr. 1000 VV voraussetzt, dass noch kein gerichtliches Verfahren anhängig ist („vorläufiger Verzicht auf gerichtliche Geltendmachung") oder dass ein Vollstreckungstitel vorliegt und vorläufig auf Vollstreckungsmaßnahmen verzichtet wird (s. dazu auch die Erl. zu Nr. 1000 VV). **21** Der Wert der Einigung ist nach § 31b begrenzt, da eine Zahlungsvereinbarung iSd Legaldefinition (Anm. Abs. 1 S. 1 Nr. 2 zu Nr. 1000 VV) vorliegt. **22** AnwK-RVG/*Onderka/Wahlen*, Vorbem. 2.3 VV Rn 35. **23** Mayer/Kroiß/*Teubel*, Vorbem. 2.3 VV Rn 6; aA Gerold/Schmidt/*Mayer*, Nr. 2300, 2301 VV Rn 14. **24** Mayer/Kroiß/*Teubel*, Vorbem. 2.3 VV Rn 7; Gerold/Schmidt/*Mayer*, Nr. 2300, 2301 VV Rn 14; *Madert*, AGS 2005, 2, 5.

gen, Vorbem. 2.3 Abs. 3 VV aber enthält stattdessen lediglich noch die Formulierung „Mitwirken bei der Gestaltung eines Vertrages".

Der Gesetzesbegründung[25] ist kein direkter Hinweis zu entnehmen, die textliche Änderung spricht aber für   **31** eine inhaltliche Änderung. So weist auch *N. Schneider*[26] darauf hin, dass der Gesetzgeber das Mitwirken bei der Gestaltung von Urkunden und Verträgen aus dem Anwendungsbereich der außergerichtlichen Vergütung herausnehmen wollte und daher die Einbeziehung der Verträge eher gegen die Anwendung auch auf die Gestaltung einer einseitigen Willenserklärung spricht.[27] Aufgrund der immer noch vorhandenen Unklarheiten ist dem Rechtsanwalt daher der Abschluss einer Vergütungsvereinbarung zu empfehlen. Entsprechend hat die Gebührenreferentenkonferenz der Regionalkammern bei der BRAK beschlossen, die Gebühr Nr. 2300 VV auf diese Fälle nicht anzuwenden. Nach einer Auffassung gilt dies gleichermaßen für die Mitwirkung bei der **Gestaltung eines gemeinsamen Testaments**, da jenes keine vertraglichen Bindungen nach sich ziehe, sondern Bindungswirkung erst durch den Erbfall einträte. Hier wird die weitere Entwicklung abzuwarten sein und ist dem Rechtsanwalt dringend zu raten, vertragliche Regelungen zu treffen.

5. Mehrheit von Auftraggebern. Erhält der Rechtsanwalt den Auftrag von mehreren Auftraggebern, entsteht die Gebühr ebenfalls nur einmal (§ 7 Abs. 1). Die Gebühren ändern sich aber der Höhe nach, soweit   **32** der Gegenstand derselbe ist (Nr. 1008 VV) (→ § 14 Rn 32). Soweit die mehreren Auftraggeber nicht wegen desselben Gegenstands den Auftrag erteilen, erfolgt keine Erhöhung, sondern eine Addition der Gegenstandswerte (→ Nr. 2300 VV Rn 6, 32).

Beispiel 1: Der Rechtsanwalt wird von zwei Personen beauftragt, außergerichtlich eine beiden zusammen zuste-   **33** hende Forderung von 4.000 € beizutreiben, wobei die Tätigkeit einfach und auch nicht umfangreich ist.
Abzurechnen ist wie folgt:

1. 1,0-Geschäftsgebühr, Nr. 2300 VV	252,00 €	
2. 0,3-Erhöhung nach Nr. 1008 VV	75,60 €	327,60 €
3. Auslagenpauschale, Nr. 7002 VV		20,00 €
4. 19 % Mehrwertsteuer, Nr. 7008 VV		66,04 €
Gesamt		**413,64 €**

Beispiel 2: Der Rechtsanwalt wird von zwei Personen gemeinsam beauftragt, außergerichtlich je eine Forderung   **34** von 4.000 € beizutreiben; Gesamtgläubigerschaft liegt nicht vor. Die Tätigkeit ist einfach und von geringem Umfang.[28]
Abzurechnen ist wie folgt:

1. 1,0-Geschäftsgebühr, Nr. 2300 VV (Wert: 8.000 €)	456,00 €
2. Auslagenpauschale, Nr. 7002 VV	20,00 €
3. 19 % Mehrwertsteuer, Nr. 7008 VV	90,44 €
Gesamt	**566,44 €**

Beispiel 3: Wie Beispiel 2 (→ Rn 34), nur decken sich die Forderungen (je 4.000 €) in einer Höhe von 2.000 €, da   **35** insoweit Gesamtgläubigerschaft vorliegt. Die Tätigkeit ist eher einfach und hat einen geringen Umfang.
Abzurechnen ist wie folgt:

1. 1,0-Geschäftsgebühr, Nr. 2300 VV (Wert: 6.000 €)	354,00 €	
2. 0,3-Erhöhung nach Nr. 1008 VV (Wert: 2.000 €)	45,00 €	399,00 €
3. Auslagenpauschale, Nr. 7002 VV		20,00 €
4. 19 % Mehrwertsteuer, Nr. 7008 VV		79,61 €
Gesamt		**498,61 €**

V. Verwaltungsverfahren (Abs. 4)

1. Allgemeines. Vorbem. 2.3 Abs. 4 VV regelt die Höhe der Gebühren für die Tätigkeit des Rechtsanwalts   **36** im **Widerspruchsverfahren**, wenn der Rechtsanwalt vorher auch bereits im Verwaltungsverfahren tätig war. Die frühere Regelung (Nr. 2301 VV aF) hatte Kritik wegen mehrerer Wertungswidersprüche erfahren.[29] Einen massiven Wertungswiderspruch hat der Gesetzgeber bereits mit Gesetz vom 23.5.2011[30] (Inkrafttreten am 18.6.2011) beseitigt: Bis dahin musste die für die Beratungshilfe angefallene Gebühr Nr. 2503 VV

---

25 BT-Drucks 15/1971, S. 206. **26** *N. Schneider*, AGS 2006, 60; schwankend, iE aber für Nr. 2300 VV: AnwK-RVG/*Onderka/Wahlen*, Vorbem. 2.3 VV Rn 35. **27** So AG Hamburg-Altona NJW-Spezial 2008,187 = AGS 2008, 166 und auch Mayer/Kroiß/*Teubel/Winkler*, § 34 Rn 22, 26; aA Gerold/Schmidt/*Mayer*, Nr. 2300, 2301 VV Rn 14; Hartung/Römermann/*Schons*, Vorbem. 2.3 VV Rn 10. **28** Gleichermaßen sind selbständige Unterlassungsansprüche zu addieren und sich deckende Unterlassungsansprüche lösen lediglich eine Erhöhung bei Beibehaltung des ursprünglichen Werts aus. **29** Das Bundesministerium der Justiz hatte in einer Stellungnahme zu den (erfolgreichen) Verfassungsbeschwerden 1 BvR 2473/10 und 1 BvR 2474/10 eine Korrektur zugesagt. **30** BGBl. I 898.

von der ohnehin wegen der Vorbefassung damals niedrigeren Gebühr für das Verwaltungsverfahren in Abzug gebracht werden.[31]

37   **2. Verwaltungsverfahren mit Satzrahmengebühren.** Nach der Rechtslage vor dem Inkrafttreten des 2. KostRMoG (bis 31.7.2013) erhielt der Rechtsanwalt niedrigere Gebühren im Vorverfahren, wenn er bereits im vorangegangenen Verwaltungsverfahren tätig war.[32] Die Regelungen wurden nun durch Anrechnungsregelungen ersetzt. Die außergerichtliche Gebühr Nr. 2301 VV aF ist mit dem 2. KostRMoG durch die Anrechnungsregel aus Vorbem. 2.3 Abs. 4 VV für den Übergang ins gerichtliche Verfahren durch die Anrechnungsregelung in Vorbem. 3 Abs. 4 VV ersetzt worden. Aus systematischen Gründen ist die geltende Anrechnungslösung der früheren Struktur mit verschiedenen Gebührentatbeständen überlegen. Für die Praxis entsteht allerdings eine zusätzliche Schwierigkeit, da nunmehr die Gebührennummer 2301 VV (nF) etwas vollständig anderes regelt als bislang, weshalb Rspr zu Nr. 2301 VV jeweils sorgfältig hinsichtlich des der Entscheidung zugrunde liegenden Gesetzesstands zu prüfen ist.

38   Die durch das 2. KostRMoG eingeführte neue Gebührenstruktur führt indes zu deutlichen Nachteilen für den Rechtsanwalt in Verwaltungsverfahren mit Satzrahmengebühren. Dies soll anhand einer Gegenüberstellung für ein durchschnittliches Mandat dargelegt werden.

Altes Recht (bis 31.7.2013)		Neues Recht (ab 1.8.2013)	
Gebührentatbestand	Satz der Gebühr	Gebührentatbestand	Satz der Gebühr
Geschäftsgebühr Verwaltungsverfahren, Nr. 2300 VV aF	1,30	Geschäftsgebühr Verwaltungsverfahren, Nr. 2300 VV	1,30
Geschäftsgebühr Vorverfahren, Nr. 2301 VV aF	0,70	Geschäftsgebühr Vorverfahren, Nr. 2300 VV	1,30
		Anrechnung, Vorbem. 2.3 Abs. 4 VV	− 0,65
Verfahrensgebühr, Nr. 3100 VV	1,30	Verfahrensgebühr 3100 VV	1,30
Anrechnung, Vorbem. 3 Abs. 4 VV aF	− 0,35	Anrechnung, Vorbem. 3 Abs. 4 VV	− 0,65
Gesamt	2,95	Gesamt	2,60

Das Ergebnis überrascht insb. angesichts des erklärten Ziels des Gesetzgebers, mit dem 2. KostRMoG die lange nicht an die wirtschaftliche Entwicklung angepassten Einkommen der Anwälte zu erhöhen und die wirtschaftliche Entwicklung nachzuholen.[33]

39   **3. Sozialrechtliche Angelegenheiten mit Betragsrahmengebühren.** Im **Sozialrecht** war die Rechtslage vor dem Inkrafttreten des 2. KostRMoG derjenigen im Verwaltungsrecht ähnlich, denn es gab ebenfalls zwei verschiedene Gebührentatbestände in Abhängigkeit davon, ob bereits eine vorangegangene Tätigkeit ausgeübt worden war. Auch im gerichtlichen Bereich existierte eine eigene Verfahrensgebühr reduzierter Höhe, die von der gleichen Voraussetzung abhing.[34]

40   Die Regelungen wurden durch das 2. KostRMoG ebenfalls durch Anrechnungsregelungen ersetzt und zwar sowohl für außergerichtliche Tätigkeiten (vormalige Gebührentatbestände Nr. 2400, 2401 VV aF) als auch gerichtliche Tätigkeiten (Gebührentatbestände Nr. 3102, 3103 VV):

■   Die frühere Vorbem. 2.4 VV (aF) wurde mit der früheren Gebühr Nr. 2400 VV (aF) zu Nr. 2302 VV (nF).

■   Die Gebühr Nr. 2401 VV aF fiel weg und wurde durch die Anrechnungsregel in Vorbem. 2.3 Abs. 4 VV (nF) ersetzt.

■   Die Gebühr Nr. 3103 VV aF fiel weg und wurde durch die Erweiterung der Anrechnungsregel in Vorbem. 3 Abs. 4 VV auch auf Betragsrahmengebühren ersetzt.

41   Ein Wertungswiderspruch konnte sich in Fällen ergeben, in denen der Rechtsanwalt bereits im Sozialrecht im Vorverfahren oder im Verwaltungsverfahren tätig war und dann im gerichtlichen Verfahren tätig wurde: Eine unterdurchschnittliche Tätigkeit iSd Kriterien des § 14 war mit einer niedrigen Gebühr aus dem Rahmen der damaligen Gebühr Nr. 2400 VV aF (oder Nr. 2401 VV aF bei Tätigkeit im Verwaltungsverfahren und nachfolgender Tätigkeit im Vorverfahren) zu vergüten. Wurde der Rechtsanwalt nach einer unterdurchschnittlichen Tätigkeit im Vorverfahren oder Verwaltungsverfahren auch im erstinstanzlichen Verfah-

---

31 BT-Drucks 17/11471 (neu), S. 272 f zu Art. 8 Abs. 2 Nr. 10. **32** Die Gebühr Nr. 2300 VV für eine isolierte Tätigkeit hat einen Rahmen von 0,5–2,5; war eine Tätigkeit im Verwaltungsverfahren vorausgegangen, reduzierte sich nach Nr. 2301 VV aF das obere Ende des Rahmens auf 1,3. **33** BT-Drucks 17/11471, S. 1. **34** Die damalige Gebühr Nr. 2400 VV für die isolierte Tätigkeit hatte einen Rahmen von 40–520 €; war eine Tätigkeit im Verwaltungsverfahren vorausgegangen, reduzierte sich nach Nr. 2401 VV aF das obere Ende des Rahmens auf 260 €. In Teil 3 VV gab es die niedrigere Gebühr Nr. 3103 VV.

ren vor dem Sozialgericht tätig, konnte er seine Tätigkeit nur aus der Gebühr Nr. 3103 VV aF mit einem Rahmen zwischen 20 € und 320 € berechnen und nicht aus dem Rahmen der Gebühr Nr. 3102 VV aF, der zu Beträgen zwischen 40 € und 460 € führte. Der Rechtsanwalt konnte also uU für die Tätigkeit vor Gericht weniger abrechnen, als wenn er vor der Behörde nicht tätig gewesen wäre.

Beispiel: Der Rechtsanwalt wurde vor Inkrafttreten des 2. KostRMoG in einer sozialrechtlichen Angelegenheit im **42** Widerspruchsverfahren erst kurz vor der Zurückweisung des Widerspruchs tätig, ohne eine über einen Akteneinsichtsantrag hinausgehende Tätigkeit entfaltet zu haben. Sodann wird er mit der Klage gegen den Ausgangsbescheid in der Form des Widerspruchsbescheids beauftragt. Es wird durch Gerichtsbescheid entschieden.

A. Abrechnung nach altem Recht (bis 31.7.2013)

I. Im Ausgangsfall

1. Geschäftsgebühr, Nr. 2400 VV aF (Untergrenze)	40,00 €
2. Auslagenpauschale, Nr. 7002 VV	8,00 €
3. Verfahrensgebühr, Nr. 3103 VV aF (Mittelgebühr)	170,00 €
4. Auslagenpauschale, Nr. 7002 VV	20,00 €
Zwischensumme	238,00 €
5. 19 % Mehrwertsteuer, Nr. 7008 VV	45,22 €
Gesamt	**283,22 €**

II. Wäre der Rechtsanwalt nur im Klagverfahren tätig geworden, hätte er folgende Rechnung stellen dürfen:

1. Verfahrensgebühr, Nr. 3102 VV aF (Mittelgebühr)	250,00 €
2. Auslagenpauschale, Nr. 7002 VV	20,00 €
3. 19 % Mehrwertsteuer, Nr. 7008 VV	51,30 €
Gesamt	**321,30 €**

B. Abrechnung nach neuem Recht (ab 1.8.2013)

I. Im Ausgangsfall

1. Geschäftsgebühr, Nr. 2302 VV (Untergrenze)	50,00 €
2. Auslagenpauschale, Nr. 7002 VV	10,00 €
3. Verfahrensgebühr, Nr. 3102 VV (Mittelgebühr)	300,00 €
4. Auslagenpauschale, Nr. 7002 VV	20,00 €
5. Anrechnung, Vorbem. 3 Abs. 4 VV	– 25,00 €
Zwischensumme	355,00 €
6. 19 % Mehrwertsteuer, Nr. 7008 VV	67,45 €
Gesamt	**422,45 €**

II. Bei isolierter Prozesstätigkeit wäre wie folgt abzurechnen:

1. Verfahrensgebühr, Nr. 3102 VV (Mittelgebühr)	300,00 €
2. Auslagenpauschale, Nr. 7002 VV	20,00 €
Zwischensumme	320,00 €
3. 19 % Mehrwertsteuer, Nr. 7008 VV	60,80 €
Gesamt	**380,80 €**

Die Umstrukturierung dient der Vereinfachung und der Korrektur als ungerecht empfundener Ergebnisse.[35] **43**

VI. Wehrbeschwerdeordnung (WBO) (Abs. 5)

Die Regelung des Abs. 4 ist nach Vorbem. 2.3 Abs. 5 VV in Verfahren nach der Wehrbeschwerdeordnung **44** (WBO) entsprechend anzuwenden. Das Verfahren entspricht dem Vorverfahren im allgemeinen verwaltungsrechtlichen Bereich.[36] Auch im Geltungsbereich der WBO trägt das Gesetz nun der Vermutung des geringeren Bearbeitungsaufwands bei Vorbefassung im Verwaltungsverfahren durch eine **Anrechnungsregelung** Rechnung, welche die frühere Regelung ersetzt. Es gilt das zu Vorbem. 2.3 Abs. 4 VV Ausgeführte (→ Rn 36 ff): Die bisherigen Wertungswidersprüche hinsichtlich der Höhe der Vergütung des auch im Verwaltungsverfahren bereits tätigen Rechtsanwalts werden beseitigt. Die bisherigen Regelungen aus Teil 2 Abschnitt 4 VV wurden aufgehoben und in der Vorschrift Nr. 2302 VV als Nr. 2, in der Vorbem. 2.3 Abs. 4 VV und in der erweiterten Vorbem. 3 Abs. 4 VV integriert.

VII. Besondere Güteverfahren (Abs. 6)

Vorbem. 2.3 Abs. 6 VV regelt die Anrechnung der Gebühr Nr. 2300 VV auf die Geschäftsgebühr eines Gü- **45** teverfahrens oder vergleichbarer Verfahren zur gütlichen Streitbeilegung (Nr. 2303 VV). Abs. 6 ist durch

---

35 BT-Drucks 17/11471 (neu), S. 272 f zu Art. 8 Abs. 2 Nr. 10. **36** BT-Drucks 17/11471 (neu), S. 272 f zu Art. 8 Abs. 2 Nr. 10.

das 2. KostRMoG eingefügt worden. Bislang war die Anrechnung in der Anm. zu Nr. 2303 VV aF enthalten, die mit dem 2. KostRMoG aufgehoben wurde.

46 Zu den einbezogenen Verfahren → Nr. 2303 VV Rn 9 ff.

47 Die Zusammenfassung der verschiedenen Anrechnungsregeln in der Vorbem. 2.3 VV sorgt für eine übersichtlichere Regelung.[37] Es gelten alle Regelungen zur Anrechnung von Gebühren, insb. findet der zur Korrektur einiger contra legem ergangener Entscheidungen des BGH[38] eingefügte § 15 a Anwendung.[39] Ein Dritter kann sich daher nur auf die Anrechnung berufen, soweit er den Anspruch auf eine der beiden Gebühren erfüllt hat, wegen einer dieser Gebühren gegen ihn ein Vollstreckungstitel besteht oder beide Gebühren in demselben Verfahren gegen ihn geltend gemacht werden. Siehe näher die Erl. zu § 15 a; s. ferner auch → Nr. 2303 VV Rn 17.

48 **Beispiel:** Der Rechtsanwalt fordert im Auftrag seines Mandanten aus Hessen außergerichtlich den im gleichen Landgerichtsbezirk wohnenden Schuldner auf, seine Bäume so zu beschneiden, dass deren herabfallende Blätter nicht länger zu Verstopfungen in seinen Abflussrohren führen; es kam infolge der Verstopfungen bereits zu einem Wassereintritt. Als Reaktionen ausbleiben, beantragt er nach dem Hessischen Schlichtungsgesetz zur Experimentierklausel des § 15 a EGZPO die Durchführung eines Güteverfahrens vor dem Streitschlichter.[40] Nachfolgend klagt er auf Unterlassung.[41] Er rechnet sodann nach Abschluss des Verfahrens und Wertbestimmung durch das Gericht (1.500 €) wie folgt ab:

1. 1,3-Geschäftsgebühr, Nr. 2300 VV   149,50 €
2. Auslagenpauschale, Nr. 7002 VV   20,00 €
3. 1,5-Verfahrensgebühr Schlichtung, Nr. 2303 VV   172,50 €
4. Auslagenpauschale, Nr. 7002 VV   20,00 €
5. Anrechnung gem. Vorbem. 2.3 Abs. 6 VV (0,65)   − 74,75 €
6. 1,3-Verfahrensgebühr, Nr. 3100 VV   149,50 €
7. 1,2-Terminsgebühr, Nr. 3104 VV   138,00 €
8. Auslagenpauschale, Nr. 7002 VV   20,00 €
9. Anrechnung gem. Vorbem. 3 Abs. 4 VV (0,75)   − 86,25 €
     Zwischensumme   508,50 €
10. 19 % Mehrwertsteuer, Nr. 7008 VV   96,62 €
     Gesamt   **605,12 €**

Nr.	Gebührentatbestand	Gebühr oder Satz der Gebühr nach § 13 RVG
2300	Geschäftsgebühr, soweit in den Nummern 2302 und 2303 nichts anderes bestimmt ist .... Eine Gebühr von mehr als 1,3 kann nur gefordert werden, wenn die Tätigkeit umfangreich oder schwierig war.	0,5 bis 2,5

37 BT-Drucks 17/11471 (neu), S. 272 f zu Art. 8 Abs. 2 Nr. 10. **38** So zB BGH NJW 2008, 1323; zum Zweck der Einführung des § 15 a: BT-Drucks 16/12717, S. 58. **39** BT-Drucks 17/11471 (neu), S. 272 f zu Art. 8 Abs. 2 Nr. 10. **40** In der Mehrzahl der Bundesländer wurden die auf § 15 a EGZPO gestützten Schlichtungsgesetze nach fünfjähriger Evaluation wieder aufgehoben oder deren Anwendungsbereich auf Nachbarrecht und Ehrschutz beschränkt. Die Gesetze hatten sich nicht bewährt und insb. entgegen gesetzgeberischer Hoffnung keine „neue Streitkultur" begründet. Zu einem erheblichen Teil dürfte der Fehlschlag an dem selbstwidersprüchlichen Ansatz gelegen haben, eine Schlichtung erzwingen zu können. Die Erfahrungen der Praxis mit den auf § 15 a EGZPO gestützten Gütestellen sind umfassend untersucht bei *Knodel/T. Winkler*, ZRP 2008, 183 ff. Erst zum 1.5.2013 hat das Land Baden-Württemberg sein Schlichtungsgesetz aufgehoben (GBl. BW 2013, S. 53). Dabei geht die Einführung des § 15 a EGZPO auf eine baden-württembergische Initiative zurück. **41** Hätte der Rechtsanwalt aus dem Beispiel einen Zahlungsanspruch auf Schadensersatz wegen des Wassereintritts geklagt, wäre das Verfahren nach BGH 10.7.2009 – V ZR 69/08, MDR 2009, 1181 nicht schlichtungspflichtig gewesen: „In Hessen bildet das Schlichtungsverfahren nach § 15 a Abs. 1 EGZPO für einen auf Zahlung gerichteten Anspruch auch dann keine Voraussetzung für die Zulässigkeit einer Klage, wenn der Anspruch mit der Verletzung nachbarrechtlicher Pflichten begründet wird."

I. Geschäftsgebühr

1. Grundtatbestand und Anwendungsbereich. Die Gebühr Nr. 2300 VV ist der **Grundtatbestand** der **außer- 1 gerichtlichen Geschäftsgebühr**. Es handelt sich um eine Rahmengebühr, genauer um eine sog. **Satzrahmengebühr**.[1] Der Rahmen reicht von 0,5–2,5 und hat damit eine beachtliche Weite; die **Mittelgebühr** beträgt 1,5. Der weite Rahmen trägt der Tatsache Rechnung, dass die Gebühr als Pauschgebühr eine große Anzahl an Einzeltätigkeiten umfassen kann.[2] Als **Pauschgebühr** wird eine Gebühr bezeichnet, die einmalig für die gesamte Tätigkeit in einem Bereich – hier der außergerichtlichen Vertretung – anfällt und diese damit vollständig abgilt. Eine Ausnahme von dieser einmaligen und vollständigen Abgeltung der anwaltlichen Tätigkeit sieht § 15 Abs. 5 S. 2 für den Fall vor, dass die Tätigkeit seit mehr als zwei Kalenderjahren erledigt war (→ § 15 Rn 35).

Der **Anwendungsbereich** der Gebühr Nr. 2300 VV und die Voraussetzungen für deren Anfall sind in Vor- 2 bem. 2.3 Abs. 3 VV geregelt (→ Vorbem. 2.3 VV Rn 8 ff).

Um einen Missbrauch des weiten Rahmens zu verhindern, begrenzt die **Anm.** zu Nr. 2300 VV diesen und 3 „sperrt" die Gebührensätze oberhalb 1,3. Dadurch ist die Regelung etwas schwierig in der Handhabung. Dennoch hat sich die Gebühr in der Praxis bewährt, auch wenn sie Rspr in enormem Umfang „produziert" hat. Erst infolge der Empfehlung des Rechtsausschusses des Bundestages[3] ist in letzter Minute im Gesetzgebungsverfahren zum 2. KostRMoG diese Anmerkung mit der Kappung erhalten geblieben. Im Gesetzentwurf der Bundesregierung[4] waren die Streichung der Anmerkung zu Nr. 2300 VV und die Einführung einer eigenständigen Regelung Nr. 2301 VV-E mit folgendem Regelungsgehalt vorgesehen: „Die Tätigkeit ist weder schwierig noch umfangreich: Die Gebühr 2300 beträgt höchstens 1,3." Die Regelung hätte zu einem Beweislastwechsel geführt und damit eine erhebliche Änderung bedeutet: Der Rechnungsempfänger hätte den Beweis zu führen gehabt, dass die Tätigkeit weder schwierig noch umfangreich war. Zur Berücksichtigung der Kappung s. näher → Rn 15 ff.

2. Bestimmung der Gebühr. a) Ausübung der Bestimmung durch den Rechtsanwalt. Der Rechtsanwalt be- 4 stimmt aus dem Rahmen der Gebühr die **konkrete Gebühr für den Einzelfall** anhand der **Kriterien des § 14**.[5] Dabei spielen v.a. die Kriterien der Schwierigkeit und des Umfangs der Angelegenheit eine hervorgehobene Rolle (allg. → § 14 Rn 8; zu diesen beiden Kriterien → § 14 Rn 44 ff, 57 ff).[6] Die Bestimmung ist eine **Ermessensausübung** (→ § 14 Rn 1), die der richterlichen Überprüfung zugänglich ist.

b) Mittelgebühr. Bei der Bestimmung der angemessenen Gebühr aus dem Rahmen ist dabei von der **Mittel- 5 gebühr** aus Unter- und Obergrenze des Rahmens auszugehen, bei der es sich um die Gebühr für den gesetzlichen „Normalfall" handelt. Diese Mittelgebühr ergibt sich bei Nr. 2300 VV mit (0,5 + 2,5 : 2 =) **1,5**. Der Rechtsanwalt hat nun weiter zu prüfen, welche Kriterien des § 14 über dem Normalfall liegen und damit eine Aufwertung verlangen und welche Kriterien eher unterhalb des Normalfalls liegen und somit eine Abwertung der Mittelgebühr verlangen.

c) Mindestgebühr. Der Ansatz der Mindestgebühr (0,5) kommt nur für Angelegenheiten ganz geringen 6 Umfangs und äußerst niedriger Schwierigkeit in Betracht (→ § 14 Rn 50).[7] In der Regel wird sie nur angemessen sein, wenn sich die Tätigkeit vor der Ausarbeitung von Schreiben oder näherer Befassung mit der Angelegenheit erledigt.

---

1 Satzrahmengebühren definieren Unter- und Obergrenzen in Gebührenpunkten. Nach Ermittlung der zutreffenden Gebühr aus dem Rahmen wird die zu bezahlende Gebühr in Euro anhand der Werttabelle (zu § 13 bzw im Falle der Beiordnung bei gerichtlichen Gebühren anhand der zu § 49 erlassenen Tabelle) ermittelt. Hierbei ist § 13 Abs. 2 zu beachten. Betragsrahmengebühren geben sogleich eine Unter- und Obergrenze in Euro an. **2** Vgl hierzu Gerold/Schmidt/*Mayer*, Nr. 2300, 2301 VV Rn 19, 15. **3** BT-Drucks 17/13537, S. 309. **4** BT-Drucks 17/11471 (neu), S. 119. **5** Die Kommentierung an dortiger Stelle gibt einen Überblick und vertieft einige Besonderheiten der Gebühr Nr. 2300 VV; ausf. zur Bestimmung der konkreten Gebühr aus einem Gebührenrahmen s. § 14 Rn 35 ff. **6** Hervorhebung in § 14 Abs. 1 S. 1 Hs 2 selbst. **7** Gerold/Schmidt/*Mayer*, Nr. 2300, 2301 VV Rn 27; AnwK-RVG/*Onderka*, § 14 Rn 67.

7   **d) Höchstgebühr.** Der Ansatz der Höchstgebühr (2,5) aus dem Rahmen erfordert, dass Umfang und Schwierigkeit der anwaltlichen Tätigkeit deutlich über dem Normalfall liegen. Es ist allerdings nicht zu fordern, dass alle Kriterien außerordentliche Aufwertungen verlangen, denn dann gäbe es die Höchstgebühr praktisch nie (→ § 14 Rn 52).[8]

8   **3. Rahmen bei Mehrheit von Auftraggebern.** Zu beachten ist die Erhöhung der Grenzen des Rahmens im Falle der **Vertretung mehrerer Auftraggeber in der gleichen Angelegenheit** (Nr. 1008 VV). Vertritt der Rechtsanwalt zB vier Auftraggeber in einer Angelegenheit, so erhöhen sich die nach Nr. 2300 VV möglichen Gebühren von 0,5–2,5 wie folgt:

Vier Auftraggeber sind drei weitere Auftraggeber und es erfolgt eine Erhöhung um 3 x 0,3. Erhöht wird die Rahmenuntergrenze ebenso wie die Rahmenobergrenze. Es ergibt sich also ein neuer Gebührenrahmen von (0,5 + 0,9 =) 1,4 bis (2,5 + 0,9 =) 3,4. Die Mittelgebühr beträgt nun (1,4 + 3,4 : 2 =) 2,4. Dasselbe Ergebnis erhält, wer die Gebühr aus dem Grundrahmen bestimmt und anschließend den Erhöhungswert aus Nr. 1008 VV hinzusetzt. In der Darstellung ist dieser Weg gewählt, um zu dokumentieren, dass Nr. 1008 VV keine eigenständige Gebühr ist, sondern den Gebührenrahmen der Betriebsgebühren beeinflusst.[9]

Bei **acht und mehr Auftraggebern** ergibt sich bei einer außergerichtlichen Tätigkeit nach Nr. 2300 VV wegen der Begrenzung in Nr. 1008 VV eine Erhöhung um maximal 2,0 auf **insgesamt höchstens 4,5-Gebühren.**

9   Durch das 2. KostRMoG ist in Nr. 1008 VV klargestellt worden, dass die durch die Anm. zu Nr. 2300 VV gezogene Kappungsgrenze sich ebenfalls bei der Vertretung mehrerer Auftraggeber erhöht (Anm. Abs. 4 zu Nr. 1008 VV). Trotz des Fehlens einer entsprechenden Regelung wurde dies bereits früher so gehandhabt.[10] Die Erhöhung der Kappung erfolgt auch in Schritten von je 0,3, bis die Grenze bei einer Erhöhung von höchstens 2,0 erreicht ist. Ab dem achten Auftraggeber erhöht sich die Kappungsgrenze also nicht mehr (→ Nr. 1008 VV Rn 18). Daraus ergibt sich für ein Mandat höchstens durchschnittlichen Umfangs und ebensolcher Schwierigkeit eine **absolute Obergrenze von 3,3** bei acht und mehr Auftraggebern.

10   **4. Die Toleranzgrenze („Toleranz-Rspr").** Die Rspr gesteht eine **Toleranzgrenze** von (mindestens)[11] **20 %** zu.[12] Überschreitet also die durch den Rechtsanwalt im Einzelfall bestimmte Gebühr eine nach Prüfung der Kriterien des § 14 nach Auffassung des Gerichts angemessene Gebühr um nicht mehr als 20 %, ist sie angemessen (im Einzelnen → § 14 Rn 66 ff). Diese sog. **Toleranz-Rspr** gilt aber nur, wenn tatsächlich ein Ermessen ausgeübt wurde. Sie darf also nicht als Freibrief zur bedenkenlosen Erhöhung der Mittelgebühr um 20 % (→ § 14 Rn 67) verstanden werden! Diese Rspr kann auch nicht dazu führen, mit dem Argument der Toleranzgrenze eine Gebühr von mehr als 1,3 zu bestimmen, wenn Schwierigkeit oder Umfang nicht ausreichen (dazu → Rn 22 f).

11   **5. Kammergutachten.** Besteht im Rechtsstreit **Streit zwischen Auftraggeber und Rechtsanwalt** über die Höhe der angemessenen Gebühr aus dem Rahmen,[13] ist zwingend ein **Kammergutachten** (→ § 14 Rn 74–93) bei der Rechtsanwaltskammer einzuholen, welcher der Rechtsanwalt im Zeitpunkt der Auftragserteilung angehörte[14] (§ 14 Abs. 2 S. 1; → § 14 Rn 74 ff). Das Gutachten ist kostenlos zu erstatten (§ 14 Abs. 2 S. 2). Seine Einholung darf folglich nicht von einem Vorschuss abhängig gemacht werden. Bei überörtlichen Berufsausübungsgemeinschaften ist auf den Rechtsanwalt abzustellen, der durch seine Unterschrift die Rechnung verantwortet und damit die Bestimmung der Gebühr aus dem Rahmen nach § 14 vornimmt.

12   Dieses Gutachten ist kein Sachverständigengutachten, weshalb gegen die Rechtsanwaltskammer keine Zwangsmittel verhängt oder angedroht werden dürfen.[15]

13   Ein Gutachten ist nicht einzuholen,

- soweit über den der Gebühr zugrunde gelegten Gegenstandswert gestritten wird; die Bestimmung des Werts ist originär gerichtlicher Kompetenz zugeordnet;

---

8 Gerold/Schmidt/*Mayer*, Nr. 2300, 2301 VV Rn 28; AnwK-RVG/*Onderka*, § 14 Rn 68 f.   **9** Die Mindestgebührenregelung des § 13 Abs. 2 gilt damit für Nr. 1008 VV nicht; LG Saarbrücken AGS 2012, 56; AG Berlin-Hohenschönhausen AGS 2006, 117. **10** BSG AGS 2010, 373; SG Aachen AGS 2010, 80; SG Karlsruhe AGS 2009, 488; AnwK-RVG/*Onderka*, Nr. 2300 VV Rn 15. **11** 25 % nach OLG Zweibrücken MDR 1992, 196; 30 % nach LG Potsdam AGS 2009, 590; AG Limburg RVGreport 2009, 98 = AGS 2009, 161. Dagegen (und damit für 20 %) *Schons*, Anm. zu BGH AGS 2011, 120 = MDR 2011, 454. **12** BGH MDR 2007, 491; BGH AGS 2011, 120 m. Anm. *Schons* = AnwBl 2011, 402; KG RVGreport 2011, 174 = StRR 2011, 3. **13** § 138 Abs. 3 ZPO ist zu beachten, weshalb kein Streit besteht, wenn der Gegner sich nicht zur Höhe äußert. **14** *N. Schneider*, MDR 2002, 1295. **15** KG 28.6.2012 – 19 W 3/12, NJW-Spezial 2012, 763 f m. Anm. *N. Schneider*.

- wenn über die Frage der Entstehung einer Gebühr gestritten wird (der Wortlaut des § 14 Abs. 2 – „… Höhe der Gebühr streitig ist" – ist insoweit nicht ganz glücklich gewählt; ein Blick in § 14 Abs. 1 zeigt aber, dass nur die Bestimmung der angemessenen Gebühr aus dem Rahmen gemeint sein kann);[16]
- soweit eine **vereinbarte Vergütung** begehrt wird.[17]

Außerhalb des Verhältnisses zwischen Rechtsanwalt und Auftraggeber ist die Einholung des Kammergutachtens ebenfalls nicht vorgesehen, denn § 14 regelt nur das Verhältnis zwischen Mandant und Rechtsanwalt, nicht aber das zu einem erstattungspflichtigen Dritten. Bei Rechtsnachfolge auf Seiten des Mandanten oder des Rechtsanwalts ist allerdings ein Gutachten einzuholen.[18]   **14**

II. „Kappung" (Anm.)

1. Grundlagen. Ob eine Gebühr aus dem Rahmen der Gebühr Nr. 2300 VV oder nur eine auf höchstens   **15**
1,3 gekappte Geschäftsgebühr[19] berechnet werden darf, ist anhand der Kriterien des **Umfangs** und der **Schwierigkeit** zu entscheiden. Damit kommt den beiden im Katalog des § 14 Abs. 1 bereits hervorgehobenen Kriterien eine zusätzliche Bedeutung zu.

Für die Kappungsgrenze aus der Anm. zu Nr. 2300 VV hat sich der **Begriff** der **Schwellengebühr** eingebürgert.[20] Der Begriff ist nicht ganz glücklich gewählt, da es sich um eine Gebührenschwelle handelt, nicht aber um eine eigene Gebühr.[21]   **16**

Folgender **Ablauf** bei der Bestimmung der angemessenen Gebühr aus einem Gebührenrahmen hat sich bewährt und wird regelmäßig in Kammergutachten als Prüfungsrahmen zugrunde gelegt: **17**

Der Rechtsanwalt bestimmt die Gebühr anhand sämtlicher Kriterien des § 14. Gelangt er zu einer 1,3 überschreitenden Gebühr, prüft er, ob die Tätigkeit **überdurchschnittlich umfangreich oder schwierig** war. War die Tätigkeit keines von beidem, greift die Kappung ein und eine anhand der Ermessensausübung nach § 14 jenseits 1,3 bemessene Gebühr **wird auf 1,3 gekappt**. Ist die Tätigkeit überdurchschnittlichen Umfangs oder überdurchschnittlicher Schwierigkeit, bleibt es bei der zuvor nach § 14 bestimmten Gebühr.   **18**

Beispiel: Der Rechtsanwalt wird beauftragt, außergerichtlich 50.000 € beizutreiben. Die Angelegenheit ist in hohem Maße haftungsträchtig, der Auftraggeber hat deutlich überdurchschnittliche Einkommensverhältnisse und für ihn ist die Angelegenheit von existenzieller Bedeutung, allerdings ist die Angelegenheit rechtlich einfach gelagert und der Umfang der anwaltlichen Tätigkeit gering. Der Rechtsanwalt gelangt nach Prüfung anhand von § 14 zu einer angemessenen Vergütung von 1,8. Da die Angelegenheit aber nicht umfangreich und auch nicht schwierig ist, kann er nur eine Geschäftsgebühr Nr. 2300 VV iHv 1,3 in Rechnung stellen.   **19**

1. 1,3-Geschäftsgebühr, Nr. 2300 VV   1.511,90 €
2. Auslagenpauschale, Nr. 7002 VV   20,00 €
3. 19 % Mehrwertsteuer, Nr. 7008 VV   291,06 €
   Gesamt   **1.822,96 €**

Variante: Wäre die Angelegenheit hingegen von überdurchschnittlichem Umfang oder überdurchschnittlicher   **20**
Schwierigkeit, bliebe es bei der anhand von § 14 erfolgten Bestimmung der Vergütung mit 1,8. Diese Bestimmung wäre dabei nach der Toleranzrechtsprechung (→ Rn 10) verbindlich, selbst wenn eine angemessene Gebühr lediglich bei 1,5 gelegen hätte.[22]

Abzurechnen wäre dann wie folgt:

1. 1,8-Geschäftsgebühr, Nr. 2300 VV   2.093,40 €
2. Auslagenpauschale, Nr. 7002 VV   20,00 €
3. 19 % Mehrwertsteuer, Nr. 7008 VV   401,55 €
   Gesamt   **2.514,95 €**

---

16 Vgl auch AnwK-RVG/*Onderka*, § 14 Rn 95. **17** BGH AGS 2009, 569; AnwK-RVG/*Onderka*, § 14 Rn 94; ausf. zum Kammergutachten: *Bohnenkamp/Winkler*, Das Gutachten des Vorstands der Rechtsanwaltskammer in Gebührensachen, in: Festschrift 65 Jahre Rechtsanwaltskammer Freiburg, 2011, S. 161 ff. **18** AnwK-RVG/*Onderka*, § 14 Rn 96. **19** Im Rahmen des Gesetzgebungsverfahrens zum 2. KostRMoG verwarf in letzter Minute der Bundestag (BT-PlPr 17/250-31945 D) auf Empfehlung des Rechtsausschusses v. 15.5.2013 (BT-Drucks 17/13537, S. 309) die geplante Umstellung des Kappungssystems mit Aufteilung in zwei verschiedene Gebühren (Nr. 2300 und 2301 VV-E) und beließ es bei der Geltung der Regelung der Nr. 2300 VV in der bisher bereits geltenden Fassung. Die Regelung der Nr. 2300 VV wurde seit Inkrafttreten einmal von Nr. 2400 VV in Nr. 2300 VV umnummeriert, ist ansonsten aber unverändert. Mit der Aufspaltung in zwei Gebührennummern war eine systematische Angleichung angestrebt, da an anderer Stelle ebenfalls vergleichbare Regelungen existieren, so zB in Nr. 3101 VV im Verhältnis zu Nr. 3100 VV, in Nr. 3201 VV im Verhältnis zu Nr. 3200 VV, in Nr. 3105 VV im Verhältnis zu Nr. 3104 VV und in Nr. 3203 VV im Verhältnis zu Nr. 3202 VV. Zu dieser Angleichung kam es nun nicht. Die im Regierungsentwurf vorgesehene Umwandlung der (dann ehemaligen) Anmerkung (zu Nr. 2300 VV) in einen eigenen Gebührentatbestand (Nr. 2301 VV-E) wäre aus Sicht der Anwaltschaft wegen der umgekehrten Beweislast zu begrüßen gewesen, wenngleich die Fassung des Entwurfs der Bundesregierung (BT-Drucks 17/11471 (neu), S. 119) unglücklich formuliert war. **20** Vgl Gerold/Schmidt/*Mayer*, Nr. 2300, 2301 VV Rn 29. **21** Gegen die Verwendung des Begriffs „Schwellengebühr" s. auch AnwK-RVG/*Onderka*, Nr. 2300 VV Rn 3. **22** Zu dieser Toleranzgrenze allg. BGH MDR 2007, 491; s. vertiefend Rn 10 sowie ausf. § 14 Rn 57 ff.

21　Die zum Ermessen des Rechtsanwalts bei der Bestimmung der konkreten Gebühr aus einem Rahmen entwickelte Toleranzrechtsprechung (→ Rn 10) findet keine Anwendung bei der Frage, ob die Schwelle überschritten werden darf oder nicht.[23]

22　**2. Tatbestandsvoraussetzung.** Ob die Tätigkeit im Einzelfall die Gebührenschwelle aus Anm. 1 überspringt, also den Ansatz einer Gebühr aus dem vollen Rahmen der Gebühr Nr. 2300 VV oder höchstens den Ansatz von 1,3 Gebühren erlaubt, ist eine **echte Tatbestandsvoraussetzung** und damit der vollen richterlichen Überprüfung unterworfen. Mit der noch im RegE des 2. KostRMoG[24] vorgesehenen Aufspaltung der Gebühr Nr. 2300 VV in zwei Gebührentatbestände (Nr. 2300 VV-E und Nr. 2301 VV-E) beabsichtigte der Gesetzgeber,[25] in Reaktion auf „widerstreitende Entscheidungen oberster Bundesgerichte"[26] eine Klärung herbeizuführen. Trotz der eindeutigen Gesetzeslage hatte der 9. Zivilsenat des BGH geurteilt, die Frage sei „einer gerichtlichen Überprüfung entzogen",[27] solange die Toleranzgrenze von 20 v.H. eingehalten sei. Der 6. Zivilsenat folgte unter Bezugnahme auf die Begründung der Entscheidung,[28] ehe der Fehler erkannt und die Rspr durch den 8. Zivilsenat korrigiert[29] wurde. Nach Korrektur der Rspr durch den 8. Zivilsenat sah der Rechtsausschuss keinen Reformbedarf[30] und der Bundestag beließ es bei der bisherigen Struktur der Nr. 2300 VV.

23　Der Rechtsanwalt muss also die Kriterien Umfang und Schwierigkeit dokumentieren, um begründen zu können, dass und warum die Angelegenheit mehr als durchschnittlich umfangreich oder schwierig ist, und darf den vollen Gebührenrahmen der Nr. 2300 VV nur ansetzen, wenn eines oder beide Kriterien erfüllt sind.

24　**3. Überdurchschnittlicher Umfang oder Schwierigkeit. a) Mittelgebühr.** Überdurchschnittlicher Umfang oder überdurchschnittliche Schwierigkeit der anwaltlichen Tätigkeit eröffnen Gebühren aus dem vollen Rahmen der Nr. 2300 VV und damit idR über 1,3 liegende Gebühren. Ausgehend von der Mittelgebühr als rechnerischem Normalfall (→ § 14 Rn 37) wird bei überdurchschnittlichem Umfang oder überdurchschnittlicher Schwierigkeit der anwaltlichen Tätigkeit bereits die **Mittelgebühr aus dem Rahmen** angemessen sein (so auch → § 14 Rn 50). Diese beläuft sich auf (0,5 + 2,5 : 2 =) **1,5**. Ausweislich des klaren Wortlauts sind weder deutlich überdurchschnittlicher Umfang oder deutlich überdurchschnittliche Schwierigkeit zu fordern, wohl aber reichen durchschnittliche Schwierigkeit und durchschnittlicher Umfang nicht aus.[31]

25　**b) Schwierigkeit der anwaltlichen Tätigkeit.** Folgende **Kriterien** sprechen im Allgemeinen **für** eine besondere **Schwierigkeit** der anwaltlichen Tätigkeit und damit gegen die Begrenzung durch die Gebührenschwelle aus der Anm. zu Nr. 2300 VV auf 1,3:

26　Arzthaftungsrecht;[32] Aufklärung technischer und medizinischer Fragen;[33] Hinzuziehung eines psychiatrischen Sachverständigen und Verwertung des Fachgutachtens;[34] Persönlichkeits- und Presserecht;[35] Prüfung eines Bebauungsplans;[36] Prüfung medizinischer Gutachten;[37] Rechtslage unklar mangels höchstrichterlicher Klärung;[38] Schadenersatzberechnung bei zu berücksichtigenden Vorschäden;[39] Schutzrechtsverletzung;[40] Schwierigkeiten im Umgang mit einem problematischen,[41] sehbehinderten,[42] hörbehinderten[43] oder geistig retardierten[44] Mandanten; Steuerrecht;[45] Urheberrecht;[46] Vergaberecht;[47] Verkehrsunfall mit erheb-

23 BGH 11.7.2012 – VIII ZR 323/11, NJW 2012, 2813. **24** BT-Drucks 17/11471 (neu), S. 119. **25** BT-Drucks 17/11471 (neu), S. 273 f zu Art. 8 Abs. 2 Nr. 11. **26** Für volle Überprüfbarkeit BSG NJW 2010, 1400; aA BGH 13.1.2011 – IX ZR 110/10, NJW 2011, 1603 und BGH 8.5.2012 – VI ZR 273/11, NJW-RR 2012, 887 (aufgegeben in BGH 11.7.2012 – VIII ZR 323/11, NJW 2012, 2813), wiederum für volle Überprüfbarkeit mit guter Begründung AG Halle 20.7.2011 – 93 C 57/10. **27** BGH 13.1.2011 – IX ZR 110/10 (Rn 18), NJW 2011, 1603. **28** BGH 8.5.2012 – VI ZR 273/11, NJW-RR 2012, 887. **29** BGH 11.7.2012 – VIII ZR 323/11 spricht trotz des eindeutigen Widerspruchs zwischen den Entscheidungen von einer *Fortführung* der Rechtsprechung der beiden anderen Senate: „Der IX. Zivilsenat hat auf Anfrage mitgeteilt, dass er ebenfalls dieser Auffassung sei und sich aus seinem Urteil vom 13. Januar 2011 (IX ZR 110/10, aaO Rn 18) nichts anderes ergebe. Der VI. Zivilsenat hat mitgeteilt, dass er im Hinblick auf die Äußerung des IX. Zivilsenats, dessen Entscheidung er sich angeschlossen hatte (Urteil vom 8.5.2012 – VI ZR 273/11), keine Bedenken gegen die in Aussicht genommene Entscheidung des VIII. Zivilsenats hat." Richtig entschieden hatte bereits zuvor BSG NJW 2010, 1400; die Entscheidung wird entsprechend in der Gesetzesbegründung benannt unter BT-Drucks 17/11471 (neu), S. 274 zu Art. 8 Abs. 2 Nr. 11. **30** BT-Drucks 17/13537, S. 15. **31** Ganz eindeutig ist dies systematisch nicht, weshalb hierzu die Meinungen auseinandergehen. Zur Vertiefung: Mayer/Kroiß/*Winkler*, § 14 Rn 45; AnwK-RVG/*Onderka*, Nr. 2300 VV Rn 12. **32** LG Saarbrücken AGS 2005, 245. **33** AG Oberndorf Der Verkehrsanwalt 2010, 36. **34** LG Bochum AnwBl 1985, 151. **35** Bischof u.a./*Jungbauer*, § 14 Rn 30. **36** OVG Rheinland-Pfalz NJW 2010, 3739. **37** BVerwG NVwZ 1983, 607. **38** OLG Brandenburg NJW 2009, 1287 = jurisPR-R 2009, 109 m. Anm. *Tierel*. **39** LG Dortmund 14.11.2008 – 12 O 264/06, JurionRS 2008, 38353. **40** LG Düsseldorf 20.10.2005 – 4 b O 199/05, JurionRS 2005, 39584. **41** OLG München AnwBl 1981, 462 m. Anm. *Schmidt*; LG Karlsruhe AnwBl 1987, 338. **42** SG Aachen RVGreport 2005, 353. **43** Bischof u.a./*Jungbauer*, § 14 Rn 35. **44** Jeweils zur Beiordnung gem. §§ 114 ff ZPO: OLG Celle AGS 2010, 87; OLG Zweibrücken AGS 2010, 85. **45** FG Köln AGS 2010, 610 = RVGreport 2009, 338 m. Anm. *Hansens*. **46** *Enders*, JurBüro 2005, 516. **47** KG AGS 2010, 544; OLG München AGS 2006, 171; OLG München AGS 2007, 86 m. Anm. *N. Schneider*.

lichem Personenschaden;[48] Verständigungsprobleme;[49] Hinzuziehung eines Dolmetschers;[50] Vertragsarztrecht;[51] Wettbewerbsrecht.[52]

c) Umfang der anwaltlichen Tätigkeit. Mit dem Umfang der Angelegenheit ist wesentlich der **zeitliche Aufwand** der Bearbeitung der Angelegenheit gemeint (näher → § 14 Rn 9–13). Wichtig ist zur Beweisführung daher eine Dokumentation des zeitlichen Aufwands im Mandat. Auszugehen ist dabei von einem zeitlichen Umfang von rund drei Stunden als durchschnittlich.   27

Folgende **Kriterien** führen idR dazu, dass die Tätigkeit mehr als einen durchschnittlichen Umfang hatte und die Gebühr nicht anhand der Anm. zu Nr. 2300 VV zu begrenzen ist: umfassendes Aktenstudium erforderlich (zB in komplexen Bausachen); aufwendige Recherchen zu umstrittenen Rechtsfragen; mehrere Besprechungen mit dem Auftraggeber oder mit Gegnern erforderlich.   28

4. Beweislast. Die Beweislast für das Vorliegen der Voraussetzungen für ein Überschreiten der Kappungsgrenze trägt der Rechtsanwalt.[53]   29

5. Verkehrsunfallsachen. a) Problemaufriss. Erheblicher Streit entbrannte in den ersten Jahren nach Ablösung der BRAGO durch das RVG um die Frage, ob bei der Durchsetzung von Ansprüchen nach Verkehrsunfällen eine Gebühr mit einem Satz von 1,3 angemessen oder eine geringere Gebühr anzusetzen sei. Die Fragestellung ist eigenartig, da auch im Verkehrsrecht im Verhältnis zwischen Rechtsanwalt und Auftraggeber die Vorschrift des § 14 Anwendung findet, eine Antwort also nur für den konkreten Einzelfall gegeben werden kann.[54] Allerdings sind die zu dieser Frage ergangenen Entscheidungen so zahlreich, dass eine allgemeine Antwort auf dieses eigentlich konkrete Problem versucht werden muss, und liegt die Erklärung für die Heftigkeit der Auseinandersetzung vielleicht eher an wirtschaftlichen Interessen der regelmäßig betroffenen Versicherer und in der großen Anzahl der Verkehrsunfallsachen.   30

b) Die Rspr des BGH. *Den* durchschnittlichen Verkehrsunfall gibt es nicht.[55] Der BGH bemühte sich mit seiner Entscheidung vom 31.10.2006 um eine Beilegung des Streits und entschied:[56] „Es ist nicht unbillig, wenn ein Rechtsanwalt für seine Tätigkeit bei einem durchschnittlichen Verkehrsunfall eine Geschäftsgebühr von 1,3 bestimmt."   31

Die Besonderheit des Falls lag allerdings darin, dass die Vorinstanz das Vorliegen eines durchschnittlichen Verkehrsunfalls verneint und eine Gebühr von lediglich 1,0 als angemessen angenommen hatte und der BGH diese Einordnung teilte. Interessanter ist die Entscheidung daher wegen der Auseinandersetzung mit der Frage, wann eine Geschäftsgebühr von 1,3 unbillig sein kann.[57] Das ist zugleich nach dem oben zitierten Leitsatz die Frage, wann ein Verkehrsunfall durchschnittlich ist.

Es handelte sich um einen Unfall mit reinem Sachschaden und klarer (vollständiger) Eintrittspflicht des gegnerischen Kraftschaden-Haftpflichtversicherers. Die anwaltliche Tätigkeit beschränkte sich auf eine telefonische Konsultation mit dem Mandanten, das Verfassen eines Schreibens an den Kraftschaden-Haftpflichtversicherer und die Beantwortung einer einfachen Rückfrage des Mandanten zur Erstattung der Mehrwertsteuer (§ 249 Abs. 1 S. 2 BGB).

c) Unterdurchschnittlicher Verkehrsunfall. Im Zweifel wird eine Verkehrsunfallangelegenheit ohne Personenschaden und mit 100 %iger Haftung des Gegners ohne Besonderheiten hinsichtlich der Erstattungsfähigkeit einzelner Schadenspositionen nur eine unterdurchschnittlich schwierige und auch unterdurchschnittlich umfangreiche Angelegenheit sein, die nur eine unterhalb der Mittel- und der Schwellengebühr liegende Gebühr auslöst, wenn besonders zügig reguliert wird.[58]   32

d) Durchschnittlicher Verkehrsunfall. Sind Verursachungsbeiträge streitig oder Fragen des Quotenvorrechts zu prüfen und zu bearbeiten, ist dies anders.   33

---

48 OLG Brandenburg 4.11.2010 – 12 U 87/10. **49** AG München MittBl ARGE VerkR 2008, 30. **50** OLG Bamberg JurBüro 1988, 1178; OLG Hamm AnwBl 1998, 416; AG Bühl AGS 2004, 287. **51** SG Marburg AGS 2008, 451. **52** BGH RVGreport 2010, 456 (Gebühr Nr. 2300 VV für Abmahnung nicht unter 1,3). Die Aufforderung zur Abgabe einer Abschlusserklärung nach Erlass einer einstweiligen Verfügung ist nach BGH MDR 2010, 1087 allerdings idR eine einfache Angelegenheit. **53** Nach dem Gesetzesentwurf zum 2. KostRMoG (BT-Drucks 17/11471 (neu), S. 119) wäre es zu einem Wechsel der Beweislast gekommen. Der Bundestag ist allerdings der Empfehlung des Rechtsausschusses (BT-Drucks 17/13537, S. 309) gefolgt und hat die beabsichtigte Aufspaltung der Gebühr Nr. 2300 VV in zwei Tatbestände (Nr. 2300 und Nr. 2301 VV-E) nicht vollzogen (BT-PlPr 17/250-31945 D). **54** Vergleichbar auch AnwK-RVG/*Onderka*, Nr. 2300 VV Rn 21. Zur Bindung des ersatzpflichtigen Dritten beispielhaft BGH VI ZR 261/05 (dort Rn 5): „Ist die Gebühr – wie hier – von einem Dritten zu ersetzen, ist die von dem Rechtsanwalt getroffene Bestimmung nach § 14 Abs. 1 Satz 4 RVG nicht verbindlich, wenn sie unbillig ist, wobei ihm nach allgemeiner Meinung auch im Anwendungsbereich des Rechtsanwaltsvergütungsgesetzes ein Spielraum (sogenannte Toleranzgrenze) von 20 % zusteht." **55** So auch AnwK-RVG/*Onderka*, Nr. 2300 VV Rn 22. **56** BGH 31.10.2006 – VI ZR 261/05, AGS 2007, 28 m. Anm. *Schons* = MDR 2007, 491 = VersR 2007, 265 = NZV 2007, 181. **57** Der Leitsatz der Entscheidung BGH 31.10.2006 – VI ZR 261/05, MDR 2007, 491 lautete: „Zur Frage, wann eine Geschäftsgebühr von 1,3 unbillig sein kann." **58** AnwK-RVG/*Onderka*, Nr. 2300 VV Rn 24; BGH VersR 2007, 265.

8

34 Der Umfang des Mandats nimmt außerdem dann zu, wenn ein persönliches Gespräch mit dem Mandanten geführt wird und so der Rechtsanwalt das Verhalten des Mandanten steuert, zB zur Meidung von Schwierigkeiten mit der Erstattung von Mietwagenkosten im Rahmen der Problematik der Unfallersatztarife etc.[59]

35 Auch ein zögerliches Regulierungsverhalten, welches wiederholte Mahnungen und neuerliche Einarbeitungen in den Sachstand erforderlich macht, erhöht den Umfang der Mandatsbearbeitung.

36 **e) Überdurchschnittlicher Verkehrsunfall.** Erfordert die Bearbeitung der Unfallangelegenheit mehrere Besprechungen mit dem Auftraggeber[60] oder Korrespondenz oder Rücksprache mit Dritten[61] (Mietwagenunternehmen,[62] Werkstatt wegen Standkosten) oder ist der Unfallverursacher flüchtig oder sind Zwischenfinanzierungen zu bewerkstelligen, liegt eine Angelegenheit vor, die auch zu Gebühren jenseits der Mittelgebühr aus dem Rahmen Nr. 2300 VV bzw jedenfalls zur Überschreitung der Kappung führen kann. Gleiches gilt, wenn eine Person verletzt oder getötet wurde. Ein Unfall mit Personenschaden ist idR nicht lediglich von untergeordneter Schwierigkeit. Auch ein Eingehen auf Einwendungen des Versicherers zu Schadenspositionen kann eine überdurchschnittliche Schwierigkeit begründen.[63]

37 Werden (zB wegen einer „Prüfung" durch Dritte im Auftrag des Kraftschaden-Haftpflichtversicherers) ungerechtfertigt Positionen aus dem Gutachten gekürzt und wird dadurch eine Rücksprache mit dem Gutachter erforderlich, liegt idR eine überdurchschnittlich schwierige Angelegenheit vor.[64]

38 Schwierige Abgrenzungsfragen bei **Altschäden** heben eine Unfallsache von durchschnittlichen Verkehrsunfallsachen ab.[65]

39 **f) Empfehlung für die Praxis.** Der Rechtsanwalt ist gut beraten, seinen zeitlichen Aufwand und seine inhaltlichen Arbeitsschritte auch bei Geltendmachung „nur" einer Geschäftsgebühr in Höhe von 1,3 darzulegen, um seine Gründe für die Bestimmung der konkreten Gebühr im Rahmen des nach § 14 bestehenden Ermessens zu belegen. Insbesondere sollte er anhand seiner Dokumentation in der Lage sein dazulegen, welche Beratungen in rechtlicher Hinsicht dem Mandanten zuteil wurden und warum diese notwendig wurden.

40 Die Entscheidung des BGH (→ Rn 31) hat eine gewisse Entspannung im Wettstreit um die Gebühr für durchschnittliche Verkehrsunfälle gebracht und den Fokus wieder mehr dahin verlagert, wo die Antwort zu suchen ist: bei der Frage danach, was ein „durchschnittlicher" Verkehrsunfall ist.

III. Erstattung außergerichtlicher Gebühren

41 **1. Erstattung durch den Gegner. a) Grundlagen.** Ein Erstattungsanspruch wegen der Geschäftsgebühr Nr. 2300 VV (oder Nr. 2301 VV) kann sich nur aus einem gegen den Gegner bestehenden **materiellrechtlichen Schadenersatzanspruch** ergeben. Die ungerechtfertigte außergerichtliche Inanspruchnahme außerhalb von Sonderrechtsverhältnissen ist ansonsten allgemeines Lebensrisiko. Eine Kostenfestsetzung scheidet aus.[66] Regelmäßig erteilt dabei der Mandant den Auftrag, nachdem der Gegner trotz Fälligkeit und (erforderlichenfalls) Mahnung nicht leistet und sich damit im Verzug befindet. Damit sind in aller Regel die durch den Auftraggeber aufgewandten außergerichtlichen Kosten für den eigenen Rechtsanwalt ein **Verzugsschaden.**[67] Weiter kommen neben § 280 Abs. 1 BGB als vertraglicher Anspruchsgrundlage deliktische Normen in Betracht. Ansprüche aus Geschäftsführung ohne Auftrag scheiden aus.[68]

42 Im Vertragsverhältnis sind die Vertragspartner gehalten, sich an die vertraglich vereinbarten und gesetzlichen Pflichten zu halten. Berühmt sich aber jemand angeblicher vertraglicher Ansprüche, so liegt darin nicht notwendig eine schuldhafte, zur Erstattung von zur Verteidigung gegen diese Ansprüche angefallener Rechtsanwaltsgebühren führende Pflichtverletzung.[69] Entscheidend ist im Vertragsverhältnis vielmehr, ob der (vermeintliche) Anspruchsinhaber plausibel vom Bestehen der behaupteten Ansprüche oder dem Vorliegen der Voraussetzungen eines Gestaltungsrechts ausgehen durfte.[70] Die Beweislast liegt nach § 280 Abs. 1

59 AG Meiningen AGS 2006, 20. **60** AG Freiburg RVG prof. 2007, 116; AG Mannheim AGS 2008, 438. **61** AG Mannheim AGS 2008, 538. **62** AG Karlsruhe RVG prof. 2007, 39. **63** AG Völklingen AGS 2007, 235. **64** AG St. Ingbert AGS 2005, 334; AG Köln AGS 2005, 287. **65** AG Ansbach AGS 2007, 237. **66** BGH VersR 2006, 1561. **67** Setzt erst das Rechtsanwaltsschreiben den Gegner in Verzug, gehören die außergerichtlichen Rechtsanwaltskosten des Gläubigers nicht zu den Verzugsschäden, OLG Oldenburg FamRZ 2009, 1856. Da Nr. 2300 VV eine Pauschgebühr ist, umfasst dies nach zutreffender Auffassung die gesamte außergerichtliche Tätigkeit einschließlich der weiteren außergerichtlichen Tätigkeit nach Verzugsbegründung, OLG Düsseldorf IBR 2010, 1215. Einen Erstattungsanspruch gibt es dann nicht. **68** BGH NJW 2007, 1458; BGH AGS 2009, 153. **69** BGH NJW 2007, 1458; BGH NJW 2008, 2040. **70** BGH 16.1.2009 – V ZR 133/08, NJW 2009, 1262: „Eine Vertragspartei, die von der anderen Vertragspartei etwas verlangt, das nach dem Vertrag nicht geschuldet ist, oder ein Gestaltungsrecht ausübt, das nicht besteht, verletzt ihre Pflicht zur Rücksichtnahme nach § 241 Abs. 2 BGB und handelt im Sinne von § 280 Abs. 1 Satz 1 BGB pflichtwidrig. Im Sinne von § 280 Abs. 1 Satz 2 BGB zu vertreten hat die Vertragspartei diese Pflichtwidrigkeit aber nicht schon dann, wenn sie nicht erkennt, dass ihre Rechtsposition in der Sache nicht berechtigt ist, sondern erst, wenn sie diese Rechtsposition auch nicht als plausibel ansehen durfte."

S. 2 BGB beim Schädiger. Ob die Geschäftsgebühr vom Dritten zu erstatten ist, ist jeweils eine Frage des Einzelfalls und berührt den Anspruch des Rechtsanwalts gegen seinen Auftraggeber nicht.

In Arbeitsrechtsstreitigkeiten schließt (trotz des insoweit eindeutig anderen Wortlauts) nach Auffassung des BAG § 12 a Abs. 1 S. 1 ArbGG auch den materiellrechtlichen Schadensersatzanspruch auf Erstattung außergerichtlich entstandener Rechtsanwaltsgebühren aus.[71]

Nach AG Kassel gibt es wegen der nicht mehr überschaubaren Rspr zur Ersatzfähigkeit von Schadenspositionen keine einfachen Verkehrsunfälle mehr und es sei deshalb die Einschaltung eines Rechtsanwalts immer geboten.[72]   43

b) Zur Höhe der Erstattung. Wird die Erstattungsfähigkeit dem Grunde nach bejaht, ist zu prüfen, ob die   44
Gebühr in der durch den Rechtsanwalt bestimmten Höhe zu erstatten ist. Auszugehen ist von der Grundregel, wonach die Bestimmung der Gebühr im Einzelfall anhand der Kriterien des § 14 auch für den Dritten verbindlich ist, wenn sie nicht unbillig ist.[73] Schadensminderungspflichten können dann dazu führen, dass ein besonderer Umfang und/oder eine besondere Schwierigkeit im Verhältnis zwischen Auftraggeber und Rechtsanwalt von Bedeutung sind, nicht aber in der Beziehung zum Dritten. Hat erst anwaltliche Tätigkeit zum Entstehen des Erstattungsanspruchs geführt, kommt allerdings eine Aufteilung in eine Tätigkeit vor und in eine nach dem Entstehen des Anspruchs nicht in Betracht. Es besteht dann kein Erstattungsanspruch.[74]

Wird die Hauptforderung nur teilweise zugesprochen, sind die außergerichtlichen Gebühren aus dem Wert   45
der zugesprochenen Hauptforderung zuzusprechen, nicht aus dem Verhältnis der zugesprochenen zur eingeklagten Hauptforderung.[75]

Beispiel: Der Rechtsanwalt macht nach vergeblichem außergerichtlichen Auftrag einen Unfallschaden von   46
4.000 € gerichtlich geltend und klagt auch die außergerichtliche Vergütung (1,3) ein, da der gegnerische Haftpflichtversicherer jede Zahlung verweigert.

Die vorgerichtliche Vergütung aus 4.000 € macht dabei folgenden Betrag aus:

1. 1,3-Geschäftsgebühr, Nr. 2300 VV   327,60 €
2. Auslagenpauschale, Nr. 7002 VV   20,00 €
3. 19 % Mehrwertsteuer, Nr. 7008 VV   66,04 €
   Gesamt   **413,64 €**

Die Klage hat hinsichtlich eines Teilbetrags von 2.200 € Erfolg. Der beklagte Versicherer ist nach BGH NJW 2008, 1888 weiter zur Zahlung außergerichtlicher Vergütung aus dem Wert von 2.200 € wie folgt zu verurteilen:

1. 1,3-Geschäftsgebühr, Nr. 2300 VV   261,30 €
2. Auslagenpauschale, Nr. 7002 VV   20,00 €
3. 19 % Mehrwertsteuer, Nr. 7008 VV   53,45 €
   Gesamt   **334,75 €**

Das entspricht einem Erfolg von mehr als 80 % hinsichtlich der außergerichtlichen Gebührenforderung. Wäre nach dem Verhältnis zwischen Urteil und Klagforderung zu verteilen, hätte der Beklagte nur außergerichtliche Vergütung in Höhe von (413,64 € x 2.200 € : 4.000 € =) 227,50 € zu bezahlen. (Die Anrechnung im Kostenfestsetzungsverfahren ist nicht berücksichtigt.)

Wenn zwischen dem Rechtsanwalt und dem (gegnerischen) Versicherer ein **Abrechnungsabkommen** be-   47
steht, muss der Versicherer dennoch darüber hinausgehende Gebühren an den Geschädigten erstatten, wenn der Rechtsanwalt diese gegenüber seinem geschädigten Mandanten abgerechnet hat.[76]

c) Wertneutralität und Ausnahmen. Die Geltendmachung der außergerichtlichen Gebühren neben der   48
Hauptforderung führt nicht zu einer Erhöhung des Gegenstandswerts; diese sind Nebenforderungen iSd § 4 ZPO.[77] Werden die außergerichtlichen Gebühren (anteilig) isoliert geltend gemacht, zB wegen (teilweiser) Erledigung der Hauptsache[78] oder wegen vorprozessualer Erfüllung der Hauptforderung,[79] „emanzipieren" sich die Gebühren von der Nebenforderung. Sie werden zur Hauptforderung und haben als solche einen eigenen Wert.[80] Dies gilt auch für vorgerichtliche Anwaltskosten, sofern im Berufungsverfahren nur noch diese, nicht aber die in erster Instanz abgesprochene Hauptforderung verfolgt werden.[81]

---

71 BAG RVGreport 2009, 192. Die zu einer vollkommen anderen gebührenrechtlichen Situation ergangene Ausgangsentscheidung wurde durch das BAG systemwidrig bestätigt, weshalb eine Korrektur der auch rechtspolitisch verfehlten Entscheidung nicht zu erwarten ist. **72** AG Kassel AGS 2009, 557. **73** § 14 RVG bzw § 315 BGB. Gegenüber der Regelung aus dem bürgerlichen Recht enthält die Formulierung des § 14 Abs. 1 S. 4 eine Beweislastumkehr: Der Dritte hat die Unbilligkeit zu beweisen, vgl Hartung/*Schons*/Enders, Vorbem. 3 VV Rn 8 f. **74** Entschieden für die verzugsbegründende Mahnung (→ Rn 41). **75** BGH NJW 2008, 1888. **76** AG Emmendingen 21.12.2006 – 2 C 16/06 (veröffentlicht auf der Homepage der RAK Freiburg). **77** BGH FamRZ 2007, 808. **78** BGH VersR 2008, 557 = NJW 2008, 999. **79** BGH VersR 2009, 806. **80** BGH NJW 2012, 2523. **81** BGH 26.3.2013 – VI ZB 53/12.

49 **Beispiel:** Der Rechtsanwalt wird außergerichtlich nach Verzugseintritt beauftragt, den Schuldner zur Zahlung einer Forderung von 13.000 € zu mahnen, wobei die Angelegenheit sowohl umfangreich als auch schwierig ist. Der Rechtsanwalt rechnet folgende außergerichtliche Gebühren ab:

1. 1,5-Geschäftsgebühr, Nr. 2300 VV	906,00 €
2. Auslagenpauschale, Nr. 7002 VV	20,00 €
3. 19 % Mehrwertsteuer, Nr. 7008 VV	175,94 €
Gesamt	**1.101,94 €**

Der Schuldner bezahlt 11.000 €, woraufhin der Rechtsanwalt im Gläubigerauftrag restliche 2.000 € und die außergerichtliche Vergütung einklagt.

Um den Wert der Klage zu bestimmen, müssen die nicht emanzipierten Anteile der außergerichtlichen Gebühren ermittelt werden. Das sind nach BGH NJW 2008, 1888 die Gebühren aus 2.000 €. Von der Gesamtforderung von 3.101,94 € ist daher folgende Nebenforderung abzuziehen:

1. 1,5-Geschäftsgebühr, Nr. 2300 VV	225,00 €
2. Auslagenpauschale, Nr. 7002 VV	20,00 €
3. 19 % Mehrwertsteuer, Nr. 7008 VV	46,55 €
Gesamt	**291,55 €**

Die Klage hat damit einen Wert von (3.101,94 € – 291,55 € =) 2.810,39 €.

50 In einem Antrag auf Zahlung aufgewandter Rechtsanwaltskosten ist als Minus der Freistellungsantrag auf Zahlung an den Rechtsanwalt enthalten. Die Abweisung der Klage kommt daher nicht schon deshalb in Betracht, weil die Zahlung des Auftraggebers an den Rechtsanwalt nicht vorgetragen oder bewiesen ist.[82]

51 Weigert sich der gegnerische Pflicht-Haftpflichtversicherer, den Geschädigten von dessen Rechtsanwaltskosten freizustellen, kann der Geschädigte unmittelbar auf Zahlung klagen und muss sich nicht auf einen Freistellungsantrag beschränken.[83] Der Zahlungsanspruch ist auch dann bereits zu verzinsen, wenn der Geschädigte seinen Rechtsanwalt noch nicht bezahlt hat.[84]

52 **2. Erstattung durch im eigenen Lager Stehende.** Das AG Wiesbaden verfolgt einen eigenen Ansatz im Verhältnis zwischen dem Geschädigten und dem gegnerischen Haftpflichtversicherer zur Zahlung außergerichtlicher Gebühren ohne Prüfung der Höhe: Dem Geschädigten sei es nicht zuzumuten, sich mit Streit über die Erstattungsfähigkeit der Gebühren des durch ihn berechtigt hinzugezogenen Rechtsanwalts zu befassen. Der Versicherer könne sich einen etwaigen Erstattungsanspruch des Geschädigten gegen seinen Rechtsanwalt abtreten lassen, müsse aber zahlen.[85]

53 Der Mandant hat gegenüber dem eigenen **Rechtsschutzversicherer** einen Anspruch auf **Freistellung** von Forderungen seines Rechtsanwalts. Die Bestimmung der Gebühren ist für den Versicherer ebenfalls bindend, soweit sie sich in den Grenzen der Billigkeit hält, § 14. Etwaige Schadenersatzansprüche des rechtsschutzversicherten Mandanten gehen bei Zahlung auf den Rechtsschutzversicherer über.[86]

IV. Anrechnung auf später entstehende Gebühren

54 **1. Grundlagen und Wirkung der Anrechnung.** Die Geschäftsgebühr Nr. 2300 VV (ebenso die Gebühren Nr. 2301 ff VV) werden **zur Hälfte, höchstens jedoch iHv 0,75,** auf nachfolgend entstehende Verfahrensgebühren wegen desselben Gegenstands **angerechnet (Vorbem. 3 Abs. 4 VV);**[87] zur Anrechnung ausf. → Vorbem. 3 VV Rn 44 ff, Beispiele s. → Vorbem. 3 VV Rn 50 ff. Rechtfertigt eine außergerichtliche Tätigkeit den Ansatz höherer Gebühren als der Mittelgebühr, behält der Rechtsanwalt also mehr als die Hälfte der Geschäftsgebühr.

55 Die Anrechnung führt dazu, dass der Rechtsanwalt beide Gebühren erhält, nicht jedoch mehr als den um die Anrechnung verminderten Gesamtbetrag beider Gebühren, § 15 a Abs. 1.

56 Auch bei einer **Mehrzahl von Auftraggebern** bleibt es bei der Höchstgrenze der Anrechnung, diese erhöht sich also nicht mit.[88]

---

82 AG Hamburg-Altona AGS 2007, 24. **83** OLG München AGS 2011, 46 m. Anm. *N. Schneider*. **84** AG Völklingen AGS 2007, 235; allgemein für das Verhältnis zwischen Gläubiger und Schuldner: AG Osnabrück AnwBl 2006, 858. **85** AG Wiesbaden AGS 2006, 19 und AGS 2007, 186 jew. m. Anm. *Zorn*; hierzu auch AnwK-RVG/*Onderka*, Nr. 2300 VV Rn 23. **86** § 86 VVG. Ein Forderungsübergang auf den Rechtsschutzversicherer führt umgekehrt erst dann zum Verlust der Aktivlegitimation, wenn die Zahlung erfolgt und bewiesen ist; beweisbelastet ist der Anspruchsgegner, OLG München RVGreport 2010, 470. **87** Aus der systematischen Stellung der Vorbem. 3 VV im Gefüge des RVG ist ersichtlich, dass diese Anrechnung einen Übergang in das Mahnverfahren, ein Schlichtungsverfahren oder die erste Instanz oder auch unmittelbar in die zweite Instanz oder in Verfahren nach der InsO betrifft. Entscheidend ist, dass die Anrechnung nur auf eine andere Betriebsgebühr, also die Verfahrensgebühr oder eine andere Geschäftsgebühr, erfolgt. **88** Dies folgt aus dem Fehlen einer der Anhebung der Kappungsgrenze vergleichbaren Regelung in Nr. 1008 VV und wird ausdrücklich in der Begr. BT-Drucks 17/11471 (neu), S. 272 zu Art. 8 Abs. 2 Nr. 5 klargestellt.

Eine Anrechnung findet **nicht** statt, wenn zwischen der außergerichtlichen Tätigkeit und der gerichtlichen 57
Tätigkeit **mehr als zwei Kalenderjahre** liegen[89] oder außergerichtlich ein anderer Rechtsanwalt tätig war als
gerichtlich.[90]

Bei nur **teilweisem Übergang in das gerichtliche Verfahren** erfolgt die Anrechnung nur aus dem übergegan- 58
genen Wert.[91]

2. Anrechnung im Verhältnis zwischen Auftraggeber und Rechtsanwalt. Das RVG regelt nur das Verhältnis 59
zwischen dem Rechtsanwalt und dem Auftraggeber, die Anrechnung wirkt also zunächst nur in diesem Verhältnis (ausf. → Vorbem. 3 VV Rn 56).

3. Berufung des Dritten auf die Anrechnung. § 15 a Abs. 2[92] regelt, wie sich die im RVG geregelte Anrech- 60
nung auf die Erstattungsansprüche gegen einen Dritten auswirkt: Der Dritte kann sich auf die Anrechnung
nur berufen, soweit er den Anspruch auf eine der beiden Gebühren erfüllt hat, wegen eines dieser Ansprüche gegen ihn ein Vollstreckungstitel besteht oder beide Gebühren in demselben Verfahren gegen ihn geltend gemacht werden.

Beim Abschluss von **Vergleichen** wird empfohlen, eine Regelung zu treffen, ob und ggf in welcher Höhe ein 61
zu zahlender Betrag Zahlungen auf die außergerichtliche Vergütung enthält. Anderenfalls ist schwer abzuschätzen, wie Rechtspfleger im Kostenfestsetzungsverfahren mit dem Einwand des § 15 a Abs. 2 verfahren.[93] Weiterführend zum Ganzen → § 14 Rn 71–73.

Nr.	Gebührentatbestand	Gebühr oder Satz der Gebühr nach § 13 RVG
2301	Der Auftrag beschränkt sich auf ein Schreiben einfacher Art: Die Gebühr 2300 beträgt .... <small>Es handelt sich um ein Schreiben einfacher Art, wenn dieses weder schwierige rechtli- che Ausführungen noch größere sachliche Auseinandersetzungen enthält.</small>	0,3

I. Allgemeines

Die Vergütungsnummer 2301 VV ist inhaltlich unverändert seit Inkrafttreten des RVG zum 1.7.2004 vor- 1
handen. Die Nummerierung der Vorschrift hat sich allerdings mehrfach verschoben: Inkraftgetreten ist die
Vorschrift als Nr. 2402 VV; zum 1.7.2006 wurde sie aufgrund des Wegfalls der Beratungsgebühren und
Verschiebung der Gebührennummern oberhalb 21xx VV zu Nr. 2302 VV; im Gesetzgebungsverfahren des
2. KostRMoG wurde sie zu Nr. 2301 VV.[1]

Die Arbeit mit dem Gesetz wird also dadurch erschwert, dass die Suche nach Rspr zu den Gebühren von 2
Teil 2 VV immer unter Berücksichtigung des jeweiligen Rechtsstandes erfolgen muss. Bei der Recherche
nach Entscheidungen zur Gebühr für Schreiben einfacher Art ist also letztlich nach drei Vergütungsnummern zu suchen und dann jeweils zu prüfen, ob Entscheidungen eine gänzlich andere Vergütungsvorschrift
zum Gegenstand haben, die damals Nr. 2301 VV hieß.

Die Gebühr Nr. 2301 VV begrenzt die eigentlich als Rahmengebühr ausgestaltete außergerichtliche Ge- 3
schäftsgebühr Nr. 2300 VV auf einen **Festwert von 0,3**, der unter dem unteren Ende des Rahmens der Gebühr Nr. 2300 VV liegt.

II. Schreiben einfacher Art (Anm.)

Der Begriff „Schreiben einfacher Art" ist anhand der Anm. danach zu bestimmen, ob das Schreiben (dem 4
Auftrag nach!) weder schwierige rechtliche Ausführungen noch größere sachliche Auseinandersetzungen
enthält.

---

[89] § 15 Abs. 5 S. 2; OLG Düsseldorf RVGreport 2009, 181. [90] BGH AGS 2010,52; OLG Koblenz AGS 2009, 166; OLG München NJW 2009, 1220. [91] Die in OLG Koblenz RVGreport 2009, 144 vertretene Auffassung, es sei im Verhältnis der Werte anzurechnen, ist mit dem – insoweit unveränderten Wortlaut – der Vorbem. 3 Abs. 4 VV nicht vereinbar. [92] § 15 a wurde durch
Art. 7 Abs. 4 Nr. 3 des Gesetzes zur Modernisierung von Verfahren im anwaltlichen und notariellen Berufsrecht, zur Errichtung
einer Schlichtungsstelle der Rechtsanwaltschaft sowie zur Änderung sonstiger Vorschriften v. 30.7.2009 (BGBl. I 2449, 2470)
mWz 5.8.2009 eingeführt. Die Regelung beansprucht aber unmittelbare Geltung auch für alle Altfälle, da die gesetzliche Regelung des § 15 a nur der Klarstellung diente; BGH NJW 2010, 1375. [93] Nach OLG Saarbrücken NJW-Spezial 2010, 92 gilt
dann die gesamte außergerichtliche Vergütungsforderung als tituliert; aA OLG Karlsruhe NJW-Spezial 2010, 379. [1] BT-Drucks
17/13537, S. 309 – Empfehlung des Rechtsausschusses.

5   Das trifft zB auf ein **Mahnschreiben** ohne größere rechtliche Ausführungen oder auf ein einfaches Kündigungsschreiben ohne rechtliche Ausführungen zu Schutzrechten etc. zu. Eine ordentliche Kündigung eines Mietverhältnisses durch einen Vermieter dürfte angesichts der Komplexität der inhaltlichen und formellen Anforderungen mietrechtlicher Schutzvorschriften bereits kein Schreiben einfacher Art sein. Die ordentliche Kündigung für den Mieter indes schon. Ein wettbewerbsrechtliches Abschlussschreiben nach Ergehen einer einstweiligen Verfügung ist idR kein Schreiben einfacher Art,[2] im Einzelfall kann es das aber sein.[3]

III. Abgrenzung der Nr. 2301 VV von Nr. 2300 VV anhand des Auftrags

6   **1. Allgemeines.** Die Gebühr Nr. 2301 VV ist von der Grundgebühr Nr. 2300 VV **anhand des Auftrags** abzugrenzen. Auf die konkret geleistete Tätigkeit kommt es bei der Gebühr Nr. 2301 VV gerade nicht an.[4] Sie kann allein indizielle Wirkung haben, wenn zwischen Auftraggeber und Rechtsanwalt darüber gestritten wird, welcher Auftrag erteilt wurde.[5]

7   **2. Umfassender Auftrag: Nr. 2300 VV.** Erteilt der Auftraggeber einen umfassenden Auftrag zu außergerichtlichem Tätigwerden, ist für eine Kappung durch Nr. 2301 VV kein Raum, sondern es bleibt bei der Abrechnung der Tätigkeit aus dem Rahmen der Gebühr Nr. 2300 VV.[6]

8   Bei der Bestimmung der konkreten Gebühr aus dem Rahmen der Gebühr Nr. 2300 VV ist dabei einem unterdurchschnittlich geringen Umfang der Tätigkeit Rechnung zu tragen.

9   **3. Nur Auftrag für einfaches Schreiben: Nr. 2301 VV.** Erteilt hingegen der Auftraggeber nur ein Mandat für ein einfaches Schreiben, bemüht sich aber der Rechtsanwalt in Telefonaten mit dem Gegner um die Angelegenheit, erhält er (trotzdem) nur die Vergütung aus Nr. 2301 VV.

10   Auf die tatsächlich entfaltete Tätigkeit kommt es also nicht an; maßgebend ist allein der erteilte Auftrag. Entsprechend findet auch die Toleranzgrenze (→ Nr. 2300 VV Rn 10 ff) keine Anwendung (→ § 14 Rn 57):[7] Es gibt nur entweder einen umfassenden (dann Nr. 2300 VV) oder einen auf Nr. 2301 VV begrenzten Auftrag.

IV. Mehrere Auftraggeber

11   Erhält der Rechtsanwalt den Auftrag zum Verfassen eines Schreibens einfacher Art von mehreren Auftraggebern, erhöht sich die Gebühr nach Nr. 1008 VV für jeden weiteren Auftraggeber um 0,3, höchstens erhöht sie sich um 2,0.

12   **Beispiel 1:** Der Rechtsanwalt erhält den Auftrag, für einen Mandanten ein Schreiben einfacher Art aus dem Wert von 200 € zu verfassen. Abzurechnen ist wie folgt:

1. 0,3-Gebühr Schreiben einfacher Art, Nr. 2301 VV (13,50 €),	
nach § 13 Abs. 2 aber mindestens	15,00 €
2. Auslagenpauschale, Nr. 7002 VV	3,00 €
3. 19 % Mehrwertsteuer, Nr. 7008 VV	3,42 €
Gesamt	**21,42 €**

13   **Beispiel 2:** Wie Beispiel 1, allerdings erhält der Rechtsanwalt den Auftrag von zwei Auftraggebern. Abzurechnen ist wie folgt:

1. 0,3-Gebühr Schreiben einfacher Art, Nr. 2301 VV	13,50 €	
2. erhöht nach Nr. 1008 VV um 0,3[8]	13,50 €	27,00 €
3. Auslagenpauschale, Nr. 7002 VV		5,40 €
4. 19 % Mehrwertsteuer, Nr. 7008 VV		6,16 €
Gesamt		**38,56 €**

14   **Beispiel 3:** Der Rechtsanwalt wird außergerichtlich von 8 Auftraggebern beauftragt, ein Schreiben einfacher Art aus dem Wert von 2.000 € zu verfassen:

1. 0,3-Gebühr Schreiben einfacher Art, Nr. 2301 VV	45,00 €	
2. erhöht nach Nr. 1008 VV (7 x 0,3, max. 2,0)	300,00 €	345,00 €
3. Auslagenpauschale, Nr. 7002 VV		20,00 €
4. 19 % Mehrwertsteuer, Nr. 7008 VV		69,35 €
Gesamt		**434,35 €**

---

2 OLG Hamburg MDR 2009, 1062. **3** BGH 2009, 2382. **4** Gerold/Schmidt/*Mayer*, Nr. 2302 VV Rn 2; Riedel/Sußbauer/*H. Schneider*, Teil 2 VV Rn 80; AnwK-RVG/*Onderka*, Nr. 2302 VV Rn 8. **5** AnwK-RVG/*Onderka*, Nr. 2302 VV Rn 5; Gerold/Schmidt/*Mayer*, Nr. 2302 VV Rn 4. **6** Vgl AnwK-RVG/*Onderka*, Nr. 2302 VV Rn 9. **7** Vgl hierzu auch Begr. zu Nr. 2301 VV in BT-Drucks 17/11471 (neu), S. 273 f zu Art. 8 Abs. 2 Nr. 11. **8** Nr. 1008 VV ist keine eigene Gebühr, sondern erhöht einen Gebührentatbestand, weshalb § 13 Abs. 2 keine Anwendung findet. Auch die Grundgebühr wird nicht mittels § 13 Abs. 2 angehoben, da die durch Nr. 1008 VV erhöhte Gebühr die Schwelle des § 13 Abs. 2 überschreitet.

V. Anrechnung

Die Gebühr Nr. 2301 VV für ein Schreiben einfacher Art ist als Geschäftsgebühr iSd Vorbem. 3 Abs. 4 VV **15**
auf die nachfolgende Gebühr eines gerichtlichen Verfahrens anzurechnen. Anzurechnen ist eine Gebühr
iHv 0,15. Erfolgt die Beauftragung durch mehrere Auftraggeber, erfolgt die Anrechnung der Hälfte der insgesamt angefallenen Gebühren Nr. 2301, 1008 VV, höchstens aber in Höhe von 0,75 (Vorbem. 3 Abs. 4
VV; → Vorbem. 3 VV Rn 62).

Beispiel: Nach der Tätigkeit in Beispiel 3 (→ Rn 14) erhält der Rechtsanwalt Klagauftrag. Vor dem Termin rech- **16**
net er seine bisherige Tätigkeit ab:

1. 0,3-Gebühr Schreiben einfacher Art, Nr. 2302 VV,	45,00 €	
2. erhöht nach Nr. 1008 VV (7 x 0,3, max. 2,0)	300,00 €	345,00 €
3. Auslagenpauschale, Nr. 7002 VV		20,00 €
4. 1,3-Verfahrensgebühr, Nr. 3100 VV	195,00 €	
5. erhöht nach Nr. 1008 VV (7 x 0,3, max. 2,0)	300,00 €	495,00 €
6. Auslagenpauschale, Nr. 7002 VV		20,00 €
7. Anrechnung gem. Vorbem. 3 Abs. 4 VV (0,75)[9]		– 112,50 €
Zwischensumme		767,50 €
8. 19 % Mehrwertsteuer, Nr. 7008 VV		145,83 €
Gesamt		**913,33 €**

Nr.	Gebührentatbestand	Gebühr oder Satz der Gebühr nach § 13 RVG
2302	Geschäftsgebühr in 1. sozialrechtlichen Angelegenheiten, in denen im gerichtlichen Verfahren Betragsrahmengebühren entstehen (§ 3 RVG), und 2. Verfahren nach der Wehrbeschwerdeordnung, wenn im gerichtlichen Verfahren das Verfahren vor dem Truppendienstgericht oder vor dem Bundesverwaltungsgericht an die Stelle des Verwaltungsrechtswegs gemäß § 82 SG tritt .... Eine Gebühr von mehr als 300,00 € kann nur gefordert werden, wenn die Tätigkeit umfangreich oder schwierig war.	50,00 bis 640,00 €

I. Rechtliche Einordnung

Die Vorschrift Nr. 2302 **Nr. 1** VV ersetzt die frühere Geschäftsgebühr Nr. 2400 VV (aF), die durch das **1**
2. KostRMoG aufgehoben wurde. Der Gesetzgeber des RVG hatte zunächst einen eigenen Abschnitt 4 des
Teils 2 VV mit der Geschäftsgebühr Nr. 2400 VV (aF) für das nach § 3 abzurechnende sozialrechtliche Verwaltungsverfahren geschaffen (vgl Vorbem. 2.4 Abs. 1 S. 1 Nr. 1 VV aF). Die sozialgerichtliche Rspr hatte
daraus auf eine besondere Handhabung der Vorschriften gegenüber den allgemeinen Vorschriften geschlossen, was sich insb. in der im sozialgerichtlichen Verfahren anzuwendenden Gebührenvorschrift Nr. 3106
VV zeigte.

Im RVG idF bis 31.7.2013 (Inkrafttreten 2. KostRMoG: 1.8.2013) war der Gebührenrahmen in sozialge- **2**
richtlichen Geschäften unterschiedlich hoch, je nachdem, ob die erstmalige Bearbeitung der Angelegenheit
erfolgte (dann Nr. 2400 VV aF) oder ob eine wiederholte Bearbeitung im Widerspruchsverfahren nach Vorbefassung im initialen Verwaltungsverfahren vorlag (dann Nr. 2401 VV aF). Im letztgenannten Fall war ein
geminderter Gebührenrahmen anzuwenden. Der Gesetzgeber des 2. KostRMoG ist nunmehr von dem Ge-
bührenermäßigungsmodell abgerückt und hat statt der Minderung der Gebühr nach Vorbefassung in der
neu gefassten **Vorbem. 2.3 Abs. 4 VV** eine **Anrechnung** der ersten Geschäftsgebühr auf die folgende Geschäftsgebühr eingeführt. Für die Anrechnung gilt § 15 a, so dass sich etwa die nach § 63
SGB X nach erfolgreichem Widerspruchsverfahren zur Erstattung verpflichtete Behörde, auf die Anrechnung nicht berufen kann. Dies ist gewollt, weil die frühere Regelung zu Ungerechtigkeiten bei der Erstattung der Rechtsverfolgungskosten geführt hatte.

---

9 S. Nr. 1008 VV Rn 21; BT-Drucks 17/11471 (neu), S. 272 zu Art. 8 Abs. 2 Nr. 5.

3   Weiter ist in den Gebührentatbestand Nr. 2302 VV das **Disziplinarverfahren** nach der **WBO** einbezogen worden (**Nr. 2**).

4   Durch die Umsetzung der Vorschrift (Nr. 2400 VV aF) aus einem früheren eigenen Abschnitt 4 des Teils 2 VV für sozialgerichtliche Verfahren stellt der Gesetzgeber klar, dass es hinsichtlich der inhaltlichen Anforderungen an die Tätigkeit keinen Unterschied zur Geschäftsgebühr im Allgemeinen gibt. Die **Geschäftsgebühr in sozialrechtlichen Angelegenheiten** wird deshalb durch **Vorbem. 2.3 Abs. 3 VV** bestimmt.

II. Sozialrechtliche Besonderheiten

5   Die Bestimmung der Gebühr Nr. 2302 Nr. 1 VV innerhalb des Gebührenrahmens von 50 bis 640 € erfolgt anhand der Vorgaben des § 14 Abs. 1.

6   Die Bestimmung des **Umfangs** erfolgt anhand der zeitlichen Inanspruchnahme des Rechtsanwalts und des sonstigen Aufwands. Dabei sind insb. der Umfang der in Ansicht genommenen Verwaltungs- und Gerichtsakten, der Rechercheumfang (zB eingeholte ärztliche Berichte und Gutachten), Anzahl und Umfang der Schriftsätze, Anzahl und Umfang auszuwertender ärztlicher Berichte und Gutachten, der Umfang der Auseinandersetzung mit Sachverhalt und Rechtslage, aber auch Anzahl und Umfang der Gespräche mit der Mandantschaft sowie Dritten zu bewerten. Überdurchschnittlich ist der Umfang insb. bei der Verständigung in einer Fremdsprache,[1] bei der Inanspruchnahme eines Dolmetschers, bei eingeschränkter Hör- oder Sehfähigkeit des Mandanten,[2] bei beschränkter geistiger Leistungsfähigkeit des Mandanten oder bei der Notwendigkeit, den behinderten Mandanten aufzusuchen, um die Besprechungen dort zu führen.

7   Die Bestimmung der **Schwierigkeit** richtet sich nach der aufzubringenden Konzentrationsleistung des Rechtsanwalts innerhalb der aufgewendeten Zeit. Höhere Schwierigkeit ist anzunehmen, wenn nicht nur reiner Sachvortrag erfolgt, sondern auch eine Auseinandersetzung mit der Rechtslage. Dabei sah die Rspr die Auseinandersetzung mit einem Gutachten als für den Sozialrechtsstreit als normal an,[3] während mehrere Gutachten eine überdurchschnittliche Schwierigkeit bedeuten sollen.[4] Diese Rspr ist überholt, nachdem mehr als zwei Drittel aller sozialrechtlichen Rechtsstreite nicht mehr medizinische Fragen betreffen, sondern aus dem Bereich Arbeitslosengeld II stammen, so dass im sozialrechtlichen Durchschnittsfall kein Gutachten mehr einzuholen und zu bearbeiten ist. Rechtsprobleme bei der Aufhebung von Bescheiden und der Rückforderung von Leistungen, Streitigkeiten um Kausalität und Übergangsrecht indizieren eine besondere Schwierigkeit.[5] Abgelegene oder spezielle Rechtsgebiete, die eine lange Einarbeitungszeit erfordern,[6] die Auseinandersetzung mit komplexen oder in verschiedenen Rechtsmaterien verankerten Regelungen[7] sowie die Auseinandersetzung mit fremdem Rechtsgebieten[8] sind der typische Fall einer schwierigen Tätigkeit. Uneinheitliche Rspr oder das Fehlen höchstrichterlicher Rspr machen ebenfalls eine besondere Schwierigkeit aus.[9] Auch der schwierige, zB traumatisierte oder durch Neurosen oder depressive Erkrankungen geprägte Mandant erhöht die Anforderungen an die Konzentrationsleistung des Rechtsanwalts.

8   Die **Bedeutung der Angelegenheit** ist in sozialrechtlichen Angelegenheiten häufig hoch, jedoch ist spiegelbildlich dazu die wirtschaftliche Leistungsfähigkeit häufig schwach. Die Rspr ging bei solchen Sachlagen davon aus, dass sich diese Kriterien deshalb **gegenseitig kompensieren**. Das verkennt aber, dass der typische sozialrechtliche Mandant nur in geringem Umfang leistungsfähig ist. Zwei Drittel aller nach § 3 abzurechnender Rechtsstreitigkeiten betreffen Grundsicherungsleistungen. Der Gesetzgeber hat zudem die Gebührenhöhe sehr gering bemessen. Es ist deshalb für die Bewertung der wirtschaftlichen Leistungsfähigkeit nicht auf den Bevölkerungsdurchschnitt, sondern auf die besondere sozialrechtliche Klientel abzustellen.

9   Bei der sukzessiven Bearbeitung der Angelegenheit im initialen Verwaltungsverfahren und dem folgenden Verfahren, etwa einem Widerspruchsverfahren, steht zur Abrechnung jeweils der volle Gebührenrahmen zur Verfügung. Allerdings ist die erste entstehende Gebühr auf die des folgenden Verfahrens anzurechnen. Dabei hat nach **Vorbem. 2.3 Abs. 4 VV** eine **Anrechnung** zu erfolgen. Das funktioniert systematisch nur dann, wenn bei der Bildung der weiteren Gebühr der Minderaufwand für die nicht mehr erforderliche Einarbeitung in die Sach- und Rechtslage gem. Vorbem. 2.3 Abs. 4 S. 3 VV unberücksichtigt bleibt.

III. „Kappung" (Anm.)

10   Die Anm. zu Nr. 2302 VV entspricht der Regelung der Kappungsgrenze wie in der früheren Anm. zu Nr. 2400 VV (aF). Der Wortlaut der Anmerkung ist durch das 2. KostRMoG leicht verändert. Damit ist jedoch keine inhaltliche Veränderung verbunden. Vielmehr ist trotz der veränderten Satzstellung der Satzinhalt identisch. Klarer wird jedoch durch die neue Fassung, dass die Kriterien Umfang oder Schwierigkeit

---

1 LSG NRW 16.8.2006 – L 10 B 7/06. **2** SG Aachen 21.6.2005 – S 11 AL 111/04. **3** BSG 26.2.1992 – 9 a RVs 3/90. **4** HessLSG 26.1.2004 – L 12 B 90/02 RJ. **5** SchlHLSG 7.2.2008 – L 6 B 33/08. **6** BVerwGE 1962, 169. **7** LSG BW 13.12.2006 – L 5 KA 5567/05. **8** BSG 22.1.1993 – 14b/4 REG 12/91. **9** LSG NRW 16.8.2006 – L 10 B 7/06.

der anwaltlichen Tätigkeit nicht kumulativ vorliegen müssen („*oder*"), um die Kappungsgrenze überschreiten zu können.

Es ist deshalb wie früher zunächst die Bewertung der anwaltlichen Tätigkeit anhand der einzelnen Kriterien   **11**
des § 14 Abs. 1 vorzunehmen. Kommt man dabei zu einer über der Kappungsgrenze liegenden Gebühr, so
ist zu prüfen, ob die Schwierigkeit oder der Umfang der Tätigkeit der Tätigkeit diese Überschreitung rechtfertigt. Ist das nicht der Fall, bleibt es bei einer Gebühr in Höhe der Kappungsgrenze.

Ungeklärt ist nach wie vor, ob **„umfangreich oder schwierig"** lediglich als Hinweis auf die Kriterien   **12**
Schwierigkeit und Umfang in § 14 Abs. 1 zu verstehen ist oder ob schwierig und umfangreich gemäß dem
sprachlichen Allgemeingebrauch zu verstehen ist. Im ersten Fall würde damit eine durchschnittliche Schwierigkeit oder ein durchschnittlicher Umfang zur Überschreitung der Kappungsgrenze ausreichen, im zweiten
Fall würden eine geringfügig überdurchschnittliche Schwierigkeit oder ein geringfügig überdurchschnittlicher Umfang für die Überschreitung der Kappungsgrenze erforderlich sein. Damit ergibt sich jedoch ein unbelegter Bereich zwischen der Kappungsgrenze und der rechnerischen Mittelgebühr. Deshalb ist der ersten
Meinung der Vorzug zu geben.

Nr.	Gebührentatbestand	Gebühr oder Satz der Gebühr nach § 13 RVG
2303	Geschäftsgebühr für 1. Güteverfahren vor einer durch die Landesjustizverwaltung eingerichteten oder anerkannten Gütestelle (§ 794 Abs. 1 Nr. 1 ZPO) oder, wenn die Parteien den Einigungsversuch einvernehmlich unternehmen, vor einer Gütestelle, die Streitbeilegung betreibt (§ 15 a Abs. 3 EGZPO), 2. Verfahren vor einem Ausschuss der in § 111 Abs. 2 des Arbeitsgerichtsgesetzes bezeichneten Art, 3. Verfahren vor dem Seemannsamt zur vorläufigen Entscheidung von Arbeitssachen und 4. Verfahren vor sonstigen gesetzlich eingerichteten Einigungsstellen, Gütestellen oder Schiedsstellen	1,5

I. Allgemeines

Die Vergütungsnummer 2303 VV entspricht wesentlich der früheren Vergütungsnummer 2303 VV. Durch   **1**
das 2. KostRMoG wurde sie lediglich um eine Anrechnungsregel gekürzt, die in die Vorbem. 2.3 Abs. 6 VV
verschoben wurde.[1]

Die Vorschrift bestimmt eine **Festvergütung von 1,5** für die benannten Verfahren.   **2**

II. Geltungsbereich

1. Zivilrechtliche Güteverfahren (Nr. 1). Nr. 1 bestimmt die Anwendung der Vergütungsvorschrift Nr. 2303   **3**
VV auf die Güteverfahren vor den durch die Landesjustizverwaltung eingerichteten oder anerkannten Gütestellen (§ 794 Abs. 1 Nr. 1 ZPO) oder den Gütestellen nach § 15 a Abs. 3 EGZPO. Vor einer der Gütestellen nach § 15 a Abs. 3 EGZPO kann die Gebühr nur verdient werden, wenn die Parteien den Einigungsversuch einvernehmlich unternehmen. Hintergrund ist, dass diese Gütestellen anstelle der anerkannten und
nach § 15 a Abs. 6 EGZPO errichteten Gütestellen iSd § 794 Abs. 1 Nr. 1 ZPO nur tätig werden können,
wenn die Parteien dies einvernehmlich vereinbaren.

Der Gesetzgeber erhoffte sich von den vergütungsrechtlichen Änderungen gegenüber der Regelung aus § 65   **4**
BRAGO einen Anreiz zur außergerichtlichen Beilegung des Streits:

*„Die Regelung entspricht der Vorschrift des § 65 Abs. 1 BRAGO, die Gebühr ist jedoch von 10/10 auf 1,5
angehoben worden. Diese Gebühr soll jedoch abweichend von der geltenden Regelung zur Hälfte auf die
Verfahrensgebühr eines nachfolgenden Rechtsstreits angerechnet werden. Die Regelung trägt einem der wesentlichen Ziele des Entwurfs, die außergerichtliche Streiterledigung zu fördern, Rechnung.*

---

1 BT-Drucks 17/11471 (neu), S. 272 f (Zu Nummer 10) und S. 274 (Zu Nummer 13). Systematisch ist der neue Aufbau vorzuziehen, inhaltliche Änderungen sind damit nicht verbunden.

Dies soll auch für die obligatorischen Güteverfahren nach § 15 a EGZPO gelten. Die geltende Regelung siebt in diesen Verfahren eine vollständige Anrechnung vor (§ 65 Abs. 1 Satz 2 BRAGO). Der Gesetzgeber strebte mit der Einführung des obligatorischen Schlichtungsverfahrens durch das Gesetz zur Förderung der außergerichtlichen Streitbeilegung vom 15. Dezember 1999 (BGBl. I S. 2400) die Entlastung der Justiz und darüber hinaus die raschere und kostengünstigere Bereinigung solcher Konflikte an. Die Erfahrung zeigt, dass in denjenigen Fällen, die der obligatorischen Streitschlichtung unterliegen, ein besonderer Einsatz und Aufwand des Anwalts erforderlich ist, um die Streitparteien zu einer gütlichen Einigung zu veranlassen. Bei den betroffenen Angelegenheiten sind die Streitwerte in der Regel so gering, dass nahezu jedes dieser Verfahren für den Anwalt nicht zu kostendeckenden Gebühren führt. Eine vollständige Anrechnung ist daher sachlich nicht gerechtfertigt. Wegen der geringen Streitwerte wird der Anwalt im Schlichtungsverfahren ohnehin besonders engagiert sein, um ein gerichtliches Verfahren mit Beweisaufnahmen und umfangreichem Schriftverkehr zu vermeiden."[2]

5   Die Zahl der Bundesländer, in denen solche Verfahren nach § 15 a Abs. 1 EGZPO noch obligatorisch vor einer Klage stattfinden müssen, hat sich deutlich reduziert, nachdem sich in der Evaluation durch einige Bundesländer zeigte, dass die Experimentierklausel in § 15 a EGZPO vor allem als ein Akt der Rechtszersplitterung geeignet war, Verwirrung zu stiften, das erhoffte Verfahrensziel der Förderung einer neuen Streitkultur aber verfehlt worden war. Eine Anzahl Bundesländer hat von der Klausel vor vornherein keinen Gebrauch gemacht.[3] Selbst Baden-Württemberg, auf dessen Initiative § 15 a EGZPO zurückgeht, hat zum 1.5.2013 sein Schlichtungsgesetz aufgehoben.[4]

6   **2. Arbeitsgerichtliche Ausbildungsausschüsse (Nr. 2).** Nach § 111 Abs. 2 ArbGG können im Bereich des Handwerks die Handwerksinnungen und im Übrigen die nach dem Berufsbildungsgesetz zuständigen Stellen paritätisch besetzte Ausschüsse zur Beilegung von Streitigkeiten zwischen Ausbildenden und Auszubildenden bilden. Wurde ein solcher Ausschuss gebildet, ist der Schlichtungsversuch vor diesem Ausschuss zwingend der Klage vorzuschalten. Klage kann also nur erhoben werden, wenn der Schlichtungsspruch nicht angenommen worden ist.[5]

7   **3. Verfahren vor dem Seemannsamt in Arbeitssachen (Nr. 3).** Das Seemannsamt[6] ist nach dem Seemannsgesetz (SeemG) in einer Reihe von Angelegenheiten für vorläufige Entscheidungen im Arbeitsrecht (und als Ordnungswidrigkeitenbehörde) zuständig. Für die arbeitsrechtlichen vorläufigen Verfahren vor dem Seemannsamt erhält der Rechtsanwalt für die Vertretung eines Beteiligten die Gebühr Nr. 2303 VV in einer Höhe von 1,5. Es sind dies die folgenden Verfahren:

- Vorläufige Regelung bei Streit zwischen Besatzungsmitgliedern und Reeder über die Krankenfürsorge (§ 51 SeemG);
- vorläufige Entscheidung über die Berechtigung einer außergerichtlichen Kündigung (§ 69 SeemG);
- vorläufige Regelung über die Heimschaffung eines Besatzungsmitgliedes bei Streitigkeiten (§ 74 Abs. 7 SeemG);
- vorläufige Entscheidung über die Berechtigung der Kündigung eines Kapitäns (§ 178 Abs. 3 S. 4 SeemG).

8   Nicht von Nr. 2303 VV erfasst sind die Verfahren nach dem SeemG, in denen das Seemannsamt außerhalb seiner arbeitsrechtlichen Zuständigkeit (zB in Ordnungswidrigkeitensachen[7] oder Strafsachen)[8] oder nicht vorläufig, sondern endgültig[9] entscheidet. In arbeitsrechtlichen Angelegenheiten, in denen das Seemannsamt endgültig entscheidet, erhält der Rechtsanwalt die Vergütung nach Nr. 2300 VV.[10]

9   **4. Verfahren vor sonstigen gesetzlich eingerichteten Einigungs-, Güte- oder Schiedsstellen (Nr. 4).** Entscheidend für die Anwendbarkeit von Nr. 2303 Nr. 4 VV ist nach dem klaren Wortlaut der Bestimmung ("gesetzlich eingerichteten …"), dass die betreffende Stelle aufgrund Gesetzes oder durch Gesetz eingerichtet worden ist.[11] Zu den Verfahren vor sonstigen gesetzlich eingerichteten Einigungsstellen, Gütestellen oder Schlichtungsstellen gehören die folgenden Verfahren:

---

2 BT-Drucks 15/1971, S. 207 f. **3** Eine umfassende Analyse des Misserfolgs der obligatorischen Streitschlichtung findet sich bei *Knodel/T. Winkler,* ZRP 2008, 183 ff. **4** Gesetz zur Aufhebung des Schlichtungsgesetzes v. 16.4.2013 (GBl. S. 53). **5** § 111 Abs. 2 ArbGG bestimmt kurze Fristen zu Ablehnung oder Annahme des Schlichterspruchs: Die Klage ist binnen einer zweiwöchigen (!) Frist nach Ergehen des Schlichterspruchs zu erheben, § 111 Abs. 2 S. 3 ArbGG. Anderenfalls ist sie wegen § 111 Abs. 2 S. 5 ArbGG unzulässig. **6** Nach § 9 SeemG sind die im Geltungsbereich des Grundgesetzes die von den Landesregierungen als Seemannsämter eingerichteten Verwaltungsbehörden und außerhalb dieses Geltungsbereichs die vom Auswärtigen Amt bestimmten diplomatischen und konsularischen Vertretungen der Bundesrepublik. **7** In diesen Verfahren erhält der Rechtsanwalt eine Vergütung nach Teil 5 VV. **8** In diesen Verfahren erhält der Rechtsanwalt eine Vergütung nach Teil 4 VV. **9** Beispiele für die Zuständigkeit des Seemannsamtes für endgültige Entscheidungen sind Beschwerden von Besatzungsmitgliedern über die Seeuntüchtigkeit des Schiffs (vgl § 113 SeemG) oder die Entscheidung über die Eignung eines Ersatzmannes (vgl § 68 SeemG). **10** Vgl AnwK-RVG/*Onderka/N. Schneider/Wahlen,* Nr. 2303 VV Rn 63. **11** Vgl AnwK-RVG/*Onderka/N. Schneider/Wahlen,* Nr. 2303 VV Rn 65.

- Verfahren bei den von den Industrie- und Handelskammern eingerichteten Einigungsstellen nach § 15 UWG;
- Verfahren vor der Schiedsstelle des Entschädigungsfonds nach § 14 PflVG;
- Verfahren vor der Schiedsstelle für Urheberrechtsfälle (§ 14 UrhWahrnG) und Arbeitnehmererfindungen (§ 29 ArbnErfG) beim Deutschen Patent- und Markenamt (DPMA);
- Verfahren vor der Schiedsstelle nach § 13 Bundespflegesatzverordnung (BPflV);
- Verfahren vor den Einigungsstellen nach § 76 BetrVG.

In diesen Verfahren erhält der Rechtsanwalt für die Vertretung eines Beteiligten die Gebühr Nr. 2303 VV in Höhe von 1,5.   **10**

Folgende Stellen zählen wegen fehlender gesetzlicher Grundlage der Errichtung **nicht** zu den gesetzlich eingerichteten Gütestellen iSv Nr. 2303 Nr. 4 VV, die Tätigkeit vor nachfolgenden Stellen ist vielmehr nach Nr. 2300 VV zu vergüten: **11**

- Das Verfahren vor dem **Integrationsamt** nach den §§ 85 ff SGB IX. Abzurechnen ist nach dem Streitwertkatalog der Verwaltungsgerichtsbarkeit aus dem Regelstreitwert von 5.000 €, nicht aus dem Wert der Kündigungsschutzklage nach § 42 Abs. 2 GKG. Das Integrationsamt ist keine Schieds-, Einigungs- oder Gütestelle, sondern eine Behörde;
- das Verfahren vor einer **kirchlichen Vermittlungsstelle**, die aufgrund einer arbeitsvertraglich vereinbarten Pflicht anzurufen ist;
- das Verfahren vor der **Gutachterkommission bei der Landeszahnärztekammer oder der ärztlichen Schlichtungsstelle.**

III. Erstattung

Eine Erstattung der für das Verfahren vor einer der in Nr. 2303 VV benannten Stellen angefallenen Rechtsanwaltsgebühren findet idR nur statt, wenn ein entsprechender materiellrechtlicher Schadensersatzanspruch besteht.   **12**

Ausnahmsweise zu erstatten und im Kostenfestsetzungsverfahren eines nachfolgenden gerichtlichen Verfahrens zu berücksichtigen sind die Kosten eines obligatorischen Güteversuchs nach den landesrechtlichen Schlichtungsgesetzen zu § 15 a EGZPO: Ohne das Schlichtungsverfahren ist eine Klage unzulässig,[12] weshalb die Kosten zu den Kosten des Rechtsstreits iSd § 90 ZPO zählen.[13]   **13**

Nach der Rspr des BAG zu § 12 a ArbGG[14] sind auch bei Bestehen eines materiellrechtlichen Schadensersatzanspruchs die Kosten für ein Verfahren in einer arbeitsrechtlichen Angelegenheit iSv Nr. 2303 VV nicht erstattungsfähig.   **14**

IV. Anrechnung

Nach Vorbem. 2.3 Abs. 6 VV wird die außergerichtlich verdiente Gebühr auf die des Verfahrens nach Nr. 2303 VV angerechnet (→ Vorbem. 2.3 VV Rn 45 ff). Nach Vorbem. 3 Abs. 4 VV wird wiederum die Gebühr eines Verfahrens nach Nr. 2303 VV auf die des nachfolgenden Klagverfahrens angerechnet (→ Vorbem. 3 VV Rn 42 ff, insb. Rn 59, und Nr. 3100 VV Rn 28 ff).   **15**

Beispiel: In einer einfachen Angelegenheit mit Wert 1.000 € vertritt der Rechtsanwalt zwei Auftraggeber außergerichtlich, später im Schlichtungsverfahren und sodann gerichtlich; es ergeht ein Urteil. Er rechnet wie folgt ab: **16**

I. Außergerichtliche Tätigkeit

1. 1,0-Geschäftsgebühr, Nr. 2300 VV	80,00 €	
2. 0,3-Erhöhung nach Nr. 1008 VV / Übertrag	24,00 €	104,00 €
3. Auslagenpauschale, Nr. 7002 VV		20,00 €

II. Schlichtungsverfahren

1. 1,5-Geschäftsgebühr, Nr. 2303 Nr. 1 VV	120,00 €	
2. 0,3-Erhöhung nach Nr. 1008 VV / Übertrag	24,00 €	144,00 €
3. Auslagenpauschale, Nr. 7002 VV		20,00 €
./. Anrechnung nach Vorbem. 2.3 Abs. 6 VV (0,65)		– 52,00 €

---

12 Das versäumte Schlichtungsverfahren kann auch nicht mehr nachgeholt werden, da sonst der generalpräventive Zweck des Verfahrens verfehlt werde, BGH NJW 2005, 437. **13** BayObLG MDR 2004, 1263; OLG Bremen AnwBl 2003, 312; LG Freiburg AGS 2009, 99 m. Anm. *T. Winkler*; LG Mönchengladbach AnwBl 2003, 312; LG Nürnberg-Fürth NJW-RR 2003, 1508; AG Schwäbisch-Gmünd NJW 2009, 3441; aA OLG Hamburg MDR 2002, 115. **14** BAG RVGreport 2009, 192. Mit einer Änderung der Rspr ist trotz des eindeutig anderen Wortlauts des § 12 a ArbGG nicht zu rechnen.

III. Gerichtliche Tätigkeit

1.	1,3-Verfahrensgebühr, Nr. 3100 VV	104,00 €	
2.	0,3-Erhöhung nach Nr. 1008 VV[15] / Übertrag	24,00 €	128,00 €
3.	1,2-Terminsgebühr, Nr. 3104 VV		96,00 €
4.	Auslagenpauschale, Nr. 7002 VV		20,00 €
	./. Anrechnung nach Vorbem. 3 Abs. 4 VV (0,75)[16]		– 60,00 €
	Zwischensumme		420,00 €
	19 % Mehrwertsteuer, Nr. 7008 VV		79,80 €
	Gesamt		**499,80 €**

17   Auf die Anrechnung kann sich ein Dritter wiederum nur berufen, soweit er den Anspruch auf eine der beiden Gebühren erfüllt hat, wegen eines dieser Ansprüche gegen ihn ein Vollstreckungstitel besteht oder beide Gebühren in demselben Verfahren gegen ihn geltend gemacht werden (s. dazu auch → Vorbem. 3 VV Rn 56 ff, Nr. 2300 VV Rn 54 ff und umfassend die Erl. zu § 15 a).

Abschnitt 4
(aufgehoben)

1   Teil 2 Abschnitt 4 VV aF („Vertretung in bestimmten Angelegenheiten"), bestehend aus der Vorbem. 2.4 VV aF und den Gebührenvorschriften Nr. 2400, 2401 VV aF, ist durch das 2. KostRMoG mWz 1.8.2013 aufgehoben worden. Die Gebühren nach diesem Abschnitt entstanden gem. Vorbem. 2.4 Abs. 1 VV aF

- in **sozialrechtlichen Angelegenheiten,** in denen im gerichtlichen Verfahren Betragsrahmengebühren entstehen (§ 3 RVG) (Nr. 1), und
- in **Verfahren nach der WBO,** wenn im gerichtlichen Verfahren das Verfahren vor dem Truppendienstgericht oder vor dem Bundesverwaltungsgericht an die Stelle des Verwaltungsrechtswegs gemäß § 82 SG tritt (Nr. 2).

2   Vorbem. 2.4 Abs. 2 VV aF bestimmte, dass die Vorbem. 2.3 Abs. 3 VV entsprechend galt. Danach entstand die **Geschäftsgebühr** für das Betreiben des Geschäfts einschließlich der Information und für die Mitwirkung bei der Gestaltung eines Vertrages. Gesetzgeberische Intention des 2. KostRMoG in diesem Zusammenhang war es, die Geschäftsgebühren in Teil 2 Abschnitt 3 VV (nF) zu konzentrieren. Insoweit wird auf die Erl. zu den jetzigen **Gebührentatbeständen der Nr. 2302 Nr. 1 und 2 VV** verwiesen, die die bis dato geltenden Nr. 2400 und 2401 VV aF abgelöst haben.

Abschnitt 5
Beratungshilfe

Nr.	Gebührentatbestand	Gebühr oder Satz der Gebühr nach § 13 RVG
	Vorbemerkung 2.5: Im Rahmen der Beratungshilfe entstehen Gebühren ausschließlich nach diesem Abschnitt.	
2500	Beratungshilfegebühr .... Neben der Gebühr werden keine Auslagen erhoben. Die Gebühr kann erlassen werden.	15,00 €

1   Gemäß § 44 S. 2 hat der Rechtsanwalt einen Anspruch gegen den Rechtsuchenden auf die **Beratungshilfegebühr Nr. 2500 VV iHv 15 €.** Die Gebühr fällt an, sobald der Rechtsanwalt den Rechtsuchenden berät, unabhängig davon, ob schon ein Berechtigungsschein vorliegt (s. § 6 BerHG) und unabhängig auch davon, ob sich die Tätigkeit in einer Beratung erschöpft oder der Rechtsanwalt den Rechtsuchenden auch vertritt.

---

15 Die Erhöhungsgebühr fällt außergerichtlich und gerichtlich an, LG Düsseldorf AGS 2007, 381 = MDR 2007, 1164; s. auch Nr. 1008 VV Rn 21. **16** Die Anrechnungsobergrenze beträgt auch bei mehreren Auftraggebern 0,75, da Nr. 1008 VV eine der Anhebung der Kappungsgrenze vergleichbare Regelung nicht enthält; ausdr. amtl. Begr. BT-Drucks 17/11471 (neu), S. 272 (Zu Nummer 5); s. auch Nr. 1008 VV Rn 21.

Nach Nr. 2500 Anm. S. 1 VV dürfen neben der Gebühr **keine Auslagen** erhoben werden und damit insb. **2** **keine Mehrwertsteuer** (Nr. 7008 VV). Damit verbleiben dem Rechtsanwalt nur 12,61 € netto, der Rest muss an das Finanzamt abgeführt werden.[1]

Nach Nr. 2500 Anm. S. 2 VV kann die Gebühr durch den Rechtsanwalt **erlassen** werden. Der Erlass steht **3** im freien Ermessen des Rechtsanwalts.[2] Ausgehend von der Funktion dieser Eigenbeteiligung, dem Rechtsuchenden den Wert der Leistung aufzuzeigen und Missbrauch zu vermeiden,[3] sollte der Rechtsanwalt hiervon nur in Einzelfällen Gebrauch machen, insb. nicht aus Werbegründen.[4]

Eine Festsetzung der Beratungshilfegebühr durch das Kostenfestsetzungsverfahren ist nicht möglich.[5] **4**

Nach früherem Recht (bis 31.12.2013) durfte der Rechtsanwalt seine Beratungshilfeleistung nicht von der **5** **Vorauszahlung** der Beratungshilfegebühr abhängig machen.[6] Da durch das Gesetz zur Änderung des Prozesskostenhilfe- und Beratungshilferechts vom 31.8.2013[7] nunmehr das Recht auf Vorschuss gegenüber dem Rechtsuchenden ausdrücklich in § 47 Abs. 2 aufgenommen wurde, ist dem Rechtsanwalt entsprechend § 273 BGB ein **Leistungsverweigerungsrecht** zuzubilligen, solange die Beratungshilfegebühr nicht bezahlt ist. Anderenfalls liefe die Regelung des § 47 Abs. 2 ins Leere.

Bei **Mehrfachvertretung**, also bei Vertretung mehrerer Personen, kann der Rechtsanwalt nicht mehrere Ge- **6** bühren nach Nr. 2500 VV von den Rechtsuchenden, ggf aber eine Erhöhung gem. Nr. 1008 VV verlangen. Dass die Gebühr nicht mehrfach verlangt werden kann, folgt aus der entsprechend anzuwenden Vorschrift des § 7 Abs. 1.[8] Damit ist auch Nr. 1008 VV entsprechend anzuwenden,[9] mit der Folge, dass bei bloßer Beratung keine Erhöhung stattfindet, bei Vertretung dagegen schon (näher → § 44 Rn 52 f).

Leistet der Rechtsanwalt Beratungshilfe in **mehreren Angelegenheiten** (zum Begriff der Angelegenheit → **7** § 44 Rn 7 ff), so fällt die Gebühr nach Nr. 2500 VV mehrfach an. Es gilt nichts anderes als bei der Gebührenabrechnung nach Nr. 2501 ff VV.[10]

Eine **Anrechnung** der Beratungshilfegebühr Nr. 2500 VV auf andere Gebühren findet mangels Anordnung **8** im Gesetz **nicht** statt.[11]

Nr.	Gebührentatbestand	Gebühr oder Satz der Gebühr nach § 13 RVG
2501	Beratungsgebühr	35,00 €
	(1) Die Gebühr entsteht für eine Beratung, wenn die Beratung nicht mit einer anderen gebührenpflichtigen Tätigkeit zusammenhängt.	
	(2) Die Gebühr ist auf eine Gebühr für eine sonstige Tätigkeit anzurechnen, die mit der Beratung zusammenhängt.	

Die Beratungsgebühr Nr. 2501 VV entsteht für eine Beratung, wenn die Beratung nicht mit einer anderen **1** gebührenpflichtigen Tätigkeit zusammenhängt (Anm. Abs. 1 zu Nr. 2501 VV). Der Begriff der **Beratung** entspricht dem des § 34.[1] Die Höhe der Gebühr beträgt 35 €.

Ob eine Beratung in einer oder in mehreren Angelegenheiten erfolgt und damit die Beratungsgebühr mehr- **2** fach anfällt, richtet sich nach dem Begriff der Angelegenheit (→ § 44 Rn 7 ff).

Die Beratungsgebühr Nr. 2501 VV wird auf andere anfallende Gebühren voll **angerechnet** (Anm. Abs. 2 zu **3** Nr. 2501 VV), sie kann also **nicht neben anderen Gebühren** bestehen, insb. nicht neben der Gebühr Nr. 2503 VV.[2] Eine Anrechnung bei den **Auslagen** erfolgt allerdings **nicht**, da sich Anm. Abs. 2 zu Nr. 2501 VV nur auf die Beratungsgebühr bezieht.

1 Gerold/Schmidt/*Mayer*, Nr. 2500–2508 VV Rn 28; Hartung/Schons/Enders/*Schons*, Nr. 2500 VV Rn 25; *Lissner/Dietrich/Eilzer/ Germann/Kessel*, Rn 295. **2** *Büttner/Wrobel-Sachs/Gottschalk/Dürbeck*, Rn 997. **3** *Büttner/Wrobel-Sachs/Gottschalk/Dürbeck*, Rn 994. **4** *Lissner/Dietrich/Eilzer/Germann/Kessel*, Rn 295. **5** Hartung/Schons/Enders/*Schons*, Nr. 2500 Rn 28 f VV; *Schoreit/ Groß*, RVG § 44 Rn 60. **6** S. dazu Hk-KostenhilfeR/*Köpf*, RVG § 44 Rn 102. **7** BGBl. 2013 I 3533; in Kraft getreten am 1.1.2014. **8** *Schoreit/Groß*, RVG § 44 Rn 61; aA *Büttner/Wrobel-Sachs/Gottschalk/Dürbeck*, Rn 995. **9** *Schoreit/Groß*, RVG § 44 Rn 61; aA *Lissner/Dietrich/Eilzer/Germann/Kessel*, Rn 295; *Büttner/Wrobel-Sachs/Gottschalk/Dürbeck*, Rn 995. **10** *Schoreit/Groß*, RVG § 44 Rn 61; aA *Lissner/Dietrich/Eilzer/Germann/Kessel*, Rn 295; aA *Büttner/Wrobel-Sachs/Gottschalk/Dürbeck*, Rn 995. **11** Hartung/Schons/Enders/*Schons*, Nr. 2500 VV Rn 27. **1** Gerold/Schmidt/*Mayer*, Nr. 2500–2508 VV Rn 29; s. dazu Hk-KostenhilfeR/*Köpf*, BerHG § 2 Rn 32 ff. **2** Gerold/Schmidt/*Mayer*, Nr. 2500–2508 VV Rn 31; aA Hartung/Schons/Enders/ *Hartung*, § 44 Rn 27–29.

Nr.	Gebührentatbestand	Gebühr oder Satz der Gebühr nach § 13 RVG
2502	Beratungstätigkeit mit dem Ziel einer außergerichtlichen Einigung mit den Gläubigern über die Schuldenbereinigung auf der Grundlage eines Plans (§ 305 Abs. 1 Nr. 1 InsO): Die Gebühr 2501 beträgt	70,00 €

1   Die Vorschrift Nr. 2502 VV regelt einen Spezialfall der Beratungstätigkeit. Nach der Gebühr Nr. 2502 VV wird die Beratungstätigkeit des Rechtsanwalts vergütet, der im Rahmen der Beratungshilfe zur Herbeiführung einer **außergerichtlichen Einigung** mit den Gläubigern über die **Schuldenbereinigung auf der Grundlage eines Plans** (§ 305 Abs. 1 Nr. 1 InsO) berät. In diesem Fall der Beratung zur Schuldenbereinigung im Verbraucherinsolvenzverfahren beträgt die Gebühr 70 €, entspricht also dem Doppelten der Beratungsgebühr Nr. 2501 VV. Anders als bei den Gebühren Nr. 2504–2507 VV erfolgt hier keine Erhöhung nach der Anzahl der Gläubiger.

Nr.	Gebührentatbestand	Gebühr oder Satz der Gebühr nach § 13 RVG
2503	Geschäftsgebühr .... (1) Die Gebühr entsteht für das Betreiben des Geschäfts einschließlich der Information oder die Mitwirkung bei der Gestaltung eines Vertrags. (2) Auf die Gebühren für ein anschließendes gerichtliches oder behördliches Verfahren ist diese Gebühr zur Hälfte anzurechnen. Auf die Gebühren für ein Verfahren auf Vollstreckbarerklärung eines Vergleichs nach den §§ 796 a, 796 b und 796 c Abs. 2 Satz 2 ZPO ist die Gebühr zu einem Viertel anzurechnen.	85,00 €

I. Entstehen der Gebühr

1   Die Geschäftsgebühr Nr. 2503 VV entsteht für das **Betreiben des Geschäfts** einschließlich der Information oder die Mitwirkung bei der Gestaltung eines Vertrages (Anm. Abs. 1). Die Gebühr Nr. 2503 VV entsteht daher bei Tätigkeiten, die über die bloße Beratung hinausgehen.[1] Sie beträgt 85 €.

2   Anders als bei der rein gebührenrechtlichen Abgrenzung, die nach hM anhand des Auftrags des Mandaten zu erfolgen hat, ist für das Entstehen der Gebühr Nr. 2503 VV **weitere Voraussetzung**, dass die **Vertretung** gem. § 2 Abs. 1 BerHG **erforderlich** war.[2] Die Erforderlichkeit wird nicht schon bei Erteilung des Berechtigungsscheins,[3] sondern erst bei der Festsetzung der Gebühr gem. § 55 Abs. 4 durch das Amtsgericht geprüft.[4]

3   Die Gebührenerhöhung bei Mehrfachvertretung gem. **Nr. 1008 VV** gilt auch für die Geschäftsgebühr Nr. 2503 VV.[5]

II. Anrechnung

4   Die Frage der **Anrechnung** der Geschäftsgebühr auf die Gebühren für ein anschließendes **gerichtliches oder behördliches Verfahren** war nach der bis zum Inkrafttreten des 2. KostRMoG am 1.8.2013 geltenden Gesetzesfassung höchst umstritten.[6] Voraussetzung der Anrechnung ist, dass es sich um **dieselbe Angelegenheit** handelt (ausf. → § 44 Rn 7 ff). Auch in **zeitlicher** Hinsicht muss ein Zusammenhang bestehen,[7] wobei es nahe liegt, auf die Zwei-Jahres-Grenze des § 15 Abs. 5 S. 2 abzustellen.[8]

5   Nach der bis 31.7.2013 geltenden Fassung der **Anm. Abs. 2** galt Folgendes: Die Gebühr Nr. 2503 VV war zur Hälfte anzurechnen; eine Anrechnung auf die Gebühren Nr. 2401 und 3103 VV fand nicht statt. Auf die Gebühren für ein Verfahren auf Vollstreckbarerklärung eines Vergleichs nach den §§ 796 a, 796 b

---

1 Zur Abgrenzung der beiden Tatbestände vgl Hk-KostenhilfeR/*Köpf*, BerHG § 2 Rn 11 ff. **2** Zur Abgrenzung der beiden Tatbestände vgl Hk-KostenhilfeR/*Köpf*, BerHG § 2 Rn 21 ff. **3** Hk-KostenhilfeR/*Köpf*, BerHG § 6 Rn 4. **4** HK-KostenhilfeR/*Köpf*, BerHG § 2 Rn 38. **5** OLG Thüringen 31.8.2011 – 9 W 406/11, juris; OLG Sachsen-Anhalt JurBüro 2010, 472; Hartung/Schons/Enders/*Schons*, Nr. 2503 VV Rn 19. **6** Ausf. dazu Hk-KostenhilfeR/*Köpf*, RVG § 44 Rn 50 ff. **7** *Schoreit/Groß*, RVG § 44 Rn 25. **8** *Lissner/Dietrich/Eilzer/Germann/Kessel*, Rn 216.

         NK-GK/*Köpf*

und 796 c Abs. 2 S. 2 ZPO war die Gebühr zu einem Viertel anzurechnen. Insgesamt bedeutete dies, dass die Anrechnung in sozialrechtlichen Angelegenheiten damit anderen Regeln als die Anrechnung in den übrigen Beratungshilfesachen unterfiel. Der **Ausschluss der Anrechnung auf die Gebühren Nr. 2401 und 3103 VV** wurde erst durch Gesetz vom 23.5.2011, das mit Wirkung ab 28.5.2011 gilt, vollzogen.[9] Die Änderung verfolgte das Ziel, in sozialrechtlichen Angelegenheiten die doppelte Berücksichtigung des durch die Vorbefassung des Rechtsanwalts ersparten Arbeitsaufwands aufzuheben.[10]

Gleichwohl ergab sich trotz der Änderung zum 28.5.2011 die Ungereimtheit, dass der Rechtsanwalt, der **6** nur im gerichtlichen Verfahren tätig wird, eine höhere Vergütung erhielt als derjenige, der auch im Widerspruchsverfahren tätig war.[11] Zur Lösung dieses Problems hat der Gesetzgeber des 2. KostRMoG die bisherige **Lösung der gebührenrechtlichen Synergieeffekte wegen Vorbefassung** über die sog. Betragsrahmenverschiebung (Nr. 2401 VV bzw Nr. 3103 VV) aufgegeben und stattdessen mit der Regelung in **Nr. 2503 VV Anm. Abs. 2 S. 1 VV** auf die auch sonst übliche **Anrechnungslösung (Vorbem. 2.3 Abs. 4 VV bzw Vorbem. 3 Abs. 4 VV)** umgestellt.[12] Damit findet auch § 15 a Anwendung.[13]

Es ist also in **allen Beratungshilfeangelegenheiten** – auch die das **Sozialrecht** betreffenden – die **Hälfte der** **7** **konkret angefallenen Gebühr anzurechnen, gedeckelt auf die in den Anrechnungsbestimmungen jeweils genannten Beträge.** Eine weitere Berücksichtigung des Synergieeffekts wegen Vorbefassung findet nicht statt (Vorbem. 2.3 Abs. 4 S. 3 VV, Vorbem. 3 Abs. 4 S. 4 VV).

Die Anwendung von § 15 a bewirkt, dass der Rechtsanwalt beide Gebühren fordern kann, jedoch nicht **8** mehr als den um den Anrechnungsbetrag verminderten Gesamtbetrag der beiden Gebühren.[14] Ein Dritter kann sich auf die Anrechnung nur berufen, soweit er den Anspruch auf eine der beiden Gebühren erfüllt hat, wegen eines dieser Ansprüche gegen ihn ein Vollstreckungstitel besteht oder beide Gebühren in demselben Verfahren gegen ihn geltend gemacht werden. Damit kann in **sozialrechtlichen Angelegenheiten** von der im Widerspruchs- bzw Klageverfahren kostenerstattungspflichtigen Behörde eine erheblich höhere Vergütung als bisher erstattet verlangt werden.

Beispiel 1: Der Rechtsanwalt vertritt den beratungshilfeberechtigten Rechtsuchenden zunächst im Ausgangsverfahren[15] und später im Widerspruchsverfahren. Die Angelegenheit ist durchschnittlich. Das Widerspruchsverfahren endet mit einem Abhilfebescheid mit Kostenentscheidung zu voller Kostentragungspflicht der Behörde. **9**

I. Vergütung im Ausgangsverfahren

1. Beratungshilfegebühr, Nr. 2500 VV	15,00 €
2. Geschäftsgebühr für Beratungshilfe, Nr. 2503 VV	85,00 €
3. Auslagenpauschale, Nr. 7002 VV	17,00 €
Zwischensumme	102,00 €
4. MwSt. (19 %), Nr. 7008 VV	19,38 €
Summe	121,38 €
Vergütung Ausgangsverfahren	136,38 €

II. Vergütung im Widerspruchsverfahren

1. Geschäftsgebühr, Nr. 2302 VV	300,00 €
2. Auslagenpauschale, Nr. 7002 VV	20,00 €
Zwischensumme	320,00 €
3. MwSt. (19 %), Nr. 7008 VV	60,80 €
Summe	380,80 €

III. Anrechnung gem. Nr. 2503 Anm. Abs. 2 S. 1 VV	42,50 €
MwSt. (19 %)	– 8,08 €
Summe Abzug	– 50,58 €

Gemäß § 15 a ist dieser Abzug nach Wahl des Rechtsanwalts bei der Vergütung für das Ausgangsverfahren oder das Widerspruchsverfahren in Abzug zu bringen.

Gesamt	466,60 €

Beispiel 2: Der Rechtsanwalt vertritt den beratungs- und prozesskostenhilfeberechtigten Rechtsuchenden zunächst im Widerspruchsverfahren und später im Klageverfahren. Das Widerspruchsverfahren bleibt erfolglos, ebenso das Klageverfahren. Die Angelegenheit ist durchschnittlich. **10**

I. Vergütung im Widerspruchsverfahren

1. Beratungshilfegebühr, Nr. 2500 VV	15,00 €
2. Geschäftsgebühr für Beratungshilfe, Nr. 2503 VV	85,00 €

---

9 BGBl. 2011 I 898, 917. **10** BT-Drucks 854/10, S. 53, 88. **11** Vgl dazu Hk-KostenhilfeR/*Köpf*, RVG § 44 Rn 55. **12** BT-Drucks 17/11471, S. 223 f, 426 ff. **13** BT-Drucks 17/11471, S. 428. **14** BT-Drucks 17/11471, S. 428. **15** Regelmäßig besteht allerdings kein Anspruch auf Beratungshilfe im Ausgangsverfahren, vgl Hk-KostenhilfeR/*Köpf*, BerHG § 1 Rn 80 f.

3. Auslagenpauschale, Nr. 7002 VV	17,00 €
Zwischensumme	102,00 €
4. MwSt. (19 %), Nr. 7008 VV	19,38 €
Summe	121,38 €
Vergütung Widerspruchsverfahren	136,38 €

II. Vergütung im Klageverfahren

1. Verfahrensgebühr, Nr. 3102 VV	300,00 €
2. Terminsgebühr, Nr. 3106 VV	280,00 €
3. Auslagenpauschale, Nr. 7002 VV	20,00 €
Zwischensumme	600,00 €
4. MwSt. (19 %), Nr. 7008 VV	114,00 €
Summe	714,00 €
III. Anrechnung gem. Nr. 2503 Anm. Abs. 2 S. 1 VV	− 42,50 €
MwSt. (19 %)	− 8,08 €
Summe Abzug	− 50,58 €

Gemäß § 15 a ist dieser Abzug nach Wahl des Rechtsanwalts bei der Vergütung für das Widerspruchsverfahren oder das Klageverfahren in Abzug zu bringen.

Gesamt	799,80 €

Das Gleiche gilt im Falle des erfolglosen Widerspruchsverfahrens bei Erfolg im Klageverfahren, wenn keine Kostenerstattung bzgl des Widerspruchsverfahrens ausgesprochen wird. Erfolgt ein Ausspruch der Kostenerstattung, so kann der Rechtsanwalt für das Widerspruchsverfahren und das Klageverfahren die gesetzlichen Regelgebühren berechnen (vgl § 9).

11 **Beispiel 3:** Der Rechtsanwalt vertritt den beratungs- und prozesskostenhilfeberechtigten Rechtsuchenden im Ausgangsverfahren, Widerspruchsverfahren und im Klageverfahren. Ausgangs- und Widerspruchsverfahren bleiben erfolglos, ebenso das Klageverfahren. Die Angelegenheit ist durchschnittlich.

I. Vergütung im Ausgangsverfahren

1. Beratungshilfegebühr, Nr. 2500 VV	15,00 €
2. Geschäftsgebühr für Beratungshilfe, Nr. 2503 VV	85,00 €
3. Auslagenpauschale, Nr. 7002 VV	17,00 €
Zwischensumme	102,00 €
4. MwSt. (19 %), Nr. 7008 VV	19,38 €
Summe	121,38 €
Vergütung Ausgangsverfahren	136,38 €

II. Vergütung im Widerspruchsverfahren

1. Beratungshilfegebühr, Nr. 2500 VV	15,00 €
2. Geschäftsgebühr für Beratungshilfe, Nr. 2503 VV	85,00 €
3. Auslagenpauschale, Nr. 7002 VV	17,00 €
Zwischensumme	102,00 €
4. MwSt. (19 %), Nr. 7008 VV	19,38 €
Summe	121,38 €
Vergütung Widerspruchsverfahren	136,38 €
III. Anrechnung gem. Nr. 2503 VV Anm. Abs. 2 S. 1 VV	− 42,50 €
MwSt. (19 %)	− 8,08 €
Summe Abzug	− 50,58 €

Gemäß § 15 a ist dieser Abzug nach Wahl des Rechtsanwalts bei der Vergütung für das Widerspruchsverfahren oder das Klageverfahren in Abzug zu bringen.

IV. Vergütung im Klageverfahren

1. Verfahrensgebühr, Nr. 3102 VV	300,00 €
2. Terminsgebühr, Nr. 3106 VV	280,00 €
3. Auslagenpauschale, Nr. 7002 VV	20,00 €
Zwischensumme	600,00 €
4. MwSt. (19 %), Nr. 7008 VV	114,00 €
Summe	714,00 €
V. Anrechnung gem. Nr. 2503 Anm. Abs. 2 S. 1 VV	− 42,50 €
MwSt. (19 %)	− 8,08 €
Summe Abzug	− 50,58 €

Gemäß § 15 a ist dieser Abzug nach Wahl des Rechtsanwalts bei der Vergütung für das Widerspruchsverfahren oder das Klageverfahren in Abzug zu bringen.

Gesamt	885,60 €

Das Gleiche gilt im Falle des erfolglosen Widerspruchsverfahrens bei Erfolg im Klageverfahren, wenn keine Kostenerstattung bezüglich des Widerspruchsverfahrens ausgesprochen wird. Erfolgt ein Ausspruch der Kostenerstattung, so kann der Rechtsanwalt für das Widerspruchsverfahren und das Klageverfahren die gesetzlichen Regelgebühren berechnen (vgl § 9).

Eine Anrechnung bei den **Auslagen** erfolgt **nicht**,[16] da sich Nr. 2503 Anm. Abs. 2 VV nur auf die Gebühren   12
bezieht. Nach § 1 besteht die Vergütung des Rechtsanwalts aus Gebühren und Auslagen. Auslagen (Teil 7 VV) sind daher in der Terminologie des RVG etwas anderes als Gebühren (Teil 1–6 VV). Dies gilt es auch bei der Auslegung von Nr. 2503 Anm. Abs. 2 VV zu beachten.

Nr.	Gebührentatbestand	Gebühr oder Satz der Gebühr nach § 13 RVG
2504	Tätigkeit mit dem Ziel einer außergerichtlichen Einigung mit den Gläubigern über die Schuldenbereinigung auf der Grundlage eines Plans (§ 305 Abs. 1 Nr. 1 InsO): Die Gebühr 2503 beträgt bei bis zu 5 Gläubigern	270,00 €
2505	Es sind 6 bis 10 Gläubiger vorhanden: Die Gebühr 2503 beträgt	405,00 €
2506	Es sind 11 bis 15 Gläubiger vorhanden: Die Gebühr 2503 beträgt	540,00 €
2507	Es sind mehr als 15 Gläubiger vorhanden: Die Gebühr 2503 beträgt	675,00 €

Für die Tätigkeit **vor** Eröffnung eines **Verbraucherinsolvenzverfahrens** oder **sonstigen Kleinverfahrens** iSv   1
§ 304 InsO gelten die besonderen Gebührentatbestände der

- Beratungsgebühr Nr. 2502 VV,
- Geschäftsgebühr Nr. 2504–2507 VV sowie
- Einigungs- und Erledigungsgebühr Nr. 2508 Anm. Abs. 2 VV.

Der Anwendungsbereich dieser Vorschriften betrifft die Tätigkeit mit dem **Ziel einer außergerichtlichen Einigung mit den Gläubigern auf der Grundlage eines Plans** (§ 305 Abs. 1 Nr. 1 InsO). Dies ist möglich bei   2
Verbraucherinsolvenzverfahren oder sonstigen Kleinverfahren (§ 304 InsO). Unter einem **Verbraucherinsolvenzverfahren** ist ein Insolvenzverfahren über einen Schuldner, der keine selbständige wirtschaftliche Tätigkeit ausgeübt hat, zu verstehen. Ein **sonstiges Kleinverfahren** ist das eines Schuldners, der eine selbständige wirtschaftliche Tätigkeit ausgeübt hat, gegen den aber keine Forderungen aus Arbeitsverhältnissen bestehen und der nur weniger als 20 Gläubiger hat.

Erfasst ist die Tätigkeit im Bereich der **außergerichtlichen Schuldenbereinigung**, nicht die Vertretung im Insolvenzverfahren; hierfür ist ggf Prozesskostenhilfe möglich.[1]   3

Es können folgende Gebühren anfallen: 4

- für die **Beratung** (Nr. 2502 VV): 70 €;
- für das **Betreiben des Geschäfts** (Nr. 2504–2507 VV): 270 bis 675 € je nach Anzahl der Gläubiger;
- für den Fall des **Zustandekommens des Schuldenbereinigungsplans** (Nr. 2508 Anm. Abs. 2 VV): 150 €.

16 Hartung/Schons/Enders/*Schons*, Nr. 2503 VV Rn 14; aA LG Berlin JurBüro 1987, 1869–1871; *Schoreit/Groß*, RVG § 44 Rn 26.   **1** Hk-KostenhilfeR/*Köpf*, BerHG § 1 Rn 22.

Nr.	Gebührentatbestand	Gebühr oder Satz der Gebühr nach § 13 RVG
2508	Einigungs- und Erledigungsgebühr .... (1) Die Anmerkungen zu Nummern 1000 und 1002 sind anzuwenden. (2) Die Gebühr entsteht auch für die Mitwirkung bei einer außergerichtlichen Einigung mit den Gläubigern über die Schuldenbereinigung auf der Grundlage eines Plans (§ 305 Abs. 1 Nr. 1 InsO).	150,00 €

I. Allgemeines

1 Gemäß Nr. 2508 Anm. Abs. 1 VV sind die Anmerkungen zu Nr. 1000 und 1002 VV auch für die Beratungshilfe maßgeblich. Die Gebühren Nr. 1000 und 1002 VV werden somit nicht auf andere Gebühren, insb. die Geschäftsgebühr (Nr. 2503 VV) angerechnet, sondern entstehen neben diesen (Nr. 2508 Anm. Abs. 1 iVm Vorbem. 1 VV).[1]

2 Anders als für die Festsetzbarkeit der Geschäftsgebühr Nr. 2503 VV ist die Erforderlichkeit der Vertretung für die Festsetzbarkeit der Gebühr nach Nr. 2508 Anm. Abs. 1 VV keine Voraussetzung, da das Gesetz hier keinen § 2 Abs. 1 BerHG entsprechenden Vorbehalt formuliert.[2] Die Gebühr kann daher insb. neben der Beratungsgebühr Nr. 2501 VV erhoben werden.

II. Einigungsgebühr (Nr. 2508 Anm. Abs. 1 iVm Nr. 1000 VV)

3 Nach Nr. 1000 Anm. Abs. 1 S. 1 Nr. 1 VV gilt: Der Rechtsanwalt erhält die Einigungsgebühr Nr. 1000 VV für die **Mitwirkung beim Abschluss eines Vertrages, durch den der Streit oder die Ungewissheit über ein Rechtsverhältnis beseitigt** wird. Die Einigungsgebühr entsteht aber gem. Nr. 1000 Anm. Abs. 1 S. 2 VV nicht, wenn sich der Vertrag ausschließlich auf ein **Anerkenntnis** oder einen **Verzicht** beschränkt. Mitwirkung bei Vertragsverhandlungen genügen, es sei denn, diese sind nicht ursächlich für den Vertragsschluss. Eventuelle aufschiebende Bedingungen müssen eingetreten, eventuelle Widerrufsfristen abgelaufen sein.

4 Schon eine **Teileinigung** löst die Gebühr aus, sofern der hiermit erledigte Teil der Angelegenheit nicht nur ganz unerheblich ist.[3] Die **Einigung nur mit einem Dritten** genügt nicht,[4] da hiermit keine Streitbeilegung im Rahmen eines Rechtsverhältnisses erfolgt, denn dies setzt voraus, dass sich die an dem (behaupteten) Rechtsverhältnis Beteiligten einigen.

5 Dagegen hat Nr. 2508 Anm. Abs. 1 iVm Nr. 1000 Anm. Abs. 1 S. 3 iVm Nr. 4147 VV im Beratungshilferecht keine Bedeutung, weil das **Privatklageverfahren** ein gerichtliches Verfahren ist.[5]

6 Bei **Rechtsverhältnissen des öffentlichen Rechts** kann die Einigungsgebühr nur entstehen, wenn über die Ansprüche verfügt werden kann (Abs. 4). Damit wird die Selbstverständlichkeit abgebildet, dass die Wirksamkeit der Einigung für das Anfallen der Gebühr erforderlich ist, was bei fehlender Verfügungsbefugnis gem. § 54 S. 1 2. Hs VwVfG nicht der Fall ist.

7 Ebenfalls ausgeschlossen ist das Entstehen der Einigungsgebühr gem. Anm. Abs. 5 in **Ehe-** (§ 121 FamFG) **und Lebenspartnerschaftssachen** (§ 269 Abs. 1 Nr. 1 und 2 FamFG). In **Folgesachen** kann dagegen eine Einigungsgebühr entstehen.[6] In **Kindschaftssachen** ist das Entstehen der Gebühr nicht ausgeschlossen, soweit über den Vereinbarungsgegenstand vertraglich verfügt werden kann. Auch im familienrechtlichen Bereich kann damit die fehlende Verfügungsbefugnis das Entstehen der Gebühr ausschließen.

III. Erledigungsgebühr (Nr. 2508 Anm. Abs. 1 iVm Nr. 1002 VV)

8 Nr. 1002 VV bestimmt: Die Erledigungsgebühr entsteht, wenn sich eine Rechtssache ganz oder teilweise nach Aufhebung oder Änderung des mit einem Rechtsbehelf angefochtenen Verwaltungsakts durch die anwaltliche Mitwirkung erledigt. Das Gleiche gilt, wenn sich eine Rechtssache ganz oder teilweise durch Erlass eines bisher abgelehnten Verwaltungsakts erledigt.

9 Die Erledigungsgebühr ist die Ergänzung der Einigungsgebühr für Rechtsverhältnisse des öffentlichen Rechts, in denen eine Einigungsgebühr nicht entstehen kann, weil über den Gegenstand nicht verfügt werden kann.[7]

---

1 Mayer/Kroiß/*Klees*, Nr. 1000 VV Rn 1. **2** AG Halle (Saale) 8.2.2012 – 103 II 931/11, juris; AG Halle (Saale) 2.7.2010 – 103 II 6552/09, juris; aA AG Halle (Saale) 29.11.2011 – 103 II 2102/11, juris. **3** *Büttner/Wrobel-Sachs/Gottschalk/Dürbeck*, Rn 1006. **4** AA *Schoreit/Groß*, RVG § 44 Rn 35. **5** *Schoreit/Groß*, RVG § 44 Rn 41. **6** Hartung/Schons/Enders/*Enders*, Nr. 1000 VV Rn 51. **7** Mayer/Kroiß/*Mayer*, Nr. 1002 VV Rn 1.

Ob bei späterer gerichtlicher Anfechtung der Rechtsweg zu den Verwaltungs-, Sozial-, Finanz- oder ordent- 10
lichen Gerichten gegeben ist, ist ohne Belang.[8]

Voraussetzung ist ein erlassener (S. 1) oder bisher abgelehnter Verwaltungsakt (S. 2). Unter einem abgelehn- 11
ten Verwaltungsakt idS ist nur ein förmlich durch Bescheid abgelehnter Verwaltungsakt zu verstehen. Nicht
ausreichend ist dagegen die schlichte Nichtverbescheidung, zB wegen fehlender Unterlagen.[9] S. 1 betrifft
damit die Fälle des **Erlasses eines belastenden Verwaltungsakts**, S. 2 die **Versagung eines begünstigenden
Verwaltungsakts**.

Darüber hinaus ist mE auch der Fall der **erstmaligen Verbescheidung ohne vorausgegangene Ablehnung** 12
nach einer Untätigkeitsklage unter S. 2 zu fassen. Zwar kann auch im Rahmen der Untätigkeitsklage eine
Erledigungsgebühr anfallen.[10] Ist jedoch das gerichtliche Verfahren abgeschlossen, so kann die Gebühr in
diesem nicht mehr entstehen, sondern nur im Verwaltungsverfahren.

Eine **Erledigung** liegt dann vor, wenn eine Entscheidung der Behörde zur Hauptsache ganz oder teilweise 13
nicht mehr nötig ist, nachdem die Behörde zumindest teilweise von einem für den Betroffenen ungünstige-
ren Rechtsstandpunkt abgerückt ist.[11]

Der Anfall der Erledigungsgebühr fordert eine Erledigung durch die **anwaltliche Mitwirkung**. Über **Art und** 14
Umfang der Mitwirkung trifft der Gesetzeswortlaut keine Festlegungen.

Nach Auffassung von Teilen der Literatur genügt Mitursächlichkeit der anwaltlichen Tätigkeit für die Erle- 15
digung.[12] Teilweise wird schon jede einfache Art der Mitwirkung für ausreichend erachtet.[13] Nach der Rspr
fordert der Anfall der Erledigungsgebühr eine **qualifizierte anwaltliche Mitwirkung**.[14] Der Rechtsanwalt
müsse in einer Weise tätig geworden sein, die über die allgemeine Wahrnehmung verfahrensmäßiger bzw
rechtlicher Interessen für seinen Mandanten hinausgeht, weshalb ein besonderes, auf die Erledigung gerichtetes Tätigwerden erforderlich sei. Hierfür genüge zB nicht die bloße Einlegung und Begründung eines Widerspruchs. Dem folgen Teile der Literatur.[15]

Der hM ist zuzugeben, dass es für den Anfall der Erledigungsgebühr mehr bedarf als das, was schon mit 16
der Geschäftsgebühr abgegolten ist. Das Mehr ist aber nicht in der anwaltlichen Tätigkeit zu suchen, sondern **im Erfolg** der Erledigung. Die Erledigungsgebühr ist eine **Erfolgsgebühr**,[16] so dass **allein** der **Erfolgseintritt den Anfall der Gebühr rechtfertigt**. Der Gesetzgeber kannte bei Erlass des RVG den zur Vorgängervorschrift (§ 24 BRAGO) bereits bestehenden Streit und hat ihn nicht zum Anlass genommen, dies klarzustellen. Die Rspr schließt hieraus, dass damit die bisherige Rspr auch für Nr. 1002 VV gilt,[17] wofür auch
die Gesetzesbegründung spricht, in der nur die Rede davon ist, dass die Erledigungsgebühr der Nr. 1002
VV dem § 24 BRAGO entstammt.[18] Dagegen lässt sich aber zutreffend einwenden, der Gesetzgeber hätte,
wenn er eine derart einschränkende Auslegung gewollt hätte, dies in den Gesetzestext aufnehmen müssen.[19]

Nach zutreffender Auffassung genügt damit schlicht der **Erfolgseintritt der Erledigung**, denn es ist nicht 17
recht einsichtig, welche Tätigkeit es denn sein soll, die nach der engeren Auffassung der Rspr und hL als
solche besondere Mitwirkung anerkannt werden kann. Der Rechtsanwalt ist nach § 43 S. 1 BRAO zur gewissenhaften Ausübung seines Berufs verpflichtet. Es ist nicht leicht erklärbar, welche zusätzlich zu hono-
rierende Tätigkeit es gibt, die zwar nicht mehr von der Pflicht zur ordnungsgemäßen Bearbeitung des Mandats erfasst ist, aber dennoch zu dessen erfolgreichem Abschluss beiträgt.

Aber selbst nach den hohen Anforderungen der Rspr ist der Anfall der Gebühr durchaus möglich. Das 18
BSG[20] hat in den für Beratungshilfemandate häufigen Fällen des Sozialrechts als Auslöser für die Erledigungsgebühr die Vorlage eines auf Veranlassung des Rechtsanwalts durch seinen Mandanten eingeholten
ärztlichen Befundberichts anerkannt, sofern dieser zur Korrektur des Ausgangsbescheids führt.[21]

---

8 *Schoreit/Groß*, RVG § 44 Rn 45. **9** Hartung/Schons/Enders/*Enders*, Nr. 1002 VV Rn 14 f. **10** Mayer/Kroiß/*Ebert*, Nr. 1002
VV Rn 8. **11** Hartung/Schons/Enders/*Enders*, Nr. 1002 VV Rn 19; Mayer/Kroiß/*Ebert*, Nr. 1002 VV Rn 12. **12** *Schoreit/Groß*,
RVG § 44 Rn 47; *Büttner/Wrobel-Sachs/Gottschalk/Dürbeck*, Rn 1006. **13** *Hinne*, Anwaltsvergütung im Sozialrecht, 2010,
S. 77 f. **14** BSG Rpfleger 2007, 346. **15** Hartung/Schons/Enders/*Enders*, Nr. 1002 VV Rn 21. **16** *Hinne*, Anwaltsvergütung im
Sozialrecht, 2010, S. 77; Mayer/Kroiß/*Ebert*, Nr. 1002 VV Rn 19 a f; *Schoreit/Groß*, RVG § 44 Rn 47; so auch *Lissner/Dietrich/
Eilzer/Germann/Kessel*, Rn 320 f, jedoch nicht konsequent, da als anwaltliche Tätigkeit mehr als die ausführliche Begründung
eines Widerspruchs gefordert wird. **17** BSG Rpfleger 2007, 346. **18** BT-Drucks 15/1971, S. 204. **19** *Hinne*, Anwaltsvergütung
im Sozialrecht, 2010, S. 77. **20** BSG NJW 2009, 3804. **21** Eine umfangreiche Zusammenstellung der Rspr findet sich bei
Mayer/Kroiß/*Ebert*, Nr. 1002 VV Rn 18 f.

Teil 3
Zivilsachen, Verfahren der öffentlich-rechtlichen Gerichtsbarkeiten, Verfahren nach dem Strafvollzugsgesetz, auch in Verbindung mit § 92 des Jugendgerichtsgesetzes, und ähnliche Verfahren

Nr.	Gebührentatbestand	Gebühr oder Satz der Gebühr nach § 13 RVG

Vorbemerkung 3:

(1) Gebühren nach diesem Teil erhält der Rechtsanwalt, dem ein unbedingter Auftrag als Prozess- oder Verfahrensbevollmächtigter, als Beistand für einen Zeugen oder Sachverständigen oder für eine sonstige Tätigkeit in einem gerichtlichen Verfahren erteilt worden ist. Der Beistand für einen Zeugen oder Sachverständigen erhält die gleichen Gebühren wie ein Verfahrensbevollmächtigter.

(2) Die Verfahrensgebühr entsteht für das Betreiben des Geschäfts einschließlich der Information.

(3) Die Terminsgebühr entsteht sowohl für die Wahrnehmung von gerichtlichen Terminen als auch für die Wahrnehmung von außergerichtlichen Terminen und Besprechungen, wenn nichts anderes bestimmt ist. Sie entsteht jedoch nicht für die Wahrnehmung eines gerichtlichen Termins nur zur Verkündung einer Entscheidung. Die Gebühr für außergerichtliche Termine und Besprechungen entsteht für

1. die Wahrnehmung eines von einem gerichtlich bestellten Sachverständigen anberaumten Termins und
2. die Mitwirkung an Besprechungen, die auf die Vermeidung oder Erledigung des Verfahrens gerichtet sind; dies gilt nicht für Besprechungen mit dem Auftraggeber.

(4) Soweit wegen desselben Gegenstands eine Geschäftsgebühr nach Teil 2 entsteht, wird diese Gebühr zur Hälfte, bei Wertgebühren jedoch höchstens mit einem Gebührensatz von 0,75, auf die Verfahrensgebühr des gerichtlichen Verfahrens angerechnet. Bei Betragsrahmengebühren beträgt der Anrechnungsbetrag höchstens 175,00 €. Sind mehrere Gebühren entstanden, ist für die Anrechnung die zuletzt entstandene Gebühr maßgebend. Bei einer Betragsrahmengebühr ist nicht zu berücksichtigen, dass der Umfang der Tätigkeit im gerichtlichen Verfahren infolge der vorangegangenen Tätigkeit geringer ist. Bei einer wertabhängigen Gebühr erfolgt die Anrechnung nach dem Wert des Gegenstands, der auch Gegenstand des gerichtlichen Verfahrens ist.

(5) Soweit der Gegenstand eines selbstständigen Beweisverfahrens auch Gegenstand eines Rechtsstreits ist oder wird, wird die Verfahrensgebühr des selbstständigen Beweisverfahrens auf die Verfahrensgebühr des Rechtszugs angerechnet.

(6) Soweit eine Sache an ein untergeordnetes Gericht zurückverwiesen wird, das mit der Sache bereits befasst war, ist die vor diesem Gericht bereits entstandene Verfahrensgebühr auf die Verfahrensgebühr für das erneute Verfahren anzurechnen.

(7) Die Vorschriften dieses Teils sind nicht anzuwenden, soweit Teil 6 besondere Vorschriften enthält.

I. Allgemeines

Die Regelungen der Vorbem. 3 VV gelten für alle Gebührenregelungen des Teils 3 VV mit seinen fünf Abschnitten und weiteren Unterabschnitten. Die Vorbem. 3 VV ist der **Allgemeine Teil** für die in der Überschrift des Teils benannten Verfahren (s. dort). Teil 3 VV dient zudem als **Auffangregelung** für alle Verfahren, die keine gesonderte Regelung erfahren haben.[1] **1**

II. Anwendungsbereich von Teil 3 VV (Abs. 1)

1. Anwaltliche Tätigkeit; unbedingter Auftrag. Vorbem. 3 Abs. 1 VV bestimmt, welche Tätigkeiten des Anwalts nach Teil 3 VV zu vergüten sind. Grundvoraussetzung ist nach § 1 das Vorliegen **anwaltlicher Tätigkeit**. Zur Abgrenzung anwaltlicher Tätigkeit von nichtanwaltlicher Tätigkeit → Vorbem. 2.3 VV Rn 9–13 sowie die Erl. zu § 1. **2**

Der **Regelfall** anwaltlicher Tätigkeit in gerichtlichen Auseinandersetzungen ist die Tätigkeit als **Verfahrens-/ Prozessbevollmächtigter**. Von diesem Regelfall umfassender Vertretung ist auszugehen (zur Abgrenzung vom Auftrag für bloße Einzeltätigkeiten → Nr. 3403 VV Rn 1–4). Die Vergütungsregeln aus Teil 3 VV finden allerdings auch auf andere Tätigkeiten Anwendung (bspw → Rn 6 ff). **3**

Erforderlich ist weiter das Vorliegen eines **unbedingten Auftrags** **4**

- als Prozess- oder Verfahrensbevollmächtigter,[2]
- als Beistand für einen Zeugen oder Sachverständigen oder
- für eine sonstige Tätigkeit in einem **gerichtlichen Verfahren**.[3]

Das Wort „**unbedingt**" wurde durch das 2. KostRMoG zur Klarstellung eingefügt und soll laut Gesetzesbegründung die **Abgrenzung** zwischen der Anwendung von Teil 2 Abschnitt 3 VV für die außergerichtliche Tätigkeit und Teil 3 VV für das gerichtliche Verfahren erleichtern.[4] Ausgangspunkt war eine Entscheidung des BGH[5] zum Anfall der Gebühr vor Erhebung der Klage, in welcher der BGH offen gelassen hat, ob ein Auftrag, der zur Anwendung der Gebühren aus Teil 3 VV auf *Beklagtenseite* führt, ausreichend sein könne, wenn es nicht zum Prozess kommt. Der Gesetzgeber des 2. KostRMoG möchte diese Gebühren bei Ausbleiben eines Rechtsstreits nur dem Rechtsanwalt desjenigen zugestehen, der einen *unbedingten* Klageauftrag hatte, nicht aber dem Gegner[6] (näher → Rn 18 mit Beispiel). Ein unbedingter Auftrag, den Mandanten gegen eine erwartete Klage zu verteidigen, ist methodisch richtig ein bedingter Prozessauftrag: Erst mit Erhebung der Klage gibt es Anlass für eine entsprechende Vertretung vor Gericht, vorher nur für außergerichtliche Tätigkeit.[7] Abs. 1 S. 1 der Vorbem. 3 VV stellt daher für den Übergang von der vorgerichtlichen zur gerichtlichen Tätigkeit nunmehr klar, dass die Anwendung des Teils 3 VV einen unbedingten Auftrag für ein gerichtliches Verfahren voraussetzt. **5**

2. Beistand für einen Zeugen oder Sachverständigen. In der früheren Fassung der Vorbem. 3 Abs. 1 VV war die Tätigkeit als Verfahrensbevollmächtigter stillschweigend als Normalfall zugrunde gelegt und die in der Regelung noch enthaltenen Tätigkeiten als Zeugen- oder Sachverständigenbeistand wurden dieser gleichgestellt. Durch das 2. KostRMoG wurde Vorbem. 3 Abs. 1 VV genauer gefasst, indem auch alle Fälle des Auftretens vor Gericht gleichberechtigt genannt sind. Eine inhaltliche Änderung ist damit nicht verbunden. **6**

Der Wortlaut von Vorbem. 3 Abs. 1 S. 2 VV „... erhält die gleichen Gebühren wie ein Verfahrensbevollmächtigter" darf nicht dahin gehend verstanden werden, dass der Beistand den gleichen Gebührenbetrag in Rechnung stellen darf.[8] Wird der Rechtsanwalt als **Beistand eines Sachverständigen oder eines Zeugen** tätig, ist der Gegenstandswert seiner Tätigkeit idR nicht mit dem Wert der Hauptsache gleichzusetzen. In Ausnahmefällen mag dies der Fall sein, idR aber wird die Bestimmung eines Werts mehr Schwierigkeiten bereiten als bei Vertretung einer Partei, da sich die Gebühren des Rechtsanwalts zwar nach dem Gegen- **7**

---

1 BT-Drucks 15/1971, S. 210. **2** Der Begriff des Verfahrensbevollmächtigten erfasst alle Verfahrensordnungen neben dem Zivilprozess, soweit für diese keine eigenen Gebührentatbestände außerhalb des Teils 3 VV vorgesehen sind. **3** Zur Abgrenzung zwischen gerichtlichem und außergerichtlichem Auftrag → Vorbem. 2.3 VV Rn 14 ff. **4** BT-Drucks 17/11471 (neu), S. 274 zu Nr. 24 Buchst. a. **5** BGH AGS 2010, 483. **6** Die Gesetzesbegründung (BT-Drucks 17/11471 (neu), S. 274 zu Nr. 24 Buchst. a) lässt dieses Ziel leider eher erahnen als erkennen: „... Es bestehen keine Bedenken, *wenn* (Hervorhebung d. Verf.) dies dazu führt, dass der bereits mit unbedingtem Klageauftrag versehene Verfahrensbevollmächtigte des Klägers für eine Besprechung mit dem Beklagten vor Klageeinreichung eine Terminsgebühr erhält, während der Vertreter der Gegenseite mangels eines unbedingten Prozessauftrags seine Gebühren nach Teil 2 abrechnen muss." **7** OLG Koblenz NJW-Spezial 2013, 156. **8** Wenn eine solche Identität der Vergütung angeordnet wird, erfolgt dies mit Formulierungen wie „in Höhe der dem Verfahrensbevollmächtigten zustehenden Verfahrensgebühr", vgl Nr. 3401 VV.

standswert richten, die gerichtliche Wertfestsetzung aber nicht greift, da sie einen anderen Gegenstand betrifft und ein Wert für die Beistandsleistung nicht festgesetzt wird.

8   Wesentlich häufiger als beim Prozessbevollmächtigten wird daher der Rückgriff auf die Auffangregelung des § 23 Abs. 3 S. 2 erforderlich werden. Ist die Bestimmung des Werts nach billigem Ermessen nicht möglich, ist der Auffangwert von 5.000 €, höchstens aber der Streitwert des Verfahrens, anzusetzen.[9]

9   Zum Sonderfall der durch den Beistand verdienten **Terminsgebühr** → Rn 41 sowie Nr. 3105 VV Rn 20.

III. Verfahrensgebühr (Abs. 2)

10   **1. Entstehen der Gebühr.** Vorbem. 3 Abs. 2 VV definiert die Voraussetzungen für den **Anfall der Verfahrensgebühr**. Welche Verfahrensgebühr einschlägig ist und welche Höhe sie im Einzelfall hat, richtet sich nach den einzelnen Gebührentatbeständen aus Teil 3 VV. Es handelt sich bei Vorbem. 3 Abs. 2 VV um einen Dreh- und Angelpunkt der Regelungen über die gerichtliche Tätigkeit. Inhaltlich entspricht die Vorschrift der Regelung zur (außergerichtlichen) Geschäftsgebühr in Vorbem. 2.3 Abs. 3 VV. Beide Gebühren werden aufgrund der Definition auch als „**Betriebsgebühren**" bezeichnet, da sie an das **Betreiben des Geschäfts** anknüpfen. Unabdingbare Grundvoraussetzungen für den Anfall einer Verfahrensgebühr sind demnach ein entsprechender Auftrag und das Betreiben des Geschäfts. Allerdings muss der auf eine Tätigkeit vor einem Gericht gerichtete Auftrag nicht erfüllt sein; die Gebühr entsteht vielmehr bereits mit der Information (dazu → Rn 13 und Vorbem. 2.3 VV Rn 14).

11   **2. Auftrag entscheidet.** Von entscheidender Bedeutung ist wegen der festen Höhe der Gebühr der **Inhalt des Auftrags**, insb. die **Abgrenzung** zu Einzelaufträgen (zB nach Nr. 3403 VV; dazu → Nr. 3403 VV Rn 1–4), außergerichtlichen Gebührentatbeständen (Nr. 2300 ff VV; dazu → Vorbem. 2.3 VV Rn 14 ff) und einem bloßen Beratungsmandat.

12   Die Verfahrensgebühr erfordert einen **umfassenden Auftrag zur Vertretung vor Gericht.** Der Rechtsanwalt muss die Erteilung des Auftrags im Streit mit dem Mandanten beweisen, wobei ihm zugutekommt, dass von einem umfassenden Auftrag als **Regelfall** auszugehen ist und ein auf Einzeltätigkeiten beschränkter Auftrag die **Ausnahme** bildet, die Beweislast also umgekehrt ist, sobald er das Bestehen eines gerichtlichen Auftrags nachweist.

13   **3. Entstehen der Gebühr bereits mit Information.** Zum Betreiben des Geschäfts gehört bereits die Information, genauer die **Entgegennahme der Information**. Dies ergibt sich aus dem Vergleich mit Vorbem. 2.3 Abs. 3 VV, die textlich etwas genauer formuliert ist, aber keinen anderen Regelungsgehalt haben soll.

14   Die Verfahrensgebühr entsteht mit der Entgegennahme der Information als Pauschgebühr in voller Höhe, im Normalfall des erstinstanzlichen Verfahrens für einen Auftraggeber iHv **1,3** nach Nr. 3100 VV, im Normalfall des Verfahrens in der Berufungsinstanz iHv **1,6** nach Nr. 3200 VV.

15   Nr. 3101 VV enthält eine Ausnahme von der Grundregel aus § 15 Abs. 4 und reduziert die Verfahrensgebühr für die Tätigkeit in erster Instanz im Falle vorzeitiger Auftragserledigung auf **0,8**. Vergleichbar reduziert Nr. 3201 VV für die Berufungsinstanz die Verfahrensgebühr ebenfalls um 0,5 auf dann **1,1**.

16   Durch das Erfordernis des unbedingten Klagauftrags in Vorbem. 3 Abs. 2 VV verdient der Rechtsanwalt auf Klägerseite oder Antragstellerseite bereits mit Entgegennahme der zur Ausführung des ihm erteilten Auftrags wesentlichen Information durch den Mandanten die Gebühr Nr. 3100 VV, während der Rechtsanwalt des Gegners Gebühren nach Teil 3 VV erst verdienen kann, wenn ihn das gerichtliche Verfahren erreicht hat, mindestens also eine Klage zugestellt wurde.[10]

17   Die Anknüpfung an mindestens die (Entgegennahme der) Information führt außerdem dazu, dass vor Einreichung der Klage der Klägeranwalt neben der Verfahrensgebühr auch bereits die Terminsgebühr verdienen kann.[11] Dass der Anwalt des Gegners nur die außergerichtlichen Gebühren aus Teil 2 Abschnitt 3 VV abrechnen kann, wurde durch den Gesetzgeber gesehen und für richtig gehalten.[12]

18   **Beispiel:** Rechtsanwalt A wird beauftragt, eine Klage auf Zahlung von 4.000 € zu erheben. Nach Fertigung eines Entwurfs ruft er den aus der Vorkorrespondenz als Vertreter erkennbaren gegnerischen Kollegen B an und dessen Mandant bezahlt die Forderung.

---

9 Durch das 2. KostRMoG wurde der frühere Wert von 4.000 € an das Niveau der übrigen Verfahrensordnungen angepasst; BT-Drucks 17/11471 (neu), S. 268 zu Art. 8 Abs. 1 Nr. 12 Buchst. b. **10** BT-Drucks 17/11471 (neu), S. 274 zu Nr. 24 Buchst. a; OLG Koblenz NJW-Spezial 2013, 156. **11** Vgl Hartung/Schons/Enders/*Schons*, Vorbem. 3 VV Rn 18. **12** BT-Drucks 17/11471 (neu), S. 274 zu Nr. 24 Buchst. a: „… Es bestehen keine Bedenken, wenn dies dazu führt, dass der bereits mit unbedingtem Klageauftrag versehene Verfahrensbevollmächtigte des Klägers für eine Besprechung mit dem Beklagten vor Klageeinreichung eine Terminsgebühr erhält, während der Vertreter der Gegenseite mangels eines unbedingten Prozessauftrags seine Gebühren nach Teil 2 abrechnen muss. Die in Teil 2 VV RVG für die Vertretung vorgesehene Gebührenspanne in Nummer 2300 VV RVG ermöglicht die gleichen Gebühren wie die Regelungen in Teil 3, setzt allerdings eine entsprechend umfangreiche und schwierige Tätigkeit voraus. Der Regelungsgehalt des geltenden Absatzes 1 ist in dem vorgeschlagenen Satz 2 enthalten."

I. Rechtsanwalt A rechnet ab:

1. 0,8-Verfahrensgebühr, Nr. 3101 VV　　　　　　　　　　　　　　　201,60 €
2. 1,2-Terminsgebühr, Nr. 3104 VV　　　　　　　　　　　　　　　　302,40 €
3. Auslagenpauschale, Nr. 7002 VV　　　　　　　　　　　　　　　　20,00 €
　　Zwischensumme　　　　　　　　　　　　　　　　　　　　　　524,00 €
4. 19 % Mehrwertsteuer, Nr. 7008 VV　　　　　　　　　　　　　　　99,56 €
　　Gesamt　　　　　　　　　　　　　　　　　　　　　　　**623,56 €**

II. Rechtsanwalt B rechnet ab:

1. 1,3-Geschäftsgebühr, Nr. 2300 VV　　　　　　　　　　　　　　　327,60 €
2. Auslagenpauschale, Nr. 7002 VV　　　　　　　　　　　　　　　　20,00 €
　　Zwischensumme　　　　　　　　　　　　　　　　　　　　　　347,60 €
3. 19 % Mehrwertsteuer, Nr. 7008 VV　　　　　　　　　　　　　　　66,04 €
　　Gesamt　　　　　　　　　　　　　　　　　　　　　　　**413,64 €**

IV. Terminsgebühr (Abs. 3)

1. Teilnahme an gerichtlichen und außergerichtlichen Terminen (Abs. 3 S. 1). Vorbem. 3 Abs. 3 VV regelt **19** den Anfall von Terminsgebühren, deren Höhe sich nach den einzelnen Gebührentatbeständen richtet. Gegenüber der früheren Fassung wurde die Regelung durch das 2. KostRMoG deutlich umgestaltet. Die Änderungen dienen vor allem der Klarheit und besseren Lesbarkeit und führen zu einigen Änderungen und zur Beseitigung einiger Meinungsstreitigkeiten.

Vor Inkrafttreten des 2. KostRMoG fand sich in Vorbem. 3 Abs. 3 VV aF eine Aufzählung verschiedener **20** Termine, die eine Terminsgebühr auslösten.[13] Der seither geltende Normtext ist einfacher und klarer: Terminsgebühren entstehen nach S. 1

- für die **Wahrnehmung von gerichtlichen Terminen,**
- für die **Wahrnehmung von außergerichtlichen Terminen und Besprechungen,**
- ausgenommen für die Wahrnehmung von Besprechungen mit dem Auftraggeber (Vorbem. 3 Abs. 3 S. 3 Nr. 2 Hs 2 VV).

Die Terminsgebühr fällt in einem **Rechtszug nur einmal** an, auch wenn die Voraussetzungen für ihren An- **21** fall wiederholt erfüllt werden.

Auf die Art des gerichtlichen Termins kommt es für die Frage der Entstehung der Terminsgebühr daher **22** nicht an, insb. nicht auf die Stellung der Anträge nach § 137 Abs. 1 ZPO;[14] der (nicht förmliche) Aufruf der Sache oder Beginn durch Feststellung der Anwesenheit genügt.[15] Der Ablauf des Termins kann allerdings für die Frage von Bedeutung sein, welche Höhe eine Terminsgebühr hat (→ Nr. 3105 VV Rn 3 ff). Es ist wegen § 15 Abs. 4 nicht erforderlich, dass der Termin von Anfang bis Ende wahrgenommen wird.[16]

Eine **Terminsgebühr** wird **nicht** verdient, wenn der Termin nicht aufgerufen wird und nicht beginnt, weil **23** bspw der Richter erkrankt ist. Angeknüpft wird an „die Wahrnehmung von gerichtlichen Terminen". Dies lässt keinen Raum für eine Terminsgebühr, wenn der Termin wegen **Erkrankung des Richters** nicht begonnen hat. Hat kein gerichtlicher Termin stattgefunden, wurde auch kein gerichtlicher Termin „wahrgenommen".

Dieses Ergebnis bestätigt auch ein Vergleich mit den Regeln zur Entstehung der Terminsgebühr im Strafver- **24** fahren. Vorbem. 4 Abs. 3 VV lautet: „Die Terminsgebühr entsteht für die Teilnahme an gerichtlichen Terminen, soweit nichts anderes bestimmt ist. Der Rechtsanwalt erhält die Terminsgebühr auch, wenn er zu einem anberaumten Termin erscheint, dieser aber aus Gründen, die er nicht zu vertreten hat, nicht stattfindet. Dies gilt nicht, wenn er rechtzeitig von der Aufhebung oder Verlegung des Termins in Kenntnis gesetzt worden ist."

2. Verkündungstermin (Abs. 3 S. 2). Die Teilnahme an einem Verkündungstermin löst **keine Terminsgebühr** **25** aus (Vorbem. 3 Abs. 3 S. 2 VV). Dies ist der einzige Fall einer Teilnahme an einem gerichtlich anberaumten Termin, der keine Terminsgebühr nach Nr. 3104 VV bzw Nr. 3105 VV auslöst.[17]

---

13 Vorbem. 3 Abs. 3 VV aF: „Die Terminsgebühr entsteht für die Vertretung in einem Verhandlungs-, Erörterungs- oder Beweisaufnahmetermin oder die Wahrnehmung eines von einem gerichtlich bestellten Sachverständigen anberaumten Termins oder die Mitwirkung an auf die Vermeidung oder Erledigung des Verfahrens gerichteten Besprechungen auch ohne Beteiligung des Gerichts; dies gilt nicht für Besprechungen mit dem Auftraggeber." **14** Gerold/Schmidt/*Müller-Rabe*, Vorbem. 3 VV Rn 48. **15** BGH NJW 2011, 388. **16** Gerold/Schmidt/*Müller-Rabe*, Vorbem. 3 VV Rn 82. **17** Der frühere Text der Vorbem. 3 Abs. 3 VV (aF) beinhaltete noch den Versuch einer positiven Aufzählung der Anwendungsfälle, zu denen der Verkündungstermin und auch der Anhörungstermin nicht zählten.

26   Allerdings ist es möglich, anlässlich eines Verkündungstermins eine Terminsgebühr zu verdienen, wenn der Gegner oder dessen Rechtsanwalt sich auf inhaltliche Erörterungen einlässt, die nach Vorbem. 3 Abs. 3 S. 3 Nr. 2 VV die Gebühr auslösen.

27   **3. Anhörungstermin.** Auch für Anhörungstermine entsteht nunmehr die Terminsgebühr.[18] Bis zur Reform durch das 2. KostRMoG waren Anhörungstermine in Vorbem. 3 Abs. 3 VV aF nicht aufgeführt, lösten also keine Terminsgebühr aus. Seit der Reform wird die Teilnahme an einem Anhörungstermin in gleicher Weise vergütet wie die Teilnahme an einem Erörterungstermin. Zutreffend begründet wird dies mit dem vergleichbaren Aufwand und ebensolcher Verantwortung des Rechtsanwalts in beiden Fällen.[19]

28   **4. Außergerichtlicher Termin eines gerichtlich bestellten Sachverständigen (Abs. 3 S. 3 Nr. 1).** Nach Vorbem. 3 Abs. 3 S. 3 Nr. 1 VV entsteht die Terminsgebühr auch für die Wahrnehmung eines von einem **gerichtlich bestellten Sachverständigen anberaumten Termins.** Es handelt sich nach dem Gesetzeswortlaut um einen außergerichtlichen Termin.

29   Im Unterschied zu den gerichtlichen Terminen lösen außergerichtliche Termine lediglich in diesem in Vorbem. 3 Abs. 3 S. 3 Nr. 1 VV geregelten Fall die Terminsgebühr aus.

30   Die Teilnahme an einem Termin eines **privat beauftragten Sachverständigen** löst **keine Terminsgebühr** aus, auch wenn bereits ein Klagauftrag vorliegt. Die Terminsgebühr kann in diesem Fall aber durch Besprechungen iSd Vorbem. 3 Abs. 3 S. 3 Nr. 2 VV entstehen.

31   **5. Außergerichtliche Besprechung mit dem Ziel der Vermeidung oder Erledigung des Verfahrens (Abs. 3 S. 3 Nr. 2 Hs 1).** Die Terminsgebühr entsteht auch ohne Termin, wenn eine Besprechung mit dem Ziel der Vermeidung des noch nicht rechtshängigen Verfahrens oder der Erledigung eines bereits rechtshängigen Verfahrens stattfindet (Vorbem. 3 Abs. 3 S. 3 Nr. 2 Hs 1 VV).

32   **a) Besprechung bei unbedingtem Prozessauftrag.** Eine Besprechung kann **mündlich oder fernmündlich**[20] stattfinden. Der Austausch von E-Mail, SMS oder Chat lässt sich demgegenüber nicht unter den Begriff der Besprechung fassen, Bildtelefon-Verfahren wie Skype indes schon.

33   Eine auch nach alter Rechtslage kaum begründbare Entscheidung des BGH führte zu einer sprachlichen Klarstellung des Abs. 3 der Vorbem. 3 VV.[21] Durch die neue Formulierung soll sichergestellt werden, dass die Terminsgebühr auch dann durch eine **auf die Vermeidung oder Erledigung des Verfahrens gerichtete Besprechung** entsteht, wenn eine mündliche Verhandlung im entsprechenden Verfahren nicht vorgeschrieben ist.[22] Vorbem. 3 Abs. 3 VV ist auch früher bereits durch Änderungsgesetze ergänzt worden, nachdem Gerichte der Norm teils überraschende Begrenzungen entnommen hatten.[23]

34   Die frühe Entstehung der Terminsgebühr bereits bei außergerichtlichen Besprechungen mit dem Ziel der Vermeidung des Verfahrens ist vom Gesetzgeber gewollt, um die Justiz zu entlasten.[24]

35   Die Terminsgebühr kann nach dem klaren Wortlaut bereits vor Rechtshängigkeit und sogar vor Anhängigkeit einer Klage entstehen.[25] Entscheidend ist das Vorliegen eines **unbedingten Prozess- oder Verfahrensauftrags.**[26]

36   Ob eine solche Besprechung stattgefunden hat, hängt im Einzelfall von Nuancen des Gesprächsinhalts ab. Eine einfache Frage, ob noch eine Zahlung erfolgen werde, hat nicht den Inhalt einer auf die Vermeidung der Klage gerichteten Besprechung. Wird allerdings dem Gegner im Gespräch das Vorliegen eines unbedingten Klageauftrags eröffnet und ihm mitgeteilt, die Klage könne er noch durch Zahlung binnen einer Frist vermeiden, so dient die Besprechung unabhängig vom Erfolg der Vermeidung des Rechtsstreits und löst die Terminsgebühr aus.

37   Die Terminsgebühr entsteht immer aus dem Wert des bereits und im Zeitpunkt der Besprechung noch anhängigen Gegenstands, in der Vermeidungsalternative aus dem Gegenstand, auf den sich der unbedingte Prozessauftrag erstreckt, über dessen Vermeidung gesprochen wurde.

18 BT-Drucks 17/11471 (neu), S. 274 zu Nr. 24 Buchst. b.   **19** BT-Drucks 17/11471 (neu), S. 274 zu Nr. 24 Buchst. b.   **20** Nach OLG Koblenz AGS 2007, 347 vermag ein Austausch per SMS die Terminsgebühr auszulösen. Die Entscheidung ist falsch. **21** BGH NJW 2007, 1461. Der BGH hatte entschieden, eine Terminsgebühr könne nur verdient werden, wenn die mündliche Verhandlung im Verfahren vorgeschrieben sei; die Entscheidung wurde bereits in der Anmerkung mit guter Begründung kritisiert, *Mayer,* NJW 2007, 1464. **22** BT-Drucks 17/11471 (neu), S. 274 f zu Nr. 24 Buchst. b.   **23** BT-Drucks 16/3038, S. 56 (2. JuMoG): „Durch die Einfügung des Wortes „auch" in Vorbem. 3 Absatz 3 soll klargestellt werden, dass die Terminsgebühr selbstverständlich auch dann entsteht, wenn der Rechtsanwalt an auf die Vermeidung oder Erledigung des Verfahrens gerichteten Besprechungen mit Beteiligung des Gerichts mitwirkt. Erfolgen solche Besprechungen in einem Gütetermin oder einem PKH-Verfahren, ist nach dem geltenden Wortlaut zweifelhaft, ob eine Terminsgebühr entsteht." **24** BT-Drucks 15/1971, S. 209. **25** Ein Rechtsstreit kann nur erledigt werden, wenn er bereits andauert, umgekehrt aber nur vermieden werden, wenn er noch nicht begonnen hat, vgl BGH MDR 2007, 863. **26** So zutreffend die Begründung des BGH in MDR 2007, 863, die durch das 2. KostRMoG nunmehr in Abs. 1 der Vorbem. 3 VV eingefügt worden ist.

b) Einzelfälle (Rspr-Beispiele). In folgenden Fällen wurde die Entstehung der **Terminsgebühr bejaht:** 38

- Die Terminsgebühr entsteht, wenn dem Gegner die Erhebung der Klage telefonisch mitgeteilt und er zur Zahlung aufgefordert wird.[27]
- Die Terminsgebühr entsteht auch, wenn der besprochene Vergleich nicht realisiert wird, da eine einmal entstandene Gebühr nicht wieder in Wegfall gerät.[28]
- Die Terminsgebühr entsteht, wenn die Besprechung zur Rücknahme des Widerspruchs gegen eine einstweilige Verfügung führt.[29]
- Die Terminsgebühr entsteht, wenn der Antragstellervertreter mit dem Antragsgegnervertreter über die Rücknahme des Antrags auf Erlass einer einstweiligen Verfügung telefonisch spricht und auf die zwischenzeitlich abgegebene Unterlassungserklärung hinweist.[30]
- Die Terminsgebühr entsteht auch, wenn der auf Unterlassung in Anspruch Genommene die Unterlassungs- und Verpflichtungserklärung an einen falschen Empfänger übersendet und sich dies in einem Telefonat zwischen dem Prozessbevollmächtigten des Klägers und dem Beklagten herausstellt und der Beklagte die Erklärung nunmehr an den richtigen Empfänger übersendet und entsprechend der telefonischen Zusage seines Prozessbevollmächtigten der Kläger die Klage zurücknimmt.[31]
- Die Terminsgebühr entsteht aus dem vollen Wert des Verfahrens nach Eintritt eines erledigenden Ereignisses durch telefonische Besprechung der Prozessbevollmächtigten über die Abgabe beiderseitiger Erledigungserklärung nach § 91 a.[32]
- Es reicht, wenn der Gegner erklärt, den Vorschlag prüfen[33] oder an den Auftraggeber weiterleiten[34] oder mit diesem besprechen[35] zu wollen.
- Lässt sich der Gegner aus reiner Höflichkeit auf die Besprechung ein, ohne seine fehlende Erledigungsbereitschaft nach außen erkennen zu lassen, ist die Terminsgebühr angefallen.[36] Dabei genügt es, wenn die Vorschläge schweigend angehört werden.[37]

In folgenden Fällen wurde die Entstehung der **Terminsgebühr verneint:** 39

- Verneint wurde der Anfall der Gebühr durch das KG bei einer vollständig im Konjunktiv gehaltenen Anfrage, ob der Gegner im Hinblick auf eine zwischenzeitlich abgegebene Unterlassungserklärung seinen Antrag auf Erlass einer einstweiligen Verfügung zurücknehmen würde, in diesem Fall würde kein Widerspruch erhoben.[38] Die Entscheidung ist in Abgrenzung von der in → Rn 38 zitierten Entscheidung des OLG Köln arg spitzfindig, wenngleich noch vertretbar.
- Hat der Beklagte einen Teil der Klageforderung bezahlt und nicht bezweifelt, dass die Klage in bezahlter Höhe begründet war, so soll nach OLG München[39] ein Telefonat über die Frage der Rücknahme der Klage nur eine Terminsgebühr aus dem Wert der nicht bezahlten Klageforderung auslösen. Die Entscheidung ist unzutreffend, da bis zur Rücknahme der Klage oder Erledigungserklärung dieselbe in voller Höhe rechtshängig bleibt, worauf N. Schneider in seiner Anmerkung zutreffend hinweist.[40]
- Der BGH lehnte die Entstehung der Terminsgebühr durch Besprechung ab, wenn im Verfahren keine mündliche Verhandlung vorgeschrieben war. Die Rspr war mit dem früheren Wortlaut des Gesetzes kaum vereinbar und löste die Neuformulierung von Vorbem. 3 Abs. 3 S. 3 Nr. 2 VV aus,[41] ist also überholt (→ Rn 33).
- Die Terminsgebühr kann nicht entstehen, wenn keine Gesprächsbereitschaft auf der Gegenseite besteht.

c) Besprechung mit dem Gericht. Eine Besprechung mit dem Gericht in der Absicht, das Verfahren zu erledigen, löst entgegen der noch in der Erstauflage (aaO) vertretenen Auffassung die Terminsgebühr nicht aus. Der Wortlaut des Gesetzes stellt nicht auf eine Besprechung mit dem Gegner oder aus dem Lager der Gegenseite ab,[42] sondern allein auf eine in Vermeidungs- oder Erledigungsabsicht geführte Besprechung und nennt als einzige Ausnahme die Besprechung mit dem eigenen Auftraggeber.[43] Allerdings entsteht für die 40

27 KG RVGreport 2012, 461; BGH MDR 2007, 863. **28** BGH RVGreport 2007, 73. **29** OLG Hamburg RVGreport 2007, 69 m. Anm. Hansens. Die Entscheidung ist zutreffend, da die Rücknahme des Widerspruchs das Verfahren beenden würde; auf den Erfolg kommt es allerdings nicht an. Die Gebühr entsteht vielmehr auch dann, wenn eine entsprechende Besprechung stattfindet, der Gegner den Widerspruch aber nicht zurücknimmt. **30** OLG Koblenz NJW 2005, 2162; auf die tatsächlich erfolgte Rücknahme des Antrags kommt es nicht an, diese ist nur für die Frage der Erstattung durch den Gegner von Bedeutung. **31** OLG Köln MDR 2013, 248 = RVGreport 2013, 16 f m. Anm. Hansens. **32** KG AGS 2008, 65. **33** BGH FamRZ 2007, 279. **34** Ebenfalls BGH FamRZ 2007, 279. **35** OLG Koblenz NJW 2005, 2162. **36** OVG Lüneburg NJW 2011, 1619. **37** OLG Koblenz NJW 2005, 2162. **38** KG RVGreport 2008, 313. **39** OLG München AGS 2008, 67 f m. Anm. N. Schneider. **40** OLG München AGS 2008, 67 f m. Anm. N. Schneider. **41** BT-Drucks 17/11471 (neu), S. 274 f zu Nr. 24 Buchst. b. **42** Gerold/Schmidt/Müller-Rabe, Vorbem. 3 VV Rn 133; LAG Berlin-Brandenburg AGS 2012, 15 m. Anm. N. Schneider; OVG Münster 3.2.2014 – 6 E 1209/12 (zur Rechtslage vor dem 2. KostRMoG); FG Baden-Württemberg 4.12.2014 – 8 KO 2155/14. **43** Die Argumentation fußt bei AnwK-RVG/N. Schneider, Vorbem. 3 VV Rn 156 und Gerold/Schmidt/Müller-Rabe, Vorbem. 3 VV Rn 124 ff zu sehr im alten Recht der BRAGO, welche in § 118 BRAGO tatsächlich auf eine Besprechung mit dem Gegner oder Dritten abstellte.

Vermeidungsbemühungen die Gebühr nur bei außergerichtlichen Besprechungen, was den Richter als Adressat ausnimmt.

41 **6. Sonderproblem: Terminsgebühr des Beistands.** Die Terminsgebühr des Beistands richtet sich nach Vorbem. 3 Abs. 1 und 3 VV nach den gleichen Regeln wie für einen Vertretungsauftrag für den Parteibevollmächtigten. Da aber rein sprachlich gesehen die Voraussetzungen der Nr. 3105 VV nicht vorliegen können, ist dem Beistand eines Zeugen oder Sachverständigen immer die volle Terminsgebühr Nr. 3104 VV für die Wahrnehmung eines Termins zuzubilligen, auch wenn im Termin nur Verfügungen der in Nr. 3105 VV genannten Art erfolgen oder gar alle Parteien ausbleiben. Nr. 3104 VV ist der Grundtatbestand der Terminsgebühr und kann nur bei Vorliegen der Voraussetzungen nach Nr. 3105 VV gekürzt werden. Das RVG aber kennt keine Kürzungsregel, die sprachlich auf den Beistand anwendbar wäre.[44]

V. Anrechnung von Geschäftsgebühren (Abs. 4)

42 **1. Allgemeines.** Vorbem. 3 Abs. 4 VV regelt die **Anrechnung von Geschäftsgebühren nach Teil 2 VV** auf deren Äquivalente in der gerichtlichen Tätigkeit, also die Verfahrensgebühren. Mit der Anrechnung wird pauschal berücksichtigt, dass bei einer außergerichtlichen Vorbefassung idR ein geringerer Arbeitsaufwand im gerichtlichen Verfahren anfällt.[45]

43 Der Rechtsanwalt erhält beide Gebühren, jedoch nicht mehr als den um den Anrechnungsbetrag verminderten Gesamtbetrag der beiden Gebühren (§ 15 a Abs. 1). Voraussetzung der Anrechnung ist, dass der gerichtliche Auftrag demselben Rechtsanwalt erteilt ist wie der außergerichtliche Auftrag.

44 **2. Grundregel der Anrechnung.** Vorbem. 3 Abs. 4 S. 1 VV enthält folgende Grundregel: Die **Geschäftsgebühr aus Teil 2 VV** wird **zur Hälfte auf** die **Verfahrensgebühr nach Teil 3 VV angerechnet.** Das RVG regelt nur das Verhältnis zwischen dem Rechtsanwalt und dem Auftraggeber, die Anrechnungsregel selbst betrifft also nur dieses Verhältnis (zu den Auswirkungen auf Dritte → Rn 56).

45 **a) Derselbe Gegenstand.** Voraussetzung der Anrechnung ist zunächst, dass die Geschäftsgebühr aus Teil 2 VV und die Verfahrensgebühr aus Teil 3 VV **aus demselben Gegenstand** entstehen. Soweit dies nur hinsichtlich eines Teils des Gegenstands gilt, ist (nur) aus dem Teilgegenstand anzurechnen (dazu → Rn 51 ff).

46 In **Eilverfahren**[46] oder Verfahren **einstweiliger Verfügung**[47] findet eine Anrechnung nicht statt, da es an der Identität des Gegenstands mit dem außergerichtlichen Auftrag fehlt. Der Mandant erteilt nämlich den außergerichtlichen Auftrag zur **dauerhaften Durchsetzung der Ansprüche.**

47 **b) Reihenfolge unerheblich.** Im Allgemeinen wird der Rechtsanwalt zuerst außergerichtlich und später gerichtlich tätig. Es kann aber auch zu einer Umkehr dieses Ablaufs kommen. Auch dann erfolgt eine Anrechnung, was in Vorbem. 3 Abs. 4 VV bereits durch das 2. JuMoG v. 22.12.2006 klargestellt wurde.[48]

48 **c) Reichweite der Anrechnung.** Vorbem. 3 Abs. 4 VV bestimmt für verschiedene Gebührentypen verschiedene Anrechnungsregeln. Durch das 2. KostRMoG wurde der Anwendungsbereich der Vorbem. 3 Abs. 4 VV erweitert: Früher waren die anrechnungsfähigen Gebühren durch Vergütungsnummern ausdrücklich bezeichnet. Nunmehr sind alle Geschäftsgebühren aus Teil 2 VV der Anrechnung unterworfen. Damit ist klargestellt, dass auch die Gebühren aus Teil 2 Abschnitt 2 VV über die Herstellung des Einvernehmens nach § 28 EuRAG (Nr. 2200, 2201 VV) anzurechnen sind. In weiteren Gebührentatbeständen aus Teil 2 VV finden sich jeweils eigene Anrechnungsregeln, weshalb die Ausweitung in Vorbem. 3 Abs. 4 VV nicht unmittelbar einleuchtet. Es hätte auch unmittelbar in den Gebührentatbeständen Nr. 2200 f VV eine Regelung erfolgen können; gleichzeitig ist die Anrechnungsregel aus Nr. 2503 VV teilweise überflüssig geworden.[49]

49 Die Pauschale für Post- und Telekommunikationsdienstleistungen (Nr. 7002 VV) und die konkreten Auslagen nach Nr. 7001 VV sowie andere Auslagentatbestände unterliegen nicht der Anrechnung.[50]

---

44 So auch Hartung/Schons/Enders/*Schons*, Vorbem. 3 VV Rn 13; Gerold/Schmidt/*Müller-Rabe*, Vorbem. 3 VV Rn 17. **45** BT-Drucks 15/1971, S. 209 betont die Vermeidung von Fehlanreizen durch zu hohe Gebühren, die Vorbefassung reduziere den Aufwand im gerichtlichen Verfahren entscheidend. **46** OVG Hamburg NJW 2009, 2075; VGH Kassel AGS 2009, 115; SG Dessau-Roßlau AGS 2010, 176. **47** BGH AGS 2009, 462; aA OLG Karlsruhe AGS 2011, 264. **48** BGBl. 2006 I 3416. „Mit der vorgeschlagenen Änderung in Vorbemerkung 3 Absatz 4 soll eine Klarstellung dahingehend erreicht werden, dass eine Anrechnung auch für den Fall erfolgt, dass die Geschäftsgebühr Nummer 2300 nach der Verfahrensgebühr entsteht. Dies ist z.B. dann der Fall, wenn in einem gerichtlichen Verfahren über einen Mehrvergleich erfolglos verhandelt wird und der Anwalt infolgedessen einen Auftrag zur außergerichtlichen Erledigung erhält", so BT-Drucks 16/3038, S. 56. **49** Aus der dortigen Anrechnungsregel wurden in Abs. 2 S. 1 der Anm. zu Nr. 2503 VV ohnehin bereits die Wörter „eine Anrechnung auf die Gebühren 2401 und 3103 findet nicht statt" gestrichen (s. BT-Drucks 17/11471 (neu), S. 120). Die Anrechnungsregelung in Nr. 2501 VV behält ihren Sinn, da diese keine Geschäftsgebühr ist und daher nicht von der allgemeinen Regel aus Vorbem. 3 Abs. 4 VV erfasst wird. **50** OLG Frankfurt a. M. AGS 2007, 313. Die Auslagenpauschale ist aus dem Betrag der Gebühr vor Anrechnung zu errechnen.

Beispiel: Der Rechtsanwalt wird außergerichtlich beauftragt, den Schuldner zur Zahlung einer Forderung von 5.000 € zu mahnen, wobei die Angelegenheit durchschnittlich umfangreich und schwierig ist. Nach Klage, Termin und Urteil bezahlt der Schuldner Hauptforderung und außergerichtliche Gebühren. **50**

Der Rechtsanwalt rechnet ab:

1. 1,3-Geschäftsgebühr, Nr. 2300 VV	393,90 €
2. Auslagenpauschale, Nr. 7002 VV	20,00 €
3. 1,3-Verfahrensgebühr, Nr. 3100 VV	393,90 €
4. 1,2-Terminsgebühr, Nr. 3104 VV	363,60 €
5. Auslagenpauschale, Nr. 7002 VV	20,00 €
./. Anrechnung nach Vorbem. 3 Abs. 4 VV (0,65)	− 196,45 €
Zwischensumme	994,95 €
6. 19 % Mehrwertsteuer, Nr. 7008 VV	189,04 €
Gesamt	**1.183,99 €**

Bei nur **teilweisem Übergang in das gerichtliche Verfahren** erfolgt die Anrechnung nur aus dem entsprechenden Wert.[51] **51**

Beispiel: Der Rechtsanwalt wird außergerichtlich nach Verzugseintritt beauftragt, den Schuldner zur Zahlung einer Forderung von 13.000 € zu mahnen, wobei die Angelegenheit durchschnittlich umfangreich und überdurchschnittlich schwierig ist. **52**

Der Rechtsanwalt rechnet folgende außergerichtliche Gebühren ab:

1. 1,5-Geschäftsgebühr, Nr. 2300 VV	906,00 €
2. Auslagenpauschale, Nr. 7002 VV	20,00 €
3. 19 % Mehrwertsteuer, Nr. 7008 VV	175,94 €
Gesamt	**1.101,94 €**

Der Schuldner bezahlt 11.000 € und die außergerichtliche Vergütung. Der Rechtsanwalt klagt im Gläubigerauftrag mit Erfolg die restlichen 2.000 € ein.

Der Mandant bezahlt die gerichtliche Vergütung nicht, weshalb der Rechtsanwalt nach § 11 RVG die Festsetzung aus dem Wert von 2.000 € beantragt:

1. 1,3-Verfahrensgebühr, Nr. 3100 VV	195,00 €
2. 1,2-Terminsgebühr, Nr. 3104 VV	180,00 €
3. Auslagenpauschale, Nr. 7002 VV	20,00 €
./. Anrechnung nach Vorbem. 3 Abs. 4 VV (0,75)	− 112,50 €
Zwischensumme	282,50 €
4. 19 % Mehrwertsteuer, Nr. 7008 VV	53,68 €
Gesamt	**336,18 €**

Ist der außergerichtliche Gegenstandswert geringer, wird nur aus dem deckenden Teil der Gegenstände angerechnet:[52] **53**

Beispiel: Der Rechtsanwalt wird außergerichtlich beauftragt, eine Forderung von 2.000 € abzuwehren, wobei die Angelegenheit durchschnittlich umfangreich und überdurchschnittlich schwierig ist. **54**

Der Rechtsanwalt rechnet folgende außergerichtliche Gebühren ab.

1. 1,5-Geschäftsgebühr, Nr. 2300 VV	225,00 €
2. Auslagenpauschale, Nr. 7002 VV	20,00 €
3. 19 % Mehrwertsteuer, Nr. 7008 VV	46,55 €
Gesamt	**291,55 €**

Im anschließenden Klagverfahren wird neben der bisherigen Forderung eine weitere Forderung geltend gemacht, der Gesamtwert beträgt 7.000.

Der Rechtsanwalt rechnet nach Erhalt der Ladung zum Termin einen Vorschuss nach § 9 in der erwarteten Höhe ab:

1. 1,3-Verfahrensgebühr, Nr. 3100 VV	526,50 €
2. 1,2-Terminsgebühr, Nr. 3104 VV	486,00 €
3. Auslagenpauschale, Nr. 7002 VV	20,00 €
./. Anrechnung nach Vorbem. 3 Abs. 4 VV (2.000 €) (0,75)	− 112,50 €
Zwischensumme	920,00 €
4. 19 % Mehrwertsteuer, Nr. 7008 VV	174,80 €
Gesamt	**1.094,80 €**

51 AA (Anrechnung im Verhältnis der Werte): OLG Koblenz RVGreport 2009, 144. Die Entscheidung ist mit dem – insoweit unveränderten Wortlaut – der Vorbem. 3 Abs. 4 VV nicht vereinbar. **52** AnwK-RVG/*Onderka/N. Schneider*, Vorbem. 3 VV Rn 240.

55 **d) Sonderfälle: Keine Anrechnung.** Eine Anrechnung findet **nicht** statt, wenn

■ zwischen der außergerichtlichen Tätigkeit und der gerichtlichen Tätigkeit mehr als zwei Kalenderjahre liegen (§ 15 Abs. 5 S. 1);[53]

■ außergerichtlich ein anderer Rechtsanwalt tätig war als gerichtlich;[54]

■ bei Ausscheiden eines Rechtsanwalts aus einer Berufsausübungsgemeinschaft im Sinne der Berufsordnung der Rechtsanwälte (§§ 32 f BORA) mit Auftritt als Außensozietät das Ergebnis der Befragung durch die verbliebenen Außensozien nicht akzeptiert und der Mandant in die Kündigung des Mandats getrieben wird;[55]

■ eine Pauschalvereinbarung über die außergerichtlichen Gebühren getroffen wurde[56] oder vereinbart wurde, die außergerichtliche Vergütung nicht anzurechnen.[57]

56 **e) Berufung von Dritten auf die Anrechnung.** Die Anrechnung betrifft nur das Verhältnis zwischen Auftraggeber und Rechtsanwalt (→ Rn 44). Mit § 15 a Abs. 2[58] ist nunmehr auch gesetzlich klargestellt, wie sich die im RVG geregelte Anrechnung auf die Erstattungsansprüche gegen einen Dritten auswirkt:

57 Der Dritte kann sich auf die Anrechnung nur berufen, soweit er den Anspruch auf eine der beiden Gebühren erfüllt hat, wegen eines dieser Ansprüche gegen ihn ein Vollstreckungstitel besteht oder beide Gebühren in demselben Verfahren gegen ihn geltend gemacht werden.

58 Beim Abschluss von Vergleichen wird empfohlen, eine Regelung zu treffen, ob und ggf in welcher Höhe eine Gesamtzahlungsverpflichtung Zahlungen auf die außergerichtliche Vergütung enthält. Anderenfalls ist schwer abzuschätzen, wie Rechtspfleger im Verfahren der Kostenfestsetzung mit dem Einwand des § 15 a Abs. 2 verfahren.[59]

59 **3. Anrechnung von Satzgebühren und Satzrahmengebühren (Abs. 4 S. 1). a) Satzgebühren, Satzrahmengebühren.** **Satzgebühren** sind Festgebühren, deren Höhe mit einem Gebührensatz aus der wertabhängigen Tabelle ermittelt wird, so bspw die Gebühr Nr. 2303 VV (Gebührensatz „1,5"). **Satzrahmengebühren** definieren einen Rahmen zwischen einer Unter- und einer Obergrenze in Gebühren, wobei deren konkrete Höhe wiederum aus der wertabhängigen Tabelle zu ermitteln ist, so bspw die Gebühr Nr. 2300 VV („0,5 bis 2,5").

60 **b) Anrechnung auf die Gebühren des Wahlanwalts.** Satz- oder Satzrahmen-Geschäftsgebühren werden nach Vorbem. 3 Abs. 4 S. 1 VV **zur Hälfte, jedoch höchstens in Höhe von 0,75,** angerechnet. Der Gesetzgeber trägt damit einer aus der Vorbefassung schematisiert vermuteten folgenden Arbeitserleichterung Rechnung. Allerdings soll dem Rechtsanwalt in besonders bedeutsamen (idR umfangreichen oder schwierigen) außergerichtlichen Angelegenheiten nur ein geringerer Teil der außergerichtlich verdienten Gebühr wieder genommen werden. Die Begrenzung ist so gewählt, dass in einem durchschnittlichen Mandat genau die Hälfte der außergerichtlichen Vergütung nach dem Grundtatbestand der Geschäftsgebühr nach Nr. 2300 VV angerechnet wird. Eine solche Angelegenheit ist mit der Mittelgebühr von 1,5 abzurechnen, wenn nicht die Schwelle aus Anm. zu Nr. 2300 VV eingreift (dazu → Nr. 2300 VV Rn 15 ff). Rechtfertigt eine außergerichtliche Tätigkeit den Ansatz der Höchstgebühr, verliert der Rechtsanwalt ebenfalls nur die Hälfte der Geschäftsgebühr des durchschnittlichen Mandats.

61 **Beispiel:** In einer umfangreichen und schwierigen Angelegenheit aus dem Wert von 7.000 € ist der Rechtsanwalt außergerichtlich und nachfolgend gerichtlich tätig und erstreitet ein Urteil.

Er rechnet ab:

1. 2,0-Geschäftsgebühr, Nr. 2300 VV	810,00 €
2. Auslagenpauschale, Nr. 7002 VV	20,00 €
3. 1,3-Verfahrensgebühr, Nr. 3100 VV	526,50 €
4. 1,2-Terminsgebühr, Nr. 3104 VV	486,00 €

---

53 OLG Düsseldorf RVGreport 2009, 181. **54** BGH AGS 2010,52; OLG Koblenz AGS 2009, 166; OLG München NJW 2009, 1220. **55** Die Fortsetzung der Bearbeitung nach Befragung gem. § 32 BORA führt zur Vertragsübernahme und damit Fortgeltung des Anrechnungsrechts. Dies gilt aber nicht, wenn ein neues Mandat erteilt wird, weil die verbliebenen Außensozien das Recht zur Befragung negieren. Dem Mandanten dürfte allerdings ein Schadenersatzanspruch gegen die vormalige Außensozien auf Freistellung von erneut anfallenden Gebühren zustehen, sofern die Mandatskündigung Reaktion auf eine Vertragspflichtverletzung im Verhältnis zum Mandanten ist. **56** BGH NJW 2009, 3364; OLG München AnwBl 2009, 725. **57** BGH RVGreport 2010, 334. **58** § 15 a wurde durch Art. 7 Abs. 4 Nr. 3 des Gesetzes zur Modernisierung von Verfahren im anwaltlichen und notariellen Berufsrecht, zur Errichtung einer Schlichtungsstelle der Rechtsanwaltschaft sowie zur Änderung sonstiger Vorschriften v. 30.7.2009 (BGBl. I 2449, 2470) mWz 5.8.2009 eingeführt. Die Regelung beansprucht aber unmittelbare Geltung auch für alle Altfälle, da die gesetzliche Regelung des § 15 a nur der Klarstellung diente; BGH NJW 2010, 1375. **59** Nach OLG Saarbrücken NJW-Spezial 2010, 92 gilt dann die gesamte außergerichtliche Vergütungsforderung als tituliert; aA OLG Karlsruhe NJW-Spezial 2010, 379; weiterführend zum Ganzen → § 14 Rn 71–73.

5. Auslagenpauschale, Nr. 7002 VV		20,00 €
./. Anrechnung nach Vorbem. 3 Abs. 4 VV (0,75)		– 303,75 €
Zwischensumme		1.558,75 €
6. 19 % Mehrwertsteuer, Nr. 7008 VV		296,16 €
Gesamt		**1.854,91 €**

Auch bei einer **Mehrzahl von Auftraggebern** aus demselben Gegenstand bleibt es bei der Höchstgrenze der Anrechnung; diese erhöht sich also nicht mit.[60] **62**

Beispiel: In einer Angelegenheit etwas mehr als durchschnittlichen Umfangs mit durchschnittlicher Schwierigkeit (Wert: 7.000 €) vertritt der Rechtsanwalt vier Auftraggeber außergerichtlich und nachfolgend gerichtlich bis zum Urteil nach streitiger Verhandlung. **63**

Er rechnet wie folgt ab:

1. 1,5-Geschäftsgebühr, Nr. 2300 VV	607,50 €	
2. Erhöhung nach Nr. 1008 VV (3 x 0,3)	364,50 €	972,00 €
3. Auslagenpauschale, Nr. 7002 VV		20,00 €
4. 1,3-Verfahrensgebühr, Nr. 3100 VV	526,50 €	
5. Erhöhung nach Nr. 1008 VV (3 x 0,3)[61]	364,50 €	891,00 €
6. 1,2-Terminsgebühr, Nr. 3104 VV		486,00 €
7. Auslagenpauschale, Nr. 7002 VV		20,00 €
./. Anrechnung nach Vorbem. 3 Abs. 4 VV (0,75)		– 303,75 €
Zwischensumme		2.085,25 €
8. 19 % Mehrwertsteuer, Nr. 7008 VV		396,20 €
Gesamt		**2.481,45 €**

Hat der Rechtsanwalt eine anderweitige Vereinbarung über die Vergütung seiner außergerichtlichen Tätigkeit geschlossen, bspw **nach Stunden abgerechnet**, kann nicht angerechnet werden.[62] Nach Vorbem. 3 Abs. 4 S. 1 VV wird angerechnet, „soweit wegen desselben Gegenstands eine Geschäftsgebühr entsteht". Wenn diese aber ersetzt wurde, ist sie nicht entstanden. Sie kann also auch in der Vergütungsfestsetzung nicht angerechnet werden. Gleiches gilt, wenn vereinbart wurde, die Geschäftsgebühr nicht anzurechnen.[63] **64**

Ob sich ein Dritter dennoch auf die beim gedachten gesetzlichen Vergütungsfall erfolgende Anrechnung berufen kann, richtet sich nach § 15 a Abs. 2.[64] Ihm gegenüber kann ein Vertrag über den (unmittelbaren) Anrechnungsausschluss ebenso wenig Wirkung entfalten[65] wie ein solcher über ein Stundenhonorar und den damit einhergehenden (mittelbaren) Anrechnungsausschluss. Soweit ein Dritter also Zahlungen auf die außergerichtliche Tätigkeit geleistet hat, sind diese – bis zur Grenze der Anrechnungsregeln für eine gedachte Geschäftsgebühr – anzurechnen. Hat er weniger gezahlt und ist weniger tituliert, begrenzt § 15 a Abs. 2 seine Anrechnungsmöglichkeiten.[66] **65**

c) Anrechnung außergerichtlicher Gebühren auf die Gebühren des beigeordneten Rechtsanwalts. aa) Allgemeines. Der **beigeordnete Rechtsanwalt** erhält ab einem Wert von mehr als 4.000 € niedrigere Gebühren als der Wahlanwalt.[67] Auch die Gebühren des beigeordneten Anwalts unterliegen aber dem Anrechnungssystem des RVG. Grundvoraussetzung ist dabei, dass überhaupt eine außergerichtliche Geschäftstätigkeit entfaltet wurde (→ Rn 42). **66**

Solange die Verfahrensgebühr höchstens aus dem Wert von 4.000 € entsteht, ergeben sich keine Besonderheiten. Wenn allerdings die Verfahrensgebühr aus einem höheren Wert entsteht, ergeben sich komplizierte Folgen für die Anrechnung, da dem Rechtsanwalt gegen die Staatskasse nur der Anspruch auf Vergütung aus der niedrigeren Tabelle nach § 49, uU aber gegen den Gegner oder nach Zahlung durch den Mandanten im Rahmen angeordneter Ratenzahlungen gegen die Staatskasse ein ergänzender Anspruch bis zur Höhe der Wahlanwaltsgebühren zusteht. **67**

---

60 Dies folgt aus dem Fehlen einer der Anhebung der Kappungsgrenze vergleichbaren Regelung in Nr. 1008 VV und wird ausdrücklich in der Begr. BT-Drucks 17/11471 (neu), S. 272 zu Art. 8 Abs. 2 Nr. 5 klargestellt. **61** Die Erhöhungsgebühr fällt außergerichtlich und gerichtlich an, LG Düsseldorf AGS 2007, 381 = MDR 2007, 1164. **62** BGH AGS 2009, 523. **63** AnwK-RVG/ *Onderka/N. Schneider*, Vorbem. 3 VV Rn 230. **64** Die sich ergebenden Fragen sind höchstrichterlich bislang ungeklärt, KG AGS 2010, 509. **65** KG AGS 2010, 509; LG Berlin AGS 2010, 461; aA KG AGS 2010, 511. **66** Der Kläger darf bei Vereinbarung eines Stundenhonorars nur die tatsächlichen Kosten geltend machen. Die Geltendmachung höherer außergerichtlicher Gebühren erfüllt uU den Tatbestand des Betrugs. Wegen der ihn treffenden Schadensminderungspflichten ist sein Anspruch aber auf die gesetzliche Vergütung begrenzt. Dazu muss erforderlichenfalls eine gedachte Geschäftsgebühr anhand § 14 bestimmt werden. **67** In § 49 ist eine eigene Gebührentabelle für die Gebühren des beigeordneten Rechtsanwalts für die Werte über 4.000 € enthalten. Ab einem Wert von mehr als 30.000 € erhöhen sich die Gebühren des beigeordneten Rechtsanwalts nicht mehr. Vor dem 2. KostRMoG setzte die Tabelle nach § 49 bereits bei Werten über 3.000 € ein und die Erhöhungsschritte waren noch geringer. Die Höchstgebühr belief sich auf 391 € und beträgt jetzt 447 €.

68 § 58 Abs. 2 ordnet an, dass Vorschüsse und Zahlungen, die der Rechtsanwalt vor oder nach der Beiordnung erhalten hat, zunächst auf die Vergütung anzurechnen sind, für die ein Anspruch gegen die Staatskasse nicht oder nur unter den Voraussetzungen des § 50 besteht.[68] Von dieser Regel gibt es jedoch Ausnahmen und außerdem ist die Regelung etwas unklar, weshalb nach der Art der außergerichtlichen Tätigkeit zu unterscheiden ist:

69 **bb) Vorgerichtliche Wahlanwaltstätigkeit.** Wird der Rechtsanwalt außergerichtlich tätig und erhält er auf diese Gebühren Zahlungen seines Mandanten, so werden die anrechenbaren Anteile wie Vorschüsse nach § 58 behandelt.[69] Hat der Rechtsanwalt für die außergerichtliche Tätigkeit keine Zahlungen auf die – angefallene – Geschäftsgebühr erhalten, erfolgt keine Anrechnung.[70]

70 **Beispiel:** Der Rechtsanwalt wird im Rahmen der Prozesskostenhilfe nach durchschnittlicher außergerichtlicher Tätigkeit dem Mandanten beigeordnet, es ergeht nach mündlicher Verhandlung ein Urteil. Der Wert des Verfahrens beträgt 5.000 €. Vorgerichtlich bestand keine Beiordnung, die Voraussetzungen der Beratungshilfe lagen nicht vor.

I. Der Rechtsanwalt erhält von seinem Mandanten:
1.	1,3-Geschäftsgebühr, Nr. 2300 VV	393,90 €
2.	Auslagenpauschale, Nr. 7002 VV	20,00 €
3.	19 % Mehrwertsteuer, Nr. 7008 VV	78,64 €
	Gesamt	**492,54 €**

II. Dazu kommt aus der Staatskasse:
1.	1,3-Verfahrensgebühr, Nr. 3100 VV, § 49 RVG (Verfahrensgebühr Wahlanwalt: 393,90 €)		334,10 €
2.	1,2-Terminsgebühr, Nr. 3104 VV (Terminsgebühr Wahlanwalt: 363,60 €)		308,40 €
	./. Anrechnung nach Vorbem. 3 Abs. 4 VV (0,65)	– 196,95 €	
3.	Differenz Wahlanwalt – Beiordnung[71]	115,00 €	
4.	Rest Anrechnung	– 81,95 €	– 81,95 €
5.	Auslagenpauschale, Nr. 7002 VV		20,00 €
	Zwischensumme		580,55 €
6.	19 % Mehrwertsteuer, Nr. 7008 VV		110,30 €
	Gesamt		**690,85 €**

71 Wenn allerdings die Voraussetzungen der Bewilligung von **Beratungshilfe** vorliegen oder vorlagen, soll nach einer Auffassung der Rechtsanwalt so behandelt werden, als habe er eine Geschäftsgebühr aus der Beratungshilfe erhalten.[72] Denkbar wird die Auslegung im Sinne dieser Auffassung, da eine Geschäftsgebühr durch die Tätigkeit ja entstanden ist und Vorbem. 3 Abs. 4 S. 1 VV auf die Entstehung abstellt (→ Rn 45).

72 Wird eine Klage aus einem höheren Wert erhoben als von der bewilligten Prozesskostenhilfe gedeckt, erfolgt die Anrechnung auf die Wahlanwaltsgebühren aus dem höheren Wert.[73]

73 **Beispiel:** Der Rechtsanwalt wird im Rahmen der Prozesskostenhilfe nach durchschnittlicher außergerichtlicher Tätigkeit dem Mandanten für eine Klage auf 5.000 € beigeordnet. Vorgerichtlich war eine Forderung von 7.000 € geltend gemacht worden. Der Rechtsanwalt erhebt Klage auf Zahlung von 7.000 €. Es ergeht nach mündlicher Verhandlung ein Urteil. Vorgerichtlich bestand keine Beiordnung, die Voraussetzungen der Beratungshilfe lagen nicht vor.

68 § 50 regelt die Einziehung der Differenz zwischen Wahlanwaltsgebühren und Gebühren des im Rahmen der Prozesskostenhilfe oder Verfahrenskostenhilfe beigeordneten Rechtsanwalts durch die Staatskasse. **69** OLG Frankfurt a. M. JurBüro 2007, 149; OLG Köln 13.1.2009 – 1 W 496/08, openJur 2012, 10099; OLG Koblenz AGS 2013, 75; OVG Lüneburg 3.4.2013 – 13 OA 276/12, NJW 2013, 1618; aA LAG Düsseldorf 2.11.2007 – 13 Ta 181/07, openJur 2011, 52888. **70** OLG Stuttgart FamRZ 2008, 1013. AA LAG Düsseldorf 2.11.2007 – 13 Ta 181/07, openJur 2011, 52888; OLG Frankfurt a. M. NJW-RR 2009, 1006. Diese Gegenauffassung überzeugt jedenfalls im Lichte der Regelungen aus § 15 a Abs. 2 und § 55 Abs. 6 nicht, auch wenn die Staatskasse Vergütungsschuldner und nicht Kostenschuldner und damit nicht Dritter ist; vgl AnwK-RVG/*Fölsch*/N. *Schneider*, § 58 Rn 15 ff. Die Vorschrift des § 55 Abs. 6 beschränkt sich darauf, von dem Rechtsanwalt eine Erklärung zu den erhaltenen Beträgen zu verlangen, nicht aber zu entstandenen Vergütungsansprüchen; vgl auch AnwK-RVG/*Onderka*/N. *Schneider*, Vorbem. 3 VV Rn 248. **71** Der Wahlanwalt erhielte (ohne Auslagen) 757,50 € netto, der beigeordnete Rechtsanwalt 642,50 €, was zu einer Differenz von 115,00 € führt. **72** Mayer/Kroiß/*Pukall*, Nr. 2503 VV Rn 10. Nach OLG Frankfurt a. M. NJW-RR 2009, 1006 soll eine Begrenzung auf die Geschäftsgebühr Nr. 2503 VV aus der Beratungshilfe nicht in Betracht kommen, sondern es ist auf die Geschäftsgebühr Nr. 2300 VV abzustellen, die aus dem Wert nach § 13 zu berechnen ist. Das könne dazu führen, dass keine Verfahrensgebühr übrigbleibe, obwohl der Rechtsanwalt keine Geschäftsgebühr erhalten habe. Die Auffassung steht in krassem Widerspruch zu wesentlichen Grundgedanken des Vergütungsrechts, denn die Anrechnungsvorschriften sollen verhindern, dass der Rechtsanwalt bei außergerichtlicher Tätigkeit und nachfolgender Tätigkeit ungekürzt beide Gebühren erhält, obwohl eine Arbeitserleichterung vorliegt. Sie dienen aber nicht der Kürzung des Gebührenanspruchs des Anwalts, der zum Wohle des eigenen Mandanten die außergerichtliche Tätigkeit pro bono erledigt. Angesichts solcher Entscheidungen sollte der Gesetzgeber ein erneutes Reparaturgesetz erlassen. **73** OLG Hamm FamRZ 2008, 1764.

I. Der Rechtsanwalt erhält von seinem Mandanten:

1. 1,3-Geschäftsgebühr, Nr. 2300 VV (7.000 €)	526,50 €
2. Auslagenpauschale, Nr. 7002 VV	20,00 €
3. 19 % Mehrwertsteuer, Nr. 7008 VV	103,84 €
Gesamt	**650,34 €**

II. Dazu kommt aus der Staatskasse:

1. 1,3-Verfahrensgebühr, Nr. 3100 VV, § 49 RVG (5.000 €)		
(Verfahrensgebühr Wahlanwalt: 526,50 €) (7.000 €)		334,10 €
2. 1,2-Terminsgebühr, Nr. 3104 VV (5.000 €)		
(Terminsgebühr Wahlanwalt: 486,00 €) (7.000 €)		308,40 €
./. Anrechnung nach Vorbem. 3 Abs. 4 VV (0,65) (5.000 €)		– 196,95 €
3. Differenz Wahlanwalt – Beiordnung[74]	370,00 €	
4. Rest Anrechnung	0,00 €	0,00 €
5. Auslagenpauschale, Nr. 7002 VV		20,00 €
Zwischensumme		662,50 €
6. 19 % Mehrwertsteuer, Nr. 7008 VV		125,88 €
Gesamt		**788,38 €**

cc) Vorgerichtliche Tätigkeit im Rahmen der Beratungshilfe. War der Rechtsanwalt außergerichtlich im Rahmen der Beratungshilfe tätig, verläuft die Anrechnung wieder anders und zwar in Abhängigkeit davon, ob der Anwalt Zahlungen des Gegners erhalten hat oder nicht.   **74**

Wenn der Rechtsanwalt **Zahlungen auf die Geschäftsgebühr vom Gegner erhalten** hat, sind diese nach § 58   **75** Abs. 1 RVG iVm § 9 BerHG auf die Prozesskostenhilfevergütung anzurechnen.[75] Der zu den – ohnehin nicht kostendeckenden[76] – Konditionen der Beratungshilfe tätige Rechtsanwalt wird also gegenüber dem außergerichtlich als Wahlanwalt tägigen Rechtsanwalt benachteiligt, da jenen die Anrechnung erst trifft, wenn die Differenz zwischen Wahlanwaltsvergütung und Vergütung des beigeordneten Anwalts aufgefüllt ist.[77]

Beispiel: Der Rechtsanwalt wird im Rahmen der Prozesskostenhilfe nach vorangegangener Tätigkeit in der Bera-   **76** tungshilfe beigeordnet, der Gegner bezahlte außergerichtlich einen Teil (1.000 €) der ursprünglichen Forderung und einen darauf entfallenden Gebührenanteil von 114,24 € brutto (= 96,00 € netto). Es ergeht nach mündlicher Verhandlung ein stattgebendes Urteil. Der Wert des Verfahrens beträgt 5.000 €.

Der Rechtsanwalt kann nun mit der Staatskasse abrechnen:

1. 1,3-Verfahrensgebühr, Nr. 3100 VV, § 49 RVG	334,10 €
2. 1,2-Terminsgebühr, Nr. 3104 VV	308,40 €
./. Anrechnung nach Vorbem. 3 Abs. 4 VV (1/2)	– 96,00 €[78]
3. Auslagenpauschale, Nr. 7002 VV	20,00 €
Zwischensumme	524,00 €
4. 19 % Mehrwertsteuer, Nr. 7008 VV	99,56 €
Gesamt	**623,56 €**

War der Rechtsanwalt im Rahmen der Beratungshilfe außergerichtlich tätig, hat er aber keine gegnerischen   **77** Zahlungen erhalten, gilt § 58 Abs. 1 nicht. Es gilt im Ausgangspunkt die Anrechnungsregel aus Anm. Abs. 2 S. 1 zu Nr. 2503 VV: „Auf die Gebühren für ein anschließendes gerichtliches oder behördliches Verfahren ist diese Gebühr zur Hälfte anzurechnen." Allerdings regelt die Anmerkung nicht, auf **welchen Teil der Verfahrensgebühr** die Anrechnung zunächst zu erfolgen hat.

---

74 Der Wahlanwalt erhielte 1.012,50 € netto, der beigeordnete Rechtsanwalt 642,50 €, was zu einer Differenz von 370,00 € führt. **75** OLG Celle NJW-RR 2011, 719; AnwK-RVG/*Mock*, Vorbem. 2.5 VV Rn 60. **76** Daran ändert auch die Anhebung der Geschäftsgebühr Nr. 2503 VV um 15,00 € auf 85,00 € durch das 2. KostRMoG nichts. **77** Nach der Gegenauffassung ist trotz des Wortlauts des § 58 Abs. 1 zunächst auf die Differenz zwischen Wahlanwaltsvergütung und der Vergütung des beigeordneten Anwalts anzurechnen; Mayer/Kroiß/*Pukall*, § 58 Rn 2; AnwK-RVG/*Fölsch/N. Schneider*, § 58 Rn 10; AnwK-RVG/*Fölsch*, Nr. 2503 VV Rn 21 f unter Bezugnahme auf die durch OLG Saarbrücken 24.7.2009 – 5 W 148/09 (nv) aufgehobene Entscheidung LG Saarbrücken 8.4.2009 – 5 T 172/09 (Internet-Rspr-Datenbank Saarland Nr. 2216). **78** Die Rspr folgert überwiegend aus § 58 Abs. 1, dass die Anrechnung der Zahlungen des Gegners sogleich auf die Gebühren des beigeordneten Anwalts zu verrechnen sind, vgl OLG Celle NJW-RR 2011, 719. AA LG Saarbrücken 8.4.2009 – 5 T 172/09 (Internet-Rspr-Datenbank Saarland Nr. 2216) sprach dem Rechtsanwalt trotz der Zahlung des Gegners auf die außergerichtliche Vergütung weiterhin den ungekürzten Anspruch auf Auszahlung der Gebühren aus der Beratungshilfe zu, da nach der Systematik insb. des § 59 Abs. 3 iVm § 59 Abs. 1 S. 2 der Übergang des Anspruchs auf Ersatz der außergerichtlichen Vergütung als Schadensersatz auf die Staatskasse nicht zum Nachteil des Anwalts geltend gemacht werden könne. Die Entscheidung wurden indes durch OLG Saarbrücken 24.7.2009 – 5 W 148/09 (nv) aufgehoben.

78 Nach einer Auffassung regelt § 58 Abs. 2 RVG einen Sonderfall der Anrechnung und ist die Grundregel für die Anrechnung auf die Vergütung des beigeordneten Anwalts. § 58 Abs. 2 RVG sei nicht einschlägig. Die Anrechnung erfolge daher auf die Gebühren des beigeordneten Rechtsanwalts.[79]

79 Die Gegenauffassung[80] überzeugt eher: § 58 Abs. 1 RVG trifft eine einfache und klare, wenngleich nicht gerechte Sonderregel für den Fall der Zahlung des Gegners auf die außergerichtliche Vergütung im Rahmen des Beratungshilfemandats: In diesem in § 9 BerHG geregelten Fall ist auf die Vergütung des beigeordneten Anwalts anzurechnen. Daraus lässt sich um Umkehrschluss folgern, dass § 58 Abs. 2 die Grundregel beinhaltet und **idR auf die Differenz zwischen Wahlanwaltsvergütung und der Vergütung des beigeordneten Anwalts** anzurechnen ist. Es ist auch nicht ersichtlich, warum die Geschäftsgebühr aus der Beratungshilfe nicht als Zahlung angesehen werden soll.

80 **Beispiel:** Der Rechtsanwalt wird im Rahmen der Prozesskostenhilfe in einem arbeitsgerichtlichen Verfahren nach außergerichtlicher Tätigkeit im Rahmen der Beratungshilfe beigeordnet. Der Wert des Verfahrens beträgt 5.000 €.

Der Rechtsanwalt kann nun mit der Staatskasse abrechnen:

1. Geschäftsgebühr, Nr. 2503 VV	85,00 €
2. Auslagenpauschale, Nr. 7002 VV	17,00 €
3. 19 % Mehrwertsteuer, Nr. 7008 VV	19,38 €
Gesamt	**121,38 €**
1. 1,3-Verfahrensgebühr, Nr. 3100 VV, § 49 RVG (Verfahrensgebühr Wahlanwalt: 393,90 €)	334,10 €
2. 1,2-Terminsgebühr, Nr. 3104 VV (Terminsgebühr Wahlanwalt: 363,60 €)	308,40 €
./. Anrechnung nach Anm. zu Nr. 2503 VV (1/2)	– 42,50 €
3. Differenz Wahlanwalt – Beiordnung[81]	115,00 €
4. Anrechenbarer Betrag 0,00 €	0,00 €
5. Auslagenpauschale, Nr. 7002 VV	20,00 €
Zwischensumme	662,50 €
6. 19 % Mehrwertsteuer, Nr. 7008 VV	125,88 €
Gesamt	**788,38 €**

81 Davon zu trennen ist, dass der Gegner sich nicht auf die Anrechnung der Zahlung der Geschäftsgebühr aus der Beratungshilfe durch die Staatskasse berufen kann, da er diesen Anspruch nicht erfüllt hat (§ 15 a Abs. 2). Hat also der Gegner keine Zahlungen geleistet und ist der Anspruch auf die Geschäftsgebühr nicht tituliert, erfolgt ihm gegenüber keine Anrechnung.[82]

VI. Anrechnung bei selbständigem Beweisverfahren (Abs. 5)

82 Vorbem. 3 Abs. 5 VV bestimmt, dass Verfahrensgebühren für Rechtsstreit und selbständiges Beweisverfahren aufeinander angerechnet werden. Es entsteht iE also nur eine Gebühr. Die Regelung wurde erforderlich, da – mangels einer gegenteiligen Regelung in § 19 – das selbständige Beweisverfahren eine eigene Angelegenheit ist.[83]

83 Die Formulierung „ist oder wird" stellt klar, dass es auf die Reihenfolge nicht ankommt, die Verfahrensgebühr des selbständigen Beweisverfahrens also unabhängig davon auf die des Rechtsstreits angerechnet wird, ob erst ein Beweisverfahren durchgeführt wurde und eine Klage diesem folgt oder ob parallel zu einem Klagverfahren ein selbständiges Beweisverfahren eingeleitet wird.[84] Dies eröffnet dem Rechtsanwalt Möglichkeiten, durch Verschiebung der Gebühren zwischen den Verfahren bei abweichenden Kostenentscheidungen zwischen Hauptsache und selbständigem Beweisverfahren möglichst günstige Erstattungsergebnisse zu erreichen.

84 Ansonsten gelten die zu Vorbem. 3 Abs. 4 VV dargelegten Regeln, wobei es insb. auf die Identität der Gegenstände der beiden Verfahren ankommt. Siehe daher → Rn 45.

85 Eine im selbständigen Beweisverfahren verdiente **Terminsgebühr** wird **nicht angerechnet**, sie verbleibt dem Rechtsanwalt also neben einer Terminsgebühr aus einem Verfahren zum gleichen Gegenstand.[85] Eine Anrechnung von Terminsgebühren sieht Anm. Abs. 4 zu Nr. 3104 VV nur für die dort benannten Verfahrensarten vor.

---

79 Bischof u.a./*Jungbauer*, Nr. 2503 VV Rn 13 m. Verweis auf LG Berlin JurBüro 1983, 1060. **80** Mayer/Kroiß/*Pukall*, Nr. 2503 VV Rn 12. **81** Der Wahlanwalt erhielte 757,50 € netto, der beigeordnete Rechtsanwalt 642,50 €, was zu einer Differenz von 115,00 € führt. **82** AnwK-RVG/*Mock*, Vorbem. 2.5 VV Rn 62. **83** BT-Drucks 15/1971, S. 193 u. 209. **84** AnwK-RVG/*Onderka/N. Schneider*, Vorbem. 3 VV Rn 262. **85** AnwK-RVG/*Onderka/N. Schneider*, Vorbem. 3 VV Rn 260.

VII. Anrechnung der Verfahrensgebühr bei Zurückverweisung (Abs. 6)

Vorbem. 3 Abs. 6 VV bestimmt, dass eine nach Zurückverweisung an das niedrigere Gericht entstehende **86** Verfahrensgebühr auf die vor diesem Gericht bereits entstandene Gebühr anzurechnen ist. Es gilt das zu Vorbem. 3 Abs. 4 VV Gesagte (→ Rn 42 ff).

VIII. Vorrang von Spezialvorschriften des Teils 6 VV (Abs. 7)

Vorbem. 3 Abs. 7 VV enthält einen direkten Ausschluss der Anwendung aller Vorschriften von Teil 3 VV, **87** soweit Teil 6 VV besondere Regelungen enthält. Abs. 7 hat nur klarstellenden Charakter, denn der Vorrang speziellerer Normen vor allgemeineren Normen ist keine Besonderheit des RVG.

Teil 6 VV enthält Regelungen insb. für berufsgerichtliche Verfahren wegen der Verletzung einer Berufs- **88** pflicht (Nr. 6200 ff VV), Disziplinarverfahren (Nr. 6200 ff VV) und für einige weitere besondere Rechtsge- biete, wie internationale Rechtshilfeverfahren (Nr. 6100 ff VV) oder Verfahren nach dem IStGH-Gesetz (Nr. 6100 ff VV). Allerdings ist die Ausnahme in Vorbem. 6.2 Abs. 3 VV zu beachten, wonach für dort be- nannte Verfahren Gebühren nach Teil 3 VV entstehen.

Abschnitt 1
Erster Rechtszug

Nr.	Gebührentatbestand	Gebühr oder Satz der Gebühr nach § 13 RVG
Vorbemerkung 3.1:		
(1) Die Gebühren dieses Abschnitts entstehen in allen Verfahren, für die in den folgenden Abschnitten dieses Teils keine Gebühren bestimmt sind.		
(2) Dieser Abschnitt ist auch für das Rechtsbeschwerdeverfahren nach § 1065 ZPO anzuwenden.		

I. Regelungsgehalt

Teil 3 Abschnitt 1 VV (Nr. 3100–3106 VV) enthält die Gebührenvorschriften für **erstinstanzliche Verfahren** **1** in

- Zivilsachen,
- Verfahren der öffentlich-rechtlichen Gerichtsbarkeiten,
- Verfahren nach dem StVollzG, auch iVm § 92 JGG, und
- ähnlichen Verfahren.
- In der Überschrift von Teil 3 VV nicht gesondert benannt sind dabei die Sozialgerichtsverfahren und die Verfahren vor den Finanzgerichten.

Der Abschnitt regelt **Verfahrensgebühren** (Nr. 3100–3103 VV) und **Terminsgebühren** (Nr. 3104–3106 VV) **2** zu den verschiedenen Verfahren und in verschiedenen Abstufungen. Neben den Gebühren aus Teil 3 Ab- schnitt 1 VV können aus dem Allgemeinen Teil (= Teil 1 VV) Einigungsgebühren anfallen, außerdem auch parallel Gebühren für bestimmte Einzeltätigkeiten nach anderen Abschnitten von Teil 3 VV.

Gegenüber der Gebührensystematik der durch das RVG im Juli 2004 abgelösten BRAGO wurde ein voll- **3** ständig neues Vergütungssystem geschaffen und insb. die Beweisgebühr abgeschafft. Im System der BRAGO gab es je gleichwertige Verfahrens-, Termins- und Beweisgebühren[1] und damit zusammen bis zu 3,0-Gebühren. Das RVG kennt nur noch Verfahrens- und Terminsgebühren und diese belaufen sich im erst- instanzlichen Zivilverfahren zusammen auf **2,5**. Gewonnen haben mit der neuen Systematik Verfahrensty-

---

[1] Eine kleine Rückkehr zur Beweisgebühr wurde durch das 2. KostRMoG mit der Einführung einer Zusatzgebühr für besonders umfangreiche Beweisaufnahmen, Nr. 1010 VV, versucht. Die Gebühr entsteht allerdings erst, wenn mindestens drei gerichtliche Termine mit Beweisaufnahme durch Zeugenvernehmung oder Sachverständigenanhörung stattfinden. Die Hürde ist damit enorm hoch, die Zusatzgebühr demgegenüber mit 0,3 sehr niedrig. Begrüßenswert wäre eine Regelung, wie sie von der Bundesrechtsan- waltskammer und dem Deutschen Anwaltverein im Gesetzgebungsverfahren vorgeschlagen wurde: eine Gebühr Nr. 1010 VV, die exakt der Gebühr Nr. 1008 VV nachgebildet wurde und für jeden weiteren Beweistermin eine Erhöhung um 0,3, insgesamt aber höchstens eine Erhöhung um 2,0 vorsah, zur Vermeidung von Missbrauch allerdings nur Termine zählte, die durch das Gericht anberaumt wurden. Mit einer Absenkung der derzeit wesentlich zu hohen Anforderungen für den Anfall der Gebühr ist in nächster Zeit zu rechnen, mit dem Umstieg auf das von BRAK und DAV befürwortete Modell indes nicht.

pen, in denen der Anfall einer Beweisgebühr selten war, verloren haben bspw die beweislastigen Bausachen.[2]

II. Anwendungsbereich der Nr. 3100 ff VV (Abs. 1)

4 Vorbem. 3.1 Abs. 1 VV stellt klar, dass speziellere Gebührenregelungen in den folgenden Abschnitten von Teil 3 VV den allgemeinen Gebührenvorschriften des Abschnitts 1 VV vorgehen. Solche spezielleren Gebührenregelungen enthält Teil 3 Abschnitt 3 VV (Nr. 3300–3338 VV) für besondere Verfahren. Zu diesen besonderen Verfahren zählen:

- die in Teil 3 Abschnitt 3 Unterabschnitt 1 VV (Nr. 3300, 3301 VV) geregelten Gebühren für **besondere erstinstanzliche Verfahren** vor Bundesgerichten und Obergerichten;
- die in Teil 3 Abschnitt 3 Unterabschnitt 2 VV (Nr. 3305–3308 VV) geregelten Gebühren des **Mahnverfahrens;**
- die in Teil 3 Abschnitt 3 Unterabschnitt 3 VV (Nr. 3309, 3310 VV) geregelten Gebühren für die **Vollstreckung und Vollziehung;**
- die in Teil 3 Abschnitt 3 Unterabschnitt 4 VV (Nr. 3311, 3312 VV) geregelten Gebühren für das **Zwangsversteigerungs- und Zwangsverwaltungsverfahren;**
- die in Teil 3 Abschnitt 3 Unterabschnitt 5 VV (Nr. 3313–3323 VV) geregelten Gebühren für das **Insolvenzverfahren** und das **Verteilungsverfahren nach der Schifffahrtsrechtlichen Verteilungsordnung** (SVertO);
- die in Teil 3 Abschnitt 3 Unterabschnitt 6 VV (Nr. 3324–3338 VV) geregelten Gebühren für **sonstige besondere Verfahren.**

5 Speziellere Gebührenregelungen enthält auch Teil 3 Abschnitt 4 VV (Nr. 3400–3406 VV) für Einzeltätigkeiten, insb. für das Auftreten in **Untervollmacht** oder als **Korrespondenzanwalt.**

6 Auch für **Beschwerden, Nichtzulassungsbeschwerden** und das **Erinnerungsverfahren** stellt das RVG mit Teil 3 Abschnitt 5 VV (Nr. 3500–3518 VV) besondere Vergütungsregeln bereit, die den allgemeinen Regeln für erstinstanzliche Tätigkeit vorgehen und deren Auffangcharakter betonen.[3]

III. Rechtsbeschwerdeverfahren nach § 1065 ZPO (Abs. 2)

7 Vorbem. 3.1 Abs. 2 VV ordnet die Geltung der erstinstanzlichen Gebührenregeln von Teil 3 Abschnitt 1 VV auch für das Verfahren der **Rechtsbeschwerde nach** § 1065 ZPO an. Das Rechtsbeschwerdeverfahren zum Oberlandesgericht ist nach § 1065 ZPO iVm § 1062 Abs. 1 Nr. 2 und 4 ZPO statthaft bei Anträgen betreffend

- die Feststellung der Zulässigkeit oder Unzulässigkeit eines schiedsrichterlichen Verfahrens (§ 1032 ZPO) oder die Entscheidung eines Schiedsgerichts, in der dieses seine Zuständigkeit in einem Zwischenentscheid bejaht hat (§ 1040 ZPO);
- die Aufhebung (§ 1059 ZPO) oder die Vollstreckbarerklärung des Schiedsspruchs (§§ 1060 ff ZPO) oder die Aufhebung der Vollstreckbarerklärung (§ 1061 ZPO).

8 Der Rechtsanwalt erhält also bei Tätigkeiten in den Rechtsbeschwerdesachen in Schiedsverfahren andere Gebühren als für allgemeine Rechtsbeschwerdeverfahren.[4] Die Gebühren in diesen besonderen Rechtsbeschwerdeverfahren (Gebühr Nr. 3100 VV und ggf Gebühr Nr. 3104 VV) sind deutlich höher.

---

2 Vgl Mayer/Kroiß/*Mayer*, Vorbem. 3.1 VV Rn 4. **3** So auch Mayer/Kroiß/*Mayer*, Vorbem. 3.1 VV Rn 6. **4** Diese Rechtsbeschwerdesachen sind ansonsten nach Nr. 3502 VV zu vergüten.

Nr.	Gebührentatbestand	Gebühr oder Satz der Gebühr nach § 13 RVG
3100	Verfahrensgebühr, soweit in Nummer 3102 nichts anderes bestimmt ist ….	1,3
	(1) Die Verfahrensgebühr für ein vereinfachtes Verfahren über den Unterhalt Minderjähriger wird auf die Verfahrensgebühr angerechnet, die in dem nachfolgenden Rechtsstreit entsteht (§ 255 FamFG).	
	(2) Die Verfahrensgebühr für einen Urkunden- oder Wechselprozess wird auf die Verfahrensgebühr für das ordentliche Verfahren angerechnet, wenn dieses nach Abstandnahme vom Urkunden- oder Wechselprozess oder nach einem Vorbehaltsurteil anhängig bleibt (§§ 596, 600 ZPO).	
	(3) Die Verfahrensgebühr für ein Vermittlungsverfahren nach § 165 FamFG wird auf die Verfahrensgebühr für ein sich anschließendes Verfahren angerechnet.	

I. Die Verfahrensgebühr

1. Regelungsgehalt. Die Gebühr Nr. 3100 VV ist der **Grundtatbestand** der **gerichtlichen Verfahrensgebühr**.[1] **1** Es handelt sich um eine **Satzgebühr**, deren Höhe sich allein nach dem **Gegenstand** der anwaltlichen Tätigkeit richtet. Der Gebührensatz beträgt **1,3**. Die Gebühr regelt die Vergütung des Rechtsanwalts für die Vertretung des Mandanten in allen Verfahren erster Instanz, in denen Teil 3 VV anwendbar ist (→ Vorbem. 3 VV Rn 1 ff), soweit nicht Nr. 3102 VV anwendbar ist. Nr. 3102 VV regelt die Vergütung des Rechtsanwalts in erster Instanz vor den Sozialgerichten, in denen Betragsrahmengebühren nach § 3 entstehen.

2. Entstehung der Gebühr. a) Allgemeines. Die Gebühr Nr. 3100 VV ist eine **Pauschgebühr**, entsteht also **2** einmalig zur Abgeltung der gesamten Tätigkeit im Verfahren mit Ausnahme der daneben anfallenden Terminsgebühr. Sie deckt das gesamte **Betreiben des Geschäfts** ab.[2]

Der Anwendungsbereich der Gebühr Nr. 3100 VV ist in Vorbem. 3 Abs. 1 und 2 VV geregelt, Nr. 3100 VV **3** selbst regelt nicht viel mehr als die Höhe der Gebühr (→ Vorbem. 3 VV Rn 10).[3] Aufgrund dieser in Vorbem. 3 Abs. 2 VV enthaltenen grundlegenden Definition der Verfahrensgebühr insgesamt hat sich der Begriff der **Betriebsgebühr** herausgebildet. Auch die in Teil 2 Abschnitt 3 VV geregelten außergerichtlichen Geschäftsgebühren (Nr. 2300–2303 VV) sind entsprechend definiert und werden daher ebenfalls als **Betriebsgebühren** bezeichnet (auch → Vorbem. 2.3 VV Rn 8 und Vorbem. 3 VV Rn 10).

Voraussetzung für den Anfall der Verfahrensgebühr ist der **Auftrag zum gerichtlichen Tätigwerden** und die **4** Entgegennahme der dazugehörigen **Information** (→ Vorbem. 3 Abs. 2 VV Rn 11–18).

Zur Verfahrensgebühr Nr. 3100 VV existiert als Ausnahme zu § 15 Abs. 4 eine gekappte Gebühr Nr. 3101 **5** VV. Zur Abgrenzung zwischen den Gebühren Nr. 3100 VV und Nr. 3101 VV s. die Erl. in → Nr. 3101 VV Rn 7 ff.

Neben der Verfahrensgebühr können eine Terminsgebühr und eine Einigungsgebühr entstehen. Die Verfahrensgebühr löste mit Inkrafttreten des RVG auch die Beweisgebühr der BRAGO ab; zur „kleinen Beweisgebühr" Nr. 1010 VV → Rn 14 und die Erl. zu Nr. 1010 VV. **6**

b) Grundfälle. Die Gebühr Nr. 3100 VV entsteht nach entsprechender Auftragserteilung durch Entgegennahme der Information zB für: Einreichen der Klage, Klagerwiderung, Begründung der Ansprüche nach Abgabe des Verfahrens aus dem Mahnverfahren nach Widerspruch oder Einspruch des Gegners, Einreichen des Scheidungsantrags, Einreichen eines Antrags auf Erlass einer einstweiligen Verfügung oder Anordnung, Einreichen eines Antrags im vereinfachten Verfahren über den Unterhalt von Minderjährigen (§ 249 FamFG) oder Erwiderungen auf entsprechende Anträge. **7**

c) Sonderfälle. Wenn dem Rechtsanwalt der Auftrag erteilt ist, den Auftraggeber gegen einen erwarteten Antrag auf Erlass einer einstweiligen Verfügung zu verteidigen, entsteht die Verfahrensgebühr Nr. 3100 VV auch durch das Einreichen einer Schutzschrift bei Gericht. Hat der Rechtsanwalt nur einen auf eine isolierte **8**

---

1 Die Gebühr heißt „Verfahrensgebühr" und nicht länger „Prozessgebühr" (BRAGO), da sie auch in Verfahren der freiwilligen Gerichtsbarkeit (ehemals FGG, jetzt FamFG) ausgelöst wird, BT-Drucks 15/1971, S. 209. **2** Eine Ausnahme von dieser einmaligen und vollständigen Abgeltung der anwaltlichen Tätigkeit sieht § 15 Abs. 5 S. 2 für den Fall vor, dass die Tätigkeit seit mehr als zwei Kalenderjahren erledigt war. **3** Die Regelungstechnik wird vielfach als kompliziert kritisiert, da genaue Kenntnisse des Aufbaus des RVG ebenso unabdingbar sind wie die Verknüpfung der vielfach verstreut zu findenden Normen; vgl Hartung/Schons/Enders/*Schons*, Nr. 3100 VV Rn 2 und AnwK-RVG/*Onderka/N. Schneider*, Nr. 3100 VV Rn 1.

Einzeltätigkeit gerichteten Auftrag erhalten, beschränkt sich seine Vergütung auf die Verfahrensgebühr Nr. 3403 VV iHv 0,8 (→ Nr. 3403 VV Rn 4).[4]

9   **3. Mehrheit von Auftraggebern.** Zu beachten ist die Erhöhung der Gebühr bei **Vertretung mehrerer Auftraggeber in der gleichen Angelegenheit** (Nr. 1008 VV).

10   **Beispiel:** Der Rechtsanwalt erhält von zwei Personen Klagauftrag, die ihnen als Gesamtgläubiger zustehenden Ansprüche einzuklagen; der Wert der Forderungen beläuft sich auf 7.000 €.

Der Rechtsanwalt rechnet nach Abschluss des Prozesses wie folgt ab:

1. 1,3-Verfahrensgebühr, Nr. 3100 VV	526,50 €	
2. Erhöhung nach Nr. 1008 VV (0,3)[5]	121,50 €	648,00 €
3. 1,2-Terminsgebühr, Nr. 3104 VV		486,00 €
4. Auslagenpauschale, Nr. 7002 VV		20,00 €
Zwischensumme		1.154,00 €
5. 19 % Mehrwertsteuer, Nr. 7008 VV		219,26 €
Gesamt		**1.373,26 €**

11   Die Erhöhung selbst kann nie mehr als 2,0 betragen, weshalb ab 8 Auftraggebern die Gebühr nicht mehr weiter steigt (→ Nr. 1008 VV Rn 19). Es ergibt sich für die Verfahrensgebühr Nr. 3100 VV eine **Obergrenze von insgesamt 3,3.**

12   **4. Abgrenzung zu Nr. 3101 VV.** Ob die volle Verfahrensgebühr Nr. 3100 VV oder nur die auf 0,8 gekappte Gebühr Nr. 3101 VV anfällt, ist anhand der Tatbestandsmerkmale aus Nr. 3101 VV zu bestimmen. Zur Abgrenzung s. umfassend → Nr. 3101 VV Rn 7 ff mit Beispielen.

II. Anrechnungsregelungen

13   **1. Anrechnung außergerichtlicher Geschäftsgebühren nach Vorbem. 3 Abs. 4 VV.** Nach Vorbem. 3 Abs. 4 S. 1, 2 VV sind wegen desselben Gegenstands entstehende Geschäftsgebühren nach den Nr. 2300–2303 VV auf die Verfahrensgebühr anzurechnen. Die Anrechnung erfolgt dabei in Höhe der Hälfte der Geschäftsgebühr, höchstens aber in Höhe von 0,75. Bei Betragsrahmengebühren beträgt der Anrechnungsbetrag höchstens 175 €.

14   Die Anrechnung erfolgt nur aus dem Gegenstand, der auch Gegenstand des gerichtlichen Verfahrens ist. Nach dem System der Anrechnung wird jeweils die spätere Gebühr durch die früher entstandene gekürzt. Der zur Korrektur der Rspr des BGH eingeführte und zum 5.8.2009 in Kraft getretene § 15 a[6] regelt die Anrechnung in seinem Abs. 1 deutlich einfacher: Der Rechtsanwalt darf beide Gebühren beanspruchen, jedoch nicht mehr als den um den Anrechnungsbetrag verminderten Gesamtbetrag der beiden Gebühren.

15   **Beispiel:** In einer Angelegenheit enormen Umfangs und ebensolcher Schwierigkeit mit Wert 7.000 € vertritt der Rechtsanwalt den Auftraggeber außergerichtlich und nachfolgend gerichtlich und erstreitet ein Urteil:

1. 2,5-Geschäftsgebühr, Nr. 2300 VV	1.012,50 €
2. Auslagenpauschale, Nr. 7002 VV	20,00 €
3. 1,3-Verfahrensgebühr, Nr. 3100 VV	526,50 €
4. 1,2-Terminsgebühr, Nr. 3104 VV	486,00 €
5. Auslagenpauschale, Nr. 7002 VV	20,00 €
./. Anrechnung nach Vorbem. 3 Abs. 4 VV (0,75)	− 303,75 €
Zwischensumme	1.761,25 €
6. 19 % Mehrwertsteuer, Nr. 7008 VV	334,64 €
Gesamt	**2.095,89 €**

16   In der Regel entsteht dabei die Geschäftsgebühr (zB Nr. 2300 VV)[7] vor der Verfahrensgebühr Nr. 3100 VV. Es kommt aber auch vor, dass der Rechtsanwalt zunächst gerichtlich tätig wird und nach Erledigung des gerichtlichen Verfahrens noch beauftragt wird, außergerichtlich tätig zu werden (dazu auch → Nr. 2300 VV Rn 22).

17   **2. Anrechnung im Mahnverfahren, Anm. zu Nr. 3305 VV.** Der Vertreter des Antragstellers erhält im Mahnverfahren die Gebühr Nr. 3305 VV iHv 1,0. Erhebt der Antragsgegner Widerspruch oder nach Ergehen des Vollstreckungsbescheids Einspruch, wird das Verfahren vor dem Streitgericht fortgesetzt. Die Gebühr Nr. 3305 VV wird dabei nach Anm. zu Nr. 3305 VV auf die Gebühr Nr. 3100 VV angerechnet.

---

4 OLG Nürnberg NJW-RR 2005, 941. **5** Die Erhöhung wird nicht als Prozentsatz der Grundgebühr errechnet, sondern ist ein fester Satz je Auftraggeber (→ Nr. 1008 VV Rn 12). **6** BGBl. 2009 I 2449. **7** Die Anrechnungsregel erfasst alle Formen der außergerichtlichen Geschäftsgebühr.

Beispiel: In einer Angelegenheit durchschnittlichen Umfangs und durchschnittlicher Schwierigkeit mit Wert   **18**
2.000 € vertritt der Rechtsanwalt den Auftraggeber außergerichtlich, beantragt sodann den Erlass eines Mahnbescheids und setzt das Verfahren bis zum streitigen Urteil fort.

Er rechnet wie folgt ab:

1.	1,3-Geschäftsgebühr, Nr. 2300 VV	195,00 €
2.	Auslagenpauschale, Nr. 7002 VV	20,00 €
3.	1,0-Verfahrensgebühr, Nr. 3305 VV	150,00 €
4.	Auslagenpauschale, Nr. 7002 VV	20,00 €
	./. Anrechnung nach Vorbem. 3 Abs. 4 VV (0,75)	− 97,50 €
5.	1,3-Verfahrensgebühr, Nr. 3100 VV	195,00 €
6.	1,2-Terminsgebühr, Nr. 3104 VV	180,00 €
7.	Auslagenpauschale, Nr. 7002 VV	20,00 €
	./. Anrechnung nach Anm. zu Nr. 3305 VV (1,0)	− 150,00 €
	Zwischensumme	532,50 €
8.	19 % Mehrwertsteuer, Nr. 7008 VV	101,18 €
	Gesamt	**633,68 €**

Die Anrechnung erfolgt in voller Höhe, höchstens aber in Höhe der Verfahrensgebühr Nr. 3100 VV, da sich   **19**
eine einmal verdiente Gebühr nicht mehr reduziert (s. die Erl. zu Nr. 3305 VV; § 15 Abs. 4).

Beispiel: Der Rechtsanwalt vertritt vier Gläubiger einer Forderung im Mahnverfahren mit Wert 2.000 €. Nach   **20**
Erlass von Mahnbescheid und nachfolgend beantragtem Vollstreckungsbescheid und Einlegung des Einspruchs durch den Gegner erhält er den Auftrag zur Fortsetzung des Verfahrens nur noch von einem Gläubiger und rechnet in einer Abschlagsrechnung nach Einreichung der Anspruchsbegründung ab:

1.	1,0-Verfahrensgebühr, Nr. 3305 VV	150,00 €	
2.	Erhöhung nach Nr. 1008 VV (3 x 0,3)	135,00 €	285,00 €
3.	0,5-Verfahrensgebühr, Nr. 3308 VV[8]		75,00 €
4.	Auslagenpauschale, Nr. 7002 VV		20,00 €
5.	1,3-Verfahrensgebühr, Nr. 3100 VV		195,00 €
6.	Auslagenpauschale, Nr. 7002 VV		20,00 €
	./. Anrechnung nach Anm. zu Nr. 3305 VV (1,3)[9]		− 195,00 €
	Zwischensumme		400,00 €
7.	19 % Mehrwertsteuer, Nr. 7008 VV		76,00 €
	Gesamt		**476,00 €**

Der Vertreter des Antragstellers erhält im Mahnverfahren die Gebühr Nr. 3307 VV in einheitlicher Höhe   **21**
von 0,5, unabhängig davon, ob er Widerspruch oder Einspruch einlegt.[10] Wird das Verfahren nach Einlegung des Widerspruchs oder Einspruchs streitig fortgesetzt, wird die Gebühr Nr. 3307 VV auf die Gebühr
Nr. 3100 VV angerechnet. Es gelten die Erl. zur Anrechnung der Gebühr Nr. 3305 VV (→ Rn 19).

3. Anrechnung nach Nr. 3100 VV. a) Anrechnung bei vereinfachtem Verfahren über den Unterhalt Minderjähriger (Anm. Abs. 1). Nach Anm. Abs. 1 zu Nr. 3100 VV wird die Verfahrensgebühr für ein vereinfachtes   **22**
Verfahren über den Unterhalt Minderjähriger auf die Verfahrensgebühr angerechnet, die in dem nachfolgenden Rechtsstreit entsteht (§ 255 FamFG). Im vereinfachten Verfahren über den Unterhalt Minderjähriger entsteht ebenfalls die Verfahrensgebühr Nr. 3100 VV, weshalb iE im nachfolgenden Verfahren bei
gleichbleibendem Wert keine Verfahrensgebühr für den nachfolgenden Rechtsstreit mehr übrig bleibt. Im
vereinfachten Verfahren verdiente Terminsgebühren werden abweichend von der übrigen Systematik seit
Einführung der Anm. Abs. 4 zu Nr. 3104 VV ebenfalls angerechnet (→ Nr. 3104 VV Rn 29 ff).[11]

---

8 Die Gebühr Nr. 3308 VV wird bei Vertretung einer Mehrzahl von Auftraggebern nicht erhöht, wenn bereits die Gebühr
Nr. 3305 VV erhöht wurde (Anm. S. 2 zu Nr. 3308 VV).   **9** Die Erhöhung der Gebühr kann nicht angerechnet werden und in
Nr. 3308 VV ist ebenfalls keine Anrechnung der Gebühr für den Antrag auf Erlass des Vollstreckungsbescheids vorgesehen. Es
ist umstritten, ob die Anrechnung nur in Höhe der übergegangenen Gebühr Nr. 3305 VV erfolgt oder nur durch die Höhe der
Gebühr Nr. 3100 VV begrenzt ist.   **10** Der Aufwand ist auch exakt gleich und oft hängt es vom Zufall ab, ob der Widerspruch
verspätet und damit als Einspruch zu behandeln ist, § 694 Abs. 2 S. 1 ZPO.   **11** Mayer/Kroiß/*Mayer*, Nr. 3100 VV Rn 8 übersieht
die Anrechnungsregelung in Nr. 3104 VV und gelangt zu dem unzutreffenden Ergebnis, die Terminsgebühr bleibe erhalten, während er in aaO, Nr. 3104 VV Rn 56 zum richtigen Ergebnis gelangt. Auch Hartung/Schons/Enders/*Schons*, Nr. 3100 VV Rn 8
übersieht die bereits zum 1.7.2007 mit dem 2. JuMoG (BGBl. 2006 I 3416) in Kraft getretene Anrechnungsregelung, bespricht
sie aber an anderer Stelle (Hartung/Schons/Enders/*Schons*, Nr. 3104 VV Rn 50 ff) umfassend und informativ. *Bischof*, in: Bischof
u.a., RVG, führt in der 5. Aufl. 2013 zwar die als Abs. 4 der Anm. zu Nr. 3104 VV eingefügte Anrechnungsvorschrift im Gesetzestext, die immerhin 28 Seiten mit 114 Randnummern lange Kommentierung geht aber nicht mit einem Wort auf die doch ungewöhnliche und bedeutsame Änderung ein.

23 **Beispiel:** Der Rechtsanwalt stellt den Antrag im vereinfachten Verfahren nach §§ 249, 250 FamFG (Wertstufe bis 4.000 €). Der Antragsgegner erhebt zulässige Einwendungen iSd § 252 FamFG. Der Rechtsanwalt vertritt den Minderjährigen auch im streitigen Verfahren.

1. 1,3-Verfahrensgebühr (vereinfachtes Unterhaltsverfahren), Nr. 3100 VV	327,60 €
2. Auslagenpauschale, Nr. 7002 VV	20,00 €
3. 1,3-Verfahrensgebühr (streitiges Verfahren), Nr. 3100 VV	327,60 €
4. 1,2-Terminsgebühr, Nr. 3104 VV	302,40 €
5. Auslagenpauschale, Nr. 7002 VV[12]	20,00 €
./. Anrechnung nach Anm. Abs. 1 zu Nr. 3100 VV (1,3)	– 327,60 €
Zwischensumme	670,00 €
6. 19 % Mehrwertsteuer, Nr. 7008 VV	127,30 €
Gesamt	**797,30 €**

24 **b) Anrechnung bei Urkunden- oder Wechselprozess (Anm. Abs. 2).** Nach Anm. Abs. 2 zu Nr. 3100 VV wird die Verfahrensgebühr für einen **Urkunden- oder Wechselprozess** auf die Verfahrensgebühr für das ordentliche Verfahren angerechnet, wenn dieses nach einem Vorbehaltsurteil (§ 600 ZPO) oder dem Abstehen (§ 596 ZPO) vom Urkunden- oder Wechselprozess anhängig bleibt. Durch die Anrechnung mindert sich die Verfahrensgebühr des ordentlichen Verfahrens, während die Verfahrensgebühr des Urkunden- oder Wechselverfahrens in voller Höhe bleibt.[13] Wenn beide Verfahren den gleichen Gegenstand betreffen, bleibt daher keine Verfahrensgebühr aus dem Urkunden- oder Wechselprozess neben der Gebühr des Nachverfahrens übrig. Es entsteht im Nachverfahren eine eigene Auslagenpauschale.[14]

25 Der **Scheckprozess** ist als Sonderfall des Urkundenverfahrens gleich zu behandeln.[15]

26 **Beispiel:** Der Rechtsanwalt wird beauftragt, eine gemeinsame Forderung von 5.000 € und eine weitere Forderung von 2.000 € eines der beiden Auftraggeber im Urkundenprozess geltend zu machen. Nach Termin im Urkundenprozess und Ergehen eines Vorbehaltsurteils wird das Verfahren wegen der gemeinsamen Forderung von 5.000 € fortgesetzt und es kommt zum neuerlichen Termin.

1. 1,3-Verfahrensgebühr (Urkundenverfahren), Nr. 3100 VV	526,50 €	
2. Erhöhung nach Nr. 1008 VV (0,3) (aus 5.000 €)	90,90 €	617,40 €
3. 1,2-Terminsgebühr, Nr. 3104 VV		486,00 €
4. Auslagenpauschale, Nr. 7002 VV		20,00 €
5. 1,3-Verfahrensgebühr (streitiges Verfahren), Nr. 3100 VV	393,90 €	
6. Erhöhung nach Nr. 1008 VV (0,3)	90,90 €	484,80 €
7. 1,2-Terminsgebühr, Nr. 3104 VV		363,60 €
8. Auslagenpauschale, Nr. 7002 VV[16]		20,00 €
./. Anrechnung nach Anm. Abs. 2 zu Nr. 3100 VV (1,6)		– 484,80 €
Zwischensumme		1.507,00 €
9. 19 % Mehrwertsteuer, Nr. 7008 VV		286,33 €
Gesamt		**1.793,33 €**

27 **c) Anrechnung bei Vermittlungsverfahren nach § 165 FamFG (Anm. Abs. 3).** Nach Anm. Abs. 3 zu Nr. 3100 VV wird die Verfahrensgebühr für ein Vermittlungsverfahren des Familiengerichts nach § 165 FamFG im Umgangsrecht auf die Verfahrensgebühr für das anschließende Verfahren angerechnet. Schließt sich nach Scheitern der Vermittlungsbemühungen des Familiengerichts ein normales Verfahren über den Umgang mit dem Kind an, ist die Verfahrensgebühr aus dem Vermittlungsverfahren auf die des gerichtlichen Umgangsverfahrens anzurechnen, wenn dieses zeitnah eingeleitet wird und den gleichen sachlichen Komplex betrifft. In beiden Verfahren entsteht identisch die Verfahrensgebühr Nr. 3100 VV, weshalb iE wiederum für das nachfolgende Verfahren keine Verfahrensgebühr mehr verbleibt.[17] Daneben entstandene Terminsgebühren bleiben unberührt und können in beiden Verfahren entstehen.[18]

28 **4. Berufung Dritter auf die Anrechnung.** Die Anrechnung der Gebühren betrifft zunächst nur das Verhältnis zwischen Auftraggeber und Rechtsanwalt. Allerdings können nach § 90 ZPO nur notwendige Kosten

---

12 Da nach § 17 Nr. 3 RVG der nachfolgende Rechtsstreit eine verschiedene Angelegenheit ist, fällt erneut eine Auslagenpauschale an. **13** Vgl Mayer/Kroiß/*Mayer*, Nr. 3100 VV Rn 10. **14** § 17 Nr. 5 ordnet an, dass der Urkunden- oder Wechselprozess und das nachfolgend sich nach § 596 ZPO oder § 600 ZPO anschließende ordentliche Verfahren verschiedene Angelegenheiten sind. **15** Mayer/Kroiß, Nr. 3100 VV Rn 12; AnwK-RVG/*Onderka*, Nr. 3100 VV Rn 13; Gerold/Schmidt/*Müller-Rabe*, Nr. 3100 VV Rn 208. **16** Da nach § 17 Nr. 3 der nachfolgende Rechtsstreit eine verschiedene Angelegenheit ist, fällt erneut eine Auslagenpauschale an. **17** In beiden Verfahren entstehen aufgrund der Einordnung als verschiedene Angelegenheiten durch § 17 Nr. 8 gesondert Auslagenpauschalen, die nicht angerechnet werden. **18** Mayer/Kroiß/*Mayer*, Nr. 3100 VV Rn 18. Eine der Anm. Abs. 4 zu Nr. 3104 VV entsprechende Regelung besteht nicht.

festgesetzt werden. Mit § 15 a Abs. 2[19] ist nunmehr auch gesetzlich klargestellt, wie sich die im RVG geregelte Anrechnung auf die Erstattungsansprüche gegen einen Dritten auswirkt:

Der Dritte kann sich auf die Anrechnung nur berufen, soweit er den Anspruch auf eine der beiden Gebühren erfüllt hat, wegen eines dieser Ansprüche gegen ihn ein Vollstreckungstitel besteht oder beide Gebühren in demselben Verfahren gegen ihn geltend gemacht werden.   29

Beim Abschluss von Vergleichen wird empfohlen, eine Regelung zu treffen, ob und ggf in welcher Höhe eine Gesamtzahlungsverpflichtung Zahlungen auf die außergerichtliche Vergütung enthält. Anderenfalls ist schwer abzuschätzen, wie Rechtspfleger im Kostenfestsetzungsverfahren mit dem Einwand des § 15 a Abs. 2 verfahren (weiterführend → § 14 Rn 71–73).[20]   30

Nr.	Gebührentatbestand	Gebühr oder Satz der Gebühr nach § 13 RVG
3101	1. Endigt der Auftrag, bevor der Rechtsanwalt die Klage, den ein Verfahren einleitenden Antrag oder einen Schriftsatz, der Sachanträge, Sachvortrag, die Zurücknahme der Klage oder die Zurücknahme des Antrags enthält, eingereicht oder bevor er einen gerichtlichen Termin wahrgenommen hat; 2. soweit Verhandlungen vor Gericht zur Einigung der Parteien oder der Beteiligten oder mit Dritten über in diesem Verfahren nicht rechtshängige Ansprüche geführt werden; der Verhandlung über solche Ansprüche steht es gleich, wenn beantragt ist, eine Einigung zu Protokoll zu nehmen oder das Zustandekommen einer Einigung festzustellen (§ 278 Abs. 6 ZPO); oder 3. soweit in einer Familiensache, die nur die Erteilung einer Genehmigung oder die Zustimmung des Familiengerichts zum Gegenstand hat, oder in einem Verfahren der freiwilligen Gerichtsbarkeit lediglich ein Antrag gestellt und eine Entscheidung entgegengenommen wird, beträgt die Gebühr 3100 .... (1) Soweit in den Fällen der Nummer 2 der sich nach § 15 Abs. 3 RVG ergebende Gesamtbetrag der Verfahrensgebühren die Gebühr 3100 übersteigt, wird der übersteigende Betrag auf eine Verfahrensgebühr angerechnet, die wegen desselben Gegenstands in einer anderen Angelegenheit entsteht. (2) Nummer 3 ist in streitigen Verfahren der freiwilligen Gerichtsbarkeit, insbesondere in Verfahren nach dem Gesetz über das gerichtliche Verfahren in Landwirtschaftssachen, nicht anzuwenden.	 0,8

I. Die gekürzte Verfahrensgebühr

1. Grundlagen. Die Gebühr Nr. 3101 VV ist ein Sonderfall der in Nr. 3100 VV als Grundfall geregelten Verfahrensgebühr. Es handelt sich um eine **Satzgebühr**, deren Höhe sich allein nach dem **Gegenstand** der anwaltlichen Tätigkeit richtet. Der Gebührensatz beträgt **0,8**. Die Gebühr ist wie Nr. 3100 VV eine **Pauschgebühr**, entsteht also einmalig zur Abgeltung der gesamten Tätigkeit im Verfahren mit Ausnahme der daneben anfallenden Terminsgebühr (weiterführend → Nr. 3100 VV Rn 2).   1

Hinweis: Bezeichnet wird die Gebühr wegen der Formulierung am Ende „… beträgt die Gebühr 3100" auf Rechnungen etc. mit „Nr. 3100, 3101 VV RVG".

Die Gebühr ist ein **Ausnahmefall** zur Grundregel des § 15 Abs. 4,[1] der anordnet, dass es auf bereits entstandene Gebühren ohne Einfluss ist, wenn sich der Auftrag oder die Angelegenheit vor Abschluss erledigt.   2

---

19 § 15 a wurde durch Art. 7 Abs. 4 Nr. 3 des Gesetzes zur Modernisierung von Verfahren im anwaltlichen und notariellen Berufsrecht, zur Errichtung einer Schlichtungsstelle der Rechtsanwaltschaft sowie zur Änderung sonstiger Vorschriften v. 30.7.2009 (BGBl. I 2449, 2470) mWz 5.8.2009 eingeführt. Die Regelung beansprucht aber unmittelbare Geltung auch für alle Altfälle, da die gesetzliche Regelung des § 15 a nur der Klarstellung diente; BGH NJW 2010, 1375. **20** Nach OLG Saarbrücken NJW-Spezial 2010, 92 gilt dann die gesamte außergerichtliche Vergütungsforderung als tituliert; aA OLG Karlsruhe NJW-Spezial 2010, 379. **1** BT-Drucks 15/1971, S. 211.

3 Der Anwendungsbereich der Gebühr ist in Vorbem. 3 Abs. 1 und 2 VV geregelt (ausf. → Vorbem. 3 VV Rn 2 ff). Zur Abgrenzung zwischen den Gebühren Nr. 3100 VV und Nr. 3101 VV → Rn 7 ff.

4 **2. Mehrheit von Auftraggebern.** Zu beachten ist die Erhöhung der Gebühr bei **Vertretung mehrerer Auftraggeber in der gleichen Angelegenheit** (Nr. 1008 VV). Vertritt der Rechtsanwalt bspw vier Auftraggeber in einer Angelegenheit, so erhöht sich die nach Nr. 3100, 3101 VV anfallende Gebühr von 0,8 wie folgt:

5 **Beispiel:** Der Rechtsanwalt erhält von zwei Personen Klagauftrag, ihnen als Gesamtgläubiger zustehende Ansprüche einzuklagen; der Wert der Forderungen beläuft sich auf 7.000 €. Vor Anfertigung der Klage erledigt sich der Auftrag durch Zahlung.

Der Rechtsanwalt rechnet ab:

1. 0,8-Verfahrensgebühr, Nr. 3100, 3101 VV	324,00 €	
2. Erhöhung nach Nr. 1008 VV (0,3)^2	121,50 €	445,50 €
3. Auslagenpauschale, Nr. 7002 VV		20,00 €
4. 19 % Mehrwertsteuer, Nr. 7008 VV		88,45 €
Gesamt		**553,95 €**

6 Die Erhöhung selbst kann wegen Anm. Abs. 3 Hs 1 zu Nr. 1008 VV nie mehr als 2,0 betragen, weshalb ab acht Auftraggebern die Gebühr nicht mehr steigt. Es ergibt sich für die Verfahrensgebühr Nr. 3100, 3101 VV eine **Obergrenze von insgesamt 2,8**. Anm. Abs. 3 Hs 2 zu Nr. 1008 VV gelangt nicht zur Anwendung, da es sich nicht um eine Festgebühr handelt.

II. Abgrenzung der Gebühr Nr. 3101 VV von Nr. 3100 VV

7 **1. Allgemeines.** Ob die volle Verfahrensgebühr Nr. 3100 VV oder nur die auf 0,8 gekappte Gebühr Nr. 3100, 3101 VV anfällt, ist anhand der Tatbestandsmerkmale aus Nr. 3101 VV zu bestimmen. Nr. 3101 VV normiert drei voneinander zu trennende Fallkonstellationen, in denen nur die gekappte Gebühr Nr. 3100, 3101 VV anfällt.

8 **2. Vorzeitig beendeter Auftrag (Nr. 3101 Nr. 1 VV).** Nr. 3101 **Nr. 1** VV lautet: „Endigt der Auftrag, bevor der Rechtsanwalt die Klage, den ein Verfahren einleitenden Antrag oder einen Schriftsatz, der Sachanträge, Sachvortrag, die Zurücknahme der Klage oder die Zurücknahme des Antrags enthält, eingereicht oder bevor er einen gerichtlichen Termin wahrgenommen hat, beträgt die Gebühr 3100 0,8.“

9 Die Gebühr Nr. 3100 VV wird also auf den in Nr. 3101 VV bestimmten Satz von 0,8 gekappt, wenn der Rechtsanwalt zwar den Auftrag für ein Verfahren erhalten hat, für welches Gebühren nach Nr. 3100 VV anfallen, im Rahmen der Erfüllung dieses Auftrags aber **noch keinen Schriftsatz mit Antrag** eingereicht hat und auch **noch keinen Termin wahrgenommen** hat. Mindestvoraussetzung für den Anfall der (dann nach Nr. 3101 VV gekürzten) Gebühr ist jedoch die Entgegennahme der Information durch den Rechtsanwalt.^{3} Die volle Gebühr Nr. 3100 VV entsteht bereits, wenn der Rechtsanwalt nur die Klagerücknahme erklärt, ohne irgendwelche anderen Verfahrenshandlungen vorzunehmen.

10 Die gekürzte Verfahrensgebühr Nr. 3101 VV entsteht nach entsprechendem Auftrag für den Rechtsanwalt des Antragsgegners oder Beklagten erst, wenn der Antrag oder die Klage zugestellt worden sind.

11 **3. Differenz-Verfahrensgebühr bei Vergleichsverhandlungen (Nr. 3101 Nr. 2 VV).** Nr. 3101 **Nr. 2** VV lautet: „Soweit Verhandlungen vor Gericht zur Einigung der Parteien oder der Beteiligten oder mit Dritten über in diesem Verfahren nicht rechtshängige Ansprüche geführt werden; der Verhandlung über solche Ansprüche steht es gleich, wenn beantragt ist, eine Einigung zu Protokoll zu nehmen oder das Zustandekommen einer Einigung festzustellen (§ 278 Abs. 6 ZPO) – beträgt die Gebühr 3100 0,8.“

12 Nr. 2 wurde durch das 2. KostRMoG zur Klarstellung überarbeitet. Der Reformgesetzgeber verfolgte dabei das erklärte Ziel^4 sicherzustellen, dass nur die gekappte Verfahrensgebühr Nr. 3101 VV, nicht aber die volle Verfahrensgebühr Nr. 3100 VV anfällt, wenn Rechtsanwälte im Termin über nicht rechtshängige Ansprüche mitverhandeln und diese dann auch in einem **Vergleich** mit einer Regelung zugeführt werden.^{5} Die Vorgängerregelung führte zur Anwendung der gekappten Verfahrensgebühr Nr. 3101 VV (aF), wenn der Rechtsanwalt entweder ohne Erfolg verhandelte oder ohne Verhandlung eine Einigung der Parteien selbst zu Protokoll gab oder im Wege des Beschlussvergleichs nach § 278 Abs. 6 ZPO eine solche Einigung zwi-

---

2 Die Erhöhung wird nicht als Prozentsatz der Grundgebühr errechnet, sondern ist ein fester Satz je Auftraggeber (→ Nr. 1008 VV Rn 12). **3** Vorbem. 3 Abs. 2 VV knüpft an diese Mindestvoraussetzung das Entstehen aller Verfahrensgebühren (→ Vorbem. 3 VV Rn 13). Vorbem. 2.3 Abs. 3 VV regelt Entsprechendes für die Geschäftsgebühr (→ Vorbem. 2.3 VV Rn 16). **4** BT-Drucks 17/11471, S. 275 zu Nr. Art. 8 Abs. 2 Nr. 25. **5** Mindestvoraussetzung war auch nach alter Rechtslage das Vorliegen eines Klagauftrags. Durch das 2. KostRMoG ist nun in Vorbem. 3 Abs. 1 S. 1 VV klargestellt, dass es sich dabei um einen unbedingten Klagauftrag handeln muss (dazu → Vorbem. 3 VV Rn 4 f).

schen den Parteien festgehalten wurde.[6] Im Falle erfolgreicher Vergleichsverhandlungen aber konnte wegen der doppelten Verwendung des Wortes „lediglich" semantisch eindeutig die Ausnahmevorschrift Nr. 3101 VV nicht zur Anwendung gelangen, sondern war die volle Gebühr Nr. 3100 VV entstanden.[7]

Der neu formulierte Gebührentatbestand der Nr. 2 soll eine Klarstellung bringen, die allerdings misslungen ist: Nach der alten Regelung musste bei texttreuer Anwendung der Rechtsanwalt die volle Verfahrensgebühr Nr. 3100 VV, nicht lediglich die gekürzte Gebühr Nr. 3101 VV erhalten, wenn er an zu einer Einigung führenden (also erfolgreichen) Gesprächen beteiligt war. Auch die neue Fassung der Gebührenvorschrift betrifft streng genommen wieder nur die Fälle der reinen Verhandlungen und der Protokollierung ohne Beteiligung der Rechtsanwälte am Zustandekommen der Einigung, nicht aber den Fall der Teilnahme an erfolgreichen Vergleichsgesprächen. **13**

Mit folgender Formulierung hätte der Gesetzgeber das Ziel der Änderung erreicht: **14**

*„Soweit Verhandlungen vor Gericht zur Einigung der Parteien oder der Beteiligten oder mit Dritten über in diesem Verfahren nicht rechtshängige Ansprüche geführt **oder erfolgreich abgeschlossen** werden; der Verhandlung über solche Ansprüche steht es gleich, wenn beantragt ist, eine Einigung zu Protokoll zu nehmen oder das Zustandekommen einer Einigung festzustellen (§ 278 Abs. 6 ZPO)."*

Es ist aber damit zu rechnen, dass die Rspr dem nunmehr erklärten gesetzgeberischen Willen zur Geltung verhilft und die Vorschrift im Sinne der Begründung des 2. KostRMoG auslegt.[8] Das bedeutet, dass auch bei **erfolgreichen Verhandlungen** der Rechtsanwalt nur eine **gekürzte Verfahrensgebühr** Nr. 3101 VV aus dem Wert der in diesem Verfahren **nicht rechtshängigen Ansprüche** erhalten wird. **15**

Diese Form der gekappten Verfahrensgebühr wird „**Differenz-Verfahrensgebühr**" genannt und ist in der Praxis häufig und wahrscheinlich zugleich eine der häufig übersehenen Gebühren. **16**

Beispiel: Der Rechtsanwalt wird beauftragt, eine Klage auf Zahlung von 2.000 € zu erheben. Der Gegner behauptet im Termin Gegenforderungen iHv 4.000 €, über die der Rechtsanwalt nach Erhalt eines entsprechenden Auftrags mitverhandelt. Es kommt zu einer Einigung über den eingeklagten Anspruch und die behaupteten Gegenforderungen. **17**

Abzurechnen ist wie folgt:

1. 1,3-Verfahrensgebühr, Nr. 3100 VV (Wert: 2.000 €)	195,00 €
2. 0,8-Differenz-Verfahrensgebühr, Nr. 3100, 3101 VV (Wert: 4.000 €)	201,60 €
3. 1,2-Terminsgebühr, Nr. 3104 VV (Wert: 6.000)[9]	424,80 €
4. 1,0-Einigungsgebühr, Nr. 1000, 1003 VV (Wert: 2.000 €)	150,00 €
5. 1,5-Einigungsgebühr, Nr. 1000 VV (Wert: 4.000 €)	378,00 €
6. Auslagenpauschale, Nr. 7002 VV	20,00 €
Zwischensumme	1.369,40 €
7. 19 % Mehrwertsteuer, Nr. 7008 VV	260,19 €
Gesamt	**1.729,59 €**

Bei der Abrechnung von Differenz-Verfahrensgebühren ist § 15 Abs. 3 zu beachten: Die Verfahrensgebühr Nr. 3100 VV aus dem Grundgegenstand und die Differenz-Verfahrensgebühr Nr. 3101 VV aus dem weiteren Gegenstand dürfen zusammen höchstens die Höhe einer ungekürzten Gebühr Nr. 3100 VV aus dem Gesamtwert erreichen (→ § 15 Rn 31). **18**

Beispiel: Der Rechtsanwalt wird beauftragt, eine Klage auf Zahlung von 10.000 € zu erheben. Die Parteien streiten außergerichtlich über eine weitere Forderung von 6.000 €. Es kommt im Verfahren über die Forderung von 10.000 € zu einer Einigung über den eingeklagten Anspruch und die weitere Forderung. **19**

---

6 Nr. 3101 Nr. 2 VV lautete vor Inkrafttreten des 2. KostRMoG: „Soweit *lediglich* [Hervorhebung d. Verf.] beantragt ist, eine Einigung der Parteien oder der Beteiligten oder mit Dritten über in diesem Verfahren nicht rechtshängige Ansprüche zu Protokoll zu nehmen oder festzustellen (§ 278 Abs. 6 ZPO) oder soweit *lediglich* [Hervorhebung d. Verf.] Verhandlungen vor Gericht zur Einigung über solche Ansprüche geführt werden, beträgt die Gebühr 3100 0,8." **7** Zutr. zur alten Rechtslage: Mayer/Kroiß/ *Mayer*, RVG, 5. Aufl. 2012, Nr. 3101 VV Rn 45; AnwK-RVG/*Onderka/N. Schneider*, 6. Aufl. 2012, Nr. 3101 VV Rn 102 ff, insb. Rn 124. Demgegenüber vertrat *Müller-Rabe*, in: Gerold/Schmidt, RVG, 20. Aufl. 2012, Nr. 3101 VV Rn 90 ff bereits zur Rechtslage vor dem 2. KostRMoG die nunmehr Gesetz gewordene Auffassung, es falle in allen Konstellationen nur die Gebühr Nr. 3101 VV an, und stütze diese Auffassung vor allem auf die damals laufenden Beratungen zum 2. KostRMoG. Die Gesetzesbegründung zitiert die Auffassung von *N. Schneider* (in AGS 2007, 277 ff) und schließt dem Zitat den folgenden Satz an: „Diese Auffassung entspricht nicht dem, was mit der Regelung beabsichtigt war", BT-Drucks 17/11471 (neu), S. 275 zu Art. 8 Abs. 2 Nr. 25. **8** Auch aus der Gesetzesbegründung zur Einführung des RVG im KostRMoG 2004 lässt sich die Intention des Gesetzgebers nicht erkennen, den Fall erfolgreicher Einigungsbemühungen unter Nr. 3101 VV zu fassen: Die dort genannten Beispiele betreffen nur den Fall der reinen Protokollierung; BT-Drucks 15/1971, S. 211. **9** Die Terminsgebühr entsteht nach Vorbem. 3 Abs. 3 VV hins. der eingeklagten 5.000 € wegen der Wahrnehmung eines gerichtlichen Verhandlungstermins. Aus dem weiteren Gegenstand von 2.000 € entsteht die Terminsgebühr wegen der Mitwirkung an auf die Erledigung des Verfahrens gerichteten Besprechungen. Wegen § 15 Abs. 3 wird die Terminsgebühr als eine Gebühr dargestellt.

Abzurechnen ist wie folgt:

1.	1,3-Verfahrensgebühr, Nr. 3100 VV (Wert: 10.000 €)	725,40 €	
2.	0,8-Differenz-Verfahrensgebühr, Nr. 3100, 3101 VV (Wert: 6.000 €)	283,20 €	
3.	Zusammen nach § 15 Abs. 3 RVG höchstens (1,3 aus 16.000 €)	845,00 €	845,00 €
4.	1,2-Terminsgebühr, Nr. 3104 VV (Wert: 16.000)[10]		780,00 €
5.	1,0-Einigungsgebühr, Nr. 1000, 1003 VV (Wert: 10.000 €)	558,00 €	
6.	1,5-Einigungsgebühr, Nr. 1000 VV (Wert: 6.000 €)	531,00 €	
7.	Zusammen nach § 15 Abs. 3 RVG höchstens (1,5 aus 16.000 €)	975,00 €	975,00 €
8.	Auslagenpauschale, Nr. 7002 VV		20,00 €
	Zwischensumme		2.620,00 €
9.	19 % Mehrwertsteuer, Nr. 7008 VV		497,80 €
	Gesamt		**3.117,80 €**

20 Die mitverglichene andere Angelegenheit kann dabei – in einem anderen Verfahren – ihrerseits bereits rechtshängig sein. Ist dies der Fall, ist die zusätzliche **Anrechnungsregel aus Anm. Abs. 1** zu Nr. 3101 VV zu beachten (→ Rn 25 f).

21 **4. Genehmigungs- oder Zustimmungssache nach FamFG/Verfahren der freiwilligen Gerichtsbarkeit (Nr. 3101 Nr. 3 VV).** Nr. 3101 **Nr. 3 VV** lautet: „Soweit in einer Familiensache, die nur die Erteilung einer Genehmigung oder die Zustimmung des Familiengerichts zum Gegenstand hat, oder in einem Verfahren der freiwilligen Gerichtsbarkeit lediglich ein Antrag gestellt und eine Entscheidung entgegengenommen wird, beträgt die Gebühr 3100 0,8.“

22 Nr. 3 begrenzt die Höhe der Gebühren für einfache FamFG-Verfahren. Dem System der Verfahrensgebühren nach entstehen diese mit Entgegennahme der Informationen zum Auftrag (→ Vorbem. 3 VV Rn 11–13). Es entsteht bereits mit Einreichung des Antrags die ungekürzte Verfahrensgebühr von 1,3 (Umkehrschluss aus Nr. 3101 Nr. 1 VV). Diese Gebühr Nr. 3100 VV von 1,3 erachtet der Gesetzgeber in einfachen FamFG-Sachen als zu hoch und dem Aufwand in der Sache nicht angemessen und ordnet die Geltung der gekappten Verfahrensgebühr Nr. 3101 VV an.

23 Der **Anwendungsbereich** der Vorschrift wird durch **Anm. Abs. 2** zu Nr. 3101 VV eingeschränkt, indem die **streitigen Verfahren der freiwilligen Gerichtsbarkeit**, insb. **Landwirtschaftssachen**, ausgenommen werden (→ Rn 27).

24 Umstritten ist, ob die gekappte Gebühr Nr. 3101 VV[11] oder doch die Gebühr Nr. 3100 VV voller Höhe[12] anfällt, wenn der Rechtsanwalt den **Antrag nicht lediglich stellt**, sondern **auch noch begründet**. Der Wortlaut bezieht sich durch die Verwendung des Wortes „lediglich" auf eine isolierte Antragstellung. Es ist aber auch vertretbar, die Begründung eines Antrags als Standardfall anzusehen und damit von der Ausnahmevorschrift Nr. 3101 Nr. 3 VV erfasst anzusehen. Letztere Auffassung führt allerdings zu kuriosen Ergebnissen: Stellt der Rechtsanwalt einen unbegründeten Antrag und wird er durch das Gericht aufgefordert, diesen zu begründen, hat er eindeutig nicht „lediglich" einen Antrag gestellt. Er verdient also die ungekürzte Gebühr Nr. 3100 VV von 1,3.[13] Arbeitet der Rechtsanwalt gleich ordentlich und begründet den Antrag, wäre nach jener Auffassung „lediglich" ein (begründeter) Antrag gestellt worden und diese Tätigkeit nach Nr. 3101 VV abgegolten. Es wird also der unsauber arbeitende Rechtsanwalt mit Gebühren belohnt, obgleich er auch noch dem Gericht mehr Arbeit macht. Das vermag nicht recht zu überzeugen, weshalb der erstgenannten Auffassung der Vorzug zu geben ist: Stellt der Rechtsanwalt nicht nur den Antrag, sondern liefert er auch eine Begründung, erhält er die volle Gebühr Nr. 3100 VV, nicht lediglich die gekappte Gebühr Nr. 3101 VV.

III. Anrechnung der Differenz-Verfahrensgebühr (Anm. Abs. 1 zu Nr. 3101 VV)

25 Anm. Abs. 1 regelt, wie die Anrechnung der Differenz-Verfahrensgebühr auf die Gebühr des mitverglichenen anderen Rechtsstreits erfolgt. Soweit § 15 Abs. 3 die Summe aus Verfahrensgebühr Nr. 3100 VV und Differenz-Verfahrensgebühr Nr. 3101 VV begrenzt, regelt Anm. Abs. 1, was mit dem Differenzbetrag geschieht, um den die durch § 15 Abs. 3 gekappte Gesamtgebühr die Verfahrensgebühr Nr. 3100 VV übersteigt. Dieser Differenzbetrag ist auf die Verfahrensgebühr in dem mitverglichenen anderen Verfahren anzurechnen. Die Regelung führt zu einer gebührenrechtlichen Gesamtschau[14] über die Grenzen der Angelegenheit hinweg und stellt sicher, dass der Anwalt nicht mehr Gebühren erhalten kann, als er bei vollständiger

---

[10] Die Terminsgebühr entsteht nach Vorbem. 3 Abs. 3 VV hins. der eingeklagten 10.000 € wegen der Wahrnehmung eines gerichtlichen Verhandlungstermins. Aus dem weiteren Gegenstand von 6.000 € entsteht die Terminsgebühr wegen der Mitwirkung an auf die Erledigung des Verfahrens gerichteten Besprechungen. Wegen § 15 Abs. 3 wird die Terminsgebühr als eine Gebühr dargestellt. **11** Gerold/Schmidt/*Müller-Rabe*, Nr. 3101 VV Rn 115 ff. **12** AnwK-RVG/*N. Schneider*, Nr. 3101 VV Rn 153. **13** Gerold/Schmidt/*Müller-Rabe*, Nr. 3101 VV Rn 117. **14** AnwK-RVG/*Onderka/N. Schneider*, Nr. 3101 VV Rn 130.

Bearbeitung beider Angelegenheiten getrennt voneinander hätte erhalten können. Es kommt dabei nicht darauf an, in welcher zeitlichen Reihenfolge die Gebühren entstehen.[15] Entscheidend sind nur die Identität der Gegenstände und dass der gleiche Anwalt in beiden Verfahren den Gebührenanspruch erwirbt. Der Wortlaut ist dabei nicht ganz glücklich gewählt, es wird aber hinreichend deutlich, dass nur der über die Verfahrensgebühr aus Nr. 3100 VV hinausgehende Betrag anzurechnen ist.

Beispiel: Der Rechtsanwalt wird beauftragt, eine Klage auf Zahlung von 10.000 € zu erheben. Die Parteien führen vor einem anderen Gericht bereits ein Verfahren über eine Forderung von 6.000 €, in welchem der Rechtsanwalt die Klage für den Mandanten erhoben hat; ein Termin hat im dortigen Verfahren noch nicht stattgefunden. Es kommt im Verfahren über die Forderung von 10.000 € zu einer Einigung über den eingeklagten Anspruch und die Forderung aus dem anderen Verfahren. **26**

Abzurechnen ist wie folgt:

1.	1,3-Verfahrensgebühr, Nr. 3100 VV (Wert: 10.000 €)	725,40 €	
2.	0,8-Differenz-Verfahrensgebühr, Nr. 3100, 3101 VV (Wert: 6.000 €)	283,20 €	
3.	Zusammen nach § 15 Abs. 3 RVG höchstens (1,3 aus 16.000 €)	845,00 €	845,00 €
4.	1,2-Terminsgebühr, Nr. 3104 VV (Wert: 16.000)[16]		780,00 €
5.	1,0-Einigungsgebühr, Nr. 1000, 1003 VV (Wert: 10.000 €)	558,00 €	
6.	1,0-Einigungsgebühr, Nr. 1000, 1003 VV (Wert: 6.000 €)	354,00 €	
7.	Zusammen nach § 15 Abs. 3 RVG höchstens (1,0 aus 16.000 €)	650,00 €	650,00 €
8.	Auslagenpauschale, Nr. 7002 VV		20,00 €
	Zwischensumme		2.295,00 €
9.	19 % Mehrwertsteuer, Nr. 7008 VV		436,05 €
	Gesamt		**2.731,05 €**

Im anderen Verfahren rechnet der Rechtsanwalt wie folgt ab:

1.	1,3-Verfahrensgebühr, Nr. 3100 VV (Wert: 6.000 €)	460,20 €
2.	Anrechnung nach Anmerkung Abs. 1 zu Nr. 3101 VV[17]	– 119,60 €
3.	Auslagenpauschale, Nr. 7002 VV	20,00 €
	Zwischensumme	360,60 €
4.	19 % Mehrwertsteuer, Nr. 7008 VV	68,51 €
	Gesamt	**429,11 €**

IV. Streitige Verfahren der freiwilligen Gerichtsbarkeit, insb. Landwirtschaftssachen (Anm. Abs. 2 zu Nr. 3101 VV)

Anm. Abs. 2 zu Nr. 3101 VV bestimmt, dass Nr. 3101 Nr. 3 VV nicht in streitigen Verfahren der freiwilligen Gerichtsbarkeit und insb. nicht in Verfahren nach dem Gesetz über das gerichtliche Verfahren in Landwirtschaftssachen anzuwenden ist. In streitigen Verfahren der freiwilligen Gerichtsbarkeit und in Verfahren nach dem Gesetz über das gerichtliche Verfahren in Landwirtschaftssachen verdient der Anwalt also die volle Gebühr Nr. 3100 VV iHv 1,3, auch wenn er lediglich einen Antrag stellt oder eine Entscheidung des Gerichts entgegennimmt. **27**

Nr.	Gebührentatbestand	Gebühr oder Satz der Gebühr nach § 13 RVG
3102	Verfahrensgebühr für Verfahren vor den Sozialgerichten, in denen Betragsrahmengebühren entstehen (§ 3 RVG)	50,00 bis 550,00 €
3103	*(aufgehoben)*	

---

15 AnwK-RVG/*Onderka/N. Schneider*, Nr. 3101 VV Rn 136. **16** Die Terminsgebühr entsteht nach Vorbem. 3 Abs. 3 VV hins. der eingeklagten 10.000 € wegen der Wahrnehmung eines gerichtlichen Verhandlungstermins. Aus dem weiteren Gegenstand von 6.000 € entsteht die Terminsgebühr wegen der Mitwirkung an auf die Erledigung des Verfahrens gerichteten Besprechungen. Wegen § 15 Abs. 3 wird die Terminsgebühr als eine Gebühr dargestellt. **17** Im Verfahren mit Wert 10.000 € ist eine Verfahrensgebühr Nr. 3100 VV iHv 725,40 € entstanden. Die nach § 15 Abs. 3 begrenzte Gebühr überstieg diese Verfahrensgebühr um 119,60 €. Dieser Betrag ist daher auf die Verfahrensgebühr aus dem Verfahren mit Wert 6.000 € anzurechnen.

I. Allgemeines

1   Die Gebühr **Nr. 3102 VV** ist anwendbar bei nach § 3 abrechenbaren Verfahren. Sie ist eine Spezialvorschrift gegenüber Nr. 3100 VV.

2   Die frühere Gebühr **Nr. 3103 VV aF** ist durch das 2. KostRMoG mWz 1.8.2013 aufgehoben worden. Bis dahin gab es zwei Gebührentatbestände für die Verfahrensgebühr, je nachdem, ob eine Vorbefassung vorlag (dann Nr. 3103 VV [aF], sog. ermäßigte Verfahrensgebühr) oder ob es sich um eine erstmalige Beauftragung (dann Nr. 3102 VV) handelte. Von diesem Minderungsmodell ist der Gesetzgeber des 2. KostRMoG zugunsten eines **Anrechnungsmodells** abgerückt. Die Anrechnungsregelung findet sich in der neu gefassten Vorbem. 3 Abs. 4 VV (→ Vorbem. 3 VV Rn 42 ff).

II. Höhe der Verfahrensgebühr

3   Die Bestimmung der Gebührenhöhe innerhalb des Gebührenrahmens erfolgt anhand der Vorgaben des § 14 Abs. 1.

4   Die Bestimmung des **Umfangs** erfolgt anhand der **zeitlichen** Inanspruchnahme des Rechtsanwalts und des sonstigen Aufwands. Dabei sind insb. der Umfang der in Ansicht genommenen Verwaltungs- und Gerichtsakten, der Rechercheumfang (zB eingeholte ärztliche Berichte und Gutachten), Anzahl und Umfang der Schriftsätze, Anzahl und Umfang auszuwertender ärztlicher Berichte und Gutachten, der Umfang der Auseinandersetzung mit Sachverhalt und Rechtslage, aber auch Anzahl und Umfang der Gespräche mit der Mandantschaft sowie Dritten zu bewerten. Überdurchschnittlich ist der Umfang insb. bei der Verständigung in einer Fremdsprache,[1] bei der Inanspruchnahme eines Dolmetschers, bei eingeschränkter Hör- oder Sehfähigkeit des Mandanten[2] oder bei der Notwendigkeit, den behinderten Mandanten aufzusuchen, um die Besprechungen dort zu führen.

5   Die Bestimmung der **Schwierigkeit** richtet sich nach der aufzubringenden Konzentrationsleistung des Rechtsanwalts innerhalb der aufgewendeten Zeit. Höhere Schwierigkeit ist anzunehmen, wenn nicht nur reiner Sachvortrag erfolgt, sondern auch eine Auseinandersetzung mit der Rechtslage. Dabei sah die Rspr die Auseinandersetzung mit einem Gutachten als für den Sozialrechtsstreit als normal an,[3] während mehrere Gutachten eine überdurchschnittliche Schwierigkeit bedeuten sollen.[4] Diese Rspr ist überholt, nachdem mehr als zwei Drittel aller sozialrechtlichen Rechtsstreite nicht mehr medizinische Fragen betreffen, sondern aus dem Bereich Arbeitslosengeld II stammen, so dass im sozialrechtlichen Durchschnittsfall kein Gutachten mehr einzuholen und zu bearbeiten ist. Rechtsprobleme bei der Aufhebung von Bescheiden und Rückforderung von Leistungen, Streite um die Kausalität und nach Übergangsrecht indizieren eine besondere Schwierigkeit.[5] Abgelegene oder spezielle Rechtsgebiete, die eine lange Einarbeitungszeit erfordern,[6] und die Auseinandersetzung mit komplexen oder in verschiedenen Rechtsmaterien verankerten Regelungen[7] sowie die Auseinandersetzung mit fremden Rechtsgebieten[8] sind der typische Fall einer schwierigen Tätigkeit. Uneinheitliche Rspr oder das Fehlen höchstrichterlicher Rspr macht ebenfalls eine besondere Schwierigkeit aus.[9]

6   Die **Bedeutung der Angelegenheit** ist in sozialrechtlichen Angelegenheiten häufig hoch, jedoch ist spiegelbildlich dazu die wirtschaftliche Leistungsfähigkeit häufig schwach. Die Rspr geht bei solchen Sachlagen davon aus, dass sich diese Kriterien deshalb **gegenseitig kompensieren**. Das verkennt aber, dass der typische sozialrechtliche Mandant nur in geringem Umfang leistungsfähig ist. Zwei Drittel aller Rechtsstreitigkeiten, die nach § 3 abzurechnen sind, betreffen Grundsicherungsleistungen. Der Gesetzgeber hat zudem die Gebührenhöhe nur gering bemessen. Es ist deshalb für die Bewertung der wirtschaftlichen Leistungsfähigkeit nicht auf den Bevölkerungsdurchschnitt, sondern auf die besondere sozialrechtliche Klientel abzustellen.

7   Die Gebühr Nr. 3102 VV sieht keinen besonderen Rahmen für bestimmte Verfahrensarten (zB Untätigkeitsklagen oder Verfahren im einstweiligen Rechtsschutz) vor. Grundsätzlich steht deshalb in jeder Verfahrensart der gesamte Gebührenrahmen zur Verfügung. Ohne Rechtsgrundlage sieht die sozialgerichtliche Rspr für bestimmte Verfahrensarten nur geringere Rahmen oder sogar geringe Festgebühren als anwendbar an. Diese Rspr widerspricht der klaren Gesetzeslage.

8   So soll bei Verfahren im **einstweiligen Rechtsschutz** nur ein geringerer Gebührenrahmen zur Verfügung stehen. Das wird damit begründet, dass das Verfahren wegen der Kürze nur einen geringeren Umfang habe. Dabei bleibt jedoch unberücksichtigt, dass der Prüfungsumfang und die Schwierigkeit wegen der zusätzlich zu prüfenden grundrechtlichen Problematik idR größer ist als im Hauptsacheverfahren, dass idR eine besonders umfangreiche und schwierige Abfassung der Antragsschrift erforderlich ist, weil Beweismittel kaum

---

1 LSG NRW 16.8.2006 – L 10 B 7/06. **2** SG Aachen 21.6.2005 – S 11 AL 111/04. **3** BSG 26.2.1992 – 9 a RVs 3/90. **4** HessLSG 26.1.2004 – L 12 B 90/02 RJ. **5** SächsLSG 7.2.2008 – L 6 B 33/08 AS-KO. **6** BVerwGE 1962, 169. **7** LSG BW 13.12.2006 – L 5 KA 5567/05. **8** BSG 22.1.1993 – 14b/4 REG 12/91. **9** LSG NRW 16.8.2006 – L 10 B 7/06.

nachgeliefert werden können, und dass die Bearbeitung unter besonderem Zeitdruck erfolgen muss. Schließlich liegt mit der Notwendigkeit, die Bearbeitung wegen der Dringlichkeit unter Zurückstellung geplanter Büroabläufe vorzuziehen, ein unbenannter Umstand vor, der bei der Gebührenbestimmung zu berücksichtigen ist. Richtig ist deshalb der Ansatz einer höheren Gebühr als in der Hauptsache.

Weiter soll bei **Untätigkeitsklagen** nur eine geringere Gebühr zum Ansatz gebracht werden können. Das LSG NRW sieht eine Verfahrensfestgebühr in Höhe des Doppelten der Mindestgebühr für angemessen an.[10] Das widerspricht der Regelungsstruktur des RVG. Nach § 14 ist nämlich die Gebühr in jedem Einzelfall unter Ausnutzung des Ermessensspielraums durch den Rechtsanwalt zu bestimmen. Zudem ist nur ein einheitlicher Gebührenrahmen vorgesehen. Beides verbietet deshalb jede pauschale richterrechtliche Regelung für bestimmte Verfahrensarten. **9**

Nr.	Gebührentatbestand	Gebühr oder Satz der Gebühr nach § 13 RVG
3104	Terminsgebühr, soweit in Nummer 3106 nichts anderes bestimmt ist	1,2
	(1) Die Gebühr entsteht auch, wenn	
	1. in einem Verfahren, für das mündliche Verhandlung vorgeschrieben ist, im Einverständnis mit den Parteien oder Beteiligten oder gemäß § 307 oder § 495 a ZPO ohne mündliche Verhandlung entschieden oder in einem solchen Verfahren ein schriftlicher Vergleich geschlossen wird,	
	2. nach § 84 Abs. 1 Satz 1 VwGO oder § 105 Abs. 1 Satz 1 SGG durch Gerichtsbescheid entschieden wird und eine mündliche Verhandlung beantragt werden kann oder	
	3. das Verfahren vor dem Sozialgericht, für das mündliche Verhandlung vorgeschrieben ist, nach angenommenem Anerkenntnis ohne mündliche Verhandlung endet.	
	(2) Sind in dem Termin auch Verhandlungen zur Einigung über in diesem Verfahren nicht rechtshängige Ansprüche geführt worden, wird die Terminsgebühr, soweit sie den sich ohne Berücksichtigung der nicht rechtshängigen Ansprüche ergebenden Gebührenbetrag übersteigt, auf eine Terminsgebühr angerechnet, die wegen desselben Gegenstands in einer anderen Angelegenheit entsteht.	
	(3) Die Gebühr entsteht nicht, soweit lediglich beantragt ist, eine Einigung der Parteien oder der Beteiligten oder mit Dritten über nicht rechtshängige Ansprüche zu Protokoll zu nehmen.	
	(4) Eine in einem vorausgegangenen Mahnverfahren oder vereinfachten Verfahren über den Unterhalt Minderjähriger entstandene Terminsgebühr wird auf die Terminsgebühr des nachfolgenden Rechtsstreits angerechnet.	

I. Grundlagen

Nr. 3104 VV regelt den **Grundtatbestand der Terminsgebühr** erster Instanz. Die Gebühr hat eine Höhe von **1,2.** Es handelt sich dem Grunde nach um eine **Pauschgebühr**, die alle Termine in einer Angelegenheit in erster Instanz abgilt. **1**

Eine **Ausnahme** von diesem Pauschcharakter ist durch das 2. KostRMoG eingeführt worden: In Verfahren mit mindestens drei Beweisterminen mit Zeugenvernehmung oder der Anhörung von Sachverständigen entsteht die **Zusatzgebühr Nr. 1010 VV** iHv 0,3. Die Neuregelung ist nicht geeignet, den Aufwand eines solchermaßen umfassenden Verfahrens auch nur im Ansatz abzugelten. Die Bundesrechtsanwaltskammer und der Deutsche Anwaltverein hatten in ihrer gemeinsamen Stellungnahme vom November 2012 im Gesetzgebungsverfahren zum 2. KostRMoG eine wesentlich bessere Regelung vorgeschlagen. Diese sah eine Gebühr Nr. 1010 VV[1] mit einem Erhöhungssatz von 0,3 für jede Teilnahme an einem Beweistermin und entsprechend Nr. 1008 VV eine Begrenzung auf eine Erhöhung um höchstens 2,0 vor. Dabei sollte zur Meidung eines Missbrauchs die Erhöhung nur gewährt werden, wenn der Termin auf eine richterliche Anordnung zurückgeht. **2**

---

10 LSG NRW 5.5.2008 – L 19 B 24/08 AS. **1** Systematisch gehört die Gebühr Nr. 1010 VV in Teil 3 VV, inhaltlich wirkt sich die wenig glückliche Positionierung jedoch nicht aus, vgl *N. Schneider*, AGS 2013, 53, 54.

3   Die wesentlichen Regelungen zur **Entstehung** der Terminsgebühr enthält Vorbem. 3 Abs. 3 VV (ausf. → Vorbem. 3 VV Rn 19 ff). In Anm. Abs. 1 zu Nr. 3104 VV werden diese allgemeinen Regeln für besondere Verfahrenskonstellationen (→ Rn 6 ff) und um Anrechnungsregeln (→ Rn 23 ff) ergänzt.

4   Der Beistand eines Zeugen oder Sachverständigen verdient nach Vorbem. 3 Abs. 1 S. 2 VV die gleichen Gebühren wie der Prozess- oder Verfahrensbevollmächtigte. Zu den Besonderheiten → Vorbem. 3 VV Rn 41.

5   Zur Abgrenzung der vollen Terminsgebühr Nr. 3104 VV (1,2) von der gekappten Gebühr Nr. 3105 VV (0,5) → Nr. 3105 VV Rn 4 ff.[2]

II. Terminsgebühr ohne Termin

6   **1. Allgemeines.** Bereits aus Vorbem. 3 Abs. 3 VV ist erkennbar, dass die Terminsgebühr nicht nur für die **Wahrnehmung von Terminen**, sondern auch bei lediglich **außergerichtlichen Verhandlungen** mit dem Gegner oder Dritten entstehen kann, wenn ein Auftrag für das gerichtliche Verfahren vorliegt (näher → Vorbem. 3 VV Rn 31 ff).

7   Der Gesetzesaufbau erschwert die Anwendung nicht unerheblich, denn wenn nach der Grundregel der Vorbem. 3 VV keine Terminsgebühr entstanden ist, kann unter bestimmten Voraussetzungen dennoch die Terminsgebühr nach Nr. 3104 VV (oder auch nach Nr. 3105 VV; → Nr. 3105 VV Rn 22 ff) entstehen.

8   **2. Entscheidung oder Vergleichsschluss im Verfahren mit vorgeschriebener mündlicher Verhandlung (Anm. Abs. 1 Nr. 1).** Die Erweiterung der Terminsgebühr in Anm. Abs. 1 Nr. 1 zu Nr. 3104 VV gelangt dann zur Anwendung, wenn im Grunde nach ein Termin vorgesehen ist, er aber aus den im Gesetz benannten Gründen nicht stattgefunden hat.

9   **a) Mündliche Verhandlung vorgeschrieben?** Grundvoraussetzung ist, dass eine mündliche Verhandlung im Verfahren vorgeschrieben ist. Dies ist zunächst in allen **ZPO-Verfahren** der Fall (vgl § 128 Abs. 1 ZPO), weshalb auch die nunmehr nach der ZPO zu verhandelnden Prozesse nach dem **WEG** Verfahren sind, in denen eine mündliche Verhandlung vorgeschrieben ist.[3]

10   Nach § 32 Abs. 1 FamFG ist in Verfahren in **Familiensachen** und in den **Angelegenheiten der freiwilligen Gerichtsbarkeit** keine mündliche Verhandlung vorgeschrieben. § 32 Abs. 1 S. 1 FamFG bestimmt, dass das Gericht die Sache mit den Beteiligten in einem Termin erörtern kann. Nach § 113 Abs. 1 FamFG ist allerdings in **Familienstreitsachen** und **Ehesachen** eine mündliche Verhandlung vorgeschrieben. Familienstreitsachen sind in § 112 FamFG definiert.

§ 112 FamFG Familienstreitsachen
Familienstreitsachen sind folgende Familiensachen:
1. Unterhaltssachen nach § 231 Abs. 1 und Lebenspartnerschaftssachen nach § 269 Abs. 1 Nr. 8 und 9,
2. Güterrechtssachen nach § 261 Abs. 1 und Lebenspartnerschaftssachen nach § 269 Abs. 1 Nr. 10 sowie
3. sonstige Familiensachen nach § 266 Abs. 1 und Lebenspartnerschaftssachen nach § 269 Abs. 2.

11   Zum früheren Rechtsstand war umstritten, ob eine Terminsgebühr in einem Verfahren, in dem keine mündliche Verhandlung vorgeschrieben ist, durch eine Besprechung mit dem Gegner, dem Gericht oder Dritten im Erledigungsinteressen entstehen konnte. Der BGH vertrat die Auffassung, nur im Falle der tatsächlichen Anberaumung eines Termins könne die Gebühr entstehen.[4] Der Streit ist durch die Neufassung der Vorbem. 3 Abs. 3 VV durch das 2. KostRMoG nunmehr entschieden. In der Gesetzesbegründung[5] wird betont, dass bereits dem bisherigen Gesetzestext klar die Intention zu entnehmen gewesen sei, die Terminsgebühr in allen Fällen der außergerichtlichen Erledigungsbesprechung entstehen zu lassen: Anders sei nicht erklärbar, wie im Mahnverfahren durch bloßen Verweis auf Teil 3 Abschnitt 1 VV in Vorbem. 3.3.2 VV jemals eine Terminsgebühr habe entstehen können, da im Mahnverfahren eine mündliche Verhandlung nicht vorschrieben, ja nicht einmal vorgesehen sei.

12   **Ohne** einen **mündlichen Austausch** kann eine Terminsgebühr also nur entstehen, wenn die mündliche Verhandlung vorgeschrieben ist. Wurde **verhandelt** oder erfolgte eine **Besprechung** mit dem Ziel der Beilegung oder Erledigung des Streits, ist die Terminsgebühr unabhängig von der Notwendigkeit eines Termins entstanden (→ Vorbem. 3 VV Rn 33).

---

2 Umfangr. Beispielsammlung bei *N. Schneider*, RVGreport 2013, 82 ff. **3** Der frühere Streit über diese Frage ist seit Einführung des am 1.7.2007 in Kraft getretenen neuen WEG überholt. **4** BGH AGS 2007, 298; aA OLG München AGS 2010, 420 und 2011, 213. **5** BT-Drucks 17/11471 (neu), S. 275: „Die nunmehr vorgeschlagene Klärung der Streitfrage entspricht der Intention des Gesetzgebers, wie sich aus Vorbemerkung 3.3.2 ableiten lässt. Nach dieser Vorbemerkung bestimmt sich die Terminsgebühr im Mahnverfahren nach Teil 3 Abschnitt 1. Diese Bestimmung würde keinen Sinn ergeben, wenn eine mündliche Verhandlung in dem Verfahren vorgeschrieben sein müsste oder zumindest auf Antrag stattfinden müsste."

       NK-GK/*T. Winkler*

b) Die mündliche Verhandlung fand aus besonderen Gründen nicht statt. aa) Im Einverständnis der Partei- 13 en wurde auf die Verhandlung verzichtet. Im Zivilprozess wird nach § 128 Abs. 1 ZPO im Grundsatz mündlich verhandelt. Nach § 128 Abs. 2 ZPO kann aber im **Einverständnis der Parteien** auf die mündliche Verhandlung verzichtet werden. Entscheidet das Gericht, ohne das entsprechende Einverständnis einzuholen, ist die Gebühr dennoch entstanden, wenn der Mangel nicht gerügt wird.[6] Die Rechtslage im Gebührenrecht ist nicht von der prozessualen Richtigkeit abhängig.[7]

bb) Anerkenntnis. Im Falle eines **Anerkenntnisses** in einem Verfahren, in dem eine mündliche Verhandlung 14 vorgeschrieben ist, kommt es wegen § 307 S. 2 ZPO nicht mehr zum Termin.[8] Auch bei Ergehen einer auf einem schriftlichen Anerkenntnis beruhenden Entscheidung erhalten die beteiligten Anwälte die Terminsgebühr. Die gesetzgeberische Intention ist wiederum die Entlastung der Justiz von unnötigen mündlichen Verhandlungen. Der Rechtsanwalt erhält die gleichen Gebühren wie nach mündlicher Verhandlung mit dort erklärtem Anerkenntnis.

cc) Entscheidung nach § 495 a ZPO. Die Vorschrift des § 495 a ZPO regelt das **Verfahren nach billigem** 15 **Ermessen** für Werte bis 600 €. In einem solchen Verfahren findet ein Termin nur statt, wenn eine Partei dies beantragt. In diesem Verfahren soll der Rechtsanwalt davon abgehalten werden, einen Termin zu beantragen, und erhält daher die Terminsgebühr bei gerichtlicher Entscheidung oder Vergleichsschluss auch ohne Termin.

Unter Gebührengesichtspunkten sollte von der Beantragung eines Termins Abstand genommen werden; um 16 eine ordnungsgemäße Wahrnehmung der Rechte des Mandanten zu gewährleisten, ist allerdings zu einem Antrag auf Bestimmung eines Termins zu raten. Denn Entscheidungen im Verfahren nach § 495 a ZPO sind – abgesehen von der in der Praxis weitgehend fruchtlosen Gehörsrüge nach § 321 a ZPO – wegen der fehlenden Beschwer unanfechtbar (§ 511 Abs. 2 Nr. 1 ZPO).

c) Entscheidung oder Vergleichsschluss. aa) Entscheidung ohne mündliche Verhandlung. Zu fordern ist 17 eine Entscheidung des Gerichts in der Sache, wobei nicht jede Vorbereitungshandlung (Hinweisbeschluss o.Ä.) als Entscheidung in der Sache angesehen werden kann. Es ist daher eine Entscheidung zu verlangen, für die die mündliche Verhandlung vorgeschrieben ist, da anderenfalls die Abgrenzung zwischen unbedeutenden Vorbereitungshandlungen und wichtigeren Vorentscheidungen und wiederum der eigentlichen Entscheidung in der Sache zu einer unübersehbaren Kasuistik ausufern müsste. Wenn weder ein Termin noch eine Besprechung im Erledigungsinteresse stattgefunden haben, ist dem Gesetz die Intention zu entnehmen, nur bei Ergehen der mit dem Verfahren eigentlich beabsichtigten Entscheidung zur Ressourcenschonung in der Justiz dem Rechtsanwalt dennoch die Terminsgebühr zu belassen, unnötige Termine also zu meiden.[9]

bb) Vergleichsschluss. Der Rechtsanwalt erhält die Terminsgebühr Nr. 3104 VV auch dann, wenn er in 18 einem Verfahren einen Vergleich schriftlich schließt, in dem nach den obigen Ausführungen (→ Rn 9 ff) ein Termin vorgeschrieben gewesen wäre.[10] Der Vergleichsschluss erfolgt nach § 278 **Abs. 6 ZPO** durch Schriftsatz und gerichtlichen Beschluss, mit dem das Zustandekommen des Vergleichs festgestellt wird. Hintergrund dieser Ausweitung des Anwendungsbereichs der Terminsgebühr ist wiederum die Schonung gerichtlicher Ressourcen: Reine Protokollierungstermine sollen vermieden werden.

Zu beachten ist, dass nach wohl hM der nach § 278 Abs. 6 ZPO geschlossene Vergleich die notarielle Form 19 des § 128 BGB nicht ersetzt, da es sich nicht um ein Protokoll mit Aufnahme von Erklärungen nach der ZPO handelt.[11]

3. Entscheidung durch Gerichtsbescheid bei Antragsrecht zur mündlichen Verhandlung (Anm. Abs. 1 20 **Nr. 2).** Die Regelung der Anm. Abs. 1 Nr. 2 ist der im Verfahren nach billigem Ermessen (§ 495 a ZPO; → Rn 15 f) im Zivilrecht vergleichbar. Der Rechtsanwalt soll auch im **Sozialrecht** und **Verwaltungsrecht** bei Verzicht auf die mögliche mündliche Verhandlung die Terminsgebühr dennoch erhalten, um so die Gerichte zu entlasten. Der gebührenrechtliche Anreiz, einen Termin wahrzunehmen, entfällt. Anm. Abs. 1 Nr. 2 wurde durch das 2. KostRMoG neu gefasst und soll nach der Begründung des Reformgesetzgebers sicherstellen, dass Terminsgebühren nur dann entstehen, wenn eine mündliche Verhandlung erzwungen werden könnte.

---

6 Mayer/Kroiß/*Mayer*, Nr. 3104 VV Rn 19 mwN. **7** BGH NJW 2007, 1461 lehnt die Möglichkeit der Entstehung der Gebühr Nr. 3506 VV in der Person eines Rechtsanwalts, der nicht beim BGH zugelassen ist, ab. Die Situation ist aber nicht mit der einer lediglich fehlerhaften Entscheidung des Gerichts zu vergleichen. Der BGH argumentiert zutreffend, der Rechtsanwalt könne keine Gebühr für eine Leistung beanspruchen, die er nicht erbringen kann. **8** § 307 ZPO unterscheidet in S. 1 nicht zwischen dem Anerkenntnis im schriftlichen Verfahren oder in mündlicher Verhandlung und stellt in S. 2 klar, dass eine mündliche Verhandlung nicht erforderlich ist. **9** Vgl auch Mayer/Kroiß/*Mayer*, Nr. 3104 VV Rn 22. **10** Aufgrund der Nennung von § 495 a ZPO und der Systematik ist klar, dass die Terminsgebühr auch bei einem nach § 278 Abs. 6 ZPO geschlossenen Vergleich im Verfahren der Entscheidung nach billigem Ermessen entsteht. Jede andere Auslegung des Abs. 1 der Anm. zu Nr. 3104 VV wäre widersinnig. **11** Erman/*H. Palm*, § 127 a BGB Rn 3 mwN; aA Palandt/*Ellenberger*, § 127 a BGB Rn 2.

21 Die Regelung der Anm. Abs. 1 Nr. 2 führt zu einer drastischen Kürzung des Gebührenaufkommens im **Sozialrecht:** Nach § 144 SGG ist nahezu immer das Rechtsmittel der Berufung in Sozialgerichtsverfahren gegeben. Nur wenn dieses Rechtsmittel nicht zur Verfügung steht, ist es aber möglich, eine mündliche Verhandlung zu erzwingen, wenn das Gericht die Entscheidung durch Gerichtsbescheid trifft, § 105 Abs. 2 S. 2 SGG. In ihrer gemeinsamen Stellungnahme aus dem November 2012 im Gesetzgebungsverfahren zum 2. KostRMoG haben die Bundesrechtsanwaltskammer und der Deutsche Anwaltverein anhand statistischer Daten zu den Jahren 2009 und 2010 dargelegt, dass im Jahr 2010 von 61.631 Sozialgerichtsverfahren, die durch Urteil (39.354) oder Gerichtsbescheid (22.277) endeten, in 84 Verfahren die Berufung nicht gegeben war. Lediglich in diesen 84 Verfahren könnte also nach Nr. 3104 VV oder der entsprechenden Regelung aus Nr. 3106 VV eine fiktive Terminsgebühr entstehen. Die durch das 2. KostRMoG geschaffene Regelung fällt damit weit hinter den Rechtsstand der BRAGO und die bisher jedenfalls bei einem Teil der Gerichte geltenden Rechtslage zum RVG zurück. Das gesetzgeberische Ziel, die Einkommen der Rechtsanwälte an die wirtschaftliche Entwicklung anzupassen und diese nachholen zu können, wird im Sozialrecht durch die Worte „… und eine mündliche Verhandlung beantragt werden kann" klar verfehlt.

22 **4. Anerkenntnis im Sozialgerichtsverfahren (Anm. Abs. 1 Nr. 3).** Die Regelung der Anm. Abs. 1 Nr. 3 entspricht der Regelung der Anm. Abs. 1 Nr. 1 für das **Sozialrecht:** Auch im Sozialrecht soll der Rechtsanwalt die Terminsgebühr bei einem **Anerkenntnis durch Schriftsatz** erhalten, wenn eine mündliche Verhandlung im Verfahren vorgeschrieben wäre. Die Regelung unterscheidet sich von der Regelung für das Zivilrecht nur durch das Erfordernis der Annahme des Anerkenntnisses, das auf § 101 Abs. 2 SGG zurückgeht. Grund für die Regelung ist wiederum die Absicht, die Gerichte von Terminen zu entlasten, indem dem Rechtsanwalt der gebührenrechtliche Anreiz genommen wird, nur zur Erzwingung eines Termins das Anerkenntnis nicht schriftlich anzunehmen.

III. Anrechnung auf Terminsgebühren in anderen Verfahren allgemein (Anm. Abs. 2)

23 Anm. Abs. 2 zu Nr. 3104 VV enthält eine **Anrechnungsregel.** Geregelt wird, wie die für **Verhandlungen über nicht in dieser Angelegenheit rechtshängige Gegenstände** entstandene Terminsgebühr auf anderweitig entstandene Terminsgebühren über jene Gegenstände anzurechnen ist. Die Vorschrift vermeidet eine doppelte Vergütung des Rechtsanwalts, die dadurch entstehen könnte, dass die Voraussetzungen der Terminsgebühr in verschiedenen Verfahren mehrfach erfüllt sind.

24 Der Rechtsanwalt erhält die Terminsgebühr nach der Grundregel aus Vorbem. 3 Abs. 3 VV für die Wahrnehmung eines Termins oder die Teilnahme an einer auf die Vermeidung oder Erledigung des Verfahrens gerichteten Besprechung. Es ist daher möglich, die Terminsgebühr zunächst durch Teilnahme an einem Termin oder eine Besprechung in einer Angelegenheit und sodann durch eine Besprechung oder einen Termin in einem anderen Verfahren erneut zu verdienen, wenn dort wiederum die anderen Gegenstände mit erörtert werden. Der Rechtsanwalt erhält im Ergebnis aber nicht mehr als die Terminsgebühren aus beiden Verfahren.

25 **Beispiel:** Der Rechtsanwalt wird beauftragt, eine Klage auf Zahlung von 2.000 € zu erheben. Er vertritt denselben Mandanten in einer anderen Forderungsangelegenheit mit Wert 5.000 € gegen den gleichen Gegner. Jene andere Forderung ist rechtshängig und es hat ein Termin stattgefunden, das Verfahren ist aber noch nicht beendet. Der Rechtsanwalt rechnet nach dem Termin wie folgt ab:

1. 1,3-Verfahrensgebühr, Nr. 3100 VV (Wert: 5.000 €)	393,90 €
2. 1,2-Terminsgebühr, Nr. 3104 VV (Wert: 5.000 €)	363,60 €
3. Auslagenpauschale, Nr. 7002 VV	20,00 €
Zwischensumme	777,50 €
4. 19 % Mehrwertsteuer, Nr. 7008 VV	147,73 €
Gesamt	**925,23 €**

Nun findet im Verfahren betreffend die Forderung von 2.000 € ein Termin zur mündlichen Verhandlung statt. In diesem Termin wird ein Vergleich geschlossen, der beide Verfahren vollständig erledigt.

Der Rechtsanwalt verdient nach Vorbem. 3 Abs. 3 VV die Terminsgebühr aus 7.000 €.

1. 1,3-Verfahrensgebühr, Nr. 3100 VV (Wert: 2.000 €)	195,00 €	
2. 0,8-Differenz-Verfahrensgebühr, Nr. 3101 VV (Wert: 5.000 €)	242,40 €	
Zusammen höchstens (Wert: 7.000 €) (1,3)[12]	526,50 €	437,40 €
./. Anrechnung nach Anm. Abs. 1 zu Nr. 3101 VV		− 242,40 €
3. 1,2-Terminsgebühr, Nr. 3104 VV (Wert: 7.000 €)		486,00 €

---

[12] Wegen § 15 Abs. 3 darf der Rechtsanwalt nicht mehr erhalten, als er bei einem Auftrag für beide Angelegenheiten abrechnen könnte. Die Kappung greift indes nicht ein, da die Summe der beiden Gebühren geringer ist als die volle Gebühr aus der Summe der Gegenstände.

./. Anrechnung nach Anm. Abs. 2 zu Nr. 3104 VV[13]	– 306,00 €
4. Auslagenpauschale, Nr. 7002 VV	
5. 1,0-Einigungsgebühr, Nr. 1003, 1000 VV (Wert: 7.000 €)	405,00 €
6. Auslagenpauschale, Nr. 7002 VV	20,00 €
Zwischensumme	800,00 €
7. 19 % Mehrwertsteuer, Nr. 7008 VV	152,00 €
Gesamt	952,00 €

IV. Einschränkung: Keine Terminsgebühr bei bloßer Protokollierung (Anm. Abs. 3)

Anm. Abs. 3 zu Nr. 3104 VV regelt, dass die Terminsgebühr nicht alleine für den Antrag entsteht, die Einigung der Parteien oder der Beteiligten oder eine solche mit Dritten zu Protokoll zu nehmen. Zur Anwendung gelangt dieser Ausschluss der Terminsgebühr nur, wenn lediglich die Protokollierung beantragt ist, der Rechtsanwalt selbst aber die Verhandlungen nicht geführt hat. Die Regelung als solche entspricht der Rechtslage, wie sie vor der Einführung des RVG als Nachfolgeregelung der BRAGO bestand.[14]   **26**

In vergleichbarer Weise war vor Inkrafttreten des 2. KostRMoG (1.8.2013) eine Abgrenzung zwischen der vollen Verfahrensgebühr Nr. 3100 VV und der gekappten Verfahrensgebühr Nr. 3101 VV geregelt. Bei jener Abgrenzung gab es trotz des klaren Wortlauts der Regelung Streit über die Reichweite der Kappungsregelung (ausf. → Nr. 3101 VV Rn 7 ff). Der Gesetzgeber des 2. KostRMoG hat sich gegen die wortlautgetreue Auslegung gestellt und „zur Klarstellung" eine leidlich geglückte Änderung von Nr. 3101 VV vorgenommen (dazu → Nr. 3101 VV Rn 13 ff).   **27**

Wenn der Rechtsanwalt die Einigung in einer Besprechung mit beeinflusst hat, erhält er auch die Terminsgebühr Nr. 3104 VV. Wird lediglich eine Einigung der Parteien protokolliert, löst dies die Terminsgebühr nicht aus.   **28**

V. Anrechnung von Terminsgebühren im Mahnverfahren oder im vereinfachten Verfahren über den Unterhalt Minderjähriger (Anm. Abs. 4)

Anm. 4 zu Nr. 3104 VV ordnet eine **Anrechnung der Terminsgebühr** aus dem Mahnverfahren oder einem vereinfachten Verfahren über den Unterhalt Minderjähriger auf die Terminsgebühr des nachfolgenden Rechtsstreits an. Diese beiden Anrechnungsregeln brechen mit dem sonstigen System der Anrechnung, da an anderer Stelle nur Betriebsgebühren, nicht aber Terminsgebühren angerechnet werden.[15] Die erneute Entstehung der Terminsgebühren im nachfolgenden Rechtsstreit folgt für das Mahnverfahren aus § 17 Nr. 2, für das vereinfachte Verfahren über den Unterhalt von Minderjährigen aus § 17 Nr. 3.[16]   **29**

Die **Terminsgebühr im Mahnverfahren** wurde erst mit dem Anhörungsrügengesetz[17] mit Wirkung zum 1.1.2005 eingeführt, damals ohne Anrechnungsvorschrift. Begründet wurde die Einführung von Vorbem. 3.3.2 VV mit dem Zweck der Klarstellung, dass diese Gebühr auch im Mahnverfahren anfallen könne.[18] Mit dem 2. JuMoG[19] ist die seither geltende Anrechnungsregel der Anm. Abs. 4 zu Nr. 3104 VV eingeführt worden, die Regelung trat zum 1.1.2007 in Kraft.[20] Die Änderung wird in mehreren Kommentaren noch in der jeweils letzten Ausgabe übersehen, in denen weiter die Auffassung vertreten wird, die Terminsgebühr verbleibe dem Rechtsanwalt – anders als die Verfahrensgebühr – anrechnungsfrei.[21]   **30**

---

[13] Nach Vorbem. 3 Abs. 2 VV ist der Betrag zu ermitteln, um den die entstandene Terminsgebühr die Terminsgebühr übersteigt, die ohne den Mehrvergleich entstanden wäre. Das ist die Differenz zwischen der Terminsgebühr aus dem Gesamtwert (486 €) und der einfachen Terminsgebühr für das Verfahren (180 €). [14] BT-Drucks 15/1971, S. 212. [15] Vgl Hartung/Schons/Enders/*Schons*, Nr. 3104 VV Rn 52. [16] Beide Vorschriften ordnen an, dass es sich um verschiedene Angelegenheiten handelt. [17] Gesetz über die Rechtsbehelfe bei Verletzung des Anspruchs auf rechtliches Gehör (Anhörungsrügengesetz) v. 9.12.2004 (BGBl. I 3220). [18] BR-Drucks 663/04, S. 59. [19] Zweites Gesetz zur Modernisierung der Justiz (2. Justizmodernisierungsgesetz) v. 22.12.2006 (BGBl. I 3416). [20] Aus der Begr. des 2. JuMoG, BT-Drucks 16/3038, S. 56: „Mit dem unter Doppelbuchstabe bb vorgeschlagenen neuen Absatz 4 soll erreicht werden, dass eine dem Rechtsanwalt im Mahnverfahren oder im vereinfachten Verfahren über den Unterhalt Minderjähriger erwachsene Terminsgebühr auf eine Terminsgebühr des nachfolgenden Rechtsstreits anzurechnen ist. Gemäß § 17 Nr. 2 RVG sind das Mahnverfahren und nach § 17 Nr. 3 RVG das vereinfachte Verfahren über den Unterhalt Minderjähriger und das sich anschließende streitige Verfahren verschiedene Angelegenheiten, sodass die Gebühren für den Rechtsanwalt jeweils gesondert anfallen. Die vorgeschlagene Regelung entspricht der in Nummer 3305 VV RVG vorgesehenen Anrechnung der Verfahrensgebühr des Mahnverfahrens und der in Absatz 1 der Anmerkung zu Nummer 3100 vorgesehenen Anrechnung der Verfahrensgebühr des vereinfachten Verfahrens über den Unterhalt Minderjähriger auf die Verfahrensgebühr für einen nachfolgenden Rechtsstreit. Die nach dem RVG mögliche Entstehung der Terminsgebühr in den genannten Verfahren soll die Honorierung außergerichtlicher Besprechungen mit dem Ziel der Vermeidung oder Erledigung des Verfahrens ermöglichen. Ein zweifacher Anfall der Terminsgebühr sowohl in den genannten Verfahren als auch in einem nachfolgenden Rechtsstreit war mit der Neuregelung durch das RVG jedoch nicht beabsichtigt." [21] Mayer/Kroiß/*Mayer*, Nr. 3100 VV Rn 8; Hartung/Schons/Enders/*Schons*, Nr. 3100 VV Rn 8. Sowohl *Mayer* (in: Mayer/Kroiß, Nr. 3104 VV Rn 60 f) als auch *Schons* (in: Hartung/Schons/Enders, Nr. 3104 VV Rn 54) gelangen aber in der jeweiligen Kommentierung der Nr. 3104 VV zum richtigen Ergebnis. *Bischof* (in: Bischof/Jungbauer u.a.) übersieht in der umfassenden Kommentierung zu Nr. 3104 VV in 5. Auflage trotz zutreffend abgedruckten Gesetzestextes die Anrechnungsregelung ganz.

31   **Beispiel:** Der Rechtsanwalt macht im Mahnverfahren eine Forderung von 7.000 € geltend. Der Gegner ruft nach Zustellung des Mahnbescheids an und kündigt Zahlungen an, die dann ausbleiben. Der Rechtsanwalt beantragt den Erlass eines Vollstreckungsbescheids und setzt die Terminsgebühr dazu:

1.	1,0-Verfahrensgebühr, Nr. 3305 VV	400,00 €
2.	1,2-Terminsgebühr, Nr. 3104 VV, Vorbem. 3.3.2 VV	480,00 €
3.	Auslagenpauschale, Nr. 7002 VV	20,00 €
4.	19 % Mehrwertsteuer, Nr. 7008 VV	145,35 €
	Gesamt	**910,35 €**

Nach Einspruch findet Termin statt und das Gericht entscheidet durch Urteil:

1.	1,3-Verfahrensgebühr, Nr. 3100 VV	520,00 €
	./. Anm. zu Nr. 3305 VV (– 1,0)	– 400,00 €
2.	1,2-Terminsgebühr, Nr. 3104 VV	480,00 €
	./. Anrechnung nach Anm. Abs. 4 zu Nr. 3104 VV	– 480,00 €
3.	Auslagenpauschale, Nr. 7002 VV	20,00 €
	Zwischensumme	140,00 €
4.	19 % Mehrwertsteuer, Nr. 7008 VV	26,60 €
	Gesamt	**166,60 €**

32   Die Regelung der Anm. Abs. 4 steht in gewissem Widerspruch zur gebührenrechtlichen Lage bei einem Urkundenprozess (→ Nr. 3100 VV Rn 24 ff) und dem Verfahren nach § 165 FamFG (→ Nr. 3100 VV Rn 27), da dort eine Anrechnung der Terminsgebühr nicht vorgesehen ist. Im Mahnverfahren überzeugt die Anrechnungsregelung eher noch als im vereinfachten Verfahren über den Unterhalt Minderjähriger, streng genommen ist aber die Anrechnung in allen Fällen ein Fremdkörper. Angerechnet werden sollten eigentlich nur Betriebsgebühren, nicht aber Terminsgebühren.[22]

Nr.	Gebührentatbestand	Gebühr oder Satz der Gebühr nach § 13 RVG
3105	Wahrnehmung nur eines Termins, in dem eine Partei oder ein Beteiligter nicht erschienen oder nicht ordnungsgemäß vertreten ist und lediglich ein Antrag auf Versäumnisurteil, Versäumnisentscheidung oder zur Prozess-, Verfahrens- oder Sachleitung gestellt wird: Die Gebühr 3104 beträgt .... (1) Die Gebühr entsteht auch, wenn 1. das Gericht bei Säumnis lediglich Entscheidungen zur Prozess-, Verfahrens- oder Sachleitung von Amts wegen trifft oder 2. eine Entscheidung gemäß § 331 Abs. 3 ZPO ergeht. (2) § 333 ZPO ist nicht entsprechend anzuwenden.	 0,5

I. Die gekürzte Terminsgebühr – Grundtatbestand

1   **1. Allgemeines.** Mit der Einführung des RVG sollte die als kompliziert empfundene Rechtslage nach der BRAGO mit den dort geregelten Erörterungs- und Verhandlungsgebühren durch eine einfache Regelung der Terminsgebühr ersetzt werden.[1] Nr. 3104 VV regelt Sonderfälle der in Nr. 3104 VV mit einem Gebührensatz von 1,2 bestimmten Terminsgebühr für die erste Instanz und führt eine **gekappte Terminsgebühr** ein, die ihrerseits komplizierter ist, als die gekappte Terminsgebühr der BRAGO es war.[2] Nr. 3105 VV kappt dabei die Terminsgebühr auf 0,5.

2   Nr. 3105 VV ist eine Variante[3] des Grundtatbestands Nr. 3104 VV. Die Regeln zur **Entstehung** der Terminsgebühr sind aber im Wesentlichen bereits in Vorbem. 3 Abs. 3 VV enthalten (→ Vorbem. 3 VV Rn 19 ff), weshalb Nr. 3105 VV ebenso wie Nr. 3104 VV neben der Bestimmung der Gebührenhöhe nur wenige Regeln für Sonderfälle und Anrechnungsregeln enthält.

---

22 Hartung/Schons/Enders/*Schons*, Nr. 3104 VV Rn 50 ff (53) nennt die Änderung treffend die Einführung einer „fehlenden und von niemandem vermissten" Anrechnungsregel. **1** BT-Drucks 15/1971, S. 209. **2** Vgl Mayer/Kroiß/*Mayer*, Nr. 3105 VV Rn 1. **3** So ausdr. die Begr. zur Streichung des Abs. 2 der Anm. zu Nr. 3105 VV aF in BT-Drucks 17/3356, S. 22; zur Bedeutung der gestrichenen Regelung → Rn 34.

Die Terminsgebühr ist **Pauschgebühr** und gilt alle Termine im gesamten Verfahren ab (→ Nr. 3104 VV 3 Rn 2). Die Begrenzung aus Nr. 3105 VV greift folgerichtig nicht mehr, wenn einmal im Verfahren ein Termin wahrgenommen wurde, auf den die Tatbestandsvoraussetzungen der Nr. 3105 VV nicht zutreffen. Die Regelung ist als Ausnahmevorschrift im Zweifel **eng auszulegen** und soll dem reduzierten Arbeitsaufwand des Rechtsanwalts in den geregelten Fällen Rechnung tragen. Dieses Motiv ist bei der Auslegung heranzuziehen.[4]

2. Termin mit Ausbleiben des Gegners/gegnerischen Rechtsanwalts. a) Gerichtlicher Termin. Vorausset- 4 zung der Entstehung der – gekappten – Terminsgebühr Nr. 3105 VV nach dem Grundtatbestand ist die **Wahrnehmung eines gerichtlichen Termins,** da nur in einem solchen Termin Entscheidungen der im Tatbestand von Nr. 3105 VV genannten Art getroffen werden können. Der **nicht erschienene** Rechtsanwalt erhält keine Terminsgebühr, da er keinen Termin wahrgenommen hat.

b) Anzahl: Ein Termin. „Nur eines Termins" ist nach dem klaren Wortlaut als Zahlwort und zugleich qua- 5 litative Einschränkung der Gebühr zu verstehen. Wäre Nr. 3105 VV auch bei einer Mehrzahl von Terminen anzuwenden, wäre das Wort *„nur"* überflüssig.[5]

Mit Wahrnehmung eines Termins, der nicht Verkündungstermin ist, ist unzweifelhaft eine Terminsgebühr 6 entstanden (→ Vorbem. 3 VV Rn 29). Zur Abgrenzung zwischen Nr. 3105 VV und Nr. 3104 VV[6] empfiehlt es sich daher, systematisch zunächst auszuschließen, dass **mehrere** Termine wahrgenommen worden sind oder die Terminsgebühr außerhalb eines Termins bereits durch eine Besprechung in Vermeidungsabsicht in voller Höhe entstanden ist. Ist dies der Fall, bleibt für die Anwendung von Nr. 3105 VV kein Raum.

Nimmt der Rechtsanwalt einen Termin wahr, beantragt ein Versäumnisurteil und nimmt er sodann nach 7 Einlegung des Einspruchs auch noch den Einspruchstermin wahr, in dem wiederum ein (nun technisch zweites) Versäumnisurteil ergeht, entsteht die volle Terminsgebühr Nr. 3104 VV.[7] Er hat **nämlich zwei Termine** wahrgenommen und nicht lediglich einen Termin.[8]

Nimmt der Rechtsanwalt einen Termin wahr, in dem er ein Versäumnisurteil beantragt, und findet danach 8 eine Besprechung mit dem Gegner mit dem Ziel der Erledigung oder Beilegung des Streits statt, hat er ebenfalls nicht nur einen Termin iSd Nr. 3105 VV wahrgenommen, sondern nach Vorbem. 3 Abs. 3 VV die volle Terminsgebühr nach Nr. 3104 VV verdient.

Zu den Sonderfällen des Versäumnisurteils nach § 331 Abs. 3 ZPO und des Einspruchstermins gegen einen 9 Vollstreckungsbescheid → Rn 22 ff.

Hat aber der Rechtsanwalt die Vertretung im Verfahren erst zum Einspruchstermin übernommen und we- 10 gen des Ausbleibens der gegnerischen Partei oder deren fehlender Postulationsfähigkeit nur einen Antrag auf Verwerfung des Einspruchs durch (technisch zweites) Versäumnisurteil nach § 345 ZPO gestellt, ist seine Terminsgebühr auf die Gebühr Nr. 3105 VV begrenzt: Er hat wiederum **nur einen Termin** wahrgenommen und Nr. 3105 VV unterscheidet nicht zwischen Versäumnisurteilen und technisch zweiten Versäumnisurteilen; auch der Aufwand unterscheidet sich in den beiden Konstellationen nicht.[9]

3. Ausbleiben des Gegners (Parteiprozess)/des Gegneranwalts (Anwaltsprozess). Voraussetzung der Entste- 11 hung lediglich der gekappten Gebühr Nr. 3105 VV anstelle des Grundtatbestands nach Nr. 3104 VV ist, dass die weiteren Tatbestandsmerkmale vorliegen, der Termin also **ohne den Gegner bzw dessen Rechtsanwalt** stattfindet.

a) Eine Partei oder ein Beteiligter ist nicht erschienen oder nicht ordnungsgemäß vertreten. Entscheidendes 12 Kriterium ist das **Ausbleiben der Partei oder des Vertreters der Partei.** Aufgrund der Geltung auch für Verfahren nach dem FamFG wird auch der Begriff des Beteiligten genannt, der technisch iSd § 7 FamFG zu verstehen ist. Ein Ausbleiben eines Streithelfers im Zivilprozess bspw ist mit dem Ausbleiben eines Beteiligten nicht gemeint.

Im **Parteiprozess** ist die Anforderung von Nr. 3105 VV an den Termin dann erfüllt, wenn die Partei nicht 13 anwesend ist und auch nicht durch einen Rechtsanwalt vertreten wird. Ist ein Rechtsanwalt anwesend, kommt es auf das Ausbleiben der Partei nicht mehr an und es entsteht bereits die ungekürzte Terminsgebühr Nr. 3104 VV, denn die Regelung stellt ergänzend darauf ab, dass die Partei nicht ordnungsgemäß vertreten ist. Das ist sie aber, wenn ein Rechtsanwalt anwesend ist.

---

4 Vgl BGH NJW 2006, 3430. **5** BGH NJW 2006, 3430. **6** Umfangr. Beispielsammlung bei *N. Schneider,* RVGreport 2013, 82 ff. **7** OLG Celle 24.2.2005 – 2 W 36/05, besprochen durch *Onderka,* AGS 2005, 188 f und *N. Schneider,* AGS 2005, 190 ff; BGH NJW 2006, 3430. **8** Die Kürzung der Gebühr wird durch den Gesetzgeber gerade mit dem geringeren Aufwand begründet und der Aufwand für zwei Termine ist keineswegs dem geringen Aufwand eines Termins mit Säumnissituation iSv Nr. 3105 VV vergleichbar. **9** Die Konstellation ist unbedingt von der des (zweiten) Versäumnisurteils nach Einspruch gegen ein nach § 331 Abs. 3 ZPO ergangenes (erstes) Versäumnisurteil zu unterscheiden (dazu → Rn 7).

14 Im **Anwaltsprozess** ist demgegenüber ein Erscheinen der Partei selbst ohne Bedeutung, solange kein Rechtsanwalt für sie anwesend ist, da es dann an einer ordnungsgemäßen Vertretung fehlt.

15 Bei bloßem Nichtverhandeln greift Nr. 3105 VV nicht ein, da das Gesetz auf die Anwesenheit abstellt; es entsteht die volle Terminsgebühr Nr. 3104 VV (ausf. → Rn 28 ff).[10] Bei Flucht in die Säumnis fallen also bereits die vollen Gebühren an (ergänzend → Rn 28 ff).

16 **b) Lediglich Antrag auf Erlass eines Versäumnisurteils, einer Versäumnisentscheidung oder zur Prozess-, Verfahrens- oder Sachleitung.** Nach der Begründung des Gesetzgebers soll die Terminsgebühr auf die halbe Gebühr nach Nr. 3105 VV gekappt werden, um dem wesentlich geringeren Arbeitsaufwand des Rechtsanwalts Rechnung zu tragen. Ein wesentlich geringerer Arbeitsaufwand entsteht dabei aber tatsächlich nur, wenn es bei einer reinen Säumnisentscheidung oder einem Antrag zur Prozess-, Verfahrens-[11] oder Sachleitung bleibt.

17 **Anträge zur Prozessleitung** und zu den entsprechenden Äquivalenten sind bspw Anträge auf Vertagung nach § 227 ZPO, Aussetzung des Verfahrens nach §§ 246 ff ZPO oder § 21 FamFG, Ruhen des Verfahrens nach § 251 ZPO und Anträge betreffend die Einsicht in beigezogene Akten.[12]

18 **Erörtert** das **Gericht** mit dem erschienenen Rechtsanwalt trotz Ausbleibens des Gegners bzw fehlender ordnungsgemäßer Vertretung **Fragen der Schlüssigkeit** der Klage oder die **Zulässigkeit** eines mit Schriftsatz angekündigten Sachantrags oder der Rechtsanwalt mit dem persönlich erschienenen, aber nicht ordnungsgemäß vertretenen Gegner Einigungsmöglichkeiten, hat nicht lediglich ein in Nr. 3105 VV beschriebener eingeschränkter Termin stattgefunden und der Rechtsanwalt verdient die ungekappte Terminsgebühr Nr. 3104 VV: Der Termin hatte eben nicht den typischen einfacheren Inhalt, der nach dem Gesetz die Begründung für die Kappung der Gebühr liefert.[13]

19 Stellt der Rechtsanwalt einen Antrag auf Entscheidung nach Aktenlage nach § 331 a ZPO gegen die säumige Partei, entsteht die volle Terminsgebühr Nr. 3104 VV, da ein Termin wahrgenommen, nicht aber lediglich ein Antrag auf Erlass eines Versäumnisurteils gestellt wurde (ausf. → Rn 29).[14]

20 **4. Sonderproblem: Terminsgebühr für den Beistand eines Zeugen oder Sachverständigen.** Der Beistand des Zeugen verdient immer die volle Terminsgebühr Nr. 3104 VV, da er auch in der Säumnissituation nicht lediglich einen Antrag zur Sachleitung oder Antrag auf Versäumnisurteil stellt (näher → Vorbem. 3 VV Rn 41).

II. Sonderfälle nach Anm. Abs. 1

21 **1. Entscheidung von Amts wegen in der Säumnissituation (Anm. Abs. 1 Nr. 1).** Nur die gekappte Terminsgebühr Nr. 3105 VV entsteht, wenn das Gericht im Falle einer Säumnis **von Amts wegen Entscheidungen zur Prozess-, Verfahrens- oder Sachleitung** trifft (Anm. Abs. 1 Nr. 1), ein entsprechender Antrag also nicht gestellt wird. Der Aufwand des Rechtsanwalts ist sogar noch geringer, wenn die Entscheidungen zur Prozess-, Verfahrens- oder Sachleitung sogar ohne anwaltlichen Antrag ergehen, weshalb folgerichtig nur die gekappte Terminsgebühr Nr. 3105 VV entsteht.

22 **2. Fehlende Verteidigungsanzeige gem. § 331 Abs. 3 ZPO (Anm. Abs. 1 Nr. 2).** Anm. Abs. 1 Nr. 2 erweitert den Anwendungsbereich der Terminsgebühr auf eine Konstellation ohne Termin: Die (gekappte) Terminsgebühr entsteht auch, wenn ein Versäumnisurteil wegen des Fehlens der rechtzeitigen Verteidigungsanzeige ergeht. Der Aufwand des Rechtsanwalts ist in dieser Konstellation noch geringer als im Grundtatbestand der Kappungsnorm Nr. 3105 VV, der Anwalt soll aber für die eintretende Entlastung der Gerichte belohnt werden.

23 Umstritten ist, ob Nr. 3105 VV bei Erlass eines **Versäumnisurteils ohne entsprechenden Antrag** einschlägig ist. Der Wortlaut stellt auf das Ergehen der Entscheidung ab, nicht auf den Antrag, was für das Entstehen der Gebühr Nr. 3105 VV auch im Falle des prozessordnungswidrigen Ergehens der Entscheidung spricht.[15] Demgegenüber stellt die Gegenauffassung darauf ab, dass der Rechtsanwalt keine Tätigkeit entfaltet habe.[16] Dieses Argument überzeugt systematisch nicht recht, da auch im Fall des Ergehens einer Entscheidung von Amts wegen nach Abs. 1 Nr. 1 der Anm. zu Nr. 3105 VV ohne Zutun des Rechtsanwalts eine Gebühr entsteht. Besser ließe sich die Auffassung damit begründen, dass vom Gesetzgeber eine gebührenrechtliche Regelung für den Fall des prozessordnungswidrigen Ergehens einer Entscheidung nicht erwartet werden

---

10 BT-Drucks 15/1971, S. 212. **11** Der Begriff „Verfahrensleitung" wurde in Nr. 3105 VV durch das Gesetz zur Umsetzung der Dienstleistungsrichtlinie in der Justiz und zur Änderung weiterer Vorschriften v. 22.12.2010 (BGBl. I 2248) mWz 28.12.2010 eingeführt, um der Geltung des Abschnitts auch in Verfahren nach dem FamFG Rechnung zu tragen; BT-Drucks 17/3356, S. 22. **12** AnwK-RVG/*Onderka*, Nr. 3105 VV Rn 26. **13** BGH NJW 2007, 1692. **14** Mayer/Kroiß/*Mayer*, Nr. 3105 VV Rn 15; Gerold/Schmidt/*Müller-Rabe*, Nr. 3105 VV Rn 34. **15** Zur Problematik ausf. *Schons*, AGS 2006, 229; AnwK-RVG/*N. Schneider*, Nr. 3105 VV Rn 38. **16** OLG Oldenburg AGS 2008, 386.

kann. Abs. 1 Nr. 1 der Anm. zu Nr. 3105 VV wäre mit dieser Begründung dahin gehend auszulegen, dass die Voraussetzungen von § 331 Abs. 3 ZPO in Bezug genommen worden sind und daher auch ein entsprechender Antrag erforderlich ist. Im Sinne der Entlastung der Gerichte ist indes die Entstehung der gekappten Terminsgebühr Nr. 3105 VV vertretbar.[17]

Von der Antwort auf die Frage oben hängt auch ab, ob dem Gegneranwalt ebenfalls eine Terminsgebühr   **24** zugestanden wird: In der Sonderkonstellation des Ergehens einer Entscheidung im schriftlichen Verfahren entsteht schließlich die Terminsgebühr ohne einen Termin. Wer der Auffassung folgt, auf das Vorliegen eines Antrags komme es wegen der Formulierung nicht an, muss die gekappte Terminsgebühr auch dem überhaupt nicht handelnden Gegnervertreter zugestehen.

Ergeht ein Versäumnisurteil nach § 331 Abs. 3 ZPO und legt der Beklagte **Einspruch** ein, kommt es zu   **25** einem (ersten) Termin. Erscheint in diesem Einspruchstermin der Beklagte nicht oder ist er jedenfalls nicht ordnungsgemäß vertreten und stellt der Rechtsanwalt Antrag auf Erlass eines (zweiten) Versäumnisurteils durch Verwerfung des Einspruchs nach § 345 ZPO, erhält der Rechtsanwalt des Klägers die volle Terminsgebühr Nr. 3104 VV:[18] Für das Ergehen des ersten Versäumnisurteils ist nach Abs. 1 Nr. 2 der Anm. zu Nr. 3105 VV bereits eine halbe Terminsgebühr entstanden, daher ist die Wahrnehmung des Einspruchstermins nicht „nur" die Wahrnehmung eines Termins, sondern bereits der zweite Sachverhalt, der die Entstehung einer Terminsgebühr auslöst. Der Gesetzgeber hat nach der guten Begründung des BGH die Kappung ausschließlich für den Fall konzipiert, dass der unterstellte typische Arbeitsaufwand nur für einen Termin angefallen ist. Der aber liege auch dann nicht mehr vor, wenn die erste Säumnisentscheidung nach § 331 Abs. 3 ZPO ergangen sei.

Nur die gekappte Gebühr Nr. 3105 VV erhält der Rechtsanwalt, wenn er nach Einspruch gegen einen Voll-   **26** streckungsbescheid den Termin wahrnimmt, in dem der Gegner säumig bleibt.[19] Ein Vollstreckungsbescheid ist zwar prozessual durch § 700 Abs. 1 ZPO einem für vorläufig vollstreckbar erklärten Versäumnisurteil gleichgestellt, gebührenrechtlich aber ist der **Einspruchstermin nach Vollstreckungsbescheid** nicht mit der Konstellation eines nach Termin erlassenen Versäumnisurteils oder eines Versäumnisurteils nach § 331 Abs. 3 ZPO vergleichbar: Das Verfahren über den Erlass des Vollstreckungsbescheids ist im RVG dem Mahnverfahren zugeordnet, welches nach § 17 Nr. 2 eine vom streitigen Verfahren verschiedene Angelegenheit ist. Welche Gebühren im Mahnverfahren entstehen, regelt Teil 3 Abschnitt 3 Unterabschnitt 2 VV. Nach Vorbem. 3.3.2 VV kann durch den Verweis auf Teil 3 Abschnitt 1 VV zur Terminsgebühr eine solche auch im Mahnverfahren entstehen. Eine Terminsgebühr kann aber ohne Termin nur in den in Vorbem. 3 Abs. 3 VV und den Gebührentatbeständen Nr. 3104 VV und Nr. 3105 VV geregelten Fällen entstehen. Der Erlass des Vollstreckungsbescheids erfolgt aber gerade nicht aufgrund eines Termins und ist weder in Nr. 3104 VV noch in Nr. 3105 VV erwähnt.

Wenn die Terminsgebühr im Mahnverfahren (vor oder nach Stellen des Antrags auf Erlass des Vollstre-   **27** ckungsbescheids) durch eine Besprechung im Erledigungsinteresse (→ Vorbem. 3 VV Rn 31 ff) bereits entstanden ist, bleibt sie wegen § 15 Abs. 4 erhalten. Dann ist der Einspruchstermin nicht „nur" ein Termin iSv Nr. 3105 VV (zu vergleichbaren Fällen → Rn 8, 18).

III. Abgrenzung zwischen Nichtverhandeln und Säumnis (Anm. Abs. 2)

Nach § 333 ZPO gilt die erschienene Partei, die nicht verhandelt, als nicht erschienen. Erscheint also eine   **28** Partei, verhandelt sie aber nicht (oder ist sie nicht postulationsfähig), ergeht auf Antrag des Gegners Versäumnisurteil.

Findet ein Termin statt, ist die Terminsgebühr gem. Vorbem. 3 Abs. 3 VV entstanden. Der Grundtatbestand   **29** ist Nr. 3104 VV und nach Nr. 3105 VV reduziert sich die Terminsgebühr (nur), wenn „nur ein" Termin wahrgenommen wird, in dem eine Partei ausbleibt und eine Säumnisentscheidung oder Entscheidung zur Prozess-, Verfahrens- oder Sachleitung ergeht. Zivilprozessual ist dies wegen § 333 ZPO auch der Fall, wenn eine erschienene Partei nicht verhandelt oder im Anwaltsprozess kein Rechtsanwalt erscheint. Gebührenrechtlich aber ist § 333 ZPO nicht zu berücksichtigen, weshalb der Rechtsanwalt keine Kürzung seiner Terminsgebühr erleidet, sondern die volle Gebühr Nr. 3104 VV erhält. Anm. Abs. 2 zu Nr. 3105 VV verkleinert also durch den Ausschluss der Wirkung des § 333 ZPO auf die gebührenrechtliche Situation den Anwendungsbereich der Gebührenkappung durch Nr. 3105 VV.

---

17 Diese Begründung ist das gesetzgeberische Hauptmotiv für viele Leitentscheidungen des RVG.   **18** BGH NJW 2006, 3430 = AGS 2006, 367 m. Anm. *N. Schneider*. Dieser Auffassung waren zuvor bereits *Schons*, AGS 2006, 163, *N. Schneider*, AGS 2005, 191 und Mayer/Kroiß/*Mayer*, Nr. 3105 VV Rn 3.   **19** OLG Köln 21.2.2007 – 17 W 26/07; OLG Brandenburg JurBüro 2010, 243 und OLG Brandenburg 27.4.2012 – 6 W 52/12. Das gilt (erst recht!) auch dann, wenn die Antragstellerseite im Mahnverfahren und im Verfahren auf Erlass des Vollstreckungsbescheides noch nicht anwaltlich vertreten war, OLG Nürnberg MDR 2008, 1127.

30 Die entscheidenden Kriterien für das Eingreifen der Kappung nach Nr. 3105 VV sind daher:

- das **Ausbleiben des Gegners und des Rechtsanwalts im Parteiprozess** bzw
- die **fehlende Postulationsfähigkeit im Anwaltsprozess**, also das Fehlen eines den Gegner vertretenden Rechtsanwalts,[20]

und

- (**Nr. 3105 1. Alt. VV**) lediglich ein Antrag auf Erlass eines Versäumnisurteil gestellt wird *oder*
- (**Nr. 3105 2. Alt. VV**) lediglich ein Antrag zur Prozess- und Sachleitung gestellt wird *oder*
- (**Anm. Abs. 1 Nr. 1 zu Nr. 3105 VV**) von Amts wegen eine Entscheidung zur Prozess- und Sachleitung ergeht.

31 Umstritten ist, ob der Anm. Abs. 2 zu Nr. 3105 VV mehr als eine bloße Klarstellungsfunktion zukommt:

Einer Auffassung nach ergibt sich bereits aus dem Tatbestand von Nr. 3105 VV dessen Nichtanwendbarkeit auf den Fall des lediglich nicht verhandelnden Gegners und damit in der Folge die Entstehung der vollen Terminsgebühr aus Nr. 3104 VV.[21] Nr. 3105 VV knüpfe an das Nichterscheinen oder Nichtverhandeln an, nicht aber an die prozessualen Voraussetzungen eines Versäumnisurteils, sonst wäre das Nichtverhandeln nicht gesondert erwähnt.[22]

Anderer Auffassung nach ordnet erst Abs. 2 der Anm. zu Nr. 3105 VV an, dass die an das fehlende Verhandeln anknüpfende Fiktion des Nichterscheinens nach § 333 ZPO im Gebührenrecht nicht zu berücksichtigen ist. Nach letzterer Auffassung hat die Regelung daher einen eigenen Regelungsgehalt.[23]

Die Frage kann offen bleiben, da nach allen Auffassungen eindeutig die volle Gebühr Nr. 3104 VV, nicht aber lediglich die gekappte Gebühr Nr. 3105 VV anfällt, wenn die anwesende Partei im Parteiprozess oder deren anwaltlicher Vertreter im Anwaltsprozess die Flucht in die Säumnis antritt und nicht verhandelt.[24]

32 Auch der **Rechtsanwalt des Gegners** verdient eine ungekappte Terminsgebühr Nr. 3104 VV, wenn er den Termin wahrnimmt, aber (nur er) nicht zur Sache verhandelt. Entscheidend ist wiederum die Begründung des Gesetzgebers, wonach der Aufwand des Rechtsanwalts typischerweise nur dann besonders gering ist, wenn kein postulationsfähiger Gegner erscheint.

33 Die volle Terminsgebühr Nr. 3104 VV entsteht auch, wenn **beide Anwälte erscheinen**, aber **nicht verhandeln** bzw keine Anträge stellen. Hintergrund ist das Hauptmotiv des Gesetzgebers für die Schaffung des RVG, die Justiz zu entlasten.[25]

IV. Exkurs: Aufgehobener Abs. 2 der Anm. zu Nr. 3105 VV aF

34 Teilweise ist in den Kommentaren zum RVG noch ein überholter Abs. 2 der Anm. zu Nr. 3105 VV besprochen.[26] Dieser ist allerdings mit Inkrafttreten des Gesetzes zur Umsetzung der Dienstleistungsrichtlinie in der Justiz und zur Änderung weiterer Vorschriften[27] am 28.12.2010 gestrichen worden; seither ist der bisherige Abs. 3 der Anmerkung als Abs. 2 aufgerückt.[28] Der bisherige Abs. 2 der Anm. war sinnlos: Es wurde auf Anm. Abs. 1 zu Nr. 3104 VV verwiesen. Diese Anmerkung regelt indes Fälle der Entstehung der Terminsgebühr durch Vergleichsschluss, einvernehmliche schriftliche Entscheidung oder Anerkenntnis. Solche Entstehungstatbestände widersprechen dem Grundgedanken von Nr. 3105 VV, der gerade eine Säumnissituation zum Gegenstand hat.[29]

---

20 OLG Brandenburg 27.4.2012 – 6 W 52/12, openJur 2012, 68106. 21 Mayer/Kroiß/*Mayer*, Nr. 3105 VV Rn 20 f. Etwas widersprüchlich ist die Kommentierung: In Rn 20 legt *Mayer* dar, das Ergebnis von Abs. 2 der Anm. zu 3105 VV ergebe sich bereits aus den Tatbestandsvoraussetzungen von Nr. 3105 VV. In Rn 21 lobt er die Regelung demgegenüber ohne entsprechende Erklärung als konsequente Erweiterung. 22 Schlussfolgerung aus BT-Drucks 15/1971, S. 212 f. 23 So Hartung/Schons/Enders/*Schons*, Nr. 3105 VV Rn 28; wohl auch AnwK-RVG/*N. Schneider*, Nr. 3105 VV Rn 42. 24 Für den Erlass des Versäumnisurteils im schriftlichen Verfahren ist ein entsprechender Antrag erforderlich, § 331 Abs. 3 S. 1 ZPO in Abgrenzung zum Anerkenntnis, das nach § 307 ZPO auch ohne Antrag ergeht; AnwK-RVG/*N. Schneider*, Nr. 3105 VV Rn 42. 25 BT-Drucks 15/1971, S. 212 f. 26 So in 5. Auflage bei Mayer/Kroiß/*Mayer*, Nr. 3105 VV Rn 21 und bei *Hartmann*, KostG, Nr. 3105 VV Rn 8. Gerold/Schmidt/ *Müller-Rabe* vermerkt in den Rn 37–39 bei Nr. 3105 VV die ersatzlose Streichung, der Gesetzestext wird aber unverändert einschließlich des gestrichenen Absatzes wiedergegeben. Bischof/Jungbauer u.a./*Bischof*, Nr. 3105 VV/Teil 3 VV Rn 41 vermerkt zu recht, dass die Vorschrift gestrichen worden ist; Gleiches gilt für AnwK-RVG/*N. Schneider*, Nr. 3105 VV Rn 40 f. 27 Gesetz v. 22.12.2010 (BGBl. I 2248). 28 Gesetz v. 22.12.2010 (BGBl. I 2248). 29 So zu recht, wenngleich zu einer damals bereits aufgehobenen Vorschrift, Mayer/Kroiß/*Mayer*, Nr. 3105 VV Rn 21 und AnwK-RVG/*N. Schneider*, Nr. 3105 VV Rn 40; nach Hartung/Schons/Enders/*Schons*, Nr. 3105 VV Rn 26 rätselte die Lit. seit dem Inkrafttreten des RVG über den Sinn des Verweises. Die Gesetzesbegründung (BT-Drucks 17/3356, S. 21) vermeidet die Feststellung der Sinnlosigkeit durch die Leerformel, die Verweisung sei wegen des Regel-Ausnahme-Verhältnisses zwischen Nr. 3104 und Nr. 3105 VV überflüssig. Das mag vom systematischen Ansatz her richtig sein, ist wegen des inhaltlichen Widerspruchs zwischen Abs. 2 der Anm. zu Nr. 3105 VV aF und Abs. 1 der Anm. zu Nr. 3104 VV aber sachlich unrichtig.

V. Teilweise reduzierte Terminsgebühr

Es ist möglich, dass hinsichtlich einzelner Teile des Gegenstands die volle Terminsgebühr Nr. 3104 VV, hin- 35
sichtlich anderer Teile die gekappte Terminsgebühr Nr. 3105 VV entsteht. Dies ist zB der Fall, wenn

■ gegen ein Versäumnisurteil, welches die gekappte Terminsgebühr Nr. 3105 VV ausgelöst hatte, nur ein
Teileinspruch eingelegt wird, über den dann verhandelt wird, oder

■ von vornherein der Beklagte nur zu einem Teil des Streitgegenstands die Verteidigung anzeigt, die Klage
nach Säumnisentscheidung erweitert oder teilweise zurückgenommen wird und es so zur Anwendung
verschiedener Terminsgebühren auf Teile des Gegenstands kommt.

Der Rechtsanwalt kann aufgrund von § 15 Abs. 3 an Terminsgebühren in derartigen Konstellationen aller- 36
dings nie mehr erhalten als die Terminsgebühr Nr. 3104 VV aus dem vollen Wert.[30]

Beispiel: Der Rechtsanwalt erhebt auftragsgemäß Klage über 7.000 €. Im Termin erscheint für die Gegenseite nie- 37
mand, er beantragt den Erlass eines Versäumnisurteils. Der Beklagte erhebt hinsichtlich eines Teilbetrags von
4.000 € Einspruch, über den mündlich verhandelt wird.

Der Rechtsanwalt rechnet ab:

1. 1,3-Verfahrensgebühr, Nr. 3100 VV (Wert: 7.000 €)		526,50 €
2. 0,5-Terminsgebühr, Nr. 3105 VV (Wert: 7.000 €)	202,50 €	
3. 1,2-Terminsgebühr, Nr. 3104 VV (Wert: 4.000 €)	302,40 €	
max. § 15 Abs. 3 RVG (7.000 €) (1,2)	486,00 €	486,00 €
4. Auslagenpauschale, Nr. 7002 VV		20,00 €
Zwischensumme		1.032,50 €
5. 19 % Mehrwertsteuer, Nr. 7008 VV		196,18 €
Gesamt		**1.228,68 €**

Gleiches gilt wiederum, wenn der Anwalt im Termin in der Säumnissituation hinsichtlich einer von mehre- 38
ren Forderungen Tätigkeiten entfaltet, die über den reinen Antrag auf Erlass eines Versäumnisurteils hinausgehen, einen Teil der Klage also bspw mit dem Gericht bespricht.

Einer Auffassung nach soll der Anwalt dann insgesamt hinsichtlich aller Klagegegenstände nicht lediglich
einen Termin iSv Nr. 3105 VV wahrgenommen haben.[31] Er erhielte also die volle Terminsgebühr Nr. 3104
VV aus dem Gesamtwert der Klage, obgleich hinsichtlich einzelner Gegenstände die Voraussetzungen der
Gebühr Nr. 3105 VV vorlagen.

Beispiel: Der Rechtsanwalt erhebt auftragsgemäß für einen Mandanten Klage über 7.000 € aus Kaufvertrag 39
und 3.000 € aus Werkvertrag im gleichen Verfahren. Im Termin vor dem Landgericht erscheint der Beklagte persönlich, aber ohne Anwalt. Das Gericht äußert Zweifel hinsichtlich der Fälligkeit der Werklohnforderung, lässt
sich aber im Termin von der Begründetheit der Klage überzeugen und erlässt auf entsprechenden Antrag hinsichtlich der Gesamtforderung Versäumnisurteil.

Der Rechtsanwalt rechnet nach der soeben dargestellten Auffassung ab:

1. 1,3-Verfahrensgebühr, Nr. 3100 VV (Wert: 10.000 €)		725,40 €
2. 1,2-Terminsgebühr, Nr. 3104 VV (Wert: 10.000 €)		669,60 €
3. Auslagenpauschale, Nr. 7002 VV		20,00 €
Zwischensumme		1.415,00 €
4. 19 % Mehrwertsteuer, Nr. 7008 VV		265,05 €
Gesamt		**1.680,05 €**

Die Gegenauffassung[32] ist zutreffend: Diese stellt darauf ab, dass unter Berücksichtigung des § 15 Abs. 3 40
nach Angelegenheiten zu trennen ist, um unsinnige Ergebnisse bei der Beteiligung mehrerer Auftraggeber zu
vermeiden. Es liegt nach Angelegenheiten gesondert jeweils ein Termin vor, in dem lediglich ein Antrag auf
Erlass eines Versäumnisurteils gestellt wurde. Soweit die Kappung durch § 15 Abs. 3 nicht greift, kommt es
auf den Streit auch für die Gesamthöhe der Vergütung des Anwalts an, wegen der unterschiedlichen Haftung der eigenen Mandanten nach § 7 Abs. 2 aber auch außerhalb dieser Sonderkonstellationen.

Beispiel: Im obigen Beispiel darf daher nach zutreffender Auffassung nur wie folgt abgerechnet werden, da § 15 41
Abs. 3 nicht zu einer Begrenzung des Anspruchs führt:

1. 1,3-Verfahrensgebühr, Nr. 3100 VV (Wert: 10.000 €)		725,40 €
2. 1,2-Terminsgebühr, Nr. 3105 VV (Wert: 7.000 €)	486,00 €	
3. 0,5-Terminsgebühr, Nr. 3104 VV (Wert: 3.000 €)	100,50 €	
Zwischensumme	586,50 €	586,50 €

---

30 Umfangreiche Beispielssammlung zur Terminsgebühr: *N. Schneider*, RVGreport 2013, 82 ff. **31** *Schons* in Anm. zu OLG Köln
AGS 2006, 224; ArbG Siegburg AGS 2011, 479. **32** *N. Schneider*, RVGreport 2013, 82, 85 f; OLG Köln RVGreport 2006, 104.

4. Auslagenpauschale, Nr. 7002 VV   20,00 €
   Zwischensumme   1.331,90 €
5. 19 % Mehrwertsteuer, Nr. 7008 VV   253,06 €
   Gesamt   **1.584,96 €**

Nr.	Gebührentatbestand	Gebühr oder Satz der Gebühr nach § 13 RVG
3106	Terminsgebühr in Verfahren vor den Sozialgerichten, in denen Betragsrahmengebühren entstehen (§ 3 RVG) .... Die Gebühr entsteht auch, wenn 1. in einem Verfahren, für das mündliche Verhandlung vorgeschrieben ist, im Einverständnis mit den Parteien ohne mündliche Verhandlung entschieden oder in einem solchen Verfahren ein schriftlicher Vergleich geschlossen wird, 2. nach § 105 Abs. 1 Satz 1 SGG durch Gerichtsbescheid entschieden wird und eine mündliche Verhandlung beantragt werden kann oder 3. das Verfahren, für das mündliche Verhandlung vorgeschrieben ist, nach angenommenem Anerkenntnis ohne mündliche Verhandlung endet. In den Fällen des Satzes 1 beträgt die Gebühr 90 % der in derselben Angelegenheit dem Rechtsanwalt zustehenden Verfahrensgebühr ohne Berücksichtigung einer Erhöhung nach Nummer 1008.	50,00 bis 510,00 €

I. Allgemeines

1   Die Gebühr Nr. 3106 VV ist anwendbar bei nach § 3 abrechenbaren Verfahren. Sie ist eine **Spezialvorschrift** gegenüber der Gebühr Nr. 3104 VV.

2   Bis zum Inkrafttreten des 2. KostRMoG am 1.8.2013 gab es bei der Gebühr Nr. 3104 VV für nach § 3 abzurechnende Verfahren und bei der Gebühr Nr. 3106 VV unterschiedliche Regelungen. Insbesondere war die fiktive Terminsgebühr für den **Vergleich im schriftlichen Verfahren** im Text des Gebührentatbestands der Nr. 3106 VV nicht geregelt gewesen. Die Rspr hatte hieraus geschlossen, dass in sozialgerichtlichen Verfahren bei einem Vergleich im schriftlichen Verfahren keine fiktive Terminsgebühr anfiele. Das hat der Gesetzgeber des 2. KostRMoG durch die Ergänzung in **Anm. Nr. 1** („oder in einem solchen Verfahren ein schriftlicher Vergleich geschlossen") nunmehr richtiggestellt.

3   Dagegen hat der Gesetzgeber jetzt die vorher vorgesehene fiktive Terminsgebühr bei der Entscheidung durch **Gerichtsbescheid** in der **Anm. Nr. 2** für den Regelfall ausgeschlossen. Der Gesetzgeber begründet das mit dem Wunsch nach einer Vereinheitlichung der Regeln für die fiktive Terminsgebühr in allen Verfahrensarten. Tatsächlich ist damit eine erhebliche Minderung der Gebühren auch gegenüber den vorherigen Regelungen in der BRAGO und der ursprünglichen Fassung des RVG 2004 verbunden. In der BRAGO war eine Pauschalgebühr für das gesamte Verfahren vorgesehen, die auch durch den Ausfall der Verhandlung bei einem Gerichtsbescheid kaum vermindert wurde. Aufgrund der Aufspaltung in Verfahrens- und Terminsgebühr durch das RVG führt der Fortfall der fiktiven Terminsgebühr zu einer Benachteiligung der Sozialrechtsanwälte, deren Gebühren ohnehin trotz der Erhöhung durch das 2. KostRMoG nur knapp die Angemessenheit für die Leistung und Verantwortung erreichen.

II. Sozialrechtliche Besonderheiten

4   **1. Terminsgebühr als Rahmengebühr.** Die Terminsgebühr Nr. 3106 VV ist eine **Rahmengebühr**. Sie muss durch die Bestimmung durch den Rechtsanwalt gem. § 14 Abs. 1 ausgefüllt werden.

5   Der **Umfang** wird im Wesentlichen durch die **Dauer** der durch die Verhandlung verursachten Tätigkeiten bestimmt. Dazu gehört auch die Vorbereitung auf den konkreten Termin, etwa durch die vorbereitende Besprechung mit dem Mandanten, sowie durch den Termin verursachte Wartezeiten. Demgegenüber sieht die Rspr zT alle vorbereitenden Tätigkeiten als durch die Verfahrensgebühr abgedeckt, so dass sich der Umfang der Verhandlung allein durch die Terminsdauer nach Minuten gemäß dem Protokoll der Verhandlung bestimmt.[1] Das ist weder sachgerecht, noch vom Gesetzgeber gewollt. Denn eine gute Vorbereitung auch des Rechtsanwalts und des Mandanten führt zu einer Verkürzung und Straffung des Termins, was durch

---

[1] LSG NRW 7.12.2006 – L 18 B 9/06 R.

diese Rspr bestraft würde.[2] Zudem passt bei dieser Betrachtung auch das Verhältnis zwischen Verfahrens- und Terminsgebühr nicht, denn die Verfahrensgebühr würde neben dem Verfassen der Klage, dem weiteren Schriftwechsel und dem Auswerten der Beweisaufnahme auch noch die Vorbereitung des Termins umfassen. Im Durchschnittsfall wird das eine Tätigkeit von insgesamt mehreren Stunden umfassen, während der reine Termin im Durchschnitt zwischen 20 und 40 Minuten dauern wird.[3] Beide Tätigkeiten werden jedoch annähernd gleich hoch vergütet.

Mehrere Termine führen nicht zu mehreren Terminsgebühren. Im Normalfall findet allein ein Verhandlungstermin statt. In den Fällen, in denen ein zusätzlicher Erörterungstermin oder eine Beweisaufnahme außerhalb des Verhandlungstermins stattfindet, ist in jedem Fall ein überdurchschnittlicher Umfang gegeben.

2. Terminsgebühr als Festgebühr (Anm. S. 2). Ausnahmsweise entsteht die Terminsgebühr als Festgebühr iHv 90 % der dem Rechtsanwalt zustehenden Verfahrensgebühr, wenn es sich um eine fiktive Terminsgebühr handelt (**Anm. S. 2;** → Rn 9 ff). Dabei ist auf die Verfahrensgebühr vor der Anrechnung einer etwa vorher entstandenen Geschäftsgebühr abzustellen. Die Anrechnung ist bei Abrechnung nach Wertgebühren (Nr. 3104 VV) ebenfalls nicht zu berücksichtigen. Wäre das bei der Abrechnung der Nr. 3106 VV anders, würde das dem Willen des Gesetzgebers zu einer gleichen Abrechnung bei Wertgebühren und Betragsrahmengebühren zuwiderlaufen. Zudem würde diese Auslegung nicht mit der Regelung des § 15 a vereinbar sein, nach der die Gebühr immer erst in der vollen Höhe entsteht und erst nachträglich durch die Anrechnung vermindert wird, wobei sich ein Dritter auf diese Anrechnung grds. nicht berufen kann. Die Gebühr steht dem Rechtsanwalt deshalb in voller Höhe zu, kann jedoch wegen der Anrechnung ggf nicht durchsetzbar sein.[4] Deshalb ist die Gebührenhöhe für die Nr. 3106 VV nach 90 % der Verfahrensgebühr vor Anrechnung zu bemessen.   **6**

3. Erledigungsbesprechung. Die Terminsgebühr wird gem. Vorbem. 3 Abs. 3 VV auch verdient, wenn ein Gespräch mit der Gegenseite mit dem Ziel der Erledigung des Verfahrens geführt wird (→ Vorbem. 3 VV Rn 19 ff). Das gilt auch im sozialgerichtlichen Verfahren. Das gilt etwa für telefonische Besprechungen mit dem Sachbearbeiter der Gegenseite außerhalb des gerichtlichen Termins. Dabei reicht es aus, wenn der Gegenvertreter eine auf die Erledigung des Verfahrens gerichtete Erklärung zur Prüfung und Weiterleitung an seine Partei entgegennimmt.[5]   **7**

Die Terminsgebühr fällt aber wegen des Grundsatzes, dass alle Gebühren in derselben Angelegenheit nur einfach anfallen sollen (vgl § 15 Abs. 2), nicht mehrfach an, wenn der gerichtliche Termin bei Erfolglosigkeit der Erledigungsbesprechung dann doch stattfinden muss. Allerdings ist der Umfang der Terminsgebühr dann entsprechend höher zu bewerten.   **8**

4. Fiktive Terminsgebühr (Anm. S. 1 und 2). Die fiktive Terminsgebühr fällt an, wenn ein gerichtlicher Termin grds. stattzufinden hat, ausnahmsweise aber nicht mehr erforderlich wird. Die Fälle, in denen eine fiktive Terminsgebühr anfällt, sind **enumerativ** in **Anm. S. 1 Nr. 1–3** aufgezählt. Die Gebührenhöhe regelt Anm. S. 2 (→ Rn 6).   **9**

Anm. S. 1 Nr. 1 Alt. 1: Die fiktive Terminsgebühr fällt an, wenn die Parteien gem. § 124 Abs. 2 SGG auf einen **Verhandlungstermin verzichten** und das Gericht im schriftlichen Verfahren entscheidet.   **10**

Anm. S. 1 Nr. 1 Alt. 2: Der Gesetzgeber hat mit dieser Regelung klargestellt, dass die fiktive Terminsgebühr auch beim **Abschluss eines schriftlichen Vergleichs und dadurch ersparter Verhandlung** entsteht. Bei der Erstfassung des RVG im Jahre 2004 war der Gesetzgeber davon ausgegangen, dass Vergleiche in sozialrechtlichen Angelegenheiten nicht vorkommen dürften, weil es zumeist um unverzichtbare existentielle Ansprüche geht. Tatsächlich sind Vergleiche in der Rechtswirklichkeit jedoch häufig, weil Tatsachen, wie zB der Zeitpunkt der Eintrittsvoraussetzungen, nicht genau festgestellt werden können und eine einvernehmliche Regelung sinnvoll ist. Bereits das Antragserfordernis bei vielen Sozialleistungen zeigt, dass die streitigen Ansprüche im Regelfall doch der Verfügungsbefugnis der leistungsberechtigten Partei unterliegen.   **11**

Die Voraussetzungen für die fiktive Terminsgebühr sind das Vorliegen eines Vergleichs gem. § 779 Abs. 1 und 2 BGB sowie die Schriftform gem. § 126 BGB.[6] Ob darüber hinaus auch ein durch Beschluss gem. § 278 Abs. 6 ZPO festgestellter Vergleich, bei dem die Parteien nicht notwendig Willenserklärungen in Schriftform abgeben müssen, die fiktive Terminsgebühr auslösen kann, war zunächst streitig.[7] Inzwischen ist zu Recht ausnahmslos anerkannt, dass der Beschluss die Schriftform ersetzt.[8] Die in der Sozialgerichtsbarkeit vertretene Auffassung, dass nur ein durch Beschluss festgestellter Vergleich die fiktive Terminsge-   **12**

---

2 SG Dortmund – S 10 (32) AS 210/07; LSG NRW 20.12.2006 – L 12 B 194/06 AS. **3** Der durchschnittliche Termin dauert 30 Minuten: HessLSG 28.4.2014 – L 2 AS 708/13. **4** Ebenso *Hartung/Schons/Enders*, Nr. 3106 VV Rn 25. **5** BGH NJW 2007, 1214; *N. Schneider*, AGS 2016, 64. **6** *N. Schneider*, AGS 2016, 76; LAG Hamburg, RVGreport 2011, 110. **7** Zweifelnd BGH NJW 2004, 2311. **8** BGH 27.10.2005 – III ZB 42/05; BGH 10.7.2006 – II ZB 28/05.

bühr auslösen könne,[9] ist weder durch den Wortlaut der Vorschrift gedeckt noch durch eine systematische oder teleologische Auslegung. Eine solche Auffassung ist vielmehr klar gesetzwidrig und willkürlich.[10]

13   **Anm. S. 1 Nr. 2:** Eine fiktive Terminsgebühr bei **Entscheidung durch Gerichtsbescheid** nach § 105 Abs. 1 S. 1 SGG fällt nur noch dann an, wenn die Parteien die Möglichkeit hätten, einen Termin zu erzwingen.

14   **Anm. S. 1 Nr. 3** bestimmt, dass eine fiktive Terminsgebühr bei Beendigung des Verfahrens durch **Annahme eines Anerkenntnisses** anfällt. Der Gesetzgeber knüpft die Folge nicht an die Art der Erklärung, sondern an die Beendigungswirkung der Erklärung an, so dass die Gebühr nicht nur für den annehmenden, sondern auch für den das Anerkenntnis aussprechenden Prozessbevollmächtigten entsteht. Die Gebühr fällt aber nur in Verfahren an, in denen eine mündliche Verhandlung obligatorisch ist.

Abschnitt 2
Berufung, Revision, bestimmte Beschwerden und Verfahren vor dem Finanzgericht

Nr.	Gebührentatbestand	Gebühr oder Satz der Gebühr nach § 13 RVG
Vorbemerkung 3.2:		
(1) Dieser Abschnitt ist auch in Verfahren vor dem Rechtsmittelgericht über die Zulassung des Rechtsmittels anzuwenden.		
(2) Wenn im Verfahren über einen Antrag auf Anordnung, Abänderung oder Aufhebung eines Arrests oder einer einstweiligen Verfügung das Rechtsmittelgericht als Gericht der Hauptsache anzusehen ist (§ 943 ZPO), bestimmen sich die Gebühren nach den für die erste Instanz geltenden Vorschriften. Dies gilt entsprechend im Verfahren der einstweiligen Anordnung und im Verfahren auf Anordnung oder Wiederherstellung der aufschiebenden Wirkung, auf Aussetzung oder Aufhebung der Vollziehung oder Anordnung der sofortigen Vollziehung eines Verwaltungsakts. Satz 1 gilt ferner entsprechend in Verfahren über einen Antrag nach § 169 Absatz 2 Satz 5 und 6, § 173 Absatz 1 Satz 3 oder nach § 176 GWB.		

Geplante Fassung ab 18.1.2017 (gem. EuKoPfVODG, BT-Drucks 18/7560):[1]

Nr.	Gebührentatbestand	Gebühr oder Satz der Gebühr nach § 13 RVG
Vorbemerkung 3.2:		
(1) Dieser Abschnitt ist auch in Verfahren vor dem Rechtsmittelgericht über die Zulassung des Rechtsmittels anzuwenden.		
(2) *Wenn im Verfahren auf Anordnung eines Arrests, zur Erwirkung eines Europäischen Beschlusses zur vorläufigen Kontenpfändung oder auf Erlass einer einstweiligen Verfügung sowie im Verfahren über die Aufhebung, den Widerruf oder die Abänderung der genannten Entscheidungen das Rechtsmittelgericht als Gericht der Hauptsache anzusehen ist (§ 943, auch i.V.m. § 946 Absatz 1 Satz 2 ZPO), bestimmen sich die Gebühren nach den für die erste Instanz geltenden Vorschriften.* Dies gilt entsprechend im Verfahren der einstweiligen Anordnung und im Verfahren auf Anordnung oder Wiederherstellung der aufschiebenden Wirkung, auf Aussetzung oder Aufhebung der Vollziehung oder Anordnung der sofortigen Vollziehung eines Verwaltungsakts. Satz 1 gilt ferner entsprechend in Verfahren über einen Antrag nach § 169 Absatz 2 Satz 5 und 6, § 173 Absatz 1 Satz 3 oder nach § 176 GWB.		

I. Geltungsbereich

1   Abschnitt 2 VV ist anzuwenden auf Berufungen, Revisionen und bestimmte Beschwerden, wenn es sich um ein Verfahren handelt, für das Teil 3 VV gilt, darüber hinaus aber auch in den von Vorbem. 3.2.1 VV und Vorbem. 3.2.2 VV genannten Verfahren. Auf die dortigen Erl. wird jeweils verwiesen.

---

9 LSG NRW 11.3.2015 – L 9 AL 277/14 B; diesem fast wörtlich folgend: BayLSG 22.5.2015 – L 15 SF 115/14 E und LSG Nds-Brem 27.7.2015 – L 7/14 AS 64/14 B. **10** *Hinne,* AGS 2016, 74; *N. Schneider,* AGS 2016, 76; einstimmiger Beschluss der Konferenz der Gebührenreferenten der Rechtsanwaltskammern v. 16.4.2016 (noch unveröffentlicht). **1** *Kursive Hervorhebung:* Geplante Fassung des Abs. 2 S. 1 durch Art. 13 Nr. 4 Buchst. a des Entwurfs eines Gesetzes zur Durchführung der Verordnung (EU) Nr. 655/2014 sowie zur Änderung sonstiger zivilprozessualer Vorschriften (EuKoPfVODG), BT-Drucks 18/7560, S. 21. Geplantes Inkrafttreten: 18.1.2017 (s. Art. 14 Abs. 1 ÄndG). Siehe dazu auch Rn 5.

II. Zulassungsverfahren (Abs. 1)

Nr. 3200 ff VV gelten auch für Verfahren über die Zulassung von Rechtsmitteln, soweit diese von Teil 3   2
Abschnitt 2 VV erfasst sind. Hierzu gehören insb. Verfahren nach § 566 ZPO (Sprungrevision), § 75
FamFG (Sprungrechtsbeschwerde) und § 124 a Abs. 4 VwGO (Zulassung der Berufung). Entscheidet das
Berufungsgericht, entstehen Gebühren nach Nr. 3200 ff VV. Findet das Zulassungsverfahren vor dem Revi-
sionsgericht statt, gelten Nr. 3206 ff VV.

Gegenüber dem vorhergehenden Rechtszug handelt es sich um eine neue **Angelegenheit**, so dass die Gebüh-   3
ren gesondert entstehen. Wird die Zulassung noch vor Erlass der Entscheidung bei dem Ausgangsgericht
beantragt, liegt jedoch keine gesonderte Angelegenheit vor, weil der Zulassungsantrag dann zu den Tätigkeiten dieses Rechtszugs zählt und mit den dort entstandenen Gebühren abgegolten wird.[2] Für das Verhältnis zum anschließenden Rechtsmittelverfahren ordnet § 16 Nr. 11 an, dass es sich um dieselbe Angelegenheit handelt, so dass die Gebühren der Nr. 3200 ff VV nur einmal verdient werden.

Abzugrenzen vom Zulassungsverfahren ist die **Nichtzulassungsbeschwerde** (insb. §§ 72 a, 92 a ArbGG,   4
§ 116 Abs. 1 FGO, § 145 Abs. 1, § 160 a SGG, § 133 Abs. 1 VwGO, § 544 ZPO). Für sie gilt Abs. 1 nicht,
es entstehen Gebühren nach Nr. 3504 ff VV. Nichtzulassungsbeschwerde und das anschließende Rechtsmittelverfahren bilden nach § 17 Nr. 9 verschiedene Angelegenheiten.

III. Eilverfahren (Abs. 2 S. 1 und 2)

Abs. 2 S. 1 stellt klar, dass in Verfahren wegen   5

- Anordnung eines **Arrests**,
- Erlass einer **einstweiligen Verfügung** oder
- Erlass eines **Europäischen Beschlusses zur vorläufigen Kontenpfändung** nach Art. 5 Buchst. a
  EuKoPfVO[3]

sowie in Verfahren wegen der Aufhebung, des Widerrufs oder der Abänderung einer solchen Entscheidung,
die wegen der Anhängigkeit der Hauptsache beim Rechtsmittelgericht dort anhängig werden, Gebühren
nach Nr. 3100 ff VV entstehen, weil es sich weiterhin um ein erstinstanzliche Verfahren handelt. Das gilt zB für
einstweilige Verfügungen oder Arreste in Zivilsachen (§ 943 ZPO), Arrestverfahren in Familiensachen
(§ 119 Abs. 2 FamFG iVm § 943 ZPO) oder in arbeitsgerichtlichen Beschlussverfahren, wenn das Landesarbeitsgericht als Beschwerdegericht eine einstweilige Verfügung erlässt (§ 85 Abs. 2 ArbGG iVm § 943
ZPO). Es handelt sich bei diesen Verfahren im Verhältnis zur Hauptsache stets um eigenständige Angelegenheiten (§ 17 Nr. 4 Buchst. a, b, d), so dass die Gebühren gesondert entstehen. Wird die einstweilige Verfügung erstmals beim Rechtsmittelgericht beantragt, entstehen für das Eilverfahren Gebühren nach
Nr. 3100 ff VV, für das Rechtsmittelverfahren Gebühren nach Nr. 3200 ff VV.

Nach **Abs. 2 S. 2** gilt Abs. 2 S. 1 entsprechend, wenn es sich um Verfahren handelt wegen   6

- Erlass einer einstweiligen Anordnung,
- Anordnung oder Wiederherstellung der aufschiebenden Wirkung,
- Aussetzung oder Aufhebung der Vollziehung eines Verwaltungsakts,
- Anordnung der sofortigen Vollziehung eines Verwaltungsakts,

so dass auch für diese Verfahren Gebühren nach Nr. 3100 ff V entstehen, wenn sie erstmals beim Rechtsmittelgericht anhängig gemacht werden. Im Verhältnis zur Hauptsache handelt es sich stets um eigenständige Angelegenheiten (§ 17 Nr. 4 Buchst. c, d). Für die Verfahren nach § 69 Abs. 3, 5, 6 FGO vor dem Bundesfinanzhof gelten hingegen die Gebühren nach Nr. 3200 ff VV.[4]

IV. Eilverfahren nach dem GWB (Abs. 2 S. 3)

Die Gebühren bestimmen sich auch dann nach Nr. 3100 ff VV, wenn der Anwalt tätig wird in einem Ver-   7
fahren nach § **169** Abs. 2 S. 5 und 6, § **173** Abs. 1 S. 3 oder nach § **176** GWB. Diese Verfahren stellen gegenüber dem Beschwerdeverfahren als Hauptsache eine eigenständige Angelegenheit dar,[5] so dass die Gebühren stets gesondert entstehen.

---

2 Gerold/Schmidt/*Müller-Rabe*, § 17 Rn 117. **3** Geplante Änderung durch Art. 13 Nr. 4 Buchst. a des Entwurfs eines Gesetzes
zur Durchführung der Verordnung (EU) Nr. 655/2014 sowie zur Änderung sonstiger zivilprozessualer Vorschriften (EuKoPf-
VODG), BT-Drucks 18/7560, S. 21. Geplantes Inkrafttreten dieser Änderung: 18.1.2017 (s. Art. 14 Abs. 1 ÄndG). **4** BT-Drucks
17/13537, S. 387. **5** BT-Drucks 16/3038, S. 56.

Unterabschnitt 1
Berufung, bestimmte Beschwerden und Verfahren vor dem Finanzgericht

Nr.	Gebührentatbestand	Gebühr oder Satz der Gebühr nach § 13 RVG

Vorbemerkung 3.2.1:

Dieser Unterabschnitt ist auch anzuwenden in Verfahren

1. vor dem Finanzgericht,
2. über Beschwerden
   a) gegen die den Rechtszug beendenden Entscheidungen in Verfahren über Anträge auf Vollstreckbarerklärung ausländischer Titel oder auf Erteilung der Vollstreckungsklausel zu ausländischen Titeln sowie über Anträge auf Aufhebung oder Abänderung der Vollstreckbarerklärung oder der Vollstreckungsklausel,
   b) gegen die Endentscheidung wegen des Hauptgegenstands in Familiensachen und in den Angelegenheiten der freiwilligen Gerichtsbarkeit,
   c) gegen die den Rechtszug beendenden Entscheidungen im Beschlussverfahren vor den Gerichten für Arbeitssachen,
   d) gegen die den Rechtszug beendenden Entscheidungen im personalvertretungsrechtlichen Beschlussverfahren vor den Gerichten der Verwaltungsgerichtsbarkeit,
   e) nach dem GWB,
   f) nach dem EnWG,
   g) nach dem KSpG,
   h) nach dem VSchDG,
   i) nach dem SpruchG,
   j) nach dem WpÜG,
3. über Beschwerden
   a) gegen die Entscheidung des Verwaltungs- oder Sozialgerichts wegen des Hauptgegenstands in Verfahren des vorläufigen oder einstweiligen Rechtsschutzes,
   b) nach dem WpHG,
   c) *gegen die Entscheidung über den Widerspruch des Schuldners (§ 954 Abs. 1 Satz 1 ZPO) im Fall des Artikels 5 Buchstabe a der Verordnung (EU) Nr. 655/2014.*[1]
4. über Rechtsbeschwerden nach dem StVollzG, auch i.V.m. § 92 JGG.

I. Allgemeines

1   Vorbem. 3.2.1 VV dehnt den Anwendungsbereich von Abschnitt 2 Unterabschnitt 1 VV über die von Teil 3 VV erfassten Verfahren hinaus aus, so dass Nr. 3200–3205 VV auch in den in Vorbem. 3.2.1 **Nr. 1–4** VV genannten Verfahren, Beschwerden und Rechtsbeschwerden anzuwenden sind. Andere Gebühren sind nicht erfasst, so dass Gebühren nach Nr. 3206 ff VV (= Abschnitt 2 Unterabschnitt 2 VV) nur entstehen, wenn das Verfahren in Vorbem. 3.2.2 VV ausdrücklich genannt ist. Die Regelung der Vorbem. 3.2.1 VV ist **abschließend** und kann nicht auf andere Verfahren angewendet werden.

2   Vorbem. 3.2.1 VV stellt klar, dass sich auch in den Angelegenheiten der freiwilligen Gerichtsbarkeit die Gebühren für sämtliche Beschwerdeverfahren nach §§ 58 ff FamFG, die den Hauptgegenstand des Verfahrens betreffen, nach den für die Berufung geltenden Vorschriften bestimmen. Somit ist hinsichtlich der Familiensachen nicht zwischen Ehe- und Familienstreitsachen und den Verfahren der freiwilligen Gerichtsbarkeit zu unterscheiden ist. Auch hinsichtlich der Landwirtschaftssachen ist nicht zwischen den bürgerlichen Rechtsstreitigkeiten (§ 1 Nr. 1 a, § 48 Abs. 1 LwVfG) und den Landwirtschaftssachen der freiwilligen Gerichtsbarkeit (§ 1 Nr. 1, 2–6, § 9 LwVfG) zu unterscheiden.

II. Die einzelnen Verfahren

3   **1. Verfahren vor dem Finanzgericht (Nr. 1).** In erstinstanzlichen Verfahren vor den Finanzgerichten gilt Teil 3 Abschnitt 2 Unterabschnitt 1 VV, weil die anwaltliche Tätigkeit dort mit einer solchen vor den Berufungsgerichten vergleichbar ist und besondere Anforderungen stellt.[2] Es entstehen Verfahrensgebühren nach Nr. 3200, 3201 VV, Terminsgebühren nach Nr. 3202, 3203 VV. Für die Einigungsgebühr ist für an-

---

1 *Kursive Hervorhebung:* Geplante Ergänzung durch Art. 13 Nr. 4 Buchst. b des Entwurfs eines Gesetzes zur Durchführung der Verordnung (EU) Nr. 655/2014 sowie zur Änderung sonstiger zivilprozessualer Vorschriften (EuKoPfVODG), BT-Drucks 18/7560, S. 21. Geplantes Inkrafttreten dieser Ergänzung: 18.1.2017 (s. Art. 14 Abs. 1 ÄndG). Siehe Rn 19. **2** BT-Drucks 15/1971, S. 213.

hängige Ansprüche Nr. 1003 VV, nicht jedoch Nr. 1004 VV anzuwenden, weil der Gesetzgeber nach Anm. Abs. 2 zu Nr. 1004 VV nur die Beschwerde- und Rechtsbeschwerdeverfahren einbinden wollte.[3] In Verfahren nach § 69 Abs. 3, 5, 6 FGO vor dem BFH bestimmen sich die Gebühren gleichfalls nach Nr. 3200 ff VV.[4] Für Rechtsbeschwerden nach §§ 115 ff FGO gelten Nr. 3206 ff VV.

2. Beschwerden bei ausländischen Titeln (Nr. 2 Buchst. a). Die Regelung erfasst Beschwerden gegen die den   **4** Rechtszug beendende Entscheidungen in Verfahren über Anträge auf

- Vollstreckbarerklärung ausländischer Titel,
- Erteilung der Vollstreckungsklausel zu ausländischen Titeln,
- Aufhebung oder Abänderung der Vollstreckbarerklärung oder der Vollstreckungsklausel.

Es muss sich um ein Verfahren aufgrund zwischenstaatlicher Regelungen handeln, zB §§ 13 ff AVAG,   **5** §§ 43 ff AUG. So gilt Nr. 2 Buchst. a nicht, wenn über die Vollstreckbarerklärung in einem normalen Klageverfahren entschieden werden muss (§§ 722 f ZPO).[5] Für die Rechtsmittel in solchen Verfahren gelten Nr. 3200 ff VV unmittelbar, da es sich dann um eine bürgerliche Rechtsstreitigkeit handelt. Gleiches gilt für Vollstreckungsabwehrklagen (§ 767 ZPO). Für den Vollstreckungsabwehrantrag (§ 66 AUG) gilt Nr. 2 Buchst. b. Die Regelung der Nr. 2 Buchst. a kommt auch dann nicht zur Anwendung, wenn es sich um Verfahren nach § 110 FamFG handelt, weil für Familiensachen Nr. 2 Buchst. b gilt. Für Rechtsbeschwerden gelten Nr. 3206 ff VV (s. Vorbem. 3.2.2 Nr. 1 Buchst. a VV).

3. Beschwerden in Familiensachen (Nr. 2 Buchst. b Alt. 1). Erfasst sind Beschwerden nach §§ 58 ff FamFG   **6** gegen im ersten Rechtszug erlassene Endentscheidungen in Familiensachen (§ 111 FamFG), wenn sie den **Hauptgegenstand** betreffen. Unerheblich ist, ob es sich um eine Familienstreitsache oder eine Familiensache der freiwilligen Gerichtsbarkeit handelt. Die entsprechenden Lebenspartnerschaftssachen (§ 269 FamFG) sind ohne ausdrückliche Nennung erfasst, da es sich um Familiensachen handelt. Für Beschwerden gegen Neben- oder Zwischenentscheidungen finden Nr. 3200 ff VV keine Anwendung, es gilt Nr. 3500 VV. Gleiches gilt, wenn eine Kostenentscheidung, die zugleich Endentscheidung ist, mit der sofortigen Beschwerde nach § 91 a Abs. 2, § 99 Abs. 2, § 269 Abs. 5 ZPO angefochten wird. Teil 3 Abschnitt 2 Unterabschnitt 2 VV erfasst aber auch die Beschwerden nach § 256 FamFG im vereinfachten Unterhaltsverfahren und solche nach § 57 FamFG in einstweiligen Anordnungsverfahren.[6]

4. Beschwerden in Angelegenheiten der freiwilligen Gerichtsbarkeit (Nr. 2 Buchst. b Alt. 2). Richtet sich die   **7** Beschwerde nach §§ 58 ff FamFG, entstehen Gebühren nach Nr. 3200 ff VV, wenn mit der Beschwerde die Endentscheidung über den Hautgegenstand angegriffen wird. Erfasst sind folglich sämtliche vom FamFG erfasste Verfahren, so dass jetzt auch die Beschwerdeverfahren in **Aufgebotssachen** (§§ 433 ff FamFG) nach Teil 3 Abschnitt 2 VV abzurechnen sind. Ebenso gelten für Beschwerden in Nachlasssachen die Nr. 3200 ff VV.[7] Soweit jedoch Sonderregelungen bestehen, zB für Freiheitsentziehungs- und Unterbringungssachen (Nr. 6300 ff VV), gehen diese vor.

Erfasst sind auch **Landwirtschaftssachen**, jedoch ist hier zu unterscheiden zwischen Verfahren der freiwilligen   **8** Gerichtsbarkeit (§§ 9 ff LwVfG), zu denen die Landwirtschaftssachen nach § 1 Nr. 1, 2–6 LwVfG gehören, und Landwirtschaftssachen nach § 1 Nr. 1 a LwVfG, die zu den bürgerlichen Rechtsstreitigkeiten zählen (§ 48 LwVfG). Nr. 2 Buchst. b gilt nur für die Verfahren der freiwilligen Gerichtsbarkeit, so dass hier Gebühren nach Nr. 3200 ff VV entstehen, wenn es sich um eine Beschwerde nach §§ 58 ff FamFG gegen eine Endentscheidung über den **Hauptgegenstand** handelt; für Nebenentscheidungen gilt die Regelung nicht, es ist Nr. 3500 VV anzuwenden. In Rechtsbeschwerden gelten Nr. 3206 ff VV (s. Vorbem. 3.2.2 Nr. 1 Buchst. a VV). Handelt es sich um bürgerliche Rechtsstreitigkeiten nach § 1 Nr. 1 a LwVfG, gelten die Nr. 3200 ff VV unmittelbar.

5. Beschwerden und Rechtsbeschwerden in Arbeitssachen (Nr. 2 Buchst. c). Die Regelung erfasst nur Arbeitssachen, die im **Beschlussverfahren nach §§ 80 ff ArbGG** durchgeführt werden. Danach entstehen auch   **9** für Beschwerden nach §§ 87 ff ArbGG Gebühren nach Nr. 3200 ff VV. Das gilt auch für die Rechtsbeschwerden nach §§ 92 ff ArbGG, so dass hierfür Nr. 3206 ff VV keine Anwendung finden. Die Regelung ist abschließend, so dass andere Beschwerden (zB §§ 72 a, 72 b, 77, 78 ArbGG) nicht erfasst sind.

6. Personalvertretungsrechtliche Beschlussverfahren (Nr. 2 Buchst. d). Für die Beschwerdeverfahren gelten   **10** Nr. 3200 ff VV, für die Rechtsbeschwerdeverfahren gelten Nr. 3206 ff VV.

7. Beschwerden und Rechtsbeschwerden nach dem GWB (Nr. 2 Buchst. e). Erfasst sind die Beschwerden   **11** nach §§ 63 ff GWB, §§ 171 ff GWB[8] und die Rechtsbeschwerden nach §§ 74 ff GWB, so dass hier Gebühren nach Teil 3 Abschnitt 2 Unterabschnitt 1 VV entstehen; Nr. 3206 ff VV gelten nicht. Für die Kostenent-

---

3 FG München AGS 2011, 235; FG Düsseldorf 2.1.2012 – 10 Ko 2007/11 KF, juris; FG Köln 12.6.2011 – 10 Ko 1662/11, juris. **4** BT-Drucks 17/13537, S. 387. **5** Mayer/Kroiß/*Maué*, Vorbem. 3.2.1 VV Rn 6. **6** Gerold/Schmidt/*Müller-Rabe*, Vorbem. 3.2.1 VV Rn 29 f. **7** OLG Stuttgart ZEV 2014, 356. **8** Mayer/Kroiß/*Maué*, Vorbem. 3.2.1 VV Rn 10.

scheidung gilt § 78 S. 1, 2 GWB, die Kostenfestsetzung kann nach §§ 103 ff ZPO durchgeführt werden (§ 78 S. 3 GWB). In Beschwerden in bürgerlichen Rechtsstreitigkeiten, für die der Kartellsenat zuständig ist (§§ 87, 91 f GWB), gilt Nr. 3500 VV,[9] für die Nichtzulassungsbeschwerde Nr. 3504 VV. Handelt es sich um ein Verfahren nach § 169 Abs. 2 S. 5 und 6 oder § 173 Abs. 1 S. 3 GWB, sind dieselben Gebühren wie für das erstinstanzliche Verfahren zu erheben (Vorbem. 3.2 Abs. 2 S. 3 VV). Für Bußgeldverfahren (§§ 81 ff GWB) gilt Teil 5 VV.[10]

12 **8. Beschwerden nach dem EnWG (Nr. 2 Buchst. f).** Für Beschwerden (§§ 75 ff EnWG) gelten Nr. 3200 ff VV, für die Rechtsbeschwerden (§§ 86 ff EnWG) gelten nunmehr Nr. 3206 ff VV (s. Vorbem. 3.2.2 Nr. 1 Buchst. a VV).[11] Wegen der Kostenentscheidung in diesen Verfahren gilt § 90 EnWG, wonach auch ein Kostenfestsetzungsverfahren nach §§ 103 ff ZPO stattfindet.

13 **9. Beschwerden nach dem KSpG (Nr. 2 Buchst. g).** Erfasst von Nr. 3200 ff VV ist die Beschwerde nach § 35 Abs. 3 KSpG. Für die Rechtsbeschwerde nach § 35 Abs. 4 KSpG gelten hingegen Nr. 3206 ff VV (s. Vorbem. 3.2.2 Nr. 1 Buchst. a VV).

14 **10. Beschwerden und Rechtsbeschwerden nach dem VSchDG (Nr. 2 Buchst. h).** Die Regelung erfasst Beschwerden nach § 13 VSchDG, so dass hier Teil 3 Abschnitt 2 Unterabschnitt 1 VV gilt. Für die Kostenentscheidung in solchen Verfahren gilt § 27 S. 1, 2 VSchDG. Kostenfestsetzung findet nach §§ 103 ff ZPO statt (§ 27 S. 3 VSchDG). Für die Rechtsbeschwerden nach § 24 VSchDG gelten Nr. 3206 ff VV (s. Vorbem. 3.2.2 Nr. 1 Buchst. a VV).

15 **11. Beschwerden nach dem SpruchG (Nr. 2 Buchst. i).** Für das Beschwerdeverfahren nach § 12 SpruchG fallen Gebühren nach Nr. 3200 ff VV an, was für sämtliche von § 1 SpruchG erfasste Verfahren gilt. Damit wird berücksichtigt, dass diese Verfahren nach Umfang, Bedeutung und Schwierigkeit mit einem zivilrechtlichen Klageverfahren in gesellschaftsrechtlichen Streitigkeiten vergleichbar sind.[12]

16 **12. Beschwerden nach dem WpÜG (Nr. 2 Buchst. j).** Für Beschwerdeverfahren nach dem WpÜG (§§ 48 ff WpÜG) gelten die Nr. 3200 ff VV. In Rechtsbeschwerdeverfahren in einer Bußgeldsache nach § 63 WpÜG bestimmen sich die Gebühren nach Teil 5 VV.[13]

17 **13. Beschwerden gegen die Entscheidung des Verwaltungs- oder Sozialgerichts wegen des Hauptgegenstands in Verfahren des vorläufigen oder einstweiligen Rechtsschutzes (Nr. 3 Buchst. a).** Für Beschwerdeverfahren in der Sozial- und Verwaltungsgerichtsbarkeit wegen des vorläufigen bzw einstweiligen Rechtsschutzes entstehen Gebühren nach Nr. 3200 ff VV. Die Nr. 3500, 3501 VV gelten nicht, da die Beschwerdeverfahren wegen des Hauptgegenstands des einstweiligen Rechtsschutzes in der Sache einem Berufungsverfahren in der Hauptsache entsprechen.[14]

18 **14. Beschwerden nach dem WpHG (Nr. 3 Buchst. b).** Erfasst sind die Beschwerdeverfahren nach § 37 u Abs. 1 WpHG,[15] so dass hier Gebühren nach Nr. 3200 ff VV entstehen.

19 **15. Beschwerden nach § 956 Abs. 1 S. 2 ZPO-E (Nr. 3 Buchst. c).** Die geplante Neuregelung[16] tritt voraussichtlich zum 18.1.2017 in Kraft. Sie gilt nur dann, wenn es sich um ein Verfahren auf Erlass eines Europäischen Beschlusses zur vorläufigen Kontenpfändung nach Art. 5 Buchst. a EuKoPfVO handelt. In diesen Fällen entstehen für die Beschwerde gegen die Widerspruchsentscheidung (§ 956 Abs. 1 S. 2 ZPO-E) dieselben Gebühren wie für eine Berufung im Arrestverfahren (Nr. 3200 ff VV). Handelt es sich um ein Verfahren nach Art. 5 Buchst. b EuKoPfVO, so gilt für die Beschwerde gegen die Widerspruchsentscheidung (§ 956 Abs. 1 S. 1 ZPO-E) die Gebühr Nr. 3500 VV.[17]

20 **16. Rechtsbeschwerden nach dem StVollzG, auch iVm § 92 JGG (Nr. 4).** Für Rechtsbeschwerdeverfahren nach § 116 StVollzG gilt Teil 3 Abschnitt 2 Unterabschnitt 1 VV, so dass Nr. 3206 ff VV nicht gelten, sondern Gebühren nur nach Nr. 3200 ff VV entstehen. Erfasst sind die Verfahren auch, wenn es sich um **Jugendgerichtssachen** handelt (§ 92 JGG).

Nr.	Gebührentatbestand	Gebühr oder Satz der Gebühr nach § 13 RVG
3200	Verfahrensgebühr, soweit in Nummer 3204 nichts anderes bestimmt ist	1,6

9 Gerold/Schmidt/*Müller-Rabe*, Vorbem. 3.2.1 VV Rn 53. **10** Gerold/Schmidt/*Müller-Rabe*, Vorbem. 3.2.1 VV Rn 50. **11** BT-Drucks 17/11471 (neu), S. 278 (zu Nr. 35). **12** BT-Drucks 17/11471 (neu), S. 276. **13** BT-Drucks 17/11471 (neu), S. 277 (zu Nr. 30). **14** BT-Drucks 17/11471 (neu), S. 277 (zu Nr. 30). **15** BT-Drucks 15/4055, S. 23. **16** Vgl Art. 13 Nr. 4 Buchst. b des Entwurfs eines Gesetzes zur Durchführung der Verordnung (EU) Nr. 655/2014 sowie zur Änderung sonstiger zivilprozessualer Vorschriften (EuKoPfVODG), BT-Drucks 18/7560, S. 21. **17** BT-Drucks 18/7560, S. 52 (zu Artikel 13).

I. Allgemeines

Der Geltungsbereich der Gebühr Nr. 3200 VV ergibt sich aus Vorbem. 3.2 VV und Vorbem. 3.2.1 VV, so   **1**
dass auch die entsprechenden Verfahren wegen der Zulassung des Rechtsmittels erfasst sind. Die Gebühr
entsteht daher auch in erstinstanzlichen Verfahren vor dem FG. Handelt es sich um Verfahren vor dem
LSG, in denen Betragsrahmengebühren entstehen, gelten Nr. 3204, 3205 VV. Die Gebühr kann nur geltend
gemacht werden, wenn der Anwalt Prozessauftrag erhalten hat und anwaltlich tätig geworden ist. Unabhängig von der Frage der Entstehung der Gebühr ist die Frage der Erstattungsfähigkeit vom Gegner ($\rightarrow$
Rn 17 ff).

II. Auftrag

Die Gebühren der Nr. 3200, 3201 VV entstehen nur, wenn der Anwalt aufgrund des Auftrags in dem   **2**
Rechtsmittelverfahren in irgendeiner Weise tätig geworden ist.[1]

Da der Anwaltsvertrag keiner zwingenden Form bedarf, kann er auch durch schlüssiges Verhalten zustande   **3**
kommen.[2] Jedoch sind hier wegen der Rechtssicherheit erhöhte Anforderungen zu stellen. Danach kann ein
Vertragsabschluss nur angenommen werden, wenn das Verhalten eines Beteiligten von dem anderen bei Anwendung der im Verkehr erforderlichen Sorgfalt nach Treu und Glauben mit Rücksicht auf die Verkehrssitte eindeutig und zweifelsfrei als eine auf den Abschluss eines Anwaltsvertrages gerichtete Willenserklärung
aufzufassen ist.[3] Handelt es sich um eine Beschwerde in einem Nebenverfahren, soll von einem Vertrag
schon dann auszugehen sein, wenn der Anwalt auch im Hauptsacheverfahren tätig ist.[4] Dem wird aber zu
Recht entgegengetreten, weil durch die Tätigkeit zusätzliche Kosten entstehen, so dass der Anwalt zumindest darauf hinweisen muss, dass seine Tätigkeit im Rechtsmittelverfahren weitere Kosten auslöst, um sich
nicht schadensersatzpflichtig zu machen.[5]

Dass der Vertragsabschluss mündlich oder durch schlüssiges Verhalten zustande gekommen ist, kann durch   **4**
eidesstattliche Versicherung des Mandanten glaubhaft gemacht werden.[6]

III. Tätigkeit des Rechtsanwalts

1. Umfang der Tätigkeit. Neben der Auftragserteilung setzt das Entstehen der Verfahrensgebühr stets vor-   **5**
aus, dass der Anwalt in dem Berufungs- oder Beschwerdeverfahren tätig geworden ist. Dabei genügt jede
Tätigkeit, jedoch muss sie über die Entgegennahme der Rechtsmittelschrift und ihre Weiterleitung an die
Partei hinausgehen, weil diese Tätigkeiten, genauso wie der Antrag auf Verlängerung der Rechtsmittelfrist,
durch die erstinstanzlichen Gebühren des Prozessbevollmächtigten abgegolten werden.[7]

2. Einzeltätigkeiten. Die Verfahrensgebühr wird insb. ausgelöst durch: Entgegennahme von Informationen,   **6**
wenn sie über die Entgegennahme der Rechtsmittelschrift hinausgeht; Prüfung der angefochtenen Entscheidung; Durchsicht von Akten; Beurteilung der Erfolgsaussichten; Erörterung mit dem Mandanten, ob
schon vor Eingang der Rechtsmittelbegründung auf das Rechtsmittel reagiert werden soll; Abraten von der
Rechtsmitteleinlegung oder der Verteidigung.[8]

Dabei ist jedoch zu beachten, dass für die Tätigkeiten zunächst eine 1,1-Gebühr nach Nr. 3201 VV ent-   **7**
steht, die 1,6-Verfahrensgebühr nach Nr. 3200 VV aber erst, wenn der Anwalt

- das Rechtsmittel formgerecht bei Gericht einlegt oder
- einen Schriftsatz bei Gericht einreicht, der Sachanträge, Sachvortrag, Klage- oder Antragsrücknahme,
  Rechtsmittelrücknahme enthält, oder
- einen gerichtlichen Termin wahrgenommen hat.

Endet der Auftrag vor einer solchen Tätigkeit, verbleibt es bei der 1,1-Gebühr der Nr. 3201 VV ($\rightarrow$ **8**
Nr. 3201 VV Rn 3 ff).

Der Anwalt des Rechtsmittelführers verdient die 1,6-Gebühr der Nr. 3200 VV daher im Regelfall mit Ein-   **9**
reichung der Rechtsmittelschrift bei Gericht. Es genügt die Einlegung des Rechtsmittels oder Anschlussrechtsmittels, so dass die 1,6-Gebühr der Nr. 3200 VV auch entsteht, wenn kein konkreter Antrag gestellt
wird.[9] Auf den Eingang der Begründung oder die Stellung eines konkreten Antrags kommt es nicht an, so
dass es bei Nr. 3200 VV verbleibt, wenn das Rechtsmittel vor dem Eingang solcher Schriftsätze verworfen
wird.

3. Teil der Vorinstanz. Nach § 19 Abs. 1 S. 2 Nr. 9 sind bestimmte Tätigkeiten noch dem unteren Rechts-   **10**
zug zuzuordnen, so dass sie für sich allein noch nicht die Verfahrensgebühren der Nr. 3200, 3201 VV ent-

---

1 OLG München JurBüro 2010, 255. **2** BGH MDR 1991, 798. **3** BGH MDR 1991, 798. **4** BGH MDR 2005, 1016.
5 *N. Schneider*, MDR 2001, 130. **6** OLG Karlsruhe JurBüro 2008, 540. **7** OLG München JurBüro 2010, 255; KG KGR 2006,
413. **8** Gerold/Schmidt/*Müller-Rabe*, Nr. 3201 VV Rn 26. **9** OLG Saarbrücken AGS 2010, 164.

stehen lassen. Hierzu gehören insb. die Entgegennahme und Weiterleitung der Rechtsmittel- oder Begründungsschrift an die Partei.[10]

11   **4. Prüfung.** Eine zumindest 1,1-Verfahrensgebühr nach Nr. 3201 VV entsteht auch, wenn der Anwalt nach Entgegennahme von Rechtsmittelschrift oder Information bei Vorliegen eines Auftrags prüft, ob der Mandat Rechtsmittel einlegen oder ob und wieweit eine Verteidigung erfolgen soll. Auch die Zulässigkeitsprüfung genügt.[11] Kommt es in diesen Fällen im Anschluss zu keiner weiteren Tätigkeit, kann eine erfolgte Prüfung, auch bei Nachweis der Entgegennahme der Rechtsmittelschrift, nicht grds. unterstellt werden;[12] jedoch genügt, dass der Anwalt erklärt, eine Prüfung vorgenommen zu haben.[13]

12   **5. Beratung.** Beschränkt sich die anwaltliche Tätigkeit allein auf die Beratung, ohne dass es zu einer Beauftragung für das Rechtsmittelverfahren kommt, entstehen Gebühren nach Nr. 2100 ff VV.

IV. Gebühr

13   **1. Höhe.** Die Gebühr entsteht mit einem Gebührensatz von 1,6 (Nr. 3200 VV), bei vorzeitiger Erledigung von 1,1 (Nr. 3201 VV). Gesonderte Gebühren entstehen, soweit im VV vorgesehen (→ Rn 14 f). Entstandene Auslagen können nach Nr. 7000 ff VV geltend gemacht werden.

14   **2. Weitere Gebühren.** Neben den Verfahrensgebühren (Nr. 3200, 3201 VV) kann eine **Terminsgebühr** nach Nr. 3202, 3203 VV verdient werden, die auch nach Nr. 1010 KV erhöht werden kann. Hat der Anwalt in derselben Angelegenheit **mehrere Auftraggeber** vertreten, erhöht sich die Verfahrensgebühr nach Nr. 1008 VV für jede weitere Person um einen 0,3-Gebührensatz, jedoch darf die Erhöhung insgesamt höchstens 2,0 betragen (Anm. Abs. 3 zu Nr. 1008 VV).

15   Für den Abschluss eines Vertrages entsteht eine 1,3-**Einigungsgebühr** (Nr. 1004 VV), wenn es sich um Ansprüche handelt, die Gegenstand eines Berufungs- oder Beschwerdeverfahrens nach Vorbem. 3.2.1 VV sind (Anm. Abs. 1 zu Nr. 1004 VV). Die Regelung der Anm. Abs. 2 zu Nr. 1003 VV ist auch in solchen Verfahren zu beachten (Anm. Abs. 2 zu Nr. 1004 VV). Handelt es sich um nicht anhängige Ansprüche, gelten Nr. 1000 VV und Anm. Abs. 1 Nr. 2 zu Nr. 3201 VV.

16   **3. Angelegenheit.** Die Berufungs- und Beschwerdeverfahren sind im Verhältnis zum Verfahren, in dem die angegriffene Entscheidung ergangen ist, stets besondere Angelegenheiten. Die Gebühren und auch die Pauschale der Nr. 7002 VV entstehen erneut. Auch das Beschwerdeverfahren auf Zulassung des Rechtsmittels und das anschließende Rechtsmittelverfahren sind verschiedene Angelegenheiten (§ 17 Nr. 9).

V. Erstattungsfähigkeit

17   **1. Grundsatz.** Die Partei kann unmittelbar nach Kenntnis von der Rechtsmitteleinlegung einen Anwalt beauftragen und muss nicht die Entgegennahme der Begründungsschrift abwarten.[14] Für das Rechtsmittelverfahren entstandene Anwaltskosten sind daher dem Grunde nach stets als notwendig iSd § 91 Abs. 2 S. 1 ZPO, ggf iVm § 80 S. 2 FamFG, anzusehen, jedoch darf kein Stillhalteabkommen geschlossen sein (→ Rn 20). Hinsichtlich der konkreten Höhe der Erstattungspflicht ist jedoch zu prüfen, ob auch für die konkrete Maßnahme Notwendigkeit bestand, wobei darauf abzustellen ist, ob eine verständige Partei unter objektiven Gesichtspunkten die Maßnahme ausgelöst hätte.[15] Das kann dazu führen, dass der erstattungspflichtige Gegner nur eine 1,1-Gebühr (Nr. 3201 VV) zu erstatten braucht.

18   **2. Fristwahrung.** War das Rechtsmittel nur aus Gründen der Fristwahrung eingelegt, besteht gleichwohl ein Erstattungsanspruch,[16] auch wenn das Rechtsmittel vor Ablauf der Begründungsfrist zurückgenommen wird.[17] Zu erstatten ist dann eine 1,1-Verfahrensgebühr nach Nr. 3201 VV.[18]

19   **3. Kostenanträge.** Die bloße Stellung eines Kostenantrags löst keinen Erstattungsanspruch aus, auch nicht einer Gebühr nach Nr. 3201 VV, weil über die Kosten gem. § 516 Abs. 3 ZPO, ggf iVm § 117 Abs. 2 FamFG, von Amts wegen zu entscheiden ist. Es kann daher auch keine Kostenerstattung verlangt werden, wenn nur ein Kostenantrag gestellt wird. Etwas anderes gilt aber in Verfahren der freiwilligen Gerichtsbarkeit, weil hier für die Rücknahme der Beschwerde (§ 67 Abs. 4 FamFG) die Regelung des § 516 Abs. 3 ZPO nicht gilt. Zwar kann das Gericht in Anwendung des § 516 Abs. 3 ZPO über die Kosten entscheiden, jedoch ist zu beachten, dass § 84 FamFG nur davon spricht, dass die Kosten des erfolglosen Rechtsmittels dem Rechtsmittelführer auferlegt werden „sollen", also – anders als § 516 Abs. 3 ZPO – keine zwingende Kostenfolge enthält, so dass hier die Stellung eines Kostenantrags notwendig und sinnvoll erscheinen kann.

---

10 OLG München JurBüro 2010, 255; KG KGR 2006, 413. **11** OLG Karlsruhe JurBüro 2008, 196. **12** OLG München JurBüro 2010, 255. **13** Gerold/Schmidt/*Müller-Rabe*, Nr. 3201 VV Rn 27 ff. **14** OLG Karlsruhe FamRZ 2010, 61; KG MDR 2009, 469. **15** OLG Frankfurt FamRZ 2015, 1227. **16** KG MDR 2009, 469. **17** BGH MDR 2003, 530. **18** OLG Karlsruhe JurBüro 2008, 540; OLG Bamberg AGS 2007, 273.

4. Stillhalteabkommen. Ein Erstattungsanspruch besteht nicht, auch nicht in Höhe einer 1,1-Gebühr   20
(Nr. 3201 VV), wenn der Gegner zusagt, bis zu einem bestimmten Zeitpunkt von der Anwaltsbestellung für
das Rechtsmittelverfahren abzusehen. Läuft die Frist aber vor Rücknahme des Rechtsmittels ab, kann eine
Erstattung der Anwaltskosten verlangt werden.[19] Es besteht dann auch keine Verpflichtung zur vorherigen
Rücksprache.[20] Ein Stillhalteabkommen liegt aber nicht vor, wenn die Gegenseite bei Rechtsmitteleinlegung
gebeten wird, zunächst noch keinen Anwalt zu beauftragen, weil dies keine verbindliche Verpflichtung darstellt und deshalb nicht die Erstattung auch der Verfahrensgebühr nach Nr. 3200 VV hindert, weil die Gegenseite bereits zum Zeitpunkt der Rechtsmitteleinlegung berechtigt ist, einen Anwalt mit der Vertretung zu
beauftragen.[21] Der Wunsch, ein Stillhalteabkommen zu schließen, muss deshalb regelmäßig deutlich zum
Ausdruck gebracht werden.[22] Ebenso muss der Gegner ausdrücklich zustimmen; einseitige Erklärungen genügen regelmäßig nicht.[23] Eine Beschränkung der Erstattung auf die Gebühr der Nr. 3201 VV findet auch
nicht statt, wenn das Rechtsmittel nur zur Fristwahrung eingelegt wird, weil die Partei auch dann zur Beauftragung eines Anwalts berechtigt ist, da ihr nicht zuzumuten ist, zunächst die weitere Vorgehensweise
des anwaltlich vertretenen Rechtsmittelführers abzuwarten.[24]

5. Unkenntnis. Ist die Begründung bereits eingegangen und wird durch den Anwalt des Rechtsmittelgeg-   21
ners noch ein Schriftsatz iSd Nr. 3201 VV eingereicht, obwohl das Rechtsmittel bereits zurückgenommen
war, verbleibt es bei der Erstattungsfähigkeit der 1,6-Gebühr nach Nr. 3200 VV, wenn die Rücknahme weder dem Mandaten noch dem Anwalt bekannt war.[25] Gleiches gilt, wenn Unkenntnis über eine bereits ergangene Entscheidung besteht.

6. Vertretung in eigener Sache; Anwalt als gesetzlicher Vertreter. Legt der Gegner Rechtsmittel ein, verdient   22
ein Anwalt, der sich gegen das eingelegte Rechtsmittel **in eigener Sache** verteidigt, eine 1,1-Gebühr Nr. 3201
VV auch dann, wenn das Rechtsmittel nach Einlegung, aber vor Ablauf der Begründungsfrist zurückgenommen wird.[26] Hat der Anwalt, der sich in eigener Sache vertritt, das Rechtsmittel selbst, aber nur zur
Fristwahrung eingelegt, entsteht keine Gebühr, wenn das Rechtsmittel innerhalb der Begründungsfrist zurückgenommen wird, weil es dann an einer Tätigkeit mangelt, die überhaupt zum Entstehen der Verfahrensgebühr führt.[27] Vorgenanntes gilt auch, wenn der Anwalt **gesetzlicher Vertreter** des Rechtsmittelgegners
ist.[28]

7. Verwerfungsanträge. Wird nach Ablauf der Begründungsfrist die Verwerfung des Rechtsmittelsantrags   23
beantragt, ist bestritten, ob eine 1,6- (Nr. 3200 VV) oder nur die 1,1-Gebühr (Nr. 3201 VV) erstattungsfähig ist. Die ablehnende Haltung stützt sich darauf, dass die Prüfung der Zulässigkeitsvoraussetzungen von
Amts wegen vorzunehmen sei (vgl § 522 Abs. 1 ZPO, § 68 Abs. 2 FamFG) und die Antragstellung deshalb
nicht als notwendig anzusehen sei.[29] Da aber nach Fristablauf ein berechtigtes Interesse daran besteht, dass
die angefochtene Entscheidung in formeller Rechtskraft erwächst, ist der Antrag als objektiv notwendig anzusehen und im Übrigen auch geeignet, das Verfahren zu fördern. Der Gegner braucht daher nach Ablauf
der Begründungsfrist nicht untätig zu bleiben, sondern darf ohne weiteres Zuwarten in seinem Sinne auf
die Entscheidung des Gerichts einwirken. Es ist daher eine 1,6-Gebühr als erstattungsfähig anzusehen.[30]

Bei der 1,6-Gebühr nach Nr. 3200 VV verbleibt es auch dann, wenn das Rechtsmittel zurückgenommen   24
wird, ohne dass eine Begründung eingegangen war.[31] Etwas anderes gilt aber, wenn das Gericht auf das
Fehlen von Zulässigkeitsvoraussetzungen (zB den verspäteten Eingang der Begründung) hinweist und dies
auch dem Gegner zur Kenntnis gibt. In diesen Fällen sind kostenauslösende Maßnahmen bis zum Ablauf
der durch das Gericht gesetzten Frist regelmäßig nicht notwendig, so dass dann nur eine 1,1-Gebühr nach
Nr. 3201 VV zu erstatten ist.[32]

8. Zurückweisung. a) Vor Rechtsmittelbegründung. Obwohl die Partei nach Einlegung des Rechtsmittels   25
durch die Gegenseite einen eigenen Anwalt beauftragen kann, ist für die Frage der Höhe der Erstattungsfähigkeit darauf abzustellen, ob die Anwaltskosten notwendig iSd § 91 Abs. 2 S. 1 ZPO gewesen sind.[33] Eine
solche **Notwendigkeit** ist zu vereinen, wenn der Zurückweisungsantrag bereits vor Entgegennahme der Begründung gestellt wird, da es im Regelfall vor Rechtsmittelbegründung nicht erforderlich ist, mit einer Verteidigungsanzeige zugleich den Zurückweisungsantrag anzukündigen.[34] In diesen Fällen kann daher nur die
Erstattung einer 1,1-Gebühr nach Nr. 3201 VV verlangt werden.[35] Bei einem vor Entgegennahme der Be-

---

19 OLG Karlsruhe JurBüro 2008, 540. **20** OLG Karlsruhe JurBüro 2008, 540. **21** KG Rpfleger 2005, 569. **22** OLG Frankfurt
zfs 2010, 405. **23** OLG Frankfurt zfs 2010, 405; Gerold/Schmidt/*Müller-Rabe*, Nr. 3201 VV Rn 70. **24** BGH NJW 2003, 756.
25 OLG Frankfurt FamRZ 2015, 1227; OLG München JurBüro 2011, 90; OLG Köln AGS 2010, 515; OLG Koblenz MDR
2005, 297. **26** OLG Düsseldorf MDR 2010, 115. **27** BGH MDR 2008, 350. **28** Gerold/Schmidt/*Müller-Rabe*, Nr. 3201 VV
Rn 83. **29** OLG München FamRZ 2006, 724; anders aber OLG München NJW-RR 2011, 432, wenn nach Ablauf der Begründungsfrist eine angemessene Zeit verstreicht. **30** BGH MDR 2009, 1195; KG NJW-RR 2009, 1007; OLG Stuttgart JurBüro
2005, 366. **31** BGH MDR 2009, 1195. **32** BGH MDR 2010, 165. **33** BAG NJW 2003, 3796. **34** BGH MDR 2003, 414.
35 BGH MDR 2007, 1397; BAG NJW 2003, 3796.

gründung gestellten Zurückweisungsantrag ist jedoch eine 1,6-Gebühr nach Nr. 3200 VV zu erstatten, wenn danach noch eine Begründung erfolgt und das Rechtsmittelgericht in der Sache entscheidet.[36]

26 **b) Nach Rechtsmittelbegründung.** Wird nach Einlegung und Begründung des Rechtsmittels dessen Zurückweisung beantragt, kann die Erstattung einer 1,6-Gebühr nach Nr. 3200 VV verlangt werden.[37] Das gilt auch dann, wenn noch keine Begründungsfrist gesetzt war, weil das Gericht eine Zurückweisung nach § 522 Abs. 2 ZPO prüfen wollte.[38] Bei der Erstattung der 1,6-Gebühr nach Nr. 3200 VV bleibt es auch dann, wenn nach Zurückweisungsantrag keine Rechtsmittelerwiderung mehr erfolgt[39] oder das Gericht bereits einen Hinweisbeschluss nach § 522 Abs. 2 ZPO erlassen und zugestellt hat.[40]

Nr.	Gebührentatbestand	Gebühr oder Satz der Gebühr nach § 13 RVG
3201	Vorzeitige Beendigung des Auftrags oder eingeschränkte Tätigkeit des Anwalts:	
	Die Gebühr 3200 beträgt	1,1
	(1) Eine vorzeitige Beendigung liegt vor,	
	1. wenn der Auftrag endigt, bevor der Rechtsanwalt das Rechtsmittel eingelegt oder einen Schriftsatz, der Sachanträge, Sachvortrag, die Zurücknahme der Klage oder die Zurücknahme des Rechtsmittels enthält, eingereicht oder bevor er einen gerichtlichen Termin wahrgenommen hat, oder	
	2. soweit Verhandlungen vor Gericht zur Einigung der Parteien oder der Beteiligten oder mit Dritten über in diesem Verfahren nicht rechtshängige Ansprüche geführt werden; der Verhandlung über solche Ansprüche steht es gleich, wenn beantragt ist, eine Einigung zu Protokoll zu nehmen oder das Zustandekommen einer Einigung festzustellen (§ 278 Abs. 6 ZPO).	
	Soweit in den Fällen der Nummer 2 der sich nach § 15 Abs. 3 RVG ergebende Gesamtbetrag der Verfahrensgebühren die Gebühr 3200 übersteigt, wird der übersteigende Betrag auf eine Verfahrensgebühr angerechnet, die wegen desselben Gegenstands in einer anderen Angelegenheit entsteht.	
	(2) Eine eingeschränkte Tätigkeit des Anwalts liegt vor, wenn sich seine Tätigkeit	
	1. in einer Familiensache, die nur die Erteilung einer Genehmigung oder die Zustimmung des Familiengerichts zum Gegenstand hat, oder	
	2. in einer Angelegenheit der freiwilligen Gerichtsbarkeit	
	auf die Einlegung und Begründung des Rechtsmittels und die Entgegennahme der Rechtsmittelentscheidung beschränkt.	

I. Allgemeines

1 Nr. 3201 VV bestimmt, dass die Verfahrensgebühr Nr. 3200 VV in bestimmten Fällen lediglich mit einem 1,1-Gebürensatz entsteht. Dabei wird unterschieden zwischen einer vorzeitigen Beendigung des Auftrags (Anm. Abs. 1) und einer eingeschränkten Tätigkeit des Anwalts (Anm. Abs. 2). Hinsichtlich der vorzeitigen Beendigung ist wiederum zu unterscheiden zwischen der zeitigen Beendigung des Auftrags (Anm. Abs. 1 S. 1 Nr. 1) und der Führung von Verhandlungen mit dem Ziel einer Einigung bzw der Beantragung, lediglich eine Einigung zu protokollieren bzw das Zustandekommen einer Einigung festzustellen (Anm. Abs. 1 S. 1 Nr. 2).

2 Unabhängig von der Höhe der Gebühr ist die Frage, ob die Gebühr erstattungsfähig ist (hierzu → Nr. 3200 VV Rn 17 ff). Der Anwendungsbereich von Nr. 3201 VV ergibt sich aus Vorbem. 3.2 VV und Vorbem. 3.2.1 VV.

II. Vorzeitige Beendigung des Auftrags (Anm. Abs. 1 S. 1 Nr. 1)

3 **1. Allgemeines.** Eine vorzeitige Beendigung des Auftrags liegt nach Anm. Abs. 1 S. 1 Nr. 1 vor, wenn der Auftrag endet, bevor der Rechtsanwalt

---

36 BGH MDR 2010, 1157.   **37** BGH NJW 2004, 73; OLG Bamberg NJW-RR 2011, 1222.   **38** BGH MDR 2010, 1287. **39** OLG Köln MDR 2010, 1222. **40** OLG Köln AGS 2010, 515.

- das Rechtsmittel eingelegt hat,
- einen Schriftsatz bei Gericht eingereicht hat, der Sachanträge, Sachvortrag, Klage- oder Rechtsmittelrücknahme enthält, *oder*
- einen gerichtlichen Termin wahrgenommen hat.

Dabei folgt aus dem Wortlaut „oder", dass eine vorzeitige Beendigung dann nicht mehr vorliegt, wenn nur eine dieser drei Varianten erfüllt ist, mit der Folge, dass eine 1,6-Verfahrensgebühr nach Nr. 3200 VV entsteht.   4

2. Allgemeine Entstehungsvoraussetzungen. Liegt ein Auftrag für das Rechtsmittelverfahren vor, verdient der Anwalt lediglich eine 1,1-Verfahrensgebühr, wenn eine vorzeitige Beendigung nach Anm. Abs. 1 S. 1 Nr. 1 eintritt. Erforderlich ist jedoch, dass der Anwalt in irgendeiner Weise im Interesse des Mandanten tätig geworden ist. Es genügt daher nicht, dass der Anwalt die Rechtsmittelschrift nur entgegengenommen und weitergeleitet hat. Zudem ist zu beachten, dass die bloße Ausführung von **Tätigkeiten**, die **nach § 19 Abs. 1 S. 2 Nr. 9** noch der unteren Instanz zuzurechnen sind, die Gebühr der Nr. 3201 VV noch nicht auslösen, sondern nur solche Tätigkeiten, die darüber hinausgehen.[1] Zu den von § 19 Abs. 1 S. 2 Nr. 9 erfassten Tätigkeiten gehört die Prüfung durch den erstinstanzlichen Prozessbevollmächtigten, ob das Rechtsmittel der Gegenseite rechtzeitig eingelegt worden ist sowie die Information des Mandanten über die Einlegung des Rechtsmittels.[2]   5

Nicht erforderlich ist hingegen, dass das Rechtsmittelverfahren tatsächlich anhängig ist oder dass die anwaltliche Tätigkeit nach außen in Erscheinung tritt.[3] Da auch für Nr. 3201 VV die Entstehungsvoraussetzungen der Vorbem. 3 Abs. 2 VV gelten, genügt das Betreiben des Geschäfts einschließlich der **Entgegennahme von Informationen**, so dass die 1,1-Verfahrensgebühr entsteht, wenn der Anwalt Informationen entgegennimmt oder mit seinem Mandanten bespricht, wie er auf das von der Gegenseite eingelegte Rechtsmittel reagieren soll.[4]   6

Auch die **interne Prüfung**, ob ein Mandant sich gegen das eingelegte Rechtsmittel wehren soll, lässt die Verfahrensgebühr entstehen. Das ist jedenfalls unstreitig, wenn der dem Anwalt erteilte Auftrag auch solche Tätigkeiten umfasst. Solange jedoch nur Fragen geprüft werden, die § 19 noch der unteren Instanz zuordnet, verbleibt es bei der 1,1-Verfahrensgebühr, wenn der Anwalt keine Tätigkeiten entfaltet, die sich gebührenrechtlich auf das Rechtsmittelverfahren beziehen.[5] Insoweit hat der BGH die von ihm für ein Beschwerdeverfahren wegen des Angriffs einer Nebenentscheidung aufgestellten Grundsätze ausdrücklich nicht auf das Berufungsverfahren ausgedehnt. So ist im Beschwerdeverfahren wegen der Ablehnung einer Gerichtsperson im Regelfall davon auszugehen, dass der im Hauptverfahren bestellte Anwalt auch beauftragt ist, die Partei in dem Beschwerdeverfahren zu vertreten. Es kann hier deshalb nach Erhalt der Beschwerdeschrift eine interne Prüfung unterstellt werden, welche zumindest die 1,1-Verfahrensgebühr der Nr. 3201 VV auslöst.[6]   7

3. Rechtsmitteleinlegung. Geht die Rechtsmittelschrift bei Gericht ein, ist für den Anwalt des Rechtsmittelsführers eine 1,6-Verfahrensgebühr (Nr. 3200 VV) entstanden. Das gilt auch dann, wenn das Rechtsmittel beim Ausgangsgericht einzulegen ist (zB § 64 Abs. 1 FamFG) oder das Rechtsmittel wegen erfolgter Abhilfe des Ausgangsgerichts nicht mehr beim Rechtsmittelgericht eingeht. Ein konkreter Antrag braucht noch nicht gestellt zu werden, weil Nr. 1 ausdrücklich zwischen Einlegung und Sachantrag differenziert. Unerheblich ist deshalb auch, ob das Rechtsmittel schon begründet wurde.   8

4. Sachanträge. Der Begriff des Sachantrags ist identisch mit dem der ersten Instanz (vgl Nr. 3101 VV). Hierzu zählen insb. die konkreten Rechtsmittelanträge, Zurückweisungsanträge,[7] Verwerfungsanträge, die Erklärung der Hauptsacheerledigung, die Verweigerung der Zustimmung gegen die Hauptsacheerledigung[8] oder Kostenanträge. Die Stellung eines Sachantrags löst die 1,6-Verfahrensgebühr nach Nr. 3200 VV aus. Es gnügt die Stellung des Sachantrags, so dass der Schriftsatz noch keinen Sachvortrag zur Begründung des Antrags enthalten muss.[9]   9

5. Rücknahme. Enthält der Schriftsatz die Rücknahme des Antrags, der Klage, auch der Widerklage,[10] oder des Rechtsmittels, so verdient der Anwalt des Klägers oder Rechtsmittelführers die 1,6-Verfahrensgebühr nach Nr. 3200 VV. Gleiches gilt für die Rücknahme von Anschlussrechtsmitteln. Der Anwalt des Beklagten verdient eine 1,6-Verfahrensgebühr, wenn er der Antrags- oder Klagerücknahme zustimmt; jedoch nicht, wenn er lediglich der Rücknahme des Rechtsmittels zustimmt, da es insoweit keiner Einwilligung des Gegners bedarf.[11]   10

---

1 BGH NJW 2013, 312.   **2** OLG Karlsruhe FamRZ 2009, 2025.   **3** OVG Berlin RVGreport 2016, 19; OLG Naumburg MDR 2012, 553; OLG München JurBüro 2010, 255; KG Rpfleger 2005, 569.   **4** BGH MDR 2008, 350; OLG Stuttgart ZEV 2014, 356; OLG Naumburg MDR 2012, 553.   **5** BGH NJW 2013, 312.   **6** BGH NJW 2005, 2233.   **7** BGH AGS 2011, 44.   **8** OLG Rostock NJW-RR 2008, 1095.   **9** BGH JurBüro 2015, 90.   **10** Gerold/Schmidt/*Müller-Rabe*, Nr. 3101 VV Rn 45.   **11** Gerold/Schmidt/*Müller-Rabe*, Nr. 3201 VV Rn 20.

11   **6. Terminswahrnehmung.** Keine vorzeitige Beendigung liegt nach Anm. Abs. 1 S. 1 Nr. 1 Alt. 2 vor, wenn der Anwalt einen gerichtlichen Termin wahrgenommen hat. Es muss sich um einen gerichtlichen Termin handeln; zu diesem zählt auch ein vom gerichtlich bestellten Sachverständigen anberaumter Termin. Nicht erfasst werden aber auf Verfahrensvermeidung oder -erledigung angesetzte außergerichtliche Termine.

12   **7. Teilbeendigung.** Wird für sämtliche Gegenstände, für die eine Beschwer besteht, Prozessauftrag erteilt, jedoch das Rechtsmittel nur wegen eines Teilanspruchs eingelegt, entsteht für die von der vorzeitigen Beendigung erfassten Gegenstände nur eine 1,1-Verfahrensgebühr nach Nr. 3201 VV, während für die übrigen Gegenstände eine 1,6-Verfahrensgebühr nach Nr. 3200 VV entsteht.[12] In diesen Fällen ist § 15 Abs. 3 zu beachten.

13   **Beispiel:** Der Anwalt erhält den Auftrag, gegen das erstinstanzliche Urteil (8.000 €) Berufung einzulegen. Nach interner Prüfung wird jedoch Berufung nur wegen eines Teilanspruchs von 3.000 € eingelegt.

Der Anwalt erhält folgende Vergütung:

1. 1,6-Verfahrensgebühr, Nr. 3200 VV (Wert: 3.000 €)	321,60 €
2. 1,1-Verfahrensgebühr, Nr. 3201 VV (Wert: 5.000 €)	333,33 €
Gesamt	**654,90 €**

Die Summe der beiden Einzelgebühren darf jedoch wegen § 15 Abs. 3 den Betrag nicht überschreiten, der bei Ansatz einer 1,6-Verfahrensgebühr nach 8.000 € entstanden wäre. Da dieser Gebührenbetrag 729,60 € betragen würde, verbleibt es bei dem Ansatz der geringeren Einzelgebühren.

14   **8. Erstattungsfähigkeit.** Zur Frage der Erstattungsfähigkeit kann auf die Erl. bei Nr. 3200 VV verwiesen werden (→ Nr. 3200 VV Rn 17 ff).

III. Protokollierung oder Feststellung des Zustandekommens einer Einigung (Anm. Abs. 1 S. 1 Nr. 2)

15   **1. Entstehung der Gebühr.** Vorzeitige Beendigung mit der Folge, dass nur eine 1,1-Verfahrensgebühr entsteht, liegt nach Anm. Abs. 1 S. 1 Nr. 2 auch vor,

- soweit nur Verhandlungen vor Gericht zur Einigung der Parteien oder der Beteiligten oder mit Dritten über in diesem Verfahren nicht rechtshängige Ansprüche geführt werden (**Hs 1**);
- nur beantragt ist, eine Einigung zu Protokoll zu nehmen oder das Zustandekommen einer Einigung nach § 278 Abs. 6 ZPO festzustellen (**Hs 2**).

Mit dem Wortlaut der Norm soll zugleich klargestellt werden, dass die 1,1-Verfahrensgebühr auch dann entsteht, wenn vor der Protokollierung der Einigung zuvor Verhandlungen stattgefunden haben, so dass bei **erfolgreichen Verhandlungen und anschließender Protokollierung** der **nicht rechtshängigen Ansprüche** folglich keine 1,6-Verfahrensgebühr nach Nr. 3200 VV entsteht.[13]

16   Kommt es zur Anwendung **verschiedener Gebührensätze** (Nr. 3200, 3201 VV), weil anhängige und nicht anhängige Ansprüche betroffen sind, ist § 15 Abs. 3 zu beachten. Zur weiterhin zu beachtenden **Anrechnungsvorschrift** der Anm. Abs. 1 S. 2 → Rn 18 f.

17   Im Übrigen kann wegen der Ähnlichkeit zu Nr. 3101 Nr. 2 VV auf die dortigen Erl. verwiesen werden (→ Nr. 3101 VV Rn 11 ff).

18   **2. Anrechnungsvorschrift (Anm. Abs. 1 S. 2).** Entsteht eine 1,1-Verfahrensgebühr nach Abs. 1 S. 1 Nr. 2, muss die Anrechnungsvorschrift der **Anm. Abs. 1 S. 2** beachtet werden. Wird durch die Entstehung von Verfahrensgebühren nach Nr. 3200, 3201 VV der sich aus § 15 Abs. 3 ergebende Gesamtbetrag überschritten, ist der übersteigende Betrag auf die Verfahrensgebühr anzurechnen, die wegen desselben Gegenstands in einer anderen Angelegenheit entsteht.

19   **Beispiel:** Anhängig sind zwei Verfahren:

a) erstinstanzliches Verfahren vor dem AG Magdeburg (Wert: 3.000 €),
b) Berufungsverfahren vor dem LG Magdeburg (Wert: 6.000 €).

Der Anwalt vertritt den Mandanten in beiden Verfahren. In dem Berufungsverfahren schließen die Parteien einen Vergleich über sämtliche dort anhängige Ansprüche. Zugleich werden in dem Vergleich auch die im Verfahren vor dem AG Magdeburg anhängig gemachten Ansprüche geregelt.

I. Berufungsverfahren

1. 1,6-Verfahrensgebühr, Nr. 3200 VV (Wert: 6.000 €)	566,40 €
2. 1,1-Verfahrensgebühr, Nr. 3201 VV (Wert: 3.000 €)	221,10 €
Gesamt	**787,50 €**

Die 1,6-Verfahrensgebühr der Nr. 3200 VV würde nach dem Gesamtwert des Berufungsverfahrens von 9.000 € = 811,20 € betragen. Dieser Betrag übersteigt somit die Gebühr der Nr. 3200 VV, die sich aus dem Gegenstandswert

---

12 Gerold/Schmidt/*Müller-Rabe*, Nr. 3201 VV Rn 39. **13** BT-Drucks 17/11471 (neu), S. 277 (zu Nr. 31), S. 275 (zu Nr. 25).

des Berufungsverfahrens unter Ausschluss der dort nicht anhängigen Ansprüche berechnet, um 244,80 €: (811,20 € – 566,40 €).

Es ist daher auf die Verfahrensgebühr des erstinstanzlichen Verfahrens ein Betrag von 244,80 € anzurechnen.

II. Erstinstanzliches Verfahren

1. 1,3-Verfahrensgebühr, Nr. 3100 VV (Wert: 3.000 €)	261,30 €
2. anzurechnen nach Anm. zu Nr. 3201 VV	– 244,80 €
Gesamt	**16,50 €**

Die Anrechnung ist auch hinsichtlich der Terminsgebühren vorzunehmen (Anm. Abs. 1 zu Nr. 3202 iVm Anm. Abs. 2 zu Nr. 3104 VV).

IV. Eingeschränkte Tätigkeit des Anwalts (Anm. Abs. 2)

Liegt nur eine sog. eingeschränkte anwaltliche Tätigkeit vor, entsteht lediglich eine 1,1-Verfahrensgebühr   20
nach Nr. 3201 VV. Eine solche **eingeschränkte Tätigkeit** liegt nach **Anm. Abs. 2** vor, wenn sich die anwaltliche Anwalt in einer

- Familiensache, die nur die Erteilung einer Genehmigung oder die Zustimmung des Familiengerichts zum Gegenstand hat (**Nr. 1**), oder
- Angelegenheit der freiwilligen Gerichtsbarkeit (**Nr. 2**)

lediglich auf die **Einlegung und Begründung des Rechtsmittels** sowie der **Entgegennahme der Rechtsmittel-
entscheidung** beschränkt.

Über den Wortlaut der Norm hinaus ist die Regelung nicht anwendbar, so dass insb. in den kontradiktori-   21
schen Verfahren wegen der elterlichen Sorge, des Umgangsrechts, der Kindesherausgabe, in Ehewohnungs-
und Haushaltssachen und in Gewaltschutzsachen eine Anwendung ausscheidet. Auch in Nachlasssachen,
an denen mehrere Personen beteiligt sind, die widerstreitende Anträge stellen, zB jeder Beteiligte beantragt
einen Erbschein mit anderem Inhalt oder Verfahren wegen Stundung des Pflichtteilsanspruchs, greift Anm.
Abs. 2 nicht.

Zu den **Genehmigungsverfahren** zählen etwa die Verfahren nach   22

- **§ 112 Abs. 1 BGB**: Genehmigung der Ermächtigung zum Betreib eines Erwerbsgeschäfts;
- **§ 112 Abs. 2 BGB**: Genehmigung der Rücknahme der Ermächtigung;
- **§ 1365 Abs. 2 BGB**: Ersetzung der Zustimmung zur Verfügung über das Vermögen im Ganzen;
- **§ 1369 Abs. 2 BGB**: Ersetzung der Zustimmung zur Verfügung über Haushaltsgegenstände;
- **§ 1426 BGB**: Ersetzung der Zustimmung wegen ordentlicher Verwaltung des Gesamtguts;
- **§ 1430 BGB**: Ersetzung der Zustimmung des Verwalters;
- **§ 1452 BGB**: Ersetzung der Zustimmung zu Rechtsgeschäften wegen ordnungsmäßiger Verwaltung des Gesamtguts;
- **§ 1458 BGB**: Ersetzung von Zustimmungen nach §§ 1426, 1430 BGB, weil der andere Ehegatte noch minderjährig ist und unter elterlicher Sorge steht;
- **§ 1484 Abs. 2 BGB**: Genehmigung der Ablehnung der fortgesetzten Gütergemeinschaft;
- **§ 1491 Abs. 3 BGB**: Genehmigung des Verzichts auf den Gesamtgutsanteil;
- **§ 1492 Abs. 3 BGB**: Genehmigung der Aufhebung der fortgesetzten Gütergemeinschaft;
- **§ 1639 Abs. 2 BGB**: Ersetzung der Zustimmung eines Dritten zur Abweichung bei der Vermögensverwaltung;
- **§ 1643 BGB**: Genehmigung von Rechtsgeschäften;
- **§ 1644 BGB**: Genehmigung zur Überlassung von Gegenständen;
- **§ 1645 BGB**: Genehmigung eines neuen Erwerbsgeschäfts;
- **§ 2282 Abs. 2 BGB**: Genehmigung der Anfechtung eines Erbvertrages;
- **§ 2290 Abs. 3 BGB**: Genehmigung des Aufhebungsvertrages zum Erbvertrag;
- **§ 2291 Abs. 1 BGB**: Genehmigung der Aufhebung des Erbvertrages durch Testament;
- **§ 2292 BGB**: Genehmigung der Aufhebung des Erbvertrages durch gemeinschaftliches Testament;
- **§ 2347 BGB**: Genehmigung des Erbverzichts;
- **§ 2351 BGB**: Genehmigung eines Vertrages zur Aufhebung des Erbverzichts;
- **§ 2352 BGB**: Genehmigung eines Vertrages zum Verzicht auf Zuwendungen.

Geht die Tätigkeit über die Einlegung oder Begründung des Rechtsmittels hinaus, entsteht eine 1,6-Verfah-   23
rensgebühr nach Nr. 3200 VV. Hierzu zählt etwa ein Sachvortrag, weil das Gericht weiteren Sachvortrag
fordert, die Teilnahme an gerichtlichen Terminen oder die Stellungnahme zu eingeholten Gutachten.

Nr.	Gebührentatbestand	Gebühr oder Satz der Gebühr nach § 13 RVG
3202	Terminsgebühr, soweit in Nummer 3205 nichts anderes bestimmt ist ……. (1) Absatz 1 Nr. 1 und 3 sowie die Absätze 2 und 3 der Anmerkung zu Nummer 3104 gelten entsprechend. (2) Die Gebühr entsteht auch, wenn nach § 79 a Abs. 2, § 90 a oder § 94 a FGO ohne mündliche Verhandlung durch Gerichtsbescheid entschieden wird.	1,2

I. Grundsatz

1   Neben der Verfahrensgebühr entstehen Terminsgebühren, die im Regelfall mit einem 1,2-Gebührensatz entsteht, in den Fällen der Nr. 3203 VV aber nur mit einem 0,5-Gebührensatz. Sie kann in jedem von Teil 3 Abschnitt 2 Unterabschnitt 1 VV erfassten Verfahren entstehen, einschließlich der in Vorbem. 3.2 VV und Vorbem. 3.2.1 VV genannten, also auch in Verfahren vor dem Finanzgericht. Für die Verfahren vor dem LSG, in denen Betragsrahmengebühren entstehen, gelten jedoch Nr. 3204, 3205 VV.

2   Für die Entstehung gilt Vorbem. 3 Abs. 3 VV (s. dort). Der Anwalt muss an dem Termin persönlich teilgenommen haben; es genügt daher nicht, dass der Anwalt den Mandant nur auf den Termin vorbereitet oder eine telefonische Verbindung während der Verhandlung hergestellt wird.[1] Der Termin muss tatsächlich stattfinden, so dass er förmlich aufgerufen oder konkludent begonnen haben muss.[2]

3   Da wegen Anm. Abs. 1 auch die Regelungen der Anm. Abs. 1 Nr. 1, 3 und Abs. 2 der Anm. zu Nr. 3104 VV Anwendung finden, entsteht die Terminsgebühr auch, wenn

- in einem Verfahren, für das eine mündliche Verhandlung vorgeschrieben ist, im Einverständnis mit den Parteien oder Beteiligten oder gem. § 307 ZPO ohne mündliche Veerhandlung entschieden oder ein schriftlicher Vergleich geschlossen wird;
- ein Verfahren vor dem LSG, für das keine Betragsrahmengebühren entstehen und in dem eine mündliche Verhandlung vorgeschrieben ist, nach angenommenem Anerkenntnis ohne mündliche Verhandlung endet,
- in dem Termin auch Verhandlungen zur Einigung über in diesem Verfahren nicht rechtshängige Ansprüche geführt werden.

4   Die Gebühr entsteht nicht, wenn lediglich beantragt ist, eine Einigung der Parteien oder der Beteiligten oder mit Dritten über nicht rechtshängige Ansprüche zu Protokoll zu nehmen (Anm. Abs. 1 iVm Anm. Abs. 3 zu Nr. 3104 VV).

II. Außergerichtliche Besprechung

5   Die Gebühr entsteht auch, wenn der Anwalt an einer auf die Vermeidung oder Erledigung des Verfahrens gerichteten Besprechung mitwirkt (Vorbem. 3 Abs. 3 VV).[3] Dabei genügt es, wenn Rahmenbedingungen für eine mögliche Einigung in mehreren Parallelverfahren abgeklärt werden.[4] Ein durch den Gesprächspartner gezeigtes Interesse an einer außergerichtlichen Einigung genügt; es kommt nicht auf den erfolgreichen Abschluss einer solchen Einigung an.[5] Unerheblich bleibt, ob in dem Verfahren eine obligatorische Verhandlung vorgeschrieben ist.[6] **Gespräche über Verfahrensabsprachen**, mit deren Befolgung eine Beendigung des Verfahrens nicht verbunden ist, wie etwa Gespräche über eine bloße Zustimmung zum Ruhen des Verfahrens, lösen eine Terminsgebühr noch nicht aus.[7]

III. Schriftliches Verfahren (Anm. Abs. 1)

6   Anm. Abs. 1 erklärt Abs. 1 Nr. 1, 3 und Abs. 2, 3 der Anm. zu Nr. 3104 VV für entsprechend anwendbar, so dass die Gebühr auch entsteht, wenn in einem Verfahren, für das die mündliche Verhandlung vorgeschrieben ist, die Entscheidung im schriftlichen Verfahren ergeht. Wird in einem solchen Verfahren wegen Zustandekommens eines schriftlichen Vergleichs nach § 278 Abs. 6 ZPO keine mündliche Verhandlung durchgeführt, entsteht die Gebühr nach Anm. Abs. 1 iVm **Anm. Abs. 1 Nr. 1 zu Nr. 3104 VV**.[8] Das gilt auch dann, wenn noch während der laufenden Frist zur Rechtsmittelbegründung ein schriftlicher Vergleich

---

1 EFG 2010, 1445. **2** BGH MDR 2011, 74. **3** BGH MDR 2007, 1160; OLG Köln JurBüro 2006, 246. **4** MDR 2007, 862. **5** BGH NJW-RR 2007, 1578. **6** AnwK-RVG/*Wahlen*/*N. Schneider*, Nr. 3202 VV Rn 10. **7** BGH MDR 2014, 627. **8** OLG Naumburg NJW-RR 2011, 144.

geschlossen wird.[9] Ergeht ein **Zurückweisungsbeschluss nach § 522 Abs. 2 ZPO**, entsteht keine Terminsgebühr, auch nicht dadurch, dass sich die Anwälte außergerichtlich besprechen.[10]

Eine **mündliche Verhandlung** ist auch obligatorisch vorgesehen nach   7

- § 125 Abs. 1 iVm § 101 Abs. 1 VwGO in Berufungsverfahren,
- § 69 Abs. 1 GWB (Beschwerdeverfahren),
- § 76 Abs. 5 iVm § 69 Abs. 1 GWB (Rechtsbeschwerdeverfahren),
- § 120 Abs. 2 iVm § 69 Abs. 1 GWB (Beschwerdeverfahren),
- § 54 Abs. 1 WpÜG (Beschwerdeverfahren),
- § 37 u Abs. 2 WpHG iVm § 54 Abs. 1 WpÜG (Beschwerdeverfahren),
- § 81 Abs. 1 EnWG (Beschwerdeverfahren),
- § 18 Abs. 1 VSchDG (Beschwerdeverfahren),

so dass die Terminsgebühr der Nr. 3201 VV nach Anm. Abs. 1 iVm **Anm. Abs. 1 Nr. 1 zu Nr. 3104 VV** auch in diesen Verfahren entsteht, wenn das Gericht mit Einverständnis der Beteiligten ohne mündliche Verhandlung entscheidet.

IV. Einigung über nicht rechtshängige Ansprüche (Anm. Abs. 1)

Anzuwenden ist wegen Anm. Abs. 1 auch **Anm. Abs. 2 zu Nr. 3104 VV**, so dass die Terminsgebühr auch in   8
den dortigen Fällen entsteht, wenn nicht **Anm. Abs. 3 zu Nr. 3104 VV** eingreift. Hinsichtlich der Verfahrensgebühr s. Anm. Abs. 1 S. 1 Nr. 2 zu Nr. 3201 VV.

V. Entscheidung durch Gerichtsbescheid in finanzgerichtlichen Verfahren (Anm. Abs. 2)

Nr. 3202 VV gilt auch für erstinstanzliche Verfahren vor dem Finanzgericht (Vorbem. 3.2.1 Nr. 1 VV). Die   9
Gebühr entsteht wegen **Anm. Abs. 2** auch, wenn das Finanzgericht nach §§ 79 a Abs. 2, 90 a, 94 a FGO
ohne mündliche Verhandlung entscheiden kann. Für Verfahren nach § 69 Abs. 3 FGO gilt Anm. Abs. 2
nicht.[11]

Die Gebühr entsteht auch in Finanzsachen, wenn der Anwalt an außergerichtlichen Gesprächen wegen Ver-   10
fahrensvermeidung oder -erledigung mitwirkt. Hingegen kann in Finanzsachen Nr. 3104 Abs. 1 Nr. 1, 3 VV
nicht analog angewendet werden, so dass keine Terminsgebühr entsteht, wenn das Verfahren aufgrund Erledigung der Hauptsache ohne mündliche Verhandlung beendet wird.[12] Gleiches gilt, wenn ein Beschluss
nach § 79 a Abs. 1 FGO erlassen wird, weil es sich nicht um eine gerichtliche Entscheidung handelt und
auch kein Verhandlungstermin stattfindet.[13] Eine Terminsgebühr kann aber auch in Finanzsachen entstehen, wenn an außergerichtlichen Besprechungen zur Verfahrensvermeidung oder -erledigung mitgewirkt
wird.[14]

VI. Verwaltungsgerichtsbarkeit; Sozialgerichtsbarkeit

Entscheidet das Gericht in den Fällen des § 130 a VwGO ohne mündliche Verhandlung, entsteht keine Ter-   11
minsgebühr.[15]

In Verfahren vor den Landessozialgerichten, in denen keine Betragsrahmengebühren (§ 3) entstehen, gelten   12
Nr. 3202, 3203 VV, in anderen Fällen Nr. 3204, 3205 VV. Auf die dortigen Erl. wird jeweils verwiesen.

Nr.	Gebührentatbestand	Gebühr oder Satz der Gebühr nach § 13 RVG
3203	Wahrnehmung nur eines Termins, in dem eine Partei oder ein Beteiligter, im Berufungsverfahren der Berufungskläger, im Beschwerdeverfahren der Beschwerdeführer, nicht erschienen oder nicht ordnungsgemäß vertreten ist und lediglich ein Antrag auf Versäumnisurteil, Versäumnisentscheidung oder zur Prozess-, Verfahrens- oder Sachleitung gestellt wird: Die Gebühr 3202 beträgt .... Die Anmerkung zu Nummer 3105 und Absatz 2 der Anmerkung zu Nummer 3202 gelten entsprechend.	0,5

9 OLG Celle AGS 2013, 326. **10** BGH MDR 2007, 1103. **11** NdsFG EFG 2006, 1012. **12** ThürFG 2.4.2009 – 4 Ko 179/09, juris. **13** FG Bbg AGS 2007, 85. **14** HessFG EFG 2008, 1132. **15** BT-Drucks 17/11471 (neu), S. 277 (zu Nr. 32).

I. Allgemeines

1 Die Terminsgebühr entsteht lediglich mit einem 0,5-Gebührensatz, wenn ein Termin wahrgenommen wird, zu dem

- in erstinstanzlichen Finanzsachen eine Partei oder der Beteiligte,
- in Berufungsverfahren der Berufungskläger,
- in Beschwerde- oder Rechtsbeschwerdeverfahren der Beschwerde- bzw Rechtsbeschwerdeführer

nicht erschienen oder ordnungsgemäß vertreten ist und lediglich ein Antrag auf Erlass eines Versäumnisurteils bzw einer Versäumnisentscheidung oder zur Prozess-, Verfahrens- oder Sachleitung gestellt wird (ausf. → Nr. 3105 VV Rn 16 ff).

2 Die Regelung gilt für sämtliche von Teil 3 Abschnitt 2 Unterabschnitt 1 VV erfassten Verfahren, einschließlich der in Vorbem. 3.2 VV und Vorbem. 3.2.1 VV genannten Beschwerdeverfahren.

II. Berufungsverfahren

3 Es kommt nur auf das Nichterscheinen oder die unzureichende Vertretung des **Berufungsklägers** an, so dass es bei der 1,2-Terminsgebühr der Nr. 3202 VV verbleibt, wenn der Berufungskläger den Erlass eines Versäumnisurteils gegen den Berufungsbeklagten beantragt.[1] Gleiches gilt für Beschwerden in Familiensachen, wenn dort eine Versäumnisentscheidung ergehen kann. Damit hat der Gesetzgeber berücksichtigen wollen, dass in diesen Verfahren wegen § 539 Abs. 2 S. 2 ZPO, ggf iVm § 117 Abs. 2 S. 1 FamFG, eine Schlüssigkeitsprüfung des Berufungs- oder Beschwerdeantrags stattfindet.[2] Auch wenn der Berufungskläger anwesend und auch ordnungsgemäß vertreten ist, gilt Nr. 3203 VV nicht, so dass die 1,2-Terminsgebühr nach Nr. 3202 VV entsteht, wenn bloß auf ein Verhandeln verzichtet wird.

Besonderheiten gelten für die **Arrestverfahren**, da der Arrestschuldner nicht die Stellung eines Berufungsklägers erlangt, so dass ein Anwalt, der gegen ihn ein Versäumnisurteil erwirkt, nur eine 0,5-Terminsgebühr nach Nr. 3105 VV erhält.[3] Das gilt auch für die Arrestsachen in Familienstreitsachen (§ 119 Abs. 2 FamFG).

III. Wechselseitige Rechtsmittel

4 Haben beide Parteien Berufung eingelegt, ist zwischen den Anträgen zu unterscheiden: Soweit der Anwalt wegen Nichterscheinens oder unzureichender Vertretung des Gegners den Erlass eines Versäumnisurteils beantragt, entsteht ihm eine 1,2-Terminsgebühr (Nr. 3202 VV), allerdings nur nach dem Wert des eigenen Antrags, weil insoweit Erscheinen und ordnungemäße Vertretung hinsichtlich des Berufungsklägers vorliegen.[4] Gleiches gilt für die **Anschlussberufung**. Kommt es danach zum Ansatz von verschiedenen Gebührensätzen (Nr. 3202, 3203 VV), ist § 15 Abs. 3 zu beachten, so dass höchstens eine 1,2-Terminsgebühr nach den zusammengerechneten Werten entsteht. Die gleichen Grundsätze gelten für die in Vorbem. 3.2.1 VV genannten Beschwerdeverfahren.

5 **Beispiel 1:** Gegen das Urteil des AG Magdeburg, mit dem auf Zahlung von 2.000 € erkannt und die Klage wegen 3.000 € abgewiesen wird, legt der Kläger Berufung ein (Wert: 3.000 €). Später wird durch den Beklagten Anschlussberufung eingelegt (Wert: 2.000 €).

In dem Termin vor dem LG Magdeburg erscheint nur der Klägervertreter. Der vertretene Kläger ist im Berufungsverfahren Berufungskläger und Anschlussberufungsbeklagter. Er stellt Antrag auf Erlass eines Versäumnisurteils.

Der Klägervertreter erhält folgende Terminsgebühren:

1. 1,2-Terminsgebühr, Nr. 3202 VV (Wert: 3.000 €)	241,20 €
2. 0,5-Terminsgebühr, Nr. 3203 VV (Wert: 2.000 €)	75,00 €
3. gem. § 15 Abs. 3 RVG aber höchstens:	
1,2-Terminsgebühr, Nr. 3202 VV (Wert: 5.000 €)	363,60 €

Es verbleibt daher bei den Einzelgebühren.

6 **Beispiel 2:** Wie Beispiel 1, jedoch erscheint in dem Termin vor dem LG Magdeburg nur der Beklagtenvertreter. Der vertretene Beklagte ist im Berufungsverfahren Berufungsbeklagte und Anschlussberufungskläger. Er stellt Antrag auf Erlass eines Versäumnisurteils.

Der Klägervertreter erhält folgende Terminsgebühren:

1. 1,2-Terminsgebühr, Nr. 3202 VV (Wert: 2.000 €)	180,00 €
2. 0,5-Terminsgebühr, Nr. 3203 VV (Wert: 3.000 €)	100,50 €

---

1 Gerold/Schmidt/*Müller-Rabe*, Nr. 3203 VV Rn 8; Hartung/Schons/Enders/*Schons*, Nr. 3203 VV Rn 7. **2** BT-Drucks 15/1971, S. 214. **3** Gerold/Schmidt/*Müller-Rabe*, Nr. 3203 VV Rn 14. **4** Gerold/Schmidt/*Müller-Rabe*, Nr. 3203 VV Rn 10; Mayer/Kroiß/*Maué*, Nr. 3200–3205 VV Rn 12.

3. gem. § 15 Abs. 3 RVG aber höchstens:
   1,2-Terminsgebühr, Nr. 3202 VV (Wert: 5.000 €)   363,60 €
Es verbleibt daher bei den Einzelgebühren.

IV. Beschwerdeverfahren

In den von Vorbem. 3.2.1 VV erfassten Beschwerdeverfahren ist Nr. 3203 VV dahin gehend anzuwenden,   **7** dass nur eine 0,5-Terminsgebühr entsteht, wenn der Beschwerdeführer nicht erschienen oder nicht ordnungsgemäß vertreten ist und der Anwalt des Beschwerdegegners nur Anträge zur Verfahrens- oder Sachleitung stellt. Lediglich in Beschwerdeverfahren nach §§ 58 ff FamFG in Familienstreitsachen ist der Erlass einer Versäumnisentscheidung statthaft (§ 117 Abs. 2 S. 1 FamFG iVm § 539 Abs. 2 ZPO), so dass hier das in → Rn 3 Ausgeführte gilt.

V. Finanzsachen (Anm.)

Nr. 3203 VV gilt auch in erstinstanzlichen Verfahren vor dem Finanzgericht.[5] Es ist hier unerheblich, ob die   **8** nicht erschienene oder nicht ordnungsgemäß vertretene Partei auf Kläger- oder Beklagtenseite steht. Wegen der **Anm.** gilt Anm. Abs. 2 zu Nr. 3202 VV entsprechend, so dass die Gebühr auch entstehen kann, wenn nach § 79 a Abs. 2, §§ 90 a, 94 a FGO ohne mündliche Verhandlung entschieden wird.

VI. Vertretungszwang

Nr. 3203 VV stellt darauf ab, dass der Rechtsmittelführer nicht erschienen oder nicht ordnungsgemäß ver-   **9** treten ist, so dass eine 0,5-Terminsgebühr auch dann entsteht, wenn der Rechtsmittelführer zwar anwesend, aber nicht ordnungsgemäß vertreten ist. Eine anwaltliche Vertretung ist insb. vorgeschrieben nach

- § 78 Abs. 1 ZPO in Berufungssachen in Zivilsachen,
- § 114 Abs. 1 FamFG in Ehe- und Familienstreitsachen, einschließlich der entsprechenden Lebenspartnerschaftssachen (§ 270 FamFG),
- § 68 S. 1 GWB in Beschwerdeverfahren,
- § 76 Abs. 5 S. 1 iVm § 68 GWB in Rechtsbeschwerdeverfahren,
- § 53 S. 1 WpÜG in Beschwerdeverfahren,
- § 37 u Abs. 2 WpHG iVm § 53 S. 1 WpÜG in Beschwerdeverfahren,
- § 80 EnWG in Beschwerdeverfahren,
- § 17 S. 1 VSchDG in Beschwerdeverfahren.

Zu beachten ist jedoch, dass bestimmte Parteien (zB Behörden) nach diesen Vorschriften keiner anwaltli-   **10** chen Vertretung bedürfen (vgl § 78 Abs. 2 ZPO, § 114 Abs. 3 FamFG, § 80 S. 2 EnWG, § 68 S. 2 GWB, § 17 S. 2 VSchDG, § 53 S. 2 WpÜG).

In Verfahren vor dem Finanzgericht können sich die Beteiligten selbst vertreten (§ 62 Abs. 1 FGO).   **11**

Nr.	Gebührentatbestand	Gebühr oder Satz der Gebühr nach § 13 RVG
3204	Verfahrensgebühr für Verfahren vor den Landessozialgerichten, in denen Betragsrahmengebühren entstehen (§ 3 RVG)	60,00 bis 680,00 €
3205	Terminsgebühr in Verfahren vor den Landessozialgerichten, in denen Betragsrahmengebühren entstehen (§ 3 RVG) .... Satz 1 Nr. 1 und 3 der Anmerkung zu Nummer 3106 gilt entsprechend. In den Fällen des Satzes 1 beträgt die Gebühr 75 % der in derselben Angelegenheit dem Rechtsanwalt zustehenden Verfahrensgebühr ohne Berücksichtigung einer Erhöhung nach Nummer 1008.	50,00 bis 510,00 €

Die Gebührenvorschriften Nr. 3204, 3205 VV sind anwendbar bei nach § 3 abrechenbaren Verfahren. Die   **1** Bestimmung der Gebührenhöhe innerhalb des Rahmens erfolgt anhand der Vorgaben des § 14 Abs. 1; auf die Erl. zu Nr. 3102 VV und Nr. 3106 VV wird verwiesen.

---

5 BT-Drucks 15/1971, S. 214.

Unterabschnitt 2
Revision, bestimmte Beschwerden und Rechtsbeschwerden

Nr.	Gebührentatbestand	Gebühr oder Satz der Gebühr nach § 13 RVG
Vorbemerkung 3.2.2:		

Vorbemerkung 3.2.2:

Dieser Unterabschnitt ist auch anzuwenden in Verfahren

1. über Rechtsbeschwerden
   a) in den in der Vorbemerkung 3.2.1 Nr. 2 genannten Fällen und
   b) nach § 20 KapMuG,
2. vor dem Bundesgerichtshof über Berufungen, Beschwerden oder Rechtsbeschwerden gegen Entscheidungen des Bundespatentgerichts und
3. vor dem Bundesfinanzhof über Beschwerden nach § 128 Abs. 3 FGO.

I. Allgemeines

1   Vorbem. 3.2.2 VV regelt den Geltungsbereich der Nr. 3206–3213 VV und ergänzt insoweit Vorbem. 3.2 VV; zum allgemeinen sachlichen Anwendungsbereich von Teil 3 Abschnitt 2 Unterabschnitt 2 VV s. deshalb → Vorbem. 3.2 VV Rn 1 ff. Es handelt sich um eine **abschließende** Aufzählung.

In Vorbem. 3.2.2 **Nr. 1** VV sind alle Rechtsbeschwerden zusammengefasst, in denen die Zuständigkeit des BGH gegeben ist. **Nr. 2** erfasst die Verfahren vor dem BGH über Berufungen, Beschwerden oder Rechtsbeschwerden gegen Entscheidungen des Bundespatentgerichts. **Nr. 3** ordnet die Verfahren über die Beschwerde im einstweiligen Rechtsschutz in der Finanzgerichtsbarkeit (§ 128 Abs. 3 FGO) ebenfalls dem Unterabschnitt 2 zu.

II. Rechtsbeschwerden (Nr. 1)

2   **1. Rechtsbeschwerden in den in Vorbem. 3.2.1 Nr. 2 VV genannten Fällen (Nr. 1 Buchst. a).** Teil 3 Abschnitt 2 Unterabschnitt 2 gilt auch für sämtliche Rechtsbeschwerden, die ein Verfahren zum Gegenstand haben, das von **Vorbem. 3.2.1 Nr. 2 VV** erfasst wird (s. dort). Danach sind die Gebührenvorschriften der Nr. 3206 ff VV anwendbar in Rechtsbeschwerden über

- Vollstreckbarerklärung ausländischer Titel,
- Erteilung der Vollstreckungsklausel zu ausländischen Titeln, nicht aber bei ausländischen Schiedssprüchen,[1]
- Aufhebung oder Abänderung der Vollstreckbarerklärung oder der Vollstreckungsklausel,
- Familiensachen und sonstige Angelegenheiten der freiwilligen Gerichtsbarkeit,
- Entscheidungen im Beschlussverfahren vor den Gerichten für Arbeitssachen,
- personalvertretungsrechtliche Beschlussverfahren vor den Gerichten der Verwaltungsgerichtsbarkeit,
- Verfahren nach dem GWB,
- Verfahren nach dem EnWG,
- Verfahren nach dem KSpG,
- Verfahren nach dem VSchDG,
- Verfahren nach dem SpruchG,
- Verfahren nach dem WpÜG.

3   Die Rechtsbeschwerden nach dem GWB, EnWG und VSchDG werden daher nicht mehr von den Gebühren nach Nr. 3200 ff VV erfasst, sondern von Nr. 3206 ff VV. Ausgenommen sind jedoch die Rechtsbeschwerden nach dem StVollzG, auch iVm § 92 JGG; für sie gelten die Gebühren der Nr. 3200 ff VV (Vorbem. 3.2.1 Nr. 4 VV).

4   **2. Familiensachen.** Erfasst sind **Rechtsbeschwerden nach §§ 70 ff FamFG**, wenn sie sich gegen eine Endentscheidung wegen des Hauptgegenstands des Beschwerdegerichts richten, da sie von Vorbem. 3.2.1 Nr. 2 Buchst. b VV erfasst sind. Umfasst sind sämtliche Familiensachen nach § 111 FamFG, also sowohl Familienstreitsachen als auch Familiensachen der freiwilligen Gerichtsbarkeit, einschließlich der entsprechenden Lebenspartnerschaftssachen (§ 269 FamFG). Für Rechtsbeschwerden gegen Neben- oder Zwischenentscheidungen gilt die Gebühr Nr. 3502 VV.

---

1 OLG München NJW 2013, 3186 (wonach Nr. 3101 ff VV gelten).

     NK-GK/H. Schneider

3. Rechtsbeschwerden nach § 20 KapMuG (Nr. 1 Buchst. b). In Rechtsbeschwerdeverfahren gegen den   5
Musterbescheid (§ 20 KapMuG) gelten wegen Nr. 1 Buchst. b die Gebühren nach Nr. 3206 ff VV. Über die
Kosten des Verfahrens ist nach § 26 KapMuG zu entscheiden. Da für die Rechtsbeschwerde der BGH zuständig ist und Vertretung durch einen beim BGH zugelassenen Anwalt erfolgen muss, gelten die Gebühren
nach Nr. 3208, 3209 VV.

4. Rechtsbeschwerden nach § 63 WpÜG. Die Gebühren für das Rechtsbeschwerdeverfahren in einer Buß-   6
geldsache nach § 63 WpÜG bestimmen sich nach **Teil 5 VV**.[2]

III. Patentsachen (Nr. 2)

Teil 3 Abschnitt 2 Unterabschnitt 2 VV gilt auch, wenn es sich um ein Beschwerde- oder Rechtsbeschwer-   7
deverfahren gegen Entscheidungen des Bundespatentgerichts handelt. Im Einzelnen sind erfasst die Beschwerden nach § 122 PatG sowie die Rechtsbeschwerden nach §§ 100 ff PatG.

Aufgrund der Vorbem. 3.2.2 Nr. 2 VV, die die Berufungsverfahren gegen die Entscheidungen des Bundespa-   8
tentgerichts erfasst, finden Nr. 3206 ff VV auch für die Verfahren nach §§ 110 ff PatG Anwendung.

Nicht von Vorbem. 3.2.2 Nr. 2 VV erfasst sind Nichtigkeits- und Zwangslizenzverfahren nach den §§ 81 ff   9
PatG; es gelten hierfür die Gebühren nach Nr. 3100 ff VV.[3] Auch die Beschwerden nach § 62 PatG iVm
§ 104 Abs. 3 ZPO oder §§ 73 ff PatG,[4] für die Nr. 3500, 3514 VV gelten, werden nicht erfasst. Da sich die
Parteien in Rechtsbeschwerden vor dem BGH durch einen dort vertretenen Anwalt vertreten lassen müssen
(§ 102 Abs. 5 S. 1 PatG), gelten die Gebühren nach Nr. 3208, 3209 VV. Die Bewilligung von VKH kann
nach §§ 129 ff PatG erfolgen.

IV. Beschwerden im einstweiligen Rechtsschutz vor dem BFH nach § 128 Abs. 3 FGO (Nr. 3)

Für Verfahren über die Beschwerde in Verfahren des einstweiligen Rechtsschutzes in der Finanzgerichtsbar-   10
keit (§ 128 Abs. 3 FGO) gelten die Gebühren nach den Nr. 3206 ff VV, da die Verfahren vor dem BFH
stattfinden. Für die Kostenentscheidung gelten §§ 135 ff FGO.

Nr.	Gebührentatbestand	Gebühr oder Satz der Gebühr nach § 13 RVG
3206	Verfahrensgebühr, soweit in Nummer 3212 nichts anderes bestimmt ist ….	1,6

I. Allgemeines

In Revisions- und Rechtsbeschwerdeverfahren in den von Vorbem. 3.2, Vorbem. 3.2.2 VV erfassten Verfah-   1
ren entsteht eine 1,6-Verfahrensgebühr nach Nr. 3206 VV, in den Fällen der Nr. 3207 VV mit einem 1,1-
Gebührensatz. Voraussetzungen sind ein erteilter Prozessauftrag und eine anwaltliche Tätigkeit in den Verfahren (→ Nr. 3200 VV Rn 2 ff). Die bloße Entgegennahme und Weiterleitung der Rechtsmittel- oder Begründungsschrift an die Partei löst daher auch die Gebühren der Nr. 3206 ff VV nicht aus, weil es sich noch
um eine Tätigkeit der Vorinstanz handelt.[1]

Gesonderte Gebühren entstehen, soweit im Vergütungsverzeichnis vorgesehen (→ Rn 3). Handelt es sich   2
um Verfahren vor dem BGH, ist zu prüfen, ob Verfahrensgebühren nach Nr. 3208, 3209 VV entstehen (s.
dort).

II. Weitere Gebühren

In den Verfahren können neben den Verfahrensgebühren (Nr. 3206–3209 VV) auch Terminsgebühren nach   3
Nr. 3210, 3211 VV entstehen. Vertritt der Anwalt in derselben Angelegenheit mehrere Personen, erhöht
sich die Verfahrensgebühr nach Nr. 1008 VV für jede weitere Person um einen 0,3 Gebührensatz, jedoch
höchstens um insgesamt 2,0 (Anm. Abs. 3 zu Nr. 1008 VV). Bei Abschluss eines Vertrages über Gegenstände, für die ein Revisionsverfahren anhängig ist, entsteht eine 1,3-Einigungsgebühr nach Nr. 1004 VV, was
auch für die in Vorbem. 3.2.2 VV genannten Beschwerden- und Rechtsbeschwerden gilt (Anm. Abs. 1 zu
Nr. 1004 VV). Die Regelung der Anm. Abs. 2 zu Nr. 1003 VV ist zu beachten (Anm. Abs. 2 zu Nr. 1004

---

2 BT-Drucks 17/11471 (neu), S. 277 (zu Nr. 30). **3** Gerold/Schmidt/*Müller-Rabe*, Nr. 3206 VV Rn 12. **4** Gerold/Schmidt/*Müller-Rabe*, Nr. 3206 VV Rn 12. **1** OLG München JurBüro 2010, 255; KG KGR 2006, 413.

VV). Für nicht anhängige Ansprüche gilt Nr. 1000 VV. Neben den Gebühren kann der Anwalt Auslagen nach Nr. 7000 ff VV geltend machen.

III. Angelegenheit

4 Im Verhältnis zur unteren Instanz ist das Revisionsverfahren stets eine eigenständige Angelegenheit (§ 17 Nr. 9), so dass die Gebühren gesondert entstehen. Gleiches gilt für Beschwerden wegen der Zulassung des Rechtsmittels und das anschließende Rechtsmittelverfahren. Zu beachten ist jedoch, dass bestimmte Tätigkeiten noch dem unteren Rechtszug zuzurechnen sind (§ 19 Abs. 1 S. 2 Nr. 9).

IV. Sozialgerichtsbarkeit; Finanzgerichtsbarkeit

5 Entstehen in Verfahren vor den Gerichten der Sozialgerichtsbarkeit Betragsrahmengebühren (§ 3), gelten die Gebühren nach Nr. 3212, 3213 VV; auf die dortigen Erl. wird verwiesen.

6 Die Gebühren nach Nr. 3206 ff VV gelten auch für Revisionsverfahren nach §§ 115 ff FGO vor dem BFH.

V. Erstattungsfähigkeit

7 Die für Berufungen geltenden Grundsätze sind auch auf die von Nr. 3206 ff VV erfassten Verfahren anzuwenden; s. daher → Nr. 3200 VV Rn 17 ff.

Nr.	Gebührentatbestand	Gebühr oder Satz der Gebühr nach § 13 RVG
3207	Vorzeitige Beendigung des Auftrags oder eingeschränkte Tätigkeit des Anwalts: Die Gebühr 3206 beträgt .... Die Anmerkung zu Nummer 3201 gilt entsprechend.	1,1

I. Vorzeitige Beendigung (Alt. 1)

1 Wird der Auftrag vorzeitig beendet oder erfolgt nur eine eingeschränkte Tätigkeit, entsteht die Verfahrensgebühr nur mit einem 1,1-Gebührensatz (Nr. 3207 VV). Da nach der Anm. die Anm. zu Nr. 3201 VV entsprechend gilt, liegt eine **vorzeitige Beendigung** vor, wenn der Auftrag beendet wird, bevor der Anwalt

- das Rechtsmittel einlegt,
- einen Schriftsatz bei Gericht einreicht, der Sachanträge, Sachvortrag, die Klage- oder Rechtsmittelrücknahme enthält, oder
- einen gerichtlichen Termin wahrnimmt.

Siehe hierzu ausf. → Nr. 3201 VV Rn 3 ff.

II. Eingeschränkte Tätigkeit des Anwalts (Alt. 2)

2 Liegt nur eine **eingeschränkte anwaltliche Tätigkeit** vor, entsteht für das Verfahren gleichfalls nur eine 1,1-Verfahrensgebühr. Der Begriff der eingeschränkten Tätigkeit ist derselbe wie in Anm. Abs. 2 zu Nr. 3201 VV, so dass auf die dortigen Erl. verwiesen wird (→ Nr. 3201 VV Rn 20 ff).

III. Protokollierung einer Einigung (Anm.)

3 Die Gebühr entsteht wegen des Verweises auch, soweit lediglich beantragt ist, eine Einigung der Parteien oder mit Dritten über in dem Verfahren nicht rechtshängige Ansprüche zu Protokoll zu nehmen oder das Zustandekommen der Einigung nach § 278 Abs. 6 ZPO festzustellen (Anm. iVm Anm. Abs. 1 S. 1 Nr. 2 zu Nr. 3201 VV). Auch die Anrechnungsvorschrift der Anm. Abs. 1 S. 2 zu Nr. 3201 VV ist zu beachten (→ Nr. 3201 VV Rn 18 f).

4 Handelt es sich um Verfahren vor dem BGH, ist die Entstehung der Gebühr der Nr. 3209 VV zu prüfen.

Nr.	Gebührentatbestand	Gebühr oder Satz der Gebühr nach § 13 RVG
3208	Im Verfahren können sich die Parteien oder die Beteiligten nur durch einen beim Bundesgerichtshof zugelassenen Rechtsanwalt vertreten lassen: Die Gebühr 3206 beträgt	2,3

I. Allgemeines

Müssen sich die Parteien in dem Verfahren durch einen beim BGH zugelassenen Anwalt vertreten lassen, entsteht die Verfahrensgebühr nach Nr. 3208 VV mit einem 2,3-Gebührensatz, wenn die Tätigkeit durch einen beim BGH zugelassenen Anwalt ausgeführt wird. **1**

Ein solcher Vertretungszwang besteht insb. nach: **2**

- § 78 Abs. 1 S. 3 ZPO in Zivilsachen,
- § 10 Abs. 4 S. 1 FamFG in Verfahren der freiwilligen Gerichtsbarkeit,
- § 114 Abs. 2 FamFG in Familiensachen,
- § 102 Abs. 5 S. 1 PatG in Rechtsbeschwerden gegen Entscheidungen des Beschwerdesenats.

Besteht keine verfahrensrechtliche Verpflichtung, sich durch einen beim BGH zugelassenen Anwalt vertreten zu lassen, gelten die Gebühren nach Nr. 3206, 3207 VV, auch wenn die Vertretung tatsächlich durch einen beim BGH zugelassenen Anwalt erfolgt.[1] **3**

II. Sprungrevision

Verfahren auf Zulassung der Sprungrevision (§ 566 ZPO) oder Sprungrechtsbeschwerde (§ 75 FamFG) werden als Teil des Revisions- oder Rechtsbeschwerdeverfahrens von den Gebühren nach Nr. 3208, 3209 VV erfasst.[2] **4**

III. Nicht beim BGH zugelassene Anwälte

Der BGH hat zur Gebühr der Nr. 3508 VV, die ebenfalls nur in Verfahren entsteht, in denen sich die Partei durch einen beim BGH zugelassenen Anwalt vertreten lassen müssen, festgestellt, dass die Gebühr nur entsteht, wenn die Tätigkeiten tatsächlich von einem beim BGH zugelassenen Anwalt durchgeführt werden.[3] Es kommt daher nicht allein auf die verfahrensrechtliche Ausgestaltung an. Hat ein **nicht beim BGH zugelassener Anwalt** Tätigkeiten ausgeübt, kann er nur Gebühren nach Nr. 3206, 3207 VV verdienen. Daran ändert auch nichts, dass ihm Schriftsätze, gerichtliche Verfügungen und gerichtliche Entscheidungen in der Revisionsinstanz mitgeteilt bzw zugestellt wurden.[4] Aus dem gleichen Grund kann auch ein **Verkehrsanwalt**, der durch einen beim BGH zugelassenen Anwalt beauftragt wurde, nicht den 2,3-Gebührensatz geltend machen.[5] **5**

Hat ein nicht beim BGH zugelassener Anwalt für seinen Mandanten Tätigkeiten ausgeführt, die vor dem BGH wirksam sind, kann er einzelne Tätigkeiten nach Nr. 3403 VV abrechnen.[6] Diese Gebühr kann auch als erstattungsfähig iSd § 91 Abs. 2 S. 1 ZPO anzusehen sein, wenn die Einzeltätigkeiten zB auf eine Rücknahme der Revision gerichtet waren und hierfür auch kein beim BGH zugelassener Anwalt mehr beauftragt wird.[7] **6**

IV. Weitere Gebühren; Angelegenheit; Erstattungsfähigkeit

Besonderheiten ergeben sich nur für die Verfahrensgebühren, so dass eine Erhöhung der Terminsgebühr in diesen Verfahren nicht eintritt und die Gebühren nach Nr. 3210, 3211 VV gelten. **7**

Zum Umfang der Angelegenheit → Nr. 3206 VV Rn 4. **8**

Die Gebühr ist nach den allgemeinen Grundsätzen mit einem 2,3-Gebührensatz erstattungsfähig, weil es sich um notwendige Kosten iSd § 91 Abs. 2 ZPO handelt. Wegen des Verhältnisses zur Erstattung der Gebühr Nr. 3209 VV gelten die zur Berufung oder Beschwerde geltenden Regeln (→ Nr. 3200 VV Rn 17 ff). **9**

---

1 Hartung/Schons/Enders/*Schons*, Nr. 3208–3210 VV Rn 2. **2** Gerold/Schmidt/*Müller-Rabe*, Nr. 3208, 3209 VV Rn 5. **3** BGH NJW 2007, 1461. **4** OLG Jena 3.6.2014 – 1 W 427/14, juris. **5** Gerold/Schmidt/*Müller-Rabe*, Nr. 3208, 3209 VV Rn 11. **6** BGH NJW 2007, 1461. **7** BGH MDR 2006, 1435.

Nr.	Gebührentatbestand	Gebühr oder Satz der Gebühr nach § 13 RVG
3209	Vorzeitige Beendigung des Auftrags, wenn sich die Parteien oder die Beteiligten nur durch einen beim Bundesgerichtshof zugelassenen Rechtsanwalt vertreten lassen können: Die Gebühr 3206 beträgt .... Die Anmerkung zu Nummer 3201 gilt entsprechend.	1,8

1   Die Verfahrensgebühr nach Nr. 3209 VV entsteht mit einem 1,8-Gebührensatz, wenn in einem Verfahren, in dem sich die Parteien oder die Beteiligten durch einen beim BGH zugelassenen Anwalt vertreten lassen müssen, vorzeitig beendet wird. Zur Anwendbarkeit von Nr. 3209 VV → Nr. 3208 VV Rn 1.

2   Da die **Anm.** auf die Anm. Abs. 1 S. 1 Nr. 1 zu Nr. 3201 VV verweist, liegt eine **vorzeitige Beendigung** vor, wenn der Auftrag beendet wird, bevor der Anwalt

-   das Rechtsmittel einlegt,
-   einen Schriftsatz bei Gericht einreicht, der Sachanträge, Sachvortrag, die Klage- oder Rechtsmittelrücknahme enthält, oder
-   einen gerichtlichen Termin wahrnimmt.

Siehe hierzu ausf. → Nr. 3201 VV Rn 3 ff. Die Einwilligung des Gegners nach § 566 Abs. 1 Abs. 1 S. 1 Nr. 1 ZPO, § 75 Abs. 1 S. 1 Nr. 1 FamFG stellt keinen Sachantrag dar.[1]

3   Die Gebühr entsteht auch, soweit lediglich beantragt ist, eine Einigung der Parteien oder mit Dritten über in dem Verfahren nicht rechtshängige Ansprüche **zu Protokoll zu nehmen** oder das Zustandekommen der Einigung nach § 278 Abs. 6 ZPO festzustellen (**Anm. iVm Anm. Abs. 1 S. 1 Nr. 2 zu Nr. 3201 VV**). Die **Anrechnungsvorschrift** der Anm. Abs. 1 S. 2 zu Nr. 3201 VV ist zu beachten (→ Nr. 3201 VV Rn 18 f).

Nr.	Gebührentatbestand	Gebühr oder Satz der Gebühr nach § 13 RVG
3210	Terminsgebühr, soweit in Nummer 3213 nichts anderes bestimmt ist .... Absatz 1 Nr. 1 und 3 sowie die Absätze 2 und 3 der Anmerkung zu Nummer 3104 und Absatz 2 der Anmerkung zu Nummer 3202 gelten entsprechend.	1,5

1   In den von Teil 3 Abschnitt 2 Unterabschnitt 2 VV erfassten Verfahren entsteht eine 1,5-Terminsgebühr nach Nr. 3210 VV bzw mit einem 0,8-Gebührensatz in den Fällen der Nr. 3211 VV. Wegen der Sozialgerichtssachen gelten auch die Gebühren nach Nr. 3212, 3213 VV (s. dort). Die Entstehung richtet sich nach Vorbem. 3 Abs. 3 VV (→ Vorbem. 3 VV Rn 19 ff), der Anwalt muss an dem Termin persönlich teilgenommen haben. Die Gebühr der Nr. 3210 VV entsteht auch, wenn der Anwalt außergerichtlich an einer auf die Vermeidung oder Erledigung des Verfahrens gerichteten Besprechung mitwirkt (Vorbem. 3 Abs. 3 S. 2 VV).

2   Nach der Anm. iVm Anm. Abs. 1 zu Nr. 3104 VV entsteht die Terminsgebühr auch, wenn in einem Verfahren, für das die mündliche Verhandlung vorgeschrieben ist (zB § 555 Abs. 1 S. 1 iVm § 128 Abs. 1, § 553 Abs. 1 ZPO), **ohne mündliche Verhandlung entschieden** wird, weil

-   die Parteien ihr Einverständnis erklären oder
-   nach § 307 ZPO entschieden wird oder
-   ein schriftlicher Vergleich geschlossen wird.

3   Wird die Revision nach §§ 552, 552 a ZPO verworfen oder zurückgewiesen, entsteht daher keine Terminsgebühr.

4   Eine mündliche Verhandlung ist zudem obligatorisch vorgesehen in Rechtsbeschwerdeverfahren nach

-   § 88 Abs. 5 S. 1 iVm § 81 Abs. 1 EnWG,
-   § 26 Abs. 5 iVm § 18 Abs. 1 VSchDG,
-   § 35 Abs. 4, 6 KSpG iVm § 88 Abs. 5 S. 1, § 81 Abs. 1 EnWG.

---

1 Hartung/Schons/Enders/*Schons*, Nr. 3207 VV Rn 3.

In Verfahren vor den Gerichten der **Finanzgerichtsbarkeit** gilt Anm. iVm Anm. Abs. 2 zu Nr. 3202 VV, so 5
dass die Gebühr Nr. 3210 VV auch entsteht, wenn nach § 79 a Abs. 2, § 90 a oder § 94 a FGO ohne mündliche Verhandlung entschieden wird.

Nr.	Gebührentatbestand	Gebühr oder Satz der Gebühr nach § 13 RVG
3211	Wahrnehmung nur eines Termins, in dem der Revisionskläger oder Be- schwerdeführer nicht ordnungsgemäß vertreten ist und lediglich ein Antrag auf Versäumnisurteil, Versäumnisentscheidung oder zur Prozess-, Verfah- rens- oder Sachleitung gestellt wird: Die Gebühr 3210 beträgt .... Die Anmerkung zu Nummer 3105 und Absatz 2 der Anmerkung zu Nummer 3202 gelten entsprechend.	0,8

Die Terminsgebühr entsteht lediglich mit einem 0,8-Gebührensatz, wenn ein Termin wahrgenommen wird, 1
zu dem

- in Revisionsverfahren der Revisionskläger,
- in Rechtsbeschwerdeverfahren der Rechtsbeschwerdeführer

nicht erschienen oder ordnungsgemäß vertreten ist und lediglich ein Antrag auf Erlass eines Versäumnisur-
teilsurteils, Versäumnisentscheidung oder zur Prozess-, Verfahrens- oder Sachleitung gestellt wird; s. hierzu
ausf. → Nr. 3105 VV Rn 16 ff.

Die Gebühr entsteht auch, wenn nach § 79 a Abs. 2, § 90 a oder § 94 a FGO ohne mündliche Verhandlung 2
entschieden wird (Anm. iVm Anm. Abs. 2 zu Nr. 3202 VV).

Entscheidend ist nur, dass der **Revisionskläger** oder **Rechtsbeschwerdeführer** nicht erscheint oder dessen 3
Vertretung nicht ordnungsgemäß ist. Der Anwalt des Revisionsklägers oder Rechtsbeschwerdeführers erhält daher eine 1,5-Terminsgebühr (Nr. 3210 VV), wenn der Revisionsbeklagte oder Rechtsbeschwerdegegner nicht erscheint oder nicht ordnungsgemäß vertreten ist und Antrag auf Erlass eines Versäumnisurteils
oder einer Versäumnisentscheidung gestellt wird. Das gilt auch dann, wenn statt des Versäumnisurteils eine
Verwerfung des Rechtsmittels erfolgt.[1] Bei der Gebühr der Nr. 3210 VV verbleibt es auch, wenn der ordnungsgemäß vertretene Revisionskläger oder Rechtsbeschwerdeführer anwesend ist, aber nicht verhandelt.

Eine anwaltliche Vertretung ist insb. vorgesehen nach 4

- § 78 Abs. 1 S. 3 ZPO in Zivilsachen,
- § 6 Abs. 3 AVAG in Rechtsbeschwerdeverfahren,
- § 10 Abs. 4 S. 1 FamFG in Verfahren der freiwilligen Gerichtsbarkeit,
- § 114 Abs. 2 FamFG in Familiensachen,
- § 102 Abs. 5 S. 1 PatG in Rechtsbeschwerden gegen Entscheidungen des Beschwerdesenats,
- § 76 Abs. 5 S. 1 iVm § 68 S. 1 GWB in Rechtsbeschwerdeverfahren,
- § 88 Abs. 5 S. 1 iVm § 80 S. 1 EnWG in Rechtsbeschwerdeverfahren,
- § 35 Abs. 6 S. 1 KSpG iVm § 80 S. 1 EnWG in Rechtsbeschwerdeverfahren,
- § 26 Abs. 5 iVm § 17 VSchDG in Rechtsbeschwerdeverfahren, jedoch kann hier eine Vertretung auch
erfolgen durch einen Rechtslehrer an einer deutschen Hochschule im Sinne des HRG mit Befähigung
zum Richteramt, für die zuständige Behörde auch durch Beamte oder Angestellte mit Befähigung zum
Richteramt sowie Diplomjuristen im höheren Dienst.

Im Hinblick auf **wechselseitige Rechtsmittel** → Nr. 3203 VV Rn 4 ff. 5

---

1 *Rehberg/Xanke/Schons/Vogt/Feller*, 3. Aufl. 2010, Stichwort „Revisionskläger".

Nr.	Gebührentatbestand	Gebühr oder Satz der Gebühr nach § 13 RVG
3212	Verfahrensgebühr für Verfahren vor den Bundessozialgericht, in denen Betragsrahmengebühren entstehen (§ 3 RVG)	80,00 bis 880,00 €
3213	Terminsgebühr in Verfahren vor dem Bundessozialgericht, in denen Betragsrahmengebühren entstehen (§ 3 RVG) .... Satz 1 Nr. 1 und 3 sowie Satz 2 der Anmerkung zu Nummer 3106 gelten entsprechend.	80,00 bis 830,00 €

1   Die Gebührenvorschriften Nr. 3212, 3213 VV sind anwendbar bei nach § 3 abrechenbaren Verfahren. Die Bestimmung der Gebührenhöhe innerhalb des Rahmens erfolgt anhand der Vorgaben des § 14 Abs. 1; auf die Erl. zu Nr. 3102 VV und Nr. 3106 VV wird verwiesen.

Abschnitt 3
Gebühren für besondere Verfahren

1   Teil 3 Abschnitt 3 VV fasst in sechs Unterabschnitten Gebührenregelungen für besondere erstinstanzliche Verfahren zusammen:
- Verfahren vor dem Oberlandesgericht nach § 129 VGG (Unterabschnitt 1; Nr. 3300 Nr. 1 VV);
- erstinstanzliche Verfahren vor dem Bundesverwaltungsrecht, dem Bundessozialgericht, dem Oberverwaltungsgericht (Verwaltungsgerichtshof) oder dem Landessozialgericht (Unterabschnitt 1; Nr. 3300 Nr. 2 VV);
- Verfahren bei überlangen Gerichtsverfahren und strafrechtlichen Ermittlungsverfahren vor den Oberlandesgerichten, den Landessozialgerichten, den Oberverwaltungsgerichten, den Landesarbeitsgerichten oder einem obersten Gerichtshof des Bundes (Unterabschnitt 1);
- Mahnverfahren (Unterabschnitt 2; Nr. 3305–3308 VV);
- Vollstreckung und Vollziehung (Unterabschnitt 3; Nr. 3309, 3310 VV);
- Zwangsversteigerung und Zwangsverwaltung (Unterabschnitt 4; Nr. 3311, 3312 VV);
- Insolvenzverfahren (Unterabschnitt 5; Nr. 3313–3323 VV);
- Verteilungsverfahren nach der Schifffahrtsrechtlichen Verteilungsordnung (Unterabschnitt 5; Anm. zu Nr. 3313 VV);
- sonstige besondere Verfahren (Unterabschnitt 6; Nr. 3324–3338 VV).

Unterabschnitt 1
Besondere erstinstanzliche Verfahren

Nr.	Gebührentatbestand	Gebühr oder Satz der Gebühr nach § 13 RVG
	Vorbemerkung 3.3.1: Die Terminsgebühr bestimmt sich nach Abschnitt 1.	
3300	Verfahrensgebühr 1. für das Verfahren vor dem Oberlandesgericht nach § 129 VGG, 2. für das erstinstanzliche Verfahren vor dem Bundesverwaltungsgericht, dem Bundessozialgericht, dem Oberverwaltungsgericht (Verwaltungsgerichtshof) und dem Landessozialgericht sowie 3. für das Verfahren bei überlangen Gerichtsverfahren und strafrechtlichen Ermittlungsverfahren vor den Oberlandesgerichten, den Landessozialgerichten, den Oberverwaltungsgerichten, den Landesarbeitsgerichten oder einem obersten Gerichtshof des Bundes	1,6

Nr.	Gebührentatbestand	Gebühr oder Satz der Gebühr nach § 13 RVG
3301	Vorzeitige Beendigung des Auftrags: Die Gebühr 3300 beträgt .... Die Anmerkung zu Nummer 3201 gilt entsprechend.	1,0

I. Terminsgebühr (Vorbem. 3.3.1 VV)

Soweit in Abschnitt 3 Unterabschnitt 1 VV die Vergütung für besondere erstinstanzliche Verfahren geregelt ist, bestimmt sich die Terminsgebühr in Verfahren der Nr. 3300 VV nach Abschnitt 1 (Vorbem. 3.3.1 VV), also nach Nr. 3104 VV mit einem Gebührensatz von 1,2. Die Terminsgebühr entsteht unter den Voraussetzungen der Vorbem. 3 Abs. 3 VV für gerichtliche Termine (Vorbem. 3 Abs. 3 S. 1 VV) und für außergerichtliche Termine (Vorbem. 3 Abs. 3 S. 3 VV). 1

II. Verfahrensgebühr Nr. 3300 VV

1. **Allgemeines.** Nr. 3300 VV gilt für die enumerativ im Tatbestand ausdrücklich aufgeführten Verfahren. 2

2. **Verfahren nach Nr. 3300 Nr. 2 VV.** Vom Gebührentatbestand der **Nr. 2** sind seit Inkrafttreten des 2. KostRMoG auch die bis dahin nicht aufgeführten **erstinstanzlichen Verfahren vor dem Bundessozialgericht** und den **Landessozialgerichten** erfasst; eine Regelung im RVG fehlte bis dahin, obwohl diese Verfahren hinsichtlich ihres Umfangs und der Schwierigkeit den Verfahren in der Verwaltungsgerichtsbarkeit bereits zuvor vergleichbar gewesen waren. Es entstehen jetzt auch in den folgenden, in § 29 SGG genannten **Verfahren vor den Landessozialgerichten** statt einer 1,3-Verfahrensgebühr eine 1,6-Verfahrensgebühr: 3

- Klagen gegen Entscheidungen der Landesschiedsämter und gegen Beanstandungen von Entscheidungen der Landesschiedsämter nach dem SGB V, gegen Entscheidungen der Schiedsstellen nach § 120 Abs. 4 SGB V, der Schiedsstelle nach § 76 SGB XI und der Schiedsstellen nach § 80 SGB XII;
- Aufsichtsangelegenheiten gegenüber Trägern der Sozialversicherung und ihren Verbänden, gegenüber den Kassenärztlichen und Kassenzahnärztlichen Vereinigungen sowie der Kassenärztlichen und Kassenzahnärztlichen Bundesvereinigung, bei denen die Aufsicht von einer Landes- oder Bundesbehörde ausgeübt wird;
- Klagen in Angelegenheiten der Erstattung von Aufwendungen nach § 6 b SGB II;
- Anträge nach § 55 a SGG;
- Streitigkeiten zwischen gesetzlichen Krankenkassen oder ihren Verbänden und dem Bundesversicherungsamt betreffend den Risikostrukturausgleich, die Anerkennung von strukturierten Behandlungsprogrammen und die Verwaltung des Gesundheitsfonds;
- Streitigkeiten betreffend den Finanzausgleich der gesetzlichen Pflegeversicherung;
- Streitigkeiten betreffend den Ausgleich unter den gewerblichen Berufsgenossenschaften nach dem SGB VII;
- Klagen gegen die Entscheidung der gemeinsamen Schiedsämter nach § 89 Abs. 4 SGB V und des Bundesschiedsamts nach § 89 Abs. 7 SGB V sowie der erweiterten Bewertungsausschüsse nach § 87 Abs. 4 SGB V, soweit die Klagen von den Einrichtungen erhoben werden, die diese Gremien bilden;
- Klagen gegen Entscheidungen des Bundesministeriums für Gesundheit nach § 87 Abs. 6 SGB V gegenüber den Bewertungsausschüssen und den erweiterten Bewertungsausschüssen sowie gegen Beanstandungen des Bundesministeriums für Gesundheit gegenüber den Bundesschiedsämtern; und
- Klagen gegen Entscheidungen und Richtlinien des Gemeinsamen Bundesausschusses (§§ 91, 92 SGB V), Klagen in Aufsichtsangelegenheiten gegenüber dem Gemeinsamen Bundesausschuss, Klagen gegen die Festsetzung von Festbeträgen durch die Spitzenverbände der Krankenkassen oder den Spitzenverband Bund der Krankenkassen sowie Klagen gegen Entscheidungen der Schiedsstellen nach den §§ 129 und 130 b SGB V.

Auch im Verfahren vor dem Bundessozialgericht über Streitigkeiten nichtverfassungsrechtlicher Art zwischen Bund und Ländern sowie zwischen verschiedenen Ländern entsteht die Verfahrensgebühr in Höhe eines Gebührensatzes von 1,6. 4

3. **Verfahren nach Nr. 3300 Nr. 3 VV.** Der Gebührentatbestand der **Nr. 3** war bereits durch das Gesetz über den Rechtsschutz bei überlangen Gerichtsverfahren und strafrechtlichen Ermittlungsverfahren[1] zum 5

1 Gesetz v. 24.11.2011 (BGBl. I 2302).

3.12.2011 in Kraft getreten. Die Aufzählung der Verfahren vor den OVG/VGH und den LSG in Nr. 3 ist an sich überflüssig, weil diese Verfahren bereits durch Nr. 2 erfasst sind, ebenso wie die Verfahren vor den Finanzgerichten, die aus diesem Grund bewusst in der Nr. 3 nicht aufgeführt wurden. Das gilt gleichermaßen für die erstinstanzlichen Verfahren vor einem OVG (VGH) und nach Inkrafttreten des 2. KostRMoG auch für die erstinstanzlichen Verfahren vor einem LSG. Die Erwähnung ist zwar unschädlich, suggeriert aber insoweit nicht bestehende Unterschiede zwischen Nr. 2 und Nr. 3.

6 Allerdings widerspricht der Wortlaut der Nr. 3300 Nr. 3 VV der tatsächlich vom Gesetzgeber beabsichtigten Regelung. Es fehlt die Beschränkung auf „erstinstanzliche" Verfahren. Der Gesetzgeber wollte erklärtermaßen nur die **erstinstanzlichen Verfahren vor den Ober- und Bundesgerichten** gesondert regeln und aus dem Anwendungsbereich des Teils 3 Abschnitt 1 herausnehmen. Nach dem Wortlaut wären allerdings auch die Revisionsverfahren vor den Bundesgerichten (§ 201 Abs. 2 S. 1 GVG; § 9 Abs. 2 S. 2 ArbGG; § 173 S. 2 VwGO; § 202 S. 2 SGG; § 155 S. 2 FGO) erfasst. Danach würde in den Revisionsverfahren nur eine Verfahrensgebühr in Höhe von 1,6 gelten und bei vorzeitiger Erledigung in Höhe von 1,0, während nach Nr. 3206 VV im Revisionsverfahren zwar auch eine Verfahrensgebühr iHv 1,6 vorgesehen ist, allerdings bei vorzeitiger Erledigung iHv 1,1 (Nr. 3207 VV) eine Gebühr ausgelöst wird.[2]

III. Höhe der Gebühren

7 **1. Verfahrensgebühr.** Die Verfahrensgebühr entspricht in sämtlichen in **Nr. 3300 VV** aufgeführten Verfahren einem Gebührensatz iHv 1,6. Anzurechnen ist nach Vorbem. 3 Abs. 4 VV. Wird der Auftrag vorzeitig beendet, ermäßigt sich die 1,6-Verfahrensgebühr auf einen Gebührensatz von 1,0 (**Nr. 3301 VV**) unter den Voraussetzungen der Anm. zu Nr. 3201 VV (Anm. zu Nr. 3301 VV).

8 **2. Terminsgebühr.** Die Terminsgebühr in Verfahren nach Nr. 3300 VV richtet sich nach Abschnitt 1 (s. Vorbem. 3.3.1 VV) und somit nach Nr. 3104 VV. Sie entspricht grds. einem Gebührensatz von 1,2. Die Terminsgebühr entsteht unter den Voraussetzungen der Vorbem. 3 Abs. 3 VV für gerichtliche Termine (Vorbem. 3 Abs. 3 S. 1 VV) und für außergerichtliche Termine (Vorbem. 3 Abs. 3 S. 3 VV).

IV. Weitere Gebühren

9 In den in Nr. 3300 VV aufgeführten Verfahren kann eine **Zusatzgebühr** für besonders umfangreiche Beweisaufnahmen unter den Voraussetzungen der Nr. 1010 VV entstehen in Höhe eines Gebührensatzes von 0,3.

10 Unter den Voraussetzungen der Nr. 1000, 1003 VV kann eine **Einigungsgebühr** ausgelöst werden.

Unterabschnitt 2
Mahnverfahren

Nr.	Gebührentatbestand	Gebühr oder Satz der Gebühr nach § 13 RVG
Vorbemerkung 3.3.2: Die Terminsgebühr bestimmt sich nach Abschnitt 1.		
3305	Verfahrensgebühr für die Vertretung des Antragstellers .... Die Gebühr wird auf die Verfahrensgebühr für einen nachfolgenden Rechtsstreit angerechnet.	1,0
3306	Beendigung des Auftrags, bevor der Rechtsanwalt den verfahrenseinleitenden Antrag oder einen Schriftsatz, der Sachanträge, Sachvortrag oder die Zurücknahme des Antrags enthält, eingereicht hat: Die Gebühr 3305 beträgt	0,5
3307	Verfahrensgebühr für die Vertretung des Antragsgegners .... Die Gebühr wird auf die Verfahrensgebühr für einen nachfolgenden Rechtsstreit angerechnet.	0,5

---

2 *Schneider/Thiel*, Das neue Gebührenrecht für Rechtsanwälte, § 3 Rn 1044.

Nr.	Gebührentatbestand	Gebühr oder Satz der Gebühr nach § 13 RVG
3308	Verfahrensgebühr für die Vertretung des Antragstellers im Verfahren über den Antrag auf Erlass eines Vollstreckungsbescheids .... Die Gebühr entsteht neben der Gebühr 3305 nur, wenn innerhalb der Widerspruchsfrist kein Widerspruch erhoben oder der Widerspruch gemäß § 703 a Abs. 2 Nr. 4 ZPO beschränkt worden ist. Nummer 1008 ist nicht anzuwenden, wenn sich bereits die Gebühr 3305 erhöht.	0,5

I. Terminsgebühr (Vorbem. 3.3.2 VV)

Die Vorbem. 3.3.2 VV ist durch das Anhörungsrügengesetz[1] eingeführt worden, so dass auch im Mahnverfahren seitdem eine **Terminsgebühr** nach Abschnitt 1 des Teil 3 VV in Höhe eines Gebührensatzes von 1,2 (**Nr. 3104 VV**) entstehen kann. — 1

Gerichtliche Termine iSd Vorbem. 3 Abs. 3 S. 1 VV kommen tatbestandlich nicht in Betracht. Die Terminsgebühr kann im Mahnverfahren nur unter den Voraussetzungen der **Vorbem. 3 Abs. 3 S. 3 Nr. 2 VV** als **außergerichtlicher Termin** entstehen, wenn der Anwalt Besprechungen mit dem Gegner oder einem Dritten zur Erledigung/Vermeidung des Mahnverfahrens oder des nachfolgenden streitigen Verfahrens führt.[2] Eine Einigung ist nicht erforderlich.[3] — 2

Beispiel: Der Anwalt erwirkt für den Mandanten einen Mahnbescheid über 10.000 € und führt daraufhin mit dem Gegner Besprechungen zur Erledigung des Verfahrens, die ergebnislos verlaufen. Der Gegner legt sodann Widerspruch gegen den Mahnbescheid ein. Der Antragsteller kann folgende Gebühren abrechnen: — 3

1. 1,0-Verfahrensgebühr, Nr. 3305 VV (Wert: 10.000 €) .... 558,00 €
2. 1,2-Terminsgebühr, Nr. 3104 VV (Wert: 10.000 €) .... 669,60 €
3. Postentgeltpauschale, Nr. 7002 VV .... 20,00 €
   Zwischensumme .... 1.247,60 €
4. 19 % Umsatzsteuer, Nr. 7008 VV .... 237,04 €
   Gesamt .... **1.484,64 €**

Die Terminsgebühr kann nicht nur neben der vollen 1,0-Verfahrensgebühr entstehen, sondern auch neben einer 0,5-Verfahrensgebühr nach Nr. 3305, 3306 VV. Für das Entstehen der Terminsgebühr ist eine gerichtliche Anhängigkeit des Verfahrens nicht erforderlich.[4] Es kommt nur auf die unbedingte Auftragserteilung für ein gerichtliches Verfahren an (Vorbem. 3 Abs. 1 VV). — 4

II. Verfahrensgebühren Nr. 3305–3308 VV

1. Allgemeines. Das Mahnverfahren ist gegenüber dem streitigen Verfahren eine besondere Angelegenheit (§ 17 Nr. 2). Die Gebühren für das Mahnverfahren sind in den **Nr. 3305–3308 VV** (**Verfahrensgebühren**) und in **Vorbem. 3.3.2 iVm Nr. 3104 VV** (**Terminsgebühr**) enthalten. Für den Anwalt des Antragstellers und des Antragsgegners ergeben sich unterschiedliche Regelungen. Diese Gebühren gelten für — 5

- das Mahnverfahren nach den §§ 688 ff ZPO einschließlich
- das Mahnverfahren in Familiensachen (vgl § 113 Abs. 2 FamFG),
- das Mahnverfahren vor den Arbeitsgerichten in Arbeitssachen (§ 46 a ArbGG),
- sozialgerichtliche Mahnverfahren (§ 182 a SGG),
- das Mahnverfahren im Urkunden-, Scheck- oder Wechselverfahren.

2. Weitere Gebühren. Neben den Gebühren der Nr. 3305–3308 VV gelten die allgemeinen Gebühren nach Teil 1 VV, und zwar die Einigungsgebühr nach **Nr. 1000 ff VV** sowie die Gebührenerhöhung bei mehreren Auftraggebern nach **Nr. 1008 VV** sowie die **Terminsgebühr** nach Nr. 3104 VV (Vorbem. 3.3.2 VV). Darüber hinaus sind die **sonstigen Gebühren nach Teil 3 VV** anwendbar, soweit sie im Mahnverfahren oder anlässlich dessen anfallen können (Verfahrensgebühr für Erinnerung, Beschwerde, Gehörsrüge, Prozesskostenhilfeprüfungsverfahren). **Auslagen** richten sich nach Teil 7 VV. — 6

---

1 BGBl. 2004 I 3220; in Kraft getreten am 1.1.2005. **2** OLG Nürnberg AGS 2006, 594 m. Anm. *Schons* = JurBüro 2007, 21 m. Anm. *Enders* = NJW-RR 2007, 791; OLG Brandenburg AGS 2007, 560 = Rpfleger 2007, 508; LG Regensburg JurBüro 2006, 420. **3** OLG Brandenburg AGS 2007, 560 = Rpfleger 2007, 508. **4** BGH AGS 2007, 166 m. Anm. *Schons* = RVGreport 2007, 143.

III. Vertretung des Antragstellers

7   **1. Verfahren über den Antrag auf Erlass des Mahnbescheids (Nr. 3305, 3306 VV).** Im Verfahren auf Erlass eines **Mahnbescheids** erhält der Anwalt des **Antragstellers** eine 1,0-Verfahrensgebühr nach **Nr. 3305 VV**. Bei **mehreren Auftraggebern** erhöht sich die Gebühr nach Nr. 1008 VV um 0,3 je weiterer Auftraggeber, max. um 2,0, also auf höchstens 3,0.

8   **Erledigt sich der Auftrag,** bevor der Anwalt den verfahrenseinleitenden Antrag oder einen Schriftsatz, der Sachanträge, Sachvortrag oder die Zurücknahme des Antrags enthält, einreicht, entsteht die Gebühr nur zu 0,5 (**Nr. 3306 VV**).

9   **Beispiel:** Der Anwalt ist beauftragt, einen Mahnbescheid über 4.000 € zu beantragen. Vor Antragstellung zahlt der Schuldner. Zur Einreichung des Mahnbescheidantrags kommt es nicht mehr. Abzurechnen ist wie folgt:

1. 0,5-Verfahrensgebühr, Nr. 3305, 3306 VV (Wert: 4.000 €)	126,00 €
2. Postentgeltpauschale, Nr. 7002 VV	20,00 €
Zwischensumme	146,00 €
3. 19 % Umsatzsteuer, Nr. 7008 VV	27,74 €
Gesamt	**173,74 €**

10   Auch diese Gebühr erhöht sich bei gemeinschaftlicher Vertretung **mehrerer Auftraggeber** wiederum nach Nr. 1008 VV um jeweils 0,3, höchstens um 2,0.

11   Eine Ermäßigung nach Nr. 3306 VV tritt nicht nur dann ein, wenn es nicht zur Einreichung des Antrags auf Erlass des Mahnbescheids kommt, sondern auch, wenn es zum Mahnverfahren kommt, der Anwalt dort aber weder einen verfahrenseinleitenden Antrag oder einen Schriftsatz, der Sachanträge, Sachvortrag oder die Zurücknahme des Antrags enthält, einreicht. Es handelt sich um die Fälle, in denen der Auftraggeber selbst oder ein anderer Anwalt den Antrag auf Erlass eines Mahnbescheids bereits gestellt hatte und der Anwalt erst später beauftragt wird, aber keinen Schriftsatz mit Sachanträgen, Sachvortrag oder die Antragsrücknahme mehr einreicht.

12   Möglich ist, dass die Verfahrensgebühr Nr. 3305 VV in voller Höhe und in ermäßigter Höhe anfällt. Das ist zB bei einer nur **teilweisen vorzeitigen Erledigung** der Fall. Es entsteht dann die Gebühr der Nr. 3305 VV zu unterschiedlichen Teilen: eine 1,0-Verfahrensgebühr (Nr. 3305 VV) aus dem Wert, nach dem der Mahnantrag oder ein Schriftsatz, der Sachanträge, Sachvortrag oder die Zurücknahme des Antrags enthält, eingereicht worden ist und eine 0,5-Verfahrensgebühr aus dem Wert der vorzeitigen Erledigung (Nr. 3306 VV). Anschließend ist § **15 Abs. 3** zu beachten. Bei **mehreren Auftraggebern** ist ebenso zu rechnen. Hier sind allerdings sowohl die 1,0-Gebühr als auch die 0,5-Gebühr nach Nr. 1008 VV zu erhöhen. Bei der Begrenzung nach § 15 Abs. 3 ist jetzt eine erhöhte Gebühr aus dem Gesamtwert (§ 23 Abs. 1 S. 1 RVG iVm § 39 Abs. 1 GKG) als Maßstab zugrunde zu legen.

13   Die Verfahrensgebühr entsteht auch dann, wenn im Mahnverfahren gerichtlich **nicht anhängige Gegenstände** mit einbezogen werden. Eine Ermäßigungsregelung entsprechend Nr. 3101 Nr. 2 VV fehlt im Mahnverfahren; analog Nr. 3506 VV dürfte aber von einer Ermäßigung auf 0,5 auszugehen sein.

14   Nach Vorbem. 3.3.2 VV entsteht eine **Terminsgebühr** Nr. 3104 VV nach Vorbem. 3 Abs. 3 S. 3 Nr. 2 VV, wenn der Anwalt eine Besprechung mit dem Gegner oder einem Dritten zur Erledigung oder Vermeidung des Mahnverfahrens oder zur Vermeidung des nachfolgenden streitigen Verfahrens führt.[5] Sie entsteht auch dann, wenn im Mahnverfahren nicht anhängige Ansprüche in Verhandlungen einbezogen werden.

15   Hinzu kommen kann eine **Einigungsgebühr** nach Nr. 1000 ff VV bei der Einigung über gerichtlich anhängige und auch über gerichtlich nicht anhängige Ansprüche.

16   **2. Anrechnung.** Kommt es zum streitigen Verfahren, wird die **Verfahrensgebühr des Mahnverfahrens** auf die Verfahrensgebühr eines nachfolgenden streitigen Verfahrens (Nr. 3100 VV) angerechnet (Anm. zu Nr. 3305 VV).

17   Auch eine im Mahnverfahren entstandene **Terminsgebühr** (Vorbem. 3.3.2 VV iVm Nr. 3104 VV) ist anzurechnen (Anm. Abs. 4 zu Nr. 3104 VV).[6] Liegen die Voraussetzungen des § 15 Abs. 5 S. 2 vor, unterbleibt die Anrechnung.[7]

---

5 OLG Nürnberg AGS 2006, 594 m. Anm. *Schons* = JurBüro 2007, 21 m. Anm. *Enders* = NJW-RR 2007, 791; OLG Brandenburg AGS 2007, 560 = Rpfleger 2007, 508; LG Regensburg JurBüro 2006, 420; s. ausf. *Hansens*, RVGreport 2005, 83. **6** Eingefügt durch 2. Justizmodernisierungsgesetz v. 22.12.2006 (BGBl. I 3416). **7** AG Siegburg AGS 2016, 267 = NJW-Spezial 2016, 413; OLG München AGS 2001, 151 = NJW-RR 2000, 1727 = JurBüro 2000, 469 (zur vergleichbaren Lage nach der BRAGO).

Wird der Antrag auf Erlass eines Mahnbescheids zurückgewiesen, so findet dagegen nach § 691 Abs. 3 **18**
ZPO iVm § 567 Abs. 1 Nr. 2 ZPO die **sofortige Beschwerde** statt. Dieses Beschwerdeverfahren ist nach § 18
Abs. 1 Nr. 3 eine selbstständige Angelegenheit, in der der Anwalt die Gebühren nach den Nr. 3500 ff VV
erhält.

Wird der Antrag auf Erlass des Mahnbescheids aus anderen Gründen als denjenigen des § 691 Abs. 3 S. 1 **19**
ZPO zurückgewiesen, ist die **Erinnerung** gegeben, die nach § 18 Abs. 1 Nr. 3 ebenfalls eine gesonderte Gebührenangelegenheit darstellt, da sie sich gegen eine Entscheidung des Rechtspflegers richtet. Es entstehen
auch hier die Gebühren nach den Nr. 3500 ff VV.

3. Verfahren über den Antrag auf Erlass des Vollstreckungsbescheids. Im Verfahren über den Antrag auf **20**
Erlass eines **Vollstreckungsbescheids** erhält der Anwalt des **Antragstellers** eine weitere 0,5-Verfahrensgebühr
nach Nr. 3308 VV. Eine Gebührenerhöhung nach Nr. 1008 VV bei **mehreren Auftraggebern** kommt in Betracht, wenn der Anwalt nicht schon die erhöhte Gebühr nach Nr. 3305, 1008 VV vereinnahmt hat. Beide
Erhöhungen können nicht nebeneinander entstehen (Anm. S. 2 zu Nr. 3308 VV).

4. Sofortige Beschwerde gegen den Nichterlass des Vollstreckungsbescheids. Lehnt der Rechtspfleger den **21**
Erlass des Vollstreckungsbescheids ab, ist hiergegen gem. § 11 Abs. 1 RPflG iVm § 567 Abs. 1 ZPO die
sofortige Beschwerde möglich.[8] Es handelt sich um eine besondere Angelegenheit (§ 18 Abs. 1 Nr. 3). Die
Vergütung richtet sich nach Nr. 3500 VV.

Das gilt auch dann, wenn der Antrag nur hinsichtlich der Kosten abgelehnt worden ist. Gegen die Abset- **22**
zung kann der Antragsteller gem. § 104 Abs. 3 ZPO, § 11 Abs. 1 RPflG iVm § 567 Abs. 1 ZPO sofortige
Beschwerde einlegen, sofern der Wert des Beschwerdegegenstands 200 € übersteigt (§ 567 Abs. 2 ZPO).[9]
Der Anwalt erhält auch hier eine gesonderte Vergütung nach Nr. 3500 ff VV aus dem Wert der abgesetzten
Kosten.

5. Erinnerung gegen den Nichterlass des Vollstreckungsbescheids hinsichtlich der Kosten. Soweit der An- **23**
trag auf Erlass des Vollstreckungsbescheids nur hinsichtlich der Kosten abgelehnt worden ist und der Wert
des Beschwerdegegenstands den Betrag iHv 200 € nicht übersteigt, kommt nur die **Erinnerung** (§ 11 Abs. 2
RPflG) in Betracht.[10] Auch diese ist eine eigene Angelegenheit (§ 18 Abs. 1 Nr. 3), die nach den Nr. 3500 ff
VV zu vergüten ist.

6. Verfahren über eine Kostenentscheidung nach Rücknahme des Mahnantrags. Wird der Mahnbescheid **24**
zurückgenommen, hat der Antragsteller in entsprechender Anwendung des § 269 Abs. 3 S. 1 ZPO die Kosten des Mahnverfahrens zu tragen, soweit kein Fall des § 269 Abs. 3 S. 2 oder S. 3 ZPO gegeben ist.

IV. Vertretung des Antragsgegners

1. Überblick. Der Anwalt des **Antragsgegners** erhält eine **Verfahrensgebühr** iHv 0,5 (**Nr. 3307 VV**). Mit **25**
dieser Gebühr ist seine **gesamte Tätigkeit im Mahnverfahren** einschließlich der Entgegennahme der Information, einer Prüfung der Erfolgsaussichten und einer Begründung des Widerspruchs abgegolten. Ist der
Anwalt ausnahmsweise auch im **Verfahren auf Erlass des Vollstreckungsbescheids** beteiligt, wird seine Tätigkeit ebenfalls durch die Gebühr der Nr. 3307 VV abgegolten.

Allerdings kann auch der Vertreter des Antragsgegners aufgrund der Vorbem. 3.3.2 VV eine **Terminsge-** **26**
bühr gem. Vorbem. 3 Abs. 3 S. 3 Nr. 2 VV iVm Nr. 3104 VV verdienen, wenn der Anwalt eine Besprechung
mit dem Gegner oder einem Dritten zur Erledigung oder Vermeidung des Mahnverfahrens oder zur Vermeidung des nachfolgenden streitigen Verfahrens führt.

Stellt der Vertreter des Antragsgegners mit Einlegung des Widerspruchs bereits den Antrag auf **Durchfüh-** **27**
rung des streitigen Verfahrens (§ 696 Abs. 1 S. 1 ZPO), so gehört diese zusätzliche Tätigkeit nicht mehr zum
Mahnverfahren. Ausgelöst wird dann die Verfahrensgebühr des folgenden Rechtsstreits nach Nr. 3100
VV.[11]

Auch die **Einlegung des Einspruchs** gehört nicht mehr zum Mahnverfahren, sondern zum nachfolgenden **28**
Rechtszug und löst die Verfahrensgebühr (Nr. 3100 VV) aus.[12]

Auch die Verfahrensgebühr nach Nr. 3307 VV wird auf die nachfolgende Verfahrensgebühr des Rechts- **29**
streits **angerechnet** (Anm. zu Nr. 3307 VV). Eine Anrechnung der Verfahrensgebühr unterbleibt gem. § 15

---

8 Zöller/*Vollkommer*, ZPO, § 699 Rn 18. **9** KG KGR 2001, 70; OLG Stuttgart OLGR 2004, 181; *Zimmermann*, § 699 ZPO
Rn 8; Zöller/*Vollkommer*, ZPO, § 699 Rn 18. **10** *Zimmermann*, ZPO, § 699 Rn 8. **11** OLG Köln AGS 2007, 344; OLG Hamm
AnwBl 1989, 682 = MDR 1989, 648. **12** OLG München 1962, 617; *Hansens*, RVGreport 2004, 123.

Abs. 5 S. 2, wenn seit der Beendigung des Mahnverfahrens mehr als zwei Kalenderjahre verstrichen sind.[13] Ebenso ist eine Terminsgebühr anzurechnen (Anm. Abs. 4 zu Nr. 3104 VV), es sei denn, zwischen Mahnverfahren und streitigem Verfahren liegen mehr als zwei Kalenderjahre (§ 15 Abs. 5 S. 2).

30 Legt der Antragsteller gegen den Nichterlass des Vollstreckungsbescheids **sofortige Beschwerde** ein und wird der Anwalt des Antragsgegners auch in diesem Verfahren beauftragt, so handelt es sich auch für ihn nach § 18 Abs. 1 Nr. 3 um eine besondere Angelegenheit, in der er eine gesonderte Vergütung nach Nr. 3500 VV erhält. Gleiches gilt für ein **Erinnerungsverfahren**.

31 **2. Die Gebührentatbestände bei Vertretung des Antragsgegners im Einzelnen. a) Verfahrensgebühr (Nr. 3307 VV). aa) Entstehen der Verfahrensgebühr.** Für die Vertretung des Antragsgegners im Mahnverfahren erhält der Anwalt die 0,5-Verfahrensgebühr nach Nr. 3307 VV.

32 **Beispiel:** Gegen den Auftraggeber ist ein Mahnbescheid iHv 3.000 € ergangen. Der Anwalt legt auftragsgemäß Widerspruch ein. Abzurechnen ist wie folgt:

1. 0,5-Verfahrensgebühr, Nr. 3307 VV (Wert: 3.000 €)	100,50 €
2. Postentgeltpauschale, Nr. 7002 VV	20,00 €
Zwischensumme	120,50 €
3. 19 % Umsatzsteuer, Nr. 7008 VV	22,90 €
Gesamt	**143,40 €**

33 Auch die Gebühr nach Nr. 3307 VV erhöht sich bei **mehreren Auftraggebern**, soweit der Gegenstand der anwaltlichen Tätigkeit derselbe ist (Nr. 1008 VV).

34 Soweit der Anwalt Vertretungsauftrag im Widerspruchsverfahren hatte, erhält er die 0,5-Verfahrensgebühr aus dem vollen Wert auch dann, wenn der Widerspruch auf die Kosten beschränkt wird. Erhält der Anwalt dagegen von vornherein nur den Auftrag, wegen der Kosten Widerspruch einzulegen, entsteht die 0,5-Verfahrensgebühr nur aus dem Wert der Kosten.

35 **bb) Anrechnung (Anm. zu Nr. 3307 VV).** Auch die Verfahrensgebühr der Nr. 3307 VV ist auf die Verfahrensgebühr (Nr. 3100 VV) des nachfolgenden streitigen Verfahrens anzurechnen (Anm. zu Nr. 3307 VV).

Beispiel: Gegen den Auftraggeber ist ein Mahnbescheid in Höhe von 3.000 € ergangen. Der Anwalt legt auftragsgemäß für den Antragsgegner Widerspruch ein. Anschließend wird das streitige Verfahren durchgeführt und mündlich verhandelt. Abzurechnen ist wie folgt:

I. Mahnverfahren

1. 0,5-Verfahrensgebühr, Nr. 3307 VV (Wert: 3.000 €)	100,50 €
2. Postentgeltpauschale, Nr. 7002 VV	20,00 €
Zwischensumme	120,50 €
3. 19 % Umsatzsteuer, Nr. 7008 VV	22,90 €
Gesamt	**143,40 €**

II. Streitiges Verfahren

1. 1,3-Verfahrensgebühr, Nr. 3100 VV (Wert: 3.000 €)	261,30 €
2. gem. Anm. zu Nr. 3307 VV anzurechnen, 0,5-Gebühr aus 3.000 €	– 100,50 €
3. 1,2-Terminsgebühr, Nr. 3104 VV (Wert: 3.000 €)	241,20 €
4. Postentgeltpauschale, Nr. 7002 VV	20,00 €
Zwischensumme	422,00 €
5. 19 % Umsatzsteuer, Nr. 7008 VV	80,18 €
Gesamt	**502,18 €**

36 Eine Anrechnung kommt allerdings nur insoweit in Betracht, als die Gegenstände von Mahnverfahren und nachfolgendem streitigen Verfahren identisch sind.[14]

37 **b) Terminsgebühr (Vorbem. 3.3.2 VV).** Auch der Anwalt des Antragsgegners kann gem. **Vorbem. 3.3.2 VV** eine **1,2-Terminsgebühr** nach Nr. 3104 VV verdienen, wenn er mit dem Gegner Besprechungen zur Erledigung des Mahnverfahrens oder zur Vermeidung des streitigen Verfahrens führt (Vorbem. 3 Abs. 3 S. 3 Nr. 2 VV).

13 OLG München AGS 2001, 51 = MDR 2000, 785 = KostRsp. BRAGO § 43 Rn 58 m. Anm. *N. Schneider*; *N. Schneider*, MDR 2003, 727; *ders.*, AGS 2003, 240; AnwK-RVG/*N. Schneider*, § 15 Rn 293. **14** OLG München AGS 2013, 512 = JurBüro 2013, 303.

Beispiel: Gegen den Mandanten ist ein Mahnbescheid iHv 3.000 € ergangen. Der Anwalt legt hiergegen Wider- **38** spruch ein und führt anschließend mit dem Gegner telefonische Einigungsverhandlungen, die ergebnislos verlaufen. Abzurechnen ist wie folgt:

1.	0,5-Verfahrensgebühr, Nr. 3307 VV (Wert: 3.000 €)	100,50 €
2.	1,2-Terminsgebühr, Nr. 3104 VV (Wert: 3.000 €)	241,20 €
3.	Postentgeltpauschale, Nr. 7002 VV	20,00 €
	Zwischensumme	361,70 €
4.	19 % Umsatzsteuer, Nr. 7008 VV	68,72 €
	Gesamt	**430,42 €**

c) Einigungsgebühr. Ausgelöst werden kann auch eine **Einigungsgebühr** nach den Nr. 1000 ff VV. **39**

Sofern die Parteien unter Mitwirkung ihrer Anwälte eine Einigung auch über **weitergehende Gegenstände** **40** treffen, entsteht auch aus dem Mehrwert eine Einigungsgebühr, deren Höhe davon abhängt, ob

- die weitergehenden Gegenstände **nicht anhängig** sind: Es entsteht dann aus dem Mehrwert unter Berücksichtigung des § 15 Abs. 3 eine weitere 1,5-Einigungsgebühr nach Nr. 1000 VV;
- die weitergehenden Gegenstände **gerichtlich anhängig** sind: Dann entsteht eine 1,0-Gebühr aus dem Gesamtwert (§ 23 Abs. 1 S. 1 RVG iVm § 39 Abs. 1 GKG);
- die weitergehenden Gegenstände in einem **Berufungs- oder Revisionsverfahren** oder in einem der in den Vorbem. 3.2.1 VV oder Vorbem. 3.2.2 VV genannten Beschwerde- und Rechtsbeschwerdeverfahren anhängig sind: Dann entsteht aus dem Mehrwert unter Berücksichtigung des § 15 Abs. 3 eine weitere 1,3-Einigungsgebühr nach Nr. 1004 VV. Daneben erhöht sich gleichzeitig auch der Gegenstandswert der 0,5-Verfahrensgebühr (Nr. 3307 VV). Eine ermäßigte Verfahrensgebühr wie beim Antragsteller ist hier nicht vorgesehen.

Unterabschnitt 3
Vollstreckung und Vollziehung

Nr.	Gebührentatbestand	Gebühr oder Satz der Gebühr nach § 13 RVG
Vorbemerkung 3.3.3:		
(1)[1] *Dieser Unterabschnitt gilt für*		
1. die Zwangsvollstreckung,		
2. die Vollstreckung,		
3. Verfahren des Verwaltungszwangs und		
4. die Vollziehung eines Arrestes oder einstweiligen Verfügung,		
soweit nachfolgend keine besonderen Gebühren bestimmt sind. Er gilt auch für Verfahren auf Eintragung einer Zwangshypothek (§§ 867 und 870 a ZPO).		
(2) Im Verfahren nach der Verordnung (EU) Nr. 655/2014 werden Gebühren nach diesem Unterabschnitt nur im Fall des Artikels 5 Buchstabe b der Verordnung (EU) Nr. 655/2014 erhoben. In den Fällen des Artikels 5 Buchstabe a der Verordnung (EU) Nr. 655/2014 bestimmen sich die Gebühren nach den für Arrestverfahren geltenden Vorschriften.[2]		
3309	Verfahrensgebühr	0,3
3310	Terminsgebühr .... Die Gebühr entsteht für die Teilnahme an einem gerichtlichen Termin, einem Termin zur Abgabe der Vermögensauskunft oder zur Abnahme der eidesstattlichen Versicherung.	0,3

---

1 *Kursive Hervorhebung:* Geplante Änderung mWz 18.1.2017: Der bisherige Wortlaut wird Absatz 1. Siehe Art. 13 Nr. 4 Buchst. c) aa) des Entwurfs eines Gesetzes zur Durchführung der Verordnung (EU) Nr. 655/2014 sowie zur Änderung sonstiger zivilprozessualer Vorschriften (EuKoPfVODG), BT-Drucks 18/7560, S. 21. **2** *Kursive Hervorhebung:* Geplante Ergänzung mWz 18.1.2017 durch Art. 13 Nr. 4 Buchst. c) dd) des Entwurfs eines Gesetzes zur Durchführung der Verordnung (EU) Nr. 655/2014 sowie zur Änderung sonstiger zivilprozessualer Vorschriften (EuKoPfVODG), BT-Drucks 18/7560, S. 21. Siehe dazu Rn 2.

I. Anwendungsbereich (Vorbem. 3.3.3 VV)

1 **1. Zwangsvollstreckung, Vollstreckung, Verwaltungszwang, Arrest, einstweilige Verfügung (Vorbem. 3.3.3).** Unterabschnitt 3 des Teils 3 Abschnitt 3 VV fasst die Gebühren in Angelegenheiten der Zwangsvollstreckung, der Vollstreckung und der Vollziehung von Entscheidungen des einstweiligen Rechtsschutzes, gleich welcher Gerichtsbarkeit, zusammen. Die Vorschriften nach Teil 3 Abschnitt 3 Unterabschnitt 3 VV (Nr. 3309, 3310 VV) gelten gem. Vorbem. 3.3.3 VV [ab 18.1.2017: Vorbem. 3.3.3 *Abs. 1* VV] deshalb ausdrücklich auch für die **Vollziehung**

- eines **Arrestbefehls**,
- einer **einstweiligen Verfügung** oder
- einer **einstweiligen Anordnung**.

Darüber hinaus gilt Unterabschnitt 3 für Verfahren auf **Eintragung einer Zwangshypothek** (§§ 867 und 870 a ZPO). Für die **Zwangsversteigerung** und **Zwangsverwaltung** gelten die besonderen Vorschriften nach Teil 3 Abschnitt 3 Unterabschnitt 4 VV (Nr. 3311, 3312 VV). Die Nr. 3309, 3310 VV gelten auch in Verfahren des **Verwaltungszwangs** und in **FG-Verfahren**, soweit dort eine Vollstreckung stattfindet (§ 95 FamFG). Schließlich sind die Gebühren der Nr. 3309, 3310 VV anzuwenden für die Zwangsvollstreckung

- in **Strafsachen** für die Vollstreckung aus Entscheidungen, die über einen aus einer Straftat erwachsenen vermögensrechtlichen Anspruch oder die Erstattung von Kosten ergangen sind (§§ 406 b, 464 b StPO), sowie für die Mitwirkung bei der Ausübung der Veröffentlichungsbefugnis (Vorbem. 4 Abs. 5 Nr. 2 VV);
- in **Bußgeldsachen** für die Vollstreckung aus Entscheidungen, die über die Erstattung von Kosten ergangen sind (Vorbem. 5 Abs. 4 Nr. 2 VV);
- in **Verfahren nach Teil 6 VV** für die Vollstreckung aus einer Entscheidung über die Erstattung von Kosten in Disziplinarverfahren und berufsgerichtlichen Verfahren wegen der Verletzung einer Berufspflicht (Vorbem. 6.2 Abs. 3 Nr. 2 VV).

2 **2. Europäischer Beschluss zur vorläufigen Kontenpfändung (Vorbem. 3.3.3 Abs. 2 VV-E).** Der Entwurf eines Gesetzes zur Durchführung der Verordnung (EU) Nr. 655/2014 sowie zur Änderung sonstiger zivilprozessualer Vorschriften (EuKoPfVODG) sieht vor, die Vorbem. 3.3.3 VV mWz 18.1.2017 um den neuen Absatz 2 zu ergänzen.[3] Wie im Bereich der Gerichtskosten wird auch bei der Rechtsanwaltsvergütung für Verfahren zur Erwirkung eines Europäischen Beschlusses zur vorläufigen Kontenpfändung differenziert zwischen den Fällen des Art. 5 Buchst. a EuKoPfVO und denen des Art. 5 Buchst. b EuKoPfVO. Für Verfahren in den Fällen des Art. 5 Buchst. b EuKoPfVO gelten die geringeren Gebühren für die Zwangsvollstreckung, also die Gebühren nach den Nr. 3309, 3010 VV. In den Fällen des Art. 5 Buchst. a EuKoPfVO hingegen gelten die Gebühren wie in einem Arrestverfahren, also die höheren Gebühren nach den Nr. 3100 ff VV, was Satz 2 der Vorbem. 3.3.3 Abs. 2 VV-E klarstellt.

II. Verfahrens- und Terminsgebühr (Nr. 3309, 3310 VV)

3 **1. Anwendungsbereich.** Wird der Anwalt in der Vollstreckung beauftragt, erhält er die Gebühren nach Teil 3 Abschnitt 3 Unterabschnitt 3 VV nach den Nr. 3309, 3310 VV. Ausgelöst werden kann daneben eine Einigungsgebühr nach Nr. 1000 ff VV. Seine Auslagen erhält der Rechtsanwalt nach Teil 7 VV. Auf der Grundlage des 2. KostRMoG ist die Anm. zu Nr. 3310 VV neu gefasst worden, weil am 1.1.2012 durch das in Kraft getretene Gesetz zur Reform der Sachaufklärung in der Zwangsvollstreckung vom 29.7.2009[4] der Termin zur Abnahme der eidesstattlichen Versicherung durch den Termin zur Abgabe der Vermögensauskunft ersetzt worden ist.

4 Die Gebühren der Nr. 3309, 3310 VV gelten für die Vertretung des **Gläubigers** und des **Schuldners** gleichermaßen.[5] Droht der Anwalt dem Schuldner die Einleitung der Vollstreckung an oder ist der Anwalt für den Schuldner außergerichtlich beauftragt, eine drohende Zwangsvollstreckung abwehren, so entsteht ebenfalls eine 0,3-Verfahrensgebühr nach Nr. 3309 VV. Eine Geschäftsgebühr nach Nr. 2300 VV entsteht, wenn materiell-rechtliche Einwendungen erhoben werden.[6] Auch auf die Vertretung des Drittschuldners wendet die Rspr die Gebührentatbestände der Nr. 3309 ff VV an.[7]

5 **2. Umfang der Angelegenheit.** In der Vollstreckung gilt **jede einzelne Maßnahme** zusammen mit den durch diese vorbereiteten weiteren Vollstreckungshandlungen bis zur Befriedigung des Gläubigers als eine beson-

---

3 Siehe vorherige Fn. **4** BGBl. 2009 I 2258. **5** Bischof u.a./*Bräuer*, Nr. 3309 VV Rn 4. **6** BGH AGS 2011, 120 = NJW 2011, 1603 = RVGreport 2011, 136; aA LG Düsseldorf AGS 2007, 450. **7** AG Düsseldorf JurBüro 1985, 723; AG Koblenz AGS 2008, 29.

dere Gebührenangelegenheit iSd § 15 RVG. Gleiches gilt auch für das Verwaltungszwangsverfahren. Jeder Vollstreckungsauftrag löst daher für den Anwalt die Gebühren nach Nr. 3309, 3310 VV gesondert aus.

Vorbereitende Vollstreckungshandlungen zählen hingegen entweder nach § 19 Abs. 1 S. 1 noch zum Rechtszug, insb. die Vorbereitung des Antrags, die erstmalige Erteilung der Vollstreckungsklausel sowie die Zustellung eines Vollstreckungstitels, der Vollstreckungsklausel oder der sonstigen in § 750 ZPO genannten Urkunden. Aus § 19 Abs. 2 ergeben sich Tätigkeiten, die bereits zur jeweiligen Vollstreckungsangelegenheit gehören. Das ist insb. beim **Einholen von Meldeamtsauskünften** zur Ermittlung des Aufenthaltsorts des Schuldners der Fall; die Tätigkeit gehört bereits zur Vollstreckung.[8] **6**

Eine vorbereitende Handlung, die zur jeweiligen Vollstreckungsangelegenheit gehört, ist auch die **Vollstreckungsandrohung**. Sie löst zwar bereits die Gebühr nach Nr. 3309 VV aus; kommt es dann aber zur Durchführung der angedrohten Vollstreckungsmaßnahme, entsteht die Gebühr nicht erneut, sondern insgesamt nur einmal.[9] **7**

Um eine vorbereitende Tätigkeit handelt es sich auch, wenn im Rahmen des Auftrags zu einer Forderungspfändung zuvor ein **vorläufiges Zahlungsverbot** nach § 845 ZPO beantragt wird. Das vorläufige Zahlungsverbot löst bereits die 0,3-Verfahrensgebühr nach Nr. 3309 VV aus. Kommt es anschließend zur Pfändung der Forderung, werden hierdurch keine neuen Gebühren ausgelöst.[10] **8**

Ist die Mobiliarvollstreckung gegen den Schuldner zunächst erfolglos, weil er unter seiner **bisherigen Anschrift nicht angetroffen** wird, und wird die Vollstreckung daraufhin fortgesetzt, so ist zu unterscheiden: **9**

- Wird die Zwangsvollstreckung zeitnah unter der neuen Anschrift fortgesetzt, dann ist von einem einheitlichen Vollstreckungsauftrag auszugehen, so dass die Verfahrensgebühr nach Nr. 3309 VV nur einmal entsteht.[11]
- Wird die Vollstreckung mangels Kenntnis des Aufenthaltsorts zunächst eingestellt und zu einem späteren Zeitpunkt nach Kenntniserlangung der neuen Anschrift wieder aufgenommen, liegen verschiedene Angelegenheiten vor, durch die die Gebühren der Nr. 3309 VV erneut ausgelöst werden.

Nur eine Angelegenheit liegt vor, wenn zunächst am **Geschäftssitz** vollstreckt wird und anschließend am **Wohnsitz des Schuldners** oder umgekehrt.[12] Die **Vollstreckungserinnerung nach § 766 ZPO** gehört zur Vollstreckungsangelegenheit. **Eigene Angelegenheiten** im Rahmen der Zwangsvollstreckung sind die ausdrücklich in § 18 Abs. 1 aufgeführten Tätigkeiten. **10**

Auch handelt es sich jeweils um gesonderte Gebührenangelegenheiten, wenn gegen **mehrere Schuldner** vollstreckt wird. Das gilt auch für Vollstreckungen gegen Gesamtschuldner, selbst wenn das wirtschaftliche Interesse gleichgerichtet ist. Eine Streitgenossenschaft in der Zwangsvollstreckung gibt es selbst dann nicht, wenn gegen verschiedene Schuldner aus demselben Titel vollstreckt wird.[13] **11**

3. Auslagen. Der Anwalt erhält in der Vollstreckung seine Auslagen nach Teil 7 VV, insb. für jede Vollstreckungsangelegenheit eine gesonderte Postentgeltpauschale nach Nr. 7002 VV. **12**

III. Verfahrensgebühr Nr. 3309 VV

Für seine Tätigkeit in der Vollstreckung erhält der Anwalt zunächst eine 0,3-Verfahrensgebühr nach Nr. 3309 VV. Die Gebühr entsteht bereits mit der **Entgegennahme der Information**. Eine Ermäßigung der Gebühr der Nr. 3309 VV bei **vorzeitiger Erledigung**, wenn es zB nicht zur Durchführung der Vollstreckung kommt, ist nicht vorgesehen. Daher entsteht die 0,3-Verfahrensgebühr Nr. 3309 VV auch bereits für eine Androhung der Vollstreckung. **13**

Beispiel: Der Anwalt ist beauftragt, eine Mobiliarvollstreckung wegen einer Geldforderung von 3.000 € anzudrohen. Hiernach zahlt der Schuldner. Abzurechnen ist wie folgt: **14**

1. 0,3-Verfahrensgebühr, Nr. 3309 VV (Wert: 3.000 €)	60,30 €
2. Postentgeltpauschale, Nr. 7002 VV	12,06 €
Zwischensumme	72,36 €
3. 19 % Umsatzsteuer, Nr. 7008 VV	13,75 €
Gesamt	**86,11 €**

Gleiches gilt für die Abrechnung des Anwalts, der den Schuldner vertritt. Auch er erhält eine 0,3-Verfahrensgebühr, wenn er zur Abwendung der angedrohten Vollstreckungsmaßnahme tätig wird.[14] **15**

8 BGH AGS 2004, 99 = NJW 2004, 1101 = JurBüro 2004, 191. **9** AG Münster DGVZ 2006, 31; LG Kassel DGVZ 1996, 11; AG Herborn DGVZ 1993, 118; Mayer/Kroiß/*Rohn*, § 18 Rn 29. **10** Mayer/Kroiß/*Rohn*, § 18 Rn 40. **11** OLG München AnwBl 1982, 500 = JurBüro 1992, 326; OLG Düsseldorf JurBüro 1987, 546; AnwK-RVG/*Volpert*, § 18 Rn 58. **12** BGH AGS 2005, 63 = JurBüro 2005, 139 = RVGreport 2005, 34. **13** BGH AGS 2007, 71 = RVGreport 2006, 461 (Antrag nach § 887 ZPO); OLG Frankfurt a. M. AGS 2004, 69; LG Frankfurt a. M. AGS 2003, 207 m. Anm. *N. Schneider* = JurBüro 2003, 304 (Räumungsvollstreckung); AG Singen JurBüro 2006, 329. **14** LG Düsseldorf AGS 2007, 450.

16 Bei **mehreren Auftraggebern** erhöht sich die Gebühr um 0,3 je weiterer Auftraggeber. Die Verfahrensgebühr beträgt also bei zwei Auftraggebern 0,6.[15]

17 **Beispiel:** Der Anwalt wird von zwei Auftraggebern beauftragt, die Vollstreckung wegen einer Forderung iHv 1.600 € durchzuführen. Abzurechnen ist wie folgt:

1. 0,6-Verfahrensgebühr, Nr. 3309, 1008 VV (Wert: 1.600 €)	90,00 €
2. Postentgeltpauschale, Nr. 7002 VV	18,00 €
Zwischensumme	98,00 €
3. 19 % Umsatzsteuer, Nr. 7008 VV	18,62 €
Gesamt	**116,62 €**

IV. Terminsgebühr Nr. 3310 VV

18 Eine Terminsgebühr kann in der Vollstreckung nach Nr. 3310 VV ausgelöst werden, allerdings nur dann, wenn der Anwalt an einem **gerichtlichen Termin** oder einem **Termin zur Abgabe der Vermögensauskunft** teilnimmt. Außergerichtliche Verhandlungen oder Besprechungen mit dem Schuldner bzw Gläubiger reichen nicht aus, um die Terminsgebühr auszulösen, weil der Anwendungsbereich der Vorbem. 3 Abs. 3 S. 3 Nr. 1 und 2 VV durch Anm. zu Nr. 3310 VV ausdrücklich ausgeschlossen ist.[16] Die Höhe der Terminsgebühr entspricht nach Nr. 3310 VV einem Gebührensatz iHv 0,3.

19 **Beispiel 1:** In einem Zwangsgeldverfahren wegen einer Zuwiderhandlung gegen eine einstweilige Verfügung (Wert: 30.000 €) findet eine mündliche Verhandlung vor Gericht statt, an der der Anwalt teilnimmt. Abzurechnen ist wie folgt:

1. 0,3-Verfahrensgebühr, Nr. 3309 VV (Wert: 30.000 €)	258,90 €
2. 0,3-Terminsgebühr, Nr. 3310 VV (Wert: 30.000 €)	258,90 €
3. Postentgeltpauschale, Nr. 7002 VV	20,00 €
Zwischensumme	537,80 €
4. 19 % Umsatzsteuer, Nr. 7008 VV	102,18 €
Gesamt	**639,98 €**

20 **Beispiel 2:** Anlässlich einer vom Gerichtsvollzieher terminierten Zwangsräumung verhandelt der Anwalt des Gläubigers mit dem Gerichtsvollzieher und dem Schuldner. Da es sich nicht um einen gerichtlichen Termin handelt, entsteht keine Terminsgebühr.[17]

V. Einigungsgebühr

21 Der Anwalt kann im Rahmen der Vollstreckung auch eine Einigungsgebühr nach Nr. 1000 ff VV verdienen, wenn im Rahmen der Vollstreckung mit dem Schuldner Vereinbarungen getroffen werden. Die Voraussetzungen der Nr. 1000 VV liegen insb. dann vor, wenn der Gläubiger für den Fall der sofortigen Zahlung auf einen Teil der Forderung – und sei es nur auf einen Teil der Zinsen oder der Kosten – verzichtet. Auch bloße **Ratenzahlungsvereinbarungen** stellen eine Einigung iSd Anm. Abs. 1 S. 1 Nr. 2 zu Nr. 1000 VV dar, auch wenn der Gläubiger seine gesamte Forderung erhält.[18] Dagegen entsteht keine Einigungsgebühr, wenn der Gerichtsvollzieher mit dem Schuldner eine Einigung trifft und der Gläubiger sich damit einverstanden erklärt (→ Nr. 1000 VV Rn 33).[19]

22 Soweit die Hauptsache oder ein Vollstreckungsverfahren anhängig ist, entsteht eine 1,0-Einigungsgebühr nach Nr. 1000, 1003 VV. Dazu zählt auch ein Verfahren vor dem Gerichtsvollzieher (Anm. S. 3 zu Nr. 1003 VV). Ist die Hauptsache im Berufungs- oder Revisionsverfahren anhängig, so entsteht die Gebühr zu 1,3 (Nr. 1004 VV). Soweit weder die Hauptsache noch ein Vollstreckungsverfahren anhängig ist, entsteht die Einigungsgebühr zu 1,5 (Nr. 1000 VV). Dass die titulierte Forderung zuvor im Rechtsstreit anhängig gewesen war, ist unerheblich, da es nur auf den Zeitpunkt der Einigung ankommt.

23 **Beispiel 1:** Der Anwalt ist beauftragt, nach rechtskräftigem Abschluss des Rechtsstreits eine Mobiliarvollstreckung wegen einer Geldforderung von 1.800 € anzudrohen. Nach Erhalt der Vollstreckungsandrohung einigen sich die Beteiligten und treffen eine Ratenzahlungsvereinbarung. Abzurechnen ist wie folgt:

1. 0,3-Verfahrensgebühr, Nr. 3309 VV (Wert: 1.800 €)	45,00 €
2. 1,5-Einigungsgebühr, Nr. 1000 VV (Wert: 1.800 €)	225,00 €
3. Postentgeltpauschale, Nr. 7002 VV	20,00 €
Zwischensumme	290,00 €

---

15 OLG Stuttgart AGS 2007, 33; LG Frankfurt a. M. AGS 2005, 18 m. Anm. *Mock* = NJW 2004, 3642; LG Hamburg AGS 2005, 497; LG Köln MDR 2005, 1318. **16** AnwK-RVG/*Volpert*, Nr. 3310 VV Rn 79. **17** Anders noch nach der BRAGO, wonach eine 3/10-Erörterungsgebühr anfiel (OLG Frankfurt MDR 1994, 218). **18** BGH AGS 2005, 140 = JurBüro 2005, 309; AnwK-RVG/*Volpert*, Nr. 3309 VV Rn 88. **19** BGH AGS 2006, 496 = RVGreport 2006, 382.

4. 19 % Umsatzsteuer, Nr. 7008 VV	55,10 €
Gesamt	**345,10 €**

Beispiel 2: Der Anwalt hat gegen den Schuldner das Verfahren auf Abgabe der Vermögensauskunft eingeleitet.   **24** Vor dem Termin zur Abgabe der Vermögensauskunft wird eine Einigung getroffen. Abzurechnen ist wie folgt:

1. 0,3-Verfahrensgebühr, Nr. 3309 VV (Wert: 1.800 €)	45,00 €
2. 1,0-Einigungsgebühr, Nr. 1003, 1000 VV (Wert: 1.800 €)	150,00 €
3. Postentgeltpauschale, Nr. 7002 VV	20,00 €
Zwischensumme	215,00 €
4. 19 % Umsatzsteuer, Nr. 7008 VV	40,85 €
Gesamt	**255,85 €**

VI. Gegenstandswert

Der Gegenstandswert in der Vollstreckung richtet sich nach § 25. Bei **Geldforderungen** ist der Wert der zu   **25** vollstreckenden Forderung einschließlich der Nebenforderungen maßgebend (§ 25 Abs. 1 Nr. 1).

Bei Vollstreckungen auf **Herausgabe oder Leistung von Sachen** ist der Wert der Sache maßgebend, also der   **26** Verkehrswert (§ 25 Abs. 1 Nr. 2 Hs 1). Der Wert darf jedoch nicht den Wert übersteigen, mit dem der Herausgabe- oder Räumungsanspruch nach den für die Berechnung von Gerichtskosten maßgeblichen Vorschriften zu bewerten ist. Soweit also das GKG privilegierte Streitwerte vorsieht, gelten diese in der Zwangsvollstreckung fort.

Sind **Handlungen, Duldungen oder Unterlassungen** Gegenstand der Vollstreckung, richtet sich der Gegen-   **27** standswert nach dem Interesse des Gläubigers, also dem Erfüllungsinteresse und damit nach dem Wert der Hauptsache.[20] Die Höhe eines im Rahmen der §§ 888, 890 ZPO festgesetzten Zwangs- oder Ordnungsmittels ist für das Interesse ohne Bedeutung.[21] Der Wert des Ordnungsmittels ist lediglich für die anschließende Vollstreckung des Ordnungsmittels maßgebend (§ 25 Abs. 1 Nr. 1).

Im Verfahren auf **Abgabe der Vermögensauskunft** ist der Wert der Forderung (einschließlich der Nebenfor-   **28** derungen, Zinsen und Kosten früherer Vollstreckungsmaßnahmen) maßgebend.[22] Der Wert darf 2.000 € nicht überschreiten.

Soweit der Schuldner **Vollstreckungsschutzanträge** stellt, richtet sich der Gegenstandswert entsprechend   **29** dem Interesse des den Antrag stellenden Schuldners nach billigem Ermessen (§ 23 Abs. 2). Es ist also darauf abzustellen, welchen Wert der Vollstreckungsaufschub, die Aussetzung der Vollstreckung oder sonstige Schutzmaßnahmen haben.

VII. Vollstreckungserinnerung nach § 766 ZPO

Im Verfahren über eine Erinnerung gegen die Art und Weise der Vollstreckung nach § 766 ZPO ist zu un-   **30** terscheiden:

- Ist der Anwalt **bereits im Vollstreckungsverfahren tätig**, löst die Erinnerung für ihn keine neue Angelegenheit aus, wird vielmehr bereits durch die entstandene 0,3-Verfahrensgebühr nach Nr. 3309 VV abgegolten.

- War der Anwalt dagegen **im Vollstreckungsverfahren bislang noch nicht tätig**, so handelt es sich für ihn bei dem Erinnerungsverfahren um eine neue Gebührenangelegenheit, für die er die Gebühren nach Nr. 3500 ff VV erhält. Zu beachten ist in diesem Fall § 15 Abs. 6. Der Anwalt kann nicht mehr erhalten als ein von vornherein mit der gesamten Tätigkeit beauftragter Anwalt. Dieser hätte insgesamt nur eine 0,3-Verfahrensgebühr nach Nr. 3309 VV erhalten, so dass der nur im Erinnerungsverfahren tätige Anwalt ebenfalls nur eine 0,3-Verfahrensgebühr erhält.

VIII. Beschwerdeverfahren

Kommt es zu einem Beschwerdeverfahren, so handelt es sich immer um eine eigene Angelegenheit, durch   **31** die die Gebühren nach den Nr. 3500, 3513 VV auslöst werden.

---

[20] OLG Hamm RVGreport 2016, 76; OLG Köln AGS 2005, 262; OLG Nürnberg Rpfleger 1963, 218; OLG Celle FamRZ 2006, 1689; AnwK-RVG/*Volpert*, § 25 Rn 19; Schneider/Herget/*Onderka*, Streitwert-Kommentar, Rn 6489; aA (Bruchteil der Hauptsache) OLG München AGS 2011, 248 = FamRZ 2011, 1686; OLG Celle NdsRpfl 2009, 218 = OLGR 2009, 657. [21] OLG Karlsruhe MDR 2000, 229; OLG Celle FamRZ 2006, 1689; AnwK-RVG/*Volpert*, § 25 Rn 21; Schneider/Herget/*Onderka*, Streitwert-Kommentar, Rn 6489. [22] AnwK-RVG/*Volpert*, § 25 Rn 19.

IX. Vollstreckungsschutzanträge

32 Vollstreckungsschutzanträge nach den §§ 765 a, 815 b, 851 a und § 841 b ZPO sind ebenfalls gesonderte Angelegenheiten (§ 18 Abs. 1 Nr. 6).[23] Der Anwalt erhält hier jeweils eine weitere 0,3-Verfahrensgebühr nach Nr. 3309 VV. Der Gegenstandswert richtet sich nach § 25 Abs. 2. Der Wert ist nach dem Interesse des Antragstellers nach billigem Ermessen zu bestimmen.

X. Kostenerstattung und Kostenfestsetzung

33 Die **Kostenerstattung** in Vollstreckungsangelegenheiten richtet sich nach **§ 788 Abs. 1 ZPO**. Die Kosten einer notwendigen Zwangsvollstreckungsmaßnahme hat danach der Schuldner zu tragen, auch dann, wenn die Vollstreckungsmaßnahme erfolglos geblieben ist. Die Vorschriften der §§ 91 ff, 269 ZPO gelten nicht. Daher hat der Schuldner auch die Kosten eines zurückgenommenen Vollstreckungsauftrags (zB wegen mangelnder Erfolgsaussichten) zu tragen, wenn der Schuldner bei Einleitung der Vollstreckungsmaßnahme diese als notwendig ansehen durfte.

34 Soweit **mehrere Schuldner** als Gesamtschuldner verurteilt worden sind, haften sie auch für die Kosten der Zwangsvollstreckung als Gesamtschuldner. Jeder Schuldner haftet also nicht nur für die durch eine gegen ihn gerichtete Vollstreckung anfallenden Kosten, sondern auch für die Kosten, die bei der Vollstreckung gegen einen anderen Gesamtschuldner anfallen.

35 **Zuständig** für die **Kostenfestsetzung** ist das Vollstreckungsgericht, bei dem die Vollstreckung anhängig ist, und nach Beendigung der Zwangsvollstreckung das Vollstreckungsgericht, in dessen Bezirk die letzte Vollstreckungshandlung erfolgt ist (§ 788 Abs. 2 S. 1 ZPO). Im Falle einer Vollstreckung nach den §§ 887, 888, 890 ZPO ist das Prozessgericht zuständig (§ 788 Abs. 2 S. 2 ZPO).

Unterabschnitt 4
Zwangsversteigerung und Zwangsverwaltung

Nr.	Gebührentatbestand	Gebühr oder Satz der Gebühr nach § 13 RVG
3311	Verfahrensgebühr .... Die Gebühr entsteht jeweils gesondert 1. für die Tätigkeit im Zwangsversteigerungsverfahren bis zur Einleitung des Verteilungsverfahrens; 2. im Zwangsversteigerungsverfahren für die Tätigkeit im Verteilungsverfahren, und zwar auch für eine Mitwirkung an einer außergerichtlichen Verteilung; 3. im Verfahren der Zwangsverwaltung für die Vertretung des Antragstellers im Verfahren über den Antrag auf Anordnung der Zwangsverwaltung oder auf Zulassung des Beitritts; 4. im Verfahren der Zwangsverwaltung für die Vertretung des Antragstellers im weiteren Verfahren einschließlich des Verteilungsverfahrens; 5. im Verfahren der Zwangsverwaltung für die Vertretung eines sonstigen Beteiligten im ganzen Verfahren einschließlich des Verteilungsverfahrens und 6. für die Tätigkeit im Verfahren über Anträge auf einstweilige Einstellung oder Beschränkung der Zwangsvollstreckung und einstweilige Einstellung des Verfahrens sowie für Verhandlungen zwischen Gläubiger und Schuldner mit dem Ziel der Aufhebung des Verfahrens.	0,4

I. Allgemeines

1 In Zwangsversteigerungs- und Zwangsverwaltungsverfahren sind die Gebühren des Rechtsanwalts davon abhängig, in welchem Verfahren und ggf auch in welchem Verfahrensabschnitt er tätig wird und welche verfahrensrechtliche Position sein Mandanten einnimmt (zB Antragsteller oder Schuldner). Jede unter einer Nummer der Anm. aufgelistete Gebühr entsteht auch in demselben Verfahren gesondert. Es handelt sich grds. um pauschale Verfahrensgebühren, mit der die gesamte Tätigkeit in dem Verfahren – ggf im angegebenen Verfahrensabschnitt – und für den angegebenen Mandanten abgegolten ist.

[23] Unzutr. OLG Koblenz AGS 2008, 63 m. abl. Anm. *N. Schneider* = RVGreport 2008, 101.

Im **Zwangsversteigerungsverfahren** wird unterschieden zwischen dem Verfahren vom Anordnungsantrag bis zur Einleitung des Verteilungsverfahrens (Gebühr **Anm. Nr. 1**) und dem Verteilungsverfahren (Gebühr **Anm. Nr. 2**). Zusätzlich können im Versteigerungsverfahren die Gebühr gem. **Anm. Nr. 6** betreffend Einstellungsanträge etc. und auch die Terminsgebühr Nr. 3312 VV anfallen. 2

Im **Zwangsverwaltungsverfahren** wird unterschieden zwischen der Vertretung des Antragstellers, insoweit noch zusätzlich das Verfahren über den Anordnungs- bzw Beitrittsantrag (Gebühr gem. **Anm. Nr. 3**) zu dessen Vertretung im weiteren gesamten Verfahren (Gebühr gem. **Anm. Nr. 4**) abgegrenzt. Für die Vertretung eines anderen Beteiligten als eines Antragstellers (betreibenden Gläubigers) ist für das gesamte Zwangsverwaltungsverfahren ohne Differenzierung nach Verfahrensabschnitten die Gebühr **Anm. Nr. 5** vorgesehen. Zusätzlich kann auch im Zwangsverwaltungsverfahren die Gebühr gem. **Anm. Nr. 6** betreffend Einstellungsanträge etc. anfallen. 3

Für die Tätigkeit betreffend die **Eintragung einer Zwangshypothek** gilt Nr. 3309 VV (s. Vorbem. 3.3.3 VV). 4

Die anwaltliche Tätigkeit in einem **Rechtsmittelverfahren** wird mit den Gebühren gem. Nr. 3500 VV abgegolten.[1] 5

Eine Tätigkeit des **Rechtsanwalts als Zwangsverwalter** wird nicht nach dem RVG, sondern nach den speziellen Regelungen der Zwangsverwalterverordnung (vgl § 152 a ZVG) vergütet. 6

II. Geltungsbereich

Eine Verfahrensgebühr kann in sämtlichen nach dem Zwangsversteigerungsgesetz (ZVG) durchzuführenden Verfahren einschließlich der Zwangsverwaltungsverfahren anfallen. Erfasst werden somit nicht nur die echten Vollstreckungsverfahren, sondern auch die besonderen Verfahren des ZVG (§§ 172 ff ZVG), insb. die Verfahren zur Aufhebung einer Gemeinschaft, die sog. Teilungsversteigerung (§§ 180 ff ZVG). 7

III. Verfahrensgebühren im Zwangsversteigerungsverfahren

1. Verfahrensgebühr Nr. 3311 Anm. Nr. 1 VV. Die Verfahrensgebühr gem. Anm. Nr. 1 steht dem Rechtsanwalt für die Tätigkeit im Zwangsversteigerungsverfahren **bis zur Einleitung des Verteilungsverfahrens** zu. Mit dieser Gebühr ist somit grds. die gesamte Tätigkeit des Rechtsanwalts im Zwangsversteigerungsverfahren – bis zur Einleitung des Verteilungsverfahrens –, beginnend mit dem Anordnungsantrag bis einschließlich der Entscheidung über den Zuschlag, abgegolten. Lediglich für die Wahrnehmung der Versteigerungstermine für einen Beteiligten (Nr. 3312 VV) und für Tätigkeiten gem. Anm. Nr. 6 entstehen in diesem Verfahrensabschnitt gesonderte Gebühren. 8

Die Gebühr entsteht mit jeder Tätigkeit nach der Auftragserteilung in diesem Verfahrensabschnitt, soweit dafür nicht eine gesonderte Gebühr vorgesehen ist; insgesamt in einem Verfahrensabschnitt jedoch nur einmal (§ 15). Auch vorbereitende Tätigkeiten – nach Auftragserteilung – wie zB die Androhung der Versteigerung und wohl auch solche, die eine drohende Versteigerung im Vorfeld verhindern sollen,[2] gehören dazu. Das Verfahren betreffend die Erinnerung gegen die Entscheidung über die Anordnung bzw den Beitritt ist ebenfalls mit dieser Gebühr abgegolten.[3] Eine Ermäßigung der Gebühr ist nicht vorgesehen, so dass der Zeitpunkt und das evtl. Ergebnis des Verfahrens auf diese Gebühr Nr. 3311 VV keinen Einfluss hat.[4] 9

Die Gebühr entsteht grds. auch unabhängig davon, ob ein Verfahrensbeteiligter (vgl § 9 ZVG) oder ein anderer Mandant, zB ein Bietinteressent, der nicht zu den Beteiligten iSd § 9 ZVG gehört, vertreten wird.[5] Die verfahrensrechtliche Stellung des Mandanten hat jedoch Einfluss auf den Gegenstandswert (vgl § 26). 10

Auch im Falle der Wahrnehmung eines Termins für einen Beteiligten entsteht die Verfahrensgebühr Nr. 3311 Anm. Nr. 1 VV – neben der Terminsgebühr Nr. 3312 VV (s. dort). 11

Auch in einem gem. § 18 ZVG – bzgl mehrerer Objekte – **verbundenen Verfahren** steht die Gebühr dem Rechtsanwalt – ggf nach Wertaddition (vgl §§ 26, 22 Abs. 1) – nur einmal zu (§ 15 Abs. 2). 12

Bei Vertretung **mehrerer Auftraggeber** in diesem Verfahrensabschnitt entsteht die Gebühr ebenfalls nur einmal und berechnet sich nach der Summe der (verschiedenen) Werte (§§ 26, 22 Abs. 1). Dies gilt auch, sofern eine unterschiedliche Beteiligung der Auftraggeber am Verfahren gegeben ist, zB eines Gläubigers und des Schuldners oder auch eines Bieters.[6] 13

---

1 Gerold/Schmidt/*Mayer*, Nr. 3311, 3312 VV Rn 29; *Stöber*, ZVG, Einl. Rn 97 Anm. 90.1. **2** OLG Düsseldorf OLGR 2001, 214 (zu § 68 BRAGO); *Stöber*, ZVG, Einl. Rn 90 Anm. 90.1. **3** Gerold/Schmidt/*Mayer*, Nr. 3311, 3312 VV Rn 7. **4** Gerold/Schmidt/*Mayer*, Nr. 3311, 3312 VV Rn 8. **5** Gerold/Schmidt/*Mayer*, Nr. 3311, 3312 VV Rn 2, 6; *Stöber*, ZVG, Einl. Rn 90 Anm. 90.1. **6** Gerold/Schmidt/*Mayer*, Nr. 3311, 3312 VV Rn 21.

14 Die Kostenhaftung des einzelnen Auftraggebers bestimmt sich nach § 7 Abs. 2 S. 1. Betrifft die Vertretung der mehreren Auftraggeber denselben Verfahrensgegenstand, erhöht sich die Verfahrensgebühr gem. Nr. 1008 VV.[7]

15 **2. Verfahrensgebühr Nr. 3311 Anm. Nr. 2 VV im Verteilungsverfahren.** Für das sich dem Zuschlag anschließende **Verfahren zur Verteilung des Erlöses** (§§ 105 ff ZVG) ist eine gesonderte Verfahrensgebühr gem. Nr. 3311 Anm. Nr. 2 VV vorgesehen. Dieses Verteilungsverfahren beginnt mit der Bestimmung des Verteilungstermins (§ 105 Abs. 1 ZVG). Beschränkt sich die Tätigkeit des Rechtsanwalts auf diesen Verfahrensabschnitt, steht ihm ausschließlich die Verfahrensgebühr gem. Anm. Nr. 2 zu. Nur, wenn er auch im Versteigerungsverfahren – bis zur Bestimmung des Verteilungstermins – tätig war, steht ihm die Verfahrensgebühr gem. Anm. Nr. 1 zusätzlich – nebst einer evtl. Terminsgebühr Nr. 3312 VV – zu.[8]

16 Eine konkrete Tätigkeit des Rechtsanwalts ist zwar nicht erforderlich, jedoch seine **Mitwirkung am Verteilungsverfahren.** Dazu gehört zB die Fertigung von Anmeldungen, die Prüfung des Teilungsplans, die Teilnahme am Verteilungstermin, ein Widerspruch gegen den Teilungsplan oder ein Antrag auf Ermächtigung zum Aufgebot (§ 138) – ohne das Aufgebotsverfahren selbst. Auch die Mitwirkung an einer – nach Bestimmung des Verteilungstermins – getroffenen Liegenbelassensvereinbarung (§ 91 Abs. 2 ZVG) wird durch die Verfahrensgebühr Nr. 3311 Anm. Nr. 2 VV abgegolten.[9]

17 Unabhängig vom Umfang ist mit dieser Gebühr auch die gesamte Tätigkeit im Verteilungsverfahren abgegolten und die Verfahrensgebühr Nr. 3311 Anm. Nr. 2 VV fällt nur einmal an (§ 15 Abs. 2). Auch die Mitwirkung bei einer außergerichtlichen Einigung der Beteiligten (§ 143 ZVG) oder der außergerichtlichen Befriedigung der Berechtigten (§ 144 ZVG) reicht für die Entstehung dieser Gebühr.[10]

18 Für die Mitwirkung bei einer außergerichtlichen Einigung kann (zusätzlich) auch die Nr. 1000 VV anfallen.[11]

19 Hinsichtlich des Verteilungsverfahrens betreffend mehrere Objekte und/oder bei Vertretung mehrerer Auftraggeber → Rn 12 f.

20 **3. Verfahrensgebühr Nr. 3311 Anm. Nr. 6 VV.** Eine gesonderte Gebühr gem. Anm. Nr. 6 erhält der Rechtsanwalt zunächst für eine Tätigkeit im Verfahren auf einstweilige Einstellung oder Beschränkung der Zwangsvollstreckung und einstweilige Einstellung des Verfahrens. In Versteigerungsverfahren bestehen unterschiedliche Möglichkeiten, eine einstweilige Einstellung zu beantragen, so gem. §§ 28, 30 a–30 f ZVG, §§ 765 a, 769 Abs. 2, 771 Abs. 3 ZPO.

21 Für eine Tätigkeit des Rechtsanwalts in diesem – gebührenrechtlich gesonderten Verfahrensabschnitt (§ 15 Abs. 2) – fällt diese Gebühr – ggf neben der Verfahrensgebühr gem. Anm. Nr. 1 und evtl. der Terminsgebühr Nr. 3312 VV – an. Für die Teilnahme an einem gem. § 30 b Abs. 2 S. 2 ZVG anberaumten Termin fällt keine Terminsgebühr an (→ Nr. 3312 VV Rn 4).[12]

22 Die Gebühr entsteht unabhängig davon, ob der Rechtsanwalt den Schuldner/Antragsgegner oder einen Gläubiger/Antragsteller in diesem Verfahrensabschnitt vertritt.[13]

23 Das Verfahren über Einstellungsanträge beginnt grds. frühestens mit Eingang des Einstellungsantrags, für die Vertretung des Schuldners ggf bereits mit dem Auftrag zur Stellung dieses Antrags. Die bloße Bewilligung des Gläubigers zur Verfahrenseinstellung (§ 30 ZVG) löst weder für den Vertreter des Gläubigers noch des Schuldners – mangels Verfahrens über einen Antrag – diese Gebühr aus. Auch die Belehrung über das Antragsrecht gem. § 30 b Abs. 1 ZVG leitet noch kein Einstellungsverfahren ein.[14]

24 Die Gebühr gem. Anm. Nr. 6 entsteht in einem Versteigerungsverfahren nur einmal (§ 15 Abs. 2), auch wenn der Rechtsanwalt hinsichtlich mehrerer Einstellungsanträge auch betreffend verschiedener Gläubiger tätig wird. Damit ist seine gesamte diesbezügliche Tätigkeit abgegolten.[15]

25 Die Gebühr gem. Anm. Nr. 6 entsteht auch für Verhandlungen zwischen Gläubiger und Schuldner mit dem Ziel der Verfahrensaufhebung. Ein Einstellungsantrag muss dazu nicht gestellt sein, lässt andererseits die Gebühr dann jedoch nicht mehrfach entstehen – die Gebühr entsteht nur nach jeder Nummer der Anm. zu Nr. 3311 VV gesondert.[16]

26 Der Rechtsanwalt muss insoweit bei den **Verhandlungen** – auf Seiten des Gläubigers oder Schuldners – mitgewirkt haben. Eine einseitige Tätigkeit oder Erklärung ohne Reaktion der Gegenseite erfüllt den Tatbe-

7 BGH NJW-RR 2007, 955; Gerold/Schmidt/*Mayer*, Nr. 3311, 3312 VV Rn 21. **8** Gerold/Schmidt/*Mayer*, Nr. 3311, 3312 VV Rn 11. **9** Gerold/Schmidt/*Mayer*, Nr. 3311, 3312 VV Rn 16; *Hartmann*, KostG, Nr. 3311 VV RVG Rn 4; Riedel/Sußbauer/*Schütz*, Nr. 3311, 3312 VV Rn 22. **10** Gerold/Schmidt/*Mayer*, Nr. 3311, 3312 VV Rn 11–13; *Hartmann*, KostG, Nr. 3311 VV RVG Rn 4–6. **11** Gerold/Schmidt/*Mayer*, Nr. 3311, 3312 VV Rn 14; *Hartmann*, KostG, Nr. 3311 VV RVG Rn 5. **12** Gerold/Schmidt/*Mayer*, Nr. 3311, 3312 VV Rn 18. **13** *Stöber*, ZVG, Einl. Rn 91 Anm. 91.1, 91.2. **14** *Stöber*, ZVG, Einl. Rn 91 Anm. 91.1, 91.2. **15** *Stöber*, ZVG, Einl. Rn 91 Anm. 91.1, 91.2; Riedel/Sußbauer/*Schütz*, Nr. 3311, 3312 VV Rn 25; aA Mayer/Kroiß/*Mayer*, Nr. 3311 VV Rn 32. **16** *Stöber*, ZVG, Einl. Rn 91 Anm. 91.3.

stand der Verhandlungen naturgemäß nicht. Ob diese erfolgreich sind, ist für die Gebühr unbeachtlich.[17] Eine Terminsgebühr entsteht insoweit nicht (vgl Nr. 3312 VV).

IV. Verfahrensgebühren im Zwangsverwaltungsverfahren

1. Verfahrensgebühr Nr. 3311 Anm. Nr. 3 VV. Im Zwangsverwaltungsverfahren (§§ 146 ff ZVG) steht dem   **27** Rechtsanwalt eine gesonderte Verfahrensgebühr für die Vertretung nur eines Antragstellers im Verfahren über den Anordnungsantrag oder den Antrag auf Zulassung des Beitritts zu. Für die Vertretung eines anderen Beteiligten, insb. des Schuldners – auch in diesem Verfahrensabschnitt –, fällt nicht diese Gebühr gem. Anm. Nr. 3, sondern die Gebühr gem. Anm. Nr. 5 an.[18]

Die Gebühr entsteht im Regelfall mit der **Erteilung des Auftrags zur Stellung dieses Anordnungs- oder Bei-**   **28** **trittsantrags** und bleibt auch ungekürzt bestehen, wenn der Rechtsanwalt diesen Anordnungs- oder Beitrittsantrag selbst nicht stellt, da eine Ermäßigung nicht vorgesehen ist (vgl auch § 15 Abs. 4). Sie fällt jedoch auch für sonstige Tätigkeiten des Rechtsanwalts im Verfahren über einen Anordnungs- oder Beitrittsantrag an; so zB wenn der Auftrag zur Erledigung von Zwischenverfügungen des Gerichts bzgl eines vom Auftraggeber selbst gestellten Anordnungs- oder Beitrittsantrags erteilt wird. Die Gebühr entsteht auch für einen Antrag auf Fortführung eines ergebnislosen Zwangsversteigerungsverfahrens als Zwangsverwaltungsverfahrens gem. § 77 Abs. 2 S. 2 ZVG.[19]

Das Anordnungs- bzw Beitrittsverfahren endet mit der – stattgebenden oder auch zurückweisenden – Ent-   **29** scheidung des Gerichts oder der vorherigen Antragsrücknahme. Mit der Gebühr ist die gesamte anwaltliche Tätigkeit in diesem Verfahrensabschnitt abgegolten. Die Gebühr entsteht auch dann nur einmal, wenn die Vertretung des Antragstellers in diesem Verfahrensabschnitt in einem gem. §§ 146, 18 ZVG verbundenen oder zu verbindenden Verfahren sich auf mehrere Objekte bezieht.[20] Handelt es sich jedoch um getrennte Zwangsverwaltungsverfahren, entsteht diese Gebühr bei entsprechender Tätigkeit jeweils gesondert (§ 15 Abs. 2).[21]

2. Verfahrensgebühr Nr. 3311 Anm. Nr. 4 VV im Zwangsverwaltungsverfahren. Für die Vertretung nur ei-   **30** nes Antragstellers nach Anordnung der Zwangsverwaltung oder Zulassung des Beitritts steht dem Rechtsanwalt ebenfalls eine gesondert Verfahrensgebühr gem. Anm. Nr. 4 zu. Das weitere Verfahren beginnt mit der Anordnung der Zwangsverwaltung bzw der Zulassung des Beitritts und mit dieser Gebühr ist grds. die gesamte Tätigkeit des Rechtsanwalts für den Antragsteller bis zur Beendigung des Zwangsverwaltungsverfahrens – einschließlich des Verteilungsverfahrens gem. § 156 ZVG – abgegolten (Ausnahme: Gebühr gem. Anm. Nr. 6). Zur Entstehung reicht jede anwaltliche Tätigkeit nach Verfahrensanordnung bzw Zulassung des Beitritts aus und diese Gebühr entsteht in einem Verfahren nur einmal (§ 15 Abs. 2). Auch in einem gem. §§ 146, 18 ZVG verbundenen Verfahren betreffend mehrere Objekte entsteht die Gebühr nur einmal.[22]

Hat der Rechtsanwalt den Antragsteller auch bereits im Anordnungs- bzw Beitrittsverfahren vertreten, fällt   **31** daneben die Gebühr gem. Anm. Nr. 3 an. Erfolgt die Auftragserteilung jedoch erst nach der Anordnung bzw Zulassung des Beitritts, steht dem Rechtsanwalt für die Vertretung eines Antragstellers nur die Gebühr gem. Anm. Nr. 4 zu.[23]

3. Verfahrensgebühr Nr. 3311 Anm. Nr. 5 VV. Für die Vertretung eines sonstigen Beteiligten – außer dem   **32** Antragsteller (Gebühr gem. Anm. Nr. 4; → Rn 30) – steht dem Rechtsanwalt die Gebühr gem. Anm. Nr. 5 zu. Damit ist die Vertretung aller Beteiligten im Zwangsverwaltungsverfahren mit Ausnahme eines betreibenden Gläubigers, somit insb. des Schuldners und der Berechtigten der eingetragenen Rechte, erfasst. Mit dieser Gebühr wird grds. wiederum die gesamte Tätigkeit des Rechtsanwalts für diese Beteiligten im gesamten Zwangsverwaltungsverfahren abgegolten (§ 15 Abs. 2).[24] Auf die Ausführungen zur Gebühr gem. Anm. Nr. 3 und 4 (→ Rn 27 ff) kann insoweit verwiesen werden.

4. Verfahrensgebühr Nr. 3311 Anm. Nr. 6 VV. Auch im Zwangsverwaltungsverfahren kann eine gesonder-   **33** te Gebühr gem. Anm. Nr. 6 für eine anwaltliche Tätigkeit im **Einstellungsverfahren** oder für Verhandlungen zwischen Gläubiger und Schuldner mit dem Ziel der Verfahrensaufhebung entstehen (vgl §§ 146, 28, 153 b ZVG, §§ 765 a, 769 Abs. 2, 771 Abs. 3 ZPO).[25] Auf die Erl. in → Rn 20 ff kann insoweit verwiesen werden.

---

17 *Stöber*, ZVG, Einl. Rn 91 Anm. 91.3. **18** *Stöber*, ZVG, Einl. Rn 96 Anm. 96.2. **19** Gerold/Schmidt/*Mayer*, Nr. 3311, 3312 VV Rn 41; *Hartmann*, KostG, Nr. 3311 VV RVG Rn 8; *Stöber*, ZVG, Einl. Rn 96 Anm. 96.2. **20** OLG Köln JurBüro 1981, 54; LG Berlin ZMR 2010, 50, jew. zu § 69 BRAGebO. **21** *Stöber*, ZVG, Einl. Rn 96 Anm. 96.2. **22** Gerold/Schmidt/*Mayer*, Nr. 3311, 3312 VV Rn 41; *Stöber*, ZVG, Einl. Rn 96 Anm. 96.3. **23** Gerold/Schmidt/*Mayer*, Nr. 3311, 3312 VV Rn 42; *Hartmann*, KostG, Nr. 3311 VV RVG Rn 12; *Stöber*, ZVG, Einl. Rn 96 Anm. 96.3. **24** *Stöber*, ZVG, Einl. Rn 96 Anm. 96.3. **25** *Stöber*, ZVG, § 146 Rn 6, Einl. Rn 96 Anm. 96.4; OLG Düsseldorf AGS 2008, 432.

Nr.	Gebührentatbestand	Gebühr oder Satz der Gebühr nach § 13 RVG
3312	Terminsgebühr .... Die Gebühr entsteht nur für die Wahrnehmung eines Versteigerungstermins für einen Beteiligten. Im Übrigen entsteht im Verfahren der Zwangsversteigerung und der Zwangsverwaltung keine Terminsgebühr.	0,4

I. Allgemeines

1 Neben der Verfahrensgebühr Nr. 3311 Anm. Nr. 1 VV kann unter den Voraussetzungen der Nr. 3312 VV eine Terminsgebühr anfallen. Diese Terminsgebühr kann in sämtlichen nach dem Zwangsversteigerungsgesetz durchzuführenden Versteigerungsverfahren entstehen, somit nicht nur in den echten Vollstreckungsverfahren, sondern auch in den besonderen Verfahren des ZVG (§§ 172 ff ZVG), insb. in den Verfahren zur Aufhebung einer Gemeinschaft, die sog. Teilungsversteigerung (§§ 180 ff ZVG). Für Zwangsverwaltungsverfahren ist keine Terminsgebühr bestimmt.

II. Wahrnehmung von Versteigerungsterminen

2 Die Terminsgebühr steht dem Rechtsanwalt für die **Wahrnehmung eines Versteigerungstermins** (§§ 66 ff ZVG) zu. Dies gilt jedoch nur für die Vertretung eines **Beteiligten** (§ 9 ZVG). Daneben steht ihm auch die Verfahrensgebühr Nr. 3311 Anm. Nr. 1 VV zu, da durch die Terminsgebühr lediglich die – in der Wahrnehmung des Termins – bestehende zusätzliche Tätigkeit abgegolten werden soll (→ Nr. 3311 VV Rn 8). Die Vertretung lediglich eines Bietinteressenten, der nicht zugleich auch Beteiligter gem. § 9 ZVG ist, wird ausschließlich mit der Verfahrensgebühr Nr. 3311 Anm. Nr. 1 VV abgegolten.[1]

3 Eine konkrete Tätigkeit des Rechtsanwalts in dem Termin ist nicht erforderlich, da bereits mit der Wahrnehmung des Termins der Gebührentatbestand erfüllt ist. Andererseits wird mit dieser Gebühr auch die gesamte Tätigkeit des Rechtsanwalts im Versteigerungstermin abgegolten, so zB auch die Abgabe von Geboten für einen Beteiligten. Die Art der Tätigkeit hat ggf Einfluss auf den Gegenstandswert gem. § 26. Der Termin beginnt mit dem Aufruf der Sache (vgl § 66 Abs. 1 ZVG), nicht erst mit der Aufforderung zur Abgabe von Geboten (vgl § 66 Abs. 2 ZVG).

4 Die Gebühr entsteht nicht für andere Termine im Versteigerungsverfahren, insb. nicht für einen Erörterungstermin (§ 62 ZVG), einen gesonderten Verkündungstermin (§ 87 Abs. 1, 2 ZVG), den Verteilungstermin (§§ 105 ff ZVG) oder einen evtl. Termin betreffend einen Einstellungsantrag gem. § 30 b Abs. 2 S. 2 ZVG.[2]

5 Für die Wahrnehmung mehrerer Versteigerungstermine in einem Verfahren entsteht die Gebühr nur einmal (§ 15 Abs. 2).[3] Dies muss auch gelten, wenn die mehreren Versteigerungstermine verschiedene Objekte in einem gem. § 18 ZVG verbundenen Verfahren betreffen, da es sich insoweit um eine einheitliche Angelegenheit handelt.

Unterabschnitt 5
Insolvenzverfahren, Verteilungsverfahren nach der Schifffahrtsrechtlichen Verteilungsordnung

Nr.	Gebührentatbestand	Gebühr oder Satz der Gebühr nach § 13 RVG
Vorbemerkung 3.3.5: (1) Die Gebührenvorschriften gelten für die Verteilungsverfahren nach der SVertO, soweit dies ausdrücklich angeordnet ist. (2) Bei der Vertretung mehrerer Gläubiger, die verschiedene Forderungen geltend machen, entstehen die Gebühren jeweils besonders. (3) Für die Vertretung des ausländischen Insolvenzverwalters im Sekundärinsolvenzverfahren entstehen die gleichen Gebühren wie für die Vertretung des Schuldners.		

---

1 Gerold/Schmidt/*Mayer*, Nr. 3311, 3312 VV Rn 9, 16; *Stöber*, ZVG, Einl. Rn 90 Anm. 90.4, Rn 92; *Hartmann*, KostG, Nr. 3312 VV RVG Rn 2. **2** Gerold/Schmidt/*Mayer*, Nr. 3311, 3312 VV Rn 9; *Hartmann*, KostG, Nr. 3312 VV RVG Rn 1, 3. **3** Gerold/Schmidt/*Mayer*, Nr. 3311, 3312 VV Rn 10; *Stöber*, ZVG, Einl. Rn 92; *Hartmann*, KostG, Nr. 3312 VV RVG Rn 1.

NK-GK/*Klos*

I. Allgemeines

1. Anwendungsbereich. a) Sachlicher Anwendungsbereich. Die Vorschriften von Teil 3 Abschnitt 3 Unter- 1
abschnitt 5 VV umfassen die Tätigkeiten des Rechtsanwalts im Insolvenzverfahren einschließlich des Se-
kundärinsolvenzverfahrens sowie die Tätigkeiten des Rechtsanwalts im Verteilungsverfahren nach der
Schifffahrtsrechtlichen Verteilungsordnung (SVertO), soweit dies ausdrücklich angeordnet ist. Die einzelnen
Nummern des Unterabschnitts 5 enthalten jeweils in einer Anmerkung den Hinweis darauf, ob die Gebühr
auch für das Verteilungsverfahren nach der SVertO entsteht, zB in Nr. 3313, 3314, 3317, 3320, 3322
und 3323 VV. Wird der Rechtsanwalt für einen ausländischen Sekundärinsolvenzverwalter tätig, verdient
er nach Vorbem. 3.3.5 Abs. 3 VV die gleichen Gebühren wie für die Vertretung des Schuldners.[1]

Die Regelungen des Unterabschnitts 5 umfassen nur Tätigkeiten des Rechtsanwalts in den entsprechenden 2
gerichtlichen Verfahren. Für etwaige außergerichtliche Tätigkeiten sind andere Vergütungsvorschriften anzuwenden, zB im außergerichtlichen Schuldenbereinigungsverfahren oder bei Zwangsvollstreckungsmaßnahmen, die nicht die Insolvenzmasse betreffen; anzuwenden sind hier die Vorschriften des Unterabschnitts 3 (vgl § 36 InsO). Auch für die Zwangsvollstreckung aus dem Tabellenauszug ist der Unterabschnitt 3 anzuwenden (vgl §§ 178 Abs. 3, 201 Abs. 2 InsO).[2]

b) Persönlicher Anwendungsbereich. In den jeweiligen Verfahrensabschnitten kann der Rechtsanwalt seine 3
Tätigkeit für den Gläubiger oder für den Schuldner ausüben bzw im Sekundärinsolvenzverfahren kann dieser auch für einen ausländischen Insolvenzverwalter tätig werden.

Andere Vorschriften sind einschlägig bei der Vertretung eines Aussonderungsberechtigten iSd § 47 InsO 4
bzw eines Absonderungsberechtigten iSd §§ 49 ff InsO, bei der Vertretung eines Vertragspartners des
Schuldners, der den Gläubiger bei Verhandlungen mit dem Insolvenzverwalter über die Erfüllung der
Rechtsgeschäfte (§§ 103 ff InsO) vertritt, oder wenn der Rechtsanwalt als Insolvenzverwalter, Sachverwal-
ter, Mitglied des Gläubigerausschusses oder Treuhänder tätig wird (§ 1 Abs. 2 S. 2)[3] oder wenn er für den
Insolvenzverwalter als Prozessbevollmächtigter tätig wird.[4]

2. Systematik. Unterabschnitt 5 sieht folgende Verfahrensgebühren vor: 5

- Nr. 3313–3316 VV: Verfahrensgebühr für das Eröffnungsverfahren;
- Nr. 3317 und 3320 VV: Verfahrensgebühr im Insolvenzverfahren;
- Nr. 3318 und 3319 VV: Verfahrensgebühr im Verfahren über einen Insolvenzplan;
- Nr. 3321 VV: Verfahrensgebühr für das Verfahren über einen Antrag auf Versagung oder Widerruf der
  Restschuldbefreiung.

Im **Schifffahrtsrechtlichen Verteilungsverfahren** sind zwei Verfahrensgebühren vorgesehen: 6

- Nr. 3322 VV: für das Verfahren über Anträge auf Zulassung der Zwangsvollstreckung nach § 17 Abs. 4
  SVertO;
- Nr. 3323 VV: für das Verfahren über Anträge auf Aufhebung von Vollstreckungsmaßnahmen (§ 8
  Abs. 5 und § 41 SVertO).

Bezüglich der **Höhe** der jeweiligen Verfahrensgebühren finden sich in den entsprechenden Gebührenvor- 7
schriften noch ergänzende Regelungen bzgl der Höhe der in Ansatz zu bringenden Gebühr. Erhöhungen ergeben sich insoweit bei der Bemessung der Tätigkeit nach dem Umfang (zB Nr. 3313 und 3315 VV) und bei
der Unterscheidung, ob der Rechtsanwalt für einen Gläubiger oder für einen Schuldner tätig wird (Nr. 3314
und 3316 VV). Eine Beschränkung für Einzeltätigkeiten ist zudem in Nr. 3320 VV enthalten. Die Erhöhung
aufgrund einer zusätzlichen Tätigkeit wird von Nr. 3319 VV erfasst.

3. Kostenerstattung. a) Insolvenzverfahren. Die Kostenerstattung erfolgt für den Gläubiger aus der Insol- 8
venzmasse, während der Schuldner die ihm in dem Verfahren entstandenen Kosten nicht aus der Insolvenzmasse erstattet verlangen kann. Insoweit ist wie folgt zu differenzieren:

aa) Kosten des Rechtsanwalts des Gläubigers. Der Gläubiger kann die Kosten, die ihm **vor der Eröffnung** 9
des Insolvenzverfahrens entstanden sind, als Insolvenzforderung anmelden (§§ 174 ff InsO). Hierzu zählt zB
auch die Gebühr nach Nr. 3313 VV, da diese bereits im Eröffnungsverfahren entstanden ist und der Gläubiger insofern bereits zur Zeit der Eröffnung des Insolvenzverfahrens einen begründeten Vermögensanspruch
iSd § 38 InsO gegen den Schuldner erworben hat.[5]

---

1 Baumgärtel/Hergenröder/Houben/*Hergenröder*, Vorbem. 3.3.5 VV Rn 1. **2** AnwK-RVG/*Wolf*, Vorbem. 3.3.5 VV Rn 5; Mayer/
Kroiß/*Gierl*, Vor Nrn. 3313–3323 VV Rn 3 f. **3** Es gilt die Insolvenzrechtliche Vergütungsverordnung (InsVV) v. 19.8.1998
(BGBl. I 2205), zul. geänd. d. Art. 5 G v. 15.7.2013 (BGBl. I 2379, 2384). Auf die Kommentierung in diesem Werk (Ziff. 29)
wird verwiesen. **4** Insoweit richten sich die Gebühren nach Teil 3 VV. **5** AnwK-RVG/*Wolf*, Vorbem. 3.3.5 VV Rn 19; Riedel/
Sußbauer/*Keller*, Teil 3 Abschnitt 3 VV Rn 103; *Hansens*, BRAGO, Vor § 72 Rn 4; Mayer/Kroiß/*Gierl*, Vor Nrn. 3313–3323 VV
Rn 9.

10   Der Gläubiger kann weiter die Kosten, die ihm im Rahmen des Insolvenzverfahrens entstehen, nach § 39 Abs. 1 Nr. 2 InsO nachrangig aus der Insolvenzmasse erstattet verlangen.

11   **bb) Kosten des Rechtsanwalts des Schuldners.** Der Schuldnervertreter kann seine Kosten grds. nicht aus der Insolvenzmasse erstattet verlangen. Wurde der Rechtsanwalt jedoch von einem Insolvenzverwalter beauftragt, handelt es sich nach § 55 InsO um eine Masseschuld, mithin um einen Anspruch aus Geschäften des Insolvenzverwalters.

12   Der Rechtsanwalt, der zunächst den Schuldner in einem Rechtsstreit vertritt und nach Aufnahme des Prozesses durch den Insolvenzverwalter Letzteren (§§ 240, 249 ZPO), kann nur einmal seine Gebühren berechnen, da es sich um dieselbe Angelegenheit handelt.[6]

13   Die Gebühren, die durch die Beauftragung durch den Schuldner entstehen, bleiben Insolvenzforderungen, werden also nicht zu Masseschulden, während die Gebühren, die dadurch entstehen, dass der Rechtsanwalt vom Insolvenzverwalter beauftragt wird, Masseverbindlichkeiten sind. Soweit Gebühren für Tätigkeiten zugunsten des Insolvenzverwalters nicht mehr in Ansatz zu bringen sind, da sie bereits für Tätigkeiten zugunsten des Gemeinschuldners erwachsen waren (§ 15 Abs. 5 RVG), so zB die (Prozess-)Verfahrensgebühr nach Nr. 3100 VV, werden sie jedoch in der Höhe zu Masseschulden, wie sie für die Tätigkeit des Insolvenzverwalters entstanden wären. Verbleibende Differenzbeträge sind Insolvenzforderungen.[7] Kommt eine entsprechende Unterscheidung in der Kostengrundentscheidung selbst nicht zum Ausdruck, scheidet eine Qualifizierung als Masseschuld aus.[8]

14   **b) Schifffahrtsrechtliches Verteilungsverfahren.** Gemäß § 14 Abs. 3 SVertO können Kosten, die einem Gläubiger durch die Teilnahme an dem Verfahren entstanden sind, im Verteilungsverfahren nicht geltend gemacht werden. Der Haftungssumme fallen jedoch solche Kosten zur Last und werden gem. §§ 23 Abs. 4, 34 Abs. 2 SVertO mit Vorrang vor den festgestellten Ansprüchen berichtigt, die aus der Prozessführung des Sachwalters in Rechtsstreitigkeiten über im Verteilungsverfahren angemeldete Ansprüche und über das Recht ihrer Gläubiger auf Teilnahme am Verfahren entstehen (§ 31 Abs. 2 SVertO).[9]

II. Anwendung des Unterabschnitts 5 auf die Verteilungsverfahren nach der SVertO (Abs. 1)

15   **1. Begriff.** Die Gläubigerbefriedigung erfolgt nach der Schifffahrtsrechtlichen Verteilungsordnung (SVertO) ähnlich der Vorgehensweise eines Insolvenzverfahrens: öffentliche Aufforderung zur Anmeldung der Forderungen und Erörterung der angemeldeten Ansprüche in einem Prüfungstermin (§ 10 SVertO); Feststellung der Ansprüche, sofern kein Widerspruch erfolgt ist (§ 19 Abs. 1 und 2 SVertO); ansonsten Betreibung der Feststellung der streitig gebliebenen Forderungen durch den Gläubiger nach § 179 Abs. 2, 3, nach §§ 180–183 und § 185 InsO entsprechend (§ 19 Abs. 3 SVertO).[10]

16   Die Haftung des Reeders oder einer ihm gleichgestellten Person für ein ihm/ihr zum Erwerb durch die Seefahrt dienenden Schiff kann bzgl bestimmter Ansprüche eingeschränkt werden (§§ 486 ff HGB). Diese Haftungseinschränkung erfolgt durch die Errichtung eines Fonds, dessen Verfahren in der SVertO geregelt ist. Für ein bestimmtes Ereignis kann auf Antrag des Schuldners die Errichtung und Verteilung eines solchen Fonds beantragt werden. Das zuständige Amtsgericht setzt die zur Errichtung des Fonds erforderliche Summe (Haftungsmasse) fest. Ist die Haftsumme eingezahlt bzw eine entsprechende Sicherheitsleistung erbracht worden, wird das Verteilungsverfahren durch Beschluss eröffnet. Die Gläubigerbefriedigung erfolgt dann ähnlich den Bestimmungen des Insolvenzverfahrens.[11]

17   **2. Anwendungsbereich des Unterabschnitts 5.** Nach Abs. 1 der Vorbem. 3.3.5 VV gelten die Gebührenvorschriften des Unterabschnitts 5 für das Insolvenzverfahren auch für das Schifffahrtsrechtliche Verteilungsverfahren nach der SVertO, wenn dies ausdrücklich in den jeweiligen Gebührenvorschriften angeordnet ist, so zB in Nr. 3313, 3317, 3320, 3322 und 3323 VV.

18   Für das Schifffahrtsrechtliche Verteilungsverfahren sind zwei Verfahrensgebühren vorgesehen:

- Nr. 3322 VV: für das Verfahren über Anträge auf Zulassung der Zwangsvollstreckung nach § 17 Abs. 4 SVertO und
- Nr. 3323 VV: für das Verfahren über Anträge auf Aufhebung von Vollstreckungsmaßnahmen, § 8 Abs. 5 und § 41 SVertO (Nr. 3323 VV).

---

6 Gerold/Schmidt/*Mayer*, Nr. 3313–3323 VV Rn 28; AnwK-RVG/*Wolf*, Vorbem. 3.3.5 VV Rn 23; Riedel/Sußbauer/*Keller*, Teil 3 Abschnitt 3 VV Rn 106; aA *Hansens*, BRAGO, Vor § 72 Rn 2; *Mümmler*, JurBüro 1976, 277; Mayer/Kroiß/*Gierl*, Vor Nrn. 3313–3323 VV Rn 4. **7** *H. Schmidt*, NJW 1976, 98; Gerold/Schmidt/*Mayer*, Nr. 3313–3323 VV Rn 28; AnwK-RVG/*Wolf*, Vorbem. 3.3.5 VV Rn 23; Riedel/Sußbauer/*Keller*, Teil 3 Abschnitt 3 VV Rn 196; Mayer/Kroiß/*Gierl*, Vor Nrn. 3313–3323 VV Rn 11. **8** OLG Düsseldorf Rpfleger 2005, 55; Mayer/Kroiß/*Gierl*, Vor Nrn. 3313–3323 VV Rn 11. **9** AnwK-RVG/*Wolf*, Vorbem. 3.3.5 VV Rn 5; Mayer/Kroiß/*Gierl*, Vor Nrn. 3313–3323 VV Rn 12. **10** Mayer/Kroiß/*Gierl*, Vor Nrn. 3313–3323 VV Rn 13 f. **11** AnwK-RVG/*Wolf*, Vorbem. 3.3.5 VV Rn 9.

III. Mehrere Aufträge (Abs. 2)

Abs. 2 der Vorbem. 3.3.5 VV umfasst nur die Fälle, in denen der Rechtsanwalt **mehrere Gläubiger** vertritt, 19 die **verschiedene Forderungen in demselben Verfahren** geltend machen. In diesem Falle kann der Rechtsanwalt von jedem Auftraggeber die Gebühren samt Auslagen **gesondert** verlangen, wobei jeweils der Gegenstandswert der jeweiligen Forderung zugrunde zu legen ist. Eine Erhöhung für mehrere Auftraggeber iSd Nr. 1008 VV ist nicht vorgesehen, ebenso keine Wertaddition gem. § 22 RVG. Für die jeweils anderen Auftraggeber besteht keine Mithaftung, außer bei Auslagen, die sich aufgrund der Zusammenfassung mehrerer Gläubiger in einem Verfahren nicht einzeln zuordnen lassen.[12]

IV. Vertretung des ausländischen Insolvenzverwalters im Sekundärinsolvenzverfahren (Abs. 3)

Ist im Ausland das Hauptinsolvenzverfahren eröffnet, so kann für das im Inland belegene Vermögen das 20 sog. **Sekundärinsolvenzverfahren**, geregelt in § 358 InsO, eröffnet werden.

Nach Abs. 3 der Vorbem. 3.3.5 VV entstehen für die Vertretung des ausländischen Insolvenzverwalters im 21 Sekundärinsolvenzverfahren die gleichen Gebühren wie für die Vertretung eines Schuldners. Insoweit sind die Nr. 3313, 3315, 3317, 3319 und 3321 VV anzuwenden.[13] Voraussetzung für die Anwendung des Abs. 3 der Vorbem. 3.3.5 VV ist, dass der Rechtsanwalt im Sekundärinsolvenzverfahren tatsächlich tätig geworden ist. Tätigkeiten im Zusammenhang mit Maßnahmen nach Art. 102 §§ 5 und 6 EGInsO, § 344 InsO und §§ 345 f InsO werden hingegen nach Nr. 2300 VV vergütet.[14]

Nr.	Gebührentatbestand	Gebühr oder Satz der Gebühr nach § 13 RVG
3313	Verfahrensgebühr für die Vertretung des Schuldners im Eröffnungsverfahren.......................... Die Gebühr entsteht auch im Verteilungsverfahren nach der SVertO.	1,0

I. Allgemeines

1. Anwendungsbereich. a) Sachlicher Anwendungsbereich. Mit der Einreichung des Antrags auf Eröffnung 1 des Insolvenzverfahrens beginnt das Eröffnungsverfahren (§ 13 InsO). Das Verfahren endet mit dem Erlass des Eröffnungsbeschlusses (§ 27 Abs. 1 InsO). Es endet weiterhin, wenn der Eröffnungsantrag als unzulässig oder als unbegründet zurückgewiesen oder der Eröffnungsantrag zurückgenommen wird. Die Vorschrift umfasst sämtliche Tätigkeiten des Anwalts für den Schuldner im Eröffnungsverfahren gem. §§ 11 ff InsO.

Die Verfahrensgebühr Nr. 3313 VV fällt nur bei Vertretung vor dem Insolvenzgericht an. Außergerichtliche 2 Schuldenbereinigungsversuche sind nach den normalen Gebühren abzurechnen, hier zB Nr. 2300 VV. Mit der Stellung des Antrags auf Eröffnung (§ 13 InsO) ist das Eröffnungsverfahren eingeleitet, es endet mit der Rücknahme des Antrags (§ 13 Abs. 2 InsO), mit der Abweisung des Antrags auf Eröffnung des Insolvenzverfahrens (zB mangels Masse, § 26 Abs. 1 InsO) oder mit dem Erlass des Eröffnungsbeschlusses (§ 27 Abs. 1 InsO).

Dem Antragsteller steht bei Ablehnung der Eröffnung des Insolvenzverfahrens gem. § 34 Abs. 1 InsO die 3 sofortige Beschwerde zu. Gleiches gilt für den Schuldner bei Abweisung des Antrags nach § 26 InsO und bei Eröffnung des Insolvenzverfahrens gem. § 34 Abs. 2 InsO.

b) Persönlicher Anwendungsbereich. Von der Gebührenvorschrift Nr. 3313 VV ist die gesamte Tätigkeit im 4 Verfahren auf Eröffnung des Insolvenzverfahrens umfasst, die der Rechtsanwalt für den **Schuldner** ausübt (sog. Verfahrenspauschgebühr). Nicht erforderlich ist, dass der Rechtsanwalt den Antrag auf Eröffnung des Insolvenzverfahrens selbst für den Schuldner gestellt hat. Die Gebühr entsteht auch, wenn ein Dritter oder ein sonstiger Antragsberechtigter iSd § 15 InsO, eine juristische Person oder eine Gesellschaft ohne Rechtspersönlichkeit den Eröffnungsantrag gestellt hat. Für das Betreiben des gesamten Geschäfts im Rahmen des Insolvenzeröffnungsverfahrens erhält der für den Schuldner tätige Rechtsanwalt gem. Nr. 3313 VV eine 1,0-Verfahrensgebühr. Es ist gleichgültig, ob dieser die Schuldnervertretung im gesamten Insolvenzverfahren übernommen hat oder ob seine Schuldnervertretung nur in einer Einzeltätigkeit besteht. Die Gebühr für die Vertretung des Gläubigers richtet sich nach Nr. 3314 VV.

---

12 Mayer/Kroiß/*Gierl*, Vor Nrn. 3313–3323 VV Rn 17 f. **13** AnwK-RVG/*Wolf*, Vorbem. 3.3.5 VV Rn 15. **14** Mayer/Kroiß/*Gierl*, Vor Nrn. 3313–3323 VV Rn 20.

5   Die Verfahrensgebühr nach Nr. 3313 VV erhöht sich auf 1,5, wenn der Rechtsanwalt zusätzlich im Verfahren über den Schuldenbereinigungsplan tätig wird (Nr. 3315 VV).

6   **2. Abgeltungsbereich.** Das Vorverfahren ist mit Eröffnung des Insolvenzverfahrens abgeschlossen. Die gesamte Tätigkeit des Rechtsanwalts in diesem Vorverfahren wird durch die Gebühr Nr. 3313 VV (Nr. 3314 VV für den Gläubigeranwalt) abgegolten. Die Verfahrensgebühr Nr. 3313 VV ist demgemäß auch iHv 1,0 entstanden, wenn der Rechtsanwalt lediglich den Eröffnungsantrag für den Schuldner stellt (0,5-Verfahrensgebühr gem. Nr. 3314 VV für die Stellung des Antrags für den Gläubiger).

7   Hat der Rechtsanwalt bereits die Informationen vom Schuldner entgegengenommen und endet der Auftrag noch vor der Eröffnung des Insolvenzverfahrens, kommt keine Ermäßigung der Verfahrensgebühr in Betracht.[1] Hierbei ist unerheblich, ob der Auftrag des Rechtsanwalts das gesamte Eröffnungsverfahren umfasst hat oder ob er nur für eine Einzeltätigkeit erteilt war. Die Gebühr ermäßigt sich auch dann nicht, wenn der Rechtsanwalt den Antrag auf Eröffnung eines Insolvenzverfahrens noch nicht bei Gericht eingereicht hat.[2]

8   Hat der Rechtsanwalt lediglich einen Rat erteilt, ist § 34 anzuwenden. Die Gebühr Nr. 3313 VV entsteht daneben nicht.[3]

9   **3. Entstehen der Gebühr.** Das erste Tätigwerden des Rechtsanwalts nach Auftragserteilung lässt die 1,0-Verfahrensgebühr entstehen (Vorbem. 3 Abs. 2 VV). Dies ist im Regelfall die Entgegennahme der Informationen durch den Schuldner.[4] Tätigkeiten, die lediglich der Vorbereitung dienen, werden mit dieser Gebühr abgegolten.

10 Der Rechtsanwalt als Vertreter des Schuldners erhält im Eröffnungsverfahren eine um 0,5 höhere Gebühr als der Gläubigervertreter. Diese Erhöhung soll der wesentlich intensiveren Einarbeitung in die gesamten Vermögensverhältnisse des Schuldners Rechnung tragen. Die Tätigkeit des Rechtsanwalts für den Gläubiger ist eher mit dem Tätigkeitsaufwand in der Zwangsvollstreckung gleichzusetzen.

11 **4. Anrechnung.** Die 1,0-Verfahrensgebühr Nr. 3313 VV ist nicht auf die Gebühren anzurechnen, die dem Rechtsanwalt in dem sich möglicherweise anschließenden Insolvenzverfahren noch erwachsen können. Die Gebühr bleibt neben diesen Gebühren als eigenständige Gebühr bestehen.[5]

12 Eine bereits vor dem Eröffnungsverfahren entstandene Gebühr für eine außergerichtliche Tätigkeit nach Nr. 2300 VV ist gem. Vorbem. 3 Abs. 4 VV auf die 1,0-Verfahrensgebühr anzurechnen.

13 **5. Gegenstandswert.** Er bestimmt sich nach dem Wert der Insolvenzmasse (§ 58 GKG) nach § 28 Abs. 1 RVG, mindestens 4.000 €. Eine Definition des Begriffs „Insolvenzmasse" findet sich in § 35 InsO.

14 **6. Beratungshilfe.** Dem mittellosen Schuldner kann zur Vorbereitung eines Insolvenzantrags auf Antrag Beratungshilfe nach dem BerHG gewährt werden.

II. Vertretung im Schifffahrtsrechtlichen Verteilungsverfahren (Anm.)

15 **1. Entsprechende Anwendung der Grundsätze der Nr. 3313 VV.** Vertritt der Rechtsanwalt den Schuldner im Eröffnungsverfahren nach der SVertO (§§ 4–11, 16, 30, 34 Abs. 2 S. 1, 38–40 SVertO), erhält dieser nach der **Anm.** zu Nr. 3313 VV nach entsprechender Auftragserteilung mit dem ersten Tätigkeitwerden eine **1,0-Verfahrensgebühr** (s. Vorbem. 3.3.5 Abs. 1 VV). Auch diese Gebühr ist als Verfahrenspauschgebühr zu sehen; sie deckt sämtliche Tätigkeiten des Rechtsanwalts im Rahmen des Eröffnungsverfahrens ab.

16 Eine Reduzierung der Gebühr bei vorzeitiger Beendigung ist nicht vorgesehen. Eine Anrechnung auf weitere im Verlauf des Verfahrens entstehende Gebühren (Nr. 3317 VV, Nr. 3322 VV und Nr. 3323 VV) ist nicht angeordnet.[6] Die Entgegennahme des Eröffnungsbeschlusses fällt noch in den Verfahrensabschnitt des Eröffnungsverfahrens und ist von der Verfahrensgebühr Nr. 3313 VV abgegolten.

17 **2. Gegenstandswert.** Er bestimmt sich nach § 29 iVm § 28 Abs. 1 RVG.

---

1 Gerold/Schmidt/*Mayer*, Nr. 3313–3323 VV Rn 38. **2** Gerold/Schmidt/*Mayer*, Nr. 3313–3323 VV Rn 38. **3** Riedel/Sußbauer/ *Keller*, Teil 3 Abschnitt 3 VV Rn 99. **4** Gerold/Schmidt/*Mayer*, Nr. 3313–3323 VV Rn 37. **5** Gerold/Schmidt/*Mayer*, Nr. 3313–3323 VV Rn 45. **6** Mayer/Kroiß/*Gierl*, Nr. 3313 VV Rn 8.

Nr.	Gebührentatbestand	Gebühr oder Satz der Gebühr nach § 13 RVG
3314	Verfahrensgebühr für die Vertretung des Gläubigers im Eröffnungsverfahren .... Die Gebühr entsteht auch im Verteilungsverfahren nach der SVertO.	0,5

I. Allgemeines

1. Anwendungsbereich. Die Gebührenvorschrift Nr. 3314 VV umfasst die anwaltliche Vertretung des **Gläu-** 1
bigers im Eröffnungsverfahren. Insoweit kann auf die Erl. zum persönlichen Anwendungsbereich bei
Nr. 3313 VV verwiesen werden (→ Nr. 3313 VV Rn 4). Der Rechtsanwalt, der einen Gläubiger im Eröffnungsverfahren vertritt, kann eine 0,5-Verfahrensgebühr in Ansatz bringen. Für das Entstehen der 0,5-Ver-
fahrensgebühr ist es gleichgültig, wer den Eröffnungsantrag gestellt hat.

2. Abgeltungsbereich. Die Gebühr ist eine sog. **Verfahrenspauschgebühr** und umfasst alle anwaltlichen Tä- 2
tigkeiten, die im Rahmen des Auftrags, den Gläubiger im Eröffnungsverfahren gem. §§ 11 ff InsO zu vertreten, anfallen, zB Antragstellung, Tätigkeiten im Zusammenhang mit der Anhörung des Schuldners (§ 14
Abs. 2 InsO). Mit der Pauschgebühr sind aber auch Tätigkeiten abgegolten, die mit Blick auf die Abwicklung erforderlich sind (zB Entgegennahme des Eröffnungsbeschlusses).

Die Gebühr entsteht sowohl bei der Ausübung mehrerer Tätigkeiten als auch bei der Vornahme nur einer 3
Einzeltätigkeit. Voraussetzung ist der entsprechende Auftrag des Gläubigers an den Rechtsanwalt, für ihn
im Eröffnungsverfahren tätig zu werden. Fordert der Rechtsanwalt des Gläubigers nach Erhalt eines solchen Auftrags den Schuldner unter Androhung, er werde bei Nichtleistung einen Insolvenzantrag stellen,
zur Zahlung auf, so hat er Anspruch auf die Gebühr nach Nr. 3314 VV, da diese Tätigkeit nach Erhalt des
Auftrags erfolgte.[1]

Beschränkt sich der Auftrag auf die Erteilung eines Rates, so ist § 34 RVG anzuwenden. Die Gebühr 4
Nr. 3314 VV entsteht daneben nicht.[2]

3. Entstehen der Gebühr. Eine Anhebung der Verfahrensgebühr (vgl Nr. 3313 VV) für den Gläubigervertre- 5
ter hat im Gesetz keinen Niederschlag gefunden. Der Rechtsanwalt, der einen Gläubiger im Eröffnungsverfahren vertritt, kann nur eine **0,5-Verfahrensgebühr** in Ansatz bringen. Der niedrigere Gebührensatz findet
seine Rechtfertigung darin, dass die anwaltliche Mitwirkung mit der Tätigkeit eines Gläubigervertreters in
der Zwangsvollstreckung gleichgesetzt wird. Die Erhöhung von immerhin 0,2 im Vergleich zur Verfahrensgebühr in der Zwangsvollstreckung berücksichtigt, dass im Insolvenzantrag neben der Forderung auch der
Insolvenzgrund mitanzugeben ist.

Die Gebühr entsteht mit dem ersten Tätigwerden des Rechtsanwalts, welches idR die Entgegennahme der 6
Informationen ist.[3]

4. Anrechnung. Die 1,0-Verfahrensgebühr Nr. 3314 VV ist nicht auf die Gebühren anzurechnen, die dem 7
Rechtsanwalt in dem sich möglicherweise anschließenden Insolvenzverfahren noch entstehen können. Die
Gebühr bleibt als eigenständige Gebühr bestehen.

5. Gegenstandswert. Er bestimmt sich nach dem Nennwert der Forderung (§ 28 Abs. 2 S. 1 RVG). Wertbe- 8
stimmend ist also die Höhe der Forderung, die der Gläubiger gegenüber dem Schuldner im Insolvenzverfahren geltend macht.

Nebenforderungen wie Zinsen und Kosten sind zu berücksichtigen, allerdings nur die bis zur Insolvenzer- 9
öffnung angefallenen Kosten und Zinsen (§ 28 Abs. 2 S. 2 RVG).[4]

II. Vertretung im Schifffahrtsrechtlichen Verteilungsverfahren (Anm.)

Für die Vertretung eines Gläubigers im Eröffnungsverfahren im Schifffahrtsrechtlichem Verteilungsverfah- 10
ren nach der SVertO kann der Rechtsanwalt nach der **Anm.** zu Nr. 3314 VV eine **0,5-Verfahrensgebühr**
berechnen (s. Vorbem. 3.3.5 Abs. 1 VV). Die Entgegennahme des Eröffnungsbeschlusses fällt noch in den
Verfahrensabschnitt des Eröffnungsverfahrens und wird mit der Gebühr Nr. 3314 VV abgegolten.

---

1 Gerold/Schmidt/*Mayer*, Nr. 3313–3323 VV Rn 38; AnwK-RVG/*Wolf*, Nr. 3313–3316 VV Rn 3. **2** Riedel/Sußbauer/*Keller*,
Teil 3 Abschnitt 3 VV Rn 99. **3** Gerold/Schmidt/*Mayer*, Nr. 3313–3323 VV Rn 37. **4** Hartung/Schons/Enders/*Hartung*, § 28
Rn 9 f.

Nr.	Gebührentatbestand	Gebühr oder Satz der Gebühr nach § 13 RVG
3315	Tätigkeit auch im Verfahren über den Schuldenbereinigungsplan: Die Verfahrensgebühr 3313 beträgt	1,5

I. Anwendungsbereich

1   **1. Sachlicher Anwendungsbereich.** Mit der auf 1,5 erhöhten Verfahrensgebühr wird die zusätzliche Tätigkeit vergütet, die der Rechtsanwalt erbringt, wenn er den Schuldner im **Eröffnungsverfahren und** zudem noch im **Verfahren über die Aufstellung eines Schuldenbereinigungsplans** iSd § 305 Abs. 1 Nr. 4 InsO vertritt.

2   Mit dem schriftlich einzureichenden Eigenantrag auf Eröffnung des Insolvenzverfahrens ist vom Schuldner u.a. gem. § 305 Abs. 1 Nr. 4 InsO zusammen mit dem Antrag oder unverzüglich nach der Antragstellung ein Schuldenbereinigungsplan vorzulegen; bei Antragstellung durch einen Gläubiger wird dem Schuldner gem. § 306 Abs. 3 InsO die Möglichkeit eröffnet, seinerseits einen Antrag auf Eröffnung des Verfahrens zu stellen, wobei er dann einen Schuldenbereinigungsplan vorzulegen hat. Das Gericht übermittelt diesen „Vergleichsvorschlag" zur Abwendung des Verbraucherinsolvenzverfahrens den Gläubigern mit der Aufforderung zur Stellungnahme.

3   Dem Schuldenbereinigungsplan kommt nach § 308 Abs. 1 S. 2 InsO die Wirkung eines Vollstreckungstitels nach § 794 Abs. 1 Nr. 1 ZPO zu, sofern keine Einwendungen von Gläubigerseite erhoben werden bzw solche gem. § 309 InsO durch die Zustimmung des Insolvenzgerichts ersetzt werden (§ 308 Abs. 1 S. 1 InsO). Bei Annahme des Schuldenbereinigungsplans gelten die Anträge auf Eröffnung des Insolvenzverfahrens und auf Erteilung von Restschuldbefreiung als zurückgenommen (§ 308 Abs. 2 InsO).[1]

4   **2. Persönlicher Anwendungsbereich.** Des Gebührentatbestand Nr. 3315 VV findet Anwendung, wenn der Rechtsanwalt die Vertretung eines Schuldners (vgl § 304 InsO) übernimmt, der eine natürliche Person ist und der keine oder eine nur geringfügige selbständige wirtschaftliche Tätigkeit ausübt bzw ausgeübt hat (sog. **Verbraucherinsolvenzverfahren** und sonstige Kleinverfahren).[2]

II. Gebührentatbestand

5   **1. Abgeltungsbereich.** Die Gebühr ist eine sog. **Verfahrenspauschgebühr** und umfasst alle anwaltlichen Tätigkeiten, die im Rahmen des Auftrags unter Einschluss des Verfahrens über den Schuldenbereinigungsplan iSd § 305 Abs. 1 Nr. 4 InsO anfallen, **zB:** die Entgegennahme der Informationen, die zur Erstellung des Plans erforderlich sind; die Ausarbeitung und die Vorlage des Plans sowie dessen Ergänzung (§ 305 Abs. 1 Nr. 4, Abs. 3, § 307 Abs. 3 InsO); der Antrag auf Festsetzung der Zustimmung des Gläubigers durch das Insolvenzgericht (§ 309 Abs. 1 InsO); der Fortsetzungsantrag nach Zurückweisung der Anfechtung der Zustimmung eines Beteiligten zu dem Schuldenbereinigungsplan und der damit verbundene Antrag auf Fortsetzung des noch offenen Verfahrens.[3]

6   Die Vornahme einer Einzeltätigkeit im Verfahren über den Schuldenbereinigungsplan ist ausreichend, um die Gebühr entstehen zu lassen. Die Ausarbeitung des Plans durch den Rechtsanwalt ist keine Voraussetzung für den Anfall der Gebühr nach Nr. 3315 VV.

7   Wird durch einen Beteiligten die Zustimmung zu dem Schuldeneinigungsplan angefochten, so findet ein weiteres Verfahren vor dem Insolvenzgericht statt, in welchem über die Wirksamkeit dieser Anfechtung entschieden wird. Die Tätigkeit des Rechtsanwalts in diesem Verfahren fällt in den Gebührenrechtszug und löst keine weiteren Gebühren aus.[4]

8   **2. Entstehen der Gebühr.** Nach Auftragserteilung entsteht die Gebühr mit der Ausübung der ersten Tätigkeit. Dies ist idR die Entgegennahme der Informationen (Vorbem. 3 Abs. 2 VV), wobei Nr. 3315 VV voraussetzt, dass der Rechtsanwalt den Schuldner sowohl im Eröffnungsverfahren als auch im Verfahren über den Schuldenbereinigungsplan vertritt. Diesen zusätzlichen Mehraufwand erhält der Rechtsanwalt mit der Gebühr Nr. 3315 VV vergütet, die mit einem erhöhten Gebührensatz (gegenüber Nr. 3313 VV) von 1,5 anzusetzen ist.

---

[1] Riedel/Sußbauer/*Keller*, Teil 3 Abschnitt 3 VV Rn 111; Gerold/Schmidt/*Mayer*, Nr. 3313–3323 VV Rn 40. **2** Mayer/Kroiß/*Gierl*, Nr. 3315 VV Rn 1. **3** LG Berlin RVGreport 2010, 19; Mayer/Kroiß/*Gierl*, Nr. 3315 VV Rn 3. **4** LG Berlin BeckRS 2009, 26580 m. Anm. *Hansens*, RVGreport 2010, 19 f.

In der Praxis liegt eine Kombination der beiden gesamten Tätigkeiten regelmäßig vor. Sollte der Rechtsan- 9
walt dennoch nur mit der Ausarbeitung eines Schuldenbereinigungsplans beauftragt sein, hat er nach
Nr. 3403 VV abzurechnen.[5]

3. Anrechnung. Die Gebühr Nr. 3315 VV ist nicht auf die Gebühren anzurechnen, die in dem sich anschlie- 10
ßenden Insolvenzverfahren entstehen. Sie fallen gesondert an.[6] Eine vor dem Eröffnungsverfahren entstandene Geschäftsgebühr nach Nr. 2300 VV ist gem. Vorbem. 3 Abs. 4 VV auf die Verfahrensgebühr anzurechnen. Denkbar ist hier u.a. eine Tätigkeit im Zusammenhang mit dem außergerichtlichen Schuldenbereini-
gungsversuch, welcher dem Verbraucherinsolvenzverfahren vorangehen muss.[7]

4. Gegenstandswert. Er richtet sich bei Antrag auf Eröffnung des Insolvenzverfahrens und im Verfahren 11
über einen Schuldenbereinigungsplan nach dem Wert der Insolvenzmasse (§ 28 Abs. 1 S. 1 RVG) und beträgt mindestens 4.000 €. Der Begriff der Insolvenzmasse wird in § 35 InsO definiert.[8]

5. Kostenerstattung bei Gläubigerantrag. Bei der Frage nach der Kostentragungspflicht ist wie folgt zu dif- 12
ferenzieren: Wird der Antrag auf Eröffnung des Insolvenzverfahrens zurückgenommen, so sind nach §§ 91,
269 Abs. 3 ZPO die Verfahrenskosten durch den Gläubiger zu tragen. Der Schuldner kann gem. § 269
Abs. 4 ZPO den Erlass eines entsprechenden Beschlusses beantragen.

Anders verhält es sich, wenn der Antrag auf Eröffnung des Insolvenzverfahrens mangels Masse abgewiesen 13
wird (vgl § 26 InsO). Die Behauptung des Gläubigers, dass der Schuldner vermögenslos ist, trifft bei Abweisung mangels Masse zu, sodass die Kosten grds. nicht nach § 91 ZPO dem Gläubiger, der den Antrag
gestellt hat, aufzuerlegen sind. Die Kosten können dem Gläubiger nur dann auferlegt werden, wenn er unzutreffend behauptet hat, die Masse reiche für eine Verfahrenseröffnung aus.[9]

Nr.	Gebührentatbestand	Gebühr oder Satz der Gebühr nach § 13 RVG
3316	Tätigkeit auch im Verfahren über den Schuldenbereinigungsplan: Die Verfahrensgebühr 3314 beträgt	1,0

I. Anwendungsbereich

Die Gebührenvorschrift Nr. 3316 VV vergütet die zusätzliche Tätigkeit, die der Rechtsanwalt erbringt, 1
wenn er den Gläubiger im Eröffnungsverfahren und zudem noch im Verfahren über einen Schuldenbereinigungsplan (§§ 305 ff InsO) vertritt.

II. Gebührentatbestand

1. Abgeltungsbereich. Die Gebühr umfasst alle anwaltlichen Tätigkeiten im Rahmen des Auftrags, den 2
Gläubiger im Eröffnungsverfahren und zugleich im Verfahren über den Schuldenbereinigungsplan zu vertreten. Diese sind zB: die Entgegennahme des Schuldenbereinigungsplans für den Gläubiger sowie eine Stellungnahme hierzu (§ 307 Abs. 1 InsO); die Stellungnahme zum Antrag des Schuldners sowie dazu, die Zustimmung des Gläubigers durch die Zustimmung des Insolvenzgerichtes zu ersetzen (§ 309 Abs. 2 InsO);
oder die Entgegennahme des Beschlusses über die Annahme des Schuldenbereinigungsplans und der Ausfertigung des Plans (§ 308 Abs. 1 S. 3 InsO) und zudem die Vornahme der entsprechenden jeweiligen Unter-
richtungen des Gläubigers.[1]

2. Entstehen der Gebühr. Nach entsprechender Auftragserteilung entsteht dem Rechtsanwalt die Gebühr 3
mit der Ausübung der ersten Tätigkeit. Dies ist idR die Entgegennahme des Schuldenbereinigungsplans,
wobei Nr. 3316 VV voraussetzt, dass der Rechtsanwalt den Gläubiger sowohl im Eröffnungsverfahren als
auch im Verfahren über den Schuldenbereinigungsplan vertritt.

Die Gebühr Nr. 3316 VV vergütet mit einer **auf 1,0 erhöhten Verfahrensgebühr** die zusätzliche Tätigkeit 4
des Rechtsanwalts, wenn er den Gläubiger im Eröffnungsverfahren und im Verfahren über den Schuldenbereinigungsplan (§§ 305 ff InsO) vertritt. Da der Arbeitsaufwand bei der Gläubigervertretung für den An-

---

5 Riedel/Sußbauer/*Keller*, Teil 3 Abschnitt 3 VV Rn 111; Gerold/Schmidt/*Madert*, Nr. 3313–3323 VV Rn 41. **6** Gerold/Schmidt/
Madert, Nr. 3313–3323 VV Rn 45. **7** Riedel/Sußbauer/*Keller*, Teil 3 Abschnitt 3 VV Rn 109, 112; AnwK-RVG/*Wolf*, Nr. 3313–
3316 VV Rn 5; Mayer/Kroiß/*Gierl*, Nr. 3315 VV Rn 6. **8** Hartung/Schons/Enders/*Hartung*, § 28 Rn 6 f; Gerold/Schmidt/*Mayer*,
§ 28 Rn 3, 10. **9** Gerold/Schmidt/*Mayer*, Nr. 3313–3323 VV Rn 44; AnwK-RVG/*Wolf*, Nr. 3313–3316 VV Rn 21; Hartung/
Schons/Enders/*Hartung*, Nr. 3313–3323 VV Rn 13; Mayer/Kroiß/*Gierl*, Nr. 3315 VV Rn 8 f. **1** Mayer/Kroiß/*Gierl*, Nr. 3316 VV
Rn 3.

walt geringer ist als bei der Vertretung des Schuldners, ist die Gebühr um 0,5 geringer als die Gebühr Nr. 3315 VV.[2] Die Ausführungen zu Nr. 3315 VV gelten hier entsprechend (→ Nr. 3315 VV Rn 8).

5   **3. Anrechnung.** Die Gebühr Nr. 3316 VV ist nicht auf die Gebühren in dem sich anschließenden Insolvenzverfahren anzurechnen. Sie entstehen gesondert.[3] Eine vor dem Eröffnungsverfahren entstandene Geschäftsgebühr nach Nr. 2300 VV ist gem. Vorbem. 3 Abs. 4 VV auf die Verfahrensgebühr anzurechnen. Denkbar ist hier u.a. eine Tätigkeit im Zusammenhang mit dem Versuch einer außergerichtlichen Einigung über die Schuldenbereinigung mit dem Schuldner und anderen Gläubigern.[4]

6   **4. Gegenstandswert.** Er bestimmt sich nach dem Nennwert der Forderung (§ 28 Abs. 2 S. 1 RVG), also nach der Höhe der Forderung, die der Gläubiger gegenüber dem Schuldner im Insolvenzverfahren geltend macht. Nebenforderungen, wie Zinsen und Kosten, sind hinzuzurechnen (§ 28 Abs. 2 S. 2 RVG).[5]

Nr.	Gebührentatbestand	Gebühr oder Satz der Gebühr nach § 13 RVG
3317	Verfahrensgebühr für das Insolvenzverfahren .... Die Gebühr entsteht auch im Verteilungsverfahren nach der SVertO.	1,0

I. Verfahrensgebühr im Insolvenzverfahren

1   **1. Anwendungsbereich. a) Sachlicher Anwendungsbereich.** Der Gebührentatbestand der Nr. 3317 VV umfasst das Insolvenzverfahren vom Beginn bis zu seinem Ende. Mit dem Wirksamwerden des Eröffnungsbeschlusses beginnt das Insolvenzverfahren; der Beschluss muss aus dem internen Bereich des Gerichts herausgegeben worden sein.[1] Das Insolvenzverfahren endet u.a. mit der Aufhebung des Eröffnungsbeschlusses (vgl § 34 InsO), mit der Einstellung des Verfahrens mangels Masse (vgl § 207 InsO), bei Wegfall des Eröffnungsgrundes (vgl § 212 InsO), mit Zustimmung aller Gläubiger (vgl § 213 InsO), durch Aufhebungsbeschluss nach Durchführung der Schlussverteilung (vgl § 200 InsO) oder bei Bestätigung des Insolvenzplans (vgl § 258 InsO).[2]

2   **b) Persönlicher Anwendungsbereich.** Die Gebühr Nr. 3317 VV findet Anwendung sowohl für die Vertretung des Schuldners als auch des Gläubigers; die Gebührenhöhe variiert nicht.[3]

3   Keine Anwendung findet die Gebühr Nr. 3317 VV bei Vertretung von Massegläubigern und Aussonderungsberechtigten; für Absonderungsberechtigte kann die Gebühr Nr. 3317 VV nur bei Vorliegen der Voraussetzungen des § 52 InsO angesetzt werden.[4]

4   **2. Abgeltungsbereich.** Die Gebühr Nr. 3317 VV umfasst alle anwaltlichen Tätigkeiten, die im Rahmen des Auftrags, den Gläubiger oder den Schuldner im Insolvenzverfahren zu vertreten, anfallen; zB bei der Entgegennahme der Informationen und Beratung des Mandanten; Verhandlungen mit dem Insolvenzverwalter oder sonstigen Verfahrensbeteiligten; Wahrnehmung von Terminen einschließlich derer auf Abgabe der eidesstattlichen Versicherung durch den Schuldner (vgl §§ 98, 153 Abs. 2 InsO); Anmeldung und Prüfung von Forderungen; Prüfung und Vorlage von Urteilen, durch die eine bestrittene Forderung festgestellt wird; Mitwirkung im Verteilungsverfahren einschließlich der Nachtragsverteilung.[5]

5   Die Gebühr entsteht sowohl bei der Ausübung mehrerer Tätigkeiten als auch bei der Vornahme nur einer Einzeltätigkeit, es sei denn, der Rechtsanwalt meldet nur die Insolvenzforderung an (siehe hier die gesonderte Gebührenvorschrift Nr. 3320 VV).[6] Voraussetzung ist der entsprechende Auftrag des Gläubigers bzw des Schuldners an den Rechtsanwalt, für diesen im Insolvenzverfahren tätig zu werden.

6   Eine besondere und somit gesondert abzurechnende Angelegenheit (0,3-Verfahrensgebühr nach Nr. 3309 VV) stellt die Vollstreckung aus dem Tabellenauszug (§ 201 Abs. 2 InsO) dar. Diese Tätigkeit wird gebührenrechtlich nicht im Rahmen des Insolvenzverfahrens ausgeübt.[7]

7   **3. Entstehen der Gebühr.** Der Rechtsanwalt erhält für alle Tätigkeiten, die im Rahmen des Insolvenzverfahrens von ihm ausgeübt werden, gem. Nr. 3317 VV eine **1,0-Verfahrensgebühr**. Die Gebühr ist eine

---

2 AnwK-RVG/*Wolf*, Nr. 3316 VV Rn 15. **3** Gerold/Schmidt/*Mayer*, Nr. 3313–3323 VV Rn 45. **4** Riedel/Sußbauer/*Keller*, Teil 3 Abschnitt 3 VV Rn 109, 112; AnwK-RVG/*Wolf*, Nr. 3313–3316 VV Rn 5; Mayer/Kroiß/*Gierl*, Nr. 3316 VV Rn 6. **5** Hartung/ Schons/Enders/*Hartung*, § 28 Rn 9; Gerold/Schmidt/*Mayer*, § 28 Rn 10. **1** MüKo-InsO/*Schmahl*, §§ 27–30 Rn 124. **2** AnwK-RVG/*Wolf*, Nr. 3317 VV Rn 1. **3** AnwK-RVG/*Wolf*, Nr. 3317 VV Rn 2. **4** Riedel/Sußbauer/*Keller*, Teil 3 Abschnitt 3 VV Rn 121; Gerold/Schmidt/*Mayer*, Nr. 3313–3323 VV Rn 50; Mayer/Kroiß/*Gierl*, Nr. 3317 VV Rn 2. **5** Mayer/Kroiß/*Gierl*, Nr. 3317 VV Rn 3; AnwK-RVG/*Wolf*, Nr. 3317 VV Rn 1. **6** AnwK-RVG/*Wolf*, Nr. 3317 VV Rn 2. **7** Mayer/Kroiß/*Gierl*, Nr. 3317 VV Rn 3; AnwK-RVG/*Wolf*, Nr. 3317 VV Rn 1.

Pauschgebühr und umfasst alle anwaltlichen Tätigkeiten, die im Rahmen des Auftrags, den Gläubiger bzw den Schuldner im Insolvenzverfahren zu vertreten, anfallen.

Die Gebühr entsteht auch hier nach Erhalt des Auftrags mit der ersten Tätigkeit, idR mit der Entgegennahme der Informationen (Vorbem. 3 Abs. 2 VV).   8

Hatte der Rechtsanwalt bereits im Eröffnungsverfahren den Auftrag erhalten, für den Gläubiger bzw den Schuldner auch im Insolvenzverfahren tätig zu werden, ist zu beachten, dass die Gebühr Nr. 3317 VV nicht schon bereits im Eröffnungsverfahren entsteht. Das Verfahren muss vielmehr vom Eröffnungs- zum Insolvenzverfahren übergegangen sein, wobei die Entgegennahme des Eröffnungsbeschlusses noch in den Verfahrensabschnitt des Eröffnungsverfahrens fällt und somit von der Gebühr Nr. 3313 VV bzw Nr. 3314 VV abgegolten wird.[8]   9

Eine Ermäßigung bei vorzeitiger Beendigung des Auftrags findet nicht statt.   10

4. Anrechnung. Die Gebühr Nr. 3317 VV ist nicht auf die Gebühren anzurechnen, die bereits entstanden sind oder die noch anfallen können, zB Nr. 3318 VV bzw Nr. 3319 VV und Nr. 3321 VV. Sie entsteht zusätzlich.   11

Ist dem Rechtsanwalt für eine außergerichtliche Tätigkeit die Gebühr nach Nr. 2300 VV erwachsen, so ist diese auf die nachfolgend anfallende Verfahrensgebühr anzurechnen. Dies wird idR die Gebühr nach Nr. 3313 VV bzw Nr. 3314 VV für die Tätigkeit im Eröffnungsverfahren sein. Geht der Tätigkeit des Rechtsanwalts im Insolvenzverfahren keine Tätigkeit im Eröffnungsverfahren voran, muss die Gebühr Nr. 2300 VV entsprechend der Vorbem. 3 Abs. 3 VV auf die Gebühr Nr. 3317 VV angerechnet werden. Die Gebühr Nr. 2300 VV ist insoweit nicht doppelt anzurechnen für den Fall, dass der Rechtsanwalt in beiden Verfahrensabschnitten tätig war.[9]   12

5. Gegenstandswert. Er bestimmt sich nach § 28 Abs. 1 oder 2 RVG, je nachdem, ob der Gläubiger oder der Schuldner vertreten wird.   13

II. Anwendung im Schifffahrtsrechtlichen Verteilungsverfahren (Anm.)

1. Anwendungsbereich. Die Gebührenvorschrift Nr. 3317 VV vergütet auch die Vertretung des Schuldners oder eines Gläubigers für Tätigkeiten des Rechtsanwalts im Schifffahrtsrechtlichen Verteilungsverfahren (§§ 13–30 SVertO), welches mit dem Wirksamwerden des Eröffnungsbeschlusses beginnt.   14

2. Abgeltungsbereich. Die Gebühr umfasst alle anwaltlichen Tätigkeiten, die im Rahmen des Auftrags, den Gläubiger oder auch den Schuldner im Verteilungsverfahren zu vertreten, anfallen. Diese sind **zB**: die Entgegennahme der Information; die Anmeldung einer Forderung (beachte: bei Einzeltätigkeit ist Nr. 3320 VV anzuwenden); Prüfung der Forderungen und des Widerspruchs gegen diese sowie der Verteilung (§§ 23–28 SVertO), ggf auch Nachtragsverteilung (§ 29 Abs. 2 SVertO).[10]   15

3. Entstehen der Gebühr. Für die Vertretung eines Schuldners oder eines Gläubigers im Verteilungsverfahren erhält der Rechtsanwalt gem. der **Anm.** zu Nr. 3317 VV eine **1,0-Verfahrensgebühr**.   16

4. Anrechnung. Die Gebühr Nr. 3317 VV ist nicht auf andere Gebühren des Unterabschnitts 5 anzurechnen.   17

5. Gegenstandswert. Bei der Bestimmung des Gegenstandswerts ist darauf abzustellen, ob der Rechtsanwalt den Schuldner oder den Gläubiger vertritt. Der Wert bestimmt sich sodann nach § 29 iVm § 28 Abs. 1 und 2 RVG.   18

Nr.	Gebührentatbestand	Gebühr oder Satz der Gebühr nach § 13 RVG
3318	Verfahrensgebühr für das Verfahren über einen Insolvenzplan	1,0

I. Anwendungsbereich

1. Sachlicher Anwendungsbereich. Abweichend von den ansonsten im Insolvenzverfahren anzuwendenden gesetzlichen Vorschriften kann für die Befriedigung der Gläubiger, die Verwertung der Insolvenzmasse, die Verteilung der Insolvenzmasse an die Beteiligten sowie die Verfahrensabwicklung ein **Insolvenzplan** aufgestellt werden (§§ 217 ff InsO). Das Ziel eines solchen Insolvenzplans ist in erster Linie die Erhaltung und   1

---

8 Mayer/Kroiß/*Gierl*, Nr. 3317 VV Rn 4.   **9** AnwK-RVG/*Wolf*, Nr. 3317 VV Rn 4; Mayer/Kroiß/*Gierl*, Nr. 3317 VV Rn 5.
10 AnwK-RVG/*Wolf*, Nr. 3317 VV Rn 9.

Fortführung des schuldnerischen Unternehmens.[1] Der Plan kann sowohl vom Insolvenzverwalter als auch vom Schuldner vorgelegt werden (§ 218 InsO). Die Gläubigerversammlung kann auch den Insolvenzverwalter mit der Ausarbeitung des Insolvenzplans ausdrücklich beauftragen. Erfolgt die Vorlage durch den Schuldner, kann sie mit dem Antrag auf Eröffnung des Insolvenzverfahrens verbunden werden (§ 218 Abs. 1 S. 2 InsO). Das Verfahren über den Insolvenzplan endet nach rechtskräftiger Versagung des Insolvenzplans (§ 252 Abs. 1 InsO) oder mit der Aufhebung des Insolvenzverfahrens nach rechtskräftiger Bestätigung des Plans (§§ 258, 252 InsO).[2]

2 **2. Persönlicher Anwendungsbereich.** Bei der Gebühr Nr. 3318 VV wird nicht nach der Stellung des Vertretenen im Verfahren unterschieden. Die Gebührenvorschrift betrifft daher sowohl die Vertretung des Schuldners als auch die des Gläubigers oder eines sonstigen Beteiligten,[3] wobei stets vorausgesetzt wird, dass die Tätigkeiten durch den Rechtsanwalt im Verfahren über den Insolvenzplan auch tatsächlich erfolgen. Zu beachten ist der Anwendungsbereich der Nr. 3319 VV für den Fall, dass der Rechtsanwalt den Schuldner vertritt und Letzterer den Plan vorgelegt hat (Erhöhung der Gebühr von 1,0 auf 3,0).

II. Gebührentatbestand

3 **1. Abgeltungsbereich.** Der Rechtsanwalt erhält für alle Tätigkeiten, die im Rahmen des Verfahrens über einen Insolvenzplan von ihm ausgeübt werden, gem. Nr. 3318 VV eine **1,0-Verfahrensgebühr.** Die Gebühr ist wiederum eine sog. Pauschgebühr und umfasst alle anwaltlichen Tätigkeiten, die im Rahmen des Auftrags, den Gläubiger bzw den Schuldner in diesem Abschnitt bzgl des Insolvenzplans zu vertreten, anfallen. Unerheblich ist, ob mehrere Tätigkeiten ausgeübt werden oder nur eine Einzeltätigkeit.

4 Zu den Tätigkeiten in dem Verfahrensabschnitt über den Insolvenzplan zählen zB: die Entgegennahme von Informationen bzgl des Plans; Stellungnahmen zu dem Plan (§ 232 InsO); die Teilnahme an Erörterungs- und Abstimmungsterminen (§ 235 InsO bzw § 241 InsO); Erklärungen zum Plan und die Prüfung, ob gegen die gerichtliche Bestätigung des Insolvenzplans (§ 248 InsO) ein Rechtsmittel eingelegt werden soll (§ 253 InsO); die Überwachung der Planerfüllung (§§ 254–269 InsO).[4]

5 Voraussetzung ist stets ein Tätigwerden des Rechtsanwalts im Verfahren über den Insolvenzplan. Beschränkt sich dagegen der dem Rechtsanwalt erteilte Auftrag auf die Erstellung eines Insolvenzplans und wird der Rechtsanwalt im Verfahren über den Insolvenzplan selbst nicht tätig, findet die Gebühr Nr. 3318 VV keine Anwendung. Die Tätigkeit des Rechtsanwalts wird dann gem. Nr. 2300 VV vergütet.[5]

6 **2. Entstehen der Gebühr.** Die Verfahrensgebühr Nr. 3318 VV entsteht iHv 1,0, sobald der Rechtsanwalt im Rahmen des ihm erteilten Auftrags erstmals in dem Verfahren über einen Insolvenzplan tätig wird. Er verdient die Gebühr auch für Einzeltätigkeiten in dem betreffenden Verfahrensabschnitt. Auch die Klärung der Frage, ob gem. § 253 InsO ein Rechtsmittel eingelegt wird, wird von dieser Verfahrensgebühr erfasst.[6]

7 **3. Anrechnung.** Die Gebühr Nr. 3318 VV ist nicht auf die Gebühren anzurechnen, die bereits entstanden sind oder die noch anfallen können, zB nach Nr. 3313 VV bzw Nr. 3314 VV und Nr. 3321 VV.

8 **4. Gegenstandswert.** Er bestimmt sich nach § 28 Abs. 3 RVG.

Nr.	Gebührentatbestand	Gebühr oder Satz der Gebühr nach § 13 RVG
3319	Vertretung des Schuldners, der den Plan vorgelegt hat: Die Verfahrensgebühr 3318 beträgt	3,0

I. Anwendungsbereich

1 Aus wirtschaftlichen Gründen kann von den gesetzlichen Vorschriften bei der Gläubigerbefriedigung, bei der Verwertung und der Verteilung der Insolvenzmasse an die Beteiligten sowie bei der Verfahrensabwicklung usw durch die Erstellung eines Insolvenzplans abgewichen werden (§§ 217 ff InsO). Diese Vorgehensweise ist die Regel, wenn das Unternehmen in veränderter Form fortgeführt oder übernommen werden soll.[1] Die Gebühr Nr. 3319 VV beschränkt sich jedoch auf die Vertretung des Schuldners im Verfahren über

1 Mayer/Kroiß/*Gierl*, Nr. 3318 VV Rn 1. **2** Mayer/Kroiß/*Gierl*, Nr. 3318 VV Rn 1. **3** Gerold/Schmidt/*Mayer*, Nr. 3313–3323 VV Rn 53; AnwK-RVG/*Wolf*, Nr. 3318–3319 VV Rn 6; Mayer/Kroiß/*Gierl*, Nr. 3318 VV Rn 2. **4** Gerold/Schmidt/*Mayer*, Nr. 3313–3323 VV Rn 53; Mayer/Kroiß/*Gierl*, Nr. 3318 VV Rn 4. **5** AnwK-RVG/*Wolf*, Nr. 3318–3319 VV Rn 8; Mayer/Kroiß/*Gierl*, Nr. 3318 VV Rn 8. **6** Gerold/Schmidt/*Mayer*, Nr. 3313–3323 VV Rn 53; Baumgärtel/Hergenröder/Houben/*Hergenröder*, Nr. 3318 VV Rn 2. **1** AnwK-RVG/*Wolf*, Nr. 3318–3319 VV Rn 4.

den Insolvenzplan, dh der Gebührentatbestand erfordert, dass der von dem Rechtsanwalt vertretene **Schuldner den Insolvenzplan** – evtl. zusätzlich zum Insolvenzverwalter – **vorgelegt** hat. Die Vorlage des Plans durch den Schuldner kann mit dem Antrag auf Eröffnung des Insolvenzverfahrens verbunden werden (§ 218 Abs. 1 S. 2 InsO). Außerhalb des Anwendungsbereichs der Nr. 3319 VV findet im Insolvenzverfahren die Gebühr Nr. 3318 VV Anwendung.

II. Gebührentatbestand

1. Abgeltungsbereich. Die Gebühr Nr. 3319 VV knüpft an den Gebührentatbestand der Nr. 3318 VV an, wobei sich Nr. 3319 VV auf die Vertretung des Schuldners beschränkt, der den Plan vorgelegt hat. Auf die Erl. zu Nr. 3318 VV kann daher verwiesen werden (→ Nr. 3318 VV Rn 3 ff).   2

2. Höhe der Gebühr. Für die Tätigkeit in dem Verfahren über den Insolvenzplan entsteht gem. Nr. 3318 VV eine 1,0-Verfahrensgebühr. Diese Gebühr erhöht sich auf 3,0 für den Fall, dass der Rechtsanwalt den Schuldner vertritt, der den Plan vorgelegt hat. Die Erhöhung rechtfertigt sich durch einen erhöhten Arbeitsaufwand bei der Vorlage und/oder der Durchsetzung des Plans. Auf den tatsächlichen Arbeitsaufwand des Rechtsanwalts kommt es jedoch schlussendlich nicht an, insb. ist es nicht erforderlich, dass der Rechtsanwalt den Plan ausgearbeitet und/oder eingereicht hat. Ausreichend ist, dass der Rechtsanwalt den Schuldner, der den Plan vorgelegt hat, auf irgendeine Art und Weise in diesem Verfahrensabschnitt vertritt. Die Gebühr ist demnach auch verdient, wenn der Rechtsanwalt erst zu einem Zeitpunkt beauftragt wird, zu dem bereits ein Erörterungstermin anberaumt ist.[2]   3

3. Gegenstandswert. Er bestimmt sich nach § 28 Abs. 3 RVG.   4

Nr.	Gebührentatbestand	Gebühr oder Satz der Gebühr nach § 13 RVG
3320	Die Tätigkeit beschränkt sich auf die Anmeldung einer Insolvenzforderung: Die Verfahrensgebühr 3317 beträgt .... Die Gebühr entsteht auch im Verteilungsverfahren nach der SVertO.	0,5

I. Anwendung im Insolvenzverfahren

1. Anwendungsbereich. Die Gebührenvorschrift Nr. 3320 VV betrifft ausschließlich die Vertretung des Gläubigers im Insolvenzverfahren, wobei sich die Tätigkeit des Rechtsanwalts auf die Anmeldung einer Forderung beschränkt.   1

2. Abgeltungsbereich. Wird der Rechtsanwalt mit der Anmeldung einer Forderung im Insolvenzverfahren beauftragt und ist der Auftrag auf diese Tätigkeit beschränkt, so wird der Rechtsanwalt zwar im Insolvenzverfahren tätig, die Gebühr Nr. 3317 VV entsteht jedoch nicht. Für diese Einzeltätigkeit sieht der Gesetzgeber mit dem Gebührentatbestand der Nr. 3320 VV eine Sonderregelung vor.   2

3. Entstehen der Gebühr. Mit der auftragsgemäßen Anmeldung der Forderung (§§ 28 Abs. 1, 174 ff InsO), welche die Prüfung der Unterlagen zur Forderungshöhe mit umfasst, entsteht die Gebühr Nr. 3320 VV. Zur Anmeldung gehört gem. § 182 Abs. 2 InsO auch die Einreichung eines Urteils, durch das die bestrittene Forderung festgestellt wird oder ein Widerspruch zurückgewiesen worden ist.   3

Etwaige Anträge zur Berichtigung der Tabelle nach Anmeldung der Forderung stellen eine gebührenrechtliche Angelegenheit dar und werden nicht erneut vergütet. Dagegen lässt eine Vertretung des Gläubigers im Feststellungsprozess gesonderte Gebühren entstehen (Nr. 3100 ff VV).[1]   4

Beschränkt sich der Auftrag auf die Erteilung eines Rates, so ist § 34 RVG anzuwenden. Die Gebühr Nr. 3320 VV entsteht daneben nicht.   5

4. Anrechnung. Der Gebührentatbestand beschränkt die Tätigkeit des Rechtsanwalts auf eine **Einzeltätigkeit**, die Anmeldung einer Insolvenzforderung, so dass eine Anrechnung nicht in Betracht kommt.   6

Übt der Rechtsanwalt ggf darüber hinaus auftragsgemäß eine weitere Tätigkeit im Insolvenzverfahren aus, ist die Gebühr Nr. 3317 VV anzusetzen, welche sodann die Gebühr für die Forderungsanmeldung (Nr. 3320 VV) mitumfasst, sie geht also in der Gebühr Nr. 3317 VV auf. Die Gebührentatbestände der Nr. 3317 VV und Nr. 3320 VV können folglich nie nebeneinander berechnet werden.[2]   7

---

2 *Enders*, JurBüro 1999, 113, 117; Baumgärtel/Hergenröder/Houben/*Hergenröder*, Nr. 3319 VV Rn 1. **1** AnwK-RVG/*Wolf*, Nr. 3320 VV Rn 2. **2** Mayer/Kroiß/*Gierl*, Nr. 3320 VV Rn 4; *Enders*, JurBüro 1999, 169, 170.

8   Hat der Anwalt den Auftraggeber auch im Eröffnungsverfahren vertreten, kann neben der Gebühr Nr. 3320 VV die Gebühr Nr. 3314 VV entstehen.[3]

9   **5. Gegenstandswert.** Er bestimmt sich nach § 28 Abs. 2 RVG. § 28 Abs. 3 RVG ist nicht einschlägig.[4]

II. Anwendung im Schifffahrtsrechtlichen Verteilungsverfahren (Anm.)

10   **1. Entsprechende Anwendung der Grundsätze der Nr. 3320 VV.** Aufgrund der **Anm.** zu Nr. 3320 VV gilt die Vorschrift für das Verteilungsverfahren nach der SVertO entsprechend. Es kann daher auf die Ausführungen zum Insolvenzverfahren inhaltlich Bezug genommen werden (→ Rn 1 ff).

11   **2. Höhe der Gebühr.** Beschränkt sich die Tätigkeit des Anwalts auf die Anmeldung einer Forderung im Schifffahrtsrechtlichen Verteilungsverfahren (vgl § 13 SVertO), so ermäßigt sich die Verfahrensgebühr der Nr. 3317 VV gem. Nr. 3320 VV auf 0,5.

12   **3. Gegenstandswert.** Er bestimmt sich gem. § 29 iVm § 28 Abs. 2 RVG.

Nr.	Gebührentatbestand	Gebühr oder Satz der Gebühr nach § 13 RVG
3321	Verfahrensgebühr für das Verfahren über einen Antrag auf Versagung oder Widerruf der Restschuldbefreiung .... (1) Das Verfahren über mehrere gleichzeitig anhängige Anträge ist eine Angelegenheit. (2) Die Gebühr entsteht auch gesondert, wenn der Antrag bereits vor Aufhebung des Insolvenzverfahrens gestellt wird.	0,5

I. Anwendungsbereich

1   **1. Sachlicher Anwendungsbereich.** Stellt sich in der sog. **Wohlverhaltensphase** heraus, dass der Schuldner eine seiner Obliegenheiten (§§ 295, 296 InsO) vorsätzlich verletzt und dadurch die Befriedigung der Insolvenzgläubiger erheblich beeinträchtigt hat, kann das Insolvenzgericht die Erteilung der Restschuldbefreiung – nach einem entsprechenden Antrag durch einen Insolvenzgläubiger – widerrufen.

2   **2. Persönlicher Anwendungsbereich.** Der Gebührentatbestand der Nr. 3321 VV nimmt keine Unterscheidung danach vor, welcher Beteiligte vom Rechtsanwalt vertreten wird. Die Tätigkeit kann für den Gläubiger, den Schuldner oder für einen Treuhänder, der anzuhören ist (vgl §§ 291 Abs. 2, 292 InsO), entfaltet werden.

II. Gebührentatbestand

3   **1. Abgeltungsbereich.** Die Gebühr umfasst alle anwaltlichen Tätigkeiten, die im Rahmen des Auftrags, den Gläubiger, den Schuldner oder einen Treuhänder im Verfahren über einen Antrag auf Versagung oder Widerruf der Restschuldbefreiung zu vertreten, anfallen. In welchem Umfang der Rechtsanwalt tätig wird, ist unerheblich.

4   **2. Entstehen der Gebühr.** Mit der Antragstellung entsteht die 0,5-Verfahrensgebühr nach Nr. 3321 VV, und zwar auch dann, wenn der Antrag vor Aufhebung des Insolvenzverfahrens gestellt wird (**Anm. Abs. 2**).

5   Gemäß § 287 Abs. 2 S. 1 InsO beginnt die Wohlverhaltensphase ab Eröffnung des Insolvenzverfahrens und nicht erst nach dessen Aufhebung oder Einstellung. Ein entsprechender Antrag auf Versagung der Restschuldbefreiung kann also bereits im Insolvenzverfahren gestellt werden. Insoweit stellt **Anm. Abs. 2** klar, dass diese Tätigkeit nicht bereits durch die Gebühr Nr. 3317 VV abgegolten ist, sondern nach Nr. 3321 VV gesondert entsteht.[1]

6   **3. Anrechnung.** Neben der Gebühr Nr. 3321 VV können die Gebühren der Nr. 3313, 3315 VV bzw Nr. 3314, 3316 VV entstehen, wenn der Rechtsanwalt auch im Eröffnungsverfahren tätig war. Die Verfahrensgebühr Nr. 3317 VV für die Vertretung im Insolvenzverfahren kann daneben als weitere Gebühr entstehen, wobei die anwaltliche Tätigkeit jedoch über die Vertretung beim Antrag auf Versagung der Restschuldbefreiung hinausgehen muss.

7   Die **Anm. Abs. 1** stellt klar, dass Verfahren über **mehrere Anträge**, die **gleichzeitig anhängig** sind, eine Angelegenheit darstellen. Das bedeutet für den Anwalt, der bzgl mehrerer gleichzeitiger Anträge durch Gläubi-

3 AnwK-RVG/*Wolf*, Nr. 3320 VV Rn 4.   **4** LG Münster VersR 2010, 106; Mayer/Kroiß/*Gierl*, Nr. 3320 VV Rn 5.   **1** Mayer/Kroiß/*Gierl*, Nr. 3321 VV Rn 5.

ger ggf jeweils unterschiedlich zu den jeweiligen Anträgen Stellung nimmt, die Gebühr nach Nr. 3321 VV nur einmal erhält.[2]

Demgegenüber entsteht die Gebühr nach Nr. 3321 VV erneut, wenn nach bereits rechtskräftiger Entscheidung über einen Antrag ein weiterer Antrag gestellt wird.   8

4. Gegenstandswert. Er bestimmt sich nach § 28 Abs. 3 RVG.   9

Nr.	Gebührentatbestand	Gebühr oder Satz der Gebühr nach § 13 RVG
3322	Verfahrensgebühr für das Verfahren über Anträge auf Zulassung der Zwangsvollstreckung nach § 17 Abs. 4 SVertO	0,5

I. Anwendungsbereich

1. Sachlicher Anwendungsbereich. Das Verteilungsgericht kann das Verteilungsverfahren nach § 17 SVertO   1
u.a. einstellen, wenn nach der Eröffnung des Verfahrens

- die Haftungssumme rechtskräftig auf einen Betrag festgesetzt, der Mehrbetrag jedoch nicht innerhalb der bestimmten Frist einbezahlt wird (§ 17 Abs. 1 Nr. 1 SVertO) oder
- die geleistete Sicherheit im Verlauf des Verfahrens unzureichend geworden ist, das Gericht nach § 6 Abs. 5 SVertO eine Ergänzung oder eine Leistung einer anderen Sicherheit angeordnet hat, die Maßnahmen jedoch nicht in der bestimmten Frist erfolgt sind (vgl § 17 Abs. 1 Nr. 2 SVertO).

Nach § 17 Abs. 4 SVertO kann bereits vor Einstellung des Verfahrens die Zwangsvollstreckung wegen eines   2
Anspruchs, mit dem der Gläubiger an dem Verfahren teilnimmt, insoweit zugelassen werden, wie dies zur Vollziehung eines Arrestes statthaft ist, wenn begründeter Anlass für die Annahme besteht, dass der Schuldner nicht innerhalb der bestimmten Frist den Mehrbetrag der Haftungssumme einzahlen oder die Sicherheit leisten wird.[1]

Die Gebührenvorschrift der Nr. 3322 VV vergütet Anträge auf Zulassung der Zwangsvollstreckung vor der   3
Einstellung des Schifffahrtsrechtlichen Verteilungsverfahrens nach § 17 Abs. 4 SVertO. Andere Vollstreckungsmaßnahmen sind entsprechend den Gebührenregelungen in Unterabschnitt 5 (Nr. 3313–3321 VV) zu vergüten.

2. Persönlicher Anwendungsbereich. In einem Verfahren nach § 17 Abs. 4 SVertO auf Zulassung der   4
Zwangsvollstreckung fällt sowohl die anwaltliche Vertretung des Schuldners als auch die des Gläubigers unter die Gebührenvorschrift Nr. 3322 VV.

II. Gebührentatbestand

1. Abgeltungsbereich. Sämtliche Tätigkeiten im Verfahren über Anträge nach § 17 Abs. 4 SVertO stellen   5
gem. § 18 Abs. 1 Nr. 19 RVG eine gesonderte Angelegenheit dar. Durch die Gebühr Nr. 3322 VV wird die gesamte Tätigkeit des Rechtsanwalts in einem solchen Verfahren abgegolten (Pauschgebühr),[2] selbst bei Stattfinden einer mündlichen Verhandlung.[3]

2. Entstehen der Gebühr. Für die Vertretung im Verfahren über Anträge auf Zulassung der Zwangsvollstre-   6
ckung nach § 17 Abs. 4 SVertO entsteht eine 0,5-Verfahrensgebühr, sobald der Rechtsanwalt den Auftrag erhalten hat, in einem solchen Verfahren mitzuwirken, und auftragsgemäß tätig geworden ist. Bei der anwaltlichen Vertretung des Gläubigers ist diese Tätigkeit in der Antragstellung zu sehen, bei der Vertretung des Schuldners wird der Rechtsanwalt mit Abwehrmaßnahmen bezogen auf einen solchen Antrag hin befasst sein. Die Gebühr Nr. 3322 VV kann auch als alleinige Gebühr stehen, wenn die Tätigkeit des Rechtsanwalts auf die Stellung eines Antrags in dem Verfahren gem. § 17 Abs. 4 SVertO beschränkt ist.[4]

3. Anrechnung. Bei der Gebühr Nr. 3322 VV handelt es sich um eine sog. **Sondergebühr**, die neben den   7
Gebühren für die Vertretung im Verteilungsverfahren nach der SVertO anfällt, dh neben den Gebühren der Nr. 3313, 3314 und 3317 VV.[5] Voraussetzung ist, dass der Rechtsanwalt in den jeweiligen Verfahrensabschnitten entsprechend tätig geworden ist.

---

2 AnwK-RVG/*Wolf*, Nr. 3321 VV Rn 4.   **1** AnwK-RVG/*Wolf*, Nr. 3322 VV Rn 1.   **2** Mayer/Kroiß/*Gierl*, Nr. 3322 VV Rn 4.   **3** AnwK-RVG/*Wolf*, Nr. 3322 VV Rn 2.   **4** Mayer/Kroiß/*Gierl*, Nr. 3322 Rn 6.   **5** Baumgärtel/Hergenröder/Houben/*Hergenröder*, Nr. 3322 VV Rn 2.

8 Wird ein Antrag auf Zulassung der Zwangsvollstreckung nach § 17 Abs. 4 SVertO abgelehnt und erfolgt eine erneute Antragstellung, wird diese Tätigkeit nicht erneut vergütet.[6]

9 **4. Gegenstandswert.** Er bestimmt sich nach § 28 Abs. 3 RVG.

Nr.	Gebührentatbestand	Gebühr oder Satz der Gebühr nach § 13 RVG
3323	Verfahrensgebühr für das Verfahren über Anträge auf Aufhebung von Vollstreckungsmaßregeln (§ 8 Abs. 5 und § 41 SVertO)	0,5

I. Anwendungsbereich

1 **1. Sachlicher Anwendungsbereich.** Von der Gebührenvorschrift Nr. 3323 VV werden nur Anträge auf Aufhebung von Vollstreckungsmaßregeln gem. § 8 Abs. 5 und § 41 SVertO umfasst.

2 Wird das schifffahrtsrechtliche Verteilungsverfahren nach der SVertO eröffnet, sind Zwangsvollstreckungsmaßnahmen solange unzulässig, bis das Verfahren nach der SVertO aufgehoben oder eingestellt wird. In dieser Zeit können etwaige unzulässige Zwangsvollstreckungsmaßnehmen durch das Vollstreckungsgericht ohne oder gegen Sicherheitsleistung einstweilen eingestellt werden. Hierzu ist Klageantrag beim Prozessgericht des ersten Rechtszugs zu stellen. Bei eingestellter Zwangsvollstreckung kann auf weiteren Antrag des Schuldners zusätzlich angeordnet werden, dass Vollstreckungsmaßregeln gegen Sicherheitsleistung aufgehoben werden (§ 8 Abs. 5 und § 41 SVertO).[1]

3 Nur die auf die Aufhebung iSd § 8 Abs. 5 und § 41 SVertO gerichteten Anträge sind von der Gebühr Nr. 3323 VV umfasst, nicht die Einstellungsanträge bzgl der Einstellung der Zwangsvollstreckung.

4 **2. Persönlicher Anwendungsbereich.** Bei dieser Gebührenvorschrift kommt es nicht auf die Person des Auftraggebers an. Der Rechtsanwalt kann die Gebührenvorschrift Nr. 3323 VV sowohl bei der Vertretung eines Gläubigers als auch als Schuldnervertreter bei auftragsgemäßer Tätigkeit in Ansatz bringen.

II. Gebührentatbestand

5 **1. Abgeltungsbereich.** Der Rechtsanwalt erhält seine Tätigkeit in dem Verfahren auf Aufhebung von Vollstreckungsmaßregeln gem. §§ 8 Abs. 5, 41 SVertO nach Nr. 3323 VV vergütet. Nicht von dieser Gebühr abgegolten wird die Tätigkeit im vorangegangenen Verfahren auf Einstellung gem. § 8 Abs. 4 SVertO.[2]

6 Sämtliche Tätigkeiten im o.g. Verfahren stellen gem. § 18 Abs. 1 Nr. 20 RVG eine gesonderte Angelegenheit dar. Durch die Gebühr Nr. 3323 VV wird die gesamte Tätigkeit des Anwalts in einem solchen Verfahren abgegolten (Pauschgebühr), selbst wenn es zu einer mündlichen Verhandlung kommen sollte.

7 **2. Entstehen der Gebühr.** Die 0,5-Verfahrensgebühr nach Nr. 3323 VV entsteht mit dem ersten Tätigwerden des Schuldnervertreters bei auftragsgemäßer Antragstellung iSd § 8 Abs. 5 SVertO und beim Gläubigervertreter bei auftragsgemäßer Abwehr des Antrags.

8 **3. Anrechnung.** Die Gebühr Nr. 3323 VV ist nicht auf die Gebühren anzurechnen, die bereits entstanden sind oder die noch anfallen können (zB Nr. 3313 bzw 3314 VV, Nr. 3317 VV, Nr. 3320 VV und Nr. 3322 VV). Voraussetzung ist auch hier, dass der Rechtsanwalt in den entsprechenden Verfahrensabschnitten tätig wird. Wird ein Antrag nach §§ 8 Abs. 5, 41 SVertO abgelehnt und sodann neu gestellt, ist diese erneute Tätigkeit bereits mit der entstandenen Gebühr abgegolten; die Gebühr Nr. 3323 VV entsteht nicht erneut.[3]

9 **4. Gegenstandswert.** Er bestimmt sich nach § 28 Abs. 3 RVG.

---

6 Hartung/Schons/Enders/*Hartung*, Nr. 3313–3323 VV Rn 41; Mayer/Kroiß/*Gierl*, Nr. 3322 VV Rn 6. **1** AnwK-RVG/*Gierl*, Nr. 3323 VV Rn 2. **2** Baumgärtel/Hergenröder/Houben/*Hergenröder*, Nr. 3323 VV Rn 2. **3** Mayer/Kroiß/*Gierl*, Nr. 3323 VV Rn 5.

Unterabschnitt 6
Sonstige besondere Verfahren

Nr.	Gebührentatbestand	Gebühr oder Satz der Gebühr nach § 13 RVG

Vorbemerkung 3.3.6:
Die Terminsgebühr bestimmt sich nach Abschnitt 1, soweit in diesem Unterabschnitt nichts anderes bestimmt ist. Im Verfahren über die Prozesskostenhilfe bestimmt sich die Terminsgebühr nach den für dasjenige Verfahren geltenden Vorschriften, für das die Prozesskostenhilfe beantragt wird.

I. Terminsgebühr

In S. 1 der Vorbem. 3.3.6 VV ist der Grundsatz geregelt, dass sich die **Terminsgebühr** nach Abschnitt 1 des   1
Teils 3 VV, somit nach **Nr. 3104 VV**, bestimmt, es sei denn, in den in Teil 3 Abschnitt 3 Unterabschnitt 6 aufgeführten Verfahren (Nr. 3324–3329 VV) ergeben sich abweichende Bestimmungen.

Abweichende Bestimmung iSv S. 1 ist **Nr. 3332 VV**, da sich in den Verfahren nach Nr. 3324–3329 VV die   2
Terminsgebühr danach richtet und einem Gebührensatz iHv 0,5 entspricht:

Nr. ... VV	Verfahren	0,5-Terminsgebühr
Nr. 3324	Aufgebotsverfahren	Nr. 3332
Nr. 3325	Verfahren nach § 148 Abs. 1 und 2, §§ 246 a, 319 Abs. 6 AktG, auch iVm § 327 e Abs. 2 AktG, oder nach § 16 Abs. 3 UmwG	Nr. 3332
Nr. 3326	Verfahren vor den Gerichten für Arbeitssachen nach ■ § 102 Abs. 3 ArbGG (Bestimmung einer Frist), ■ § 103 Abs. 3 ArbGG (Ablehnung eines Schiedsrichters) oder ■ § 106 Abs. 2 ArbGG (Vornahme einer Beweisaufnahme oder einer Vereidigung)	Nr. 3332
Nr. 3327	Gerichtliche Verfahren ■ über die Bestellung eines Schiedsrichters oder Ersatzschiedsrichters, ■ über die Ablehnung eines Schiedsrichters oder ■ über die Beendigung des Schiedsrichteramts oder ■ zur Unterstützung bei der Beweisaufnahme oder bei der Vornahme sonstiger richterlicher Handlungen anlässlich eines schiedsrichterlichen Verfahrens	Nr. 3332
Nr. 3328	Verfahren über ■ die vorläufige Einstellung, Beschränkung oder Aufhebung der Zwangsvollstreckung oder ■ die einstweilige Einstellung oder Beschränkung der Vollstreckung und die Anordnung, dass Vollstreckungsmaßnahmen aufzuheben sind	Nr. 3332
Nr. 3329	Verfahren auf Vollstreckbarerklärung der durch Rechtsmittelanträge nicht angefochtenen Teile eines Urteils (§§ 537, 558 ZPO)	Nr. 3332

Ausdrückliche, in Vorbem. 3.3.6 VV genannte, abweichende Bestimmung ist darüber hinaus S. 2, wonach   3
sich im **Verfahren über die Prozesskostenhilfe** die Terminsgebühr nach den für dasjenige Verfahren geltenden Vorschriften bestimmt, für das die Prozesskostenhilfe beantragt wird. S. 2 ist eingeführt worden durch das 2. KostRMoG.

II. „Anderweitige Bestimmung" der Terminsgebühr (Vorbem. 3.3.6 S. 1 VV)

1. Allgemeines. Aus S. 1 der Vorbem. 3.3.6 VV ist kein Umkehrschluss dahin gehend abzuleiten, dass sich   4
die Terminsgebühr in den übrigen Verfahren des Unterabschnitts 6 von Teil 3 Abschnitt 3 VV nach dem Grundsatz (Nr. 3104 VV) richtet. Im Verteilungsverfahren außerhalb der Zwangsversteigerung und der

Zwangsverwaltung findet ein Termin gar nicht statt (Anm. S. 2 zu Nr. 3333 VV). Die Verfahrensgebühr Nr. 3335 VV ist abweichend geregelt, so dass für den Anwendungsbereich des sich aus S. 1 ergebenden Grundsatzes nur verbleiben die

- **Nr. 3334 VV:** Verfahren vor dem Prozessgericht oder dem Amtsgericht auf Bewilligung, Verlängerung oder Verkürzung einer Räumungsfrist (§§ 721, 794 a ZPO), wenn das Verfahren mit dem Verfahren über die Hauptsache nicht verbunden ist; und
- **Nr. 3338 VV:** Tätigkeit als Vertreter des Anmelders eines Anspruchs zum Musterverfahren nach § 10 Abs. 2 KapMuG.

5   **2. Vorbem. 3.3.6 S. 2 VV.** „Anderweitige Bestimmung" iSd S. 1 ist **S. 2** der Vorbem. 3.3.6 VV, wonach sich die Terminsgebühr im **Verfahren über die Prozesskostenhilfe** nach den für dasjenige Verfahren geltenden Vorschriften, für das Prozesskostenhilfe beantragt worden ist, richtet.

6   **3. Nr. 3331 VV.** Auch die Gebühr Nr. 3331 ist „anderweitige Bestimmung" iSd S. 1 der Vorbem. 3.3.6 VV und regelt die Terminsgebühr in **Verfahren über eine Rüge wegen Verletzung des Anspruchs auf rechtliches Gehör** in Höhe der Terminsgebühr für das Verfahren, in dem die Rüge erhoben wird, höchstens 0,5, bei Betragsrahmen höchstens 220 €.

7   **4. Nr. 3332 VV.** Schließlich ist „anderweitige Bestimmung" iSd S. 1 der Vorbem. 3.3.6 VV die Gebühr Nr. 3332. In den Fällen der Nr. 3324–3329 VV wird eine Terminsgebühr zu einem Gebührensatz von 0,5 ausgelöst.

III. Anderweitige Bestimmung der Terminsgebühr in Verfahren über die Prozesskostenhilfe (Vorbem. 3.3.6 S. 2 VV)

8   In S. 2 der Vorbem. 3.3.6 VV ist die Terminsgebühr in einem Verfahren über die Prozesskostenhilfe geregelt. Die Vorschrift gilt auch für Verfahren über Verfahrenskostenhilfe (§ 12). Die Entstehung einer Terminsgebühr im Prozess- oder Verfahrenskostenhilfeverfahren ergibt sich auch aus Vorbem. 3 Abs. 3 VV. Die Höhe der Gebühr richtet sich gem. S. 2 nach der Terminsgebühr für das zugrunde liegende Verfahren.

9   **Beispiel:** Der Anwalt beantragt für seinen Auftraggeber Verfahrenskostenhilfe für einen Zugewinnausgleichsanspruch iHv 10.000 €. Im Verfahrenkostenhilfeverfahren wird mündlich verhandelt. Abzurechnen ist das Verfahrenskostenhilfeverfahren wie folgt:

1. 1,0-Verfahrensgebühr, Nr. 3335 VV (Wert: 10.000 €)	558,00 €
2. 1,2-Terminsgebühr, Nr. 3104 VV (Wert: 10.000 €)	669,60 €
3. Postentgeltpauschale, Nr. 7002 VV	20,00 €
Zwischensumme 1.247,60 €	
4. 19 % Umsatzsteuer, Nr. 7008 VV	237,04 €
Gesamt	**1.484,64 €**

10   Im nachfolgenden Zugewinnausgleichsverfahren würde sich die Verfahrensgebühr auf 1,3 erhöhen. Eine neue Terminsgebühr entsteht nicht. Der Anwalt des Antragstellers kann im Zugewinnausgleichsverfahren seine weiteren Gebühren dann wie folgt abrechnen:

11   **Beispiel:**

1. 1,3-Verfahrensgebühr, Nr. 3100 VV (Wert: 10.000 €)	725,40 €
2. 1,2-Terminsgebühr, Nr. 3104 VV (Wert: 10.000 €)	669,60 €
3. Postentgeltpauschale, Nr. 7002 VV	20,00 €
4. ./. bereits abgerechnet	− 1.247,60 €
Zwischensumme 167,40 €	
5. 19 % Umsatzsteuer, Nr. 7008 VV	31,81 €
Gesamt	**199,21 €**

12   S. 2 bestimmt, dass sich die Terminsgebühr im Bewilligungsverfahren nach der **im zugrunde liegenden Verfahren geltenden Terminsgebühr** richtet.

13   **Beispiel:** Ist der Anwalt zB im Vollstreckungsverfahren beauftragt und findet ein Termin zur Abgabe der Vermögensauskunft nach Nr. 3310 VV statt, können im Verfahrenskostenhilfeprüfungsverfahren folgende Gebühren abgerechnet werden:

1. 0,3-Verfahrensgebühr, Nr. 3335, 3309 VV (Wert: 10.000 €)	165,90 €
2. 0,3-Terminsgebühr, Nr. 3310 VV (Wert: 10.000 €)	165,90 €
3. Postentgeltpauschale, Nr. 7002 VV	20,00 €
Zwischensumme 351,80 €	
4. 19 % Umsatzsteuer, Nr. 7008 VV	66,84 €
Gesamt	**418,64 €**

Nr.	Gebührentatbestand	Gebühr oder Satz der Gebühr nach § 13 RVG
3324	Verfahrensgebühr für das Aufgebotsverfahren	1,0

I. Allgemeines

Aufgebotssachen sind Verfahren, in denen das Gericht öffentlich zur Anmeldung von Ansprüchen oder **1** Rechten auffordert, mit der Wirkung, dass die Unterlassung der Anmeldung einen Rechtsnachteil zur Folge hat; Aufgebotsverfahren finden nur in den durch Gesetz bestimmten Fällen statt (§ 433 Abs. 1 FamFG). Aufgebotsverfahren sind insb. in den §§ 138, 140, 141 ZVG und in § 36 GBMaßnG geregelt. Folgende Aufgebotsverfahren sind im FamFG geregelt:

- Aufgebot des Grundstückseigentümers (§ 442 FamFG),
- Aufgebot des Schiffseigentümers (§ 446 FamFG),
- Aufgebot des Grundrechtspfandgläubigers (§ 447 FamFG),
- Aufgebot des Schiffshypothekengläubigers (§ 452 FamFG),
- Aufgebot des Berechtigten bei Vormerkung, Vorkaufsrecht, Reallast (§ 453 FamFG),
- Aufgebot von Nachlassgläubigern (§ 454 FamFG),
- Aufgebot der Gesamtgutsgläubiger (§ 464 FamFG),
- Aufgebot der Schiffsgläubiger (§ 465 FamFG),
- Aufgebot eines auf den Inhaber lautenden Papiers (§ 470 FamFG).

Nr. 3324 VV regelt die Verfahrensgebühr eines **gerichtlichen** Aufgebotsverfahrens. Findet das Aufgebotsver- **2** fahren nicht vor einem Gericht statt, ist Nr. 3324 VV unanwendbar; abzurechnen ist dann nach Teil 2 VV (Nr. 2300 ff VV).

II. Verfahrens- und Terminsgebühr

Als Vergütung erhält der Anwalt nach Nr. 3324 VV im Aufgebotsverfahren eine 1,0-**Verfahrensgebühr**, die **3** sich bei **vorzeitiger Erledigung** unter den Voraussetzungen der Anm. zu Nr. 3337 VV auf 0,5 ermäßigt. Kommt es zu einem Termin, entsteht eine 0,5-**Terminsgebühr** nach Nr. 3332 VV.

III. Gegenstandswert

Nr. 15212 Nr. 3 KV GNotKG regelt nur die Höhe der Gerichtsgebühren (0,5), nicht aber den Wert des Ver- **4** fahrens. Eine besondere Vorschrift, die den Wert in Aufgebotssachen benennt, ergibt sich aus dem GNotKG nicht. Es ist deshalb auf § 36 GNotKG abzustellen und der Wert nach billigem Ermessen zu bestimmen. Maßgeblich ist § 36 Abs. 1 GNotKG, weil Aufgebotssachen **vermögensrechtliche Angelegenheiten** sind. Beim Aufgebotsverfahren bemisst die Rspr das billige Ermessen auf 10–20 % des Nennbetrags.[1] Der Wert für das Aufgebotsverfahren zwecks Kraftloserklärung eines Grundschuldbriefes bemisst sich grds. nach dem Interesse des Antragstellers an dem Besitz der Urkunde. Nach LG Berlin[2] bemisst sich der Gebühren- verfahrenswert im Aufgebotsverfahren zur Kraftloserklärung eines Grundschuldbriefes mit 10–20 % des Nennbetrags der verbrieften Forderung, wenn nicht der Wert des Grundstücks geringer ist. Der Wert hat sich am Besitzinteresse zu orientieren.[3]

Gemäß § 23 Abs. 1 S. 1 ist der sich auf der Grundlage des § 36 Abs. 1 GNotKG ergebende Wert auch für **5** die **Anwaltsgebühren** maßgeblich.

Nr.	Gebührentatbestand	Gebühr oder Satz der Gebühr nach § 13 RVG
3325	Verfahrensgebühr für Verfahren nach § 148 Abs. 1 und 2, §§ 246 a, 319 Abs. 6 des Aktiengesetzes, auch i.V.m. § 327 e Abs. 2 des Aktiengesetzes, oder nach § 16 Abs. 3 UmwG	0,75

1 BGH MDR 2004, 640 = Rpfleger 2004, 363. **2** LG Berlin Rpfleger 1988, 548 = JurBüro 1988, 1387. **3** LG Hildesheim NJW 1964, 1232; LG Berlin JurBüro 1988, 1367 = Rpfleger 1988, 548.

I. Anwendungsbereich

1   Dieser Gebührentatbestand ist in Abschnitt 3 „Gebühren für besondere Verfahren" und in dem diesbezüglichen Unterabschnitt 6 „Sonstige besondere Verfahren" angeordnet. Bereits aus dieser systematischen Stellung im Vergütungsverzeichnis ergibt sich der Charakter als **Ausnahmeregelung**.

2   Dieser Charakter folgt ebenfalls aus dem Gegenstand der Verfahrensgebühr, da zB § 246 a AktG die Konstellation regelt, dass gegen einen Hauptversammlungsbeschluss über eine Maßnahme der Kapitalbeschaffung, der Kapitalherabsetzung oder einen Unternehmensvertrag Klage erhoben wird; in dieser Konstellation kann das Gericht auf Antrag der Gesellschaft per Beschluss feststellen, dass die Erhebung der Klage der Eintragung des Hauptversammlungsbeschlusses nicht entgegensteht und Mängel des Hauptversammlungsbeschlusses die Wirkung der Eintragung unberührt lassen (sog. **Freigabeverfahren**). Über den Antrag entscheidet ein Senat des OLG, in dessen Bezirk die Gesellschaft ihren Sitz hat (§ 246 Abs. 1 S. 3 AktG).

3   § 319 AktG regelt den Fall der Eingliederung einer AG in eine andere im Inland ansässige AG (§ 319 Abs. 1 S. 1 AktG). Die „aufnehmende" AG wird als Hauptgesellschaft bezeichnet. Der Vorstand der einzugliedernden Gesellschaft hat die Eingliederung und die Firma der Hauptgesellschaft zur Eintragung in das Handelsregister anzumelden. Hierbei hat der Vorstand zu erklären, dass eine Klage gegen die Wirksamkeit des Hauptversammlungsbeschlusses nicht oder nicht fristgemäß erhoben oder eine solche Klage rechtskräftig abgewiesen oder zurückgenommen worden ist. Einer solchen Erklärung steht es nach § 319 Abs. 6 AktG gleich, wenn nach Erhebung einer Klage gegen die Wirksamkeit des Hauptversammlungsbeschlusses das Gericht auf Antrag der Gesellschaft, gegen deren Hauptversammlungsbeschluss sich die Klage richtet, durch Beschluss feststellt, dass die Erhebung der Klage der Eintragung nicht entgegensteht. Über den Antrag entscheidet ein Senat des OLG, in dessen Bezirk die Gesellschaft ihren Sitz hat.

4   Der vorbeschriebene Inhalt dieser exemplarisch genannten Verfahren belegt ebenfalls den Charakter der in Nr. 3325 VV in Bezug genommenen Verfahren als Sonderverfahren.

Ferner sind insb. folgende Verfahren von diesem Gebührentatbestand umfasst:

5   § 148 Abs. 1, 2 AktG regelt das Klagezulassungsverfahren bei der Geltendmachung von Ersatzansprüchen iSd § 147 AktG nach durchgeführter Sonderprüfung. Bei der allgemeinen Sonderprüfung nach §§ 142 ff AktG handelt es sich um eine im AktG vorgesehene außerordentliche Prüfung. Im Rahmen dieser Sonderprüfung darf der bestellte Sonderprüfer nur Vorgänge bei der Gründung der Gesellschaft oder Vorgänge bei der Geschäftsführung (Vorstand, Aufsichtsrat) prüfen. Ergebnis dieser Prüfung kann sein, dass gegen die jeweils verantwortlichen Personen Ansprüche bestehen, deren Geltendmachung die Hauptversammlung mit einfacher Mehrheit beschließen kann (§ 147 Abs. 1 AktG). § 148 Abs. 1, 2 AktG sieht ein **Klagezulassungsverfahren der Minderheitsaktionäre** vor, im eigenen Namen die in § 147 Abs. 1 AktG bezeichneten Ersatzansprüche der Gesellschaft geltend machen zu können.

6   Nach § 16 UmwG ist die Verschmelzung von Unternehmen in das jeweilige Register zur Eintragung anzumelden. Bei dieser Anmeldung haben die Vertretungsorgane – wie bei § 319 AktG – zu erklären, dass eine Klage gegen die Wirksamkeit eines Verschmelzungsberichts nicht oder nicht fristgemäß erhoben oder eine solche Klage rechtskräftig abgewiesen oder zurückgenommen worden. Nach § 16 Abs. 3 S. 1 UmwG steht es einer solchen Erklärung gleich, wenn nach Erhebung einer Klage gegen die Wirksamkeit eines Verschmelzungsbeschlusses das Gericht auf Antrag des Rechtsträgers, gegen dessen Verschmelzungsbeschluss sich die Klage richtet, durch Beschluss feststellt, dass der Eintragung die Erhebung der Klage nicht entgegensteht.

7   Da es sich bei den vorbeschriebenen Verfahren um **Sonderverfahren** handelt, besteht ein Bedürfnis, eine eigene Verfahrensgebühr für diese Verfahren vorzusehen und diese Sonderverfahren nicht der Verfahrensgebühr iSd Nr. 3100 VV zu unterwerfen. Aufgrund dieses Charakters als **Sonderregelung** ist Nr. 3325 VV **eng auszulegen**.

II. Abgeltungsbereich der Verfahrensgebühr

8   Nr. 3325 VV umfasst die Gebühr des jeweils insoweit tätigen Rechtsanwalts, der zB den gerichtlichen Beschluss nach § 246 a AktG oder den nach § 319 Abs. 6 AktG herbeiführt.

9   Die Verfahrensgebühr **entsteht** bei jeder auftragsgemäßen Tätigkeit ab Entgegennahme der Information bis zu der Herbeiführung der gerichtlichen Entscheidung, unabhängig von Art und Umfang der von dem Anwalt durchzuführenden Tätigkeiten.

10   Die Gebühr ist wie die Verfahrensgebühr nach Nr. 3100 VV als **Pauschalgebühr** – und nicht wie die Geschäftsgebühr nach Nr. 2300 VV als **Rahmengebühr** – ausgestaltet. Die Höhe der Gebühr ist jedoch im Gegensatz zur Verfahrensgebühr nach Nr. 3100 VV mit einem Wert von 0,75 um den Faktor 0,55 deutlich geringer angesetzt.

Im Falle einer **vorzeitigen Beendigung** des dem Anwalt erteilten Auftrags reduziert sich die Verfahrensge- 11
bühr auf einen Wert von 0,5 (Nr. 3337 VV).

III. Keine Anrechnung der Verfahrensgebühr

Eine Anrechnung der Verfahrensgebühr nach Nr. 3325 VV auf eine andere Verfahrensgebühr, zB eine Ver- 12
fahrensgebühr im Rahmen einer Klage gegen einen Hauptversammlungsbeschluss, findet nicht statt. Beide
Verfahrensgebühren entstehen vielmehr gesondert.

IV. Streitwert

Gemäß § 53 Abs. 1 Nr. 4 GKG bestimmt sich der Streitwert nach § 3 ZPO. Er darf jedoch ein Zehntel des 13
Grundkapitals oder Stammkapitals des übertragenden oder formwechselnden Rechtsträgers oder, falls der
übertragende oder formwechselnde Rechtsträger ein Grundkapital oder Stammkapital nicht hat, ein Zehntel des Vermögens dieses Rechtsträgers, höchstens jedoch 500.000 €, insoweit übersteigen, als die Bedeutung der Sache für die Parteien höher zu bewerten ist.

Nr.	Gebührentatbestand	Gebühr oder Satz der Gebühr nach § 13 RVG
3326	Verfahrensgebühr für Verfahren vor den Gerichten für Arbeitssachen, wenn sich die Tätigkeit auf eine gerichtliche Entscheidung über die Bestimmung einer Frist (§ 102 Abs. 3 des Arbeitsgerichtsgesetzes), die Ablehnung eines Schiedsrichters (§ 103 Abs. 3 des Arbeitsgerichtsgesetzes) oder die Vornahme einer Beweisaufnahme oder einer Vereidigung (§ 106 Abs. 2 des Arbeitsgerichtsgesetzes) beschränkt	0,75

I. Anwendungsbereich

Nach Nr. 3326 VV werden – vorbehaltlich der Regelung des § 16 Nr. 9 (→ Rn 3) – **Einzeltätigkeiten im** 1
schiedsgerichtlichen Verfahren vergütet, für die gesetzlich ein **arbeitsgerichtliches Verfahren** vorgeschrieben
ist. Ein schiedsgerichtliches Verfahren findet statt bei bürgerlichen Rechtsstreitigkeiten zwischen **Tarifver-**
tragsparteien aus Tarifverträgen oder über das Bestehen oder Nichtbestehen von Tarifverträgen aufgrund
einer entsprechenden Vereinbarung (§ 101 Abs. 1 ArbGG). Einzeltätigkeiten diesbezüglich, für die es eines
arbeitsgerichtlichen Verfahrens bedarf, sind:

- Tätigkeit in Bezug auf eine gerichtliche Entscheidung über die **Bestimmung einer Frist** (§ 102 Abs. 3 ArbGG);
- Tätigkeit in Bezug auf die **Ablehnung eines Schiedsrichters** (§ 103 Abs. 3 ArbGG);
- Tätigkeit in Bezug auf die **Vornahme einer Beweisaufnahme** oder einer **Vereidigung** (§ 106 Abs. 2 ArbGG).

II. Gebührenhöhe

Die **Verfahrensgebühr Nr. 3326 VV** für die genannten Einzeltätigkeiten beträgt abweichend von Nr. 3100 2
VV lediglich 0,75. Bei vorzeitiger Beendigung des Auftrags erfolgt eine Gebührenermäßigung nach
Nr. 3337 VV auf einen Gebührensatz von lediglich 0,5 (anstatt 0,8; Nr. 3101 Nr. 1 VV). Die **Terminsgebühr**
beträgt nach Nr. 3332 VV 0,5 anstatt 1,2 (Nr. 3104 VV).

III. Umfang der Angelegenheit

Nach § 16 Nr. 9 sind das Verfahren vor dem Schiedsgericht selbst und die gerichtlichen Verfahren iSv 3
Nr. 3326 VV **eine Angelegenheit.** Ist der Rechtsanwalt also im schiedsgerichtlichen Verfahren Bevollmächtigter und erhält er dafür die Gebühren nach Nr. 3100 VV und Nr. 3104 VV (vgl § 36 Abs. 1 Nr. 2), so
entstehen die Gebühren nach Nr. 3326, 3332 VV **daneben nicht** gesondert; die Tätigkeiten des Rechtsanwalts für diese Einzeltätigkeiten sind mit der Tätigkeit vor dem Schiedsgericht abgegolten.[1]

---

[1] Mayer/Kroiß/*Gierl*, Nr. 3326 VV Rn 2, 7.

Nr.	Gebührentatbestand	Gebühr oder Satz der Gebühr nach § 13 RVG
3327	Verfahrensgebühr für gerichtliche Verfahren über die Bestellung eines Schiedsrichters oder Ersatzschiedsrichters, über die Ablehnung eines Schiedsrichters oder über die Beendigung des Schiedsrichteramts, zur Unterstützung bei der Beweisaufnahme oder bei der Vornahme sonstiger richterlicher Handlungen anlässlich eines schiedsrichterlichen Verfahrens	0,75

I. Grundstrukturen des schiedsrichterlichen Verfahrens und ihre Abbildung im Anwaltsgebührenrecht

1   Das Anwaltsgebührenrecht erfasst die Begleitung eines schiedsgerichtlichen Verfahrens grds. in Form von § 36 Abs. 1 Nr. 1, Abs. 2, der insoweit auf die Gebührennormen verweist, die für den Zivilrechtsstreit vor staatlichen Gerichten gelten würden, vornehmlich also auf die Nr. 3310 ff VV.

2   Der Verweis in § 36 Abs. 1 Nr. 1 greift freilich nur dort, wo ein schiedsrichterliches Verfahren so ausgestaltet ist, dass es den Vorschriften des 10. Buches der ZPO entspricht, wo also ein **echtes Schiedsgericht** zur Entscheidung berufen ist (zu den Kriterien → § 36 Rn 5). Dieses führt das Verfahren im Rahmen geltenden Rechts auf der Grundlage der geschlossenen **Schiedsvereinbarung**, der vertraglichen Abrede zwischen den Parteien des schiedsrichterlichen Verfahrens,[1] durch. Gleichwohl sind Fälle denkbar, die einer Koordination durch eine neutrale Stelle im Verhältnis der Parteien des Rechtsstreits untereinander und zum berufenen oder zu berufenden Schiedsgericht bedürfen. Für diese Fälle sieht das geltende deutsche Schiedsgerichtsrecht, das auf der Grundlage internationaler Standards erlassen wurde (→ § 36 Rn 2), **Mitwirkungs- und Eingriffsmöglichkeiten für die staatliche Gerichtsbarkeit** vor, die insoweit auf **Antrag** tätig wird (→ § 36 Rn 8).

3   Die Wahrnehmung von Interessen in der Funktion eines Prozessbevollmächtigten im Rahmen eines Schiedsgerichtsverfahrens erfüllt idR den Tatbestand von § 36 Abs. 1 Nr. 1 (→ § 36 Rn 8). Die auf der Grundlage dieses Tatbestands entstandenen Gebühren gelten regelmäßig sämtliche einschlägigen Tätigkeiten eines Prozessbevollmächtigten ab,[2] namentlich auch ein Tätigwerden im Rahmen der Korrektur- und Unterstützungshandlungen staatlicher Gerichtsbarkeit, wie sie Nr. 3327 VV aufzählt; sie gelten wegen **§ 16 Nr. 8** als Teil **derselben Angelegenheit** (→ § 36 Rn 9 f). Für den Gebührentatbestand von Nr. 3327 VV bleibt also nur dort Anwendungsspielraum, wo der Anwalt für eine oder mehrere in Nr. 3327 VV aufgezählte Verfahrensschritte **einzeln tätig** wird und nicht auch das schiedsrichterliche Verfahren als solches als Prozessbevollmächtigter begleitet.[3]

4   Der Gebührentatbestand von Nr. 3327 VV gilt nur und ausschließlich für anwaltliche Tätigkeit im Kontext der dort genannten Korrektur- und Unterstützungshandlungen staatlicher Gerichtsbarkeit, auf andere Akte staatlich-gerichtlicher Mitwirkung am schiedsgerichtlichen Verfahren kann der Gebührentatbestand **nicht** erstreckt werden; dies gilt namentlich für das Verfahren der **Vollstreckbarerklärung eines Schiedsspruchs** auf der Grundlage von §§ 1060, 1061 ZPO.[4]

5   Nicht eindeutig ergibt sich aus dem Vergütungsverzeichnis, ob die Betreuung der **Zulassung der Vollziehung einer durch das Schiedsgericht erlassenen Maßnahme des einstweiligen Rechtsschutzes** durch das nach § 1062 Abs. 1 Nr. 3 ZPO zuständе staatliche Gericht auf der Grundlage von § 1041 Abs. 2 ZPO die Gebühr Nr. 3327 VV auslöst. Mancherorts wird angenommen, eine diesbezügliche Einzeltätigkeit als Prozessbevollmächtigter abseits der Interessenwarnahme im schiedsrichterlichen Verfahren selbst wäre als „sonstige richterliche Handlung anlässlich eines schiedsrichterlichen Verfahrens" unmittelbar unter Nr. 3327 VV aE subsumierbar.[5] Hier sollte freilich Vorsicht walten, da sich Nr. 3327 VV in ihrem Wortlaut recht exakt an §§ 1034, 1035 ZPO (Bestellung eines Schiedsrichters oder Ersatzschiedsrichters), § 1037 ZPO (Ablehnung eines Schiedsrichters), § 1038 ZPO (Beendigung des Schiedsrichteramts) sowie § 1050 ZPO orientiert. In diesem § 1050 ZPO ist sowohl die Unterstützung des Schiedsgerichts durch die staatliche Gerichtsbarkeit bei der Beweisaufnahme geregelt (§ 1050 S. 1 Alt. 1 ZPO) als eben auch die „Vornahme sonstiger richterlicher Handlungen" (§ 1050 S. 1 Alt. 2 ZPO). Betrachtet man insoweit die Regelungssystematik von Nr. 3327 VV, so muss man daraus schließen, dass die Norm mit der fraglichen Formulierung auf die Fälle eben dieses § 1050 S. 1 Alt. 2 ZPO[6] zielt und eben nicht auf die Vollziehbarerklärung von Akten des einst-

---

1 BGH NJW 1987, 651; Thomas/Putzo/*Reichold*, ZPO, § 1029 Rn 1. **2** Mayer/Kroiß/*Gierl*, Nr. 3327 VV Rn 4. **3** Gerold/Schmidt/*Müller-Rabe*, Nr. 3327 VV Rn 1; Mayer/Kroiß/*Gierl*, Nr. 3327 VV Rn 1. **4** *Hartmann*, KostG, Nr. 3327 VV RVG Rn 3. **5** Gerold/Schmidt/*Müller-Rabe*, Nr. 3327 VV Rn 3. **6** Zu den Varianten im Einzelnen MüKo-ZPO/*Münch*, § 1050 Rn 29 ff.

weiligen Rechtsschutzes, die das Schiedsgericht angeordnet hat, denn eine solche erfolgt nach § 1041 Abs. 1 ZPO, hinsichtlich dessen Nr. 3327 VV keine Andeutung enthält.

Die Gesetzgebungsgeschichte stützt dieses Ergebnis: In der Ursprungsfassung von Nr. 3327 VV war die 6 Vollziehbarerklärung als anwaltliche Einzeltätigkeit im Wortlaut von Nr. 3327 VV noch enthalten,[7] sie wurde noch im Erlassjahr des RVG, 2004, daraus entfernt.[8] Die Begründung zum seinerzeitigen Änderungsentwurf spricht zwar von einer „redaktionellen Korrektur",[9] die hier vorgenommen worden sei, in der Sache bedeutet dies freilich, dass das Betreiben allein der Vollziehbarerklärung als Einzeltätigkeit durch einen Prozessbevollmächtigten, der nicht auch gleichzeitig für das schiedsrichterliche Verfahren mandatiert ist, nach dem aktuellen, redaktionell angepassten Wortlaut des Gesetzes wohl gebührenfrei bleiben müsste. Die im weiteren Kontext vorgeschlagene „weite Auslegung"[10] dieses Merkmals des Gebührentatbestands wird die Gesetzgebungsgeschichte zumindest zu würdigen haben. Umgekehrt ist die praktische Relevanz dieser Problematik wohl vernachlässigbar, da ein solcher Fall zwar theoretisch denkbar, praktisch aber kaum vorkommen dürfte. In der Regel wird die Vollziehbarerklärung nach § 1041 Abs. 2 ZPO auftragsgemäß durch einen Prozessbevollmächtigten betrieben werden, der gerade auch im schiedsrichterlichen Verfahren, in dessen Rahmen die Maßnahme des einstweiligen Rechtsschutzes angeordnet wird, tätig ist und damit wird er für seine Tätigkeit auch vor dem staatlichen Gericht Gebühren auf der Grundlage von § 36 Abs. 1, 2 RVG abrechnen können, da insoweit wegen § 16 Nr. 8 dieselbe Tätigkeit vorliegt (→ § 36 Rn 9).

II. Der Gebührentatbestand Nr. 3327 VV im Einzelnen

1. Bestellung eines Schiedsrichters oder Ersatzschiedsrichters (Alt. 1). Unter dieses Merkmal des Gebühren- 7 tatbestands rechnen die Fälle, an denen ein staatliches Gericht – die Zuständigkeit bestimmt sich insoweit über § 1062 Abs. 1 Nr. 1 Alt. 1 ZPO – am Bestellungsvorgang eines Schiedsrichters mitwirkt, was das Gesetz in § 1034 Abs. 2 S. 1 ZPO[11] und in drei Konstellationen in § 1035 Abs. 3 S. 1 und 3 ZPO[12] entsprechend vorsieht. Die Bestellung eines Ersatzschiedsrichters ist in § 1039 Abs. 1 S. 2 ZPO erfasst, dort wird freilich lediglich die entsprechende Anwendbarkeit der Regeln über die Schiedsrichterbestellung angeordnet.

2. Ablehnung eines Schiedsrichters (Alt. 2). Die (möglichen) Parteien eines schiedsgerichtlichen Verfahrens 8 haben auf der Grundlage von § 1037 Abs. 1 und 2 ZPO die Möglichkeit, die Ablehnung eines der Schieds- richter zu erklären.[13] Der abgelehnte Schiedsrichter kann nun seinen Amtsverzicht erklären oder die gegne- rische Partei stimmt der Ablehnung zu. Erfolgt beides nicht, wird das Schiedsgericht als solches über die Ablehnung befinden. Wird auch hier nicht der Ablehnung entsprochen, kann die ablehnende Partei nach § 1037 Abs. 3 S. 1 ZPO die Entscheidung eines staatlichen Gerichts über die Ablehnung des fraglichen Schiedsrichters beantragen.[14] Die Zuständigkeit des staatlichen Gerichts ist § 1062 Abs. 1 Nr. 1 Alt. 2 ZPO zu entnehmen.

3. Beendigung des Schiedsrichteramtes (Alt. 3). Eine vorzeitige Beendigung des Schiedsrichteramts ist auf 9 der Grundlage von § 1038 ZPO dann denkbar, wenn ein bestellter Schiedsrichter untätig ist oder wo er we- gen tatsächlicher oder rechtlicher Umstände an der Ausübung seines Amtes gehindert ist. In Situationen wie diesen wäre es naheliegend, wenn dieser Schiedsrichter zurückträte oder unter den Parteien des schiedsge- richtlichen Verfahrens Einvernehmen hinsichtlich der Abberufung hergestellt würde.[15] Erfolgt weder das eine noch das andere, so hat jede Partei des Schiedsgerichtsverfahrens die Möglichkeit, Antrag auf Abberu- fung des fraglichen Schiedsrichters an ein staatliches Gericht – die Zuständigkeit bestimmt sich nach § 1062 Abs. 1 Nr. 1 Alt. 3 ZPO – zu stellen und auf diesem Wege die Beendigung des Schiedsrichteramtes herbeizuführen (§ 1038 Abs. 1 S. 2 ZPO).[16]

4. Unterstützung bei der Beweisaufnahme (Alt. 4); Vornahme einer sonstigen richterlichen Handlung 10 **(Alt. 5).** Das Zivilverfahrensrecht sieht vor, das Schiedsverfahren als solches punktuell durch Akte staatli- cher Gerichtsbarkeit zu unterstützen, was § 1050 ZPO regelt. Ausdrücklich genannt ist dort in § 1050 S. 1 Alt. 1 ZPO zunächst die **Hilfestellung bei der Durchführung einer Beweisaufnahme.** Darüber hinaus ist in § 1050 S. 1 Alt. 2 ZPO von „sonstigen richterlichen Handlungen" die Rede. § 1050 S. 1 ZPO aE sieht für beide Fälle vor, dass das staatliche Gericht auf Antrag dort tätig zu werden vermag, wo das Schiedsgericht als solches nicht befugt ist, die fragliche richterliche Handlung vorzunehmen. Darunter fallen bei der Unter- stützung der Beweisaufnahme (§ 1050 S. 1 Alt. 1 ZPO) die Verhängung von Zwangsmaßnahmen gegen Zeugen oder Sachverständige, Vermittlungshilfe bei Beweisaufnahmen im Ausland oder die Entgegennahme

---

7 Art. 3 des Gesetzes zur Modernisierung des Kostenrechts (Kostenrechtsmodernisierungsgesetz – KostRMoG) v. 5.5.2004 (BGBl. I 718, 815). **8** Art. 17 Nr. 4 Buchst. e) des Gesetzes über die Rechtsbehelfe bei Verletzung des Anspruchs auf rechtliches Gehör (Anhörungsrügengesetz) v. 9.12.2004 (BGBl. I 3220, 3229). **9** BT-Drucks 15/3706, S. 24. **10** *Hartmann*, KostG, Nr. 3327 VV RVG Rn 3. **11** MüKo-ZPO/*Münch*, § 1034 Rn 6 ff. **12** MüKo-ZPO/*Münch*, § 1035 Rn 35 ff. **13** MüKo-ZPO/*Münch*, § 1037 Rn 5 ff. **14** MüKo-ZPO/*Münch*, § 1037 Rn 21 ff. **15** Thomas/Putzo/*Reichold*, ZPO, § 1038 Rn 3. **16** MüKo-ZPO/*Münch*, § 1038 Rn 24 ff.

eidesstattlicher Versicherungen.[17] Sonstige Aushilfefälle iSd § 1050 S. 1 Alt. 2 ZPO sind etwa die Vermittlung der Einholung von Behördenauskünften oder die Unterstützung bei Zustellungen.[18] Die jeweilige Zuständigkeit des staatlichen Gerichts ermittelt sich auf der Grundlage von § 1062 Abs. 4 ZPO.

III. Entstehen der Gebühr; weitere Gebühren

11   Die Gebühr Nr. 3327 VV ist als **Verfahrensgebühr** ausgestaltet, dh, sie entsteht auf der Grundlage der Auftragserteilung im Hinblick auf die konkrete Einzeltätigkeit im Rahmen einer der im Tatbestand genannten Einzelverfahren mit jeder auftragsgemäßen Tätigkeit, die der Prozessbevollmächtigte vornimmt.[19] Durch die Gebühr werden umgekehrt freilich auch alle Tätigkeiten im Rahmen der entsprechenden Bevollmächtigung abgegolten.[20] Die Höhe der Gebühr beläuft sich auf 0,75, sofern nicht der Ermäßigungstatbestand aus Nr. 3337 VV greift.

12   Neben der Verfahrensgebühr wird es regelmäßig zum Entstehen zumindest einer **Terminsgebühr** nach Nr. 3332 VV kommen (s. dort). Auch eine **Einigungsgebühr** nach Nr. 1000 VV ist in Konstellation wie den in Nr. 3327 VV erfassten denkbar.[21]

Nr.	Gebührentatbestand	Gebühr oder Satz der Gebühr nach § 13 RVG
3328	Verfahrensgebühr für Verfahren über die vorläufige Einstellung, Beschränkung oder Aufhebung der Zwangsvollstreckung oder die einstweilige Einstellung oder Beschränkung der Vollstreckung und die Anordnung, dass Vollstreckungsmaßnahmen aufzuheben sind .... Die Gebühr entsteht nur, wenn eine abgesonderte mündliche Verhandlung hierüber oder ein besonderer gerichtlicher Termin stattfindet. Wird der Antrag beim Vollstreckungsgericht und beim Prozessgericht gestellt, entsteht die Gebühr nur einmal.	0,5

1   Verfahren auf vorläufige Einstellung, Beschränkung oder Aufhebung der Zwangsvollstreckung gehören gem. § 19 Abs. 1 S. 2 Nr. 11 zum Rechtszug, sofern keine gesonderte mündliche Verhandlung stattfindet.[1] Findet eine abgesonderte mündliche Verhandlung statt, gilt das Verfahren als eigene Angelegenheit, in der der Anwalt neben den Gebühren der Hauptsache eine gesonderte Vergütung erhält.

2   Nach **Nr. 3328 VV** wird eine gesonderte 0,5-**Verfahrensgebühr** ausgelöst. Wird der Antrag sowohl beim Vollstreckungsgericht als auch beim Prozessgericht gestellt, erhält der Anwalt die Verfahrensgebühr nur einmal (**Anm. S. 2**). Eine Ermäßigung der Gebühr wegen vorzeitiger Beendigung kommt nicht in Betracht, weil Nr. 3328 VV in Nr. 3337 VV nicht aufgeführt ist.

3   Hinzu kommen kann eine 0,5-**Terminsgebühr** nach **Nr. 3332 VV**, wenn eine abgesonderte mündliche Verhandlung oder ein besonderer gerichtlicher Termin stattfindet.

4   Der **Gegenstandswert** für die Gebühren der Nr. 3328, 3332 VV bemisst sich nicht nach dem Wert der Hauptsache oder des Teils der Hauptsache, hinsichtlich dessen die einstweilige Einstellung begehrt wird, sondern nach dem Interesse des Schuldners an der zeitlich begrenzten Verhinderung der Zwangsvollstreckung.[2]

5   **Beispiel:** Der Anwalt ist erstinstanzlich (Wert: 50.000 €) tätig und beantragt, die Zwangsvollstreckung einzustellen. Das Gericht ordnet eine mündliche Verhandlung über den Einstellungsantrag an und später auch zur Hauptsache. Den Streitwert für das Verfahren auf Einstellung der Zwangsvollstreckung setzt das Gericht auf 5.000 € fest.

I. Berufungsverfahren (Wert: 50.000 €)

1. 1,3-Verfahrensgebühr, Nr. 3100 VV		1.511,90 €
2. 1,2-Terminsgebühr, Nr. 3104 VV		1.395,60 €
3. Postentgeltpauschale, Nr. 7002 VV		20,00 €
Zwischensumme	2.927,50 €	
4. 19 % Umsatzsteuer, Nr. 7008 VV		556,23 €
Gesamt		**3.483,73 €**

---

17 Thomas/Putzo/*Reichold*, ZPO, § 1050 Rn 1.   **18** Details bei MüKo-ZPO/*Münch*, § 1050 Rn 5 ff; Thomas/Putzo/*Reichold*, ZPO, § 1050 Rn 1.   **19** Gerold/Schmidt/*Müller-Rabe*, Nr. 3327 VV Rn 7.   **20** Mayer/Kroiß/*Gierl*, Nr. 3327 VV Rn 4.   **21** Gerold/Schmidt/*Müller-Rabe*, Nr. 3327 VV Rn 9 f; *Hartmann*, KostG, Nr. 3327 VV RVG Rn 12 f.   **1** OLG Hamburg MDR 2001, 1441; LAG München AGS 2008, 18.   **2** Schneider/Herget/*Onderka*, Streitwert-Kommentar, Rn 1968 ff.

II. Verfahren auf Einstellung der Zwangsvollstreckung (Wert: 5.000 €)

1. 0,5-Verfahrensgebühr, Nr. 3328 VV		151,50 €
2. 0,5-Terminsgebühr, Nr. 3332 VV		151,50 €
3. Postentgeltpauschale, Nr. 7002 VV		20,00 €
Zwischensumme	323,00 €	
4. 19 % Umsatzsteuer, Nr. 7008 VV		61,37 €
Gesamt		**384,37 €**

Nr.	Gebührentatbestand	Gebühr oder Satz der Gebühr nach § 13 RVG
3329	Verfahrensgebühr für Verfahren auf Vollstreckbarerklärung der durch Rechtsmittelanträge nicht angefochtenen Teile eines Urteils (§§ 537, 558 ZPO)	0,5

Der Antrag auf **Vollstreckbarerklärung der durch Rechtsmittelanträge nicht angefochtenen Teile eines Urteils (§§ 537, 558 ZPO)** zählt grds. nach § 19 Abs. 1 S. 2 Nr. 9 zum Rechtszug, so dass keine gesonderte Vergütung verlangt werden kann. Voraussetzung ist, dass der Gegenstand, hinsichtlich dessen die vorläufige Vollstreckbarkeit beantragt wird, Gegenstand des Rechtsmittelverfahrens ist oder war. Dies sind diejenigen Fälle, in denen **1**

- der Rechtsmittelführer sein Rechtsmittel auf den ursprünglich nicht angefochtenen Teil erweitert,
- der Rechtsmittelführer das Rechtsmittel nachträglich beschränkt oder
- die Parteien sich auch über den nicht angegriffenen Teil des Urteils einigen und diesen somit zum Gegenstand des Rechtsmittelverfahrens machen.[1]

War der nicht angegriffene Teil des Urteils dagegen zu keinem Zeitpunkt Gegenstand des Rechtsmittelverfahrens, ist § 19 Abs. 1 S. 2 Nr. 9 unanwendbar. Die Tätigkeit des Anwalts ist dann vielmehr gesondert zu vergüten.[2] **2**

Im selbständigen Verfahren nach den §§ 537, 538 ZPO erhält der Anwalt die Vergütung nach den Nr. 3329, 3332 VV, ggf auch nach Teil 1 VV: **3**

Abrechnen kann der Rechtsanwalt zunächst eine 0,5-**Verfahrensgebühr** nach **Nr. 3329 VV**. Diese Gebühr vergütet die gesamte Tätigkeit des Rechtsanwalts. Bei mehreren Auftraggebern erhöht sich die Gebühr nach Nr. 1008 VV um 0,3 je weiteren Auftraggeber, höchstens um 2,0. Für die Wahrnehmung eines Termins entsteht zusätzlich eine 0,5-**Terminsgebühr** nach **Nr. 3332 VV** zu einem Gebührensatz iHv 0,5. Auch eine **Einigungsgebühr** kann im Verfahren nach den §§ 537, 538 ZPO ausgelöst werden, die sich nach Nr. 1004 VV richtet (Gebührensatz iHv 1,3), da die Tätigkeit im Verfahren auf Vollstreckbarerklärung zur Rechtsmittelinstanz zählt.[3] **4**

Der **Gegenstandswert** für die Gebühren der Nr. 3329, 3332 VV richtet sich nach dem vollen Wert des für vorläufig vollstreckbar zu erklärenden Teils des Urteils ohne Nebenforderungen.[4] **5**

Beispiel: Der Beklagte wird vom LG zur Zahlung eines Betrags von 40.000 € verurteilt. Er legt Berufung ein und beantragt die Abänderung des Urteils, soweit er zur Zahlung von 30.000 € verurteilt worden ist. Daraufhin beantragt der Berufungsanwalt des Klägers, das landgerichtliche Urteil iHv 10.000 € für vorläufig vollstreckbar zu erklären. In der mündlichen Verhandlung ergeht der beantragte Beschluss. Abzurechnen ist wie folgt: **6**

I. Berufungsverfahren (Wert: 30.000 €)

1. 1,6-Verfahrensgebühr, Nr. 3200 VV		1.380,80 €
2. 1,2-Terminsgebühr, Nr. 3202 VV		1.035,60 €
3. Postentgeltpauschale, Nr. 7002 VV		20,00 €
Zwischensumme	2.436,40 €	
4. 19 % Umsatzsteuer, Nr. 7008 VV		462,92 €
Gesamt		**2.899,32 €**

II. Verfahren auf Vollstreckbarerklärung (Wert: 10.000 €)

1. 0,5-Verfahrensgebühr, Nr. 3329 VV		279,00 €
2. 0,5-Terminsgebühr, Nr. 3332 VV		279,00 €

1 OLG Hamburg JurBüro 1982, 1512. **2** LG Bonn MDR 2001, 416 = BRAGOreport 2001, 58. **3** OLG München AGS 1993, 12 = JurBüro 1993, 156; OLG Düsseldorf JurBüro 1980, 62. **4** LG Bonn MDR 2001, 416; AnwK-RVG/N. *Schneider*, Nr. 3329 VV Rn 24 ff.

3. Postentgeltpauschale, Nr. 7002 VV   20,00 €
    Zwischensumme   578,00 €
4. 19 % Umsatzsteuer, Nr. 7008 VV   109,82 €
    Gesamt   **687,82 €**

Nr.	Gebührentatbestand	Gebühr oder Satz der Gebühr nach § 13 RVG
3330	Verfahrensgebühr für Verfahren über eine Rüge wegen Verletzung des Anspruchs auf rechtliches Gehör	in Höhe der Verfahrensgebühr für das Verfahren, in dem die Rüge erhoben wird, höchstens 0,5, bei Betragsrahmengebühren höchstens 220,00 €
3331	Terminsgebühr in Verfahren über eine Rüge wegen Verletzung des Anspruchs auf rechtliches Gehör	in Höhe der Terminsgebühr für das Verfahren, in dem die Rüge erhoben wird, höchstens 0,5, bei Betragsrahmengebühren höchstens 220,00 €

I. Verfahrensgebühr Nr. 3330 VV

1   **1. Anhörungsrügeverfahren.** Die Gebühr der Nr. 3330 VV ist anwendbar in allen Verfahren über eine **Rüge wegen Verletzung des Anspruchs auf rechtliches Gehör:** §§ 321 a, 544 Abs. 6, 705 ZPO; § 44 FamFG; § 71 a GWB; § 78 a ArbGG; § 152 a VwGO; § 178 a SGG; § 133 a FGO; §§ 33 a, 356 a StPO; § 55 Abs. 4 JGG iVm § 356 a StPO; § 79 Abs. 1 S. 1 Nr. 5 OWiG; § 121 a WDO und in allen Kostengesetzen, vgl § 61 FamGKG; § 81 Abs. 3 GBO; § 89 Abs. 3 SchRegO; § 69 a GKG; § 131 GNotKG; § 4 a JVEG; § 12 a RVG; § 2 Abs. 2 S. 1 GvKostG iVm § 69 a GKG; § 22 JVKostG iVm § 69 a GKG.

2   **2. Isolierte Tätigkeit im Anhörungsrügeverfahren.** Der Gebührentatbestand der Nr. 3330 VV ist nur dann eröffnet, wenn der Anwalt **ausschließlich** mit einer Gehörsrüge oder deren Abwehr beauftragt worden ist. Anderenfalls gehört die Tätigkeit mit zur Hauptsache und wird durch die dortigen Gebühren mit abgegolten (§ 19 Abs. 1 S. 2 Nr. 5 Buchst. b).

3   **Beispiel (Gehörsrüge durch Hauptbevollmächtigten):** Der Mandant beauftragt seinen Verfahrensbevollmächtigten, gegen die Entscheidung des LSG Gehörsrüge zu erheben.
Der Anwalt erhält eine Verfahrensgebühr nach Nr. 3204 VV. Diese deckt auch die Gehörsrüge mit ab (§ 19 Abs. 1 S. 2 Nr. 5 Buchst. b RVG). Die zusätzliche Tätigkeit der Gehörsrüge kann allenfalls im Rahmen des § 14 Abs. 1 gebührenerhöhend berücksichtigt werden.

4   Soweit der Anwalt **bereits in der Hauptsache** tätig war, bestimmt § 19 Abs. 1 S. 2 Nr. 5 Buchst. b, dass die Tätigkeit betreffend die Anhörungsrüge zur Hauptsache gehört und keine gesonderte Vergütung auslöst, was selbst dann gilt, wenn der Anwalt zunächst mit der Vertretung im Verfahren über die Rüge beauftragt wird und nach Erfolg der Rüge im anschließenden fortgesetzten Verfahren tätig wird.

5   **3. Anwendungsbereich.** Nr. 3330 VV gilt einerseits für Verfahren, in denen **Wertgebühren** entstehen. Des Weiteren ist 3330 VV auch in solchen Verfahren anwendbar, in denen **Betragsrahmen** anfallen. Verfahren mit Betragsrahmengebühren, die nach Teil 3 VV abgerechnet werden, sind Verfahren vor den Gerichten

der Sozialgerichtsbarkeit nach § 3 Abs. 1 S. 1. Die Gebühr Nr. 3330 VV gilt somit auch in sozialgerichtlichen Verfahren.

Auch in Gehörsrügeverfahren nach Teil 4 VV (Strafsachen) und Teil 5 VV (Bußgeldsachen) oder in Verfahren nach Teil 6 VV wird vertreten, dass der Anwendungsbereich der Nr. 3330 VV eröffnet ist, weil die jeweiligen Teile auf Teil 3 VV verweisen (Vorbem. 4 Abs. 5 VV; Vorbem. 5 Abs. 4 VV; Vorbem. 6.2 Abs. 3 VV). Dagegen spricht, dass die Anhörungsrügeverfahren neben anderen ausdrücklich genannten Verfahren nicht erwähnt sind, so dass in Strafsachen die Gebühr Nr. 4302 Nr. 2 VV, in Bußgeldsachen die Gebühr Nr. 5200 VV und in Verfahren nach Teil 6 VV die Gebühr Nr. 6500 VV einschlägig sein dürften. Zwar bestimmt Vorbem. 3 Abs. 7 VV, dass die Vorschriften des Teils 3 VV nicht anzuwenden sind, soweit Teil 6 VV besondere Gebühren vorsieht. Ein Umkehrschluss dahin gehend, dass Teil 3 VV anwendbar ist, soweit Teil 6 VV keine besonderen Regelungen für bestimmte Verfahren vorsieht, ergibt sich daraus aber nicht. **6**

4. Höhe der Verfahrensgebühr. Im Zuge des 2. KostRMoG ist die Höhe der Verfahrensgebühr Nr. 3330 VV begrenzt worden auf die Höhe der Verfahrensgebühr des Hauptsacheverfahrens. Durch diese Änderung soll sichergestellt werden, dass die Gebühr für das Verfahren über die Gehörsrüge bei Abrechnung nach Wertgebühren nicht höher ausfällt als die Gebühr für das Verfahren, in dem die Rüge erhoben wird. Nach dem früheren Wortlaut der Vorschrift war dies möglich. **7**

Beispiel (Anhörungsrüge in Vollstreckungsverfahren): In einem Vollstreckungsverfahren (Wert: 5.000 €) beauftragt der Schuldner den Anwalt mit der Erhebung einer Anhörungsrüge. Nach Nr. 3330 VV aF würde der Anwalt dem Wortlaut nach eine 0,5-Verfahrensgebühr erhalten, obwohl in der Hauptsache lediglich eine 0,3-Verfahrensgebühr nach Nr. 3309 VV anfallen könnte. Mit Inkrafttreten des 2. KostRMoG hat der Gesetzgeber die Höhe der Verfahrensgebühr auf die Höhe des jeweiligen Verfahrens, in dem Anhörungsrüge erhoben wird, begrenzt. Der Anwalt kann demnach abrechnen wie folgt: **8**

1. 0,3-Verfahrensgebühr, Nr. 3330, 3309 VV (Wert: 5.000 €) 90,90 €
2. Postentgeltpauschale, Nr. 7002 VV 18,18 €
   Zwischensumme 109,08 €
3. 19 % Umsatzsteuer, Nr. 7008 VV 20,73 €
   Gesamt **129,81 €**

Der Gebührensatz der Verfahrensgebühr Nr. 3330 VV bemisst sich bei **Wertgebühren** in Höhe der Verfahrensgebühr des zugrunde liegenden Verfahrens, **höchstens 0,5**.

Beispiel (Anhörungsrüge bei Wertgebühren): Nach Klageabweisung (400 €) wird der bis dahin nicht beauftragte Anwalt im Anhörungsrügeverfahren tätig. Die Rüge wird ohne mündliche Verhandlung zurückgewiesen. Es entsteht die 0,5-Verfahrensgebühr nach Nr. 3330 VV. **9**

1. 0,5-Verfahrensgebühr, Nr. 3330 VV (Wert: 400 €) 22,50 €
2. Postentgeltpauschale, Nr. 7002 VV 4,50 €
   Zwischensumme 27,00 €
3. 19 % Umsatzsteuer, Nr. 7008 VV 5,13 €
   Gesamt **32,13 €**

Der Gebührensatz der Verfahrensgebühr Nr. 3330 VV bemisst sich bei **Betragsrahmengebühren** in Höhe der Verfahrensgebühr des zugrunde liegenden Verfahrens. Der **Höchstbetrag** entspricht **220 €**. Der Höchstbetrag bei Betragsrahmengebühren steht zu dem Gebührensatz bei Wertgebühren im Verhältnis 1,3 zu 0,5 (39 % von 550,00 € = 214,50 €). **10**

Beispiel (Anhörungsrüge in sozialgerichtlichen Verfahren bei Betragsrahmen): Der Mandant, der sich im Verfahren vor dem SG selbst vertreten hat, beauftragt einen Anwalt, Gehörsrüge zu erheben. **11**

Es entsteht eine Gebühr nach Nr. 3330 VV aus der Verfahrensgebühr der Nr. 3102 VV (50 bis 550 €). Die Verfahrensgebühr für das Verfahren, in dem die Rüge erhoben wird, beträgt 300 €, so dass die Begrenzung der Nr. 3330 VV einschlägig ist.

1. Verfahrensgebühr, Nr. 3330 VV 220,00 €
2. Postentgeltpauschale, Nr. 7002 VV 20,00 €
   Zwischensumme 240,00 €
3. 19 % Umsatzsteuer, Nr. 7008 VV 45,60 €
   Gesamt **285,60 €**

II. Terminsgebühr Nr. 3331 VV

Durch das 2. KostRMoG wurde der Gebührentatbestand der Terminsgebühr in Gehörsrügeverfahren eingeführt. Zum Anwendungsbereich der relevanten Gehörsrügeverfahren → Rn 1. Wie bei der Verfahrensgebühr Nr. 3330 VV (→ Rn 1 ff) wird auch die Höhe der Terminsgebühr auf die Höhe der Terminsgebühr der Hauptsache begrenzt: Sie beträgt höchstens 0,5, bei Betragsrahmengebühren höchstens 220 €. Durch die **12**

Einführung der Nr. 3331 VV wird sichergestellt, dass die Gebühren für das Verfahren über die Gehörsrüge bei Abrechnung nach Wertgebühren nicht höher ausfallen können als die Gebühren für das Verfahren, in dem die Rüge erhoben wird; nach früherem Recht wäre dies möglich gewesen, soweit man nicht auch hier § 15 Abs. 6 RVG entsprechend angewendet hatte.

Nr.	Gebührentatbestand	Gebühr oder Satz der Gebühr nach § 13 RVG
3332	Terminsgebühr in den in Nummern 3324 bis 3329 genannten Verfahren …	0,5

I. Allgemeines

1   Nach Vorbem. 3.3.6 S. 1 VV entsteht die Terminsgebühr grds. nach Abschnitt 1, also nach Nr. 3104 VV, soweit in Unterabschnitt 6 von Teil 3 Abschnitt 3 VV nichts anderes bestimmt ist, und auch nicht die Ausnahme nach S. 2 für Verfahren über Prozess- und Verfahrenskostenhilfeverfahren maßgeblich ist. Eine „anderweitige Bestimmung" enthalten Nr. 3331 VV, die die Terminsgebühr in Anhörungsrügenverfahren regelt, Nr. 3333 VV, dessen Anmerkung bestimmt, dass eine Terminsgebühr in Verteilungsverfahren außerhalb der Zwangsverwaltung und Zwangsversteigerung nicht entsteht, und Nr. 3332 VV.

2   Nr. 3332 VV regelt die **Terminsgebühr** in den **in den Nr. 3324–3329 VV genannten Verfahren**. Es handelt sich um folgende Verfahren:

- Aufgebotsverfahren (**Nr. 3324 VV**);
- Verfahren nach § 148 Abs. 1 und 2, §§ 246 a, 319 Abs. 6 AktG, auch iVm § 327 e Abs. 2 AktG, oder nach § 16 Abs. 3 UmwG (**Nr. 3325 VV**);
- Verfahren vor den Gerichten für Arbeitssachen, wenn sich die Tätigkeit auf eine gerichtliche Entscheidung über die Bestimmung einer Frist (§ 102 Abs. 3 ArbGG), die Ablehnung eines Schiedsrichters (§ 103 Abs. 3 ArbGG) oder die Vornahme einer Beweisaufnahme oder einer Vereidigung (§ 106 Abs. 2 ArbGG) beschränkt (**Nr. 3326 VV**);
- gerichtliche Verfahren über die Bestellung eines Schiedsrichters oder Ersatzschiedsrichters, über die Ablehnung eines Schiedsrichters oder über die Beendigung des Schiedsrichteramts, zur Unterstützung bei der Beweisaufnahme oder bei der Vornahme sonstiger richterlicher Handlungen anlässlich eines schiedsrichterlichen Verfahrens (**Nr. 3327 VV**);
- Verfahren über die vorläufige Einstellung, Beschränkung oder Aufhebung der Zwangsvollstreckung oder die einstweilige Einstellung oder Beschränkung der Vollstreckung und die Anordnung, dass Vollstreckungsmaßnahmen aufzuheben sind (**Nr. 3328 VV**); und
- Verfahren auf Vollstreckbarerklärung der durch Rechtsmittelanträge nicht angefochtenen Teile eines Urteils gem. §§ 537, 558 ZPO (**Nr. 3329 VV**).

3   In den anderen, nicht in Nr. 3332 VV erwähnten Verfahren ist auf Vorbem. 3.3.6 VV abzustellen. Danach bemisst sich die Terminsgebühr nach Abschnitt 1, also nach Nr. 3104 VV bzw Nr. 3106 VV, soweit in Unterabschnitt 6 nichts anderes bestimmt ist.

4   Im Anhörungsrügenverfahren ist Nr. 3332 VV nicht (mehr) einschlägig. Nr. 3331 VV ist eingeführt worden durch das 2. KostRMoG und regelt für das Anhörungsrügeverfahren eine Terminsgebühr in Höhe eines Gebührensatzes von höchstens 0,5 und begrenzt im Übrigen auf die Höhe der Verfahrensgebühr für das Verfahren, in dem die Rüge erhoben wird, bei Betragsrahmengebühren höchstens 220 €.

5   Im Verteilungsverfahren außerhalb der Zwangsversteigerung und der Zwangsverwaltung (Nr. 3333 VV) entsteht keine Terminsgebühr. Diese ist nach Anm. S. 2 zu Nr. 3333 VV ausgeschlossen.

6   In den Prozesskostenhilfeprüfungsverfahren nach Nr. 3335 VV ist die Verweisung in Vorbem. 3.3.6. S. 2 VV maßgeblich. Die Terminsgebühr richtet sich nach der Terminsgebühr des zugrunde liegenden Verfahrens. Mit dieser Regelung ist gewährleistet, dass die Terminsgebühr nicht höher sein kann als im Hauptsacheverfahren.

II. Die einzelnen Verfahren

7   **1. Aufgebotsverfahren (Nr. 3324 VV).** Die Terminsgebühr beläuft sich auf 0,5. Sie entsteht auch hier unter den Voraussetzungen der Vorbem. 3 Abs. 3 VV, die für sämtliche Angelegenheiten des Teils 3 VV gilt, also auch für Unterabschnitt 6. Eine Terminsgebühr nach Vorbem. 3 Abs. 3 S. 3 Nr. 2 VV für außergerichtliche Besprechungen ist möglich. Eine fiktive Terminsgebühr kommt mangels Verweisung auf Anm. Abs. 1 zu

Nr. 3104 VV nicht in Betracht, abgesehen davon, dass eine mündliche Verhandlung nicht vorgeschrieben ist.

2. Verfahren nach § 319 Abs. 6 AktG, auch iVm § 327 e Abs. 2 AktG, oder nach § 16 Abs. 3 UmwG (Nr. 3325 VV). Die Terminsgebühr beläuft sich auf 0,5. Sie entsteht auch hier unter den Voraussetzungen der Vorbem. 3 Abs. 3 VV, die für sämtliche Angelegenheiten des Teils 3 VV gilt, also auch für Unterabschnitt 6. Eine Terminsgebühr nach Vorbem. 3 Abs. 3 S. 3 Nr. 2 VV für außergerichtliche Besprechungen ist möglich. Eine fiktive Terminsgebühr kommt mangels Verweisung auf Anm. Abs. 1 zu Nr. 3104 VV nicht in Betracht, abgesehen davon, dass auch hier eine mündliche Verhandlung nicht vorgeschrieben ist. **8**

3. Verfahren vor den Gerichten für Arbeitssachen, wenn sich die Tätigkeit auf eine gerichtliche Entscheidung über die Bestimmung einer Frist (§ 102 Abs. 3 ArbGG), die Ablehnung eines Schiedsrichters (§ 103 Abs. 3 ArbGG) oder die Vornahme einer Beweisaufnahme oder einer Vereidigung (§ 106 Abs. 2 ArbGG) beschränkt (Nr. 3326 VV). Die Terminsgebühr beläuft sich auf 0,5. Sie entsteht auch hier unter den Voraussetzungen der Vorbem. 3 Abs. 3 VV, die für sämtliche Angelegenheiten des Teils 3 gilt, also auch für Unterabschnitt 6. Eine Terminsgebühr nach Vorbem. 3 Abs. 3 S. 3 Nr. 2 VV für außergerichtliche Besprechungen ist möglich. Eine fiktive Terminsgebühr kommt mangels Verweisung auf Anm. Abs. 1 zu Nr. 3104 VV nicht in Betracht, abgesehen davon, dass eine mündliche Verhandlung nicht vorgeschrieben ist. **9**

4. Gerichtliche Verfahren über die Bestellung eines Schiedsrichters oder Ersatzschiedsrichters, über die Ablehnung eines Schiedsrichters oder über die Beendigung des Schiedsrichteramts, zur die Unterstützung bei der Beweisaufnahme oder bei der Vornahme sonstiger richterlicher Handlungen anlässlich eines schiedsrichterlichen Verfahrens (Nr. 3327 VV). Die Terminsgebühr beläuft sich auf 0,5. Sie entsteht auch hier unter den Voraussetzungen der Vorbem. 3 Abs. 3 VV, die für sämtliche Angelegenheiten des Teils 3 VV gilt, also auch für Unterabschnitt 6. Eine Terminsgebühr nach Vorbem. 3 Abs. 3 S. 3 Nr. 2 VV für außergerichtliche Besprechungen ist möglich. Eine fiktive Terminsgebühr kommt mangels Verweisung auf Anm. Abs. 1 zu Nr. 3104 VV nicht in Betracht, abgesehen davon, dass eine mündliche Verhandlung nicht vorgeschrieben ist. **10**

5. Verfahren über die vorläufige Einstellung, Beschränkung oder Aufhebung der Zwangsvollstreckung, wenn eine abgesonderte mündliche Verhandlung hierüber stattfindet (Nr. 3328 VV). Die Terminsgebühr beläuft sich auf 0,5. Sie entsteht auch hier unter den Voraussetzungen der Vorbem. 3 Abs. 3 VV, die für sämtliche Angelegenheiten des Teils 3 VV gilt, also auch für Unterabschnitt 6. In Verfahren nach Nr. 3328 VV hat Vorbem. 3 Abs. 3 S. 3 Nr. 2 VV für außergerichtliche Besprechungen allerdings kaum Bedeutung, da hier tatbestandlich bereits eine abgesonderte mündliche Verhandlung vor Gericht erforderlich ist. Eine fiktive Terminsgebühr kommt mangels Verweisung auf Anm. Abs. 1 zu Nr. 3104 VV nicht in Betracht. **11**

6. Verfahren auf Vollstreckbarerklärung der durch Rechtsmittelanträge nicht angefochtenen Teile eines Urteils nach §§ 537, 558 ZPO (Nr. 3329 VV). Die Terminsgebühr beläuft sich auf 0,5. Sie entsteht auch hier unter den Voraussetzungen der Vorbem. 3 Abs. 3 VV, die für sämtliche Angelegenheiten des Teils 3 VV gilt, also auch für Unterabschnitt 6. Eine Terminsgebühr nach Vorbem. 3 Abs. 3 S. 3 Nr. 2 VV für außergerichtliche Besprechungen ist möglich. Eine fiktive Terminsgebühr kommt mangels Verweisung auf Anm. Abs. 1 zu Nr. 3104 VV nicht in Betracht, abgesehen davon, dass eine mündliche Verhandlung nicht vorgeschrieben ist. **12**

Nr.	Gebührentatbestand	Gebühr oder Satz der Gebühr nach § 13 RVG
3333	Verfahrensgebühr für ein Verteilungsverfahren außerhalb der Zwangsversteigerung und der Zwangsverwaltung .... Der Wert bestimmt sich nach § 26 Nr. 1 und 2 RVG. Eine Terminsgebühr entsteht nicht.	0,4

Für gerichtliche Verteilungsverfahren außerhalb der Zwangsversteigerung und der Zwangsverwaltung erhält der Anwalt die Gebühr nach Nr. 3333 VV. Nicht anwendbar ist Nr. 3333 VV **1**

- in Verteilungsverfahren gem. §§ 858 Abs. 5, 872–877, 882 ZPO (es gelten dort die Nr. 3309, 3310 VV);
- in Schifffahrtsrechtlichen Verteilungsverfahren (es gelten dort die Nr. 3313 ff VV).

Für die Vertretung in dem gesamten – gerichtlichen und/oder außergerichtlichen – Verteilungsverfahren erhält der Anwalt eine 0,4-**Verfahrensgebühr** gem. Nr. 3333 VV. Eine Ermäßigung der Gebühr Nr. 3333 VV **2** bei vorzeitiger Erledigung ist nicht vorgesehen. Eine **Terminsgebühr** ist nach **Anm. S. 2** ausdrücklich ausgeschlossen. Hinzu kommen kann jedoch eine Einigungsgebühr nach Nr. 1000 ff VV. Die **Auslagen** richten sich nach Teil 7 VV.

3   Der **Gegenstandswert** für die Tätigkeit bestimmt sich gem. **Anm. S. 1** nach § 26 Nr. 1 und 2 RVG (→ § 26 Rn 2 ff und 5 ff).

Nr.	Gebührentatbestand	Gebühr oder Satz der Gebühr nach § 13 RVG
3334	Verfahrensgebühr für Verfahren vor dem Prozessgericht oder dem Amtsgericht auf Bewilligung, Verlängerung oder Verkürzung einer Räumungsfrist (§§ 721, 794 a ZPO), wenn das Verfahren mit dem Verfahren über die Hauptsache nicht verbunden ist	1,0

I. Allgemeines

1   **1. Verfahrensgebühr in Verfahren nach §§ 721, 794 a ZPO.** Nr. 3334 VV regelt die **Verfahrensgebühr** für ein **mit der Hauptsache nicht verbundenes** Verfahren nach den §§ 721, 794 a ZPO. Das Verfahren auf Bewilligung, Verlängerung oder Verkürzung einer Räumungsfrist (§§ 721, 794 a ZPO) gilt als besondere Angelegenheit, wenn es mit dem Verfahren über die Hauptsache nicht verbunden ist. Entscheidet das Prozessgericht im Räumungsurteil auch über die Bewilligung einer Räumungsfrist, liegt keine gesonderte Angelegenheit vor, so dass Nr. 3334 VV nicht einschlägig ist. Die Tätigkeit des Anwalts wird dann vielmehr durch die Gebühren des Rechtsstreits mit abgegolten. Wird dagegen die Räumungsfrist, deren Verlängerung oder Verkürzung erst nach Erlass des Räumungsurteils oder -vergleichs beantragt, so liegt eine gesonderte Angelegenheit vor, weil das Verfahren in einem solchen Fall von der Hauptsache getrennt durchgeführt wird.[1] Mehrere Räumungsfristverfahren gelten jeweils als besondere Angelegenheit, so dass die Gebühren jeweils erneut ausgelöst werden.[2]

2   **2. Unselbständiges Räumungsfristverfahren.** Das unselbständige Räumungsfristverfahren zählt nach § 19 Abs. 1 S. 2 Nr. 11 zum **Rechtszug des Räumungsprozesses.** Die Tätigkeit im Räumungsfristverfahren wird durch die Gebühren der Nr. 3100 ff, 3200 ff VV abgegolten.[3]

3   Ein unselbständiges Räumungsfristverfahren liegt immer dann vor, wenn das Verfahren mit der Hauptsache verbunden ist. In Betracht kommen insoweit nur Verfahren nach § 721 Abs. 1 ZPO, weil der Antrag vor Schluss der mündlichen Verhandlung zu stellen ist und das Gericht dann im Räumungsurteil auch über den Räumungsfristantrag entscheidet.

4   **3. Selbständiges Räumungsfristverfahren.** Das selbständige Räumungsfristverfahren, das unabhängig vom Räumungsprozess geführt wird, ist **gesonderte Angelegenheit** iSd § 15 und wird durch die Gebühren der Nr. 3334, 3337, Vorbem. 3.3.6 VV iVm Nr. 3104 VV vergütet.[4] Der Anwendungsbereich der Nr. 3334 VV ist insoweit nur eröffnet, wenn das Räumungsfristverfahren losgelöst vom Räumungsprozess geführt wird.

5   Ein selbständiges Räumungsfristverfahren liegt vor, wenn der Antrag auf Bewilligung, Verlängerung oder Verkürzung der Räumungsfrist nach Schluss der mündlichen Verhandlung gestellt wird und das Gericht den Antrag in seinem Urteil nicht mehr berücksichtigen kann. Erfasst sind einerseits die Fälle des § 721 Abs. 2, 3, 4[5] ZPO, da der Antrag insoweit auch erst nach Schluss der mündlichen Verhandlung möglich ist und eine Verbindung mit dem Räumungsprozess ausscheidet. Allerdings kommt auch im Fall des § 721 Abs. 1 ZPO ein selbständiges Verfahren iSd Nr. 3334 VV in Betracht, wenn das Gericht seinen Willen zur Trennung zum Ausdruck gebracht hat.[6] Auch der Erlass eines Teilurteils, der zur Trennung der Verfahren führt, eröffnet den Anwendungsbereich der Nr. 3334 VV.[7] Bei dem Verfahren nach § 794 a ZPO handelt es sich immer um ein selbständiges Verfahren nach Nr. 3334 VV.

6   **Beispiel:** Nach Unterliegen im Räumungsrechtsstreit beantragt der Räumungsschuldner nach § 794 a Abs. 1 ZPO eine Räumungsfrist von sechs Monaten, die das Gericht bewilligt (Monatsmiete 600 €).

Es entsteht nur die gesonderte Verfahrensgebühr nach Nr. 3334 VV. Der Gegenstandswert beläuft sich auf 6 x 600 € = 3.600 €.

---

1 AnwK-RVG/N. *Schneider*, Nr. 3334 VV Rn 7 ff.   **2** AnwK-RVG/N. *Schneider*, Nr. 3334 VV Rn 22.   **3** AnwK-RVG/N. *Schneider*, Nr. 3334 VV Rn 3.   **4** AnwK-RVG/N. *Schneider*, Nr. 3334 VV Rn 3.   **5** Zöller/*Stöber*, § 721 ZPO Rn 8.   **6** *Hansens*, BRAGO, § 50 Rn 1.   **7** AnwK-RVG/N. *Schneider*, Nr. 3334 VV Rn 8; Hartung/Römermann/*Schons*, Nr. 3334 VV Rn 10.

1.	1,0-Verfahrensgebühr, Nr. 3334 VV (Wert: 3.600 €)	252,00 €
2.	Postentgeltpauschale, Nr. 7002 VV	20,00 €
	Zwischensumme　　　　　　　　　　　　　　　272,00 €	
3.	19 % Umsatzsteuer, Nr. 7008 VV	51,68 €
	Gesamt	**323,68 €**

4. Anfechtung der Entscheidung im Räumungsfristverfahren. Die Entscheidung eines selbständigen Räumungsfristverfahrens kann mit der sofortigen Beschwerde angefochten werden. Im Beschwerdeverfahren ist Nr. 3334 VV unanwendbar; es gelten die Nr. 3500, 3501 VV (§ 18 Abs. 1 Nr. 3). 　**7**

Soweit das Urteil im Räumungsrechtsstreit mit der Berufung insgesamt angefochten wird und einen Ausspruch zur Räumungsfrist enthält, ist einheitlich mit der Berufung anzufechten, so dass das Räumungsfristverfahren wiederum zum Rechtszug gehört (§ 19 Abs. 1 S. 2 Nr. 11). 　**8**

II. Die Gebühren

1. Verfahrensgebühr. Als Vergütung erhält der Anwalt nach Nr. 3334 VV im selbständigen Räumungsfristverfahren, das mit dem Verfahren über die Hauptsache nicht verbunden ist, eine 1,0-Verfahrensgebühr, die sich bei vorzeitiger Erledigung unter den Voraussetzungen der Anm. zu Nr. 3337 VV auf 0,5 ermäßigt (Nr. 3337 VV). 　**9**

2. Terminsgebühr. Kommt es unter den Voraussetzungen der Vorbem. 3 Abs. 3 VV zu einem Termin, entsteht eine 1,2-Terminsgebühr nach Nr. 3104 VV (Vorbem. 3.3.6 S. 1 VV). 　**10**

Beispiel: Der Räumungsschuldner beantragt im selbständigen Verfahren losgelöst vom Räumungsprozess eine Räumungsfrist von sechs Monaten (Monatsmiete 600 €). Das Gericht bewilligt nach mündlicher Verhandlung gem. § 721 ZPO eine Räumungsfrist von drei Monaten. Abzurechnen ist wie folgt: 　**11**

Räumungsfristverfahren (Wert: 3.600 €)

1.	1,0-Verfahrensgebühr, Nr. 3334 VV	252,00 €
2.	1,2-Terminsgebühr, Vorbem. 3.3.6 VV iVm Nr. 3104 VV	302,40 €
3.	Postentgeltpauschale, Nr. 7002 VV	20,00 €
	Zwischensumme　　　　　　　　　　　　　　　574,40 €	
4.	19 % Umsatzsteuer, Nr. 7008 VV	109,14 €
	Gesamt	**683,54 €**

3. Einigungsgebühr. Kommt es im Räumungsfristverfahren zu einer Einigung, kann eine Einigungsgebühr nach Nr. 1003 VV entstehen zu einem Gebührensatz von 1,0. 　**12**

Beispiel: In einem selbständigen Räumungsfristverfahren, in dem eine Räumungsfrist von sechs Monaten beantragt ist (Wert: 3.600 €), besprechen sich die Anwälte außergerichtlich und vereinbaren eine Räumungsfrist von drei Monaten. 　**13**

Die Vorbem. 3 Abs. 3 S. 3 Nr. 2 VV gilt für alle Verfahren nach Teil 3 VV, so dass die Terminsgebühr nach Vorbem. 3.3.6 VV iVm Nr. 3104 VV auch für außergerichtliche Besprechungen entsteht. Daneben fällt für die Einigung eine 1,0-Einigungsgebühr an. Abzurechnen ist wie folgt:

1.	1,0-Verfahrensgebühr, Nr. 3334 VV (Wert: 3.600 €)	252,00 €
2.	1,2-Terminsgebühr, Vorbem. 3.3.6 VV iVm Nr. 3104 VV (Wert: 3.600 €)	302,40 €
3.	1,0-Einigungsgebühr, Nr. 1000, 1003 VV (Wert: 3.600 €)	252,00 €
4.	Postentgeltpauschale, Nr. 7002 VV	20,00 €
	Zwischensumme　　　　　　　　　　　　　　　826,40 €	
5.	19 % Umsatzsteuer, Nr. 7008 VV	157,02 €
	Gesamt	**983,42 €**

III. Gegenstandswert

In isolierten Räumungsfristverfahren entstehen bei Gericht Festgebühren. Der Gegenstandswert richtet sich daher nach § 23 Abs. 1 S. 2 iVm § 48 Abs. 1, § 3 ZPO nach der Miete/Nutzungsentschädigung für die Dauer der begehrten Frist.[8] 　**14**

Beispiel: Nach Beendigung des Räumungsrechtsstreits durch Vergleich beantragt der Räumungsschuldner später gem. § 794 a ZPO eine Räumungsfrist von sechs Monaten (Monatsmiete 700 €). Das Gericht entscheidet ohne mündliche Verhandlung. Abzurechnen ist wie folgt: 　**15**

I. Räumungsrechtsstreit (Wert: 8.400 €)

1.	1,3-Verfahrensgebühr, Nr. 3100 VV	659,10 €
2.	1,2-Terminsgebühr, Nr. 3104 VV	608,40 €

---

8 OLG Braunschweig Rpfleger 1964, 66; LG Kempten AnwBl 1968, 58.

3. Postentgeltpauschale, Nr. 7002 VV   20,00 €
   Zwischensumme   1.287,50 €
4. 19 % Umsatzsteuer, Nr. 7008 VV   244,63 €
   Gesamt   **1.532,13 €**

II. Räumungsfristverfahren (Wert: 4.200 €)
1. 1,0-Verfahrensgebühr, Nr. 3334 VV   303,00 €
2. Postentgeltpauschale, Nr. 7002 VV   20,00 €
   Zwischensumme   323,00 €
3. 19 % Umsatzsteuer, Nr. 7008 VV   61,37 €
   Gesamt   **384,37 €**

IV. Prozesskostenhilfe

16   Prozesskostenhilfe kann für das selbständige Räumungsfristverfahren bewilligt werden. Eine Bewilligung kommt nach AG Schöneberg[9] und entgegen AG Ludwigslust[10] allerdings dann nicht in Betracht, wenn der Räumungsschuldner im Räumungsprozess unterliegt, in dem ein erfolgreicher Räumungsfristantrag gestellt worden ist, weil das Räumungsfristverfahren insoweit mit dem Verfahren über die Hauptsache verbunden und dann § 19 Abs. 1 S. 2 Nr. 11 einschlägig ist.

Nr.	Gebührentatbestand	Gebühr oder Satz der Gebühr nach § 13 RVG
3335	Verfahrensgebühr für das Verfahren über die Prozesskostenhilfe	in Höhe der Verfahrensgebühr für das Verfahren, für das die Prozesskostenhilfe beantragt wird, höchstens 1,0, bei Betragsrahmengebühren höchstens 420,00 €
3336	*(aufgehoben)*	

I. Allgemeines

1   Nr. 3335 VV regelt die Gebühr des im Verfahren über die Prozesskostenhilfe (sog. **PKH-Prüfungsverfahren**) tätigen Rechtsanwalts. Das PKH-Prüfungsverfahren und das Verfahren, für das die Prozesskostenhilfe beantragt wird (= Hauptsacheverfahren), stellen gem. § 16 Nr. 2 dieselbe Angelegenheit dar. Dem in beiden Verfahren tätigen Rechtsanwalt steht somit grds. insgesamt lediglich eine einheitliche und nicht jeweils eine gesonderte Vergütung zu (§ 15 Abs. 2). Für den sofort (unbedingt) auch für das Verfahren der Hauptsache als Prozess-/Verfahrensbevollmächtigten beauftragten Rechtsanwalt wird die Tätigkeit im PKH-Prüfungsverfahren mit der Verfahrensgebühr des jeweiligen Hauptsacheverfahrens (zB Nr. 3100/3200 VV) abgegolten.

2   Die Verfahrensgebühr Nr. 3335 VV verbleibt dem Rechtsanwalt daher nur, soweit er ausschließlich im PKH-Prüfungsverfahren (§§ 117 ff ZPO) tätig geworden ist, da bei Tätigkeit auch im (ggf erst nachfolgenden) Hauptsacheverfahren eine zuvor angefallene Gebühr Nr. 3335 VV in der Verfahrensgebühr (zB Nr. 3100 VV) aufgeht bzw entfällt.[1] Dies gilt – ausnahmsweise – nicht, sofern die gleichen Gebühren nicht in beiden Verfahren angefallen sind oder bei fehlender Identität der Gegenstände beider Verfahren, insb. bei teilweiser Bewilligung von Prozesskostenhilfe (→ Rn 30 f).[2]

---

9 AG Schöneberg NJWE-MietR 1996, 105. **10** AG Ludwigslust WuM 2013, 608. **1** BGH AGS 2008, 435 = FamRZ 2008, 982; Gerold/Schmidt/*Müller-Rabe*, Nr. 3335 VV Rn 6, 64; Bischof u.a./*Klüsener*, Nr. 3335 VV Rn 4 f; *Hartmann*, KostG, Nr. 3335 VV Rn 1; *N. Schneider*, RVGreport 2009, 1, 44. **2** Gerold/Schmidt/*Müller-Rabe*, Nr. 3335 VV Rn 69 ff; Bischof u.a./*Klüsener*, Nr. 3335 VV Rn 4; *N. Schneider*, NZFam 2016, 304.

Neben der Verfahrensgebühr können im PKH-Prüfungsverfahren auch eine Terminsgebühr (Vorbem. 3.3.6   **3** S. 2 VV) und auch eine Einigungsgebühr anfallen.

Die Gebührenregelung ist uneingeschränkt auch für das Verfahren über die **Verfahrenskostenhilfe** anzuwen-   **4** den (§§ 76, 113 Abs. 1 S. 2 FamFG).

II. Geltungsbereich

Die Gebührenregelung Nr. 3335 VV gilt für alle Sachgebiete, in denen die Vorschriften der Prozesskosten-   **5** hilfe zur Anwendung kommen, neben den **bürgerlichen Rechtsstreitigkeiten** also insb. in der **Arbeits-, Ver- waltungs-, Finanz-, Sozial- und Verfassungsgerichtsbarkeit.**

Hinsichtlich der Verfahren vor den Gerichten der **Sozialgerichtsbarkeit** ist die Gebührenregelung seit dem Inkrafttreten des 2. KostRMoG auch anwendbar, wenn dort im Hauptsacheverfahren Betragsrahmenge- bühren anfallen. Dies erfolgte durch die Streichung des Nebensatzes „soweit in Nummer 3336 nichts ande- res bestimmt ist". Die frühere Vorrangregelung der **Nr. 3336 VV (aF)** ist somit **entfallen.**

Auch im Bereich der Mobiliar- oder Immobiliarvollstreckung ist die Vorschrift anwendbar.

III. Verfahrensgebühr

1. Entstehung der Gebühr. Die Gebühr fällt mit jeder Tätigkeit im Rahmen des Auftrags im PKH-Prü-   **6** fungsverfahren an (zB Information, Antragstellung gem. § 117, Stellungnahme etc.) und damit ist die dies- bezügliche Tätigkeit im Prozesskostenhilfeverfahren – mit Ausnahme der Termins- und evtl. einer Eini- gungsgebühr – abgegolten (Vorbem. 3 Abs. 2 VV, § 15 Abs. 2).

2. PKH-Prüfungsverfahren ohne Hauptsacheverfahren. Reicht der Rechtsanwalt auftragsgemäß zunächst   **7** lediglich einen Antrag auf Bewilligung von Prozesskostenhilfe ein, steht ihm dafür ausschließlich die Ver- fahrensgebühr Nr. 3335 VV – ggf ermäßigt gem. Nr. 3337 VV – zu. Mangels eines Auftrags zur Prozessfüh- rung (vgl Vorbem. 3 Abs. 1 VV) und Anhängigkeit des Hauptsacheverfahrens kann eine Verfahrensgebühr gem. zB Nr. 3100 VV nicht anfallen. Ob ein solcher reiner PKH-Antrag vorliegt, ist nach den Umständen des Einzelfalls und auch der Formulierung des Antrags zu beurteilen.[3] Ein – für den Fall der Bewilligung der Prozesskostenhilfe – bedingt erteilter Prozessauftrag wird erst mit dieser Bewilligung wirksam und die zunächst angefallene Gebühr Nr. 3335 VV fällt dann nachträglich weg (→ Rn 8).

Wird der Rechtsanwalt nachfolgend im Hauptsacheverfahren tätig, fällt die Gebühr Nr. 3335 VV nachträg-   **8** lich weg (vgl §§ 15, 16 Nr. 2; → Rn 1 f, auch zu den Ausnahmen), und zwar unabhängig davon, ob Pro- zesskostenhilfe auch bewilligt wird oder nicht. Dies betrifft ausschließlich die Frage, gegen wen sich der Vergütungsanspruch richtet (→ Rn 29 ff). Auch dem Rechtsanwalt des Antragsgegners/Beklagten steht zu- nächst die Verfahrensgebühr Nr. 3335 VV zu, sofern er für seinen Mandanten zu einem reinen PKH-Antrag des Antragstellers/Klägers gem. § 118 Abs. 1 S. 1 ZPO Stellung nehmen soll.[4]

Die vorstehenden Ausführungen gelten grds. für jeden **Rechtszug,** da die Bewilligung von Prozesskostenhil-   **9** fe für jede Instanz gesondert zu erfolgen hat (§ 119 Abs. 1 ZPO).

Hinsichtlich eines **Rechtsmittelverfahrens** ist indes zu beachten, dass ein PKH-Antrag für diese weitere In-   **10** stanz mit hinreichender Deutlichkeit erkennen lassen muss, dass das Rechtsmittel (noch) nicht eingelegt werden soll.[5] Andernfalls führt die – auch unter Berücksichtigung aller Begleitumstände – vorzunehmende Auslegung im Regelfall zur Annahme einer unbedingten – und somit zulässigen – Einlegung des Rechtsmit- tels. So ist nach Auffassung des BGH ein Schriftsatz, der den Anforderungen einer Berufung bzw Beru- fungsbegründung entspricht, im Zweifelsfall auch dann als unbedingt eingelegtes Rechtsmittel anzusehen, wenn ein Zusatz wie „für den Fall bzw unter dem Vorbehalt der Bewilligung von Prozesskostenhilfe" vor- liegt,[6] was zur unmittelbaren Anhängigkeit des Rechtsmittelverfahrens und somit einer Verfahrensgebühr zB Nr. 3200 VV führt und für eine Gebühr gem. Nr. 3335 VV keinen Raum mehr lässt (→ Rn 2, 8 f). Diese weitgehende Auslegung des BGH ist indes unter dem Aspekt zu betrachten, dass wohl jeweils die Annahme einer bedingten und damit unzulässigen Rechtsmitteleinlegung im Interesse der PKH-Partei vermieden wer- den sollte.[7]

3. PKH-Prüfungsverfahren neben dem Hauptsacheverfahren. Sofern neben dem PKH-Prüfungsverfahren   **11** zugleich auch das Hauptsacheverfahren anhängig ist, fällt zumindest für den Klägervertreter keine Gebühr Nr. 3335 VV an, da ihm aufgrund des erteilten Prozessauftrags bereits eine Verfahrensgebühr – mit Einrei-

3 Gerold/Schmidt/*Müller-Rabe*, Nr. 3335 VV Rn 7 ff.   **4** Gerold/Schmidt/*Müller-Rabe*, Nr. 3335 VV Rn 28; Riedel/Sußbauer/ *Schütz*, Nr. 3324–3338 VV Rn 67; *Hartmann*, KostG, Nr. 3335 VV Rn 13.   **5** BGH NJW 1995, 2563; BGH NJW 2006, 693. **6** BGH FamRZ 1986, 1087; BGH NJW-RR 2012, 755; Gerold/Schmidt/*Müller-Rabe*, Nr. 3335 VV Rn 16.   **7** Gerold/Schmidt/ *Müller-Rabe*, Nr. 3335 VV Rn 16.

chung der Klage gem. Nr. 3100 VV – zusteht und damit die diesbezügliche Tätigkeit im PKH-Prüfungsverfahren gem. §§ 15 Abs. 2, 16 Nr. 2 abgegolten ist (→ Rn 1).
Hinsichtlich eines Rechtsmittelverfahrens → Rn 10.

12 Dem Vertreter des Antragsgegners/Beklagten wird bei Anhängigkeit auch des Hauptsacheverfahrens aufgrund des dann anzunehmenden Prozessauftrags ebenfalls keine Gebühr Nr. 3335 VV, sondern ausschließlich eine Verfahrensgebühr für dieses Hauptsacheverfahren (zB Nr. 3100 VV) zustehen.[8]

13 **4. Aufhebung der Prozesskostenhilfe/Änderung der Zahlungsbestimmungen.** Das Verfahren betreffend die Aufhebung der Prozesskostenhilfe (vgl § 124 Nr. 1–5 ZPO) und auch ein Verfahren zur Änderung der ursprünglichen Bestimmung über von der Partei zu erbringende Zahlungen (§ 120 Abs. 1 ZPO) gem. § 120 a ZPO gehört zum jeweiligen Rechtszug und stellt keine besondere Angelegenheit dar (§ 16 Nr. 3). Sofern der Rechtsanwalt bereits im Hauptsacheverfahren tätig war, wird auch die diesbezügliche Tätigkeit durch die Verfahrensgebühr zB Nr. 3100/3200 VV abgegolten. War er nur im vorherigen PKH-Prüfungsverfahren tätig, steht ihm insgesamt nur eine einheitliche Gebühr Nr. 3335 VV zu. Nur sofern er ausschließlich im Aufhebungs- oder Änderungsverfahren tätig war, steht ihm dafür die Gebühr Nr. 3335 VV zu.

14 **5. Gebührenhöhe.** Die Höhe der Gebühr knüpft an die Verfahrensgebühr eines Verfahrensbevollmächtigten für die jeweilige Instanz an, bei (wertbezogenen) Satzrahmengebühren höchstens eine 1,0-Gebühr, wenn nicht eine Ermäßigung gem. Nr. 3337 VV gegeben ist. Sofern für das Hauptsacheverfahren eine geringere Verfahrensgebühr bestimmt ist, fällt auch die Gebühr Nr. 3335 VV mit diesem niedrigeren Gebührensatz an, da andernfalls – systemwidrig – für das Prozesskostenhilfeverfahren, obwohl zum Rechtszug gehörend, eine höhere Gebühr anfallen würde (vgl auch § 15 Abs. 6). Dies gilt insb. für Verfahren der Zwangsvollstreckung (Nr. 3309, 3311 VV) und ein Beschwerdeverfahren (Nr. 3500 VV).[9]

15 Die Gebühr bemisst sich nach der Tabelle zu § 13 Abs. 1, sofern nicht (ausnahmsweise) ein Anspruch gegen die Staatskasse besteht (→ Rn 32 ff). Bei Betragsrahmengebühren für das Hauptverfahren – wie in der Sozialgerichtsbarkeit (vgl § 3, Nr. 3102 VV) beträgt die Gebühr höchstens 420 €. Bei Vertretung mehrerer Mandanten hinsichtlich desselben Gegenstandes im Prozesskostenhilfeverfahren erhöht sich die Gebühr gem. Nr. 1008 VV.[10]

16 **6. Gebührenermäßigung Nr. 3337 VV.** Die Verfahrensgebühr ist hinsichtlich der Höhe mit der Verfahrensgebühr für das Hauptsacheverfahren der jeweiligen Instanz verbunden und demzufolge ist auch eine Ermäßigung gem. Nr. 3337 VV (wie zB auch Nr. 3101/3201 VV) vorgesehen. Hinsichtlich der Entstehung auch der ermäßigten Gebühr gelten naturgemäß zunächst die vorstehenden Ausführungen (→ Rn 6 ff).

17 Die Gebühr ermäßigt sich gem. Nr. 3337 **Anm. Nr. 1** VV grds. auf 0,5, wenn der Auftrag – zur Vertretung im Prozesskostenhilfeverfahren – sich **vorzeitig erledigt**. Die Definition der vorzeitigen Erledigung knüpft an diejenige der Verfahrensgebühren für das Hauptsacheverfahren an (zB der Nr. 3101 VV). Ein solcher Fall ist zB gegeben, wenn der Antrag auf Prozesskostenhilfebewilligung vom zuvor beauftragten Rechtsanwalt – zB infolge Zahlung der Klageforderung durch den Gegner – nicht mehr gestellt wird oder der Antragsgegner im Rahmen einer Anhörung gem. § 118 Abs. 1 S. 1 ZPO einen Rechtsanwalt beauftragt (→ Rn 8), der jedoch letztlich keine Stellungnahme abgibt und auch nachfolgend nicht in einem Hauptsacheverfahren tätig wird.

18 Sofern die Verfahrensgebühr für ein entsprechendes Hauptsacheverfahren geringer ist als eine 0,5-fache Gebühr (zB Nr. 3309 VV; → Rn 14), verbleibt es trotz der vorzeitigen Erledigung naturgemäß bei der niedrigeren Gebühr (zB 0,3).[11] Hat der Rechtsanwalt eine der in Anm. Nr. 1 genannten Tätigkeiten entfaltet, kann im Umkehrschluss keine Ermäßigung der Verfahrensgebühr Nr. 3335 VV mehr erfolgen.[12]

19 Lediglich eine 0,5-Verfahrensgebühr entsteht gem. Nr. 3337 **Anm. Nr. 2 Alt. 1** VV auch im Falle der **Protokollierung einer Einigung** im Prozesskostenhilfeverfahren (vgl § 118 Abs. 1 S. 1 ZPO) über insoweit nicht anhängige Gegenstände. Dies ergibt sich zwar nicht unmittelbar aus dem Wortlaut der Vorschrift (anders als in Nr. 3101 Nr. 2 VV), hinsichtlich der im Prozesskostenhilfeverfahren bereits anhängigen Ansprüche fällt jedoch im Regelfall bereits die Gebühr Nr. 3335 VV – ohne Ermäßigung – an.[13] Deshalb erscheint die Auffassung des OLG München[14] wohl unzutreffend. Diese ermäßigte Gebühr wird immer dann – neben der Gebühr Nr. 3335 VV iVm § 15 Abs. 3 – anfallen, wenn die im Prozesskostenhilfeverfahren erfolgte Einigung (§ 118 Abs. 1 S. 1 ZPO) über den Gegenstand dieses Verfahrens hinaus auch weitere Ansprüche miterledigt.[15]

---

8 Gerold/Schmidt/*Müller-Rabe*, Nr. 3335 VV Rn 24 ff.   **9** Gerold/Schmidt/*Müller-Rabe*, Nr. 3335 VV Rn 45; Riedel/Sußbauer/*Schütz*, Nr. 3324–3338 VV Rn 69.   **10** Gerold/Schmidt/*Müller-Rabe*, Nr. 3335 VV Rn 48.   **11** Gerold/Schmidt/*Müller-Rabe*, Nr. 3335 VV Rn 47; *N. Schneider*, RVGreport 2009, 3.   **12** Bischof u.a./*Klüsener*, Nr. 3337 VV Rn 8 f.   **13** OLG Hamm FamRZ 2009, 145.   **14** OLG München FamRZ 2008, 628.   **15** Gerold/Schmidt/*Müller-Rabe*, Nr. 3335 VV Rn 56; *N. Schneider*, RVGreport 2009, 3.

Diese lediglich ermäßigte Verfahrensgebühr fällt nach der **2. Alt. der Anm. Nr. 2** aus den genannten Grün-   20
den ebenfalls bzgl im Prozesskostenhilfeverfahren nicht anhängiger Gegenstände an, soweit der Rechtsanwalt darüber lediglich sog. **Einigungsgespräche** führt, die jedoch letztlich (zumindest insoweit) erfolglos
bleiben.[16]

Sofern dem Rechtsanwalt sofort Prozessauftrag erteilt wurde, fällt bei vorzeitiger Erledigung (auch des Pro-   21
zesskostenhilfeverfahrens) naturgemäß eine Verfahrensgebühr zB gem. Nr. 3101/3201 Nr. 1 VV an (→
Rn 11 f).

IV. Verkehrsanwalt, Terminsanwalt

Auch einem **Verkehrsanwalt** (vgl Nr. 3400 VV) kann eine Gebühr Nr. 3335 VV zustehen, sofern er auftrags-   22
gemäß hinsichtlich des Prozesskostenhilfeverfahrens tätig wird. Es gelten insoweit sinngemäß die Ausführungen in → Rn 1 ff.

Für den **Terminsanwalt** gilt dies grds. ebenso. Unter Berücksichtigung seines eingeschränkten Aufgaben-   23
kreises (vgl Nr. 3401 VV) kommt eine Gebühr Nr. 3335 VV für ihn jedoch naturgemäß nur in Betracht,
sofern er zur Wahrnehmung eines im Prozesskostenhilfeverfahrens anberaumten Termins (§ 118 Abs. 1 S. 3
ZPO) beauftragt wird.[17]

V. Beschwerdeverfahren

Ein Beschwerdeverfahren betreffend die Prozesskostenhilfe stellt gem. § 18 Abs. 1 Nr. 3 jeweils eine beson-   24
dere Angelegenheit sowohl hinsichtlich des Prozesskostenhilfeverfahrens der vorherigen Instanz als auch
des evtl. Rechtsmittelverfahrens der Hauptsache dar (→ Nr. 3500 VV Rn 2). Insoweit fallen Gebühren gem.
Nr. 3500 ff VV an.

Dabei sind mehrere Beschwerden jeweils als selbständige Angelegenheit zu behandeln (§ 18 Abs. 1 Nr. 3)   25
und lösen gesonderte Gebühren gem. Nr. 3500 ff VV aus, auch wenn sie Entscheidungen bzgl der Prozesskostenhilfe derselben Instanz betreffen. So bspw zunächst die Anfechtung einer angeordneten Ratenzahlung
und die Beschwerde gegen eine spätere Abänderungsentscheidung gem. § 120 a ZPO.[18]

VI. Terminsgebühr

Sofern die Voraussetzungen der Vorbem. 3 Abs. 3 VV erfüllt sind, steht dem Rechtsanwalt auch im Prozess-   26
kostenhilfeverfahren eine Terminsgebühr zu (Vorbem. 3.3.6 VV). Es gelten insoweit die Bestimmungen des
entsprechenden Hauptsacheverfahrens, so dass je nach Verfahren eine 1,2-fache (Nr. 3104 VV) oder eine
Terminsgebühr mit einem niedrigeren Gebührensatz anfallen kann (zB Nr. 3310 VV).[19]

Im Regelfall wird die Terminsgebühr durch die Wahrnehmung eines gem. § 118 Abs. 1 S. 3 ZPO anberaum-   27
ten Termins anfallen. Jedoch auch die Teilnahme an Besprechungen mit dem Gegner zwecks gütlicher Einigung gem. Vorbem. 3 Abs. 3 VV erfüllt die Voraussetzungen einer Terminsgebühr.[20] Die Auffassung des
BGH,[21] dass mangels einer vorgeschriebenen, sondern gem. § 118 Abs. 1 S. 3 ZPO lediglich fakultativen
mündlichen Verhandlung eine Terminsgebühr für solche Besprechungen im Rahmen eines Prozesskostenhilfeverfahrens nicht anfallen könne, dürfte mit der Neuregelung der Vorbem. 3 Abs. 3 VV durch das
2. KostRMoG überholt sein, da zumindest nunmehr insoweit gerade nicht auf eine vorgeschriebene mündliche Verhandlung abgestellt werden soll.[22] Eine Terminsgebühr fällt auch an, sofern im Prozesskostenhilfeverfahren ein schriftlicher Vergleich geschlossen wird (vgl § 278 Abs. 6 ZPO) und der Rechtsanwalt an den
diesbezüglichen Besprechungen mit dem Gegner mitgewirkt hat (Vorbem. 3 Abs. 3 VV).

Auch insoweit ist zu beachten, dass die Terminsgebühr für das Prozesskostenhilfeverfahren nur anfällt,   28
wenn nicht zugleich auch ein Hauptsacheverfahren anhängig ist oder später anhängig wird. Auf die Erl. zur
Verfahrensgebühr Nr. 3335 VV kann insoweit verwiesen werden (→ Rn 1, 7 ff).

VII. Schuldner der Gebühren

Grundsätzlich schuldet auch die im Prozesskostenhilfeverfahren entstandene Vergütung aufgrund des Auf-   29
tragsverhältnisses der Mandant. Die Gebühren bemessen sich dann nach der Tabelle zu § 13 Abs. 1. Diesen
Anspruch kann er jedoch gegen seinen Mandanten nicht geltend machen, soweit er von der **Forderungssperre** des § 122 Abs. 1 Nr. 3 ZPO erfasst wird. Dies ist regelmäßig dann der Fall, wenn für das Hauptsa-

---

16 Gerold/Schmidt/*Müller-Rabe*, Nr. 3335 VV Rn 57; *N. Schneider*, RVGreport 2009, 3.   **17** Gerold/Schmidt/*Müller-Rabe*, Nr. 3335 VV Rn 41 f.   **18** Gerold/Schmidt/*Müller-Rabe*, Nr. 3335 VV Rn 75 f; Riedel/Sußbauer/*Schütz*, Nr. 3324–3338 VV Rn 71.   **19** Gerold/Schmidt/*Müller-Rabe*, Nr. 3335 VV Rn 49 ff; *Hartmann*, KostG, Nr. 3335 VV Rn 15.   **20** Gerold/Schmidt/*Müller-Rabe*, Nr. 3335 VV Rn 49 ff.   **21** BGH NJW 2012, 1294.   **22** Gerold/Schmidt/*Müller-Rabe*, Vorbem. 3 VV Rn 143 f; BT-Drucks 17/11471 (neu), S. 274.

cheverfahren Prozesskostenhilfe bewilligt und der Rechtsanwalt beigeordnet wird. War das Hauptsacheverfahren neben dem Prozesskostenhilfeverfahren anhängig, fällt ohnehin keine (gesonderte) Gebühr Nr. 3335 VV an, die der Mandant zu zahlen hätte (§ 16 Nr. 2). Aber auch die Gebühren eines zunächst allein anhängigen Prozesskostenhilfeverfahrens fallen mit Entstehung der gleichartigen Gebühren des Hauptverfahrens nachträglich weg (→ Rn 2, 8). Einen Vergütungsanspruch gegen den Mandanten kann der – dann beigeordnete Rechtsanwalt – nicht geltend machen.[23] Dies gilt auch hinsichtlich einer evtl. Differenz zwischen der sog. Wahlanwalts- (§ 13) und der PKH-Vergütung (§ 49).

30   Von der Forderungssperre des § 122 Abs. 1 Nr. 3 ZPO **nicht** erfasst sind jedoch die Teile der Vergütung, hinsichtlich derer kein Anspruch gegen die Staatskasse gem. §§ 45 ff oder auch § 50 Abs. 1 besteht. Dies gilt einerseits für Gebühren, die ausschließlich im Prozesskostenhilfeverfahren entstanden sind und nicht aufgrund gleichartiger Gebühren im Hauptsacheverfahren nachträglich wegfallen. So zB eine nur im Prozesskostenhilfeverfahren entstandene Terminsgebühr (→ Rn 2, 28). Dies könnte auch die Verfahrensgebühr Nr. 3335 VV betreffen, sofern – wohl jedoch nur ausnahmsweise – mangels jedweder Tätigkeit des für die Hauptsache beigeordneten Rechtsanwalts **nach der Beiordnung** diesem auch keine Verfahrensgebühr (zB Nr. 3100 VV) gegen die Staatskasse zusteht.[24] Die von dem Mandanten geschuldete Gebühr bemisst sich dann wiederum nach der Tabelle zu § 13.

31   Ein **teilweiser Anspruch** gegen den Mandanten verbleibt dem Rechtsanwalt aber auch bei fehlender Identität des Gegenstandswertes der Gebühren, hinsichtlich derer aufgrund der Beiordnung ein Anspruch gegen die Staatskasse zusteht, und derer, die im Prozesskostenhilfeverfahren entstanden sind. Dies kann sich durch eine nur auf einen Teil des gesamten Gegenstandswerts beschränkte Bewilligung der Prozesskostenhilfe (sog. **Teil-PKH**), aber auch dadurch ergeben, dass – zB aufgrund vorheriger Erledigung – hinsichtlich eines Teilwerts des Prozesskostenhilfeverfahrens kein Hauptsacheverfahren mehr anhängig gemacht wird.[25] In beiden Fällen berechnet sich der vom Mandanten geschuldete Betrag aus der Differenz der Wahlanwaltsvergütung (§ 13) nach dem Gesamtwert zu der Wahlanwaltsvergütung nach dem Wert, hinsichtlich dessen ein Anspruch gegen die Staatskasse besteht.[26]

32   Eine Bewilligung von Prozesskostenhilfe für das Prozesskostenhilfeverfahren selbst und damit ein Anspruch des dann beigeordneten Rechtsanwalts gegen die Staatskasse (§§ 45 ff) hinsichtlich der diesbezüglichen Gebühren kommt nur ausnahmsweise in Betracht. So aus prozessökonomischen Gründen insb. dann, wenn im Prozesskostenhilfeverfahren eine **gütliche Einigung** herbeigeführt werden kann (vgl § 118 Abs. 1 S. 3 ZPO) und damit ein Hauptsacheverfahren nicht mehr erforderlich ist.[27]

33   Der **Umfang des Anspruchs** des beigeordneten Rechtsanwalts gegen die Staatskasse (§§ 45 ff, 55) bestimmt sich auch in diesem Fall grds. nach dem Bewilligungs- und Beiordnungsbeschluss (§ 48 Abs. 1). Wurde Prozesskostenhilfe für das Prozesskostenhilfeverfahren ohne jede Beschränkung bewilligt, erfasst der Anspruch gegen die Staatskasse alle darin angefallenen Gebühren (Verfahrensgebühr Nr. 3335 VV, ggf Terminsgebühr sowie Einigungsgebühr Nr. 1003 VV).[28]

34   Erfolgte die Bewilligung der Prozesskostenhilfe jedoch – wie zumeist – lediglich beschränkt auf den im Prozesskostenhilfeverfahren abgeschlossenen Vergleich oder auch einen sog. Mehrvergleich über nicht anhängige Verfahrensgegenstände, erstreckt sich der Anspruch gegen die Staatskasse nach überwiegender Auffassung zwar folgerichtig (§ 48 Abs. 1) lediglich auf die Einigungsgebühr (zB Nr. 1003 oder 1000 VV) und nicht auf eine darüber hinaus angefallene Verfahrensgebühr Nr. 3335 VV und eine Terminsgebühr.[29] Dem Umstand, dass eine Einigungsgebühr niemals ohne eine Verfahrensgebühr entstehen kann und diese somit den Vergleich gebührenrechtlich zumindest mitbetrifft, wird mit dieser Auffassung jedoch wohl nicht angemessen Rechnung getragen.[30] Die nach dieser Auffassung nicht von der Staatskasse zu erstattende Verfahrens- und zumeist angefallene Terminsgebühr kann der Rechtsanwalt gegen den Mandanten geltend machen (→ Rn 30).

23 BGH AGS 2008, 435 = FamRZ 2008, 982; Gerold/Schmidt/*Müller-Rabe*, Nr. 3335 VV Rn 31 ff; *N. Schneider*, RVGreport 2009, 1, 44. 24 Gerold/Schmidt/*Müller-Rabe*, Nr. 3335 VV Rn 31, § 48 Rn 113 ff. 25 Gerold/Schmidt/*Müller-Rabe*, Nr. 3335 VV Rn 31 ff, 69 ff; *N. Schneider*, RVGreport 2009, 45 ff. 26 OLG Celle FamRZ 2011, 666; OLG Düsseldorf AGS 2005, 457 = Rpfleger 2005, 267; OLG Düsseldorf Rpfleger 1988, 204; Gerold/Schmidt/*Müller-Rabe*, Nr. 3335 VV Rn 69; *N. Schneider*, RVGreport 2009, 45 ff. 27 BGHZ 91, 311 = NJW 1984, 2106; BGH NJW 2004, 2595; OLG Frankfurt MDR 2012, 869 = AGS 2012, 139; Gerold/Schmidt/*Müller-Rabe*, Nr. 3335 VV Rn 31 ff. 28 OLG Köln AGS 2012, 581 = MDR 2012, 1193 (zum Mehrvergleich); OLG München FamRZ 2005, 528; Gerold/Schmidt/*Müller-Rabe*, Nr. 3335 VV Rn 36. 29 BGH NJW 2004, 2595; OLG Köln AGS 2012, 581; OLG Dresden FamRZ 2012, 242; OLG Bamberg FamRZ 2011, 1605; OLG Oldenburg FamRZ 2009, 1776; Gerold/Schmidt/*Müller-Rabe*, Nr. 3335 VV Rn 36. 30 OLG München FamRZ 2008, 628; OLG Hamm FamRZ 2009, 145.

Soweit dem Rechtsanwalt ein – nicht von der Forderungssperre gem. § 122 Abs. 1 Nr. 3 ZPO – erfasster **35** Vergütungsanspruch zusteht, ist eine **Festsetzung gem.** § 11 möglich, da auch das Prozesskostenhilfeverfahren ein gerichtliches Verfahren darstellt.[31]

VIII. Gegenstandswert

Durch das 2. KostRMoG wurde die ehemalige Anm. zu Nr. 3335 VV, in der der Gegenstandswert für Pro- **36** zess- und Verfahrenskostenhilfeverfahren, geregelt war, mWz 1.8.2013 gestrichen. Aus systematischen Gründen ist die Anm. zu Nr. 3335 VV als eigenständige Vorschrift in den Paragrafenteil Abschnitt 4 („Gegenstandswert") – dort als § 23 a – verschoben worden. Auf die dortigen Erl. wird verwiesen.

Nr.	Gebührentatbestand	Gebühr oder Satz der Gebühr nach § 13 RVG
3337	Vorzeitige Beendigung des Auftrags im Fall der Nummern 3324 bis 3327, 3334 und 3335:	
	Die Gebühren 3324 bis 3327, 3334 und 3335 betragen höchstens	0,5
	Eine vorzeitige Beendigung liegt vor,	
	1. wenn der Auftrag endigt, bevor der Rechtsanwalt den das Verfahren einleitenden Antrag oder einen Schriftsatz, der Sachanträge, Sachvortrag oder die Zurücknahme des Antrags enthält, eingereicht oder bevor er einen gerichtlichen Termin wahrgenommen hat, oder	
	2. soweit lediglich beantragt ist, eine Einigung der Parteien oder der Beteiligten zu Protokoll zu nehmen oder soweit lediglich Verhandlungen vor Gericht zur Einigung geführt werden.	

I. Allgemeines

Der Gebührentatbestand der Nr. 3337 VV ist auf der Grundlage des 2. KostRMoG dahin gehend geändert **1** worden, dass der Gebührensatz nur noch die Wirkung einer **Höchstgebühr** hat (Anfügung des Wortes „höchstens"). Auch diese Änderung steht in Zusammenhang mit der Nr. 3335 VV (Verfahrensgebühr im Prozesskostenhilfeverfahren), wonach im Verfahren der Hauptsache eine geringere Gebühr als 0,5, also eine unterhalb der ermäßigten Höchstgebühr, anfallen kann. Wird ein solches Verfahren **vorzeitig beendet**, dann soll auch nur die geringere Verfahrensgebühr des Hauptsacheverfahrens gelten. Die vorzeitige Erledigung wirkt sich also bei Gebührensätzen von nicht mehr als 0,5 im Hauptsacheverfahren nicht aus.

II. Voraussetzungen der Ermäßigung (Anm. Nr. 1 und 2)

Die Voraussetzungen der Ermäßigung ergeben sich aus Anm. Nr. 1 und 2. Danach ist dann zu ermäßigen, **2**

- wenn der Auftrag endigt, bevor der Rechtsanwalt den das Verfahren einleitenden Antrag oder einen Schriftsatz, der Sachanträge, Sachvortrag oder die Zurücknahme des Antrags enthält, eingereicht oder bevor er einen gerichtlichen Termin wahrgenommen hat (**Anm. Nr. 1**), oder
- soweit lediglich beantragt ist, eine Einigung der Beteiligten zu Protokoll zu nehmen oder soweit lediglich Verhandlungen vor Gericht zur Einigung geführt werden (**Anm. Nr. 2**).

Anm. Nr. 1 entspricht im Wesentlichen Nr. 3101 Nr. 1 VV. Anm. Nr. 2 ist Nr. 3101 Nr. 2 VV vergleichbar, **3** so dass auf die dortigen Ausführungen Bezug genommen wird (→ Nr. 3101 VV Rn 8 ff bzw 11 ff).

III. Die einzelnen Verfahren

1. Aufgebotsverfahren (Nr. 3324 VV). Die Verfahrensgebühr beläuft sich auf 1,0. Sie ist unter den Voraus- **4** setzungen der Nr. 3337 VV auf einen Gebührensatz von 0,5 zu ermäßigen.

2. Verfahren nach § 148 Abs. 1 und 2, §§ 246 a, 319 Abs. 6 AktG, auch iVm § 327 e Abs. 2 AktG, oder **5** nach § 16 Abs. 3 UmwG (Nr. 3325 VV). Die Verfahrensgebühr beläuft sich auf 0,75. Sie ist unter den Voraussetzungen der Nr. 3337 VV auf einen Gebührensatz von 0,5 zu ermäßigen.

---

31 OLG Düsseldorf AGS 2005, 457 = Rpfleger 2005, 267; OLG Düsseldorf AGS 2008, 245 = FamRZ 2008, 1767; Gerold/Schmidt/*Müller-Rabe*, Nr. 3335 VV Rn 91.

6   3. **Verfahren vor den Gerichten für Arbeitssachen,** wenn sich die Tätigkeit auf eine gerichtliche Entscheidung über die Bestimmung einer Frist (§ 102 Abs. 3 ArbGG), die Ablehnung eines Schiedsrichters (§ 103 Abs. 3 ArbGG) oder die Vornahme einer Beweisaufnahme oder einer Vereidigung (§ 106 Abs. 2 ArbGG) beschränkt (Nr. 3326 VV). Die Verfahrensgebühr beläuft sich auf 0,75. Sie ist unter den Voraussetzungen der Nr. 3337 VV auf einen Gebührensatz von 0,5 zu ermäßigen.

7   4. **Gerichtliche Verfahren über die Bestellung eines Schiedsrichters oder Ersatzschiedsrichters,** über die Ablehnung eines Schiedsrichters oder über die Beendigung des Schiedsrichteramts, zur Unterstützung bei der Beweisaufnahme oder bei der Vornahme sonstiger richterlicher Handlungen anlässlich eines schiedsrichterlichen Verfahrens (Nr. 3327 VV). Die Verfahrensgebühr beläuft sich auf 0,75. Sie ist unter den Voraussetzungen der Nr. 3337 VV auf einen Gebührensatz von 0,5 zu ermäßigen.

8   5. **Verfahren auf Bewilligung, Verlängerung oder Verkürzung einer Räumungsfrist** nach §§ 721, 794 a ZPO (Nr. 3334 VV). Die Verfahrensgebühr beläuft sich auf 1,0. Sie ist unter den Voraussetzungen der Nr. 3337 VV auf einen Gebührensatz von 0,5 zu ermäßigen.

9   6. **Verfahren über die Prozesskostenhilfe** (Nr. 3335 VV). Die Verfahrensgebühr beläuft sich auf höchstens 1,0. Sie ist unter den Voraussetzungen der Nr. 3337 VV auf einen Gebührensatz von 0,5 zu ermäßigen. Ist bereits der Gebührensatz der Verfahrensgebühr unterhalb der Höchstgebühr des Ermäßigungstatbestands gelegen, wirkt sich Nr. 3337 VV nicht aus (→ Rn 10).

10   **Beispiel:** Der Anwalt erhält den Auftrag, Prozesskostenhilfe für ein Zwangsgeldverfahren nach § 888 ZPO zu beantragen (Wert: 5.000 €). Bevor der Antrag eingereicht wird, erfüllt der Schuldner den titulierten Anspruch, so dass sich die Sache vorzeitig erledigt.

Angefallen wäre in der Hauptsache eine 0,3-Verfahrensgebühr nach Nr. 3309 VV. Mehr als 0,3 kann der Anwalt daher nicht abrechnen. Die vorzeitige Erledigung wirkt sich daher gebührenrechtlich nicht aus.

11   Eine vorzeitige Erledigung in Verfahren, in denen Betragsrahmen maßgeblich sind, ist in Nr. 3337 VV für Nr. 3335 VV nicht geregelt, weil eine Nivellierung auf der Grundlage des § 14 Abs. 1 möglich ist.

Nr.	Gebührentatbestand	Gebühr oder Satz der Gebühr nach § 13 RVG
3338	Verfahrensgebühr für die Tätigkeit als Vertreter des Anmelders eines Anspruchs zum Musterverfahren (§ 10 Abs. 2 KapMuG)	0,8

I. Allgemeines

1   Nr. 3338 VV ist zum 1.11.2012 eingeführt worden durch das Gesetz zur Reform des Kapitalanleger-Musterverfahrensgesetzes und zur Änderung anderer Vorschriften.[1] Nr. 3338 VV ist ausschließlich anwendbar auf die Tätigkeit des Rechtsanwalts im Verfahren auf Anmeldung eines Anspruchs zum Musterverfahren (§ 10 Abs. 2 KapMuG). Eines Gebührentatbestands für diese Tätigkeit bedurfte es zunächst deshalb nicht, weil auch § 10 Abs. 2 KapMuG erst durch das Gesetz zur Reform des Kapitalanleger-Musterverfahrensgesetzes neu eingeführt worden ist.

2   Innerhalb einer Frist von sechs Monaten ab der Bekanntmachung nach § 10 Abs. 2 KapMuG kann ein Anspruch schriftlich gegenüber dem OLG zum Musterverfahren angemeldet werden, soweit wegen desselben Anspruchs nicht bereits Klage erhoben worden ist. Der Anmelder muss sich bei der Anmeldung nach § 10 Abs. 2 KapMuG durch einen Rechtsanwalt vertreten lassen. Der Anmelder wird kein Beteiligter iSd § 9 KapMuG und erlangt keinerlei Beteiligungsrechte im Musterverfahren. Er partizipiert auch nicht am Musterentscheid oder an einem im Musterverfahren geschlossenen Vergleich.

II. Gebühren im Verfahren nach § 10 Abs. 2 KapMuG

3   1. **Verfahrensgebühr.** Abrechnen kann der Rechtsanwalt zunächst eine 0,8-Verfahrensgebühr nach Nr. 3338 VV. Diese Gebühr vergütet die gesamte Tätigkeit des Rechtsanwalts bei der Anmeldung eines Anspruchs zum Musterverfahren. Eine Ermäßigung der Verfahrensgebühr ist nicht vorgesehen (arg. e Nr. 3337 VV). Bei mehreren Auftraggebern erhöht sich die Gebühr nach Nr. 1008 VV um 0,3 je weiterer Auftraggeber, höchstens um 2,0.

---

1 Gesetz v. 19.10.2012 (BGBl. I 2182).

Der Gesetzgeber geht ausweislich seiner Begründung[2] davon aus, dass die Verfahrensgebühr nach Nr. 3338   4
VV in der Verfahrensgebühr für ein sich anschließendes Prozessverfahren aufgehe, weil § 16 Nr. 13 bestimmt, dass der erste Rechtszug des Musterverfahrens und das Prozessverfahren dieselbe gebührenrechtliche Angelegenheit darstellen. Diese Auffassung könnte deshalb als dogmatisch unzutreffend anzusehen
sein, weil die Gleichstellung des Verfahrens nach § 10 Abs. 2 KapMuG mit einem gerichtlich anhängigen
Verfahren ausdrücklich nur für Nr. 1003 VV, nicht aber für andere Gebührentatbestände geregelt worden
und eine Anrechnung insoweit nicht vorgesehen ist.

2. Terminsgebühr. Gemäß Vorbem. 3.3.6 VV bestimmt sich die Terminsgebühr für die Tätigkeit des An-   5
melders eines Anspruchs zum Musterverfahren nach Abschnitt 1 des Teils 3 VV und entspricht einem Gebührensatz von 1,2. Ein Termin ist zwar nach dem KapMuG im Anmeldungsverfahren nach § 10 Abs. 2
KapMuG nicht vorgesehen. Ausgelöst werden kann eine Terminsgebühr aber unter den Voraussetzungen
der Vorbem. 3 Abs. 3 S. 3 Nr. 2 VV.

3. Einigungsgebühr. Auch eine Einigungsgebühr kann im Verfahren nach § 10 Abs. 2 KapMuG entstehen,   6
die sich nach Nr. 1003 VV richtet und einem Gebührensatz von 1,0 entspricht. Das Verfahren nach § 10
Abs. 2 KapMuG ist zwar kein gerichtlich anhängiges Verfahren, so dass es zunächst naheliegend wäre, im
Falle einer Einigung Anm. Abs. 1 S. 1 Nr. 1 zu Nr. 1000 VV anzuwenden. Nach Anm. Abs. 1 S. 2 zu
Nr. 1003 VV tritt eine Ermäßigung des Gebührensatzes auf 1,0 ausdrücklich aber auch dann ein, wenn ein
Anspruch zum Musterverfahren nach dem KapMuG angemeldet worden ist, weil der Vertreter eines An-
melders bei der Bemessung einer anwaltlichen Einigungsgebühr nach dem Willen des Gesetzgebers genauso
behandelt werden soll wie der Vertreter eines sonstigen Beteiligten am Musterverfahren. Deshalb ist das
Verfahren nach § 10 Abs. 2 KapMuG einem gerichtlich anhängigen Verfahren iSd Nr. 1003 VV ausdrücklich gleichgestellt worden.

III. Gegenstandswert

Der Gegenstandswert im gerichtlichen Verfahren nach Nr. 3338 VV richtet sich gem. § 51 a Abs. 1 GKG   7
nach der Höhe des Anspruchs (s. § 51 a Abs. 1 GKG und Nr. 1902 KV GKG). Deshalb ist auch der Gegenstandswert für die Abrechnung der anwaltlichen Tätigkeit gem. § 23 Abs. 1 S. 1 RVG nach § 51 a Abs. 1
GKG nach der Höhe des Anspruchs zu bemessen. § 23 b ist unanwendbar, weil die Vorschrift nur für das
Musterverfahren nach dem KapMuG gilt. § 41 a ist unanwendbar, weil die Wertvorschrift nur für den Vertreter des Musterklägers im Musterverfahren maßgeblich ist.

Abschnitt 4
Einzeltätigkeiten

Nr.	Gebührentatbestand	Gebühr oder Satz der Gebühr nach § 13 RVG
Vorbemerkung 3.4: Für in diesem Abschnitt genannte Tätigkeiten entsteht eine Terminsgebühr nur, wenn dies ausdrücklich bestimmt ist.		

Vorbem. 3.4 VV bestimmt, dass eine Terminsgebühr bei einem Auftrag aus Teil 3 Abschnitt 4 VV nur ent-   1
stehen kann, wenn dies ausdrücklich bestimmt ist. Die Terminsgebühr kann also nur im Falle der Terminsvertretung (Nr. 3401 VV) nach Nr. 3402 VV entstehen.

Vorbem. 3.4 VV wurde durch das 2. KostRMoG zum 1.8.2013 um den vormaligen Abs. 2 gekürzt, der um-   2
fangreiche Anrechnungsvorschriften enthielt. Die ehemals selbständige Anrechnungsregelung ist durch die
erweiterte und neu gefasste Anrechnungsbestimmung in Vorbem. 3.1 VV überflüssig geworden.

---

2 BT-Drucks 17/10160, S. 28.

Nr.	Gebührentatbestand	Gebühr oder Satz der Gebühr nach § 13 RVG
3400	Der Auftrag beschränkt sich auf die Führung des Verkehrs der Partei oder des Beteiligten mit dem Verfahrensbevollmächtigten: Verfahrensgebühr .... <small>Die gleiche Gebühr entsteht auch, wenn im Einverständnis mit dem Auftraggeber mit der Übersendung der Akten an den Rechtsanwalt des höheren Rechtszugs gutachterliche Äußerungen verbunden sind.</small>	in Höhe der dem Verfahrensbevollmächtigten zustehenden Verfahrensgebühr, höchstens 1,0, bei Betragsrahmengebühren höchstens 420,00 €

I. Verfahrensgebühr des Verkehrsanwalts

1   Nr. 3400 VV bestimmt, wie der Rechtsanwalt, dessen **Auftrag** sich auf die **Führung des Schriftverkehrs** der Partei oder des Beteiligten **mit dem Verfahrensbevollmächtigten** beschränkt, vergütet wird. Die Höhe der Vergütung differiert dabei je nach Art der Tätigkeit des Verfahrensbevollmächtigten, mit dem der Verkehr für die Partei oder den Beteiligten geführt wird. Nr. 3400 VV ist eine **Pauschgebühr** und knüpft unmittelbar an die Verfahrensgebühr des Verfahrensbevollmächtigten an, führt aber eine Kappung auf **1,0-Gebühren** für Verfahrensgebühren ein, die nach Sätzen abzurechnen sind, und auf den Betrag von **420 €**,[1] soweit der Verfahrensbevollmächtigte Betragsrahmengebühren erhält. Der Rechtsanwalt, der den Verkehr der Partei mit dem Verfahrensbevollmächtigten führt, wird in der Praxis häufig **Korrespondenzanwalt** genannt.[2]

2   Der Auftrag kann auch stillschweigend erteilt sein.[3] Die Gebühr entsteht bei Vorliegen eines entsprechenden Auftrags mit Entgegennahme der Information (zum Anfall von Verfahrensgebühren ausf. → Vorbem. 3 VV Rn 10 ff). Mehrfache Tätigkeit als Verkehrsanwalt in derselben Angelegenheit ist dem Auftrag immanent, führt aber wegen § 15 Abs. 2 ohnehin nicht dazu, dass der Rechtsanwalt mehr als eine Verfahrensgebühr einfordern könnte.

3   Aufgrund der Ortsverschiedenheit ist es häufig notwendig, einen Anwalt einzuschalten, der vor Ort die Kommunikation mit dem Mandanten übernimmt und den Anwalt am Ort des Gerichts sachgerecht unterrichtet. Der Mandant hat dann bis zu drei verschiedene Möglichkeiten, wie das Mandat bearbeitet wird:

- Der Prozessbevollmächtigte ist bereit, zu Auswärtsterminen anzureisen.
- Der Prozessbevollmächtigte schaltet einen Terminsvertreter ein. Oder:
- Der Anwalt führt nur die Korrespondenz mit dem Prozessbevollmächtigten.

4   Ein Kriterium für die Entscheidung für eine der dargestellten Lösungen können die entstehenden Kosten sein, da diese nach § 91 Abs. 1 S. 1 ZPO durch den Gegner nur zu erstatten sind, soweit sie notwendig sind. Zur Abgrenzung müssen zunächst die erwarteten Reisekosten ermittelt werden, wobei dem Rechtsanwalt ein Toleranzspielraum bei der Schätzung der Reisekosten zuzugestehen ist. So kann ermittelt werden, ob die **Reisekosten** des Rechtsanwalts oder die **Kosten der Hinzuziehung eines weiteren Rechtsanwalts** niedriger liegen. Abzugrenzen ist auch, ob der Einsatz des Terminsvertreters oder eines Korrespondenzanwalts günstiger ist (→ Rn 8 ff).

II. Verfahrensgebühr für gutachterliche Äußerungen zu den Akten (Anm.)

5   Nach der Anm. zu Nr. 3400 VV entsteht die gleiche Gebühr auch, wenn im Einverständnis mit dem Auftraggeber mit der Übersendung der Akten an den Rechtsanwalt des höheren Rechtszugs gutachterliche Äußerungen verbunden sind. Die Gebühr ist eine Ausnahme zu § 19 Abs. 1 S. 2 Nr. 17, der bestimmt, dass die Herausgabe oder das Übersenden der Handakten an einen anderen Rechtsanwalt noch zur Instanz gehört.

6   Voraussetzung für die Entstehung der Gebühr sind das Einverständnis der Partei mit der entsprechenden Gutachtenserstellung und ein **Instanzenzug**. Die Gebühr entsteht also trotz gutachterlicher Äußerungen

---

<small>**1** Die Kappungsgrenze wurde durch das 2. KostRMoG gegenüber dem früheren Rechtsstand (260 €) um immerhin etwas mehr als 60 % angehoben. Kostendeckend ist die Gebühr häufig dennoch nicht. **2** Gerold/Schmidt/*Müller-Rabe*, Nr. 3400 VV Rn 2. **3** OLG Koblenz MDR 1993, 180.</small>

nicht, wenn die Akten an einen anderen Rechtsanwalt weitergegeben werden, die Instanz aber die gleiche bleibt, bspw wegen einer Verweisung an ein örtlich zuständiges Gericht.

Die Anm. stellt auch sicher, dass nicht alleine wegen der Einmaligkeit der Übersendung an den Prozessbevollmächtigten höherer Instanz (nur) die Gebühr Nr. 3403 VV anstelle der Gebühr Nr. 3400 VV anfällt, solange es sich eben nicht um ein reines Übersenden handelt, sondern **gutachterliche Ausführungen** gemacht werden. An diese Äußerungen sind keine übertriebenen Anforderungen zu stellen, sie dürfen sich aber auch nicht in der reinen Sachverhaltsdarstellung erschöpfen.[4]   **7**

III. Abgrenzung: Reisekosten/Korrespondenzanwalt/Terminsvertreter

Im Interesse des Mandanten ist regelmäßig abzuwägen, ob die Einschaltung eines **Terminsvertreters (Unterbevollmächtigten)** günstiger ist als der Einsatz als Korrespondenzanwalt mit auswärtigem Prozessvertreter. Nach Nr. 3401 VV erhält der Terminsvertreter lediglich eine auf die Hälfte der Verfahrensgebühr des Prozessbevollmächtigten begrenzte und damit im praktisch wichtigsten Fall der erstinstanzlichen Vertretung nur 0,65-Gebühren ausmachende Verfahrensgebühr. Die Terminsgebühr fällt bei Einsatz eines Unterbevollmächtigten nach Nr. 3401 VV bei jenem, nicht aber beim Verfahrensbevollmächtigten an.   **8**

In der Person des Verfahrensbevollmächtigten kann eine Terminsgebühr aber nach Vorbem. 3 Abs. 3 VV durch Besprechungen mit dem Ziel der Verfahrensvermeidung oder -erledigung anfallen, beim Terminsvertreter indes nicht (→ Nr. 3402 VV Rn 2). Eine einmal in der Person des Verfahrensbevollmächtigten angefallene Terminsgebühr, bspw aus einem früheren Termin, bleibt bestehen (→ Rn 24).

Dem Verkehrsanwalt entsteht wegen Vorbem. 3.4 VV selbst bei Vorliegen der sonstigen Voraussetzungen nach Vorbem. 3 Abs. 3 VV **keine Terminsgebühr**. Wird er beauftragt, einen Termin wahrzunehmen, ist sein Auftrag idR nicht länger der eines Verkehrsanwalts nach Nr. 3400 VV, sondern entweder ein Auftrag zur Terminsvertretung nach Nr. 3401 VV mit Terminsgebühr nach Nr. 3402 VV oder ein umfassender Verfahrensauftrag.   **9**

In der Konstellation des **Verfahrensbevollmächtigten mit Korrespondenzanwalt** fallen folgende Gebühren an: **10**

- Verfahrensbevollmächtigter: Verfahrens- und Terminsgebühr;
- Korrespondenzanwalt: gekappte Verfahrensgebühr Nr. 3400 VV.

Beispiel: Rechtsanwalt A ist Prozessbevollmächtigter in einem Zivilprozess vor dem LG München und korrespondiert mit Rechtsanwalt B am Ort des Mandanten in Hamburg. Rechtsanwalt A nimmt den Termin für den Mandanten wahr, der in München auf Unterlassung mit einem Wert von 15.000 € verklagt wurde.   **11**

I. Rechtsanwalt A rechnet ab:

1. 1,3-Verfahrensgebühr, Nr. 3100 VV	845,00 €
2. 1,2-Terminsgebühr, Nr. 3104 VV	780,00 €
3. Auslagenpauschale, Nr. 7002 VV	20,00 €
Zwischensumme	1.645,00 €
4. 19 % Mehrwertsteuer, Nr. 7008 VV	312,55 €
Gesamt	**1.957,55 €**

II. Rechtsanwalt B rechnet ab:

1. 1,0-Verfahrensgebühr, Nr. 3400, 3100 VV	650,00 €
2. Auslagenpauschale, Nr. 7002 VV	20,00 €
Zwischensumme	670,00 €
3. 19 % Mehrwertsteuer, Nr. 7008 VV	127,30 €
Gesamt	**797,30 €**

Dem Mandanten entstehen insgesamt Kosten von 2.754,85 €.

In der Konstellation des Verfahrensbevollmächtigten mit **Terminsbevollmächtigtem in Untervollmacht** fallen folgende Gebühren an: **12**

- Verfahrensbevollmächtigter: Verfahrensgebühr;
- Terminsvertreter: halbe Verfahrensgebühr Nr. 3401 VV und Terminsgebühr Nr. 3402 VV.

Beispiel: Rechtsanwalt A führt für den in Hamburg wohnenden Mandanten einen Zivilprozess vor dem LG München und setzt zur Vertretung im Termin Rechtsanwalt B am Ort des Gerichts ein; es wird streitig verhandelt. Geklagt wurde auf Zahlung von 15.000 €.   **13**

---

4 Vgl hierzu AnwK-RVG/*Mock/N. Schneider*, Nr. 3400 VV Rn 124 ff.

I. Rechtsanwalt A rechnet ab:

1. 1,3-Verfahrensgebühr, Nr. 3100 VV	845,00 €
2. Auslagenpauschale, Nr. 7002 VV	20,00 €
Zwischensumme	865,00 €
3. 19 % Mehrwertsteuer, Nr. 7008 VV	164,35 €
Gesamt	**1.029,35 €**

II. Rechtsanwalt B rechnet ab:

1. 0,65-Verfahrensgebühr, Nr. 3401, 3100 VV	422,50 €
2. 1,2-Terminsgebühr, Nr. 3402, 3104 VV	780,00 €
3. Auslagenpauschale, Nr. 7002 VV	20,00 €
Zwischensumme	1.222,50 €
4. 19 % Mehrwertsteuer, Nr. 7008 VV	232,28 €
Gesamt	**1.454,78 €**

Dem Mandanten entstehen insgesamt Kosten von 2.484,13 €.

14   Der Verkehrsanwalt ist in der Praxis häufig ein Rechtsanwalt, der in allen Rechtsbereichen für die Partei tätig ist und für den Verfahrensbevollmächtigten auch die Schriftsätze ausarbeitet, wenngleich jener nach außen ausfertigt und auftritt. Die Vergütung nach Nr. 3400 VV ist daher idR nicht kostendeckend. Es wird daher häufig eine **Aufteilung** der insgesamt durch Verfahrensbevollmächtigten und Korrespondenzanwalt verdienten Gebühren zwischen diesen **vereinbart**, die auch zulässig ist.[5] Alternativ bietet sich der Abschluss einer **Vergütungsvereinbarung** zwischen Korrespondenzanwalt und Mandant an.

15   Zwingend ist die Konstellation des Verkehrsanwalts und des Prozessbevollmächtigten in Revisionsverfahren im Zivilrecht, da vor dem Bundesgerichtshof nur die dort zugelassenen Anwälte auftreten dürfen und können. Abzugrenzen ist dabei regelmäßig von der Gebühr Nr. 3403 VV (zur Abgrenzung → Nr. 3403 VV Rn 6).

16   Voraussetzung für den Anfall der Gebühr ist der Anfall einer zu Teil 3 VV gehörenden Verfahrensgebühr in der Person eines vom Auftraggeber und der Partei verschiedenen Rechtsanwalts. Korrespondenzanwalt ist also weder, wer als Rechtsanwalt in eigener Sache auftritt,[6] noch wer als Organ oder gesetzlicher Vertreter der Partei tätig wird. Die Gebühr Nr. 3400 VV kann also weder durch den Insolvenzverwalter noch durch den Testamentsvollstrecker o.Ä. verdient werden.[7] Die Gebühr kann für die Führung der Korrespondenz in außergerichtlichen Angelegenheiten nach Teil 2 VV ebenso wenig verdient werden wie bei Führung des Verkehrs mit einem Verfahrensbevollmächtigten in Angelegenheiten aus den Teilen 4–6 VV.[8]

IV. Vorzeitige Beendigung des Auftrags; Abgrenzung konkreter von abstrakter Berechnung

17   Erledigt sich der Auftrag des Korrespondenzanwalts vorzeitig, erhält er nur die auf die Hälfte gekappte Gebühr Nr. 3405 VV. Bei Wertgebühren erhält der Rechtsanwalt danach eine Gebühr von **höchstens 0,5**, bei Betragsrahmengebühren eine Gebühr von **höchstens 210 €**.

18   **1. Gebührenkürzung aufgrund vorzeitiger Auftragserledigung bei Wertgebühren.** Die Gebühr des Korrespondenzanwalts ist eine von der Verfahrensgebühr des Verfahrensbevollmächtigten abgeleitete Gebühr. Die Höhe der dem Korrespondenzanwalts zustehenden Gebühr hängt daher davon ab, in welcher Höhe eine Verfahrensgebühr bei dem Verfahrensbevollmächtigten anfällt. Endet dessen Auftrag vorzeitig, reduziert sich die bei ihm anfallende Gebühr, wenn eine solche Reduzierung vorgesehen ist. Im erstinstanzlichen Zivilprozess fällt bspw statt der Gebühr Nr. 3100 VV (1,3) aus dem sachlichen Grund der vorzeitigen Auftragserledigung nur die gekappte Gebühr Nr. 3101 VV (0,8) an. Eine solche Kappung der Gebühr des Verfahrensbevollmächtigten führt nach überwiegender Auffassung[9] auch zur Kappung der dem Korrespondenzanwalt zustehenden Gebühr. Die Gebühren des Korrespondenzanwalts werden also an die in Person des Verfahrensbevollmächtigten **konkret entstandene Gebühr** angeknüpft. Die Gegenauffassung[10] stellt auf die **abstrakt dem Verfahrensbevollmächtigten zustehende Gebühr**, also im Beispiel die ungekürzte Gebühr Nr. 3100 VV ab.

---

[5] Zulässig ist immer die Vereinbarung einer von den Tatbeständen des RVG abweichenden Verteilung der anfallenden Gebühren zwischen den Kanzleien. Nach BGH NJW 2001, 753 dürfen gesetzliche Gebührensätze dabei auch unterschritten werden, wenn der Auftrag des Terminsvertreters durch den Verfahrensbevollmächtigten selbst, nicht aber kraft Vollmacht als Untervollmacht durch den Mandanten erteilt wird. In dieser Konstellation liege kein Verstoß gegen § 49 b Abs. 1 BRAO vor. Erteilt allerdings der Verfahrensbevollmächtigte den Auftrag, den Termin gegen Ersatz lediglich der festsetzbaren Kosten wahrzunehmen, nicht selbst, sondern kraft Untervollmacht für den Mandanten, verstößt der Terminsvertreter gegen § 49 b Abs. 1 BRAO. **6** BGH NJW 2008, 1087. **7** AnwK-RVG/*Mock/N. Schneider*, Nr. 3400 VV Rn 22 ff; Gerold/Schmidt/*Müller-Rabe*, Nr. 3400 VV Rn 15. **8** Hartung/Schons/Enders/*Hartung*, Nr. 3400 VV Rn 9. **9** Gerold/Schmidt/*Müller-Rabe*, Nr. 3400 VV Rn 36; AnwK-RVG/*Mock/N. Schneider*, Nr. 3400 VV Rn 40. **10** Riedel/Sußbauer/*Keller*, Teil 3 Abschnitt 4 Rn 25.

2. Mehrheit von Auftraggebern. Soweit der Verfahrensbevollmächtigte mehrere Auftraggeber vertritt, er- 19
höht sich die Gebühr des Korrespondenzanwalts nicht.[11] Es findet also eine **abstrakte** Anknüpfung **an die
Grundhöhe der Verfahrensgebühr des Verfahrensbevollmächtigten** statt. Nr. 1008 VV ist aber auf den Korrespondenzanwalt anzuwenden: Erhält er also von mehreren Auftraggebern das Mandat, als Korrespondenzanwalt tätig zu werden, erhöht sich seine Gebühr nach Nr. 1008 VV.

a) Bei Wertgebühren. Die Gebühr Nr. 3400 VV erhöht sich bei Wertgebühren daher um 0,3 für jeden wei- 20
teren Auftraggeber, der den Korrespondenzanwalt ebenfalls einschaltet. Die Erhöhungen zusammen dürfen
nach Nr. 1008 Anm. Abs. 3 VV höchstens 2,0-Gebühren ausmachen, weshalb der Korrespondenzanwalt
daher insgesamt höchstens 3,0-Gebühren erhält.

b) Bei Betragsrahmengebühren. Für Betragsrahmengebühren gilt dies gleichermaßen (→ Rn 19 f), weshalb 21
sich der dem Korrespondenzanwalt für die Gebührenabrechnung zur Verfügung stehende Rahmen hinsichtlich der Mindest- und der Höchstgebühr jeweils um 30 % erhöht. Die Erhöhungen dürfen nach Nr. 1008
Anm. Abs. 3 VV höchstens das Doppelte der Mindest- und Höchstgebühr aus dem Rahmen ausmachen,
weshalb der Korrespondenzanwalt höchstens das Dreifache der Höchstgrenze des Rahmens erhält.

3. Prozesskostenhilfe/Verfahrenskostenhilfe. Die Gebühr des Korrespondenzanwalts ist der regulären Ge- 22
bührentabelle zu § 13 zu entnehmen, auch wenn der Verfahrensbevollmächtigte im Rahmen der Prozesskostenhilfe oder Verfahrenskostenhilfe beigeordnet ist, es wird also an die **abstrakt** dem Verfahrensbevollmächtigten zustehenden Gebühren angeknüpft. (Lediglich) die Wertgebühren aus der Staatskasse nach § 49
erhält der Korrespondenzanwalt, wenn auch er beigeordnet wurde.[12]

4. Bestimmung der Gebühr bei Betragsrahmengebühr. Die Gebühr des Korrespondenzanwalts ist aus dem 23
durch Nr. 3400 VV gekürzten Rahmen zu bestimmen und dabei die Kappung zu beachten. Der Korrespondenzanwalt erhält also nicht eine von der konkreten Gebühr des Verfahrensbevollmächtigten abgeleitete
Gebühr, sondern bestimmt eine eigene Gebühr anhand der Kriterien des § 14 aus dem ihm **abstrakt** gegene-
ben Rahmen. Endet der Auftrag vorzeitig, so erfolgt nach Nr. 3405 Nr. 1 VV wiederum eine Kappung der
Höchstgrenze.

V. Wechsel des Aufgabenkreises

Wechselt die Rolle des Korrespondenzanwalts während des Verfahrens und nimmt er auch die Aufgabe des 24
Prozessbevollmächtigten (mit) wahr, verdient er insgesamt nicht mehr als die volle Verfahrensgebühr. Er
kann dann allerdings auch eine Terminsgebühr verdienen. Umgekehrt verkürzt sich nach § 15 Abs. 4 die
einmal verdiente Verfahrensgebühr des ehemaligen Verfahrensbevollmächtigten, der nunmehr die Rolle des
Korrespondenzanwalts wahrnimmt, nicht. Es bleibt bei der einmal verdienten Verfahrensgebühr und einer
etwaigen Terminsgebühr.

Ein solcher Wechsel ist nicht selten, da im Rahmen der Beiordnung in der Prozesskostenhilfe/Verfahrens- 25
kostenhilfe nach § 121 Abs. 3 ZPO Mehrkosten für Ortsverschiedenheit nur in engen Grenzen getragen
werden. Regelmäßig ist hierbei die Konstellation der Beiordnung des im Gerichtsbezirk niedergelassenen
Rechtsanwalts unter Hinzuziehung eines Korrespondenzanwalts zu wählen, um die vollständige Bezahlung
der Vergütung sicherzustellen. Das erfordert idR einen Rollentausch, da meist der Rechtsanwalt am Wohnsitz des Bedürftigen die Schriftsätze ausgearbeitet hat.

VI. Erstattungsfähigkeit

Ob die Kosten der Einschaltung eines Korrespondenzanwalts durch den Prozessgegner zu erstatten sind, ist 26
Gegenstand umfangreicher Rspr, die in einschlägigen Kommentaren zur ZPO besprochen wird. Im Kern
entscheidet sich die Frage immer daran, ob es sich um notwendige Kosten handelt bzw ob deren Entstehung im Zeitpunkt der Beauftragung als notwendig angesehen werden durfte (§ 91 Abs. 1, 2 ZPO). Insbesondere in Fällen des Rollenwechsels stellt sich im Rahmen der Kostenfestsetzung die Frage, ob die zusätzlichen Gebühren iSd § 91 Abs. 1 S. 1 iVm Abs. 2 ZPO notwendig waren.

---

11 AnwK-RVG/*Mock*/*N. Schneider*, Nr. 3400 VV Rn 42. **12** AnwK-RVG/*Mock*/*N. Schneider*, Nr. 3400 VV Rn 45.

Nr.	Gebührentatbestand	Gebühr oder Satz der Gebühr nach § 13 RVG
3401	Der Auftrag beschränkt sich auf die Vertretung in einem Termin im Sinne der Vorbemerkung 3 Abs. 3: Verfahrensgebühr	in Höhe der Hälfte der dem Verfahrensbevollmächtigten zustehenden Verfahrensgebühr

I. Verfahrensgebühr des Terminsvertreters

1   **1. Allgemeines.** Bei Ortsverschiedenheit zwischen Sitz oder Wohnsitz des Mandanten und dem Prozessgericht wird häufig auf einen weiteren Rechtsanwalt am Gerichtssitz zurückgegriffen. Hierbei trennt das RVG zwischen

- der Konstellation des Rechtsanwalts (regelmäßig am Ort der Partei), der für die Partei den Verkehr mit dem (regelmäßig am Gerichtssitz lokalisierten) Prozessbevollmächtigten abwickelt (sog. **Verkehrsanwalt oder Korrespondenzanwalt**), und
- der Konstellation der Einschaltung eines am Ort des Gerichts lokalisierten Vertreters zur Wahrnehmung von Gerichtsterminen (sog. **Terminsvertreter**) durch den regelmäßig am Ort der Partei lokalisierten Prozessbevollmächtigten.

2   Im ersten Fall richtet sich die Vergütung des Verfahrensbevollmächtigten nach den allgemeinen Regeln (zB nach Nr. 3100 VV und Nr. 3104 VV) und die des **Verkehrsanwalts nach Nr. 3400 VV.** Im letzteren Fall erhält der **Terminsvertreter** die **Verfahrensgebühr Nr. 3401 VV.**

3   Neben der Verfahrensgebühr verdient der Terminsvertreter idR eine Terminsgebühr nach Nr. 3402, 3401 VV in Verbindung mit der für den Verfahrensbevollmächtigten einschlägigen Terminsgebühr. Der Verkehrsanwalt erhält wegen Vorbem. 3.4 VV keine Terminsgebühr.

4   **2. Entstehung der Gebühr. a) Beschränkter Auftrag, kein Verfahrensauftrag.** Voraussetzung für die Entstehung der Gebühr ist ein Auftrag, in einem Termin iSd Vorbem. 3 Abs. 3 VV tätig zu werden. Die Gebühr ist eine Pauschgebühr und gilt die gesamte Tätigkeit im Rahmen des Auftrags ab. Die Wahrnehmung mehrerer Termine steht der Vertretung in einem Termin gleich, da nach § 15 Abs. 2 die Verfahrensgebühr nur einmal verlangt werden kann; sie erhöht sich nicht, soweit nicht nach Nr. 1010 VV die durch das 2. KostRMoG eingeführte Zusatzgebühr für umfangreiche Beweisaufnahmen einschlägig ist. Die Gebühr entsteht allerdings mehrfach, was zB hinsichtlich der Verjährung Folgen haben kann. Der Auftrag darf kein voller Auftrag als Verfahrensbevollmächtigter sein, sonst fällt die in Bezug genommene Verfahrensgebühr anstelle der Gebühr Nr. 3401 VV an.

5   **b) Mandant als Auftraggeber und Gebührenschuldner.** Das RVG regelt die Entstehung von Gebühren im Verhältnis zwischen Mandant und Rechtsanwalt. In der Praxis wird der Terminsvertreter häufig durch den Verfahrensbevollmächtigten eingeschaltet. Dieser erteilt den Auftrag idR im Rahmen seiner Vollmacht als Untervollmacht. Die Gebührenansprüche des Terminsvertreters richten sich also gegen den Mandanten, nicht gegen den Verfahrensbevollmächtigten.

6   **c) Ansprüche gegen den Verfahrensbevollmächtigten.** Der Verfahrensbevollmächtigte kommt als Vergütungsschuldner nur im Rahmen der Haftung als Vertreter ohne Vertretungsmacht nach § 179 BGB in Betracht, wenn er nicht befugt war, für den Mandanten eine entsprechende vertragliche Bindung einzugehen. Einen Anspruch gegen den Verfahrensbevollmächtigten erwirbt der Terminsvertreter, wenn der Verfahrensbevollmächtigte im eigenen Namen den Auftrag erteilt (s. dazu → Rn 10).

7   Anders ist es bei der Vereinbarung einer Vergütung, die die gesetzliche Vergütung nach dem RVG unterschreitet. In der Praxis üblich ist die Vereinbarung der sog. „Gebührenteilung" oder „Teilung der gesetzlichen Gebühren". Die Vereinbarung ist auszulegen.

8   Im Verhältnis zwischen Mandant und Rechtsanwalt ist wegen § 4 Abs. 1 RVG und § 49 b Abs. 1 BRAO im gerichtlichen Bereich eine Vereinbarung unzulässig, mit der sich der Rechtsanwalt eine niedrigere als die gesetzliche Vergütung versprechen lässt. Zulässig ist indes die Vereinbarung einer abweichenden Verteilung der Vergütung zwischen den beteiligten Rechtsanwälten, solange sie keine Auswirkungen auf das Verhältnis

zum Auftraggeber hat. Daraus folgt, dass die Abrede nur dahingehend verstanden werden kann, die insgesamt für beide Rechtsanwälte anfallende Vergütung anders untereinander zu verteilen.

Die in der Praxis leider immer noch häufig anzutreffenden Versuche, bei der Einschaltung von Terminsvertretern nur die Teilung der Gebühren des Verfahrensbevollmächtigten zu vereinbaren, sollten entsprechend deutlich zurückgewiesen werden. Es drohen berufsrechtliche Folgen, da diese Art der Vergütung des Terminsvertreters einen klaren Gesetzesverstoß bedeutet. **9**

Eine solche Vereinbarung darf lediglich als Auftrag des Verfahrensbevollmächtigten also zwischen Rechtsanwälten untereinander abgeschlossen werden.[1] Dann aber ist Auftraggeber nicht der Mandant, sondern der Verfahrensbevollmächtigte und es darf auch die Rechnung nur auf dessen Namen ausgestellt werden.[2] Wurde der Auftrag durch den Verfahrensbevollmächtigten im eigenen Namen erteilt, ist anhand des konkret erteilten Auftrags zu ermitteln, ob diesem die Verfahrensgebühr Nr. 3401 VV überhaupt entstanden ist. Ein Anspruch des Terminsvertreters besteht unabhängig vom genauen Inhalt des Auftrags dann nur gegenüber dem Verfahrensbevollmächtigten. Es kann also auch keine Festsetzung gegen die Partei erfolgen und die Rechnung ist an den Verfahrensbevollmächtigten zu adressieren. Es ergeben sich außerdem Folgeprobleme hinsichtlich der Erstattungsfähigkeit der Verfahrensgebühr Nr. 3401 VV (→ Rn 23) und der Terminsgebühr Nr. 3402 VV (→ Nr. 3402 VV Rn 5). **10**

3. Höhe der Gebühr bei Wertgebühren. Die Gebühr entsteht in Höhe der Hälfte der Gebühr des Verfahrensbevollmächtigten. Es kann sich bei der Vergütung des Verfahrensbevollmächtigten um eine Wertgebühr[3] oder eine Betragsrahmengebühr[4] handeln. Umstritten ist, ob auf die konkrete Gebühr des Verfahrensbevollmächtigten oder auf die einem solchen abstrakt zustehende Gebühr abzustellen ist. **11**

a) Abstrakte Betrachtung. Eine Auffassung stellt auf die **abstrakt** einem (gedachten) Verfahrensbevollmächtigten zustehende Gebühr ab, orientiert sich also alleine an der Höhe der in Bezug genommenen Verfahrensgebühr. **12**

b) Konkrete Betrachtung. Die Gegenauffassung knüpft an der **konkreten Gebühr** an und verlagert damit vertragliche Besonderheiten in das Gebührenrecht, die nicht zu gerechten Ergebnissen führen. Insbesondere kommt dem Terminsvertreter keine Erleichterung bei der Einarbeitung in die Sache zugute, wenn nur der Verfahrensbevollmächtigte außergerichtlich bereits in derselben Angelegenheit tätig war. Nach Vorbem. 3 Abs. 4 VV ist auf diese Verfahrensgebühr dann die außergerichtliche Geschäftsgebühr zur Hälfte anzurechnen. Diese Anrechnung auch bei dem Terminsvertreter zu berücksichtigen, wäre nicht sachgerecht. **13**

Beispiel 1: Der Rechtsanwalt wird außergerichtlich tätig und sodann beauftragt, Klage zu erheben. Zum Termin wird nach Klagerhebung ein Terminsvertreter beauftragt. Es kommt nicht zum Termin, da der Gegner die Forderung erfüllt. **14**

I. Der Verfahrensbevollmächtigte rechnet die folgenden Gebühren ab:

1. 1,3-Geschäftsgebühr, Nr. 2300 VV
2. 1,3-Verfahrensgebühr, Nr. 3100 VV
3. Anzurechnen nach Vorbem. 3 Abs. 4 VV (– 0,65)

Es verbleibt somit nur eine Verfahrensgebühr in Höhe restlicher 0,65.

II. Der Terminsvertreter könnte nach der konkreten Berechnung nur folgende Gebühr abrechnen:

1. 0,325-Verfahrensgebühr, Nr. 3405 Nr. 2, Nr. 3401, 3100 VV

Nach der abstrakten Auffassung ist demgegenüber die Verfahrensgebühr des Terminsvertreters aus der abstrakten Verfahrensgebühr des Verfahrensbevollmächtigten zu bestimmen, also aus der Gebühr Nr. 3100 VV mit einem Satz von 1,3. Es ergibt sich eine Gebühr Nr. 3405 Nr. 2, Nr. 3401, 3100 VV (0,5).

c) Eigene Stellungnahme. Anders als im Falle der Nr. 3400 VV ist zwingend eine **abstrakte Berechnung der Verfahrensgebühr des Verfahrensbevollmächtigten** vorzunehmen, weshalb ein (teilweiser) Wegfall von dessen Verfahrensgebühr bspw wegen einer entsprechenden Vereinbarung oder Anrechnung sich beim Terminsvertreter nicht auswirkt. Dies folgt daraus, dass Nr. 3401 VV zwar sprachlich an die dem Verfahrensbevollmächtigten zustehende Gebühr anknüpft, ein Verfahrensbevollmächtigter aber nicht vorhanden sein muss, wenn bspw abseits des Anwaltsprozesses die Partei den Prozess selbst führt und nur einen Terminsvertreter beauftragt. Im Falle des Korrespondenzanwalts nach Nr. 3400 VV lässt sich die konkrete Inbezugnahme der Gebühr des Verfahrensbevollmächtigten vertreten, da es den Verfahrensbevollmächtigten geben muss, also immer ein Anknüpfungsgegenstand vorhanden ist. Bei Nr. 3401 VV aber muss auf die abstrakt in der Person eines (gedachten) Verfahrensbevollmächtigten entstehenden Gebühren abgestellt werden. Da- **15**

---

1 Nach BGH NJW 2001, 753 dürfen dabei gesetzliche Gebührensätze auch unterschritten werden; vgl auch AnwK-RVG/*Mock/N. Schneider*, Nr. 3401 VV Rn 45. **2** Vgl Mayer/Kroiß/*Teubel*, Nr. 3401 VV Rn 3. **3** Bspw Nr. 3100, 3101, 3200 oder 3201 VV. **4** Bspw Nr. 3102 oder 3204 VV.

mit erhält der Terminsbevollmächtigte die halbe Verfahrensgebühr ohne Berücksichtigung etwaiger Anrechnungen.

16 **4. Höhe der Gebühr bei Betragsrahmengebühren.** Die Verfahrensgebühr des Terminsvertreters ist aus dem durch Nr. 3401 VV bestimmten gekürzten Rahmen der Verfahrensgebühr zu bestimmen. Der Terminsvertreter erhält also nicht die Hälfte der konkreten Gebühr des Verfahrensbevollmächtigten, sondern bestimmt eine eigene Gebühr anhand der Kriterien des § 14 aus dem für ihn **abstrakt** bestimmten Rahmen. Endet der Auftrag vorzeitig, so erfolgt nach Nr. 3405 Nr. 2 VV wiederum eine Kappung der Höchstgrenze.

17 **5. Mehrere Auftraggeber.** Erhöhungen der Verfahrensgebühr wegen einer Mehrzahl Auftraggeber sind zu berücksichtigen. Es ist immer auf den jeweiligen Anwalt abzustellen.[5] Wird der Auftrag für den Terminsvertreter von dem Verfahrensbevollmächtigten in Untervollmacht erteilt und hat dieser mehrere Auftraggeber, so erhöht sich die Gebühr des Terminsvertreters eigenständig nach Nr. 1008 VV, denn kraft Untervollmacht hat auch er damit mehrere Auftraggeber. Erhöht wird daher die Gebühr Nr. 3401 VV nach Nr. 1008 VV.

18 **Beispiel 1:** Rechtsanwalt A aus München ist Verfahrensbevollmächtigter für drei Mandanten und erhebt Klage über 7.000 € in Hamburg. Zum Termin beauftragt er in Untervollmacht den Kollegen B aus Hamburg, der den Termin wahrnimmt.

I. Rechtsanwalt A rechnet wie folgt ab:

1. 1,3-Verfahrensgebühr, Nr. 3100 VV	526,50 €	
2. Erhöhung nach Nr. 1008 VV (2 x 0,3)	243,00 €	769,50 €
3. Auslagenpauschale, Nr. 7002 VV		20,00 €
Zwischensumme		789,50 €
4. 19 % Mehrwertsteuer, Nr. 7008 VV		150,01 €
Gesamt		**939,51 €**

II. Rechtsanwalt B rechnet wie folgt ab:

1. 0,65-Verfahrensgebühr, Nr. 3401, 3100 VV	263,25 €	
2. Erhöhung nach Nr. 1008 VV (2 x 0,3)	243,00 €	506,25 €
3. 1,2-Terminsgebühr, Nr. 3402, 3401, 3104 VV		486,00 €
4. Auslagenpauschale, Nr. 7002 VV		20,00 €
Zwischensumme		1.006,25 €
5. 19 % Mehrwertsteuer, Nr. 7008 VV		191,19 €
Gesamt		**1.197,44 €**

19 **Beispiel 2:** Rechtsanwalt A aus München ist Verfahrensbevollmächtigter für einen Mandanten und erhebt Klage über 4.000 € in Hamburg. Zum Termin beauftragt er in Untervollmacht den Kollegen B aus Hamburg, der den Termin für den Mandanten von Rechtsanwalt A und einen weiteren Mandanten wahrnimmt, von dem er ebenfalls nur den Auftrag hat, einen Termin wahrzunehmen.

I. Rechtsanwalt A rechnet wie folgt ab:

1. 1,3-Verfahrensgebühr, Nr. 3100 VV	327,60 €
2. Auslagenpauschale, Nr. 7002 VV	20,00 €
Zwischensumme	347,60 €
3. 19 % Mehrwertsteuer, Nr. 7008 VV	66,04 €
Gesamt	**413,64 €**

II. Rechtsanwalt B rechnet wie folgt ab:

1. 0,65-Verfahrensgebühr, Nr. 3401, 3100 VV	163,80 €	
2. Erhöhung nach Nr. 1008 VV (1 x 0,3)	75,60 €	239,40 €
3. 1,2-Terminsgebühr, Nr. 3402, 3401, 3104 VV		302,40 €
4. Auslagenpauschale, Nr. 7002 VV		20,00 €
Zwischensumme		561,80 €
5. 19 % Mehrwertsteuer, Nr. 7008 VV		106,74 €
Gesamt		**668,54 €**

20 Auch der Terminsbevollmächtigte kann also nach Nr. 1008 VV bis zu 2,0-Gebühren Erhöhung erhalten, wenn er von einer entsprechenden Anzahl weiterer Auftraggeber beauftragt wird. Es ist nicht etwa die Gebühr des Verfahrensbevollmächtigten zu erhöhen und damit im Ergebnis die Erhöhung nur zur Hälfte an den Terminsvertreter weiterzugeben. Für Betragsrahmengebühren gilt dies ebenfalls, weshalb sich der Rahmen für den Terminsvertreter höchstens um das Doppelte der Mindest- und Höchstgebühr erhöhen, sich also höchstens verdreifachen kann.

---

5 *Henke*, AnwBl 2005, 135.

6. Vorzeitige Beendigung. Erledigt sich der Auftrag des Terminsvertreters vorzeitig, so reduziert sich die   21
ihm zustehende Verfahrensgebühr nach Nr. 3405 Nr. 2 VV.

II. Erstattungsfähigkeit

Von der Frage der Entstehung der Verfahrensgebühr zu trennen ist die Frage, ob die (zusätzliche) Gebühr   22
für die Einschaltung des Terminsvertreters erstattungsfähig ist. § 91 Abs. 1 S. 1 ZPO stellt dabei grundlegend auf die Notwendigkeit ab, während § 91 Abs. 2 ZPO eine konkretere Regelung für die Einschaltung
mehrerer Anwälte enthält. Entscheidend ist, ob im Zeitpunkt der Beauftragung des Terminsvertreters davon ausgegangen werden konnte, die Kosten wären **notwendig**. Das ist wegen § 91 Abs. 2 S. 2 ZPO nur
dann der Fall, wenn sie nicht höher waren als die zu erwartenden Kosten bei Erledigung der Angelegenheit
durch den Verfahrensbevollmächtigten.[6] Maßstab sind also die **zu erwartenden Reisekosten** des Verfahrensbevollmächtigten. Je nach Verfahrensumfang ist von einem oder mehreren Terminen auszugehen. Sind die
Kosten der Einschaltung des Terminsvertreters nicht höher als die erwarteten Kosten, sind sie erstattungsfähig.

Wurde der Auftrag durch den Verfahrensbevollmächtigten **im eigenen Namen** erteilt, ist fraglich, ob die   23
Verfahrensgebühr Nr. 3401 VV überhaupt entstanden ist (→ Rn 10). Wird eine **Teilungsabrede** getroffen,
wonach andere als die gesetzlichen Gebühren bei Beauftragung durch die Partei zwischen dem Verfahrensbevollmächtigten und dem Terminsvertreter zu verteilen sind (bspw die in → Rn 10 erwähnte und in der
Praxis häufige Vereinbarung, die Gebühren des Verfahrensbevollmächtigten zu teilen), dürfen insgesamt
nur die Gebühren des Verfahrensbevollmächtigten zur Festsetzung angemeldet werden: Festsetzbar sind nur
notwendige Kosten, die dem Mandanten entstanden sind.[7] Die Anmeldung auch der Verfahrensgebühr
Nr. 3401 VV wäre ein Betrug, da sie mit der Behauptung einhergeht, die Gebühr sei angefallen. Wird der
Auftrag zur Terminsvertretung durch den Verfahrensbevollmächtigten im eigenen Namen zu den gesetzlichen Gebühren des Terminsbevollmächtigten erteilt, ist doch nur die Verfahrensgebühr des Verfahrensbevollmächtigten (zB Nr. 3100 VV) festsetzbar, nicht aber die Verfahrensgebühr des Terminsvertreters. Zu
den Auswirkungen auf die Festsetzbarkeit der Terminsgebühr → Nr. 3402 VV Rn 5.

Nr.	Gebührentatbestand	Gebühr oder Satz der Gebühr nach § 13 RVG
3402	Terminsgebühr in dem in Nummer 3401 genannten Fall	in Höhe der einem Verfahrensbevollmächtigten zustehenden Terminsgebühr

Nur im Fall der Tätigkeit als Terminsvertreter nach Nr. 3401 VV sieht das Gesetz für den Rechtsanwalt in   1
Einzeltätigkeiten eine Terminsgebühr vor. Für andere Einzeltätigkeiten iSd Teils 3 Abschnitt 4 VV wird
durch Vorbem. 3.4 VV die Entstehung der Terminsgebühr ausgeschlossen.

Kommt es nicht zu einem Termin iSv Vorbem. 3 Abs. 3 VV, wird die Terminsgebühr nicht verdient. An-   2
sonsten kann hinsichtlich der Terminsgebühr auf die Ausführungen bei den Terminsgebühren (Nr. 3104 VV,
Nr. 3105 VV, Nr. 3106 VV, Nr. 3202 VV, Nr. 3203 VV, Nr. 3206 VV) und zu den allgemeinen Voraussetzungen der Entstehung von Terminsgebühren (Vorbem. 3 VV) verwiesen werden.

Hinsichtlich der Entstehung ist konkret auf das Vorliegen der Voraussetzungen der Entstehung einer Ter-   3
minsgebühr in der Person des Terminsvertreters abzustellen. Liegen in dessen Person die Voraussetzungen
nicht vor, entsteht die Gebühr nicht. Liegen sie vor, entsteht sie in der Höhe, wie sie einem Verfahrensbevollmächtigten abstrakt zustünde. Auf eine durch den Verfahrensbevollmächtigten konkret verdiente Gebühr kommt es ausweislich des Wortlauts („einem Verfahrensbevollmächtigten") und aus logischen Gründen gerade nicht an: In dessen Person soll ja deren Entstehung durch die Einschaltung des Terminsvertreters idR gerade vermieden werden.

Bei Betragsrahmengebühren ist entsprechend die Höhe der Gebühr aus dem durch den Verweis vorgegebe-   4
nen Rahmen anhand der Kriterien des § 14 durch den Terminsvertreter zu bestimmen.

---

6 OLG München RVGreport 2009, 387. **7** BGH VersR 2012, 737.

5   Wurde der Terminsvertreter nicht durch den Mandanten, sondern durch den Verfahrensbevollmächtigten beauftragt, ergibt sich ein **Erstattungsproblem:** Der Mandant ist nicht Auftraggeber und damit sind ihm keine festsetzbaren Kosten des Terminsvertreters entstanden. Die Terminsgebühr Nr. 3402 VV entsteht dann nach § 5 durch ein Handeln des Vertreters zugunsten des Verfahrensbevollmächtigten und kann gegen den Gegner festgesetzt werden.[1] Die Verfahrensgebühr des Terminsvertreters (Nr. 3401 VV) jedoch ist jedenfalls nicht erstattungsfähig[2] und kann dem Mandanten durch Verfahrensbevollmächtigten höchstens als Auslage in Rechnung gestellt werden. Dem Mandanten steht jedoch ein aufrechenbarer Schadensersatzanspruch gegen den Verfahrensbevollmächtigten zu, wenn er nicht über die mangelnde Erstattungsfähigkeit informiert worden ist.

Nr.	Gebührentatbestand	Gebühr oder Satz der Gebühr nach § 13 RVG
3403	Verfahrensgebühr für sonstige Einzeltätigkeiten, soweit in Nummer 3406 nichts anderes bestimmt ist .... Die Gebühr entsteht für sonstige Tätigkeiten in einem gerichtlichen Verfahren, wenn der Rechtsanwalt nicht zum Prozess- oder Verfahrensbevollmächtigten bestellt ist, soweit in diesem Abschnitt nichts anderes bestimmt ist.	0,8

I. Einzeltätigkeiten

1   **1. Grundsatz: Umfassender Auftrag.** Im Grundsatz ist von der umfassenden Beauftragung des Anwalts auszugehen. Dieses Regel-Ausnahme-Verhältnis folgt aus der Formulierung „..., wenn der Rechtsanwalt nicht zum Prozess- oder Verfahrensbevollmächtigten bestellt ist".

2   Die Gebühr kann nur in Verfahren entstehen, die nach Teil 3 VV abgerechnet werden.[1] Nr. 3406 VV ist daher eine vorrangige Spezialvorschrift für sozialrechtliche Verfahren, in denen nicht nach dem Wert abgerechnet wird. In wertabhängigen Sozialrechtsstreitigkeiten kann ein Auftrag nach Nr. 3403 VV erteilt sein.

3   **2. Sondervorschriften.** Wurde kein umfassender Auftrag erteilt, ist zunächst auszuschließen, dass für den erteilten Auftrag vorrangige Spezialvorschriften bestehen. Das sind zB Nr. 3309 VV als Vergütungsvorschrift für die Zwangsvollstreckung, Nr. 3335 VV für das Prozesskostenhilfe- oder Verfahrenskostenhilfeverfahren und Nr. 3500 VV für die Beschwerde und Nr. 3334 VV für das Verfahren auf Verlängerung oder Verkürzung einer Räumungsfrist.

4   **3. Schutzschrift: Abgrenzung von Nr. 3100 VV.** Das Einreichen einer Schutzschrift löst bei umfassendem Auftrag jedenfalls dann die Verfahrensgebühr in voller Höhe nach Nr. 3100 VV aus, wenn der Gegner einen Antrag auf Erlass einer einstweiligen Verfügung stellt. Wenn allerdings der Auftrag auf das reine Einreichen der Schutzschrift beschränkt ist, entsteht lediglich die Gebühr Nr. 3403 VV.[2] Der BGH verneint indes die Erstattungsfähigkeit der Kosten der Einreichung der Schutzschrift, wenn der Antrag auf Erlass einer einstweiligen Verfügung zurückgenommen wird.[3]

5   **4. Auftrag zur Beseitigung von Fehlern des Vorgängeranwalts.** Wird der Anwalt nach Abschluss des Verfahrens durch einen anderen Verfahrensbevollmächtigten vor dem Gericht des Erkenntnisverfahrens tätig, nachdem er bemerkt hat, dass ein zur Vollstreckung entgegengenommener Titel aufgrund von Fehlern des Vorgängeranwalts nicht zur Vollstreckung geeignet ist, so beschränkt sich der auf die Korrektur des Titels gerichtete Auftrag auf eine Einzeltätigkeit.[4] Es fällt daher nur die Gebühr Nr. 3403 VV, nicht aber die Verfahrensgebühr Nr. 3100 VV an.

6   **5. Sonderproblem: Auftrag zur Rechtsbeschwerde an Anwalt ohne BGH-Zulassung.** (Nur) Nr. 3403 VV kommt nach der Rspr des BGH zwingend zur Anwendung, wenn ein Anwalt ohne BGH-Zulassung im Verfahren der Rechtsbeschwerde tätig wird. Es ergebe sich anderenfalls ein unüberbrückbarer Widerspruch zwischen dem Verfahren der Kostenfestsetzung und dem Vertragsrecht, da der Anwalt mangels BGH-Zulassung einen umfassenden Auftrag für das Rechtsbeschwerdeverfahren nicht ausführen könne.[5] Es bleibt dann nur die Gebühr Nr. 3403 VV für eine Einzeltätigkeit. Die Entscheidung ist in diesem Punkt richtig

---

1 BGH NJW 2001, 753 zur (insoweit identischen) Rechtslage nach der BRAO. **2** Nach BGH VersR 2012, 737 kann die Gebühr nur festgesetzt werden, wenn der konkrete Nachweis erbracht ist, dass der Terminsvertreter von der Partei beauftragt wurde. **1** AnwK-RVG/*Mock*/N. *Schneider*, Nr. 3403 VV Rn 5. **2** OLG Nürnberg NJW-RR 2005, 941 f; Hartung/Schons/Enders/*Schons*, Nr. 3100 VV Rn 3. **3** Nach BGH NJW-RR 2007, 1575 kommt es dabei nicht auf Kenntnis oder Kennenmüssen des Antragsgegners von der Antragsrücknahme an. **4** LG Freiburg 3.9.2013 – 9 S 21/13. **5** BGH NJW 2007, 1461.

und wird in der Besprechung durch *Mayer* auch begrüßt,[6] in ihrem weiteren Teil kann der Entscheidung nicht zugestimmt werden, insoweit ist sie aber durch das 2. KostRMoG überholt (→ Vorbem. 3 VV Rn 33 ff).[7]

II. Mehrheit von Auftraggebern

Bei Vertretung einer Mehrheit von Auftraggebern erhöht sich die nach Nr. 3403 VV anfallende Gebühr nach den Regeln von Nr. 1008 VV. Die Gebühr kann sich wegen Nr. 1008 Anm. Abs. 3 VV also höchstens um 2,0-Gebühren auf einen Maximalsatz von 2,8-Gebühren erhöhen. **7**

III. Kürzung bei vorzeitiger Beendigung des Auftrags

Der Rechtsanwalt erhält lediglich eine Gebühr Nr. 3405 VV in halber Höhe der Gebühr Nr. 3403 VV, wenn der Auftrag sich frühzeitig erledigt. Zu den Einzelheiten s. Nr. 3405 VV. **8**

Nr.	Gebührentatbestand	Gebühr oder Satz der Gebühr nach § 13 RVG
3404	Der Auftrag beschränkt sich auf ein Schreiben einfacher Art: Die Gebühr 3403 beträgt .... Die Gebühr entsteht insbesondere, wenn das Schreiben weder schwierige rechtliche Ausführungen noch größere sachliche Auseinandersetzungen enthält.	0,3

Nr. 3404 VV ergänzt die Gebühr für allgemeine prozessuale Einzeltätigkeiten aus Nr. 3403 VV um eine Gebühr für den Auftrag für ein Schreiben einfacher Art in einer prozessualen Einzeltätigkeit. Die Gebührenhöhe beträgt 0,3. **1**

Hinsichtlich der Abgrenzung zwischen den Gebühren Nr. 3403 VV und Nr. 3404 VV ist entscheidend auf den **Inhalt des Auftrags** abzustellen. Insoweit kann auf die Abgrenzung zwischen den Geschäftsgebühren Nr. 2300 VV und Nr. 2301 VV (→ Nr. 2301 VV Rn 6–10) verwiesen werden. **2**

Bei Vertretung einer **Mehrheit von Auftraggebern** erhöht sich die nach Nr. 3404 VV anfallende Gebühr nach den Regeln von Nr. 1008 VV. Die Gebühr kann sich wegen Nr. 1008 Anm. Abs. 3 VV also höchstens um 2,0-Gebühren auf einen Maximalsatz von 2,3-Gebühren erhöhen. **3**

Nr.	Gebührentatbestand	Gebühr oder Satz der Gebühr nach § 13 RVG
3405	Endet der Auftrag 1. im Fall der Nummer 3400, bevor der Verfahrensbevollmächtigte beauftragt oder der Rechtsanwalt gegenüber dem Verfahrensbevollmächtigten tätig geworden ist, 2. im Fall der Nummer 3401, bevor der Termin begonnen hat: Die Gebühren 3400 und 3401 betragen .... Im Fall der Nummer 3403 gilt die Vorschrift entsprechend.	höchstens 0,5, bei Betragsrahmengebühren höchstens 210,00 €

I. Allgemeines

Nr. 3405 VV kürzt die Gebühren Nr. 3400 VV, Nr. 3401 VV und Nr. 3403 VV. Die Kürzung erfolgt, wenn ein Auftrag nach den in Bezug genommenen Vorschriften erteilt wurde, aber endet, ehe der Rechtsanwalt gegenüber dem Verfahrensbevollmächtigten (Nr. 3400, 3401 VV) bzw dem Gericht oder Gegner (Nr. 3403 **1**

---

6 *Mayer*, NJW 2007, 1464, Anm. zu BGH NJW 2007, 1461. **7** Vgl hierzu *Mayer*, NJW 2007, 1464, Anm. zu BGH NJW 2007, 1461.

VV) tätig geworden ist. Die Gebührenhöhe beträgt dann **höchstens 0,5**, bei **Betragsrahmengebühren höchstens 210 €.**

II. Beendeter Auftrag nach Nr. 3400 VV (Nr. 1)

2   Nr. 3405 Nr. 1 VV erfasst zwei Konstellationen:

- Die Gebühr aus Nr. 3400 VV wird danach durch Nr. 3405 VV gekürzt, wenn der Rechtsanwalt beauftragt wird, einen Verfahrensbevollmächtigten für einen (im Allgemeinen auswärtigen) Prozess zu beauftragen, und diesen noch nicht kontaktiert.
- Die gekappte Gebühr Nr. 3405, 3400 VV fällt außerdem in Person des Verkehrsanwalts (Korrespondenzanwalts) an, wenn der Auftrag an den Verfahrensbeauftragten bereits erteilt wurde und der Verkehrsanwalt unabhängig vom dortigen Verfahrensstand gegenüber dem Verfahrensbevollmächtigten noch keine Tätigkeit entfaltet hat.

3   Entscheidend für den Anfall der (gekürzten) Gebühr ist demnach alleine die Erteilung des Auftrags und die Entgegennahme der Information (s. Vorbem. 3 Abs. 2 VV). Von diesem Moment an kann die Gebühr nur in voller oder gekappter Höhe entstehen, gerät aber nicht mehr in Wegfall.

III. Beendeter Auftrag nach Nr. 3401 VV (Nr. 2)

4   Der mit der Vertretung in einem Termin beauftragte Rechtsanwalt (Terminsvertreter, → Nr. 3401 VV Rn 1) erhält nur eine gekürzte Verfahrensgebühr Nr. 3405, 3401 VV, wenn der Auftrag endet, bevor der Termin begonnen hat. Er verdient dann auch keine Terminsgebühr, da diese nach Nr. 3402 VV erst mit der Wahrnehmung eines Termins entsteht.

IV. Beendeter Auftrag nach Nr. 3403 VV (Anm.)

5   Der Rechtsanwalt, der lediglich mit einer Einzeltätigkeit beauftragt ist, ohne zum Verfahrensbevollmächtigten bestellt zu sein, erhält eine Gebühr Nr. 3403 VV. Diese wird durch die Anm. zu Nr. 3405 VV gekürzt, wenn er noch keine Tätigkeit entfaltet hat, also keinen Antrag gestellt oder mit der Gegenseite oder dem Gericht in Kontakt getreten ist. Was genau geschuldet war und ausbleibt, ist durch Auslegung des konkret erteilten Auftrags zu ermitteln.

Nr.	Gebührentatbestand	Gebühr oder Satz der Gebühr nach § 13 RVG
3406	Verfahrensgebühr für sonstige Einzeltätigkeiten in Verfahren vor Gerichten der Sozialgerichtsbarkeit, wenn Betragsrahmengebühren entstehen (§ 3 RVG) .... Die Anmerkung zu Nummer 3403 gilt entsprechend.	30,00 bis 340,00 €

1   Die Gebührenvorschrift Nr. 3406 VV ist gegenüber Nr. 3102 und 3403 VV **spezieller**. Wird ein Auftrag für die Vertretung in einem nach § 3 abrechenbaren sozialgerichtlichen Verfahren erteilt, entsteht grds. die Verfahrensgebühr Nr. 3102 VV. Wird dagegen der Auftrag auf nur eine Tätigkeit beschränkt, ist allein Nr. 3406 VV anwendbar.

2   Gegenüber der Gebühr Nr. 3406 VV **spezieller** sind die Regelungen über die Tätigkeit des Korrespondenzanwalts in Nr. 3400, 3402 und 3405 VV. Ebenfalls spezieller sind die Vorschriften über den Prozesskostenhilfeantrag in Nr. 3336 VV.

3   Für den Anfall der Gebühr ist es gleichgültig, welches gerichtliche Verfahren anhängig ist. In Betracht kommen Verfahren in allen Instanzen, aber auch Beschwerdeverfahren.

4   Als **Einzeltätigkeiten** können zB einzelne Schriftsätze zu bestimmten Teilbereichen des Verfahrens oder Tätigkeiten nur im Rahmen der Kostenfestsetzung in Betracht kommen. Nicht anwendbar ist die Gebühr Nr. 3406 VV, wenn der Auftrag sich auf eine Mehrheit solcher Tätigkeiten bezieht.

5   Die Bestimmung der **Gebührenhöhe** innerhalb des Rahmens erfolgt anhand der Vorgaben des § 14 Abs. 1; auf die Erl. zu Nr. 3102 VV wird verwiesen.

Abschnitt 5
Beschwerde, Nichtzulassungsbeschwerde und Erinnerung

Nr.	Gebührentatbestand	Gebühr oder Satz der Gebühr nach § 13 RVG
	Vorbemerkung 3.5: Die Gebühren nach diesem Abschnitt entstehen nicht in den in Vorbemerkung 3.1 Abs. 2 und in den Vorbemerkungen 3.2.1 und 3.2.2 genannten Beschwerdeverfahren.	

Die Gebühren des Teils 3 Abschnitt 5 (Nr. 3500–3518 VV) entstehen nicht, wenn es sich um ein in Vorbem. 3.1 Abs. 2 VV, in Vorbem. 3.2.1 VV und Vorbem. 3.2.2 VV genanntes Beschwerdeverfahren handelt. Auf die dortigen Erl. zu den jeweils erfassten Beschwerdeverfahren wird verwiesen. **1**

Nr.	Gebührentatbestand	Gebühr oder Satz der Gebühr nach § 13 RVG
3500	Verfahrensgebühr für Verfahren über die Beschwerde und die Erinnerung, soweit in diesem Abschnitt keine besonderen Gebühren bestimmt sind	0,5

I. Geltungsbereich

1. Allgemeines. Aufgrund der Stellung im Gesetz folgt, dass Abschnitt 5 für alle von Teil 3 VV erfassten **1** Verfahren gilt, also Arbeits-, Familien- und Zivilsachen (einschl. der Vollstreckungs- und Insolvenzverfahren), Verfahren der freiwilligen Gerichtsbarkeit, jedoch sind hier die Unterbringungssachen ausgenommen, weil sie von Teil 6 VV erfasst sind. Abschnitt 5 erfasst aber Verfahren der Finanz-, Sozial- und Verwaltungsgerichtsbarkeit. Ebenso gilt er für Beschwerden nach dem StVollzG, auch iVm § 92 JGG, jedoch gelten hier für die Rechtsbeschwerden die Gebühren nach Nr. 3200 ff VV (Vorbem. 3.2.1 Nr. 4 VV). Im Rahmen der vorgenannten Verfahren gilt Nr. 3500 VV für alle Beschwerde- und Erinnerungsverfahren, soweit nicht spezielle Regelungen in Nr. 3501 ff VV vorgehen. Beschwerden nach dem SpruchG werden wegen Vorbem. 3.2.1 Nr. 2 Buchst. i VV von Nr. 3200 ff VV erfasst.[1]

2. Einzelfälle. Nr. 3500 VV gilt im Einzelnen für sofortige Beschwerden nach **2**
- § 46 Abs. 2 ZPO: Entscheidungen über ein Ablehnungsgesuch,
- § 78 b Abs. 2 ZPO: Ablehnung der Bestellung eines Notanwalts,
- § 78 c Abs. 3 ZPO: Auswahl des Notanwalts,
- § 91 a Abs. 2, § 99 Abs. 2 ZPO: Kostenentscheidungen,
- § 104 Abs. 3 ZPO: Kostenfestsetzung,
- § 109 Abs. 4 ZPO: Sicherheitsleistung,
- § 127 Abs. 2, 3 ZPO: PKH-Entscheidungen,
- § 135 Abs. 3 ZPO: Zwischenurteil wegen Rückgabe von Urkunden,
- § 252 ZPO: Aussetzung des Verfahrens,
- § 269 Abs. 5 ZPO: Kostenentscheidung bei Klagerücknahme,
- § 319 Abs. 3 ZPO: Berichtigung von Beschlüssen,
- § 336 Abs. 1 ZPO: Ablehnung des Erlasses eines Versäumnisurteils,
- § 380 Abs. 3 ZPO: Ordnungsmittel gegen ausbleibende Zeugen,
- § 387 Abs. 3 ZPO: Zwischenurteil bei Zeugnisverweigerung,
- § 390 Abs. 3 ZPO: Ordnungsmittel wegen Zeugnisverweigerung,
- § 406 Abs. 5 ZPO: Ablehnung von Sachverständigen,
- § 409 Abs. 2 ZPO: Ordnungsmittel wegen Ausbleibens oder Gutachtenverweigerung,
- § 494 a Abs. 2 ZPO: Fristsetzung zur Klageantragserhebung,

---

[1] AA OLG Düsseldorf NZG 2014, 790, das jedoch offensichtlich noch auf die alte, vor dem Inkrafttreten des 2. KostRMoG geänderte Rechtslage abstellt.

- § 573 Abs. 2 ZPO: Beschwerde gegen Erinnerung über Entscheidung des Urkundsbeamten der Geschäftsstelle,
- § 6 Abs. 2 FamFG: Ablehnungsgesuch wird für unbegründet erklärt,
- § 7 Abs. 5 FamFG: Ablehnung der Hinzuziehung als Beteiligter,
- § 21 Abs. 2 FamFG: Aussetzung oder Ablehnung der Verfahrensaussetzung,
- § 30 Abs. 1 FamFG iVm § 380 Abs. 3, § 390 Abs. 3, § 406 Abs. 5, § 409 Abs. 2 ZPO: Ordnungsmittel gegen Zeugen und Sachverständige, Ablehnung von Sachverständigen,
- § 30 Abs. 1 FamFG iVm § 494 a Abs. 2 ZPO: Fristsetzung zur Antragserhebung,
- § 33 Abs. 3 FamFG: Verhängung eines Ordnungsmittels gegen ordnungsgemäß geladene Beteiligte,
- § 35 Abs. 5 FamFG: Anordnung von Zwangsmaßnahmen,
- § 42 Abs. 3 FamFG: Berichtigung eines Beschlusses,
- § 76 Abs. 2 FamFG iVm § 127 Abs. 2, 3 ZPO: Entscheidungen im VKH-Verfahren,
- § 85 FamFG iVm § 104 Abs. 3 ZPO: Kostenfestsetzungsbeschluss,
- § 87 Abs. 4 FamFG: Entscheidungen im Vollstreckungsverfahren nach den §§ 86 ff FamFG,
- § 335 a HGB gegen Entscheidungen des Bundesamts für Justiz.[2]

3   Darüber hinaus ist Nr. 3500 VV auch anwendbar für Beschwerden nach § 4 Abs. 3 JVEG, §§ 159, 181 GVG, § 33 Abs. 3, § 56 Abs. 2 RVG sowie für Beschwerden wegen der Zurückweisung eines Antrags auf Arrest oder einstweilige Verfügung.[3]

4   Erfasst sind ferner Erinnerungen nach § 11 Abs. 2 RPflG, §§ 573, 732 ZPO.[4] Für Erinnerungsverfahren nach § 766 ZPO gelten Besonderheiten. War der Rechtsanwalt schon im Vollstreckungsverfahren tätig und hat die Gebühr nach Nr. 3309 VV verdient, fällt für die Vertretung im Verfahren nach § 766 ZPO keine gesonderte Gebühr an, weil die Erinnerung nach § 19 Abs. 2 Nr. 2 zum Rechtszug des Vollstreckungsverfahrens gehört.[5] Erfolgt die Tätigkeit ausschließlich im Erinnerungsverfahren nach § 766 ZPO, erhält der Anwalt zwar eine Gebühr, die sich jedoch nach Nr. 3309 VV bestimmt.[6]

5   Da wegen Vorbem. 3.2.1 Nr. 2 Buchst. b VV die Nr. 3200 ff VV auch für die Beschwerden nach §§ 58 ff FamFG in **Verfahren der freiwilligen Gerichtsbarkeit** gelten, wenn mit der Beschwerde die Endentscheidung wegen des Hauptgegenstands angegriffen wird, gilt Nr. 3500 VV insoweit nicht. Damit ist ältere Rspr überholt, die für solche Verfahren noch Nr. 3500 VV anwendet, zB für Beschwerden in Erbscheinserteilungsverfahren.[7]

6   Nr. 3500 VV ist jedoch auch anzuwenden, wenn es sich um ein **Beschwerdeverfahren nach § 15 Abs. 2 BNotO** handelt, da solche Verfahren nicht von den in Vorbem. 3.5 VV genannten Vorschriften erfasst sind.[8]

7   **3. Anwendung außerhalb von Teil 3 VV.** Obwohl Nr. 3500 VV grds. nur gilt, wenn es sich um ein von Teil 3 VV erfasstes Verfahren handelt, ist die Regelung wegen Vorbem. 4 Abs. 5 VV, Vorbem. 5 Abs. 4 VV und Vorbem. 6.2 Abs. 3 VV auch in **Straf- und Bußgeldsachen (Teil 4 und 5 VV)** sowie in den von **Teil 6 VV** erfassten Verfahren anzuwenden, wenn es sich handelt um:

- Erinnerungen und Beschwerden gegen einen Kostenfestsetzungsbeschluss (§ 104 ZPO, § 464 b StPO); dabei steht das Verfahren auf gerichtliche Entscheidung der Beschwerde gegen den Kostenfestsetzungsbeschluss gleich (Vorbem. 5 Abs. 4 Nr. 1 VV);
- Erinnerungen und Beschwerden im Rahmen des Kostenansatzes (§ 66 GKG, § 57 FamGKG, § 81 GNotKG);
- Verfahren über den Antrag auf gerichtliche Entscheidung gegen einen Kostenfestsetzungsbescheid und den Ansatz der Gebühren und Auslagen (§ 108 OWiG);
- die Zwangsvollstreckung aus einer Entscheidung, die über die Erstattung von Kosten ergangen ist, und für das Beschwerdeverfahren gegen diese Entscheidung;
- die Zwangsvollstreckung aus Entscheidungen, die über einen aus der Straftat erwachsenen vermögensrechtlichen Anspruch oder die Erstattung von Kosten ergangen sind (§§ 406 b, 464 b StPO) sowie der Mitwirkung bei der Ausübung der Veröffentlichungsbefugnis und im Beschwerdeverfahren gegen eine dieser Entscheidungen.

Daran ändert auch § 19 Abs. 1 S. 2 Nr. 10 a nichts, da er die vorgenannten Verfahren nicht erfasst.

8   **4. Sozialgerichtsbarkeit.** Handelt es sich um Verfahren, für die Betragsrahmengebühren entstehen (§ 3), gilt für Beschwerde- und Erinnerungsverfahren Nr. 3501 VV, wonach ebenfalls eine Betragsrahmengebühr von

---

2 OLG Köln MDR 2015, 246.   **3** AnwK-RVG/*N. Schneider*, Nr. 3500 VV Rn 60 ff; Gerold/Schmidt/*Müller-Rabe*, Nr. 3500 VV Rn 6.   **4** LG Freiburg AGS 2010, 174.   **5** BGH MDR 2010, 658.   **6** AG Eckernförde AGS 2009, 441.   **7** OLG Köln Rpfleger 2011, 465; OLG München ErbR 2010, 387; OLG Schleswig AGS 2006, 478.   **8** BGH MDR 2011, 199.

20–210 € entsteht (Mittelgebühr 115 €). Die Terminsgebühr bestimmt sich nach Nr. 3515 VV, die den gleichen Betragsrahmen wie Nr. 3501 VV besitzt. Für die Nichtzulassungsbeschwerde wegen Berufung oder Revision vgl Nr. 3511, 3512 VV und Nr. 3517, 3518 VV.

II. Gebühr

1. Entstehung. Die Gebühr entsteht für das Betreiben des Geschäfts, einschließlich der Information (Vorbem. 3 Abs. 2 VV), so dass deren Entgegennahme genügt und es nicht auf die Schriftsatzeinreichung bei Gericht ankommt. Es genügt daher auch die anwaltliche Prüfung, ob eine Erwiderung auf die Beschwerdebegründung erforderlich ist.[9] Die bloße Entgegennahme und Weiterleitung der Beschwerdeschrift an den Mandanten genügen wegen § 19 Abs. 1 S. 2 Nr. 9 nicht. Eine **Reduzierung der Gebühren** ist nicht vorgesehen. Es verbleibt daher bei der 0,5-Gebühr auch dann, wenn sich der Auftrag vorzeitig erledigt. 9

2. Personenmehrheit. Die Gebühr Nr. 3500 VV kann sich nach Nr. 1008 VV um einen 0,3-Gebührensatz erhöhen.[10] Es muss jedoch Identität hinsichtlich des Beschwerdegegenstands vorliegen, dh, die Auftraggeber müssen gemeinschaftlich hinsichtlich desselben Gegenstands beteiligt sein.[11] Bloße Identität in der Hauptsache genügt nicht.[12] 10

3. Angelegenheit. Nach § 18 Abs. 1 Nr. 3 stellt jedes Beschwerdeverfahren, das von Nr. 3500 VV erfasst wird, eine besondere Angelegenheit dar, wenn sich aus § 16 Nr. 10 nicht etwas anderes ergibt. Gleiches gilt für die Erinnerung gegen Entscheidungen des Rechtspflegers. Wegen § 16 Nr. 10 stellen Beschwerden und Erinnerungen wegen der Kostenfestsetzung oder des Kostenansatzes zwar grds. eigenständige Angelegenheiten dar, jedoch bilden mehrere Erinnerungs- oder Beschwerdeverfahren eine einheitliche Angelegenheit. Für Erinnerungen nach § 573 ZPO und § 766 ZPO in Vollstreckungsverfahren bestimmt § 19 Abs. 1 Nr. 5 Buchst. a bzw § 19 Abs. 2 Nr. 2, dass diese Tätigkeiten zum Rechtszug gehören, also die Gebühr der Nr. 3500 VV nicht gesondert entsteht, wenn der Anwalt bereits in diesem Rechtszug tätig war. 11

Wird von mehreren Personen gegen dieselbe Entscheidung Beschwerde oder Erinnerung eingelegt, die auch in einem Verfahren behandelt werden, liegt nur eine Angelegenheit vor. Die Werte der einzelnen Gegenstände sind jedoch zu addieren. 12

4. Verhältnis zu anderen Gebühren. Unter den Voraussetzungen der Vorbem. 3 Abs. 3 VV entsteht im Beschwerde- und Erinnerungsverfahren eine 0,5-Terminsgebühr nach Nr. 3513 VV. Weiter kann eine Einigungsgebühr nach Nr. 1003 VV anfallen, jedoch gilt Nr. 1004 VV nicht.[13] Es kann auch eine 1,5-Einigungsgebühr nach Nr. 1000 VV entstehen, allerdings fällt dann auch für die nicht anhängigen Ansprüche nur eine 0,5-Verfahrensgebühr nach Nr. 3500 VV an, denn Nr. 3101 Nr. 2 VV gilt nicht.[14] 13

III. Kostenerstattung

Grundsätzlich kann Erstattung der im Erinnerungs- und Beschwerdeverfahren entstandenen Gebühren und Auslagen vom erstattungspflichtigen Gegner verlangt werden. Für einige Verfahren ist jedoch eine Kostenerstattung ausgeschlossen (vgl § 127 Abs. 4 ZPO, § 66 Abs. 8 S. 2, § 68 Abs. 3 S. 2 GKG, § 57 Abs. 8 S. 2, § 59 Abs. 3 S. 2 FamGKG, § 81 Abs. 8 S. 2 GNotKG, § 4 Abs. 8 S. 2 JVEG). 14

Nr.	Gebührentatbestand	Gebühr oder Satz der Gebühr nach § 13 RVG
3501	Verfahrensgebühr für Verfahren vor den Gerichten der Sozialgerichtsbarkeit über die Beschwerde und die Erinnerung, wenn in den Verfahren Betragsrahmengebühren entstehen (§ 3 RVG), soweit in diesem Abschnitt keine besonderen Gebühren bestimmt sind	20,00 bis 210,00 €

Die Gebühr Nr. 3501 VV ist **anwendbar** bei nach § 3 abrechenbaren Verfahren. Ausnahmsweise nicht anwendbar soll die Gebühr Nr. 3501 VV in den Fällen sein, in denen ein isoliertes Beschwerdeverfahren nach § 193 Abs. 1 S. 3 SGG durchgeführt wird. Das ist der Fall, wenn nach Erledigung der Hauptsache die isolierte Kostenentscheidung durch Beschwerde angegriffen wird.[1] Zwar ist eine solche Kostenentscheidung 1

---

9 OLG Koblenz 14.4.2015 – 14 W 233/15, juris. **10** OLG München MDR 2006, 1016. **11** AnwK/RVG/*N. Schneider*, Nr. 3500 VV Rn 34. **12** Gerold/Schmidt/*Müller-Rabe*, Nr. 3500 VV Rn 18. **13** Gerold/Schmidt/*Müller-Rabe*, Nr. 3500 VV Rn 20. **14** Gerold/Schmidt/*Müller-Rabe*, Nr. 3500 VV Rn 16. **1** SchlHLSG ASR 2004, 150.

bei Erlass eines Urteils nicht gesondert anfechtbar.[2] Gerade dieser Fall liegt jedoch nicht vor, so dass die Entscheidung unrichtig sein dürfte.

2   Die Bestimmung der **Gebührenhöhe** innerhalb des Rahmens erfolgt anhand der Vorgaben des § 14 Abs. 1; auf die Erl. zu Nr. 3102 VV wird verwiesen.

3   Neben der Verfahrensgebühr Nr. 3501 VV kann eine Terminsgebühr Nr. 3515 VV entstehen, wenn eine Verhandlung stattfindet.

Nr.	Gebührentatbestand	Gebühr oder Satz der Gebühr nach § 13 RVG
3502	Verfahrensgebühr für das Verfahren über die Rechtsbeschwerde	1,0
3503	Vorzeitige Beendigung des Auftrags: Die Gebühr 3502 beträgt .... Die Anmerkung zu Nummer 3201 ist entsprechend anzuwenden.	0,5

I. Anwendungsbereich

1   **1. Allgemeines.** Die Gebührenregelungen der Nr. 3502, 3503 VV sollten nur dem erhöhten Aufwand in Rechtsbeschwerdeverfahren vor dem BGH nach den §§ 574 ff ZPO Rechnung tragen. Während die Vorschriften insoweit zunächst nur für die Rechtsbeschwerde nach den §§ 574 ff ZPO galten und dann auch auf die Rechtsbeschwerde nach § 78 S. 2 ArbGG erweitert worden waren, gelten sie seit Inkrafttreten des FGG-ReformG für **alle Rechtsbeschwerden, soweit nicht Vorbem. 3.2.2 VV** einschlägig ist.

2   **2. Rechtsbeschwerde nach § 574 ZPO.** Nach § 574 Abs. 1 ZPO ist die Rechtsbeschwerde gegeben, wenn dies in der ZPO vorgesehen ist oder das Beschwerdegericht, das Berufungsgericht oder das OLG im ersten Rechtszug die Rechtsbeschwerde zugelassen hat. Voraussetzung ist, dass die Rechtsbeschwerde überhaupt statthaft ist. Die Zulassung allein genügt deshalb nicht, wenn eine Rechtsbeschwerde – wie im Streitwertfestsetzungsverfahren[1] oder im Verfahren gegen den Kostenansatz[2] – gar nicht in Betracht kommt.[3] Die Gebühr nach Nr. 3502 VV entsteht allerdings auch im Falle einer unstatthaften Beschwerde, weil auch unzulässige Anträge die im Vergütungsverzeichnis vorgesehenen Gebühren auslösen.

3   **3. Rechtsbeschwerde nach § 78 S. 1 ArbGG.** Durch das 2. JuMoG[4] hat der Gesetzgeber die bis dahin geltende Ungleichbehandlung gegenüber Rechtsbeschwerden in arbeitsgerichtlichen Verfahren beseitigt. Die Verfahrensgebühr des Rechtsanwalts ergibt sich in Rechtsbeschwerdeverfahren nach § 78 S. 1 ArbGG ebenfalls aus Nr. 3502 VV.

4   **4. Rechtsbeschwerde nach § 70 FamFG.** Nr. 3502 VV gilt für Rechtsbeschwerden in Familiensachen, soweit sie sich nicht gegen Endentscheidungen betreffend den Hauptgegenstand richten (Vorbem. 3.2.2 Nr. 1 Buchst. a iVm Vorbem. 3.2.1 Nr. 2 Buchst. b VV).

4a   **5. Rechtswegbeschwerde nach § 17 a GVG iVm §§ 177, 202 SGG.** Auch bei der Rechtswegbeschwerde nach § 17 a GVG iVm §§ 177, 202 SGG handelt es sich um eine Rechtsbeschwerde iSd Nr. 3502 VV.[5]

II. Gebühren in den von Nr. 3502 VV erfassten Rechtsbeschwerdeverfahren

5   **1. Verfahrensgebühr.** Nach **Nr. 3502 VV** erhält der Anwalt im Verfahren über die Rechtsbeschwerde eine Verfahrensgebühr in Höhe eines Gebührensatzes von 1,0. Sofern der Anwalt für mehrere Auftraggeber wegen desselben Gegenstands tätig wird, erhöht sich die Gebühr um 0,3 je weiterer Auftraggeber (Nr. 1008 VV), höchstens um 2,0. Eine Erhöhung für den am BGH zugelassenen Anwalt ist – im Gegensatz zu Nr. 3208 VV – nicht vorgesehen.

6   Bei **vorzeitiger Beendigung** des Auftrags reduziert sich die Gebühr der Nr. 3502 VV auf eine 0,5-Gebühr (**Nr. 3503 VV**). Die Anm. zu Nr. 3201 VV zur vorzeitigen Beendigung (Nr. 3201 Anm. Abs. 1 Nr. 1 VV) und zur Einbeziehung im Rechtsbeschwerdeverfahren nicht rechtshängiger Ansprüche (Nr. 3201 Anm.

---

2 *Meyer-Ladewig*, SGG, § 193 Rn 17. **1** BGH AGS 2004, 120; BGHR GKG § 25 Abs. 3 S. 1. **2** BGH BRAGOreport 2003, 117 = BGHR 2003, 94 = NJW 2003, 68 = JurBüro 2003, 95. **3** BGH BRAGOreport 2003, 56 = BGHR 2002, 750 = ZInsO 2002, 432; BGH BRAGOreport 2003, 163; BGH-Report 2002, 750; 2003, 94; BAG AGS 2003, 318. **4** Zweites Justizmodernisierungsgesetz (2. JuMoG) v. 22.12.2006 – dort Art. 20 (BGBl. 2006 I 3416); in Kraft getreten am 31.12.2006. **5** HessLSG AGS 2015, 127 = RVGreport 2015, 22.

Abs. 1 Nr. 2 VV) gelten entsprechend (**Anm. zu Nr. 3503 VV**). Auch die Anrechnungsbestimmung in Anm. Abs. 1 S. 2 zu Nr. 3201 VV ist entsprechend anwendbar.

2. Terminsgebühr. Hinzu kommen kann eine 1,2-Terminsgebühr nach **Nr. 3516 VV**. Da im Verfahren der **7** Rechtsbeschwerde eine mündliche Verhandlung oder ein anderweitiger gerichtlicher Termin nicht vorgesehen ist, kann eine Terminsgebühr nur unter den Voraussetzungen der Vorbem. 3 Abs. 3 S. 3 Nr. 2 VV entstehen bei Mitwirkung an auf die Vermeidung oder Erledigung des Verfahrens gerichteten Besprechungen ohne Beteiligung des Gerichts, ausgenommen Besprechungen mit dem Auftraggeber.

3. Einigungsgebühr. Ausgelöst werden kann auch eine Einigungsgebühr (**Nr. 1000 VV**). Da die Rechtsbe- **8** schwerde in Nr. 1004 VV nicht, vielmehr dort ausdrücklich nur die in Vorbem. 3.2.2 VV genannten Rechtsbeschwerdeverfahren erwähnt sind, entsteht die Einigungsgebühr nur zu einem Gebührensatz von 1,0 nach **Nr. 1003 VV**.

III. Kostenentscheidung nach Rücknahme der Rechtsbeschwerde

Für den Fall der Rücknahme der Rechtsbeschwerde fehlt es infolge eines offensichtlichen Redaktionsverse- **9** hens an einer gesetzlichen Regelung in der ZPO. Diese Lücke ist durch die analoge Anwendung des § 565 ZPO iVm § 516 Abs. 3 ZPO zu schließen.[6] Daher ist von Amts wegen auszusprechen, dass die Kosten des Rechtsbeschwerdeverfahrens im Falle der Rücknahme dem Beschwerdeführer auferlegt werden. In Familiensachen ergibt sich die Kostenfolge aus § 117 Abs. 2 FamFG iVm der analogen Anwendung der §§ 565, 516 Abs. 3 ZPO.

IV. Kostenerstattung

Auch im Rechtsbeschwerdeverfahren gilt § 91 Abs. 2 S. 1 ZPO, wonach die Hinzuziehung eines Prozessbe- **10** vollmächtigten notwendig ist, so dass dessen Kosten zu erstatten sind. In Familiensachen der freiwilligen Gerichtsbarkeit richtet sich die Kostenerstattung im Rechtsbeschwerdeverfahren nach § 80 FamFG.

Nr.	Gebührentatbestand	Gebühr oder Satz der Gebühr nach § 13 RVG
3504	Verfahrensgebühr für das Verfahren über die Beschwerde gegen die Nichtzulassung der Berufung, soweit in Nummer 3511 nichts anderes bestimmt ist .... Die Gebühr wird auf die Verfahrensgebühr für ein nachfolgendes Berufungsverfahren angerechnet.	1,6
3505	Vorzeitige Beendigung des Auftrags: Die Gebühr 3504 beträgt .... Die Anmerkung zu Nummer 3201 ist entsprechend anzuwenden.	1,0

I. Allgemeines

1. Anwendungsbereich. Die Nr. 3504 und 3505 VV enthalten besondere Vorschriften über die Verfahrens- **1** gebühr für **Beschwerdeverfahren gegen die Nichtzulassung der Berufung vor dem Landessozialgericht**. Die Vorschriften finden nur Anwendung, wenn der Rechtsanwalt im sozialgerichtlichen Verfahren **Wertgebühren** erhält. Die Höhe der Terminsgebühr nach Nr. 3516 VV entspricht der Terminsgebühr für das Rechtsmittelverfahren (Nr. 3202 VV). Soweit in Sozialsachen nach **Betragsrahmengebühren** abzurechnen ist, gelten im Verfahren über die Beschwerde gegen die Nichtzulassung der Berufung die Gebühren nach den Nr. 3511, 3517 VV (siehe jeweils dort).

Den Gebühren-(ausgangs-)Tatbestand im Nichtzulassungsbeschwerdeverfahren regelt Nr. 3504 VV. Den er- **2** mäßigten Gebührensatz bei vorzeitiger Erledigung bestimmt Nr. 3505 VV. Die Gebührenvorschrift der Nr. 3504 VV ist ausschließlich anwendbar im Verfahren über die Nichtzulassung der Berufung vor dem Landessozialgericht.

2. Gesonderte gebührenrechtliche Angelegenheit. Die Nichtzulassungsbeschwerde stellt gegenüber dem **3** erstinstanzlichen Verfahren eine **eigene gebührenrechtliche Angelegenheit** dar. Das sich an eine erfolgreiche

---

6 So schon zur Nichtzulassungsbeschwerde: BGH AGS 2003, 218 = NJW 2003, 756 = RVGreport 2004, 440.

Nichtzulassungsbeschwerde anschließende Rechtsmittelverfahren stellt wiederum eine **weitere Angelegenheit** dar (§ 17 Nr. 9).

4   **3. Anrechnung.** Die **Anm. zu Nr. 3504 VV** regelt, dass die Verfahrensgebühr des Nichtzulassungsbeschwerdeverfahrens nach Nr. 3504 VV auf die Verfahrensgebühr des nachfolgenden Berufungsverfahrens **anzurechnen** ist. Kommt es also auf die Beschwerde hin zur Durchführung des Berufungsverfahrens vor dem Landessozialgericht, so ist die Verfahrensgebühr der Nr. 3504 VV auf die entsprechende Verfahrensgebühr des Berufungsverfahrens anzurechnen.

II. Gebühren in Verfahren der Nichtzulassungsbeschwerde

5   **1. Verfahrensgebühr Nr. 3504 VV.** Für die Tätigkeit im Nichtzulassungsbeschwerdeverfahren erhält der Anwalt nach **Nr. 3504 VV** eine 1,6-Verfahrensgebühr.

6   Vertritt der Anwalt **mehrere Auftraggeber** wegen desselben Gegenstands, so erhöht sich die Gebühr um 0,3 je weiterer Auftraggeber, höchstens jedoch um 2,0. Liegen verschiedene Gegenstände zugrunde, kommt eine Erhöhung nicht in Betracht. Stattdessen werden dann die Werte der einzelnen Gegenstände zusammengerechnet (§ 23 Abs. 1 S. 1 iVm § 39 Abs. 1 GKG).

7   **2. Ermäßigung der Verfahrensgebühr (Anm. zu Nr. 3505 VV).** Nach Anm. zu Nr. 3505 VV gilt die Anm. zu Nr. 3201 VV zur **vorzeitigen Beendigung**, zur **Einbeziehung in diesem Verfahren nicht anhängiger Ansprüche** und zur **Anrechnung** entsprechend.

8   **3. Terminsgebühr.** Im Nichtzulassungsbeschwerdeverfahren kann eine Terminsgebühr entstehen. Zwar entscheidet das Gericht ohne mündliche Verhandlung durch Beschluss. Die Gebühr kann aber nach Vorbem. 3 Abs. 3 S. 3 Nr. 2 VV bei Mitwirkung an auf die Vermeidung oder Erledigung des Verfahrens gerichteten Besprechungen entstehen; ausgenommen sind Besprechungen mit dem Auftraggeber. Der Gebührensatz richtet sich nach Nr. 3516 VV und beträgt 1,2. Entscheidet das Gericht allerdings im schriftlichen Verfahren durch Beschluss, entsteht keine Terminsgebühr, weil im gerichtlichen Verfahren keine mündliche Verhandlung vorgeschrieben ist.[1]

9   **4. Einigungsgebühr.** Sie kann unter den Voraussetzungen der Nr. 1000, 1004 VV entstehen.

10   **5. Gegenstandswert.** Der Gegenstandswert richtet sich nach dem Wert des Rechtsmittelverfahrens, für das die Zulassung beantragt wird (§ 23 Abs. 1 S. 1 iVm § 47 Abs. 3 GKG).

Nr.	Gebührentatbestand	Gebühr oder Satz der Gebühr nach § 13 RVG
3506	Verfahrensgebühr für das Verfahren über die Beschwerde gegen die Nichtzulassung der Revision oder über die Beschwerde gegen die Nichtzulassung einer der in der Vorbemerkung 3.2.2 genannten Rechtsbeschwerden, soweit in Nummer 3512 nichts anderes bestimmt ist .... Die Gebühr wird auf die Verfahrensgebühr für ein nachfolgendes Revisions- oder Rechtsbeschwerdeverfahren angerechnet.	1,6
3507	Vorzeitige Beendigung des Auftrags: Die Gebühr 3506 beträgt .... Die Anmerkung zu Nummer 3201 ist entsprechend anzuwenden.	1,1
3508	In dem Verfahren über die Beschwerde gegen die Nichtzulassung der Revision können sich die Parteien nur durch einen beim Bundesgerichtshof zugelassenen Rechtsanwalt vertreten lassen: Die Gebühr 3506 beträgt	2,3
3509	Vorzeitige Beendigung des Auftrags, wenn sich die Parteien nur durch einen beim Bundesgerichtshof zugelassenen Rechtsanwalt vertreten lassen können: Die Gebühr 3506 beträgt .... Die Anmerkung zu Nummer 3201 ist entsprechend anzuwenden.	1,8

---

[1] Gerold/Schmidt/*Müller-Rabe*, Nr. 3506–3509 VV Rn 11.

NK-GK/*Thiel*

I. Allgemeines

1. Anwendungsbereich. In Nr. 3506 VV waren bis zum Inkrafttreten des 2. KostRMoG nur die Verfahren 1
über die Beschwerde gegen die **Nichtzulassung der Revision** geregelt. Verfahren über die Beschwerde gegen
die **Nichtzulassung einer Rechtsbeschwerde** sind durch Erweiterung der Vorschrift in die Nr. 3506 VV aufgenommen worden. Eine mittelbare Änderung für Nichtzulassungsbeschwerdeverfahren ergibt sich darüber
hinaus, weil für diese Verfahren im Falle einer Einigung oder Erledigung nunmehr auch der höhere 1,3-Ge-
bührensatz der Nr. 1004 VV geregelt ist.

Soweit in Sozialsachen nach Betragsrahmengebühren abzurechnen ist, gelten im Verfahren über die Be- 2
schwerde gegen die Nichtzulassung der Revision die Gebühren nach Nr. 3512, 3518 VV (siehe jeweils
dort).

Die Gebühren für eine Nichtzulassungsbeschwerde in Disziplinarverfahren und berufsgerichtlichen Verfah- 3
ren wegen der Verletzung einer Berufspflicht sind in Nr. 6215 VV geregelt. Die Gebühren in Nichtzulassungsbeschwerdeverfahren nach der WBO und der WDO richten sich nach den Nr. 6402, 6403 VV.

Den Gebühren-(ausgangs-)Tatbestand der Nichtzulassungsbeschwerdeverfahren regelt **Nr. 3506 VV**. Den 4
ermäßigten Gebührensatz bei vorzeitiger Erledigung bestimmt **Nr. 3507 VV**. Soweit sich die Beteiligten nur
durch einen beim BGH zugelassenen Rechtsanwalt vertreten lassen können (§ 544 ZPO), regelt **Nr. 3508
VV** einen erhöhten Gebührensatz und **Nr. 3509 VV** die insoweit in Betracht kommende Ermäßigung bei
vorzeitiger Erledigung.

2. Gesonderte gebührenrechtliche Angelegenheit. Das Nichtzulassungsbeschwerdeverfahren stellt gegen- 5
über dem vorangegangenen Berufungs- oder Beschwerdeverfahren eine **eigene gebührenrechtliche Angelegenheit** dar, in der der Anwalt gesonderte Gebühren erhält. Dies ergibt sich aus § 17 Nr. 1. Das sich an eine
erfolgreiche Nichtzulassungsbeschwerde anschließende Rechtsmittelverfahren stellt wiederum eine **weitere
Angelegenheit** dar (§ 17 Nr. 9).

3. Anrechnung. Für das Verfahren über die Beschwerde gegen die Nichtzulassung der Revision oder über 6
die Beschwerde gegen die Nichtzulassung einer der in der Vorbem. 3.2.2 VV genannten Rechtsbeschwerden
ist bestimmt, dass die Verfahrensgebühr des Nichtzulassungsbeschwerdeverfahrens nach Nr. 3506 VV auf
die Verfahrensgebühr des nachfolgenden Revisionsverfahrens nach Nr. 3206 ff VV oder Rechtsbeschwerdeverfahrens nach Vorbem. 3.2.2 VV, Nr. 3206 ff VV **anzurechnen** ist (**Anm. zu Nr. 3506 VV**). Kommt es also
auf die Beschwerde hin zur Durchführung des Revisions- oder Rechtsbeschwerdeverfahrens, so ist die Verfahrensgebühr der Nr. 3506 VV auf die entsprechende Verfahrensgebühr des Revisionsverfahrens (Nr. 3206
VV) oder des Rechtsbeschwerdeverfahrens (Vorbem. 3.2.2 VV, Nr. 3206 VV) anzurechnen (Anm. zu
Nr. 3506 VV). Dies gilt auch dann, wenn der Gebührensatz der Nr. 3508 VV maßgeblich ist. Werden Revision oder Rechtsbeschwerde teilweise zugelassen oder durchgeführt, ist nur teilweise anzurechnen.

II. Erfasste Verfahren

1. Beschwerde gegen die Nichtzulassung der Revision. Die Nr. 3506 ff VV sind auf alle Beschwerdeverfah- 7
ren gegen die Nichtzulassung der **Revision** anzuwenden, soweit nach Wertgebühren abzurechnen ist:

- Nichtzulassungsbeschwerde nach § 544 ZPO;
- Nichtzulassungsbeschwerde nach § 72 a ArbGG;[1]
- Nichtzulassungsbeschwerde nach § 133 VwGO;
- Nichtzulassungsbeschwerde nach § 160 a SGG, wenn nach Gegenstandswert abgerechnet wird (§ 3
  Abs. 1 S. 2);
- Nichtzulassungsbeschwerde nach § 116 FGO.

2. Beschwerde gegen die Nichtzulassung der Rechtsbeschwerde. Nach der Neufassung durch das 8
2. KostRMoG sind die Nr. 3506, 3507 VV jetzt auch anzuwenden auf die

- Nichtzulassungsbeschwerde nach § 92 a ArbGG, in denen früher nach Nr. 3500 VV abzurechnen war;
- Nichtzulassungsbeschwerde in personalvertretungsrechtlichen Angelegenheiten nach dem **BPersVG** und
  den jeweiligen landesrechtlichen Personalvertretungsgesetzen iVm § 92 ArbGG;
- Nichtzulassungsbeschwerde nach § 75 GWB;
- Nichtzulassungsbeschwerde nach § 87 EnWG;
- Nichtzulassungsbeschwerde nach § 35 Abs. 4 S. 2 KSpG;
- Nichtzulassungsbeschwerde nach § 25 VSchDG.

---

1 BAG AGS 2013, 98 = RVGreport 2012, 349; HessLAG AGS 2007, 612 m. Anm. *N. Schneider* = NZA-RR 2006, 600 =
RVGreport 2006, 309.

III. Gebühren in Verfahren der Nichtzulassungsbeschwerde

9   **1. Verfahrensgebühr.** Für die Tätigkeit im Nichtzulassungsbeschwerdeverfahren erhält der Anwalt nach **Nr. 3506 VV** eine 1,6-Verfahrensgebühr. Die Entgegennahme einer Nichtzulassungsbeschwerde durch den vorinstanzlichen Anwalt und ggf der Rat an den Beschwerdegegner, von der Bestellung eines beim BGH zugelassenen Rechtsanwalts bis zur Entscheidung über die Zulassung abzusehen, löst keine gesonderte Gebühr aus.[2] Eine Verfahrensgebühr nach Nr. 3506 VV entsteht auch dann nicht, wenn der vorinstanzliche Anwalt in einer Familiensache den Beschwerdegegner darüber berät, dass eine Vertretung durch einen am BGH zugelassenen Rechtsanwalt nicht erforderlich sei, weil ein Versäumnisurteil ausgeschlossen werden könne.[3]

10 Die Verfahrensgebühr der Nr. 3506 VV **erhöht** sich nach **Nr. 3508 VV** auf einen Gebührensatz von 2,3, wenn sich die Beteiligten nur durch einen **am BGH zugelassenen Anwalt** vertreten lassen können (§ 544 ZPO).

11 Lässt sich eine Partei durch einen **nicht am BGH zugelassenen Anwalt** vertreten, gehen die überwiegenden Auffassungen davon aus, der Anwalt könne die vorgesehene Verfahrensgebühr nicht verdienen, sondern sei auf die Abrechnung einer Einzeltätigkeit beschränkt. Diese Annahme dürfte deshalb unzutreffend sein, weil es nach dem eindeutigen Wortlaut der Vorschrift nur auf den Vertretungszwang ankommt, und nicht darauf, dass tatsächlich auch ein am BGH zugelassener Anwalt tätig wird. Davon zu unterscheiden ist die Frage, ob der Anwalt diese Gebühr gegenüber seinem Auftraggeber durchsetzen kann oder ob er sich schadensersatzpflichtig macht, wenn er auf die fehlende Zulassung nicht hingewiesen hat. Dies wird in aller Regel aber nur den Anwalt des Beschwerdeführers betreffen. Für den Anwalt des Beschwerdegegners, der sich gegen eine nicht statthafte Rechtsbeschwerde wehrt, dürfte eine Zulassung nicht zu verlangen sein, weil auch ohne Zulassung anwaltliche Tätigkeiten entfaltet werden können.

12 Der BGH[4] und die überwiegende Rspr[5] beurteilen dies allerdings abweichend. Danach ist Nr. 3508 VV nicht anwendbar, auch Nr. 3506 VV nicht. Der nicht zugelassene Anwalt könne nur eine 0,8-Verfahrensgebühr nach Nr. 3403 VV als Einzeltätigkeit verdienen.[6] Dies hat dann auch zur Folge, dass eine Terminsgebühr nicht ausgelöst werden kann, weil Nr. 3516 VV gar nicht anwendbar ist und Nr. 3403 VV bereits die Teilnahme an einem Termin bzw einer Besprechung vergütet.[7]

13 **2. Erhöhung der Verfahrensgebühr nach Nr. 1008 VV.** Vertritt der Anwalt **mehrere Auftraggeber** wegen desselben Gegenstands, so erhöht sich die Gebühr um 0,3 je weiterem Auftraggeber, höchstens jedoch um 2,0. Liegt derselbe Gegenstand zugrunde, kommt eine Erhöhung nicht in Betracht. Stattdessen werden dann die Werte der einzelnen Gegenstände addiert (§ 23 Abs. 1 S. 1 iVm § 39 Abs. 1 GKG).

14 **3. Ermäßigung der Verfahrensgebühr (Anm. zu Nr. 3507 VV).** Nach Anm. zu Nr. 3507 VV gilt die Anm. zu Nr. 3201 VV zur **vorzeitigen Beendigung** und zur **Miteinbeziehung im Nichtzulassungsbeschwerdeverfahren nicht anhängiger Ansprüche** und zur Anrechnung entsprechend (zu den Voraussetzungen der Ermäßigung s. Nr. 3201 VV). Die ermäßigte Gebühr entspricht einem Gebührensatz von 1,1. Soweit sich die Parteien nur durch einen am BGH zugelassenen Anwalt vertreten lassen können, entspricht die ermäßigte Gebühr einem Gebührensatz von 1,8.

15 **4. Terminsgebühr.** Im Nichtzulassungsbeschwerdeverfahren kann eine Terminsgebühr entstehen. Zwar entscheidet das Gericht ohne mündliche Verhandlung durch Beschluss (§ 544 Abs. 4 S. 1 ZPO). Die Gebühr kann aber nach Vorbem. 3 Abs. 3 S. 3 Nr. 2 VV bei Mitwirkung an auf die Vermeidung oder Erledigung des Verfahrens gerichteten Besprechungen entstehen; ausgenommen sind Besprechungen mit dem Auftraggeber. Der Gebührensatz richtet sich nach Nr. 3516 VV und beträgt 1,2. Der BGH[8] hat die Ansicht vertreten, die Terminsgebühr könne in den Verfahren der Nichtzulassungsbeschwerde unter den Voraussetzungen der Vorbem. 3 Abs. 3, 3. Var. VV aF nicht ausgelöst werden. Die Auffassung war allerdings auch bereits nach früherem Recht unzutreffend und ist auf der Grundlage der Änderung der Vorbem. 3 Abs. 3 S. 3 Nr. 2 VV durch das 2. KostRMoG, die auf die falsche Rspr des BGH zurückgehen dürfte, nicht mehr vertretbar. Entscheidet das Gericht allerdings im schriftlichen Verfahren durch Beschluss, entsteht keine Terminsgebühr, weil keine mündliche Verhandlung vorgeschrieben ist.[9]

16 **5. Einigungsgebühr.** Sie kann unter den Voraussetzungen der Nr. 1000, 1004 VV entstehen.

---

2 OLG Köln AGS 2012, 516 = NJW-Spezial 2012, 733; OLG Bamberg BauR 2012, 1684. **3** OLG Stuttgart AGS 2009, 220 = OLGR 2008, 732 = RVGreport 2009, 64. **4** BGH AGS 2006, 491 m. Anm. *N. Schneider* = NJW 2006, 2266 = Rpfleger 2006, 508; BGH AGS 2007, 298 = NJW 2007, 1461 = JurBüro 2007, 252. **5** OLG Köln AGS 2010, 530 = NJW-Spezial 2010, 731 = Rpfleger 2011, 181; OLG Brandenburg OLGR 2007, 383; OLG Frankfurt AGS 2009, 25 m. Anm. *Onderka* = JurBüro 2008, 538; OLG München AGS 2010, 217 = AnwBl 2010, 68; OLG Brandenburg OLGR 2007, 383. **6** AA OLG Köln AGS 2007, 301. **7** OLG Brandenburg OLGR 2007, 383. **8** BGH AGS 2007, 298 = RVGreport 2007, 269. **9** Gerold/Schmidt/*Müller-Rabe*, Nr. 3506–3509 VV Rn 11.

6. Gegenstandswert. Der Gegenstandswert richtet sich nach dem Wert des Rechtsmittelverfahrens, für das   17
die Zulassung beantragt wird (§ 23 Abs. 1 S. 1 iVm § 47 Abs. 3 GKG).

IV. Kostenentscheidung

Bei Zulassung erstreckt sich die Kostenentscheidung im Revisionsverfahren auf die Kosten des Beschwerde-   18
verfahrens. Bei Zurückweisung sind die Kosten des Beschwerdeverfahrens dem Beschwerdeführer aufzuerlegen (§ 97 Abs. 1 ZPO; § 154 Abs. 2 VwGO; § 135 Abs. 2 FGO u.a.). Wird die Nichtzulassungsbeschwerde zurückgenommen, ist über die Kosten von Amts wegen zu entscheiden (§§ 565, 516 Abs. 3 ZPO; § 155
Abs. 2 VwGO; § 136 Abs. 2 FGO u.a.).[10]

V. Kostenerstattung

Die Anwaltskosten des Nichtzulassungsbeschwerdeverfahrens sind grds. zu erstatten (§ 91 Abs. 2 S. 1   19
ZPO). Wird die Nichtzulassungsbeschwerde vor Einreichung der Beschwerdebegründung zurückgenommen, ist für den Gegner nur die 1,1-Gebühr (Nr. 3507 VV) bzw die 1,8-Gebühr (Nr. 3509 VV) erstattungsfähig.[11]

Beauftragt der Beschwerdegegner seinen bisherigen Prozessvertreter oder einen anderen, **nicht am BGH zu-**   20
gelassenen Anwalt mit seiner Vertretung oder Beratung betreffend das weitere Vorgehen in einem Rechtsbeschwerdeverfahren nach § 544 ZPO, sind die Kosten auch insoweit erstattungsfähig. Nach aA ist die Tätigkeit des nicht am BGH zugelassenen Anwalts nicht erstattungsfähig.[12]

Nr.	Gebührentatbestand	Gebühr oder Satz der Gebühr nach § 13 RVG

3510	Verfahrensgebühr für Beschwerdeverfahren vor dem Bundespatentgericht
	1. nach dem Patentgesetz, wenn sich die Beschwerde gegen einen Beschluss richtet,
	  a) durch den die Vergütung bei Lizenzbereitschaftserklärung festgesetzt wird oder Zahlung der Vergütung an das Deutsche Patent- und Markenamt angeordnet wird,
	  b) durch den eine Anordnung nach § 50 Abs. 1 PatG oder die Aufhebung dieser Anordnung erlassen wird,
	  c) durch den die Anmeldung zurückgewiesen oder über die Aufrechterhaltung, den Widerruf oder die Beschränkung des Patents entschieden wird,
	2. nach dem Gebrauchsmustergesetz, wenn sich die Beschwerde gegen einen Beschluss richtet,
	  a) durch den die Anmeldung zurückgewiesen wird,
	  b) durch den über den Löschungsantrag entschieden wird,
	3. nach dem Markengesetz, wenn sich die Beschwerde gegen einen Beschluss richtet,
	  a) durch den über die Anmeldung einer Marke, einen Widerspruch oder einen Antrag auf Löschung oder über die Erinnerung gegen einen solchen Beschluss entschieden worden ist oder
	  b) durch den ein Antrag auf Eintragung einer geographischen Angabe oder einer Ursprungsbezeichnung zurückgewiesen worden ist,
	4. nach dem Halbleiterschutzgesetz, wenn sich die Beschwerde gegen einen Beschluss richtet,
	  a) durch den die Anmeldung zurückgewiesen wird,
	  b) durch den über den Löschungsantrag entschieden wird,	

10 OLG Hamburg AGS 2003, 539 m. Anm. *N. Schneider* = MDR 2003, 1261. **11** OLG Hamburg AGS 2003, 539 m. Anm.
N. Schneider = MDR 2003, 1261. **12** OLG Brandenburg MDR 2006, 1259 = JurBüro 2006, 319; OLG Köln AGS 2007, 301.

Nr.	Gebührentatbestand	Gebühr oder Satz der Gebühr nach § 13 RVG

	5. nach dem Designgesetz, wenn sich die Beschwerde gegen einen Beschluss richtet,
	   a) durch den die Anmeldung eines Designs zurückgewiesen worden ist,
	   b) durch den über den Löschungsantrag gemäß § 36 DesignG entschieden worden ist,
	   c) durch den über den Antrag auf Feststellung oder Erklärung der Nichtigkeit gemäß § 34 a DesignG entschieden worden ist,
	6. nach dem Sortenschutzgesetz, wenn sich die Beschwerde gegen einen Beschluss des Widerspruchsausschusses richtet ....
		1,3

I. Anwendungsbereich

1   Nr. 3510 VV gilt nur für die Beschwerdeverfahren (§§ 73 ff PatG)[1] vor dem BPatG in den im Einzelnen aufgeführten Fällen:

- **Nr. 1:**
  - Festsetzung der angemessenen Vergütung für die Benutzung einer Erfindung gem. § 23 Abs. 4 PatG oder Anordnung der Zahlung der Vergütung an das Patentamt (**Buchst. a**);
  - Anordnung der Prüfstelle, das Patent für eine Erfindung, die ein Staatsgeheimnis darstellt, nicht zu veröffentlichen, bzw. die Aufhebung dieser Anordnung, § 50 Abs. 1 und 2 PatG (**Buchst. b**);
  - Zurückweisung der Anmeldung eines Patents bzw die Entscheidung über die Aufrechterhaltung, den Widerruf oder die Beschränkung des Patents, §§ 61 Abs. 2, 73 PatG (**Buchst. c**);
- **Nr. 2:**
  - Zurückweisung der Anmeldung eines Gebrauchsmusters, § 18 GebrMG (**Buchst. a**), oder
  - Entscheidung über einen Löschungsantrag, § 18 GebrMG (**Buchst. b**);
- **Nr. 3**
  - Entscheidung über die Anmeldung einer Marke, einen Widerspruch darüber, den Antrag auf Löschung einer Marke oder die Erinnerung gegen den Löschungsbeschluss, §§ 32 ff, 42 ff, 53 ff, 64, 66 MarkenG (**Buchst. a**);
  - Zurückweisung eines Antrags auf Eintragung einer geographischen Angabe oder einer Ursprungsbezeichnung, §§ 130 Abs. 5, 133 MarkenG bzw. Zurückweisung eines Antrags auf Änderung der Spezifikation solcher, §§ 132, 133 MarkenG (**Buchst. b**);
- **Nr. 4**
  - Zurückweisung der Anmeldung einer Topographie, § 4 Abs. 4 S. 3 HalblSchG iVm § 18 Abs. 2 GebrMG (**Buchst. a**);
  - Entscheidung über einen Löschungsantrag, § 4 Abs. 4 S. 3 HalblSchG iVm § 18 Abs. 2 GebrMG (**Buchst. b**);
- **Nr. 5:** Zurückweisung der Anmeldung eines Designs oder der Entscheidung über einen Löschungsantrag gem. § 36 DesignG;
- **Nr. 6:** Beschwerden gegen die Beschlüsse der Widerspruchsausschüsse, § 34 SortenSchG.

2   **Keine Anwendung** findet die Vorschrift in den nicht ausdrücklich aufgeführten **Beschwerdeverfahren vor dem BPatG.** Auf Beschwerden gegen einen Kostenfestsetzungsbeschluss gem. § 62 Abs. 2 S. 4 PatG ist Nr. 3500 VV anzuwenden. Auf **Klageverfahren** vor dem BPatG auf Nichtigkeitserklärung oder Zurücknahme eines Patents sowie Erteilung einer Zwangslizenz einschl. des Erlasses einer einstweiligen Verfügung (§§ 81 ff, 85, 85 a PatG sowie Vorschriften in Sondergesetzen, die auf die Anwendung der vorgenannten Vorschriften verweisen: §§ 18, 20 GebrMG, § 66 MarkenG, § 4 Abs. 4 S. 3 HalblSchG iVm § 18 GebrMG, § 36 DesignG, §§ 34, 36 SortenSchG) gelten die Nr. 3200 ff VV. In **Berufungsverfahren** vor dem BGB gem. §§ 110 ff PatG gegen Urteile der Nichtigkeitssenate des Patentgerichts (§ 84 PatG) gelten die Nr. 3206 ff VV. In **Beschwerdeverfahren vor dem BGH** nach § 122 PatG und in den **Rechtsbeschwerdeverfahren gem. §§ 100 ff PatG** sind Nr. 3206 ff VV anzuwenden.

---

[1] Bzw den Vorschriften in Sondergesetzen, die auf die Anwendung der vorgenannten Vorschriften verweisen: § 18 GebrMG, § 66 MarkenG, § 4 Abs. 4 S. 3 HalblSchG iVm § 18 GebrMG, § 23 Abs. 4 DesignG, § 36 SortenSchG.

In **Patentstreitsachen** gem. § 143 PatG, in Verfahren gem. § 27 GebrMG, § 11 Abs. 2 HalblSchG iVm § 27   3
GebrMG, § 52 DesignG, § 38 SortenSchG sowie für die Löschungsklage gem. § 55 MarkenG gelten die
Nr. 3100 ff VV, in den Berufungsverfahren die Nr. 3200 ff VV und im Revisionsverfahren Nr. 3206 ff VV.
Verfahren vor dem **Patentamt** sind nach Nr. 2300 ff VV zu vergüten.

II. Gebühren in Beschwerdeverfahren vor dem Bundespatentgericht

1. Verfahrensgebühr. Die Verfahrensgebühr entsteht mit dem ersten Betreiben des Geschäfts zu einem Ge-   4
bührensatz von **1,3** auch dann, wenn das Patentamt gem. § 73 Abs. 3 PatG der eingelegten Beschwerde abhilft. Die in § 6 Abs. 2 PatKostG geregelte Fiktion, dass ein Antrag wegen Nichtzahlung der Gerichtsgebühr
als zurückgenommen gilt, lässt die einmal entstandene Verfahrensgebühr nicht entfallen. Eine Ermäßigung
der Gebühr wegen vorzeitiger Beendigung ist für Nr. 3510 VV nicht vorgesehen.[2]

2. Terminsgebühr. Für die Wahrnehmung eines Termins iSd Vorbem. 3 Abs. 3 VV kann der Anwalt eine   5
Terminsgebühr zu einem Gebührensatz von **1,2** verdienen. Eine **mündliche Verhandlung** vor dem Patenge-
richt findet in den in Nr. 3510 VV aufgeführten Beschwerdeverfahren nur statt, wenn sie beantragt wird
oder vor dem Patentgericht Beweis erhoben wird oder sie als sachdienlich angesehen wird. Eine Anwendung der Anm. Abs. 1 Nr. 1 zu Nr. 3104 VV kommt nicht in Betracht, weil in § 78 PatG eine mündliche
Verhandlung nicht vorgeschrieben ist.[3]

3. Sonstige Gebühren. Der Anwalt kann in den in Nr. 3510 VV genannten Verfahren darüber hinaus eine   6
Erledigungsgebühr gem. Nr. 1002, 1003 VV zu einem Gebührensatz iHv 1,0 verdienen. Außerdem kann
eine Zusatzgebühr nach Nr. 1010 VV für umfangreiche Beweisaufnahmen zu einem Gebührensatz von 0,3
in Betracht kommen.

4. Gegenstandswert. In Beschwerdeverfahren nach Nr. 3510 VV sind bei Gericht Festgebühren   7
(Nr. 400 000 ff PatKostG-GebVerz) bestimmt. Der Wert der Anwaltsgebühren richtet sich deshalb nach
§ 23 Abs. 2 S. 1 nach dem Interesse des Beschwerdeführers. Eine Wertfestsetzung erfolgt gem. § 33 Abs. 1
durch das Gericht, jedoch nur auf Antrag, weil im gerichtlichen Beschwerdeverfahren vor dem Bundespatentgericht Festgebühren erhoben werden und eine Wertfestsetzung von Amts wegen daher nicht erfolgen
darf.

III. Kostenerstattung

Die Kostenerstattung richtet sich in Beschwerdeverfahren vor dem Bundespatengericht nach § 80 PatG,   8
§ 71 MarkenG, § 18 Abs. 2 S. 1 GebrMG, § 23 Abs. 4 S. 2 DesignG, §§ 34, 36 SortenSchG, maßgeblich
nach Billigkeitskriterien.

IV. Verfahrenskostenhilfe

Im Verfahren vor dem Bundespatentgericht kann einem Beteiligten Verfahrenskostenhilfe bewilligt und ein   9
Rechtsanwalt oder Patentanwalt beigeordnet werden (§§ 129 ff PatG, § 21 Abs. 2 GebrMG, § 11 Abs. 2
HalblSchG, § 24 DesignG, § 36 SortenSchG, § 81 a MarkenG).

Nr.	Gebührentatbestand	Gebühr oder Satz der Gebühr nach § 13 RVG
3511	Verfahrensgebühr für das Verfahren über die Beschwerde gegen die Nicht-zulassung der Berufung vor dem Landessozialgericht, wenn Betragsrahmen-gebühren entstehen (§ 3 RVG) .... Die Gebühr wird auf die Verfahrensgebühr für ein nachfolgendes Berufungsverfahren angerechnet.	60,00 bis 680,00 €
3512	Verfahrensgebühr für das Verfahren über die Beschwerde gegen die Nicht-zulassung der Revision vor dem Bundessozialgericht, wenn Betragsrahmen-gebühren entstehen (§ 3 RVG) .... Die Gebühr wird auf die Verfahrensgebühr für ein nachfolgendes Revisionsverfahren angerechnet.	80,00 bis 880,00 €

---

2 Gerold/Schmidt/*Müller-Rabe*, Nr. 3510 VV Rn 5; Bischof u.a./*Mathias*, Nr. 3510 VV Rn 4.   **3** Gerold/Schmidt/*Müller-Rabe*, Nr. 3510 VV Rn 6; Bischof u.a./*Mathias*, Nr. 3516 VV Rn 2.

1 Die Gebühren **Nr. 3511 VV** (Beschwerdeverfahren gegen die Nichtzulassung der Berufung vor dem LSG) bzw **Nr. 3512 VV** (Beschwerdeverfahren gegen die Nichtzulassung der Revision vor dem BSG) sind anwendbar bei nach § 3 abrechenbaren Verfahren. Die Bestimmung der Gebührenhöhe innerhalb des Rahmens erfolgt jeweils anhand der Vorgaben des § 14 Abs. 1.

2 Die Gebühr Nr. 3511 VV wird auf die Verfahrensgebühr Nr. 3204 VV **angerechnet**, wenn die Beschwerde erfolgreich ist. Die Gebühr Nr. 3512 VV wird auf die Verfahrensgebühr Nr. 3212 VV angerechnet bei erfolgreicher Beschwerde. Problematisch ist jeweils der Fall des Teilerfolgs, wenn die Beschwerde also nicht in Bezug auf alle Gegenstände erfolgreich ist.

Nr.	Gebührentatbestand	Gebühr oder Satz der Gebühr nach § 13 RVG
3513	Terminsgebühr in den in Nummer 3500 genannten Verfahren	0,5

1 Die Gebührenvorschrift Nr. 3513 VV gilt für alle von Nr. 3500 VV erfassten Verfahren, so dass sie nicht für solche Verfahren gilt, die zwar in den Geltungsbereich von Teil 3 Abschnitt 5 VV fallen, für die aber in den Nr. 3514–3518 VV besondere Terminsgebühren bestimmt sind.

2 Die **Entstehung** der Terminsgebühr richtet sich nach Vorbem. 3 Abs. 3 VV, so dass die Gebühr Nr. 3513 VV auch in Beschwerdeverfahren entsteht für

- die Vertretung in gerichtlichen Verhandlungs-, Erörterungs- oder Beweisaufnahmeterminen oder
- die Wahrnehmung eines von einem gerichtlich bestellten Sachverständigen anberaumten Termins oder
- die Mitwirkung an auf die Vermeidung oder Erledigung des Verfahrens gerichteten außergerichtlichen Besprechungen.

3 Wurde das Verfahren ohne o.g. Verhandlung, Termin oder Besprechung beendet, fällt die Terminsgebühr nicht an. Der Ermäßigungstatbestand der Nr. 3101 VV kann nicht analog angewendet werden.

4 Im Hinblick auf die Kostenerstattung → Nr. 3500 VV Rn 14.

Nr.	Gebührentatbestand	Gebühr oder Satz der Gebühr nach § 13 RVG
3514	In dem Verfahren über die Beschwerde gegen die Zurückweisung des Antrags auf Anordnung eines Arrests, *des Antrags auf Erlass eines Europäischen Beschlusses zur vorläufigen Kontenpfändung*[1] oder des Antrags auf Erlass einer einstweiligen Verfügung bestimmt das Beschwerdegericht Termin zur mündlichen Verhandlung: Die Gebühr 3513 beträgt	1,2

I. Geltungsbereich

1 **1. Allgemeines.** Wird ein Antrag auf Anordnung eines Arrests oder auf Erlass einer einstweiligen Verfügung durch Beschluss **zurückgewiesen**, ist sofortige Beschwerde gegeben (§ 567 Abs. 1 Nr. 2 ZPO); eine Rechtsbeschwerde findet nicht statt. Für das Beschwerdeverfahren entsteht nach Nr. 3514 VV ausnahmsweise eine Terminsgebühr mit einem 1,2-Gebührensatz. Die Gebührenvorschrift ist unanwendbar, wenn dem Arrest- oder einstweiligen Verfügungsantrag **stattgegeben** wurde, weil gegen das hier nach mündlicher Verhandlung ergangene Urteil die Berufung stattfindet, für die die Gebühren nach Nr. 3200 ff VV gelten.

Mit dem voraussichtlichen Inkrafttreten des **EuKoPfVODG** zum 18.1.2017 wird der Anwendungsbereich der Norm erweitert. Gegen die Ablehnung des Antrags auf Erlass eines **Europäischen Beschlusses zur vorläufigen Kontenpfändung** findet nach § 953 Abs. 1 ZPO-E die sofortige Beschwerde statt, wenn die Ableh-

---

1 *Kursive Hervorhebung*: Geplante Ergänzung mWz 18.1.2017 durch Art. 13 Nr. 4 Buchst. d des Entwurfs eines Gesetzes zur Durchführung der Verordnung (EU) Nr. 655/2014 sowie zur Änderung sonstiger zivilprozessualer Vorschriften (EuKoPfVODG), BT-Drucks 18/7560, S. 21. Siehe dazu näher Rn 1.

nung durch das erstinstanzliche Gericht erfolgt ist. Für das Beschwerdeverfahren entsteht eine Gebühr nach Nr. 3514 KV-E.[2]

2. Familiensachen. Nr. 3514 VV gilt auch, wenn das Arrestverfahren eine Familienstreitsache betrifft   **2** (§ 119 FamFG) und nach Zurückweisung des Antrags sofortige Beschwerde eingelegt wird. Die Gebühr entsteht daher, wenn eine Vertretung oder Mitwirkung iSd Vorbem. 3 Abs. 3 VV stattgefunden hat, auch wenn es nicht mehr zum Erlass einer Endentscheidung kommt. Hat das Familiengericht nach mündlicher Verhandlung dem Arrestantrag stattgegeben, findet dagegen die Beschwerde nach §§ 58 ff FamFG statt, für die Nr. 3200 ff VV gelten, so dass Nr. 3514 VV nicht anwendbar ist.

3. Einstweilige Anordnungen. In Beschwerdeverfahren wegen Zurückweisung einer einstweiligen Anord-   **3** nung ist Nr. 3514 VV nicht anwendbar. Dies ist zB in verwaltungsgerichtlichen Verfahren der Fall, da dort einstweilige Anordnungen und keine einstweiligen Verfügungen erlassen werden.

II. Entstehung der Gebühr

Es gilt Vorbem. 3 Abs. 3 VV, so dass die Gebühr entsteht für   **4**

- die Vertretung in gerichtlichen Verhandlungs-, Erörterungs- oder Beweisaufnahmeterminen oder
- die Wahrnehmung eines von einem gerichtlich bestellten Sachverständigen anberaumten Termins oder
- die Mitwirkung an auf die Vermeidung oder Erledigung des Verfahrens gerichteten außergerichtlichen Besprechungen.

Es muss aber tatsächlich eine solche Verhandlung, Besprechung oder ein Termin stattgefunden haben, da   **5** die Terminsgebühr andernfalls nicht entsteht. Die Gebühr fällt daher auch dann nicht an, wenn das Beschwerdegericht ohne mündliche Verhandlung entscheidet.

III. Entscheidung; schriftliches Verfahren

Nr. 3514 VV stellt nicht auf den Erlass eines Urteils ab. Die Gebühr entsteht deshalb auch dann, wenn nach   **6** ihrer Entstehung iSd Vorbem. 3 Abs. 3 VV das Beschwerdeverfahren ohne Erlass eines Urteils endet, zB wegen Hauptsacheerledigung, Rücknahme oder Vergleichsabschlusses.[3] Ebenso fällt die Terminsgebühr Nr. 3514 VV in ungekürzter Höhe an, wenn nach der Terminbestimmung durch das Gericht eine auf die Vermeidung oder Erledigung des Verfahrens gerichtete Besprechung ohne Beteiligung des Gerichts stattfindet.[4]

Das Beschwerdegericht kann **ohne mündliche Verhandlung** durch Beschluss entscheiden. Hat in diesen Fäl-   **7** len tatsächlich keine Vertretung oder Mitwirkung iSd Vorbem. 3 Abs. 3 VV stattgefunden, fällt keine Terminsgebühr an. Nr. 3104 VV gilt nicht, auch nicht analog.

Nr.	Gebührentatbestand	Gebühr oder Satz der Gebühr nach § 13 RVG
3515	Terminsgebühr in den in Nummer 3501 genannten Verfahren	20,00 bis 210,00 €

Die Gebühr ist anwendbar bei nach § 3 abrechenbaren Verfahren. Die Terminsgebühr entsteht nur, wenn   **1** eine Verhandlung tatsächlich stattfindet, weil im Beschwerdeverfahren ein Termin grds. nicht vorgeschrieben ist, die Parteien deshalb einen solchen Termin auch nicht gewillkürt vermeiden können. Die Bestimmung der Gebührenhöhe innerhalb des Rahmens erfolgt anhand der Vorgaben des § 14 Abs. 1; auf die Erl. zu Nr. 3106 VV wird verwiesen.

Nr.	Gebührentatbestand	Gebühr oder Satz der Gebühr nach § 13 RVG
3516	Terminsgebühr in den in Nummern 3502, 3504, 3506 und 3510 genannten Verfahren	1,2

2 Begr. RegE, BT-Drucks 18/7560, S. 52.   **3** BT-Drucks 17/11471 (neu), S. 281 zu Nr. 3514 VV.   **4** BT-Drucks 17/11471 (neu), S. 281 zu Nr. 3514 VV.

1 Nr. 3516 VV regelt die Terminsgebühr in den in den Nr. 3502, 3504, 3506 und 3510 VV genannten Verfahren. Es handelt sich um das Verfahren über
- die Rechtsbeschwerde (Nr. 3502 VV),
- die Beschwerde gegen die Nichtzulassung der Berufung, soweit in Nr. 3511 VV nichts anderes bestimmt ist (Nr. 3504 VV),
- die Beschwerde gegen die Nichtzulassung der Revision (Nr. 3506 Alt. 1 VV),
- die Beschwerde gegen die Nichtzulassung einer der in Vorbem. 3.2.2 VV genannten Rechtsbeschwerden (Nr. 3506 Alt. 2 VV),
- Beschwerden vor dem Bundespatentgericht (Nr. 3510 VV).

2 Wegen Einzelheiten zur Terminsgebühr wird Bezug genommen auf die Erl. in → Nr. 3502 VV Rn 7, Nr. 3504 VV Rn 8, Nr. 3506 VV Rn 15 und Nr. 3510 VV Rn 5. Der Gebührensatz der Terminsgebühr nach Nr. 3516 VV entspricht 1,2. Eine Ermäßigung der Terminsgebühr ist nicht vorgesehen.

Nr.	Gebührentatbestand	Gebühr oder Satz der Gebühr nach § 13 RVG
3517	Terminsgebühr in den in Nummer 3511 genannten Verfahren	50,00 bis 510,00 €
3518	Terminsgebühr in den in Nummer 3512 genannten Verfahren	60,00 bis 660,00 €

1 Die Gebühren Nr. 3517, 3518 VV sind anwendbar bei nach § 3 abrechenbaren Verfahren. Die Terminsgebühr entsteht nur, wenn eine Verhandlung tatsächlich stattfindet, weil im Verfahren über die Nichtzulassungsbeschwerde ein Termin grds. nicht vorgeschrieben ist, die Parteien deshalb einen solchen Termin auch nicht gewillkürt vermeiden können. Die Bestimmung der Gebührenhöhe innerhalb des Rahmens erfolgt anhand der Vorgaben des § 14 Abs. 1; auf die Erl. zu Nr. 3106 VV wird verwiesen.

Teil 4
Strafsachen

Nr.	Gebührentatbestand	Gebühr oder Satz der Gebühr nach § 13 oder § 49 RVG	
		Wahlanwalt	gerichtlich bestellter oder beigeordneter Rechtsanwalt

Vorbemerkung 4:

(1) Für die Tätigkeit als Beistand oder Vertreter eines Privatklägers, eines Nebenklägers, eines Einziehungs- oder Nebenbeteiligten, eines Verletzten, eines Zeugen oder Sachverständigen und im Verfahren nach dem Strafrechtlichen Rehabilitierungsgesetz sind die Vorschriften entsprechend anzuwenden.

(2) Die Verfahrensgebühr entsteht für das Betreiben des Geschäfts einschließlich der Information.

(3) Die Terminsgebühr entsteht für die Teilnahme an gerichtlichen Terminen, soweit nichts anderes bestimmt ist. Der Rechtsanwalt erhält die Terminsgebühr auch, wenn er zu einem anberaumten Termin erscheint, dieser aber aus Gründen, die er nicht zu vertreten hat, nicht stattfindet. Dies gilt nicht, wenn er rechtzeitig von der Aufhebung oder Verlegung des Termins in Kenntnis gesetzt worden ist.

(4) Befindet sich der Beschuldigte nicht auf freiem Fuß, entsteht die Gebühr mit Zuschlag.

(5) Für folgende Tätigkeiten entstehen Gebühren nach den Vorschriften des Teils 3:

1. im Verfahren über die Erinnerung oder die Beschwerde gegen einen Kostenfestsetzungsbeschluss (§ 464 b StPO) und im Verfahren über die Erinnerung gegen den Kostenansatz und im Verfahren über die Beschwerde gegen die Entscheidung über diese Erinnerung,
2. in der Zwangsvollstreckung aus Entscheidungen, die über einen aus der Straftat erwachsenen vermögensrechtlichen Anspruch oder die Erstattung von Kosten ergangen sind (§§ 406 b, 464 b StPO), für die Mitwirkung bei der Ausübung der Veröffentlichungsbefugnis und im Beschwerdeverfahren gegen eine dieser Entscheidungen.

I. Allgemeines

Teil 4 VV regelt die Gebührentatbestände in Strafsachen. Vorbem. 4 VV enthält in fünf Absätzen Regelungen für den gesamten Teil 4 VV, sofern dort nicht speziellere Regelungen getroffen sind.　1

II. Persönlicher Anwendungsbereich (Abs. 1)

1. Vertretung des Privatklägers, des Nebenklägers und anderer Verfahrensbeteiligter. Die Gebührentatbe- 2
stände in Teil 4 VV haben den Verteidiger im Blick. Vorbem. 4 Abs. 1 VV regelt, dass die Vorschriften des
Teils 4 VV auf den Beistand oder Vertreter des Privatklägers, des Nebenklägers, des Einziehungs- oder Nebenbeteiligten, eines Verletzten, eines Zeugen oder Sachverständigen und im Verfahren nach dem StRehaG
entsprechend anwendbar sind.

2. Tätigkeit als gerichtlich beigeordneter Zeugenbeistand. Streitig ist, welche Gebühren der gerichtlich bei- 3
geordnete Zeugenbeistand nach § 68 b Abs. 2 StPO beanspruchen kann. Teilweise wird angenommen, es
handele sich um eine Einzeltätigkeit, für die die Gebühr nach Nr. 4301 Nr. 4 VV entstehe (Argument: Die
Beiordnung erfolgt nach § 68 b Abs. 2 StPO nur „für die Dauer der Vernehmung").[1] Teilweise wird davon
ausgegangen, dass dem Zeugenbeistand die vollen Gebühren nach Teil 4 Abschnitt 1 VV zustehen.[2] Dieser
Streit sollte nach dem Willen der Bundesregierung durch das 2. KostRMoG beseitigt werden. Der Regie-
rungsentwurf sah eine Klarstellung vor, dass ein Zeugenbeistand wie ein Verteidiger seine Gebühren nach
Teil 4 Abschnitt 1 VV abrechnen könne.[3] Gegen eine solche Regelung meldete der Bundesrat Bedenken an.[4]
Der Rechtsausschuss[5] hat sich diesen Bedenken angeschlossen und die Bundesregierung hat die Regelung
daraufhin zurückgestellt. Mithin wird die **lokale OLG-Rspr** weiterhin die Praxis beherrschen. Für beide
Sichtweisen gibt es gute Argumente, wobei sich die eine Sichtweise nun auf die Bundesregierung und die
andere auf den Bundesrat und den Rechtsausschuss berufen kann.

Für die **Anfertigung von Kopien** erhält der Zeugenbeistand nach Nr. 7000 Nr. 1 Buchst. a VV **keine Ausla-** 4
generstattung, da ihm kein Akteneinsichtsrecht zusteht. Daher ist die Anfertigung von Kopien bei tatsächlich ermöglichter Einsicht in die Verfahrensakte zur sachgemäßen Bearbeitung der Rechtssache nicht geboten.[6]

3. Tätigwerden eines Terminsvertreters. a) Vertretung des Wahlverteidigers (Untervertretung). Die übliche 5
Strafprozessvollmacht sieht vor, dass der Wahlverteidiger **Untervertreter** bestellen kann. Darin liegt die Erlaubnis, dass der Verteidiger abweichend von §§ 675, 613 S. 1 BGB nicht (durchgängig) „in Person" zu
leisten hat. Dem Verteidiger wird zudem die Rechtsmacht eingeräumt, einen Kollegen zum (weiteren) Verteidiger zu bestellen. Gegen die Wirksamkeit der Klausel bestehen keine Bedenken. Sie ist nicht überra-
schend iSv § 305 c BGB; sondern im Gegenteil allgemein üblich.[7]

Schaltet der Wahlverteidiger einen Terminsvertreter ein, wird dieser im Regelfall **im Auftrag des Wahlvertei-** 6
digers tätig. Nur zwischen dem Wahlverteidiger und dem Terminsvertreter besteht ein Vertrag. Zwischen
dem Terminsvertreter und dem Mandanten besteht hingegen idR kein Anwaltsvertrag, aus dem der Terminsvertreter von dem Mandanten eine Vergütung fordern könnte. Dies ist auch nicht notwendig: Der
Wahlverteidiger kann die Terminswahrnehmung durch seinen Vertreter gem. § 5 dem Mandanten gegenüber so abrechnen, als hätte er selbst den Termin wahrgenommen.

Davon zu trennen ist die Frage, welche **Vergütung der Terminsvertreter** beanspruchen kann. Dies unterliegt 7
freier Vereinbarung. Weder gilt das RVG unmittelbar, noch binden § 1 UWG oder § 49 b BRAO den Verteidiger und seinen Terminsvertreter an die Gebührensätze des RVG.[8] Möglich ist ein unentgeltlicher Auftrag
nach §§ 662 ff BGB. Lässt sich der Wahlverteidiger durch einen bei ihm angestellten Rechtsanwalt vertreten, wird dieser idR aufgrund des Anstellungsverhältnisses tätig. Schuldet der Wahlverteidiger dem Terminsvertreter ein Entgelt, muss er dafür selbst aufkommen. Neben oder anstatt der Abrechnung der Leistungen des Terminsvertreters wie eigene Leistungen gem. § 5 kann er dem Mandanten die konkreten Auslagen für die Beauftragung des Terminsvertreters nur dann in Rechnung stellen, wenn dies vereinbart ist.

---

1 OLG Koblenz 30.11.2015 – 2 Ws 656/15, juris; KG 11.10.2013 – 1 Ws 52/13, burhoff.de; OLG Düsseldorf RVG prof. 2012,
169; OLG Hamm 14.7.2009 – 2 Ws 159/09, juris; OLG Hamburg NStZ-RR 2011, 64; Brandenburgisches OLG RVGreport
2011, 259; OLG Stuttgart StRR 2008, 323; OLG Bamberg DAR 2008, 493; OLG Frankfurt NStZ-RR 2008, 264; OLG Zweibrücken StRR 2008, 163; OLG Celle RVGreport 2008, 144; OLG Dresden RVGreport 2008, 265; OLG Naumburg 2.5.2006 –
1 Ws 154/06, burhoff.de. **2** BGH 17.4.2007 – StB 1/06, burhoff.de; OLG Düsseldorf JurBüro 2010, 33; OLG Hamm JurBüro
2008, 83; OLG Köln AGS 2008, 388; OLG München AGS 2008, 120; OLG Koblenz AGS 2006, 598 (aber ausdrücklich aufgegeben im Beschl. v. 30.11.2015 – 2 Ws 656/15, burhoff.de); OLG Schleswig AGS 2007, 191. **3** BT-Drucks 17/11471 (neu),
S. 123, 281 (Zu Nummer 60). **4** BT-Drucks 17/11471 (neu), S. 330. **5** BT-Drucks 17/13537, S. 271 (Zu Nummer 60). **6** LG
Münster 21.6.2013 – 7 Qs 14/13. **7** BGH StraFo 2006, 454 f. **8** Vgl BGH NJW 2001, 753 und BGH BeckRS 2011, 19935 zur
Terminsvertretung im Zivilprozess.

Wird mit dem Terminsvertreter eine höhere Vergütung vereinbart, als der Wahlverteidiger gem. § 5 für dessen Leistungen vom Mandanten verlangen kann, geht dies zu Lasten des Wahlverteidigers.

8 Der Terminsvertreter kann auch vom Mandanten selbst, ggf über einen mit entsprechender Vollmacht ausgestatteten Wahlverteidiger, mit der Terminswahrnehmung beauftragt werden. Das hat zur Folge, dass unmittelbar zwischen dem Mandanten und dem Terminsvertreter ein weiterer Anwaltsvertrag zustande kommt. Der Terminsvertreter kann dann gegenüber dem Mandanten die gesetzlichen Gebühren nach Teil 4 Abschnitt 1 VV unabhängig vom (primären) Wahlverteidiger verlangen. Regelmäßig wird eine solche Abrechnung allerdings nicht gewollt sein. Der Angeklagte will lediglich „seinem" Wahlverteidiger eine Vergütung zahlen, nicht aber einem Vertreter, den er meist nicht einmal selbst aussucht.

9 b) **Vertretung des Pflichtverteidigers.** Welche Gebühren ein vom Vorsitzenden zum Terminsvertreter eines Pflichtverteidigers bestellter Rechtsanwalt verlangen kann, ist streitig.

10 Herrschend ist die Ansicht,[9] dass der wegen Abwesenheit des Pflichtverteidigers beigeordnete Terminsvertreter nur die Gebühren verdiene, die auch beim Pflichtverteidiger *zusätzlich* entstanden wären, wenn er selbst den Termin (voll) wahrgenommen hätte. Das ist regelmäßig nur die Terminsgebühr und ggf ein „Längenzuschlag".[10] Zur Begründung wird angeführt: Der Terminsvertreter sei lediglich **Vertreter des Pflichtverteidigers.** Daher sei so abzurechnen, als habe der Pflichtverteidiger die Leistungen selbst erbracht. Innerhalb dieser Auffassung bestehen unterschiedliche Ansichten darüber, ob der Terminsvertreter aufgrund der Beiordnung selbst gegenüber der Staatskasse abrechnen kann[11] oder ob er auch insoweit als Vertreter zu behandeln ist und nach § 5 nur der Pflichtverteidiger anspruchsberechtigt ist.[12]

11 Einige OLG[13] vertreten demgegenüber die Ansicht, der Terminsvertreter werde aufgrund seiner Beiordnung **weiterer Pflichtverteidiger** und habe daher einen eigenen Gebührenanspruch gegen die Staatskasse. Er verdiene die „normalen" Gebühren nach Teil 4 Abschnitt 1 VV. Neben den Gebühren für die Terminswahrnehmung könne er zusätzlich zumindest noch die Grundgebühr Nr. 4100 VV, ggf auch eine Verfahrensgebühr beanspruchen.

12 Der letzteren Ansicht liegt eine Sichtweise zugrunde, die im Schrifttum maßgeblich von *Burhoff*[14] vertreten wird: In der Beiordnung des Terminsvertreters liege nicht nur die Zustimmung des Vorsitzenden, dass dieser den Pflichtverteidiger vertrete. Vielmehr liege darin die Entbindung des Pflichtverteidigers von seiner Verpflichtung zur Wahrnehmung des Termins, verbunden mit der Beiordnung des Vertreters für diesen Termin. Durch die Beiordnung werde der „Vertreter" selbstständiger Pflichtverteidiger. Er könne daher auch die vollen gesetzlichen Gebühren beanspruchen. Eine isolierte Terminsgebühr gebe es nicht, so dass zumindest die Grundgebühr bei ihm (nochmals) gesondert anfalle.

13 Diese Ansicht ist für den **Regelfall** abzulehnen. Sie misst der Beiordnung zum Terminsvertreter eine Bedeutung zu, welche ihr nicht zukommt. Der Terminsvertreter, der auf Wunsch des Pflichtverteidigers für diesen den Termin wahrnimmt, ist nicht selbst der Pflichtverteidiger, er vertritt diesen lediglich im Termin und leitet seine Stellung – so wie ein allgemeiner Vertreter gem. § 53 Abs. 7 BRAO auch[15] – vom Pflichtverteidiger ab.[16] Dass der Vorsitzende den Terminsvertreter gesondert beiordnet, liegt allein daran, dass der Pflichtverteidiger nicht aufgrund einer Vollmacht, sondern aufgrund eines Bestellungsaktes des Vorsitzenden Verteidiger ist. Seine Stellung ist damit unabhängig vom Willen des Mandanten. Selbst wenn der Angeklagte eine Verteidigung durch den bestellten Rechtsanwalt ablehnt, ist dieser sein (Pflicht-)Verteidiger. Einzig weil die Pflichtverteidigerbestellung nicht auf einer Vollmacht, sondern auf einem Hoheitsakt beruht, bedarf die Einschaltung eines Terminsvertreters für den Pflichtverteidiger der Mitwirkung des Vorsitzenden. Dabei

---

9 OLG Braunschweig 15.7.2015 – 1 Ws 103/15, juris; OLG Oldenburg 13.5.2014 – 1 Ws 195/14, juris; OLG Koblenz 16.10.2012 – 2 Ws 759/12, juris; OLG Hamburg NStZ-RR 2012, 390; OLG Celle 10.10.2006 – 2 Ws 258/06, juris; KG Berlin NStZ-RR 2011, 295; OLG Rostock 15.9.2011 – I Ws 201/11, juris; OLG Brandenburg JurBüro 2010, 307–309; OLG Hamm 28.11.2006 – 3 Ws 569/06, juris. **10** Nehmen der Pflichtverteidiger und der Terminsvertreter an einem Verhandlungstag teil, sind sie als Einheit zu behandeln. Es entsteht insgesamt nur eine Terminsgebühr. Für einen Längenzuschlag werden die Teilnahmezeiten zusammengerechnet. **11** KG BeckRS 2011, 14916; OLG Brandenburg JurBüro 2010, 307–309. **12** OLG Koblenz 16.10.2012 – 2 Ws 759/12, juris; OLG Stuttgart 3.2.2011 – 4 Ws 195/10, BeckRS 2011, 03142; OLG Celle 19.12.2008 – 2 Ws 365/08, BeckRS 2009, 04793, die aber annehmen, dass dann, wenn der Pflichtverteidiger die Gebühren für die von seinem Vertreter wahrgenommenen Termine nicht selbst beantragt, sondern diesen Antrag dem Vertreter überlässt, der Vertreter des Pflichtverteidigers als bevollmächtigt gilt, eine Auszahlung an sich selbst zu beantragen. **13** OLG Saarbrücken RVGreport 2015, 64; OLG Nürnberg StraFo 2015, 39; OLG Köln 26.3.2010 – 2 WS 129/10, BeckRS 2010, 16664; OLG Karlsruhe NJW 2008, 2935; OLG München NStZ-RR 2009, 32; OLG Jena 8.12.2010 – 1 Ws 318/10, BeckRS 2011, 15205; OLG Bamberg 21.12.2010 – 1 Ws 700/10, BeckRS 2011, 07218; OLG Hamm AGS 2007, 37 f. **14** Vgl Burhoff/*Burhoff*, RVG, Teil A, Rn 1618. **15** Vgl BGH NStZ-RR 2002, 12; BGH NJW 1975, 2351. Daher ist es unzutreffend, wenn *Burhoff*, RVGreport 2015, 64, behauptet: „Auf keinen Fall kann ein Pflichtverteidiger vertreten werden." **16** Deshalb sticht das Argument von Gerold/Schmidt/*Burhoff*, 21. Aufl., Einl. Vorbem. 4.1 VV nicht, wonach die hier vertretene Ansicht den allgemeinen Regeln der Pflichtverteidigung widerspricht. Der Terminsvertreter ist gerade kein (zusätzlicher) Pflichtverteidiger. Die Beiordnung eines weiteren Pflichtverteidigers allein für einzelne Sitzungstage wäre auch gar nicht zulässig, s. OLG Hamm NStZ 2011, 235 f.

handelt es sich regelmäßig um ein Entgegenkommen des Gerichts (jedenfalls vorrangig) im Interesse des Pflichtverteidigers, der die Vertretung wünscht. Dieser ist verpflichtet (und in aller Regel hat er diese Verpflichtung auch freiwillig übernommen), die Verteidigung uneingeschränkt durchzuführen und alle Hauptverhandlungstermine wahrzunehmen. Kann er dieser Verpflichtung nicht nachkommen, wird dem pragmatisch durch Bestellung eines Terminsvertreters Rechnung getragen. Es wäre unangemessen, wenn sich dieses Entgegenkommen zum Nachteil des Angeklagten, der im Verurteilungsfalle die Verteidigergebühren zu tragen hat,[17] oder zum Nachteil der Staatskasse, welche zunächst für die Pflichtverteidigervergütung aufzukommen hat, auswirken würde.[18] Die Beiordnung durch den Vorsitzenden ist hier eher ein „Genehmigen" als ein „Verpflichten".[19] Wie beim Wahlanwalt (→ Rn 5 ff) ist daher auch bei einem gerichtlich bestellten Rechtsanwalt die Einschaltung eines Terminsvertreters durch den Rechtsanwalt für den Auftraggeber grds. „kostenneutral".

Dies schließt nicht aus, dass der Vorsitzende in einem **Ausnahmefall,** insb. wenn es sich um kein Entgegenkommen gegenüber dem Pflichtverteidiger handelt, sondern dieser **erkrankt** ist und deshalb das Verfahren zu scheitern droht, ein **eigenständiges Pflichtverteidigerverhältnis** mit dem Terminsvertreter begründet. Aufgrund der Mehrkosten ist dies aber der Ausnahmefall. In diesen Fällen wird sich die Bestellung auch nicht nur auf nur einen oder wenige Termine beschränken, sondern für das gesamte weitere Verfahren erfolgen. Jedenfalls kann allein daraus, dass der Vorsitzende bei der Beiordnung des Terminsvertreters formuliert, dieser werde *„für den heutigen Verhandlungstag dem Angeklagten als Pflichtverteidiger beigeordnet",* nicht geschlossen werden, der Vorsitzende wolle einen eigenständigen Vergütungsanspruch des Terminsvertreters gegen die Staatskasse begründen.[20] Eine solche Formulierung wird in der Praxis zu oft deshalb gewählt, weil man sich der Folgen, welche daraus vergütungsrechtlich abgeleitet werden könnten (und teilweise auch werden), nicht bewusst ist.[21] Gewollt ist im Regelfall eine **„kostenneutrale" Beiordnung** durch die (gebührenmäßige) Einbeziehung des Terminsvertreters in das bestehende Pflichtverteidigerverhältnis über § 5. **14**

III. Verfahrensgebühr (Abs. 2)

In Teil 4 VV sind acht Arten von Verfahrensgebühren vorgesehen. In Vorbem. 4 Abs. 2 VV ist der Abgeltungsbereich geregelt. Danach entsteht die Verfahrensgebühr **„für das Betreiben des Geschäfts einschließlich der Information".** Die Verfahrensgebühr ist danach eine **Betriebsgebühr.** Durch sie werden alle Tätigkeiten abgegolten, für die keine besonderen Gebühren vorgesehen sind. Eine **Abgrenzung zur Grundgebühr** ist entbehrlich: Die Grundgebühr entsteht nach dem eindeutigen Wortlaut der Nr. 4100 Anm. Abs. 1 VV (stets) „neben der Verfahrensgebühr". **15**

IV. Terminsgebühr (Abs. 3)

1. Allgemeines. Terminsgebühren entstehen für die Teilnahme an den Hauptverhandlungsterminen (für das Verfahren im ersten Rechtszug: Nr. 4108, 4109 VV; im Berufungsverfahren: Nr. 4126, 4127 VV; im Revisionsverfahren: Nr. 4132, 4133 VV). Darüber hinaus entstehen Terminsgebühren auch für Termine außerhalb der Hauptverhandlung in den in Nr. 4102 VV aufgeführten Fällen. Schließlich können in der Strafvollstreckung (Teil 4 Abschnitt 2 VV) nach den Nr. 4202, 4206 VV sowie im Bereich der Einzeltätigkeiten (Teil 4 Abschnitt 3 VV) nach Nr. 4301 Nr. 4 VV eine Verfahrensgebühr für die Teilnahme an Terminen entstehen (**unechte Terminsgebühr**). **16**

2. Abgeltungsbereich (Abs. 3 S. 1). Die Terminsgebühr entsteht für die **Teilnahme an gerichtlichen Terminen,** soweit nichts anderes bestimmt ist (Vorbem. 4 Abs. 3 S. 1 VV). Abgegolten wird durch sie nicht nur die Teilnahme am Termin, sondern auch die **konkrete Vorbereitung und Nachbereitung.** Dieser Aufwand wird nicht von der Verfahrensgebühr erfasst.[22] Abgegolten werden zB das nochmalige Aktenstudium zur Vorbereitung eines Termins und die Überprüfung, welche Zeugen geladen sind, sowie die Vorbereitung von Anträgen und Gesuchen für den Termin. **17**

3. „Geplatzter" Termin (Abs. 3 S. 2 und 3). Nach Vorbem. 4 **Abs. 3 S. 2** VV erhält der Rechtsanwalt die Terminsgebühr grds. (Ausnahme: ausgefallener Haftttermin: → Nr. 4100–4103 VV Rn 23) auch dann, wenn ein **Termin ausfällt,** zu dem er jedoch erscheint. Hierzu gehören die Fälle, in denen der Angeklagte, ein **18**

---

17 Nr. 9007 KV GKG; vgl *Meyer-Goßner,* StPO, 59. Aufl., § 464 a Rn 1 m. Nachw. **18** Dieses Argument ebenfalls heranziehend: OLG Braunschweig 15.7.2015 – 1 Ws 103/15, juris; KG 18.2.2011 – 1 Ws 38/09, BeckRS 2011, 14916. **19** Vgl OLG Stuttgart StraFo 2011, 198–200; vgl auch LG Braunschweig 2.4.2015 – 9 Ks 11/14, BeckRS 2015, 12378. **20** So zutr. OLG Rostock 15.9.2011 – I Ws 201/11, juris. Das OLG Rostock rät zu Recht dazu, in diesen Fällen keine Bestellung zum Pflichtverteidiger vorzunehmen, sondern schlägt folgende Formulierung vor: „Dem Angeklagten wird der am heutigen Terminstag verhinderten Pflichtverteidiger als Terminsvertreter Rechtsanwalt X beigeordnet." **21** So auch AnwK-RVG/N. *Schneider,* § 5 Rn 79, der zutreffend kritisiert, dass die Rspr meist nicht zwischen der Bestellung des weiteren Anwalts als Vertreter und der Bestellung zum weiteren Pflichtverteidiger differenziert. **22** OLG München AGS 2014, 174; OLG Hamm StRR 2009, 438 f; OLG Jena StV 2006, 204 f; OLG Hamm AGS 2006, 498 (für das Abfassen eines Beweisantrags).

Zeuge oder Sachverständiger **nicht erscheinen**, und deshalb nicht verhandelt wird, oder die Geschäftsstelle **versäumt** hat, den Rechtsanwalt **abzuladen**.

19 Die Gebühr setzt voraus, dass der Rechtsanwalt zu dem Termin „erscheint". Die abgebrochene Anreise lässt die Gebühr nicht entstehen.[23] Wurde der Rechtsanwalt rechtzeitig von dem Ausfall des Termins in Kenntnis gesetzt und erscheint er dennoch, etwa weil er die rechtzeitig auf seinem Anrufbeantworter hinterlassene Nachricht nicht abgehört oder eine ihm **rechtzeitig zugegangene Abladung** nicht zur Kenntnis genommen hat, fällt die Gebühr gem. Vorbem. 4 **Abs. 3 S. 3 VV** nicht an. Fraglich ist, ob es ausreicht, dem Büro des Rechtsanwalts Bescheid zu geben, wenn dieser sich bereits auf dem Weg zum Termin befindet. Hat der Rechtsanwalt ein Mobiltelefon, wird man erwarten können, dass er für sein Büro erreichbar ist. Erscheint er dennoch zum Termin, reicht es nicht, dass er vorträgt, sein Büro habe ihn nicht erreicht. Auch zur Vermeidung von Missbrauch ist dies das Risiko des Rechtsanwalts.[24]

20 Zudem entsteht die Terminsgebühr nicht, wenn der Rechtsanwalt den **Ausfall zu vertreten** hat, etwa wenn er sich schuldhaft derart verspätet, dass das Gericht den Termin verschiebt. Problematisch ist die Frage eines Vertretenmüssens, wenn der Verteidiger im Namen seines Mandanten einen oder mehrere Richter erst kurz vor dem Termin ablehnt (sog. **5-vor-9-Ablehnungen**). Die Strafkammer wird die Sache trotz eines solchen Antrags kurz aufrufen, um die Schöffenbesetzung, die sich nach dem Beginn der Hauptverhandlung richtet, „festzuzurren", so dass sich das Problem nur selten stellen wird. Ein Hauptverhandlungstermin hat mit dem Aufruf stattgefunden, auch wenn inhaltlich nicht verhandelt wurde. Nimmt das Gericht – etwa der Strafrichter – das späte Ablehnungsgesuch indes zum Anlass, den Termin vor dem Aufruf der Sache aufzuheben, wird der erschienene Verteidiger den äußeren Anschein widerlegen müssen, dass die späte Ablehnung knapp vor dem Termin dazu diente, den Verhandlungstermin zu verhindern. Ohne entsprechende Darlegungen hat er keinen Anspruch auf die Terminsgebühr. Allgemeine Floskeln reichen dabei nicht.

21 Bei „geplatzten" **Haft(prüfungs)terminen** führt Vorbem. 4 Abs. 3 S. 2 VV nicht zu einer Terminsgebühr, weil diese dort ein „Verhandeln" erfordert, zu dem es nicht kommt (→ Nr. 4100–4103 VV Rn 23).

V. Haftzuschlag (Abs. 4)

22 An einigen Stellen sieht das Vergütungsverzeichnis Gebühren **mit Zuschlag** vor, so zB in den Nr. 4101, 4103, 4105, 4107 VV. Wann der Rechtsanwalt die Gebühren mit Zuschlag erhält, regelt Vorbem. 4 Abs. 4 VV: Die Gebühr mit Zuschlag entsteht, wenn sich der Beschuldigte „nicht auf freiem Fuß" befindet („Haftzuschlag").

23 Der Zuschlag soll dem höheren Aufwand Rechnung tragen, der im Kontakt mit einem solchen Beschuldigten entsteht. Dem liegt keine konkrete, sondern eine **typisierende Betrachtung** zugrunde: Für das Entstehen der Gebühr mit Zuschlag kommt es nicht darauf an, ob es im konkreten Fall tatsächlich zu Erschwernissen gekommen ist.[25] Das Fehlen von konkreten Erschwernissen ist beim Wahlverteidiger/Wahlvertreter allerdings bei der Bemessung der Höhe der Gebühr gem. § 14 innerhalb des Gebührenrahmens zu berücksichtigen.

24 Die Gebühr mit Zuschlag können nicht nur Verteidiger geltend machen, sondern gem. Vorbem. 4 Abs. 1 VV auch die dort genannten Rechtsanwälte. Bei einer streng am Wortlaut der Vorbem. 4 Abs. 4 VV orientierten Handhabung entstünde die Gebühr mit Zuschlag auch bei diesen, wenn sich der *Beschuldigte* nicht „auf freiem Fuß" befindet. Jedoch ist die Vorbem. 4 Abs. 4 VV bei den genannten Rechtsanwälten nur „entsprechend anzuwenden". Richtigerweise entsteht nach Sinn und Zweck die Gebühr mit Zuschlag nur, wenn sich der *eigene Mandant* des Rechtsanwalts nicht „auf freiem Fuß" befindet.[26]

25 „Nicht auf freiem Fuß" ist **weit auszulegen:** Der Haftzuschlag ist nicht auf die **Untersuchungshaft** beschränkt. Der Beschuldigte muss sich auch nicht in der Sache in Haft befinden, in der ihn der Rechtsanwalt verteidigt. Gemeint ist jede staatlich veranlasste, nicht nur kurzfristige Beschränkung der Wahl des Aufenthaltsortes. Der Zuschlag fällt insb. auch an, wenn sich der Beschuldigte/Mandant im sog. **offenen Vollzug** befindet.[27] Auch hier ist der Mandant unabhängig von den gewährten Lockerungen kein „freier Mann". Es genügt auch eine vorläufige Festnahme nach §§ 127 Abs. 1, 127 b StPO.[28] Auch ein Jugendlicher, der sich zur **Haftvermeidung** in einer Einrichtung der Jugendhilfe nach § 72 Abs. 4 JGG iVm § 71 Abs. 2 JGG aufhält, befindet sich nicht „auf freiem Fuß".[29]

---

23 OLG München RVGreport 2015, 66; OLG München NStZ-RR 2008, 159 f; aA *Kotz*, JurBüro 2008, 402–404; *Burhoff*, RVGreport 2015, 67. **24** Wie hier nunmehr bezogen auf den Zugang eines Telefaxes: OLG München 4.8.2014 – 6 St (K) 22/14 (NSU-Verfahren), juris.de. **25** OLG Nürnberg 22.10.2012 – 1 Ws 422/12, burhoff.de; OLG Celle NStZ-RR 2008, 392; KG StraFo 2007, 483; aA AG Bochum AGS 2010, 19. **26** OLG Düsseldorf Rpfleger 2006, 623 f; OLG Hamm Rpfleger 2007, 502; LG Flensburg AGS 2008, 340. **27** KG StraFo 2007, 483; OLG Stuttgart RVGreport 2010, 388; aA AG Osnabrück AGS 2006, 232. **28** KG StraFo 2007, 482. **29** LG Düsseldorf AGS 2014, 178.

Die Frage des Haftzuschlags ist **für jede Gebühr gesondert zu prüfen:** Wird der Mandant nachträglich in- 26
haftiert, entstehen die Gebühren, die für bereits abgeschlossene Tätigkeiten angefallen sind, nicht mit Zuschlag wie umgekehrt eine beendete Inhaftierung bei neu entstehenden Gebühren zu keinem Zuschlag
führt.

VI. Gebühren bei Erinnerung und Beschwerde gegen Kostenansatz und Kostenfestsetzung sowie in Zwangsvollstreckungssachen (Abs. 5)

Vorbem. 4 Abs. 5 VV nennt die Fälle, in denen dem Rechtsanwalt Gebühren nach den Vorschriften des 27
Teils 3 VV zustehen. Diese Gebühren erhält der Rechtsanwalt gesondert neben den Gebühren nach den
Nr. 4100 ff VV. Die Vorbem. 4.1 Abs. 2 S. 1 VV gilt hier nicht.

Abschnitt 1
Gebühren des Verteidigers

Nr.	Gebührentatbestand	Gebühr oder Satz der Gebühr nach § 13 oder § 49 RVG	
		Wahlanwalt	gerichtlich bestellter oder beigeordneter Rechtsanwalt

Vorbemerkung 4.1:

(1) Dieser Abschnitt ist auch anzuwenden auf die Tätigkeit im Verfahren über die im Urteil vorbehaltene Sicherungsverwahrung und im Verfahren über die nachträgliche Anordnung der Sicherungsverwahrung.

(2) Durch die Gebühren wird die gesamte Tätigkeit als Verteidiger entgolten. Hierzu gehören auch Tätigkeiten im Rahmen des Täter-Opfer-Ausgleichs, soweit der Gegenstand nicht vermögensrechtlich ist.

I. Anwendungsbereich

In Teil 4 Abschnitt 1 VV sind die Gebühren für den **Vollverteidiger/Vollvertreter** im Erkenntnisverfahren 1
einschließlich des Wiederaufnahmeverfahrens geregelt. Zur Abgrenzung von einem Rechtsanwalt, der lediglich mit Einzeltätigkeiten beauftragt ist, → Nr. 4300–4304 VV Rn 1. Zum Zeugenbeistand → Vorbem. 4
VV Rn 3. Zum Terminsvertreter → Vorbem. 4 VV Rn 5 ff.

Nach Vorbem. 4.1 Abs. 1 VV ist der Abschnitt auch anzuwenden in Verfahren über die im Urteil vorbehal- 2
tene **Sicherungsverwahrung** und die nachträgliche Anordnung der Sicherungsverwahrung.

II. Abgeltungsbereich der Gebühren (Abs. 2 S. 1)

Vorbem. 4.1 Abs. 2 S. 1 VV regelt den **Pauschalcharakter** der Gebühren des Abschnitts 1. Praktisch relevant 3
ist dies für die **Abrechnung von Beschwerdeverfahren:** Aus § 19 Abs. 1 S. 2 Nr. 10 a ergibt sich, dass Beschwerdeverfahren in Strafsachen grds. keine besonderen Angelegenheiten darstellen. Die Tätigkeit in
einem strafverfahrensrechtlichen Beschwerdeverfahren wird grds. durch die Verfahrensgebühr der Ausgangsinstanz (mit-)abgegolten. Dies gilt für Haftbeschwerden, Beschwerden gegen dingliche Arreste, Beschwerden gegen § 111a-StPO-Beschlüsse etc.

Abweichend von dieser Regel entstehen gesonderte Gebühren neben den Verfahrensgebühren für: 4

- Beschwerden nach § 372 StPO im Wiederaufnahmeverfahren (Nr. 4139 VV);
- Beschwerden nach § 406 Abs. 5 S. 2 StPO gegen das Absehen des Gerichts von einer Entscheidung über Adhäsionsansprüche (Nr. 4145 VV);
- Beschwerden gegen eine den Rechtszug beendende Entscheidung nach § 25 Abs. 1 S. 3–5, § 13 StRe- haG (Nr. 4146 VV);
- Beschwerden nach Vorbem. 4 Abs. 5 VV.

Zudem kann ein Beschwerdeverfahren isoliert abgerechnet werden, wenn die Voraussetzungen der 5
Nr. 4302 Nr. 1 bzw Nr. 3 VV vorliegen, was aber voraussetzt, dass der Rechtsanwalt damit als **Einzeltätigkeit** beauftragt ist (dazu → Nr. 4300–4304 VV Rn 21 ff).

Entstehen für die Beschwerdeverfahren besondere Gebühren, folgt aus § 19 Abs. 1 S. 2 Nr. 10 a, dass es sich 6
nach dem Willen des Gesetzgebers auch jeweils um **besondere Angelegenheiten** handelt, was Bedeutung hat
für die **Postentgeltpauschale** gem. Nr. 7002 VV, die dann gesondert für das Beschwerdeverfahren anfällt.

7 Wird das Beschwerdeverfahren nicht gesondert vergütet, kann der Wahlverteidiger/Wahlanwalt seinen Mehraufwand durch die Beschwerde bei der Bemessung der jeweiligen Verfahrensgebühr nach § 14 berücksichtigen. Daraus folgt, dass eine günstige Auslagenentscheidung im Beschwerdeverfahren nicht notwendig ins Leere geht. Nach der herrschenden sog. **Differenztheorie** können aufgrund dieser Auslagenentscheidung diejenigen **Mehrkosten festgesetzt** werden, welche aus einer durch das Beschwerdeverfahren höheren Verfahrensgebühr resultieren. Zu vergleichen sind die tatsächlich im gesamten Verfahren einschließlich des Beschwerdeverfahrens dem Beschuldigten entstandenen notwendigen Auslagen mit den Auslagen, die ihm hypothetisch ohne das Beschwerdeverfahren erwachsen wären. Besteht eine Differenz, so kann diese gegen die Staatskasse festgesetzt werden. Es ist aber nicht zwingend, dass sich ein Erstattungsbetrag ergibt. Zudem wird dieser idR gering sein, so dass sich der Aufwand der Festsetzung meist nicht lohnt.[1]

Unterabschnitt 1
Allgemeine Gebühren

Nr.	Gebührentatbestand	Gebühr oder Satz der Gebühr nach § 13 oder § 49 RVG	
		Wahlanwalt	gerichtlich bestellter oder beigeordneter Rechtsanwalt
4100	Grundgebühr .... (1) Die Gebühr entsteht neben der Verfahrensgebühr für die erstmalige Einarbeitung in den Rechtsfall nur einmal, unabhängig davon, in welchem Verfahrensabschnitt sie erfolgt. (2) Eine wegen derselben Tat oder Handlung bereits entstandene Gebühr 5100 ist anzurechnen.	40,00 bis 360,00 €	160,00 €
4101	Gebühr 4100 mit Zuschlag	40,00 bis 450,00 €	192,00 €
4102	Terminsgebühr für die Teilnahme an 1. richterlichen Vernehmungen und Augenscheinseinnahmen, 2. Vernehmungen durch die Staatsanwaltschaft oder eine andere Strafverfolgungsbehörde, 3. Terminen außerhalb der Hauptverhandlung, in denen über die Anordnung oder Fortdauer der Untersuchungshaft oder der einstweiligen Unterbringung verhandelt wird, 4. Verhandlungen im Rahmen des Täter-Opfer-Ausgleichs sowie 5. Sühneterminen nach § 380 StPO .... Mehrere Termine an einem Tag gelten als ein Termin. Die Gebühr entsteht im vorbereitenden Verfahren und in jedem Rechtszug für die Teilnahme an jeweils bis zu drei Terminen einmal.	40,00 bis 300,00 €	136,00 €
4103	Gebühr 4102 mit Zuschlag	40,00 bis 375,00 €	166,00 €

---

1 Vgl LG Detmold 9.6.2008 – 4 Qs 47/08, juris, wo nach einem erfolgreichen § 111a-StPO-Verfahren das Überschreiten der Mittelgebühr der Verfahrensgebühr Nr. 4104 VV um 10 % als angemessen angesehen wurde, was zu einem Erstattungsbetrag von 14,00 € führte.

I. Allgemeines

Teil 4 Abschnitt 1 Unterabschnitt 1 VV (Nr. 4100–4103 VV) enthält die allgemeinen Gebühren.   1

Für den **Wahlverteidiger** (bzw Wahlanwalt) ist zu beachten, dass die in dem Unterabschnitt 1 vorgesehenen   2
Gebührenrahmen **alle Strafverfahren** erfassen und nicht – wie die Gebührenrahmen für das erstinstanzliche
gerichtliche Verfahren in Unterabschnitt 3 – nach der Ordnung des Gerichts gestaffelt sind.

Dies hat Bedeutung bei der Bestimmung der konkreten Gebühr nach § 14. Denn ein Kriterium ist hierbei   3
die **Bedeutung der Sache**. Eine Angelegenheit, die von ihrer Bedeutung her beim Amtsgericht in jeder Hinsicht als durchschnittlich anzusehen ist und deshalb bei den Gebühren nach Unterabschnitt 3 den Ansatz
von Mittelgebühren rechtfertigt, ist – bezogen auf alle denkbaren Strafverfahren – idR von unterdurchschnittlicher Bedeutung. Umgekehrt wird ein Staatsschutzverfahren, das in erster Instanz vor dem Oberlandesgericht verhandelt wird, von der Bedeutung her einen Gebührenansatz im oberen Bereich des Gebührenrahmens rechtfertigen, auch wenn die Sache für ein Strafverfahren vor einem Oberlandesgericht nur durchschnittlich sein mag.

Daraus könnte man folgern, dass bei einem **Verfahren vor dem Amtsgericht** die Grundgebühr geringer an-   4
zusetzen ist als die Verfahrensgebühr und Hauptverhandlungs-Terminsgebühr(en). In der Praxis werden bei
der Abrechnung von Strafverfahren vor dem Amtsgericht aber meist undifferenziert durchgängig Mittelgebühren angesetzt. Dies wird man tolerieren können. Zum einen ist die Bedeutung der Sache nur ein – wenn
auch wichtiges – Kriterium unter mehreren bei der Bestimmung der konkreten Gebühr nach § 14; zum anderen steht dem Verteidiger ein Spielraum zu, der auch beim undifferenzierten Ansatz von Mittelgebühren
idR noch gewahrt sein wird.

II. Grundgebühr (Nr. 4100, 4101 VV)

1. Anwendungsbereich. Aufgrund ihrer systematischen Stellung in Abschnitt 1 entsteht die Grundgebühr   5
nicht für Tätigkeiten des Rechtsanwalts in der **Strafvollstreckung** (Teil 4 Abschnitt 2 VV) oder bei **Einzeltätigkeiten** (Teil 4 Abschnitt 3 VV).[1] Auch der vom Gericht dem Pflichtverteidiger beigeordnete **Terminsvertreter** hat keinen Anspruch auf die Grundgebühr (→ Vorbem. 4 VV Rn 9 ff).

2. Abgeltungsbereich (Anm. Abs. 1 zu Nr. 4100 VV). Gemäß Anm. Abs. 1 zu Nr. 4100 VV fällt die Grund-   6
gebühr für die **erstmalige Einarbeitung in den Rechtsfall** nur **einmal** an, unabhängig davon, in welchem
Verfahrensabschnitt die Einarbeitung erfolgt.

„**Rechtsfall**" ist mit „Angelegenheit" in § 15 bedeutungsgleich: Ein Rechtsfall kann verschiedene (Tat-)Vor-   7
würfe zum Gegenstand haben. Entscheidend ist, wie die strafrechtlichen Vorwürfe von den Strafverfolgungsbehörden verfahrensmäßig behandelt werden:[2] wenn als ein Verfahren, dann eine Angelegenheit,
wenn als mehrere Verfahren, dann als mehrere Angelegenheiten. Vereinzelt wird dies anders gesehen. So
hat das LG Detmold[3] trotz der Tätigkeit des Rechtsanwalts in mehreren Verfahren, die die Staatsanwaltschaft wegen gleichartiger Vorwürfe gegen den Mandanten führte, nur eine gebührenrechtliche Angelegenheit angenommen. Es hat dazu auf die Rspr des BGH[4] Bezug genommen, wonach es einem Rechtsanwalt
nicht erlaubt sei, allein im Gebühreninteresse einseitig und ohne hinreichenden Sachgrund Verfahren eines
Auftraggebers zu vereinzeln, statt sie nach ihrer objektiven Zusammengehörigkeit als eine Angelegenheit zu
behandeln. Zum einen ändert eine solche Pflichtverletzung des Rechtsanwalts nichts daran, dass es sich um
verschiedene Angelegenheiten handelt. Zum anderen hat im vorliegenden Fall nicht der Rechtsanwalt
(pflichtwidrig) die Angelegenheiten vereinzelt, sondern die Staatsanwaltschaft. Der Rechtsanwalt muss bei
einer solchen Handhabung mehrfach tätig werden. Eine einzige Bestellung, ein einzelnes Akteneinsichtsgesuch, ein einzelner Antrag oder eine einzige Stellungnahme in nur einem Verfahren hat keine Wirkung für
die anderen. Wird der Rechtsanwalt durch die verfahrensmäßige Behandlung gezwungen, mehrfach tätig zu
werden, entstehen auch mehrfach Gebühren.[5]

Werden mehrere Verfahren **verbunden**, erhält der Rechtsanwalt bis zur Verbindung gesonderte Gebühren,   8
da jedes Verfahren bis zur Verbindung eine eigene Angelegenheit iSd § 15 ist.[6] Die Verbindung hat keinen
Einfluss auf bis dahin entstandene Gebühren.[7] Wird ein Verfahren **getrennt** und ist zum Zeitpunkt der
Trennung die Einarbeitung in die (gesamte) Angelegenheit bereits erfolgt, erhält der Rechtsanwalt jedoch
keine zweite Grundgebühr, da der Gebührentatbestand nicht nochmals verwirklicht wird.

---

1 KG NStZ-RR 2009, 31; OLG Schleswig StV 2006, 206; aA für die Strafvollstreckung einzig: OLG Frankfurt a. M. 6.5.2014 –
3 Ws 379-389/14, juris m. abl. Anm. *Burhoff*, RVGreport 2015, 23: „peinliche Fehlentscheidung". **2** KG 23.3.2011 – 2 Ws
83/11 REHA, juris (für den vergleichbaren Fall mehrerer Rehabilitierungsverfahren nach dem StrRehaG); LG Hamburg AGS
2008, 545; AG Tiergarten AGS 2010, 133 f. **3** LG Detmold 25.2.2015 – 4 Qs 21/15, BeckRS 2015, 09743. **4** BGH NJW 2004,
1043. **5** So LG Bonn Rpfleger 2012, 649 (zum OWi-Verfahren). **6** LG Braunschweig StraFo 2010, 513 f. **7** LG Braunschweig
StraFo 2010, 513 f; AG Tiergarten AGS 2010, 133 f.

9   Wird das Verfahren **vom Rechtsmittelgericht zurückverwiesen**, ist das Verfahren vor dem untergeordneten Gericht ein neuer Rechtszug, § 21 Abs. 1. Die Gebühren entstehen dort also erneut. Nur für die Grundgebühr gilt dies nicht. Diese entsteht nach dem ausdrücklichen Wortlaut der Anm. Abs. 1 zu Nr. 4100 VV für *„den Rechtsfall"* *„nur einmal"*. Dies bedeutet, dass der Rechtsanwalt, der die Grundgebühr bereits verdient hat, nach Zurückverweisung nicht noch einmal eine Grundgebühr erhält.

10   Eine **Abgrenzung** der Abgeltungsbereiche der Grundgebühr zur **Verfahrensgebühr** ist nicht erforderlich: Die Verfahrensgebühr entsteht nach Anm. Abs. 1 zu Nr. 4100 VV stets **neben** der Grundgebühr.[8]

11   **3. Anrechnung (Anm. Abs. 2 zu Nr. 4100 VV).** Nach Anm. Abs. 2 zu Nr. 4100 VV ist „eine wegen derselben Tat oder Handlung bereits entstandene Gebühr 5100 […] anzurechnen". Dies bedeutet: Ist wegen derselben Tat oder Handlung, die Gegenstand der erstmaligen Einarbeitung im Strafverfahren ist, zuvor ein OWi-Verfahren geführt worden und ist dem Rechtsanwalt hier bereits eine Grundgebühr Nr. 5100 VV entstanden, wird diese auf die Grundgebühr für das Strafverfahren angerechnet. **„Wegen derselben Tat oder Handlung"** meint den prozessualen Tatbegriff des § 264 StPO. Entscheidend ist, dass das OWi-Verfahren wegen desselben geschichtlichen Vorgangs geführt worden ist.

III. Terminsgebühr (Nr. 4102, 4103 VV)

12   **1. Allgemeines.** Nr. 4102 VV regelt fünf Fälle, in denen eine Terminsgebühr für die Teilnahme an **Terminen außerhalb der Hauptverhandlung** entsteht. Erfasst sind in erster Linie Termine im **Ermittlungsverfahren**. Die Gebühr ist aber nicht auf das vorbereitende Verfahren beschränkt, was sich aus der systematischen Stellung in Teil 4 Abschnitt 1 Unterabschnitt 1 VV („Allgemeine Gebühren") ergibt.

13   Nicht jede Teilnahme an einem der in Nr. 4102 VV genannten Termine wird jedoch gesondert vergütet. Vielmehr enthält die Anmerkung zu Nr. 4102 VV Beschränkungen: Nach **Anm. S. 1** gelten mehrere Termine iSd Nr. 4102 Nr. 1–5 VV, die an einem Tag stattfinden, als ein einziger Termin. Zudem entsteht gem. **Anm. S. 2** die Terminsgebühr im vorbereitenden Verfahren und in jedem Rechtszug für die Teilnahme an jeweils bis zu drei Terminen nur einmal.

Beispiele:
a) 3 Termine an unterschiedlichen Tagen: 1 Terminsgebühr.
b) 5 Termine an unterschiedlichen Tagen: 2 Terminsgebühren.
c) 7 Termine an unterschiedlichen Tagen: 3 Terminsgebühren.

14   Die Beschränkungen gelten für alle Alternativen der Terminsgebühr Nr. 4102 VV. Es muss sich also bei den zusammengefassten Terminen nicht um Termine derselben Ziffer der Nr. 4102 VV handeln.[9]

15   Auch ein **ausgefallener Termin** zählt hier unter den Voraussetzungen der Vorbem. 4 Abs. 3 VV mit (hierzu → Vorbem. 4 VV Rn 18 ff). Ausnahme: Hafttermine (→ Rn 23).

16   **2. Die in Nr. 4102 VV geregelten Fälle. a) Richterliche Vernehmungen und Augenscheineinnahmen (Nr. 4102 Nr. 1 VV).** Nach Nr. 4102 Nr. 1 VV entsteht die Gebühr für die Teilnahme an richterlichen Beschuldigten- oder Zeugenvernehmungen sowie bei der richterlichen Einnahme des Augenscheins.

17   Aus systematischen Gründen ist eine Vernehmung des Beschuldigten im Rahmen eines **Haft(prüfungs)termins** jedoch nicht ausreichend. Der zuständige Richter hat den aufgrund eines Haftbefehls ergriffenen Beschuldigten stets über den Gegenstand der Beschuldigung „zu vernehmen", § 115 Abs. 2 StPO. Dem Beschuldigten ist Gelegenheit zu geben, die Verdachts- und Haftgründe zu entkräften und die Tatsachen geltend zu machen, die zu seinen Gunsten sprechen, § 115 Abs. 3 S. 2 StPO. Dieses „Vernehmungsangebot" muss der Richter dem Beschuldigten nicht nur bei der erstmaligen Vorführung, sondern in jedem Haftprüfungstermin unterbreiten. Würde dies zu einer Gebühr nach Nr. 4102 Nr. 1 VV führen, würde unabhängig von der Regelung in Nr. 4102 Nr. 3 VV eine Terminsgebühr nach Nr. 4102 Nr. 1 VV entstehen. In Nr. 4102 Nr. 3 VV ist jedoch vorgesehen, dass die Terminsgebühr in Haft- und Unterbringungsterminen nur anfällt, wenn über die Untersuchungshaft oder einstweilige Unterbringung verhandelt wird. Das Anknüpfen an ein Verhandeln darf nicht leerlaufen.[10]

18   **Anhörungstermine** sind keine richterlichen Vernehmungstermine. Hätte der Gesetzgeber diese erfassen wollen, hätte er sie ausdrücklich in Nr. 4102 Nr. 1 VV aufgenommen. Daher löst die Teilnahme des Rechtsanwalts an einem Anhörungstermin nach § 57 JGG die Gebühr nach Nr. 4102 Nr. 1 VV nicht aus.[11]

---

8 So auch *Jungbauer*, DAR 2013, 490, 494; aus der Rspr: LG Oldenburg zfs 2014, 648; aA (ohne Begr.) OLG Nürnberg StraFo 2015, 39. **9** So auch AnwK-RVG/*N. Schneider*, Nr. 4102–4103 VV Rn 14. **10** Im Ergebnis ebenso: OLG Jena 15.10.2013 – 1 Ws 344/13, juris; KG AGS 2009, 480; LG Düsseldorf 23.8.2013 – 4 KLs-90 Js 6363/12-24/12 B; unzutr. daher Bischof u.a./ *Uber*, 5. Aufl. 2013, Vorbem. 4.1, Nr. 4100–4103 VV Rn 78; aA iE auch LG Traunstein 20.9.2012 – 1 Ks 201 Js 3874/11 (2). **11** AA LG Mannheim AGS 2008, 179; Bischof u.a./*Uber*, 5. Aufl. 2013, Vorbem. 4.1, Nr. 4100–4103 VV Rn 77; Gerold/ Schmidt/*Burhoff*, 21. Aufl., Nr. 4102 VV Rn 6.

b) Vernehmungen durch Strafverfolgungsbehörden (Nr. 4102 Nr. 2 VV). Mit Nr. 4102 Nr. 2 VV wird die **19** Teilnahme an Vernehmungen der Strafverfolgungsbehörden honoriert. Gemeint sind mit „Strafverfolgungsbehörden" die Polizei, die Staatsanwaltschaft und im Steuerstrafverfahren die Finanzbehörde nach §§ 386, 399 Abs. 1 AO.

c) Haft(prüfungs)termine außerhalb der Hauptverhandlung (Nr. 4102 Nr. 3 VV). Nr. 4102 Nr. 3 VV sieht **20** eine Terminsgebühr für die Teilnahme an einem Termin vor, in dem außerhalb der Hauptverhandlung über die Anordnung oder Fortdauer der **Untersuchungshaft** (§§ 115, 115 a, 118 StPO) oder der **einstweiligen Unterbringung** (§ 126 a iVm §§ 115, 115 a, 118 StPO) verhandelt wird.[12]

Bei **Haftbefehlsverkündungsterminen bzw Vorführungen aufgrund vorläufiger Festnahme** entsteht die Ter- **21** minsgebühr deshalb nur, wenn mehr geschieht als die reine Aushändigung und Bekanntgabe („Verkündung") des Haftbefehls.[13] Die bloße Möglichkeit der Äußerung ist kein Verhandeln iSd Nr. 3. Für ein Verhandeln ist allerdings nicht erforderlich, dass der Verteidiger einen Antrag stellt. Es genügt, dass eine Erklärung oder Stellungnahme abgegeben wird, die sich mit der Anordnung oder Fortdauer des Freiheitsentzugs befasst.[14] Ausreichend ist auch eine Erklärung zur Haftfähigkeit des Beschuldigten, auch wenn diese primär den Vollzug des Haftbefehls betrifft. Ob der Beschuldigte (auf Anraten seines Verteidigers) schweigt oder Angaben zur Sache macht, ist für das Entstehen der Gebühr unerheblich. Andererseits stellt der bloße Rat an den Mandanten, zu schweigen, kein „Verhandeln" dar.[15]

In **mündlichen Haftprüfungsterminen** nach § 118 StPO wird regelmäßig über die Haftfrage verhandelt, **22** schließlich will der Beschuldigte eine abweichende Beurteilung der Haftfrage erreichen. Unabhängig vom Protokollinhalt besteht hier eine Vermutung, dass über die Haftfrage verhandelt worden ist. Denkbar sind aber auch hier Fälle, in denen es nicht zu einem Verhandeln kommt, etwa wenn der Beschuldigte seinen Antrag auf Haftprüfung noch vor Erörterung der Haftfrage zurücknimmt. Allerdings entsteht die Gebühr auch dann, wenn eine sachbezogene Erörterung mit dem Verteidiger, wie es manchmal vorkommt, vor dem offiziellen Beginn des Haftprüfungstermins in Abwesenheit des Beschuldigten erfolgt.[16] Dass im eigentlichen Haftprüfungstermin die ausgetauschten Argumente nicht nochmals wiederholt werden, sondern der Verteidiger nach Rücksprache mit dem Beschuldigten den Haftprüfungsantrag unmittelbar nach Terminsbeginn zurücknimmt, steht der Terminsgebühr nicht entgegen.

Wird der **Termin kurzfristig abgesagt**, entsteht über Vorbem. 4 Abs. 3 S. 2 VV keine Terminsgebühr. Denn **23** ein Verhandeln hat hier denknotwendig nicht stattgefunden. Gleiches gilt für den Fall, dass der Termin ohne Kenntnis des Verteidigers vorverlegt wurde und der Verteidiger verspätet erscheint. Es wurde dann zwar zur Haftfrage verhandelt, aber ohne den Verteidiger.[17] Dass Vorbem. 4 Abs. 3 S. 2 VV damit in diesen Fällen leerläuft, ist eine Folge des Erfordernisses des Verhandelns für das Entstehen der Gebühr und als gesetzgeberische Entscheidung hinzunehmen.

d) Verhandlungen im Rahmen des Täter-Opfer-Ausgleichs (Nr. 4102 Nr. 4 VV). Nr. 4102 Nr. 4 VV sieht **24** eine Terminsgebühr für die Teilnahme an Verhandlungen im Rahmen des **Täter-Opfer-Ausgleichs** vor. Dies ist die Teilnahme an (Verhandlungs-)Terminen in den (förmlichen) Verfahren nach den §§ 153 a Abs. 1 Nr. 5, 155 a, 155 b StPO. Ausreichend ist aber auch ein Termin, in dem ohne Beteiligung von Staatsanwaltschaft und Gericht über eine Schadenswiedergutmachung verhandelt wird. Ein institutionalisiertes Täter-Opfer-Ausgleich-Verfahren setzt die Gebühr nicht voraus.[18] Es genügt auch ein „Spontan-Termin", etwa wenn in einem Termin, der die Möglichkeit einer Verständigung über den Ausgang des Verfahrens zum Gegenstand hat, über einen Täter-Opfer-Ausgleich verhandelt wird.[19] Ein Telefonat des Rechtsanwalts mit dem Opfer ist kein Termin und löst die Gebühr nicht aus.[20]

Für ein **Verhandeln** ist eine mündliche Besprechung zwischen den Beteiligten des Täter-Opfer-Ausgleichs er- **25** forderlich, in der es inhaltlich um die tatsächlichen und rechtlichen Voraussetzungen dieses Ausgleichs geht. Streitig muss das Gespräch nicht geführt werden.[21] Auch muss ein Täter-Opfer-Ausgleich nicht erreicht werden. Es muss jedoch eine grundsätzliche Einigungsbereitschaft auf *beiden* Seiten bestehen; reine Anbahnungs- und Sondierungsgespräche, um die grundsätzliche Einigungsbereitschaft abzuklären, reichen nicht aus.[22] Diese sind durch die allgemeine Verfahrensgebühr (mit-)abgegolten.

---

12 Vgl dazu BT-Drucks 15/1971, S. 223. **13** OLG Saarbrücken StraFo 2014, 350; OLG Jena 15.10.2013 – 1 Ws 344/13, juris. **14** Vgl KG StraFo 2006, 472; weitergehend Gerold/Schmidt/*Burhoff*, 21. Aufl., Nr. 4102, 4103 VV Rn 14, der es als unerheblich bezeichnet, wozu die Verhandlung stattgefunden hat. **15** OLG Jena 15.10.2013 – 1 Ws 344/13, juris. **16** So für den Vorführtermin nach § 115 StPO: LG Düsseldorf 25.3.2005 – Qs 9/05, burhoff.de. **17** AA LG Dortmund 9.2.2016 – 34 Qs 110 Js 265/15, burhoff.de – jedoch ohne jedes Problembewusstsein. **18** LG Kiel AGS 2010, 295; aA offenbar Bischof u.a./*Uher*, 5. Aufl. 2013, Vorbem. 4.1, Nr. 4100–4103 VV Rn 79, wonach Voraussetzung sein soll, dass von der mit dem Täter-Opfer-Ausgleich beauftragten Stelle (Verein Ausgleich e.V., Brücke e.V. o.Ä.) ein Termin anberaumt wurde. **19** LG Saarbrücken 22.1.2015 – 3 KLs 3/14, juris. **20** Vgl BT-Drucks 15/1971, S. 223. **21** Vgl dazu BT-Drucks 15/1971, S. 223. **22** LG Saarbrücken 22.1.2015 – 3 KLs 3/14, juris.

26   **e) Sühnetermine nach § 380 StPO (Nr. 4102 Nr. 5 VV).** Die Gebühr Nr. 4102 Nr. 5 VV entsteht für die Teilnahme an **Sühneterminen nach 380 StPO.** Das sind (nur) die Termine, die von den nach § 380 Abs. 1 S. 1 StPO eingerichteten „Vergleichsbehörden" im Rahmen des Privatklageverfahrens anberaumt worden sind.

27   **3. Analoge Anwendung von Nr. 4102 VV?** Ob Nr. 4102 VV auf weitere Fälle zu erstrecken ist, ist streitig. Die Frage ist zu verneinen, die Regelung ist **abschließend.**[23] In den Nr. 1–5 sind konkrete Tatbestände geregelt, nach denen die Gebühr entsteht. Es handelt sich nicht um bloße Beispiele. Anderenfalls hätte der Gesetzgeber Formulierungen wie „insbesondere" oder „beispielsweise" gebraucht.[24]

28   Mithin entsteht keine Terminsgebühr analog Nr. 4102 VV für die Teilnahme an einem **Explorationsgespräch**[25] oder an sonstigen Terminen bei einem **Sachverständigen.**[26]

29   Auch für einen Termin mit dem Ziel einer **Verständigung iSv § 257 c StPO** entsteht keine Terminsgebühr analog Nr. 4102 VV. Solche Erörterungen können stattfinden bei der Staatsanwaltschaft im vorbereitenden Verfahren (§ 160 b StPO), im (gerichtlichen) Eröffnungsverfahren (§ 202 a StPO), nach Eröffnung außerhalb der Hauptverhandlung (§ 212 StPO) und während der Hauptverhandlung (§ 257 b StPO). Wird in einem Hauptverhandlungstermin (nur) über die Möglichkeit einer Verständigung gesprochen, handelt es sich um einen normalen Hauptverhandlungstermin, der eine (Hauptverhandlungs-)Terminsgebühr auslöst. Wird außerhalb der Hauptverhandlung gesprochen, so entsteht keine Terminsgebühr.[27] Dies gilt selbst dann, wenn das Gericht zu einem „Erörterungstermin gem. § 212 StPO" geladen hat. Der Wahlanwalt kann die Teilnahme an solchen Terminen bei der Bemessung der Verfahrensgebühr gebührenerhöhend berücksichtigen. Bei gerichtlich bestellten/beigeordneten Rechtsanwälten, die eine Festgebühr erhalten, kann der zusätzliche Aufwand unter den Voraussetzungen des § 51 die Festsetzung einer Pauschgebühr rechtfertigen.[28]

Unterabschnitt 2
Vorbereitendes Verfahren

Nr.	Gebührentatbestand	Gebühr oder Satz der Gebühr nach § 13 oder § 49 RVG	
		Wahlanwalt	gerichtlich bestellter oder beigeordneter Rechtsanwalt
Vorbemerkung 4.1.2:			
Die Vorbereitung der Privatklage steht der Tätigkeit im vorbereitenden Verfahren gleich.			
4104	Verfahrensgebühr .... Die Gebühr entsteht für eine Tätigkeit in dem Verfahren bis zum Eingang der Anklageschrift, des Antrags auf Erlass eines Strafbefehls bei Gericht oder im beschleunigten Verfahren bis zum Vortrag der Anklage, wenn diese nur mündlich erhoben wird.	40,00 bis 290,00 €	132,00 €
4105	Gebühr 4104 mit Zuschlag	40,00 bis 362,50 €	161,00 €

1   In Unterabschnitt 2 (Nr. 4104, 4105 VV) sind die Gebühren für das vorbereitende Verfahren, dem **Ermittlungsverfahren,** geregelt.

2   Nach Vorbem. 4.1.2 VV steht die **Vorbereitung der Privatklage** dem Ermittlungsverfahren gleich.

3   Mit dem Gebührentatbestand **Nr. 4104 VV** wird die **Verfahrensgebühr** für das Ermittlungsverfahren festgelegt. Das vorbereitende Verfahren dauert nach der Anm. zu Nr. 4104 VV bis zum Eingang der Anklage-

---

23 OLG Köln 23.7.2014 – III-2 Ws 416/14, juris. **24** Vgl OLG Saarbrücken 8.8.2011 – 1 Ws 89/11, juris. **25** AG Oschatz 4.4.2012 – 1 Ds 253 Js 25756/11, juris (Sachverständigentermin); aA LG Offenburg NStZ-RR 2006, 358–360 und LG Freiburg AGS 2015, 28 (Teilnahme an einem Explorationsgespräch durch einen Sachverständigen) sowie LG Braunschweig StraFo 2011, 377 (ein im zweiten Berufungsverfahren wahrgenommen, von einem gerichtlich bestellten Sachverständigen anberaumter Ortstermin). **26** LG Zweibrücken 29.6.2012 – Qs 56/12, juris. **27** OLG Köln 23.7.2014 – III-2 Ws 416/14, juris; OLG Saarbrücken RVGreport 2012, 66 f; KG RVGreport 2006, 151 f; LG Osnabrück JurBüro 2011, 640; aA LG Freiburg/Breisgau NJW-Spezial 2011, 92 f; *Rueber,* in: jurisPR-StrafR 6/2011 Anm. 4. **28** Vgl OLG Köln 23.7.2014 – III-2 Ws 416/14, juris.

schrift, des Antrags auf Erlass eines Strafbefehls bei Gericht oder im beschleunigten Verfahren bis zum Vortrag der Anklage, wenn diese nur mündlich erhoben wird.

Nach **Nr. 4105 VV** entsteht die Gebühr mit Zuschlag, wenn sich der Mandant des Rechtsanwalts während des vorbereitenden Verfahrens – jedenfalls zeitweise – nicht „auf freiem Fuß" befindet (→ Vorbem. 4 VV Rn 22 ff).   4

Unterabschnitt 3
Gerichtliches Verfahren

Erster Rechtszug

Nr.	Gebührentatbestand	Gebühr oder Satz der Gebühr nach § 13 oder § 49 RVG	
		Wahlanwalt	gerichtlich bestellter oder beigeordneter Rechtsanwalt
4106	Verfahrensgebühr für den ersten Rechtszug vor dem Amtsgericht	40,00 bis 290,00 €	132,00 €
4107	Gebühr 4106 mit Zuschlag	40,00 bis 362,50 €	161,00 €
4108	Terminsgebühr je Hauptverhandlungstag in den in Nummern 4106 genannten Verfahren	70,00 bis 480,00 €	220,00 €
4109	Gebühr 4108 mit Zuschlag	70,00 bis 600,00 €	268,00 €
4110	Der gerichtlich bestellte oder beigeordnete Rechtsanwalt nimmt mehr als 5 und bis 8 Stunden an der Hauptverhandlung teil: Zusätzliche Gebühr neben der Gebühr 4108 oder 4109		110,00 €
4111	Der gerichtlich bestellte oder beigeordnete Rechtsanwalt nimmt mehr als 8 Stunden an der Hauptverhandlung teil: Zusätzliche Gebühr neben der Gebühr 4108 oder 4109		220,00 €
4112	Verfahrensgebühr für den ersten Rechtszug vor der Strafkammer .... Die Gebühr entsteht auch für Verfahren 1. vor der Jugendkammer, soweit sich die Gebühr nicht nach Nummer 4118 bestimmt, 2. im Rehabilitierungsverfahren nach Abschnitt 2 StrRehaG.	50,00 bis 320,00 €	148,00 €
4113	Gebühr 4112 mit Zuschlag	50,00 bis 400,00 €	180,00 €
4114	Terminsgebühr je Hauptverhandlungstag in den in Nummer 4112 genannten Verfahren	80,00 bis 560,00 €	256,00 €
4115	Gebühr 4114 mit Zuschlag	80,00 bis 700,00 €	312,00 €

Nr.	Gebührentatbestand	Gebühr oder Satz der Gebühr nach § 13 oder § 49 RVG	
		Wahlanwalt	gerichtlich bestellter oder beigeordneter Rechtsanwalt
4116	Der gerichtlich bestellte oder beigeordnete Rechtsanwalt nimmt mehr als 5 und bis 8 Stunden an der Hauptverhandlung teil: Zusätzliche Gebühr neben der Gebühr 4114 oder 4115		128,00 €
4117	Der gerichtlich bestellte oder beigeordnete Rechtsanwalt nimmt mehr als 8 Stunden an der Hauptverhandlung teil: Zusätzliche Gebühr neben der Gebühr 4114 oder 4115		256,00 €
4118	Verfahrensgebühr für den ersten Rechtszug vor dem Oberlandesgericht, dem Schwurgericht oder der Strafkammer nach den §§ 74 a und 74 c GVG .... Die Gebühr entsteht auch für Verfahren vor der Jugendkammer, soweit diese in Sachen entscheidet, die nach den allgemeinen Vorschriften zur Zuständigkeit des Schwurgerichts gehören.	100,00 bis 690,00 €	316,00 €
4119	Gebühr 4118 mit Zuschlag	100,00 bis 862,50 €	385,00 €
4120	Terminsgebühr je Hauptverhandlungstag in den in Nummer 4118 genannten Verfahren	130,00 bis 930,00 €	424,00 €
4121	Gebühr 4120 mit Zuschlag	130,00 bis 1.162,50 €	517,00 €
4122	Der gerichtlich bestellte oder beigeordnete Rechtsanwalt nimmt mehr als 5 und bis 8 Stunden an der Hauptverhandlung teil: Zusätzliche Gebühr neben der Gebühr 4120 oder 4121		212,00 €
4123	Der gerichtlich bestellte oder beigeordnete Rechtsanwalt nimmt mehr als 8 Stunden an der Hauptverhandlung teil: Zusätzliche Gebühr neben der Gebühr 4120 oder 4121		424,00 €

Berufung

Nr.	Gebührentatbestand	Gebühr oder Satz der Gebühr nach § 13 oder § 49 RVG	
		Wahlanwalt	gerichtlich bestellter oder beigeordneter Rechtsanwalt
4124	Verfahrensgebühr für das Berufungsverfahren .... Die Gebühr entsteht auch für Beschwerdeverfahren nach § 13 StrRehaG.	80,00 bis 560,00 €	256,00 €
4125	Gebühr 4124 mit Zuschlag	80,00 bis 700,00 €	312,00 €

Nr.	Gebührentatbestand	Gebühr oder Satz der Gebühr nach § 13 oder § 49 RVG	
		Wahlanwalt	gerichtlich bestellter oder beigeordneter Rechtsanwalt
4126	Terminsgebühr je Hauptverhandlungstag im Berufungsverfahren .... Die Gebühr entsteht auch für Beschwerdeverfahren nach § 13 StrRehaG.	80,00 bis 560,00 €	256,00 €
4127	Gebühr 4126 mit Zuschlag	80,00 bis 700,00 €	312,00 €
4128	Der gerichtlich bestellte oder beigeordnete Rechtsanwalt nimmt mehr als 5 und bis 8 Stunden an der Hauptverhandlung teil: Zusätzliche Gebühr neben der Gebühr 4126 oder 4127		128,00 €
4129	Der gerichtlich bestellte oder beigeordnete Rechtsanwalt nimmt mehr als 8 Stunden an der Hauptverhandlung teil: Zusätzliche Gebühr neben der Gebühr 4126 oder 4127		256,00 €

Revision

Nr.	Gebührentatbestand	Gebühr oder Satz der Gebühr nach § 13 oder § 49 RVG	
		Wahlanwalt	gerichtlich bestellter oder beigeordneter Rechtsanwalt
4130	Verfahrensgebühr für das Revisionsverfahren	120,00 bis 1.100,00 €	492,00 €
4131	Gebühr 4130 mit Zuschlag	120,00 bis 1.387,50 €	603,00 €
4132	Terminsgebühr je Hauptverhandlungstag im Revisionsverfahren	120,00 bis 560,00 €	272,00 €
4133	Gebühr 4132 mit Zuschlag	120,00 bis 700,00 €	328,00 €
4134	Der gerichtlich bestellte oder beigeordnete Rechtsanwalt nimmt mehr als 5 und bis 8 Stunden an der Hauptverhandlung teil: Zusätzliche Gebühr neben der Gebühr 4132 oder 4133		136,00 €
4135	Der gerichtlich bestellte oder beigeordnete Rechtsanwalt nimmt mehr als 8 Stunden an der Hauptverhandlung teil: Zusätzliche Gebühr neben der Gebühr 4132 oder 4133		272,00 €

I. Allgemeines

1 Unterabschnitt 3 regelt die Gebühren für das **gerichtliche Verfahren erster Instanz** (Nr. 4106–4123 VV), das **Berufungsverfahren** (Nr. 4124–4129 VV) und das **Revisionsverfahren** (Nr. 4130–4135 VV). Die Gebühren, die in den Instanzen oder im Ermittlungsverfahren entstehen, werden **nicht aufeinander angerechnet**. Allein die **Grundgebühr** erhält der Rechtsanwalt **nur einmal**, da sie gem. Anm. Abs. 1 zu Nr. 4100 VV nur für das erstmalige Einarbeiten in den Rechtsfall entsteht.

II. Verfahrensgebühr für den ersten Rechtszug (Nr. 4106/4107, 4112/4113, 4118/4119 VV)

2 Die Verfahrensgebühr für den ersten Rechtszug ist je nach der Ordnung des erstinstanzlichen Gerichts unterschiedlich hoch. Durch sie wird die Tätigkeit außerhalb der Hauptverhandlung abgegolten.

III. Terminsgebühr je Hauptverhandlungstag im ersten Rechtszug (Nr. 4108/4109, 4114/4115, 4120/4121 VV)

3 Die Terminsgebühr entsteht für jeden Hauptverhandlungstag (Kalendertag) gesondert. § 15 Abs. 2, wonach der Rechtsanwalt die Gebühren in derselben Angelegenheit nur einmal fordern kann, gilt hier nicht.

IV. Längenzuschlag für den gerichtlich bestellten oder beigeordneten Anwalt im ersten Rechtszug (Nr. 4110, 4111, 4116, 4117, 4122, 4123 VV)

4 Gerichtlich bestellte oder beigeordnete Rechtsanwälte erhalten, wenn sie an einem Hauptverhandlungstag **mehr als 5 oder 8 Stunden** teilnehmen, neben der Terminsgebühr eine **zusätzliche Gebühr** (sog. **Längenzuschlag**).

5 Bei der Berechnung der für den Längenzuschlag maßgebenden Dauer der Hauptverhandlung gibt es zahlreiche Zweifelsfragen:

6 Weitgehend Einigkeit besteht darüber, dass es für den **Beginn der Hauptverhandlung** nicht auf deren tatsächlichen, ggf verzögerten Beginn ankommt, sondern auf den Zeitpunkt, zu dem der Rechtsanwalt geladen und tatsächlich erschienen ist.[1] Die **Wartezeit** ab der Terminstunde rechnet somit mit. Vorbem. 4 Abs. 3 S. 2 VV gilt hier entsprechend.[2]

7 Ob **Sitzungspausen** abzuziehen sind, wird nicht einheitlich beantwortet. Einigkeit besteht, dass **kurze Unterbrechungen** der Hauptverhandlung nicht abgezogen werden. Muss sich der Rechtsanwalt in Bereitschaft halten, unterbricht etwa der Vorsitzende die Hauptverhandlung für eine Beratung über einen Antrag verbunden mit dem Hinweis, die Sitzung werde in 10 Minuten fortgesetzt, gehört auch diese Zeit, über die der Rechtsanwalt nicht verfügen kann, zur Hauptverhandlungsdauer, mag auch formal während der Unterbrechung eine Hauptverhandlung nicht stattfinden.

8 Wird die Sitzung für eine **Pause** unterbrochen, in der sich die Beteiligten regelmäßig von dem Gerichtssaal entfernen und daher nicht mehr zur Verfügung stehen, besteht Uneinigkeit, unter welchen Voraussetzungen diese Pausen zur Sitzungsdauer rechnen.

9 Von den meisten Oberlandesgerichten wird eine Sitzungspause abgezogen, wenn der Rechtsanwalt sie sinnvoll nutzen kann.[3] Dies ist sachgerecht. Dabei ist der Ansicht der meisten Oberlandesgerichte zu folgen, die generalisierend **Sitzungspausen ab einer Stunde** in Abzug bringen.[4] Denn die Bewertung, ob ein Rechtsanwalt Pausen „sinnvoll" hat nutzen können, ist – zumal retrospektiv und anhand der Verfahrensakte – weder dem Urkundsbeamten der Geschäftsstelle noch dem Gericht möglich. Ob er die Zeit für Gespräche nutzt, Mittagessen geht, mit seinem Büro telefoniert, sich anderweitig beschäftigt oder sich schlicht ausruht, ist allein seine Sache.[5] Die (potentielle) Nutzbarkeit der Pause ist mithin der Hintergrund dafür, dass Pausen ab einer Stunde abgezogen werden. Es kommt jedoch aufgrund einer generalisierten Betrachtung nicht darauf an, ob der Rechtsanwalt die Pause im konkreten Einzelfall sinnvoll genutzt hat oder überhaupt nutzen konnte.

---

1 OLG Köln 27.3.2012 – 2 Ws 227/12, juris; OLG Jena 11.6.2008 – 1 AR (S) 79/07; OLG Dresden 17.4.2008 – 1 Ws 74/08, juris; OLG Stuttgart StV 2006, 200 f; KG AGS 2006, 123; OLG Hamm StV 2006, 201; OLG Koblenz NJW 2006, 1150; OLG Hamm AGS 2006, 337–339; zu dieser Ansicht neigend auch: OLG Celle NStZ 2007, 391; aA OLG Saarbrücken 20.11.2007 – 1 Ws 221/07, juris; OLG Saarbrücken NStZ-RR 2006, 191; LG Magdeburg JurBüro 2006, 196; AG Pirmasens 6.1.2016 – 1 Ls 4372 Js 13002/13 jug, juris. **2** OLG Köln 27.3.2012 – 2 Ws 227/12, juris. **3** So etwa OLG Koblenz NJW 2006, 1150. **4** So etwa OLG Frankfurt 17.8.2015 – 2 Ws 51/15, juris; KG 8.5.2011 – 1 Ws 134/08, burhoff.de (Pausen von mindestens einer Stunde rechnen nicht mit); OLG Frankfurt 13.3.2012 – 2 Ws 18/12, juris; ähnl. auch OLG Jena 11.6.2008 – 1 AR (S) 79/07, juris; auf die Umstände des Einzelfalls abstellend: OLG Koblenz NJW 2006, 1150; OLG Hamm AGS 2006, 337–339. **5** OLG Frankfurt 13.3.2012 – 2 Ws 18/12, juris.

Kürzere Unterbrechungen und Pausen rechnen grds. für den Längenzuschlag mit zur Hauptverhandlungs-   10
dauer.[6] Aber auch hier ist eine **Ausnahme** veranlasst, wenn der Rechtsanwalt, der den Längenzuschlag beansprucht, die **Unterbrechung/Pause selbst veranlasst** hat. Wird die Sitzung auf Antrag oder Wunsch des
Rechtsanwalts unterbrochen, weil er mit seinem Mandanten einen Antrag erörtern und/oder einen solchen
schriftlich vorbereiten möchte, rechnet die dafür benötigte Zeit für den Längenzuschlag nicht mit.[7] Denn es
handelt sich bei diesen Tätigkeiten um Vorbereitungsaufwand für den (fortzusetzenden) Termin, der über
die „normale" Terminsgebühr (mit-)abgegolten wird.[8] Dass die Vorbereitung in eine Sitzungspause fällt,
ändert hieran nichts. Es empfiehlt sich daher, in diesen Fällen den Grund für die Unterbrechung in das
Hauptverhandlungsprotokoll aufzunehmen, um später dem Urkundsbeamten den Abzug dieser Zeit(en) zu
ermöglichen. Steht nichts im Protokoll, wird der Urkundsbeamte davon ausgehen, dass die Unterbrechung
verfahrensbedingt war und vom Gericht veranlasst wurde.

Abzuziehen sind auch Unterbrechungen von weniger als einer Stunde, in denen der Rechtsanwalt einen **an-**   11
derweitigen (Gerichts-)Termin wahrnimmt.[9] Denn einen Anspruch auf doppelte Vergütung seines Zeitaufwands hat er nicht.

Sehr streitig ist, ob eine **Mittagspause** mit zu der Hauptverhandlungsdauer rechnet. Hierzu wird vertreten: 12
1. Eine Mittagspause bis zu einer Stunde wird nicht abgezogen, die darüber hinausgehende Pause nur, wenn sie
nach den vorstehenden Regeln sinnvoll nutzbar war.[10] 2. Eine Mittagspause von einer Stunde braucht sich der
Rechtsanwalt nicht anrechnen zu lassen.[11] 3. Mittagspausen sind von der Verhandlungsdauer grds. und
generell nicht abzuziehen, es sei denn, die Mittagspause erstreckt sich über einen „extrem langen Zeitraum".[12]
Dies soll nur der Fall sein bei einer Mittagspause von mehr als drei Stunden.[13] 4. Die Mittagspause wird bis zu
einer Stunde in Abzug gebracht; die Zeit von mehr als einer Stunde nur, wenn der Rechtsanwalt sie nach den
obigen Regeln sinnvoll nutzen konnte.[14] 5. Die Mittagspause wird in vollem Umfang in Abzug gebracht.[15]

Die letzten beiden Ansichten (4. und 5.) unterscheiden sich praktisch kaum, weil eine Mittagspause von   13
mehr als einer Stunde selten sein wird. Der Vergleich mit der Vergütung anderer Berufsgruppen, welchen
die Mittagspause ebenfalls nicht vergütet wird, spricht für die Richtigkeit dieser Ansichten.[16] Mittagspausen dienen allgemein der Regeneration und werden üblicherweise von Rechtsanwälten auch an Arbeitstagen eingelegt, an denen sie ihrer beruflichen Tätigkeit außerhalb einer Hauptverhandlung nachgehen. Bei
Mittagspausen handelt es sich um eine „prozessneutrale" Unterbrechung, während der der an dem Verfahren beteiligte Rechtsanwalt auch aus eigenem Interesse nicht an einer Verhandlung teilnimmt und deshalb
eine zeitliche Beanspruchung seiner Arbeitskraft nicht geltend machen kann.[17] Verzögert sich allerdings
nach einer Mittagspause der vom Vorsitzenden angesetzte Wiederbeginn der Verhandlung, zählt eine solche
Wartezeit für denjenigen, der diese nicht verschuldet hat, zur Sitzungsdauer.[18] Hier gelten die Ausführungen
in → Rn 6 entsprechend.

V. Gebühren für das Berufungsverfahren (Nr. 4124–4129 VV)

1. Gebührenrechtlicher Beginn des Berufungsverfahrens. Für den Verteidiger, der den Angeklagten in erster   14
Instanz noch nicht vertreten hat, beginnt das Berufungsverfahren mit der **Einlegung der Berufung.** War er
hingegen bereits in erster Instanz Verteidiger, wird die Einlegung der Berufung von der dort entstandenen
Verfahrensgebühr (mit-)abgegolten, § 19 Abs. 1 S. 2 Nr. 10. Auch die Beratung über die Einlegung der Berufung gehört dann noch zu dieser Instanz.

2. Insbesondere: Rücknahme der Berufung durch die Staatsanwaltschaft. Ob der in erster Instanz bereits   15
tätig gewordene Verteidiger bei einer Berufung der Staatsanwaltschaft die Gebühr Nr. 4124 VV erhält,

---

6 AA aber OLG Saarbrücken 20.11.2007 – 1 Ws 221/07, juris (voller Abzug aller Sitzungsunterbrechungen). **7** So auch *Kotz*, NStZ 2009, 414, 419; vgl auch OLG Frankfurt 19.6.2012 – 2 Ws 83/12, juris, m. abl. Anm. *Burhoff*, RVGreport 2015, 462, der dem OLG Frankfurt „Arroganz" und eine allgemein nicht nachvollziehbare Gebührenrechtsprechung vorwirft. Berechtigt ist diese Kritik nicht. **8** Vgl *Stollenwerk*, DRiZ 2014, 66; so nun auch: OLG Frankfurt 17.8.2015 – 2 Ws 51/15, welches die Vorbereitung eines Befangenheitsantrags für den fortzusetzenden Termin jedoch unzutreffend dem Abgeltungsbereich der Verfah-
rensgebühr zuordnet; für eine Tätigkeit im Rahmen der Terminsgebühr indes: OLG Nürnberg 30.12.2014 – 2 AR 36/14, juris;
vgl auch OLG Braunschweig 15.7.2015 – 1 Ws 103/15, juris. **9** OLG Koblenz NJW 2006, 1150. **10** OLG Koblenz NJW
2006, 1150; OLG Hamm StraFo 2006, 173; OLG Düsseldorf NStZ-RR 2006, 391; OLG Hamm AGS 2006, 337–339; OLG
Dresden StraFo 2008, 133f. **11** KG JurBüro 2010, 363; OLG Stuttgart Rpfleger 2006, 36. **12** OLG Karlsruhe 10.10.2013 – 1
Ws 166/12, burhoff.de; OLG Stuttgart StraFo 2012, 384; OLG Stuttgart StV 2006, 200; ähnl. OLG Düsseldorf 21.11.2015 – 1
Ws 358/15, juris. **13** OLG Karlsruhe 10.10.2013 – 1 Ws 166/12, burhoff.de. **14** OLG Nürnberg 22.10.2007 – 1 Ws 541/07,
juris; OLG Jena 28.7.2011 – 1 Ws 148/11 (aber nur, wenn die Pause länger als eine halbe Stunde dauert); OLG Zweibrücken
NStZ-RR 2006, 392 (sogar bis 1 ½ Stunden). **15** OLG Braunschweig NStZ-RR 2014, 295; OLG Celle JurBüro 2014, 301;
OLG München RVGreport 2015, 106; OLG Oldenburg RVGreport 2014, 430; OLG Koblenz, 2. Strafsenat, NJW 2006, 1149;
OLG Bamberg AGS 2006, 124; OLG Saarbrücken 20.11.2007 – 1 Ws 221/07, juris; OLG Celle NStZ-RR 2007, 391. **16** OLG
Saarbrücken 20.11.2007 – 1 Ws 221/07, juris. **17** OLG München RVGreport 2015, 106. **18** LG Ingolstadt 8.4.2016 – 1 Ks 11
Js 13880/13, burhoff.de.

wenn er seinen Mandanten berät und die **Staatsanwaltschaft ihre Berufung vor deren Begründung zurücknimmt**, ist in Rspr und Lit. umstritten. Dabei geht es nicht um die Frage, ob die Gebühr durch eine Tätigkeit in der Berufungsinstanz ausgelöst wird. Dies ist der Fall. Vielmehr geht es darum, ob eine solche Beratung notwendig war oder (noch) nicht. Da der Verteidiger für objektiv unnötige Tätigkeiten keine Vergütung erhält, ist dies fraglich.

16 In der Lit. und von einigen erstinstanzlichen Gerichten wird die Meinung vertreten, auch im Falle einer späteren Rücknahme der Berufung durch die Staatsanwaltschaft reiche für das Entstehen der Gebühr nach Nr. 4124, 4125 VV eine vor Ablauf der Berufungsbegründungsfrist entfaltete Tätigkeit des Verteidigers.[19] Zwar sieht § 317 StPO eine Begründung der Berufung nicht zwingend vor. Nach Nr. 156 Abs. 1 RiStBV *muss* die Staatsanwaltschaft aber jedes von ihr eingelegte Rechtsmittel begründen. Der Verteidiger kann deshalb davon ausgehen, dass – wenn keine Berufungsrücknahme erfolgt – die Berufung der Staatsanwaltschaft innerhalb der Frist des § 317 StPO begründet wird. Eine über allgemein gehaltene Informationen hinausgehende Beratung – die gem. § 19 Abs. 1 S. 2 Nr. 10 bereits mit der Verfahrensgebühr der ersten Instanz abgegolten ist – ist vor Ablauf der Rechtsmittelbegründungsfrist daher weder notwendig noch sinnvoll, denn idR macht erst die Begründung des Rechtsmittels der Staatsanwaltschaft dessen Umfang und Zielrichtung erkennbar und versetzt den Verteidiger in die Lage, den Mandanten sachgerecht zu beraten und die weitere Verteidigungsstrategie zu besprechen. Zudem muss damit gerechnet werden, dass die Staatsanwaltschaft ihr Rechtsmittel nach Kenntnisnahme der schriftlichen Urteilsgründe zurücknimmt. Eine voreilige Beratung über die Aussichten der Berufung ist für die Verteidigung des Angeklagten daher weder notwendig noch förderlich. Daher löst die zwar zulässige, aber zwecklose Beratung durch den Verteidiger grds. keinen Erstattungs- oder Vergütungsanspruch wegen der dadurch entstandenen Gebühren aus.[20]

17 **3. Beschwerdeverfahren nach § 13 StrRehaG.** Die Gebühren entstehen gem. der Anm. zu Nr. 4124 und 4126 VV auch im Beschwerdeverfahren nach § 13 StrRehaG.

VI. Gebühren für das Revisionsverfahren (Nr. 4130–4135 VV)

18 **1. Allgemeines.** Bei einem Verteidiger, der bereits vor dem Tatgericht tätig war, ist die Einlegung der Revision durch die dort verdiente Verfahrensgebühr abgegolten (§ 19 Abs. 1 S. 2 Nr. 10). Auch ein zugleich mit der Einlegung der Revision gestelltes Akteneinsichtsgesuch oder ein Antrag auf Übersendung von Abschriften des Hauptverhandlungsprotokolls führen nicht dazu, dass die Gebühr bereits verdient ist.[21] Da dies üblicherweise bei Einlegung der Revision mitbeantragt wird, liefe § 19 Abs. 1 S. 2 Nr. 10 weitgehend leer.

19 Nur der Rechtsanwalt, der den Angeklagten nicht vor dem (letzten) Tatgericht verteidigt hat, verdient bereits mit Einlegung der Revision bzw mit einem Akteneinsichtsgesuch bzw dem Antrag auf Übersendung von Abschriften des Hauptverhandlungsprotokolls die Verfahrensgebühr für das Revisionsverfahren.

20 Der bereits in der Tatsacheninstanz tätige Verteidiger verdient die Verfahrensgebühr insb. für die Begründung der Revision, wobei die nicht ausgeführte „einfache" Sachrüge ausreicht und bei der Revisionsbegründung das schriftliche Urteil noch nicht vorliegen muss.[22] Nicht mehr zur Einlegung des Rechtsmittels soll eine prüfende und beratende Tätigkeit des Verteidigers gehören. Werde die Revision nicht begründet und im Einverständnis des Mandanten **zurückgenommen**, fehle es zwar an einer anwaltlichen Kerntätigkeit im Revisionsverfahren, jedoch könne der Verteidiger trotz § 19 Abs. 1 S. 2 Nr. 10 für die diesbezügliche Prüfung und Beratung seines Mandanten die Verfahrensgebühr abrechnen.[23] Zutreffend ist dies allenfalls, wenn der Rechtsanwalt *aufgrund neuer Tatsachen*, etwa nach Prüfung der schriftlichen Urteilsgründe, seinem Mandanten die Revisionsrücknahme anrät.[24] Es wäre nicht sachgerecht, wenn ein Verteidiger, der seinem Mandanten nach mündlicher Urteilsverkündung wegen Aussichtslosigkeit bzw Unzweckmäßigkeit gar nicht erst anrät, Revision einzulegen, keine Verfahrensgebühr erhielte, während dem Verteidiger, der erst später – ohne neue Tatsachen – diese Erkenntnis gewinnt, hierfür die Verfahrensgebühr zugebilligt würde. Dadurch würden falsche Anreize gesetzt.

21 **2. Sprungrevision.** Wird von einem Verteidiger gegen ein amtsgerichtliches Urteil nach § 335 Abs. 1 StPO Sprungrevision, von einem anderen Verfahrensbeteiligten Berufung eingelegt, wird die Revision des Angeklagten nach § 335 Abs. 3 S. 1 StPO als Berufung behandelt.

---

19 Vgl Burhoff/*Burhoff*, RVG, Teil B, Nr. 4124 VV Rn 30 ff; Gerold/Schmidt/*Burhoff*, 21. Aufl., Einl. zu Nr. 4124, 4125 VV Rn 7 und Nr. 4124, 4125 VV Rn 6; Bischof u.a./*Uber*, Nr. 4128–4135 VV Rn 93; AnwK-RVG/*N. Schneider*, Nr. 4124–4125 VV Rn 7; Hartung/Schons/Enders/*Hartung*, Nr. 4124–4129 VV Rn 11; *Hartmann*, KostG, Nr. 4124–4129 VV RVG Rn 7; LG Dortmund 25.11.2015 – 31 s 83/15, burhoff.de; LG München I 29.8.2014 – 22 Qs 55/14, juris.de; LG Aurich 27.4.2015 – 13 Qs 8/15, www.rechtsprechung.niedersachsen.de. **20** OLG Köln 3.7.2015 – III-2 Ws 400/15, juris; KG JurBüro 2012, 471; LG Bochum JurBüro 2007, 38; LG Koblenz JurBüro 2009, 198; LG Köln StraFo 2007, 305; aA OLG Stuttgart StV 1998, 615 (für die Revision). **21** AA Gerold/Schmidt/*Burhoff*, 21. Aufl., Nr. 4132–4135 VV Rn 7. **22** OLG Hamm NJW-RR 2007, 72. **23** KG 20.1.2009 – 1 Ws 382/08, juris; LG Aurich 22.11.2012 – 11 Ks 210 Js 9546/11 (3/11), 11 Ks 3/11, juris. **24** Ausdr. aA KG 20.1.2009 – 1 Ws 382/08, juris.

Hier wird vertreten, dass der Verteidiger bis zur Einlegung der Berufung bereits die Gebühr Nr. 4130 VV **22** verdient hat. Mit der Einlegung der Berufung beginne eine neue Angelegenheit. Für dieses Berufungsverfahren erhalte der Verteidiger dann *zusätzlich* die Gebühr nach Nr. 4124 VV.[25]

Dies ist nicht zutreffend.[26] Bereits der Wortlaut des § 335 Abs. 3 S. 1 StPO, wonach die Revision „als Beru- **23** fung behandelt" wird, legt nahe, dass es sich nicht um zwei unterschiedliche Angelegenheiten handelt, sondern lediglich um eine. Tatsächlich ist in einem solchen Fall eine Revision gegen das amtsgerichtliche Urteil gar nicht möglich, sondern einziges Rechtsmittel ist die Berufung. Die eingelegte Revision wird in dieses einzig zulässige Rechtsmittel umgedeutet („behandelt"). Es ist nicht anders als in den sonstigen Fällen, in denen das Gericht ein unzulässiges Rechtsmittel in ein zulässiges Rechtsmittel umdeutet und entsprechend behandelt (vgl § 300 StPO). Diese Umdeutung ist auch gebührenrechtlich nachzuvollziehen. Es entsteht *allein* die Gebühr Nr. 4124 VV.

Unterabschnitt 4
Wiederaufnahmeverfahren

Nr.	Gebührentatbestand	Gebühr oder Satz der Gebühr nach § 13 oder § 49 RVG	
		Wahlanwalt	gerichtlich bestellter oder beigeordneter Rechtsanwalt
Vorbemerkung 4.1.4: Eine Grundgebühr entsteht nicht.			
4136	Geschäftsgebühr für die Vorbereitung eines Antrags … Die Gebühr entsteht auch, wenn von der Stellung eines Antrags abgeraten wird.	in Höhe der Verfahrensgebühr für den ersten Rechtszug	
4137	Verfahrensgebühr für das Verfahren über die Zulässigkeit des Antrags …………………………	in Höhe der Verfahrensgebühr für den ersten Rechtszug	
4138	Verfahrensgebühr für das weitere Verfahren …………	in Höhe der Verfahrensgebühr für den ersten Rechtszug	
4139	Verfahrensgebühr für das Beschwerdeverfahren (§ 372 StPO) …………………………………	in Höhe der Verfahrensgebühr für den ersten Rechtszug	
4140	Terminsgebühr für jeden Verhandlungstag ……………	in Höhe der Terminsgebühr für den ersten Rechtszug	

I. Allgemeines

Die **Nr. 4136–4140 VV** regeln die Gebühren für das Wiederaufnahmeverfahren (§§ 359 ff StPO). Dieses ist **1** gem. § 17 Nr. 12 gegenüber dem vorangegangenen Strafverfahren sowie dem neuen Verfahren nach Wiederaufnahme eine **eigenständige Angelegenheit**. Der Rechtsanwalt kann bei Erfolg des Wiederaufnahmeantrags Gebühren mithin insgesamt dreimal erhalten:

- für das Strafverfahren, das wiederaufgenommen werden soll,
- für das Wiederaufnahmeverfahren und
- für das neue Strafverfahren, das sich an ein erfolgreiches Wiederaufnahmeverfahren anschließt.

---

[25] LG Hamburg StraFo 2014, 526; LG Aachen JurBüro 1991, 12 (zur BRAGO); AnwK-RVG/*N. Schneider*, Nr. 4130–4131 VV Rn 4 mwN; Burhoff/*Burhoff*, RVG, Teil B, Nr. 4130 VV Rn 6; *Mümmler*, JurBüro 1991, 1204 f. Vgl auch LG Memmingen 20.4.2015 – 5 Qs 15/15 jug, burhoff.de; dort wurde nur die Verfahrensgebühr für die Revisionsinstanz festgesetzt, was allerdings daran liegen könnte, dass nur eine solche beantragt wurde. **26** So auch LG Göttingen JurBüro 1987, 1368 (zur BRAGO).

2   Entstehen können eine Geschäftsgebühr und drei Verfahrensgebühren, zudem Terminsgebühren für jeden Verhandlungstag. Nach Vorbem. 4.1.4 VV entsteht jedoch **keine Grundgebühr** im Wiederaufnahmeverfahren. Auch bei einem erfolgreichen Wiederaufnahmeantrag erhält der Rechtsanwalt, der bereits im vorausgegangenen Strafverfahren die Grundgebühr verdient hat, im wiederaufgenommenen Verfahren die Grundgebühr nicht erneut.

3   Die **Höhe** der Gebühren für das Wiederaufnahmeverfahren richtet sich aufgrund der Verweisungen in Nr. 4136–4140 VV nach den Gebühren des ersten Rechtszugs. Die Gebühren richten sich nach dem Gericht, welches **im ersten Rechtszug** das vorausgegangene Verfahren entschieden hat. Dies gilt auch dann, wenn das Wiederaufnahmeverfahren vor dem Berufungsgericht stattfindet.[1]

4   Auch hier gibt es einen **Zuschlag**, wenn sich der Mandant nicht auf „freiem Fuß" befindet (dazu → Vorbem. 4 VV Rn 22 ff), und der gerichtlich bestellte oder beigeordnete Rechtsanwalt kann bei Terminen über 5 oder 8 Stunden eine zusätzliche Gebühr („**Längenzuschlag**") abrechnen (s. dazu Nr. 4106–4135 VV Rn 4 ff).

5   Bei den einzelnen Schritten des Wiederaufnahmeverfahrens handelt es sich jeweils um eigene Angelegenheiten iSv § 15 Abs. 1, so dass jeweils eine gesonderte **Postentgeltpauschale** gem. Nr. 7002 VV anfällt.

6   Im Einzelnen entstehen Gebühren für: die Vorbereitung des Antrags (Nr. 4136 VV); das Verfahren über die Zulässigkeit des Antrags (Nr. 4137 VV); das weitere Verfahren (Nr. 4138 VV); das Beschwerdeverfahren nach § 372 StPO (Nr. 4139 VV); Terminsgebühren für jeden Verhandlungstag (Nr. 4140 VV).

7   Die Nr. 4136 ff VV gelten allerdings nur, wenn der Rechtsanwalt mit der Vertretung eines Beteiligten im gesamten Wiederaufnahmeverfahren beauftragt ist. Soweit er mit **Einzeltätigkeiten** beauftragt ist, richtet sich seine Vergütung nach Teil 4 Abschnitt 3 VV.

II. Die einzelnen Gebühren

8   **1. Geschäftsgebühr für die Vorbereitung des Antrags (Nr. 4136 VV).** Durch die Gebühr wird die **Vorbereitung des Wiederaufnahmeantrags** abgegolten.[2] Neben Gesprächen mit dem Mandanten sind dies etwa eigene Ermittlungen des Rechtsanwalts, wozu ggf die Anhörung von Zeugen sowie die Suche nach und Gespräche mit Sachverständigen gehören sowie jede andere Art der Informationsbeschaffung.

9   Nach Anm. zu Nr. 4136 VV fällt die Geschäftsgebühr auch an, wenn der Rechtsanwalt – ggf als Ergebnis seiner Recherchen – von der Stellung des Wiederaufnahmeantrages abrät. Er muss jedoch bereits mit der Vertretung im Wiederaufnahmeverfahren beauftragt sein. Oftmals wird zunächst nur eine Beratung vereinbart, für deren Vergütung § 34 gilt, wenn keine Vergütungsvereinbarung geschlossen wurde. Rät der Rechtsanwalt bereits in oder aufgrund dieser Erstberatung ab, entsteht keine Gebühr nach Nr. 4136 VV.

10   **2. Verfahrensgebühr für das Verfahren über die Zulässigkeit des Antrags (Nr. 4137 VV).** Die Gebühr entsteht mit der Fertigung des Wiederaufnahmeantrags. Abgegolten werden alle Tätigkeiten bis zur gerichtlichen Entscheidung über die Zulässigkeit des Wiederaufnahmeantrags gem. § 368 Abs. 1 StPO.

11   Wird gegen die Verwerfung des Antrags als unzulässig sofortige Beschwerde eingelegt, stellt das Beschwerdeverfahren nach § 17 Nr. 1 eine eigene Angelegenheit dar, für welche die Gebühr nach Nr. 4139 VV anfällt. Wichtig ist dies für die Postentgeltpauschale nach Nr. 7002 VV, die gesondert anfällt. Das Einlegen der Beschwerde wird allerdings nach § 19 Abs. 1 S. 2 Nr. 10 noch von der Verfahrensgebühr (mit-)abgegolten, wenn der Rechtsanwalt nicht nur für das Beschwerdeverfahren beauftragt ist. Die Verfahrensgebühr kann mehrfach anfallen, wenn das Beschwerdegericht den Beschluss des Ausgangsgerichts aufhebt und zur neuen Entscheidung zurückverweist (§ 21 Abs. 1 S. 1) und es danach nochmals zu einem Beschwerdeverfahren kommt. Die Geschäftsgebühr Nr. 4136 VV entsteht jedoch nicht noch einmal, da die für die Stellung des Antrags erforderlichen Vorarbeiten nach der Zurückverweisung nicht nochmals erbracht werden müssen.

12   **3. Verfahrensgebühr für das weitere Verfahren (Nr. 4138 VV).** Die Verfahrensgebühr Nr. 4138 VV entsteht mit der ersten anwaltlichen Tätigkeit nach der Entscheidung über die Zulässigkeit des Antrags gem. § 368 Abs. 1 StPO. Allein die Entgegennahme des Beschlusses über die Zulässigkeit des Wiederaufnahmeantrags dürfte nicht ausreichen.[3]

13   Wird gegen die Zurückweisung des Antrags als unbegründet Beschwerde eingelegt, gelten die Ausführung zu Nr. 4137 VV entsprechend (s. Rn 11). Es handelt sich um eine eigene gebührenrechtliche Angelegenheit, die Gebühr Nr. 4139 VV fällt an. Auch hier kann die Verfahrensgebühr gem. § 21 Abs. 1 S. 1 nochmals entstehen, wenn das Beschwerdegericht nicht selbst entscheidet, sondern die Sache zur neuen Entscheidung an das Ausgangsgericht zurückverweist und es danach nochmals zu einem Beschwerdeverfahren kommt.

---

1 AnwK-RVG/*N. Schneider*, Vorbem. 4.1.4, Nr. 4136–4140 VV Rn 21; Burhoff/*Burhoff*, RVG, Teil A, Nr. 4136 VV Rn 8. **2** BT-Drucks 15/1971, S. 227. **3** AA Burhoff/*Burhoff*, RVG, Teil B, Nr. 4138 VV Rn 1.

4. Beschwerde im Wiederaufnahmeverfahren gem. § 372 StPO (Nr. 4139 VV). Abweichend von der   14
Grundregel der Vorbem. 4.1 Abs. 2 S. 1 VV, § 19 Abs. 1 S. 2 Nr. 10 a, wonach Gebühren für das Beschwerdeverfahren in Strafsachen mit den Verfahrensgebühren (mit-)abgegolten sind, entsteht dem Verteidiger des
Verurteilten oder dem Vertreter eines sonstigen Beteiligten nach Nr. 4139 VV eine **besondere Verfahrensge-**
bühr für das Beschwerdeverfahren in Höhe der Verfahrensgebühr für den ersten Rechtszug.

Dabei spielt es keine Rolle, ob sich die Beschwerde gegen die Verwerfung des Antrags als unzulässig oder   15
die Zurückweisung als unbegründet richtet. Die Gebühr kann nach § 15 Abs. 2 mehrfach anfallen, etwa
wenn zunächst gegen die Verwerfung des Wiederaufnahmeantrags als unzulässig erfolgreich sofortige Beschwerde eingelegt wird und dann später gegen die Verwerfung als unbegründet.

Das Einlegen der Beschwerde wird allerdings nach § 19 Abs. 1 S. 2 Nr. 10 noch von der jeweiligen   16
Verfahrensgebühr (mit-)abgegolten, wenn der Rechtsanwalt nicht isoliert für das Beschwerdeverfahren
beauftragt ist.

5. Terminsgebühr für jeden Verhandlungstag (Nr. 4140 VV). Je Verhandlungstag erhält der Rechtsanwalt   17
die Terminsgebühr des ersten Rechtszugs. Dabei spielt es keine Rolle, ob der Termin vor einem beauftragten Richter stattfindet oder vor dem Kollegialgericht in voller Besetzung.

Bei einer Hauptverhandlungsdauer von mehr als 5 oder 8 Stunden erhält der gerichtlich bestellte/beigeord-   18
nete Rechtsanwalt auch die entsprechende zusätzliche Gebühr („Längenzuschlag"). Siehe dazu Nr. 4106–
4135 VV Rn 4 ff.

Unterabschnitt 5
Zusätzliche Gebühren

Nr.	Gebührentatbestand	Gebühr oder Satz der Gebühr nach § 13 oder § 49 RVG	
		Wahlanwalt	gerichtlich bestellter oder beigeordneter Rechtsanwalt
4141	Durch die anwaltliche Mitwirkung wird die Hauptver-handlung entbehrlich: Zusätzliche Gebühr .... (1) Die Gebühr entsteht, wenn 1. das Strafverfahren nicht nur vorläufig eingestellt wird oder 2. das Gericht beschließt, das Hauptverfahren nicht zu eröff-nen oder 3. sich das gerichtliche Verfahren durch Rücknahme des Ein-spruchs gegen den Strafbefehl, der Berufung oder der Revi-sion des Angeklagten oder eines anderen Verfahrensbetei-ligten erledigt; ist bereits ein Termin zur Hauptverhandlung bestimmt, entsteht die Gebühr nur, wenn der Einspruch, die Berufung oder die Revision früher als zwei Wochen vor Beginn des Tages, der für die Hauptverhandlung vorgese-hen war, zurückgenommen wird; oder 4. das Verfahren durch Beschluss nach § 411 Abs. 1 Satz 3 StPO endet. Nummer 3 ist auf den Beistand oder Vertreter eines Privatklä-gers entsprechend anzuwenden, wenn die Privatklage zurück-genommen wird. (2) Die Gebühr entsteht nicht, wenn eine auf die Förderung des Verfahrens gerichtete Tätigkeit nicht ersichtlich ist. Sie ent-steht nicht neben der Gebühr 4147. (3) Die Höhe der Gebühr richtet sich nach dem Rechtszug, in dem die Hauptverhandlung vermieden wurde. Für den Wahl-anwalt bemisst sich die Gebühr nach der Rahmenmitte. Eine Erhöhung nach Nummer 1008 und der Zuschlag (Vorbemer-kung 4 Abs. 4) sind nicht zu berücksichtigen.	in Höhe der Verfahrensgebühr	

Nr.	Gebührentatbestand	Gebühr oder Satz der Gebühr nach § 13 oder § 49 RVG	
		Wahlanwalt	gerichtlich bestellter oder beigeordneter Rechtsanwalt
4142	Verfahrensgebühr bei Einziehung und verwandten Maßnahmen	1,0	1,0
	(1) Die Gebühr entsteht für eine Tätigkeit für den Beschuldigten, die sich auf die Einziehung, dieser gleichstehende Rechtsfolgen (§ 442 StPO), die Abführung des Mehrerlöses oder auf eine diesen Zwecken dienende Beschlagnahme bezieht.		
	(2) Die Gebühr entsteht nicht, wenn der Gegenstandswert niedriger als 30,00 € ist.		
	(3) Die Gebühr entsteht für das Verfahren des ersten Rechtszugs einschließlich des vorbereitenden Verfahrens und für jeden weiteren Rechtszug.		
4143	Verfahrensgebühr für das erstinstanzliche Verfahren über vermögensrechtliche Ansprüche des Verletzten oder seines Erben	2,0	2,0
	(1) Die Gebühr entsteht auch, wenn der Anspruch erstmalig im Berufungsverfahren geltend gemacht wird.		
	(2) Die Gebühr wird zu einem Drittel auf die Verfahrensgebühr, die für einen bürgerlichen Rechtsstreit wegen desselben Anspruchs entsteht, angerechnet.		
4144	Verfahrensgebühr im Berufungs- und Revisionsverfahren über vermögensrechtliche Ansprüche des Verletzten oder seines Erben	2,5	2,5
4145	Verfahrensgebühr für das Verfahren über die Beschwerde gegen den Beschluss, mit dem nach § 406 Abs. 5 Satz 2 StPO von einer Entscheidung abgesehen wird ...	0,5	0,5
4146	Verfahrensgebühr für das Verfahren über einen Antrag auf gerichtliche Entscheidung oder über die Beschwerde gegen eine den Rechtszug beendende Entscheidung nach § 25 Abs. 1 Satz 3 bis 5, § 13 StrRehaG	1,5	1,5
4147	Einigungsgebühr im Privatklageverfahren bezüglich des Strafanspruchs und des Kostenerstattungsanspruchs: Die Gebühr 1000 entsteht	in Höhe der Verfahrensgebühr	
	Für einen Vertrag über sonstige Ansprüche entsteht eine weitere Einigungsgebühr nach Teil 1. Maßgebend für die Höhe der Gebühr ist die im Einzelfall bestimmte Verfahrensgebühr in der Angelegenheit, in der die Einigung erfolgt. Eine Erhöhung nach Nummer 1008 und der Zuschlag (Vorbemerkung 4 Abs. 4) sind nicht zu berücksichtigen.		

I. Allgemeines

1 Unterabschnitt 5 regelt **zusätzliche Gebühren**. Mit Ausnahme von Nr. 4141 und 4147 VV handelt es sich um Wertgebühren, bei denen sich die Beträge nach § 13 richten. Für den gerichtlich bestellten oder beigeordneten Rechtsanwalt gilt ab Gegenstandswerten von über 4.000 € die Tabelle des § 49.

II. „Befriedungsgebühr" (Nr. 4141 VV)

2 **1. Allgemeines.** Eine zusätzliche Gebühr nach Nr. 4141 VV entsteht, wenn durch die anwaltliche Mitwirkung die **Hauptverhandlung entbehrlich** wird („**Befriedungsgebühr**"). Der Verteidiger verliert durch solche

Tätigkeiten die Terminsgebühr(en). Die zusätzliche Gebühr Nr. 4141 VV soll dafür einen Ausgleich schaffen und Anreiz sein, sich trotz dieser Einbuße um eine Erledigung des Verfahrens ohne Hauptverhandlung zu bemühen. Die Gebühr dient daher mittelbar der Entlastung der Gerichte.[1]

Die Befriedungsgebühr setzt nicht voraus, dass jegliche Hauptverhandlung vermieden wird. Nach Aussetzung der Hauptverhandlung genügt, dass eine **neue Hauptverhandlung** entbehrlich wird[2] (vgl aber zur Einstellung und einer deshalb erfolgten Aussetzung der Hauptverhandlung → Rn 9). Es reicht indes nicht aus, dass lediglich (weitere) Fortsetzungstermine entbehrlich werden. Das Verfahren muss sich zudem *insgesamt* erledigen; es genügt nicht, dass lediglich einige der angeklagten Taten (etwa nach § 154 StPO) eingestellt werden.[3] Bei mehreren Angeklagten kommt es darauf an, ob für den jeweils vertretenen Täter eine (weitere) Hauptverhandlung entbehrlich wird.   3

2. Mitwirkung des Rechtsanwalts. Die Gebühr setzt voraus, dass *„durch die anwaltliche Mitwirkung [...] die Hauptverhandlung entbehrlich"* wird. Erforderlich ist, dass ein **Beitrag des Rechtsanwalts** an der Einstellung des Verfahrens oder der Rücknahme des Einspruchs bzw Rechtsmittels ersichtlich ist. In einem strengen Sinne (mit-)ursächlich für die Erledigung muss die Tätigkeit nicht gewesen sein.   4

Gemäß **Anm. Abs. 2 S. 1** entsteht die Gebühr nicht, „wenn eine auf die Förderung des Verfahrens gerichtete Tätigkeit nicht ersichtlich ist". Daraus folgt, dass bei einer Tätigkeit des Rechtsanwalts, welche das Verfahren gefördert hat, die Mitwirkung (auch) an der Erledigung **vermutet** wird. Die **Beweislast** für das ausnahmsweise Fehlen trifft den Gebührenschuldner.[4]   5

In der Regel genügt deshalb bereits eine Einlassung des Mandanten, um die zusätzliche Gebühr im Falle einer Einstellung auszulösen. Auch das Berufen auf das **Aussageverweigerungsrecht** kann genügen. Wird daraufhin das Verfahren eingestellt, weil ohne Geständnis des Beschuldigten die Staatsanwaltschaft den Tatnachweis nicht führen kann, ist die zusätzliche Gebühr verdient.[5] Erforderlich ist jedoch, dass das Berufen auf ein Aussageverweigerungsrecht vom Verteidiger gegenüber der Strafverfolgungsbehörde kundgetan wird („**beredetes Schweigen**"). Eine bloße Untätigkeit reicht hingegen nicht aus.[6] Auch reicht es als für die Verhinderung der Hauptverhandlung ursächliche Mitwirkung des Verteidigers aus, dass dieser sich namens und im Auftrag des Angeklagten mit der seitens des Gerichts beabsichtigten Verfahrenseinstellung nach § 153 Abs. 2 StPO einverstanden erklärt.[7]   6

3. Rechtsanwalt (auch) für Hauptverhandlung beauftragt? Sieht man auf der Grundlage der Gesetzesbegründung (→ Rn 2) in der Befriedungsgebühr einen Ausgleich für die durch eine Hauptverhandlung entstehenden Terminsgebühr(en), stellt sich die Frage, ob auch ein Verteidiger, der in der Hauptverhandlung nicht tätig werden sollte, die Befriedigungsgebühr verdienen kann. Dies ist insb. relevant, wenn ein Rechtsanwalt gem. § 408 b StPO dem Angeklagten (lediglich) für das Strafbefehlsverfahren beigeordnet wird, es sich aber eigentlich nicht um einen Fall notwendiger Verteidigung iSv § 140 StPO handelt. Da es auch hier sinnvoll ist, eine Hauptverhandlung zu vermeiden, steht auch diesem Verteidiger eine Befriedungsgebühr zu, wenn er bereits im Strafbefehlsverfahren einen der nachfolgenden Tatbestände erfüllt.[8]   7

4. Die einzelnen Fälle der Nr. 4141 VV (Anm. Abs. 1 S. 1). Zusätzlich müssen die Voraussetzungen einer der in **Anm. Abs. 1 S. 1 Nr. 1–4** zu Nr. 4141 VV aufgeführten Fälle gegeben sein: 8

a) Nicht nur vorläufige Einstellung des Strafverfahrens (Anm. Abs. 1 S. 1 Nr. 1). Eine nicht nur vorläufige Einstellung des Strafverfahrens setzt voraus, dass Staatsanwaltschaft und/oder das Gericht subjektiv das Ziel einer endgültigen Einstellung haben. Dass das Strafverfahren später fortgeführt wird, lässt die einmal entstandene Gebühr nicht wieder entfallen.[9] Eine Befriedungsgebühr kann deshalb in demselben Verfahren mehrfach entstehen. Wegen § 15 Abs. 2, wonach ein Rechtsanwalt eine Gebühr in einer gebührenrechtlichen Angelegenheit grds. nur einmal fordern kann, setzt das mehrfache Entstehen der Gebühr allerdings voraus, dass die Einstellungen in verschiedenen Angelegenheiten erfolgen, bspw zunächst eine Einstellung nach § 170 Abs. 2 StPO im Ermittlungsverfahren und nach Wiederaufnahme der Ermittlungen und Anklageerhebung nochmals im gerichtlichen Verfahren nach §§ 153, 153 a StPO.[10] Eine Befriedungsgebühr nach Nr. 1 entsteht jedoch nicht, wenn die Einstellung nach §§ 153, 153 a StPO erst in der Hauptverhandlung erfolgt, bei § 153 a StPO auch ungeachtet des Umstands, dass das Hauptverfahren idR zugleich ausgesetzt wird und bei Nichterfüllen der Auflage eine neue Hauptverhandlung anzuberaumen wäre.[11] Die endgültige Einstellung hängt hier ausschließlich von dem Leistungswillen und der Leistungsfähigkeit des Angeklagten   9

---

1 Vgl BT-Drucks 15/1971, S. 227 f.   **2** AA AG München JurBüro 2011, 26.   **3** Eine Befriedigungsgebühr entsteht allerdings, wenn die Tat, die später gem. § 154 StPO eingestellt wird, zunächst zu gesonderter Verhandlung und Entscheidung abgetrennt wurde. Dann wird das abgetrennte Verfahren insgesamt eingestellt, s. AG Tiergarten 4.3.2016 – 431 Ls 22/15, burhoff.de.   **4** KG AGS 2009, 324.   **5** BGH NJW 2011, 1605.   **6** AG Hamburg-Barmbek AGS 2011, 596.   **7** LG Saarbrücken AGS 2016, 171.   **8** AG Tiergarten 1.9.2015 – 271 Cs 234 Js 217/13, burhoff.de.   **9** LG Offenburg Rpfleger 1999, 38 f (zu § 84 Abs. 2 BRAGO); AG Düsseldorf AGS 2010, 224 f; aA AG Lemgo AGS 2012, 335 f.   **10** So AG Düsseldorf AGS 2010, 224 f.   **11** BGH NJW 2011, 3166 f; aA *Hansens*, zfs 2011, 524–526 in der Anm. zur Entscheidung des BGH.

ab. Kommt der Angeklagte den ihm erteilten Auflagen vollständig nach, entsteht das zuvor bedingte Verfahrenshindernis (§ 153 a Abs. 2 iVm Abs. 1 S. 3 StPO) kraft Gesetzes; dem endgültigen Einstellungsbeschluss kommt nur deklaratorische Bedeutung zu.[12] Anders kann es liegen, wenn die Hauptverhandlung aus einem anderen Grund, etwa wegen einer längerfristigen Erkrankung eines notwendigen Verfahrensbeteiligten, ausgesetzt wird/wurde und danach eine Einstellung nach § 153 a StPO erfolgt. Dann vermeidet die Einstellung die (ohne die Einstellung nach § 153 a StPO) erforderliche neue Hauptverhandlung, was die Gebühr auslöst. Dies gilt nicht nur für die Einstellung nach § 153 a StPO, sondern auch für Einstellungen nach anderen Vorschriften.

10 In der Rspr und Lit. war sehr schnell nach Inkrafttreten des RVG die Frage umstritten, ob die zusätzliche Gebühr nach Nr. 1 auch dann entsteht, wenn das strafrechtliche Ermittlungsverfahren eingestellt und die Sache gem. § 43 Abs. 1 OWiG **an die Verwaltungsbehörde abgegeben** wird. Dies war deshalb fraglich, weil in Nr. 1 statt „Strafverfahren" lediglich „Verfahren" stand, welches eingestellt worden sein musste. Der BGH hatte hierzu in einer Entscheidung vom 5.11.2009[13] die Ansicht vertreten, dass die Befriedungsgebühr in dieser Konstellation nicht abgerechnet werden könne, da das „Verfahren" unter dem Gesichtspunkt der Ordnungswidrigkeit fortgeführt werde. Diese Entscheidung ist durch die im Zuge des 2. KostRMoG vorgenommene Ersetzung des Wortes „Verfahren" durch **„Strafverfahren"** überholt. Nunmehr kann also auch in diesen Fällen die Gebühr Nr. 4141 VV abgerechnet werden.

11 Zu weitgehend ist die Ansicht,[14] wonach einem Verteidiger auch für die **Mitteilung des Todes des beschuldigten Mandanten** die Gebühr entsteht.[15] Die Einstellung des Strafverfahrens bei Tod des Beschuldigten ist – anders als etwa die Einstellung wegen Verhandlungsunfähigkeit – ohne Alternative. Das Verfahren ist durch den Tod materiell beendet. Dass das Verfahren auch noch formal nach § 206 a StPO eingestellt wird und der Rechtsanwalt durch die Mitteilung des Todes des Mandanten diese Einstellung anstößt, genügt für das Entstehen der Befriedungsgebühr nicht. Dies folgt bereits daraus, dass nach dem Einleitungssatz der Nr. 4141 VV die Gebühr voraussetzt, dass der Rechtsanwalt „durch (seine) Mitwirkung" die Hauptverhandlung entbehrlich gemacht hat. Diese ist aber bereits durch den Tod entbehrlich geworden. Zudem kann die Gebühr auch deshalb nicht entstehen, weil mit dem Tod des Beschuldigten das Mandat bezogen auf die Strafverteidigung beendet ist.[16] Es besteht wegen Zweckfortfalls kein Strafverteidigermandat mehr. Dem steht nicht entgegen, dass der Rechtsanwalt nach dem Tod des Mandanten noch Rechtsmittel gegen die Kosten- und Auslagenentscheidung einlegen kann.[17] Für den Wahlverteidiger folgt dies aus § 672 S. 2 BGB (iVm § 675 BGB), wonach „der Auftrag" nach dem Tod (nur noch!) *„insoweit"* (!) als fortbestehend gilt, als mit dem Aufschub der Geschäftsbesorgung eine Gefahr verbunden ist und der Erbe nicht selbst anderweit Fürsorge treffen kann. Diese Tätigkeit für und im Interesse des Erben (nicht des Beschuldigten, dieser ist tot!) ist dem Wahlverteidiger dann auch zu honorieren. Gebühren für die eigentliche Strafverteidigung kann der Wahlverteidiger nach dem Tod mangels fortbestehenden Verteidigungsmandats jedoch nicht mehr verdienen. Beim **Pflichtverteidiger** ist dies nicht anders.[18]

12 b) **Nichteröffnung des Verfahrens (Anm. Abs. 1 S. 1 Nr. 2).** Die Befriedungsgebühr entsteht auch dann, wenn das Gericht die **Eröffnung des Hauptverfahrens ablehnt**. Der Verteidiger kann daran mitwirken, indem er für seinen Mandanten eine Einlassung abgibt oder weitere Ermittlungen anregt. Die Gebühr entsteht jedoch nur, wenn das Verfahren *insgesamt* nicht eröffnet wird. Die Ablehnung des Erlasses eines Strafbefehls durch das Gericht lässt hingegen keine „Befriedungsgebühr" entstehen.[19] Die Gebühr fällt auch nicht an, wenn der Verteidiger den Angeklagten dahingehend berät, einen Strafbefehl hinzunehmen, und dieser seinem Rat folgt.[20]

13 Zudem setzt die Gebühr voraus, dass der Beschluss über die Nichteröffnung **rechtskräftig** wird. Wird der Nichteröffnungsbeschluss im Beschwerdeverfahren aufgehoben und das Verfahren eröffnet, entsteht die Gebühr nicht.[21] Anders als bei einer Einstellung, bei der es für das Entstehen bzw Bestehenbleiben der Ge-

12 *Meyer-Goßner*, StPO, 59. Aufl. 2015, § 153 a Rn 52 f; vgl zur gesamten Argumentation: BGH NJW 2011, 3166 f. **13** BGH NJW 2010, 1209–1211. **14** AG Magdeburg Rpfleger 2000, 514; AnwK-RVG/N. *Schneider*, Nr. 4141 VV Rn 35; *Burhoff*, RVGreport 2015, 3; Gerold/Schmidt/*Burhoff*, 21. Aufl., Nr. 4141 VV Rn 7; vgl auch LG Potsdam 13.6.2013 – 24 Qs 43/13, BeckRS 2013, 19512. **15** Wie hier: AG Koblenz AGS 2004, 390 (zu § 84 Abs. 2 BRAGO, der Nr. 4141 VV inhaltlich entspricht). **16** KMR-StPO/*Hiebl*, August 2000, Vor § 137 Rn 102: „Da es in dieser Situation nichts mehr zu verteidigen gibt, endet automatisch auch das Verteidigerverhältnis." **17** Vgl etwa: OLG Stuttgart 19.11.2014 – 2 Ws 142/14, juris mwN; OLG Karlsruhe NStZ-RR 2003, 286 f; restriktiver (Beendigung der Verteidigerstellung insgesamt): OLG Hamburg NStZ-RR 2008, 160; OLG München NJW 2003, 1133 f. **18** Vgl OLG Karlsruhe NStZ-RR 2003, 286 f: [Nur] „in diesem Umfang [bezogen auf die Nebenentscheidung] hat die Stellung des Pflichtverteidigers über den Tod des Beschuldigten hinaus Bestand"; KG NStZ-RR 2008, 295 f: „Mit dieser Entscheidung [Einstellung des Verfahrens nach dem Tod] ist zugleich gemäß § 464 StPO auch darüber zu befinden, wer die Kosten des Verfahrens und die notwendigen Auslagen des (verstorbenen) Angeklagten zu tragen hat. *Insoweit* bleibt das Verfahren auch nach dem Tod des Angeklagten anhängig." **19** AG Rosenheim RVGreport 2014, 470. **20** AG Hamburg-St. Georg RVGreport 2015, 143. **21** LG Potsdam NStZ 2013, 31 m. abl. Bspr. von *N. Schneider*, AGS 2012, 564.

bühr nicht darauf ankommt, ob diese endgültig ist, fällt hier der die Gebühr auslösende Tatbestand durch die Aufhebung im Beschwerdeverfahren weg.

Die **Rücknahme der Anklage** oder die **Rücknahme des Strafbefehlsantrags** steht der Nichteröffnung des Hauptverfahrens nicht gleich. Denn die Rücknahme als solche ist noch keine endgültige Maßnahme, sondern nur eine vorläufige. Es kann erneut Anklage oder Antrag auf Erlass eines Strafbefehls gestellt werden, so dass es dann zur Hauptverhandlung kommt. Die Befriedungsgebühr kann erst mit (endgültiger) Einstellung des Verfahrens entstehen (vgl Anm. Abs. 1 S. 1 Nr. 1).   **14**

c) Rücknahme des Einspruchs gegen einen Strafbefehl (Anm. Abs. 1 S. 1 Nr. 3 Hs 1 Alt. 1). Die Rücknahme des Einspruchs gegen den Strafbefehl muss insgesamt erfolgen und das Verfahren insgesamt erledigen. Ist bereits Termin zur Hauptverhandlung bestimmt, entsteht die Gebühr nur, wenn der Einspruch **früher als zwei Wochen vor Beginn** des Tages, der für die Hauptverhandlung vorgesehen ist, zurückgenommen wird. Entscheidend ist hier der Eingang der Rücknahme bei Gericht, nicht die Absendung. Für die Frage, ob eine Hauptverhandlung bereits anberaumt ist, kommt es auf die gerichtliche Terminsverfügung an, nicht darauf, ob eine Ladung den Rechtsanwalt oder Mandanten bei der Rücknahme bereits erreicht hat.   **15**

Beispiel: Ist die Hauptverhandlung auf einen Freitag terminiert, muss der Einspruch spätestens am Donnerstag, zwei Wochen zuvor, zurückgenommen werden (*„früher als zwei Wochen"*, Anm. Abs. 1 S. 1 Nr. 3 Hs 2).   **16**

Wird die Hauptverhandlung auf unbestimmte Zeit vertagt, also nicht nur unterbrochen, sondern ausgesetzt, und wird dann vor der erneut durchzuführenden Hauptverhandlung innerhalb der Frist der Einspruch gegen den Strafbefehl zurückgenommen, entsteht die Gebühr Nr. 4141 VV, da die neue Hauptverhandlung entbehrlich geworden ist.[22]   **17**

d) Rücknahme der Berufung (Anm. Abs. 1 S. 1 Nr. 3 Hs 1 Alt. 2). Hier gelten die Ausführungen zur Rücknahme des Einspruchs gegen einen Strafbefehl entsprechend (→ Rn 15 ff). Hinsichtlich der Frist zur Rücknahme der Berufung ist streitig, ob diese nur für eine Berufung des Mandanten gilt oder auch für eine Berufung eines anderen Verfahrensbeteiligten, etwa der Staatsanwaltschaft.[23] Anders als bei der Revision bedarf es keiner bereits erfolgten Vorlage der Verfahrensakten an das Rechtsmittelgericht. Die zusätzliche Verfahrensgebühr entsteht durch Rücknahme der Berufung also auch dann, wenn sich die Akten zum Rücknahmezeitpunkt noch beim Amtsgericht befinden.[24]   **18**

e) Rücknahme der Revision (Anm. Abs. 1 S. 1 Nr. 3 Hs 1 Alt. 3). Streitig ist, ob es bei der Rücknahme der Revision darauf ankommt, ob ohne die Rücknahme eine Hauptverhandlung anberaumt worden wäre. Dies ist zu bejahen: Da bei einer Revision eine Entscheidung im Beschlussweg gem. § 349 Abs. 2, 4 StPO der praktische Regelfall ist, bedarf es konkreter Anhaltspunkte, dass ausnahmsweise eine **Hauptverhandlung in der Revisionsinstanz** stattgefunden hätte.[25] Zumindest muss für die Gebühr eine **Revisionsbegründung** vorliegen, da anderenfalls wegen Unzulässigkeit der Revision schon deshalb eine Revisionshauptverhandlung ausscheidet.[26] Die Beurteilung der Frage, ob eine Hauptverhandlung durchgeführt worden wäre, wird idR erst unter Berücksichtigung der Stellungnahme der Generalstaatsanwaltschaft bzw des Generalbundesanwalts möglich sein.[27] Wollte man allein die theoretische Möglichkeit einer Hauptverhandlung für das Entstehen der Befriedungsgebühr ausreichen lassen, erhielte ein Verteidiger, der eine nur mit einer nicht ausgeführten Sachrüge begründete Revision zurücknimmt, regelmäßig höhere Gebühren als ein Verteidiger, der die Revision bis zu einer Beschlussentscheidung durchführt.[28] Es würde ein finanzieller Anreiz zur Einlegung und alsbaldigen Zurücknahme von Revisionen entstehen, was der Intention des Gesetzgebers bei Schaffung der Befriedungsgebühr (Entlastung der Gerichte, → Rn 2) zuwiderliefe.[29]   **19**

Die Gebühr kann nicht mit der Begründung beantragt werden, dass die Revision voraussichtlich erfolgreich gewesen wäre und durch die Rückname daher eine neue Hauptverhandlung vor dem Tatgericht vermieden worden sei. Denn durch die Zusatzgebühr soll nur ein Ausgleich für die jeweilige Instanz geschaffen werden.[30] Es genügt daher nicht, dass irgendeine (weitere) Hauptverhandlung vermieden wurde.   **20**

f) Verfahren endet durch Beschluss nach § 411 Abs. 1 S. 3 StPO (Anm. Abs. 1 S. 1 Nr. 4). Nach § 411 Abs. 1 S. 3 StPO kann das Gericht mit Zustimmung des Angeklagten, des Verteidigers und der Staatsan-   **21**

---

22 AG Oldenburg 23.6.2008 – 43 Ds 101/06, juris (für den vergleichbaren Fall der Rücknahme der Berufung nach Aussetzung der Berufungshauptverhandlung). **23** Frist gilt nicht: LG Dresden AGS 2010, 131 f; Frist gilt auch hier: OLG Dresden AGS 2011, 66–68. **24** OLG Oldenburg 21.1.2015 – 1 Ws 583/14, burhoff.de; LG Hagen AGS 2016, 77. **25** Vgl OLG Naumburg 17.6.2013 – 1 W 335/13, burhoff.de; OLG Sachsen-Anhalt 17.6.2013 – 1 Ws 335/13; OLG Rostock 6.3.2012 – I Ws 62/12 (RVG), juris; OLG Köln AGS 2008, 447; OLG Brandenburg NStZ-RR 2007, 288; OLG Stuttgart Rpfleger 2007, 284; OLG Koblenz 15.5.2008 – 1 Ws 229/08, juris; OLG Zweibrücken 17.5.2005 – 1 Ws 164/05, juris. **26** OLG Hamm JurBüro 2007, 30–32; KG JurBüro 2005, 533; OLG Bamberg 22.3.2006 – 1 Ws 142/06, juris. **27** OLG Rostock 6.3.2012 – I Ws 62/12 (RVG), juris; OLG Zweibrücken 17.5.2005 – 1 Ws 164/05, juris; OLG Hamburg 16.6.2008 – 2 Ws 82/08, juris; KG 4.5.2006 – 4 Ws 57/06, juris; OLG Saarbrücken JurBüro 2007, 28 f; OLG Hamm 28.3.2006 – 1 Ws 203/06; OLG Stuttgart Rpfleger 2007, 284 f. **28** OLG München NStZ-RR 2013, 64; OLG Oldenburg NStZ-RR 2011, 96. **29** OLG Oldenburg NStZ-RR 2011, 96. **30** OLG München NStZ-RR 2013, 64.

waltschaft ohne Hauptverhandlung durch Beschluss entscheiden, wenn der Angeklagte seinen Einspruch auf die Höhe der Tagessätze einer festgesetzten Geldstrafe beschränkt. Dies dient dem Ziel, unnötige Hauptverhandlungen zu vermeiden.

22   g) **Erweiterung der Nr. 4141 Anm. 1 S. 1 Nr. 3 VV auf die Rücknahme der Privatklage (Anm. Abs. 1 S. 2).** Seit dem 2. KostRMoG ist in **Anm. Abs. 1 S. 2** zu Nr. 4141 VV geregelt, dass Nr. 3 auf den Beistand oder Vertreter eines Privatklägers entsprechend anzuwenden ist, wenn die Privatklage zurückgenommen wird. Davor führten nicht alle Fälle der Rücknahme der Privatklage dazu, dass für den Vertreter des Privatklägers die Befriedungsgebühr entstand: Nach Eröffnung des Hauptverfahrens gem. § 383 Abs. 1 StPO, aber vor der Hauptverhandlung, erfolgt die Einstellung durch Beschluss. Vor Eröffnung des Hauptverfahrens wird die Klage jedoch bei Rücknahme zurückgewiesen, § 383 Abs. 1 StPO.[31] Während sich die Einstellung unter Anm. Abs. 1 S. 1 Nr. 1 zu Nr. 4141 VV subsumieren lässt, entstand bei einer Zurückweisung keine Befriedungsgebühr. Die Regelung in Anm. Abs. 1 S. 1 Nr. 2 zu Nr. 4141 VV, wonach im Fall der Nichteröffnung des Hauptverfahrens eine Gebühr Nr. 4141 VV entsteht, betrifft nur den Vertreter des Privatbeklagten. Der Gesetzgeber hat dem mit dem 2. KostRMoG abgeholfen und dem Absatz 1 der Anmerkung einen Satz 2 hinzugefügt, wonach die Nr. 3 *„auf den Beistand oder Vertreter eines Privatklägers entsprechend anzuwenden [ist], wenn die Privatklage zurückgenommen wird"*, also auch im Fall der **Zurücknahme vor Eröffnung des Hauptverfahrens.**

23   **5. Keine Befriedungsgebühr Nr. 4141 VV bei einer Verständigung nach § 257 c StPO.** Bei Gesprächen im **Vorfeld einer Hauptverhandlung**, welche in eine Verständigung nach § 257 c StPO münden, fällt die Befriedungsgebühr Nr. 4141 VV nicht an. Da die Verständigung zwingend in der Hauptverhandlung getroffen werden muss, wird eine Hauptverhandlung gerade nicht entbehrlich. Entbehrlich werden allenfalls ansonsten notwendige Fortsetzungstermine. Für deren Entfallen wird die Gebühr Nr. 4141 VV aber nicht gewährt.[32]

24   Handelt es sich nicht um eine (verbindliche) Verständigung iSd § 257 c StPO, sondern um eine **(informelle/ unverbindliche) Vereinbarung**, die im Rahmen einer Erörterung des Standes des Verfahrens nach den §§ 160 b, 202 StPO getroffen worden ist, und wird deshalb eine Hauptverhandlung entbehrlich/abgesetzt, zB weil das Verfahren eingestellt wird (§ 153 a StPO), gelten die allgemeinen Regeln zu Nr. 4141 VV. Wenn der Rechtsanwalt/Verteidiger „mitgewirkt" hat – was in solchen Fällen idR der Fall sein wird –, entsteht die Befriedungsgebühr Nr. 4141 VV.

25   **6. Verhältnis von Nr. 4141 VV und Nr. 4147 VV (Anm. Abs. 2 S. 2).** Vor dem 2. KostRMoG konnte argumentiert werden, dass bei Einstellung im Privatklageverfahren neben einer Gebühr Nr. 4141 VV auch noch die Einigungsgebühr nach Nr. 4147 VV entsteht. Durch das 2. KostRMoG wurde in Anm. Abs. 2 ein Satz 2 angefügt, wonach die **Gebühr Nr. 4141 VV nicht neben der Gebühr Nr. 4147 VV** entsteht. Da beide Gebühren dem gleichen Zweck dienen, wurde zudem die Höhe der Einigungsgebühr an die Gebühr Nr. 4141 VV angeglichen.

26   **7. Höhe der Gebühr (Anm. Abs. 3).** Die Befriedungsgebühr Nr. 4141 VV entsteht in Höhe der jeweiligen Verfahrensgebühr **ohne (Haft-)Zuschlag** (Anm. Abs. 3 S. 1). Auch für den Wahlanwalt handelt es sich um eine **Festgebühr** in Höhe der Rahmenmitte;[33] dies folgt aus Anm. Abs. 3 S. 2. Dies trägt dem Umstand Rechnung, dass sich der Beitrag des Rechtsanwalts an der Einigung mit den Kriterien des § 14 Abs. 1 nur schwer bewerten lässt.

III. Verfahrensgebühr bei Einziehung und verwandten Maßnahmen (Nr. 4142 VV)

27   **1. Allgemeines.** Eine zusätzliche Verfahrensgebühr als 1,0-Wertgebühr entsteht, wenn der Rechtsanwalt bei der **Einziehung** oder **verwandten Maßnahmen** (§ 442 StPO) – dies sind der **Verfall**, die **Vernichtung**, die **Unbrauchbarmachung** und die **Beseitigung eines gesetzwidrigen Zustands** – eine darauf bezogene Tätigkeit entfaltet, Anm. Abs. 1 zu Nr. 4142 VV (sog. **Einziehungsgebühr**).

28   Eine Tätigkeit im Rahmen einer Beschlagnahme zum Zwecke der Rückgewinnungshilfe löst die Gebühr nicht aus.[34] Ebenso wenig wird die Gebühr ausgelöst, wenn der Angeklagte in der Hauptverhandlung sein Einverständnis mit einer außergerichtlichen Einziehung erklärt.[35] Auch die **Entziehung der Fahrerlaubnis** fällt nicht unter diese Vorschrift. Dass daneben gem. § 69 Abs. 3 S. 2 StGB die Einziehung eines deutschen

---

31 *Meyer-Goßner*, StPO, 59. Aufl. 2016, § 391 Rn 7. **32** OLG Köln AGS 2006, 339. **33** KG JurBüro 2012, 466 f; AG Hamburg AGS 2006, 439; AG Weilburg AGS 2007, 561; aA (ohne Begr.) OLG Stuttgart Rpfleger 2010, 443 ff. **34** OLG Stuttgart NStZ-RR 2014, 360; OLG Köln StraFo 2007, 131; LG Chemnitz AGS 2008, 342; LG Saarbrücken 10.1.2012 – 2 Qs 18/11, juris; aA OLG Stuttgart NStZ-RR 2014, 360; LG Essen StraFo 2015, 41. **35** So aber KG NStZ-RR 2005, 358 f; LG Essen AGS 2006, 501 f.

Führerscheins angeordnet wird, ändert hieran nichts. Diese Einziehung ist (nur) die zwingende Folge der Entziehung der Fahrerlaubnis. Ihr kommt keine eigenständige gebührenrechtliche Bedeutung zu.[36]

2. Abgeltungsbereich (Anm. Abs. 3). Nach Anm. Abs. 3 entsteht die Gebühr für das Verfahren des ersten Rechtszugs einschließlich des vorbereitenden Verfahrens und für jeden weiteren Rechtszug jeweils gesondert. Selbst wenn sich der Beschuldigte mit einem Rechtsmittel allein gegen die Einziehung wendet, entsteht die Gebühr. Dass im Rechtsmittelverfahren nur noch die Einziehung eine Rolle spielt, ist eine verfahrensrechtliche Besonderheit, die auf die Rechtsmittelbeschränkung zurückgeht. Dies hat aber auf das Entstehen der Gebühr Nr. 4142 VV keinen Einfluss.[37]   29

3. Gegenstandswert und Bagatellgrenze (Anm. Abs. 2). Nach Anm. Abs. 2 entsteht die Gebühr nicht, wenn der Gegenstandswert niedriger als 30 € ist.   30

Der Gegenstandswert bemisst sich nach dem **objektiven Verkehrswert** der eingezogenen Sache. Die Werte mehrerer Gegenstände werden nach § 22 Abs. 1 zusammengerechnet. Das subjektive Interesse des Betroffenen ist ohne Belang.   31

Als Verkehrswert kann nur der Wert einer Sache verstanden werden, der aus ihrer legalen Veräußerung zu erlangen ist. Deshalb haben illegale Betäubungsmittel[38] und Falschgeld[39] keinen Wert, da sie nicht (**legal**) **verkehrsfähig** sind. Gleiches gilt für unversteuerte Zigaretten.[40] Diese Gegenstände werden nicht versteigert, sondern vernichtet. Die Einziehung dieser Gegenstände löst mithin die zusätzliche Gebühr nicht aus. Anders ist dies zB bei Waffen, die an Inhaber von Waffenbesitzkarten legal veräußerbar sind.   32

IV. Gebühren im Adhäsionsverfahren (Nr. 4143, 4144 VV)

1. Verfahrensgebühr für das erstinstanzliche Verfahren (Nr. 4143 VV). Nr. 4143 VV sieht eine (zusätzliche) Verfahrensgebühr für den Rechtsanwalt vor, der im **erstinstanzlichen Verfahren** mit der Verfolgung oder Abwehr von vermögensrechtlichen Ansprüchen befasst ist. Die Gebühr ist eine **Wertgebühr**. Ihre Höhe richtet sich nach § 13, für den gerichtlich bestellten oder beigeordneten Rechtsanwalt nach § 49. Das Entstehen der Gebühr hängt nicht von einem förmlichen Adhäsionsantrag nach § 404 Abs. 1 StPO ab.[41] Im vorbereitenden Verfahren kann die Gebühr indes (noch) nicht entstehen. Wird vorgerichtlich ein Ersatzanspruch geltend gemacht, so fällt bei Erteilung des Mandats die Geschäftsgebühr nach Nr. 2300 VV an.[42]   33

Vertritt der Rechtsanwalt den Angeklagten gegen **mehrere Adhäsionskläger** in einem Strafverfahren, sind für seine Vergütung die Gegenstandswerte der Adhäsionsklagen zusammenzurechnen, weil die Adhäsionsverfahren gebührenrechtlich eine Angelegenheit iSv § 22 Abs. 1 bilden.[43]   34

Kommt es trotz des Adhäsionsverfahrens zu einem Rechtsstreit vor einem Zivilgericht, ist nach **Anm. Abs. 2 ein Drittel** der Gebühr Nr. 4143 VV auf die Verfahrensgebühr des bürgerlichen Rechtsstreits **anzurechnen**. Voraussetzung ist, dass derselbe Rechtsanwalt zunächst im Adhäsionsverfahren und danach im Zivilrechtsstreit tätig wird und sowohl eine Identität des geltend gemachten Anspruchs als auch der Parteien besteht.   35

Im umgekehrten Fall kommt es nicht zur Anrechnung: War der Rechtsanwalt bereits außergerichtlich beauftragt, den Anspruch zu verfolgen, verdient er die Geschäftsgebühr Nr. 2300 VV. Eine **Anrechnung der außergerichtlichen Geschäftsgebühr** findet in Teil 4 VV im Gegensatz zu Teil 3 VV (Vorbem. 3 Abs. 4 VV) nicht statt.   36

Wird eine **Einigung über den Anspruch** erzielt, wird der Rechtsanwalt ergänzend nach Nr. 1000 ff VV vergütet. Dies ergibt sich aus der Vorbem. 1 VV, wonach die Gebühren von Teil 1 VV neben den in anderen Teilen bestimmten Gebühren entstehen.   37

Ist der Rechtsanwalt sowohl im eigentlichen Strafverfahren tätig als auch im Adhäsionsverfahren, so erhält er die Gebühren Nr. 4143, 4144 VV *zusätzlich*. Das Adhäsionsverfahren ist aber nach hM Teil des Strafverfahrens, was zur Folge hat, dass es sich um **dieselbe Angelegenheit** iSv § 15 handelt. Praktische Folge davon ist, dass für Straf- und Adhäsionsverfahren lediglich eine einzige **Postentgeltpauschale** nach Nr. 7002 VV entsteht.   38

2. Verfahrensgebühren im Berufungs- und Revisionsverfahren (Nr. 4144 VV). Im **Berufungs- und Revisionsverfahren** verdient der Rechtsanwalt jeweils eine Gebühr nach Nr. 4144 VV. Eine Ausnahme gilt für Berufungsverfahren, wenn in diesen erstmalig der vermögensrechtliche Anspruch geltend gemacht wird. Dann   39

---

[36] OLG Koblenz JurBüro 2006, 247. [37] OLG Hamm 13.12.2011 – III-3 Ws 338/11, juris. [38] OLG Schleswig StraFo 2006, 516; OLG Koblenz StraFo 2006, 215 f; KG NStZ-RR 2005, 358 f; AG Nordhorn AGS 2006, 238 f; LG Göttingen AGS 2006, 75. [39] OLG Frankfurt JurBüro 2007, 201 f. [40] OLG Brandenburg NStZ-RR 2010, 192; LG Berlin 13.10.2006 – 536 Qs 250/06, juris; aA LG Hof AGS 2008, 80; LG Essen AGS 2006, 501 f. [41] *Fromm*, NJW 2013, 1720, 1721; OLG Nürnberg 6.11.2013 – 2 Ws 419/13; OLG Jena NJW 2010, 455. [42] *Fromm*, NJW 2013, 1720, 1721. [43] OLG Stuttgart StraFo 2015, 86.

erhält der Rechtsanwalt nach Anm. Abs. 1 zu Nr. 4143 VV lediglich die (geringere) Gebühr nach Nr. 4143 VV. Ob der abrechnende Rechtsanwalt selbst erstmalig im Berufungsverfahren tätig wird, ist hingegen unbeachtlich. Wenn bereits erstinstanzlich ein Adhäsionsantrag gestellt wurde und der Rechtsanwalt erstmals in der Berufungsinstanz tätig wird, erhält er die Gebühr nach Nr. 4144 VV.

40   **3. Mehrere Auftraggeber.** Bei **mehreren Auftraggebern** erhöht sich, sofern derselbe Gegenstand betroffen ist (zB mehrere Erben eines Getöteten) die Gebühr nach **Nr. 1008 VV** je weiteren Auftraggeber um 0,3, höchstens aber um 2,0. Machen hingegen mehrere Auftraggeber verschiedene Ersatzansprüche geltend, gilt § 22 Abs. 1, so dass die Mehrarbeit des Rechtsanwalts durch die Erhöhung des Gegenstandswerts vergütet wird.

41   **4. Speziell: Pflichtverteidigung.** Bei **Pflichtverteidigung** ist zu beachten, dass in der obergerichtlichen Rspr die Frage, ob die Bestellung zum Pflichtverteidiger auch die Abwehr von Adhäsionsanträgen umfasst, unterschiedlich beantwortet wird. Nach der ganz überwiegenden Auffassung ist dies nicht der Fall.[44] Auch wenn der Gegenansicht zuzugeben ist, dass die Tätigkeit des Verteidigers und diejenige des anwaltlichen Vertreters im Adhäsionsverfahren sich kaum trennen lassen,[45] ist der überwiegenden Ansicht zu folgen: § 404 Abs. 5 S. 1 StPO sieht vor, dass dem Angeklagten **Prozesskostenhilfe** für das Adhäsionsverfahren nach denselben Vorschriften wie in bürgerlichen Rechtsstreitigkeiten bewilligt und ihm im Rahmen der Bewilligungsentscheidung in entsprechender Anwendung des § 121 ZPO ein Rechtsanwalt beigeordnet werden kann. Dieses Verfahren unterscheidet sich sowohl in seinem Ablauf als auch in den Entscheidungsmaßstäben von dem Verfahren zur Bestellung zum Pflichtverteidiger. Erforderlich ist die finanzielle Bedürftigkeit des Angeklagten, die es ihm nicht ermöglicht, seinen Rechtsanwalt für das Adhäsionsverfahren selbst zu bezahlen. Nur ein Rechtsanwalt, der dem Angeklagten im Rahmen einer Prozesskostenhilfebewilligung nach § 404 Abs. 5 StPO beigeordnet worden ist, ist iSd § 48 Abs. 1 mit der Abwehr von Adhäsionsanträgen betraut; nur er hat einen Vergütungsanspruch gegen die Staatskasse. Die Höhe der Gebühren richtet sich nach § 49. Der Pflichtverteidiger kann auch nicht über einen Antrag auf Bewilligung einer Pauschgebühr nach § 51 den Aufwand, den er mit dem Adhäsionsverfahren hatte, gebührenerhöhend geltend machen, wenn eine Beiordnung für dieses Adhäsionsverfahren nicht erfolgt ist.[46] Es wäre widersinnig, wenn über diesen Umweg die Beiordnung de facto doch auch auf dieses Verfahren erstreckt würde.

V. Verfahrensgebühr für die Beschwerde gegen den Beschluss nach § 406 Abs. 5 S. 2 StPO (Nr. 4145 VV)

42   Für das Beschwerdeverfahren gegen einen Beschluss, mit dem nach § 406 Abs. 5 S. 2 StPO von einer **Entscheidung über den Adhäsionsantrag abgesehen** wird, ist in Nr. 4145 VV eine zusätzliche Verfahrensgebühr vorgesehen.

43   Für den Rechtsanwalt, der bereits in der Ausgangsinstanz im Adhäsionsverfahren tätig war, zählt die bloße Einlegung der sofortigen Beschwerde gem. § 19 Abs. 1 S. 2 Nr. 10 noch zur Ausgangsinstanz. Die Gebühr nach Nr. 4145 VV verdient er erst, wenn er darüber hinaus tätig wird, insb. wenn er die sofortige Beschwerde begründet.

44   Das Beschwerdeverfahren ist gem. § 19 Abs. 1 S. 2 Nr. 10 a eine **besondere Angelegenheit,** in dem die **Post**entgeltpauschale Nr. 7002 VV gesondert anfällt.

VI. Gebühr in Verfahren nach dem StrRehaG (Nr. 4146 VV)

45   Nr. 4146 VV enthält zwei Gebührentatbestände: einerseits für die Tätigkeit im Verfahren über den Antrag auf gerichtliche Entscheidung nach § 25 Abs. 1 S. 3–5 StrRehaG und andererseits für die Beschwerde gegen eine den Rechtszug beendende Entscheidung. Die Gebühren können nebeneinander entstehen. Allerdings ist § 19 Abs. 1 S. 2 Nr. 10 zu beachten, so dass der Rechtsanwalt der Ausgangsinstanz die weitere Gebühr nicht allein durch das Einlegen der Beschwerde verdient. Es handelt sich um eine reine Wertgebühr.

VII. Einigungsgebühr im Privatklageverfahren (Nr. 4147 VV)

46   Nr. 4147 VV regelt die Höhe der Einigungsgebühr nach Nr. 1000 VV im Privatklageverfahren. Die Regelung in Teil 4 VV war erforderlich, da geregelt werden musste, wie der gerichtlich bestellte/beigeordnete Rechtsanwalt vergütet wird.

---

44 Vgl die Nachweise bei OLG Hamm NJW 2013, 325–327. Das dort zitierte OLG Köln hat mit Beschl. v. 24.3.2014 (2 Ws 78/14) seine bisher gegenteilige Auffassung aufgegeben. Wie hier auch OLG Koblenz JurBüro 2014, 356. **45** Vgl *Fromm*, NJW 2013, 1720, 1722. **46** AA *Fromm*, NJW 2013, 1720, 1722.

Abschnitt 2
Gebühren in der Strafvollstreckung

Nr.	Gebührentatbestand	Gebühr oder Satz der Gebühr nach § 13 oder § 49 RVG	
		Wahlanwalt	gerichtlich bestellter oder beigeordneter Rechtsanwalt
	*Vorbemerkung 4.2:* Im Verfahren über die Beschwerde gegen die Entscheidung in der Hauptsache entstehen die Gebühren besonders.		

4200	Verfahrensgebühr als Verteidiger für ein Verfahren über
	1. die Erledigung oder Aussetzung der Maßregel der Unterbringung
	   a) in der Sicherungsverwahrung,
	   b) in einem psychiatrischen Krankenhaus oder
	   c) in einer Entziehungsanstalt
	2. die Aussetzung des Restes einer zeitigen Freiheitsstrafe oder einer lebenslangen Freiheitsstrafe oder
	3. den Widerruf einer Strafaussetzung zur Bewährung oder den Widerruf der Aussetzung einer Maßregel der Besserung und Sicherung zur Bewährung ....
		60,00 bis 670,00 €	292,00 €

4201	Gebühr 4200 mit Zuschlag	60,00 bis 837,50 €	359,00 €
4202	Terminsgebühr in den in Nummer 4200 genannten Verfahren	60,00 bis 300,00 €	144,00 €
4203	Gebühr 4202 mit Zuschlag	60,00 bis 375,00 €	174,00 €
4204	Verfahrensgebühr für sonstige Verfahren in der Strafvollstreckung	30,00 bis 300,00 €	132,00 €
4205	Gebühr 4204 mit Zuschlag	30,00 bis 375,00 €	162,00 €
4206	Terminsgebühr für sonstige Verfahren	30,00 bis 300,00 €	132,00 €
4207	Gebühr 4206 mit Zuschlag	30,00 bis 375,00 €	162,00 €

I. Persönlicher Anwendungsbereich

In der **Strafvollstreckung** bestimmen sich die Gebühren nach Teil 4 Abschnitt 2 VV (= Nr. 4200–4207 VV). 1
Diese Gebühren kann der Verteidiger aber nur beanspruchen, wenn er **Vollverteidiger** ist. Ist er lediglich mit Einzeltätigkeiten beauftragt, richten sich die Gebühren nach Teil 4 Abschnitt 3 VV.

II. Umfang der Angelegenheit

1. Allgemeines. Ein fortdauerndes gerichtliches Vollstreckungsverfahren gibt es nicht. Das Gericht wird 2
aufgrund von Anträgen der Vollstreckungsbehörde oder des Verurteilten sowie in einigen Fällen von Amts wegen jeweils gesondert tätig. Es handelt sich um einzelne Verfahren, die mit der Rechtskraft der gerichtli-

chen Entscheidung ihr Ende finden.[1] Die Verfahren sind jeweils eigenständige gebührenrechtliche Angelegenheiten iSv § 15. Wird etwa ein Verfahren auf Widerruf der Strafaussetzung zur Bewährung eingeleitet, die Bewährung jedoch nicht widerrufen, und kommt es später erneut zu einem solchen Verfahren, handelt es sich um zwei Angelegenheiten.[2] Der bereits im ersten Widerrufsverfahren tätig gewordene Rechtsanwalt ist durch § 15 Abs. 2 nicht gehindert, für das zweite Verfahren gesondert die Gebühren abzurechnen. Auch mehrere Überprüfungsverfahren nach § 67 e Abs. 2 StGB sind gebührenrechtlich eigenständige Angelegenheiten iSv § 15.[3] Hingegen ist die Reststrafaussetzung auch dann ein einheitliches Verfahren und damit nur eine Angelegenheit iSv § 15, wenn es um die Aussetzung von Strafen aus mehreren Urteilen geht, sofern darüber – etwa zum gemeinsamen Zwei-Drittel-Termin (vgl § 454 b Abs. 3 StPO) – einheitlich entschieden wird.[4]

3 **2. Beschwerde gegen verfahrensabschließende Entscheidung.** Nach **Vorbem. 4.2 VV** entstehen in **Verfahren über die Beschwerde gegen die Entscheidung in der Hauptsache** die Gebühren besonders. Die Beschwerde muss die verfahrensabschließende Entscheidung angreifen. Richtet sich die Beschwerde gegen eine Zwischen- oder Nebenentscheidung, entsteht dafür keine gesonderte Gebühr. Dass die Gebühren im Beschwerdeverfahren besonders entstehen, bedeutet nach § 19 Abs. 1 S. 2 Nr. 10 a auch, dass es sich bei dem Beschwerdeverfahren um eine besondere gebührenrechtliche Angelegenheit handelt. Die **Postentgeltpauschale** nach Nr. 7200 VV entsteht mithin erneut.[5]

4 Zu beachten ist, dass die (bloße) Einlegung der Beschwerde gem. § 19 Abs. 1 S. 2 Nr. 10 bei dem bereits im erstinstanzlichen Strafvollstreckungsverfahren tätig gewordenen Verteidiger noch mit den Gebühren des Ausgangsverfahrens abgegolten wird.

III. Verfahren iSv Nr. 4200 VV

5 **1. Anwendungsbereich.** Der Gebührentatbestand Nr. 4200 VV sieht eine Verfahrensgebühr für bestimmte Verfahren vor, die Gebühren Nr. 4201–4203 VV knüpfen an Nr. 4200 VV an.

6 Nr. 4200 VV sieht eine Verfahrensgebühr vor für Verfahren über

1. die Erledigung oder Aussetzung der Maßregel der Unterbringung
   a) in der Sicherungsverwahrung,
   b) in einem psychiatrischen Krankenhaus oder
   c) in einer Entziehungsanstalt
2. die Aussetzung des Restes einer zeitigen Freiheitsstrafe oder einer lebenslangen Freiheitsstrafe oder
3. den Widerruf einer Strafaussetzung zur Bewährung oder den Widerruf der Aussetzung einer Maßregel der Besserung und Sicherung zur Bewährung.

7 **2. Die einzelnen Gebühren.** Eine **Grundgebühr** fällt in der Strafvollstreckung **nicht** an, auch wenn der Verteidiger in dem vorangegangenen Verfahren nicht tätig war. Die Systematik des Vergütungsverzeichnisses verbietet den Rückgriff auf die in Teil 4 Abschnitt 1 VV geregelte Grundgebühr.[6]

8 Der Verteidiger erhält die **Verfahrensgebühr Nr. 4200 VV.** Befindet sich der Verurteilte nicht auf freien Fuß, erhält er die Gebühr mit („Haft"-)Zuschlag gem. Nr. 4201 VV (→ Vorbem. 4 VV Rn 22 ff). Neben der (ggf erhöhten) Verfahrensgebühr kann eine **Terminsgebühr nach Nr. 4202 VV** entstehen, auch diese ggf wieder mit („Haft"-)Zuschlag nach Nr. 4203 VV, falls sich der Verurteilte nicht auf freiem Fuß befindet.

9 Zu beachten ist, dass innerhalb einer strafvollstreckungsrechtlichen Angelegenheit eine Terminsgebühr nach Nr. 4202, 4203 VV gem. § 15 Abs. 2 **nur einmal** entsteht, unabhängig davon, wie viele Termine stattfinden.[7] Gemäß Vorbem. 4 Abs. 3 VV entsteht sie nur für die Teilnahme an **gerichtlichen** Terminen.

IV. Sonstige Verfahren in der Strafvollstreckung (Nr. 4204 VV)

10 **1. Anwendungsbereich.** Nr. 4204 VV sieht eine Verfahrensgebühr für sonstige Verfahren in der Strafvollstreckung vor. Die Gebühren Nr. 4205–4207 VV knüpfen daran an.

11 Zu den **sonstigen Verfahren in der Strafvollstreckung** gehören etwa:
- Einwendungen gegen Entscheidungen der Vollstreckungsbehörde gem. § 459 h StPO;
- Verfahren nach §§ 458 und 462 StPO;
- Bildung einer nachträglichen Gesamtstrafe nach § 460 StPO;

---

1 KG NStZ-RR 2005, 127 f; OLG Frankfurt NStZ-RR 2003, 252 f. **2** LG Magdeburg StraFo 2010, 172. **3** KG NStZ-RR 2005, 127 f. **4** OLG Köln RVGreport 2011, 103; aA Burhoff/*Volpert*, RVG, Teil B, Vorbem. 4.2 VV Rn 27. **5** Bereits zur alten Rechtslage: OLG Brandenburg 29.4.2013 – 1 Ws 46/13, juris; wie hier auch *N. Schneider*, NJW 2013, 1553, 1554; *Burhoff*, StRR 2013, 284. **6** Einzig aA OLG Frankfurt a. M. 6.5.2014 – 3 Ws 379-389/14, juris m. abl. Anm. *Burhoff*, RVGreport 2015, 23 („peinliche Fehlentscheidung"). **7** OLG Hamm AGS 2008, 176 f; KG AGS 2006, 549–551.

- Verfahren nach § 35 BtMG auf Zurückstellung der Strafvollstreckung;
- Verfahren nach § 456 a StPO.

Nicht nach Teil 4 Abschnitt 2 VV, sondern nach Abschnitt 1 sind Tätigkeiten in Verfahren nach § **57 JGG**   12
und § **27 JGG** abzurechnen.[8] Auch Tätigkeiten im **Strafvollzug** gehören nicht hierher; vielmehr entstehen
dafür Gebühren nach Teil 2 VV bzw Teil 3 VV. Auch die Tätigkeit in einem gerichtlichen Verfahren nach
§§ 23 ff EGGVG ist nicht nach Teil 4 Abschnitt 2 VV abzurechnen, sondern nach Teil 3 VV („ähnliche
Verfahren"), mag Gegenstand auch eine vollstreckungsrechtliche Entscheidung sein, etwa die Ablehnung
der Zurückstellung der Strafvollstreckung nach § 35 BtMG.[9] Dabei entstehen die Gebühren nach Teil 3 VV
für die Tätigkeit im Verfahren nach §§ 23 ff EGGVG zusätzlich zu den Gebühren, die ggf für die Tätigkeit
im Strafverfahren nach Teil 4 VV RVG entstehen.

2. Gebühren. Eine **Grundgebühr** fällt **nicht** an. Der Verteidiger erhält die **Verfahrensgebühr nach Nr. 4204**   13
VV. Befindet sich der Verurteilte nicht auf freiem Fuß, erhält er die Gebühr mit („Haft"-)Zuschlag gem.
Nr. 4205 VV (→ Vorbem. 4 VV Rn 22 ff). Neben der (ggf erhöhten) Verfahrensgebühr kann eine **Terminsgebühr nach Nr. 4206 VV** entstehen, auch diese ggf wieder mit („Haft"-)Zuschlag nach Nr. 4207 VV, falls
sich der Verurteilte nicht auf freiem Fuß findet.

Auch hier ist zu beachten, dass innerhalb einer strafvollstreckungsrechtlichen Angelegenheit eine Termins-   14
gebühr gem. § 15 Abs. 2 **nur einmal** entsteht, unabhängig davon, wie viele Termine stattfinden.[10] Gemäß
Vorbem. 4 Abs. 3 VV entsteht sie nur für die Teilnahme an **gerichtlichen** Terminen.

Abschnitt 3
Einzeltätigkeiten

Nr.	Gebührentatbestand	Gebühr oder Satz der Gebühr nach § 13 oder § 49 RVG	
		Wahlanwalt	gerichtlich bestellter oder beigeordneter Rechtsanwalt
Vorbemerkung 4.3:			
(1) Die Gebühren entstehen für einzelne Tätigkeiten, ohne dass dem Rechtsanwalt sonst die Verteidigung oder Vertretung übertragen ist.			
(2) Beschränkt sich die Tätigkeit des Rechtsanwalts auf die Geltendmachung oder Abwehr eines aus der Straftat erwachsenen vermögensrechtlichen Anspruchs im Strafverfahren, so erhält er die Gebühren nach den Nummern 4143 bis 4145.			
(3) Die Gebühr entsteht für jede der genannten Tätigkeiten gesondert, soweit nichts anderes bestimmt ist. § 15 RVG bleibt unberührt. Das Beschwerdeverfahren gilt als besondere Angelegenheit.			
(4) Wird dem Rechtsanwalt die Verteidigung oder die Vertretung für das Verfahren übertragen, werden die nach diesem Abschnitt entstandenen Gebühren auf die für die Verteidigung oder Vertretung entstehenden Gebühren angerechnet.			
4300	Verfahrensgebühr für die Anfertigung oder Unterzeichnung einer Schrift 1. zur Begründung der Revision, 2. zur Erklärung auf die von dem Staatsanwalt, Privatkläger oder Nebenkläger eingelegte Revision oder 3. in Verfahren nach den §§ 57 a und 67 e StGB ...... Neben der Gebühr für die Begründung der Revision entsteht für die Einlegung der Revision keine besondere Gebühr.	60,00 bis 670,00 €	292,00 €

---

8 Burhoff/*Volpert*, RVG, Teil B, Vorbem. 4.2 VV Rn 8.   **9** OLG Zweibrücken NStZ-RR 2011, 32; LG Wiesbaden 11.9.2014 – 2
Qs 69/14, burhoff.de; das Vorschaltverfahren bei der Staatsanwaltschaft und Generalstaatsanwaltschaft wird jedoch durch die
Verfahrensgebühr nach Nr. 4204, 4205 VV abgegolten, so dass eine Geschäftsgebühr nach Nr. 2300 VV hierfür nicht entsteht.
10 OLG Hamm AGS 2008, 176 f; KG AGS 2006, 549–551.

Nr.	Gebührentatbestand	Gebühr oder Satz der Gebühr nach § 13 oder § 49 RVG	
		Wahlanwalt	gerichtlich bestellter oder beigeordneter Rechtsanwalt
4301	Verfahrensgebühr für 1. die Anfertigung oder Unterzeichnung einer Privatklage, 2. die Anfertigung oder Unterzeichnung einer Schrift zur Rechtfertigung der Berufung oder zur Beantwortung der von dem Staatsanwalt, Privatkläger oder Nebenkläger eingelegten Berufung, 3. die Führung des Verkehrs mit dem Verteidiger, 4. die Beistandsleistung für den Beschuldigten bei einer richterlichen Vernehmung, einer Vernehmung durch die Staatsanwaltschaft oder eine andere Strafverfolgungsbehörde oder in einer Hauptverhandlung, einer mündlichen Anhörung oder bei einer Augenscheinseinnahme, 5. die Beistandsleistung im Verfahren zur gerichtlichen Erzwingung der Anklage (§ 172 Abs. 2 bis 4, § 173 StPO) oder 6. sonstige Tätigkeiten in der Strafvollstreckung ...... Neben der Gebühr für die Rechtfertigung der Berufung entsteht für die Einlegung der Berufung keine besondere Gebühr.	40,00 bis 460,00 €	200,00 €
4302	Verfahrensgebühr für 1. die Einlegung eines Rechtsmittels, 2. die Anfertigung oder Unterzeichnung anderer Anträge, Gesuche oder Erklärungen oder 3. eine andere nicht in Nummer 4300 oder 4301 erwähnte Beistandsleistung	30,00 bis 290,00 €	128,00 €
4303	Verfahrensgebühr für die Vertretung in einer Gnadensache .... Der Rechtsanwalt erhält die Gebühr auch, wenn ihm die Verteidigung übertragen war.	30,00 bis 300,00 €	
4304	Gebühr für den als Kontaktperson beigeordneten Rechtsanwalt (§ 34 a EGGVG)		3.500,00 €

I. Allgemeines

1 Abschnitt 3 VV (= Nr. 4300–4304 VV) regelt die Gebühren für **Einzeltätigkeiten des Rechtsanwalts**, dem die Verteidigung oder Vertretung nicht insgesamt übertragen ist. Dabei gilt es zu beachten, dass die Einzeltätigkeit die **Ausnahme** ist.[1] Im Zweifel ist von einer umfassenden Beauftragung auszugehen. Die Gebühren werden **angerechnet**, wenn dem Rechtsanwalt später die Verteidigung oder Vertretung insgesamt übertragen wird (**Vorbem. 4.3 Abs. 4 VV**).

2 Zum Streit um die Vergütung des nach § 68 b Abs. 2 StPO beigeordneten **Zeugenbeistands** → Vorbem. 4 VV Rn 3. Zum **Terminsvertreter** → Vorbem. 4 VV Rn 5 ff.

---

1 OLG Schleswig StV 2006, 206 f.

II. Umfang der Angelegenheit

Nach **Vorbem. 4.3 Abs. 3 S. 1 VV** ist jeder Einzelauftrag nach Nr. 4300 ff VV grds. eine **eigene Angelegen-** **3** **heit iSd** § 15. Deshalb können nicht nur die verschiedenen Gebühren dieses Abschnitts nebeneinander entstehen, sondern auch Gebühren nach derselben Nummer mehrfach. Gemäß **Vorbem. 4.3 Abs. 3 S. 3 VV** gilt auch ein **Beschwerdeverfahren** als besondere Angelegenheit.

Von dem Grundsatz, dass nach Teil 4 Abschnitt 3 VV die Gebühren für jede der genannten Tätigkeiten ge- **4** sondert entstehen, gibt es eine **Ausnahme:** Gemäß Anm. zu Nr. 4300 und 4301 VV gelten die Einlegung einer Berufung und Revision und die jeweilige Begründung als eine einheitliche Angelegenheit. Zu Beschwerdeverfahren → Rn 21 ff.

Um zwei Angelegenheiten handelt es sich jedoch, wenn der Rechtsanwalt nicht nur das eigene Rechtsmittel **5** einlegt und begründet, sondern im gleichen Verfahren eine Gegenerklärung zu einem Rechtsmittel eines anderen abgibt. Die Gegenerklärung ist dann gesondert zu vergüten.

III. Verfahrensgebühr für die Anfertigung oder Unterzeichnung einer Revisionsbegründung (Nr. 4300 Nr. 1 VV)

Ausreichend ist, dass der Rechtsanwalt den Schriftsatz entwirft. Ob er auch bei Gericht eingereicht wird, ist **6** unerheblich. Durch die Gebühr wird auch eine spätere Ergänzung der Begründung abgegolten oder eine Stellungnahme zur Gegenerklärung des Revisionsgegners.

Bei mehreren Revisionen kann der Rechtsanwalt die Gebühr nach Nr. 1 und Nr. 2 (mehrfach) verdienen. **7** Niemals aber erhält er insgesamt mehr als die Gebühr nach Nr. 4130 VV (Vorbem. 4.3 Abs. 3 S. 2 VV und § 15 Abs. 6).

IV. Verfahrensgebühr für die Anfertigung oder Unterzeichnung einer (Gegen-)Erklärung (Nr. 4300 Nr. 2 VV)

Die Gebühr Nr. 4300 VV fällt nach Nr. 2 an für die Gegenerklärung bzw sonstige Erklärung zu der Revisi- **8** on der Staatsanwaltschaft, des Privatklägers oder Nebenklägers.

V. Verfahrensgebühr für die Anfertigung oder Unterzeichnung einer Schrift im Verfahren nach § 57 a und § 67 e StGB (Nr. 4300 Nr. 3 VV)

Die Regelung erfasst die Anfertigung und Unterzeichnung einer Schrift im Verfahren nach **9**

- § 57 a StGB (Aussetzung des Strafrestes einer **lebenslangen Freiheitsstrafe**) oder
- § 67 e StGB (Aussetzung der weiteren Vollstreckung der Unterbringung zur Bewährung).

Dies gilt aber nicht, wenn der Rechtsanwalt mit der Verteidigung für das gesamte Verfahren nach § 57 a StGB **10** oder § 67 e StGB beauftragt oder bestellt ist. Dann richten sich die Gebühren nach Teil 4 Abschnitt 2 VV.

Die anderen nicht in Nr. 4300 Nr. 3 VV genannten Einzeltätigkeiten in der Strafvollstreckung, also etwa im **11** Zusammenhang mit der Aussetzung des Strafrestes bei **zeitiger Freiheitsstrafe** gem. § 57 StGB, fallen unter den Auffangtatbestand in Nr. 4301 Nr. 6 VV.

VI. Verfahrensgebühr für die Anfertigung oder Unterzeichnung einer Privatklage (Nr. 4301 Nr. 1 VV)

Die Verfahrensgebühr kann nur entstehen, wenn der Rechtsanwalt nicht als Vollvertreter des Privatklägers **12** tätig ist. Ansonsten erhält er Gebühren nach Teil 4 Abschnitt 1 VV.

VII. Verfahrensgebühr für Anfertigung oder Unterzeichnung einer Schrift zur Rechtfertigung der Berufung oder zur Beantwortung der von dem Staatsanwalt, Privatkläger oder Nebenkläger eingelegten Berufung (Nr. 4301 Nr. 2 VV)

Nr. 4301 Nr. 2 VV fasst die für die Revision in Nr. 4300 Nr. 1 und 2 VV gesondert aufgeführten Tatbestän- **13** de in Einem zusammen. Eine inhaltliche Änderung ist damit nicht verbunden.

VIII. Verfahrensgebühr für die Führung des Verkehrs mit dem Verteidiger (Nr. 4301 Nr. 3 VV)

Nach seinem Wortlaut gilt der Gebührentatbestand nur für die Führung des Verkehrs des Beschuldigten mit **14** seinem Verteidiger durch einen mit dieser Einzeltätigkeit betrauten Rechtsanwalt. Erfasst wird aber nach hM auch die Führung des Verkehrs mit sonstigen Verfahrensbeteiligten, etwa dem Nebenkläger oder dem Privatkläger.[2]

---

2 Vgl AnwK-RVG/N. *Schneider*, Nr. 4301 VV Rn 8.

15 Führung des Verkehrs erfasst die Beratungen, Besprechungen mit dem Mandanten und die (daraus resultierende) Korrespondenz mit dem Verteidiger bzw Vertreter des Mandanten.

16 Wird der Rechtsanwalt in verschiedenen Instanzen tätig, entsteht die Verfahrensgebühr für jeden Rechtszug gesondert. Dies folgt aus Vorbem. 4.3 Abs. 3 S. 1 VV iVm § 17 Nr. 1.

IX. Verfahrensgebühr für eine Beistandsleistung (Nr. 4301 Nr. 4 VV)

17 Die Verfahrensgebühr Nr. 4301 Nr. 4 VV entsteht für die Beistandsleistung für den Beschuldigten bei einer richterlichen Vernehmung, einer Vernehmung durch die Staatsanwaltschaft oder eine andere Strafverfolgungsbehörde oder in einer Hauptverhandlung, einer mündlichen Anhörung oder bei einer Inaugenscheinnahme. Nicht erforderlich ist, dass gerade der eigene Mandant vernommen wird. Auch bei der Vernehmung Dritter, etwa von Zeugen, leistet der Rechtsanwalt seinem Mandanten Beistand. Dabei erhält der Rechtsanwalt die Gebühr auch dann nur einmal, wenn sich die Vernehmung auf mehrere Tage erstreckt. Zur Problematik, ob dem gerichtlich beigeordneten Zeugenbeistand die vollen Gebühren nach Teil 4 Abschnitt 1 VV zustehen oder nur nach Nr. 4301 Nr. 4 VV, s. die Erl. in → Vorbem. 4 VV Rn 3.

X. Verfahrensgebühr für die Beistandsleistung im Klageerzwingungsverfahren (Nr. 4301 Nr. 5 VV)

18 Gegen die Einstellung des Ermittlungsverfahrens gem. § 170 Abs. 2 StPO kann der Verletzte gem. § 172 Abs. 1 StPO Beschwerde einlegen. Hier ist zu unterscheiden, ob der Rechtsanwalt den Verletzten umfassend vertritt, also als sog. **Vollvertreter** tätig wird. Ist dies der Fall, kann er nach Vorbem. 4 Abs. 1 VV die nach Teil 4 Abschnitt 1 VV entstehenden Gebühren abrechnen. Das sind die Grundgebühr nach Nr. 4100 VV und die Verfahrensgebühr für das vorbereitende Verfahren Nr. 4104 VV. Weitere Gebühren entstehen für diesen Rechtsanwalt für seine Tätigkeit im Klageerzwingungsverfahren nicht, auch wenn das OLG die Erhebung der Anklage durch die Staatsanwaltschaft beschließt (vgl § 175 StPO). Denn das vorbereitende Verfahren endet erst mit dem Eingang der Anklage beim Gericht (→ Nr. 4104–4105 VV Rn 3). Erst dann entstehen Gebühren für das gerichtliche Verfahren. Wird der Rechtsanwalt **nicht als Vollvertreter** tätig, wird die Beschwerdeeinlegung im Klageerzwingungsverfahren nach Nr. 4302 Nr. 1 VV vergütet. Eine Grundgebühr entsteht nicht. Wird die Beschwerde zurückgewiesen, kann der Verletzte Antrag auf gerichtliche Entscheidung stellen (§ 172 Abs. 2 S. 1 StPO). Die Gebühr nach Nr. 4301 Nr. 5 VV entsteht für die Tätigkeit in diesem Verfahren. Sie tritt dann ggf neben die Gebühr nach Nr. 4302 VV. Auch der **Vertreter des Beschuldigten** kann die Gebühr verdienen, wenn er (noch) nicht mit der Verteidigung insgesamt beauftragt ist. Anderenfalls ist die Vertretung im Klageerzwingungsverfahren durch die allgemeinen Gebühren nach Nr. 4100 ff VV bereits abgegolten.[3]

XI. Verfahrensgebühr für sonstige Tätigkeiten in der Strafvollstreckung (Nr. 4301 Nr. 6 VV)

19 In der Strafvollstreckung erhält der Rechtsanwalt Gebühren nach Nr. 4200 ff VV. Ein Rückgriff auf die Vergütung für Einzeltätigkeiten ist daher nicht erforderlich. Nur soweit der Rechtsanwalt in der Strafvollstreckung mit Einzeltätigkeiten beauftragt ist, sind die Nr. 4300 ff VV anwendbar. Es handelt sich um einen **Auffangtatbestand**, der solche Tätigkeiten erfasst, die nicht von einer besonderen Gebührennummer erfasst sind.

XII. Verfahrensgebühr für die Einlegung eines Rechtsmittels, der Anfertigung oder Unterzeichnung anderer Anträge, Gesuche oder Erklärungen oder einer anderen nicht in den Nr. 4300 oder 4301 VV erwähnten Beistandsleistung (Nr. 4302 Nr. 1–3 VV)

20 **1. Allgemeines.** Nr. 4302 VV regelt die Verfahrensgebühr für die in Nr. 1–3 aufgeführten Einzeltätigkeiten, ohne dass dem Rechtsanwalt sonst die Verteidigung oder Vertretung übertragen ist (Vorbem. 4.3 Abs. 1 VV). Dies sind:

■ die Einlegung eines Rechtsmittels (Nr. 1),

■ die Anfertigung oder Unterzeichnung anderer Anträge, Gesuche oder Erklärungen (Nr. 2); dies sind etwa:

  – Strafanzeigen/Strafanträge,

  – Rücknahme von Rechtsmitteln,

  – Anträge auf Bewilligung von PKH,

  – Antrag auf Aufhebung eines Ordnungsmittelbeschlusses gegen einen Zeugen, Sachverständigen oder sonstigen Beteiligten,

  – Anhörungsrügen,

---

[3] OLG Koblenz JurBüro 2014, 592.

■ andere nicht in Nr. 4300 oder 4301 VV erwähnte Beistandsleistungen (Nr. 3),

■ ein Antrag auf gerichtliche Entscheidung nach § 98 Abs. 2 StPO analog.[4]

2. Abrechnung von Beschwerdeverfahren. Ist der Rechtsanwalt nicht mit der Vollverteidigung bzw Vollver-　**21** tretung (dazu s. Vorbem. 4.1 Abs. 2 VV), sondern als Einzeltätigkeit **nur** mit der **Vertretung im Beschwer-deverfahren** beauftragt, zB Beschwerden gegen den Beschluss über die Entziehung der Fahrerlaubnis nach § 111 a StPO oder gegen eine Bewährungsauflage gem. §§ 305 a, 268 a StPO, richtet sich seine Vergütung hierfür gem. Vorbem. 4.3 Abs. 1 VV nach der Nr. 4302 VV.

Wird der Rechtsanwalt **von vornherein gleichzeitig mit der Beschwerdeeinlegung und -begründung beauf-　**22** tragt,** entsteht von vornherein nur eine Verfahrensgebühr nach Nr. 4302 VV.[5] Denn bei gleichzeitiger Auf-tragserteilung wird durch die Verfahrensgebühr gem. Vorbem. 4.3 Abs. 3 S. 2 VV, § 15 Abs. 1 die Tätigkeit des Rechtsanwalts bis zur Erledigung der beauftragten Angelegenheit vergütet.[6]

Ein durch Einlegung und Begründung der Beschwerde entstandener **erhöhter Aufwand** kann der Wahlan-　**23** walt bei der Bemessung der Verfahrensgebühr Nr. 4302 VV innerhalb des vorgesehenen Rahmens nach § 14 berücksichtigen, der gerichtlich bestellte/beigeordnete Rechtsanwalt ggf zur Begründung einer Pausch-gebühr nach § 51 heranziehen.

Wird der Rechtsanwalt zunächst nur mit der Beschwerdeeinlegung beauftragt, verdient er eine Verfahrens-　**24** gebühr nach Nr. 4302 Nr. 1 VV. Wird er später auch mit der Begründung der Beschwerde beauftragt, soll er nach einer Ansicht[7] *zusätzlich* die Gebühr nach Nr. 4302 Nr. 2 VV verdienen, da es sich gem. Vorbem. 4.3 Abs. 3 S. 1 VV jeweils um besondere Angelegenheiten handele. Dafür spricht, dass – anders als in den Anm. zu Nr. 4300 und 4301 VV – „nichts anderes bestimmt ist".

Teilweise wird dieses Ergebnis allerdings eingeschränkt, indem § 15 Abs. 6 angewendet wird. Daraus folge, dass insgesamt nicht mehr als eine Gebühr aus Nr. 4302 VV entstehe (aber zwei Postentgeltpauschalen nach Nr. 7002 VV).[8] Diese Begründung ist aber nicht tragfähig, weil § 15 Abs. 6 nur regelt, dass ein Rechtsanwalt, der nur mit einzelnen Handlungen oder Tätigkeiten beauftragt ist, insgesamt nicht mehr an Gebühren erhält als ein mit der gesamten Angelegenheit (Gesamtvertretung) beauftragter Rechtsanwalt für die gleiche Tätigkeit. Gemeint ist damit der Vollverteidiger bzw Vollvertreter. Die sich kumulierenden Ge-bühren für die Einzeltätigkeiten dürfen insgesamt nicht höher sein als die Verfahrensgebühr des Rechtszugs, in dem die Einzeltätigkeiten erbracht werden, zuzüglich der Grundgebühr, welche bei einer vollen Beauftra-gung ebenfalls entstehen würde.[9] Eine Begrenzung der Gebührenentstehung auf eine Gebühr nach Nr. 4302 VV ergibt sich daraus nicht.

Richtig ist es, dass auch dann, wenn **Beschwerdeeinlegung und -begründung nacheinander beauftragt** wer-　**25** den, hierfür insgesamt nur eine Gebühr nach Nr. 4302 VV entsteht. Dass in den Anm. zu Nr. 4300 und 4301 VV für die Berufung und die Revision eine ausdrückliche Regelung getroffen worden ist, wonach neben der Gebühr für die Begründung der Revision bzw Rechtfertigung der Berufung für die Einlegung der Berufung oder Revision keine besondere Gebühr entsteht, dürfte daran liegen, dass die Gebühren für die Begründung bzw Rechtfertigung und diejenigen für die Einlegung in unterschiedlichen Gebührennummern geregelt sind und deshalb hier Regelungsbedarf bestand. Daraus folgt aber nicht im Gegenschluss, dass für die Einlegung und Begründung einer Beschwerde die Gebühr nach Nr. 4302 VV, wenn auch nach verschie-denen Ziffern innerhalb der Gebühr, zwei Mal entsteht, bloß, weil die Beschwerdebegründung nicht zeit-gleich mit der Beschwerdeeinlegung beauftragt wurde. Es ist jedenfalls kein nachvollziehbarer Grund er-sichtlich, dass bei der Revision und Berufung für Einlegung und Begründung nur eine Gebühr, bei der Be-schwerde hingegen zwei Gebühren entstehen sollen.[10]

3. Bestellung eines Verteidigers nur für das Strafbefehlsverfahren gem. § 408 b StPO. Im Strafbefehlsverfahren　**26** stellt sich die Frage, ob für den nach § 408 b StPO im Zusammenhang mit dem Erlass des Strafbefehls bestellten Pflichtverteidiger nur eine Gebühr nach Nr. 4302 VV entsteht oder ob der Rechtsanwalt auch nach Teil 4 Abschnitt 1 VV abrechnen kann mit der Folge, dass Grundgebühr, Verfahrensgebühr und ggf auch die Befriedungsgebühr Nr. 4141 VV entstehen. Das Problem stellt sich, wenn man mit der früher hM davon ausgeht, dass ein solchermaßen bestellter Verteidiger nur für das Strafbefehlsverfahren bestellt ist; seine Bestellung gelte aber nicht für die Hauptverhandlung.[11] Unabhängig von diesem Meinungsstreit stellt sich das Problem, wenn ausdrücklich eine Beschränkung der Bestellung auf das Strafbefehlsverfahren erfolgt ist, da eine solche Beschränkung im Interesse der Rechtssicherheit möglicherweise anfechtbar, aber wirksam ist.

---

4 LG Potsdam NStZ-RR 2014, 126.　**5** Burhoff/*Volpert*, RVG, Teil B, Nr. 4302 VV Rn 6; AnwK-RVG/*N. Schneider*, Vorbem. 4.3 VV Rn 22.　**6** Burhoff/*Volpert*, RVG, Teil B, Vorbem. 4.3 VV Rn 36.　**7** Burhoff/*Volpert*, RVG, Teil B, Nr. 4302 VV Rn 6. **8** AnwK-RVG/*N. Schneider*, Nr. 4302 VV Rn 5.　**9** So zu Recht: Burhoff/*Volpert*, RVG, Teil B, Vorbem. 4.3 VV Rn 38.　**10** LG Mühlhausen 26.5.2010 – 3 Qs 87/10, juris.　**11** *Meyer-Goßner*, StPO, 59. Aufl. 2016, § 408 b Rn 6 mwN; OLG Düsseldorf NStZ 2002, 390 f; *Lutz*, NStZ 1998, 395 f; aA OLG Celle StV 2011, 661–663.

27   Das LG Aurich hat in dieser Konstellation die vom Rechtsanwalt erbrachten Tätigkeiten nur als eine Einzeltätigkeit iSd Teil 4 Abschnitt 3 VV angesehen und daher nur eine Einzeltätigkeit nach Nr. 4302 VV vergütet.[12]

28   Zutreffend anders sehen das die mit der Frage befassten Oberlandesgerichte. Sie gehen davon aus, dass auch der nach § 408 b StPO bestellte Pflichtverteidiger „Vollverteidiger" ist. Seine Tätigkeit im Strafbefehlsverfahren unterliege inhaltlich keinen Beschränkungen. Eine Beschränkung bestehe wegen der auf das Strafbefehlsverfahren beschränkten Bestellung lediglich/allenfalls in zeitlicher Hinsicht.[13]

XIII. Verfahrensgebühr für die Vertretung in einer Gnadensache (Nr. 4303 VV)

29   Nr. 4303 VV regelt die Vergütung in einer Gnadensache. Die Anm. zu Nr. 4303 VV stellt klar, dass auch der Rechtsanwalt die Gebühr erhält, der im vorangegangenen Strafverfahren als Verteidiger tätig war. Die Gebühr verdient, wer für das gesamte Gnadenverfahren beauftragt ist. Sind nur Einzeltätigkeiten übertragen, etwa nur die Stellung des Gnadenantrags, oder ist der Rechtsanwalt nur beauftragt, eine Besprechung mit dem Gnadenbeauftragten zu führen, gilt Nr. 4302 Nr. 2 VV.

30   Die Gebühr deckt die gesamte Tätigkeit in der Gnadensache ab. Auch evtl vorgesehene (verwaltungsinterne) Beschwerdeverfahren sind (mit-)abgegolten. Nicht durch Nr. 4303 VV abgegolten ist hingegen die gerichtliche Anfechtung der Gnadenentscheidung. Hierfür fallen Gebühren nach Nr. 3100 ff VV an.

31   Ist ein Gnadenverfahren endgültig abgeschlossen, stellt ein neues Gnadengesuch eine neue, selbstständige Angelegenheit dar, für welche die Gebühr erneut anfällt. Auch Gnadengesuche für mehrere Personen sind unterschiedliche Angelegenheiten.

XIV. Gebühr für den als Kontaktperson beigeordneten Rechtsanwalt, § 34 a EGGVG (Nr. 4304 VV)

32   Der einem Gefangenen mit Kontaktsperre nach §§ 31 ff EGGVG als Kontaktperson nach § 34 a EGGVG beigeordnete Rechtsanwalt erhält eine Festgebühr iHv 3.500 €. Da die Kontaktperson nicht Verteidiger sein darf, kann es nicht zu Überschneidungen mit den Vergütungsvorschriften der Nr. 4100 ff VV kommen.

Teil 5
Bußgeldsachen

Nr.	Gebührentatbestand	Gebühr oder Satz der Gebühr nach § 13 oder § 49 RVG	
		Wahlanwalt	gerichtlich bestellter oder beigeordneter Rechtsanwalt

Vorbemerkung 5:

(1) Für die Tätigkeit als Beistand oder Vertreter eines Einziehungs- oder Nebenbeteiligten, eines Zeugen oder eines Sachverständigen in einem Verfahren, für das sich die Gebühren nach diesem Teil bestimmen, entstehen die gleichen Gebühren wie für einen Verteidiger in diesem Verfahren.

(2) Die Verfahrensgebühr entsteht für das Betreiben des Geschäfts einschließlich der Information.

(3) Die Terminsgebühr entsteht für die Teilnahme an gerichtlichen Terminen, soweit nichts anderes bestimmt ist. Der Rechtsanwalt erhält die Terminsgebühr auch, wenn er zu einem anberaumten Termin erscheint, dieser aber aus Gründen, die er nicht zu vertreten hat, nicht stattfindet. Dies gilt nicht, wenn er rechtzeitig von der Aufhebung oder Verlegung des Termins in Kenntnis gesetzt worden ist.

(4) Für folgende Tätigkeiten entstehen Gebühren nach den Vorschriften des Teils 3:

1. für das Verfahren über die Erinnerung oder die Beschwerde gegen einen Kostenfestsetzungsbeschluss, für das Verfahren über die Erinnerung gegen den Kostenansatz, für das Verfahren über die Beschwerde gegen die Entscheidung über diese Erinnerung und für Verfahren über den Antrag auf gerichtliche Entscheidung gegen einen Kostenfestsetzungsbescheid und den Ansatz der Gebühren und Auslagen (§ 108 OWiG), dabei steht das Verfahren über den Antrag auf gerichtliche Entscheidung dem Verfahren über die Erinnerung oder die Beschwerde gegen einen Kostenfestsetzungsbeschluss gleich,

2. in der Zwangsvollstreckung aus Entscheidungen, die über die Erstattung von Kosten ergangen sind, und für das Beschwerdeverfahren gegen die gerichtliche Entscheidung nach Nummer 1.

---

12 LG Aurich 12.8.2009 – 12 Qs 90/09, juris. **13** OLG Celle StraFo 2011, 291; OLG Köln NStZ-RR 2010, 30 f; OLG Oldenburg NStZ-RR 2010, 391 f; OLG Düsseldorf Rpfleger 2008, 595.

I. Allgemeines

Die Gebühren in Bußgeldsachen sind gegenüber den Gebühren in Strafsachen (Teil 4 VV) eigenständig ge-   1
regelt. Die Gebührenstruktur ist weitgehend identisch. Der Wahlanwalt kann nach § 14 die konkrete Gebührenhöhe innerhalb von Betragsrahmen bestimmen (vgl für die Terminsgebühr → Nr. 5107–5112 VV
Rn 2 ff). Der gerichtlich bestellte oder beigeordnete Rechtsanwalt erhält Festgebühren.

Teil 5 VV enthält zwei Abschnitte, wobei Abschnitt 1 fünf Unterabschnitte enthält. Abschnitt 1 („Gebüh-   2
ren des Verteidigers") regelt die Gebühren für den **Vollverteidiger** bzw **Vollvertreter**. Das ist der Rechtsanwalt, der mit der Interessenwahrnehmung im Ganzen beauftragt ist. Abschnitt 2 („Einzeltätigkeiten") enthält die Gebühren bei der Beauftragung mit **Einzeltätigkeiten**.

Vorbem. 5 VV enthält in vier Absätzen allgemeine Regelungen für alle Gebühren von Teil 5 VV, sofern   3
nicht an anderer Stelle Abweichendes geregelt ist.

II. Persönlicher Anwendungsbereich (Abs. 1)

Gemäß Vorbem. 5 Abs. 1 VV erhält der **Beistand oder Vertreter eines Einziehungs- oder Nebenbeteiligten,**   4
eines Zeugen oder eines Sachverständigen die gleichen Gebühren wie ein Verteidiger. Zum **Zeugenbeistand**
→ Vorbem. 4 VV Rn 3. Zum **Terminsvertreter** → Vorbem. 4 VV Rn 5 ff. Die dortigen Ausführungen gelten
im Bußgeldverfahren jeweils entsprechend.

III. Verfahrensgebühr (Abs. 2)

Nach Vorbem. 5 Abs. 2 VV entsteht die Verfahrensgebühr **„für das Betreiben des Geschäfts einschließlich**   5
der Information". Daraus folgt, dass die Verfahrensgebühr eine **Betriebsgebühr** ist. Sie entsteht nach Anm.
Abs. 1 zu Nr. 5100 VV **neben der Grundgebühr** bereits mit der **ersten Tätigkeit** des Rechtsanwalts.

IV. Terminsgebühr (Abs. 3)

Anders als in Strafverfahren wird in Vorbem. 5 Abs. 3 VV nicht zwischen Hauptverhandlungsterminen und   6
sonstigen Terminen unterschieden. Die Terminsgebühr entsteht grds. nur für die Teilnahme an **gerichtlichen**
Terminen (Vorbem. 5 Abs. 3 S. 1 VV). Abweichendes regelt Vorbem. 5.1.2 Abs. 2 VV, wonach für bestimmte **nichtgerichtliche Termine** im Verfahren vor der Verwaltungsbehörde ebenfalls Terminsgebühren anfallen.

Auch in Bußgeldsachen erhält der Rechtsanwalt unter den Voraussetzungen der Vorbem. 5 Abs. 3 S. 2   7
und 3 VV für einen **„geplatzten"** Termin dennoch die Terminsgebühr. Die Erl. in → Vorbem. 4 VV Rn 18 ff
gelten entsprechend.

V. Kein „Haftzuschlag"

Anders als im Strafverfahren (Vorbem. 4 Abs. 4 VV) erhält der Rechtsanwalt im Bußgeldverfahren **keinen**   8
Haftzuschlag, wenn sein Mandant nicht „auf freiem Fuß" ist. Erschwernisse durch eine Inhaftierung oder
eine staatlich veranlasste sonstige Unterbringung kann der Wahlanwalt gem. § 14 Abs. 1 durch den Ansatz
einer höheren Gebühr innerhalb des Betragsrahmens berücksichtigen. Der gerichtlich bestellte oder beigeordnete Rechtsanwalt kann Erschwernisse zur Begründung einer Pauschgebühr nach § 51 heranziehen.

VI. Gebühren bei Erinnerung und Beschwerde gegen Kostenfestsetzung und Kostenansatz sowie in Zwangsvollstreckungssachen (Abs. 4)

Vorbem. 5 Abs. 4 VV nennt Fälle, in denen dem Rechtsanwalt Gebühren nach Teil 3 VV zustehen. Diese   9
Gebühren erhält der Rechtsanwalt gesondert neben den Gebühren nach Teil 5 VV.

Abschnitt 1
Gebühren des Verteidigers

Nr.	Gebührentatbestand	Gebühr oder Satz der Gebühr nach § 13 oder § 49 RVG	
		Wahlanwalt	gerichtlich bestellter oder beigeordneter Rechtsanwalt

Vorbemerkung 5.1:
(1) Durch die Gebühren wird die gesamte Tätigkeit als Verteidiger entgolten.
(2) Hängt die Höhe der Gebühren von der Höhe der Geldbuße ab, ist die zum Zeitpunkt des Entstehens der Gebühr zuletzt festgesetzte Geldbuße maßgebend. Ist eine Geldbuße nicht festgesetzt, richtet sich die Höhe der Gebühren im Verfahren vor der Verwaltungsbehörde nach dem mittleren Betrag der in der Bußgeldvorschrift angedrohten Geldbuße. Sind in einer Rechtsvorschrift Regelsätze bestimmt, sind diese maßgebend. Mehrere Geldbußen sind zusammenzurechnen.

I. Anwendungsbereich

1   Teil 5 Abschnitt 1 VV ist in fünf Unterabschnitte aufgeteilt:
  - Unterabschnitt 1: Allgemeine Gebühr (Grundgebühr) (Nr. 5100 VV);
  - Unterabschnitt 2: Gebühren im Verfahren vor der Verwaltungsbehörde (Nr. 5101–5106 VV);
  - Unterabschnitt 3: Gebühren im erstinstanzlichen gerichtlichen Verfahren (Nr. 5107–5112 VV);
  - Unterabschnitt 4: Gebühren im Verfahren über die Rechtsbeschwerde (Nr. 5113, 5114 VV);
  - Unterabschnitt 5: Zusätzliche Gebühren (Nr. 5115, 5116 VV).

II. Abgeltungsbereich der Gebühren (Abs. 1)

2   Die Gebühren gelten als **Pauschalgebühren** die gesamte Tätigkeit ab, die der Rechtsanwalt im jeweiligen Verfahrensabschnitt erbringt. Wegen der Einzelheiten kann auf die Erl. zu Strafsachen verwiesen werden (→ Vorbem. 4.1 VV Rn 3, 7).

III. Staffelung der Gebührenrahmen (Abs. 2)

3   **1. Orientierung an der Höhe der Geldbuße.** Im Verfahren vor der Verwaltungsbehörde und im erstinstanzlichen gerichtlichen Verfahren bestimmen sich die Gebührenrahmen (beim Wahlanwalt) und die Festgebühren (beim gerichtlich bestellten oder beigeordneten Rechtsanwalt) nach der **Höhe der Geldbuße**. Nebenfolgen, insb. ein **Fahrverbot**, haben auf die Gebühren(-rahmen) keinen Einfluss. Der Wahlanwalt kann solche Nebenfolgen im Rahmen der Gebührenbestimmung nach § 14 Abs. 1 berücksichtigen, der bestellte oder beigeordnete Rechtsanwalt zur Begründung für die Bewilligung einer (höheren) Pauschgebühr nach § 51 heranziehen.

4   Es gibt **drei Gebührenstufen:**
  - Geldbuße unter 60 €,
  - Geldbuße von 60 € bis 5.000 €,
  - Geldbuße von mehr als 5.000 €.

5   Nach Abs. 2 S. 1 der Vorbem. 5.1 VV ist die **zuletzt festgesetzte Geldbuße** maßgebend. Ist eine solche im Verfahren vor der Verwaltungsbehörde (noch) nicht festgesetzt, ist gem. S. 3 vom **Regelsatz** auszugehen (etwa nach der BKatV in Straßenverkehrssachen). Ansonsten richtet sich die Gebühr gem. S. 2 nach dem **mittleren Betrag** des in der Bußgeldvorschrift vorgesehenen Rahmens; der mittlere Betrag errechnet sich wie folgt: Mindestbetrag zuzüglich Höchstbetrag geteilt durch 2.

6   Auch wenn es letztlich bei einer **Verwarnung** bleibt und/oder gar keine Geldbuße festgesetzt wird, ist der so ermittelte Gebührenrahmen maßgeblich.[1]

7   Bei **mehreren Geldbußen** werden diese gem. Abs. 2 S. 4 der Vorbem. 5.1 VV zusammengerechnet.

8   **2. Insbesondere: Änderung der Geldbuße.** Problematisch ist, welche Gebührenstufe gilt, wenn mit einer Gebühr pauschal **mehrere Tätigkeiten** abgegolten werden, die **teils vor und teils nach der Festsetzung** (oder Änderung) einer Geldbuße erbracht werden. Nach Vorbem. 5.1 Abs. 2 S. 1 VV kommt es auf die Höhe der

---

1 AG Stuttgart NJW-Spezial 2008, 731.

zuletzt festgesetzten Geldbuße (bzw der in Regelsätzen vorgesehenen Geldbuße bzw des mittleren Betrags der angedrohten Geldbuße) zum **Zeitpunkt des Entstehens der Gebühr** an. Daraus wird gefolgert, dass die später festgesetzte Geldbuße generell ohne Bedeutung sei.[2] Dies aber ist unzutreffend:

Wird der Rechtsanwalt im Verfahren vor der Verwaltungsbehörde bereits vor Erlass des Bußgeldbescheids   9
beauftragt und legt er nach dem Erlass des Bußgeldbescheids gegen diesen Einspruch ein, so wird diese Tätigkeit durch eine Verfahrensgebühr im Verfahren vor der Verwaltungsbehörde (Nr. 5101, 5103 oder 5105 VV) abgegolten. Beträgt der Regelsatz (etwa nach der BKatV) über 60 €, werden im Bußgeldbescheid indes nur 30 € festgesetzt, ist einleuchtend, dass sich die aus Nr. 5103 VV (Stufe 60 € bis 5.000 €) entstandene höhere Verfahrensgebühr durch die spätere Festsetzung der geringeren Geldbuße nicht reduziert. Umgekehrt (also Regelsatz unter 60 €, festgesetzt werden aber über 60 €) gilt dies aber nicht: Denn es besteht kein einleuchtender Grund, wieso der Rechtsanwalt nur aus der Nr. 5101 VV (Stufe unter 60 €) vergütet wird, obwohl er nach Erlass eines Bußgeldbescheids von über 60 € Einspruch einlegt. Vielmehr entsteht auch durch die Einspruchseinlegung die Verfahrensgebühr, weil auch diese die Voraussetzungen der Nr. 5103 VV (Stufe 60 € bis 5.000 €) erfüllt. Lediglich wegen des Pauschalcharakters der Verfahrensgebühr (s. Vorbem. 5.1 Abs. 1 VV) entsteht die Verfahrensgebühr nicht nochmals. Für den **gerichtlich bestellten Verteidiger** zeigt sich das am eindrücklichsten: Soll ein Verteidiger, der erst nach Erlass des Bußgeldbescheids von über 60 € bestellt wird, tatsächlich höhere Gebühren erhalten als derjenige, der *zusätzlich* bei einem Regelsatz von unter 60 € bereits vor Erlass des Bußgeldbescheids bestellt und tätig geworden ist, obwohl Letzterer mehr gemacht hat als der erst später bestellte Verteidiger? Sachgerecht wäre dies nicht. Der Wortlaut der Vorbem. 5.1 Abs. 2 VV steht dieser Auslegung nicht entgegen, da es nicht heißt, dass es auf den Zeitpunkt des *erstmaligen* Entstehens der Gebühr ankommt.[3]

Unterabschnitt 1
Allgemeine Gebühr

Nr.	Gebührentatbestand	Gebühr oder Satz der Gebühr nach § 13 oder § 49 RVG	
		Wahlanwalt	gerichtlich bestellter oder beigeordneter Rechtsanwalt
5100	Grundgebühr	30,00 bis 170,00 €	80,00 €
	(1) Die Gebühr entsteht neben der Verfahrensgebühr für die erstmalige Einarbeitung in den Rechtsfall nur einmal, unabhängig davon, in welchem Verfahrensabschnitt sie erfolgt.		
	(2) Die Gebühr entsteht nicht, wenn in einem vorangegangenen Strafverfahren für dieselbe Handlung oder Tat die Gebühr 4100 entstanden ist.		

I. Abgeltungsbereich der Grundgebühr (Anm. Abs. 1)

Die Aufnahme der Grundgebühr in Unterabschnitt 1 des Abschnitts 1 zeigt, dass die Grundgebühr nicht   1
nur im Verfahren vor der Verwaltungsbehörde entstehen kann, sondern auch in späteren Verfahrensabschnitten, wenn der Rechtsanwalt sich dort erstmals in den Rechtsfall einarbeitet. Aufgrund der systematischen Stellung der Nr. 5100 VV in Abschnitt 1 VV erhält der Rechtsanwalt jedoch **keine Grundgebühr**, wenn er (lediglich) mit **Einzeltätigkeiten** beauftragt wird. Dann erhält er allein die Gebühr Nr. 5200 VV.

Die Grundgebühr entsteht nach Anm. Abs. 1 zu Nr. 5100 VV für die **erstmalige Einarbeitung in den**   2
Rechtsfall nur **einmal**, unabhängig davon, in welchem Verfahrensabschnitt sie erfolgt. Neben der Grundgebühr entsteht auch stets die Verfahrensgebühr („neben der Verfahrensgebühr").[1]

2 *Burhoff*, RVGreport 2015, 322. **3** AA *Burhoff*, RVGreport 2015, 322, 323, der den Wortlaut für eindeutig hält. **1** AA LG Saarbrücken 3.2.2015 – 2 Qs 8/15, burhoff.de.

3 „Rechtsfall" ist mit „Angelegenheit" in § 15 bedeutungsgleich: Entscheidend ist der Vorwurf gegen den Betroffenen und wie er verfahrensmäßig behandelt wird. **Mehrere Verfahren** stellen daher mehrere (verschiedene) Angelegenheiten iSv § 15 dar und damit mehrere „Rechtsfälle" iSv Anm. 1 zu Nr. 5100 VV.[2]

4 Die **Verbindung mehrerer Verfahren** hat keinen Einfluss auf bis dahin bereits entstandene Gebühren. Die Verbindung wirkt nur für die Zukunft. Allein die gleichzeitige Terminierung mehrerer Bußgeldverfahren auf den gleichen Termin zum Zwecke der Verbindung führt noch nicht zu einer Verbindung. Bis diese tatsächlich erfolgt, handelt es sich jeweils um eigene Angelegenheiten.[3] Bei einer **Trennung verbundener Verfahren** entstehen die Gebühren ggf noch einmal.[4] Dies gilt jedoch nur, wenn entsprechende Tätigkeiten entfaltet werden. Wird etwa nach Einarbeitung in das „verbundene" Verfahren getrennt, entsteht die Grundgebühr nur einmal (in dem ursprünglichen Verfahren), da die Einarbeitung vor der Abtrennung abgeschlossen ist.

5 Anders als die Verfahrens- und Terminsgebühren, die im Verfahren vor der Verwaltungsbehörde oder im gerichtlichen Verfahren im ersten Rechtszug entstehen, ist die Grundgebühr **nicht nach der Höhe der Geldbuße gestaffelt**. Daher wird der Wahlverteidiger bei Geldbußen von unter 60 € idR bei der Grundgebühr die Mittelgebühr nicht ohne Weiteres ansetzen können, weil eine solche Angelegenheit im Vergleich zu sonstigen Bußgeldsachen idR unterdurchschnittlich ist.[5]

II. Grundgebühr bei vorangegangenem Strafverfahren (Anm. Abs. 2)

6 Nach Anm. Abs. 2 zu Nr. 5100 VV entsteht die Grundgebühr nicht, wenn dem Rechtsanwalt in einem vorangegangenen Strafverfahren für dieselbe Handlung oder Tat die Grundgebühr Nr. 4100 VV entstanden ist. Das ist der Fall, wenn die Staatsanwaltschaft ein Strafverfahren einstellt und gem. § 43 OWiG zur weiteren Verfolgung der Ordnungswidrigkeit an die Verwaltungsbehörde abgibt. **„Wegen derselben Handlung oder Tat"** meint den prozessualen Tatbegriff des § 264 StPO. Entscheidend ist, ob Strafverfahren und Bußgeldverfahren denselben geschichtlichen Vorgang betreffen. Im umgekehrten Fall greift die Anrechnungsvorschrift Anm. Abs. 2 zu Nr. 4100 VV (→ Nr. 4100–4103 VV Rn 11).

Unterabschnitt 2
Verfahren vor der Verwaltungsbehörde

Nr.	Gebührentatbestand	Gebühr oder Satz der Gebühr nach § 13 oder § 49 RVG	
		Wahlanwalt	gerichtlich bestellter oder beigeordneter Rechtsanwalt
Vorbemerkung 5.1.2:			
(1) Zu dem Verfahren vor der Verwaltungsbehörde gehört auch das Verwarnungsverfahren und das Zwischenverfahren (§ 69 OWiG) bis zum Eingang der Akten bei Gericht.			
(2) Die Terminsgebühr entsteht auch für die Teilnahme an Vernehmungen vor der Polizei oder der Verwaltungsbehörde.			
5101	Verfahrensgebühr bei einer Geldbuße von weniger als 60,00 €	20,00 bis 110,00 €	52,00 €
5102	Terminsgebühr für jeden Tag, an dem ein Termin in den in Nummer 5101 genannten Verfahren stattfindet	20,00 bis 110,00 €	52,00 €

2 LG Bonn 30.3.2016 – 27 Qs 12/16, burhoff.de; LG Bonn Rpfleger 2012, 649–652; LG Potsdam 27.6.2013 – 24 Qs 184/12, juris; aA nunmehr LG Detmold 25.2.2015 – 4 Qs 21/15, nrwe.de, jedoch ohne Auseinandersetzung mit der herrschenden Gegenauffassung und gestützt auf einen aus dem Zivilprozessrecht stammenden, hier nicht einschlägigen Leitsatz, wonach es dem (klagenden) Rechtsanwalt nicht erlaubt sei, „einseitig und ohne hinreichenden Sachgrund anstehende Verfahren eines Auftraggebers zu vereinzeln". Zu Recht ablehnend daher LG Bonn 30.3.2016 – 27 Qs 12/16, burhoff.de: „[Die Entscheidung lässt] außer Acht, dass [...] der formale Rahmen durch die Ermittlungsbehörden vorgegeben worden ist." **3** LG Potsdam 27.6.2013 – 24 Qs 184/12, juris. **4** AA LG Dortmund 13.3.2015 – 39 Qs 122/14, nrwe.de. **5** LG Weiden 1.8.2005 – OWi 1 Qs 60/05, juris.

Nr.	Gebührentatbestand	Gebühr oder Satz der Gebühr nach § 13 oder § 49 RVG	
		Wahlanwalt	gerichtlich bestellter oder beigeordneter Rechtsanwalt
5103	Verfahrensgebühr bei einer Geldbuße von 60,00 bis 5.000,00 €	30,00 bis 290,00 €	128,00 €
5104	Terminsgebühr für jeden Tag, an dem ein Termin in den in Nummer 5103 genannten Verfahren stattfindet	30,00 bis 290,00 €	128,00 €
5105	Verfahrensgebühr bei einer Geldbuße von mehr als 5.000,00 €	40,00 bis 300,00 €	136,00 €
5106	Terminsgebühr für jeden Tag, an dem ein Termin in den in Nummer 5105 genannten Verfahren stattfindet	40,00 bis 3.000,00 €	136,00 €

I. Umfang des Verfahrensabschnitts (Vorbem. 5.1.2 Abs. 1 VV)

Vorbem. 5.1.2 Abs. 1 VV definiert den gebührenrechtlichen Umfang des Verfahrens vor der Verwaltungsbe- 1
hörde. Es **beginnt** mit der Aufnahme der Ermittlungen und umfasst auch das Verwarnungsverfahren sowie
das Zwischenverfahren bei der Staatsanwaltschaft (§ 69 OWiG). Es **endet** (erst) mit dem **Eingang der Akten
bei Gericht.** Zum Verfahren vor der Verwaltungsbehörde gehört auch der **Einspruch gegen den Bußgeldbescheid.** Gesonderte Gebühren hierfür sind nicht vorgesehen.

Auch **Anträge auf gerichtliche Entscheidung** in diesem Verfahrensabschnitt, etwa gegen die Ablehnung 2
einer Wiedereinsetzung in den vorigen Stand (§ 62 OWiG), sind durch die Verfahrensgebühr abgegolten,
auch wenn das Gericht des ersten Rechtszugs darüber entscheidet.[1] Gleiches gilt für einen Antrag auf gerichtliche Entscheidung gegen die Versagung der Akteneinsicht in die Bedienungsanleitung.[2] Derartige Anträge im Stadium des Verwaltungsverfahrens leiten nicht bereits das gerichtliche Verfahren nach Unterabschnitt 3 ein.

II. Terminsgebühren (Vorbem. 5.1.2 Abs. 2 VV)

In dem Verfahren vor der Verwaltungsbehörde entstehen Teminsgebühren auch bei der Teilnahme an einer 3
Vernehmung durch die Polizei oder die Verwaltungsbehörde. Vorbem. 5.1.2 Abs. 2 VV ergänzt Vorbem. 5
Abs. 3 VV, wonach Terminsgebühren für die Teilnahme an gerichtlichen Terminen entstehen (s. das Wort
„auch"). Terminsgebühren entstehen deshalb im Verfahren vor der Verwaltungsbehörde auch für die Teilnahme an gerichtlichen Terminen, etwa an einer **richterlichen Zeugenvernehmung.**

Sonstige Termine lösen keine Terminsgebühr aus. Eine Besprechung mit dem Sachbearbeiter der Verwal- 4
tungsbehörde über die Möglichkeit der Einstellung des Verfahrens wird daher nicht mit einer Terminsgebühr vergütet.

Eine Regelung entsprechend Nr. 4102 VV, wonach für die Teilnahme an bis zu drei Terminen die Termins- 5
gebühr nur einmal entsteht, gibt es in Bußgeldsachen nicht. Eine Terminsgebühr entsteht „für jeden Tag, an
dem ein Termin […] stattfindet". Daraus folgt, dass **mehrere Termine an einem Tag** in derselben Angelegenheit nur mit einer einzigen Terminsgebühr (für diesen Tag) vergütet werden.

Die Gebühr bzw der Gebührenrahmen sind **gestaffelt** nach der Höhe der Geldbuße (dazu → Vorbem. 5.1 6
VV Rn 3 ff).

Nach Vorbem. 5 Abs. 3 S. 2 VV entstehen die Terminsgebühren auch im Fall des sog. **geplatzten Termins** 7
(dazu → Vorbem. 5 VV Rn 7).

---

1 So auch: AnwK-RVG/N. *Schneider*, Vorbem. 5.1.2 VV Rn 3; Gerold/Schmidt/*Burhoff*, 21. Aufl., Vorbem. 5.1.2 VV Rn 6.
2 AA AG Senftenberg 31.1.2013 – 59 OWi 390/12, burhoff.de, weil die gerichtliche Entscheidung mit einer Kostenentscheidung
zu versehen sei. Dies hat aber nichts damit zu tun, ob für den Rechtsanwalt gesonderte Gebühren nach dem RVG entstehen.

Unterabschnitt 3
Gerichtliches Verfahren im ersten Rechtszug

Nr.	Gebührentatbestand	Gebühr oder Satz der Gebühr nach § 13 oder § 49 RVG	
		Wahlanwalt	gerichtlich bestellter oder beigeordneter Rechtsanwalt
	Vorbemerkung 5.1.3: (1) Die Terminsgebühr entsteht auch für die Teilnahme an gerichtlichen Terminen außerhalb der Hauptverhandlung. (2) Die Gebühren dieses Unterabschnitts entstehen für das Wiederaufnahmeverfahren einschließlich seiner Vorbereitung gesondert; die Verfahrensgebühr entsteht auch, wenn von der Stellung eines Wiederaufnahmeantrags abgeraten wird.		
5107	Verfahrensgebühr bei einer Geldbuße von weniger als 60,00 €	20,00 bis 110,00 €	52,00 €
5108	Terminsgebühr je Hauptverhandlungstag in den in Nummer 5107 genannten Verfahren	20,00 bis 240,00 €	104,00 €
5109	Verfahrensgebühr bei einer Geldbuße von 60,00 bis 5.000,00 €	30,00 bis 290,00 €	128,00 €
5110	Terminsgebühr je Hauptverhandlungstag in den in Nummer 5109 genannten Verfahren	40,00 bis 470,00 €	204,00 €
5111	Verfahrensgebühr bei einer Geldbuße von mehr als 5.000,00 €	50,00 bis 350,00 €	160,00 €
5112	Terminsgebühr je Hauptverhandlungstag in den in Nummer 5111 genannten Verfahren	80,00 bis 560,00 €	256,00 €

I. Gerichtliches Verfahren im ersten Rechtszug

1   Unterabschnitt 3 regelt die Gebühren im ersten Rechtszug. Erfasst sind nicht nur Verfahren vor dem Amtsgericht, sondern auch Bußgeldsachen, für die in erster Instanz das Oberlandesgericht zuständig ist (vgl etwa § 83 GWB). Das gerichtliche Verfahren erster Instanz **endet** mit der Einstellung des Verfahrens, Rücknahme oder Verwerfung des Einspruchs gegen den Bußgeldbescheid oder mit Erlass des Urteils oder eines Beschlusses im Verfahren nach § 72 OWiG. Für den bereits erstinstanzlich tätigen Rechtsanwalt gehört die Einlegung der Rechtsbeschwerde gem. § 19 Abs. 1 S. 2 Nr. 10 gebührenrechtlich noch zur ersten Instanz.

II. Die einzelnen Gebühren, insb. die Terminsgebühr (Vorbem. 5.1.3 Abs. 1 VV)

2   Für seine Tätigkeit im erstinstanzlichen gerichtlichen Verfahren erhält der Rechtsanwalt neben der Grundgebühr (Nr. 5100 VV) eine **Verfahrensgebühr und** für jeden Hauptverhandlungstag eine **Terminsgebühr**. Die Verfahrensgebühr und die Terminsgebühr sind nach der Höhe der Geldbuße **gestaffelt** (dazu, welche Geldbuße maßgeblich ist, → Vorbem. 5.1 VV Rn 5 ff). Die Terminsgebühr entsteht auch für die Teilnahme an **gerichtlichen** (!) Terminen außerhalb der Hauptverhandlung (Vorbem. 5.1.3 Abs. 1 VV), etwa bei der kommissarischen Vernehmung eines Zeugen vor einem auswärtigen Gericht.

3   Bei der Bemessung der Terminsgebühr für den Wahlverteidiger spielt die **Dauer des Termins** eine wichtige Rolle. Einigkeit besteht, dass Hauptverhandlungen mit einer Dauer von weniger als 30 Minuten Dauer idR unterdurchschnittlich sind und der Rechtsanwalt deshalb – vorbehaltlich von Besonderheiten – die Mittel-

gebühr nicht abrechnen kann.[1] Nach der stRspr des LG Hannover[2] ist von einer durchschnittlichen Hauptverhandlung (nur) auszugehen, wenn die Hauptverhandlung mindestens eine Stunde dauert und zudem drei bis vier Zeugen vernommen werden. Dem ist für Verfahren, welche „normale" Verkehrsordnungswidrigkeiten zum Gegenstand haben, zuzustimmen. Denn bei diesen ist im Ausgangspunkt nicht der Ansatz der Mittelgebühr, sondern nur einer niedrigeren Gebühr angemessen.[3] Ein Vergleich mit den Bußgeldtatbeständen anderer Rechtsgebiete, etwa auf dem Gebiet des Wirtschafts-, Steuer- oder Umweltrechts zeigt, dass die Anwendung dieser Tatbestände häufig mit erheblich größeren Schwierigkeiten verbunden ist. Es reicht für sich genommen nicht aus, dass die Eintragung von Punkten im Verkehrszentralregister droht.[4] Anders ist dies, wenn wegen der Eintragung der Verlust der Fahrerlaubnis konkret droht.[5] Auch kann ein drohendes Fahrverbot den Ansatz einer Mittelgebühr bereits für sich genommen rechtfertigen, wenn der Mandant auf sein Fahrzeug angewiesen ist. Auch kann eine Mittelgebühr gerechtfertigt sein, wenn der Verteidiger sich zur Terminsvorbereitung mit rechtlich und tatsächlich schwierigen Fragen auseinandersetzen musste. Dazu gehören schwierige technische Fragen im Zusammenhang mit der Verwertbarkeit von Messergebnissen. Entscheidend sind stets die Umstände des Einzelfalls.

Auch wenn der Zeitaufwand ein wichtiges Kriterium bei der Bemessung der konkreten Gebühr ist, ist eine **4** Argumentation unzulässig, die dahin geht, dass erst ab einer bestimmten Gebührenhöhe der Zeitaufwand angemessen vergütet sei. Der Gesetzgeber hat für die Tätigkeit im Bußgeldverfahren gerade **keine Zeitgebühren**, sondern **Pauschalgebühren** vorgesehen. Die gesetzlichen Gebühren des RVG erheben nicht den Anspruch, das konkrete Mandat adäquat oder auch nur kostendeckend zu vergüten. Der Gebührenregelung im RVG liegt vielmehr eine Konzeption zugrunde, nach der erst das Gebührenaufkommen des Rechtsanwalts *in der Gesamtheit* geeignet sein muss, sowohl seinen Kostenaufwand als auch seinen Lebensunterhalt abzudecken. Dies soll durch eine Mischkalkulation, also eine Quersubventionierung der weniger lukrativen durch gewinnträchtige Mandate, sichergestellt werden.[6]

III. Gebühren nach Zurückverweisung durch das Rechtsbeschwerdegericht

Hebt das Rechtsbeschwerdegericht das erstinstanzliche Urteil auf und **verweist** die Sache zu neuer Verhand- **5** lung und Entscheidung an die 1. Instanz **zurück**, ist das weitere erstinstanzliche Verfahren gem. § 21 Abs. 1 eine neue Angelegenheit iSv § 15. Die Gebühren des Unterabschnitts 3 entstehen erneut. Lediglich die Grundgebühr Nr. 5100 VV verdient der Rechtsanwalt nicht noch einmal, wenn er sie bereits in einem früheren Verfahrensstadium verdient hat, da diese nur die *erstmalige* Einarbeitung in den Rechtsfall abdeckt (Anm. Abs. 1 zu Nr. 5100 VV).

Keine Zurückverweisung im vorstehenden Sinne ist eine solche an die Verwaltungsbehörde zur weiteren **6** Sachaufklärung gem. § 69 Abs. 5 S. 1 OWiG. Es handelt sich um die bloße **Fortsetzung des Verfahrens vor der Verwaltungsbehörde**.

IV. Postentgeltpauschale Nr. 7002 VV

Das erstinstanzliche gerichtliche Verfahren beginnt gem. Vorbem. 5.1.2 Abs. 1 VV mit dem Eingang der **7** Akten bei Gericht. Es handelt sich gegenüber dem Verfahren vor der Verwaltungsbehörde um eine eigene gebührenrechtliche Angelegenheit, so dass **erneut** die **Postentgeltpauschale Nr. 7002 VV** anfällt. Der BGH vertrat früher die Gegenansicht, wonach nur eine Postentgeltpauschale anfalle.[7] Diese Rspr ist überholt, nachdem im Zuge des 2. KostRMoG § 17 Nr. 11 eingefügt worden ist.

V. Wiederaufnahmeverfahren (Vorbem. 5.1.3 Abs. 2 VV)

Das Wiederaufnahmeverfahren ist gem. § 17 **Nr. 13** eine **gesonderte Angelegenheit**. Die Gebühren entste- **8** hen gesondert (Vorbem. 5.1.3 Abs. 2 Hs 1 VV). Der Rechtsanwalt erhält im Wiederaufnahmeverfahren gem. Vorbem. 5.1.3 Abs. 2 VV die gleichen Gebühren wie in einem erstinstanzlichen gerichtlichen Verfahren.

Nach Vorbem. 5.1.3 Abs. 2 Hs 2 VV erhält der Rechtsanwalt die Verfahrensgebühr auch, wenn er davon **9** **abrät**, einen Wiederaufnahmeantrag zu stellen. Insoweit orientiert sich die Vorschrift an Nr. 4136 VV.

---

1 So etwa: LG Potsdam JurBüro 2013, 640 (11 bzw 8 Minuten); LG Saarbrücken 14.3.2012 – 2 Qs 8/12, juris (13 Minuten); LG Koblenz 14.2.2012 – 3 Qs 62/11, juris (30 Minuten); LG Essen 20.8.2008 – 22 Qs 95/08, juris (15 Minuten); LG Detmold 3.2.2009 – 4 Qs 172/08, juris (13 bzw 20 Minuten); LG Koblenz 11.7.2012 – 1 Qs 149/12, juris (3 Minuten); LG Neuruppin 30.1.2015 – 11 Ws 60/14, burhoff.de (3 Minuten). **2** LG Hannover 3.2.2014 – 48 Qs 79/13, juris; LG Hannover 24.8.2011 – 48 Qs 109/11, juris. **3** LG Zwickau 25.11.2015 – 1 Qs 174/15; juris; LG Dresden 21.7.2014 – 2 Qs 8/14, burhoff.de; aA LG Saarbrücken zfs 2014, 586; aA auch *Burhoff*, RVGreport 2015, 322, 324, der auch in einfachen Fällen die Mittelgebühr gewähren will. **4** LG Duisburg 15.5.2014 – 69 Qs 10/14, juris; LG Hannover 24.8.2011 – 48 Qs 109/11, juris. **5** Vgl LG Saarbrücken 7.11.2012 – 2 Qs 40/12, juris. **6** BVerfG 15.6.2009 – 1 BvR 1342/07, juris. **7** BGH 19.12.2012 – IV ZR 186/11, juris.

10   Die **Grundgebühr** Nr. 5100 VV entsteht nicht erneut, wenn der Rechtsanwalt bereits im Ausgangsverfahren die Grundgebühr verdient hat. Teilweise wird die Auffassung vertreten, sie entstehe im Wiederaufnahmeverfahren nie, weil Vorbem. 5.1.3 Abs. 2 VV ausdrücklich nur auf die Gebühren des Unterabschnitts 3 verweise.[8] Diese Auffassung übersieht jedoch, dass es in der Vorbem. 5.1.3 Abs. 2 Hs 1 VV darum geht, dass die Gebühren dieses Abschnitts „gesondert" (= nochmals) entstehen, nicht jedoch darum, dass *nur diese* entstehen.[9]

Unterabschnitt 4
Verfahren über die Rechtsbeschwerde

Nr.	Gebührentatbestand	Gebühr oder Satz der Gebühr nach § 13 oder § 49 RVG	
		Wahlanwalt	gerichtlich bestellter oder beigeordneter Rechtsanwalt
5113	Verfahrensgebühr	80,00 bis 560,00 €	256,00 €
5114	Terminsgebühr je Hauptverhandlungstag	80,00 bis 560,00 €	256,00 €

I. Gebühren im Verfahren über die Rechtsbeschwerde

1   Unterabschnitt 4 regelt die Gebühren im Rechtsbeschwerdeverfahren. Für den bereits in erster Instanz tätigen Rechtsanwalt zählt die Einlegung der Rechtsbeschwerde gem. § 19 Abs. 1 S. 2 Nr. 10 noch zum erstinstanzlichen Verfahren. Er verdient die Gebühr Nr. 5113 VV erst mit einer weiteren Tätigkeit, insb. der Fertigung der Begründung der Rechtsbeschwerde.

2   Ohne Bedeutung ist, ob die Rechtsbeschwerde zulässig ist. Auch steht der Verfahrensgebühr nicht entgegen, dass die Rechtsbeschwerde lediglich vorsorglich eingelegt und später zurückgenommen wird.

3   Im Rechtsbeschwerdeverfahren wird nicht nach der Höhe der Geldbuße differenziert. Neben der (einmaligen) Grundgebühr Nr. 5100 VV, sofern diese dem Rechtsanwalt nicht bereits in einem früheren Verfahrensabschnitt entstanden ist, stehen dem Rechtsanwalt eine Verfahrensgebühr und Terminsgebühren für jeden Hauptverhandlungstag zu.

II. Antrag auf Zulassung der Rechtsbeschwerde

4   Auch der Antrag auf Zulassung der Rechtsbeschwerde gem. § 80 OWiG ist nach Unterabschnitt 4 abzurechnen. Gemäß § 16 Nr. 11 zählt das Verfahren über die Zulassung der Rechtsbeschwerde bereits zur Rechtsmittelinstanz. Der reine Zulassungsantrag zählt jedoch gem. § 19 Abs. 1 S. 2 Nr. 10 für den bereits in der ersten Instanz tätig gewordenen Rechtsanwalt noch zur Tätigkeit in der Vorinstanz. Wird die Rechtsbeschwerde zugelassen, handelt es sich mit dem sich anschließenden Rechtsbeschwerdeverfahren um eine einheitliche Angelegenheit. Die bis dahin entstandenen Gebühren entstehen wegen § 15 Abs. 2 nicht nochmals. Der Wahlanwalt kann jedoch bei einem höheren Aufwand gem. § 14 Abs. 1 die Gebühr innerhalb des Gebührenrahmens ggf höher festsetzen.

III. Mehrere Rechtsbeschwerden

5   Soweit sich mehrere Rechtsbeschwerden **gegen dieselbe Entscheidung** richten, liegt lediglich eine Angelegenheit iSv § 15 vor. Der Rechtsanwalt kann also bei einer eigenen Rechtsbeschwerde und einer solchen der Staatsanwaltschaft lediglich einmal die Gebühren nach Unterabschnitt 4 verlangen.

6   Anders ist es, wenn das Rechtsbeschwerdegericht ein Urteil aufhebt und die Sache zur erneuten Entscheidung zurückverweist. Wird dann gegen das neue Urteil **erneut Rechtsbeschwerde** eingelegt, handelt es sich bei beiden Rechtsbeschwerden um eigenständige Angelegenheiten (§ 17 Nr. 1).

---

8 Gerold/Schmidt/*Burhoff*, 21. Aufl., Vorbem. 5.1.3 VV Rn 7.   **9** Wie hier auch AnwK-RVG/*N. Schneider*, Nr. 5100 VV Rn 6 und Vorbem. 5.1.3 VV Rn 7.

Unterabschnitt 5
Zusätzliche Gebühren

Nr.	Gebührentatbestand	Gebühr oder Satz der Gebühr nach § 13 oder § 49 RVG	
		Wahlanwalt	gerichtlich bestellter oder beigeordneter Rechtsanwalt
5115	Durch die anwaltliche Mitwirkung wird das Verfahren vor der Verwaltungsbehörde erledigt oder die Hauptverhandlung entbehrlich: Zusätzliche Gebühr .... (1) Die Gebühr entsteht, wenn 1. das Verfahren nicht nur vorläufig eingestellt wird oder 2. der Einspruch gegen den Bußgeldbescheid zurückgenommen wird oder 3. der Bußgeldbescheid nach Einspruch von der Verwaltungsbehörde zurückgenommen und gegen einen neuen Bußgeldbescheid kein Einspruch eingelegt wird oder 4. sich das gerichtliche Verfahren durch Rücknahme des Einspruchs gegen den Bußgeldbescheid oder der Rechtsbeschwerde des Betroffenen oder eines anderen Verfahrensbeteiligten erledigt; ist bereits ein Termin zur Hauptverhandlung bestimmt, entsteht die Gebühr nur, wenn der Einspruch oder die Rechtsbeschwerde früher als zwei Wochen vor Beginn des Tages, der für die Hauptverhandlung vorgesehen war, zurückgenommen wird, oder 5. das Gericht nach § 72 Abs. 1 Satz 1 OWiG durch Beschluss entscheidet. (2) Die Gebühr entsteht nicht, wenn eine auf die Förderung des Verfahrens gerichtete Tätigkeit nicht ersichtlich ist. (3) Die Höhe der Gebühr richtet sich nach dem Rechtszug, in dem die Hauptverhandlung vermieden wurde. Für den Wahlanwalt bemisst sich die Gebühr nach der Rahmenmitte.	in Höhe der jeweiligen Verfahrensgebühr	
5116	Verfahrensgebühr bei Einziehung und verwandten Maßnahmen .... (1) Die Gebühr entsteht für eine Tätigkeit für den Betroffenen, die sich auf die Einziehung oder dieser gleichstehende Rechtsfolgen (§ 46 Abs. 1 OWiG, § 442 StPO) oder auf eine diesen Zwecken dienende Beschlagnahme bezieht. (2) Die Gebühr entsteht nicht, wenn der Gegenstandswert niedriger als 30,00 € ist. (3) Die Gebühr entsteht nur einmal für das Verfahren vor der Verwaltungsbehörde und für das gerichtliche Verfahren im ersten Rechtszug. Im Rechtsbeschwerdeverfahren entsteht die Gebühr besonders.	1,0	1,0

I. „Befriedungsgebühr" (Nr. 5115 VV)

1. Allgemeines. Eine zusätzliche Gebühr nach Nr. 5115 VV als „Erfolgsgebühr" entsteht in den in Anm. **1** Abs. 1 Nr. 1–5 aufgeführten Fällen, wenn **durch die anwaltliche Mitwirkung** das Verfahren vor der Verwaltungsbehörde **erledigt** oder die **Hauptverhandlung entbehrlich** wird („Befriedungsgebühr"). Dem liegt der Gedanke zugrunde, eine ggf intensive und zeitaufwändige Tätigkeit, die zur Vermeidung der Hauptverhandlung führt und damit zum Verlust der Terminsgebühr(en), gebührenrechtlich zu honorieren.

Die Ausführungen zu Nr. 4141 VV gelten entsprechend (→ Nr. 4141 VV Rn 2 ff). Insbesondere kann die **2** Befriedungsgebühr **mehrfach** entstehen. Voraussetzung ist nach § 15 Abs. 2, dass es sich um mehrere Angelegenheiten handelt. So liegt es, wenn die Verwaltungsbehörde das Verfahren (vermeintlich) endgültig einstellt, dann wieder aufnimmt und nach Erlass des Bußgeldbescheids und Befassung des Gerichts mit dem Verfahren das Gericht das Verfahren erneut einstellt. In diesem Beispiel entsteht die Gebühr Nr. 5115 VV zweimal.

3　**2. Mitwirkung des Rechtsanwalts. a) Allgemeines.** Voraussetzung für die Gebühr ist, dass „durch die anwaltliche Mitwirkung [...] die Hauptverhandlung entbehrlich" wird. Erforderlich ist ein Beitrag des Rechtsanwalts an der Einstellung des Verfahrens oder der Rücknahme des Einspruchs bzw Rechtsmittels. Es sind geringere Anforderungen zu stellen als bei der Erledigungsgebühr nach Nr. 1002 VV. Eine besondere, nicht nur unwesentliche und gerade auf die außergerichtliche Erledigung gerichtete Tätigkeit ist nicht erforderlich.[1]

4　**b) Einzelfälle.** „Beredetes Schweigen": Eine Mitwirkung des Verteidigers kann vorliegen, wenn er dem Betroffenen rät, von seinem Schweigerecht Gebrauch zu machen, und daraufhin das Verfahren mangels Nachweismöglichkeit eingestellt wird.[2] Dies setzt allerdings voraus, dass das Schweigen der Verwaltungsbehörde mitgeteilt wird.[3] Nach dem BGH[4] reicht der **Rat zum Schweigen** allerdings nicht aus, wenn unabhängig von der (fehlenden) Einlassung des Betroffenen offenkundig ist, dass dieser die Ordnungswidrigkeit nicht begangen haben kann.[5]

5　Die **Bestellung zum Verteidiger und das Beantragen von Akteneinsicht** reichen für sich noch nicht aus, damit die zusätzliche Gebühr entsteht.[6] Auch reicht es nicht aus, wenn der Rechtsanwalt ohne weitere Begründung mit dem Einspruch die Einstellung des Verfahrens beantragt. Allein ein Antrag stellt keine Mitwirkung an der Entbehrlichkeit der Hauptverhandlung dar.

6　Der (zutreffende) **Hinweis auf ein Verfahrenshindernis** reicht als Mitwirkung idR aus.[7] Das gilt etwa für den Hinweis auf den Eintritt der Verfolgungsverjährung.[8] Zu weit geht indes die Ansicht,[9] dass auch die **Mitteilung des Todes des Mandanten** die Befriedungsgebühr auslösen kann (vgl dazu ausf. die Erl. in → Nr. 4141–4147 VV Rn 11, die entsprechend gelten).

7　**c) Beweislast.** Aus der negativen Formulierung in **Anm. Abs. 2** folgt, dass bei einer Tätigkeit des Rechtsanwalts, welche das Verfahren gefördert hat, seine Mitwirkung (auch) an der Erledigung **vermutet** wird. Das Fehlen einer Mitwirkung ist vom Gebührenschuldner darzulegen und im Streitfall zu beweisen.[10]

8　**3. Entbehrlichkeit der Hauptverhandlung.** Durch die Tätigkeit des Rechtsanwalts muss sich das Verfahren vor der Verwaltungsbehörde erledigen oder eine Hauptverhandlung entbehrlich werden. Nicht ausreichend ist, wenn nur **einzelne (weitere) Hauptverhandlungstage** vermieden werden.[11] Vielmehr muss die gesamte Hauptverhandlung entbehrlich werden, was auch der Fall ist, wenn eine Hauptverhandlung ausgesetzt wird und dann durch die Mitwirkung des Verteidigers eine **neue Hauptverhandlung** vermieden wird.[12]

9　**4. Die einzelnen Fälle der Nr. 5115 VV (Anm. Abs. 1).** Zusätzlich müssen die Voraussetzungen einer der in Anm. Abs. 1 zu Nr. 5115 VV aufgeführten Fälle gegeben sein:

10　**a) Nicht nur vorläufige Einstellung des Verfahrens (Anm. Abs. 1 Nr. 1).** Anm. Abs. 1 Nr. 1 regelt die nicht nur vorläufige Einstellung des Bußgeldverfahrens. Insoweit gelten die Ausführungen in → Nr. 4141–4147 VV Rn 9 ff entsprechend. Gemeint ist mit „**nicht nur vorläufig eingestellt wird**" nicht, dass die Einstellung endgültig bleiben muss, dass also die Gebühr wieder entfällt, wenn das Verfahren doch fortgeführt wird. Es genügt, dass die Verwaltungsbehörde, die Staatsanwaltschaft oder das Gericht bei der Einstellung des Verfahrens von einer endgültigen Einstellung ausgegangen ist. Erforderlich ist die **vollständige Einstellung** des Verfahrens gegen den Betroffenen (ob das Verfahren gegen weitere Betroffene fortgeführt wird, ist unbeachtlich).

11　Keine Einstellung iSd Anm. Abs. 1 Nr. 1 liegt vor, wenn das Bußgeldverfahren zur Übernahme wegen des Verdachts einer Straftat nach § 41 OWiG an die Staatsanwaltschaft abgegeben wird, da – anders als im umgekehrten Fall der Einstellung des Strafverfahrens und Abgabe an die Bußgeldbehörde – mit der Abgabe keine Einstellung verbunden ist.

12　**b) Rücknahme des Einspruchs gegen den Bußgeldbescheid im Verfahren vor der Verwaltungsbehörde (Anm. Abs. 1 Nr. 2).** Die Gebühr entsteht bei Rücknahme des Einspruchs **im Verfahren vor der Verwaltungsbehörde** (zur Abgrenzung vom gerichtlichen Verfahrens s. Vorbem. 5.1.2 Abs. 1 VV). Die Rücknahme

---

1 BGH AGS 2011, 128. **2** BGH NJW 2011, 1605 f. **3** AG Schöneberg 27.6.2015 – 106 C 124/15, juris: Die Mitteilung an die Behörde „Jegliche Einlassung bleibt vorbehalten" reicht nicht; AG Hamburg-Barmbek JurBüro 2011, 365 f. **4** BGH RVGreport 2011, 182 = VRR 2011, 118 = StRR 2011, 199, jew. m. Anm. *Burhoff* = AGS 2011, 128 m. teilw. abl. Anm. *N. Schneider*. **5** AA AnwK-RVG/N. *Schneider*, Nr. 5115 VV Rn 35. **6** AG Wiesbaden AGS 2014, 64; AG Meinerzhagen AGS 2007, 454; AG Hannover AGS 2006, 290. **7** Vgl LG Düsseldorf AGS 2010, 601 (Hinweis auf Beweisverwertungsverbot). **8** AG Köln JurBüro 2010, 137, das davon ausgeht, dass es dieses Hinweises idR nicht bedürfe, da die Verjährungsfristen den Bußgeldbehörden grds. bekannt seien. **9** AnwK-RVG/N. *Schneider*, Nr. 5115 VV Rn 37. **10** KG AGS 2009, 324; LG Potsdam 26.11.2012 – 24 Qs 118/11, burhoff.de. **11** LG Limburg 24.10.2011 – 1 Qs 145/11, juris; AG Köln NZV 2007, 637 f. **12** LG Oldenburg 17.5.2011 – 5 Qs 109/11, juris; AG Tiergarten AGS 2007, 140; AG Köln NZV 2007, 637 f.

nach Anm. Abs. 1 Nr. 2 ist nicht fristgebunden. Sie kann noch unmittelbar vor Eingang der Akten bei Gericht erklärt werden. Sind die Akten dort allerdings bereits eingegangen, greift Anm. Abs. 1 Nr. 4 VV ein.

c) Kein Einspruch gegen den neuen Bußgeldbescheid (Anm. Abs. 1 Nr. 3). Nach Anm. Abs. 1 Nr. 3 entsteht die Befriedungsgebühr, wenn die Verwaltungsbehörde nach Einspruch gegen den Bußgeldbescheid diesen zurücknimmt und einen neuen erlässt und gegen den neuen Bußgeldbescheid nicht erneut Einspruch eingelegt wird. Erforderlich ist, dass nach Erlass des neuen Bußgeldbescheids **insgesamt kein erneuter Einspruch** erfolgt. Wird der neue Bußgeldbescheid teilweise angegriffen, etwa nur hinsichtlich der Rechtsfolgen, entsteht die Gebühr nicht. **13**

Teilweise wird vertreten, dass eine Gebühr **analog** Anm. Abs. 1 Nr. 3 auch entsteht, wenn die Verwaltungsbehörde nach Mitwirkung des Verteidigers den Bußgeldbescheid ohne Einspruch zurücknimmt oder der Rechtsanwalt von vornherein erreicht, dass entgegen ursprünglicher Bestrebungen ein anderer Bußgeldbescheid erlassen wird, gegen den kein Einspruch eingelegt wird.[13] Dies ist zweifelhaft. Das 2. KostRMoG hat zu keiner Änderung oder Ergänzung geführt, was gegen eine Regelungslücke spricht. **14**

d) Rücknahme des Einspruchs gegen den Bußgeldbescheid im gerichtlichen Verfahren (Anm. Abs. 1 Nr. 4). Anm. Abs. 1 Nr. 4 erfasst die Fälle, in denen im gerichtlichen Verfahren der Einspruch gegen den Bußgeldbescheid zurückgenommen wird. Voraussetzung der Gebühr ist, dass der Rechtsanwalt den Einspruch **insgesamt zurücknimmt** und das Verfahren *insgesamt* erledigt ist. Erfolgt nur eine teilweise Rücknahme, ist die Gebühr nicht verdient. **15**

Die Rücknahme des Einspruchs im gerichtlichen Verfahren (zur Abgrenzung zum Verfahren vor der Verwaltungsbehörde s. Vorbem. 5.1.2 Abs. 1 VV) ist **fristgebunden.** Ebenso wie die Rücknahme des Einspruchs gegen einen Strafbefehl, der Berufung oder der Revision im Strafverfahren (s. Anm. Abs. 1 Nr. 3 zu Nr. 4141 VV) muss, wenn bereits ein Termin anberaumt ist, der Einspruch früher als zwei Wochen vor Beginn des ersten Hauptverhandlungstages zurückgenommen werden. Die Frist dient dem Schutz des Gerichts vor unnötigem Vorbereitungsaufwand und dazu, dass Zeugen und Sachverständige noch abgeladen und der Termin neu vergeben werden kann. Wird diese Frist versäumt, entsteht die Gebühr Nr. 5115 VV nicht. Die Erl. in → Nr. 4141–4147 VV Rn 15 gelten entsprechend. **16**

e) Rücknahme der Rechtsbeschwerde (Anm. Abs. 1 Nr. 4). Für die Rücknahme der Rechtsbeschwerde (oder des Antrags auf Zulassung der Rechtsbeschwerde, der gem. § 80 Abs. 3 S. 2 OWiG die Einlegung der Rechtsbeschwerde mit umfasst) gelten die Erl. in → Rn 16 entsprechend. Auch hier ist die Rücknahme für das Entstehen der Befriedungsgebühr **fristgebunden**; auf die Ausführungen zur Rücknahme der Revision im Strafverfahren kann verwiesen werden (→ Nr. 4141–4147 VV Rn 19 f). Wie dort ist für das Entstehen der Gebühr erforderlich, dass ohne die Rücknahme der Rechtsbeschwerde in der Rechtsbeschwerdeinstanz ein **Hauptverhandlungstermin** anberaumt worden wäre, der **vermieden** worden ist.[14] Dies ist selten. Sicher auszuschließen ist eine Hauptverhandlung, wenn das Gericht erster Instanz gem. § 72 Abs. 1 S. 1 OWiG durch Beschluss entschieden hat. Dann entscheidet das Rechtsbeschwerdegericht gem. § 79 Abs. 5 S. 1 OWiG *zwingend* ohne Hauptverhandlung durch Beschluss, so dass die Gebühr Nr. 5115 VV nicht entstehen kann.[15] Hat das Gericht des ersten Rechtszugs aufgrund einer Hauptverhandlung durch Urteil entschieden, muss für das Entstehen der Gebühr nach Nr. 5115 VV bei der Rücknahme zumindest bereits eine Rechtsbeschwerdebegründung vorliegen, da anderenfalls wegen Unzulässigkeit der Rechtsbeschwerde schon deshalb eine Hauptverhandlung in der Rechtsbeschwerdeinstanz ausscheidet.[16] Regelmäßig entscheidet das Rechtsbeschwerdegericht nicht aufgrund einer Hauptverhandlung durch Urteil, sondern durch Beschluss. Ob eine Hauptverhandlung durchgeführt worden wäre, wird daher idR erst unter Berücksichtigung der Stellungnahme der Generalstaatsanwaltschaft möglich sein. Ohne deren Vorliegen kann der Rechtsanwalt die Gebühr Nr. 5115 VV nur in Ausnahmefällen abrechnen. **17**

f) Entscheidung im Beschlussverfahren nach § 72 OWiG (Anm. Abs. 1 Nr. 5). Die Befriedungsgebühr entsteht nach Anm. Abs. 1 Nr. 5 auch dann, wenn das Gericht nach § 72 Abs. 1 S. 1 OWiG durch Beschluss entscheidet, soweit der Rechtsanwalt daran mitgewirkt hat, dass sein Mandant nicht widerspricht bzw nach einem Widerspruch gegen eine Entscheidung im schriftlichen Verfahren den Widerspruch wieder zurücknimmt. In diesem Fall wird eine Hauptverhandlung entbehrlich. Die zusätzliche Gebühr kann auch abgerechnet werden, wenn die Hauptverhandlung ausgesetzt und danach im schriftlichen Verfahren nach § 72 OWiG entschieden wird.[17] **18**

---

13 Vgl dazu Gerold/Schmidt/*Burhoff*, 21. Aufl., Nr. 5115 VV Rn 16; Burhoff/*Burhoff*, RVG, Teil B, Nr. 5115 VV Rn 25 ff; AnwK-RVG/*N. Schneider*, Nr. 5115 VV Rn 59. **14** LG Saarbrücken AGS 2015, 171; aA AnwK-RVG/*N. Schneider*, Nr. 5115 VV Rn 93; Burhoff/*Burhoff*, RVG, Teil B, Nr. 5115 VV Rn 37. **15** LG Verden 7.4.2008 – 1 Qs 166/07, burhoff.de. **16** LG Saarbrücken AGS 2015, 171; so auch die OLGe zu Nr. 4141 VV: OLG Hamm JurBüro 2007, 30–32; KG JurBüro 2005, 533; OLG Bamberg 22.3.2006 – 1 Ws 142/06, juris. **17** LG Cottbus zfs 2007, 529; AG Köln NZV 2007, 637 f; AG Saarbrücken AGS 2010, 20; AG Dessau AGS 2006, 240.

19 **5. Höhe der Befriedungsgebühr (Anm. Abs. 3).** Nach Anm. Abs. 3 S. 1 richtet sich die Höhe der Gebühr nach dem Rechtszug, in dem die Hauptverhandlung vermieden wurde. Ausnahmsweise handelt es sich auch für den Wahlanwalt um eine **Festgebühr**, die in Höhe der Mittelgebühr entsteht (Anm. Abs. 3 S. 2).[18] Dies soll die Schwierigkeiten einer einzelfallbezogenen Bemessung dieser Gebühr nach § 14 Abs. 1 vermeiden.[19]

20 **6. Vorangegangenes Strafverfahren.** Die Befriedungsgebühr Nr. 5115 VV entsteht auch, wenn wegen derselben Tat zuvor ein Strafverfahren stattgefunden hat, das eingestellt worden ist. Nach § 17 Nr. 10 Buchst. b sind Strafverfahren und ein sich anschließendes Bußgeldverfahren unterschiedliche Angelegenheiten. In jeder Angelegenheit entstehen daher eigenständige Gebühren. Dazu gehört auch die Gebühr Nr. 5115 VV.

II. Verfahrensgebühr bei Einziehung und verwandten Maßnahmen (Nr. 5116 VV)

21 Eine besondere Verfahrensgebühr als Wertgebühr entsteht, wenn der Rechtsanwalt bei Einziehung oder verwandten Maßnahmen (§ 46 Abs. 1 OWiG, § 442 StPO) eine darauf bezogene Tätigkeit ausübt (**Anm. Abs. 1**), sog. **Einziehungsgebühr**. Dabei richten sich die konkreten Beträge nach § 13. Für den gerichtlich bestellten/beigeordneten Rechtsanwalt gilt ab Gegenstandswerten von über 4.000 € die Tabelle des § 49. Die Regelung ist nahezu wortgleich mit der Vorschrift Nr. 4142 VV, die für das Strafverfahren gilt; auf die dortigen Ausführungen kann daher verwiesen werden (→ Nr. 4141–4147 VV Rn 27 ff).

22 Nach **Anm. Abs. 2** entsteht die Gebühr **nicht**, wenn der **Gegenstandswert niedriger als 30 €** ist. Der Gegenstandswert bemisst sich nach dem **objektiven Verkehrswert** der eingezogenen Sache. Das subjektive Interesse des Betroffenen ist ohne Belang. Die Werte mehrerer Gegenstände werden nach § 22 Abs. 1 zusammengerechnet.

23 Nach Anm. Abs. 3 S. 1 entsteht die Gebühr für das Verfahren vor der Verwaltungsbehörde und für das gerichtliche Verfahren im ersten Rechtszug insgesamt **nur einmal**. Nach Anm. Abs. 3 S. 2 kann die Einziehungsgebühr **im Rechtsbeschwerdeverfahren gesondert** entstehen.

Abschnitt 2
Einzeltätigkeiten

Nr.	Gebührentatbestand	Gebühr oder Satz der Gebühr nach § 13 oder § 49 RVG	
		Wahlanwalt	gerichtlich bestellter oder beigeordneter Rechtsanwalt
5200	Verfahrensgebühr .... (1) Die Gebühr entsteht für einzelne Tätigkeiten, ohne dass dem Rechtsanwalt sonst die Verteidigung übertragen ist. (2) Die Gebühr entsteht für jede Tätigkeit gesondert, soweit nichts anderes bestimmt ist. § 15 RVG bleibt unberührt. (3) Wird dem Rechtsanwalt die Verteidigung für das Verfahren übertragen, werden die nach dieser Nummer entstandenen Gebühren auf die für die Verteidigung entstehenden Gebühren angerechnet. (4) Der Rechtsanwalt erhält die Gebühr für die Vertretung in der Vollstreckung und in einer Gnadensache auch, wenn ihm die Verteidigung übertragen war.	20,00 bis 110,00 €	52,00 €

1 Die Verfahrensgebühr Nr. 5200 VV erhält der Rechtsanwalt gem. Anm. Abs. 1 für einzelne Tätigkeiten, ohne dass ihm sonst die Verteidigung übertragen ist. Davon macht Anm. Abs. 4 eine Ausnahme für die Vertretung in der **Vollstreckung** und in einer **Gnadensache**; dort verdient auch der Vollverteidiger die Verfahrensgebühr. Die Verfahrensgebühr entsteht gem. Anm. Abs. 2 für jede Tätigkeit gesondert, soweit nichts anderes bestimmt ist. Die Grundgebühr fällt bei Einzeltätigkeiten nicht an.

---

18 LG Dresden 28.10.2010 – 5 Qs 164/10, juris; LG Verden 7.4.2008 – 1 Qs 166/07, burhoff.de; Riedel/Sußbauer/*Schmahl*, Teil 5 VV Rn 63; AnwK-RVG/*N. Schneider*, Nr. 5115 VV Rn 95, 98; aA LG Oldenburg RVGreport 2011, 337 f; LG Leipzig AGS 2010, 19; LG Deggendorf 8.9.2005 – 1 Qs 101/05, juris; AG Viechtach AGS 2005, 504; *Hartmann*, KostG, Nr. 5115 VV RVG Rn 12. **19** BT-Drucks 15/1971, S. 228 u. 230.

Einzeltätigkeiten sind in Bußgeldsachen selten. **Einzeltätigkeiten** können **zB** sein (nicht abschließend): isolierte Beauftragung mit einem Antrag auf gerichtliche Entscheidung nach § 62 OWiG; isolierte Einlegung oder Begründung des Einspruchs gegen einen Bußgeldbescheid oder der Rechtsbeschwerde; Gegenerklärung auf die Rechtsbeschwerde der Staatsanwaltschaft; Einsichtnahme in die Ermittlungsakten für einen Dritten; sämtliche Anträge im Vollstreckungsverfahren (Anm. Abs. 4), etwa der Antrag auf Ratenzahlung; Gnadenanträge (Anm. Abs. 4). 2

Anm. Abs. 2 S. 2 stellt klar, dass § 15 unberührt bleibt. Nach § 15 Abs. 6 bilden für den nur mit einzelnen Handlungen beauftragten Rechtsanwalt die Gebühren, die der mit der gesamten Angelegenheit beauftragte Rechtsanwalt („Vollverteidiger" bzw „Vollvertreter") pauschal für die gleiche Tätigkeit erhalten hätte, die **Obergrenze**. 3

Zudem findet sich in **Anm. Abs. 3** eine **Anrechnungsvorschrift**. Demnach werden, wenn dem Rechtsanwalt später die Verteidigung (oder die Vertretung) für das Verfahren übertragen wird, die Gebühren für die Einzeltätigkeiten auf die für die Verteidigung (oder Vertretung) entstehenden Gebühren angerechnet. 4

Teil 6
Sonstige Verfahren

Nr.	Gebührentatbestand	Gebühr	
		Wahlverteidiger oder Verfahrensbevollmächtigter	gerichtlich bestellter oder beigeordneter Rechtsanwalt
Vorbemerkung 6:			
(1) Für die Tätigkeit als Beistand für einen Zeugen oder Sachverständigen in einem Verfahren, für das sich die Gebühren nach diesem Teil bestimmen, entstehen die gleichen Gebühren wie für einen Verfahrensbevollmächtigten in diesem Verfahren.			
(2) Die Verfahrensgebühr entsteht für das Betreiben des Geschäfts einschließlich der Information.			
(3) Die Terminsgebühr entsteht für die Teilnahme an gerichtlichen Terminen, soweit nichts anderes bestimmt ist. Der Rechtsanwalt erhält die Terminsgebühr auch, wenn er zu einem anberaumten Termin erscheint, dieser aber aus Gründen, die er nicht zu vertreten hat, nicht stattfindet. Dies gilt nicht, wenn er rechtzeitig von der Aufhebung oder Verlegung des Termins in Kenntnis gesetzt worden ist.			

Teil 6 VV regelt die Gebühren in Verfahren, die Straf- oder Bußgeldverfahren ähnlich sind. Geregelt werden in 1

- Abschnitt 1: Verfahren nach dem IRG und dem IStGH-Gesetz,
- Abschnitt 2: Disziplinarverfahren sowie berufsgerichtliche Verfahren wegen Verletzung einer Berufspflicht,
- Abschnitt 3: gerichtliche Freiheitsentziehungs- und Unterbringungsverfahren,
- Abschnitt 4: gerichtliche Verfahren nach der Wehrbeschwerdeordnung (WBO),
- Abschnitt 5: Einzeltätigkeiten und Verfahren auf Aufhebung oder Änderung einer Disziplinarmaßnahme.

Im Unterschied zu Strafsachen (→ Vorbem. 4 VV Rn 3) ist die Vergütungsregelung für den Zeugenbeistand in **Abs. 1** unmissverständlich: Der **Zeugen- oder Sachverständigenbeistand** in Verfahren nach Teil 6 VV erhält die gleichen Gebühren wie ein Verfahrensbevollmächtigter. 2

Der Anfall der **Verfahrensgebühr** nach **Abs. 2** und der **Terminsgebühr** nach **Abs. 3** entspricht der jeweiligen Regelung in Teil 4 VV, so dass auf die dortigen Ausführungen verwiesen werden kann (s. Vorbem. 4 Abs. 2, 3 VV). Eine **Grundgebühr** ist nicht vorgesehen. 3

Übt der Rechtsanwalt nur eine **Einzeltätigkeit** aus, erfolgt die Vergütung nach Nr. 6500 VV. 4

Abschnitt 1
Verfahren nach dem Gesetz über die internationale Rechtshilfe in Strafsachen und Verfahren nach dem Gesetz über die Zusammenarbeit mit dem Internationalen Strafgerichtshof

Unterabschnitt 1
Verfahren vor der Verwaltungsbehörde

Nr.	Gebührentatbestand	Gebühr	
		Wahlverteidiger oder Verfahrensbevollmächtigter	gerichtlich bestellter oder beigeordneter Rechtsanwalt
Vorbemerkung 6.1.1: Die Gebühr nach diesem Unterabschnitt entsteht für die Tätigkeit gegenüber der Bewilligungsbehörde in Verfahren nach Abschnitt 2 Unterabschnitt 2 des Neunten Teils des Gesetzes über die internationale Rechtshilfe in Strafsachen.			
6100	Verfahrensgebühr	50,00 bis 340,00 €	156,00 €

Unterabschnitt 2
Gerichtliches Verfahren

Nr.	Gebührentatbestand	Gebühr	
		Wahlverteidiger oder Verfahrensbevollmächtigter	gerichtlich bestellter oder beigeordneter Rechtsanwalt
6101	Verfahrensgebühr	100,00 bis 690,00 €	316,00 €
6102	Terminsgebühr je Verhandlungstag	130,00 bis 930,00 €	424,00 €

I. Allgemeines

1 In Abschnitt 1 werden die Gebühren des Rechtsanwalts in Verfahren nach dem Gesetz über die internationale Rechtshilfe in Strafsachen (**IRG**) und dem Gesetz über die Zusammenarbeit mit dem Internationalen Strafgerichtshof (**IStGH-Gesetz**) geregelt. Bei diesen Verfahren handelt es um keine Strafsachen iSv Teil 4 VV. Neben Teil 6 Abschnitt 1 VV sind auch die Vorschriften über die Pauschgebühr (§§ 42, 51) anwendbar.

II. Internationale Rechtshilfe in Strafsachen (IRG)

2 Nach § 40 Abs. 1 IRG kann sich der Verfolgte (Verurteilte) in jeder Lage des Verfahrens der Hilfe eines rechtlichen Beistands bedienen. Beistandsleistungen können erforderlich werden im Zusammenhang mit
- der Auslieferung eines ausländischen Staatsbürgers an einen ausländischen Staat zum Zweck der Strafverfolgung oder Strafvollstreckung (§§ 2–42 IRG),
- der Durchlieferung eines Ausländers durch die Bundesrepublik Deutschland (§§ 43–47 IRG),
- der Vollstreckung eines ausländischen Straferkenntnisses (§§ 48–58 IRG),
- Angelegenheiten der sonstigen Rechtshilfe (§§ 59–67 a IRG),
- Vollstreckungsersuchen an die Behörde eines ausländischen Staates (§§ 68–72 IRG),
- der Aus- und Durchlieferung an einen Mitgliedstaat der Europäischen Union (§§ 80–83 g IRG),
- dem Vollstreckungshilfeverkehr mit den Mitgliedstaaten der Europäischen Union (§§ 84 f IRG),
- der Vollstreckung ausländischer Geldstrafen und Geldsanktionen (§§ 87–87 n IRG),
- dem Vollstreckungsersuchen an die Behörde eines ausländischen Staates wegen Geldstrafen und Geldsanktionen (§ 87 o IRG),
- der Vollstreckungshilfe bei Einziehung und Verfall (§§ 88–90 IRG).

III. Zusammenarbeit mit dem Internationalen Strafgerichtshof (IStGH-Gesetz)

Auch nach § 31 Abs. 1 IStGHG ist die Beiziehung eines rechtlichen Beistands in jeder Verfahrenslage mög-   3
lich, insb. im Rahmen

- der Überstellung des Verfolgten an den Internationalen Gerichtshof zur Strafverfolgung bzw Strafvollstreckung (§§ 2–33 IStGHG),
- der Durchbeförderung zur Strafverfolgung oder Strafvollstreckung (§§ 34–39 IStGHG),
- der Rechtshilfe durch die Vollstreckung von Entscheidungen und Anordnungen des Internationalen Gerichtshofs (§§ 40–46 IStGHG),
- der sonstigen Rechtshilfe (§§ 47–63 IStGHG) sowie
- der Verfahren über ausgehende Ersuchen (§§ 64–67 IStGHG).

IV. Bewilligung der Vollstreckung ausländischer Geldstrafen und Geldsanktionen

1. Allgemeines. Die Verfahrensgebühr nach Unterabschnitt 1 entsteht in Verfahren zur Bewilligung der   4
Vollstreckung ausländischer Geldstrafen und Geldsanktionen (§§ 87–87 n IRG). Zu unterscheiden sind hier
die folgenden Verfahrensabschnitte:

- Verfahren vor der Bewilligungsbehörde (Bundesamt für Justiz) (§ 87 c IRG),
- erstinstanzliches Verfahren vor dem Amtsgericht (§ 87 g Abs. 1 S. 2 und 3 IRG),
- Rechtsbeschwerdeverfahren vor dem OLG (§ 87 l IRG).

2. Verfahren vor der Bewilligungsbehörde (Vorbem. 6.1.1 VV, Nr. 6100 VV). Die Bewilligung der Vollstre-   5
ckung einer im Ausland verhängten Geldstrafe oder Geldbuße erfolgt in einem **Verwaltungsverfahren** durch
das Bundesamt für Justiz in Bonn (§ 74 Abs. 1 S. 4 IRG). In diesem Verfahrensabschnitt erhält der Rechtsanwalt eine **Verfahrensgebühr** nach Nr. 6100 VV (s. Vorbem. 6.1.1 VV). **Keine Anwendung** findet die Gebühr für in anderen Abschnitten und Unterabschnitten des IRG geregelte Verfahren und in Verfahren nach
dem IStGH-Gesetz. Durch die Verfahrensgebühr werden sämtliche Tätigkeiten in diesem Verfahrensstadium abgegolten, insb. auch Besprechungen mit der Behörde. Von der Schaffung einer **Terminsgebühr** hat der
Gesetzgeber bewusst abgesehen.[1] Auch eine **Grundgebühr** ist nicht vorgesehen. Im Unterschied zu den Bußgeldsachen (Teil 5 VV) erfolgt auch keine Staffelung nach der Sanktionshöhe.

3. Gerichtliches Verfahren (Nr. 6101, 6102 VV). a) Einspruch des Betroffenen gegen die Bewilligung der   6
Vollstreckung. Der Betroffene kann gegen die Bewilligung der Vollstreckung innerhalb von zwei Wochen
nach Zustellung **Einspruch** einlegen (§ 87 f Abs. 4 IRG), dem das Bundesamt für Justiz abhelfen kann
(§ 87 g Abs. 1 S. 2 IRG). Das Abhilfeverfahren gehört noch zum Abgeltungsbereich der Verfahrensgebühr
Nr. 6100 VV. Hilft das Bundesamt für Justiz nicht ab, sind die Akten dem Amtsgericht vorzulegen. Mit deren Eingang beginnt dort vergütungsrechtlich das gerichtliche Verfahren. Jede weitere Tätigkeit des Rechtsanwalts löst nun die gerichtliche Verfahrensgebühr der Nr. 6101 VV aus. Kommt es zu einer mündlichen
Verhandlung, entsteht eine Terminsgebühr nach Nr. 6102 VV.

b) Gerichtliche Entscheidung auf Antrag der Bewilligungsbehörde. Zu einem gerichtlichen Verfahren   7
kommt es auch, wenn die im Ausland verhängte Sanktion gem. § 87 i Abs. 1 IRG **umzuwandeln** ist. In diesem Fall stellt die Bewilligungsbehörde nach Prüfung der Zulässigkeit der Vollstreckung einen entsprechenden Antrag beim Amtsgericht (§ 87 g Abs. 2 S. 1 IRG). Für die Tätigkeit in diesem Verfahrensabschnitt, der
mit Eingang des Antrags bei Gericht beginnt, entsteht die Verfahrensgebühr nach Nr. 6101 VV. Auch hier
kann eine Terminsgebühr nach Nr. 6102 VV entstehen.

c) Rechtsbeschwerde. Die gerichtlichen Entscheidungen können mit der Rechtsbeschwerde (dem Antrag   8
auf Zulassung der Rechtsbeschwerde) angefochten werden (§ 87 j IRG). Mangels einer gesonderten Vergütungsregelung fallen auch im Rechtsbeschwerdeverfahren die Gebühren der Nr. 6101, 6102 VV an und
zwar – weil es sich um eine andere gebührenrechtliche Angelegenheit handelt (§ 17 Nr. 1) – ggf erneut (die
bloße Einlegung des Rechtsmittels gehört indes noch zur Ausgangsinstanz, § 19 Abs. 1 S. 2 Nr. 10, so dass
der bereits erstinstanzlich tätige Rechtsanwalt für das Entstehen der Gebühr eine darüber hinausgehende
Tätigkeit im Rechtsbeschwerdeverfahren entfalten muss). Die Verfahrensgebühr für die erfolgreiche Nichtzulassungsbeschwerde ist auf die Verfahrensgebühr für die Rechtsbeschwerde anzurechnen (§ 16 Nr. 11).

V. Weitere Verfahren nach dem IRG sowie Verfahren nach dem IStGH-Gesetz

1. Gerichtliches Verfahren. Wenn der Rechtsanwalt in anderen Verfahren nach dem IRG als in denen nach   9
§§ 87–87 n (→ Rn 4) oder in Verfahren nach dem IStGH-Gesetz tätig wird, übt er seine Tätigkeit im Rah-

---

[1] BT-Drucks 17/1288, S. 37.

men gerichtlicher Verfahren aus. Auch die Tätigkeit außerhalb eines gerichtlichen Termins wird dann durch die Verfahrensgebühr der **Nr. 6101 VV** vergütet.

10   **2. Terminsgebühr Nr. 6102 VV.** Die Terminsgebühr Nr. 6102 VV fällt „je Verhandlungstag" an. Nach nahezu einhelliger Rspr sind **Verhandlungen vor dem OLG** gemeint.[2] Die Teilnahme an einer Vorführung vor den Richter des Amtsgerichts, etwa anlässlich eines Auslieferungshaftbefehls gem. §§ 28, 79 Abs. 2 S. 3 IRG, reicht hingegen nicht aus. Der Richter beim Amtsgericht verfügt nur über eine beschränkte Entscheidungskompetenz. In erster Linie hat er den Verfolgten über seine Rechte und den Ablauf des Verfahrens zu belehren und dessen Erklärungen zu Protokoll zu nehmen. Ein „Verhandeln" findet nicht statt.[3]

Abschnitt 2
Disziplinarverfahren, berufsgerichtliche Verfahren wegen der Verletzung einer Berufspflicht

Nr.	Gebührentatbestand	Gebühr	
		Wahlverteidiger oder Verfahrensbevollmächtigter	gerichtlich bestellter oder beigeordneter Rechtsanwalt

Vorbemerkung 6.2:

(1) Durch die Gebühren wird die gesamte Tätigkeit im Verfahren abgegolten.

(2) Für die Vertretung gegenüber der Aufsichtsbehörde außerhalb eines Disziplinarverfahrens entstehen Gebühren nach Teil 2.

(3) Für folgende Tätigkeiten entstehen Gebühren nach Teil 3:

1. für das Verfahren über die Erinnerung oder die Beschwerde gegen einen Kostenfestsetzungsbeschluss, für das Verfahren über die Erinnerung gegen den Kostenansatz und für das Verfahren über die Beschwerde gegen die Entscheidung über diese Erinnerung,

2. in der Zwangsvollstreckung aus einer Entscheidung, die über die Erstattung von Kosten ergangen ist, und für das Beschwerdeverfahren gegen diese Entscheidung.

I. Abgeltungsbereich

1   Abschnitt 2 regelt die Gebühren in Disziplinarverfahren und in berufsgerichtlichen Verfahren wegen der Verletzung einer Berufspflicht. Vorbem. 6.2 **Abs. 1** VV regelt hierzu, dass durch die in den Unterabschnitten 1–4 vorgesehenen Gebühren die gesamte Tätigkeit abgegolten wird.

2   Für die Vertretung gegenüber der Aufsichtsbehörde **außerhalb eines Disziplinarverfahrens** kann der Rechtsanwalt eine Vergütung nach Nr. 2300 ff VV fordern (Vorbem. 6.2 **Abs. 2** VV). Da das behördliche Disziplinarverfahren bereits von Teil 6 Abschnitt 2 VV erfasst ist, unterfallen Teil 2 VV nur Tätigkeiten, die noch **vor dem Beginn des behördlichen Disziplinarverfahrens** liegen. Erfasst ist etwa die Beratung oder Vertretung eines Beamten bei der Abgabe von dienstlichen Äußerungen oder im Zusammenhang mit einer informellen Sachverhaltsaufklärung des Dienstvorgesetzten.

3   Wird der Rechtsanwalt mit der Anfechtung

- des Kostenansatzes (Erinnerung, Beschwerde),
- des Kostenfestsetzungsbeschlusses (Erinnerung, Beschwerde) oder
- von Maßnahmen der Zwangsvollstreckung (Grundentscheidung, Beschwerde)

betraut, erhält er seine Vergütung nach Teil 3 VV (Vorbem. 6.2 **Abs. 3** VV).

II. Sachlicher Anwendungsbereich

4   **1. Disziplinarverfahren.** Disziplinarverfahren sind auf Bundesebene im BDG und DRiG sowie in der BNotO und der WDO geregelt. Entsprechende Vorschriften enthalten die Disziplinargesetze und -ordnungen der einzelnen Bundesländer.

---

2 OLG Brandenburg RVGreport 2012, 153; OLG Celle StRR 2010, 160; OLG Karlsruhe RVG prof. 2010, 115; KG AGS 2008, 130; AGS 2008, 235; OLG Bamberg JurBüro 2007, 484; OLG Brandenburg NStZ-RR 2009, 392; OLG Stuttgart AGS 2008, 34; OLG Dresden AGS 2007, 355; OLG Bremen AGS 2006, 290; OLG Hamburg AGS 2006, OLG Hamm AGS 2006, 343; OLG Köln AGS 2006, 380; aA lediglich OLG Jena NStZ-RR 2008, 63. **3** OLG Brandenburg RVGreport 2012, 153.

2. Berufsgerichtliche Verfahren wegen der Verletzung einer Berufspflicht. Zudem gilt der Abschnitt 2, **5**
wenn ein Berufsgericht über die **Verletzung einer Berufspflicht** entscheidet. Nicht anwendbar sind die Gebührenvorschriften des Abschnitts 2, wenn das Berufsgericht über andere Fragen, etwa über Zulassungsfragen, entscheidet. Hier richten sich die Gebühren nach Teil 3 VV (vgl Vorbem. 3 Abs. 7 VV).

Unterabschnitt 1
Allgemeine Gebühren

Nr.	Gebührentatbestand	Gebühr	
		Wahlverteidiger oder Verfahrensbevollmächtigter	gerichtlich bestellter oder beigeordneter Rechtsanwalt
6200	Grundgebühr .... Die Gebühr entsteht neben der Verfahrensgebühr für die erstmalige Einarbeitung in den Rechtsfall nur einmal, unabhängig davon, in welchem Verfahrensabschnitt sie erfolgt.	40,00 bis 350,00 €	156,00 €
6201	Terminsgebühr für jeden Tag, an dem ein Termin stattfindet .... Die Gebühr entsteht für die Teilnahme an außergerichtlichen Anhörungsterminen und außergerichtlichen Terminen zur Beweiserhebung.	40,00 bis 370,00 €	164,00 €

I. Grundgebühr Nr. 6200 VV

In Disziplinarverfahren und in berufsgerichtlichen Verfahren wegen der Verletzung einer Berufspflicht er- **1**
hält der Rechtsanwalt für die erstmalige Einarbeitung in den Rechtsfall die Grundgebühr Nr. 6200 VV.
Gleichgültig ist, in welchem Verfahrensstadium der Rechtsanwalt beauftragt wird. Die Grundgebühr entsteht also auch im zweiten oder dritten Rechtszug, wenn der Rechtsanwalt *erstmalig* im zweiten oder dritten Rechtszug beauftragt wird.

II. (Außergerichtliche) Terminsgebühr Nr. 6201 VV

Die außergerichtliche Terminsgebühr Nr. 6201 VV entsteht für die Teilnahme an außergerichtlichen Anhö- **2**
rungsterminen und außergerichtlichen Terminen zur Beweiserhebung. Hauptanwendungsfall sind Disziplinarverfahren, in denen der Betroffene außergerichtlich von seinem Dienstvorgesetzten anzuhören ist. Die
Gebühr Nr. 6201 VV entsteht auch, wenn ein solcher Termin während eines gerichtlichen Verfahrens ohne
Beteiligung des Gerichts stattfindet.[1] Finden mehrere Termine statt, fällt die Gebühr mehrmals an, bei mehreren Terminen an einem Tag jedoch nur eine Terminsgebühr („für jeden Tag, an dem ein Termin stattfindet").

Unterabschnitt 2
Außergerichtliches Verfahren

Nr.	Gebührentatbestand	Gebühr	
		Wahlverteidiger oder Verfahrensbevollmächtigter	gerichtlich bestellter oder beigeordneter Rechtsanwalt
6202	Verfahrensgebühr .... (1) Die Gebühr entsteht gesondert für eine Tätigkeit in einem dem gerichtlichen Verfahren vorausgehenden und der Überprüfung der Verwaltungsentscheidung dienenden weiteren außergerichtlichen Verfahren.	40,00 bis 290,00 €	132,00 €

1 Burhoff/*Volpert*, RVG, Teil B, 4. Aufl. 2014, Nr. 6201 VV Rn 6.

Nr.	Gebührentatbestand	Gebühr	
		Wahlverteidiger oder Verfahrens-bevollmächtigter	gerichtlich bestellter oder beigeordneter Rechtsanwalt
	(2) Die Gebühr entsteht für eine Tätigkeit in dem Verfahren bis zum Eingang des Antrags oder der Anschuldigungsschrift bei Gericht.		

1 Neben der Grundgebühr Nr. 6200 VV und der außergerichtlichen Terminsgebühr Nr. 6201 VV erhält der Rechtsanwalt für seine Tätigkeit **außerhalb des gerichtlichen Verfahrens** eine **allgemeine Verfahrensgebühr** nach Nr. 6202 VV (vgl Vorbem. 6 Abs. 2 VV). Nach Anm. Abs. 1 fällt eine **gesonderte (zweite) Verfahrensgebühr** an, wenn dem gerichtlichen Verfahren ein verwaltungsbehördliches Überprüfungsverfahren (idR ein Widerspruchsverfahren, zB §§ 41 ff BDG) vorausgeht. Nach Anm. Abs. 2 endet dieser Verfahrensabschnitt mit dem Eingang des Antrags oder der Anschuldigungsschrift bei Gericht.

Unterabschnitt 3
Gerichtliches Verfahren

Erster Rechtszug

Nr.	Gebührentatbestand	Gebühr	
		Wahlverteidiger oder Verfahrens-bevollmächtigter	gerichtlich bestellter oder beigeordneter Rechtsanwalt
	Vorbemerkung 6.2.3: Die nachfolgenden Gebühren entstehen für das Wiederaufnahmeverfahren einschließlich seiner Vorbereitung gesondert.		

1 Vorbem. 6.2.3 VV stellt klar, dass die Gebühren für den ersten Rechtszug auch für das **Wiederaufnahmeverfahren einschließlich seiner Vorbereitung** entstehen. Die Gebühren entstehen „gesondert", also neben den ggf anderweitig bereits verdienten Gebühren. Wird der Rechtsanwalt erstmals im Wiederaufnahmeverfahren tätig, ist streitig, ob er auch die Grundgebühr nach Nr. 6200 VV erhält. Teilweise wird die Auffassung vertreten, sie entstehe im Wiederaufnahmeverfahren nie, weil Vorbem. 6.2.3 VV nur auf die „nachfolgenden" Gebühren verweise. Diese Auffassung übersieht jedoch, dass es in der Vorbem. 6.2.3 VV darum geht, dass die nachfolgenden Gebühren „gesondert" (= nochmals) entstehen, nicht jedoch darum, dass *nur diese* entstehen.

Nr.	Gebührentatbestand	Gebühr	
		Wahlverteidiger oder Verfahrens-bevollmächtigter	gerichtlich bestellter oder beigeordneter Rechtsanwalt
6203	Verfahrensgebühr	50,00 bis 320,00 €	148,00 €
6204	Terminsgebühr je Verhandlungstag	80,00 bis 560,00 €	256,00 €
6205	Der gerichtlich bestellte Rechtsanwalt nimmt mehr als 5 und bis 8 Stunden an der Hauptverhandlung teil: Zusätzliche Gebühr neben der Gebühr 6204		128,00 €

Nr.	Gebührentatbestand	Gebühr	
		Wahlverteidiger oder Verfahrensbevollmächtigter	gerichtlich bestellter oder beigeordneter Rechtsanwalt
6206	Der gerichtlich bestellte Rechtsanwalt nimmt mehr als 8 Stunden an der Hauptverhandlung teil: Zusätzliche Gebühr neben der Gebühr 6204		256,00 €

Inhaltlich sowie nach Struktur und Aufbau entspricht der Unterabschnitt 3 von Teil 6 Abschnitt 2 VV demjenigen des Teils 4 VV, und zwar hinsichtlich   1
- Nr. 6203 VV den Nr. 4106, 4112, 4118 VV,
- Nr. 6204 VV den Nr. 4108, 4114, 4120 VV,
- Nr. 6205 VV den Nr. 4110, 4116, 4122 VV und
- Nr. 6206 VV den Nr. 4111, 4117, 4123 VV.

Die **Verfahrensgebühr Nr. 6203 VV** erfasst die gesamte Tätigkeit des Rechtsanwalts im gerichtlichen Verfahren, soweit keine besonderen Gebühren vorgesehen sind. Das **gerichtliche Verfahren beginnt** mit dem Eingang des Antrags, der Anschuldigungsschrift oder der Klage bei Gericht (vgl Anm. Abs. 2 zu Nr. 6202 VV); die Stellung bzw Vorbereitung eines Antrags gehört daher noch zum Abgeltungsbereich der Verfahrensgebühr Nr. 6202 VV. Erfasst von der Verfahrensgebühr Nr. 6203 VV werden insb. auch **Beschwerdeverfahren** mit Ausnahme der in Vorbem. 6.2 Abs. 3 VV erwähnten. Auch ein Fristsetzungsverfahren nach § 62 BDG, das nur während eines behördlichen Disziplinarverfahrens in Betracht kommt, löst die Verfahrensgebühr nach Nr. 6203 VV nicht aus.[1]   2

Zweiter Rechtszug

Nr.	Gebührentatbestand	Gebühr	
		Wahlverteidiger oder Verfahrensbevollmächtigter	gerichtlich bestellter oder beigeordneter Rechtsanwalt
6207	Verfahrensgebühr	80,00 bis 560,00 €	256,00 €
6208	Terminsgebühr je Verhandlungstag	80,00 bis 560,00 €	256,00 €
6209	Der gerichtlich bestellte Rechtsanwalt nimmt mehr als 5 und bis 8 Stunden an der Hauptverhandlung teil: Zusätzliche Gebühr neben der Gebühr 6208		128,00 €
6210	Der gerichtlich bestellte Rechtsanwalt nimmt mehr als 8 Stunden an der Hauptverhandlung teil: Zusätzliche Gebühr neben der Gebühr 6208		256,00 €

Inhaltlich sowie nach Struktur und Aufbau entsprechen die Gebühren denjenigen des Teils 4 VV, und zwar hinsichtlich   1
- Nr. 6207 VV der Nr. 4124 VV,
- Nr. 6208 VV der Nr. 4126 VV,
- Nr. 6209 VV der Nr. 4128 VV und
- Nr. 6210 VV der Nr. 4129 VV.

Auf die dortigen Ausführungen, die hier entsprechend gelten, wird daher verwiesen.

1 VG Berlin 14.1.2013 – 80 Dn 22.08, juris; aA OVG Bln-Bbg 6.7.2012 – OVG 1 K 85.10, juris.

Dritter Rechtszug

Nr.	Gebührentatbestand	Gebühr	
		Wahlverteidiger oder Verfahrensbevollmächtigter	gerichtlich bestellter oder beigeordneter Rechtsanwalt
6211	Verfahrensgebühr	120,00 bis 1.110,00 €	492,00 €
6212	Terminsgebühr je Verhandlungstag	120,00 bis 550,00 €	268,00 €
6213	Der gerichtlich bestellte Rechtsanwalt nimmt mehr als 5 und bis 8 Stunden an der Hauptverhandlung teil: Zusätzliche Gebühr neben der Gebühr 6212		134,00 €
6214	Der gerichtlich bestellte Rechtsanwalt nimmt mehr als 8 Stunden an der Hauptverhandlung teil: Zusätzliche Gebühr neben der Gebühr 6212		268,00 €
6215	Verfahrensgebühr für das Verfahren über die Beschwerde gegen die Nichtzulassung der Revision .... Die Gebühr wird auf die Verfahrensgebühr für ein nachfolgendes Revisionsverfahren angerechnet.	70,00 bis 1.110,00 €	472,00 €

1   Hinsichtlich der Verfahrens- und der Terminsgebühr sowie des Längenzuschlags entspricht
- Nr. 6211 VV der Nr. 4130 VV,
- Nr. 6212 VV der Nr. 4132 VV,
- Nr. 6213 VV der Nr. 4134 VV und
- Nr. 6214 VV der Nr. 4135 VV.

Auf die dortigen Ausführungen, die hier entsprechend gelten, wird daher verwiesen.

2   Nach der Anm. zu Nr. 6215 VV wird die Verfahrensgebühr Nr. 6215 VV, die für eine Beschwerde gegen die **Nichtzulassung der Revision** anfällt, auf die Verfahrensgebühr der Nr. 6211 VV **angerechnet**.

Unterabschnitt 4
Zusatzgebühr

Nr.	Gebührentatbestand	Gebühr	
		Wahlverteidiger oder Verfahrensbevollmächtigter	gerichtlich bestellter oder beigeordneter Rechtsanwalt
6216	Durch die anwaltliche Mitwirkung wird die mündliche Verhandlung entbehrlich: Zusätzliche Gebühr .... (1) Die Gebühr entsteht, wenn eine gerichtliche Entscheidung mit Zustimmung der Beteiligten ohne mündliche Verhandlung ergeht oder einer beabsichtigten Entscheidung ohne Hauptverhandlungstermin nicht widersprochen wird. (2) Die Gebühr entsteht nicht, wenn eine auf die Förderung des Verfahrens gerichtete Tätigkeit nicht ersichtlich ist. (3) Die Höhe der Gebühr richtet sich nach dem Rechtszug, in dem die Hauptverhandlung vermieden wurde. Für den Wahlanwalt bemisst sich die Gebühr nach der Rahmenmitte.	in Höhe der jeweiligen Verfahrensgebühr	

I. Befriedungsgebühr Nr. 6216 VV

Wie in Straf- und Bußgeldverfahren (Nr. 4141, 5115 VV) ist in Disziplinarverfahren eine Zusatzgebühr in   1
Form der Befriedungsgebühr Nr. 6216 VV vorgesehen, wenn der Rechtsanwalt daran mitgewirkt hat, dass
eine mündliche Verhandlung entbehrlich ist. Sie entsteht in Höhe der jeweiligen Verfahrensgebühr, also in
den jeweiligen Rechtszügen in unterschiedlicher Höhe, wenn eine gerichtliche Entscheidung mit Zustimmung der Beteiligten ohne mündliche Verhandlung ergeht oder einer beabsichtigten Entscheidung ohne
Hauptverhandlungstermin nicht widersprochen wird (**Anm. Abs. 1**). Nach der Vorstellung des Gesetzgebers
sind dies insb. die Fälle des § 59 Abs. 1 BDG, auf den die Anm. Abs. 1 Alt. 1 zugeschnitten ist, und § 102
WDO, der von der Anm. Abs. 1 Alt. 2 erfasst wird.[1] Führt die Mitwirkung des Rechtsanwalts bereits bei
der Anschuldigungsbehörde, zB der Generalstaatsanwaltschaft, zur endgültigen Einstellung des Verfahrens,
entsteht die Gebühr nicht. Für eine entsprechende Anwendung ist mangels Regelungslücke kein Raum.[2]

II. Fördernder Mitwirkungsbeitrag des Verfahrensbevollmächtigten (Anm. Abs. 2)

Ebenso wie nach Nr. 4141, 5115 VV reicht eine Tätigkeit des Rechtsanwalts zur Gebührenentstehung aus,   2
die für die Entbehrlichkeit der mündlichen Verhandlung **mitursächlich** ist. Die Formulierung „nicht ersichtlich ist" in Anm. Abs. 2 macht deutlich, dass im Streitfall das Gericht, der Auftraggeber oder der Dritte, der
die Gebühr zu zahlen hat, die Nichtursächlichkeit der Tätigkeit des Rechtsanwalts zu beweisen hat. An die
Mitwirkung sind wie bei Nr. 4141, 5115 VV keine hohen Anforderungen zu stellen. Es ist daher gleichgültig, ob der Hauptanstoß von der Disziplinarbehörde ausgeht.[3] Neben der Zustimmung zu einer Entscheidung ohne mündliche Verhandlung entsteht die Gebühr daher regelmäßig auch dann, wenn innerhalb einer
gesetzlich vorgesehenen Widerspruchsfrist gegen eine solche Entscheidung keine Reaktion erfolgt. Denn
dann ist – vorbehaltlich der Besonderheiten des Einzelfalls – von einem sog. **beredten Schweigen** des
Rechtsanwalts auszugehen und damit von einer Mitwirkung. Hat sich das Verfahren indes materiell bereits
erledigt – etwa durch **Tod des Betroffenen** oder durch **Aufhebung der angegriffenen Disziplinarverfügung** –,
so entsteht für den Rechtsanwalt die Befriedungsgebühr Nr. 6216 VV selbst dann nicht, wenn er für eine
Beendigung ggf prozessual noch erforderliche Erklärungen abgibt.[4]

III. Höhe der Befriedungsgebühr (Anm. Abs. 3)

Wie in Nr. 4141 VV bestimmt sich die Höhe der Gebühr nach dem Rechtszug, in dem die Hauptverhand-   3
lung vermieden wurde (Anm. Abs. 3 S. 1). Für den Wahlanwalt bemisst sich die Gebühr nach der Rahmenmitte (Anm. Abs. 3 S. 2). Es handelt sich mithin auch bei ihm um eine Festgebühr.

Abschnitt 3
Gerichtliche Verfahren bei Freiheitsentziehung und in Unterbringungssachen

Nr.	Gebührentatbestand	Gebühr	
		Wahlverteidiger oder Verfahrens- bevollmächtigter	gerichtlich bestellter oder beigeordneter Rechtsanwalt
6300	Verfahrensgebühr in Freiheitsentziehungssachen nach § 415 FamFG, in Unterbringungssachen nach § 312 FamFG und bei Unterbringungsmaßnahmen nach § 151 Nr. 6 und 7 FamFG .... Die Gebühr entsteht für jeden Rechtszug.	40,00 bis 470,00 €	204,00 €
6301	Terminsgebühr in den Fällen der Nummer 6300 .... Die Gebühr entsteht für die Teilnahme an gerichtlichen Termi- nen.	40,00 bis 470,00 €	204,00 €
6302	Verfahrensgebühr in sonstigen Fällen .... Die Gebühr entsteht für jeden Rechtszug des Verfahrens über die Verlängerung oder Aufhebung einer Freiheitsentziehung	20,00 bis 300,00 €	128,00 €

---

1 BT-Drucks 15/1971, S. 231. **2** Meyer/Kroiß/*Klees*, Nr. 6200–6216 VV Rn 20. **3** OLG Düsseldorf AGS 1999, 120 (zur
BRAGO). **4** So VG Berlin RVGreport 2011, 144 zur Rücknahme der Disziplinarverfügung.

Nr.	Gebührentatbestand	Gebühr	
		Wahlverteidiger oder Verfahrensbevollmächtigter	gerichtlich bestellter oder beigeordneter Rechtsanwalt
6303	nach den §§ 425 und 426 FamFG oder einer Unterbringungsmaßnahme nach den §§ 329 und 330 FamFG. Terminsgebühr in den Fällen der Nummer 6302 .... Die Gebühr entsteht für die Teilnahme an gerichtlichen Terminen.	20,00 bis 300,00 €	128,00 €

I. Sachlicher Anwendungsbereich

1 **1. Allgemeines.** Anwendbar sind die Nr. 6300 ff VV auf folgende **gerichtlichen Verfahren:**
- Freiheitsentziehungen nach § 415 FamFG,
- Unterbringungssachen nach § 312 FamFG,
- Kindschaftssachen nach § 151 Nr. 6 und 7 FamFG.

2 **Keine Anwendung** finden die Regelungen
- in Strafsachen, insb. nicht bei Haftprüfungsterminen, Haftbeschwerden oder Verfahren nach § 81 StPO (Einweisung in eine Heil- oder Pflegeanstalt zur Untersuchung auf die strafrechtliche Verantwortung) oder in Verfahren nach §§ 126 a, 453 c, 463 StPO, §§ 71 Abs. 2, 72 Abs. 3, 73 JGG. Auch die Überprüfung der Unterbringung nach den §§ 67 d und 67 e StGB wird nicht von den Nr. 6300 ff VV erfasst.[1] Diese Gebühren sind in Teil 4 VV geregelt;
- auf die Freiheitsentziehung nach dem IRG oder dem IStGH-Gesetz (zB bei der Auslieferungshaft, vgl Teil 6 Abschnitt 1 VV);
- im Verfahren vor der Verwaltungsbehörde, die dem gerichtlichen Freiheitsentziehungsverfahren vorangehen. Für diese Verfahren erhält der Rechtsanwalt eine Vergütung nach Nr. 2300 VV (Geschäftsgebühr);
- im Verfahren der Zivilhaft (Ordnungs- und Zwangshaft, zB nach §§ 888–890 ZPO).

3 **2. Freiheitsentziehungen nach § 415 FamFG. a) Erfasste Verfahren.** Die Nr. 6300 ff VV erfassen Verfahren nach § 415 FamFG. Dies sind insb.:
- Abschiebungshaft gem. § 62 AufenthG,[2]
- Zurückweisungshaft gem. § 15 Abs. 6 AufenthG,
- Zurückschiebungshaft gem. § 57 Abs. 3 iVm § 62 AufenthG,
- Freiheitsentziehung zur Erzwingung der Vorführung gem. § 82 Abs. 4 S. 3 AufentG,
- Freiheitsentziehung zur Durchsetzung der Verlassenspflicht, § 59 Abs. 2 AsylG,
- Freiheitsentziehung nach § 30 IfSG zum Zwecke des Infektionsschutzes,
- Ingewahrsamnahmen nach § 21 Abs. 7 BKAG,
- Verfahren nach § 23 Abs. 3 S. 4, § 25 Abs. 3, § 39 Abs. 1 und 2 und § 43 Abs. 5 BPolG,
- Verfahren des Zollkriminalamts nach § 23 Abs. 1 S. 2 Nr. 8 ZFdG.

4 Auch in Freiheitsentziehungsverfahren nach den **Landesgesetzen** richten sich die Gebühren nach Teil 6 Abschnitt 3 VV, soweit die landesrechtlichen Vorschriften auf §§ 415 ff FamFG verweisen. Eine Verweisung enthalten insb. die **Polizeigesetze** der Länder (zB § 36 Abs. 2 S. 2 PolG NRW).

5 **b) Insbesondere: Polizeigewahrsam. aa) Polizeigewahrsam durch die Bundespolizei.** Volljährige Personen kann die Bundespolizei nach § 39 Abs. 1 BPolG in Gewahrsam nehmen zum Zwecke des Schutzes vor sich selbst, der Durchsetzung einer Platzverweisung oder der Verhinderung von weiteren Straftaten. Bei Minderjährigen erfolgt die Ingewahrsamnahme, um sie dem Sorgeberechtigten oder dem Jugendamt zuzuführen (§ 39 Abs. 3 BPolG).

6 **bb) Polizeigewahrsam durch BKA und ZKA.** Bundeskriminalamt und Zollkriminalamt können Personen in Gewahrsam nehmen, um unmittelbar bevorstehende Straftaten zu verhindern (§ 32 Abs. 7 BKAG, § 23 Abs. 1 S. 2 Nr. 8 ZFdG).

7 **cc) Polizeigewahrsam nach Länderrecht.** Polizeidienststellen der Länder können die Ingewahrsamnahme von Personen unter den dort normierten Voraussetzungen vornehmen (vgl etwa § 35 PolG NRW).

---

1 LG Köln StV 1997, 37; aA OLG Stuttgart Rpfleger 1994, 126; OLG Düsseldorf JurBüro 1985, 729. **2** Auch für das Rechtsbeschwerdeverfahren: BGH NJW-RR 2012, 959.

3. Unterbringungssachen nach § 312 FamFG. Dies sind Verfahren betreffend (§ 312 S. 1 Nr. 1–3 FamFG)   8

- die Genehmigung einer freiheitentziehenden Unterbringung eines Betreuten (§ 1906 Abs. 1–3 BGB),
- die Genehmigung einer freiheitsentziehenden Maßnahme nach § 1906 Abs. 4 BGB,
- eine freiheitsentziehende Unterbringung eines psychisch kranken Volljährigen nach Landesrecht (PsychKG).

Nach § 312 S. 2 FamFG finden die für die Unterbringung geltenden Vorschriften auf ärztliche Zwangsmaß-   9
nahmen entsprechende Anwendung, soweit nichts anderes bestimmt ist.

4. Unterbringungsmaßnahmen nach § 151 Nr. 6 und 7 FamFG. Bei diesen Kindschaftssachen handelt es   10
sich um

- Verfahren betreffend die Genehmigung der freiheitsentziehenden Unterbringung eines Minderjährigen (§§ 1631 b, 1800 und 1915 BGB) und
- Verfahren betreffend die Anordnung der freiheitsentziehenden Unterbringung eines psychisch kranken Minderjährigen nach Landesrecht (PsychKG).

5. Therapieunterbringungsgesetz. Nach dem Gesetz zur Therapierung und Unterbringung psychisch gestör-   11
ter Gewalttäter (**Therapieunterbringungsgesetz – ThUG**) sind die Vorschriften von Teil 6 Abschnitt 3 VV
entsprechend anzuwenden (§ 20 Abs. 1 ThUG).

II. Abgeltungsbereich

In **jeder Angelegenheit**, insb. in jedem Rechtszug, entsteht die Verfahrensgebühr **gesondert** (Anm. zu   12
Nr. 6300 VV; § 17 Nr. 1).

Auch ein **einstweiliges Anordnungsverfahren** (§ 427 FamFG für Freiheitsentziehungssachen; § 331 FamFG   13
für Unterbringungssachen; § 151 Nr. 6 und 7 iVm § 331 FamFG für Unterbringungsmaßnahmen Minderjähriger) stellt eine gesonderte gebührenrechtliche Angelegenheit dar (§ 17 Nr. 4 Buchst. b). Das auf das
einstweilige Anordnungsverfahren folgende Hauptsacheverfahren, in dem über die Anordnung der Maßnahme endgültig entschieden wird, ist vergütungsrechtlich eine gesonderte Angelegenheit, so dass in beiden
Verfahren jeweils ein Anspruch auf die Gebühren aus den Nr. 6300, 6301 VV besteht.[3]

III. Verfahrensrechtliche Anknüpfung des Vergütungsrechts

Die Vergütungsregelungen differenzieren zwischen Tätigkeiten im Zusammenhang mit der (**erstmaligen**)   14
Anordnung einer Maßnahme (Nr. 6300, 6301 VV) und der Tätigkeit in **sonstigen Fällen** (Nr. 6302, 6303
VV), wobei sich der Unterschied lediglich im Gebührenrahmen niederschlägt.

IV. (Erstmalige) Anordnung der Maßnahme (Nr. 6300, 6301 VV)

1. Allgemeines. Für den Verfahrensbevollmächtigten können die Verfahrensgebühr und die Terminsgebühr   15
anfallen. Das Entstehen einer Grundgebühr ist nicht vorgesehen.

2. Verfahrensgebühr Nr. 6300 VV. Mit der Verfahrensgebühr werden sämtliche Tätigkeiten, sofern sie   16
nicht mit der Wahrnehmung eines *gerichtlichen* Termins zusammenhängen, abgegolten.

3. Terminsgebühr Nr. 6301 VV. In der Regel hat das Gericht den Betroffenen und die sonstigen Beteiligten   17
anzuhören (§§ 319 f, 420 FamFG). Ein solcher Termin muss nicht im Gerichtsgebäude, sondern kann auch
in der Einrichtung, in der sich der Betroffene befindet, oder bei ihm zu Hause stattfinden. Eine Terminsgebühr verdient der Rechtsanwalt auch bei der Teilnahme an einer Vernehmung von Zeugen oder Sachverständigen. Voraussetzung ist, dass es sich um einen **gerichtlichen Termin** handelt (Anm. zu Nr. 6301 VV).

Die Gebühr entsteht bereits für die Teilnahme an dem gerichtlichen Termin (Anm. zu Nr. 6301 VV), unab-   18
hängig davon, ob die Formvorschriften (Ladung usw) eingehalten sind. Eine Aktivität des Rechtsanwalts
(Stellen von Anträgen, Teilnahme an der Befragung) ist nicht erforderlich.

Der Rechtsanwalt erhält auch für **mehrere Termine** in einer Angelegenheit die Terminsgebühr nur einmal.   19
Dies folgt aus Anm. zu Nr. 6301 VV, wonach die Terminsgebühr „für die Teilnahme an gerichtlichen Terminen" (Plural!) entsteht.

Der Rechtsanwalt erhält eine Terminsgebühr auch bei einem **geplatzten Termin**, wenn er zu einem anbe-   20
raumten Termin erscheint, dieser aber aus Gründen, die er nicht zu vertreten hat, nicht stattfindet (der Betroffene zB zwischenzeitlich entlassen worden oder verstorben ist) und er zudem nicht rechtzeitig von der
Aufhebung oder Verlegung des Termins in Kenntnis gesetzt worden ist (Vorbem. 6 Abs. 3 S. 2 VV). Dazu
näher → Vorbem. 6 VV Rn 3.

---

3 OLG München NJW-RR 2006, 931.

21 **4. Beschwerdeverfahren.** Da der Rechtsanwalt die Gebühren für jeden Rechtszug gesondert erhält (Anm. zu Nr. 6300 VV), stehen ihm auch im Beschwerdeverfahren (§§ 335, 429 FamFG) die Gebühren aus den Nr. 6300, 6301 VV zu.

22 Nach § 19 Abs. 1 S. 2 Nr. 10 ist die **Einlegung der Beschwerde bei dem Gericht erster Instanz** (vgl § 64 Abs. 1 FamFG) für den in der ersten Instanz tätigen Rechtsanwalt allerdings noch mit der Verfahrensgebühr der ersten Instanz abgegolten. Nur der erstmals in der Beschwerdeinstanz tätige Rechtsanwalt verdient bereits mit der Einlegung der Beschwerde die Verfahrensgebühr für die Beschwerdeinstanz.

23 Die **Einlegung der Rechtsbeschwerde** löst hingegen auch für den in der Beschwerdeinstanz bereits tätigen Rechtsanwalt die Gebühr Nr. 6300 VV aus, sofern er – wie es richtig ist – die Rechtsbeschwerde gem. § 71 Abs. 1 FamFG beim Rechtsbeschwerdegericht einlegt. § 19 Abs. 1 S. 2 Nr. 10 gilt hier nicht.

24 Wird gegen eine **einstweilige Anordnung** Beschwerde eingelegt (§§ 58 ff FamFG), bildet dieses Beschwerdeverfahren eine besondere Angelegenheit, weil ein neuer Rechtszug vorliegt. Wegen der Anm. zu Nr. 6300 VV bzw. § 17 Nr. 1 entstehen daher auch bei der Beschwerde gem. §§ 58 ff FamFG gegen eine einstweilige Anordnung die Gebühren nach Nr. 6300 ff VV ebenfalls erneut.

25 Verweist das Beschwerdegericht die Sache an das Ausgangsgericht zurück, erhält der Rechtsanwalt für die dort entfalteten Tätigkeiten neuerlich sowohl die Verfahrens- als auch die Terminsgebühr (§ 21 Abs. 1), weil in Vorbem. 6 VV (anders als in Vorbem. 3 Abs. 6 VV) eine **Anrechnung** der Verfahrensgebühr **nicht** vorgesehen ist.[4]

26 **5. Einzeltätigkeiten.** Ist dem Rechtsanwalt die Vertretung nicht insgesamt übertragen, erhält er für die Einzeltätigkeit die Gebühr nach Nr. 6500 VV. Diese ist mit den Nr. 4300 ff VV vergleichbar. Wird der Rechtsanwalt, der zunächst mit einer oder mehreren Einzeltätigkeiten beauftragt war, nachträglich mit der Gesamtvertretung beauftragt, ist Anm. Abs. 3 zu Nr. 6500 VV anzuwenden. Danach ist die Gebühr für die Einzeltätigkeit auf die weiteren Gebühren im nachfolgenden Anordnungs-, Aufhebungs- oder Fortdauerverfahren **anzurechnen.**

V. Tätigkeit in sonstigen Fällen (Nr. 6302, 6303 VV)

27 Die Gebühren Nr. 6302 und 6303 VV entstehen in Verfahren
- über die Verlängerung oder Aufhebung einer Freiheitsentziehung nach §§ 425, 426 FamFG,
- über die Verlängerung oder Aufhebung einer Unterbringungsmaßnahme nach §§ 329, 330 FamFG.

28 Mehrere Verfahren über die Verlängerung oder Aufhebung der Freiheitsentziehung bzw der Unterbringung sind verschiedene Angelegenheiten. Wird eine Überprüfung von Amts wegen eingeleitet und zudem ein Antrag gestellt, liegt bei einer einheitlichen Entscheidung auch ein einheitliches Verfahren vor und damit handelt es sich um dieselbe Angelegenheit, so dass die Gebühren hierfür nicht doppelt entstehen (vgl § 15 Abs. 2). Erst wenn ein Verfahren abgeschlossen ist und später ein neues eingeleitet wird, handelt es sich um unterschiedliche Angelegenheiten iSv § 15 Abs. 1.

29 Auch bei der Gebühr Nr. 6303 VV gilt: Nimmt der Rechtsanwalt an **mehreren Terminen** teil, erhält er gleichwohl nur eine **Terminsgebühr.** Die Ausführungen in → Nr. 6301 VV Rn 19 gelten entsprechend.

VI. Unterbringung psychisch gestörter Gewalttäter nach ThUG

30 **1. Vergütung des Rechtsanwalts.** Für die Beistandsleistung in Verfahren nach dem Therapieunterbringungsgesetz (ThUG) erhält der Rechtsanwalt Gebühren in entsprechender Anwendung von Teil 6 Abschnitt 3 VV. Dies ist in § 20 Abs. 3 ThUG geregelt (vgl auch § 62).

§ 20 ThUG Vergütung des Rechtsanwalts
(1) In Verfahren nach diesem Gesetz über die Anordnung, Verlängerung oder Aufhebung der Therapieunterbringung erhält der Rechtsanwalt Gebühren in entsprechender Anwendung von Teil 6 Abschnitt 3 des Vergütungsverzeichnisses zum Rechtsanwaltsvergütungsgesetz.
(2) [1]§ 52 Absatz 1 bis 3 und 5 des Rechtsanwaltsvergütungsgesetzes ist auf den beigeordneten Rechtsanwalt (§ 7) entsprechend anzuwenden. [2]Gegen den Beschluss nach § 52 Absatz 2 des Rechtsanwaltsvergütungsgesetzes ist die Beschwerde statthaft; § 16 Absatz 2 ist anzuwenden.
(3) [1]Der beigeordnete Rechtsanwalt erhält für seine Tätigkeit nach rechtskräftigem Abschluss eines Verfahrens nach Absatz 1 bis zur ersten Tätigkeit in einem weiteren Verfahren eine Verfahrensgebühr nach Nummer 6302 des Vergütungsverzeichnisses zum Rechtsanwaltsvergütungsgesetz. [2]Die Tätigkeit nach Satz 1 ist eine besondere Angelegenheit im Sinne des Rechtsanwaltsvergütungsgesetzes.

---

[4] AnwK-RVG/N. *Schneider*, Nr. 6300–6303 VV Rn 22.

Nach § 7 ThUG hat das Gericht dem Betroffenen zur Wahrnehmung seiner Rechte für die Dauer der The- **31** rapieunterbringung einen Rechtsanwalt **beizuordnen,** wobei diese Beiordnung jedoch nicht reine Vollzugsangelegenheiten iSd § 327 FamFG umfasst (§ 7 Abs. 4 ThUG).

Wird die Unterbringung erstmals – und sei es auch im Wege der einstweiligen Anordnung – angeordnet, **32** erhält der Rechtsanwalt die für die erstmalige Anordnung vorgesehenen Gebühren aus Nr. 6300, 6301 VV. Die Tätigkeit in sonstigen Fällen wird nach den Nr. 6302, 6303 VV vergütet. Für seine Tätigkeit nach rechtskräftigem Abschluss eines Verfahrens nach § 20 Abs. 1 ThUG bis zur ersten Tätigkeit in einem weiteren Verfahren erhält der beigeordnete Rechtsanwalt eine zusätzliche Verfahrensgebühr nach Nr. 6302 VV (§ 20 Abs. 3 S. 1 ThUG), die eine besondere Angelegenheit (vgl § 18) darstellt (§ 20 Abs. 3 S. 2 ThUG), so dass auch die Postentgeltpauschale Nr. 7002 VV ein weiteres Mal anfällt.

2. Vergütungsverfahrensrecht. Aus der gem. § 20 Abs. 2 S. 1 ThUG entsprechenden Anwendbarkeit von **33** § 52 Abs. 1–3 und 5 folgt, dass der beigeordnete Rechtsanwalt neben dem Vergütungsanspruch gem. § 45 Abs. 3 S. 1 gegen die Staatskasse einen Anspruch auf die Wahlanwaltsgebühren hat, die er jedoch nur unter den in § 52 geregelten Voraussetzungen vom Betroffenen fordern kann. Über den Antrag entscheidet eine Zivilkammer des Landgerichts, deren Entscheidung innerhalb einer Frist von zwei Wochen mit der Beschwerde angefochten werden kann (§§ 20 Abs. 2 S. 2, 16 Abs. 2 ThUG).

Abschnitt 4
Gerichtliche Verfahren nach der Wehrbeschwerdeordnung

Nr.	Gebührentatbestand	Gebühr	
		Wahlverteidiger oder Verfahrensbevollmächtigter	gerichtlich bestellter oder beigeordneter Rechtsanwalt
Vorbemerkung 6.4:			

Vorbemerkung 6.4:

(1) Die Gebühren nach diesem Abschnitt entstehen in Verfahren auf gerichtliche Entscheidung nach der WBO, auch i.V.m. § 42 WDO, wenn das Verfahren vor dem Truppendienstgericht oder vor dem Bundesverwaltungsgericht an die Stelle des Verwaltungsrechtswegs gemäß § 82 SG tritt.

(2) Soweit wegen desselben Gegenstands eine Geschäftsgebühr nach Nummer 2302 für eine Tätigkeit im Verfahren über die Beschwerde oder über die weitere Beschwerde vor einem Disziplinarvorgesetzten entstanden ist, wird diese Gebühr zur Hälfte, höchstens jedoch mit einem Betrag von 175,00 €, auf die Verfahrensgebühr des gerichtlichen Verfahrens vor dem Truppendienstgericht oder dem Bundesverwaltungsgericht angerechnet. Sind mehrere Gebühren entstanden, ist für die Anrechnung die zuletzt entstandene Gebühr maßgebend. Bei der Bemessung der Verfahrensgebühr ist nicht zu berücksichtigen, dass der Umfang der Tätigkeit infolge der vorangegangenen Tätigkeit geringer ist.

Nr.	Gebührentatbestand	Wahlverteidiger oder Verfahrensbevollmächtigter	gerichtlich bestellter oder beigeordneter Rechtsanwalt
6400	Verfahrensgebühr für das Verfahren auf gerichtliche Entscheidung vor dem Truppendienstgericht	80,00 bis 680,00 €	
6401	Terminsgebühr je Verhandlungstag in den in Nummer 6400 genannten Verfahren	80,00 bis 680,00 €	
6402	Verfahrensgebühr für das Verfahren auf gerichtliche Entscheidung vor dem Bundesverwaltungsgericht, im Verfahren über die Rechtsbeschwerde oder im Verfahren über die Beschwerde gegen die Nichtzulassung der Rechtsbeschwerde .... Die Gebühr für ein Verfahren über die Beschwerde gegen die Nichtzulassung der Rechtsbeschwerde wird auf die Gebühr für ein nachfolgendes Verfahren über die Rechtsbeschwerde angerechnet.	100,00 bis 790,00 €	
6403	Terminsgebühr je Verhandlungstag in den in Nummer 6402 genannten Verfahren	100,00 bis 790,00 €	

I. Sachlicher Anwendungsbereich (Vorbem. 6.4 Abs. 1 VV)

1 Teil 6 Abschnitt 4 VV betrifft ausschließlich Rechtsbehelfe nach der WBO, auch iVm § 42 WDO, wenn das Verfahren vor dem Truppendienstgericht oder vor dem Bundesverwaltungsgericht an die Stelle des Verwaltungsrechtswegs gem. § 82 SG tritt (Vorbem. 6.4 Abs. 1 VV).

II. Verfahren vor dem Truppendienstgericht (Nr. 6400, 6401 VV)

2 **1. Verfahrensgebühr Nr. 6400 VV.** Hat der Soldat das Verfahren der Beschwerde (§ 5 WBO) und der weiteren Beschwerde (§ 16 WBO) erfolglos ausgeschöpft (die Rechtsanwaltsgebühren hierfür richten sich nach Teil 2 VV), kann er gem. § 17 WBO einen Antrag auf gerichtliche Entscheidung durch das Truppendienstgericht stellen. Mit der Verfahrensgebühr Nr. 6400 VV werden sämtliche Tätigkeiten in diesem gerichtlichen Verfahren abgegolten. Ausgenommen hiervon sind nur *gerichtliche* Termine. Eine Grundgebühr ist nicht vorgesehen.

3 **2. Terminsgebühr Nr. 6401 VV.** Der Anspruch auf eine Terminsgebühr entsteht für den Rechtsanwalt bei Teilnahme an *gerichtlichen* Terminen (Vorbem. 6 Abs. 3 VV).

4 **3. Anrechnung (Vorbem. 6.4 Abs. 2 S. 1 und 2 VV).** Der Anrufung des Truppendienstgerichts gehen die Beschwerde (§ 1 WBO) und die weitere Beschwerde (§ 16 WBO) zu den jeweiligen Disziplinarvorgesetzten voraus. Hat der Rechtsanwalt hierfür bereits eine Geschäftsgebühr nach Nr. 2302 VV verdient, ist diese zur Hälfte, höchstens jedoch mit 175 €, auf die Verfahrensgebühr Nr. 6400 VV anzurechnen (Vorbem. 6.4 Abs. 2 S. 1 VV). Im Falle des Entstehens mehrerer Gebühren ist die zuletzt entstandene Gebühr maßgebend (Vorbem. 6.4 Abs. 2 S. 2 VV).

5 **4. Gebührenhöhe.** Wegen der erfolgten Anrechnung (Vorbem. 6.4 Abs. 2 S. 1, 2 VV) ist bei der Bemessung der Verfahrensgebühr nicht zu berücksichtigen, dass der Umfang der Tätigkeit infolge der vorangegangenen Tätigkeit geringer ist (Vorbem. 6.4 Abs. 2 S. 3 VV).

III. Verfahren vor dem Bundesverwaltungsgericht (Nr. 6402, 6403 VV)

6 **1. Verfahrensgebühr Nr. 6402 VV.** Mit der Verfahrensgebühr Nr. 6402 VV werden sämtliche Tätigkeiten in dem Verfahren abgegolten, ausgenommen hiervon ist nur die Wahrnehmung gerichtlicher Termine. Eine Grundgebühr ist nicht vorgesehen. Nach der Anm. zu Nr. 6402 VV ist im Falle der erfolgreichen Durchführung des Nichtzulassungsverfahrens und einem sich daran anschließenden Rechtsbeschwerdeverfahren die im Nichtzulassungsverfahren angefallene Verfahrensgebühr auf die des Rechtsbeschwerdeverfahrens anzurechnen.

7 **2. Terminsgebühr Nr. 6403 VV.** Der Anspruch auf eine Terminsgebühr entsteht für den Rechtsanwalt bei Teilnahme an gerichtlichen Terminen (Vorbem. 6 Abs. 3 VV).

Abschnitt 5
Einzeltätigkeiten und Verfahren auf Aufhebung oder Änderung einer Disziplinarmaßnahme

Nr.	Gebührentatbestand	Gebühr	
		Wahlverteidiger oder Verfahrensbevollmächtigter	gerichtlich bestellter oder beigeordneter Rechtsanwalt
6500	Verfahrensgebühr .... (1) Für eine Einzeltätigkeit entsteht die Gebühr, wenn dem Rechtsanwalt nicht die Verteidigung oder Vertretung übertragen ist. (2) Die Gebühr entsteht für jede einzelne Tätigkeit gesondert, soweit nichts anderes bestimmt ist. § 15 RVG bleibt unberührt. (3) Wird dem Rechtsanwalt die Verteidigung oder Vertretung für das Verfahren übertragen, werden die nach dieser Nummer entstandenen Gebühren auf die für die Verteidigung oder Vertretung entstehenden Gebühren angerechnet. (4) Eine Gebühr nach dieser Vorschrift entsteht jeweils auch für das Verfahren nach der WDO vor einem Disziplinarvorgesetzten auf Aufhebung oder Änderung einer Disziplinarmaßnahme und im gerichtlichen Verfahren vor dem Wehrdienstgericht.	20,00 bis 300,00 €	128,00 €

Ist der Rechtsanwalt nicht für das gesamte Verfahren beauftragt, sondern nur für eine oder mehrere Einzel-   **1**
tätigkeiten, erhält er – ähnlich wie Nr. 4300 ff VV und Nr. 5200 VV – hierfür jeweils eine Verfahrensgebühr
nach Nr. 6500 VV (**Anm. Abs. 1 und Abs. 2 S. 1**). Diese fällt insb. für die Tätigkeit im Verfahren nach der
WDO vor einem Disziplinarvorgesetzten auf Aufhebung oder Änderung einer Disziplinarmaßnahme und
im gerichtlichen Verfahren vor dem Wehrdienstgericht an (**Anm. Abs. 4**).

Anm. Abs. 2 S. 2 stellt klar, dass § 15 unberührt bleibt. Nach der **Limitierung** in § 15 Abs. 6 kann der nur   **2**
mit Einzeltätigkeiten beauftragte Rechtsanwalt keine höheren Gebühren verlangen, als der mit der gesamten Angelegenheit beauftragte Rechtsanwalt erhalten würde.

Wird dem Rechtsanwalt nach verdienter Vergütung für die Einzeltätigkeit die volle Verfahrensvertretung   **3**
übertragen, muss er sich die Vergütung für die Einzeltätigkeit auf die nunmehr entstehenden Gebühren **an-**
rechnen lassen (**Anm. Abs. 3**).

Teil 7
Auslagen

Nr.	Auslagentatbestand	Höhe
Vorbemerkung 7: (1) Mit den Gebühren werden auch die allgemeinen Geschäftskosten entgolten. Soweit nachfolgend nichts anderes be-stimmt ist, kann der Rechtsanwalt Ersatz der entstandenen Aufwendungen (§ 675 i.V.m. § 670 BGB) verlangen. (2) Eine Geschäftsreise liegt vor, wenn das Reiseziel außerhalb der Gemeinde liegt, in der sich die Kanzlei oder die Wohnung des Rechtsanwalts befindet. (3) Dient eine Reise mehreren Geschäften, sind die entstandenen Auslagen nach den Nummern 7003 bis 7006 nach dem Verhältnis der Kosten zu verteilen, die bei gesonderter Ausführung der einzelnen Geschäfte entstanden wären. Ein Rechtsanwalt, der seine Kanzlei an einen anderen Ort verlegt, kann bei Fortführung eines ihm vorher erteilten Auftrags Auslagen nach den Nummern 7003 bis 7006 nur insoweit verlangen, als sie auch von seiner bisherigen Kanzlei aus entstanden wären.		

I. Allgemeine und besondere Geschäftskosten (Abs. 1)

1. Allgemeines. Neben den Gebühren kann der Rechtsanwalt nach Nr. 7000 ff VV **Ersatz seiner Aufwen-**   **1**
dungen verlangen. Das VV spricht von „Auslagen" und unterscheidet zwischen allgemeinen und besonderen Geschäftskosten.

2. Allgemeine Geschäftskosten. Diese sind durch die Gebühren abgegolten und können nicht gesondert   **2**
verlangt werden (**Vorbem. 7 Abs. 1 S. 1 VV**). Es handelt sich um die unabhängig von einem bestimmten
Einzelauftrag anfallenden Geschäftskosten.[1] Das sind etwa die Kanzleimiete, Gehälter für Angestellte, die
Telefongrundgebühr, die EDV-Anlage, Internet-Anschluss, Fachliteratur sowie Büromaterial. Dabei ist eine
generalisierende Betrachtung vorzunehmen. So wird etwa Fachliteratur auch dann nicht ersetzt, wenn sie
aus Anlass eines Einzelauftrags angeschafft wird, der Rechtsanwalt sie aber auch zu weiteren Zwecken benutzen könnte.[2]

3. Besondere Geschäftskosten. Dies sind alle sonstigen Auslagen und Aufwendungen. In Nr. 7000 ff VV   **3**
werden geregelt:

- die Dokumentenpauschale (Nr. 7000 VV);
- Entgelte für Post- und Telekommunikationsdienstleistungen (Nr. 7001, 7002 VV);
- Reisekosten (Nr. 7003–7006 VV);
- die anteilige Haftpflichtversicherungsprämie (Nr. 7007 VV).

Weitere besondere Geschäftskosten kann der Rechtsanwalt gem. **Vorbem. 7 Abs. 1 S. 2 VV** nach **Maßgabe**   **4**
der §§ 670, 675 BGB verlangen, „*(s)oweit nachfolgend nichts anderes bestimmt ist*". Diese Einschränkung
ist wichtig. Nur wenn die Nr. 7000 ff VV die Aufwendungen nicht regeln, kann auf die §§ 670, 675 BGB
zurückgegriffen werden.[3]

Beispiel: Der Rechtsanwalt fährt für einen Gerichtstermin mit seinem Kraftfahrzeug von seiner Kanzlei zum Ge-   **5**
richt. Das Gericht befindet sich in der (politischen) Gemeinde, in der die Kanzlei des Rechtsanwalts liegt. Der
Rechtsanwalt parkt kostenpflichtig in einer Tiefgarage.

---

1 KG 11.1.2016 – 1 Ws 90/15, juris. **2** So auch *Hartmann*, KostG, Vorbem. 7 VV RVG Rn 5. **3** So auch AnwK-RVG/N. *Schnei-*
der, Vorbem. 7 VV Rn 19.

Da es sich bei der Anreise um keine Geschäftsreise iSd Vorbem. 7 Abs. 2 VV handelt, hat der Rechtsanwalt keinen Anspruch auf Ersatz seiner Parkgebühren. Denn gem. Nr. 7006 VV sind Auslagen für eine Reise nur erstattungsfähig, wenn sie anlässlich einer Geschäftsreise anfallen. Die Parkkosten sind auch nicht gem. Vorbem. 7 Abs. 1 S. 2 VV iVm §§ 675, 670 BGB erstattungsfähig, weil „*nachfolgend*" (nämlich in Nr. 7006 VV) „*anderes bestimmt ist*" (nämlich Erstattung nur anlässlich einer Geschäftsreise).

Ergebnis: Die Parkgebühren sind *wie* die allgemeinen Geschäftskosten nicht erstattungsfähig,[4] obwohl sie nicht durch die Unterhaltung der Kanzlei entstehen, sondern durch die Wahrnehmung des Termins im Rahmen eines konkreten Mandats.[5]

6 Gemäß §§ 675, 670 BGB erstattungsfähig sind Aufwendungen, die in den Nr. 7000 ff VV nicht geregelt sind und bei denen es sich auch nicht um allgemeine Geschäftskosten handelt. Dies sind z.B.: die Aktenversendungspauschale Nr. 9003 KV GKG;[6] Kosten für Kopien von CDs/DVDs aus der Gerichtsakte;[7] Kosten für die Anschriftenermittlung von Zeugen; Kosten für Registerauskünfte; Dolmetscherkosten; Detektivkosten; Kosten für Lichtbilder zu Beweiszwecken; verauslagte Gerichts- und Vollstreckungskosten; Kosten für eine Recherche in juristischen Datenbanken, soweit die Kosten im Einzelfall entstehen;[8] eine 4-Terrabyte-Festplatte, um darauf eine ungewöhnlich umfangreiche elektronische Strafakte zu kopieren (Stand: 2015);[9] Übersetzungskosten.[10]

II. Geschäftsreise (Abs. 2 und 3)

7 Vorbem. 7 Abs. 2 und 3 VV enthält allgemeine Regelungen für die Geschäftsreise. Da diese Regelungen allein für die Nr. 7003–7006 VV von Bedeutung sind, erfolgt die Kommentierung dort (daher → Nr. 7003–7006 VV Rn 3 ff).

Nr.	Auslagentatbestand	Höhe
7000	Pauschale für die Herstellung und Überlassung von Dokumenten:	
	1. für Kopien und Ausdrucke	
	a) aus Behörden- und Gerichtsakten, soweit deren Herstellung zur sachgemäßen Bearbeitung der Rechtssache geboten war,	
	b) zur Zustellung oder Mitteilung an Gegner oder Beteiligte und Verfahrensbevollmächtigte aufgrund einer Rechtsvorschrift oder nach Aufforderung durch das Gericht, die Behörde oder die sonst das Verfahren führende Stelle, soweit hierfür mehr als 100 Seiten zu fertigen waren,	
	c) zur notwendigen Unterrichtung des Auftraggebers, soweit hierfür mehr als 100 Seiten zu fertigen waren,	
	d) in sonstigen Fällen nur, wenn sie im Einverständnis mit dem Auftraggeber zusätzlich, auch zur Unterrichtung Dritter, angefertigt worden sind:	
	für die ersten 50 abzurechnenden Seiten je Seite	0,50 €
	für jede weitere Seite	0,15 €
	für die ersten 50 abzurechnenden Seiten in Farbe je Seite	1,00 €
	für jede weitere abzurechnende Seite in Farbe	0,30 €
	2. Überlassung von elektronisch gespeicherten Dateien oder deren Bereitstellung zum Abruf anstelle der in Nummer 1 Buchstabe d genannten Kopien und Ausdrucke:	
	je Datei	1,50 €
	für die in einem Arbeitsgang überlassenen, bereitgestellten oder in einem Arbeitsgang auf denselben Datenträger übertragenen Dokumente insgesamt höchstens	5,00 €

---

[4] So zu Recht: OLG Köln 4.8.2014 – 2 Ws 436/14; LG Bonn 5.6.2014 – 22 KLs 26/13; LG Essen 9.6.2011 – 56 Qs 28/11; LG Halle AGS 2009, 60. **5** Deshalb sind sie entgegen der hM keine „allgemeinen Geschäftskosten", sondern werden lediglich *wie diese* dem Rechtsanwalt nicht erstattet. **6** BGH NJW 2011, 3041. **7** KG AGS 2014, 50. **8** Vgl OLG Brandenburg StV 1996, 615. **9** OLG Hamm 6.5.2015 – 2 Ws 40/15, juris. **10** OLG Karlsruhe AGS 2000, 176.

Nr.	Auslagentatbestand	Höhe
	(1) Die Höhe der Dokumentenpauschale nach Nummer 1 ist in derselben Angelegenheit und in gerichtlichen Verfahren in demselben Rechtszug einheitlich zu berechnen. Eine Übermittlung durch den Rechtsanwalt per Telefax steht der Herstellung einer Kopie gleich. (2) Werden zum Zweck der Überlassung von elektronisch gespeicherten Dateien Dokumente im Einverständnis mit dem Auftraggeber zuvor von der Papierform in die elektronische Form übertragen, beträgt die Dokumentenpauschale nach Nummer 2 nicht weniger, als die Dokumentenpauschale im Fall der Nummer 1 betragen würde.	

I. Allgemeines

1. Grundsatz und Abgeltungsumfang. Eine allgemeine Dokumentenpauschale gibt es nicht. Nur wenn der Auslagentatbestand Nr. 7000 VV erfüllt ist, hat der Rechtsanwalt einen Anspruch auf die Dokumentenpauschale, ansonsten nicht.   1

Durch die Bezeichnung als **„Pauschale"** bringt der Gesetzgeber zum Ausdruck, dass mit der Dokumentenpauschale sämtliche mit der Herstellung (und ggf Überlassung) der Dokumente verbundenen Kosten abgegolten sind. Insbesondere Personal- und Materialkosten werden daher von der Pauschale erfasst. Abgegolten sind aber auch die Kosten für die Anschaffung und Unterhaltung der für die Herstellung und Überlassung erforderlichen technischen Geräte (Kopierer, Faxgeräte, Computeranlagen), für Strom- und Papierverbrauch sowie die anderen Arbeitsvorgänge. Die Verwendung des Wortes **„Dokument"** zeigt, dass es nicht auf die Art der Herstellung, sondern das Produkt ankommt.

2. Urschriften. Für die Herstellung und Überlassung einer Urschrift erhält der Rechtsanwalt keine Dokumentenpauschale. Denn Urschriften sind weder Kopien noch Ausdrucke iSv Nr. 7000 Nr. 1 VV.   2

3. Kopien. Eine Kopie ist die Reproduktion einer Vorlage auf einen körperlichen Gegenstand, zB auf Papier, Karton oder Folie. Der Begriff „Kopie" ist im Zuge des 2. KostRMoG an die Stelle des Begriffs „Ablichtung" getreten, um klarzustellen, dass für das Einscannen von Dokumenten keine Dokumentenpauschale entsteht (→ Rn 5). In der Regel werden Kopien durch einen **Fotokopierer** hergestellt. Die Herstellungsart ist jedoch unerheblich. Eine Kopie kann daher etwa auch mit der Kopierfunktion von einem **Faxgerät** hergestellt werden oder – was heute aber kaum noch vorkommt – mittels **Durchschlagpapier**.   3

4. Ausdrucke. Hierunter ist das **Ausdrucken** von einem elektronischen Datenträger (Festplatte, Stick, DVD, Cloud, PC-Arbeitsspeicher) zu verstehen. Urschriften fallen nicht hierunter, obwohl auch sie nach allgemeinem Sprachgebrauch Ausdrucke sind (→ Rn 2).   4

5. „Scan". Bis zum 2. KostRMoG wurde verbreitet angenommen, dass auch für das **Einscannen und Abspeichern der Akte** die Dokumentenpauschale anfalle.[1] Besonders Strafverteidiger nutzen diese Form der **elektronischen Aktenführung**. Durch Ersetzung des Wortes „Ablichtung" durch „Kopie" wollte der Gesetzgeber klarstellen, dass das Einscannen eines Dokuments keine Dokumentenpauschale auslöst.[2] Nur wenn ein eingescanntes Dokument auch ausgedruckt wird, kann die Dokumentenpauschale für einen Ausdruck entstehen, wenn dieser Ausdruck notwendig ist. Zudem kann das Einscannen eines Dokuments noch über Anm. Abs. 2 zu einer Dokumentenpauschale führen (→ Rn 37 ff). Diese Rechtslage mag man für unangemessen halten, weil die Dokumentenpauschale heute weniger den Material- als vielmehr den Personalaufwand bei der Erstellung von Dokumenten abgilt und diese bei dem Einscannen und Kopieren im Wesentlichen gleich ist, so dass eine unterschiedliche Behandlung nicht ohne Weiteres einsichtig ist. Allerdings ist der Gesetzgeber berufen, die Anknüpfungspunkte für eine unterschiedliche Behandlung festzulegen. Die unterschiedliche Erstattung von Kopien in Papierform und Ablichtungen in elektronischer Form führt auch nicht zu einer ungleichen Behandlung identischer Sachverhalte. Sie beachtet vielmehr die unterschiedlichen Arbeitsschritte und Kosten. Die besonders zeitintensive Sichtung der Akten auf den zu kopierenden Inhalt entfällt bei einem Aktenscan ebenso wie Kosten, die der Verteidiger beim Kopieren unter anderem für Papier, Toner, Aktenordner und Lagerraum aufwenden müsste.[3]   5

Im Ergebnis ist es möglich, dass der Rechtsanwalt weder für das Einscannen der Akte noch für den späteren Ausdruck des Scans eine Dokumentenpauschale erhält: 6

---

1 Vgl grundlegend OLG Bamberg StV 2007, 485. **2** BT-Drucks 17/11471, S. 156, 284; BT-Drucks 517/12, S. 444 (zu Nr. 7000 VV) unter Bezugnahme auf § 11 GNotKG, S. 222; AG Hannover VRR 2014, 318 m. zust. Anm. *Burhoff*; so auch *Hansens*, zfs 2015, 706, 707 und *Wedel*, JurBüro 2015, 510 f; aA trotz der Neufassung *Meyer*, JurBüro 2014, 127; *Hartmann*, KostG, Nr. 7000 VV RVG Rn 4; krit. zu der nunmehrigen Gesetzesfassung: LG Berlin 5.8.2015 – 2 Ws 10/15, burhoff.de. **3** KG NStZ-RR 2016, 63; aA *Reisert*, AnwBl BE 2015, 398 (Verstoß gegen Gleichheitssatz).

7   **Beispiel:**[4] Ein Strafverteidiger hat 1.299 Seiten als PDF-Datei eingescannt und den Scan sodann ausgedruckt. Er verlangt dafür eine Dokumentenpauschale von 212,35 € zzgl Umsatzsteuer. Ergebnis: Der Verteidiger hat keinen Anspruch auf die Dokumentenpauschale. Die Scans sind keine „Kopie" iSd Auslagentatbestands. Auch kann der Verteidiger die Dokumentenpauschale nicht deshalb verlangen, weil er den Scan ausgedruckt hat.[5] Ein Anspruch gem. Nr. 7000 Nr. 1 Buchst. a VV besteht nicht, da er nicht dargetan hat, dass die Herstellung der Papierkopien zur sachgemäßen Bearbeitung der Rechtssache geboten war.[6] Das elektronische Dokument ist grundsätzlich ausreichend, um sich über den Akteninhalt zu informieren (dazu auch → Rn 13).

8   **6. Telefax.** Die **Absendung** eines Telefaxes steht einer Kopie gleich (Anm. Abs. 1 S. 2), der **Empfang** eines Faxes indes nicht, obwohl erst durch das Empfangsgerät körperlich eine Kopie bzw ein Ausdruck hergestellt wird („Fernkopie").[7]

II. Kopien und Ausdrucke (Nr. 1)

9   **1. Dokumente aus Behörden- und Gerichtsakten (Nr. 1 Buchst. a). a) Behörden- und Gerichtsakten.** Für das Anfertigen von Kopien und Ausdrucke aus Behörden- und Gerichtsakten erhält der Rechtsanwalt die Dokumentenpauschale, sofern deren Herstellung zur sachgemäßen Bearbeitung der Rechtssache geboten war. Kopien und Ausdrucke anderer Akten (Versicherungsakten, Arzt- bzw Patientenakten etc.) werden nicht erfasst.

10   **b) Herstellung zur sachgemäßen Bearbeitung geboten.** Die Herstellung muss zur sachgemäßen Bearbeitung der Rechtssache geboten sein. Aus der positiven Formulierung folgt, dass abweichend von § 46 Abs. 1 RVG die Darlegungs- und **Beweislast** für die Notwendigkeit beim antragstellenden Rechtsanwalt liegt.[8] Es gilt ein objektiver Maßstab. Was zur sachgemäßen Bearbeitung geboten ist, richtet sich nach dem Standpunkt eines sachkundigen Dritten, wobei dem Rechtsanwalt ein gewisser Beurteilungsspielraum zusteht.[9] Er muss die Auslagen nicht um jeden Preis gering halten.

11   **c) Praxiskonstellationen. aa) Notwendigkeit einer Vorsichtung?** Dem Rechtsanwalt ist nicht zuzumuten, jedes Blatt einer Akte vorab auf seine Verfahrensrelevanz zu überprüfen, bevor er sie vervielfältigt. Die Ersparnis stünde in keinem Verhältnis zum Aufwand. Daher ist ein **großzügiger Maßstab** anzulegen. Andererseits darf der Rechtsanwalt **nicht unbesehen die komplette Akte kopieren.**[10] Seiten, die ersichtlich ohne Informationswert sind, darf er nicht auf Kosten des Auftraggebers kopieren. Dabei spielt auch der Zeitraum der Überlassung der Akte eine Rolle: Wurde dem Rechtsanwalt die Akte **nur für kurze Zeit** zur Verfügung gestellt, kann die Vervielfältigung der vollständigen Akte bereits aufgrund der Eilbedürftigkeit gerechtfertigt sein.[11]

12   **bb) Mehrere Rechtsanwälte.** Bei einer Mehrheit von Rechtsanwälten, zB bei einem zweiten Pflichtverteidiger, muss dieser sich nicht auf den Aktenbestand des anderen verweisen lassen.[12] Dies gilt hinsichtlich der Hauptakte auch für Rechtsanwälte derselben Kanzlei, auch wenn sie denselben Beschuldigten verteidigen. Bei Sonderbänden und Beiakten bedarf die Fertigung von mehreren Aktenauszügen indes einer Begründung.[13]

13   **cc) Papierakte und elektronische Aktenkopie.** Steht dem Rechtsanwalt eine **elektronische Aktenkopie dauerhaft** zur Verfügung, besteht für ein vollständiges oder auch nur weitgehendes Kopieren oder Ausdrucken der Akte keine Notwendigkeit. Denn er kann sich durch Einsicht in die elektronische Akte jederzeit über den Akteninhalt informieren.[14] Soweit er sich – vergleichbar handschriftlichen Aufzeichnungen – Auszüge aus der Akte fertigt, um Vorgänge plastischer vor Augen zu haben oder leichter finden zu können, dient dies der Vereinfachung der Arbeit des Rechtsanwalts. Es handelt sich um allgemeine Geschäftskosten, die mit den Gebühren abgegolten sind.[15]

14   **dd) Aktendoppel für den Mandanten in Strafsachen.** In Strafsachen ist die Erstattungsfähigkeit der Kosten für die Erstellung eines (weiteren) Aktendoppels für den Mandanten umstritten. Bei der Beurteilung, ob

---

4 KG 28.8.2015 – 1 Ws 51/15, burhoff.de. **5** AA *Hansens*, zfs 2015, 706, 707 mit dem Argument, dem Rechtsanwalt müsse die Entscheidung überlassen bleiben, ob er mit der elektronischen Fassung der Gerichtsakten arbeiten will oder (!) mit dem Aktenausdruck auf Papier. Dieses Entscheidungsrecht steht hier indes nicht in Frage. Hier will der Rechtsanwalt mit den Scans und (!) einem vollständigen Papierausdruck arbeiten. **6** Im konkreten Fall mag insoweit auch eine Rolle gespielt haben, dass der Verteidiger in seinem Internetblog angegeben hatte, weitgehend papierlos zu arbeiten. **7** KG JurBüro 2007, 589; aA *Hartmann*, KostG, Nr. 7000 VV RVG Rn 4. **8** OLG Celle NStZ-RR 2016, 160; OLG Braunschweig 25.8.2015 – 1 Ws 233/15, juris; OLG Köln 15.1.2015 – 2 Ws 651/14, BeckRS 2015, 08246; OLG Rostock 4.8.2014 – 20 Ws 193/14, juris; OLG München 3.11.2014 – 4 c Ws 18/14, juris. **9** OLG München 3.11 2014 – 4 c Ws 18/14, juris. **10** OLG Köln 16.7.2012 – III-2 Ws 499/12, juris; OLG Koblenz 16.11.2009 – 2 Ws 526/09, juris; LG Wuppertal 13.4.2015 – 23 Qs 43/15, burhoff.de. **11** LG Detmold 14.7.2015 – 4 KLs – 22 Js 319/14 – 72/14, nrwe.de. **12** OLG Celle 11.12.2015 – 1 Ws 518/15, burhoff.de; OLG Köln StV 2010, 179; OLG Celle NJW 2012, 1671. **13** AA offenbar OLG Celle NJW 2012, 1671, welches jedoch verlangt, dass jeweils zwei Seiten der 81.900 Seiten aus der Telefonüberwachung auf ein DIN A4-Blatt gedruckt werden. **14** OLG Braunschweig 25.8.2015 – 1 Ws 233/15, juris mwN. **15** OLG München 3.11.2014 – 4 c Ws 18/14, juris; ähnl. auch *Hartmann*, KostG, Nr. 7000 VV RVG Rn 10, 19.

Kopien oder Ausdrucke aus den Akten zur Überlassung an den Angeklagten für dessen Verteidigung notwendig sind, kommt es weder auf die Schwere noch auf den Umfang der Tatvorwürfe an.[16] Denn diese Kriterien besagen noch nicht, dass der Angeklagte seine Rechte nur wahrnehmen kann, wenn ihm Akten oder Teile davon zum eigenen Gebrauch zur Verfügung stehen. Nur dann, wenn der Angeklagte auf die Kenntnis des genauen Wortlauts der Schriftstücke angewiesen ist und/oder sie zur Vorbereitung seiner Verteidigung ständig zur Hand haben muss, benötigt der Angeklagte ein eigenes Aktendoppel. In allen anderen Fällen ist es Aufgabe des Verteidigers, dem Angeklagten den Akteninhalt zusammenfassend mündlich zu vermitteln und dessen Bedeutung für den Verfahrensfortgang erforderlichenfalls anhand einzelner Schriftstücke zu belegen, wobei dazu idR der Rückgriff auf den eigenen Ablichtungssatz des Anwalts ausreichen wird. Daher handelt es sich bei den Kosten des weiteren Aktendoppels regelmäßig nicht um notwendige Auslagen.[17]

ee) CDs/DVDs bei der Akte. Die Fertigung von Kopien von CDs/DVDs aus der Gerichtsakte im Rahmen der Akteneinsicht wird nicht über die Dokumentenpauschale vergütet. Sie sind Aufwendungen nach Vorbem. 7 Abs. 1 S. 2 VV iVm §§ 675, 670 BGB und pauschalisiert mit 1 € pro CD netto zu erstatten.[18]   **15**

2. Dokumente zur Zustellung oder Mitteilung an Gegner oder Beteiligte und Verfahrensbevollmächtigte (Nr. 1 Buchst. b). Sofern eine Rechtsvorschrift (zB §§ 131 Abs. 1, 253 Abs. 5 ZPO) die Anfertigung von Dokumenten zur Zustellung oder Mitteilung an Gegner, Beteiligte und Verfahrensbevollmächtigte vorschreibt oder der Rechtsanwalt diese nach Aufforderung durch die das Verfahren führende Stelle herzustellen hat, kann er ebenfalls die Dokumentenpauschale verlangen, soweit dafür mehr als 100 Seiten gefertigt worden sind.   **16**

In Zivilprozessen fügen Rechtsanwälte idR für den anwaltlich vertretenen Gegner neben einer beglaubigten Abschrift für den gegnerischen Kollegen eine einfache Abschrift für dessen Mandanten bei. Da durch § 133 Abs. 1 ZPO nur die Beifügung der für die Zustellung erforderlichen Anzahl von Abschriften vorgeschrieben ist, kann der Rechtsanwalt für diese einfache Abschrift eine Dokumentenpauschale nach Nr. 1 Buchst. b nicht verlangen.[19]   **17**

3. Dokumente zur Unterrichtung des Auftraggebers (Nr. 1 Buchst. c). Nr. 1 Buchst. c betrifft Kopien und Ausdrucke zur notwendigen Unterrichtung des Auftraggebers. Ein Auslagenanspruch besteht nur, soweit mehr als 100 Seiten angefertigt werden (hierzu → Rn 29 ff). Die Notwendigkeit der Unterrichtung besteht für eigene und gegnerische Schriftsätze und abschließende Entscheidungen des Gerichts. Bei gerichtlichen Verfügungen oder Zwischenentscheidungen hängt es vom Einzelfall ab, ob die Überlassung einer Kopie notwendig ist. Ein kleinlicher Maßstab ist auch hier nicht anzulegen.   **18**

4. Dokumente zur Unterrichtung Dritter im Einverständnis mit dem Auftraggeber (Nr. 1 Buchst. d). Nach Nr. 1 Buchst. d kann der Rechtsanwalt in anderen als in den in Nr. 1 Buchst. a–c aufgeführten Fällen eine Dokumentenpauschale abrechnen, wenn Kopien oder Ausdrucke im Einverständnis mit dem Auftraggeber zusätzlich, etwa zur Unterrichtung Dritter, hergestellt werden. Unproblematisch ist dies bei einer ausdrücklichen Weisung des Mandanten. Es kommt aber auch ein stillschweigendes oder generelles Einverständnis in Betracht. Beauftragt der Mandant den Rechtsanwalt, beim Rechtsschutzversicherer eine Kostendeckungszusage einzuholen, ist von einem Einverständnis in die Erstellung der dafür notwendigen Dokumente auszugehen. Auch bei einer nur geringen Anzahl von Kopien und/oder Ausdrucken, bei denen der Mandant eine Rückfrage nicht erwarten kann und eine solche eher als lästig empfinden wird, kann das Einverständnis des Mandanten unterstellt werden. Bei einer großen Anzahl von Kopien oder Ausdrucken ist hingegen eine Rückfrage erforderlich.   **19**

III. Berechnung der Dokumentenpauschale nach Nr. 1

1. Höhe der Dokumentenpauschale. Vergütet wird jede in **Schwarzdruck** hergestellte Seite wie folgt: Seiten 1 bis 50: jeweils 0,50 €; ab Seite 51: 0,15 €. Bei **Farbkopien oder Farbausdrucken** beträgt die Vergütung für die Seiten 1 bis 50 jeweils 1,00 € und ab Seite 51 0,30 €. Dabei erfolgt für Schwarz-Weiß-Kopien und Farbkopien eine gesonderte Zählung. *Jeweils* die ersten 50 Seiten können mit dem höheren Satz abgerechnet werden.   **20**

2. Unterschiedliche Angelegenheiten. Für jede Angelegenheit ist eine gesonderte Berechnung anzustellen. **In jedem Rechtszug** ist daher bei der Zählung der ersten 50 Seiten wieder bei null zu beginnen. Dies gilt in Strafsachen auch für das Ermittlungs- und das sich anschließende gerichtliche Strafverfahren.[20] Auch hier sind **Schwarz-Weiß-Kopien und Farbkopien getrennt** zu zählen. In einem höheren Rechtszug ist also mit der   **21**

16 AA Burhoff/*Schmidt*, 4. Aufl. 2014, Teil B, Nr. 7000 VV Rn 74. **17** OLG Braunschweig NStZ-RR 2014, 26; KG StraFo 2009, 260; OLG Düsseldorf StV 2003, 176; OLG Frankfurt a.M. NStZ 2002, 164. **18** KG AGS 2014, 50. **19** OLG Karlsruhe AGS 2011, 308; KG AGS 2006, 274; OLG Hamm JurBüro 2002, 201. **20** OLG Frankfurt 30.6.2015 – 2 Ws 10/15, juris.

Zählung der ersten 50 Seiten sowohl für Schwarz-Weiß-Kopien/-Ausdrucke als auch für Farbkopien/-ausdrucke wieder von vorne zu beginnen.

22 **3. Seiten in Farbe (Farbkopien/Farbausdrucke).** Für Seiten in Farbe muss der Druck neben schwarzer Farbe (worunter auch sämtliche Graustufen fallen) **mindestens eine Farbe** enthalten. Nicht ausreichend ist, dass auf farbiges Papier gedruckt wird. Es reicht indes aus, wenn ein schwarz-weißes Original in Farbe kopiert oder ausgedruckt wird.[21] Die Erstattungsfähigkeit wird hier aber idR daran scheitern, dass eine solche Kopie/ein solcher Ausdruck in Farbe nicht „zur sachgemäßen Bearbeitung der Rechtssache geboten" ist. Im Ergebnis wird der Rechtsanwalt daher in aller Regel nur dann die Dokumentenpauschale für eine Seite in Farbe erhalten, wenn bereits das Original farbig ist.

23 **4. Massenkopien/Massenausdrucke.** In neuerer Zeit kommt es in Strafsachen vor, dass Rechtsanwälte in erheblichem Umfang die ihnen auf einer Daten-CD zur Verfügung gestellten Aktenbestandteile ausdrucken.[22] Aufgrund der Diskrepanz zwischen dem geltenden Auslagensatz und den tatsächlichen Sachkosten bei massenhafter Produktion von Vervielfältigungen wird Rechtsanwälten dadurch eine zusätzliche Verdienstmöglichkeit eröffnet, die vom Gesichtspunkt der Aufwandsentschädigung nicht mehr gedeckt ist.[23] Denn die Dokumentenpauschale iHv 0,15 € pro Seite beträgt mehr als das Dreifache des Durchschnittspreises, der an kommerzielle Anbieter für Massenkopien ab 1.000 Seiten einschließlich Gewinnanteil gezahlt werden muss.[24]

24 Dieses Missverhältnis ist im Grundsatz hinzunehmen: Der Gesetzgeber war sich bereits 1986 der deutlich niedrigeren Preise für gewerblich erstellte Kopien bewusst;[25] er hat die Pauschalsätze für Kopien in der Folgezeit unverändert gelassen und durch das Justizkommunikationsgesetz vom 22.3.2005[26] sogar noch die Ausdrucke aus elektronisch gespeicherten Dateien in den Anwendungsbereich der Nr. 7000 VV einbezogen, obwohl der tatsächliche Kostenaufwand für Ausdrucke noch geringer ist als es bei Kopien aus Papierakten.

25 Allerdings gibt es Grenzen: Der Gesetzgeber hat das Phänomen der Massenkopien/Massenausdrucke bei Schaffung der Regelung ersichtlich nicht vor Augen gehabt. Von einer verdeckten Regelungslücke ist jedenfalls ab **mehr als 50.000 Seiten** auszugehen. Für diese Seiten ist daher rechtsfortbildend lediglich eine Dokumentenpauschale zu zahlen, die sich an den realistischen (aufgerundeten) Sachkosten orientiert. In Fortschreibung des gesetzgeberischen Willens kann der Rechtsanwalt für jede über 50.000 Seiten hinausgehende Seite **0,05 € netto pro Seite** abrechnen. Damit sind seine tatsächlichen Sachkosten mehr als abgegolten. Lösungen wie diejenige des OLG Celle,[27] wonach der Rechtsanwalt verpflichtet sein soll, bei Massenausdrucken zwei Seiten auf eine Seite zu drucken, um Papier zu sparen, sind hingegen abzulehnen. Sie zeigen jedoch, dass die Obergerichte Handlungsbedarf sehen, um diesem noch jungen Phänomen Rechnung zu tragen.[28]

26 **Beispiel:** Fertigt der Rechtsanwalt 130.000 Schwarz-Weiß-Ausdrucke, kann er abrechnen:

– 50 Seiten zu je 0,50 €   25,00 € netto
– 49.950 Seiten zu je 0,15 €   7.492,50 € netto
– 70.000 Seiten zu je 0,05 €   3.500,00 € netto

– Gesamt   11.017,50 € netto

Würde man hingegen in strenger Anwendung des Gesetzeswortlauts 22.517,50 € netto für abrechenbar halten, dem Rechtanwalt mithin für die Ausdrucke eine Vergütung von 26.795,83 € brutto zubilligen, wäre dies unangemessen. Einem gewerblichen Drittunternehmen, welches damit einen Gewinn erzielt, müsste man allenfalls 7.500 € zahlen. Die tatsächlichen Kosten des Rechtsanwalts für die Ausdrucke dürften noch darunter liegen.

27 Zur Notwendigkeit der Vorlage von **Kopierlisten** bei der Geltendmachung von Massenausdrucken/Massenkopien → Rn 35.

28 **5. Von DIN A4 abweichende Formate.** Nr. 7000 Nr. 1 VV geht bei der Abrechnung von „Seiten" aus. Anders als in Nr. 9000 KV GKG wird nicht zwischen Größenformaten unterschieden. Daraus folgt, dass **alle Formate** nach der einheitlichen Dokumentenpauschale abzurechnen sind. Eine „Umrechnung" auf ein

---

21 Vgl *Hansens*, RVGreport 2013, 450, der den Gesetzeswortlaut für nicht zwingend hält, jedoch erwägt, dass der Ausdruck oder die Kopie in farblicher Hinsicht dem Original entsprechen muss, um die doppelte Dokumentenpauschale auszulösen. **22** Vgl etwa OLG Düsseldorf 22.9.2014 – III-1 Ws 261/14, juris: vorläufig (!) ca. 380.000 Seiten, welche mit 67.000 € brutto abgerechnet wurden. **23** OLG Stuttgart 23.5.2000 – 8 W 236/00, juris; so auch *Lilie-Hutz*, FD-StrafR 2016, 376458: „Für einen in […] Umfangsverfahren als Pflichtverteidiger beigeordneten Anwalt stehen die Gebühren selten im Verhältnis zu der dafür aufgewendeten Arbeit. Die Erstattung der Kopierkosten kann in der Praxis teilweise als Ausgleich dieses Missverhältnisses angesehen werden." **24** Das sind etwa 0,05 € brutto/Seite nach der Recherche der OLG Düsseldorf 22.9.2014 – III-1 Ws 261/14, juris. **25** BT-Drucks 10/5113, S. 48 f. **26** BGBl. I 837. **27** OLG Celle NJW 2012, 1671. **28** Auch das JM NRW sieht angesichts exorbitant hoher Kosten in einigen Verfahren Handlungsbedarf. Es hat daher angeregt, die Dokumentenpauschale bereits ab der 201. Seite auf 0,05 € zu reduzieren.

DIN-A4-Format findet nicht statt.[29] Wird eine DIN-A3-Vorlage auf ein DIN-A3-Blatt kopiert, fällt daher nur der einfache Auslagensatz an. Wird eine DIN-A3-Vorlage hingegen auf zwei DIN-A4-Blätter kopiert, ist auf die hergestellten Kopien abzustellen. Es kann die Dokumentenpauschale für zwei Seiten abgerechnet werden.[30]

6. Die 100 nicht zu vergütenden Seiten in Nr. 7000 Nr. 1 Buchst. b und c VV („Freiexemplare"). a) Kopien   29
und Ausdrucke ab 100 Seiten. Nr. 1 Buchst. b und Nr. 1 Buchst. c regeln, dass die Dokumentenpauschale verlangt werden kann, *„soweit hierfür mehr als 100 Seiten zu fertigen waren"*. Daraus folgt, dass nur für diejenigen Kopien und Ausdrucke eine Dokumentenpauschale verlangt werden kann, die über 100 Seiten hinausgehen.[31]

Beispiel: Werden 130 Seiten für den Gegner erstellt (Nr. 1 Buchst. b), hat der Rechtsanwalt Anspruch auf eine Do-   30
kumentenpauschale für 30 Seiten.

b) Häufigkeit des Abzugs von 100 Seiten. Die 100 Seiten werden in jeder gebührenrechtlichen Angelegen-   31
heit iSv § 15 von den erstellten Seiten abgezogen. Für Nr. 1 Buchst. b und Nr. 1 Buchst. c erfolgt zudem eine gesonderte Zählung. Es sind *jeweils* die ersten 100 Seiten abzuziehen, die nach Nr. 1 Buchst. b und Nr. 1 Buchst. c eigentlich zu vergüten sind.

Beispiel: Werden für den Gegner 130 Seiten hergestellt (Nr. 1 Buchst. b) und für den Auftraggeber weitere 70   32
(Nr. 1 Buchst. c), so kann der Rechtsanwalt nur 30 Seiten abrechnen und nicht 100. Die Berechnung lautet: 130 Seiten – 100 Seiten = 30 Seiten und 70 Seiten – 100 Seiten = < 0.

c) Verrechnung der Seiten in Farbe (Farbkopien/farbige Ausdrucke) auf die 100 Seiten. Werden sowohl   33
schwarz-weiße als auch farbige Seiten hergestellt, stellt sich die Frage, ob auf die nicht abrechnungsfähigen 100 Seiten (in der Praxis als „Freiexemplare" bezeichnet) zunächst die preiswerteren Schwarz-weiß-Drucke oder die Farbdrucke zu verrechnen sind. An die zeitliche Reihenfolge anzuknüpfen, welche Kopien/Ausdrucke als erste erstellt worden sind, ist nicht praktikabel.[32] Daher wird herrschend die Auffassung vertreten, der Rechtsanwalt habe die Wahl[33] oder – was in der Praxis auf dasselbe Ergebnis hinauslaufen dürfte – es seien zunächst die preisgünstigeren Schwarz-Weiß-Drucke zu verrechnen.[34] Indes ist kein Grund ersichtlich, einen Rechtsanwalt, der nur 100 Farbdrucke erstellt, schlechter zu stellen als denjenigen Rechtsanwalt, der neben den Farbkopien *zusätzlich* schwarz-weiße Drucke erstellt. Die Pauschalierung erfasst (auch) die teureren Seiten in Farbe. Erstellt der Rechtsanwalt daneben noch Schwarz-Weiß-Drucke, erhält er diese *zusätzlich zu der Pauschalisierung* vergütet, kann diese aber nicht wie Farbdrucke abrechnen. Dies entspricht dem allgemeinen Grundsatz, dass derjenige, der zusätzlich zu einer Pauschale eine Vergütung verlangt, die höhere Vergütung nur nach den (reinen) Mehrkosten berechnen darf.

Beispiel: Fertigt der Rechtsanwalt neben 100 Seiten in Farbe auch noch 20 Schwarz-Weiß-Drucke, so erhält er   34
unter Berücksichtigung der Pauschalierung die 20 Seiten zu je 0,50 € vergütet, mithin 10 €.

7. Geltendmachung der Dokumentenpauschale/Kopierliste. Insbesondere bei Massenkopien und bei der   35
Geltendmachung der Dokumentenpauschale für mehrere (ggf nur auszugsweise) kopierte Akten hat der Rechtsanwalt dem Urkundsbeamten der Geschäftsstelle darzulegen, welche Seiten kopiert worden sind. Ihn trifft eine Dokumentations- und Darlegungsobliegenheit. Legt der Rechtsanwalt keine **Kopierliste** vor, kann die Festsetzung der Dokumentenpauschale (vorläufig) im Umfang der Unklarheit abgelehnt werden.[35] Es genügt nicht, dem Urkundsbeamten zu ermöglichen, sich anhand der Kopien selbst einen Überblick zu verschaffen. Dazu ist der Urkundsbeamte nicht verpflichtet. Die Dokumentation der Kopien ist die Aufgabe desjenigen, der die Auslagen geltend macht.

IV. Dokumente in Dateiform (Nr. 2)

Werden anstelle der in Nr. 1 Buchst. d genannten Kopien und Ausdrucke **elektronisch gespeicherte Dateien**   36
überlassen oder zum Abruf bereitgestellt, beträgt die Vergütung je Datei 1,50 €, wobei für die in einem Arbeitsgang überlassenen, bereitgestellten oder in einem Arbeitsgang auf denselben Datenträger übertragenen Dokumente insgesamt höchstens 5,00 € in Ansatz gebracht werden kann.

Im Zusammenhang mit dieser Vorschrift ist **Anm. Abs. 2** zu sehen: Werden zum Zweck der Überlassung   37
von elektronisch gespeicherten Dateien Dokumente im Einverständnis mit dem Auftraggeber zuvor von der

---

29 AA Hansens/Braun/Schneider/*Hansens*, Teil 19, Rn 16; Burhoff/*Schmidt*, RVG, Teil B, Nr. 7000 VV Rn 32.   **30** So auch AnwK-RVG/*Volpert*, Nr. 7000 VV Rn 105.   **31** AA allein *Hartmann*, KostG, Nr. 7000 VV RVG Rn 29: Bei Überschreiten der 100 Freiexemplare können alle Kopien abgerechnet werden.   **32** So auch: *Hansens*, RVGreport 2013, 450, 452; Burhoff/*Schmidt*, RVG, 4. Aufl. 2014, Nr. 7000 VV Rn 23.   **33** Gerold/Schmidt/*Müller-Rabe*, 21. Aufl., Nr. 7000 VV Rn 203; *Hansens*, RVGreport 2013, 450, 452.   **34** AnwK-RVG/*Volpert*, Nr. 7000 VV Rn 107; *Enders*, JurBüro 2014, 113, 116; zu weiteren denkbaren Möglichkeiten der Verrechnung: *Schneider/Thiel*, Das neue Gebührenrecht für Rechtsanwälte, 2. Aufl. 2014, § 3 Rn 1345 f.   **35** OLG Düsseldorf 22.9.2014 – III-1 Ws 247/14, juris; vgl auch die Argumentation der Vorinstanz in OLG Köln 15.1.2015 – 2 Ws 651/14, juris.

Papierform in die elektronische Form übertragen („**eingescannt**"), beträgt die Dokumentenpauschale nach Nr. 2 nicht weniger, als die Dokumentenpauschale im Fall der Nr. 1 betragen würde, mithin 0,50 € für die Seiten 1 bis 50 und 0,15 € ab Seite 51.

38 **Beispiel:**[36] Der Mandant bittet um die elektronische Übersendung eines 70-seitigen Gutachtens. Der Rechtsanwalt scannt das Dokument ein und versendet es als PDF-Datei. Die Dokumentenpauschale nach Nr. 2 beträgt 1,50 € für den Versand einer Datei. Die Dokumentenpauschale hätte nach Nr. 1 Buchst. d betragen: 50 Kopien á 0,50 € + 20 Kopien á 0,15 € = 28,00 €. Der höhere Betrag ist anzusetzen.

39 Nr. 2 gilt nicht im Verhältnis zwischen Staatskasse und Pflichtverteidiger. Die Regelung in Nr. 7000 Nr. 1 Buchst. d VV bezieht sich auf das privatrechtliche Mandatsverhältnis zwischen Rechtsanwalt und Auftraggeber.[37] Hingegen sind weder das Gericht noch der Beschuldigte Auftraggeber des Pflichtverteidigers, dessen Bestellung als besondere Form der Indienstnahme Privater zu öffentlichen Zwecken einem begünstigenden, nicht aber einem Auftragsverhältnis gleicht.[38]

Nr.	Auslagentatbestand	Höhe
7001	Entgelte für Post- und Telekommunikationsdienstleistungen .... Für die durch die Geltendmachung der Vergütung entstehenden Entgelte kann kein Ersatz verlangt werden.	in voller Höhe
7002	Pauschale für Entgelte für Post- und Telekommunikationsdienstleistungen (1) Die Pauschale kann in jeder Angelegenheit anstelle der tatsächlichen Auslagen nach Nummer 7001 gefordert werden. (2) Werden Gebühren aus der Staatskasse gezahlt, sind diese maßgebend.	20 % der Gebühren – höchstens 20,00 €

I. Allgemeines

1 Entgelte für Post- und Telekommunikation kann der Rechtsanwalt entweder konkret (Nr. 7001 VV) oder mit einer Pauschale (Nr. 7002 VV) abrechnen.

II. Konkrete Abrechnung (Nr. 7001 VV)

2 Der Rechtsanwalt kann seine Auslagen konkret abrechnen. Dabei ist er nicht verpflichtet, diese von vornherein im Einzelnen aufzuschlüsseln (vgl § 10 Abs. 2 S. 2). Nur wenn der Auftraggeber die Höhe bezweifelt, muss der Rechtsanwalt die Zusammensetzung des Gesamtbetrags darlegen. Im Rechtsstreit ist er darlegungs- und **beweispflichtig**. Für die durch die Geltendmachung der Vergütung entstehenden Entgelte (etwa das Porto für die Übersendung der Rechnung) kann er keine Vergütung verlangen (Anm. zu Nr. 7001 VV).

III. Pauschale Abrechnung (Nr. 7002 VV)

3 Der Rechtsanwalt wird idR die Pauschale gem. Nr. 7002 VV ansetzen. Diese kann er **in jeder Angelegenheit** gesondert verlangen (**Anm. Abs. 1** zu Nr. 7002 VV). Der Begriff der Angelegenheit richtet sich nach §§ 15 ff.

Nr.	Auslagentatbestand	Höhe
7003	Fahrtkosten für eine Geschäftsreise bei Benutzung eines eigenen Kraftfahrzeugs für jeden gefahrenen Kilometer .... Mit den Fahrtkosten sind die Anschaffungs-, Unterhaltungs- und Betriebskosten sowie die Abnutzung des Kraftfahrzeugs abgegolten.	0,30 €
7004	Fahrtkosten für eine Geschäftsreise bei Benutzung eines anderen Verkehrsmittels, soweit sie angemessen sind	in voller Höhe

---

[36] Beispiel nach AnwK-RVG/*Volpert*, Nr. 7000 VV Rn 156. **37** KG AGS 2014, 50; OLG Düsseldorf NJW 2008, 2058. **38** KG AGS 2014, 50.

Nr.	Auslagentatbestand	Höhe
7005	Tage- und Abwesenheitsgeld bei einer Geschäftsreise 1. von nicht mehr als 4 Stunden .... 2. von mehr als 4 bis 8 Stunden .... 3. von mehr als 8 Stunden .... Bei Auslandsreisen kann zu diesen Beträgen ein Zuschlag von 50 % berechnet werden.	 25,00 € 40,00 € 70,00 €
7006	Sonstige Auslagen anlässlich einer Geschäftsreise, soweit sie angemessen sind	in voller Höhe

I. Ersatz von Reisekosten für Geschäftsreisen

1. Allgemeines. Der Rechtsanwalt erhält (nur) für Geschäftsreisen Reisekosten nach den Nr. 7003–7006 VV. Liegt keine Geschäftsreise vor, hat der Rechtsanwalt keinen Anspruch auf die nachfolgend aufgeführten Auslagen (auch nicht gem. Vorbem. 7 Abs. 1 iVm §§ 675, 670 BGB; s. dazu das Beispiel in → Vorbem. 7 VV Rn 5); er ist dann auf eine Vergütungsvereinbarung angewiesen.   **1**

Der Rechtsanwalt kann für seine Geschäftsreise (oder eine solche eines Vertreters iSv § 5, nicht aber für Reisen sonstiger Hilfspersonen) verlangen: Fahrtkosten (Nr. 7003, 7004 VV); Tage- und Abwesenheitsgeld (Nr. 7005 VV); sonstige angemessene Auslagen anlässlich der Geschäftsreise (Nr. 7006 VV).   **2**

2. Legaldefinition der Geschäftsreise (Vorbem. 7 Abs. 2 VV). Nach Vorbem. 7 Abs. 2 VV liegt eine Geschäftsreise vor, wenn das Reiseziel **außerhalb der (politischen) Gemeinde** liegt, in der sich die Kanzlei des Rechtsanwalts oder seine Wohnung befindet. Reisen innerhalb der Gemeindegrenzen sind aus dem allgemeinen Gebührenaufkommen zu bestreiten. Ohne Bedeutung ist, welche Entfernung der Rechtsanwalt zurücklegt.[1] Eine Geschäftsreise liegt auch dann vor, wenn der Rechtsanwalt nur eine sehr kurze Entfernung zu überbrücken hat, dabei jedoch die Gemeindegrenze überschreitet. Eine Geschäftsreise liegt nicht vor, wenn der Rechtsanwalt innerhalb der Gemeindegrenzen bleibt, mag er auch – man denke an Großstädte wie Berlin – eine erhebliche Entfernung zum Terminsort zurücklegen.   **3**

Fallen Kanzleisitz und Wohnort auseinander, liegt bei einem natürlichen Verständnis des Wortlauts der Vorbem. 7 Abs. 2 VV eine Geschäftsreise nicht vor, wenn der Ort, zu dem der Rechtsanwalt anreist, entweder in der Kanzleigemeinde oder der Wohngemeinde liegt. Nach Auffassung des OLG Düsseldorf[2] ist das Wort „oder" in Vorbem. 7 Abs. 2 VV hingegen im Sinne einer alternativen Aufzählung zu verstehen. Abzustellen sei auf den **Ort der tatsächlichen Abreise.** Für eine Geschäftsreise ist es nach Auffassung des OLG Düsseldorf deshalb nicht erforderlich, dass der Terminsort sowohl außerhalb der Kanzleigemeinde als auch außerhalb der Wohngemeinde liegt. Diese Ansicht ist abzulehnen. Nach richtiger Ansicht stellt jedenfalls eine **Fahrt zu der Gemeinde des Kanzleisitzes** als üblichen Ort der Geschäftstätigkeit auch dann keine vergütungspflichtige Geschäftsreise dar, wenn der Rechtsanwalt von seiner Wohnung nicht zunächst seine Kanzlei anfährt, sondern zu einem anderen Ort innerhalb der Gemeinde seines Kanzleisitzes.   **4**

Erledigt der Anwalt den Termin auf dem Hinweg zu seiner Kanzlei oder auf dem Rückweg, so liegt ebenfalls keine Geschäftsreise vor, die er abrechnen könnte. Ebenso werden **Fahrten von der Kanzlei zum Wohnsitz** des Rechtsanwalts nicht als vergütungsfähige Geschäftsreisen anzuerkennen sein. Eine Ausnahme ist allenfalls zu erwägen, wenn die Fahrt zum Ort der Wohnung aus sachlichen Gründen von der Kanzlei aus angetreten werden muss und der Rechtsanwalt nach der Durchführung der Angelegenheit wieder in seine Kanzlei zurückkehrt.[3]   **5**

Beispiel:[4] Der Rechtsanwalt hat um 8.30 Uhr in seiner Kanzlei eine Besprechung mit einem Mandanten durchzuführen. Um 10.00 Uhr findet ein Ortstermin außerhalb des Ortes der Kanzlei am Wohnort des Rechtsanwalts statt. Um 11.45 Uhr muss der Rechtsanwalt einen Gerichtstermin in der Gemeinde des Kanzleisitzes wahrnehmen. Ergebnis: Hier lässt sich erwägen, dass die Fahrt zum Ortstermin und zurück eine Geschäftsreise ist. Findet dagegen der Ortstermin um 8.30 Uhr statt und nimmt der Rechtsanwalt diesen auf der Fahrt von seiner Wohnung zur Kanzlei wahr, kommt eine Vergütung nicht in Betracht.   **6**

Der Begriff „**Kanzlei**" umfasst auch die **Zweig- oder Nebenstelle,** § 27 BRAO.[5] Wenn aus dem Briefkopf der Anwaltskanzlei des Rechtsanwalts ersichtlich ist, dass diese an mehreren Stellen als Haupt- und Zweig-   **7**

---

1 *Reck*, Rpfleger 2010, 256. **2** OLG Düsseldorf NJW-RR 2012, 764. **3** AnwK-RVG/*N. Schneider*, Vorbem. 7 VV Rn 38. **4** Beispiel nach Mayer/Kroiß/*Ebert*, Vorbem. 7 VV Rn 9. **5** OLG Koblenz 27.4.2015 – 7 WF 407/15, juris; OLG Dresden NJW 2011, 869.

stellen betrieben wird, ist es unerheblich, an welchem Ort die Besprechung mit dem Mandanten stattgefunden und von welchem Ort der Rechtsanwalt zum Gerichtstermin angereist ist.[6] Liegt eine Zweigstelle im Gerichtsbezirk, liegt eine Geschäftsreise nicht vor.

8 **3. Geschäftsreise für mehrere Angelegenheiten (Vorbem. 7 Abs. 3 S. 1 VV).** Unternimmt der Rechtsanwalt eine Geschäftsreise für mehrere Angelegenheiten, müssen die gesamten Reisekosten im Verhältnis der fiktiven Einzelreisekosten zu den Gesamtkosten auf die einzelnen Mandate aufgeteilt werden (Vorbem. 7 Abs. 3 S. 1 VV). Es ist wie folgt zu rechnen:

(Fiktive Einzelreisekosten x tatsächliche Gesamtkosten) / Summe der Einzelreisekosten

9 **Beispiel:**[7] Der Rechtsanwalt hat seine Kanzlei in Köln. Für Mandant A fährt er zum LG Bonn und anschließend für Mandant B weiter zum LG Koblenz. Das LG Bonn liegt 30 km von der Kanzlei entfernt, das LG Koblenz 120 km, die Entfernung zwischen dem LG Bonn und dem LG Koblenz beträgt 100 km.

Es ergibt sich folgende Berechnung:

(1) Abrechenbare Gesamtreisekosten

Reisekosten, Nr. 7003 VV ([30 + 100 + 120 km] × 0,30 €/km)	75,00 €
Abwesenheitspauschale 4 bis 8 Stunden, Nr. 7005 Nr. 2 VV	40,00 €
Gesamt	115,00 €

(2) Fiktive Einzelreisekosten
Mandant A:

Fahrtkosten, Nr. 7003 VV (2 × 30 km × 0,30 €/km)	18,00 €
Abwesenheitspauschale bis 4 Stunden, Nr. 7005 Nr. 1 VV	25,00 €
Gesamt	43,00 €

Mandant B:

Fahrtkosten, Nr. 7003 VV (2 × 120 km × 0,30 €/km)	72,00 €
Abwesenheitspauschale 4 bis 8 Stunden, Nr. 7005 Nr. 2 VV	40,00 €
Gesamt	112,00 €

(3) Summe der fiktiven Einzelreisekosten

43,00 € + 112,00 € =	155,00 €

(4) Anteilige Kosten

Mandant A hat zu zahlen: 43,00 € × 115,00 €/155,00 € =	31,90 €
Mandant B hat zu zahlen: 112,00 € × 115,00 €/155,00 € =	83,10 €
Gesamt	115,00 €

10 **4. Kanzleiverlegung (Vorbem. 7 Abs. 3 S. 2 VV).** Ein Rechtsanwalt, der seine Kanzlei an einen anderen Ort verlegt, kann bei Fortführung eines ihm zuvor erteilten Auftrags Auslagen nach Nr. 7003–7006 VV nur insoweit verlangen, als sie auch von seiner bisherigen Kanzlei aus entstanden wären (Vorbem. 7 Abs. 3 S. 2 VV).

11 **Beispiel:** Verlegt der Rechtsanwalt nach Aufnahme des Mandats seinen Kanzleisitz von Bonn nach Köln, kann er für die Anreise von Köln zum LG Bonn keine Auslagen nach Nr. 7003–7006 VV geltend machen. Zwar überschreitet der Rechtsanwalt bei der Reise nach Bonn die Bonner Gemeindegrenze. Indes kann er die dafür entstehenden Auslagen gem. Vorbem. 7 Abs. 3 S. 2 VV nicht geltend machen, da von seinem ursprünglichen Kanzleisitz keine Geschäftsreise vorgelegen hätte.

12 Umgekehrt gilt dies nicht: Hat Rechtsanwalt aus einem Altmandat aus Bonn einen Termin beim LG Köln wahrzunehmen, handelt es sich nicht deshalb um eine Geschäftsreise, weil es von Bonn aus eine solche gewesen wäre.

13 Nach *Schneider*[8] und *Hartmann*[9] ist nicht auf jede einzelne Reise abzustellen, sondern eine Gesamtbetrachtung vorzunehmen. Die Summe aller tatsächlichen Reisekosten dürfe die Summe der fiktiven Reisekosten nicht übersteigen, die bei Beibehaltung des alten Kanzleisitzes entstanden wären.

Beispiel:[10] Nach Erhalt des Prozessauftrags verlegt der Rechtsanwalt seine Kanzlei von Leverkusen nach Köln. Vor dem LG Köln nimmt er an der mündlichen Verhandlung teil und anschließend in Leverkusen an einem auswärtigen Ortstermin. Reisekosten zum Termin vor dem LG Köln sind nicht angefallen, da keine Geschäftsreise vorliegt. Die Fahrtkosten zum auswärtigen Termin nach Leverkusen wiederum wären nicht entstanden, wenn der Anwalt die Kanzlei nicht verlegt hätte. Betrachtet man also jeden Termin für sich, könnte der Anwalt für keinen Termin Reisekosten verlangen. Würde man eine Gesamtschau vornehmen, würde sich Folgendes ergeben: Hätte der Rechtsanwalt seine Kanzlei in Leverkusen beibehalten, so wären Reisekosten für den Termin in Köln entstanden. Da er diese Kosten

---

6 OLG Koblenz 27.4.2015 – 7 WF 407/15, juris. 7 Beispiel nach *N. Schneider*, NJW-Spezial 2009, 315. 8 AnwK-RVG/ *N. Schneider*, Vorbem. 7 VV Rn 54. 9 *Hartmann*, KostG, Nr. 7003–7006 VV RVG Rn 5. 10 Beispiel nach AnwK-RVG/ *N. Schneider*, Vorbem. 7 VV Rn 54.

durch seine Kanzleiverlegung erspart hat, sind nach *Schneider* die anderweitig entstandenen Reisekosten daher in der ersparten Höhe vom Mandanten zu vergüten.

Diese Ansicht ist jedoch abzulehnen. Eine Vergleichsbetrachtung sieht das Gesetz nicht vor. Vielmehr sind nach der Regelung für eine *tatsächliche Geschäftsreise* Auslagen nur insoweit zu erstatten, als die Erstattung nicht darauf zurückgeht, dass der Rechtsanwalt seine Kanzlei verlegt hat.

II. Fahrtkosten (Nr. 7003, 7004 VV)

1. Benutzung des eigenen Kraftfahrzeugs (Nr. 7003 VV). Der Rechtsanwalt darf bis zur Missbrauchsgrenze   **14** sein Kraftfahrzeug benutzen. Kraftfahrzeug iSv § 1 Abs. 2 StVG ist auch ein Motorrad, ein Moped oder ein Mofa, nicht jedoch ein Fahrrad ohne Hilfsmotor. Der Erstattungspflichtige kann nicht einwenden, dass die Benutzung öffentlicher Verkehrsmittel preisgünstiger gewesen wäre.[11] Denn im Gegensatz zu Nr. 7004 VV sieht Nr. 7003 VV die Benutzung des **eigenen Kraftfahrzeugs** des Rechtsanwalts vor, ohne dass es darauf ankommt, ob sie angemessen ist. Aus dieser Gesetzessystematik folgt, dass nur bei der Benutzung anderer Verkehrsmittel, nicht aber bei der Benutzung des eigenen Kraftfahrzeugs des Rechtsanwalts, eine **Wirtschaftlichkeitsprüfung** vorzunehmen ist.

Bei Benutzung des eigenen Kraftfahrzeugs erhält der Rechtsanwalt nach Nr. 7003 VV eine **Pauschale von**   **15** **0,30 € je gefahrenen Kilometer**. Diese Pauschale gilt die Anschaffungs-, Unterhaltungs- und Betriebskosten sowie die Abnutzung des Kraftfahrzeugs ab (Anm. zu Nr. 7003 VV).

Der Rechtsanwalt muss **Eigentümer oder Halter** (zB Leasingnehmer) sein (Nr. 7003 VV: „Benutzung eines   **16** *eigenen* Kraftfahrzeugs"). Benutzt der Rechtsanwalt ein fremdes Kraftfahrzeug (zB Mietwagen), kann er nicht die Pauschale, sondern nur Erstattung der dafür tatsächlich aufgewendeten Kosten nach Nr. 7004 VV verlangen.

Das Kilometergeld erhält der Rechtsanwalt für sämtliche gefahrenen Kilometer, also für den Hin- und   **17** Rückweg. Entscheidend ist die **tatsächliche gefahrene Wegstrecke** und nicht die (nach dem Routenplaner) kürzeste Wegstrecke. Der Rechtsanwalt ist zwar gehalten, die Fahrtkosten gering zu halten. Er kann aber einen zweckmäßigen verkehrsüblichen Weg nehmen und Stau- und sonstige Problemstellen umfahren oder zur Zeitersparnis die Autobahn benutzen.[12]

Neben der Kilometerpauschale können Auslagen für die Benutzung bestimmter Straßen (**Autobahnvignette,**   **18** **Mautgebühren**) oder für das Abstellen des Fahrzeugs („**Parkgebühren**") verlangt werden (s. Nr. 7006 VV).

2. Benutzung anderer Verkehrsmittel (Nr. 7004 VV). a) Tatsächlich entstandene Fahrtkosten. Benutzt der   **19** Rechtsanwalt andere Verkehrsmittel, kann er (nur) die tatsächlich entstandenen Auslagen verlangen. Sind ihm keine Auslagen entstanden, kann er solche nicht fiktiv geltend machen.

Beispiel: Wird dem Rechtsanwalt von einem Bekannten dessen Kraftfahrzeug unentgeltlich überlassen (inkl. Ben-   **20** zin), kann er für die Geschäftsreise keine Fahrtkosten abrechnen, auch wenn der Bekannte nicht den Erstattungspflichtigen entlasten wollte, sondern der Vorteil dem Rechtsanwalt zugutekommen sollte.

b) Angemessenheit. aa) Allgemeines. Ein Anspruch auf Fahrtkostenersatz besteht nur, soweit die tatsäch-   **21** lich entstandenen Auslagen angemessen waren. Bei der Prüfung der Angemessenheit ist eine **Gesamtschau** vorzunehmen, bei der neben der Höhe der Auslagen Raum auch für die Interessenlage des Rechtsanwalts und die Bedeutung der Sache ist.

bb) Taxifahrten. Die Benutzung eines Taxis ist bei kurzen Strecken angemessen. Insbesondere für die An-   **22** oder Abreise vom oder zum Bahnhof oder Flughafen kann der Rechtsanwalt die Taxikosten erstattet verlangen. Bei längeren Strecken (Faustregel: ab mehr als 50 km) muss er öffentliche Verkehrsmittel nutzen, sofern diese günstiger sind.[13] Anders kann es bei fehlenden Alternativen liegen (etwa Bahnstreik). Ob auch ein angemessenes Trinkgeld zu erstatten ist, ist zweifelhaft.[14]

cc) Bahnreisen. Bei Reisen mit der Deutschen Bahn darf der Rechtsanwalt die **1. Klasse** benutzen.[15] Für   **23** Zeugen und Sachverständige ist dies in § 5 Abs. 1 JVEG geregelt. Das muss für den Rechtsanwalt erst recht gelten. Dies gilt auch für Kurzstrecken,[16] bei denen die verkehrenden Züge oft überlastet sind und keine Gewähr bieten, dass ein Sitzplatz frei ist. Zu den Auslagen zählen auch reguläre **Zuschläge**, etwa für die Benutzung eines ICE, und Kosten für eine oder sogar mehrere **Sitzplatzreservierung**/en[17] sowie die **Beförderung des Gepäcks**. Zuschläge für das **Nachlösen im Zug** sind hingegen nur erstattungsfähig, wenn der Rechtsanwalt ohne eigenes Verschulden nicht in der Lage war, rechtzeitig eine Karte zu lösen.

---

11 OLG Köln AGS 2009, 27; OLG Bamberg JurBüro 1981, 1350. **12** OLG Naumburg RVGreport 2009, 110; LG Rostock StraFo 2009, 439. **13** OLG Köln AGS 2009, 27. **14** Dafür: *Hartmann*, KostG, Nr. 7003–7006 VV RVG Rn 25. **15** OLG Köln Rpfleger 2010, 546; OLG Stuttgart Rpfleger 2010, 548; OLG Celle RVGreport 2009, 193; *Hansens*, RVGreport 2015, 247. **16** AA OLG Frankfurt NJW 1971, 160. **17** Es kann durchaus angemessen sein, dass der Rechtsanwalt sich bei einer unbekannten Rückreisezeit in mehreren Zügen einen Sitzplatz reservieren lässt.

24 Die Kosten einer **Bahncard** stehen dem Rechtsanwalt (auch nicht anteilig) zu, weil sie zu den allgemeinen Geschäftskosten zählen.[18] Die Gegenansicht[19] ist abzulehnen. Da gem. Nr. 7004 VV nur tatsächlich entstandene Kosten abgerechnet werden können, müssten nach Ablauf der Gültigkeit der Bahncard deren Kosten aufwändig auf die einzelnen Mandate aufgeteilt werden. Erforderlich wären Nachliquidationen und Nachfestsetzungen.[20] Der Gesetzgeber hat derartige Kosten mit gutem Grund als allgemeine Geschäftskosten von der Erstattung ausgenommen (Vorbem. 7 Abs. 1 VV).

25 In der Regel nicht angemessen und daher nicht zu erstatten sind Gebühren, die durch eine **Buchung über ein Reisebüro** zusätzlich anfallen, weil idR eine kostenlose Buchung über das Internet oder der Kauf am Schalter möglich ist.

26 **Fahrpreiserstattungen/-ermäßigungen wegen Verspätungen** kommen allein dem Rechtsanwalt zugute, weil es sich der Sache nach um Entschädigungen für die Unannehmlichkeiten handelt und nicht um einen Preisnachlass.

27 **dd) Flugreisen.** Ein Erstattungsanspruch besteht regelmäßig nur in Höhe der Kosten in der **Economy-Class**,[21] da die Benutzung der **Business-Class** zu erheblichen Mehrkosten führt. Genutzt werden darf ein regulärer Linienflug. Zur Buchung von Billigflügen ist der Rechtsanwalt nicht verpflichtet, da die Kontingente beschränkt sind und ihre Verfügbarkeit einer kurzfristigen Terminplanung entgegensteht.[22] Da stets mit einer auch kurzfristigen Verlegung eines Gerichtstermins gerechnet werden muss, darf zudem ein Flugpreistarif in der Economy Class gewählt werden, der die Möglichkeit zur kurzfristigen Umbuchung des Flugs gewährleistet.[23]

28 Bei Flugreisen ist bei der Prüfung der **Angemessenheit** ein Preisvergleich mit der Benutzung eines eigenen Kraftfahrzeugs und einer Bahnreise 1. Klasse vorzunehmen. Sind die Kosten für die Flugreise höher, ist in die Angemessenheitsprüfung mit einzubeziehen, ob durch die Benutzung des Flugzeugs Übernachtungskosten erspart werden.[24] Daneben ist von Bedeutung, welche Zeitersparnis die Flugreise gegenüber den anderen Reisemöglichkeiten erbringt oder ob sonstige Vorteile bestehen, etwa der mit mehreren Aktenkoffern reisende Rechtsanwalt mehrmals den Zug wechseln müsste.[25] Ferner ist auch auf das Verhältnis der Mehrkosten einer Flugreise zum Hauptsachewert abzustellen.[26]

29 War die Anreise per Flugzeug unangemessen und hätte ein anderes Verkehrsmittel (Kraftfahrzeug oder Bahn) benutzt werden müssen, sind die fiktiven Kosten für eine Anreise mit der Bahn 1. Klasse nur zu ersetzen, wenn diese geringer sind als die Fahrtkosten mit dem eigenen Kraftfahrzeug. Ansonsten erhält der Rechtsanwalt nur die Kosten für die Benutzung des eigenen Kraftfahrzeugs ersetzt. Denn die Kosten für eine Bahnreise 1. Klasse bleiben bei einer Flugreise rein hypothetisch.[27]

III. Tage- und Abwesenheitsgeld (Nr. 7005 VV)

30 Neben den Fahrtkosten kann der Rechtsanwalt bei einer Geschäftsreise ein pauschales Tage- und Abwesenheitsgeld beanspruchen, welches die Mehrkosten während der Reise (zB für Mittagessen) und den Nachteil der Kanzleiabwesenheit ausgleichen soll. Der Pauschalbetrag richtet sich nach der Dauer der Geschäftsreise.

31

Abwesenheit Inland	Pauschale
– bis zu 4 Stunden	25,00 €
– mehr als 4 bis 8 Stunden	40,00 €
– mehr als 8 Stunden	70,00 €

32 Bei Geschäftsreisen ins **Ausland** kann der Rechtsanwalt einen jeweils um 50 % erhöhten Pauschalbetrag in Ansatz bringen (Anm. zu Nr. 7005 VV).

33 Die **Reisedauer** errechnet sich vom Verlassen der Kanzlei (oder alternativ des Wohnorts, wenn die Reise dort beginnt) bis zur Rückkehr dorthin. Bei mehrtägigen Geschäftsreisen ist das Tage- und Abwesenheits-

---

18 OVG Münster NJW 2006, 1897, 1898; OLG Celle MDR 2004, 1445; OLG Karlsruhe OLGR 2000, 186. **19** OLG Frankfurt NJW 2006, 2337 f. **20** Vgl *Mümmler*, JurBüro 1993, 336. **21** OLG Brandenburg NJW-RR 2014, 828; OLG Zweibrücken BeckRS 2014, 1668; OLG Celle MDR 2013, 1119, 1120; OLG Hamburg NJOZ 2011, 804; OLG Stuttgart MDR 2010, 898; OLG Düsseldorf NJW-RR 2009, 1422; OLG Frankfurt 27.7.2009 – 6 W 63/09, juris; aA OLG Hamburg Rpfleger 2008, 445, weil nur in der Business-Klasse ein vom Nachbarn nicht einsehbares Arbeiten möglich sei. Angesichts der hohen Mehrkosten und der idR geringen Flugdauer ist dies jedoch keine ausreichende Begründung. AA auch *Hartmann*, KostG, Nr. 7003–7006 VV RVG Rn 25 bei Langstrecken. **22** OLG Düsseldorf Rpfleger 2009, 279; OLG Stuttgart Rpfleger 2010, 548. **23** BGH Rpfleger 2015, 425. **24** OLG Koblenz JurBüro 2013, 145; LG Freiburg AGS 2004, 106. **25** OLG Koblenz JurBüro 2013, 145. **26** BGH 6.11.2014 – I ZB 38/14, juris. **27** AA *Enders*, JurBüro 2012, 225, 227; AnwK-RVG/N. *Schneider*, Nr. 7003–7006 VV Rn 44.

geld für **jeden Kalendertag gesondert** zu berechnen; 0.00 Uhr bildet die Zäsur. Für den zweiten Tag der Reise steht dem Anwalt das Tage- und Abwesenheitsgeld (erneut) ab Mitternacht zu.[28]

Beispiel: Die Geschäftsreise dauert vom 22.9., 20 Uhr, bis zum 23.9., 17 Uhr. Der Rechtsanwalt erhält zwei Abwesenheitspauschalen: für den 22.9. für 4 Stunden 25 € und für den 23.9. für 17 Stunden 70 €.   34

IV. Sonstige Auslagen anlässlich einer Geschäftsreise (Nr. 7006 VV)

1. Angemessene sonstige Auslagen. Der Rechtsanwalt hat Anspruch auf Ersatz von sonstigen Auslagen anlässlich einer Geschäftsreise, soweit sie angemessen sind.   35

2. Benutzung des eigenen Kraftfahrzeugs. Der Rechtsanwalt kann bei einer Geschäftsreise (nicht aber bei einer Anreise zu einem Gerichtstermin am Wohnort oder Sitz der Kanzlei, → Rn 3 ff) insb. die **Parkgebühren** ersetzt verlangen. Unter Nr. 7006 VV fallen zudem **Straßenbenutzungsgebühren** (zB die 24-Stunden-Korridorvignette in Österreich) oder **Fährkosten**.   36

3. Übernachtung am Terminsort. Auch die Kosten für eine Übernachtung (ohne Verpflegungskosten) anlässlich einer Geschäftsreise kann er abrechnen. Es bedarf einer Überprüfung auf zwei Stufen: 37

■ Stufe 1: War die Übernachtung erforderlich?
■ Stufe 2: Waren die Übernachtungskosten angemessen?

Erforderlich ist eine Übernachtung, wenn die Anreise zum Geschäftstermin oder die Rückreise von ihm am gleichen Kalendertag nicht zumutbar ist. Als Faustregel gilt: Müsste der Rechtsanwalt die Anreise morgens vor 6.00 Uhr antreten (mithin das Haus verlassen[29]) oder würde er erst abends nach 21.00 Uhr wieder eintreffen, ist ihm dies regelmäßig nicht zumutbar, weil ein Rechtsanwalt nicht zur Nachtzeit (vgl § 758 a Abs. 4 ZPO) reisen muss.[30]   38

Grundsätzlich ist eine Übernachtung in einem **3-Sterne-Hotel angemessen**, weil nur in dieser Kategorie nach dem 2010 entwickelten Kriterienkatalog ausreichende Kommunikationsmöglichkeiten im Hotelzimmer bestehen. Abweichungen nach oben wie nach unten können sich einerseits aus der Verfügbarkeit von Übernachtungsmöglichkeiten (zB Messezeiten), andererseits aber aufgrund der Bedeutung der Sache und der wirtschaftlichen Verhältnissen des Auftraggebers ergeben. In Frankfurt ist – außerhalb von Messezeiten – der Preis für eine Übernachtung bis 170 €[31] und in Köln bis 150 €[32] angemessen. In Koblenz sollen die Kosten auf 80 € beschränkt sein,[33] in den Großstädten des OLG-Bezirks Karlsruhe im Jahre 2003 max. auf 75 €.[34] Hat der Rechtsanwalt ein Doppelzimmer gebucht und hat eine weitere Person dort überachtet, sind nicht die fiktiven Kosten eines Einzelzimmers zu erstatten, weil dies eine nicht gerechtfertigte Bevorteilung der mit übernachtenden Person bedeuten würde. Vielmehr sind die hälftigen Kosten für das Doppelzimmer zu erstatten.[35]   39

Wird eine **Übernachtung mit Frühstück** in Anspruch genommen, ist der auf das Frühstück entfallende Anteil in Abzug zu bringen.[36] Mahlzeiten gehören nicht zu den notwendigen Reisekosten, weil die Aufnahme von Mahlzeiten auch ohne die Reise notwendig gewesen wäre. Etwaige Mehrkosten durch die auswärtige anstatt häusliche Verpflegung werden durch das Tage- und Abwesenheitsgeld abgegolten. Sind die Kosten für das Frühstück in der Hotelrechnung nicht gesondert ausgewiesen, können sie gem. § 287 ZPO mit 10 % der Übernachtungskosten geschätzt werden.[37]   40

Übernachtungskosten werden nur erstattet, wenn sie auch **tatsächlich entstanden** sind. Eine Übernachtung ohne Kosten (zB bei Freunden) verursacht keine ansetzbaren Kosten.[38]   41

V. Erstattung der Terminreisekosten durch den Gegner

1. Allgemeines. In Fällen, in denen der Rechtsanwalt zum Verhandlungstermin von außerhalb anreist, entsteht häufig Streit, ob die Reisekosten gegen den unterlegenen Gegner festgesetzt werden können oder die Partei einen Rechtsanwalt am Gerichtsort hätte beauftragen müssen. Nach § 91 Abs. 2 S. 1 ZPO sind Reisekosten eines Rechtsanwalts, der nicht im Bezirk des Prozessgerichts niedergelassen ist und auch nicht am Ort des Prozessgerichts wohnt, nur zu erstatten, soweit seine Zuziehung notwendig war. Zu unterscheiden sind: 42

2. Rechtsstreit vor einem auswärtigen Gericht. Eine Partei, die vor einem auswärtigen Gericht klagt oder verklagt wird, kann sich idR eines Rechtsanwalts an ihrem Wohn- oder Geschäftssitz bedienen und dessen Reisekosten erstattet verlangen.[39] Ausnahmen: Die Partei unterhält eine eigene Rechtsabteilung und es handelt-   43

---

28 OLG Düsseldorf JurBüro 1993, 674.   29 Es ist dem Rechtsanwalt daher zuzumuten, ggf bereits um 5 Uhr aufzustehen. 30 Vgl BVerwG RVGreport 2015, 143; OLG Jena RVGreport 2015, 146; OLG Nürnberg 13.12.2012 – 12 W 2180/12, juris; OLG Hamburg AGS 2011, 463; OLG Celle RVGreport 2009, 192; OLG Karlsruhe NJW-RR 2003, 1654; aA OLG Karlsruhe AGS 2012, 50 (5.00 bis 22 Uhr). 31 OLG Frankfurt AGS 2008, 409. 32 OLG Köln Rpfleger 2010, 549. 33 OLG Koblenz JurBüro 2011, 647. 34 OLG Karlsruhe NJW-RR 2003, 1654. 35 OLG Saarbrücken zfs 2014, 169. 36 OLG Saarbrücken zfs 2014, 169; OLG Düsseldorf 28.5.2012 – I-10 W 5/12, juris. 37 OLG Düsseldorf 28.5.2012 – I-10 W 5/12, juris. 38 OLG Hamm JurBüro 1981, 1681. 39 BGH NJW 2006, 3008; BGH NJW-RR 2004, 430; BGH NJW 2003, 898.

delt sich um einen Routinefall, so dass es ausreicht, den Rechtsanwalt am Gerichtsort schriftlich zu instruieren,[40] oder es ist bereits bei Prozessbeginn absehbar, dass die Kosten der Beauftragung eines Terminsvertreters geringer sind als die Reisekosten.[41]

44 **3. Rechtsstreit am Wohnort der Partei.** Klagt die Partei am eigenen Wohnort oder wird sie dort verklagt, kann sie für die Reisekosten eines auswärtigen Rechtsanwalts, der nicht im Gerichtsbezirk ansässig ist, keine Erstattung verlangen. Dies gilt auch, wenn es sich um den „Rechtsanwalt des Vertrauens" handelt oder er bereits vorprozessual für die Partei tätig war, es sei denn, durch die dann mögliche Anrechnung der Geschäftsgebühr werden Kosten erspart, die höher sind als die Reisekosten des Rechtsanwalts. Ausnahmen: Es handelt sich bei dem auswärtigen Rechtsanwalt um einen Spezialisten in einem entlegenen Rechtsgebiet, der vor Ort nicht zu finden ist.[42]

45 **4. Rechtsstreit an einem dritten Ort.** Wird ein Rechtsanwalt beauftragt, der weder am Wohnort der Partei noch am Gerichtsort ansässig ist, sind die Reisekosten des Rechtsanwalts grds. nur insoweit zu erstatten, als sie auch bei Beauftragung eines Rechtsanwalts am Wohnort der Partei oder am Gerichtsort entstanden wären.[43] Zu erstatten sind auch nicht die Reisekosten, die bei Beauftragung eines im Gerichts*bezirk* niedergelassenen Rechtsanwalts *maximal* angefallen wären, also berechnet nach der höchstmögliche Entfernung innerhalb des Gerichtsbezirks.[44] Denn die Beauftragung eines Rechtsanwalts innerhalb des Gerichtsbezirks ist rein fiktiv. Es kann daher nicht ausgeschlossen werden, dass die Partei einen Rechtsanwalt beauftragt hätte, welcher in der Gemeinde seine Kanzlei hat, in der sich auch das Gericht befindet, so dass Reisekosten nicht angefallen wären.[45]

Nr.	Auslagentatbestand	Höhe
7007	Im Einzelfall gezahlte Prämie für eine Haftpflichtversicherung für Vermögensschäden, soweit die Prämie auf Haftungsbeträge von mehr als 30 Mio. € entfällt .... Soweit sich aus der Rechnung des Versicherers nichts anderes ergibt, ist von der Gesamtprämie der Betrag zu erstatten, der sich aus dem Verhältnis der 30 Mio. € übersteigenden Versicherungssumme zu der Gesamtversicherungssumme ergibt.	in voller Höhe

1 Die Beiträge zur Vermögenshaftpflichtversicherung des Rechtsanwalts sind nicht erstattungsfähige allgemeine Geschäftskosten gem. Vorbem. 7 Abs. 1 S. 1 VV. Schließt der Rechtsanwalt für **ein Einzelmandat** eine über die Haftungssumme von 30 Mio. € hinausgehende Vermögenshaftpflichtversicherung ab, kann er die dafür anfallende (besondere) Versicherungsprämie gesondert erstattet verlangen.

2 Wird die Prämie für diese sog. **Anschlussversicherung** vom Versicherer gesondert ausgewiesen, ergibt sich daraus zugleich der Erstattungsbetrag. Andernfalls ist gem. Anm. zu Nr. 7007 VV von der Gesamtprämie der Betrag zu erstatten, der sich aus dem Verhältnis der 30 Mio. € übersteigenden Versicherungssumme zu der Gesamtversicherungssumme ergibt.

Nr.	Auslagentatbestand	Höhe
7008	Umsatzsteuer auf die Vergütung .... Dies gilt nicht, wenn die Umsatzsteuer nach § 19 Abs. 1 UStG unerhoben bleibt.	in voller Höhe

1 Außer in den Fällen, in denen ein Rechtsanwalt als Kleinunternehmer von der Umsatzsteuerpflicht nach § 19 Abs. 1 UStG befreit ist (**Anm.**), unterliegt der Rechtsanwalt der Umsatzsteuerpflicht (§ 1 Abs. 1 UStG). Etwas anderes kann in Fällen mit Auslandsberührung gelten (§ 3 a Abs. 3 UStG).

2 Der Umsatzsteuerpflicht unterliegen neben den Gebühren auch die Auslagen, wozu auch die Aktenversendungspauschale (Nr. 9003 KV GKG) zählt.[1] Ist der Rechtsanwalt zum Vorsteuerabzug berechtigt, hat er den Vorsteuerabzug geltend zu machen, weil er andernfalls nicht notwendige Kosten für seinen Auftragge-

---

40 BGH NJW-RR 2004, 856; OLG Stuttgart AGS 2003, 277; OLG Koblenz AGS 2003, 327. **41** Vgl BGH JurBüro 2008, 258. **42** OLG Frankfurt OLGR Frankfurt 2004, 222 (Milchquotenrecht und Sonderrecht des Beitrittsgebiets). **43** So aber OLG Schleswig 24.7.2015 – 9 W 26/15, juris; OLG Stuttgart 20.5.2011 – 8 W 180/11, juris; LG Düsseldorf NJW 2015, 498 m. Anm. *Schons*. **44** So aber die hM, etwa: OLG Schleswig 24.7.2015 – 9 W 26/15, juris. **45** So iE auch OLG Celle 22.6.2015 – 2 W 150/15, juris. **1** BGH Rpfleger 2011, 563.

ber verursacht. Er kann dann nur die Nettobeträge als Auslagen ansetzen. (Erst) anschließend kann er dann die für den Gesamtbetrag der Gebühren und Auslagen anfallende Umsatzsteuer nach Nr. 7008 VV aufschlagen.[2] Da die Umsatzsteuer auf die Gesamtvergütung aufgeschlagen wird, ist im Ergebnis auch für solche Auslagen Umsatzsteuer von 19 % zu berechnen, die isoliert dem ermäßigten Steuersatz von 7 % unterliegen und bei dem der Rechtsanwalt nur in dieser Höhe einen Vorsteuerabzug geltend machen kann.[3]

Beispiel: Der Rechtsanwalt ist zu einem Gerichtstermin mit der Bahn angereist. Vom Hauptbahnhof zum Gericht hat er ein Taxi benutzt und für die Taxifahrt 20 € gezahlt. Da hier der ermäßigte Steuersatz von 7 % zur Anwendung kommt, hat der Rechtsanwalt 1,31 € Umsatzsteuer für die Fahrt gezahlt, die er im Wege des Vorsteuerabzugs geltend machen kann. Er kann daher die Auslagen für die Taxifahrt nur mit (netto) 18,69 € ansetzten. Da auf die Gesamtvergütung (also Gebühren und Auslagen) 19 % Umsatzsteuer zu zahlen ist, hat er im Ergebnis einen Anspruch iHv 18,69 € + 19 % USt (3,55 €) = 22,24 € für die Taxifahrt.   **3**

Nicht der Umsatzsteuer unterworfen sind sog. **durchlaufende Posten**, also Beträge, die seitens des Rechtsanwalts für den Mandanten verausgabt (zB Gerichtskostenvorschuss) oder vereinnahmt (zB Fremdgeld) werden.   **4**

Anlage 2
(zu § 13 Absatz 1 Satz 3)

Gegenstandswert bis … €	Gebühr … €	Gegenstandswert bis … €	Gebühr … €
500	45,00	50 000	1 163,00
1 000	80,00	65 000	1 248,00
1 500	115,00	80 000	1 333,00
2 000	150,00	95 000	1 418,00
3 000	201,00	110 000	1 503,00
4 000	252,00	125 000	1 588,00
5 000	303,00	140 000	1 673,00
6 000	354,00	155 000	1 758,00
7 000	405,00	170 000	1 843,00
8 000	456,00	185 000	1 928,00
9 000	507,00	200 000	2 013,00
10 000	558,00	230 000	2 133,00
13 000	604,00	260 000	2 253,00
16 000	650,00	290 000	2 373,00
19 000	696,00	320 000	2 493,00
22 000	742,00	350 000	2 613,00
25 000	788,00	380 000	2 733,00
30 000	863,00	410 000	2 853,00
35 000	938,00	440 000	2 973,00
40 000	1 013,00	470 000	3 093,00
45 000	1 088,00	500 000	3 213,00

2 BGH zfs 2012, 463. **3** KG RVGreport 2014, 73 m. zust. Anm. *Burhoff*; so auch *Enders*, JurBüro 2012, 225, 228.

Teil 2: Justizkosten

Gesetz über Kosten in Angelegenheiten der Justizverwaltung (Justizverwaltungskostengesetz – JVKostG)

Vom 23. Juli 2013 (BGBl. I 2586, 2655)[1]

zuletzt geändert durch Art. 123 Abs. 4 des Zweiten Gesetzes über die weitere Bereinigung von Bundesrecht
vom 8. Juli 2016 (BGBl. I 1594, 1608)

Abschnitt 1
Allgemeine Vorschriften

§ 1 Geltungsbereich

(1) Dieses Gesetz gilt für die Erhebung von Kosten (Gebühren und Auslagen) durch die Justizbehörden des Bundes in Justizverwaltungsangelegenheiten, soweit nichts anderes bestimmt ist.

(2) [1]Dieses Gesetz gilt für die Justizbehörden der Länder in folgenden Justizverwaltungsangelegenheiten:

1. Befreiung von der Beibringung des Ehefähigkeitszeugnisses (§ 1309 Absatz 2 des Bürgerlichen Gesetzbuchs),
2. Anerkennung ausländischer Entscheidungen in Ehesachen (§ 107 des Gesetzes über das Verfahren in Familiensachen und in den Angelegenheiten der freiwilligen Gerichtsbarkeit),
3. Registrierung nach dem Rechtsdienstleistungsgesetz,
4. automatisiertes Abrufverfahren in Handels-, Partnerschafts-, Genossenschafts- und Vereinsregisterangelegenheiten,
5. automatisiertes Abrufverfahren in Grundbuchangelegenheiten, in Angelegenheiten der Schiffsregister, des Schiffsbauregisters und des Registers für Pfandrechte an Luftfahrzeugen,
5a. Einstellung von Schutzschriften in das Schutzschriftenregister,
6. Rechtshilfeverkehr mit dem Ausland in zivilrechtlichen Angelegenheiten sowie
7. besondere Mahnung nach § 5 Absatz 2 der Justizbeitreibungsordnung.

[2]Im Fall des Satzes 1 Nummer 7 steht eine andere Behörde, die nach § 2 Absatz 1 Satz 2 und 3 der Justizbeitreibungsordnung an die Stelle der Gerichtskasse tritt, einer Justizbehörde gleich.

(3) Dieses Gesetz gilt ferner für den Rechtshilfeverkehr in strafrechtlichen Angelegenheiten mit dem Ausland, mit einem internationalen Strafgerichtshof und mit anderen zwischen- und überstaatlichen Einrichtungen einschließlich der gerichtlichen Verfahren.

(4) Die Vorschriften dieses Gesetzes über das gerichtliche Verfahren sind auch dann anzuwenden, wenn in Justizverwaltungsangelegenheiten der Länder die Kosten nach landesrechtlichen Vorschriften erhoben werden.

I. Bundesjustizbehörden (Abs. 1)

Das JVKostG gilt für Justizverwaltungsangelegenheiten, die durch Justizbehörden des Bundes bearbeitet werden (Abs. 1), soweit nicht etwas anderes bestimmt ist. Abweichende Bestimmungen bestehen etwa für das Deutsche Patent- und Markenamt sowie das Bundespatentgericht, bei denen die Kosten nach dem Gesetz über die Kosten des Deutschen Patent- und Markenamts und des Bundespatentgerichts (PatKostG) erhoben werden.   1

II. Landesjustizbehörden (Abs. 2–4)

1. Unmittelbare Anwendung des JVKostG. Für Justizverwaltungsangelegenheiten, die durch die Justizbehörde eines Landes bearbeitet werden, gilt das JVKostG nur dann unmittelbar, wenn es sich um eine in Abs. 2, 3 genannte Justizverwaltungsangelegenheit handelt. Danach gilt das JVKostG auch für: 2

- die Befreiung von der Beibringung des Ehefähigkeitszeugnisses (§ 1309 Abs. 2 BGB) (Abs. 2 S. 1 Nr. 1);
- die Anerkennung ausländischer Entscheidungen in Ehesachen (§ 107 FamFG) (Abs. 2 S. 1 Nr. 2);
- die Registrierung nach dem Rechtsdienstleistungsgesetz (Abs. 2 S. 1 Nr. 3);

---

[1] Verkündet als Art. 2 des 2. Kostenrechtsmodernisierungsgesetzes (2. KostRMoG) v. 23.7.2013 (BGBl. I 2586, 2655).

- das automatisierte Abrufverfahren in Handels-, Partnerschafts-, Genossenschafts- und Vereinsregister-angelegenheiten (Abs. 2 S. 1 Nr. 4);
- das automatisierte Abrufverfahren in Grundbuchangelegenheiten, in Angelegenheiten der Schiffsregister, des Schiffsbauregisters und des Registers für Pfandrechte an Luftfahrzeugen (Abs. 2 S. 1 Nr. 5);
- die Einstellung von Schutzschriften in das Schutzschriftenregister (Abs. 2 S. 1 Nr. 5 a);
- den Rechtshilfeverkehr mit dem Ausland in zivilrechtlichen Angelegenheiten (Abs. 2 S. 1 Nr. 6) sowie
- die besondere Mahnung nach § 5 Abs. 2 JBeitrO (Abs. 2 S. 1 Nr. 7);
- den Rechtshilfeverkehr in strafrechtlichen Angelegenheiten mit dem Ausland, mit einem internationalen Strafgerichtshof und mit anderen zwischen- und überstaatlichen Einrichtungen einschließlich der gerichtlichen Verfahren (Abs. 3).

3   **2. Anwendung des JVKostG aufgrund Verweisung.** Im Übrigen kann das JVKostG nicht unmittelbar angewendet werden, wenn die Kosten von einer Landesjustizbehörde zu erheben sind. Die Länder haben jedoch durch Landesregelungen bestimmt (→ Rn 6), dass das JVKostG auch auf Justizverwaltungsangelegenheiten der Landesjustizbehörden anzuwenden ist, auch wenn es sich um eine nicht in Abs. 2, 3 genannte Justizverwaltungssache handelt. Zu beachten ist jedoch, dass durch die Landesregelungen teilweise angeordnet wird, dass bestimmte Regelungen des JVKostG nicht gelten oder entsprechende Landesregelungen ergänzend heranzuziehen sind.

4   Erfasst sind insb. folgende Justizverwaltungsangelegenheiten:

- Hinterlegungssachen (s. dazu ausf. „11. Kosten in Hinterlegungssachen" in diesem Kommentar),
- Entscheidung über den Antrag auf Bewilligung des laufenden Bezugs von Abdrucken und die Erteilung von Abdrucken aus dem Schuldnerverzeichnis (§ 882 g ZPO),
- allgemeine Beeidigung von Sachverständigen, Dolmetschern und Übersetzern,
- Anerkennung als Gütestelle iSd § 794 Abs. 1 Nr. 1 ZPO,
- Feststellungserklärungen nach §§ 1059 a Nr. 2, 1059 e, 1092 Abs. 2, 1098 Abs. 3 BGB,
- bestimmte Angelegenheiten der Notare (zB Bestellung der Notare, Notarvertreter, Notarrevision),
- Prüfungsverfahren (zB Wiederholung von Staatsprüfungen).

5   Die Höhe der zu erhebenden Gebühren ergibt sich im Einzelnen aus den Landesregelungen, zumeist aus den Anlagen zu den Landesjustizkostengesetzen.

6   Im Einzelnen ist die Anwendbarkeit des JVKostG in den Ländern geregelt durch folgende Bestimmungen: **Baden-Württemberg:** § 1 Landesjustizkostengesetz v. 15.1.1993;[1] **Bayern:** Art. 1 Landesjustizkostengesetz v. 19.5.2005;[2] **Berlin:** § 1 Justizverwaltungskostengesetz v. 16.8.1993;[3] **Brandenburg:** § 1 Justizkostengesetz für das Land Brandenburg v. 3.6.1994;[4] **Bremen:** § 1 Bremisches Justizkostengesetz v. 4.8.1992;[5] **Hamburg:** § 1 Landesjustizkostengesetz v. 18.10.1957;[6] **Hessen:** § 1 Hessisches Justizkostengesetz v. 15.5.1958;[7] **Mecklenburg-Vorpommern:** § 1 Landesjustizkostengesetz v. 7.10.1993;[8] **Niedersachsen:** § 111 Niedersächsisches Justizgesetz v. 16.12.2014;[9] **Nordrhein-Westfalen:** § 124 Gesetz über die Justiz im Land Nordrhein-Westfalen v. 26.1.2010;[10] **Rheinland-Pfalz:** § 1 Landesjustizverwaltungskostengesetz v. 7.4.1992;[11] **Saarland:** § 1 Landesjustizkostengesetz v. 30.6.1971;[12] **Sachsen:** § 61 Sächsisches Justizgesetz v. 24.11.2000;[13] **Sachsen-Anhalt:** § 1 Justizkostengesetz des Landes Sachsen-Anhalt v. 23.8.1993;[14] **Schleswig-Holstein:** § 1 Landesjustizverwaltungskostengesetz v. 8.7.1992;[15] **Thüringen:** § 1 Thüringer Justizkostengesetz v. 28.10.2013.[16]

7   **3. Rechtsbehelfe (Abs. 4).** Abs. 4 ordnet zudem an, dass die Vorschrift des § 22 S. 2 über das gerichtliche Verfahren wegen der Einwendungen gegen den Kostenansatz auch dann gelten, wenn in Justizverwaltungsangelegenheiten der Länder die Kosten nach landesrechtlichen Vorschriften erhoben werden.

8   **4. Betreibung.** Die Länder haben für die Beitreibung der in Justizverwaltungsangelegenheiten zu erhebenden Kosten die JBeitrO für anwendbar erklärt.

9   **5. Strafvollstreckung.** Kosten der Strafvollstreckung, die der Verurteilte nach Maßgabe der Kostenentscheidung zu tragen hat (§ 464 a Abs. 1 S. 2 StPO), sind Kosten der Justizverwaltung, so dass nicht das GKG, sondern das JVKostG Anwendung findet.[17] Erfasst sind neben den Haftkosten, deren Einzug sich nach § 50

---

1 GBl. S. 109, ber. GBl. S. 244, zul. geänd. d. G v. 10.2.2015 (GBl. S. 89, 94). **2** GVBl. S. 159, zul. geänd. d. G v. 25.4.2014 (GVBl. S. 166). **3** GVBl. S. 372, zul. geänd. d. G v. 16.4.2014 (GVBl. S. 98). **4** GVBl. I 172, zul. geänd. d. G v. 10.7.2014 (GVBl. I, Nr. 35). **5** BremGBl. S. 247, zul. geänd. d. G v. 4.11.2014 (BremGBl. S. 447). **6** HbgGVBl. 1986, S. 48 (Bek. v. 5.3.1986), zul. geänd. d. G v. 3.9.2014 (HbgGVBl. S. 418). **7** GVBl. S. 60, zul. geänd. d. G v. 25.3.2015 (GVBl. S. 126). **8** GVOBl. M-V. S. 843, zul. geänd. d. G v. 11.11.2015 (GVOBl. M-V, S. 462). **9** Nds GVBl. S. 436, zul. geänd. d. G v. 17.2.2016 (Nds GVBl. S. 37). **10** GVBl. S. 30, zul. geänd. d. G v. 11.5.2015 (GVBl. S. 479). **11** GVBl. S. 99, zul. geänd. d. G v. 3.4.2014 (GVBl. S. 34). **12** ABl. S. 473, zul. geänd. d. G v. 12.2.2014 (ABl. I 146). **13** SächsGVBl. S. 482, zul. geänd. d. G v. 9.7.2014 (SächsGVBl. S. 405). **14** GVBl. LSA S. 449, zul. geänd. d. G v. 5.12.2014 (GVBl. LSA S. 512). **15** GVOBl. S. 439, zul. geänd. d. G v. 15.7.2014 (GVOBl. S. 132). **16** GVBl. S. 295. **17** OLG Koblenz JurBüro 1991, 419.

StVollzG bzw den entsprechenden Landesregelungen (→ FamGKG § 64 Rn 3) richtet, auch die Kosten für die Verfolgung, Ergreifung und den Transport zum Strafantritt[18] oder eines flüchtigen Verurteilten.[19] Die Beförderungskosten sind nach Vorbem. 2 KV iVm Nr. 9008 KV GKG einzuziehen; sie werden auch nicht durch den Haftkostenbeitrag abgegolten, da sie auch nicht im Zusammenhang mit der Lebensführung stehen.[20]

§ 2 Kostenfreiheit

(1) Der Bund und die Länder sowie die nach den Haushaltsplänen des Bundes oder eines Landes verwalteten öffentlichen Anstalten und Kassen sind von der Zahlung der Gebühren befreit.

(2) Von der Zahlung der Gebühren sind auch ausländische Behörden im Geltungsbereich der Richtlinie 2006/123/EG des Europäischen Parlaments und des Rates vom 12. Dezember 2006 über Dienstleistungen im Binnenmarkt (ABl. L 376 vom 27. Dezember 2006, S. 36) befreit, wenn sie auf der Grundlage des Kapitels VI der Richtlinie Auskunft aus den in Teil 1 Hauptabschnitt 1 Abschnitt 4 oder Abschnitt 5 des Kostenverzeichnisses bezeichneten Registern oder Grundbüchern erhalten und wenn vergleichbaren deutschen Behörden für diese Auskunft Gebührenfreiheit zustände.

(3) Von den in § 380 des Gesetzes über das Verfahren in Familiensachen und in den Angelegenheiten der freiwilligen Gerichtsbarkeit genannten Stellen werden Gebühren nach Teil 1 Hauptabschnitt 1 Abschnitt 4 des Kostenverzeichnisses nicht erhoben, wenn die Abrufe erforderlich sind, um ein vom Gericht gefordertes Gutachten zu erstatten.

(4) Sonstige bundesrechtliche oder landesrechtliche Vorschriften, durch die eine sachliche oder persönliche Befreiung von Kosten gewährt ist, bleiben unberührt.

I. Allgemeines

§ 2 regelt die **persönliche Kostenbefreiung** nach dem JVKostG. Es handelt sich nicht um eine abschließende 1 Regelung, weil sonstige bundes- oder landesrechtliche Vorschriften unberührt bleiben (Abs. 4).

§ 2 ist **von Amts wegen** zu beachten, so dass sich der Kostenschuldner nicht auf eine Befreiungsregelung 2 berufen muss. Die Nichtbeachtung kann nach § 22 angegriffen werden.

Kostenfreiheit umfasst Gebühren und Auslagen, es besteht daher für sämtliche Kosten nach dem JVKostG 3 eine Zahlungsbefreiung. **Gebührenfreiheit** umfasst hingegen nur die Zahlung der Gebühren, so dass hinsichtlich der Auslagen (Nr. 2000 ff KV) eine Zahlungspflicht besteht.

Weiter ist zu unterscheiden zwischen persönlicher und sachlicher Befreiung. Während bei **persönlicher Befreiung** die Wirkung nur einer bestimmten natürlichen oder juristischen Person bzw einem Personenkreis 4 zusteht, ist bei **sachlicher Befreiung** das vorzunehmende Geschäft unabhängig von der Person kosten- oder gebührenfrei. § 2 gewährt lediglich eine persönliche Befreiung, während § 3 eine sachliche Gebührenfreiheit regelt.

II. Bund und Länder (Abs. 1)

Bund und **Länder** genießen nach Abs. 1 persönliche **Gebührenfreiheit**, dh keine Kostenfreiheit. Der Gesetzgeber hat hierzu ausgeführt, dass für eine Anordnung von Kostenfreiheit keine Veranlassung bestehe.[1] Aus- 5 lagen sind deshalb auch von Bund und Ländern zu tragen. Soweit es sich aber um **Amtshilfe** handelt, zB wenn eine nicht beteiligte StA eine Akte in einem Verfahren der freiwilligen Gerichtsbarkeit anfordert,[2] gelten für die Kostenerstattung die jeweiligen Verwaltungsverfahrensgesetze. Diese sehen zumeist vor, dass der ersuchten Behörde Auslagen auf Anforderung zu erstatten sind, wenn sie im Einzelfall 35 € übersteigen (§ 8 Abs. 1 S. 2 VwVfG). Leisten Behörden desselben Rechtsträgers einander Amtshilfe, so werden die Auslagen nicht erstattet (§ 8 Abs. 1 S. 3 VwVfG).

Abs. 1 erfasst die jeweiligen Ministerien und die ihnen nachgeordneten unmittelbaren Behörden, bei denen 6 der Bund oder das Land die Rechtsträgerschaft hat.[3] Die Befreiung greift jedoch nur ein, wenn Bund oder Land unmittelbar als Beteiligter an einem Verfahren beteiligt sind. Hinsichtlich der **Stadtstaaten** ist zu beachten, dass das Land Berlin und die Freie und Hansestadt Hamburg auch in Gemeindeangelegenheiten kostenbefreit sind. Für das Land Bremen gilt dies nicht, da noch eigenständige Gemeinden bestehen.

---

18 LG Baden-Baden JurBüro 1991, 1677. **19** OLG Koblenz JurBüro 1991, 419; LG Baden-Baden JurBüro 1991, 1677. **20** LG Koblenz JurBüro 1991, 419. **1** BT-Drucks 2/2545, S. 207 (zu § 8 JVKostO, dem § 2 Abs. 1 JVKostG entspricht). **2** OLG Köln 27.3.2015 – 7 VA 1/15, juris. **3** *Oestreich/Hellstab/Trenkle*, FamGKG § 2 Rn 9 f.

7   Persönliche Gebührenfreiheit steht auch den von Bund oder Ländern nach ihren Haushaltsplänen verwalteten **öffentlichen Anstalten und Kassen** zu. Hierunter fallen nur solche öffentlichen Anstalten, die mit ihren gesamten Einnahmen oder Ausgaben im Haushaltsplan des Bundes oder Landes aufgenommen sind.[4] Es genügt daher nicht, dass sie als Träger der Staatsverwaltung staatliche Aufgaben wahrnehmen.[5] Eigenbetrieben von Bund oder Ländern steht eine Befreiung nach Abs. 1 nicht zu, da nur Gewinn oder Verlust im Haushaltsplan ausgewiesen sind.[6] Auch dass der Wirtschaftsplan eines Eigenbetriebs der Genehmigung des Finanzministers bedarf und dem Haushaltsplan als Anlage beizufügen ist, genügt nicht.[7]

III. Amtshilfe im Rahmen der Dienstleistungsrichtlinie (Abs. 2)

8   Nach Art. 28 Abs. 1 der Richtlinie 2006/123/EG des Europäischen Parlaments und des Rates vom 12. Dezember 2006 über Dienstleistungen im Binnenmarkt (Dienstleistungsrichtlinie) haben die Mitgliedstaaten einander Amtshilfe zu leisten und Maßnahmen zu ergreifen, die für eine wirksame Zusammenarbeit bei der Kontrolle der Dienstleistungserbringer und ihrer Dienstleistungen erforderlich sind. Im Rahmen dieser Amtshilfe ist sicherzustellen, dass die Register, in welche die Dienstleister eingetragen sind und die von den zuständigen Behörden in ihrem Hoheitsgebiet eingesehen werden können, unter denselben Bedingungen auch von den entsprechenden zuständigen Behörden der anderen Mitgliedstaaten eingesehen werden können.

9   Erfolgt die Auskunftserteilung aus deutschen Registern oder Grundbüchern im Rahmen dieser Amtshilfe, sind auch ausländische Behörden von den Gebühren befreit, wenn vergleichbaren deutschen Behörden für diese Auskunft Gebührenfreiheit zustünde. Dabei sind auch Kostenbefreiungen nach Landesrecht im Falle der Vergleichbarkeit der ausländischen Behörden anzuwenden.[8]

IV. Berufsständische Organe (Abs. 3)

10   Sind berufsständische Organe nach § 380 FamFG vom Gericht mit der Fertigung eines Gutachtens beauftragt worden, sind von ihnen keine Gebühren nach Nr. 1140, 1141 KV für den Abruf von Daten aus dem Register zu erheben. Die Befreiung besteht nur, soweit die Auskünfte für die Gutachtenerstattung erforderlich sind.

11   Im Einzelnen sind von § 380 FamFG erfasst:
- Organe des Handelsstands (§ 380 Abs. 1 Nr. 1 FamFG), zB Industrie- und Handelskammern;
- Organe des Handwerksstands (§ 380 Abs. 1 Nr. 2 FamFG), zB Handwerkskammern, Handwerksinnungen, Kreishandwerkerschaften, Bundes- oder Landesinnungsverbände;
- Organe des land- und forstwirtschaftlichen Berufsstands (§ 380 Abs. 1 Nr. 3 FamFG), zB Landwirtschaftskammern;
- berufsständische Organe der freien Berufe (§ 380 Abs. 1 Nr. 4 FamFG), zB Ärztekammern, Architekten- und Ingenieurkammern, Rechtsanwalts- und Steuerberaterkammern.

V. Sonstiges Bundes- und Landesrecht (Abs. 4)

12   **1. Allgemeines.** Sonstige Bundes- oder Landesbestimmungen, durch die eine persönliche oder sachliche Kostenbefreiung gewährt wird, bleiben unberührt (Abs. 4).

13   **2. Sozialhilfeträger, § 64 Abs. 2 SGB X.** Geschäfte, die aus Anlass der Beantragung, Erbringung oder der Erstattung einer Sozialleistung nötig werden, sind kostenfrei (§ 64 Abs. 2 S. 1 SGB X). Der Anwendungsbereich dieser Regelung ist weit auszulegen. Es ist daher nicht erforderlich, dass die Behörde aufgrund einer ganz konkreten Versicherungsleistung um die Erteilung von Auskünften ersucht hat, sondern es genügt, dass die Justizverwaltungsangelegenheit einen engen Sachzusammenhang zur gesetzlichen Tätigkeit als Sozialhilfeträger besitzt. Ein Sozialhilfeträger, der nicht nach Abs. 1 kostenbefreit ist, besitzt daher keine generelle Kostenbefreiung, sondern muss sie im Einzelfall geltend machen.[9]

14   Kann Kostenfreiheit nach § 64 Abs. 2 S. 2 SGB X in Anspruch genommen werden, sind zB Auskünfte aus Registern[10] oder Nachlassakten[11] kostenfrei zu erteilen. Keine Befreiung besteht jedoch, wenn Handelsregisterauszüge von Unternehmen abgefordert werden, die dem Sozialversicherungsträger Beiträge zur gesetzlichen Sozialversicherung schulden.

15   **3. Geltendmachung von Auslandsunterhalt.** Für das Vorprüfungsverfahren wegen eines ausgehenden Ersuchens – es handelt sich um ein Justizverwaltungsverfahren (§ 7 Abs. 2 AUG) – werden Kosten nicht erhoben (§ 7 Abs. 3 AUG).

---

4 BGH MDR 2009, 594. **5** BGH MDR 1997, 503. **6** BGH MDR 1997, 503; OLG München OLGR 2006, 567. **7** OLG Köln OLGR 2005, 90. **8** BT-Drucks 17/3356, S. 21. **9** OLG Hamm FGPrax 2008, 124. **10** OLG Hamm FGPrax 2008, 124. **11** OLG Naumburg JurBüro 2011, 310.

Eine Ausnahme besteht für **Übersetzungskosten**. Werden von dem Antragsteller die notwendigen Übersetzungskosten nicht beigebracht, hat das Bundesamt für Justiz als zentrale Behörde die Übersetzung auf Kosten des Antragstellers anzufertigen (§ 10 Abs. 2 AUG); ihre Höhe bestimmt sich nach dem JVEG (§ 76 AUG). Von den Übersetzungskosten kann das zuständige Amtsgericht den Antragsteller auf Antrag befreien, wenn der Antragsteller die persönlichen und wirtschaftlichen Voraussetzungen einer ratenfreien VKH nach § 113 Abs. 1 S. 1 FamFG iVm § 115 ZPO erfüllt (§ 10 Abs. 3 AUG). Über den Antrag entscheidet der Rechtspfleger (§ 29 Nr. 2 RPflG). Liegt keine solche Befreiung vor, sind die Übersetzungskosten nach Vorbem. 2 KV iVm Nr. 9005 KV GKG einzuziehen. | 16

Übersetzungskosten für nach § 9 Abs. 1 AUG auszustellende Bescheinigungen werden nicht von § 10 AUG erfasst, so dass diese Kosten wegen § 7 Abs. 3 AUG nicht eingezogen werden können. | 17

§ 3 Kostenfreie Amtshandlungen

Keine Kosten mit Ausnahme der Dokumentenpauschale werden erhoben

1. für Amtshandlungen, die durch Anzeigen, Anträge und Beschwerden in Angelegenheiten der Strafverfolgung, der Anordnung oder der Vollstreckung von Maßregeln der Besserung und Sicherung oder der Verfolgung einer Ordnungswidrigkeit oder der Vollstreckung einer gerichtlichen Bußgeldentscheidung veranlasst werden;
2. in Gnadensachen;
3. in Angelegenheiten des Bundeszentralregisters außer für die Erteilung von Führungszeugnissen nach den §§ 30, 30 a und 30 b des Bundeszentralregistergesetzes;
4. in Angelegenheiten des Gewerbezentralregisters außer für die Erteilung von Auskünften nach § 150 der Gewerbeordnung;
5. im Verfahren über Anträge nach dem Gesetz über die Entschädigung für Strafverfolgungsmaßnahmen sowie über Anträge auf Entschädigung für sonstige Nachteile, die jemandem ohne sein Verschulden aus einem Straf- oder Bußgeldverfahren erwachsen sind;
6. für die Tätigkeit der Staatsanwaltschaft im Aufgebotsverfahren.

§ 3 regelt Geschäfte, die kostenfrei vorzunehmen sind. Es handelt sich um eine sachliche Befreiung, die jedem Verfahrensbeteiligten zusteht. Aus dem Wortlaut „Kosten" und der Legaldefinition des § 1 Abs. 1 folgt, dass in den von § 3 erfassten Verfahren weder Gebühren noch Auslagen zu erheben sind. Für die außergerichtlichen Kosten gilt § 3 hingegen nicht. Die Regelung des § 3 kann als Ausnahmeregelung nicht über ihren Wortlaut hinaus angewendet werden, so dass die Aufzählung in Nr. 1–6 **abschließend** ist. | 1

§ 4 Höhe der Kosten

(1) Kosten werden nach der Anlage zu diesem Gesetz erhoben.

(2) ¹Bei Rahmengebühren setzt die Justizbehörde, die die gebührenpflichtige Amtshandlung vornimmt, die Höhe der Gebühr fest. ²Sie hat dabei insbesondere die Bedeutung der Angelegenheit für die Beteiligten, Umfang und Schwierigkeit der Amtshandlung sowie die Einkommens- und Vermögensverhältnisse des Kostenschuldners zu berücksichtigen.

(3) ¹Bei der Ablehnung oder Zurücknahme eines Antrags kann die Justizbehörde dem Antragsteller eine Gebühr bis zur Hälfte der für die Vornahme der Amtshandlung bestimmten Gebühr auferlegen, bei Rahmengebühren jedoch nicht weniger als den Mindestbetrag. ²Das Gleiche gilt für die Bestätigung der Ablehnung durch die übergeordnete Justizbehörde.

I. Kostenverzeichnis (Abs. 1)

Kosten werden nach dem Kostenverzeichnis (Anlage zu Abs. 1) erhoben. Die dort enthaltenen Gebühren- und Auslagentatbestände sind abschließend, so dass wegen des bestehenden Analogieverbots (§ 1 Abs. 1) die Anwendung anderer kostenrechtlicher Bestimmungen zu Lasten eines Kostenschuldners ausscheidet und Amtshandlungen, für die eine Gebühr nicht bestimmt ist, gebührenfrei bleiben. Auch Auslagen, die der Justizbehörde entstehen, können nur eingezogen werden, wenn das Kostenverzeichnis, auch unter Beachtung der Verweisung in Vorbem. 2 KV auf die Auslagentatbestände von Teil 9 KV GKG, einen entsprechenden Auslagentatbestand vorsieht. Fehlt ein solcher, so ist auch hier das Analogieverbot zu beachten. | 1

Das Kostenverzeichnis unterliegt als Teil des Gesetzes der Übergangsregelungen der §§ 24, 25. | 2

II. Rahmengebühren (Abs. 2)

3   **1. Allgemeines.** Sind Rahmengebühren zu erheben (Nr. 1320, 1322, 1330–1334, 1402 KV), hat die Justizbehörde den konkreten Gebührenbetrag zu bestimmen (Abs. 2 S. 1). Zuständig ist der mit der Sachentscheidung befasste Beamte (§ 46 KostVfg).

4   Bei der Festsetzung der Höhe der Gebühr sind nach Abs. 2 S. 2 insb. zu berücksichtigen: die **Bedeutung der Angelegenheit** für die Beteiligten, **Umfang und Schwierigkeit** der Amtshandlung und die **Einkommens- und Vermögensverhältnisse** des Kostenschuldners.

5   Es handelt sich nicht um eine abschließende Aufzählung, was aus dem Wortlaut „insbesondere" folgt. Auch stellt die Aufzählung keine Wertigkeit der einzelnen Bewertungskriterien dar.

6   **2. Bemessungskriterien. a) Bedeutung der Angelegenheit.** Bei dem Bemessungskriterium „Bedeutung der Angelegenheit" ist auf die subjektiven Interessen des Beteiligten abzustellen, wobei wirtschaftliche, rechtliche und tatsächliche Folgen der Amtshandlung zu berücksichtigen sind.[1] Der Angelegenheit kommt jedoch nicht schon allein deshalb eine hohe Bedeutung zu, weil die Amtshandlung für die Vornahme anderer Geschäfte des Kostenschuldners unerlässlich ist.[2]

7   **b) Umfang und Schwierigkeit der Amtshandlung.** Dabei ist insb. der zeitliche Aufwand der Justizbehörde zu berücksichtigen (zB aufwendige Ermittlungen, umfangreicher Schriftverkehr). Auch notwendig werdende Ermittlungen zum Aufenthalt von Beteiligten können eine Abweichung von der Mittelgebühr (→ Rn 9 f) rechtfertigen. Bei der Beurteilung, ob die Angelegenheit eine besondere Schwierigkeiten aufweist, ist ein objektiver Maßstab anzulegen.

8   **c) Einkommens- und Vermögensverhältnisse des Kostenschuldners.** Sie sind bei der Bestimmung der Gebührenhöhe stets zu berücksichtigen, nicht nur ausnahmsweise.[3] Dabei ist von durchschnittlichen Verhältnissen auszugehen, wobei – wie auch zum inhaltsgleichen § 14 RVG – das vom Statistischen Bundesamt jährlich ermittelte Durchschnittseinkommen zugrunde gelegt werden kann.[4] Aus diesem Grund können von dem Kostenschuldner Auskünfte zu seinem Einkommen oder Vermögen verlangt werden. Aufwendige Ermittlungen müssen jedoch nicht unternommen werden. Werden trotz Aufforderung keine Angaben zum Einkommen oder Vermögen gemacht, kann von überdurchschnittlichen Verhältnissen ausgegangen werden.

9   **3. Mittelgebühr.** Ist die Angelegenheit unter Berücksichtigung aller Kriterien (→ Rn 3 ff) als durchschnittlich zu bewerten, ist regelmäßig von der Mittelgebühr auszugehen. Sie wird errechnet aus der Hälfte der Summe von Höchst- und Mindestgebühr.

10   **Beispiel:** Die Gebühr Nr. 1330 KV besitzt einen Gebührenrahmen von 15 € bis 305 €. Die Mittelgebühr beträgt demnach 160 € (15 € + 305 € = 320 € : 2 = 160 €).

11   **4. Ermessen.** Die Justizbehörde hat bei der Bestimmung des konkreten Gebührenbetrags ihr durch Abs. 2 eingeräumtes Ermessen auszuüben. Wird von der Mittelgebühr (→ Rn 9 f) abgewichen, ist die Festsetzung des Gebührenbetrags spätestens in einer Entscheidung, mit der über Einwendungen nach § 22 entschieden wird, kurz zu begründen, um dem Kostenschuldner oder dem Beschwerdegericht die Möglichkeit einzuräumen, zu überprüfen, ob das Ermessen nach Abs. 2 richtig ausgeübt wurde.

12   Da es sich bei der Festsetzung des Gebührenbetrags um eine Ermessensentscheidung handelt, darf das Gericht, das nach § 22 S. 2 ggf iVm § 66 GKG mit der Entscheidung befasst ist, nicht sein eigenes Ermessen an die Stelle der Justizbehörde setzen. Eine Abänderung kommt nur in Betracht, wenn die Justizbehörde ihr Ermessen nicht in der dem Zwecke des Abs. 2 entsprechenden Weise ausgeübt oder ihr Ermessen überschritten hat.[5]

III. Ablehnung und Zurücknahme eines Antrags (Abs. 3)

13   Wird die Vornahme der Amtshandlung **abgelehnt** oder der Antrag **zurückgenommen,** kann die Justizbehörde dem Antragsteller eine Gebühr auferlegen. Die Gebühr beträgt höchstens die Hälfte der für die Vornahme der Amtshandlung bestimmten Gebühr, bei Rahmengebühren (Nr. 1320, 1322, 1330–1334, 1402 KV) jedoch nicht weniger als der Mindestbetrag (Abs. 3 S. 1).

14   **Beispiel:** Beantragt wird die Befreiung von der Beibringung des Ehefähigkeitszeugnisses. Der Antrag wird zurückgenommen.

Die Gebühr für die Vornahme der Amtshandlung beträgt nach Nr. 1330 KV 15,00 bis 305,00 €. Wird eine Gebühr nach Abs. 3 festgesetzt, darf diese daher höchstens 152,50 € und mindestens 15,00 € betragen.

---

1 Hartung/Schons/Enders/*Enders*, RVG, § 14 Rn 36. **2** *Hansens*, JurBüro 1989, 741. **3** *Hansens*, JurBüro 1989, 741. **4** Gerold/Schmidt/*Mayer*, RVG, § 14 Rn 18. **5** *Hansens*, JurBüro 1989, 741, 743.

Die Gebühr kann auch festgesetzt werden, wenn die **Ablehnung durch die übergeordnete Justizbehörde bestätigt** wird (Abs. 3 S. 2). In diesen Fällen kann eine Gebühr nach Abs. 3 S. 1 sowohl für die Ablehnung durch die untere als auch die obere Justizbehörde bestimmt werden. **15**

Ob überhaupt eine Gebühr nach Abs. 3 festgesetzt wird, liegt im Ermessen der Justizbehörde.[6] Sie bestimmt daher – unter Beachtung der Höchstgebühren nach Abs. 3 S. 1 – die Höhe der Gebühr. Dabei kann auch bestimmt werden, dass für die Ablehnung oder Zurücknahme keine Gebühr zu erheben ist. Die Entscheidung trifft die Justizbehörde, dort der für die Sachentscheidung zuständige Beamte (§ 46 KostVfg). **16**

§ 5 Verjährung, Verzinsung

(1) Ansprüche auf Zahlung von Kosten verjähren in vier Jahren nach Ablauf des Kalenderjahrs, in dem die Kosten fällig geworden sind.

(2) [1]Ansprüche auf Rückerstattung von Kosten verjähren in vier Jahren nach Ablauf des Kalenderjahrs, in dem die Zahlung erfolgt ist. [2]Die Verjährung beginnt jedoch nicht vor dem im Absatz 1 bezeichneten Zeitpunkt. [3]Durch die Einlegung eines Rechtsbehelfs mit dem Ziel der Rückerstattung wird die Verjährung wie durch Klageerhebung gehemmt.

(3) [1]Auf die Verjährung sind die Vorschriften des Bürgerlichen Gesetzbuchs anzuwenden; die Verjährung wird nicht von Amts wegen berücksichtigt. [2]Die Verjährung der Ansprüche auf Zahlung von Kosten beginnt auch durch die Aufforderung zur Zahlung oder durch eine dem Schuldner mitgeteilte Stundung erneut. [3]Ist der Aufenthalt des Kostenschuldners unbekannt, so genügt die Zustellung durch Aufgabe zur Post unter seiner letzten bekannten Anschrift. [4]Bei Kostenbeträgen unter 25 Euro beginnt die Verjährung weder erneut noch wird sie oder ihr Ablauf gehemmt.

(4) Ansprüche auf Zahlung und Rückerstattung von Kosten werden nicht verzinst.

I. Allgemeines

Die Vorschrift regelt die Verjährung von Kosten. Dabei ist zu unterscheiden zwischen der Verjährung von Ansprüchen auf Zahlung von Kosten an die Justizbehörde (Abs. 1) und Ansprüchen auf Rückerstattung von Kosten durch die Justizbehörde (Abs. 2). Durch Abs. 3 erfolgt ein Verweis auf anzuwendende Vorschriften des BGB für die Verjährung. Abs. 4 bestimmt ein generelles Verzinsungsverbot. **1**

II. Verjährung von Ansprüchen auf Zahlung von Kosten (Abs. 1)

Der Anspruch auf Zahlung von Kosten an die Justizbehörde verjährt in vier Jahren nach Ablauf des Kalenderjahres, in dem die Kosten fällig geworden sind (Abs. 1). Die Fälligkeit bestimmt sich nach §§ 6, 7. Danach werden Gebühren und Auslagen grundsätzlich mit der Beendigung der gebührenpflichtigen Amtshandlung fällig, soweit keine Sonderregelung besteht (§ 6 Abs. 1 S. 1). Erlässt die Justizbehörde eine Kostenentscheidung, tritt Fälligkeit mit Erlass der Kostenentscheidung ein, spätere Kosten werden sofort fällig (§ 6 Abs. 1 S. 2). Besondere Fälligkeitsregelungen bestehen nach § 6 Abs. 2, 3 und § 7 (s. die Erl. dort). **2**

Beispiel: Beantragt wird die Erteilung einer Apostille. Diese wird am 15.11.2016 erteilt.

Die Gebühr Nr. 1310 KV wird mit Erteilung der Apostille fällig (§ 6 Abs. 1). Die Verjährungsfrist beginnt am 1.1.2017 zu laufen und endet am 31.12.2020. Die Verjährung des Anspruchs der Justizbehörde tritt somit am 1.1.2021 ein.

III. Verjährung von Ansprüchen auf Rückerstattung von Kosten (Abs. 2)

1. Frist und Fristbeginn (Abs. 2 S. 1 und 2). Ansprüche wegen der Rückzahlung von Kosten verjähren in vier Jahren nach Ablauf des Kalenderjahres, in dem die Zahlung erfolgt ist (Abs. 2 S. 1). Nach Abs. 2 S. 2 beginnt die Verjährung nicht vor dem in Abs. 1 bezeichneten Zeitpunkt. Maßgeblich ist daher für den Fristbeginn wieder die Fälligkeit der Kosten, die sich aus §§ 6, 7 ergibt (→ Rn 2). In den Fällen des § 13 beginnt die Verjährung erst mit der Entscheidung über die Nichterhebung zu laufen.[1] **3**

Beispiel: Der Antragsteller zahlt am 20.10.2016 Kosten ein. Die Zahlungen übersteigen die Kostenschuld, so dass ein Anspruch auf Rückerstattung besteht. Die Kosten werden am 12.2.2017 fällig. **4**

Obwohl die Zahlung bereits 2016 erfolgt ist, muss wegen Abs. 2 S. 2 gleichwohl auf den Eintritt der Fälligkeit der Kosten abgestellt werden. Die Verjährungsfrist beginnt somit am 1.1.2018 zu laufen und endet am 31.12.2021. Die Verjährung des Rückzahlungsanspruchs tritt am 1.1.2022 ein.

---

6 BT-Drucks 16/3655, S. 116. **1** *Oestreich/Hellstab/Trenkle*, FamGKG § 7 Rn 9.

5 **2. Hemmung durch Rechtsbehelfe (Abs. 2 S. 3).** Wird ein Rechtsbehelf nach § 22 mit dem Ziel eingelegt, eine Rückerstattung von Kosten zu erreichen, ist die Verjährung wie durch Klageerhebung gehemmt (Abs. 2 S. 3). Die Einlegung des Rechtsbehelfs bewirkt die Hemmung der Verjährung wie bei Klageeinreichung, so dass die Hemmung wegen § 204 Abs. 2 S. 1 BGB sechs Monate nach rechtskräftiger Entscheidung oder anderweitiger Erledigung des Rechtsbehelfsverfahrens endet. Gerät das Verfahren dadurch in Stillstand, dass die Parteien es nicht betreiben, tritt an die Stelle der Beendigung des Verfahrens die letzte Verfahrenshandlung der Parteien, des Gerichts oder der sonst mit dem Verfahren befassten Stelle. Die Hemmung beginnt erneut, wenn eine der Parteien das Verfahren weiter betreibt (§ 204 Abs. 2 S. 2, 3 BGB).

6 **3. Verfahren bei Rückerstattung von Kosten.** Kommt eine Verjährung des Rückerstattungsanspruchs nach Abs. 2 in Betracht, sind die Akten dem zur Vertretung der Staatskasse zuständigen Beamten vorzulegen (§ 31 S. 1 KostVfg). Dieser prüft, ob tatsächlich Verjährung eingetreten ist und Verjährungseinrede seitens der Staatskasse erhoben werden soll. Soll die Einrede erhoben werden, hat der Vertreter der Staatskasse die Einwilligung seines unmittelbar vorgesetzten Präsidenten einzuholen. Von der Erhebung der Verjährungseinrede kann mit Rücksicht auf die Umstände des Falles abgesehen werden (§ 31 S. 2 KostVfg). Die Anweisung über die Nichterhebung der Einrede ist in der Auszahlungsanordnung zu vermerken.

7 **4. Leistungen in Unkenntnis der Verjährung.** Hat die Staatskasse in Unkenntnis einer bereits eingetretenen Verjährung geleistet, kann sie eine Rückforderung der erstatteten Kosten nicht mehr verlangen (§ 214 Abs. 2 S. 1 BGB). Die Aufrechnung ist hingegen noch nicht ausgeschlossen, wenn der Kostenanspruch in dem Zeitpunkt noch nicht verjährt war, in dem erstmals aufgerechnet werden konnte (§ 215 BGB).

IV. Berechnung von Hemmung und Neubeginn der Verjährung (Abs. 3)

8 **1. Anzuwendende Vorschriften.** Auf die Verjährung sind die Vorschriften des BGB anzuwenden (Abs. 3 S. 1 Hs 1), so dass §§ 194 ff BGB gelten. Soweit jedoch Abs. 3 abweichende Regelungen enthält (zB Abs. 3 S. 4), gehen diese den BGB-Vorschriften vor. Das gilt insb. für die Verjährungsfrist, die sich nur nach den Abs. 1, 2 bestimmt, so dass §§ 195, 197 BGB nicht gelten.

9 **2. Hemmung der Verjährung.** Die Verjährung der Kosten kann nach §§ 203 ff BGB gehemmt sein. Die Hemmung bewirkt, dass der Zeitraum, in welchem die Verjährung gehemmt ist, in die Verjährungsfrist nicht eingerechnet wird (§ 209 BGB). Eine irrtümlich angenommene Kosten- oder Gebührenfreiheit bewirkt gleichwohl keine Hemmung der Verjährung.

10 **3. Neubeginn der Verjährung. a) Allgemeines.** Nach § 212 BGB beginnt die Verjährungsfrist in bestimmten Fällen erneut zu laufen, zB bei Teilleistungen oder Vollstreckungsmaßnahmen nach der JBeitrO (§ 212 Abs. 1 Nr. 1, 2 BGB) oder wenn der Kostenschuldner die Kostenforderung in anderer Weise anerkennt, wobei jedes auf eine Anerkennung gerichtete konkludente Verhalten umfasst wird. Die bloße Einlegung von Einwendungen nach § 22 kann jedoch nicht als Anerkennung gewertet werden, wenn sich diese gegen den gesamten Kostenansatz und nicht auf Einzelpositionen beschränkt.[2] Ein Neubeginn der Verjährung ist in den Fällen des § 212 Abs. 2, 3 BGB ausgeschlossen.

11 **b) Aufforderung zur Zahlung (Abs. 3 S. 2).** Neubeginn der Verjährungsfrist tritt auch ein, wenn dem Kostenschuldner eine Zahlungsaufforderung übersandt worden ist (Abs. 3 S. 2), wobei es allein darauf ankommt, dass dem Kostenschuldner die Aufforderung vor Ablauf der Verjährungsfrist zugeht.[3] Die formlose Übersendung der Aufforderung ist ausreichend, jedoch muss sie einer zum Empfang berechtigten Person zugehen. Bestreitet der Kostenschuldner den Zugang der Kostenrechnung, hat die Staatskasse den Zugang zu beweisen. Dabei kann sie nicht geltend machen, dass es dem ersten Anschein entspreche, ein der Post übergebenes Schriftstück habe den Empfänger tatsächlich erreicht.[4] Die Verjährung beginnt durch die Übersendung einer Zahlungsaufforderung jedoch nur einmal erneut zu laufen. Hierzu zählen auch die Aufforderungen des Gerichts nach § 7 Abs. 1 EBAO. Auch Zahlungsaufforderungen nach § 5 Abs. 2 JBeitrO können den Neubeginn der Verjährung nur einmal auslösen.[5]

12 **c) Mitteilung der Stundung (Abs. 3 S. 2).** Auch die Mitteilung einer Stundung an den Kostenschuldner lässt die Verjährung erneut beginnen (Abs. 3 S. 2). Erfasst sind auch bewilligte Ratenzahlungen. Der Neubeginn tritt erst mit Ablauf der gewährten Stundung ein. Hingegen führt die Mitteilung über die Einstellung des Einziehungsverfahrens durch die Justizkasse keinen Neubeginn herbei.[6]

13 **d) Unbekannter Aufenthalt des Schuldners (Abs. 3 S. 3).** Ist die Anschrift des Kostenschuldners unbekannt, genügt die Zustellung der Zahlungsaufforderung durch Aufgabe zur Post (§ 184 ZPO) an die letzte bekannte Anschrift des Schuldners (Abs. 3 S. 3). Die Anschrift muss tatsächlich nicht zu ermitteln sein, so dass diese Zustellungsart nicht genügt, wenn sich nur in den Akten keine aktuelle Anschrift befindet, sich

---

2 AA *Oestreich/Hellstab/Trenkle*, GKG § 5 Rn 17. **3** OLG Koblenz Rpfleger 1988, 428. **4** OLG Koblenz Rpfleger 1988, 434. **5** LG Oldenburg NdsRpfl 2008, 143. **6** *Hartmann*, KostG, § 5 GKG Rn 6.

eine solche aber durch Nachfrage, etwa beim Einwohnermeldeamt, ermitteln lässt. Das Schriftstück gilt zwei Wochen nach Aufgabe zur Post als zugestellt (§ 184 Abs. 2 S. 1 ZPO); auf den tatsächlichen Zugang kommt es nicht an. Als Nachweis der Zustellung ist in den Akten zu vermerken, zu welcher Zeit und unter welcher Anschrift das Schriftstück zur Post gegeben wurde (§ 184 Abs. 2 S. 4 ZPO).

e) **Kleinbeträge (Abs. 3 S. 4).** Hemmung oder Neubeginn der Verjährung treten nicht ein, wenn die Kosten- 14 forderung weniger als 25 € beträgt (Abs. 3 S. 4). Die Regelung greift auch dann, wenn die ursprüngliche Kostenforderung 25 € oder mehr betragen hat und nur durch eine Teilleistung unter diesen Betrag gesunken ist. Da aber nach § 212 Abs. 1 Nr. 1 BGB eine Teilleistung die Verjährung neu beginnen lässt, ist hinsichtlich des verbleibenden Restbetrags von unter 25 € mit der Zahlung ein Neubeginn der Verjährung eingetreten. Eine nochmalige Hemmung oder ein nochmaliger Neubeginn ist danach aber nicht mehr möglich.

Die Wertgrenze für Bagatellbeträge ist für jedes Verfahren gesondert zu beachten. Soweit der Kostenschuld- 15 ner in verschiedenen Verfahren mehrere Einzelbeträge schuldet, die nur im Gesamtbetrag 25 € übersteigen, tritt eine Hemmung oder ein Neubeginn der Verjährung für die einzelnen Beträge nicht ein.

V. Geltendmachung der Verjährung

Die Verjährung wird **nicht von Amts wegen** beachtet (Abs. 3 S. 1 Hs 2), so dass die Justizbehörde die Kos- 16 ten auch dann anzufordern hat, wenn ihr die Verjährung zweifelsfrei bekannt ist.

Der Kostenschuldner hat den Eintritt der Verjährung mit der **Verjährungseinrede** geltend zu machen, die im 17 Verfahren nach § 22 vorzubringen ist. § 30 a EGGVG kommt nicht zur Anwendung, da er nur eingreift, wenn kein anderer Rechtsbehelf vorgesehen ist.

Die Einrede der Verjährung ist auch dann nach § 22 geltend zu machen, wenn bereits **Zwangsmaßnahmen** 18 **zur Beitreibung der Kosten** begonnen haben, da Einwendungen, die den Anspruch selbst betreffen, nach den Vorschriften über die Erinnerung gegen den Kostenansatz geltend zu machen sind (§ 8 Abs. 1 S. 1 JBeitrO).

Die Staatskasse kann die **Gegeneinrede der Arglist** erheben, wenn der Kostenschuldner, der die Verjäh- 19 rungseinrede erhoben hat, durch arglistiges Verhalten vor Eintritt der Verjährung den Kosteneinzug verhindert hat.[7]

VI. Verzinsung (Abs. 4)

Abs. 4 ordnet an, dass eine Verzinsung von Zahlungs- und Rückerstattungsansprüchen nicht stattfindet. Sie 20 ist deshalb auch dann nicht zu gewähren, wenn dem Kostenschuldner zu Unrecht eingezogene Kosten erst nach einem längeren Zeitraum zurückerstattet werden.

Abschnitt 2
Fälligkeit und Sicherstellung der Kosten

§ 6 Fälligkeit der Kosten im Allgemeinen

(1) [1]Kosten werden, soweit nichts anderes bestimmt ist, mit der Beendigung der gebührenpflichtigen Amtshandlung fällig. [2]Wenn eine Kostenentscheidung der Justizbehörde ergeht, werden entstandene Kosten mit Erlass der Kostenentscheidung, später entstehende Kosten sofort fällig.

(2) Die Gebühren für den Abruf von Daten oder Dokumenten aus einem Register oder dem Grundbuch und für die Übermittlung von Rechnungsunterlagen einer Kleinstkapitalgesellschaft durch das Unternehmensregister werden am 15. Tag des auf den Abruf oder die Übermittlung folgenden Monats fällig, sofern sie nicht über ein elektronisches Bezahlsystem sofort beglichen werden.

(3) Die Jahresgebühr für die Führung des Unternehmensregisters wird jeweils am 31. Dezember für das abgelaufene Kalenderjahr fällig.

I. Allgemeines

§ 6 regelt den Zeitpunkt der Fälligkeit der Kosten und umfasst Gebühren und Auslagen (vgl § 1 Abs. 1). 1 Dabei bestimmt Abs. 1 S. 1 den allgemeinen Fälligkeitszeitpunkt, während Abs. 1 S. 2 und Abs. 2, 3 Ausnahmen von diesem Grundsatz aufstellen. Ergänzt wird § 6 auch durch die Vorschrift des § 7, der die Fälligkeit für die Dokumenten- und die Aktenversendungspauschale abweichend regelt.

---

7 *Oestreich/Hellstab/Trenkle*, FamGKG § 7 Rn 10.

2   **Fälligkeit** bezeichnet den Zeitpunkt, von dem an die Staatskasse berechtigt ist, entstandene Kosten geltend zu machen und vom Kostenschuldner einzuziehen. Der Kosteneinzug hat gem. § 15 Abs. 1 KostVfg nach Eintritt der Fälligkeit zu erfolgen, soweit nichts anderes bestimmt oder zugelassen ist.

II. Eintritt der Fälligkeit (Abs. 1 S. 1)

3   Fälligkeit der Gebühren und Auslagen tritt mit Beendigung der gebührenpflichtigen Amtshandlung ein. Das kann der Zeitpunkt der Erteilung von Zeugnissen, Auskünften und Bescheinigungen (Nr. 1130–1132 KV) oder von Genehmigungen (Nr. 1150 KV) sein. Im Fall der Nr. 1403 KV tritt Fälligkeit bereits mit der Übersendung der Mahnung nach § 5 Abs. 2 JBeitrO ein.

4   Die allgemeine Regelung des Abs. 1 S. 1 gilt nur, wenn keine abweichende Fälligkeitsregelung besteht. Abweichende Regelungen bestehen nach

- **Abs. 1 S. 2** bei Erlass einer Kostenentscheidung,
- **Abs. 2** für Gebühren für den Abruf von Daten oder Dokumenten aus dem Grundbuch oder einem Register sowie für die Übermittlung von Rechnungsunterlagen einer Kleinstkapitalgesellschaft durch das Unternehmensregister,
- **Abs. 3** für die Jahresgebühr für die Führung des Unternehmensregisters,
- **§ 7** für die Dokumenten- und Aktenversendungspauschale.

III. Erlass einer Kostenentscheidung (Abs. 1 S. 2)

5   Erlässt die Justizbehörde eine Kostenentscheidung, tritt Fälligkeit der Kosten mit Erlass der Kostenentscheidung ein (Abs. 1 S. 2). Kosten, die nach Erlass der Kostenentscheidung entstehen, werden sofort fällig, dh bei Auslagen mit der Zahlung des Betrags durch die Staatskasse.

IV. Abruf von Daten oder Dokumenten (Abs. 2 Alt. 1)

6   Abs. 2 Alt. 1 bestimmt, dass die Fälligkeit für Gebühren, die für den Abruf von Daten oder Dokumenten aus einem Register oder dem Grundbuch entstehen, am 15. Tag des auf den Abruf folgenden Monats fällig werden, sofern sie nicht über ein elektronisches Bezahlsystem sofort beglichen werden. Erfasst sind die Gebühren der Nr. 1140, 1141, 1151 und 1152 KV.

7   **Beispiel 1:** Aus dem Grundbuch werden am 22.9. Daten abgerufen. – Die Gebühr Nr. 1151 KV wird am 15.10. fällig.

8   **Beispiel 2:** Aus dem Grundbuch werden am 15.10. Daten abgerufen. – Die Gebühr Nr. 1151 KV wird am 15.11. fällig.

V. Übermittlung von Rechnungsunterlagen (Abs. 2 Alt. 2)

9   Nach Abs. 2 Alt. 2 tritt Fälligkeit der Gebühr Nr. 1124 KV, die für die Übermittlung von Rechnungsunterlagen einer Kleinstkapitalgesellschaft oder Kleinstgenossenschaft durch das Unternehmensregister entsteht, am 15. Tag des auf die Übermittlung folgenden Monats ein, sofern sie nicht über ein elektronisches Bezahlsystem sofort beglichen wird.

VI. Jahresgebühr für die Führung des Unternehmensregisters (Abs. 3)

10   Die Jahresgebühr für die Führung des Unternehmensregisters wird jeweils am 31.12. für das abgelaufene Kalenderjahr fällig (Abs. 3). Erfasst sind die Gebühren der Nr. 1120–1122 KV, nicht aber die Übertragungsgebühren der Nr. 1123, 1124 KV und auch nicht eventuell entstehende Auslagen, da es sich nicht um eine Jahresgebühr handelt.

§ 7 Fälligkeit bestimmter Auslagen

Die Dokumentenpauschale sowie die Auslagen für die Versendung von Akten werden sofort nach ihrer Entstehung fällig.

1   Als Ausnahmeregelung zu § 6 Abs. 1 bestimmt § 7 die Fälligkeit von bestimmten Auslagen. Erfasst sind im Einzelnen: die Dokumentenpauschale (Nr. 2000, 2001 KV); die Datenträgerpauschale (Nr. 2003 KV); die Pauschale für die Versendung von Akten (Vorbem. 2 KV iVm Nr. 9003 KV GKG).

2   Die vorgenannten Auslagen werden bereits mit ihrer Entstehung fällig, so dass Fälligkeit bereits mit der Herstellung der Dokumente bzw der Versendung der Akten eintritt. Es kann zudem ein Vorschuss verlangt

werden (§ 8) und hinsichtlich der Dokumenten- und Datenträgerpauschale auch das Zurückbehaltungs-recht ausgeübt werden (§ 9).

§ 8 Vorschuss

(1) Die Justizbehörde kann die Zahlung eines Kostenvorschusses verlangen.
(2) Sie kann die Vornahme der Amtshandlung von der Zahlung oder Sicherstellung des Vorschusses abhän-gig machen.

Die Justizbehörde kann die Zahlung eines **Kostenvorschusses** verlangen (**Abs. 1**). Ein Vorschuss kann für 1
Gebühren oder Auslagen erhoben werden. Wird die Vornahme der Amtshandlung nicht nach Abs. 2 von
der Vorschusszahlung abhängig gemacht, sind die Kosten vom Kostenschuldner mittels Sollstellung anzu-fordern.

Verschärfend zu Abs. 1 bestimmt **Abs. 2**, dass die Vornahme der Amtshandlung von der Vorschusszahlung 2
oder Sicherstellung des Vorschusses auch **abhängig gemacht** werden kann. In diesen Fällen braucht die Jus-tizbehörde vor Kostenzahlung oder Sicherstellung keine Tätigkeiten auszuüben. Wird Abhängigmachung
angeordnet, ist der Vorschuss mit Kostenanforderung ohne Sollstellung (vormals Kostennachricht) anzufor-dern.

Aus dem Wortlaut „kann" folgt, dass sowohl die Vorschussanforderung als auch die Anordnung der Ab- 3
hängigmachung eine **Ermessensentscheidung** darstellt. Es besteht daher keine Verpflichtung der Justizbe-hörde, einen Vorschuss anzufordern oder die Abhängigmachung anzuordnen. Die Entscheidung obliegt
nach § 46 KostVfg dem Beamten, der die Sachentscheidung zu treffen hat.

Gegen die Vorschussanforderung oder gegen die Anordnung der Abhängigmachung nach Abs. 2 kann der 4
Kostenschuldner **Einwendungen nach § 22** erheben.

§ 9 Zurückbehaltungsrecht

Urkunden, Ausfertigungen, Ausdrucke und Kopien können nach billigem Ermessen zurückbehalten werden,
bis die in der Angelegenheit erwachsenen Kosten bezahlt sind.

I. Umfang und Ausübung des Zurückbehaltungsrechts; Entscheidung

Wegen der Kostensicherung der Staatskasse können Urkunden, Ausfertigungen, Ausdrucke und Kopien zu- 1
rückbehalten werden, bis die in dem Verfahren entstandenen Kosten bezahlt sind. Ergänzend sind die Rege-lungen des § 23 KostVfg zu beachten. Das Zurückbehaltungsrecht erfasst nicht nur die vom Kostenschuld-ner eingereichten Unterlagen, sondern erstreckt sich auch auf solche Schriftstücke, die erst aufgrund des
Antrags von der Justizbehörde angefertigt worden sind.

Ob das Zurückbehaltungsrecht ausgeübt wird, ist durch die Justizbehörde nach **billigem Ermessen** zu be- 2
stimmen, jedoch ordnet § 23 Abs. 1 S. 1 KostVfg an, dass die Zurückbehaltung regelmäßig auszuüben ist.
Die Entscheidung trifft der Kostenbeamte nach billigem Ermessen (§ 23 Abs. 1 S. 2 KostVfg).

Von der Zurückbehaltung ist im Regelfall jedoch **abzusehen**, wenn 3

- der Eingang der Kosten mit Sicherheit zu erwarten ist;
- glaubhaft gemacht wird, dass die Verzögerung der Herausgabe einem Beteiligten einen nicht oder nur
  schwer zu ersetzenden Schaden bringen würde und nicht anzunehmen ist, dass die Kosten nicht gezahlt
  werden sollen;
- das Schriftstück nicht vom Kostenschuldner, sondern von einem Dritten eingereicht ist, dem gegenüber
  die Zurückbehaltung eine unbillige Härte darstellen würde.

II. Kostenansatz; Benachrichtigungspflichten; Herausgabe; Rechtsbehelfe

Wird das Zurückbehaltungsrecht ausgeübt, sind die Kosten so bald wie möglich anzusetzen (§ 23 Abs. 2 4
S. 1 KostVfg). Steht der endgültige Betrag noch nicht fest, sind die Kosten vorbehaltlich späterer Berichti-gung vorläufig anzusetzen (§ 23 Abs. 2 S. 2 KostVfg). Die Ausübung des Zurückbehaltungsrechts ist in der
Kostenrechnung mit kurzer Begründung zu vermerken (§ 24 Abs. 6 S. 1 KostVfg) und der Vermerk in die
Reinschrift der Kostenrechnung zu übertragen.

Ist ein anderer als der Kostenschuldner zum Empfang des Schriftstücks berechtigt, hat der Kostenbeamte 5
ihn von der Ausübung des Zurückbehaltungsrechts zu **benachrichtigen** (§ 23 Abs. 3 S. 1 KostVfg).

6   Die zurückbehaltenen Schriftstücke sind dem Empfangsberechtigten **herauszugeben**, wenn die Kostenzahlung erfolgt ist oder die Entscheidung des Kostenbeamten über die Zurückbehaltung durch gerichtliche Entscheidung (§ 22) aufgehoben wird (§ 23 Abs. 6 KostVfg).

7   Gegen die Entscheidung nach § 9 ist im Wege der Einwendungen nach § 22 vorzugehen (s. dort).

<h1 style="text-align:center">Abschnitt 3
Kostenerhebung</h1>

§ 10 Ermäßigung der Gebühren und Absehen von der Kostenerhebung

Die Justizbehörde kann ausnahmsweise, wenn dies mit Rücksicht auf die wirtschaftlichen Verhältnisse des Kostenschuldners oder aus Billigkeitsgründen geboten erscheint, die Gebühren ermäßigen oder von der Erhebung der Kosten absehen.

I. Allgemeines

1   Um Unbilligkeiten für den Kostenschuldner zu vermeiden, gestattet § 10 eine Ermäßigung der nach dem Kostenverzeichnis zu erhebenden Gebühren oder gänzlich von einer Kostenerhebung abzusehen. Es handelt sich um eine **Ausnahmeregelung**. § 10 wird durch § 11 ergänzt.

2   Eine Anordnung nach § 10 kommt in Betracht, wenn dies aufgrund der wirtschaftlichen Verhältnisse des Kostenschuldners oder aus Billigkeitsgründen geboten erscheint. Dabei ist zu beachten, dass für die Justizverwaltungsangelegenheiten eine Bewilligung von Prozess- oder Verfahrenskostenhilfe nicht erfolgen kann, da es sich nicht um gerichtliche Verfahren handelt.

II. Anordnungsgründe

3   **1. Wirtschaftliche Verhältnisse des Kostenschuldners.** Eine Anordnung nach § 10 kann getroffen werden, wenn der Kostenschuldner **mittellos** ist. Das Bundesamt für Justiz nimmt eine Mittellosigkeit stets an bei Bezug von Arbeitslosengeld II oder bei Sozialhilfeempfängern. Die Kriterien für die Prozesskostenhilfe nach § 115 ZPO gelten nicht. Eine Mittellosigkeit kann daher im Einzelfall verneint werden, wenn das Einkommen des Kostenschuldners die Pfändungsfreigrenzen des § 850 c ZPO übersteigt.[1]

4   Zudem soll bei der Prüfung von Befreiungsanträgen die Anforderungen an den Nachweis der Mittellosigkeit möglichst gering gehalten werden, um den Verwaltungsaufwand möglichst gering zu halten.

5   **2. Billigkeitsgründe.** Als Billigkeitsgründe sind solche Umstände zu berücksichtigen, die einen Kosteneinzug unbillig erscheinen lassen würden. Sie können sowohl in der Person des Kostenschuldners als auch in den rechtlichen oder tatsächlichen Umständen begründet sein. Dabei kann auch berücksichtigt werden, dass die beantragte Amtshandlung, zB die Erteilung von Zeugnissen, für das Ausüben einer ehrenamtlichen Tätigkeit in einer gemeinnützigen Einrichtung notwendig ist.

III. Ermessen; Umfang der Anordnung

6   Es handelt sich um eine Ermessensentscheidung. Sie ist durch die Justizbehörde zu treffen, zuständig ist der mit der Sachentscheidung befasste Beamte (§ 46 KostVfg). Die Entscheidung kann von Amts wegen oder auf Antrag des Beteiligten getroffen werden.

7   § 10 gilt sowohl für Gebühren als auch Auslagen. Es ist zwar nur eine Reduzierung der Gebühren statthaft, jedoch kann von der Kostenerhebung auch gänzlich abgesehen werden, so dass wegen der Legaldefinition des § 1 Abs. 1 auch die Auslagen erfasst sind. Hinsichtlich der Auslagen kann auch von der Erhebung nur einzelner Auslagen abgesehen werden.

§ 11 Absehen von der Kostenerhebung wegen des öffentlichen Interesses

(1) Die Justizbehörde kann von der Erhebung der Gebühr für die Beglaubigung von Kopien, Ausdrucken, Auszügen und Dateien absehen, wenn die Beglaubigung für Zwecke verlangt wird, deren Verfolgung überwiegend im öffentlichen Interesse liegt.

(2) [1]Die Justizbehörde kann von der Erhebung der Dokumenten- und Datenträgerpauschale ganz oder teilweise absehen, wenn

---

1 AG Osnabrück NdsRpfl 2001, 273.

1. Kopien oder Ausdrucke gerichtlicher Entscheidungen für Zwecke verlangt werden, deren Verfolgung überwiegend im öffentlichen Interesse liegt, oder
2. Kopien oder Ausdrucke amtlicher Bekanntmachungen anderer Tageszeitungen als den amtlichen Bekanntmachungsblättern auf Antrag zum unentgeltlichen Abdruck überlassen werden.

[2]Keine Dokumentenpauschale wird erhoben, wenn Daten im Internet zur nicht gewerblichen Nutzung bereitgestellt werden.

I. Allgemeines

§ 11 bestimmt, dass in Fällen, in denen an der Amtshandlung ein überwiegend öffentliches Interesse besteht, von der Erhebung bestimmter Kosten abgesehen werden kann. Die Regelung ergänzt daher § 10, lässt diesen aber im Übrigen unberührt.   **1**

II. Öffentliches Interesse (Abs. 1, 2 S. 1 Nr. 1)

Nach Abs. 1 und Abs. 2 S. 1 Nr. 1 kann von der Erhebung bestimmter Gebühren und Auslagen abgesehen werden, wenn die beantragte Amtshandlung überwiegend im öffentlichen Interesse liegt. Der Begriff „öffentliches Interesse" wird im Gesetz nicht definiert. Öffentliches Interesse wird zu bejahen sein, wenn die Amtshandlung dem Wohl der Allgemeinheit dient, aber auch, wenn an einer Veröffentlichung ein hohes öffentliches Interesse besteht. In Betracht kommen auch solche Fälle, in denen die Dokumente für ein Forschungsvorhaben verwendet werden, das einem öffentlichen Interesse dient, oder die Dokumente für Zwecke der Aus- und Fortbildung benötigt werden.[1]   **2**

Im Hinblick auf gerichtliche Entscheidungen ist das **Publizitätsgebot der Gerichte** zu beachten und zugleich, dass die Veröffentlichung von Entscheidungen einen wichtigen Beitrag zur Funktionsfähigkeit der Rechtspflege leistet und die durch eine Veröffentlichung oft angestoßenen Diskussionen zur Rechtsfortbildung beitragen.[2] Die Überlassung von gerichtlichen Entscheidungen kann daher auch an Autoren von Gesetzeskommentaren kostenfrei erfolgen. Dem steht auch nicht das wirtschaftliche Interesse des Verlags entgegen, da das öffentliche Interesse an der Veröffentlichung der Entscheidung überwiegt.[3]   **3**

Ist das überwiegende öffentliche Interesse zu bejahen, sind von dem Antragsteller nicht zu erheben: **4**
- **Beglaubigungsgebühr (Nr. 1400 KV)** für die Beglaubigung von Kopien, Ausdrucken, Auszügen und Dateien (Abs. 1);
- **Dokumenten- und Datenträgerpauschale (Nr. 2000–2002 KV)** für Kopien oder Ausdrucke gerichtlicher Entscheidungen (Abs. 2 S. 1 Nr. 1).

Es handelt sich um eine Ermessensentscheidung („kann"), die durch die Justizbehörde zu treffen ist. Liegt jedoch ein überwiegend öffentliches Interesse vor, kann das Ermessen auf Null reduziert sein, wie etwa bei der Überlassung von gerichtlichen Entscheidungen.[4]   **5**

III. Bekanntmachung in Tageszeitungen (Abs. 2 S. 1 Nr. 2)

Eine Dokumenten- oder Datenträgerpauschale (Nr. 2000–2002 KV) ist nicht zu erheben, wenn Kopien oder Ausdrucke amtlicher Bekanntmachungen anderer Tageszeitungen als den amtlichen Bekanntmachungsblättern auf Antrag zum unentgeltlichen Abdruck überlassen werden (Abs. 2 S. 1 Nr. 2). Die Regelung stellt – anders als Abs. 1, 2 S. 1 Nr. 1 – nicht auf ein überwiegend öffentliches Interesse ab. Soweit Abs. 2 S. 1 Nr. 2 auf den unentgeltlichen Abdruck abstellt, steht dem nicht entgegen, dass für die Tageszeitung als solche ein Entgelt verlangt wird. Es handelt sich um eine Ermessensentscheidung.   **6**

IV. Nicht gewerbliche Nutzung von Daten (Abs. 2 S. 2)

Eine Dokumentenpauschale (Nr. 2000, 2001 KV) ist nicht anzusetzen, wenn die Daten im Internet nicht gewerblich genutzt werden. Erfasst sind Fälle, in denen die Daten zur gewerblichen Nutzung weiterverarbeitet werden, dh nicht ausschließlich zur eigenen Information bestimmt sind, zB durch Einstellung der Daten in eigene Internetseiten oder die Veröffentlichung durch Verlage.[5] Die Regelung soll dem allgemeinen Informationsbedürfnis der Öffentlichkeit Rechnung tragen.[6] Auch wenn die Daten von Freiberuflern wie zB Rechtsanwälten oder Sachverständigen angefordert werden, ist die Anwendung von Abs. 2 S. 2 nicht ausgeschlossen, da die Daten dann nicht unmittelbar Erwerbszwecken dienen.   **7**

Der Ausschluss des Ansatzes der Auslagen nach Nr. 2000, 2001 KV steht bei Vorliegen der Voraussetzungen des Abs. 2 S. 2 nicht im Ermessen der Justizbehörde, was aus dem Wortlaut „keine Dokumentenpau-   **8**

---

1 BT-Drucks 13/9438, S. 10. **2** LG Lüneburg NJW 2010, 881. **3** LG Lüneburg NJW 2010, 881. **4** LG Lüneburg NJW 2010, 881. **5** BT-Drucks 14/6855, S. 23. **6** BT-Drucks 14/6855, S. 22.

schale wird erhoben …" folgt, während in den Fällen der Abs. 1, Abs. 2 S. 1 von der Kostenerhebung abgesehen werden „kann".

9   Die Regelung befreit nur von der Dokumentenpauschale nach Nr. 2000, 2001 KV. Nicht erfasst ist hingegen die Datenträgerpauschale (Nr. 2002 KV), die anzusetzen ist. Von ihrer Erhebung kann aber abgesehen werden, wenn die Voraussetzungen des Abs. 1, 2 S. 1 oder des § 10 erfüllt sind.

§ 12 Nichterhebung von Kosten in bestimmten Fällen

[1]Kosten in den Fällen des § 1 Absatz 3 werden nicht erhoben, wenn auf die Erstattung

1. nach § 75 des Gesetzes über die internationale Rechtshilfe in Strafsachen,
2. nach § 71 des IStGH-Gesetzes oder
3. nach europäischen Rechtsvorschriften oder völkerrechtlichen Vereinbarungen, die besondere Kostenregelungen vorsehen,

ganz oder teilweise verzichtet worden ist. [2]In den in Satz 1 bezeichneten Angelegenheiten wird eine Dokumenten- oder Datenträgerpauschale in keinem Fall erhoben. [3]Das Gleiche gilt für Auslagen nach Nummer 9001 des Kostenverzeichnisses zum Gerichtskostengesetz.

1   Nach **S. 1** werden Kosten nicht erhoben, wenn es sich um ein von § 1 Abs. 3 erfasstes Verfahren wegen des Rechtshilfeverkehrs in strafrechtlichen Angelegenheiten mit dem Ausland, mit einem internationalen Strafgerichtshof oder mit anderen zwischen- und überstaatlichen Einrichtungen einschließlich der gerichtlichen Verfahren handelt und hier auf die Erstattung von Kosten ganz oder teilweise verzichtet worden ist: nach § 75 IRG (**Nr. 1**), nach § 71 IStGH-Gesetz (**Nr. 2**) oder nach europäischen Rechtsvorschriften oder völkerrechtlichen Vereinbarungen, die eine besondere Kostenregelung vorsehen (**Nr. 3**).

2   Ist ein Erstattungsverzicht in den von S. 1 genannten Vorschriften oder völkerrechtlichen Verträgen nicht vorgesehen, sind Kosten zu erheben. Gebühren entstehen nicht, da das Kostenverzeichnis Gebührentatbestände nur für den Rechtshilfeverkehr in zivilrechtlichen Angelegenheiten enthält. Auslagen sind jedoch zu erheben. Die **Sätze 2 und 3** bestimmen jedoch ausdrücklich, dass in den in S. 1 genannten Verfahren der Ansatz einer Dokumenten- oder Datenträgerpauschale (Nr. 2000–2002 KV) in jedem Fall ausgeschlossen ist, auch wenn ein Erstattungsverzicht nicht vorgesehen ist. Gleiches gilt für die nach Nr. 9001 KV GKG iVm Vorbem. 2 KV zu erhebenden Auslagen für Telegramme.

3   Unberührt bleiben wegen § 14 Abs. 2 S. 2 zudem die §§ 57 a, 87 n Abs. 6 IRG, wonach die Kosten der Vollstreckung der Verurteilte bzw Betroffene trägt. Er haftet auch für die Kosten nach dem JVKostG, die für die Vollstreckung anfallen.

§ 13 Nichterhebung von Kosten bei unrichtiger Sachbehandlung

Kosten, die bei richtiger Behandlung der Sache nicht entstanden wären, werden nicht erhoben.

1   Kosten, die bei richtiger Sachbehandlung nicht entstanden wären, werden nicht erhoben. Die Regelung entspricht § 21 Abs. 1 S. 1 GKG, § 20 Abs. 1 S. 1 FamGKG, so dass auf die dort in Rspr und Literatur entwickelten Grundsätze zurückgegriffen werden kann. Eine **unrichtige Sachbehandlung** iSd § 13 liegt daher nur vor, wenn die Justizbehörde gegen eindeutige gesetzliche Normen verstößt und der Verstoß offen zutage tritt oder ein offensichtliches Versehen vorliegt.[1] Hierzu gehören auch offensichtliche und schwere Verfahrensfehler.[2] Daraus folgt, dass nicht jeder Fehler der Justizbehörde zur Nichterhebung der Kosten führt.[3] Insbesondere genügt die bloße Annahme einer irrtümlichen Sachlage oder eine unzutreffende rechtliche Beurteilung nicht.[4] Ein Verschulden der Justizbehörde muss nicht vorliegen.[5] Die Regelung dient auch nicht dazu, Sachentscheidungen der Justizbehörde im Nachhinein auf sachliche Richtigkeit oder Zweckmäßigkeit zu überprüfen.[6]

2   Es müssen **zusätzliche Kosten (Mehrkosten)** entstanden sein, für deren Entstehung die unrichtige Sachbehandlung ursächlich gewesen sein muss. Soweit Gerichtskosten auch bei richtiger Behandlung entstanden wären, scheidet eine Nichterhebung aus.[7]

---

1 OLG Koblenz MDR 2004, 831; OLG Celle OLGR 2004, 342; KG KGR 2005, 27; OLG Brandenburg FamRZ 2007, 162. **2** BGH NJW-RR 2003, 1294. **3** OLG Bamberg JurBüro 1985, 1067. **4** *Mümmler*, JurBüro 1985, 1068. **5** OLG Köln AnwBl 1966, 133. **6** OLG München MDR 1998, 1437; OLG Düsseldorf OLGR 2001, 518; OLG Köln OLGR 2004, 7. **7** OLG Koblenz AnwBl 1990, 43; OLG Nürnberg JurBüro 1989, 1562.

Die Nichterhebung kommt nur in Betracht, wenn ein **Angehöriger der Justizbehörde** tätig geworden ist 3 oder technische Einrichtungen der Justizbehörde fehlerhaft waren.

§ 13 erfasst lediglich die Kosten nach dem JVKostG, dh Gebühren und Auslagen, auch wenn Letztere auf- 4 grund von Vorbem. 2 KV nach dem KV GKG zu erheben sind. Auf **außergerichtliche Kosten** ist die Regelung nicht anwendbar.

Die Anordnung über die Nichterhebung der Kosten ist **von Amts wegen** zu treffen. Liegt unrichtige Sachbe- 5 handlung vor, hat eine Anordnung zwingend zu ergehen, da insoweit kein Ermessen besteht.[8]

Der Kostenschuldner kann auch einen **Antrag** auf Anordnung der Nichterhebung stellen, der aber lediglich 6 einer **Anregung** gleichkommt.[9] Eine solche Anregung stellt einen besonderen Rechtsbehelf dar, der als Einwendung gegen den Kostenansatz nach § 22 zu behandeln ist.

Abschnitt 4
Kostenhaftung

§ 14 Amtshandlungen auf Antrag

(1) Die Kosten für Amtshandlungen, die auf Antrag durchgeführt werden, schuldet, wer den Antrag gestellt hat, soweit nichts anderes bestimmt ist.

(2) [1]Absatz 1 gilt nicht in den in § 12 Satz 1 bezeichneten Angelegenheiten für den Verfolgten oder Verurteilten sowie im Schlichtungsverfahren nach § 57 a des Luftverkehrsgesetzes. [2]Die §§ 57 a und 87 n Absatz 6 des Gesetzes über die internationale Rechtshilfe in Strafsachen bleiben unberührt.

I. Amtshandlungen (Abs. 1)

1. Antragshaftung. Abs. 1 S. 1 ordnet an, dass die Kosten für Amtshandlungen, die auf Antrag durchge- 1 führt werden, derjenige schuldet, der den Antrag gestellt hat. Er wird kraft Gesetzes zum Antrags- und Kostenschuldner, so dass es keiner ausdrücklichen Kostenentscheidung der Justizbehörde bedarf.

Als **Antragsteller** iSd § 14 gilt, wer das Verfahren durch einen Antrag in Gang setzt. Vertreter, die nur im 2 Interesse anderer handeln, werden nicht zum Antragsschuldner.

Die Anträge von **gewillkürten Vertretern** verpflichten im Rahmen der erteilten Vollmacht den Vertretenen 3 unmittelbar, so dass Antragsschuldner nicht der Vertreter, sondern der Vertretene selbst wird. Etwas anderes gilt aber, wenn der Vertreter ohne Vertretungsmacht handelt, da seine Handlungen gegen den Vertretenen nur wirken, wenn dieser sie genehmigt. Wird die Genehmigung nicht erteilt, wird der Vertreter alleiniger Antragsschuldner, ohne dass es einer gerichtlichen Kostenentscheidung bedarf.[1] **Rechtsanwälte** sind gesetzliche Vertreter und haften nicht persönlich als Antragsschuldner.

Mehrere Antragsteller haften als Gesamtschuldner, soweit sich ihre Anträge auf denselben Gegenstand be- 4 ziehen (§ 19).

Antrag iSd Abs. 1 ist jede Handlung, durch die das Verfahren vor der Justizbehörde in Gang gesetzt wird, 5 also insb. die Antragsschrift. Konkludentes Handeln des Antragstellers genügt, zB wenn sich aus dem eingereichten Schriftsatz ergibt, dass eine Tätigkeit der Justizbehörde gewollt ist. Auch unwirksame oder unzulässige Anträge lösen die Antragshaftung aus.

2. Ausnahmen von der Antragshaftung. Der Grundsatz der Antragshaftung gilt nicht, wenn etwas anderes 6 bestimmt ist (Abs. 1 aE). Abweichende Regelungen bestehen für: bestimmte Rechtshilfesachen in Strafsachen (Abs. 2); Gebühren für den Datenabruf aus einem Register oder dem Grundbuch (§ 15); Schutzschriftenregister (§ 15 a); Jahresgebühren für die Führung des Unternehmensregisters (§ 16); die Gebühr für die Mahnung nach § 5 Abs. 2 JBeitrO (§ 17).

II. Rechtshilfeverkehr in Strafsachen (Abs. 2)

1. Ausschluss der Antragshaftung (Abs. 2 S. 1). Nach Abs. 2 S. 1 besteht keine Antragshaftung in den von 7 § 12 S. 1 erfassten Verfahren für den Verfolgten oder Verurteilten. Erfasst ist der **Rechtshilfeverkehr in Strafsachen mit dem Ausland**, einem internationalen Strafgerichtshof oder mit anderen zwischen- und überstaatlichen Einrichtungen, wenn in diesen Verfahren auf die Kostenerstattung nach § 75 IRG, § 71 IStGH-Gesetz oder nach europäischen Rechtsvorschriften oder völkerrechtlichen Vereinbarungen, die besondere

---

8 HK-FamGKG/N. *Schneider*, § 20 Rn 11. **9** HK-FamGKG/N. *Schneider*, § 20 Rn 30. **1** FG Baden-Württemberg EFG 1993, 743.

Kostenregelungen vorsehen, ganz oder teilweise verzichtet worden ist. Abs. 1 gilt auch nicht in den **Schlichtungsverfahren nach § 57 a LuftVG** (→ Nr. 1220–1222 KV Rn 4, 6).

8   **2. Vollstreckungskosten (Abs. 2 S. 2).** Unberührt bleiben §§ 57 a und 87 n Abs. 6 IRG, die jedoch keine Antragshaftung, sondern die Haftung für Kosten der Vollstreckung regeln.

9   **a) Ausländische Entscheidungen.** § 57 a IRG regelt die Kosten, die deutschen Behörden für die Vollstreckung ausländischer Entscheidungen entstehen. Erfasst sind nur die Vollstreckungskosten, während die Durchführung des Exequaturverfahrens sowie das vorausgehende Rechtshilfeverfahren, einschließlich der im Zusammenhang mit der Überstellung aus dem Ausland anfallenden Kosten der Vollstreckungsbehörde (zB Reise- und Personalkosten), kostenfrei bleiben.[2] Die Regelung soll daher sicherstellen, dass von dem Verurteilten auch im Rahmen der Vollstreckung einer ausländischen Entscheidung diejenigen Kosten erhoben werden können, für die das nationale Recht bei der Vollstreckung inländischer Erkenntnisse Kostentatbestände vorsieht.[3]

10   Erfasst sind daher insb. die Kosten für die Vollstreckung

-   von **Freiheitsstrafen.** Die Regelung erfolgt durch Landesgesetze (→ § 25 Rn 7).
-   der **Unterbringung in einem psychiatrischen Krankenhaus oder in einer Entziehungsanstalt.** Nach § 138 Abs. 2 StVollzG bzw den bereits erlassenen Landesregelungen kann ein Kostenbeitrag erhoben werden.
-   von **Geldstrafen und Nebenfolgen, die zu einer Geldzahlung verpflichten.** Es können Vollstreckungskosten eingezogen werden, die aufgrund §§ 459, 459 g Abs. 2 StPO nach der JBeitrO zu erheben sind. Danach können für die Pfändung von Forderungen oder anderen Vermögensrechten Kosten nach dem GKG, für Maßnahmen der Vollziehungsbeamten Kosten nach dem GvKostG eingezogen werden (§ 11 JBeitrO).
-   von **Verfall, Einziehung oder Unbrauchbarmachung.** Es gilt wegen § 459 g Abs. 1 S. 2 StPO die JBeitrO.
-   einer **Bußgeldentscheidung.** Es gilt die JBeitrO (§ 459 StPO, § 91 OWiG). Hätte eine deutsche Verwaltungsbehörde nach § 92 OWiG einen rechtskräftigen Bußgeldbescheid zu vollstrecken, bestimmen sich die Vollstreckungskosten hingegen nach § 337 Abs. 1, §§ 338–346 AO (§ 90 Abs. 1 OWiG, § 19 VwVG). Zu Geldbußen aufgrund der in EU-Mitgliedstaaten ergangenen Entscheidungen → Rn 11.

11   **b) Entscheidungen aus EU-Mitgliedstaaten.** § 87 n Abs. 6 IRG erfasst die Fälle, in denen die Entscheidung eines EU-Mitgliedstaates wegen einer Geldstrafe oder Geldbuße nach Rahmenbeschluss 2005/214/JI des Rates vom 24.2.2005 (ABl. L 76 vom 22.3.2005, S. 16) in Deutschland vollstreckt wird. Danach sind die Kosten der Vollstreckung von dem Betroffenen zu tragen. Er ist daher so zu stellen, als wenn gegen ihn eine inländische Entscheidung vollstreckt werden müsste.[4] Andere Kosten als solche der Vollstreckung werden nicht erfasst.

§ 15 Datenabruf aus einem Register oder dem Grundbuch

[1]Die Gebühren für den Abruf von Daten oder Dokumenten aus einem Register oder dem Grundbuch schuldet derjenige, der den Abruf tätigt. [2]Erfolgt der Abruf unter einer Kennung, die aufgrund der Anmeldung zum Abrufverfahren vergeben worden ist, ist Schuldner der Gebühren derjenige, der sich zum Abrufverfahren angemeldet hat.

1   Die Vorschrift erfasst die Gebühren, die für den Abruf von Daten oder Dokumenten aus einem Register oder dem Grundbuch entstehen. Umfasst sind daher nur die Gebühren nach Nr. 1140, 1141, 1151, 1152 KV.

2   Die Gebühren für den Abruf von Daten oder Dokumenten aus einem Register oder dem Grundbuch schuldet derjenige, der den Abruf tätigt (S. 1). Erfolgt der Abruf hingegen unter einer Kennung, die aufgrund der Anmeldung zum Abrufverfahren vergeben worden ist, ist Kostenschuldner derjenige, der sich zum Abrufverfahren angemeldet hat (S. 2).

§ 15 a Schutzschriftenregister

[1]Die Gebühr für die Einstellung einer Schutzschrift schuldet derjenige, der die Schutzschrift eingereicht hat.

---

2 BT-Drucks 16/12320, S. 28.   **3** BT-Drucks 16/12320, S. 28.   **4** BT-Drucks 17/1288, S. 34.

Die Regelung bestimmt, wer Kostenschuldner der Gebühr Nr. 1160 KV, die für die Einstellung einer 1
Schutzschrift in das Schutzschriftenregister (§ 945 Abs. 1 S. 1 ZPO) iHv 83 € entsteht, ist. Danach ist Kostenschuldner dieser Gebühr derjenige, der die Schutzschrift bei dem Schutzschriftenregister eingereicht hat. Siehe näher die Erl. zu Nr. 1160 KV.

§ 16 Unternehmensregister

Die Jahresgebühr für die Führung des Unternehmensregisters schuldet

1. jedes Unternehmen, das seine Rechnungslegungsunterlagen im Bundesanzeiger bekannt zu machen hat oder beim Betreiber des Bundesanzeigers zur Hinterlegung eingereicht hat, und
2. jedes Unternehmen, das in dem betreffenden Kalenderjahr nach § 8 b Absatz 2 Nummer 9 und 10, Absatz 3 Satz 1 Nummer 2 des Handelsgesetzbuchs selbst oder durch einen von ihm beauftragten Dritten Daten an das Unternehmensregister übermittelt hat.

§ 16 regelt als Sonderbestimmung zu § 14 Abs. 1 eine besondere Kostenhaftung für die Jahresgebühren 1
nach Nr. 1120–1122 KV. Auf andere Kosten ist die Vorschrift nicht anwendbar. Zur Haftung s. ausf. →
Nr. 1120–1124 KV Rn 11 ff.

§ 16 a Behördliche Schlichtung nach § 57 a des Luftverkehrsgesetzes

Die Gebühr 1220 des Kostenverzeichnisses schuldet nur das Luftfahrtunternehmen.

Die Regelung bestimmt, wer Kostenschuldner der Gebühr Nr. 1220 KV ist. Siehe dazu → Nr. 1220–1222 1
KV Rn 4.

§ 17 Mahnung bei der Forderungseinziehung nach der Justizbeitreibungsordnung

Die Gebühr für die Mahnung bei der Forderungseinziehung schuldet derjenige Kostenschuldner, der nach § 5 Absatz 2 der Justizbeitreibungsordnung besonders gemahnt worden ist.

Erfasst ist die Gebühr Nr. 1403 KV für die Mahnung nach § 5 Abs. 2 JBeitrO. Für andere Kosten gilt die 1
Haftungsregelung nicht, insb. dann nicht, wenn im Rahmen der Beitreibung nach der JBeitrO Vollstreckungsmaßnahmen durch die Gerichte oder Vollziehungsbeamte durchgeführt werden, da sich die Haftung für solche Kosten nach dem GKG bzw GvKostG bestimmt (§ 11 JBeitrO). Die Regelung gilt auch dann, wenn der Schuldner im Rahmen eines Verfahrens nach der EBAO entsprechend § 5 Abs. 2 JBeitrO gemahnt wird.

Kostenschuldner für die Gebühr Nr. 1403 KV ist derjenige, der nach § 5 Abs. 2 JBeitrO besonders gemahnt 2
wird. Einen anderen Kostenschuldner gibt es nicht.

§ 18 Weitere Fälle der Kostenhaftung

Die Kosten schuldet ferner derjenige,

1. dem durch eine Entscheidung der Justizbehörde oder des Gerichts die Kosten auferlegt sind,
2. der sie durch eine vor der Justizbehörde abgegebene oder ihr mitgeteilten Erklärung übernommen hat und
3. der nach den Vorschriften des bürgerlichen Rechts für die Kostenschuld eines anderen kraft Gesetzes haftet.

I. Allgemeines

Die Vorschrift bestimmt in Ergänzung zu den §§ 14–17 weitere Kostenschuldner, wobei mit dem Wortlaut 1
„ferner" klargestellt wird, dass diese zu den übrigen Schuldnern hinzutreten, so dass eine aufgrund anderer Regelungen bestehende Haftung unberührt bleibt. Sind noch andere Kostenschuldner vorhanden, besteht gesamtschuldnerische Haftung (§ 19).

II. Entscheidungsschuldner (Nr. 1)

2   Kostenschuldner ist ferner derjenige, dem durch Entscheidung der Justizbehörde oder des Gerichts die Kosten auferlegt sind (Nr. 1). Erfasst sind insb. die Schuldner nach § 335 Abs. 3 S. 2 HGB, wenn ihnen das Bundesamt für Justiz die Kosten des Ordnungsgeldverfahrens auferlegt sowie die Kostenentscheidung des Beschwerde- oder Rechtsbeschwerdegerichts (§ 335 a Abs. 2, 3 HGB). Mit Erlass der Kostenentscheidung werden die Kosten fällig (§ 6 Abs. 1 S. 2); sie können dann sofort eingezogen werden, da auch der Einspruch des Betroffenen keine aufschiebende Wirkung hat (§ 335 Abs. 3 S. 4 HGB).

3   Wird die Kostenentscheidung aufgehoben, weil der Einspruch des Betroffenen erfolgreich war (§ 335 Abs. 3 S. 5 HGB), erlöscht die Entscheidungshaftung nachträglich. Bereits gezahlte Kosten sind zurückzuzahlen, wenn nicht noch eine Haftung aufgrund anderer Haftungsregelungen besteht.

III. Übernahmeschuldner (Nr. 2)

4   Für die Kosten haftet auch derjenige, der sie in einer vor der Justizbehörde abgegebenen oder der Justizbehörde mitgeteilten Erklärung übernimmt (Nr. 2). Auch ein bevollmächtigter Rechtsanwalt kann Übernahmeschuldner werden. Gleiches gilt für Dritte, auch wenn sie nicht am Verfahren beteiligt waren.

5   Es handelt es sich um eine einseitige Erklärung, deren Abgabe Verfahrenshandlung ist. Sie kann nach Abgabe oder Zugang bei der Justizbehörde nicht mehr widerrufen oder wegen Irrtums oder Täuschung angefochten werden,[1] da gegenüber der Staatskasse mit Zugang oder Abgabe eine rechtsbegründende selbständige Verbindlichkeit entsteht.[2]

6   An die Erklärung sind keine besonderen Anforderungen gestellt, jedoch muss sie eindeutig sein. Der Zugang bei der Justizbehörde muss mit dem Willen des Übernehmenden erfolgen; gelangt sie gegen dessen Willen oder nur zufällig zur Justizbehörde, wird keine Haftung nach Nr. 2 begründet. Wird Kostenübernahme unter einer Bedingung erklärt, wird sie erst mit deren Eintritt wirksam.

7   Da eine Frist für die Abgabe nicht besteht, kann die Erklärung auch noch nach Beendigung der Amtshandlung abgegeben werden. Kosten einer bereits abgeschlossenen Amtshandlung sind jedoch nur erfasst, wenn sie ausdrücklich in die Erklärung aufgenommen werden oder es hierfür ausreichende Anhaltspunkte gibt.

8   Eine Kostenhaftung tritt im Umfang der abgegebenen Übernahmeerklärung ein.

IV. Haftung für einen anderen kraft Gesetzes (Nr. 3)

9   Wer für einen anderen kraft Gesetzes haftet – gleichgültig, ob aufgrund bürgerlicher oder öffentlich-rechtlicher Grundlage –, ist als Kostenschuldner nach Nr. 3 heranzuziehen. Die Haftung muss jedoch in einer gesetzlichen Vorschrift begründet sein, aus der sich eine Haftung gegenüber einem Dritten ergibt. Die bloße Bestimmung von schuldrechtlichen Pflichten oder eine nur mittelbare Haftung genügt nicht,[3] zB eine im Innenverhältnis bestehende Ausgleichspflicht. Besteht lediglich ein Vertragsverhältnis, kann auch daraus keine Haftung nach Nr. 3 abgeleitet werden, so dass eine Versicherung trotz § 150 VVG nicht zum Kostenschuldner wird.[4] Auch wer in einem Vertrag die Kostenhaftung übernimmt, wird nicht zum Schuldner nach Nr. 3, jedoch kann dann Nr. 2 eingreifen. Die kraft Gesetzes für andere bestehende Haftung kann nicht zum Nachteil der Staatskasse durch Vertrag ausgeschlossen werden.

10   Haftung nach Nr. 3 tritt kraft Gesetzes ein, so dass es keines besonderen Kostenausspruchs oder Titels bedarf.[5] Der Schuldner nach Nr. 3 kann deshalb durch die Staatskasse direkt in Anspruch genommen werden. Die Feststellung eines Schuldners nach Nr. 3 obliegt dem Kostenbeamten (§ 7 Abs. 1 KostVfg). Der Schuldner nach Nr. 3 kommt für die Kosten nur in dem Umfang auf, wie auch der ursächliche Kostenschuldner haftet.

11   Zu den einzelnen Anwendungsfällen vgl die Erl. zu den inhaltsgleichen Regelungen des § 29 Nr. 3 GKG, § 24 Nr. 3 FamGKG und § 27 Nr. 3 GNotKG.

§ 19 Mehrere Kostenschuldner

Mehrere Kostenschuldner haften als Gesamtschuldner.

---

1 OLG Düsseldorf NJW-RR 1997, 826. **2** *Oestreich/Hellstab/Trenkle*, GKG § 29 Rn 28. **3** *Hartmann*, KostG, § 29 GKG Rn 21. **4** *Meyer*, GKG § 29 Rn 23; *Oestreich/Hellstab/Trenkle*, GKG § 29 Rn 41. **5** OLG Schleswig SchlHA 1984, 167.

NK-GK/*H. Schneider*

I. Gesamtschuldnerische Haftung

Mehrere Kostenschuldner haften als Gesamtschuldner. Eine solche Haftung tritt ein, wenn mehrere Perso- 1
nen aufgrund verschiedener oder derselben Regelung für denselben Kostenbetrag haften, zB mehrere Antrags- (§ 14 Abs. 1) oder Entscheidungsschuldner (§ 18 Nr. 1).

Auf die gesamtschuldnerische Haftung sind §§ 421 ff BGB anzuwenden. Nach § 421 S. 1 BGB kann die 2
Staatskasse die Kosten nach ihrem Belieben von jedem der Schuldner ganz oder zu einem Teil fordern. Bis
zur Bewirkung der ganzen Leistung bleiben sämtliche Schuldner verpflichtet (§ 421 S. 2 BGB).

II. Reihenfolge der Inanspruchnahme

Obwohl das JVKostG keine gesetzliche Reihenfolge für die Inanspruchnahme der Gesamtschuldner vor- 3
sieht, insb. gibt es keinen Erst- und Zweitschuldner, wird der allgemeine Grundsatz des § 421 S. 1 BGB
durch **§ 8 Abs. 4 KostVfg** eingeschränkt, der auch auf § 19 anzuwenden ist.

Danach hat der Kostenbeamte nach pflichtgemäßem Ermessen zu entscheiden, ob die Kosten von einem 4
Schuldner ganz oder von mehreren nach Kopfteilen angefordert werden (§ 7 Abs. 2, § 8 Abs. 4 S. 1
KostVfg). Eine solche Anordnung lässt das Innenverhältnis unberührt.[1]

Bei der Frage, ob nach **Kopfteilen** anzufordern ist, kann nach § 8 Abs. 4 S. 2 Nr. 5 KostVfg auch berück- 5
sichtigt werden, ob einer der Gesamtschuldner zur Zahlung überhaupt nicht oder nur in Teilbeträgen in der
Lage ist; hierfür genügt die Annahme der Zahlungsunfähigkeit.

Eine **Reihenfolge** der Inanspruchnahme gibt § 8 Abs. 4 KostVfg nicht vor. Es ist bei der Frage, ob eine Inan- 6
spruchnahme nach Kopfteilen überhaupt erfolgen soll, jedoch zu berücksichtigen (§ 8 Abs. 4 S. 2 Nr. 1–5
KostVfg):

- welcher Kostenschuldner die Kosten im Verhältnis zu den übrigen endgültig zu tragen hat,
- der Verwaltungsaufwand, der durch die Inanspruchnahme nach Kopfteilen entsteht,
- ob bei einer Verteilung nach Kopfteilen Kleinbeträge oder unter der Vollstreckungsgrenze liegende Beträge anzusetzen wären,
- ob die Kostenschuldner in Haushaltsgemeinschaft leben,
- ob anzunehmen ist, dass einer der Gesamtschuldner nicht zur Zahlung oder nur zu Teilzahlungen in der Lage ist.

III. Einwendungen

Jeder in Anspruch genommene Schuldner kann nach § 22 S. 1 einwenden, dass das Ermessen des § 8 Abs. 4 7
KostVfg nicht richtig ausgeübt wurde.[2] Da das Aufstellen verwaltungsinterner Vorschriften und ihre ständige Befolgung eine Selbstbindung der Behörde bewirken, die ihr Ermessen einschränkt und sie nach dem
Gleichheitsgrundsatz (Art. 3 Abs. 1 GG) verpflichtet, im Einzelfall diese Vorschriften zu befolgen und bei
der geübten Praxis zu bleiben, stellt das Abweichen von § 8 Abs. 4 KostVfg einen Ermessensfehler dar, der
die Verfügung rechtswidrig machen kann.[3] Der Kostenansatz ist aber nur dann als rechtswidrig abzuändern
bzw aufzuheben, wenn die gesetzlichen Grenzen des Ermessens überschritten sind oder aber von dem Ermessen in einer den Zwecken der Ermächtigung nicht entsprechenden Weise Gebrauch gemacht wurde.[4]

Abschnitt 5
Öffentlich-rechtlicher Vertrag

§ 20 Übermittlung gerichtlicher Entscheidungen

(1) Für die Übermittlung gerichtlicher Entscheidungen in Form elektronisch auf Datenträgern gespeicherter
Daten kann durch öffentlich-rechtlichen Vertrag anstelle der zu erhebenden Auslagen eine andere Art der
Gegenleistung vereinbart werden, deren Wert den ansonsten zu erhebenden Auslagen entspricht.

(2) Werden neben der Übermittlung gerichtlicher Entscheidungen zusätzliche Leistungen beantragt, insbesondere eine Auswahl der Entscheidungen nach besonderen Kriterien, und entsteht hierdurch ein nicht unerheblicher Aufwand, so ist durch öffentlich-rechtlichen Vertrag eine Gegenleistung zu vereinbaren, die zur
Deckung der anfallenden Aufwendungen ausreicht.

---

1 OLG Düsseldorf JurBüro 2004, 605. **2** OLG Koblenz Rpfleger 1988, 384; OLG Hamm 18.1.2007 – 3 W 154/06, juris.
3 OLG Koblenz Rpfleger 1988, 384; KG MDR 2002, 1276. **4** OLG Frankfurt JurBüro 1982, 585.

(3) Werden Entscheidungen für Zwecke verlangt, deren Verfolgung überwiegend im öffentlichen Interesse liegt, so kann auch eine niedrigere Gegenleistung vereinbart oder auf eine Gegenleistung verzichtet werden.

I. Übermittlung gerichtlicher Entscheidungen (Abs. 1)

1   Werden gerichtliche Entscheidungen in elektronischer Form auf Datenträger übermittelt, kann anstelle der hierfür zu erhebenden Auslagen, insb. Nr. 2000–2002 KV, eine andere Art der Gegenleistung vereinbart werden, deren Wert den ansonsten zu erhebenden Auslagen entspricht (Abs. 1). Die Vorschrift ist nur anwendbar, wenn es sich um die Übermittlung **gerichtlicher Entscheidungen** handelt; auf andere Dokumente ist sie nicht anwendbar. Für die für wissenschaftliche Forschungsvorhaben aus den Registern des Bundesamts für Justiz zu erteilenden Auskünften gilt § 21.

2   Der **Wert der Gegenleistung** muss dem Wert der für die Übermittlung zu erhebenden Auslagen entsprechen. Es kann zB eine Nutzung der mit Hilfe der übermittelten Daten geschaffenen Produkte wie Datenbanken vereinbart werden. Da jedoch die Übersendung elektronischer Dokumente weit verbreitet ist, wurde bereits die damalige Regelung des § 7 a JVKostO, dem § 20 entspricht, geändert und zugleich wurden Auslagentatbestände für die Übermittlung elektronischer Dokumente geschaffen, die nunmehr in Nr. 2000 Nr. 2 KV enthalten sind. Damit soll zugleich klargestellt werden, dass eine Gegenleistung iSd § 20 in Justizverwaltungsangelegenheiten nur noch in den Fällen vereinbart werden soll, in denen über den Antrag auf Übermittlung gerichtlicher Entscheidungen hinaus aufwändige Leistungen vereinbart werden.[1]

3   Über die Gegenleistung ist ein **öffentlich-rechtlicher Vertrag** abzuschließen. Es gelten die §§ 54–62 VwVfG. Bei der Vereinbarung der Gegenleistung ist daher zwingend § 56 Abs. 1 S. 2 VwVfG zu beachten, so dass die Gegenleistung den gesamten Umständen nach angemessen sein und im sachlichen Zusammenhang mit der vertraglichen Leistung der Behörde stehen muss. Lässt sich die Behörde eine nach § 56 Abs. 1 S. 2 VwVfG unzulässige Gegenleistung versprechen, ist der Vertrag nichtig (§ 59 Abs. 2 Nr. 4 VwVfG).

II. Zusätzliche Leistungen (Abs. 2)

4   Eine Gegenleistung ist regelmäßig dann durch öffentlich-rechtlichen Vertrag zu vereinbaren, wenn neben der Übermittlung gerichtlicher Entscheidungen zusätzliche Leistungen beantragt werden, durch die ein nicht unerheblicher Aufwand entsteht. Hierzu gehört zB die Auswahl der Entscheidung nach besonderen Kriterien. Nicht erfasst ist aber die Übermittlung einzelner Entscheidungen, auch wenn diese anonymisiert werden müssen.

III. Öffentliches Interesse (Abs. 3)

5   Werden die Entscheidung überwiegend im öffentlichen Interesse angefordert, kann in den nach Abs. 1, 2 abzuschließenden öffentlich-rechtlichen Verträgen eine **niedrigere Gegenleistung** vereinbart werden, auch wenn sie den entstandenen Aufwand nicht abdeckt. Es kann aber auch ganz auf eine Gegenleistung **verzichtet** werden. Werden die Entscheidungen ausschließlich für kommerzielle Zwecke benötigt, ist im Regelfall nicht von einem überwiegend öffentlichen Interesse auszugehen.

§ 21 Auskunft für wissenschaftliche Forschungsvorhaben

[1]Erfordert die Erteilung einer Auskunft für wissenschaftliche Forschungsvorhaben aus den vom Bundesamt für Justiz geführten Registern einen erheblichen Aufwand, ist eine Gegenleistung zu vereinbaren, welche die notwendigen Aufwendungen deckt. [2]§ 10 ist entsprechend anzuwenden.

1   Für Auskünfte, die für wissenschaftliche Forschungsvorhaben erteilt werden (§ 42 a BZRG), kann durch das Bundeszentralregister eine Gegenleistung vereinbart werden. Die Vorschrift umfasst sämtliche Auskünfte nach § 42 a BZRG, so dass sie neben dem Zentral- auch das Erziehungs- und Gewerbezentralregister umfasst.[1]

2   Die Gegenleistung kann in der Zahlung von Geld bestehen. Insoweit ist der Gesetzgeber auch ausdrücklich davon ausgegangen, „dass wissenschaftliche Einrichtungen über entsprechende finanzielle Mittel verfügen".[2]

3   S. 2 bestimmt, dass § 10 entsprechend anzuwenden ist. Um Unbilligkeiten zu vermeiden, kann daher durch das Bundeszentralregister eine geringere Gegenleistung vereinbart oder ganz auf eine Gegenleistung verzich-

---

1 BT-Drucks 14/6855, S. 17.   1 BT-Drucks 14/6814, S. 18.   2 BT-Drucks 14/6814, S. 18.

tet werden, wenn dies mit Rücksicht auf die wirtschaftlichen Verhältnisse des Kostenschuldners oder aus Billigkeitsgründen geboten erscheint.

Abschnitt 6
Rechtsbehelf und gerichtliches Verfahren

§ 22 Einwendungen und gerichtliches Verfahren

(1) [1]Über Einwendungen gegen den Ansatz der Kosten oder gegen Maßnahmen nach den §§ 8 und 9 entscheidet das Amtsgericht, in dessen Bezirk die Justizbehörde ihren Sitz hat. [2]Für das gerichtliche Verfahren sind die §§ 5 a, 5 b, 66 Absatz 2 bis 8, die §§ 67 und 69 a des Gerichtskostengesetzes entsprechend anzuwenden.

(2) Betreffen gerichtliche Verfahren nach Absatz 1 Justizverwaltungsangelegenheiten der Vorstände der Gerichte der Verwaltungs-, Finanz-, Sozial- und Arbeitsgerichtsbarkeit, in denen Kosten nach landesrechtlichen Vorschriften erhoben werden, entscheidet anstelle des Amtsgerichts das Eingangsgericht der jeweiligen Gerichtsbarkeit, in dessen Bezirk die Behörde ihren Sitz hat.

I. Allgemeines

Gegen den Ansatz der Kosten können Einwendungen erhoben und eine gerichtliche Entscheidung herbeigeführt werden. Es handelt sich um einen **eigenständigen Rechtsbehelf.** Neben den Einwendungen kann auch stets Dienstaufsichtsbeschwerde eingelegt werden. § 30 a EGGVG gilt nicht.   **1**

II. Einwendungen gegen den Kostenansatz (Abs. 1 S. 1)

1. Gegenstand der Einwendungen. Die Einwendungen können sich richten **gegen:** den Kostenansatz; die Anforderung von Vorschüssen (§ 8 Abs. 1); die Anordnung der Abhängigmachung von der Vorschusszahlung (§ 8 Abs. 2); die Ausübung des Zurückbehaltungsrechts (§ 9).   **2**

Die vorgetragenen Einwendungen können insb. folgende **Aspekte** betreffen: die Berechnung der Kosten ihrer Höhe nach; die Richtigkeit der angesetzten Gebühren und Auslagen; die Nichtbeachtung der Fälligkeitsregelungen (§§ 6, 7); die Verjährung der Kosten (§ 5); die Feststellung der Kostenschuldner und die Reihenfolge ihrer Inanspruchnahme; dass eine unrichtige Sachbehandlung (§ 13) vorliegt; dass Gebühren- oder Kostenfreiheit besteht (§§ 2, 3). Wegen der einzelnen Einwendungen s. auch die Erl. zu § 66 GKG, § 57 FamGKG und § 81 GNotKG.   **3**

Auch im Rahmen des **Beitreibungsverfahrens** sind Einwendungen, die den beizutreibenden Anspruch selbst, die Haftung des Kostenschuldners oder die Verpflichtung zur Duldung der Vollstreckung betreffen, nach den Vorschriften über die Erinnerung geltend zu machen (§ 8 Abs. 1 S. 1 JBeitrO), so dass nach § 22 vorzugehen ist. Werden jedoch Einwendungen nach §§ 781–784, 786 ZPO erhoben, ist nach §§ 767, 769, 770 ZPO vorzugehen (§ 8 Abs. 2 S. 1 JBeitrO).   **4**

2. Zuständigkeit. Über die Einwendungen gegen den Kostenansatz oder Maßnahmen nach §§ 8, 9 entscheidet das Amtsgericht, in dessen Bezirk die Justizbehörde ihren Sitz hat. Für die Fachgerichtsbarkeiten gilt Abs. 2 (→ Rn 24). Die Entscheidung trifft das Gericht, so dass es sich um einen Akt der Rechtsprechung, nicht um einen Justizverwaltungsakt handelt.   **5**

3. Einwendungsberechtigter. Einwendungen kann jeder vorbringen, der nach den §§ 14 ff für die Kosten haftet, jedoch muss die Kostenrechnung bereits übersandt und zur Zahlung der Kosten aufgefordert worden sein. Auch die Staatskasse kann Einwendungen erheben, jedoch regelmäßig nur, wenn wegen der grundsätzlichen Bedeutung der Sache keine Anordnung im Verwaltungswege getroffen werden soll (§ 38 Abs. 1 KostVfg). Die Person, welche die Einwendungen vorbringt, muss **beschwert** sein, wobei sich die Beschwer auf Teile des Kostenansatzes beschränken kann.   **6**

4. Frist und Form. Die Einwendungen sind **nicht fristgebunden.** Sie können jedoch – wie auch die Erinnerung nach § 66 GKG, § 57 FamGKG, § 81 GNotKG – **verwirkt** sein,[1] allerdings müssen hierfür zu dem Zeitablauf weitere Gründe hinzutreten.   **7**

Die Einwendungen sind schriftlich vorzubringen oder zu Protokoll der Geschäftsstelle zu erklären (§ 66 Abs. 5 S. 1 GKG iVm § 22 Abs. 1 S. 2). Eine anwaltliche Mitwirkung ist nicht erforderlich. Einer Begründung bedarf die Erinnerung nicht.   **8**

---

1 Binz/Dörndorfer/*Zimmermann*, § 66 GKG Rn 24; *Meyer*, GKG § 66 Rn 4.

9   Die Einwendungen sind bei dem Amtsgericht einzureichen, das über die Einwendungen zu entscheiden hat (§ 66 Abs. 5 S. 3 GKG iVm § 22 Abs. 1 S. 2).

10   **5. Abhilferecht.** Nach Erhebung der Einwände hat der Kostenbeamte zu prüfen, ob er abhilft und den Kostenansatz berichtigt. Ein Abhilferecht besteht nicht, wenn die Kosten aufgrund einer Beanstandung des Prüfungsbeamten angesetzt waren, da die Akten dann stets dem Prüfungsbeamten vorzulegen sind. Soweit der Kostenbeamte nicht oder nicht vollständig abhelfen will, hat er die Akten dem Prüfungsbeamten vorzulegen (§ 28 Abs. 2 KostVfg). Der Prüfungsbeamte kann gem. § 38 Abs. 2 KostVfg anordnen, dass der Kostenansatz im Verwaltungswege zu berichtigen ist, wenn insoweit noch keine gerichtliche Entscheidung ergangen war, oder die Akten unverzüglich dem nach § 22 Abs. 1 S. 1 zuständigen Gericht zur Entscheidung über die Einwendungen vorzulegen sind.

11   **6. Rechtliches Gehör.** Vor einer Entscheidung hat das Gericht sowohl dem Kostenschuldner als auch dem Vertreter der Staatskasse rechtliches Gehör zu gewähren (Art. 103 Abs. 1 GG). Bei einer Nichtgewährung findet unter den Voraussetzungen des § 69 a GKG iVm § 22 Abs. 1 S. 2 die Anhörungsrüge statt.

12   **7. Verschlechterungsverbot.** Hat der Kostenschuldner selbst die Einwendungen vorgebracht, kann der Kostenansatz nicht zu seinem Nachteil geändert werden. Unberührt davon bleibt aber das Erinnerungsrecht der Staatskasse.

13   **8. Keine aufschiebende Wirkung.** Die Einwendungen besitzen keine aufschiebende Wirkung (§ 66 Abs. 7 S. 1 GKG iVm § 22 Abs. 1 S. 2), so dass sie zunächst nicht von der Zahlung der Kosten befreien. Das nach Abs. 1 S. 1 zuständige Gericht kann jedoch die aufschiebende Wirkung für den Gesamt- oder einen Teilbetrag auf Antrag oder von Amts wegen anordnen. Es handelt sich um eine Ermessensentscheidung des Gerichts.[2] Die Anordnung setzt voraus, dass dem Kostenschuldner andernfalls unersetzbare Nachteile drohen oder die vorläufige Begleichung der Kostenrechnung aus einem sonstigen Grunde unzumutbar erscheint.[3] Die bloße Auffassung, dass die Kostenrechnung fehlerhaft ist, genügt nicht. Die Entscheidung über die Anordnung ist unanfechtbar.[4]

III. Beschwerde gegen die Entscheidung des Amtsgerichts über die Einwendungen

14   **1. Statthaftigkeit.** Gegen die Entscheidung des Amtsgerichts über die Einwendungen findet die Beschwerde statt (§ 22 Abs. 1 S. 2 iVm § 66 Abs. 2 GKG), wenn der **Beschwerdewert 200 €** übersteigt oder die **Zulassung der Beschwerde** erfolgt ist.

15   Der **Beschwerdewert** errechnet sich aus der Differenz zwischen dem aufgrund der angegriffenen Entscheidung zu zahlenden Kostenbetrag und dem angestrebten Zahlbetrag. Liegen mehrere Beschwerden von verschiedenen Beteiligten vor (zB Staatskasse und Kostenschuldner), ist für jede Beschwerde gesondert zu prüfen, ob der Beschwerdewert erreicht ist. Ist der Beschwerdewert einmal erreicht, kann die Beschwerde auch durch eine Teilabhilfe nicht mehr unzulässig werden.[5]

16   Die **Zulassung** kann nur in der Entscheidung über die Einwendungen erfolgen, eine nachträgliche Zulassung ist ausgeschlossen. Das Beschwerdegericht ist an die Zulassung gebunden (§ 22 Abs. 1 S. 2 iVm § 66 Abs. 3 S. 4 GKG). Die Zulassung kann erfolgen, wenn der zur Entscheidung stehenden Frage eine grundsätzliche Bedeutung zukommt (§ 22 Abs. 1 S. 2 iVm § 66 Abs. 2 S. 2 GKG). Die Nichtzulassung kann nicht angefochten werden (§ 22 Abs. 1 S. 2 iVm § 66 Abs. 3 S. 4 Hs 2 GKG).

17   **2. Frist und Form.** Die Beschwerde ist **nicht fristgebunden**. Sie ist bei dem Amtsgericht einzulegen, dessen Entscheidung angefochten wird (§ 22 Abs. 1 S. 2 iVm § 66 Abs. 5 S. 5 GKG); zu den Fachgerichtsbarkeiten → Rn 24. Die Einlegung hat schriftlich oder durch Erklärung zu Protokoll der Geschäftsstelle zu erfolgen (§ 22 Abs. 1 S. 2 iVm § 66 Abs. 5 S. 1 GKG). Einer anwaltlichen Vertretung bedarf es nicht.

18   **3. Abhilferecht.** Das Gericht hat der Beschwerde abzuhelfen, wenn es sie für zulässig und begründet hält, andernfalls hat es sie unverzüglich dem Beschwerdegericht vorzulegen (§ 22 Abs. 1 S. 2 iVm § 66 Abs. 3 S. 1 GKG). Beschwerdegericht ist das nächsthöhere Gericht (§ 22 Abs. 1 S. 2 iVm § 66 Abs. 3 S. 2 GKG), so dass das Landgericht zuständig ist, in dessen Bezirk das nach S. 1 zuständige Amtsgericht seinen Sitz hat.

19   **4. Entscheidung.** Das Beschwerdegericht entscheidet durch den Einzelrichter, auch wenn die angefochtene Entscheidung von einem Einzelrichter erlassen wurde (§ 22 Abs. 1 S. 2 iVm § 66 Abs. 6 S. 1 GKG). Der Einzelrichter überträgt das Verfahren dem Senat, wenn es besondere Schwierigkeiten aufweist oder die Sache grundsätzliche Bedeutung besitzt (§ 22 Abs. 1 S. 2 iVm § 66 Abs. 6 S. 2 GKG). Es gilt das **Verschlechterungsverbot**.

---

2 OLG München MDR 1985, 333. **3** OLG Köln MDR 2011, 564. **4** OLG München MDR 1985, 333. **5** BT-Drucks 15/1971, S. 157 (zu § 66 Abs. 3 S. 1 GKG); Binz/Dörndorfer/*Zimmermann*, § 66 GKG Rn 52.

5. **Rechtliches Gehör.** Auch im Beschwerdeverfahren ist den Beteiligten rechtliches Gehör zu gewähren 20 (Art. 103 Abs. 1 GG).

6. **Keine aufschiebende Wirkung.** Die Beschwerde hat keine aufschiebende Wirkung (§ 22 Abs. 1 S. 2 iVm 21 § 66 Abs. 7 S. 1 GKG).

IV. Weitere Beschwerde

Da das Landgericht über die Beschwerde entscheidet, findet nach § 22 Abs. 1 S. 2 iVm § 66 Abs. 4 S. 1 die 22 weitere Beschwerde statt, wenn sie das Landgericht wegen der grundsätzlichen Bedeutung der zur Entscheidung stehenden Frage **zugelassen** hat. Die weitere Beschwerde kann nur darauf gestützt werden, dass die Beschwerdeentscheidung auf einer Rechtsverletzung beruht, wobei §§ 546, 547 ZPO entsprechend gelten (§ 22 Abs. 1 S. 2 iVm § 66 Abs. 4 S. 2 GKG). Über die weitere Beschwerde entscheidet das Oberlandesgericht. Dem Beschwerdegericht steht ein Abhilferecht zu, da § 66 Abs. 3 S. 1 GKG entsprechend gilt (§ 22 Abs. 1 S. 2 iVm § 66 Abs. 4 S. 4 GKG).

V. Kosten

Das gerichtliche Verfahren über die Einwendungen vor dem Amtsgericht sowie das Verfahren über die Be- 23 schwerde und die weitere Beschwerde sind **gebührenfrei** (§ 22 Abs. 1 S. 2 iVm § 66 Abs. 8 S. 1 GKG). Außergerichtliche Kosten werden nicht erstattet, sie können daher auch im Falle von begründeten Einwendungen oder einer erfolgreichen Beschwerde nicht der Staatskasse auferlegt werden.

VI. Justizverwaltungsangelegenheiten der Fachgerichtsbarkeiten (Abs. 2)

Die Regelungen des Abs. 1 gelten auch dann, wenn es sich um Justizverwaltungsangelegenheiten der Vor- 24 stände der Gerichte der **Arbeits-, Finanz-, Sozial- oder Verwaltungsgerichtsbarkeit** handelt. Sind die Kosten in solchen Verfahren nach Landesrecht zu erheben, ordnet Abs. 2 an, dass anstelle des Amtsgerichts das Eingangsgericht der jeweiligen Gerichtsbarkeit (zB Arbeitsgericht, Sozialgericht), in dessen Bezirk die Behörde ihren Sitz hat, über die Einwendungen nach Abs. 1 entscheidet. Im Übrigen bleiben die Regelungen des Abs. 1 unberührt.

Abschnitt 7
Schluss- und Übergangsvorschriften

§ 23 Bekanntmachung von Neufassungen

[1]Das Bundesministerium der Justiz und für Verbraucherschutz kann nach Änderungen den Wortlaut des Gesetzes feststellen und als Neufassung im Bundesgesetzblatt bekannt machen. [2]Die Bekanntmachung muss auf diese Vorschrift Bezug nehmen und angeben

1. den Stichtag, zu dem der Wortlaut festgestellt wird,
2. die Änderungen seit der letzten Veröffentlichung des vollständigen Wortlauts im Bundesgesetzblatt sowie
3. das Inkrafttreten der Änderungen.

Die Vorschrift räumt dem BMJV die allgemeine Erlaubnis zur Bekanntmachung des JVKostG ein, weil es 1 wegen seiner Abhängigkeit von Verfahrensgesetzen häufigen Änderungen unterliegt.[1] Maßgeblich für die Übergangsvorschriften der §§ 24, 25 bleibt der in dem jeweiligen Änderungsgesetz bestimmte Zeitpunkt.

§ 24 Übergangsvorschrift

[1]Das bisherige Recht ist anzuwenden auf Kosten
1. für Amtshandlungen, die auf Antrag durchgeführt werden, wenn der Antrag vor dem Inkrafttreten einer Gesetzesänderung bei der Justizbehörde eingegangen ist,
2. für ein gerichtliches Verfahren, wenn das Verfahren vor dem Inkrafttreten einer Gesetzesänderung anhängig geworden ist,

---

1 BT-Drucks 17/3356, S. 20.

3. für den Abruf von Daten und Dokumenten aus einem Register oder dem Grundbuch, wenn die Kosten vor dem ersten Tag des auf das Inkrafttreten einer Gesetzesänderung folgenden Monats fällig geworden sind,

4. in den übrigen Fällen, wenn die Kosten vor dem Inkrafttreten einer Gesetzesänderung fällig geworden sind.

²Dies gilt auch, wenn Vorschriften geändert werden, auf die das Justizverwaltungskostengesetz verweist.

I. Allgemeines

1 Die Vorschrift enthält Übergangsvorschriften für den Fall einer Änderung des JVKostG und wegen S. 2 auch solcher Vorschriften, auf die das JVKostG verweist. Es soll Rechtssicherheit geschaffen werden. Die Regelung des § 24 gilt nur für Übergangsfälle aus Anlass von Änderungen des JVKostG nach seinem Inkrafttreten, während § 25 die Übergangsregelungen aufgrund des Inkrafttretens des JVKostG regelt. Die Nichtbeachtung von § 24 ist nach § 22 angreifbar.

II. Geltungsbereich

2 § 24 gilt für alle von § 1 erfassten Verfahren sowie für solche Justizverwaltungssachen vor Justizbehörden der Länder, für die das JVKostG wegen § 1 Abs. 2 unmittelbar gilt oder aufgrund Verweisungsnormen der Landesregelungen (→ § 1 Rn 3 ff) Anwendung findet. Kosten sind nach § 1 Abs. 1 sowohl Gebühren als auch Auslagen nach dem Kostenverzeichnis.

3 **Amtshandlungen auf Antrag (Nr. 1).** Handelt es sich um Amtshandlungen, die auf Antrag durchzuführen sind, ist das bisherige Recht anzuwenden, wenn der Antrag vor dem Inkrafttreten einer Gesetzesänderung bei der Justizbehörde eingegangen ist. Maßgeblich ist daher nur der Antragseingang, nicht der Beginn, die Durchführung oder Beendigung der Amtshandlung.

4 **Gerichtliches Verfahren (Nr. 2).** In gerichtlichen Verfahren ist auf den Zeitpunkt der Anhängigkeit abzustellen, so dass das bisherige Recht anzuwenden ist, wenn das Verfahren vor dem Inkrafttreten einer Gesetzesänderung anhängig geworden ist. Der Eintritt der Rechtshängigkeit ist unbeachtlich, ebenso spätere Antragsänderungen.

5 **Abruf von Daten und Dokumenten (Nr. 3).** Auf Kosten, die für den Abruf von Daten und Dokumenten aus einem Register oder dem Grundbuch entstehen, ist bisheriges Recht anzuwenden, wenn die Kosten vor dem ersten Tag des auf das Inkrafttreten einer Gesetzesänderung folgenden Monats fällig geworden sind. Erfasst sind die Gebühren nach Nr. 1140, 1141, 1151, 1152 KV.

6 **Beispiel:** Am 12.5. werden Daten aus dem Grundbuch abgerufen. Das JVKostG wurde zum 1.5. geändert. – Der erste Tag des auf die Gesetzesänderung folgenden Monats ist der 1.6. Die Gebühr Nr. 1151 KV ist erst danach fällig geworden, nämlich am 15.6. (§ 6 Abs. 2). Es gilt daher bereits neues Recht.

7 **Übrige Fälle (Nr. 4).** In den nicht von Nr. 1–3 erfassten Fällen ist das bisherige Recht anzuwenden, wenn die Kosten vor dem Inkrafttreten einer Gesetzesänderung fällig geworden sind. Hierzu zählen die von Amts wegen durchzuführenden Amtshandlungen, die auch kein gerichtliches Verfahren darstellen, zB die Ordnungsgeldverfahren nach § 335 HGB.

§ 25 Übergangsvorschrift aus Anlass des Inkrafttretens dieses Gesetzes

(1) Die Justizverwaltungskostenordnung in der im Bundesgesetzblatt Teil III, Gliederungsnummer 363-1, veröffentlichten bereinigten Fassung, die zuletzt durch Artikel 2 des Gesetzes vom 11. Juni 2013 (BGBl. I S. 1545) geändert worden ist, und Verweisungen hierauf sind weiter anzuwenden auf Kosten

1. für Amtshandlungen, die auf Antrag durchgeführt werden, wenn der Antrag vor dem Inkrafttreten des 2. Kostenrechtsmodernisierungsgesetzes vom 23. Juli 2013 (BGBl. I S. 2586) bei der Justizbehörde eingegangen ist,

2. für ein gerichtliches Verfahren, wenn das Verfahren vor dem Inkrafttreten des 2. Kostenrechtsmodernisierungsgesetzes vom 23. Juli 2013 (BGBl. I S. 2586) anhängig geworden ist,

3. für den Abruf von Daten und Dokumenten aus einem Register oder dem Grundbuch, wenn die Kosten vor dem ersten Tag des auf das Inkrafttreten des 2. Kostenrechtsmodernisierungsgesetzes vom 23. Juli 2013 (BGBl. I S. 2586) folgenden Kalendermonats fällig geworden sind,

4. in den übrigen Fällen, wenn die Kosten vor dem Inkrafttreten des 2. Kostenrechtsmodernisierungsgesetzes vom 23. Juli 2013 (BGBl. I S. 2586) fällig geworden sind.

(2) Soweit wegen der Erhebung von Haftkosten die Vorschriften des Gerichtskostengesetzes entsprechend anzuwenden sind, ist auch § 73 des Gerichtskostengesetzes in der bis zum 27. Dezember 2010 geltenden Fassung entsprechend anzuwenden.

I. Allgemeines

Die Vorschrift regelt die Übergangsvorschriften aus Anlass des Inkrafttretens des JVKostG im Rahmen des 1
2. KostRMoG zum 1.8.2013, während Übergangsvorschriften wegen späterer Änderungen des JVKostG in § 24 enthalten sind. § 25 bestimmt daher nur, in welchen Fällen noch die Justizverwaltungskostenordnung (JVKostO) und wann schon das JVKostG Anwendung findet.

II. Geltungsbereich (Abs. 1)

Amtshandlungen auf Antrag (Nr. 1). Für Amtshandlungen, die auf Antrag durchzuführen sind, ist die 2
JVKostO anzuwenden, wenn der Antrag vor dem 1.8.2013 bei der Justizbehörde eingegangen ist.

Gerichtliches Verfahren (Nr. 2). In gerichtlichen Verfahren ist auf den Zeitpunkt der Anhängigkeit abzustel- 3
len. Die JVKostO ist danach weiter anzuwenden, wenn die Kosten vor dem ersten Tag des auf das Inkrafttreten folgenden Monats fällig geworden sind. Auf den Eintritt der Rechtshängigkeit kommt es nicht an.

Abruf von Daten und Dokumenten (Nr. 3). Kosten, die für den Abruf von Daten und Dokumenten aus 4
einem Register oder dem Grundbuch entstehen, sind nach der JVKostO zu erheben, wenn sie vor dem
1.8.2013 fällig geworden sind. Erfasst sind die Gebühren nach Nr. 1140, 1141, 1151, 1152 KV.

Übrige Fälle (Nr. 4). In den nicht von Nr. 1–3 erfassten Fällen ist die JVKostO noch anwenden, wenn die 5
Kosten vor dem 1.8.2013 fällig geworden sind.

III. Haftkosten (Abs. 2)

Sind Haftkosten entstanden, sind diese wegen Vorbem. 2 KV nach den Regelungen des GKG einzuziehen. 6
Erfasst sind die Haftkosten nach Nr. 9011 KV GKG, die in Verfahren nach dem IRG oder dem IStGH-Gesetz anfallen können. Nr. 9011 KV GKG bestimmt, dass die Haftkosten in Höhe des Haftkostenbeitrags
nach Landesrecht einzuziehen sind. Soweit in einem Land eigene Bestimmungen über den Haftkostenbeitrag noch nicht ergangen sind, ordnet § 73 GKG, der aufgrund Abs. 2 entsprechend anzuwenden ist, an,
dass Nr. 9011 KV GKG noch in der bis zum 27.12.2010 geltenden Fassung anzuwenden ist. Danach sind
die Haftkosten in Höhe des Haftkostenbeitrags nach § 50 Abs. 2, 3 StVollzG einzuziehen.

Bestehen **landesrechtliche Regelungen**, sind diese seit 28.12.2010 anzuwenden. Entsprechende Regelungen 7
sind bisher ergangen in folgenden Bundesländern:

Baden-Württemberg: § 51 Justizvollzugsgesetzbuch (JVollzGB) (GBl. 2009, 545); **Bayern:** Art. 49 Bayerisches Strafvollzugsgesetz (GVBl. 2007, 866); **Bremen:** § 62 Bremisches Strafvollzugsgesetzbuch (Brem. GBl.
2014, 639); **Hamburg:** § 49 Hamburgisches Strafvollzugsgesetz (HmbStVollzG) (HmbGVBl. 2009, 257);
Hessen: § 43 Hessisches Strafvollzugsgesetz (HStVollzG) (GVBl. I 2010, 185); **Mecklenburg-Vorpommern:**
§ 61 Strafvollzugsgesetz M-V (GVOBl. M-V 2013, 322); **Niedersachsen:** § 52 Niedersächsisches Justizvollzugsgesetz (NJVollzG) (Nds. GVBl. 2014, 106); **Nordrhein-Westfalen:** § 39 Strafvollzugsgesetz Nordrhein-
Westfalen (StVollzG NRW) (GV NRW 2015, 76) für den Jugendstrafvollzug; **Rheinland-Pfalz:** § 71 Landesjustizvollzugsgesetz (GVBl. 2013, 79); **Saarland:** § 61 Saarländisches Strafvollzugsgesetz (ABl. I 2013, 116);
Sachsen: § 61 Sächsisches Strafvollzugsgesetz (Sächs. GVBl. 2013, 250); **Sachsen-Anhalt:** § 72 Justizvollzugsgesetzbuch Sachsen-Anhalt (JStVollzG LSA) (GVBl. LSA 2015, 666); **Thüringen:** § 72 Thüringer Strafvollzugsgesetz (GVBl. 2014, 13).

Anlage
(zu § 4 Absatz 1)

Kostenverzeichnis

Gliederung

Teil 1
Gebühren

Hauptabschnitt 1
Register- und Grundbuchangelegenheiten

Abschnitt 1
Rechtsdienstleistungsregister

Nr.	Gebührentatbestand	Gebührenbetrag
1110	Registrierung nach dem RDG	150,00 €
	Bei Registrierung einer juristischen Person oder einer Gesellschaft ohne Rechtspersönlichkeit wird mit der Gebühr auch die Eintragung einer qualifizierten Person in das Rechtsdienstleistungsregister abgegolten.	
1111	Eintragung einer qualifizierten Person in das Rechtsdienstleistungsregister, wenn die Eintragung nicht durch die Gebühr 1110 abgegolten ist:	
	je Person	150,00 €
1112	Widerruf oder Rücknahme der Registrierung	75,00 €

I. Registrierung nach dem RDG (Nr. 1110 KV); Eintragung einer qualifizierten Person (Nr. 1111 KV)

1   **1. Entstehung der Gebühr.** Es handelt sich um **Aktgebühren**, nicht um Verfahrensgebühren. Die Gebühren der Nr. 1110, 1111 KV entstehen deshalb nur, wenn die Registrierung oder Eintragung der qualifizierten Person nach dem RDG erfolgt. Zur Ablehnung oder Rücknahme des Antrags aber → Rn 6 f. Es handelt sich um eine Festgebühr, die stets 150 € beträgt, jedoch bleibt § 10 unberührt.

2   **2. Eintragung von qualifizierten Personen.** Die Gebühr **Nr. 1110 KV** deckt auch die Eintragung einer qualifizierten Person ab (Anm. zu Nr. 1110 KV). Wird jedoch mehr als eine qualifizierte Person eingetragen, fällt

für jede weitere einzutragende Person eine Gebühr nach Nr. 1111 KV an, da der Prüfungsaufwand der Justizbehörde wegen der gesonderten Prüfung der Registrierungsvoraussetzungen steigt.[1]

Die Gebühr **Nr. 1111 KV** entsteht daher bei Benennung und Eintragung zusätzlicher qualifizierter Personen sowie bei jeder nachträglichen Benennung und Eintragung qualifizierter Personen.[2] Es handelt sich um eine Festgebühr, die stets 150 € je weiterer Person beträgt. § 10 bleibt unberührt.   3

Beispiel 1: Beantragt wird die Eintragung in das Rechtsdienstleistungsregister und einer qualifizierten Person. Die Registrierung wird antragsgemäß vorgenommen. An Kosten sind zu erheben: 4

Gebühr für die Registrierung nach dem RDG, Nr. 1110 KV   150,00 €

Beispiel 2: Beantragt wird die Eintragung in das Rechtsdienstleistungsregister und von drei qualifizierten Personen. Die Registrierung wird antragsgemäß vorgenommen. An Kosten sind zu erheben: 5

1. Gebühr für die Registrierung nach dem RDG, Nr. 1110 KV   150,00 €
2. Gebühr für die Eintragung der zweiten qualifizierten Person, Nr. 1111 KV   150,00 €
3. Gebühr für die Eintragung der dritten qualifizierten Person, Nr. 1111 KV   150,00 €
Gesamt   450,00 €

3. Rücknahme oder Ablehnung des Antrags auf Registrierung. Wird der Antrag auf Registrierung oder Eintragung einer qualifizierten Person zurückgenommen, bedarf es keiner gesonderten Regelung, weil auf die allgemeine Vorschrift des § 4 Abs. 3 zurückzugreifen ist.[3] Danach kann die Justizbehörde dem Kostenschuldner die Zahlung der Gebühren der Nr. 1110, 1111 KV zur Hälfte auferlegen. Eine Verpflichtung zur Kostenauferlegung besteht jedoch nicht. Die Entscheidung trifft der für die Sachentscheidung zuständige Beamte (§ 46 KostVfg).   6

Beispiel: Beantragt wird die Eintragung in das Rechtsdienstleistungsregister. Der Antrag wird abgelehnt und die Zahlung einer hälftigen Gebühr Nr. 1110 KV angeordnet. An Kosten sind zu erheben: 7

Gebühr für die Ablehnung der Eintragung, Nr. 1110 KV, § 4 Abs. 3   75,00 €

4. Vorläufige Rechtsdienstleistungen. Die vorübergehende Registrierung sowie ihre Verlängerung (§ 15 Abs. 3 S. 1 RDG) sind kostenfrei (§ 15 Abs. 3 S. 2 RDG). Die Regelung betrifft natürliche und juristische Personen sowie Gesellschaften ohne Rechtspersönlichkeit, die in einem anderen EU-Mitgliedstaat oder in einem anderen Vertragsstaat des Abkommens über den Europäischen Wirtschaftsraum niedergelassen sind, und dient der Umsetzung von Art. 6 a der Richtlinie 2005/36/EG des Europäischen Parlaments und des Rates vom 7. September 2005 über die Anerkennung von Berufsqualifikationen.   8

5. Kostenschuldner, Fälligkeit, Vorschuss. Die Registrierung erfolgt auf Antrag (§ 13 Abs. 1 RDG), so dass der Antragsteller als Antragsschuldner haftet (§ 14 Abs. 1). Die Fälligkeit tritt mit Vornahme der Registrierung bzw in den Fällen des § 4 Abs. 3 mit Erlass der Ablehnungsentscheidung oder Eingang der Antragsrücknahme ein (§ 6 Abs. 1 S. 1). Es kann nach § 8 Vorschuss gefordert und Abhängigmachung angeordnet werden.   9

II. Widerruf oder Rücknahme der Registrierung (Nr. 1112 KV)

Für die Rücknahme einer rechtswidrigen Registrierung oder den Widerruf entsteht eine Gebühr nach Nr. 1112 KV. Es handelt sich um eine Festgebühr, die stets 75 € beträgt; § 10 bleibt unberührt. Die Fälligkeit bestimmt sich nach § 6 Abs. 1. Da es sich nicht um ein Antragsverfahren handelt, schuldet die Kosten derjenige, dem sie durch Entscheidung der Justizbehörde auferlegt worden sind (§ 18 Nr. 1). Ist eine solche Kostenentscheidung ergangen, tritt Fälligkeit mit Erlass der Kostenentscheidung ein (§ 6 Abs. 1 S. 2).   10

Abschnitt 2
Unternehmensregister

Nr.	Gebührentatbestand	Gebührenbetrag
Vorbemerkung 1.1.2:		

Vorbemerkung 1.1.2:

Mit der Jahresgebühr nach den Nummern 1120 bis 1122 wird der gesamte Aufwand zur Führung des Unternehmensregisters mit Ausnahme der Übermittlung von Rechnungsunterlagen im Fall der Nummer 1124 entgolten. Sie umfasst jedoch nicht den Aufwand für die Erteilung von Ausdrucken oder Kopien, die Überlassung von elektronisch gespeicherten Dokumenten und die Beglaubigung von Kopien, Ausdrucken, Auszügen und Dateien.

---

1 BT-Drucks 16/3655, S. 101.   **2** BT-Drucks 16/3655, S. 101.   **3** BT-Drucks 16/3655, S. 101.

Nr.	Gebührentatbestand	Gebührenbetrag
1120	Jahresgebühr für die Führung des Unternehmensregisters für jedes Kalenderjahr, wenn das Unternehmen bei der Offenlegung der Rechnungslegungsunterlagen die Erleichterungen nach § 326 HGB in Anspruch nehmen kann ...... (1) Die Gebühr entsteht für jedes Kalenderjahr, für das ein Unternehmen die Rechnungslegungsunterlagen im Bundesanzeiger bekannt zu machen hat oder beim Betreiber des Bundesanzeigers hinterlegt hat. Dies gilt auch, wenn die bekannt zu machenden Unterlagen nur einen Teil des Kalenderjahres umfassen. (2) Die Gebühr wird nicht erhoben, wenn für das Kalenderjahr die Gebühr 1122 entstanden ist.	3,00 €
1121	Das Unternehmen kann die Erleichterungen nach § 326 HGB nicht in Anspruch nehmen: Die Gebühr 1120 beträgt	6,00 €
1122	Jahresgebühr für die Führung des Unternehmensregisters für jedes Kalenderjahr, in dem das Unternehmen nach § 8 b Abs. 2 Nr. 9 und 10, Abs. 3 Satz 1 Nr. 2 HGB selbst oder durch einen von ihm beauftragten Dritten Daten an das Unternehmensregister übermittelt hat	30,00 €
1123	Übertragung von Unterlagen der Rechnungslegung, die in Papierform zum Register eingereicht wurden, in ein elektronisches Dokument (§ 8 b Abs. 4 Satz 2, § 9 Abs. 2 HGB): für jede angefangene Seite ...... Die Gebühr wird für die Dokumente eines jeden Unternehmens gesondert erhoben. Mit der Gebühr wird auch die einmalige elektronische Übermittlung der Dokumente an den Antragsteller abgegolten.	3,00 € – mindestens 30,00 €
1124	Übermittlung von Rechnungslegungsunterlagen einer Kleinstkapitalgesellschaft oder Kleinstgenossenschaft, die beim Bundesanzeiger hinterlegt sind (§ 326 Abs. 2 HGB): je übermittelter Bilanz	4,50 €

I. Allgemeines

1 Für die Führung des Unternehmensregisters entstehen Jahresgebühren nach Nr. 1120–1122 KV. Sie sollen den gesamten Aufwand für die Führung des Unternehmensregisters abgelten (Vorbem. 1.1.2 S. 1 KV), also auch die Prüfungs- und Unterrichtspflichten nach § 329 HGB. Nicht mitabgegolten ist jedoch die Übermittlung von Rechnungsunterlagen, die von einer Kleinstkapitalgesellschaft oder Kleinstgenossenschaft beim Bundesanzeiger hinterlegt sind (Vorbem. 1.1.2 S. 1 aE KV); hierfür gilt Nr. 1124 KV. Auch für Ordnungsgeldverfahren nach § 335 HGB entstehen gesonderte Gebühren nach Nr. 1210, 1211 KV. Für die Umwandlung von in Papierform eingereichten Unterlagen in ein elektronisches Dokument gilt Nr. 1123 KV.

II. Jahresgebühren nach Nr. 1120, 1121 KV

2 **1. Entstehung.** Die Gebühr Nr. 1120 KV entsteht für jedes Kalenderjahr, in dem das Unternehmen die Rechnungslegungsunterlagen im Bundesanzeiger bekannt zu machen hat. Das gilt auch, wenn die bekannt zu machenden Unterlagen nur einen Teil des Kalenderjahres umfassen (Anm. Abs. 1 S. 2 zu Nr. 1120 KV). Eine anteilige Kürzung der Jahresgebühr findet nicht statt.

3 Die Entstehung der Jahresgebühren ist unabhängig davon, ob das Unternehmen seiner Pflicht zur Veröffentlichung tatsächlich nachkommt.[1]

4 **2. Höhe der Gebühren.** Die Jahresgebühr beträgt nach Nr. 1121 KV für jedes Kalenderjahr 6 €. Kann das Unternehmen bei der Offenlegung der Rechnungslegungsunterlagen die Erleichterungen nach § 326 HGB

---

1 BT-Drucks 16/960, S. 70.

in Anspruch nehmen, beträgt die Jahresgebühr lediglich 3 € für jedes Kalenderjahr (Nr. 1120 KV). Die Erleichterungen gelten für kleine Kapitalgesellschaften und Kleinstkapitalgesellschaften.

Zu den **kleinen Kapitalgesellschaften** gehören nach § 267 Abs. 1 HGB solche, die mindestens zwei der drei   5
nachstehenden Merkmale nicht überschreiten:

- 6 Mio. € Bilanzsumme,
- 12 Mio. € Umsatzerlöse in den zwölf Monaten vor dem Abschlussstichtag,
- im Jahresdurchschnitt 50 Arbeitnehmer.

Kleinstunternehmen sind nach § 267 a Abs. 1 S. 1 HGB kleine Kapitalgesellschaften, die mindestens zwei   6
der drei nachstehenden Merkmale nicht überschreiten:

- 350.000 € Bilanzsumme,
- 700.000 € Umsatzerlöse in den zwölf Monaten vor dem Abschlussstichtag;
- im Jahresdurchschnitt 10 Arbeitnehmer.

3. Fälligkeit, Vorschuss. Die Fälligkeit der Jahresgebühr Nr. 1120, 1121 KV tritt nach § 6 Abs. 3 jeweils am   7
31.12. für das abgelaufene Kalenderjahr ein. Nach § 8 kann ein Vorschuss gefordert oder Abhängigmachung angeordnet werden.

III. Erhöhte Jahresgebühr nach Nr. 1122 KV

Die Jahresgebühr für die Führung des Unternehmensregisters beträgt nach Nr. 1122 KV für das Kalender-   8
jahr 30 €, wenn das Unternehmen selbst oder durch einen beauftragten Dritten Daten an das Unternehmensregister übermittelt, die in § 8 b Abs. 2 Nr. 9 und 10, Abs. 3 S. 1 Nr. 2 HGB aufgeführt werden. Die erhöhte Gebühr trägt dem Umstand Rechnung, dass der Betreiber des Registers für die Erfassung, Kontrolle, Bearbeitung und Freigabe dieser Daten eine vertiefte Prüfung durchzuführen hat, die mit Mehraufwand verbunden ist. Im Übrigen wird der Abgeltungsumfang durch Vorbem. 1.1.2 KV bestimmt.

Eine erhöhte Jahresgebühr nach Nr. 1122 KV entsteht nur für solche Kalenderjahre, in denen die dort auf-   9
geführten Unterlagen eingereicht werden, ansonsten verbleibt es bei Nr. 1120, 1121 KV. Entsteht die Gebühr Nr. 1122 KV, wird für dasselbe Kalenderjahr daneben keine Jahresgebühr nach Nr. 1120 KV erhoben (Anm. Abs. 2 zu Nr. 1120 KV).

Die Fälligkeit bestimmt sich nach § 6 Abs. 3, so dass sie am 31.12. für das abgelaufene Kalenderjahr ein-   10
tritt.

IV. Kostenschuldner

Der Kostenschuldner bestimmt sich nach § 16. Danach haftet für   11

- die Jahresgebühren Nr. 1120, 1121 KV jedes Unternehmen, das seine Rechnungslegungsunterlagen im Bundesanzeiger bekannt zu machen hat (§ 16 Nr. 1);
- die Jahresgebühr Nr. 1122 KV jedes Unternehmen, das in dem betreffenden Kalenderjahr nach § 8 b Abs. 2 Nr. 9 und 10, Abs. 3 S. 1 Nr. 2 HGB selbst oder durch einen von ihm beauftragten Dritten Daten an das Unternehmensregister übermittelt hat.

Es haftet nur das Unternehmen, nicht die gesetzlichen Vertreter und in den Fällen der Nr. 1122 KV auch   12
nicht der beauftragte Dritte. Erfasst sind daher alle nach oder in entsprechender oder sinngemäßer Anwendung des § 325 HGB publizitätspflichtigen Unternehmen (insb. §§ 325 a, 340 l, 341 l HGB, §§ 9, 15 PublG).[2]

§ 16 umfasst nur die Jahresgebühren der Nr. 1120–1122 KV, nicht aber die Auslagen, die für den Abruf   13
von Daten oder Dokumenten aus dem Register entstehen. Für diese gilt § 15.

V. Übertragungsgebühr (Nr. 1123 KV)

Werden durch das publizitätspflichtige Unternehmen die Rechnungsunterlagen in Papierform eingereicht,   14
müssen diese in elektronische Dokumente umgewandelt werden. Für die Übertragung vom Papierformat in ein elektronisches Dokument (§ 8 b Abs. 4 S. 2, § 9 Abs. 2 HGB) entsteht die Gebühr Nr. 1123 KV. Durch die Gebühr wird neben der Übertragung auch die einmalige Übermittlung der Dokumente an den Antragsteller abgegolten (Anm. S. 2 zu Nr. 1123 KV).

Die Gebühr beträgt 3 € für jede angefangene Seite, **mindestens aber 30 €.**   15

Beispiel: Es wird ein Papierdokument mit 8 Seiten eingereicht. – Die Gebühr Nr. 1123 KV beträgt 30 € (8 Seiten   16
x 3 € = 24 €, aber Mindestgebühr).

---

2 BT-Drucks 16/960, S. 69.

17 Die Gebühr wird für die Dokumente eines jeden Unternehmens gesondert erhoben (Anm. S. 1 zu Nr. 1123 KV).

18 **Beispiel:** Es werden zwei Papierdokumente für zwei verschiedene Unternehmen eingereicht. Beide Dokumente besitzen einen Umfang von 9 Seiten.

Die Gebühr ist für jedes Dokument gesondert zu erheben:
- Unternehmen 1: 30,00 € (9 Seiten x 3,00 € = 27,00 €, aber Mindestgebühr)
- Unternehmen 2: 30,00 € (9 Seiten x 3,00 € = 27,00 €, aber Mindestgebühr)

19 Die Gebühr Nr. 1123 KV wird **fällig** mit dem Abschluss der Übertragung in die elektronische Form, weil die amtspflichtige Handlung dann als beendet iSd § 6 Abs. 1 S. 1 gilt.

20 Für die **Kostenhaftung** gilt § 14 Abs. 1, so dass derjenige als Antragsschuldner haftet, der die Übertragung beantragt hat. Antragsteller ist das Unternehmen, nicht der gesetzliche Vertreter oder ein beauftragter Dritter.

VI. Übermittlung von Rechnungslegungsunterlagen einer Kleinstkapitalgesellschaft oder Kleinstgenossenschaft (Nr. 1124 KV)

21 Für die Übermittlung von Rechnungslegungsunterlagen einer Kleinstkapitalgesellschaft oder Kleinstgenossenschaft, die beim Bundesanzeiger hinterlegt sind (§ 326 Abs. 2 HGB), entsteht eine Gebühr nach Nr. 1124 KV. Es handelt sich um eine Festgebühr von 4,50 €, die für jede übermittelte Bilanz gesondert entsteht. Die Fälligkeit bestimmt sich nach § 6 Abs. 2.

VII. Abruf und Ausdrucke von Daten aus dem Unternehmensregister

22 Der elektronische Abruf von Daten aus dem Unternehmensregister ist kostenfrei.[3] Erfasst sind davon die Unternehmensträgerdaten, während für Daten und Dokumente, die Inhalt des Handelsregisters oder der Registerakten sind, gesonderte Gebühren nach Nr. 1140, 1141 KV entstehen. Sollen die Dokumente beglaubigt werden, fällt keine zusätzliche Beglaubigungsgebühr an (Anm. S. 1 zu Nr. 1400 KV).

23 Für die Fertigung von Ausdrucken der im Unternehmensregister gespeicherten Unterlagen (§ 9 Abs. 4 S. 1 HGB) entsteht die Dokumentenpauschale (Nr. 2000 KV), aber keine Beglaubigungsgebühr (Anm. S. 1 zu Nr. 1400 KV). Entsprechendes gilt für die elektronische Übermittlung der Unterlagen der Rechnungslegung in beglaubigter Form (§ 9 Abs. 3 HGB).

Abschnitt 3
Bundeszentral- und Gewerbezentralregister

Nr.	Gebührentatbestand	Gebührenbetrag
Vorbemerkung 1.1.3: Die Gebühren 1130 und 1131 werden nicht erhoben, wenn ein Führungszeugnis zur Ausübung einer ehrenamtlichen Tätigkeit benötigt wird, die für eine gemeinnützige Einrichtung, für eine Behörde oder im Rahmen eines der in § 32 Abs. 4 Nr. 2 Buchstabe d EStG genannten Dienste ausgeübt wird.		
1130	Führungszeugnis nach § 30 oder § 30 a BZRG	13,00 €
1131	Europäisches Führungszeugnis nach § 30 b BZRG	17,00 €
1132	Auskunft nach § 150 der Gewerbeordnung	13,00 €

I. Entstehung der Gebühr

1 Die Gebühren entstehen für die Erteilung
- eines Führungszeugnisses nach § 30 BZRG (Nr. 1130 KV),
- eines erweiterten Führungszeugnisses nach § 30 a BZRG (Nr. 1130 KV),
- eines europäischen Führungszeugnisses nach § 30 b BZRG (Nr. 1131 KV),
- einer Auskunft nach § 150 GewO (Nr. 1132 KV).

---

3 BT-Drucks 16/960, S. 70.

Es handelt sich um **Aktgebühren**. Wird der Antrag zurückgenommen, gilt § 4 Abs. 3. Die Gebühr entsteht 2
für jedes erteilte Führungszeugnis bzw jede erteilte Auskunft gesondert.

Außer für die ausdrücklich in Nr. 1130–1132 KV genannten Verfahren werden in Angelegenheiten des Bun- 3
deszentralregisters und des Gewerbezentralregisters mit Ausnahme der Dokumentenpauschale keine Kosten
erhoben (§ 3 Nr. 3, 4).

II. Kostenschuldner, Fälligkeit, Vorschuss

Die Führungszeugnisse sind auf Antrag zu erteilen (§§ 30, 30 a, 30 b BZRG), so dass die antragstellende 4
Person als Antragsschuldner haftet (§ 14 Abs. 1). Fälligkeit tritt nach § 6 Abs. 1 S. 1 ein mit der Erteilung
des Führungszeugnisses oder der Auskunft, weil die Amtshandlung damit als beendet gilt. Es kann ein Vorschuss oder Abhängigmachung nach §§ 8, 9 verlangt werden.

III. Absehen von der Gebührenerhebung

1. Sachliche Gebührenbefreiung (Vorbem. 1.1.3 KV). Gebühren nach Nr. 1130, 1131 KV werden nicht er- 5
hoben, wenn das Führungszeugnis (§§ 30, 30 a, 30 b BZRG) **zur Ausübung einer ehrenamtlichen Tätigkeit**
benötigt wird, die für eine gemeinnützige Einrichtung, für eine Behörde oder im Rahmen eines der in § 32
Abs. 4 Nr. 2 Buchst. d EStG genannten Dienste ausgeübt wird (Vorbem. 1.1.3 KV). Das Vorliegen dieser
Voraussetzungen ist nachzuweisen.

Erfasst sind von § 32 Abs. 4 Nr. 2 Buchst. d EStG im Einzelnen: 6

- freiwilliges soziales Jahr oder freiwilliges ökologisches Jahr iSd Jugendfreiwilligendienstegesetzes;
- Freiwilligendienst iSd Verordnung (EU) Nr. 1288/2013 des Europäischen Parlaments und des Rates
  vom 11. Dezember 2013;
- andere Dienste im Ausland iSv § 5 des Bundesfreiwilligendienstgesetzes;
- entwicklungspolitischer Freiwilligendienst „weltwärts" iSd Richtlinie des Bundesministeriums für wirt-
  schaftliche Zusammenarbeit und Entwicklung vom 1. August 2007 (BAnz. 2008 S. 1297);
- Freiwilligendienst aller Generationen iSv § 2 Abs. 1 a SGB VII;
- Internationaler Jugendfreiwilligendienst iSd Richtlinie des Bundesministeriums für Familie, Senioren,
  Frauen und Jugend vom 20. Dezember 2010 (GMBl S. 1778);
- Bundesfreiwilligendienst iSd Bundesfreiwilligendienstgesetzes.

2. Gebührenbefreiung nach § 10. Von der Erhebung der Gebühren kann, soweit nicht bereits Befreiung 7
nach Vorbem. 1.1.3 KV besteht, auch nach § 10 abgesehen werden, wenn dies mit Rücksicht auf die wirtschaftlichen Verhältnisse des Kostenschuldners oder aus Billigkeitsgründen geboten erscheint. Es kann auch
nur eine bloße Gebührenermäßigung angeordnet werden. Siehe ausf. → § 10 Rn 3 ff.

Hinsichtlich der **wirtschaftlichen Verhältnisse** ist auf eine **Mittellosigkeit** abzustellen. **Billigkeitsgründe** iSd 8
§ 10 liegen vor, wenn ein besonderer Verwendungszweck besteht. Das Bundesamt für Justiz hat in einem
„Merkblatt zur Erhebung von Gebühren für das Führungszeugnis" auf Folgendes hingewiesen (Auszug):[1]

„III. Ermessensentscheidungen nach § 10 JVKostG 9
Über die gesetzliche Gebührenbefreiung hinaus kann das Bundesamt für Justiz gemäß § 10 JVKostG auf
Antrag ausnahmsweise, wenn dies mit Rücksicht auf die wirtschaftlichen Verhältnisse des Zahlungspflichti-
gen (Mittellosigkeit) oder sonst aus Billigkeitsgründen geboten erscheint (besonderer Verwendungszweck),
die Gebühr ermäßigen oder von der Erhebung der Kosten absehen.

IV. Verfahren, wenn das Führungszeugnis bei der Meldebehörde beantragt wird.
In den Fällen, in denen ein Antrag auf Gebührenbefreiung gestellt wird (vgl. oben III.), ist zunächst von der
Erhebung der Gebühr abzusehen. Der Antrag auf Befreiung von der Gebühr ist von der Meldebehörde in
den elektronisch an die Registerbehörde zu übermittelnden Antrag auf Erteilung des Führungszeugnisses
aufzunehmen. Die Meldebehörde gibt bei Übermittlung des Antrags an, ob die Mittellosigkeit der antrag-
stellenden Person oder der besondere Verwendungszweck bestätigt werden kann.

Im Interesse eines möglichst geringen Verwaltungsaufwands bei der Prüfung von Gebührenbefreiungsanträ-
gen sollen die Anforderungen an den Nachweis der Mittellosigkeit möglichst gering gehalten werden. Wird
die Gebührenbefreiung wegen des besonderen Verwendungszwecks beantragt, ist dieser nachzuweisen.

(...)

---

[1] Das Merkblatt (Stand: 15.10.2014) kann im Internet eingesehen werden: https://www.bundesjustizamt.de/DE/SharedDocs/Publi
kationen/BZR/Merkblatt_Gebuehrenbefreiung.pdf?__blob=publicationFile&v=10.

VI. Einzelfälle

Mittellosigkeit	Gebührenbefreiung Ja/Nein
Bezieher von ALG II	*Ja*
Bezieher von Sozialhilfe	*Ja*
Bezieher des Kindergeldzuschlags nach § 6 a des Bundeskindergeldgesetzes	*Ja*
Schülerinnen/Schüler, Studierende, Auszubildende	*Es kommt auf die Einkommensverhältnisse der betroffenen Person im Einzelfall und ggfs. auf die Einkommensverhältnisse möglicher Unterhaltsverpflichteter an*
Schülerinnen/Schüler, Studierende, Auszubildende, die Leistungen nach dem Bundesausbildungsförderungsgesetz (BAföG) erhalten	*Ja*

Besonderer Verwendungszweck	Gebührenbefreiung Ja/Nein
Ehrenamtliche Tätigkeit, die die Voraussetzungen der o.g. Vorbemerkung nicht erfüllt	*Einzelfallentscheidung*
Vollzeitpflegepersonen	*Ja*
*Haupt- oder nebenamtliche **berufliche** Tätigkeit bei einer gemeinnützigen Einrichtung*	*Nein*
Adoption	*Nein*
Freiwilliger Wehrdienst	*Nein*
Praktika im Rahmen der schulischen sowie beruflichen Ausbildung/Studiums	*Nein*
Tagespflegepersonen (z.B. Tagesmütter, entgeltliche Kinderbetreuung)"	*Nein*

Abschnitt 4
Abruf von Daten in Handels-, Partnerschafts-, Genossenschafts- und Vereinsregisterangelegenheiten

Nr.	Gebührentatbestand	Gebührenbetrag
	Vorbemerkung 1.1.4: (1) Dieser Abschnitt gilt für den Abruf von Daten und Dokumenten aus dem vom Registergericht geführten Datenbestand. Für den Aufruf von Daten und Dokumenten in der Geschäftsstelle des Gerichts werden keine Gebühren erhoben. (2) Neben den Gebühren werden keine Auslagen erhoben.	
1140	Abruf von Daten aus dem Register: je Registerblatt	4,50 €
1141	Abruf von Dokumenten, die zum Register eingereicht wurden: für jede abgerufene Datei	1,50 €

I. Anwendungsbereich

Die Gebühren Nr. 1140, 1141 KV gelten nur für den automatisierten Datenabruf aus dem Genossen-   1
schafts-, Handels-, Partnerschafts- und Vereinsregister sowie den entsprechenden zu den Registerakten eingereichten Dokumenten. Für Abrufe aus dem Grundbuch, dem Schiffs-, Schiffsbauregister oder dem Register für Pfandrechte an Luftfahrzeugen sowie für den Abruf von zu den Grund- oder Registerakten gereichten Dokumenten gelten Nr. 1150–1152 KV.

Werden Daten oder Dokumente in der Geschäftsstelle des Registergerichts abgerufen, werden hierfür keine   2
Gebühren erhoben (**Vorbem. 1.1.4 Abs. 1 S. 2 KV**). Es handelt sich um gerichtliche Tätigkeit.

Für **Ausdrucke** aus dem Handels-, Partnerschafts-, Genossenschafts- oder Vereinsregister gilt das **GNotKG**,   3
dort Nr. 17000–17003 KV-GNotKG, da es sich um eine gerichtliche Tätigkeit handelt.[1]

II. Abruf von Registerdaten (Nr. 1140 KV)

Für den Abruf von Registerdaten wird eine Gebühr von 4,50 € erhoben (Nr. 1140 KV), unabhängig davon,   4
ob ein aktueller, chronologischer oder historischer Abdruck angefordert wird. Werden Daten von verschiedenen Registerblättern abgerufen, entsteht die Gebühr für jedes Registerblatt gesondert. Beim Abruf von
Daten desselben Registerblattes fällt die Gebühr jedoch nur einmal an, unabhängig davon, ob lediglich eine
oder mehrere Auszugsvarianten abgerufen werden.[2] Erfolgt der Abruf jedoch zu verschiedenen Zeiten, entsteht die Gebühr für jeden Abruf gesondert, auch wenn vorher oder in der gleichen Sitzung bereits Daten
des Registerblattes abgerufen wurden.

III. Abruf von Dokumenten (Nr. 1141 KV)

Für den Abruf von Dokumenten, die zum Register einzureichen sind (zB Registeranmeldungen, Gesell-   5
schaftsverträge, Gesellschafterlisten, Gesellschafterbeschlüsse, Satzungen), entsteht eine Gebühr von 1,50 €
(Nr. 1141 KV). Die Gebühr entsteht für jede abgerufene Datei gesondert. Gebührenfrei ist der Abruf von
Bekanntmachungen der Registereintragungen.[3]

IV. Kostenschuldner, Fälligkeit

Die Gebühren Nr. 1140, 1141 KV schuldet derjenige, der den Abruf tätigt (§ 15). Fälligkeit tritt am 15. Tag   6
des auf den Abruf folgenden Monats ein (§ 6 Abs. 2). Werden die Gebühren Nr. 1140, 1141 KV über ein
elektronisches Bezahlsystem sofort beglichen, tritt Fälligkeit mit Beendigung des Abrufs ein, weil dann die
Beendigung des Amtsgeschäfts iSd § 6 Abs. 1 S. 1 vorliegt.

Abschnitt 5

**Einrichtung und Nutzung des automatisierten Abrufverfahrens in
Grundbuchangelegenheiten, in Angelegenheiten der Schiffsregister, des
Schiffsbauregisters und des Registers für Pfandrechte an Luftfahrzeugen**

Nr.	Gebührentatbestand	Gebührenbetrag
	Vorbemerkung 1.1.5:	
	(1) Dieser Abschnitt gilt für den Abruf von Daten und Dokumenten aus dem vom Grundbuchamt oder dem Registergericht geführten Datenbestand. Für den Aufruf von Daten und Dokumenten in der Geschäftsstelle des Grundbuchamts oder des Registergerichts werden keine Gebühren erhoben. Der Abruf von Daten aus den Verzeichnissen (§ 12 a Abs. 1 der Grundbuchordnung, § 31 Abs. 1, § 55 Satz 2 SchRegDV, §§ 10 und 11 Abs. 3 Satz 2 LuftRegV) und der Abruf des Zeitpunkts der letzten Änderung des Grundbuchs oder Registers sind gebührenfrei.	
	(2) Neben den Gebühren werden keine Auslagen erhoben.	
1150	Genehmigung der Landesjustizverwaltung zur Teilnahme am eingeschränkten Abrufverfahren (§ 133 Abs. 4 Satz 3 der Grundbuchordnung, auch i.V.m. § 69 Abs. 1 Satz 2 SchRegDV, und § 15 LuftRegV) .... Mit der Gebühr ist die Einrichtung des Abrufverfahrens für den Empfänger mit abgegolten. Mit der Gebühr für die Genehmigung in einem Land sind auch weitere Genehmigungen in anderen Ländern abgegolten.	50,00 €

---

1 BT-Drucks 16/960, S. 70. **2** BT-Drucks 16/960, S. 70. **3** BT-Drucks 16/960, S. 70.

NK-GK/*H. Schneider*

Nr.	Gebührentatbestand	Gebührenbetrag
1151	Abruf von Daten aus dem Grundbuch oder Register: für jeden Abruf aus einem Grundbuch- oder Registerblatt	8,00 €
1152	Abruf von Dokumenten, die zu den Grund- oder Registerakten genommen wurden: für jedes abgerufene Dokument	1,50 €

I. Vorbem. 1.1.5 KV

1 **1. Geltungsbereich. a) Automatisiertes Abrufverfahren.** Die Gebühren der Nr. 1150–1152 KV gelten nur für die Einrichtung und Nutzung des automatisierten Abrufverfahrens für das **Grundbuch** und Hilfsverzeichnisse (§ 133 Abs. 4 GBO); das **Schiffsbau- und Schiffsregister** (§ 69 Abs. 1 SchRegDV); das **Register für Pfandrechte an Luftfahrzeugen** (§ 15 LuftRegV).
Für Abrufverfahren im Handels-, Partnerschafts-, Genossenschafts- und Vereinsregister gelten Nr. 1140, 1141 KV.

2 **b) Abruf von Papierdokumenten.** Werden Grundbuch- oder Registerabschriften in Papierform abgefordert, sind Gebühren nach Nr. 17000, 17001 KV-GNotKG zu erheben.

3 **c) Keine Teilnahme am automatischen Abrufverfahren.** Werden Auszüge aus dem Grundbuch, dem Schiffsbau- und Schiffsregister oder dem Register für Pfandrechte an Luftfahrzeugen (§ 15 LuftRegV) oder aus den Grund- bzw Registerakten in elektronischer Form von einem Antragsteller abgefordert, der nicht am automatischen Abrufverfahren teilnimmt, entstehen Gebühren nach Nr. 17002, 17003 KV-GNotKG.

4 **2. Gebührenfreie Geschäfte.** Nach **Vorbem. 1.1.5 Abs. 1 S. 2, 3 KV** entstehen keine Gebühren für den Abruf von Dokumenten und Daten in der Geschäftsstelle sowie für den Abruf von Daten aus den Verzeichnissen nach § 12 a Abs. 1 GBO, § 31 Abs. 1, § 55 S. 2 SchRegDV, §§ 10, 11 Abs. 3 S. 2 LuftRegV, ferner nicht für den Abruf des Zeitpunkts der letzten Änderung des Grundbuchs oder Registers.

5 Die Gebührenfreiheit bezieht sich nur auf die Gebühren der Nr. 1151, 1152 KV. Werden entsprechende Ausdrucke oder Kopien beantragt, für deren Fertigung die Gerichte zuständig sind, gelten Nr. 17000, 17001 KV-GNotKG.

6 **3. Auslagenfreiheit. Vorbem. 1.1.5 Abs. 2 KV** ordnet an, dass neben den Gebühren der Nr. 1150–1152 KV keine Auslagen erhoben werden dürfen. Erfasst sind sämtliche Auslagen nach Nr. 2000–2003 KV und Nr. 9001 ff KV GKG iVm Vorbem. 2 KV.

7 Die Befreiung gilt daher sowohl für die einzelnen Abrufe, so dass hier insb. keine Dokumenten- oder Datenträgerpauschale erhoben werden darf, aber auch für das Verfahren zur Genehmigung und Einrichtung des Abrufverfahrens selbst.

II. Gebühr für die Einrichtung des Verfahrens (Nr. 1150 KV)

8 **1. Entstehung und Höhe der Gebühr.** Für die erstmalige Einrichtung des Abrufverfahrens entsteht die Gebühr Nr. 1150 KV. Gebührenpflichtig ist nur die Teilnahme am **eingeschränkten Abrufverfahren** (vgl § 82 Abs. 2 S. 1 GBV). Hingegen bleibt die Einrichtung für die Teilnahme am uneingeschränkten Abrufverfahren nach § 133 Abs. 2 GBO gebührenfrei.[1] Die Gebühr deckt sowohl das Genehmigungsverfahren als auch die tatsächliche Einrichtung des Abrufverfahrens ab, was Anm. S. 1 zu Nr. 1150 KV klarstellen will.[2] Es handelt sich um eine Festgebühr, die stets 50 € beträgt.

9 Neben der Gebühr Nr. 1150 KV fällt keine weitere monatliche Grundgebühr an. Mit der Gebühr wird nur das Verfahren zur Einrichtung abgegolten, während für den Abruf von Daten oder Dokumenten gesonderte Gebühren nach Nr. 1151, 1152 KV anfallen. Eine Verrechnung oder Anrechnung findet nicht statt.

10 Die Gebühr Nr. 1150 KV fällt nur für die Einrichtung in dem Bundesland an, in dem die erstmalige Einrichtung erfolgt, während die Einrichtung in weiteren Bundesländern kostenfrei erfolgt, was Anm. S. 2 zu Nr. 1150 KV klarstellt.[3]

11 **2. Rücknahme oder Ablehnung.** Die Gebühr Nr. 1150 KV entsteht nur, wenn die Genehmigung nach § 133 Abs. 4 S. 3 GBO tatsächlich erteilt wird. Der Ansatz einer Gebühr nach § 4 Abs. 3 in den Fällen der Antragsrücknahme oder Ablehnung der Genehmigung ist daher nicht statthaft. Der Gesetzgeber hat hierzu in der Begründung zu Nr. 1150 KV ausgeführt: „Derzeit wird teilweise die Auffassung vertreten, dass im Falle

---

1 Meikel/*Dressler*, 11. Aufl. 2015, § 133 GBO Rn 96. **2** BT-Drucks 17/11471, S. 241. **3** BT-Drucks 16/12319, S. 41.

der Antragszurückweisung oder -rücknahme eine Gebühr nach § 3 Satz 1 JVKostO (künftig § 4 Absatz 3 des Entwurfs) nicht erhoben werden könne, wenn die Umsetzung des Antrags zweistufig erfolgt, also durch ein Genehmigungsverfahren und ein anschließendes technisches Umsetzungsverfahren. Daher soll die Gebühr zukünftig tatbestandsmäßig nur an den Genehmigungsakt anknüpfen. In Satz 1 der Anmerkung soll klargestellt werden, dass die tatsächliche Einrichtung mit abgegolten ist."[4]

3. Widerruf. Für den Widerruf der Genehmigung (§ 133 Abs. 3 GBO) entsteht keine Gebühr.   12

4. Kostenschuldner, Fälligkeit. Für die Einrichtungsgebühr haftet der Antragsteller (§ 14 Abs. 1). Die Gebühr Nr. 1150 KV wird fällig mit dem Abschluss der Einrichtung des automatisierten Abrufverfahrens, weil dann die Beendigung des Amtsgeschäfts iSd § 6 Abs. 1 S. 1 vorliegt. Der Notar kann die Abrufgebühren nach Nr. 32011 KV GNotKG gegen den Kostenschuldner geltend machen.   13

III. Gebühr für den Abruf von Daten oder Dokumenten (Nr. 1151, 1152 KV)

1. Abruf von Daten (Nr. 1151 KV). Für den Abruf von Daten aus dem Grundbuch, dem Schiffsbau- und Schiffsregister oder dem Register für Pfandrechte an Luftfahrzeugen (§ 15 LuftRegV) entsteht nach Nr. 1151 KV eine Gebühr von 8 €. Die Gebühr entsteht für jeden Abruf gesondert, auch wenn sie für dasselbe Grundbuch- oder Registerblatt erfolgt. Gebührenfrei bleibt nach Vorbem. 1.1.5 Abs. 1 S. 3 KV jedoch der Abruf des Zeitpunkts der letzten Änderung des Grundbuchs oder Registers.   14

2. Abruf von Dokumenten (Nr. 1152 KV). Werden Dokumente abgerufen, die zu den Grund- oder Registerakten genommen wurden, entsteht eine Gebühr von 1,50 € (Nr. 1152 KV). Unerheblich für die Gebührenhöhe ist der Umfang oder die Größe des abgerufenen Dokuments. Die Gebühr Nr. 1152 KV entsteht für jeden Abruf und jedes abgerufene Dokument gesondert. Wird dasselbe Dokument zu einem späteren Zeitpunkt erneut abgerufen, ist die Gebühr erneut zu zahlen.   15

3. Dokumenten- und Datenträgerpauschale. Neben den Gebühren darf eine Dokumenten- oder Datenträgerpauschale nicht erhoben werden (Vorbem. 1.1.5 Abs. 2 KV).   16

4. Kostenschuldner, Fälligkeit. Erfolgt der Abruf unter einer Kennung, die aufgrund der Anmeldung zum Abrufverfahren vergeben wurde, ist Schuldner der Gebühren Nr. 1151, 1152 KV derjenige, der sich zum Abrufverfahren angemeldet hat (§ 15 S. 2). In den anderen Fällen ist Kostenschuldner derjenige, der den Abruf tätigt (§ 15 S. 1).   17

Die Gebühren Nr. 1151, 1152 KV werden nach § 6 Abs. 2 jeweils am 15. Tag des auf den Abruf folgenden Monats fällig. Erfolgt die Zahlung über ein elektronisches Bezahlsystem (zB Kreditkarte, Telefonabrechnung, Guthabensysteme) und ist damit sofort beglichen, wird die Gebühr sofort fällig (§ 6 Abs. 2 aE).   18

Beispiel 1: Der Abruf der Daten erfolgt am 21.9. Eine Begleichung über ein elektronisches Bezahlsystem erfolgt nicht. – Die Fälligkeit tritt am 15.10. ein.   19

Beispiel 2: Der Abruf der Daten erfolgt am 15.9. Die Zahlung erfolgt über ein elektronisches Bezahlsystem. – Die Fälligkeit tritt am 15.9. ein.   20

Abschnitt 6
Schutzschriftenregister

Nr.	Gebührentatbestand	Gebührenbetrag
1160	Einstellung einer Schutzschrift	83,00 €

I. Allgemeines

Seit 1.1.2016[1] gibt es ein zentrales, bundesweites **elektronisches Schutzschriftenregister,**[2] bei dem die Einreichung einer Schutzschrift genügt, um alle Zivil- und Arbeitsgerichte zu erreichen.[3] § 945 a Abs. 2 S. 1 ZPO sowie § 62 Abs. 2 S. 3 und § 85 Abs. 2 S. 3 ArbGG sehen hierzu vor, dass eine bei dem Register eingereichte Schutzschrift als bei allen Zivil- und Arbeitsgerichten der Länder eingereicht gilt. Schutzschriften sind spätestens sechs Monate nach ihrer Einstellung zu löschen (§ 945 a Abs. 2 S. 2 ZPO). Nach dem zum   1

---

4 BT-Drucks 17/11471, S. 241. **1** Art. 26 Abs. 5 des Gesetzes zur Förderung des elektronischen Rechtsverkehrs mit den Gerichten v. 10.10.2013 (BGBl. I 3786). **2** Das elektronische Schutzschriftenregister ist unter https://schutzschriftenregister.hessen.de/ erreichbar. **3** Vgl hierzu näher *Bacher*, MDR 2015, 1329.

1.1.2017 in Kraft tretenden[4] § 49 c BRAO sind Rechtsanwälte verpflichtet, Schutzschriften bei dem elektronischen Schutzschriftenregister einzureichen.

2 Nach § 945 a Abs. 1 S. 2 ZPO sind **Schutzschriften** vorbeugende Schriftsätze gegen erwartete Anträge auf Arrest oder einstweilige Verfügung. Die Schutzschrift bringt kein gerichtliches Verfahren in Gang, sondern äußert sich zu einem erwarteten Verfahren.[5] Sie kann bei jedem Gericht oder bei dem elektronischen Schutzschriftenregister[6] eingereicht werden. Die Gerichte haben bei Einleitung eines Arrest- oder einstweiligen Verfügungsverfahrens zu prüfen, ob eine Schutzschrift bei dem Gericht oder dem elektronischen Schutzschriftenregister eingereicht ist. Liegt eine Schutzschrift vor, muss sie in das Gerichtsverfahren einbezogen werden.

3 Für die Einstellung einer Schutzschrift in das Schutzschriftenregister entsteht eine Gebühr nach dem JVKostG, und zwar nach **Nr. 1160 KV**.[7] Die Regelung ist durch das Gesetz zur Änderung des Unterhaltsrechts und des Unterhaltsverfahrensrechts sowie zur Änderung der Zivilprozessordnung und kostenrechtlicher Vorschriften[8] mit Wirkung ab dem 1.1.2016 eingeführt worden.

Das JVKostG regelt Gebühren und Auslagen in Justizverwaltungsangelegenheiten. Der Gesetzgeber hat die Einstellung in das Schutzschriftenregister als eine **Justizverwaltungsangelegenheit** bewertet (vgl § 1 Abs. 2 Nr. 5 a) und nicht als ein gerichtliches Verfahren iSv § 1 GKG, auch wenn die Einreichung und Einstellung der Schutzschrift in das elektronische Schutzschriftenregister einen unmittelbaren Bezug zu einem (drohenden) gerichtlichen Verfahren, nämlich einem voraussichtlichen Arrest- oder einstweiligen Verfügungsverfahren hat.

II. Gebührentatbestand und Gebührenhöhe

4 Die **Einstellung** einer Schutzschrift **in das Schutzschriftenregister** ist gebührenpflichtig. Die Einreichung einer Schutzschrift bei einem Gericht ist hingegen weiterhin nicht mit einer Gerichtsgebühr für den Einreicher verbunden.

5 Die Gebühr entsteht mit der Einstellung der Schutzschrift in das Schutzschriftenregister. Eine Schutzschrift ist in das Schutzschriftenregister eingestellt, wenn sie auf der für den Abruf bestimmten Einrichtung des Registers elektronisch gespeichert und für die Gerichte der Länder abrufbar ist (§ 3 Abs. 2 SRV). Die Einreichung der Schutzschrift bei dem Schutzschriftenregister (§ 2 SRV) löst die Gebühr also noch nicht aus. Der mehrfache Abruf (§ 4 SRV) derselben Schutzschrift führt nicht dazu, dass die Gebühr mehrfach ausgelöst wird. Ausschließliches Kriterium ist allein die Einstellung in das Register.

6 Bei der Gebühr Nr. 1160 KV handelt es sich um eine Festgebühr. Sie beträgt 83 €.

III. Weitere praktische Hinweise

7 **1. Fälligkeit, Vorauszahlungspflicht.** Die Fälligkeit der Gebühr richtet sich nach § 6 Abs. 1. Die Gebühr ist mit der Beendigung der gebührenpflichtigen Handlung, also der Einstellung, fällig. § 6 Abs. 2 ist nicht anzuwenden, da es nicht um den Abruf von Daten oder Dokumenten geht, sondern um die Einstellung.

8 Gemäß § 8 Abs. 1 kann für die Gebühr ein Kostenvorschuss verlangt werden. Die Vornahme der Einstellung der Schutzschrift kann zudem von der Zahlung oder Sicherstellung des Vorschusses abhängig gemacht werden (§ 8 Abs. 2).

9 **2. Kostenschuldner.** Kostenschuldner der Gebühr Nr. 1160 KV ist nach § 15 a derjenige ist, der die Schutzschrift eingereicht hat.

10 **3. Absehen von der Kostenerhebung aufgrund der wirtschaftlichen Verhältnisse des Schuldners.** Wenn es mit Rücksicht auf die wirtschaftlichen Verhältnisse des Kostenschuldners oder aus Billigkeitsgründen geboten erscheint, kann nach § 10 die Gebühr Nr. 1160 KV ermäßigt oder es kann von der Erhebung dieser Gebühr abgesehen werden. Ein Absehen von der Kostenerhebung ist jedenfalls dann angezeigt, wenn dem Kostenschuldner PKH nach der ZPO ohne einen eigenen Beitrag zu den Kosten zu gewähren wäre (Rechtsgedanke des § 1 Abs. 2 S. 1 BerHG).

---

4 Art. 26 Abs. 6 des Gesetzes zur Förderung des elektronischen Rechtsverkehrs mit den Gerichten v. 10.10.2013 (BGBl. I 3786). **5** BGH NJW 2003, 1257. **6** Vgl hierzu auch die Verordnung über das elektronische Schutzschriftenregister (Schutzschriftenregisterverordnung – SRV) v. 24.11.2015 (BGBl. I 2135); vgl aus dem Gesetzgebungsverfahren auch BR-Drucks 328/15 (neu) und BR-Drucks 328/15 (B). **7** Zum Verfahren und zu den Kosten bei der Einreichung von Schutzschriften in das elektronische Schutzschriftenregister, auch zur Rechtsanwaltsvergütung, s. ausf. *H. Schneider*, AGS 2016, 159. **8** Vom 20.11.2015 (BGBl. I 2018); vgl aus dem Gesetzgebungsverfahren auch BT-Drucks 18/6380.

Hauptabschnitt 2
Verfahren des Bundesamts für Justiz

Abschnitt 1
Ordnungsgeldverfahren

Nr.	Gebührentatbestand	Gebührenbetrag
Vorbemerkung 1.2.1: Wird ein Ordnungsgeldverfahren gegen mehrere Personen durchgeführt, entstehen die Gebühren für jede Person gesondert.		
1210	Durchführung eines Ordnungsgeldverfahrens nach § 335 HGB	100,00 €
1211	Festsetzung eines zweiten und jedes weiteren Ordnungsgelds jeweils	100,00 €

I. Entstehung und Höhe der Gebühren (Nr. 1210, 1211 KV)

Nr. 1210, 1211 KV erfassen die Ordnungsgeldverfahren nach § 335 HGB. Danach kann gegen die Mitglie- **1** der des vertretungsberechtigten Organs einer Kapitalgesellschaft, die gegen die Pflichten nach §§ 325, 325 a HGB verstoßen, ein Ordnungsgeldverfahren durchgeführt werden.

Für die Durchführung des Ordnungsgeldverfahrens entsteht eine Festgebühr von 100 € (Nr. 1210 KV). **2** Werden weitere Ordnungsgelder festgesetzt, entsteht für die Festsetzung des zweiten und jeden weiteren Ordnungsgelds eine Gebühr nach Nr. 1211 KV von 100 €.

II. Mehrere Beteiligte (Vorbem. 1.2.1 KV)

Wird das Ordnungsgeldverfahren gegen mehrere Personen durchgeführt, zB gegen mehrere Geschäftsführer **3** einer GmbH, entstehen die Gebühren für jede Person gesondert (Vorbem. 1.2.1 KV).

Beispiel: Gegen die Geschäftsführer A und B wird ein Ordnungsgeldverfahren durchgeführt. Es wird ein Ord- **4** nungsgeld von jeweils 5.000 € festgesetzt. In dem Verfahren sind zwei förmliche Zustellungen angefallen. An Kosten sind zu erheben:

1. Gebühr für die Durchführung des Ordnungsgeldverfahrens gegen A, Nr. 1210 KV   100,00 €
2. Gebühr für die Durchführung des Ordnungsgeldverfahrens gegen B, Nr. 1210 KV   100,00 €
3. Zustellungskosten, Nr. 9002 KV GKG iVm Vorbem. 2 KV (2 x 3,50 €)   7,00 €
Gesamt   207,00 €

III. Auslagen

Neben den Gebühren sind Auslagen nach Nr. 2000–2002 KV und Nr. 9001 ff KV GKG iVm Vorbem. 2 KV **5** einzuziehen. Da es sich um Festgebühren handelt, sind Zustellungskosten nach Nr. 9002 KV GKG in voller Höhe anzusetzen. Auslagenfrei sind jedoch die in Anm. Abs. 3 zu Nr. 2000 KV genannten Dokumente zu erteilen.

IV. Kostenschuldner, Fälligkeit

Das Bundesamt für Justiz hat den Beteiligten bereits mit der Androhung des Ordnungsgelds die Kosten des **6** Verfahrens aufzuerlegen (§ 335 Abs. 3 S. 2 HGB). Ist eine solche Kostenentscheidung ergangen, haftet der Beteiligte als Entscheidungsschuldner (§ 18 Nr. 1). Mehrere Kostenschuldner haften als Gesamtschuldner (§ 19). Da es sich um ein Amtsverfahren handelt, besteht darüber hinaus keine Antragshaftung nach § 14 Abs. 1.

Die Kosten werden mit Erlass der Kostenentscheidung nach § 335 Abs. 3 S. 2 HGB fällig (§ 6 Abs. 1 S. 2). **7** Fallen nach Erlass der Kostenentscheidung weitere Kosten an, werden diese sofort fällig.

V. Beschwerdeverfahren

Gegen die Entscheidung im Ordnungsgeldverfahren findet die Beschwerde nach §§ 58 ff FamFG statt **8** (§ 335 a Abs. 1 HGB). Für das Beschwerdeverfahren – bei dem es sich nicht mehr um eine Justizverwaltungssache, sondern um ein gerichtliches Verfahren handelt –, entstehen Kosten nach dem GNotKG. Wird die Beschwerde verworfen oder zurückgewiesen, fällt eine Gebühr von 150 € nach Nr. 19115 KV-GNotKG an (s. dort).

Abschnitt 2
Schlichtung nach § 57 a LuftVG

Nr.	Gebührentatbestand	Gebührenbetrag
1220	Verfahrensgebühr	290,00 €
	Die Gebühr entsteht nicht, wenn dem Fluggast die Gebühr 1222 auferlegt oder das Schlichtungsbegehren dem Luftfahrtunternehmen nicht zugeleitet wird.	
1221	Das Luftfahrtunternehmen erkennt die Forderung des Fluggastes innerhalb von vier Wochen ab Zuleitung des Schlichtungsbegehrens an und die Durchführung des Schlichtungsverfahrens wird entbehrlich:	
	Die Gebühr 1220 ermäßigt sich auf	75,00 €
1222	Auferlegung einer Gebühr nach § 57 a Abs. 3 LuftVG	30,00 €

I. Verfahrensgebühren (Nr. 1220, 1221 KV)

1 Wird die Schlichtungsstelle wegen eines Verfahrens wegen der **außergerichtlichen Beilegung von Streitigkeiten von Fluggästen gegen ein Luftfahrtunternehmen** angerufen, entsteht eine Verfahrensgebühr nach **Nr. 1220 KV** von 290 €. Die Gebühr entsteht nicht, wenn dem Fluggast die Gebühr Nr. 1222 KV auferlegt wurde oder das Schlichtungsbegehren dem Luftfahrtunternehmen nicht zugeleitet wurde (Anm. zu Nr. 1220 KV). Erfasst sind zB eine missbräuchliche Antragstellung oder die Fälle, in denen das Schlichtungsverfahren nach § 12 LuftSchlichtV abgelehnt wird, wegen nicht fristgerechter Mängelbehebung nach § 11 Abs. 3 S. 4 LuftSchlichtV als zurückgenommen gilt oder das Schlichtungsverfahren nach § 13 Abs. 5 LuftSchlichtV endet, weil der geltend gemachte Anspruch schon nach der Darlegung des Fluggastes offensichtlich unbegründet ist.[1]

2 Die Verfahrensgebühr Nr. 1220 KV ermäßigt sich nach **Nr. 1221 KV** auf 75 €, wenn das Luftfahrtunternehmen die Forderung des Fluggastes innerhalb von vier Wochen ab Zuleitung des Schlichtungsbegehrens anerkennt und dadurch die Durchführung des Schlichtungsverfahrens entbehrlich wird, weil in diesen Fällen die Tätigkeit der Schlichtungsstelle wesentlich geringer ausfällt. Nach Fristablauf kann jedoch eine Ermäßigung nicht mehr eintreten.

3 Die Gebühren werden mit Beendigung des Schlichtungsverfahrens fällig (§ 6 Abs. 1 S. 1).

4 Die Gebühren Nr. 1220, 1221 KV schuldet nur das Luftfahrtunternehmen (§ 16 a). Obwohl die Vorschrift nur Nr. 1220 KV nennt, erfasst sie auch Nr. 1221 KV, da Letztere lediglich eine Ermäßigung der Gebühr Nr. 1220 KV anordnet. Sind die Gebühren entstanden, tritt die Haftung kraft Gesetzes ein, eines besonderen Ausspruchs durch die Schlichtungsstelle bedarf es nicht. Neben dem Luftfahrtunternehmen gibt es für die Gebühren keine weiteren Schuldner.

II. Gebühr bei Auferlegung auf den Fluggast (Nr. 1222 KV)

5 War die Geltendmachung im Schlichtungsverfahren missbräuchlich, kann das Bundesamt für Justiz dem Fluggast die Zahlung der Gebühr Nr. 1222 KV auferlegen (§ 57 a Abs. 3 LuftVG).

6 Die Gebühr Nr. 1222 KV schuldet nur der Fluggast (§ 18 Nr. 1). Hierzu bedarf es jedoch einer Kostenentscheidung, nämlich der Auferlegung der Gebühr nach § 57 a Abs. 3 LuftVG.

III. Auslagen

7 Auslagen sind nach Nr. 2000 ff KV und Nr. 9001 ff KV GKG iVm Vorbem. 2 KV zu erheben, da die Schlichtungsstelle bei dem Bundesamt für Justiz eingerichtet ist (§ 57 a Abs. 1 S. 1 LuftVG), für deren Justizverwaltungsverfahren das JVKostG Anwendung findet. Für die Kosten haftet nur derjenige, dem die Schlichtungsstelle die Kosten ausdrücklich auferlegt, weil § 16 a nur die Gebühren Nr. 1220, 1221 KV erfasst.

---

[1] BR-Drucks 258/15, S. 98 zu Artikel 5 Nr. 4.

Hauptabschnitt 3
Justizverwaltungsangelegenheiten mit Auslandsbezug
Abschnitt 1
Beglaubigungen und Bescheinigungen

Nr.	Gebührentatbestand	Gebührenbetrag
1310	Beglaubigung von amtlichen Unterschriften für den Auslandsverkehr	20,00 €
	Die Gebühr wird nur einmal erhoben, auch wenn eine weitere Beglaubigung durch die übergeordnete Justizbehörde erforderlich ist.	
1311	Bescheinigungen über die Beurkundungsbefugnis eines Justizbeamten, die zum Gebrauch einer Urkunde im Ausland verlangt werden	15,00 €
	Die Gebühr wird nicht erhoben, wenn eine Beglaubigungsgebühr nach Nummer 1310 zum Ansatz kommt.	

I. Beglaubigungen (Nr. 1310 KV)

Für die Beglaubigung von amtlichen Unterschriften für den Auslandsverkehr entsteht eine Festgebühr von 1
20 € (Nr. 1310 KV), unabhängig davon, ob die Urkunde einen rechtsgeschäftlichen Inhalt besitzt.[1] Die Gebühr entsteht auch für die Ausstellung von Apostillen. Für die weitere Beglaubigung durch die übergeordnete Justizbehörde entsteht keine gesonderte Gebühr (Anm. zu Nr. 1310 KV). Im Übrigen ist die Gebühr aber für jede vorgenommene Beglaubigung oder jede erteilte Apostille gesondert zu erheben.

II. Bescheinigungen (Nr. 1311 KV)

Für die Erteilung einer Bescheinigung über die Beurkundungsbefugnis eines Justizbeamten, die zum Ge- 2
brauch einer Urkunde im Ausland verlangt wird, ist eine Festgebühr von 15 € zu erheben (Nr. 1311 KV). Wird aber für dieselbe Urkunde bereits eine Gebühr nach Nr. 1310 KV wegen der Beglaubigung oder der Erteilung der Apostille erhoben, entsteht die Gebühr Nr. 1311 KV nicht gesondert neben der Gebühr nach Nr. 1310 KV (Anm. zu Nr. 1311 KV).

III. Kostenschuldner, Fälligkeit, Vorschuss

Die Gebühren Nr. 1310, 1311 KV schuldet nur derjenige, der die Beglaubigung, Apostille oder Bescheini- 3
gung über die Beurkundungsbefugnis beantragt hat (§ 14 Abs. 1), da es sich um reine Antragsgeschäfte handelt.

Fälligkeit tritt gem. § 6 Abs. 1 S. 1 mit Beendigung des Amtsgeschäfts ein, dh mit Beendigung der Beglaubi- 4
gung bzw der Erteilung der Apostille oder der Bescheinigung über die Beurkundungsbefugnis.

Es kann ein Vorschuss verlangt werden (§ 8 Abs. 1) und auch die Vornahme der Amtshandlung von der 5
Vorschusszahlung abhängig gemacht werden (§ 8 Abs. 2).

IV. Anwendungsbereich

Zu beachten ist, dass das JVKostG und damit Nr. 1310 KV nur Anwendung findet, wenn für die Beglaubi- 6
gung oder Ausstellung der Apostille eine **Justizbehörde** zuständig ist. Nach den in den Ländern erlassenen Verwaltungsvorschriften sind die Justizbehörden zumeist nur zuständig, wenn es sich um Urkunden der Gerichte, Notare oder des Justizministeriums des jeweiligen Landes handelt. Für die Beglaubigung von Urkunden, die von anderen Behörden ausgestellt sind, gelten hingegen andere Zuständigkeiten, teilweise auch für die Erteilung einer Apostille wegen solcher Urkunden. Nach den Verwaltungsvorschriften der Länder ist das JVKostG dann nicht anzuwenden, sondern die Verwaltungskostengesetze der Länder.

Entsprechende Regelungen für Beglaubigungen und Apostillen, die nicht von der Justizverwaltung zu ertei- 7
len sind und nicht von dem JVKostG erfasst sind, ergeben sich etwa für:

---

[1] BT-Drucks 17/11471 (neu), S. 241.

8   **Bayern:** Bek. d. Bay. StMI vom 18.11.2010 – IA3-1023.2-81 (AllMBl. S. 395)

■   Nach Nr. 4 der Bek. entstehen für die Beglaubigung einer Urkunde als Voraussetzung für die Legalisation sowie für die Erteilung einer Apostille und einer Bescheinigung nach Art. 7 Abs. 2 des Übereinkommens vom 5. Oktober 1961 Rahmengebühren nach Tarif-Nrn. 1.I.1/1.2 bzw. 1.I.2/des Kostenverzeichnisses zum Kostengesetz (Verordnung über den Erlass des Kostenverzeichnisses zum Kostengesetz – Kostenverzeichnis – KVz – vom 12.10.2001) mit einem Betragsrahmen von 5 bis 60 €. Dabei ist die Erteilung einer Apostille als Beglaubigung zu behandeln. Die Bemessung der Gebühr richtet sich nach den Kriterien des Art. 6 Abs. 2 Kostengesetz.

■   Vor- und Zwischenbeglaubigungen sind keine kostenpflichtigen Amtshandlungen, sondern Amtshilfe für die jeweilige Regierung, so dass die Behörden und Gerichte, welche die Urkunden vor- oder zwischenbeglaubigen, keine Verwaltungsgebühren erheben (Art. 8 Abs. 1 S. 1 BayVwVfG). Die Erstattung von besonderen Aufwendungen richtet sich nach Art. 8 Abs. 1 S. 2 und 3 BayVwVfG.

9   **Mecklenburg-Vorpommern:** Erl. des IM vom 9.6.1992 (AmtsBl. M–V S. 563)

■   Gemäß Nr. 10 des Erl. ist für die Beglaubigung eine Gebühr nach Kostenverordnung des Innenministeriums (KostVO IM M–V) zu zahlen. Die Gebühr wird für das gesamte Beglaubigungsverfahren nur einmal, und zwar vom Innenminister erhoben. Die Gebühr beträgt nach Tarifstelle Nr. 13.2.4 KostVO IM M–V 5 bis 10 €.

10   **Niedersachsen:** RdErl. d. MI vom 19.12.2007 – 44.03-11701/1 (Nds. MBl. 2008, S. 31)

■   Nr. 4 des RdErl. bestimmt, dass für die Beglaubigung, die Erteilung einer Apostille oder Auskünfte aus dem Register über erteilte Apostillen Kosten nach dem NVwKostG erhoben werden. Es gelten Nr. 10, 13.2.2 des Kostentarifs zur Allgemeinen Gebührenordnung (AllGO). Für die Auskünfte ist danach eine Rahmengebühr von 3 bis 6 € zu erheben, wenn die Anfrage ohne besondere Ermittlungen beantwortet werden kann (Nr. 10.1), und von 6 bis 17 €, wenn besondere Ermittlungen erforderlich sind (Nr. 10.2). Für Beglaubigungen von Urkunden und Bescheinigungen für den Gebrauch im Ausland beträgt die Rahmengebühr 12 bis 34 € (Nr. 13.2.2). Für die Gebührenbestimmung gilt § 1 Abs. 3 AllGO.

11   **Rheinland-Pfalz:** VV d. MI vom 18.8.2009 – ISM 15315-1/313 (MinBl. S. 246)

■   Gemäß Nr. 5.1 der VV wird für die Beglaubigung einer öffentlichen Urkunde und für die Erteilung einer Apostille von der Aufsichts- und Dienstleistungsdirektion eine Gebühr erhoben. Die Höhe der Gebühren kann auf der Internetseite der Aufsichts- und Dienstleistungsdirektion abgerufen werden.[2]

12   **Sachsen:** Sächsische Apostillen-Zuständigkeitsverordnung (SächsApostZuVO) vom 15.1.2008 (SächsGVBl. S. 73), VwV Legalisation (SächsABl. S. 1246)

■   Nach Abschnitt VI Nr. 1 der VwV Legalisation wird im Geschäftsbereich des Staatsministeriums des Innern für die Beglaubigung einer öffentlichen Urkunde und für die Erteilung einer Apostille eine Gebühr nach der laufenden Nr. 1, Tarifstelle 9 des Kostenverzeichnisses zum Verwaltungskostengesetz des Freistaates Sachsen (SächsVwKG) erhoben. Für die Vorbeglaubigung von öffentlichen Urkunden, zum Gebrauch im Ausland, zum Zweck der Legalisation durch die Auslandsvertretung entsteht eine Gebühr von 5 bis 50 € (Tarifstelle 9.1). Für die Erteilung einer Apostille entsteht nach Tarifstelle 9.2 eine Gebühr von 10 bis 100 €.

13   **Sachsen-Anhalt:** Erl. d. MI vom 10.12.2010 – 42.21-11701/2 (MBl. LSA S. 669)

■   Nach Nr. 5 des Erl. gilt Tarif Nr. 4.2 der Anlage zur Allgemeinen Gebührenordnung des Landes Sachsen-Anhalt. Die Gebühr, die 10 bis 24 € beträgt, wird für das gesamte Beglaubigungsverfahren nur einmal, und zwar von der Behörde erhoben, die die Apostille oder die letzte Beglaubigung vorgenommen hat.

■   Die Beglaubigungen sind aufgrund der Anm. zu Tarif Nr. 4.2 gebührenfrei vorzunehmen in folgenden Angelegenheiten: Arbeits- und Dienstleistungssachen, Gnadensachen, Jugendamtsurkunden nach dem Achten Buch Sozialgesetzbuch (SGB VIII), Kriegsopferfürsorge, Nachweis der Bedürftigkeit, Sozialversicherungssachen, Sozialhilfe- und Jugendhilfesachen, Toten- und Beerdigungsscheine, Vertriebenen- und Flüchtlingshilfesachen, Zahlung von Ruhegehältern, Witwen- und Waisengeldern, Krankengelder, Unterstützungen und dergleichen aus öffentlichen und privaten Kassen, Haftnachweise und Rehabilitierungen, Zwangsaussiedlungen.

---

2 Siehe http://www.add.rlp.de/Kommunale-und-hoheitliche-Aufgaben,-Soziales/Ordnungswesen,-Hoheitsangelegenheiten/Beglaubigungen/.

Abschnitt 2
Rechtshilfeverkehr in zivilrechtlichen Angelegenheiten

Nr.	Gebührentatbestand	Gebührenbetrag
	Vorbemerkung 1.3.2:	
	Gebühren nach diesem Abschnitt werden nur in Zivilsachen und in Angelegenheiten der freiwilligen Gerichtsbarkeit erhoben. Die Gebühren nach den Nummern 1321 und 1322 werden auch dann erhoben, wenn die Zustellung oder Rechtshilfehandlung wegen unbekannten Aufenthalts des Empfängers oder sonst Beteiligten oder aus ähnlichen Gründen nicht ausgeführt werden kann. In den Fällen der Nummern 1321 und 1322 werden Gebühren und Auslagen nicht erhoben, wenn die Gegenseitigkeit verbürgt ist. Die Bestimmungen der Staatsverträge bleiben unberührt.	
1320	Prüfung von Rechtshilfeersuchen in das Ausland	15,00 bis 55,00 €
1321	Erledigung von Zustellungsanträgen in ausländischen Rechtsangelegenheiten	15,00 €
1322	Erledigung von Rechtshilfeersuchen in ausländischen Rechtsangelegenheiten	15,00 bis 255,00 €

I. Anwendungsbereich

Gebühren nach Nr. 1320–1322 KV entstehen nur in Zivilsachen und in Angelegenheiten der freiwilligen **1** Gerichtsbarkeit (**Vorbem. 1.3.2 S. 1 KV**). Im Übrigen, wie in Strafsachen, werden keine Gebühren erhoben.

II. Ersuchen in das Ausland (Nr. 1320 KV)

Für die Tätigkeiten der Prüfstellen nach § 9 ZRHO entsteht eine Rahmengebühr von 15 bis 55 € (Nr. 1320 **2** KV). Dass das JVKostG Anwendung findet, folgt nicht mehr nur aus der ZRHO selbst, sondern schon aus § 1 Abs. 2 S. 1 Nr. 6. Die Höhe der Gebühr wird durch die Prüfstelle unter Berücksichtigung der in § 4 Abs. 2 genannten Kriterien bestimmt. Die Entscheidung obliegt dem für die Sachentscheidung zuständigen Beamten (§ 46 KostVfg). Dieser hat jedoch weiter § 75 Abs. 2 ZRHO zu beachten, der Regelgebührensätze bestimmt. Für die Erledigung von Zustellungsersuchen wird ein leicht unter der Mittelgebühr liegender Gebührensatz bestimmt, während für die Erledigung von sonstigen Ersuchen im Regelfall von der Mittelgebühr auszugehen ist, die 35 € beträgt. Diese Regelgebührensätze sollen nur überschritten werden, wenn es sich um eine Sache von außergewöhnlichem Umfang, mit hohem Streitwert oder von besonderer Bedeutung handelt. In Fällen dieser Art sind der Prüfungsstelle auch die Akten vorzulegen (§ 75 Abs. 2 S. 3, 4 ZRHO).

III. Ersuchen aus dem Ausland (Nr. 1321, 1322 KV)

Gehen Rechtshilfeersuchen aus dem Ausland ein, gelten Nr. 1321, 1322 KV. Handelt es sich um Zustel- **3** lungsersuchen, ist eine Festgebühr von 15 € zu erheben (Nr. 1321 KV), für Rechtshilfeersuchen fällt eine Rahmengebühr von 15 bis 255 € an (Nr. 1322 KV).

Gebühren nach Nr. 1321, 1322 KV entstehen auch, wenn die Zustellung oder Rechtshilfehandlung wegen **4** **unbekannten Aufenthalts** des Empfängers oder sonstigen Beteiligten oder aus ähnlichen Gründen nicht ausgeführt werden kann (**Vorbem. 1.3.2 S. 2 KV**). Bei der Bemessung der Gebühr nach Nr. 1322 KV ist vom Gericht die Tätigkeit der Prüfungsstelle zu berücksichtigen (§ 4 Abs. 2, § 148 Abs. 3 S. 2 ZRHO).

Die Gebühren der Nr. 1321, 1322 KV sind von dem ersuchenden Staat nur anzufordern, wenn im vertrag- **5** losen Rechtshilfeverkehr **beiderseits die Erstattung von Kosten** verlangt wird (§ 148 Abs. 3 S. 1 ZRHO). Das wird auch durch **Vorbem. 1.3.2 S. 3, 4 KV** klargestellt, weil danach die Bestimmungen von Staatsverträgen unberührt bleiben. Auch unterbleibt eine Kostenanforderung (Gebühren und Auslagen), wenn Gegenseitigkeit verbürgt ist, so dass im vertraglosen Rechtshilfeverkehr von deutscher Seite eine Kostenerstattung nur verlangt wird, soweit auch die ausländischen Behörden für die Erledigung deutscher Ersuchen um Rechtshilfe die Erstattung verlangen (§ 146 Abs. 2 S. 1 ZRHO). Findet eine Erstattung im Rechtshilfeverkehr mit einzelnen Staaten aufgrund von Vereinbarungen nicht statt, hat die ersuchte deutsche Behörde gleichwohl den Betrag der Auslagen, die vereinbarungsgemäß vom ersuchenden Staat nicht zu erstatten sind, der ersuchenden Behörde mitzuteilen, damit diese sie von den Personen einziehen kann, die nach den ausländischen Vorschriften zur Erstattung verpflichtet sind (§ 146 Abs. 3 S. 1 ZRHO). Auslagen sind dabei nur solche Beträge, die nach bundes- oder landesrechtlichen Vorschriften erhoben werden können (§ 146 Abs. 3 S. 3 ZRHO).

6   Ob **Gegenseitigkeit** vorliegt, ergibt sich aus dem Länderteil der ZRHO.[1] Kommt danach eine Kostenanforderung in Betracht, gilt § 148 Abs. 1 ZRHO. Es ist eine Kostenrechnung ohne Angabe des Kostenschuldners zu fertigen und den Erledigungsstücken beizufügen. Ein Vordruck darf nicht verwendet werden. In dem Begleitschreiben an die ersuchende Behörde ist die Bitte auszusprechen, die in der Kostenrechnung aufgeführten Kosten an die Gerichtskasse unter Angabe der auf der Rechnung vermerkten Geschäftsnummer alsbald zu erstatten. Unterbleibt eine Kostenanordnung, weil es sich um einen Kleinbetrag iSd der Verwaltungsvorschriften der Länder handelt, braucht eine Kostenrechnung nicht beigefügt zu werden. Werden die Kosten nicht binnen eines Jahres gezahlt, ist der Landesjustizverwaltung zu berichten (§ 148 Abs. 2 ZRHO).

7   Die Kostenschuld für die Kosten der Rechtshilfe trifft unmittelbar den ersuchenden Staat, nicht die Beteiligten (§ 147 Abs. 1 S. 1 ZRHO). Vorschüsse dürfen deshalb nicht verlangt werden (§ 147 Abs. 1 S. 2 ZRHO).

Abschnitt 3
Sonstige Angelegenheiten mit Auslandsbezug

Nr.	Gebührentatbestand	Gebührenbetrag
1330	Befreiung von der Beibringung des Ehefähigkeitszeugnisses (§ 1309 Abs. 2 BGB)	15,00 bis 305,00 €
1331	Feststellung der Landesjustizverwaltung, dass die Voraussetzungen für die Anerkennung einer ausländischen Entscheidung vorliegen oder nicht vorliegen (§ 107 FamFG) .... Die Gebühr wird auch erhoben, wenn die Entscheidung der Landesjustizverwaltung von dem Oberlandesgericht oder in der Rechtsbeschwerdeinstanz aufgehoben wird und das Gericht in der Sache selbst entscheidet. Die Landesjustizverwaltung entscheidet in diesem Fall über die Höhe der Gebühr erneut. Sie ist in diesem Fall so zu bemessen, als hätte die Landesjustizverwaltung die Feststellung selbst getroffen.	15,00 bis 305,00 €
1332	Mitwirkung der Bundeszentralstelle für Auslandsadoption (§ 1 Abs. 1 AdÜbAG) bei Übermittlungen an die zentrale Behörde des Heimatstaates (§ 4 Abs. 6 AdÜbAG) .... Die Gebühr wird in einem Adoptionsvermittlungsverfahren nur einmal erhoben.	15,00 bis 155,00 €
1333	Bestätigungen nach § 9 AdÜbAG	40,00 bis 100,00 €
1334	Bescheinigungen nach § 7 Abs. 4 AdVermiG	40,00 bis 100,00 €

I. Befreiung von der Beibringung des Ehefähigkeitszeugnisses (Nr. 1330 KV)

1   Die Gebühr Nr. 1330 KV entsteht für die Befreiung von der Beibringung des Ehefähigkeitszeugnisses (§ 1309 Abs. 2 BGB). Sie ist für jede Entscheidung gesondert zu erheben, so dass die Gebühr für jeden Verlobten gesondert anfällt, wenn hierüber gesonderte Entscheidungen ergehen. Da der Wortlaut der Norm nicht auf das Verfahren abstellt, handelt es sich um eine Aktgebühr, die nur anfällt, wenn die Befreiung ausgesprochen wird. Wegen § 4 Abs. 3 kann jedoch in den Fällen der Rücknahme oder Zurückweisung eine Gebühr bis zur Hälfte, jedoch nicht weniger als 15 €, auferlegt werden. Hierüber entscheidet der mit der Sachenentscheidung betraute Beamte (§ 46 KostVfg).

2   Es handelt sich um eine Rahmengebühr von 15 bis 305 €. Die Mittelgebühr beträgt 160 €. Bei der Gebührenbemessung sind nach § 4 Abs. 2 insb. die Bedeutung der Angelegenheit für die Beteiligten, Umfang und Schwierigkeit der Amtshandlung sowie die Einkommens- und Vermögensverhältnisse des Kostenschuldners zu berücksichtigen. Die Landesjustizverwaltungen haben daher bestimmt, dass die Einkommens- und Ver-

---

1 Der Länderteil kann eingesehen werden unter: http://www.ir-online.nrw.de/landliste.jsp.

mögensverhältnisse bei der Antragstellung mit anzugeben sind. Die genaue Gebührenhöhe wird durch den Beamten bestimmt, dem die Sachentscheidung obliegt (§ 46 KostVfg).

Da es sich um ein Antragsverfahren handelt, haftet für die Kosten der Antragsteller als **Antragsschuldner** 3 (§ 14 Abs. 1).

Die **Fälligkeit** tritt nach § 6 Abs. 1 S. 1 mit Beendigung der Amtshandlung ein, dh mit Erteilung der Befreiung, Ablehnung oder Antragsrücknahme. Es kann ein **Vorschuss** gefordert und auch Abhängigmachung von der Vorschusszahlung angeordnet werden (§ 8). Das gilt auch für Auslagenvorschüsse wegen der Beauftragung eines **Vertrauensanwalts** (Vorbem. 2 KV iVm Nr. 9012 KV-GKG).[1] 4

Neben der Gebühr sind **Auslagen** nach Nr. 2000 ff KV und Nr. 9001 ff KV GKG iVm Vorbem. 2 KV zu 5 erheben. Für die Entscheidung über die Befreiung von der Beibringung des Ehefähigkeitszeugnisses ist jedoch keine Dokumentenpauschale zu erheben, da nach Anm. Abs. 3 Nr. 1, 2 zu Nr. 2000 KV eine Ausfertigung bzw ein Ausdruck und auch eine weitere Ausfertigung ohne Tatbestand und Entscheidungsgründe auslagenfrei zu überlassen sind.

II. Anerkennung von ausländischen Entscheidungen (Nr. 1331 KV)

1. Entstehung der Gebühr. Für die Feststellung der Landesjustizverwaltung nach § 107 FamFG, dass die 6 Voraussetzungen für die Anerkennung einer ausländischen Entscheidung vorliegen oder nicht vorliegen, wird eine Gebühr Nr. 1331 KV erhoben. Obwohl es sich um Verfahren vor einer Landesjustizbehörde handelt, gilt das JVKostG wegen § 1 Abs. 2 S. 1 Nr. 2 unmittelbar.

Die Gebühr wird auch erhoben, wenn die Entscheidung der Landesjustizverwaltung von dem OLG oder in 7 der Rechtsbeschwerdeinstanz aufgehoben wird und das OLG in der Sache selbst entscheidet (**Anm. zu Nr. 1331 KV**). Über die Höhe der Gebühr entscheidet die Justizverwaltung und nicht das OLG. Hinsichtlich der Bemessung ist davon auszugehen, als hätte die Justizverwaltung die Feststellung selbst getroffen.

Wird durch die Justizbehörde festgestellt, dass die Voraussetzungen für die Anerkennung nicht vorliegen, 8 entsteht gleichfalls die Gebühr Nr. 1331 KV, da dies im Wortlaut der Gebühr ausdrücklich aufgenommen ist. § 4 Abs. 3 gilt daher nicht, sondern nur bei Antragsrücknahme (→ Rn 12).

2. Höhe der Gebühr. Es handelt sich um eine Rahmengebühr von 15 bis 305 €. Die Mittelgebühr beträgt 9 160 €. Ihre Höhe wird durch die zuständige Behörde selbst festgelegt (§ 4 Abs. 2 S. 1). Die Entscheidung trifft der für die Sachentscheidung zuständige Beamte (§ 46 KostVfg).

Bei der Bestimmung der konkreten Gebührenhöhe sind nach § 4 Abs. 2 S. 2 insb. zu berücksichtigen: die 10 Bedeutung der Angelegenheit für die Beteiligten, Umfang und Schwierigkeit der Amtshandlung sowie die wirtschaftlichen Verhältnisse des Kostenschuldners.

Im Hinblick auf die wirtschaftlichen Verhältnisse sieht bereits das Antragsformular die freiwillige Angabe 11 des Einkommens vor. Unterbleiben solche Angaben, geht dies zu Lasten des Antragstellers, so dass auch die Höchstgebühr angesetzt werden kann.[2]

3. Zurücknahme des Antrags. Wird der Antrag zurückgenommen, kann dem Antragsteller gem. § 4 Abs. 3 12 eine Gebühr bis zur Hälfte der für die Vornahme der Amtshandlung bestimmten Gebühr auferlegt werden.[3] Die Gebühr darf aber nicht weniger als der vorgesehene Mindestbetrag betragen, so dass bei Rücknahme die Gebühr nach § 4 Abs. 3 mindestens 15 € und höchstens 152,50 € betragen kann. Es handelt sich um eine Ermessensentscheidung („kann"), die der mit der Sachentscheidung befasste Beamte trifft (§ 46 KostVfg).

4. Auslagen. Auslagen sind nach Nr. 2000 ff KV und Nr. 9001 ff KV GKG iVm Vorbem. 2 KV gesondert zu 13 erheben. Die erste Ausfertigung der Entscheidung sowie eine Ausfertigung ohne Tatbestand und Entscheidungsgründe sind jedoch wegen Anm. Abs. 3 Nr. 1, 2 zu Nr. 2000 KV auslagenfrei zu erteilen.

5. Kostenschuldner, Fälligkeit, Vorschuss. Es besteht Antragshaftung (§ 14 Abs. 1), da es sich um ein An- 14 tragsverfahren handelt. Die Kosten werden mit der Beendigung des gebührenpflichtigen Geschäfts, dh mit Erlass des Bescheids, fällig (§ 6 Abs. 1 S. 1). Ein Vorschuss, von dessen Zahlung die Entscheidung abhängig gemacht werden darf, kann nach § 8 verlangt werden; es handelt sich um eine Ermessensentscheidung, die dem mit der Sachentscheidung betrauten Beamten obliegt (§ 46 KostVfg).

6. Verfahrenskostenhilfe. Eine Bewilligung von PKH oder VKH kommt für das Verfahren vor der Landes- 15 justizverwaltung nicht in Betracht, da es sich nicht um ein gerichtliches Verfahren handelt.[4]

---

1 OLG Hamburg 22.10.2004 – 2 VA 8/04, juris. **2** Keidel/*Zimmermann*, § 107 FamFG Rn 36. **3** BT-Drucks 16/6308, S. 339. **4** Keidel/*Zimmermann*, § 107 FamFG Rn 33.

III. Tätigkeiten des Bundsamts für Justiz im Bereich der Auslandsadoption (Nr. 1332–1334 KV)

16   **1. Gebührenpflichtige Tätigkeiten.** Folgende Tätigkeiten des Bundesamts für Justiz im Bereich der Auslandsadoptionen sind gebührenpflichtig:

- Mitwirkung nach § 4 Abs. 6 AdÜbAG bei der Übersendung der Bewerbungsunterlagen an die zentrale Behörde des Heimatlands (Nr. 1332 KV),
- Prüfung der Echtheit einer ausländischen Bescheinigung und Erteilung einer Bestätigung nach § 9 AdÜbAG (Nr. 1333 KV),
- Ausstellung einer Bescheinigung nach § 7 Abs. 4 AdVermiG über die rechtliche Befähigung zur Annahme eines Kindes (Nr. 1334 KV).

17   Die Mitwirkung des Bundesamts für Justiz nach dem Adoptionsvermittlungsgesetz ist gebührenfrei. Ebenso die Unterstützungsleistungen der Zentralen Behörde nach dem Haager Übereinkommen vom 13. Januar 2000 über den internationalen Schutz von Erwachsenen und des Bundesamts für Justiz als Zentrale Behörde nach dem Haager Kinderschutzübereinkommen gegenüber Trägern der elterlichen Verantwortung.

18   **2. Höhe der Gebühren.** Bei den Gebühren Nr. 1332–1334 KV handelt es sich um Rahmengebühren. Bei der Bestimmung der konkreten Gebührenhöhe sind nach § 4 Abs. 2 S. 2 insb. zu berücksichtigen: die Bedeutung der Angelegenheit für die Beteiligten, Umfang und Schwierigkeit der Amtshandlung und die wirtschaftlichen Verhältnisse des Kostenschuldners. Die Entscheidung trifft der für die Sachentscheidung zuständige Beamte (§ 46 KostVfg).

19   **Nr. 1332 KV.** Als Richtwert für die frühere Gebühr Nr. 205 GV JVKostO, die einen Betragsrahmen von 10–150 € besaß, war von 100 € auszugehen, wenn es sich um die Prüfung und Mitwirkung bei der Übermittlung der Bewerbungsunterlagen und des Eignungsberichts handelt,[5] so dass für die Gebühr Nr. 1332 KV nunmehr von 100–105 € als Richtwert auszugehen ist. Die Mittelgebühr beträgt 85 €. Für die Mitwirkung bei sonstigen Übermittlungen war für den Regelfall von einem Richtwert von 15 € auszugehen,[6] so dass hier jetzt ein Richtwert von 20 € angenommen werden kann.

20   **Nr. 1333 KV.** Es kann im Regelfall von der Mittelgebühr ausgegangen werden, die 70 € beträgt.[7]

21   **Nr. 1334 KV.** Bei der Bestimmung der Gebührenhöhe ist, soweit es nach § 4 Abs. 2 S. 2 auf den Umfang und die Schwierigkeit der Amtshandlung ankommt, zu berücksichtigen, inwieweit Ermittlungen zur Staatsangehörigkeit, zum gewöhnlichen Aufenthalt der Antragsteller oder zu Rück- oder Weiterverweisungen nach ausländischem internationalen Privatrecht erforderlich werden. In einfach gelagerten Fällen kann die Mindestgebühr von 40 € in Betracht kommen.

22   **3. Zurücknahme oder Ablehnung des Antrags.** Bei Antragsrücknahme oder -ablehnung kann dem Antragsteller nach § 4 Abs. 3 eine Gebühr bis zur Hälfte der für die Vornahme der Amtshandlung bestimmten Gebühr auferlegt werden.[8] Die Gebühr darf aber nicht weniger als der vorgesehene Mindestbetrag betragen. Es handelt sich um eine Ermessensentscheidung („kann"), die der mit der Sachentscheidung befasste Beamte trifft (§ 46 KostVfg).

23   **4. Auslagen.** Neben den Gebühren Nr. 1332–1334 KV sind Auslagen nach Nr. 2000 ff KV und Nr. 9001 ff KV GKG iVm Vorbem. 2 KV gesondert zu erheben. Die erste Ausfertigung oder Ausdruck der Bestätigung oder Bescheinigung sind jedoch wegen Anm. Abs. 3 Nr. 1, 2 zu Nr. 2000 KV auslagenfrei zu erteilen.

24   **5. Kostenschuldner, Fälligkeit, Vorschuss.** Es besteht Antragshaftung (§ 14 Abs. 1), da es sich um ein Antragsverfahren handelt (§ 4 Abs. 6 S. 1, § 9 S. 1 AdÜbAG, § 7 Abs. 4 S. 1 AdVermiG).

25   Die Kosten werden mit der Beendigung des gebührenpflichtigen Geschäfts fällig, dh mit der Übersendung der Unterlagen bzw der Ausstellung der Bestätigung oder Bescheinigung, im Übrigen mit der Antragsrücknahme oder Ablehnung des Antrags (§ 6 Abs. 1 S. 1).

26   Ein Vorschuss, von dessen Zahlung die Entscheidung abhängig gemacht werden darf, kann nach § 8 verlangt werden. Es handelt sich um eine Ermessensentscheidung, die dem mit der Sachentscheidung betrauten Beamten obliegt (§ 46 KostVfg).

---

[5] BT-Drucks 14/6011, S. 58.   [6] BT-Drucks 14/6011, S. 58.   [7] BT-Drucks 14/6011, S. 58.   [8] BT-Drucks 16/6308, S. 339.

Hauptabschnitt 4
Sonstige Gebühren

Nr.	Gebührentatbestand	Gebührenbetrag
1400	Beglaubigung von Kopien, Ausdrucken, Auszügen und Dateien .... Die Gebühr wird nur erhoben, wenn die Beglaubigung beantragt ist; dies gilt nicht für Ausdrucke aus dem Unternehmensregister und für an deren Stelle tretende Dateien. Wird die Kopie oder der Ausdruck von der Justizbehörde selbst hergestellt, so kommt die Dokumentenpauschale (Nummer 2000) hinzu.	0,50 € für jede angefangene Seite – mindestens: 5,00 €
1401	Bescheinigungen und schriftliche Auskünfte aus Akten und Büchern .... Die Gebühr wird auch für eine Bescheinigung erhoben, aus der sich ergibt, dass entsprechende Akten nicht geführt werden oder ein entsprechendes Verfahren nicht anhängig ist.	15,00 €
1402	Zeugnisse über das im Bund oder in den Ländern geltende Recht	15,00 bis 255,00 €
1403	Mahnung nach § 5 Abs. 2 der Justizbeitreibungsordnung	5,00 €

I. Beglaubigung von Kopien, Ausdrucken, Auszügen und Dateien (Nr. 1400 KV)

1. Entstehung und Höhe der Gebühr. Für die Beglaubigung von Kopien, Ausdrucken, Auszügen oder elektronischen Dateien entsteht die Gebühr nach Nr. 1400 KV. Ihre Entstehung setzt jedoch stets voraus, dass der Antragsteller die Beglaubigung des Schriftstücks oder der Dateien beantragt hat (Anm. S. 1 zu Nr. 1400 KV). Erfolgt die Beglaubigung ohne Antrag, entsteht die Gebühr nicht. Eine Ausnahme gilt jedoch für Kopien, Ausdrucke oder an ihre Stelle tretende Dateien aus dem Unternehmensregister (Anm. S. 1 zu Nr. 1400 KV). Aus diesem Grund stellt auch Vorbem. 1.1.2 S. 2 KV klar, dass die Jahresgebühren nach Nr. 1120–1122 KV nicht die Auslagen nach Nr. 2000, 2002 KV sowie die Beglaubigung abdecken. 1

Es handelt sich um eine Gebühr, nicht um Auslagen, so dass die Beglaubigungsgebühr auch von solchen Kostenschuldnern nicht erhoben werden darf, die lediglich eine Gebührenfreiheit genießen. 2

Die Gebühr beträgt 0,50 € für jede angefangene Seite, die zu beglaubigen ist. Unabhängig von der tatsächlichen Seitenzahl beträgt die Gebühr jedoch mindestens 5 €. 3

Beispiel 1: Zu beglaubigen sind 15 Kopien. – Die Beglaubigungsgebühr Nr. 1400 KV beträgt 7,50 € (15 Seiten á 0,50 €). 4

Beispiel 2: Zu beglaubigen sind 5 Kopien. – Die Beglaubigungsgebühr Nr. 1400 KV beträgt 5,00 € (5 Seiten á 0,50 € = 2,50 €, aber mindestens 5,00 €). 5

2. Dokumentenpauschale. Neben der Beglaubigungsgebühr ist auch die Dokumentenpauschale nach Nr. 2000, 2001 KV zu erheben, wenn die zu beglaubigende Kopie oder der Ausdruck von der Justizbehörde selbst hergestellt wird (Anm. S. 2 zu Nr. 1400 KV). Wird hingegen eine nicht von Justizbehörde gefertigte Kopie oder ein solcher Ausdruck beglaubigt, entsteht nur die Beglaubigungsgebühr. 6

Beispiel: Beantragt wird die Fertigung von 20 Kopien, die von der Justizbehörde selbst gefertigt werden. Die Kopien sollen beglaubigt werden. An Kosten sind entstanden: 7

1. Dokumentenpauschale, Nr. 2000 KV (20 Seiten á 0,50 €)   10,00 €
2. Beglaubigungsgebühr, Nr. 1400 KV (20 Seiten á 0,50 €)   10,00 €
Gesamt   20,00 €

3. Gebührenfreie Beglaubigungen. Der Ansatz der Gebühr ist auch ausgeschlossen, wenn dies im Kostenverzeichnis ausdrücklich bestimmt ist. Entsprechende Bestimmungen, nach denen eine Beglaubigungsgebühr nicht gesondert erhoben werden darf, bestehen nach 8

- **Vorbem. 1.1.4 Abs. 2 KV** für den Abruf von Daten aus dem Handels-, Genossenschafts-, Partnerschafts- oder Vereinsregister sowie für den Abruf von Dokumenten, die zu den Registerakten eingereicht sind;
- **Vorbem. 1.1.5 Abs. 2 KV** für den Abruf von Daten aus dem Grundbuch, Schiffsbau- und Schiffsregister oder dem Register für Pfandrechte an Luftfahrzeugen sowie für den Abruf von Dokumenten, die zu den Grund- oder Registerakten eingereicht sind.

9 Nach § 11 Abs. 1 kann die Justizbehörde von der Erhebung der Gebühr zudem absehen, wenn die Beglaubigung für Zwecke verlangt wird, deren Verfolgung überwiegend im öffentlichen Interesse liegt (→ § 11 Rn 2 ff).

10 **4. Auslandsverkehr.** Für die Beglaubigung von amtlichen Unterschriften für den Auslandsverkehr sowie der Ausstellung von Apostillen gilt Nr. 1310 KV.

11 **5. Kostenschuldner, Fälligkeit, Vorschuss.** Die Beglaubigung erfolgt auf Antrag, so dass die Beglaubigungsgebühr derjenige schuldet, der sie beantragt hat (§ 14 Abs. 1). Fälligkeit tritt mit Beendigung der Amtshandlung ein, dh mit dem Abschluss der Beglaubigung (§ 6 Abs. 1 S. 1). Es kann ein Vorschuss verlangt werden (§ 8 Abs. 1). Die Beglaubigung kann auch von der Zahlung des Vorschusses abhängig gemacht werden (§ 8 Abs. 2). Zudem kann vom Zurückbehaltungsrecht (§ 9) Gebrauch gemacht werden.

II. Bescheinigungen und schriftliche Auskünfte aus Akten und Büchern (Nr. 1401 KV)

12 **1. Anwendungsbereich und Entstehen der Gebühr.** Für die Erteilung von Bescheinigungen oder Auskünften aus Akten und Büchern, einschließlich der Aktenregister, entsteht eine Festgebühr von 15 € nach **Nr. 1401 KV.** Erfasst sind auch Auskünfte aus dem Verzeichnis über erstellte **Apostillen.** Die Gebühr Nr. 1401 KV entsteht für jede Bescheinigung oder Auskunft gesondert. Im Übrigen wird die Gebühr auch für solche Bescheinigungen erhoben, aus denen sich ergibt, dass entsprechende Akten nicht geführt werden oder ein entsprechendes Verfahren nicht anhängig ist (**Anm. zu Nr. 1401 KV**). Wird die Erteilung der Auskunft abgelehnt, gilt § 4 Abs. 3.

13 **2. Auskünfte in Nachlass- und Insolvenzsachen. a) Nachlasssachen.** Wird in Nachlasssachen durch einen **Nichtbeteiligten** eine Auskunft verlangt, ist zu differenzieren:

Sind nachlassgerichtliche Vorgänge vorhanden, so ergeht eine gerichtliche Entscheidung nach § 13 Abs. 2 FamFG, so dass das JVKostG keine Anwendung findet und keine Gebühren entstehen.

Ist hingegen ein nachlassgerichtlicher Vorgang nicht vorhanden, handelt es sich bei der **Negativauskunft** um eine Angelegenheit der Justizverwaltung, für welche die Gebühr Nr. 1401 KV zu erheben ist.[1] Diese Auffassung ist jedoch in der Rspr nicht unumstritten. So wird teilweise die Auffassung vertreten, dass ein auf §§ 13, 357 FamFG gestütztes Auskunftsersuchen auch dann nicht zur Justizverwaltungssache wird, wenn keine nachlassgerichtlichen Vorgänge vorhanden sind, weil es allein auf den Antrag ankomme, der an das Nachlassgericht gerichtet sei.[2] Das OLG Koblenz hat eine Gebührenpflicht jedoch insb. deshalb verneint, weil die Regelung der Nr. 1401 KV für Landesjustizbehörden nicht zur Anwendung komme, da es sich nicht um ein in § 1 Abs. 2 abschließend aufgezähltes Geschäft handele. Dabei ist jedoch zu beachten, dass die Landesjustizkostengesetze ausdrücklich bestimmen, dass sich Kosten in Justizverwaltungssachen nach dem JVKostG richten. Damit soll sichergestellt werden, dass die im JVKostG enthaltenen Regelungen und Gebühren auch dann Anwendung finden, wenn es sich nicht um ein in § 1 Abs. 2 genanntes Geschäft handelt. Das hat der Gesetzgeber auch ausgeführt, als er das Landesjustizverwaltungskostengesetz (LJVwKostG) in Rheinland-Pfalz erlassen hat. Dort wird in § 1 Abs. 1 LJVwKostG bestimmt, dass die Landesjustizbehörden Kosten nach dem JVKostG erheben. Diese Vorschrift soll die entsprechende, bereits in § 1 Abs. 1 des Landesgesetzes über Kosten im Bereich der Justizverwaltung vom 10.12.1957 enthaltene Regelung übernehmen.[3] Hierzu heißt es in der Gesetzesbegründung: „§ 1 Abs. 1 des Entwurfs bestimmt, daß die Justizverwaltungskostenordnung in vollem Umfang – der bisherigen Rechtslage entsprechend – auch für die Justizbehörden des Landes Geltung hat."[4] Entsprechende Regelungen finden sich auch in den Landesjustizkostengesetzen der anderen Länder. So hat der Gesetzgeber zum jüngsten Justizkostengesetz, dem Thüringer Justizkostengesetz, ausgeführt: „Absatz 1 bestimmt, dass sich in sämtlichen Justizverwaltungsangelegenheiten die Kostenerhebung nach den Regelungen des Justizverwaltungskostengesetzes richtet. Dieser Verweis ist notwendig, da § 1 Abs. 2 des Justizverwaltungskostengesetzes seine Geltung für die Justizbehörden der Länder nur für ausdrücklich bestimmte Justizverwaltungsangelegenheiten anordnet. Durch den Verweis in § 2 Abs. 1 wird deshalb ausdrücklich geregelt, dass das Justizverwaltungskostengesetz für die Justizbehörden des Landes auch hinsichtlich der nicht bundesrechtlich geregelten Justizverwaltungsangelegenheiten gilt. Ohne diesen Verweis müssten im Thüringer Justizkostengesetz eigene Bestimmungen geschaffen werden."[5]

Die Regelung der Nr. 1401 KV findet deshalb auch dann Anwendung, wenn Justizbehörden der Länder entsprechende Auskünfte erteilen. Folglich auch für die Erteilung von Negativauskünften, weil erbrechtliche Vorgänge nicht vorhanden sind, da unabhängig davon, dass der Antrag an das Nachlassgericht gerich-

1 LG Köln 22.9.2015 – 34 T 204/15, juris. **2** OLG Koblenz 22.6.2016 – 14 W 295/16, juris. **3** Vgl LT-Drucks Rheinland-Pfalz 12/903, S. 8. **4** LT-Drucks Rheinland-Pfalz, Drucksachen Abteilung II Nr. 316, S. 1570 zu § 1. **5** LT-Drucks 5/6564, S. 11 (zu § 2).

NK-GK/*H. Schneider*

tet ist, die Justizverwaltung über Auskünfte aus ihrem Schriftgut, zu dem auch die Aktenregister zählen, entscheidet und nicht das Gericht nach § 13 FamFG.

b) Insolvenzsachen. Auch die Erteilung von schriftlichen Auskünften an nicht am **Insolvenzverfahren** beteiligte Personen sowie nach Abschluss des Insolvenzverfahrens erfolgt durch die Justizverwaltung (§ 4 InsO iVm § 299 Abs. 2 ZPO). Die Erteilung von solchen schriftlichen Auskünften ist deshalb nach Nr. 1401 KV gebührenpflichtig. Eine Gebührenpflicht besteht dabei wegen der Anm. nicht nur für die Erteilung von positiven Auskünften, sondern auch bei Erteilung von Negativauskünften, zB für das Auskunftsbegehren eines Bürgers, dass gegen ihn kein Insolvenzverfahren anhängig ist oder war bzw kein Antrag auf Eröffnung eines solchen Verfahrens gestellt oder mangels Masse abgewiesen wurde.   **14**

3. Kostenschuldner, Fälligkeit, Vorschuss. Die Gebühr Nr. 1401 KV schuldet der Antragsteller (§ 14 Abs. 1). Sie wird fällig mit der Erteilung der Auskunft (§ 6 Abs. 1 S. 1). Es kann ein Vorschuss verlangt (§ 8 Abs. 1) und die Erteilung der Auskunft von der Vorschusszahlung abhängig gemacht werden (§ 8 Abs. 2).   **15**

III. Zeugnisse über das im Bund oder in den Ländern geltende Recht (Nr. 1402 KV)

Für die Erstellung eines Zeugnisses über das im Bund oder in den Ländern geltende Recht (zB Art. 90 Hess-FGG) entsteht die Gebühr **Nr. 1402 KV**. Es handelt sich um eine Rahmengebühr mit einem Gebührenrahmen von 15–255 €. Die Höhe der Gebühr ist nach § 4 Abs. 2 zu bestimmen, zuständig ist der mit der Erstellung des Zeugnisses befasste Beamte (§ 46 KostVfg). Die Mittelgebühr beträgt 135 €.   **16**

Die Gebühr Nr. 1402 KV schuldet der Antragsteller (§ 14 Abs. 1). Sie wird fällig mit der Fertigstellung des Zeugnisses (§ 6 Abs. 1 S. 1). Es kann ein Vorschuss verlangt (§ 8 Abs. 1) und die Erstellung von der Vorschusszahlung abhängig gemacht werden (§ 8 Abs. 2). Auch das Zurückbehaltungsrecht (§ 9) kann ausgeübt werden. Wird die Erteilung des Zeugnisses abgelehnt, gilt § 4 Abs. 3.

IV. Mahnung nach § 5 Abs. 2 JBeitrO (Nr. 1403 KV)

1. Entstehung und Höhe der Gebühr. Nach § 5 Abs. 2 JBeitrO soll der Vollstreckungsschuldner vor Beginn der Vollstreckung zur Leistung innerhalb von zwei Wochen schriftlich aufgefordert und nach vergeblichem Ablauf der Frist besonders gemahnt werden. Für die Mahnung entsteht eine Festgebühr von 5 € (Nr. 1403 KV), so dass die Aufforderung zur Zahlungsaufforderung gebührenfrei bleibt. Die Gebühr ist für jede Mahnung nach § 5 Abs. 2 JBeitrO gesondert zu erheben, auch wenn es sich um denselben Vollstreckungsschuldner handelt. Gibt der Zahlungspflichtige bei der Überweisung versehentlich ein **falsches Kassenzeichen** an, so dass der Geldbetrag zunächst falsch zugeordnet wird und zu dem richtigen Kassenzeichen eine Mahnung erfolgt, entsteht die Gebühr Nr. 1403 KV mit der Haftungsfolge des § 17.[6]   **17**

2. Geltungsbereich. Die Gebühr gilt für alle Kostenforderungen, die nach der JBeitrO beizutreiben sind. Durch § 1 Abs. 2 S. 2 wird zudem ausdrücklich klargestellt, dass das JVKostG, und damit eingeschlossen Nr. 1403 KV, auch dann Anwendung findet, wenn nach § 2 Abs. 1 S. 2, 3 JBeitrO durch Landesbestimmungen an Stelle der Gerichtskasse andere Behörden zur Vollstreckungsbehörde bestimmt sind. Solche Bestimmungen sind etwa enthalten in der Strafvollstreckungsordnung und in § 2 EBAO, wonach in den Fällen der Verhängung von Ordnungs- oder Zwangsgeldern Vollstreckungsbehörde die Stelle ist, die auf die Verpflichtung zur Zahlung des Geldbetrags erkannt hat. Die Gebühr Nr. 1403 KV ist daher auch dann zu erheben, wenn durch das Zivil- oder Familiengericht oder im Bereich der freiwilligen Gerichtsbarkeit Ordnungs- oder Zwangsgelder verhängt werden (zB § 888 ZPO, §§ 35, 89 FamFG) und die Mahnung nach § 7 EBAO, § 5 Abs. 2 JBeitrO durch das Gericht als Vollstreckungsbehörde erfolgt.   **18**

3. Kostenschuldner, Fälligkeit. Die Gebühr schuldet derjenige, der nach § 5 Abs. 2 JBeitrO besonders gemahnt worden ist (§ 17), darüber hinaus auch die Schuldner nach § 18 Nr. 3. Die Gebühr wird mit Absendung der Mahnung fällig (§ 6 Abs. 1 S. 1).   **19**

Teil 2
Auslagen

Nr.	Auslagentatbestand	Höhe
Vorbemerkung 2: Für die Erhebung der Auslagen ist Teil 9 des Kostenverzeichnisses zum GKG entsprechend anzuwenden, soweit nachfolgend nichts anderes bestimmt ist.		

---

6 AG Uelzen NdsRpfl 2015, 210.

1   Die Kosten setzen sich zusammen aus Gebühren und Auslagen (§ 1 Abs. 1). Auslagen sind jedoch nur zu erheben, wenn ein entsprechender Auslagentatbestand besteht. Nach Vorbem. 2 KV sind die Nr. 9000 ff KV GKG entsprechend anzuwenden, soweit sich aus den Nr. 2000–2003 KV nicht etwas anderes ergibt.

2   Im Einzelnen sind daher in den Verfahren nach dem JVKostG folgende Auslagen zu erheben:

- Auslagen für Telegramme (Nr. 9001 KV GKG),
- Zustellungskosten (Nr. 9002 KV GKG),
- Aktenversendungspauschale (Nr. 9003 KV GKG),
- Kosten für öffentliche Bekanntmachungen (Nr. 9004 KV GKG),
- nach dem JVEG zu zahlende Beträge für Sachverständige, Dolmetscher, Übersetzer (Nr. 9005 KV GKG),
- Kosten für Geschäfte außerhalb der Justizbehörde, Reisekosten und Auslagenersatz für die Bediensteten der Justizbehörde und Fahrtkosten bei Einsatz von Dienstfahrzeugen (Nr. 9006 KV GKG),
- Beförderungskosten für Personen und an mittellose Personen gezahlte Beträge (Nr. 9008 KV GKG),
- Kosten einer Haft, außer Zwangshaft (Nr. 9011 KV GKG),
- nach dem AKostG gezahlte Beträge (Nr. 9012 KV GKG),
- an deutsche Behörden zu zahlende Beträge (Nr. 9013 KV GKG),
- an ausländische Behörden, Einrichtungen oder Personen gezahlte Beträge (Nr. 9014 KV GKG).

3   Die Verweisung erfasst zudem auch Nr. 9007 und 9010 KV GKG, jedoch sind entsprechende Anwendungsfälle derzeit nicht vorhanden.

4   Zu den einzelnen Auslagen wird auf die Erl. zu den Nr. 9001 ff KV GKG verwiesen.

Nr.	Auslagentatbestand	Höhe
2000	Pauschale für die Herstellung und Überlassung von Dokumenten:	
	1. Ausfertigungen, Kopien und Ausdrucke, die auf Antrag angefertigt oder auf Antrag per Telefax übermittelt worden sind:	
	für die ersten 50 Seiten je Seite	0,50 €
	für jede weitere Seite	0,15 €
	2. Überlassung von elektronisch gespeicherten Dateien oder deren Bereitstellung zum Abruf anstelle der in Nummer 1 genannten Ausfertigungen, Kopien und Ausdrucke:	
	je Datei	1,50 €
	für die in einem Arbeitsgang überlassenen, bereitgestellten oder in einem Arbeitsgang auf denselben Datenträger übertragenen Dokumente insgesamt höchstens	5,00 €
	(1) Die Höhe der Dokumentenpauschale nach Nummer 1 ist für jeden Antrag und im gerichtlichen Verfahren in jedem Rechtszug und für jeden Kostenschuldner nach § 14 JVKostG gesondert zu berechnen; Gesamtschuldner gelten als ein Schuldner.	
	(2) Werden zum Zweck der Überlassung von elektronisch gespeicherten Dateien Dokumente zuvor auf Antrag von der Papierform in die elektronische Form übertragen, beträgt die Dokumentenpauschale nach Nummer 2 nicht weniger, als die Dokumentenpauschale im Fall der Nummer 1 betragen würde.	
	(3) Frei von der Dokumentenpauschale sind für jede Partei, jeden Beteiligten, jeden Beschuldigten und deren bevollmächtigte Vertreter jeweils	
	1. eine vollständige Ausfertigung oder Kopie oder ein vollständiger Ausdruck jeder gerichtlichen oder behördlichen Entscheidung und jedes vor Gericht abgeschlossenen Vergleichs,	
	2. eine Ausfertigung ohne Tatbestand und Entscheidungsgründe und	
	3. eine Kopie oder ein Ausdruck jeder Niederschrift über eine Sitzung.	
	§ 191 a Abs. 1 Satz 2 GVG bleibt unberührt.	

I. Allgemeines

Nr. 2000 KV regelt die Auslagenpflicht für die Herstellung und Überlassen von Dokumenten. Die Vor- 1
schrift enthält verschiedene Tatbestände, so dass zu unterscheiden ist zwischen

- Herstellung und Überlassung von auf Antrag gefertigten Dokumenten (Nr. 1 Alt. 1),
- Überlassung von auf Antrag gefertigten Dokumenten per Telefax (Nr. 1 Alt. 2),
- Überlassung von elektronischen Dateien oder deren Bereitstellung zum Abruf (Nr. 2).

Eine Unterscheidung zwischen **Schwarz-Weiß-** und **Farbkopien** ist nicht gegeben, so dass die Pauschale stets 2
in gleicher Höhe entsteht.

Durch die Pauschale werden Herstellungskosten wie Anschaffung oder Anmietung der Kopierer, Strom- 3
und Papierverbrauch sowie die anderen Arbeitsvorgänge der Justizbehörde abgegolten. Auch die für die
Überlassung der Dokumente entstehenden Kosten werden abgegolten, so dass für die Übersendung der Dokumente, auch mittels Telefax, weitere Kosten nicht zu erheben sind.

II. Papierdokumente und Überlassung per Telefax (Nr. 1)

1. Entstehung. Die Pauschale entsteht, wenn Ausfertigungen, Kopien oder Ausdrucke auf Antrag anzuferti- 4
gen sind, es sei denn, dass die Herstellung oder Überlassung nach Anm. Abs. 3 auslagenfrei zu erfolgen hat.
Es kann sich zB um Entscheidungen, Vergleiche oder Verfügungen oder Auszüge aus Akten, Registern oder
Büchern handeln. Eine Dokumentenpauschale ist auch dann zu erheben, wenn die auf Antrag hergestellten
Dokumente an den Antragsteller mittels Telefax übermittelt werden.

2. Auslagenhöhe. Die Dokumentenpauschale beträgt für Ausfertigungen, Kopien oder Ausdrucke für die 5
ersten 50 Seiten 0,50 € je Seite und 0,15 € für jede weitere Seite. Die Höhe der Pauschale ist unabhängig
von der Formatgröße, da nur auf die optische Seite abzustellen ist. Handelt es sich um Kopien oder Ausdrucke, gerichtliche Entscheidungen, die zur Veröffentlichung in Entscheidungssammlungen oder Fachzeitschriften beantragt werden, beträgt die Dokumentenpauschale wegen Nr. 2001 KV höchstens 5 € je Entscheidung, wenn nicht durch Landesgesetze eine Anwendung der Vorschrift für Verfahren der Justizbehörden für unanwendbar erklärt wird.

Beispiel: Auf Antrag werden 70 Kopien hergestellt. Die Pauschale beträgt 28,00 € (50 Seiten á 0,50 €, 20 Seiten á 6
0,15 €).

Die Art der Herstellung ist unerheblich, so dass die Pauschale sowohl für die Herstellung mittels Fotoko- 7
pierer entsteht, aber auch, wenn das Dokument mittels Ausdruck aus einem PC-Drucker hergestellt wird.
Darüber hinaus entsteht die Pauschale auch dann, wenn das Dokument mit Schreibmaschine gefertigt wurde oder es sich um handschriftlich gefertigte Abschriften oder ausgefüllte Vordrucke handelt. Auch Seiten,
die nur Ausfertigungs- oder Beglaubigungsvermerke wiedergeben, sind auslagenpflichtig.[1]

Die Pauschale ist für jeden Antrag und für jeden Kostenschuldner nach § 14 gesondert zu berechnen, wobei 8
Gesamtschuldner (§ 19) als ein Schuldner gelten (Anm. Abs. 1). Im gerichtlichen Verfahren ist die Pauschale
für jeden Rechtszug gesondert zu berechnen, wobei auf den kostenrechtlichen Rechtszug abzustellen ist.

III. Elektronische Dokumente (Nr. 2)

1. Entstehung. Für die Überlassung elektronischer Dokumente entsteht die Pauschale der Nr. 2, soweit es 9
sich nicht um Dokumente handelt, die nach Anm. Abs. 3 auslagenfrei zu erteilen sind. Die Pauschale entsteht auch, wenn die Dokumente auf Datenträger gespeichert werden.

Neben der Pauschale nach Nr. 2 entstehen die Datenträgerpauschale (Nr. 2002 KV) bei Speicherung auf 10
einem Datenträger und bei beantragter Beglaubigung auch die Beglaubigungsgebühr (Nr. 1400 KV) gesondert.

2. Auslagenhöhe. Die Dokumentenpauschale beträgt je überlassener Datei 1,50 €. Werden mehrere Doku- 11
mente in einem Arbeitsgang bereitgestellt – auch wenn sie in einem Arbeitsgang auf einen Datenträger
überspielt wurden –, beträgt die Dokumentenpauschale höchstens 5 €, die dann sämtliche überlassene Dokumente abdeckt. Unerheblich ist daher der benötigte Speicherplatz.

Handelt es sich um Kopien oder Ausdrucke von gerichtlichen Entscheidungen, die zur Veröffentlichung in 12
Entscheidungssammlungen oder Fachzeitschriften beantragt werden, beträgt die Dokumentenpauschale wegen Nr. 2001 KV höchstens 5 € je Entscheidung, wenn nicht durch Landesgesetze eine Anwendung der Vorschrift für Verfahren der Justizbehörden für unanwendbar erklärt wurde.

---

1 *Oestreich/Hellstab/Trenkle*, FamGKG Nr. 2000 KV Rn 29.

13   **3. Umwandlung von Papierdokumenten (Anm. Abs. 2).** Muss vor der Überlassung eines elektronischen Dokuments zunächst ein Papierdokument in die elektronische Form übertragen werden, beträgt die Dokumentenpauschale nach Nr. 2 nicht weniger, als die Dokumentenpauschale im Fall der Nr. 1 betragen würde (Anm. Abs. 2 zu Nr. 2000 KV).

14   **Beispiel:** Beantragt wird die Überlassung eines Dokuments in elektronischer Form. Da das Original nur in Papierform vorliegt, muss das Dokument zuvor durch die Justizbehörde in ein elektronisches Dokument umgewandelt werden. Das umzuwandelnde Papierdokument umfasst 15 Seiten.

Die Dokumentenpauschale nach Nr. 1 würde 7,50 € betragen (15 Seiten á 0,50 €), so dass wegen der vorgenommenen Umwandlung auch die Pauschale nach Nr. 2 statt 1,50 € nun 7,50 € beträgt.

IV. Auslagenfreie Dokumente (Anm. Abs. 3 S. 1)

15   Anm. Abs. 3 S. 1 ordnet an, dass auslagenfrei zu überlassen sind

- eine vollständige Ausfertigung oder Kopie oder ein vollständiger Ausdruck jeder Entscheidung der Justizbehörde oder des Gerichts und jedes vor Gericht abgeschlossenen Vergleichs,
- eine Ausfertigung ohne Tatbestand und Entscheidungsgründe und
- eine Kopie oder ein Ausdruck jeder Sitzungsniederschrift.

16   Die Aufzählung ist abschließend; über den Wortlaut hinaus kann die Vorschrift nicht angewandt werden. Die in Anm. Abs. 3 S. 1 genannten Dokumente sind für jede Partei, jeden Beteiligten, den Beschuldigten und deren bevollmächtigten Vertreter **jeweils einmal** auslagenfrei zu erteilen. Erfasst sind zB die Entscheidungen nach § 1309 Abs. 2 BGB, §§ 107 ff FamFG und § 335 HGB. Obwohl nicht ausdrücklich genannt, ist dem Sinn und Zweck der Norm nach auch von einem öffentlich-rechtlichen Vertrag (vgl §§ 20 ff) eine Ausfertigung auslagenfrei zu übersenden.

V. Blinde oder sehbehinderte Personen (Anm. Abs. 3 S. 2)

17   **1. Allgemeines.** Nach Anm. Abs. 3 S. 2 bleibt § 191 a Abs. 1 S. 2 GVG (jetzt: § 191 a Abs. 1 S. 5 GVG)[2] unberührt. Eine blinde oder sehbehinderte Person kann danach verlangen, dass ihr die für sie bestimmten Dokumente der Justizbehörde in einer für sie wahrnehmbaren Form zugänglich gemacht werden. Auslagen wie besondere Herstellungs- oder Übersetzungskosten können nicht angesetzt werden. Unter welchen Voraussetzungen und in welcher Weise die Überlassung erfolgt, ist durch die aufgrund § 191 a Abs. 2 GVG erlassene Verordnung zur barrierefreien Zugänglichmachung von Dokumenten für blinde und sehbehinderte Personen in gerichtlichen Verfahren (**Zugänglichmachungsverordnung – ZMW**) vom 26.2.2007[3] geregelt.

18   Die zusätzliche Übermittlung erfolgt nur auf **Antrag**, wobei die Behörde die Person auf ihr Antragsrecht hinzuweisen hat (§ 4 Abs. 2 ZMW). Das Verlangen kann in jedem Verfahrensabschnitt gestellt werden, es ist aktenkundig zu machen und im weiteren Verfahrensablauf von Amts wegen zu beachten.

19   Die Dokumente können der Person schriftlich (in Blindenschrift oder in Großdruck), elektronisch, akustisch, mündlich, fernmündlich oder in anderer geeigneter Weise zugänglich gemacht werden (§ 3 Abs. 1 ZMW).

20   **2. Personenkreis.** **Blinde** oder **sehbehinderte** Personen sind solche, die auch unter Benutzung gängiger Hilfsmittel wie Brillen, Lupen etc. nicht in der Lage sind, die betreffenden Dokumente wahrzunehmen.[4] Die Regelung erstreckt sich nur auf Verfahrensbeteiligte, also die Beteiligten, ihre Vertreter sowie Zeugen und Sachverständige. Auf Rechtsanwälte jedoch nur, soweit sie eigene (prozessuale) Rechte wahrnehmen.[5] Ob eine Blindheit oder Sehbehinderung vorliegt, hat die Justizbehörde nach pflichtgemäßem Ermessen zu entscheiden.

21   **3. Umfang des Anspruchs.** Der Anspruch nach § 191 a Abs. 1 S. 5 GVG umfasst gem. § 2 Abs. 1 ZMW alle Dokumente, die der Person zuzustellen oder formlos bekannt zu geben sind. Nicht erfasst sind jedoch die solchen Dokumenten beigefügten Anlagen, die nicht in Schriftzeichen wiedergegeben werden können (zB Zeichnungen, Darstellungen). Die Auslagen für die Herstellung einer für die blinde oder sehbehinderte Person wahrnehmbaren Form sind nach § 191 a Abs. 1 S. 5 GVG nicht zu erheben. Entsprechend dieser Regelung untersagt **Anm. Abs. 3 zu Nr. 9005 KV GKG** iVm Vorbem. 2 KV die Erhebung solcher Auslagen, die zur Erfüllung der Rechte solcher Personen entstanden sind.

---

2 Red. Anm.: Durch Art. 19 Nr. 1 des Gesetzes zur Förderung des elektronischen Rechtsverkehrs mit den Gerichten v. 10.10.2013 (BGBl. I 3786, 3796) wurde § 191 a Abs. 1 GVG mWz 1.7.2014 geändert. Eine erforderliche redaktionelle Folgeänderung von Anm. Abs. 3 S. 1 zu Nr. 2000 KV erfolgte bislang nicht. **3** BGBl. 2007 I 215, zul. geänd. d. Art. 20 G v. 10.10.2013 (BGBl. I 3786, 3797). **4** *Kissel/Mayer*, GVG, 8. Aufl. 2015, § 191 a Rn 3. **5** MüKo-ZPO/*Zimmermann*, § 191 a GVG Rn 3.

                               NK-GK/*H. Schneider*

4. Umfang der Befreiung. Die Auslagenbefreiung umfasst neben der Dokumentenpauschale auch die Kosten für die Übersetzung in die Blindenschrift (Vorbem. 2 KV iVm Anm. Abs. 3 zu Nr. 9005 KV GKG). Mit den für die Herstellung der besonderen Form der Dokumente anfallenden Auslagen kann weder die blinde oder sehbehinderte Person selbst noch ein anderer Kostenschuldner herangezogen werden. Erfolgt die Zugänglichmachung gem. § 3 Abs. 3 ZMW durch Übermittlung eines elektronischen Dokuments, so dürfen auch die Pauschale nach Nr. 2 sowie die Datenträgerpauschale (Nr. 2003 KV) nicht erhoben werden.   22

Nr.	Auslagentatbestand	Höhe
2001	Dokumentenpauschale für einfache Kopien und Ausdrucke gerichtlicher Entscheidungen, die zur Veröffentlichung in Entscheidungssammlungen oder Fachzeitschriften beantragt werden: Die Dokumentenpauschale nach Nummer 2000 beträgt für jede Entscheidung höchstens	5,00 €

In Ergänzung zu Nr. 2000 KV bestimmt Nr. 2001 KV, dass die Dokumentenpauschale höchstens 5 € beträgt, wenn es sich um einfache Kopien oder Ausdrucke von gerichtlichen Entscheidungen handelt, die für eine Veröffentlichung in Entscheidungssammlungen oder Fachzeitschriften beantragt werden. Die Vergünstigung kann nicht über den Wortlaut hinaus ausgedehnt werden, allerdings bleiben im Übrigen §§ 10, 11 unberührt.   1

Es ist daher zunächst die Dokumentenpauschale nach Nr. 2000 KV zu berechnen und der konkret berechnete Auslagenbetrag auf 5 € zu begrenzen. Sind mehrere Entscheidungen zu kopieren oder auszudrucken, ist der Höchstbetrag von 5 € für jede Entscheidung gesondert anzusetzen.   2

Beispiel 1: Es wird die Kopie einer Entscheidung für die Veröffentlichung in einer Fachzeitschrift beantragt. Zu kopieren sind 6 Seiten.   3
Die Dokumentenpauschale beträgt 3,00 € (6 Seiten á 0,50 €).

Beispiel 2: Es wird die Kopie einer Entscheidung für die Veröffentlichung in einer Fachzeitschrift beantragt. Zu kopieren sind 13 Seiten.   4
Die Dokumentenpauschale beträgt 5,00 € (13 Seiten á 0,50 € = 6,50 €, aber höchstens 5,00 €).

Beispiel 3: Es wird die Kopie von zwei Entscheidung für die Veröffentlichung in einer Fachzeitschrift beantragt. Zu kopieren sind für die erste Entscheidung 13 Seiten und für die zweite Entscheidung 12 Seiten.   5
Die Dokumentenpauschale beträgt für jede Entscheidung 5,00 €, so dass insgesamt 10,00 € anzusetzen sind:
– Entscheidung 1: 13 Seiten á 0,50 € = 6,50 €, aber höchstens 5,00 €.
– Entscheidung 2: 12 Seiten á 0,50 € = 6,00 €, aber höchstens 5,00 €.

Durch Landesregelung wird die Anwendung von Nr. 2001 KV teilweise ausgeschlossen, soweit es sich um Justizverwaltungssachen vor den Justizbehörden der Länder handelt. Insoweit gilt die Höchstgrenze für gerichtliche Entscheidungen nicht, wenn die Kopien oder Ausdrucke von Justizbehörden des jeweiligen Landes zu erteilen sind.   6

Nr.	Auslagentatbestand	Höhe
2002	Datenträgerpauschale .... Die Datenträgerpauschale wird neben der Dokumentenpauschale bei der Übermittlung elektronisch gespeicherter Daten auf Datenträgern erhoben.	3,00 €

Werden elektronische Dokumente auf einem Datenträger übersandt, entsteht hierfür eine Datenträgerpauschale nach Nr. 2002 KV. Die Pauschale beträgt 3 €. Da der Gesetzgeber nicht auf den benötigten Speicherplatz abstellt, weil die Beschaffungskosten für Datenträger relativ gering sind, ist die Pauschale für jeden verwendeten Datenträger gesondert zu erheben.   1

Die Datenträgerpauschale wird neben der Dokumentenpauschale nach Nr. 2000, 2001 KV erhoben (Anm. zu Nr. 2002 KV). Unberührt bleiben §§ 10, 11 über das Absehen von der Kostenerhebung.   2

Landesgesetze

Einleitung

1 Das JVKostG findet unmittelbar nur Anwendung für die Justizbehörden des Bundes. Für die **Justizbehörden der Länder** gilt das JVKostG nur dann unmittelbar, wenn es sich um eine in § 1 Abs. 2, 3 JVKostG genannte Angelegenheit handelt. Die Länder haben deshalb Justizkostengesetze erlassen, die Regelungen über die vor den Landesjustizbehörden zu erhebenden Kosten enthalten. Das gilt zB für die Kosten in Hinterlegungssachen (s. ausf. Ziff. 11 in diesem Kommentar), die Einsichtnahme in das Schuldnerverzeichnis, die Bestellung und Beeidigung von Dolmetschern oder die Anerkennung von Gütestellen oder Feststellungserklärungen nach § 1059 a Abs. 1 Nr. 2, § 1059 e, § 1092 Abs. 2, § 1098 Abs. 3 BGB.

2 In den Landesjustizkostengesetzen wird zudem bestimmt, dass die Landesjustizbehörden in **Justizverwaltungsangelegenheiten** Kosten nach dem JVKostG erheben. Damit soll sichergestellt werden, dass das JVKostG in vollem Umfang für die Landesjustizbehörden auch hinsichtlich der nicht bundesrechtlich geregelten Justizverwaltungsangelegenheiten gelten soll.[1] Es bedarf deshalb in den Landesjustizkostengesetzen keiner besonderen Regelungen zB für Verjährung, Verzinsung, Fälligkeit, Kostenschuldner und Vorschusspflicht, weil die entsprechenden Regelungen des JVKostG gelten. Da das JVKostG in vollem Umfang gelten soll, findet auch das KV JVKostG Anwendung und folglich (hinsichtlich der Auslagen) auch der Verweis in Vorbem. 2 KV JVKostG auf Teil 9 KV GKG. Abweichende Regelungen in den Landesjustizkostengesetzen gehen den Bestimmungen im JVKostG jedoch vor, wenn das JVKostG aufgrund von § 1 Abs. 2 JVKostG nicht unmittelbar für die Landesjustizbehörden gilt. Gleiches gilt, wenn die Landesjustizkostengesetze bestimmte Regelungen des JVKostG für nicht anwendbar erklären.

3 Die JBeitrO findet hinsichtlich der Betreibung von Kosten durch Justizbehörden der Länder nur dann unmittelbare Anwendung, soweit die Ansprüche auf bundesrechtlicher Regelung beruhen (§ 1 Abs. 2 JBeitrO), so dass die Fälle des § 1 Abs. 2 JVKostG erfasst sind. Beruhen die Kosten, welche die Justizbehörden der Länder erheben, ausschließlich auf Landesrecht (zB Kosten in Hinterlegungssachen), bedarf es einer gesetzlichen Regelung über die Anwendbarkeit der JBeitrO (§ 1 Abs. 1 Nr. 10 JBeitrO). Die Landesjustizkostengesetze haben deshalb die JBeitrO für anwendbar erklärt.

4 Werden gegen den **Kostenansatz** einer Landesjustizbehörde **Einwendungen** erhoben, findet für das gerichtliche Verfahren stets § 22 JVKostG Anwendung. Für die von § 1 Abs. 2 JVKostG erfassten Verfahren folgt dies bereits aus dieser Regelung; soweit in Justizverwaltungsangelegenheiten der Länder die Kosten nach landesrechtlichen Vorschriften erhoben werden, ergibt sich dies aus § 1 Abs. 4 JVKostG.

5 Die Landesjustizkostengesetze beinhalten außerdem zumeist auch landesrechtliche **Befreiungsregelungen**, einschließlich **Stundung, Erlass und Niederschlagung**. In einigen Ländern sind jedoch auch eigene Befreiungsgesetze ergangen.

6 Auf die wichtigsten Landesregelungen wird im Nachfolgenden hingewiesen, wobei die bedeutendsten **Befreiungsvorschriften** abgedruckt sind.

1. Baden-Württemberg

Landesjustizkostengesetz (LJKG)
In der Fassung der Bekanntmachung vom 15.1.1993 (GBl. S. 109)
zuletzt geändert durch Gesetz vom 10.2.2015 (GBl. S. 89, 94)

– Auszug –

§ 7 Gebührenfreiheit

(1) Von der Zahlung der Gebühren, die die ordentlichen Gerichte in Zivilsachen, die Behörden der freiwilligen Gerichtsbarkeit sowie die Behörden der Justiz- und der Arbeitsgerichtsverwaltung erheben, sind befreit:

1. Kirchen, andere Religions- und Weltanschauungsgemeinschaften sowie ihre Unterverbände, Anstalten und Stiftungen, jeweils soweit sie juristische Personen des öffentlichen Rechts sind;
2. Gemeinden, Gemeindeverbände und Zweckverbände, soweit die Angelegenheit nicht ihre wirtschaftlichen Unternehmen betrifft sowie die anerkannten regionalen Planungsgemeinschaften;
3. der Kommunalverband für Jugend und Soziales Baden-Württemberg;
4. die in der Liga der freien Wohlfahrtspflege zusammengeschlossenen Verbände der freien Wohlfahrtspflege einschließlich ihrer Bezirks- und Ortsstellen sowie der ihnen angehörenden Mitgliedsverbände und Mitgliedseinrichtungen;

---

[1] Vgl für Rheinland-Pfalz: Landtagsdrucksachen: III. Wahlperiode, Abteilung II, Nr. 316, S. 1570 zu § 1; Drucksache 12/903, S. 8 zu § 1; für Thüringen: LT-Drucks 5/6564, S. 11 (zu § 2).

5. Universitäten, Hochschulen, Fachhochschulen, Akademien und Forschungseinrichtungen, die die Rechtsstellung einer Körperschaft, Anstalt oder Stiftung des öffentlichen Rechts haben.

(2) Von der Zahlung der Gebühren nach dem Gerichts- und Notarkostengesetz und der Gebühren in Justizverwaltungsangelegenheiten sind Körperschaften, Vereinigungen und Stiftungen befreit, die gemeinnützigen oder mildtätigen Zwecken im Sinne des Steuerrechts dienen, soweit die Angelegenheit nicht einen steuerpflichtigen wirtschaftlichen Geschäftsbetrieb betrifft. Die steuerrechtliche Behandlung als gemeinnützig oder mildtätig ist durch eine Bescheinigung des Finanzamts (Freistellungsbescheid oder sonstige Bestätigung) nachzuweisen.

(3) Die Gebührenfreiheit nach den Absätzen 1 und 2 gilt auch für Beurkundungs- und Beglaubigungsgebühren. Die Gebührenfreiheit nach Absatz 1 gilt ferner für die Gebühren der Gerichtsvollzieher; Gebühren, die nicht beim Schuldner beigetrieben werden können, sind vom Gläubiger zu erstatten.

(4) Die in Absatz 1 Nr. 2 genannten Körperschaften sind auch von der Zahlung der Auslagen nach dem Gerichts- und Notarkostengesetz befreit.

§ 8 Sonstige Gebührenbefreiungsvorschriften

Die sonstigen landesrechtlichen Vorschriften, die Kosten- oder Gebührenfreiheit gewähren, bleiben unberührt.

2. Bayern

Landesjustizkostengesetz (LJKostG)

In der Fassung der Bekanntmachung vom 19.5.2005 (GVBl. S. 159)
zuletzt geändert durch Gesetz vom 25.4.2014 (GVBl. S. 166)

– Auszug –

Art. 9

Gebühren nach dem Gerichts- und Notarkostengesetz werden nicht erhoben für Geschäfte, die aus Anlass einer unentgeltlichen Zuwendung an eine Körperschaft, Vereinigung oder Stiftung erforderlich werden, die ausschließlich und unmittelbar mildtätige oder wissenschaftliche Zwecke im Sinn des Steuerrechts verfolgt. Eine unentgeltliche Zuwendung nach Satz 1 liegt auch bei einem Erwerb von Todes wegen im Sinn des § 3 des Erbschaftsteuer- und Schenkungsteuergesetzes vor. Die Gebührenbefreiung wird nur gewährt, wenn die steuerrechtliche Voraussetzung nach Satz 1 Halbsatz 3 durch einen Freistellungs- oder Körperschaftsteuerbescheid oder durch eine sonstige Bescheinigung des Finanzamts nachgewiesen und dargelegt wird, dass die Angelegenheit nicht einen steuerpflichtigen wirtschaftlichen Geschäftsbetrieb betrifft.

Art. 10

Die sonstigen landesrechtlichen Vorschriften, die Kosten- oder Gebührenfreiheit gewähren, bleiben unberührt.

Ergänzender Hinweis:

■ Werden in Justizverwaltungssachen Zeugen oder Sachverständige herangezogen, ist die **Verordnung über die Entschädigung von Zeugen und Sachverständigen in Verwaltungssachen (ZuSEVO)** v. 1.7.1978 (BayRS II, S. 319), zuletzt geändert durch Verordnung v. 22.7.2014 (GVBl. S. 286), zu beachten.

3. Berlin

Gesetz über Gebührenbefreiung, Stundung und Erlaß von Kosten im Bereich der Gerichtsbarkeiten (Justizgebührenbefreiungsgesetz)

Vom 24.11.1970 (GVBl. S. 1934)
zuletzt geändert durch Gesetz vom 17.3.2014 (GVBl. S. 70)

– Auszug –

§ 1 Gebührenfreiheit

(1) Von der Zahlung der Gebühren, welche die ordentlichen Gerichte in Zivilsachen und die Justizverwaltungsbehörden erheben, sind befreit:

1. Kirchen, sonstige Religionsgemeinschaften und Weltanschauungsvereinigungen, die die Rechtsstellung einer Körperschaft des öffentlichen Rechts haben;
2. Gemeinden und Gemeindeverbände, soweit die Angelegenheit nicht ihre wirtschaftlichen Unternehmen betrifft;
3. Universitäten, Hochschulen, Fachhochschulen, Akademien und Forschungseinrichtungen, die die Rechtsstellung einer Körperschaft, Anstalt oder Stiftung des öffentlichen Rechts haben.

(2) Von der Zahlung der Gebühren nach dem Gerichts- und Notarkostengesetz vom 23. Juli 2013 (BGBl. I S. 2586), das zuletzt durch Artikel 22 des Gesetzes vom 10. Oktober 2013 (BGBl I S. 3786) geändert worden ist, in der jeweils geltenden Fassung und der Gebühren in Justizverwaltungsangelegenheiten sind Körperschaften, Vereinigungen und Stiftungen befreit, die gemeinnützigen oder mildtätigen Zwecken im Sinne des Steuerrechts dienen, soweit die Angelegenheit nicht einen steuerpflichtigen wirtschaftlichen Geschäftsbetrieb betrifft. Die Gebührenbefreiung nach Satz 1 gilt nicht für die Teilnahme an Verfahren zum elektronischen Abruf aus dem Grundbuch und aus den elektronisch geführten Registern. Die steuerrechtliche Behandlung als gemeinnützig oder mildtätig ist durch eine Bescheinigung des Finanzamtes (Freistellungsbescheid oder sonstige Bestätigung) nachzuweisen.

(3) Die Gebührenfreiheit nach den Absätzen 1 und 2 gilt auch für Beurkundungs- und Beglaubigungsgebühren, die Gebührenfreiheit nach Absatz 1 ferner für die Gebühren der Gerichtsvollzieher.

Für Kosten in der Justizverwaltung ist zu beachten:

- **Justizverwaltungskostengesetz (JVKostG)** v. 16.8.1993 (GVBl. S. 372), zuletzt geändert durch Gesetz v. 16.4.2014 (GVBl. S. 98).

4. Brandenburg

Justizkostengesetz für das Land Brandenburg
(Brandenburgisches Justizkostengesetz – JKGBbG)
Vom 3.6.1994 (GVBl. I S. 172)
zuletzt geändert durch Gesetz vom 10.7.2014 (GVBl. I 2014, Nr. 35)

– Auszug –

§ 6 Gebührenbefreiung

(1) Von der Zahlung von Gebühren, die die ordentlichen Gerichte in Zivilsachen und Angelegenheiten der freiwilligen Gerichtsbarkeit, die Gerichtsvollzieherinnen und Gerichtsvollzieher und die Justizverwaltungsbehörden erheben, sind befreit:

1. Kirchen, Religionsgemeinschaften und Vereinigungen zur gemeinschaftlichen Pflege einer Weltanschauung, jeweils soweit sie die Rechtsstellung einer juristischen Person des öffentlichen Rechts haben;
2. Gemeinden und Gemeindeverbände, sonstige Gebietskörperschaften oder Zusammenschlüsse von Gebietskörperschaften, Regional-, Zweckverbände und Ämter, jeweils soweit die Angelegenheit nicht ihre wirtschaftlichen Unternehmen im Sinne des Kommunalrechts betrifft;
3. staatliche Hochschulen (§ 1 Abs. 1, § 2 Abs. 1 des Brandenburgischen Hochschulgesetzes), Akademien und Forschungseinrichtungen, jeweils soweit sie die Rechtsstellung einer juristischen Person des öffentlichen Rechts haben, sowie Studentenwerke (§ 76 des Brandenburgischen Hochschulgesetzes).

(2) Von der Zahlung der Gebühren nach dem Gerichts- und Notarkostengesetz und der Gebühren in Justizverwaltungsangelegenheiten sind Kostenschuldner befreit, die ausschließlich und unmittelbar steuerbegünstigte Zwecke (§ 51 der Abgabenordnung) verfolgen, diese Voraussetzung durch einen Freistellungs- oder Körperschaftsteuerbescheid oder durch eine vorläufige Bescheinigung des Finanzamtes nachweisen und darlegen, daß die Angelegenheit nicht einen steuerpflichtigen wirtschaftlichen Geschäftsbetrieb betrifft.

§ 7 Voraussetzungen, Umfang

(1) Voraussetzung für die Gebührenbefreiung ist, daß der Kostenschuldner im Land Brandenburg ansässig ist, es sei denn, die Gegenseitigkeit ist verbürgt.

(2) Die Gebührenbefreiung entbindet nicht von der Verpflichtung zur Zahlung von Kosten, zu deren Zahlung der oder die Befreite sich Dritten gegenüber vertraglich verpflichtet hat; sie hat keinen Einfluss auf die Ersatzpflicht des zur Zahlung der Kosten verurteilten Gegners.

(3) § 2 Absatz 5 des Gerichts- und Notarkostengesetzes gilt entsprechend.

Für § 14 JVEG ist wegen der Befugnis zum Abschluss von Vereinbarungen zu beachten:

- **Verordnung zur Übertragung der Befugnis für den Abschluss von Vereinbarungen nach § 14 des Justizvergütungs- und -entschädigungsgesetzes (JVEGÜV)** v. 30.3.2006 (GVBl. II S. 77), zuletzt geändert durch Verordnung v. 22.11.2006 (GVBl. II S. 478, 479).

5. Bremen

Bremisches Justizkostengesetz
In der Fassung vom 4.8.1992 (Brem. GBl. S. 247)
zuletzt geändert durch Gesetz vom 4.11.2014 (Brem. GBl. S. 447)

– Auszug –

§ 8

(1) Von der Zahlung der Gebühren, die die ordentlichen Gerichte, die Gerichtsvollzieher und die Justizverwaltungsbehörden erheben, sind bereit:

1. Die Stadtgemeinden Bremen und Bremerhaven sowie die nach den Haushaltsplänen der Stadtgemeinden für deren Rechnung verwalteten öffentlichen Kassen und Anstalten;
2. Kirchen, einschließlich ihrer Gemeinden und Gemeindeverbände, sowie Religions- und Weltanschauungsgemeinschaften, wenn sie die Rechtsstellung einer Körperschaft des öffentlichen Rechts haben und wenn sie die zur Bestreitung ihrer Bedürfnisse erforderlichen Mittel ganz oder teilweise durch Abgaben ihrer Mitglieder aufbringen;
3. freie Wohlfahrtsverbände;
4. die als mildtätig oder gemeinnützig anerkannten Stiftungen mit Ausnahme solcher, die einzelne Familien oder bestimmte Personen betreffen oder in bloßen Studienstipendien bestehen.

(2) Wenn die Gegenseitigkeit verbürgt ist, sind von der Zahlung der Gebühren ferner befreit:

1. ausländische Staaten;
2. Gemeinden und Gemeindeverbände anderer deutscher Länder.

§ 9

(1) Die einem Beteiligten zustehende Gebührenfreiheit darf einem anderen Beteiligten nicht zum Nachteil gereichen.

(2) Die Gebührenfreiheit entbindet nicht von der Verpflichtung zur Zahlung von Beträgen, zu deren Entrichtung der Befreite sich Dritten gegenüber vertragsmäßig verpflichtet hat. Sie hat keinen Einfluß auf die Ersatzpflicht des in die Kosten verurteilten Gegners.

§ 10

Die Gebührenfreiheit erstreckt sich nicht auf die Beurkundungs- und Beglaubigungsgebühren.

§ 11

Die Stadtgemeinden Bremen und Bremerhaven sowie die nach den Haushaltsplänen der Stadtgemeinden für deren Rechnung verwalteten öffentlichen Kassen und Anstalten sind, soweit ihnen Gebührenfreiheit zusteht, auch von der Zahlung von Auslagen befreit. Im übrigen entbindet die Gebührenfreiheit nicht von der Verpflichtung zur Zahlung der Auslagen.

6. Hamburg

Landesjustizkostengesetz
Vom 18.10.1957
zuletzt geändert durch Gesetz vom 3.9.2014 (HmbGVBl. S. 418)

– Auszug –

§ 11

(1) Von der Zahlung der Gebühren, die die ordentlichen Gerichte in Angelegenheiten der streitigen und freiwilligen Zivilgerichtsbarkeit und die Justizverwaltungsbehörden erheben, sind befreit

1. Kirchen, sonstige Religionsgemeinschaften und Weltanschauungsvereinigungen, die die Rechtsstellung einer Körperschaft des öffentlichen Rechts haben;
2. Hochschulen, Akademien und Forschungseinrichtungen, die die Rechtsstellung einer Körperschaft, Anstalt oder Stiftung des öffentlichen Rechts haben.

(2) Von der Zahlung der Gebühren, die die ordentlichen Gerichte in Angelegenheiten der freiwilligen Gerichtsbarkeit und die Justizverwaltungsbehörden erheben, sind Körperschaften, Vereinigungen und Stiftungen befreit, die gemeinnützigen oder mildtätigen Zwecken im Sinne des Steuerrechts dienen, soweit die Angelegenheit nicht einen steuerpflichtigen wirtschaftlichen Geschäftsbetrieb betrifft. Die steuerrechtliche Behandlung als gemeinnützig oder mildtätig ist durch eine Bescheinigung des Finanzamts nachzuweisen.

(3) Die Gebührenfreiheit nach den Absätzen 1 und 2 gilt auch für Beurkundungs- und Beglaubigungsgebühren, die Gebührenfreiheit nach Absatz 1 ferner für die Gebühren der Gerichtsvollzieher.

Ergänzende Hinweise:

- Für die Durchführung von § 12 Landesjustizkostengesetz ist die **Anordnung zur Durchführung des Landesjustizkostengesetzes** v. 29.3.1988 (Amtl. Anz. 1988, 657), zuletzt geändert durch Anordnung v. 29.9.2015 (Amtl. Anz. S. 1697, 1704), ergangen, die die Zuständigkeiten für den Erlass und die Stundung von Kosten regelt.
- In bestimmten Justizverwaltungssachen ist die **Verordnung über die Höhe der Dokumentenpauschale in besonderen Fällen** v. 14.7.2015 (HmbGVBl. S. 170) zu beachten. Geregelt ist der Bezug von Terminsrollen, Geschäftsverteilungsplänen und des Justizverwaltungsblatts im Dauerauftrag.

7. Hessen

Hessisches Justizkostengesetz

Vom 15.5.1958 (GVBl. S. 60)

zuletzt geändert durch Gesetz vom 25.3.2015 (GVBl. S. 126)

– Auszug –

§ 6

(1) Die ordentlichen Gerichte und die Justizverwaltungsbehörden erheben keine Gebühren für:

1. Geschäfte, die auf Ersuchen von Gerichten des Bundes oder eines Landes vorgenommen werden;
2. Geschäfte, die auf Ersuchen von Verwaltungsbehörden des Bundes oder eines Landes überwiegend im öffentlichen Interesse vorgenommen werden;
3. (...)
4. (...)
5. Eintragungen im Grundbuch in den Fällen, in denen die Beteiligten im öffentlichen Interesse gesetzlich verpflichtet sind, sich den Rechtsänderungen zu unterwerfen,
6. Eintragungen ausländischer Staaten im Grundbuch betreffend ihre konsularischen Vertretungen.

(2) (...)

§ 7

(1) Von der Zahlung der Gebühren, die die ordentlichen Gerichte und die Justizverwaltungsbehörden erheben, sind die im Sinne des Steuerrechts als mildtätig oder gemeinnützig anerkannten Vereine und Stiftungen, mit Ausnahme solcher, die einzelne Familien oder bestimmte Personen betreffen oder nur in Studienstipendien bestehen, befreit, soweit die Angelegenheit nicht einen steuerpflichtigen wirtschaftlichen Geschäftsbetrieb betrifft. Die steuerrechtliche Behandlung als gemeinnützig oder mildtätig ist durch eine Bescheinigung des Finanzamts (Freistellungsbescheid oder sonstige Bestätigung) nachzuweisen.

(2) Voraussetzung für die Gewährung der Gebührenfreiheit ist, daß der Befreite im Lande Hessen seinen Sitz hat; darüber hinaus ist Gebührenfreiheit nur zu gewähren, wenn die Gegenseitigkeit verbürgt ist.

(3) Die einem Beteiligten zustehende Gebührenfreiheit darf einem anderen Beteiligten nicht zum Nachteil gereichen.

(4) Die Gebührenfreiheit entbindet nicht von der Verpflichtung zur Zahlung von Beträgen, zu deren Entrichtung der Befreite sich Dritten gegenüber vertragsmäßig verpflichtet hat; sie hat keinen Einfluss auf die Ersatzpflicht des in die Kosten verurteilten Gegners.

§ 8

(1) Die §§ 6 und 7 gelten auch für Beurkundungs- und Beglaubigungsgebühren.

(2) Die Gebührenfreiheit entbindet nicht von der Verpflichtung zur Zahlung der Auslagen.

§ 9

Die sonstigen landesrechtlichen Vorschriften, durch die Kosten- oder Gebührenfreiheit gewährt ist, bleiben unberührt.

NK-GK/H. Schneider

8. Mecklenburg-Vorpommern

Gesetz über die Kosten im Bereich der Justizverwaltung und über Gebührenbefreiung des Landes Mecklenburg-Vorpommern
(Landesjustizkostengesetz – LJKG)
Vom 7.10.1993 (GVOBl. M-V S. 843)
zuletzt geändert durch Gesetz vom 11.11.2015 (GVBl. M-V S. 462)

– Auszug –

§ 7 Gebührenfreiheit

(1) Von der Zahlung der Gebühren, welche die ordentlichen Gerichte in der streitigen und freiwilligen Gerichtsbarkeit sowie die Justizverwaltungsbehörden erheben, sind befreit:

1. Kirchen, sonstige Religionsgesellschaften und Weltanschauungsvereinigungen, die die Rechtsstellung einer Körperschaft des öffentlichen Rechts haben;
2. Gemeinden, Ämter, Landkreise und kommunale Zweckverbände, soweit die Angelegenheit nicht ihre wirtschaftlichen Unternehmen betrifft;
3. Universitäten, Hochschulen, Fachhochschulen, Akademien, Schulverbände und Forschungseinrichtungen, die die Rechtsstellung einer Körperschaft, Anstalt oder Stiftung des öffentlichen Rechts haben;
4. Kommunale Wohnungsgesellschaften in Grundbuchangelegenheiten beim Erwerb eines Grundstücks, das nach Artikel 22 Abs. 4 des Einigungsvertrages in das Eigentum einer Kommune übergegangen ist, wenn der Erwerb durch eine Wohnungsgesellschaft erfolgt, deren Anteile ausschließlich der übertragenden Kommune gehören.

(2) Die Gebührenfreiheit nach Absatz 1 besteht ferner für die Gebühren der Gerichtsvollzieher.

(3) Haftet der Befreite für die Kosten mit anderen Beteiligten als Gesamtschuldner und kann von ihm aufgrund gesetzlicher Vorschriften Ausgleich verlangt werden, so erstreckt sich die Befreiung auch auf die anderen Beteiligten.

(4) Die Gebührenfreiheit entbindet nicht von der Verpflichtung zur Zahlung der Auslagen.

(5) Voraussetzung für die Gewährung der Gebührenfreiheit ist, daß der Befreite im Land Mecklenburg-Vorpommern belegen ist oder seinen Sitz hat; darüber hinaus ist Gebührenfreiheit nur zu gewähren, wenn die Gegenseitigkeit verbürgt ist.

9. Niedersachsen

Niedersächsisches Justizgesetz (NJG)
Vom 16.12.2014 (Nds. GVBl. S. 436)
zuletzt geändert durch Gesetz vom 17.2.2016 (Nds. GVBl. S. 37)

– Auszug –

§ 108 Gebührenfreiheit

(1) Von der Zahlung der Gebühren, die die ordentlichen Gerichte in Zivilsachen, die Gerichtsvollzieherinnen und Gerichtsvollzieher und die Justizbehörden in Justizverwaltungsangelegenheiten erheben, sind befreit

1. Kirchen, sonstige Religionsgemeinschaften und Weltanschauungsgemeinschaften sowie ihre Verbände, Anstalten und Stiftungen, jeweils soweit sie juristische Personen des öffentlichen Rechts sind,
2. Kommunen und kommunale Zusammenschlüsse des öffentlichen Rechts, soweit die Angelegenheit nicht ihre wirtschaftlichen Unternehmen betrifft,
3. Universitäten, Hochschulen, Fachhochschulen, Akademien und Forschungseinrichtungen, die juristische Personen des öffentlichen Rechts sind, und
4. der Allgemeine Hannoversche Klosterfonds, die Stiftung Braunschweigischer Kulturbesitz, der Domstrukturfonds Verden und der Hospitalfonds St. Benedikti in Lüneburg.

(2) Von der Zahlung der Gebühren nach dem Gerichts- und Notarkostengesetz und der Gebühren in Justizverwaltungsangelegenheiten sind Körperschaften, Vereinigungen und Stiftungen befreit, die gemeinnützige oder mildtätige Zwecke im Sinne des Steuerrechts verfolgen, soweit die Angelegenheit nicht einen steuerpflichtigen wirtschaftlichen Geschäftsbetrieb betrifft. Die steuerrechtliche Behandlung als gemeinnützig oder mildtätig ist durch eine Bescheinigung des Finanzamts nachzuweisen.

§ 110 Unberührt bleibendes Recht

Die Vorschriften über Kosten- oder Gebührenfreiheit in

1. § 29 des Reichssiedlungsgesetzes vom 11. August 1919 (Nds. GVBl. Sb. II S. 420),
2. § 8 des Gesetzes zur Ergänzung des Reichssiedlungsgesetzes vom 4. Januar 1935 (Nds. GVBl. Sb. II S. 420) und
3. § 7 des Niedersächsischen Ausführungsgesetzes zum Flurbereinigungsgesetz vom 20. Dezember 1954 (Nds. GVBl. Sb. I S. 642), zuletzt geändert durch Artikel 4 des Gesetzes vom 5. November 2004 (Nds. GVBl. S. 412),

bleiben unberührt.

Für Kosten in der Justizverwaltung ist zu beachten:

- **Gesetz über Kosten im Bereich der Justizverwaltung** in der Fassung der Bekanntmachung v. 1.7.1992 (Nds. GVBl. S. 187), zuletzt geändert durch Gesetz v. 9.11.2012 (GVBl. S. 431).

10. Nordrhein-Westfalen

Gesetz über die Justiz im Land Nordrhein-Westfalen
(Justizgesetz Nordrhein-Westfalen – JustG NRW)
Vom 26.1.2010 (GV NRW S. 30)
zuletzt geändert durch Gesetz vom 18.12.2015 (GV NRW S. 812)

– Auszug –

§ 122 Gebührenfreiheit

(1) Von der Zahlung von Gebühren, welche die ordentlichen Gerichte in Zivilsachen und die Justizverwaltungsbehörden erheben, sind befreit:

1. Kirchen, sonstige Religionsgemeinschaften und Weltanschauungsvereinigungen, die die Rechtsstellung einer Körperschaft des öffentlichen Rechts haben;
2. Gemeinden und Gemeindeverbände, soweit die Angelegenheit nicht ihre wirtschaftlichen Unternehmen betrifft;
3. Universitäten, Hochschulen, Fachhochschulen, Akademien und Forschungseinrichtungen, die die Rechtsstellung einer Körperschaft, Anstalt oder Stiftung des öffentlichen Rechts haben.

(2) Von der Zahlung der Gebühren nach dem Gerichts- und Notarkostengesetz vom 23. Juli 2013 (BGBl. I S. 2586), das durch Artikel 22 des Gesetzes vom 10. Oktober 2013 (BGBl. I S. 3786) geändert worden ist, und der Gebühren in Justizverwaltungsangelegenheiten sind Körperschaften, Vereinigungen und Stiftungen befreit, die gemeinnützigen oder mildtätigen Zwecken im Sinne des Steuerrechts dienen, soweit die Angelegenheit nicht einen steuerpflichtigen wirtschaftlichen Geschäftsbetrieb betrifft. Für die Teilnahme an Verfahren zum elektronischen Abruf aus dem Grundbuch und aus den elektronischen Registern gilt die Gebührenbefreiung nicht. Die steuerrechtliche Behandlung als gemeinnützig oder mildtätig ist durch eine Bescheinigung des Finanzamtes (Freistellungsbescheid oder sonstige Bestätigung) nachzuweisen.

(3) Die Gebührenfreiheit nach den Absätzen 1 und 2 gilt auch für Beurkundungs- und Beglaubigungsgebühren, die Gebührenfreiheit nach Absatz 1 ferner für die Gebühren der Gerichtsvollzieherinnen oder Gerichtsvollzieher.

(4) Folgende Vorschriften, durch die in den Verfahren und Angelegenheiten vor den ordentlichen Gerichten sowie in Justizverwaltungsangelegenheiten Kosten- und Gebührenfreiheit gewährt wird, bleiben aufrechterhalten:

1. § 1 Absatz 4 des Preußischen Gesetzes betreffend die Ergänzung der Gesetze über die Errichtung von Marksteinen vom 7. Oktober 1865, vom 7. April 1869 und vom 24. Mai 1901;
2. § 2 des Gesetzes über Gemeinheitsteilung und Reallastenablösung vom 28. November 1961 (GV. NRW. S. 319).

Ergänzender Hinweis:

- Die Zuständigkeit für den Erlass, die Stundung oder Niederschlagung nach § 123 JustG NRW bestimmt sich nach der **Verordnung zur Übertragung von Befugnissen nach § 123 des Justizgesetzes Nordrhein-Westfalen** v. 24.8.2012 (GV NRW S. 384).

11. Rheinland-Pfalz

Landesgesetz über Gebührenbefreiung im Bereich der Justiz
(Justizgebührenbefreiungsgesetz – JGebBefrG)
Vom 5.10.1990 (GVBl. S. 281)
zuletzt geändert durch Gesetz vom 9.7.2010 (GVBl. S. 167)

– Auszug –

§ 1

(1) Von der Zahlung der Gebühren, welche die ordentlichen Gerichte in Zivil- und Strafsachen (§ 13 des Gerichtsverfassungsgesetzes) und die Justizverwaltungsbehörden erheben, sind befreit:

1. Kirchen, sonstige Religions- und Weltanschauungsgemeinschaften, jeweils soweit sie die Rechtsstellung einer juristischen Person des öffentlichen Rechts haben;
2. Gemeinden, Gemeindeverbände, Zweckverbände sowie Wasser- und Bodenverbände, soweit die Angelegenheit nicht ihre wirtschaftlichen Unternehmen betrifft;
3. wissenschaftliche Hochschulen, Fachhochschulen, Forschungseinrichtungen, die Universitätsmedizin der Johannes Gutenberg-Universität Mainz, Akademien und Schulverbände, die die Rechtsstellung einer juristischen Person des öffentlichen Rechts haben.

Die Gebührenfreiheit nach Satz 1 gilt auch für die Gebühren der Gerichtsvollzieher.

(2) Von der Zahlung der Gebühren nach der Kostenordnung und der Gebühren in Justizverwaltungsangelegenheiten sind Körperschaften, Vereinigungen und Stiftungen befreit, die gemeinnützige oder mildtätige Zwecke im Sinne der Abgabenordnung verfolgen, soweit die Angelegenheit nicht einen steuerpflichtigen wirtschaftlichen Geschäftsbetrieb betrifft. Die steuerrechtliche Behandlung als gemeinnützig oder mildtätig ist durch eine Bescheinigung des Finanzamts (Freistellungsbescheid oder sonstige Bestätigung) nachzuweisen.

(3) Sonstige landesrechtliche Vorschriften, die Gebührenfreiheit gewähren, bleiben unberührt.

§ 2

Die Gebührenfreiheit nach § 1 gilt für die Gebühren, die nach dem Inkrafttreten dieses Gesetzes fällig werden.[2]

Für Kosten in der Justizverwaltung sind zu beachten:

- Landesjustizverwaltungskostengesetz v. 7.4.1992 (GVBl. S. 99), zuletzt geändert durch Gesetz v. 3.4.2014 (GVBl. S. 34).
- Für die Zuständigkeit bei Stundung, Niederschlagung oder Erlass von Gerichtskosten gilt die **Landesverordnung über Zuständigkeiten nach den §§ 58 und 59 der Landeshaushaltsordnung im Geschäftsbereich des Ministeriums der Justiz** v. 24.10.2001 (GVBl. S. 268), zuletzt geändert durch Verordnung v. 4.12.2002 (GVBl. S. 499).

12. Saarland

Landesjustizkostengesetz
Vom 30.6.1971 (GVBl. S. 473)
zuletzt geändert durch Gesetz vom 12.2.2014 (GVBl. I S. 146)

– Auszug –

§ 4 Gebührenfreiheit

(1) Von der Zahlung der Gebühren, welche die ordentlichen Gerichte in Zivilsachen, die Justizverwaltungsbehörden und die Gerichtsvollzieher erheben, sind befreit

1. Kirchen, Religionsgemeinschaften und Weltanschauungsvereinigungen, die die Rechtsstellung einer Körperschaft des öffentlichen Rechts haben;
2. Gemeinden, Gemeindeverbände und kommunale Zweckverbände, soweit die Angelegenheit nicht ihre wirtschaftlichen Unternehmen betrifft;
3. Hochschulen und Forschungseinrichtungen, die die Rechtsstellung einer Körperschaft, Anstalt oder Stiftung des öffentlichen Rechts haben.

(2) Von der Zahlung der Gebühren nach dem Gerichts- und Notarkostengesetz und der Gebühren in Justizverwaltungsangelegenheiten sind Körperschaften, Vereinigungen und Stiftungen befreit, die gemeinnützigen und mildtätigen Zwecken im Sinne des Steuerrechts dienen, soweit die Angelegenheit nicht einen steuerpflichtigen wirtschaftli-

2 Das Gesetz ist am 1.1.1991 in Kraft getreten (§ 3 Abs. 1 JGebBefrG).

chen Geschäftsbetrieb betrifft. Die steuerrechtliche Behandlung als gemeinnützig und mildtätig ist durch eine Bescheinigung des Finanzamts (Freistellungsbescheid oder sonstige Bestätigung) nachzuweisen.

(3) Die Gebührenfreiheit nach den Absätzen 1 und 2 gilt auch für die Beurkundungs- und Beglaubigungsgebühren.

13. Sachsen

- Es gilt das **Gesetz über die Justiz im Freisaat Sachsen (Sächsisches Justizgesetz – SächsJG)** v. 24.11.2000 (SächsGVBl. S. 482), zuletzt geändert durch Gesetz v. 9.7.2014 (SächsGVBl. S. 405). Darin sind in §§ 61 ff die Kosten in Justizverwaltungssachen sowie in § 68 der Erlass und die Stundung von Gerichtskosten geregelt. Allgemeine Regelungen über die Befreiung von der Zahlung von Gerichtskosten enthält das SächsJG jedoch nicht.
- Die Höhe der Gebühren in Justizverwaltungssachen wird durch § 30 der **Sächsischen Justizorganisationsverordnung (SächsJOrgVO)** in der Fassung der Bekanntmachung v. 7.3.2016 (SächsGVBl. S. 103, 104) bestimmt.

14. Sachsen-Anhalt

Justizkostengesetz des Landes Sachsen-Anhalt (JKostG LSA)
Vom 23.8.1993 (GVBl. S. 449)
zuletzt geändert durch Gesetz vom 5.12.2014 (GVBl. LSA S. 512)

– Auszug –

§ 7 Gebührenfreiheit
(1) Von der Zahlung der Gebühren, die die ordentlichen Gerichte sowie die Landesjustizverwaltungsbehörden erheben, sind befreit:
1. Kirchen, sonstige Religions- und Weltanschauungsgemeinschaften, soweit sie die Rechtsstellung einer juristischen Person des öffentlichen Rechts haben, einschließlich ihrer Gemeinden und Gliederungen sowie öffentlich-rechtlichen Verbände, Anstalten und Stiftungen;
2. Kommunen und Gemeindeverbände, soweit die Angelegenheit nicht ihre wirtschaftlichen Unternehmungen betrifft;
3. Universitäten, Hochschulen, Fachhochschulen und Studentenwerke, die die Rechtsstellung einer Körperschaft, Anstalt oder Stiftung des öffentlichen Rechts haben;
4. die Landeswohlfahrtsverbände sowie die in der Liga der freien Wohlfahrtspflege zusammengeschlossenen Träger der freien Wohlfahrtspflege einschließlich ihrer Bezirks- und Ortsstellen sowie der ihnen angehörenden Mitgliedsverbände und Mitgliedseinrichtungen.

(2) Voraussetzung für die Gewährung der Gebührenfreiheit ist, daß der Befreite im Lande Sachsen-Anhalt seinen Sitz hat; darüber hinaus ist Gebührenfreiheit nur zu gewähren, wenn die Gegenseitigkeit verbürgt ist.

(3) Die Gebührenfreiheit entbindet nicht von der Verpflichtung zur Zahlung der Auslagen.

(4) Haftet der Befreite für die Kosten mit anderen Beteiligten als Gesamtschuldner und kann von ihm auf Grund gesetzlicher Vorschriften Ausgleich verlangt werden, so erstreckt sich die Befreiung auch auf die anderen Beteiligten.

(5) Die Gebührenfreiheit entbindet nicht von der Verpflichtung zur Zahlung von Beträgen, zu denen der Befreite sich Dritten gegenüber vertragsmäßig verpflichtet hat; sie hat keinen Einfluß auf die Ersatzpflicht des in die Kosten verurteilten Gegners.

15. Schleswig-Holstein

Gesetz über Gebührenfreiheit, Stundung und Erlaß von Kosten im Bereich der Gerichtsbarkeiten
Vom 23.12.1969 (Fassung vom 31.12.1971, GVOBl. S. 182)
zuletzt geändert durch Gesetz vom 15.7.2014 (GVOBl. S. 132)

– Auszug –

§ 1 Gebührenfreiheit
(1) Von der Zahlung der Gebühren, die die ordentlichen Gerichte in Zivilsachen erheben, sind Kirchen, sonstige Religionsgesellschaften und Weltanschauungsvereinigungen befreit, die die Rechtsstellung einer Körperschaft des öffentlichen Rechts haben.

(2) Von der Zahlung der Gebühren nach dem Gerichts- und Notarkostengesetz vom 23. Juli 2013 (BGBl. I S. 2586), zuletzt geändert durch Artikel 22 des Gesetzes vom 10. Oktober 2013 (BGBl. I S. 3786), und dem Gesetz über Gerichtskosten in Familiensachen vom 17. Dezember 2008 (BGBl. I S. 2586, 2666), zuletzt geändert durch

Artikel 21 des Gesetzes vom 10. Oktober 2013 (BGBl. I S. 3786), sowie der Gebühren in Justizverwaltungsangelegenheiten sind Körperschaften, Vereinigungen und Stiftungen befreit, die gemeinnützigen oder mildtätigen Zwecken im Sinne des Steuerrechts dienen, soweit die Angelegenheit nicht einen steuerpflichtigen wirtschaftlichen Geschäftsbetrieb betrifft. Die steuerrechtliche Behandlung als gemeinnützig oder mildtätig ist durch eine Bescheinigung des Finanzamts (Freistellungsbescheid oder sonstige Bestätigung) nachzuweisen.

(3) Die Gebührenfreiheit nach Absatz 1 und 2 gilt auch für Beurkundungs- und Beglaubigungsgebühren. Die Gebührenfreiheit nach Absatz 1 gilt auch für die Gebühren der Gerichtsvollzieherinnen und Gerichtsvollzieher.

(4) Sonstige landesrechtliche Vorschriften, die in weiteren Fällen eine sachliche oder persönliche Befreiung von Kosten gewähren, bleiben unberührt.

Für Kosten in der Justizverwaltung ist zu beachten:

- **Gesetz über Kosten im Bereich der Justizverwaltung** in der Fassung v. 8.7.1992 (GVOBl. S. 439), zuletzt geändert durch Gesetz v. 15.7.2014 (GVOBl. S. 132).

16. Thüringen

Thüringer Justizkostengesetz (ThürJKostG)
Vom 28.10.2013 (GVBl. S. 295)
zuletzt geändert durch Gesetz vom 2.7.2016 (GVBl. S. 226)

– Auszug –

§ 6

(1) Von der Zahlung der Gebühren, die die ordentlichen Gerichte und die Justizverwaltungsbehörden nach diesem Gesetz sowie den Kostengesetzen des Bundes erheben, sind befreit:

1. Kirchen, sonstige Religionsgesellschaften und Weltanschauungsvereinigungen, die die Rechtsstellung einer Körperschaft des öffentlichen Rechts haben und die zur Bestreitung ihrer Bedürfnisse erforderlichen Mittel ganz oder teilweise durch Abgaben ihrer Mitglieder aufbringen,
2. Gemeinden und Gemeindeverbände, soweit die Angelegenheit nicht ihre wirtschaftlichen Unternehmen betrifft,
3. Hochschulen, Studierendenschaften, Forschungseinrichtungen und Studierendenwerke, die die Rechtsstellung einer Körperschaft, Anstalt oder Stiftung des öffentlichen Rechts haben,
4. freie Wohlfahrtsverbände,
5. die von dem für Justiz zuständigen Ministerium im Einvernehmen mit dem für den Haushalt zuständigen Ministerium als mildtätig oder gemeinnützig anerkannten Vereine und Stiftungen, mit Ausnahme solcher, die einzelne Familien oder bestimmte Personen betreffen oder in bloßen Studienstipendien bestehen.

(2) Voraussetzung für die Gewährung der Gebührenfreiheit ist, dass der Kostenschuldner in Thüringen seinen Sitz hat; darüber hinaus ist Gebührenfreiheit nur zu gewähren, wenn die Gegenseitigkeit verbürgt ist.

(3) Die einem Beteiligten zustehende Gebührenfreiheit darf einem anderen Beteiligten nicht zum Nachteil gereichen.

(4) Die Gebührenfreiheit entbindet nicht von der Verpflichtung zur Zahlung der Auslagen sowie von Beträgen, zu deren Entrichtung der Befreite sich Dritten gegenüber vertragsmäßig verpflichtet hat; sie hat keinen Einfluss auf die Ersatzpflicht des in die Kosten verurteilten Gegners.

§ 7

Für Gerichtsverfahren und Justizverwaltungsangelegenheiten, die vor dem Inkrafttreten dieses Gesetzes anhängig gemacht worden sind, gilt das Thüringer Justizkostengesetz in der vor dem Inkrafttreten dieses Gesetzes geltenden Fassung.

Kosten in Hinterlegungssachen

I. Allgemeines

1 **1. Anzuwendende Regelungen.** Bei den Hinterlegungssachen handelt es sich um Angelegenheiten der **Justizverwaltung**. Die Gerichtskosten bestimmen sich nach landesrechtlichen Regelungen. Danach gelten die Vorschriften des Justizverwaltungskostengesetzes (JVKostG), jedoch ordnen die Landesregelungen teilweise abweichende Bestimmungen an. Für die Beitreibung der Kosten gilt die JBeitrO.

2 **2. Gebühren. a) Rahmengebühren.** Die Gebühren werden durch Landesgesetze bestimmt, die Rahmengebühren vorsehen. Dabei ist die konkrete Gebührenhöhe durch die Hinterlegungsstelle zu bestimmen, in Beschwerdesachen durch die Stelle, die über die Beschwerde zu entscheiden hat. Hierfür sind nach § 4 Abs. 2 S. 2 JVKostG insb. zu berücksichtigen die Bedeutung der Angelegenheit für die Beteiligten und ihre Einkommens- und Vermögensverhältnisse sowie Umfang und Schwierigkeit der Angelegenheit. Die Bestimmung der konkreten Gebührenhöhe obliegt dabei dem Beamten, der die Sachentscheidung zu treffen hat (§ 46 KostVfg), also dem Rechtspfleger. Dieser kann nach § 10 JVKostG die Gebühr ausnahmsweise auch ermäßigen oder vom Kostenansatz ganz absehen, wenn dies mit Rücksicht auf die wirtschaftlichen Verhältnisse des Kostenschuldners oder aus Billigkeitsgründen geboten erscheint.

3 **b) Gebührenpflichtige Handlungen.** Gebührenpflichtig sind nach den Landesgesetzen nur solche Hinterlegungssachen, welche die Hinterlegung von Wertpapieren, sonstigen Urkunden (zB Bürgschafts- oder Vollmachtsurkunden, Handels- oder Familienstammbücher), Kostbarkeiten (Gold- und Silbersachen, Schmuck, Wertzeichen) und von unverändert aufzubewahrenden Zahlungsmitteln betreffen. Letztere umfassen daher nicht die Hinterlegung von gesetzlichen oder gesetzlich zugelassenen Zahlungsmitteln, weil diese nach den Hinterlegungsgesetzen der Länder in das Eigentum des Landes übergehen und nur andere Zahlungsmittel unverändert aufzubewahren sind.

4 Die Gebühren sind für jede Angelegenheit, in der eine besondere Annahmeverfügung ergeht, **gesondert** zu erheben. Es kommt daher nur auf diese Verfügung an, nicht auf den Hinterlegungsgrund und auch nicht darauf, ob jeweils für denselben Berechtigten hinterlegt wird.

5 **c) Benachrichtigung des Gläubigers.** Ist zur Befreiung eines Schuldners von seiner Verbindlichkeit hinterlegt, soll die Hinterlegungsstelle den Schuldner unter Bezugnahme auf § 382 BGB zu dem Nachweis auffordern, dass und wann der Gläubiger die in § 374 Abs. 2 BGB vorgeschriebene Anzeige von der Hinterlegung empfangen hat. Führt der Schuldner den Nachweis nicht innerhalb von drei Monaten nach der Aufforderung, ist die Hinterlegungsstelle ermächtigt, in seinem Namen und auf seine Kosten dem Gläubiger die Anzeige zu machen. Die Aufforderung ist gemäß den Landesgesetzen durch förmliche Zustellung zu übersenden. Die Anzeige ist gebührenpflichtig, wobei die Landesbestimmungen hierfür Festgebühren vorsehen. Die Gebühr entsteht neben einer eventuellen Gebühr für die Annahmeverfügung. Neben der Gebühr können gemäß den Landesgesetzen nur die anfallenden Zustellungskosten angesetzt werden (Vorbem. 2 KV JVKostG iVm Nr. 9002 KV GKG), nicht aber andere Auslagen, auch keine Dokumentenpauschale. Die Gebühr für die Anzeige entsteht für jede Angelegenheit gesondert.

6 **d) Antragsrücknahme, Antragsablehnung.** Die Regelung des § 4 Abs. 3 JVKostG gilt aufgrund der Landesregelungen in Hinterlegungssachen nicht, so dass die Ablehnung einer an sich gebührenpflichtigen Hinterlegung oder der Zurücknahme eines solchen Antrags keine Gebühren auslöst.

7 **e) Beschwerdeverfahren.** Gebühren entstehen nach den Landesgesetzen nur, wenn die Beschwerde zurückgewiesen oder zurückgenommen wird.

8 **f) Fälligkeit.** Die Gebühren werden nach § 6 Abs. 1 S. 1 JVKostG mit Beendigung der gebührenpflichtigen Amtshandlung fällig, also regelmäßig mit der Herausgabe der hinterlegten Gegenstände.[1] Hinsichtlich der Gebühr für die Anzeige nach § 374 Abs. 2 BGB kommt es auf die Bekanntgabe der Anzeige an. In Beschwerdesachen tritt Fälligkeit mit Erlass der Beschwerdeentscheidung oder Zurücknahme der Beschwerde ein.

9 **3. Auslagen.** Die Auslagen werden durch Landesgesetze bestimmt. Danach sind anzusetzen die **Dokumenten- und Datenträgerpauschalen** (Nr. 2000–2002 KV JVKostG) sowie die sonstigen, in Teil 9 KV GKG genannten Auslagen (Vorbem. 2 KV JVKostG). Die Auslagen sind auch zu erheben, wenn die Hinterlegungssache gebührenfrei bleibt. Zu beachten ist dabei, dass die Dokumentenpauschale nach den Landesgesetzen auch für Abschriften entsteht, die anzufertigen sind, weil ein Antrag auf Annahme nicht in der erforderlichen Anzahl von Stücken vorgelegt ist.

---

1 *Coenen*, Hinweise zum Hinterlegungswesen, 1982, S. 131. Insoweit unter Aufgabe der in der Vorauflage (1. Aufl. 2014) vertretenen Auffassung.

NK-GK/*H. Schneider*

Als weitere Auslagen können gemäß den landesrechtlichen Bestimmungen die Beträge als Auslagen eingezogen werden, die während der Hinterlegung zu zahlen sind an Banken und Sparkassen für die **Besorgung von Wertpapiergeschäften**, welche die Landeshinterlegungsgesetze vorsehen, sowie die Kosten für den **Umtausch von anderen Zahlungsmitteln**, die mit Zustimmung der Beteiligten in gesetzliche oder gesetzlich zugelassene Zahlungsmittel umgewechselt werden.   10

4. Kostenschuldner. Der Kostenschuldner bestimmt sich nach §§ 14, 18, 19 JVKostG. Es haftet danach insb. derjenige, der die Hinterlegung beantragt hat (§ 14 Abs. 1 JVKostG), sowie ein eventueller Entscheidungs- oder Übernahmeschuldner (§ 18 Nr. 1, 2 JVKostG). Mehrere Kostenschuldner haften als Gesamtschuldner (§ 19 JVKostG). Darüber hinaus sind nach den Landesgesetzen zur Kostenzahlung auch verpflichtet die empfangsberechtigte Person, an die oder für deren Rechnung die Herausgabe verfügt ist, sowie diejenige Person, in deren Interesse eine Behörde um die Hinterlegung ersucht hat; jedoch gilt dies für die Gerichtskosten eines Beschwerdeverfahrens nur dann, soweit diejenige Person, der die Kosten dieses Verfahrens auferlegt sind, empfangsberechtigt ist. Hinsichtlich der Kosten für die Anzeige nach § 374 Abs. 2 BGB sehen die Landesgesetze zumeist vor, dass diese der Schuldner (Hinterleger) schuldet.   11

Für die Fälle, in denen in Betreuungen, Vormundschaften oder Pflegschaften für Minderjährige oder in den Fällen des § 1667 BGB aufgrund gesetzlicher Verpflichtung hinterlegt wird, verweisen die Landesgesetze auf die Regelung der Vorbem. 1.1 Abs. 1, Vorbem. 3.1 Abs. 2 KV GNotKG bzw Vorbem. 1.3.1 Abs. 2, Vorbem. 2 Abs. 3 KV FamGKG. Die Regelung soll gelten, wenn für das minderjährige Kind, den Betreuten oder den Mündel hinterlegt wird.[2]   12

Handelt es sich um hinterlegtes Geld, das in das Eigentum des Landes übergegangen ist, können die Kosten auch der Masse entnommen werden. In diesen Fällen ordnen die Verwaltungsbestimmungen der Länder zu den jeweiligen Hinterlegungsgesetzen an, dass der zu vereinnahmende Kostenbetrag auch in der Herausgabeordnung anzugeben ist. Die Entnahme aus der Masse ist aufgrund der Landesgesetze auch noch statthaft, wenn die Gerichtskosten nach § 5 JVKostG verjährt sind.   13

5. Untersuchungshaft. War die Hinterlegung aufgrund § 116 Abs. 1 S. 2 Nr. 4, § 116 a StPO erfolgt, um eine beschuldigte Person mit der Untersuchungshaft zu verschonen, sind Gerichtskosten nicht zu erheben und bereits gezahlte Kosten zurückzuzahlen, wenn die beschuldigte Person rechtskräftig außer Verfolgung gesetzt oder freigesprochen oder das Verfahren gegen sie eingestellt wird. Wird der Verfall der Sicherheit rechtskräftig ausgesprochen, so werden bereits erhobene Kosten nicht erstattet.   14

6. Rechtsbehelfe. Es gilt § 22 Abs. 1 JVKostG. Danach kann der Kostenschuldner gegen den Kostenansatz Einwendungen erheben, die bei dem Amtsgericht anzubringen sind, dem die die Gerichtskosten ansetzende Hinterlegungsstelle angehört. Für das gerichtliche Verfahren sind §§ 5 a, 5 b, 66 Abs. 2–8, §§ 67, 69 a GKG entsprechend anzuwenden (§ 22 Abs. 1 S. 2 JVKostG). Zum Verfahren s. die Erl. zu § 22 JVKostG.   15

II. Landesregelungen

1. Baden-Württemberg. Die Kosten bestimmen sich nach §§ 4–6 des Landesjustizkostengesetzes (LJKG) sowie Abschnitt 3 des Gebührenverzeichnisses zu diesem Gesetz.   16

Landesjustizkostengesetz (LJKG)
In der Fassung der Bekanntmachung vom 15.1.1993 (GBl. S. 109)
zuletzt geändert durch Gesetz vom 10.2.2015 (GBl. S. 89, 94)
– Auszug –

§ 4 Gebührenfestsetzung in Hinterlegungssachen
In Hinterlegungssachen setzt bei den Rahmengebühren nach Nummer 3.1 des Gebührenverzeichnisses die Hinterlegungsstelle, bei den Rahmengebühren nach den Nummern 3.3 und 3.4 des Gebührenverzeichnisses die Stelle, die über die Beschwerde zu entscheiden hat, die Höhe der Gebühr fest.

§ 5 Auslagen in Hinterlegungssachen
In Hinterlegungssachen werden als Auslagen erhoben
1. die Auslagen nach den Nummern 2000 und 2002 des Kostenverzeichnisses zum Justizverwaltungskostengesetz sowie nach den Nummern 31001 bis 31006, 31008, 31009 und 31012 bis 31014 des Kostenverzeichnisses zum Gerichts- und Notarkostengesetz (GNotKG) vom 23. Juli 2013 (BGBl. I S. 2586, 2613) in der jeweils geltenden Fassung,

---

2 Für Sachsen-Anhalt: LT-Drucks 1/2566, S. 12. Entsprechende Regelungen und Begründungen finden sich auch in den anderen Landesjustizkostengesetzen.

2. die Beträge, die bei der Umwechslung von Zahlungsmitteln nach § 11 Abs. 2 Satz 2 des Hinterlegungsgesetzes oder bei der Besorgung von Geschäften nach § 14 des Hinterlegungsgesetzes an Banken oder an andere Stellen zu zahlen sind,

3. die Dokumentenpauschale für Abschriften, die anzufertigen sind, weil ein Antrag auf Annahme nicht in der erforderlichen Anzahl von Stücken vorgelegt ist.

§ 6 Kostenerhebung in Hinterlegungssachen

(1) Die Kosten in Hinterlegungssachen werden bei der Hinterlegungsstelle angesetzt.

(2) ¹Zuständig für Entscheidungen nach § 22 JVKostG ist das Amtsgericht, bei dem die Hinterlegungsstelle eingerichtet ist. ²Das gleiche gilt für Einwendungen gegen Maßnahmen nach Absatz 3 Nr. 2 und 3.

(3) Im übrigen gilt für die Kosten in Hinterlegungssachen abweichend vom Justizverwaltungskostengesetz folgendes:

1. Zur Zahlung der Kosten sind auch die empfangsberechtigte Person, an die oder für deren Rechnung die Herausgabe verfügt ist, sowie diejenige Person verpflichtet, in deren Interesse eine Behörde um die Hinterlegung ersucht hat.

2. Die Kosten können der Masse entnommen werden, soweit es sich um Geld handelt, das in das Eigentum des Landes übergegangen ist. Die Herausgabe hinterlegter Sachen kann von der Zahlung der Kosten abhängig gemacht werden.

3. Die Herausgabe hinterlegter Sachen kann von der Zahlung der Kosten abhängig gemacht werden.

4. Die Vorschriften in den Nummern 1 bis 3 sind auf Kosten, die für das Verfahren über Beschwerden erhoben werden, nur anzuwenden, soweit diejenige Person, der die Kosten dieses Verfahrens auferlegt sind, empfangsberechtigt ist.

5. Kosten sind nicht zu erheben oder, falls sie erhoben sind, zu erstatten, wenn auf Grund des § 116 Abs. 1 Nr. 4 und des § 116 a der Strafprozeßordnung hinterlegt ist, um eine beschuldigte Person mit der Untersuchungshaft zu verschonen und die beschuldigte Person rechtskräftig außer Verfolgung gesetzt oder freigesprochen oder das Verfahren gegen sie eingestellt wird; ist der Verfall der Sicherheit rechtskräftig ausgesprochen, so werden bereits erhobene Kosten nicht erstattet.

6. Ist bei Betreuungen auf Grund gesetzlicher Verpflichtung oder Anordnung des Betreuungsgerichts hinterlegt, gelten Absatz 1 der Vorbemerkung 1.1 zu Teil 1 und Absatz 2 Satz 1 der Vorbemerkung 3.1 zu Teil 3 des Kostenverzeichnisses zum Gerichts- und Notarkostengesetz entsprechend. Ist bei Vormundschaften, Pflegschaften für Minderjährige und in den Fällen des § 1667 BGB auf Grund gesetzlicher Verpflichtung oder Anordnung des Familiengerichts hinterlegt, gilt Absatz 2 der Vorbemerkung 1.3.1 des Kostenverzeichnisses zum Gesetz über Gerichtskosten in Familiensachen entsprechend.

7. Die Verjährung des Anspruchs auf Zahlung der Kosten hindert das Land nicht, nach den Nummern 2 und 3 zu verfahren.

8. § 4 Abs. 3 JVKostG findet keine Anwendung.

Anlage
(zu § 1 Abs. 2)

Gebührenverzeichnis

Nr.	Gegenstand	Gebühren
3	Hinterlegungssachen	
3.1	Hinterlegung von Wertpapieren, sonstigen Urkunden, Kostbarkeiten und von unverändert aufzubewahrenden Zahlungsmitteln (§ 11 Abs. 2 Satz 1 des Hinterlegungsgesetzes) in jeder Angelegenheit, in der eine besondere Annahmeverfügung ergeht	20 bis 500 €
3.2	Anzeige gemäß § 15 Abs. 1 Satz 2 des Hinterlegungsgesetzes	20 €
	Anmerkung: Neben der Gebühr für die Anzeige werden nur die Auslagen nach den Nummern 31002 und 31003 des Kostenverzeichnisses zum Gerichts- und Notarkostengesetz erhoben.	
3.3	Zurückweisung der Beschwerde	20 bis 500 €
3.4	Zurücknahme der Beschwerde	20 bis 100 €

2. Bayern. Die Kosten bestimmen sich nach Art. 4–6 des Landesjustizkostengesetzes (LJKostG) sowie Ab-   17
schnitt 3 des Gebührenverzeichnisses zu diesem Gesetz.

Landesjustizkostengesetz (LJKostG)
In der Fassung der Bekanntmachung vom 19.5.2005 (GVBl. S. 159)
zuletzt geändert durch Gesetz vom 25.4.2014 (GVBl. S. 166)
– Auszug –

Art. 4

In Hinterlegungssachen setzt bei den Rahmengebühren nach Nr. 3.1 des Gebührenverzeichnisses die Hinterlegungsstelle, bei den Rahmengebühren nach den Nrn. 3.3 und 3.4 des Gebührenverzeichnisses die Stelle, die über
die Beschwerde zu entscheiden hat, die Höhe der Gebühr fest.

Art. 5

In Hinterlegungssachen werden neben den Auslagen nach Nr. 2000 Nr. 1 KV-JVKostG und § 11 Abs. 2 Satz 1
JVKostG, nach Nr. 2000 Nr. 2 und Nr. 2002 KV-JVKostG jeweils in Verbindung mit Nr. 2000 Nr. 1 KV-JVKostG
sowie nach Vorbemerkung 2 KV-JVKostG als Auslagen erhoben

1. die Beträge, die bei der Besorgung von Geschäften nach Art. 17 des Bayerischen Hinterlegungsgesetzes an
   Banken oder an andere Stellen zu zahlen sind,
2. die Dokumentenpauschale für Ablichtungen, die anzufertigen sind, weil ein Antrag auf Annahme nicht in der
   erforderlichen Anzahl von Stücken vorgelegt worden ist.

Art. 6

(1) Die Kosten in Hinterlegungssachen werden bei der Hinterlegungsstelle angesetzt.

(2) ¹Zuständig für Entscheidungen nach § 22 Abs. 1 JVKostG ist das Amtsgericht, bei dem die Hinterlegungsstelle
eingerichtet ist. ²Das Gleiche gilt für Einwendungen gegen Maßnahmen nach Abs. 3 Nrn. 2 und 3.

(3) Im Übrigen gilt für die Kosten in Hinterlegungssachen abweichend vom Justizverwaltungskostengesetz Folgendes:

1. Zur Zahlung der Kosten sind auch die empfangsberechtigte Person, an die oder für deren Rechnung die Herausgabe verfügt wurde, sowie diejenige Person verpflichtet, in deren Interesse eine Behörde um die Hinterlegung ersucht hat.
2. Die Kosten können der Masse entnommen werden, soweit es sich um Geld handelt, das in das Eigentum des
   Landes übergegangen ist.
3. Die Herausgabe hinterlegter Sachen kann von der Zahlung der Kosten abhängig gemacht werden.
4. Die Nrn. 1 bis 3 sind auf Kosten, die für das Verfahren über Beschwerden erhoben werden, nur anzuwenden,
   soweit diejenige Person, der die Kosten dieses Verfahrens auferlegt worden sind, empfangsberechtigt ist.
5. Kosten sind nicht zu erheben oder sind, falls sie erhoben wurden, zu erstatten, wenn die Hinterlegung auf
   Grund des § 116 Abs. 1 Satz 2 Nr. 4 und des § 116 a der Strafprozessordnung erfolgte, um eine beschuldigte
   Person von der Untersuchungshaft zu verschonen, und die beschuldigte Person rechtskräftig außer Verfolgung
   gesetzt oder freigesprochen oder das Verfahren gegen sie eingestellt wird; ist der Verfall der Sicherheit rechtskräftig ausgesprochen worden, so werden bereits erhobene Kosten nicht erstattet.
6. Ist bei Vormundschaften sowie bei Betreuungen, Pflegschaften für Minderjährige und in den Fällen des § 1667
   des Bürgerlichen Gesetzbuches auf Grund gesetzlicher Verpflichtung oder Anordnung des Vormundschaftsgerichts hinterlegt, gelten Vorbemerkung 1.1 Abs. 1 und Vorbemerkung 3.1 Abs. 2 Satz 1 des Kostenverzeichnisses zum Gerichts- und Notarkostengesetz entsprechend.
7. Die Verjährung des Anspruchs auf Zahlung der Kosten hindert das Land nicht, nach den Nrn. 2 und 3 zu
   verfahren.
8. § 4 Abs. 3 JVKostG findet keine Anwendung.

Anlage
(zu Art. 1 Abs. 2)

Gebührenverzeichnis

Nr.	Gegenstand	Gebühren
3	Hinterlegungssachen	
3.1	Hinterlegung von Wertpapierguthaben, Wertpapieren, sonstigen Urkunden, Kostbarkeiten und Geldzeichen in jeder Angelegenheit, in der eine besondere Annahmeverfügung ergeht	10 bis 340 €
3.2	Jede Aufforderung nach Art. 21 Abs. 1 Satz 1 BayHintG	25 €

NK-GK/H. Schneider

Nr.	Gegenstand	Gebühren
3.3	Zurückweisung der Beschwerde	10 bis 340 €
3.4	Zurücknahme der Beschwerde	10 bis 85 €

18   **3. Berlin.** Die Kosten bestimmen sich nach §§ 4–6 des Justizverwaltungskostengesetzes (JVKostG) sowie Abschnitt 3 des Gebührenverzeichnisses zu diesem Gesetz.

Justizverwaltungskostengesetz (JVKostG)
In der Fassung der Bekanntmachung vom 16.8.1993 (GVBl. S. 372)
zuletzt geändert durch Gesetz vom 16.4.2014 (GVBl. S. 98)
– Auszug –

§ 4

In Hinterlegungssachen setzt bei den Rahmengebühren nach Nummer 3.1 des Gebührenverzeichnisses die Hinterlegungsstelle, bei den Rahmengebühren nach Nummer 3.3 und Nummer 3.4 des Gebührenverzeichnisses die Stelle, die über die Beschwerde zu entscheiden hat, die Höhe der Gebühr fest.

§ 5

In Hinterlegungssachen werden als Auslagen erhoben

1. die Auslagen nach Nummer 2000 und 2002 sowie der Vorbemerkung 2 zu Teil 2 der Anlage (Kostenverzeichnis) zum Justizverwaltungskostengesetz,
2. die Beträge, die bei der Umwechslung von Zahlungsmitteln nach § 12 Absatz 2 des Berliner Hinterlegungsgesetzes vom 11. April 2011 (GVBl. S. 106) in der jeweils geltenden Fassung oder bei der Vornahme von Geschäften nach § 13 des Berliner Hinterlegungsgesetzes an Banken oder an andere Stellen zu zahlen sind,
3. Schreibauslagen für Abschriften, die anzufertigen sind, weil ein Antrag auf Annahme nicht in der erforderlichen Anzahl von Stücken vorgelegt ist.

§ 6

(1) Die Kosten in Hinterlegungssachen werden bei der Hinterlegungsstelle angesetzt.

(2) [1]Zuständig für Entscheidungen nach § 22 des Justizverwaltungskostengesetzes ist das Amtsgericht, bei dem die Hinterlegungsstelle eingerichtet ist. [2]Das gleiche gilt für Einwendungen gegen Maßnahmen nach Absatz 3 Nr. 2 und 3.

(3) Im übrigen gilt für die Kosten in Hinterlegungssachen abweichend von dem Justizverwaltungskostengesetz folgendes:

1. Zur Zahlung der Kosten sind auch empfangsberechtigte Personen, an die oder für deren Rechnung die Herausgabe verfügt wurde, sowie Personen verpflichtet, in deren Interesse eine Behörde um die Hinterlegung ersucht hat.
2. Die Kosten können der Masse entnommen werden, soweit es sich um Geld handelt, das in das Eigentum des Landes übergegangen ist.
3. Die Herausgabe hinterlegter Sachen kann von der Zahlung der Kosten abhängig gemacht werden.
4. Die Nummern 1 bis 3 sind auf Kosten, die für das Verfahren über Beschwerden erhoben werden, nur anzuwenden, soweit diejenige Person, der die Kosten dieses Verfahrens auferlegt sind, empfangsberechtigt ist.
5. Kosten sind nicht zu erheben oder, falls sie erhoben sind, zu erstatten, wenn auf Grund des § 116 Abs. 1 Nr. 4 und des § 116 a der Strafprozeßordnung hinterlegt ist, um eine beschuldigte Person von der Untersuchungshaft zu verschonen, und die beschuldigte Person rechtskräftig außer Verfolgung gesetzt oder freigesprochen oder das Verfahren gegen sie eingestellt wird; ist der Verfall der Sicherheit rechtskräftig ausgesprochen, so werden bereits erhobene Kosten nicht erstattet.
6. Ist bei Vormundschaften sowie bei Betreuungen, Pflegschaften für Minderjährige und in den Fällen des § 1667 des Bürgerlichen Gesetzbuches auf Grund gesetzlicher Verpflichtung oder Anordnung des Vormundschaftsgerichts hinterlegt, gelten die Vorbemerkungen 1.1 Absatz 1 und 3.1 Absatz 2 Satz 1 der Anlage 1 (Kostenverzeichnis) zum Gerichts- und Notarkostengesetz vom 23. Juli 2013 (BGBl. I S. 2586), das zuletzt durch Artikel 22 des Gesetzes vom 10. Oktober 2013 (BGBl. I S. 3786) geändert worden ist, in der jeweils geltenden Fassung entsprechend.
7. Die Verjährung des Anspruchs auf Zahlung der Kosten hindert das Land nicht, nach den Nummern 2 und 3 zu verfahren.
8. § 4 Absatz 3 des Justizverwaltungskostengesetzes findet keine Anwendung.

Anlage
(zu § 1 Abs. 2)

Gebührenverzeichnis

Nr.	Gegenstand	Gebühren
3	Hinterlegungssachen	
3.1	Hinterlegung von Wertpapieren, sonstigen Urkunden, Kostbarkeiten und von unverändert aufzubewahrenden Zahlungsmitteln (§ 12 Absatz 2 Satz 1 des Berliner Hinterlegungsgesetzes) in jeder Angelegenheit, in der eine besondere Annahmeverfügung ergeht	7,60 bis 255,60 €
3.2	Anzeige gemäß § 14 Absatz 1 Satz 2 des Berliner Hinterlegungsgesetzes	7,60 €
	Anmerkung: Neben der Gebühr für die Anzeige werden nur die Auslagen nach Nummer 31002 und 31003 der Anlage 1 (Kostenverzeichnis) zum Gerichts- und Notarkostengesetz erhoben.	
3.3	Zurückweisung der Beschwerde	7,60 bis 255,60 €
3.4	Zurücknahme der Beschwerde	7,60 bis 63,90 €
3.5	Jede Aufforderung nach § 20 Absatz 1 Satz 1 des Berliner Hinterlegungsgesetzes	25 €

4. Brandenburg. Die Kosten bestimmen sich nach §§ 31–34 des Brandenburgischen Hinterlegungsgesetzes   **19**
(BbGHintG).

Brandenburgisches Hinterlegungsgesetz (BbGHintG)
Vom 3.11.2010 (GVBl. I 2010, Nr. 37)
zuletzt geändert durch Gesetz vom 10.7.2014 (GVBl. I, Nr. 35)
– Auszug –

§ 31 Anwendung des Justizverwaltungskostengesetzes, Gebührenverzeichnis

(1) [1]In Hinterlegungssachen werden Kosten (Gebühren und Auslagen) nach dem Justizverwaltungskostengesetz erhoben. [2]Nummer 2001 und der Hauptabschnitt 1 Abschnitt 4 des Kostenverzeichnisses zum Justizverwaltungskostengesetz finden keine Anwendung; Nummer 2000 Unternummer 2 und Nummer 2002 des Kostenverzeichnisses zum Justizverwaltungskostengesetz finden keine Anwendung, soweit die Überlassung oder Bereitstellung gerichtlicher Entscheidungen zur Veröffentlichung in Entscheidungssammlungen und Fachzeitschriften beantragt wird.

(2) Ergänzend gelten die §§ 32 bis 34 und das anliegende Gebührenverzeichnis (Anlage).

§ 32 Festsetzung der Gebührenhöhe

Die Höhe der Gebühr setzt bei den Gebühren nach Nummer 1 des Gebührenverzeichnisses die Hinterlegungsstelle, bei den Gebühren nach den Nummern 3 und 4 des Gebührenverzeichnisses die Stelle, die über die Beschwerde zu entscheiden hat, fest.

§ 33 Auslagen

Neben den Auslagen nach dem Justizverwaltungskostengesetz werden als Auslagen erhoben:
1. die Beträge, die bei der Umwechslung von Zahlungsmitteln nach § 11 Absatz 2 Satz 2 oder bei der Vornahme von Geschäften nach § 13 an Banken oder an andere Stellen zu zahlen sind,
2. Dokumentenpauschalen für Abschriften, die anzufertigen sind, weil ein Antrag auf Annahme nicht in der erforderlichen Anzahl gemäß § 8 Absatz 1 Satz 1 vorgelegt worden ist,
3. sonstige Auslagen nach den Nummern 31001 bis 31006, 31008, 31009, 31013 und 31014 des Kostenverzeichnisses zum Gerichts- und Notarkostengesetz.

§ 34 Kosten

(1) Die Kosten werden bei der Hinterlegungsstelle angesetzt.

(2) [1]Zuständig für Entscheidungen nach § 22 des Justizverwaltungskostengesetzes ist das Amtsgericht, bei dem die Hinterlegungsstelle eingerichtet ist. [2]Das Gleiche gilt für Einwendungen gegen Maßnahmen nach Absatz 3 Nummer 2 und 3.

(3) Im Übrigen gilt für die Kosten Folgendes:
1. Zur Zahlung der Kosten ist auch die empfangsberechtigte Person, an die oder für deren Rechnung die Herausgabe verfügt wurde, sowie diejenige Person verpflichtet, in deren Interesse eine Behörde um die Hinterlegung ersucht hat.

2. Die Kosten können der Masse entnommen werden, soweit es sich um Geld handelt, das in das Eigentum des Landes übergegangen ist.

3. Die Herausgabe hinterlegter Sachen kann von der Zahlung der Kosten abhängig gemacht werden.

4. Die Nummern 1 bis 3 sind auf Kosten, die für das Verfahren über Beschwerden erhoben werden, nur anzuwenden, soweit diejenige Person, der die Kosten dieses Verfahrens auferlegt worden sind, empfangsberechtigt ist.

5. Kosten sind nicht zu erheben oder sind, falls sie erhoben wurden, zu erstatten, wenn die Hinterlegung aufgrund der §§ 116 und 116 a der Strafprozessordnung erfolgte, um eine beschuldigte Person von der Untersuchungshaft zu verschonen, und die beschuldigte Person rechtskräftig außer Verfolgung gesetzt oder freigesprochen oder das Verfahren gegen sie eingestellt wird; ist der Verfall der Sicherheit rechtskräftig ausgesprochen worden, so werden bereits erhobene Kosten nicht erstattet.

6. Ist bei Vormundschaften sowie bei Betreuungen, Pflegschaften für Minderjährige und in den Fällen des § 1667 des Bürgerlichen Gesetzbuches aufgrund gesetzlicher Verpflichtung oder Anordnung des Betreuungs- oder Familiengerichts hinterlegt, gilt die Vorbemerkung 1.1 Absatz 1 des Kostenverzeichnisses zum Gerichts- und Notarkostengesetz entsprechend. Die Verjährung des Anspruchs auf Zahlung der Kosten hindert das Land nicht, nach den Nummern 2 und 3 zu verfahren.

7. § 4 Absatz 3 des Justizverwaltungskostengesetzes findet keine Anwendung.

Anlage
(zu § 31 Abs. 2)

Gebührenverzeichnis

Nr.	Gegenstand	Gebühren
1	Hinterlegung von Wertpapieren, sonstigen Urkunden, Kostbarkeiten und von unverändert aufzubewahrenden Zahlungsmitteln (§ 11 Absatz 2 Satz 1) in jeder Angelegenheit, in der eine besondere Annahmeanordnung ergeht	8 bis 255 €
2	Anzeige gemäß § 14 Absatz 1 Satz 2	8 €
	Anmerkung: Neben der Gebühr für die Anzeige werden nur die Auslagen nach den Nummern 31002 und 31003 des Kostenverzeichnisses zum Gerichts- und Notarkostengesetz erhoben.	
3	Zurückweisung der Beschwerde	8 bis 255 €
4	Zurücknahme der Beschwerde	8 bis 65 €

20 **5. Bremen.** Die Kosten bestimmen sich nach §§ 4–6 des Bremischen Justizkostengesetzes sowie Abschnitt 3 des Gebührenverzeichnisses zu diesem Gesetz.

Bremisches Justizkostengesetz
In der Fassung der Bekanntmachung vom 4.8.1992 (Brem. GBl. S. 247)
zuletzt geändert durch Gesetz vom 4.11.2014 (Brem. GBl. S. 447)
– Auszug –

§ 4
In Hinterlegungssachen setzt bei den Rahmengebühren nach Nummer 3.1 des Gebührenverzeichnisses die Hinterlegungsstelle, bei den Rahmengebühren nach den Nummern 3.3 und 3.4 des Gebührenverzeichnisses die Stelle, die über die Beschwerde zu entscheiden hat, die Höhe der Gebühr fest.

§ 5
In Hinterlegungssachen werden als Auslagen erhoben

1. die Auslagen nach Teil 2 der Anlage zu § 4 Absatz 1 des Justizverwaltungskostengesetzes mit Ausnahme von Nummer 2001,

2. die Beträge, die bei der Umwechslung von Zahlungsmitteln nach § 11 Absatz 2 Satz 2 des Hinterlegungsgesetzes oder bei der Besorgung von Geschäften nach § 14 des Hinterlegungsgesetzes an Banken oder an andere Stellen zu zahlen sind,

3. die Dokumentenpauschale für Ablichtungen oder Ausdrucke, die anzufertigen sind, weil ein Antrag auf Annahme nicht in der erforderlichen Anzahl von Stücken vorgelegt worden ist.

§ 6
(1) Die Kosten in Hinterlegungssachen werden bei der Hinterlegungsstelle angesetzt.

(2) [1]Zuständig für Entscheidungen nach § 22 des Justizverwaltungskostengesetzes ist das Amtsgericht, bei dem die Hinterlegungsstelle eingerichtet ist. [2]Das gleiche gilt für Einwendungen gegen Maßnahmen nach Absatz 3 Nr. 2 und 3.

(3) Im übrigen gilt für die Kosten in Hinterlegungssachen abweichend von der Justizverwaltungskostengesetz folgendes:

1. Zur Zahlung der Kosten sind auch die empfangsberechtigte Person, an die oder für deren Rechnung die Herausgabe verfügt wurde, sowie die Person verpflichtet, in deren Interesse eine Behörde um die Hinterlegung ersucht hat.

2. Die Kosten können der Masse entnommen werden, soweit es sich um Geld handelt, das in das Eigentum des Landes übergegangen ist.

3. Die Herausgabe hinterlegter Sachen kann von der Zahlung der Kosten abhängig gemacht werden.

4. Die Nummern 1 bis 3 sind auf Kosten, die für das Verfahren über Beschwerden erhoben werden, nur anzuwenden, soweit diejenige Person, der die Kosten dieses Verfahrens auferlegt worden sind, empfangsberechtigt ist.

5. Kosten sind nicht zu erheben oder sind, falls sie erhoben wurden, zu erstatten, wenn die Hinterlegung aufgrund des § 116 Abs. 1 Nr. 4 und des § 116 a der Strafprozeßordnung erfolgte, um eine beschuldigte Person von der Untersuchungshaft zu verschonen, und die beschuldigte Person rechtskräftig außer Verfolgung gesetzt oder freigesprochen oder das Verfahren gegen sie eingestellt wird; ist der Verfall der Sicherheit rechtskräftig ausgesprochen worden, so werden bereits erhobene Kosten nicht erstattet.

6. Ist bei Vormundschaften sowie bei Betreuungen, Pflegschaften für Minderjährige und in den Fällen des § 1667 des Bürgerlichen Gesetzbuches aufgrund gesetzlicher Verpflichtung oder Anordnung des Vormundschaftsgerichts hinterlegt, gilt die Vorbemerkung 1.1 Absatz 1 und die Vorbemerkung 3.1 Absatz 2 Satz 1 der Anlage 1 zu § 3 Absatz 2 des Gerichts- und Notarkostengesetzes entsprechend.

7. Die Verjährung des Anspruchs auf Zahlung der Kosten hindert das Land nicht, nach den Nummern 2 und 3 zu verfahren.

8. § 4 Absatz 3 des Justizverwaltungskostengesetzes findet keine Anwendung.

Anlage
(zu § 1 Abs. 2)

Gebührenverzeichnis

Nr.	Gegenstand	Gebühren
3.	Hinterlegungssachen	
3.1	Hinterlegung von Wertpapieren, sonstigen Urkunden, Kostbarkeiten und von unverändert aufzubewahrenden Zahlungsmitteln (§ 11 Absatz 2 Satz 1 des Hinterlegungsgesetzes) in jeder Angelegenheit, in der eine besondere Annahmeverfügung ergeht	8 bis 255 Euro
3.2	Anzeige nach § 15 Absatz 1 Satz 2 des Hinterlegungsgesetzes	8 Euro
	Anmerkung: Neben der Gebühr für die Anzeige werden nur die Auslagen nach Nummern 31002 und 31003 der Anlage 1 zu § 3 Absatz 2 des Gerichts- und Notarkostengesetzes erhoben.	
3.3	Zurückweisung der Beschwerde	8 bis 255 Euro
3.4	Zurücknahme der Beschwerde	8 bis 65 Euro

6. Hamburg. Die Kosten bestimmen sich nach § 10 des Landesjustizkostengesetzes.   21

Landesjustizkostengesetz

Vom 18.10.1957 (HmbBl. I 34-a)
zuletzt geändert durch Gesetz vom 3.9.2014 (HmbGVBl. S. 418)
– Auszug –

§ 10

(1) In Hinterlegungssachen werden folgende Kosten erhoben:

1. bei der Hinterlegung von Wertpapieren, sonstigen Urkunden, Kostbarkeiten und von unverändert aufzubewahrenden Zahlungsmitteln in jeder Angelegenheit, in der eine besondere Annahmeverfügung ergeht, eine Gebühr von 10 bis 340 Euro;

2. für jede Anzeige gemäß § 15 Absatz 1 Satz 2 des Hinterlegungsgesetzes vom 25. November 2010 (HmbGVBl. S. 614) eine Gebühr von 10 Euro; daneben werden nur Auslagen nach Nummern 31002 und 31003 der Anlage 1 des Gerichts- und Notarkostengesetzes (GNotKG) vom 23. Juli 2013 (BGBl. I S. 2586), zuletzt geändert am 10. Oktober 2013 (BGBl. I S. 3786, 3797), in der jeweils geltenden Fassung erhoben.

3. für das Verfahren über die Beschwerde
   a) in den Fällen der Zurückweisung eine Gebühr von 10 bis 340 Euro;
   b) in den Fällen der Zurücknahme eine Gebühr von 10 bis 85 Euro;
4. als Auslagen außer den Beträgen nach Teil 2 der Anlage JVKostG
   a) die Beträge, die bei der Umwechselung von Zahlungsmitteln nach § 11 Absatz 2 Satz 2 des Hinterlegungsgesetzes oder bei der Besorgung von Geschäften nach § 14 des Hinterlegungsgesetzes an Banken oder andere Stellen zu zahlen sind;
   b) die Dokumentenpauschale für Kopien und Ausdrucke, die anzufertigen sind, weil ein Antrag auf Annahme nicht in der erforderlichen Anzahl von Stücken vorgelegt ist.

(2) Für die Kosten in Hinterlegungssachen gilt abweichend vom Justizverwaltungskostengesetz Folgendes:
1. § 4 Absatz 3 JVKostG findet keine Anwendung.
2. Die Kosten werden auch in den Fällen des Absatzes 1 Nummer 3 bei der Hinterlegungsstelle angesetzt.
3. Zur Zahlung der Kosten ist auch der Empfangsberechtigte, an den oder für dessen Rechnung die Herausgabe verfügt ist, sowie derjenige verpflichtet, in dessen Interesse eine Behörde um die Hinterlegung ersucht hat.
4. Die Kosten können der Masse entnommen werden, soweit es sich um Geld handelt, das in das Eigentum der Freien und Hansestadt Hamburg übergegangen ist.
5. Die Herausgabe hinterlegter Sachen kann von der Zahlung der Kosten abhängig gemacht werden.
6. Die Vorschriften in den Nummern 3 bis 5 sind auf Kosten, die für das Verfahren über die Beschwerde erhoben werden, nur anzuwenden, soweit derjenige, dem die Kosten dieses Verfahrens auferlegt sind, empfangsberechtigt ist.
7. Kosten sind nicht zu erheben oder, falls sie erhoben sind, zu erstatten, wenn auf Grund von § 116 Absatz 1 Nummer 4 und § 116 a der Strafprozessordnung hinterlegt ist, um einen Beschuldigten mit der Untersuchungshaft zu verschonen, und der Beschuldigte rechtskräftig außer Verfolgung gesetzt oder freigesprochen oder das Verfahren gegen ihn eingestellt wird; ist der Verfall der Sicherheit rechtskräftig ausgesprochen, so werden bereits erhobene Kosten nicht erstattet.
8. Ist bei Vormundschaften sowie bei Betreuungen, Pflegschaften für Minderjährige und in den Fällen des § 1667 des Bürgerlichen Gesetzbuchs auf Grund gesetzlicher Verpflichtungen oder Anordnung des Familien- oder Betreuungsgerichts hinterlegt, gilt die Vorbemerkung 1.1 Absatz 1 zu Teil 1 Hauptabschnitt 1 und die Vorbemerkung 3.1 Absatz 2 Satz 1 zu Teil 3 Hauptabschnitt 1 der Anlage 1 GNotKG entsprechend.
9. Die Verjährung des Anspruchs auf Zahlung der Kosten hindert nicht, nach den Nummern 4 und 5 zu verfahren.
10. Zuständig für Entscheidungen nach § 22 JVKostG ist das Amtsgericht, bei dem die Hinterlegungsstelle eingerichtet ist. Das Gleiche gilt für Einwendungen gegen Maßnahmen nach den Nummern 4 und 5.

22 **7. Hessen.** Die Kosten bestimmen sich nach §§ 10–12 des Hessischen Justizkostengesetzes sowie Abschnitt 1 des Gebührenverzeichnisses zu diesem Gesetz.

Hessisches Justizkostengesetz
Vom 15.5.1958 (GVBl. S. 60)
zuletzt geändert durch Gesetz vom 25.3.2015 (GVBl. I S. 126)
– Auszug –

Artikel 3 Kosten des Hinterlegungsgesetzes

§ 10
In Hinterlegungssachen setzt bei Rahmengebühren nach Nr. 1.1 des Gebührenverzeichnisses die Hinterlegungsstelle, bei Rahmengebühren nach den Nr. 1.3 und 1.4 des Gebührenverzeichnisses die Stelle, die über die Beschwerde zu entscheiden hat, die Höhe der Gebühr fest.

§ 11
In Hinterlegungssachen werden als Auslagen erhoben
1. die Auslagen nach Nr. 2000 und Nr. 2002 sowie die Vorbemerkung 2 zu Teil 2 der Anlage des Justizverwaltungskostengesetzes gelten entsprechend,
2. die Beträge, die bei der Umwechslung von Zahlungsmitteln nach § 11 Abs. 2 des Hinterlegungsgesetzes vom 8. Oktober 2010 (GVBl. I S. 306), zuletzt geändert durch Gesetz vom 25. März 2015 (GVBl. S. 126), oder bei der Besorgung von Geschäften nach § 14 des Hinterlegungsgesetzes an Kreditinstitute oder an andere Stellen zu zahlen sind,
3. die Dokumentenpauschale für Abschriften, die anzufertigen sind, weil ein Antrag auf Annahme nicht in der erforderlichen Anzahl von Stücken vorgelegt worden ist.

§ 12

(1) Die Kosten in Hinterlegungssachen werden bei der Hinterlegungsstelle angesetzt.

(2) [1]Zuständig für Entscheidungen nach § 22 Abs. 1 des Justizverwaltungskostengesetzes ist das Amtsgericht, bei dem die Hinterlegungsstelle eingerichtet ist. [2]Das gleiche gilt für Einwendungen gegen Maßnahmen nach Abs. 3 Nr. 2 und 3.

(3) Im übrigen gilt für die Kosten in Hinterlegungssachen abweichend von dem Justizverwaltungskostengesetz folgendes:

1. Zur Zahlung der Kosten sind auch Empfangsberechtigte verpflichtet, an die oder für deren Rechnung die Herausgabe verfügt wurde, sowie diejenigen, in deren Interesse eine Behörde um die Hinterlegung ersucht hat.

2. Die Kosten können der Masse entnommen werden, soweit es sich um Geld handelt, das in das Eigentum des Landes übergegangen ist.

3. Die Herausgabe hinterlegter Sachen kann von der Zahlung der Kosten abhängig gemacht werden.

4. Nr. 1 bis 3 sind auf Kosten, die für das Verfahren über Beschwerden erhoben werden, nur anzuwenden, soweit die Person, der die Kosten dieses Verfahrens auferlegt worden sind, empfangsberechtigt ist.

5. Kosten sind nicht zu erheben oder sind, falls sie erhoben wurden, zu erstatten, wenn die Hinterlegung auf Grund des § 116 Abs. 1 Nr. 4 und des § 116 a der Strafprozeßordnung erfolgte, um eine beschuldigte Person von der Untersuchungshaft zu verschonen, und die beschuldigte Person rechtskräftig außer Verfolgung gesetzt oder freigesprochen oder das Verfahren gegen sie eingestellt wird; ist der Verfall der Sicherheit rechtskräftig ausgesprochen worden, so werden bereits erhobene Kosten nicht erstattet.

6. a) Ist bei Betreuungen aufgrund gesetzlicher Verpflichtung oder Anordnung des Betreuungsgerichts hinterlegt, gelten Abs. 1 der Vorbemerkung 1.1 zu Teil 1 und Abs. 2 Satz 1 der Vorbemerkung 3.1 zu Teil 3 der Anlage 1 des Gerichts- und Notarkostengesetzes vom 23. Juli 2013 (BGBl. I S. 2586), zuletzt geändert durch Gesetz vom 10. Dezember 2014 (BGBl. I S. 2082), entsprechend.

   b) Ist bei Vormundschaften, Pflegschaften für Minderjährige und in den Fällen des § 1667 des Bürgerlichen Gesetzbuches aufgrund gesetzlicher Verpflichtung oder Anordnung des Familiengerichts hinterlegt, gilt Abs. 2 der Vorbemerkung 1.3.1 der Anlage 1 zum Gesetz über Gerichtskosten in Familiensachen vom 17. Dezember 2008 (BGBl. I S. 2586, 2666), zuletzt geändert durch Gesetz vom 30. Juli 2009 (BGBl. I S. 2449), entsprechend. Ist bei Vormundschaften, Pflegschaften für Minderjährige und in den Fällen des § 1667 des Bürgerlichen Gesetzbuches aufgrund gesetzlicher Verpflichtung oder Anordnung des Familiengerichts hinterlegt, gilt Abs. 2 der Vorbemerkung 1.3.1 der Anlage 1 zum Gesetz über Gerichtskosten in Familiensachen vom 17. Dezember 2008 (BGBl. I S. 2586, 2666), zuletzt geändert durch Gesetz vom 5. Dezember 2014 (BGBl. I S. 1964), entsprechend.

7. Die Verjährung des Anspruchs auf Zahlung der Kosten hindert das Land nicht, nach den Nr. 2 und 3 zu verfahren.

8. § 4 Abs. 3 des Justizverwaltungskostengesetzes findet keine Anwendung.

Anlage
(zu § 1)

Gebührenverzeichnis

Nr.	Gegenstand	Gebühren
1	Hinterlegungssachen	
1.1	Hinterlegung von Wertpapieren, sonstigen Urkunden, Kostbarkeiten und von unverändert aufzubewahrenden Zahlungsmitteln nach § 11 Abs. 2 Satz 1 des Hinterlegungsgesetzes in jeder Angelegenheit, in der eine besondere Annahmeverfügung ergeht	7,50 bis 250 Euro
1.2	Anzeige nach § 15 Abs. 1 Satz 2 des Hinterlegungsgesetzes	7,50 Euro
	Anmerkung: Neben der Gebühr für die Anzeige werden nur die Auslagen nach Nr. 31002 und 31003 der Anlage 1 des Gerichts- und Notarkostengesetzes erhoben.	
1.3	Zurückweisung der Beschwerde	7,50 bis 250 Euro
1.4	Zurücknahme der Beschwerde	7,50 bis 62,50 Euro

23 **8. Mecklenburg-Vorpommern.** Die Kosten bestimmen sich nach §§ 4–6 des Landesjustizkostengesetzes (LJKG) sowie Abschnitt 3 des Gebührenverzeichnisses zu diesem Gesetz.

Gesetz über die Kosten im Bereich der Justizverwaltung und über Gebührenbefreiung des Landes Mecklenburg-Vorpommern

Vom 7.10.1993 (GVOBl. M–V, S. 843)
zuletzt geändert durch Gesetz vom 11.11.2015 (GVOBl. M–V, S. 462)
– Auszug –

Zweiter Abschnitt Kosten in Hinterlegungssachen

§ 4 Zuständigkeit für die Festsetzung der Gebühren

In Hinterlegungssachen wird die Höhe der Gebühr festgesetzt durch:

1. die Hinterlegungsstelle bei den Rahmengebühren nach Nr. 3.1 des anliegenden Gebührenverzeichnisses,
2. die Stelle, die über die Beschwerde zu entscheiden hat, bei den Rahmengebühren nach Nr. 3.3 und Nr. 3.4 des anliegenden Gebührenverzeichnisses.

§ 5 Auslagen in Hinterlegungssachen

In Hinterlegungssachen werden als Auslagen erhoben:

1. die Auslagen nach Teil 2 des Kostenverzeichnisses zum Justizverwaltungskostengesetz,
2. die Beträge, die bei der Umwechslung von Zahlungsmitteln nach § 11 Absatz 2 des Hinterlegungsgesetzes oder bei der Besorgung von Geschäften nach § 14 des Hinterlegungsgesetzes an Banken oder an andere Stellen zu zahlen sind,
3. eine Dokumentenpauschale für Abschriften, die anzufertigen sind, weil ein Antrag auf Annahme nicht in der erforderlichen Zahl von Stücken vorgelegt worden ist.

§ 6 Besonderheiten für Kosten in Hinterlegungssachen

(1) Die Kosten für Hinterlegungssachen werden bei der Hinterlegungsstelle angesetzt.

(2) ¹Zuständig für Entscheidungen nach § 22 Satz 1 des Justizverwaltungskostengesetzes ist das Amtsgericht, bei dem die Hinterlegungsstelle eingerichtet ist. ²Das gleiche gilt für Einwendungen gegen Maßnahmen nach Absatz 3 Nr. 2 und 3.

(3) Im übrigen gilt für die Kosten in Hinterlegungssachen abweichend vom Justizverwaltungskostengesetz folgendes:

1. Zur Zahlung der Kosten sind auch die empfangsberechtigte Person, an die oder für deren Rechnung die Herausgabe verfügt wurde, sowie derjenige verpflichtet, in dessen Interesse eine Behörde um die Hinterlegung ersucht hat.
2. Die Kosten können der Masse entnommen werden, soweit es sich um Geld handelt, das in das Eigentum des Landes übergegangen ist.
3. Die Herausgabe hinterlegter Sachen kann von der Zahlung der Kosten abhängig gemacht werden.
4. Die Nummern 1 bis 3 sind auf Kosten, die für das Verfahren über Beschwerden erhoben werden, nur anzuwenden, soweit diejenige Person, der die Kosten dieses Verfahrens auferlegt worden sind, empfangsberechtigt ist.
5. Kosten sind nicht zu erheben oder sind, falls sie erhoben wurden, zu erstatten, wenn die Hinterlegung aufgrund des § 116 Abs. 1 Nr. 4 und des § 116 a der Strafprozeßordnung erfolgte, um eine beschuldigte Person von der Untersuchungshaft zu verschonen, und die beschuldigte Person rechtskräftig außer Verfolgung gesetzt oder freigesprochen oder das Verfahren gegen sie eingestellt wird; ist der Verfall der Sicherheit rechtskräftig ausgesprochen worden, so werden bereits erhobene Kosten nicht erstattet.
6. Ist bei Betreuungen aufgrund gesetzlicher Verpflichtung oder Anordnung des Betreuungsgerichts hinterlegt, gilt Absatz 1 der Vorbemerkung 1.1 des Kostenverzeichnisses zum Gerichts- und Notarkostengesetz entsprechend. Ist bei Vormundschaften, Pflegschaften für Minderjährige und in den Fällen des § 1667 des Bürgerlichen Gesetzbuchs aufgrund gesetzlicher Verpflichtung oder Anordnung des Familiengerichts hinterlegt, gilt Absatz 2 der Vorbemerkung 1.3.1 des Kostenverzeichnisses zum Gesetz über Gerichtskosten in Familiensachen entsprechend.
7. Die Verjährung des Anspruchs auf Zahlung der Kosten hindert das Land nicht, nach Nummern 2 und 3 zu verfahren.
8. § 4 Absatz 3 des Justizverwaltungskostengesetzes findet keine Anwendung.

Anlage
(zu § 1 Abs. 2)

Gebührenverzeichnis

Nr.	Gegenstand	Gebühren
3.	Hinterlegungssachen	
3.1	Hinterlegung von Wertpapieren, sonstigen Urkunden, Kostbarkeiten und von unverändert aufzubewahrenden Zahlungsmitteln (§ 11 Absatz 2 Satz 1 des Hinterlegungsgesetzes) in jeder Angelegenheit, in der eine besondere Annahmeverfügung ergeht	10 bis 340 EUR
3.2	Anzeige gemäß § 15 Absatz 1 Satz 2 des Hinterlegungsgesetzes	10 EUR
	Anmerkung: Neben der Gebühr für die Anzeige werden nur die Auslagen nach Nummer 31002 des Kostenverzeichnisses zum Gerichts- und Notarkostengesetz erhoben.	
3.3	Zurückweisung der Beschwerde	10 bis 340 EUR
3.4	Zurücknahme der Beschwerde	10 bis 85 EUR

9. Niedersachsen. Die Kosten bestimmen sich nach §§ 111, 112 des Niedersächsischen Justizgesetzes sowie   **24** Abschnitt 3 des Gebührenverzeichnisses zu diesem Gesetz.

Niedersächsisches Justizgesetz (NJG)
Vom 16.12.2014 (Nds. GVBl. S. 436)
zuletzt geändert durch Gesetz vom 17.2.2016 (Nds. GVBl. S. 37)
– Auszug –

§ 111 Allgemeines
(1) Soweit die Erhebung von Kosten (Gebühren und Auslagen) in Justizverwaltungsangelegenheiten nicht durch das Justizverwaltungskostengesetz (JVKostG) vom 23. Juli 2013 (BGBl. I S. 2586, 2655) in der jeweils geltenden Fassung geregelt ist, erheben die Justizbehörden des Landes Kosten nach Maßgabe dieses Kapitels.

(2) Gebühren werden nach dem Gebührenverzeichnis (Anlage 2) erhoben. Im Übrigen gilt das Justizverwaltungskostengesetz entsprechend, soweit in Absatz 2, § 112 Abs. 3 und Nummer 2.2 des Gebührenverzeichnisses nichts anderes bestimmt ist.

(3) § 4 Abs. 3 JVKostG findet auf die Erhebung von Gebühren nach den Nummern 4 und 6 bis 8 des Gebührenverzeichnisses keine entsprechende Anwendung. Die Nummern 2000 bis 2002 des Kostenverzeichnisses des Justizverwaltungskostengesetzes finden auf die Überlassung gerichtlicher Entscheidungen auf Antrag nicht am Verfahren Beteiligter keine entsprechende Anwendung.

(4) Die Justizbeitreibungsordnung in der im Bundesgesetzblatt Teil III, Gliederungsnummer 365-1, veröffentlichten bereinigten Fassung, zuletzt geändert durch Artikel 4 Abs. 9 des Gesetzes vom 29. Juli 2009 (BGBl. I S. 2258), in der jeweils geltenden Fassung gilt für die Einziehung der dort in § 1 Abs. 1 genannten Ansprüche über § 1 Abs. 2 der Justizbeitreibungsordnung hinaus auch für Ansprüche, die nicht auf bundesrechtlicher Regelung beruhen.

§ 112 Kosten in Hinterlegungssachen
(1) Die Gebühr nach Nummer 3.1 des Gebührenverzeichnisses setzt die Hinterlegungsstelle fest. Die Gebühren nach den Nummern 3.3 und 3.4 des Gebührenverzeichnisses setzt die Stelle fest, die über die Beschwerde entscheidet.

(2) Die Kosten in Hinterlegungssachen setzt die Hinterlegungsstelle an.

(3) In Hinterlegungssachen findet das Justizverwaltungskostengesetz mit folgenden Maßgaben entsprechende Anwendung:

1. Neben den Auslagen nach der Vorbemerkung 2 und den Nummern 2000 und 2002 des Kostenverzeichnisses des Justizverwaltungskostengesetzes werden als Auslagen erhoben
   a) die Beträge, die bei dem Umtausch von Zahlungsmitteln im Sinne des § 13 Abs. 2 Satz 2 des Niedersächsischen Hinterlegungsgesetzes (NHintG) oder bei der Verwaltung von hinterlegten Wertpapieren nach § 13 Abs. 1 NHintG an Kreditinstitute oder an andere Stellen zu zahlen sind, und
   b) eine Dokumentenpauschale für Abschriften, die anzufertigen sind, weil ein Antrag auf Annahme nicht in der erforderlichen Anzahl von Stücken vorgelegt worden ist.
2. Zur Zahlung der Kosten sind auch empfangsberechtigte Personen, an die oder für deren Rechnung die Herausgabe verfügt wurde, sowie Personen verpflichtet, in deren Interesse eine Behörde oder ein Gericht um die Hinterlegung ersucht hat.

3. Bei einer Geldhinterlegung können die Kosten der Hinterlegungsmasse entnommen werden.

4. Die Herausgabe hinterlegter Sachen kann von der Zahlung der Kosten abhängig gemacht werden.

5. Die Nummern 2 bis 4 sind auf Kosten, die für das Verfahren über Beschwerden erhoben werden, nur anzuwenden, wenn die Person, der die Kosten dieses Verfahrens auferlegt worden sind, empfangsberechtigt ist.

6. Kosten sind nicht zu erheben oder sind, falls sie erhoben wurden, zu erstatten, wenn die Hinterlegung zur Aussetzung des Vollzugs eines Haftbefehls (§ 116 Abs. 1 Satz 2 Nr. 4, § 116 a StPO) erfolgte und die beschuldigte Person rechtskräftig außer Verfolgung gesetzt oder freigesprochen oder das Verfahren gegen sie eingestellt wurde; ist der Verfall der Sicherheit ausgesprochen worden, so werden bereits erhobene Kosten nicht erstattet.

7. Ist bei Betreuungen aufgrund einer gesetzlichen Verpflichtung oder einer Anordnung des Betreuungsgerichts hinterlegt worden, so ist die Vorbemerkung 1.1 Abs. 1 und die Vorbemerkung 3.1 Abs. 2 Satz 1 des Kostenverzeichnisses des Gerichts- und Notarkostengesetzes entsprechend anzuwenden.

8. Ist bei einer Vormundschaft oder Pflegschaft für eine minderjährige Person aufgrund einer gesetzlichen Verpflichtung oder einer Entscheidung des Familiengerichts nach § 1667 BGB hinterlegt worden, so ist die Vorbemerkung 1.3.1 Abs. 2 und die Vorbemerkung 2 Abs. 3 Satz 1 des Kostenverzeichnisses des Gesetzes über Gerichtskosten in Familiensachen entsprechend anzuwenden.

9. Die Verjährung des Anspruchs auf Zahlung der Kosten hindert das Land nicht, nach den Nummern 3 und 4 zu verfahren.

10. § 4 Abs. 3 JVKostG findet keine Anwendung.

(4) Soweit in einer Hinterlegungssache bereits Gebühren nach § 24 in Verbindung mit § 26 Nr. 7 der Hinterlegungsordnung in der bis zum 30. Juni 1992 geltenden Fassung erhoben wurden, sind sie auf die Gebühr, die nach Nummer 3.1 des Gebührenverzeichnisses zu erheben ist, anzurechnen.

Anlage
(zu § 111 Abs. 2)

Gebührenverzeichnis

Nr.	Gegenstand	Gebühren
3	Hinterlegungssachen	
3.1	Annahme, Verwaltung und Herausgabe von Geld eines fremden Währungsgebiets, Wertpapieren, sonstigen Urkunden und Kostbarkeiten	
	je Annahmeverfügung nach § 8 des Niedersächsischen Hinterlegungsgesetzes (NHintG)	10 bis 250 EUR
3.2	Anzeige nach § 14 Abs. 1 Satz 2 NHintG	10 EUR
	Anmerkung: Neben der Gebühr für die Anzeige werden nur die Auslagen nach der Vorbemerkung 2 des Kostenverzeichnisses des Justizverwaltungskostengesetzes in Verbindung mit Nummer 9002 des Kostenverzeichnisses des Gerichtskostengesetzes erhoben.	
3.3	Zurückweisung der Beschwerde	10 bis 250 EUR
3.4	Zurücknahme der Beschwerde	10 bis 75 EUR

25 **10. Nordrhein-Westfalen.** Die Kosten bestimmen sich nach §§ 33–36 des Hinterlegungsgesetzes Nordrhein-Westfalen sowie dem Gebührenverzeichnis als Anlage zu § 33 Abs. 2 dieses Gesetzes.

Hinterlegungsgesetz Nordrhein-Westfalen (HintG NRW)
Vom 16.3.2010 (GV NRW S. 192)
zuletzt geändert durch Gesetz vom 20.5.2014 (GV NRW S. 311)
– Auszug –

§ 33 Gebühren und Auslagen

(1) In Hinterlegungssachen werden Kosten (Gebühren und Auslagen) nach den Bestimmungen in Teil 4 Kapitel 2 (Kosten im Bereich der Justizverwaltung) des Gesetzes über die Justiz im Land Nordrhein-Westfalen (Justizgesetz Nordrhein-Westfalen – JustG NRW) in der jeweils geltenden Fassung erhoben.

(2) Ergänzend gelten die nachfolgenden Bestimmungen des Teils 8 dieses Gesetzes und das anliegende Gebührenverzeichnis (Anlage).

§ 34 Festsetzung der Rahmengebühren

In Hinterlegungssachen setzt bei den Rahmengebühren nach Nummer 1 des Gebührenverzeichnisses die Hinterlegungsstelle, bei den Rahmengebühren nach Nummer 3 und 4 des Gebührenverzeichnisses die Stelle, die über die Beschwerde zu entscheiden hat, die Höhe der Gebühr fest.

§ 35 Auslagen

In Hinterlegungssachen werden als Auslagen erhoben:

1. die Auslagen nach Nummern 2000 und 2002 des Kostenverzeichnisses (Anlage zu § 4 Absatz 1 des Justizverwaltungskostengesetzes vom 23. Juli 2013 [BGBl. I S. 2586, 2655] in der jeweils geltenden Fassung) sowie nach Nummern 9001 bis 9006, 9008, 9009 und 9012 bis 9014 des Kostenverzeichnisses (Anlage 1 zu § 3 Absatz 2 des Gerichtskostengesetzes vom 5. Mai 2004 [BGBl. I S. 718]), das zuletzt durch Artikel 5 Absatz 5 des Gesetzes zur Modernisierung des Geschmacksmustergesetzes sowie zur Änderung der Regelungen über die Bekanntmachungen zum Ausstellungsschutz vom 10. Oktober 2013 (BGBl. I S. 3799) geändert worden ist, in Verbindung mit Vorbemerkung 2 der Anlage zu § 4 Absatz 1 des Justizverwaltungskostengesetzes.

2. die Beträge, die bei der Umwechslung von Zahlungsmitteln nach § 11 Absatz 2 oder bei der Besorgung von Geschäften nach § 14 an Banken oder an andere Stellen zu zahlen sind,

3. die Dokumentenpauschale für Kopien und Ausdrucke, die anzufertigen sind, weil ein Antrag auf Annahme nicht in der erforderlichen Anzahl von Stücken vorgelegt worden ist.

§ 36 Berechnung der Kosten

(1) Die Kosten in Hinterlegungssachen werden bei der Hinterlegungsstelle angesetzt.

(2) [1]Zuständig für Entscheidungen nach § 22 des Justizverwaltungskostengesetzes ist das Amtsgericht, bei dem die Hinterlegungsstelle eingerichtet ist. [2]Das Gleiche gilt für Einwendungen gegen Maßnahmen nach Absatz 3 Nummer 2 und 3.

(3) Im Übrigen gilt für Kosten in Hinterlegungssachen Folgendes:

1. Zur Zahlung der Kosten sind auch die empfangsberechtigte Person, an die oder für deren Rechnung die Herausgabe verfügt wurde, sowie diejenige oder derjenige verpflichtet, in deren oder dessen Interesse eine Behörde um die Hinterlegung ersucht hat.

2. Die Kosten können der Masse entnommen werden, soweit es sich um Geld handelt, das in das Eigentum des Landes übergegangen ist.

3. Die Herausgabe hinterlegter Sachen kann von der Zahlung der Kosten abhängig gemacht werden.

4. Die Nummern 1 bis 3 sind auf Kosten, die für das Verfahren über Beschwerden erhoben werden, nur anzuwenden, soweit diejenige Person, der die Kosten des Verfahrens auferlegt worden sind, empfangsberechtigt ist.

5. Kosten sind nicht zu erheben oder sind, falls sie erhoben wurden, zu erstatten, wenn die Hinterlegung aufgrund des § 116 Absatz 1 Nummer 4 und des § 116 a der Strafprozessordnung erfolgt, um eine beschuldigte Person von der Untersuchungshaft zu verschonen, und die beschuldigte Person rechtskräftig außer Verfolgung gesetzt oder freigesprochen oder das Verfahren gegen sie eingestellt wird; ist der Verfall der Sicherheit rechtskräftig ausgesprochen worden, so werden bereits erhobene Kosten nicht erstattet.

6. Ist bei Vormundschaften sowie bei Betreuungen, bei Pflegschaften für Minderjährige und in den Fällen des § 1667 des Bürgerlichen Gesetzbuchs aufgrund gesetzlicher Verpflichtungen oder Anordnung des Betreuungs- oder Familiengerichts hinterlegt, gilt Vorbemerkung 3.1 Absatz 2 in Verbindung mit Vorbemerkung 1.1 Absatz 1 des Kostenverzeichnisses (Anlage 1 zu § 3 Absatz 2 des Gerichts- und Notarkostengesetzes vom 23. Juli 2013 [BGBl. I S. 2586]), das durch Artikel 22 des Gesetzes vom 10. Oktober 2013 (BGBl. I S. 3786) geändert worden ist entsprechend.

7. Die Verjährung des Anspruchs auf Zahlung der Kosten hindert das Land nicht, nach Nummer 2 und 3 zu verfahren.

8. § 4 Absatz 3 des Justizverwaltungskostengesetzes findet keine Anwendung.

Anlage
(zu § 33 Abs. 2)

Gebührenverzeichnis

Num-mer	Gegenstand	Gebühren
1	Hinterlegung von Wertpapieren, sonstigen Urkunden, Kostbarkeiten und von unverändert aufzubewahrenden Zahlungsmitteln (§ 11 Absatz 2 Satz 1 des Hinterlegungsgesetzes) in jeder Angelegenheit, in der eine besondere Annahmeverfügung ergeht	8 bis 255 Euro
2	Anzeige gemäß § 15 Absatz 1 Satz 2 des Hinterlegungsgesetzes .... Anmerkung: Neben der Gebühr für die Anzeige werden nur die Auslagen nach § 5 Absatz 1 der Justizverwaltungskostenordnung in Verbindung mit § 137 Nummer 2 und 3 der Kostenordnung erhoben.	8 Euro
3	Zurückweisung der Beschwerde	8 bis 255 Euro
4	Zurücknahme der Beschwerde	8 bis 65 Euro

26   **11. Rheinland-Pfalz.** Die Kosten bestimmen sich nach §§ 3–5 des Landesjustizverwaltungskostengesetzes (LJVwKostG) sowie Abschnitt 3 des Gebührenverzeichnisses zu diesem Gesetz.

Landesjustizverwaltungskostengesetz (LJVwKostG)

Vom 7.4.1992 (GVBl. S. 99)

zuletzt geändert durch Gesetz vom 3.4.2014 (GVBl. S. 34)

– Auszug –

§ 3

In Hinterlegungssachen setzt bei der Rahmengebühr nach Nummer 3.1 des Gebührenverzeichnisses die Hinterlegungsstelle und bei den Rahmengebühren nach den Nummern 3.3 und 3.4 des Gebührenverzeichnisses die Stelle, die über die Beschwerde zu entscheiden hat, die Höhe der Gebühr fest.

§ 4

In Hinterlegungssachen werden als Auslagen erhoben:

1. die Auslagen nach Nummer 2000 Nr. 1 sowie nach Nummer 2000 Nr. 2 und Nummer 2002 jeweils in Verbindung mit Nummer 2000 Nr. 1 des Kostenverzeichnisses zum Justizverwaltungskostengesetz; § 11 Abs. 1 und 2 Satz 1 JVKostG und die Vorbemerkung 2 des Kostenverzeichnisses zum Kostenverzeichnisses zum Justizverwaltungskostengesetz bleiben unberührt,
2. die Beträge, die bei der Umwechslung von Zahlungsmitteln nach § 12 Abs. 2 Satz 2 des Landeshinterlegungsgesetzes oder bei der Besorgung von Geschäften nach § 14 des Landeshinterlegungsgesetzes an Banken oder an andere Stellen zu zahlen sind,
3. die Dokumentenpauschale für Abschriften, die anzufertigen sind, weil ein Antrag auf Annahme nicht in der erforderlichen Anzahl von Stücken vorgelegt worden ist.

§ 5

(1) Die Kosten in Hinterlegungssachen werden bei der Hinterlegungsstelle angesetzt.

(2) [1]Zuständig für Entscheidungen nach § 22 JVKostG ist das Amtsgericht, bei dem die Hinterlegungsstelle eingerichtet ist. [2]Das gleiche gilt für Einwendungen gegen Maßnahmen nach Absatz 3 Nr. 2 und 3.

(3) Im übrigen gilt für die Kosten in Hinterlegungssachen abweichend von dem Justizverwaltungskostengesetz folgendes:

1. zur Zahlung der Kosten sind auch die empfangsberechtigte Person, an die oder für deren Rechnung die Herausgabe verfügt ist, sowie diejenige Person verpflichtet, in deren Interesse eine Behörde um die Hinterlegung ersucht hat;
2. die Kosten können der Masse entnommen werden, soweit es sich um Geld handelt, das in das Eigentum des Landes übergegangen ist;
3. die Herausgabe hinterlegter Sachen kann von der Zahlung der Kosten abhängig gemacht werden;
4. die Nummern 1 bis 3 sind auf Kosten, die für das Verfahren über Beschwerden erhoben werden, nur anzuwenden, soweit diejenige Person, der die Kosten dieses Verfahrens auferlegt worden sind, empfangsberechtigt ist;
5. Kosten sind nicht zu erheben oder, falls sie erhoben wurden, zu erstatten, wenn aufgrund des § 116 Abs. 1 Satz 2 Nr. 4 und des § 116 a der Strafprozeßordnung hinterlegt ist, um eine beschuldigte Person von der Untersuchungshaft zu verschonen, und die beschuldigte Person rechtskräftig außer Verfolgung gesetzt oder freigesprochen oder das Verfahren gegen sie eingestellt wird; ist der Verfall der Sicherheit rechtskräftig ausgesprochen worden, so werden bereits erhobene Kosten nicht erstattet;
6. ist bei Vormundschaften sowie Betreuungen, Pflegschaften für Minderjährige und in den Fällen des § 1667 des Bürgerlichen Gesetzbuches aufgrund gesetzlicher Verpflichtung oder Anordnung des Familien- oder Betreuungsgerichts hinterlegt worden, gilt Absatz 1 der Vorbemerkung 1.1 und Absatz 2 Satz 1 der Vorbemerkung 3.1 des Kostenverzeichnisses zum Gerichts- und Notarkostengesetz vom 23. Juli 2013 (BGBl. I S. 2586) in der jeweils geltenden Fassung entsprechend;
7. die Verjährung des Anspruchs auf Zahlung der Kosten hindert das Land nicht, nach den Nummern 2 und 3 zu verfahren;
8. § 4 Abs. 3 JVKostG findet keine Anwendung.

Anlage
(zu § 1 Abs. 2)

Gebührenverzeichnis

Nr.	Gegenstand	Gebühren
3	Hinterlegungssachen	
3.1	Hinterlegung von Wertpapieren, sonstigen Urkunden und Kostbarkeiten sowie von unverändert aufzubewahrenden Zahlungsmitteln (§ 12 Abs. 2 Satz 1 des Landeshinterlegungsgesetzes) in jeder Angelegenheit, in der eine besondere Annahmeverfügung ergeht	10,00 bis 320,00 EUR
3.2	Anzeige gemäß § 15 Abs. 1 Satz 2 des Landeshinterlegungsgesetzes	10,00 EUR
	Anmerkung: Neben der Gebühr für die Anzeige werden nur die Auslagen nach den Nummern 31002 und 31003 des Kostenverzeichnisses zum Gerichts- und Notarkostengesetz vom 23. Juli 2013 (BGBl. I S. 2586) in der jeweils geltenden Fassung erhoben.	
3.3	Zurückweisung der Beschwerde	10,00 bis 320,00 EUR
3.4	Zurücknahme der Beschwerde	10,00 bis 80,00 EUR

12. Saarland. Die Kosten bestimmen sich nach §§ 2–3 des Landesjustizkostengesetzes sowie Abschnitt 3 des Gebührenverzeichnisses zu diesem Gesetz.   27

Landesjustizkostengesetz
Vom 30.6.1971 (ABl. S. 473)
zuletzt geändert durch Gesetz vom 12.2.2014 (ABl. I S. 146)
– Auszug –

§ 2 Gebühren in Hinterlegungssachen
In Hinterlegungssachen setzt bei den Rahmengebühren nach Nummer 3.1 des Gebührenverzeichnisses die Hinterlegungsstelle, bei den Rahmengebühren nach den Nummern 3.3 und 3.4 des Gebührenverzeichnisses die Stelle, die über die Beschwerde zu entscheiden hat, die Höhe der Gebühr fest.

§ 2 a Auslagen in Hinterlegungssachen
In Hinterlegungssachen werden als Auslagen erhoben:
1. die Auslagen nach Teil 2 des Kostenverzeichnisses zum Justizverwaltungskostengesetz mit Ausnahme von Nummer 2001,
2. die Beträge, die bei der Umwechslung von Zahlungsmitteln nach § 11 Absatz 2 Satz 2 des Hinterlegungsgesetzes oder bei der Besorgung von Geschäften nach § 14 des Hinterlegungsgesetzes an Banken oder an andere Stellen zu zahlen sind,
3. Dokumentenpauschalen für Kopien oder Ausdrucke, die anzufertigen sind, weil ein Antrag auf Annahme nicht in der erforderlichen Anzahl von Stücken vorgelegt worden ist.

§ 3 Kostenansatz in Hinterlegungssachen
(1) Die Kosten in Hinterlegungssachen werden bei der Hinterlegungsstelle angesetzt.

(2) [1]Zuständig für Entscheidungen nach § 22 des Justizverwaltungskostengesetzes ist das Amtsgericht, bei dem die Hinterlegungsstelle eingerichtet ist. [2]Das Gleiche gilt für Einwendungen gegen Maßnahmen nach Absatz 3 Nrn. 2 und 3.

(3) Im Übrigen gilt für die Kosten in Hinterlegungssachen abweichend von dem Justizverwaltungskostengesetz Folgendes:
1. Zur Zahlung der Kosten ist auch die empfangsberechtigte Person, an die oder für deren Rechnung die Herausgabe verfügt wurde, sowie die Person verpflichtet, in deren Interesse eine Behörde um die Hinterlegung ersucht hat.
2. Die Kosten können der Masse entnommen werden, soweit es sich um Geld handelt, das in das Eigentum des Landes übergegangen ist.
3. Die Herausgabe hinterlegter Sachen kann von der Zahlung der Kosten abhängig gemacht werden.
4. Die Nummern 1 bis 3 sind auf Kosten, die für das Verfahren über Beschwerden erhoben werden, nur anzuwenden, soweit die Person, der die Kosten dieses Verfahrens auferlegt sind, empfangsberechtigt ist.

NK-GK/H. Schneider   2923

5. Kosten sind nicht zu erheben oder, falls sie erhoben wurden, zu erstatten, wenn auf Grund des § 116 Abs. 1 Nr. 4 und des § 116 a der Strafprozessordnung hinterlegt ist, um eine beschuldigte Person von der Untersuchungshaft zu verschonen und die beschuldigte Person rechtskräftig außer Verfolgung gesetzt oder freigesprochen oder das Verfahren gegen sie eingestellt wird; ist der Verfall der Sicherheit rechtskräftig ausgesprochen, so werden bereits erhobene Kosten nicht erstattet.

6. Ist bei Vormundschaften sowie bei Betreuungen, Pflegschaften für Minderjährige und in den Fällen des § 1667 BGB aufgrund gesetzlicher Verpflichtung oder Anordnung des Vormundschaftsgerichts hinterlegt, gilt Absatz 1 der Vorbemerkung 1.1 und Absatz 2 Satz 1 der Vorbemerkung 3.1 des Kostenverzeichnisses zum Gerichts- und Notarkostengesetz vom 23. Juli 2013 (BGBl. I S. 2586), zuletzt geändert durch das Gesetz vom 10. Oktober 2013 (BGBl. I S. 3786), in der jeweils geltenden Fassung entsprechend.

7. Die Verjährung des Anspruchs auf Zahlung der Kosten hindert das Land nicht, nach Nummern 2 und 3 zu verfahren.

8. § 4 Absatz 3 des Justizverwaltungskostengesetzes findet keine Anwendung.

Anlage
(zu § 1 Abs. 2)

Gebührenverzeichnis

Nr.	Gegenstand	Gebühren
3	Hinterlegungssachen	
3.1	Hinterlegung von Wertpapieren, sonstigen Urkunden, Kostbarkeiten und von unverändert aufzubewahrenden Zahlungsmitteln (§ 11 Absatz 2 Satz 1 des Hinterlegungsgesetzes) in jeder Angelegenheit, in der eine besondere Annahmeverfügung ergeht	10 bis 320 Euro
3.2	Anzeige gemäß § 15 Absatz 1 Satz 2 des Hinterlegungsgesetzes	10 Euro
	Anmerkung: Neben der Gebühr für die Anzeige werden nur die Auslagen nach Nummern 9002 und 9003 des Kostenverzeichnisses zum Gerichtskostengesetz erhoben.	
3.3	Zurückweisung der Beschwerde	10 bis 320 Euro
3.4	Zurücknahme der Beschwerde	10 bis 80 Euro

28 **13. Sachsen.** Die Grundsätze der Kostenerhebung sind geregelt in §§ 64–66 des Sächsischen Justizgesetzes (SächsJG), während die Höhe der zu erhebenden Gebühren in § 30 der Sächsischen Justizorganisationsverordnung (SächsJOrgVO) geregelt ist.

Gesetz über die Justiz im Freistaat Sachsen
Vom 24.11.2000 (SächsGVBl. S. 482)
zuletzt geändert durch Gesetz vom 9.7.2014 (SächsGVBl. S. 405)
– Auszug –

Abschnitt 2 Kosten in Hinterlegungssachen und für Unschädlichkeitszeugnisse

§ 64 Zuständigkeit für die Festsetzung der Gebühren in Hinterlegungssachen
In Hinterlegungssachen setzt bei den Rahmengebühren des Gebührenverzeichnisses für die Hinterlegung von Wertpapieren, sonstigen Urkunden, Kostbarkeiten und von unverändert aufzubewahrenden Zahlungsmitteln die Hinterlegungsstelle, bei den Rahmengebühren des Gebührenverzeichnisses für Zurückweisung und Zurücknahme der Beschwerde die Stelle, die über die Beschwerde zu entscheiden hat, die Höhe der Gebühr fest.

§ 65 Auslagen in Hinterlegungssachen
In Hinterlegungssachen werden als Auslagen erhoben:

1. die Auslagen nach den Nummern 2000 und 2002 der Anlage des JVKostG und den Nummern 31001 bis 31006, 31008 bis 31009 und 31012 bis 31014 der Anlage 1 des Gesetzes über Kosten der freiwilligen Gerichtsbarkeit für Gerichte und Notare (Gerichts- und Notarkostengesetz – GNotKG) vom 23. Juli 2013 (BGBl. I S. 2586) in der jeweils geltenden Fassung,

2. die Beträge, die bei der Umwechslung von Geld nach § 11 Abs. 2 des Gesetzes über das Hinterlegungsverfahren im Freistaat Sachsen (Sächsisches Hinterlegungsgesetz – SächsHintG) vom 11. Juni 2010 (SächsGVBl. S. 154), in der jeweils geltenden Fassung, oder bei der Besorgung von Geschäften nach § 14 SächsHintG an Banken oder an andere Stellen zu zahlen sind,

3. die Dokumentenpauschale für Kopien und Ausdrucke, die anzufertigen sind, weil ein Antrag auf Annahme nicht in der erforderlichen Zahl von Stücken vorgelegt worden ist,

4. die Dokumentenpauschale und Postgebühren für die Anzeige nach § 15 Abs. 1 Satz 2 SächsHintG.

NK-GK/H. Schneider

§ 66 Besonderheiten für Kosten in Hinterlegungssachen

(1) Die Kosten in Hinterlegungssachen werden bei der Hinterlegungsstelle angesetzt.

(2) [1]Zuständig für die Entscheidungen nach § 22 Abs. 1 JVKostG ist das Amtsgericht, bei dem die Hinterlegungsstelle eingerichtet ist. [2]Das Gleiche gilt für Einwendungen gegen Maßnahmen nach Absatz 3 Nr. 2 und 3.

(3) Für die Kosten in Hinterlegungssachen gelten folgende Besonderheiten:

1. Zur Zahlung der Kosten sind auch Empfangsberechtigte, an die oder für deren Rechnung die Herausgabe verfügt wurde, sowie diejenigen Personen verpflichtet, in deren Interesse eine Behörde um die Hinterlegung ersucht hat.

2. Die Kosten können der Masse entnommen werden, soweit es sich um Geld handelt, das in das Eigentum des Freistaates Sachsen übergegangen ist.

3. Die Herausgabe hinterlegter Sachen kann von der Zahlung der Kosten abhängig gemacht werden.

4. Die Nummern 1 bis 3 sind auf Kosten, die für das Verfahren über Beschwerden erhoben werden, nur anzuwenden, soweit diejenige Person, der die Kosten dieses Verfahrens auferlegt worden sind, empfangsberechtigt ist.

5. Kosten sind nicht zu erheben oder sind, falls sie erhoben wurden, zu erstatten, wenn die Hinterlegung aufgrund des § 116 Abs. 1 Nr. 4 und des § 116 a der Strafprozeßordnung (StPO) erfolgte, um den Beschuldigten von der Untersuchungshaft zu verschonen, und der Beschuldigte rechtskräftig außer Verfolgung gesetzt oder freigesprochen oder das Verfahren gegen ihn eingestellt wird; ist der Verfall der Sicherheit rechtskräftig ausgesprochen worden, werden bereits erhobene Kosten nicht erstattet.

6. Ist bei Vormundschaften, Betreuungen, Pflegschaften für Minderjährige und in den Fällen des § 1667 BGB aufgrund gesetzlicher Verpflichtung oder Anordnung des Betreuungs- oder Familiengerichts hinterlegt, gilt § 3 Abs. 1 in Verbindung mit Absatz 1 der Anmerkung zu Nummer 1311 des Kostenverzeichnisses des Gesetzes über Gerichtskosten in Familiensachen (FamGKG) vom 17. Dezember 2008 (BGBl. I S. 2586, 2666), das zuletzt durch Artikel 8 Nr. 2 des Gesetzes vom 30. Juli 2009 (BGBl. I S. 2449, 2472) geändert worden ist, in der jeweils geltenden Fassung, entsprechend.

7. Die Verjährung des Anspruchs auf Zahlung der Kosten hindert den Freistaat Sachsen nicht, nach den Nummern 2 und 3 zu verfahren.

8. § 4 Abs. 3 JVKostG findet keine Anwendung.

**Verordnung des Sächsischen Staatsministeriums der Justiz und für Europa
über die Organisation der Justiz**

In der Fassung der Bekanntmachung vom 7.3.2016 (SächsGVBl. S. 103, 104)

– Auszug –

§ 30 Gebührenverzeichnis

Num-mer	Gegenstand	Gebühren
3.	Hinterlegungssachen	
3.1	Hinterlegung von Wertpapieren, sonstigen Urkunden, Kostbarkeiten und von unverändert aufzubewahrendem Geld in jeder Angelegenheit, in der eine besondere Annahmeverfügung ergeht.	10 bis 255 EUR
	Anmerkung: Soweit in einer Hinterlegungssache bereits Gebühren erhoben wurden, sind sie auf diese Gebühr anzurechnen.	
3.2	Anzeige an den Gläubiger durch die Hinterlegungsstelle nach § 15 des Gesetzes über das Hinterlegungsverfahren im Freistaat Sachsen (Sächsisches Hinterlegungsgesetz – SächsHintG) vom 11. Juni 2010 (SächsGVBl. S. 154)	10 EUR
3.3	Zurückweisung der Beschwerde	10 bis 255 EUR
3.4	Zurücknahme der Beschwerde	10 bis 50 EUR

29 **14. Sachsen-Anhalt.** Die Kosten bestimmen sich nach §§ 4–6 des Justizkostengesetzes des Landes Sachsen-Anhalt (JKostG LSA) sowie Abschnitt 3 des Gebührenverzeichnisses zu diesem Gesetz.

Justizkostengesetz des Landes Sachsen-Anhalt (JKostG LSA)
Vom 23.8.1993 (GVBl. LSA S. 449)
zuletzt geändert durch Gesetz vom 5.12.2014 (GVBl. LSA S. 512)
– Auszug –

Abschnitt 2 Kosten in Hinterlegungssachen

§ 4 Zuständigkeit für die Festsetzung der Gebühren
In Hinterlegungssachen setzt bei den Rahmengebühren nach Nummer 3.1 des Gebührenverzeichnisses die Hinterlegungsstelle, bei den Rahmengebühren nach den Nummern 3.3 und 3.4 des Gebührenverzeichnisses die Stelle, die über die Beschwerde zu entscheiden hat, die Höhe der Gebühr fest.

§ 5 Auslagen in Hinterlegungssachen
In Hinterlegungssachen werden als Auslagen erhoben:
1. die Auslagen nach der Anlage Nrn. 2000 und 2002 des Justizverwaltungskostengesetzes sowie nach Anlage 1 Nrn. 31001 bis 31006, 31008, 31009 und 31012 bis 31014 des Gerichts- und Notarkostengesetzes,
2. die Beträge, die bei der Umwechslung von Zahlungsmitteln nach § 11 Abs. 2 des Hinterlegungsgesetzes des Landes Sachsen-Anhalt oder bei der Besorgung von Geschäften nach § 14 des Hinterlegungsgesetzes des Landes Sachsen-Anhalt an Banken oder an andere Stellen zu zahlen sind,
3. Dokumentenpauschale für Kopien und Ausdrucke, die anzufertigen sind, weil ein Antrag auf Annahme nicht in der erforderlichen Anzahl von Stücken vorgelegt worden ist.

§ 6 Besonderheiten für Kosten in Hinterlegungssachen
(1) Die Kosten in Hinterlegungssachen werden bei der Hinterlegungsstelle angesetzt.
(2) [1]Zuständig für Entscheidungen nach § 22 Abs. 1 des Justizverwaltungskostengesetzes ist das Amtsgericht, bei dem die Hinterlegungsstelle eingerichtet ist. [2]Das gleiche gilt für Einwendungen gegen Maßnahmen nach Absatz 3 Nrn. 2 und 3.
(3) Im Übrigen gilt für die Kosten in Hinterlegungssachen abweichend von dem Justizverwaltungskostengesetz Folgendes:
1. Zur Zahlung der Kosten sind auch empfangsberechtigte Personen, an die oder für deren Rechnung die Herausgabe verfügt wurde, sowie diejenigen Personen verpflichtet, in deren Interesse eine Behörde um die Hinterlegung ersucht hat.
2. Die Kosten können der Masse entnommen werden, soweit es sich um Geld handelt, das in das Eigentum des Landes übergegangen ist.
3. Die Herausgabe hinterlegter Sachen kann von der Zahlung der Kosten abhängig gemacht werden.
4. Die Nummern 1 bis 3 sind auf Kosten, die für das Verfahren über Beschwerden erhoben werden, nur anzuwenden, soweit diejenige Person, der die Kosten dieses Verfahrens auferlegt worden sind, empfangsberechtigt ist.
5. Kosten sind nicht zu erheben oder sind, falls sie erhoben wurden, zu erstatten, wenn die Hinterlegung auf Grund von § 116 Abs. 1 Satz 2 Nr. 4, § 116 a der Strafprozeßordnung erfolgte, um eine beschuldigte Person von der Untersuchungshaft zu verschonen, und die beschuldigte Person rechtskräftig außer Verfolgung gesetzt oder freigesprochen oder das Verfahren gegen sie eingestellt wird; ist der Verfall der Sicherheit rechtskräftig ausgesprochen worden, so werden bereits erhobene Kosten nicht erstattet.
6. Ist bei Betreuungen, Vormundschaften, Pflegschaften für Minderjährige und in den Fällen des § 1667 des Bürgerlichen Gesetzbuches aufgrund gesetzlicher Verpflichtung, Anordnung des Betreuungs- oder Familiengerichts hinterlegt, gilt bei Betreuungen Anlage 1 Vorbemerkung 1.1 und Vorbemerkung 3.1 Abs. 2 Satz 1 des Gerichts- und Notarkostengesetzes und in den übrigen Fällen Vorbemerkung 1.3.1 Abs. 2 des Kostenverzeichnisses der Anlage 1 des Gesetzes über Gerichtskosten in Familiensachen entsprechend.
7. Die Verjährung des Anspruchs auf Zahlung der Kosten hindert das Land nicht, nach den Nummern 2 und 3 zu verfahren.
8. § 4 Abs. 3 des Justizverwaltungskostengesetzes findet keine Anwendung.

Anlage
(zu § 1 Abs. 2)

Gebührenverzeichnis

Nr.	Gegenstand	Gebühren
3.	Hinterlegungssachen	
3.1	Hinterlegung von Wertpapieren, sonstigen Urkunden, Kostbarkeiten und von unverändert aufzubewahrenden Zahlungsmitteln (§ 11 Abs. 2 Satz 1 des Hinterlegungsgesetzes des Landes Sachsen-Anhalt) in jeder Angelegenheit, in der eine besondere Annahmeverfügung ergeht	10 bis 340 Euro
3.2	Anzeige gemäß § 15 Abs. 1 Satz 2 des Hinterlegungsgesetzes des Landes Sachsen-Anhalt	10 Euro
	Anmerkung: Neben der Gebühr für die Anzeige werden nur die Auslagen nach Anlage 1 Nrn. 31002 und 31003 des Gerichts- und Notarkostengesetzes erhoben.	
3.3	Zurückweisung der Beschwerde	10 bis 340 Euro
3.4	Zurücknahme der Beschwerde	10 bis 85 Euro

15. Schleswig-Holstein. Die Kosten bestimmen sich nach §§ 4–6 des Landesjustizverwaltungskostengesetzes (LJVKostG) sowie Abschnitt 3 des Gebührenverzeichnisses zu diesem Gesetz.   30

Gesetz über Kosten im Bereich der Justizverwaltung (LJVKostG)

In der Fassung vom 8.7.1992 (GVOBl. S. 439)
zuletzt geändert durch Gesetz vom 15.7.2014 (GVOBl. S. 132)
– Auszug –

§ 4

In Hinterlegungssachen setzt bei den Rahmengebühren nach Nummer 3.1 des Gebührenverzeichnisses die Hinterlegungsstelle, bei den Rahmengebühren nach den Nummern 3.3 und 3.4 des Gebührenverzeichnisses die Stelle, die über die Beschwerde zu entscheiden hat, die Höhe der Gebühr fest.

§ 5

In Hinterlegungssachen werden als Auslagen erhoben

1. die Auslagen nach Teil 2 des Kostenverzeichnisses zum Justizverwaltungskostengesetz mit Ausnahme von Nummer 2001,
2. die Beträge, die bei der Umwechslung von Zahlungsmitteln nach § 11 Abs. 2 Satz 2 des Hinterlegungsgesetzes vom 3. November 2010 (GVOBl. Schl.-H. S. 685) oder bei der Besorgung von Geschäften nach § 14 Hinterlegungsgesetz an Banken oder an andere Stellen zu zahlen sind.
3. die Dokumentenpauschale für Abschriften, die anzufertigen sind, weil ein Antrag auf Annahme nicht in der erforderlichen Anzahl von Stücken vorgelegt worden ist.

§ 6

(1) Die Kosten in Hinterlegungssachen werden bei der Hinterlegungsstelle angesetzt.

(2) [1]Zuständig für Entscheidungen nach § 22 Absatz 1 des Justizverwaltungskostengesetzes ist das Amtsgericht, bei dem die Hinterlegungsstelle eingerichtet ist. [2]Das gleiche gilt für Einwendungen gegen Maßnahmen nach Absatz 3 Nr. 2 und 3.

(3) Im Übrigen gilt für die Kosten in Hinterlegungssachen abweichend vom Justizverwaltungskostengesetz Folgendes:

1. Zur Zahlung der Kosten sind auch die empfangsberechtigte Person, an die oder für deren Rechnung die Herausgabe verfügt wurde, sowie diejenige oder derjenige verpflichtet, in deren oder dessen Interesse eine Behörde um die Hinterlegung ersucht hat.
2. Die Kosten können der Masse entnommen werden, soweit es sich um Geld handelt, das in das Eigentum des Landes übergegangen ist.
3. Die Herausgabe hinterlegter Sachen kann von der Zahlung der Kosten abhängig gemacht werden.
4. Die Nummern 1 bis 3 sind auf Kosten, die für das Verfahren über Beschwerden erhoben werden, nur anzuwenden, soweit diejenige Person, der die Kosten dieses Verfahrens auferlegt worden sind, empfangsberechtigt ist.

NK-GK/*H. Schneider*

5. Kosten sind nicht zu erheben oder sind, falls sie erhoben wurden, zu erstatten, wenn die Hinterlegung aufgrund des § 116 Abs. 1 Nr. 4 und des § 116 a der Strafprozeßordnung erfolgte, um eine beschuldigte Person von der Untersuchungshaft zu verschonen, und die beschuldigte Person rechtskräftig außer Verfolgung gesetzt oder freigesprochen oder das Verfahren gegen sie eingestellt wird; ist der Verfall der Sicherheit rechtskräftig ausgesprochen worden, so werden bereits erhobene Kosten nicht erstattet.

6. Ist bei Vormundschaften, Betreuungen, Pflegschaften für Minderjährige und in den Fällen des § 1667 des Bürgerlichen Gesetzbuches aufgrund gesetzlicher Verpflichtung oder Anordnung des Vormundschaftsgerichts hinterlegt worden, gelten Absatz 1 der Vorbemerkung 1.1. und Absatz 2 Satz 1 der Vorbemerkung 3.1. des Kostenverzeichnisses zum Gerichts- und Notarkostengesetz vom 23. Juli 2013 (BGBl. I S. 2586), zuletzt geändert durch Artikel 22 des Gesetzes vom 10. Oktober 2013 (BGBl. I S. 3786), entsprechend.

7. Die Verjährung des Anspruchs auf Zahlung der Kosten hindert das Land nicht, nach den Nummern 2 und 3 zu verfahren.

8. § 4 Absatz 3 des Justizverwaltungskostengesetzes findet keine Anwendung.

Anlage
(zu § 1 Abs. 2)

Gebührenverzeichnis

Nr.	Gegenstand	Gebühren
3	Hinterlegungssachen	
3.1	Bei Hinterlegung von Wertpapieren, sonstigen Urkunden, Kostbarkeiten und von unverändert aufzubewahrenden Zahlungsmitteln (§ 11 Abs. 2 Satz 1 des Hinterlegungsgesetzes) in jeder Angelegenheit, in der eine besondere Annahmeverfügung ergeht	8 bis 255 Euro
3.2	Anzeige gemäß § 15 Abs. 1 Satz 2 des Hinterlegungsgesetzes .... Anmerkung: Neben der Gebühr für die Anzeige werden nur die Auslagen nach den Nummern 31002 und 31003 des Kostenverzeichnisses zum Gerichts- und Notarkostengesetz erhoben.	8 Euro
3.3	Zurückweisung der Beschwerde	8 bis 255 Euro
3.4	Zurücknahme der Beschwerde	8 bis 65 Euro

31 **16. Thüringen.** Die Kosten bestimmen sich nach §§ 3–5 des Thüringer Justizkostengesetzes (ThürJKostG) sowie Abschnitt 3 des Gebührenverzeichnisses zu diesem Gesetz.

Thüringer Justizkostengesetz (ThürJKostG)
Vom 28.10.2013 (GVBl. S. 295)
– Auszug –

§ 3

In Hinterlegungssachen setzt bei der Rahmengebühr nach Nummer 3.1 des Gebührenverzeichnisses die Hinterlegungsstelle und bei den Rahmengebühren nach den Nummern 3.3 und 3.4 des Gebührenverzeichnisses die Stelle, die über die Beschwerde zu entscheiden hat, die Höhe der Gebühr fest.

§ 4

In Hinterlegungssachen werden als Auslagen erhoben:

1. die Auslagen nach Teil 2 des Kostenverzeichnisses zu § 4 Abs. 1 JVKostG,
2. die Beträge, die bei der Umwechslung von Zahlungsmitteln nach § 11 Abs. 2 Satz 2 des Thüringer Hinterlegungsgesetzes (ThürHintG) vom 9. September 2010 (GVBl. S. 294) oder bei der Besorgung von Geschäften nach § 14 ThürHintG an Banken oder an andere Stellen zu zahlen sind,
3. die Dokumenten- und Datenträgerpauschale für Abschriften, die anzufertigen sind, weil ein Antrag auf Annahme nicht in der erforderlichen Anzahl von Stücken vorgelegt worden ist.

§ 5

(1) Die Kosten in Hinterlegungssachen werden bei der Hinterlegungsstelle angesetzt.

(2) Zuständig für Entscheidungen nach § 22 JVKostG ist das Amtsgericht, bei dem die Hinterlegungsstelle eingerichtet ist. Das Gleiche gilt für Einwendungen gegen Maßnahmen nach Absatz 3 Nr. 2 und 3.

NK-GK/*H. Schneider*

(3) Im Übrigen gilt für die Kosten in Hinterlegungssachen abweichend vom Justizverwaltungskostengesetz Folgendes:

1. zur Zahlung der Kosten sind auch die empfangsberechtigte Person, an die oder für deren Rechnung die Herausgabe verfügt wurde, sowie diejenige Person verpflichtet, in deren Interesse eine Behörde um die Hinterlegung ersucht hat,

2. die Kosten können der Masse entnommen werden, soweit es sich um Geld handelt, das in das Eigentum des Landes übergegangen ist,

3. die Herausgabe hinterlegter Sachen kann von der Zahlung der Kosten abhängig gemacht werden,

4. die Nummern 1 bis 3 sind auf Kosten, die für das Verfahren über Beschwerden erhoben werden, nur anzuwenden, soweit diejenige Person, der die Kosten dieses Verfahrens auferlegt worden sind, empfangsberechtigt ist,

5. Kosten sind nicht zu erheben oder sind, falls sie erhoben wurden, zu erstatten, wenn die Hinterlegung aufgrund des § 116 Abs. 1 Satz 2 Nr. 4 und des § 116 a der Strafprozessordnung erfolgte, um eine beschuldigte Person mit der Untersuchungshaft zu verschonen, und die beschuldigte Person rechtskräftig außer Verfolgung gesetzt oder freigesprochen oder das Verfahren gegen sie eingestellt wird; ist der Verfall der Sicherheit rechtskräftig ausgesprochen, so werden bereits erhobene Kosten nicht erstattet,

6. ist bei Vormundschaften sowie Betreuungen, Pflegschaften für Minderjährige und in den Fällen des § 1667 des Bürgerlichen Gesetzbuchs (BGB) aufgrund gesetzlicher Verpflichtung oder Anordnung des Betreuungs- und Familiengerichts eine Hinterlegung erfolgt, werden von dem Betroffenen Kosten nur erhoben, wenn sein Vermögen nach Abzug der Verbindlichkeiten mehr als 25 000 Euro beträgt; der in § 90 Abs. 2 Nr. 8 des Zwölften Buches Sozialgesetzbuch genannte Vermögenswert wird nicht mitgerechnet,

7. die Verjährung des Anspruchs auf Zahlung der Kosten hindert das Land nicht, nach den Nummern 2 und 3 zu verfahren,

8. § 4 Abs. 3 JVKostG findet keine Anwendung.

Anlage
(zu § 1 Abs. 2)

Gebührenverzeichnis

Nr.	Gegenstand	Gebühren/Auslagen in Euro
3	Hinterlegungssachen	
3.1	Hinterlegung von Wertpapieren, sonstigen Urkunden, Kostbarkeiten und von unverändert aufzubewahrenden Zahlungsmitteln (§ 11 Abs. 2 Satz 1 ThürHintG) in jeder Angelegenheit, in der eine besondere Annahmeverfügung ergeht	10 bis 350
3.2	Anzeige nach § 15 Abs. 1 Satz 2 ThürHintG	10
	Anmerkung: Neben der Gebühr für die Anzeige werden nur die Auslagen nach den Nummern 31002 und 31003 der Anlage 1 zum Gerichts- und Notarkostengesetz erhoben.	
3.3	Zurückweisung der Beschwerde	10 bis 350
3.4	Zurücknahme der Beschwerde	10 bis 80
3.5	Herausgabe der Wertgegenstände durch die Hinterlegungsstelle	15
	Anmerkung: Neben dieser Gebühr werden Auslagen für den Einsatz von Dienstfahrzeugen nicht erhoben.	

NK-GK/*H. Schneider*

Teil 3: Verwaltungsvollstreckung

Justizbeitreibungsordnung

Vom 11. März 1937 (RGBl. I 298) (FNA 365-1)
zuletzt geändert durch Art. 177 der Zehnten Zuständigkeitsanpassungsverordnung
vom 31. August 2015 (BGBl. I 1474, 1501)

§ 1 [Beizutreibende Ansprüche]

(1) Nach dieser Justizbeitreibungsordnung werden folgende Ansprüche beigetrieben, soweit sie von Justizbehörden des Bundes einzuziehen sind:

1. Geldstrafen und andere Ansprüche, deren Beitreibung sich nach den Vorschriften über die Vollstreckung von Geldstrafen richtet;
1a. *(weggefallen)*
2. gerichtlich erkannte Geldbußen und Nebenfolgen einer Ordnungswidrigkeit, die zu einer Geldzahlung verpflichten;
2a. Ansprüche aus gerichtlichen Anordnungen über den Verfall, die Einziehung oder die Unbrauchbarmachung einer Sache;
2b. Ansprüche aus gerichtlichen Anordnungen über die Herausgabe von Akten und sonstigen Unterlagen nach § 407 a Abs. 4 Satz 2[1] der Zivilprozeßordnung;
3. Ordnungs- und Zwangsgelder;
4. Gerichtskosten;
4a. Ansprüche auf Zahlung der vom Gericht im Verfahren der Prozeßkostenhilfe oder nach § 4 b der Insolvenzordnung bestimmten Beträge;
4b. nach den §§ 168 und 292 Abs. 1 des Gesetzes über das Verfahren in Familiensachen und in den Angelegenheiten der freiwilligen Gerichtsbarkeit festgesetzte Ansprüche;
5. Zulassungs- und Prüfungsgebühren;
6. alle sonstigen Justizverwaltungsabgaben;
7. Kosten der Gerichtsvollzieher und Vollziehungsbeamten, soweit sie selbständig oder gleichzeitig mit einem Anspruch, der nach den Vorschriften dieser Justizbeitreibungsordnung vollstreckt wird, bei dem Auftraggeber oder Ersatzpflichtigen beigetrieben werden;
8. Ansprüche gegen Beamte, nichtbeamtete Beisitzer und Vertrauenspersonen, gegen Rechtsanwälte, Vormünder, Betreuer, Pfleger und Verfahrenspfleger, gegen Zeugen und Sachverständige sowie gegen mittellose Personen auf Erstattung von Beträgen, die ihnen in einem gerichtlichen Verfahren zuviel gezahlt sind;
9. Ansprüche gegen Beschuldigte und Nebenbeteiligte auf Erstattung von Beträgen, die ihnen in den Fällen der §§ 465, 467, 467 a, 470, 472 b, 473 der Strafprozeßordnung zuviel gezahlt sind;
10. alle sonstigen Ansprüche, die nach Bundes- oder Landesrecht im Verwaltungszwangsverfahren beigetrieben werden können, soweit nicht ein Bundesgesetz vorschreibt, daß sich die Vollstreckung nach dem Verwaltungsvollstreckungsgesetz oder der Abgabenordnung richtet.

(2) Die Justizbeitreibungsordnung findet auch auf die Einziehung von Ansprüchen im Sinne des Absatzes 1 durch Justizbehörden der Länder Anwendung, soweit die Ansprüche auf bundesrechtlicher Regelung beruhen.

(3) Die Vorschriften der Justizbeitreibungsordnung über das gerichtliche Verfahren finden auch dann Anwendung, wenn sonstige Ansprüche durch die Justizbehörden der Länder im Verwaltungszwangsverfahren eingezogen werden.

(4) Werden zusammen mit einem Anspruch nach Absatz 1 Nr. 1 bis 3 die Kosten des Verfahrens beigetrieben, so gelten auch für die Kosten die Vorschriften über die Vollstreckung dieses Anspruchs.

---

1 Die Angabe „§ 407 a Abs. 4 Satz 2" soll durch die Wörter „§ 407 a Absatz 5 Satz 2" ersetzt werden; s. Art. 5 Abs. 1 des Entwurfs eines „Gesetzes zur Änderung des Sachverständigenrechts und zur weiteren Änderung des Gesetzes über das Verfahren in Familiensachen und in den Angelegenheiten der freiwilligen Gerichtsbarkeit", RegE BT-Drucks 18/6985, S. 9; aus dem Gesetzgebungsverfahren s. auch: BT-Drucks 18/9092. – Es handelt sich um eine Folgeänderung, die sich auf die geänderten Bezeichnungen der Absätze des § 407 a ZPO-E bezieht; inhaltliche Änderungen sind damit nicht verbunden (s. Begr. RegE, BT-Drucks. 18/6985, S. 19). Geplantes Inkrafttreten: am Tag nach der Verkündung (s. Art. 6 des ÄndG, BT-Drucks. 18/6985, S. 9).

(5) [1]Nach dieser Justizbeitreibungsordnung werden auch die Gebühren und Auslagen des Deutschen Patentamts und die sonstigen dem Absatz 1 entsprechenden Ansprüche, die beim Deutschen Patentamt entstehen, beigetrieben. [2]Dies gilt auch für Ansprüche gegen Patentanwälte und Erlaubnisscheininhaber.

(6) [1]Die Landesregierungen werden ermächtigt, durch Rechtsverordnung abweichend von der Justizbeitreibungsordnung zu bestimmen, daß Gerichtskosten in den Fällen des § 109 Abs. 2 des Gesetzes über Ordnungswidrigkeiten und des § 27 des Gerichtskostengesetzes nach Vorschriften des Landesrechts beigetrieben werden. [2]Die Landesregierungen können die Ermächtigung durch Rechtsverordnung auf die Landesjustizverwaltung übertragen.

I. Allgemeines

1   Die JBeitrO regelt die Vollstreckung von Zahlungsansprüchen der Justiz und von bestimmten Anordnungen. Abs. 1 betrifft die Vollstreckung durch Justizbehörden des **Bundes**. Nach Abs. 2 gilt die JBeitrO auch für die Einziehung von Ansprüchen iSv Abs. 1 durch Justizbehörden der **Länder**, soweit die Ansprüche auf bundesrechtlicher Regelung beruhen; nach Abs. 3 auch für sonstige Ansprüche, die durch die Justizbehörden der Länder im Verwaltungszwangsverfahren eingezogen werden. Abs. 4 regelt die Beitreibung der Kosten in bestimmten Fällen. Abs. 5 bestimmt, dass die Gebühren und Auslagen des **Deutschen Patentamts** und die sonstigen dem Abs. 1 entsprechenden Ansprüche, die beim Deutschen Patentamt entstehen, nach der JBeitrO beigetrieben werden. Abs. 6 enthält eine Verordnungsermächtigung für den Landesgesetzgeber.

2   **Stundung und Erlass** sind teilweise landesrechtlich besonders geregelt, zB durch: § 12 Landesjustizkostengesetz **Hamburg**; § 8 Landesjustizkostengesetz **Mecklenburg-Vorpommern**; § 123 Justizgesetz **Nordrhein-Westfalen**; § 117 **Thüringer** Landeshaushaltsordnung.

3   Die Vollstreckung ist auf Vollstreckungsmaßnahmen im **Inland** beschränkt.[2]

II. EBAO

4   Zur **Ausführung der JBeitrO** haben die Landesjustizverwaltungen und das Bundesministerium der Justiz die **Einforderungs- und Beitreibungsanordnung (EBAO)** vom 13.7.2011[3] erlassen (zum Abdruck und zur Kommentierung der EBAO s. „13. Einforderungs- und Beitreibungsanordnung (EBAO)" – hier im Anschluss an die JBeitrO); auf die jeweils einschlägigen Bestimmungen der EBAO wird in den folgenden Erläuterungen hingewiesen. Diese **Verwaltungsvorschrift** betrifft nach § 1 Abs. 1 EBAO die Einforderung und Beitreibung von folgenden **Geldbeträgen**:

- Geldstrafen und andere Ansprüche, deren Beitreibung sich nach den Vorschriften über die Vollstreckung von Geldstrafen richtet (Nr. 1),
- gerichtlich erkannte Geldbußen und Nebenfolgen einer Ordnungswidrigkeit, die zu einer Geldzahlung verpflichten (Nr. 2), und
- Ordnungs- und Zwangsgelder mit Ausnahme der im Auftrag des Gläubigers zu vollstreckenden Zwangsgelder (Nr. 3).

III. Nach Abs. 1 und 5 beizutreibende Ansprüche

5   Abs. 1 **Nr. 1** betrifft insb. **Geldstrafen** iSv § 40 StGB, Abs. 1 **Nr. 2** insb. gerichtlich festgesetzte **Geldbußen** iSv § 17 OWiG. Gemäß Abs. 1 **Nr. 2 a** werden auch der **Verfall** (§ 73 StGB), die **Einziehung** (§ 74 StGB) und die **Unbrauchbarmachung** einer Sache (§§ 74 b, 74 d StGB) nach der JBeitrO vollstreckt. Für die Ausführung gelten die Vorschriften der EBAO (→ Rn 4). Über Einwendungen gegen die Entscheidungen der Vollstreckungsbehörde nach § 459 a StPO (Bewilligung von Zahlungserleichterungen bei Geldstrafen), § 459 c StPO (Beitreibung vor Ablauf von zwei Wochen nach Eintritt der Fälligkeit), § 459 e StPO (Vollstreckung der Ersatzfreiheitsstrafe) und § 459 g StPO (Wegnahme bei Verfall, Einziehung oder Unbrauchbarmachung einer Sache) entscheidet gem. § 459 h StPO das Gericht. In **§ 18 Abs. 1 EBAO** wird klargestellt, dass Geldzahlungen, die Zahlungspflichtigen nach § 56 b Abs. 2 Nr. 2, § 57 Abs. 3 S. 1 StGB, § 153 a StPO, § 15 Abs. 1 S. 1 Nr. 3, §§ 23, 29, 45, 88 Abs. 5 und § 89 Abs. 3 JGG oder anlässlich eines Gnadenerweises auferlegt sind, nicht beigetrieben werden können. Für die Vollstreckung im Rahmen der internationalen Rechtshilfe in Strafsachen verweist § 87 n Abs. 4 IRG auf die JBeitrO.

6   Abs. 1 **Nr. 2 b** betrifft Ansprüche aus gerichtlichen Anordnungen über die **Herausgabe von Akten** und sonstigen Unterlagen nach § 407 a Abs. 4 S. 2 ZPO. Danach hat der **Sachverständige** auf Verlangen des Gerichts die Akten und sonstige für die Begutachtung beigezogene Unterlagen sowie Untersuchungsergebnisse unver-

---

2 BGH NJW 2010, 1883. **3** BAnz Beilage 2011, Nr. 112 a; im Internet zB unter http://www.recht-niedersachsen.de/34100/ebao.htm.

züglich herauszugeben oder mitzuteilen. Kommt er dieser Pflicht nicht nach, so ordnet das Gericht die Herausgabe an. Zur Beitreibung der Kosten → Rn 14.

Abs. 1 **Nr. 3** betrifft **Ordnungs- und Zwangsgelder**. Nach der JBeitrO werden **Ordnungsgelder** vollstreckt, die gem. § 178 GVG, §§ 141, 380, 390, 409,[4] 411, 890 ZPO,[5] §§ 33, 89 FamFG, §§ 51, 70, 77, 81 c Abs. 4, 95 Abs. 2, 98 b Abs. 2 StPO verhängt wurden. Für die Ausführung gelten die Vorschriften der EBAO (→ Rn 4). **7**

Unterschiedlich beurteilt wird, in welchem Umfang die Vorschrift für **Zwangsgelder** gilt. Der Wortlaut legt die Annahme nahe, dass sämtliche Zwangsgelder nach der JBeitrO zu vollstrecken sind. Dennoch nimmt die hM an, dass die Vollstreckung von gem. § 888 ZPO verhängten Zwangsgeldern nicht nach der JBeitrO, sondern auf Antrag des Gläubigers zugunsten der Staatskasse gem. §§ 803 ff ZPO erfolgt.[6] Davon geht auch § 1 Abs. 1 Nr. 3 EBAO (→ Rn 4) aus. Das ist jedoch mit dem Wortlaut der Vorschrift nicht vereinbar.[7] Unstreitig werden Zwangsgelder nach der JBeitrO vollstreckt, die auf der Grundlage von § 35 FamFG verhängt wurden, zB im Versorgungsausgleichsverfahren.[8] Zur Beitreibung der Kosten → Rn 14.

Abs. 1 **Nr. 4** betrifft alle **Gerichtskosten**, die von Justizbehörden des Bundes[9] oder gem. Abs. 2 der Länder einzuziehen sind. Das gilt auch für die Kosten eines Strafverfahrens[10] und eines verwaltungs-[11] und eines finanzgerichtlichen Verfahrens.[12] Soweit Gerichtsbarkeiten nicht in die Zuständigkeit der Landesjustizverwaltung fallen, gilt die JBeitrO nicht.[13] Unter Abs. 1 **Nr. 4 a** fallen die im **Prozess- und Verfahrenskostenhilfeverfahren** zu vollstreckenden Beträge, zB aufgrund eines die Ratenzahlung gem. § 124 Abs. 1 Nr. 5 ZPO aufhebenden Beschlusses,[14] und der gem. § 4 b InsO **gestundete Betrag nach Erteilung der Restschuldbefreiung**. **8**

Die Verweisung in Abs. 1 **Nr. 4 b** auf die §§ 168 und 292 Abs. 1 FamFG ist missverständlich. Diese Vorschriften betreffen die Festsetzung von Vorschuss, Aufwendungsersatz, Aufwandsentschädigung und Vergütung des **Vormunds** bzw Gegenvormunds gem. § 168 Abs. 1 FamFG und des **Betreuers** gem. § 292 Abs. 1 FamFG gegen den Mündel oder Betreuten. Aus der Verweisung folgt nicht, dass alle genannten Festsetzungsbeschlüsse nach der JBeitrO zu vollstrecken sind. Abs. 1 Nr. 4 b betrifft vielmehr nur Entscheidungen über **Zahlungen an die Staatskasse**. Die Vollstreckung der Festsetzung gegen den Mündel oder Betreuten zugunsten von Vormund, Gegenvormund oder Betreuer erfolgt gem. § 95 Abs. 1 Nr. 1 FamFG nach der ZPO.[15] **9**

Die JBeitrO gilt gem. Abs. 1 **Nr. 5 und 6** auch für **Zulassungs- und Prüfungsgebühren** und alle sonstigen **Justizverwaltungsabgaben** (Beglaubigungen, Bescheinigungen, Hinterlegungskosten).[16] Zu den Justizverwaltungsabgaben gehören auch die Gebühren für die **Einsicht in das Schuldnerverzeichnis** bei dem zentralen Vollstreckungsgericht gem. § 882 f ZPO. Da die Führung des Schuldnerverzeichnisses gem. § 882 h Abs. 2 S. 3 ZPO eine Justizverwaltungssache ist, kann für die Einsichtnahme von den Ländern eine Gebühr erhoben werden.[17] Nach Abs. 1 **Nr. 7** werden ferner die Kosten der **Gerichtsvollzieher und Vollziehungsbeamten** beigetrieben. Abs. 1 **Nr. 8** betrifft zB den Anspruch auf Rückerstattung überzahlter Betreuervergütung,[18] den **Rückforderungsanspruch aus der Anwaltsvergütung** nach Aufhebung von Beratungshilfe,[19] die Rückforderung irrtümlich ausgezahlter[20] oder zuviel gezahlter Sachverständigenentschädigung.[21] **10**

Nach Abs. 1 **Nr. 9** unterfallen der JBeitrO weiterhin die Ansprüche gegen Beschuldigte und Nebenbeteiligte auf Erstattung von Beträgen im **Strafverfahren**, die zuviel gezahlt wurden im Falle des **11**

- § 465 StPO: Kosten der Untersuchungen zur Aufklärung bestimmter belastender oder entlastender Umstände;
- § 467 StPO: Kostenentscheidung nach Freispruch;
- § 467 a StPO: Rücknahme der öffentlichen Klage;
- § 470 StPO: Rücknahme des Strafantrags;
- § 472 b StPO: Kostenentscheidung bei Verfall, Einziehung, Vorbehalt der Einziehung, Vernichtung, Unbrauchbarmachung oder Beseitigung eines gesetzwidrigen Zustandes;
- § 473 StPO: Kosten eines zurückgenommenen oder erfolglos eingelegten Rechtsmittels.

Abs. 1 **Nr. 10** betrifft zB die **Verschuldenskosten nach § 192 SGG**.[22] **12**

---

4 Dazu BVerfG 5.7.1993 – 2 BvR 1852/92, juris. **5** BGH NJW 2010, 1883; BayObLG Rpfleger 2002, 254; OLG Karlsruhe NJW-RR 1997, 1567. **6** BGH NJW 1983, 1859 = MDR 1983, 739; OLG Stuttgart FamRZ 1997, 1495; Zöller/*Stöber*, § 888 ZPO Rn 13; *Dörndorfer*, in: Binz/Dörndorfer/Petzold/Zimmermann, § 1 EBAO Rn 7. **7** BeckOK/*Sieghörtner*, § 95 FamFG Rn 7; Hk-ZV/*Giers*, FamFG Rn 221. **8** Zu § 33 FGG s. OLG München FamRZ 1995, 373; BayObLG Rpfleger 1991, 13. **9** BFH 10.7.1997 – VII E 13/97, juris. **10** OLG Karlsruhe Rpfleger 1992, 447. **11** HessVGH NVwZ-RR 2015, 87. **12** FG Bremen EFG 1994, 584. **13** BFH/NV 2007, 1463. **14** LAG Köln 19.3.1984 – 9 Ta 17/84, juris. **15** Keidel/*Giers*, § 95 FamFG Rn 5. **16** *App*, MDR 1996, 769. **17** Hk-ZV/*Sternal*, § 882 f ZPO Rn 10. **18** BGH NJW 2014, 1007; LG Dessau-Roßlau BtPrax 2012, 173. **19** LG Paderborn JurBüro 1986, 1211; LG Münster JurBüro 1985, 1844. **20** OLG Koblenz Rpfleger 1981, 328. **21** OLG Frankfurt NJW 1975, 705. **22** ThürLSG SGb 2004, 362.

13 Abs. 5 gilt nicht für die vom **Deutschen Patentamt** einem Patentinhaber zu Unrecht zurückgezahlten Jahresgebühren.[23]

IV. Beitreibung der Kosten des Verfahrens (Abs. 4)

14 Gemäß Abs. 4 gelten, wenn zusammen mit einem Anspruch nach Abs. 1 Nr. 1–3 die Kosten des Verfahrens beigetrieben werden, auch für die Kosten die Vorschriften über die Vollstreckung dieses Anspruchs. Hierzu bestimmt § 1 Abs. 2 EBAO (→ Rn 4), dass gleichzeitig mit einem Geldbetrag auch die Kosten des Verfahrens einzufordern und beizutreiben sind, sofern nicht die Verbindung von Geldbetrag und Kosten gelöst wird. Gemäß § 15 Abs. 1 EBAO wird die **Verbindung von Geldbetrag und Kosten gelöst**, wenn

- sich die Beitreibung des Geldbetrages erledigt und für die Kostenforderung Beitreibungsmaßnahmen erforderlich werden (Nr. 1),
- nachträglich eine Gesamtgeldstrafe gebildet wird (Nr. 2) oder
- die Vollstreckungsbehörde die getrennte Verfolgung beider Ansprüche aus Zweckmäßigkeitsgründen anordnet (Nr. 3).

§ 2 [Vollstreckungsbehörden]

(1) ¹Die Beitreibung obliegt in den Fällen des § 1 Abs. 1 Nr. 1 bis 3 den nach den Verfahrensgesetzen für die Vollstreckung dieser Ansprüche zuständigen Stellen, soweit nicht die in Absatz 2 bezeichnete Vollstreckungsbehörde zuständig ist, im übrigen den Gerichtskassen als Vollstreckungsbehörden. ²Die Landesregierungen werden ermächtigt, an Stelle der Gerichtskassen andere Behörden als Vollstreckungsbehörden zu bestimmen. ³Die Landesregierungen können die Ermächtigung auf die Landesjustizverwaltung übertragen.

(2) Vollstreckungsbehörde für Ansprüche, die beim Bundesverfassungsgericht, Bundesministerium der Justiz und für Verbraucherschutz, Bundesgerichtshof, Bundesverwaltungsgericht, Bundesfinanzhof, Generalbundesanwalt beim Bundesgerichtshof, Bundespatentgericht, Deutschen Patent- und Markenamt, Bundesamt für Justiz oder dem mit der Führung des Unternehmensregisters im Sinn des § 8 b des Handelsgesetzbuchs Beliehenen entstehen, ist das Bundesamt für Justiz.

(3) ¹Von den in Absatz 1 bezeichneten Vollstreckungsbehörden ist diejenige zuständig, die den beizutreibenden Anspruch einzuziehen hat. ²Dem Vollziehungsbeamten obliegende Vollstreckungshandlungen kann die Vollstreckungsbehörde außerhalb ihres Amtsbezirks durch einen Vollziehungsbeamten vornehmen lassen, der für den Ort der Vollstreckung zuständig ist. ³Die Unzuständigkeit einer Vollstreckungsbehörde berührt die Wirksamkeit ihrer Vollstreckungsmaßnahmen nicht.

(4) Die Vollstreckungsbehörden haben einander Amtshilfe zu leisten.

I. Allgemeines

1 § 2 bestimmt, welche Behörde **Vollstreckungsbehörde** ist.

II. Bundesamt für Justiz (Abs. 2)

2 Das Bundesamt für Justiz ist gem. Abs. 2 Vollstreckungsbehörde für Ansprüche, die beim Bundesverfassungsgericht, Bundesministerium der Justiz und für Verbraucherschutz – einschließlich der Führung des Unternehmensregisters iSd § 8 b HGB, da eine Übertragung nach § 9 a HGB bislang nicht erfolgt ist –, Bundesgerichtshof, Bundesverwaltungsgericht, Bundesfinanzhof, Generalbundesanwalt beim Bundesgerichtshof, Bundespatentgericht, Deutschen Patent- und Markenamt und beim Bundesamt für Justiz entstehen.

III. Gerichtskasse (Abs. 1)

3 Abgesehen von den Fällen des Abs. 1 Nr. 1–3 ist die Gerichtskasse Vollstreckungsbehörde (Abs. 1 S. 1 aE). Die Landesregierungen können an Stelle der Gerichtskassen andere Behörden als Vollstreckungsbehörden bestimmen (Abs. 1 S. 2). Nach § 1 JBeitrOVollstrBehV sind in **Baden-Württemberg** an Stelle der Gerichtskassen als Vollstreckungsbehörden die Landesoberkasse Baden-Württemberg für alle Ansprüche nach § 1 Abs. 1 Nr. 4–10, die von ihr einzuziehen sind, die Staatsanwaltschaften für die Gerichtskosten in Strafsachen, in Jugendgerichtssachen oder in gerichtlichen oder staatsanwaltschaftlichen Verfahren nach dem Gesetz über Ordnungswidrigkeiten, soweit sie bei ihnen anzusetzen sind (§ 19 Abs. 2 S. 1 und S. 2 Hs 2, Abs. 3 GKG), und die Gerichte im Bezirk des OLG Karlsruhe für Ansprüche nach § 1 Abs. 1 Nr. 4 a, die von ihnen

---

23 BPatG München GRUR 1989, 748.

einzuziehen sind, bestimmt. In **Niedersachsen** ist die Oberfinanzdirektion als Vollstreckungsbehörde für die nach den Vorschriften der Justizbeitreibungsordnung einzuziehenden Geldforderungen des Landes Niedersachsen bestimmt (§ 6 Abs. 3 NVwVG).

IV. Regelung der EBAO

Für die Beitreibung im Geltungsbereich der EBAO (→ § 1 Rn 4) bestimmt deren § 2, dass vorbehaltlich anderer gesetzlicher Bestimmung in den Fällen, auf welche die Strafvollstreckungsordnung Anwendung findet, die dort bezeichnete Behörde und im Übrigen diejenige Behörde oder Dienststelle der Behörde, die auf die Verpflichtung zur Zahlung des Geldbetrages erkannt hat, oder, soweit es sich um eine kollegiale Behörde oder Dienststelle handelt, deren Vorsitzender Vollstreckungsbehörde ist. Vollstreckungsbehörden sind daher   **4**

- für die Vollstreckung von **Geldstrafen** und durch Urteil festgesetzten **Bußgeldern** die Staatsanwaltschaft (§ 451 StPO, § 91 OWiG);
- für die Vollstreckung von **Ordnungsgeldern** gem. § 178 GVG, §§ 141, 380, 390, 409,[1] 411, 890 ZPO der Vorsitzende des Gerichts, welches das Ordnungsgeld erlassen hat,[2] von Ordnungsgeldern gem. §§ 33, 89 FamFG der Familienrichter[3] und von Ordnungsgeldern gem. §§ 51, 70, 77, 81 c Abs. 4, 95 Abs. 2, 98 b Abs. 2 StPO die Staatsanwaltschaft (§ 36 Abs. 2 StPO). Die gerichtliche Vollstreckung von Ordnungsgeldern ist gem. § 31 Abs. 3 RPflG dem Rechtspfleger übertragen,[4] soweit sich nicht der Richter im Einzelfall die Vollstreckung ganz oder teilweise vorbehält.

Für die Vollstreckung von **Zwangsgeldern** wird zunächst auf die Erl. in → § 1 Rn 7 verwiesen. Zwangsgelder gem. § 35 FamFG werden durch das Familiengericht vollstreckt. Auch hier gilt § 31 Abs. 3 RPflG (→ Rn 4 aE).   **5**

§ 3 [Zustellungen]

[1]Zustellungen sind nur erforderlich, soweit dies besonders bestimmt ist. [2]Sie werden sinngemäß nach den Vorschriften der Zivilprozeßordnung über Zustellungen von Amts wegen bewirkt. [3]Die dem Gericht vorbehaltenen Anordnungen trifft die Vollstreckungsbehörde.

§ 3 regelt die **Notwendigkeit förmlicher Zustellungen**. Die JBeitrO verzichtet auf besondere Vorschriften über die Zustellung. Hinsichtlich deren Notwendigkeit wird auf die für die Betreibung der einzelnen Ansprüche geltenden Vorschriften verwiesen. Beispielsweise schreibt § 87 Abs. 2 FamFG für die Vollstreckung von Ordnungsgeldbeschlüssen nach § 89 FamFG die förmliche Zustellung gem. § 15 Abs. 2 S. 1 FamFG vor.[1] Wegen der Ausführung der Zustellungen verweist S. 2 auf die Vorschriften über die Zustellungen von Amts wegen in den §§ 166 ff ZPO.   **1**

§ 4 [Vollstreckungsschuldner]

[1]Die Vollstreckung kann gegen jeden durchgeführt werden, der nach den für den beizutreibenden Anspruch geltenden besonderen Vorschriften oder kraft Gesetzes nach den Vorschriften des bürgerlichen Rechts zur Leistung oder zur Duldung der Vollstreckung verpflichtet ist. [2]Aus einer Zwangshypothek, die für einen der im § 1 bezeichneten Ansprüche eingetragen ist, kann auch gegen den Rechtsnachfolger des Schuldners in das belastete Grundstück vollstreckt werden.

Die Vorschrift bestimmt, **gegen wen** die Vollstreckungsbehörde vorgehen kann. Das ist grds. jeder Schuldner, im Bereich der Gerichtskosten **jeder Kostenschuldner**. Aus den maßgeblichen Vorschriften der einzelnen Gesetze, zB § 26 Abs. 2 FamGKG, ergibt sich, wer vorrangig in Anspruch zu nehmen, also **Erstschuldner** ist. Zur Duldung der Vollstreckung kann zB ein Ehegatte im Fall des § 6 Abs. 1 Nr. 1 iVm § 743 ZPO (→ § 6 Rn 3) verpflichtet sein.   **1**

1 Dazu BVerfG 5.7.1993 – 2 BvR 1852/92, juris. **2** OLG Karlsruhe NJW-RR 1997, 1567; Thomas/Putzo/*Seiler*, § 890 ZPO Rn 32; Zöller/*Stöber*, § 890 ZPO Rn 23. **3** Keidel/*Giers*, § 89 FamFG Rn 18. **4** S. auch BayObLG Rpfleger 2002, 254. **1** Keidel/*Giers*, § 87 FamFG Rn 12.

§ 5 [Beginn der Vollstreckung]

(1) [1]Die Vollstreckung darf erst beginnen, wenn der beizutreibende Anspruch fällig ist. [2]In den Fällen des § 1 Abs. 1 Nr. 8 und 9 darf die Vollstreckung erst beginnen, wenn der Zahlungspflichtige von den ihm zustehenden Rechtsbehelfen binnen zwei Wochen nach der Zahlungsaufforderung oder nach der Mitteilung einer Entscheidung über seine Einwendungen gegen die Zahlungsaufforderung keinen Gebrauch gemacht hat. [3]Vorschriften, wonach aus vollstreckbaren Entscheidungen oder Verpflichtungserklärungen erst nach deren Zustellung vollstreckt werden darf, bleiben unberührt.

(2) In der Regel soll der Vollstreckungsschuldner (§ 4) vor Beginn der Vollstreckung zur Leistung innerhalb von zwei Wochen schriftlich aufgefordert und nach vergeblichem Ablauf der Frist besonders gemahnt werden.

I. Fälligkeit (Abs. 1 S. 1)

1 Die Vorschrift regelt den **Beginn der Vollstreckung**.

2 Die Vollstreckung darf **grds.** erst mit **Fälligkeit des Anspruchs** beginnen. Wann die Fälligkeit eintritt, folgt aus der jeweiligen dem Anspruch zugrunde liegenden Regelung. Beispielsweise werden in Straf- und Ordnungswidrigkeitensachen die Kosten, die dem verurteilten Beschuldigten bzw Betroffenen zur Last fallen, gem. § 8 GKG erst mit Rechtskraft des Urteils fällig, während für Familiensachen und Verfahren der freiwilligen Gerichtsbarkeit die differenzierten Regelungen der §§ 9–11 FamGKG gelten. Die Beschwerde gegen die Festsetzung eines Ordnungs- oder Zwangsmittels nach der ZPO hat gem. § 570 Abs. 1 ZPO **aufschiebende Wirkung**.

II. Ausnahmen (Abs. 1 S. 2 und 3)

3 Nicht mit Fälligkeit, sondern erst, wenn der Zahlungspflichtige von den ihm zustehenden **Rechtsbehelfen** binnen zwei Wochen nach der Zahlungsaufforderung oder nach der Mitteilung einer Entscheidung über seine Einwendungen gegen die Zahlungsaufforderung keinen Gebrauch gemacht hat, darf die Vollstreckung in den Fällen des § 1 Abs. 1 Nr. 8 und 9 beginnen (**Abs. 1 S. 2**):

- § 1 Abs. 1 Nr. 8 betrifft Ansprüche gegen Beamte, nichtbeamtete Beisitzer und Vertrauenspersonen, gegen Rechtsanwälte, Vormünder, Betreuer, Pfleger und Verfahrenspfleger, gegen Zeugen und Sachverständige sowie gegen mittellose Personen auf Erstattung von Beträgen, die ihnen in einem gerichtlichen Verfahren zuviel gezahlt sind (→ § 1 Rn 10).

- Nach § 1 Abs. 1 Nr. 9 werden Ansprüche gegen Beschuldigte und Nebenbeteiligte auf Erstattung von Beträgen, die ihnen in den Fällen der §§ 465, 467, 467 a, 470, 472 b, 473 StPO zuviel gezahlt sind, vollstreckt. Im Fall des § 1 Abs. 1 Nr. 9 kann deshalb zB erst vollstreckt werden, wenn der Zahlungspflichtige nicht binnen zwei Wochen nach der Zahlungsaufforderung Beschwerde gem. § 305 StPO eingelegt hat.

4 Eine weitere Ausnahme gilt nach **Abs. 1 S. 3** für den Fall, dass aus vollstreckbaren Entscheidungen oder Verpflichtungserklärungen erst nach deren **Zustellung** vollstreckt werden darf, zB aus Ordnungsgeldbeschlüssen gem. § 890 ZPO oder Strafbefehlen.

III. Verfahren (Abs. 2)

5 Abs. 2 sieht vor, dass der Vollstreckungsschuldner (§ 4) idR vor Beginn der Vollstreckung zur Leistung innerhalb von zwei Wochen schriftlich **aufgefordert** und nach vergeblichem **Ablauf der Frist** besonders **gemahnt** werden soll. Die Aufforderung zur Zahlung führt nur einmal zur **Verjährungsunterbrechung**.[1] Die Unterbrechung durch Vollstreckungsanträge oder -handlungen setzt allerdings nicht den vorherigen Zugang der Zahlungsaufforderung und Mahnung voraus.[2] Wenn die Mahnung unterbleibt, können dem Schuldner die bis zur Bekanntmachung des Vollstreckungsauftrags bereits entstandenen Gerichtsvollzieherkosten nicht auferlegt werden.[3] Die unterbliebene Mahnung kann mit der Erinnerung nach § 8 geltend gemacht werden (→ § 8 Rn 4).[4]

6 Die §§ 3 Abs. 2 und 4 Abs. 1, 2 EBAO bestimmen für ihren Geltungsbereich (→ § 1 Rn 4) ergänzend, dass der Kostenbeamte der Vollstreckungsbehörde eine Kostenrechnung aufstellt, in welcher die **Zahlungsfrist** vermerkt ist, die idR zwei Wochen beträgt. Entbehrlich ist diese Frist bei Strafbefehlen, die bereits die Kostenrechnung und die Aufforderung zur Zahlung enthalten (§ 5 Abs. 3 EBAO). Gemäß § 7 EBAO soll der Zahlungspflichtige nach vergeblichem Ablauf der Zahlungsfrist vor Anordnung der Beitreibung idR zu-

---

1 OLG Oldenburg NdsRpfl 2008, 143. **2** OLG Saarbrücken 18.3.2010 – 9 WF 25/10, juris; FG Hamburg 21.12.2010 – 3 KO 192/10, juris. **3** LG Stade DVGZ 2006, 76. **4** LAG RhPf 22.6.2009 – 10 Ta 205/08, juris.

NK-GK/*Giers*

nächst besonders gemahnt werden, sofern nicht damit zu rechnen ist, dass der Zahlungspflichtige die Mahnung unbeachtet lassen wird.

§ 6 [Anzuwendende Vorschriften, Vollziehungsbeamter]

(1) Für die Vollstreckung gelten nach Maßgabe der Absätze 2 bis 4 folgende Vorschriften sinngemäß:

1. §§ 735 bis 737, 739 bis 741, 743, 745 bis 748, 758, 758 a, 759, 761, 762, 764, 765 a, 766, 771 bis 776, 778, 779, 781 bis 784, 786, 788, 789, 792, 793, 802 a bis 802 i, 802 j Abs. 1 und 3, §§ 802 k bis 827, 828 Abs. 2 und 3, §§ 829 bis 837 a, 840 Abs. 1, Abs. 2 Satz 2, §§ 841 bis 886 der Zivilprozeßordnung,

2. sonstige Vorschriften des Bundesrechts, die die Zwangsvollstreckung aus Urteilen in bürgerlichen Rechtsstreitigkeiten beschränken, sowie

3. die landesrechtlichen Vorschriften über die Zwangsvollstreckung gegen Gemeindeverbände oder Gemeinden.

(2) ¹An die Stelle des Gläubigers tritt die Vollstreckungsbehörde. ²Bei der Zwangsvollstreckung in Forderungen und andere Vermögensrechte wird der Pfändungs- und der Überweisungsbeschluß von der Vollstreckungsbehörde erlassen. ³Die Aufforderung zur Abgabe der in § 840 Abs. 1 der Zivilprozeßordnung genannten Erklärungen ist in den Pfändungsbeschluß aufzunehmen.

(3) ¹An die Stelle des Gerichtsvollziehers tritt der Vollziehungsbeamte. ²Der Vollziehungsbeamte wird zur Annahme der Leistung, zur Ausstellung von Empfangsbekenntnissen und zu Vollstreckungshandlungen durch einen schriftlichen Auftrag der Vollstreckungsbehörde ermächtigt. ³Aufträge, die mit Hilfe automatischer Einrichtungen erstellt werden, werden mit dem Dienstsiegel versehen; einer Unterschrift bedarf es nicht. ⁴Der Vollziehungsbeamte hat im Auftrag der Vollstreckungsbehörde auch die in § 840 Abs. 1 der Zivilprozeßordnung bezeichneten Erklärungen entgegenzunehmen. ⁵Die in § 845 der Zivilprozeßordnung bezeichnete Benachrichtigung hat der Vollziehungsbeamte nach den Vorschriften der Zivilprozeßordnung über die Zustellung auf Betreiben der Parteien zuzustellen.

(4) Gepfändete Forderungen sind nicht an Zahlungs Statt zu überweisen.

I. Allgemeines

§ 6 enthält allgemeine Bestimmungen über die Durchführung der Vollstreckung. Abs. 1 verweist weitgehend auf die ZPO, die Abs. 2 und 3 betreffen die Zuständigkeit von Vollziehungsbehörden und -beamten und Abs. 4 enthält eine Sonderregelung für gepfändete Forderungen. **1**

II. Anwendung der ZPO (Abs. 1)

Gemäß Abs. 1 Nr. 1 werden die nachfolgend genannten Vorschriften des Zwangsvollstreckungsverfahrens nach der ZPO auf die Vollstreckung nach der JBeitrO angewandt. Zu Inhalt und Auslegung dieser Vorschriften wird bspw auf die jeweilige Kommentierung in *Kindl/Meller-Hannich/Wolf* (Hrsg.), Gesamtes Recht der Zwangsvollstreckung, Handkommentar, 3. Auflage 2016, verwiesen. **2**

- §§ 735–737 ZPO: Vollstreckung gegen einen nicht rechtskräftigen Verein, eine BGB-Gesellschaft und beim Vermögens- und Erbschaftsnießbrauch; **3**
- §§ 739–741, 743, 745–748 ZPO: Vollstreckung gegen Ehegatten, in den ungeteilten Nachlass und bei Testamentsvollstreckung;
- §§ 758, 758 a ZPO: **Durchsuchung**; für den Antrag gilt der Formularzwang nach § 758 a Abs. 6 S. 2 ZPO iVm § 3 ZVFV;[1]
- § 759 ZPO: Zuziehung von Zeugen;
- § 761 ZPO (die Verweisung auf § 761 ZPO ist gegenstandslos);
- §§ 762, 764: Protokoll bei Vollstreckungshandlungen und das **Vollstreckungsgericht**;
- § 765 a ZPO: Vollstreckungsschutz; zuständig für die Entscheidung über den Antrag ist das Vollstreckungsgericht;[2]
- § 766 ZPO: **Erinnerung**; im Beitreibungsverfahren kann der Erinnerungsführer keine Einwendungen mehr erheben, die er bereits mit einer vorangehenden Erinnerung hätte geltend machen können und die den Gerichtskostenansatz oder die Zahlungspflicht selbst betreffen.[3] Dagegen kann sich der Schuldner mit der Erinnerung auf Pfändungsbeschränkungen berufen.[4] Auch gegenüber der Ladung zum Antritt

---

[1] AG Hamburg-Barmbek 16.4.2013 – 804 c M 125/13. [2] OLG Nürnberg Rpfleger 2001, 316. [3] BFH/NV 2008, 800. [4] OLG Nürnberg MDR 2001, 835.

der Ordnungshaft ist die Erinnerung zulässig.[5] Zur Abgrenzung zu den Rechtsbehelfen gem. § 8 → § 8 Rn 5.

- § 793 ZPO: zulässig ist auch die **sofortige Beschwerde**;
- §§ 771–774 ZPO: **Drittwiderspruchsklage**; für Drittwiderspruchsklagen gegen Pfändungen aufgrund eines dinglichen Arrests nach Rechtskraft des Strafurteils sind in entsprechender Anwendung von Abs. 1 Nr. 1 iVm §§ 459 g Abs. 2, 459 StPO nach rechtskräftigem Abschluss des Strafverfahrens die Zivilgerichte zuständig;[6]
- §§ 775, 776 ZPO: **Einstellung der Zwangsvollstreckung**;
- §§ 778, 779, 781–784, 786 ZPO: **Vollstreckung nach dem Tod des Schuldners und gegen den Erben**;
- § 788 ZPO: **Kosten** des Vollstreckungsverfahrens;
- §§ 789, 792 ZPO: Einschreiten von Behörden und Erteilung von Urkunden an den Gläubiger;
- §§ 802 a–802 i, 802 j Abs. 1 und 3, §§ 802 k, 802 l ZPO: **Vermögensauskunft**;
- §§ 803–807 ZPO: allgemeine Vorschriften über die Vollstreckung in das **bewegliche Vermögen**;
- §§ 808–827 ZPO: Vollstreckung in **körperliche Sachen**;
- § 828 Abs. 2 und 3, §§ 829–837 a, 840 Abs. 1, Abs. 2 S. 2, 841–871 ZPO: Vollstreckung in **Forderungen und andere Vermögensrechte**;
- §§ 872–882 ZPO: **Verteilungsverfahren**;
- § 882 a ZPO: Vollstreckung gegen juristische Personen des öffentlichen Rechts (dürfte ohne Anwendungsbereich sein);
- §§ 882 b–882 h ZPO: **Schuldnerverzeichnis**;
- §§ 883–886 ZPO: **Herausgabevollstreckung**.

4 Abs. 1 Nr. 1 verweist ausdrücklich **nicht** auf die **Vollstreckungsabwehrklage**. § 767 ZPO ist auch nicht analog anwendbar. Im Erinnerungsverfahren sind deshalb Einwendungen wie in einer Zwangsvollstreckungsabwehrklage zulässig,[7] zB die Berufung auf die Verjährung.[8] Dagegen gehört die Einwendung, es werde aus einer offensichtlich unrichtigen Entscheidung vollstreckt, die im Zivilprozess § 767 ZPO zugeordnet werden könnte, in den Anwendungsbereich von § 8 Abs. 1 S. 1 (→ § 8 Rn 3).[9] Abs. 1 Nr. 1 verweist auch nicht auf die Klauselerinnerung gem. § 732 ZPO, weil im Vollstreckungsverfahren nach der JBeitrO eine Klausel nicht erforderlich ist.[10]

5 Darüber hinaus verweist Abs. 1 **Nr. 2** auf sonstige Vorschriften des Bundesrechts, die die Zwangsvollstreckung aus Urteilen in bürgerlichen Rechtsstreitigkeiten beschränken. Dazu dürften, auch wenn im Verfahren nach dem **FamFG** nicht durch Urteil, sondern durch Beschluss entschieden wird, auch die Vorschriften dieses Gesetzes gehören, zB §§ 116, 120 FamFG. Außerdem verweist Abs. 1 **Nr. 3** auf die landesrechtlichen Vorschriften über die Zwangsvollstreckung gegen Gemeindeverbände oder Gemeinden.

III. Vollstreckungsbehörde und Vollziehungsbeamter (Abs. 2–4)

6 Nach **Abs. 2** tritt an die Stelle des Gläubigers die **Vollstreckungsbehörde** gem. § 2 (→ § 2 Rn 2 f). Daher ist es nicht notwendig, den Bund oder das jeweilige Land als Gläubiger bei der Vollstreckung anzugeben (str).[11] Die Vollstreckungsbehörde ist auch zuständig für den Erlass eines **Pfändungs- und Überweisungsbeschlusses**, in welchen die Aufforderung zur Abgabe der in § 840 Abs. 1 ZPO genannten Erklärungen aufzunehmen ist; die Aufforderung kann auch nachgeholt werden.[12] Gemäß **Abs. 4** sind **gepfändete Forderungen** nicht an Zahlungs Statt zu überweisen. Wenn im Verfahren der Beitreibung eines gem. § 35 FamFG festgesetzten Zwangsgeldes, durch das der Schuldner zur Erfüllung der ihm gegenüber dem Familiengericht obliegenden Auskunftspflicht angehalten werden soll, eine dem Schuldner zustehende Forderung gepfändet werden soll, so hat den Pfändungs- und Überweisungsbeschluss das Familiengericht zu erlassen, das auf die Verpflichtung zur Zahlung des Geldbetrages erkannt hat.[13] Durch einen Pfändungs- und Überweisungsbeschluss der Vollstreckungsbehörde, der diese als Gläubigerin der zugrunde liegenden Forderung ausweist, kann im Grundbuchverfahren eine Pfändung zugunsten des jeweiligen Landes nachgewiesen werden.[14] Rechtsschutz gegen den Pfändungs- und Überweisungsbeschluss der Vollstreckungsbehörde kann im Rahmen der Vollstreckung einer Gerichtskostenforderung aus einem Verwaltungsrechtsstreit nicht durch eine verwaltungsgerichtliche Anfechtungsklage gegen den Pfändungs- und Überweisungsbeschluss erlangt werden.[15]

---

5 BayObLG Rpfleger 2002, 254. 6 LG Wuppertal NStZ-RR 2011, 18; OLG Nürnberg 22.3.2010 – 1 Ws 141/10, juris; OLG Düsseldorf 10.11.2008 – III-4 Ws 590/08, juris. 7 FG Hamburg Rpfleger 2012, 157. 8 OLG Düsseldorf 19.4.2012 – I-2 U 17/11, juris. 9 BFH/NV 2008, 800. 10 ThürLSG NZS 2015, 320. 11 AA AG Pirna DGVZ 2010, 237. 12 *App*, MDR 1996, 772. 13 BayObLG FamRZ 1991, 212 (zu § 33 FGG). 14 KG Rpfleger 2015, 80. 15 HessVGH NVwZ-RR 2015, 87.

Nach **Abs. 3** tritt an die Stelle des Gerichtsvollziehers der **Vollziehungsbeamte**, welcher die in § 840 Abs. 1 ZPO bezeichneten Erklärungen des **Drittschuldners** entgegenzunehmen hat. Der Gerichtsvollzieher ist nicht verpflichtet, im Auftrage der Gerichtskasse den Drittschuldner aufzusuchen und von ihm diese Erklärungen einzuholen.[16] Der Vollziehungsbeamte hat ferner bei einer **Vorpfändung** nach den Vorschriften der ZPO über die Zustellung auf Betreiben der Parteien zuzustellen. Er ist auch befugt, eine Fruchtlosigkeitsbescheinigung iSv § 63 GVGA zu erstellen.[17] Für Pfändungsmaßnahmen im Rahmen der in einem Strafverfahren angeordneten **Vermögensabschöpfung** ist nicht der Gerichtsvollzieher, sondern der Vollziehungsbeamte zuständig.[18] Teilweise wird nach Landesrecht auf den Einsatz von Vollziehungsbeamten iSv Abs. 3 verzichtet. ZB kann die in Niedersachsen zuständige Vollstreckungsbehörde, die Oberfinanzdirektion Niedersachsen, gem. § 8 Abs. 5 NVwVG Vollstreckungshandlungen, die dem Vollstreckungsbeamten zugewiesen sind, auch durch Gerichtsvollzieher ausführen lassen, soweit eigene Vollstreckungsbeamte nicht zur Verfügung stehen. Deshalb werden Aufträge nach der JBeitrO in Niedersachsen regelmäßig von Gerichtsvollziehern ausgeführt. 7

An die Stelle des Titels tritt der **Auftrag der Vollstreckungsbehörde**.[19] Sofern dieser mit Hilfe automatischer Einrichtungen erstellt wird, bedarf es keiner Unterschrift. Die Beidrückung des Dienstsiegels ist aber nicht entbehrlich.[20] Aufträge an den Gerichtsvollzieher und an Vollziehungsbeamte anderer Gerichtskassen, die im Wege der Rechtshilfe tätig werden sollen, müssen unterschrieben werden.[21] Zum Auftrag zur Abnahme der Vermögensauskunft → § 7 Rn 1. 8

IV. Vollstreckung nach der EBAO

Für den Geltungsbereich der EBAO (→ § 1 Rn 4) enthält diese ergänzende Bestimmungen über die Vollstreckung: 9

Gemäß § 8 Abs. 4 S. 1 EBAO sind die Vollstreckungsmaßnahmen anzuwenden, die nach Lage des Einzelfalls am schnellsten und sichersten zum Ziel führen. Auf die persönlichen und wirtschaftlichen Verhältnisse der Zahlungspflichtigen und ihrer Familien ist dabei Rücksicht zu nehmen, soweit das Vollstreckungsziel hierdurch nicht beeinträchtigt wird (§ 8 Abs. 4 S. 2 EBAO). 10

§ 8 Abs. 6 EBAO sieht vor, dass ein Antrag auf Einleitung des Zwangsversteigerungs- oder Zwangsverwaltungsverfahrens nur gestellt und der Beitritt zu einem solchen Verfahren nur erklärt werden soll, wenn ein Erfolg zu erwarten ist und das Vollstreckungsziel anders nicht erreicht werden kann. Der Richter beim Amtsgericht als Vollstreckungsbehörde benötigt für diese Art der Vollstreckung, soweit die Strafvollstreckungsordnung Anwendung findet, die Einwilligung des Generalstaatsanwalts, im Übrigen die des Präsidenten des Landgerichts bzw Amtsgerichts. 11

Soll in bewegliche Sachen vollstreckt werden, so erteilt die Vollstreckungsbehörde dem Vollziehungsbeamten gem. § 9 Abs. 1 EBAO unmittelbar oder über die Geschäftsstelle des Amtsgerichts einen Vollstreckungsauftrag. 12

§ 7 [Vermögensauskunft, Zwangsvollstreckung in unbewegliches Vermögen]

[1]Die Abnahme der Vermögensauskunft beantragt die Vollstreckungsbehörde bei dem zuständigen Gerichtsvollzieher; die Vollstreckung in unbewegliches Vermögen beantragt sie bei dem zuständigen Amtsgericht. [2]Der Antrag ersetzt den vollstreckbaren Schuldtitel. [3]Eine Zustellung des Antrags an den Schuldner ist nicht erforderlich. [4]Die Vollstreckungsbehörde kann die bei dem zentralen Vollstreckungsgericht nach § 802 k Abs. 1 der Zivilprozessordnung verwalteten Vermögensverzeichnisse zu Vollstreckungszwecken abrufen.

Da die Vermögensauskunft gem. § 802 c ZPO unmittelbar abgenommen werden kann, bedarf es keines vorherigen Vollstreckungsversuchs. Der Antrag an den Gerichtsvollzieher muss unterschrieben und mit einem Dienstsiegel versehen sein sowie Angaben zum Grund, zur Höhe und zur Vollstreckbarkeit der Vollstreckungsforderung enthalten.[1] Der Gesetzgeber hat zwar von seiner Befugnis aus § 753 Abs. 3 ZPO, durch Rechtsverordnung mit Zustimmung des Bundesrates verbindliche Formulare für den Auftrag an den Gerichtsvollzieher einzuführen, mit der Gerichtsvollzieherformular-Verordnung (GVFV)[2] Gebrauch ge- 1

---

16 OLG Hamm DGVZ 1977, 188; OLG Frankfurt DGVZ 1978, 156. 17 OLG Köln Rpfleger 1990, 468. 18 OLG Hamm DGVZ 2002, 167; LG Bonn DGVZ 2001, 9; AG Rosenheim DGVZ 2002, 45; aA AG München DGVZ 2002, 44. 19 BGH NJW 2015, 2268. 20 LG Stuttgart DGVZ 2015, 129. 21 BGH NJW 2015, 2268. 1 BGH NJW 2015, 2268. 2 Vom 28.9.2015 (BGBl. I 1586); in Kraft getreten am 1.10.2015.

macht. Dennoch muss der Auftrag auch nach dem 1.4.2016[3] gem. § 1 Abs. 2 S. 2 GVFV nicht auf dem Formular erteilt werden, weil es sich um eine öffentlich-rechtliche Forderung handelt.[4]

§ 8 [Einwendungen]

(1) [1]Einwendungen, die den beizutreibenden Anspruch selbst, die Haftung für den Anspruch oder die Verpflichtung zur Duldung der Vollstreckung betreffen, sind vom Schuldner gerichtlich geltend zu machen

bei Ansprüchen nach § 1 Abs. 1 Nr. 4, 6, 7

nach den Vorschriften über Erinnerungen gegen den Kostenansatz,

bei Ansprüchen gegen nichtbeamtete Beisitzer, Vertrauenspersonen, Rechtsanwälte, Zeugen, Sachverständige und mittellose Personen (§ 1 Abs. 1 Nr. 8)

nach den Vorschriften über die Feststellung eines Anspruchs dieser Personen,

bei Ansprüchen nach § 1 Abs. 1 Nr. 9

nach den Vorschriften über Erinnerungen gegen den Festsetzungsbeschluß. [2]Die Einwendung, daß mit einer Gegenforderung aufgerechnet worden sei, ist in diesen Verfahren nur zulässig, wenn die Gegenforderung anerkannt oder gerichtlich festgestellt ist. [3]Das Gericht kann anordnen, daß die Beitreibung bis zum Erlaß der Entscheidung gegen oder ohne Sicherheitsleistung eingestellt werde und daß die Vollstreckungsmaßregeln gegen Sicherheitsleistung aufzuheben seien.

(2) [1]Für Einwendungen, die auf Grund der §§ 781 bis 784, 786 der Zivilprozeßordnung erhoben werden, gelten die Vorschriften der §§ 767, 769, 770 der Zivilprozeßordnung sinngemäß. [2]Für die Klage ist das Gericht zuständig, in dessen Bezirk die Vollstreckung stattgefunden hat.

I. Allgemeines

1   Die Vorschrift betrifft die Behandlung von **Einwendungen**, die den beizutreibenden Anspruch selbst, die Haftung für den Anspruch oder die Verpflichtung zur Duldung der Vollstreckung betreffen. Die **Abgrenzung** zur **Vollstreckungserinnerung** gem. § 6 Abs. 1 iVm § 766 ZPO bereitet gelegentlich Schwierigkeiten. Eine **außerordentliche Beschwerde** wegen sog. greifbarer Gesetzeswidrigkeit ist daneben nicht statthaft.[1]

II. Anwendungsbereich (Abs. 1 S. 2, 3)

2   Die Formulierung „**den beizutreibenden Anspruch selbst**" betrifft zunächst die **klassischen Erlöschensgründe** wie zB Erfüllung,[2] Verjährung[3] oder Aufrechnung.[4] Im Fall der Aufrechnung muss die Gegenforderung des Kostenschuldners jedoch anerkannt oder rechtskräftig festgestellt sein (**Abs. 1 S. 2**), andernfalls ist die erhobene Einwendung in diesem Verfahren unzulässig.[5] Zulässig ist auch der Einwand, dass der Kostenanspruch eine Insolvenzforderung ist und mithin von der Restschuldbefreiung erfasst ist.[6]

3   Im Übrigen ist der Begriff „den beizutreibenden Anspruch selbst" nicht eng zu verstehen. Da möglichst alle Einwendungen gegen den zu vollstreckenden Gerichtskostenanspruch von dem Gericht geprüft und beschieden werden sollen, bei dem die zu vollstreckenden Gerichtskosten angesetzt worden sind, hat die Zuweisung dieser Einwendungen in das Erinnerungsverfahren die Funktion, die sonst der für diesen Bereich grds. ausgeschlossenen **Vollstreckungsabwehrklage** (→ § 6 Rn 4) zukommt. Daher ist der Begriff ebenso zu verstehen wie die Formulierung „Einwendungen, die den durch das Urteil festgestellten Anspruch selbst betreffen" in § 767 Abs. 1 ZPO. Dazu wurde auch die Einwendung des Rechtsmissbrauchs gezählt, weil aus einer offensichtlich unrichtigen Entscheidung vollstreckt werde.[7] In diesem Fall ist jedoch zu beachten, dass die Überprüfung einer rechtskräftigen Entscheidung auf ihre Richtigkeit im Verfahren über die Erinnerung nicht aufgrund Abs. 1 herbeigeführt werden kann.[8]

4   Wer sich auf den fehlenden Nachweis beruft, dass vor Beginn der Vollstreckung eine entsprechende Rechnung und eine entsprechende Mahnung erfolgt sind, wendet sich gegen die **Verpflichtung zur Duldung der Vollstreckung**.[9]

5   Mit der **Vollstreckungserinnerung** gem. § 6 iVm § 766 ZPO sind dagegen Einwendungen vorzubringen, die die Zwangsvollstreckung als solche betreffen,[10] zB die Berufung auf einen besonderen Pfändungsschutz.[11]

---

3 Gemäß § 5 GVFV ist vom 1.4.2016 an das gem. § 1 GVFV eingeführte Formular verbindlich zu nutzen. 4 AA *Zimmermann*, in: Binz/Dörndorfer/Petzold/Zimmermann, § 7 JBeitrO Rn 2. 1 BFH 30.1.2009 – II B 181/08. 2 BFH 25.2.2003 – VII K 1/03, juris; FG LSA 29.3.2010 – 4 KO 255/10, juris; OVG Bln-Bbg 21.12.2010 – OVG 1 K 114.10. 3 FG Hamburg 18.12.2010 – 3 KO 193/10. 4 BGH RVGreport 2009, 37. 5 BGH RVGreport 2009, 37; OLG Celle 7.8.2012 – 1 Ws 293/12, juris. 6 BFH ZInsO 2011, 1270. 7 BFH/NV 2008, 800. 8 BFH/NV 2004, 1539; FG Hamburg Rpfleger 2012, 157. 9 LAG RhPf 22.6.2009 – 10 Ta 205/08, juris. 10 HessVGH NVwZ-RR 2015, 87. 11 OLG Nürnberg MDR 2001, 835; ThürLSG SGb 2004, 362.

Nach **Abs. 1 S. 3** kann das Gericht anordnen, dass die Beitreibung bis zum Erlass der Entscheidung gegen 6
oder ohne Sicherheitsleistung eingestellt werde und dass die Vollstreckungsmaßregeln gegen Sicherheitsleistung aufzuheben seien. Die **Sicherheit** ist in der Form des § 108 ZPO zu erbringen.[12] Über die Einstellung
der Vollstreckung entscheidet bei einem Kollegialgericht nach § 66 GKG eines der Mitglieder als Einzelrichter.[13] Zur Einstellung durch die Vollstreckungsbehörde → § 9 Rn 1.

III. Zutreffender Rechtsbehelf (Abs. 1 S. 1, Abs. 2)

Die Vorschrift verweist für die Betreibung von Gerichtskosten (§ 1 Abs. 1 Nr. 4), alle sonstigen Justizver- 7
waltungsabgaben (§ 1 Abs. 1 Nr. 6) und Kosten der Gerichtsvollzieher und Vollziehungsbeamten (§ 1
Abs. 1 Nr. 7) auf die **Erinnerung gegen den Kostenansatz** nach § 66 GKG, § 18 FamGKG, § 81 GNotKG.

Bei Ansprüchen gegen Beamte, nichtbeamtete Beisitzer und Vertrauenspersonen, gegen Rechtsanwälte, Vor- 8
münder, Betreuer, Pfleger und Verfahrenspfleger, gegen Zeugen und Sachverständige sowie gegen mittellose
Personen auf Erstattung von Beträgen, die ihnen in einem gerichtlichen Verfahren zuviel gezahlt sind (§ 1
Abs. 1 Nr. 8), wird verwiesen die Vorschriften über die Feststellung eines Anspruchs dieser Personen. Einschlägig ist im Fall der Zeugen und Sachverständigen das Verfahren nach § 4 JVEG, hinsichtlich der Vormünder, Betreuer, Pfleger und Verfahrenspfleger das Verfahren nach § 158 FamFG.[14] Schließlich richtet sich
der Rechtsbehelf bei Ansprüchen gegen Beschuldigte und Nebenbeteiligte auf Erstattung von Beträgen, die
ihnen in den Fällen der §§ 465, 467, 467 a, 470, 472 b, 473 StPO zuviel gezahlt sind (§ 1 Abs. 1 Nr. 9),
nach den Vorschriften über Erinnerungen gegen den Festsetzungsbeschluss, also das Beschwerdeverfahren
nach der StPO (→ § 5 Rn 3).

Für Einwendungen gem. §§ 781–784, 786 ZPO (zur Anwendbarkeit dieser Bestimmungen → § 6 Rn 3) be- 9
treffend die Berufung auf die **beschränkte Erbenhaftung** verweist Abs. 2 auf die Vorschriften über die im
Übrigen nicht anwendbare (→ § 6 Rn 4) Vollstreckungsabwehrklage nach § 767 ZPO.

§ 9 [Einstweilige Einstellung; Zahlungs- und Stundungsnachweis]

**(1) Werden Einwendungen gegen die Vollstreckung erhoben, so kann die Vollstreckungsbehörde die Voll-
streckungsmaßnahmen einstweilen einstellen, aufheben oder von weiteren Vollstreckungsmaßnahmen Abstand nehmen, bis über die Einwendung endgültig entschieden ist.**

**(2) Der Vollziehungsbeamte hat von der Pfändung abzusehen, wenn ihm die Zahlung oder Stundung der
Schuld nachgewiesen wird.**

Für die Einstellung der Vollstreckung gelten zunächst die Vorschriften der ZPO (→ § 6 Rn 3). Abs. 1 gibt 1
der Vollstreckungsbehörde darüber hinaus die Befugnis, bei Erhebung von Einwendungen gegen die Vollstreckung Vollstreckungsmaßnahmen einstweilen einzustellen, aufzuheben oder von weiteren Vollstreckungsmaßnahmen Abstand zu nehmen, bis über die Einwendung endgültig entschieden ist. Einwendungen
können formlos gegenüber der Vollstreckungsbehörde oder in Form der Erinnerung gem. § 6 Abs. 1 iVm
§ 766 ZPO (→ § 6 Rn 3) oder gem. § 8 erhoben werden. Zur Einstellung durch das Gericht → § 8 Rn 6.

Abs. 2 ist angesichts der Verweisung auf §§ 775 Nr. 4 und 5, 776 ZPO in § 6 (→ § 6 Rn 3) überflüssig 2
geworden, nachdem § 775 Nr. 5 ZPO auch den Nachweis durch Bankbeleg zulässt. Denn ein anderer
Nachweis als Urkunden iSv § 775 Nr. 4 ZPO oder Bankbelege iSv § 775 Nr. 5 ZPO sollte auch nach Abs. 2
nicht zugelassen werden.[1]

§ 10 (weggefallen)

§ 11 [Anwendung des GKG und des GvKostG]

**(1) Bei der Pfändung von Forderungen oder anderen Vermögensrechten gelten die Vorschriften des Ge-
richtskostengesetzes sinngemäß.**

---

12 *App*, MDR 1996, 769, 771. **13** LSG LSA 21.7.2014 – L 7 AS 1168/13, juris. **14** *Zimmermann*, in: Binz/Dörndorfer/Petzold/
Zimmermann, § 8 JBeitrO Rn 7. **1** *App*, MDR 1996, 769, 771.

(2) Für die Tätigkeit des Vollziehungsbeamten gelten die Vorschriften des Gerichtsvollzieherkostengesetzes sinngemäß.

1 Abs. 1 verweist wegen der Kosten des Vollstreckungsverfahrens für die Pfändung von Forderungen oder anderen Vermögensrechten auf das **GKG**. Was mit dieser Verweisung gemeint ist, erscheint unklar, weil das GKG selbst dafür keine besonderen Vorschriften enthält. Gemeint ist evtl. Nr. 2111 KV GKG (Gebühr für den Erlass eines Pfändungs- und Überweisungsbeschlusses). Danach wird für Verfahren über Anträge auf gerichtliche Handlungen der Zwangsvollstreckung gem. § 829 Abs. 1 ZPO eine Festgebühr erhoben. Hinsichtlich der Vollstreckung durch den Vollziehungsbeamten gilt gem. Abs. 2 das **GvKostG** sinngemäß.

§§ 12–18 (weggefallen)

§ 19 [Inkrafttreten]

(1) Diese Verordnung tritt am 1. April 1937 in Kraft.

(2)

Einforderungs- und Beitreibungsanordnung (EBAO)

Vom 1. August 2011

(BAnz. Nr. 112 a vom 28. Juli 2011)

Vorbemerkung zu §§ 1 ff

Zur Ausführung der JBeitrO haben die Landesjustizverwaltungen und das Bundesministerium der Justiz die **1** Einforderungs- und Beitreibungsanordnung vom 13.7.2011 erlassen. Deren Anwendungsbereich umfasst nicht die gesamte Vollstreckung iSd JBeitrO, sondern nur die in § 1 Abs. 1 genannten Bereiche. Die in der **EBAO** enthaltenen **Ausführungsbestimmungen** werden in der Kommentierung der JBeitrO (s. dazu „12. Justizbeitreibungsordnung") behandelt. Verweisungen darauf sowie einige ergänzende Anmerkungen finden sich in der nachfolgenden Kurzerläuterung.

Abschnitt 1
Allgemeine Bestimmungen

§ 1 Grundsatz

(1) Die Einforderung und Beitreibung von

1. Geldstrafen und anderen Ansprüchen, deren Beitreibung sich nach den Vorschriften über die Vollstreckung, von Geldstrafen richtet,
2. gerichtlich erkannten Geldbußen und Nebenfolgen einer Ordnungswidrigkeit, die zu einer Geldzahlung verpflichten oder
3. Ordnungs- und Zwangsgeldern mit Ausnahme der im Auftrag des Gläubigers zu vollstreckenden Zwangsgelder

(Geldbeträge) richtet sich, soweit gesetzlich nichts anderes bestimmt ist, nach der Justizbeitreibungsordnung (JBeitrO)[1] und nach dieser Anordnung.

(2) Gleichzeitig mit einem Geldbetrag (Absatz 1) sind auch die Kosten des Verfahrens einzufordern und beizutreiben, sofern nicht die Verbindung von Geldbetrag und Kosten gelöst wird (§ 15).

(3) Bei gleichzeitiger Einforderung und Beitreibung von Geldbetrag und Kosten gelten die Vorschriften dieser Anordnung auch für die Kosten.

(4) [1]Die Einforderung und Beitreibung von Geldbeträgen ist Aufgabe der Vollstreckungsbehörde (§ 2). [2]Ihr obliegt auch die Einforderung und Beitreibung der Kosten des Verfahrens, soweit und solange die Verbindung von Geldbetrag und Kosten besteht. [3]Die Vollstreckungsbehörde beachtet hierbei die Bestimmungen der §§ 3 bis 14.

(5) Wird die Verbindung von Geldbetrag und Kosten gelöst, so werden die Kosten nach den Vorschriften der Kostenverfügung der zuständigen Kasse zur Sollstellung überwiesen und von dieser oder der sonst zuständigen Stelle nach den für sie geltenden Vorschriften eingefordert und eingezogen.

(6) Für die Einziehung von Geldbußen, die von Disziplinargerichten, Richterdienstgerichten oder Dienstvorgesetzten verhängt worden sind, und für die Kosten des Disziplinarverfahrens gelten besondere Bestimmungen.

Zu Abs. 1 Nr. 1 und 2 → JBeitrO § 1 Rn 5. Zu Abs. 1 Nr. 3 → JBeitrO § 1 Rn 7. Zu Abs. 2 → JBeitrO § 1 **1** Rn 14.

---

1 Justizbeitreibungsordnung in der im BGBl. III Gliederungsnummer 365-1 veröffentlichten bereinigten Fassung, zuletzt geändert durch Artikel 4 Absatz 9 des Gesetzes vom 29. Juli 2009 (BGBl. I S. 2258, 2270).

§ 2 Vollstreckungsbehörde

Vollstreckungsbehörde ist, soweit gesetzlich nichts anderes bestimmt ist,

1. in den Fällen, auf welche die Strafvollstreckungsordnung Anwendung findet, die dort bezeichnete Behörde und
2. im Übrigen diejenige Behörde oder Dienststelle der Behörde, die auf die Verpflichtung zur Zahlung des Geldbetrages erkannt hat, oder, soweit es sich um eine kollegiale Behörde oder Dienststelle handelt, deren Vorsitzende oder Vorsitzender.

1   Siehe → JBeitrO § 2 Rn 4.

Abschnitt 2
Einforderung und Beitreibung durch die Vollstreckungsbehörde

§ 3 Anordnung der Einforderung

(1) Sofern nicht Zahlungserleichterungen (§ 8 Absatz 3, § 12) gewährt werden, ordnet die Vollstreckungsbehörde die Einforderung von Geldbetrag und Kosten an, sobald die darüber ergangene Entscheidung vollstreckbar ist.

(2) Die Zahlungsfrist beträgt vorbehaltlich anderer Anordnung der Vollstreckungsbehörde zwei Wochen.

1   Zur Einforderung von Geldbetrag und Kosten des Verfahrens s. § 1 Abs. 2 sowie → JBeitrO § 1 Rn 14. Zum Verfahren → JBeitrO § 5 Rn 5 f. Die Verbindung von Geldbetrag und Kosten kann nach § 15 gelöst werden. In diesem Fall werden die Kosten nach den Vorschriften der Kostenverfügung der zuständigen Kasse zur Sollstellung überwiesen und von dieser oder der sonst zuständigen Stelle nach den für sie geltenden Vorschriften eingefordert und eingezogen (§ 1 Abs. 5).

§ 4 Kostenrechnung

(1) [1]Ist die Einforderung angeordnet, so stellt die Kostenbeamtin oder der Kostenbeamte der Vollstreckungsbehörde eine Kostenrechnung auf. [2]Darin sind sämtliche einzufordernden Beträge aufzunehmen. [3]Durch die Zeichnung übernimmt die Kostenbeamtin oder der Kostenbeamte die Verantwortung für die Vollständigkeit und Richtigkeit der Kostenrechnung.

(2) Die Zahlungsfrist (§ 3 Absatz 2) ist in der Kostenrechnung zu vermerken.

(3) Im Übrigen gilt für die Kostenrechnung § 27 der Kostenverfügung entsprechend.

1   Die Kostenrechnung wird vom Kostenbeamten der Vollstreckungsbehörde, also der Staatsanwaltschaft oder des Gerichts (→ JBeitrO § 2 Rn 4 f), erstellt. Siehe ferner → JBeitrO § 5 Rn 5 f.

§ 5 Einforderung

(1) [1]Die in die Kostenrechnung aufgenommenen Beträge werden von den Zahlungspflichtigen durch Übersendung einer Zahlungsaufforderung eingefordert. [2]In der Zahlungsaufforderung ist zur Zahlung an die für den Sitz der Vollstreckungsbehörde zuständige Kasse aufzufordern.

(2) [1]Die Reinschrift der Zahlungsaufforderung ist von der Kostenbeamtin oder dem Kostenbeamten unter Angabe des Datums und der Amts-(Dienst-)bezeichnung unterschriftlich zu vollziehen. [2]Soweit die oberste Justizbehörde dies zugelassen hat, kann sie ausgefertigt, beglaubigt, von der Geschäftsstelle unterschriftlich vollzogen oder mit dem Abdruck des Dienstsiegels versehen werden. [3]Bei maschineller Bearbeitung bedarf es einer Unterschrift nicht; jedoch ist der Vermerk anzubringen „Maschinell erstellt und ohne Unterschrift gültig".

(3) Die Mitteilung einer besonderen Zahlungsaufforderung unterbleibt bei Strafbefehlen, die bereits die Kostenrechnung und die Aufforderung zur Zahlung enthalten.

(4) [1]Der Zahlungsaufforderung (Absatz 1) oder dem Strafbefehl (Absatz 3) ist ein auf das Konto der zuständigen Kasse lautender Überweisungsträger beizufügen. [2]Im Verwendungszweck sind die Vollstreckungs-

behörde in abgekürzter Form anzugeben und das Aktenzeichen so vollständig zu bezeichnen, dass die zuständige Kasse in der Lage ist, hiernach die Zahlungsanzeige zu erstatten. [3]Die Kennzeichnung der Sache als Strafsache ist zu vermeiden.

(5) Die Erhebung durch Postnachnahme ist nicht zulässig.

Zu Abs. 3 → JBeitrO § 5 Rn 5 f.   1

§ 6 Nicht ausreichende Zahlung

Reicht die auf die Zahlungsaufforderung entrichtete Einzahlung zur Tilgung des ganzen eingeforderten Betrages nicht aus, so richtet sich die Verteilung nach den kassenrechtlichen Vorschriften, soweit § 459 b StPO, § 94 OWiG nichts anderes bestimmen.

§ 459 b StPO lautet: „Teilbeträge werden, wenn der Verurteilte bei der Zahlung keine Bestimmung trifft, 1 zunächst auf die Geldstrafe, dann auf die etwa angeordneten Nebenfolgen, die zu einer Geldzahlung verpflichten, und zuletzt auf die Kosten des Verfahrens angerechnet." Dies gilt jedoch nicht, wenn eine Rechtsschutzversicherung zahlt; deren Zahlungen sind immer auf die Kosten anzurechnen.[1]

Bei Zahlungen auf mehrere Geldstrafen ist § 366 Abs. 2 BGB entsprechend anzuwenden, wenn keine Tilgungsbestimmung getroffen wurde.[2]   2

Für gerichtlich festgesetzte Bußgelder enthält § 94 OWiG eine § 459 b StPO entsprechende Regelung.   3

§ 7 Mahnung

(1) Nach vergeblichem Ablauf der Zahlungsfrist sollen Zahlungspflichtige vor Anordnung der Beitreibung in der Regel zunächst besonders gemahnt werden (§ 5 Absatz 2 JBeitrO).

(2) Mahnungen unterbleiben, wenn damit zu rechnen ist, dass Zahlungspflichtige sie unbeachtet lassen werden.

Siehe → JBeitrO § 5 Rn 5 f.   1

§ 8 Anordnung der Beitreibung

(1) Geht binnen einer angemessenen Frist nach Abgang der Mahnung oder, sofern von einer Mahnung abgesehen worden ist, binnen einer Woche nach Ablauf der Zahlungsfrist (§ 3 Absatz 2) keine Zahlungsanzeige der zuständigen Kasse ein, so bestimmt die Vollstreckungsbehörde, welche Vollstreckungsmaßnahmen ergriffen werden sollen.

(2) In geeigneten Fällen kann sie die zuständige Kasse um Auskunft ersuchen, ob ihr über die Vermögens- und Einkommensverhältnisse der Zahlungspflichtigen und die Einziehungsmöglichkeiten etwas bekannt ist.

(3) Welche Vollstreckungsmaßnahmen anzuwenden sind oder ob Zahlungspflichtigen Vergünstigungen eingeräumt werden können, richtet sich nach den für das Einziehungsverfahren maßgebenden gesetzlichen Verwaltungsvorschriften (vergleiche §§ 459 ff. StPO, §§ 91 ff. OWiG, §§ 6 ff. JBeitrO, § 49 StVollstrO).

(4) [1]Im Übrigen sind die Vollstreckungsmaßnahmen anzuwenden, die nach Lage des Einzelfalles am schnellsten und sichersten zum Ziel führen. [2]Auf die persönlichen und wirtschaftlichen Verhältnisse der Zahlungspflichtigen und ihrer Familien ist dabei Rücksicht zu nehmen, soweit das Vollstreckungsziel hierdurch nicht beeinträchtigt wird.

(5) Kommt die Zwangsvollstreckung in Forderungen oder andere Vermögensrechte in Betracht, so hat die Vollstreckungsbehörde den Pfändungs- und Überweisungsbeschluss zu erlassen (§ 6 Absatz 2 JBeitrO).

(6) [1]Ein Antrag auf Einleitung des Zwangsversteigerungs- oder Zwangsverwaltungsverfahrens soll nur gestellt, der Beitritt zu einem solchen Verfahren nur erklärt werden, wenn ein Erfolg zu erwarten ist und das Vollstreckungsziel anders nicht erreicht werden kann. [2]Ist Vollstreckungsbehörde (§ 2) die Richterin oder der Richter beim Amtsgericht, so ist, soweit die Strafvollstreckungsordnung Anwendung findet, die Einwil-

---

1 *Dörndorfer*, in: Binz/Dörndorfer/Petzold/Zimmermann, § 6 EBAO Rn 1. 2 *Dörndorfer*, in: Binz/Dörndorfer/Petzold/Zimmermann, § 6 EBAO Rn 1.

ligung der Generalstaatsanwältin oder des Generalstaatsanwalts, im Übrigen die der Präsidentin oder des Präsidenten des Landgerichts (Präsidentin oder Präsidenten des Amtsgerichts) erforderlich.

1 Zum Erlass eines Pfändungs- und Überweisungsbeschlusses → JBeitrO § 6 Rn 6. Zum Verfahren im Übrigen → JBeitrO § 6 Rn 8.

§ 9 Vollstreckung in bewegliche Sachen

(1) [1]Soll in bewegliche Sachen vollstreckt werden, so erteilt die Vollstreckungsbehörde der Vollziehungsbeamtin oder dem Vollziehungsbeamten unmittelbar oder über die Geschäftsstelle des Amtsgerichts einen Vollstreckungsauftrag. [2]In den Auftrag sind die Kosten früherer Einziehungsmaßnahmen als Nebenkosten aufzunehmen.

(2) Die Ausführung des Auftrages, die Ablieferung der von der Vollziehungsbeamtin oder dem Vollziehungsbeamten eingezogenen oder beigetriebenen Geldbeträge und die Behandlung der erledigten Vollstreckungsaufträge bei der zuständigen Kasse richten sich nach den Dienstvorschriften für die Vollziehungsbeamtinnen und -beamten und den kassenrechtlichen Vorschriften.

(3) Die Vollstreckungsbehörde überwacht die Ausführung des Vollstreckungsauftrags durch Anordnung einer Wiedervorlage der Akten.

1 Zum Vollziehungsbeamten → JBeitrO § 6 Rn 7.

§ 10 Vollstreckung in bewegliche Sachen im Bezirk einer anderen Vollstreckungsbehörde

(1) Soll in bewegliche Sachen vollstreckt werden, die sich im Bezirk einer anderen Vollstreckungsbehörde befinden, so gilt § 9, soweit nicht in Absatz 2 etwas anderes bestimmt ist.

(2) [1]Die Vollziehungsbeamtin oder der Vollziehungsbeamte rechnet über die eingezogenen Beträge mit der zuständigen Kasse ab, welche die Vollstreckungsbehörde durch Rücksendung des Vollstreckungsauftrags oder des Ersuchens verständigt. [2]Gehört die ersuchende Vollstreckungsbehörde einem anderen Land an als die Vollziehungsbeamtin oder der Vollziehungsbeamte, so werden die eingezogenen Geldbeträge und Kosten des Verfahrens an die für die ersuchende Vollstreckungsbehörde zuständige Kasse abgeführt. [3]Die eingezogenen Kosten der Vollstreckung sind an die für die Vollziehungsbeamtin oder den Vollziehungsbeamten zuständige Kasse abzuführen; soweit sie von der Schuldnerin oder dem Schuldner nicht eingezogen werden können, werden sie der Vollstreckungsbehörde eines anderen Landes nicht in Rechnung gestellt.

§ 11 Spätere Beitreibung

(1) Ist bei Uneinbringlichkeit eines Geldbetrages, an dessen Stelle eine Freiheitsstrafe nicht treten soll, mit der Möglichkeit zu rechnen, dass spätere Vollstreckungsmaßnahmen erfolgreich sein werden, so ordnet die Vollstreckungsbehörde eine Wiedervorlage der Akten an.

(2) Uneinbringlich gebliebene Kosten des Verfahrens werden, wenn sie nicht mehr zusammen mit dem Geldbetrag beigetrieben werden können, nach § 1 Absatz 5, § 15 Absatz 1 Nummer 1 der zuständigen Kasse zur Einziehung überwiesen, sofern die Überweisung nicht nach § 16 Absatz 2 unterbleibt.

§ 12 Zahlungserleichterungen

(1) Werden für die Entrichtung eines Geldbetrages Zahlungserleichterungen bewilligt, so gelten diese Zahlungserleichterungen auch für die Kosten.

(2) [1]Ist die Höhe der Kosten den Zahlungspflichtigen noch nicht mitgeteilt worden, so ist dies bei der Mitteilung der Zahlungserleichterungen nachzuholen. [2]Die Androhung künftiger Zwangsmaßnahmen für den Fall der Nichtzahlung der Kosten unterbleibt hierbei. [3]Einer Mitteilung der Höhe der Kosten bedarf es nicht, wenn das dauernde Unvermögen der Kostenschuldnerin oder des Kostenschuldners zur Zahlung feststeht.

Zahlungserleichterungen bei der Vollstreckung von Geldstrafen und gerichtlich festgesetzten Geldbußen 1
kann die Staatsanwaltschaft gewähren, § 459 a StPO, § 93 OWiG. Die zuständige Vollstreckungsbehörde
(→ JBeitrO § 2 Rn 4) kann ferner gem. § 7 EGStGB bei der Vollstreckung von Ordnungsgeld Zahlungserleichterungen bewilligen. Hinsichtlich landesrechtlicher Zuständigkeiten für Stundung und Erlass →
JBeitrO § 1 Rn 2.

§ 13 Zurückzahlung von Geldbeträgen und Kosten

(1) Sind Geldbeträge zu Unrecht vereinnahmt worden oder auf Grund besonderer Ermächtigung zurückzuzahlen, so ordnet die Vollstreckungsbehörde die Zurückzahlung an.

(2) Dasselbe gilt, wenn zusammen mit dem Geldbetrag Kosten des Verfahrens oder Vollstreckungskosten
zurückzuholen sind.

(3) Bei unrichtiger Berechnung ist eine neue Kostenrechnung aufzustellen.

(4) In der Anordnung ist der Grund der Zurückzahlung (z.B. gnadenweiser Erlass durch Verfügung ... oder
Zurückzahlung wegen irrtümlicher Berechnung) kurz anzugeben.

(5) ¹Zu der Auszahlungsanordnung an die zuständige Kasse ist der für die Zurückzahlung von Gerichtskosten bestimmte Vordruck zu verwenden; er ist, soweit erforderlich, zu ändern. ²Bei automatisierten Verfahren wird die Auszahlungsanordnung maschinell erstellt. ³Der oder die Empfangsberechtigte ist von der
Vollstreckungsbehörde über die bevorstehende Zurückzahlung zu benachrichtigen.

§ 14 Durchlaufende Gelder

(1) Beträge, die nach den Vorschriften dieser Anordnung eingezogen werden, aber nicht der Landeskasse,
sondern anderen Berechtigten zustehen, werden bei der Aufstellung der Kostenrechnung als durchlaufende
Gelder behandelt.

(2) ¹Aufgrund der von der zuständigen Kasse übermittelten Zahlungsanzeige oder der maschinell übermittelten Kontobuchungen ordnet die Vollstreckungsbehörde die Auszahlung an die Empfangsberechtigten an.
²§ 38 der Kostenverfügung gilt entsprechend.

Abschnitt 3
Lösung von Geldbetrag und Kosten

§ 15 Grundsatz

(1) Die Verbindung von Geldbetrag und Kosten (§ 1 Absatz 2) wird gelöst, wenn

1. sich die Beitreibung des Geldbetrages erledigt und für die Kostenforderung Beitreibungsmaßnahmen erforderlich werden,
2. nachträglich eine Gesamtgeldstrafe gebildet wird oder
3. die Vollstreckungsbehörde die getrennte Verfolgung beider Ansprüche aus Zweckmäßigkeitsgründen
   anordnet.

(2) Hat das Land aus einer wegen Geldbetrag und Kosten vorgenommenen Zwangsvollstreckung bereits
Rechte erworben, so darf eine Anordnung nach Absatz 1 Nummer 3 nur ergehen, wenn die Wahrnehmung
dieser Rechte wegen der Kosten allein keine Schwierigkeiten bereitet oder wenn der Landeskasse durch die
Aufgabe der wegen der Kosten begründeten Rechte kein Schaden erwächst.

Siehe → JBeitrO § 1 Rn 14. 1

§ 16 Überweisung der Kosten an die zuständige Kasse

(1) ¹Bei der Überweisung der Kosten an die Kasse zur Einziehung (§ 4 Absatz 2 der Kostenverfügung) hat
die Kostenbeamtin oder der Kostenbeamte, wenn bereits eine Zahlungsaufforderung an die Kostenschuld-

nerin oder den Kostenschuldner ergangen war, die Aufnahme des nachstehenden Vermerks in die Reinschrift der Kostenrechnung zu veranlassen:

„Diese Zahlungsaufforderung tritt an die Stelle der Zahlungsaufforderung d... vom ... Bei Zahlungen ist statt der bisherigen Geschäftsnummer das Kassenzeichen anzugeben."

[2]Hat sich der Kostenansatz nicht geändert, so genügt die Übersendung einer Rechnung, in der lediglich der Gesamtbetrag der früheren Rechnung, die geleisteten Zahlungen und der noch geschuldete Restbetrag anzugeben sind. [3]Bewilligte Zahlungserleichterungen (§ 8 Absatz 3, § 12) sind der zuständigen Kasse mitzuteilen.

(2) Die Überweisung der Kosten unterbleibt, wenn die Voraussetzungen vorliegen, unter denen die Kostenbeamtin oder der Kostenbeamte von der Aufstellung einer Kostenrechnung absehen darf (§ 10 der Kostenverfügung).

(3) Der Kasse mit zu überweisen sind auch die nicht beigetriebenen Kosten eines der Lösung (§ 15) vorausgegangenen Einziehungsverfahrens.

§ 17 Wahrnehmung der Rechte aus früheren Vollstreckungen

(1) [1]Hatte das Land vor der Trennung von Geldbetrag und Kosten aus einer Zwangsvollstreckung wegen der Kosten bereits Rechte erlangt, so teilt die Vollstreckungsbehörde dies der zuständigen Kasse unter Übersendung der vorhandenen Beitreibungsverhandlungen mit. [2]Dies gilt nicht, wenn die wegen der Kosten begründeten Rechte nach § 15 Absatz 2 aufgegeben werden.

(2) [1]Ist der Vollziehungsbeamtin oder dem Vollziehungsbeamten ein Vollstreckungsauftrag erteilt (§ 9 Absatz 1 Satz 1, § 10 Absatz 1), so hat die zuständige Kasse der Vollziehungsbeamtin oder dem Vollziehungsbeamten gegenüber jetzt die Stellung der Auftraggeberin oder des Auftraggebers; sie hat sie oder ihn hiervon zu verständigen. [2]Der Auftrag bleibt bestehen, bis die zuständige Kasse ihn zurücknimmt.

Abschnitt 4

§ 18 Geldauflagen im Strafverfahren

(1) [1]Geldzahlungen, die Zahlungspflichtigen nach § 56 b Absatz 2 Nummer 2, § 57 Absatz 3 Satz 1 StGB, § 153 a StPO, § 15 Absatz 1 Satz 1 Nummer 3, §§ 23, 29, 45, 88 Absatz 5 und § 89 Absatz 3 JGG oder anlässlich eines Gnadenerweises auferlegt sind, werden nicht mit Zahlungsaufforderung (§ 5 Absatz 1) eingefordert. [2]Ihre Beitreibung ist unzulässig.

(2) [1]Wird die Geldauflage gestundet, so prüft die Vollstreckungsbehörde, ob die zuständige Kasse ersucht werden soll, die Einziehung der Kosten auszusetzen. [2]Ein Ersuchen empfiehlt sich, wenn die sofortige Einziehung der Kosten den mit der Stundung der Geldauflage verfolgten Zweck gefährden würde.

1   Siehe → JBeitrO § 1 Rn 5.

Abschnitt 5
Schlussvorschriften

§ 19 Inkrafttreten, Außerkrafttreten

[1]Diese Verwaltungsvorschrift tritt am 1. August 2011 in Kraft. [2]Gleichzeitig tritt die Einforderungs- und Beitreibungsanordnung vom 1. April 2001 außer Kraft.

Teil 4: Sonstige Kostenvorschriften in der Arbeits- und Sozialgerichtsbarkeit

Arbeitsgerichtsgesetz

In der Fassung der Bekanntmachung vom 2. Juli 1979[1] (BGBl. I 853, ber. S. 1036) (FNA 320-1)
zuletzt geändert durch Art. 170 der Zehnten Zuständigkeitsanpassungsverordnung
vom 31. August 2015 (BGBl. I 1474, 1500)

– Auszug –

Literatur: Beck'scher Online-Kommentar Arbeitsrecht, hrsg. v. Rolfs/Giesen/Kreikebohm/Udsching, Ed. 39, Stand 15.3.2016; Erfurter Kommentar zum Arbeitsrecht, 16. Aufl. 2016; *Germelmann/Matthes/Prütting*, Arbeitsgerichtsgesetz, Kommentar, 8. Aufl. 2013; *Natter/Gross* (Hrsg.), ArbGG, Handkommentar, 2. Aufl. 2013.

§ 11 a Beiordnung eines Rechtsanwalts, Prozeßkostenhilfe

(1) Die Vorschriften der Zivilprozessordnung über die Prozesskostenhilfe und über die grenzüberschreitende Prozesskostenhilfe innerhalb der Europäischen Union nach der Richtlinie 2003/8/EG gelten in Verfahren vor den Gerichten für Arbeitssachen entsprechend.

(2) Das Bundesministerium für Arbeit und Soziales wird ermächtigt, zur Vereinfachung und Vereinheitlichung des Verfahrens durch Rechtsverordnung mit Zustimmung des Bundesrates Formulare für die Erklärung der Partei über ihre persönlichen und wirtschaftlichen Verhältnisse (§ 117 Abs. 2 der Zivilprozeßordnung) einzuführen.

I. Allgemeines

Auch im arbeitsgerichtlichen Verfahren besteht die Möglichkeit der Gewährung von **Prozesskostenhilfe**. Gemäß Abs. 1 gelten die Vorschriften der ZPO über die Prozesskostenhilfe entsprechend. Abs. 2 enthält eine Verordnungsermächtigung zur Einführung von verpflichtenden Formularen. **1**

II. Reform des Prozesskostenhilfe- und Beratungshilferechts ab 1.1.2014

Durch das Gesetz zur Änderung des Prozesskostenhilfe- und Beratungshilferechts vom 31.8.2013[1] wurden mWz 1.1.2014 die Absätze 1–2 a aufgehoben, die bisherigen Absätze 3 und 4 wurden zu Absätzen 1 und 2. § 11 a ArbGG sah in den Abs. 1–2 a aF eine gesonderte **Beiordnung** eines Rechtsanwalts in arbeitsgerichtlichen Verfahren erster Instanz vor. Diese Beiordnung ist nicht zu verwechseln mit der Anwaltsbeiordnung im Rahmen der Prozesskostenhilfe nach § 11 a Abs. 1 ArbGG (nF), § 121 ZPO. Es handelte sich um ein **eigenständiges Rechtsinstitut**, das sich von der Prozesskostenhilfebewilligung im Wesentlichen dadurch unterschied, als es keiner Erfolgsaussichten der beabsichtigten Rechtsverfolgung bzw Rechtsverteidigung bedurfte, sondern im wesentlich allein die Tatsache des anwaltlichen Vertretenseins der Gegenseite den Beiordnungsanspruch begründete.[2] Diese arbeitsrechtliche Besonderheit hielt der Gesetzgeber des Gesetzes zur Änderung des Prozesskostenhilfe- und Beratungshilferechts als mit dem Ziel der Kosteneinsparung für nicht gerechtfertigt, vielmehr dürfe auch im Arbeitsrecht keine finanzielle Unterstützung des Staates bei der Prozessführung ohne Bejahung der Erfolgsaussichten des Ansinnens gewährt werden.[3] Die Abschaffung der Beiordnung ist zu kritisieren, da sich Rechtsuchende wegen der fehlenden Kostenerstattung (§ 12 a ArbGG) häufig nicht anwaltlich beraten lassen, wohingegen Arbeitgeber regelmäßig durch eigene Juristen[4] oder Verbandsvertreter vertreten sind, was dem Grundsatz der Waffengleichheit zuwiderläuft. **2**

III. Prozesskostenhilfe im arbeitsgerichtlichen Verfahren

1. Allgemeines. Auch im arbeitsgerichtlichen Verfahren besteht die Möglichkeit der Gewährung von Prozesskostenhilfe. Für die Prozesskostenhilfe verweisen Abs. 1 und 2 auf die Vorschriften der ZPO, die **entsprechend gelten**. Natürlich kommt es auf die **persönlichen und wirtschaftlichen Verhältnisse** sowie die **Erfolgsaussichten und fehlende Mutwilligkeit** der Rechtsverfolgung bzw -verteidigung und auf die **Erforderlichkeit der Rechtsanwaltsbeiordnung** an (s. dazu §§ 114 ff ZPO). Arbeitsrechtliche Besonderheiten gibt es nur wenige nennenswerte. **3**

---

1 Neubekanntmachung des Arbeitsgerichtsgesetzes v. 3.9.1953 (BGBl. I 1267) in der ab 1.7.1979 geltenden Fassung. **1** BGBl. 2013 I 3533. **2** Zu den Einzelheiten vgl Hk-KostenhilfeR/*Köpf*, ArbGG § 11 a Rn 3 ff, 11 ff. **3** BT-Drucks 17/11472, S. 46. **4** Gemeinsame Stellungnahme von BRAK Nr. 34/2012 und DAV Nr. 55/2012 vom Juni 2012.

4 **2. Arbeitsrechtliche Besonderheiten. a) Verstoß gegen die Verpflichtung zur kostengünstigeren Rechtsverfolgung (Mutwilligkeit).** Der Meinungsstreit der Landesarbeitsgerichte, ob die Frage des Verstoßes gegen die Verpflichtung zur kostengünstigeren Rechtsverfolgung[5] (**Mutwilligkeit**) schon im PKH-Bewilligungsverfahren zu prüfen ist[6] oder erst im Rahmen der Kostenfestsetzung nach § 55 Abs. 1 RVG[7] ist vom BAG[8] dahin gehend beantwortet, dass die Prüfung **schon im PKH-Bewilligungsverfahren** zu erfolgen hat. Gleichwohl kann trotz erfolgter Bewilligung im Verfahren nach § 55 Abs. 1 RVG bei einem entsprechenden Verstoß gegen die Verpflichtung zur kostengünstigeren Rechtsverfolgung dies zu einer entsprechenden Kürzung der Vergütung führen.[9]

5 **b) Mitgliedschaft in einer Gewerkschaft oder einem Arbeitgeberverband als einzusetzendes Vermögen iSv § 115 Abs. 3 ZPO.** Die bestehende **Verbandsmitgliedschaft** iSv § 11 Abs. 2 S. 2 Nr. 4 ArbGG, insb. in einer **Gewerkschaft** bzw einem **Arbeitgeberverband**, und der damit verbundene **kostenlose Rechtsschutz** ist **vorrangig** einzusetzendes Vermögen iSv § 115 Abs. 3 S. 1 ZPO, was die PKH-Gewährung ausschließt.[10] Prozesskostenhilfe ist Sozialhilfe im Bereich der Rechtspflege mit dem Zweck, unbemittelten Personen den Zugang zu den staatlichen Gerichten zu ermöglichen, weshalb es dieser Sozialleistung nicht bedarf, wenn dieser Zugang bereits durch Rechtsschutz aufgrund einer Verbandsmitgliedschaft gewährleistet ist.[11] Die Verweisungsmöglichkeit auf die Vertretung durch Verbandsvertreter begegnet keinen verfassungsrechtlichen Bedenken.[12] Auch führt die Verweisung nicht zu einer unzulässigen Einschränkung des Rechts der Partei auf freie Anwaltswahl, denn von diesem kann die Partei Gebrauch machen, nur nicht auf Kosten der Allgemeinheit.[13]

6 **Keine** Verweisungsmöglichkeit besteht über die Möglichkeit des Vertretenwerdens durch die in § 11 Abs. 2 S. 2 Nr. 4 ArbGG genannten Verbandsvertreter hinaus auf die Möglichkeit des Vertretenwerdens durch eine Vereinigung von Arbeitnehmern mit sozial- oder berufspolitischer Zwecksetzung iSv § 11 Abs. 2 S. 2 Nr. 3 ArbGG,[14] da der Gesetzgeber diese nicht einer im Wege der PKH-Bewilligung erfolgenden Anwaltsbeiordnung (§ 121 ZPO) als gleichwertig erachtet, wie § 11 Abs. 4 ArbGG zeigt.

7 Voraussetzung für die Verweisung auf Verbandsvertreter ist stets, dass die Vertretungsmöglichkeit **unentgeltlich** ist.[15]

8 Erklärt sich der Antragsteller zur Frage der Mitgliedschaft in einer Gewerkschaft nicht, so kann allein deshalb die Beiordnung verweigert werden.[16]

9 **Lehnt** die Gewerkschaft die **Rechtsschutzgewährung ab**, kann die Beiordnung nur erfolgen, wenn die Ablehnung nicht von der Partei zu vertreten ist.[17] Die Partei hat die Ablehnung bspw zu vertreten, wenn sie dem Sachbearbeiter der Gewerkschaft ungerechtfertigt das Vertrauen entzieht[18] oder ihre Beiträge nicht bezahlt.[19]

10 Bei strittiger Konstellation kann die Partei aber nicht auf einen Deckungsprozess gegen die Gewerkschaft verwiesen werden.[20]

11 Andererseits kann die Beiordnung nicht versagt werden, wenn die **Inanspruchnahme der Vertretungsmöglichkeit nicht zumutbar** ist, weil aus nachvollziehbaren Gründen – die substantiiert darzulegen sind[21] – kein Vertrauensverhältnis (mehr) zur gewerkschaftlichen Vertretung gegeben ist[22] oder der Arbeitnehmer bei seiner Vorsprache im Gewerkschaftsbüro weder eine Beratung noch einen Beratungstermin erhält.[23] An die Unzumutbarkeit der Verweisung auf den Verbandsvertreter werden **strenge Anforderungen** gestellt.[24] Sie ist nicht schon dadurch begründet, dass bei Vertretung durch eine Gewerkschaft die Besprechungen und Gerichtstermine durch unterschiedliche Personen wahrgenommen werden[25] oder dass die Gegenseite durch einen Rechtsanwalt vertreten ist.[26]

12 Der **Austritt aus der Gewerkschaft** unterfällt der negativen Koalitionsfreiheit (Art. 9 Abs. 3 GG). Hieraus wird vereinzelt[27] geschlossen, dass die ordentliche Kündigung der Mitgliedschaft, die (auch) zum Verlust

5 Einreichen einer weiteren Klage anstatt Erweiterung einer schon rechtshängigen Klage (Letzteres ist wegen der degressiven Gebührenstaffel und der Deckelung der PKH-Gebühren kostengünstiger). **6** So LAG BW 27.11.2009 – 1 Ta 19/09, juris; LAG SchlH 3.2.2010 – 2 Ta 206/09, juris; LAG Köln 11.7.2008 – 11 Ta 185/08, juris. **7** So LAG München AGS 2009, 36–38; LAG RhPf MDR 2008, 532; LAG SchlH 16.3.1999 – 4 Ta 147/98, juris. **8** BAG NJW 2011, 1161–1163. **9** Offengelassen durch BAG NJW 2011, 1161–1163. **10** BAG 5.11.2012 – 3 AZB 23/12, juris; LAG SchlH NZA-RR 2004, 140; ErfK/*Koch*, ArbGG § 11 a Rn 30. **11** BAG 5.11.2012 – 3 AZB 23/12, juris. **12** BAG 5.11.2012 – 3 AZB 23/12, juris. **13** BAG 5.11.2012 – 3 AZB 23/12, juris. **14** ErfK/*Koch*, ArbGG § 11 a Rn 30; Germelmann u.a./*Germelmann*, ArbGG, § 11 a Rn 53; Natter/Gross/*Perschke*, ArbGG, § 11 a Rn 16. **15** LAG Kiel NJW 1984, 830. **16** LAG Hamm LAGE § 118 ZPO Nr. 7. **17** HM, vgl etwa Germelmann u.a./*Germelmann*, ArbGG, § 11 a Rn 54; Natter/Gross/*Perschke*, ArbGG, § 11 a Rn 17. **18** LAG Frankfurt a. M. NZA 1984, 236. **19** Germelmann u.a./*Germelmann*, ArbGG, § 11 a Rn 54. **20** Natter/Gross/*Perschke*, ArbGG, § 11 a Rn 17. **21** BAG 5.11.2012 – 3 AZB 23/12, juris; LAG SchlH NZA-RR 2004, 104. **22** BAG 5.11.2012 – 3 AZB 23/12, juris; LAG SchlH NZA-RR 2004, 104; LAG Bremen NZA 1995, 912 (Ls.); LAG Bremen NJW 1985, 223. **23** LAG München AnwBl 1987, 499. **24** ErfK/*Koch*, ArbGG § 11 a Rn 30. **25** LAG RhPf LAGE § 114 ZPO Nr. 13. **26** HessLAG ARST 1988, 163. **27** HessLAG 21.5.2008 – 16 Ta 195/08, juris.

des kostenlosen Rechtsschutzes führt, dem Prozesskostenhilfeantrag nicht entgegengehalten werden kann. Nach richtiger Auffassung ist hierfür ein **sachlicher Grund** erforderlich, der die Kriterien der Unzumutbarkeit des Verweises auf die gewerkschaftliche Vertretung erfüllt, jedenfalls dann, wenn sich die Partei zur Begründung des Austritts auf diese Unzumutbarkeit beruft.[28] Das BVerfG[29] billigte unter dem Gesichtspunkt der negativen Koalitionsfreiheit die Rspr eines Landessozialgerichts, das für den Bereich des Sozialrechts nachvollziehbare und sachliche Gründe, die die Partei zum Gewerkschaftsaustritt bewogen haben, gefordert hat. Dies ist auf den Bereich des Arbeitsrechts ohne Weiteres übertragbar.

Ein **Beitritt zur Gewerkschaft** zwecks Erlangung kostenlosen Rechtschutzes kann schon wegen der negativen Koalitionsfreiheit (Art. 9 Abs. 3 GG) **nicht** verlangt werden. **13**

Im **Beschlussverfahren** kann mE generell **nicht** auf die Vertretungsmöglichkeit durch eine Gewerkschaft verwiesen werden. Nach Auffassung des BAG kann der Arbeitgeber den Betriebsrat im Rahmen des § 40 BetrVG nicht auf die kostenfreie Möglichkeit der Vertretung durch eine Gewerkschaft verweisen.[30] Es bedarf keiner Beantwortung der Frage, ob die durch das BAG im Rahmen des § 40 BetrVG entwickelten Grundsätze auf die Kostentragungspflicht durch die Staatskasse übertragbar sind, denn der Betriebsrat ist nicht Mitglied einer Gewerkschaft und hat daher – anders als das einzelne Gewerkschaftsmitglied – keinen Rechtsanspruch gegen die Gewerkschaft auf Gewährung kostenlosen Rechtsschutzes.[31] Auch wenn in der Praxis Gewerkschaften die Vertretung von Betriebsratsgremien übernehmen, so kann mE hieraus kein Anspruch abgeleitet werden, der die Beiordnung ausschlösse. **14**

c) Abfindung als Vermögen iSv § 115 Abs. 3 ZPO. Eine für die Beendigung des Arbeitsverhältnisses gezahlte **Abfindung** ist **als Vermögen** nach der ZPO zu berücksichtigen.[32] **15**

Da dem Arbeitnehmer durch den Verlust des Arbeitsplatzes typischerweise Kosten entstehen, ist es idR nicht zumutbar, die gesamte Abfindung einzusetzen. Zunächst kann der Arbeitnehmer nach den gesetzlichen Vorschriften den Schonbetrag abziehen (§ 90 Abs. 2 Nr. 9 SGB XII iVm der Verordnung zur Durchführung des § 90 Abs. 2 Nr. 9 SGB XII (derzeit 2.600 € zzgl 256 € pro Person, der Unterhalt gewährt wird). Darüber hinaus kann er nach Ansicht des BAG als pauschalierten Wert für die typischen Kosten einen weiteren Betrag in Höhe des Schonbetrags für Ledige (derzeit 2.600 €) abziehen.[33] Nach aA seien 10 % des den konkreten Schonbetrags übersteigenden Bruttowerts der Abfindung als Vermögen einzusetzen.[34] **16**

Die Anrechnung der Abfindung entfällt aber, wenn der Arbeitnehmer diese tatsächlich dazu benutzt, um eine akute Notlage zu beheben[35] oder Verbindlichkeiten zu tilgen.[36] **17**

Noch **nicht bezahlte Abfindungen** sind (noch) nicht zu berücksichtigen, da es nach § 115 Abs. 3 S. 2 ZPO iVm § 90 SGB XII auf das verwertbare Vermögen ankommt. Allerdings erfolgt bei Zahlung nach Abschluss des gerichtlichen Verfahrens eine nachträgliche Berücksichtigung gem. § 120 a ZPO.[37] **18**

d) Erforderlichkeit der Beiordnung eines Rechtsanwalts iSv § 121 Abs. 2 ZPO. Ist eine anwaltliche Vertretung gesetzlich nicht vorgeschrieben – sonst erfolgt bei PKH-Bewilligung stets eine Beiordnung nach § 121 Abs. 1 ZPO –, erfolgt eine Beiordnung nur, wenn entweder die Vertretung durch einen Anwalt erforderlich erscheint (§ 121 Abs. 2 Alt. 1 ZPO) oder die Gegenseite anwaltlich vertreten ist (§ 121 Abs. 2 Alt. 2 ZPO). **19**

aa) Vertretung durch Rechtsanwalt. Eine Vertretung durch einen Rechtsanwalt ist erforderlich, wenn nach Umfang, Bedeutung und Schwierigkeit der Sache die Gefahr besteht, dass die Prozesspartei ihre Interessen ohne anwaltliche Hilfe nicht sachgerecht wahrnehmen können wird.[38] Die Erforderlichkeit der Rechtsanwaltsbeiordnung wird in folgen Fällen verneint: Klage auf Erteilung eines Zeugnisses;[39] Klage auf Bezahlung einer abgerechneten oder einfach zu berechnenden Vergütung.[40] **20**

bb) Vertretung durch Verbandsassessor. Eine Beiordnung kommt nur in Betracht, wenn die Gegenseite durch einen zur Vertretung vor deutschen Gerichten **zugelassenen Rechtsanwalt** vertreten ist. Die Vertretung durch einen **Verbandsassessor** reicht **nicht** aus, auch dann nicht, wenn dieser als Rechtsanwalt niedergelassen ist, im Prozess aber nicht als solcher auftritt.[41] Das Gesetz stellt alleine auf den formalen Gesichtspunkt der Vertretung durch einen Rechtsanwalt ab. Diesen Wortlaut kann der Schutzzweck der Bestimmung – die Herstellung von Waffengleichheit – nicht überwinden.[42] **21**

---

28 LAG RhPf 7.5.2004 – 9 Ta 80/04, juris. **29** BVerfG NVwZ-RR 2005, 441 f. **30** BAG AP BetrVG 1972 § 20 Nr. 6. **31** BAG NJW 1980, 1486, 1487 f. **32** BAG NZA 2006, 751 f. **33** BAG NZA 2006, 751 f. **34** LAG Hamm AGS 2003, 241 f. **35** LAG Hamm AGS 2003, 241 f; ähnl. LAG Köln NZA-RR 2008, 322. **36** LAG Köln 24.8.2011 – 1 Ta 101/11, juris. **37** BAG NZA 2006, 751 f. **38** Saenger/*Pukall*, ZPO, 5. Aufl. 2013, § 121 Rn 6. **39** LAG RhPf 5.11.2012 – 3 Ta 193/12, juris; LAG Köln 8.2.2012 – 1 Ta 382/11, juris. **40** LAG Köln 15.6.2012 – 5 Ta 161/12, juris; LAG Köln 8.2.2012 – 1 Ta 382/11, juris. **41** So zur Beiordnung des insoweit wortlautgleichen § 11 a Abs. 1–2 ArbGG aF: LAG Düsseldorf 6.8.2010 – 3 Ta 436/10, juris; LAG BW MDR 1998, 1169; BeckOK/*Poeche*, ArbGG, § 11 a Rn 8; Germelmann u.a./*Germelmann*, ArbGG, § 11 a Rn 56. **42** So zur Beiordnung des insoweit wortlautgleichen § 11 a Abs. 1–2 ArbGG aF: LAG Düsseldorf 6.8.2010 – 3 Ta 436/10, juris; LAG BW MDR 1998, 1169; Germelmann u.a./*Germelmann*, ArbGG, § 11 a Rn 56.

22 **cc) Maßgeblicher Zeitpunkt.** Dies ist der der Beiordnungsentscheidung.[43] Ein späterer Wegfall der anwaltlichen Vertretung hat keine Auswirkungen.[44]

23 **e) Prozesskostenvorschuss.** Arbeitsrechtliche Verfahren sind – jedenfalls soweit eine Bestandsschutzstreitigkeit geführt wird – eine persönliche Angelegenheit[45] iSd **Prozesskostenvorschussanspruchs** gem. § 1360 a Abs. 4 BGB.

24 **f) Prozesskostenhilfe im Beschlussverfahren.** Der Gesetzgeber anerkennt ausdrücklich auch für die Neufassung des § 11 a ArbGG die Möglichkeit der Bewilligung von Prozesskostenhilfe für das Beschlussverfahren.[46] Der Verweis in § 80 Abs. 2 ArbGG auf die Prozessvertretung ist als Verweis nicht nur auf § 11 ArbGG, sondern auch auf § 11 a ArbGG zu verstehen.[47] Zwar nennen §§ 11, 11 a ArbGG nur den Begriff der Partei, während das Beschlussverfahren von „Beteiligten" geführt wird (§ 80 Abs. 1 S. 3 ArbGG). Hieraus kann aber nicht geschlossen werden, dass die Betriebsparteien Parteien iSv § 116 S. 1 Nr. 2 ZPO sind (mit der Folge der dort genannten weiteren Erfordernisse).[48] Die entsprechende Anwendung führt zur Anwendung der für natürliche Personen geltenden Vorschriften der §§ 114 ff ZPO.[49]

25 Die fehlende Vermögensfähigkeit des **Betriebsrats** (→ BetrVG Vor §§ 40 ff Rn 5) steht dem nicht entgegen.[50] Jedes andere Verständnis würde dazu führen, dass, ohne dass es dafür eine nachvollziehbare Rechtfertigung gäbe, der Betriebsrat von Prozesskostenhilfe generell ausgeschlossen wäre.

26 Die für die PKH-Bewilligung erforderliche **Bedürftigkeit** des Betriebsrates scheitert idR an dessen Freistellungsanspruch gegen den Arbeitgeber gem. § 40 BetrVG (→ BetrVG § 40 Rn 42). Sie kann jedoch angenommen werden, wenn der Betriebsrat seinen **Freistellungsanspruch** gegen den Arbeitgeber bzgl der Prozesskosten **rein tatsächlich nicht verwirklichen kann**, weil dieser nicht in der Lage ist, die Kosten des Rechtsstreits zu tragen,[51] was im Einzelnen dargelegt werden muss.[52] Dies spielt insb. bei **Insolvenz** des Arbeitgebers eine wichtige Rolle (→ BetrVG § 40 Rn 43). Besteht dagegen **aus Rechtsgründen** kein Freistellungsanspruch, weil die Erforderlichkeit des Aufwands zu verneinen ist (→ BetrVG § 40 Rn 42), wird die PKH-Bewilligung in aller Regel an den fehlenden Erfolgsaussichten scheitern.

IV. Gebührenrechtliche Besonderheiten

27 Unterschiedlich wird durch die Instanzrechtsprechung der **Kostenansatz** bei einem **Mehrvergleich** beurteilt.[53]

28 Bei einem Mehrvergleich fallen – neben Auslagen einschl. Umsatzsteuer – **grds.** folgende Gebühren an:

- 1,3-Verfahrensgebühr Nr. 3100 VV RVG (Gegenstandswert: verfahrensgegenständlicher Wert);
- 0,8-Gebühr Nr. 3101 Nr. 2 VV RVG (Gegenstandswert: mitverglichener Wert);
- Kappung gem. § 15 Abs. 3 RVG;
- 1,2-Terminsgebühr Nr. 3104 VV RVG (Gegenstandswert: verfahrensgegenständlicher Wert + mitverglichener Wert);[54]
- 1,0-Einigungsgebühr Nr. 1003 VV RVG (Gegenstandswert: verfahrensgegenständlicher Wert);
- 1,5-Gebühr Nr. 1000 VV RVG (Gegenstandswert: mitverglichener Wert);
- Kappung gem. § 15 Abs. 3 RVG.

29 Wird beantragt, die **PKH auch auf den Vergleich zu erstrecken**, und dies entsprechend bewilligt, ist nach einer Auffassung[55] nur eine 1,0-**Vergleichsgebühr** aus dem erhöhten Gegenstandswert (verfahrensgegenständlicher Wert + mitverglichener Wert) zuzusprechen. Zwar sei der mitverglichene Teil selbst nicht anhängig iSv Nr. 1003 VV RVG, aber es sei diesbezüglich eine Prozesskostenhilfeangelegenheit iSv Nr. 1003 Abs. 1 VV RVG anhängig, was genüge. Nach aA[56] gilt dies nur dann, wenn nicht nur der Mehrvergleich protokolliert wurde, sondern auch inhaltlich über ihn vor Gericht verhandelt wurde. Dies rechtfertige die Anwendung von Nr. 1003 Abs. 1 VV RVG. Bei bloßer Protokollierung einer Einigung falle dagegen die 1,5-

43 Natter/Gross/*Perschke*, ArbGG, § 11 a Rn 13; BeckOK/*Poeche*, ArbGG, § 11 a Rn 9. 44 Natter/Gross/*Perschke*, ArbGG, § 11 a Rn 13; BeckOK/*Poeche*, ArbGG, § 11 a Rn 9. 45 BAG NZA 2006, 694 f. 46 BT-Drucks 11/11472, S. 47. 47 Germelmann u.a./*Germelmann*, ArbGG, § 11 a Rn 11 zur Beiordnung nach § 11 a ArbGG aF. 48 So aber SächsLAG LAGE § 114 ZPO 2002 Nr. 9 und LAG RhPf NZA 1991, 32; iE wie hier Hk-KostenhilfeR/*Liegl*, ZPO § 116 Rn 4, wo auf den Betriebsrat die Vorschrift des § 116 S. 1 Nr. 1 ZPO (nicht Nr. 2) angewendet wird, mit der Folge, dass insoweit keine weitere Prüfung erforderlich ist. 49 Ähnlich Germelmann u.a./*Germelmann*, ArbGG, § 11 a Rn 11, der dies jedenfalls dann annimmt, wenn es sich bei den Beteiligten um natürliche Personen handelt. 50 Germelmann u.a./*Germelmann*, ArbGG, § 11 a Rn 12–14. 51 LAG RhPf NZA 1991, 32; LAG Hamm LAGE § 115 ZPO Nr. 42. 52 Germelmann u.a./*Germelmann*, ArbGG, § 11 a Rn 99. 53 Zur parallelen Problematik im Familienrecht s. Hk-KostenhilfeR/*Härtl*, FamFG § 76 Rn 17. 54 Sofern hierüber verhandelt wurde, vgl LAG BW 7.9.2010 – 5 Ta 132/10, juris. 55 LAG München 17.3.2009 – 10 Ta 394/07, juris; LAG Nürnberg LAGE § 23 BRAGO Nr. 6; HessLAG NZA-RR 1999, 380–392. 56 LAG RhPf 16.12.2010 – 6 Ta 237/10, juris; LAG Hamm NZA-RR 2007, 601–604; LAG BW 7.9.2010 – 5 Ta 132/10, juris; LAG Köln AnwBl 2005, 588.

NK-GK/*Köpf*

Gebühr an. Nach zutreffender Auffassung[57] ist die Gebühr stets mit 1,5 gem. Nr. 1000 VV RVG anzusetzen. Diese Auffassung entspricht dem Gesetzeswortlaut. Auch – dies ist das Argument der anderen beiden Auffassungen – kann der Normzweck hieran nichts ändern. Normzweck ist nach allgemeiner Auffassung die Entlastung der Gerichte. Dem ist auch beim Mehrvergleich unter Bewilligung von PKH Genüge getan, da es jedenfalls bzgl der objektiven Bewilligungsvoraussetzungen, insb. der Erfolgsaussichten, einer Entscheidung nicht bedarf,[58] schon weil die Erfolgsaussichten bei Vergleichsschluss regelmäßig vermutet werden.[59] Nur dann, wenn unstreitige Forderungen aufgenommen werden sollen, für die kein Titulierungsinteresse besteht, ist wegen Mutwilligkeit die PKH-Bewilligung insoweit zu versagen.[60] Schon zu § 23 BRAGO hatte das BAG[61] die Wortlautlegung für allein zutreffend erachtet, denn es „ist nicht anzunehmen, dass der Gesetzgeber einen so zentralen Begriff wie Anhängigkeit eines Rechtsstreits versehentlich verwendet hat oder ihm einen vom üblichen Verständnis abweichenden Sinn hat beimessen wollen".

Für den Bereich des Familienrechts hat der Gesetzgeber das Problem durch die Neufassung des § 48 Abs. 3 RVG[62] mit dem 2. KostRMoG mit Wirkung ab 1.8.2013 im Sinne der hier vertretenen Auffassung gelöst. Mit den in der Gesetzesbegründung[63] genannten Erwägungen – nur auf diese Weise erhalten Parteien mit geringem Einkommen die gleiche Möglichkeit, ihre Streitigkeiten möglichst umfangreich beizulegen – ist die Vorschrift entsprechend auch im arbeitsgerichtlichen Verfahren anzuwenden. **30**

In jedem Fall ist dringend **anzuraten**, bei einem **Mehrvergleich**, ebenso wie bei einer Klageerweiterung, **vor** dessen **Abschluss gesondert auch insoweit Prozesskostenhilfe zu beantragen**, da eine Antragstellung nach Verfahrensbeendigung nicht mehr möglich ist. Anderenfalls kann mangels Bewilligung (§ 48 Abs. 5 S. 1 RVG) keine Festsetzung der durch den Mehrvergleich ausgelösten Kosten erfolgen,[64] weshalb dann nicht einmal die 1,0-Gebühr aus dem erhöhten Streitwert berechnet werden kann. Zwar ist eine konkludente Antragstellung möglich,[65] jedoch an enge Grenzen gebunden. Insbesondere genügt nicht schon die Stellung eines PKH-Antrags für den ursprünglichen (rechtshängigen) Verfahrensgegenstand.[66] Sofern bereits über den ursprünglichen PKH-Antrag entschieden worden ist, ist stets ein gesonderter Antrag erforderlich; der ursprüngliche Antrag kann in diesem Fall nicht als konkludenter Antrag ausgelegt werden.[67] Daher sollte – schon bei Einreichung des ersten Antrags auf PKH-Bewilligung – stets ein **ausdrücklicher Antrag** gestellt werden, die PKH-Bewilligung für den Fall des **Abschlusses eines Mehrvergleichs** auf diesen zu erstrecken (ggf sogar unter ausdrücklicher Nennung der insoweit anfallenden Gebührentatbestände, dh der Verfahrensdifferenz-, Termins- und Einigungsgebühr).[68] **31**

Die 0,8-**Verfahrensgebühr Nr. 3101 Nr. 2 VV RVG** setzt die Protokollierung einer Einigung über nicht rechtshängige Ansprüche voraus. Hier wird allgemein davon ausgegangen, dass diese beim Mehrvergleich zu erstatten ist.[69] **32**

§ 12 Kosten

[1]Das Justizverwaltungskostengesetz und die Justizbeitreibungsordnung gelten entsprechend, soweit sie nicht unmittelbar Anwendung finden. [2]Bei Einziehung der Gerichts- und Verwaltungskosten leisten die Vollstreckungsbehörden der Justizverwaltung oder die sonst nach Landesrecht zuständigen Stellen den Gerichten für Arbeitssachen Amtshilfe, soweit sie diese Aufgaben nicht als eigene wahrnehmen. [3]Vollstreckungsbehörde ist für die Ansprüche, die beim Bundesarbeitsgericht entstehen, die Justizbeitreibungsstelle des Bundesarbeitsgerichts.

§ 12 ArbGG ist mit der Überschrift „Kosten" überschrieben. Allerdings ist mit Wirkung ab dem 1.7.2004[1] der wesentliche Teil der kostenrechtlichen Vorschriften im arbeitsgerichtlichen Verfahren aus dem ArbGG ausgegliedert worden. Die wichtigen Vorschriften zur Streitwertfestsetzung und die Erhebung von Gebühren und Auslagen für das arbeitsgerichtliche Verfahren befinden sich im GKG. **1**

---

57 LAG BW (3. Kammer) AGS 2009, 58–60; LAG Düsseldorf LAGE § 23 BRAGO Nr. 4; LAG SchlH 12.11.2001 – 1 Ta 138b/01, juris (aufgegeben durch LAG SchlH 18.11.2011 – 1 Ta 191/11, juris); Gerold/Schmidt/*Müller-Rabe*, RVG, Nr. 1003, 1004 VV Rn 45–47; Mayer/Kroiß/*Mayer*, RVG, Nr. 1003 VV Rn 11; Hartung/Schons/Enders/*Enders*, RVG, Nr. 1003 VV Rn 19. **58** LAG BW AGS 2009, 58–60. **59** OLG Karlsruhe NJOZ 2003, 3260–3263; nach BAG NJW 2012, 2828–2830 begründet die Erwartung, dass ein Vergleich zustande kommt, bereits die hinreichende Erfolgsaussicht. **60** BAG NJW 2012, 2828–2830. **61** BAG NZA-RR 2003, 320 f. **62** BGBl. 2013 I 2586. **63** BT-Drucks 17/11471, S. 422. **64** LAG Köln AnwBl 2005, 588; LAG Köln 22.9.2010 – 1 Ta 240/10, juris; LAG LSA 17.1.2011 – 2 Ta 165/10, juris; LAG BW 26.11.2009 – 21 Ta 10/09, juris; LAG Hamm NZA-RR 2007, 601–604. **65** LAG Köln 22.9.2010 – 1 Ta 240/10, juris; LAG LSA 17.1.2011 – 2 Ta 165/10, juris; LAG BW 26.11.2009 – 21 Ta 10/09, juris. **66** LAG BW 26.11.2009 – 21 Ta 10/09, juris. **67** LAG BW 1.10.2010 – 18 Ta 3/10, juris. **68** Hk-KostenhilfeR/*Härtl*, FamFG § 76 Rn 17. **69** LAG BW 7.9.2010 – 5 Ta 132/10, juris; LAG SchlH 12.11.2001 – 1 Ta 138b/01, juris. **1** BGBl. 2004 I 718.

2 Bedeutung hat § 12 ArbGG daher heute im Wesentlichen für die **Einziehung (Beitreibung) der Kosten** (Gebühren und Auslagen, § 1 Abs. 1 S. 1 GKG aE) in Verfahren der Arbeitsgerichtsbarkeit (Arbeitsgerichte, Landesarbeitsgerichte und Bundesarbeitsgericht, vgl § 1 ArbGG), welche nach der Justizbeitreibungsordnung (JBeitrO) erfolgen, und ferner für die Erhebung von Justizverwaltungskosten, für die das Justizverwaltungskostengesetz (JVKostG) gilt.

3 Der Regelungsgehalt von § 12 ArbGG erschöpft sich im Wesentlichen in der **Anordnung der Anwendbarkeit von JVKostG und JBeitrO für Verfahren der Arbeitsgerichtsbarkeit** (s. S. 1). Ergänzend ordnet S. 2 die Verpflichtung der **Amtshilfe** seitens der Justizverwaltung an. **S. 3** regelt die **Zuständigkeit des Bundesarbeitsgerichts** für die Beitreibung der durch dieses festgesetzter Kosten. Wegen der Einzelheiten zu den Regelungen des JVKostG und der JBeitrO wird auf die dortigen Erläuterungen verwiesen.

4 Die Beitreibung der Kosten in Verfahren der Arbeitsgerichtsbarkeit erfolgt auf Basis einer **Kostenrechnung (Kostenansatz)**. Deren Grundlage ist der Streitwert, der gem. § 66 GKG festgesetzt worden ist. Die Kostenrechnung ist ein Justizverwaltungsakt, der, solange nicht eine gerichtliche Entscheidung getroffen ist, im Verwaltungswege berichtigt werden kann.[2] Zuständig für den Erlass der Kostenrechnung ist gem. § 19 Abs. 1 GKG das Gericht der jeweiligen Instanz. Rechtsmittel hiergegen sind die Erinnerung gem. § 66 Abs. 1 GKG sowie ggf die Beschwerde (§ 66 Abs. 2, 3 GKG) und die weitere Beschwerde (§ 66 Abs. 4 GKG); auf die ausführlichen Erläuterungen zu § 66 GKG wird ergänzend verwiesen.

§ 12 a Kostentragungspflicht

(1) [1]In Urteilsverfahren des ersten Rechtszugs besteht kein Anspruch der obsiegenden Partei auf Entschädigung wegen Zeitversäumnis und auf Erstattung der Kosten für die Zuziehung eines Prozeßbevollmächtigten oder Beistands. [2]Vor Abschluß der Vereinbarung über die Vertretung ist auf den Ausschluß der Kostenerstattung nach Satz 1 hinzuweisen. [3]Satz 1 gilt nicht für Kosten, die dem Beklagten dadurch entstanden sind, daß der Kläger ein Gericht der ordentlichen Gerichtsbarkeit, der allgemeinen Verwaltungsgerichtsbarkeit, der Finanz- oder Sozialgerichtsbarkeit angerufen und dieses den Rechtsstreit an das Arbeitsgericht verwiesen hat.

(2) [1]Werden im Urteilsverfahren des zweiten und dritten Rechtszugs die Kosten nach § 92 Abs. 1 der Zivilprozeßordnung verhältnismäßig geteilt und ist die eine Partei durch einen Rechtsanwalt, die andere Partei durch einen Verbandsvertreter nach § 11 Abs. 2 Satz 2 Nr. 4 und 5 vertreten, so ist diese Partei hinsichtlich der außergerichtlichen Kosten so zu stellen, als wenn sie durch einen Rechtsanwalt vertreten worden wäre. [2]Ansprüche auf Erstattung stehen ihr jedoch nur insoweit zu, als ihr Kosten im Einzelfall tatsächlich erwachsen sind.

I. Ausschluss der Kostenerstattung im Urteilsverfahren erster Instanz (Abs. 1)

1 **1. Grundsatz.** Für die Kostengrundentscheidung und die Frage des Umfangs der aufgrund dieser zu erstattenden Kosten in arbeitsgerichtlichen **Urteilsverfahren** gelten (über § 46 Abs. 2, § 64 Abs. 6 bzw § 72 Abs. 5 ArbGG) grds. die §§ 91 ff ZPO entsprechend. Abs. 1 regelt **Abweichungen** von diesen Grundsätzen für die **erste Instanz.** Ausgeschlossen nach S. 1 sind Ansprüche der obsiegenden Partei auf Entschädigung wegen Zeitversäumnis und Erstattung der Kosten für die Zuziehung eines Prozessbevollmächtigten oder Beistands. Der Ausschluss gilt nur in erster Instanz; in zweiter und dritter Instanz gelten die §§ 91 ff ZPO ohne Einschränkungen. § 12 a ArbGG ist mit dem Grundgesetz vereinbar.[1]

2 **2. Anwendbarkeit.** § 12 a ArbGG gilt für das Urteilsverfahren iSv § 46 Abs. 1 ArbGG und damit auch für das **Mahnverfahren,**[2] das Verfahren im **einstweiligen Rechtsschutz**[3] und das selbstständige Beweisverfahren.[4]

3 Die Erstattung der Kosten der **vorgerichtlichen anwaltlichen Tätigkeit**, die unter dem Gesichtspunkt des § 249 BGB (insb. bei Verzug) als angemessene Kosten der Rechtsverfolgung grds. beansprucht werden könnte, ist in entsprechender Anwendung von § 12 a ArbGG ausgeschlossen.[5]

4 Im Verfahren vor dem **Ausschuss für Streitigkeiten in Ausbildungsverhältnissen** nach § 111 Abs. 2 ArbGG[6] soll § 12 a ArbGG dagegen keine Anwendung finden. Dies überzeugt nicht. Hier ist vielmehr eine Gleichstellung mit dem Ausschluss der Kostenerstattung für die vorgerichtliche Tätigkeit angezeigt.

---

2 Germelmann u.a./*Germelmann*, ArbGG, § 12 Rn 84. **1** BVerfG NJW 1971, 2302. **2** Germelmann u.a./*Germelmann*, ArbGG, § 12 a Rn 5. **3** *Schleusner/Kühn*, NZA 2008, 147. **4** Natter/Gross/*Pfitzer/Augenschein*, ArbGG, § 12 a Rn 3. **5** LAG Nds 15.5.2007 – 13 Sa 108/07, BeckRS 2007, 47130; LAG Köln 17.9.2007 – 2 Sa 832/07, juris; *Schleusner/Kühn*, NZA 2008, 147; aA *Ostermeier*, NJW 2008, 551. **6** Germelmann u.a./*Germelmann*, ArbGG, § 12 a Rn 2.

NK-GK/*Köpf*

Im Verfahren vor dem **Integrationsamt** einschließlich eines eventuellen verwaltungsgerichtlichen Verfahrens **5** richtet sich die Kostenerstattung ausschließlich nach dem Verwaltungsprozessrecht (§§ 72, 73 und 154, 155 VwGO); § 12 a ArbGG gilt nicht.[7]

Bei **Zwangsvollstreckungsmaßnahmen** gelten die Einschränkungen des § 12 a ArbGG **nicht**.[8] **6**

3. Umfang (Abs. 1 S. 1). Ausgeschlossen durch Abs. 1 S. 1 sind Ansprüche auf Entschädigung wegen Zeit- **7** versäumnis und auf Erstattung der Kosten für die Zuziehung eines Prozessbevollmächtigten oder Beistands. Der Ausschluss betrifft sowohl den **prozessualen** (§§ 91 ff ZPO) als auch den **materiellen** (§ 249 BGB) Kos- tenerstattungsanspruch.[9] Die von Abs. 1 S. 1 ausgeschlossenen Kosten können daher weder nach § 104 ZPO festgesetzt noch aus materiellrechtlichen Gesichtspunkten, insb. Verzug, bei Gericht eingeklagt wer- den.

Wenn eine Partei durch Vereinbarung wegen nach Abs. 1 S. 1 an sich nicht erstattungspflichtiger Kosten **8** diese übernommen hat, ist der Gläubiger nicht berechtigt, diese im Kostenfestsetzungsverfahren geltend zu machen, weil es sich nicht um einen gesetzlichen Kostenerstattungsanspruch handelt. Es bedarf vielmehr der Klage.[10]

Allerdings besteht entgegen § 12 a ArbGG eine Erstattungspflicht unter den engen Voraussetzungen des **9** § 826 BGB.[11] Voraussetzung hierfür ist, dass ein Verfahren nicht mit dem Ziel betrieben wird, einen An- spruch zu verfolgen, sondern eine andere Partei – wegen § 12 a ArbGG – mit außergerichtlichen Kosten zu belasten.[12] In der Praxis wird sich dies höchst selten beweisen lassen.

Eine weitere **Ausnahme** macht die Rechtsprechung: Verletzt der Arbeitgeber als Drittschuldner die ihm **10** nach § 840 Abs. 1 ZPO obliegende Erklärungspflicht, umfasst der Anspruch des Pfändungsgläubigers auf **Schadensersatz gem. § 840 Abs. 2 S. 2 ZPO** auch die Kosten für die Zuziehung eines Prozessbevollmächtig- ten zur Eintreibung der gepfändeten Forderung.[13] Dies ist gerechtfertigt, da es sich hier nicht um ein Ver- fahren unter Beteiligung eines Arbeitnehmers handelt und daher der Normzweck des sozialen Schutzes des Arbeitnehmers nicht berührt ist.[14] Die Geltendmachung dieses Anspruchs hat im Klagewege zu erfolgen, eine Kostenfestsetzung ist ausgeschlossen.[15]

Kosten für die Hinzuziehung eines Bevollmächtigten (Rechtsanwalt oder Verbandsvertreter) oder Beistands **11** iSd § 12 a ArbGG sind **alle Gebühren und Auslagen** iSd RVG.

Abs. 1 S. 1 erfasst zwar die Entschädigung der Partei wegen **Zeitversäumnis**, insb. **Verdienstausfall. Nicht** **12** von Abs. 1 S. 1 erfasst sind dagegen die **Auslagen der Partei**, insb. **Reisekosten** zum Termin.[16] Diese Kosten sind nach allgemeinen Grundsätzen zu behandeln und damit dann, wenn sie zur zweckentsprechenden Rechtsverfolgung oder -verteidigung notwendig waren, zu erstatten (§ 91 Abs. 1 ZPO). Dabei ist die Partei berechtigt, den Rechtsstreit selbst zu führen. Sie muss sich nicht auf die Vertretung durch einen Rechtsan- walt am Ort des Gerichts verweisen lassen, auch, wenn dies mit geringeren Kosten verbunden wäre.[17] Par- teien, die am Gerichtsort eine Niederlassung haben, haben keinen Anspruch auf Reisekostenerstattung, selbst wenn der Termin durch Mitarbeiter der auswärtigen Zentrale wahrgenommen wird,[18] es sei denn, in der Niederlassung war keine zur Prozessführung geeignete Person vorhanden.[19] Beauftragt die Partei einen Rechtsanwalt, um nicht selbst den Termin wahrnehmen zu müssen, anerkennt die Rspr die Ansatzfähigkeit **fiktiver Reisekosten** der Partei in Höhe der kostengünstigsten Reise.[20]

4. Verweisung (Abs. 1 S. 3). Keine Anwendung findet der Ausschluss der Kostenerstattung des Abs. 1 S. 1 **13** gem. **Abs. 1 S. 3 bei fehlerhaftem Anrufen eines unzuständigen Gerichts** für die dort vor Verweisung an das Arbeitsgericht angefallenen Kosten. Erstattungsfähig sind in diesen Fällen alle vor diesen Gerichten angefal- lenen Kosten, nicht etwa nur die Mehrkosten.[21] Da diese Kosten gem. § 17 b Abs. 2 S. 1 GVG als Teil der Kosten, die am Arbeitsgericht angefallen sind, gelten, unterfallen sie einer vergleichsweisen Regelung zur Kostentragung, insb. aber auch der Rechtsfolge der Kostenaufhebung bei Nichtregelung der Kostentragung gem. § 98 ZPO.[22]

Wird **zunächst** das **Arbeitsgericht** in fehlerhafter Weise **angerufen** und der Rechtsstreit an ein zuständiges **14** Gericht außerhalb der Arbeitsgerichtsbarkeit verwiesen, sind die beim Arbeitsgericht angefallenen Kosten nicht erstattungsfähig, wenn der die Kosten auslösende Tatbestand nicht erneut und rechtlich unabhängig von dem bereits vor dem Arbeitsgericht verwirklichten Kostentatbestand erfüllt worden ist.[23]

---

7 Germelmann u.a./*Germelmann*, ArbGG, § 12 a Rn 4. **8** LAG Bln LAGE KSchG § 9 Nr. 1. **9** BAG AP ArbGG 1979 § 12 a Nr. 13. **10** Germelmann u.a./*Germelmann*, ArbGG, § 12 a Rn 29 f; aA Natter/Gross/*Pfitzer/Augenschein*, ArbGG, § 12 a Rn 10. **11** ErfK/*Koch*, ArbGG § 12 a Rn 2; Germelmann u.a./*Germelmann*, ArbGG, § 12 a Rn 11. **12** ArbG Leipzig AE 2007, 176. **13** BAG NZA 1991, 27. **14** *Schleusner/Kühn*, NZA 2008, 147. **15** LAG München JurBüro 2009, 554. **16** LAG Nürnberg NZA-RR 2011, 101. **17** LAG Hmb 13.8.1992 – 2 Ta 8/92, BeckRS 1992, 30939527. **18** LAG Nürnberg JurBüro 1993, 297. **19** HessLAG JurBüro 2012, 369. **20** LAG Bln-Bbg 22.2.2012 – 17 Ta (Kost) 6010/12, juris; LAG Hmb ArbRB 2010, 17. **21** BAG NZA 2005, 429. **22** LAG Düsseldorf NZA-RR 2006, 658. **23** ThürFG EFG 2007, 453.

15 **5. Hinweispflicht des Prozessvertreters (Abs. 1 S. 2).** Gemäß Abs. 1 S. 2 besteht eine Hinweispflicht des Prozessvertreters auf den Ausschlusstatbestand des Abs. 1 S. 1 vor Annahme des Mandats zur Prozessführung. Wegen der Erstreckung des Ausschlusses auch auf die vorgerichtliche anwaltliche Tätigkeit (→ Rn 3) ist auch vor diesbezüglicher Mandatsannahme hierauf hinzuweisen.

16 Das Unterlassen der Belehrung berechtigt den Mandanten zum Schadensersatz. Zu ersetzen ist das negative Interesse,[24] dh, der Mandant ist so zu stellen, als ob die Belehrung rechtzeitig erfolgt wäre. Durch Aufrechnung kann der Mandant den Vergütungsanspruch zu Fall bringen.[25]

II. Rechtsmittelverfahren (Abs. 2)

17 Abs. 2 regelt für den zweiten und dritten Rechtszug den Sonderfall der Vertretung einer Partei durch einen **Verbandsvertreter**. Um bei einem Kostenausgleich keinen Nachteil zu erhalten, werden für diesen fiktive Rechtsanwaltskosten berechnet. Zahlung verlangt werden kann jedoch nur bei tatsächlichem Anfall der Kosten hierfür.

Entscheidet sich eine Prozesspartei für eine anwaltliche Vertretung, obwohl ein Verbandsvertreter unentgeltlich zur Vertretung bereit gewesen wäre, sind dieser – soweit sie obsiegt – die Kosten hierfür zu ersetzen.[26]

III. Kostenerstattung im Beschlussverfahren

18 In Beschlussverfahren erfolgt **keine** Kostengrundentscheidung. Gerichtskosten werden dort nicht erhoben (§ 2 Abs. 2 GKG), die Erstattung von Rechtsanwaltskosten richtet sich ausschließlich nach materiellem Recht, insb. nach § 40 BetrVG (→ BetrVG § 40 Rn 5).

19 § 12 a ArbGG berührt schon nach seinem Wortlaut („Urteilsverfahren") nicht die Frage der Kostenerstattung im Beschlussverfahren. Eine Ausnahme hiervon bildet das Verfahren nach § 126 InsO. Dessen Abs. 1 S. 1 ist als Ausschluss des materiellen Kostenerstattungsanspruchs der beteiligten Arbeitnehmer[27] und des Betriebsrats[28] (§ 40 BetrVG) zu verstehen. § 126 Abs. 3 S. 2 InsO dagegen begründet einen prozessualen Kostenerstattungsanspruch in diesem speziellen Beschlussverfahren in dritter Instanz.[29] In zweiter Instanz verbleibt es bei den allgemeinen Regeln für Beschlussverfahren (s. die Erl. zu § 40 BetrVG).

---

24 ErfK/*Koch*, ArbGG § 12 a Rn 5. **25** Germelmann u.a./*Germelmann*, ArbGG, § 12 a Rn 35. **26** BAG NZA 2016, 188. **27** Natter/Gross/*Pfitzer/Augenschein*, ArbGG, § 12 a Rn 6. **28** AA Natter/Gross/*Pfitzer/Augenschein*, ArbGG, § 12 a Rn 6. **29** Natter/Gross/*Pfitzer/Augenschein*, ArbGG, § 12 a Rn 6.

Betriebsverfassungsgesetz

In der Fassung der Bekanntmachung vom 25. September 2001
(BGBl. I 2518) (FNA 801-7)
zuletzt geändert durch Art. 3 Abs. 4 des Gesetzes zur Umsetzung des Seearbeitsübereinkommens 2006
der Internationalen Arbeitsorganisation vom 20. April 2013 (BGBl. I 868, 914)

– Auszug –

Vorbemerkung zu §§ 40, 76 a, 80 Abs. 3

Literatur: Beck'scher Online-Kommentar Arbeitsrecht, hrsg. v. Rolfs/Giesen/Kreikebohm/Udsching, Ed. 39, Stand 1.12.2015; *Däubler/Kittner/Klebe/Wedde*, BetrVG, Kommentar für die Praxis, 15. Aufl. 2016; *Düwell* (Hrsg.), BetrVG, Handkommentar, 4. Aufl. 2014; Erfurter Kommentar zum Arbeitsrecht, 16. Aufl. 2016; *Fitting* u.a., BetrVG, Kommentar, 28. Aufl. 2016; *Germelmann/Matthes/Prütting* (Hrsg.), Arbeitsgerichtsgesetz, Kommentar, 8. Aufl. 2013; *Richardi*, BetrVG, Kommentar, 15. Aufl. 2016; *Spengler/Hahn/Pfeiffer*, Betriebliche Einigungsstelle – Anträge, Verfahren, Musterbetriebsvereinbarungen, 2010; *Wiese/Kreutz/Oetker/Raab/Weber/Franzen*, Gemeinschaftskommentar zum Betriebsverfassungsgesetz (GK-BetrVG), 9. Aufl. 2010.

Das **kollektive Arbeitsrecht** ist in Abgrenzung zum Individualarbeitsrecht der Rechtsbereich, der das **1** Rechtsverhältnis der arbeitsrechtlichen Koalitionen (Arbeitgeberverbände und Gewerkschaften) und die Mitbestimmung auf betrieblicher Ebene und Unternehmensebene betrifft. Hierunter fallen insb. das Tarifvertragsgesetz (TVG), das überwiegend richterrechtlich geprägte Arbeitskampfrecht, das Betriebsverfassungsgesetz (BetrVG) und das Mitbestimmungsgesetz (MitbestG).

Kostenhilfen sind grds. weder im Rechtsverhältnis zwischen Arbeitgeberverband und **Gewerkschaften** noch **2** im Verhältnis zwischen einem einzelnen Arbeitgeber und einer Gewerkschaft gesetzlich vorgesehen.[1] In **Beschlussverfahren** gibt es – vorbehaltlich abweichender gesetzlicher Regelungen – grds. **keine Kostenerstattungspflicht** der Beteiligten gegeneinander. Vor diesem Hintergrund kann eine Kostentragungspflicht auch nicht mit § 280 Abs. 1 BGB begründet werden.[2] Allerdings unterfällt die Kostentragung des Arbeitgebers für Kosten der Gewerkschaft bei Beschlussverfahren in Bezug auf eine **Betriebsratswahl** nach hM der Regelung des § 20 Abs. 3 S. 1 BetrVG (→ § 40 Rn 10). Kostenhilfen beschränken sich daher regelmäßig auf das Betriebsverfassungs- und das Unternehmensmitbestimmungsrecht.

Im Bereich der **Unternehmensmitbestimmung** beschäftigte die Kostentragungsregelung der Kosten der **Wahl** **3** **zum Aufsichtsrat** gem. § 20 Abs. 3 S. 1 MitbestG die Arbeitsgerichtsbarkeit.[3] Die Kosten für die Hinzuziehung eines Verfahrensbevollmächtigten in einem Beschlussverfahren zur Überprüfung der Wahl sind demnach durch den Arbeitgeber zu tragen, wenn – wie bei §§ 40, 20 Abs. 3 S. 1 BetrVG – die Hinzuziehung des Rechtsanwalts erforderlich war.

Praktische Bedeutung hat aber im Wesentlichen nur das **Betriebsverfassungsrecht**. Kostenhilfen im Betriebs- **4** verfassungsrecht regeln die § 40 BetrVG (ergänzt durch § 20 Abs. 3 S. 1 BetrVG), § 80 Abs. 3 BetrVG (ergänzt durch § 111 S. 2 BetrVG) und § 76 a BetrVG.

Der Betriebsrat ist grds. **nicht vermögensfähig**.[4] Daher sind Regelungen erforderlich, die die Frage der Kos- **5** tentragung bei Inanspruchnahme eines Rechtsanwalts durch den Betriebsrat beantworten. Insoweit spricht das BAG von „partieller Vermögensfähigkeit".[5]

Als **grobe Richtschnur** gilt: Die Kostenerstattung bei **gerichtlichen** Verfahren regelt § 40 BetrVG. Im außer- **6** **gerichtlichen** Bereich ist § 80 Abs. 3 BetrVG maßgeblich, vorbehaltlich der Kosten der **Einigungsstelle**, für die § 76 a BetrVG gilt. Siehe hierzu im Einzelnen → § 40 Rn 2 ff, § 80 Rn 2 und § 76 a Rn 2.

Die Kostentragungspflicht für Kosten des Betriebsrats trifft grds. den **Arbeitgeber**. Das BetrVG knüpft diese **7** aber an unterschiedliche Voraussetzungen.

Im **gemeinsamen Betrieb** mehrerer Unternehmen (§ 1 Abs. 2 BetrVG) haften die Unternehmen als Gesamt- **8** schuldner nach § 421 BGB,[6] es sei denn, die Kosten sind eindeutig einem Unternehmen zuzuordnen.[7] Bei einem **Betriebsübergang** geht die Kostentragungspflicht auf den Erwerber über;[8] eine Haftung des früheren Betriebsinhabers kommt nicht in Betracht.[9]

Seine **eigenen (Rechtsverfolgungs-)Kosten** hat der Arbeitgeber stets selbst zu tragen. **9**

---

1 BAG NZA 2008, 372–375. **2** BAG NZA 2008, 372–375. **3** BAG NZA 2005, 1250–1252. **4** BAG AP BetrVG 1972 § 40 Nr. 71. **5** BAG AP BetrVG 1972 § 40 Nr. 71. **6** BAG NZA 1990, 233, 233. **7** DKKW/*Wedde*, BetrVG, § 40 Rn 3. **8** BAG NZA 1994, 1144, 1145. **9** BAG 20.8.2014 – 7 ABR 60/12, juris.

§ 40 Kosten und Sachaufwand des Betriebsrats

(1) Die durch die Tätigkeit des Betriebsrats entstehenden Kosten trägt der Arbeitgeber.

(2) Für die Sitzungen, die Sprechstunden und die laufende Geschäftsführung hat der Arbeitgeber in erforderlichem Umfang Räume, sachliche Mittel, Informations- und Kommunikationstechnik sowie Büropersonal zur Verfügung zu stellen.

I. Anwendungsbereich

1 **1. Abgrenzung zu § 80 Abs. 3 BetrVG und § 76 a BetrVG.** Gemäß § 40 Abs. 1 BetrVG trägt der **Arbeitgeber** die durch die Tätigkeit des Betriebsrats entstehenden Kosten. Damit sind jedoch nicht alle anfallenden Rechtsanwaltskosten gemeint.

2 Unter § 40 Abs. 1 BetrVG fallen die Kosten der Rechtsverfolgung **im Rahmen eines gerichtlichen Verfahrens.**[1]

3 Kosten eines gerichtlichen Verfahrens sind auch die Kosten, die anfallen, wenn der Rechtsanwalt mit der Durchführung eines gerichtlichen Beschlussverfahrens **beauftragt** wird und dieser die Forderung des Betriebsrats mit dem Ziel, das Beschlussverfahren entbehrlich zu machen, **zunächst außergerichtlich** an den Arbeitgeber richtet, ohne dass es später zu einem gerichtlichen Verfahren kommt.[2] Auch hier kommt es zur Abgrenzung von gerichtlicher und außergerichtlicher Tätigkeit – wie im Gebührenrecht allgemein[3] – auf den **erteilten Auftrag** an.[4]

4 Dagegen ist der Anwendungsbereich des § 80 Abs. 3 BetrVG eröffnet, wenn der Rechtsanwalt durch den Betriebsrat **nur zur Beratung** hinzugezogen wird oder mit der Erstellung eines **Gutachtens** beauftragt wird.[5]

5 Die Vorschrift des § 40 Abs. 1 BetrVG ist notwendig, weil im Beschlussverfahren (§§ 80 ff ArbGG) **keine Kostenentscheidung** durch das Gericht getroffen wird.[6] Nur unter den Voraussetzungen des § 40 Abs. 1 BetrVG ist der Arbeitgeber zur Kostentragung verpflichtet. Da im Beschlussverfahren keine Gerichtskosten erhoben werden, geht es allein um die Frage der **Kostentragung der Rechtsanwaltskosten des Betriebsrats.**[7]

6 Weiter findet § 40 Abs. 1 BetrVG (nicht § 80 Abs. 3 BetrVG oder § 76 a BetrVG) Anwendung, wenn der Rechtsanwalt nicht als Beisitzer, sondern **als anwaltlicher Verfahrensbevollmächtigter** der Betriebsratsseite bei einer **Einigungsstelle** auftritt.[8]

7 **2. Persönlicher und sachlicher Anwendungsbereich.** Nach dem Wortlaut gilt § 40 Abs. 1 BetrVG für den **Betriebsrat** als Organ. Kosten des Betriebsrats sind in erster Linie die Rechtsanwaltskosten der Vertretung in einem arbeitsgerichtlichen Beschlussverfahren **gegen** den **Arbeitgeber.**

8 Die Vorschrift umfasst aber **auch sonstige** gerichtliche Verfahren, in denen es um Rechtsstreitigkeiten des Betriebsrats geht, zB **gegen** den **Gesamt- oder Konzernbetriebsrat** oder gegen eine **Gewerkschaft.**[9]

9 Betriebsräte, deren Wahl angefochten ist, erhalten Kostenerstattung gem. § 40 Abs. 1 BetrVG, ebenso im Fall der Nichtigkeit der Betriebsratswahl, es sei denn, diese war offenkundig.[10] Dies gilt entsprechend bei unwirksamer Errichtung eines Gesamt-[11] oder Konzernbetriebsrats.[12]

10 Zu den Kosten der Betriebsratstätigkeit gehören auch die **Kosten der Betriebsratswahl** iSv § 20 Abs. 3 S. 1 BetrVG. Damit unterfallen der Kostentragungspflicht des Arbeitgebers auch Kosten eines Beschlussverfahrens mit dem Inhalt der Überprüfung der Rechtmäßigkeit oder Nichtigkeit der Wahl unter Einschluss der Kosten der Hinzuziehung eines anwaltlichen Bevollmächtigten.[13]

11 Grundsätzlich keine Kostenerstattungspflicht trifft den Arbeitgeber wegen Kosten der Rechtsvertretung, die einer **Gewerkschaft** aufgrund der Beteiligung an einem Beschlussverfahren anfallen.[14] Nach der Rspr des 7. Senats des BAG[15] und der hM[16] normiert § 20 Abs. 3 S. 1 BetrVG – vorbehaltlich des Vorliegens der übrigen Voraussetzungen des § 40 BetrVG – die Kostentragungspflicht für alle zur Schaffung einer betriebsbezogenen Repräsentation der Belegschaft entstehenden Kosten und damit auch eine Kostenerstattungspflicht **zugunsten** einer in einem diesbezüglichen Beschlussverfahren beteiligten **Gewerkschaft** (zB Anwaltskosten im Bestellungsverfahren nach § 17 Abs. 4 BetrVG). Der 1. Senat des BAG bestätigte diese **Ausnahme** zuletzt,[17] jedoch unter der ausdrücklichen Betonung, dass es zugunsten von Gewerkschaften im **Grundsatz**

---

1 BAG NZA 2003, 870–872; BAG NZA 1987, 753; BAG NZA 2000, 556. **2** BAG EzA § 40 BetrVG 1972 Nr. 92. **3** Hartung/Schons/*Enders*/*Schons*, RVG, VV Vorbem. 3 Rn 26 ff. **4** In diesen Fällen fällt stets eine 0,8-Gebühr gem. Nr. 3101 Nr. 2 VV RVG an, ggf auch noch Gebühren gem. Nr. 3104 VV RVG (1,2; bei Besprechung mit dem Arbeitgeber) und Nr. 1003 VV RVG (1,0; bei Einigung). **5** Richardi/*Thüsing*, BetrVG, § 40 Rn 26. **6** BAG AP BetrVG 1972 § 76 a Nr. 4; BAG NZA 2008, 372–375. **7** ErfK/*Koch*, BetrVG, § 40 Rn 3. **8** BAG NZA 1996, 892, 893; BAG NZA 1990, 107; BAG AP BetrVG 1972 § 76 Nr. 9. **9** DKKW/*Wedde*, BetrVG, § 40 Rn 26. **10** BAG AP BetrVG 1972 § 40 Nr. 58. **11** LAG Köln AE 2007, 167. **12** BAG AP BetrVG 1972 § 54 Nr. 12. **13** BAG NZA 1993, 415–418. **14** BAG NZA 2008, 372–375; GK-BetrVG/*Weber*, § 40 Rn 108. **15** BAG NZA 1993, 415–418; BAG NZA 2001, 111; BAG AP BetrVG 1972 § 20 Nr. 21. **16** GK-BetrVG/*Kreutz*, § 20 Rn 54; DKKW/*Schneider*/*Homburg*, BetrVG, § 20 Rn 30; *Fitting*, BetrVG, § 20 Rn 41. **17** BAG NZA 2008, 372–375.

NK-GK/*Köpf*

keine Kostenerstattung in Beschlussverfahren gibt, es sei denn, dies ist – wie bei § 20 Abs. 3 S. 1 BetrVG – ausdrücklich gesetzlich geregelt.

§ 40 Abs. 1 BetrVG gilt auch für Betriebsräte, die ein **Rest- oder Übergangsmandat** ausüben.[18] Die Kostentragung des Arbeitgebers nach § 40 Abs. 1 BetrVG besteht ebenso für Beschlussverfahren des Wahlvorstands.[19] **12**

Selbst ein Beschlussverfahren, das ein **einzelnes Betriebsratsmitglied** in Ansehung eines in seine betriebsverfassungsrechtliche Rechtsstellung eingreifenden Sachverhalts einleitet oder dem es unterzogen wird, unterfällt § 40 Abs. 1 BetrVG.[20] Dies ist bspw der Fall bei Anfechtung der Betriebsratswahl[21] oder Ausschluss eines Betriebsratsmitglieds nach § 23 Abs. 1 BetrVG.[22] Hierzu gehören nach hM nicht – weil nicht ausschließlich die betriebsverfassungsrechtliche Stellung des Mitglieds des Betriebsrats bzw der Auszubildendenvertretung betroffen ist, sondern Individualinteressen wahrgenommen werden – Verfahren gem. § 103 Abs. 2 BetrVG[23] bzw § 78 a Abs. 4 BetrVG,[24] es sei denn, die Anträge werden rechtskräftig abgewiesen.[25] Dies ist nicht konsequent, denn es kann nicht vom Ergebnis des Rechtsstreits abhängen, ob Gegenstand desselben betriebsverfassungsrechtliche Rechte und Pflichten sind. **13**

Ferner unterfällt die Geltendmachung von **Vergütungs- oder Auslagenersatzansprüchen** nicht der Kostentragungspflicht des Arbeitgebers, weil es sich hier um eine die betriebsverfassungsrechtliche Stellung des Arbeitnehmers betreffende Angelegenheit handelt, selbst wenn diese ihre Rechtsgrundlage in § 37 BetrVG (insb. Arbeitsausfall und Aufwendungen wegen Betriebsratstätigkeit und Schulungen) hat.[26] **14**

II. Voraussetzungen der Kostentragung (Abs. 1)

1. Materielle Voraussetzungen. Der Arbeitgeber hat nicht alle Kosten zu tragen, die durch die Tätigkeit des Betriebsrats entstehen. Er steht nur dann in der Pflicht, wenn die Kosten zur **Durchführung der Aufgaben** des Betriebsrats **erforderlich** waren.[27] **15**

Ohne Bedeutung für die Kostentragungspflicht des Arbeitgebers ist, ob der Betriebsrat in dem Verfahren obsiegt oder unterliegt.[28] Denn es gibt gerade **keine Kostenentscheidung im Beschlussverfahren**, weshalb auch **nicht** die Grundsätze des § 91 ZPO entsprechend herangezogen werden können.[29] **16**

Das BAG hat zur **Erforderlichkeit** folgende **Grundsätze** aufgestellt: **17**

■ Eine Verpflichtung des Arbeitgebers zur Freistellung des Betriebsrats von Kosten, die diesem durch die Inanspruchnahme eines Rechtsanwalts entstanden sind, besteht grds. nur dann, wenn der Betriebsrat bei pflichtgemäßer Berücksichtigung der objektiven Gegebenheiten und Würdigung aller Umstände, insb. auch der Rechtslage, die Führung eines Prozesses und die Beauftragung eines Rechtsanwalts für **erforderlich** halten konnte.[30]

■ Die Prüfung der Erforderlichkeit hat der Betriebsrat nicht allein anhand seiner subjektiven Bedürfnisse vorzunehmen.[31] Er ist vielmehr gehalten, die Interessen der Belegschaft an einer sachgerechten Ausübung des Betriebsratsamts einerseits und die berechtigten Interessen des Arbeitgebers andererseits **gegeneinander abzuwägen**. Der Betriebsrat darf bei der Wahl seiner Rechtsverfolgung oder -verteidigung das Interesse des Arbeitgebers an der Begrenzung seiner Kostentragungspflicht nicht missachten.[32]

■ Die Kostentragungspflicht des Arbeitgebers entfällt, wenn die **Rechtsverfolgung offensichtlich aussichtslos** ist.[33] Das ist nur dann der Fall, wenn die **Rechtslage unzweifelhaft** ist und zu einem Unterliegen des Betriebsrats führen muss.[34] Davon kann jedenfalls dann nicht ausgegangen werden, wenn über eine ungeklärte Rechtsfrage zu entscheiden ist und die **Rechtsauffassung des Betriebsrats vertretbar** erscheint.[35]

---

18 ErfK/*Koch*, BetrVG, § 40 Rn 1. **19** BAG NZA 2010, 353, 354. **20** BAG NZA 1990, 233–235; BAG AP BetrVG 1972 § 13 Nr. 1. **21** DKKW/*Wedde*, BetrVG, § 40 Rn 76. **22** BAG NZA 1990, 233–235. **23** BAG AP BetrVG 1972 § 103 Nr. 28; GK-BetrVG/*Weber*, § 40 Rn 91; aA DKKW/*Wedde*, BetrVG, § 40 Rn 79. **24** BAG NZA 2000, 1178, 1179; anders ist dies für die Kosten für die Vertretung des Betriebsrats als Gremium in diesem Verfahren, wohingegen die anwaltliche Vertretung der Jugend- und Auszubildendenvertretung in diesem Verfahren idR nicht erforderlich iSv § 40 BetrVG ist, vgl BAG NZA 2012, 283–285. **25** BAG AP BetrVG 1972 § 103 Nr. 28 nimmt in diesem Fall einen Verstoß gegen das Benachteiligungsverbot des § 78 S. 2 BetrVG an und hält daher eine Kostenerstattung in der Höhe für gegeben, in der im individualrechtlichen Verfahren eine Kostenerstattung gem. § 12 a Abs. 1 S. 1 ArbGG hätte erfolgen müssen. § 91 ZPO wird nicht explizit angesprochen, ist jedoch zu beachten. Nach aA (BAG NZA 2000, 1178, 1179 f) läge in diesen Fällen kein Verstoß gegen das Benachteiligungsverbot vor. **26** BAG AP BetrVG 1972 § 40 Nr. 19; GK-BetrVG/*Weber*, § 40 Rn 92; aA *Fitting*, BetrVG, § 40 Rn 65; DKKW/*Wedde*, BetrVG, § 40 Rn 78. **27** Richardi/*Thüsing*, BetrVG, § 40 Rn 22. **28** GK-BetrVG/*Weber*, § 40 Rn 85; *Fitting*, BetrVG, § 40 Rn 21. **29** BAG NZA 2008, 372–375. **30** BAG NZA 2009, 1223–1227; BAG NZA 2003, 870, 871; BAG NZA 2000, 556; BAG NZA 2003, 53. **31** BAG NZA 2009, 1223–1227. **32** BAG NZA 2009, 1223–1227. **33** BAG NZA 2009, 1223–1227; BAG NZA 2003, 870, 871; BAG NZA 2000, 556. **34** BAG NZA 2009, 1223–1227; BAG NZA 2003, 870, 872; BAG NZA 1990, 233. **35** BAG NZA 2003, 870, 872.

18   Bei der Prüfung der Erforderlichkeit hat der Betriebsrat einen gewissen **Beurteilungsspielraum**. Hält er sich in diesen Grenzen, können die Gerichte die Entscheidung des Betriebsrats nicht durch ihre eigene ersetzen.[36]

19   Das Erfordernis der Vertretung im gerichtlichen Verfahren ist **in aller Regel** zu **bejahen**, da Betriebsratsmitglieder meist keine Juristen sind und diese daher die rechtlichen Probleme nicht ermessen können.[37]

20   **Maßgeblicher Zeitpunkt** für die Beurteilung der Erforderlichkeit ist der der Beschlussfassung im Betriebsrat,[38] bei Durchführung des Beschlussverfahrens durch ein einzelnes Betriebsratsmitglied der der Beauftragung des Rechtsanwalts.[39]

21   Die **Erforderlichkeit** wurde in der **Rspr** in folgenden Fällen **verneint**:

- Einleitung absolut gleichgelagerter Parallelverfahren statt eines Gruppenverfahrens;[40]
- Einleitung von Massenverfahren statt eines Musterverfahrens;[41]
- Rechtsanwaltsbeauftragung nach Ablauf einer durch den Betriebsrat gesetzten Frist ohne nochmalige Nachfrage;[42]
- gerichtliche Geltendmachung betriebsverfassungsrechtlicher Rechte ohne vorherigen außergerichtlichen Klärungsversuch;[43]
- Arbeitgeberantrag aufgrund schwerwiegenden Pflichtenverstoßes;[44]
- fehlender Verfügungsanspruch beim Antrag auf Erlass einer einstweiligen Verfügung;[45]
- Antrag auf Erlass einer einstweiligen Verfügung, wenn diese aus Zeitgründen nach objektiver Prognose nicht mehr vor der beabsichtigten Maßnahme des Arbeitgebers (selbst ohne mündliche Verhandlung)[46] hat erlassen und zugestellt werden können;[47]
- Rechtsverfolgung eines Anspruchs trotz entgegenstehender höchstrichterlicher Rechtsprechung und entgegenstehender überwiegender Literatur;[48]
- Verfahren nach § 23 Abs. 1 BetrVG, wenn der Sachverhalt nicht ernsthaft zu bestreiten ist und das Verhalten unzweifelhaft einen Ausschluss des Betriebsratsmitglieds rechtfertigt.[49]

22   Die **Literatur** nennt zudem noch: unzulässiges Rechtsmittel.[50]

23   **Nicht gegen** die Erforderlichkeit spricht nach der **Rspr**: Rechtsstreit über eine höchstrichterlich noch nicht entschiedene Rechtsfrage, wenn die Position des Betriebsrats zumindest vertretbar ist;[51] streitiger Sachverhalt, wenn für den Fall der Erweislichkeit des Vortrags Erfolgsaussichten bestehen;[52] wenn zumindest eine Instanz zugunsten des Betriebsrats entschieden hat;[53] Erstattung einer Anzeige nach § 121 BetrVG.[54]

24   Ist die Erforderlichkeit der Vertretung nicht zu verneinen, so hat der Betriebsrat grds. die Wahl, ob er **sich selbst vertritt** oder ob er sich durch die Gewerkschaft oder einen **Rechtsanwalt** vertreten lassen will.[55] Er hat die Wahl, denjenigen zu seinem Prozessbevollmächtigten zu bestimmen, zu dem er das größte Vertrauen hat.[56] Die vereinzelt vertretene Auffassung, dass bei gleicher Eignung des gewerkschaftlichen Vertreters und dessen Bereitschaft zur Übernahme der Angelegenheit eine Verpflichtung des Betriebsrats zur vorrangigen Inanspruchnahme der (kostenlosen) gewerkschaftlichen Vertretung bestünde,[57] ist abzulehnen, da dies iE auf eine Finanzierung der Betriebsratstätigkeit durch die Gewerkschaft hinausliefe, wofür es keine Rechtsgrundlage gibt und was zudem § 40 BetrVG widerspricht, wonach die Kostentragung der Betriebsratstätigkeit dem Arbeitgeber obliegt.[58]

---

36 BAG AP BetrVG 1972 § 40 Nr. 66 (zur Sachmittelausstattung iSv § 40 BetrVG). **37** Düwell/Wolmerath, BetrVG, § 40 Rn 6; ähnl. Fitting, BetrVG, § 40 Rn 25. **38** BAG EzA § 40 BetrVG 1972 Nr. 92. **39** BAG NZA 1990, 233. **40** BAG NZA 2009, 1223. **41** LAG Berlin AP BetrVG 1972 § 40 Nr. 21; offen gelassen durch BAG DB 2012, 2524–2527; aA GK-BetrVG/Weber, § 40 Rn 87 mit dem zutreffenden Hinweis, dass dies nur gelten kann, wenn der Arbeitgeber erklärt, sich auch für die Parallelsachverhalte an das Prozessergebnis gebunden zu halten; ebenso Fitting, BetrVG, § 40 Rn 22. **42** LAG Köln NZA-RR 2000, 640 f; GK-BetrVG/Weber, § 40 Rn 102. **43** LAG Hamm AuA 2010, 179. **44** LAG SchlH NZA-RR 2000, 590 f; aA DKKW/Wedde, BetrVG, § 40 Rn 30 mit dem zutreffenden Hinweis darauf, dass es damit der Arbeitgeber in der Hand hätte, durch Formulierung entsprechender Vorwürfe dem Betriebsrat die rechtliche Vertretungsmöglichkeit zu nehmen. **45** BAG NZA 1992, 41 f; aA Fitting, BetrVG, § 40 Rn 22; mE ist die Entscheidung in dieser Pauschalität deshalb unzutreffend, weil damit iE die Beantwortung der Frage nach der Kostentragungspflicht des Arbeitgebers auf die schlichte Frage des Obsiegens oder Unterliegens hinausliefe. **46** Fitting, BetrVG, § 40 Rn 22. **47** BAG NZA 1992, 41 f. **48** LAG Hamm NZA 1986, 337 f; aA DKKW/Wedde, BetrVG, § 40 Rn 32; mE ist die Entscheidung unzutreffend, da die Betriebsratsauffassung zumindest vertretbar ist, wenn es nur vereinzelte abweichende Stimmen in der Literatur gibt. **49** BAG NZA 1990, 233–235; zust. Fitting, BetrVG, § 40 Rn 61. **50** ErfK/Koch, BetrVG, § 40 Rn 3; dies mag zutreffen für verfristete oder sonst offensichtlich unzulässige Rechtsmittel, jedoch in dieser Allgemeinheit nicht, gerade im Hinblick auf Nichtzulassungsbeschwerden (§ 72 a ArbGG); jedenfalls wird der Beauftragung eines Rechtsanwalts mit der Prüfung der Erfolgsaussichten der Nichtzulassungsbeschwerde nichts entgegenstehen, da dies sicher nicht einem im Arbeitsrecht regelmäßig nicht juristisch ausgebildeten Betriebsratsmitglied zugemutet werden kann (mit der Folge, dass zumindest eine Gebühr nach Nr. 2100 VV RVG abgerechnet werden kann). **51** BAG NZA 2003, 870–872. **52** BAG NZA 1990, 233. **53** BAG BZA 2006, 109–111. **54** ArbG Gießen AiB 2010, 120 f. **55** St. Rspr, vgl BAG NZA 2000, 556–558; BAG AP BetrVG 1972 § 20 Nr. 6; BAG NJW 1980, 1486–1488; zust. DKKW/Wedde, BetrVG, § 40 Rn 36. **56** BeckOK/Mauer, BetrVG, § 40 Rn 7. **57** GK-BetrVG/Weber, § 40 Rn 105; GK-BetrVG/Kreutz, § 76 a Rn 18; Fitting, BetrVG, § 40 Rn 27. **58** Düwell/Wolmerath, BetrVG, § 40 Rn 6.

Tritt der Rechtsanwalt **als Verfahrensbevollmächtigter** (nicht als Beisitzer) im Rahmen einer **Einigungsstelle** 25
auf, so ist dies nur erforderlich, wenn die Rechtslage schwierig ist,[59] wofür die Tatsache, dass sich der Arbeitgeber durch einen Rechtsanwalt vertreten lässt, indizielle Bedeutung hat.[60] Verlangt der Einigungsstel-
lenvorsitzende die schriftliche Darlegung der Standpunkte seitens der Beteiligten, so war nach früherer Rspr
des BAG die Vertretung durch einen Rechtsanwalt erforderlich.[61] Dagegen ist die Vertretung durch einen
Rechtsanwalt dann nicht erforderlich, wenn schon ein Rechtsanwalt als (außerbetrieblicher) Beisitzer der
Einigungsstelle bestellt worden ist.[62]

Der Betriebsrat muss unter dem Gesichtspunkt der Kostenersparnis des Arbeitgebers aber nicht den Rechtsanwalt zum außerbetrieblichen Beisitzer der Einigungsstelle bestimmen, selbst wenn dies günstiger wäre als
die Bestellung zum Verfahrensbevollmächtigten.[63] Dies folgt schon daraus, dass dies bei Beginn des Eini-
gungsstellenverfahrens regelmäßig nicht absehbar ist, aber auch aus der unterschiedlichen Funktion des
weisungsunabhängigen Beisitzers und des weisungsabhängigen Bevollmächtigten.[64]

2. Formelle Voraussetzungen. Die Beauftragung des Rechtsanwalts erfordert einen **ordnungsgemäß gefass-** 26
ten Betriebsratsbeschluss, anderenfalls schuldet der Arbeitgeber keine Freistellung des Betriebsrats vom Vergütungsanspruch des Rechtsanwalts.[65]

Ordnungsgemäß ist ein Beschluss, der in einer Betriebsratssitzung, zu der gem. § 29 Abs. 2 S. 3 BetrVG 27
rechtzeitig und unter Angabe der Tagesordnung[66] von der zuständigen Person (Vorsitzender, im Verhinde-
rungsfalle Stellvertreter, vgl §§ 29, 26 Abs. 2 BetrVG) eingeladen ist, gefasst wurde.[67] Die Ladung aller Betriebsratsmitglieder einschließlich etwaiger Ersatzmitglieder unter gleichzeitiger Mitteilung der Tagesordnung ist wesentliche Voraussetzung für das ordnungsgemäße Zustandekommen des Beschlusses.[68] Ist ein
Betriebsratsmitglied an der Sitzungsteilnahme verhindert, ist ein Ersatzmitglied zu laden (§ 25 Abs. 1 S. 2
BetrVG). Nach § 25 Abs. 2 S. 1 BetrVG werden die Ersatzmitglieder unter Berücksichtigung des § 15 Abs. 2
BetrVG der Reihe nach aus den nichtgewählten Arbeitnehmern derjenigen Vorschlagslisten entnommen, denen die zu ersetzenden Mitglieder angehören. Wird bei der Heranziehung der Ersatzmitglieder gegen die in
§ 25 Abs. 2 BetrVG vorgesehene Reihenfolge verstoßen, leidet der Beschluss an einem erheblichen Mangel
und ist deshalb unwirksam. Wird für ein zeitweilig verhindertes Mitglied ein vorhandenes Ersatzmitglied
nicht geladen, ist der Betriebsrat an einer wirksamen Beschlussfassung gehindert. Hiervon ist nur dann eine
Ausnahme zu machen, wenn ein Betriebsratsmitglied plötzlich verhindert ist und es dem Betriebsrat nicht
mehr möglich ist, das Ersatzmitglied rechtzeitig zu laden.[69]

Eine **Nachholung des Beschlusses** nach Abschluss der jeweiligen Instanz ist nicht möglich.[70] Bis Abschluss 28
des jeweiligen Rechtszugs kann ein fehlender Beschluss nachgeholt bzw ein nicht ordnungsgemäß gefasster
Beschluss durch einen späteren ordnungsgemäßen Beschluss geheilt werden.[71] Der Nachweis des Vorliegens
eines ordnungsgemäßen Beschlusses kann dagegen auch noch in der Rechtsmittelinstanz erfolgen.[72]

Im Zweifel gilt der Beschluss nur für die jeweilige Instanz.[73] Anders als für die Frage der prozessualen 29
Wirksamkeit der Einlegung eines Rechtsmittels[74] kann für die Frage der **ordnungsgemäßen Beauftragung**
die Vorschrift des § 81 ZPO nicht herangezogen werden. Allerdings kann ein alle Instanzen umfassender
Beschluss bereits bei Beginn der gerichtlichen Auseinandersetzung gefasst werden.[75]

Der Beschluss muss die **Rechtsvertretung** durch einen Rechtsanwalt **als solche** und die Beauftragung der 30
konkreten Person nebst Vollmachterteilung an diese umfassen. Es ist möglich, durch Betriebsratsbeschluss
die Auswahl des Rechtsanwalts in das Ermessen des Betriebsratsvorsitzenden zu stellen.[76]

III. Vergütung

Sind die Voraussetzungen des § 40 BetrVG gegeben, so besteht der Anspruch auf Kostentragung des Be- 31
triebsrats gegen den Arbeitgeber, **ohne** dass es mit diesem zuvor einer **Vereinbarung** bedarf.[77] Allein das
Vorliegen dieser Voraussetzungen begründet ein **gesetzliches Schuldverhältnis** vermögensrechtlicher Art
zwischen Betriebsrat und Arbeitgeber.[78]

---

[59] BAG NZA 1996, 892, 893. [60] BAG NZA 1996, 892, 893; aA BAG AP BetrVG 1972 § 76 Nr. 9. [61] BAG AP BetrVG 1972
§ 76 Nr. 9; aufgegeben durch BAG NZA 1990, 107–110 (zust. GK-BetrVG/*Kreutz*, § 76 a Rn 18). [62] *Fitting*, BetrVG, § 40
Rn 38; GK-BetrVG/*Kreutz*, § 76 a Rn 18; DKKW/*Berg*, BetrVG, § 76 a Rn 16. [63] BAG NZA 1996, 892, 894; ErfK/*Koch*,
BetrVG, § 40 Rn 5; aA GK-BetrVG/*Kreutz*, § 76 a Rn 18. [64] BAG NZA 1996, 892, 894. [65] BAG NZA 2009, 1223, 1224 f;
BAG NZA 2003, 870–872. [66] Dieses Erfordernis stellt der 1. Senat im Beschl. v. 9.7.2013 – 1 ABR 2/13 in Abrede für den Fall
der ansonsten ordnungsgemäßen Ladung aller Betriebsratsmitglieder bei einstimmiger Aufnahme eines Tagesordnungspunkts
durch die anwesende beschlussfähige Mehrheit; wegen aA des 7. Senats (NZA 2008, 369) daher hat der 1. Senat eine Anfrage
nach § 45 Abs. 3 S. 1 ArbGG gestellt. [67] BAG NZA 2009, 1223, 1224 f. [68] BAG NZA 2009, 1223, 1224 f. [69] BAG
18.1.2006 – 7 ABR 25/05, juris. [70] BAG NZA 2000, 1178, 1180; BAG NZA 2000, 838, 839 (zur Kostenerstattung bei Schulungen). [71] BAG AP BetrVG 1972 § 77 Betriebsvereinbarung Nr. 11. [72] BAG NZA 2006, 553–558. [73] LAG Berlin AP BetrVG
1972 § 40 Nr. 25. [74] BAG AP BetrVG 1972 § 38 Nr. 11. [75] DKKW/*Wedde*, BetrVG, § 40 Rn 37. [76] LAG SchlH AiB 2002,
632. [77] ErfK/*Koch*, BetrVG, § 40 Rn 1. [78] BAG NZA 2009, 1223, 1225.

32 Die **Höhe** der Gebühren richtet sich nach dem **Rechtsanwaltsvergütungsgesetz** (RVG).

33 Der Betriebsrat kann regelmäßig nicht zulasten des Arbeitgebers dem Rechtsanwalt eine **höhere als die gesetzliche Vergütung** zusagen, da dies idR nicht erforderlich ist.[79] Dies gilt selbst dann, wenn der Arbeitgeber seinem Bevollmächtigten eine höhere als die gesetzliche Vergütung bezahlt.[80]

34 **Fahrtkosten** sind in erforderlichem Umfang zu erstatten. Bei Hinzuziehung eines **auswärtigen Rechtsanwalts** setzt die Erstattung der hierdurch entstandenen Fahrtkosten unter dem Gesichtspunkt der Erforderlichkeit mehr als die bloße Fachkompetenz des beauftragten Rechtsanwalts voraus.[81] Ausreichend ist aber schon ein objektiv nachvollziehbares besonderes Vertrauensverhältnis oder eine besondere Sachkunde gerade im Hinblick auf den konkreten Betrieb.[82]

35 Der Arbeitgeber ist – auf Anforderung – zur **Vorschusszahlung** verpflichtet.[83]

36 Der Betriebsrat kann aufgrund ordnungsgemäß gefassten Beschlusses[84] (→ Rn 27 ff) durch **Abtretung** dem Rechtsanwalt seinen **Freistellungsanspruch** gegenüber dem Arbeitgeber übertragen. Damit wandelt sich dieser in einen **Zahlungsanspruch des Rechtsanwalts gegenüber dem Arbeitgeber** um,[85] den der Rechtsanwalt gerichtlich geltend machen kann (→ Rn 39 ff).

37 **Endet** die **Amtszeit des Betriebsrats** wegen der Amtszeit eines neuen Betriebsrats (§ 21 Abs. 1 S. 2 Alt. 2 BetrVG), so geht im Wege der Funktionsnachfolge auch die vermögensrechtliche Position des Kostenerstattungsanspruchs gegen den Arbeitgeber auf den neuen Betriebsrat über.[86] Gleiches gilt gem. § 21 a BetrVG (Übergangsmandat) und § 21 b BetrVG (Restmandat). In zahlreichen Fällen aber schließt sich mit dem Ende der Amtszeit ein – zumindest vorübergehender – betriebsratsloser Zustand an. In diesen Fällen bleibt der Betriebsrat in entsprechender Anwendung von § 22 BetrVG, § 49 Abs. 2 BGB auch nach dem Ende seiner Amtszeit befugt, noch nicht erfüllte Kostenerstattungsansprüche gegen den Arbeitgeber weiterzuverfolgen und an den Rechtsanwalt abzutreten.[87]

38 Der Kostenerstattungsanspruch unterliegt der regelmäßigen **Verjährung** (drei Jahre, vgl § 195 BGB). Der Betriebsrat darf wegen des Gebots der vertrauensvollen Zusammenarbeit (§ 2 Abs. 1 BetrVG) gegenüber dem Arbeitgeber nicht die Freistellung von einem verjährten Vergütungsanspruch verlangen und darf nicht zulasten des Arbeitgebers auf die Verjährungseinrede verzichten.[88] Der Kostenerstattungsanspruch unterliegt hingegen **keinen tariflichen Verfallfristen**.[89]

IV. Gerichtliche Durchsetzung

39 Sowohl der Freistellungsanspruch als auch der Zahlungsanspruch des Rechtsanwalts nach Abtretung sind im **arbeitsgerichtlichen Beschlussverfahren**[90] geltend zu machen.

40 Der **Anspruchsteller** trägt die **Beweislast** bzgl der Anspruchsvoraussetzungen. Zwar gilt im Rahmen des Beschlussverfahrens der Amtsermittlungsgrundsatz.[91] Gleichwohl trifft den jeweiligen Beteiligten die Rechtsfolge der Nichterweislichkeit einer Tatsache, so dass durchaus von „Beweislast" gesprochen werden kann.[92]

41 Will der Rechtsanwalt, dem der Freistellungsanspruch gegen den Arbeitgeber durch den Betriebsrat abgetreten worden ist, seine Vergütung gerichtlich geltend machen, hat er daher vorzutragen und unter Beweis zu stellen:

- Ordnungsgemäße Beschlussfassung des Betriebsrats bzgl der Einleitung des Verfahrens/Verteidigung in dem vom Arbeitgeber eingeleiteten Verfahren;
- ordnungsgemäße Beschlussfassung des Betriebsrats bzgl der Beauftragung der bestimmten Person des Rechtsanwalts (oder Kanzlei);
- Erteilung des Auftrags an den Rechtsanwalt (oder Kanzlei) nebst Bevollmächtigung für das Verfahren;
- ordnungsgemäße Beschlussfassung des Betriebsrats bzgl der Abtretung des Freistellungsanspruchs gegen den Arbeitgeber an den Rechtsanwalt (oder Kanzlei);
- erfolgte Abtretung an den Rechtsanwalt (oder Kanzlei);
- ordnungsgemäße Rechnungsstellung (gegenüber dem Betriebsrat);
- Erfüllung der geltend gemachten Gebührentatbestände;
- Offenlegung der Abtretung gegenüber dem Arbeitgeber nebst Zahlungsaufforderung.

79 BAG NZA 2000, 556, 558; GK-BetrVG/*Weber*, § 40 Rn 104; zweifelnd DKKW/*Wedde*, BetrVG, § 40 Rn 34. **80** HessLAG 7.11.2011 – 16 TaBVGa 177/11, juris. **81** BAG EzA § 40 BetrVG 1972 Nr. 92. **82** LAG Nds LAGE § 40 BetrVG 2001 Nr. 9. **83** DKKW/*Wedde*, BetrVG, § 40 Rn 35; ErfK/*Koch*, BetrVG, § 40 Rn 4. **84** BAG NZA 2006, 109 f. **85** BAG NZA 2009, 1223, 1225; BAG NZA 1998, 900. **86** BAG AP BetrVG 1972 § 40 Nr. 71. **87** BAG AP BetrVG 1972 § 40 Nr. 71. **88** LAG SchlH NZA-RR 2000, 590 f. **89** BAG AP BetrVG 1972 § 40 Nr. 3 (für Aufwendungen eines Betriebsratsmitglieds). **90** AllgM, vgl ErfK/*Koch*, BetrVG, § 40 Rn 19. **91** Germelmann u.a./*Matthes/Spinner*, ArbGG, § 80 Rn 34, § 83 Rn 82–103. **92** Germelmann u.a./*Matthes/Spinner*, ArbGG, § 83 Rn 94.

NK-GK/*Köpf*

Der Rechtsanwalt sollte in seinem eigenen Interesse darauf achten, dass ihm bereits **zu Beginn seiner Beauf-** **42** **tragung** sämtliche soeben dargelegten Unterlagen im **Original** vorliegen. Anderenfalls läuft er Gefahr, für seine Tätigkeit keine Vergütung vom Arbeitgeber zu erhalten. Fehlt es nur an einem Punkt, haftet der Arbeitgeber nicht. Die Beschlüsse zur Verfahrensführung und Beauftragung sind nach Instanzende nicht nachholbar. Ob – insb. nach einem Wechsel der Personen im Betriebsrat – eine Abtretung noch erfolgt oder nicht, ist ungewiss.

Eine Kostenhaftung des **Betriebsrats als Organ** kommt mangels Vermögensfähigkeit (→ Vor Rn 5) nicht in **43** Betracht.

Allerdings haften die den Rechtsanwalt beauftragenden **Betriebsratsmitglieder** diesem möglicherweise **per-** **44** **sönlich**.[93] Die Haftung folgt aus dem entsprechend anzuwendenden § 179 BGB[94] und ist grds. in Fällen formell fehlerhafter Beauftragung oder fehlender Erforderlichkeit der Beauftragung (einschließlich der Höhe der zugesagten Vergütung) denkbar.

Allerdings steht die Haftung unter dem Vorbehalt von § 179 Abs. 2 und 3 BGB. Dies bedeutet einen **Haf-** **tungsausschluss**, wenn dem Vertragspartner bekannt oder infolge grober Fahrlässigkeit unbekannt war, dass die Beauftragung wegen obiger Mängel nicht wirksam erfolgt ist.[95] Da der Vertragspartner als Rechtsanwalt in aller Regel die höhere Sachkunde als das Betriebsratsmitglied hat, jedenfalls aber haben muss, scheidet in der Praxis eine Haftung der handelnden Betriebsratsmitglieder häufig deshalb aus, weil der Rechtsanwalt schon zur Meidung der Folgen des § 179 Abs. 3 BGB gehalten ist, das Vorliegen der formellen Voraussetzungen seiner Beauftragung ebenso zu prüfen wie die Erforderlichkeit derselben. Für eine Haftung bleibt damit nur dann Raum, wenn es zur Frage der Erforderlichkeit der Beauftragung zumindest zwei vertretbare Rechtsstandpunkte gibt, denn nach Ansicht des BGH „dürfte" den Rechtsanwalt eine „Nebenpflicht nicht treffen, vor hinsichtlich seiner Erforderlichkeit und damit seiner Erstattungsfähigkeit zweifelhaftem Beratungsaufwand zu warnen".[96] Diese Auffassung ist abzulehnen, da es der BGH selbst für „naheliegend" erachtet, dass „das handelnde Betriebsratsmitglied ... in den Schutzbereich eines zwischen dem Betriebsrat und dem handelnden Rechtsanwalt geschlossenen Vertrages einbezogen ist".[97] Im Ergebnis kann es nach richtiger Auffassung daher nur dann zu einer persönlichen Haftung des Betriebsratsmitglieds kommen, wenn es vom Rechtsanwalt über das **Risiko** seiner **Kostenhaftung belehrt** wurde und sich **gleichwohl für die Beauftragung entscheidet**.

Ob eine nach § 179 BGB bestehende Haftung auf das positive oder negative Interesse des Rechtsanwalts gerichtet ist, hängt entsprechend § 179 Abs. 1 und 2 BGB davon ab, ob das handelnde Betriebsratsmitglied Kenntnis von dem die Arbeitgeberhaftung ausschließenden Fehler hatte.[98]

Macht der Rechtsanwalt den Anspruch des Betriebsrats auf Freistellung geltend, so ergeben sich für die Er- **45** stattung der in diesem Verfahren anfallenden Kosten keine Besonderheiten. Es gilt § 40 BetrVG.

Anders ist dies, wenn der Rechtsanwalt seine Vergütung unmittelbar nach erfolgter Abtretung seitens des **46** Betriebsrats gerichtlich geltend macht (sog. **Honorardurchsetzungskosten**). Die hierfür anfallende Rechtsanwaltsvergütung, die auch dem Rechtsanwalt zusteht, der seine eigenen Ansprüche geltend macht, hat der Arbeitgeber unter dem Gesichtspunkt des **Verzugs** (§ 286 Abs. 1 BGB) zu erstatten.[99] Dem steht § 12 a Abs. 1 S. 1 ArbGG nicht entgegen, der nur für das Urteilsverfahren (und auch im außergerichtlichen Bereich nur für Angelegenheiten in diesem Sinne) gilt.[100] Die Geltendmachung dieser Kosten erfolgt bei Nichtzahlung durch den Arbeitgeber wiederum im **Beschlussverfahren**.[101]

V. Exkurs: Kostenerstattung und Prozesskostenhilfe/Beiordnung nach § 11 a ArbGG

Der Kostenerstattungsanspruch nach § 40 BetrVG schließt Prozesskostenhilfe grds. aus. Es sind aber Fall- **47** konstellationen denkbar, in denen ausnahmsweise kein Kostenerstattungsanspruch besteht. Dann stellt sich die Frage der Prozesskostenhilfe (§ 11 a Abs. 1, 2 ArbGG iVm §§ 114 ff ZPO).

Der Freistellungsanspruch kann einmal aus **Rechtsgründen** scheitern. Fehlt es an der Erforderlichkeit (→ Rn 15 ff), so kommt Prozesskostenhilfe mangels Erfolgsaussichten nicht in Betracht. Fehlt es an den anderen (formellen) Voraussetzungen, insb. der ordnungsgemäßen Beschlussfassung (→ Rn 27 ff), ist ebenso keine Prozesskostenhilfe zu gewähren, da der zum Vermögen zählende und die PKH-Bewilligung ausschließende Kostenerstattungsanspruch durch eigenes Verschulden vereitelt wurde.

---

93 BGH 25.10.2012 – III ZR 266/11, juris; ArbG Siegen AnwBl 1990, 100 f; aA OLG Frankfurt a. M. 21.9.2011 – 1 U 184/10, juris. **94** BGH 25.10.2012 – III ZR 266/11, juris; aA GK-BetrVG/*Kreutz*, § 76 a Rn 33 (zur Kostenhaftung bei der Bestellung eines externen Einigungsstellenbeisitzers): § 54 S. 2 BGB, § 41 Abs. 1 S. 2 AktG und § 11 Abs. 2 GmbHG; krit. zum Ansatz des BGH *Lunk/Rodenbusch*, NJW 2014, 1989. **95** BGH NZA 2012, 1382. **96** BGH NZA 2012, 1382. **97** BGH NZA 2012, 1382. **98** BGH NZA 2012, 1382. **99** BAG AP BetrVG 1972 § 76 a Nr. 4. **100** BAG AP BetrVG 1972 § 76 a Nr. 4. **101** BAG AP BetrVG 1972 § 76 a Nr. 4; LAG Köln ArbuR 2010, 528.

Dagegen kann die Realisierung des bestehenden Freistellungsanspruchs aus **tatsächlichen Gründen** scheitern, nämlich wegen **Vermögenslosigkeit** des Arbeitgebers, insb. bei Insolvenz. Dann fehlt es an einem einzusetzenden Vermögen des Betriebsrats, weshalb PKH bewilligt werden kann.[102]

VI. Exkurs: Kostenerstattungsansprüche in der Insolvenz

48 Der Freistellungsanspruch des Betriebsrats bzgl bereits entstandener[103] Rechtsanwaltsgebühren ist bloße Insolvenzforderung iSv § 38 InsO.[104] Ist ein gerichtliches Verfahren gem. § 240 ZPO wegen Eröffnung des Insolvenzverfahrens unterbrochen und nimmt der Insolvenzverwalter dieses auf und setzt es fort, so sind die dem Betriebsrat entstanden Rechtsanwaltskosten Masseverbindlichkeiten iSv § 55 InsO, die nach § 53 InsO vorrangig aus der Masse zu befriedigen sind, selbst wenn sie schon vor Eröffnung des Insolvenzverfahrens entstanden waren.[105] Tätigkeiten nach Eröffnung des Insolvenzverfahrens sind als Masseschulden iSv § 55 InsO privilegiert.[106]

49 Erfolgt ein Betriebsübergang, haftet der Betriebsübernehmer grds. entsprechend § 613 a BGB für die bisher angefallenen Kosten nach § 40 BetrVG.[107] Dies gilt aber nicht bei einem Betriebsübergang nach Eröffnung des Insolvenzverfahrens. In diesem Fall haftet der Erwerber nur für Masseverbindlichkeiten nach § 55 InsO.[108]

§ 76 a Kosten der Einigungsstelle

(1) Die Kosten der Einigungsstelle trägt der Arbeitgeber.

(2) [1]Die Beisitzer der Einigungsstelle, die dem Betrieb angehören, erhalten für ihre Tätigkeit keine Vergütung; § 37 Abs. 2 und 3 gilt entsprechend. [2]Ist die Einigungsstelle zur Beilegung von Meinungsverschiedenheiten zwischen Arbeitgeber und Gesamtbetriebsrat oder Konzernbetriebsrat zu bilden, so gilt Satz 1 für die einem Betrieb des Unternehmens oder eines Konzernunternehmens angehörenden Beisitzer entsprechend.

(3) [1]Der Vorsitzende und die Beisitzer der Einigungsstelle, die nicht zu den in Absatz 2 genannten Personen zählen, haben gegenüber dem Arbeitgeber Anspruch auf Vergütung ihrer Tätigkeit. [2]Die Höhe der Vergütung richtet sich nach den Grundsätzen des Absatzes 4 Satz 3 bis 5.

(4) [1]Das Bundesministerium für Arbeit und Soziales kann durch Rechtsverordnung die Vergütung nach Absatz 3 regeln. [2]In der Vergütungsordnung sind Höchstsätze festzusetzen. [3]Dabei sind insbesondere der erforderliche Zeitaufwand, die Schwierigkeit der Streitigkeit sowie ein Verdienstausfall zu berücksichtigen. [4]Die Vergütung der Beisitzer ist niedriger zu bemessen als die des Vorsitzenden. [5]Bei der Festsetzung der Höchstsätze ist den berechtigten Interessen der Mitglieder der Einigungsstelle und des Arbeitgebers Rechnung zu tragen.

(5) Von Absatz 3 und einer Vergütungsordnung nach Absatz 4 kann durch Tarifvertrag oder in einer Betriebsvereinbarung, wenn ein Tarifvertrag dies zulässt oder eine tarifliche Regelung nicht besteht, abgewichen werden.

I. Anwendungsbereich

1 § 76 a BetrVG regelt die Kostenerstattung des anwaltlichen **Beisitzers** in der Einigungsstelle. Hinsichtlich der Abgrenzung zu § 40 BetrVG und zu § 80 Abs. 3 BetrVG, insb. zur Tätigkeit des Rechtsanwalts als Verfahrensbevollmächtigter der Betriebsratsseite bei einer Einigungsstelle, wird auf die Ausführungen in → § 40 Rn 6 verwiesen.

II. Voraussetzungen der Kostentragung

2 1. Allgemeines. Gemäß § 76 a Abs. 1 BetrVG trägt der **Arbeitgeber** die Kosten der Einigungsstelle. Hierzu gehören – neben den Kosten des Einigungsstellenvorsitzenden und denen der betriebsangehörigen Beisitzer – auch die Kosten der **externen Beisitzer**, insb. also des vom Betriebsrat für dessen Seite als **Beisitzer** der Einigungsstelle benannten **Rechtsanwalts**.

---

102 SächsLAG LAGE § 114 ZPO 2002 Nr. 9; LAG Hamm LAGE § 115 ZPO Nr. 42; LAG RhPf NZA 1991, 32. **103** Zwar entstehen die Gebühren gem. § 8 Abs. 1 RVG erst mit Abschluss der jeweiligen Instanz, doch gelten für Insolvenzeröffnung gem. § 41 Abs. 1 InsO nicht fällige Forderungen als fällig. **104** BAG NZA 2006, 109–111; SächsLAG LAGE § 114 ZPO 2002 Nr. 9. **105** BAG NZA 2006, 109–111. **106** DKKW/*Wedde*, BetrVG, § 40 Rn 114. **107** BAG NZA 2015, 1530; BAG NZA 2010, 461–465. **108** BAG NZA 2010, 461–465; BAG NZA 1994, 1144, 1145 f (zur KO).

NK-GK/*Köpf*

Das Bestehen des Vergütungsanspruchs **dem Grunde nach** folgt schon aus dem Gesetz (§ 76 Abs. 3 S. 1 BetrVG). Für die **Höhe** gilt gem. § 76 Abs. 3 S. 2 BetrVG die Regelung des § 76 Abs. 4 S. 3–5 BetrVG.[1] Von der Verordnungsermächtigung (§ 76 Abs. 4 S. 1, 2 BetrVG) wurde kein Gebrauch gemacht.[2] Die Öffnungsklausel für Tarifverträge und Betriebsvereinbarungen (§ 76 Abs. 5 BetrVG) spielt in der Praxis keine große Rolle.[3]   **3**

2. Materielle Voraussetzungen. Materielle Voraussetzung ist die **Tätigkeit** als nicht betriebsangehöriger Beisitzer in einer betrieblichen Einigungsstelle iSv § 76 BetrVG.   **4**

Zwar wird allgemein davon ausgegangen, dass der Arbeitgeber die Kosten der Einigungsstelle nur insoweit trägt, als diese **erforderlich** sind.[4] Im Wortlaut des § 76 a BetrVG findet dies indes keinen Niederschlag.   **5**

Die Bestellung des externen Beisitzers durch den Betriebsrat unterliegt jedenfalls nicht der Prüfung der Erforderlichkeit dergestalt, dass der Einwand zulässig wäre, die Bestellung eines **betriebsangehörigen Beisitzers sei kostengünstiger**.[5] Für die Auswahlentscheidung des Betriebsrats ist in erster Linie das Vertrauen in die Person des Beisitzers maßgeblich. Darauf, ob auch andere, insb. betriebsangehörige Personen ebenfalls zur Übernahme der Beisitzertätigkeit bereit und in der Lage wären, kommt es nicht an.[6] Daher ist auch die Zulässigkeit der Benennung von mehreren honorarberechtigten außerbetrieblichen Beisitzern anerkannt.[7]   **6**

Soweit danach in der Praxis für die Frage der Vergütung des betriebsfremden Beisitzers noch ein Anwendungsbereich des allgemeinen Grundsatzes der Erforderlichkeit verbleibt, ist maßgeblich, ob der Betreffende aus Sicht eines **objektiven vernünftigen Betrachters** die Kostenverursachung in deren Zeitpunkt für erforderlich halten durfte.[8] Dies wird sich im Wesentlichen nur bei den Auslagen auswirken (→ Rn 23).   **7**

3. Formelle Voraussetzungen. Da das Bestehen des Vergütungsanspruchs des externen Beisitzers schon aus § 76 Abs. 3 S. 1 BetrVG folgt, bedarf es hierfür **keiner** besonderen **Vereinbarung** mit dem Arbeitgeber.[9]   **8**

Der Anspruch richtet sich **unmittelbar gegen der Arbeitgeber**; einer Abtretung des Freistellungsanspruchs des Betriebsrats gegen den Arbeitgeber bedarf es – anders als bei den Vergütungsansprüchen iSv § 40 BetrVG oder § 80 BetrVG (→ § 40 Rn 36 und § 80 Rn 33 f) – nicht.[10]   **9**

Voraussetzung aber ist die **wirksame Bestellung**, dh die benannte Beisitzeranzahl darf die vereinbarte oder durch das Arbeitsgericht (§ 98 ArbGG) festgelegte Zahl nicht überschreiten und der konkrete Rechtsanwalt muss durch wirksamen Betriebsratsbeschluss (zu den Erfordernissen → § 40 Rn 27) bestellt worden sein.[11] Der fehlende Beschluss kann nach Auffassung des BAG noch nach Abschluss der Einigungsstelle **nachgeholt** werden.[12] Insoweit unterscheidet sich die Rspr von der zu § 40 BetrVG, die eine Nachholung des Beauftragungsbeschlusses nach Abschluss der Instanz nicht zulässt (→ § 40 Rn 28).   **10**

Selbstverständlich **möglich und sinnvoll** ist der Abschluss einer **Vereinbarung** mit dem Arbeitgeber.   **11**

III. Vergütung

1. Vergütung bei Fehlen einer Vereinbarung mit dem Arbeitgeber. Ist **keine Vereinbarung** mit dem **Arbeitgeber** (eine Vereinbarung mit dem Betriebsrat genügt nicht) getroffen worden, so hat der Rechtsanwalt sein Honorar nach billigem Ermessen gem. **§§ 315, 316 BGB** zu bestimmen.[13] Nur dann, wenn die Bestimmung nicht billigem Ermessen entspricht, kann eine gerichtliche Bestimmung der Vergütung erfolgen.[14]   **12**

Der Beisitzer hat sich dabei – wie der Vorsitzende – an den **Bemessungsgrundsätzen des § 76 a Abs. 4 S. 3–5 BetrVG** zu orientieren. Maßgeblich sind also der erforderliche Zeitaufwand, die Schwierigkeit der Streitigkeit sowie ein Verdienstausfall, weiter muss die Beisitzervergütung unter der des Vorsitzenden liegen, ferner ist den berechtigten Interessen der Mitglieder der Einigungsstelle und des Arbeitgebers Rechnung zu tragen.[15] Die gesetzlich geregelten Kriterien sind abschließend.[16] Die Vergütung unterliegt **keinen absoluten Höchstsätzen**.[17] Nicht zulässig ist es – wie vor Geltung des § 76 a BetrVG möglich – auf die Gebührensätze des RVG bzw den **Gegenstandswert** der Tätigkeit abzustellen.[18]   **13**

---

1 AllgM, vgl nur Richardi/*Richardi*, BetrVG, § 76 a Rn 20. **2** Spengler/Hahn/Pfeiffer/*Spengler/Herbert*, § 10 Rn 5 weisen zutreffend darauf hin, dass es hierfür wegen der gelebten Praxis auch keinen Bedarf mehr gibt; aA GK-BetrVG/*Kreutz*, § 76 a Rn 41. **3** Spengler/Hahn/Pfeiffer/*Spengler/Herbert*, § 10 Rn 6. **4** AllgM, vgl nur GK-BetrVG/*Kreutz*, § 76 a Rn 9; Düwell/*Krasshöfer*, BetrVG, § 76 a Rn 2; BeckOK/*Werner*, BetrVG, § 76 a Rn 3. **5** BAG AP BetrVG 1972 § 76 Einigungsstelle Nr. 5; BAG NZA 2008, 369, 370; *Fitting*, BetrVG, § 76 a Rn 15; Düwell/*Lorenz*, BetrVG, § 76 a Rn 8; BeckOK/*Werner*, BetrVG, § 76 a Rn 11; aA GK-BetrVG/*Kreutz*, § 76 a Rn 30. **6** BAG AP BetrVG 1972 § 76 Einigungsstelle Nr. 5; aA GK-BetrVG/*Kreutz*, § 76 a Rn 30. **7** BAG AP BetrVG 1972 § 76 Einigungsstelle Nr. 5. **8** GK-BetrVG/*Kreutz*, § 76 a Rn 10. **9** BAG NZA 1996, 1225; BAG NZA 1993, 605 f. **10** Düwell/*Krasshöfer*, BetrVG, § 76 a Rn 5. **11** BAG NZA 1996, 1225; BAG AP BetrVG 1972 § 76 Nr. 3; BAG NZA 1993, 605 f. **12** BAG NZA 2008, 369, 370 f. **13** BAG NZA 1996, 1225; BAG NZA 1993, 605, 607. **14** BAG NZA 1993, 605, 607. **15** BAG NZA 1996, 1225; BAG NZA 1993, 605, 607. **16** GK-BetrVG/*Kreutz*, § 76 a Rn 43; aA *Fitting*, BetrVG, § 76 a Rn 19. **17** BAG AP BetrVG 1972 § 76 Einigungsstelle Nr. 5; Spengler/Hahn/Pfeiffer/*Spengler/Herbert*, § 10 Rn 12. **18** DKKW/*Berg*, BetrVG, § 76 a Rn 28; GK-BetrVG/*Kreutz*, § 76 a Rn 44.

14   In der Praxis war – schon vor Geltung des § 76 a BetrVG – für die Beisitzervergütung eine **Bruchteilsbemessung, orientiert an der Vergütung des Vorsitzenden**, üblich.

15   Für die Vergütung des **Vorsitzenden** kommt es idR maßgeblich auf den **Zeitaufwand** an, in dem sich auch die Schwierigkeit der Angelegenheit ausdrückt.[19] Dieser umfasst den gesamten mit der Einigungsstelle einhergehenden Zeitaufwand, also nicht nur die Sitzungszeiten, sondern auch die Vorbereitung (insb. Aktenstudium, rechtliche Aufbereitung) und die Nachbereitungen (insb. Erstellung von Protokollen, Entwürfen einer Betriebsvereinbarung, Fertigung eines Spruchs).[20]

16   Die Bestimmung eines Honorars in Höhe von **7/10 des dem Vorsitzenden gezahlten Honorars** ist idR nicht zu beanstanden, insb., wenn sich Arbeitgeber und Vorsitzender über die Höhe dessen Honorars geeinigt haben oder der Arbeitgeber dessen Honorarbestimmung nicht beanstandet hat.[21]

17   Allerdings besteht keine echte Akzessorietät der Beisitzervergütung, weshalb dieser seine Vergütung auch dann am Maßstab der **fiktiven Vorsitzendenvergütung** bemessen kann, wenn der Vorsitzende ganz oder teilweise hierauf verzichtet.[22]

18   Teilweise[23] wird die Auffassung vertreten, die Vergütung des Vorsitzenden könne dann nicht Bemessungsgrundlage sein, wenn mit diesem eine aufwandsorientierte Vergütung (insb. nach Stunden) vereinbart worden ist. Vielmehr sei dann nur der individuelle Aufwand des Beisitzers abrechenbar. Diese Auffassung ist abzulehnen, da mit dem Abschlag von 3/10 bereits dem üblicherweise höheren Aufwand des Vorsitzenden Rechnung getragen ist.[24] Soweit diese individuelle Betrachtung zur Kostenersparnis für die Arbeitgeberseite für sinnvoll erachtet wird, sei darauf hingewiesen, dass hiermit die Gefahr für den Arbeitgeber verbunden ist, dass ein Betriebsratsbeisitzer, insb. bei schwierigen Rechtsfragen im Rahmen seines Beurteilungsspielraums zulässig, einen nicht absehbaren Stundenaufwand leisten und abrechnen kann.

19   Mit der ständigen Rspr des BAG[25] ist damit beim Fehlen besonders zu berücksichtigender individueller Umstände[26] der **7/10-Ansatz nicht zu beanstanden**.[27] Will der Arbeitgeber vom 7/10-Ansatz nach unten abweichen, trifft ihn die Darlegungs- und Beweislast, dass aufgrund der Umstände des Einzelfalls mit dieser Bemessung die Kriterien des § 76 a Abs. 3 BetrVG nicht hinreichend billig bestimmt worden sind.[28] Dies gilt entsprechend für den Rechtsanwalt, wenn dieser mehr als 7/10 berechnen will.[29]

20   Die Miterledigung eines gerichtlichen Beschlussverfahrens durch die Einigungsstelle löst keine Gebühren nach dem RVG aus, denn der Rechtsanwalt ist dort in seiner Funktion als Einigungsstellenbeisitzer und nicht als Verfahrensbevollmächtigter tätig.[30]

21   Es ist aus Gründen der Parität unzulässig, an die externen Beisitzer eine **unterschiedlich hohe Vergütung** zu bezahlen (insb. eine höhere an den Arbeitgeberbeisitzer), es sei denn, dies ist dadurch gerechtfertigt, dass der Betreffende keinen Verdienstausfall erleidet.[31] Daher steht dem Beisitzer ein **Auskunftsanspruch** gegen den Arbeitgeber bzgl der an die anderen externen Beisitzer bezahlten Vergütung zu.[32]

22   Die **Umsatzsteuer** auf die Vergütung ist durch den Arbeitgeber zu bezahlen, ohne dass es einer entsprechenden Vereinbarung bedarf.[33]

23   **Individuelle Aufwendungen** des externen Einigungsstellenbeisitzers, wie zB **Reise- und Übernachtungskosten**, sind vom Arbeitgeber zu erstatten, wenn es sich um Kosten der Einigungsstelle handelt.[34] Dies ist der Fall, wenn sie durch die Teilnahme an Sitzungen der Einigungsstelle entstehen oder ihre Grundlage in einer besonderen Aufgabenzuweisung durch die Einigungsstelle haben. Dazu zählt nicht die Beratung des Betriebsrats.[35]

24   Die gesetzliche Vergütung nach § 76 a BetrVG ist **fällig** mit Abschluss der Einigungsstelle.[36] Zumindest bei länger dauernden Einigungsstellen besteht eine **Vorschusspflicht des Arbeitgebers**.[37]

---

19 *Fitting*, BetrVG, § 76 a Rn 21. **20** *Fitting*, BetrVG, § 76 a Rn 20. **21** BAG NZA 1993, 605, 607; BAG NZA 1996, 1225, 1226; HessLAG 11.6.2012 – 16 TaBV 203/11, juris. **22** DKKW/*Berg*, BetrVG, § 76 a Rn 43. **23** ErfK/*Kania*, BetrVG, § 76 a Rn 6; GK-BetrVG/*Kreutz*, § 76 a Rn 49. **24** BAG NZA 1993, 605, 607; DKKW/*Berg*, BetrVG, § 76 a Rn 37. **25** BAG NZA 1993, 605, 607; BAG NZA 1996, 1225, 1226. **26** ZB für den Fall, dass nur der Vorsitzende, nicht jedoch der Beisitzer einen Verdienstausfall erleidet, vgl BAG NZA 1996, 1225, 1226 (eine Ausnahme, die für die Frage der Vergütung des Rechtsanwalts als Beisitzer keine Relevanz hat). **27** Ebenso *Fitting*, BetrVG, § 76 a Rn 25 a. **28** *Fitting*, BetrVG, § 76 a Rn 25 b. **29** *Fitting*, BetrVG, § 76 a Rn 25 b. **30** ArbG Weiden 20.3.2012 – 5 BV 30/11, juris. **31** *Fitting*, BetrVG, § 76 a Rn 26; ErfK/*Kania*, BetrVG, § 76 a Rn 6; DKKW/*Berg*, BetrVG, § 76 a Rn 37; BeckOK/*Mauer*, BetrVG, § 76 a Rn 20; aA GK-BetrVG/*Kreutz*, § 76 a Rn 62; Richardi/*Richardi*, BetrVG, § 76 a Rn 23; HessLAG 7.11.2011 – 16 TaBVGa 177/11, juris (für die Vergütung eines arbeitsgerichtlichen Beschlussverfahrens). **32** DKKW/*Berg*, BetrVG, § 76 a Rn 40; Spengler/Hahn/Pfeiffer/*Spengler/Herbert*, § 10 Rn 37. **33** BAG NZA 1996, 1225, 1226; GK-BetrVG/*Kreutz*, § 76 a Rn 37; *Fitting*, BetrVG, § 76 a Rn 29; Spengler/Hahn/Pfeiffer/*Spengler/Herbert*, § 10 Rn 21 (für den Vorsitzenden). **34** GK-BetrVG/*Kreutz*, § 76 a Rn 13. **35** BAG NZA 1996, 1225 f. **36** GK-BetrVG/*Kreutz*, § 76 a Rn 57. **37** *Fitting*, BetrVG, § 76 a Rn 18; aA GK-BetrVG/*Kreutz*, § 76 a Rn 57; BeckOK/*Werner*, BetrVG, § 76 a Rn 17.

         NK-GK/*Köpf*

Einigungsstellenbeisitzer, deren Honorar – wie üblich – in einem bestimmten Verhältnis zum Vorsitzenden-   25
honorar steht, haben gegenüber dem Arbeitgeber einen **Auskunftsanspruch** über die Höhe dieser Vergütung.[38]

2. Vergütung bei Vorliegen einer Vereinbarung mit dem Arbeitgeber. Selbstverständlich möglich – und zur   26
Streitvermeidung **sinnvoll** – ist die Vereinbarung einer Vergütung mit dem Arbeitgeber.[39] Zwar kann die
Gesamtvergütung idR nicht bei Beginn der Einigungsstelle überblickt werden, die Festlegung von abstrak-
ten Berechnungsmethoden (zB Stundensätzen) ist jedoch möglich.[40]

Diese Vereinbarung unterliegt nicht den Kriterien des § 76 a Abs. 4 S. 3–5 BetrVG.[41] Sie ist **nicht formbe-**   27
dürftig, bedarf also insb. nicht der Textform des § 3 a Abs. 1 S. 1 RVG, da sich die Vergütung des Rechtsanwalts als Beisitzer der Einigungsstelle ausschließlich nach § 76 a Abs. 3 BetrVG und nicht nach dem RVG
richtet.[42] Aus **Beweiszwecken** sollte die Vereinbarung gleichwohl schriftlich getroffen werden oder zumindest in das Protokoll zu Beginn der ersten Einigungsstellensitzung aufgenommen werden.

Üblich ist die Vereinbarung eines Honorars iHv **7/10 der Vergütung des Vorsitzenden**. Dessen Vergütung   28
wird regelmäßig nach Stunden bemessen, wobei derzeit – je nach Region – Honorare von 100 €–300 €[43]
netto bezahlt werden.

In der Vereinbarung sollte – schon angesichts des Meinungsstreits zu dieser Frage bei fehlender Vereinba-   29
rung (→ Rn 18) – geregelt werden, ob sich das Honorar von 7/10 **bezogen auf die gesamte Vergütung des**
Vorsitzenden errechnet **oder** aber, ob der **konkrete Aufwand des Beisitzers** abgerechnet wird mit einem
Stundensatz in Höhe der vollen oder von 7/10 der Vorsitzendenstundenvergütung. Die erstgenannte Lösung
ist praktikabler, birgt jedoch die Gefahr, dass der Beisitzer einen erheblichen Teil seines erforderlichen Zeitaufwands nicht vergütet bekommt, insb. – was bei komplexen Einigungsstellen häufig der Fall ist – wenn
schriftliche Stellungnahmen oder Entwürfe von Betriebsvereinbarungen beisitzerseits erstellt werden müssen. Allerdings hat sie den Vorteil, dass – jedenfalls bei Anerkennung der Vorsitzendenvergütung durch den
Arbeitgeber – kein Streit über die Erforderlichkeit des Zeitanfalls geführt werden muss. In der Regel wird
der etwas höhere Arbeitsaufwand des Vorsitzenden durch den 3/10-Abschlag zutreffend gewürdigt, so dass
grds. zu **empfehlen** ist, den 7/10-Anteil auf die **gesamte Vorsitzendenvergütung** zu beziehen.

Soweit sich die Vereinbarung auf die Vorsitzendenvergütung bezieht, besteht diesbezüglich ein gesetzlicher   30
Auskunftsanspruch gegen den Arbeitgeber (→ Rn 25). Zur Klarstellung kann ein entsprechender Auskunftsanspruch aber auch vertraglich geregelt werden.

Die Vereinbarung sollte ferner festhalten, ob sie sich nur auf die Vergütung im engeren Sinne oder auch auf   31
die **Auslagen** des Vorsitzenden bezieht. Vernünftigerweise sollten die **konkreten Auslagen** des Beisitzers abgerechnet werden.

Sinnvoll – wenn auch nicht erforderlich (→ Rn 22) – ist eine Regelung zur Erstattungspflichtigkeit der Um-   32
satzsteuer.

Im Übrigen sollte die Vereinbarung (von der Vorsitzendenvergütung unabhängige Regelungen) zur **Fällig-**   33
keit enthalten, da keine einheitliche Auffassung zur Vorschusspflicht besteht (→ Rn 24).

IV. Gerichtliche Durchsetzung

Vergütungsansprüche, die der Arbeitgeber nicht ausgleicht, kann der Rechtsanwalt im arbeitsgerichtlichen   34
Beschlussverfahren geltend machen[44] (es gelten die Erl. zu § 40 BetrVG entsprechend, → § 40 Rn 39). Die
Kosten für dieses Beschlussverfahren (sog. **Honorardurchsetzungskosten**) hierfür kann er bei Vorliegen der
Voraussetzungen des § 286 Abs. 1 BGB als Verzugsschaden ersetzt verlangen, geltend zu machen ebenfalls
im Beschlussverfahren.[45]

---

38 BAG AP BetrVG 1972 § 76 Nr. 1 (für den Fall einer vertraglich vereinbarten Vergütung von 7/10 der Vorsitzendenvergütung). **39** GK-BetrVG/*Kreutz*, § 76 a Rn 53. **40** *Fitting*, BetrVG, § 76 a Rn 27. **41** Spengler/Hahn/Pfeiffer/*Spengler/Herbert*, § 10
Rn 10. **42** LAG Hamm NZA-RR 2006, 323 f (zum Schriftformerfordernis des § 4 Abs. 1 RVG aF). **43** DKKW/*Berg*, BetrVG,
§ 76 a Rn 31; ErfK/*Kania*, BetrVG, § 76 a Rn 5 (200 €–300 €); Spengler/Hahn/Pfeiffer/*Spengler/Herbert*, § 10 Rn 16 (125 €–
375 €); BeckOK/*Werner*, BetrVG, § 76 a Rn 19 (250 €–500 €). **44** BAG AP BetrVG 1972 § 76 a Nr. 4. **45** BAG AP BetrVG
1972 § 76 a Nr. 4; LAG Hamm 10.2.2012 – 10 TaBV 67/11, juris; nach aA gehören diese Kosten noch zu den Kosten der Einigungsstelle, vgl DKKW/*Berg*, BetrVG, § 76 a Rn 45.

V. Exkurs: Kostenerstattungsansprüche in der Insolvenz

35 Der Freistellungsanspruch des Betriebsrats bzgl bereits entstandener[46] Rechtsanwaltsgebühren ist bloße Insolvenzforderung iSv § 38 InsO.[47] Tätigkeiten als Mitglied der Einigungsstelle nach Eröffnung des Insolvenzverfahrens dagegen sind Masseschulden iSv § 55 InsO.[48]

36 Erfolgt ein Betriebsübergang, haftet der Betriebsübernehmer grds. entsprechend § 613 a BGB für die bisher angefallenen Kosten nach § 76 a BetrVG.[49] Dies gilt aber nicht bei einem Betriebsübergang nach Eröffnung des Insolvenzverfahrens, in diesem Fall haftet der Erwerber nur für Masseverbindlichkeiten nach § 55 InsO.[50]

37 Nach der früheren Rspr des BAG zur Konkursordnung[51] sind die Honoraransprüche des Einigungsstellenvorsitzenden nicht bloße Konkursforderung, sondern Masseverbindlichkeit, wenn zwar die Einigungsstelle vor Eröffnung des Konkursverfahrens begonnen, jedoch erst danach geendet hat (zur parallelen Problematik bei § 40 BetrVG und § 80 Abs. 3 BetrVG → § 40 Rn 48 und § 80 Rn 35). Zuletzt hat das BAG ausdrücklich offengelassen, ob hieran unter Geltung der Insolvenzordnung festzuhalten ist.[52] Begründet wird die bisherige Auffassung des BAG mit der Einheitlichkeit des Verfahrens, aufgrund derer es auf den Zeitpunkt des Abschlusses ankäme.[53] Der Unterschied zur Vergütung von Sachverständigen nach § 80 Abs. 3 BetrVG läge darin, dass dieser idR die Vergütung für die Tätigkeit der Einigungsstelle insgesamt erhält.[54] Dies ist angesichts der Tatsache, dass die Vergütung regelmäßig nach Stunden erfolgt (→ Rn 14 ff, 26 ff), ein wenig überzeugendes Argument.

§ 80 Allgemeine Aufgaben

(1)–(2) …

(3) Der Betriebsrat kann bei der Durchführung seiner Aufgaben nach näherer Vereinbarung mit dem Arbeitgeber Sachverständige hinzuziehen, soweit dies zur ordnungsgemäßen Erfüllung seiner Aufgaben erforderlich ist.

(4) …

I. Anwendungsbereich

1 **1. Abgrenzung zu § 40 BetrVG und § 76 a BetrVG.** § 80 Abs. 3 BetrVG erlaubt dem Betriebsrat nach näherer Vereinbarung mit dem Arbeitgeber die Hinzuziehung von **Sachverständigen**. Hierunter sind auch **Rechtsanwälte** zu verstehen.

2 § 80 Abs. 3 BetrVG gilt für die **Beratung und Vertretung** des Betriebsrats durch Rechtsanwälte im **außergerichtlichen Bereich** und ist so von § 40 BetrVG abzugrenzen (→ § 40 Rn 4). Sonderregelungen gelten für die Tätigkeit des Rechtsanwalts als Beisitzer einer Einigungsstelle (→ § 76 a Rn 1).

3 Entspricht die Hinzuziehung des Sachverständigen nicht den besonderen Erfordernissen des § 80 Abs. 3 S. 1 BetrVG, kann die Kostentragungspflicht nicht auf § 40 Abs. 1 BetrVG gestützt werden.[1]

4 **2. Persönlicher Anwendungsbereich.** Der **Betriebsrat** kann bei der Durchführung seiner Aufgaben nach näherer Vereinbarung mit dem Arbeitgeber Sachverständige hinzuziehen, soweit dies zur ordnungsgemäßen Erfüllung seiner Aufgaben erforderlich ist, § 80 Abs. 3 BetrVG.

5 Für die Hinzuziehung von Sachverständigen durch den **Wirtschaftsausschuss** gilt § 80 Abs. 3 BetrVG gem. § 108 Abs. 2 S. 3 BetrVG entsprechend.

6 § 80 Abs. 3 BetrVG gilt auch für die Hinzuziehung von Sachverständigen durch den **Wahlvorstand**.[2]

II. Voraussetzungen der Kostentragung

7 **1. Materielle Voraussetzungen.** Rechtsanwälte können Sachverständige iSv § 80 Abs. 3 BetrVG sein.[3] Unter § 80 Abs. 3 BetrVG fällt insb. die Tätigkeit der Beratung und außergerichtlichen Vertretung im Hinblick auf den Abschluss einer Betriebsvereinbarung.[4]

---

46 Zwar entstehen die Gebühren gem. § 8 Abs. 1 RVG erst mit Abschluss der jeweiligen Instanz, doch gelten bei Insolvenzeröffnung gem. § 41 Abs. 1 InsO nicht fällige Forderungen als fällig. **47** BAG AP BetrVG 1972 § 76 Nr. 7 (noch zur KO); DKKW/ *Berg*, BetrVG, § 76 a Rn 47. **48** BAG AP BetrVG 1972 § 76 Nr. 7 (noch zur KO). **49** BAG NZA 2010, 461–464 (zu § 80 Abs. 3 BetrVG). **50** BAG NZA 2010, 461–464 (zu § 80 Abs. 3 BetrVG). **51** BAG AP BetrVG 1972 § 76 Nr. 7. **52** BAG NZA 2010, 461, 463. **53** BAG AP BetrVG 1972 § 76 Nr. 7. **54** BAG NZA 2010, 461, 463. **1** BAG AP BetrVG 1972 § 80 Nr. 48; BAG NZA 2010, 353 f. **2** BAG NZA 2010, 353–355. **3** BAG NZA 2010, 353 f. **4** BAG AP BetrVG 1972 § 76 Nr. 9.

Die Pflicht des Arbeitgebers zur Kostenerstattung steht jedoch unter dem **Vorbehalt der Erforderlichkeit** der   8
Hinzuziehung des Rechtsanwalts. Erforderlich ist die Hinzuziehung eines Rechtsanwalts nur, wenn er dem
Betriebsrat die diesem fehlende Sachkenntnis zur Beantwortung **konkreter, aktueller Fragen** vermitteln soll,
damit dieser eine ihm konkret obliegende betriebsverfassungsrechtliche Aufgabe sachgerecht erfüllen
kann.[5]

Die Frage der Erforderlichkeit ist keine Ermessensfrage, sondern unterliegt in vollem Umfang der gerichtli-   9
chen Überprüfung.[6]

Hat der Arbeitgeber im Vorfeld seine Informationspflichten nach §§ 80 Abs. 2 S. 1, 90 Abs. 1, 92 Abs. 1   10
BetrVG verletzt, so ist die Entscheidung des Betriebsrats nur auf **Rechtsmissbrauch** zu überprüfen.[7]

Aufgabe des Sachverständigen ist es nicht, dem Betriebsrat fehlende Fachkenntnisse in bestimmten Angele-   11
genheiten generell und auf Vorrat zu vermitteln. Dem Erwerb solcher erforderlicher oder geeigneter Kenntnisse für die Tätigkeit des Betriebsrats dienen die Schulungsansprüche nach § 37 Abs. 6 oder 7 BetrVG.[8]

Der Sachverständige muss dabei **nicht neutral** sein, es ist im Gegenteil seine Aufgabe, an den Interessen des   12
Betriebsrats ausgerichtet tätig zu sein.[9]

Maßgeblicher Zeitpunkt für die Beurteilung der Frage der Erforderlichkeit ist der der Heranziehung des   13
Sachverständigen[10] und damit das entsprechenden Betriebsratsbeschlusses.

Der Betriebsrat hat nach Auffassung des BAG[11] **vor Hinzuziehung** eines Sachverständigen die **innerbetrieb-**   14
lichen Erkenntnisquellen unter Einschluss der seitens des Arbeitgebers zur Verfügung gestellten Arbeitnehmer zu nutzen und sich sonst durch **selbstständige Aneignung der Kenntnisse** einen ausreichenden Wissens-
stand zu verschaffen.[12] Diese Einschränkung der Rechte des Betriebsrats aus § 80 Abs. 3 BetrVG findet indes keine Grundlage im Gesetz[13] und ist daher abzulehnen. Immerhin hält das BAG den vorrangigen Besuch von Schulungen nun nicht mehr für erforderlich.[14] Die Erforderlichkeit der Sachverständigenbenen-
nung liegt zB bei schwierigen Vorbereitungen über einen Interessenausgleich und Sozialplan vor.[15]

Liegt eine Einigung mit dem Arbeitgeber über die Hinzuziehung vor (→ Rn 16 ff), kann dem Vergütungsan-   15
spruch die fehlende Erforderlichkeit der Sachverständigenbeauftragung nicht entgegengehalten werden.

2. Formelle Voraussetzungen. Voraussetzung für die Hinzuziehung – und damit auch für die Kostentragung   16
des Arbeitgebers – ist eine **Vereinbarung** zwischen Arbeitgeber und Betriebsrat über das **Thema**, zu dessen
Klärung der Sachverständige herangezogen werden soll, die **Person des Sachverständigen** und das **Hono-**
rar.[16] Dabei unterliegt die Festlegung der Person des Sachverständigen nicht dem Mitspracherecht des Arbeitgebers.[17]

Die Einigung ist keine Betriebsvereinbarung und bedarf daher nicht der Schriftform des § 77 Abs. 2   17
BetrVG.[18] Auch gilt das Erfordernis der Textform des § 3 a Abs. 1 S. 1 RVG nicht, da es sich hierbei nicht
um eine Vergütungsvereinbarung des Rechtsanwalts handelt. Die Vereinbarung ist daher **formfrei** möglich,[19] sollte aber aus Beweiszwecken zwingend schriftlich geschlossen werden.

Der Vereinbarung nach § 80 Abs. 3 BetrVG muss ein **wirksamer Betriebsratsbeschluss** (zu den Erfordernis-   18
sen → § 40 Rn 27) zugrunde liegen.[20]

Ohne eine entsprechende **Einigung** schuldet der Arbeitgeber **keine Vergütung**.[21]   19

Der Betriebsrat kann bei **rechtswidriger Verweigerung der Zustimmung** des Arbeitgebers diese im arbeitsge-   20
richtlichen Beschlussverfahren durch das Gericht ersetzen lassen.[22]

Ob eine **vorherige Vereinbarung** im Sinne von **zeitlich vor der Beauftragung** des Sachverständigen und Be-   21
ginn seiner Tätigkeit **erforderlich** ist, ist umstritten.

Das **BAG** bejaht diese zeitliche Notwendigkeit.[23] Kommt es zu keiner Einigung, kann der Betriebsrat im
Beschlussverfahren eine arbeitsgerichtliche Entscheidung herbeiführen. Mit Rechtskraft des stattgebenden
Beschlusses darf er den Sachverständigen – kostenauslösend – beiziehen (§ 85 Abs. 1 ArbGG).[24] Ist das Abwarten des Hauptsacheverfahrens nicht zumutbar, so ist der Antrag auf Erlass einer einstweiligen Verfügung möglich.[25]

---

5 BAG NZA 1989, 936 f.   **6** BeckOK/*Werner*, BetrVG, § 80 Rn 75.   **7** LAG Bln-Bbg 16.4.2010 – 10 TaBV 2577/99, juris.
8 BAG NZA 1990, 33–35.   **9** Düwell/*Kothe*, BetrVG, § 80 Rn 64.   **10** BAG AP BetrVG 1972 § 80 Nr. 48.   **11** BAG NZA 2006,
553, 556.   **12** BAG NZA 2006, 553–558; ebenso LAG RhPf 15.6.2012 – 9 TaBV 1/12, juris; GK-BetrVG/*Weber*, § 80 Rn 123;
aA DKKW/*Buschmann*, BetrVG, § 80 Rn 160.   **13** Düwell/*Kothe*, BetrVG, § 80 Rn 66.   **14** BAG NZA 2015, 629.   **15** LAG
Hamm 8.8.2008 – 10 TaBV 21/08.   **16** BAG NZA 1989, 936 f.   **17** BeckOK/*Werner*, BetrVG, § 80 Rn 76.   **18** *Fitting*, BetrVG,
§ 80 Rn 90.   **19** ErfK/*Kania*, BetrVG, § 80 Rn 35.   **20** LAG Köln 2.2.2007 – 4 TaBV 61/06, juris.   **21** BAG NZA 1989, 936 f.
22 BAG NZA 2010, 353–355.   **23** BAG AP BetrVG 1972 § 80 Nr. 11; BAG NZA 1989, 936 f; sogar für die Hinzuziehung eines
Sachverständigen durch den Wahlvorstand: BAG NZA 2010, 353–355; ebenso Richardi/*Thüsing*, BetrVG, § 80 Rn 89; GK-
BetrVG/*Weber*, § 80 Rn 128.   **24** BAG NZA 1989, 936 f.   **25** LAG Hamm 22.2.2008 – 10 TaBVGa 3/08, juris; ErfK/*Kania*,
BetrVG, § 80 Rn 35; LAG Hamm AiB 2002, 114 (zur Auskunftsperson nach § 80 Abs. 2 BetrVG).

NK-GK/*Köpf*

Dieses zeitliche Erfordernis ist **abzulehnen**. Es muss genügen, dass der Betriebsrat aufgrund ordnungsgemäßen Beschlusses den Arbeitgeber auffordert, eine entsprechende Vereinbarung zu schließen und bei rechtswidriger Weigerung des Abschlusses durch den Arbeitgeber ein Beschlussverfahren einleitet, in dem er rechtskräftig obsiegt. Anderenfalls könnte der Arbeitgeber, der rechtswidrig den Abschluss der Vereinbarung verweigert, die Betriebsratsarbeit erheblich beeinträchtigen.[26] Der Betriebsrat braucht den Sachverständigen idR sofort und nicht erst nach Monaten oder gar Jahren.[27]

Dem Betriebsrat wird regelmäßig im einstweiligen Verfügungsverfahren das Verbot der Vorwegnahme der Hauptsache entgegengehalten werden.[28] Wenn der Betriebsrat **im Hauptsacheverfahren obsiegt**, so muss der Kostenerstattungsanspruch des Sachverständigen auch **rückwirkend** bestehen. Dies folgt aus dem entsprechend heranzuziehenden Rechtsgedanken des § 162 BGB.

Ein Erfolg im einstweiligen Verfügungsverfahren kann ohnehin nur das Erfordernis der Vorherigkeit erfüllen. Ein späteres Unterliegen im Hauptsacheverfahren führt gleichwohl zum Fehlen einer (endgültigen) Vereinbarung iSv § 80 Abs. 3 BetrVG, weshalb ein Anspruch auf Hinzuziehung und Kostenersatz nicht besteht. Dies ist ein weiteres Argument, dass, wenn schon das Hauptsacheverfahren ausschlaggebend ist, es genügen muss, wenn letztlich im Hauptsacheverfahren die Zustimmung zur Vereinbarung des Arbeitgebers rechtskräftig ersetzt wird. Der Umweg über das zusätzliche einstweilige Verfügungsverfahren ist nicht erforderlich.

22 Durch das nach der Rspr bestehende Erfordernis der vorherigen Zustimmung des Arbeitgebers ist die Sachverständigenhinzuziehung **in der Praxis häufig bedeutungslos.**

23 Der Betriebsrat kann sich in Fällen **berechtigter Anliegen** damit **behelfen**, dass bei **Rechtsstreitigkeiten** der Rechtsanwalt mit der Durchführung eines **Beschlussverfahrens** gegen den Arbeitgeber beauftragt wird, das zum Gegenstand der gerichtlichen Auseinandersetzung dasjenige Thema macht, das gerade als Rechtslage vom Sachverständigen geklärt werden soll. Wenn der Rechtsanwalt dann schon vorgerichtlich das Anliegen des Betriebsrats durch sein Tätigwerden gegenüber dem Arbeitgeber erledigt, fallen bereits die Gebühren für das gerichtliche Verfahren an (→ § 40 Rn 3). Soweit diese Gebühren gem. § 40 Abs. 1 BetrVG zu erstatten sind (s. die Erl. dort), bedarf es keiner vorherigen Zustimmung des Arbeitgebers. In **Regelungsstreitigkeiten** können Betriebsräte bei Ergebnislosigkeit der Verhandlungen das Scheitern derselben erklären und die **Einigungsstelle** anrufen. Hier erhält der Rechtsanwalt als Beisitzer eine Vergütung unter den Voraussetzungen des § 76 a BetrVG, als Vertreter des Betriebsrats unter den des § 40 BetrVG, wofür ebenfalls jeweils keine Vereinbarung mit dem Arbeitgeber erforderlich ist (→ § 76 a Rn 8 bzw § 40 Rn 31).

24 **3. Besonderheiten bei Betriebsänderungen in Unternehmen mit mehr als 300 Arbeitnehmern.** Das Erfordernis der vorherigen Vereinbarungen mit dem Arbeitgeber entfällt gem. § 111 S. 2 BetrVG bei Betriebsänderungen in Unternehmen mit mehr als 300 Arbeitnehmern.[29] Maßgeblich ist die Unternehmens-, nicht die Betriebsgröße. Bei einem gemeinsamen Betrieb mehrerer Unternehmen (§ 1 Abs. 1 S. 2, Abs. 2 BetrVG) ist § 111 S. 2 BetrVG entsprechend anwendbar.[30]

25 Auch im Rahmen des § 111 S. 2 BetrVG kommen **Rechtsanwälte** als Berater in Betracht.[31]

26 Die **Erforderlichkeit** der Hinzuziehung als solche ist bei Betriebsänderungen iSv § 111 S. 2 BetrVG **stets gegeben.**[32] Soweit demgegenüber gefordert wird,[33] die Erforderlichkeit sei entsprechend den Grundsätzen zu § 80 Abs. 3 BetrVG gesondert zu prüfen, verkennt dies den Normzweck des § 111 S. 2 BetrVG. Der Gesetzgeber geht im Rahmen von § 111 S. 2 BetrVG davon aus, dass der Betriebsrat „seine Beteiligungsrechte in der Regel nicht ohne fremden Sachverstand wirksam ausüben" kann.[34]

27 Die Hinzuziehung eines Beraters zu Interessenausgleichsverhandlungen ist wegen deren Komplexität und des erforderlichen betriebsverfassungsrechtlichen Sachverstands stets erforderlich.[35]

28 Gegenstand der **Beratung** iSv § 111 S. 2 BetrVG sind **Interessenausgleich und Sozialplan.**[36] Hierzu wird die Auffassung[37] vertreten, die Beratung beschränke sich nur auf den Interessenausgleich (damit auf das Ob und Wie der Betriebsänderung), bezöge sich aber nicht auf den Sozialplan. Teilweise wird – darüber noch hinausgehend – die Anwendbarkeit von § 111 S. 2 BetrVG schon dann verneint, wenn eine Einigungsstelle über den Interessenausgleich gebildet ist.[38] Diesen Meinungen ist entgegenzuhalten, dass zur Beratung über die geplante Betriebsänderung auch die Beratung über den Ausgleich oder die Milderung der wirtschaftli-

---

26 LAG Frankfurt a. M. BB 1987, 414 f; DKKW/*Buschmann*, BetrVG, § 80 Rn 155. 27 DKKW/*Buschmann*, BetrVG, § 80 Rn 155. 28 LAG Köln 5.3.1986 – 5 TaBV 4/86. 29 *Fitting*, BetrVG, § 111 Rn 118. 30 *Fitting*, BetrVG, § 111 Rn 118. 31 LAG RhPf 7.11.2011 – 7 TaBV 23/11, juris; *Fitting*, BetrVG, § 111 Rn 120; aA GK-BetrVG/*Oekter*, § 111 Rn 189. 32 ErfK/*Kania*, BetrVG, § 111 Rn 25; DKKW/*Däubler*, BetrVG, § 111 Rn 172; aA LAG RhPf 7.11.2011 – 7 TaBV 23/11, juris; *Fitting*, BetrVG, § 111 Rn 122; GK-BetrVG/*Oetker*, § 111 Rn 202. 33 *Fitting*, BetrVG, § 111 Rn 122; GK-BetrVG/*Oetker*, § 111 Rn 202. 34 BT-Drucks 14/5741, S. 51. 35 HessLAG LAGE § 111 BetrVG 2001 Nr. 9. 36 DKKW/*Däubler*, BetrVG, § 111 Rn 171; aA GK-BetrVG/*Oetker*, § 111 Rn 205; *Fitting*, BetrVG, § 111 Rn 119. 37 GK-BetrVG/*Oetker*, § 111 Rn 205; *Fitting*, BetrVG, § 111 Rn 119; HessLAG 17.3.2011 – 9 TaBV 59/10, juris. 38 LAG München 24.6.2010 – 2 TaBV 121/09, juris.

chen Nachteile der Betriebsänderung gehören.[39] Der Gesetzeswortlaut weist keinen Anhaltspunkt für eine derartig einschränkende Auslegung auf. Auch aus dem Verhältnismäßigkeitsgrundsatz ist dies nicht abzuleiten.[40] Zuzugeben ist, dass die Gesetzesbegründung[41] davon spricht, dass der Betriebsrat mit § 111 S. 2 BetrVG in die Lage versetzt werde, fundierte Alternativvorschläge zur geplanten Betriebsänderung vorzubringen; allerdings ist dort auch von der Möglichkeit die Rede, „schnell und kompetent auf geplante Betriebsänderungen reagieren zu können".

Erfolgen – wie häufig in der Praxis – **Interessenausgleichs- und Sozialplanverhandlungen zeitgleich**, so besteht **Kostenerstattungspflicht** für diese einheitliche Verhandlung auch dann, wenn man Verhandlungen über den Sozialplan als von § 111 S. 2 BetrVG ausgenommen betrachtet.[42] Der Streit über den Umfang des Beratungsanspruchs des Betriebsrats nach § 111 S. 2 BetrVG liegt derzeit dem BAG zur Entscheidung vor.[43]   29

III. Vergütung

Die Höhe der Vergütung richtet sich nach der getroffenen **Vereinbarung**.   30

Hat der Betriebsrat die Zustimmung des Arbeitgebers zu dieser Vereinbarung ersetzen lassen (→ Rn 20)   31
oder bedurfte es keiner vorherigen Vereinbarung wegen § 111 S. 2 BetrVG (→ Rn 24 ff), so ist als Vergütung die **marktübliche Vergütung** gem. § 612 Abs. 2 BGB[44] anzusetzen, also bei Rechtsanwälten idR die nach der anwaltlichen Gebührenordnung (RVG). § 34 RVG geht für die Beratungstätigkeit von der Notwendigkeit einer Gebührenvereinbarung aus, wobei die Vereinbarung von Stundenhonoraren üblich ist. Daher kann auch hier ein Stundenhonorar angesetzt werden.[45] Die Kostenbelastung muss dem Verhältnismäßigkeitsgrundsatz genügen.[46]

Der Sachverständige hat **keinen eigenen Anspruch** auf Vergütungszahlung gegen den Arbeitgeber,[47] da die   32
Vereinbarung nach § 80 Abs. 3 BetrVG Arbeitgeber und Betriebsrat trifft. Entsprechendes gilt auch bei Hinzuziehung nach § 111 S. 2 BetrVG.[48]

Der Sachverständige kann[49] und sollte sich daher den Anspruch des Betriebsrats bereits bei Auftragsübernahme **abtreten** lassen.   33

IV. Gerichtliche Durchsetzung

Vergütungsansprüche, die der Arbeitgeber nicht ausgleicht, kann der Rechtsanwalt im arbeitsgerichtlichen   34
Beschlussverfahren geltend machen (es gelten die Erl. zu § 40 BetrVG entsprechend, → § 40 Rn 39 ff). Die Kosten für dieses Beschlussverfahren (sog. **Honorardurchsetzungskosten**) hierfür kann er bei Vorliegen der Voraussetzungen des § 286 Abs. 1 BGB als Verzugsschaden ersetzt verlangen, geltend zu machen ebenfalls im Beschlussverfahren.[50]

V. Exkurs: Kostenerstattungsansprüche in der Insolvenz

Der Freistellungsanspruch des Betriebsrats bzgl bereits entstandener Rechtsanwaltsgebühren ist bloße Insol-   35
venzforderung iSv § 38 InsO. Tätigkeiten als Sachverständiger nach Eröffnung des Insolvenzverfahrens sind dagegen Masseschulden iSv § 55 InsO.

Erfolgt ein Betriebsübergang, haftet der Betriebsübernehmer grds. entsprechend § 613 a BGB für die bisher   36
angefallenen Kosten nach § 80 Abs. 3 BetrVG. Dies gilt aber nicht bei einem Betriebsübergang nach Eröffnung des Insolvenzverfahrens. In diesem Fall haftet der Erwerber nur für Masseverbindlichkeiten nach § 55 InsO.

Wurde der Berater vom Betriebsrat vor Eröffnung des Insolvenzverfahrens hinzugezogen und dauert dessen   37
Tätigkeit noch nach der Eröffnung des Insolvenzverfahrens an, sind die Honoraransprüche für die Tätigkeit vor Insolvenzeröffnung keine Masseverbindlichkeiten, sondern bloße Insolvenzforderung. Hierin liegt ein erheblicher Unterschied zur Vergütung der anwaltlichen Vertretung in einem gerichtlichen Verfahren und auch zur Vergütung der Beteiligten einer Einigungsstelle. Der Unterschied zur nach § 40 BetrVG zu honorierenden Rechtsanwaltsvergütung bei Vertretung in gerichtlichen Verfahren rechtfertigt sich durch das Gebührenrecht, wonach die Gebühr jeweils mit jeder die Gebühr auslösenden Tätigkeit neu entsteht, wenn sie auch nur einmal verlangt werden kann. Der Unterschied zur Vergütung von einem Beteiligten einer Eini-

---

39 DKKW/*Däubler*, BetrVG, § 111 Rn 171 f. **40** So aber GK-BetrVG/*Oetker*, § 111 Rn 205. **41** BT-Drucks 14/5741, S. 51 f. **42** LAG Hamm ZIP 2005, 2269–2271; aA GK-BetrVG/*Oetker*, § 111 Rn 205: nur, soweit die Beratung sich ausschließlich auf den Interessenausgleich bezog. **43** BAG 7 ABR 55/11, 7 ABR 2/12 (Vorinstanz: HessLAG 17.3.2011 – 9 TaBV 59/10, juris). **44** GK-BetrVG/*Oetker*, § 111 Rn 208; DKKW/*Däubler*, BetrVG, § 111 Rn 181. **45** DKKW/*Däubler*, BetrVG, § 111 Rn 181. **46** GK-BetrVG/*Oetker*, § 111 Rn 207; DKKW/*Däubler*, BetrVG, § 111 Rn 181. **47** GK-BetrVG/*Weber*, § 80 Rn 127. **48** *Fitting*, BetrVG, § 111 Rn 124; aA (für Direktanspruch) DKKW/*Däubler*, BetrVG, § 111 Rn 180. **49** BAG NZA 2010, 353 f. **50** BAG AP BetrVG 1972 § 76 a Nr. 4.

gungsstelle liegt nach Auffassung des BAG darin, dass dieser idR die Vergütung für die Tätigkeit der Einigungsstelle insgesamt erhält. Dies ist angesichts der Tatsache, dass die Vergütung regelmäßig nach Stunden erfolgt, ein wenig überzeugendes Argument.

Sozialgerichtsgesetz (SGG)

In der Fassung der Bekanntmachung vom 23. September 1975
(BGBl. I 2535) (FNA 330-1)
zuletzt geändert durch Art. 2 Abs. 2 des Gesetzes zur Modernisierung des Vergaberechts
vom 17. Februar 2016 (BGBl. I 203, 230)

– Auszug –

§ 73 a [Prozesskostenhilfe]

(1) ¹Die Vorschriften der Zivilprozeßordnung über die Prozeßkostenhilfe mit Ausnahme des § 127 Absatz 2 Satz 2 der Zivilprozeßordnung gelten entsprechend. ²Macht der Beteiligte, dem Prozeßkostenhilfe bewilligt ist, von seinem Recht, einen Rechtsanwalt zu wählen, nicht Gebrauch, wird auf Antrag des Beteiligten der beizuordnende Rechtsanwalt vom Gericht ausgewählt. ³Einem Beteiligten, dem Prozesskostenhilfe bewilligt worden ist, kann auch ein Steuerberater, Steuerbevollmächtigter, Wirtschaftsprüfer, vereidigter Buchprüfer oder Rentenberater beigeordnet werden. ⁴Die Vergütung richtet sich nach den für den beigeordneten Rechtsanwalt geltenden Vorschriften des Rechtsanwaltsvergütungsgesetzes.

(2) Prozeßkostenhilfe wird nicht bewilligt, wenn der Beteiligte durch einen Bevollmächtigten im Sinne des § 73 Abs. 2 Satz 2 Nr. 5 bis 9 vertreten ist.

(3) § 109 Abs. 1 Satz 2 bleibt unberührt.

(4) ¹Die Prüfung der persönlichen und wirtschaftlichen Verhältnisse nach den §§ 114 bis 116 der Zivilprozessordnung einschließlich der in § 118 Absatz 2 der Zivilprozessordnung bezeichneten Maßnahmen, der Beurkundung von Vergleichen nach § 118 Absatz 1 Satz 3 der Zivilprozessordnung und der Entscheidungen nach § 118 Absatz 2 Satz 4 der Zivilprozessordnung obliegt dem Urkundsbeamten der Geschäftsstelle des jeweiligen Rechtszugs, wenn der Vorsitzende ihm das Verfahren insoweit überträgt. ²Liegen die Voraussetzungen für die Bewilligung der Prozesskostenhilfe hiernach nicht vor, erlässt der Urkundsbeamte die den Antrag ablehnende Entscheidung; anderenfalls vermerkt der Urkundsbeamte in den Prozessakten, dass dem Antragsteller nach seinen persönlichen und wirtschaftlichen Verhältnissen Prozesskostenhilfe gewährt werden kann und in welcher Höhe gegebenenfalls Monatsraten oder Beträge aus dem Vermögen zu zahlen sind.

(5) Dem Urkundsbeamten obliegen im Verfahren über die Prozesskostenhilfe ferner die Bestimmung des Zeitpunkts für die Einstellung und eine Wiederaufnahme der Zahlungen nach § 120 Absatz 3 der Zivilprozessordnung sowie die Änderung und die Aufhebung der Bewilligung der Prozesskostenhilfe nach den §§ 120 a und 124 Absatz 1 Nummer 2 bis 5 der Zivilprozessordnung.

(6) ¹Der Vorsitzende kann Aufgaben nach den Absätzen 4 und 5 zu jedem Zeitpunkt an sich ziehen. ²§ 5 Absatz 1 Nummer 1, die §§ 6, 7, 8 Absatz 1 bis 4 und § 9 des Rechtspflegergesetzes gelten entsprechend mit der Maßgabe, dass an die Stelle des Rechtspflegers der Urkundsbeamte der Geschäftsstelle tritt.

(7) § 155 Absatz 4 gilt entsprechend.

(8) Gegen Entscheidungen des Urkundsbeamten nach den Absätzen 4 und 5 kann binnen eines Monats nach Bekanntgabe das Gericht angerufen werden, das endgültig entscheidet.

(9) Durch Landesgesetz kann bestimmt werden, dass die Absätze 4 bis 8 für die Gerichte des jeweiligen Landes nicht anzuwenden sind.

1 Die Vorschrift verweist in **Abs. 1 S. 1** im Hinblick auf die Bewilligung von PKH auf die Vorschriften der Zivilprozessordnung. Verwiesen wird damit auf die §§ 114–127 ZPO, die entsprechend gelten. Auf die in diesem Kommentar enthaltenen Erl. zu den §§ 121, 122, 124, 125 ZPO (Ziff. 24) wird daher Bezug genommen.

2 Ausgenommen in der Verweisung ist die Vorschrift des § 127 Abs. 2 S. 2 ZPO. Damit wird klargestellt, dass sich die Frage der Statthaftigkeit der Beschwerde gegen die Ablehnung von PKH nicht nach § 127 Abs. 2 S. 2 ZPO richtet. Vielmehr ist über § **172 Abs. 1 SGG** gegen eine **ablehnende PKH-Entscheidung** grds. die **Beschwerde** statthaft, es sei denn, es liegt einer der in § 172 Abs. 3 Nr. 2 SGG geregelten Fälle vor.

3 Danach ist die Beschwerde gegen die Ablehnung von Prozesskostenhilfe **ausgeschlossen**, wenn die PKH wegen fehlender persönlicher oder wirtschaftlicher Voraussetzungen abgelehnt wird (§ 172 Abs. 3 Nr. 2 **Buchst. a** SGG). Ausschließlichkeit wird nicht gefordert. Enthält der Beschluss also auch Hinweise zur Erfolgsaussicht in der Hauptsache, wird dadurch nicht die Beschwerdemöglichkeit eröffnet, wenn es jeden-

falls an den persönlichen oder wirtschaftlichen Voraussetzungen für die Gewährung der Prozesskostenhilfe fehlt. Die Beschwerde gegen die Ablehnung von PKH ist ferner ausgeschlossen, wenn in der Hauptsache der in § 144 Abs. 1 SGG geregelte Berufungsstreitwert nicht erreicht wird (§ 172 Abs. 3 Nr. 2 **Buchst. b** SGG). Mit der Regelung des § 172 Abs. 3 Nr. 2 **Buchst. c** SGG schließlich wird sichergestellt, dass Beschwerden gegen die Ablehnung von Prozesskostenhilfeanträgen auch dann ausgeschlossen sind, wenn das Sozialgericht in der Sache durch Beschluss endgültig entscheidet. Das gilt zB für Prozesskostenhilfeanträge, die für Kostenerinnerungsverfahren gegen Kostenfestsetzungsbeschlüsse (§ 197 Abs. 1 und 2 SGG) oder für Anhörungsrügen (§ 178 a SGG) gestellt werden.[1] Die Regelung erfasst auch den Fall des Beschwerdeausschlusses bei Entscheidungen über Prozesskostenhilfeanträge in Verfahren des einstweiligen Rechtsschutzes, wenn in der Hauptsache die Berufungssumme nicht erreicht wird.

§ 183 [Kostenfreiheit]

[1]Das Verfahren vor den Gerichten der Sozialgerichtsbarkeit ist für Versicherte, Leistungsempfänger einschließlich Hinterbliebenenleistungsempfänger, behinderte Menschen oder deren Sonderrechtsnachfolger nach § 56 des Ersten Buches Sozialgesetzbuch kostenfrei, soweit sie in dieser jeweiligen Eigenschaft als Kläger oder Beklagte beteiligt sind. [2]Nimmt ein sonstiger Rechtsnachfolger das Verfahren auf, bleibt das Verfahren in dem Rechtszug kostenfrei. [3]Den in Satz 1 und 2 genannten Personen steht gleich, wer im Falle des Obsiegens zu diesen Personen gehören würde. [4]Leistungsempfängern nach Satz 1 stehen Antragsteller nach § 55 a Absatz 2 Satz 1 zweite Alternative gleich. [5]§ 93 Satz 3, § 109 Abs. 1 Satz 2, § 120 Abs. 2 Satz 1 und § 192 bleiben unberührt. [6]Die Kostenfreiheit nach dieser Vorschrift gilt nicht in einem Verfahren wegen eines überlangen Gerichtsverfahrens (§ 202 Satz 2).

1 Systematisch gilt, dass die Kostenfreiheit eine Ausnahme vom Grundsatz der Kostenpflicht ist. Faktisch sind – im Wesentlichen mit Ausnahme des Vertragsarztrechts und von Statusverfahren von Arbeitgebern – nahezu alle sozialgerichtlichen Verfahren kostenbefreit. Der Kostenbefreiung liegt die Erwägung zugrunde, dass die genannten Personenkreise im Regelfall bedürftig sein werden und der Zugang zum Recht in häufig existentiellen sozialgerichtlichen Angelegenheiten möglichst nicht durch Kostenpflichten erschwert werden darf.

2 Kostenbefreit sind Versicherte und Leistungsempfänger (S. 1) und solche Personen, die im Falle des Obsiegens zu diesen Personen gehören würden (S. 3). Zu dem Personenbereich gem. S. 1 gehören auch Empfänger von Hinterbliebenenleistungen, behinderte Menschen, deren Sonderrechtsnachfolger nach § 56 SGB I sowie andere Rechtsnachfolger, soweit sie den kostenbefreit begonnenen Rechtsstreit aufnehmen (S. 2).

3 Dem Wortlaut und dem Sinn nach **nicht kostenbefreit** sind Personen, die im Obsiegensfall nicht zum Personenkreis der Versicherten und Leistungsempfänger gehören. Entgegen Sinn und Wortlaut wendet die Rspr die Vorschrift des § 183 häufig auch auf (negative) Statusrechtsstreite von Arbeitgebern an.[1]

4 Die Kostenbefreiung umfasst alle Gerichtsgebühren und Auslagen einschließlich der Kostenpauschale für Aktenversendungen gem. Nr. 9003 KV GKG.[2] Sie umfasst nicht die notwendigen außergerichtlichen Auslagen, also Rechtsanwaltsvergütungen. Im Regelfall wird insoweit aber Prozesskostenhilfeberechtigung vorliegen.

§ 184 [Gebührenpflicht]

(1) [1]Kläger und Beklagte, die nicht zu den in § 183 genannten Personen gehören, haben für jede Streitsache eine Gebühr zu entrichten. [2]Die Gebühr entsteht, sobald die Streitsache rechtshängig geworden ist; sie ist für jeden Rechtszug zu zahlen. [3]Soweit wegen derselben Streitsache ein Mahnverfahren (§ 182 a) vorausgegangen ist, wird die Gebühr für das Verfahren über den Antrag auf Erlass eines Mahnbescheids nach dem Gerichtskostengesetz angerechnet.

(2) Die Höhe der Gebühr wird für das Verfahren

vor den Sozialgerichten auf 150 Euro,

vor den Landessozialgerichten auf 225 Euro,

vor dem Bundessozialgericht auf 300 Euro

festgesetzt.

(3) § 2 des Gerichtskostengesetzes gilt entsprechend.

---

1 BT-Drucks 17/12297, S. 40. **1** LSG Hbg JurBüro 2005, 547. **2** BVerfG NJW 1996, 2222.

NK-GK/*Hinne*

Die Vorschrift regelt systematisch den Regelfall, faktisch den Ausnahmefall (→ § 183 Rn 1). Kostenpflicht [1]
besteht, wenn nicht für den Beteiligten eine Kostenbefreiung gem. § 183 (→ § 183 Rn 2 f) oder gem. § 2
GKG (s. dort) besteht. Die Kostenpflicht besteht unabhängig vom Erfolg in der Sache. Diese Regelung ist
verfassungsgemäß.[1] Die Kostenpflicht entsteht mit Rechtshängigkeit, nicht schon mit Anhängigkeit. Für
Beigeladene entsteht die Kostenpflicht mit dem Beiladungsbeschluss. Die Gebührenhöhe ist in der Vorschrift selbst (Abs. 2) geregelt.

§ 185 [Fälligkeit der Gebühr]

Die Gebühr wird fällig, sobald die Streitsache durch Zurücknahme des Rechtsbehelfs, durch Vergleich, Anerkenntnis, Beschluß oder durch Urteil erledigt ist.

Anders als in anderen Rechtsgebieten ist die Gebühr erst mit Instanzabschluss fällig. [1]

§ 186 [Gebührenermäßigung]

[1]Wird eine Sache nicht durch Urteil erledigt, so ermäßigt sich die Gebühr auf die Hälfte. [2]Die Gebühr entfällt, wenn die Erledigung auf einer Rechtsänderung beruht.

Für den Fall der Gebührenpflicht (§ 184) prämiert die Vorschrift die Erledigung des Rechtsstreits ohne Ur- [1]
teil durch Halbierung der Gerichtsgebühren (S. 1).

§ 187 [Gebührenteilung]

Sind an einer Streitsache mehrere nach § 184 Abs. 1 Gebührenpflichtige beteiligt, so haben sie die Gebühr
zu gleichen Teilen zu entrichten.

Nach § 187 fällt die Gerichtsgebühr unabhängig von der Zahl der kostenpflichtigen Beteiligten in jedem [1]
Verfahren nur einfach an. Bei mehreren kostenpflichtigen Beteiligten teilen sich diese zu gleichen Teilen die
Gebühr.

§ 188 [Wiederaufnahme des Verfahrens]

Wird ein durch rechtskräftiges Urteil abgeschlossenes Verfahren wieder aufgenommen, so ist das neue Verfahren eine besondere Streitsache.

§ 189 [Feststellung der Gebührenschuld]

(1) [1]Die Gebühren für die Streitsachen werden in einem Verzeichnis zusammengestellt. [2]Die Mitteilung eines Auszugs aus diesem Verzeichnis an die nach § 184 Abs. 1 Gebührenpflichtigen gilt als Feststellung der
Gebührenschuld und als Aufforderung, den Gebührenbetrag binnen eines Monats an die in der Mitteilung
angegebene Stelle zu zahlen.
(2) [1]Die Feststellung erfolgt durch den Urkundsbeamten der Geschäftsstelle. [2]Gegen diese Feststellung kann
binnen eines Monats nach Mitteilung das Gericht angerufen werden, das endgültig entscheidet.

§ 190 [Niederschlagung]

[1]Die Präsidenten und die aufsichtführenden Richter der Gerichte der Sozialgerichtsbarkeit sind befugt, eine
Gebühr, die durch unrichtige Behandlung der Sache ohne Schuld der gebührenpflichtigen Beteiligten ent-

---

1 BVerfGE 76, 139.

standen ist, niederzuschlagen. ²Sie können von der Einziehung absehen, wenn sie mit Kosten oder Verwaltungsaufwand verknüpft ist, die in keinem Verhältnis zu der Einnahme stehen.

§ 191 [Auslagen, Zeitverlust]

Ist das persönliche Erscheinen eines Beteiligten angeordnet worden, so werden ihm auf Antrag bare Auslagen und Zeitverlust wie einem Zeugen vergütet; sie können vergütet werden, wenn er ohne Anordnung erscheint und das Gericht das Erscheinen für geboten hält.

1 Eine Erstattung von Kosten der Terminswahrnehmung erfolgt nur, wenn entweder das persönliche Erscheinen angeordnet worden ist oder wenn das Gericht das Erscheinen des Beteiligten zwar nicht angeordnet hat, jedoch das Erscheinen nachträglich als geboten anerkennt. Voraussetzung für die Erstattung ist der **Antrag** des Beteiligten. Der Antrag ist nicht fristgebunden.

§ 192 [Kostenverteilung]

(1) ¹Das Gericht kann im Urteil oder, wenn das Verfahren anders beendet wird, durch Beschluss einem Beteiligten ganz oder teilweise die Kosten auferlegen, die dadurch verursacht werden, dass
1. durch Verschulden des Beteiligten die Vertagung einer mündlichen Verhandlung oder die Anberaumung eines neuen Termins zur mündlichen Verhandlung nötig geworden ist oder
2. der Beteiligte den Rechtsstreit fortführt, obwohl ihm vom Vorsitzenden die Missbräuchlichkeit der Rechtsverfolgung oder -verteidigung dargelegt worden und er auf die Möglichkeit der Kostenauferlegung bei Fortführung des Rechtsstreites hingewiesen worden ist.
²Dem Beteiligten steht gleich sein Vertreter oder Bevollmächtigter. ³Als verursachter Kostenbetrag gilt dabei mindestens der Betrag nach § 184 Abs. 2 für die jeweilige Instanz.

(2) *(aufgehoben)*

(3) ¹Die Entscheidung nach Absatz 1 wird in ihrem Bestand nicht durch die Rücknahme der Klage berührt. ²Sie kann nur durch eine zu begründende Kostenentscheidung im Rechtsmittelverfahren aufgehoben werden.

(4) ¹Das Gericht kann der Behörde ganz oder teilweise die Kosten auferlegen, die dadurch verursacht werden, dass die Behörde erkennbare und notwendige Ermittlungen im Verwaltungsverfahren unterlassen hat, die im gerichtlichen Verfahren nachgeholt wurden. ²Die Entscheidung ergeht durch gesonderten Beschluss.

1 Die Vorschrift dient der Verfahrensökonomie und erlaubt Sanktionen für **rechtsmissbräuchliche Verfahrensführung** (Abs. 1 S. 1 Nr. 2) und für **Verstöße gegen das Gebot der Verfahrensökonomie** (Abs. 1 S. 1 Nr. 1). Anwendbar ist die Vorschrift für jeden Beteiligten sowie dessen Bevollmächtigten (Abs. 1 S. 2). Der Maßstab für den Missbrauch ist ähnlich wie der des § 114 ZPO. Ein Rechtsmittel gegen die Kostenanordnung ist nicht gegeben. Nur in der Rechtsmittelinstanz ist eine Aufhebung möglich (Abs. 3 S. 2). Bedenken bestehen gegen die Sonderregelungen für Verfahren von Vertragsärzten aufgrund der Ungleichheit der Verfahrenspositionen. Die Auflastung der Kosten erfolgt mindestens in Höhe der Gerichtsgebühr des § 184 Abs. 2 SGG, wenn nicht die Entstehung höherer Kosten festgestellt werden kann (vgl Abs. 1 S. 3).

§ 193 [Kostenerstattung]

(1) ¹Das Gericht hat im Urteil zu entscheiden, ob und in welchem Umfang die Beteiligten einander Kosten zu erstatten haben. ²Ist ein Mahnverfahren vorausgegangen (§ 182 a), entscheidet das Gericht auch, welcher Beteiligte die Gerichtskosten zu tragen hat. ³Das Gericht entscheidet auf Antrag durch Beschluß, wenn das Verfahren anders beendet wird.

(2) Kosten sind die zur zweckentsprechenden Rechtsverfolgung oder Rechtsverteidigung notwendigen Aufwendungen der Beteiligten.

(3) Die gesetzliche Vergütung eines Rechtsanwalts oder Rechtsbeistands ist stets erstattungsfähig.

(4) Nicht erstattungsfähig sind die Aufwendungen der in § 184 Abs. 1 genannten Gebührenpflichtigen.

§ 194 [Kostenteilung]

[1]Sind mehrere Beteiligte kostenpflichtig, so gilt § 100 der Zivilprozeßordnung entsprechend. [2]Die Kosten können ihnen als Gesamtschuldnern auferlegt werden, wenn das Streitverhältnis ihnen gegenüber nur einheitlich entschieden werden kann.

§ 195 [Vergleich]

Wird der Rechtsstreit durch gerichtlichen Vergleich erledigt und haben die Beteiligten keine Bestimmung über die Kosten getroffen, so trägt jeder Beteiligte seine Kosten.

§ 196 (weggefallen)

§ 197 [Kostenfestsetzung]

(1) [1]Auf Antrag der Beteiligten oder ihrer Bevollmächtigten setzt der Urkundsbeamte des Gerichts des ersten Rechtszugs den Betrag der zu erstattenden Kosten fest. [2]§ 104 Abs. 1 Satz 2 und Abs. 2 der Zivilprozeßordnung findet entsprechende Anwendung.

(2) Gegen die Entscheidung des Urkundsbeamten der Geschäftsstelle kann binnen eines Monats nach Bekanntgabe das Gericht angerufen werden, das endgültig entscheidet.

Nach der Kostengrundentscheidung durch das Gericht kann die Kostenfestsetzung durch den Urkundsbeamten der Geschäftsstelle beantragt werden (Abs. 1). Gegen die Entscheidung kann das Gericht angerufen werden (Abs. 2).   1

§ 197 a [Keine persönliche Kostenbefreiung]

(1) [1]Gehört in einem Rechtszug weder der Kläger noch der Beklagte zu den in § 183 genannten Personen oder handelt es sich um ein Verfahren wegen eines überlangen Gerichtsverfahrens (§ 202 Satz 2), werden Kosten nach den Vorschriften des Gerichtskostengesetzes erhoben; die §§ 184 bis 195 finden keine Anwendung; die §§ 154 bis 162 der Verwaltungsgerichtsordnung sind entsprechend anzuwenden. [2]Wird die Klage zurückgenommen, findet § 161 Abs. 2 der Verwaltungsgerichtsordnung keine Anwendung.

(2) [1]Dem Beigeladenen werden die Kosten außer in den Fällen des § 154 Abs. 3 der Verwaltungsgerichtsordnung auch auferlegt, soweit er verurteilt wird (§ 75 Abs. 5). [2]Ist eine der in § 183 genannten Personen beigeladen, können dieser Kosten nur unter den Voraussetzungen von § 192 auferlegt werden. [3]Aufwendungen des Beigeladenen werden unter den Voraussetzungen des § 191 vergütet; sie gehören nicht zu den Gerichtskosten.

(3) Die Absätze 1 und 2 gelten auch für Träger der Sozialhilfe, soweit sie an Erstattungsstreitigkeiten mit anderen Trägern beteiligt sind.

Die Vorschrift betrifft den systematischen Regelfall der nicht vorliegenden Kostenbefreiung. In diesem Fall wird auf die allgemeinen Kostenregeln des GKG verwiesen. Zumeist werden Vertragsarztverfahren, Statusstreitigkeiten von Arbeitgebern und Ausgleichsrechtsstreite von Leistungsträgern untereinander betroffen sein.   1

§ 197 b [Ansprüche beim BSG]

[1]Für Ansprüche, die beim Bundessozialgericht entstehen, gelten das Justizverwaltungskostengesetz und die Justizbeitreibungsordnung entsprechend, soweit sie nicht unmittelbar Anwendung finden. [2]Vollstreckungsbehörde ist die Justizbeitreibungsstelle des Bundessozialgerichts.

Auf die Erl. zum JVKostG (Ziff. 9) und zur JBeitrO (Ziff. 12) in diesem Kommentar wird verwiesen.   1

Teil 5: Gerichtskosten in berufsgerichtlichen Verfahren

Bundesrechtsanwaltsordnung

Vom 1. August 1959 (BGBl. I 565) (FNA 303-8)
zuletzt geändert durch Art. 3 des Gesetzes zur Umsetzung der Richtlinie über alternative Streitbeilegung in Verbraucherangelegenheiten und zur Durchführung der Verordnung über Online-Streitbeilegung in Verbraucherangelegenheiten vom 19. Februar 2016 (BGBl. I 254, 264)

– Auszug –

Zehnter Teil
Die Kosten in Anwaltssachen

Zweiter Abschnitt
Die Kosten in gerichtlichen Verfahren in verwaltungsrechtlichen Anwaltssachen

§ 193 Gerichtskosten

[1]In verwaltungsrechtlichen Anwaltssachen werden Gebühren nach dem Gebührenverzeichnis der Anlage zu diesem Gesetz erhoben. [2]Im Übrigen sind die für Kosten in Verfahren vor den Gerichten der Verwaltungsgerichtsbarkeit geltenden Vorschriften des Gerichtskostengesetzes entsprechend anzuwenden, soweit in diesem Abschnitt nichts anderes bestimmt ist.

§ 194 Streitwert

(1) [1]Der Streitwert bestimmt sich nach § 52 des Gerichtskostengesetzes. [2]Er wird von Amts wegen festgesetzt.

(2) [1]In Verfahren, die Klagen auf Zulassung zur Rechtsanwaltschaft oder deren Rücknahme oder Widerruf betreffen, ist ein Streitwert von 50.000 Euro anzunehmen. [2]Unter Berücksichtigung der Umstände des Einzelfalls, insbesondere des Umfangs und der Bedeutung der Sache sowie der Vermögens- und Einkommensverhältnisse des Klägers, kann das Gericht einen höheren oder einen niedrigeren Wert festsetzen.

(3) Die Festsetzung ist unanfechtbar; § 63 Abs. 3 des Gerichtskostengesetzes bleibt unberührt.

Dritter Abschnitt
Die Kosten in dem anwaltsgerichtlichen Verfahren und in dem Verfahren bei Anträgen auf anwaltsgerichtliche Entscheidung gegen die Androhung oder die Festsetzung des Zwangsgeldes oder über die Rüge

§ 195 Gerichtskosten

[1]Im anwaltsgerichtlichen Verfahren, im Verfahren über den Antrag auf Entscheidung des Anwaltsgerichts über die Rüge (§ 74 a Abs. 1) und im Verfahren über den Antrag auf Entscheidung des Anwaltsgerichtshofs gegen die Androhung oder die Festsetzung eines Zwangsgelds (§ 57 Abs. 3) werden Gebühren nach dem Gebührenverzeichnis der Anlage zu diesem Gesetz erhoben. [2]Im Übrigen sind die für Kosten in Strafsachen geltenden Vorschriften des Gerichtskostengesetzes entsprechend anzuwenden.

§ 199 Festsetzung der Kosten des Verfahrens vor dem Anwaltsgericht

(1) Die Kosten, die der Rechtsanwalt in dem Verfahren vor dem Anwaltsgericht zu tragen hat, werden von dem Vorsitzenden der Kammer des Anwaltsgerichts durch Beschluß festgesetzt.

(2) [1]Gegen den Festsetzungsbeschluß kann der Rechtsanwalt binnen einer Notfrist von zwei Wochen, die mit der Zustellung des Beschlusses beginnt, Erinnerung einlegen. [2]Über die Erinnerung entscheidet das Anwaltsgericht, dessen Vorsitzender den Beschluß erlassen hat. [3]Gegen die Entscheidung des Anwaltsgerichts

kann der Rechtsanwalt sofortige Beschwerde einlegen. [4]Die Verfahren sind gebührenfrei. [5]Kosten werden nicht erstattet.

Anlage
(zu § 193 Satz 1 und § 195 Satz 1)

Gebührenverzeichnis

Gliederung

Teil 1
Anwaltsgerichtliche Verfahren

Nr.	Gebührentatbestand	Gebührenbetrag oder Satz der jeweiligen Gebühr 1110 bis 1112
Vorbemerkung 1:		

Vorbemerkung 1:

(1) Im anwaltsgerichtlichen Verfahren bemessen sich die Gerichtsgebühren vorbehaltlich des Absatzes 2 für alle Rechtszüge nach der rechtskräftig verhängten Maßnahme.

(2) Wird ein Rechtsmittel oder ein Antrag auf anwaltsgerichtliche Entscheidung nur teilweise verworfen oder zurückgewiesen, so hat das Gericht die Gebühr zu ermäßigen, soweit es unbillig wäre, den Rechtsanwalt damit zu belasten.

(3) Im Verfahren nach Wiederaufnahme werden die gleichen Gebühren wie für das wiederaufgenommene Verfahren erhoben. Wird jedoch nach Anordnung der Wiederaufnahme des Verfahrens das frühere Urteil aufgehoben, gilt für die Gebührenerhebung jeder Rechtszug des neuen Verfahrens mit dem jeweiligen Rechtszug des früheren Verfahrens zusammen als ein Rechtszug. Gebühren werden auch für Rechtszüge erhoben, die nur im früheren Verfahren stattgefunden haben.

Nr.	Gebührentatbestand	Gebührenbetrag oder Satz der jeweiligen Gebühr 1110 bis 1112
	Abschnitt 1 Verfahren vor dem Anwaltsgericht	
	Unterabschnitt 1 Anwaltsgerichtliches Verfahren erster Instanz	
1110	Verfahren mit Urteil bei Verhängung einer oder mehrerer der folgenden Maßnahmen: 1. einer Warnung, 2. eines Verweises, 3. einer Geldbuße	240,00 EUR
1111	Verfahren mit Urteil bei Verhängung eines Vertretungs- und Beistandsverbots nach § 114 Abs. 1 Nr. 4 der Bundesrechtsanwaltsordnung	360,00 EUR
1112	Verfahren mit Urteil bei Ausschließung aus der Rechtsanwaltschaft	480,00 EUR
	Unterabschnitt 2 Antrag auf gerichtliche Entscheidung über die Rüge	
1120	Verfahren über den Antrag auf gerichtliche Entscheidung über die Rüge nach § 74 a Abs. 1 der Bundesrechtsanwaltsordnung: Der Antrag wird verworfen oder zurückgewiesen	160,00 EUR
	Abschnitt 2 Verfahren vor dem Anwaltsgerichtshof	
	Unterabschnitt 1 Berufung	
1210	Berufungsverfahren mit Urteil	1,5
1211	Erledigung des Berufungsverfahrens ohne Urteil .... Die Gebühr entfällt bei Zurücknahme der Berufung vor Ablauf der Begründungsfrist.	0,5
	Unterabschnitt 2 Beschwerde	
1220	Verfahren über Beschwerden im anwaltsgerichtlichen Verfahren, die nicht nach anderen Vorschriften gebührenfrei sind: Die Beschwerde wird verworfen oder zurückgewiesen .... Von dem Rechtsanwalt wird eine Gebühr nur erhoben, wenn gegen ihn rechtskräftig eine anwaltsgerichtliche Maßnahme verhängt worden ist.	50,00 EUR
	Unterabschnitt 3 Antrag auf gerichtliche Entscheidung über die Androhung oder die Festsetzung eines Zwangsgelds	
1230	Verfahren über den Antrag auf gerichtliche Entscheidung über die Androhung oder die Festsetzung eines Zwangsgelds nach § 57 Abs. 3 der Bundesrechtsanwaltsordnung: Der Antrag wird verworfen oder zurückgewiesen	200,00 EUR

Nr.	Gebührentatbestand	Gebührenbetrag oder Satz der jeweiligen Gebühr 1110 bis 1112
	Abschnitt 3 Verfahren vor dem Bundesgerichtshof	
	Unterabschnitt 1 Revision	
1310	Revisionsverfahren mit Urteil oder mit Beschluss nach § 146 Abs. 3 Satz 1 der Bundesrechtsanwaltsordnung i.V.m. § 349 Abs. 2 oder Abs. 4 StPO	2,0
1311	Erledigung des Revisionsverfahrens ohne Urteil und ohne Beschluss nach § 146 Abs. 3 Satz 1 der Bundesrechtsanwaltsordnung i.V.m. § 349 Abs. 2 oder Abs. 4 StPO .... Die Gebühr entfällt bei Zurücknahme der Revision vor Ablauf der Begründungsfrist.	1,0
	Unterabschnitt 2 Beschwerde	
1320	Verfahren über die Beschwerde gegen die Nichtzulassung der Revision: Die Beschwerde wird verworfen oder zurückgewiesen	1,0
1321	Verfahren über sonstige Beschwerden im anwaltsgerichtlichen Verfahren, die nicht nach anderen Vorschriften gebührenfrei sind: Die Beschwerde wird verworfen oder zurückgewiesen .... Von dem Rechtsanwalt wird eine Gebühr nur erhoben, wenn gegen ihn rechtskräftig eine anwaltsgerichtliche Maßnahme verhängt worden ist.	50,00 EUR
	Unterabschnitt 3 Verfahren wegen eines bei dem Bundesgerichtshof zugelassenen Rechtsanwalts	
1330	Anwaltsgerichtliches Verfahren mit Urteil bei Verhängung einer Maßnahme	1,5
1331	Verfahren über den Antrag auf gerichtliche Entscheidung über die Androhung oder die Festsetzung eines Zwangsgelds nach § 57 Abs. 3 i.V.m. § 163 Satz 2 der Bundesrechtsanwaltsordnung: Der Antrag wird verworfen oder zurückgewiesen	240,00 EUR
1332	Verfahren über den Antrag auf gerichtliche Entscheidung über die Rüge nach § 74 a Abs. 1 i.V.m. § 163 Satz 2 der Bundesrechtsanwaltsordnung: Der Antrag wird verworfen oder zurückgewiesen	240,00 EUR
	Abschnitt 4 Rüge wegen Verletzung des Anspruchs auf rechtliches Gehör	
1400	Verfahren über die Rüge wegen Verletzung des Anspruchs auf rechtliches Gehör: Die Rüge wird in vollem Umfang verworfen oder zurückgewiesen	50,00 EUR

Teil 2
Gerichtliche Verfahren in verwaltungsrechtlichen Anwaltssachen

Nr.	Gebührentatbestand	Gebührenbetrag oder Satz der Gebühr nach § 34 GKG
	Abschnitt 1 Erster Rechtszug	
	Unterabschnitt 1 Anwaltsgerichtshof	
2110	Verfahren im Allgemeinen	4,0

2111	Beendigung des gesamten Verfahrens durch
	1. Zurücknahme der Klage
	   a) vor dem Schluss der mündlichen Verhandlung,
	   b) wenn eine solche nicht stattfindet, vor Ablauf des Tages, an dem das Urteil, der Gerichtsbescheid oder der Beschluss in der Hauptsache der Geschäftsstelle übermittelt wird,
	   c) im Fall des § 112 c Abs. 1 Satz 1 der Bundesrechtsanwaltsordnung i.V.m. § 93 a Abs. 2 VwGO vor Ablauf der Erklärungsfrist nach § 93 a Abs. 2 Satz 1 VwGO,
	2. Anerkenntnis- oder Verzichtsurteil,
	3. gerichtlichen Vergleich oder
	4. Erledigungserklärungen nach § 112 c Abs. 1 Satz 1 der Bundesrechtsanwaltsordnung i.V.m. § 161 Abs. 2 VwGO, wenn keine Entscheidung über die Kosten ergeht oder die Entscheidung einer zuvor mitgeteilten Einigung der Beteiligten über die Kostentragung oder der Kostenübernahmeerklärung eines Beteiligten folgt,
	es sei denn, dass bereits ein anderes als eines der in Nummer 2 genannten Urteile, ein Gerichtsbescheid oder Beschluss in der Hauptsache vorausgegangen ist:
	Die Gebühr 2110 ermäßigt sich auf ....
	Die Gebühr ermäßigt sich auch, wenn mehrere Ermäßigungstatbestände erfüllt sind.
		2,0

	Unterabschnitt 2 Bundesgerichtshof	
2120	Verfahren im Allgemeinen	5,0

2121	Beendigung des gesamten Verfahrens durch
	1. Zurücknahme der Klage
	   a) vor dem Schluss der mündlichen Verhandlung,
	   b) wenn eine solche nicht stattfindet, vor Ablauf des Tages, an dem das Urteil oder der Gerichtsbescheid der Geschäftsstelle übermittelt wird,
	   c) im Fall des § 112 c Abs. 1 Satz 1 der Bundesrechtsanwaltsordnung i.V.m. § 93 a Abs. 2 VwGO vor Ablauf der Erklärungsfrist nach § 93 a Abs. 2 Satz 1 VwGO,
	2. Anerkenntnis- oder Verzichtsurteil,
	3. gerichtlichen Vergleich oder
	4. Erledigungserklärungen nach § 112 c Abs. 1 Satz 1 der Bundesrechtsanwaltsordnung i.V.m. § 161 Abs. 2 VwGO, wenn keine Entscheidung über die Kosten ergeht oder die Entscheidung einer zuvor mitgeteilten Einigung der Beteiligten über die Kostentragung oder der Kostenübernahmeerklärung eines Beteiligten folgt,	

Nr.	Gebührentatbestand	Gebührenbetrag oder Satz der Gebühr nach § 34 GKG
	es sei denn, dass bereits ein anderes als eines der in Nummer 2 genannten Urteile, ein Gerichtsbescheid oder Beschluss in der Hauptsache vorausgegangen ist:	
	Die Gebühr 2120 ermäßigt sich auf	3,0
	Die Gebühr ermäßigt sich auch, wenn mehrere Ermäßigungstatbestände erfüllt sind.	

Abschnitt 2 Zulassung und Durchführung der Berufung

Nr.	Gebührentatbestand	Gebührenbetrag oder Satz der Gebühr nach § 34 GKG
2200	Verfahren über die Zulassung der Berufung: Soweit der Antrag abgelehnt wird	1,0
2201	Verfahren über die Zulassung der Berufung: Soweit der Antrag zurückgenommen oder das Verfahren durch anderweitige Erledigung beendet wird	0,5
	Die Gebühr entsteht nicht, soweit die Berufung zugelassen wird.	
2202	Verfahren im Allgemeinen	5,0
2203	Beendigung des gesamten Verfahrens durch Zurücknahme der Berufung oder der Klage, bevor die Schrift zur Begründung der Berufung bei Gericht eingegangen ist:	
	Die Gebühr 2202 ermäßigt sich auf	1,0
	Erledigungserklärungen nach § 112 c Abs. 1 Satz 1 der Bundesrechtsanwaltsordnung i.V.m. § 161 Abs. 2 VwGO stehen der Zurücknahme gleich, wenn keine Entscheidung über die Kosten ergeht oder die Entscheidung einer zuvor mitgeteilten Einigung der Beteiligten über die Kostentragung oder der Kostenübernahmeerklärung eines Beteiligten folgt.	
2204	Beendigung des gesamten Verfahrens, wenn nicht Nummer 2203 erfüllt ist, durch	

	1. Zurücknahme der Berufung oder der Klage
	    a) vor dem Schluss der mündlichen Verhandlung,
	    b) wenn eine solche nicht stattfindet, vor Ablauf des Tages, an dem das Urteil oder der Beschluss in der Hauptsache der Geschäftsstelle übermittelt wird, oder
	    c) im Fall des § 112 c Abs. 1 Satz 1 der Bundesrechtsanwaltsordnung i.V.m. § 93 a Abs. 2 VwGO vor Ablauf der Erklärungsfrist nach § 93 a Abs. 2 Satz 1 VwGO,
	2. Anerkenntnis- oder Verzichtsurteil,
	3. gerichtlichen Vergleich oder
	4. Erledigungserklärungen nach § 112 c Abs. 1 Satz 1 der Bundesrechtsanwaltsordnung i.V.m. § 161 Abs. 2 VwGO, wenn keine Entscheidung über die Kosten ergeht oder die Entscheidung einer zuvor mitgeteilten Einigung der Beteiligten über die Kostentragung oder der Kostenübernahmeerklärung eines Beteiligten folgt,
	es sei denn, dass bereits ein anderes als eines der in Nummer 2 genannten Urteile oder ein Beschluss in der Hauptsache vorausgegangen ist:	

	Die Gebühr 2202 ermäßigt sich auf	3,0
	Die Gebühr ermäßigt sich auch, wenn mehrere Ermäßigungstatbestände erfüllt sind.	

Nr.	Gebührentatbestand	Gebührenbetrag oder Satz der Gebühr nach § 34 GKG

Abschnitt 3 Vorläufiger Rechtsschutz

Vorbemerkung 2.3:

(1) Die Vorschriften dieses Abschnitts gelten für einstweilige Anordnungen und für Verfahren nach § 112 c Abs. 1 Satz 1 der Bundesrechtsanwaltsordnung i.V.m. § 80 Abs. 5 und § 80 a Abs. 3 VwGO.

(2) Im Verfahren über den Antrag auf Erlass und im Verfahren über den Antrag auf Aufhebung einer einstweiligen Anordnung werden die Gebühren jeweils gesondert erhoben. Mehrere Verfahren nach § 112 c Abs. 1 Satz 1 der Bundesrechtsanwaltsordnung i.V.m. § 80 Abs. 5 und 7 und § 80 a Abs. 3 VwGO gelten innerhalb eines Rechtszugs als ein Verfahren.

Unterabschnitt 1 Anwaltsgerichtshof

Nr.	Gebührentatbestand	Satz
2310	Verfahren im Allgemeinen	2,0

2311	Beendigung des gesamten Verfahrens durch
	1. Zurücknahme des Antrags
	   a) vor dem Schluss der mündlichen Verhandlung oder,
	   b) wenn eine solche nicht stattfindet, vor Ablauf des Tages, an dem der Beschluss der Geschäftsstelle übermittelt wird,
	2. gerichtlichen Vergleich oder
	3. Erledigungserklärungen nach § 112 c Abs. 1 Satz 1 der Bundesrechtsanwaltsordnung i.V.m. § 161 Abs. 2 VwGO, wenn keine Entscheidung über die Kosten ergeht oder die Entscheidung einer zuvor mitgeteilten Einigung der Beteiligten über die Kostentragung oder der Kostenübernahmeerklärung eines Beteiligten folgt,
	es sei denn, dass bereits ein Beschluss über den Antrag vorausgegangen ist:
	Die Gebühr 2310 ermäßigt sich auf ....
	Die Gebühr ermäßigt sich auch, wenn mehrere Ermäßigungstatbestände erfüllt sind.
		0,75

Unterabschnitt 2 Bundesgerichtshof als Rechtsmittelgericht in der Hauptsache

Nr.	Gebührentatbestand	Satz
2320	Verfahren im Allgemeinen	1,5

2321	Beendigung des gesamten Verfahrens durch
	1. Zurücknahme des Antrags
	   a) vor dem Schluss der mündlichen Verhandlung oder,
	   b) wenn eine solche nicht stattfindet, vor Ablauf des Tages, an dem der Beschluss der Geschäftsstelle übermittelt wird,
	2. gerichtlichen Vergleich oder
	3. Erledigungserklärungen nach § 112 c Abs. 1 Satz 1 der Bundesrechtsanwaltsordnung i.V.m. § 161 Abs. 2 VwGO, wenn keine Entscheidung über die Kosten ergeht oder die Entscheidung einer zuvor mitgeteilten Einigung der Beteiligten über die Kostentragung oder der Kostenübernahmeerklärung eines Beteiligten folgt,
	es sei denn, dass bereits ein Beschluss über den Antrag vorausgegangen ist:
	Die Gebühr 2320 ermäßigt sich auf ....
	Die Gebühr ermäßigt sich auch, wenn mehrere Ermäßigungstatbestände erfüllt sind.
		0,5

Nr.	Gebührentatbestand	Gebührenbetrag oder Satz der Gebühr nach § 34 GKG
	Unterabschnitt 3 Bundesgerichtshof	
	Vorbemerkung 2.3.3: Die Vorschriften dieses Unterabschnitts gelten, wenn der Bundesgerichtshof auch in der Hauptsache erstinstanzlich zuständig ist.	
2330	Verfahren im Allgemeinen	2,5
2331	Beendigung des gesamten Verfahrens durch 1. Zurücknahme des Antrags a) vor dem Schluss der mündlichen Verhandlung oder, b) wenn eine solche nicht stattfindet, vor Ablauf des Tages, an dem der Beschluss der Geschäftsstelle übermittel wird, 2. gerichtlichen Vergleich oder 3. Erledigungserklärungen nach § 112 c Abs. 1 Satz 1 der Bundesrechtsanwaltsordnung i.V.m. § 161 Abs. 2 VwGO, wenn keine Entscheidung über die Kosten ergeht oder die Entscheidung einer zuvor mitgeteilten Einigung der Beteiligten über die Kostentragung oder der Kostenübernahmeerklärung eines Beteiligten folgt, es sei denn, dass bereits ein Beschluss über den Antrag vorausgegangen ist: Die Gebühr 2330 ermäßigt sich auf	1,0
	Die Gebühr ermäßigt sich auch, wenn mehrere Ermäßigungstatbestände erfüllt sind.	

Abschnitt 4 Rüge wegen Verletzung des Anspruchs auf rechtliches Gehör

2400	Verfahren über die Rüge wegen Verletzung des Anspruchs auf rechtliches Gehör: Die Rüge wird in vollem Umfang verworfen oder zurückgewiesen	50,00 EUR

I. Einleitung

1 Die berufsrechtlichen Verfahren der Rechtsanwälte (§ 195 BRAO) waren bis zum 30.12.2006 gerichtsgebührenfrei. Angesichts der für diese Verfahren anfallenden Sach- und Personalkosten erschien es nicht mehr zeitgemäß und sachgerecht, dass der Staat die Kosten tragen sollte, die durch pflichtwidriges Verhalten einzelner Berufsangehöriger entstehen.[1] Durch das 2. JuMoG[2] wurde die Gebührenfreiheit mWz 31.12.2006 aufgehoben. Da die Übergangsvorschrift des § 71 Abs. 2 GKG anwendbar ist, werden die Kosten nach dem Gebührenverzeichnis erhoben, wenn die Kostenentscheidung nach dem Inkrafttreten der Gesetzesänderung – also dem 31.12.2006 – rechtskräftig geworden ist.[3]

2 In den berufsrechtlichen Verfahren werden nunmehr – neben den Auslagen, die schon vorher zu ersetzen waren[4] – auch Gerichtsgebühren erhoben (vgl § 195 S. 1 BRAO). Diese bestimmen sich nach dem Gebührenverzeichnis, das als Anlage (u.a. zu § 195 S. 1 BRAO) beigefügt ist. Im Übrigen werden die für Kosten in Strafsachen geltenden Vorschriften des GKG entsprechend angewandt (§ 195 S. 2 BRAO). Die Auslagenerhebung richtet sich daher nach Teil 9 KV GKG (s. die Erl. zu Nr. 9000 ff KV GKG).

3 Im Zuge der Modernisierung des Berufsrechts[5] wurden die Kosten in gerichtlichen Verfahren in verwaltungsrechtlichen Angelegenheiten der Rechtsanwälte gem. § 193 BRAO auch im Gebührenverzeichnis (Anlage u.a. zu § 193 S. 1 BRAO) mitgeregelt.

---

1 Vgl Begr. RegE 2. JuMoG, BT-Drucks 16/3038, S. 28. **2** Zweites Gesetz zur Modernisierung der Justiz v. 22.12.2006 (BGBl. I 3416). **3** Vgl BGH 21.1.2008 – AnwSt (B) 2/07. **4** Vgl zur alten Rechtslage *Henssler/Prütting*, BRAO, 4. Aufl. 2014, § 195 BRAO Rn 1 ff. **5** Vgl Gesetz zur Modernisierung von Verfahren im anwaltlichen und notariellen Berufsrecht, zur Errichtung einer Schlichtungsstelle der Rechtsanwaltschaft sowie zur Änderung sonstiger Vorschriften v. 30.7.2009 (BGBl. I 2449); vgl aus dem Gesetzgebungsverfahren: BT-Drucks 16/11385 und BT-Drucks 16/12717.

NK-GK/*Wolf*

II. Gerichtskosten in berufsrechtlichen Verfahren (§ 195 BRAO, Teil 1 GV BRAO)

Die Kosten berufsrechtlicher Verfahren bestimmen sich nach der verhängten Maßnahme und sind für das **4** jeweilige Gericht (Anwaltsgericht, Anwaltsgerichtshof, Bundesgerichtshof) gesondert in einzelnen Abschnitten in Teil 1 GV BRAO festgelegt.

1. Vorbemerkung 1 GV BRAO. Kosten werden grds. nur bei rechtskräftiger Verhängung einer Maßnahme **5** erhoben (Vorbem. 1 Abs. 1 GV BRAO).

Bei teilweiser Verwerfung oder Zurückweisung eines Rechtsmittels oder eines Antrags auf berufsgerichtliche **6** che Entscheidung sind die Gebühren zu ermäßigen, soweit es unbillig wäre, den Berufsträger damit zu belasten (Vorbem. 1 Abs. 2 GV BRAO). Eine konkrete Vorgabe, wie sich diese Ermäßigung berechnet, erfolgt nicht. Bei vergleichbaren Fällen im GKG erfolgt eine Ermäßigung auf die Hälfte (vgl für Strafverfahren Nr. 4303, 4304, 5502 KV GKG).

Im Fall der Wiederaufnahme gelten die Sonderregeln nach Vorbem. 1 Abs. 3 GV BRAO. **7**

2. Verfahren vor dem Anwaltsgericht (Nr. 1110–1120 GV BRAO). Im Verfahren vor dem Anwaltsgericht – **8** geregelt in Teil 1 Abschnitt 1 GV BRAO – ist zwischen den Kosten bei Verhängung einer berufsgerichtlichen Maßnahme (= Unterabschnitt 1) und den Kosten des Verfahrens über den Antrag auf gerichtliche Entscheidung im Hinblick auf eine Rüge der Rechtsanwaltskammer nach § 74 a Abs. 1 BRAO (= Unterabschnitt 2) zu trennen.

Die Höhe der Kosten des Verfahrens vor dem Anwaltsgericht bestimmt sich nach der Schwere der verhäng- **9** ten Maßnahme und beträgt 240 € (Nr. 1110 GV BRAO), ggf 360 € (Nr. 1111 GV BRAO) oder 480 € (Nr. 1112 GV BRAO). Wenn nebeneinander ein Verweis und eine Geldbuße (vgl § 114 Abs. 2 BRAO) verhängt werden, soll diese Gebühr nur einmal anfallen.[6] Dies ist auch konsequent, da es sich trotz der Kombination um eine einheitliche Maßnahme handelt, die schwerer wiegt als die Einzelmaßnahmen, aber weniger schwer als ein Vertretungs- oder Berufsverbot.

Für die Verwerfung oder Zurückweisung des Antrags auf gerichtliche Entscheidung gegen eine Rüge der **10** Rechtsanwaltskammer entstehen niedrigere Kosten iHv 160 € (Nr. 1120 GV BRAO). Diese Kostenreduzierung um ca. ein Drittel ist dem Umstand geschuldet, dass diese Entscheidung grds. ohne mündliche Verhandlung ergeht, vgl § 74 a Abs. 2 S. 2 BRAO iVm § 309 Abs. 1 StPO.[7]

3. Berufungs- und Beschwerdeverfahren sowie Anträge auf gerichtliche Entscheidung vor dem Anwaltsgerichtshof (Nr. 1210–1230 GV BRAO). Die Gebühren für die Verfahren vor dem Anwaltsgerichtshof bemessen sich nach Teil 1 Abschnitt 2 GV BRAO. Für diese Verfahren werden die in Abschnitt 1 bezifferten Beträge vervielfacht. **11**

Für das Berufungsverfahren (Unterabschnitt 1) mit Urteil fällt die Gebühr mit dem Faktor 1,5 an (Nr. 1210 **12** GV BRAO), für die Erledigung ohne Urteil beträgt der Gebührensatz 0,5 (Nr. 1211 GV BRAO). Diese Gebühr entfällt bei der Zurücknahme der Berufung vor Ablauf der Begründungsfrist (Anm. zu Nr. 1211 GV BRAO). § 143 Abs. 3 BRAO sieht zwar vor, dass die Berufung in Abweichung von § 317 StPO nur schriftlich und daher nicht durch Erklärung zu Protokoll der Geschäftsstelle gerechtfertigt werden kann. Allerdings fehlt eine Regelung zum Begründungszwang.[8] Aufgrund der Regelung der Gebührenverzeichnisse ist zu vermuten, dass der Gesetzgeber die Einführung einer Begründungspflicht beabsichtigt hat, dies allerdings dann nicht erfolgt ist. Die Ermäßigungsregelung hat daher nach derzeitiger Rechtslage keine Bedeutung.

Für die Verwerfung oder Zurückweisung einer Beschwerde (Unterabschnitt 2) wird eine Gebühr iHv 50 € **13** angesetzt (Nr. 1220 GV BRAO). Diese wird allerdings von dem Berufsträger nur erhoben, wenn rechtskräftig eine berufsgerichtliche Maßnahme verhängt wird (Anm. zu Nr. 1220 GV BRAO). Die Regelung entspricht dem in Vorbem. 1 Abs. 1 GV BRAO konkretisierten Grundgedanken, dass der Berufsträger nur im Fall einer Sanktion mit Kosten belastet werden soll. Dementsprechend entstehen keine Kosten, wenn der Beschwerdeführer die Beschwerde zurücknimmt oder das Gericht ihr stattgibt. Im Übrigen entstehen keine Kosten für Beschwerden, die nicht nach anderen Vorschriften gebührenfrei sind. Hier sind insb. die Beschwerden in Kostensachen betroffen, vgl § 199 Abs. 2 S. 4 BRAO.

Auch die Überprüfung der Rechtmäßigkeit einer Zwangsgeldandrohung oder -festsetzung wird vom An- **14** waltsgerichtshof wahrgenommen. Für die Verwerfung oder Zurückweisung des Antrags eines Rechtsanwalts auf gerichtliche Entscheidung über die Androhung oder Festsetzung eines Zwangsgelds durch den Anwaltsgerichtshof gem. § 57 Abs. 3 BRAO fällt eine Gebühr iHv 200 € an (Nr. 1230 GV BRAO).

---

6 Vgl. Begr. RegE 2. JuMoG, BT-Drucks 16/3038, S. 34. **7** Vgl Begr. RegE 2. JuMoG, BT-Drucks 16/3038, S. 34. **8** So auch *Gaier/Wolf/Göcken*, Anwaltliches Berufsrecht, 2. Aufl. 2014, § 143 BRAO Rn 7.

15 **4. Revisions- und Beschwerdeverfahren sowie Verfahren gegen BGH-Anwälte vor dem Bundesgerichtshof (Nr. 1310–1332 GV BRAO).** Für das Revisionsverfahren mit Urteil oder Beschluss (Abschnitt 3 Unterabschnitt 1) wird eine 2,0-Gebühr erhoben (Nr. 1310 GV BRAO). Diese ermäßigt sich entsprechend der für das Berufungsverfahren geltenden Kostenregelung um die Hälfte auf 1,0, wenn sich das Verfahren ohne Urteil oder Beschluss erledigt (Nr. 1311 GV BRAO). Das Revisionsgericht kann gem. § 349 Abs. 2 oder 4 StPO durch einstimmigen Beschluss entscheiden. Hier ermäßigt sich die Gebühr auf 1,0. Die Gebühr entfällt bei Zurücknahme der Revision vor Ablauf der Begründungsfrist (Anm. zu Nr. 1311 GV BRAO). Die Revisionsbegründungsfrist beträgt wegen des Verweises auf die strafprozessualen Vorschriften und damit auf § 345 StPO einen Monat nach Ablauf der Revisionsfrist. Die Revisionsfrist beträgt eine Woche ab Verkündung des in Anwesenheit des Berufsträgers ergangenen Urteils bzw eine Woche ab Zustellung des Urteils, vgl § 146 Abs. 1 BRAO.

16 Im Beschwerdeverfahren (Abschnitt 3 Unterabschnitt 2) wird für die Verwerfung oder Zurückweisung der Beschwerde gegen die Nichtzulassung der Revision eine Gebühr von 1,0 erhoben (Nr. 1320 GV BRAO). Hinsichtlich der sonstigen Beschwerden wird auf die für das Verfahren vor dem Anwaltsgerichtshof geltende Regelung verwiesen (Nr. 1321 GV BRAO).

17 Da der Bundesgerichtshof im berufsrechtlichen Verfahren gegen einen beim ihm zugelassenen Rechtsanwalt gem. § 163 S. 5 BRAO anstelle von Anwaltsgericht und Anwaltsgerichtshof tritt, findet das Verfahren in erster und einziger Instanz statt. In Abschnitt 3 Unterabschnitt 3 sind daher die Kosten eines solchen Verfahrens gesondert geregelt. Für das anwaltsgerichtliche Verfahren wird bei Verhängung einer Maßnahme eine 1,5-fache Gebühr erhoben (Nr. 1330 GV BRAO). Für die Verwerfung und Zurückverweisung von Anträgen auf gerichtliche Entscheidung wegen Androhung oder Festsetzung eines Zwangsgelds (Nr. 1331 GV BRAO) oder wegen einer Rüge durch die Rechtsanwaltskammer (Nr. 1332 GV BRAO) werden Kosten iHv 240 € erhoben.

18 **5. Rüge wegen der Verletzung des Anspruchs auf rechtliches Gehör (Nr. 1400 GV BRAO).** Für die vollumfängliche Verwerfung oder Zurückverweisung einer Beschwerde wegen Verletzung des Anspruchs auf rechtliches Gehör (§ 116 Abs. 1 S. 2 BRAO iVm §§ 33 a, 311 a Abs. 1 S. 1, 356 a StPO) werden Kosten iHv 50 € erhoben (Nr. 1400 GV BRAO).

19 **6. Auslagen.** Hinsichtlich der Auslagen in berufsrechtlichen Verfahren gelten Nr. 9000 ff KV GKG (vgl § 195 S. 2 BRAO) (s. die Erl. zu Nr. 9000 ff KV GKG).

III. Gerichtskosten in verwaltungsrechtlichen Anwaltssachen (§ 193 BRAO, Teil 2 GV BRAO)

20 Teil 2 GV BRAO regelt die Kosten des verwaltungsrechtlichen Verfahrens gem. §§ 112 a ff BRAO. Die Gebühren sind den Nr. 5112 ff KV GKG nachgebildet; auf deren Kommentierung kann verwiesen werden.

21 **1. Erster Rechtszug (Nr. 2110–2121 GV BRAO).** Die Gebührenregelung für das Verfahren vor dem Anwaltsgerichtshof (Nr. 2110, 2111 GV BRAO) entspricht Nr. 5512, 5113 KV GKG für das Verfahren vor dem Oberverwaltungsgericht (Verwaltungsgerichtshof) (vgl die Erl. dort).

22 Die Gebührenregelung für das Verfahren vor dem Bundesgerichtshof (Nr. 2120, 2121 KV BRAO) entspricht Nr. 5114, 5115 KV GKG für das Verfahren vor dem Bundesverwaltungsgericht (vgl die Erl. dort).

23 **2. Zulassung und Durchführung der Berufung (Nr. 2200–2204 GV BRAO).** Die Gebührenregelung entspricht Nr. 5120–5124 KV GKG (vgl die Erl. dort).

24 **3. Vorläufiger Rechtsschutz (Nr. 2310–2331 GV BRAO).** Die Gebührenregelung für das Verfahren vor dem Anwaltsgerichtshof (Nr. 2310, 2311 GV BRAO) entspricht Nr. 5220, 5221 KV GKG für das Verfahren vor dem Oberverwaltungsgericht (Verwaltungsgerichtshof) (vgl die Erl. dort).

25 Die Gebührenregelung für das Verfahren vor dem Bundesgerichtshof als Rechtsmittelgericht der Hauptsache (Nr. 2320, 2321 GV BRAO) entspricht der Regelung über das Verfahren im Allgemeinen in Nr. 5210, 5211 KV GKG (vgl die Erl. dort).

26 Bei erstinstanzlicher Zuständigkeit des Bundesgerichtshofs (Nr. 2330, 2331 GV BRAO) entspricht die Kostenregelung Nr. 5230, 5231 KV GKG für das Verfahren vor dem Bundesverwaltungsgericht (vgl die Erl. dort).

27 **4. Rüge wegen Verletzung des Anspruchs auf rechtliches Gehör (Nr. 2400 GV BRAO).** Hier entspricht die Regelung derjenigen von Teil 1 Abschnitt 4 (= Nr. 1400 GV BRAO; → Rn 18).

IV. Kostenfestsetzungsverfahren

28 Die Gerichtskosten für das Verfahren für das anwaltsgerichtliche Verfahren, das Verfahren bei Anträgen auf gerichtliche Entscheidung gegen die Androhung oder die Festsetzung des Zwangsgeldes oder über die Rüge werden im Rahmen des Kostenfestsetzungsverfahrens durch den Vorsitzenden der Kammer des An-

waltsgerichts festgesetzt, § 199 BRAO. In gerichtlichen Verfahren in verwaltungsrechtlichen Anwaltssachen werden gem. § 193 S. 1 BRAO Gebühren nach dem Gebührenverzeichnis der Anlage zur BRAO erhoben; im Übrigen sind die für Kosten in Verfahren vor den Gerichten der Verwaltungsgerichtsbarkeit geltenden Vorschriften des GKG entsprechend anzuwenden, soweit die BRAO nichts anderes bestimmt, § 193 S. 2 BRAO.

Patentanwaltsordnung (PAO)

Vom 7. September 1966 (BGBl. I 557)
zuletzt geändert durch Art. 6 des Gesetzes zur Neuordnung des Rechts der Syndikusanwälte und zur
Änderung der Finanzgerichtsordnung vom 21. Dezember 2015 (BGBl. I 2517, 2521)

– Auszug –

Achter Teil
Die Kosten in Patentanwaltssachen

Zweiter Abschnitt
Die Kosten in gerichtlichen Verfahren in verwaltungsrechtlichen Patentanwaltssachen

§ 146 Gerichtskosten

[1]In verwaltungsrechtlichen Patentanwaltssachen werden Gebühren nach dem Gebührenverzeichnis der Anlage zu diesem Gesetz erhoben. [2]Im Übrigen sind die für Kosten in Verfahren vor den Gerichten der Verwaltungsgerichtsbarkeit geltenden Vorschriften des Gerichtskostengesetzes entsprechend anzuwenden, soweit in diesem Abschnitt nichts anderes bestimmt ist.

§ 147 Streitwert

(1) [1]Der Streitwert bestimmt sich nach § 52 des Gerichtskostengesetzes. [2]Er wird von Amts wegen festgesetzt.

(2) [1]In Verfahren, die Klagen auf Zulassung zur Patentanwaltschaft oder deren Rücknahme oder Widerruf betreffen, ist ein Streitwert von 50.000 Euro anzunehmen. [2]Unter Berücksichtigung der Umstände des Einzelfalls, insbesondere des Umfangs und der Bedeutung der Sache sowie der Vermögens- und Einkommensverhältnisse des Klägers, kann das Gericht einen höheren oder einen niedrigeren Wert festsetzen.

(3) Die Festsetzung ist unanfechtbar; § 63 Absatz 3 des Gerichtskostengesetzes bleibt unberührt.

Dritter Abschnitt
Die Kosten in dem berufsgerichtlichen Verfahren und in dem Verfahren bei Anträgen auf Entscheidung des Landgerichts gegen die Androhung oder die Festsetzung des Zwangsgelds oder über die Rüge

§ 148 Gerichtskosten

[1]Im berufsgerichtlichen Verfahren, im Verfahren über den Antrag auf Entscheidung des Landgerichts über die Rüge (§ 70 a Abs. 1) und im Verfahren über den Antrag auf Entscheidung des Landgerichts gegen die Androhung oder die Festsetzung eines Zwangsgelds (§ 50 Abs. 3) werden Gebühren nach dem Gebührenverzeichnis der Anlage zu diesem Gesetz erhoben. [2]Im Übrigen sind die für Kosten in Strafsachen geltenden Vorschriften des Gerichtskostengesetzes entsprechend anzuwenden.

Anlage
(zu § 146 Satz 1 und § 148 Satz 1)

Gebührenverzeichnis

Gliederung

Teil I
Berufsgerichtliches Verfahren

Nr.	Gebührentatbestand	Gebührenbetrag oder Satz der jeweiligen Gebühr 1110 und 1111

Vorbemerkung 1:

(1) Im berufsgerichtlichen Verfahren bemessen sich die Gerichtsgebühren vorbehaltlich des Absatzes 2 für alle Rechtszüge nach der rechtskräftig verhängten Maßnahme.

(2) Wird ein Rechtsmittel oder ein Antrag auf berufsgerichtliche Entscheidung nur teilweise verworfen oder zurückgewiesen, so hat das Gericht die Gebühr zu ermäßigen, soweit es unbillig wäre, den Patentanwalt damit zu belasten.

(3) Im Verfahren nach Wiederaufnahme werden die gleichen Gebühren wie für das wiederaufgenommene Verfahren erhoben. Wird jedoch nach Anordnung der Wiederaufnahme des Verfahrens das frühere Urteil aufgehoben, gilt für die Gebührenerhebung jeder Rechtszug des neuen Verfahrens mit dem jeweiligen Rechtszug des früheren Verfahrens zusammen als ein Rechtszug. Gebühren werden auch für Rechtszüge erhoben, die nur im früheren Verfahren stattgefunden haben.

Abschnitt 1 Verfahren vor dem Landgericht

Unterabschnitt 1 Berufsgerichtliches Verfahren erster Instanz

1110	Verfahren mit Urteil bei Verhängung einer oder mehrerer der folgenden Maßnahmen: 1. einer Warnung, 2. eines Verweises, 3. einer Geldbuße	240,00 EUR

Nr.	Gebührentatbestand	Gebührenbetrag oder Satz der jeweiligen Gebühr 1110 und 1111
1111	Verfahren mit Urteil bei Ausschließung aus der Patentanwaltschaft	480,00 EUR

Unterabschnitt 2 Antrag auf gerichtliche Entscheidung über die Androhung oder die Festsetzung eines Zwangsgelds oder über die Rüge

1120	Verfahren über den Antrag auf gerichtliche Entscheidung über die Androhung oder die Festsetzung eines Zwangsgelds nach § 50 Abs. 3 der Patentanwaltsordnung: Der Antrag wird verworfen oder zurückgewiesen	160,00 EUR
1121	Verfahren über den Antrag auf gerichtliche Entscheidung über die Rüge nach § 70 a Abs. 1 der Patentanwaltsordnung: Der Antrag wird verworfen oder zurückgewiesen	160,00 EUR

Abschnitt 2 Verfahren vor dem Oberlandesgericht

Unterabschnitt 1 Berufung

1210	Berufungsverfahren mit Urteil	1,5
1211	Erledigung des Berufungsverfahrens ohne Urteil .... Die Gebühr entfällt bei Zurücknahme der Berufung vor Ablauf der Begründungsfrist.	0,5

Unterabschnitt 2 Beschwerde

1220	Verfahren über Beschwerden im anwaltsgerichtlichen Verfahren, die nicht nach anderen Vorschriften gebührenfrei sind: Die Beschwerde wird verworfen oder zurückgewiesen .... Von dem Patentanwalt wird eine Gebühr nur erhoben, wenn gegen ihn rechtskräftig eine berufsgerichtliche Maßnahme verhängt worden ist.	50,00 EUR

Abschnitt 3 Verfahren vor dem Bundesgerichtshof

Unterabschnitt 1 Revision

1310	Revisionsverfahren mit Urteil oder mit Beschluss nach § 128 Abs. 3 Satz 1 der Patentanwaltsordnung i.V.m. § 349 Abs. 2 oder Abs. 4 StPO	2,0
1311	Erledigung des Revisionsverfahrens ohne Urteil und ohne Beschluss nach § 128 Abs. 3 Satz 1 der Patentanwaltsordnung i.V.m. § 349 Abs. 2 oder Abs. 4 StPO .... Die Gebühr entfällt bei Zurücknahme der Revision vor Ablauf der Begründungsfrist.	1,0

Unterabschnitt 2 Beschwerde

1320	Verfahren über die Beschwerde gegen die Nichtzulassung der Revision: Die Beschwerde wird verworfen oder zurückgewiesen	1,0
1321	Verfahren über sonstige Beschwerden im berufsgerichtlichen Verfahren, die nicht nach anderen Vorschriften gebührenfrei sind: Die Beschwerde wird verworfen oder zurückgewiesen	50,00 EUR

Nr.	Gebührentatbestand	Gebührenbetrag oder Satz der jeweiligen Gebühr 1110 und 1111
	Von dem Patentanwalt wird eine Gebühr nur erhoben, wenn gegen ihn rechtskräftig eine berufsgerichtliche Maßnahme verhängt worden ist.	

Abschnitt 4 Rüge wegen Verletzung des Anspruchs auf rechtliches Gehör

| 1400 | Verfahren über die Rüge wegen Verletzung des Anspruchs auf rechtliches Gehör: Die Rüge wird in vollem Umfang verworfen oder zurückgewiesen .... | 50,00 EUR |

Teil II
Gerichtliche Verfahren in verwaltungsrechtlichen Patentanwaltssachen

Nr.	Gebührentatbestand	Gebührenbetrag oder Satz der Gebühr nach § 34 GKG
	Abschnitt 1 Erster Rechtszug	
	Unterabschnitt 1 Oberlandesgericht	
2110	Verfahren im Allgemeinen	4,0

2111	Beendigung des gesamten Verfahrens durch
	1. Zurücknahme der Klage
	  a) vor dem Schluss der mündlichen Verhandlung,
	  b) wenn eine solche nicht stattfindet, vor Ablauf des Tages, an dem das Urteil, der Gerichtsbescheid oder der Beschluss in der Hauptsache der Geschäftsstelle übermittelt wird,
	  c) im Fall des § 94 b Abs. 1 Satz 1 PAO i.V.m. § 93 a Abs. 2 VwGO vor Ablauf der Erklärungsfrist nach § 93 a Abs. 2 Satz 1 VwGO,
	2. Anerkenntnis- oder Verzichtsurteil,
	3. gerichtlichen Vergleich oder
	4. Erledigungserklärungen nach § 94 b Abs. 1 Satz 1 PAO i.V.m. § 161 Abs. 2 VwGO, wenn keine Entscheidung über die Kosten ergeht oder die Entscheidung einer zuvor mitgeteilten Einigung der Beteiligten über die Kostentragung oder der Kostenübernahmeerklärung eines Beteiligten folgt,
	es sei denn, dass bereits ein anderes als eines der in Nummer 2 genannten Urteile, ein Gerichtsbescheid oder Beschluss in der Hauptsache vorausgegangen ist:
	Die Gebühr 2110 ermäßigt sich auf ....
	Die Gebühr ermäßigt sich auch, wenn mehrere Ermäßigungstatbestände erfüllt sind.
		2,0

	Unterabschnitt 2 Bundesgerichtshof	
2120	Verfahren im Allgemeinen	5,0

Nr.	Gebührentatbestand	Gebührenbetrag oder Satz der Gebühr nach § 34 GKG

2121	Beendigung des gesamten Verfahrens durch
	1. Zurücknahme der Klage
	  a) vor dem Schluss der mündlichen Verhandlung,
	  b) wenn eine solche nicht stattfindet, vor Ablauf des Tages, an dem das Urteil oder der Gerichtsbescheid der Geschäftsstelle übermittelt wird,
	  c) im Fall des § 94 b Abs. 1 Satz 1 PAO i.V.m. § 93 a Abs. 2 VwGO vor Ablauf der Erklärungsfrist nach § 93 a Abs. 2 Satz 1 VwGO,
	2. Anerkenntnis- oder Verzichtsurteil,
	3. gerichtlichen Vergleich oder
	4. Erledigungserklärungen nach § 94 b Abs. 1 Satz 1 PAO i.V.m. § 161 Abs. 2 VwGO, wenn keine Entscheidung über die Kosten ergeht oder die Entscheidung einer zuvor mitgeteilten Einigung der Beteiligten über die Kostentragung oder der Kostenübernahmeerklärung eines Beteiligten folgt,
	es sei denn, dass bereits ein anderes als eines der in Nummer 2 genannten Urteile, ein Gerichtsbescheid oder Beschluss in der Hauptsache vorausgegangen ist:
	Die Gebühr 2120 ermäßigt sich auf ....
	Die Gebühr ermäßigt sich auch, wenn mehrere Ermäßigungstatbestände erfüllt sind.
		3,0

Abschnitt 2 Zulassung und Durchführung der Berufung

Nr.	Gebührentatbestand	Gebührenbetrag oder Satz der Gebühr nach § 34 GKG
2200	Verfahren über die Zulassung der Berufung: Soweit der Antrag abgelehnt wird	1,0
2201	Verfahren über die Zulassung der Berufung: Soweit der Antrag zurückgenommen oder das Verfahren durch anderweitige Erledigung beendet wird .... Die Gebühr entsteht nicht, soweit die Berufung zugelassen wird.	0,5
2202	Verfahren im Allgemeinen	5,0
2203	Beendigung des gesamten Verfahrens durch Zurücknahme der Berufung oder der Klage, bevor die Schrift zur Begründung der Berufung bei Gericht eingegangen ist: Die Gebühr 2202 ermäßigt sich auf .... Erledigungserklärungen nach § 94 b Abs. 1 Satz 1 PAO i.V.m. § 161 Abs. 2 VwGO stehen der Zurücknahme gleich, wenn keine Entscheidung über die Kosten ergeht oder die Entscheidung einer zuvor mitgeteilten Einigung der Beteiligten über die Kostentragung oder der Kostenübernahmeerklärung eines Beteiligten folgt.	1,0

2204	Beendigung des gesamten Verfahrens, wenn nicht Nummer 2203 erfüllt ist, durch
	1. Zurücknahme der Berufung oder der Klage
	  a) vor dem Schluss der mündlichen Verhandlung,
	  b) wenn eine solche nicht stattfindet, vor Ablauf des Tages, an dem das Urteil oder der Beschluss in der Hauptsache der Geschäftsstelle übermittelt wird, oder
	  c) im Fall des § 94 b Abs. 1 Satz 1 PAO i.V.m. § 93 a Abs. 2 VwGO vor Ablauf der Erklärungsfrist nach § 93 a Abs. 2 Satz 1 VwGO,
	2. Anerkenntnis- oder Verzichtsurteil,	

Nr.	Gebührentatbestand	Gebührenbetrag oder Satz der Gebühr nach § 34 GKG
	3. gerichtlichen Vergleich oder 4. Erledigungserklärungen nach § 94 b Abs. 1 Satz 1 PAO i.V.m. § 161 Abs. 2 VwGO, wenn keine Entscheidung über die Kosten ergeht oder die Entscheidung einer zuvor mitgeteilten Einigung der Beteiligten über die Kostentragung oder der Kostenübernahmeerklärung eines Beteiligten folgt, es sei denn, dass bereits ein anderes als eines der in Nummer 2 genannten Urteile oder ein Beschluss in der Hauptsache vorausgegangen ist: Die Gebühr 2202 ermäßigt sich auf .... Die Gebühr ermäßigt sich auch, wenn mehrere Ermäßigungstatbestände erfüllt sind.	3,0

Abschnitt 3 Vorläufiger Rechtsschutz

Vorbemerkung 2.3:

(1) Die Vorschriften dieses Abschnitts gelten für einstweilige Anordnungen und für Verfahren nach § 94 b Abs. 1 Satz 1 PAO i.V.m. § 80 Abs. 5 und § 80 a Abs. 3 VwGO.

(2) Im Verfahren über den Antrag auf Erlass und im Verfahren über den Antrag auf Aufhebung einer einstweiligen Anordnung werden die Gebühren jeweils gesondert erhoben. Mehrere Verfahren nach § 94 b Abs. 1 Satz 1 PAO i.V.m. § 80 Abs. 5 und 7 und § 80 a Abs. 3 VwGO gelten innerhalb eines Rechtszugs als ein Verfahren.

Unterabschnitt 1 Oberlandesgericht

Nr.	Gebührentatbestand	Gebührenbetrag oder Satz der Gebühr nach § 34 GKG
2310	Verfahren im Allgemeinen	2,0

2311	Beendigung des gesamten Verfahrens durch
	1. Zurücknahme des Antrags
	   a) vor dem Schluss der mündlichen Verhandlung oder,
	   b) wenn eine solche nicht stattfindet, vor Ablauf des Tages, an dem der Beschluss der Geschäftsstelle übermittelt wird,
	2. gerichtlichen Vergleich oder
	3. Erledigungserklärungen nach § 94 b Abs. 1 Satz 1 PAO i.V.m. § 161 Abs. 2 VwGO, wenn keine Entscheidung über die Kosten ergeht oder die Entscheidung einer zuvor mitgeteilten Einigung der Beteiligten über die Kostentragung oder der Kostenübernahmeerklärung eines Beteiligten folgt,
	
	es sei denn, dass bereits ein Beschluss über den Antrag vorausgegangen ist:
	
	Die Gebühr 2310 ermäßigt sich auf ....
	Die Gebühr ermäßigt sich auch, wenn mehrere Ermäßigungstatbestände erfüllt sind.
		0,75

Unterabschnitt 2 Bundesgerichtshof als Rechtsmittelgericht in der Hauptsache

Nr.	Gebührentatbestand	Gebührenbetrag oder Satz der Gebühr nach § 34 GKG
2320	Verfahren im Allgemeinen	1,5

2321	Beendigung des gesamten Verfahrens durch
	1. Zurücknahme des Antrags
	   a) vor dem Schluss der mündlichen Verhandlung oder,
	   b) wenn eine solche nicht stattfindet, vor Ablauf des Tages, an dem der Beschluss der Geschäftsstelle übermittelt wird,
	2. gerichtlichen Vergleich oder
	3. Erledigungserklärungen nach § 94 b Abs. 1 Satz 1 PAO i.V.m. § 161 Abs. 2 VwGO, wenn keine Entscheidung über die Kosten ergeht oder die Entscheidung einer zuvor mitgeteilten Einigung der Beteiligten über	

Nr.	Gebührentatbestand	Gebührenbetrag oder Satz der Gebühr nach § 34 GKG
	die Kostentragung oder der Kostenübernahmeerklärung eines Beteiligten folgt, es sei denn, dass bereits ein Beschluss über den Antrag vorausgegangen ist: Die Gebühr 2320 ermäßigt sich auf .... Die Gebühr ermäßigt sich auch, wenn mehrere Ermäßigungstatbestände erfüllt sind.	0,5

Unterabschnitt 3 Bundesgerichtshof

Vorbemerkung 2.3.3:
Die Vorschriften dieses Unterabschnitts gelten, wenn der Bundesgerichtshof auch in der Hauptsache erstinstanzlich zuständig ist.

Nr.	Gebührentatbestand	Gebührenbetrag oder Satz der Gebühr nach § 34 GKG
2330	Verfahren im Allgemeinen	2,5
2331	Beendigung des gesamten Verfahrens durch 1. Zurücknahme des Antrags a) vor dem Schluss der mündlichen Verhandlung oder, b) wenn eine solche nicht stattfindet, vor Ablauf des Tages, an dem der Beschluss der Geschäftsstelle übermittelt wird, 2. gerichtlichen Vergleich oder 3. Erledigungserklärungen nach § 94 b Abs. 1 Satz 1 PAO i.V.m. § 161 Abs. 2 VwGO, wenn keine Entscheidung über die Kosten ergeht oder die Entscheidung einer zuvor mitgeteilten Einigung der Beteiligten über die Kostentragung oder der Kostenübernahmeerklärung eines Beteiligten folgt, es sei denn, dass bereits ein Beschluss über den Antrag vorausgegangen ist: Die Gebühr 2330 ermäßigt sich auf .... Die Gebühr ermäßigt sich auch, wenn mehrere Ermäßigungstatbestände erfüllt sind.	1,0

Abschnitt 4 Rüge wegen Verletzung des Anspruchs auf rechtliches Gehör

Nr.	Gebührentatbestand	Gebührenbetrag oder Satz der Gebühr nach § 34 GKG
2400	Verfahren über die Rüge wegen Verletzung des Anspruchs auf rechtliches Gehör: Die Rüge wird in vollem Umfang verworfen oder zurückgewiesen	50,00 EUR

I. Einleitung

1 Die berufsrechtlichen Verfahren der Patentanwälte (§ 148 PAO) waren bis zum 30.12.2006 gerichtsgebührenfrei. Angesichts der für diese Verfahren anfallenden Sach- und Personalkosten erschien es nicht mehr zeitgemäß und sachgerecht, dass der Staat die Kosten tragen sollte, die durch pflichtwidriges Verhalten einzelner Berufsangehöriger entstehen.[1] Durch das 2. JuMoG[2] wurde die Gebührenfreiheit mWz 31.12.2006 aufgehoben. Da die Übergangsvorschrift des § 71 Abs. 2 GKG anwendbar ist, werden die Kosten nach dem Gebührenverzeichnis erhoben, wenn die Kostenentscheidung nach dem Inkrafttreten der Gesetzesänderung – also dem 31.12.2006 – rechtskräftig geworden ist.[3]

2 In den **berufsrechtlichen Verfahren** werden nunmehr – neben den **Auslagen**, die schon vorher zu ersetzen waren[4] – auch **Gerichtsgebühren** erhoben. Diese bestimmen sich nach dem Gebührenverzeichnis, das als Anlage (u.a. zu § 148 S. 1 PAO) beigefügt ist. Im Übrigen werden die für Kosten in Strafsachen geltenden

---

1 Vgl Begr. RegE 2. JuMoG, BT-Drucks 16/3038, S. 28. **2** Zweites Gesetz zur Modernisierung der Justiz v. 22.12.2006 (BGBl. I 3416); vgl aus dem Gesetzgebungsverfahren: BT-Drucks 16/3038 und BT-Drucks 16/3640. **3** Vgl BGH 21.1.2008 – AnwSt (B) 2/07. **4** Vgl zur alten Rechtslage *Henssler/Prütting*, BRAO, 4. Aufl. 2014, § 195 BRAO Rn 1 ff.

Vorschriften des GKG entsprechend angewandt (§ 148 S. 2 PAO). Die Auslagenerhebung richtet sich daher nach Teil 9 KV GKG (s. die Erl. zu Nr. 9000 ff KV GKG).

Im Zuge der Modernisierung des Berufsrechts[5] wurden die Kosten in **verwaltungsrechtlichen Angelegenheiten** der Patentanwälte (§ 146 PAO) auch in dem Gebührenverzeichnis (Anlage u.a. zu § 146 S. 1 PAO) mitgeregelt. **3**

II. Gerichtskosten in berufsrechtlichen Verfahren (§ 148 PAO, Teil I GV PAO)

Die Berufsgerichtsbarkeit der Patentanwälte wird von der ordentlichen Gerichtsbarkeit (Landgericht, Oberlandesgericht, Bundesgerichtshof) ausgeübt. Die einzelnen Kosten sind für die jeweiligen Gerichte in einzelnen Abschnitten in Teil I GV PAO getrennt geregelt. **4**

1. Vorbemerkung 1 GV PAO. Kosten in berufsrechtlichen Verfahren werden grds. nur bei **rechtskräftiger Verhängung** einer Maßnahme erhoben (Vorbem. Abs. 1 GV PAO). **5**

Bei teilweiser Verwerfung oder Zurückweisung eines Rechtsmittels oder eines Antrags auf berufsgerichtliche Entscheidung sind die Gebühren zu **ermäßigen**, soweit es unbillig wäre, den Berufsträger damit zu belasten (Vorbem. Abs. 2 GV PAO). Eine konkrete Vorgabe, wie sich diese Ermäßigung berechnet, erfolgt nicht. Bei vergleichbaren Fällen im GKG erfolgt eine Ermäßigung auf die Hälfte (vgl für Strafverfahren Nr. 4303, 4304, 5502 KV GKG). **6**

Im Fall der Wiederaufnahme gilt die Sonderregelung nach Vorbem. 1 Abs. 3 GV PAO. **7**

2. Verfahren vor dem Landgericht (Nr. 1110–1121 GV PAO). Im Verfahren vor dem Landgericht – geregelt in Teil I Abschnitt 1 GV PAO – ist zwischen den Kosten bei Verhängung einer berufsgerichtlichen Maßnahme (= Unterabschnitt 1) und den Kosten des Verfahrens über den Antrag auf gerichtliche Entscheidung, über die Androhung oder die Festsetzung eines Zwangsgeldes oder über die Rüge der Patentanwaltskammer (= Unterabschnitt 2) zu trennen. **8**

Die Höhe der Kosten des Verfahrens vor dem Landgericht bestimmt sich nach der **Schwere der verhängten Maßnahme** und beträgt 240 € (Nr. 1110 GV PAO), ggf 360 € (vgl Vorbem. 1 Abs. 2 GV PAO) oder 480 € (Nr. 1111 GV PAO). Wenn nebeneinander ein Verweis und eine Geldbuße (vgl § 96 Abs. 2 PAO) verhängt werden, soll diese Gebühr nur einmal anfallen.[6] Dies ist auch konsequent, da es sich trotz der Kombination um eine einheitliche Maßnahme handelt, die schwerer wiegt als die Einzelmaßnahmen, aber weniger schwer als ein Vertretungs- oder Berufsverbot. **9**

Auch die Überprüfung der Rechtmäßigkeit einer **Zwangsgeldandrohung oder -festsetzung** wird vom Landgericht wahrgenommen. Für die Verwerfung oder Zurückweisung des Antrags eines Patentanwalts auf gerichtliche Entscheidung über die Androhung oder Festsetzung eines Zwangsgelds durch das Landgericht gem. § 50 Abs. 3 PAO fällt eine Gebühr iHv 160 € an (Nr. 1120 GV PAO). **10**

Für die Verwerfung oder Zurückweisung des Antrags auf gerichtliche Entscheidung gegen eine **Rüge** der Kammer entstehen Kosten in Höhe von lediglich 160 € (Nr. 1121 GV PAO). Diese Kostenreduzierung um ca. ein Drittel gegenüber den Kosten des berufsgerichtlichen Verfahrens erster Instanz ist dem Umstand geschuldet, dass diese Entscheidung grds. ohne mündliche Verhandlung ergeht, vgl § 70 a Abs. 2 S. 2 PAO iVm § 309 Abs. 1 StPO.[7] **11**

3. Berufungs- und Beschwerdeverfahren vor dem Oberlandesgericht (Nr. 1210–1220 GV PAO). Die Gebühren für die Verfahren vor dem **Oberlandesgericht** bemessen sich nach Teil I Abschnitt 2 GV PAO. Für diese Verfahren werden die in Abschnitt 1 bezifferten Beträge vervielfacht. **12**

Für das **Berufungsverfahren** (Unterabschnitt 1) **mit Urteil** fällt die Gebühr mit dem Faktor 1,5 an (Nr. 1210 GV PAO), für die Erledigung **ohne Urteil** beträgt der Gebührensatz 0,5 (Nr. 1211 GV PAO). Diese Gebühr entfällt bei der Zurücknahme der Berufung vor Ablauf der Begründungsfrist (Anm. zu Nr. 1211 GV PAO). § 125 Abs. 3 PAO sieht zwar vor, dass die Berufung in Abweichung von § 317 StPO nur schriftlich und daher nicht durch Erklärung zu Protokoll der Geschäftsstelle gerechtfertigt werden kann. Allerdings fehlt eine Regelung zum Begründungszwang.[8] Aufgrund der Regelung der Gebührenverzeichnisse ist zu vermuten, dass der Gesetzgeber die Einführung einer Begründungspflicht beabsichtigt hat, dies allerdings dann nicht erfolgt ist. Die Ermäßigungsregelung hat daher nach derzeitiger Rechtslage keine Bedeutung. **13**

Für die **Verwerfung oder Zurückweisung einer Beschwerde** (Unterabschnitt 2) wird eine Gebühr iHv 50 € angesetzt (vgl Nr. 1220 GV PAO). Diese wird allerdings von dem Berufsträger nur erhoben, wenn rechts- **14**

---

5 Vgl Gesetz zur Modernisierung von Verfahren im patentanwaltlichen Berufsrecht (PABRMoG) v. 14.8.2009 (BGBl. I 2827); vgl aus dem Gesetzgebungsverfahren: BT-Drucks 16/12061 und BT-Drucks 16/12718. **6** Vgl Begr. RegE 2. JuMoG, BT-Drucks 16/3038, S. 34. **7** Vgl Begr. RegE 2. JuMoG, BT-Drucks 16/3038, S. 34. **8** So auch *Gaier/Wolf/Göcken*, Anwaltliches Berufsrecht, 2. Aufl. 2014, § 143 BRAO Rn 7.

kräftig eine berufsgerichtliche Maßnahme verhängt wird. Die Regelung entspricht dem in Vorbem. 1 Abs. 1 GV PAO konkretisierten Grundgedanken, dass der Berufsträger nur im Fall einer Sanktion mit Kosten belastet werden soll. Dementsprechend entstehen keine Kosten, wenn der Beschwerdeführer die Beschwerde zurücknimmt oder das Gericht ihr stattgibt.

15   **4. Revisions- und Beschwerdeverfahren vor dem Bundesgerichtshof (Nr. 1310–1321 GV PAO).** Für das **Revisionsverfahren mit Urteil oder Beschluss** (Abschnitt 3 Unterabschnitt 1) wird eine 2,0-Gebühr erhoben (Nr. 1310 GV PAO). Diese ermäßigt sich entsprechend der für das Berufungsverfahren geltenden Kostenregelung um die Hälfte auf 1,0, wenn sich das Verfahren **ohne Urteil oder Beschluss** erledigt (Nr. 1311 GV PAO). Das Revisionsgericht kann gem. § 349 Abs. 2 oder 4 StPO durch einstimmigen Beschluss entscheiden. Hier ermäßigt sich die Gebühr auf 1,0. Die Gebühr entfällt bei Zurücknahme der Revision vor Ablauf der Begründungsfrist (Anm. zu Nr. 1311 GV PAO). Die Revisionsbegründungsfrist beträgt für alle berufsrechtlichen Verfahren wegen des Verweises auf die strafprozessualen Vorschriften und damit auf § 345 StPO einen Monat nach Ablauf der Revisionsfrist. Die Revisionsfrist beträgt eine Woche ab Verkündung des in Anwesenheit des Berufsträgers ergangenen Urteils bzw eine Woche ab Zustellung des Urteils, vgl § 128 Abs. 1 PAO.

16   Im Beschwerdeverfahren (Abschnitt 3 Unterabschnitt 2) wird für die **Verwerfung oder Zurückweisung der Beschwerde** gegen die Nichtzulassung der Revision eine Gebühr von 1,0 erhoben (Nr. 1320 GV PAO). Hinsichtlich der sonstigen Beschwerden gilt die für das Verfahren vor dem Oberlandesgericht geltende Regelung entsprechend (Nr. 1321 GV PAO).

17   **5. Rüge wegen der Verletzung des Anspruchs auf rechtliches Gehör (Nr. 1400 GV PAO).** Für die vollumfängliche Verwerfung oder Zurückverweisung einer Beschwerde wegen Verletzung des Anspruchs auf rechtliches Gehör (§ 98 Abs. 1 S. 2 PAO iVm §§ 33 a, 311 a Abs. 1 S. 1, 356 a StPO) werden Kosten iHv 50 € erhoben (Nr. 1400 GV PAO).

18   **6. Auslagen.** Hinsichtlich der Auslagen in berufsrechtlichen Verfahren gelten Nr. 9000 ff KV GKG (vgl § 148 S. 2 PAO) (s. die Erl. zu Nr. 9000 ff KV GKG).

III. Gerichtskosten in verwaltungsrechtlichen Patentanwaltssachen (§ 146 PAO, Teil II GV PAO)

19   Für Patentanwälte enthält Teil 2 GV PAO die Kosten des verwaltungsrechtlichen Verfahrens, das in §§ 94 a ff PAO geregelt ist. Die Gebühren sind den Nr. 5112 ff KV GKG nachgebildet; auf deren Kommentierung kann verwiesen werden.

20   **1. Erster Rechtszug (Nr. 2110–2121 GV PAO).** Die Gebührenregelung für das erste Verfahren vor dem Oberlandesgericht (Nr. 2110, 2111 GV PAO) entspricht Nr. 5512, 5113 KV GKG für das Verfahren vor dem Oberverwaltungsgericht (Verwaltungsgerichtshof) (vgl die Erl. dort).

21   Die Gebührenregelung für das Verfahren vor dem Bundesgerichtshof (Nr. 2120, 2121 GV PAO) entspricht Nr. 5114, 5115 KV GKG für das Verfahren vor dem Bundesverwaltungsgericht (vgl die Erl. dort).

22   **2. Zulassung und Durchführung der Berufung (Nr. 2200–2204 GV PAO).** Die Gebührenregelung entspricht Nr. 5120–5124 KV GKG (vgl die Erl. dort).

23   **3. Vorläufiger Rechtsschutz (Nr. 2310–2331 GV PAO).** Die Gebührenregelung für das Verfahren vor dem Oberlandesgericht (Nr. 2310, 2311 GV PAO) entspricht Nr. 5220, 5221 KV GKG für das Verfahren vor dem Oberverwaltungsgericht (Verwaltungsgerichtshof) (vgl die Erl. dort).

24   Die Regelung für das Verfahren vor dem Bundesgerichtshof als Rechtsmittelgericht der Hauptsache (Nr. 2320, 2321 GV PAO) entspricht der Regelung über das Verfahren im Allgemeinen in Nr. 5210, 5211 KV GKG (vgl die Erl. dort).

25   Bei erstinstanzlicher Zuständigkeit des Bundesgerichtshofs (Nr. 2330, 2331 GV PAO) entspricht die Kostenregelung Nr. 5230, 5231 KV GKG für das Verfahren vor dem Bundesverwaltungsgericht (vgl die Erl. dort).

26   **4. Rüge wegen Verletzung des Anspruchs auf rechtliches Gehör (Nr. 2400 GV PAO).** Hier entspricht die Regelung derjenigen von Teil 1 Abschnitt 4 (= Nr. 1400 GV PAO; → Rn 17).

27   **5. Auslagen.** Hinsichtlich der Auslagen in verwaltungsrechtlichen Verfahren in Patentanwaltssachen gelten die Nr. 9000 ff KV GKG (vgl § 146 S. 2 PAO) (s. die Erl. zu Nr. 9000 ff KV GKG).

Steuerberatungsgesetz (StBerG)

In der Fassung der Bekanntmachung vom 4. November 1975 (BGBl. I 2735)
zuletzt geändert durch Art. 13 des Gesetzes zur Modernisierung des Besteuerungsverfahrens
vom 18. Juli 2016 (BGBl. I 1679, 1706)

– Auszug –

Zweiter Teil
Steuerberaterordnung

Fünfter Abschnitt
Berufsgerichtsbarkeit

Vierter Unterabschnitt
Die Kosten in dem berufsgerichtlichen und in dem Verfahren bei Anträgen auf berufsgerichtliche Entscheidung über die Rüge. Die Vollstreckung der berufsgerichtlichen Maßnahmen und der Kosten. Die Tilgung.

§ 146 Gerichtskosten

[1]Im berufsgerichtlichen Verfahren und im Verfahren über den Antrag auf Entscheidung des Landgerichts über die Rüge (§ 82 Abs. 1) werden Gebühren nach dem Gebührenverzeichnis der Anlage zu diesem Gesetz erhoben. [2]Im Übrigen sind die für Kosten in Strafsachen geltenden Vorschriften des Gerichtskostengesetzes entsprechend anzuwenden.

Anlage
(zu § 146 Satz 1)

Gebührenverzeichnis

Gliederung

Nr.	Gebührentatbestand	Gebührenbetrag oder Satz der jeweiligen Gebühr 110 bis 112

Vorbemerkung:

(1) Im berufsgerichtlichen Verfahren bemessen sich die Gerichtsgebühren vorbehaltlich des Absatzes 2 für alle Rechtszüge nach der rechtskräftig verhängten Maßnahme.

(2) Wird ein Rechtsmittel oder ein Antrag auf berufsgerichtliche Entscheidung nur teilweise verworfen oder zurückgewiesen, so hat das Gericht die Gebühr zu ermäßigen, soweit es unbillig wäre, den Steuerberater oder Steuerbevollmächtigten damit zu belasten.

(3) Im Verfahren nach Wiederaufnahme werden die gleichen Gebühren wie für das wiederaufgenommene Verfahren erhoben. Wird jedoch nach Anordnung der Wiederaufnahme des Verfahrens das frühere Urteil aufgehoben, gilt für die Gebührenerhebung jeder Rechtszug des neuen Verfahrens mit dem jeweiligen Rechtszug des früheren Verfahrens zu-

Nr.	Gebührentatbestand	Gebührenbetrag oder Satz der jeweiligen Gebühr 110 bis 112

sammen als ein Rechtszug. Gebühren werden auch für Rechtszüge erhoben, die nur im früheren Verfahren stattgefunden haben.

Abschnitt 1 Verfahren vor dem Landgericht

Unterabschnitt 1 Berufsgerichtliches Verfahren erster Instanz

| 110 | Verfahren mit Urteil bei Verhängung einer oder mehrerer der folgenden Maßnahmen:
1. einer Warnung,
2. eines Verweises,
3. einer Geldbuße,
4. eines befristeten Berufsverbots .... | 240,00 EUR |
| 112 | Verfahren mit Urteil bei Ausschließung aus dem Beruf .... | 480,00 EUR |

Unterabschnitt 2 Antrag auf gerichtliche Entscheidung über die Rüge

| 120 | Verfahren über den Antrag auf gerichtliche Entscheidung über die Rüge nach § 82 Abs. 1 StBerG:
Der Antrag wird verworfen oder zurückgewiesen .... | 160,00 EUR |

Abschnitt 2 Verfahren vor dem Oberlandesgericht

Unterabschnitt 1 Berufung

| 210 | Berufungsverfahren mit Urteil .... | 1,5 |
| 211 | Erledigung des Berufungsverfahrens ohne Urteil ....
Die Gebühr entfällt bei Zurücknahme der Berufung vor Ablauf der Begründungsfrist. | 0,5 |

Unterabschnitt 2 Beschwerde

| 220 | Verfahren über Beschwerden im berufsgerichtlichen Verfahren, die nicht nach anderen Vorschriften gebührenfrei sind:
Die Beschwerde wird verworfen oder zurückgewiesen ....
Von dem Steuerberater oder Steuerbevollmächtigten wird eine Gebühr nur erhoben, wenn gegen ihn rechtskräftig eine berufsgerichtliche Maßnahme verhängt worden ist. | 50,00 EUR |

Abschnitt 3 Verfahren vor dem Bundesgerichtshof

Unterabschnitt 1 Revision

| 310 | Revisionsverfahren mit Urteil oder mit Beschluss nach § 130 Abs. 3 Satz 1 StBerG i.V.m. § 349 Abs. 2 oder Abs. 4 StPO .... | 2,0 |
| 311 | Erledigung des Revisionsverfahrens ohne Urteil und ohne Beschluss nach § 130 Abs. 3 Satz 1 StBerG i.V.m. § 349 Abs. 2 oder Abs. 4 StPO ....
Die Gebühr entfällt bei Zurücknahme der Revision vor Ablauf der Begründungsfrist. | 1,0 |

Nr.	Gebührentatbestand	Gebührenbetrag oder Satz der jeweiligen Gebühr 110 bis 112
	Unterabschnitt 2 Beschwerde	
320	Verfahren über die Beschwerde gegen die Nichtzulassung der Revision: Die Beschwerde wird verworfen oder zurückgewiesen	1,0
321	Verfahren über sonstige Beschwerden im berufsgerichtlichen Verfahren, die nicht nach anderen Vorschriften gebührenfrei sind: Die Beschwerde wird verworfen oder zurückgewiesen .... Von dem Steuerberater oder Steuerbevollmächtigten wird eine Gebühr nur erhoben, wenn gegen ihn rechtskräftig eine berufsgerichtliche Maßnahme verhängt worden ist.	50,00 EUR
	Abschnitt 4 Rüge wegen Verletzung des Anspruchs auf rechtliches Gehör	
400	Verfahren über die Rüge wegen Verletzung des Anspruchs auf rechtliches Gehör: Die Rüge wird in vollem Umfang verworfen oder zurückgewiesen	50,00 EUR

I. Einleitung

Die berufsrechtlichen Verfahren der Steuerberater und Steuerbevollmächtigten (§ 146 StBerG) waren bis **1** zum 30.12.2006 gerichtsgebührenfrei. Angesichts der für diese Verfahren anfallenden Sach- und Personalkosten erschien es nicht mehr zeitgemäß und sachgerecht, dass der Staat die Kosten tragen sollte, die durch pflichtwidriges Verhalten einzelner Berufsangehöriger entstehen.[1] Durch das 2. JuMoG[2] wurde die Gebührenfreiheit mWz 31.12.2006 aufgehoben. Da die Übergangsvorschrift des § 71 Abs. 2 GKG anwendbar ist, werden die Kosten nach dem Gebührenverzeichnis erhoben, wenn die Kostenentscheidung nach dem Inkrafttreten der Gesetzesänderung – also dem 31.12.2006 – rechtskräftig geworden ist.[3]

In den berufsrechtlichen Verfahren werden nunmehr – neben den **Auslagen**, die schon vorher zu ersetzen **2** waren[4] – auch **Gerichtsgebühren** erhoben. Diese bestimmen sich nach dem **Gebührenverzeichnis**, das als Anlage zu § 146 S. 1 StBerG beigefügt ist. Im Übrigen werden die für Kosten in Strafsachen geltenden Vorschriften des GKG entsprechend angewendet. Die Auslagenerhebung richtet sich daher nach Teil 9 KV GKG (s. die Erl. zu Nr. 9000 ff KV GKG).

II. Gerichtskosten in berufsrechtlichen Verfahren (§ 146 StBerG)

Die Kosten der berufsrechtlichen Verfahren sind für die jeweils zuständigen Gerichte in einzelnen Abschnit- **3** ten getrennt festgelegt.

1. Vorbemerkung GV StBerG. Kosten werden grds. nur bei **rechtskräftiger Verhängung** einer Maßnahme **4** erhoben (Vorbem. Abs. 1 GV StBerG).

Bei teilweiser Verwerfung oder Zurückweisung eines Rechtsmittels oder eines Antrags auf berufsgerichtli- **5** che Entscheidung sind die Gebühren zu **ermäßigen**, soweit es unbillig wäre, den Berufsträger damit zu belasten (Vorbem. Abs. 2 GV StBerG). Eine konkrete Vorgabe, wie sich diese Ermäßigung berechnet, erfolgt nicht. Bei vergleichbaren Fällen im GKG erfolgt eine Ermäßigung auf die Hälfte (vgl für die Strafverfahren Nr. 4303, 4304, 5502 KV GKG).

Im Fall der Wiederaufnahme gelten die Sonderregeln der Vorbem. 1 Abs. 3 GV StBerG. **6**

2. Verfahren vor dem Landgericht (Nr. 110–120 GV StBerG). Beim Verfahren vor dem Landgericht – gere- **7** gelt in Abschnitt 1 GV StBerG – ist zwischen den Kosten bei Verhängung einer berufsgerichtlichen Maßnahme (= Unterabschnitt 1) und den Kosten des Verfahrens über den Antrag auf gerichtliche Entscheidung im Hinblick auf eine Rüge der Steuerberaterkammer (= Unterabschnitt 2) zu trennen.

---

1 Vgl Begr. RegE 2. JuMoG, BT-Drucks 16/3038, S. 28. **2** Zweites Gesetz zur Modernisierung der Justiz v. 22.12.2006 (BGBl. I 3416); vgl aus dem Gesetzgebungsverfahren: BT-Drucks 16/3038 und BT-Drucks 16/3640. **3** Vgl BGH 21.1.2008 – AnwSt (B) 2/07. **4** Vgl zur alten Rechtslage *Henssler/Prütting*, BRAO, 4. Aufl. 2014, § 195 BRAO Rn 1 ff.

8 Die Höhe der Kosten des Verfahrens vor dem Landgericht bestimmt sich nach der Schwere der verhängten Maßnahme und beträgt 240 € (Nr. 110 GV StBerG), ggf. 360 € (vgl Vorbem. 1 Abs. 2 GV StBerG) oder 480 € (Nr. 112 GV StBerG). Wenn nebeneinander ein Verweis und eine Geldbuße (vgl § 90 Abs. 2 StBerG) verhängt werden, soll diese Gebühr nur einmal anfallen.[5] Dies ist auch konsequent, da es sich trotz der Kombination um eine einheitliche Maßnahme handelt, die schwerer wiegt als die Einzelmaßnahmen, aber weniger schwer als ein Vertretungs- oder Berufsverbot.

9 Für die Verwerfung oder Zurückweisung des Antrags auf gerichtliche Entscheidung gegen eine Rüge der Kammer entstehen niedrigere Kosten iHv 160 € (Nr. 120 GV StBerG). Diese Kostenreduzierung um ca. ein Drittel ist dem Umstand geschuldet, dass diese Entscheidung grds. ohne mündliche Verhandlung ergeht (vgl § 82 Abs. 2 S. 2 StBerG iVm § 309 Abs. 1 StPO).[6]

10 Eine Kostenregelung für das Verfahren gem. § 80 a Abs. 3 S. 1 StBerG fehlt im Gebührenverzeichnis.

11 **3. Berufungs- und Beschwerdeverfahren vor dem Oberlandesgericht (Nr. 210–220 GV StBerG).** Die Gebühren für die Verfahren vor dem Oberlandesgericht bemessen sich nach dem Abschnitt 2 GV StBerG. Für diese Verfahren werden die in Abschnitt 1 GV StBerG bezifferten Beträge vervielfacht.

12 **a)** Für das **Berufungsverfahren** (Unterabschnitt 1 GV StBerG) **mit Urteil** fällt die Gebühr Nr. 210 mit dem Faktor 1,5 an, für die Erledigung **ohne Urteil** die Gebühr Nr. 211 GV StBerG mit dem Faktor 0,5. Diese Gebühr entfällt bei der Zurücknahme der Berufung vor Ablauf der Begründungsfrist (Anm. zu Nr. 211 GV StBerG). § 127 Abs. 3 StBerG sieht zwar vor, dass die Berufung in Abweichung von § 317 StPO nur schriftlich und daher nicht durch Erklärung zu Protokoll der Geschäftsstelle gerechtfertigt werden kann. Allerdings fehlt eine Regelung zum Begründungzwang.[7] Aufgrund der Regelung des Gebührenverzeichnisses ist zu vermuten, dass der Gesetzgeber die Einführung einer Begründungspflicht beabsichtigt hat, dies allerdings dann nicht erfolgt ist. Die Ermäßigungsregelung hat daher nach derzeitiger Rechtslage keine Bedeutung.

13 **b)** Für die **Verwerfung oder Zurückweisung einer Beschwerde** (Unterabschnitt 2 GV StBerG) wird eine Gebühr iHv 50 € EUR angesetzt (Nr. 220 GV StBerG). Diese wird allerdings von dem Berufsträger nur erhoben, wenn rechtskräftig eine berufsgerichtliche Maßnahme verhängt wird. Die Regelung entspricht dem in der Vorbem. Abs. 1 GV StBerG konkretisierten Grundgedanken, dass der Berufsträger nur im Fall einer Sanktion mit Kosten belastet werden soll. Dementsprechend entstehen keine Kosten, wenn der Beschwerdeführer die Beschwerde zurücknimmt oder das Gericht ihr stattgibt. Im Übrigen entstehen keine Kosten für Beschwerden, die nicht nach anderen Vorschriften gebührenfrei sind.

14 **4. Revisions- und Beschwerdeverfahren vor dem Bundesgerichtshof (Nr. 310–321 GV StBerG). a)** Für das **Revisionsverfahren mit Urteil oder Beschluss** (Unterabschnitt 1) wird eine 2,0-Gebühr erhoben (Nr. 310 GV StBerG). Diese ermäßigt sich entsprechend der für das Berufungsverfahren geltenden Kostenregelung um die Hälfte auf 1,0, wenn sich das Verfahren **ohne Urteil oder Beschluss** erledigt (Nr. 311 GV StBerG). Das Revisionsgericht kann gem. § 349 Abs. 2 oder 4 StPO durch einstimmigen Beschluss entscheiden. Hier ermäßigt sich die Gebühr auf 1,0. Die Gebühr entfällt bei Zurücknahme der Revision vor Ablauf der Begründungsfrist (Anm. zu Nr. 311 GV StBerG). Die Revisionsbegründungsfrist beträgt für alle berufsrechtlichen Verfahren wegen des Verweises auf die strafprozessualen Vorschriften und damit auf § 345 StPO einen Monat nach Ablauf der Revisionsfrist. Die Revisionsfrist beträgt eine Woche ab Verkündung des in Anwesenheit des Berufsträgers ergangenen Urteils bzw eine Woche ab Zustellung des Urteils, vgl § 130 Abs. 1 StBerG.

15 **b)** Im Beschwerdeverfahren (Unterabschnitt 2) wird für die **Verwerfung oder Zurückweisung der Beschwerde** gegen die Nichtzulassung der Revision eine Gebühr von 1,0 erhoben (Nr. 320 GV StBerG). Hinsichtlich der sonstigen Beschwerden gilt die für das Verfahren vor dem Oberlandesgericht getroffene Regelung entsprechend (Nr. 321 GV StBerG).

16 **5. Rüge wegen der Verletzung des Anspruchs auf rechtliches Gehör (Nr. 400 GV StBerG).** Für die vollumfängliche Verwerfung oder Zurückverweisung einer Beschwerde wegen Verletzung des Anspruchs auf rechtliches Gehör (§ 153 StBerG iVm §§ 33 a, 311 a Abs. 1 S. 1, 356 a StPO) werden Kosten iHv 50 € erhoben (Nr. 400 GV StBerG).

17 **6. Auslagen.** Hinsichtlich der Auslagen in berufsrechtlichen Verfahren gelten Nr. 9000 ff KV GKG (vgl § 146 S. 2 StBerG) (s. die Erl. zu Nr. 9000 ff KV GKG).

---

5 Vgl Begr. RegE 2. JuMoG, BT-Drucks 16/3038, S. 34. **6** Vgl Begr. RegE 2. JuMoG, BT-Drucks 16/3038, S. 34. **7** So auch *Gaier/Wolf/Göcken*, Anwaltliches Berufsrecht, 2. Aufl. 2014, § 143 BRAO Rn 7.

NK-GK/*Wolf*

Gesetz über eine Berufsordnung der Wirtschaftsprüfer (Wirtschaftsprüferordnung)

In der Fassung der Bekanntmachung vom 5. November 1975 (BGBl. I 2803)
zuletzt geändert durch Art. 12 des Abschlussprüfungsreformgesetzes
vom 10. Mai 2016 (BGBl. I 1142, 1155)

– Auszug –

Sechster Teil
Berufsgerichtsbarkeit

Vierter Abschnitt
Die Kosten in dem berufsgerichtlichen Verfahren. Die Vollstreckung der berufsgerichtlichen Maßnahmen und der Kosten. Die Tilgung

§ 122 Gerichtskosten

[1]In gerichtlichen Verfahren nach diesem Gesetz werden Gebühren nach dem Gebührenverzeichnis der Anlage zu diesem Gesetz erhoben. [2]Im Übrigen sind die für Kosten in Strafsachen geltenden Vorschriften des Gerichtskostengesetzes entsprechend anzuwenden.

Anlage
(zu § 122 Satz 1)

Gebührenverzeichnis

Gliederung

Nr.	Gebührentatbestand	Gebührenbetrag oder Satz der jeweiligen Gebühr 110 bis 114

Vorbemerkung:

(1) In Verfahren über Anträge auf berufsgerichtliche Entscheidung werden, soweit nichts anderes bestimmt ist, Gebühren nur erhoben, soweit auf Zurückweisung des Antrags auf berufsgerichtliche Entscheidung oder auf Verurteilung zu einer oder mehrerer der in § 68 Abs. 1 und § 68 a der Wirtschaftsprüferordnung genannten Maßnahmen entschieden wird. Die Gebühren bemessen sich nach der rechtskräftig verhängten Maßnahme, die Gegenstand der Entscheidung im Sinne des Satzes 1 ist. Maßgeblich ist die Maßnahme, für die die höchste Gebühr bestimmt ist.

(2) Im Rechtsmittelverfahren ist Absatz 1 entsprechend anzuwenden.

(3) Wird ein Antrag auf berufsgerichtliche Entscheidung, ein Antrag auf Entscheidung des Gerichts oder ein Rechtsmittel nur teilweise verworfen oder zurückgewiesen, so hat das Gericht die Gebühr zu ermäßigen, soweit es unbillig wäre, den Berufsangehörigen damit zu belasten.

(4) Im Verfahren nach Wiederaufnahme werden die gleichen Gebühren wie für das wiederaufgenommene Verfahren erhoben. Wird jedoch nach Anordnung der Wiederaufnahme des Verfahrens das frühere Urteil aufgehoben, gilt für die Gebührenerhebung jeder Rechtszug des neuen Verfahrens mit dem jeweiligen Rechtszug des früheren Verfahrens zu-

Nr.	Gebührentatbestand	Gebührenbetrag oder Satz der jeweiligen Gebühr 110 bis 114

sammen als ein Rechtszug. Gebühren werden auch für Rechtszüge erhoben, die nur im früheren Verfahren stattgefunden haben.

Abschnitt 1 Verfahren vor dem Landgericht

Unterabschnitt 1 Verfahren über Anträge auf berufsgerichtliche Entscheidung

Verfahren mit Urteil bei

Nr.	Gebührentatbestand	Betrag
110	– Erteilung einer Rüge nach § 68 Abs. 1 Satz 2 Nr. 1 oder einer Feststellung nach § 68 Abs. 1 Satz 2 Nr. 7 der Wirtschaftsprüferordnung jeweils	160,00 €
111	– Verhängung einer Geldbuße nach § 68 Abs. 1 Satz 2 Nr. 2 der Wirtschaftsprüferordnung	240,00 €
112	– Verhängung eines Tätigkeitsverbots nach § 68 Abs. 1 Satz 2 Nr. 3 oder Nr. 4 oder eines Berufsverbots nach § 68 Abs. 1 Satz 2 Nr. 5 der Wirtschaftsprüferordnung jeweils	360,00 €
113	– Ausschließung aus dem Beruf nach § 68 Abs. 1 Satz 2 Nr. 6 der Wirtschaftsprüferordnung	480,00 €
114	– Erlass einer Untersagungsverfügung nach § 68 a der Wirtschaftsprüferordnung	60,00 €
115	Zurückweisung des Antrags auf berufsgerichtliche Entscheidung durch Beschluss nach § 86 Abs. 1 der Wirtschaftsprüferordnung	0,5
116	Zurücknahme des Antrags auf berufsgerichtliche Entscheidung vor Beginn der Hauptverhandlung .... Die Gebühr bemisst sich nach der Maßnahme, die Gegenstand des Verfahrens war. Maßgeblich ist die Maßnahme, für die die höchste Gebühr bestimmt ist.	0,25
117	Zurücknahme des Antrags auf berufsgerichtliche Entscheidung nach Beginn der Hauptverhandlung .... Die Gebühr bemisst sich nach der Maßnahme, die Gegenstand des Verfahrens war. Maßgeblich ist die Maßnahme, für die die höchste Gebühr bestimmt ist.	0,5

Unterabschnitt 2 Verfahren über Anträge auf Entscheidung des Gerichts

Vorbemerkung 1.2:

(1) Die Gebühren entstehen für jedes Verfahren gesondert.

(2) Ist in den Fällen der Nummern 120 und 123 das Zwangs- oder Ordnungsgeld geringer als die Gebühr, so ermäßigt sich die Gebühr auf die Höhe des Zwangs- oder Ordnungsgeldes.

Nr.	Gebührentatbestand	Betrag
120	Verfahren über einen Antrag auf Entscheidung des Gerichts über die Androhung oder die Festsetzung eines Zwangsgeldes nach § 62 a Abs. 3 Satz 1 der Wirtschaftsprüferordnung: Der Antrag wird verworfen oder zurückgewiesen	160,00 €

Nr.	Gebührentatbestand	Gebührenbetrag oder Satz der jeweiligen Gebühr 110 bis 114
121	Verfahren über einen Antrag auf Entscheidung des Gerichts über eine vorläufige Untersagungsverfügung nach § 68 b Satz 4 i.V.m. § 62 a Abs. 3 Satz 1 der Wirtschaftsprüferordnung: Der Antrag wird verworfen oder zurückgewiesen	100,00 €
122	Verfahren über einen Antrag auf Entscheidung des Gerichts über die Verhängung eines Ordnungsgeldes nach § 68 c Abs. 2 i.V.m. § 62 a Abs. 3 Satz 1 der Wirtschaftsprüferordnung: Der Antrag wird verworfen oder zurückgewiesen	360,00 €
123	Verfahren über einen Antrag auf Entscheidung des Gerichts über die Notwendigkeit der Zuziehung eines Bevollmächtigten nach § 68 Abs. 6 Satz 4 der Wirtschaftsprüferordnung: Der Antrag wird verworfen oder zurückgewiesen	100,00 €

Abschnitt 2 Verfahren vor dem Oberlandesgericht

Unterabschnitt 1 Berufung

210	Berufungsverfahren mit Urteil	1,5
211	Erledigung des Berufungsverfahrens ohne Urteil	0,5

Die Gebühr bemisst sich nach der Maßnahme, die Gegenstand des Verfahrens war. Maßgeblich ist die Maßnahme, für die die höchste Gebühr bestimmt ist. Die Gebühr entfällt bei Zurücknahme der Berufung vor Ablauf der Begründungsfrist.

Unterabschnitt 2 Beschwerde

220	Verfahren über eine Beschwerde gegen die Verwerfung eines Antrags auf berufsgerichtliche Entscheidung (§ 86 Abs. 1 der Wirtschaftsprüferordnung): Die Beschwerde wird verworfen oder zurückgewiesen	1,0
221	Verfahren über eine Beschwerde gegen den Beschluss, durch den ein vorläufiges Tätigkeits- oder Berufsverbot verhängt wurde, nach § 118 Abs. 1 der Wirtschaftsprüferordnung: Die Beschwerde wird verworfen oder zurückgewiesen	250,00 €
222	Verfahren über sonstige Beschwerden im berufsgerichtlichen Verfahren, die nicht nach anderen Vorschriften gebührenfrei sind: Die Beschwerde wird verworfen oder zurückgewiesen	50,00 €

Von dem Berufsangehörigen wird eine Gebühr nur erhoben, wenn gegen ihn rechtskräftig eine der in § 68 Abs. 1 und § 68 a der Wirtschaftsprüferordnung genannten Maßnahmen verhängt worden ist.

Nr.	Gebührentatbestand	Gebührenbetrag oder Satz der jeweiligen Gebühr 110 bis 114
	Abschnitt 3 Verfahren vor dem Bundesgerichtshof	
	Unterabschnitt 1 Revision	
310	Revisionsverfahren mit Urteil oder mit Beschluss nach § 107 a Abs. 3 Satz 1 der Wirtschaftsprüferordnung i.V.m. § 349 Abs. 2 oder Abs. 4 StPO	2,0
311	Erledigung des Revisionsverfahrens ohne Urteil und ohne Beschluss nach § 107 a Abs. 3 Satz 1 der Wirtschaftsprüferordnung i.V.m. § 349 Abs. 2 oder Abs. 4 StPO .... Die Gebühr bemisst sich nach der Maßnahme, die Gegenstand des Verfahrens war. Maßgeblich ist die Maßnahme, für die die höchste Gebühr bestimmt ist. Die Gebühr entfällt, wenn die Revision vor Ablauf der Begründungsfrist zurückgenommen wird.	1,0
	Unterabschnitt 2 Beschwerde	
320	Verfahren über die Beschwerde gegen die Nichtzulassung der Revision nach § 107 Abs. 3 Satz 1 der Wirtschaftsprüferordnung: Die Beschwerde wird verworfen oder zurückgewiesen	1,0
321	Verfahren über eine Beschwerde gegen den Beschluss, durch den ein vorläufiges Tätigkeits- oder Berufsverbot verhängt wurde, nach § 118 Abs. 1 der Wirtschaftsprüferordnung: Die Beschwerde wird verworfen oder zurückgewiesen	300,00 €
322	Verfahren über sonstige Beschwerden im berufsgerichtlichen Verfahren, die nicht nach anderen Vorschriften gebührenfrei sind: Die Beschwerde wird verworfen oder zurückgewiesen .... Von dem Berufsangehörigen wird eine Gebühr nur erhoben, wenn gegen ihn rechtskräftig eine der in § 68 Abs. 1 und § 68 a der Wirtschaftsprüferordnung genannten Maßnahmen verhängt worden ist.	50,00 €
	Abschnitt 4 Rüge wegen Verletzung des Anspruchs auf rechtliches Gehör	
400	Verfahren über die Rüge wegen Verletzung des Anspruchs auf rechtliches Gehör: Die Rüge wird in vollem Umfang verworfen oder zurückgewiesen	50,00 €
	Abschnitt 5 Verfahren über den Antrag auf Aufhebung eines vorläufigen Tätigkeits- oder Berufsverbots nach § 120 der Wirtschaftsprüferordnung	
500	Verfahren über den Antrag auf Aufhebung eines vorläufigen Tätigkeits- oder Berufsverbots nach § 120 Abs. 3 Satz 1 der Wirtschaftsprüferordnung: Der Antrag wird in vollem Umfang verworfen oder zurückgewiesen	50,00 €

I. Einleitung

Die berufsrechtlichen Verfahren der Wirtschaftsprüfer (§ 122 WiPrO) waren bis zum 30.12.2006 gerichts- **1**
gebührenfrei. Angesichts der für diese Verfahren anfallenden Sach- und Personalkosten erschien es nicht
mehr zeitgemäß und sachgerecht, dass der Staat die Kosten tragen sollte, die durch pflichtwidriges Verhalten einzelner Berufsangehöriger entstehen.[1] Durch das 2. JuMoG[2] wurde die Gebührenfreiheit mWz
31.12.2006 aufgehoben. Da die Übergangsvorschrift des § 71 Abs. 2 GKG anwendbar ist, werden die Kosten nach dem Gebührenverzeichnis erhoben, wenn die Kostenentscheidung nach dem Inkrafttreten der Gesetzesänderung – also dem 31.12.2006 – rechtskräftig geworden ist.[3] Seit dem 17.6.2016[4] gilt die gekürzte
Neufassung des § 122 WiPrO, wonach die Kosten aller gerichtlichen Verfahren nach der WiPrO nun nach
der Anlage zu § 122 S. 1 WiPrO (Gebührenverzeichnis)[5] erhoben werden.

In den berufsrechtlichen Verfahren werden **Gerichtsgebühren** und **Auslagen** erhoben.[6] Die Gebühren be- **2**
stimmen sich nach dem Gebührenverzeichnis, das als Anlage (zu § 122 S. 1 WiPrO) beigefügt ist. Im Übrigen werden die für Kosten in Strafsachen geltenden Vorschriften des GKG entsprechend angewendet (§ 122
S. 1 WiPrO). Die Auslagenerhebung richtet sich daher nach Teil 9 KV GKG (s. somit die Erl. zu Nr. 9000 ff
KV GKG).

II. Gerichtskosten in berufsrechtlichen Verfahren (§ 122 WiPrO)

Die Kosten der berufsrechtlichen Verfahren sind für die jeweiligen Gerichte in einzelnen Abschnitten ge- **3**
trennt festgelegt.

1. Vorbemerkung GV WiPrO. Kosten werden grds. nur bei **rechtskräftiger Verhängung** einer Maßnahme in **4**
der ersten oder zweiten Instanz erhoben (Vorbem. Abs. 1 S. 2 und Abs. 2 GV WiPrO).

Bei teilweiser Verwerfung oder Zurückweisung eines Antrags auf berufsgerichtliche Entscheidung, eines **5**
Antrags auf Entscheidung des Gerichts oder eines Rechtsmittels sind die Gebühren zu **ermäßigen**, soweit es
unbillig wäre, den Berufsträger damit zu belasten (Vorbem. Abs. 3 GV WiPrO). Eine konkrete Vorgabe, wie
sich diese Ermäßigung berechnet, erfolgt nicht. Bei vergleichbaren Fällen im GKG erfolgt eine Ermäßigung
auf die Hälfte (vgl für Strafverfahren Nr. 4303, 4304, 5502 KV GKG).

Im Fall der Wiederaufnahme gelten die Sonderregeln der Vorbem. Abs. 4 GV WiPrO. **6**

2. Verfahren vor dem Landgericht (Nr. 110–123 GV WiPrO). Hinsichtlich der Gebühren für die Verfahren **7**
vor dem Landgericht – geregelt in Abschnitt 1 GV WiPrO – ist zwischen den Gebühren bei Verfahren über
Anträge auf berufsgerichtliche Entscheidung (= Unterabschnitt 1) und den Gebühren des Verfahrens über
den Antrag auf Entscheidung des Gerichts (= Unterabschnitt 2) zu trennen.

Die Höhe der Gebühren des Verfahrens vor dem Landgericht über Anträge auf berufsrechtliche Entschei- **8**
dung bestimmt sich nach der **Schwere der verhängten Maßnahme.** Die Kosten betragen für das Verfahren
mit Urteil bei der **Erteilung einer Rüge** 160 € (Nr. 110 GV WiPrO), bei der Verhängung einer **Geldbuße**
240 € (Nr. 111 GV WiPrO), bei der Verhängung eines **Tätigkeitsverbots** 360 € (Nr. 112 GV WiPrO), bei
der **Ausschließung aus dem Beruf** 480 € (Nr. 113 GV WiPrO) und beim Erlass einer **Untersagungsverfügung** 60 € (Nr. 114 GV WiPrO). Wenn nebeneinander eine Geldbuße und ein Tätigkeits- oder Berufsverbot
(§ 68 Abs. 2 WiPrO) verhängt werden, soll diese Gebühr nur einmal anfallen.[7] Dies ist auch konsequent, da
es sich trotz der Kombination um eine einheitliche Maßnahme handelt, die schwerer wiegt als die Einzelmaßnahmen, aber weniger schwer als ein Vertretungs- oder Berufsverbot.

Bei der **Zurückweisung** eines verspäteten oder unzulässigen Antrags auf berufsgerichtliche Entscheidung **9**
gem. § 86 Abs. 1 WiPrO entsteht eine Gebühr mit einem 0,5-Gebührensatz (Nr. 115 GV WiPrO). Bei der
Zurücknahme des Antrags auf berufsgerichtliche Entscheidung vor Beginn der Hauptverhandlung fällt eine
0,25-Gebühr an (Nr. 116 GV WiPrO) und nach Beginn der Hauptverhandlung eine 0,5-Gebühr (Nr. 117
GV WiPrO).

Für die Verwerfung oder Zurückweisung des Antrags auf Entscheidung des Gerichts über die **Androhung** **10**
oder Festsetzung eines Zwangsgeldes entstehen Gebühren iHv 160 € (Nr. 120 GV WiPrO). Beim Verfahren
betreffend eine **vorläufige Untersagungsverfügung** betragen die Gebühren 100 € (Nr. 121 GV WiPrO), betreffend die Verhängung eines **Ordnungsgeldes** 360 € (Nr. 122 GV WiPrO) und betreffend die **Notwendigkeit der Zuziehung eines Bevollmächtigten** 100 € (Nr. 123 GV WiPrO).

---

1 Vgl Begr. RegE 2. JuMoG, BT-Drucks 16/3038, S. 28. **2** Zweites Gesetz zur Modernisierung der Justiz v. 22.12.2006 (BGBl. I
3416); vgl aus dem Gesetzgebungsverfahren: BT-Drucks 16/3038 und BT-Drucks 16/3640. **3** Vgl BGH 21.1.2008 – AnwSt (B)
2/07. **4** Art. 12 Abs. 1 des Abschlussprüferaufsichtsreformgesetzes v. 31.3.2016 (BGBl. I 518, 554). **5** Neugefasst durch Art. 1
Nr. 121 des Abschlussprüferaufsichtsreformgesetzes v. 31.3.2016 (BGBl. I 518). **6** Auslagen waren bereits vor der Erhebung von
Gerichtsgebühren zu ersetzen, vgl zur alten Rechtslage *Henssler/Prütting*, BRAO, 4. Aufl. 2014, § 195 BRAO Rn 1 ff. **7** Vgl
Begr. RegE 2. JuMoG, BT-Drucks 16/3038, S. 34.

11 **3. Berufungs- und Beschwerdeverfahren vor dem Oberlandesgericht (Nr. 210–222 GV WiPrO).** Die Gebühren für die Verfahren vor dem **Oberlandesgericht** bemessen sich nach dem Abschnitt 2 GV WiPrO. Für diese Verfahren werden die in Abschnitt 1 GV WiPrO bezifferten Beträge vervielfacht.

12 Für das **Berufungsverfahren** (Unterabschnitt 1) **mit Urteil** fällt die Gebühr mit dem Faktor 1,5 an (Nr. 210 GV WiPrO), für die Erledigung **ohne Urteil** mit 0,5 (Nr. 211 GV WiPrO). Diese Gebühr entfällt bei der Zurücknahme der Berufung vor Ablauf der Begründungsfrist (Anm. S. 2 zu Nr. 211 GV WiPrO). § 105 Abs. 3 WiPrO sieht zwar vor, dass die Berufung in Abweichung von § 317 StPO nur schriftlich und daher nicht durch Erklärung zu Protokoll der Geschäftsstelle gerechtfertigt werden kann. Allerdings fehlt eine Regelung zum Begründungszwang.[8] Aufgrund der Regelung des Gebührenverzeichnisses ist zu vermuten, dass der Gesetzgeber die Einführung einer Begründungspflicht beabsichtigt hat, dies allerdings dann nicht erfolgt ist. Die Ermäßigungsregelung hat daher nach derzeitiger Rechtslage keine Bedeutung.

13 Für die **Verwerfung oder Zurückweisung einer Beschwerde** (Unterabschnitt 2) wird bei **Anträgen auf berufsgerichtliche Entscheidung** (§ 86 Abs. 1 WiPrO) eine 1,0-Gebühr angesetzt (Nr. 220 GV WiPrO). Bei Beschwerden gegen ein durch Beschluss verhängtes **vorläufiges Tätigkeits- oder Berufsverbots** beträgt die Gebühr 250 € (Nr. 221 GV WiPrO), bei sonstigen Beschwerden, die nicht nach anderen Vorschriften gebührenfrei sind, 50 € (Nr. 222 GV WiPrO). Die Gebühr Nr. 222 GV WiPrO wird von dem Berufsträger nur erhoben, wenn gegen ihn rechtskräftig eine der Maßnahmen gem. §§ 68 Abs. 1, 68 a WiPrO verhängt worden ist (Anm. zu Nr. 222 GV WiPrO). Die Regelung entspricht dem in der Vorbem. Abs. 1 GV WiPrO konkretisierten Grundgedanken, dass der Berufsträger nur im Fall einer Sanktion mit Kosten belastet werden soll. Dementsprechend entstehen keine Kosten, wenn der Beschwerdeführer die Beschwerde zurücknimmt oder das Gericht ihr stattgibt.

14 **4. Revisions- und Beschwerdeverfahren vor dem Bundesgerichtshof (Nr. 310–322 GV WiPrO).** Für das **Revisionsverfahren mit Urteil oder Beschluss** (Unterabschnitt 1) wird eine 2,0-Gebühr erhoben (Nr. 310 GV WiPrO). Diese ermäßigt sich entsprechend der für das Berufungsverfahren geltenden Kostenregelung um die Hälfte auf 1,0, wenn sich das Verfahren **ohne Urteil oder Beschluss** erledigt (Nr. 311 GV WiPrO). Das Revisionsgericht kann gem. § 349 Abs. 2 oder StPO durch einstimmigen Beschluss entscheiden. Hier ermäßigt sich die Gebühr auf 1,0. Die Gebühr Nr. 311 GV WiPrO entfällt bei Zurücknahme der Revision vor Ablauf der Begründungsfrist (Anm. S. 2 zu Nr. 311 GV WiPrO). Die Revisionsbegründungsfrist beträgt für alle berufsrechtlichen Verfahren wegen des Verweises auf die strafprozessualen Vorschriften und damit auf § 345 StPO einen Monat nach Ablauf der Revisionsfrist. Die Revisionsfrist beträgt eine Woche ab Verkündung des in Anwesenheit des Berufsträgers ergangenen Urteils bzw eine Woche ab Zustellung des Urteils, vgl § 107 a Abs. 1 WiPrO.

15 Im Beschwerdeverfahren (Unterabschnitt 2) wird für die **Verwerfung oder Zurückweisung der Beschwerde** gegen die Nichtzulassung der Revision eine Gebühr von 1,0 erhoben (Nr. 320 GV WiPrO). Bei der Beschwerde gegen den Beschluss betreffend ein **vorläufiges Tätigkeits- oder Berufsverbot** beträgt die Gebühr 300 € (Nr. 321 GV WiPrO), bei sonstigen Beschwerden werden 50 € erhoben (Nr. 322 GV WiPrO).

16 **5. Rüge wegen der Verletzung des Anspruchs auf rechtliches Gehör (Nr. 400 GV WiPrO).** Für die vollumfängliche Verwerfung oder Zurückverweisung einer Beschwerde wegen Verletzung des Anspruchs auf rechtliches Gehör (§ 127 WiPrO iVm §§ 33 a, 311 a Abs. 1 S. 1, 356 a StPO) werden Kosten iHv 50 € erhoben (Nr. 400 GV WiPrO).

17 **6. Verfahren über den Antrag auf Aufhebung eines vorläufigen Tätigkeits- oder Berufsverbots nach § 120 WiPrO.** Für die vollumfängliche Verwerfung oder Zurückverweisung einer Beschwerde wegen der Aufhebung eines vorläufigen Tätigkeits- oder Berufsverbots nach § 120 Abs. 3 S. 1 WiPrO werden Gebühren von 50 € erhoben (Nr. 500 GV WiPrO).

18 **7. Auslagen.** Hinsichtlich der Auslagen in berufsrechtlichen Verfahren gelten Nr. 9000 ff KV GKG (→ Rn 2). Auf die Erl. zu Nr. 9000 ff KV GKG wird daher verwiesen.

---

8 So auch *Gaier/Wolf/Göcken*, Anwaltliches Berufsrecht, 2. Aufl. 2014, § 143 BRAO Rn 7.

NK-GK/*Wolf*

Teil 6: Deutsches Patent- und Markenamt, Bundespatentgericht

Gesetz über die Kosten des Deutschen Patent- und Markenamts und des Bundespatentgerichts (Patentkostengesetz – PatKostG)

Vom 13. Dezember 2001 (BGBl. I 3656)

zuletzt geändert durch Art. 13 des Gesetzes zur Änderung des Designgesetzes und weiterer Vorschriften des gewerblichen Rechtsschutzes vom 4. April 2016 (BGBl. I 558, 567)

§ 1 Geltungsbereich, Verordnungsermächtigungen

(1) [1]Die Gebühren des Deutschen Patent- und Markenamts und des Bundespatentgerichts werden, soweit gesetzlich nichts anderes bestimmt ist, nach diesem Gesetz erhoben. [2]Für Auslagen in Verfahren vor dem Bundespatentgericht ist das Gerichtskostengesetz anzuwenden.

(2) Das Bundesministerium der Justiz und für Verbraucherschutz wird ermächtigt, durch Rechtsverordnung, die nicht der Zustimmung des Bundesrates bedarf, zu bestimmen,

1. dass in Verfahren vor dem Deutschen Patent- und Markenamt neben den nach diesem Gesetz erhobenen Gebühren auch Auslagen sowie Verwaltungskosten (Gebühren und Auslagen für Bescheinigungen, Beglaubigungen, Akteneinsicht und Auskünfte und sonstige Amtshandlungen) erhoben werden und
2. welche Zahlungswege für die an das Deutsche Patent- und Markenamt und das Bundespatentgericht zu zahlenden Kosten (Gebühren und Auslagen) gelten und Bestimmungen über den Zahlungstag zu treffen.

I. Allgemeines

Die von dem **Deutschen Patent- und Markenamt** (DPMA) und dem **Bundespatentgericht** (BPatG) zu erhebenden Kosten sind im PatKostG abschließend aufgeführt. Dies betrifft die Kosten sowohl dem Grunde als auch der Höhe nach. Die einzelnen Gebührentatbestände ergeben sich aus der Anlage zu § 2 Abs. 1 (Gebührenverzeichnis – GV): Die Gebührentatbestände des DPMA sind im Gebührenverzeichnis unter Buchst. A. aufgeführt und beginnen mit der Ziffer „3"; die des BPatG sind unter Buchst. B. gelistet und beginnen mit der Ziffer „4". **1**

Abs. 1 S. 1 bestimmt, dass Ausnahmeregelungen im Gesetz vorgesehen sein können, zB **2**

- zu Auslagen in Verfahren vor dem BPatG (Abs. 1 S. 2 mit Verweis auf das GKG);
- zu Auslagen und Verwaltungskosten in Verfahren vor dem DPMA (Abs. 2 Nr. 1 mit Verweis auf die DPMAVwKostV);
- zu der Gebühr für die Ausstellung der Apostille in der Verordnung über die Ausstellung der Apostille (Art. 3 des Haager Übereinkommens vom 5.10.1961 zur Befreiung ausländischer öffentlicher Urkunden von der Legalisation vom 9.12.1997).

Eine Übersicht über die wichtigsten Gebühren und Auslagen des DPMA und des BPatG stellt das DPMA im sog. **Kostenmerkblatt**, das unter http://www.dpma.de/docs/service/formulare/allgemein/a9510.pdf abrufbar ist, zur Verfügung (aktuell: Kostenmerkblatt, Stand: April 2014). **3**

II. Anwendungsbereich

1. Nationale Gebührenregelungen. Das Gebührenverzeichnis zum PatKostG enthält – entgegen dem insoweit missverständlichen Wortlaut – nicht nur Gebührentatbestände zu Patenten (Buchst. A. I. GV), sondern auch zu Gebrauchsmustern (Buchst. A. II. GV), Marken (Buchst. A. III. GV), Designsachen (Buchst. A. IV. GV) und Topographieschutzsachen (Buchst. A. V. GV). **4**

In erster Linie betreffen diese Gebührentatbestände deutsche Schutzrechtsanmeldungen und Schutzrechte. Dies betrifft vor allem Patente und Gebrauchsmuster (Buchst. A. I. und A. II. GV). Allerdings enthält das Gebührenverzeichnis auch Gebühren, die von dem DPMA für Patentanmeldungen nach dem Patentzusammenarbeitsvertrag (Patent Cooperation Treaty – PCT) erhoben werden.[1] **5**

---

1 BPatG 8.7.2004 – 10 W (pat) 56/03 (PCT-Gebühren).

6 Bei Marken enthält das Gebührenverzeichnis aber auch – nationale – Gebührentatbestände für international registrierte Marken (Buchst. A. III. 4 GV) und für Gemeinschaftsmarken (Buchst. A. III. 5 GV).

7 Dasselbe gilt für Gemeinschaftsgeschmacksmuster (Buchst. A. IV. 4 GV).

8 **2. Internationale Gebührenregelungen. a) Allgemeines.** Das PatKostG legt – abgesehen von den vorgenannten Tatbeständen (→ Rn 5–7) – keine Gebühren für internationale Schutzrechtsanmeldungen und Schutzrechte fest.

9 Die Gebühren von ausländischen Schutzrechtsanmeldungen und Schutzrechten sind in anderen – nicht-deutschen – Regelungen enthalten. Das betrifft sowohl die Gebühren für Europäische Patentanmeldungen und Patente; hierzu bestehen Regelungen des Europäischen Patentamtes (**EPA**). Ferner gibt es Gebühren für Unionsmarken und europäische Gemeinschaftsgeschmacksmuster; diesbezüglich existieren Regelungen des Amtes der Europäischen Union für Geistiges Eigentum (**EUIPO**). Für internationale Patente, Marken und Geschmacksmuster sind jeweils Gebührenregelungen der Weltorganisation für Geistiges Eigentum (**WIPO**) vorhanden. In den weiteren nationalen (europäischen und nicht-europäischen) Ländern sind jeweils – wie in Deutschland – nationale Gebührenregelungen vorhanden.

10 **b) Europäisches Patentamt (EPA).** Vor dem EPA gibt es für Europäische Patentanmeldungen und Patente folgende Gebührenregelungen: das Europäische Patentübereinkommen (EPÜ), die Ausführungsordnung zum EPÜ (AusfOEPÜ) und die Gebührenordnung (GebO).

11 Das EPÜ und die AusfOEPÜ bestimmen die Gebühren dem Grunde nach; in Art. 2 GebO ist die Höhe der einzelnen Gebührentatbestände festgelegt. Eine konsolidierte Fassung der GebO ist am 1.4.2014 in Kraft getreten.

12 Das Verzeichnis der Gebühren und Auslagen des EPA in der ab 1.4.2014 geltenden Fassung ist unter https://www.epo.org/law-practice/legal-texts/official-journal/2014/etc/se3/p0/2014-se3-p0.pdf abrufbar.

13 **c) Amt der Europäischen Union für Geistiges Eigentum (EUIPO).** Beim EUIPO werden Unionsmarken und Gemeinschaftsgeschmacksmuster angemeldet und registriert. Hierzu existieren folgende Regelungen:

aa) Unionsmarken

14 ■ Verordnung (EU) Nr. 2015/2424 des Europäischen Parlaments und des Rates vom 16.12.2015 zur Änderung der Verordnung (EG) Nr. 207/2009 des Rates über die Gemeinschaftsmarke und der Verordnung (EG) Nr. 2868/95 der Kommission zur Durchführung der Verordnung (EG) Nr. 40/94 des Rates über die Gemeinschaftsmarke und zur Aufhebung der Verordnung (EG) Nr. 2869/95 der Kommission über die an das Harmonisierungsamt für den Binnenmarkt (Marken, Muster und Modelle) zu entrichtenden Gebühren (Unionsmarkenverordnung – UMV) (ABl EU L 341 v. 24.12.2015, S. 21).

15 Auch hierbei bestimmt die UMV die Gebühren dem Grunde nach; in Anhang I zur UMV ist die Höhe der einzelnen Gebührentatbestände festgelegt.

16 Die Gebührenliste laut Anhang I zur Verordnung (EU) Nr. 2015/2424 des Europäischen Parlaments und des Rates vom 16.12.2015 hat das EUIPO unter https://euipo.europa.eu/tunnel-web/secure/webdav/guest/document_library/contentPdfs/legal_reform/regulation_20152424_de.pdf zum Abruf zur Verfügung gestellt.

bb) Gemeinschaftsgeschmacksmuster

17 ■ Verordnung (EG) Nr. 6/2002 des Rates vom 12.12.2001 über das Gemeinschaftsgeschmacksmuster (Gemeinschaftsgeschmacksmusterverordnung – GGV), zuletzt geändert durch Verordnung (EG) Nr. 1891/2006 des Rates vom 18.12.2006 zur Änderungen der Verordnungen (EG) Nr. 672002 und (EG) Nr. 40/94;
  ■ Verordnung (EG) Nr. 2245/2002 der Kommission vom 21.10.2002 zur Durchführung der Verordnung (EG) Nr. 6/2002 des Rates über das Gemeinschaftsgeschmacksmuster (Durchführungsverordnung – GGDV), zuletzt geändert durch Verordnung (EG) Nr. 876/2007 der Kommission vom 24.7.2007 zur Änderung der Verordnung (EG) Nr. 2245/2002;
  ■ Verordnung (EG) Nr. 2246/2002 der Kommission vom 16.12.2002 über die an die das Harmonisierungsamt für den Binnenmarkt zu entrichtenden Gebühren (GGGebV), zuletzt geändert durch Verordnung (EG) Nr. 877/2007 der Kommission vom 24.7.2007 zur Änderung der Verordnung (EG) Nr. 2246/2002.

18 Die GGV und die GGDV bestimmen die Gebühren dem Grunde nach; nach Art. 2 Abs. 1 GGGebV sind im Anhang zur GGGebV die einzelnen Gebührentatbestände festgelegt.

19 Die aktuelle Gebührenliste laut Verordnung (EG) Nr. 2246/2002 der Kommission vom 16.12.2002 hat das HABM unter https://euipo.europa.eu/ohimportal/de/rcd-fees-directly-payable-to-euipo zum Abruf zur Verfügung gestellt.

NK-GK/*Vierkötter*

d) Weltorganisation für geistiges Eigentum (WIPO). Bei der WIPO werden internationale Patent-, Marken- und Geschmacksmusteranmeldungen eingereicht. Dort existieren folgende Regelungen: **20**

aa) Patente

- Vertrag über die internationale Zusammenarbeit auf dem Gebiet des Patentwesens (PCT), unterzeichnet **21** in Washington am 19.6.1970, geändert am 28.9.1979, 3.2.1984 und 3.10.2001;
- Ausführungsordnung zum PCT-Vertrag in der ab 1.7.2015 geltenden Fassung.

Die seit dem 1.3.2016 geltende Gebührenliste der sog. PCT-Patentgebühren ist unter http://www.wipo.int/ **22** export/sites/www/pct/en/fees.pdf abrufbar.

bb) Marken

- Madrider Abkommen über die internationale Registrierung von Marken vom 14.4.1891, geändert am **23** 14.12.1900, 2.6.1911, 6.11.1925, 2.6.1934, 15.6.1957, 14.7.1967 und 28.9.1979;
- Protokoll zum Madrider Abkommen über die internationale Registrierung von Marken vom 27.6.1989, geändert am 3.10.2006 und 12.11.2007;
- Ausführungsordnung unter dem Madrider Abkommen über die internationale Registrierung von Marken und dem Protokoll zum Madrider Abkommen vom 18.1.1996, zuletzt geändert am 1.4.2016.

Die seit dem 1.1.2015 geltende Gebührenliste des Madrider Abkommens ist unter http://www.wipo.int/ **24** madrid/en/fees/sched.html abrufbar. Sofern das Protokoll zum Madrider Abkommen anwendbar ist, ist die unter http://www.wipo.int/madrid/en/madridgazette/remarks/ind_taxes.html verfügbare Gebührentabelle von Relevanz. Ein Gebührenrechner ist unter http://www.wipo.int/madrid/en/fees/calculator.jsp abrufbar.

cc) Geschmacksmuster

- Haager Abkommen über die internationale Hinterlegung gewerblicher Muster und Modelle vom **25** 6.11.1925, geändert am 2.6.1934, 28.11.1960, 18.11.1961, 14.7.1967, 2.10.1979 und 2.7.1999;
- Ausführungsordnung unter dem Haager Abkommen, zuletzt geändert am 1.1.2015.

Die seit dem 1.1.2015 geltende Gebührenliste des Haager Abkommens ist unter http://www.wipo.int/ **26** hague/en/fees/sched.htm abrufbar. Ein Gebührenrechner ist unter http://www.wipo.int/hague/en/fees/calculator.jsp verfügbar.

III. Ergänzende nationale Bestimmungen (Abs. 1 S. 1; Abs. 2)

Neben dem PatKostG gibt es Regelungen, die die Abwicklung der Zahlung der zu entrichtenden Gebühren **27** des DPMA und des BPatG zum Gegenstand haben. Dies sind bspw:

- Verordnung über die Zahlung der Kosten des Deutschen Patent- und Markenamts und des Bundespatentgerichts (Patentkostenzahlungsverordnung – **PatKostZV**) vom 15.10.2003;[2]
- Gesetz über Kosten in Angelegenheiten der Justizverwaltung (Justizverwaltungskostengesetz – **JVKostG**) vom 23.7.2013;[3]
- Justizbeitreibungsordnung (**JBeitrO**) vom 11.3.1937.[4]

Die **PatKostZV** bestimmt, welche Zahlungswege für die Kosten des DPMA und des BPatG bestehen (§ 1) **28** und welcher Tag als Zahlungstag gilt (§ 2). Siehe dazu die Erl. in diesem Kommentar (Ziff. 22).

Die Kosten des DPMA, zB für die Beglaubigung von amtlichen Unterschriften für den Auslandsverkehr auf **29** Urkunden, die keine rechtsgeschäftliche Erklärung enthalten, zB Patentschriften, regelt § 4 Abs. 1 **JVKostG** iVm Anlage zu § 4 Abs. 1, dort Nr. 1310 KV.

§ 1 Abs. 5 **JBeitrO** regelt, dass Gebühren und Auslagen des DPMA nach der JBeitrO beigetrieben werden. **30**

Innerhalb der Verwaltung des DPMA ist ferner die Kostenverfügung (**KostVfg**)[5] zu beachten. Es handelt **31** sich hierbei um eine interne Verwaltungsvorschrift, die nähere Ausführungen zu den Pflichten des Kostenbeamten sowie zum Kostenansatz beinhaltet (abgedruckt im Anhang I. 1. in diesem Kommentar).

IV. Gebühren und Auslagen

1. Begriffsbestimmung. a) Begriff der Kosten. Das PatKostG verwendet die Begriffe „Kosten", „Verwal- **32** tungskosten", „Gebühren" und „Auslagen". Gesetzliche Begriffsbestimmungen enthält das PatKostG jedoch nicht. Vielmehr scheint der Begriff „**Kosten**" als **Oberbegriff** für **Gebühren und Auslagen** verwendet

---

2 BGBl. 2003 I 2083, zul. geänd. d. Art. 4 V. v. 1.11.2013 (BGBl. I 3906, 3908). **3** BGBl. 2013 I 2655, zul. geänd. d. Art. 5 G v. 19.2.2016 (BGBl. I 254, 264). **4** RGBl. 1937 I 298 (BGBl. III, FNA 365-1), zul. geänd. d. Art. 177 V. v. 31.8.2015 (BGBl. I 1474, 1501). **5** Bekanntmachung der Neufassung der Kostenverfügung v. 6.3.2014 (BAnz AT 07.04.2014 B1), geänd. d. Verwaltungsvorschrift v. 10.8.2015 (BAnz AT 25.08.2015 B1).

zu werden (§ 1 Abs. 2 Nr. 2). Dasselbe scheint aber auch für den Begriff „**Verwaltungskosten**" zu gelten (§ 1 Abs. 2 Nr. 1). Die Begriffe „Kosten" und „Verwaltungskosten" müssten dann gleichbedeutend sein, wogegen jedoch die Verwendung unterschiedlicher Begriffe spricht. Betrachtet man jedoch den Begriff „Kosten" ebenso als Oberbegriff für „Verwaltungskosten", wäre die unterschiedliche Begriffsverwendung in Abs. 2 nachvollziehbar. Gemeinsam ist jedoch (Verwaltungs-)Kosten iSd PatKostG, dass es sich um öffentliche Abgaben für die Durchführung **hoheitlicher Maßnahmen** handelt, die von Behörden erhoben werden. Behörde iSd § 1 Abs. 4 VwVfG ist jede Stelle, die Aufgaben der öffentlichen Verwaltung wahrnimmt.

33 Das DPMA und das BPatG können auch **nicht hoheitlich** tätig sind. Wenn das DPMA oder das BPatG privatrechtlich handeln und keine öffentlichen Aufgaben wahrnehmen, sind sie fiskalisch tätig, zB bei der Erstellung und Herausgabe des „Blatt für Patent-, Muster und Zeichenwesen (BlPMZ)" durch das DPMA. Das PatKostG ist dann nicht anwendbar.

34 Da das PatKostG keine Begriffsbestimmung zu „Gebühren" und „Auslagen" enthält, ist insofern auf allgemeine Grundsätze Rückgriff zu nehmen.

35 **b) Begriff der Gebühr.** Unter dem Begriff „Gebühr" wird eine öffentlich-rechtliche Geldleistung verstanden, die aus Anlass individuell zurechenbarer, öffentlicher Leistungen dem Gebührenschuldner durch eine öffentlich-rechtliche Norm oder durch eine sonstige hoheitliche Maßnahme einseitig auferlegt wird und dazu bestimmt ist, in Anknüpfung an diese Leistung deren Kosten ganz oder teilweise zu decken.[6] Eine Gebühr setzt damit als Grundlage ein Gesetz oder eine sonstige hoheitliche Maßnahme, zB einen Verwaltungsakt, voraus. Sieht daher weder ein Gesetz noch eine sonstige hoheitliche Maßnahme eine Gebührenpflicht vor, ist das hoheitliche Handeln **gebührenfrei**. Das DPMA und das BPatG können damit nur Gebühren von einem Kostenschuldner verlangen, wenn das PatKostG, die DPMAVwKostV, eine andere gesetzliche Regelung oder ein Verwaltungsakt für ihr Handeln im konkreten Einzelfall eine Gebührenpflicht vorsehen.

36 Da Gebühren für staatliche Leistungen nicht unabhängig von den tatsächlichen Kosten der gebührenpflichtigen Leistung festgesetzt werden dürfen, muss der Zusammenhang zwischen Kosten und Gebührenhöhe sachgerecht sein.[7] Eine verfassungsrechtlich begründete Begrenzung der Gebührenhöhe durch die tatsächlich entstandenen Kosten gibt es jedoch nicht. Daher dürfen auch **andere sachgerechte Zwecke als der der Kostendeckung** mit der Gebührenregelung verbunden sein, bspw durch die Erhebung einer jährlich steigenden Aufrechterhaltungsgebühr den Patentinhaber regelmäßig zu einer Überprüfung seines Patentportfolios dahin gehend zu motivieren, ob sämtliche in Kraft stehenden Patente weiterhin aufrechterhalten werden sollen.[8]

37 Der Gesetzgeber verfügt hierbei über einen weiten Ermessensspielraum, zB welche individuell zurechenbaren öffentlichen Leistungen er einer Gebührenpflicht unterwerfen und welche über die Kostendeckung hinausgehenden Zwecke er mit einer Gebührenregelung anstreben will. Der Gesetzgeber darf aber nicht willkürlich Gleiches oder wesentlich Gleiches ungleich und wesentlich Ungleiches gleich behandeln.[9] Es muss damit immer ein **sachlich gerechtfertigter Grund** für eine **Gleichbehandlung** oder **Ungleichbehandlung** bestehen. Solange dieses Ziel erreicht wird, darf der gesetzgeberische Gestaltungsspielraum im Rahmen des Gebührenrechts nicht eingeschränkt werden.[10]

38 **c) Begriff der Auslagen. aa) Allgemeines.** Im Unterschied zu Gebühren (→ Rn 35–37) sind Auslagen Aufwendungen von DPMA und BPatG, die bei der Erfüllung ihrer Aufgaben tatsächlich entstehen. Sofern entsprechende Aufwendungen daher nicht entstanden sind, können keine Auslagen geltend gemacht werden.[11]

39 **bb) DPMA.** § 2 Abs. 2 S. 1 DPMAVwKostV sieht zudem vor, dass Auslagen zusätzlich zu Gebühren nur erhoben werden, wenn dies in der DPMAVwKostV geregelt ist. Wenn daher in Teil A. „Gebühren" des Kostenverzeichnisses (KV) zu § 2 Abs. 1 DPMAVwKostV nichts anderes bestimmt ist, entstehen keine Auslagen im Sinne von Teil B. des KV.

40 **cc) BPatG.** Vor dem BPatG ist nicht die DPMAVwKostV anwendbar (§ 1 DPMAVwKostV), sondern das GKG (Abs. 1 S. 2). Die Auslagentatbestände sind in Teil 9 KV GKG (= Nr. 9000 ff KV GKG) aufgeführt.[12] Pro Zustellung eines Schriftstückes, zB eines Beschlusses oder eines Schreibens,[13] fällt zB nach Nr. 9002 KV GKG ein Pauschalbetrag iHv 3,50 € an.

41 **2. Beitreibung. a) Gesetzliche Grundlagen zur Beitreibung.** Ansprüche wegen Gebühren und Auslagen des DPMA werden nach der **JBeitrO** beigetrieben (§ 1 Abs. 5 JBeitrO), wenn sie trotz Fälligkeit nicht entrichtet werden. Das Gleiche betrifft nach § 1 Abs. 1 Nr. 4 JBeitrO auch die Gebühren und Auslagen des BPatG.

---

6 BVerfGE 50, 217. **7** BPatG 11.3.2002 – 10 W (pat) 36/01 (Trennanmeldungs-Recherchegebühr). **8** Schulte/*Schell*, PatG, 9. Aufl. 2014, § 1 PatKostG Rn 11. **9** BVerfG NJW 1999, 3550; BVerfG NJW 1998, 2128. **10** BVerwGE 13, 214; BPatG 11.3.2002 – 10 W (pat) 36/01 (Trennanmeldungs-Recherchegebühr). **11** BPatG 30.3.2011 – 26 W (pat) 24/06. **12** Zu ähnlichen Auslagentatbeständen: Nr. 7000 ff VV RVG. **13** BPatG 14.8.2013 – 10 W (pat) 21/08.

Vollstreckungsbehörde für die bei dem DPMA und dem BPatG entstehenden Ansprüche ist das Bundesamt für Justiz (BfJ) mit Sitz in Bonn (§ 2 Abs. 2 JBeitrO).

Die rechtliche Befugnis zur Stundung, Niederschlagung oder zum Erlass von Gebühren und Auslagen steht der Präsidentin des DPMA und der Präsidentin des BPatG zu. **42**

b) Zulässigkeit der Beitreibung. Beigetrieben werden die nach dem PatKostG und der DPMAVwKostV entstehenden Gebühren und Auslagen, sofern eine Beitreibung zulässig ist. **43**

Nicht zulässig ist eine Beitreibung in folgenden Konstellationen: **44**

- Nach § 6 Abs. 2 gilt eine Anmeldung oder ein Antrag als zurückgenommen oder eine Handlung als nicht vorgenommen, wenn der Gebührenschuldner eine Gebühr nach § 6 Abs. 1 nicht, nicht vollständig oder nicht rechtzeitig gezahlt hat. Das Gesetz räumt dem Gebührenschuldner damit ein Wahlrecht ein: ob zB ein eingereichter Antrag oder eine eingereichte Anmeldung wirksam ist oder nicht, hängt von der Zahlung bzw der Nichtzahlung der entsprechenden Gebühr ab. Nur wenn die gesetzlich vorgesehene Gebühr fristgemäß entrichtet wird, ist zB der Antrag wirksam gestellt; ansonsten tritt die Fiktion des § 6 Abs. 2 ein.

  Ein solches, dem Gebührenschuldner gesetzlich eingeräumtes Wahlrecht wäre aber wirkungslos, wenn die Gebühr beigetrieben werden dürfte. Die Betreibung nach der JBeitrO ist daher unzulässig, wenn das Gesetz dem Gebührenschuldner gesetzlich ein Wahlrecht einräumt.[14]

  Im Anwendungsbereich des PatKostG ist daher die Betreibung nur zulässig, soweit dem Gebührenschuldner kein Wahlrecht wie nach § 6 eingeräumt wird.[15]

- Weiterhin ist eine Beitreibung von Ansprüchen aus ungerechtfertigter Bereicherung unzulässig, zB wenn das DPMA einem Patentinhaber von diesem entrichtete Jahresgebühren zu Unrecht zurückgezahlt hat.[16]

- Eine Beitreibung ist ebenfalls unzulässig, wenn dem Gebührenschuldner eine von ihm entrichtete fällige Gebühr zu Unrecht durch die Behörde erstattet wird. Durch die Erstattung der Gebühr lebt die – beglichene – Gebührenschuld nicht wieder auf.[17] Die Behörde hat lediglich gegen den Gebührenschuldner einen Wiedereinzahlungsanspruch. Dieser Anspruch ist aber nicht nach der JBeitrO beitreibungsfähig.[18]

§ 2 Höhe der Gebühren

(1) Gebühren werden nach dem Gebührenverzeichnis der Anlage zu diesem Gesetz erhoben.

(2) [1]Für Klagen und einstweilige Verfügungen vor dem Bundespatentgericht richten sich die Gebühren nach dem Streitwert. [2]Die Höhe der Gebühr bestimmt sich nach § 34 des Gerichtskostengesetzes. [3]Der Mindestbetrag einer Gebühr beträgt 121 Euro. [4]Für die Festsetzung des Streitwerts gelten die Vorschriften des Gerichtskostengesetzes entsprechend. [5]Die Regelungen über die Streitwertherabsetzung (§ 144 des Patentgesetzes und § 26 des Gebrauchsmustergesetzes) sind entsprechend anzuwenden.

---

14 Vgl BPatGE 20, 89. **15** § 8 Abs. 1 DPMAVwKostV sieht zwar wie § 6 Abs. 2 PatKostG eine Fiktion der Antragsrücknahme vor; nach § 8 Abs. 2 DPMAVwKostV entfällt die Gebühr aber nur, wenn der Antrag als zurückgenommen gilt, bevor die beantragte Amtshandlung vorgenommen wurde. **16** BPatG GRUR 1989, 748 (Gebührenbeitreibung). **17** BPatGE 13, 60. **18** Zu Einzelheiten der Abwicklung solcher Ansprüche: BPatGE 30, 211.

I. Gebührenverzeichnis (Abs. 1)

1 **1. Allgemeines.** Abs. 1 bestimmt, dass Gebühren auf der Grundlage des – als Anlage existierenden – Gebührenverzeichnisses (GV) erhoben werden. Das GV ist abschließend, dh, dort nicht aufgeführte Gebührentatbestände sind nicht existent und dementsprechend werden nicht aufgeführte Gebühren auch nicht erhoben.[1]

2 Ungeachtet dessen sind zB im **PatG** bestimmte Gebühren genannt, zB Jahresgebühr (§ 17 PatG), Recherchegebühr (§ 43 Abs. 1 PatG), Prüfungsantragsgebühr (§ 44 Abs. 2 PatG), Einspruchsgebühr (§ 62 Abs. 1 PatG) und Beschwerdegebühr (§ 73 Abs. 3 PatG). In diesen Normen wird jedoch im Regelfall nur auf die Vorschriften des PatKostG Bezug genommen.

3 **2. Gebühren des DPMA. a) Vorbem. zu Buchst. A. GV.** Nach Vorbem. Abs. 1 zu Buchst. A. GV ist Folgendes festgelegt: Sofern für eine **elektronische Anmeldung** geringere Gebühren als für eine Anmeldung in Papierform bestimmt sind, werden die geringeren Gebühren nur erhoben, wenn die elektronische Anmeldung nach der jeweiligen Verordnung des Deutschen Patent- und Markenamts zulässig ist.[2]

4 Vorbem. Abs. 2 zu Buchst. A. GV regelt, dass die Gebühren Nr. 313.600 GV (Einspruchsgebühr nach dem PatG), Nr. 323.100 GV (Löschungsgebühr nach dem GebrMG), Nr. 331.600 GV (Widerspruchsgebühr nach dem MarkenG), Nr. 333.000 GV (Erinnerungsgebühr nach dem MarkenG), Nr. 333.300 GV (Löschungsgebühr nach dem MarkenG wegen Nichtigkeit), Nr. 346.100 GV (Nichtigkeitsantrag nach dem DesignG) und Nr. 362.100 GV (Löschungsantrag nach dem HalblSchG) für jeden Antragsteller gesondert erhoben werden.

5 **b) Allgemeines.** Der Gebührenteil unter **Buchst. A. „Gebühren des Deutschen Patent- und Markenamts"** sieht feststehende Gebührensätze für die einzelnen Gebührentatbestände vor. Es gibt keine Rahmengebühren, wie zB die Geschäftsgebühr nach Nr. 2300 VV RVG (Rahmengebühr von 0,5–2,5). Der konkrete Wert solcher Rahmengebühren hängt ferner von dem zugrunde liegenden Streitwert ab. Der Gebührenteil zu dem DPMA enthält daher auch keine Regelungen zu einem Streitwert, die Gebühren sind daher auch nicht von der vorherigen Festsetzung eines Streitwerts abhängig.

6 Sofern jedoch ein Patent- und/oder Rechtsanwalt an einem Verfahren vor dem DPMA beteiligt sein sollte, zB im Rahmen eines Einspruchs-, Widerspruchs- oder Löschungsverfahrens, kann die Festsetzung eines Streitwerts im Interesse des Vertreters geboten sein, da dessen abrechenbare Gebühren auf der Basis eines Gegenstandswerts ermittelt werden (bei Rechtsanwälten gemäß RVG; bei Patentanwälten gemäß RVG analog). Das Erfordernis der Streitwertfestsetzung betrifft jedoch im Regelfall nicht das Verhältnis zu dem eigenen Mandanten, da diesbezüglich meist eine Stundensatzvereinbarung getroffen wurde, sondern das Verhältnis zu der gegnerischen Partei.[3]

7 **c) Patent und ergänzendes Schutzzertifikat.** In Patentsachen (Buchst. A. I. GV) enthalten die Gebührentatbestände Nr. 311.000–311.610 GV die Gebühren für die Anmeldung (elektronisch oder in Papierform), Recherche, Prüfung (mit oder ohne gestellten Rechercheantrag) betreffend Patentanmeldungen und ergänzende Schutzzertifikaten. In den mit Nr. „312.030" GV beginnenden Gebührentatbeständen sind die Jahresgebühren für das 3. bis 20. Patentjahr, jeweils mit Nennung der jeweiligen Gebühr für die Lizenzbereitschaftserklärung (§ 23 Abs. 1 PatG) und den Verspätungszuschlag (§ 7 Abs. 1 S. 2), genannt. Die Gebührentatbestände, denen die Nr. „313" GV voransteht, umfassen u.a. die Einspruchsgebühr (§ 59 Abs. 1, 2 PatG), die Gebühr für das Beschränkungs- oder Widerrufsverfahren (§ 64 PatG) und die Weiterbehandlungsgebühr (§ 123 a PatG). Weitere Gebührentatbestände im Zusammenhang mit ergänzenden Schutzzertifikaten erge-

---

1 Amtl. Begr. PatKostG, BlPMZ 2002, 36. **2** Vgl zur elektronischen Einreichung von Patentanmeldungen: § 3 S. 2 PatV iVm § 12 DPMAV: Hiernach sind elektronische Dokumente nach Maßgabe der Verordnung über den elektronischen Rechtsverkehr beim Deutschen Patent- und Markenamt vom 1.11.2013 in ihrer jeweils geltenden Fassung einzureichen. **3** Eingehend zur Festsetzung des Gegenstandswerts vor dem DPMA und dem BPatG gemäß direkter oder analoger Anwendung des § 33 Abs. 1 RVG: Schulte/*Schell*, PatG, § 2 PatKostG Rn 1.

ben sich aus Nr. 315.100 GV (Antrag auf Laufzeitberichtigung) und Nr. 315.200 GV (Antrag auf Widerruf der Laufzeitverlängerung).

Nach § 17 PatG sind für jede **Patentanmeldung** und jedes **Patent** für das 3. und jedes folgende Patentjahr, **8** gerechnet ab dem Anmeldetag, **Jahresgebühren** zu entrichten. Hierbei beträgt die Jahresgebühr für das 3. Patentjahr 70 € und für das 20. (letzte, § 16 PatG) Patentjahr 1.940 €. Ebenso steigt die Gebühr für die Lizenzbereitschaftserklärung iSd § 23 Abs. 1 PatG stetig – von 35 € im 3. Patentjahr auf 970 € im 20. Patentjahr. Lediglich der Verspätungszuschlag iSd § 7 Abs. 1 S. 2 bleibt im vorgenannten Zeitraum konstant und beträgt jeweils 50 €. Zahlt der Gebührenpflichtige zum Zeitpunkt der Fälligkeit der 3. Jahresgebühr die Jahresgebühren für das 3. bis 5. Patentjahr in einem Betrag, reduziert sich das entsprechende Gebührenaufkommen von 230 € auf 200 € (Nr. 312.205 GV).

Gemäß § 16 a Abs. 1 S. 2 PatG sind für **ergänzende Schutzzertifikate** ebenfalls Jahresgebühren zu entrich- **9** ten. Die Jahresgebühren betragen 2.650 € für das 1. Jahr des ergänzenden Schutzes und 4.520 € für das 6. (letzte)[4] Jahr des ergänzenden Schutzes. Auch hierbei steigen die Gebühren für die Lizenzbereitschaftserklärung iSd § 23 Abs. 1 PatG stetig, während der Verspätungszuschlag iSd § 7 Abs. 1 S. 2 PatG – wie beim Patent – jeweils 50 € beträgt.

Bei der Höhe der **Anmeldegebühr** wird zum einen danach unterschieden, ob die Anmeldung in Papierform **10** oder in elektronischer Form eingereicht wurde, und zum anderen, ob die Anmeldung bis zu 10 (dann 40 € nach Nr. 311.000 GV) oder mehr als 10 Patentansprüche (dann pro Anspruch 20 € zzgl der bereits genannten 40 € nach Nr. 311.100 GV) beinhaltet. Bei Anmeldungen in Papierform erhöhen sich die jeweiligen Gebühren jeweils um das 1,5-Fache (Nr. 311.100 GV).

Die **Recherchegebühr** beträgt ohne jedwede Differenzierung 300 € (Nr. 311.200 GV). **11**

Bei der Höhe der **Prüfungsantragsgebühr** wird wiederum unterschieden, ob ein Rechercheantrag bereits ge- **12** stellt wurde oder nicht. Sofern kein Rechercheantrag gestellt ist, ist die Prüfungsantragsgebühr höher und beträgt 350 € (Nr. 311.400 GV); im umgekehrten Fall beträgt sie 150 € (Nr. 311.300 GV).

Die Gebühr für die Erhebung eines **Einspruchs** gegen ein Patent beträgt 200 € (Nr. 313.600 GV). **13**

Im Falle der **Weiterbehandlung** iSd § 123 a PatG ist eine Gebühr iHv 100 € zu entrichten (Nr. 313.000 GV). **14**

d) Gebrauchsmuster. In Gebrauchsmustersachen (Buchst. A. II. GV) enthalten – analog der Nummernfolge **15** bei Patentsachen – die Tatbestände Nr. 321.000–321.2000 GV die Anmelde- und Recherchegebühren, die Tatbestände Nr. 322.100–322.301 GV die Aufrechterhaltungsgebühren und die Tatbestände Nr. 323.000–323.100 GV die sonstigen Anträge.

Nach § 23 Abs. 1 GebrMG beginnt die Schutzdauer eines Gebrauchsmusters mit dem Anmeldetag und en- **16** det maximal 10 Jahre nach Ablauf des Monats, in den der Anmeldetag fällt. § 23 Abs. 2 S. 1 GebrMG legt fest, dass die Aufrechterhaltung des Schutzes durch Zahlung einer Aufrechterhaltungsgebühr für das 4.–6., 7. und 8. sowie für das 9. und 10. Jahr, gerechnet vom Anmeldetag an, bewirkt wird. Es gibt damit vier mögliche Schutzzeiträume und drei Zeitpunkte, zu denen – sofern der Inhaber die Verlängerung der Schutzdauer jeweils beabsichtigt – **Aufrechterhaltungsgebühren** zu entrichten sind. Auch die Aufrechterhaltungsgebühren von Gebrauchsmustern steigen von 210 € (für das 4.–6. Schutzjahr) auf 530 € (für das 9. und 10. Schutzjahr). Der Verspätungszuschlag iSd § 7 Abs. 1 S. 2 beträgt auch bei Gebrauchsmustern konstant 50 €.

Auch bei Gebrauchsmustern wird bei der Höhe der **Anmeldegebühr** danach unterschieden, ob die Anmel- **17** dung in Papierform (dann 40 € nach Nr. 321.100 GV) oder in elektronischer Form (dann 30 € nach Nr. 321.000 GV) eingereicht wurde.

Die **Recherchegebühr** beträgt ohne jedwede Differenzierung 250 € (Nr. 321.200 GV). **18**

Eine **Prüfungsantragsgebühr** gibt es nicht, da Gebrauchsmuster ungeprüfte Schutzrechte sind.[5] **19**

Die Gebühr für die Stellung eines **Löschungsantrags** gegen ein Gebrauchsmuster beträgt 300 € (Nr. 323.100 **20** GV).

Im Falle der **Weiterbehandlung** iSd § 21 Abs. 1 GebrMG iVm § 123 a PatG ist eine Gebühr iHv 100 € zu **21** entrichten (Nr. 323.000 GV).

e) Marken. aa) Allgemeines. Dieselbe Aufgliederung wie in Patent- und Gebrauchsmustersachen findet **22** sich auch in **Markensachen** (Buchst. A. III. GV): Die Gebühren für die Anmeldung und Eintragung von Marken (inkl. der Gebühr für das Widerspruchsverfahren) beinhalten mit die mit „331" beginnende Nummernfolge, die Verlängerungsgebühren unter Einschluss der entsprechenden Verspätungszuschläge haben die Nummernfolge „332.100" ff GV und die Gebühren für sonstige Anträge, zB für das Erinnerungsverfah-

---

4 Zur Laufzeit ausf. Benkard/*Grabinski*, PatG, 11. Aufl. 2015, § 16 a PatG Rn 30 ff. **5** Gemäß § 8 Abs. 1 S. 2 GebrMG erfolgt keine Prüfung der angemeldeten Erfindung auf Neuheit, erfinderischen Schritt und gewerbliche Anwendbarkeit.

ren und das Löschungsverfahren, beginnen mit der Nummernfolge „333". Im Gegensatz zu der Kostensituation bei Europäischen Patenten und Internationalen Patentanmeldungen sind bei Marken im Gebührenverzeichnis auch Gebührentatbestände zu International registrierten Marken (beginnend mit der Nummernfolge „334") und zu Gemeinschaftsmarken (beginnend mit der Nummernfolge „335") enthalten; hierbei handelt es sich zB um nationale Gebühren bei internationalen Registrierungen oder Weiterleitungsgebühren für Gemeinschaftsmarkenanmeldungen.[6]

23 **bb) Nationale Marken.** Gemäß § 47 Abs. 1 MarkenG beginnt die **Schutzdauer** einer eingetragenen Marke mit ihrem Anmeldetag iSd § 33 Abs. 1 MarkenG und endet nach zehn Jahren am letzten Tag des Monats, der durch seine Benennung dem Monat entspricht, in den der Anmeldetag fällt. Die Schutzdauer einer am 16.1.2012 angemeldeten Marke endet damit (zunächst) am 31.1.2022. § 47 Abs. 2 MarkenG bestimmt, dass die Schutzdauer jeweils um zehn Jahre **verlängert** werden kann. Die Verlängerung wird dadurch bewirkt, dass eine Verlängerungsgebühr (und, falls die Verlängerung für Waren und Dienstleistungen begehrt wird, die in mehr als 3 Klassen der Klasseneinteilung von Waren und Dienstleistungen fallen, für jede weitere Klasse eine Klassengebühr) gezahlt wird (§ 47 Abs. 3 MarkenG). Eine solche Verlängerung kann beliebig oft durchgeführt werden.

24 Die – erstmals 10 Jahre nach der Markenanmeldung zu entrichtende – **Verlängerungsgebühr** beträgt 750 € (Nr. 332.100 GV). Der Verspätungszuschlag iSd § 7 Abs. 1 S. 2 PatKostG beträgt konstant 50 € (Nr. 332.101 GV). Die Klassengebühr für jede Klasse ab der 4. Klasse beträgt 260 € (Nr. 332.300 GV); auch diesbezüglich beträgt der Verspätungszuschlag 50 €.

25 Zum Begriff der **Kollektivmarke** s. § 97 MarkenG. Diesbezüglich entstehen im Regelfall jeweils höhere Gebühren.

26 Auch bei Marken wird bei der Höhe der **Anmeldegebühr** danach unterschieden, ob die Anmeldung in Papierform (dann 300 € nach Nr. 331.100 GV) oder in elektronischer Form (dann 290 € nach Nr. 331.000 GV) eingereicht wurde. Die Anmeldegebühr umfasst eine Markenanmeldung mit bis zu 3 Waren- und Dienstleistungsklassen gemäß Nizza-Klassifikation.[7] Sofern in einer Markenanmeldung mehr als 3 Klassen beansprucht werden, entsteht pro zusätzlich beanspruchter Klasse eine Klassengebühr iHv 100 € (Nr. 331.300 GV). Stellt der Anmelder einen Antrag auf beschleunigte Prüfung der Anmeldung, ist eine weitere Gebühr iHv 200 € zu entrichten (Nr. 331.500 GV).

27 Die Gebühr für die Erhebung eines **Widerspruchs** gegen eine eingetragene Marke beträgt 120 € (Nr. 331.600 GV).

28 Sofern eine **Erinnerung** gegen Beschlüsse der Markenstellen oder der Markenabteilungen, die von einem Beamten des gehobenen Dienstes oder einem vergleichbaren Angestellten erlassen worden sind, eingelegt wird, muss eine Erinnerungsgebühr iHv 150 € gezahlt werden (Nr. 333.000 GV).

29 Wird ein Löschungsantrag gegen eine eingetragene Marke gestellt, ist die Gebührenhöhe davon abhängig, ob **Löschung** wegen Verfalls iSd § 49 MarkenG (dann 100 € nach Nr. 333.400 GV) oder wegen Nichtigkeit iSd § 54 MarkenG (dann 300 € nach Nr. 333.300 GV) begehrt wird.

30 Im Falle der **Weiterbehandlung** iSd § 91 a MarkenG ist eine Gebühr iHv 100 € zu zahlen (Nr. 333.050 GV).

31 **cc) Unionsmarken.** Insofern können nationale Gebühren wegen Weiterleitung einer Gemeinschaftsmarkenanmeldung nach § 125 a MarkenG oder wegen Umwandlung einer Gemeinschaftsmarke nach § 125 d MarkenG entstehen (hierzu Nr. 335.100–335.500 GV). Bei der Umwandlung ist gebührenrechtlich zu berücksichtigen, ob eine (normale) Marke oder eine Kollektivmarke Gegenstand der Umwandlung ist und wie viele Waren- und Dienstleistungsklassen von der Marke beansprucht werden.

32 **dd) International registrierte Marken.** Diesbezüglich können nationale Gebühren für die Internationale Registrierung, für die nachträgliche Schutzerstreckung oder wegen Umwandlung einer international registrierten Marke entstehen (hierzu Nr. 334.100–334.800 GV). Im Hinblick auf die Umwandlung gelten die gleichen gebührenrechtlichen Maßstäbe wie bei Unionsmarken.

33 **f) Geografische Herkunftsangaben und Ursprungsbezeichnungen.** Zu den in §§ 126 ff MarkenG geregelten geografischen Herkunftsangaben und Ursprungsbezeichnungen sieht das GV auch Tatbestände vor, nämlich zu deren **Eintragung** (900 €), zu den **Einspruchsverfahren** (120 €), zum Antrag auf **Änderung der Spezifikation** (200 €) und zur **Löschung** (120 €). Dies regeln die Nr. 336.100–336.300 GV.

---

6 Seit dem 23.3.2016 heißt die Gemeinschaftsmarke „Unionsmarke". Das Gebührenverzeichnis (GV) bedarf insoweit noch einer redaktionellen gesetzgeberischen Anpassung. **7** Abkommen von Nizza über die Internationale Klassifikation von Waren und Dienstleistungen für die Eintragung von Marken vom 15.6.1957; seit dem 1.1.2012 ist die 10. Ausgabe, abrufbar unter http://www.dpma.de/docs/service/klassifikationen/nizza/nizza10_teil1.pdf, gültig.

g) Designs. aa) Allgemeines. Weiterhin sind Gebührentatbestände zu **Designsachen** enthalten 34 (Buchst. A. IV. GV). Die Gebühren für die Anmeldung von Designs beginnen mit der Nummernfolge „341"; die Verlängerungsgebühren unter Einschluss der entsprechenden Verspätungszuschläge haben die Nummernfolge „342" am Anfang. Parallel zu der Situation bei Marken enthält das Gebührenverzeichnis auch Gebührentatbestände zu Gemeinschaftsgeschmacksmustern (Nr. „344.100") und zu International registrierten Mustern (Nr. „345.100").

bb) Nationale Designs. Gemäß § 27 Abs. 1 DesignG entsteht Designschutz mit der Eintragung im Design- 35 register. § 27 Abs. 2 DesignG sieht vor, dass die **Schutzdauer** eines Designs maximal 25 Jahre, gerechnet ab dem Anmeldetag, beträgt. Um jedoch diese maximale Laufzeit zu erhalten, müssen – von der Systematik ähnlich wie bei Gebrauchsmustern (→ Rn 16) – Aufrechterhaltungsgebühren jeweils für das 6.–10., 11.–15., 16.–20. und für das 21.–25. Jahr eingezahlt werden (§ 28 Abs. 1 DesignG).

Auch die **Aufrechterhaltungsgebühren** von Designs steigen – im Vergleich zu denen der übrigen Schutzrech- 36 te jedoch geringer – von 90 € (für das 6.–10. Schutzjahr) auf 180 € (für das 21.–25. Schutzjahr). Der Verspätungszuschlag iSd § 7 Abs. 1 S. 2 beträgt auch bei Designs konstant 50 €. Bei den vorgenannten Gebühren ist unerheblich, ob es sich um eine einzelne Designanmeldung oder um eine Sammelanmeldung iSd § 12 DesignG handelt.

Bei der Höhe der **Anmeldegebühr** wird unterschieden, ob es sich um eine einzelne Designanmeldung oder 37 um eine Sammelanmeldung handelt. In beiden Fällen ist weiterhin entscheidend, ob die Anmeldung in Papierform (Einzelanmeldung: 70 € nach Nr. 341.100 GV; 2–10 Designs: 70 € nach Nr. 341.300 GV, für jedes weitere Design: 7 €) oder in elektronischer Form (Einzelanmeldung: 60 € nach Nr. 341.000 GV; 2–10 Designs: 60 € nach Nr. 341.320 GV, für jedes weitere Design: 6 €) eingereicht wurde.

Im Falle der **Weiterbehandlung** iSd § 17 DesignG ist eine Gebühr iHv 100 € zu zahlen (Nr. 346.000 GV). 38 Im Falle eines **Nichtigkeitsverfahrens** nach § 34 a DesignG ist für jedes eingetragene Design eine Gebühr iHv 300 € zu zahlen (Nr. 346.100 GV).

cc) Gemeinschaftsgeschmacksmuster. Insofern ist nur eine nationale Gebühr wegen **Weiterleitung** einer Ge- 39 meinschaftsgeschmacksmusteranmeldung nach § 62 DesignG vorgesehen (Nr. 344.100 GV). Eine Sammelanmeldung gilt hierbei als eine Anmeldung.

dd) International registrierte Muster. Auch diesbezüglich ist nur eine nationale Gebühr wegen **Weiterlei-** 40 **tung** eines Musters nach § 68 DesignG existent (Nr. 345.100 GV). Eine Sammelanmeldung gilt hierbei als eine Anmeldung.

h) Topographieschutz. Abschließend enthalten die Nr. 361.000–362.100 GV Gebühren betreffend **Topo-** 41 **graphieschutzsachen** nach dem HalblSchG (Buchst. A. V. GV). Hierzu gibt es Gebühren zur **Anmeldung** (290 € oder 300 €), **Weiterbehandlung** (100 €) und **Löschung** (300 €).

3. Gebühren des BPatG. a) Allgemeines. Bei den im Gebührenteil Buchst. B. des Gebührenverzeichnisses 42 geregelten Gebühren ist zunächst insb. entscheidend, ob die Gebühren im Rahmen eines **Beschwerde-** oder im Rahmen eines **Klageverfahrens** entstehen. Die im Rahmen eines Beschwerdeverfahrens entstehenden Gebühren sind – wie vor dem DPMA – feststehend geregelt. Die einzelnen Gebührensätze sind fest bestimmt und unabänderlich. In Klageverfahren vor dem BPatG gibt es hingegen keine feststehenden Gebührenbeträge, sondern – wie im Vergütungsverzeichnis zum RVG – vorgegebene Gebührensätze, zB für das „Klageverfahren im Allgemeinen" einen Gebührensatz von 4,5 (Nr. 402.100 GV). Welcher konkrete Gebührenbetrag im Einzelfall zu entrichten ist, ist sodann von dem festgelegten Gegenstandswert abhängig.

b) Antrag auf gerichtliche Entscheidung im Einspruchsverfahren. Nach § 61 Abs. 1 S. 1 PatG entscheidet 43 im Einspruchsverfahren die zuständige Patentabteilung des DPMA durch Beschluss, ob und in welchem Umfang ein Patent aufrechterhalten oder widerrufen wird. Unter bestimmten in § 61 Abs. 2 PatG geregelten Voraussetzungen entscheidet jedoch ausnahmsweise der Beschwerdesenat des BPatG auf Antrag eines Beteiligten über die Aufrechterhaltung oder den Widerruf eines Patents. Der diesen Antrag stellende Beteiligte hat eine Gebühr iHv 300 € zu entrichten (Nr. 400.000 GV).

Nach Vorbem. Abs. 2 zu Buchst. B. GV ist die Gebühr auf gerichtliche Entscheidung nach § 61 Abs. 2 PatG 44 zusätzlich zu der Gebühr für das Einspruchsverfahren vor dem DPMA (Nr. 313.600 GV) zu zahlen.

c) Beschwerdeverfahren. aa) Überblick über die Beschwerdeverfahren. Unter Buchst. B. I. GV sind die ein- 45 zelnen Gebührentatbestände für Beschwerdeverfahren geregelt. Hiernach gibt es folgende vier Arten von Beschwerdeverfahren mit folgenden Beschwerdegebühren:

- Beschwerden gem. § 73 Abs. 1 PatG, § 18 Abs. 1 GebrMG, § 66 MarkenG, § 4 Abs. 4 S. 3 HalblSchG iVm § 18 Abs. 2 GebrMG, § 34 Abs. 1 SortSchG und § 23 Abs. 4 S. 1 DesignG: Beschwerdegebühr iHv 500 € (Nr. 401.100 GV);
- Beschwerden gegen einen Kostenfestsetzungsbeschluss: Beschwerdegebühr iHv 50 € (Nr. 401.200 GV);

- Beschwerden in anderen Fällen: Beschwerdegebühr iHv 200 € (Nr. 401.300 GV);
- Beschwerden in Verfahrenskostenhilfesachen, Beschwerden nach § 11 Abs. 2 PatKostG und nach § 11 Abs. 2 DPMAVwKostV: keine Beschwerdegebühr.

46 **bb) Beschwerde gem. § 73 Abs. 1 PatG bei Entscheidung über den Einspruch.** Der Gebührentatbestand Nr. 401.100 GV ist nur bei einer Beschwerde gegen die Entscheidung der Patentabteilung über den Einspruch einschlägig (Beschwerdegebühr: 500 €).

47 § 18 Abs. 1 GebrMG, § 66 MarkenG, § 4 Abs. 4 S. 3 HalblSchG iVm § 18 Abs. 2 GebrMG, § 34 Abs. 1 SortSchG und § 23 Abs. 4 S. 1 DesignG sehen jeweils eine Beschwerde in vergleichbaren Situationen vor.

48 Nach § 73 Abs. 1 PatG findet die Beschwerde jedoch generell gegen Beschlüsse der Prüfungsstellen und Patentabteilungen des DPMA statt. In folgenden Konstellationen ist aber der Gebührentatbestand Nr. 401.100 GV **nicht** anwendbar:

- Beschlüsse, durch die eine Anmeldung für ein Patent oder ein ergänzendes Schutzzertifikat zurückgewiesen wurde oder in denen über die Beschränkung eines Patents entschieden wurde;
- Beschlüsse, durch die über einen im Gesetz ausdrücklich vorgesehenen Antrag oder einen Widerspruch entschieden wurde;
- Beschlüsse, durch die für einen Beteiligten eine endgültige und ihn belastende Rechtslage geschaffen wird;
- Beschlüsse betreffend Ablehnung eines Wiedereinsetzungsantrags, Vorabentscheidung, durch die der Einspruch als unzulässig verworfen wird.

49 **cc) Beschwerden in anderen Fällen, zB Beschwerden iSd § 73 Abs. 1 PatG.** Sofern weder einer der Gebührentatbestände der Nr. 401.100 GV und 401.200 GV anwendbar noch eine Gebührenfreiheit vorgesehen ist,[8] liegt ein „anderer Fall" iSd Nr. 401.300 GV vor. Eine Beschwerdegebühr iHv 200 € ist daher u.a. in folgenden Beschwerdeverfahren zu entrichten: Zurückweisung einer Patentanmeldung; Zurückweisung des Antrags für ein Schutzzertifikat; Zwischenentscheidungen, zB über die Feststellung der Unzulässigkeit oder Unzulässigkeit einer Verfahrenshandlung; Ablehnung eines Wiedereinsetzungsantrags; isolierte Kostenentscheidung; Erteilungsbeschluss; Entscheidung über einen Akteneinsichtsantrag; Ablehnung eines Umschreibungsantrags nach § 30 Abs. 3 PatG.

50 **dd) Gebührenfreie Beschwerde.** Beschwerden in Verfahrenskostenhilfesachen, Beschwerden nach § 11 Abs. 2 sowie Beschwerden nach § 11 Abs. 2 DPMAVwKostV sind gebührenfrei.

51 (1) Nach § 129 PatG kann ein Beteiligter im Verfahren vor dem DPMA, dem BPatG und dem BGH die Gewährung von **Verfahrenskostenhilfe** (VKH) iSd §§ 130 ff PatG beantragen. Die VKH ist der Prozesskostenhilfe iSd §§ 114 ff ZPO vergleichbar. Zusätzlich zu den im PatKostG jeweils genannten Voraussetzungen setzt die VKH daher Folgendes voraus: (a) Mangelnde wirtschaftliche Leistungsfähigkeit des Betroffenen; (b) hinreichende Erfolgsaussichten der Rechtsverfolgung[9] oder Rechtsverteidigung; (c) Glaubhaftmachung eines eigenen schutzwürdigen Interesses.

52 Vor dem DPMA und dem BPatG muss jeweils gesondert VKH beantragt werden; eine „Fortgeltung" der von dem DPMA gewährten VKH vor dem BPatG gibt es nicht.[10] Eine von dem DPMA gewährte VKH gilt daher nicht für das anschließende Verfahren vor dem BPatG. Für alle Beschwerdeverfahren in VKH-Sachen ist Gebührenfreiheit vorgesehen.

53 (2) Nach **§ 11 Abs. 2 S. 1** kann der Kostenschuldner gegen die Entscheidung des DPMA über die Erinnerung iSd § 11 Abs. 1 gebührenfrei Beschwerde zum BPatG einlegen.

54 (3) Das Gebührenverzeichnis sieht vor, dass **Beschwerden nach § 11 Abs. 2 DPMAVwKostV** gebührenfrei sein sollen. Nach § 12 Abs. 2 DPMAVwKostV kann der Kostenschuldner gegen die Entscheidung des DPMA über die Erinnerung in Patent-, Gebrauchsmuster-, Topographieschutz-, Marken- und Designsachen Beschwerde einlegen. § 11 Abs. 2 DPMAVwKostV sieht hingegen keine Beschwerdemöglichkeit vor. Aufgrund dessen ist eine formale Unrichtigkeit im GV enthalten; anstelle von Beschwerde nach § 11 Abs. 2 DPMAVwKostV muss es daher Beschwerde nach § 12 Abs. 2 DPMAVwKostV lauten.

55 **ee) Gegenstand der Beschwerde.** Gegen jede beschwerdefähige Entscheidung ist gesondert Beschwerde einzulegen. Für jede eingelegte Beschwerde ist die entsprechende Beschwerdegebühr zu entrichten, sofern gesetzlich keine Gebührenfreiheit vorgesehen ist. Sofern ein Beschwerdeführer gegen einen Teil- und gegen einen Schlussbeschluss des DPMA jeweils Beschwerde einlegt und (nur) eine Beschwerdegebühr entrichtet, muss er bei der Zahlung angeben, ob die Beschwerdegebühr der Beschwerde gegen den Teil- oder gegen

---

8 Die jeweiligen Gebührentatbestände sind abschließend. **9** Zur Prüfung der Schutzfähigkeit einer Patentanmeldung im Rahmen des Beschwerdeverfahrens gegen ablehnenden VKH-Beschluss: BPatG 8.7.2013 – 14 W (pat) 52/12. **10** BPatGE 32, 128.

den Schlussbeschluss zuzuordnen ist; unterlässt er dies, so dass eine genaue Zuordnung nicht möglich ist, gelten beide Beschwerden als nicht erhoben.[11]

ff) Gebührenschuldner. Vorbem. Abs. 1 zu Buchst. B. GV legt fest, dass die Gebühren Nr. 400.000–   **56**
401.300 GV für jeden Antragsteller gesondert erhoben werden. Wenn daher mehrere Personen (gemeinsam oder gesondert) Beschwerde erheben oder einen Antrag nach § 61 Abs. 2 PatG stellen, muss jede Person die entsprechende Gebühr entrichten. Dies gilt auch dann, wenn mehrere Personen Inhaber eines gemeinsamen Schutzrechts und gegen eine ablehnende Entscheidung Rechtsbehelfe einlegen wollen; in dieser Konstellation hat jeder Inhaber gesondert Beschwerde einzulegen und gesondert die Beschwerdegebühr zu entrichten.[12] Mehrere Inhaber eines gemeinsamen Schutzrechts bilden insoweit eine Bruchteilsgemeinschaft iSd §§ 741 ff BGB, sofern keine abweichenden Vereinbarungen getroffen worden sind und keine Gesellschaft bürgerlichen Rechts (GbR) iSd §§ 705 ff BGB besteht.[13] Letztgenannte wird als eine Antragstellerin iSd PatKostG gewertet,[14] so dass nicht jeder Gesellschafter gesondert Beschwerde erheben und eine Beschwerdegebühr entrichten muss. Der Bestand einer GbR ist von den Inhabern eines gemeinsamen Schutzrechts nachzuweisen, zB mittels Besprechungsprotokollen oder (Übertragungs-)Verträgen. Das Fehlen eines schriftlichen GbR-Vertrages ist unschädlich, wenn sich aus anderen vorgelegten Dokumenten der Bestand einer GbR hinreichend ergibt.[15]

Sofern zB alle Beschwerdeführer, die Beschwerde gegen eine Entscheidung eingelegt haben, ihre Beschwer-   **57**
degebühr entrichten, sind alle Beschwerden wirksam erhoben. Sofern nur ein Beschwerdeführer seine Beschwerdegebühr entrichtet, muss innerhalb der Beschwerdefrist für das BPatG aus den ihm vorliegenden Dokumenten eindeutig erkennbar sein, welcher Beschwerdeführer die Beschwerdegebühr entrichtet ist.[16] Sofern diese Gebührenzuordnung nicht möglich ist, gelten alle Beschwerden als nicht erhoben.[17]

gg) Fälligkeit der Gebühren. Nach § 3 Abs. 1 werden die Gebühren u.a. mit der **Vornahme einer sonstigen**   **58**
Handlung fällig. Als sonstige Handlung ist insb. die Einlegung von Rechtsbehelfen und Rechtsmitteln, zB Beschwerden, anzusehen. Für die Fälligkeit ist damit ausschließlich der Zeitpunkt der Einlegung der Beschwerde entscheidend. Wenn daher die Beschwerde erst am Ende der Beschwerdefrist eingelegt wird, ist die Zahlung der Beschwerdegebühr auch erst dann fällig. Dasselbe gilt für den Antrag auf gerichtliche Entscheidung nach § 61 Abs. 2 PatG, § 3 Abs. 1 S. 2 Nr. 2.

hh) Zahlungsfrist für die Gebühren. § 6 Abs. 1 legt fest, dass – sofern für die Vornahme einer sonstigen   **59**
Handlung gesetzlich eine Frist bestimmt ist – innerhalb dieser Frist auch die in dem Gerichtsverzeichnis vorgesehene Gebühr zu zahlen ist. Sofern keine Frist gesetzlich bestimmt ist, ist die Gebühr grds. innerhalb von drei Monaten ab Fälligkeit iSd § 3 Abs. 1 zu zahlen.

§ 73 Abs. 2 S. 1 PatG bestimmt zB, dass eine Beschwerde iSd § 73 Abs. 1 PatG innerhalb von einem Monats   **60**
nach Zustellung der betroffenen Entscheidung schriftlich beim DPMA einzulegen ist (Beschwerdefrist). Aus § 6 Abs. 1 S. 1 iVm § 73 Abs. 2 S. 1 PatG ergibt sich damit, dass die Beschwerdegebühr auch binnen der Beschwerdefrist einzuzahlen ist (ebenso § 66 Abs. 2 MarkenG).

Auf welchen **Zahlungswegen** die Einzahlung der Gebühr vorgenommen werden kann, bestimmt im Detail   **61**
§ 1 Abs. 1 PatKostZV. Hiernach bestehen – kurz gefasst – die Möglichkeiten der Bareinzahlung, der Überweisung und der Erteilung eines gültigen SEPA-Basislastschriftmandats mit Angaben zum Verwendungszweck. Welcher Tag bei den vorgenannten Zahlungswegen der für den rechtzeitigen Eingang der Gebühr maßgebliche Zahlungstag ist, ergibt sich aus § 2 PatKostZV.

Die Gebühr ist ferner **unbedingt** einzuzahlen. Die Vornahme einer unter einer (auflösenden oder aufschie-   **62**
benden) Bedingung stehenden Gebühreneinzahlung ist daher unwirksam. Die Gebühr wird ebenso nicht wirksam eingezahlt, wenn der Zahlungsauftrag wegen in dem Zahlungsauftrag enthaltener nicht identifizierbarer Informationen nicht ausgeführt werden kann und der Betrag daher an den Auftraggeber zurückgezahlt wird.[18] Um eine solche Rückzahlung zu verhindern, sollte die die Gebühr entrichtende Person in dem Zahlungsauftrag den **Verwendungszweck eindeutig identifizieren** und dessen **Lesbarkeit** sicherstellen.

---

11 Vgl BPatGE 28, 94. **12** BGH 18.8.2015 – X ZB 3/14 (Mauersteineinsatz) betreffend eine Beschwerde im patentrechtlichen Einspruchsverfahren; BPatG 14.1.2016 – 30 W (pat) 520/15 – betreffend eine Beschwerde im markenrechtlichen Anmeldeverfahren; zu Gebühren im patentrechtlichen Verfahren bei Beteiligung mehrerer Personen: *Deichfuß*, GRUR 2015, 1170. **13** BGH 18.8.2015 – X ZB 3/14 (Mauersteineinsatz). **14** BPatG 14.1.2016 – 30 W (pat) 520/15. **15** BPatG 8.4.2016 – 18 W (pat) 145/14 (Alle für einen, einer für alle – Beschwerdegebühr nur einmal fällig). **16** Zur Zuordnung der Gebühr, wenn beide Schutzrechtsinhaber jeweils Beschwerde hätten einlegen und jeweils die Beschwerdegebühr hätten entrichten müssen, tatsächlich aber nur eine Beschwerdegebühr entrichtet wurde: BGH 18.8.2015 – X ZB 3/14 (Mauersteineinsatz). **17** BGH GRUR 1982, 414 (Transportfahrzeug); ebenso Benkard/*Schäfers/Schwarz*, PatG, § 73 PatG Rn 63. Nach BPatG 26.1.2004 – 34 W (pat) 329/03) ist bei einem Einspruchsverfahren nur eine Einspruchsgebühr zu entrichten, wenn mehrere Einsprechende sich zu einer Art Rechtsgemeinschaft zusammenschließen, einen gemeinsamen Verfahrensbevollmächtigten bestellen und in einem einheitlichen Einspruchsschriftsatz alle einschlägigen Einspruchsgründe darstellen. Ausschließlich in dieser Konstellation ist nach zutreffender Ansicht auch nur eine Beschwerdegebühr zu entrichten. **18** BPatG BlPMZ 1985, 115.

Zur ausreichenden Identifikation eignet sich im Verwendungszweck die Angabe des Aktenzeichens des betroffenen Schutzrechts, die Angabe des Inhabers des betroffenen Schutzrechts und die im Gebührenverzeichnis vorgesehene (6-stellige) Nummer des betroffenen Gebührentatbestands. Unterlässt die einzahlende Person eine ausreichende Identifikation im Verwendungszweck, zB durch Nichtnennung des Aktenzeichens, führt dies trotzdem nicht zur Unwirksamkeit der Zahlung, wenn der Verwendungszweck nach Ablauf der Beschwerdefrist binnen Jahresfrist (§ 123 Abs. 2 S. 4 PatG analog) festgestellt werden kann.[19] Erst wenn der Verwendungszweck nach Ablauf dieser Frist immer noch nicht festgestellt wurde, gilt die Beschwerdegebühr als nicht entrichtet.

63 Das BPatG ist nicht verpflichtet, den Beschwerdeführer auf die Frist zur Zahlung der Beschwerdegebühr hinzuweisen, wenn der Beschwerdeführer die Beschwerde zwar rechtzeitig eingelegt, es jedoch unterlassen hat, die Beschwerdegebühr zu entrichten.[20]

64 Sofern die Frist für die Zahlung der Gebühr versäumt wurde, kann **Wiedereinsetzung** beantragt werden;[21] dies gilt aber nicht für die Frist zur Einlegung der Beschwerde gegen die Aufrechterhaltung des Patents und zur Zahlung der Beschwerdegebühr (§ 123 Abs. 1 Satz 2 Nr. 2 PatG). Voraussetzung für die Wiedereinsetzung ist jedoch – neben den weiteren Anforderungen des § 123 PatG –, dass der Beschwerdeführer die Beschwerdeschrift dem BPatG rechtzeitig zugeleitet hat. Sofern der Beschwerdeführer die Beschwerdegebühr rechtzeitig eingezahlt, die Beschwerdeschrift jedoch nach Fristablauf übersendet hat, ist die Beschwerde daher als unzulässig zu verwerfen.[22]

65 **ii) Rechtsfolgen bei Nichtvornahme der Zahlung.** § 6 Abs. 2 bestimmt hierzu, dass eine Handlung als nicht vorgenommen gilt, wenn eine Gebühr nach § 6 Abs. 1 nicht, nicht vollständig oder nicht rechtzeitig gezahlt wurde. Sofern daher der Beschwerdeführer die Beschwerdegebühr nicht, nicht vollständig oder nicht rechtzeitig einzahlt, tritt die gesetzliche Fiktion in Kraft, dass seine Beschwerde als nicht erhoben gilt.

66 Die Feststellung des § 6 Abs. 2, dass eine Beschwerde als nicht erhoben gilt, wird von dem Rechtspfleger gem. § 23 Abs. 1 Nr. 4 RPflG getroffen. Eines gesonderten Beschlusses bedarf es hierzu nicht. Sofern die Beschwerdegebühr teilweise oder erst nach Fristablauf gezahlt wurde, entfällt die Gebührenpflicht nach § 10 Abs. 2. Die entrichtete Gebühr ist sodann zurückzuzahlen, da die beantragte Amtshandlung, zB die Prüfung der Beschwerde auf Zulässigkeit und Begründetheit, wegen rechtlicher Nichtexistenz der Beschwerde nicht vorgenommen werden kann. Sofern die Beschwerdegebühr fristgerecht vollständig entrichtet worden ist, die Beschwerdeschrift jedoch verspätet bei dem BPatG eingereicht worden ist, ist die Beschwerde zwar rechtlich existent, jedoch wegen fehlender Beschwerdeschrift unzulässig. Gemäß § 80 Abs. 3 PatG kann das BPatG anordnen, dass die Beschwerdegebühr zurückzuzahlen ist. Obgleich es sich hierbei um eine „Kann"-Vorschrift handelt, ist die Beschwerdegebühr unter Zugrundelegung allgemeiner Billigkeitsgrundsätze zurückzuzahlen.[23] Es müssen Umstände vorliegen, die es unbillig erscheinen lassen, die Beschwerdegebühr einzubehalten, zB ein schwerwiegender Verstoß oder eine Kausalität eines Verfahrensfehlers für die Erhebung der Beschwerde.[24]

II. Klageverfahren und einstweilige Verfügungsverfahren vor dem BPatG (Abs. 2)

67 **1. Erfasste Verfahren und Gebührenschuldner.** In dem Gebührenabschnitt Buchst. B. II. GV ist entscheidend, ob es sich handelt um

- eine **Nichtigkeitsklage** (gegen ein Patent oder ein ergänzendes Schutzzertifikat) oder um eine Klage auf Erteilung oder Rücknahme einer Zwangslizenz (Nr. 402.100–402.110 GV),
- ein **sonstiges Klageverfahren** (Nr. 402.200–402.210 GV) oder
- einen Antrag auf Erlass einer einstweiligen Verfügung wegen Erteilung einer **Zwangslizenz** (Nr. 402.300–402.320 GV).

Im Umkehrschluss aus der Vorbem. Abs. 1 zu Buchst. B. GV ergibt sich, dass die in diesem Gebührenabschnitt geregelten Gebühren nicht für jeden Kläger gesondert erhoben werden. Wenn daher mehrere Kläger (zB durch einen gemeinsamen Prozessbevollmächtigten[25]) Klage erheben, muss nicht jeder Kläger eine gesonderte Gebühr entrichten.[26]

68 **2. Klageverfahren.** Bei allen Klageverfahren **entsteht** für die Führung des Verfahrens im Allgemeinen ein Gebührensatz von 4,5 (Nr. 402.100–402.200 GV).

---

19 BPatGE 18, 121. **20** BPatGE 40, 52. **21** BGH Mitt. 1960, 59 (Wiedereinsetzung). **22** DPA BlPMZ 1957, 203. **23** BPatGE 6, 55; vgl auch Benkard/*Schäfers/Schwarz*, PatG, § 80 PatG Rn 22; so wohl auch Schulte/*Schell*, PatG, § 2 PatKostG Rn 21. **24** BPatG 14.5.2013 – 8 W (pat) 5/08: keine Rückzahlung der Beschwerdegebühr, da der Anspruch auf rechtliches Gehör nicht verletzt war; die Anmelderin hatte ihren Rückzahlungsantrag auch nicht begründet. **25** BPatG 21.10.2015 – 5 ZA (pat) 31/15 und 5 ZA (pat) 32/15 – m. Anm. *Albrecht*, GRUR-Prax 2016, 158. **26** BPatG 1.12.2015 – 5 ZA 103/14 und 5 ZA (pat) 104/14; BPatG 21.10.2015 – 5 ZA (pat) 31/15 und 5 ZA (pat) 32/15 (insoweit Aufgabe von BPatG 20.9.2012 – 5 Ni 58/11); BPatG 20.8.2013 – 3 Ni 15/08 (EU).

Wird das Klageverfahren, wenn nicht bereits ein Urteil vorausgegangen ist, durch die in den Nr. 402.110 **69** GV bzw 402.210 GV abschließend genannten Ermäßigungstatbestände beendet, reduziert sich der vorgenannte Gebührensatz von 4,5 auf 1,5. Diese Ermäßigung des Gebührensatzes tritt auch ein, wenn zugleich mehrere Ermäßigungstatbestände erfüllt sind. **Ermäßigungstatbestände** sind: **Zurücknahme der Klage**, Erlass eines **Anerkenntnis- oder Verzichtsurteils** und Abschluss eines **Vergleichs** vor Gericht.

Im Hinblick auf die Verfahrensbeendigung durch **Zurücknahme der Klage** werden in den Nr. 402.110 GV **70** und 402.210 GV teilweise unterschiedliche Zeitpunkte angegeben. Bei allen Klagen wird das Verfahren aber beendet, wenn die Klage vor dem Schluss der mündlichen Verhandlung zurückgenommen wird. In Nichtigkeits- und Zwangslizenzverfahren sind ergänzend zwei Tatbestände angegeben, bei deren Eintritt (durch Zurücknahme der Klage) das Verfahren ebenfalls beendet wird (Nr. 402.110 GV):

- Zurücknahme der Klage – sofern eine mündliche Verhandlung nicht stattfindet – vor Ablauf des Tages, an dem die Ladung zum Termin zur Verkündung des Urteils zugestellt oder das schriftliche Urteil der Geschäftsstelle übergeben wird (§ 83 Abs. 2 S. 2 PatG iVm § 81 PatG);
- Zurücknahme der Klage vor Ablauf des Tages, an dem das Urteil der Geschäftsstelle übergeben wird (§ 82 Abs. 2 PatG iVm § 81 PatG).

Von einer Partei oder von beiden Parteien erklärte Erledigungserklärungen stehen der Klagerücknahme **71** nicht gleich, so dass durch solche Erledigungserklärungen das Verfahren nicht beendet wird.

3. Einstweiliges Verfügungsverfahren (Zwangslizenz). Die Nr. 402.300–402.320 GV beinhalten Gebühren- **72** tatbestände wegen des Erlasses einer einstweiligen Verfügung wegen Erteilung einer **Zwangslizenz**. Zu Nichtigkeitsklagen ist die Möglichkeit der einstweiligen Verfügung nicht vorgesehen. Nach Nr. 402.300 GV entsteht für das Verfahren über den Antrag auf Erlass einer solchen einstweiligen Verfügung ein Gebührensatz von 1,5. Sofern in dem einstweiligen Verfügungsverfahren eine mündliche Verhandlung stattfinden sollte, erhöht sich der Gebührensatz auf 4,5 (Nr. 402.310 GV).

Auch für das einstweilige Verfügungsverfahren sind in der Nr. 402.320 GV **Ermäßigungstatbestände** vorge- **73** sehen. Die dort aufgelisteten Ermäßigungstatbestände entsprechen den für sonstige Klageverfahren in Nr. 402.210 GV vorgesehenen Ermäßigungstatbeständen (→ Rn 69 ff).

4. Streitwert für Klageverfahren und einstweilige Verfügungsverfahren. a) Allgemeines. Da das Gebühren- **74** verzeichnis insoweit nur Gebührensätze vorsieht, richtet sich die konkret zu entrichtende Gebühr nach dem durch den zuständigen Senat festzusetzenden Streitwert. Hierbei bestimmt sich die Höhe der Gebühren nach der Gebührentabelle gem. § 34 GKG, wobei der **Mindestbetrag einer Gebühr 121 €** entspricht (§ 2 **Abs. 2 S. 3**).[27] Der zuständige Senat hat den Streitwert nach den Regelungen des GKG festzusetzen; eine eventuelle Streitwertherabsetzung bestimmt sich nach § 144 PatG bzw § 26 GebrMG analog (§ 2 **Abs. 2 S. 5**; → Rn 86). Der nach § 2 **Abs. 2 S. 4** – für die Gerichtsgebühren festgesetzte – Streitwert gilt auch für die Bemessung der Kosten der Patent- und Rechtsanwälte, § 32 Abs. 1 RVG bzw in analoger Anwendung für Patentanwälte.[28]

b) Streitwertfestsetzung (Abs. 2 S. 4). Nach § 61 S. 1 GKG ist in der Klageschrift oder in dem Antrag auf **75** Erlass einer einstweiligen Verfügung der Streitwert anzugeben, sofern dieser nicht in einer bestimmten Geldsumme besteht, kein fester Wert bestimmt ist oder sich nicht aus früheren Anträgen ergibt. Der angegebene Wert kann jederzeit berichtigt werden (§ 61 S. 2 GKG).

Nach § 63 Abs. 1 S. 1 GKG setzt der zuständige Senat den Streitwert ohne Anhörung der Parteien durch **76** Beschluss vorläufig fest. Da von dieser Streitwertfestsetzung die an das BPatG zu entrichtenden Gebühren abhängig sind, kann der Senat notfalls auch die Hilfe eines Sachverständigen in Anspruch nehmen; in dem vorläufigen Streitwertbeschluss ist in diesem Fall auch über die Kostentragung betreffend die Sachverständigenkosten zu entscheiden (§ 64 S. 1 GKG). Die Kosten des Sachverständigen können ganz oder teilweise der Partei auferlegt werden, die die Tätigkeit des Sachverständigen durch Unterlassen der ihr obliegenden Wertangabe oder durch unrichtige Angabe des Werts veranlasst haben (§ 64 S. 2 GKG). Es ist daher im Interesse des Klägers bzw des Antragstellers, in der Klageschrift bzw dem Antrag auf Erlass einer einstweiligen Verfügung eine **zutreffende Wertangabe zum Streitwert** zu machen. Andernfalls trägt er das Risiko, dass das BPatG nach § 63 Abs. 1 S. 1 GKG einen zu hohen Streitwert oder bei der Streitwertfestsetzung einen Sachverständigen hinzuzieht, dessen Kosten ihm nach § 64 S. 2 GKG auferlegt werden. Ungeachtet einer Wertangabe des Klägers bzw Antragstellers ist das BPatG an die Wertangabe **nicht gebunden** und zu eigener **Schätzung** befugt.[29]

---

27 Hierbei weicht das PatKostG von den Vorgaben des GKG ab, da nach § 34 Abs. 2 GKG der Mindestbetrag einer Gebühr 15 € beträgt. **28** BGH GRUR 1982, 414 (Einsteckschloss). **29** Vgl OLG Schleswig JurBüro 1990, 595.

77 Welcher Wert im Einzelfall anzusetzen ist, bestimmt sich nach § 2 Abs. 2 S. 4 iVm § 34 Abs. 1 GKG, §§ 39 ff GKG analog. Hierbei ist zu beachten, dass die Gebühr für das Verfahren im Allgemeinen in jedem Rechtsfall für jeden Streitgegenstand nur einmal erhoben werden (§ 35 GKG). Nach § 39 Abs. 2 GKG beträgt der Streitwert höchstens 30.000.000 €.[30] Nach § 40 GKG ist für die Wertberechnung der Zeitpunkt der Einreichung der Klageschrift bzw des Antrags maßgebend, die den jeweiligen Rechtszug einleitet; nachträgliche Entwicklungen des Verfahrens sind hingegen nicht zu berücksichtigen.[31] Nach § 47 Abs. 1 S. 1 GKG bestimmt sich der Streitwert im Rechtsmittelverfahren nach den Anträgen des Rechtsmittelführers, wobei der Streitwert durch den Wert des Streitgegenstands des ersten Rechtszugs begrenzt wird (§ 47 Abs. 2 S. 1 GKG).

78 Nach § 51 Abs. 1 GKG setzt der zuständige Senat in Verfahren nach dem PatG, GebrMG,[32] dem MarkenG oder dem DesignG den Streitwert nach **billigem Ermessen** unter Berücksichtigung der Wertangabe des Klägers bzw Antragstellers und eventueller gerichtsbekannter Tatsachen fest. Hierbei sind jedoch vertrauliche Informationen, die nur dem Kläger bzw Antragsteller und dem Gericht, nicht jedoch dem Gegner bekannt sind, insb. vor dem Hintergrund des Anspruchs auf rechtliches Gehör nach Art. 103 Abs. 1 GG, nicht zu berücksichtigen.[33] Eine endgültige Streitwertfestsetzung kann das BPatG in der das Verfahren beendenden Entscheidung treffen. Bis zu dieser Festsetzung können sich die Parteien zu dem nach § 63 Abs. 1 S. 1 GKG vorläufig festgesetzten Streitwert Stellung nehmen.

79 **c) Höhe des Streitwerts.** Bei der Festsetzung des Streitwerts des Nichtigkeitsverfahrens ist grds. nicht das subjektive Interesse des Klägers entscheidend, sondern der objektive Wert des Patents zum Zeitpunkt der Klageerhebung (Marktpotential sowie Behinderungspotential[34]). Zu diesem Zeitpunkt sind daher der **gemeine Wert** des angegriffenen Patents sowie die bis zu diesem Zeitpunkt eventuell entstandenen **Schadensersatzansprüche** maßgeblich.[35]

80 Im Hinblick auf den **gemeinen Wert** des angegriffenen Patents bzw Gebrauchsmusters ist auf die **Restlaufzeit** abzustellen, die das streitgegenständliche Schutzrecht – gerechnet ab dem Zeitpunkt der Antragstellung – maximal noch haben kann.[36] Maßgeblich sind die **Erträge**, die mit dem streitgegenständlichen Schutzrecht während der Dauer dieser Restlaufzeit unter gewöhnlichen Umständen erzielt werden könnten. Erträge in diesem Sinne sind:

- **Eigennutzung des Schutzrechts:** Sofern eine Schadensersatzforderung und ein entsprechender Streitwert beziffert sind, wird die Eigennutzung mit einem Zuschlag von 25 % auf diesen Streitwert bemessen.[37]
- **Lizenzeinnahmen:** Aus Zahlungen für die Nutzung der betroffenen Erfindung ab dem Zeitpunkt der Klageerhebung, wobei evtl. Teilbeträge für die Überlassung anderer Leistungen, zB Know-how, abzuziehen sind.[38]

81 Ist das Schutzrecht zum Zeitpunkt der Antragstellung bereits aus anderen Gründen, zB fehlende Zahlung der Aufrechterhaltungsgebühren, **erloschen**, können keine Erträge mit dem Schutzrecht mehr erzielt werden. Weder eine evtl. Eigennutzung noch evtl. Lizenzeinnahmen sind daher als Kriterium für die Wertfestlegung geeignet. Der Streitwert bemisst sich in dieser Konstellation ausnahmsweise nach dem **Interesse des Klägers** bzw Antragstellers, das er an der Abwehr seiner Inanspruchnahme aus dem – erloschenen – Schutzrecht hat.[39]

82 Zusätzlich zu diesem gemeinen Wert sind **Schadensersatzforderungen** bei der Streitwertfestsetzung zu berücksichtigen. Sofern parallel zu dem Nichtigkeits- bzw Löschungsverfahren ein Verletzungsverfahren bereits anhängig ist, ist der im Verletzungsverfahren genannte Streitwert („Drohpotential") bei der Wertfestsetzung im Nichtigkeits- bzw Löschungsverfahren in voller Höhe anzusetzen.[40] Da der zuständige BPatG-Senat zum Zwecke der Wertfestsetzung eine konkrete Schadensermittlung nicht vorzunehmen hat, entspricht die im Verletzungsverfahren genannte Klagesumme mit der darin bezifferten Schadensersatzforderung der im Nichtigkeitsverfahren anzusetzenden Schadensersatzforderung.[41] Grundlage dieser Rspr ist, dass mit der erstrebten Vernichtung des Schutzrechts der Verletzungsklage die Grundlage entzogen werden

30 Diese Norm ist verfassungsgemäß: BVerfG NJW 2007, 2098. **31** Vgl BPatG 15.4.2014 – 4 Ni 24/12 (EP) – m. Anm. *Rauh*, GRUR-Prax 2014, 279. **32** Vgl zur Streitwertobergrenze von 500.000 € in GebrM-Löschungsverfahren bei unsubstantiiertem Vortrag: BPatG 17.12.2009 – 35 W (pat) 26/09 – m. Anm. *Augenstein*, GRUR-Prax 2010, 231. **33** KG Rpfleger 1975, 109. **34** BPatG 1.12.2015 – 3 Ni 25/14 (EP). **35** BGH 28.7.2009 – X ZR 153/04 (Druckmaschinen-Temperierungssystem III); BPatG 14.11.2012 – 3 Ni 16/12; BPatG 27.6.2012 – 3 Ni 29/10. **36** Betreffend Gebrauchsmuster: BPatG 30.5.2012 – 35 W (pat) 11/10. **37** BGH 12.4.2001 – X ZR 28/09 (Nichtigkeitsstreitwert); vgl zur vorherigen Rspr BGH GRUR 1985, 511 (Stückgutverladeanlage). **38** BPatG 27, 61. **39** BGH Mitt 1991, 159 (Unterteilungsfahne) – betreffend Gebrauchsmuster. **40** Nach BPatG 15.4.2014 – 4 Ni 24/12 (EP) – kann ausnahmsweise eine anderweitige Streitwertfestsetzung geboten sein, wenn bei Wertfestsetzung im Patentnichtigkeitsverfahren eine rechtsbeständige Entscheidung im Verletzungsstreitverfahren vorliegt, die eine Orientierung an dem durch die Erhebung der Verletzungsklage ursprünglich zum Ausdruck gekommenen Drohpotential des Streitpatents als unsachgemäß erscheinen lässt. **41** BGH 28.7.2009 – X ZR 153/04 (Druckmaschinen-Temperierungssystem III); BPatG 30.5.2012 – 35 W (pat) 11/10.

soll, so dass von einem – betragsmäßig – mindestens entsprechenden Interesse des Klägers im Nichtigkeits-verfahren auszugehen ist.

Sofern **kein paralleles Verletzungsverfahren anhängig** ist, ist über die Höhe der Schadensersatzforderungen durch den Senat gem. § 287 ZPO zu entscheiden. Hierbei ist entsprechender Vortrag der Parteien zu be-rücksichtigen. **83**

Falls ein **Verletzungsverfahren anhängig** ist und der Kläger den Streitwert des dortigen Verfahrens ohne konkrete Aufschlüsselung nach Teilstreitwerten für die Ansprüche auf Unterlassung, Auskunft, Rechnungs-legung, Schadensersatz beziffert hat, darf nicht der gesamte Streitwert des Verletzungsverfahrens zur Be-messung herangezogen werden, sondern nur ein anteiliger Wert.[42] **84**

d) **Streitwert mehrerer Klagen.** Sofern mehrere Kläger gegen dasselbe Patent Nichtigkeitsklage erhoben ha-ben, besteht die Möglichkeit der **Klageverbindung** gem. § 147 ZPO. Gebührenrechtlich wirkt sich eine sol-che Verbindung nicht aus, da ausschließlich auf den gemeinen Wert des angegriffenen Schutzrechts abge-stellt wird, ohne dass es auf die Anzahl der Klagen ankommt.[43] **85**

e) **Streitwertherabsetzung (Abs. 2 S. 5).** Nach Abs. 2 S. 5 bestimmt sich das Verfahren der Streitwertherab-setzung nach § 144 PatG analog. Hiernach kann das BPatG auf **Antrag** einer Partei den Streitwert ändern, wenn die Partei glaubhaft macht, dass die Belastung mit den Prozesskosten nach dem vollen Streitwert ihre wirtschaftliche Lage erheblich gefährden würde (§ 144 Abs. 1 PatG). Der Antrag zur Streitwertherabset-zung ist grds. vor der Verhandlung zur Hauptsache anzubringen; ausnahmsweise kann er hiernach gestellt werden, wenn der angenommene oder festgesetzte Streitwert später durch das Gericht heraufgesetzt wird (§ 144 Abs. 2 S. 3 PatG).[44] Das PatG hat vor seiner Entscheidung der anderen Partei Gelegenheit zur Stel-lungnahme zu geben. **86**

f) **Änderung der Streitwertfestsetzung.** Nach § 99 Abs. 2 PatG sind Entscheidungen des BPatG nur anfecht-bar, wenn das BPatG sie zulässt.[45] Eine Anfechtung der Streitwertfestsetzung sieht das PatG jedoch nicht vor. Eine analoge Anwendung des § 68 GKG kommt nicht in Betracht, da Abs. 2 S. 4 nur betreffend die Streitwertfestsetzung und nicht auch bzgl der Rechtsmittel hiergegen auf das GKG verweist.[46] Allerdings kann das BPatG nach § 63 Abs. 3 S. 1 GKG seine (vorläufige) Streitwertfestsetzung von Amts wegen än-dern. Das Gleiche gilt auch für den BGH als Rechtsmittelgericht. Die Änderung ist jedoch nur innerhalb von 6 Monaten zulässig, nachdem die Entscheidung in der Hauptsache Rechtskraft erlangt oder das Ver-fahren sich anderweitig erledigt hat (§ 63 Abs. 3 S. 2 GKG). Eine Änderung der Festsetzung wird das BPatG bzw der BGH im Regelfall jedoch nur aufgrund entsprechender substanzieller Einwendungen der Parteien vornehmen. **87**

III. Rüge wegen Verletzung des Anspruchs auf rechtliches Gehör

Nach Nr. 403.100 GV ist eine Gebühr iHv 50 € zu zahlen, wenn eine **Anhörungsrüge** nach § 321 a ZPO iVm § 99 Abs. 1 PatG bzw § 82 Abs. 1 MarkenG erhoben worden ist. Diese Gebühr ist jedoch nach dem insoweit missverständlichen Wortlaut nur zu entrichten, wenn die Rüge in vollem Umfang verworfen oder zurückgewiesen wird. Ist die Rüge hingegen erfolgreich, ist die Anhörungsrüge gebührenfrei. **88**

§ 3 Fälligkeit der Gebühren

(1) ¹Die Gebühren werden mit der Einreichung einer Anmeldung, eines Antrags oder durch die Vornahme einer sonstigen Handlung oder mit der Abgabe der entsprechenden Erklärung zu Protokoll fällig, soweit ge-setzlich nichts anderes bestimmt ist. ²Eine sonstige Handlung im Sinn dieses Gesetzes ist insbesondere

1.   die Einlegung von Rechtsbehelfen und Rechtsmitteln;
2.   der Antrag auf gerichtliche Entscheidung nach § 61 Abs. 2 des Patentgesetzes;
3.   die Erklärung eines Beitritts zum Einspruchsverfahren;
4.   die Einreichung einer Klage;
5.   die Änderung einer Anmeldung oder eines Antrags, wenn sich dadurch eine höhere Gebühr für das Ver-fahren oder die Entscheidung ergibt.

³Die Gebühr für die erfolglose Rüge wegen Verletzung des Anspruchs auf rechtliches Gehör wird mit der Bekanntgabe der Entscheidung fällig. ⁴Ein hilfsweise gestellter Antrag wird zur Bemessung der Gebühren-

---

42 BPatGE 26, 208 – betreffend Gebrauchsmuster. **43** BPatG 21.10.2015 – 5 ZA (pat) 31/15 und 5 ZA (pat) 32/15; BPatG 21.10.2015 – 5 ZA (pat) 26/15. **44** BPatG 23.7.2010 – 4 Ni 50/07 – m. Anm. *Rehmann*, GRUR-Prax 2010, 441. **45** Zur Aus-legung einer Streitwertbeschwerde als Gegenvorstellung: BPatG 29.7.2013 – 4 Ni 25/10 (EP). **46** BPatG 29.7.2013 – 4 Ni 25/10 (EP).

höhe dem Hauptantrag hinzugerechnet, soweit eine Entscheidung über ihn ergeht; soweit Haupt- und Hilfsantrag denselben Gegenstand betreffen, wird die Höhe der Gebühr nur nach dem Antrag bemessen, der zur höheren Gebühr führt. [5]Legt der Erinnerungsführer gemäß § 64 Abs. 6 Satz 2 des Markengesetzes Beschwerde ein, hat er eine Beschwerdegebühr nicht zu entrichten.

(2) [1]Die Jahresgebühren für Patente, Schutzzertifikate und Patentanmeldungen und die Verlängerungsgebühren für Marken sowie die Aufrechterhaltungsgebühren für Gebrauchsmuster und eingetragene Designs sind jeweils für die folgende Schutzfrist am letzten Tag des Monats fällig, der durch seine Benennung dem Monat entspricht, in den der Anmeldetag fällt. [2]Wird ein Gebrauchsmuster, ein Design oder eine Marke erst nach Beendigung der ersten oder einer folgenden Schutzfrist eingetragen, so ist die Aufrechterhaltungsgebühr oder die Verlängerungsgebühr am letzten Tag des Monats fällig, in dem die Eintragung in das Register erfolgt ist.

I. Allgemeines

1 Abs. 1 bestimmt, zu welchem Zeitpunkt die im Gebührenverzeichnis aufgeführten Gebühren fällig werden. Eine Definition der Fälligkeit enthält weder Abs. 1 noch die übrigen Normen des PatKostG, die auf Abs. 1 verweisen. In Anlehnung an die allgemeine Regelung des § 271 BGB („Leistungszeit") wird unter **Fälligkeit** der Zeitpunkt verstanden, von dem an der Kostenschuldner eine Leistung (in Form einer Zahlung) erbringen muss.[1]

2 Ab dem jeweiligen Zeitpunkt hat der Gebührenschuldner die Gebühren an das DPMA oder das BPatG zu entrichten. Innerhalb welchen Zeitraums, gerechnet ab dem Zeitpunkt der Fälligkeit, die Zahlung zu bewirken ist, bestimmt sich nach den weiteren Vorschriften des PatKostG, die auf die Regelung des Abs. 1 Bezug nehmen. Dies sind insbesondere:

- § 5 Abs. 2: Zulässigkeit der Zahlung von Jahresgebühren (für Patentanmeldungen, Patente und Schutzzertifikate) und Verlängerungsgebühren (für Marken) sowie Aufrechterhaltungsgebühren (für Gebrauchsmuster und eingetragene Designs) frühestens ein Jahr vor Eintritt der Fälligkeit;
- § 7 Abs. 1 S. 1: Zahlung der Jahresgebühren (für Patentanmeldungen, Patente und Schutzzertifikate), der Verlängerungsgebühren (für Marken) und der Aufrechterhaltungsgebühren (für Gebrauchsmuster und eingetragene Designs) bis zum Ablauf des zweiten Monats nach Fälligkeit;
- § 13 Abs. 3 S. 1: Nachzahlung des Unterschiedsbetrags bei Inkrafttreten eines geänderten Gebührensatzes, sofern der bislang geltende Gebührensatz rechtzeitig (nach Fälligkeit) gezahlt wurde, binnen einer von dem DPMA oder dem BPatG gesetzten Frist.

3 Aus der Definition des Fälligkeitszeitpunkts, von dem an der Kostenschuldner die Leistung erbringen muss, ergibt sich, dass Fälligkeit nicht eintreten kann, wenn eine **Leistungspflicht** des Schuldners entweder **fehlt** oder nachträglich **entfallen** ist. Da die Fälligkeit eine Zahlungspflicht für im Gebührenverzeichnis aufgeführte Gebühren voraussetzt, kann daher eine Zahlung nicht fällig werden, wenn die Gebühr gemäß Gebührentatbestand nicht (mehr) existent ist. Dies ergibt sich mittelbar auch aus § 10 Abs. 1 S. 1, wonach vorausgezahlte Gebühren, die nicht mehr fällig werden können, erstattet werden. Sofern daher der Gebührenschuldner eine Anmeldung, Anträge oder Klagen (aktiv) zurückgenommen hat oder die entsprechenden Handlungen infolge der nicht rechtzeitig eingezahlten Gebühren nach § 6 Abs. 2 als nicht vorgenommen gelten, ist die Rechtsgrundlage für die Zahlung der jeweiligen Gebühren entfallen. Der Gebührenschuldner muss die Leistung (Zahlung) daher nicht vornehmen, so dass keine Fälligkeit iSv Abs. 1 eintritt.

4 Das Gleiche gilt, wenn aus anderen Gründen, zB Nichtigerklärung eines Patents oder Nichtzahlung der Aufrechterhaltungsgebühren, Schutzrechte nicht mehr existent sind, so dass eine Rechtsgrundlage für die Zahlung der Gebühren ebenfalls fehlt.

II. Zeitpunkt der Fälligkeit (Abs. 1)

5 **1. Allgemeines.** Die Fälligkeit bestimmt abstrakt den Zeitpunkt, von dem an der Kostenschuldner eine Zahlung zu bewirken hat. Abs. 1 S. 1 bestimmt den Zeitpunkt der Fälligkeit. Von dem jeweiligen Zeitpunkt an gerechnet, läuft die Zahlungsfrist, innerhalb derer die Zahlung zu bewirken ist, wobei der Zeitraum der Zahlungsfrist in anderen Regelungen enthalten ist.

6 **Fälligkeitszeitpunkte** sind: Einreichung einer Anmeldung (Patent, Gebrauchsmuster, Marke, eingetragenes Design); Zeitpunkt der Einreichung eines Antrags jedweder Form; Zeitpunkt der Vornahme einer sonstigen Handlung; Zeitpunkt der Abgabe einer entsprechenden Erklärung zu Protokoll.

[1] BPatGE 15, 25.

2. Anmeldung. Ab welchem Zeitpunkt eine **Anmeldung** als iSd Abs. 1 S. 1 eingereicht anzusehen ist, bestimmt sich nach den einzelnen Schutzrechts-Gesetzen. Nach § 34 Abs. 1 PatG ist eine Patentanmeldung bei dem DPMA einzureichen.[2] Hierbei sind die in § 34 Abs. 3 PatG genannten formalen Anforderungen zu erfüllen; werden diese Anforderungen nicht erfüllt, ist der Anmeldetag trotzdem wirksam begründet.[3] Erst wenn auf entsprechende Mangelrüge des DPMA ein formaler Mangel nicht fristgerecht beseitigt wird, wird die Anmeldung zurückgewiesen. **7**

Das Gleiche gilt analog für Markenanmeldungen nach § 32 Abs. 1 S. 1 MarkenG und für Designanmeldungen nach § 11 Abs. 1 S. 1 DesignG. **8**

Sofern eine Anmeldung nicht bei der nach dem einzelnen Schutzrechts-Gesetz zuständigen Behörde eingereicht wurde, tritt Fälligkeit nicht ein. **9**

Das Gleiche gilt sinngemäß im Hinblick auf die Einreichung eines **Antrags** oder die **Vornahme einer sonstigen Handlung.** **10**

3. Sonstige Handlung (Abs. 1 S. 2). In Abs. 1 S. 2 sind beispielhaft („insbesondere") „sonstige Handlungen" iSd Abs. 1 S. 1 aufgeführt, nämlich: Einlegung von Rechtsbehelfen und Rechtsmitteln (**Nr. 1**); Antrag auf gerichtliche Entscheidung nach § 61 Abs. 2 PatG (**Nr. 2**); Erklärung eines Beitritts zum Einspruchsverfahren (**Nr. 3**); Einreichung einer Klage (**Nr. 4**); Änderung einer Anmeldung oder eines Antrags, wenn sich dadurch eine Gebühr für das Verfahren oder die Entscheidung ergibt (**Nr. 5**). **11**

Die Einreichung der Unterlagen bei dem DPMA für die Einleitung einer nationalen Phase zu einer internationalen Anmeldung stellt keine „sonstige" Handlung iSd Abs. 1 S. 1 dar.[4] **12**

Im Falle der Klageerhebung sind die Gerichtskosten erst dann zur Zahlung fällig, wenn das BPatG dem Kläger den vorläufig festgesetzten Streitwert mitgeteilt hat.[5] Der Kläger ist zuvor nicht verpflichtet, beim BPatG die Höhe der zu entrichtenden Gebühr zu erfragen. Er ist ferner nicht verpflichtet, einen Geldbetrag in unbestimmter Höhe bei dem BPatG einzuzahlen. Unterlässt das BPatG diese Mitteilung gegenüber dem Kläger und stellt es die Klage gleichwohl ohne vorherigen Erhalt der Gerichtskosten zu, trägt der Staat das Gerichtskostenausfallrisiko.[6] **13**

4. Anhörungsrüge (Abs. 1 S. 3). Im Gegensatz zu den in Abs. 1 S. 1 und 2 genannten Fälligkeitszeitpunkten, wonach der Gebührenschuldner vor materiellem Tätigkeitwerden der Behörde die Gebührenzahlung zu bewirken hat, sieht Abs. 1 S. 3 im Falle der Anhörungsrüge eine Fälligkeit zum Zeitpunkt der Bekanntgabe (Verkündung oder Zustellung) der Entscheidung. Die Fälligkeit tritt also erst nach dem materiellem Tätigwerden der Behörde ein. Diese abweichende Fälligkeitszeit begründet sich darin, dass erst zum Zeitpunkt der Bekanntgabe der Entscheidung feststeht, ob die Gebührenschuld gem. Nr. 403.100 GV existent ist. Die Anhörungsrüge ist hiernach nur dann gebührenpflichtig, wenn die Rüge in vollem Umfang verworfen oder zurückgewiesen wird. **14**

5. Haupt- und Hilfsantrag (Abs. 1 S. 4). Die in Abs. 1 S. 4 vorgesehene Regelung zur Gebührenhöhe bei Haupt- und Hilfsantrag hat mit der Fälligkeit der Gebühr unmittelbar nichts zu tun. Die Vorschrift regelt nur, ob überhaupt für den Hilfsantrag eine Gebühr fällig wird. Sofern eine Gebühr für den Hilfsantrag zu entrichten ist, kann sie auch fällig werden. **15**

6. Beschwerdegebühr (Abs. 1 S. 5). Nach Abs. 1 S. 5 ist eine Beschwerdegebühr nicht zu entrichten, wenn der Erinnerungsführer gem. § 64 Abs. 6 S. 2 MarkenG Beschwerde eingelegt hat. § 64 Abs. 6 S. 2 MarkenG bestimmt, dass der Erinnerungsführer ebenfalls Beschwerde einlegen kann, wenn in einem Verfahren, an dem mehrere Personen beteiligt sind, gegen einen Beschluss von einem Beteiligten Erinnerung und von einem anderen Beteiligten Beschwerde eingelegt worden ist. Nach Nr. 333.000 GV ist für das Erinnerungsverfahren eine Gebühr iHv 150 € einzuzahlen. Da der Erinnerungsführer diese bereits entrichten musste, um die Erinnerung wirksam einzulegen, bestimmt Abs. 1 S. 5, dass er nicht zusätzlich noch eine Beschwerdegebühr iHv 200 € (Nr. 401.300 GV) zu zahlen hat. Andernfalls würde er doppelte Gebühren zahlen. Abs. 1 S. 5 bestimmt insofern, dass für eine Gebühr keine Rechtsgrundlage vorhanden ist, so dass sie auch nicht fällig werden kann. **16**

III. Jahresgebühren (Abs. 2)

Abs. 2 bestimmt, dass **Jahresgebühren**, **Verlängerungsgebühren** und **Aufrechterhaltungsgebühren** jeweils – im Voraus – für die folgende Schutzfrist am letzten Tag des Monats fällig sind, der durch seine Benennung dem Monat entspricht, in den der Anmeldetag fällt. **17**

---

2 Unter bestimmten Voraussetzungen ist nach § 34 Abs. 2 S. 1 PatG auch eine Einreichung bei einem Patentinformationszentrum möglich; hierzu näher Benkard/*Schäfers*, PatG, § 34 PatG Rn 136 b f. **3** Schulte/*Moufang*, PatG, § 34 PatG Rn 30. **4** BPatG 25.7.2013 – 10 W (pat) 2/13. **5** BGH 20.11.2012 – X ZR 131/11 – m. Anm. *Koch*, GRUR-Prax 2013, 114. **6** *Koch*, GRUR-Prax 2013, 114.

18 Hierbei bestimmt – exemplarisch für Patente dargestellt – § 17 PatG, dass für jede Anmeldung und für jedes Patent eine Jahresgebühr, gerechnet vom Anmeldetag an, zu zahlen ist (ebenso für Marken, § 47 Abs. 1 MarkenG, und für Designs, § 28 Abs. 1 DesignG). **Abs. 2 S. 1** modifiziert diese Regelung dahin gehend, dass die entsprechenden Gebühren am Ende des jeweiligen Monats, in den der Anmeldetag fällt, zu entrichten ist. Ist daher bspw ein Patent am 16.1. angemeldet worden, sind die Jahresgebühren jeweils am 31.1. zur Zahlung fällig.

19 **Abs. 2 S. 2** enthält zum einen eine modifizierende Regelung für Gebrauchsmuster, sofern das Gebrauchsmuster erst nach Beendigung der ersten oder einer folgenden Schutzfrist eingetragen worden ist. Hiernach ist die Aufrechterhaltungsgebühr am letzten Tag des Monats fällig, in dem die Eintragung im Register erfolgt ist. Zum anderen enthält die Norm nun (auch) eine inhaltlich identische Regelung für Marken und Designs, sofern diese erst nach Beendigung der ersten oder einer folgenden Schutzfrist eingetragen worden sind.[7]

§ 4 Kostenschuldner

(1) Zur Zahlung der Kosten ist verpflichtet,
1. wer die Amtshandlung veranlasst oder zu wessen Gunsten sie vorgenommen wird;
2. wem durch Entscheidung des Deutschen Patent- und Markenamts oder des Bundespatentgerichts die Kosten auferlegt sind;
3. wer die Kosten durch eine gegenüber dem Deutschen Patent- und Markenamt oder dem Bundespatentgericht abgegebene oder dem Deutschen Patent- und Markenamt oder dem Bundespatentgericht mitgeteilte Erklärung übernommen hat;
4. wer für die Kostenschuld eines anderen kraft Gesetzes haftet.
(2) Mehrere Kostenschuldner haften als Gesamtschuldner.
(3) [1]Soweit ein Kostenschuldner auf Grund von Absatz 1 Nr. 2 und 3 haftet, soll die Haftung eines anderen Kostenschuldners nur geltend gemacht werden, wenn eine Zwangsvollstreckung in das bewegliche Vermögen des ersteren erfolglos geblieben ist oder aussichtslos erscheint. [2]Soweit einem Kostenschuldner, der auf Grund von Absatz 1 Nr. 2 haftet, Verfahrenskostenhilfe bewilligt ist, soll die Haftung eines anderen Kostenschuldners nicht geltend gemacht werden. [3]Bereits gezahlte Beträge sind zu erstatten.

I. Allgemeines

1 Abs. 1 und 2 entsprechen § 5 DPMAVwKostV. Eine zu Abs. 3 entsprechende Regelung findet sich in § 5 DPMAVwKostV nicht, so dass die in Abs. 3 vorgesehene Regelung zur Haftungsreihenfolge der einzelnen Schuldner nach der DPMAVwKostV nicht besteht.

II. Kostenschuldner (Abs. 1)

2 **1. Allgemeines.** Abs. 1 regelt abschließend die nach diesem Gesetz vorgesehenen Kostenschuldner. Dass Dritte nach anderen Regelungen, zB §§ 267, 268 BGB, zur Zahlung von Kosten berechtigt (aber nicht verpflichtet) sind, wird hiervon nicht berührt.

3 **2. Veranlassungsschuldner (Abs. 1 Nr. 1).** Wer durch die Einreichung einer Anmeldung, die Stellung eines Antrags oder die Vornahme einer sonstigen Handlung eine Amtshandlung der Behörde (DPMA oder BPatG) **veranlasst**, ist Veranlassungsschuldner. Er hat die aufgrund seiner Handlung entstandenen Kosten für die Durchführung der (veranlassten) Amtshandlung zu tragen. Das Gleiche gilt für denjenigen, **zu dessen Gunsten eine Amtshandlung vorgenommen** worden ist. Die Kostentragung ist unabhängig von einem eventuellen Erfolg oder Misserfolg der eingereichten Anmeldung oder des eingereichten Antrags.[1] Wer eine Klage vor dem BPatG zurücknimmt, ist ebenfalls Veranlassungsschuldner. Etwas anderes kann gelten, wenn die Klageparteien substantiiert darlegen, dass sie eine hiervon abweichende Kostenregelung vergleichsweise geregelt haben und das BPatG diese Kostentragung in seiner Entscheidung berücksichtigt (dann wäre der Kostentragende Entscheidungsschuldner).[2]

4 **3. Entscheidungsschuldner (Abs. 1 Nr. 2).** Wem durch eine Entscheidung des DPMA oder des BPatG Kosten auferlegt werden, ist Entscheidungsschuldner.[3]

---

7 Zu den praktischen Gründen der am 1.07.2016 in Kraft getretenen Gesetzesänderung: BT-Druck 18/7195, S. 38. **1** BPatGE 47, 207. **2** BPatG 19.8.2011 – 3 Ni 23/08 (EU). **3** Vgl zur Legaldefinition des Entscheidungsschuldners § 31 Abs. 3 S. 1 GKG iVm § 29 Nr. 1 GKG.

NK-GK/*Vierkötter*

4. Übernahmeschuldner (Abs. 1 Nr. 3). Ferner hat derjenige, der durch eine gegenüber dem DPMA oder   5
dem BPatG wirksam abgegebene Kostenübernahmeerklärung erklärt hat, dass er für die Schulden eines anderen hafte, die von seiner Kostenübernahmeerklärung gedeckten Kosten zu tragen. Bei der Erklärung handelt es sich um eine einseitige, empfangsbedürftige, jedoch nicht annahmebedürftige Willenserklärung (→
GKG § 29 Rn 56).

5. Haftungsschuldner kraft Gesetzes (Abs. 1 Nr. 4). Hiernach hat derjenige Kosten zu tragen, der kraft Ge-   6
setzes für die Kostenschuld eines anderen einzustehen hat. Eine Haftung kraft Gesetzes kann sich zB aus
einer Haftung als Erbe, als Erwerber eines Handelsgeschäfts bei Fortführung der Firma oder als Gesellschafter ergeben (zu Einzelheiten → GKG § 29 Rn 82 ff).

6. Zahlung durch Dritte. Abs. 1 sieht eine Kostentragungspflicht der dort abschließend genannten Schuld-   7
ner vor. Bei Kostenschulden handelt es sich nicht um höchstpersönliche Verbindlichkeiten.[4] Da der Schuldner die Schuld insofern nicht in Person zu leisten hat, kann auch ein Dritter die Leistung bewirken, wobei
die Einwilligung des Kostenschuldners nicht erforderlich ist (§ 267 Abs. 1 S. 2 BGB). Daher kann für einen
in Abs. 1 genannten Kostenschuldner auch jeder Dritte mit befreiender Leistung die Kosten gegenüber dem
DPMA oder dem BPatG begleichen, sofern der **Kostenschuldner** dieser Begleichung **nicht widerspricht** und
der Gläubiger daher die Leistung ablehnt (§ 267 Abs. 2 BGB). Unabhängig von einer Kostenübernahmeerklärung iSd Abs. 1 Nr. 3 kann damit ein **Dritter faktisch Kosten ausgleichen**, ohne sich gegenüber dem
DPMA oder dem BPatG diesbezüglich zuvor verpflichtet zu haben.

Nach § 268 Abs. 1 S. 1 BGB kann jeder, der Gefahr läuft, durch eine Zwangsvollstreckung ein Recht an   8
einem Gegenstand zu verlieren, den Gläubiger befriedigen. Im Hinblick auf die nach dem PatKostG vorgesehenen Kosten bedeutet dies Folgendes: Sofern eine Person durch eine von dem Kostenschuldner nicht vorgenommene Handlung den **Verlust ihres Rechts befürchten** muss, kann **diese Person anstelle des Kostenschuldners mit befreiender Wirkung** die Kosten gegenüber dem DPMA oder dem BPatG begleichen. Wenn
daher zB ein Patentinhaber die für sein Patent zu zahlenden Aufrechterhaltungsgebühren nicht entrichtet,
kann der Lizenznehmer anstelle des Patentinhabers die Aufrechterhaltungsgebühren begleichen, damit das
Patent nicht erlischt und sein Lizenzrecht an dem Patent nicht verliert. Sofern das DPMA oder das
BPatG durch diese Zahlung befriedigt werden, geht die Forderung der Behörde gegen den Kostenschuldner
auf den Zahlenden über (§ 268 Abs. 3 S. 1 BGB).

III. Gesamtschuldner (Abs. 2)

Parallel zu der Regelung des § 5 Abs. 2 DPMAVwKostV sieht Abs. 2 vor, dass mehrere Kostenschuldner als   9
Gesamtschuldner haften. Aufgrund dieser Gesamtschuldnerhaftung können das DPMA oder das BPatG die
Zahlung der gesamten Kostenschuld von jedem Kostenschuldner verlangen – insgesamt jedoch nur einmal
(§ 421 S. 1 BGB). Bis zur Bewirkung der gesamten Leistung bleiben sämtliche Schuldner verpflichtet.

IV. Reihenfolge der Haftung der Schuldner (Abs. 3)

Aus den Regelungen des Abs. 1 Nr. 1 (Veranlassungsschuldner) und Abs. 1 Nr. 2 (Entscheidungsschuldner)   10
ergibt sich ein Konfliktpotential für die Schuldnerhaftung. Sofern zB das DPMA in einer Entscheidung
einer Person die Kosten für die Durchführung eines Verfahrens auferlegt hat (Abs. 1 Nr. 2) und diese Person
zuvor nicht die Amtshandlung veranlasst hat (Abs. 1 Nr. 1), könnten mehrere Kostenschuldner für dieselben Kosten haften müssen. Als Beispiel sei genannt, dass eine Person gegen eine Patenterteilung Einspruch
eingelegt hat und das DPMA hiernach entscheidet, dass der Patentinhaber die Kosten des Verfahrens zu
tragen hat. Abs. 3 sieht daher eine **Reihenfolge** der Haftung der Kostenschuldner vor.

Nach Abs. 3 S. 1 haften hiernach **vorrangig** der Entscheidungsschuldner iSd Abs. 1 Nr. 2 und der Übernah-   11
meschuldner iSd Abs. 1 Nr. 3. Erst **nachrangig** haften der Veranlassungsschuldner iSd Abs. 1 Nr. 1 sowie der
Haftungsschuldner kraft Gesetzes iSd Abs. 1 Nr. 4.

Diese Haftungsreihenfolge der **Erst-**[5] **und Zweitschuldner** besteht jedoch nicht, wenn eine Zwangsvollstre-   12
ckung in das bewegliche Vermögen des Erstschuldners erfolglos geblieben ist oder aussichtslos erscheint.
Auf eine entsprechende Einwendung des Erstschuldners haftet der Zweitschuldner, **Abs. 3 S. 1**. Obgleich
Abs. 3 S. 1 als eine „Soll"-Vorschrift ausgestaltet ist, handelt es sich um eine „Muss"-Vorschrift, von der
das DPMA oder das BPatG nur im Falle sachlich nachvollziehbarer, erheblicher Gründe abweichen darf.[6]
Ob eine **Zwangsvollstreckung aussichtslos** erscheint, hängt von den Umständen des jeweiligen Einzelfalls
ab.[7] Eine Zwangsvollstreckung wird jedoch grds. als aussichtslos beurteilt, wenn ein Antrag auf Eröffnung
eines Insolvenzverfahrens über das Vermögen des Erstschuldners gestellt, ein solches Verfahren eröffnet

---

4 Palandt/*Grüneberg*, 74. Aufl., § 267 BGB Rn 1. **5** Zur Legaldefinition des Erstschuldners vgl § 31 Abs. 2 S. 1 GKG iVm § 29
Nr. 1 und 2 GKG. **6** OLG München JurBüro 2001, 597. **7** KG MDR 2003, 1320.

oder die Eröffnung eines solchen Verfahrens mangels Masse abgelehnt worden ist[8] oder wenn der Erstschuldner amtsbekannt vermögenslos ist (näher dazu → GKG § 31 Rn 46 ff).

13 Nach **Abs. 3 S. 2** haftet der Zweitschuldner nicht, wenn es sich bei dem Erstschuldner um einen Entscheidungsschuldner iSd Abs. 1 Nr. 2 handelt, dem Verfahrenskostenhilfe bewilligt worden ist. Ansonsten bestünde das Risiko, dass der von dem Kostengläubiger in Anspruch genommene Zweitschuldner Ansprüche gegen den Erstschuldner geltend machen würde, was der gewährten Verfahrenskostenhilfe zuwiderlaufen würde.[9]

14 **Abs. 3 S. 3** ergänzt Abs. 3 S. 2 dahin gehend, dass von einem anderen als dem Entscheidungsschuldner gezahlte Beträge inklusive Vorschüssen[10] zu erstatten sind. Hierdurch soll verhindert werden, dass ein Zweitschuldner den Entscheidungsschuldner zB im Hinblick auf die Zahlungsvorschüsse in Regress nimmt.

§ 5 Vorauszahlung, Vorschuss

(1) [1]In Verfahren vor dem Deutschen Patent- und Markenamt soll die Bearbeitung erst nach Zahlung der Gebühr für das Verfahren erfolgen; das gilt auch, wenn Anträge geändert werden. [2]Satz 1 gilt nicht für die Anträge auf Weiterleitung einer Anmeldung an das Harmonisierungsamt für den Binnenmarkt (Marken, Muster und Modelle) nach § 125 a des Markengesetzes, § 62 des Designgesetzes und die Anträge auf Weiterleitung internationaler Anmeldungen an das Internationale Büro der Weltorganisation für geistiges Eigentum nach § 68 des Designgesetzes. [3]In Verfahren vor dem Bundespatentgericht soll die Klage erst nach Zahlung der Gebühr für das Verfahren zugestellt werden; im Fall eines Beitritts zum Einspruch im Beschwerdeverfahren oder eines Beitritts zum Einspruch im Fall der gerichtlichen Entscheidung nach § 61 Abs. 2 des Patentgesetzes soll vor Zahlung der Gebühr keine gerichtliche Handlung vorgenommen werden.

(2) Die Jahresgebühren für Patente, Schutzzertifikate und Patentanmeldungen, die Verlängerungsgebühren für Marken und die Aufrechterhaltungsgebühren für Gebrauchsmuster und eingetragene Designs dürfen frühestens ein Jahr vor Eintritt der Fälligkeit vorausgezahlt werden, soweit nichts anderes bestimmt ist.

I. Allgemeines (Abs. 1)

1 Abs. 1 ist der Regelung des § 12 Abs. 1 GKG nachgebildet, die Klageverfahren in bürgerlichen Rechtsstreitigkeiten betrifft. Daher dient Abs. 1 (wie § 12 Abs. 1 GKG) der Verhinderung bzw Verminderung des tatsächlichen Kostenrisikos der Staatskasse.[1] Aufgrund der in der Norm enthaltenen Vorauszahlungspflicht des Kostenschuldners soll sichergestellt werden, dass die Behörde vor Aufnahme ihrer Tätigkeit die ihr gesetzlich zustehenden Kosten erhält.[2]

2 Abs. 1 S. 1 und S. 3 Hs 1 sind „Soll"-Verschriften.[3] Dies bedeutet, dass der Behörde ein **Ermessen** zusteht, ob sie vor dem Eingang der Kosten die Bearbeitung aufnimmt oder nicht. Nimmt sie die Bearbeitung auf, ohne dass zuvor ein Kosteneingang vorhanden ist, berührt dies die Wirksamkeit der von der Behörde vorgenommenen Handlungen nicht. Nimmt sie die Bearbeitung nicht auf, ist dies von ihrem Ermessensgebrauch gedeckt. Abs. 1 S. 1 aF enthielt eine „Muss"-Vorschrift in der Form, dass bis zum Eingang der Gebühren die Bearbeitung der Angelegenheit durch das DPMA zu unterbleiben hatte.

II. Verfahren vor dem DPMA (Abs. 1 S. 1 und 2)

3 Im Verfahren vor dem DPMA kommen ausschließlich Abs. 1 S. 1 und 2 zur Anwendung. Das DPMA kann im Rahmen seines Ermessens entscheiden, ob vor Zahlungseingang die **Bearbeitung aufgenommen** wird (Abs. 1 S. 1 Hs 1). Sofern das DPMA ohne vorherigen Gebühreneingang Handlungen vornimmt, zB zum Zwecke der Prozessbeschleunigung, kann dies keine nachteiligen Konsequenzen, zB Haftungskonsequenzen, für das DPMA haben (zu Einzelheiten → GKG § 12 Rn 1). Eine Vorauszahlungspflicht des Kostenschuldners besteht daher nicht mehr; das DPMA „soll" lediglich erst nach Vorauszahlung seine Tätigkeit aufnehmen. Die Zahlungspflicht kann damit als eine Art Obliegenheit des Kostenschuldners beurteilt werden, die er im eigenen Interesse erfüllen sollte.

4 Dies gilt auch, wenn **Anträge geändert** werden (Abs. 1 S. 1 Hs 2).

---

8 Vgl AG Koblenz JurBüro 2006, 651 (zu einer Eröffnung eines Insolvenzverfahrens); AG Paderborn Rpfleger 1993, 366 (zu einem Antrag auf Eröffnung eines [damals noch] Konkursverfahrens). **9** BGH NJW 2001, 3188. **10** Vgl amtl. Begr. BlPMZ 2002, 36. **1** OLG München MDR 2003, 1078 (zu § 12 Abs. 1 GKG). **2** BPatG 20.8.2013 – 10 W (pat) 24/12. **3** Bis zum Inkrafttreten des Gesetzes zur Vereinfachung und Modernisierung des Patentrechts v. 31.7.2009 (BGBl. I 2521) am 1.10.2009 war § 5 Abs. 1 S. 1 als „Muss"-Vorschrift ausgestaltet.

Die „Vorauszahlungspflicht" besteht aber nicht, wenn bei dem DPMA nur Anträge auf Weiterleitung einer 5
Anmeldung an das HABM nach § 125 a MarkenG, § 62 DesignG und Anträge auf Weiterleitung internationaler Anmeldungen an die WIPO nach § 68 DesignG gestellt werden (Abs. 1 S. 2). Das DPMA darf in diesen Konstellationen auch ohne vorherige Gebührenzahlung tätig werden.

Der Unterschied zwischen Abs. 1 S. 1 und Abs. 1 S. 2 besteht darin, dass das DPMA im Falle des Abs. 1 S. 1 6
die Vorauszahlungspflicht des Kostenschuldners beachten „soll" (nicht „muss"), wobei ihm ein Ermessen
zusteht. Es besteht damit für das DPMA (theoretisch) ein Risiko eines Ermessensnichtgebrauchs oder -fehl-
gebrauchs. Abs. 1 S. 2 sieht eine Vorauszahlungspflicht nicht vor, so dass das DPMA agieren kann, ohne
dass ihm später ein Vorwurf eines Ermessensnichtgebrauchs oder -fehlgebrauchs gemacht werden kann.

III. Verfahren vor dem BPatG (Abs. 1 S. 3)

Nach **Abs. 1 S. 3 Hs 1** soll die **Klage** erst nach Zahlung der Gebühr (Gerichtskosten) dem Beklagten **zuge-** 7
stellt werden. Ausweislich des Wortlauts betrifft die Vorschrift keine einstweiligen Verfügungsverfahren.
Anträge auf Erlass von einstweiligen Verfügungen werden ohne vorherige Gebührenzahlung bearbeitet.[4]
Wie auch im Verfahren vor dem DPMA „soll" das BPatG die Vorauszahlungspflicht beachten; wird es oh-
ne einen vorherigen Gebühreneingang tätig, ist die von ihm vorgenommene Handlung (zB Zustellung der
Klage) gleichwohl wirksam.

Nach **Abs. 1 S. 3 Hs 2** gilt das Gleiche sinngemäß im Falle eines **Beitritts zum Einspruch** im Beschwerdever- 8
fahren oder eines Beitritts zum Einspruch im Falle der gerichtlichen Entscheidung nach § 61 Abs. 2 PatG.

IV. Jahresgebühren, Verlängerungsgebühren und Aufrechterhaltungsgebühren (Abs. 2)

Nach Abs. 2 dürfen die 9

- Jahresgebühren für Patente, Schutzzertifikate und Patentanmeldungen,
- Verlängerungsgebühren für Marken und
- Aufrechterhaltungsgebühren für Gebrauchsmuster und eingetragene Designs

frühestens ein Jahr vor Eintritt der Fälligkeit vorausgezahlt werden. Das Gesetz kann Ausnahmen hierzu
vorsehen.

Die Ausgestaltung als „Darf"-Vorschrift bewirkt, dass der Schutzrechtsinhaber zwar vor dem Ablauf von 10
einem Jahr vor Eintritt der Fälligkeit eine entsprechende Zahlung **faktisch** vornehmen kann. Eine solche
Zahlung hat jedoch rechtlich keine Auswirkungen und wird daher insofern als **unzulässig** angesehen.[5] Insbesondere wird durch eine vor Jahresfrist vor Fälligkeit gezahlte Gebühr **keine Verlängerung der Schutz-**
dauer des betroffenen Schutzrechts bewirkt. Der Schutzrechtsinhaber ist daher im eigenen Interesse gehalten, Jahresgebühren, Verlängerungsgebühren und Aufrechterhaltungsgebühren **nicht früher als ein Jahr** vor
Eintritt der jeweiligen Fälligkeit zu entrichten, sofern er keine Zahlungen ohne rechtlichen Effekt bewirken
möchte. Sofern der Schutzrechtsinhaber ungeachtet dessen vor Beginn der Jahresfrist Zahlungen tätigt,
kann er diese nach § 10 Abs. 1 S. 1 zurückfordern.[6]

Abs. 2 enthält keine Regelung, zu welchem Zeitpunkt die Zahlung der Gebühr **Rechtswirksamkeit** entfaltet. 11
Es ist der Norm insb. nicht entnehmbar, ob die Zahlung erst zu dem Zeitpunkt rechtliche Wirkung entfaltet, wenn die Gebühr zur Zahlung fällig wird (dies mag mehrere Monate nach der tatsächlichen Zahlung
sein, max. ein Jahr), oder ob die rechtliche Wirkung der Zahlung bereits zum Zeitpunkt der Zahlung eintritt. § 47 Abs. 5 S. 1 MarkenG enthält insofern eine **Sondervorschrift**, da hiernach die Verlängerung der
Schutzdauer erst am Tag nach dem Ablauf der Schutzdauer wirksam wird. Die Zahlung der Verlängerungsgebühr entfaltet damit zum Zeitpunkt der Zahlung keine rechtliche Wirkung, sondern erst am Tag nach
dem Ablauf der Schutzdauer.[7] Da Abs. 2 eine solche Einschränkung nicht enthält, entfaltet die Zahlung
einer Gebühr für die übrigen in Abs. 2 genannten Schutzrechte – im Umkehrschluss – bereits **zum Zeit-**
punkt der Zahlung ihre rechtlichen Wirkungen. Mit der Zahlung der Jahresgebühr für Patente, Schutzzertifikate und Patentanmeldungen ist damit zum Zahlungszeitpunkt die Aufrechterhaltung dieser Schutzrechte
bewirkt; das Gleiche gilt für die Aufrechterhaltung für Gebrauchsmuster und eingetragene Designs.

Aufgrund dieser Rechtswirkungen kann der – vor Fälligkeit zahlende – Gebührenschuldner die Gebühren 12
nicht zurückfordern, selbst wenn er sich im Zeitraum zwischen der Zahlung und dem Eintritt der Fälligkeit
überlegen sollte, dass er zB das Patent doch nicht aufrechterhalten will.

---

4 Ebenso für bürgerliche Rechtsstreitigkeiten: § 12 Abs. 1 S. 1 GKG. **5** BPatG 29.8.2011 – 10 W (pat) 24/07; vgl auch BPatG
6.6.2006 – 30 W (pat) 197/05, wonach auch eine Zahlung 9 Tage vor Beginn der Jahresfrist unzulässig ist und eine einheitliche
Sachbehandlung verhindert. **6** Schulte/*Schell*, PatG, § 5 PatKostG Rn 16. **7** BGH GRUR 1978, 105 (Verlängerungsgebühr) –
zum Markenrecht.

13 Wenn der Schutzrechtsinhaber die Verlängerung der Schutzdauer bereits mit den vorbeschriebenen rechtlichen Wirkungen durchgeführt hat, kann das DPMA vom ihm einen **Differenzbetrag** nicht verlangen, wenn sich die entsprechende Gebühr im Zeitraum zwischen der Vornahme der Zahlung und dem Zeitpunkt der Fälligkeit der Gebühr **erhöht** haben sollte.[8] Das Gleiche gilt jedoch auch, wenn in diesem Zeitraum eine **Gebührenermäßigung** eintritt. Ausnahmsweise kann der Schutzrechtsinhaber die bereits gezahlte Gebühr von dem DPMA nach § 10 Abs. 1 S. 1 jedoch zurückverlangen, wenn das betroffene Schutzrecht im Zeitraum zwischen der Vornahme der Zahlung und dem Eintritt der Fälligkeit seine rechtlichen Wirkungen verlieren sollte, zB durch Nichtigerklärung des Patents oder Löschung des Gebrauchsmusters.

§ 6 Zahlungsfristen, Folgen der Nichtzahlung

(1) [1]Ist für die Stellung eines Antrags oder die Vornahme einer sonstigen Handlung durch Gesetz eine Frist bestimmt, so ist innerhalb dieser Frist auch die Gebühr zu zahlen. [2]Alle übrigen Gebühren sind innerhalb von drei Monaten ab Fälligkeit (§ 3 Abs. 1) zu zahlen, soweit gesetzlich nichts anderes bestimmt ist.

(2) Wird eine Gebühr nach Absatz 1 nicht, nicht vollständig oder nicht rechtzeitig gezahlt, so gilt die Anmeldung oder der Antrag als zurückgenommen, oder die Handlung als nicht vorgenommen, soweit gesetzlich nichts anderes bestimmt ist.

(3) Absatz 2 ist auf Weiterleitungsgebühren (Nummern 335 100, 344 100 und 345 100) nicht anwendbar.

(4) Zahlt der Erinnerungsführer die Gebühr für das Erinnerungsverfahren nicht, nicht rechtzeitig oder nicht vollständig, so gilt auch die von ihm nach § 64 Abs. 6 Satz 2 des Markengesetzes eingelegte Beschwerde als zurückgenommen.

I. Allgemeines

1 § 6 enthält Regelungen zu Zahlungsfristen sowie zu Rechtsfolgen bei Nichtvornahme der Zahlung. **Abs. 1** legt hierzu fest, dass – sofern für die Stellung eines Antrags oder die Vornahme einer sonstigen Handlung im Gesetz eine Frist bestimmt ist – innerhalb dieser Frist auch die Gebühr zu zahlen ist; bestimmt das Gesetz keine Frist, sind die Gebühren innerhalb von drei Monaten nach Fälligkeit zu zahlen. **Abs. 2** bestimmt ferner, dass eine Handlung als nicht vorgenommen gilt, wenn die Gebühr nicht, nicht vollständig oder nicht rechtzeitig gezahlt wurde. **Abs. 3 und 4** enthalten Sonderregelungen für Weiterleitungsgebühren und Erinnerungsgebühren in markenrechtlichen Verfahren.

II. Zahlungsfristen (Abs. 1)

2 **1. Allgemeines, insb. Abgrenzung zur DPMAVwKostV.** Abs. 1 gilt nur für die nach dem PatKostG zu zahlenden Gebühren des DPMA und des BPatG. Gebühren, die im Gebührenverzeichnis (Anlage zu § 2 Abs. 1) nicht enthalten sind, unterfallen nicht der Systematik des Abs. 1.[1]

3 Kosten für Amtshandlungen des DPMA, die nicht Gegenstand anderer Gesetze als der DPMAVwKostV sind, werden nur nach den Vorschriften der DPMAVwKostV erhoben (§ 1 DPMAVwKostV). Im Kostenverzeichnis (KV) (Anlage zu § 2 Abs. 1 DPMAVwKostV) sind bspw Gebühren für Akteneinsichtsverfahren in der Nr. 301.400 KV (90 €) vorgesehen. Nach § 6 Abs. 1 Hs 1 DPMAVwKostV werden Gebühren mit dem Eingang des Antrags, zB auf Akteneinsicht, bei dem DPMA fällig; Auslagen werden sofort nach ihrer Entstehung fällig (§ 6 Abs. 1 Hs 2 DPMAVwKostV). Auslagen können bspw die Dokumentenpauschale (Nr. 302.100 KV) oder Auslagen für Zustellungen mit Zustellungsurkunde oder Einschreiben gegen Rückschein (Nr. 302.400 KV) sein. Nach § 7 Abs. 2 DPMAVwKostV gilt für die Bestimmung der Zahlungsfrist § 18 DPMA-Verordnung analog; nach § 18 Abs. 1 DPMA-Verordnung sollen die von dem DPMA bestimmten oder auf Antrag gewährten Fristen mindestens ein Monat, bei Beteiligten, die im Inland weder Sitz, Niederlassung oder Wohnsitz haben, mindestens zwei Monate betragen.

4 **Abs. 1 S. 1** legt die Zahlungsfrist fest, wenn für die Stellung eines Antrags oder die Vornahme einer sonstigen Handlung durch Gesetz eine Frist bestimmt ist (sog. **fristgebundene Handlung**). Demgegenüber beinhaltet **Abs. 1 S. 2** eine Zahlungsfristbestimmung für sog. **nichtfristgebundene Handlungen**.

5 **2. Gesetzlich bestimmte Zahlungsfrist (fristgebundene Handlung; Abs. 1 S. 1).** Sofern das Gesetz für die Stellung eines Antrags über die Vornahme einer sonstigen Handlung eine Frist bestimmt, ist innerhalb dieser Frist auch die entsprechende Gebühr zu zahlen.

---

8 Schulte/*Schell*, PatG, § 5 PatKostG Rn 13. **1** Vgl BPatG GRUR 2006, 174 (Schulheftseiten; betreffend Akteneinsichtsgesuch).

Was eine „**sonstige Handlung**" iSd PatKostG ist, bestimmt § 3 Abs. 1 S. 2 (→ § 3 Rn 11 ff), wobei die dort **6** genannten Fälle nur beispielhaft genannt sind („insbesondere").

Das Gesetz sieht insb. in den nachfolgend genannten Konstellationen eine **Frist** vor, so dass in diesen Kon- **7** stellationen binnen der jeweiligen Frist auch die jeweilige Gebühr zu entrichten ist:

- **Prüfungsantrag** nach § 44 Abs. 2 PatG: Der Antrag ist bis zum Ablauf von 7 Jahren nach Einreichung der Anmeldung zu stellen, wobei die Zahlungsfrist für die Prüfungsgebühr 3 Monate ab Fälligkeit iSd § 3 Abs. 1 beträgt.
- **Erhebung eines Einspruchs** nach § 59 Abs. 1 S. 1 PatG: 9 Monate nach Veröffentlichung der Erteilung des Patents.
- **Erklärung des Beitritts** nach § 59 Abs. 2 S. 1 PatG: 3 Monate nach dem Tag, an dem gegen den Beitretenden Verletzungsklage erhoben worden ist.
- **Einlegung einer Beschwerde** nach § 73 Abs. 2 S. 1 PatG:[2] 1 Monat nach Zustellung des Beschlusses des DPMA.
- **Einlegung einer Beschwerde** nach § 18 Abs. 1 GebrMG:[3] 1 Monat nach Zustellung des Beschlusses des DPMA.
- **Einlegung einer Beschwerde** nach § 66 Abs. 2 MarkenG: 1 Monat nach Zustellung des Beschlusses des DPMA.

3. Keine gesetzlich bestimmte Frist (nichtfristgebundene Handlung; Abs. 1 S. 2 Hs 1). Sofern das Gesetz für **8** die Stellung eines Antrags für die Vornahme einer sonstigen Handlung keine Frist bestimmt, ist die entsprechende Gebühr innerhalb von **drei Monaten** ab Fälligkeit iSd § 3 Abs. 1 zu entrichten. Dies betrifft insb. die nachfolgenden **Fallkonstellationen**: Einreichung einer Patentanmeldung; Einreichung eines Antrags auf Erteilung eines ergänzenden Schutzzertifikats; Einreichung einer Gebrauchsmusteranmeldung; Einreichung einer Markenanmeldung; Einreichung einer Designanmeldung; Stellung des Rechercheantrags nach § 43 PatG; Antrag auf Beschränkung oder Widerruf eines Patents nach § 64 PatG; Erhebung einer Nichtigkeits- oder Zwangslizenzklage nach § 81 PatG; Stellung eines Antrags auf Erlass einer einstweiligen Verfügung nach § 85 PatG; Stellung eines Löschungsantrags nach § 16 GebrMG; Stellung eines Antrags auf Verfall nach § 49 MarkenG; Stellung eines Antrags auf Nichtigkeit wegen absoluter Schutzzertifikate nach § 50 MarkenG; Stellung eines Antrags auf Nichtigkeit eines Designs nach § 34 a DesignG.

Als „Richtschnur" gilt daher, dass die Zahlungsfrist von drei Monaten zu beachten ist, wenn das Gesetz **9** nicht explizit eine Frist vorsieht.

4. Anderweitige Fristenregelung (Abs. 1 S. 2 Hs 2). Abs. 1 S. 2 sieht die Frist von drei Monaten ab Fällig- **10** keit jedoch nur vor, „soweit gesetzlich nichts anderes bestimmt ist". Konstellationen einer anderen gesetzlichen Bestimmung iSd Abs. 1 S. 2 Hs 2 finden sich insb. in:

- **§ 7 Abs. 1:** Hiernach hat die Zahlung der Jahresgebühren für Patente, Schutzzertifikate und Patentanmeldungen, der Verlängerungsgebühr für Marken sowie der Aufrechterhaltungsgebühren für Gebrauchsmuster und eingetragene Designs binnen zwei Monaten nach Fälligkeit zu erfolgen (mit der Möglichkeit der Zahlung binnen sechs Monaten nach Fälligkeit bei Entrichtung des Verspätungszuschlages, § 7 Abs. 1 S. 2). Sofern diese Gebühren nicht fristgemäß eingezahlt werden, erlöschen die Patente, Patentanmeldungen, Schutzzertifikate, Gebrauchsmuster, Marken und eingetragenen Designs.[4]
- **Art. III § 4 Abs. 2 IntPatÜbkG iVm Art. 22 Abs. 1 PCT-Vertrag:**[5] Hiernach ist die Anmeldegebühr bei internationalen Patentanmeldungen binnen der Frist von 30 Monaten seit dem Zeitpunkt der Prioritätsanmeldung zu entrichten, sofern das DPMA Bestimmungsamt ist.

III. Fiktionsregelung des Abs. 2

1. Rechtlicher Hintergrund von Rücknahme- und Nichtvornahmefiktion. Wurde eine der in Abs. 1 in Be- **11** zug genommenen Gebühren nicht, nicht vollständig oder nicht rechtzeitig gezahlt, tritt die Fiktion des Abs. 2 Hs 1 in Kraft, wonach die Anmeldung oder der Antrag als zurückgenommen sowie die Handlung als nicht vorgenommen gilt. Diese Fiktion ist nicht anwendbar, sofern gesetzlich etwas anderes bestimmt ist (Abs. 2 Hs 2). Die Regelung ist verfassungsgemäß.[6]

Abs. 2 enthält mit der **Rücknahmefiktion** (Anmeldungen oder Anträge gelten als zurückgenommen) und **12** der **Nichtvornahmefiktion** (Handlungen gelten als nicht vorgenommen) zwei unterschiedliche Rechtsfolgen. Der Hintergrund für die Differenzierung zwischen Rücknahme- und Nichtvornahmefiktion ergibt sich aus § 10 Abs. 2:

---

2 BPatG 6.9.2012 – 17 W (pat) 28/11. **3** BPatG 15.4.2016 – 35 W (pat) 442/13. **4** Für Patente: § 20 Abs. 1 Nr. 2 PatG; für Marken: § 47 Abs. 6 MarkenG; für Gebrauchsmuster: § 23 Abs. 3 Nr. 2 GebrMG; für eingetragene Designs: § 28 Abs. 3 DesignG. **5** BPatG 25.7.2013 – 10 W (pat) 2/13. **6** BPatG 15.4.2016 – 35 W (pat) 442/13.

■ Hiernach ist die betreffende Gebühr nicht zu entrichten, wenn eine Anmeldung oder ein Antrag nach Abs. 2 als zurückgenommen gilt (Rücknahmefiktion) und (kumulativ!) die beantragte Amtshandlung nicht vorgenommen wurde. Die betreffende Gebühr ist also nur dann nicht zu zahlen, wenn das DPMA die beantragte Amtshandlung nicht vorgenommen hat; andernfalls ist die Gebühr zu entrichten.

■ Demgegenüber ist eine zu § 10 Abs. 2 korrespondierende Regelung bei der Nichtvornahmefiktion nicht vorhanden. Daher ist, wenn eine Handlung als nicht vorgenommen gilt, die entsprechende Gebühr immer zurückzuzahlen.

13 **2. Abgrenzung zwischen Anmeldung/Antrag sowie Handlung.** Die Rücknahmefiktion betrifft nur Anmeldungen oder Anträge. Für Handlungen gilt ausschließlich die Nichtvornahmefiktion.

14 **Anmeldungen** oder **Anträge** können aufgrund der unterschiedlichen Begrifflichkeit keine Handlung iSd Norm sein, so dass alle tatsächlich vorgenommenen Handlungen, die weder eine Anmeldung noch einen Antrag darstellen, als Handlung iSd Abs. 2 zu verstehen sind. Der Begriffsinhalt von **Anmeldung** ergibt sich aus sich heraus: Der Anmelder reicht etwas – zumindest aus seiner Sicht – „Neues" bei dem DPMA ein. Das Gesetz verwendet die Formulierung *„die Anmeldung oder der Antrag"* und grenzt beide Begriffe von dem der Handlung ab, indem unterschiedliche Rechtsfolgen vorgesehen sind. Antrag und Anmeldung sind nach der Gesetzessystematik also **synonyme Begriffe**, die denselben Begriffsinhalt aufweisen. Dies ergibt sich auch aus § 16 a Abs. 1 PatG, wonach ein Antrag für ein (neues) ergänzendes Schutzzertifikat gestellt wird; das Wort „Antrag" bezieht sich hier auf ein neues Schutzrecht.

15 Demgegenüber ist unter **Handlung** iSd Abs. 2 eine tatsächliche Handlung zu verstehen, die ein bereits existierendes Schutzrecht zum Gegenstand hat. Als Handlung werden daher insb. Einsprüche[7] (gegen ein Patent), Widersprüche (gegen eine Marke), Löschungsanträge (gegen ein Gebrauchsmuster) sowie Beschwerden und Klagen vor dem BPatG qualifiziert.[8]

16 Sofern eine solche Differenzierung zwischen Anmeldung/Antrag einerseits und Handlung andererseits nicht vorgenommen würde, wäre die Verwendung unterschiedlicher Begriffe nicht erklärbar.

17 **3. Rücknahmefiktion.** Eine Anmeldung oder ein Antrag gilt jedoch nur dann als zurückgenommen,[9] soweit das Gesetz nichts anderes bestimmt. Eine **Ausnahmeregelung** in diesem Sinne ist insb. enthalten in:

■ **§ 39 Abs. 3 PatG:** Wenn eine Patentanmeldung geteilt wurde, sind für die abgetrennte Anmeldung die erforderlichen Anmeldungsunterlagen binnen einer Frist von drei Monaten nach Eingang der Teilungserklärung bei dem DPMA einzureichen. Erfolgt dies nicht, gilt die Teilungserklärung als nicht abgegeben.

18 In dieser Ausnahmekonstellation gilt infolge der nicht eingereichten Unterlagen die Teilung als nicht erfolgt, so dass die entrichteten Gebühren ohne Rechtsgrund gezahlt wurden; dies führt zur Erstattungspflicht betreffend die Gebühren.

19 **4. Nichtvornahmefiktion.** Handlungen gelten nach Abs. 2 als nicht vorgenommen. Gilt eine Handlung als nicht vorgenommen, gilt die entsprechende Gebühr als ohne Rechtsgrund gezahlt; aufgrund dessen ist die entrichtete Gebühr zu erstatten.[10]
Nach § 29 Abs. 1 S. 1 MarkenV ist für jede Marke, aufgrund der gegen die Eintragung einer Marke Widerspruch erhoben wird, ein gesonderter Widerspruch erforderlich. Mehrere Widersprüche können in einem Widerspruchsschriftsatz zusammengefasst werden, § 29 Abs. 1 S. 2 MarkenV. Aufgrund der Vorgabe gesonderter Widersprüche ist pro Widerspruch eine Widerspruchsgebühr zu entrichten. Legt ein Widerspruchsführer in einem Widerspruchsschriftsatz fristgerecht auf Grundlage mehrerer, durch Angabe des amtlichen Aktenzeichens jeweils konkret bezeichneter Widerspruchsmarken[11] mehrere Widersprüche ein, entrichtet er aber fristgerecht nur eine Widerspruchsgebühr, kann er nach Fristablauf betreffend die Gebühreneinzahlung gegenüber dem DPMA klarstellen, für welchen Widerspruch die Gebühreneinzahlung bestimmt ist. Im Hinblick auf diesen Widerspruch tritt die Nichtvornahmefiktion dann nicht ein, jedoch im Hinblick auf die anderen Widersprüche.[12]

---

7 BPatGE 48, 1; vgl auch *Fuchs-Wissemann*, Mitt. 2003, 489. **8** Schulte/*Schell*, PatG, § 6 PatKostG Rn 10. **9** Nach § 23 Abs. 1 Nr. 4 Hs 1 RPflG hat der Rechtspfleger den Ausspruch zu tätigen hat, dass eine Klage oder eine Beschwerde als nicht erhoben, dh als nicht vorgenommen, gilt (BPatG 2.11.2012 – 10 W (pat) 30/09). Es handelt sich um eine rein deklaratorische Feststellung, da die Rechtsfolge der Nichtzahlung kraft Gesetzes eintritt (BGH 16.7.2009 – I ZB 53/07; BPatG 14.5.2013 – 25 W (pat) 89/12). Im Gegensatz dazu enthält § 23 Abs. 1 Nr. 4 Hs 2 RPflG auch die Möglichkeit des Ausspruchs, dass eine Klage nach § 81 Abs. 6 S. 3 PatG als zurückgenommen gilt; anders BPatG 26.1.2010 – 21 W (pat) 40/09 (betreffend eine Beschwerde gegen eine Zurückweisung einer Patentanmeldung). **10** BPatG 9.5.2012 – 28 W (pat) 612/11 (betreffend eine Beschwerde nach § 66 MarkenG); anders BPatG 26.1.2010 – 21 W (pat) 40/09 (betreffend eine Beschwerde gegen ein Gebrauchsmuster). **11** Hierzu § 30 Abs. 1 S. 1, Abs. 2 Nr. 2 und 3 MarkenV. **12** BGH 14.1.2016 – I ZB 56/14 (BioGourmet) – im Anschluss an BGH 30.11.1973 – I ZB 14/72 (ERBA); anders, sofern unterschiedliche Personen in einem Einspruchsschriftsatz gegen ein Patent Einspruch erheben und die gesonderten Einspruchsgebühren nicht vollständig entrichten: BGH 25.3.1982 – X ZB 24/80 (Einsteckschloss).

NK-GK/*Vierkötter*

Hat ein Widerspruchsführer aus mehreren Marken gesonderte Widersprüche gegen eine Marke erhoben und wurden alle Widersprüche in einem Beschluss zurückgewiesen, ist gegen diesen Beschluss nur eine Beschwerde zu erheben und nur eine Beschwerdegebühr zu entrichten.[13]

Eine **Ausnahmeregelung** enthält § 81 Abs. 6 S. 3 PatG. Wenn ein Nichtigkeitskläger seinen gewöhnlichen **20** Aufenthalt nicht in einem Mitgliedstaat der EU oder in einem EWR-Vertragsstaat hat, hat er auf Verlangen des Nichtigkeitsbeklagten Sicherheit zu leisten. Sollte der Nichtigkeitskläger diese Sicherheit innerhalb der von dem BPatG gesetzten Frist nicht entrichten, gilt die Klage als zurückgenommen. In dieser Konstellation kann er die Gebühren nicht zurückverlangen, da sie mit Rechtsgrund entrichtet wurden.

Die **Rechtsfolge** der Nichtvornahmefiktion besteht darin, dass die betroffenen Handlungen jederzeit neu **21** vorgenommen werden können. Diese Neuvornahme setzt jedoch voraus – sofern für die entsprechende Handlung eine Frist gesetzlich bestimmt ist –, dass die Neuvornahme innerhalb dieser Frist erfolgt. Bei fristgebundenen Handlungen ist daher für die Neuvornahme die Frist zu notieren; bei Klagen und Anträgen auf einen Erlass einer einstweiligen Verfügung gibt es hingegen keine Fristen. Bei Einsprüchen (binnen neun Monaten nach Veröffentlichung der Patenterteilung) oder Beschwerden (binnen eines Monats nach Zustellung der Entscheidung) ist daher unbedingt auf die Frist zu achten.

5. Vollständige Gebührenzahlung. Abs. 2 sieht eine vollständige Gebührenzahlung vor.[14] Eine Gebühr ist **22** daher auch dann nicht entrichtet, wenn der Betrag zwar zum überwiegenden Anteil, jedoch nicht vollständig entrichtet wurde. Auch bei geringfügigen Fehlbeträgen ist daher die Gebühr nicht vollständig entrichtet.[15]

IV. Wiedereinsetzung in den vorigen Stand

Abs. 1 sieht für die Zahlung von Gebühren Fristen vor. Wer ohne Verschulden verhindert war, dem DPMA **23** oder dem BPatG gegenüber eine Frist einzuhalten, ist auf Antrag wieder in den vorigen Stand einzusetzen.[16]

Eine Wiedereinsetzung ist jedoch nur dann möglich, wenn sie nicht im Einzelfall **ausgeschlossen** ist, zB in **24**

- **§ 123 Abs. 1 S. 2 PatG:** Dies betrifft insb. die Erhebung des Einspruchs und die Zahlung der Einspruchsgebühr sowie für den Einsprechenden die Einlegung der Beschwerde gegen die Aufrechterhaltung des Patents und die Zahlung der Beschwerdegebühr. Im patentrechtlichen Einspruchsverfahren kann damit nach dem Wortlaut des § 123 Abs. 1 S. 2 Nr. 2 PatG der Patentinhaber Wiedereinsetzung verlangen, nicht jedoch der Einsprechende.
- **§ 21 Abs. 1 GebrMG iVm § 123 Abs. 1 S. 2 PatG:** Analoge Regelung für Gebrauchsmuster.
- **§ 91 Abs. 1 S. 2 MarkenG:** Dies betrifft die Erhebung des Widerspruchs und die Zahlung der Widerspruchsgebühr.

Die Wiedereinsetzung ist innerhalb von **zwei Monaten** nach Wegfall des Hindernisses schriftlich bei dem **25** DPMA zu beantragen.[17] Der **Antrag** muss die Angabe der die Wiedereinsetzung begründenden Tatsachen enthalten, wobei diese Tatsachen glaubhaft gemacht werden müssen. Die **versäumte Handlung** ist innerhalb der Antragsfrist nachzuholen. Allerdings kann nach Ablauf eines Jahres nach Ablauf der versäumten Frist die Wiedereinsetzung weder beantragt, noch die versäumte Handlung nachgeholt werden. Wurde die versäumte Handlung innerhalb der Antragsfrist faktisch nachgeholt, kann die Wiedereinsetzung auch ohne Antrag gewährt werden. Über den Wiedereinsetzungsantrag entscheidet die Stelle, die über die nachgeholte Handlung zu beschließen hat; der Beschluss ist unanfechtbar.[18]

Wenn einem Beschluss einer Markenabteilung eine **Rechtsmittelbelehrung** beigefügt ist, die klar verständ- **26** lich auf die einzuhaltenden Fristen und die Folgen ihrer Versäumung hinweist, ist im Regelfall eine Wiedereinsetzung in den vorigen Stand ausgeschlossen.[19] Dies gilt auch dann, wenn gesundheitliche Beeinträchtigungen den Beschlussempfänger an der Einlegung der Beschwerde hindern, da er verpflichtet ist, Hilfspersonen einzuschalten.

V. Sonderfall: Weiterleitungsgebühren (Abs. 3)

Die in § 6 Abs. 1 in Bezug genommenen Anträge oder Handlungen sind darauf gerichtet, dass von dem **27** DPMA oder dem BPatG eine **Amtshandlung** vorgenommen wird. Im Regelfall nimmt die Behörde formelle und materielle Prüfungen vor. Sofern jedoch bei dem DPMA zB Anmeldungen von Unionsmarken einge-

---

13 BPatG 4.6.2014 – 26 W (pat) 520/13. **14** BPatG 2.9.2010 – 19 W (pat) 28/10: Anstelle der Beschwerdegebühr iHv 500 € wurde fristgemäß nur ein Betrag iHv 200 € entrichtet; die übrigen 300 € wurden verspätet gezahlt. **15** Anders zum EPA: Dort besteht eine Geringfügigkeitsgrenze von max. 20 %, vgl Schulte/*Schell*, PatG, § 6 PatKostG Rn 19. **16** § 123 Abs. 1 PatG, § 21 Abs. 1 GebrMG iVm § 123 Abs. 1 PatG; § 91 Abs. 1 MarkenG. **17** Ausf. zu einem (erfolglosen) Wiedereinsetzungsantrag bei Versäumnis der Frist zur Zahlung der 4. Patentjahresgebühr: BPatG 8.8.2013 – 10 W (pat) 15/12. **18** § 123 Abs. 4 PatG; § 91 Abs. 7 MarkenG. **19** BPatG 10.10.2012 – 29 W (pat) 48/12.

reicht werden, vermerkt das DPMA auf der Anmeldung lediglich den Tag des Eingangs der Anmeldung und leitet die Anmeldung ohne Prüfung unverzüglich an das Amt der Europäischen Union für Geistiges Eigentum (EUIPO) weiter (§ 125 a MarkenG). Das DPMA führt damit keine formelle und/oder materielle Prüfung durch. Abs. 3 bestimmt daher, dass die **Rücknahmefiktion** des Abs. 2 auf solche **Weiterleitungsgebühren** betreffend nicht-deutsche Anmeldungen[20] nicht anwendbar ist.

VI. Sonderfall: Erinnerungsgebühr (Abs. 4)

28 Abs. 4 berücksichtigt die Sonderregelung des § 64 Abs. 6 S. 2 MarkenG. In dieser Konstellation sind an dem markenrechtlichen Verfahren mehrere Personen beteiligt, wobei von einem Beteiligten gegen einen Beschluss Erinnerung und von den anderen Beteiligten gegen denselben Beschluss Beschwerde eingelegt worden ist. In dieser Konstellation kann der Erinnerungsführer gegen den Beschluss ebenfalls Beschwerde einlegen. § 3 Abs. 1 S. 5 enthält diesbezüglich eine Sonderregelung zur Entrichtung der Beschwerdegebühr durch den Erinnerungsführer (→ § 3 Rn 16). Korrespondierend hierzu bestimmt Abs. 4, dass die von dem Erinnerungsführer eingelegte Beschwerde als zurückgenommen gilt, wenn er die Gebühr für das Erinnerungsverfahren nicht, nicht rechtzeitig oder nicht vollständig entrichtet hat.

VII. Sonderkonstellation: Doppelter Einspruch

29 Haben mehrere Personen unabhängig voneinander gegen ein Patent Einspruch eingelegt, muss jeder Einsprechende eine Einspruchsgebühr entrichten. Entrichtet nur ein Einsprechender eine Einspruchsgebühr, ohne dass die entrichtete Einspruchsgebühr einem Einsprechenden konkret zuzuordnen ist, gelten gem. Abs. 2 alle Einsprüche als nicht vorgenommen.[21]

§ 7 Zahlungsfristen für Jahres-, Aufrechterhaltungs- und Schutzrechtsverlängerungsgebühren, Verspätungszuschlag

(1) [1]Die Jahresgebühren für Patente, Schutzzertifikate und Patentanmeldungen, die Verlängerungsgebühren für Marken und Aufrechterhaltungsgebühren für Gebrauchsmuster und eingetragene Designs sind bis zum Ablauf des zweiten Monats nach Fälligkeit zu zahlen. [2]Wird die Gebühr nicht innerhalb der Frist des Satzes 1 gezahlt, so kann die Gebühr mit dem Verspätungszuschlag noch bis zum Ablauf des sechsten Monats nach Fälligkeit gezahlt werden.

(2) Für eingetragene Designs ist bei Aufschiebung der Bildbekanntmachung die Erstreckungsgebühr innerhalb der Aufschiebungsfrist (§ 21 Abs. 1 Satz 1 des Designgesetzes) zu zahlen.

(3) [1]Wird die Klassifizierung einer eingetragenen Marke bei der Verlängerung auf Grund einer Änderung der Klasseneinteilung geändert, und führt dies zu einer Erhöhung der zu zahlenden Klassengebühren, so können die zusätzlichen Klassengebühren auch nach Ablauf der Frist des Absatzes 1 nachgezahlt werden, wenn die Verlängerungsgebühr fristgemäß gezahlt wurde. [2]Die Nachzahlungsfrist endet nach Ablauf des 18. Monats nach Fälligkeit der Verlängerungsgebühr. [3]Ein Verspätungszuschlag ist nicht zu zahlen.

I. Grundsätzliche Fristenregelung (Abs. 1)

1 1. **Fristgemäße Zahlung (Abs. 1 S. 1).** Abs. 1 stellt eine lex specialis zu § 6 Abs. 1 S. 2 Hs 2 dar (→ § 6 Rn 10).

2 Nach Abs. 1 S. 1 sind

- die Jahresgebühren für Patente, Schutzzertifikate und Patentanmeldungen,
- die Verlängerungsgebühren für Marken und
- die Aufrechterhaltungsgebühren für Gebrauchsmuster und eingetragene Designs

bis zum Ablauf des zweiten Monats nach Fälligkeit zu entrichten. „Bis zum Ablauf" bedeutet hierbei, dass die Gebühren jeweils am letzten Tag des jeweiligen Monats zu zahlen sind. Das DPMA muss den Schutzrechtsinhaber nicht an die Zahlung dieser Gebühren erinnern. Sofern das DPMA trotzdem eine Zahlungsaufforderung versenden sollte, stellt dies nur eine Serviceleistung dar, die nicht Gegenstand eines Vertrauenstatbestands, zB betreffend die Wiedereinsetzung, sein kann.[1]

---

20 Zu Designanmeldungen vgl § 62 DesignG. **21** BPatG 30.4.2008 – 19 W (pat) 303/05. **1** BPatG 28.8.2013 – 10 W (pat) 18/13; anders: vor Inkrafttreten des PatKostG.

NK-GK/*Vierkötter*

Ist daher zB eine Patent-Jahresgebühr am 31.1. zur Zahlung fällig, ist die Jahresgebühr bis zum 31.3. zu   3
entrichten. Die Berechnung der Frist iSd Abs. 1 S. 1 ist damit erheblich leichter[2] als die Berechnung nach
§ 188 BGB, der eine komplexe[3] Regelung zum Fristenende beinhaltet.

Nach § 130 Abs. 1 S. 2 PatG kann auf Antrag des Schutzrechtsinhabers **Verfahrenskostenhilfe** auch für die   4
Patent-Jahresgebühren gewährt werden.

2. Zahlung mit Verspätungszuschlag (Abs. 1 S. 2). Wenn der Schutzrechtsinhaber die in Abs. 1 S. 1 in Be-   5
zug genommene Zahlungsfrist **versäumt**, kann er – mit Zahlung eines Verspätungszuschlags – die Gebühr
bis zum Ablauf des sechsten Monats nach Fälligkeit zahlen. Er hat dann zusätzlich zu der jeweiligen (Jah-
res-, Verlängerungs- oder Aufrechterhaltungs-)Gebühr den in Abs. 1 S. 2 vorgesehenen Verspätungszuschlag
zu entrichten. Der Verspätungszuschlag beträgt einheitlich 50 €.

Im zuvor genannten Beispiel (→ Rn 3) war die Patent-Jahresgebühr am 31.1. zur Zahlung fällig. Ohne Ver-   6
spätungszuschlag kann die Gebühr bis zum 31.3. entrichtet werden; mit Verspätungszuschlag kann die Gebühr bis zum 31.7. gezahlt werden. Erfolgt die Zahlung zu einem späteren Zeitpunkt, ist die Zahlung verspätet, was zum Erlöschen des Schutzrechts führt,[4] sofern keine Wiedereinsetzung in den vorigen Stand gewährt wird.

Eine **Wiedereinsetzung in den vorigen Stand** scheidet aus, sofern als Wiedereinsetzungsgrund die mangelnde
Kenntnis der gesetzlichen Vorschriften über die Zahlung der Jahresgebühren, Aufrechterhaltungsgebühren
oder Verlängerungsgebühren genannt wird.[5] Insbesondere kann der Schutzrechtsinhaber nicht darauf vertrauen, dass er ein Informationsschreiben des DPMA mit einem Hinweis zu den Zahlungsfristen erhält. Etwaige Mitteilungen des DPMA sind lediglich Serviceleistungen, die auf die Schutzdauer des betroffenen
Rechts keinen Einfluss haben.

3. Spezialkonstellation: Fristenregelung bei Tod bzw Eröffnung des Insolvenzverfahrens. Nach §§ 239, 240   7
ZPO wird im Falle des Todes einer Partei sowie im Falle der Eröffnung des Insolvenzverfahrens über das
Vermögen einer Partei ein anhängiges Verfahren unterbrochen. Dies gilt insb. für Verfahren in bürgerlichen
Rechtsstreitigkeiten, insb. für Klagen und einstweilige Verfügungsverfahren. Die in Abs. 1 S. 1 in Bezug ge-
nommenen Zahlungsfristen für Jahres-, Verlängerungs- oder Aufrechterhaltungsgebühren sind jedoch keine
Verfahren iSd §§ 239, 240 ZPO. Sofern daher (wenn natürliche Personen Schutzrechtsinhaber sind) der
Schutzrechtsinhaber verstirbt oder (wenn juristische Personen Schutzrechtsinhaber sind) ein Insolvenzverfahren über das Vermögen des Schutzrechtsinhabers eröffnet wird, sind die **laufenden Fristen** dennoch zu
überwachen und **einzuhalten**.[6] Sofern daher der Schutzrechtsinhaber bzw derjenige, der sich um dessen Geschäfte faktisch kümmert (im Erbfall bei gesetzlicher Erbfolge bis zur Annahme/Ausschlagung der Erbschaft) bzw rechtlich zu kümmern hat (Insolvenzverwalter), die Gebühren nicht rechtzeitig einzahlt (evtl.
mit Verspätungszuschlag), erlischt das betroffene Schutzrecht nach der jeweiligen Norm.

II. Fristenregelung bei eingetragenen Designs (Abs. 2)

Inhaber eingetragener deutscher Designs haben die Möglichkeit, bei der Anmeldung des Designs die **Auf-**   8
schiebung der Bekanntmachung für die Wiedergabe um 30 Monate, gerechnet ab dem Anmeldetag, zu beantragen. Die Wirkung dieser Aufschiebung besteht in einer Verkürzung der 5-jährigen Erstschutzdauer (60
Monate)[7] um die Hälfte der Schutzdauer (auf 30 Monate). Aufgrund dieser Aufschiebung der Bekanntmachung ist der Schutzrechtsinhaber in der Lage, innerhalb dieser Frist von 30 Monaten wirtschaftlich nicht
erfolgreiche Erzeugnisse auszusondern und nur wirtschaftlich erfolgreiche Erzeugnisse für die Bekanntmachung der Wiedergabe (und damit für die übliche Schutzdauer) vorzusehen.

Die Reduzierung der Erstschutzdauer führt auch zu einer entsprechenden Reduzierung der an das DPMA   9
zu zahlenden Gebühren. Sofern der Designinhaber wirtschaftlich erfolgreiche Erzeugnisse festgestellt hat,
kann er diesbezüglich die Erstschutzdauer auf die (übliche) Schutzdauer von 5 Jahren erstrecken, sofern er
binnen der Aufschiebungsfrist (30 Monate) die Erstreckungsgebühren (also den Differenzbetrag zwischen
den reduzierten Gebühren und den üblichen Gebühren) entrichtet (§ 21 Abs. 2 S. 1 DesignG). Da es sich bei
dieser **Erstreckungsgebühr** um eine Art „Sondergebühr" handelt, beinhaltet Abs. 2 insofern eine Sonderre-

---

2 Vgl amtl. Begr. zum 2. PatRÄndG BlPMZ 1998, 393. **3** Palandt/*Ellenberger*, § 188 BGB Rn 1–3. **4** BPatG 6.8.2013 – 10 W
(pat) 36/12: In diesem Fall war die Jahresgebühr rechtzeitig binnen des Zeitraums, in dem diese mit Zahlung eines Verspätungszuschlags nachentrichtet werden kann, entrichtet worden, jedoch wurde der Verspätungszuschlag nicht rechtzeitig eingezahlt;
ebenso BPatG 25.3.2013 – 10 W (pat) 35/10; BPatG 21.6.2012 – 10 W (pat) 4/09. **5** BPatG 30.4.2015 – 29 W (pat) 510/15.
6 Vgl BGH GRUR 2008, 551 (Sägeblatt); BPatG 31.3.2006 – 27 W (pat) 70/04; anders bei Anwendbarkeit des europäischen
Patentrechts nach Regel 142 AusfOEPÜ, insb. Umkehrschluss aus Regel 142 Abs. 4 AusfOEPÜ, nach der durch den Tod oder
die fehlende Geschäftsfähigkeit eines Schutzrechtsinhabers alle Verfahren unter Einschluss laufender Fristen unterbrochen werden. **7** Vgl § 28 Abs. 1 S. 1 DesignG.

gelung. Hiernach ist bei Aufschiebung der Bekanntmachung die Erstreckungsgebühr **innerhalb der Aufschiebungsfrist (30 Monate)** zu zahlen.

III. Fristenregelung bei Verlängerung von Marken (Abs. 3)

10 Abs. 3 enthält eine Sonderregelung für die Verlängerung von eingetragenen Marken.[8] Die von einer Marke beanspruchten Waren und/oder Dienstleistungen sind in einem Waren- und Dienstleistungsverzeichnis enthalten. Welche Ware bzw welche Dienstleistung in welcher Klasse enthalten ist, bestimmt sich nach der **Nizza-Klassifikation.**[9]

11 Es kann vorkommen, dass nach der Eintragung einer Marke, dh nach Festlegung des Waren- und Dienstleistungsverzeichnisses der Marke, und vor deren Verlängerung (erstmals nach 10 Jahren) eine **Änderung der Nizza-Klassifikation** durchgeführt wird, aufgrund derer in dem Waren- und Dienstleistungsverzeichnis enthaltene und in bestimmten Klassen klassifizierte Waren und Dienstleistungen in anderen Klassen zu klassifizieren sind. Aufgrund dieser gesetzlich bedingten Umklassifizierung können zusätzliche Klassen beansprucht werden; hierdurch entstehen **zusätzliche Klassengebühren** (pro Klasse 100 € nach Nr. 331.300 GV).

12 In Abweichung zu Abs. 1 bestimmt daher **Abs. 3 S. 1**, dass die zusätzliche Klassengebühr auch nach Ablauf der in Abs. 1 in Bezug genommenen Frist **nachgezahlt** werden kann, wenn die auf Basis der ursprünglichen Klassifikation zu entrichtende Verlängerungsgebühr fristgemäß entrichtet wurde. Unter fristgemäßer Zahlung wird auch eine Zahlung mit Verspätungszuschlag verstanden.

13 **Abs. 3 S. 2** sieht jedoch eine **Endfrist** für die Nachzahlung vor, die nach Ablauf des 18. Monats nach Fälligkeit der Verlängerungsgebühr endet. Da Abs. 3 S. 2 nicht auf Abs. 1 S. 2 Bezug nimmt, ist eine spätere Zahlung, dh nach Ablauf des 18. Monats, mit Zahlung eines Verspätungszuschlags nicht möglich. Bei den 18 Monaten handelt es sich daher um eine Endfrist.

14 Sofern die Nachzahlungsgebühr innerhalb der 18 Monate gezahlt wird, ist insofern kein Verspätungszuschlag zu zahlen (**Abs. 3 S. 3**).

§ 8 Kostenansatz

(1) Die Kosten werden angesetzt:
1. beim Deutschen Patent- und Markenamt
   a) bei Einreichung einer Anmeldung,
   b) bei Einreichung eines Antrags,
   c) im Fall eines Beitritts zum Einspruchsverfahren,
   d) bei Einreichung eines Antrags auf gerichtliche Entscheidung nach § 61 Abs. 2 des Patentgesetzes sowie
   e) bei Einlegung eines Rechtsbehelfs oder Rechtsmittels,
2. beim Bundespatentgericht
   a) bei Einreichung einer Klage,
   b) bei Einreichung eines Antrags auf Erlass einer einstweiligen Verfügung,
   c) im Fall eines Beitritts zum Einspruch im Beschwerdeverfahren oder im Verfahren nach § 61 Abs. 2 des Patentgesetzes sowie
   d) bei einer erfolglosen Rüge wegen Verletzung des Anspruchs auf rechtliches Gehör,
auch wenn sie bei einem ersuchten Gericht oder einer ersuchten Behörde entstanden sind.
(2) Die Stelle, die die Kosten angesetzt hat, trifft auch die Entscheidungen nach den §§ 9 und 10.

I. Systematik

1 Eine ähnliche Regelung wie § 8 findet sich zu bürgerlichen Rechtsstreitigkeiten in § 19 Abs. 1 GKG.

2 § 8 beinhaltet – vereinfacht ausgedrückt – eine Regelung, zu welchem Zeitpunkt und durch welche Person die an das DPMA oder das BPatG zu entrichtenden Kosten angesetzt werden. Hierbei sind grds. die folgenden Einschränkungen zu beachten:

---

8 Hierzu BPatG 16.10.2014 – 30 W (pat) 527/13. **9** Abkommen von Nizza über die Internationale Klassifikation von Waren und Dienstleistungen für die Eintragung von Marken vom 15.6.1957; seit dem 1.1.2012 ist die 10. Ausgabe, abrufbar unter http://www.dpma.de/docs/service/klassifikationen/nizza/nizza10_teil1.pdf, gültig.

- § 8 gilt ausschließlich für die nach dem PatKostG, insb. dem Gebührenverzeichnis (Anlage zu § 2 Abs. 1), zu entrichtenden Kosten. Sofern Gebühren und Auslagen auf der Grundlage des Kostenverzeichnisses zur DPMAVwKostV zu entrichten sind, enthält § 11 DPMAVwKostV eine entsprechende Regelung.
- § 8 erfasst weiterhin nur diejenigen Kosten iSd Gebührenverzeichnisses, die der Kostenschuldner entrichten muss, dh solche, bei denen ihm kein Wahlrecht zusteht. Sofern der Kostenschuldner entscheiden kann, ob er durch die Zahlung der Gebühr die durch die Gebührenzahlung herbeigeführte Rechtsfolge eintreten lassen will (sog. nichtbeitreibungsfähige Kosten; → § 1 Rn 44), handelt es sich nicht um nach § 8 anzusetzende Kosten.

Sofern unter Berücksichtigung dieser Einschränkungen ein **Kostenansatz** (zu dessen konkretem Inhalt: § 24 Abs. 1 Nr. 1–4 KostVfg) erforderlich ist, erfolgt der Kostenansatz in der folgenden Vorgehensweise: **3**

- Bezeichnung der Sache und die Geschäftsnummer (§ 24 Abs. 1 Nr. 1 KostVfg);
- Feststellung des Kostenschuldners (§ 24 Abs. 1 Nr. 4 KostVfg);
- Feststellung der einzelnen Kostenbeträge unter Berechnung des Gesamtkostenbetrags;
- Zusammenstellung der einzelnen Kostenbeträge nebst Gesamtkostenbetrag in einer Kostennachricht (§ 24 Abs. 1 Nr. 2 und 3 KostVfg);
- Aufnahme einer Belehrung über den statthaften Rechtsbehelf gegen den Kostenansatz (§ 5 b GKG);
- Versand der Urschrift der Kostenrechnung an den Kostenschuldner durch den Kostenbeamten unter Angabe von Ort, Tag und Amtsbezeichnung des Kostenbeamten (§ 24 Abs. 9 KostVfg) mit Aufforderung zur Zahlung des Gesamtkostenbetrags binnen einer in der Kostenrechnung genannten Frist.

II. Kostenansatz (Abs. 1)

Der Kostenansatz iSd Abs. 1 hat unmittelbar nach Vornahme der in Abs. 1 Nr. 1 und 2 abschließend aufgeführten Handlungen zu erfolgen.[1] Bei den aufgeführten Handlungen handelt es sich nicht um amtliche Handlungen. **4**

Welche Kosten im Einzelnen im Kostenansatz nach Abs. 1 anzusetzen sind, bestimmt sich nach dem Gebührenverzeichnis. **5**

Sofern es sich um Auslagen in Verfahren vor dem BPatG handelt, sind diese gem. § 1 Abs. 1 S. 2 iVm § 19 Abs. 1 GKG iVm Anlage 1 zum GKG im Kostenansatz nach § 8 nicht zu berücksichtigen. Aufgrund dessen sind ausschließlich Auslagen vor dem DPMA nach dem PatKostG anzusetzen. **6**

Nach Abs. 1 letzter Hs sind die Gebühren auch dann anzusetzen, wenn sie bei einem **ersuchten** Gericht oder einer ersuchten Behörde entstanden sind. Hierbei handelt es sich um ein Gericht oder eine Behörde, die im Wege der **Amtshilfe** von dem DPMA oder dem BPatG um Mithilfe gebeten worden ist.[2] **7**

Der Kostenansatz kann im Verfahren vor dem DPMA jederzeit berichtigt werden, solange keine gerichtliche Entscheidung getroffen worden ist.[3] **8**

III. Kostenansatz bei Klageerhebung (Abs. 1 Nr. 2 Buchst. a)

Im Falle einer Klageerhebung wird darauf hingewiesen, dass die Zustellung der Klage erst nach Eingang des Gesamtkostenbetrags bei dem BPatG erfolgt.[4] Im Klageverfahren ist im Übrigen vor Erstellung des Kostenansatzes der Streitwert des Klageverfahrens vorläufig festzusetzen (§§ 63 Abs. 3 S. 1, 51 Abs. 1 GKG). **9**

Im Hinblick auf den Kostenansatz bestehen grds. folgende Optionen: **10**

- Der Kläger benennt einen vorläufigen Streitwert und entrichtet zusammen mit der Einreichung die entsprechenden Gerichtsgebühren. Sofern der zuständige BPatG-Senat im Rahmen der Festsetzung des vorläufigen Streitwerts den von dem Kläger bestimmten Wert vorläufig ansetzt, ist ein Kostenansatz grds. nicht mehr erforderlich, da der Kostenschuldner die entsprechende Gebühr bereits entrichtet hat.
- Sofern das BPatG in der vorgenannten Konstellation einen höheren Streitwert als den von dem Kläger bestimmten Streitwert ansetzt, ist ein Kostenansatz zwar erforderlich, der jedoch eine Aufforderung zur Zahlung der Gerichtskosten nur noch in Höhe des Differenzbetrags der Gerichtskosten beinhalten kann.
- Sofern der Kläger zwar einen Streitwert bestimmt, jedoch die entsprechende Gebühr nicht eingezahlt hat, ist zumindest nach der Höhe der Gebühren ein Kostenansatz erforderlich.

---

1 Vgl BPatG 24.1.2005 – 11 W (pat) 345/04 (Einspruchsgebühren); vgl auch § 15 Abs. 1 S. 1 KostVfg, wonach Kosten – in Übereinstimmung mit der Entscheidung des BPatG – alsbald nach Fälligkeit angesetzt werden. **2** Vgl § 375 ZPO für eine Beweisaufnahme durch einen beauftragten oder ersuchten Richter. **3** Vgl hierzu die parallele Regelung des § 19 Abs. 5 S. 1 GKG. **4** Anders bei Einreichung eines Antrags auf Erlass einer einstweiligen Verfügung, § 8 Abs. 1 Nr. 2 Buchst. b.

■ Sollte der Kläger keine Angabe zum Streitwert gemacht haben, ist ein „vollständiger" Kostenansatz erforderlich.

11 Sofern im Klageverfahren vor dem BPatG nach einer vorläufigen Streitwertfestsetzung eine endgültige Streitwertfestsetzung, zB im Urteil, durch das Gericht erfolgt und der endgültige Streitwert von dem vorläufigen Streitwert abweicht, ist der Kostenansatz iSd Abs. 1 zu **berichtigen**.[5]

IV. Verhältnis zu §§ 9, 10 (Abs. 2)

12 Die Stelle bei dem DPMA oder dem BPatG, die den Kostenansatz erstellt hat, trifft auch die Entscheidung nach § 9 (unrichtige Sachbehandlung) und § 10 (Rückzahlung von Kosten). Dies ist auch konsequent, da diese Stelle mit der Kostenthematik im Einzelfall betraut ist.

V. Rechtsbehelf gegen den Kostenansatz

13 Nach § 11 Abs. 1 S. 1 kann der Kostenschuldner gegen den Kostenansatz den Rechtsbehelf der Erinnerung einlegen.[6]

§ 9 Unrichtige Sachbehandlung

Kosten, die bei richtiger Behandlung der Sache nicht entstanden wären, werden nicht erhoben.

I. Allgemeines

1 § 9 ist ebenso wie § 8 einer Regelung des GKG nachgebildet. § 9 entspricht der Regelung des § 21 Abs. 1 S. 1 GKG. Eine wortidentische Formulierung findet sich in § 9 Abs. 1 S. 1 DPMAVwKostV.

2 § 9 gilt für alle nach dem Gebührenverzeichnis entstandenen **Gebühren**.

3 Sofern vor dem DPMA entstandene **Auslagen** betroffen sind, ist § 9 Abs. 1, 2 DPMAVwKostV anzuwenden. Soweit vor dem BPatG entstandene Auslagen gegenständlich sind, ist der Anwendungsbereich des GKG eröffnet (§ 1 Abs. 1 S. 2 iVm § 21 Abs. 1 S. 1 GKG). Für bei dem BPatG entstandene Auslagen ist zusätzlich § 21 Abs. 1 S. 2 GKG zu beachten, wonach das Gleiche für Auslagen gilt, die durch eine von Amts wegen veranlasste Verlegung eines Termins oder Vertagung einer Verhandlung entstanden sind. Eine entsprechende Formulierung findet sich weder in § 9 noch in § 9 DPMAVwKostV, obwohl es vor dem DPMA auch Anhörungstermine geben kann.

4 Aufgrund der Nachbildung des § 21 GKG kann auf die zu dieser Norm entwickelten Grundsätze zurückgegriffen werden; dies betrifft insb. die Beurteilung der Frage, ob eine unrichtige Behandlung der Sache erfolgt ist oder nicht. § 9 dient wie § 21 Abs. 1 S. 1 GKG der Kostengerechtigkeit (→ GKG § 21 Rn 2) sowie der Prozesswirtschaftlichkeit. Insbesondere der Aspekt der Prozesswirtschaftlichkeit führt dazu, dass nicht jeder unerhebliche Fehler zu einer Kostenniederschlagung führen soll, sondern nur erhebliche Verstöße, insb. solche gegen gesetzliche Vorschriften.

II. Voraussetzungen

5 **1. Kosten.** Kosten iSd Norm sind lediglich die nach dem PatKostG entstandenen Gebühren. Nur über diese Kosten des DPMA oder des BPatG kann die nach § 8 Abs. 2 zuständige Stelle entscheiden.

6 Über Kosten, die gegenüber einem Dritten zu entrichten sind (zB die Kosten eines Rechts- und/oder Patentanwalts oder die Reisekosten einer Partei), kann die nach § 8 Abs. 2 zuständige Stelle naturgemäß nicht entscheiden; sie sind nicht von § 9 erfasst. Solche Kosten können damit nicht amtlich niedergeschlagen werden.

7 Kosten können ferner dann nicht niedergeschlagen werden, wenn sie tatsächlich nicht entstanden sind. Nicht nach § 8 angesetzte Kosten sind daher nicht entstanden und können damit nicht Gegenstand eines Verfahrens nach § 9 sein.

8 Sofern Kosten nicht beitreibungsfähig sind (und damit nicht Gegenstand eines Kostenansatzes iSd § 8 sein können), können diese trotzdem niederschlagungsfähig nach § 9 sein. Dies setzt lediglich voraus, dass sie mit Rechtsgrund gezahlt und damit entstanden sind.

9 **2. Unrichtige Behandlung der Sache.** Aus Gründen der Kostengerechtigkeit und Prozesswirtschaftlichkeit (→ Rn 4) können nur solche Fehler des DPMA oder des BPatG zu einer Entscheidung nach § 9 führen, die zu einer **erheblichen Rechtsverletzung** geführt haben. Es muss ein **eindeutiger Verstoß** gegen eine gesetzliche

---

5 Vgl hierzu die parallele „Kann"-Regelung des § 19 Abs. 5 S. 2 GKG. **6** BPatG 3.3.2005 – 10 ZA (pat) 12/04.

NK-GK/Vierkötter

Norm gegeben sein, der auch nicht mit sachlich nachvollziehbaren Gründen erklärt werden kann. Wann eine solche eindeutige Rechtsverletzung gegeben ist, kann nur unter Berücksichtigung der **Einzelfallumstände** beurteilt werden. Eine ausführliche Darstellung zu „Anwendungsfälle A–Z" findet sich in → FamGKG § 20 Rn 17–64 in diesem Kommentar.

Man wird jedoch – ganz grob – den Erfahrungssatz anwenden können, dass die Vertretung einer anderen Rechtsansicht (sofern diese nicht gänzlich unvertretbar ist[1]) oder die irrtumsbedingte Vertretung einer falschen Rechtsansicht nicht zu einem eindeutigen Verstoß führen wird. **10**

Exemplarisch seien folgende Konstellationen genannt, in denen eine unrichtige Sachbehandlung mangels eindeutigen Rechtsverstoßes **abgelehnt** wurde: Verzögerung der Prüfung einer Patentanmeldung; geringfügig verlangsamte Verfahrensbearbeitung; leichter Verfahrensfehler; Vertretung einer gegenteiligen wissenschaftlichen Ansicht (→ Rn 10); unzutreffender Hinweis auf mangelnde Erfolgsaussichten eines Rechtsmittels;[2] Ermessensentscheidungen des DPMA auf Grundlage der Verordnung über den elektronischen Rechtsverkehr beim Deutschen Patent- und Markenamt (ERVDPMAV) – sofern diese überhaupt im Rahmen des § 9 überprüfbar sind.[3] Ob Kosten wegen des Fehlens einer auf Linux-Systemen verwendbaren Software zur elektronischen Anmeldung eines Gebrauchsmusters zum Teil niedergeschlagen werden müssten, hat der BGH offen gelassen.[4] **11**

Demgegenüber wurden in den nachfolgend exemplarisch aufgelisteten Konstellationen ein eindeutiger Rechtsverstoß und damit eine unrichtige Sachbehandlung **angenommen** (→ GKG § 21 Rn 11):[5] Verstoß gegen gesetzliche Normen;[6] offensichtlicher schwerer Verfahrensfehler (zB Offenlegung einer als geheim eingestuften Patentanmeldung[7]); erhebliche Verzögerung in der Verfahrensbearbeitung;[8] Vertretung einer vollständig inakzeptablen Rechtsansicht (→ Rn 10); Verstoß gegen die Pflicht zur kostensparenden Sachbehandlung, in dem nicht die billigste Sachbehandlung getroffen wurde; Versagung des rechtlichen Gehörs. **12**

Insbesondere an dem genannten Beispiel des (leichten/schweren) Verfahrensfehlers ist erkennbar, dass es sich bei der Entscheidung **Pro/Contra** unrichtige Sachbehandlung um einen „graduellen" Aspekt handelt, der nicht pauschal beurteilt werden kann. **13**

3. Ursächlichkeit der fehlerhaften Behandlung. Die fehlerhafte Behandlung der Sache muss für die Entstehung der Kosten **ursächlich** gewesen sein.[9] Sofern daher die Kosten auch ohne fehlerhafte Sachbehandlung entstanden wären, ist eine Kostenniederschlagung nicht denkbar.[10] **14**

III. Entscheidung zur Niederschlagung; Rechtsbehelf

Die Stelle bei dem DPMA oder dem BPatG, die den Kostenansatz erstellt hat, trifft grds. auch die Entscheidung nach § 9. Ausnahmsweise kann aber auch die nächsthöhere Instanz die Entscheidung über einen Antrag nach § 9 treffen, wenn zum Zeitpunkt des Antrags das Verfahren in der nächsthöheren Instanz anhängig ist.[11] **15**

Nach § 11 Abs. 1 S. 1 kann der Kostenschuldner gegen die Entscheidung nach § 9 den Rechtsbehelf der Erinnerung einlegen. **16**

§ 10 Rückzahlung von Kosten, Wegfall der Gebühr

(1) [1]Vorausgezahlte Gebühren, die nicht mehr fällig werden können, und nicht verbrauchte Auslagenvorschüsse werden erstattet. [2]Die Rückerstattung von Teilbeträgen der Jahresgebühr Nummer 312 205 bis 312 207 des Gebührenverzeichnisses ist ausgeschlossen.

(2) Gilt eine Anmeldung oder ein Antrag als zurückgenommen (§ 6 Abs. 2) oder auf Grund anderer gesetzlicher Bestimmungen als zurückgenommen oder erlischt ein Schutzrecht, weil die Gebühr nicht oder nicht vollständig gezahlt wurde, so entfällt die Gebühr, wenn die beantragte Amtshandlung nicht vorgenommen wurde.

1 Hierzu OLG München MDR 1990, 348. 2 BayObLG 20.06.2001 – 3Z BR 79/01. 3 BPatG 17.6.2014 – 35 W (pat) 25/13. 4 BGH 25.8.2015 – X ZB 8/14 (Überraschungsei) – m. Anm. *Rauh*, Mitt. 2015, 525. 5 Vgl Schulte/*Scheel*, PatG, § 9 PatKostG Rn 6. 6 BPatG 1.12.2015 – 5 ZA (pat) 103/14, 5 ZA (pat) 104/14 – betreffend eine unzulässige Erhebung einer zweiten Gerichtskostengebühr iSd Nr. 402.100 GV. 7 BPatG 16.12.2015 – 7 W (pat) 7/15. 8 BGH 22.1.2008 – X ZB 4/07 (Schwingungsdämpfung): ca. 3,5 Jahre Verzögerung; eingehend zur zulässigen Dauer der Verfahrensbearbeitung unter Berücksichtigung der zeitlichen Vorgaben der Prüfungsrichtlinien des DPMA: BPatG 23.8.2005 – 10 W (pat) 25/02 (Prüfungsantragsgebühr). 9 BGH 22.1.2008 – X ZB 4/07 (Schwingungsdämpfung). 10 Eingehend BPatG 16.12.2015 – 7 W (pat) 7/15. 11 BPatG 21.6.2010 – 2 Ni 28/08.

I. Allgemeines

1 Ob und unter welchen Voraussetzungen von einem Kostenschuldner (oder einem Dritten) entrichtete Gebühren und Auslagen **erstattet** werden können, regelt § 10. Die Norm sieht eine einheitliche Regelung im Hinblick auf die **Rückzahlung von Kosten** vor.[1]

2 Darüber hinaus führt die Norm u.a. zur Beschleunigung des Zahlungsverkehrs,[2] da die Behörde Amtshandlungen im Vertrauen auf die Entrichtung der entsprechenden Gebühr **ohne Prüfung des Zahlungseingangs** (s. Abs. 1) vornehmen kann und, sofern die Gebühr nicht entrichtet werden sollte, die Gebührenzahlung beitreiben kann; diesem Zweck dient insb. die Regelung des Abs. 2 Hs 2.

3 Die Rückzahlung von Gebühren und Auslagen ist (grds.) ausschließlich von den in § 10 genannten und in Bezug genommenen gesetzlichen Voraussetzungen abhängig; Ausnahmen von den Voraussetzungen des § 10 müssen gesetzlich bestimmt sein.

4 Allgemeine Billigkeitserwägungen finden im Geltungsbereich des § 10 und in den gesetzlich normierten Ausnahmevorschriften keine Anwendung.[3] Sofern eine Rückerstattung von der Einhaltung von Fristen durch den Kostenschuldner abhängig ist, ist entscheidend, ob die jeweiligen Handlungen innerhalb dieser Frist vorgenommen worden sind oder nicht. Aufgrund dieses **Ausschlusses von Billigkeitserwägungen** können Schutzrechtsanmelder bzw Schutzrechtsinhaber eine Rückerstattung nicht damit begründen, dass die von ihnen vorgenommene Zahlung nur zB 2 bis 3 Tage vor einer Rücknahme der betroffenen Anmeldung oder des betroffenen Einspruchs getätigt worden ist und damit aufgrund des engen zeitlichen Zusammenhangs zwischen Rücknahme und Zahlung eine Rückerstattung der Gebühr möglich sein muss. Würde das DPMA oder das BPatG solche allgemeinen Billigkeitserwägungen zulassen, würde der mit § 10 verfolgte Zweck der Herbeiführung einer klaren und eindeutigen Kostenerstattung verfehlt.

II. Erstattung (Abs. 1)

5 Nach Abs. 1 sind vorausgezahlte Gebühren, die nicht mehr fällig werden können, und nicht verbrauchte Auslagenvorschüsse zu erstatten. Das Gesetz differenziert also zwischen vorausgezahlten Gebühren und nicht verbrauchten Auslagenvorschüssen.

6 **1. Erstattung (Abs. 1 S. 1). a) Gebühren. aa) Zulässige Gebührenvorauszahlung.** Abs. 1 S. 1 Hs 1 bezieht sich nur auf gesetzlich zulässige Gebührenvorauszahlungen.[4] Wenn daher eine gesetzliche Regelung dem Kostenschuldner die Gebührenvorauszahlung (grds. oder nur vor einem Zeitpunkt) verbietet, ist die Gebührenvorauszahlung unzulässig.

7 Das Gesetz sieht in § 5 Abs. 2 die Möglichkeit der Vorauszahlung von Jahresgebühren für Patente, Schutzzertifikate und Patentanmeldungen, von Verlängerungsgebühren für Marken sowie von Aufrechterhaltungsgebühren für Gebrauchsmuster und eingetragene Designs vor. Diese Vorauszahlung darf aber frühestens ein Jahr vor Eintritt der Fälligkeit der jeweiligen Gebühr erfolgen (→ § 5 Rn 9 ff), sofern nichts anderes bestimmt ist. Nur binnen dieser Jahresfrist vor Fälligkeit vorausgezahlte Gebühren können daher nach § 10 Abs. 1 S. 1 Hs 1 zurückerstattet werden. Derjenige, der vor Beginn der Jahresfrist vor Fälligkeit Gebühren entrichtet, weiß, dass er hierzu nicht verpflichtet ist (also kein Rechtsgrund zur Zahlung besteht), so dass er die Gebühr mangels zulässiger Vorauszahlung nicht nach § 10 Abs. 1 S. 1 Hs 1 erstattet verlangen kann (hierzu aber → § 5 Rn 10).

8 **bb) Fälligkeit der Gebühr.** Die vorausgezahlte Gebühr darf ferner **nicht mehr fällig** werden können. Eine Rückerstattung kommt daher nur dann in Betracht, wenn Fälligkeit nicht mehr eintreten kann.[5]

9 Fälligkeit kann dann nicht mehr eintreten, wenn das entsprechende Schutzrecht vor Eintritt der Fälligkeit der Gebühr **entfallen** ist, zB wegen (erklärter oder gesetzlich fingierter) Rücknahme oder Verzichts.

10 Erfolgt jedoch eine Rücknahme oder ein Verzicht nach Eintritt der Fälligkeit, ist eine Erstattung nach Abs. 1 S. 1 ausgeschlossen. Sofern Schutzrechtsinhaber daher eine Schutzrechtsposition zurücknehmen oder auf ein Schutzrecht verzichten wollen und insoweit die (demnächst) fällig werdende Gebühr sparen wollen, müssen sie vor Eintritt der Fälligkeit die Rücknahme oder den Verzicht gegenüber dem DPMA erklären.

11 Hierbei ist zu beachten, dass ein **Feiertag** einen Fälligkeitstag nicht verschiebt. Wenn daher der Fälligkeitstag auf den Feiertag fällt, muss eine entsprechende Erklärung vor dem Feiertag (entspricht dem Fälligkeitstag) erklärt werden.[6]

12 Abs. 1 S. 1 setzt voraus, dass das betroffene Schutzrecht während des gesamten Fälligkeitstages besteht. Entfällt es daher am Fälligkeitstag selbst, besteht es nicht mehr an diesem Tag, so dass die Gebühr zu er-

---

[1] Amtl. Begr. BlPMZ 2002, 36. [2] Amtl. Begr. BlPMZ 2002, 36. [3] BPatG 16.12.2015 – 7 W (pat) 7/15; BPatG 6.6.2013 – 10 W (pat) 6/09; BPatG 23.8.2005 – 10 W (pat) 25/02 (Prüfungsantragsgebühr). [4] Amtl. Begr. BlPMZ 2002, 36. [5] BGH 22.1.2008 – X ZB 4/07 (Schwingungsdämpfung); BPatG 6.6.2013 – 10 W (pat) 6/09. [6] BPatGE 11, 23.

NK-GK/*Vierkötter*

statten ist.[7] Erklärt der Schutzrechtsinhaber daher am Fälligkeitstag die Rücknahme oder den Verzicht oder tritt ein anderes zum Wegfall des Schutzrechts führendes Ereignis am Fälligkeitstag ein, ist die Gebühr zurückzuerstatten.

Eine Rückerstattung findet aber nicht statt, wenn das Schutzrecht am Fälligkeitstag noch bestanden hat, jedoch rückwirkend (zB durch Nichtigerklärung) weggefallen ist.[8]   **13**

b) Verfahren der Erstattung. Das DPMA muss die vorausgezahlten Gebühren und die nicht verbrauchten   **14** Auslagenvorschüsse **von Amts wegen** zurückzahlen. Der Kostenschuldner muss keinen Antrag stellen. Sofern jedoch ein Antrag auf Rückerstattung gestellt wird, ist nach § 1 Abs. 1 Nr. 4 WahrnV[9] – mit Ausnahme der Einspruchs- und der Beschwerdegebühr – ein Beamter des gehobenen Dienstes oder ein vergleichbarer Tarifbeschäftigter für die Entscheidung zuständig.

2. Ausschluss der Erstattung (Abs. 1 S. 2). Abs. 1 S. 2 regelt den Aspekt der Erstattung des ermäßigten Ge-   **15** bührenbetrags für das 3.–5. Patentjahr (Nr. 312.205–312.207 GV). Sofern der Kostenschuldner nicht den gesamten ermäßigten Betrag (200 € ohne Berücksichtigung der Gebühren für Lizenzbereitschaftserklärung und Verspätungszuschlag) entrichtet, sondern nur einen Teilbetrag, ist die Rückerstattung ausgeschlossen. Dies bedeutet für den Schutzrechtsinhaber, dass er den Gesamtbetrag vor Eintritt der Fälligkeit der Gebühr für das 3. Patentjahr entrichten muss; er kann nicht die Ermäßigung beanspruchen, jedoch den ermäßigten Betrag in Teilbeträgen entrichten wollen.

III. Wegfall der Gebühr (Abs. 2)

1. Zum Wegfall der Gebühr führende Tatbestände. Abs. 2 sieht einen Wegfall der Gebühr in folgenden   **16** **Konstellationen** vor: Rücknahmefiktion aufgrund von § 6 Abs. 2 Hs 1; Rücknahmefiktion aufgrund anderer gesetzlicher Bestimmungen; Erlöschen eines Schutzrechts, weil die Gebühr nicht oder nicht vollständig gezahlt wurde.

Wegfall bedeutet hierbei, dass eine nicht entrichtete Gebühr nicht mehr beigetrieben werden soll.[10]

Wurde jedoch betreffend eine deutsche Patentanmeldung eine Prüfungsantragsgebühr vor Eintritt der Rücknahmefiktion bereits entrichtet, kann sie nicht mehr zurückverlangt werden; dies gilt selbst dann, wenn die beantragte Amtshandlung noch nicht vorgenommen wurde.[11] Nach Art. 11 lit. a) der GebO des EPA erfolgt in einer solchen Situation betreffend eine europäische Patentanmeldung eine Rückerstattung der entrichteten Prüfungsantragsgebühr; auf Basis der Vorgaben des deutschen Rechts ist dies aber betreffend eine deutsche Patentanmeldung ausgeschlossen.[12]

Abs. 2 bezieht sich hierbei ausschließlich auf die Rücknahmefiktion iSd § 6 Abs. 2 Hs 1. Die Nichtvornah-   **17** mefiktion iSd § 6 Abs. 2 Hs 2 ist von Abs. 2 nicht erfasst, so dass Gebühren, die infolge der Nichtvornahmefiktion fällig werden, grds. zurückzuerstatten sind. Diese Gebühren wurden ohne Rechtsgrund entrichtet, so dass eine Rückzahlungsverpflichtung besteht.

Eine „andere gesetzliche Bestimmung" iSd Abs. 2 ist insbesondere: **18**
- § 40 Abs. 5 S. 1 PatG (anders: § 6 Abs. 1 S. 2 Hs 2 GebrMG):[13] Fiktion der Rücknahme der früheren Anmeldung bei Inanspruchnahme einer inneren Priorität durch Abgabe der Prioritätserklärung;
- § 58 Abs. 3 PatG: Nichtstellung des Prüfungsantrags innerhalb der 7-Jahresfrist des § 44 Abs. 2 PatG;
- § 36 Abs. 2 S. 1 MarkenG: Fiktion der Rücknahme der Anmeldung bei Nichtbeseitigung der von dem DPMA gerügten Mängel;
- § 40 Abs. 2 S. 2 MarkenG: Fiktion der Rücknahme der Teilanmeldung bei Nichteinreichung der Unterlagen.

2. Ausschluss der Erstattung nach Vornahme der beantragten Amtshandlung. Sofern einer dieser Tatbe-   **19** stände (→ Rn 16–18) eingetreten ist, entfällt die Gebühr – mit der Rechtsfolge der Erstattung der gezahlten Gebühren – aber nur dann, wenn die **beantragte Amtshandlung nicht vorgenommen** worden ist (**Abs. 2 aE**).

---

7 BPatGE 17, 3. **8** Schulte/*Schell*, PatG, § 10 PatKostG Rn 17. **9** § 1 WahrnV beinhaltet nur eine Regelung zu Prüfungsstellen für Patente und Patentabteilungen, ist aber im Hinblick auf andere Schutzrechte analog anzuwenden. **10** Amtl. Begr. PatKostG, BlPMZ 2002, 36, 43; vgl BGH 6.5.2014 – X ZB 11/13 (Prüfungsgebühr). **11** BGH 6.5.2014 – X ZB 11/13 (Prüfungsgebühr): Einreichung der Patentanmeldung und Stellung des Prüfungsantrags nebst Entrichtung der Prüfungsgebühr; hiernach Eintritt der Rücknahmefiktion nach § 40 Abs. 5 PatG; ebenso die Vorinstanz: BPatG 6.6.2013 – 10 W (pat) 6/09. **12** BGH 6.5.2014 – X ZB 11/13 (Prüfungsgebühr): Der BGH verkennt hierbei, wie das BPatG 23.8.2005 (10 W (pat) 25/02) nicht, dass die europäischen Vorgaben „sachgerechter" sein mögen; allerdings könne nur der Gesetzgeber Abhilfe schaffen. Auch eine verfassungsrechtliche Auslegung des § 10 Abs. 2 PatKostG, die zu einer Erstattung führe, ist nach dem BGH nicht geboten. **13** Differenzierend: BPatG 17.3.2011 – 10 W (pat) 11/10: keine Rückerstattung einer rechtzeitig und vollständig eingezahlten Prüfungsantragsgebühr bei Eintritt der Rücknahmefiktion nach § 40 Abs. 5 PatG (Inanspruchnahme der inneren Priorität), wenn der Prüfungsantrag lediglich aufgrund der Rücknahmefiktion betreffend der gesamten Anmeldung nicht mehr bearbeitet werden kann.

20 Unter „**beantragter Amtshandlung**" in diesem Sinne ist jedoch nur eine Amtshandlung zu verstehen, die sich inhaltlich (materiell) mit dem Antrag beschäftigt. Rein administrative Maßnahmen, die der inhaltlichen Auseinandersetzung vorausgehen, sind keine Amtshandlungen iSd Norm. Als Amtshandlung sind daher insb. **nicht** anzusehen die Aktenanlage, die Versendung einer Gebührenanforderung (Kostenansatz) sowie die Überwachung des Eingangs der geforderten Gebühren, wobei aufgrund von § 5 Abs. 1 S. 1 und 3 die Überwachung des Gebühreneingangs vor Vornahme einer Amtshandlung nicht mehr zwingend erforderlich ist. Aufgrund dessen ist zB die Anlage einer Akte beim DPMA für eine Gebührenerstattung nach Abs. 2 unschädlich.

21 Ferner steht einer Gebührenerstattung nicht entgegen, dass zB das DPMA eine inhaltliche Handlung vorgenommen hat, die der beantragten Amtshandlung jedoch nicht entspricht. Sofern jedoch das DPMA die beantragte Amtshandlung vorgenommen hat, kommt eine Erstattung nicht mehr in Betracht.

IV. Gebührenerstattung gemäß anderer gesetzlicher Bestimmungen

22 **1. Erstattung aufgrund ausdrücklicher gesetzlicher Bestimmung.** Eine Erstattung von Gebühren und Auslagen kommt nur in Betracht, wenn § 10 die Rückerstattung vorsieht oder aufgrund von anderen gesetzlichen Bestimmungen eine Erstattung zu erfolgen hat (→ Rn 24). Ob eine Erstattung überhaupt in Betracht kommt, ist maßgeblich davon abhängig, ob eine Gebührenzahlung mit oder ohne Rechtsgrund erfolgt ist.

23 Sofern eine Gebührenzahlung **mit Rechtsgrund** erfolgt ist, der Gebührenzahlung also eine entsprechende Verbindlichkeit zugrunde lag, die mit der Zahlung getilgt wurde, kommt eine Erstattung grds. nicht in Betracht.[14] Bei insofern mit Rechtsgrund geleisteter Zahlung ist infolge der Gebührenzahlung ein bestimmter rechtlicher Erfolg eingetreten, so dass der Gebührenzahlung (Leistung) ein hierdurch bedingter Rechtsvorteil (Gegenleistung) gegenübersteht.

24 Ungeachtet dessen sieht das Gesetz jedoch insb. in den folgenden Konstellationen eine **Erstattung** der **mit Rechtsgrund** gezahlten Gebühr vor:

- § 73 Abs. 3 S. 2 PatG bzw § 80 Abs. 3 PatG („Kann"-Vorschriften): Rückzahlung der Beschwerdegebühr durch das DPMA bzw das BPatG, sofern der Beschwerde abgeholfen wurde;
- § 62 Abs. 1 S. 3 PatG: Rückzahlung der Einspruchsgebühr, wenn dies der Billigkeit entspricht;
- § 43 Abs. 4 S. 3 PatG bzw § 44 Abs. 3 S. 3 PatG: Rückzahlung der Recherche- und Prüfungsantragsgebühr;
- § 63 Abs. 2 MarkenG: Rückzahlung der Widerspruchs- oder Löschungsgebühr oder der Gebühr für die beschleunigte Prüfung, wenn dies der Billigkeit entspricht;
- § 64 Abs. 5 MarkenG: Rückzahlung der Erinnerungsgebühr;
- § 66 Abs. 5 S. 3 MarkenG („Kann"-Vorschrift): Rückzahlung der Beschwerdegebühr durch das DPMA, sofern der Beschwerde abgeholfen wurde;
- § 71 Abs. 3 MarkenG („Kann"-Vorschrift): Rückzahlung der Beschwerdegebühr;[15]
- § 9 Abs. 2 DPMAVwKostV („Kann"-Vorschrift): Das DPMA sieht von der Gebührenerhebung ab.

25 **2. Erstattung aufgrund des Gedankens der Risikosphäre.** Weiterhin kommt eine Gebührenerstattung in Betracht – obwohl dies gesetzlich nicht geregelt ist –, sofern der mit der Gebührenzahlung zu bewirkende rechtliche Erfolg aus Gründen, die ausschließlich im Machtbereich des DPMA oder des BPatG liegen, nicht herbeigeführt werden kann. Dieser Grund muss jedoch ausschließlich in der **Machtsphäre der Behörde** liegen,[16] so dass evtl Mitwirkungshandlungen des Schutzrechtsinhabers zum Ausschluss der Erstattung der Gebühr führen.[17] Ein solcher ausschließlich in der Machtsphäre der Behörde liegender Grund kann zB eine **arbeitstechnische Überlastung** der Behörde sein.[18]

26 **3. Erstattung aufgrund § 812 Abs. 1 S. 1 Alt. 1 BGB analog.** Die letztgenannte, gesetzlich nicht definierte Ausnahme resultiert aus dem Aspekt, dass eine Behörde keine Einnahmen aus Gebührenzahlungen generieren soll, wenn es eine entsprechende Gegenleistung der Behörde nicht gibt. Es besteht kein Anspruch auf Einbehalt zu Unrecht, dh rechtsgrundlos, gezahlter Gebühren. Ein entsprechender Rückzahlungsanspruch findet seine Rechtfertigung in § 812 Abs. 1 S. 1 Alt. 1 BGB analog.[19] Die Norm des § 812 Abs. 2 S. 1 Alt. 1 BGB analog ist im Patentrecht nicht anwendbar.[20]

---

14 BPatG 26.10.2006 – 10 W (pat) 45/05. 15 BPatG 9.2.2015 – 27 W (pat) 65/14: Sind keine Gründe für die Erhebung der Beschwerde erkennbar, ist die Beschwerdegebühr nicht zu erstatten. 16 Vgl zum umgekehrten Falle, in dem der Grund für die beabsichtigte Erstattung nur aus der Machtsphäre des Anmelders stammte: BPatG 6.6.2013 – 10 W (pat) 6/09. 17 BPatG 23.8.2005 – 10 W (pat) 25/02 (Prüfungsantragsgebühr). 18 Schulte/*Schell*, PatG, § 10 PatKostG Rn 7. 19 BPatG 25.9.2008 – 5 W (pat) 18/06. 20 Nach BGH 6.5.2014 – X ZB 11/13 (Prüfungsgebühr) – ist für eine Analogie kein Raum, wenn eine Rückzahlung nach § 10 Abs. 2 PatKostG ausgeschlossen ist; BPatG 17.3.2011 – 10 W (pat) 11/10 – mit der Begründung, dass das PatKostG die Konstellationen, in denen bei veränderter Rechtslage eine Rückzahlung erfolgen soll, abschließend aufführt.

Nach § 812 Abs. 1 S. 1 Alt. 1 BGB analog sind entrichtete Gebühren immer dann zu erstatten, wenn zum   27
Zahlungszeitpunkt kein Rechtsgrund für die Zahlung bestanden hat.[21] Ein Rechtsgrund besteht dann nicht,
wenn in einem Gebühren- oder Kostenverzeichnis (GV gemäß PatKostG und KV gemäß DPMAVwKostV)
ein entsprechender **Gebührentatbestand nicht enthalten** ist. Hierbei kann ein Gebührentatbestand aus mehreren Gründen im Gebühren- oder Kostenverzeichnis nicht enthalten sein:

- Der Gebührentatbestand hat zu keinem Zeitpunkt existiert.[22]
- Der Gebührentatbestand hat zwar existiert, jedoch waren die Voraussetzungen des Gebührentatbestands nicht erfüllt, zB wenn eine Anmeldung nicht wirksam eingereicht oder ein Antrag nicht wirksam
  gestellt wurde.
- Der Gebührentatbestand hat zwar zu einem früheren Zeitpunkt bestanden, war jedoch zum Zeitpunkt
  der Gebührenzahlung nicht mehr anwendbar, zB infolge einer Rücknahme oder des Erlöschens einer
  Anmeldung.

Im Hinblick auf die Rücknahme ist zu berücksichtigen, dass es unbeachtlich ist, ob die Rücknahme erklärt   28
wurde oder gesetzlich fingiert ist. In beiden Konstellationen tritt die Rechtsfolge erst mit ex nunc-Wirkung
ein, so dass vor dem Zeitpunkt der Rücknahme entrichtete Gebühren mit Rechtsgrund gezahlt worden
sind; erst nach dem Zeitpunkt der Rücknahme gezahlte Gebühren erfolgten **ohne Rechtsgrund** und können
damit zurückgefordert werden.

4. Verfahren der Erstattung. Die Rückzahlung der weggefallenen Gebühr erfolgt **von Amts wegen.** Ein ent-   29
sprechender Antrag ist nicht erforderlich. Sollte jedoch ein Antrag gestellt und dieser abgelehnt werden,
kann Beschwerde zum BPatG eingelegt werden. Der Beschluss des BPatG ist unanfechtbar.

§ 11 Erinnerung, Beschwerde

(1) [1]Über Erinnerungen des Kostenschuldners gegen den Kostenansatz oder gegen Maßnahmen nach § 5
Abs. 1 entscheidet die Stelle, die die Kosten angesetzt hat. [2]Sie kann ihre Entscheidung von Amts wegen än-
dern. [3]Die Erinnerung ist schriftlich oder zu Protokoll der Geschäftsstelle bei der Stelle einzulegen, die die
Kosten angesetzt hat.
(2) [1]Gegen die Entscheidung des Deutschen Patent- und Markenamts über die Erinnerung kann der Kostenschuldner Beschwerde einlegen. [2]Die Beschwerde ist nicht an eine Frist gebunden und ist schriftlich oder zu
Protokoll der Geschäftsstelle beim Deutschen Patent- und Markenamt einzulegen. [3]Erachtet das Deutsche
Patent- und Markenamt die Beschwerde für begründet, so hat es ihr abzuhelfen. [4]Wird der Beschwerde
nicht abgeholfen, so ist sie dem Bundespatentgericht vorzulegen.
(3) Eine Beschwerde gegen die Entscheidungen des Bundespatentgerichts über den Kostenansatz findet
nicht statt.

I. Allgemeines

§ 11 beinhaltet eine Regelung zu Rechtsbehelfs- (Abs. 1) und Rechtsmittelmöglichkeiten (Abs. 2, 3) gegen   1
Entscheidungen des DPMA und des BPatG.

Dass eine Erinnerung als Rechtsbehelf anzusehen ist, ergibt sich u.a. aus § 61 Abs. 2 S. 5 MarkenG. Rechts-   2
behelfe und Rechtsmittel unterscheiden sich vor allem darin, dass mit der Einlegung einer Erinnerung kein
Instanzenwechsel verbunden ist.[1] Über Rechtsbehelfe entscheidet daher die Stelle, die die angegriffene Maßnahme erlassen hat. Sofern Rechtsmittel gegen eine Entscheidung eingelegt worden sind, entscheidet – sofern ein Abhilfeverfahren vorgesehen ist, die Abhilfe aber erfolglos geblieben ist – die nächsthöhere Instanz
über das eingelegte Rechtsmittel. Sofern daher gegen Entscheidungen des DPMA Rechtsmittel eingelegt
werden, ist das BPatG zur Entscheidung berufen.

II. Rechtsbehelf der Erinnerung (Abs. 1)

1. Allgemeines. Abs. 1 S. 1 enthält eine Regelung zum Rechtsbehelf der Erinnerung gegen den Kostenansatz   3
iSd § 8 oder gegen Maßnahmen nach § 5 Abs. 1. Da die entsprechenden Amtshandlungen von dem DPMA

---

21 BPatG 16.12.2015 – 7 W (pat) 7/15: Sofern das DPMA die Trennanmeldung später auf Antrag wieder mit der Stammanmel-
dung verbindet, lässt dies den Rechtsgrund zur Zahlung der die Trennanmeldung betreffende Gebührenforderungen nicht rückwirkend entfallen; ferner BPatG 6.6.2013 – 10 W (pat) 6/09; BPatG 17.3.2011 – 10 W (pat) 11/10. **22** BPatG 3.2.2015 – 10 W
(pat) 155/14: Erstattung der Beschwerdegebühr, nachdem (a) diese unter dem Vorbehalt gezahlt worden war, dass eine Bewilligung von beantragter Verfahrenskostenhilfe im Beschwerdeverfahren nicht statthaft sei, und (b) Verfahrenskostenhilfe bewilligt
wurde. **1** Ströble/Hacker/*Kirschneck*, 10. Aufl. 2012, § 64 MarkenG Rn 2.

getroffen werden, hat über den Rechtsbehelf der Erinnerung das DPMA zu entscheiden. Hierbei muss die Stelle, dh die entsprechende Abteilung, die die Kosten nach § 8 angesetzt oder die Maßnahmen nach § 5 Abs. 1 getroffen hat, über die Erinnerung entscheiden. Abs. 1 S. 2 sieht vor, dass sie ihre Entscheidung von Amtswegen ändern kann. Der Rechtsbehelf der Erinnerung ist an folgende **Voraussetzungen** geknüpft:

4 **2. Kostenansatz nach § 8 oder Maßnahme nach § 5 Abs. 1.** Es muss ein Kostenansatz iSd § 8 vorhanden sein oder eine Maßnahme nach § 5 Abs. 1 vorliegen.

5 Eine Erinnerung iSd Abs. 1 ist nur gegen einen **Kostenansatz iSd § 8** zulässig. Da § 12 Abs. 1 DPMAVw-KostV ebenfalls eine Erinnerung gegen einen Kostenansatz nach § 11 DPMAVwKostV vorsieht, ist eine Erinnerung iSd Abs. 1 gegen einen Kostenansatz iSd § 11 DPMAVwKostV unzulässig. Abs. 1 setzt damit zwingend einen Kostenansatz nach § 8 voraus.[2]

6 Der Erinnerungsführer muss in seiner Erinnerung deutlich machen, dass er den von dem DPMA nach § 8 vorgenommenen Kostenansatz für unberechtigt hält. Die Erinnerung muss sich daher nicht unmittelbar gegen den Kostenansatz als solchen richten, sondern eine Erinnerung ist auch gegen eine Maßnahme möglich, die auf einem fehlerhaften Kostenansatz beruht.[3]

7 Weiterhin kann eine **Maßnahme nach § 5 Abs. 1** Grundlage für eine Erinnerung sein. § 5 Abs. 1 regelt Vorauszahlungen in Verfahren vor dem DPMA oder dem BPatG. Sofern es im Rahmen der Zahlung von Jahres-, Verlängerungs- oder Aufrechterhaltungsgebühren (§ 5 Abs. 2) zu Amtshandlungen des DPMA kommen sollte, können diese nicht mit dem Rechtsbehelf der Erinnerung nach Abs. 1 angegriffen werden.

8 **3. Erinnerungsführer.** Die Erinnerung kann ausschließlich von dem Kostenschuldner iSd § 4 eingelegt werden. Dies ergibt sich aus dem eindeutigen Wortlaut des Abs. 1 S. 1.

9 **4. Schriftform, Frist.** Die Erinnerung ist schriftlich oder zu Protokoll der Geschäftsstelle bei der Stelle einzulegen, die die Kosten angesetzt hat (Abs. 1 S. 3). Aus der Formulierung *„bei der Stelle, die die Kosten angesetzt hat"* ergibt sich, dass ausschließlich die ursprünglich entscheidende Stelle entscheidungsbefugt ist. Eine andere Abteilung des DPMA oder eine andere Geschäftsstelle des BPatG ist damit nicht zur Entscheidung befugt.

10 Eine Frist für die Einlegung der Erinnerung besteht nicht,[4] obgleich Abs. 1 im Gegensatz zu Abs. 2 eine Fristenungebundenheit nicht vorsieht, was im Umkehrschluss auf den Bestand einer Frist hindeuten könnte.

11 **5. Gebührenfreiheit.** Die Erinnerung ist gebührenfrei, da ein Gebührentatbestand im Gebührenverzeichnis zum PatKostG nicht vorgesehen ist.

III. Beschwerde (Abs. 2)

12 Sofern und soweit der Erinnerungsführer die Entscheidung des DPMA über die von ihm eingelegte Erinnerung für unzutreffend hält, kann er Beschwerde einlegen (Abs. 2 S. 1).

13 **1. Voraussetzungen. a) Beschwerdefähige Entscheidung.** Es muss eine Entscheidung des DPMA über eine Erinnerung iSd Abs. 1 vorliegen. Gegen andere Entscheidungen des DPMA ist die Beschwerde nach Abs. 2 S. 1 unzulässig. Ebenso wie der Rechtsbehelf der Erinnerung setzt das Rechtsmittel der Beschwerde keinen Beschwerdewert, wie zB die Berufungssumme nach § 511 Abs. 2 Nr. 1 ZPO, voraus.

14 **b) Erinnerungsführer.** Die Beschwerde muss von dem Kostenschuldner iSd § 4 erhoben werden.

15 **c) Schriftform, Frist.** Die Beschwerde ist schriftlich oder zu Protokoll der Geschäftsstelle bei dem DPMA einzulegen. Eine Frist für die Einlegung der Beschwerde besteht nicht (Abs. 2 S. 2 Hs 1).

16 **d) Gebührenfreiheit.** Eine Gebühr ist nicht vorgesehen (Anm. zu Nr. 401.300 GV).

17 **2. Verfahrensablauf.** Nach Erhebung der Beschwerde sieht Abs. 2 ein zweiteiliges Verfahren vor: Das DPMA kann zunächst im sog. **Abhilfeverfahren** entscheiden, ob es die Beschwerde für begründet hält. In dieser Konstellation hat es abzuhelfen (Abs. 2 S. 3). Sofern das DPMA eine Abhilfe für nicht geboten erhält, hat es Beschwerde dem BPatG zur Entscheidung vorzulegen (Abs. 2 S. 4).

IV. Weitere Beschwerde (Abs. 3)

18 Abs. 3 sieht vor, dass eine – nach eingelegter Erinnerung ergangene – Entscheidung des BPatG über den Kostenansatz nicht der Beschwerde unterliegt. Solche **Entscheidungen des BPatG** sind damit **unanfechtbar**. Die Regelung des Abs. 3 steht einer **Rechtsbeschwerde (zum BGH)** aber nicht entgegen, wenn der Rechtsmittelführer die Frage klären möchte, ob es überhaupt eine Grundlage für die streitgegenständliche Gebüh-

---

2 Zu einer Erinnerung gegen einen auf § 22 Abs. 1 S. 1 GKG gestützten Kostenansatz betreffend Auslagen in einem Verfahren vor dem BPatG: BPatG 14.8.2013 – 10 W (pat) 21/08. **3** Schulte/*Schell*, PatG, § 11 PatKostG Rn 8. **4** BPatG 2.1.2013 – 10 W (pat) 34/10; BPatG 24.2.2005 – 10 ZA (pat) 2/05; BPatG 17.5.2004 – 10 ZA (pat) 18/03.

renerhebung gibt; in dieser Konstellation richtet er sich nicht gegen den Kostenansatz.[5] Bestünde die Möglichkeit der Rechtsbeschwerde nicht, wären die Rechtsschutzmöglichkeiten eingeschränkt; dies ist vom Gesetzgeber nicht gewollt.[6]

§ 12 Verjährung, Verzinsung

Für die Verjährung und Verzinsung der Kostenforderungen und der Ansprüche auf Erstattung von Kosten gilt § 5 des Gerichtskostengesetzes entsprechend.

I. Allgemeines

§ 12 bestimmt, dass für die Verjährung und Verzinsung der   1

- Kostenforderungen des DPMA und des BPatG gegen den Kostenschuldner sowie
- Ansprüche des Kostenschuldners (oder Dritten) gegen das DPMA oder das BPatG auf Erstattung von Kosten

die Vorschrift des § 5 GKG entsprechende Anwendung findet.

Nach § 5 Abs. 1 GKG verjähren Ansprüche auf Zahlung von Kosten in vier Jahren nach Ablauf des Kalenderjahres, in dem das Verfahren durch rechtskräftige Entscheidung über die Kosten, durch Vergleich oder in sonstiger Weise beendet worden ist.   2

Ansprüche auf Rückerstattung von Kosten verjähren ebenso in vier Jahren nach Ablauf des Kalenderjahres, in dem die Zahlung erfolgt ist (§ 5 Abs. 2 S. 1 GKG). § 5 Abs. 2 S. 2 GKG sieht jedoch vor, dass die Verjährung nicht vor dem in § 5 Abs. 1 GKG bezeichneten Zeitpunkt beginnt.   3

Nach § 5 Abs. 3 S. 1 Hs 1 GKG sind auf die Verjährung die Vorschriften des Bürgerlichen Gesetzbuches (§§ 194 ff BGB) anzuwenden. Da die Verjährung nicht von Amts wegen berücksichtigt wird, hat derjenige, der sich hierauf beruft, eine entsprechende **Einwendung** zu erheben (§ 5 Abs. 3 S. 1 Hs 2 GKG). § 5 Abs. 3 S. 2 und 3 GKG stellt eine Modifikation der BGB-Regelungen dar.   4

II. Verjährung von Kostenforderungen, § 5 Abs. 1 GKG analog

1. Beginn der Verjährung. Ansprüche auf Zahlung von Kosten verjähren in **vier Jahren**. Die vierjährige Verjährung beginnt nach Ablauf des Kalenderjahres, also zum 31.12. des jeweiligen Kalenderjahres, in dem das Verfahren beendet wurde durch (a) rechtskräftige Entscheidung über die Kosten, (b) Vergleich oder (c) in sonstiger Weise, zB durch (fingierte) Erklärung oder durch die Aussetzung bzw das Ruhenlassen des Verfahrens.   5

Sofern ein Teilvergleich abgeschlossen oder das Verfahren ausgesetzt oder „ruhend gestellt" wurde, ist das Verfahren iSd § 5 Abs. 1 GKG nur beendet, wenn eine „faktische Beendigung" eingetreten ist, so dass mit einer Fortsetzung des Verfahrens nicht mehr zu rechnen ist (→ GKG § 5 Rn 8).[1] Ob im Falle der Eröffnung des Insolvenzverfahrens das Verfahren beendet ist, muss im Einzelfall entschieden werden.[2]   6

Der Kostenschuldner muss die Einrede der Verjährung **erheben**, wenn das DPMA oder das BPatG die Kostenforderung nach Ablauf der Verjährungsfrist geltend macht. Eine Berücksichtigung der Verjährung von Amts wegen erfolgt nicht (§ 5 Abs. 3 S. 1 Hs 2 GKG).   7

Die Regelung des § 5 Abs. 1 S. 2 GKG ist eine Spezialvorschrift für das erstinstanzliche Musterverfahren nach dem Kapitalanleger-Musterverfahrensgesetz und damit vorliegend nicht anwendbar.   8

2. Neubeginn der Verjährung. § 5 Abs. 3 S. 2 GKG sieht – ergänzend zu § 212 BGB – einen weiteren Tatbestand für den Neubeginn der Verjährung vor. Der Neubeginn der Verjährung tritt damit in folgenden Konstellationen ein: 9

- **§ 5 Abs. 3 S. 1 Hs 1 GKG iVm § 212 Abs. 1 BGB:**
  - Anerkenntnis des Schuldners gegenüber dem DPMA oder dem BPatG durch Leistung einer Abschlagszahlung, Zinszahlung, Sicherheitsleistung oder Anerkennung in anderer Weise
  - Vornahme oder Beantragung einer gerichtlichen oder behördlichen Vollstreckungshandlung
- **§ 5 Abs. 3 S. 2 GKG:** Zusendung einer Zahlungsaufforderung oder einer Stundungsmitteilung; sofern der Aufenthalt des Kostenschuldners unbekannt ist, ist die Zustellung unter der letzten bekannten Anschrift des Kostenschuldners ausreichend.

---

5 BGH 25.8.2015 – X ZB 8/14 (Überraschungsei); BGH 10.8.2011 – X ZB 2/11 (Ethylengerüst) unter Hinweis auf die Rspr des Senats zu § 5 GKG aF. **6** BGH 10.8.2011 – X ZB 2/11 (Ethylengerüst). **1** Schulte/*Schell*, PatG, § 12 PatKostG Rn 3. **2** OLG Karlsruhe 25.9.2012 – 11 W 34/10 (zu § 5 GKG).

10 Der erneute Beginn der Verjährung infolge einer Vollstreckungshandlung iSd § 212 Abs. 1 Nr. 2 BGB gilt als nicht eingetreten, wenn die von dem Gläubiger beantragte Vollstreckungshandlung mangels der gesetzlichen Voraussetzung aufgehoben wird, § 212 Abs. 2 BGB (vgl auch § 212 Abs. 3 BGB).

11 Ein Neubeginn der Verjährung oder ein Ablauf der Verjährung erfolgt jedoch nicht bei Kostenbeträgen unter 25 € (§ 5 Abs. 3 S. 4 GKG).

III. Ansprüche auf Erstattung von Kosten, § 5 Abs. 2 GKG analog

12 Auch Ansprüche auf Erstattung von Kosten verjähren nach Ablauf von vier Jahren nach Ablauf des Kalenderjahres, in dem die Zahlung erfolgt ist, also zum 31.12. des jeweiligen Jahres.

13 § 5 Abs. 2 S. 2 GKG bestimmt jedoch, dass die Verjährung nicht vor dem in § 5 Abs. 1 GKG bezeichneten Zeitpunkt, also dem der Verfahrensbeendigung, beginnt. Sofern daher die nach § 5 Abs. 2 S. 1 GKG berechnete 4-Jahresfrist zu einem früheren Zeitpunkt als die nach § 5 Abs. 1 GKG berechnete 4-Jahresfrist endet, tritt die Verjährung erst ab dem späteren Verjährungszeitpunkt ein (→ GKG § 5 Rn 19).

14 § 5 Abs. 2 S. 3 GKG bestimmt, dass durch die Einlegung eines Rechtsbehelfs mit dem Ziel der Rückerstattung der Kosten die Verjährung wie durch Klageerhebung gehemmt wird. Hierbei ist das Wort „Rechtsbehelf" nicht so eng wie bei § 11 Abs. 1 zu verstehen; Rechtsbehelf iSd § 5 Abs. 2 S. 3 GKG sind sowohl Erinnerungen als auch Beschwerden (→ GKG § 5 Rn 21).

15 Sofern der Rückerstattungsbetrag unter 25 € liegen sollte, ist erneut § 5 Abs. 3 S. 4 GKG zu beachten, dh in derartigen Fällen erfolgt ein Neubeginn der Verjährung oder ein Ablauf der Verjährung nicht.

IV. Verzinsung

16 § 5 Abs. 4 GKG sieht vor, dass Ansprüche auf Zahlung sowie auf Erstattung von Kosten nicht verzinst werden; die in der Norm genannten Ausnahmen sind vorliegend nicht anwendbar.

§ 13 Anwendung der bisherigen Gebührensätze

(1) Auch nach dem Inkrafttreten eines geänderten Gebührensatzes sind die vor diesem Zeitpunkt geltenden Gebührensätze weiter anzuwenden,
1. wenn die Fälligkeit der Gebühr vor dem Inkrafttreten des geänderten Gebührensatzes liegt oder
2. wenn für die Zahlung einer Gebühr durch Gesetz eine Zahlungsfrist festgelegt ist und das für den Beginn der Frist maßgebliche Ereignis vor dem Inkrafttreten des geänderten Gebührensatzes liegt oder
3. wenn die Zahlung einer nach dem Inkrafttreten des geänderten Gebührensatzes fälligen Gebühr auf Grund bestehender Vorauszahlungsregelungen vor Inkrafttreten des geänderten Gebührensatzes erfolgt ist.

(2) Bei Prüfungsanträgen nach § 44 des Patentgesetzes und Rechercheanträgen nach § 43 des Patentgesetzes, § 11 des Erstreckungsgesetzes und § 7 des Gebrauchsmustergesetzes sind die bisherigen Gebührensätze nur weiter anzuwenden, wenn der Antrag und die Gebührenzahlung vor Inkrafttreten eines geänderten Gebührensatzes eingegangen sind.

(3) [1]Wird eine innerhalb von drei Monaten nach dem Inkrafttreten eines geänderten Gebührensatzes fällig werdende Gebühr nach den bisherigen Gebührensätzen rechtzeitig gezahlt, so kann der Unterschiedsbetrag bis zum Ablauf einer vom Deutschen Patent- und Markenamt oder Bundespatentgericht zu setzenden Frist nachgezahlt werden. [2]Wird der Unterschiedsbetrag innerhalb der gesetzten Frist nachgezahlt, so gilt die Gebühr als rechtzeitig gezahlt. [3]Ein Verspätungszuschlag wird in diesen Fällen nicht erhoben.

(4) Verfahrenshandlungen, die eine Anmeldung oder einen Antrag ändern, wirken sich nicht auf die Höhe der Gebühr aus, wenn die Gebühr zur Zeit des verfahrenseinleitenden Antrages nicht nach dessen Umfang bemessen wurde.

I. Allgemeines

1 § 13 sieht – für alle Gebühren – eine zu § 7 Abs. 3 ähnliche Regelung vor. Sofern im Gebührenverzeichnis (Anlage zu § 2 Abs. 1) enthaltene Gebührensätze geändert werden (auf die Einführung neuer Gebührensätze ist § 13 nicht anwendbar), bestimmt § 13, unter welchen Voraussetzungen die bis zu der Änderung der Gebührensätze geltenden bisherigen („alten") Gebührensätze Anwendung finden; ferner, ob und unter welchen Voraussetzungen Differenzbeträge zu entrichten sind.

II. Grundregelung (Abs. 1)

Nach Abs. 1 ist auch nach Inkrafttreten eines geänderten Gebührensatzes der bislang geltende ("alte") Gebührensatz anwendbar, wenn   **2**

- die Fälligkeit des "alten" Gebührensatzes vor dem Inkrafttreten des geänderten Gebührensatzes liegt (**Nr. 1**)[1] oder
- das Gesetz für die Zahlung einer Gebühr eine Frist bestimmt und das für den Fristbeginn maßgebliche Ereignis vor dem Inkrafttreten des geänderten Gebührensatzes liegt (**Nr. 2**)[2] oder
- die Zahlung der Gebühr aufgrund bestehender Vorauszahlungsregelungen (vor allem § 5 Abs. 2) vor Inkrafttreten des geänderten Gebührensatzes erfolgt ist (**Nr. 3**).

III. Ausnahmeregelung bei technischen Schutzrechten (Abs. 2)

In Abweichung zu Abs. 1 sieht Abs. 2 in den dort abschließend genannten Konstellationen die Anwendung   **3** des "alten" Gebührensatzes nach Inkrafttreten eines geänderten Gebührensatzes nur dann vor, wenn sowohl der entsprechende Antrag gestellt als auch die entsprechende Gebührenzahlung bei der Behörde eingegangen ist.

Dies betrifft jedoch ausschließlich die folgenden Anträge: Prüfungsantrag nach § 44 PatG; Rechercheantrag   **4** nach § 43 PatG;[3] Rechercheantrag nach § 11 ErstrG; Rechercheantrag nach § 7 GebrMG.

IV. Zahlung des Differenzbetrags (Abs. 3)

Abs. 3 regelt die Zahlung des Unterschiedsbetrags zwischen dem "alten" Gebührensatz und dem geänderten Gebührensatz.[4] Die Systematik des Abs. 3 entspricht der Systematik des § 7 Abs. 3, der bei Markenrechten eine Änderung der Nizza-Klassifikation und dadurch bedingte Änderungen der Klassengebühren betrifft.   **5**

Abs. 3 S. 1 Hs 1 geht zunächst von der Voraussetzung aus, dass eine Gebühr, die innerhalb von drei Monaten nach Inkrafttreten eines geänderten Gebührensatzes zur Zahlung fällig wird, auf Basis des "alten" Gebührensatzes rechtzeitig entrichtet worden ist. Ist diese Voraussetzung bereits nicht erfüllt, ist nicht der eventuelle Differenzbetrag, sondern der geänderte Gebührenbetrag zu entrichten.   **6**

Ist diese Anforderung aber erfüllt, kann der Unterschiedsbetrag zwischen dem "alten" und dem geänderten   **7** Gebührensatz bis zum Ablauf einer vom DPMA oder dem BPatG zusätzlich gesetzten Frist nachgezahlt werden (Abs. 3 S. 1 Hs 2). Die Dauer dieser Frist ist in das Ermessen der Behörde gestellt, wobei jedoch eine angemessene Frist zur Zahlung zu setzen ist. Wird der Differenzbetrag innerhalb der von der Behörde gesetzten Frist nachgezahlt, so gilt die Gebühr gemäß geändertem Gebührensatz als **rechtzeitig gezahlt** (**Abs. 3 S. 2**). Erfolgt die Zahlung des Unterschiedsbetrags nicht innerhalb der gesetzten Frist, so gilt im Umkehrschluss zu Abs. 3 S. 4 die Gebühr gemäß geändertem Gebührensatz als nicht entrichtet.[5] Dies führt dazu, dass auch die in dem geänderten Gebührensatz enthaltene "alte" Gebühr nicht rechtzeitig entrichtet wurde, was die Rechtsfolge des § 6 Abs. 2 auslöst.

Im Hinblick auf die Zahlung des Differenzbetrags wird wie in § 7 Abs. 3 S. 3 ein **Verspätungszuschlag nicht**   **8** erhoben (**Abs. 3 S. 3**).

V. Gebührenhöhe bei Änderung der Anmeldung oder des Antrags (Abs. 4)

Abs. 4 differenziert zwischen verfahrenseinleitenden Anträgen und Verfahrenshandlungen, die eine Anmeldung oder einen Antrag ändern. Wenn sich zum Zeitpunkt eines verfahrenseinleitenden Antrags die zu entrichtende Gebühr nicht nach dem Umfang des Antrags bemisst, wirken sich konsequenterweise die Verfahrenshandlungen, die eine Anmeldung oder einen Antrag ändern, auch nicht auf die Höhe der Gebühr aus.   **9**

---

1 Vgl BPatG 30.9.2003 – 10 W (pat) 9/02. **2** Vgl BPatG 30.9.2003 – 10 W (pat) 9/02. **3** BPatG 25.6.2015 – 7 W (pat) 91/14. **4** Vgl zur Anwendung des § 13 Abs. 3 auf nach am 1.10.2009 erfolgter Einführung der anspruchsabhängigen Anmeldegebühren im PatR: BPatG 16.9.2013 – 10 W (pat) 32/12. **5** Ebenso Schulte/*Schell*, PatG, § 13 PatKostG Rn 6.

§ 14 Übergangsvorschriften aus Anlass des Inkrafttretens dieses Gesetzes

(1) [1]Die bisherigen Gebührensätze der Anlage zu § 1 (Gebührenverzeichnis) des Patentgebührengesetzes vom 18. August 1976 in der durch Artikel 10 des Gesetzes vom 22. Dezember 1999 (BGBl. I S. 2534) geänderten Fassung, sind auch nach dem 1. Januar 2002 weiter anzuwenden,

1. wenn die Fälligkeit der Gebühr vor dem 1. Januar 2002 liegt oder
2. wenn für die Zahlung einer Gebühr durch Gesetz eine Zahlungsfrist festgelegt ist und das für den Beginn der Frist maßgebliche Ereignis vor dem 1. Januar 2002 liegt oder
3. wenn die Zahlung einer nach dem 1. Januar 2002 fälligen Gebühr auf Grund bestehender Vorauszahlungsregelungen vor dem 1. Januar 2002 erfolgt ist.

[2]Ist in den Fällen des Satzes 1 Nr. 1 nach den bisher geltenden Vorschriften für den Beginn der Zahlungsfrist die Zustellung einer Gebührenbenachrichtigung erforderlich und ist diese vor dem 1. Januar 2002 nicht erfolgt, so kann die Gebühr noch bis zum 31. März 2002 gezahlt werden.

(2) In den Fällen, in denen am 1. Januar 2002 nach den bisher geltenden Vorschriften lediglich die Jahres-, Aufrechterhaltungs- und Schutzrechtsverlängerungsgebühren, aber noch nicht die Verspätungszuschläge fällig sind, richtet sich die Höhe und die Fälligkeit des Verspätungszuschlages nach § 7 Abs. 1 mit der Maßgabe, dass die Gebühren mit dem Verspätungszuschlag noch bis zum 30. Juni 2002 gezahlt werden können.

(3) Die bisher geltenden Gebührensätze sind für eingetragene Designs und typographische Schriftzeichen, die vor dem 1. Januar 2002 angemeldet worden sind, nur dann weiter anzuwenden, wenn zwar die jeweilige Schutzdauer oder Frist nach § 8 b Abs. 2 Satz 1 des Geschmacksmustergesetzes vor dem 1. Januar 2002 abgelaufen ist, jedoch noch nicht die Frist zur Zahlung der Verlängerungs- oder Erstreckungsgebühr mit Verspätungszuschlag, mit der Maßgabe, dass die Gebühren mit dem Verspätungszuschlag noch bis zum 30. Juni 2002 gezahlt werden können.

(4) Bei Prüfungsanträgen nach § 44 des Patentgesetzes und Rechercheanträgen nach § 43 des Patentgesetzes, § 11 des Erstreckungsgesetzes und § 7 des Gebrauchsmustergesetzes sind die bisherigen Gebührensätze nur weiter anzuwenden, wenn der Antrag und die Gebührenzahlung vor dem 1. Januar 2002 eingegangen sind.

(5) [1]Wird eine innerhalb von drei Monaten nach dem 1. Januar 2002 fällig werdende Gebühr nach den bisherigen Gebührensätzen rechtzeitig gezahlt, so kann der Unterschiedsbetrag bis zum Ablauf einer vom Deutschen Patent- und Markenamt oder Bundespatentgericht zu setzenden Frist nachgezahlt werden. [2]Wird der Unterschiedsbetrag innerhalb der gesetzten Frist nachgezahlt, so gilt die Gebühr als rechtzeitig gezahlt. [3]Ein Verspätungszuschlag wird in diesen Fällen nicht erhoben.

1   Während § 13 die Übergangsvorschrift für die Konstellation enthält, dass sich im Gebührenverzeichnis zum PatKostG enthaltene Gebühren ändern, enthält § 14 Übergangsbestimmungen infolge der Einführung des PatKostG zum 1.1.2002, die im Verhältnis zu den bis zum 31.12.2001 geltenden Gebührenregelungen erforderlich geworden sind.

2   Die Regelung des **Abs. 1 S. 1** entspricht – weitgehend sinngemäß – der Regelung des § 13 Abs. 1;[1] **Abs. 4** findet seine Entsprechung in § 13 Abs. 2; Abs. 5[2] und § 13 Abs. 3 sind ebenfalls deckungsgleich.

3   **Abs. 2** enthält eine Sonderregelung zur Höhe und Fälligkeit des Verspätungszuschlags iSd § 7 Abs. 1. **Abs. 3** enthält eine Sonderregelung für eingetragene Designs und typographische Schriftzeichen. Abs. 2 und 3 finden aufgrund des Ablaufs der darin genannten Zeitpunkte keine Anwendung mehr.

4   Im Übrigen ist auf die entsprechenden Erl. zu § 13 zu verweisen.

§ 15 (aufgehoben)

---

1 Zur Regelung des § 14 Abs. 1 S. 1 Nr. 2 s. BPatG 12.6.2002 – 29 W (pat) 54/02. **2** Vgl BPatG 18.12.2008 – 10 W (pat) 48/05, dessen Grundsätze auf die Norm des § 13 Abs. 3 übertragbar sind.

Anlage
(zu § 2 Abs. 1)

Gebührenverzeichnis

Nr.	Gebührentatbestand	Gebühr in Euro

A. Gebühren des Deutschen Patent- und Markenamts

(1) Sind für eine elektronische Anmeldung geringere Gebühren bestimmt als für eine Anmeldung in Papierform, werden die geringeren Gebühren nur erhoben, wenn die elektronische Anmeldung nach der nach der jeweiligen Verordnung des Deutschen Patent- und Markenamts zulässig ist.

(2) Die Gebühren Nummer 313 600, 323 100, 331 600, 333 000, 333 300, 346 100 und 362 100 werden für jeden Antragsteller gesondert erhoben.

I. Patentsachen

1. Erteilungsverfahren

Nr.	Gebührentatbestand	Gebühr in Euro
	Anmeldeverfahren Nationale Anmeldung (§ 34 PatG)	
	– bei elektronischer Anmeldung	
311 000	– die bis zu zehn Patentansprüche enthält[1]	40
311 050	– die mehr als zehn Patentansprüche enthält:	
	Die Gebühr 311 000 erhöht sich für jeden weiteren Anspruch um jeweils	20
311 100	– bei Anmeldung in Papierform:	
	Die Gebühren 311 000 und 311 050 erhöhen sich jeweils auf das 1,5fache.	
	Internationale Anmeldung (Artikel III § 4 Abs. 2 Satz 1 IntPatÜbkG)	
311 150	– die bis zu zehn Patentansprüche enthält	60
311 160	– die mehr als zehn Patentansprüche enthält:	
	Die Gebühr 311 150 erhöht sich für jeden weiteren Anspruch um jeweils	30
311 200	Recherche (§ 43 PatG)	300
	Prüfungsverfahren (§ 44 PatG)	
311 300	– wenn ein Antrag nach § 43 PatG bereits gestellt worden ist	150
311 400	– wenn ein Antrag nach § 43 PatG nicht gestellt worden ist	350
311 500	Anmeldeverfahren für ein ergänzendes Schutzzertifikat (§ 49 a PatG)	300
	Verlängerung der Laufzeit eines ergänzenden Schutzzertifikats (§ 49 a Abs. 3 PatG)	
311 600	– wenn der Antrag zusammen mit dem Antrag auf Erteilung des ergänzenden Schutzzertifikats gestellt wird	100
311 610	– wenn der Antrag nach dem Antrag auf Erteilung des ergänzenden Schutzzertifikats gestellt wird	200

2. Aufrechterhaltung eines Patents oder einer Anmeldung

Nr.	Gebührentatbestand	Gebühr in Euro
	Jahresgebühren gemäß § 17 Abs. 1 PatG	
312 030	für das 3. Patentjahr	70
312 031	– bei Lizenzbereitschaftserklärung (§ 23 Abs. 1 PatG)	35

[1] Entscheidend ist die nummerische Anzahl der Patentansprüche bei Einreichung der Anmeldung, nicht die Anzahl nach Vornahme der materiellen Prüfung: BPatG 20.8.2013 – 10 W (pat) 24/12; vgl ebenso zur Höhe der nationalen Gebühr bei zugrunde liegender internationaler Anmeldung: BPatG 29.8.2013 – 10 W (pat) 29/12; BPatG 25.7.2013 – 10 W (pat) 2/13.

Nr.	Gebührentatbestand	Gebühr in Euro
312 032	– Verspätungszuschlag (§ 7 Abs. 1 Satz 2)	50
312 040	für das 4. Patentjahr	70
312 041	– bei Lizenzbereitschaftserklärung (§ 23 Abs. 1 PatG)	35
312 042	– Verspätungszuschlag (§ 7 Abs. 1 Satz 2)	50
312 050	für das 5. Patentjahr	90
312 051	– bei Lizenzbereitschaftserklärung (§ 23 Abs. 1 PatG)	45
312 052	– Verspätungszuschlag (§ 7 Abs. 1 Satz 2)	50
312 060	für das 6. Patentjahr	130
312 061	– bei Lizenzbereitschaftserklärung (§ 23 Abs. 1 PatG)	65
312 062	– Verspätungszuschlag (§ 7 Abs. 1 Satz 2)	50
312 070	für das 7. Patentjahr	180
312 071	– bei Lizenzbereitschaftserklärung (§ 23 Abs. 1 PatG)	90
312 072	– Verspätungszuschlag (§ 7 Abs. 1 Satz 2)	50
312 080	für das 8. Patentjahr	240
312 081	– bei Lizenzbereitschaftserklärung (§ 23 Abs. 1 PatG)	120
312 082	– Verspätungszuschlag (§ 7 Abs. 1 Satz 2)	50
312 090	für das 9. Patentjahr	290
312 091	– bei Lizenzbereitschaftserklärung (§ 23 Abs. 1 PatG)	145
312 092	– Verspätungszuschlag (§ 7 Abs. 1 Satz 2)	50
312 100	für das 10. Patentjahr	350
312 101	– bei Lizenzbereitschaftserklärung (§ 23 Abs. 1 PatG)	175
312 102	– Verspätungszuschlag (§ 7 Abs. 1 Satz 2)	50
312 110	für das 11. Patentjahr	470
312 111	– bei Lizenzbereitschaftserklärung (§ 23 Abs. 1 PatG)	235
312 112	– Verspätungszuschlag (§ 7 Abs. 1 Satz 2)	50
312 120	für das 12. Patentjahr	620
312 121	– bei Lizenzbereitschaftserklärung (§ 23 Abs. 1 PatG)	310
312 122	– Verspätungszuschlag (§ 7 Abs. 1 Satz 2)	50
312 130	für das 13. Patentjahr	760
312 131	– bei Lizenzbereitschaftserklärung (§ 23 Abs. 1 PatG)	380
312 132	– Verspätungszuschlag (§ 7 Abs. 1 Satz 2)	50
312 140	für das 14. Patentjahr	910
312 141	– bei Lizenzbereitschaftserklärung (§ 23 Abs. 1 PatG)	455
312 142	– Verspätungszuschlag (§ 7 Abs. 1 Satz 2)	50
312 150	für das 15. Patentjahr	1.060
312 151	– bei Lizenzbereitschaftserklärung (§ 23 Abs. 1 PatG)	530
312 152	– Verspätungszuschlag (§ 7 Abs. 1 Satz 2)	50

Nr.	Gebührentatbestand	Gebühr in Euro
312 160	für das 16. Patentjahr	1.230
312 161	– bei Lizenzbereitschaftserklärung (§ 23 Abs. 1 PatG)	615
312 162	– Verspätungszuschlag (§ 7 Abs. 1 Satz 2)	50
312 170	für das 17. Patentjahr	1.410
312 171	– bei Lizenzbereitschaftserklärung (§ 23 Abs. 1 PatG)	705
312 172	– Verspätungszuschlag (§ 7 Abs. 1 Satz 2)	50
312 180	für das 18. Patentjahr	1.590
312 181	– bei Lizenzbereitschaftserklärung (§ 23 Abs. 1 PatG)	795
312 182	– Verspätungszuschlag (§ 7 Abs. 1 Satz 2)	50
312 190	für das 19. Patentjahr	1.760
312 191	– bei Lizenzbereitschaftserklärung (§ 23 Abs. 1 PatG)	880
312 192	– Verspätungszuschlag (§ 7 Abs. 1 Satz 2)	50
312 200	für das 20. Patentjahr	1.940
312 201	– bei Lizenzbereitschaftserklärung (§ 23 Abs. 1 PatG)	970
312 202	– Verspätungszuschlag (§ 7 Abs. 1 Satz 2)	50
	Zahlung der 3. bis 5. Jahresgebühr bei Fälligkeit der 3. Jahresgebühr:	
312 205	Die Gebühren 312 030 bis 312 050 ermäßigen sich auf	200
312 206	– bei Lizenzbereitschaftserklärung (§ 23 Abs. 1 PatG)	100
312 207	– Verspätungszuschlag (§ 7 Abs. 1 Satz 2)	50
	Jahresgebühren gemäß § 16 a PatG	
312 210	für das 1. Jahr des ergänzenden Schutzes	2.650
312 211	– bei Lizenzbereitschaftserklärung (§ 23 Abs. 1 PatG)	1.325
312 212	– Verspätungszuschlag (§ 7 Abs. 1 Satz 2)	50
312 220	für das 2. Jahr des ergänzenden Schutzes	2.940
312 221	– bei Lizenzbereitschaftserklärung (§ 23 Abs. 1 PatG)	1.470
312 222	– Verspätungszuschlag (§ 7 Abs. 1 Satz 2)	50
312 230	für das 3. Jahr des ergänzenden Schutzes	3.290
312 231	– bei Lizenzbereitschaftserklärung (§ 23 Abs. 1 PatG)	1.645
312 232	– Verspätungszuschlag (§ 7 Abs. 1 Satz 2)	50
312 240	für das 4. Jahr des ergänzenden Schutzes	3.650
312 241	– bei Lizenzbereitschaftserklärung (§ 23 Abs. 1 PatG)	1.825
312 242	– Verspätungszuschlag (§ 7 Abs. 1 Satz 2)	50
312 250	für das 5. Jahr des ergänzenden Schutzes	4.120
312 251	– bei Lizenzbereitschaftserklärung (§ 23 Abs. 1 PatG)	2.060
312 252	– Verspätungszuschlag (§ 7 Abs. 1 Satz 2)	50
312 260	für das 6. Jahr des ergänzenden Schutzes	4.520
312 261	– bei Lizenzbereitschaftserklärung (§ 23 Abs. 1 PatG)	2.260
312 262	– Verspätungszuschlag (§ 7 Abs. 1 Satz 2)	50

Nr.	Gebührentatbestand	Gebühr in Euro
3. Sonstige Anträge		
313 000	Weiterbehandlungsgebühr (§ 123 a PatG)	100
	Erfindervergütung	
313 200	– Festsetzungsverfahren (§ 23 Abs. 4 PatG)	60
313 300	– Verfahren bei Änderung der Festsetzung (§ 23 Abs. 5 PatG)	120
	Recht zur ausschließlichen Benutzung der Erfindung	
313 400	– Eintragung der Einräumung (§ 30 Abs. 4 Satz 1 PatG)	25
313 500	– Löschung dieser Eintragung (§ 30 Abs. 4 Satz 3 PatG)	25
313 600	Einspruchsverfahren (§ 59 Abs. 1 und Abs. 2 PatG)	200
313 700	Beschränkungs- oder Widerrufsverfahren (§ 64 PatG)	120
	Veröffentlichung von Übersetzungen oder berichtigten Übersetzungen	
313 800	– der Patentansprüche europäischer Patentanmeldungen (Artikel II § 2 Abs. 1 IntPatÜbkG)	60
313 810	– der Patentansprüche europäischer Patentanmeldungen, in denen die Vertragsstaaten der Vereinbarung über Gemeinschaftspatente benannt sind (Artikel 4 Abs. 2 Satz 2 des Zweiten Gesetzes über das Gemeinschaftspatent)	60
313 820	*(weggefallen)*	
313 900	Übermittlung der internationalen Anmeldung (Artikel III § 1 Abs. 2 IntPatÜbkG)	90
4. Anträge im Zusammenhang mit der Erstreckung gewerblicher Schutzrechte		
314 100	Veröffentlichung von Übersetzungen oder berichtigten Übersetzungen von erstreckten Patenten (§ 8 Abs. 1 und 3 ErstrG)	150
314 200	Recherche für ein erstrecktes Patent (§ 11 ErstrG)	250
5. Anträge im Zusammenhang mit ergänzenden Schutzzertifikaten		
315 100	Antrag auf Berichtigung der Laufzeit	150
315 200	Antrag auf Widerruf der Verlängerung der Laufzeit	200
	II. Gebrauchsmustersachen	
1. Eintragungsverfahren		
	Anmeldeverfahren Nationale Anmeldung (§ 4 GebrMG)	
321 000	– bei elektronischer Anmeldung	30
321 100	– bei Anmeldung in Papierform	40
321 150	Internationale Anmeldung (Artikel III § 4 Abs. 2 Satz 1 IntPatÜbkG)	40
321 200	Recherche (§ 7 GebrMG)	250
2. Aufrechterhaltung eines Gebrauchsmusters		
	Aufrechterhaltungsgebühren gemäß § 23 Abs. 2 GebrMG	
322 100	für das 4. bis 6. Schutzjahr	210
322 101	– Verspätungszuschlag (§ 7 Abs. 1 Satz 2)	50

Nr.	Gebührentatbestand	Gebühr in Euro
322 200	für das 7. und 8. Schutzjahr	350
322 201	– Verspätungszuschlag (§ 7 Abs. 1 Satz 2)	50
322 300	für das 9. und 10. Schutzjahr	530
322 301	– Verspätungszuschlag (§ 7 Abs. 1 Satz 2)	50
3. Sonstige Anträge		
323 000	Weiterbehandlungsgebühr (§ 21 Abs. 1 GebrMG i.V.m. § 123 a PatG)	100
323 100	Löschungsverfahren (§ 16 GebrMG)	300

III. Marken; geographische Angaben und Ursprungsbezeichnungen

1. Eintragungsverfahren

	Anmeldeverfahren einschließlich der Klassengebühr bis zu drei Klassen	
	– für eine Marke (§ 32 MarkenG)	
331 000	– bei elektronischer Anmeldung	290
331 100	– bei Anmeldung in Papierform	300
331 200	– für eine Kollektivmarke (§ 97 MarkenG)	900
	Klassengebühr bei Anmeldung für jede Klasse ab der vierten Klasse	
331 300	– für eine Marke (§ 32 MarkenG)	100
331 400	– für eine Kollektivmarke (§ 97 MarkenG)	150
331 500	Beschleunigte Prüfung der Anmeldung (§ 38 MarkenG) ...	200
331 600	Widerspruchsverfahren (§ 42 MarkenG)	120
331 700	Verfahren bei Teilung einer Anmeldung (§ 40 MarkenG) ..	300
331 800	Verfahren bei Teilübertragung einer Anmeldung (§ 27 Abs. 4, § 31 MarkenG)	300

2. Verlängerung der Schutzdauer

	Verlängerungsgebühr einschließlich der Klassengebühr bis zu drei Klassen	
332 100	– für eine Marke (§ 47 Abs. 3 MarkenG)	750
332 101	– Verspätungszuschlag (§ 7 Abs. 1 Satz 2)	50
332 200	– für eine Kollektivmarke (§ 97 MarkenG)	1.800
332 201	– Verspätungszuschlag (§ 7 Abs. 1 Satz 2)	50
	Klassengebühr bei Verlängerung für jede Klasse ab der vierten Klasse	
332 300	– für eine Marke oder Kollektivmarke (§ 47 Abs. 3, § 97 MarkenG)	260
332 301	– Verspätungszuschlag (§ 7 Abs. 1 Satz 2)	50

3. Sonstige Anträge

333 000	Erinnerungsverfahren (§ 64 MarkenG)	150
333 050	Weiterbehandlungsgebühr (§ 91 a MarkenG)	100
333 100	Verfahren bei Teilung einer Eintragung (§ 46 MarkenG) ..	300
333 200	Verfahren bei Teilübertragung einer Eintragung (§§ 46, 27 Abs. 4 MarkenG)	300

Nr.	Gebührentatbestand	Gebühr in Euro
	Löschungsverfahren	
333 300	– wegen Nichtigkeit (§ 54 MarkenG)	300
333 400	– wegen Verfalls (§ 49 MarkenG)	100

4. International registrierte Marken

	Nationale Gebühr für die internationale Registrierung	
334 100	Nationale Gebühr für die internationale Registrierung nach Artikel 3ter des Madrider Markenabkommens (§ 108 MarkenG) oder nach dem Protokoll zum Madrider Markenabkommen (§ 120 MarkenG) sowie nach dem Madrider Markenabkommen und dem Protokoll zum Madrider Markenabkommen (§§ 108, 120 MarkenG)	180
334 300	Nationale Gebühr für die nachträgliche Schutzerstreckung nach Artikel 3ter Abs. 2 des Madrider Markenabkommens (§ 111 MarkenG) oder nach Artikel 3ter Abs. 2 des Protokolls zum Madrider Markenabkommen (§ 123 Abs. 1 MarkenG) sowie nach dem Madrider Markenabkommen und dem Protokoll zum Madrider Markenabkommen (§ 123 Abs. 2 MarkenG)	120
	Umwandlungsverfahren einschließlich der Klassengebühr bis zu drei Klassen (§ 125 Abs. 1 MarkenG)	
334 500	– für eine Marke (§ 32 MarkenG)	300
334 600	– für eine Kollektivmarke (§ 97 MarkenG)	900
	Klassengebühr bei Umwandlung für jede Klasse ab der vierten Klasse	
334 700	– für eine Marke (§ 32 MarkenG)	100
334 800	– für eine Kollektivmarke (§ 97 MarkenG)	150

5. Gemeinschaftsmarken

335 100	Weiterleitung einer Gemeinschaftsmarkenanmeldung (§ 125 a MarkenG)	25
	Umwandlungsverfahren einschließlich der Klassengebühr bis zu drei Klassen (§ 125 d Abs. 1 MarkenG)	
335 200	– für eine Marke (§ 32 MarkenG)	300
335 300	– für eine Kollektivmarke (§ 97 MarkenG)	900
	Klassengebühr bei Umwandlung für jede Klasse ab der vierten Klasse	
335 400	– für eine Marke (§ 32 MarkenG)	100
335 500	– für eine Kollektivmarke (§ 97 MarkenG)	150

6. Geographische Angaben und Ursprungsbezeichnungen

336 100	Eintragungsverfahren (§ 130 MarkenG)	900
336 150	Nationales Einspruchsverfahren (§ 130 Abs. 4 MarkenG)	120
336 200	Zwischenstaatliches Einspruchsverfahren (§ 131 MarkenG)	120
336 250	Antrag auf Änderung der Spezifikation (§ 132 Abs. 1 MarkenG)	200
336 300	Löschungsverfahren (§ 132 Abs. 2 MarkenG)	120

Nr.	Gebührentatbestand	Gebühr in Euro

IV. Designsachen

1. Anmeldeverfahren

Ein Satz typografischer Schriftzeichen gilt als ein Design.

Anmeldeverfahren

– für ein Design (§ 11 DesignG)

341 000	– bei elektronischer Anmeldung	60
341 100	– bei Anmeldung in Papierform	70

– für jedes Design einer Sammelanmeldung (§ 12 Absatz 1 DesignG)

341 200	– bei elektronischer Anmeldung	
	für 2 bis 10 Designs	60
	für jedes weitere Design	6
341 300	– bei Anmeldung in Papierform	
	für 2 bis 10 Designs	70
	für jedes weitere Design	7
341 400	– für ein Design bei Aufschiebung der Bildbekanntmachung (§ 21 DesignG)	30
341 500	– für jedes Design einer Sammelanmeldung bei Aufschiebung der Bildbekanntmachung (§§ 12, 21 DesignG)	
	– für 2 bis 10 Designs	30
	– für jedes weitere Design	3

Erstreckung des Schutzes auf die Schutzdauer des § 27 Absatz 2 DesignG bei Aufschiebung der Bildbekanntmachung gemäß § 21 Absatz 2 DesignG

Erstreckungsgebühr

341 600	– für ein Design	40
341 700	– für jedes einzutragende Design einer Sammelanmeldung	
	– für 2 bis 10 Designs	40
	– für jedes weitere Design	4

2. Aufrechterhaltung der Schutzdauer

Aufrechterhaltungsgebühren gemäß § 28 Absatz 1 DesignG

für das 6. bis 10. Schutzjahr

342 100	– für jedes eingetragene Design, auch in einer Sammelanmeldung	90
342 101	– Verspätungszuschlag für jedes eingetragene Design, auch in einer Sammelanmeldung (§ 7 Absatz 1 Satz 2 DesignG)	50

für das 11. bis 15. Schutzjahr

342 200	– für jedes eingetragene Design, auch in einer Sammelanmeldung	120
342 201	– Verspätungszuschlag für jedes eingetragene Design, auch in einer Sammelanmeldung (§ 7 Absatz 1 Satz 2 DesignG)	50

für das 16. bis 20. Schutzjahr

342 300	– für jedes eingetragene Design, auch in einer Sammelanmeldung	150

Nr.	Gebührentatbestand	Gebühr in Euro
342 301	– Verspätungszuschlag für jedes eingetragene Design, auch in einer Sammelanmeldung (§ 7 Absatz 1 Satz 2 DesignG)	50
	für das 21. bis 25. Schutzjahr	
342 400	– für jedes eingetragene Design, auch in einer Sammelanmeldung	180
342 401	– Verspätungszuschlag für jedes eingetragene Design, auch in einer Sammelanmeldung (§ 7 Absatz 1 Satz 2 DesignG)	50
	**3. Aufrechterhaltung von eingetragenen Designs, die gemäß § 7 Absatz 6 GeschmMG in der bis zum Ablauf des 31. Mai 2004 geltenden Fassung im Original hinterlegt worden sind**	
343 100	Aufrechterhaltungsgebühr für das 6. bis 10. Schutzjahr	330
343 101	– Verspätungszuschlag für jedes eingetragene Design, auch in einer Sammelanmeldung (§ 7 Absatz 1 Satz 2 DesignG)	50
343 200	Aufrechterhaltungsgebühr für das 11. bis 15. Schutzjahr	360
343 201	– Verspätungszuschlag für jedes eingetragene Design, auch in einer Sammelanmeldung (§ 7 Absatz 1 Satz 2 DesignG)	50
343 300	Aufrechterhaltungsgebühr für das 16. bis 20. Schutzjahr	390
343 301	– Verspätungszuschlag für jedes eingetragene Design, auch in einer Sammelanmeldung (§ 7 Absatz 1 Satz 2 DesignG)	50
343 400	Aufrechterhaltungsgebühr für das 21. bis 25. Schutzjahr	420
343 401	– Verspätungszuschlag für jedes eingetragene Design, auch in einer Sammelanmeldung (§ 7 Absatz 1 Satz 2 DesignG)	50
	4. Gemeinschaftsgeschmacksmuster	
344 100	Weiterleitung einer Gemeinschaftsgeschmacksmusteranmeldung (§ 62 DesignG) für jede Anmeldung .... *Eine Sammelanmeldung gilt als eine Anmeldung.*	25
	5. Designs nach dem Haager Abkommen	
345 100	Weiterleitung einer Designanmeldung nach dem Haager Abkommen (§ 68 DesignG) für jede Anmeldung .... *Eine Sammelanmeldung gilt als eine Anmeldung.*	25
	6. Sonstige Anträge	
346 000	Weiterbehandlungsgebühr (§ 17 DesignG)	100
346 100	Nichtigkeitsverfahren (§ 34 a DesignG) für jedes eingetragene Design	300

V. Topographieschutzsachen

1. Anmeldeverfahren

	Anmeldeverfahren (§ 3 HalblSchG)	
361 000	– bei elektronischer Anmeldung	290
361 100	– bei Anmeldung in Papierform	300

2. Sonstige Anträge

362 000	Weiterbehandlungsgebühr (§ 11 Absatz 1 HalblSchG i.V.m. § 123 a PatG)	100
362 100	Löschungsverfahren (§ 8 HalblSchG)	300

Nr.	Gebührentatbestand	Gebührenbetrag/ Gebührensatz nach § 2 Abs. 2 i.V.m. § 2 Abs. 1

B. Gebühren des Bundespatentgerichts

(1) Die Gebühren Nummer 400 000 bis 401 300 werden für jeden Antragsteller gesondert erhoben.

(2) Die Gebühr Nummer 400 000 ist zusätzlich zur Gebühr für das Einspruchsverfahren vor dem Deutschen Patent- und Markenamt (Nummer 313 600) zu zahlen.

I. Beschwerdeverfahren

400 000	Antrag auf gerichtliche Entscheidung nach § 61 Abs. 2 PatG	300 EUR
401 100	1. gemäß § 73 Abs. 1 PatG gegen die Entscheidung der Patentabteilung über den Einspruch, 2. gemäß § 18 Abs. 1 GebrMG gegen die Entscheidung der Gebrauchs-musterabteilung über den Löschungsantrag, 3. gemäß § 66 MarkenG in Löschungsverfahren, 4. gemäß § 4 Abs. 4 Satz 3 HalblSchG i.V.m. § 18 Abs. 2 GebrMG gegen die Entscheidung der Topografieabteilung, 5. gemäß § 34 Absatz 1 SortSchG gegen die Entscheidung des Wider-spruchsausschusses in den Fällen des § 18 Absatz 2 Nr. 1, 2, 5 und 6 SortSchG 6. gemäß § 23 Absatz 4 Satz 1 DesignG gegen die Entscheidung der De-signabteilung über den Antrag auf Feststellung oder Erklärung der Nichtigkeit	500 EUR
401 200	gegen einen Kostenfestsetzungsbeschluss	50 EUR
401 300	in anderen Fällen	200 EUR
	Beschwerden in Verfahrenskostenhilfesachen, Beschwerden nach § 11 Abs. 2 Pat-KostG und nach § 11 Abs. 2 DPMAVwKostV sind gebührenfrei.	

II. Klageverfahren

1. Klageverfahren gemäß § 81 PatG, § 85 a in Verbindung mit § 81 PatG und § 20 GebrMG in Verbindung mit § 81 PatG

402 100	Verfahren im Allgemeinen	4,5
402 110	Beendigung des gesamten Verfahrens durch a) Zurücknahme der Klage – vor dem Schluss der mündlichen Verhandlung, – im Falle des § 83 Abs. 2 Satz 2 PatG i.V.m. § 81 PatG, in dem eine mündliche Verhandlung nicht stattfindet, vor Ablauf des Ta-ges, an dem die Ladung zum Termin zur Verkündung des Urteils zugestellt oder das schriftliche Urteil der Geschäftsstelle überge-ben wird, – im Falle des § 82 Abs. 2 PatG i.V.m. § 81 PatG vor Ablauf des Tages, an dem das Urteil der Geschäftsstelle übergeben wird, b) Anerkenntnis- und Verzichtsurteil, c) Abschluss eines Vergleichs vor Gericht, wenn nicht bereits ein Urteil vorausgegangen ist: Die Gebühr 402 100 ermäßigt sich auf	1,5

Nr.	Gebührentatbestand	Gebührenbetrag/ Gebührensatz nach § 2 Abs. 2 i.V.m. § 2 Abs. 1
	Erledigungserklärungen stehen der Zurücknahme nicht gleich. Die Ermäßigung tritt auch ein, wenn mehrere Ermäßigungstatbestände erfüllt sind.	

2. Sonstige Klageverfahren

Nr.	Gebührentatbestand	
402 200	Verfahren im Allgemeinen	4,5
402 210	Beendigung des gesamten Verfahrens durch	
	a) Zurücknahme der Klage vor dem Schluss der mündlichen Verhandlung,	
	b) Anerkenntnis- und Verzichtsurteil,	
	c) Abschluss eines Vergleichs vor Gericht,	
	wenn nicht bereits ein Urteil vorausgegangen ist:	
	Die Gebühr 402 200 ermäßigt sich auf	1,5
	Erledigungserklärungen stehen der Zurücknahme nicht gleich. Die Ermäßigung tritt auch ein, wenn mehrere Ermäßigungstatbestände erfüllt sind.	

3. Erlass einer einstweiligen Verfügung wegen Erteilung einer Zwangslizenz (§ 85 PatG, § 85 a in Verbindung mit § 85 PatG und § 20 PatG in Verbindung mit § 81 PatG)

Nr.	Gebührentatbestand	
402 300	Verfahren über den Antrag	1,5
402 310	In dem Verfahren findet eine mündliche Verhandlung statt:	
	Die Gebühr 402 300 erhöht sich auf	4,5
402 320	Beendigung des gesamten Verfahrens durch	
	a) Zurücknahme des Antrags vor dem Schluss der mündlichen Verhandlung,	
	b) Anerkenntnis- und Verzichtsurteil,	
	c) Abschluss eines Vergleichs vor Gericht,	
	wenn nicht bereits ein Urteil vorausgegangen ist:	
	Die Gebühr 402 310 ermäßigt sich auf	1,5
	Erledigungserklärungen stehen der Zurücknahme nicht gleich. Die Ermäßigung tritt auch ein, wenn mehrere Ermäßigungstatbestände erfüllt sind.	

III. Rüge wegen Verletzung des Anspruchs auf rechtliches Gehör

Nr.	Gebührentatbestand	
403 100	Verfahren über die Rüge wegen Verletzung des Anspruchs auf rechtliches Gehör nach § 321 a ZPO i.V.m. § 99 Abs. 1 PatG, § 82 Abs. 1 MarkenG	
	Die Rüge wird in vollem Umfang verworfen oder zurückgewiesen	50 EUR

Verordnung über die Zahlung der Kosten des Deutschen Patent- und Markenamts und des Bundespatentgerichts (Patentkostenzahlungsverordnung – PatKostZV)

Vom 15. Oktober 2003 (BGBl. I 2083)
zuletzt geändert durch Art. 4 der Verordnung über den elektronischen Rechtsverkehr beim
Deutschen Patent- und Markenamt und zur Änderung weiterer Verordnungen
für das Deutsche Patent- und Markenamt
vom 1. November 2013 (BGBl. I 3906, 3908)

§ 1 Zahlungswege

(1) Kosten des Deutschen Patent- und Markenamts und des Bundespatentgerichts können gezahlt werden

1. durch Bareinzahlung bei den Geldstellen des Deutschen Patent- und Markenamts;
2. durch Überweisung auf ein Konto der zuständigen Bundeskasse für das Deutsche Patent- und Markenamt;
3. durch Bareinzahlung bei einem inländischen oder ausländischen Geldinstitut auf ein Konto der zuständigen Bundeskasse für das Deutsche Patent- und Markenamt;
4. durch Erteilung eines gültigen SEPA-Basislastschriftmandats mit Angaben zum Verwendungszweck.

(2) Bei Zahlungen an das Deutsche Patent- und Markenamt sollen für eine Erklärung nach Absatz 1 Nummer 4 die über die Internetseite www.dpma.de bereitgestellten Formulare verwendet werden.

(3) Das Deutsche Patent- und Markenamt macht im Blatt für Patent-, Muster- und Zeichenwesen bekannt, unter welchen Bedingungen Sammelzahlungen auf ein Konto bei der zuständigen Bundeskasse für das Deutsche Patent- und Markenamt zulässig und welche Angaben bei der Zahlung erforderlich sind.

§ 2 Zahlungstag

Als Zahlungstag gilt

1. bei Bareinzahlung der Tag der Einzahlung;
2. bei Überweisungen der Tag, an dem der Betrag dem Konto der zuständigen Bundeskasse für das Deutsche Patent- und Markenamt gutgeschrieben wird;
3. bei Bareinzahlung auf das Konto der zuständigen Bundeskasse für das Deutsche Patent- und Markenamt der Tag der Einzahlung;
4. bei Erteilung eines SEPA-Basislastschriftmandats mit Angaben zum Verwendungszweck, der die Kosten umfasst, der Tag des Eingangs beim Deutschen Patent- und Markenamt oder beim Bundespatentgericht, bei zukünftig fällig werdenden Kosten der Tag der Fälligkeit, sofern die Einziehung zu Gunsten der zuständigen Bundeskasse für das Deutsche Patent- und Markenamt erfolgt. Wird das SEPA-Basislastschriftmandat durch Telefax übermittelt, ist dessen Original innerhalb einer Frist von einem Monat nach Eingang des Telefax nachzureichen. Andernfalls gilt als Zahlungstag der Tag des Eingangs des Originals.

§ 3 Übergangsregelung

[1]Abbuchungsaufträge, die nach § 1 Nr. 4 der Patentkostenzahlungsverordnung vom 20. Dezember 2001 (BGBl. I S. 3853) für künftig fällig werdende Gebühren erteilt worden sind, werden am 1. Januar 2004 gegenstandslos. [2]Für Einziehungsaufträge, die nach § 1 Nr. 5 der in Satz 1 genannten Verordnung für künftig fällig werdende Gebühren erteilt worden sind, gilt § 2 Nr. 4 entsprechend.

§ 4 Inkrafttreten, Außerkrafttreten

Diese Verordnung tritt am 1. Januar 2004 in Kraft.

I. Anwendungsbereich

1 Die PatKostZV ist aufgrund der Regelung des § 1 Abs. 2 Nr. 2 PatKostG erlassen worden, wonach durch Verordnung des Bundesjustizministeriums bestimmt werden kann, welche Zahlungswege für die an das Deutsche Patent- und Markenamt (DPMA) und das Bundespatentgericht (BPatG) zu zahlenden Kosten gelten und wie der Zahlungstag bestimmt wird. Aufgrund dessen enthält § 1 eine Regelung über die **Zahlungswege** und § 2 eine Regelung zur Bestimmung des **Zahlungstages**.

2 Die PatKostZV ist am 1.1.2004 **in Kraft getreten** (§ 4) und wurde durch Verordnung vom 1.11.2013[1] mWz 1.12.2013 geändert. Der Übergangsregelung des § 3 dürfte damit heute keine praktische Bedeutung mehr zukommen.

II. Zahlungswege (§ 1)

3 Nach § 1 Abs. 1 können die Kosten des DPMA und des BPatG eingezahlt werden durch

- Bareinzahlung bei den Geldstellen des DPMA (Nr. 1),
- Überweisung auf ein Konto der zuständigen Bundeskasse für das DPMA (Nr. 2),
- Bareinzahlung bei einem inländischen oder ausländischen Geldinstitut auf ein Konto der zuständigen Bundeskasse für das DMPA (Nr. 3) oder
- Erteilung eines gültigen SEPA-Basislastschriftmandats mit Angaben zum Verwendungszweck (Nr. 4).

4 Die Aufzählung der Zahlungswege in § 1 Abs. 1 ist **abschließend**. Da eine Zahlung durch Verrechnungscheck nicht vorgesehen ist, ist die Zahlung per **Verrechnungsscheck unzulässig** und führt damit nicht zu einer wirksamen Zahlung.[2]

5 Das Konto der zuständigen Bundeskasse des DPMA wird bei Einreichung von Patent-, Gebrauchsmuster- und Markenanmeldungen auf der von dem DPMA übersandten Empfangsbescheinigung, in der dem Anmelder insb. das amtliche Aktenzeichen des DPMA bekannt gegeben wird, mitgeteilt. Derzeit (Stand: April 2016) lautet die **Bankverbindung des DPMA:** Inhaber Bundeskasse Halle/DPMA, IBAN DE 84 7000 0000 0070 001054, BIC MARKDEF1700.

6 Nach der Einreichung einer Designanmeldung erhält der Anmelder eine Nachricht über die Kosten der Anmeldung. In dieser Nachricht sind die Kontodaten der Bundeskasse des DPMA ebenfalls angegeben.

7 Bei der Einzahlung jeglicher Gebühren sollte der Anmelder folgende Daten im Rahmen des **Verwendungszwecks** angeben: Amtliches Aktenzeichen; Anmelder bzw Inhaber des Schutzrechts; ggf – sofern einschlägig – Einsprechender oder Widersprechender; Gebührennummer laut Gebührenverzeichnis bzw Kostenverzeichnis; Gegenstand der Gebühr, zB Anmeldung, Einspruch oder Widerspruch.

8 Nur aufgrund der vorgenannten Angaben ist eine eindeutige Zuordnung der Gebühren möglich; dies hat erhebliche Bedeutung für die Rechtzeitigkeit der Zahlung der Gebühren.

III. Zahlungstag (§ 2)

9 Nach § 2 gilt als Zahlungstag

- bei Bareinzahlung der Tag der Einzahlung (Nr. 1);
- bei Überweisungen der Tag, an dem der Betrag dem Konto der zuständigen Bundeskasse für das DPMA gutgeschrieben wird (Nr. 2);[3]
- bei Bareinzahlungen auf das Konto der zuständigen Bundeskasse für das DPMA der Tag der Einzahlung (Nr. 3);
- bei Erteilung eines SEPA-Basislastschriftmandats mit Angaben zum Verwendungszweck, der die Kosten umfasst, der Tag des Eingangs beim Deutschen Patent- und Markenamt oder beim Bundespatentgericht,[4] bei zukünftig fällig werdenden Kosten der Tag der Fälligkeit, sofern die Einziehung zu Gunsten der zuständigen Bundeskasse für das Deutsche Patent- und Markenamt erfolgt. Wird das SEPA-Basislastschriftmandat durch Telefax übermittelt, ist dessen Original innerhalb einer Frist von einem Monat

---

1 BGBl. 2013 I 3906. 2 BPatG 17.6.2004 – 14 W (pat) 63/03. 3 BPatG 26.2.2013 – 27 W (pat) 572/11; BPatG 30.8.2012 – 10 W (pat) 23/10; BPatG 30.9.2009 – 28 W (pat) 12/09. 4 Nach BPatG 9.12.2013 – 19 W (pat) 43/13 (zu § 2 Nr. 4 aF) ist die Übersendung einer Einzugsermächtigung per Telefax fristwahrend. – BPatG 19.2.2014 – 28 W (pat) 2/12 (zu § 2 Nr. 4 aF): Telefax-Sendejournal („Speichersendeliste") mit der Statusmeldung „OK" zu einem Fax-Vorgang bestätigt nur, dass ein Sendevorgang stattgefunden hat, nicht aber den Inhalt des Gesendeten. Den Original-Faxsendebericht zu der Einzugsermächtigung hatte die Anmelderin trotz entsprechender Verfügung des Gerichts nicht vorgelegt.

nach Eingang des Telefax nachzureichen.[5] Andernfalls gilt als Zahlungstag der Tag des Eingangs des Originals (Nr. 4).

Sofern die bis zum 30.11.2013 geltende Fassung des § 2 Nr. 4 Anwendung findet, gilt bei Erteilung einer Lastschrifteinzugsermächtigung der Tag des Eingangs beim Patentamt nur dann als Zahlungstag, sofern die Einziehung zugunsten der zuständigen Bundeskasse für das Patentamt erfolgt. Die tatsächliche Einziehung ist hiernach Voraussetzung für den privilegierten Einzahlungstag.[6]   **10**

Macht das DPMA von einer fristgerecht eingereichten Einzugsermächtigung aus Gründen, die von dem Kostenschuldner nicht zu vertreten sind, nicht zeitnah zum Fälligkeitszeitpunkt der Gebühr Gebrauch, geht dies zu Lasten des Kostenschuldners, sofern eine Einziehung von dem angegebenen Konto zu dem Zeitpunkt der Einziehung nicht mehr möglich ist, zB infolge einer Kontosperre, einer Unterdeckung, einer Rücklastschrift oder einer Kontoauflösung.[7] Es ist Sache des Kostenschuldners, das in der Einzugsermächtigung angegebene Konto derart vorzuhalten, dass eine Einziehung jederzeit möglich ist, und zwar solange, bis der Einzug tatsächlich erfolgt.[8] § 2 Nr. 4 bestimmt insofern keine Frist für den Einzug durch das DPMA.   **11**

---

5 BPatG 2.11.2015 – 28 W (pat) 543/14 – m. Anm. *Albrecht*, GRUR-Prax 2016, 69: Das DPMA muss in der Rechtsmittelbelehrung nicht über die Zahlungswege für die Rechtsmittelgebühren und die hierbei nach der PatKostZV zu beachtenden Fristen informieren; fehlende Rechtskenntnis ist kein Wiedereinsetzungsgrund. **6** BPatG 12.5.2016 – 7 W (pat) 29/15; ebenso zuvor BPatG 21.1.2016 – 7 W (pat) 1/15 – sowie BPatG 25.4.2016 – 7 W (pat) 8/15; zutreffend ebenso betr. SEPA-Basislastschriftmandat: Schulte/*Schell*, PatG, 9. Aufl. 2014, § 2 PatKostZV Rn 28. **7** BPatG 12.5.2016 – 7 W (pat) 29/15; die Rechtsbeschwerde zum BGH wurde – auch vor dem Hintergrund der Relevanz für künftige SEPA-Basislastschriftmandate – zugelassen. **8** BPatG 12.5.2016 – 7 W (pat) 29/15.

Verordnung über Verwaltungskosten beim Deutschen Patent- und Markenamt (DPMA-Verwaltungskostenverordnung – DPMAVwKostV)

Vom 14. Juli 2006 (BGBl. I 1586)
zuletzt geändert durch Art. 211 der Zehnten Zuständigkeitsanpassungsverordnung
vom 31. August 2015 (BGBl. I 1474, 1505)

§ 1 Geltungsbereich

Für Amtshandlungen des Deutschen Patent- und Markenamts in Patent-, Gebrauchsmuster-, Topographieschutz-, Marken-, Design- und Urheberrechtssachen werden Kosten (Gebühren und Auslagen), über die nicht anderweitig durch Gesetz oder aufgrund gesetzlicher Ermächtigungen Bestimmungen getroffen sind, nur nach den Vorschriften dieser Verordnung erhoben.

§ 2 Kosten

(1) Die Kosten bestimmen sich nach dem anliegenden Kostenverzeichnis.

(2) [1]Soweit sich aus Teil A des Kostenverzeichnisses nichts anderes ergibt, werden neben den Gebühren keine Auslagen nach Teil B des Kostenverzeichnisses erhoben. [2]Wenn eine Gebühr für die Amtshandlung nicht vorgesehen ist, sind jedoch Auslagen zu erheben.

§ 3 Mindestgebühr

[1]Der Mindestbetrag einer Gebühr ist 10 Euro. [2]Centbeträge sind auf volle Eurobeträge aufzurunden.

§ 4 Kostenbefreiung

(1) Von der Zahlung der Kosten sind befreit

1. die Bundesrepublik Deutschland und die bundesunmittelbaren juristischen Personen des öffentlichen Rechts, deren Ausgaben ganz oder teilweise aufgrund gesetzlicher Verpflichtung aus dem Haushalt des Bundes getragen werden;
2. die Länder und die juristischen Personen des öffentlichen Rechts, die nach den Haushaltsplänen eines Landes für Rechnung eines Landes verwaltet werden;
3. die Gemeinden und Gemeindeverbände, soweit die Amtshandlungen nicht ihre wirtschaftlichen Unternehmen betreffen;
4. die Weltorganisation für geistiges Eigentum nach Maßgabe von Verwaltungsvereinbarungen des Bundesministeriums der Justiz und für Verbraucherschutz im Rahmen der internationalen Zusammenarbeit auf dem Gebiet des gewerblichen Rechtsschutzes.

(2) Die Befreiung tritt nicht ein, soweit die in Absatz 1 Nr. 1 bis 3 Genannten berechtigt sind, die Kosten Dritten aufzuerlegen oder sonst auf Dritte umzulegen.

(3) Kostenfreiheit nach Absatz 1 besteht nicht für Sondervermögen und Bundesbetriebe im Sinn des Artikels 110 Abs. 1 des Grundgesetzes, für gleichartige Einrichtungen der Länder sowie für öffentlich-rechtliche Unternehmen, an denen der Bund oder ein Land beteiligt ist.

(4) [1]Für die Leistung von Amtshilfe wird keine Gebühr erhoben. [2]Auslagen sind von der ersuchenden Behörde auf Anforderung zu erstatten, wenn sie im Einzelfall 35 Euro übersteigen. [3]Die Absätze 2 und 3 sind entsprechend anzuwenden.

§ 5 Kostenschuldner

(1) Zur Zahlung der Kosten ist verpflichtet,
1. wer die Amtshandlung veranlasst oder zu wessen Gunsten sie vorgenommen wird;
2. wem durch Entscheidung des Deutschen Patent- und Markenamts oder des Bundespatentgerichts die Kosten auferlegt sind;
3. wer die Kosten durch eine gegenüber dem Deutschen Patent- und Markenamt abgegebene oder dem Deutschen Patent- und Markenamt mitgeteilte Erklärung übernommen hat;
4. wer für die Kostenschuld eines anderen kraft Gesetzes haftet.

(2) Mehrere Kostenschuldner haften als Gesamtschuldner.

§ 6 Fälligkeit

(1) Gebühren werden mit dem Eingang des Antrags auf Vornahme der gebührenpflichtigen Amtshandlung fällig, Auslagen sofort nach ihrer Entstehung.

(2) Die Erstattungsgebühr (Nummer 301 500 des Kostenverzeichnisses) wird fällig, wenn das Deutsche Patent- und Markenamt feststellt, dass ein Rechtsgrund zur Zahlung nicht vorliegt.

§ 7 Vorauszahlung, Zahlungsfristen, Zurückbehaltungsrecht

(1) [1]Das Deutsche Patent- und Markenamt kann die Zahlung eines Kostenvorschusses verlangen und die Vornahme der Amtshandlung von der Zahlung oder Sicherstellung des Vorschusses abhängig machen. [2]Bei Verrichtungen von Amts wegen kann ein Vorschuss nur zur Deckung der Auslagen erhoben werden.

(2) Für die Bestimmung der Zahlungsfristen gilt § 18 der DPMA-Verordnung entsprechend.

(3) [1]Bescheinigungen, Ausfertigungen, Ablichtungen und Ausdrucke sowie vom Antragsteller anlässlich der Amtshandlung eingereichte Unterlagen können zurückbehalten werden, bis die in der Angelegenheit erwachsenen Kosten bezahlt sind. [2]Von der Zurückbehaltung ist abzusehen,
1. wenn der Eingang der Kosten mit Sicherheit zu erwarten ist,
2. wenn glaubhaft gemacht wird, dass die Verzögerung der Herausgabe einem Beteiligten einen nicht oder nur schwer zu ersetzenden Schaden bringen würde, und nicht anzunehmen ist, dass sich der Schuldner seiner Pflicht zur Zahlung der Kosten entziehen wird, oder
3. wenn es sich um Unterlagen eines Dritten handelt, demgegenüber die Zurückbehaltung eine unbillige Härte wäre.

§ 8 Folgen der Nichtzahlung, Antragsrücknahme

(1) Wird der nach § 7 Abs. 1 Satz 1 angeforderte Kostenvorschuss nicht innerhalb der vom Deutschen Patent- und Markenamt gesetzten Frist gezahlt, gilt der Antrag als zurückgenommen.

(2) Gilt ein Antrag nach Absatz 1 als zurückgenommen oder wird ein Antrag auf Vornahme einer gebührenpflichtigen Amtshandlung zurückgenommen, bevor die beantragte Amtshandlung vorgenommen wurde, entfällt die Gebühr.

§ 9 Unrichtige Sachbehandlung, Erlass von Kosten

(1) [1]Kosten, die bei richtiger Behandlung der Sache nicht entstanden wären, werden nicht erhoben. [2]Das Gleiche gilt für Auslagen, die durch eine von Amts wegen veranlasste Verlegung eines Termins oder Vertagung einer Verhandlung entstanden sind.

(2) Das Deutsche Patent- und Markenamt kann vom Ansatz der Dokumenten- und Datenträgerpauschale ganz oder teilweise absehen, wenn Daten, Ablichtungen oder Ausdrucke für Zwecke verlangt werden, deren Verfolgung überwiegend im öffentlichen Interesse liegt, oder wenn amtliche Bekanntmachungen anderen Bericht erstattenden Medien als den amtlichen Bekanntmachungsblättern auf Antrag zum unentgeltlichen Abdruck überlassen werden.

(3) Kosten werden nicht erhoben, wenn Daten im Internet zur nicht gewerblichen Nutzung bereitgestellt werden.

(4) Im Übrigen gelten für die Niederschlagung und den Erlass von Kosten die Vorschriften der Bundeshaushaltsordnung.

§ 10 Erstattung

(1) Überzahlte oder zu Unrecht erhobene Kosten sind unverzüglich zu erstatten.

(2) Bei der Erstattung von Beträgen, die ohne Rechtsgrund eingezahlt wurden (§ 6 Abs. 2), wird die Erstattungsgebühr einbehalten.

§ 11 Kostenansatz

(1) Die Kosten werden beim Deutschen Patent- und Markenamt angesetzt, auch wenn sie bei einem ersuchten Gericht oder einer ersuchten Behörde entstanden sind.

(2) [1]Die Stelle des Deutschen Patent- und Markenamts, die die Kosten angesetzt hat, trifft auch die Entscheidungen nach den §§ 9 und 10. [2]Die Anordnung nach § 9 Abs. 1, dass Kosten nicht erhoben werden, kann in Patent-, Gebrauchsmuster-, Topographieschutz-, Marken- und Designsachen auch im Aufsichtsweg erlassen werden, solange nicht das Bundespatentgericht entschieden hat.

§ 12 Erinnerung, Beschwerde, gerichtliche Entscheidung

(1) [1]Gegen den Kostenansatz kann der Kostenschuldner Erinnerung einlegen. [2]Sie ist nicht an eine Frist gebunden. [3]Über die Erinnerung oder eine Maßnahme nach den §§ 7 und 9 entscheidet die Stelle des Deutschen Patent- und Markenamts, die die Kosten angesetzt hat. [4]Das Deutsche Patent- und Markenamt kann seine Entscheidung von Amts wegen ändern.

(2) [1]Gegen die Entscheidung des Deutschen Patent- und Markenamts über die Erinnerung in Patent-, Gebrauchsmuster-, Topographieschutz-, Marken- und Designsachen kann der Kostenschuldner Beschwerde einlegen. [2]Eine Beschwerde gegen die Entscheidung des Bundespatentgerichts über den Kostenansatz findet nicht statt.

(3) [1]Erinnerung und Beschwerde sind schriftlich oder zu Protokoll der Geschäftsstelle beim Deutschen Patent- und Markenamt einzulegen. [2]Die Beschwerde ist nicht an eine Frist gebunden. [3]Erachtet das Deutsche Patent- und Markenamt die Beschwerde für begründet, hat es ihr abzuhelfen. [4]Wird der Beschwerde nicht abgeholfen, ist sie dem Bundespatentgericht vorzulegen.

(4) [1]In Urheberrechtssachen kann der Kostenschuldner gegen eine Entscheidung des Deutschen Patent- und Markenamts nach Absatz 1 innerhalb einer Frist von zwei Wochen nach der Zustellung gerichtliche Entscheidung beantragen. [2]Der Antrag ist schriftlich oder zu Protokoll der Geschäftsstelle beim Deutschen Patent- und Markenamt zu stellen. [3]Erachtet das Deutsche Patent- und Markenamt den Antrag für begründet, hat es ihm abzuhelfen. [4]Wird dem Antrag nicht abgeholfen, ist er dem nach § 138 Abs. 2 Satz 2 des Urheberrechtsgesetzes zuständigen Gericht vorzulegen.

§ 13 Verjährung, Verzinsung

Für die Verjährung und Verzinsung der Kostenforderungen und der Ansprüche auf Erstattung von Kosten gilt § 5 des Gerichtskostengesetzes entsprechend.

§ 14 Übergangsregelung

In den Fällen, in denen vor Inkrafttreten dieser Verordnung die gebührenpflichtige Amtshandlung beantragt, aber noch nicht beendet ist, werden die bis zum Inkrafttreten dieser Verordnung geltenden Gebühren erst mit Beendigung der Amtshandlung fällig.

§ 15 Inkrafttreten, Außerkrafttreten

Diese Verordnung tritt am 1. Oktober 2006 in Kraft.

I. Anwendungsbereich (§ 1)

Die DPMAVwKostV ist insb. aufgrund der Regelung des § 1 Abs. 2 Nr. 1 PatKostG erlassen worden, wo- **1** nach durch Verordnung des Bundesjustizministeriums bestimmt werden kann, dass in Verfahren vor dem DPMA neben den nach dem PatKostG erhobenen Gebühren auch Auslagen sowie Verwaltungskosten (Gebühren und Auslagen für Bescheinigungen, Beglaubigungen, Akteneinsicht und Auskünfte und sonstige Amtshandlungen) erhoben werden können.

Die DPMAVwKostV findet gem. § 1 ausschließlich auf **Amtshandlungen des DPMA** Anwendung. Für **2** Amtshandlungen des BPatG können daher auf Basis der DPMAVwKostV keine Kosten erhoben werden.

Nach § 1 werden Kosten (Gebühren und Auslagen) in **Patent-, Gebrauchsmuster-, Topographieschutz-,** **3** **Marken-, Design- und Urheberrechtssachen** nach der DPMAVwKostV nur dann erhoben, wenn über diese Kosten nicht anderweitig durch Gesetz oder aufgrund Ermächtigung Bestimmungen getroffen sind. Die DPMAVwKostV ist damit insb. gegenüber dem PatKostG nur **subsidiär** anwendbar. Aufgrund dieser Subsidiarität der Anwendung der DPMAVwKostV gibt es auch wenige Entscheidungen, die die DPMAVwKostV zum Gegenstand haben.[1]

Die DPMAVwKostV ist gem. § 15 am 1.10.2006 **in Kraft getreten**. Sie wurde hierbei unter Berücksichti- **4** gung des Aufbaus und des Regelungsgehalts des PatKostG erstellt, so dass bei der **Auslegung** der Normen der DPMAVwKostV die Regelung des PatKostG zu berücksichtigen ist, sofern die DPMAVwKostV keine abweichenden Regelungen enthält. Die DPMAVwKostV wurde zuletzt durch Verordnung vom 31.8.2015[2] mWz 8.9.2015 geändert.

Auf die Kommentierung der entsprechenden Regelungen im PatKostG wird daher verwiesen. Im Zusam- **5** menhang mit der Kommentierung der entsprechenden Norm des PatKostG wurde auf unterschiedliche Regelungsinhalte in der DPMAVwKostV – sofern dies für das Verständnis notwendig ist – hingewiesen.

II. Einzelne Regelungen

1. Nicht im PatKostG enthaltene Regelungstatbestände: Mindestgebühr (§ 3) und Kostenbefreiung **6** **(§ 4).** Die DPMAVwKostV enthält folgende Regelung, die im PatKostG nicht enthalten sind: § 3 Mindestgebühr sowie § 4 Kostenbefreiung.

Nach § 3 S. 1 beträgt der **Mindestbetrag** einer Gebühr 10 €. Cent-Beträge sind auf volle Eurobeträge aufzu- **7** runden (§ 3 S. 2).

Nach § 4 Abs. 1 sind die Bundesrepublik Deutschland und die bundesunmittelbaren juristischen Personen **8** des öffentlichen Rechts (Nr. 1), die Länder und die juristischen Personen des öffentlichen Rechts (Nr. 2) sowie die Gemeinden und Gemeindeverbände (Nr. 3) von der Zahlung von Kosten **befreit**. Dies setzt jedoch jeweils die Durchführung einer **öffentlich-rechtlichen Tätigkeit** voraus; sofern eine privatrechtliche Tätigkeit vorgenommen wird, erfolgt keine Kostenbefreiung. Ferner ist die WIPO im Rahmen der internationalen Zusammenarbeit auf dem Gebiet des gesamten gewerblichen Rechtsschutzes von der Zahlung befreit (Nr. 4).

§ 4 Abs. 2 und 3 sieht **Ausnahmetatbestände** für die Kostenbefreiung vor, so dass unter den dort genannten **9** Voraussetzungen keine Kostenbefreiung eintritt.

Nach § 4 Abs. 4 S. 1 wird für die Leistung von **Amtshilfe** keine Gebühr erhoben. Auslagen sind hingegen **10** von der ersuchenden Behörde auf Anforderung zu erstatten, wenn die Auslagen im Einzelfall 35 € übersteigen (§ 4 Abs. 4 S. 2).

2. Kostenvorschuss (§ 7 Abs. 1) und Zurückbehaltungsrecht des DPMA (§ 7 Abs. 3). § 7 Abs. 1 S. 1 enthält **11** eine zu § 5 Abs. 1 PatKostG analoge Vorschrift. Hiernach kann (nicht: muss) das DPMA die Zahlung eines **Kostenvorschusses** verlangen und die Vornahme der Amtshandlung von der Zahlung und der Sicherstellung des Vorschusses abhängig machen.

Nach § 7 Abs. 3 S. 1 können Bescheinigungen, Ausfertigungen und Abschriften sowie vom Antragsteller an- **12** lässlich der Amtshandlung eingereichte Unterlagen durch das DPMA **zurückbehalten** werden, bis die in der

---

1 Vgl BPatG 6.4.2006 – 10 W (pat) 2/05, das in seiner Entscheidung die Norm des § 9 zum Gegenstand hatte; iE wurde die beantragte Kostenerstattung wegen unrichtiger Sachbehandlung im Falle der Erteilung einer Auskunft zum Stand der Technik nach § 29 Abs. 3 PatG abgelehnt. **2** Zehnte Zuständigkeitsanpassungsverordnung v. 31.8.2015 (BGBl. I 1474).

Angelegenheit erwachsenen Kosten bezahlt sind. Diese Ausnahmevorschrift zu § 7 Abs. 1 ist ebenfalls als „Kann"-Vorschrift ausgestaltet. Dem DPMA steht hiermit bei der Ausübung ein Ermessen zu.

13 Von dieser Zurückbehaltungsmöglichkeit ist abzusehen („Muss"-Vorschrift), wenn einer der in § 7 Abs. 3 S. 2 Nr. 1–3 genannten Ausnahmetatbestände erfüllt ist, zB der Eingang der Kosten mit Sicherheit zu erwarten ist (Nr. 1). Die Regelung des § 7 Abs. 3 S. 2 stellt daher in Form einer Muss-Vorschrift den Regelungsgehalt des § 7 Abs. 1 S. 1 im Hinblick auf Bescheinigungen, Ausfertigungen und Abschriften sowie vom Antragsteller anlässlich der Amtshandlung eingereichte Unterlagen wieder her. Die Erteilung von Bescheinigungen, Ausfertigungen und Abschriften wird von dem Antragsteller im Regelfall dann beantragt, wenn er diese Dokumente zur Wahrung seiner eigenen Rechte, insb. bei der Einreichung von Nachanmeldung im Ausland unter Inanspruchnahme inländischer Prioritätsrechte, nach den im jeweiligen Schutzstaat geltenden gesetzlichen Vorschriften benötigt. Die in § 7 Abs. 3 S. 2 vorgesehene Muss-Vorschrift dient damit der Wahrung der Rechte des Antragstellers.

Anlage
(zu § 2 Abs. 1)

Kostenverzeichnis

Nr.	Gebührentatbestand	Gebührenbetrag in Euro
	Teil A. Gebühren	
I. Registerauszüge und Eintragungsscheine		
	Erteilung von	
301 100	– beglaubigten Registerauszügen	20
301 110	– unbeglaubigten Registerauszügen sowie Eintragungsscheinen nach § 4 der WerkeRegV	15
	Die Datenträgerpauschale wird gesondert erhoben.	
II. Beglaubigungen		
301 200	Beglaubigung von Ablichtungen und Ausdrucke für jede angefangene Seite	0,50 – mindestens 5
	(1) Die Beglaubigung von Ablichtungen und Ausdrucken der vom Deutschen Patent- und Markenamt erlassenen Entscheidungen und Bescheide ist gebührenfrei.	
	(2) Auslagen werden zusätzlich erhoben.	
III. Bescheinigungen, schriftliche Auskünfte		
301 300	Erteilung eines Prioritätsbelegs	20
	Auslagen werden zusätzlich erhoben.	
301 310	Erteilung einer Bescheinigung oder schriftlichen Auskunft	10
	Auslagen werden zusätzlich erhoben.	
301 320	Erteilung einer Schmuckurkunde (§ 25 Abs. 2 DPMAV)	15
	(1) Gebührenfrei ist	
	– die Erteilung von Patent-, Gebrauchsmuster-, Topographie-, Marken- und Designurkunden (§ 25 Abs. 1 DPMAV) und	
	– das Anheften von Unterlagen an die Schmuckurkunde.	
	(2) Auslagen werden zusätzlich erhoben.	

Nr.	Gebührentatbestand	Gebührenbetrag in Euro
301 330	Erteilung einer Heimatbescheinigung .... Auslagen werden zusätzlich erhoben.	15

IV. Akteneinsicht, Erteilung von Ablichtungen und Ausdrucken

301 400	Verfahren über Anträge auf Einsicht in Akten .... Die Akteneinsicht in solche Akten, deren Einsicht jedermann freisteht, in die Akten der eigenen Anmeldung oder des eigenen Schutzrechts ist gebührenfrei.	90
301 410	Verfahren über Anträge auf Erteilung von Ablichtungen und Ausdrucken aus Akten .... (1) Gebührenfrei ist – die Erteilung von Ablichtungen und Ausdrucken aus solchen Akten, deren Einsicht jedermann freisteht, aus Akten der eigenen Anmeldung oder des eigenen Schutzrechts, oder wenn – der Antrag im Anschluss an ein Akteneinsichtsverfahren gestellt wird, für das die Gebühr nach Nummer 301 400 gezahlt worden ist. (2) Auslagen werden zusätzlich erhoben.	90

V. Erstattung

301 500	Erstattung von Beträgen, die ohne Rechtsgrund eingezahlt wurden	10

Nr.	Auslagen	Höhe

Teil B. Auslagen

I. Dokumenten- und Datenträgerpauschale

302 100	Pauschale für die Herstellung und Überlassung von Dokumenten: 1. Ausfertigungen, Ablichtungen und Ausdrucke, die auf Antrag angefertigt, per Telefax übermittelt oder die angefertigt worden sind, weil die Beteiligten es unterlassen haben, die erforderliche Zahl von Mehrfertigungen beizufügen (Dokumentenpauschale): für die ersten 50 Seiten je Seite .... für jede weitere Seite .... 2. Überlassung von elektronisch gespeicherten Dateien anstelle der in Nummer 1 genannten Ausfertigungen, Ablichtungen und Ausdrucke: je Datei .... 3. Pauschale für die Überlassung von elektronisch gespeicherten Daten auf CD oder DVD (Datenträgerpauschale): je CD .... je DVD	 0,50 EUR 0,15 EUR 2,50 EUR 7,00 EUR 12,00 EUR

Nr.	Auslagen	Höhe

	(1) Frei von der Dokumentenpauschale sind für jeden Beteiligten und dessen bevollmächtigte Vertreter jeweils
	  – eine vollständige Ausfertigung oder Ablichtung oder ein vollständiger Ausdruck der Entscheidungen und Bescheide des Deutschen Patent- und Markenamts,
	  – eine Ablichtung oder ein Ausdruck jeder Niederschrift über eine Sitzung.
	(2) Die Datenträgerpauschale wird in jedem Fall erhoben.
	(3) Für die Abgabe von Schutzrechtsdaten über die Dienste DPMAdatenabgabe und DEPATISconnect wird eine Dokumenten- oder Datenträgerpauschale nicht erhoben.	

II. Auslagen für Fotos, graphische Darstellungen

Nr.	Auslagen	Höhe
302 200	Die Auslagen für die Herstellung von Fotos oder Duplikaten von Fotos oder Farbkopien betragen	
	für den ersten Abzug oder die erste Seite	2 EUR
	für jeden weiteren Abzug oder jede weitere Seite	0,50 EUR
302 210	Anfertigung von Fotos oder graphischen Darstellungen durch Dritte im Auftrag des Deutschen Patent- und Markenamts	in voller Höhe

III. Öffentliche Bekanntmachungen, Kosten eines Neudrucks

Nr.	Auslagen	Höhe
302 310	*(weggefallen)*	
302 340	Bekanntmachungskosten in Urheberrechtsverfahren	in voller Höhe
302 360	Kosten für den Neudruck oder die Änderung einer Offenlegungsschrift oder Patentschrift, soweit sie durch den Anmelder veranlasst sind	80 EUR

IV. Sonstige Auslagen

Nr.	Auslagen	Höhe
	Als Auslagen werden ferner erhoben:	
302 400	– Auslagen für Zustellungen mit Zustellungsurkunde oder Einschreiben gegen Rückschein	in voller Höhe
302 410	– Auslagen für Telegramme	in voller Höhe
302 420	– die nach dem Justizvergütungs- und -entschädigungsgesetz (JVEG) zu zahlenden Beträge; erhält ein Sachverständiger aufgrund des § 1 Abs. 2 Satz 2 JVEG keine Vergütung, ist der Betrag zu erheben, der ohne diese Vorschrift nach dem JVEG zu zahlen wäre; sind die Auslagen durch verschiedene Verfahren veranlasst, werden sie auf die mehreren Verfahren angemessen verteilt	in voller Höhe
302 430	– die bei Geschäften außerhalb des Deutschen Patent- und Markenamts den Bediensteten aufgrund gesetzlicher Vorschriften gewährte Vergütung (Reisekosten, Auslagenersatz) und die Kosten für die Bereitstellung von Räumen; sind die Auslagen durch verschiedene Verfahren veranlasst, werden sie auf die mehreren Verfahren angemessen verteilt	in voller Höhe
302 440	– die Kosten der Beförderung von Personen	in voller Höhe

Nr.	Auslagen	Höhe
	– die Kosten für Zahlungen an mittellose Personen für die Reise zum Ort einer Verhandlung, Vernehmung oder Untersuchung und für die Rückreise	bis zur Höhe der nach dem JVEG an Zeugen zu zahlenden Beträge
302 450	– die Kosten für die Beförderung von Tieren und Sachen mit Ausnahme der für Postdienstleistungen zu zahlenden Entgelte, die Verwahrung von Tieren und Sachen sowie die Fütterung von Tieren	in voller Höhe
302 460	– Beträge, die anderen inländischen Behörden, öffentlichen Einrichtungen oder Bediensteten als Ersatz für Auslagen der in den Nummern 302 420 bis 302 450 bezeichneten Art zustehen; die Beträge werden auch erhoben, wenn aus Gründen der Gegenseitigkeit, der Verwaltungsvereinfachung oder aus vergleichbaren Gründen keine Zahlungen zu leisten sind	begrenzt durch die Höchstsätze für die Auslagen 302 420 bis 302 450
302 470	– Beträge, die ausländischen Behörden, Einrichtungen oder Personen im Ausland zustehen, sowie Kosten des Rechtshilfeverkehrs mit dem Ausland; die Beträge werden auch dann erhoben, wenn aus Gründen der Gegenseitigkeit, der Verwaltungsvereinfachung oder aus vergleichbaren Gründen keine Zahlungen zu leisten sind	in voller Höhe

Teil 7: Kostenhilferecht

Zivilprozessordnung

In der Fassung der Bekanntmachung vom 5. Dezember 2005[1]
(BGBl. I 3202, ber. 2006 S. 431 und 2007 S. 1781) (FNA 310-4)
zuletzt geändert durch Art. 2 des Gesetzes zur Änderung der Haftungsbeschränkung in der
Binnenschifffahrt vom 5. Juli 2016 (BGBl. I 1578, 1579)

– Auszug –

§ 121 Beiordnung eines Rechtsanwalts

(1) Ist eine Vertretung durch Anwälte vorgeschrieben, wird der Partei ein zur Vertretung bereiter Rechtsanwalt ihrer Wahl beigeordnet.

(2) Ist eine Vertretung durch Anwälte nicht vorgeschrieben, wird der Partei auf ihren Antrag ein zur Vertretung bereiter Rechtsanwalt ihrer Wahl beigeordnet, wenn die Vertretung durch einen Rechtsanwalt erforderlich erscheint oder der Gegner durch einen Rechtsanwalt vertreten ist.

(3) Ein nicht in dem Bezirk des Prozessgerichts niedergelassener Rechtsanwalt kann nur beigeordnet werden, wenn dadurch weitere Kosten nicht entstehen.

(4) Wenn besondere Umstände dies erfordern, kann der Partei auf ihren Antrag ein zur Vertretung bereiter Rechtsanwalt ihrer Wahl zur Wahrnehmung eines Termins zur Beweisaufnahme vor dem ersuchten Richter oder zur Vermittlung des Verkehrs mit dem Prozessbevollmächtigten beigeordnet werden.

(5) Findet die Partei keinen zur Vertretung bereiten Anwalt, ordnet der Vorsitzende ihr auf Antrag einen Rechtsanwalt bei.

I. Allgemeines

Allein die Bewilligung von Prozesskostenhilfe genügt im Anwaltsprozess nicht für die erfolgreiche Rechtsverfolgung oder -verteidigung. Erforderlich ist darüber hinaus die **Beiordnung** eines Rechtsanwalts. Auch für den Parteiprozess bedarf es oft der anwaltlichen Vertretung. § 121 regelt deshalb, unter welchen Voraussetzungen der Partei, welcher Prozesskostenhilfe bewilligt wurde, ein Rechtsanwalt beizuordnen ist.   **1**

II. Zur Vertretung bereiter Rechtsanwalt (Abs. 1)

Beizuordnen ist der Partei gem. Abs. 1 ein zur Vertretung bereiter Rechtsanwalt ihrer Wahl. Es muss sich dabei um einen **inländischen Rechtsanwalt** handeln. Rechtsbeistände und Prozessagenten können nur beigeordnet werden, wenn sie nach § 209 BRAO in die Rechtsanwaltskammer aufgenommen worden sind.[1] Ein der Prozesskostenhilfe bedürftiger Rechtsanwalt kann nicht sich selbst als Prozessbevollmächtigter beigeordnet werden,[2] möglich ist jedoch die Beiordnung eines anderen Rechtsanwalts.[3] Tritt der Rechtsanwalt als Partei kraft Amtes auf, ist auch seine Beiordnung möglich.[4]   **2**

Wer beigeordnet wird, muss im Bewilligungsbeschluss ausdrücklich festgelegt werden. Die Beiordnung beschränkt sich nicht auf Einzelpersonen. Beigeordnet werden kann auch eine **Sozietät** unabhängig von der Art ihrer Organisation (Rechtsanwaltsgesellschaft nach § 59 c Abs. 1 BRAO, Partnerschaftsgesellschaft, Gesellschaft bürgerlichen Rechts).[5]   **3**

Der Rechtsanwalt muss zur Vertretung bereit sein; allein die Beiordnung begründet kein Mandatsverhältnis.[6] Ein Rechtsanwalt, der die Partei niemals vertreten hat oder auch nur zur Zeit der Beschlussfassung nicht mehr vertritt, darf nicht beigeordnet werden.[7]   **4**

III. Anwalts- und Parteiprozess (Abs. 1, 2)

Im **Anwaltsprozess** muss gem. Abs. 1 ein postulationsfähiger (§ 78 Abs. 1 ZPO), bei dem Prozessgericht zugelassener Rechtsanwalt bestellt werden.   **5**

---

[1] Neubekanntmachung der ZPO idF der Bek. v. 12.9.1950 (BGBl. I 533) in der ab 21.10.2005 geltenden Fassung. [1] BGH JurBüro 2003, 477. [2] OLG München FamRZ 2009, 899. [3] BGH NJW 2006, 1881. [4] BGH NJW 2002, 2179; BGH JurBüro 2007, 97. [5] BGH NJW 2009, 440. [6] Hk-ZPO/*Kießling/Pukall*, § 121 Rn 3. [7] OLG Brandenburg FamRZ 2007, 1753; OLG Celle FamRZ 2012, 1661.

6 Die Beiordnung im **Parteiprozess** setzt gem. Abs. 2 voraus, dass die Vertretung durch einen Rechtsanwalt erforderlich erscheint oder der Gegner durch einen Rechtsanwalt vertreten ist. Für **Familiensachen** und **Verfahren der freiwilligen Gerichtsbarkeit** gilt die Sonderregelung des § 78 Abs. 2 FamFG; zur Beiordnung in Familiensachen wird verwiesen auf → FamFG § 78 Rn 5 ff. Bei Vertretung des Gegners durch einen Rechtsanwalt findet nach dem Grundsatz der **Waffengleichheit** wie im Anwaltsprozess keine Erforderlichkeitsprüfung statt. Dieser Grundsatz bezieht sich auch auf das Vollstreckungs-,[8] nicht aber auf das Mahn-[9] und das Insolvenzverfahren.[10] Im **Mahnverfahren** ist die Beiordnung eines Verfahrensbevollmächtigten idR selbst dann nicht geboten, wenn der Gegner anwaltlich vertreten ist.[11]

7 Die **Erforderlichkeit** iSv Abs. 2 beurteilt sich nach dem Umfang und der Schwierigkeit der Sache sowie nach der Fähigkeit der Partei, sich mündlich und schriftlich auszudrücken. Entscheidend ist, ob ein Bemittelter in der Lage des Unbemittelten vernünftigerweise einen Rechtsanwalt mit der Wahrnehmung seiner Interessen beauftragt hätte.[12]

8 Für die **Zwangsvollstreckung** kommt es auf die konkrete Vollstreckungsmaßnahme an. Auch im Fall der pauschalen Bewilligung gem. § 119 Abs. 2 ZPO ist die Notwendigkeit der Beiordnung eines Rechtsanwalts für jeden Einzelfall festzustellen.[13] Der Antrag auf Erlass eines Pfändungs- und Überweisungsbeschlusses weist regelmäßig tatsächliche und rechtliche Schwierigkeiten auf (str),[14] für die Lohnpfändung darf dem Gläubiger die Beiordnung eines Rechtsanwalts nicht ohne Prüfung des Einzelfalls versagt werden.[15] Bei der Lohnpfändung aus einem Unterhaltstitel gem. § 850 d ZPO ist es sogar idR erforderlich, dem Unterhaltsgläubiger einen Rechtsanwalt beizuordnen.[16] Wenn ein bedürftiger Titelgläubiger aufgrund eines Unterhaltstitels die Grundbucheintragung einer Zwangssicherungshypothek erstrebt, ist ihm ebenfalls ein Rechtsanwalt beizuordnen.[17] Im Fall einer Erinnerung oder eines Einstellungs- bzw Vollstreckungsschutzantrags ist die Beiordnung geboten (str).[18] In einfach gelagerten Fällen der Mobiliarvollstreckung wurde die Beiordnung dagegen bisher als nicht erforderlich angesehen; der Schuldner konnte die für seinen Wohnsitz zuständige Rechtsantragsstelle zu Formulierung effektiver Anträge aufsuchen.[19] Das kann jedoch für die Mobiliarvollstreckung nach Änderungen durch das Gesetz zur Reform der Sachaufklärung in der Zwangsvollstreckung[20] nicht mehr gelten. Die damit verbundenen rechtlichen Probleme machen die Beiordnung eines Rechtsanwalts erforderlich.

9 Im **Insolvenzverfahren** hängen die Voraussetzungen, unter denen einem Schuldner oder Gläubiger ein Rechtsanwalt beigeordnet werden muss, von den besonderen Umständen ab, vor allem von der Person des Schuldners oder Gläubigers, vom Umfang der Insolvenzsache bzw der geltend zu machenden Ansprüche, von der Schwierigkeit der Sach- und Rechtslage sowie den Fürsorgemöglichkeiten des zuständigen Insolvenzgerichts.[21]

IV. Beiordnung eines auswärtigen Rechtsanwalts (Abs. 3)

10 Nach Abs. 3 kann ein nicht im Bezirk des Prozessgerichts niedergelassener Rechtsanwalt nur beigeordnet werden, wenn dadurch weitere Kosten nicht entstehen. Dafür ist zunächst zu beachten, dass nach Abs. 3 in der seit dem 1.6.2007 geltenden Fassung[22] das **Mehrkostenverbot** nur einen „nicht **in dem Bezirk des Prozessgerichts niedergelassenen Rechtsanwalt**" trifft. Maßstab ist also der im Bezirk und nicht – wie bis zum 30.6.2007 – der am Ort des Prozessgerichts ansässige Rechtsanwalt.[23] Eine Beiordnung mit dieser Einschränkung ist also nicht zulässig.[24]

11 Um festzustellen, ob durch die Beiordnung des nicht im Bezirk des Prozessgerichts niedergelassenen Rechtsanwalts Mehrkosten entstehen, sind den Reisekosten des auswärtigen Rechtsanwalts die möglichen Reisekosten des Rechtsanwalts gegenüberzustellen, der zwar noch im Gerichtsbezirk, aber am weitesten weg vom Gerichtsort ansässig ist. Sobald diese höher ausfallen, steht Abs. 3 der Beiordnung des auswärtigen Anwalts nicht entgegen.[25] Das gilt allerdings nur, wenn der Rechtsanwalt seine Kanzlei in der Nähe des Wohn- oder Geschäftsorts der Partei hat. Wenn dagegen die im Gerichtsbezirk ansässige Partei einen außerhalb des Gerichtsbezirks niedergelassenen Rechtsanwalt beauftragt, sind dessen tatsächliche Reisekosten regelmäßig nicht bis zur höchstmöglichen Entfernung innerhalb des Gerichtsbezirks erstattungsfähig, sondern

---

8 LG Kleve NJW-RR 2011, 1291. 9 BGH FamRZ 2010, 634. 10 BGH NJW 2004, 3260. 11 BGH FamRZ 2010, 634. 12 BVerfG NJW 2011, 2039. 13 BGH JurBüro 2010, 273. 14 LG Arnsberg Rpfleger 2006, 89; aA LG Zweibrücken Rpfleger 2009, 392. 15 BGH JurBüro 2004, 42. 16 BGH NJW-RR 2012, 1153. 17 OLG Stuttgart FamRZ 2011, 128. 18 LG Saarbrücken MDR 2010, 776; aA LG Kassel 22.8.2008 – 3 T 521/08, juris. 19 OLG Saarbrücken MDR 2013, 547; LG Koblenz MDR 2011, 883; LG Kleve FamRZ 2011, 1886. 20 Vom 29.7.2009 (BGBl. I 2258); in Kraft getreten am 1.1.2013. 21 BGH NJW-RR 2003, 697; BGH NJW 2004, 3260. 22 Gesetz zur Stärkung der Selbstverwaltung der Rechtsanwaltschaft v. 26.3.2007 (BGBl. I 358). 23 So aber noch OLG Brandenburg FamRZ 2013, 1593. 24 OLG Celle JurBüro 2011, 486; OLG Frankfurt MDR 2013, 721; OLG Rostock JurBüro 2011, 372. 25 OLG Frankfurt FamRZ 2009, 1615; OLG Karlsruhe NJOZ 2011, 1345; OLG Rostock JurBüro 2011, 372.

lediglich bis zur Höhe der fiktiven Reisekosten eines am Wohnsitz der Partei ansässigen Prozessbevollmächtigten.[26]

Wenn eine außerhalb des Gerichtsbezirks ansässige Partei einen dort ebenfalls ansässigen Rechtsanwalt beauftragt, gilt Folgendes: Liegt zB ein Landgericht nicht mitten im Landgerichtsbezirk, sondern eher an dessen Grenze, und beträgt die Entfernung zu einem am anderen Ende des Bezirks gelegenen Ort 80 km, so muss der außerhalb des Bezirks, aber nur 20 km von diesem Landgericht entfernt ansässige Rechtsanwalt ohne Einschränkung beigeordnet werden. Ein nicht im Bezirk des Gerichts niedergelassener Rechtsanwalt kann also in diesem Fall uneingeschränkt beigeordnet werden, wenn seine Fahrtkosten niedriger sind als diejenigen eines im Gerichtsbezirk niedergelassenen Rechtsanwalts mit Kanzleisitz „im hintersten Weg" des Gerichtsbezirks.[27] Die Reisekosten des Rechtsanwalts werden dann im Rahmen des § 46 RVG ohne Einschränkung erstattet.

Sofern Mehrkosten entstehen, führt dies nicht zwangsläufig dazu, dass der Rechtsanwalt nur zu den Bedingungen eines im Bezirk des Prozessgerichts niedergelassenen Rechtsanwalts beigeordnet werden kann. Zunächst muss das Gericht das Vorliegen der Voraussetzungen für die Beiordnung eines **Verkehrsanwalts** gem. Abs. 4 (→ Rn 15) prüfen.[28] Liegen diese Voraussetzungen vor, ist der auswärtige Anwalt jedoch nicht wie im in → Rn 11 dargestellten Fall uneingeschränkt beizuordnen. Er wird mit der Maßgabe beigeordnet, dass die Mehrkosten, die dadurch entstehen, dass der beigeordnete Anwalt seine Kanzlei nicht im Bezirk des Verfahrensgerichts hat, nur bis zur Höhe der Vergütung eines Verkehrsanwalts am Wohnort des Antragstellers erstattungsfähig sind.[29] Wenn die im Fall der Beiordnung des auswärtigen Anwalts als Verkehrsanwalt und gleichzeitiger Beiordnung eines ortsansässigen Anwalts als Hauptbevollmächtigten entstehenden Kosten höher sind als bei uneingeschränkter Beiordnung allein des auswärtigen Anwalts als Hauptbevollmächtigten, kann die uneingeschränkte Beiordnung eines auswärtigen Anwalts erfolgen.[30] **12**

Kommt nach Prüfung der in → Rn 11 dargestellten Regelungen nur die Beiordnung zu den Bedingungen eines im Bezirk des Prozessgerichts niedergelassenen Rechtsanwalts in Betracht, muss dies ausdrücklich in den Bewilligungsbeschluss aufgenommen werden. Andernfalls sind die Reisekosten des beigeordneten Rechtsanwalts in den Grenzen des § 46 Abs. 1 RVG zu erstatten.[31] Im Übrigen ist davon auszugehen, dass der für den Fall der Bewilligung von Prozesskostenhilfe gestellte Beiordnungsantrag eines nicht bei dem Prozessgericht zugelassenen Rechtsanwalts regelmäßig ein **konkludentes Einverständnis mit einer dem Mehrkostenverbot entsprechenden Einschränkung der Beiordnung** nur zu den Bedingungen eines am Prozessgericht zugelassenen Rechtsanwalts enthält (str).[32] Auch wenn der beigeordnete Anwalt dadurch nicht sein Beschwerderecht gegen die eingeschränkte Beiordnung verliert und mit der Beschwerde geltend machen kann, dass die Voraussetzungen einer weitergehenden Beiordnung vorliegen,[33] sollte von vornherein die weitergehende, ggf unbeschränkte Beiordnung beantragt werden, wenn die Voraussetzungen dafür vorliegen. **13**

V. Beiordnung eines Beweis- oder Verkehrsanwalts (Abs. 4)

1. Beweisanwalt. Ein Beweisanwalt wird für eine auswärtige Beweisaufnahme iSv § 375 ZPO beigeordnet. Die Beiordnung setzt voraus, dass eine Terminswahrnehmung erforderlich ist. Sie kann auch erfolgen, wenn die Reisekosten des beigeordneten Rechtsanwaltes zum Beweisaufnahmetermin höher wären als die Kosten des Beweisanwalts.[34] Sofern der beigeordnete Rechtsanwalt den Termin wahrnehmen möchte, sollte er die Erforderlichkeit der Reise gem. § 46 Abs. 2 RVG vorab feststellen lassen. Für die Vergütung des Beweisanwalts gilt Nr. 3401 VV RVG. **14**

2. Verkehrsanwalt. Ein Verkehrsanwalt ist beizuordnen, wenn die Partei Schwierigkeiten hat, den beigeordneten Rechtsanwalt am Gerichtsort hinreichend zu informieren.[35] Davon ist auszugehen, wenn dem auswärts wohnenden Antragsteller wegen weiter Entfernung zur Kanzlei eines im Bezirk des Verfahrensgerichts ansässigen Verfahrensbevollmächtigten ein zur Verfolgung ihrer Interessen notwendiges persönliches Beratungsgespräch nicht zumutbar ist und auch ein vermögender Antragsteller die Mehrkosten eines Verkehrsanwalts aufbringen würde.[36] Die Beiordnung kommt nicht in Betracht, sofern eine **schriftliche Information** oder auch eine **Informationsreise** ausreicht.[37] Ein Beratungsgespräch ist dagegen erforderlich, wenn die Partei schreibungewandt ist und eine Informationsreise zu dem Rechtsanwalt am Sitz des Verfahrensgerichts nicht zumutbar ist. Dasselbe gilt, wenn der Partei eine schriftliche Information wegen des Umfangs, **15**

26 OLG Celle NJW 2015, 2670. **27** OLG Brandenburg FamRZ 2014, 230. **28** BGH FamRZ 2004, 1362. **29** OLG Schleswig NJW 2015, 3311 (mit Berechnungsbeispiel); KG JurBüro 2010, 537; OLG Naumburg FamRZ 2012, 1160. **30** OLG Brandenburg FamRZ 2014, 230. **31** OLG Stuttgart FamRZ 2008, 1011. **32** BGH FamRZ 2007, 37; OLG Celle JurBüro 2011, 486; OLG Rostock FamRZ 2009, 1235; aA OLG Dresden JurBüro 2009, 368. **33** BGH FamRZ 2007, 37. **34** Hk-ZPO/*Kießling/ Pukall*, § 121 Rn 30. **35** Hk-ZPO/*Kießling/Pukall*, § 121 Rn 31. **36** OLG Köln 15.6.2011 – 4 WF 116/11, juris. **37** Musielak/ Voit/*Fischer*, § 121 ZPO Rn 21.

der Schwierigkeit oder der Bedeutung der Sache nicht zuzumuten ist und eine mündliche Information unverhältnismäßigen Aufwand verursachen würde.[38]

16 Wurde antragsgemäß ein auswärtiger Rechtsanwalt beigeordnet und ist die dabei ausgesprochene Einschränkung der Beiordnung auf die kostenrechtlichen Bedingungen eines im Bezirk des Prozessgerichts ansässigen Anwalts bestandskräftig geworden, kommt weder die zusätzliche Beiordnung eines örtlichen Terminsanwalts für den Verhandlungstermin noch eine Umbestellung dahin in Betracht, dass nunmehr ein örtlicher Anwalt als Hauptbevollmächtigter und der auswärtige Anwalt als Verkehrsanwalt beigeordnet werden.[39] Die Beiordnung des zweitinstanzlichen Verfahrensbevollmächtigten als Verkehrsanwalt kommt im **Revisions- oder Rechtsbeschwerdeverfahren** nicht in Betracht.[40]

17 Die Vergütung des Verkehrsanwalts richtet sich nach Nr. 3400 VV RVG. Wegen der Vergleichsgebühr steht ihm kein Anspruch gegen die Staatskasse zu, sofern er nicht ausdrücklich auch für den Vergleichsabschluss beigeordnet wurde.[41]

VI. Notanwalt (Abs. 5); Anwaltswechsel

18 Wenn die Partei keinen zur Vertretung bereiten Rechtsanwalt findet, ordnet der Vorsitzende ihr auf Antrag einen Rechtsanwalt bei (Abs. 5). Die Beiordnung als solche begründet zwar kein Mandatsverhältnisse, § 48 Abs. 1 Nr. 1 BRAO verpflichtet den Rechtsanwalt jedoch, die Vertretung zu übernehmen, wenn er entsprechend beigeordnet wurde. Nach Beendigung des Mandats ist die Beiordnung nicht mehr möglich.[42]

19 Der beigeordnete Rechtsanwalt kann gem. § 48 Abs. 2 BRAO die Aufhebung seiner Beiordnung aus wichtigen Gründen beantragen. Die Partei kann ihrerseits das Mandatsverhältnis zum beigeordneten Rechtsanwalt kündigen. Nicht jede Kündigung berechtigt jedoch dazu, die Beiordnung eines neuen Rechtsanwalts beantragen zu können, sondern nur eine **Kündigung aus triftigem Grund.** Ein solcher Grund ist anzunehmen, wenn auch die bemittelte Partei das Mandatsverhältnis gekündigt hätte.[43] Andernfalls wird selbst im Anwaltsprozess kein neuer Anwalt beigeordnet. Die Partei hat für dessen Kosten selbst aufzukommen.[44] Der neue Anwalt kann jedoch in jedem Fall beigeordnet werden, wenn er sich damit einverstanden erklärt, dass seine Beiordnung auf die vom zunächst gewählten Rechtsanwalt noch nicht verdienten Kosten beschränkt wird.[45] Das ist im Beiordnungsbeschluss ausdrücklich zu vermerken.

§ 122 Wirkung der Prozesskostenhilfe

(1) Die Bewilligung der Prozesskostenhilfe bewirkt, dass
1. die Bundes- oder Landeskasse
    a) die rückständigen und die entstehenden Gerichtskosten und Gerichtsvollzieherkosten,
    b) die auf sie übergegangenen Ansprüche der beigeordneten Rechtsanwälte gegen die Partei
    nur nach den Bestimmungen, die das Gericht trifft, gegen die Partei geltend machen kann,
2. die Partei von der Verpflichtung zur Sicherheitsleistung für die Prozesskosten befreit ist,
3. die beigeordneten Rechtsanwälte Ansprüche auf Vergütung gegen die Partei nicht geltend machen können.

(2) Ist dem Kläger, dem Berufungskläger oder dem Revisionskläger Prozesskostenhilfe bewilligt und ist nicht bestimmt worden, dass Zahlungen an die Bundes- oder Landeskasse zu leisten sind, so hat dies für den Gegner die einstweilige Befreiung von den in Absatz 1 Nr. 1 Buchstabe a bezeichneten Kosten zur Folge.

I. Allgemeines

1 § 122 regelt die Wirkungen der Prozesskostenhilfebewilligung hinsichtlich der anfallenden Kosten. Abs. 1 betrifft die Partei, welcher Prozesskostenhilfe bewilligt wurde, Abs. 2 den Prozessgegner.

II. Durchführungsbestimmungen: DB-PKH Nr. 3

2 Die „Durchführungsbestimmungen zur Prozess- und Verfahrenskostenhilfe sowie zur Stundung der Kosten des Insolvenzverfahrens (DB-PKH)" der Landesjustizverwaltungen[1] – Abschnitt A – enthalten zu § 122 ZPO folgende Regelung:

38 BGH FamRZ 2004, 1362. **39** OLG Celle FamRZ 2012, 1321. **40** BGH RVGreport 2011, 438. **41** OLG München FamRZ 2003, 1939. **42** OLG Celle FamRZ 2012, 1661. **43** OLG Hamm 20.10.2015 – II-2 WF 146/15, juris. **44** OLG Köln FamRZ 2010, 747. **45** OLG Saarbrücken FamRZ 2015, 1922. **1** ZB für Nordrhein-Westfalen: AV d. JM v. 30.10.2001 (5603 - Z. 92) (JMBl. NRW. S. 271) idF v. 14.10.2015 (JMBl. NRW S. 363).

3. DB-PKH Bewilligung ohne Zahlungsbestimmung

3.1 Soweit und solange ein Kostenschuldner nach den Vorschriften der Zivilprozessordnung von der Entrichtung der Kosten deshalb befreit ist, weil ihm oder seinem Gegner Prozesskostenhilfe ohne Zahlungsbestimmung bewilligt ist, wird wegen dieser Kosten eine Kostenrechnung (§ 24 KostVfg) auf ihn nicht ausgestellt.

3.2 Waren Kosten bereits vor der Bewilligung angesetzt und der Gerichtskasse zur Einziehung überwiesen, ersucht der Kostenbeamte die Gerichtskasse, die Kostenforderung zu löschen, soweit die Kosten noch nicht gezahlt sind.

Die Rückzahlung bereits entrichteter Kosten ist nur dann anzuordnen, wenn sie nach dem Zeitpunkt gezahlt sind, in dem die Bewilligung wirksam geworden ist. Wird die Partei, der Prozesskostenhilfe ohne Zahlungsbestimmung bewilligt ist, rechtskräftig in die Prozesskosten verurteilt (Entscheidungsschuldner nach § 29 Nr. 1 GKG), sind vom Gegner bereits entrichtete Kosten zurückzuzahlen (§ 31 Abs. 3 Satz 1 zweiter Halbsatz GKG), soweit es sich nicht um eine Zahlung nach § 13 Abs. 1 und 3 JVEG handelt und die Partei, der Prozesskostenhilfe bewilligt worden ist, der besonderen Vergütung zugestimmt hat. Das Gleiche gilt gemäß § 31 Abs. 4 GKG, soweit der Schuldner aufgrund des § 29 Nr. 2 GKG (Übernahmeschuldner) haftet, wenn

a. er die Kosten in einem vor Gericht abgeschlossenen oder gegenüber dem Gericht angenommenen Vergleich übernommen hat und

b. der Vergleich einschließlich der Verteilung der Kosten von dem Gericht vorgeschlagen worden ist und

c. das Gericht in seinem Vergleichsvorschlag ausdrücklich festgestellt hat, dass die Kostenregelung der sonst zu erwartenden Kostenentscheidung entspricht.

§ 8 KostVfg ist zu beachten.

3.3 Der Kostenbeamte hat den Eintritt der gesetzlichen Voraussetzungen, unter denen die Kosten von der Partei, der Prozesskostenhilfe ohne Zahlungsbestimmung bewilligt ist, und dem Gegner eingezogen werden können, genau zu überwachen. Zu beachten ist dabei folgendes:

3.3.1 Zu Lasten der Partei dürfen die außer Ansatz gelassenen Beträge nur aufgrund einer gerichtlichen Entscheidung angesetzt werden, durch die die Bewilligung aufgehoben worden ist (§ 124 ZPO).

3.3.2 Zu Lasten des Gegners sind die Kosten, von deren Entrichtung die Partei befreit ist, erst anzusetzen, wenn der Gegner rechtskräftig in die Prozesskosten verurteilt ist oder sie durch eine vor Gericht abgegebene oder dem Gericht mitgeteilte Erklärung übernommen hat oder sonst für die Kosten haftet (§ 125 Abs. 1 ZPO, § 29 GKG); dies gilt auch für die Geltendmachung von Ansprüchen, die nach § 59 RVG auf die Bundes- oder Landeskasse übergegangen sind. Die Gerichtskosten, von deren Zahlung der Gegner einstweilen befreit ist (§ 122 Abs. 2 ZPO), sind zu seinen Lasten anzusetzen, wenn er rechtskräftig in die Prozesskosten verurteilt ist oder der Rechtsstreit ohne Urteil über die Kosten durch Vergleich oder in sonstiger Weise beendet ist (§ 125 Abs. 2 ZPO). Wird ein Rechtsstreit, in dem dem Kläger, Berufungskläger oder Revisionskläger Prozesskostenhilfe ohne Zahlungsbestimmung bewilligt ist, mehr als sechs Monate nicht betrieben, ohne dass das Ruhen des Verfahrens (§ 251 ZPO) angeordnet ist, stellt der Kostenbeamte durch Anfrage bei den Parteien fest, ob der Rechtsstreit beendet ist. Gibt keine der Parteien binnen angemessener Zeit eine Erklärung ab, setzt er auf den Gegner die diesem zur Last fallenden Kosten an. Das gleiche gilt, wenn die Parteien den Rechtsstreit trotz der Erklärung, dass er nicht beendet sei, auch jetzt nicht weiter betreiben oder wenn der Gegner erklärt, der Rechtsstreit ruhe oder sei beendet.

4. DB-PKH Bewilligung mit Zahlungsbestimmung

4.1 Der Kostenbeamte behandelt die festgesetzten Monatsraten und die aus dem Vermögen zu zahlenden Beträge (§ 120 Abs. 1 ZPO) wie Kostenforderungen. Sie werden von der Geschäftsstelle ohne vorherige Überweisung an die Gerichtskasse unmittelbar von dem Zahlungspflichtigen angefordert (§ 26 KostVfg). Monatsraten, Teilbeträge und einmalige Zahlungen sowie deren Fälligkeitstermine sind sowohl in der Urschrift der Kostenrechnung als auch in der Kostenanforderung besonders anzugeben.

4.2 Sind vor Bewilligung der Prozesskostenhilfe Gerichtskosten angesetzt und der Gerichtskasse zur Einziehung überwiesen, ist zu prüfen, ob und ggf. wann diese bezahlt worden sind. Ist eine Zahlung noch nicht erfolgt, veranlasst der Kostenbeamte die Löschung des Kostensolls.

4.3 Zahlungen vor Wirksamwerden der Prozesskostenhilfe sollen erst bei der Prüfung nach § 120 Abs. 3 Nr. 1 ZPO berücksichtigt werden, spätere Zahlungen sind auf die nach § 120 Abs. 1 ZPO zu leistenden anzurechnen.

4.4 Wird die Partei, der Prozesskostenhilfe mit Zahlungsbestimmung bewilligt ist, rechtskräftig in die Prozesskosten verurteilt (Entscheidungsschuldner nach § 29 Nr. 1 GKG), sind vom Gegner bereits entrichtete Kosten zurückzuzahlen (§ 31 Abs. 3 Satz 1 zweiter Halbsatz GKG), soweit es sich nicht um eine Zahlung nach § 13 Abs. 1 und 3 JVEG handelt und die Partei, der Prozesskostenhilfe bewilligt worden ist, der besonderen Vergütung zugestimmt hat.

Das Gleiche gilt gemäß § 31 Abs. 4 GKG, soweit der Schuldner aufgrund des § 29 Nr. 2 GKG (Übernahmeschuldner) haftet, wenn

a. er die Kosten in einem vor Gericht abgeschlossenen oder gegenüber dem Gericht angenommenen Vergleich übernommen hat und

b. der Vergleich einschließlich der Verteilung der Kosten von dem Gericht vorgeschlagen worden ist und

c. das Gericht in seinem Vergleichsvorschlag ausdrücklich festgestellt hat, dass die Kostenregelung der sonst zu erwartenden Kostenentscheidung entspricht.

§ 8 KostVfg ist zu beachten.

4.5 Bestimmt das Rechtsmittelgericht andere Zahlungen als das Gericht der Vorinstanz, ist von dem Kostenbeamten des Rechtsmittelgerichts eine entsprechende Änderung der Zahlungen zu veranlassen (Nr. 4.1). Dabei ist darauf hinzuweisen, dass die Kostenanforderung der Vorinstanz gegenstandslos ist. Die Geschäftsstelle des Gerichts der Vorinstanz hat noch eingehende Zahlungsanzeigen zu dem an das Rechtsmittelgericht abgegebenen Beiheft weiterzuleiten.

Nach Abschluss in der Rechtsmittelinstanz sendet die Geschäftsstelle des Rechtsmittelgerichts das Beiheft mit den Akten an das Gericht der Vorinstanz zur weiteren Bearbeitung zurück.

4.5.1 Jedoch gilt für Zahlungen, die während der Anhängigkeit des Verfahrens vor einem Gerichtshof des Bundes an die Landeskasse zu leisten sind (§ 120 Abs. 2 ZPO), folgendes:

Die Zahlungen werden (abweichend von Nr. 2.3 Satz 1) nach den Hinweisen des Kostenbeamten des Gerichtshofs von der Geschäftsstelle des Gerichts des ersten Rechtszuges angefordert und überwacht. Dabei werden der Geschäftsstelle die Entscheidungen des Gerichtshofes, soweit sie die Prozesskostenhilfe betreffen, in beglaubigter Abschrift mitgeteilt. Der Zahlungsverzug (Nr. 2.5.2) ist dem Gerichtshof anzuzeigen. Nach Rückkehr der Akten vom Rechtsmittelgericht (Nr. 4.5 Satz 4) werden die angefallenen Vorgänge mit dem Beiheft vereinigt.

4.5.2 Zahlungen, die nach § 120 Abs. 2 ZPO an die Bundeskasse zu leisten sind, werden von der Geschäftsstelle des Gerichtshofs des Bundes angefordert und überwacht.

4.6 Für die Behandlung der Kostenanforderung gilt § 26 Abs. 6 KostVfg entsprechend.

4.7 Sieht der Rechtspfleger im Falle einer Vorlage nach Nr. 2.5.2 davon ab, die Bewilligung der Prozesskostenhilfe aufzuheben, hat der Kostenbeamte die zu diesem Zeitpunkt rückständigen Beträge der Gerichtskasse zur Einziehung zu überweisen. Die Gerichtskasse ist durch einen rot zu unterstreichenden Vermerk „ZA" um Zahlungsanzeige zu ersuchen.

4.8 Zu Lasten des Gegners der Partei, der Prozesskostenhilfe bewilligt ist, sind die unter die Bewilligung fallenden Kosten erst anzusetzen, wenn er rechtskräftig in die Prozesskosten verurteilt ist oder sie durch eine vor Gericht abgegebene oder dem Gericht mitgeteilte Erklärung übernommen hat oder sonst für die Kosten haftet (§ 125 Abs. 1 ZPO, § 29 GKG). Nr. 3.3.2 Satz 1 letzter Halbsatz gilt entsprechend.

4.9 Wird dem Kostenbeamten eine Zweitschuldneranfrage der Gerichtskasse vorgelegt, prüft er, ob die Partei, der Prozesskostenhilfe mit Zahlungsbestimmung bewilligt ist, für die gegen den Gegner geltend gemachten Gerichtskosten als Zweitschuldner ganz oder teilweise haftet. Liegen diese Voraussetzungen vor, unterrichtet er die Gerichtskasse hiervon und legt die Akten mit einer Berechnung der Kosten, für die die Partei nach § 31 Abs. 2 GKG in Anspruch genommen werden kann, unverzüglich dem Rechtspfleger vor.

III. Wirkungen für die Partei (Abs. 1)

4   1. **Rückständige und entstehende Gerichtskosten und Gerichtsvollzieherkosten (Abs. 1 Nr. 1 Buchst. a).** Abs. 1 Nr. 1 Buchst. a regelt die Geltendmachung von Gerichtskosten und Gerichtsvollzieherkosten. Diese können nur nach den Bestimmungen, die das Gericht trifft, von der Partei gefordert werden. Das bedeutet, dass die Kosten bei ratenfreier Prozesskostenhilfe nicht erhoben und bei Bewilligung mit Ratenzahlung zunächst gestundet werden.[2] **Rückständige** Kosten sind solche, die bereits fällig waren, aber noch nicht bezahlt wurden. **Entstehende** Kosten sind künftig fällige Kosten.[3]

5   Für die Frage, ob die Partei von diesen Kosten befreit ist, kommt es darauf an, von welchem Zeitpunkt ab Prozesskostenhilfe bewilligt wurde. Grundsätzlich ist eine rückwirkende Bewilligung von Prozesskostenhilfe nicht möglich. Sie kommt jedoch in Betracht, wenn der Antrag nicht rechtzeitig beschieden worden ist und der Antragsteller mit seinem Antrag bereits alles für die Bewilligung der Prozesskostenhilfe Erforderliche getan hat.[4] Vor diesem Zeitpunkt entstandene Kosten hat die Partei selbst zu tragen.[5] Danach entstehende Kosten werden nicht erhoben bzw. gestundet. Gemäß Nr. 3.2 der DB-PKH (→ Rn 3) sind bereits angesetzte und der Gerichtskasse zur Einziehung überwiesene Kostenforderungen zu löschen. Sofern die Partei bereits gezahlt hat, sind die Kosten zurückzuzahlen. Die Bewilligung von Prozesskostenhilfe mit Rückwirkung auf den Tag der Antragstellung führt dazu, dass der Antragsteller bereits an diesem Tag von sämtlichen Gerichtskosten befreit war, so dass ein gezahlter Gerichtskostenvorschuss zurückzuerstatten ist.[6]

6   Die Befreiung gilt auch für **Auslagen und Auslagenvorschüsse** der Zeugen und Sachverständigen gem. § 379 ZPO. Wenn jedoch eine höhere als die gesetzlich vorgesehene Sachverständigenentschädigung vereinbart

2 Hk-ZPO/*Kießling/Pukall*, § 122 Rn 3. **3** Musielak/Voit/*Fischer*, § 122 ZPO Rn 2. **4** BGH NJW 1992, 839. **5** OLG Naumburg 3.6.2003 – 8 WF 64/03, juris. **6** OLG Karlsruhe FamRZ 2007, 1028; OLG Koblenz MDR 2005, 349; OLG Stuttgart JurBüro 2003, 264.

wird (§ 13 JVEG), kann von der mittellosen Partei der Differenzbetrag zwischen der vereinbarten und der gesetzlichen Entschädigung nachgefordert werden;[7] im Übrigen muss die Partei ihre **eigenen Auslagen** jedoch selbst aufbringen.

Für die Erstattung der **Reisekosten** fehlt eine eigenständige Regelung. Da die Bewilligung gem. Abs. 1 Nr. 1 Buchst. a bewirkt, dass die Bundes- oder Landeskasse die rückständigen und die entstehenden Gerichtskosten nur nach den Bestimmungen, die das Gericht trifft, gegen die Partei geltend machen kann und zu den Gerichtskosten gem. Nr. 9008 KV GKG auch die Zahlungen an mittellose Personen für die Reise zum Ort einer Verhandlung und für die Rückreise zählen, wird Abs. 1 Nr. 1 Buchst. a dem Zweck der Prozesskostenhilfe folgend, einer mittellosen Partei vollen Rechtsschutz zu gewähren, auf Reisekosten entsprechend angewandt. Das gilt insb. für Kosten für die Fahrt zu einem Termin, wenn das persönliche Erscheinen angeordnet wurde.[8]

Die Kosten sind grds. auch zu erstatten, wenn der **Erstattungsantrag nicht bereits vor dem Termin** gestellt wurde.[9] Werden sie zunächst aus eigenen Mitteln verauslagt, kann dies jedoch gegen die Mittellosigkeit des Antragstellers sprechen.[10] Verspätete Anträge können daher erfolglos bleiben, vor allem wenn sie erst mehrere Wochen nach dem Termin gestellt werden.[11]

Die Frage, unter welchen Umständen die Partei, der ratenfreie Prozesskostenhilfe bewilligt ist und die in einem **Vergleich** die **Verpflichtung, die Gerichtskosten zu tragen**, übernimmt, für diese Kosten haftet, ist in § 31 Abs. 4 GKG, § 26 Abs. 4 FamGKG und § 33 Abs. 3 GNotKG geregelt. Danach ist der für die Befreiung des Entscheidungsschuldners geltende Absatz der jeweiligen Vorschriften entsprechend anzuwenden, wenn der Kostenschuldner als Übernahmeschuldner haftet, wenn (1.) der Kostenschuldner die Kosten in einem vor Gericht abgeschlossenen oder gegenüber dem Gericht angenommenen Vergleich übernommen hat, (2.) der Vergleich einschließlich der Verteilung der Kosten bzw bei einem gerichtlich gebilligten Vergleich allein die Verteilung der Kosten von dem Gericht vorgeschlagen worden ist und (3.) das Gericht in seinem Vergleichsvorschlag ausdrücklich festgestellt hat, dass die Kostenregelung der sonst zu erwartenden Kostenentscheidung entspricht. Im Übrigen erstreckt sich die Bewilligung der Prozesskostenhilfe grds. auf die Kosten eines Vergleichs. Sofern dieser andere Gegenstände als den Streitgegenstand regelt, muss hierfür erneut Prozesskostenhilfe beantragt werden.[12] **7**

2. Übergegangene Forderungen (Abs. 1 Nr. 1 Buchst. b). Nach § 126 ZPO sind die für die Partei bestellten Rechtsanwälte berechtigt, ihre Gebühren und Auslagen von dem in die Prozesskosten verurteilten Gegner im eigenen Namen beizutreiben. Ergänzend bestimmt § 59 Abs. 1 S. 1 RVG, dass, soweit dem im Wege der Prozesskostenhilfe beigeordneten Rechtsanwalt wegen seiner Vergütung ein Anspruch gegen die Partei oder einen ersatzpflichtigen Gegner zusteht, dieser Anspruch mit der Befriedigung des Rechtsanwalts durch die Staatskasse **auf die Staatskasse übergeht.** Gemäß Abs. 1 Nr. 1 Buchst. b kann die Staatskasse die auf sie übergegangenen Ansprüche der beigeordneten Rechtsanwälte gegen die Partei nur nach den Bestimmungen, die das Gericht trifft, gegen die Partei geltend machen. Diese Einschränkung betrifft jedoch nur den **Anspruch des eigenen Rechtsanwalts.** Somit steht der Geltendmachung des übergegangenen Anspruchs gegen den erstattungspflichtigen Prozessgegner nicht entgegen, dass diesem Prozesskostenhilfe bewilligt worden ist.[13] Die Staatskasse ist auch mit Rücksicht auf § 123 ZPO nicht gehindert, die auf sie übergegangenen Ansprüche des beigeordneten Rechtsanwalts gegen den unterlegenen Gegner geltend zu machen, selbst wenn Letzterem ratenfreie Prozesskostenhilfe bewilligt worden ist. § 123 ZPO wird nicht durch Abs. 1 Nr. 1 Buchst. b eingeschränkt (str).[14] **8**

3. Prozesskostensicherheit (Abs. 1 Nr. 2). Die Befreiung von der Prozesskostensicherheit betrifft nur die Sicherheit nach den §§ 110 ff ZPO, nicht dagegen die praktisch wesentlich bedeutsamere Sicherheit gem. den §§ 709, 711 ZPO.[15] **9**

4. Rechtsanwaltsvergütung (Abs. 1 Nr. 3). Der beigeordnete Rechtsanwalt erhält nicht die Wahlanwaltsgebühren, sondern die verminderten Gebühren gemäß der Tabelle zu § 49 RVG (s. die dortigen Erl.). Er kann gem. Abs. 1 Nr. 3 seine Gebührenansprüche nicht gegen die eigene Partei geltend machen. Das gilt sogar dann, wenn bei Fortgeltung der Bewilligung die Beiordnung aufgehoben wird.[16] Die Forderungssperre erfasst **alle nach der Beiordnung verwirklichten Gebührentatbestände**, auch wenn diese bereits vor der Beiordnung erfüllt waren. Daher kann der Anwalt, der vor der Beiordnung Wahlanwalt war, eine vor der Beiordnung entstandene Verfahrensgebühr nach der Beiordnung gegenüber dem Mandanten nicht mehr gel- **10**

---

7 OLG Frankfurt JurBüro 1986, 79. **8** OLG Nürnberg FamRZ 1998, 25. **9** LAG Düsseldorf JurBüro 2005, 483. **10** OLG Zweibrücken 19.12.2005 – 5 WF 140/05, juris. **11** OLG Brandenburg FamRZ 2012, 1235; OLG Dresden FamRZ 2014, 1873; OLG Naumburg MDR 2013, 56. **12** OLG Brandenburg 20.8.2013 – 3 WF 61/13. **13** BGH NJW-RR 1998, 70; OLG Dresden FamRZ 2010, 583; OLG Koblenz FamRZ 2008, 805; OLG Zweibrücken FamRZ 2008, 2140. **14** OLG Oldenburg FamRZ 2008, 633; OLG Schleswig SchlHA 2010, 204; OLG Zweibrücken FamRZ 2008, 2140; aA OLG München FamRZ 2001, 1156. **15** Hk-ZPO/*Kießling/Pukall*, § 122 Rn 8. **16** MüKo-ZPO/*Motzer*, § 121 Rn 26.

tend machen.[17] Sofern der Rechtsanwalt gegenüber der Staatskasse auf die Erstattung der bereits durch die Beiordnung eines anderen Rechtsanwalts entstandenen Gebühren verzichtet hat (→ § 121 Rn 19), kann er diese Gebühren ebenfalls nicht von der Partei verlangen.[18]

11 Aus Abs. 1 Nr. 3 folgt, dass auch die obsiegende Partei, der zahlungsfreie Prozesskostenhilfe bewilligt worden ist, einen durchsetzbaren **Kostenerstattungsanspruch** gegen die unterlegene Partei hat. Wird der Prozesskostenhilfe bewilligende Beschluss **aufgehoben**, entfallen die Wirkungen des § 122 vollständig. Dann kann der beigeordnete Rechtsanwalt gegen seine Partei vorgehen und insb. Kostenfestsetzung nach § 11 RVG hinsichtlich der vollen Wahlanwaltsgebühren beantragen.[19]

IV. Wirkungen für den Beklagten (Abs. 2)

12 Abs. 2 gilt nur, wenn dem Kläger Prozesskostenhilfe ohne Ratenzahlung bewilligt wird. Diese Bewilligung hat für den Beklagten die einstweilige Befreiung von den rückständigen und den entstehenden Gerichtskosten und Gerichtsvollzieherkosten zur Folge. Das bedeutet insb., dass auch der Beklagte keine Auslagenvorschüsse für Zeugen und Sachverständige zahlen muss (→ Rn 6). Abs. 2 ist nicht anwendbar, wenn dem Kläger Prozesskostenhilfe bei Ratenzahlung oder dem Beklagten Prozesskostenhilfe bewilligt wurde.

§ 124 Aufhebung der Bewilligung

(1) Das Gericht soll die Bewilligung der Prozesskostenhilfe aufheben, wenn
1. die Partei durch unrichtige Darstellung des Streitverhältnisses die für die Bewilligung der Prozesskostenhilfe maßgebenden Voraussetzungen vorgetäuscht hat;
2. die Partei absichtlich oder aus grober Nachlässigkeit unrichtige Angaben über die persönlichen oder wirtschaftlichen Verhältnisse gemacht oder eine Erklärung nach § 120 a Absatz 1 Satz 3 nicht oder ungenügend abgegeben hat;
3. die persönlichen oder wirtschaftlichen Voraussetzungen für die Prozesskostenhilfe nicht vorgelegen haben; in diesem Fall ist die Aufhebung ausgeschlossen, wenn seit der rechtskräftigen Entscheidung oder sonstigen Beendigung des Verfahrens vier Jahre vergangen sind;
4. die Partei entgegen § 120 a Absatz 2 Satz 1 bis 3 dem Gericht wesentliche Verbesserungen ihrer Einkommens- und Vermögensverhältnisse oder Änderungen ihrer Anschrift absichtlich oder aus grober Nachlässigkeit unrichtig oder nicht unverzüglich mitgeteilt hat;
5. die Partei länger als drei Monate mit der Zahlung einer Monatsrate oder mit der Zahlung eines sonstigen Betrages im Rückstand ist.

(2) Das Gericht kann die Bewilligung der Prozesskostenhilfe aufheben, soweit die von der Partei beantragte Beweiserhebung auf Grund von Umständen, die im Zeitpunkt der Bewilligung der Prozesskostenhilfe noch nicht berücksichtigt werden konnten, keine hinreichende Aussicht auf Erfolg bietet oder der Beweisantritt mutwillig erscheint.

I. Allgemeines

1 § 124 regelt die Aufhebung der bewilligten Prozesskostenhilfe. Die **Aufzählung** in Abs. 1 ist **abschließend**.[1] Deshalb kann, wenn der Antragsteller nach der Bewilligung Vermögen erlangt hat, die Prozesskostenhilfe nicht widerrufen, sondern es können nur nachträgliche Ratenzahlungen gem. § 120 a ZPO angeordnet werden.[2]

II. Durchführungsbestimmungen: DB-PKH Nr. 9

2 Die Durchführungsbestimmungen zur Prozess- und Verfahrenskostenhilfe (DB-PKH) der Landesjustizverwaltungen[3] – Abschnitt A – enthalten zu § 124 ZPO folgende Regelung:

3 9. DB-PKH Aufhebung und Änderung der Bewilligung
9.1 Hat das Gericht die Bewilligung der Prozesskostenhilfe aufgehoben (§ 124 ZPO), berechnet der Kostenbeamte die bis zu diesem Zeitpunkt angefallenen Kosten (ggf. unter Einbeziehung der nach § 59 RVG auf die Staatskasse übergegangenen Ansprüche der Rechtsanwälte) und überweist sie der Gerichtskasse zur Einziehung; § 10 Kosten-

---

17 BGH FamRZ 2008, 982. **18** KG FamRZ 2004, 1737. **19** OLG Brandenburg JurBüro 2010, 261; KG MDR 2011, 627. **1** OLG Saarbrücken 29.4.2009 – 6 WF 45/09, juris. **2** OLG Hamm FamRZ 2011, 918; OLG Naumburg FamRZ 2009, 629. **3** ZB für Nordrhein-Westfalen: AV d. JM v. 30.10.2001 (5603 - Z. 92) (JMBl. NRW. S. 271) idF v. 14.10.2015 (JMBl. NRW S. 363).

verfügung bleibt unberührt. Soweit erforderlich, ist der beigeordnete Rechtsanwalt zur Einreichung seiner Kostenrechnung aufzufordern (§§ 50 Abs. 2, 55 Abs. 6 RVG). Die aufgrund der Bewilligung der Prozesskostenhilfe bezahlten Beträge sind abzusetzen. Die Löschung der Sollstellung über die vom Gericht gemäß § 120 Abs. 1 ZPO festgesetzten Zahlungen ist zu veranlassen.

9.2 Setzt das Gericht andere Zahlungen fest, berichtigt der Kostenbeamte den Ansatz nach Nr. 4.1.

III. Verfahren

Die Entscheidung nach Abs. 1 erfolgt durch den Richter, soweit dieser für die Entscheidung über den Prozesskostenhilfeantrag zuständig ist (s. § 127 Abs. 1 S. 2 ZPO), im Übrigen ist der Rechtspfleger zuständig, § 20 Nr. 4 Buchst. c RPflG. Vor der Entscheidung ist **rechtliches Gehör** zu gewähren. **Zustellungen** müssen jedenfalls dann nach § 172 Abs. 1 ZPO an den Verfahrensbevollmächtigten erfolgen, wenn dieser den Antragsteller im Prozesskostenhilfebewilligungsverfahren vertreten hat.[4] Die Aufhebungsentscheidung ergeht durch Beschluss und muss in Familiensachen nach § 39 FamFG eine Rechtsbehelfsbelehrung enthalten.[5] Gegen die aufhebende Entscheidung ist die **sofortige Beschwerde** (§ 127 Abs. 2 ZPO) zulässig.   **4**

IV. Wirkungen, neuer Antrag

Mit Aufhebung der Prozesskostenhilfe **entfallen alle Wirkungen des § 122 ZPO.** Das gilt sowohl für die Partei, die alle anfallenden Gerichtskosten zahlen muss, als auch für den Gegner im Hinblick auf § 122 Abs. 2 ZPO.[6] Gebührenansprüche des im Rahmen bewilligter Prozesskostenhilfe beigeordneten Rechtsanwalts gegen die Staatskasse, die bereits entstanden sind, können diesem durch eine spätere Aufhebung der Bewilligung aber nicht mehr genommen werden.[7]   **5**

Die Partei ist nach Aufhebung grds. nicht gehindert, einen **neuen Prozesskostenhilfeantrag** zu stellen.[8] Das gilt auch im Fall der Aufhebung wegen Zahlungsrückstands nach Abs. 1 Nr. 5, wenn sich die persönlichen und wirtschaftlichen Verhältnisse der Partei verschlechtert haben. Die Neubewilligung darf in diesem Fall nur dann abgelehnt werden, wenn greifbare Anhaltspunkte dafür sprechen, dass die Partei die Anordnung von Ratenzahlungen erneut missachten wird.[9]   **6**

V. Die einzelnen Aufhebungstatbestände (Abs. 1)

1. Unrichtige Darstellung des Streitverhältnisses (Nr. 1). Die Aufhebung nach Nr. 1 setzt **objektiv** eine unrichtige Darstellung des Streitverhältnisses und **subjektiv** zumindest bedingten Vorsatz voraus. Die unrichtige Darstellung kann sich angesichts der sich aus § 138 Abs. 1 ZPO ergebenden Wahrheitspflicht auch aus einem Unterlassen ergeben.[10] Eine **unrichtige Darstellung** in diesem Sinne liegt vor, wenn die Partei vorsätzlich falsche Tatsachen behauptet oder wahre Tatsachen verschwiegen hat und das Gericht infolgedessen die Erfolgsaussicht der Rechtsverfolgung oder -verteidigung bejaht oder deren Mutwilligkeit nicht erkannt hat. Gleiches gilt, sofern die Partei ihren Vortrag nicht berichtigt, obwohl dies geboten war.[11] Die Partei muss damit rechnen, bei wahrheitsgemäßem Vortrag keine oder in geringem Umfang Prozesskostenhilfe zu erhalten.[12] Die Täuschung muss vor Bewilligungsreife erfolgt[13] und kausal für die Bewilligung gewesen sein.   **7**

2. Unrichtige Angaben oder Nichtvorlage der Erklärung (Nr. 2). Auch der Widerruf wegen unrichtiger Angaben hat objektive und subjektive Voraussetzungen. **Objektiv** muss die Partei **unrichtige Angaben** über ihre persönlichen und wirtschaftlichen Verhältnisse gemacht haben, indem sie zB bestehende Lebensversicherungen verschwiegen hat.[14] Subjektiv muss dies **absichtlich oder aus grober Nachlässigkeit** erfolgt sein. Die Aufhebung der Prozesskostenhilfebewilligung wegen absichtlich oder aus grober Nachlässigkeit gemachter falscher Angaben nach Nr. 2 Alt. 1 setzt nicht voraus, dass die falschen Angaben des Antragstellers zu einer objektiv unrichtigen Bewilligung geführt haben. Die Falschangaben brauchen also **nicht ursächlich** für die Bewilligung zu sein.[15] Die Regelung ist im Bewilligungsverfahren der Prozess- oder Verfahrenskostenhilfe nicht analog anzuwenden.[16]   **8**

Die **fehlende Erklärung nach § 120 a Abs. 1 S. 3 ZPO** ist neben dem Widerruf wegen ausbleibender Ratenzahlungen (Nr. 5) der häufigste Anwendungsfall des § 124. Nach § 120 a Abs. 1 S. 3 ZPO hat die Partei sich auf Verlangen des Gerichts darüber zu erklären, ob eine Änderung der Verhältnisse eingetreten ist.[17] Wenn die Auskunft nach Fristsetzung nicht erfolgt, kann das Gericht in die Bewilligung der Prozesskostenhilfe   **9**

---

4 BGH FamRZ 2011, 463. **5** OLG Dresden FamRZ 2010, 1754. **6** Hk-ZPO/*Kießling*, § 124 Rn 16. **7** OLG Köln FamRZ 2005, 2007. **8** OLG Brandenburg FamRZ 2009, 242. **9** BGH NJW-RR 2006, 197. **10** Hk-KostenhilfeR/*Steinberger*, § 124 ZPO Rn 4. **11** OLG Hamm 20.11.2015 – II-2 WF 173/15, juris. **12** LG Bonn 30.4.2008 – 6 T 91/08, juris. **13** OVG Hamburg NVwZ-RR 2011, 661. **14** OLG Hamm FamRZ 2006, 1133. **15** BGH NJW 2013, 68. **16** BGH NJW-RR 2015, 1338. **17** Zu Einzelheiten s. Vorauflage (1. Aufl. 2014), §§ 120, 120 a ZPO Rn 11 ff.

aufheben, ohne dass es der Feststellung eines Verschuldens bedarf (str).[18] Die Erklärung kann allerdings noch im Beschwerdeverfahren nachgeholt werden.[19]

10   **3. Nichtvorliegen der persönlichen oder wirtschaftlichen Voraussetzungen (Nr. 3).** Im Unterschied zu Nr. 2 Alt. 1 ist hier ein Verschulden nicht erforderlich.[20] Notwendig ist nur, dass objektiv unrichtige oder unvollständige Angaben über die persönlichen oder wirtschaftlichen Verhältnisse vorliegen. Die Aufhebung ist nicht möglich, wenn das Gericht die der Bewilligung zugrunde gelegten Verhältnisse nachträglich anders beurteilt.[21]

11   **4. Fehlende Mitteilung (Nr. 4).** Das Gesetz zur Änderung des Prozesskostenhilfe- und Beratungshilferechts vom 31.8.2013[22] führte mWz 1.1.2014 im Anschluss an die Pflicht zur ungefragten Mitteilung von Verbesserungen der Einkommens- und Vermögensverhältnisse gem. § 120 a Abs. 2 ZPO[23] mit der Regelung der Nr. 4 einen die Verletzung dieser Pflicht sanktionierenden Aufhebungstatbestand ein.

12   **5. Zahlungsrückstand (Nr. 5).** Bei Nr. 5 handelt es sich neben Nr. 2 Alt. 2 um den häufigsten Aufhebungstatbestand. Voraussetzung ist ein Rückstand mit einer Monatsrate oder einem sonstigen Betrag für mehr als drei Monate. Die Aufhebung muss vorher **angedroht** werden.[24] Zwar setzt der Tatbestand nicht ausdrücklich ein **Verschulden** voraus, doch darf die Bewilligung nicht aufgehoben werden, wenn die Nichtzahlung der Raten nicht auf einem Verschulden beruht.[25] Dabei ist auch zu prüfen, ob eine **Verschlechterung der wirtschaftlichen Lage** zum Wegfall der Ratenzahlungspflicht geführt hat, es sei denn, die Partei hat schon zu einer Zeit nicht gezahlt, als sie noch leistungsfähig war.[26] Die Aufhebung der bewilligten Prozesskostenhilfe darf nicht erfolgen, wenn Raten von vornherein nicht hätten festgesetzt werden dürfen.[27] Die Aufhebung kommt ferner nicht in Betracht, wenn der Antragsteller nach Eröffnung des Insolvenzverfahrens wegen der in § 80 Abs. 1 InsO bestimmten Wirkungen nicht mehr uneingeschränkt in der Lage ist, die angeordneten Prozesskostenhilferatenzahlungen aus seinem laufenden Einkommen zu zahlen.[28]

VI. Entscheidung

13   § 124 eine Soll-Vorschrift, die nur Ausnahmen in atypisch gelagerten Einzelfällen zulässt.[29]

VII. Aufhebung bzgl. einzelner Beweiserhebungen (Abs. 2)

14   Die Teilaufhebung kommt nicht nur hinsichtlich mutwilliger Beweisantritte, sondern auch dann, wenn die beantragte Beweiserhebung **keine hinreichende Erfolgsaussicht** bietet, in Betracht. Dabei ist eine **Beweisantizipation** zulässig.[30]

§ 125 Einziehung der Kosten

(1) Die Gerichtskosten und die Gerichtsvollzieherkosten können von dem Gegner erst eingezogen werden, wenn er rechtskräftig in die Prozesskosten verurteilt ist.

(2) Die Gerichtskosten, von deren Zahlung der Gegner einstweilen befreit ist, sind von ihm einzuziehen, soweit er rechtskräftig in die Prozesskosten verurteilt oder der Rechtsstreit ohne Urteil über die Kosten beendet ist.

I. Allgemeines

1   § 125 regelt die Tragung der Gerichtskosten und der Gerichtsvollzieherkosten durch den Gegner der Partei, welcher Prozesskostenhilfe bewilligt wurde.

II. Rechtskräftige Verurteilung in die Prozesskosten (Abs. 1)

2   **1. Grundlage der Kostenpflicht.** Abs. 1 betrifft die Zahlung der Kosten, die von der Partei, welcher Prozesskostenhilfe bewilligt wurde, gem. § 122 Abs. 1 Nr. 1 Buchst. a ZPO nur nach Maßgabe gerichtlicher Anordnung aufzubringen sind. Sofern der Gegner diese Kosten zu tragen hat, genügt hierfür nicht die Kostenentscheidung als solche, sondern es ist eine **rechtskräftige Entscheidung erforderlich**. Die Verurteilung iSv Abs. 1 erfordert nicht unbedingt ein Urteil. Ausreichend sind auch Beschlüsse nach §§ 91 a, 269 Abs. 3, 146, 516 Abs. 3 und 565 ZPO. Sämtliche Entscheidungen müssen rechtskräftig sein. Die **vorläufige Voll-**

---

18 Hk-KostenhilfeR/*Steinberger*, § 124 ZPO Rn 16 mwN. **19** OLG Köln FamRZ 2009, 633; OLG Saarbrücken FamRZ 2011, 662. **20** OVG Sachsen 1.2.2011 – 4 E 142/06, juris. **21** OLG Saarbrücken FamRZ 2009, 1851. **22** BGBl. 2013 I 3533. **23** Zu Einzelheiten s. Vorauflage (1. Aufl. 2014), §§ 120, 120 a ZPO Rn 12. **24** OLG Bremen FamRZ 2011, 129. **25** BGH MDR 1997, 396. **26** OLG Saarbrücken FamRZ 2009, 1616. **27** OLG Brandenburg FamRZ 2015, 949. **28** OLG Koblenz FamRZ 2014, 782. **29** BT-Drucks 17/11472, S. 33. **30** BT-Drucks 17/11472, S. 35.

NK-GK/*Giers*

streckbarkeit eines Urteils genügt **nicht**. Die Rechtskraft ist nicht erforderlich für die Geltendmachung der gem. § 59 RVG auf die Staatskasse übergegangenen Ansprüche.[1] Nach Nr. 3.3.2 der DB-PKH (→ § 122 Rn 3) sollen jedoch auch diese Kosten erst nach Rechtskraft eingezogen werden.

2. Zahlung der Gerichtskosten bei Prozesskostenhilfe für den Kläger. Wenn dem Kläger Prozesskostenhilfe bewilligt wurde und er aufgrund gerichtlicher Entscheidung die Kosten tragen muss, kann er gem. § 122 Abs. 1 Nr. 1 Buchst. a ZPO nur nach Maßgabe des Bewilligungsbeschlusses dafür in Anspruch genommen werden. Muss der Beklagte die Kosten tragen, so können diese ihm erst nach Rechtskraft der Entscheidung aufgegeben werden. Im Fall einer **Kostenquote** gilt das entsprechend für den auf den Beklagten entfallenden Teil der Kosten. Vom Kläger bereits verauslagten Kosten kann dieser im Umfang der Quote gegen den Beklagten festsetzen lassen. Sofern keine Kostenentscheidung erfolgt, insb. im Fall der Nichtwiederaufnahme eines ruhenden Verfahrens, treffen den Beklagten allenfalls Auslagen. Für den Kläger gilt wiederum § 122 Abs. 1 Nr. 1 Buchst. a ZPO. **3**

3. Zahlung der Gerichtskosten bei Prozesskostenhilfe für den Beklagten. Der unterliegende Beklagte, dem Prozesskostenhilfe bewilligt wurde, haftet für die Gerichtskosten wie der Kläger (→ Rn 3) nur nach Maßgabe des Bewilligungsbeschlusses. Der Kläger kann gem. § 31 Abs. 3 GKG darauf ebenfalls nicht als Zweitschuldner (§§ 22 Abs. 1, 31 Abs. 2 GKG) in Anspruch genommen werden. Unterliegt der Kläger, werden von ihm nach Rechtskraft der Entscheidung sämtliche Gerichtskosten eingezogen. Das gilt auch, wenn das Verfahren ohne Kostenentscheidung endet. Im Fall der **Kostenquote** haftet er mit dem auf ihn entfallenden Anteil. **4**

4. Zahlung der Gerichtskosten bei Prozesskostenhilfe für beide Parteien. Wurde beiden Parteien Prozesskostenhilfe bewilligt, so haften grds. beide nur nach Maßgabe des Bewilligungsbeschlusses.[2] **5**

III. Einstweilige Befreiung von den Gerichtskosten (Abs. 2)

Abs. 2 betrifft die Kosten, von deren Zahlung der Beklagte als Gegner eines Klägers, dem ratenfreie Prozesskostenhilfe bewilligt wurde, einstweilen befreit ist, insb. also die Auslagenvorschüsse für Zeugen und Sachverständige (→ § 122 Rn 6). Wegen dieser Kosten kann der Beklagte auch ohne rechtskräftige Verurteilung in Anspruch genommen werden. Das gilt insb. im Fall der Beendigung durch Vergleich oder Ruhen.[3] **6**

---

1 Musielak/Voit/*Fischer*, § 125 ZPO Rn 2. **2** Wegen der Übernahme der Kosten durch Vergleich s. die Vorauflage (1. Aufl. 2014), § 123 ZPO Rn 7. **3** Musielak/Voit/*Fischer*, § 125 ZPO Rn 6.

Gesetz über das Verfahren in Familiensachen und in den Angelegenheiten der freiwilligen Gerichtsbarkeit (FamFG)

Vom 17. Dezember 2008 (BGBl. I 2586, 2587) (FNA 315-24)
zuletzt geändert durch Art. 3 Abs. 14 des Neunten Gesetzes zur Änderung des Zweiten Buches
Sozialgesetzbuch – Rechtsvereinfachung – sowie zur vorübergehenden Aussetzung der
Insolvenzantragspflicht vom 26. Juli 2016 (BGBl. I 1824, 1835)

– Auszug –

§ 76 Voraussetzungen

(1) Auf die Bewilligung von Verfahrenskostenhilfe finden die Vorschriften der Zivilprozessordnung über die Prozesskostenhilfe entsprechende Anwendung, soweit nachfolgend nichts Abweichendes bestimmt ist.

(2) Ein Beschluss, der im Verfahrenskostenhilfeverfahren ergeht, ist mit der sofortigen Beschwerde in entsprechender Anwendung der §§ 567 bis 572, 127 Abs. 2 bis 4 der Zivilprozessordnung anfechtbar.

I. Allgemeines

1   Zum Anwendungsbereich der §§ 76–78 FamFG, zu den Voraussetzungen der Gewährung von Verfahrenskostenhilfe, zum Bewilligungsverfahren und zur Regelung des § 76 Abs. 2 FamFG (Beschwerde- und Rechtsbeschwerdeverfahren) wird auf die ausführliche Darstellung in der Vorauflage (1. Aufl. 2014) verwiesen.

II. Wirkungen der Bewilligung der Verfahrenskostenhilfe

2   **1. Wirkung für den Antragsteller.** Für den Antragsteller löst die Bewilligung der Verfahrenskostenhilfe zunächst die **Folgen des § 122 Abs. 1 ZPO** aus (→ ZPO § 122 Rn 4 ff). Insbesondere können rückständige oder noch entstehende Gerichtskosten und auf die Staatskasse übergegangene Ansprüche eines beigeordneten Rechtsanwalts gegen den Antragsteller nur nach Maßgabe der Anordnungen des Gerichts geltend gemacht werden, § 122 Abs. 1 Nr. 1 ZPO. Soweit dem Antragsteller Verfahrenskostenhilfe bewilligt worden ist, darf nach § 16 Abs. 1 Nr. 1 GNotKG bzw § 15 Nr. 1 FamGKG die Vornahme gerichtlicher Handlungen nicht von der Zahlung eines Vorschusses auf die Gebühren und Auslagen (§§ 13, 14 GNotKG, § 14 Abs. 3 FamGKG) abhängig gemacht werden.

3   Unter den Voraussetzungen des § 78 FamFG wird dem Antragsteller ein **Rechtsanwalt beigeordnet** (→ § 78 FamFG Rn 1). Der so beigeordnete Anwalt kann dann gegen den Beteiligten Ansprüche auf Vergütung nicht geltend machen, § 122 Abs. 1 Nr. 3 ZPO (→ ZPO § 122 Rn 10). Diese Ansprüche aus dem Mandatsverhältnis bestehen zwar, ihre Durchsetzung gegenüber dem Mandanten ist aber – vergleichbar einer Stundung – gehemmt.[1] Diese Forderungssperre erfasst auch die Reisekosten des Anwalts zum Gericht, und zwar nach richtiger Ansicht auch dann, wenn er diese Kosten nicht gegen die Staatskasse geltend machen kann, weil er zu den Bedingungen eines ortsansässigen Anwalts (→ § 78 FamFG Rn 36) beigeordnet worden ist.[2]

4   Obwohl die Bewilligung von Verfahrenskostenhilfe für den Antragsteller grds. auf Freistellung von Kosten gerichtet ist, kann sie auch den Ersatz **notwendiger Reisekosten** des Beteiligten zum Gericht umfassen.[3] Das Verfahren ist in Nr. 1 und 2 der Verwaltungsvorschrift über die Gewährung von Reiseentschädigungen (VwV Reiseentschädigung)[4] geregelt; die Entscheidung trifft das Gericht. Eine nachträgliche Erstattung bereits angefallener Reisekosten wird nur in Betracht kommen, wenn sie zeitnah nach dem Termin beantragt wird.[5]

5   Die **Aufhebung der Bewilligung** wegen unzutreffender Angaben, Veränderungen der wirtschaftlichen Verhältnisse oder Rückstands des Beteiligten mit Zahlungen an die Staatskasse richtet sich nach der dafür abschließenden[6] Regelung des § 124 ZPO (→ ZPO § 124 Rn 1 ff). Die Änderung der Bewilligung wegen veränderter wirtschaftlicher Verhältnisse des Antragstellers richtet sich nach § 120 a ZPO.

6   Nach § 123 ZPO hat die Gewährung von Prozesskostenhilfe auf die Verpflichtung, die **dem Gegner entstandenen Kosten** zu erstatten, keinen Einfluss. Die in § 76 Abs. 1 FamFG bestimmte entsprechende An-

---

1 BGH NJW 2009, 2962; OLG Düsseldorf NJW-RR 1998, 287. 2 OLG Brandenburg JurBüro 2010, 434; KG FamRZ 2012, 168; aA OLG Nürnberg FamRZ 2001, 1157. 3 OLG Naumburg MDR 2013, 56. 4 Verwaltungsvorschrift über die Gewährung von Reiseentschädigungen (VwV Reiseentschädigung), zul. geänd. d. Bek. v. 20.1.2014 (BAnz AT 29.01.2014 B1). 5 OLG Naumburg MDR 2013, 56. 6 OLG Saarbrücken OLG-Report 2009, 658.

wendung dieser Regelung bedeutet, dass der Beteiligte, dem Verfahrenskostenhilfe bewilligt worden ist, im Falle des – vollständigen oder teilweisen – Unterliegens die den übrigen Beteiligten erwachsenen Kosten des Verfahrens in der Hauptsache zu erstatten hat, wenn und soweit ihm diese Kosten in der Kostengrundentscheidung des Gerichts (§§ 81 ff FamFG) auferlegt worden sind. Die übrigen Beteiligten können dann aufgrund dieser Kostengrundentscheidung die Kostenfestsetzung nach den §§ 103 ff ZPO iVm § 85 FamFG beantragen;[7] sie können hier auch dann die Gebühren eines Wahlanwalts in Ansatz bringen, wenn ihnen selbst Verfahrenskostenhilfe bewilligt worden war.

2. Wirkung für den Gegner und die übrigen Beteiligten. Nach § 76 Abs. 1 FamFG gilt die Bestimmung des § 122 Abs. 2 ZPO auch für die Verfahrenskostenhilfe in Familiensachen und Angelegenheiten der freiwilligen Gerichtsbarkeit.[8] Die Bewilligung ratenfreier Verfahrenskostenhilfe für den Antragsteller (oder Rechtsmittelführer) des Verfahrens zur Hauptsache hat deshalb auch hier die **einstweilige Befreiung des Gegners** von den in § 122 Abs. 1 Nr. 1 ZPO bezeichneten Kosten zur Folge. Zu den davon erfassten gerichtlichen Gebühren und Auslagen gehört insb. der Vorschuss für eine von ihm beantragte Beweisaufnahme.[9] Entsprechend braucht in den Fällen des § 122 Abs. 2 ZPO auch ein **sonstiger Beteiligter** des Verfahrens zur Hauptsache keinen solchen Vorschuss zu leisten. **7**

3. Wirkung für den beigeordneten Rechtsanwalt. Der nach § 78 Abs. 1 oder 2 FamFG beigeordnete **Rechtsanwalt** ist gem. § 48 Abs. 1 Nr. 1 BRAO zur **Übernahme der Vertretung** verpflichtet. **8**

Aus der Beiordnung erwächst dem Anwalt ein **Anspruch gegen die Staatskasse** auf Vergütung nach Maßgabe der Regelungen der §§ 45 ff RVG[10] (s. die Erl. zu den §§ 45 ff RVG). Die Vergütung und etwaige Vorschüsse werden gem. § 55 RVG festgesetzt (s. die Erl. zu § 55 RVG); hier erhält der Anwalt jedoch nur die abgesenkten Gebühren des § 49 RVG. **9**

Daneben gibt § 126 Abs. 1 ZPO dem beigeordneten Rechtsanwalt ein eigenes **Einziehungsrecht**.[11] Er kann von den übrigen Beteiligten, wenn (soweit) gegen diese und zu Gunsten seines Mandanten eine Kostengrundentscheidung ergangen ist, insb. auch seine Wahlanwaltsgebühren beitreiben, die er von seinem Mandanten gem. § 122 Abs. 1 S. 3 ZPO nicht einfordern dürfte, solange diesem Verfahrenskostenhilfe gewährt wird.[12] Der Beitreibungsanspruch des Anwalts und der Kostenerstattungsanspruch des bedürftigen Mandanten stehen dabei zwar selbständig nebeneinander. Der Mandant kann aber nicht zu Lasten des Anwalts über den Anspruch verfügen.[13] **10**

4. Zeitpunkt des Eintritts der Wirkung der Bewilligung. In Rspr und Schrifttum nicht immer hinreichend differenziert wird zwischen der Frage, ab welchem **Zeitpunkt** (bei richtiger Rechtsanwendung) Verfahrenskostenhilfe bewilligt werden sollte, und der Frage, ab welchem Zeitpunkt sie tatsächlich durch die Entscheidung des Gerichts gewährt worden ist. Dafür, ab wann die **Wirkungen der Bewilligung** eintreten, ist allein die Entscheidung über das Verfahrenskostenhilfegesuch maßgeblich; darauf, ob sie richtigerweise ab einem anderen (früheren oder späteren) Zeitpunkt hätte bewilligt werden sollen, kommt es für die Wirkung der Entscheidung solange nicht an, wie sie Bestand hat, also nicht von dem entscheidenden Gericht selbst oder in der Rechtsmittelinstanz korrigiert worden ist. **11**

Regelmäßig wird der Beschluss, durch den Verfahrenskostenhilfe bewilligt wird, mit seinem Erlass wirksam. Nennt der Beschluss, insb. in seiner Entscheidungsformel ein **bestimmtes Datum**, ab dem Verfahrenskostenhilfe bewilligt ist, ist dies maßgeblich.[14] Nennt der Beschluss keinen Zeitpunkt, ist durch seine **Auslegung** zu ermitteln, ab wann die Verfahrenskostenhilfe gewährt ist.[15] Regelmäßig wird mangels gegenteiligen Ausspruchs die Bewilligung so zu verstehen sein, dass Verfahrenskostenhilfe nicht erst ab dem Erlass der Bewilligungsentscheidung, sondern ab dem Eingang des ordnungsgemäßen Antrags bewilligt ist.[16] Andernfalls müsste das Verfahrenskostenhilfegesuch teilweise abgelehnt und dies in der Entscheidung begründet werden. **12**

§ 78 Beiordnung eines Rechtsanwalts

(1) Ist eine Vertretung durch einen Rechtsanwalt vorgeschrieben, wird dem Beteiligten ein zur Vertretung bereiter Rechtsanwalt seiner Wahl beigeordnet.

7 OLG Köln FGPrax 2012, 282. **8** *Schneider*, NJW-Spezial 2013, 91. **9** OLG Karlsruhe NJW-RR 2012, 1478. **10** OLG Köln AGS 2012, 481 = FamRZ 2013, 1062. **11** BGH NJW-RR 2013, 186. **12** BGH NJW-RR 2007, 1147; BGH NJW 2009, 2962; BGH NJW-RR 2013, 186. **13** BGH NJW-RR 2007, 1147; BGH NJW-RR 2013, 186. **14** Beispiele: Die Entscheidungsformeln von OLG Düsseldorf 29.4.2013 – I-5 W 9/13, juris und OLG Köln 28.5.2013 – 6 W 60/13, juris. **15** BGH NJW 1985, 921; OLG Karlsruhe NJW-RR 1989, 1466. **16** BGH NJW 1985, 921; OLG Brandenburg FamRZ 2008, 708; OLG Karlsruhe NJW-RR 1989, 1466; aA OLG Stuttgart NJW-RR 1987, 508.

(2) Ist eine Vertretung durch einen Rechtsanwalt nicht vorgeschrieben, wird dem Beteiligten auf seinen Antrag ein zur Vertretung bereiter Rechtsanwalt seiner Wahl beigeordnet, wenn wegen der Schwierigkeit der Sach- und Rechtslage die Vertretung durch einen Rechtsanwalt erforderlich erscheint.

(3) Ein nicht in dem Bezirk des Verfahrensgerichts niedergelassener Rechtsanwalt kann nur beigeordnet werden, wenn hierdurch besondere Kosten nicht entstehen.

(4) Wenn besondere Umstände dies erfordern, kann dem Beteiligten auf seinen Antrag ein zur Vertretung bereiter Rechtsanwalt seiner Wahl zur Wahrnehmung eines Termins zur Beweisaufnahme vor dem ersuchten Richter oder zur Vermittlung des Verkehrs mit dem Verfahrensbevollmächtigten beigeordnet werden.

(5) Findet der Beteiligte keinen zur Vertretung bereiten Anwalt, ordnet der Vorsitzende ihm auf Antrag einen Rechtsanwalt bei.

I. Allgemeines

1 § 78 FamFG bestimmt wie § 121 ZPO, unter welchen **Voraussetzungen** dem Antragsteller ein Rechtsanwalt beizuordnen ist. Die Regelungen unterscheiden sich inhaltlich nur dadurch, dass nach § 78 Abs. 2 FamFG anders als nach § 121 Abs. 2 ZPO in Verfahren ohne Anwaltszwang die Beiordnung eines Rechtsanwalts nicht allein deshalb erforderlich ist, weil der Gegner anwaltlich vertreten ist (→ Rn 10).

2 Die Beiordnung eines Rechtsanwalts nach § 78 Abs. 1 und 2 FamFG kommt nur dann in Betracht, wenn die Voraussetzungen des § 76 FamFG bejaht werden und dem Antragsteller Verfahrenskostenhilfe bewilligt wird.[1] Unter den weiteren Voraussetzungen der Abs. 1 und 2 wird dem Betroffenen dann ein von ihm gewählter, zu seiner Vertretung bereiter Rechtsanwalt beigeordnet. Nur im Fall des Abs. 2, also dann, wenn im Verfahren zur Hauptsache kein Anwaltszwang besteht, setzt die **Beiordnung eines Rechtsanwalts** einen gerade auch darauf gerichteten Antrag voraus.[2]

3 Beigeordnet werden kann auch eine Sozietät von Rechtsanwälten (→ ZPO § 121 Rn 3)[3] oder eine interprofessionelle Anwaltsgesellschaft.[4] Die öffentlich-rechtliche Beiordnung begründet kein Mandatsverhältnis (→ ZPO § 121 Rn 4), berührt andererseits aber auch den zivilrechtlichen Mandatsvertrag nicht,[5] abgesehen von der Folge der § 122 Abs. 1 Nr. 3 ZPO, § 76 Abs. 1 FamFG, dass die einem Beteiligten beigeordneten Anwälte Ansprüche auf Vergütung gegen ihn nicht geltend machen können. Grundsätzlich können nur inländische Rechtsanwälte beigeordnet werden.

4 Die Beiordnung eines Rechtsanwalts setzt grds. dessen **Bereitschaft zur Übernahme** der Vertretung voraus. **Findet** der Hilfsbedürftige **keinen hierzu bereiten Anwalt**, ordnet ihm nach § 78 Abs. 5 FamFG der Vorsitzende (bei Zuständigkeit des Einzelrichters oder Rechtspflegers zur Entscheidung in der Hauptsache dieser) auf Antrag einen Rechtsanwalt bei. Dass der Antragsteller keinen Rechtsanwalt „findet", setzt eine entsprechende Suche voraus. Nur wenn er sich ernsthaft und bei mehreren Rechtsanwälten, aber ohne Erfolg, um die Übernahme der Vertretung bemüht hat und dies darlegt, ist der Antrag auf Beiordnung eines vom Gericht auszuwählenden Rechtsanwalts gerechtfertigt.[6] Der so ausgewählte Anwalt ist dann nach § 48 Abs. 1 Nr. 1 BRAO verpflichtet, die Vertretung zu übernehmen.

II. Verfahren mit Anwaltszwang (Abs. 1)

5 Unterliegt das Verfahren in der Hauptsache dem Anwaltszwang, so wird dem Antragsteller nach § 78 Abs. 1 FamFG mit der Bewilligung der Verfahrenskostenhilfe zugleich ein zu seiner Vertretung bereiter Anwalt seiner Wahl beigeordnet.

6 **Kein Anwaltszwang** besteht in Angelegenheiten der **freiwilligen Gerichtsbarkeit** für die **erste und zweite Instanz.**[7] Erst im **Rechtsbeschwerdeverfahren** (§§ 70 ff FamFG) müssen sich die Beteiligten nach § 10 Abs. 4 S. 1 FamFG durch einen bei dem Bundesgerichtshof zugelassenen Rechtsanwalt vertreten lassen.[8] Dies gilt auch für die Rechtsbeschwerde nach § 78 GBO in einer Grundbuchsache.[9]

7 In **Familiensachen** besteht nach § 114 Abs. 1 FamFG Anwaltszwang für die Ehegatten in Ehesachen einschließlich der Folgesachen und für die Beteiligten in selbständigen Familienstreitsachen (§ 112 FamFG) für das Verfahren vor dem Familiengericht und vor dem Oberlandesgericht. Dies gilt nach § 137 Abs. 5 S. 1 Hs 1 FamFG auch für abgetrennte Folgesachen[10] (§ 137 Abs. 2 FamFG), etwa eine abgetrennte Güterrechtssache. Vom Anwaltszwang des § 114 Abs. 1 FamFG ausgenommen sind die in § 114 Abs. 4 FamFG

---

1 BGH NJW-RR 2004, 787; Schulte-Bunert/Weinreich/*Keske*, FamFG, § 78 Rn 3. **2** Keidel/*Zimmermann*, FamFG, § 78 Rn 20. **3** BGH NJW 2009, 440. **4** OLG Nürnberg NJW 2013, 948. **5** BGH NJW-RR 2005, 494; BGH NJW 2009, 440; BGH NJW 2011, 229. **6** BayVGH 22.10.2003 – 12 CE 03.2568, juris; OVG Münster 26.2.2009 – 7 B 162/09, juris. **7** Keidel/*Zimmermann*, FamFG, § 10 Rn 21. **8** BGH FamRZ 2010, 1425; BGH NJW 2013, 2198 = FGPrax 2013, 231; BGH NJW 2015, 1385; Keidel/*Meyer-Holz*, FamFG, § 71 Rn 8. **9** Hügel/*Kramer*, GBO, § 78 Rn 48. **10** OLG Rostock FamRZ 2011, 57; OLG Köln 18.12.2012, FGPrax 2013, 137; OLG Saarbrücken FamRZ 2014, 2018; aA OLG Frankfurt 13.8.2013 – 4 UF 178/13.

aufgeführten Verfahren. Nach § 257 S. 1 FamFG besteht kein Anwaltszwang für Anträge und Erklärungen im vereinfachten Verfahren in Unterhaltssachen. Ob dies im Fall des § 257 FamFG auch für das Beschwerdeverfahren gilt,[11] ist streitig.[12]

Vor dem Bundesgerichtshof müssen sich die Beteiligten einer Familiensache nach § 114 Abs. 2 FamFG durch einen dort zugelassenen Rechtsanwalt vertreten lassen. **8**

In **Ehesachen** und **Familienstreitsachen** sind nach § 113 Abs. 1 S. 1 FamFG die §§ 76 ff FamFG nicht anzuwenden. Die Beiordnung eines Rechtsanwalts bei Bewilligung von Verfahrenskostenhilfe richtet sich daher in diesen Sachen nicht nach § 78 FamFG, sondern nach § 121 ZPO. **9**

III. Verfahren ohne Anwaltszwang (Abs. 2)

1. Grundsatz der Waffengleichheit? In allen Verfahren, in denen sich ein Beteiligter nicht durch einen **10** Rechtsanwalt vertreten lassen muss, wird ihm bei Bewilligung von Verfahrenskostenhilfe ein Anwalt nur unter den Voraussetzungen des § 78 Abs. 2 FamFG, also nicht allein deshalb beigeordnet, weil der Gegner anwaltlich vertreten ist. Der der Regelung des § 121 Abs. 2 ZPO zugrunde liegende Gedanke der „**Waffengleichheit**" gilt insoweit nicht. Ihn hat der Gesetzgeber bewusst nicht in die Regelung des Abs. 2 übernommen.[13] Gleichwohl kann der Umstand, dass der Gegner anwaltlich vertreten ist, ein Kriterium für die Beurteilung der Erforderlichkeit der Beiordnung eines Rechtsanwalts wegen der Schwierigkeit der Sach- und Rechtslage sein.[14]

2. Schwierigkeit der Sach- und Rechtslage. a) Allgemeines. Maßgebliches Kriterium für die Beiordnung eines **11** Rechtsanwalts in Verfahren ohne Anwaltszwang ist mithin die **Schwierigkeit der Sach- und Rechtslage**. Dabei ist es trotz des Wortlauts des Gesetzes („und") nicht erforderlich, dass das Verfahren kumulativ Schwierigkeiten sowohl in tatsächlicher wie in rechtlicher Hinsicht aufwirft. Vielmehr kann jeder dieser beiden Umstände, also sowohl allein eine Schwierigkeit der tatsächlichen Lage als auch nur die Schwierigkeit der Rechtslage, die Beiordnung eines Rechtsanwalts gebieten.[15] Dass für das Verfahren der Hauptsache der Grundsatz der Amtsermittlung gilt, steht der Beiordnung eines Rechtsanwalts nicht entgegen. Dies gilt auch dann, wenn ausschließlich oder überwiegend tatsächliche Fragen im Streit stehen.[16] Die Schwierigkeit der Rechtslage soll sich nach einer Entscheidung des BGH auch daraus ergeben können, dass es sich bei dem Verfahren zur Hauptsache um ein von dem allgemeinen Zivilprozess stark abweichendes Verfahren eigener Art (Abstammungsverfahren) handelt.[17]

Die Notwendigkeit der Beiordnung eines Rechtsanwalts beurteilt sich auch nach den **subjektiven Fähigkeiten** **12** des betroffenen Beteiligten.[18] Zwar knüpft der Wortlaut des Abs. 2 nur an objektive Kriterien an. Die Bestimmung ist wegen des Gebots weitgehender Angleichung der Situation von Bemittelten und Unbemittelten bei der Verwirklichung des Rechtsschutzes[19] jedoch verfassungskonform dahin auszulegen, dass auch die persönlichen Fähigkeiten des Beteiligten zu berücksichtigen sind.[20] Denn auch ein bemittelter Verfahrensbeteiligter beurteilt die Notwendigkeit der Zuziehung eines Rechtsanwalts vernünftigerweise danach, ob er nach seinen persönlichen Fähigkeiten und Kenntnissen in der Lage ist, zu den Fragen des Verfahrens in tatsächlicher und rechtlicher Hinsicht ohne anwaltliche Unterstützung sachgerecht Stellung zu nehmen.[21] Für die Entscheidung ist somit regelmäßig neben dem Umfang und der objektiven Schwierigkeit der Sache auch die Fähigkeit des Beteiligten maßgeblich, sich mündlich oder schriftlich auszudrücken.[22] Mangelhafte oder völlig fehlende Deutschkenntnisse eines Beteiligten können die Sache für ihn schwierig machen.[23] Angezeigt ist die Beiordnung eines Rechtsanwalts auch im Falle einer schwerwiegenden Erkrankung des Antragstellers, wie etwa einer Psychose.[24] Allein die existentielle Bedeutung einer Sache für den Beteiligten soll dagegen nach der Rspr des BGH die Notwendigkeit der Beiordnung eines Rechtsanwalts nicht begründen.[25]

Entscheidendes Kriterium ist für die Beiordnung mithin, ob sich die Sach- und/oder Rechtslage objektiv **13** und/oder nach den subjektiven Fähigkeiten und Kenntnissen des Betroffenen so kompliziert darstellt, dass ein bemittelter Beteiligter in der Situation des Antragstellers vernünftigerweise einen Rechtsanwalt mit der Wahrnehmung seiner Interesse beauftragen würde.[26] Dies lässt sich naturgemäß nicht abstrakt, sondern

---

11 So OLG Brandenburg FamRZ 2012, 1894; OLG Brandenburg FamRZ 2014, 332; Keidel/*Giers*, FamFG, § 257 Rn 1. **12** OLG Brandenburg FamRZ 2012, 1894. **13** BT-Drucks 16/6308, S. 214; BGH NJW 2010, 3029; BGH NJW 2016, 959 = FamRZ 2016, 531; OLG Bremen NJW 2010, 2067. **14** BGH NJW 2010, 3029; OLG Bremen NJW 2010, 2067; OLG Celle MDR 2010, 392. **15** BGH NJW 2010, 3029; BGH NJW 2012, 2586. **16** BVerfG NJW-RR 2007, 1713. **17** BGH NJW 2012, 2586. **18** BGH NJW 2010, 3029; BGH NJW 2012, 2586. **19** BVerfGE 9, 124, 131 = NJW 1959, 715; BVerfGE 81, 347, 357 = NJW 1991, 413; BVerfG NJW 2012, 3293; BGH NJW 2004, 2749. **20** BGH NJW 2010, 3029. **21** OLG Dresden FamRZ 2010, 2006; OLG Hamm FamRZ 2013, 565. **22** BVerfG NJW-RR 2007, 1713; BGH NJW 2010, 3029. **23** OLG Bamberg FamRZ 2011, 1970; OLG Hamburg FamRZ 2011, 129; aA OLG Celle FamRZ 2011, 1971. **24** BGH NJW 2012, 2586. **25** BGH NJW 2012, 2586; BGH NJW 2016, 959 = FamRZ 2016, 531; aA OLG Celle NJW-RR 2012, 466. **26** BVerfG NJW 1997, 2103; BVerfG NJW-RR 2007, 1713; BGH NJW 2010, 3029.

nur nach den Umständen des jeweiligen Einzelfalls beurteilen. Die hier gebotene **einzelfallbezogene Prüfung** soll deshalb nach der Rspr des BGH die Herausbildung von Regeln, nach denen dem mittellosen Beteiligten in bestimmten Verfahren immer oder jedenfalls grds. ein Rechtsanwalt beizuordnen sei, nur in engen Grenzen zulassen.[27] Dies folge schon aus der Vielzahl der möglichen Lebenssachverhalte.

14 Die Ansicht des OLG Celle,[28] ein Anwalt sei trotz **fehlender Schwierigkeit** der Sach- und Rechtslage beizuordnen, wenn über einen rechtzeitig gestellten Antrag nicht vor einem dann unter Mitwirkung des Anwalts durchgeführten Anhörungstermin entschieden worden ist, steht mit Abs. 2 nicht in Einklang. Auch der Gesichtspunkt des fairen Verfahrens hilft nicht darüber hinweg, wenn die Voraussetzungen der Gewährung von Verfahrenskostenhilfe oder der Beiordnung eines Anwalts von Anfang an fehlen.

15 **b) Einzelfälle. aa) Ehewohnungs- und Haushaltssachen.** In Ehewohnungs- und Haushaltssachen kommt es auf eine etwaige Schwierigkeit der Sach- und Rechtslage im jeweiligen Einzelfall an. Dass sie idR schon dann zu bejahen sei, wenn die Ehegatten – anders als im Normalfall – über die Zuweisung der Wohnung und/oder des Hausrats streiten,[29] wird man nicht sagen können.

16 **bb) Versorgungsausgleichssachen.** In selbstständigen Versorgungsausgleichssachen nach § 111 Nr. 7 FamFG besteht zwar kein Anwaltszwang; hier ist aber regelmäßig eine schwierige Rechtslage gegeben, da die Auskünfte und Berechnungen der Versorgungsträger zu prüfen sind, was jedenfalls dem juristischen Laien kaum möglich ist.[30] Entsprechend bejaht das OLG Hamm die Schwierigkeit der Sach- und Rechtslage in einem Verfahren nach § 33 VersAusglG, weil der Vortrag einer 62 Jahre alten Ehefrau ohne juristische Vorkenntnisse, ihr sei der Antrag nicht verständlich, plausibel sei.[31]

17 **cc) Kindschaftssachen.** Auch in Kindschaftssachen kommt es auf die Umstände des Einzelfalls an. Im **Sorgerechtsverfahren** wegen Gefährdung des Kindeswohls kann schon die Gefahr eines unmittelbar drohenden Eingriffs – auch durch einstweilige Anordnung – eine Schwierigkeit der Sach- und Rechtslage begründen.[32] Anders liegt es, wenn – etwa aufgrund eindeutiger Hinweise des Gerichts – bei Eintritt der Entscheidungsreife zur Frage der Anwaltsbeiordnung mit einem Eingriff in die elterliche Sorge nicht mehr zu rechnen steht.[33] Bei einvernehmlicher Übertragung des Sorgerechts ist regelmäßig keine schwierige Sach- und Rechtslage gegeben.[34] Die Beiordnung eines Rechtsanwalts für das Kind erfordert, dass die Schwierigkeiten der Sach- und Rechtslage gerade das Kind betreffen.[35]

18 Da die Schwere des Eingriffs kein Kriterium für die Beiordnung eines Anwalts bilden soll, rechtfertigt sie allein nach der Rspr des BGH[36] auch nicht den Schluss, dass sich ein bemittelter Beteiligter in **Umgangsstreitigkeiten** stets oder doch nahezu ausnahmslos anwaltlichen Beistands versichert hätte. Hier kann je nach den Umständen des Falles aber auch ein besonders belastetes Verhältnis zwischen den Beteiligten von Belang sein.[37] Regelmäßig nicht schwierig ist die Sache, wenn es nur um die nähere Ausgestaltung des im Wesentlichen nicht streitigen persönlichen Umgangs geht.[38]

19 Ein **Vermittlungsverfahren nach § 165 FamFG** weist nicht typischerweise deshalb besondere Schwierigkeiten auf, weil die Beteiligten zerstritten sind.[39]

20 **dd) Betreuungssachen.** Ob dem Betroffenen in einem Betreuungsverfahren ein Rechtsanwalt beizuordnen ist, richtet sich weitgehend nach denselben Kriterien wie die Bestellung eines Verfahrenspflegers.[40] Deren Notwendigkeit bestimmt sich außerhalb der Regelbeispiele des § 276 Abs. 1 S. 2 FamFG nach der Bedeutung der Sache und dem Grad der Krankheit oder der Behinderung des Betroffenen.[41]

21 **ee) Erbausschlagung.** Die **Genehmigung der Erbausschlagung** nach § 1643 Abs. 1, Abs. 2 S. 1 BGB wirft jedenfalls im Fall evidenter Überschuldung des Nachlasses keine die Beiordnung eines Anwalts rechtfertigenden Schwierigkeiten auf.[42]

22 **ff) Abstammungssachen.** Ob in Abstammungssachen regelmäßig die Beiordnung eines Rechtsanwalts geboten ist, ist streitig. Die wohl überwiegende Ansicht spricht sich zu Recht grds. dafür aus.[43] Die Gegenmeinung hält dies in einfach gelagerten Vaterschaftsfeststellungsverfahren nicht für erforderlich. Auch die Einholung eines Abstammungsgutachtens begründe noch keine schwierige Sach- und Rechtslage.[44] Die Beiord-

27 BGH NJW 2010, 3029; einschränkend BGH NJW 2012, 2586. **28** OLG Celle NJW 2011, 1460; ähnl. OLG Bamberg NJW-RR 1990, 1407. **29** So Musielak/*Borth*, FamFG, § 78 Rn 13. **30** OLG Jena AGS 2013, 22 = FamRZ 2013, 1594. **31** OLG Hamm 29.1.2013 – II-2 WF 255/12, FamRZ 2013, 1595. **32** OLG Saarbrücken NJW-RR 2012, 518; OLG Schleswig NJW 2012, 1014. **33** OLG Celle NJW-RR 2011, 942. **34** OLG Celle MDR 2011, 367; OLG Hamm MDR 2012, 1045; OLG Köln 8.11.2010 – 4 WF 204/10, juris; OLG Saarbrücken 1.2.2016 – 9 WF 101/15, juris. **35** OLG Naumburg 2.8.2012 – 3 WF 179/12, juris. **36** BGH NJW 2010, 3029; auch OLG Köln FamRZ 2015, 1921. **37** BGH NJW 2010, 3029. **38** OLG Celle MDR 2011, 1178. **39** OLG Hamm FamFR 2011, 521; OLG Hamm NJW-RR 2011, 1230; OLG Hamm FamRZ 2013, 565; OLG Karlsruhe FamRZ 2010, 2010; OLG Frankfurt NJW-RR 2013, 962. **40** LG Kleve NJW 2015, 176. **41** BGH NJW 2014, 785; BGH NJW 2014, 787. **42** OLG Hamm ZEV 2012, 380. **43** OLG Brandenburg FamRZ 2014, 586; OLG Celle NJW 2012, 466; OLG Hamm FamRZ 2010, 1363; OLG Hamburg FamRZ 2011, 129. **44** OLG Oldenburg 9.3.2015 – 14 WF 38/15, juris.

nung eines Anwalts für das Kind sei entbehrlich, wenn es vom Jugendamt vertreten werde. Der BGH geht davon aus, dass jedenfalls dem Antragsteller des Vaterschaftsanfechtungsverfahrens im Rahmen der Verfahrenskostenhilfe ein Anwalt beizuordnen sei, weil nach § 171 Abs. 2 FamFG an seinen Vortrag besondere Anforderungen[45] gestellt werden.[46] Auch für die anderen Beteiligten wird regelmäßig eine schwierige Sach- und Rechtslage gegeben und daher ein Rechtsanwalt beizuordnen sein.[47] Dies gilt erst recht, wenn – wie regelmäßig in diesen Verfahren – ein Abstammungsgutachten auszuwerten ist[48] oder wenn die Beteiligten entgegengesetzte Ziele verfolgen[49] sowie bei einem Auslandsbezug der Sache.[50]

gg) Adoptionssachen. In Adoptionssachen wird oft eine schwierige Sach- und Rechtslage gegeben sein. Insbesondere gilt dies hier bei Verfahren mit Auslandsbezug.[51]   **23**

hh) Gewaltschutzsachen. Auch bei der Stellung eines Antrags auf die einstweilige Anordnung von Gewaltschutzmaßnahmen nach § 1 GewSchG kommt es auf die Umstände des Einzelfalls an. Gegen die Notwendigkeit der Beiordnung eines Rechtsanwalts für den Antragsteller kann es hier sprechen, wenn er seinen Antrag zur Hauptsache auf urkundlich belegte Feststellungen der Polizei stützen kann.[52] Ist der Beteiligte nach seinen subjektiven Fähigkeiten, bspw wegen jugendlichen Alters oder Migrationshintergrundes, ohne anwaltlichen Beistand nicht in der Lage, seine Interessen sachgerecht wahrzunehmen, ist ihm ein Rechtsanwalt beizuordnen.[53] Nach aA ist die Beiordnung eines Anwalts für den Antragsteller hier bei gegebener Dringlichkeit regelmäßig wegen der Notwendigkeit angezeigt, alle erheblichen Tatsachen sogleich vorzutragen und glaubhaft zu machen.[54] Für den Antragsgegner kann es sich hier auch dann um eine schwierige Sach- und Rechtslage handeln, die eine Anwaltsbeiordnung rechtfertigt, wenn gegen ihn eine Strafanzeige erstattet worden ist und/oder er mit schwerwiegenden Eingriffen in seine Persönlichkeitssphäre rechnen muss.[55]   **24**

ii) Nachlasssachen. Auch in Nachlasssachen ist auf die Umstände des Einzelfalls abzustellen. Oft wird es auch hier schon – etwa wegen der Beteiligung am Nachlass – an der Hilfsbedürftigkeit fehlen.[56]   **25**

Für einen **Erbscheinsantrag** bedarf es jedenfalls in einfach gelagerten Fällen, etwa bei unkomplizierter gesetzlicher Erbfolge oder im Falle eines Testaments ohne erkennbare Auslegungsprobleme, nicht der Beiordnung eines Rechtsanwalts. Der Antrag auf Erteilung des Erbscheins (§ 2353 BGB, § 352 FamFG) selbst bedarf keiner Form.[57] Lediglich die nach § 352 Abs. 3 S. 3 FamFG regelmäßig erforderliche eidesstattliche Versicherung muss vor Gericht (oder einem Notar) abgegeben werden. Der finanziell bedürftige Antragsteller, der hierzu das Nachlassgericht aufsucht, wird dabei regelmäßig auch über die Voraussetzungen für den Erfolg seines Antrags und die von ihm vorzulegenden Unterlagen unterrichtet und bedarf insoweit keiner anwaltlichen Hilfe. Anders kann es bei komplizierten Familienverhältnissen oder dann liegen, wenn ein Testament der Auslegung bedarf oder einander widersprechende Testamente existieren. Nach der Länderöffnungsklausel des Art. 239 EGBGB[58] können die Länder durch Gesetz bestimmen, dass der Erbscheinsantrag der notariellen Beurkundung bedarf und die eidesstattliche Versicherung nach § 352 Abs. 3 S. 3 FamFG nur vor einem Notar abgegeben werden kann. Bei dem Verfahren vor dem Notar handelt es sich nicht um ein gerichtliches Verfahren, für das nach § 78 Abs. 2 FamFG ein Rechtsanwalt beigeordnet werden könnte. Das Verfahren zur Entscheidung über den Erbscheinsantrag bleibt zwar ein gerichtliches Verfahren. Hier wird die Beiordnung eines Rechtsanwalts für den Antragsteller indes schon deshalb regelmäßig nicht in Betracht kommen, weil er im Falle der Beurkundung seines Antrags durch einen Notar fachkundig durch diesen beraten wird[59] und deshalb keiner anwaltlichen Unterstützung bedarf. Anders kann das allerdings sein, wenn im Erbscheinsverfahren eine Beweisaufnahme erforderlich wird.   **26**

Die **Ausschlagung der Erbschaft** ist zur Niederschrift des Nachlassgerichts oder in öffentlich beglaubigter Form abzugeben, § 1945 Abs. 1 und 2 BGB. Eine zusätzliche Mitwirkung eines Rechtsanwalts ist hier regelmäßig nicht erforderlich. Die oft nicht einfache Beratung im Vorfeld, ob eine Ausschlagung angezeigt und (noch) möglich ist, gehört nicht zum Verfahren der Ausschlagung. Insoweit kommt deshalb nur die Bewilligung von Beratungshilfe in Betracht.   **27**

Die **Anfechtung eines Testaments** erfolgt nach § 2081 Abs. 1 BGB durch Erklärung gegenüber dem Nachlassgericht. Auch hier kommt die Beiordnung eines Rechtsanwalts nicht in Betracht, weil die oft schwierige   **28**

---

45 BGH NJW 1998, 2976; BGH FamRZ 1990, 507. **46** BGH NJW 2012, 2586. **47** BGH NJW 2016, 959 = FamRZ 2016, 531. **48** OLG Hamm NJW FamRZ 2010, 1363; OLG Koblenz FamRZ 2011, 914; aA OLG Oldenburg NJW 2011, 941; OLG Naumburg FamRZ 2014, 587. **49** OLG Brandenburg NJW-RR 2012, 708; OLG Dresden FamRZ 2011, 579; OLG Schleswig NJW-RR 2011, 506; aA OLG Oldenburg NJW 2011, 941. **50** OLG Bamberg FamRZ 2011, 1970. **51** Musielak/*Borth*, FamFG, § 78 Rn 12. **52** OLG Celle FamRZ 2010, 2005; OLG Celle FamRZ 2011, 1971; OLG Celle FamRZ 2014, 2017. **53** OLG Brandenburg FamRZ 2010, 1689; OLG Saarbrücken NJW-RR 2011, 944. **54** OLG Brandenburg MDR 2014, 1468. **55** OLG Karlsruhe FamRZ 2010, 2003. **56** BayObLG FamRZ 1995, 1019. **57** OLG Köln FGPrax 2009, 287. **58** Gemäß Art. 9 Nr. 3 iVm Art. 12 Abs. 2 des Gesetzes zur Übertragung von Aufgaben im Bereich der freiwilligen Gerichtsbarkeit auf Notare v. 26.6.2013 (BGBl. I 1800). **59** BT-Drucks 17/13136, S. 32.

Klärung im Vorfeld, ob von einer Anfechtungsmöglichkeit Gebrauch gemacht werden sollte, nicht zum Verfahren vor dem Nachlassgericht selbst gehört, so dass insoweit ggf Beratungshilfe zu beantragen wäre. Das Nachlassgericht hat die Anfechtungserklärung zunächst nur zu den Akten zu nehmen; ihre weitere Prüfung ist nur veranlasst, soweit dies für ein anschließendes Verfahren vor dem Nachlassgericht von Bedeutung ist.[60] Etwaige Zweifel hinsichtlich der Wirksamkeit und der Wirkungen einer Testamentsanfechtung können deshalb keine schwierige Sach- und Rechtslage hinsichtlich der Erklärung der Anfechtung selbst, sondern nur für ein anschließendes Verfahren auf Erteilung oder Einziehung eines Erbscheins begründen.

29 **jj) Zwangsgeldverfahren nach § 35 FamFG.** Im Zwangsgeldverfahren nach § 35 FamFG kann die Beiordnung eines Anwalts veranlasst sein, wenn im Laufe des Verfahrens besondere Schwierigkeiten auftreten.[61] Das ist bspw der Fall, wenn mehrere gerichtliche Auflagen zur Erteilung der Auskunft ergehen und die Überprüfung ihrer Erfüllung erforderlich ist.[62]

30 **kk) Unterhaltsvollstreckung.** Im Verfahren der **Mobiliarvollstreckung wegen eines Unterhaltsanspruchs** kann eine schwierige Sach- und Rechtslage jedenfalls dann gegeben sein, wenn bei einer Lohnpfändung mehrere Unterhaltsberechtigte zu berücksichtigen sind oder eine erweiterte Pfändung von Arbeitslohn und Lohnersatzleistungen erstrebt wird.[63] Die sich aus § 850 d ZPO ergebenden rechtlichen Schwierigkeiten gebieten im Regelfall, einem hilfsbedürftigen Unterhaltsgläubiger hierfür einen Rechtsanwalt beizuordnen.[64]

31 **ll) Freiheitsentziehungssachen.** Freiheitsentziehungssachen iSd §§ 415 ff FamFG sind insb. die Verfahren der Freiheitsentziehung im Aufenthalts- und Asylverfahrensrecht. Wenn einem unbemittelten Betroffenen für die Verteidigung gegen die Anordnung der **Haft** zur Sicherung seiner Ab- oder Zurückschiebung Verfahrenskostenhilfe zu bewilligen ist, ist ihm idR auch ein Rechtsanwalt beizuordnen.[65] Dies gilt jedenfalls dann, wenn der Betroffene Verfahrensfehler beanstanden oder geltend machen will, die Haft sei unverhältnismäßig, und hierfür auf die Unterstützung eines Rechtsanwalts angewiesen ist.[66]

32 **mm) Grundbuchsachen.** In Grundbuchsachen wird sich die Frage der Anwaltsbeiordnung regelmäßig schon deshalb nicht stellen, weil die persönlichen und wirtschaftlichen Verhältnisse dessen, der Grundstücksgeschäfte betreibt, die Gewährung von Verfahrenskostenhilfe nicht rechtfertigen.

33 Für den Antrag auf Eintragung einer **Zwangssicherungshypothek** ist die Beiordnung eines Rechtsanwalts nicht geboten.[67] Der Antrag (§ 13 Abs. 1 GBO) kann nämlich formlos gestellt und bei Vorlage der vollstreckbaren Ausfertigung des Titels von der Rechtsantragstelle des Grundbuchamts formuliert werden. Dies gilt auch, wenn die Hypothek nur einen Miteigentumsanteil belasten soll.[68] Dass das Erkenntnisverfahren, in dem der Titel erwirkt wurde, rechtliche Schwierigkeiten aufwies, begründet nicht ohne weiteres eine schwierige Sach- und Rechtslage auch der Vollstreckung.[69]

34 **c) Rechtsfolge.** Ein Verstoß gegen die Vorgabe des § 78 Abs. 2 FamFG hat nicht nur zur Folge, dass die unterbliebene Beiordnung auf die Beschwerde des Antragstellers hin nachzuholen ist. Vielmehr kann dadurch in besonders gelagerten Fällen zugleich ein **Mangel des Verfahrens in der Hauptsache** begründet werden.[70] So genügt die im Freiheitsentziehungsverfahren gebotene Anhörung des Betroffenen den Anforderungen des § 420 Abs. 1 FamFG dann nicht, wenn die Beiordnung eines Rechtsanwalts gem. § 78 Abs. 2 FamFG geboten war, aber unterblieben ist.[71] Ist die Beschwerde eines mittellosen Ausländers gegen eine Haftanordnung ohne die gebotene Beiordnung eines Rechtsanwalts zurückgewiesen worden, stellt sich schon deshalb der weitere Vollzug der Abschiebehaft als rechtswidrig dar.[72]

IV. Beiordnung eines auswärtigen Rechtsanwalts (Abs. 3)

35 § 78 Abs. 3 FamFG stimmt – bis auf die gebotene terminologische Anpassung („Verfahrensgericht" statt „Prozessgericht") – wörtlich mit § 121 Abs. 3 ZPO überein. Siehe daher → ZPO § 121 Rn 10.

36 Ob „besondere Kosten" iSd Abs. 3 entstehen, ist durch einen **rechnerischen Vergleich** zwischen den (maximalen) Kosten, die bei Beiordnung eines Anwalts aus dem Bezirk des Verfahrensgerichts entstehen, und den zu erwartenden Kosten bei Beiordnung des konkreten bezirksfremden Anwalts zu ermitteln.[73] Mehrkosten sind dabei im Wesentlichen die Reisekosten des auswärtigen Anwalts. Sie fallen aber dann nicht an, stehen also seiner Beiordnung nicht entgegen, wenn sich der auswärtige Anwalt bereit erklärt, zu den Bedingungen eines am Sitz des Verfahrensgerichts niedergelassenen Rechtsanwalts tätig zu werden. Ein von dem auswärtigen Anwalt selbst namens des Beteiligten gestellter Beiordnungsantrag enthält regelmäßig konkludent

---

60 BayObLG 1990, 1037; OLG Köln FamRZ 1993, 1124. **61** OLG Hamm FamRZ 2012, 1659. **62** OLG Hamm FamRZ 2012, 1659. **63** BGH NJW 2003, 3136. **64** BGH NJW-RR 2012, 1153. **65** BGH FGPrax 2013, 132. **66** BGH FGPrax 2013, 132. **67** OLG Hamm Rpfleger 2012, 23; OLG Schleswig Rpfleger 2010, 492; aA KG NJW-RR 2012, 1486; OLG München 13.9.2013 – 34 Wx 358/13, AGS 2013, 591. **68** AA OLG Zweibrücken 20.5.2010 – 3 W 82/10, juris. **69** AA OLG Stuttgart FamRZ 2011, 128. **70** *Rüntz/Viefhues*, FamRZ 2010, 1285, 1288. **71** BGH FGPrax 2013, 132. **72** BGH 12.9.2013 – V ZB 121/12, juris. **73** OLG Celle NJW-RR 2012, 1093.

NK-GK/*Schmidt-Eichhorn*

einen entsprechenden Verzicht auf die Mehrkosten.[74] Diese Beschränkung ist dann so in den Beiordnungs-beschluss aufzunehmen.[75]

Bei dem Vergleich der Kosten des ortsfremden und eines bezirksansässigen Anwalts ist aber auch zu be-rücksichtigen, ob dem Beteiligten sonst nach Abs. 4 zusätzlich ein Verkehrs- oder Beweisanwalt beizuord-nen wäre und die damit verbundenen **Mehrkosten** durch die Beiordnung des ortsfremden Rechtsanwalts **erspart** werden.[76] Ist Letzteres der Fall, kommt eine Beschränkung der Beiordnung des auswärtigen An-walts zu den Bedingungen eines bezirksansässigen Anwalts nicht in Betracht. 37

V. Beiordnung eines Beweis- und Verkehrsanwalts (Abs. 4)

1. Beweisanwalt (Abs. 4 Alt. 1). Zusätzlich zu dem Verfahrensbevollmächtigten kann dem Beteiligten nach Abs. 4 Alt. 1 ein auswärtiger Anwalt zur Wahrnehmung eines Termins zur Beweisaufnahme vor dem er-suchten Richter (Beweisanwalt) beigeordnet werden, wenn besondere Umstände dies erfordern. Solche be-sonderen Umstände können etwa bei weiter Entfernung zum Gericht der Beweisaufnahme gegeben sein.[77] Die Beiordnung eines Beweisanwalts ist hiernach insb. dann angezeigt, wenn die damit verbundenen Mehr-kosten die sonst anfallenden Reisekosten des Hauptbevollmächtigten nicht wesentlich übersteigen. Auch er-wartete besondere Schwierigkeiten der Beweisaufnahme vor dem ersuchten Richter sollen die Beiordnung eines Beweisanwalts rechtfertigen können.[78] Regelmäßig wird allerdings die Übertragung der Beweisauf-nahme an den ersuchten Richter eines auswärtigen Gerichts dann, wenn sie schwierige tatsächliche Fragen betrifft, nicht zweckmäßig sein. 38

Obwohl der Wortlaut des § 78 Abs. 4 FamFG die Beiordnung eines Beweisanwalts nur an den Fall einer Beweisaufnahme vor dem ersuchten Richter knüpft, kommt sie unter den gleichen Voraussetzungen **in allen Fällen einer auswärtigen Beweisaufnahme**, also auch dann in Betracht, wenn das mit der Hauptsache be-fasste Gericht die Beweisaufnahme nicht an Gerichtsstelle und insb. außerhalb seines Gerichtsbezirks durchführt. 39

2. Verkehrsanwalt (Abs. 4 Alt. 2). Auch die Beiordnung eines Verkehrsanwalts, also eines Rechtsanwalts, der den Verkehr zwischen dem (auswärtigen) Beteiligten und dem beigeordneten Verfahrensbevollmächtig-ten vermittelt, kommt nach Abs. 4 Alt. 2 nur bei Vorliegen besonderer Umstände in Betracht. Solche Um-stände (→ ZPO § 121 Rn 15) können insb. gegeben sein, wenn weder eine schriftliche oder telefonische Information des Hauptbevollmächtigten ausreicht noch eine Informationsreise des Beteiligten zu seinem Verfahrensbevollmächtigten möglich oder zumutbar erscheint. Eine bloß schriftliche oder telefonische In-formation kann dabei wegen der Schwierigkeit der Sach- und Rechtslage oder wegen mangelnder Schreib-gewandtheit des Beteiligten unzureichend sein. Alter, Krankheit oder Behinderung des Beteiligten[79] oder eine weite Entfernung[80] zum Kanzleisitz des Bevollmächtigten können eine Informationsreise hindern oder nicht zumutbar erscheinen lassen. Allgemeiner Regel entsprechend (→ Rn 13) ist auch hier darauf abzustel-len, ob ein vermögender Beteiligter die Mehrkosten eines Verkehrsanwalts aufbringen würde.[81] Die Beiord-nung eines Verkehrsanwalts ist auch möglich, wenn die hierdurch ausgelösten Mehrkosten die dem Betei-ligten kraft bewilligter Verfahrenskostenhilfe zu erstattenden Kosten einer Informationsreise zu seinem Hauptbevollmächtigten nicht wesentlich übersteigen.[82] 40

---

74 BGH NJW 2006, 3783; OLG Celle NJW-RR 2012, 1093. **75** BGH 6.4.2006 – IX ZB 169/05, juris. Der entsprechende Aus-spruch der Entscheidungsformel ist in den Abdrucken NJW 2006, 1881 und NZI 2006, 420 nicht wiedergegeben. **76** BGH NJW 2004, 2749; BGH NJW 2006, 3782; KG NJW-RR 2010, 1362. **77** BGH NJW 2004, 2749. **78** Keidel/*Zimmermann*, FamFG, § 78 Rn 36. **79** OLG Hamm FamRZ 2000, 1227; Keidel/*Zimmermann*, FamFG, § 78 Rn 37. **80** OLG Köln FamRZ 2008, 525. **81** BGH NJW 2004, 2749; OLG Köln FamRZ 2008, 525; OLG Köln 15.6.2011 – 4 WF 116/11, juris. **82** OLG Hamm FamRZ 2000, 1227; Musielak/*Borth*, FamFG, § 78 Rn 17.

Teil 8: Vergütung und Aufwendungsersatz sonstiger Personen

Vergütung des Betreuers, Vormunds und Verfahrenspflegers

I. Gesetzestext

1. Die maßgeblichen Regelungen des BGB[1]

1 **§ 1835 BGB Aufwendungsersatz**

(1) [1]Macht der Vormund zum Zwecke der Führung der Vormundschaft Aufwendungen, so kann er nach den für den Auftrag geltenden Vorschriften der §§ 669, 670 von dem Mündel Vorschuss oder Ersatz verlangen; für den Ersatz von Fahrtkosten gilt die in § 5 des Justizvergütungs- und -entschädigungsgesetzes für Sachverständige getroffene Regelung entsprechend. [2]Das gleiche Recht steht dem Gegenvormund zu. [3]Ersatzansprüche erlöschen, wenn sie nicht binnen 15 Monaten nach ihrer Entstehung gerichtlich geltend gemacht werden; die Geltendmachung des Anspruchs beim Familiengericht gilt dabei auch als Geltendmachung gegenüber dem Mündel.

(1 a) [1]Das Familiengericht kann eine von Absatz 1 Satz 3 abweichende Frist von mindestens zwei Monaten bestimmen. [2]In der Fristbestimmung ist über die Folgen der Versäumung der Frist zu belehren. [3]Die Frist kann auf Antrag vom Familiengericht verlängert werden. [4]Der Anspruch erlischt, soweit er nicht innerhalb der Frist beziffert wird.

(2) [1]Aufwendungen sind auch die Kosten einer angemessenen Versicherung gegen Schäden, die dem Mündel durch den Vormund oder Gegenvormund zugefügt werden können oder die dem Vormund oder Gegenvormund dadurch entstehen können, dass er einem Dritten zum Ersatz eines durch die Führung der Vormundschaft verursachten Schadens verpflichtet ist; dies gilt nicht für die Kosten der Haftpflichtversicherung des Halters eines Kraftfahrzeugs. [2]Satz 1 ist nicht anzuwenden, wenn der Vormund oder Gegenvormund eine Vergütung nach § 1836 Abs. 1 Satz 2 in Verbindung mit dem Vormünder- und Betreuervergütungsgesetz erhält.

(3) Als Aufwendungen gelten auch solche Dienste des Vormunds oder des Gegenvormunds, die zu seinem Gewerbe oder seinem Beruf gehören.

(4) [1]Ist der Mündel mittellos, so kann der Vormund Vorschuss und Ersatz aus der Staatskasse verlangen. [2]Absatz 1 Satz 3 und Absatz 1 a gelten entsprechend.

(5) [1]Das Jugendamt oder ein Verein kann als Vormund oder Gegenvormund für Aufwendungen keinen Vorschuss und Ersatz nur insoweit verlangen, als das einzusetzende Einkommen und Vermögen des Mündels ausreicht. [2]Allgemeine Verwaltungskosten einschließlich der Kosten nach Absatz 2 werden nicht ersetzt.

§ 1835 a BGB Aufwandsentschädigung

(1) [1]Zur Abgeltung seines Anspruchs auf Aufwendungsersatz kann der Vormund als Aufwandsentschädigung für jede Vormundschaft, für die ihm keine Vergütung zusteht, einen Geldbetrag verlangen, der für ein Jahr dem Neunzehnfachen dessen entspricht, was einem Zeugen als Höchstbetrag der Entschädigung für eine Stunde versäumter Arbeitszeit (§ 22 des Justizvergütungs- und -entschädigungsgesetzes) gewährt werden kann (Aufwandsentschädigung). [2]Hat der Vormund für solche Aufwendungen bereits Vorschuss oder Ersatz erhalten, so verringert sich die Aufwandsentschädigung entsprechend.

---

1 Neugefasst durch Bek. v. 2.1.2002 (BGBl. I 42, 2909; 2003, 738), zul. geänd. d. Art. 3 G v. 24.5.2016 (BGBl. I 1190, 1216).

(2) Die Aufwandsentschädigung ist jährlich zu zahlen, erstmals ein Jahr nach Bestellung des Vormunds.

(3) Ist der Mündel mittellos, so kann der Vormund die Aufwandsentschädigung aus der Staatskasse verlangen; Unterhaltsansprüche des Mündels gegen den Vormund sind insoweit bei der Bestimmung des Einkommens nach § 1836 c Nr. 1 nicht zu berücksichtigen.

(4) Der Anspruch auf Aufwandsentschädigung erlischt, wenn er nicht binnen drei Monaten nach Ablauf des Jahres, in dem der Anspruch entsteht, geltend gemacht wird; die Geltendmachung des Anspruchs beim Familiengericht gilt auch als Geltendmachung gegenüber dem Mündel.

(5) Dem Jugendamt oder einem Verein kann keine Aufwandsentschädigung gewährt werden.

§ 1836 BGB Vergütung des Vormunds

(1) [1]Die Vormundschaft wird unentgeltlich geführt. [2]Sie wird ausnahmsweise entgeltlich geführt, wenn das Gericht bei der Bestellung des Vormunds feststellt, dass der Vormund die Vormundschaft berufsmäßig führt. [3]Das Nähere regelt das Vormünder- und Betreuervergütungsgesetz.

(2) Trifft das Gericht keine Feststellung nach Absatz 1 Satz 2, so kann es dem Vormund und aus besonderen Gründen auch dem Gegenvormund gleichwohl eine angemessene Vergütung bewilligen, soweit der Umfang oder die Schwierigkeit der vormundschaftlichen Geschäfte dies rechtfertigen; dies gilt nicht, wenn der Mündel mittellos ist.

(3) Dem Jugendamt oder einem Verein kann keine Vergütung bewilligt werden.

§ 1836 c BGB Einzusetzende Mittel des Mündels

Der Mündel hat einzusetzen:

1. nach Maßgabe des § 87 des Zwölften Buches Sozialgesetzbuch sein Einkommen, soweit es zusammen mit dem Einkommen seines nicht getrennt lebenden Ehegatten oder Lebenspartners die nach den §§ 82, 85 Abs. 1 und § 86 des Zwölften Buches Sozialgesetzbuch maßgebende Einkommensgrenze für die Hilfe nach dem Fünften bis Neunten Kapitel des Zwölften Buches Sozialgesetzbuch übersteigt. Wird im Einzelfall der Einsatz eines Teils des Einkommens zur Deckung eines bestimmten Bedarfs im Rahmen der Hilfe nach dem Fünften bis Neunten Kapitel des Zwölften Buches Sozialgesetzbuch zugemutet oder verlangt, darf dieser Teil des Einkommens bei der Prüfung, inwieweit der Einsatz des Einkommens zur Deckung der Kosten der Vormundschaft einzusetzen ist, nicht mehr berücksichtigt werden. Als Einkommen gelten auch Unterhaltsansprüche sowie die wegen Entziehung einer solchen Forderung zu entrichtenden Renten;
2. sein Vermögen nach Maßgabe des § 90 des Zwölften Buches Sozialgesetzbuch.

§ 1836 d BGB Mittellosigkeit des Mündels

Der Mündel gilt als mittellos, wenn er den Aufwendungsersatz oder die Vergütung aus seinem einzusetzenden Einkommen oder Vermögen

1. nicht oder nur zum Teil oder nur in Raten oder
2. nur im Wege gerichtlicher Geltendmachung von Unterhaltsansprüchen

aufbringen kann.

§ 1836 e BGB Gesetzlicher Forderungsübergang

(1) [1]Soweit die Staatskasse den Vormund oder Gegenvormund befriedigt, gehen Ansprüche des Vormundes oder Gegenvormunds gegen den Mündel auf die Staatskasse über. [2]Nach dem Tode des Mündels haftet sein Erbe nur mit dem Wert des im Zeitpunkt des Erbfalls vorhandenen Nachlasses; § 102 Abs. 3 und 4 des Zwölften Buches Sozialgesetzbuch gilt entsprechend, § 1836 c findet auf den Erben keine Anwendung.

(2) Soweit Ansprüche gemäß § 1836 c Nr. 1 Satz 3 einzusetzen sind, findet zugunsten der Staatskasse § 850 b der Zivilprozessordnung keine Anwendung.

2. Vormünder- und Betreuervergütungsgesetz (VBVG)

2

Gesetz über die Vergütung von Vormündern und Betreuern
(Vormünder- und Betreuervergütungsgesetz – VBVG)
Vom 21. April 2005 (BGBl. I 1073, 1076)
zuletzt geändert durch Art. 53 des Gesetzes vom 17. Dezember 2008 (BGBl. I 2586)

– Auszug –

Abschnitt 1
Allgemeines

§ 1 Feststellung der Berufsmäßigkeit und Vergütungsbewilligung

(1) [1]Das Familiengericht hat die Feststellung der Berufsmäßigkeit gemäß § 1836 Abs. 1 Satz 2 des Bürgerlichen Gesetzbuchs zu treffen, wenn dem Vormund in einem solchen Umfang Vormundschaften übertragen sind, dass er sie nur im Rahmen seiner Berufsausübung führen kann, oder wenn zu erwarten ist, dass dem Vormund in absehbarer Zeit Vormundschaften in diesem Umfang übertragen sein werden. [2]Berufsmäßigkeit liegt im Regelfall vor, wenn

1. der Vormund mehr als zehn Vormundschaften führt oder
2. die für die Führung der Vormundschaft erforderliche Zeit voraussichtlich 20 Wochenstunden nicht unterschreitet.

(2) [1]Trifft das Familiengericht die Feststellung nach Absatz 1 Satz 1, so hat es dem Vormund oder dem Gegenvormund eine Vergütung zu bewilligen. [2]Ist der Mündel mittellos im Sinne des § 1836 d des Bürgerlichen Gesetzbuchs, so kann der Vormund die nach Satz 1 zu bewilligende Vergütung aus der Staatskasse verlangen.

§ 2 Erlöschen der Ansprüche

[1]Der Vergütungsanspruch erlischt, wenn er nicht binnen 15 Monaten nach seiner Entstehung beim Familiengericht geltend gemacht wird; die Geltendmachung des Anspruchs beim Familiengericht gilt dabei auch als Geltendmachung gegenüber dem Mündel. [2]§ 1835 Abs. 1 a des Bürgerlichen Gesetzbuchs gilt entsprechend.

Abschnitt 2
Vergütung des Vormunds

§ 3 Stundensatz des Vormunds

(1) [1]Die dem Vormund nach § 1 Abs. 2 zu bewilligende Vergütung beträgt für jede Stunde der für die Führung der Vormundschaft aufgewandten und erforderlichen Zeit 19,50 Euro. [2]Verfügt der Vormund über besondere Kenntnisse, die für die Führung der Vormundschaft nutzbar sind, so erhöht sich der Stundensatz

1. auf 25 Euro, wenn diese Kenntnisse durch eine abgeschlossene Lehre oder eine vergleichbare abgeschlossene Ausbildung erworben sind;
2. auf 33,50 Euro, wenn diese Kenntnisse durch eine abgeschlossene Ausbildung an einer Hochschule oder durch eine vergleichbare abgeschlossene Ausbildung erworben sind.

[3]Eine auf die Vergütung anfallende Umsatzsteuer wird, soweit sie nicht nach § 19 Abs. 1 des Umsatzsteuergesetzes unerhoben bleibt, zusätzlich ersetzt.

(2) [1]Bestellt das Familiengericht einen Vormund, der über besondere Kenntnisse verfügt, die für die Führung der Vormundschaft allgemein nutzbar und durch eine Ausbildung im Sinne des Absatzes 1 Satz 2 erworben sind, so wird vermutet, dass diese Kenntnisse auch für die Führung der dem Vormund übertragenen Vormundschaft nutzbar sind. [2]Dies gilt nicht, wenn das Familiengericht aus besonderen Gründen bei der Bestellung des Vormunds etwas anderes bestimmt.

(3) [1]Soweit die besondere Schwierigkeit der vormundschaftlichen Geschäfte dies ausnahmsweise rechtfertigt, kann das Familiengericht einen höheren als den in Absatz 1 vorgesehenen Stundensatz der Vergütung bewilligen. [2]Dies gilt nicht, wenn der Mündel mittellos ist.

(4) Der Vormund kann Abschlagszahlungen verlangen.

Abschnitt 3
Sondervorschriften für Betreuer

§ 4 Stundensatz und Aufwendungsersatz des Betreuers

(1) [1]Die dem Betreuer nach § 1 Abs. 2 zu bewilligende Vergütung beträgt für jede nach § 5 anzusetzende Stunde 27 Euro. [2]Verfügt der Betreuer über besondere Kenntnisse, die für die Führung der Betreuung nutzbar sind, so erhöht sich der Stundensatz

1. auf 33,50 Euro, wenn diese Kenntnisse durch eine abgeschlossene Lehre oder eine vergleichbare abgeschlossene Ausbildung erworben sind;

NK-GK/*Klos*

2. auf 44 Euro, wenn diese Kenntnisse durch eine abgeschlossene Ausbildung an einer Hochschule oder durch eine vergleichbare abgeschlossene Ausbildung erworben sind.

(2) [1]Die Stundensätze nach Absatz 1 gelten auch Ansprüche auf Ersatz anlässlich der Betreuung entstandener Aufwendungen sowie anfallende Umsatzsteuer ab. [2]Die gesonderte Geltendmachung von Aufwendungen im Sinne des § 1835 Abs. 3 des Bürgerlichen Gesetzbuchs bleibt unberührt.

(3) [1]§ 3 Abs. 2 gilt entsprechend. [2]§ 1 Abs. 1 Satz 2 Nr. 2 findet keine Anwendung.

§ 5 Stundenansatz des Betreuers

(1) [1]Der dem Betreuer zu vergütende Zeitaufwand ist

1. in den ersten drei Monaten der Betreuung mit fünfeinhalb,
2. im vierten bis sechsten Monat mit viereinhalb,
3. im siebten bis zwölften Monat mit vier,
4. danach mit zweieinhalb

Stunden im Monat anzusetzen. [2]Hat der Betreute seinen gewöhnlichen Aufenthalt nicht in einem Heim, beträgt der Stundenansatz

1. in den ersten drei Monaten der Betreuung achteinhalb,
2. im vierten bis sechsten Monat sieben,
3. im siebten bis zwölften Monat sechs,
4. danach viereinhalb

Stunden im Monat.

(2) [1]Ist der Betreute mittellos, beträgt der Stundenansatz

1. in den ersten drei Monaten der Betreuung viereinhalb,
2. im vierten bis sechsten Monat dreieinhalb,
3. im siebten bis zwölften Monat drei,
4. danach zwei

Stunden im Monat. [2]Hat der mittellose Betreute seinen gewöhnlichen Aufenthalt nicht in einem Heim, beträgt der Stundenansatz

1. in den ersten drei Monaten der Betreuung sieben,
2. im vierten bis sechsten Monat fünfeinhalb,
3. im siebten bis zwölften Monat fünf,
4. danach dreieinhalb

Stunden im Monat.

(3) [1]Heime im Sinne dieser Vorschrift sind Einrichtungen, die dem Zweck dienen, Volljährige aufzunehmen, ihnen Wohnraum zu überlassen sowie tatsächliche Betreuung und Verpflegung zur Verfügung zu stellen oder vorzuhalten, und die in ihrem Bestand von Wechsel und Zahl der Bewohner unabhängig sind und entgeltlich betrieben werden. [2]§ 1 Abs. 2 des Heimgesetzes gilt entsprechend.

(4) [1]Für die Berechnung der Monate nach den Absätzen 1 und 2 gelten § 187 Abs. 1 und § 188 Abs. 2 erste Alternative des Bürgerlichen Gesetzbuchs entsprechend. [2]Ändern sich Umstände, die sich auf die Vergütung auswirken, vor Ablauf eines vollen Monats, so ist der Stundenansatz zeitanteilig nach Tagen zu berechnen; § 187 Abs. 1 und § 188 Abs. 1 des Bürgerlichen Gesetzbuchs gelten entsprechend. [3]Die sich dabei ergebenden Stundenansätze sind auf volle Zehntel aufzurunden.

(5) [1]Findet von einem beruflichen zu einem ehrenamtlichen Betreuer statt, sind dem beruflichen Betreuer der Monat, in den der Wechsel fällt, und der Folgemonat mit dem vollen Zeitaufwand nach den Absätzen 1 und 2 zu vergüten. [2]Dies gilt auch dann, wenn zunächst neben dem beruflichen Betreuer ein ehrenamtlicher Betreuer bestellt war und dieser die Betreuung allein fortführt. [3]Absatz 4 Satz 2 und 3 ist nicht anwendbar.

§ 6 Sonderfälle der Betreuung

[1]In den Fällen des § 1899 Abs. 2 und 4 des Bürgerlichen Gesetzbuchs erhält der Betreuer eine Vergütung nach § 1 Abs. 2 in Verbindung mit § 3; für seine Aufwendungen kann er Vorschuss und Ersatz nach § 1835 des Bürgerlichen Gesetzbuchs mit Ausnahme der Aufwendungen im Sinne von § 1835 Abs. 2 des Bürgerlichen Gesetzbuchs beanspruchen. [2]Ist im Fall des § 1899 Abs. 4 des Bürgerlichen Gesetzbuchs die Verhinderung tatsächlicher Art, sind die Vergütung und der Aufwendungsersatz nach § 4 in Verbindung mit § 5 zu bewilligen und nach Tagen zu teilen; § 5 Abs. 4 Satz 3 sowie § 187 Abs. 1 und § 188 Abs. 1 des Bürgerlichen Gesetzbuchs gelten entsprechend.

§ 7 Vergütung und Aufwendungsersatz für Betreuungsvereine

(1) [1]Ist ein Vereinsbetreuer bestellt, so ist dem Verein eine Vergütung und Aufwendungsersatz nach § 1 Abs. 2 in Verbindung mit den §§ 4 und 5 zu bewilligen. [2]§ 1 Abs. 1 sowie § 1835 Abs. 3 des Bürgerlichen Gesetzbuchs finden keine Anwendung.

(2) ¹§ 6 gilt entsprechend; der Verein kann im Fall von § 6 Satz 1 Vorschuss und Ersatz der Aufwendungen nach § 1835 Abs. 1, 1 a und 4 des Bürgerlichen Gesetzbuchs verlangen. ²§ 1835 Abs. 5 Satz 2 des Bürgerlichen Gesetzbuchs gilt entsprechend.

(3) Der Vereinsbetreuer selbst kann keine Vergütung und keinen Aufwendungsersatz nach diesem Gesetz oder nach den §§ 1835 bis 1836 des Bürgerlichen Gesetzbuchs geltend machen.

§ 8 Vergütung und Aufwendungsersatz für Behördenbetreuer

(1) ¹Ist ein Behördenbetreuer bestellt, so kann der zuständigen Behörde eine Vergütung nach § 1836 Abs. 2 des Bürgerlichen Gesetzbuchs bewilligt werden, soweit der Umfang oder die Schwierigkeit der Betreuungsgeschäfte dies rechtfertigen. ²Dies gilt nur, soweit eine Inanspruchnahme des Betreuten nach § 1836 c des Bürgerlichen Gesetzbuchs zulässig ist.

(2) Unabhängig von den Voraussetzungen nach Absatz 1 Satz 1 kann die Betreuungsbehörde Aufwendungsersatz nach § 1835 Abs. 1 Satz 1 und 2 in Verbindung mit Abs. 5 Satz 2 des Bürgerlichen Gesetzbuchs verlangen, soweit eine Inanspruchnahme des Betreuten nach § 1836 c des Bürgerlichen Gesetzbuchs zulässig ist.

(3) Für den Behördenbetreuer selbst gilt § 7 Abs. 3 entsprechend.

(4) § 2 ist nicht anwendbar.

§ 9 Abrechnungszeitraum für die Betreuungsvergütung

¹Die Vergütung kann nach Ablauf von jeweils drei Monaten für diesen Zeitraum geltend gemacht werden. ²Dies gilt nicht für die Geltendmachung von Vergütung und Aufwendungsersatz in den Fällen des § 6.

§ 10 Mitteilung an die Betreuungsbehörde

(1) Wer Betreuungen entgeltlich führt, hat der Betreuungsbehörde, in deren Bezirk er seinen Sitz oder Wohnsitz hat, kalenderjährlich mitzuteilen

1. die Zahl der von ihm im Kalenderjahr geführten Betreuungen aufgeschlüsselt nach Betreuten in einem Heim oder außerhalb eines Heims und

2. den von ihm für die Führung von Betreuungen im Kalenderjahr erhaltenen Geldbetrag.

(2) ¹Die Mitteilung erfolgt jeweils bis spätestens 31. März für den Schluss des vorangegangenen Kalenderjahrs. ²Die Betreuungsbehörde kann verlangen, dass der Betreuer die Richtigkeit der Mitteilung an Eides statt versichert.

(3) Die Betreuungsbehörde ist berechtigt und auf Verlangen des Betreuungsgerichts verpflichtet, dem Betreuungsgericht diese Mitteilung zu übermitteln.

Abschnitt 4
Schlussvorschriften

(vom Abdruck wurde abgesehen)

II. Vergütung und Aufwendungsersatz des Betreuers

3   **1. Rechtsgrundlagen.** Gemäß § 1896 BGB bestellt das Betreuungsgericht einem Volljährigen, der aufgrund einer psychischen Erkrankung oder einer körperlichen, geistigen oder seelischen Behinderung seine Angelegenheiten ganz oder teilweise nicht mehr selbst besorgen kann, auf Antrag oder von Amts wegen einen Betreuer und bestimmt dabei dessen Aufgabenkreise. Hinsichtlich der Vergütung und des Aufwendungsersatzes gelten gem. § 1908 i Abs. 1 BGB auch für den Betreuer die Regelungen der §§ 1836 ff BGB. Nachfolgend wird deshalb davon abgesehen, diese **Verweisungsnorm** jeweils zu zitieren.

4   Die Betreuung wird gem. § 1836 Abs. 1 S. 1 BGB **grds. unentgeltlich** geführt. Damit hat der Gesetzgeber den systematischen **Vorrang der Ehrenamtlichkeit** vorgegeben. Der ehrenamtliche Betreuer hat Anspruch auf Aufwendungsersatz oder eine pauschale Aufwandsentschädigung gegen den Betreuten oder die Staatskasse (§ 1835 Abs. 1 BGB bzw § 1835 a BGB).

5   Dem ehrenamtlichen Betreuer kann gem. § 1836 Abs. 2 BGB eine Vergütung nur im Einzelfall zugebilligt werden. Dies gilt jedoch auch nur bei vorhandenem Vermögen und bei besonderer Schwierigkeit und besonders umfangreichen Betreuungsgeschäften. Dem Jugendamt oder einem Verein kann keine Vergütung bewilligt werden (§ 1836 Abs. 3 BGB).

6   In Abgrenzung zum gesetzlichen Leitbild des ehrenamtlich tätigen Betreuers (→ Rn 4) besteht – von der Ausnahmeregelung des § 1836 Abs. 2 BGB abgesehen – ein Anspruch auf Vergütung ausnahmsweise nur, wenn das Betreuungsgericht die **berufsmäßige Führung der Betreuung** feststellt (§ 1836 Abs. 1 S. 2 BGB). Diese Feststellung ist **konstitutiver** Natur[2] und sollte aus Gründen der Rechtssicherheit und -klarheit bereits bei der Bestellung des Betreuers erfolgen (§ 286 Abs. 1 Nr. 4 FamFG).[3] Eine spätere Ergänzung (mit Rück-

---

2 BayObLG BtPrax 2001, 124. **3** BGH FamRZ 2014, 468; BGH FamRZ 2014, 653.

wirkung), auch sofern die Feststellung nur versehentlich unterblieben ist, dürfte unzulässig sein, sofern sie nicht im Rahmen eines Beschwerdeverfahrens (§§ 58 ff FamFG) erfolgt. Eine **offenbare Unrichtigkeit** gem. § 42 Abs. 1 FamFG, die aus dem Beschluss selbst ersichtlich sein muss, wird zumeist nicht gegeben sein.[4] Die Voraussetzungen für diese Feststellung sowie den konkreten Vergütungsanspruch des dann **berufsmäßig tätigen Betreuers** regelt gem. § 1836 Abs. 1 S. 3 BGB das **Gesetz über die Vergütung von Vormündern und Betreuern** (Vormünder- und Betreuervergütungsgesetz – VBVG) vom 21.4.2005.[5]

2. Der ehrenamtliche Betreuer. a) Allgemeines. Der Betreuer, dessen berufsmäßige Führung der einzelnen Betreuung nicht festgestellt wurde (vgl § 1836 Abs. 1 S. 2 BGB; → Rn 6), hat – vom Ausnahmefall des § 1836 Abs. 2 BGB abgesehen – gem. § 1835 Abs. 1–3 BGB lediglich einen Anspruch auf Erstattung der ihm infolge der Führung der Betreuung entstandenen – notwendigen (vgl § 670 BGB) – Aufwendungen. Der Anspruch umfasst grds. die jeweils konkret entstandenen Aufwendungen, es besteht aber auch die – in der Praxis häufig zur Anwendung kommende – Möglichkeit der pauschalierten Abgeltung gem. § 1835 a BGB.[6] **7**

b) Die einzelnen Aufwendungen. Die in Betracht kommenden Aufwendungen sind vielfältig, von den Umständen der einzelnen Betreuung abhängig und eine abschließende Aufzählung kaum möglich. Insbesondere fallen darunter die dem Betreuer entstandenen Fahrtkosten, Parkgebühren, sonstige Reisekosten (für Übernachtung etc.), Portogebühren, Telefongebühren, Kopierkosten und Versicherungskosten. **8**

Die Aufwendungen können durch Besuche beim Betreuten, Behördenangelegenheiten, Bankgeschäfte etc. anfallen. **9**

Grundsätzlich können nur **konkret entstandene** Aufwendungen erstattet werden. **Fahrtkosten** werden bei Benutzung öffentlicher Verkehrsmittel in tatsächlicher Höhe, bei Benutzung eines Pkw pauschal mit 0,30 € je gefahrenen Kilometer (§ 1835 Abs. 1 S. 1 Hs 2 iVm § 5 Abs. 2 Nr. 2 JVEG) ersetzt. **10**

Auch die Kosten für eine **Schadens- und Haftpflichtversicherung** zur Deckung der im Rahmen der Amtsausübung dem Betreuten oder einem Dritten zugefügten Schäden werden ersetzt (§ 1835 Abs. 2 S. 1 Hs 1 BGB). Ausgenommen sind die Kosten der KraftfahrzeugHaftpflichtversicherung (§ 1835 Abs. 2 S. 1 Hs 2 BGB). **11**

Die Auslagen müssen einen **konkreten Bezug** zur Führung der Betreuung haben. Allgemeine, der Betreuung nicht zuzuordnende Auslagen können nicht ersetzt werden (zB anteilige Miete, Nebenkosten, Bürokosten). Eine **Entschädigung der aufgewendeten Zeit** ist aufgrund der ehrenamtlichen Führung ebenfalls nicht möglich.[7] **12**

c) Aufwendungen für besondere berufliche Fachkenntnisse. Grundsätzlich hat der Betreuer das Amt **persönlich** auszuüben. Erweisen sich im Einzelfall jedoch besondere berufliche Fachkenntnisse (zB juristischer, steuerrechtlicher Art) als erforderlich, ist die **Beauftragung Dritter**, insoweit spezialisierter Personen (wie insb. Rechtsanwälte oder Steuerberater) in Betracht zu ziehen. Soweit diese Tätigkeiten der (ggf sonstigen) beruflichen Tätigkeit des Betreuers selbst zugeordnet werden können (insb. wenn es sich um einen Rechtsanwalt oder Steuerberater handelt), sind die dafür geltenden speziellen Vergütungsregelungen anzuwenden (vgl zB § 1 Abs. 1 S. 1 RVG), die dann als Aufwendungen (von dem Betroffenen oder der Staatskasse) gem. § 1835 Abs. 3 BGB zusätzlich erstattet werden können. Dies wird jedoch nur für solche Leistungen gelten, die dem Kernbereich zB anwaltlicher Tätigkeit zugeordnet werden können und somit besondere rechtliche Fähigkeiten und Kenntnisse erfordern.[8] Die Führung der Betreuung als solche gehört dazu nicht (s. § 1 Abs. 2 S. 1 RVG). **13**

d) Pauschale Aufwandsentschädigung (§ 1835 a BGB). Zur Vermeidung des beim konkreten Aufwendungsersatz ggf erforderlichen Dokumentations- und Prüfungsaufwands besteht die Möglichkeit einer **pauschalen** Abgeltung der Aufwendungen. Dies gilt unabhängig davon, ob sich der Anspruch gegen den Betreuten selbst oder die Staatskasse richtet. Die pauschale Aufwandsentschädigung ist – mit dem 19-fachen Satz – an den Verdienstausfall für Zeugen (21 € gem. § 22 JVEG) gekoppelt und beträgt somit jährlich 399 €. Mit dieser Pauschale sind sämtliche Aufwendungen für das jeweilige Jahr abgegolten. **14**

Die Pauschale wird nicht kalenderjährlich, sondern für jedes Jahr der Betreuung berechnet und jährlich nachträglich **fällig** (§ 1835 a Abs. 2 BGB). Der Betreuer hat für jedes Jahr gesondert die Wahl der Abrechnung der konkreten Aufwendungen oder der Pauschale. **15**

---

4 BGH FamRZ 2014, 653; frühere aA OLG Frankfurt FGPrax 2003, 176; OLG Hamm Rpfleger 2008, 304. **5** BGBl. 2005 I 1073, 1076, zul. geänd. d. Art. 53 G v. 17.12.2007 (BGBl. I 2586). **6** Palandt/*Götz*, § 1835 BGB Rn 1 ff, § 1835 a BGB Rn 1 ff. **7** Palandt/*Götz*, § 1835 BGB Rn 9 ff. **8** BayObLG NJW 2002, 1660 = BtPrax 2004, 70; OLG München NJW-RR 2009, 1516 = BtPrax 2009, 190.

16 Sofern dem Betreuer eine Vergütung zusteht – sei es ausnahmsweise gem. § 1836 Abs. 2 BGB oder als Berufsbetreuer gem. §§ 1 ff VBVG –, steht ihm diese Pauschale nicht (zusätzlich) zu. Auch dem Jugendamt und einem Verein steht die Pauschale nicht zu (§ 1835 a Abs. 4 BGB).

17 **e) Fristen. aa) Konkreter Aufwendungsersatz (§ 1835 BGB).** Der Anspruch auf den konkreten Aufwendungsersatz – sowohl gegen den Betreuten als auch gegen die Staatskasse – erlischt, sofern er nicht **binnen 15 Monaten** geltend gemacht wird (§ 1835 Abs. 1 S. 3 BGB). Diese Frist beginnt – anders als die der Pauschale (→ Rn 18) – mit dem Zeitpunkt des Entstehens der jeweiligen Aufwendung.[9] Das Gericht kann die Frist verkürzen oder verlängern (§ 1835 Abs. 1 a BGB).

18 **bb) Pauschale Aufwandsentschädigung (§ 1835 a BGB).** Der Anspruch auf die Pauschale – sowohl gegen den Betreuten als auch gegen die Staatskasse – erlischt, sofern er nicht rechtzeitig geltend gemacht wird (§ 1835 a Abs. 4 BGB). Es gilt eine Frist von drei Monaten, die jedoch erst mit Ablauf des Jahres der Fälligkeit der Pauschale beginnt. Die Frist endet somit in jedem Fall am 31.3. eines Jahres und betrifft dann die jeweils im Laufe des Vorjahres fällig gewordene Pauschale (zur Fälligkeit → Rn 15). Wurde der ehrenamtliche Betreuer zB im Mai 2016 bestellt, erlischt der Anspruch auf die Pauschale für das erste Jahr der Betreuung (bis Mai 2017) am 1.4.2018 und für das nachfolgende Betreuungsjahr (bis Mai 2018) am 1.4.2019 usw. Eine Verlängerung dieser Frist durch das Gericht ist nicht möglich.[10] Es handelt sich jeweils um **Ausschlussfristen**, nach deren Ablauf der Anspruch nicht mehr geltend gemacht werden kann, ohne dass dies ein Beteiligter noch geltend machen muss.

19 **f) Zahlungspflicht.** Der Anspruch auf Ersatz der Aufwendungen richtet sich grds. gegen den Betreuten selbst. Nur im Falle der Mittellosigkeit des Betreuten (→ Rn 61 ff; zum Forderungsübergang gem. § 1836 e BGB → Rn 89 ff) besteht ein Anspruch gegen die Staatskasse. Zum Verfahren der Festsetzung s. § 168 FamFG (→ Rn 99 ff).

20 **3. Der Berufsbetreuer. a) Regelungsgehalt des VBVG.** Das VBVG regelt auf der Grundlage der §§ 1908 i Abs. 1, 1836 Abs. 1 S. 3 BGB die konkrete Ausgestaltung der einem beruflich tätigen Vormund, Betreuer und Pfleger zustehenden Vergütung und des Aufwendungsersatzes. Die Bestimmungen des VBVG beinhalten sowohl Regelungen betreffend die Voraussetzungen der berufsmäßigen Führung der Betreuung als auch solche zur Höhe der Vergütung, zu den Abrechnungszeiträumen und zu den Fristen für die Geltendmachung der Ansprüche.

21 **b) Begriff des Berufsbetreuers. aa) Berufsmäßige Führung.** Ein feststehendes Berufsbild existiert für die Tätigkeit eines Berufsbetreuers nicht. Für den Regelfall ist die **Abgrenzung zur ehrenamtlichen Tätigkeit** vom Umfang, nicht von der Qualifikation der gesamten Betreuertätigkeit abhängig (§ 1 Abs. 1 S. 2 Nr. 1 VBVG, § 4 Abs. 3 VBVG). Eine berufsmäßige Führung setzt **im Regelfall** die **Führung von mehr als zehn laufenden Betreuungen** voraus. Für Betreuer in der Aufbauphase genügt die begründete Erwartung, dass ihnen in absehbarer Zeit Betreuungen in diesem Umfang übertragen werden. Im Ausnahmefall kann auch unabhängig vom Umfang der Betreuungstätigkeit eine berufsmäßige Führung gegeben sein, wenn die Bestellung des Betreuers gerade im Hinblick auf seine (sonstige) berufliche Tätigkeit erfolgt ist. Die Entscheidung, ob die Betreuung berufsmäßig geführt wird, ist in jeder Betreuungssache gesondert durch den insoweit zuständigen Richter[11] zu treffen.

22 **bb) Vergütungsanspruch des Berufsbetreuers.** Für den Anspruch auf eine Vergütung reicht es nicht aus, dass die Voraussetzungen der berufsmäßigen Führung (→ Rn 21) vorliegen. Vielmehr bedarf es dazu zwingend der **konstitutiv wirkenden Feststellung** der berufsmäßigen Führung der Betreuung durch das jeweilige Betreuungsgericht und auch gesondert in der jeweiligen Betreuungsangelegenheit (§ 1836 Abs. 1 S. 2 BGB, § 1 Abs. 2 S. 1 VBVG). Diese Feststellung soll aus Gründen der Rechtssicherheit und -klarheit bereits bei der Bestellung des Betreuers erfolgen (§ 286 Abs. 1 Nr. 4 FamFG).[12] Zur (unzulässigen) späteren Ergänzung mit Rückwirkung → Rn 6. Der Vergütungsanspruch umfasst somit regelmäßig nur Tätigkeiten, die nach der Bestellung des Betreuers und *nach* der Feststellung der berufsmäßigen Führung entfaltet wurden und nur für die Dauer der Bestellung. Dies gilt auch, wenn eine vorläufige Betreuung bereits beendet war und die endgültige Betreuung erst später angeordnet wurde, so dass für die Zwischenzeit kein Vergütungsanspruch besteht, der im Verfahren gem. §§ 282 Abs. 1, 168 Abs. 1 S. 1 Nr. 2 FamFG festgesetzt werden könnte.[13]

23 Sofern diese Feststellung nicht auf eine Beschwerde zeitnah aufgehoben wird, entfaltet sie **Bindungswirkung** hinsichtlich des Vergütungsanspruchs. Eine spätere Änderung erscheint wegen des insoweit bestehenden Vertrauensschutzes nur mit Wirkung für die Zukunft möglich. Die Höhe der Vergütung wird erst später nach den Bestimmungen der §§ 4, 5 VBVG berechnet bzw festgesetzt.

---

9 Palandt/*Götz*, § 1835 BGB Rn 18. **10** Palandt/*Götz*, § 1835 a BGB Rn 6. **11** BayObLG BtPrax 2001, 124. **12** BGH FamRZ 2014, 468; BGH FamRZ 2014, 653. **13** BGH NJW-RR 2016, 707.

NK-GK/*Klos*

Die Feststellung der berufsmäßigen Führung begründet einen Vergütungsanspruch **nur in dem jeweiligen** 24
Verfahren, in dem sie getroffen wurde (→ Rn 21 f). Eine pauschale Entscheidung über die Einordnung als
Berufsbetreuer mit Bindungswirkung für alle Betreuungen dieses Betreuers durch ein Gericht oder eine andere Institution sieht das Gesetz nicht vor. Auch die Bezeichnung als Berufsbetreuer durch Dritte (Betreuungsbehörde, Finanzamt etc.) reicht zur Begründung eines Vergütungsanspruchs nicht aus. Im Zweifelsfall
wird der Berufsbetreuer die Voraussetzungen für seine Einordnung (im eigenen Interesse) selbst darlegen
müssen.

Wird ein Mitarbeiter eines Betreuungsvereins als Betreuer bestellt (sog. **Vereinsbetreuer**), so steht dem Ver- 25
ein, nicht dem Betreuer selbst, **auch ohne Feststellung der berufsmäßigen Führung**, ein Vergütungsanspruch
zu (§ 7 Abs. 1 VBVG).

c) Pauschale Vergütung. Die Vergütung des Berufsbetreuers richtet sich nicht nach dem tatsächlichen (not- 26
wendigen) Zeitaufwand. Vielmehr erhält er letztlich einen **festen Geldbetrag für einen bestimmten Zeitraum**. Damit ist grds. die gesamte Tätigkeit des Berufsbetreuers abgegolten und der tatsächliche (höhere
oder auch geringere) Aufwand im Einzelfall wird in keiner Weise berücksichtigt.[14] Diese pauschale Vergütung ist auch unabhängig vom festgesetzten Wirkungskreis zu gewähren. Eine Vergütung nach tatsächlichem Zeitaufwand ist ausnahmsweise für die in § 6 VBVG geregelten Sonderfälle vorgesehen (→ Rn 53 f).

Die pauschale Vergütung ergibt sich aus dem für den jeweiligen Betreuer gem. § 4 maßgeblichen Stunden- 27
satz und dem pauschalen Zeitaufwand gem. § 5.

d) Stundensatz (§ 4 Abs. 1 VBVG). aa) Vergütungsstufen. Die Höhe des bei der Ermittlung der pauschalen 28
Vergütung (→ Rn 26) anzusetzenden Stundensatzes bemisst sich nach der beruflichen Qualifikation des Betreuers. Dabei sind drei (feststehende) Vergütungsstufen vorgesehen (§ 4 Abs. 1 VBVG). Der Basisstundensatz von 27 € kann je nach Qualifikation auf 33,50 € bzw 44 € erhöht werden. Der Stundensatz ist grds.
einheitlich für den gesamten zu berücksichtigen pauschalen Zeitaufwand (§ 5 VBVG) anzusetzen, sofern
nicht (erst) in diesem Zeitraum die Voraussetzungen für eine höhere Vergütungsstufe erfüllt werden.

bb) Stundensatz. (1) Basisstundensatz 27 € (§ 4 Abs. 1 S. 1 VBVG). Die Gewährung des Basisstundensat- 29
zes von 27 € erfordert keine besondere Qualifikation, so dass dieser Stundensatz jedem Berufsbetreuer zusteht, der nicht die besonderen Voraussetzungen eines gem. § 4 Abs. 1 S. 2 Nr. 1 oder 2 VBVG erhöhten
Stundensatzes erfüllt.

(2) Erhöhung des Stundensatzes (§ 4 Abs. 1 S. 2 VBVG). Die Voraussetzungen für die Gewährung eines er- 30
höhten Stundensatzes sind im Interesse einer einfachen Anwendung weitgehend formalisiert und an objektiv feststellbare Kriterien geknüpft. Grundsätzlich sind die Voraussetzungen eines erhöhten Stundensatzes
für jeden Vergütungsantrag neu zu prüfen. Sofern diese dann verneint werden, besteht im Regelfall kein
Vertrauensschutz des Betreuers aufgrund des in der Vergangenheit zugebilligten höheren Stundensatzes.[15]

Besondere Kenntnisse, die allgemein für die Führung einer Betreuung nutzbar sind, führen zu einer **fest vor-** 31
gegebenen Erhöhung des Stundensatzes auf 33,50 € oder 44 €. Diese besonderen Kenntnisse müssen über
das Allgemeinwissen hinausgehen und für eine Betreuung allgemein relevant sein. Dazu gehören insb. besondere Kenntnisse juristischer, psychologischer, medizinischer, sozialpädagogischer und kaufmännischer
Art.

Diese besonderen Kenntnisse müssen durch eine abgeschlossene Lehre oder eine abgeschlossene Ausbildung 32
erworben worden sein. Auch eine nachträgliche Qualifizierung gem. § 11 VBVG reicht hierzu aus. Durch
Berufs-, Lebenserfahrung oder Fortbildungsmaßnahmen erworbene besondere Kenntnisse erfüllen diese
Voraussetzung nicht und wirken sich somit nicht vergütungserhöhend aus.[16] Die Lehre bzw Ausbildung
muss in ihrem Kernbereich die Vermittlung betreuungsrelevanter Kenntnisse zum Inhalt haben. Es ist insoweit nicht ausreichend, wenn die Ausbildung lediglich am Rande auch solche Kenntnisse vermittelt.[17]

Die besonderen Kenntnisse müssen allgemein für eine Betreuung bzw die im Einzelfall – nur eingeschränkt 33
– übertragenen Aufgabenkreise nutzbar sein. Ob sie auch für die konkrete Betreuung nutzbar sind, wird –
im Interesse einer vereinfachten Handhabung – pauschal vermutet (§ 4 Abs. 3 S. 1 iVm § 3 Abs. 2 S. 1
VBVG). Diese gesetzliche Vermutung kann im Einzelfall ausgeschlossen werden, sofern das Gericht bei der
Bestellung eine entsprechende andere Bestimmung trifft und somit die Überqualifizierung im Einzelfall feststellt (§ 4 Abs. 3 S. 1 iVm § 3 Abs. 2 S. 2 VBVG). In einem solchen Fall steht dem Betreuer dann **in dieser**
Betreuungssache nicht der erhöhte Stundensatz zu, dessen Voraussetzungen er grds. erfüllt. Andere Betreu-
ungssachen des Betreuers, in denen die Überqualifizierung nicht festgestellt wurde, sind davon nicht erfasst.
Hat das Gericht die Überqualifizierung nicht bei der Bestellung festgestellt, kommt eine spätere Reduzie-

14 BGH FamRZ 2014, 1778 = BtPrax 2014, 275. **15** BGH FamRZ 2015, 845 = BtPrax 2015, 111; BGH FamRZ 2012, 631; BGH BtPrax 2013, 113. **16** BGH FamRZ 2012, 629; BGH Rpfleger 2012, 529. **17** BGH BtPrax 2012, 129.

rung des erhöhten Stundensatzes aufgrund einer Überqualifikation in dieser Betreuungssache nicht mehr in Betracht.[18]

34 **(3) Erhöhter Stundensatz 33,50 € (§ 4 Abs. 1 S. 2 Nr. 1 VBVG).** Eine Lehre, die diesen erhöhten Stundensatz rechtfertigt, muss grds. staatlich geregelt bzw anerkannt sein. Der Bereich ist überaus vielfältig und kaum überschaubar. In Betracht kommt zB eine Lehre als Bankkaufmann, Krankenpfleger, Arzthelferin.

35 **(4) Erhöhter Stundensatz 44 € (§ 4 Abs. 1 S. 2 Nr. 2 VBVG).** Der erhöhte Stundensatz von 44 € kann Absolventen von Hochschulen, somit Universitäten und Fachhochschulen, gewährt werden. Bloße Fachakademien oder Fachschulen stehen einer Hochschule nicht gleich.[19] Auch insoweit muss das Studium betreuungsrelevante Kenntnisse im Kernbereich vermitteln (→ Rn 31–33). Auch der Bereich der in Betracht kommenden Hochschulausbildungen ist überaus vielfältig und kaum überschaubar. In Betracht kommt zB ein Studium als Jurist, der Psychologie, Pädagogik, Theologie.[20] Die Hochschulausbildung muss abgeschlossen sein, wozu ein evtl. Referendariat nicht mehr gehört.[21]

36 Einer Ausbildung an einer Hochschule vergleichbar ist eine Ausbildung, wenn sie einen formalen Abschluss aufweist, in ihrer Wertigkeit einer Hochschulausbildung entspricht und eine Mindestdauer von ca. drei Jahren erreicht. Von der Rspr anerkannt wurden zB die Ausbildung zum Diplom-Verwaltungswirt, ein Lehramtsstudium mit Abschluss nur des Ersten Staatsexamens.[22] Die (erfolgreiche) Teilnahme am sog. Angestelltenlehrgang II zum Verwaltungsfachwirt hat der BGH nicht als einem Hochschulstudium gleichgestellt anerkannt.[23]

37 **(5) Aufwendungsersatz (§ 4 Abs. 2 VBVG).** Die Stundensätze gem. § 4 Abs. 1 VBVG sind sog. **Inklusivstundensätze**, da damit grds. auch sämtliche Aufwendungen des Betreuers, einschließlich einer evtl. anfallenden Umsatzsteuer, abgegolten sind. Diese pauschale Regelung vereinfacht zwar die Abrechnung sowohl für den Betreuer als auch das Gericht erheblich. Allerdings führt sie insb. in Betreuungsverfahren, in denen dem Betreuer überdurchschnittlich hohe notwendige Aufwendungen entstehen (zB Reisekosten, auch Kosten für einen Dolmetscher) letztlich zu einer nicht unerheblichen Reduzierung des tatsächlichen Einkommens, was jedoch (bisher) einer verfassungsrechtlichen Prüfung standgehalten hat.[24]

38 Eine **Ausnahme** von der pauschalen Abgeltung der Aufwendungen gilt gem. § 4 Abs. 2 S. 2 VBVG iVm § 1835 Abs. 3 BGB für solche **Tätigkeiten, die zum Gewerbe oder Beruf des Betreuers** gehören. Diese Aufwendungen sind dem Betreuer dann **zusätzlich** zu erstatten. Eine Fallkonstellation gem. § 4 Abs. 2 S. 2 VBVG (→ Rn 13) ist zB dann gegeben, wenn ein **Rechtsanwalt als Betreuer** bestellt wurde und er **anwaltsspezifische Tätigkeiten im Rahmen der Betreuung** entfaltet hat. Allerdings ist insoweit zu beachten, dass die Betreuungstätigkeit als solche keine anwaltsspezifische Tätigkeit darstellt und mit dem pauschalen Stundensatz gem. § 4 Abs. 1, 2 VBVG abgegolten ist (s. § 1 Abs. 2 S. 1 RVG).

39 Als **anwaltsspezifisch** wird eine Tätigkeit immer dann einzuordnen sein, wenn auch ein Betreuer, der selbst nicht Rechtsanwalt ist, insoweit notwendigerweise auch einen Rechtsanwalt beauftragt hätte. Dabei ist jedoch zu berücksichtigen, dass von einem Berufsbetreuer gewisse juristische Kenntnisse erwartet werden können und somit nicht jede Tätigkeit mit juristischen Aspekten eine (zusätzliche) Vergütung nach dem RVG rechtfertigt. Die Dienstleistung des (anwaltlichen) Betreuers muss somit dem Kernbereich anwaltlicher Tätigkeit zugeordnet werden können, somit besondere rechtliche Fähigkeiten und Kenntnisse erfordern (→ Rn 13).[25]

40 **e) Pauschaler Zeitaufwand (§ 5 VBVG). aa) Abgeltungsbereich.** Seit dem Inkrafttreten des 2. BtÄndG zum 1.7.2005 wird die Vergütung nach einem pauschalen Zeitaufwand berechnet. Der tatsächliche Zeitaufwand im Einzelfall wird in keiner Weise berücksichtigt (→ Rn 26 f). Diese gravierende Reform stellt eine ganz erhebliche Vereinfachung der Abrechnung für den Betreuer und auch die Gerichte dar und vermeidet für alle Beteiligten erheblichen Arbeitsaufwand; zudem sind die Einnahmen aus der einzelnen Betreuungssache für den Betreuer im Voraus weitgehend kalkulierbar. Die Reform ist allerdings auch eine Folge der bei Abrechnung nach tatsächlichem Aufwand (vom 1.1.1992–30.6.2005) aufgetretenen erheblichen Schwierigkeiten der Dokumentation des Zeitaufwands und dessen Nachprüfbarkeit und auch der Anfälligkeit für Missbrauch. Nicht zu verkennen ist jedoch, dass damit auch eine Begrenzung der – nicht allein der Zahl der Betreuungsfälle geschuldeten – immer weitersteigenden Ausgaben der Länder für Betreuervergütungen beabsichtigt war.

18 OLG Schleswig FGPrax 2003, 176; aA OLG Dresden FamRZ 2000, 847, 1306. 19 OLG Frankfurt FamRZ 2009, 457; Palandt/*Götz*, Anh zu § 1836 BGB, VBVG § 4 Rn 12. 20 Palandt/*Götz*, Anh zu § 1836 BGB, VBVG § 4 Rn 12. 21 OLG Düsseldorf NJW-RR 2001, 583. 22 Palandt/*Götz*, Anh zu § 1836 BGB, VBVG § 4 Rn 12. 23 BGH NJW-RR 2016, 119 = BtPrax 2016, 32. 24 BVerfG BtPrax 2009, 81 = FamRZ 2009, 1248; BGH FamRZ 2014, 1013 = BtPrax 2014, 174. 25 BayObLG NJW 2002, 1660; BayObLG BtPrax 2004, 70; OLG München BtPrax 2009, 190 = NJW-RR 2009, 1516 = FamRZ 2009, 1708 = Rpfleger 2009, 455.

Die vom Gesetzgeber letztlich vorgegebenen konkreten Zeitpauschalen beruhen auf einer vom Bundesmi- 41
nisterium der Justiz in Auftrag gegebenen rechtstatsächlichen Untersuchung und stellen letztlich danach ermittelte Durchschnittswerte dar. Diese Systematik wird deshalb nur dann ein akzeptables Einkommen des
Berufsbetreuers ermöglichen, der letztlich Aufgaben auch im Interesse der Allgemeinheit/des Gemeinwesens
erfüllt, wenn ihm neben zeitaufwändigen Betreuungen auch solche mit verhältnismäßig geringem Zeitaufwand übertragen werden.[26] Die Übertragung lediglich besonders schwerer oder besonders einfach gelagerter Betreuungsfälle würde der Intention des Gesetzgebers widersprechen.[27]

bb) Höhe des pauschalen Zeitaufwands. (1) Allgemeines. Die Höhe des pauschalen Zeitaufwands be- 42
stimmt sich nach folgenden Kriterien:

- Zeitablauf der Betreuung – im Regelfall ab Beginn;
- Zahlungsfähigkeit des Betroffenen oder Zahlungspflicht der Staatskasse;
- Aufenthaltsort des Betroffenen.

(2) Dauer der Betreuung. Der Zeitaufwand ist für jeden Monat der Betreuung (nicht kalendermonatlich) 43
festgelegt und staffelt sich, abhängig von der Dauer der Betreuung, in folgende vier Stufen:

- für die ersten drei Monate,
- für den vierten bis sechsten Monat,
- für den siebten bis zwölften Monat,
- für die Zeit danach, somit ab dem zweiten Jahr und später.

Die **Zeitpauschalen** werden **vom Beginn der Betreuung selbst berechnet,** unabhängig vom Zeitpunkt der 44
Bestellung des jeweiligen Betreuers, dem selbst naturgemäß die Vergütung nur für die Dauer seiner Bestellung zusteht (→ Rn 22). Bei der Berechnung wurde davon ausgegangen, dass der notwendige Zeitaufwand
der einzelnen Betreuung nach deren Anordnung besonders hoch ist und sich reduziert, je länger die Betreuung andauert. Die Tatsache, dass sich auch bei einer bereits länger andauernden Betreuung durch verschie-
denste Umstände der notwendige Zeitaufwand erheblich erhöhen kann, hat bei dieser Systematik nur mittelbar bei der Berechnung der Durchschnittswerte Berücksichtigung gefunden. Im Einzelfall hat eine solche
Entwicklung keinen Einfluss auf die Höhe der Zeitpauschale. Dies gilt insb. auch für den Fall, dass ein Berufsbetreuer eine bereits länger angeordnete Betreuung übernimmt und somit naturgemäß – allein aufgrund
der Einarbeitung – einen höheren Zeitaufwand bewältigen muss als der bereits „eingespielte" Betreuer,
oder auch, wenn ihm weitere Aufgabenkreise übertragen werden.[28]

Die **Berechnung der Betreuungsmonate** bestimmt sich nach den Vorschriften des BGB (§ 5 Abs. 4 S. 1
VBVG iVm §§ 187 Abs. 1, 188 Abs. 2 Alt. 1 BGB). Verändern sich die für die Bemessung des Zeitaufwands
maßgeblichen Umstände (Heimaufenthalt; → Rn 49 f) innerhalb eines Abrechnungsmonats oder endet das
Amt des Betreuers, erfolgt systematisch nur eine zeitanteilige Berechnung nach Kalendertagen (§ 5 Abs. 4
S. 2 VBVG).

Für den Fall, dass sich die die Höhe des pauschalen Zeitaufwands beeinflussende (→ Rn 51 f) Zahlungsfä- 45
higkeit des Betroffenen während eines Abrechnungsmonats ändert, hat sich der BGH[29] für eine einheitliche
Beurteilung dieses Monats – entweder nach § 5 Abs. 1 oder Abs. 2 VBVG – entschieden, was die Abrechnung in der Praxis erheblich vereinfacht. Davon zu unterscheiden ist jedoch die Frage, wer letztlich diese
Vergütung schuldet (→ Rn 61 ff). Es ist daher durchaus möglich, dass eine nach § 5 Abs. 1 VBVG – für
einen Teil des Abrechnungszeitraums – berechnete Vergütung aufgrund zum Zeitpunkt der Vergütungsfestsetzung gegebener Mittellosigkeit aus der Staatskasse zu zahlen ist und ebenso, dass eine – teilweise – nach
§ 5 Abs. 2 VBVG zu bemessende Vergütung aus dem Vermögen des Betreuten zu begleichen ist.

Der Vergütungsanspruch endet mit dem Ende der Betreuung selbst oder des Amtes des Betreuers, wozu es – 46
vom Tod des Betreuten oder Ablauf einer gesetzlichen oder gerichtlichen Frist (§ 302 FamFG) abgesehen –
einer ausdrücklichen gerichtlichen Entscheidung bedarf (§ 1908 d BGB).[30] Dabei ist grds. auch insoweit auf
den Tag der Beendigung abzustellen. Die vom Betreuer noch zu erfüllenden Rechenschaftspflichten und Abwicklungstätigkeiten können aufgrund des pauschalen Charakters der Vergütungsberechnung nicht zusätzlich abgerechnet werden (Umkehrschluss aus der Sonderregelung des § 5 Abs. 5).[31] Dies gilt grds. auch
dann, wenn der Betreuer in Unkenntnis des Todes zunächst weiter tätig war. Die insoweit nach Auffassung
des BGH allenfalls in Betracht kommende Abrechnung in analoger Anwendung des § 6 S. 1 VBVG – nach
tatsächlichem Aufwand – bedarf allerdings des Nachweises der nach dem Tod erbrachten Betreuungstätigkeit.[32]

---

26 Vgl auch OLG Karlsruhe OLGR 2009, 813; OLG Braunschweig FamRZ 2007, 303 = BtPrax 2007, 32. **27** BVerfG FamRZ
2007, 317 = BTPrax 2007, 122. **28** Palandt/*Götz*, Anh zu § 1836 BGB, VBVG § 5 Rn 18 f. **29** BGH Rpfleger 2011, 270.
30 BGH FamRZ 2015, 1709; BGH FamRZ 2012, 295. **31** BGH NJW-RR 2016, 643; OLG Dresden FamRZ 2006, 1483; OLG
Köln FamRZ 2006, 1787. **32** BGH NJW-RR 2016, 643.

47 Eine **Ausnahme** von der Berechnung nach vollen Monaten bzw anteiligen Tagen besteht im Falle der Bestellung eines ehrenamtlichen Betreuers als Nachfolger des Berufsbetreuers (§ 5 Abs. 5). In diesem Fall erhält der Berufsbetreuer für den gesamten Abrechnungsmonat, in den der Wechsel fällt, und zusätzlich für den Folgemonat eine Vergütung, obwohl seine Betreuungstätigkeit bereits beendet ist.

48 Wurden – ausnahmsweise – **nebeneinander mehrere Berufsbetreuer** (auch für gesonderte Aufgabenkreise) bestellt (vgl § 1899 BGB), steht jedem von ihnen der volle pauschale Stundensatz zu.[33]

49 **(3) Heimaufenthalt (§ 5 Abs. 1 S. 2, Abs. 2 S. 2, Abs. 3 VBVG).** Der pauschale Zeitaufwand ist geringer, solange sich der Betroffene in einem Heim befindet, da dann – unwiderlegbar – von einem geringeren Arbeitsaufwand ausgegangen wird. Der Heimaufenthalt muss auf Dauer angelegt sein. Eine **Definition** des **Heimbegriffs** enthält § 5 Abs. 3 VBVG selbst und ist an § 1 Abs. 1 HeimG angelehnt.[34] Hier sind vielfältige Fallgestaltungen möglich.[35] Grundsätzlich ist bei der Einordnung auf formale, ohne weiteres feststellbare und keine umfangreichen tatsächlichen Feststellungen erfordernde Umstände abzustellen.[36]

50 In der Rspr wurde als Heimaufenthalt zB anerkannt die Haftverbüßung in einer Justizvollzugsanstalt[37] oder eine über sechsmonatige Unterbringung in einer psychiatrischen Klinik.[38] Nicht hingegen einem Heimaufenthalt gleichzustellen ist – im Regelfall – der Aufenthalt in einer Pflegefamilie[39] oder eine Untersuchungshaft.[40] Auch sog. Betreutes Wohnen fällt im Regelfall nicht unter den Heimbegriff des § 5 Abs. 3 VBVG.[41] Sofern der Betroffene sich nicht in einem Heim befindet, ist sein Aufenthaltsort – ob zu Hause, bei Verwandten pp. – für die Höhe des Zeitaufwands unerheblich.

51 **(4) Mittellosigkeit (§ 5 Abs. 2 S. 1 VBVG).** Im Falle der Mittellosigkeit des Betreuten ist der pauschale Zeitaufwand ebenfalls geringer angesetzt (§ 5 Abs. 2 VBVG). Der Grund dieser Regelung besteht einerseits in der – aufgrund ggf notwendiger vielfältiger Geltendmachung von Sozialleistungen etc. nicht immer zutreffenden – Annahme, dass bei geringem Vermögen/Einkommen der Arbeitsaufwand des Betreuers niedriger sein wird, andererseits aber auch in der Begrenzung der staatlichen Ausgaben im Hinblick auf die dann zumeist bestehende Zahlungspflicht der Staatskasse (→ Rn 61 ff). Die Beurteilung der Mittellosigkeit bestimmt sich nach den Regelungen der §§ 1836 d, 1836 c BGB.

52 Die Mittellosigkeit ist für jeden Abrechnungsmonat einheitlich, die verschiedenen Monate ggf jedoch unterschiedlich zu beurteilen (→ Rn 45). Über die Frage, wer diese Vergütung sodann schuldet, ist damit noch nichts gesagt (→ Rn 61). Zur konkreten Berechnung s. §§ 1836 c, 1836 d BGB (→ Rn 63 ff).

53 **f) Sonderfälle der Betreuung (§ 6 VBVG).** Die Bestimmung des § 6 VBVG sieht zwei Ausnahmen von der Systematik der Pauschalvergütung vor. Sowohl der sog. **Sterilisationsbetreuer** (§ 6 S. 1 Hs 1 VBVG iVm § 1899 Abs. 2 BGB) als auch der **Ergänzungsbetreuer aufgrund rechtlicher Verhinderung** (zB aufgrund Vertretungsverbots, § 6 S. 1 Hs 1 VBVG iVm § 1899 Abs. 4 BGB) erhalten ihre Vergütung nach dem **tatsächlich erbrachten (notwendigen) Zeitaufwand**, auch wenn die Tätigkeit in einem längeren Zeitraum angelegt ist.[42] Der Stundensatz für diese beiden Sonderfälle bestimmt sich nach den (geringeren) Sätzen des § 3 VBVG. Die notwendigen Aufwendungen – mit Ausnahme der Versicherungskosten gem. § 1835 Abs. 2 BGB – werden neben diesem Stundensatz zusätzlich erstattet (§ 6 S. 1 Hs 2 VBVG iVm § 1835 BGB). Die Gewährung einer Vergütung setzt naturgemäß auch die berufsmäßige Führung der Betreuung voraus (→ Rn 21 ff).

54 Für den aufgrund lediglich **tatsächlicher Verhinderung** des (Haupt-)Betreuers (zB wegen Erkrankung) tätig gewordenen **Ersatzbetreuer** erfolgt eine Teilung der pauschalen Vergütung nach Tagen (§ 6 S. 2 VBVG).[43]

55 **g) Vereinsbetreuer (§ 7 VBVG). aa) Pauschalvergütung.** Ist ein Mitarbeiter eines – anerkannten (vgl §§ 1897 Abs. 2, 1908 f BGB) Betreuungsvereins zum Betreuer bestellt worden, bemisst sich die (pauschale) Vergütung in gleicher Weise wie bei einem selbständig tätigen Berufsbetreuer nach §§ 4, 5 VBVG (→ Rn 26 ff). Einer ausdrücklichen Feststellung der berufsmäßigen Führung (→ Rn 22 ff) bedarf es jedoch bei einem solchen Vereinsbetreuer nicht. Diese wird kraft Gesetzes unterstellt – unmittelbarer Verweis auf § 1 Abs. 2 VBVG (s. § 7 Abs. 1 S. 1 VBVG).[44] Wurde der Betreuungsverein selbst als Betreuer bestellt (§ 1900 Abs. 1 BGB), steht ihm keine Vergütung zu (§ 1836 Abs. 3 BGB).

56 Sofern ein Vereinsbetreuer als Sterilisationsbetreuer oder Ersatzbetreuer aufgrund rechtlicher Verhinderung bestellt wird, ist gem. § 7 Abs. 2 iVm § 6 VBVG die Vergütung nach dem tatsächlichen Zeitaufwand zu bemessen (→ Rn 53).

---

33 OLG Hamm Rpfleger 2007, 74. **34** BGH NJW-RR 2011, 433. **35** Vgl die diesbezügliche Kommentierung, zB Palandt/*Götz*, Anh zu § 1836 BGB, VBVG § 5 Rn 8. **36** BGH NJW-RR 2008, 739; OLG Zweibrücken FamRZ 2011, 1754. **37** BGH NJW-RR 2012, 451. **38** OLG Köln FamRZ 2008, 1788. **39** BGH NJW-RR 2008, 739. **40** BGH FamRZ 2014, 1015 = BtPrax 2014, 127; OLG München Rpfleger 2007, 546. **41** Brandenburgisches OLG 3.2.2009 – 11 Wx 72/08, juris; LG Koblenz FamRZ 2009, 458; aA OLG München NJW-RR 2006, 1016. **42** BGH FamRZ 2014, 1449 = BtPrax 2014, 228. **43** Palandt/*Götz*, Anh zu § 1836 BGB, VBVG § 6 Rn 3. **44** Palandt/*Götz*, Anh zu § 1836 BGB, VBVG § 7 Rn 3.

bb) Vergütungsanspruch für Betreuungsverein. Der Vergütungsanspruch für die Tätigkeit des Vereinsbetreuers steht jedoch nicht dem Betreuer selbst zu, sondern ausschließlich dem Betreuungsverein (§ 7 Abs. 1 S. 1, Abs. 3 VBVG). **57**

h) Behördenbetreuer (§ 8 VBVG). Wird – in der Praxis wohl nur ganz ausnahmsweise – ein Mitarbeiter einer Betreuungsbehörde (vgl § 1897 Abs. 2 S. 2 BGB) zum Betreuer bestellt, besteht ein Anspruch auf Vergütung nur (ausnahmsweise), sofern der Umfang und die Schwierigkeit der Betreuungsgeschäfte dies rechtfertigt, somit über das übliche Maß einer Einzelbetreuung hinausgeht (§ 8 Abs. 1 S. 1 VBVG iVm § 1836 Abs. 2 BGB). Die Vergütung bemisst sich nicht unmittelbar nach den §§ 3, 4 VBVG, jedoch ist der notwendige Zeitaufwand zu berücksichtigen.[45] Die entstandenen Aufwendungen sind in jedem Fall zu erstatten (§ 8 Abs. 2 VBVG). **58**

Im Falle der Bestellung eines Behördenbetreuers besteht ein Vergütungsanspruch und auch der Anspruch auf Aufwendungsersatz in jedem Fall nur, sofern der Betreute selbst zahlungsfähig ist (§ 8 Abs. 1 S. 2, Abs. 2 VBVG iVm § 1836 c BGB), gegen diesen, keinesfalls gegen die Staatskasse. **59**

Der Anspruch – auf Aufwendungsersatz und ggf Vergütung – steht wie beim Vereinsbetreuer ausschließlich der Behörde, nicht dem Betreuer selbst zu (§ 8 Abs. 1 S. 1, Abs. 2, Abs. 3 iVm § 7 Abs. 3 VBVG). Wurde die Behörde selbst als Betreuer bestellt (§ 1900 Abs. 4 BGB), steht ihr keinesfalls eine Vergütung zu (§ 1836 Abs. 3 BGB). **60**

i) Schuldner der Vergütung bzw des Aufwendungsersatzes. aa) Zahlungspflicht des Betreuten (Grundsatz der Selbstzahlung). Die Ansprüche des Betreuers richten sich grds. gegen den Betreuten selbst. Es ist unerheblich, dass dieser die Betreuung nicht beantragt hat und ihr möglicherweise ablehnend gegenübersteht. Dieser **Grundsatz der Selbstzahlung** ergibt sich hinsichtlich der Aufwendungen unmittelbar aus dem Wortlaut des § 1835 Abs. 1 BGB („von dem Mündel"). Im Übrigen ergibt sich dies aus der Systematik, dass die Zahlungspflicht der Staatskasse nur bei gegebener Mittellosigkeit besteht (vgl § 1835 Abs. 4 BGB, § 1 Abs. 2 S. 2 VBVG), und insb. aus der Regelung des § 1836 e BGB.[46] **61**

bb) Zahlungspflicht der Staatskasse. (1) Mittellosigkeit des Betreuten. Ein Anspruch gegen die Staatskasse besteht wohl nur bei festgestellter Mittellosigkeit.[47] Begründete Zweifel hieran gehen nicht zu Lasten der Staatskasse. Die anderslautende Auffassung[48] dürfte dem gesamten Kontext der gesetzlichen Regelung nicht (völlig) gerecht werden. Insoweit ist auch zu berücksichtigen, dass der gegen den (zahlungspflichtigen) Betreuten – nach dessen Anhörung – ergangene Festsetzungsbeschluss einen vollstreckbaren Titel darstellt (§ 86 Abs. 1 Nr. 1 FamFG). In aller Regel wird sich diese Frage jedoch auch unter angemessener Mitwirkung des Betreuers klären lassen (vgl § 168 Abs. 2 FamFG). **62**

Die **Definition** des Begriffs der **Mittellosigkeit** enthält § 1836 d BGB, die danach gegeben ist, sofern der Betreute die jeweiligen Ansprüche des Betreuers aus seinem Einkommen oder Vermögen nicht, nur zum Teil oder in Raten aufbringen kann. Der Anspruch des Betreuers richtet sich daher auch bei nur teilweiser Zahlungsfähigkeit des Betroffenen in voller Höhe gegen die Staatskasse. **63**

Die **anteilige** Begleichung eines einheitlichen Vergütungsanspruchs teilweise durch den Betreuten und daneben teilweise durch die Staatskasse ist demnach nicht vorgesehen, wenngleich in der Praxis nicht selten so verfahren wird. Der von dem Betroffenen zu zahlende (Teil-)Betrag wird sodann durch die Staatskasse wieder eingezogen (§§ 1836 e, 1836 c BGB, § 168 Abs. 1 S. 2, 3, Abs. 3 FamFG). **64**

Die **Höhe** des vom Betreuten zur Begleichung dieser Ansprüche einzusetzenden Einkommens und/oder Vermögen regelt die Bestimmung des § 1836 c BGB unter Heranziehung einzelner Vorschriften des SGB XII (→ Rn 68 ff). **65**

Die Zahlung der Staatskasse steht jedoch jeweils unter dem (gesetzlichen) **Vorbehalt des Rückgriffs** gegen den Betroffenen bzw dessen Erben (§§ 1836 e, 1836 c BGB, § 168 Abs. 1 S. 2, 3, Abs. 3 FamFG). Dieser Rückgriffsanspruch kann durch Zahlung eines einmaligen Betrags (aus dem Vermögen) und/oder auch ratenweise (aus den laufenden Einkünften) beglichen werden. **66**

Die Frage der Mittellosigkeit wird iE durch einen Vergleich des jeweiligen Anspruchs des Betreuers mit der Höhe des einzusetzenden Einkommens oder Vermögens beantwortet.[49] Insoweit ist jeweils auf den im Antrag geltend gemachten und gerechtfertigten Anspruch des Betreuers abzustellen. **67**

(2) Einzusetzende Mittel des Betreuten. (a) Allgemeines. Die Mittellosigkeit muss sowohl hinsichtlich des Vermögens als auch der laufenden Einkünfte des Betreuten vorliegen (vgl § 1836 d BGB). In welcher Höhe der Betreute seine Einkünfte bzw sein Vermögen konkret zur Abgeltung der Ansprüche des Betreuers einzusetzen hat, regelt § 1836 c BGB nach Maßgabe einzelner Bestimmungen des SGB XII. **68**

---

45 Palandt/*Götz*, Anh zu § 1836 BGB, VBVG § 8 Rn 2. **46** AllgM, zB Palandt/*Götz*, Anh zu § 1836 BGB, VBVG § 1 Rn 14 f.
47 BGH NJW-RR 2013, 503 = BtPrax 2013, 65. **48** LG Duisburg BtPrax 2000, 42. **49** Palandt/*Götz*, § 1836 d BGB Rn 4.

69 **(b) Einzusetzendes Einkommen (§ 1836 c Nr. 1 BGB).** Der Betreute hat sein Einkommen – ggf zusammen mit demjenigen seines nicht getrennt lebenden Ehegatten oder Lebenspartners – einzusetzen, soweit es bestimmte Freibeträge (§§ 87, 82, 85 Abs. 1, 86 SGB XII), die ihm zur Bestreitung der Lebensführung, ggf der Altersvorsorge etc., verbleiben sollen, übersteigt.

70 **Einkommen** sind alle Einkünfte in Geld oder Geldeswert (**§ 82 Abs. 1 SGB XII**), somit Einkommen aus selbständiger oder nichtselbständiger Tätigkeit, Zinseinkünfte, Mieteinnahmen, Renten etc.[50] Einzelheiten ergeben sich aus § 1 der DurchführungsVO zu § 82 SGB XII.

71 Von diesem Einkommen sind notwendige **Ausgaben abzuziehen** (§ 82 Abs. 2 SGB XII). Dazu gehören insb. Steuern, sog. Werbungskosten (Fahrtkosten zur Arbeit etc.), Sozialabgaben, Vorsorgeaufwendungen, notwendige Versicherungsbeiträge, besondere Belastungen und ggf Unterhaltsfreibeträge. Auch die (angemessenen) Kosten der Unterkunft sind vom Einkommen abzuziehen (§ 1836 c Nr. 1 BGB, § 85 Abs. 1 Nr. 2 SGB XII).

72 Das danach verbleibende Einkommen ist jedoch nur für die Betreuervergütung und/oder den Aufwendungsersatz einzusetzen, sofern es bestimmte **Freibeträge** überschreitet, die sich aus den Regelungen der §§ 85 Abs. 1, 28 SGB XII ergeben. Bei der Berechnung sind ggf Familienzuschläge hinzuzurechnen (§ 85 Abs. 1 Nr. 3 SGB XII). Diese Freibeträge (§ 28 Abs. 2 SGB XII) werden jährlich – von den Ländern ggf unterschiedlich (vgl § 86 SGB XII) – festgesetzt und ggf angepasst (Regelsatzverordnung gem. § 40 SGB XII). Derzeit (Stand ab 1.1.2016) beträgt dieser Freibetrag – ohne Familienzuschläge – für den Betreuten selbst 808 €.

73 Die Berücksichtigung des nach dieser Berechnung dann verbleibenden Einkommens ist jedoch nicht statisch und unabänderbar. Vielmehr ist die Höhe des Einsatzes des verbleibenden „Spitzenbetrages" für den Anspruch des Betreuers (ratenweise) unter Berücksichtigung der **Umstände des Einzelfalles** (auch evtl. weiterer Zahlungsverpflichtungen) zu beurteilen (§ 1836 c BGB, § 87 SGB XII).

74 Gesetzliche Unterhalts- oder an deren Stelle tretende **Rentenansprüche des Betreuten** gelten gem. § 1836 c Nr. 1 S. 2 BGB ebenfalls als Einkünfte, die somit die Mittellosigkeit ausschließen oder zumindest einen Rückgriff der Staatskasse gem. § 1836 e BGB (nach vorheriger Zahlung an den Betreuer) rechtfertigen können. Sind mögliche unterhaltspflichtige Personen bekannt, gehört es wohl zu den Aufgaben des Betreuers, diese zumindest zur Darlegung ihrer wirtschaftlichen Verhältnisse aufzufordern, sofern deren mangelnde Leistungsfähigkeit nicht bereits bekannt ist. Ist es erforderlich, diese – ansonsten die Zahlungsfähigkeit des Betroffenen begründenden – Unterhaltsansprüche gerichtlich geltend zu machen, ist zunächst von der Mittellosigkeit auszugehen (§ 1836 d Nr. 2 BGB).[51]

75 Auf die Staatskasse gehen solche Unterhaltsansprüche, sofern sie nicht erfüllt werden, jedoch – anders als im Sozialhilferecht – nicht über, was sich bereits aus der Regelung zur Pfändbarkeit zugunsten der Staatskasse ergibt (§ 1836 e Abs. 2 BGB, § 850 b ZPO). Lediglich Ansprüche des Betreuers gegen den Betreuten selbst werden von dem gesetzlichen Forderungsübergang erfasst, nicht jedoch gegen unterhaltspflichtige Dritte (§ 1836 e BGB). Solche **bestehenden Unterhaltsansprüche** können (auch) die Grundlage für einen Rückgriffsbeschluss gegen den Betreuten selbst darstellen (§ 1836 e BGB, § 168 Abs. 1 S. 2, 3 FamFG)[52] und sodann von der Staatskasse zB durch Pfändung gem. §§ 829 ff ZPO eingezogen werden. Fraglich erscheint jedoch, ob **allein die bloße Möglichkeit** eines Unterhaltsanspruchs gegen einen Dritten die Anordnung einer Rückzahlungspflicht des Betreuten im Festsetzungsverfahren gem. §§ 292, 168 FamFG (→ Rn 126 f) zu rechtfertigen vermag, wie dies in der Praxis häufiger gehandhabt wird.

76 **(c) Einzusetzendes Vermögen (§ 1836 c Nr. 2 BGB).** Auch sein Vermögen hat der Betreute grds. zur Begleichung der Ansprüche des Betreuers einzusetzen. Zur Konkretisierung des **Vermögensbegriffs** nebst der Ausnahmen sowie der Berücksichtigung von Freibeträgen gelten gem. § 1836 c Nr. 2 BGB die Regelungen des § 90 SGB XII.

77 Danach ist grds. das gesamte verwertbare Vermögen einzusetzen (§ 90 Abs. 1 SGB XII). Dazu gehört das **verfügbare Aktivvermögen**, wie insb.[53] das sog. Barvermögen (auch Guthaben auf Giro-, Spar-, Festgeldkonten etc.), (sonstige) Forderungen gegen Dritte (Darlehen etc.), Wertpapiere (Aktien, Fondsbeteiligungen etc.), Immobilien (Grundstücke, Erbbaurechte, Wohnungseigentum) und Rechte an Immobilien Dritter (Grundschulden, Hypotheken etc.) sowie der Rückkaufswert einer Lebensversicherung.[54] Insbesondere für Immobilien bedeutet „Verwertung" nicht ausschließlich Veräußerung, sondern jede Art der finanziellen Nutzbarmachung und kann somit auch durch Beleihung erfolgen, um mit dem Darlehen die Vergütung zu begleichen.[55]

---

50 Palandt/*Götz*, § 1836 c BGB Rn 3. **51** Palandt/*Götz*, § 1836 d BGB Rn 3. **52** Palandt/*Götz*, § 1836 d BGB Rn 3. **53** Palandt/*Götz*, § 1836 c BGB Rn 7. **54** BGH FamRZ 2014, 1188 = BtPrax 2014, 171. **55** BGH NJW 2014, 3370 = BtPrax 2014, 272.

NK-GK/*Klos*

Grundsätzlich einzusetzende, aber nicht verwertbare Vermögensbestandteile (zB nicht realisierbare Forderungen), sind nicht zu berücksichtigen.[56] Dies ist jedoch nicht bereits deshalb gegeben, weil die Verwertung (zB die Veräußerung eines Grundstücks) längere Zeit in Anspruch nimmt. Für den Betreuer kann nicht jede Wartezeit (von zB wenigen Wochen oder Monaten) bereits als unzumutbar angesehen werden.[57] Der Betreuer ist grds. gehalten, seinen Anspruch gegen den (vermögenden) Betreuten selbst – ggf auch zwangsweise – durchzusetzen.[58] Letztlich wird die Beurteilung von den Umständen des Einzelfalls (wie zB Zweckbestimmung, Fälligkeit) abhängig sein (zB bzgl Miteigentumsanteilen, Auseinandersetzungsansprüchen). Ist ein Vermögensbestandteil von einer Testamentsvollstreckung erfasst, unterliegt er nicht der Verfügungsbefugnis des Betreuten und erscheint somit auch nicht einsetzbar.[59] **78**

Nicht einzusetzen ist das sog. **Schonvermögen**, somit bestimmte Vermögensbestandteile bzw Freibeträge hinsichtlich des Barvermögens, die sich aus § 90 Abs. 2, 3 SGB XII iVm der diesbezüglichen DurchführungsVO ergeben. Die diesbezüglichen Regelungen sind überaus vielfältig und deren Relevanz von den jeweiligen, insb. den persönlichen Verhältnissen des Betreuten abhängig. **79**

Insbesondere ist insoweit zu beachten gem. § 90 Abs. 2 SGB XII **80**

- der Freibetrag hinsichtlich des Barvermögens (→ Rn 77) iHv 2.600 € für den Betreuten[60] zzgl. evtl. weiterer Freibeträge für unterhaltspflichtige Personen. Andere Freibeträge (zB § 25 f BVG) können aufgrund der ausdrücklichen Verweisung in § 1836 c BGB nur auf die Regelung des § 90 SGB XII nicht berücksichtigt werden;[61]
- der angemessene Hausrat;
- für die Berufsausbildung bzw die Erwerbstätigkeit notwendigen Gegenstände;
- ein (angemessenes) Hausgrundstück (auch Wohnungseigentum), das vom Betreuten selbst und ggf von Angehörigen bewohnt wird.

Im Übrigen ist es grds. unerheblich, wovon das einzusetzende Vermögen „angespart" bzw angeschafft wurde (zB Renten, Erziehungsgeld, Opferentschädigungsrente).[62] Dies kann allenfalls im Rahmen der Prüfung einer **unbilligen Härte** angemessen berücksichtigt werden (→ Rn 82). **81**

Ebenfalls im Ergebnis nicht zu berücksichtigen sind Vermögensbestandteile, deren Einsatz für den Betreuten und/oder seine unterhaltspflichtigen Angehörigen eine besondere Härte darstellen würde (§ 90 Abs. 3 SGB XII). Dazu gehört zB Vermögen aus Schmerzensgeldzahlungen,[63] aus Entschädigungen für zu Unrecht erlittene Strafhaft[64] oder im Einzelfall auch Unterhaltsabfindungen.[65] Auch zweckgebundenes Vermögen für eine angemessene Bestattung kann von der Regelung des § 90 Abs. 3 SGB XII erfasst werden, wenn die Zweckbindung (rechtlich) verbindlich festgelegt ist.[66] **82**

(3) Verbindlichkeiten. Maßgebend für die Beurteilung der Zahlungsfähigkeit des Betreuten ist grds. allein das **(einzusetzende) Aktivvermögen,** nicht das Nettovermögen. Es ist **keine Saldenberechnung** in Form einer Gegenüberstellung von Aktiva und Passiva zur Beurteilung der Mittellosigkeit zulässig. Das vorhandene – und unter Berücksichtigung des sog. Schonvermögens – einsetzbare Aktivvermögen ist daher unabhängig von bestehenden Verbindlichkeiten für die Vergütung und den Aufwendungsersatz heranzuziehen.[67] **83**

Somit ist auch bei konkurrierenden Ansprüchen mehrerer Gläubiger – zu diesen gehört auch der Betreuer wegen seines Anspruchs auf Vergütung bzw Aufwendungsersatz – eine Begleichung der Vergütung aus dem Vermögen möglich, unabhängig von einer evtl. bereits erfolgten Titulierung. Es gebührt ggf dann demjenigen der Vorzug, der zuerst seinen Anspruch verwirklicht.[68] Dies muss wohl auch für bestehende (Rück-)Zahlungsansprüche der Sozialhilfeträger gelten, da insoweit ein (gesetzlicher) Vorrang nicht normiert ist.[69] Allerdings genießen auch evtl. Rückgriffsansprüche der Staatskasse gem. § 1836 e BGB aufgrund früher erstatteter Betreuervergütung keinen (gesetzlichen) Vorrang vor dem aktuellen Anspruch des Betreuers. **84**

Sofern der Dritte später seinen Anspruch – ggf zwangsweise – realisiert haben sollte und der Betreuer deshalb (unverschuldet) seinen bereits festgesetzten Anspruch aus dem Vermögen nicht mehr verwirklichen kann, verbleibt ihm – trotz der materiellen Rechtskraft der für den identischen Zeitraum bereits erfolgten Festsetzung ausnahmsweise – die Möglichkeit, diesen Anspruch nun gegen die Staatskasse geltend zu machen.[70] **85**

---

56 Palandt/*Götz,* § 1836 c BGB Rn 7. **57** LG Koblenz BtPrax 2002, 222. **58** OLG Schleswig FamRZ 2004, 979. **59** OLG Köln BtPrax 2009, 249. **60** BGH FamRZ 2002, 117. **61** BayObLG FamRZ 2002, 701; OLG Frankfurt FGPrax 2004, 72. **62** BayObLG FamRZ 2002, 1289. **63** BGH MDR 2015, 244; OLG Köln BtPrax 2005, 237; OLG Hamm FamRZ 2007, 854. **64** LG Verden FamRZ 2004, 221. **65** OLG Hamm FamRZ 2003, 1875; Palandt/*Götz,* § 1836 c BGB Rn 12. **66** BGH FamRZ 2014, 1188 = BtPrax 2014, 171; OLG Schleswig BtPrax 2007, 133; OLG Frankfurt BtPrax 2007, 130. **67** BGH FamRZ 2013, 620 = BtPrax 2013, 65; BayObLG FamRZ 2005, 1199 = BtPrax 2005, 108. **68** BayObLG FamRZ 2004, 308 = BtPrax 2004, 71. **69** OLG Stuttgart FamRZ 2007, 1912 = FGPrax 2007, 270; LG Detmold FamRZ 2009, 544 = BtPrax 2008, 275. **70** BayObLG FamRZ 2004, 305 = BtPrax 2004, 73.

86 **(4) Zeitpunkt der Beurteilung der Zahlungspflicht bzw der Mittellosigkeit.** Maßgeblicher Zeitpunkt für die Beurteilung der Mittellosigkeit ist derjenige der (letzten Tatsachen-)Entscheidung über den Anspruch des Betreuers, die dann den gesamten Anspruch für den beantragten Abrechnungszeitraum betrifft.[71] Damit soll einerseits die tatsächliche Realisierung des Anspruchs durch den Betreuer sichergestellt werden, aber auch verhindert werden, dass der Betreute durch die Kosten der Betreuung in seinen wesentlichen Lebensgrundlagen beeinträchtigt wird.[72]

87 Davon zu unterscheiden ist die Höhe der pauschalen Vergütung des Berufsbetreuers gem. § 5 Abs. 2 VBVG, sofern sich die Zahlungsfähigkeit des Betreuten während des Abrechnungszeitraums unterschiedlich darstellt (→ Rn 45, 52).

88 Eine Verpflichtung des Betreuers, im Hinblick auf vorhandenes Vermögen seine Ansprüche „frühzeitig" geltend zu machen, bevor ggf Mittellosigkeit eintritt, erscheint nicht gegeben. Im Hinblick auf die bestehenden Ausschlussfristen (vgl § 1835 Abs. 1 S. 3 BGB, § 2 VBVG) und insb. unter Berücksichtigung der Möglichkeit der Verkürzung dieser Fristen (§ 2 VBVG iVm § 1835 Abs. 1 a BGB) fehlt insoweit eine gesetzliche Grundlage.[73] Diese Fristen sollen gerade eine Anhäufung der Ansprüche mit einer dann sich ergebenden Zahlungspflicht der Staatskasse vermeiden. Die in eine andere Richtung zeigende Auffassung des OLG München[74] erscheint deshalb nicht überzeugend.

89 **j) Gesetzlicher Forderungsübergang (§ 1836 e BGB). aa) Allgemeines.** Die Zahlungen aus der Staatskasse stehen jeweils unter dem (gesetzlichen) Vorbehalt des **Rückgriffs gegen den Betroffenen bzw dessen Erben** (→ Rn 66) und haben damit den Charakter einer darlehensweisen Zuwendung, wie er im Sozialhilferecht bereits seit langem bekannt ist.[75] Die Regelung des § 1836 e BGB schafft die **materiellrechtliche** Grundlage zur Realisierung des Rückgriffs gegen den Betreuten bzw dessen Erben. **Verfahrensrechtlich** regelt § 168 **Abs. 1 S. 2, 3 Abs. 3 FamFG** die Umsetzung. Zum Begriff „Staatskasse" bei länderübergreifendem Wechsel der Zuständigkeit s. OLG Köln BtPrax 2009, 81.

90 **bb) Übergang des Anspruchs.** Mit jeder Zahlung der Vergütung bzw des Aufwendungsersatzes durch die Staatskasse geht der – sich ursprünglich gegen den Betreuten selbst richtende (→ Rn 61) – Anspruch des Betreuers auf die Staatskasse über. Damit wird der subsidiäre Charakter der Zahlungspflicht der Staatskasse deutlich (→ Rn 62).[76] Der Forderungsübergang findet auch bei völliger Mittellosigkeit des Betreuten statt, jedoch ist der Rückgriff von der Leistungsfähigkeit des Betreuten abhängig, die sich wiederum nach § 1836 c BGB bestimmt.[77]

91 **cc) Fälle des Rückgriffs.** Ein Rückgriff kommt insb. in folgenden Fällen in Betracht:
■ Der Betreute kann die Vergütung nur teilweise aus seinem Vermögen – ggf auch in mehreren Einzelbeträgen – oder in Raten aus seinen Einkünften begleichen (§ 1836 d Nr. 1 BGB; → Rn 63 f).
■ Es bestehen Unterhaltsansprüche gegen Dritte, die jedoch nicht freiwillig erfüllt werden (§ 1836 d Nr. 2 BGB, → Rn 74 f).
■ Es stellt sich nachträglich heraus, dass eine Mittellosigkeit des Betreuten iSd §§ 1836 c, 1836 d BGB zum Zeitpunkt der Erstattung durch die Staatskasse tatsächlich nicht gegeben war.
■ Nachträgliche Änderungen der persönlichen und wirtschaftlichen Verhältnisse des Betreuten, so dass nun seine (teilweise) Leistungsfähigkeit gem. § 1836 c BGB gegeben ist (vgl auch § 168 Abs. 2 S. 2 FamFG, § 120 a ZPO).[78]

92 Die **nachträglichen Änderungen** in den persönlichen und wirtschaftlichen Verhältnissen können vielfältige Gründe haben. Insbesondere ein späterer Vermögenserwerb, wesentliche Einkommensverbesserungen, aber insb. auch der Umstand, dass bisher als Schonvermögen zu behandelnde Vermögensbestandteile (→ Rn 79 f) nunmehr einzusetzen sind (zB nicht mehr selbst genutztes Haus bzw Wohnung nach endgültigem Umzug in ein Heim bzw nach dem Tod des Betreuten), rechtfertigen einen Rückgriff der Staatskasse.

93 **dd) Rückgriff gegen den Erben.** Der angesprochene Forderungsübergang richtet sich nach dem Tod des Betroffenen gegen dessen Erben als deren Nachlassverbindlichkeit gem. § 1967 BGB,[79] so dass auch zuvor aufgrund der gegebenen Mittellosigkeit (zB mangels Einsatz bestimmter Vermögensgegenstände, insb. eines Hausgrundstücks) seitens der Staatskasse gezahlte Beträge wieder eingezogen werden können (§ 1836 e BGB, § 168 Abs. 3 FamFG).

94 Für diesen Fall des Forderungsübergangs ist die Haftung des Erben nach dem Tod des Betreuten jedoch auf den Wert des im Zeitpunkt des Erbfalls vorhandenen Nachlasses beschränkt, ohne dass er eigenes Vermö-

---

[71] BayObLG FamRZ 2002, 1289; OLG München BtPrax 2007, 131. **72** BGH FamRZ 2013, 620 = BtPrax 2013, 65. **73** OLG Köln BtPrax 2002, 264; LG Saarbrücken FamRZ 2003, 60. **74** OLG München OLGR 2009, 579 = BtPrax 2009, 191. **75** BGH NJW-RR 2013, 644 = BtPrax 2013, 67. **76** Palandt/*Götz*, § 1836 e BGB Rn 1. **77** BGH NJW 2014, 3370 = BtPrax 2014, 272; Palandt/*Götz*, § 1836 e BGB Rn 2. **78** BGH NJW-RR 2013, 644 = BtPrax 2013, 67. **79** BGH NJW 2014, 3370 = BtPrax 2014, 272.

gen oder auch eigene Einkünfte für die Betreuervergütung einzusetzen hat (§ 1836 e Abs. 1 S. 3 BGB). Dabei sind (vorrangige) Nachlassverbindlichkeiten zu berücksichtigen, nicht jedoch solche aufgrund eines Vermächtnisses.[80] Es erscheint gerechtfertigt und sachgerecht, diese Haftungsbeschränkung auch bei einer unmittelbaren Inanspruchnahme des Erben durch den Betreuer anzuwenden.[81]

Die Regelungen betreffend das Schonvermögen gem. § 1836 c BGB gelten nach dem Tod des Betroffenen **95** für die Erben nicht mehr (§ 1836 e Abs. 1 S. 2 BGB). Somit ist zB nun auch ererbtes Vermögen aus Schmerzensgeldzahlungen einzusetzen.[82] Den **Erben** steht vielmehr ein **eigener Vermögensfreibetrag** – anstelle der Regelung des § 1836 c BGB – gem. **§ 102 SGB XII** iHv 2.424 € zu (Stand: 1.1.2016), der auch einer Erbengemeinschaft nur einheitlich zuzubilligen ist. Ein besonderer Freibetrag von 15.340 € (§ 102 Abs. 3 Nr. 2 SGB XII) steht dem Erben zu, sofern es sich um den Ehegatten oder einen Verwandten des Betreuten handelt, der mit diesem – nicht nur vorübergehend – in häuslicher Gemeinschaft gelebt und ihn gepflegt hat.

Der Rückgriffsanspruch gegen den Erben **erlischt** – im Gegensatz zur Regelung der Verjährung des Anspruchs gegen den Betreuen (→ Rn 97) – **drei Jahre nach dem Tod** des Betreuten (§ 1836 e Abs. 1 S. 2 Hs 2 **96** BGB, § 102 Abs. 4 SGB XII).

ee) Verjährung. Der auf die Staatskasse übergegangene Rückgriffsanspruch gegen den Betreuten unterliegt **97** der regelmäßigen Verjährungsfrist von drei Jahren gem. § 195 BGB. Hinsichtlich des Beginns der Verjährungsfrist ist auf die Fälligkeit und insoweit die Regelung des § 9 VBVG abzustellen, spätestens auf den Zeitpunkt der Festsetzung.[83] Die Ausschlussfrist des § 2 S. 1 VBVG ist nicht anwendbar. Die Mittellosigkeit des Betreuten bewirkt keine Hemmung (§§ 205, 209 BGB) der Verjährung,[84] auch nicht eine Anhörung des Betreuten bzw dessen Erben im Rahmen eines Verfahrens zur Rückforderung gem. §§ 292, 168 FamFG.[85] Folgt man dieser Auffassung, dürften in vielen Fällen die Rückforderungsansprüche der Staatskasse zu dem Zeitpunkt, zu dem ihre Geltendmachung (aufgrund zuvor gegebener Mittellosigkeit) überhaupt erst zulässig ist, bereits verjährt sein. Ein solches – dann wohl nicht nur vereinzelt eintretendes – Ergebnis ist mit der Zielsetzung der Regelung des § 1836 e BGB und dem grds. nur subsidiären Charakter der Zahlungspflicht der Staatskasse (→ Rn 62, 90) wohl kaum in Einklang zu bringen.

Die Verjährung ist nicht von Amts wegen zu beachten, sondern vom zur Zahlung herangezogenen Betreuten geltend zu machen (vgl § 214 BGB); vom Verfahrenspfleger hingegen kann sie nicht für den Betreuten erhoben werden.[86] Im Einzelfall kann sich die Berufung auf die Einrede der Verjährung als treuwidrig erweisen und gegen § 242 BGB verstoßen, was ebenfalls im Festsetzungsverfahren gem. §§ 292, 168 FamFG zu prüfen ist. Eine solche Fallgestaltung kann zB gegeben sein, wenn eine Mittellosigkeit des Betreuten gar nicht gegeben war.[87]

4. Festsetzungsverfahren (§ 168 FamFG)

a) Gesetzestext

§ 168 FamFG Beschluss über Zahlungen des Mündels
(1) ¹Das Gericht setzt durch Beschluss fest, wenn der Vormund, Gegenvormund oder Mündel die gerichtliche Fest- **98** setzung beantragt oder das Gericht sie für angemessen hält:
1. Vorschuss, Ersatz von Aufwendungen, Aufwandsentschädigung, soweit der Vormund oder Gegenvormund sie aus der Staatskasse verlangen kann (§ 1835 Abs. 4 und § 1835 a Abs. 3 des Bürgerlichen Gesetzbuchs) oder ihm nicht die Vermögenssorge übertragen wurde;
2. eine dem Vormund oder Gegenvormund zu bewilligende Vergütung oder Abschlagszahlung (§ 1836 des Bürgerlichen Gesetzbuchs).
²Mit der Festsetzung bestimmt das Gericht Höhe und Zeitpunkt der Zahlungen, die der Mündel an die Staatskasse nach den §§ 1836 c und 1836 e des Bürgerlichen Gesetzbuchs zu leisten hat. ³Es kann die Zahlungen gesondert festsetzen, wenn dies zweckmäßig ist. ⁴Erfolgt keine Festsetzung nach Satz 1 und richten sich die in Satz 1 bezeichneten Ansprüche gegen die Staatskasse, gelten die Vorschriften über das Verfahren bei der Entschädigung von Zeugen hinsichtlich ihrer baren Auslagen sinngemäß.
(2) ¹In dem Antrag sollen die persönlichen und wirtschaftlichen Verhältnisse des Mündels dargestellt werden. ²§ 118 Abs. 2 Satz 1 und 2 sowie § 120 Absatz 2 und 3 sowie § 120 a Absatz 1 Satz 1 bis 3 der Zivilprozessordnung sind entsprechend anzuwenden. ³Steht nach der freien Überzeugung des Gerichts der Aufwand zur Ermittlung der persönlichen und wirtschaftlichen Verhältnisse des Mündels außer Verhältnis zur Höhe des aus der Staatskasse zu begleichenden Anspruchs oder zur Höhe der voraussichtlich vom Mündel zu leistenden Zahlungen,

80 BGH NJW 2014, 3370 = BtPrax 2014, 272; LG Koblenz FamRZ 2009, 1710; Palandt/*Götz*, § 1836 e BGB Rn 3. 81 Palandt/*Götz*, § 1836 e BGB Rn 3. 82 LG Verden FamRZ 2016, 329. 83 BGH MDR 2012, 431 = BtPrax 2012, 118. 84 BGH MDR 2012, 431 = BtPrax 2012, 118; BGH NJW-RR 2012, 579 = FamRZ 2012, 627; Palandt/*Götz*, § 1836 e BGB Rn 4. 85 BGH FamRZ 2015, 45 = BtPrax 2015, 28. 86 BGH NJW-RR 2015, 193 = BtPrax 2015, 23; BGH FamRZ 2012, 1798. 87 BGH NJW-RR 2015, 193 = BtPrax 2015, 23.

kann das Gericht ohne weitere Prüfung den Anspruch festsetzen oder von einer Festsetzung der vom Mündel zu leistenden Zahlungen absehen.

(3) ¹Nach dem Tode des Mündels bestimmt das Gericht Höhe und Zeitpunkt der Zahlungen, die der Erbe des Mündels nach § 1836 e des Bürgerlichen Gesetzbuchs an die Staatskasse zu leisten hat. ²Der Erbe ist verpflichtet, dem Gericht über den Bestand des Nachlasses Auskunft zu erteilen. ³Er hat dem Gericht auf Verlangen ein Verzeichnis der zur Erbschaft gehörenden Gegenstände vorzulegen und an Eides statt zu versichern, dass er nach bestem Wissen und Gewissen den Bestand so vollständig angegeben habe, als er dazu imstande sei.

(4) ¹Der Mündel ist zu hören, bevor nach Absatz 1 eine von ihm zu leistende Zahlung festgesetzt wird. ²Vor einer Entscheidung nach Absatz 3 ist der Erbe zu hören.

(5) Auf die Pflegschaft sind die Absätze 1 bis 4 entsprechend anzuwenden.

§ 292 FamFG Zahlungen an den Betreuer

(1) In Betreuungsverfahren gilt § 168 entsprechend.

(2) ¹Die Landesregierungen werden ermächtigt, durch Rechtsverordnung für Anträge und Erklärungen auf Ersatz von Aufwendungen und Bewilligung von Vergütung Formulare einzuführen. ²Soweit Formulare eingeführt sind, müssen sich Personen, die die Betreuung im Rahmen der Berufsausübung führen, ihrer bedienen und sie als elektronisches Dokument einreichen, wenn dieses für die automatische Bearbeitung durch das Gericht geeignet ist. ³Andernfalls liegt keine ordnungsgemäße Geltendmachung im Sinne von § 1836 Abs. 1 Satz 2 des Bürgerlichen Gesetzbuchs in Verbindung mit § 1 des Vormünder- und Betreuungsvergütungsgesetzes vor. ⁴Die Landesregierungen können die Ermächtigung nach Satz 1 durch Rechtsverordnung auf die Landesjustizverwaltungen übertragen.

99 **b) Festsetzungsverfahren (§§ 292, 168 FamFG). aa) Allgemeines.** Gemäß § 292 Abs. 1 FamFG sind hinsichtlich des Festsetzungsverfahrens die Regelungen des § 168 FamFG uneingeschränkt anwendbar. In diesem Verfahren können sowohl Ansprüche gegen die Staatskasse als auch gegen den selbst zahlungspflichtigen Betreuten festgesetzt werden. Die Festsetzung kann sowohl **von Amts wegen** als auch – in der Praxis der Regelfall – auf **Antrag** erfolgen (§ 168 Abs. 1 FamFG). Für berufsmäßig tätige Personen kann die Verwendung von Vordrucken pp. vorgeschrieben werden (§ 292 Abs. 2 FamFG). Bei Vereinsbetreuern ist die Antragstellung durch den Verein zwingend vorgeschrieben (§ 7 VBVG), so dass auch die Unterzeichnung durch die gesetzlichen Vertreter oder die dazu besonders bevollmächtigten Personen erforderlich ist.

100 Die Regelungen gelten sowohl für den **berufsmäßig** tätigen als auch den **ehrenamtlichen** Betreuer, den Vormund sowie den Verfahrenspfleger (§ 277 Abs. 5 S. 2 FamFG).

101 Darüber hinaus regelt die Bestimmung des § 168 FamFG auch das Verfahren zur Realisierung der Rückgriffsansprüche der Staatskasse gegen den Betreuten bzw dessen Erben (vgl § 1836 e Abs. 1 BGB; → Rn 89 ff).

102 **bb) Gegenstand der Festsetzung.** Die Bestimmungen der §§ 292, 168 FamFG betreffen sowohl den – konkreten oder pauschalen – **Aufwendungsersatz** als auch eine dem Betreuer zustehende **Vergütung**. Steht dem Betreuer die Vermögenssorge (noch) zu, kann er die notwendigen Aufwendungen bzw den pauschalen Aufwendungsersatz selbst unmittelbar dem Vermögen entnehmen. Eine förmliche Festsetzung – gegen den selbst zahlungspflichtigen Betreuten – ist insoweit nicht vorgesehen (vgl § 168 Abs. 1 S. 1 Nr. 1 FamFG).[88]

103 Darüber hinaus enthält § 168 FamFG auch Regelungen zur Festsetzung der von dem Betreuten selbst oder dessen Erben an die Staatskasse – im Wege des Rückgriffs – wieder zu erstattender Aufwendungen bzw Vergütung (§ 168 Abs. 1 S. 2, 3 FamFG).

104 **c) Förmliche Festsetzung oder vereinfachte Auszahlung.** § 168 FamFG ermöglicht zwei unterschiedliche Verfahrensabläufe zur Regelung der Ansprüche des Betreuers:

- die **förmliche Festsetzung durch gerichtlichen Beschluss** (§ 168 Abs. 1 S. 1–3, Abs. 2 und 4 FamFG) oder
- die **Auszahlung im vereinfachten Verwaltungswege**, sofern die **Ansprüche** sich **gegen die Staatskasse** richten (§ 168 Abs. 1 S. 4 FamFG).

105 Die förmliche Festsetzung ist sowohl bei Ansprüchen gegen den Betreuten selbst als auch gegen die Staatskasse möglich.

106 **d) Inhalt des Antrags.** Aus dem Antrag müssen die zur Berechnung der Vergütung maßgeblichen Angaben eindeutig ersichtlich sein. Dazu gehören der Abrechnungszeitraum, der Stundensatz, der Aufenthaltsort des Betreuten sowie dessen persönliche und wirtschaftlichen Verhältnisse sowie, sofern nicht pauschal abgegolten, die konkreten Aufwendungen nebst ggf erforderlichen Belegen bzw Erläuterungen. Eine konkrete Bezifferung des gesamten Anspruchs ist jedoch nicht erforderlich.[89] Es sollte auch deutlich werden, ob der

---

88 BayObLG FamRZ 2001, 793 = BtPrax 2001, 77; Schulte-Bunert/*Dodegge*, FamFG, § 168 Rn 12 ff. **89** BGH NJW 2015, 3301 = MDR 2015, 1207.

NK-GK/*Klos*

Anspruch – aufgrund der Mittellosigkeit des Betreuten – **gegen die Staatskasse oder den Betreuten** selbst geltend gemacht wird (→ Rn 114).

Sofern ein **erhöhter Stundensatz** (§§ 3 Abs. 1 S. 2, 4 Abs. 1 S. 2 VBVG; → Rn 28 ff) geltend gemacht wird, sind die diesbezüglichen Voraussetzungen durch entsprechende Belege darzulegen, sofern diese dem Gericht nicht bereits vorliegen bzw bekannt sind. **107**

Die **persönlichen und wirtschaftlichen Verhältnisse** des Betroffenen (§ 168 Abs. 2 S. 1 FamFG) sind nach dem aktuellen Stand darzulegen, da das Gericht die Frage der Zahlungspflicht (des Betroffenen oder der Staatskasse) für jeden Anspruch (Abrechnungszeitraum) neu zu prüfen hat und die wirtschaftlichen Verhältnisse auch für die Höhe der Vergütung maßgeblich sind. Haben sich diese wirtschaftlichen Verhältnisse innerhalb des Abrechnungszeitraums maßgeblich geändert, ist auch dies (nachvollziehbar) darzulegen (→ Rn 45, 51 f). **108**

Zwar sollten die Anforderungen an diese Darlegungspflicht nicht überzogen werden, doch wird eine pauschale Angabe wie zB „der Betreute ist mittellos" im Regelfall nicht ausreichen. Zwar hat das Gericht die Frage der Zahlungspflicht des Betroffenen oder – aufgrund Mittellosigkeit – der Staatskasse von Amts wegen zu prüfen. Jedoch hat insb. der Betreuer, dem die Vermögenssorge zusteht und der seinen Anspruch gegen die Staatskasse geltend macht, bei der Klärung der Vermögensverhältnisse des Betreuten aktiv durch **Auskünfte** etc. mitzuwirken.[90] Auch wird es für den Betreuer im Regelfall keinen Aufwand erfordern, die – ihm ohnehin bekannten – aktuellen Daten (Kontostand, Einkünfte etc.) mitzuteilen. Im Hinblick darauf, dass die dreijährige Verjährungsfrist für den Anspruch auf Rückforderung der Vergütung gem. § 1836 e BGB gegen den Betroffenen bereits mit dem Jahr der Auszahlung zu laufen beginnt (→ Rn 97), sollte der Prüfung der Zahlungspflicht des Betroffenen und den insoweit notwendigen Angaben angemessene Beachtung geschenkt werden. Sofern dies im Einzelfall zB wegen fehlender Vermögenssorge, Aufhebung der Betreuung, eines Betreuerwechsels nicht möglich sein sollte, werden sich die diesbezüglichen Fragen zumeist im Rahmen der Anhörung des Betreuten bzw des Verfahrenspflegers klären lassen (→ Rn 119 ff). **109**

e) Fristen. aa) Abrechnungszeitraum (§ 9 VBVG). Die pauschale Vergütung kann nur für einen Abrechnungszeitraum von mindestens (jeweils) drei Monaten geltend gemacht werden. Längere Zeiträume – innerhalb der 15-monatigen Frist bis zum Erlöschen des Anspruchs (→ Rn 111 ff) – müssen einen geschlossenen Zeitraum von jeweils drei Monaten abdecken, somit sechs, neun, elf, 15 usw Monate umfassen.[91] Der Abrechnungszeitraum beginnt (naturgemäß) mit der Bestellung des jeweiligen Betreuers.[92] Endet das Amt des Betreuers vor dem jeweiligen Abrechnungszeitraum, kann der ausscheidende Betreuer sofort die (abschließende) Vergütung geltend machen und für den neuen Betreuer beginnt ein neuer (dreimonatiger) Abrechnungszeitraum.[93] Die Regelung gilt nicht für die Sonderfälle der Abrechnung nach tatsächlichem Zeitaufwand im Falle des § 6 VBVG (§ 9 S. 2 VBVG; → Rn 53). **110**

bb) Erlöschen der Ansprüche (§ 2 VBVG). Der Anspruch des Berufsbetreuers auf die Vergütung und den – ggf zusätzlich zu gewährenden Aufwendungsersatz – erlischt, wenn er nicht binnen **15 Monaten** nach seiner Entstehung beim Familiengericht geltend gemacht wird (§ 2 S. 1 Hs 1 VBVG iVm § 1835 Abs. 1 S. 3 BGB). Es handelt sich insoweit um eine **Ausschlussfrist**, die nur durch Einreichung eines bezifferten Antrags gewahrt wird (§ 2 S. 2 VBVG iVm § 1835 Abs. 1 a S. 3 BGB).[94] **111**

Grundsätzlich **beginnt** die 15-monatige Frist mit der Entstehung des Anspruchs, somit mit der Entfaltung der jeweiligen Tätigkeit, die vergütet werden soll.[95] Dies gilt uneingeschränkt für die unter § 6 VBVG fallenden Betreuer, die eine Vergütung für den tatsächlich erbrachten Zeitaufwand nebst Aufwendungsersatz erhalten (→ Rn 53). Auch im Rahmen eines einheitlich für einen längeren Zeitraum geltend gemachten Anspruchs ist die Frist im Hinblick auf den Zeitpunkt der jeweiligen (Einzel-)Tätigkeit – anhand der beizufügenden Dokumentation – zu prüfen. **112**

Der Anspruch auf die **Pauschalvergütung** gem. §§ 4, 5 VBVG hingegen besteht völlig unabhängig von einer Tätigkeit und wird pauschal für einen bestimmten Zeitraum gewährt. Da der Anspruch jeweils erst nach drei Monaten geltend gemacht werden kann (s. § 9 VBVG; → Rn 110), beginnt die 15-monatige Ausschlussfrist in diesem Fall erst mit Ablauf dieser dreimonatigen Frist des § 9 VBVG.[96] Wird ein Antrag die Vergütung für einen längeren Zeitraum (zB 6, 9, 12 Monate) geltend gemacht, ist die Ausschlussfrist für jeden abgeschlossenen Dreimonatszeitraum gesondert zu berechnen, da dieser Anspruch (gesondert) bereits früher hätte geltend gemacht werden können. **113**

---

90 OLG Köln FamRZ 2009, 2119.   **91** BGH NJW-RR 2011, 1153 = BtPrax 2011, 218; OLG München BtPrax 2006, 184. **92** Palandt/*Götz*, Anh zu § 1836 BGB, VBVG § 9 Rn 1.   **93** BGH NJW-RR 2011, 1153 = BtPrax 2011, 218.   **94** BGH NJW-RR 2013, 519 = BtPrax 2013, 152; KG FamRZ 2013, 1606 = BtPrax 2013, 123.   **95** BayObLG NJW-RR 2003, 438 = FamRZ 203, 325 (zu § 1836 Abs. 2 S. 4 BGB aF).   **96** BGH NJW-RR 2013, 769 = BtPrax 2013, 109.

114 Die Ausschlussfrist gilt unabhängig davon, ob der Anspruch sich gegen den Betreuten selbst oder – aufgrund seiner Mittellosigkeit – gegen die Staatskasse richtet. Dabei wird ein (rechtzeitiger) Antrag auf Festsetzung gegen den Betreuten ausreichen, um ggf die Vergütung gegen die Staatskasse festzusetzen, sofern sich im Laufe des Verfahrens die Mittellosigkeit des Betreuten herausstellt.[97] Bei **Versäumung** dieser Fristen tritt die Rechtsfolge des Erlöschens kraft Gesetzes ein, ohne dass ein Beteiligter (Staatskasse, Betreuer bzw Verfahrenspfleger) eine entsprechende Einwendung erheben muss. Ein entsprechender Antrag ist deshalb abzuweisen, ohne dass dem Gericht insoweit ein Ermessensspielraum verbleibt.[98] Eine **Belehrungspflicht** des Gerichts hinsichtlich dieser gesetzlichen Frist besteht zwar **nicht**.[99] In der Praxis dürfte sich jedoch insb. bei Betreuern/Pflegern, die erstmals in diesem Bereich tätig sind, ein entsprechender Hinweis als nützlich und letztlich auch arbeitserleichternd erweisen. Davon zu unterscheiden ist die Frage der **Rechtsmittelbelehrung** bei Festsetzung durch Beschluss (§§ 292 Abs. 1, 168 Abs. 1, 39 FamFG), die lediglich die Anfechtung dieser – dann abweisenden – Entscheidung betrifft.

115 Das Gericht kann eine **abweichende Fristbestimmung** vornehmen (§ 2 S. 2 VBVG iVm § 1835 Abs. 1 a BGB), somit die 15-monatige Ausschlussfrist sowohl **verlängern** als auch **verkürzen**. Ein Antrag auf Fristverlängerung muss eindeutig – und naturgemäß rechtzeitig vor Fristablauf – gestellt werden. Aufforderungen des Gerichts vermögen eine konkrete Fristverlängerung nicht zu ersetzen.[100] Die (verkürzte) Frist muss mindestens zwei Monate betragen und der Betreuer muss auf die Folgen dieser Fristversäumung – anders als bei der gesetzlichen Frist – hingewiesen werden. Die Möglichkeit der Fristverkürzung ist insb. unter dem Aspekt zu betrachten, dass dadurch ein Ansammeln der Ansprüche des Betreuers vermieden werden kann, wodurch im Einzelfall erst die Zahlungspflicht der Staatskasse herbeigeführt werden könnte.[101]

116 Bei Beendigung des Amtes des Betreuers beginnt die Ausschlussfrist – hinsichtlich des letzten Abrechnungszeitraums – mit diesem Zeitpunkt, da sie dann bereits geltend gemacht werden kann (→ Rn 110). In diesem Falle erscheint die Bestimmung einer verkürzten Frist (→ Rn 115) ggf naheliegend, um die Angelegenheit in absehbarer Zeit abzuschließen und auch die Zahlungspflicht (der Staatskasse, des Betreuten oder Erben) zeitnah klären zu können.

117 f) **Festsetzung nach dem Tod des Betreuten.** Mit dem Tod des Betreuten ist die Betreuung und das Amt des Betreuers beendet und er kann seine (restliche) Vergütung – unabhängig von der Regelung des § 9 VBVG – sofort abrechnen. Grundsätzlich stellt der Anspruch des Betreuers auf Vergütung und ggf Aufwendungsersatz eine **Nachlassverbindlichkeit** gem. § 1967 BGB dar. Hinsichtlich der Frage, ob die Vergütung aus dem Nachlass zu begleichen ist oder von der Staatskasse zu zahlen ist, sind die Sonderregelungen der §§ 1908 i, 1836 e Abs. 1 S. 2 BGB, § 102 Abs. 3, 4 SGB XII zu berücksichtigen (→ Rn 93 ff).[102]

118 g) **Entscheidungsfindung bei Gericht. aa) Allgemeines.** Für die förmliche Festsetzung ist die **Zuständigkeit** des **Rechtspflegers** des Betreuungsgerichts gegeben (§§ 3 Nr. 2 Buchst. b, 15 RPflG).

119 **Beteiligte** des Verfahrens sind neben dem Betreuer die Staatskasse – vertreten durch den Bezirksrevisor beim Land- bzw Amtsgericht –, sofern der Anspruch sich gegen diese richtet, bzw der Betreute selbst, ggf vertreten durch einen Verfahrenspfleger, nach dem Tod des Betreuten dessen Erben.

120 Die Beteiligten sind unter Beachtung des Gebots des **rechtlichen Gehörs** bzw des Grundsatzes eines fairen Verfahrens anzuhören (vgl § 168 Abs. 4 FamFG).

121 Die Notwendigkeit der Bestellung eines **Verfahrenspflegers** für den Betreuten ist unter Berücksichtigung der Umstände des Einzelfalles zu beurteilen. Maßgebendes Kriterium ist insoweit, ob der Betreute die Bedeutung einer Verfahrenshandlung erkennen kann und in der Lage ist, seine Rechte im Verfahren wahrzunehmen und insb. etwaige Einwendungen gegen den geltend gemachten Vergütungsanspruch des Betreuers vorzubringen.[103]

122 bb) **Förmliche Festsetzung.** Eine förmliche Entscheidung in Form eines Beschlusses ist nicht in jedem Fall erforderlich (§§ 292 Abs. 1, 168 Abs. 1 FamFG). Sofern die Vergütung gegen den Betreuten selbst geltend gemacht wird, bedarf es in jedem Fall einer förmlichen Festsetzung (§ 168 Abs. 1 S. 1 Nr. 2 FamFG). Dies gilt auch für die Festsetzung von Aufwendungen (gegen den Betreuten selbst), sofern dem Betreuer die Vermögenssorge nicht zusteht (§ 168 Abs. 1 S. 1 Nr. 1 FamFG).

123 Der gegen den Betreuten selbst bzw dessen Erben ergangene Festsetzungsbeschluss stellt für den Betreuer einen **vollstreckbaren Titel** dar (§ 86 Abs. 1 Nr. 1 FamFG).[104]

---

97 BGH NJW 2015, 3301 = MDR 2015, 1207. **98** OLG Koblenz, FamRZ 2002. **99** BayObLG FamRZ 2004, 1137. **100** OLG Schleswig OLGR 2006, 279. **101** BGH NJW-RR 2013, 769 = BtPrax 2013, 109. **102** Schulte-Bunert/*Dodegge*, FamFG, § 168 Rn 53 ff. **103** BayObLG FamRZ 2004, 1231; OLG Köln FamRZ 2003, 171; Schulte-Bunert/*Dodegge*, FamFG, § 168 Rn 58 ff. **104** Schulte-Bunert/*Dodegge*, FamFG, § 168 Rn 62 f.

cc) Absehen von der förmlichen Festsetzung. Gehört zum Aufgabenkreis des Betreuers die Vermögenssorge, 124
ist eine förmliche Festsetzung des Aufwendungsersatzes, sofern dieser überhaupt konkret zu erstatten ist
(→ Rn 37 ff), nicht möglich (→ Rn 102).

Wird die Vergütung und der – ggf zusätzliche Anspruch auf Aufwendungsersatz – **gegen die Staatskasse** 125
geltend gemacht, besteht hinsichtlich beider Ansprüche lediglich die **Möglichkeit der förmlichen Festsetzung.** Die Berechnung und Auszahlung kann in diesem Fall jedoch auch im Verwaltungsweg im vereinfachten Verfahren – ohne förmlichen Beschluss – erfolgen (§ 168 Abs. 1 S. 4 FamFG). Allerdings sind auch bei
dieser Verfahrensweise die Voraussetzungen hinsichtlich der Begründetheit des Anspruchs (berufsmäßige
Führung, Stundensatz etc.) zu prüfen. Nach dieser vereinfachten Auszahlung im Verwaltungswege verbleibt
die Möglichkeit, die Vergütung später abweichend förmlich gem. §§ 292, 168 Abs. 1 FamFG förmlich
durch Beschluss festzusetzen.[105]

h) Wiedereinziehung übergegangener Ansprüche (§§ 292 Abs. 1, 168 Abs. 1 S. 2, 3, Abs. 3 FamFG, 126
§ 1836 e BGB). Erfolgt eine Festsetzung der Vergütung – und ggf des Aufwendungsersatzes – gegen die
Staatskasse, sind zugleich **Anordnungen über die (Rück-)Zahlungspflicht** des Betreuten in Form von Raten-
zahlungen aus dem Einkommen und/oder durch einmalige Zahlungen aus dem einzusetzenden Vermögen
zu treffen, die jedoch ggf auch später nachgeholt werden können (§ 292 Abs. 1 iVm § 168 Abs. 1 S. 3
FamFG). Damit wird verfahrensrechtlich die Realisierung des mit der Auszahlung der Vergütung bzw des
Aufwendungsersatzes erfolgten Forderungsübergangs geregelt (§§ 1908 i Abs. 1, 1836 e BGB; →
Rn 89 ff).[106]

Ob und in welcher Höhe Zahlungen des Betreuten oder des Erben festzusetzen sind, bestimmt sich nach 127
Regelungen der §§ 1836 c, 1836 e BGB (ausf. → Rn 66, 90 ff).

Die (ggf teilweise) Wiedereinziehung der aus der Staatskasse gezahlten Vergütung bzw des Aufwendungser- 128
satzes bedarf in jedem Fall eines förmlichen Beschlusses (§ 292 Abs. 1 iVm § 168 Abs. 1 S. 2, 3 FamFG).
Die Einziehung erfolgt dann ggf zwangsweise gem. § 1 Abs. 1 Nr. 4 b JBeitrO.[107]

Ein Absehen von der Ermittlung der persönlichen und wirtschaftlichen Verhältnisse wegen eines unverhält- 129
nismäßigen Aufwands (§ 168 Abs. 2 S. 2 FamFG) wird bereits wegen der im Regelfall wiederkehrenden und
meist für längere Zeiträume zu zahlenden Beträge nur im Ausnahmefall – bei geringfügigen (einmaligen)
Vergütungen – gerechtfertigt erscheinen.

i) Anfechtung der Festsetzung. aa) Förmliche Festsetzung gem. § 168 Abs. 1 FamFG. Eine vom Rechtspfle- 130
ger getroffene Entscheidung betreffend die Vergütung bzw den Aufwendungsersatz ist von den jeweiligen
Beteiligten in jedem Fall anfechtbar (vgl § 11 Abs. 1, 2 RPflG). Für das Rechtsmittelverfahren gelten gem.
§ 11 Abs. 1 RPflG die Regelungen der §§ 58 ff **FamFG,** sofern über die Ansprüche des Betreuers durch
förmlichen Beschluss (des Rechtspflegers) entschieden wurde.

Gemäß § 63 Abs. 1 FamFG ist die **Beschwerde** binnen eines Monats statthaft, wenn ein **Beschwerdewert** 131
von 600,01 € erreicht ist (§ 61 Abs. 1 FamFG) oder das Gericht die Beschwerde wegen der grundsätzlichen
Bedeutung der Rechtssache **zugelassen** hat (§ 61 Abs. 2 FamFG).

Ist der Beschwerdewert (von mindestens 600,01 €) nicht erreicht und auch die Beschwerde nicht zugelassen 132
worden, kann die Entscheidung des Rechtspflegers mit der **sofortigen Erinnerung** – ebenfalls binnen einer
Frist von einem Monat – angefochten werden (§ 11 Abs. 2 RPflG). Der Beschwerdewert entspricht dem Betrag, um den der jeweilige Beteiligte sich durch die Entscheidung beeinträchtigt sieht und in dessen Höhe er
mit seinem Rechtsmittel deren Abänderung erreichen möchte.[108]

Die gem. § 59 Abs. 1 FamFG notwendige **Beschwerdebefugnis** steht demjenigen zu, der durch die Entschei- 133
dung in seinen Rechten (unmittelbar) beeinträchtigt ist. Dies ist

- der Betreuer, soweit seinem Antrag nicht (in vollem Umfang) entsprochen wurde;
- der Betreute, ggf vertreten durch den Betreuer, soweit die Vergütung bzw der Aufwendungsersatz gegen
  ihn selbst festgesetzt wurde und/oder er zu Zahlungen an die Staatskasse verpflichtet wurde;
- der Erbe, soweit die Vergütung bzw der Aufwendungsersatz gegen den Nachlass festgesetzt wurde und/
  oder Zahlungen aus dem Nachlass an die Staatskasse angeordnet wurden;
- die Staatskasse, vertreten durch den Bezirksrevisor beim Land- oder Amtsgericht, soweit Zahlungen der
  Staatskasse festgesetzt wurden.

Wurden die Ansprüche des Betreuers gegen den Betreuten selbst festgesetzt statt nach seinem Antrag – auf- 134
grund vermeintlicher Mittellosigkeit – gegen die Staatskasse, steht dem Betreuer (mangels Beschwer) inso-

---

105 BGH FamRZ 2015, 845 = BtPrax 2015, 111. **106** Schulte-Bunert/*Dodegge*, FamFG, § 168 Rn 17 ff. **107** Schulte-Bunert/
Dodegge, FamFG, § 168 Rn 62 f. **108** BayObLG FamRZ 2001, 379; Schulte-Bunert/*Dodegge*, FamFG, § 168 Rn 74.

weit kein Beschwerderecht zu.[109] Dann ist allenfalls der Betreute selbst, ggf vertreten durch den Betreuer oder einen Verfahrenspfleger, beschwert. Andererseits ist der Betreute selbst nicht beschwerdebefugt, wenn ein Antrag des Betreuers auf Festsetzung seiner Ansprüche gegen die Staatskasse zurückgewiesen wird.[110]

135 Die **Frist** – sowohl hinsichtlich der Beschwerde als auch der sofortigen Erinnerung – beginnt gem. § 63 Abs. 3 FamFG mit der schriftlichen Bekanntgabe der Entscheidung an die jeweiligen Beteiligten (vgl § 15 FamFG), spätestens jedoch fünf Monate nach Erlass des Beschlusses.

136 Das Rechtsmittel ist in jedem Fall **beim Betreuungsgericht schriftlich** einzureichen oder dort zur Niederschrift der Geschäftsstelle zu erklären (§ 64 Abs. 1 S. 1, Abs. 2 FamFG).

137 Das Betreuungsgericht (der Rechtspfleger) hat, auch unter Berücksichtigung evtl. neuen Vorbringens, zu prüfen, ob die Beschwerde begründet ist und ihr in diesem Fall **abzuhelfen**.[111] Hilft er ihr nicht (in vollem Umfang) ab, legt er die Sache unverzüglich dem Landgericht zur Entscheidung vor (§ 68 Abs. 1 S. 1 letzter Hs FamFG, § 72 Abs. 1 S. 2 GVG). Der Richter des Betreuungsgerichts ist an diesem Verfahren nicht beteiligt. Das Beschwerdegericht entscheidet dann grds. abschließend (vgl § 69 FamFG).

138 Die **Rechtsbeschwerde** gegen diese Entscheidung des Landgerichts ist nur gegeben, sofern sie durch das Beschwerdegericht zugelassen wurde (§ 70 Abs. 1 FamFG). Im Falle ihrer Zulassung ist die Rechtsbeschwerde binnen einer Frist von einem Monat beim BGH einzulegen (§ 71 Abs. 1 FamFG, §§ 13, 133 GVG). Eine Abhilfemöglichkeit besteht – für das Landgericht – in diesem Fall nicht.

139 Im Falle der **sofortigen Rechtspflegererinnerung** (§ 11 Abs. 2 RPflG; → Rn 132) hat der Rechtspfleger zunächst ebenfalls die Möglichkeit der Abhilfe (→ Rn 137). Hilft er dem Rechtsmittel nicht (in vollem Umfang) ab, legt er die Sache nun dem Richter beim Betreuungsgericht vor, der dann abschließend entscheidet (§ 11 Abs. 2 S. 3 RPflG).

140 Die **Anhörung** der jeweiligen Beteiligten erfolgt im Rechtsmittelverfahren bzw bei der Prüfung der Abhilfe unter den gleichen Voraussetzungen wie im ursprünglichen Festsetzungsverfahren (→ Rn 120).

141 **bb) Vereinfachte Zahlung im Verwaltungswege gem. § 168 Abs. 1 S. 4 FamFG.** Die Auszahlung der Ansprüche des Betreuers aus der Staatskasse ohne förmliche Festsetzung im Verwaltungsweg (§ 168 Abs. 1 S. 4 FamFG; → Rn 125) schließt die Möglichkeit einer späteren förmlichen Festsetzung gem. § 168 Abs. 1 S. 1 FamFG nicht aus. Das Gericht ist bei seiner Entscheidung dann nicht an die vorherige – vereinfachte – Festsetzung gebunden, es kann davon in jeder Hinsicht (Stundensatz, pauschaler Zeitaufwand) abweichen und die Vergütung somit sowohl höher als auch niedriger festsetzen. Mit der (förmlichen) gerichtlichen Festsetzung wird die vorherige vereinfachte Anweisung im Verwaltungsweg gegenstandslos.[112]

142 Sofern sich aufgrund der niedrigeren förmlichen Festsetzung ein Rückforderungsanspruch der Staatskasse gegen den Betreuer ergibt, ist die 15-monatige Ausschlussfrist des § 2 VBVG insoweit nicht anwendbar. Im Einzelfall kann eine (spätere) Rückforderung jedoch nach Treu und Glauben unter dem Gesichtspunkt des Vertrauensschutzes (zB bei vorheriger wiederholter Zubilligung eines höheren Stundensatzes) ausgeschlossen sein. Als zeitliche Beschränkung kommt dann aufgrund vergleichbarer Interessenslage die Anwendung der Frist des § 20 Abs. 1 GNotKG in Betracht. Dieser Aspekt ist bereits bei der förmlichen Festsetzung zu berücksichtigen.[113] Die Einziehung eines vom Betreuer zurückzuzahlenden Betrags erfolgt ggf zwangsweise gem. § 1 Abs. 1 Nr. 8, Abs. 2 JBeitrO.

III. Vergütung und Aufwendungsersatz des Vormunds

143 **1. Rechtsgrundlagen.** Eine Vormundschaft ist seit Einführung des Betreuungsrechts im Jahre 1992 nur noch für einen **Minderjährigen** vorgesehen. Gemäß **§ 1773 BGB** erhält dieser einen Vormund, wenn er nicht unter elterlicher Sorge steht, die Eltern weder in den die Person noch in den das Vermögen betreffenden Angelegenheiten zur Vertretung des Minderjährigen berechtigt sind oder wenn sein Familienstand nicht zu ermitteln ist. Die Vormundschaft kann von natürlichen Personen, Vereinen (§ 1791 a BGB) und dem Jugendamt (sog. Amtsvormundschaft gem. §§ 1791 b, 1791 c BGB) wahrgenommen werden. Die Vormundschaft wird gem. § 1774 BGB grds. durch das Familiengericht angeordnet (Ausnahme: § 1791 c BGB), das sodann zugleich den Vormund bestellt (§§ 1779, 1789 BGB).

144 Als Regelfall ist die Einzelvormundschaft vorgesehen (Ausnahme: § 1775 BGB). Der Vormund übt die Personen- und Vermögenssorge aus und ist insoweit **gesetzlicher Vertreter** des Minderjährigen (§ 1793 BGB). Er unterliegt der Aufsicht des Familiengerichts (§§ 1837 ff BGB) und in besonderen Fällen kann – zur Kontrolle – ein **Gegenvormund** bestellt werden (§§ 1792, 1799 BGB).

---

109 OLG Hamm FamRZ 2007, 854 = BtPrax 2007, 255. **110** OLG Hamm FamRZ 2007, 854 = BtPrax 2007, 255. **111** Schulte-Bunert/*Unger*, FamFG, § 68 Rn 9 f. **112** BGH FamRZ 2014, 113 = BtPrax 2014, 33; OLG Köln FamRZ 2006, 1482. **113** BGH NJW-RR 2016, 129 = BtPrax 2016, 77; BGH FamRZ 2014, 113 = BtPrax 2014, 33.

Die Regelungen hinsichtlich des Anspruchs auf Aufwendungsersatz und Vergütung entsprechen teilweise 145 denjenigen für den Verfahrenspfleger (§ 277 FamFG), teilweise den für den Betreuer (§ 1908 i BGB) gelten den Bestimmungen.

Auch die Vormundschaft wird **grds. unentgeltlich** geführt (§ 1836 Abs. 1 S. 1 BGB; → Rn 4). Der **ehrenamt-** 146 **liche** Vormund/Gegenvormund hat Anspruch auf (konkreten) Aufwendungsersatz oder eine pauschale Auf wandsentschädigung gegen das Mündel oder die Staatskasse (§ 1835 Abs. 1 BGB bzw § 1835 a BGB).

Dem ehrenamtlichen Vormund und aus besonderen Gründen auch dem Gegenvormund kann gem. § 1836 147 Abs. 2 BGB **im Einzelfall** eine **Vergütung** zugebilligt werden. Dies gilt jedoch nur bei vorhandenem Vermö gen und bei besonderer Schwierigkeit und besonders umfangreichen vormundschaftlichen Geschäften. Dem Jugendamt oder Verein kann keine Vergütung bewilligt werden (§ 1836 Abs. 3 BGB) (→ Rn 55).

In Abgrenzung zum gesetzlichen Leitbild des ehrenamtlich tätigen Vormunds (→ Rn 146) besteht – von der 148 Ausnahmeregelung des § 1836 Abs. 2 BGB abgesehen – ein Anspruch auf **Vergütung** auch für den Vormund **ausnahmsweise** nur, wenn das Familiengericht die **berufsmäßigen Führung der Vormundschaft feststellt** (§ 1836 Abs. 1 S. 2 BGB). Diese Feststellung ist **konstitutiver** Natur[114] und sollte bereits bei der Bestellung des Vormunds erfolgen, kann jedoch auch später in Form einer Ergänzung, sofern versehentlich unterblie ben, nachgeholt werden.[115] Die Voraussetzungen für diese Feststellung sowie den konkreten Vergütungsan spruch des dann **berufsmäßig tätigen Vormunds** regelt gem. § 1836 Abs. 1 S. 3 BGB das **Gesetz über die Vergütung von Vormündern und Betreuern** (Vormünder- und Betreuervergütungsgesetz – VBVG) vom 21.4.2005,[116] für den Vormund konkret die §§ 1–3 VBVG. Die diesbezüglichen Regelungen für den **Berufs vormund** entsprechen den für den berufsmäßig tätigen Verfahrenspfleger (daher → Rn 205).

2. Der ehrenamtliche Vormund. a) Allgemeines. Der Vormund/Gegenvormund, dessen berufsmäßige Füh- 149 rung der einzelnen Vormundschaft nicht festgestellt wurde (vgl § 1836 Abs. 1 S. 2 BGB), hat – vom Aus nahmefall des § 1836 Abs. 2 BGB abgesehen – gem. § 1835 Abs. 1–3 BGB lediglich einen Anspruch auf Erstattung der ihm infolge der Führung der Vormundschaft entstandenen – notwendigen (vgl § 670 BGB) – Aufwendungen. Der Anspruch umfasst grds. die jeweils konkret entstandenen Aufwendungen, es besteht aber auch die Möglichkeit der pauschalierten Abgeltung gem. § 1835 a BGB.[117]

b) Die einzelnen Aufwendungen. Die in Betracht kommenden Aufwendungen sind vielfältig und von den 150 Umständen der einzelnen Vormundschaft abhängig. Insbesondere kommen insoweit **Fahrtkosten, Parkge bühren, Portogebühren, Telefongebühren, Kopierkosten** und die **Kosten einer angemessenen Versicherung** in Betracht (→ Rn 8 f). Die Aufwendungen können durch Besuche beim Mündel, Behördenangelegenheiten, Bankgeschäfte etc. anfallen.

Dem **Betreuungsverein** kann nach – inzwischen wieder geänderter Rspr des BGH[118] – Aufwendungsersatz 151 (und auch Vergütung) in entsprechender Anwendung der für Betreuungsvereine geltenden Bestimmungen (§ 1897 Abs. 2 BGB, § 7 VBVG) verlangen, wenn ein Mitarbeiter des Vereins, der gem. § 1791 a BGB iVm § 54 Abs. 1 SGB VIII zur Übernahme von Vormundschaften geeignet und im Verein ausschließlich oder teil weise als solcher tätig ist (§ 1897 Abs. 2 S. 1 BGB analog), zum Vormund bestellt wird.[119] Der Anspruch steht dann jedoch dem Verein, nicht dem Vereinsmitarbeiter zu (s. § 7 Abs. 3 VBVG).

Wird der **Verein** oder das **Jugendamt** selbst zum Vormund bestellt, besteht ein Anspruch auf Aufwendungs- 152 ersatz – mit Ausnahme der Versicherungskosten gem. § 1835 Abs. 2 BGB und der allgemeinen Verwal tungskosten – nur, wenn er aus dem Einkommen oder Vermögen des Mündels erstattet werden kann (§ 1835 Abs. 5 BGB).[120]

Erstattungsfähig sind grds. nur **tatsächlich** entstandene Auslagen, die der **konkreten** Vormundschaft zuge- 153 ordnet werden können und zu deren Führung notwendig waren. Allgemeine Aufwendungen (zB anteilige Miete, Nebenkosten, Bürokosten) können nicht ersetzt werden. Eine Entschädigung der aufgewendeten Zeit ist aufgrund der ehrenamtlichen Führung ebenfalls nicht möglich.[121]

Zur Abrechnung **berufsspezifischer**, insb. anwaltlicher Tätigkeiten → Rn 13, 38 f. 154

c) Pauschale Aufwandsentschädigung (§ 1835 a BGB). Zur Vermeidung des beim konkreten Aufwendungs- 155 ersatz ggf erforderlichen Dokumentations- und Prüfungsaufwands besteht die Möglichkeit einer pauschalen Abgeltung der Aufwendungen. Dies gilt unabhängig davon, ob sich der Anspruch gegen den Mündel selbst oder die Staatskasse richtet.

---

114 BayObLG BtPrax 2001, 124. **115** OLG Frankfurt FGPrax 2003, 176; OLG Hamm Rpfleger 2008, 304. **116** BGBl. 2005 I 1073, 1076, zul. geänd. d. Art. 53 G v. 17.12.2007 (BGBl. I 2586). **117** Palandt/*Götz*, § 1835 BGB Rn 1 ff, § 1835 a BGB Rn 1 ff. **118** BGH NJW 2011, 2727 = BtPrax 2011, 274. **119** Palandt/*Götz*, § 1835 BGB Rn 3. **120** Palandt/*Götz*, § 1835 BGB Rn 3. **121** Palandt/*Götz*, § 1835 BGB Rn 9 ff.

156 Die pauschale Aufwandsentschädigung ist – mit dem 19-fachen Satz – an den Verdienstausfall für Zeugen (21 € gem. § 22 JVEG) gekoppelt und beträgt somit jährlich 399 €. Mit dieser Pauschale sind sämtliche Aufwendungen für das jeweilige Jahr abgegolten.

157 Die Pauschale wird nicht kalenderjährlich, sondern für jedes Jahr der Vormundschaft berechnet und jährlich nachträglich **fällig** (§ 1835 a Abs. 2 BGB). Der Vormund hat für jedes Jahr gesondert die Wahl der Abrechnung der konkreten Aufwendungen oder der Pauschale.

158 Sofern dem Vormund eine Vergütung zusteht – sei es ausnahmsweise gem. § 1836 Abs. 2 BGB oder als Berufsvormund gem. §§ 1 ff VBVG –, steht ihm diese Pauschale nicht zu. Auch dem Jugendamt und einem Verein steht die Pauschale nicht zu (§ 1835 a Abs. 4 BGB).

159 **d) Fristen. aa) Konkreter Aufwendungsersatz (§ 1835 BGB).** Der Anspruch auf den konkreten Aufwendungsersatz – sowohl gegen den Mündel als auch gegen die Staatskasse – erlischt, sofern er nicht **binnen 15 Monaten** geltend gemacht wird (§ 1835 Abs. 1 S. 3 BGB). Diese Frist beginnt – anders als die der Pauschale (→ Rn 160) – mit dem Zeitpunkt des Entstehens der jeweiligen Aufwendung.[122] Das Gericht kann die Frist verkürzen oder verlängern (§ 1835 Abs. 1 a BGB).

160 **bb) Pauschale Aufwandsentschädigung (§ 1835 a BGB).** Der Anspruch auf die Pauschale – sowohl gegen den Betreuten als auch gegen die Staatskasse – erlischt, sofern er nicht rechtzeitig geltend gemacht wird (§ 1835 a Abs. 4 BGB). Es gilt eine Frist von **drei Monaten**, die jedoch erst mit Ablauf des Jahres der Fälligkeit der Pauschale beginnt. Die Frist endet somit in jedem Fall am 31.3. eines Jahres und betrifft dann die jeweils im Laufe des Vorjahres fällig gewordene Pauschale (zur Fälligkeit → Rn 157). Wurde der ehrenamtliche Vormund zB im Mai 2016 bestellt, erlischt der Anspruch auf die Pauschale für das erste Jahr der Vormundschaft (bis Mai 2017) am 1.4.2018 und für das nachfolgende Vormundschaftsjahr (bis Mai 2018) am 1.4.2019 usw. Eine Verlängerung dieser Frist durch das Gericht ist nicht möglich.[123] Es handelt sich jeweils um **Ausschlussfristen**, nach deren Ablauf der Anspruch nicht mehr geltend gemacht werden kann, ohne dass dies ein Beteiligter noch geltend machen muss.

161 **e) Zahlungspflicht.** Der Anspruch auf Ersatz der Aufwendungen richtet sich grds. gegen den Mündel selbst. Nur im Falle der Mittellosigkeit des Mündels (ausf. → Rn 68 ff, 187; zum Forderungsübergang gem. § 1836 e BGB → Rn 89 ff) besteht ein Anspruch gegen die Staatskasse. Zum Verfahren der Festsetzung s. § 168 FamFG (ausf. → Rn 99 ff).

162 **3. Der Berufsvormund. a) Regelungsgehalt des VBVG.** Das VBVG regelt auf der Grundlage des § 1836 Abs. 1 S. 3 BGB die konkrete Ausgestaltung der einem beruflich tätigen Vormund zustehenden Vergütung und des Aufwendungsersatzes. Die Bestimmungen des VBVG beinhalten sowohl Regelungen zu den Voraussetzungen der berufsmäßigen Führung der Vormundschaft als auch solche zur Höhe der Vergütung und zu den Fristen für die Geltendmachung der Ansprüche.

163 **b) Der berufsmäßig tätige Vormund. aa) Berufsmäßige Führung.** Der Regelfall setzt gem. § 1 Abs. 1 S. 2 VBVG mehr als zehn laufende Vormundschaften (Nr. 1) oder **mindestens 20 Wochenstunden** erforderlichen Zeitaufwand (Nr. 2) voraus. Für Vormünder in der Aufbauphase genügt die begründete Erwartung, dass ihnen in absehbarer Zeit Vormundschaften in diesem Umfang übertragen werden.

164 Die Entscheidung, ob die Vormundschaft berufsmäßig geführt wird, ist **in jeder Vormundschaftssache gesondert** zu treffen. Die Feststellung der berufsmäßigen Führung begründet einen Vergütungsanspruch nur in dem jeweiligen Verfahren, in dem sie getroffen wurde. Eine pauschale Entscheidung über die Einordnung als Berufsvormund mit **Bindungswirkung** für alle Vormundschaften dieses Vormunds sieht das Gesetz **nicht** vor (→ Rn 22 ff).

165 Wird ein Mitarbeiter eines Vormundschaftsvereins als Vormund bestellt (sog. **Vereinsvormund**), steht nach aktueller Rspr des BGH (→ Rn 151) dem Verein, nicht dem Vormund selbst, auch ohne Feststellung der berufsmäßigen Führung, ein Vergütungsanspruch zu (§ 7 Abs. 1 VBVG). Die Vergütung bemisst sich in diesem Fall nach den Stundensätzen des § 3 VBVG sowie dem tatsächlich notwendigen Zeitaufwand, nicht gem. §§ 4, 5 VBVG wie für den Betreuer.[124]

166 **bb) Vergütung nach Zeitaufwand nebst Aufwendungsersatz.** Die Regelungen entsprechen insoweit weitgehend denen des berufsmäßig tätigen Verfahrenspflegers. Der berufsmäßig tätige Vormund erhält wie der Verfahrenspfleger – im Gegensatz zur pauschalen Vergütung des Berufsbetreuers (§§ 4, 5 VBVG) – eine **Vergütung für den tatsächlichen** (erforderlichen) **Zeitaufwand** (§ 3 Abs. 1 S. 1 VBVG). Ebenfalls im Unterschied zum Berufsbetreuer (s. § 4 Abs. 2 VBVG) erhält er daneben auch noch den **Aufwendungsersatz** (§ 3 Abs. 1, Abs. 2 S. 2 VBVG, § 1835 Abs. 1, 2 BGB).

---

122 Palandt/*Götz*, § 1835 BGB Rn 18.   **123** Palandt/*Götz*, § 1835 a BGB Rn 6.   **124** BGH NJW 2011, 2727 = BtPrax 2011, 274.

cc) Höhe der Vergütung. Die Höhe des für den tatsächlichen Zeitaufwand anzusetzenden Stundensatzes **167** bemisst sich – wie beim Verfahrenspfleger – nach der **beruflichen Qualifikation** des Vormunds, insb. auch nach der Art seiner Ausbildung,[125] gestaffelt in drei – feststehende – Vergütungsstufen (§ 3 Abs. 1 VBVG).

Der Basisstundensatz von 19,50 € (§ 3 Abs. 1 S. 1 VBVG) kann je nach Qualifikation auf 25,00 € bzw **168** 33,50 € erhöht werden (§ 3 Abs. 1 S. 2 VBVG). Der Stundensatz ist grds. einheitlich für den gesamten zu berücksichtigenden Zeitaufwand anzusetzen, sofern nicht (erst) in diesem Zeitraum die Voraussetzungen für eine höhere Vergütungsstufe erfüllt werden.

Eine weitere Erhöhung des für den jeweiligen Vormund geltenden Stundensatzes ist – anders als beim Ver- **169** fahrenspfleger – im Einzelfall bei **besonderer Schwierigkeit** der vormundschaftlichen Geschäfte ausnahmsweise möglich (§ 3 Abs. 3 VBVG), jedoch auch nur, sofern der Mündel **nicht mittellos** ist. Diese besonderen Schwierigkeiten können sich aus der Größe, der Zusammensetzung des Vermögens oder auch aus rechtlich komplexen Verhältnissen ergeben. Ein besonderer Zeitaufwand allein wird eine solche ausnahmsweise Erhöhung des Stundensatzes nicht rechtfertigen können, da sich dies bereits durch die Erstattung der höheren Stundenzahl auf die Vergütung auswirkt.[126] Allgemeingültige Kriterien lassen sich insoweit nicht aufstellen, so dass letztlich auf die Gesamtumstände des Einzelfalles abzustellen ist.

dd) Stundensatz. (1) Basisstundensatz 19,50 € (§ 3 Abs. 1 S. 1 VBVG). Die Gewährung des Basisstunden- **170** satzes von 19,50 € erfordert **keine besondere berufliche Qualifikation**, so dass dieser Stundensatz jedem Berufsvormund zusteht, der nicht die besonderen Voraussetzungen gem. § 3 Abs. 1 S. 2 Nr. 1 oder 2 erfüllt.

(2) Erhöhung des Stundensatzes (§ 3 Abs. 1 S. 2 VBVG). Der Basisstundensatz von 19,50 € kann auf **171** 25,00 € bzw 33,50 € erhöht werden. Die Voraussetzungen für die Gewährung eines erhöhten Stundensatzes sind im Interesse einer einfachen Anwendung weitgehend formalisiert und an objektiv feststellbare Kriterien geknüpft. Diese Regelung entspricht der Systematik der gestaffelten Stundensätze des Berufsbetreuers in § 4 Abs. 1 VBVG; auf die diesbezüglichen Ausführungen in → Rn 30 ff wird insoweit verwiesen.

Die besonderen Kenntnisse müssen allgemein für eine Vormundschaft bzw die im Einzelfall zu erfüllenden **172** Aufgaben nutzbar sein. Ob sie auch für die konkrete Vormundschaft nutzbar sind, wird – im Interesse einer vereinfachten Handhabung – pauschal vermutet (§ 3 Abs. 2 S. 1 VBVG). Diese gesetzliche Vermutung kann im Einzelfall ausgeschlossen werden, sofern das Gericht bei der Bestellung eine entsprechende andere Bestimmung trifft und somit die **Überqualifizierung im Einzelfall** feststellt (§ 3 Abs. 2 S. 2 VBVG). In einem solchen Fall steht dem Vormund dann in dieser Vormundschaftssache nicht der erhöhte Stundensatz zu, dessen Voraussetzungen er grds. erfüllt. Hat das Gericht die Überqualifizierung nicht bei der Bestellung festgestellt, kommt eine spätere Reduzierung des erhöhten Stundensatzes aufgrund einer Überqualifikation in dieser Sache nicht mehr in Betracht.[127]

Eine evtl. anfallende **Umsatzsteuer** ist zusätzlich als Aufwendung zu erstatten (§ 3 Abs. 1 S. 3 VBVG). **173**

ee) Zeitaufwand. Ein Vergütungsanspruch besteht grds. nur für Tätigkeiten, die nach der Bestellung und **174** der Feststellung der berufsmäßigen Führung entfaltet worden sind. Sie müssen auch jeweils einen unmittelbaren Bezug zum Einzelfall haben. Zu berücksichtigen ist lediglich der tatsächlich entfaltete und zur Erfüllung der Aufgaben der einzelnen Vormundschaft erforderliche Zeitaufwand (vgl § 3 Abs. 1 S. 1 VBVG).[128]

Eine Pauschalierung des Zeitaufwands ist – anders als beim Verfahrenspfleger gem. § 277 Abs. 3 FamFG – **175** nicht möglich, so dass der Vormund den Zeitaufwand im Rahmen seiner Abrechnung (vgl § 168 FamFG) nachvollziehbar darzulegen hat, so dass eine Prüfung durch das Familiengericht erfolgen kann.[129]

ff) Aufwendungsersatz (§ 1835 Abs. 1, 2 BGB). (1) Allgemeine Aufwendungen. Die Stundensätze des be- **176** rufsmäßig tätigen Vormunds (§ 3 Abs. 1 VBVG) sind **keine sog. Inklusivstundensätze** wie für den Berufsbetreuer (§ 4 Abs. 2 VBVG), so dass seine notwendigen Aufwendungen – wie auch einem Verfahrenspfleger – zusätzlich erstattet werden (→ Rn 227 f). Hinsichtlich der auch für einen berufsmäßig tätigen Vormund in Betracht kommenden Aufwendungen → Rn 8 f, 150.

Die Erstattung der Kosten einer Versicherung ist für den berufsmäßig tätigen Vormund jedoch nicht mög- **177** lich (§ 1835 Abs. 2 S. 2 BGB), da diese durch die Vergütung als abgegolten anzusehen sind.[130] Auch die Berechnung einer pauschalen Aufwandsentschädigung gem. § 1835 a BGB ist neben einer Vergütung nicht möglich.

(2) Aufwendungen für berufsspezifische Tätigkeiten des Vormunds. Grundsätzlich hat der Vormund das **178** Amt persönlich auszuüben. Erweisen sich im Einzelfall jedoch besondere berufliche Fachkenntnisse (zB juristischer, steuerrechtlicher Art) als erforderlich, ist die Beauftragung Dritter, insoweit spezialisierter Perso-

---

125 BGH NJW-RR 2013, 578 = BtPrax 2013, 113; BGH NJW-RR 2012, 257 = BtPrax 2012, 27. **126** Palandt/*Götz*, Anh zu § 1836 BGB, VBVG § 3 Rn 7. **127** OLG Schleswig FGPrax 2003, 176. **128** Palandt/*Götz*, Anh zu § 1836 BGB, VBVG § 3 Rn 4. **129** Palandt/*Götz*, Anh zu § 1836 BGB, VBVG § 3 Rn 4; Schulte-Bunert/*Dodegge*, FamFG, § 168 Rn 36. **130** Palandt/*Götz*, Anh zu § 1835 BGB Rn 11.

nen – wie insb. Rechtsanwälte oder Steuerberater – in Betracht zu ziehen. Sofern diese Tätigkeiten der (ggf sonstigen) beruflichen Tätigkeit des Vormunds selbst zugeordnet werden können (insb. wenn es sich um einen Rechtsanwalt oder Steuerberater handelt), sind insoweit die dafür geltenden speziellen Vergütungsregelungen anzuwenden (vgl zB § 1 Abs. 1 S. 1 RVG), die dann als Aufwendungen (von dem Betroffenen oder der Staatskasse) gem. § 1835 Abs. 3 BGB zusätzlich erstattet werden können.

179 Wird ein **Rechtsanwalt als Vormund** bestellt, ist eine Abrechnung seiner diesbezüglichen Tätigkeit nach dem RVG grds. nicht möglich (s. § 1 Abs. 2 S. 1 RVG). Das bedeutet jedoch lediglich, dass die Tätigkeit als Vormund nicht im Allgemeinen und in vollem Umfang als anwaltliche Tätigkeit anzusehen ist. Gemäß § 1 Abs. 2 S. 2 RVG sind damit Ansprüche auf Aufwendungsersatz nach § 1835 Abs. 3 BGB nicht ausgeschlossen.

180 Eine **Abrechnung berufsspezifischer Tätigkeiten nach dem RVG** ist immer dann gegeben, wenn davon ausgegangen werden kann, dass auch ein Vormund ohne volljuristische Ausbildung zur Erledigung dieser anstehenden Aufgaben notwendigerweise einen Rechtsanwalt beauftragt hätte.[131] Bei der somit notwendigen Einzelfallprüfung darf jedoch nicht außer Acht gelassen werden, dass von einem berufsmäßig tätigen Vormund bereits gewisse, auch juristische Kenntnisse erwartet werden können und somit nicht jede Tätigkeit mit juristischen Aspekten eine Vergütung nach dem RVG rechtfertigt. Die Dienstleistung des (anwaltlichen) Vormunds muss somit dem **Kernbereich anwaltlicher Tätigkeit** zugeordnet werden können, somit besondere rechtliche Fähigkeiten und Kenntnisse erfordern.[132]

181 Ist der Mündel mittellos und die Vertretung in einem gerichtlichen Verfahren notwendig, so ist der Anwaltsvormund schon aus dem Gesichtspunkt einer kostensparenden Amtsführung im Regelfall verpflichtet, Prozesskostenhilfe und in diesem Rahmen seine Beiordnung (§ 121 ZPO) zu beantragen.[133]

182 **c) Schuldner der Vergütung bzw des Aufwendungsersatzes. aa) Zahlungspflicht des Mündels (Grundsatz der Selbstzahlung).** Die Ansprüche des ehrenamtlichen und auch des berufsmäßig tätigen Vormunds – auf Vergütung und/oder Aufwendungsersatz – richten sich grds. gegen den Mündel selbst. Dieser **Grundsatz der Selbstzahlung** ergibt sich hinsichtlich der Aufwendungen unmittelbar aus dem Wortlaut des § 1835 Abs. 1 BGB („von dem Mündel"). Im Übrigen ergibt sich dies aus der Systematik, dass die Zahlungspflicht der Staatskasse nur bei gegebener Mittellosigkeit besteht (vgl § 1835 Abs. 4 BGB, § 1 Abs. 2 S. 2 VBVG) – und insb. aus der Regelung des § 1836 e BGB.[134]

183 **bb) Zahlungspflicht der Staatskasse. (1) Mittellosigkeit des Mündels.** Ein Anspruch gegen die Staatskasse besteht nur bei festgestellter Mittellosigkeit.[135] Die **Definition** des Begriffs der **Mittellosigkeit** enthält § 1836 d BGB, die danach gegeben ist, sofern der Mündel die jeweiligen Ansprüche des Vormunds aus seinem Einkommen oder Vermögen nicht, nur zum Teil oder in Raten aufbringen kann. Der Anspruch des Vormunds richtet sich daher auch bei nur teilweiser Zahlungsfähigkeit des Mündels in voller Höhe gegen die Staatskasse.

184 Die **anteilige** Begleichung eines einheitlichen Vergütungsanspruchs teilweise durch den Mündel und daneben teilweise durch die Staatskasse ist demnach nicht vorgesehen. Der von dem Betroffenen zu zahlende (Teil-)Betrag wird sodann durch die Staatskasse wieder eingezogen (§§ 1836 e, 1836 c BGB, § 168 Abs. 1 S. 2, 3, Abs. 3 FamFG).

185 Die **Höhe** des vom Mündel zur Begleichung dieser Ansprüche einzusetzenden Einkommens, sofern bei einem Mündel überhaupt gegeben, und/oder Vermögen regelt die Bestimmung des § 1836 c BGB unter Heranziehung einzelner Vorschriften des SGB XII.

186 Die Zahlung der Staatskasse steht jedoch jeweils unter dem (gesetzlichen) **Vorbehalt des Rückgriffs** gegen den Betroffenen bzw dessen Erben (§§ 1836 e, 1836 c BGB, § 168 Abs. 1 S. 2, 3, Abs. 3 FamFG). Dieser Anspruch kann durch Zahlung eines einmaligen Betrags (aus dem Vermögen) und/oder auch ratenweise (aus den laufenden Einkünften, bei einer Vormundschaft wohl kaum einmal gegeben) beglichen werden.

187 Hinsichtlich des einzusetzenden **Vermögens** und hinsichtlich des auch wohl nur ausnahmsweise erzielten **Einkommens** sowie der **Freibeträge** (vgl § 1836 c BGB) wird auf die diesbezüglichen Ausführungen in → Rn 68 ff verwiesen.

188 Maßgeblicher **Zeitpunkt** für die Beurteilung der Mittellosigkeit ist derjenige der (letzten Tatsachen-)Entscheidung über den Anspruch des Vormunds, die dann den gesamten Anspruch für den beantragten Abrechnungszeitraum betrifft.[136] Damit soll einerseits die tatsächliche Realisierung des Anspruchs des Vor-

---

131 BGH NJW 2012, 3307 = BtPrax 2012, 205; BGH NJW 2012, 3728 = BtPrax 2012, 249; BGH JurBüro 2011, 279; Palandt/*Götz*, Anh zu § 1835 BGB Rn 13. **132** BayObLG NJW 2002, 1660; BayObLG BtPrax 2004, 70. **133** BGH JurBüro 2011, 279; Palandt/*Götz*, § 1835 BGB Rn 13. **134** AllgM, zB Palandt/*Götz*, § 1835 BGB Rn 16 f; Anh zu § 1836 BGB, VBVG § 1 Rn 14 f. **135** BGH NJW-RR 2013, 503 = BtPrax 2013, 65; Palandt/*Götz*, § 1835 BGB Rn 17; Anh zu § 1836 BGB, VBVG § 1 Rn 15. **136** BayObLG FamRZ 2002, 1289; OLG München BtPrax 2007, 131.

NK-GK/*Klos*

munds sichergestellt werden, aber auch verhindert werden, dass der Mündel durch die Kosten der Betreuung in seinen wesentlichen Lebensgrundlagen beeinträchtigt wird.[137]

(2) **Gesetzlicher Forderungsübergang** (§ 1836 e BGB). Mit jeder Zahlung der Vergütung bzw des Aufwendungsersatzes durch die Staatskasse geht der – sich ursprünglich gegen den Mündel selbst richtende (→ Rn 182) – Anspruch des Vormunds auf die Staatskasse über. Damit wird der subsidiäre Charakter der Zahlungspflicht der Staatskasse deutlich (→ Rn 183).[138] Der Forderungsübergang findet auch bei völliger Mittellosigkeit des Mündels statt, jedoch ist der Rückgriff von der Leistungsfähigkeit des Mündels abhängig, die sich wiederum nach § 1836 c BGB bestimmt.[139] Im Übrigen wird im Hinblick auf die identische Systematik bei den Ansprüchen eines Betreuers auch insoweit auf die diesbezüglichen Ausführungen in → Rn 89 ff verwiesen. **189**

d) **Erlöschen der Ansprüche.** Sowohl der Anspruch des Vormunds auf eine Vergütung als auch den Aufwendungsersatz erlischt, wenn er nicht **binnen 15 Monaten ab Entstehung** geltend gemacht wird (§§ 1, 2 VBVG, § 1835 Abs. 1 S. 3 BGB). Der Anspruch entsteht jeweils mit Anfall der einzelnen Auslagen bzw hinsichtlich der Vergütung mit der jeweils entfalteten Tätigkeit des zu erstattenden Zeitaufwands,[140] so dass die Frist sich im Regelfall nicht einheitlich für den gesamten Anspruch berechnet. Eine abweichende Fristbestimmung gem. § 1835 Abs. 1 a BGB ist möglich (§ 2 VBVG);[141] dazu näher → Rn 115 f. Die **Ausschlussfrist** gilt unabhängig davon, ob der Anspruch sich gegen den Mündel selbst oder – aufgrund seiner Mittellosigkeit – gegen die Staatskasse richtet. **190**

Bei **Versäumung** dieser Frist tritt die Rechtsfolge des Erlöschens kraft Gesetzes ein, ohne dass ein Beteiligter (Mündel, Verfahrenspfleger, Staatskasse) eine entsprechende Einwendung erheben muss. Ein entsprechender Antrag ist deshalb abzuweisen, ohne dass dem Gericht insoweit ein Ermessensspielraum verbleibt. Eine **Belehrungspflicht** des Gerichts hinsichtlich dieser gesetzlichen Frist besteht ebenfalls **nicht**.[142] **191**

4. **Das Festsetzungsverfahren** (§ 168 FamFG). Das Verfahren zur Festsetzung bzw Auszahlung im vereinfachten Verwaltungswege bestimmt sich nach § 168 FamFG. Auf die diesbezüglichen Ausführungen in → Rn 99 ff wird insoweit verwiesen. **192**

IV. Vergütung und Aufwendungsersatz des Verfahrenspflegers

1. **Rechtsgrundlagen.** Die Institution des Verfahrenspflegers ist in verschiedenen Verfahren bzw Verfahrensabschnitten im Bereich der Freiwilligen Gerichtsbarkeit vorgesehen. Dazu gehört insb. die Bestellung in Betreuungssachen (§ 276 FamFG; § 297 Abs. 5 FamFG iVm § 1905 Abs. 2 BGB; § 298 FamFG iVm § 1904 BGB), Unterbringungssachen (§ 317 FamFG), Freiheitsentziehungssachen (§ 419 FamFG) und auch in Verfahren der Festsetzung von Aufwendungsersatz und/oder Vergütung zB eines Betreuers (§ 168 FamFG). **193**

Der Verfahrenspfleger soll die Rechte des Betroffenen in dem jeweiligen Verfahren bzw Verfahrensabschnitt wahren. Er hat grds. die Stellung eines **gesetzlichen Vertreters**, ist jedoch an Weisungen des Betroffenen nicht gebunden.[143] Die Entscheidung über die Notwendigkeit der Bestellung obliegt dem für das jeweilige Verfahren bzw den Verfahrensabschnitt zuständigen Richter oder Rechtspfleger. **194**

Zum Verfahrenspfleger kann jede – unter Berücksichtigung des jeweiligen Aufgabengebiets – geeignete Person bestellt werden. Konkrete gesetzliche Vorgaben bestehen insoweit nicht. Insbesondere muss nicht zwingend ein Rechtsanwalt bestellt werden, auch wenn in der Praxis häufig so verfahren wird. Allerdings hat der Gesetzgeber – wie auch beim Betreuer (s. § 1897 Abs. 6 BGB) – systematisch den **Vorrang eines ehrenamtlichen Verfahrenspflegers** festgeschrieben und die Bestellung eines **Berufsverfahrenspflegers** ausdrücklich als **Ausnahmefall** bezeichnet (s. § 276 Abs. 3 FamFG). **195**

Die Vorschrift des § 277 FamFG regelt sowohl die Ansprüche des ehrenamtlichen Verfahrenspflegers (auf Ersatz seiner Aufwendungen) als auch des berufsmäßig tätigen Verfahrenspflegers (auf Vergütung nebst Aufwendungsersatz). **196**

§ 277 FamFG Vergütung und Aufwendungsersatz des Verfahrenspflegers **197**

(1) ¹Der Verfahrenspfleger erhält Ersatz seiner Aufwendungen nach § 1835 Abs. 1 bis 2 des Bürgerlichen Gesetzbuchs. ²Vorschuss kann nicht verlangt werden. ³Eine Behörde oder ein Verein erhält als Verfahrenspfleger keinen Aufwendungsersatz.

(2) ¹§ 1836 Abs. 1 und 3 des Bürgerlichen Gesetzbuchs gilt entsprechend. ²Wird die Verfahrenspflegschaft ausnahmsweise berufsmäßig geführt, erhält der Verfahrenspfleger neben den Aufwendungen nach Absatz 1 eine Ver-

---

137 BGH FamRZ 2013, 620 = BtPrax 2013, 65. **138** Palandt/*Götz*, § 1836 e BGB Rn 1. **139** Palandt/*Götz*, § 1836 e BGB Rn 2.
140 Palandt/*Götz*, Anh zu § 1836 BGB, VBVG § 2 Rn 2. **141** Palandt/*Götz*, Anh zu § 1836 BGB, VBVG § 2 Rn 5. **142** BGH NJW 2012, 3307 = BtPrax 2012, 205; OLG Koblenz FamRZ 2002, 1355; Palandt/*Götz*, Anh zu § 1836 BGB, VBVG § 2 Rn 4.
143 Schulte-Bunert/*Rausch*, FamFG, § 276 Rn 17.

gütung in entsprechender Anwendung der §§ 1, 2 und 3 Abs. 1 und 2 des Vormünder- und Betreuervergütungsgesetzes.

(3) [1]Anstelle des Aufwendungsersatzes und der Vergütung nach den Absätzen 1 und 2 kann das Gericht dem Verfahrenspfleger einen festen Geldbetrag zubilligen, wenn die für die Führung der Pflegschaftsgeschäfte erforderliche Zeit vorhersehbar und ihre Ausschöpfung durch den Verfahrenspfleger gewährleistet ist. [2]Bei der Bemessung des Geldbetrags ist die voraussichtlich erforderliche Zeit mit den in § 3 Abs. 1 des Vormünder- und Betreuervergütungsgesetzes bestimmten Stundensätzen zuzüglich einer Aufwandspauschale von 3 Euro je veranschlagter Stunde zu vergüten. [3]In diesem Fall braucht der Verfahrenspfleger die von ihm aufgewandte Zeit und eingesetzten Mittel nicht nachzuweisen; weitergehende Aufwendungsersatz- und Vergütungsansprüche stehen ihm nicht zu.

(4) [1]Ist ein Mitarbeiter eines anerkannten Betreuungsvereins als Verfahrenspfleger bestellt, stehen der Aufwendungsersatz und die Vergütung nach den Absätzen 1 bis 3 dem Verein zu. [2]§ 7 Abs. 1 Satz 2 und Abs. 3 des Vormünder- und Betreuervergütungsgesetzes sowie § 1835 Abs. 5 Satz 2 des Bürgerlichen Gesetzbuchs gelten entsprechend. [3]Ist ein Bediensteter der Betreuungsbehörde als Verfahrenspfleger für das Verfahren bestellt, erhält die Betreuungsbehörde keinen Aufwendungsersatz und keine Vergütung.

(5) [1]Der Aufwendungsersatz und die Vergütung des Verfahrenspflegers sind stets aus der Staatskasse zu zahlen. [2]Im Übrigen gilt § 168 Abs. 1 entsprechend.

198   **2. Der ehrenamtliche Verfahrenspfleger. a) Aufwendungsersatz.** Die Vorschrift des § 277 Abs. 1 S. 1 FamFG verweist auf die Regelung des § 1835 Abs. 1 bis 2 BGB, so dass dem ehrenamtlichen Verfahrenspfleger ein Anspruch auf Ersatz seiner **Aufwendungen** zusteht. Eine vorschussweise Zahlung ist nicht vorgesehen (§ 277 Abs. 1 S. 2 FamFG). Die Zubilligung einer **Vergütung** ist für den ehrenamtlichen Verfahrenspfleger auch bei einer besonders umfangreichen oder schwierigen Verfahrenspflegschaft mangels Verweisung auf § 1836 Abs. 2 BGB nicht möglich.[144]

199   Wird ein Mitarbeiter eines Betreuungsvereins als Verfahrenspfleger bestellt (vgl §§ 1897 Abs. 2, 1908 f BGB), steht der Anspruch dem Verein zu, nicht dem Mitarbeiter selbst (§ 277 Abs. 4 S. 1 FamFG). Bei Bestellung eines Bediensteten einer Betreuungsbehörde hingegen steht auch der Behörde kein Anspruch auf Aufwendungsersatz zu (§ 277 Abs. 4 S. 3 FamFG).[145] Wird der Verein selbst zum Verfahrenspfleger bestellt, besteht kein Anspruch auf Aufwendungsersatz. Dies gilt auch bei Bestellung einer Behörde (§ 277 Abs. 1 S. 3 FamFG).[146]

200   **b) Die einzelnen Aufwendungen.** Die in Betracht kommenden Aufwendungen sind vielfältig und von den Umständen der einzelnen Verfahrenspflegschaft abhängig. Insbesondere kommen insoweit **Fahrtkosten, Parkgebühren, Portogebühren, Telefongebühren, Kopierkosten** und die Kosten einer angemessenen **Versicherung** in Betracht (→ Rn 8 f, 150). Dem Betreuungsverein können bei Bestellung eines Vereinsmitarbeiters keine Versicherungskosten und auch allgemeine Verwaltungskosten nicht ersetzt werden (§ 277 Abs. 4 S. 2 FamFG iVm § 1835 Abs. 5 S. 2 BGB).[147]

201   Erstattungsfähig sind nur Auslagen, die der **konkreten** Verfahrenspflegschaft zugeordnet werden können und zu deren Führung notwendig waren. Allgemeine Aufwendungen (zB anteilige Miete, Nebenkosten, Bürokosten) können nicht ersetzt werden. Eine Entschädigung der aufgewendeten Zeit ist aufgrund der ehrenamtlichen Führung ebenfalls nicht möglich.

202   Die Abgeltung der Aufwendungen durch die Auslagenpauschale gem. § 1835 a BGB ist für den Verfahrenspfleger nicht möglich.[148] Zur Abrechnung **berufsspezifischer,** insb. anwaltlicher Tätigkeiten → Rn 228.

203   **3. Der berufsmäßig tätige Verfahrenspfleger. a) Berufsmäßige Führung.** In Abgrenzung zum gesetzlichen Leitbild des ehrenamtlich tätigen Verfahrenspflegers (→ Rn 195) besteht ein **Anspruch auf Vergütung** ausnahmsweise nur, wenn das Gericht die **berufsmäßige Führung der Pflegschaft feststellt** (§ 277 Abs. 2 FamFG, § 1836 Abs. 1 S. 2, 3 BGB, § 1 Abs. 1 VBVG). Diese Feststellung ist – ebenso wie bei einem Betreuer und Vormund (→ Rn 6, 22 ff, 148) – **konstitutiver** Natur,[149] so dass ein Anspruch auf Vergütung nur für die danach entfaltete Tätigkeit besteht.[150] Die Feststellung wird im Regelfall bereits bei der Bestellung des Pflegers erfolgen. Zur späteren Feststellung → Rn 6, 22 ff.

204   Die Voraussetzungen für diese Feststellung sowie den konkreten Vergütungsanspruch des dann berufsmäßig tätigen Pflegers regeln gem. § 277 Abs. 2 S. 2 FamFG die §§ 1 ff des **Gesetzes über die Vergütung von Vormündern und Betreuern** (Vormünder- und Betreuervergütungsgesetz – VBVG) vom 21.4.2005.[151]

205   Der Regelfall setzt gem. § 1 Abs. 1 S. 2 VBVG **mehr als zehn laufende Pflegschaften** (Nr. 1) oder mindestens **20 Wochenstunden erforderlichen Zeitaufwand** (Nr. 2) (für alle Pflegschaften) voraus. Unter Berücksichtigung

---

144 Schulte-Bunert/*Dodegge*, FamFG, § 277 Rn 19; Keidel/*Budde*, FamFG, § 277 Rn 4.   145 Schulte-Bunert/*Dodegge*, FamFG, § 277 Rn 4.   146 Schulte-Bunert/*Dodegge*, FamFG, § 277 Rn 2.   147 Schulte-Bunert/*Dodegge*, FamFG, § 277 Rn 4.   148 Schulte-Bunert/*Dodegge*, FamFG, § 277 Rn 6.   149 BayObLG BtPrax 2001, 124.   150 Keidel/*Budde*, FamFG, § 277 Rn 5; *Volpert*, NJW 2013, 2491.   151 BGBl. 2005 I 1073, 1076.

NK-GK/*Klos*

der nach dieser Norm allein vorzunehmenden **Abgrenzung** zur **ehrenamtlichen** Tätigkeit werden bei der Anzahl der laufenden Verfahren auch evtl. geführte Betreuungen bzw Vormundschaften zu berücksichtigen sein. Für Pfleger in der Aufbauphase genügt die begründete Erwartung, dass ihnen in absehbarer Zeit Pflegschaften/Betreuungen in diesem Umfang übertragen werden. Unabhängig vom Umfang der Tätigkeit als Pfleger/Betreuer kann eine berufsmäßige Führung (ausnahmsweise) auch gegeben sein, wenn die Bestellung gerade im Hinblick auf die (sonstige) berufliche, insb. anwaltliche Tätigkeit des Betreuers erfolgt ist.[152]

Die **Feststellung** der berufsmäßigen Führung begründet einen **Vergütungsanspruch** nur in dem **jeweiligen** **206** **Verfahren**, in dem sie getroffen wurde. Eine pauschale Entscheidung über die Einordnung als Berufspfleger mit Bindungswirkung für alle Pflegschaften dieses Verfahrenspflegers durch ein Gericht oder eine andere Institution sieht das Gesetz nicht vor. Auch die Bezeichnung als Berufspfleger durch Dritte (Betreuungsbehörde, Finanzamt etc.) reicht zur Begründung eines Vergütungsanspruchs nicht aus. Im Zweifelsfall wird der Berufspfleger die Voraussetzungen für seine Einordnung (im eigenen Interesse) darlegen müssen.

Wird ein Mitarbeiter eines Betreuungsvereins als Verfahrenspfleger bestellt, steht dem Verein (→ Rn 199) **207** auch ohne Feststellung der berufsmäßigen Führung ein Vergütungsanspruch zu (§ 277 Abs. 4 S. 1 FamFG, § 7 Abs. 1, § 1 Abs. 2 VBVG).[153]

b) Vergütung nach Zeitaufwand nebst Aufwendungsersatz. Der berufsmäßig tätige Verfahrenspfleger erhält **208** – im Gegensatz zur pauschalen Vergütung des Berufsbetreuers (§§ 4, 5 VBVG) – wie der Vormund (→ Rn 166) eine **Vergütung für den tatsächlichen** (erforderlichen) **Zeitaufwand** (§ 277 Abs. 2 S. 2 FamFG iVm § 3 Abs. 1 S. 1 VBVG). Ebenfalls im Unterschied zum Berufsbetreuer (s. § 4 Abs. 2 VBVG) und wiederum gleich einem Vormund (→ Rn 176) erhält er daneben auch noch den Aufwendungsersatz (§ 277 Abs. 1, Abs. 2 S. 2 FamFG, § 1835 Abs. 1, 2 BGB).

c) Höhe der Vergütung. Die Höhe des für den tatsächlichen Zeitaufwand anzusetzenden Stundensatzes be- **209** misst sich – wie beim Berufsbetreuer – nach der beruflichen Qualifikation des Pflegers, gestaffelt in drei – feststehende – Vergütungsstufen (§ 3 Abs. 1 VBVG).

Der **Basisstundensatz** von 19,50 € kann je nach Qualifikation auf 25,00 € bzw 33,50 € erhöht werden. Der **210** Stundensatz ist grds. einheitlich für den gesamten zu berücksichtigen Zeitaufwand anzusetzen, sofern nicht (erst) in diesem Zeitraum die Voraussetzungen für eine höhere Vergütungsstufe erfüllt werden. Eine (**weitere**) **Erhöhung** dieser feststehenden Stundensätze im Einzelfall wegen besonderer Schwierigkeiten gem. § 3 Abs. 3 VBVG ist für den Verfahrenspfleger – im Gegensatz zum Vormund (→ Rn 169) – nicht möglich. Diese Bestimmung ist von der Verweisung in § 277 Abs. 1 S. 2 FamFG ausdrücklich ausgenommen.[154]

d) Stundensatz. aa) Basisstundensatz 19,50 € (§ 3 Abs. 1 S. 1 VBVG). Die Gewährung des Basisstunden- **211** satzes von 19,50 € erfordert **keine besondere Qualifikation**, so dass dieser Stundensatz jedem Berufspfleger zusteht, der nicht die besonderen Voraussetzungen gem. § 3 Abs. 1 S. 2 Nr. 1 oder 2 VBVG erfüllt.

bb) Erhöhung des Stundensatzes (§ 3 Abs. 1 S. 2 VBVG). Der Basisstundensatz von 19,50 € kann auf **212** 25,00 € bzw 33,50 € erhöht werden. Die Voraussetzungen für die Gewährung eines erhöhten Stundensatzes sind im Interesse einer einfachen Anwendung weitgehend formalisiert und an objektiv feststellbare Kriterien geknüpft. Diese Regelung entspricht der Systematik der gestaffelten Stundensätze des Berufsbetreuers in § 4 Abs. 1 VBVG; auf die diesbezüglichen Ausführungen in → Rn 30 ff wird verwiesen.

Die besonderen Kenntnisse müssen allgemein für eine Verfahrenspflegschaft bzw die im Einzelfall zu erfül- **213** lenden Aufgaben nutzbar sein. Ob sie auch für die konkrete Verfahrenspflegschaft nutzbar sind, wird – im Interesse einer vereinfachten Handhabung – pauschal vermutet (§ 3 Abs. 2 S. 1 VBVG). Diese gesetzliche Vermutung kann im Einzelfall ausgeschlossen werden, sofern das Gericht bei der Bestellung eine entsprechende andere Bestimmung trifft und somit die **Überqualifizierung** im Einzelfall feststellt (§ 3 Abs. 2 S. 2 VBVG). In einem solchen Fall steht dem Pfleger dann in dieser Verfahrenspflegschaft nicht der erhöhte Stundensatz zu, dessen Voraussetzungen er erfüllt. Hat das Gericht die Überqualifizierung nicht bei der Bestellung festgestellt, kommt eine spätere Reduzierung des erhöhten Stundensatzes aufgrund einer Überqualifikation in dieser Verfahrenspflegschaft nicht mehr in Betracht.[155] Dem **anwaltlichen Verfahrens- pfleger** steht aufgrund seiner durch ein abgeschlossenes Hochschulstudium erworbenen besonderen Kenntnisse (vgl § 3 Abs. 1 S. 2 VBVG) der Stundensatz von 33,50 € zu.[156]

Eine evtl. anfallende **Umsatzsteuer** ist zusätzlich als Aufwendung zu erstatten. **214**

e) Zeitaufwand. Ein Vergütungsanspruch besteht grds. nur für Tätigkeiten, die nach der Bestellung und der **215** Feststellung der berufsmäßigen Führung entfaltet worden sind (→ Rn 203). Sie müssen auch jeweils einen unmittelbaren Bezug zum Einzelfall haben. Zu berücksichtigen ist lediglich der tatsächlich entfaltete und

---

152 OLG Zweibrücken FamRZ 2000, 556. **153** Keidel/*Budde*, FamFG, § 277 Rn 8. **154** Keidel/*Budde*, FamFG, § 277 Rn 6; *Volpert*, NJW 2013, 2491. **155** OLG Schleswig FGPrax 2003, 176. **156** *Volpert*, NJW 2013, 2491.

zur Erfüllung der Aufgaben der einzelnen Verfahrenspflegschaft erforderliche Zeitaufwand (vgl § 3 Abs. 1 S. 1 VBVG).[157] Zur möglichen Pauschalierung → Rn 219.

216 Bei der Berechnung des erforderlichen Zeitaufwands ist auch die – im Regelfall – nur eingeschränkte Dauer einer Verfahrenspflegschaft zu beachten. Wurde der Verfahrenspfleger zB im Verfahren zwecks Anordnung einer Betreuung bestellt, dürfte die Pflegschaft mit der abschließenden Entscheidung, also mit der Anordnung der Betreuung oder deren Ablehnung, erledigt sein. Seine Bestellung wirkt somit insb. nach erfolgter (unangefochtener) Anordnung der Betreuung – mit Ausnahme einer evtl. Anfechtung – nicht weiter fort, so dass nachfolgende Tätigkeiten – ohne erneute Bestellung – im Regelfall nicht vergütet werden können.

217 Auch die Bestellung eines Verfahrenspflegers im Vergütungsfestsetzungsverfahrens (§ 168 FamFG) endet mit dessen Abschluss. Keinesfalls erstreckt sich diese Bestellung auch auf spätere Festsetzungsverfahren in demselben Verfahren.

218 Der jeweilige Zeitaufwand ist vom Verfahrenspfleger detailliert und nachvollziehbar darzulegen (Umkehrschluss aus § 277 Abs. 3 S. 3 FamFG).

219 **f) Bewilligung eines festen Geldbetrags (§ 277 Abs. 3 FamFG). aa) System der Pauschalierung.** Im Sinne einer erheblichen Verfahrensvereinfachung für sämtliche Beteiligten besteht die Möglichkeit einer Pauschalierung sowohl des **Zeitaufwands** als zugleich auch des **Aufwendungsersatzes.** Der Verfahrenspfleger kann dann auf die Aufzeichnung der entfalteten Tätigkeiten verzichten und erhält darüber hinaus Planungssicherheit. Für das Gericht entfällt die notwendige Prüfung eines Leistungsverzeichnisses.

220 Die Pauschalierung setzt voraus, dass die für die Führung der Pflegschaft **erforderliche Zeit vorhersehbar** und deren **Ausschöpfung durch den Pfleger gewährleistet** ist (§ 277 Abs. 3 S. 1 FamFG). Danach ist eine **Prognose** bzgl des zu erwartenden Zeitaufwands erforderlich, die grds. nur aufgrund der konkreten Umstände des jeweiligen Einzelfalls möglich sein wird. Nur dann ist auch die Ausschöpfung – weiteres Merkmal der gesetzlichen Bestimmung – dieses geschätzten Zeitaufwands in der jeweiligen Pflegschaft (annähernd) gewährleistet.

221 Die Pauschalierung erscheint deshalb nur in solchen Verfahrenspflegschaften anwendbar, die hinsichtlich ihres Verfahrensablaufs und des notwendigen Zeitaufwands vielfach nur unwesentliche Unterschiede aufweisen. Dies dürfte zB für viele Verfahrenspflegschaften in **Unterbringungssachen** gelten,[158] wenn nicht im Einzelfall besondere Umstände einen erheblich abweichenden Zeitaufwand vermuten lassen.

222 Der ansonsten aufgrund der bisherigen Tätigkeit in der einzelnen Angelegenheit für die Zukunft zu prognostizierende notwendige Zeitaufwand kann dann nur aufgrund der in vergleichbaren Verfahren in der Vergangenheit im Regelfall im Durchschnitt aufgewendeten Zeit ermittelt und somit pauschaliert werden.

223 Die Pauschalierung ist **nur** für **berufsmäßig** tätige Verfahrenspfleger möglich. Ihrer Zielsetzung entsprechend (→ Rn 219) kann die Pauschalierung nur **im Voraus** erfolgen und nicht zB erst bei Beendigung der Pflegschaft.

224 **bb) Höhe des festen Geldbetrags.** Der zu bewilligende feste Geldbetrag berechnet sich sodann aus dem prognostizierten (pauschalen) – nach Stunden bemessenen – Zeitaufwand unter Berücksichtigung des jeweils maßgeblichen Stundensatzes (§ 3 Abs. 1 VBVG) zzgl einer Pauschale von 3,00 € je Stunde zur Abgeltung der Aufwendungen. Eine evtl. anfallende Umsatzsteuer ist hinzuzurechnen (§ 3 Abs. 1 S. 3 VBVG).[159]

225 Ein Nachweis hinsichtlich des Zeitaufwands und der Aufwendungen kann dann nicht mehr verlangt werden. Andererseits stehen dem Verfahrenspfleger höhere Ansprüche selbst dann nicht zu, wenn er einen höheren Zeitaufwand und/oder Aufwendungen darlegen könnte (§ 277 Abs. 3 S. 3 Hs 2 FamFG).[160]

226 Die Pauschalierung erfasst jeweils die **Vergütung** und den **Aufwendungsersatz** und kann nicht auf einen Teil beschränkt werden und muss im Ergebnis auf einen **konkreten Geldbetrag** lauten.[161]

227 **g) Aufwendungsersatz. aa) Allgemeine Aufwendungen.** Die Stundensätze des berufsmäßig tätigen Verfahrenspflegers (§ 3 Abs. 1 VBVG) sind **keine** sog. **Inklusivstundensätze** wie für den Berufsbetreuer (§ 4 Abs. 2 VBVG), so dass seine notwendigen Aufwendungen zusätzlich erstattet werden (→ Rn 208). Hinsichtlich der auch einem berufsmäßig tätigen Verfahrenspfleger entstehenden Aufwendungen → Rn 200.

228 **bb) Aufwendungen des Rechtsanwalts für berufsspezifische Tätigkeiten.** Wird – wie in der Praxis häufig – ein Rechtsanwalt als Verfahrenspfleger bestellt, ist eine Abrechnung seiner diesbezüglichen Tätigkeit nach dem RVG grds. nicht möglich (s. § 1 Abs. 2 S. 1 RVG). Obwohl in Abs. 1 – im Gegensatz zur Regelung für Betreuer gem. § 4 Abs. 2 S. 2 VBVG, § 1908 i BGB (→ Rn 13, 38 ff) – eine Verweisung auf die Regelung des § 1835 Abs. 3 BGB fehlt, entspricht es jedoch nach Sinn und Zweck dieser Norm allgemeiner, überzeugen-

---

157 Keidel/*Budde*, FamFG, § 277 Rn 7. **158** Schulte-Bunert/*Dodegge*, FamFG, § 277 Rn 23 f; Keidel/*Budde*, FamFG, § 277 Rn 5. **159** Schulte-Bunert/*Dodegge*, FamFG, § 277 Rn 25; *Volpert*, NJW 2013, 2491. **160** Schulte-Bunert/*Dodegge*, FamFG, § 277 Rn 26; *Volpert*, NJW 2013, 2491. **161** Schulte-Bunert/*Dodegge*, FamFG, § 277 Rn 22.

NK-GK/*Klos*

der Auffassung in Rspr und Lit., dass die Möglichkeit einer **Abrechnung nach dem RVG** aufgrund der vom BVerfG aufgestellten Grundsätze[162] dadurch nicht ausgeschlossen wird.[163]

Allerdings ist insoweit zu beachten, dass die Verfahrenspflegschaft als solche keine anwaltsspezifische Tätigkeit darstellt, was das BVerfG ausdrücklich festgestellt hat. Es hat lediglich die Möglichkeit offen gelassen, (systematisch) ausnahmsweise gem. § 1835 Abs. 3 BGB nach dem RVG abzurechnen. Diese Möglichkeit ist immer dann gegeben, wenn davon ausgegangen werden kann, dass auch ein Verfahrenspfleger ohne volljuristische Ausbildung zur Erledigung anstehender Aufgaben notwendigerweise einen Rechtsanwalt beauftragt hätte.[164] Bei der somit notwendigen **Einzelfallprüfung** darf jedoch nicht außer Acht gelassen werden, dass von einem Verfahrenspfleger bereits gewisse juristische Kenntnisse erwartet werden können und somit nicht jede Tätigkeit mit juristischen Aspekten eine Vergütung nach dem RVG rechtfertigt. **229**

Diese Voraussetzungen erscheinen zB nicht erfüllt, wenn medizinische Erwägungen entscheidend für die Bestellung des Verfahrenspflegers waren oder die Notwendigkeit der Unterbringung des Betroffenen – zB zu dessen Schutz gegen Eigengefährdung – offensichtlich war und dies auch von einem juristischen Laien in gleicher Weise hätte beurteilt werden können, so zB die Frage der Wohnungsauflösung und Heimplatzfinanzierung.[165] Die Notwendigkeit besonderer rechtlicher Fähigkeiten und Kenntnisse wurde zB bejaht für die Prüfung einer Scheidungsfolgenvereinbarung,[166] eines Anteilsübertragungsvertrages,[167] der Veräußerung eines vermieteten Mehrparteienwohnhauses[168] und der Vertretung eines Minderjährigen in einem Asylverfahren.[169] **230**

Sofern der Einzelfall dies rechtfertigt, sollte das Gericht – entsprechend der Anregung des BVerfG – bereits bei der Bestellung des Verfahrenspflegers feststellen, dass er gerade im Hinblick auf seine anwaltliche Berufstätigkeit bestellt wurde. Diese Feststellung ist dann aufgrund des dadurch eingetretenen Vertrauensschutzes für das spätere Festsetzungsverfahren (§ 168 FamFG) bindend, unabhängig von einer diesbezüglichen Begründung.[170] **231**

4. Zahlungspflicht. Der Anspruch sowohl des ehrenamtlichen Verfahrenspflegers auf Ersatz der Aufwendungen als auch des berufsmäßig tätigen Pflegers richtet sich – im Gegensatz zur Regelung für Betreuer und Vormünder (→ Rn 61, 182) – grds. gegen die Staatskasse (§ 277 Abs. 5 S. 1 FamFG), unabhängig von der Zahlungsfähigkeit des Pfleglings. Die **Festsetzung** erfolgt gem. § 168 Abs. 1 FamFG (§ 277 Abs. 5 S. 2 FamFG); auf die Ausführungen in → Rn 99 ff wird verwiesen. **232**

Von dem Pflegling können dem Verfahrenspfleger erstatteten Beträge sodann als Auslagen des gerichtlichen Verfahrens gem. Nr. 31015 KV GNotKG eingezogen werden, sofern er unter Berücksichtigung des § 1836 c BGB als zahlungsfähig anzusehen ist. **233**

5. Erlöschen der Ansprüche. Sowohl der Anspruch des Verfahrenspflegers auf eine Vergütung als auch den Aufwendungsersatz erlischt, wenn er nicht **binnen 15 Monaten ab Entstehung** geltend gemacht wird (§ 277 Abs. 1 S. 1 FamFG iVm § 1835 Abs. 1 S. 3 BGB, § 2 VBVG). Der Anspruch entsteht jeweils mit Anfall der einzelnen Auslagen bzw hinsichtlich der Vergütung mit der jeweils entfalteten Tätigkeit des zu erstattenden Zeitaufwands,[171] so dass die Frist sich im Regelfall nicht einheitlich für den gesamten Anspruch berechnet. Eine abweichende Fristbestimmung gem. § 1835 Abs. 1 a BGB ist möglich (§ 277 Abs. 1 S. 1, Abs. 2 FamFG, § 2 VBVG);[172] dazu näher → Rn 115 ff. **234**

Die 15-monatige Frist gilt auch, sofern im Einzelfall eine Abrechnung der Tätigkeit nach dem RVG erfolgen kann (→ Rn 228). Die Auffassung, der Fristbeginn beginne dann bereits mit der Entfaltung der jeweiligen (anwaltsspezifischen) Tätigkeit und nicht erst mit der – evtl. erheblich späteren – Fälligkeit der Vergütung gem. § 8 RVG,[173] erscheint nicht überzeugend. Danach würde die Frist bereits in Gang gesetzt und ggf sogar bereits abgelaufen sein, obwohl der Verfahrenspfleger mangels Fälligkeit noch gar nicht berechtigt war, diese Vergütung geltend zu machen. Auch unter Berücksichtigung der Rspr des BGH[174] zum Fristbeginn hinsichtlich des Anspruchs des Berufsbetreuers im Hinblick auf § 9 VBVG erscheint es systemgerecht, insoweit auf den Zeitpunkt der Fälligkeit gem. § 8 RVG abzustellen. **235**

Bei **Versäumung** dieser Frist tritt die Rechtsfolge des Erlöschens kraft Gesetzes ein, ohne dass die (zahlungspflichtige) Staatskasse eine entsprechende Einwendung erheben muss. Ein entsprechender Antrag ist deshalb abzuweisen, ohne dass dem Gericht insoweit ein Ermessensspielraum verbleibt. Eine Belehrungspflicht des Gerichts hinsichtlich dieser gesetzlichen Frist besteht ebenfalls nicht.[175] **236**

---

162 BVerfG BtPrax 2000, 54. **163** BGH NJW 2012, 3307; BGH NJW 2011, 453; Schulte-Bunert/*Dodegge*, FamFG, § 277 Rn 7 ff; Keidel/*Budde*, FamFG, § 277 Rn 9 f; *Volpert*, NJW 2013, 2491. **164** BGH NJW 2012, 3307; BGH BtPrax 2012, 249; Schulte-Bunert/*Dodegge*, FamFG, § 277 Rn 7 ff; Keidel/*Budde*, FamFG, § 277 Rn 9 f; *Volpert*, NJW 2013, 2491. **165** OLG Köln FamRZ 2001, 1643; Keidel/*Budde*, FamFG, § 277 Rn 11. **166** LG Limburg FamRZ 2009, 1006. **167** BGH NJW 2012, 3307. **168** BGH FamRZ 2015, 137.. **169** OLG Frankfurt NJW-RR 2004, 1664. **170** BGH BtPrax 2011, 85. **171** Schulte-Bunert/*Dodegge*, FamFG, § 277 Rn 31 f. **172** Keidel/*Budde*, FamFG, § 277 Rn 3. **173** OLG Frankfurt FamRZ 2004, 1518. **174** BGH BtPrax 2013, 109. **175** BGH BtPrax 2012, 205; OLG Koblenz FamRZ 2002, 1355.

Vergütung des Verfahrensbeistands

I. Rechtsgrundlagen

1 § 158 FamFG Verfahrensbeistand[1]

(1) Das Gericht hat dem minderjährigen Kind in Kindschaftssachen, die seine Person betreffen, einen geeigneten Verfahrensbeistand zu bestellen, soweit dies zur Wahrnehmung seiner Interessen erforderlich ist.

(2) Die Bestellung ist in der Regel erforderlich,

1. wenn das Interesse des Kindes zu dem seiner gesetzlichen Vertreter in erheblichem Gegensatz steht,
2. in Verfahren nach den §§ 1666 und 1666 a des Bürgerlichen Gesetzbuchs, wenn die teilweise oder vollständige Entziehung der Personensorge in Betracht kommt,
3. wenn eine Trennung des Kindes von der Person erfolgen soll, in deren Obhut es sich befindet,
4. in Verfahren, die die Herausgabe des Kindes oder eine Verbleibensanordnung zum Gegenstand haben, oder
5. wenn der Ausschluss oder eine wesentliche Beschränkung des Umgangsrechts in Betracht kommt.

(3) [1]Der Verfahrensbeistand ist so früh wie möglich zu bestellen. [2]Er wird durch seine Bestellung als Beteiligter zum Verfahren hinzugezogen. [3]Sieht das Gericht in den Fällen des Absatzes 2 von der Bestellung eines Verfahrensbeistands ab, ist dies in der Endentscheidung zu begründen. [4]Die Bestellung eines Verfahrensbeistands oder deren Aufhebung sowie die Ablehnung einer derartigen Maßnahme sind nicht selbständig anfechtbar.

(4) [1]Der Verfahrensbeistand hat das Interesse des Kindes festzustellen und im gerichtlichen Verfahren zur Geltung zu bringen. [2]Er hat das Kind über Gegenstand, Ablauf und möglichen Ausgang des Verfahrens in geeigneter Weise zu informieren. [3]Soweit nach den Umständen des Einzelfalls ein Erfordernis besteht, kann das Gericht dem Verfahrensbeistand die zusätzliche Aufgabe übertragen, Gespräche mit den Eltern und weiteren Bezugspersonen des Kindes zu führen sowie am Zustandekommen einer einvernehmlichen Regelung über den Verfahrensgegenstand mitzuwirken. [4]Das Gericht hat Art und Umfang der Beauftragung konkret festzulegen und die Beauftragung zu begründen. [5]Der Verfahrensbeistand kann im Interesse des Kindes Rechtsmittel einlegen. [6]Er ist nicht gesetzlicher Vertreter des Kindes.

(5) Die Bestellung soll unterbleiben oder aufgehoben werden, wenn die Interessen des Kindes von einem Rechtsanwalt oder einem anderen geeigneten Verfahrensbevollmächtigten angemessen vertreten werden.

(6) Die Bestellung endet, sofern sie nicht vorher aufgehoben wird,

1. mit der Rechtskraft der das Verfahren abschließenden Entscheidung oder
2. mit dem sonstigen Abschluss des Verfahrens.

(7) [1]Für den Ersatz von Aufwendungen des nicht berufsmäßigen Verfahrensbeistands gilt § 277 Abs. 1 entsprechend. [2]Wird die Verfahrensbeistandschaft berufsmäßig geführt, erhält der Verfahrensbeistand für die Wahrnehmung seiner Aufgaben nach Absatz 4 in jedem Rechtszug jeweils eine einmalige Vergütung in Höhe von 350 Euro. [3]Im Fall der Übertragung von Aufgaben nach Absatz 4 Satz 3 erhöht sich die Vergütung auf 550 Euro. [4]Die Vergütung gilt auch Ansprüche auf Ersatz anlässlich der Verfahrensbeistandschaft entstandener Aufwendungen sowie die auf die Vergütung anfallende Umsatzsteuer ab. [5]Der Aufwendungsersatz und die Vergütung sind stets aus der Staatskasse zu zahlen. [6]Im Übrigen gilt § 168 Abs. 1 entsprechend.

(8) Dem Verfahrensbeistand sind keine Kosten aufzuerlegen.

2 Einem minderjährigen Beteiligten kann in Familiensachen ein Verfahrensbeistand bestellt werden (§§ 158, 167, 174, 191 FamFG), der die Interessen des Kindes wahrnehmen soll, aber nicht gesetzlicher Vertreter des Kindes wird.

3 Für seine Tätigkeit erhält der Verfahrensbeistand nach § 158 **Abs. 7 FamFG** Vergütung bzw Aufwendungsersatz. Diese Regelung gilt unabhängig davon, ob die Bestellung in Kindschaftssachen oder nach § 174 S. 2, § 191 S. 2 FamFG in Abstammungs- oder Adoptionssachen erfolgt. § 158 Abs. 7 FamFG gilt auch in Unterbringungssachen, die ein minderjähriges Kind betreffen (§ 151 Nr. 6, 7 FamFG), weil § 167 Abs. 1 S. 2 FamFG klarstellt, dass in diesen Verfahren an die Stelle des Verfahrenspflegers der Verfahrensbeistand tritt. Das **RVG** findet hingegen keine Anwendung, auch wenn ein Rechtsanwalt zum Verfahrensbeistand bestellt wird (§ 1 Abs. 2 S. 2 RVG).

II. Vergütung bei Berufsmäßigkeit (§ 158 Abs. 7 S. 2, 3 FamFG)

4 **1. Höhe der Vergütung.** Führt der Verfahrensbeistand die Verfahrensbeistandschaft berufsmäßig, erhält er für seine Tätigkeit eine einmalige Pauschale (§ 158 Abs. 7 S. 2 FamFG), die **350 €** beträgt.

---

[1] Aus: Gesetz über das Verfahren in Familiensachen und in den Angelegenheiten der freiwilligen Gerichtsbarkeit (FamFG) v. 17.12.2008 (BGBl. I 2586, 2587), zul. geänd. d. Art. 3 G. v. 26.7.2016 (BGBl. I 1824, 1835).

Die Pauschale erhöht sich gem. § 158 Abs. 7 S. 3 FamFG auf 550 €, wenn das Gericht dem Verfahrensbei- 5
stand Aufgaben nach § 158 Abs. 4 S. 3 FamFG überträgt. Hierzu zählen das Führen von Gesprächen mit
den Eltern und weiteren Bezugspersonen des Kindes sowie die Mitwirkung am Zustandekommen einer einvernehmlichen Regelung über den Verfahrensgegenstand. Dass von der Möglichkeit der Übertragung nach
§ 158 Abs. 4 S. 3 FamFG Gebrauch gemacht wurde, ist in der Entscheidung über die Bestellung des Verfahrensbeistands konkret darzulegen.[2] Die erhöhte Pauschale entsteht unabhängig vom konkreten Arbeitsaufwand des Verfahrensbeistands.[3]

2. Feststellung der Berufsmäßigkeit. Das Gericht hat die berufsmäßige Führung der Verfahrensbeistand- 6
schaft bereits in der Entscheidung über die Bestellung des Verfahrensbeistands zu treffen.[4] Fehlt eine solche
Feststellung, kann die Vergütungspauschale nicht gewährt werden. Die Feststellung kann nachgeholt wer-
den, jedoch ist dazu nur das bestellende Gericht (Richter) befugt, nicht aber der Rechtspfleger oder der
UdG. Nur in Familiensachen, für die nach § 3 Nr. 2 iVm § 14 RPflG kein Richtervorbehalt besteht, hat der
Rechtspfleger den Verfahrensbeistand zu bestellen und die Feststellung über die berufsmäßige Führung zu
treffen. Die Entscheidung über die Feststellung oder Versagung der Berufsmäßigkeit kann weder von der
Staatskasse noch dem Verfahrensbeistand angefochten werden.[5]

Da im FamFG eine Definition des Begriffs der Berufsmäßigkeit fehlt, kann auf § 1 Abs. 1 S. 2 des Vormün- 7
der- und Betreuervergütungsgesetzes (VBVG) zurückgegriffen werden, so dass eine **berufsmäßige Führung**
der Verfahrensbeistandschaft vorliegt, wenn der Verfahrensbeistand mehr als zehn Verfahrensbeistand-
schaften führt oder die für die Führung der Verfahrensbeistandschaft erforderliche Zeit voraussichtlich
20 Wochenstunden nicht unterschreitet.

3. Pauschvergütung. Die Pauschale des § 158 Abs. 7 S. 2, 3 FamFG deckt den gesamten Zeitaufwand des 8
Verfahrensbeistands ab, unabhängig von deren tatsächlicher Dauer, so dass die Pauschale auch nicht erhöht
werden kann, wenn nachweislich eine besonders umfangreiche oder aufwendige Tätigkeit vorliegt. Eine
stundenweise Abrechnung kommt daher auch in solchen Einzelfällen nicht in Betracht, in denen die Abrechnung nach Fallpauschalen keine angemessene Vergütung für den tatsächlich geleisteten Aufwand darstellt.[6]

Neben dem Zeitaufwand gilt die Pauschale auch die entstandenen Aufwendungen wie **Porto-, Telefon-, Ko-** 9
piekosten für Ablichtungen aus der Gerichtsakte sowie **Reisekosten** ab (vgl § 158 Abs. 7 S. 4 FamFG).[7]
Abgegolten ist auch eine zu zahlende **Umsatzsteuer** (§ 158 Abs. 7 S. 4 FamFG), die nicht gesondert vergütet
wird. Hinsichtlich der baren Aufwendungen kann der Verfahrensbeistand auch aus dem JVEG keine Erstattungsansprüche herleiten, da er nicht zum Kreis der Anspruchsberechtigten nach § 1 JVEG gehört.[8] Eine
gesonderte Erstattung findet auch dann nicht statt, wenn erhebliche Aufwendungen entstehen, wie zB hohe
Fahrtkosten[9] oder Dolmetscherkosten.[10]

4. Entstehung der Pauschale. Die Pauschale nach § 158 Abs. 7 S. 2 FamFG entsteht nicht bereits mit der 10
Entgegennahme der Bestellung durch den Verfahrensbeistand, sondern erst, wenn er in irgendeiner Weise
im Interesse des Kindes tätig geworden ist.[11] Ist eine solche Tätigkeit erfolgt, verbleibt es bei dem Vergütungsanspruch auch dann, wenn die Bestellung des Verfahrensbeistands nachträglich aufgehoben wird, zB
wegen § 158 Abs. 5 FamFG. Diese Tätigkeit muss nicht nach außen gerichtet sein, so dass das Einreichen
von Schriftsätzen bei Gericht nicht erforderlich ist.[12] Die Pauschale entsteht daher bereits, wenn der Verfahrensbeistand nach Entgegennahme der Bestellung mit der Einarbeitung in das Verfahren beginnt oder
die Kontaktdaten der Eltern, des Kindes oder des Jugendamts ermittelt. Das gilt auch für die erhöhte Pauschale nach § 158 Abs. 7 S. 3 FamFG, wenn der Verfahrensbeistand, dem Aufgaben nach § 158 Abs. 4 S. 3
FamFG übertragen sind, vergeblich versucht, mit den Eltern Kontakt aufzunehmen.[13] Auch die Entstehung
der erhöhten Pauschale nach § 158 Abs. 7 S. 3 FamFG ist deshalb nur davon abhängig, dass bereits Tätigkeiten im Kindesinteresse erfolgt sind, nicht hingegen, dass bereits Aufgaben nach § 158 Abs. 4 S. 3 FamFG
durchgeführt worden.[14] Eine rückwirkende Bestellung zur Begründung eines Vergütungsanspruchs ist nicht
zulässig.[15] Hat der Verfahrensbeistand mit seinen Aufgaben bereits begonnen, hat er im Falle der Übertragung von Aufgaben nach § 158 Abs. 4 S. 3 FamFG auch dann einen Anspruch auf die erhöhte Pauschale,
wenn er später auf Wunsch des Gerichts davon abgesehen hat, Elterngespräche zu führen.[16]

---

2 Keidel/*Engelhardt*, § 158 FamFG Rn 37; MüKo-FamFG/*Schumann*, § 158 Rn 34. **3** BGH FamRZ 2011, 558. **4** Keidel/*Engelhardt*, § 158 FamFG Rn 34; MüKo-FamFG/*Schumann*, § 158 Rn 45. **5** MüKo-FamFG/*Schumann*, § 158 Rn 45. **6** BGH NJW
2013, 1967. **7** BGH NJW 2010, 3446; OLG Rostock FamRZ 2010, 1181. **8** OLG Rostock FamRZ 2010, 1181. **9** BGH
NJW 2014, 157. **10** OLG Hamm FamRZ 2014, 2024; OLG München NJW-RR 2016, 522; aA OLG Frankfurt FamRZ 2014,
1135. **11** BGH NJW 2010, 3449; BGH FamRZ 2011, 558; OLG München NJW-RR 2010, 1448; OLG Hamm FamRZ 2015,
695. **12** OLG München NJW-RR 2010, 1448. **13** BGH FamRZ 2011, 558. **14** BGH MDR 2014, 431; OLG Schleswig SchlHA
2014, 329. **15** OLG München FamRB 2015, 458. **16** OLG Oldenburg FamRB 2016, 141.

11 **5. Rechtsmittelverfahren.** § 158 Abs. 7 S. 2 FamFG stellt klar, dass die Vergütung für jeden Rechtszug gesondert anfällt. Es muss sich um ein Rechtsmittel in der Hauptsache handeln; die Anfechtung bloßer Nebenentscheidungen, zB VKH, zählen zur erstinstanzlichen Tätigkeit.[17] Einer ausdrücklichen Bestellung für das Rechtsmittelverfahren bedarf es nicht,[18] so dass die Vergütung für das Rechtsmittelverfahren eine solche nicht voraussetzt, sondern nur die Vornahme von Aufgaben nach § 158 Abs. 4 FamFG im Interesse des Kindes (→ Rn 12).[19]

12 Die Vergütung entsteht nicht schon mit Einlegung des Rechtsmittels, sondern erst, wenn der Verfahrensbeistand in irgendeiner Weise im Kindesinteresse durch die Wahrnehmung der in § 158 Abs. 4 FamFG genannten Aufgaben tätig geworden ist.[20] Hierfür genügen auch die Entgegennahme und das Prüfen einer begründeten Beschwerdeschrift.[21] Die bloße Prüfung, ob ein **Rechtsmittel einzulegen** ist, dürfte hingegen noch durch die erstinstanzliche Pauschale abgegolten sein, da hier noch keine Tätigkeit im Rechtsmittelverfahren vorliegt.

13 Wird das Rechtsmittel für **verschiedene Kinder** eingelegt, entsteht die Pauschale auch im Rechtsmittelverfahren für jedes Kind gesondert, auch wenn derselbe Verfahrensbeistand tätig wird. Ist jedoch das Rechtsmittel nur hinsichtlich eines Kindes eingelegt, erhält der Verfahrensbeistand die Pauschale jedoch nur einmal.

14 **6. Verfahrensmehrheit.** Die Pauschale entsteht für jedes Verfahren gesondert. Liegen getrennte Verfahren vor, bedarf es jedoch stets einer erneuten gerichtlichen Bestellung und der Feststellung der Berufsmäßigkeit. Die im ursprünglichen Verfahren erfolgte Bestellung löst daher nicht automatisch einen Vergütungsanspruch für ein späteres Abänderungsverfahren (§ 1696 BGB) oder Vermittlungsverfahren (§ 165 FamFG) aus. Erfolgt eine **Zurückverweisung**, entsteht die Vergütung für das Verfahren nach erfolgter Zurückverweisung erneut,[22] da der Gesetzgeber einen Gleichlauf mit der anwaltlichen Vergütung angestrebt hat.[23]

15 Verfahren auf Erlass einer **einstweiligen Anordnung** und das dazugehörige Hauptsacheverfahren sind stets gesonderte Verfahren, auch wenn sie nebeneinander anhängig sind (§ 51 Abs. 3 S. 1 FamFG). Erfolgt die Bestellung in beiden Verfahren, fällt die Pauschale daher jeweils gesondert an, ohne dass eine Anrechnung stattfindet.[24]

16 **Beispiel:** Aufgrund einer Kindeswohlgefährdung leitet das Familiengericht ein Verfahren wegen Erlass einer einstweiligen Anordnung ein (§ 157 Abs. 3 FamFG). Dem Kind wird ein Verfahrensbeistand bestellt. Parallel hierzu wird das Hauptsacheverfahren eingeleitet, in welchem dem Kind derselbe Verfahrensbeistand bestellt wird.

Der Verfahrensbeistand erhält für jedes Verfahren die Pauschale von 350 €, somit sind an ihn insgesamt 700 € zu zahlen.

17 Werden hinsichtlich **desselben Kindes verschiedene Kindschaftssachen** anhängig, zB wegen elterlicher Sorge und Umgangsrecht, erhält der Verfahrensbeistand die Pauschale für jedes Verfahren gesondert, wenn in jedem Verfahren eine gerichtliche Bestellung erfolgt.[25] Bei der gesonderten Vergütung verbleibt es auch dann, wenn Sorgerecht und Umgangsrecht in einem einheitlichen Verfahren behandelt werden und die Bestellung für beide Angelegenheiten erfolgt ist, da es nicht auf die Anzahl der Verfahren, sondern auf die Angelegenheiten ankommt.[26] Handelt es sich aber um **denselben Verfahrensgegenstand**, zB wechselseitige Sorgerechtsanträge, entsteht die Pauschale nur einmal.[27]

18 **7. Mehrheit von Kindern.** Wird derselbe Verfahrensbeistand in demselben Verfahren für mehrere Kinder bestellt, erhält er die Pauschale des § 158 Abs. 7 FamFG für jedes Kind gesondert.[28]

19 **Beispiel:** In einem Sorgerechtsverfahren, welches zwei minderjährige Kinder betrifft, wird für beide Kinder derselbe Verfahrensbeistand bestellt.

Für seine Tätigkeit erhält der Verfahrensbeistand die Pauschale des § 158 Abs. 7 FamFG jeweils gesondert, so dass ihm insgesamt 700 € (2 x 350 €) zu zahlen sind.

III. Ehrenamtliche Tätigkeit (§ 158 Abs. 7 S. 1 FamFG)

20 **1. Aufwendungsersatz.** Wird der Verfahrensbeistand ehrenamtlich tätig, erhält er gem. § 158 Abs. 7 S. 1 iVm § 277 Abs. 1 S. 1 FamFG einen Aufwendungsersatz nach § 1835 Abs. 1, 2 BGB. Eine Erstattung

---

[17] OLG Köln FamRZ 2013, 2005. [18] Keidel/*Engelhardt*, § 158 FamFG Rn 44. [19] Aufgabe der in der Vorauflage (1. Aufl. 2014, aaO) vertretenen Auffassung. [20] OLG Naumburg FamRZ 2015, 1219; BT-Drucks 16/12717, S. 61. [21] OLG Nürnberg MDR 2015, 100; aA OLG Celle FamRZ 2013, 573 (bei nicht begründeter Beschwerdeschrift). [22] OLG Saarbrücken NJW 2013, 1103; *Zimmermann*, FamRZ 2014, 165; *Menne*, FamRB 2015, 213; aA OLG Hamm FamRB 2015, 213. [23] *Menne*, FamRB 2015, 213. [24] BGH NJW 2011, 455; OLG Saarbrücken 16.6.2010 – 6 WF 60/10. [25] BGH NJW 2011, 1451. [26] BGH NJW 2012, 3100. [27] OLG Naumburg FamRZ 2015, 1218; OLG Frankfurt ZKJ 2014, 113. [28] BGH NJW 2010, 3446; BGH NJW 2010, 3449; OLG Stuttgart JurBüro 2010, 448; OLG Celle ZKJ 2010, 211.

NK-GK/*H. Schneider*

kommt daher nur in Betracht für bare Aufwendungen, Fahrtkosten und Schadensversicherung. Eine Vergütung wird hingegen nicht gezahlt.

2. Bare Aufwendungen. Entstehen dem Verfahrensbeistand zur Führung der Verfahrensbeistandschaft Aufwendungen, die er den Umständen nach für erforderlich halten durfte, kann er hierfür Ersatz verlangen (§ 670 iVm § 1835 Abs. 1 S. 1 BGB). Das gilt insb. für Porto-, Telefon- sowie notwendige Kopierkosten. Hinsichtlich Letzterer scheidet eine analoge Anwendung von § 7 JVEG jedoch aus, weil § 1835 Abs. 1 BGB nur wegen der Fahrtkosten auf das JVEG verweist,[29] so dass stets 0,15 € je Seite zu erstatten sind.[30] Auch kann der teilweise vertretenen Auffassung, dass insoweit eine Regelungslücke vorliege,[31] nicht gefolgt werden, da der Gesetzgeber § 7 JVEG kannte, jedoch gleichwohl nur auf § 5 JVEG verwiesen hat. **21**

3. Fahrtkosten. Für die Führung der Verfahrensbeistandschaft notwendige Fahrtkosten sind zu erstatten. Eine Notwendigkeit ist dabei stets anzunehmen, wenn solche Kosten für Besuche des Kindes wegen der notwendigen Kontaktaufnahme, der Unterrichtung des Kindes (§ 158 Abs. 4 S. 2 FamFG) oder wegen der Teilnahme an Gerichtsterminen entstehen. **22**

Die Höhe der zu erstattenden Fahrtkosten bestimmt sich gem. § 1835 Abs. 1 S. 1 Hs 2 BGB nach den in § 5 JVEG für Sachverständige getroffenen Regelungen. Im Einzelnen sind daher zu erstatten die Kosten für **23**

- **öffentliche Verkehrsmittel** (§ 5 Abs. 1 JVEG), und zwar bis zur Höhe der Kosten der 1. Wagenklasse, da eine Begrenzung auf die Kosten der 2. Wagenklasse im JVEG nicht mehr vorgesehen ist.[32] Daneben sind zu erstatten die Kosten für Gepäckbeförderung,[33] Platzkartenreservierungen,[34] Zuschläge oder den ICE-Tarif;[35]
- das **eigene oder unentgeltlich überlassene Kfz** (§ 5 Abs. 2 S. 1 Nr. 2 JVEG), wobei 0,30 € je gefahrenen Kilometer zu erstatten sind;
- **sonstige bare Reiseaufwendungen**, zB Parkauslagen und notwendige Übernachtungskosten sowie die damit im Zusammenhang stehenden Verpflegungskosten.[36] Auf §§ 6, 7 JVEG kann jedoch nicht zurückgegriffen werden,[37] so dass auch ein Tagegeld nicht in entsprechender Anwendung des § 4 Abs. 5 S. 1 Nr. 5 EStG verlangt werden kann.

4. Versicherungen. Die Kosten für Versicherungen sind zu erstatten, wenn sie dem Grunde und ihrer Höhe nach angemessen sind,[38] wozu insb. Versicherungen gegen solche Schäden gehören, die der Verfahrensbeistand aus Anlass seiner Amtsführung dem Kind zufügt. Aber auch Kosten für Versicherungen, die zur Abdeckung eines einem Dritten durch die Führung der Verfahrensbeistandschaft verursachten Schadens dienen, sind ersatzfähig. Ausgenommen vom Kostenersatz sind jedoch ausdrücklich Kfz-Versicherungen (§ 1835 Abs. 2 S. 1 BGB). Da die ehrenamtlich tätigen Verfahrensbeistände gem. § 2 Abs. 1 Nr. 10 SGB VII kraft Gesetzes unfallversichert sind, ist eine weitere private Unfallversicherung im Regelfall als nicht erstattungsfähig anzusehen.[39] **24**

5. Verzinsung. Die baren Aufwendungen können vom Zeitpunkt ihrer Entstehung an mit dem gesetzlichen Zins von 4 % (§ 246 BGB) verzinst werden,[40] auch wenn der Aufwendungsersatz nach § 1835 BGB aus der Staatskasse verlangt wird.[41] **25**

6. Vorschuss. Einen Vorschuss kann der ehrenamtlich tätige Verfahrensbeistand nicht verlangen (§ 158 Abs. 7 S. 1 iVm § 277 Abs. 1 S. 2 FamFG). **26**

IV. Festsetzungsverfahren (§ 158 Abs. 7 S. 5, 6 FamFG)

1. Allgemeines. Aufwendungsersatz und Vergütung sind stets aus der Staatskasse zu zahlen, nicht nur bei Mittellosigkeit (§ 158 Abs. 7 S. 5 FamFG). Es handelt sich um einen öffentlich-rechtlichen Anspruch. Für das Festsetzungsverfahren gilt § 168 Abs. 1 FamFG entsprechend (§ 158 Abs. 7 S. 6 FamFG), so dass zwischen gerichtlicher Festsetzung (§ 168 Abs. 1 S. 1 FamFG) und der Berechnung und Auszahlung im Verwaltungswege (§ 168 Abs. 1 S. 4 FamFG) zu unterscheiden ist. **27**

2. Gerichtliche Festsetzung. a) Antrag. Die gerichtliche Festsetzung ist auf Antrag des Verfahrensbeistands vorzunehmen, der schriftlich einzureichen oder gem. § 25 Abs. 1 FamFG durch Niederschrift zu Protokoll der Geschäftsstelle zu erklären ist. Im Rahmen der Festsetzung ist das Gericht nicht an den Antrag gebunden und kann daher auch über den Antrag des Verfahrensbeistands hinausgehen.[42] **28**

---

29 BayObLG FamRZ 2002, 495; OLG Zweibrücken JurBüro 2001, 378. **30** BayObLG FamRZ 2002, 495; OLG Zweibrücken JurBüro 2001, 378. **31** HK-BUR/*Bauer/Deinert*, § 1835 BGB Rn 38 a. **32** *H. Schneider*, JVEG, § 5 Rn 10. **33** *H. Schneider*, JVEG, § 5 Rn 20. **34** *H. Schneider*, JVEG, § 5 Rn 21. **35** *H. Schneider*, JVEG, § 5 Rn 22. **36** BayObLG FamRZ 2004, 565. Für eine nur eintägige Reise kommt danach aber eine Erstattung von Verpflegungsaufwand nicht in Betracht. **37** BayObLG FamRZ 2004, 565; aA HK-BUR/*Bauer/Deinert*, § 1835 BGB Rn 35 f. **38** MüKo-BGB/*Wagenitz*, § 1835 Rn 37. **39** HK-BUR/*Bauer/Deinert*, § 1835 BGB Rn 47. **40** HK-BUR/*Bauer/Deinert*, § 1835 Rn 27: Die dortigen Ausführungen sind aufgrund des Verweises durch § 277 Abs. 1 FamFG auf § 1835 Abs. 1, 2 BGB auf den Verfahrensbeistand entsprechend anwendbar. **41** BayObLG FamRZ 2001, 934. **42** OLG Celle ZKJ 2010, 211.

29 **b) Festsetzung von Amts wegen.** Das Gericht kann die Festsetzung nach pflichtgemäßem Ermessen von Amts wegen vornehmen. Eine Festsetzung wird insb. dann geboten sein, wenn sich aus den Akten ergibt, dass die im Verwaltungswege berechnete Vergütung unrichtig ist oder der Vertreter der Staatskasse eine Festsetzung angeregt hat.[43]

30 **c) Rechtliches Gehör.** Das Gericht hat vor der Festsetzung rechtliches Gehör zu gewähren, auch dem Vertreter der Staatskasse, da sich die Festsetzung gegen diese richtet.

31 **d) Entscheidung.** Die Entscheidung ergeht durch Beschluss (§ 168 Abs. 1 S. 1 FamFG), der stets einer Rechtsmittelbelehrung bedarf (§ 39 FamFG). Funktionell zuständig ist der Rechtspfleger, da ein Richtervorbehalt nicht besteht (§ 3 Nr. 2 iVm § 14 RPflG).[44] Örtlich und sachlich ist das Familiengericht zuständig, welches den Verfahrensbeistand bestellt hat. Wird dem Antrag nicht oder nur teilweise entsprochen, ist er demjenigen Beteiligten, dessen erklärtem Willen er nicht entspricht, dh dem Verfahrensbeistand oder dem Vertreter der Staatskasse, förmlich zuzustellen (§ 41 Abs. 1 FamFG). Bekanntgabe durch Aufgabe zur Post genügt wegen § 41 Abs. 1 S. 2 FamFG nicht.

32 **e) Rechtsmittel.** Gegen den Festsetzungsbeschluss findet die **Beschwerde** (§§ 58 ff FamFG) statt. Es handelt sich jedoch um eine vermögensrechtliche Angelegenheit, so dass die Beschwerde nur zulässig ist, wenn der **Beschwerdewert 600 €** übersteigt (§ 61 Abs. 1 FamFG). Andernfalls ist die Beschwerde nur nach Zulassung zulässig (§ 61 Abs. 2, 3 FamFG), die der Rechtspfleger bereits in dem Festsetzungsbeschluss aussprechen muss, da eine nachträgliche Zulassung[45] oder die Nachholung durch Ergänzungsbeschluss unzulässig ist.[46] Gegen die versagende Zulassungsentscheidung des Rechtspflegers findet die Erinnerung statt (§ 11 Abs. 2 RPflG), welcher der Rechtspfleger auch dadurch abhelfen kann, dass er die Beschwerde in seiner Abhilfeentscheidung zulässt.[47]

33 Für die Einlegung der Beschwerde ist die **einmonatige Beschwerdefrist** des § 63 Abs. 1 FamFG zu beachten, die mit der schriftlichen Bekanntgabe an den jeweiligen Beteiligten zu laufen beginnt (§ 63 Abs. 3 S. 1 FamFG). Die Beschwerde ist bei dem Familiengericht einzulegen, welches den Festsetzungsbeschluss erlassen hat (§ 64 Abs. 1 S. 1 FamFG). Die Einlegung hat schriftlich oder zur Niederschrift der Geschäftsstelle zu erfolgen, zudem muss die Beschwerde die Bezeichnung des angefochtenen Beschlusses sowie die Erklärung enthalten, dass Beschwerde gegen diesen Beschluss eingelegt wird (§ 64 Abs. 2 S. 1, 3 FamFG). Die Beschwerde soll begründet werden (§ 65 Abs. 1 FamFG).

34 Ist die Beschwerde nach § 61 FamFG unzulässig, kann gegen den Festsetzungsbeschluss gleichwohl die **befristete Erinnerung nach § 11 Abs. 2 RPflG** eingelegt werden, weil es sich um eine Entscheidung des Rechtspflegers handelt. Die Erinnerung ist binnen 2 Wochen bei dem Gericht einzulegen, dessen Beschluss angefochten wird.

35 **3. Verwaltungsverfahren. a) Allgemeines.** Ergeht keine gerichtliche Festsetzung, ist die Vergütung oder der Aufwendungsersatz im vereinfachten Verwaltungsverfahren zu berechnen und auszuzahlen (§ 168 Abs. 1 S. 4 FamFG). Die Bestimmung verweist dabei auf die Regelungen des JVEG, so dass der Anweisungsbeamte für die Berechnung und Auszahlung zuständig ist. Eines Beschlusses bedarf es dagegen nicht, da das Verwaltungsverfahren keine gerichtliche Festsetzung iSd § 4 JVEG darstellt, so dass es nur der Anordnung der Auszahlung bedarf.

36 Hinsichtlich der Vergütung und Aufwandsentschädigung für Verfahrensbeistände kommt das vereinfachte Verwaltungsverfahren regelmäßig in Betracht, da die Beträge stets aus der Staatskasse zu zahlen sind (§ 158 Abs. 7 S. 5 FamFG) und auch der auszuzahlende Betrag im Regelfall unstreitig sein dürfte.

37 **b) Rechtsbehelfe.** Gegen die durch den Anweisungsbeamten erfolgte Auszahlung, kann nur Antrag auf gerichtliche Festsetzung nach § 168 Abs. 1 S. 1 FamFG gestellt werden. Die Beschwerde nach §§ 58 ff FamFG oder nach § 4 Abs. 3 JVEG ist hingegen nicht zulässig. Erst gegen die gerichtliche Festsetzung nach § 168 Abs. 1 S. 1 FamFG findet die Beschwerde (§§ 58 ff FamFG) bzw die sofortige Erinnerung (§ 11 Abs. 2 RPflG) statt (→ Rn 32 ff).

38 **V. Frist zur Geltendmachung der Ansprüche.** Für die berufsmäßige Führung fehlt eine gesetzliche Regelung, bis zu welchem Zeitpunkt die Vergütung geltend zu machen ist. Die Rspr hat deshalb teilweise auf die allgemeine dreijährige Verjährungsregelung (§ 195 BGB) abgestellt.[48] § 2 Abs. 1 S. 1 JVEG gilt nicht.[49] Da auch eine analoge Anwendung der 15-Monatsfrist des § 2 S. 1 VBVG denkbar wäre,[50] kann deshalb nur geraten werden, den Vergütungsanspruch frühzeitig geltend zu machen.

43 MüKo-FamFG/*Heilmann*, § 168 Rn 16. 44 OLG Stuttgart JurBüro 2010, 214. 45 Keidel/*Meyer-Holz*, § 61 FamFG Rn 34. 46 Keidel/*Meyer-Holz*, § 61 FamFG Rn 36. 47 OLG Stuttgart JurBüro 2010, 214. 48 OLG Köln JurBüro 2015, 494. 49 OLG München FamRZ 2015, 1830. 50 OLG Hamm 6.11.2015 – 6 WF 106/15, juris, das § 1835 Abs. 1 S. 3 BGB auch für den berufsmäßigen Verfahrensbeistand anwendet.

Hinsichtlich des Aufwendungsersatzes bei ehrenamtlicher Führung gilt hingegen § 1835 Abs. 1 S. 3 BGB **39** iVm § 158 Abs. 7 S. 1, § 277 Abs. 1 S. 1 FamFG, so dass die Ansprüche erlöschen, wenn sie nicht binnen 15 Monaten geltend gemacht werden.

VI. Kosteneinzug

Die an den Verfahrensbeistand gezahlten Beträge gehören zu den Gerichtskosten und sind von dem Kosten- **40** schuldner nach Nr. 2013 KV FamGKG wieder einzuziehen (s. dort).

Vergütung des Testamentsvollstreckers

Literatur: *Birk*, Vergütung und Aufwendungsersatz des Testamentsvollstreckers, Diss., Konstanz 2002; *Eckelskemper*, in: Bengel/Reimann (Hrsg.), Handbuch der Testamentsvollstreckung, 10. Kapitel: Die Vergütung des Testamentsvollstreckers und ihre Besteuerung (S. 647 ff), 5. Aufl. 2013; *J. Mayer*, in: Mayer/Bonefeld (Hrsg.), Testamentsvollstreckung, § 21: Die Vergütung des Testamentsvollstreckers (S. 269 ff), 4. Aufl. 2015; *Rott*, Mandatspraxis Testamentsvollstreckung, 2012; *Schiffer/Rott/Pruns* (Hrsg.), Die Vergütung des Testamentsvollstreckers, 2015.

I. Rechtsgrundlagen

1 **§ 2221 BGB Vergütung des Testamentsvollstreckers[1]**
Der Testamentsvollstrecker kann für die Führung seines Amts eine angemessene Vergütung verlangen, sofern nicht der Erblasser ein anderes bestimmt hat.

2 Die Vorschrift des § 2221 BGB ist kurz gefasst und führt in der Praxis häufig zu Streitigkeiten. Hs 1 der gesetzlichen Regelung kommt nur dann zur Anwendung, wenn der Erblasser in seiner letztwilligen Verfügung keine Vergütungsregelung für den Testamentsvollstrecker bestimmt hat. Es gelten also zunächst der **Vorrang und die Maßgeblichkeit des Erblasserwillens.** Sofern der Erblasser die Höhe, Zahlungsweise und den Schuldner der Vergütung festgelegt oder sogar eine Vergütung ausgeschlossen hat, findet eine zivilrechtliche Überprüfung nicht statt. Anordnungen des Erblassers gelten als angemessen, auch wenn sie hinsichtlich der Testamentsvollstreckervergütung außergewöhnlich hoch sein sollten, allerdings vorbehaltlich der allgemeinen gesetzlichen Schranken, wie zB im Falle der Sittenwidrigkeit (§ 138 BGB). Sollte der Testamentsvollstrecker mit der vom Erblasser bestimmten Vergütung nicht einverstanden sein, hat er die Wahl, die Testamentsvollstreckung abzulehnen oder aber mit den Erben eine Vereinbarung auszuhandeln ($\rightarrow$ Rn 30 f).[2]

3 Die Praxis zeigt allerdings, dass nur wenige letztwillige Verfügungen Regelungen über die Vergütung des Testamentsvollstreckers und deren Höhe enthalten. Oft liegt die Ursache hierfür in der fehlenden Fähigkeit von Testamentsgestaltern, eine präzise Vergütungsregelung mit dem Erblasser zu kommunizieren. Um die Problemlösung kommt man allerdings auch nach dem Ableben des Erblassers nicht herum, da das Gesetz nur wenig Hilfestellung leistet.

II. Angemessenheit der Vergütung (§ 2221 Hs 1 BGB)

4 **1. Allgemeines.** Bei der Angemessenheitsprüfung sollte ein Betrag gefunden werden, der die Interessen des Testamentsvollstreckers ebenso berücksichtigt wie die Interessen der Erben.

5 **2. Rspr des BGH.** Die Rspr bemächtigt sich einer Formel, die der BGH vor ca. 50 Jahren entwickelt hat. Hiernach bemisst sich die Vergütung des Testamentsvollstreckers nach „dem ihm im Rahmen der Verfügung von Todes wegen nach dem Gesetz obliegenden Pflichtenkreis, dem Umfang der ihn treffenden Verantwortung und der von ihm geleisteten Arbeit, wobei die Schwierigkeit der gelösten Aufgaben, die Dauer der Abwicklung oder der Verwaltung, die Verwertung besonderer Kenntnisse und Erfahrungen und auch die Bewährung einer sich im Erfolg auswirkenden Geschicklichkeit zu berücksichtigen sind".[3]

6 Diese zitierten Grundsätze sind unter Berücksichtigung der enormen Entwicklung im Bereich der Testamentsvollstreckung zu überdenken. Vor 50 Jahren erfolgte die Testamentsvollstreckung häufig noch im Rahmen reiner Freundschaftsdienste, zB im Familienkreise, während sie sich heutzutage zu einem eigenständigen Geschäftsfeld entwickelt hat. Während noch bis vor einigen Jahren ausschließlich Rechtsanwälte und Notare berufsmäßig eine Testamentsvollstreckung ausgeübt haben, sind durch das Urteil des BGH vom 11.11.2004[4] sowie durch das Rechtsdienstleistungsgesetz ab Juli 2008 – § 5 Abs. 2 Nr. 1 RDG – alte Schranken geöffnet worden. Die Testamentsvollstreckung erfreut sich seither in den Kreisen der Steuerberater, Banken und sonstigen Dienstleister allgemeiner Beliebtheit. Es gibt Testamentsvollstrecker mit nachgewiesener Ausbildung sowie Fortbildungsverpflichtung. Die Anwendung eines einheitlichen Vergütungssatzes sowie die unterschiedlichen Qualifikationen können daher nicht mehr dem Angemessenheitskriterium des § 2221 BGB entsprechen.

---

1 Aus: Bürgerliches Gesetzbuch (BGB) v. 18.8.1896 (RGBl. I 195) idF der Bek. v. 2.1.2002 (BGBl. I 42, 2909; 2003 I 738), zul. geänd. d. Art. 3 G v. 24.5.2016 (BGBl. I 1190, 1216). **2** Mayer/Bonefeld/*J. Mayer*, S. 270 ff. **3** BGH NJW 1963, 487. **4** BGH ZEV 2005, 122 f.

Bei alledem sollte nicht der Blick auf die Interessenslage des Erblassers außer Acht gelassen werden. Es ist **7** allein seine Entscheidung, wen er zum Testamentsvollstrecker bestimmt und welche Gesamtkosten der Testamentsvollstreckung sich daraus ergeben. In erster Linie sind es eben nicht wirtschaftliche Gründe, die den Erblasser zur Wahl des Testamentsvollstreckers veranlassen, sondern ein besonderes Vertrauensverhältnis zwischen ihm und dem Testamentsvollstrecker.[5] Daher ist es auch die Entscheidung des Erblassers, ob der Geschäftsbetrieb des Testamentsvollstreckers höhere oder niedrigere Kosten verursacht. Die Rspr hat diesen Gedanken in einem Teilbereich der aufgestellten Vergütungsabrechnungen bereits berücksichtigt.[6]

3. Tabellen-Diskussionen. a) Allgemeines. In der Rspr wird seit jeher im Zusammenhang mit der Anwendung des § 2221 BGB auf Tabellen zurückgegriffen. Diese Verfahrensweise stellt die üblichste Art der Bemessung der Testamentsvollstreckervergütung dar. Ob dies gut oder schlecht ist, sei dahingestellt, zumindest beinhaltet die Abrechnung nach anerkannten Tabellen eine greifbare und erklärbare Vergütungsabrechnung – sowohl für die Erben als auch für Dritte. **8**

b) Die Rheinische Tabelle. Bei der Rheinischen Tabelle handelt es sich um die „Mutter aller Tabellen". Die **9** Währungsbezeichnung „RM" verdeutlicht, dass es sich in der Tabelle aus dem Jahr 1925 noch um Nachlasswerte zu „Zeiten der Reichsmark" handelt, die heute wohl kaum noch zu einer angemessenen Vergütung führen können. Die RM-Beträge wurden seinerzeit einfach 1 : 1 in DM-Beträge geändert. Nach der „Rheinischen Tabelle" wird empfohlen, die Testamentsvollstreckervergütung im Regelfall wie folgt zu berechnen:

Nachlasswert		% vom Bruttonachlasswert
bis	20.000 RM	4 %
darüber hinaus bis zu	100.000 RM	3 %
darüber hinaus bis zu	1.000.000 RM	2 %
darüber hinaus		1 %

c) Weitere Tabellen. aa) Möhring'sche Tabelle. Auch diese Tabelle ist in der Praxis anerkannt. Bei eher **10** mittleren und kleinen Nachlässen entsteht nach der Möhring'schen Tabelle eine höhere Vergütung als nach der Rheinischen Tabelle, so dass bei „kleineren" Testamentsvollstreckungen diese Tabelle bevorzugt wird.[7]

Nachlasswert		% vom Bruttonachlasswert
bis	10.225,84 € (20.000,00 DM)	7,5 %
darüber hinaus bis zu	51.129,19 €	5,4 %
darüber hinaus bis zu	511.291,88 €	3,6 %
darüber hinaus bis zu	1.022.583,70 €	1,8 %
darüber hinaus		1 %

bb) Klingelhöffer'sche Tabelle. *Klingelhöffer* hat die Möhring'scheTabelle (→ Rn 10) unter Berücksichtigung der Geldentwertung überarbeitet. Die Berechnung gestaltet sich allerdings schwieriger: Bei dieser Tabelle wird die Vergütung bis zu dem unter dem Nachlasswert liegenden Schwellenwert ermittelt, anschließend ist der Betrag dazuzurechnen, welcher sich aus dem Prozentsatz für den nächsten Schwellenwert errechnet.[8] **11**

---

5 BGH ZEV 2005, 122 f. **6** OLG Schleswig ZEV 2009, 625 ff. **7** Mayer/Bonefeld/*J. Mayer*, S. 288. **8** Mayer/Bonefeld/
J. Mayer, S. 288.

Nachlasswert		% vom Bruttonachlasswert
bis	12.500,00 €	7,5 %
darüber hinaus bis zu	25.000,00 €	7 %
darüber hinaus bis zu	50.000,00 €	6 %
darüber hinaus bis zu	100.000,00 €	5 %
darüber hinaus bis zu	200.000,00 €	4,5 %
darüber hinaus bis zu	500.000,00 €	4 %
darüber hinaus bis zu	1.000.000,00 €	3 %

12 **cc) Berliner Praxis-Tabelle.** Auch diese Tabelle widmet sich den kleineren Nachlässen. Da auch kleine Nachlässe schwierig und sehr umfangreich sein können, sieht diese Tabelle bei Nachlässen von bis zu 2.500 € eine Vergütung von 10 % vor.[9]

Nachlasswert		% vom Bruttonachlasswert
bis	2.556,46 €	10 %
darüber hinaus bis zu	10.225,84 €	6 %
darüber hinaus bis zu	25.564,59 €	4 %
darüber hinaus bis zu	51.129,19 €	3 %
darüber hinaus bis zu	511.291,88 €	2,4 %
darüber hinaus bis zu	1.022.583,70 €	1,2 %
darüber hinaus		1 %

13 **dd) Weitere Tabellen.** Lediglich der Vollständigkeit halber sind noch die **Eckelskemper'sche Tabelle**, die **Tschischgale'sche Tabelle** und die **Groll'sche Tabelle** zu erwähnen, auf die aber aufgrund der Veralterung derselben nicht weiter eingegangen wird.

14 **d) Empfehlungen des Deutschen Notarvereins: „Neue Rheinische Tabelle". aa) Grundtabelle.** Bei der Empfehlung des Deutschen Notarvereins e.V. handelt es sich um die sog. **Neue Rheinische Tabelle**. Sie wurde im Jahr 2000 neu vorgelegt und soll insb. die Kostensteigerung sowie die Zunahme komplizierter Testamentsvollstreckungen berücksichtigen. Der Vergütungsgrundbetrag deckt eine einfache Vollstreckung mit sämtlichen Stadien der Konstituierung und Abwicklung ab. Erschwernisse werden über die Möglichkeit von Zuschlägen berücksichtigt.[10]

15 Die Grundtabelle lautet:

Nachlasswert		% vom Bruttonachlasswert
bis	250.000,00 €	4
bis	500.000,00 €	3
bis	2.500.000,00 €	2,5
bis	5.000.000,00 €	2
über	5.000.000,00 €	1,5
		jeweils aber mindestens der höchste Betrag der Vorstufe

---

9 Mayer/Bonefeld/*J. Mayer*, S. 288.   **10** Mayer/Bonefeld/*J. Mayer*, S. 285 f.

NK-GK/*Docter-Schüller*

bb) Zuschläge. Bei den Zuschlägen wird zwischen der Abwicklungsvollstreckung (§§ 2203, 2204 BGB) 16
und der Dauertestamentsvollstreckung (§ 2209 S. 1 Hs 2 BGB) unterschieden. Die Staffelung bemisst sich
nach dem Aufwand der Testamentsvollstreckung und wird in den nachfolgenden beiden Tabellen verdeutlicht.[11]

Übersicht: Zuschläge zur Abwicklungsvollstreckung[12] 17

Fallgruppen	Beispiele	Zuschlagshöhe	Fälligkeit
Aufwendige Grund-tätigkeit	Aufwendige Konstituierung (aufwendi-ger als im Normalfall), insb. aufgrund ■ besonderer Maßnahmen zur Ermitt-lung, Sichtung, Inbesitznahme ■ Erstellung des Nachlassverzeichnis-ses ■ Bewertung des Nachlasses ■ Regelung von Nachlassverbindlich-keiten	2/10–10/10 des Grundbetrags	Mit Beendigung der Testamentsvollstre-ckung
Auseinandersetzung	■ Aufstellung des Teilungsplans ■ Vollzug des Teilungsplans ■ Erfüllung von Vermächtnissen	2/10–10/10 des Grundbetrags	Mit der zweiten Hälfte des Grundbetrags
Komplexe Nachlass-verwaltung	■ Auslandsvermögen ■ Gesellschaftsbeteiligungen ■ Rechtsstreitigkeiten usw	2/10–10/10 des Grundbetrags	Mit der zweiten Hälfte des Grundbetrags
Aufwendige oder schwierige Gestal-tungsaufgaben	■ Umstrukturierung oder ■ Umschuldung des Nachlasses sowie ■ Verwertung	2/10–10/10 des Grundbetrags	Mit der zweiten Hälfte des Grundbetrags

Des Weiteren ist ein Zuschlag von 2/10–10/10 des Vergütungsgrundbetrags möglich bei der Erledigung der 18
steuerlichen Angelegenheiten.[13]

Übersicht: Zuschläge zur Dauertestamentsvollstreckung[14] 19

Fallgruppen	Beispiele	Zuschlagshöhe	Fälligkeit
Normalfall	Verwaltung über den Zeitpunkt der Erbschaftsteuerveranlagung hinaus	Der höhere Wert von 1/3 bis 1/2 des Nachlassbruttowerts bzw 2–4 % des Nachlass-bruttoertrags (im Bezugsjahr)	Nach Ablauf des Rech-nungslegungszyklus
Geschäftsbetrieb/Unternehmen	■ Übernahme der Unternehmerstel-lung bei Personengesellschaften	10 % des jährlichen Reingewinns	Branchenübliche Fällig-keit
	■ Tätigkeit als Organ einer Kapi-talgesellschaft, GmbH & Co. KG, Stiftung & Co)	Branchenübliches Geschäftsführer-/Vorstandsgehalt und branchenübliche Tantiemen	Branchenübliche Fällig-keit
	■ Aufsichtsratsvorsitz etc.	Branchenübliche Vergütung	Branchenübliche Fällig-keit

---

11 Mayer/Bonefeld/*J. Mayer*, S. 286.   **12** Bengel/Reimann/*Eckelskemper*, S. 633 f; Mayer/Bonefeld/*J. Mayer*, S. 286.   **13** Bengel/
Reimann/*Eckelskemper*, S. 633 f.   **14** Bengel/Reimann/*Eckelskemper*, S. 634; Mayer/Bonefeld/*J. Mayer*, S. 287.

20 **4. Praxiswertung.** In der Regel dürfen nie der **Einzelfall**, die **Höhe des Nachlasses** sowie die zu bedienenden Verbindlichkeiten und Vermächtnisses sowie die **Angemessenheit** außer Acht gelassen werden. Die wenigen Gerichte, die sich mit der Frage der Vergütung der Testamentsvollstrecker befasst haben, hatten zu entscheiden, ob bei der Vergütungsfestsetzung ein **Ermessensfehler** unterlaufen war. Sofern Grundlage der Festsetzung eine etablierte Tabelle war, konnten die Obergerichte nicht von einem Ermessensfehler ausgehen.[15]

21 Es gibt auch keine Dominanz der einen oder anderen Tabelle; allerdings hat die „Neue Rheinische Tabelle" den Vorteil, dass sie nicht durch eine Einzelperson, sondern vom Deutschen Notarverein e.V. erstellt wurde.[16]

22 **5. Zeitvergütung.** Viele Testamentsvollstrecker sind aufgrund der komplizierten und oft diskussionsträchtigen Abrechnung nach Tabellen dazu übergegangen, ihre Tätigkeit nach Stundensätzen abzurechnen.

23 **Vorteile:**
- Den einzelnen Nachlassbeteiligten kann die Vergütung individuell entsprechend dem verursachten Arbeitsaufwand direkt zugerechnet werden.
- Unplanmäßige Testamentsvollstreckungen, zB eine vorzeitige Beendigung, lassen sich einfacher abrechnen.
- Die Berechnung von Zuschlägen oder zusätzlichen Gebühren, welche in der Praxis oft streitig ist, wird gegenstandslos.
- Zusätzliche Leistungen, wie zB Pflichtteilsvollstreckungen oder die Abwicklung von Pflichtteilsansprüchen, lassen sich leicht mit berechnen.
- Bei weniger lohnenden Testamentsvollstreckungen aufgrund eines geringen Nachlasses finden sich trotzdem geeignete Testamentsvollstrecker.[17]

24 **Nachteile:**
- Der Testamentsvollstrecker muss eine genaue Zeiterfassung durchführen, die idR sehr zeitaufwändig ist.
- Einen Regelsatz für eine Stundenvergütung gibt es nicht. In der Literatur wird ein Stundensatz von 120 € vorgeschlagen.[18] Dies dürfte allerdings für bestimmte Berufsgruppen, zB Rechtsanwälte, die ein Testamentsvollstreckeramt ausüben, nicht ausreichend sein und kann zu erheblichen Diskussionen mit den Erben führen.[19]

25 In der **Praxis** könnte es problemträchtig werden, dass ein Testamentsvollstrecker seine getätigten Stunden wie ein Arbeitnehmer abrechnet. Der Testamentsvollstrecker hat ein großes Risiko und trägt große Verantwortung, so dass diesem mit einer entsprechenden Wertgebühr Rechnung getragen werden sollte. Der oft streitige Punkt der Notwendigkeit der Ermittlung des **Bruttonachlasswerts** für die Ermittlung der Vergütung ist hier kein bemessenswertes Kriterium, da der Testamentsvollstrecker diesen Wert für die Aufstellung des Auseinandersetzungsplans sowieso benötigt.

III. Vergütungsregelung durch den Erblasser (§ 2221 Hs 2 BGB)

26 **1. Bestimmung der Vergütung durch den Erblasser.** Sofern der Erblasser die Testamentsvollstreckervergütung in seiner letztwilligen Verfügung geregelt hat, ist diese Anordnung sowohl für den Testamentsvollstrecker als auch für die Erben verbindlich (vgl § 2221 Hs 2 BGB: „... sofern nicht der Erblasser ein anderes bestimmt hat"). Die Vergütung kann bspw in einem festen einmaligen oder prozentualen Betrag, aber auch in einer jährlichen Zahlung, einer Stundenzahlung oder einer Umsatzbeteiligung liegen. Sofern der Erblasser ein Vermächtnis für den Testamentsvollstrecker ausgesprochen hat, schließt diese Anordnung nicht den Anspruch auf eine angemessene Vergütung gem. § 2221 Hs 1 BGB aus.

27 Um einen späteren Streit mit den Erben zu vermeiden, ist stets die Festlegung der Testamentsvollstreckervergütung durch den **Erblasser** zu empfehlen. Natürlich kann der Erblasser auch anordnen, dass der **Testamentsvollstrecker** seine Vergütung selbst bestimmt. Für diesen Fall finden die §§ 315–319 BGB Anwendung.[20]

28 **2. Grenzen der Regelungsbefugnis des Erblassers.** Auch wenn dem Erblasser im Zusammenhang mit der Vergütung des von ihm eingesetzten Testamentsvollstreckers eine umfassende Regelungsbefugnis zuzubilligen ist, sind als Grenzen die Grundsätze von Treu und Glauben gem. § 242 BGB, die gesetzlichen Verbote gem. § 134 BGB sowie eine Sittenwidrigkeit gem. § 138 BGB zu beachten. Ebenso wenig dürfen die Anordnungen des Testamentsvollstreckers einer ordnungsgemäßen Ausübung des Testamentsvollstreckeramts zu-

---

15 Mayer/Bonefeld/*J. Mayer*, S. 291 f. **16** Bengel/Reimann/*Eckelskemper*, S. 642. **17** *Rott*, S. 94 f. **18** *Birk*, S. 109. **19** *Rott*, S. 95 f. **20** MüKo-BGB/*Zimmermann*, § 2221 Rn 4.

widerlaufen, wie zB im Falle einer Abwicklungsvollstreckung bei gleichzeitiger Einräumung von Nutzungsrechten zugunsten des Testamentsvollstreckers. Bedenklich ist ebenso eine Aushöhlung des Nachlasses durch die Höhe der vom Erblasser angeordneten Testamentsvollstreckervergütung.

Kommt man in den vorgenannten Fällen nicht ohnehin zur Nichtigkeit der Anordnung, empfiehlt sich eine Regelung mit den Erben. **29**

IV. Vereinbarung mit den Erben

Sofern der Erblasser eine Anordnung über die Höhe der Testamentsvollstreckervergütung bestimmt hat, diese dem Testamentsvollstrecker allerdings als zu gering erscheint, muss der Testamentsvollstrecker entscheiden, ob er das Amt annimmt oder aber eine Vereinbarung mit den Erben trifft. Eine Vereinbarung mit den Erben über die Höhe der Vergütung hat auch Bestand, wenn sie nicht mit den Anordnungen des Erblassers übereinstimmt. **30**

Sollten die Erben mit den Anordnungen des Erblassers nicht einverstanden sein, dh sollten sie die dem Testamentsvollstrecker vom Erblasser zugestandene Vergütung als zu hoch erachten, haben sie hiergegen keine Handhabe. Der Erblasserwille ist zu befolgen. **31**

V. Fälligkeit und Verjährung des Vergütungsanspruchs

1. Fälligkeit. Sofern vom Erblasser nichts anderes bestimmt wird, ist die Vergütung mit Beendigung der Testamentsvollstreckung fällig, und zwar in einer Summe. Der Testamentsvollstrecker hat nicht das Recht, der von ihm verwalteten Erbmasse einen Vorschuss zu entnehmen. Die Ausnahme bildet eine länger andauernde und komplizierte Testamentsvollstreckung. Da dem Testamentsvollstrecker nicht zugemutet werden kann, über Jahre in Vorleistung zu treten, ist es in derartigen Fällen vertretbar, die Tätigkeit abschnittsweise abzurechnen, zB nach Konstituierung des Nachlasses. Der Deutsche Notarverein e.V. hat eine Empfehlung herausgegeben, wonach der Testamentsvollstrecker die Hälfte des Vergütungsgrundbetrags entnehmen kann, sobald die Konstituierung abgeschlossen ist, die andere Hälfte mit Abschluss der Tätigkeit.[21] **32**

Bei einer Dauertestamentsvollstreckung gem. § 2209 BGB hat der Testamentsvollstrecker das Recht, jährliche Teilzahlungen zu entnehmen. **33**

2. Verjährung. Der Vergütungsanspruch des Testamentsvollstreckers unterliegt der dreijährigen Regelverjährung des § 195 BGB.[22] **34**

Gerade aufgrund der kurzen Verjährungsfrist sollte der Testamentsvollstrecker bei länger andauernden Testamentsvollstreckungen, insb. bei Dauertestamentsvollstreckungen, abschnittsweise Abrechnungen erstellen, um nicht das Risiko einer möglichen Verjährung seiner Vergütungsansprüche einzugehen. **35**

VI. Weitere praktische Hinweise

Sofern noch zu Lebzeiten Kontakt zum Erblasser besteht und Einfluss auf die Gestaltung der letztwilligen Anordnungen genommen werden kann, sollte immer darauf hingewirkt werden, die Vergütung des Testamentsvollstreckers umfassend zu regeln. Dies beugt anschließende Streitigkeiten mit den Erben vor. **36**

1. Formulierungsbeispiele für die Testamentsvollstreckervergütung in letztwilligen Verfügungen. Nachstehend werden Formulierungsvorschläge aufgelistet, die als Regelung der Testamentsvollstreckervergütung mit in die letztwillige Verfügung aufgenommen werden können. Mit solchen klaren Regelungen geht man Streitigkeiten mit den Erben aus dem Weg, was nicht zuletzt auch im Sinne des Erblassers sein dürfte. **37**

▶ Für die Bemessung der Vergütung des Testamentstreckers soll die Tabelle gemäß der Empfehlung des Deutschen Notarvereins e.V. zugrunde gelegt werden. ◀ **38**

▶ Der Testamentsvollstrecker erhält neben dem Ersatz der notwendigen Auslagen (Fahrtkosten etc.) eine einmalige Vergütung iHv 6 % meines Nachlasses zuzüglich der gesetzlichen Umsatzsteuer. Die Vergütung wird zur Hälfte nach Erstellung des Nachlassverzeichnisses und zur anderen Hälfte nach Beendigung der Testamentsvollstreckung fällig. Die Vergütung kann dem Nachlass entnommen werden. ◀ **39**

▶ Der Testamentsvollstrecker erhält für die Abwicklungsvollstreckung einen einmaligen Betrag iHv 6.000 € zuzüglich der gesetzlichen Umsatzsteuer. Ferner erhält er den Ersatz seiner notwendigen Auslagen (Fahrkosten, Kopierkosten, Versicherungen etc.). ◀ **40**

▶ Der Testamentsvollstrecker erhält eine einmalige Gebühr iHv 4 % des Bruttonachlasswerts sowie für jedes Jahr der Verwaltung eine jährliche, am Ende des Jahres fällige Gebühr iHv 2,5 % der jährlichen Bruttoeinnahmen des Nachlasses zuzüglich der gesetzlichen Umsatzsteuer. ◀ **41**

---

21 Bengel/Reimann/*Eckelskemper*, S. 665 f. **22** Bengel/Reimann/*Eckelskemper*, S. 667.

42 **2. Sonstige Hinweise.** Sollte der Erblasser keine Regelung zur Vergütung des Testamentsvollstreckers getroffen haben, empfiehlt sich eine zügige Abstimmung mit den Erben, zB durch eine **Auseinandersetzungsvereinbarung**, in welcher auch die Testamentsvollstreckervergütung geregelt wird. Bezieht der Testamentsvollstrecker in solchen Fällen die Erben von Anfang an mit ein, vermeidet er spätere Streitigkeiten.

43 Sollte eine Einigung nicht möglich sein, ist immer die Anwendung der durch die Rspr entwickelten Tabellen
angezeigt. Am verbreitetsten ist hier die Tabelle des Deutschen Notarvereins e.V. („Neue Rheinische Tabelle", → Rn 9). Eine korrekte Abrechnung nach dieser Tabelle sollte jeder Streitigkeit standhalten.

44 Bei jeder Vergütungsabrechnung ist die Sachkunde, aber auch das Feingefühl des Testamentsvollstreckers
gefragt.

Insolvenzrechtliche Vergütungsverordnung (InsVV)

Vom 19. August 1998 (BGBl. I 2205)

zuletzt geändert durch Art. 5 des Gesetzes zur Verkürzung des Restschuldbefreiungsverfahrens und zur Stärkung der Gläubigerrechte vom 15. Juli 2013 (BGBl. I 2379, 2384)

Vorbemerkung zu §§ 1 ff

Literatur: *Ahrens/Gehrlein/Ringstmeier* (Hrsg.), Fachanwalts-Kommentar Insolvenzrecht, 2. Aufl. 2014; *Bork/Hölzle* (Hrsg.), Handbuch Insolvenzrecht, 2014; *Haarmeyer/Mock*, Insolvenzrechtliche Vergütung (InsVV), 5. Aufl. 2014; *Hamburger Kommentar* zum Insolvenzrecht, hrsg. von Schmidt, 5. Aufl. 2015 (zit. HK-InsO/*Bearbeiter*); *Leonhardt/Smid/Zeuner* (Hrsg.), Insolvenzrechtliche Vergütungsverordnung (InsVV), 2014; *Lorenz/Klanke*, InsVV – GKG – RVG, Kommentar zur Vergütung und Kosten in der Insolvenz, 2. Aufl. 2014; *Münchener Kommentar* zur Insolvenzordnung, hrsg. von Kirchhof/Lwowski/Stürner, 3. Aufl. 2013.

Nach § 63 Abs. 1 S. 1 InsO hat der Insolvenzverwalter Anspruch auf **Vergütung** für seine Geschäftsführung **1** und auf **Erstattung angemessener Auslagen**. Die Festsetzung der Vergütung erfolgt gem. § 64 InsO auf **Antrag** des Insolvenzverwalters durch das Insolvenzgericht.

§ 63 InsO Vergütung des Insolvenzverwalters

(1) ¹Der Insolvenzverwalter hat Anspruch auf Vergütung für seine Geschäftsführung und auf Erstattung angemessener Auslagen. ²Der Regelsatz der Vergütung wird nach dem Wert der Insolvenzmasse zur Zeit der Beendigung des Insolvenzverfahrens berechnet. ³Dem Umfang und der Schwierigkeit der Geschäftsführung des Verwalters wird durch Abweichungen vom Regelsatz Rechnung getragen.

(2) Sind die Kosten des Verfahrens nach § 4 a gestundet, steht dem Insolvenzverwalter für seine Vergütung und seine Auslagen ein Anspruch gegen die Staatskasse zu, soweit die Insolvenzmasse dafür nicht ausreicht.

(3) ¹Die Tätigkeit des vorläufigen Insolvenzverwalters wird gesondert vergütet. ²Er erhält in der Regel 25 Prozent der Vergütung des Insolvenzverwalters bezogen auf das Vermögen, auf das sich seine Tätigkeit während des Eröffnungsverfahrens erstreckt. ³Maßgebend für die Wertermittlung ist der Zeitpunkt der Beendigung der vorläufigen Verwaltung oder der Zeitpunkt, ab dem der Gegenstand nicht mehr der vorläufigen Verwaltung unterliegt. ⁴Beträgt die Differenz des tatsächlichen Werts der Berechnungsgrundlage der Vergütung zu dem der Vergütung zugrunde gelegten Wert mehr als 20 Prozent, so kann das Gericht den Beschluss über die Vergütung des vorläufigen Insolvenzverwalters bis zur Rechtskraft der Entscheidung über die Vergütung des Insolvenzverwalters ändern.

§ 64 InsO Festsetzung durch das Gericht

(1) Das Insolvenzgericht setzt die Vergütung und die zu erstattenden Auslagen des Insolvenzverwalters durch Beschluß fest.

(2) ¹Der Beschluß ist öffentlich bekanntzumachen und dem Verwalter, dem Schuldner und, wenn ein Gläubigerausschuß bestellt ist, den Mitgliedern des Ausschusses besonders zuzustellen. ²Die festgesetzten Beträge sind nicht zu veröffentlichen; in der öffentlichen Bekanntmachung ist darauf hinzuweisen, daß der vollständige Beschluß in der Geschäftsstelle eingesehen werden kann.

(3) ¹Gegen den Beschluß steht dem Verwalter, dem Schuldner und jedem Insolvenzgläubiger die sofortige Beschwerde zu. ²§ 567 Abs. 2 der Zivilprozeßordnung gilt entsprechend.

Der Gesetzgeber hat der Verordnungsermächtigung in § 65 InsO zur näheren Regelung der Vergütung und **2** der Erstattung der Auslagen in einer gesonderten Rechtsverordnung – der Insolvenzrechtlichen Vergütungsordnung (InsVV) – Rechnung getragen. In ihr sind folgende **Vergütungsansprüche** geregelt:

- Insolvenzverwalter (§§ 1–9),
- vorläufiger Insolvenzverwalter (§§ 10, 11),
- Sachwalter (§§ 10, 12),
- Insolvenzverwalter im Verbraucherinsolvenzverfahren (§§ 10, 13),
- Treuhänder nach § 293 InsO (§§ 14–16),
- Mitglieder des Gläubigerausschusses (§ 17).

Der vom Insolvenzgericht zur Beurteilung der Insolvenzantragsgründe, der ausreichenden Insolvenzmasse **3** und der Überprüfung weiterer Anordnungen zum Schutz der Masse **als Sachverständige** bestellte **vorläufige Insolvenzverwalter** wird – abweichend von der InsVV – nach dem **JVEG** vergütet. In der InsVV erfolgt lediglich ein Hinweis hierauf (§ 11 Abs. 4 InsVV iVm § 9 Abs. 2 JVEG) (→ § 11 Rn 15).

Erster Abschnitt
Vergütung des Insolvenzverwalters

§ 1 Berechnungsgrundlage

(1) [1]Die Vergütung des Insolvenzverwalters wird nach dem Wert der Insolvenzmasse berechnet, auf die sich die Schlußrechnung bezieht. [2]Wird das Verfahren nach Bestätigung eines Insolvenzplans aufgehoben oder durch Einstellung vorzeitig beendet, so ist die Vergütung nach dem Schätzwert der Masse zur Zeit der Beendigung des Verfahrens zu berechnen.

(2) Die maßgebliche Masse ist im einzelnen wie folgt zu bestimmen:

1. Massegegenstände, die mit Absonderungsrechten belastet sind, werden berücksichtigt, wenn sie durch den Verwalter verwertet werden. Der Mehrbetrag der Vergütung, der auf diese Gegenstände entfällt, darf jedoch 50 vom Hundert des Betrages nicht übersteigen, der für die Kosten ihrer Feststellung in die Masse geflossen ist. Im übrigen werden die mit Absonderungsrechten belasteten Gegenstände nur insoweit berücksichtigt, als aus ihnen der Masse ein Überschuß zusteht.
2. Werden Aus- und Absonderungsrechte abgefunden, so wird die aus der Masse hierfür gewährte Leistung vom Sachwert der Gegenstände abgezogen, auf die sich diese Rechte erstreckten.
3. Steht einer Forderung eine Gegenforderung gegenüber, so wird lediglich der Überschuß berücksichtigt, der sich bei einer Verrechnung ergibt.
4. Die Kosten des Insolvenzverfahrens und die sonstigen Masseverbindlichkeiten werden nicht abgesetzt. Es gelten jedoch folgende Ausnahmen:
   a) Beträge, die der Verwalter nach § 5 als Vergütung für den Einsatz besonderer Sachkunde erhält, werden abgezogen.
   b) Wird das Unternehmen des Schuldners fortgeführt, so ist nur der Überschuß zu berücksichtigen, der sich nach Abzug der Ausgaben von den Einnahmen ergibt.
5. Ein Vorschuß, der von einer anderen Person als dem Schuldner zur Durchführung des Verfahrens geleistet worden ist, und ein Zuschuß, den ein Dritter zur Erfüllung eines Insolvenzplans geleistet hat, bleiben außer Betracht.

I. Allgemeines

1 Wie sich schon aus der Wortschöpfung ergibt, bildet die Berechnungsgrundlage nach dieser Vorschrift die Grundlage für die anschließende Berechnung der Vergütung nach § 2 und in der Folge auch für die Berechnung eventueller Zu- oder Abschläge nach § 3. Die nach den Regelungen des § 1 ermittelte maßgebliche Berechnungsmasse ist somit die Plattform für die weitere Vergütungsberechnung.[1]

II. Regelungsgehalt

2 **1. Wert gemäß Schlussrechnung (Abs. 1 S. 1).** Nach § 66 InsO erstellt der Insolvenzverwalter zur Beendigung des Verfahrens die Schlussrechnung. Aus der Schlussrechnungslegung ergibt sich der Wert der Insolvenzmasse, der maßgeblich ist für die vergütungsrelevante Berechnungsmasse.

3 Weiterhin berücksichtigen darf der Insolvenzverwalter erkennbare sichere zukünftige Einnahmen in dem Verfahren. Regelmäßig betrifft dies den Steuererstattungsanspruch aus der Verwaltervergütung, der bei Gesellschaften in voller Höhe zurück in die Insolvenzmasse fließt.[2] Bei natürlichen Personen hängt die Höhe der Erstattung der Vorsteuer davon ab, inwieweit es sich beim Verfahrensverlauf um betriebliche oder private Verwertungshandlungen gehandelt hat.

4 **2. Schätzung bei vorzeitiger Verfahrensbeendigung (Abs. 1 S. 2).** Wird das Insolvenzverfahren vorzeitig beendet (§§ 207 ff InsO), so ist der Wert der Berechnungsmasse ggf zu schätzen. Praxisrelevant ist eine Schätzung nur in den Fällen der §§ 212 und 213 InsO, da bei einer Einstellung nach §§ 207 und 211 InsO verwertbare Vermögensgegenstände zur Insolvenzmasse gezogen wurden. Wird das Verfahren aufgrund des Wegfalls des Eröffnungsgrundes (§ 212 InsO) oder mit Zustimmung der Gläubiger eingestellt (§ 213 InsO), so erfolgt die Schätzung aufgrund vorhandener Unterlagen bzw nicht verwerteter Gegenstände.[3]

5 Ebenfalls ist eine Schätzung notwendig, wenn der Verwalter vorzeitig aus dem Amt ausscheidet und eine Verwertung noch nicht vollständig erfolgt ist.[4]

---

1 *Lorenz/Klanke*, § 1 InsVV Rn 1. **2** HK-InsO/*Büttner*, § 1 InsVV Rn 3; BGH ZInsO 2011, 791, 792. **3** HK-InsO/*Büttner*, § 1 InsVV Rn 6; vgl auch BGH ZInsO 2013, 309. **4** BGH ZInsO 2015, 1636–1639.

NK-GK/*Janssen*

3. Absonderungsrechte (Abs. 2 Nr. 1). Gemäß § 171 InsO erhält der Insolvenzverwalter bei der Verwertung   6
der mit Absonderungsrechten belasteten Gegenstände u.a. einen Feststellungskostenbeitrag iHv 4 % des
Verwertungserlöses.

Erfolgt die Verwertung von mit Absonderungsrechten belasteten Vermögensgegenständen durch den Ver-   7
walter, ist unter Anwendung des Abs. 2 Nr. 1 eine Vergleichsrechnung durchzuführen:

1. Zunächst ist aus der Berechnungsmasse, der Umsatzsteuer aus der Verwertung der Masse und den Kos-
    tenbeiträgen nach § 171 InsO die Vergütung zu berechnen.
2. Sodann ist aus der Berechnungsmasse, der Umsatzsteuer aus der Masseverwertung, den vorgenannten
    Kostenbeiträgen sowie aus den an die Absonderungsberechtigten ausgekehrten Erlösen die Vergütungs-
    berechnung vorzunehmen.

Die Differenz aus der höheren Vergütung zu 2. zu der Vergütung zu 1. darf 50 % der erzielten Feststel-   8
lungskostenbeiträge nach § 171 InsO nicht übersteigen.

4. Abfindung von Aus- und Absonderungsrechten (Abs. 2 Nr. 2). Werden Aus- und Absonderungsrechte   9
abgefunden, so muss der entsprechende Abfindungsbetrag wirtschaftlich richtig für die Berechnungsmasse
vom Sachwert des abgefundenen Gegenstands abgezogen werden.[5]

5. Verrechnungslage (Abs. 2 Nr. 3). Wird bei einer zu verwerteten Forderung eine Gegenforderung geltend   10
gemacht und zur Aufrechnung gestellt, gehört nur der tatsächliche Erlös nach erfolgter Verrechnung zur
Bewertungsmasse.

6. Kosten des Insolvenzverfahrens und sonstige Masseverbindlichkeiten (Abs. 2 Nr. 4). Die Bewertungsmas-   11
se wird nicht um die angefallenen Kosten des Insolvenzverfahrens (§ 54 InsO) und die Masseverbindlichkeiten (§ 55 InsO) bereinigt. Auch die Rückzahlung eines Massedarlehens stellt eine Masseverbindlichkeit
dar, so dass das Massedarlehen selbst die Berechnungsmasse entsprechend erhöht.

Das Gesetz sieht hierbei in Nr. 4 jedoch zwei Ausnahmen vor: Zum einen werden die nach § 5 durch den   12
Verwalter erzielten Erlöse von der Berechnungsmasse abgezogen (Buchst. a); auf die Erläuterung zu § 5
wird verwiesen. Zum anderen ist bei einer im laufenden Verfahren durchgeführten Betriebsfortführung
nach Abzug der hierfür aufgewendeten Kosten nur der Überschuss massemehrend (Buchst. b). Ein Verlust
wird von der Berechnungsmasse jedoch nicht abgezogen, da der Verwalter u.U. gezwungen ist, den Betrieb
fortzuführen oder aus anderen Gründen eine Fortführung sinnvoll ist, zB wenn der Verkauf des Unternehmens des Schuldners geplant ist. Derartige Umstände sind dem Verwalter in seiner Vergütung nicht anzu-
lasten.

7. Vorschussgewährung (Abs. 2 Nr. 5). Vorschüsse und Zuschüsse dienen im Sinne dieser Vorschrift der   13
Durchführung des Insolvenzverfahrens bzw des Insolvenzplans und stellen in ihrer Höhe keine Berechnungsmasse für die Berechnung der Vergütung dar.

§ 2 Regelsätze

(1) Der Insolvenzverwalter erhält in der Regel

1.	von den ersten 25.000 Euro der Insolvenzmasse	40 vom Hundert,
2.	von dem Mehrbetrag bis zu 50.000 Euro	25 vom Hundert,
3.	von dem Mehrbetrag bis zu 250.000 Euro	7 vom Hundert,
4.	von dem Mehrbetrag bis zu 500.000 Euro	3 vom Hundert,
5.	von dem Mehrbetrag bis zu 25.000.000 Euro	2 vom Hundert,
6.	von dem Mehrbetrag bis zu 50.000.000 Euro	1 vom Hundert,
7.	von dem darüber hinausgehenden Betrag	0,5 vom Hundert.

(2) [1]Haben in dem Verfahren nicht mehr als 10 Gläubiger ihre Forderungen angemeldet, so soll die Vergütung in der Regel mindestens 1.000 Euro betragen. [2]Von 11 bis zu 30 Gläubigern erhöht sich die Vergütung
für je angefangene 5 Gläubiger um 150 Euro. [3]Ab 31 Gläubiger erhöht sich die Vergütung je angefangene
5 Gläubiger um 100 Euro.

I. Allgemeines

Die Vorschrift des § 2 regelt die Vergütung bei **durchschnittlichen Insolvenzverfahren** oder sog. **Normalver-**   1
fahren. Allgemein wird ein Normalverfahren zB mit einer durchschnittlichen Anzahl von 30 Gläubigern,

---

5 Ahrens/Gehrlein/Ringstmeier/*Nies*, § 1 InsVV Rn 26.

einer Verfahrensdauer von zwei Jahren, weniger als 20 Arbeitnehmern, einer inländischen Betriebsstätte, bis zu 50 Debitorenforderungen und bis zu 300 Buchungsvorgänge angenommen.[1] Abweichungen vom Normalverfahren werden in § 3 entsprechend gewürdigt.

II. Regelungsgehalt

2   **1. Regelsätze (Abs. 1).** Die degressive Staffelvergütung soll verhindern, dass bei hohen Bewertungsmassen den Verhältnissen entsprechend eine zu hohe Vergütung gewährt wird.[2]

3   **2. Mindestvergütung (Abs. 2).** Aufgrund der durch Beschluss des BGH vom 15.1.2004[3] festgestellten Verfassungswidrigkeit wurde Abs. 2 entsprechend geändert und die Mindestvergütung von ehemals 500 € auf die in Abs. 2 genannten Sätze erhöht.[4]

4   Die Mindestvergütung gilt aufgrund der Regelsätze in Abs. 1 mindestens bis zu einer Insolvenzmasse von 2.500 €. Darüber hinaus ist aufgrund der Erhöhungstatbestände in den Sätzen 2 und 3 bei Grenzfällen zu prüfen, ob die Vergütung nach Abs. 1 oder 2 anzuwenden ist. In den meisten Fällen handelt es sich bei der Anwendung der Mindestvergütung um masselose Verfahren natürlicher Personen, die über die Stundung der Verfahrenskosten nach § 4 a InsO nach einer gescheiterten Selbstständigkeit die Restschuldbefreiung nach § 300 InsO erlangen wollen. Für Nichtselbstständige wird auf § 13 und die dortigen Erläuterungen verwiesen.

5   Die Anzahl der Gläubiger, die Forderungen angemeldet haben, ist von der Anzahl der angemeldeten Forderungen zu unterscheiden. Häufig meldet ein Gläubiger mehrere Forderungen an, die mit unterschiedlichen Tabellennummern versehen werden. Die **Anzahl der Gläubiger** ist entscheidend.

6   Auch auf die Mindestvergütung sind ggf Zuschläge nach § 3 Abs. 1 zu gewähren, wenn ein Zuschlagstatbestand vorhanden ist. Bei Stundungsverfahren sind Zuschläge jedoch weitestgehend ausgeschlossen.[5]

§ 3 Zu- und Abschläge

(1) Eine den Regelsatz übersteigende Vergütung ist insbesondere festzusetzen, wenn

a) die Bearbeitung von Aus- und Absonderungsrechten einen erheblichen Teil der Tätigkeit des Insolvenzverwalters ausgemacht hat, ohne daß ein entsprechender Mehrbetrag nach § 1 Abs. 2 Nr. 1 angefallen ist,

b) der Verwalter das Unternehmen fortgeführt oder Häuser verwaltet hat und die Masse nicht entsprechend größer geworden ist,

c) die Masse groß war und die Regelvergütung wegen der Degression der Regelsätze keine angemessene Gegenleistung dafür darstellt, daß der Verwalter mit erheblichem Arbeitsaufwand die Masse vermehrt oder zusätzliche Masse festgestellt hat,

d) arbeitsrechtliche Fragen zum Beispiel in bezug auf das Insolvenzgeld, den Kündigungsschutz oder einen Sozialplan den Verwalter erheblich in Anspruch genommen haben oder

e) der Verwalter einen Insolvenzplan ausgearbeitet hat.

(2) Ein Zurückbleiben hinter dem Regelsatz ist insbesondere gerechtfertigt, wenn

a) ein vorläufiger Insolvenzverwalter in Verfahren tätig war,

b) die Masse bereits zu einem wesentlichen Teil verwertet war, als der Verwalter das Amt übernahm,

c) das Insolvenzverfahren vorzeitig beendet wird oder das Amt des Verwalters vorzeitig endet,

d) die Masse groß war und die Geschäftsführung geringe Anforderungen an den Verwalter stellte oder

e) die Vermögensverhältnisse des Schuldners überschaubar sind und die Zahl der Gläubiger oder die Höhe der Verbindlichkeiten gering ist.

I. Allgemeines

1   Die Vorschrift des § 3 dient durch die Festlegung von Zu- oder Abschlägen der Ermittlung einer dem Einzelfall gerecht werdenden Vergütung auf Basis der nach § 2 ermittelten Regelsätze.[1]

2   Die Zu- oder Abschläge ermitteln sich prozentual auf der Basis der Regelvergütung gem. § 2. Eine Ermittlung der Zu- oder Abschläge kann somit erst nach Berechnung der Regelvergütung erfolgen. Die Festsetzung der Zu- oder Abschläge erfolgt im Rahmen des Vergütungsantrags durch das zuständige Insolvenzge-

---

1 Ahrens/Gehrlein/Ringstmeier/*Nies*, § 2 InsVV Rn 1.   **2** Ahrens/Gehrlein/Ringstmeier/*Nies*, § 2 InsVV Rn 1.   **3** BGH ZInsO 2004, 257, 259.   **4** Vgl HK-InsO/*Büttner*, § 2 InsVV Rn 37 ff; Bork/Hölzle/*Keller*, Hdb InsolvenzR, § 2 InsVV Rn 96.   **5** Ahrens/ Gehrlein/Ringstmeier/*Nies*, § 2 InsVV Rn 11, 13.   **1** Ahrens/Gehrlein/Ringstmeier/*Nies*, § 3 InsVV Rn 2.

NK-GK/*Janssen*

richt nach § 8 (→ § 8 Rn 2). Das Insolvenzgericht hat eine Überprüfung aller Umstände, die zu Zu- oder Abschlägen führen könnten, durchzuführen. In diesem Rahmen ist eine Zusammenfassung der einzelnen Sachverhalte zu einem pauschalen Zu- oder Abschlag zulässig.[2] Grundsätzlich sind Zuschläge nur zu gewähren, wenn der Insolvenzverwalter im zugrunde liegenden Insolvenzverfahren durch die Bearbeitung des Sachverhalts bzw der Sachverhalte **mehr als allgemein üblich in Anspruch genommen** wurde. Einzelzu- oder -abschläge sind erst **ab mindestens 5 % der Regelvergütung** zu berücksichtigen.[3]

II. Regelungsgehalt

1. Zuschlagsermittlung für das vorläufige Insolvenzverfahren. Über die Verweisungsregelung des § 10 finden die Regelungen des § 3 auch bei der Ermittlung der Vergütung des vorläufigen Insolvenzverwalters Anwendung. 3

Wird der vorläufige Insolvenzverwalter im Rahmen seiner Tätigkeit durch erschwerende Umstände mehr 4 als allgemein üblich in Anspruch genommen, sind Zuschläge mit dem gegenüber einem Insolvenzverwalter angemessenen Prozentsatz zu bemessen. Hierbei kann es sich beispielhaft um folgende erschwerende Umstände handeln:

■ Schwierige Inbesitznahme bzw Sicherung der zukünftigen Insolvenzmasse, zB im Falle eines unkooperativen Schuldners oder bei zu sicherndem Vermögen im Ausland;
■ Betriebsfortführung, wenn der vorläufige Insolvenzverwalter durch die Betriebsfortführung mehr als üblich belastet ist, zB bei der Wiederaufnahme und Fortführung eines stillgelegten Betriebs, bei der Abwicklung von Arbeitsverhältnissen, insb. bei notwendigen Massenentlassungen oder bei der Mitwirkung betreffend eine übertragende Sanierung;
■ Bewirkung von Zustellungen, wenn durch diese der vorläufige Insolvenzverwalter mehr als allgemein üblich in Anspruch genommen wird.

2. Zuschlagsermittlung für das eröffnete Insolvenzverfahren (Abs. 1). Die Aufzählung der Zuschlagstatbe- 5 stände in Abs. 1 ist konkret gefasst und betrifft häufig anzutreffende und durch den gesetzlichen Regelungsgehalt bereits genau ausformulierte Tatbestände. Die im Gesetz angeführten Zuschlagskriterien sind aber nicht abschließend, sondern nur **exemplarisch**. Weitere Zuschlagskriterien sind allgemein anerkannt. In der Praxis relevante Beispiele sind die übertragene Sanierung, der Erhalt vieler Arbeitsplätze, eine große Gläubigeranzahl, eine lange Verfahrensdauer, ein schwieriger Umgang mit dem Schuldner, umfangreiche Anfechtungstatbestände sowie ein umfangreicher Forderungseinzug.

3. Abschläge auf die Regelvergütung (Abs. 2). Während die Zuschlagstatbestände in Abs. 1 nicht abschlie- 6 ßend aufgeführt sind, ist die Regelung der Abschläge in Abs. 2 **weitestgehend abschließend**. Die Hürde für die Feststellung eines Abschlags ist hoch, Abschläge kommen in der Praxis eher selten vor. Beispielhaft sind folgende Fallkonstellationen zu benennen:

■ die Bestellung eines vorläufigen Verwalters unter der Voraussetzung, dass dieser dem endgültigen Verwalter erhebliche Arbeit erspart;[4]
■ eine fortgeschrittene Verwertung der Masse ist bereits bei Eröffnung des Verfahrens erfolgt, wobei Prozentsätze zwischen 25 % und 70 % im Einzelfall herangezogen wurden;[5]
■ vorzeitige Beendigung des Amtes, wobei ein Abschlag unter Berücksichtigung des Bearbeitungsstands des Verfahrens in Betracht kommt;[6]
■ eine übermäßige Delegation von Aufgaben an Dritte.[7]

Je höhe die Masse ist, desto größer ist idR der Aufwand in einem Insolvenzverfahren, so dass ein Abschlag 7 aufgrund einer hohen Masse – auch wegen der degressiven Staffelung der Regelvergütung – nur selten vorkommt.[8]

Durch das Gesetz zur Verkürzung des Restschuldbefreiungsverfahrens und zur Stärkung der Gläubigerrech- 8 te[9] wurde mWz 1.7.2014 die Regelung des Abs. 2 um einen neuen **Buchst. e** dahin gehend ergänzt, dass ein Zurückbleiben hinter dem Regelsatz auch dann gerechtfertigt ist, wenn die **Vermögensverhältnisse** des Schuldners **überschaubar** sind und die **Zahl der Gläubiger** oder die **Höhe der Verbindlichkeiten gering** ist. Dieser Abschlagstatbestand geht einher mit den für Kleinverfahren nach Maßgabe von § 5 Abs. 2 InsO bestehenden Verfahrenserleichterungen. Die geringeren Anforderungen für den Verwalter sollen durch einen Abschlag bei der Vergütung berücksichtigt werden.[10]

---

2 Bork/Hölzle/*Keller*, Hdb InsolvenzR., § 3 InsVV Rn 102; BGH 11.5.2006 – IX ZB 249/04. **3** Ahrens/Gehrlein/Ringstmeier/ *Nies*, § 3 InsVV Rn 5. **4** HK-InsO/*Büttner*, § 3 InsVV Rn 27; BGH ZInsO 2011, 1422, 1424. **5** HK-InsO/*Büttner*, § 3 InsVV Rn 32; *Leonhardt/Smid/Zeuner*, InsVV, § 3 Rn 87. **6** HK-InsO/*Büttner*, § 3 InsVV Rn 33. **7** *Lorenz/Klanke*, § 3 InsVV Rn 53. **8** HK-InsO/*Büttner*, § 3 InsVV Rn 35. **9** Vom 15.7.2013 (BGBl. I 2379). **10** BT-Drucks 17/11268, S. 36.

§ 4 Geschäftskosten, Haftpflichtversicherung

(1) [1]Mit der Vergütung sind die allgemeinen Geschäftskosten abgegolten. [2]Zu den allgemeinen Geschäftskosten gehört der Büroaufwand des Insolvenzverwalters einschließlich der Gehälter seiner Angestellten, auch soweit diese anläßlich des Insolvenzverfahrens eingestellt worden sind. [3]Unberührt bleibt das Recht des Verwalters, zur Erledigung besonderer Aufgaben im Rahmen der Verwaltung für die Masse Dienst- oder Werkverträge abzuschließen und die angemessene Vergütung aus der Masse zu zahlen.

(2) Besondere Kosten, die dem Verwalter im Einzelfall, zum Beispiel durch Reisen, tatsächlich entstehen, sind als Auslagen zu erstatten.

(3) [1]Mit der Vergütung sind auch die Kosten einer Haftpflichtversicherung abgegolten. [2]Ist die Verwaltung jedoch mit einem besonderen Haftungsrisiko verbunden, so sind die Kosten einer angemessenen zusätzlichen Versicherung als Auslagen zu erstatten.

I. Allgemeines

1   Durch die Regelungen in § 4 sollen der Masse unberechtigte Belastungen erspart werden.

II. Regelungsgehalt

2   **1. Allgemeine Geschäftskosten (Abs. 1 S. 1 und 2).** Abs. 1 S. 1 stellt klar, dass mit der Vergütung des Insolvenzverwalters auch seine üblichen allgemeinen Geschäftskosten abgegolten werden. Dies sind zB Aufwendungen für Gehälter, Büroaufwand, Kosten für Miete und Nebenkosten der Geschäftsräume, Telefon, andere Kommunikationskosten u.A. (vgl Abs. 1 S. 2).

3   **2. Delegationsfähige Tätigkeiten (Abs. 1 S. 3).** Ungeachtet dessen kann der Verwalter zur Erledigung besonderer Aufgaben Dienst- und Werkverträge abschließen und die dadurch verursachten Kosten auch ohne Zustimmung des Insolvenzgerichts der Masse entnehmen.[1] Diese Aufgaben können je nach Verfahrensgröße sehr vielfältig sein, zB Immobilienverwaltung, Steuerangelegenheiten, Einlagerung von Geschäftspapieren oder Vermögensgegenständen, Verwertung, sonstige Bestellung von Gutachtern.[2]

4   **3. Besondere Kosten (Abs. 2).** Abs. 2 stellt die Möglichkeit dar, besondere Kosten als Auslagen geltend zu machen. Explizit werden hier **Reisekosten** genannt.[3] Es können aber auch andere Kosten, wie zB solche für **Geschäftsessen** oder die **Anmietung** von zusätzlich benötigten Räumen, erforderlich sein.[4] Die Notwendigkeit und die Höhe der Auslagen sind nachzuweisen.

5   **4. Haftpflichtversicherung (Abs. 3).** Die Kosten der üblichen Haftpflichtversicherung können nicht zusätzlich geltend gemacht werden. Sofern aufgrund eines komplexen Insolvenzverfahrens und erkennbar zusätzlicher Risiken eine **Vermögensschadenshaftpflichtversicherung** notwendig ist, können diese Kosten zusätzlich als Auslagen geltend gemacht werden. Will der Verwalter diese Kosten der Masse vorzeitig entnehmen, bedarf es einer Vorschussbeantragung beim Insolvenzgericht.[5]

§ 5 Einsatz besonderer Sachkunde

(1) Ist der Insolvenzverwalter als Rechtsanwalt zugelassen, so kann er für Tätigkeiten, die ein nicht als Rechtsanwalt zugelassener Verwalter angemessenerweise einem Rechtsanwalt übertragen hätte, nach Maßgabe des Rechtsanwaltsvergütungsgesetzes Gebühren und Auslagen gesondert aus der Insolvenzmasse entnehmen.

(2) Ist der Verwalter Wirtschaftsprüfer oder Steuerberater oder besitzt er eine andere besondere Qualifikation, so gilt Absatz 1 entsprechend.

1   Die Regelung des § 5 legt die Kriterien für die Abgrenzung der gesondert zu vergütenden Tätigkeiten fest.

2   **Rechtsanwalt als Insolvenzverwalter (Abs. 1):** Kosten für Aufträge, die die besondere Sachkunde als Rechtsanwalt erfordern, sind sonstige Masseverbindlichkeiten und können der Insolvenzmasse ohne die Einholung der Zustimmung des Insolvenzgerichts entnommen werden.[1] Lagen die Voraussetzungen des Abs. 1 im Falle der Entnahme nicht vor, kann das Insolvenzgericht im Rahmen seiner Aufsicht nach § 58 InsO[2] die

---

1 Ahrens/Gehrlein/Ringstmeier/*Nies*, § 4 InsVV Rn 2. **2** *Haarmeyer/Mock*, InsVV, § 4 Rn 12 ff. **3** MüKo-InsO/*Riedel*, § 4 InsVV Rn 2, 7; vgl *Stiller*, ZInsO 2016, 28–30. **4** MüKo-InsO/*Riedel*, § 4 InsVV Rn 5. **5** MüKo-InsO/*Riedel*, § 4 InsVV Rn 25 ff; s. auch LG Gießen 29.3.2012 – 7 T 434/11. **1** HK-InsO/*Büttner*, § 5 InsVV Rn 3, 5; MüKo-InsO/*Riedel*, § 5 InsVV Rn 1. **2** HK-InsO/*Büttner*, § 5 InsVV Rn 5.

Vergütung kürzen.[3] Zahlungen an eine Sozietät des Verwalters unterliegen nicht den Bestimmungen des § 5.[4]

Die vorgenannten Grundsätze (→ Rn 2) gelten entsprechend auch für den **Wirtschaftsprüfer** und **Steuerberater** als bestelltem Insolvenzverwalter (**Abs. 2**).[5]   3

Im Hinblick auf die **Kürzung der Berechnungsgrundlage** nach § 1 Abs. 2 Nr. 4 Buchst. a wird auf die Ausführungen in → § 1 Rn 12 verwiesen.   4

§ 6 Nachtragsverteilung. Überwachung der Erfüllung eines Insolvenzplans

(1) [1]Für eine Nachtragsverteilung erhält der Insolvenzverwalter eine gesonderte Vergütung, die unter Berücksichtigung des Werts der nachträglich verteilten Insolvenzmasse nach billigem Ermessen festzusetzen ist. [2]Satz 1 gilt nicht, wenn die Nachtragsverteilung voraussehbar war und schon bei der Festsetzung der Vergütung für das Insolvenzverfahren berücksichtigt worden ist.

(2) [1]Die Überwachung der Erfüllung eines Insolvenzplans nach den §§ 260 bis 269 der Insolvenzordnung wird gesondert vergütet. [2]Die Vergütung ist unter Berücksichtigung des Umfangs der Tätigkeit nach billigem Ermessen festzusetzen.

§ 6 begründet einen Vergütungsanspruch des Insolvenzverwalters für die Nachtragsverteilung (Abs. 1) und für die Überwachung der Erfüllung eines Insolvenzplans (Abs. 2).   1

Vergütung bei Nachtragsverteilung (Abs. 1): In § 203 InsO ist die Anordnung einer Nachtragsverteilung nach Aufhebung des Insolvenzverfahrens geregelt. Sofern nicht bereits in der Verwaltervergütung berücksichtigt, steht dem (ehemaligen) Insolvenzverwalter für eine Nachtragsverteilung eine gesonderte Vergütung zu. Für den Normalfall wird eine Regelvergütung von 0,25 analog §§ 1, 2 und 11 als angemessen angesehen.[1] Berechnungsgrundlage iSd § 1 ist das der Nachtragsverteilung unterliegende Vermögen.[2]   2

Vergütung für die Überwachung der Insolvenzplanerfüllung (Abs. 2): Sieht ein Insolvenzplan Überwachungstätigkeiten des Insolvenzverwalters vor (§§ 260–269 InsO), so sind diese Tätigkeiten ihrem Umfang nach gesondert zu vergüten.   3

§ 7 Umsatzsteuer

Zusätzlich zur Vergütung und zur Erstattung der Auslagen wird ein Betrag in Höhe der vom Insolvenzverwalter zu zahlenden Umsatzsteuer festgesetzt.

Der Insolvenzverwalter (auch: vorläufiger Insolvenzverwalter, Treuhänder und Sachwalter nach §§ 11–14) ist **steuerpflichtiger Unternehmer** im Sinne des UStG. Die Umsatzsteuer ist demgemäß zusätzlich zur Vergütung und zu den Auslagen im Vergütungsbeschuss festzusetzen. Der Verwalter ist verpflichtet, eine den Vorschriften des UStG entsprechende Rechnung zu erstellen.[1]   1

§ 8 Festsetzung von Vergütung und Auslagen

(1) [1]Die Vergütung und die Auslagen werden auf Antrag des Insolvenzverwalters vom Insolvenzgericht festgesetzt. [2]Die Festsetzung erfolgt für Vergütung und Auslagen gesondert. [3]Der Antrag soll gestellt werden, wenn die Schlußrechnung an das Gericht gesandt wird.

(2) In dem Antrag ist näher darzulegen, wie die nach § 1 Abs. 2 maßgebliche Insolvenzmasse berechnet worden ist und welche Dienst- oder Werkverträge für besondere Aufgaben im Rahmen der Insolvenzverwaltung abgeschlossen worden sind (§ 4 Abs. 1 Satz 3).

(3) [1]Der Verwalter kann nach seiner Wahl anstelle der tatsächlich entstandenen Auslagen einen Pauschsatz fordern, der im ersten Jahr 15 vom Hundert, danach 10 vom Hundert der Regelvergütung, höchstens jedoch 250 Euro je angefangenen Monat der Dauer der Tätigkeit des Verwalters beträgt. [2]Der Pauschsatz darf 30 vom Hundert der Regelvergütung nicht übersteigen.

---

3 Ahrens/Gehrlein/Ringstmeier/*Nies*, § 5 InsVV Rn 4. **4** HK-InsO/*Büttner*, § 5 InsVV Rn 8; BGH ZInsO 2007, 813. **5** HK-InsO/ *Büttner*, § 5 InsVV Rn 10. **1** Ahrens/Gehrlein/Ringstmeier/*Nies*, § 6 InsVV Rn 1 f. **2** HK-InsO/*Büttner*, § 6 InsVV Rn 3. **1** *Haarmeyer*/*Mock*, InsVV, § 7 Rn 6.

I. Allgemeines

1 Nach § 64 Abs. 1 InsO setzt das Insolvenzgericht die Vergütung und die zu erstattenden Auslagen des Insolvenzverwalters per Beschluss fest.[1] § 8 überführt die Bestimmungen des § 64 InsO in die InsVV und stellt ergänzende Regelungen auf.[2] Die Norm erfasst über § 10 auch die Vergütungsansprüche des vorläufigen Insolvenzverwalters, des Sachwalters und des Insolvenzverwalters im Verbraucherinsolvenzverfahren.[3]

II. Regelungsgehalt

2 **1. Antragstellung; Festsetzung durch das Insolvenzgericht (Abs. 1).** Die Gewährung einer Vergütung und der Auslagen setzt zwingend eine **Antragstellung** durch den Insolvenzverwalter voraus (Abs. 1 S. 1). Die Vergütung nach § 2, Zuschläge nach § 3 und Auslagen nach § 4 oder alternativ nach Abs. 3 sowie die Umsatzsteuer (§ 7) sind einzeln mit der beantragten Summe aufzuführen und zu begründen. Auch ist die nach § 1 Abs. 2 errechnete Berechnungsmasse begründet und schlüssig darzulegen (Abs. 2). Da der Antrag zur Schlussrechnungslegung einzureichen ist (Abs. 1 S. 3), das Verfahren aber aufgrund der Laufzeit bei Gericht und einer evtl. Prüfung der Schlussrechnungslegung durch externe Dritte noch nicht beendet ist, können nachlaufende Einnahmen zur Masse entsprechend berücksichtigt werden.

3 Die Vergütung und die Auslagen dürfen erst nach **Festsetzung durch das Insolvenzgericht** der Masse entnommen werden.[4]

4 **2. Dienst- und Werkverträge (Abs. 2).** Die Notwendigkeit des Abschlusses von Dienst- und Werkverträgen ist gesondert zu begründen und die Kosten hierfür sind separat auszuweisen. Das Gericht ist berechtigt und verpflichtet, diese Aufwendungen zu überprüfen.[5]

5 **3. Auslagenpauschale (Abs. 3).** Da die Aufstellung und Begründung einzelner Auslagen nach § 4 sehr aufwendig ist, wird idR von der Möglichkeit nach Abs. 3 mit der Beantragung der Auslagenpauschale Gebrauch gemacht. Hiervon sind alle Einzelauslagen erfasst.

6 Die jährliche Pauschale beträgt im ersten Jahr 15 % der Regelvergütung, in den folgenden Jahren 10 % pro angefangenem Jahr der Tätigkeit. Zuschläge nach § 3 werden nicht berücksichtigt. Die jährliche Auslagenpauschale ist begrenzt auf max. 250 € pro Monat der Tätigkeit des Verwalters. Des Weiteren darf die Auslagenpauschale insgesamt nicht mehr als 30 % der Regelvergütung betragen.[6]

7 Für vom Insolvenzgericht an den Verwalter übertragene **Zustellungen** kann dieser zusätzliche Auslagen geltend machen. Diese sind pauschal auf die Anzahl der Zustellungen zu berechnen. Die Pauschalsätze sind je nach Insolvenzgericht unterschiedlich und betragen zwischen 0,70 € und 4 € pro Zustellung. Die einzelnen Sätze sind beim jeweiligen Insolvenzgericht abzufragen.

§ 9 Vorschuß

[1]Der Insolvenzverwalter kann aus der Insolvenzmasse einen Vorschuß auf die Vergütung und die Auslagen entnehmen, wenn das Insolvenzgericht zustimmt. [2]Die Zustimmung soll erteilt werden, wenn das Insolvenzverfahren länger als sechs Monate dauert oder wenn besonders hohe Auslagen erforderlich werden. [3]Sind die Kosten des Verfahrens nach § 4 a der Insolvenzordnung gestundet, so bewilligt das Gericht einen Vorschuss, sofern die Voraussetzungen nach Satz 2 gegeben sind.

1 Die gerichtliche Festsetzung des Vergütungsanspruchs des Insolvenzverwalters erfolgt erst beim Ende des Insolvenzverfahrens. Bei länger andauernden Verfahren muss der Verwalter seine Kosten aus eigenen Mitteln kreditieren.[1] § 9 gestattet ihm die Geltendmachung eines Vorschusses.

2 Ein Vorschuss auf die Verwaltervergütung muss vom Insolvenzverwalter beim Insolvenzgericht **beantragt** werden. Der Vorschuss kann auf die Regelvergütung, auf eventuelle Zuschläge, auf die Auslagen und die Umsatzsteuer, hochgerechnet auf den Vergütungsanspruch zum voraussichtlichen Ende des Verfahrens, berechnet werden. Ebenfalls ist die Berechnungsgrundlage nach § 1 auf die Beendigung des Verfahrens abzustellen. Ein angemessener Vorschuss kann je nach Insolvenzverfahren zwischen 60 % und 80 % der endgültigen Vergütung betragen.

3 Nach Prüfung des Antrags bedarf es der **Zustimmung des Insolvenzgerichts** zur Entnahme des Vorschusses aus der Masse. Erst nach Zugang der Zustimmung darf der Verwalter den Vorschuss entnehmen. Das In-

---

1 Bork/Hölzle/*Riedel*, Hdb InsolvenzR, § 8 InsVV Rn 156. **2** Ahrens/Gehrlein/Ringstmeier/*Nies*, § 8 InsVV Rn 1. **3** *Haarmeyer/ Mock*, InsVV, § 8 Rn 7. **4** Ahrens/Gehrlein/Ringstmeier/*Nies*, § 8 InsVV Rn 4. **5** Ahrens/Gehrlein/Ringstmeier/*Nies*, § 8 InsVV Rn 7. **6** MüKo-InsO/*Stephan*, § 8 InsVV Rn 31. **1** Ahrens/Gehrlein/Ringstmeier/*Nies*, § 9 InsVV Rn 2.

solvenzgericht muss bei Vorlage der sachlichen Voraussetzungen die Zustimmung erteilen.[2] Bei vorheriger Entnahme liegt Untreue gem. § 266 StGB vor.[3]

Rechtsmittel sind gegen die Nichterteilung der Zustimmung zur Gewährung eines Vorschusses nicht vorge- 4 sehen.[4] Eine Veröffentlichung des Beschlusses erfolgt ebenfalls nicht.

Zweiter Abschnitt
Vergütung des vorläufigen Insolvenzverwalters, des Sachwalters und des Insolvenzverwalters im Verbraucherinsolvenzverfahren

§ 10 Grundsatz

Für die Vergütung des vorläufigen Insolvenzverwalters, des Sachwalters und des Insolvenzverwalters im Verbraucherinsolvenzverfahren gelten die Vorschriften des Ersten Abschnitts entsprechend, soweit in den §§ 11 bis 13 nichts anderes bestimmt ist.

Der Zweite Abschnitt der InsVV (§§ 10–13) regelt die besonderen Vergütungsformen des vorläufigen Insol- 1 venzverwalters, des Sachwalters und des sog. Insolvenzverwalters im Verbraucherinsolvenzverfahrens (bis 30.6.2014: Treuhänder im vereinfachten Insolvenzverfahren).

Da die vergütungsrelevanten Tätigkeiten vom Grundsatz her dem des Insolvenzverwalters ähnlich sind, 2 kommen die Vorschriften des Ersten Abschnitts (§§ 1–9) – vorbehaltlich etwaiger anderer Bestimmungen in den §§ 11–13 – zur Anwendung.[1]

§ 11 Vergütung des vorläufigen Insolvenzverwalters

(1) [1]Für die Berechnung der Vergütung des vorläufigen Insolvenzverwalters ist das Vermögen zugrunde zu legen, auf das sich seine Tätigkeit während des Eröffnungsverfahrens erstreckt. [2]Vermögensgegenstände, an denen bei Verfahrenseröffnung Aus- oder Absonderungsrechte bestehen, werden dem Vermögen nach Satz 1 hinzugerechnet, sofern sich der vorläufige Insolvenzverwalter in erheblichem Umfang mit ihnen befasst. [3]Sie bleiben unberücksichtigt, sofern der Schuldner die Gegenstände lediglich auf Grund eines Besitzüberlassungsvertrages in Besitz hat.

(2) Wird die Festsetzung der Vergütung beantragt, bevor die von Absatz 1 Satz 1 erfassten Gegenstände veräußert wurden, ist das Insolvenzgericht spätestens mit Vorlage der Schlussrechnung auf eine Abweichung des tatsächlichen Werts von dem der Vergütung zugrunde liegenden Wert hinzuweisen, sofern die Wertdifferenz 20 vom Hundert bezogen auf die Gesamtheit dieser Gegenstände übersteigt.

(3) Art, Dauer und der Umfang der Tätigkeit des vorläufigen Insolvenzverwalters sind bei der Festsetzung der Vergütung zu berücksichtigen.

(4) Hat das Insolvenzgericht den vorläufigen Insolvenzverwalter als Sachverständigen beauftragt zu prüfen, ob ein Eröffnungsgrund vorliegt und welche Aussichten für eine Fortführung des Unternehmens des Schuldners bestehen, so erhält er gesondert eine Vergütung nach dem Justizvergütungs- und -entschädigungsgesetz.

I. Allgemeines

Nach §§ 21, 22 InsO kann das Insolvenzgericht vorläufige Maßnahmen zur Sicherung der Masse anordnen 1 und einen vorläufigen Insolvenzverwalter bestellen. Der vorläufige Insolvenzverwalter hat einen von den Vorschriften der §§ 1–9 divergenten Vergütungsanspruch. Die Abweichungen ergeben sich aus § 11 iVm § 63 Abs. 3 InsO.

Durch das „Gesetz zur Verkürzung des Restschuldbefreiungsverfahrens und zur Stärkung der Gläubiger- 2 rechte"[1] wurde § 11 mWz 19.7.2013 neu gefasst. Die Änderung steht im Zusammenhang mit der ebenfalls zum 19.7.2013 in Kraft getretenen Änderung des § 63 InsO durch vorgenanntes Gesetz, dem ein Absatz 3 angefügt wurde. Den Gesetzesänderungen liegen die Beschlüsse des BGH vom 15.11.2012[2] zugrunde, in

---

2 *Haarmeyer/Mock*, InsVV, § 9 Rn 2; BGH ZInsO 2004, 268. **3** HK-InsO/*Büttner*, § 9 InsVV Rn 5; vgl BGH ZInsO 2001, 956. **4** Ahrens/Gehrlein/Ringstmeier/*Nies*, § 9 InsVV Rn 15. **1** Ahrens/Gehrlein/Ringstmeier/*Nies*, § 10 InsVV Rn 1. **1** Vom 15.7.2013 (BGBl. I 2379). **2** BGH 15.11.2012 – IX ZB 88/09, ZInsO 2013, 44; BGH 15.11.2012 – IX ZB 130/10, ZInsO 2013, 100.

denen er beanstandet, dass die Einbeziehung von mit Aus- und Absonderungsrechten belasteten Vermögenswerten in die Berechnungsgrundlage nur bei erheblicher Befassung des vorläufigen Verwalters lediglich knapp durch die Ermächtigungsgrundlage gedeckt ist. Des Weiteren wurde § 65 InsO, der die Verordnungsermächtigung zur Vergütungsregelung regelt, mWz 1.7.2014 erweitert.

§ 63 InsO Vergütung des Insolvenzverwalters

(1)–(2) ...

(3) [1]Die Tätigkeit des vorläufigen Insolvenzverwalters wird gesondert vergütet. [2]Er erhält in der Regel 25 Prozent der Vergütung des Insolvenzverwalters bezogen auf das Vermögen, auf das sich seine Tätigkeit während des Eröffnungsverfahrens erstreckt. [3]Maßgebend für die Wertermittlung ist der Zeitpunkt der Beendigung der vorläufigen Verwaltung oder der Zeitpunkt, ab dem der Gegenstand nicht mehr der vorläufigen Verwaltung unterliegt. [4]Beträgt die Differenz des tatsächlichen Werts der Berechnungsgrundlage der Vergütung zu dem der Vergütung zugrunde gelegten Wert mehr als 20 Prozent, so kann das Gericht den Beschluss über die Vergütung des vorläufigen Insolvenzverwalters bis zur Rechtskraft der Entscheidung über die Vergütung des Insolvenzverwalters ändern.

§ 65 InsO Verordnungsermächtigung

Das Bundesministerium der Justiz und für Verbraucherschutz wird ermächtigt, die Vergütung und die Erstattung der Auslagen des vorläufigen Insolvenzverwalters und des Insolvenzverwalters sowie das hierfür maßgebliche Verfahren durch Rechtsverordnung zu regeln.

3 Mit **§ 63 Abs. 3 S. 1 InsO** wird erstmals in der InsO geregelt, dass der vorläufige Insolvenzverwalter eine **gesonderte** Vergütung erhält[3] (wie bereits durch § 11 Abs. 1 S. 1 InsVV aF klargestellt). Eine Zusammenrechnung mit der Vergütung des Insolvenzverwalters im eröffneten Verfahren ist damit ausgeschlossen. Die gesetzliche Anerkennung des Vergütungsanspruchs des vorläufigen Insolvenzverwalters führt angesichts der Bedeutung der vorläufigen Insolvenzverwaltung für das Vergütungsaufkommen des damit befassten Personenkreises zu größerer Rechtssicherheit.[4]

§ 63 Abs. 3 S. 2 InsO umschreibt die wesentlichen Grundlagen für die Berechnung der Vergütung des vorläufigen Insolvenzverwalters. Die Regelung entspricht § 11 Abs. 1 S. 2 InsVV aF.

§ 63 Abs. 3 S. 3 InsO stellt klar, auf welches Vermögen sich die Tätigkeit des vorläufigen Insolvenzverwalters während des Eröffnungsverfahrens erstreckt.

§ 63 Abs. 3 S. 4 InsO beinhaltet die Befugnis des Gerichts, den Beschluss über die Vergütung des vorläufigen Insolvenzverwalters abzuändern, wenn die Differenz zwischen dem tatsächlichen Wert der Berechnungsgrundlage für die Vergütung und dem Wert, der der Vergütung zugrunde gelegt wird, mehr als 20 Prozent beträgt. Das Gericht kann die Vergütung des vorläufigen Insolvenzverwalters bis zur Rechtskraft der Entscheidung über die Vergütung des Insolvenzverwalters sowohl erhöhen als auch reduzieren. Die Regelung entspricht § 11 Abs. 2 S. 2 InsVV aF. Aus Gründen der Rechtssicherheit und Rechtsklarheit wurde die Abänderungsbefugnis des Insolvenzgerichts gesetzlich geregelt.[5]

II. Regelungsgehalt

4 **1. Berechnungsgrundlage für die Vergütung. a) Grundsatz der Wertermittlung (Abs. 1 S. 1; § 63 Abs. 3 S. 3 InsO).** Berechnungsgrundlage für die Vergütung ist das **Vermögen des Schuldners**, auf das sich die Tätigkeit des vorläufigen Insolvenzverwalters während des Eröffnungsverfahrens erstreckt hat (Abs. 1 S. 1). Dieses Vermögen kann von dem anfänglich vorgefundenen Vermögen abweichen. Maßgebend für die **Wertermittlung** ist der **Zeitpunkt** der Beendigung des Amtes als vorläufiger Insolvenzverwalter oder der Zeitpunkt, ab dem der Gegenstand nicht mehr der vorläufigen Verwaltung unterliegt (§ 63 Abs. 3 S. 3 InsO). Eine Betriebsfortführung während der Tätigkeit als vorläufiger Insolvenzverwalter bspw kann die Werthaltigkeit der verwalteten Vermögensgegenstände sowohl positiv (zB durch Ermöglichung eines Verkaufs) als auch negativ (zB durch Abnutzung) beeinflussen.

5 **b) Aus- und Absonderungsrechte (Abs. 1 S. 2).** Die Vermögensgegenstände, die bei Verfahrenseröffnung mit Aus- und Absonderungsrechten nach §§ 47 ff InsO belastet sind, dürfen wertmäßig in voller Höhe nur dann in die Berechnungsmasse einfließen, sofern sich der vorläufige Insolvenzverwalter erheblich mit diesen Gegenständen befasst hat (**Abs. 1 S. 2**). Die **erhebliche Befassung** setzt eine über das übliche Maß erforderliche Inanspruchnahme und einen immens höheren Arbeitsaufwand des vorläufigen Insolvenzverwalters voraus.[6]

---

3 BT-Drucks 17/11268, S. 22. **4** BT-Drucks 17/11268, S. 22. **5** BT-Drucks 17/11268, S. 22. **6** Vgl MüKo-InsO/*Stephan*, § 11 InsVV Rn 43.

Beispiele für eine erhebliche Befassung sind u.a.: die Mobilien- und Immobilienverwaltung und -vermietung, ein erhöhter Verhandlungsbedarf zur Abwendung von Zwangsversteigerungen bzw zur Verwertung der belasteten Gegenstände, der Abschluss von Verwertungsvereinbarungen, der Forderungseinzug, der Abschluss von Nutzungsvereinbarungen im Rahmen einer Betriebsfortführung.[7]

c) Gegenstände im Eigentum Dritter (Abs. 1 S. 3). Gegenstände im Eigentum Dritter, die der Schuldner zB **6** als Mieter in Besitz hat, sind – da ja nicht Vermögensgegenstand des Schuldners – nicht in die Berechnungsmasse aufzunehmen (Abs. 1 S. 3).

d) Speziell: Unternehmensfortführung. Als Wertansatz bei einer Unternehmensfortführung ist analog § 1 **7** Abs. 2 Nr. 4 nur der Überschuss hieraus anzusetzen. Dieser ist durch eine für das vorläufige Insolvenzverfahren gesonderte Buchführung nachzuweisen. Im Falle von Einnahmen, deren Leistungserbringung aus der Zeit vor der vorläufigen Verwaltung erfolgt ist, ist eine Abgrenzung vorzunehmen. Des Weiteren sind Kosten, die während der vorläufigen Verwaltung entstanden sind, aber erst später bezahlt werden, zu berücksichtigen.

e) Behandlung von Wertdifferenzen, § 63 Abs. 3 S. 4 InsO. Der Umgang mit Wertdifferenzen bei der Vergü- **8** tungsbemessung ist seit dem 19.7.2013 in § 63 Abs. 3 S. 4 InsO geregelt (zum Gesetzeswortlaut → Rn 2), der dem § 11 Abs. 2 InsVV aF entspricht. Stellt sich im späteren Insolvenzverfahren heraus, dass die in der Berechnungsmasse dargestellten Werte bei der tatsächlichen späteren Verwertung um **mehr als 20 % abweichen**, so hat der Insolvenzverwalter dies dem Insolvenzgericht verpflichtend mitzuteilen. Spätestens mit dem Schlussbericht muss er seiner Mitteilung einen geänderten Vergütungsantrag mit den angepassten Werten beifügen. Das Gericht kann eine Änderung der vorläufigen Verwaltervergütung bis zur Rechtskraft des Beschlusses über die endgültige Verwaltervergütung vornehmen. Die Abweichung kann sowohl eine höhere als auch eine niedrigere Vergütung nach sich ziehen.

2. Regelvergütung, § 63 Abs. 3 S. 2 InsO. Die Regelvergütung bei sog. **Normalverfahren** beträgt **25 %** der **9** Vergütung des Insolvenzverwalters bezogen auf das Vermögen, auf das sich seine Tätigkeit während des Eröffnungsverfahrens erstreckt (§ 63 Abs. 3 S. 2 InsO). Hinsichtlich der Bewertung eines Normalverfahrens → § 2 Rn 1. Die zum 19.7.2013 eingefügte Regelung entspricht § 11 Abs. 1 S. 2 InsVV aF (→ Rn 2 f).

3. Mindestvergütung. Die Mindestvergütung des vorläufigen Insolvenzverwalters beträgt analog § 2 Abs. 2 **10** mindestens 1.000 € zzgl. Umsatzsteuer. Die Begrenzung des § 63 Abs. 3 S. 2 InsO auf 25 % (→ Rn 9) gilt hier nicht.

4. Zuschläge (Abs. 3). a) Grundsatz. Auf der Grundlage des Abs. 3 ist für die Bemessung der Zu- bzw Ab- **11** schläge analog § 3 auf die **Art, die Dauer und den Umfang der Tätigkeit** des vorläufigen Insolvenzverwalters abzustellen. Die Zu- bzw Abschläge erhöhen den prozentualen Anteil an der Basisvergütung nach § 2.[8] Die Zuschläge müssen sich auf die Tätigkeit während der vorläufigen Verwaltung beziehen. Im Hinblick auf mögliche Zuschlagskriterien wird – außer den nachfolgenden Abweichungen (→ Rn 12 f) – auf die Erl. in § 3 verwiesen.

b) Betriebsfortführung. Die Fortführung eines Betriebs ist keine Regelaufgabe des vorläufigen Insolvenzver- **12** walters und somit grds. zuschlagsberechtigt. Ein Zuschlag ist aber nur dann zu gewähren, wenn die Berechnungsmasse durch die Betriebsfortführung nicht wesentlich größer geworden ist. Gegebenenfalls ist im Vergütungsantrag eine Vergleichsrechnung anzustellen, in der die Berechnung der Vergütung mit Zuschlag ohne Betriebsfortführungsüberschuss derjenigen mit Betriebsfortführungsüberschuss ohne Zuschlag gegenüberzustellen ist. Eine ausführliche Begründung sollte beigefügt werden.[9]

c) Aus- und Absonderungsrechte. Grundsätzlich ist auch die Bearbeitung von Aus- und Absonderungsrech- **13** ten zuschlagsberechtigt. Wird allerdings der Wert der Aus- und Absonderungsrechte nach Abs. 1 S. 2 aufgrund erheblicher Befassung mit seinem vollen Wert in die Berechnungsmasse eingestellt, ist ein Zuschlag zunächst ausgeschlossen. War der Umfang der Bearbeitung sehr groß und ist ein weiterer Zuschlag angemessen, so bedarf dies einer ausführlichen Begründung gegenüber dem Insolvenzgericht. Gegebenenfalls sollte eine Vergleichsberechnung analog den vorstehenden Ausführungen (→ Rn 5) erfolgen.

5. Auslagen. Der vorläufige Insolvenzverwalter hat nach § 63 InsO iVm § 21 InsO und § 10 iVm §§ 4 **14** und 8 Anspruch auf Erstattung seiner Auslagen, ggf auch als Auslagenpauschale.

6. Vorläufiger Insolvenzverwalter als Sachverständiger (Abs. 4). Hat das Insolvenzgericht den vorläufigen **15** Insolvenzverwalter auch als Sachverständigen zur Beurteilung der Zahlungsunfähigkeit, der Verfahrenskostendeckung und zur Prüfung, ob vorläufige Anordnungen zur Sicherung der Masse erforderlich sind, be-

---

7 *Prasser*, InsVV für Fortgeschrittene, 2007, S. 46 ff, 58. **8** Vgl MüKo-InsO/*Stephan*, § 11 InsVV Rn 63. **9** MüKo-InsO/*Stephan*, § 11 InsVV Rn 65; BGH ZInsO 2010, 730.

stellt, so besteht ein **gesonderter** Vergütungsanspruch. Dieser ist in **§ 9 Abs. 2 JVEG** geregelt. Der Sachverständige erhält danach einen Stundenlohn von regelmäßig 80 € zzgl. tatsächlicher Auslagen.

16 **7. Exkurs: § 26 a InsO.** Durch das Gesetz zur Verkürzung des Restschuldbefreiungsverfahrens und zur Stärkung der Gläubigerrechte[10] wurde § 26 a InsO mWz **1.7.2014** neu gefasst. Der Gesetzgeber schuf damit die Möglichkeit, die Kosten des vorläufigen Insolvenzverwalters dem Gläubiger dann aufzuerlegen, wenn dieser einen von vornherein erkennbar erfolglosen Antrag gestellt hat und ihn damit grobes Verschulden trifft.

§ 26 a InsO Vergütung des vorläufigen Insolvenzverwalters
(1) Wird das Insolvenzverfahren nicht eröffnet, setzt das Insolvenzgericht die Vergütung und die zu erstattenden Auslagen des vorläufigen Insolvenzverwalters durch Beschluss fest.
(2) [1]Die Festsetzung erfolgt gegen den Schuldner, es sei denn, der Eröffnungsantrag ist unzulässig oder unbegründet und den antragstellenden Gläubiger trifft ein grobes Verschulden. [2]In diesem Fall sind die Vergütung und die zu erstattenden Auslagen des vorläufigen Insolvenzverwalters ganz oder teilweise dem Gläubiger aufzuerlegen und gegen ihn festzusetzen. [3]Ein grobes Verschulden ist insbesondere dann anzunehmen, wenn der Antrag von vornherein keine Aussicht auf Erfolg hatte und der Gläubiger dies erkennen musste. [4]Der Beschluss ist dem vorläufigen Verwalter und demjenigen, der die Kosten des vorläufigen Insolvenzverwalters zu tragen hat, zuzustellen. [5]Die Vorschriften der Zivilprozessordnung über die Zwangsvollstreckung aus Kostenfestsetzungsbeschlüssen gelten entsprechend.
(3) [1]Gegen den Beschluss steht dem vorläufigen Verwalter und demjenigen, der die Kosten des vorläufigen Insolvenzverwalters zu tragen hat, die sofortige Beschwerde zu. [2]§ 567 Absatz 2 der Zivilprozessordnung gilt entsprechend.

§ 12 Vergütung des Sachwalters

(1) Der Sachwalter erhält in der Regel 60 vom Hundert der für den Insolvenzverwalter bestimmten Vergütung.
(2) Eine den Regelsatz übersteigende Vergütung ist insbesondere festzusetzen, wenn das Insolvenzgericht gemäß § 277 Abs. 1 der Insolvenzordnung angeordnet hat, daß bestimmte Rechtsgeschäfte des Schuldners nur mit Zustimmung des Sachwalters wirksam sind.
(3) § 8 Abs. 3 gilt mit der Maßgabe, daß an die Stelle des Betrags von 250 Euro der Betrag von 125 Euro tritt.

1 Bei der eher selten vorkommenden **Eigenverwaltung** (§§ 270 ff InsO) wird anstelle des Insolvenzverwalters ein Sachwalter bestellt.[1] Bei der Eigenverwaltung übernimmt der Schuldner wesentliche Aufgaben eines Insolvenzverwalters selbst, so dass das Aufgabengebiet des Sachwalters erheblich geringer und mit deutlich niedrigerem Arbeitsaufwand zu bewältigen ist. § 12 regelt die Vergütung des Sachwalters und trägt der Mindertätigkeit Rechnung.

2 Die Berechnung der **Regelvergütung** (Abs. 1) richtet sich gem. § 10 nach den Bestimmungen der §§ 1–9. Die Vergütung des Sachwalters in einem sog. Normalverfahren (→ § 2 Rn 1) wird auf **60 %** der Vergütung des Insolvenzverwalters begrenzt.

3 **Abs. 2** regelt zunächst den Anspruch auf eine höhere Vergütung aufgrund vom Insolvenzgericht angeordneter Zustimmungsvorbehalte nach § 277 Abs. 1 InsO. Die Möglichkeit der Festsetzung weiterer Zuschläge nach § 3 bei Verfahren mit einem Aufwand oberhalb des sog. Normalverfahrens rechtfertigt sich zum einen aus dem Wort „insbesondere" in Abs. 2 und zum anderen aus der allgemeinen Formulierung des Abs. 1, der Zuschläge grds. nicht ausschließt.[2]

4 Nach **Abs. 3** wird die Vorschrift des § 8 Abs. 3 über die Berechnung der **Auslagen** analog angewandt. Bei der Anwendung der Auslagenpauschale reduziert sich diese jedoch auf 125 € monatlich.

---

10 Vom 15.7.2013 (BGBl. I 2379). **1** Vgl Ahrens/Gehrlein/Ringstmeier/*Nies*, § 12 InsVV Rn 1. **2** Vgl MüKo-InsO/*Stephan*, § 12 InsVV Rn 8.

§ 13 Vergütung des Insolvenzverwalters im Verbraucherinsolvenzverfahren

Werden in einem Verfahren nach dem Neunten Teil der Insolvenzordnung die Unterlagen nach § 305 Absatz 1 Nummer 3 der Insolvenzordnung von einer geeigneten Person oder Stelle erstellt, ermäßigt sich die Vergütung nach § 2 Absatz 2 Satz 1 auf 800 Euro.

§ 13 bestimmt in seiner ab 1.7.2014 geltenden Fassung,[1] dass sich die Vergütung nach § 2 Abs. 2 S. 1 auf 800 € ermäßigt, wenn in einem Verfahren nach dem Neunten Teil der InsO (= Verbraucherinsolvenzverfahren) die Unterlagen nach § 305 Abs. 1 Nr. 3 InsO von einer geeigneten Person oder Stelle erstellt werden. Die Anpassung ist dem Vergleich zum Regelinsolvenzverfahren geschuldet, in dem der Insolvenzverwalter einen geringeren Aufwand hat. Entsprechend ist es gerechtfertigt, die Mindestregelvergütung unter den Voraussetzungen des § 13 von 1.000 € auf 800 € (netto) zu reduzieren.[2] Hintergrund der Neufassung ist, dass ab diesem Zeitpunkt die **funktionale Zuständigkeit des Insolvenzverwalters** – unter **Wegfall des Treuhänders** – gegeben ist. Damit war die Vergütungsregelung auch insoweit neu zu fassen. **1**

Dritter Abschnitt
Vergütung des Treuhänders nach § 293 der Insolvenzordnung

§ 14 Grundsatz

(1) Die Vergütung des Treuhänders nach § 293 der Insolvenzordnung wird nach der Summe der Beträge berechnet, die auf Grund der Abtretungserklärung des Schuldners (§ 287 Abs. 2 der Insolvenzordnung) oder auf andere Weise zur Befriedigung der Gläubiger des Schuldners beim Treuhänder eingehen.

(2) Der Treuhänder erhält

1. von den ersten 25.000 Euro	**5 vom Hundert,**
2. von dem Mehrbetrag bis zu 50.000 Euro	**3 vom Hundert und**
3. von dem darüber hinausgehenden Betrag	**1 vom Hundert.**

(3) [1]Die Vergütung beträgt mindestens 100 Euro für jedes Jahr der Tätigkeit des Treuhänders. [2]Hat er die durch Abtretung eingehenden Beträge an mehr als 5 Gläubiger verteilt, so erhöht sich diese Vergütung je 5 Gläubiger um 50 Euro.

Nach § 291 Abs. 2 InsO bestimmt das Gericht einen Treuhänder für die sog. **Wohlverhaltensphase** nach Beendigung des eigentlichen Insolvenzverfahrens. Die Tätigkeit des Treuhänders in der Wohlverhaltensphase wird gem. § 293 InsO gesondert vergütet. Die Regelung der Vergütung erfolgt in den §§ 14–16. **1**

Berechnungsgrundlage der Vergütung (Abs. 1): Die Grundlage für die Vergütung des Treuhänders nach Abs. 2 errechnet sich aus **2**

- den aus der Abtretungserklärung nach § 287 Abs. 2 InsO erzielten Einnahmen aus dem pfändbaren Einkommen des Schuldners,
- den aus Erbschaften erlösten hälftigen Anteilen (§ 295 Abs. 1 Nr. 2 InsO) und
- den Beiträgen des Schuldners bei Ausübung einer selbstständigen Tätigkeit nach § 295 Abs. 2 InsO.[1]

Auf der Grundlage der nach Abs. 1 vorgenommenen Berechnung wird die **Vergütung** nach Abs. 2 ermittelt. Da sich regelmäßig keine bzw nur niedrige Einkünfte aus der Berechnungsgrundlage des Abs. 1 (→ Rn 2) ergeben, wird die Vergütung überwiegend die Mindestvergütung nach Abs. 3 (→ Rn 4) betragen. **3**

Dem Treuhänder steht für jedes angefangene Jahr seiner Tätigkeit die **Mindestvergütung** von 100 € netto zu. Für jede Verteilung an mehr als 5 Gläubiger erhält er je angefangene 5 Gläubiger zusätzlich 50 € (**Abs. 3**).[2] **4**

---

1 Art. 5 Nr. 4 des Gesetzes zur Verkürzung des Restschuldbefreiungsverfahrens und zur Stärkung der Gläubigerrechte v. 15.7.2013 (BGBl. I 2379, 2384). **2** BT-Drucks 17/11268, S. 37. **1** MüKo-InsO/*Stephan*, § 14 InsVV Rn 7. **2** MüKo-InsO/*Stephan*, § 14 InsVV Rn 13.

§ 15 Überwachung der Obliegenheiten des Schuldners

(1) ¹Hat der Treuhänder die Aufgabe, die Erfüllung der Obliegenheiten des Schuldners zu überwachen (§ 292 Abs. 2 der Insolvenzordnung), so erhält er eine zusätzliche Vergütung. ²Diese beträgt regelmäßig 35 Euro je Stunde.

(2) ¹Der Gesamtbetrag der zusätzlichen Vergütung darf den Gesamtbetrag der Vergütung nach § 14 nicht überschreiten. ²Die Gläubigerversammlung kann eine abweichende Regelung treffen.

1   Die in § 292 Abs. 2 InsO eröffnete Möglichkeit für die Anordnung der Gläubigerversammlung, den Treuhänder die Einhaltung der Obliegenheiten des Schuldners überwachen zu lassen, kommt in der Praxis nur selten vor. Bei Anordnung dieser Maßnahme steht dem Treuhänder ein Stundenlohn von 35 € zu.[1] Tätig werden muss er nur, wenn diese Vergütung gesichert ist (§ 292 Abs. 2 S. 3 InsO). Die mögliche Stundenzahl ist aufgrund der Vorgaben in Abs. 2 stark begrenzt.[2] Der Treuhänder muss schon im laufenden Verfahren die aufgewendete Stundenzahl beobachten, da die Vergütung nach § 14 erst bei Beendigung des Restschuldbefreiungsverfahrens festgesetzt wird.[3] Die Gläubigerversammlung kann Abweichungen sowohl in der Stundenzahl als auch hinsichtlich des Stundenlohns beschließen.[4]

§ 16 Festsetzung der Vergütung. Vorschüsse

(1) ¹Die Höhe des Stundensatzes der Vergütung des Treuhänders, der die Erfüllung der Obliegenheiten des Schuldners überwacht, wird vom Insolvenzgericht bei der Ankündigung der Restschuldbefreiung festgesetzt. ²Im übrigen werden die Vergütung und die zu erstattenden Auslagen auf Antrag des Treuhänders bei der Beendigung seines Amtes festgesetzt. ³Auslagen sind einzeln anzuführen und zu belegen. ⁴Soweit Umsatzsteuer anfällt, gilt § 7 entsprechend.

(2) ¹Der Treuhänder kann aus den eingehenden Beträgen Vorschüsse auf seine Vergütung entnehmen. ²Diese dürfen den von ihm bereits verdienten Teil der Vergütung und die Mindestvergütung seiner Tätigkeit nicht überschreiten. ³Sind die Kosten des Verfahrens nach § 4 a der Insolvenzordnung gestundet, so kann das Gericht Vorschüsse bewilligen, auf die Satz 2 entsprechend Anwendung findet.

I. Allgemeines

1   Das Festsetzungsverfahren dient einerseits der Kontrolle und andererseits der Rationalisierung.

II. Regelungsgehalt

2   **1. Antragstellung; Festsetzung der Vergütung (Abs. 1 S. 1, 2).** Die ihm nach §§ 14 und 15 zustehende Vergütung ist durch den Treuhänder beim Insolvenzgericht zu **beantragen**. Der Antrag wird regelmäßig bei Beendigung des Amtes mit der Schlussrechnungslegung beim Insolvenzgericht dem zuständigen Rechtspfleger zur Entscheidung vorgelegt.[1]

3   Die **Festsetzung der Vergütung** erfolgt durch den Rechtspfleger des zuständigen Insolvenzgerichts. Über die Internetplattform www.insolvenzbekanntmachungen.de ist der Beschluss über die Festsetzung der Vergütung öffentlich bekannt zu machen. Die besondere Zustellung erfolgt an den Treuhänder und an den Schuldner.[2]

4   **2. Auslagen (Abs. 1 S. 3).** Der Treuhänder hat grds. Anspruch auf Erstattung seiner Auslagen. Eine Pauschalierung gibt es hier – anders als beim Insolvenzverwalter (§ 8 Abs. 3) – nicht. Die Auslagen sind einzeln zu belegen (Abs. 1 S. 3). Da die Zuordnung der Auslagen in der Praxis nur schwer möglich ist, wird idR auf eine Beantragung von Auslagenerstattung verzichtet.

5   **3. Vorschuss (Abs. 2).** Der Treuhänder kann selbstständig bei vorhandener Masse einen Vorschuss auf die bereits verdiente Vergütung ohne Einholung der Zustimmung des Insolvenzgerichts entnehmen (Abs. 2 S. 1).[3] Ist dem Schuldner Kostenstundung nach § 4 a InsO gewährt worden, kann der Treuhänder beim Insolvenzgericht einen Vorschuss aus der Staatskasse beantragen (Abs. 2 S. 3).[4]

6   Wurde keine Kostenstundung gewährt bzw diese wegen Nichteinhaltung der Obliegenheiten des Schuldners versagt, so ist der Schuldner zur Zahlung des Vorschusses auf die Vergütung verpflichtet. Kommt dieser der

---

1 MüKo-InsO/*Stephan*, § 15 InsVV Rn 5. **2** MüKo-InsO/*Stephan*, § 15 InsVV Rn 7. **3** Ahrens/Gehrlein/Ringstmeier/*Nies*, § 15 InsVV Rn 4. **4** Ahrens/Gehrlein/Ringstmeier/*Nies*, § 15 InsVV Rn 4; vgl MüKo-InsO/*Stephan*, § 15 InsVV Rn 7. **1** Ahrens/Gehrlein/Ringstmeier/*Nies*, § 16 InsVV Rn 4; MüKo-InsO/*Stephan*, § 16 InsVV Rn 8. **2** Ahrens/Gehrlein/Ringstmeier/*Nies*, § 16 InsVV Rn 4; MüKo-InsO/*Stephan*, § 16 InsVV Rn 4. **3** HK-InsO/*Büttner*, § 16 InsVV Rn 10. **4** MüKo-InsO/*Stephan*, § 16 InsVV Rn 15.

Zahlung nicht nach, kann der Treuhänder gem. § 298 InsO die Versagung der Restschuldbefreiung beantragen.

Vierter Abschnitt
Vergütung der Mitglieder des Gläubigerausschusses

§ 17 Berechnung der Vergütung

(1) [1]Die Vergütung der Mitglieder des Gläubigerausschusses beträgt regelmäßig zwischen 35 und 95 Euro je Stunde. [2]Bei der Festsetzung des Stundensatzes ist insbesondere der Umfang der Tätigkeit zu berücksichtigen.

(2) [1]Die Vergütung der Mitglieder des vorläufigen Gläubigerausschusses für die Erfüllung der ihm nach § 56 a und § 270 Absatz 3 der Insolvenzordnung zugewiesenen Aufgaben beträgt einmalig 300 Euro. [2]Nach der Bestellung eines vorläufigen Insolvenzverwalters oder eines vorläufigen Sachwalters richtet sich die weitere Vergütung nach Absatz 1.

I. Allgemeines

§ 73 Abs. 1 S. 1 InsO bestimmt, dass die Mitglieder des Gläubigerausschusses Anspruch auf Vergütung für ihre Tätigkeit haben. Dieser Anspruch ist in § 17 vergütungsrechtlich normiert. Die letzte Änderung dieser Vorschrift erfolgte durch Art. 2 des Gesetzes zur weiteren Erleichterung der Sanierung von Unternehmen (ESUG) vom 7.12.2011,[1] wodurch Abs. 2 eingefügt wurde.[2]   **1**

II. Regelungsgehalt

1. Regelstundensatz (Abs. 1 S. 1); Zeitaufwand. Die Stundensätze des Abs. 1 S. 1 wurden im Jahr 2004 geändert[3] und erheblich angepasst. Die Höhe des Regelstundensatzes richtet sich nach der jeweiligen Tätigkeit und der individuellen Beanspruchung des einzelnen Ausschussmitglieds. Es besteht kein Anspruch auf die gleiche Vergütung. Grundsätzlich sind auch Abweichungen von den Regelstundensätzen möglich, um dem Zeitaufwand und dem Umfang der Tätigkeit gerecht zu werden.[4]   **2**

Regelmäßiges Kriterium für die Höhe der Vergütung ist der getätigte **Zeitaufwand** (vgl § 73 Abs. 1 S. 2 InsO). Hierzu gehören neben der Teilnahme an den Gläubigerausschusssitzungen auch der Zeitaufwand zB für das Aktenstudium, die Vor- und Nachbereitungen von Ausschusssitzungen u.Ä.[5]   **3**

2. Erhöhungskriterien. Übertrifft ein Insolvenzverfahren vom Aufwand her die Kriterien eines Normalverfahrens, so sind den Ausschussmitgliedern **Zuschläge** zu gewähren. Diese orientieren sich an den Zuschlägen des Insolvenzverwalters analog § 3.[6] Des Weiteren kommen Erhöhungskriterien in Betracht, wenn sich ein Ausschussmitglied besonders in ein Verfahren eingebracht hat, zusätzliche Aufgaben übernommen hat oder ein erhöhtes Haftungsrisiko eingegangen ist.[7]   **4**

3. Festsetzung der Vergütung. Die Vergütung wird nur auf Antrag des einzelnen Gläubigerausschussmitglieds an das Insolvenzgericht gewährt. Jedes Ausschussmitglied hat einen eigenen Antrag auf seine Vergütung zu stellen.[8] Die Festsetzung der Vergütung erfolgt durch das Gericht, wobei der Schuldner und der Insolvenzverwalter anzuhören sind.[9] Eine Veröffentlichung über den Beschluss der Festsetzung der Vergütung ohne Nennung der Beträge zur Einsichtnahme im Insolvenzgericht hat nach § 64 InsO zu erfolgen.[10]   **5**

4. Einmalige Vergütung für die Erfüllung der Aufgaben nach § 56 a InsO und § 270 Abs. 3 InsO (Abs. 2). Für die Aufgaben des vorläufigen Gläubigerausschusses nach § 56 a InsO (Vorschlag für die Bestellung eines Verwalters) und nach § 270 Abs. 3 InsO (Stellungnahme des Vorschlags des Schuldners auf Eigenverwaltung) erfolgt eine Vergütungsfestsetzung iHv einmalig 300 € (Abs. 2 S. 1).   **6**

---

1 BGBl. 2011 I 2582, 2588. **2** HK-InsO/*Büttner*, § 17 InsVV Rn 1. **3** Ahrens/Gehrlein/Ringstmeier/*Nies*, § 19 InsVV Rn 1.
4 MüKo-InsO/*Stephan*, § 17 InsVV Rn 20 f. **5** HK-InsO/*Büttner*, § 17 InsVV Rn 13. **6** BGH 8.10.2009 – IX ZB 11/08.
7 MüKo-InsO/*Stephan*, § 17 InsVV Rn 25. **8** MüKo-InsO/*Stephan*, § 17 InsVV Rn 35. **9** MüKo-InsO/*Stephan*, § 17 InsVV Rn 36. **10** MüKo-InsO/*Stephan*, § 17 InsVV Rn 39.

§ 18 Auslagen. Umsatzsteuer

(1) Auslagen sind einzeln anzuführen und zu belegen.

(2) Soweit Umsatzsteuer anfällt, gilt § 7 entsprechend.

1 Nach § 73 Abs. 1 S. 1 InsO haben die Mitglieder des Gläubigerausschusses einen Anspruch auf **Erstattung angemessener Auslagen**. Solche sind alle Sachaufwendungen und in bestimmten Fällen auch Personalkosten, soweit Letztere nicht bereits von den allgemeinen Geschäftskosten erfasst sind.

2 **Auslagen** des Gläubigerausschussmitglieds (zB Schreib-, Porto- und/oder Reisekosten) kann dieses gegen Nachweis erstattet bekommen (Abs. 1). Die Kosten einer Haftpflichtversicherung sind nach hM ebenfalls erstattungsfähig. Hierzu sollte eine Abstimmung mit dem Insolvenzgericht erfolgen.[1]

3 Ist ein Mitglied des Gläubigerausschusses **umsatzsteuerpflichtig**, so sind ihm auch diese Kosten zu erstatten (Abs. 2).[2]

Fünfter Abschnitt
Übergangs- und Schlußvorschriften

§ 19 Übergangsregelung

(1) Auf Insolvenzverfahren, die vor dem 1. Januar 2004 eröffnet wurden, sind die Vorschriften dieser Verordnung in ihrer bis zum Inkrafttreten der Verordnung vom 4. Oktober 2004 (BGBl. I S. 2569) am 7. Oktober 2004 geltenden Fassung weiter anzuwenden.

(2) Auf Vergütungen aus vorläufigen Insolvenzverwaltungen, die zum 29. Dezember 2006 bereits rechtskräftig abgerechnet sind, sind die bis zum Inkrafttreten der Zweiten Verordnung zur Änderung der Insolvenzrechtlichen Vergütungsverordnung vom 21. Dezember 2006 (BGBl. I S. 3389) geltenden Vorschriften anzuwenden.

(3) Auf Insolvenzverfahren, die vor dem 1. März 2012 beantragt worden sind, sind die Vorschriften dieser Verordnung in ihrer bis zum Inkrafttreten des Gesetzes vom 7. Dezember 2011 (BGBl. I S. 2582) am 1. März 2012 geltenden Fassung weiter anzuwenden.

(4) Auf Insolvenzverfahren, die vor dem 1. Juli 2014 beantragt worden sind, sind die Vorschriften dieser Verordnung in ihrer bis zum Inkrafttreten des Gesetzes vom 15. Juli 2013 (BGBl. I S. 2379) am 1. Juli 2014 geltenden Fassung weiter anzuwenden.

1 Die Übergangsregelung des § 19 grenzt die einzelnen Verfahren vergütungstechnisch zeitlich voneinander ab. In **Abs. 1** betrifft dies insb. die Änderungen[1] in den §§ 2 Abs. 2, 8 Abs. 3, 13 Abs. 1 S. 3 und 17. Die mit der zweiten Änderung[2] vorgenommenen Anpassungen in § 11 gelten gem. **Abs. 2** für rechtskräftig bis zum 29.12.2006 abgerechnete Vergütungen aus vorläufigen Verfahren. Für Verfahren, die, gem. **Abs. 3** nach dem 1.3.2012 beantragt worden sind, gilt der angefügte[3] § 17 Abs. 2.[4] **Abs. 4** nimmt die zum 1.7.2014 in Kraft tretenden Änderungen durch Art. 5 des Gesetzes zur Verkürzung des Restschuldbefreiungsverfahrens und zur Stärkung der Gläubigerrechte vom 15.7.2013[5] in Bezug.

§ 20 Inkrafttreten

Diese Verordnung tritt am 1. Januar 1999 in Kraft.

1 Die InsVV trat zeitgleich mit der Insolvenzordnung[1] in Kraft.

---

1 Vgl. MüKo-InsO/*Stephan*, § 18 InsVV Rn 7. **2** MüKo-InsO/*Stephan*, § 18 InsVV Rn 9. **1** Durch Verordnung zur Änderung der Insolvenzrechtlichen Vergütungsverordnung v. 21.12.2006 (BGBl. I 2569). **2** Durch Zweite Verordnung zur Änderung der Insolvenzrechtlichen Vergütungsverordnung v. 21.12.2006 (BGBl. I 3389). **3** Durch Art. 2 des Gesetzes zur weiteren Erleichterung der Sanierung von Unternehmen v. 7.12.2011 (BGBl. I 2582, 2588). **4** Ahrens/Gehrlein/Ringstmeier/*Nies*, § 19 InsVV Rn 4. **5** BGBl. 2013 I 2379. **1** Vom 5.10.1994 (BGBl. I 2866), in Kraft getreten am 19.10.1994 bzw 1.1.1999 (die InsO ist nach § 359 InsO iVm Art. 110 Abs. 1 nach Maßgabe des Abs. 2 EGInsO am 1.1.1999 in Kraft getreten).

Vergütung des psychosozialen Prozessbegleiters

I. Rechtsgrundlagen der psychosozialen Prozessbegleitung

1. Gesetzestext

§ 406 g StPO Psychosoziale Prozessbegleitung   1

(1) ¹Verletzte können sich des Beistands eines psychosozialen Prozessbegleiters bedienen. ²Dem psychosozialen Prozessbegleiter ist es gestattet, bei Vernehmungen des Verletzten und während der Hauptverhandlung gemeinsam mit dem Verletzten anwesend zu sein.

(2) Die Grundsätze der psychosozialen Prozessbegleitung sowie die Anforderungen an die Qualifikation und die Vergütung des psychosozialen Prozessbegleiters richten sich nach dem Gesetz über die psychosoziale Prozessbegleitung im Strafverfahren vom 21. Dezember 2015 (BGBl. I S. 2525, 2529) in der jeweils geltenden Fassung.

(3) ¹Unter den in § 397 a Absatz 1 Nummer 4 und 5 bezeichneten Voraussetzungen ist dem Verletzten auf seinen Antrag ein psychosozialer Prozessbegleiter beizuordnen. ²Unter den in § 397 a Absatz 1 Nummer 1 bis 3 bezeichneten Voraussetzungen kann dem Verletzten auf seinen Antrag ein psychosozialer Prozessbegleiter beigeordnet werden, wenn die besondere Schutzbedürftigkeit des Verletzten dies erfordert. ³Die Beiordnung ist für den Verletzten kostenfrei. ⁴Für die Beiordnung gilt § 142 Absatz 1 entsprechend. ⁵Im Vorverfahren entscheidet das nach § 162 zuständige Gericht.

(4) ¹Einem nicht beigeordneten psychosozialen Prozessbegleiter kann die Anwesenheit bei einer Vernehmung des Verletzten untersagt werden, wenn dies den Untersuchungszweck gefährden könnte. ²Die Entscheidung trifft die die Vernehmung leitende Person; die Entscheidung ist nicht anfechtbar. ³Die Gründe einer Ablehnung sind aktenkundig zu machen.

2. Aufgaben des psychosozialen Prozessbegleiters.

Einem Verletzten kann gem. § 406 g Abs. 1 S. 1 StPO ein   2
psychosozialer Prozessbegleiter beigeordnet werden. Diesem ist es gestattet, bei Vernehmungen des Verletzten und während der Hauptverhandlung gemeinsam mit dem Verletzten anwesend zu sein (§ 406 g Abs. 1 S. 2 StPO). Die Regelung wurde durch das 3. Opferrechtsreformgesetz¹ mWz **1.1.2017** eingeführt. Damit soll die rechtliche Vertretung des Verletzten durch Rechtsanwälte durch eine nicht rechtliche Unterstützung ergänzt werden. Es ist deshalb zu trennen zwischen der juristischen und der psychosozialen Begleitung. Diesem Umstand trägt § 406 g Abs. 1 StPO durch seine klare Trennung von strafverfahrensbezogener Beratung und Begleitung Rechnung. Der psychosoziale Prozessbegleiter hat sich deshalb jeglicher rechtlicher Beratung des Verletzten zu enthalten und darf auch keinerlei Aufklärung des der Tat zugrunde liegenden Sachverhalts betreiben.²

§ 406 g StPO gilt wegen § 2 Abs. 2 JGG auch in **Jugendstrafsachen.**   3

§ 406 g Abs. 2 StPO verweist hinsichtlich der Grundsätze der psychosozialen Prozessbegleitung, den Anforderungen an die Qualifikation und die **Vergütung** des psychosozialen Prozessbegleiters auf das „Gesetz über die psychosoziale Prozessbegleitung im Strafverfahren (**PsychPbG**)".³   4

3. Gerichtliche Beiordnung. a) Antrag des Verletzten.

Der psychosoziale Prozessbegleiter ist durch das Gericht beizuordnen. Eine Beiordnung von Amts wegen ist nicht vorgesehen. Vielmehr bestimmt § 406 g Abs. 3 S. 1, 2 StPO, dass die Beiordnung aufgrund eines Antrags des Verletzten erfolgt.   5

b) Voraussetzungen. Die Voraussetzungen für eine Beiordnung bestimmen sich nach § 406 g Abs. 3 S. 1, 2 StPO. Danach *hat* das Gericht dem Verletzten auf seinen Antrag hin einen psychosozialen Prozessbegleiter beizuordnen, wenn die Voraussetzungen des § 397 a Abs. 1 Nr. 4 und 5 StPO vorliegen (§ 406 g Abs. 3 S. 1 StPO). Die Beiordnung kann danach erfolgen, wenn der Verletzte   6

- durch eine rechtswidrige Tat nach den §§ 174–182, 225 StGB verletzt ist und er zur Zeit der Tat das 18. Lebensjahr noch nicht vollendet hatte oder seine Interessen selbst nicht ausreichend wahrnehmen kann (§ 397 a Abs. 1 Nr. 4 StPO) oder
- durch eine rechtswidrige Tat nach den §§ 221, 226, 226 a, 232–235, 237, 238 Abs. 2 und 3, §§ 239 a, 239 b, 240 Abs. 4, §§ 249, 250, 252, 255, 316 a StGB verletzt ist und er bei Antragstellung das 18. Lebensjahr noch nicht vollendet hat oder seine Interessen selbst nicht ausreichend wahrnehmen kann (§ 397 a Abs. 1 Nr. 5 StPO).

In den vorgenannten Fällen hat das Gericht einen psychosozialen Prozessbegleiter auf Antrag zwingend beizuordnen.

---

¹ Gesetz zur Stärkung der Opferrechte im Strafverfahren (3. Opferrechtsreformgesetz) v. 21.12.2015 (BGBl. I 2525). **2** BT-Drucks 18/4621, S. 30. **3** Verkündet als Art. 4 des Gesetzes zur Stärkung der Opferrechte im Strafverfahren v. 21.12.2015 (BGBl. I 2525, 2529). In Kraft getreten am 1.1.2017.

7   Nach § 406 g Abs. 3 S. 2 StPO *kann* eine Beiordnung auch in den Fällen des § 397 a Abs. 1 Nr. 1–3 StPO erfolgen, allerdings nur, wenn die besondere Schutzbedürftigkeit des Verletzten dies erfordert. Es handelt sich um eine Ermessensvorschrift, wobei sich eine besondere Schutzbedürftigkeit im konkreten Fall aufgrund der tatsächlichen Belastung bzw Beeinträchtigung des Betroffenen ergeben kann. Der Prüfungsmaßstab ist § 48 Abs. 3 StPO zu entnehmen, so dass sowohl besondere Merkmale in der Person des Verletzten als auch die konkreten Umstände der Tat zu berücksichtigen sind.[4]

8   Auf die **wirtschaftlichen Verhältnisse** des Verletzten kommt es nicht an, sondern nur darauf, dass die Voraussetzungen des § 406 g Abs. 3 StPO erfüllt sind, was aus § 406 g Abs. 3 S. 3 StPO folgt.

9   **c) Zuständigkeit und Auswahl durch das Gericht.** Für die Zuständigkeit und das Verfahren für die Beiordnung gilt § 142 Abs. 1 StPO entsprechend (§ 406 g Abs. 3 S. 4 StPO). Die Auswahl des psychosozialen Prozessbegleiters erfolgt durch das Gericht; jedoch ist dem Verletzten vor der Beiordnung Gelegenheit zu geben, einen psychosozialen Prozessbegleiter seiner Wahl zu benennen, der durch den Vorsitzenden zu bestellen ist, wenn kein wichtiger Grund entgegensteht (§ 142 Abs. 1 S. 1 iVm § 406 g Abs. 3 S. 4 StPO). Im Vorverfahren hat das nach § 162 StPO zuständige Gericht über die Beiordnung zu entscheiden (§ 406 g Abs. 3 S. 5 StPO).

II. Vergütung (§§ 5–10 PsychPbG)

1. Gesetzestext

10   **§ 5 PsychPbG Vergütung**

(1) Die Vergütung des nach § 406 g Absatz 3 der Strafprozessordnung beigeordneten psychosozialen Prozessbegleiters richtet sich nach den §§ 6 bis 10.

(2) Ist der psychosoziale Prozessbegleiter als Angehöriger oder Mitarbeiter einer nicht öffentlichen Stelle tätig, steht die Vergütung (§ 6) der Stelle zu.

(3) Dieses Gesetz gilt nicht für die Vergütung

1.   der Angehörigen oder Mitarbeiter einer Behörde oder einer sonstigen öffentlichen Stelle, wenn sie die psychosoziale Prozessbegleitung in Erfüllung ihrer Dienstaufgabe wahrnehmen,

2.   der Angehörigen oder Mitarbeiter einer nicht öffentlichen Stelle, wenn sie die psychosoziale Prozessbegleitung in Erfüllung ihrer Aufgabe wahrnehmen und die Stelle für die Durchführung der psychosozialen Prozessbegleitung stellenbezogene Förderungen erhält.

§ 6 PsychPbG Höhe der Vergütung

[1]Der beigeordnete psychosoziale Prozessbegleiter erhält für die Wahrnehmung seiner Aufgaben aus der Staatskasse für eine psychosoziale Prozessbegleitung eine Vergütung

1.   im Vorverfahren in Höhe von 520 Euro,

2.   im gerichtlichen Verfahren im ersten Rechtszug in Höhe von 370 Euro,

3.   nach Abschluss des erstinstanzlichen Verfahrens in Höhe von 210 Euro.

[2]Mit der Vergütung nach Satz 1 sind auch Ansprüche auf Ersatz anlässlich der Ausübung der psychosozialen Prozessbegleitung entstandener Aufwendungen und Auslagen sowie Ansprüche auf Ersatz der auf die Vergütung entfallenden Umsatzsteuer abgegolten.

§ 7 PsychPbG Entstehung des Anspruchs

[1]Der Anspruch auf Vergütung entsteht für jeden Verfahrensabschnitt nach § 6 Satz 1 gesondert. [2]Das gerichtliche Verfahren beginnt, wenn das für die Hauptverhandlung zuständige Gericht die Eröffnung des Hauptverfahrens nach § 203 der Strafprozessordnung beschließt.

§ 8 PsychPbG Anwendung des Rechtsanwaltsvergütungsgesetzes

Auf den Umfang und die Fälligkeit des Vergütungsanspruchs sowie auf die Festsetzung der Vergütungen und Vorschüsse einschließlich der Rechtsbehelfe sind § 8 Absatz 1, § 47 Absatz 1 Satz 1, § 48 Absatz 1, die §§ 54, 55 Absatz 1, § 56 Absatz 1 Satz 1 und Absatz 2 des Rechtsanwaltsvergütungsgesetzes entsprechend anzuwenden.

§ 9 PsychPbG Erlöschen des Anspruchs

Der Vergütungsanspruch erlischt, wenn er nicht binnen 15 Monaten nach Einstellung oder rechtskräftigem Abschluss des Verfahrens bei dem für die Festsetzung der Vergütung zuständigen Gericht geltend gemacht wird.

§ 10 PsychPbG Öffnungsklausel; Verordnungsermächtigung

(1) Die Landesregierungen können für ihren Bereich durch Rechtsverordnung bestimmen, dass die in diesem Gesetz genannten Bestimmungen über den Vergütungsanspruch des psychosozialen Prozessbegleiters keine Anwen-

---

4 BT-Drucks 18/4621, S. 32.

NK-GK/*H. Schneider*

dung finden, wenn die Landesregierungen die Vergütung des psychosozialen Prozessbegleiters anderweitig geregelt haben.

(2) Die Landesregierungen können die Ermächtigung nach Absatz 1 durch Rechtsverordnung auf die Landesjustizverwaltungen übertragen.

2. Anzuwendende Regelungen. Der beigeordnete psychosoziale Prozessbegleiter erhält nach § 406 g Abs. 2 StPO für seine Tätigkeit eine Vergütung, die sich nach den §§ 6–10 PsychPbG richtet (§ 5 Abs. 1 PsychPbG). Andere Regelungen, zB das RVG, kommen nicht zur Anwendung. Die Länder können jedoch aufgrund der Länderöffnungsklausel des § 10 PsychPbG abweichende Regelungen über den Vergütungsanspruch treffen. **11**

3. Persönlicher Vergütungsanspruch. Die Vergütung steht dem psychosozialen Prozessbegleiter selbst zu. Eine Ausnahme gilt nur dann, wenn er als Angehöriger oder Mitarbeiter einer nicht öffentlichen Stelle tätig wird. In diesen Fällen steht die Vergütung der öffentlichen Stelle zu (§ 5 Abs. 2 PsychPbG). **12**

Hat der beigeordnete psychosoziale Prozessbegleiter durch schuldhaftes Verhalten die Beiordnung eines anderen psychosozialen Prozessbegleiters veranlasst, kann er die Vergütung, die auch für den anderen psychosozialen Prozessbegleiter entsteht, nicht fordern (§ 8 PsychPbG iVm § 54 RVG). **13**

4. Zahlung aus der Staatskasse. Die Vergütung ist aus der Staatskasse zu zahlen (s. § 6 Abs. 1 S. 1 PsychPbG). Zum Festsetzungsverfahren → Rn 30 ff. **14**

5. Ausschluss der Zahlung einer Vergütung (§ 5 Abs. 3 PsychPbG). Die Regelungen der §§ 6–10 PsychPbG finden gem. § 5 Abs. 3 PsychPbG keine Anwendung, wenn **15**

- der psychosoziale Prozessbegleiter Angehöriger oder Mitarbeiter einer Behörde oder einer sonstigen öffentlichen Stelle ist und er die Aufgaben der psychosozialen Prozessbegleitung in Erfüllung seiner Dienstaufgaben wahrnimmt (§ 5 Abs. 3 Nr. 1 PsychPbG); hierunter fallen zB die Fälle, in denen der psychosoziale Prozessbegleiter bei einer staatlichen Zeugenbetreuungsstelle tätig wird, da er in diesen Fällen bereits durch das Land vergütet (besoldet) wird;[5]
- der psychosoziale Prozessbegleiter Angehöriger oder Mitarbeiter einer nicht öffentlichen Stelle ist, welcher die psychosoziale Prozessbegleitung in Erfüllung seiner Dienstaufgaben wahrnimmt, und die Stelle für die Durchführung der psychosozialen Prozessbegleitung stellenbezogene Förderungen erhält (§ 5 Abs. 3 Nr. 2 PsychPbG). Diese Ausnahmeregelung kommt zB für Mecklenburg-Vorpommern zur Anwendung, weil hier bestimmte private Opferhilfeeinrichtungen bzw freie Träger finanzielle Zuwendungen erhalten, sowie in Niedersachsen, wo die psychosoziale Prozessbegleitung von der Stiftung Opferhilfe Niedersachsen und von freien Opferhilfeeinrichtungen angeboten wird.

6. Umfang des Vergütungsanspruchs. Der Vergütungsanspruch bestimmt sich nach den Beschlüssen, durch die der psychosoziale Prozessbegleiter beigeordnet wird (§ 8 PsychPbG iVm § 48 Abs. 1 RVG). Der psychosoziale Prozessbegleiter hat deshalb darauf zu achten, dass die Beiordnung ausdrücklich für den jeweiligen Verfahrensabschnitt erfolgt. **16**

7. Höhe der Vergütung (§ 6 PsychPbG). a) Allgemeines. Die Höhe der Vergütung bestimmt sich nach § 6 PsychPbG. Danach erhält der beigeordnete psychosoziale Prozessbegleiter für seine Tätigkeit eine pauschale Vergütung, die sich nach der Tätigkeit in den bestimmten Verfahrensabschnitten staffelt. Die Höhe der Pauschale soll sich an der voraussichtlichen Intensität des Arbeitsaufwands orientieren.[6] **17**

b) Abgeltungsumfang. Die Pauschale fällt unabhängig von dem tatsächlichen Umfang der Tätigkeit des psychosozialen Prozessbegleiters an, so dass es auch nicht auf die Anzahl der wahrgenommenen Vernehmungen oder Termine ankommt. **18**

§ 6 S. 2 PsychPbG stellt zudem klar, dass die Vergütung auch die aus Anlass der Ausübung der psychosozialen Prozessbegleitung entstandenen **Aufwendungen und Auslagen** sowie den Ersatz der auf die Vergütung zu zahlenden Umsatzsteuer abgilt. Eine gesonderte Erstattung kann deshalb, auch bei Kostennachweis, nicht erfolgen. Ausgeschlossen ist daher zB die Erstattung von **Reise-, Porto- und Telekommunikationskosten.** Eine Erstattung ist auch ausgeschlossen, wenn im Einzelfall erhebliche Aufwendungen anfielen und die Abrechnung nach Fallpauschalen dazu führt, dass keine angemessene Vergütung für den tatsächlich geleisteten Aufwand gezahlt wird.[7] **19**

---

5 BT-Drucks 18/6906, S. 25 (zu § 5 Abs. 3 Nr. 1 PsychPbG). **6** BT-Drucks 18/6906, S. 25 (zu § 6 PsychPbG). **7** Zur Fallpauschale des § 158 Abs. 7 FamFG für den Verfahrensbeistand, die gleichfalls ausdrücklich sämtliche Aufwendungen abdecken soll (§ 158 Abs. 7 S. 4 FamFG): BGH 13.11.2013 – XII ZB 612/12, NJW 2014, 157. Die dort aufgestellten Grundsätze dürften deshalb auf die Pauschalen nach § 6 PsychPbG übertragbar sein.

20 **c) Staffelung der Vergütung.** Die Vergütung beträgt

- 520 € im Vorverfahren (§ 6 S. 1 Nr. 1 PsychPbG),
- 370 € im gerichtlichen Verfahren im ersten Rechtszug (§ 6 S. 1 Nr. 2 PsychPbG),
- 210 € nach Abschluss des erstinstanzlichen Verfahrens (§ 6 S. 1 Nr. 3 PsychPbG).

Der Vergütungsanspruch besteht für jeden Verfahrensabschnitt gesondert (§ 7 S. 1 PsychPbG).

21 **d) Tätigkeit im Vorverfahren (§ 6 S. 1 Nr. 1 PsychPbG).** Erfasst sind die Tätigkeiten im polizeilichen und staatsanwaltschaftlichen **Ermittlungsverfahren.** Die Vergütung beträgt 520 €. Nach § 7 S. 2 PsychPbG beginnt das erstinstanzliche Verfahren, wenn das für die Hauptverhandlung zuständige Gericht die Eröffnung des Hauptverfahrens nach § 203 StPO beschließt. Die Tätigkeit im Ermittlungsverfahren ist deshalb noch dem Vorverfahren zuzuordnen und löst noch nicht die Vergütung nach § 6 S. 1 Nr. 2 PsychPbG aus.

22 **e) Tätigkeit im erstinstanzlichen gerichtlichen Verfahren (§ 6 S. 1 Nr. 2 PsychPbG).** Ist das Hauptverfahren eröffnet, erhält der psychosoziale Prozessbegleiter eine Vergütung nach § 6 S. 1 Nr. 2 PsychPbG, die 370 € beträgt. Die Anzahl der tatsächlichen Verhandlungstage ist unerheblich.

23 **f) Tätigkeit nach Abschluss des erstinstanzlichen Verfahrens (§ 6 S. 1 Nr. 3 PsychPbG).** Ist das erstinstanzliche Verfahren beendet, entsteht für eine danach ausgeübte Tätigkeit des psychosozialen Prozessbegleiters eine Vergütung nach § 6 S. 1 Nr. 3 PsychPbG, die 210 € beträgt. Hierunter fallen Tätigkeiten im Berufungsverfahren (§§ 312 ff StPO) oder die Fälle, in denen das Revisionsgericht das Urteil aufhebt und die Sache an eine andere Abteilung oder Kammer des Gerichts zurückverweist (§ 354 Abs. 2 StPO).[8]

g) Beispiele zur Vergütungsberechnung

24 **Beispiel 1:** In dem Ermittlungsverfahren wird dem Verletzten ein psychosozialer Prozessbegleiter beigeordnet. Nach Eröffnung des Hauptverfahrens erfolgt eine Beiordnung auch für das erstinstanzliche gerichtliche Verfahren. Dem psychosozialen Prozessbegleiter steht folgende Vergütung zu:

1. Tätigkeit im Vorverfahren (§ 6 S. 1 Nr. 1 PsychPbG)	520,00 €
2. Tätigkeit im Gerichtsverfahren (§ 6 S. 1 Nr. 2 PsychPbG)	370,00 €
Gesamt	890,00 €

Mit der Vergütung sind auch sämtliche Aufwendungen, zB Reisekosten, abgegolten.

25 **Beispiel 2:** In dem Ermittlungsverfahren wird dem Verletzten ein psychosozialer Prozessbegleiter beigeordnet. Nach Eröffnung des Hauptverfahrens erfolgt eine Beiordnung auch für das erstinstanzliche gerichtliche Verfahren. Gegen das Urteil wird Berufung eingelegt und auch dort ein psychosozialer Prozessbegleiter beigeordnet. Dem psychosozialen Prozessbegleiter steht folgende Vergütung zu:

1. Tätigkeit im Vorverfahren (§ 6 S. 1 Nr. 1 PsychPbG)	520,00 €
2. Tätigkeit im erstinstanzlichen Gerichtsverfahren (§ 6 S. 1 Nr. 2 PsychPbG)	370,00 €
3. Tätigkeit im Berufungsverfahren (§ 6 S. 1 Nr. 3 PsychPbG)	210,00 €
Gesamt	1.100,00 €

Mit der Vergütung sind auch sämtliche Aufwendungen, zB Reisekosten, abgegolten.

26 **Beispiel 3:** In dem Ermittlungsverfahren wird dem Verletzten kein psychosozialer Prozessbegleiter beigeordnet, sondern erst nach Eröffnung des Hauptverfahrens. Dem psychosozialen Prozessbegleiter steht folgende Vergütung zu:

Tätigkeit im erstinstanzlichen Gerichtsverfahren (§ 6 S. 1 Nr. 2 PsychPbG)	370,00 €

Mit der Vergütung sind auch sämtliche Aufwendungen, zB Reisekosten, abgegolten.

27 **Beispiel 4:** In dem Ermittlungsverfahren wird dem Verletzten ein psychosozialer Prozessbegleiter beigeordnet. Nach Eröffnung des Hauptverfahrens erfolgt eine Beiordnung auch für das erstinstanzliche gerichtliche Verfahren. Gegen das Urteil wird Revision eingelegt. In dem Revisionsverfahren erfolgt keine Beiordnung. Das Revisionsgericht hebt das Urteil auf und verweist die Sache zurück. Auch hier wird der psychosoziale Prozessbegleiter beigeordnet und tätig. Dem psychosozialen Prozessbegleiter steht folgende Vergütung zu:

1. Tätigkeit im Vorverfahren (§ 6 S. 1 Nr. 1 PsychPbG)	520,00 €
2. Tätigkeit im erstinstanzlichen Gerichtsverfahren (§ 6 S. 1 Nr. 2 PsychPbG)	370,00 €
3. Tätigkeit im Verfahren nach erfolgter Zurückverweisung (§ 6 S. 1 Nr. 3 PsychPbG)	210,00 €
Gesamt	1.100,00 €

Mit der Vergütung sind auch sämtliche Aufwendungen, zB Reisekosten, abgegolten.

28 **8. Fälligkeit.** Für die Fälligkeit der Vergütung verweist § 8 PsychPbG auf § 8 Abs. 1 RVG. Danach ist zunächst zu unterscheiden, ob der psychosoziale Prozessbegleiter im Vorverfahren tätig wird, weil dann § 8

---

[8] BT-Drucks 18/6906, S. 25 (zu § 6 PsychPbG).

Abs. 1 S. 1 RVG gilt und die Vergütung fällig wird, wenn der Auftrag erledigt oder die Angelegenheit beendet ist. Es kommt daher auf die Beendigung des Vorverfahrens an, zB die Eröffnung des Hauptverfahrens oder die Einstellung des Ermittlungsverfahrens.

Ist der psychosoziale Prozessbegleiter bereits in einem gerichtlichen Verfahren tätig (vgl § 6 S. 1 Nr. 2, 3 **29** PsychPbG), gilt § 8 Abs. 1 S. 2 RVG, so dass die Vergütung fällig wird, wenn der Auftrag erledigt oder die Angelegenheit beendet ist, eine Kostenentscheidung ergangen oder der Rechtszug beendet ist oder wenn das Verfahren länger als drei Monate ruht.

9. Festsetzungsverfahren. a) Geltendmachung des Anspruchs. Die Vergütung wird nicht von Amts wegen **30** gezahlt, vielmehr muss der psychosoziale Prozessbegleiter sie bei dem erstinstanzlichen Gericht, das nach § 8 PsychPbG iVm § 55 Abs. 1 S. 1 RVG für die Festsetzung zuständig ist, geltend machen.

b) Zuständigkeit. Zuständig für die Festsetzung der Vergütung ist der Urkundsbeamte der Geschäftsstelle **31** des Gerichts des ersten Rechtszugs (§ 8 PsychPbG iVm § 55 Abs. 1 S. 1 RVG). Diesem obliegt auch die Entscheidung über die Gewährung eines Vorschusses und dessen Festsetzung. Bei der Zuständigkeit des erstinstanzlichen Gerichts verbleibt es auch, wenn die Vergütung wegen Tätigkeiten nach Abschluss des erstinstanzlichen Verfahrens gezahlt wird.

Auch die Vergütung für die Tätigkeit im Vorverfahren wird durch den Urkundsbeamten der Geschäftsstelle **32** des erstinstanzlichen Gerichts festgesetzt. Kommt es jedoch nicht mehr zu einem gerichtlichen Verfahren, erfolgt die Festsetzung durch den Urkundsbeamten der Geschäftsstelle des Gerichts, das den psychosozialen Prozessbegleiter bestellt hat (§ 8 PsychPbG iVm § 55 Abs. 1 S. 2 RVG). Zuständig ist danach das Amtsgericht, in dessen Bezirk die Staatsanwaltschaft oder ihre den Antrag stellende Zweigstelle ihren Sitz hat (§ 162 Abs. 1 S. 1 iVm § 406 g Abs. 3 S. 5 StPO). Hier ist auch über einen Vorschuss zu entscheiden und dieser ist ggf festzusetzen.

c) Rechtsbehelfe. Gegen die Entscheidung des Urkundsbeamten der Geschäftsstelle findet die **Erinnerung** **33** statt (§ 8 PsychPbG iVm § 56 Abs. 1 S. 1 RVG). Erinnerungsberechtigt sind der psychosoziale Prozessbegleiter, die nicht öffentliche Stelle in den Fällen des § 5 Abs. 2 PsychPbG und die Staatskasse. Es entscheidet das Gericht, bei dem die Festsetzung erfolgt ist (§ 8 PsychPbG iVm § 56 Abs. 1 S. 1 RVG). Im Übrigen verweist § 56 Abs. 2 S. 1 RVG für die Erinnerung auf § 33 Abs. 4 S. 1, Abs. 7, 8 RVG.

Gegen die Erinnerungsentscheidung findet die **Beschwerde** statt. Für das Beschwerdeverfahren gilt § 33 **34** Abs. 3–8 RVG entsprechend (§ 8 PsychPbG iVm § 56 Abs. 2 S. 1 RVG). Die Beschwerde findet danach statt, wenn der Wert des Beschwerdegegenstands 200 € übersteigt oder sie das Gericht wegen der grundsätzlichen Bedeutung der zur Entscheidung stehenden Frage in dem Beschluss zugelassen hat (§ 8 PsychPbG iVm § 56 Abs. 2 iVm § 33 Abs. 3 S. 1, 2 RVG). Die Beschwerde muss innerhalb von zwei Wochen nach Zustellung der Entscheidung eingelegt werden (§ 8 PsychPbG iVm § 56 Abs. 2 S. 1 iVm § 33 Abs. 3 S. 3 RVG).

Das Verfahren über die Erinnerungs- und Beschwerdeverfahren ist **gebührenfrei**, eine Kostenerstattung findet **35** nicht statt (§ 8 PsychPbG iVm § 56 Abs. 2 S. 2, 3 RVG).

d) Vorschuss. Der psychosoziale Prozessbegleiter kann aus der Staatskasse einen Vorschuss fordern (§ 8 **36** PsychPbG iVm § 47 Abs. 1 S. 1 RVG). Wegen der Regelung des § 6 S. 2 PsychPbG kann ein Vorschuss nur für die Vergütung gezahlt werden, da eine Erstattung von Aufwendungen nicht in Betracht kommt.

10. Erlöschen und Verjährung des Vergütungsanspruchs. Wird der Vergütungsanspruch nicht binnen **37** **15 Monaten** nach Einstellung oder rechtskräftigem Abschluss des Verfahrens geltend gemacht, erlischt der Anspruch (§ 9 PsychPbG). Es handelt sich um eine gesetzliche **Ausschlussfrist**, die nicht verlängert oder verkürzt werden kann.

Erfolgt die Einstellung des Verfahrens in zwei Etappen (zB § 153 a StPO), kommt es für den Lauf der Ausschlussfrist des § 9 PsychPbG nicht auf die vorläufige, sondern auf die endgültige Einstellung des Verfahrens an.[9] **38**

Eine **Wiedereinsetzung** sieht das Gesetz nicht vor. **39**

Die **Verjährung** richtet sich nicht nach § 9 PsychPbG, sondern nach §§ 195 ff BGB. **40**

11. Wiedereinzug der Vergütung durch Erhöhung der Gerichtsgebühren. Die Beiordnung des psychosozialen Prozessbegleiters ist für den Verletzten **kostenfrei** (§ 406 g Abs. 3 S. 3 StPO). Die Staatskasse kann deshalb die gezahlte Vergütung nicht gegen den Verletzten geltend machen. Ein Rückgriffsrecht steht ihr daher in keinem Fall zu. **41**

---

9 BT-Drucks 18/6906, S. 26.

42 Die von der Staatskasse geleistete Vergütung kann auch von dem Verurteilten nicht eingezogen werden, da es sich nicht um gerichtliche Auslagen nach Nr. 9000 ff KV GKG handelt. Nach **Nr. 3150–3152 KV GKG erhöhen** sich jedoch die vom Verurteilten zu tragenden Gerichtsgebühren um die gezahlte Vergütung (s. ausf. Erl. zu Nr. 3150–3152 KV GKG). Vorbem. 3.1.5 KV GKG ordnet jedoch an, dass die Erhöhung nicht eintritt, wenn das Gericht eine Anordnung nach § 465 Abs. 2 S. 4 StPO getroffen hat. Das Gericht kann danach bestimmen, dass die Erhöhung der Gerichtsgebühren ganz oder teilweise unterbleibt, wenn es unbillig wäre, den Angeklagten damit zu belasten. Erfasst sind zB die Fälle, in denen sich im Lauf des Verfahrens lediglich die rechtliche Bewertung der angeklagten Tat ändert und es aufgrund dieser abweichenden Bewertung unbillig wäre, dem Angeklagten die Kosten des aufgrund einer anderen rechtlichen Bewertung beigeordneten Prozessbegleiters aufzuerlegen.[10]

---

10 BT-Drucks 18/4621, S. 36 (zu § 465 StPO).

Teil 9: Kostenerstattung und Kostenfestsetzung

Kostenerstattung und Kostenfestsetzung

I. Grundlagen

1 Grundsätzlich hat in allen gerichtlichen Verfahren die unterlegene Partei der obsiegenden Partei die ihr entstandenen Kosten zu erstatten. Mitunter ergibt sich auch eine Erstattungspflicht, die unabhängig vom Obsiegen oder Unterliegen ist, so für Mehrkosten infolge einer Verweisung (§ 281 Abs. 3 S. 2 ZPO) oder Mehrkosten der Säumnis (§ 344 ZPO). In Ausnahmefällen können sogar der obsiegenden Partei die Kosten des Rechtsstreits ganz oder teilweise aufzuerlegen sein, so etwa bei einem sofortigen Anerkenntnis des Beklagten (§ 93 ZPO) oder bei verspätetem Vorbringen im Rechtsmittelverfahren (§ 97 Abs. 2 ZPO).

2 Die zu erstattenden Kosten werden in einem gesonderten Annexverfahren, dem sog. **Kostenfestsetzungsverfahren** vom Gericht gesetzt. Es ergeht dann – sofern der Festsetzungsantrag nicht zurückgewiesen wird – ein **Kostenfestsetzungsbeschluss**, der einen vollstreckbaren Titel darstellt (§ 794 Abs. 1 Nr. 2 ZPO), so dass hieraus vollstreckt werden kann, wenn die Zahlung nicht freiwillig erfolgt.

3 Je nach Gerichtsbarkeit sind die Kostenfestsetzungsverfahren und die hiergegen gegebenen Rechtsmittel und Rechtsbehelfe unterschiedlich gestaltet.

4 Um eine Kostenfestsetzung zu betreiben, bedarf es zunächst einmal einer gerichtlichen **Kosten(grund)entscheidung** oder einer entsprechenden vergleichsweisen Regelung (Ausnahme: Vollstreckungskosten; → Rn 150). Die Kostenentscheidung muss nicht rechtskräftig sein;[1] sie muss aber (vorläufig) vollstreckbar sein. Daher kann in Familienstreitsachen, für die die Vorschrift des § 86 Abs. 2 FamFG nicht gilt (§ 113 Abs. 1 S. 1 FamFG) und die nach §§ 116 Abs. 2, 120 Abs. 2 S. 1 FamFG erst mit Rechtskraft wirksam und vollstreckbar werden, ausnahmsweise die Kostenfestsetzung erst nach Rechtskraft beantragt werden.[2]

5 Über die Verpflichtung, die Kosten des Rechtsstreits zu tragen, muss das Gericht grds. **von Amts wegen** entscheiden (§ 308 Abs. 2 ZPO). Nur im Fall des § 269 ZPO ist ein **Antrag** erforderlich (§ 269 Abs. 4 ZPO).

6 Eine solche Kosten(grund)entscheidung besagt noch nichts über die konkrete **Höhe** der zu erstattenden Kosten. Hierüber wird erst im Kostenfestsetzungsverfahren entschieden. Dort kann jede erstattungsberechtigte Partei die ihr entstandenen Kosten anmelden und die Festsetzung gegen den jeweiligen Erstattungsschuldner beantragen.

7 Der Umfang der zu erstattenden Kosten kann je nach Gerichtsbarkeit unterschiedlich zu beurteilen sein.

8 Zu erstatten sein können:

- Vorbereitungskosten, also Kosten, die vor Einleitung eines Verfahrens zu dessen Vorbereitung oder Durchführung aufgewandt worden sind;
- gerichtliche Vertretungskosten, insb. die Kosten eines Prozess- oder Verfahrensbevollmächtigten;
- vorgerichtliche Vertretungskosten in Ausnahmefällen (zB in Zivilsachen die Gebühren eines Güte- oder Schlichtungsverfahrens oder in verwaltungs- oder sozialgerichtlichen Verfahren die Kosten eines behördlichen Nachprüfungsverfahrens);
- Parteikosten, insb. Reisekosten zum Termin und Entschädigung für Zeitversäumnis oder Verdienstausfall;
- vorgelegte Gerichtskosten, insb. Vorauszahlungen auf die Gerichtsgebühren, Zeugen- und Sachverständigenvorschüsse;
- aufgrund einer früheren und später abgeänderten oder aufgehobenen Kostenfestsetzung an den Gegner gezahlte Kosten (§ 91 Abs. 4 ZPO).

9 Festgesetzt werden können nur **tatsächliche Kosten**, niemals fiktive Kosten. Die tatsächlichen Kosten müssen stets angegeben werden. Falls sie als nicht erstattungsfähig angesehen werden, kommt ihre Festsetzung in Betracht, soweit hierdurch andere – fiktive Kosten – vermieden worden sind.

10 **Beispiel:** Der Kläger beauftragt neben dem Prozessbevollmächtigten einen Terminsvertreter, obwohl die Anreise des Prozessbevollmächtigten erheblich günstiger gewesen wäre.

Da bei einer Anreise des Prozessbevollmächtigten jedoch die Kosten seiner Anreise angefallen wären, sind die Kosten des Terminsvertreters in Höhe der ersparten fiktiven Reisekosten des Prozessbevollmächtigten erstattungsfähig, wobei die Rspr noch einen Toleranzzuschlag von 10 % gewährt.

II. Zivilsachen

11 **1. Umfang der Kostenerstattung. a) Gesetzliche Regelung.** Der Umfang der zu erstattenden Kosten richtet sich in Zivilsachen nach § 91 ZPO.

---

1 OLG Jena AGS 2015, 95 = RVGreport 2015, 69. **2** OLG Hamm AGS 2015, 150.

NK-GK/*N. Schneider*

§ 91 ZPO Grundsatz und Umfang der Kostenpflicht

(1) ¹Die unterliegende Partei hat die Kosten des Rechtsstreits zu tragen, insbesondere die dem Gegner erwachsenen Kosten zu erstatten, soweit sie zur zweckentsprechenden Rechtsverfolgung oder Rechtsverteidigung notwendig waren. ²Die Kostenerstattung umfasst auch die Entschädigung des Gegners für die durch notwendige Reisen oder durch die notwendige Wahrnehmung von Terminen entstandene Zeitversäumnis; die für die Entschädigung von Zeugen geltenden Vorschriften sind entsprechend anzuwenden.

(2) ¹Die gesetzlichen Gebühren und Auslagen des Rechtsanwalts der obsiegenden Partei sind in allen Prozessen zu erstatten, Reisekosten eines Rechtsanwalts, der nicht in dem Bezirk des Prozessgerichts niedergelassen ist und am Ort des Prozessgerichts auch nicht wohnt, jedoch nur insoweit, als die Zuziehung zur zweckentsprechenden Rechtsverfolgung oder Rechtsverteidigung notwendig war. ²Die Kosten mehrerer Rechtsanwälte sind nur insoweit zu erstatten, als sie die Kosten eines Rechtsanwalts nicht übersteigen oder als in der Person des Rechtsanwalts ein Wechsel eintreten musste. ³In eigener Sache sind dem Rechtsanwalt die Gebühren und Auslagen zu erstatten, die er als Gebühren und Auslagen eines bevollmächtigten Rechtsanwalts erstattet verlangen könnte.

(3) Zu den Kosten des Rechtsstreits im Sinne der Absätze 1, 2 gehören auch die Gebühren, die durch ein Güteverfahren vor einer durch die Landesjustizverwaltung eingerichteten oder anerkannten Gütestelle entstanden sind; dies gilt nicht, wenn zwischen der Beendigung des Güteverfahrens und der Klageerhebung mehr als ein Jahr verstrichen ist.

(4) Zu den Kosten des Rechtsstreits im Sinne von Absatz 1 gehören auch Kosten, die die obsiegende Partei der unterlegenen Partei im Verlaufe des Rechtsstreits gezahlt hat.

b) Umfang der Kostenerstattung. Zu den zu erstattenden Kosten zählen insbesondere: 12

aa) Vorbereitungskosten. Hierzu zählen zB Kosten für private Sachverständigengutachten, Detektivkosten, Übersetzungskosten, Informationsreisekosten, Meldeamtsgebühren, Kosten für Grundbuch- oder Handelsregisterauszüge. 13

Voraussetzung ist, dass diese Kosten **prozessbezogen** waren, also von der Partei aufgewandt wurden, um ihre Rechte im Prozess wahrzunehmen. Sind die Kosten dagegen lediglich aufgewandt worden, um zu entscheiden, ob der Prozess überhaupt geführt werden soll, sind sie nicht prozessbezogen und damit nicht nach § 91 ZPO erstattungsfähig. 14

Beispiel: Der Haftpflichtversicherer lässt einen Aktenauszug aus den Strafakten einholen, um 15

a) zu entscheiden, ob er sich gegen die zu erwartende Klage verteidigen soll;
b) im zu erwartenden Rechtsstreit den Nachweis führen zu können, dass der Unfall für seinen Versicherungsnehmer unabwendbar war.

Im Fall a) liegt keine Prozessbezogenheit vor, daher keine Kostenerstattung nach § 91 ZPO.³

Im Fall b) ist die Prozessbezogenheit gegeben, so dass die Kosten des Aktenauszugs erstattungsfähig sind.⁴

bb) Gerichtliche Vertretungskosten. Hierzu zählt zB die gesetzliche Vergütung des Prozessbevollmächtigten, eines Korrespondenzanwalts, eines Patentanwalts oder eines Terminsvertreters. 16

Insoweit sind nach § 91 Abs. 2 S. 1 ZPO die gesetzlichen Gebühren und Auslagen des Rechtsanwalts der obsiegenden Partei in allen Prozessen zu erstatten. 17

Die Frage der **Notwendigkeit** stellt sich hier nicht und darf auch nicht gestellt werden. Insbesondere darf nicht danach gefragt werden, ob die Beauftragung eines Anwalts notwendig war oder ob die Partei kraft ihrer eigenen Fähigkeiten in der Lage gewesen wäre, sich selbst zu vertreten. 18

Eine **Ausnahme** sind die **Reisekosten eines Anwalts.** Hier gilt Folgendes: 19

■ Hat der Anwalt seine Kanzlei im Gerichtsbezirk, sind seine Reisekosten immer zu erstatten. Eine Notwendigkeitsprüfung findet nicht statt.⁵

■ Hat der Anwalt seine Kanzlei nicht im Gerichtsbezirk, sind seine Reisekosten zu erstatten, soweit sie notwendig waren.

■ Hat der Anwalt seine Kanzlei nicht im Gerichtsbezirk und sind seine Reisekosten nicht notwendig, dann sind sie bis zur Höhe der weitesten Entfernung innerhalb des Gerichtsbezirks erstattungsfähig.⁶

3 AG Siegburg AGS 2005, 176 m. Anm. *N. Schneider.* **4** AG Siegburg AGS 2003, 324 m. Anm. *N. Schneider.* **5** AG Limburg AGS 2013, 98 = NJW-Spezial 2013, 124; AG Siegburg AGS 2012, 594; LG Krefeld JurBüro 2011, 307 = RVGreport 2011, 235; LG Krefeld AGS 2014, 424 = JurBüro 2014, 377 = NJW-Spezial 2014, 540; VG Würzburg AGkompakt 2012, 102; VG Koblenz AGS 2012, 546; LG Aurich NJW-RR 2011, 1029 = NJW-Spezial 2011, 323; LG Gera AGS 2014, 251; AG Gießen AGS 2014, 544 = NJW-Spezial 2015, 93 = ErbR 2015, 135; LG Bonn AGS 2016, 31 = NZFam 2016, 187. **6** AG Kiel AGS 2014, 8 = JurBüro 2013, 591; AG Marbach AGS 2014, 210 = Rpfleger 2014, 289; LG Düsseldorf AGS 2015, 7 = NJW 2015, 498 = JurBüro 2015, 255; OLG Schleswig AGS 2015, 487 = NJW 2015, 3311 = RVGreport 2015, 385; OLG Köln AGS 2016, 55 = RVGreport 2016, 68 = NZFam 2016, 186; aA OLG Celle AGS 2015, 442.

20 Eine weitere **Ausnahme** gilt bei **Beauftragung mehrerer Anwälte**. Deren Kosten sind grds. nur zu erstatten, wenn sie notwendig waren. Das wiederum ist dann der Fall, wenn in der Person des Rechtsanwalts ein Wechsel eintreten musste, etwa wegen Tod des Anwalts. Ansonsten sind die Kosten mehrerer Anwälte nur insoweit zu erstatten, als sie die Kosten eines Anwalts nicht übersteigen. So sind zB die Kosten eines Terminsvertreters neben dem Hauptbevollmächtigten insoweit zu erstatten, als dadurch Reisekosten des Hauptbevollmächtigten vermieden worden sind.

21 Eine weitere Besonderheit gilt dann, wenn ein Anwalt sich **in eigener Sache selbst vertritt**. Da hier mangels Anwaltsvertrag keine Vergütung nach dem RVG anfällt, ordnet § 91 Abs. 2 S. 3 ZPO an, dass ein Anwalt, der sich selbst vertritt, die gleiche Vergütung erstattet erhält, wie sie entstanden wäre, wenn er einen anderen Anwalt mit seiner Vertretung beauftragt hätte.

22 Eine Erstattung der gerichtlichen Kosten kann in **Anrechnungsfällen** begrenzt sein. Nach § 15 a Abs. 2 RVG muss sich die erstattungsberechtigte Partei eine Gebühr anrechnen lassen, soweit diese bereits vom Gegner bezahlt worden ist, anderweitig gegen ihn tituliert ist oder zeitgleich geltend gemacht wird. Hauptanwendungsfall ist die Anrechnung einer vorgerichtlichen Geschäftsgebühr (Vorbem. 3 Abs. 4 VV RVG), die häufig als Nebenforderung mit eingeklagt und tituliert wird.

23 Hat die erstattungsberechtigte Partei mit ihrem Anwalt eine **Vergütungsvereinbarung** getroffen, ist die vereinbarte Vergütung dem Grunde nach ebenfalls zu erstatten. Allerdings setzt § 91 Abs. 2 S. 1 ZPO der Höhe der Erstattungsforderung eine Grenze. Eine vereinbarte Vergütung wird nämlich grds. nur erstattet bis zur Höhe der gesetzlichen Gebühren und Auslagen.[7]

24 **cc) Vorgerichtliche Vertretungskosten.** Diese sind grds. nicht festsetzbar. Insbesondere ist eine vorgerichtliche Geschäftsgebühr nach Nr. 2300 VV RVG nicht festsetzbar. Das gilt sowohl für die auf Klägerseite zur Anspruchsdurchsetzung angefallene vorgerichtliche Geschäftsgebühr[8] als auch für die auf Beklagtenseite zur vorgerichtlichen Abwehr angefallene Geschäftsgebühr.[9] Auch die Kosten einer wettbewerbsrechtlichen Abmahnung sind nicht festsetzbar.[10] Ausnahmsweise können vorgerichtliche Vertretungskosten im Falle eines Güte- und Schlichtungsverfahrens erstattungsfähig sein (→ Rn 29).

25 **dd) Parteikosten.** Zu erstatten sind hiernach Aufwendungen der Partei, etwa für Privatgutachten, Detektivkosten, Kosten eines Grundbuchauszugs, eines Handelsregisterauszugs etc., sofern diese Kosten **prozessbezogen** waren.

26 Des Weiteren erstattungsfähig sind die Kosten **notwendiger Reisen** oder durch die notwendige Wahrnehmung von Terminen entstandene **Zeitversäumnis**. Die Höhe dieser Kosten richtet sich nach den Vorschriften des JVEG. Eine Partei kann daher insb. erstattet verlangen:

- Fahrtkosten für alle notwendigen Reisen. Benutzt die Partei einen eigenen Pkw, erhält sie Fahrtkosten iHv 0,25 €/km erstattet (§ 5 Abs. 2 JVEG) sowie nach § 7 JVEG sonstige Aufwendungen anlässlich der Terminswahrnehmung, insb. Parkgebühren. Benutzt sie öffentliche Verkehrsmittel, werden die hierdurch anfallenden notwendigen Kosten erstattet.
- Die Partei kann darüber hinaus nach § 6 Abs. 1 JVEG iVm § 4 Abs. 5 S. 1 Nr. 5 S. 2 EStG eine Entschädigung für Aufwand und nach § 6 Abs. 2 JVEG notwendige Übernachtungskosten erstattet verlangen.
- Des Weiteren steht der Partei eine Entschädigung für Verdienstausfall oder Zeitversäumnis anlässlich gerichtlicher Termine zu:
  - Grundsätzlich steht der Partei eine Entschädigung für Zeitversäumnis iHv 3,50 € zu (§ 20 JVEG).
  - Führt die Partei einen eigenen Haushalt für mindestens eine weitere Person, werden ihr Nachteile bei der Haushaltsführung mit 14,00 € je Stunde entschädigt (§ 21 JVEG).
  - Entsteht der Partei sogar ein Verdienstausfall, kann sie diesen bis zur Höchstentschädigung von 21,00 € je Stunde geltend machen (§ 22 JVEG).

27 **ee) Vorgelegte Gerichtskosten.** Hierzu zählen die von der Partei vorausgezahlten Gerichtsgebühren, Kosten für Zeugen und Sachverständige, Zustellungen, Dolmetscher u.a. Die Höhe dieser Kosten muss im Festsetzungsantrag nicht beziffert angegeben werden, da sie sich bereits aus den Gerichtsakten ergibt.

28 Über die Höhe dieser Kosten ist ggf im Kostenansatzverfahren zu entscheiden.

29 **ff) Gebühren eines Güteverfahrens (§ 91 Abs. 3 ZPO).** Ausnahmsweise können hier auch vorgerichtliche Kosten erstattet verlangt werden, nämlich solche, die in einem Güte- oder Schlichtungsverfahren, insb. in

---

7 BGH AGS 2015, 97 = JurBüro 2014, 331 = RVGreport 2015, 68; OLG München MDR 1961, 242; AG Frankfurt VersR 1967, 670; AG Hamburg VersR 1967, 364; AG Köln AGS 2015, 97 = VersR 1979, 145 = r+s 1978, 244; OLG München MDR 1961, 242; AG Frankfurt VersR 1967, 670; AG Hamburg VersR 1967, 364. **8** BGH AGS 2006, 357 = FamRZ 2006, 1114 = Rpfleger 2006, 505. **9** BGH AGS 2008, 158 = NJW 2008, 1323 = FamRZ 2008, 878 = JurBüro 2008, 302. **10** BGH AGS 2008, 366 = NJW 2008, 2040 = Rpfleger 2008, 445 = JurBüro 2008, 426; BGH AGS 2006, 146 = Rpfleger 2006, 165 = JurBüro 2006, 140; BGH AGS 2009, 51 = RVGreport 2008, 467.

einem **obligatorischen Streitschlichtungsverfahren** nach § 15 a EGZPO, entstanden sind. Eindeutig ist, dass die dort angefallenen Gebühren der Schlichtungsstelle zu den erstattungsfähigen Kosten zählen. Nach einhelliger Auffassung zählt hierzu aber auch die im Schlichtungsverfahren angefallene Anwaltsvergütung, also die Geschäftsgebühr nach Nr. 2303 VV RVG nebst Auslagen und Umsatzsteuer.[11]

gg) Erstattete Kosten. Zu den erstattungsfähigen Kosten zählen nach § 91 Abs. 4 ZPO ferner die von der   30 Partei gezahlten Beträge einschließlich Zinsen, die sie aufgrund eines vorangegangenen Kostenfestsetzungsbeschlusses an den Gegner gezahlt hat, wenn der vorangegangene Kostenfestsetzungsbeschluss nachträglich abgeändert oder aufgehobenen worden ist (sog. Rückfestsetzung).

2. Das Kostenfestsetzungsverfahren. a) Allgemeines. In Zivilsachen richtet sich die Kostenfestsetzung nach   31 den §§ 103 ff ZPO. Es handelt sich um ein gegenüber der Hauptsache selbstständiges Annexverfahren, das einige Besonderheiten aufweist.

b) Die verschiedenen Arten der Festsetzung. Die Art der Festsetzung richtet sich nach der Kostenentschei-   32 dung.

aa) Einseitige Festsetzung. Trägt eine Partei sämtliche Kosten des Verfahrens, werden alle Kosten des Geg-   33 ners festgesetzt, soweit sie erstattungsfähig sind.

Sind die Kosten verhältnismäßig verteilt worden, meldet der Gegner aber seine Kosten nicht oder nicht   34 fristgerecht an, wird ebenfalls einseitig festgesetzt, unbeschadet des Rechts des Gegners, seine Kosten später gesondert anzumelden und einen (weiteren) einseitigen Festsetzungsbeschluss zu seinen Gunsten zu erwirken (§ 106 Abs. 2 ZPO).

bb) Verhältnismäßige Teilung der Kosten. Sind die Kosten des Verfahrens vom Gericht verhältnismäßig   35 verteilt worden, können sie getrennt festgesetzt oder ausgeglichen werden (§ 106 Abs. 1 ZPO). Eine Pflicht zur Kostenausgleichung besteht für die Parteien nicht.[12]

Die Parteien können auch in diesem Fall eine getrennte Kostenfestsetzung erwirken, wenn nämlich zu-   36 nächst nur eine Partei ihre Kosten anmeldet und, nachdem deren Kosten festgesetzt sind, nunmehr die andere Partei die Festsetzung ihrer Kosten beantragt. Melden dagegen beide Parteien ihre Kosten an, muss zwingend ausgeglichen werden.

Die Ausgleichung geschieht grds. so, dass beide Parteien zunächst ihre Kosten bei Gericht anmelden. Von   37 den gesamten Kosten wird die Quote berechnet, die die jeweilige Partei schuldet. Hierauf werden sodann die eigenen Kosten angerechnet. Der verbleibende Differenzbetrag wird festgesetzt.

Beispiel: Von den Kosten des Rechtsstreits tragen der Kläger 70 % und der Beklagte 30 %. Die Kosten des Klä-   38 gers und des Beklagten betragen bei einem Streitwert von 10.000 € jeweils 1.683,85 € und die Gerichtskosten 723 €, die der Kläger bereits gezahlt hat. Zu rechnen ist wie folgt:

Kosten Kläger (1.683,85 € + 723,00 €)	2.406,85 €
Kosten Beklagter	1.683,85 €
Gesamt	4.090,70 €
hiervon 70 %	2.863,49 €
./. eigene Kosten Kläger	– 2.406,85 €
Erstattungsanspruch Beklagter gegen Kläger	**456,64 €**

Auch bei der **Kostenausgleichung** handelt es sich um eine Festsetzung. Es ist daher nicht erforderlich, aus-   39 drücklich eine Ausgleichung zu beantragen. Diese ist zwingend **von Amts wegen** durchzuführen, wenn beide Parteien ihre Kosten rechtzeitig anmelden (§ 106 Abs. 1 ZPO).

Meldet eine Partei trotz Fristsetzung die eigenen Kosten nicht oder nicht fristgerecht an, werden die ange-   40 meldeten Kosten der Gegenseite in Höhe der jeweiligen Erstattungsquote festgesetzt. Dem Gegner bleibt es unbenommen, später die Festsetzung seiner Erstattungsforderung nachträglich zu beantragen (§ 106 Abs. 2 ZPO). Er muss lediglich die damit verbundenen Mehrkosten tragen. Mehrkosten können nur in zusätzlichen Zustellungskosten liegen und fallen idR dabei nicht an (Anm. zu Nr. 9002 KV GKG).

cc) Getrennte Festsetzung. Eine getrennte Festsetzung ist vorgeschrieben, wenn bestimmte Kosten nicht   41 nach Quoten verteilt, sondern ausgetrennt sind, etwa die Kosten der Säumnis (§ 344 ZPO) oder die Mehrkosten, die durch die Anrufung des unzuständigen Gerichts entstanden sind (§ 281 Abs. 3 ZPO).

Die ausgetrennten Kosten müssen gesondert festgesetzt werden. Nur die übrigen Kosten dürfen ausgegli-   42 chen werden. Soweit die Parteien damit einverstanden sind, bestehen allerdings keine Bedenken, auch aus-

---

11 OLG Karlsruhe AGS 2009, 98 = JurBüro 2008, 538; LG Freiburg AGS 2009, 99; OLG Köln AGS 2010, 46 = RVGreport 2010, 191 = Rpfleger 2010, 164 = JurBüro 2010, 206; OLG Düsseldorf AGS 2009, 352 = JurBüro 2009, 366; AG Schwäbisch Gmünd AGS 2010, 45 = NJW 2009, 3441. **12** LG Frankfurt AGS 2011, 515 = NJW-Spezial 2011, 604 = RVGreport 2011, 391; LG Frankenthal NJW-Spezial 2013, 220.

zutrennende Kosten in die Ausgleichung einzubeziehen, abgesehen davon, dass darin eine Aufrechnungserklärung liegen würde, die das Gericht berücksichtigen müsste (→ Rn 86).

43 Ein Fall der getrennten Festsetzung liegt auch dann vor, wenn die Kosten nach Instanzen unterschiedlich verteilt sind:

44 **Beispiel:** Die Kosten der ersten Instanz trägt der Kläger. Die Kosten des Berufungsverfahrens trägt der Beklagte. Eine Kostenausgleichung ist ohne Einverständnis der Parteien unzulässig.

45 **dd) Vereinfachte Festsetzung (§ 105 ZPO).** Möglich – in der Praxis aber selten – ist die vereinfachte Festsetzung nach § 105 ZPO. Danach kann der Festsetzungsbeschluss auf das Urteil und dessen Ausfertigungen gesetzt werden, sofern bei Eingang des Kostenfestsetzungsantrags eine Ausfertigung des Urteils noch nicht erteilt ist und eine Verzögerung der Ausfertigung nicht eintritt (§ 105 Abs. 1 S. 1 ZPO). Erfolgt der Festsetzungsbeschluss in der Form des § 130 b ZPO in Form eines gerichtlichen elektronischen Dokuments, ist er in einem gesonderten elektronischen Dokument festzuhalten (§ 105 Abs. 1 S. 2 ZPO). Das Dokument ist mit dem Urteil untrennbar zu verbinden (§ 105 Abs. 1 S. 3 ZPO).

46 Eine besondere Ausfertigung und Zustellung des Festsetzungsbeschlusses findet in diesem Fall nicht statt (§ 105 Abs. 2 S. 1 ZPO). Den Parteien ist der festgesetzte Betrag mitzuteilen, dem Gegner des Antragstellers unter Beifügung der Abschrift der Kostenberechnung (§ 105 Abs. 2 S. 2 ZPO). Die Verbindung des Festsetzungsbeschlusses mit dem Urteil soll unterbleiben, sofern dem Festsetzungsantrag auch nur teilweise nicht entsprochen wird (§ 105 Abs. 2 S. 3 ZPO).

47 Im Fall der vereinfachten Festsetzung bedarf es keines Festsetzungsantrags, wenn die Partei vor der Verkündung des Urteils die Berechnung ihrer Kosten eingereicht hat. Dann ist die dem Gegner mitzuteilende Abschrift der Kostenberechnung von Amts wegen anzufertigen (§ 105 Abs. 3 ZPO).

48 **c) Kostenfestsetzungsantrag.** Die Kostenfestsetzung erfolgt nur auf **Antrag**. Das Gericht setzt die Kosten nie von Amts wegen fest. Erforderlich ist daher stets der Antrag einer Partei oder eines sonstigen Beteiligten, der einen Kostenerstattungsanspruch hat (etwa ein Streithelfer). Der Festsetzungsantrag unterliegt **nicht** dem **Anwaltszwang**. Auch ist **keine Frist** für den Antrag vorgesehen.

49 **Antragsberechtigt** ist bei einer einseitigen Festsetzung nur die erstattungsberechtigte Partei, nicht auch der Gegner.

50 Einen „negativen Feststellungsantrag" dahin gehend, dass dem Gegner kein oder nur ein bestimmter Erstattungsanspruch zustehe, kennt die ZPO – im Gegensatz zum Festsetzungsverfahren nach § 11 RVG – nicht.

51 Sind die Kosten nach Quoten verteilt worden, kann jede Partei den Antrag auf Festsetzung stellen, selbst wenn sie nach Kostenausgleichung erstattungspflichtig sein wird. In diesem Fall reicht der Antrag einer Partei. Die andere Partei muss, wenn sie sich an der Ausgleichung beteiligen will, keinen eigenen Antrag stellen. Es reicht, dass sie ihre Kosten anmeldet, § 106 Abs. 1 ZPO. Soweit sie nach Ausgleichung allerdings erstattungsberechtigt sein sollte, muss sie einen eigenen Verzinsungsantrag stellen (→ Rn 73).

52 Im Fall eines **Anspruchsübergangs** ist der neue Forderungsberechtigte befugt, den Festsetzungsantrag im eigenen Namen zu stellen. Ein solcher Fall ist insb. für den im Wege der Prozess- oder Verfahrenskostenhilfe beigeordneten Anwalt vorgesehen (§ 126 ZPO). Die Möglichkeit besteht aber auch bei anderweitigen Forderungsübergängen, zB nach § 86 Abs. 1 S. 1 VVG beim Forderungsübergang auf den Rechtsschutzversicherer.

53 **d) Zuständigkeit.** Zuständig für die Kostenfestsetzung ist das Gericht des ersten Rechtszugs (§ 104 Abs. 1 S. 1 ZPO). Wird ein Rechtsstreit zB wegen örtlicher oder sachlicher Unzuständigkeit verwiesen, setzt das zuletzt befasste Gericht des ersten Rechtszugs auch die vor dem unzuständigen Gericht entstandenen Kosten fest. Die Entscheidung trifft der Rechtspfleger (§ 21 Nr. 1 RPflG).

54 **e) Verjährung.** Der prozessuale Kostenerstattungsanspruch ist ein gewöhnlicher Zahlungsanspruch und unterliegt daher den allgemeinen Verjährungsvorschriften. Die Verjährungsfrist beträgt gem. § 195 BGB grds. **drei Jahre,** beginnend mit dem Ende des Kalenderjahrs, in dem der Anspruch entstanden ist.

55 Da in aller Regel jedoch der Kostenerstattungsanspruch dem Grunde nach tituliert ist, beträgt die Verjährungsfrist in diesem Fall 30 Jahre (§ 197 Abs. 1 Nr. 3 und 4 BGB). Die Kostengrundentscheidung oder vergleichsweise Regelung reicht als rechtskräftige Entscheidung über den Kostenerstattungsanspruch aus.[13] Vollstreckungskosten verjähren ebenfalls erst nach 30 Jahren (§ 197 Abs. 1 Nr. 6 BGB).

56 Die kurze Verjährungsfrist von drei Jahren greift in der Praxis nur, wenn sich die Pflicht zur Kostenerstattung bereits unmittelbar aus dem Gesetz ergibt und versäumt wird, diese Kostenfolge gerichtlich feststellen

---

[13] BGH AGS 2007, 219 = NJW 2009, 3441 = FamRZ 2006, 854 = Rpfleger 2006, 439; OLG Köln JurBüro 2006, 649; OLG Stuttgart JurBüro 2006, 203 = NJW-RR 2006, 1367 = MDR 2006, 1187; OLG München AGS 2006, 405 = FamRZ 2006, 1559; OLG Naumburg AGS 2009, 147 u. 200.

zu lassen. Das kann zB nach einer Klagerücknahme oder Rücknahme eines Mahnantrags vorkommen. Hier ergibt sich die Kostenerstattungspflicht unmittelbar aus dem Gesetz (§ 269 Abs. 3 S. 2 ZPO) und wird nur auf Antrag vom Gericht ausgesprochen (§ 269 Abs. 4 S. 1 ZPO). Folglich beginnt die dreijährige Verjährungsfrist des § 195 BGB mit Ende des Kalenderjahres, in dem die Klage oder der Mahnantrag zurückgenommen worden ist. Wird versäumt, rechtzeitig eine Kostengrundentscheidung zu beantragen, tritt nach Ablauf von drei Kalenderjahren Verjährung ein, sofern nicht anderweitige verjährungsunterbrechenden oder -hemmenden Maßnahmen getroffen sind.

Nach Auffassung des OLG Hamburg[14] ist die Verjährungseinrede bereits im Verfahren über die Kostenentscheidung zu erheben und zu beachten. Dass dies unzutreffend sein dürfte, ergibt sich schon daraus, dass auch mit verjährten Forderungen aufgerechnet werden kann. Daher kann durchaus Interesse an einem klarstellenden Kostenbeschluss bestehen. Aber auch im Festsetzungsverfahren ist die Verjährungseinrede nicht zu beachten,[15] da es sich um einen materiell-rechtlichen Einwand handelt. Ein solcher wird im summarischen Kostenfestsetzungsverfahren nicht geprüft. Das gilt erst recht, wenn über die Frage der Verjährung Streit besteht und uU sogar Beweis erhoben werden muss. Zutreffend muss daher auch ein verjährter Erstattungsanspruch festgesetzt werden. Der Einwand der Verjährung ist vielmehr im Wege der **Vollstreckungsabwehrklage** geltend zu machen. **57**

Auch wenn für die Verjährung des Kostenerstattungsanspruchs die dreißigjährige Verjährungsfrist gilt, ist zu beachten, dass sich die Verjährung der festgesetzten Zinsen als wiederkehrende Leistungen nach § 197 Abs. 2 BGB richtet. Die **Zinsen** verjähren also innerhalb von drei Jahren, unabhängig davon, ob der Kostenerstattungsanspruch selbst rechtskräftig festgesetzt worden ist oder nicht. Die Verjährung kann hier durch eine Vollstreckungsmaßnahme, die sich aus Kostengründen ggf ausschließlich auf die Zinsen beschränken kann, unterbrochen werden (§ 212 Abs. 1 Nr. 2 BGB). **58**

f) Verwirkung. Die Verwirkung des Erstattungsanspruchs ist möglich, kommt in der Praxis aber kaum vor. Der bloße Zeitablauf reicht nicht aus, vor allem nicht in Anbetracht der dreißigjährigen Verjährungsfrist nach einer Kostengrundentscheidung. Hinzu kommen muss ein besonderes **Umstandsmoment**, wonach die erstattungspflichtige Partei darauf vertrauen durfte, der Erstattungsanspruch werde nicht mehr geltend gemacht bzw soll nicht mehr festgesetzt werden. Insbesondere genügt es nicht, dass eine Partei mit dem Kostenfestsetzungsantrag „nur" lange gewartet hat. Damit allein lässt sich eine Verwirkung nicht begründen.[16] **59**

Da es sich bei dem Einwand der Verwirkung um einen materiellrechtlichen Einwand handelt, kann er nicht im Kostenfestsetzungsverfahren geltend gemacht werden. Die Verwirkung muss mit der Vollstreckungsabwehrklage (§ 767 ZPO) vorgebracht werden (→ Rn 146). **60**

g) Gegenstand der Festsetzung. Festgesetzt werden können sämtliche Kosten der Partei, die mit der Durchführung des Rechtsstreits im Zusammenhang stehen (dazu näher → Rn 12 ff).[17] **61**

h) Glaubhaftmachung. Die Höhe der angemeldeten Kosten muss glaubhaft gemacht werden (§ 104 Abs. 2 S. 1, § 294 Abs. 1 ZPO), wobei für die Auslagen des Anwalts eine anwaltliche Versicherung ausreicht (§ 104 Abs. 2 S. 2 ZPO). **62**

Zur Anmeldung der Anwaltsgebühren genügt es, die Abrechnung beizufügen und hierauf Bezug zu nehmen. Hinsichtlich der weiteren Kosten sind – soweit möglich – Belege beizubringen. Die Vorlage von Originalbelegen ist allerdings nicht erforderlich.[18] Soweit keine Belege oder Kopien vorgelegt werden können, reicht eine Versicherung aus, dass die Kosten entstanden sind, etwa bei Informationsreisekosten zum Prozessbevollmächtigten. **63**

Eine Besonderheit gilt bei den Kosten eines Terminsvertreters, weil dieser sowohl von der Partei selbst als auch vom Hauptbevollmächtigten im eigenen Namen beauftragt worden sein kann, was unterschiedliche Kosten auslöst. Deshalb ist hier die auf den Mandanten lautende Rechnung des Terminsvertreters vorzulegen.[19] **64**

i) Umsatzsteuer. Die auf die anwaltliche Vergütung und sonstige Auslagen entfallende Umsatzsteuer ist grds. erstattungsfähig. Insoweit sind allerdings zwei Fragen auseinander zu halten: **65**

Zunächst einmal ist zu fragen, ob Umsatzsteuer überhaupt angefallen ist. Diese wird insb. bei der Anwaltsvergütung häufig unbesehen geltend gemacht, obwohl es hier Fälle gibt, in denen keine Umsatzsteuer anfällt. **66**

---

14 OLG Hamburg AGS 2009, 146 = JurBüro 2008, 479 = VersR 2009, 657. **15** So aber AG Siegburg AGS 2009, 563. **16** OLG Koblenz AGS 2016, 251 = JurBüro 2016, 315 = RVGreport 2016, 227 = RVGprof. 2016, 122; OLG Düsseldorf AGS 2012, 150 = zfs 2011, 527. **17** Zu Einzelheiten der erstattungsfähigen Kosten s. *Schneider/Thiel*, ABC der Kostenerstattung, 3. Aufl. 2016. **18** OLG Köln AGS 2009, 349 = MDR 2009, 345 = RVGprof. 2009, 162. **19** BGH AGS 2011, 568 = zfs 2011, 582 = JurBüro 2012, 29 = RVGprof. 2012, 39; OLG Koblenz AGS 2013, 150 = MDR 2013, 124 = JurBüro 2013, 143.

67 Liegen Fälle mit **Auslandsberührung** vor, kann die Tätigkeit des Anwalts umsatzsteuerfrei sein.[20] In diesem Fall ist die Umsatzsteuer selbstverständlich nicht zu erstatten. Der Anfall der Umsatzsteuer ist von der erstattungsberechtigten Partei glaubhaft zu machen. Dies darf nicht verwechselt werden mit der Frage des Vorsteuerabzugs. Die erstattungsberechtigte Partei muss also notfalls darlegen und mit Mitteln der Glaubhaftmachung nachweisen, dass die Tätigkeit ihres Anwalts bzw sonstige Kosten, die sie mit der Umsatzsteuer zur Festsetzung anmeldet, tatsächlich umsatzsteuerpflichtig sind.

68 Wird der **Anwalt in eigener Sache** tätig, entsteht grds. keine Umsatzsteuer, da bei sog. Eigengeschäften Umsatzsteuer nicht erhoben wird. Will der Anwalt hier Umsatzsteuer zur Festsetzung anmelden, muss er glaubhaft machen, dass ein Geschäft vorliegt, bei dem er trotz Eigenvertretung Umsatzsteuer abführen muss, etwa wenn er sich in privater Sache vertritt.[21]

69 Ist Umsatzsteuer angefallen, muss sich die Partei zum **Vorsteuerabzug** erklären (§ 104 Abs. 2 S. 3 ZPO). Der Antrag auf Festsetzung der Umsatzsteuer kann nicht schon konkludent als Erklärung nach § 104 Abs. 2 S. 3 ZPO angesehen werden.[22] Soweit die Partei nicht erklärt, dass sie zum Vorsteuerabzug nicht berechtigt sei, sind die in den angemeldeten Kosten enthaltenen Umsatzsteuerbeträge abzusetzen. Abzusetzen ist die Umsatzsteuer auch, wenn die Erklärung, nicht zum Vorsteuerabzug berechtigt zu sein, offensichtlich unzutreffend ist[23] oder in ungeklärtem Widerspruch zum Vortrag in der Hauptsache steht.[24]

70 Während des Festsetzungsverfahrens und auch noch während des Erinnerungs- oder Beschwerdeverfahrens kann der Antragsteller seine Erklärung zur Vorsteuerabzugsberechtigung jederzeit ändern. Maßgebend ist die zuletzt abgegebene Erklärung.[25] Im Übrigen sind Festsetzungsinstanzen nicht berechtigt, die Frage der Vorsteuerabzugsberechtigung zu klären. Es handelt sich hierbei um einen materiellrechtlichen Einwand gegen den Kostenerstattungsanspruch, der in diesem Verfahren nicht abschließend geprüft werden kann.[26]

71 Hatte der Erstattungsberechtigte die Umsatzsteuer zunächst nicht zur Festsetzung angemeldet, kann er im Wege der **Nachfestsetzung** (→ Rn 142 ff) später doch noch die Festsetzung der Umsatzsteuer beantragen. Die Rechtskraft des Kostenfestsetzungsbeschlusses steht dem nicht entgegen.[27]

72 Ist Umsatzsteuer dagegen angemeldet und vom Gericht abgesetzt worden, muss Erinnerung oder Beschwerde eingelegt werden. Eine Nachfestsetzung kommt jetzt nicht mehr in Betracht, da die ablehnende Entscheidung in Rechtskraft erwächst.[28]

73 j) **Verzinsung.** Die festgesetzten Kosten sind ab Eingang des Festsetzungsantrags zu verzinsen (§ 104 Abs. 1 S. 2 ZPO) – allerdings nur auf **Antrag.** Der Verzinsungsantrag kann auch nachträglich noch rückwirkend gestellt werden. Die **Höhe des Zinssatzes** beläuft sich auf fünf Prozentpunkten über dem Basiszinssatz nach § 247 BGB (§ 104 Abs. 1 S. 2 ZPO).

74 Ist der Zinsantrag vergessen worden, kommt insoweit sogar noch eine Nachfestsetzung in Betracht (→ Rn 142 ff).

75 Im Fall der Kostenausgleichung nach § 106 ZPO können Zinsen nur für den Erstattungsbetrag, der per Saldo festgesetzt wird, verlangt werden. Nicht verlangt werden können sie für die in die Verrechnung eingestellten Erstattungsbeträge einer Partei, die letztlich nicht zu einer Festsetzung zu ihren Gunsten geführt haben (s. § 389 BGB).[29]

76 Die Verzinsung **beginnt** mit dem Eingang des Festsetzungsantrags, jedoch nicht vor Erlass der Kostenentscheidung. Die Verzinsung des Kostenerstattungsbetrags ab Eingang des Kostenfestsetzungsantrags ist nicht davon abhängig, dass der Gläubiger den Kostenschuldner vor Einleitung des Kostenfestsetzungsverfahrens zur Zahlung aufgefordert hat.[30]

77 Die Verzinsung beginnt mit Eingang des Kostenfestsetzungsantrags bei Gericht und nicht erst mit dessen Zustellung.[31] Im Fall einer Nachfestsetzung der Zinsen besteht die Verzinsungspflicht vom Eingang des ursprünglichen Kostenfestsetzungsgesuchs und nicht vom Eingang des nachträglichen Verzinsungsantrags an.[32]

78 Wird die einem Kostenfestsetzungsantrag zugrunde liegende Kostenentscheidung im Rechtsmittelverfahren aufgehoben und der Rechtsstreit zurückverwiesen, beginnt die Verzinsung der festgesetzten Kosten erst mit der Verkündung der neuen Kostenentscheidung. Bei der Aufhebung fällt die auflösend bedingte vorläufige

---

20 Siehe AnwK-RVG/N. *Schneider*, Nr. 7008 VV Rn 6 ff. 21 Siehe AnwK-RVG/N. *Schneider*, Nr. 7008 VV Rn 42 ff. 22 OLG Celle NdsRpfl 1995, 105 = OLGR 1995, 124; HessLAG AGS 2000, 233 = DB 1999, 2272. 23 OLG Schleswig NJW-RR 2004, 356. 24 BGH AGS 2003, 276 = NJW 2003, 1534 = Rpfleger 2003, 321; OLG Brandenburg AnwBl 1996, 544. 25 OLG München Rpfleger 1996, 372 = JurBüro 1996, 427 = MDR 1996, 1302. 26 OLG Düsseldorf AnwBl 1996, 238; OLG Schleswig AGS 1996, 47 = JurBüro 1996, 260; OLG Schleswig AGS 1996, 143. 27 OLG Hamburg JurBüro 2010, 596; OLG Stuttgart NJW-RR 2009, 1004 = RVGreport 2009, 312 = NJW-Spezial 2009, 620. 28 OLG München AGS 2004, 36 m. Anm. N. *Schneider* = NJW-RR 2004, 69 = Rpfleger 2004, 125 = RVGreport 2004, 77; OLG Karlsruhe JurBüro 2007, 317 = RVGreport 2007, 277. 29 OLG Düsseldorf NJW-RR 2006, 359 = JurBüro 2006, 142. 30 OLG Celle NJW-RR 2012, 763 = AGS 2012, 432. 31 OLG Celle NJW-RR 2012, 763 = AGS 2012, 432. 32 BPatG MittdtschPatAnw 1990, 20.

Vollstreckbarkeit des Urteils ersatzlos weg. Ein darauf gestützter Kostenfestsetzungsantrag wird gegenstandslos.[33]

Wird die Kostenentscheidung dagegen im Rechtsmittelverfahren nur abgeändert, ist der Kostenbetrag, der **79** sowohl nach der Ausgangsentscheidung als auch nach der abgeänderten Kostengrundentscheidung zu erstatten ist, seit dem Eingang des (ursprünglichen) Kostenfestsetzungsantrags zu verzinsen.[34] Hinsichtlich eines darüber hinausgehenden Betrags greift die Verzinsung erst ab Erlass der Kostenentscheidung, soweit die Kosten bereits angemeldet waren.

Nach **übereinstimmenden Erledigungserklärung** der Parteien in der Berufungsinstanz und einer anschlie- **80** ßenden Kostengrundentscheidung des Berufungsgerichts gem. § 91 a ZPO beginnt die Verzinsung auch der erstinstanzlichen Kosten erst mit dem Eingang eines neuen Festsetzungsantrags. Im Übrigen – soweit weitere Kosten hinzu kommen, die noch nicht angemeldet waren – wird ab dem Eingang des weiteren Festsetzungsantrags verzinst.

Entfällt die Kostengrundentscheidung erster Instanz durch eine Kostenregelung in einem in höherer Instanz **81** geschlossenen Prozessvergleich, sind die erstinstanzlichen Prozesskosten grds. erst ab Eingang des Kostenfestsetzungsantrags nach Vergleichsabschluss zu verzinsen, wenn der Vergleich eine neue Kostenregelung enthält.[35] Bestätigt der Vergleich dagegen die vorinstanzliche Kostenentscheidung ganz oder teilweise, dann bleibt eine frühere Verzinsung erhalten, soweit die Kostenentscheidung Bestand behält.

Kosten, die im Wege der **Rückfestsetzung** festgesetzt werden, sind ab Einreichung des Rückfestsetzungsan- **82** trags zu verzinsen, nicht jedoch vor Erlass der abändernden Kostenentscheidung.[36] Auch hier ist allerdings ein Verzinsungsantrag erforderlich, der auch nachträglich gestellt werden kann.[37] Auch im Fall des Rückfestsetzungsantrags sind Zinsen erst ab dem Eingang des entsprechenden Antrags geschuldet.[38] Für den vor Eingang des Rückfestsetzungsantrags liegenden Zeitraum sind Zinsen nur festzusetzen, wenn solche auf den später wirkungslos gewordenen ursprünglichen Kostenfestsetzungsbeschluss gezahlt worden sind.[39]

k) Materiellrechtliche Einwände. aa) Grundsatz. Das Kostenfestsetzungsverfahren ist ein reines Betragsver- **83** fahren. Materiellrechtliche Einwände gegen den Kostenerstattungsanspruch werden daher grds. nicht berücksichtigt.[40] Das vereinfachte Festsetzungsverfahren nach §§ 103 ff ZPO ist nicht geeignet, materiellrechtliche Einwände zu prüfen und darüber zu entscheiden. Werden solche Einwände erhoben, ist ungeachtet dessen festzusetzen. Die Prüfung bleibt einer Vollstreckungsabwehrklage oder einer Bereicherungsklage vorbehalten.[41]

Ausnahmsweise sind materiellrechtliche Einwände gegen den Kostenerstattungsanspruch zu berücksichti- **84** gen, wenn sie unstreitig oder offensichtlich sind und auch die Rechtsfolge nicht strittig ist.[42] Als zugestanden gelten auch Tatsachen, die nicht bestritten werden (§ 138 ZPO).[43] Auch Einwände, deren tatsächliche Voraussetzungen der Rechtspfleger ohne Schwierigkeiten aus den Akten ermitteln kann, können im Kostenfestsetzungsverfahren erhoben und beschieden werden.

bb) Einzelfälle. In folgenden Fällen werden materiellrechtliche Einwände im Kostenfestsetzungsverfahren **85** berücksichtigt:

(1) Aufrechnung. Eine Aufrechnung ist zu beachten, dh die Festsetzung ist abzulehnen oder auf den nach **86** Aufrechnung verbleibenden Betrag zu begrenzen, wenn

- die Gegenforderung unstreitig ist und gegen die Aufrechnung auch sonst keine Einwände erhoben werden,
- die zur Aufrechnung gestellte Forderung rechtskräftig festgestellt ist,[44]
- die Aufrechnung offensichtlich ist (zB Aufrechnung mit der ausgeurteilten Forderung oder der Vergleichssumme,[45]
- mehrere Kostenerstattungsansprüche bestehen, die in ihrer Gesamtheit die Aufrechnungsforderung übersteigen, und eine Tilgungsbestimmung des Aufrechnenden fehlt; der Rechtspfleger berechnet dann den verbleibenden Kostenerstattungsanspruch entsprechend der gesetzlichen Tilgungsreihenfolge des § 396 BGB.[46]

(2) Erfüllung. Der Erfüllungseinwand ist zu beachten, wenn die Erfüllung unstreitig oder nach § 138 ZPO **87** zugestanden ist. Dazu gehört auch, dass sich der Kostenerstattungsberechtigte trotz gerichtlicher Auflage zu

33 OLG Düsseldorf AGS 2010, 205 = Rpfleger 2010, 164. **34** BGH AGS 2006, 515 = Rpfleger 2006, 225 = JurBüro 2006, 204; OLG Düsseldorf Rpfleger 2006, 42 = NJW-RR 2006, 718 = JurBüro 2006, 142. **35** OLG Hamm AGS 2005, 362; OLG München MDR 1996, 532 = Rpfleger 1996, 371. **36** OLG Zweibrücken JurBüro 2004, 657; OLG Düsseldorf JurBüro 1998, 309. **37** OLG Koblenz JurBüro 2003, 199 = NJW-RR 2003, 720. **38** OLG Koblenz AGS 2012, 198 = JurBüro 2012, 31 = RVGreport 2012, 73. **39** OLG Zweibrücken JurBüro 2004, 657 = OLGR 2005, 94. **40** BGH NJW-RR 2007, 422 = RVGreport 2007, 110. **41** BGH NJW-RR 2007, 422 = RVGreport 2007, 110. **42** BGH NJW-RR 2007, 422 = RVGreport 2007, 110. **43** OLG Hamburg MDR 1976, 585. **44** OLG Koblenz AGS 2012, 88 = JurBüro 2011, 646. **45** AG Siegburg AGS 2014, 485 = NJW-Spezial 2014, 604. **46** OLG Koblenz AGS 2012, 88 = JurBüro 2011, 646.

der von der erstattungspflichtigen Partei substantiiert behaupteten Erfüllung des Kostenerstattungsanspruchs nicht äußert.[47]

88 **(3) Vergleich.** Ergibt sich aus einem Vergleich in einem Parallelverfahren, dass auch der Kostenerstattungsanspruch des hiesigen Verfahrens erledigt sein soll, ist dieser Einwand zu beachten.[48]

89 **3. Rechtsmittel/Rechtsbehelfe. a) Überblick.** Gegen den Kostenfestsetzungsbeschluss stehen verschiedene Rechtsmittel bzw Rechtsbehelfe zur Verfügung. Gegen den Kostenfestsetzungsbeschluss bzw seine Ablehnung ist entweder sofortige Beschwerde gegeben (§ 104 Abs. 3 S. 1, § 567 ZPO) oder die Erinnerung (§ 104 Abs. 3 S. 1, § 11 Abs. 2 RPflG). Gegen Entscheidungen über die Beschwerde kann darüber hinaus die Rechtsbeschwerde zugelassen werden.

90 **b) Sofortige Beschwerde. aa) Überblick.** Grundsätzlich ist gegen den Kostenfestsetzungsbeschluss bzw seine Ablehnung die sofortige Beschwerde nach § 104 Abs. 3 S. 1, § 567 ZPO gegeben. Nur dann, wenn sie nicht statthaft oder nicht zulässig ist, kommt die Erinnerung nach § 104 Abs. 3 S. 1, § 11 Abs. 2 RPflG zum Zuge.

91 **bb) Erforderlicher Wert des Beschwerdegegenstands.** Die sofortige Beschwerde ist nur zulässig, wenn der Wert des Beschwerdegegenstands den Betrag von 200 € übersteigt (§ 104 Abs. 3 S. 1, § 567 Abs. 2 ZPO). Eine Zulassung der Beschwerde ist nicht möglich.

92 Die Höhe des Beschwerdegegenstands richtet sich danach, um welchen Betrag die Abänderung des Festsetzungsbeschlusses beantragt wird:

- Für den Antragsteller kommt es darauf an, in welchem Umfang sein Antrag zurückgewiesen und Kosten abgesetzt worden sind.
- Für den Antragsgegner kommt es darauf an, inwieweit er meint, unberechtigterweise mit Kosten belastet worden zu sein. Die festgesetzte Verzinsung bleibt dabei grds. außer Ansatz (§ 4 Abs. 1 Hs 2 ZPO). Sie hat nur Bedeutung, wenn sich der Antragsgegner ausschließlich gegen die Verzinsung oder den Zinsbeginn wendet.

93 Wird der erforderliche Wert nicht erreicht, ist nur die Erinnerung gegeben. Das gilt auch dann, wenn infolge einer Abhilfe des Rechtspflegers der Wert auf unter 200,01 € herabsinkt.

94 **Beispiel:** Das AG setzt die angemeldeten Mehrkosten des Terminsvertreters iHv 250 € ab. Dagegen wird sofortige Beschwerde erhoben. Der Rechtspfleger hilft der Beschwerde insoweit ab, als er die Kosten des Terminsvertreters als ersparte Reisekosten des Hauptbevollmächtigten iHv 80 € berücksichtigt.

Mit der Abhilfeentscheidung ist der Wert des Beschwerdegegenstands von ursprünglich 250 auf 170 € gesunken. Die Beschwerde ist damit unzulässig geworden.

95 Wird die Beschwerde unzulässig, muss der Beschwerdeführer erklären, ob er die Beschwerde als solche weiterführt oder ob sie jetzt als Erinnerung (→ Rn 113) betrachtet werden und dem Richter des festsetzenden Gerichts vorgelegt werden soll.

96 Die Möglichkeit einer wertunabhängigen Zulassung der Beschwerde besteht im Festsetzungsverfahren nicht.

97 Eine sofortige Beschwerde gegen erstinstanzliche Festsetzungen eines OLG ist nicht statthaft (arg. e § 567 Abs. 1 ZPO). Auch insoweit ist nur die Erinnerung gegeben.

98 **cc) Frist.** Die sofortige Beschwerde muss innerhalb von zwei Wochen ab Zustellung des Kostenfestsetzungsbeschlusses eingereicht werden (§§ 104 Abs. 3 S. 1, 569 Abs. 1 ZPO). Eine Wiedereinsetzung ist möglich (§§ 233 ff ZPO).

99 **dd) Form.** Die sofortige Beschwerde ist schriftlich einzureichen oder auch durch Erklärung zu Protokoll der Geschäftsstelle (§ 569 Abs. 3 Nr. 1 ZPO), da für das Kostenfestsetzungsverfahren kein Anwaltszwang besteht (§ 13 RPflG). Auch für die sofortige Beschwerde besteht kein Anwaltszwang.[49]

100 **ee) Verfahren.** Nach Eingang der sofortigen Beschwerde hat der Rechtspfleger zunächst zu prüfen, ob er der Beschwerde abhilft. Er kann die Beschwerde jedoch weder zurückweisen noch als unzulässig verwerfen.

101 Soweit der Rechtspfleger nicht abhilft und die sofortige Beschwerde aufrechterhalten wird, ist sie dem Beschwerdegericht vorzulegen, das dann darüber durch Beschluss entscheidet.

102 **ff) Kosten.** Im Beschwerdeverfahren entsteht bei Gericht eine Festgebühr iHv 60 €, wenn die Beschwerde zurückgewiesen oder verworfen wird (Nr. 1812 KV GKG). Eine Ermäßigung bei teilweiser Zurückweisung oder Verwerfung ist möglich (Anm. zu Nr. 1812 KV GKG). Ist die Beschwerde erfolgreich, ist das Beschwerdeverfahren gebührenfrei.

---

47 KG MDR 1976, 406. **48** LAG RhPf AE 2010, 117. **49** BGH AGS 2006, 516 = Rpfleger 2006, 416 = JurBüro 2006, 480.

NK-GK/N. *Schneider*

Für den Anwalt entsteht im Beschwerdeverfahren eine 0,5-Verfahrensgebühr nach Nr. 3500 VV RVG iVm §18 Abs. 1 Nr. 3 RVG zuzüglich Auslagen und Umsatzsteuer. Die Verfahrensgebühr (Nr. 3500 VV RVG) entsteht für den Anwalt des Beschwerdegegners idR bereits mit Entgegennahme der Beschwerde.[50] **103**

Vertritt der Anwalt mehrere Auftraggeber wegen desselben Gegenstands, erhöht sich die Gebühr um 0,3 je weiteren Auftraggeber (Nr. 1008 VV RVG). **104**

Zu beachten ist, dass nach § 16 Nr. 10 Buchst. c RVG mehrere Beschwerden gegen denselben Kostenfestsetzungsbeschluss als eine Angelegenheit gelten. **105**

Die Kosten eines Beschwerdeverfahrens sind grds. nach §§ 91, 97 ZPO zu erstatten. Erforderlich ist allerdings eine gesonderte Entscheidung über die Kosten des Beschwerdeverfahrens. Wird sie vergessen, kann eine Beschlussergänzung nach § 321 ZPO beantragt werden. **106**

c) Weitere Beschwerde. Eine weitere Beschwerde ist nicht statthaft. **107**

d) Rechtsbeschwerde. aa) Überblick. Möglich ist eine Rechtsbeschwerde nach § 574 ZPO. Die Frist beträgt einen Monat (§ 575 ZPO). Die Rechtsbeschwerde kann nur durch einen am BGH zugelassenen Anwalt eingelegt werden (§ 78 Abs. 1 S. 3 ZPO). Eine Erweiterung des Beschwerdegegenstands im Rechtsbeschwerdeverfahren ist nicht zulässig,[51] wohl aber eine Anschlussrechtsbeschwerde (§ 574 Abs. 4 ZPO), die zulassungsfrei ist. **108**

bb) Verfahren. Voraussetzung für die Rechtsbeschwerde ist, dass das Beschwerdegericht die Rechtsbeschwerde zugelassen hat. Das Erreichen einer bestimmten Beschwerdesumme ist im Gegensatz zur sofortigen Beschwerde nicht erforderlich.[52] **109**

Die Rechtsbeschwerde ist allerdings unzulässig, wenn bereits der Wert des Beschwerdegegenstands 200 € nicht übersteigt. Wenn das Rechtsmittelgericht dennoch über diese unzulässige Beschwerde entschieden und die Rechtsbeschwerde zugelassen hat, bleibt diese unstatthaft. Dem BGH bleibt eine Entscheidung in der Sache im Hinblick auf den rechtskräftigen Abschluss des Verfahrens verwehrt.[53] **110**

cc) Kosten. Im Rechtsbeschwerdeverfahren entsteht bei Gericht eine Festgebühr iHv 120 €, wenn die Beschwerde zurückgewiesen oder verworfen wird (Nr. 1826 KV GKG). Eine Ermäßigung bei teilweiser Zurückweisung oder Verwerfung ist möglich (Anm. zu Nr. 1826 KV GKG). Ist die Rechtsbeschwerde erfolgreich, ist das Rechtsbeschwerdeverfahren gebührenfrei. **111**

Der Anwalt erhält eine 1,0-Gebühr nach Nr. 3502 VV RVG iVm § 17 Nr. 1 a RVG. Bei vorzeitiger Erledigung ermäßigt sich die Verfahrensgebühr auf 0,5 (Nr. 3503 VV RVG). Soweit der Anwalt mehrere Auftraggeber wegen desselben Gegenstands vertritt, erhöht sich die Gebühr um 0,3 je weiteren Auftraggeber (Nr. 1008 VV RVG). **112**

e) Erinnerung. aa) Überblick. Ist der Wert des Beschwerdegegenstands von mindestens 200,01 € nicht erreicht oder die Beschwerde ohnehin nicht statthaft, etwa gegen erstinstanzliche Festsetzungen des OLG, ist die Erinnerung gegeben. Das gilt auch dann, wenn einer sofortigen Beschwerde teilweise abgeholfen worden ist und der Wert des Beschwerdegegenstands unter 200,01 € sinkt (→ Rn 95). **113**

bb) Frist. Die Erinnerung muss innerhalb von **zwei Wochen** seit Zustellung des Kostenfestsetzungsbeschlusses eingelegt werden (§ 11 Abs. 2 S. 1 Hs 2 RPflG). Eine Wiedereinsetzung ist möglich (§ 11 Abs. 2 S. 2 RPflG). **114**

cc) Form. Die Erinnerung bedarf keiner besonderen Form. Schriftform ist hier wohl nicht erforderlich. Die Erinnerung kann auch zu Protokoll der Geschäftsstelle erklärt werden (§ 24 Abs. 2 Nr. 1 RPflG). Es besteht kein Anwaltszwang. **115**

dd) Verfahren. Über die Erinnerung befindet zunächst der Rechtspfleger, der ihr abhelfen kann. Soweit er der Erinnerung nicht abhilft, legt er die Sache dem Richter vor, der abschließend entscheidet. **116**

ee) Kosten. Für das Erinnerungsverfahren werden keine Gerichtsgebühren erhoben. **117**

Der Anwalt erhält eine 0,5-Verfahrensgebühr nach Nr. 3500 VV RVG iVm § 18 Abs. 1 Nr. 3 RVG. Mehrere Erinnerungen gegen denselben Kostenfestsetzungsbeschluss gelten als eine Angelegenheit, § 16 Nr. 10 Buchst. a RVG. **118**

Auch hier kommt eine Erhöhung bei mehreren Auftraggebern nach Nr. 1008 VV RVG in Betracht, wenn der Gegenstand derselbe ist. Dies ist der Fall, wenn gegen die Auftraggeber gesamtschuldnerisch festgesetzt worden ist oder sie als Gesamtgläubiger erstattungsberechtigt sind. Keine Erhöhung tritt dagegen ein, wenn die Auftraggeber nur nach Kopfteilen haften oder erstattungsberechtigt sind.[54] **119**

50 OLG Koblenz JurBüro 2004, 32 = AGS 2004, 67 m. Anm. *N. Schneider* = MDR 2004, 417. **51** BGH AGS 2004, 143 m. Anm. *N. Schneider* = NJW-RR 2004, 489 = Rpfleger 2004, 316 = DStR 2004, 875. **52** BGH AGS 2010, 459 = VersR 2010, 1473 = RVGreport 2011, 185. **53** BGH AGS 2010, 459 = VersR 2010, 1473 = RVGreport 2011, 185. **54** OLG Köln JurBüro 1986, 1663.

120 Die Kosten eines Erinnerungsverfahrens sind grds. nach § 91 ZPO zu erstatten. Voraussetzung ist eine Kostenentscheidung für das Erinnerungsverfahren. Die Kosten der Erinnerung können nicht aufgrund der Hauptsacheentscheidung festgesetzt werden. Zum Teil wird eine Kostenerstattung abgelehnt, so dass auch keine Kostenentscheidung zu treffen sei,[55] jedenfalls dann nicht, wenn der Gegner der Erinnerung nicht entgegengetreten sei.[56] Nach zutreffender Auffassung ist dagegen eine Kostenentscheidung zu treffen. Dies folgt aus § 308 Abs. 2 ZPO.[57]

121 **f) Abänderung der Kostenfestsetzung. aa) Allgemeines.** Wird nach Erlass eines Kostenfestsetzungsbeschlusses der Streitwert neu festgesetzt, so dass sich eine geringere oder eine höhere Erstattungsforderung ergibt, kann das Gericht nach § 107 Abs. 1 ZPO die Kostenfestsetzung abändern. Erforderlich ist allerdings ein **Antrag**, § 107 Abs. 1 S. 1 ZPO.[58]

122 **bb) Verfahren.** Antragsberechtigt sind beide Parteien. Eine Beschwer ist nicht erforderlich. Daher kann auch die erstattungsberechtigte Partei den Antrag nach § 107 ZPO stellen, wenn sich ein geringerer Erstattungsanspruch ergibt oder die erstattungspflichtige Partei, wenn sich ein höherer Erstattungsanspruch ergibt.

123 Nach einem Antrag nach § 107 Abs. 1 ZPO berechnet das Gericht auf der Basis des abgeänderten Streitwerts den Erstattungsanspruch neu und setzt entsprechend neu fest. Der ursprüngliche Beschluss wird aufgehoben.[59]

124 Hinsichtlich der **Verzinsung** bleibt es grds. bei dem ursprünglichen Zinsbeginn, da der ursprüngliche Kostenfestsetzungsantrag Grundlage der Kostenfestsetzung bleibt. Soweit allerdings ein höherer Betrag festgesetzt werden soll als mit dem ersten Antrag geltend gemacht, beginnt die Verzinsung erst ab Einreichung des neuen Antrags.

125 Aufgrund der Verweisung des § 107 Abs. 3 ZPO auf § 104 Abs. 3 ZPO ist eine **Rückfestsetzung** möglich (→ Rn 139). Soweit also der Kostenerstattungsschuldner aufgrund des vorherigen und im Rahmen der Neufestsetzung aufzuhebenden Kostenfestsetzungsbeschlusses zu viel gezahlt hat, kann die Überzahlung gegen den Kostenerstattungsberechtigten festgesetzt werden.[60] Wird gegen die Rückzahlungsverpflichtung eine streitige Aufrechnung eingewandt, steht das einer Rückfestsetzung entgegen.[61]

126 Der Antrag nach § 107 Abs. 1 ZPO ist nur **innerhalb eines Monats** ab Zustellung oder Verkündung des abändernden Streitwertbeschlusses möglich, § 107 Abs. 2 ZPO. Eine formlose Mitteilung setzt die Frist nicht in Gang.[62] Nach Fristablauf kommt eine vereinfachte Abänderung der Festsetzung nicht mehr in Betracht. Jedoch sind die Beteiligten nicht rechtlos gestellt. Möglich bleiben die Nachfestsetzung (→ Rn 142) und materiellrechtliche Ansprüche, die im Wege der Vollstreckungsabwehrklage (§ 767 ZPO) geltend zu machen sind (→ Rn 146 ff). Die Frist des § 107 Abs. 2 ZPO gilt nur für die Abänderung der bereits erfolgten Kostenfestsetzung. Nachfestsetzung, Vollstreckungsabwehrklage und Ansprüche aus ungerechtfertigter Bereicherung werden durch eine Fristversäumnis nicht berührt.[63]

127 **cc) Rechtsbehelfe.** Gegen die Entscheidung im Verfahren nach § 107 ZPO ist gemäß der Verweisung auf § 104 Abs. 3 ZPO wiederum die **Beschwerde** gegeben, soweit der Wert des Beschwerdegegenstands den Betrag von 200 € übersteigt (§ 567 Abs. 2 ZPO). Mit der **Rechtsbeschwerde** nach § 574 ZPO kann die Entscheidung über die Beschwerde angegriffen werden, wenn die Rechtsbeschwerde zugelassen worden ist. Wird der Wert des Beschwerdegegenstands von mehr als 200 € nicht erreicht, bleibt die **Erinnerung**.

128 Wird nach rechtskräftiger Kostenfestsetzung der zugrunde liegende Wert des Streitgegenstands anderweitig festgesetzt, kann der nach § 107 ZPO ergehende Abänderungsbeschluss nicht mit der Begründung angefochten werden, die dem abgeänderten Streitwert angepassten Gebühren seien nicht erstattungsfähig. Dieser Einwand hätte im vorangegangenen Festsetzungsverfahren erhoben werden müssen. Im Verfahren nach § 107 ZPO ist er präkludiert.[64] Auch sonstige Einwendungen, über die schon – wenn auch nur dem Grunde nach – im vorausgegangenen Kostenfestsetzungsverfahren entschieden worden ist, sind im Abänderungsverfahren nicht mehr zulässig.

129 Die Beschwerde oder Erinnerung gem. § 104 Abs. 3 S. 1 ZPO, § 11 Abs. 1 RPflG ist grds. **neben dem Verfahren nach § 107 ZPO** zulässig. Wird also der Streitwert noch in der zweiwöchigen Beschwerde- oder Er-

---

55 AG Kenzingen FamRZ 1995, 490 u. 1167. **56** OLG Koblenz JurBüro 1984, 446 = VersR 1984, 1052; AG Linz AGS 2006, 306. **57** OLG Düsseldorf JurBüro 1970, 780; OLG Düsseldorf JurBüro 1989, 1578; OLG München AnwBl 1977, 112; LG Aschaffenburg JurBüro 1984, 288; OLG Frankfurt MDR 1998, 1373 = AnwBl 1999, 414; OLG Karlsruhe AGS 2001, 44; AG Köln AGS 2003, 467 m. Anm. *N. Schneider*; LG Bonn AGS 2006, 307 m. Anm. *Onderka*. **58** OLG Brandenburg NJW-RR 2000, 1593. **59** BayVGH BayVBl 1999, 317. **60** LAG RhPf AE 2010, 117; OLG Düsseldorf Rpfleger 2005, 696 = MDR 2006, 118 = JurBüro 2005, 599; OLG Koblenz JurBüro 1988, 1526 = Rpfleger 1989, 40. **61** OLG Koblenz JurBüro 1985, 1883. **62** OLG München JurBüro 1991, 972 = Rpfleger 1991, 340. **63** OLG München MDR 1983, 137. **64** OLG München AnwBl 1973, 169; OLG Koblenz AGS 2000, 36; OLG Hamm JurBüro 1983, 1719 = Rpfleger 1983, 456.

NK-GK/*N. Schneider*

innerungsfrist abgeändert, kann die unzutreffend gewordene Festsetzung auch mit der Erinnerung oder Beschwerde angegriffen werden.[65]

Soweit sich aufgrund der Wertänderung ein **höherer** Kostenerstattungsanspruch ergibt, ist unabhängig vom dem Verfahren nach § 107 ZPO ohnehin jederzeit eine Nachfestsetzung aufgrund des abgeänderten höheren Streitwerts möglich. Es ergeht dann lediglich kein einheitlicher Beschluss, sondern ein getrennter Festsetzungsbeschluss über den sich nach dem höheren Wert ergebenden Mehrbetrag. Der ursprüngliche Beschluss bleibt daneben bestehen. **130**

Soweit sich ein **geringerer** Erstattungsbetrag ergibt und die erstattungspflichtige Partei **bereits gezahlt** hat, kann sie anstelle des Verfahrens gem. § 107 ZPO nach allgemeinen Vorschriften (idR Bereicherungsrecht) zu viel Gezahltes zurückverlangen. Sie muss allerdings klagen, wenn der zu viel gezahlte Betrag nicht freiwillig zurückerstattet wird. Dieser Weg bietet sich an, wenn die Zahlung oder der Rückforderungsanspruch streitig ist, da insoweit keine Prüfungsoption im vereinfachten Verfahren nach § 107 ZPO besteht. **131**

Soweit sich ein **geringerer** Erstattungsbetrag ergibt und die erstattungspflichtige Partei **noch nicht gezahlt** hat, kann sie, sofern der Erstattungsberechtigte aus dem Kostenfestsetzungsbeschluss hinsichtlich des Mehrbetrags vorgehen will, Vollstreckungsabwehrklage erheben. Sie ist durch einen unterlassenen Antrag nach § 107 ZPO nicht präkludiert. Dieser Weg bietet sich an, wenn der Erstattungsberechtigte aus dem jetzt fehlerhaft gewordenen Beschluss vollstreckt, da hier eine Einstellung der Zwangsvollstreckung möglich ist, die das Verfahren nach § 107 ZPO nicht vorsieht. **132**

g) Rückfestsetzung. Möglich ist auch eine sog. Rückfestsetzung, wenn der Kostenschuldner bereits Kosten gezahlt hat, später aber eine abändernde Kostenentscheidung ergeht. Nach § 91 Abs. 4 ZPO zählen zu den Kosten des Rechtsstreits iSd § 91 Abs. 1 ZPO nämlich auch solche Kosten, die eine Partei der anderen Partei im Verlauf des Rechtsstreits gezahlt hat.[66] **133**

Hatte der nach der vorläufigen Festsetzung erstattungspflichtige Schuldner die festgesetzten Kosten bereits gezahlt, kann er diese zurückverlangen, soweit sie nach der neuen Kostentscheidung nicht (mehr) geschuldet sind. Bedeutung hat diese Rückfestsetzung insb. in folgendem Fall: Aufgrund eines vorläufig vollstreckbaren Urteils ist eine Kostenfestsetzung erfolgt. Das Urteil wird im weiteren Verlauf des Verfahrens (etwa im Nachverfahren oder im Verfahren nach einem Einspruch) oder in höherer Instanz (Berufung oder Revision) einschließlich der Kostenentscheidung abgeändert oder aufgehoben. So ist die frühere Kostenfestsetzung unzutreffend geworden. **134**

Gleiches gilt, wenn die Parteien im weiteren Verlauf des Verfahrens einen Vergleich mit einer abweichenden Kostenregelung geschlossen haben. Anlass zur Rückfestsetzung kann auch ein gerichtlicher Gesamtvergleich in einem anderen Verfahren sein, wenn dort auch die Kosten des betreffenden Verfahrens geregelt worden ist.[67] **135**

Eine Rückfestsetzung kommt nur hinsichtlich der **Kosten** in Betracht, nicht hinsichtlich sonstiger gezahlter Beträge. Zinsen, die auf den später wirkungslos gewordenen ursprünglichen Kostenfestsetzungsbeschluss gezahlt worden sind, können ebenfalls nicht rückfestgesetzt werden.[68] Die Partei, die Rückfestsetzung beantragt, muss Kosten iSd § 91 Abs. 1 ZPO an den Gegner gezahlt haben. Unerheblich ist, welche Kosten sie hätte zahlen müssen. Eine Rückfestsetzung kommt nur hinsichtlich der tatsächlich gezahlten Kosten in Betracht – unabhängig davon, ob die Zahlung unter Vorbehalt erfolgt ist oder nicht.[69] **136**

Eine Rückfestsetzung kommt auch gegen einen im Wege der Prozesskostenhilfe beigeordneten Rechtsanwalt in Betracht, der seine Gebühren aufgrund eines obsiegenden Urteils erster Instanz im eigenen Namen gem. § 126 ZPO beigetrieben hat, wenn im höheren Rechtszug eine abweichende Kostenentscheidung ergeht.[70] **137**

Die Rückfestsetzung erfolgt nur auf **Antrag** nach § 103 Abs. 1 ZPO. **138**

Gezahlte Beträge sind nur zu berücksichtigen, wenn sie unstreitig sind. Im Übrigen ist die Partei auf eine Zahlungsklage zu verweisen. Eine Rückfestsetzung scheitert dagegen nicht, wenn der Gegner dem Rückzahlungsanspruch **Einwendungen** entgegensetzt, wie zB eine Aufrechnung. Dem unstreitigen Rückfestsetzungsanspruch können materiellrechtliche Einwände grds. nicht entgegengehalten werden,[71] es sei denn, sie sind unstreitig oder offenkundig. Daher setzt eine Aufrechnung gegen die nach § 91 Abs. 4 ZPO mögliche Rückfestsetzung von Kosten eine unstreitige Aufrechnungslage voraus.[72] Soweit einerseits gezahlte Kosten zurückzuzahlen, andererseits aber weitere Kosten des Gegners entstanden sind, können die jeweiligen Ansprüche nach § 106 ZPO ausgeglichen werden. **139**

---

65 OLG Hamm RVGreport 2004, 37. **66** OLG Düsseldorf AGS 2011, 409 = JurBüro 2010, 649. **67** OLG München JurBüro 2005, 598 = NJW-RR 2006, 72. **68** OLG Zweibrücken JurBüro 2004, 657. **69** OLG München JurBüro 2005, 598 = NJW-RR 2006, 72. **70** OLG Hamburg AGS 2012, 79 = JurBüro 2012, 146. **71** OLG München JurBüro 2005, 598 = NJW-RR 2006, 72; OLG Bamberg AGS 2012, 197 = JurBüro 2012, 198. **72** OLG Frankfurt AGS 2008, 621 = JurBüro 2007, 366.

140 Das Gericht hat auf Antrag auszusprechen, dass die rückfestgesetzten Kosten nach § 104 Abs. 1 S. 2 ZPO zu verzinsen sind.[73] Eine **Verzinsung** kann gem. § 104 Abs. 1 S. 2 ZPO erst ab Eingang des Rückfestsetzungsantrags verlangt werden.[74]

141 Da die Rückfestsetzung der einfachere und billigere Weg zur Erlangung eines Rückzahlungstitels ist, fehlt es für eine gleichgerichtete Zahlungsklage grds. am **Rechtsschutzbedürfnis**, soweit eine Rückfestsetzung nach § 91 Abs. 4 ZPO in Betracht kommt. Eine gleichwohl erhobene Klage wäre danach unzulässig.[75] Aufgrund der Verweisung des § 107 Abs. 3 ZPO auf § 104 Abs. 3 ZPO ist eine Rückfestsetzung möglich. Soweit also der Kostenerstattungsschuldner aufgrund des vorherigen und im Rahmen der Neufestsetzung aufzuhebenden Kostenfestsetzungsbeschlusses zu viel gezahlt hat, kann die Überzahlung gegen den Kostenerstattungsberechtigten festgesetzt werden.[76] Ein Rechtsschutzbedürfnis für eine Klage besteht aber dann, wenn höhere Zinsen als die des § 104 Abs. 1 S. 2 ZPO geltend gemacht werden sollen.

142 **h) Nachfestsetzung.** Ein Kostenfestsetzungsbeschluss erwächst zwar in materielle Rechtskraft. Soweit über einzelne Kostenpositionen aber noch nicht entschieden worden ist, etwa weil sie gar nicht angemeldet waren oder der dahingehende Antrag vor einer Entscheidung zurückgenommen worden war, tritt keine Rechtskraft ein. Diese Kostenpositionen können also bis zum Ablauf der Verjährung nachträglich zur Nachfestsetzung angemeldet werden.

143 Betrifft der Antrag auf Nachfestsetzung solche Kostenpositionen, über die in einem vorausgehenden Kostenfestsetzungsbeschluss bereits rechtskräftig entschieden worden ist, ist der Antrag ohne erneute sachliche Prüfung als unzulässig zurückzuweisen.[77] Ist die Festsetzung einer Gebühr im Kostenfestsetzungsbeschluss dem Grunde nach rechtskräftig abgelehnt worden, ist ein erneuter Kostenfestsetzungsantrag wegen dieser Gebühr auch nicht mehr zulässig, wenn eine im bisherigen Antrag nicht beantragte Gebührenhöhe begehrt wird.[78] Soweit die nachträgliche Festsetzung weiterer, irrtümlich nicht angemeldeter Positionen verfolgt wird, ist eine Erinnerung oder Beschwerde unzulässig.[79]

144 Eine Nachfestsetzung kommt insb. in Betracht, wenn die Partei zunächst von einem zu geringen Streitwert ausgegangen ist und nun die Gebührendifferenz zu dem höheren Streitwert verlangt.[80] Ebenso ist die Nachfestsetzung zulässig, wenn eine Terminsgebühr versehentlich nicht angemeldet worden ist[81] oder eine Einigungsgebühr oder Differenzgebühren aus einem Vergleichsmehrwert.

145 Waren zunächst nur die Nettobeträge zur Festsetzung angemeldet worden, steht die Rechtskraft des darauf ergangenen Kostenfestsetzungsbeschlusses einer Nachliquidation der Umsatzsteuer nicht entgegen, da in diesem Fall über diese Position nicht entschieden worden ist.[82] Wurde dagegen im Kostenfestsetzungsbeschluss die Umsatzsteuer abgesetzt, kommt eine Nachliquidation nicht mehr in Betracht. Dabei spielt es keine Rolle, ob sich die Absetzung aus dem Tenor der Festsetzungsentscheidung oder nur aus den Gründen des Beschlusses ergibt.[83] Das gilt auch, wenn die Partei die Bruttobeträge anmeldet, ohne die nach § 104 Abs. 2 S. 3 ZPO erforderliche Erklärung zur Vorsteuerabzugsberechtigung abzugeben, und so im Kostenfestsetzungsbeschluss die Umsatzsteuer abgesetzt wird. Hier ist eine Nachfestsetzung ausgeschlossen. Die Partei hat nur die Möglichkeit, Erinnerung oder Beschwerde einzulegen und die Erklärung nachzureichen.[84]

146 **i) Vollstreckungsabwehrklage (§ 767 ZPO).** Kostenfestsetzungsbeschlüsse sind materieller Rechtskraft fähig. Sollen **Einwendungen** gegen die titulierte Forderung geltend gemacht werden, kann daher auch gegen einen Kostenfestsetzungsbeschluss Vollstreckungsabwehrklage nach § 767 ZPO erhoben werden. Die Vollstreckungsabwehrklage kann gestützt werden auf Einwendungen, die nach Erlass des Beschlusses entstanden sind oder die zwar vorher entstanden sind, im Kostenfestsetzungsverfahren aber nicht zu berücksichtigen waren.

147 Zu solchen Einwendungen zählen insb. die nachträgliche Aufrechnung, Erfüllung, Verjährung, Verwirkung, Stundung, der Erlass, abändernder Vergleich und Verzicht. Auch gehört hierzu der Einwand, dass der Erstattungsberechtigte zum Vorsteuerabzug berechtigt sei. Da der Rechtspfleger im Kostenfestsetzungsverfahren an die Erklärung der erstattungsberechtigten Partei nach § 104 Abs. 2 S. 3 ZPO gebunden ist, darf er diese Frage im Festsetzungsverfahren nicht prüfen. Der Einwand ist vielmehr mit der Vollstreckungsabwehrklage geltend zu machen.[85]

---

73 OLG Zweibrücken JurBüro 2004, 657. **74** OLG Koblenz AGS 2012, 198 = JurBüro 2012, 31 = RVGreport 2012, 73. **75** OLG Düsseldorf AGS 2011, 409 = JurBüro 2010, 649 = MDR 2011, 189. **76** LAG RhPf AE 2010, 117; OLG Koblenz JurBüro 1988, 1526; OLG Koblenz Rpfleger 1989, 40. **77** OVG Lüneburg RVGreport 2010, 392 = DÖV 2010, 664. **78** FG Thüringen EFG 2000, 653. **79** OLG Hamburg MDR 2005, 1138. **80** BayObLG ZfBR 2004, 621. **81** OLG München NJW-RR 2006, 1006. **82** OLG Düsseldorf AGS 2006, 201; OLG Stuttgart NJW-RR 2009, 1004 = MDR 2009, 1136 = RVGreport 2009, 312; OLG Hamburg JurBüro 2010, 596. **83** OLG Karlsruhe JurBüro 2007, 317 = RVGreport 2007, 317. **84** OLG Koblenz AGS 2000, 116 = NJW-RR 2000, 363 = JurBüro 2000, 143. **85** OLG München AGS 2004, 36 m. Anm. *N. Schneider* = FamRZ 2004, 961.

Eine Präklusion nach § 767 Abs. 2 ZPO greift nicht, da im Festsetzungsverfahren eine mündliche Verhandlung nicht stattfindet. **148**

j) Bereicherungsklage. Soweit materiellrechtliche Einwendungen geltend gemacht werden, die im Festsetzungsverfahren ausgeschlossen waren, die Erstattungsforderung aber bereits gezahlt worden ist, kann eine Bereicherungsklage erhoben werden. Die Rechtskraft des Festsetzungsbeschlusses steht dem nicht entgegen. **149**

III. Festsetzung von Vollstreckungskosten

1. Kostenerstattung. Der Umfang der zu erstattenden Vollstreckungskosten ergibt sich aus § 788 ZPO. **150**

§ 788 ZPO Kosten der Zwangsvollstreckung

(1) [1]Die Kosten der Zwangsvollstreckung fallen, soweit sie notwendig waren (§ 91), dem Schuldner zur Last; sie sind zugleich mit dem zur Zwangsvollstreckung stehenden Anspruch beizutreiben. [2]Als Kosten der Zwangsvollstreckung gelten auch die Kosten der Ausfertigung und der Zustellung des Urteils. [3]Soweit mehrere Schuldner als Gesamtschuldner verurteilt worden sind, haften sie auch für die Kosten der Zwangsvollstreckung als Gesamtschuldner; § 100 Abs. 3 und 4 gilt entsprechend.

(2) [1]Auf Antrag setzt das Vollstreckungsgericht, bei dem zum Zeitpunkt der Antragstellung eine Vollstreckungshandlung anhängig ist, und nach Beendigung der Zwangsvollstreckung das Gericht, in dessen Bezirk die letzte Vollstreckungshandlung erfolgt ist, die Kosten gemäß § 103 Abs. 2, den §§ 104, 107 fest. [2]Im Falle einer Vollstreckung nach den Vorschriften der §§ 887, 888 und 890 entscheidet das Prozessgericht des ersten Rechtszuges.

(3) Die Kosten der Zwangsvollstreckung sind dem Schuldner zu erstatten, wenn das Urteil, aus dem die Zwangsvollstreckung erfolgt ist, aufgehoben wird.

(4) Die Kosten eines Verfahrens nach den §§ 765 a, 811 a, 811 b, 829, 850 k, 850 l, 851 a und 851 b kann das Gericht ganz oder teilweise dem Gläubiger auferlegen, wenn dies aus besonderen, in dem Verhalten des Gläubigers liegenden Gründen der Billigkeit entspricht.

2. Kostenfestsetzung. Auch Vollstreckungskosten können festgesetzt werden. Im Gegensatz zur Festsetzung von Verfahrenskosten ist für Vollstreckungskosten **keine Kostengrundentscheidung** erforderlich. Die Kosten der Zwangsvollstreckung fallen dem Vollstreckungsschuldner, soweit sie notwendig waren, kraft Gesetzes zur Last (§ 788 Abs. 1 ZPO), so dass die Festsetzung aufgrund des Vollstreckungstitels iVm § 788 ZPO möglich ist. Auch die Festsetzung dieser Kosten richtet sich nach § 103 Abs. 2, §§ 104, 107 ZPO (§ 788 Abs. 2 S. 1 ZPO). Insoweit kann auf die vorstehenden Ausführungen zu den Zivilsachen verwiesen werden (→ Rn 31 ff). **151**

Auch Zwangsvollstreckungskosten sind bei einer Festsetzung nach §§ 788, 103 ff ZPO auf Antrag ab Antrag zu **verzinsen**, § 104 Abs. 1 S. 2 ZPO.[86] **152**

Die **Zuständigkeit** für die Festsetzung von Vollstreckungskosten richtet sich nach § 788 Abs. 2 S. 1 ZPO.[87] Sachlich zuständig ist grds. das Vollstreckungsgericht und nicht das Prozessgericht. Nur im Fall einer Vollstreckung (bzw Vollstreckungsandrohung) nach den Vorschriften der §§ 887, 888 und 890 ZPO ist das Prozessgericht des ersten Rechtszugs zuständig (§ 788 Abs. 2 S. 2 ZPO). Örtlich zuständig ist das Gericht, bei dem eine Vollstreckungsmaßnahme anhängig ist, anderenfalls das Gericht, in dessen Bezirk die letzte Vollstreckungshandlung erfolgt ist. **153**

Erforderlich kann eine gesonderte Festsetzung der Vollstreckungskosten insb. dann sein, wenn der Schuldner die Höhe oder die Notwendigkeit der Kosten bestreitet, wenn eine Vollstreckung zusammen mit der Hauptsache nicht möglich ist (etwa bei einer Zahlung nach Vollstreckungsandrohung) oder wenn ein Eintritt der Verjährung droht (30 Jahre – § 197 Abs. 1 Nr. 6 BGB). **154**

Die Vollstreckungskosten sind festzusetzen, soweit die **Vollstreckungsmaßnahme notwendig** war. Es kommt darauf an, ob der Gläubiger die Vollstreckungsmaßnahme – bei verständiger Sicht der Dinge zum Zeitpunkt der Einleitung – objektiv für erforderlich halten durfte, auch wenn sie letztlich erfolglos war. Die Kosten sind auch dann als notwendig festzusetzen, wenn der Gläubiger den Vollstreckungsauftrag zurückgenommen hat, nachdem er die Aussichtslosigkeit erkannt hat. Die Vorschrift des § 269 Abs. 3, 4 ZPO gilt hier nicht.[88] **155**

Vollstreckt der Gläubiger aus einem Titel, der später aufgehoben wird, kommt eine Festsetzung nicht mehr in Betracht. Wird der Titel jedoch nur teilweise aufgehoben, können die entstandenen Vollstreckungskosten festgesetzt werden, soweit sie auch entstanden wären, wenn der Gläubiger sich auf den letztlich berechtigten Betrag beschränkt hätte.[89] **156**

---

86 OLG Hamm Rpfleger 1992, 315 = MDR 1992, 912 = JurBüro 1992, 689 u. 820; AG Germersheim Rpfleger 1996, 255. **87** KG BRAGOreport 2000, 28 m. Anm. *Hansens.* **88** LG Hannover Rpfleger 1995, 371. **89** BGH AGS 2012, 90 = NJW-RR 2012, 311 = JurBüro 2012; 90; OLG Koblenz AGS 2004, 259 m. Anm. *N. Schneider* = Rpfleger 2014, 525 = AGS 2004, 496.

IV. Arbeitsgerichtliche Verfahren

157 **1. Kostenerstattung.** In arbeitsgerichtlichen Verfahren gelten insoweit die Vorschriften der ZPO entsprechend (§§ 46, 64 u.a. ArbGG), so dass zunächst auf die Ausführungen zu den Zivilsachen Bezug genommen werden kann (→ Rn 11 ff). Zu beachten ist allerdings die Vorschrift des § 12 a Abs. 1 ArbGG.

§ 12 a ArbGG Kostentragungspflicht
(1) [1]In Urteilsverfahren des ersten Rechtszugs besteht kein Anspruch der obsiegenden Partei auf Entschädigung wegen Zeitversäumnis und auf Erstattung der Kosten für die Zuziehung eines Prozeßbevollmächtigten oder Beistands. [2]Vor Abschluß der Vereinbarung über die Vertretung ist auf den Ausschluß der Kostenerstattung nach Satz 1 hinzuweisen. [3]Satz 1 gilt nicht für Kosten, die dem Beklagten dadurch entstanden sind, daß der Kläger ein Gericht der ordentlichen Gerichtsbarkeit, der allgemeinen Verwaltungsgerichtsbarkeit, der Finanz- oder Sozialgerichtsbarkeit angerufen und dieses den Rechtsstreit an das Arbeitsgericht verwiesen hat.
(2) [1]Werden im Urteilsverfahren des zweiten und dritten Rechtszugs die Kosten nach § 92 Abs. 1 der Zivilprozeßordnung verhältnismäßig geteilt und ist die eine Partei durch einen Rechtsanwalt, die andere Partei durch einen Verbandsvertreter nach § 11 Abs. 2 Satz 2 Nr. 4 und 5 vertreten, so ist diese Partei hinsichtlich der außergerichtlichen Kosten so zu stellen, als wenn sie durch einen Rechtsanwalt vertreten worden wäre. [2]Ansprüche auf Erstattung stehen ihr jedoch nur insoweit zu, als ihr Kosten im Einzelfall tatsächlich erwachsen sind.

158 In erstinstanzlichen Urteilsverfahren vor den Arbeitsgerichten sind Kostenerstattungsansprüche hinsichtlich der Kosten für die **Hinzuziehung eines Prozessbevollmächtigten** sowie für eine Entschädigung der Partei wegen **Zeitversäumnis** ausgeschlossen (§ 12 a Abs. 1 S. 1 ArbGG). Nicht ausgeschlossen ist dagegen die Erstattung von Reisekosten der Partei.

159 Anstelle der Reisekosten der Partei können **Reisekosten** eines Prozessbevollmächtigten allerdings dann geltend gemacht werden, wenn in gleicher Höhe fiktive eigene Parteikosten erspart worden sind.[90] Diese fiktiven ersparten Parteireisekosten berechnen sich aber immer nach der Entfernung vom Sitz der Partei zum Gerichtsort, so dass sich hier die Frage der Notwendigkeit der Beauftragung eines ortsansässigen oder auswärtigen Anwalts nicht stellt.

160 **2. Kostenfestsetzung. a) Festsetzungsantrag.** Für die Festsetzung gilt das Gleiche wie für die zivilrechtlichen Verfahren (→ Rn 31 ff).

161 **b) Rechtsbehelfe/Rechtsmittel. aa) Sofortige Beschwerde.** Die sofortige Beschwerde ist gegeben, wenn der Wert des Beschwerdegegenstands den Betrag von 200,00 € übersteigt (§ 46 ArbGG iVm §§ 104 Abs. 3 S. 1, 567 Abs. 2 ZPO). Zuständig für die sofortige Beschwerde ist immer das LAG.

162 **bb) Rechtsbeschwerde.** Gegen die Entscheidung des LAG über die Beschwerde ist gem. § 78 ArbGG die Rechtsbeschwerde nach § 574 ZPO zum BAG gegeben, sofern das LAG die Rechtsbeschwerde zugelassen hat.

163 **cc) Erinnerung.** Ist der Wert des Beschwerdegegenstands von über 200,00 € nicht erreicht, kann gegen die Absetzung nur Erinnerung nach § 11 Abs. 2 RPflG erhoben werden. Der Erinnerung kann der Rechtspfleger abhelfen, anderenfalls legt er sie dem Richter vor, der dann endgültig entscheidet. Ein Rechtsmittel ist hiergegen nicht gegeben und kann auch nicht zugelassen werden.

V. Verfahren der freiwilligen Gerichtsbarkeit

164 **1. Kostenerstattung.** In Verfahren der freiwilligen Gerichtsbarkeit richtet sich der Umfang der Kostenerstattung nach § 80 FamFG.

§ 80 FamFG Umfang der Kostenpflicht
[1]**Kosten sind die Gerichtskosten (Gebühren und Auslagen) und die zur Durchführung des Verfahrens notwendigen Aufwendungen der Beteiligten. [2]§ 91 Abs. 1 Satz 2 der Zivilprozessordnung gilt entsprechend.**

165 Zu erstatten sind danach die zur Durchführung des Verfahrens notwendigen Aufwendungen der Beteiligten (§ 80 S. 1 FamFG). Im Übrigen verweist das Gesetz in § 80 S. 2 FamFG ausschließlich auf § 91 Abs. 1 S. 2 ZPO. Eine Verweisung auf § 91 Abs. 2 ZPO findet sich hier nicht. Daraus folgt im Umkehrschluss, dass die Hinzuziehung eines Anwalts – anders als im Zivilprozess – nicht grds. notwendig ist, sondern die Notwen-

---

90 LAG Berlin AP Nr. 4 zu § 61 ArbGG 1953; LAG München AP Nr. 25 zu § 61 ArbGG 1953; LAG Nürnberg AnwBl 1988, 181; LAG München NZA-RR 2002, 161 = BRAGOreport 2003, 60; LAG RhPf AnwBl 1988, 299; LAG Düsseldorf LAGE Nr. 6 zu § 12 a ArbGG 1979 Streitwert; HessLAG AGS 2010, 258 = AG kompakt 2010, 45; LAG Hamburg AGS 2010, 259 = JurBüro 2010, 309 = JurBüro 2010, 296; LAG Schleswig 18.3 2009 – 3 Ta 30/09; LAG Schleswig 11.3.2009 – 6 Ta 33/09; LAG München NZA-RR 2002, 161; LAG RhPf 18.3.2009 – 11 Ta 11/09; LAG Berlin NZA-RR 2006, 538.

digkeit hier festgestellt werden muss. Dabei kann das Gericht bereits in seiner Kostengrundentscheidung die Notwendigkeit feststellen. Anderenfalls ist die Notwendigkeit im Festsetzungsverfahren zu prüfen.

Mangels entsprechender Verweisung fehlt hier damit auch eine Regelung zur Erstattung der **Reisekosten** 166 eines auswärtigen Anwalts. Es gilt also der allgemeine Notwendigkeitsbegriff, so dass dem Gericht hier ein freier Spielraum eingeräumt ist. Allerdings dürfte auch hier die Wertung des § 91 Abs. 2 ZPO zu beachten sein.

2. Kostenfestsetzung. a) Festsetzungsantrag. In der Kostenfestsetzung ist grds. vorzugehen wie in Zivilsa- 167 chen (→ Rn 31 ff). Allerdings sind ggf weitere Ausführungen zur Notwendigkeit der Anwaltskosten zu machen, sofern die Notwendigkeit eines Anwalts nicht bereits in der Kostengrundentscheidung ausgesprochen worden ist.

b) Rechtsbehelfe/Rechtsmittel. aa) Sofortige Beschwerde. Gegen den Kostenfestsetzungsbeschluss ist nach 168 § 85 FamFG iVm §§ 104 Abs. 3, 567 ZPO die sofortige Beschwerde gegeben. Voraussetzung ist allerdings, dass der Beschwerdewert den Betrag von 200,00 € übersteigt (§ 85 FamFG iVm §§ 104 Abs. 3 S. 1, 567 Abs. 2 ZPO).

Der Rechtspfleger kann der Beschwerde abhelfen (§ 85 FamFG iVm §§ 104 Abs. 3 S. 1, 572 Abs. 1 ZPO). 169 Anderenfalls legt er sie dem Beschwerdegericht zur Entscheidung vor.

bb) Rechtsbeschwerde. Gegen die Entscheidung über die Beschwerde ist die Rechtsbeschwerde nach § 574 170 ZPO gegeben, sofern das Beschwerdegericht diese zugelassen hat (§ 85 FamFG iVm § 574 ZPO) Eine Mindestbeschwer ist nicht vorgesehen.

cc) Erinnerung. Ist der Wert des Beschwerdegegenstands von über 200,00 € nicht erreicht, kann nur Erin- 171 nerung nach § 11 Abs. 2 RPflG eingelegt werden. Der Erinnerung kann der Rechtspfleger abhelfen, anderenfalls legt er sie dem Richter vor, der dann endgültig entscheidet. Ein Rechtsmittel ist gegen seine Entscheidung nicht gegeben und kann auch nicht zugelassen werden.

VI. Familiensachen

1. Kostenerstattung. a) Überblick. Zu differenzieren ist, ob es sich um eine Ehesache, eine Familienstreitsa- 172 che, eine Familiensache der freiwilligen Gerichtsbarkeit oder ein Verfahren mit Auslandsbezug handelt.

b) Ehesachen und Familienstreitsachen. In Ehesachen und Familienstreitsachen gilt kraft der Verweisung 173 des § 113 Abs. 1 S. 2 FamG die Vorschrift des § 91 ZPO in vollem Umfang, so dass hier auf die Ausführungen zu den Zivilsachen (→ Rn 11 ff) Bezug genommen werden kann.

Achtung ist in Familienstreitsachen geboten, da hier die Kostenentscheidung erst mit Rechtskraft voll- 174 streckbar wird (→ Rn 4).

c) Familiensachen der freiwilligen Gerichtsbarkeit; Verfahren mit Auslandsbezug. In Familiensachen der 175 freiwilligen Gerichtsbarkeit und in Verfahren mit Auslandsbezug gilt dagegen § 80 FamFG, so dass auf die Ausführungen zu den Verfahren der freiwilligen Gerichtsbarkeit (→ Rn 164 ff) Bezug genommen wird.

2. Kostenfestsetzung. In der Kostenfestsetzung ist in Ehesachen und Familienstreitsachen vorzugehen wie 176 in Zivilsachen (→ Rn 31 ff). In Familiensachen der freiwilligen Gerichtsbarkeit sowie in Verfahren mit Auslandsbezug ist vorzugehen wie in den allgemeinen Verfahren der freiwilligen Gerichtsbarkeit (→ Rn 164 ff).

Auch hinsichtlich der Rechtsmittel und Rechtsbehelfe gilt in Ehesachen und Familienstreitsachen das Glei- 177 che wie in Zivilsachen (→ Rn 89 ff) bzw in den allgemeinen Verfahren der freiwilligen Gerichtsbarkeit (→ Rn 168 ff). Zuständiges Beschwerdegericht ist immer das OLG.

VII. Strafsachen

1. Kostenerstattung. Den Umfang der zu erstattenden Kosten regelt § 464 a StPO. 178

§ 464 a StPO Kosten des Verfahrens; notwendige Auslagen

(1) [1]Kosten des Verfahrens sind die Gebühren und Auslagen der Staatskasse. [2]Zu den Kosten gehören auch die durch die Vorbereitung der öffentlichen Klage entstandenen sowie die Kosten der Vollstreckung einer Rechtsfolge der Tat. [3]Zu den Kosten eines Antrags auf Wiederaufnahme des durch ein rechtskräftiges Urteil abgeschlossenen Verfahrens gehören auch die zur Vorbereitung eines Wiederaufnahmeverfahrens (§§ 364 a und 364 b) entstandenen Kosten, soweit sie durch einen Antrag des Verurteilten verursacht sind.

(2) Zu den notwendigen Auslagen eines Beteiligten gehören auch

1. die Entschädigung für eine notwendige Zeitversäumnis nach den Vorschriften, die für die Entschädigung von Zeugen gelten, und

2. die Gebühren und Auslagen eines Rechtsanwalts, soweit sie nach § 91 Abs. 2 der Zivilprozeßordnung zu erstatten sind.

179 Nach Abs. 2 des § 464 a StPO sind die Kosten eines Anwalts ohne weitere Prüfung als notwendig anzusehen. Aufgrund der Verweisung auf § 91 Abs. 2 ZPO gilt hinsichtlich der Reisekosten dasselbe wie in Zivilsachen, so dass auf die dortigen Ausführungen (→ Rn 11 ff) Bezug genommen wird.

180 **2. Kostenfestsetzung. a) Festsetzung.** In Strafsachen setzt das Gericht des ersten Rechtszugs – zuständig ist der Rechtspfleger – nach § 464 b S. 1 StPO die Kosten fest. Auf das Verfahren finden die Vorschriften der ZPO entsprechende Anwendung (§ 464 b S. 3 StPO), so dass auf die dortigen Ausführungen (→ Rn 31 ff) Bezug genommen werden kann.

181 **b) Rechtsbehelfe/Rechtsmittel.** Je nach Wert des Beschwerdegegenstands ist die Erinnerung oder Beschwerde gegeben (→ Rn 89 ff). Auch hier ist die Beschwerde nur zulässig, wenn der Wert des Beschwerdegegenstands 200,00 € übersteigt (§ 304 Abs. 3 StPO). Strittig ist, ob für die Beschwerde die Wochenfrist des § 311 Abs. 2 StPO gilt oder die Zweiwochenfrist des § 567 Abs. 2 ZPO.

182 Für Beschwerden gegen Entscheidungen des AG ist das LG zuständig, für Beschwerden gegen erstinstanzliche Entscheidungen der Landgerichte ist das OLG zuständig.

183 Eine weitere Beschwerde ist nicht vorgesehen, ebenso wenig eine Rechtsbeschwerde.[91]

VIII. Bußgeldsachen

184 **1. Kostenerstattung.** Der Umfang der Kostenerstattung in Bußgeldsachen richtet sich gem. § 105 OWiG nach § 464 a StPO, so dass hier die gleichen Ausführungen gelten wie zu den Strafsachen (→ Rn 178 f).

§ 105 OWiG Kostenentscheidung

(1) Im Verfahren der Verwaltungsbehörde gelten § 464 Abs. 1 und 2, § 464 a, § 464 c, soweit die Kosten für Gebärdensprachdolmetscher betroffen sind, die §§ 464 d, 465, 466, 467 a Abs. 1 und 2, § 469 Abs. 1 und 2 sowie die §§ 470, 472 b und 473 Abs. 7 der Strafprozeßordnung sinngemäß, im Verfahren gegen Jugendliche und Heranwachsende ferner § 74 des Jugendgerichtsgesetzes.

(2) Die notwendigen Auslagen, die nach Absatz 1 in Verbindung mit § 465 Abs. 2, § 467 a Abs. 1 und 2 sowie den §§ 470 und 472 b der Strafprozeßordnung die Staatskasse zu tragen hat, werden, soweit das Gesetz nichts anderes bestimmt, der Bundeskasse auferlegt, wenn eine Verwaltungsbehörde des Bundes das Verfahren durchführt, sonst der Landeskasse.

185 **2. Kostenfestsetzung. a) Festsetzung.** Soweit eine Kostenentscheidung im gerichtlichen Verfahren ergeht, richtet sich die Kostenfestsetzung in Ordnungswidrigkeitenverfahren gem. § 46 OWiG nach § 464 b StPO. Es gilt das Gleiche wie in Strafsachen (→ Rn 180).

186 **b) Rechtsbehelfe/Rechtsmittel.** Je nach Wert des Beschwerdegegenstands ist die Erinnerung oder Beschwerde gegeben (→ Rn 181). Gegen Entscheidungen des AG ist die Beschwerde zum LG gegeben, obwohl in der Hauptsache das OLG Rechtsmittelgericht ist.

187 Gegen erstinstanzliche Entscheidungen des OLG ist die Beschwerde nicht möglich. Hier kann nur Erinnerung eingelegt werden.

IX. Verwaltungsgerichtliche Verfahren

188 **1. Kostenerstattung.** In verwaltungsgerichtlichen Verfahren richtet sich der Umfang der Kostenerstattung nach § 162 VwGO.

§ 162 VwGO [Erstattungsfähige Kosten]

(1) Kosten sind die Gerichtskosten (Gebühren und Auslagen) und die zur zweckentsprechenden Rechtsverfolgung oder Rechtsverteidigung notwendigen Aufwendungen der Beteiligten einschließlich der Kosten des Vorverfahrens.

(2) ¹Die Gebühren und Auslagen eines Rechtsanwalts oder eines Rechtsbeistands, in Abgabenangelegenheiten auch einer der in § 67 Abs. 2 Satz 2 Nr. 3 genannten Personen, sind stets erstattungsfähig. ²Soweit ein Vorverfahren geschwebt hat, sind Gebühren und Auslagen erstattungsfähig, wenn das Gericht die Zuziehung eines Bevollmächtigten für das Vorverfahren für notwendig erklärt. ³Juristische Personen des öffentlichen Rechts und Behörden können an Stelle ihrer tatsächlichen notwendigen Aufwendungen für Post- und Telekommunikationsdienstleistungen den in Nummer 7002 der Anlage 1 zum Rechtsanwaltsvergütungsgesetz bestimmten Höchstsatz der Pauschale fordern.

(3) Die außergerichtlichen Kosten des Beigeladenen sind nur erstattungsfähig, wenn sie das Gericht aus Billigkeit der unterliegenden Partei oder der Staatskasse auferlegt.

---

91 BGH AGS 2003, 177 = Rpfleger 2003, 209 = JurBüro 2003, 261.

NK-GK/N. Schneider

Die Gebühren und Auslagen eines Rechtsanwalts sind stets erstattungsfähig (§ 162 Abs. 2 S. 1 VwGO). Ein **189** Verweis auf § 91 Abs. 2 ZPO fehlt allerdings.

Eine Abweichung gegenüber den Zivilsachen besteht insoweit, als die Erstattungsvorschrift nicht danach **190** differenziert, ob der Anwalt im Gerichtsbezirk niedergelassen ist oder außerhalb. Insoweit hat das BVerwG[92] Folgendes klargestellt:

„§ 162 Abs. 2 Satz 1 VwGO bestimmt, dass Gebühren und Auslagen eines Rechtsanwalts als Prozessbevollmächtigten stets erstattungsfähig sind. Eine Einschränkung des Inhalts, dass Reisekosten eines nicht am Sitz des Gerichts tätigen oder wohnenden Rechtsanwalts nur erstattungsfähig sind, wenn seine Zuziehung notwendig war, kennt die Verwaltungsgerichtsordnung nicht. Die für den Zivilprozess insoweit in § 91 Abs. 2 Satz 1 ZPO getroffene Regelung findet über § 173 VwGO keine Anwendung. Der Gesetzgeber wollte die Beteiligten im Verwaltungsprozess nämlich bei der Wahl eines Rechtsanwalts ihres Vertrauens freier stellen (vgl. Redeker/von Oertzen, VwGO, 14. Aufl. 2004, § 162 Rn 10; Olbertz, in: Schoch/Schmidt-Aßmann/Pietzner, VwGO, Stand: Februar 2007, § 162 Rn 49), um es ihnen zu erleichtern, einen im Verwaltungsrecht qualifizierten Anwalt zu finden (vgl. BT-Drucks 3/55 S. 48)."

Ungeachtet dessen wird in der Rspr vielfach die Auffassung vertreten, dass die Anwendung des § 162 **191** Abs. 2 S. 1 VwGO auf die Erstattungsfähigkeit von Reisekosten eines Anwalts zur Wahrnehmung gerichtlicher Termine unter dem Vorbehalt des § 162 Abs. 1 VwGO stehe, wonach es sich um zweckentsprechenden Rechtsverfolgung notwendige Aufwendungen handeln müsse. Dem daraus herzuleitenden Grundsatz der Kostenminimierung sei bei der Anwaltswahl Rechnung zu tragen, indem ein Anwalt aus dem Gerichtsbezirk beauftragt werden müsse.[93]

Zutreffenderweise darf hier – wie das BVerwG zu Recht ausführt – keine Notwendigkeitsprüfung durchge- **192** führt werden. Anders als nach anderen Erstattungsvorschriften sind nämlich hier nicht nur die notwendigen Kosten eines Anwalts zu erstatten, sondern ohne Einschränkung die Gebühren und Auslagen eines Rechtsanwalts.

Daher darf sich nach zutreffender Ansicht eine Partei in einem verwaltungsgerichtlichen Verfahren auch **193** einen Anwalt **außerhalb des Gerichtsbezirks** nehmen, ohne dessen Notwendigkeit im Einzelnen begründen zu müssen. Eine Begrenzung kann lediglich bei Rechtsmissbrauch oder Mutwilligkeit angenommen werden.

Soweit gesetzeswidrig hinsichtlich der Reisekosten eine Notwendigkeitsprüfung angestellt wird, kann auf **194** die Rspr zu den Zivilsachen Bezug genommen werden.

Zu erstatten sein können hier auch die vorgerichtlichen Kosten eines Widerspruchsverfahrens, wenn das **195** Gericht die Zuziehung eines Bevollmächtigten für das Vorverfahren für notwendig erklärt hat (§ 162 Abs. 2 S. 2 VwGO). Die Feststellung kann auch noch nachträglich getroffen werden.

2. Kostenfestsetzung. a) Festsetzungsverfahren. In der Verwaltungsgerichtsbarkeit setzt der Urkundsbeam- **196** te der Geschäftsstelle die zu erstattenden Kosten fest (§ 164 VwGO).

b) Erinnerung. Gegen die Entscheidung des Urkundsbeamten ist unabhängig vom Wert immer die Erinne- **197** rung gegeben, die auch als Antrag auf Entscheidung des Gerichts bezeichnet wird (§§ 165, 151 VwGO). Über die Erinnerung entscheidet der Richter, sofern ihr der Urkundsbeamte nicht abhilft.

c) Rechtsmittel. Soweit über die Festsetzung der Urkundsbeamte beim VG entschieden hat, ist gegen die **198** Entscheidung des Richters über die Erinnerung die Beschwerde nach § 146 VwGO gegeben, sofern der Wert des Beschwerdegegenstands den Betrag von 200,00 € übersteigt (§ 146 Abs. 3 VwGO). Der Richter kann der Beschwerde abhelfen. Anderenfalls legt er die Sache dem OVG/VGH vor, das abschließend entscheidet.

In allen anderen Fällen kann die Entscheidung über die Erinnerung nicht angefochten werden, also bei erst- **199** instanzlicher Festsetzung durch das OVG/den VGH oder das BVerwG.

Die Beschwerde ist ausgeschlossen, wenn im zugrunde liegenden Verfahren kein Rechtsmittel gegeben ist, **200** so nach dem VermG (§ 37 VermG)[94] oder in Verfahren nach dem AsylG (§ 80 AsylG).[95]

Eine Rechtsbeschwerde oder weitere Beschwerde kennt die VwGO nicht. **201**

---

92 BVerwG NJW 2007, 3656 = DVBl 2007, 1449. **93** ZB OVG Hamburg NVwZ-RR 2007, 565 = NJW 2007, 2939; BayVGH 27.7.2006 – 2 N 04.2476; OVG LSA 1.11.2005 – 4 O 327/05; OVG RhPf NVwZ-RR 2004, 711; VGH Mannheim JurBüro 1990, 250 = Justiz 1990, 106; VG Aachen 11.5.2006 – 7 K 4169/04.A; VG Berlin 23.2.2010 – 9 KE 27.10, 13 A 40.07. **94** OVG Brandenburg NJ 2000, 331. **95** OVG NRW NJW-Spezial 2016, 445 = RVGreport 2016, 295.

X. Sozialgerichtliche Verfahren

202 **1. Kostenerstattung.** Den Umfang der Kostenerstattung regelt § 193 SGG.

§ 193 SGG [Kostenerstattung]

(1) [1]Das Gericht hat im Urteil zu entscheiden, ob und in welchem Umfang die Beteiligten einander Kosten zu erstatten haben. [2]Ist ein Mahnverfahren vorausgegangen (§ 182 a), entscheidet das Gericht auch, welcher Beteiligte die Gerichtskosten zu tragen hat. [3]Das Gericht entscheidet auf Antrag durch Beschluß, wenn das Verfahren anders beendet wird.

(2) Kosten sind die zur zweckentsprechenden Rechtsverfolgung oder Rechtsverteidigung notwendigen Aufwendungen der Beteiligten.

(3) Die gesetzliche Vergütung eines Rechtsanwalts oder Rechtsbeistands ist stets erstattungsfähig.

(4) Nicht erstattungsfähig sind die Aufwendungen der in § 184 Abs. 1 genannten Gebührenpflichtigen.

203 Die gesetzliche Vergütung eines Rechtsanwalts ist stets erstattungsfähig (§ 193 Abs. 3 SGG). Auch hier wird ausweislich des Gesetzeswortlauts nicht danach unterschieden, ob der Anwalt im Gerichtsbezirk niedergelassen ist oder außerhalb. Daher muss hier zutreffenderweise die gleiche Betrachtungsweise angestellt werden wie bei verwaltungsgerichtlichen Verfahren. Die Praxis verfährt hier jedoch meistens anders.[96] Folgt man dieser Auffassung, ist auf die entsprechende Rspr zu den Zivilsachen abzustellen.

204 Zu erstatten sein können hier auch die vorgerichtlichen Kosten eines Widerspruchsverfahrens. Eine gerichtliche Feststellung der Notwendigkeit ist im Gegensatz zu den verwaltungsgerichtlichen Verfahren (§ 162 Abs. 2 S. 2 VwGO) nicht vorgesehen.

205 **2. Kostenfestsetzung. a) Festsetzungsantrag.** In der Sozialgerichtsbarkeit setzt ebenfalls der Urkundsbeamte der Geschäftsstelle die zu erstattenden Kosten fest (§ 197 SGG).

206 **b) Erinnerung.** Gegen die Entscheidung des Urkundsbeamten der Geschäftsstelle ist ausschließlich die Erinnerung (Anrufung des Gerichts) gegeben. Die Erinnerungsfrist beträgt einen Monat. Der Urkundsbeamte kann abhelfen. Anderenfalls entscheidet der Vorsitzende endgültig (§ 197 Abs. 2 SGG).

207 **c) Beschwerde/Rechtsbeschwerde.** Eine Beschwerde ist nach § 172 SGG ausgeschlossen (§ 197 Abs. 2 SGG). Eine Rechtsbeschwerde kennt das SGG ohnehin nicht.

XI. Finanzgerichtliche Verfahren

208 **1. Kostenerstattung.** Der Umfang der Kostenerstattung in finanzgerichtlichen Verfahren richtet sich nach § 139 FGO.

§ 139 FGO [Begriff der Kosten]

(1) Kosten sind die Gerichtskosten (Gebühren und Auslagen) und die zur zweckentsprechenden Rechtsverfolgung oder Rechtsverteidigung notwendigen Aufwendungen der Beteiligten einschließlich der Kosten des Vorverfahrens.

(2) Die Aufwendungen der Finanzbehörden sind nicht zu erstatten.

(3) [1]Gesetzlich vorgesehene Gebühren und Auslagen eines Bevollmächtigten oder Beistands, der nach den Vorschriften des Steuerberatungsgesetzes zur geschäftsmäßigen Hilfeleistung in Steuersachen befugt ist, sind stets erstattungsfähig. [2]Aufwendungen für einen Bevollmächtigten oder Beistand, für den Gebühren und Auslagen gesetzlich nicht vorgesehen sind, können bis zur Höhe der gesetzlichen Gebühren und Auslagen der Rechtsanwälte erstattet werden. [3]Soweit ein Vorverfahren geschwebt hat, sind die Gebühren und Auslagen erstattungsfähig, wenn das Gericht die Zuziehung eines Bevollmächtigten oder Beistands für das Vorverfahren für notwendig erklärt. [4]Steht der Bevollmächtigte oder Beistand in einem Angestelltenverhältnis zu einem Beteiligten, so werden die durch seine Zuziehung entstandenen Gebühren nicht erstattet.

(4) Die außergerichtlichen Kosten des Beigeladenen sind nur erstattungsfähig, wenn das Gericht sie aus Billigkeit der unterliegenden Partei oder der Staatskasse auferlegt.

209 Nach § 139 Abs. 3 FGO sind die Kosten eines Rechtsanwalts oder eines Bevollmächtigten oder Beistands, der nach den Vorschriften des StBerG zur geschäftsmäßigen Hilfeleistung in Steuersachen befugt ist, stets erstattungsfähig.

210 Auch die FGO unterscheidet nicht zwischen einem Anwalt, der am Gerichtsort ansässig ist, im Gerichtsbezirk niedergelassen oder außerhalb des Gerichtsbezirks wohnt und niedergelassen ist. Daher müssen hier die gleichen Grundsätze gelten wie im Verwaltungsrecht (→ Rn 190). Auch hier verfährt die Praxis häufig entgegen der gesetzlichen Regelung[97] (→ Rn 192 ff).

---

96 SG Schwerin 17.4.2015 – S 23 SF 42/12 E. **97** FG Brandenburg EFG 1996, 1054; FG Hamburg 15.6.2012 – 3 KO 208/11.

Zu erstatten sein können hier auch die vorgerichtlichen Kosten eines Einspruchsverfahrens, wenn das Gericht die Zuziehung eines Bevollmächtigten für das Vorverfahren für notwendig erklärt hat (§ 139 Abs. 3 S. 3 FGO). Die Feststellung kann auch noch nachträglich getroffen werden. 211

2. Kostenfestsetzung. a) Festsetzungsverfahren. In der Finanzgerichtsbarkeit setzt ebenfalls der Urkundsbeamte der Geschäftsstelle die zu erstattenden Kosten fest (§ 149 Abs. 1 FGO). 212

b) Erinnerung. Gegen die Entscheidung des Urkundsbeamten der Geschäftsstelle ist ausschließlich die befristete Erinnerung binnen zwei Wochen gegeben (§ 149 Abs. 2 FGO). Über die Erinnerung entscheidet das Gericht, sofern ihr der Urkundsbeamte nicht abhilft. 213

c) Beschwerde/Rechtsbeschwerde. Eine Beschwerde nach § 128 Abs. 1 FGO gegen die Kostenfestsetzung ist nicht statthaft (§ 128 Abs. 4 S. 1 FGO). Eine Rechtsbeschwerde kennt die FGO nicht. 214

Anhang I: Verwaltungsvorschriften

Die Justizverwaltungen der Länder haben zahlreiche **Verwaltungsvorschriften zum Kostenansatz** erlassen. 1
Die bedeutendste davon ist die **Kostenverfügung (KostVfg)**, welche nachfolgend in der im Land **Nordrhein-Westfalen** gültigen Fassung abgedruckt ist. Es schließen sich tabellarische **Übersichten** über Verwaltungsvorschriften zu wichtigen Regelungsbereichen (mit Fundstellenangaben) für den Bund und die einzelnen Bundesländer an.

Die **Gerichte** (Richter oder Rechtspfleger) sind im Gegensatz zum Kostenbeamten, der weisungsgebunden 2
ist, grds. **nicht** an die Verwaltungsvorschriften wie die KostVfg **gebunden**,[1] da sie kein Gesetz iSd Art. 20
Abs. 2, Art. 97 Abs. 1 GG darstellen.[2] Gleichwohl bewirken jedoch die Aufstellung und regelmäßige Anwendung solcher Verwaltungsvorschriften eine **Selbstbindung der Verwaltung**, die ihr Ermessen einschränkt und sie nach dem Gleichheitsgrundsatz (Art. 3 Abs. 1 GG) verpflichtet, im Einzelfall diese Vorschriften zu befolgen und bei der geübten Praxis zu bleiben. Ein Abweichen hiervon kann daher einen **Ermessensfehler** darstellen und zur **Rechtswidrigkeit des Kostenansatzes** führen.[3] Das gilt insb. für eine abweichende Inanspruchnahme von Gesamtschuldnern nach § 8 KostVfg.[4] Wird die Verwaltungsvorschrift aber den gesetzlichen Regelungen, die durch sie näher geregelt werden sollen, nicht gerecht, wird eine Bindungswirkung für die Gerichte nicht entfaltet.[5]

1. Kostenverfügung (KostVfg)

Kostenverfügung

Bundeseinheitliche Neufassung; abgedruckt ist die am 1. April 2014 in Kraft getretene Fassung NRW,
AV d. JM vom 24. Februar 2014 (5607 - Z. 3), JMBl. NRW S. 64,
zuletzt geändert durch AV d. JM v. 28.9.2015 (5607 - Z. 3), JMBl. NRW S. 356

I.

Das Bundesministerium der Justiz und für Verbraucherschutz und die Landesjustizverwaltungen haben die folgende bundeseinheitliche Neufassung der Kostenverfügung (KostVfg) vereinbart.

Abschnitt 1
Allgemeine Bestimmungen

§ 1 Kostenbeamter

Die Aufgaben des Kostenbeamten werden nach den darüber ergangenen allgemeinen Anordnungen von den Beamten des gehobenen oder mittleren Justizdienstes oder vergleichbaren Beschäftigten wahrgenommen.

§ 2 Pflichten des Kostenbeamten im Allgemeinen

(1) Der Kostenbeamte ist für die Erfüllung der ihm übertragenen Aufgaben, insbesondere für den rechtzeitigen, richtigen und vollständigen Ansatz der Kosten verantwortlich.

(2) [1]Der Kostenbeamte bescheinigt zugleich mit Aufstellung der Schlusskostenrechnung den vollständigen Ansatz der Kosten auf den Akten (Blattsammlungen) unter Bezeichnung der geprüften Blätter und unter Angabe von Tag und Amtsbezeichnung. [2]Bei Grundakten, Registerakten, Vormundschaftsakten, Betreuungsakten und ähnlichen Akten, die regelmäßig für mehrere gebührenpflichtige Angelegenheiten geführt werden, erfolgt die Bescheinigung für jede einzelne Angelegenheit. [3]Die Bescheinigung ist auch zu erteilen, wenn die Einziehung von Kleinbeträgen vorbehalten bleibt.

§ 3 Mitwirkung der aktenführenden Stelle

(1) [1]Die aktenführende Stelle ist dafür verantwortlich, dass die Kosten rechtzeitig angesetzt werden können. [2]Sofern sie für den Kostenansatz nicht selbst zuständig ist, legt sie die Akten dem Kostenbeamten insbesondere vor,

1. wenn eine den Rechtszug abschließende gerichtliche Entscheidung ergangen ist,
2. wenn die Akten infolge Einspruchs gegen den Vollstreckungsbescheid bei Gericht eingehen,
3. wenn eine Klage erweitert oder Widerklage erhoben wird oder sich der Streitwert anderweitig erhöht,
4. wenn die gezahlten Zeugen- und Sachverständigenvorschüsse zur Deckung der entstandenen Ansprüche nicht ausreichen,
5. wenn die Akten aus einem Rechtsmittelzug zurückkommen,
6. wenn eine schriftliche oder elektronische Mitteilung über einen Zahlungseingang (Zahlungsanzeige) oder ein mit dem Abdruck eines Gerichtskostenstemplers versehenes Schriftstück eingeht, es sei denn, dass die eingehende Zahlung einen nach § 26 eingeforderten Vorschuss betrifft,

---

1 OLG Koblenz MDR 2005, 1079. **2** OLG Brandenburg NJW 2007, 1470. **3** BFH NV 1997, 603; OLG Koblenz Rpfleger 1988, 384; KG MDR 2002, 1276. **4** OLG München NJW-RR 2000, 1744. **5** OLG Brandenburg NJW 2007, 1470.

7. wenn eine Mitteilung über die Niederschlagung von Kosten oder über die Aufhebung der Niederschlagung eingeht,

8. wenn eine Mitteilung über den Erlass oder Teilerlass von Kosten eingeht,

9. wenn aus sonstigen Gründen Zweifel bestehen, ob Kosten oder Vorschüsse zu berechnen sind.

[3]Die Vorlage ist in den Akten unter Angabe des Tages kurz zu vermerken.

(2) Die aktenführende Stelle hat alle in der Sache entstehenden, von dem Kostenschuldner zu erhebenden Auslagen in den Akten in auffälliger Weise zu vermerken, soweit nicht eine Berechnung zu den Akten gelangt.

(3) [1]In Zivilprozess-, Strafprozess-, Bußgeld-, Insolvenz-, Zwangsversteigerungs- und Zwangsverwaltungsverfahren, in Familien- und Lebenspartnerschaftssachen, in Vormundschafts-, Betreuungs- und Pflegschaftssachen, in Nachlasssachen sowie in arbeits-, finanz-, sozial- und verwaltungsgerichtlichen Verfahren sind sämtliche Kostenrechnungen, Beanstandungen der Kostenprüfungsbeamten und Zahlungsanzeigen sowie Mitteilungen über die Niederschlagung von Kosten, über die Aufhebung der Niederschlagung oder den (Teil-)Erlass vor dem ersten Aktenblatt einzuheften oder in eine dort einzuheftende Aktentasche lose einzulegen oder, soweit die Akten nicht zu heften sind, unter dem Aktenumschlag lose zu verwahren. [2]Das gleiche kann auch in anderen Verfahren geschehen, wenn dies zweckmäßig erscheint, insbesondere wenn die Akten umfangreich sind. [3]Ist ein Vollstreckungsheft angelegt, sind die Kostenrechnungen, Beanstandungen, Zahlungsanzeigen und Nachrichten in diesem entsprechend zu verwahren (vgl. § 16 Abs. 2 StVollstrO). [4]Wird es notwendig, die vor dem ersten Aktenblatt eingehefteten oder verwahrten Schriftstücke mit Blattzahlen zu versehen, sind dazu römische Ziffern zu verwenden.

(4) Die aktenführende Stelle hat laufend auf dem Aktenumschlag oder einem Kostenvorblatt die Blätter zu bezeichnen,

1. auf denen sich Abdrucke von Gerichtskostenstemplern, Aktenausdrucke nach § 696 Abs. 2 Satz 1 ZPO mit Gerichtskostenrechnungen oder Vermerke hierüber befinden,

2. aus denen sich ergibt, dass Vorschüsse zum Soll (§ 25) gestellt oder ohne vorherige Sollstellung (§ 26) eingezahlt worden sind,

3. auf denen sich Kostenrechnungen, Zahlungsanzeigen, Mitteilungen über die Niederschlagung von Kosten oder über die Aufhebung der Niederschlagung sowie Mitteilungen über den (Teil-)Erlass von Kosten oder die Anordnung ihrer Nichterhebung (§ 21 GKG, § 20 FamGKG, § 21 GNotKG) befinden, die nicht nach Absatz 3 eingeheftet oder verwahrt werden,

4. auf denen Kleinbeträge vermerkt sind, deren Einziehung oder Auszahlung nach den über die Behandlung solcher Beträge erlassenen Bestimmungen einstweilen vorbehalten bleibt.

(5) [1]Die aktenführende Stelle leitet die Akten und Blattsammlungen vor dem Weglegen dem Kostenbeamten zu. [2]Dieser prüft, ob berechnete Kosten entweder zum Soll gestellt sind oder der Zahlungseingang nachgewiesen ist. [3]Er bescheinigt diese Prüfung auf den Akten (Blattsammlungen) unter Bezeichnung des letzten Aktenblattes und unter Angabe von Tag und Amtsbezeichnung. [4]Die Bescheinigung ist auch zu erteilen, wenn die Einziehung von Kleinbeträgen vorbehalten bleibt.

Abschnitt 2
Kostenansatz

§ 4 Begriff und Gegenstand

(1) [1]Der Kostenansatz besteht in der Aufstellung der Kostenrechnung (§ 24). [2]Er hat die Berechnung der Gerichtskosten und Justizverwaltungskosten sowie die Feststellung der Kostenschuldner zum Gegenstand. [3]Zu den Kosten gehören alle für die Tätigkeit des Gerichts und der Justizverwaltung zu erhebenden Gebühren, Auslagen und Vorschüsse.

(2) Ist die berechnete Kostenforderung noch nicht beglichen, veranlasst der Kostenbeamte deren Anforderung gemäß § 25 oder § 26.

(3) Handelt es sich um Kosten, die durch den Antrag einer für die Vollstreckung von Justizkostenforderungen zuständigen Stelle (Vollstreckungsbehörde) auf Vollstreckung in das unbewegliche Vermögen entstanden sind, wird zwar eine Kostenrechnung aufgestellt; die entstandenen Kosten sind der Vollstreckungsbehörde jedoch lediglich zur etwaigen späteren Einziehung als Nebenkosten mitzuteilen.

(4) [1]Können die Gebühren für die Entscheidung über den Antrag auf Anordnung der Zwangsversteigerung oder über den Beitritt zum Verfahren (Nr. 2210 KV GKG) oder die Auslagen des Anordnungs- (Beitritts-)verfahrens nicht vom Antragsteller eingezogen werden, weil ihm Prozesskostenhilfe ohne Zahlungsbestimmung bewilligt ist oder ihm Gebühren- oder Auslagenfreiheit zusteht (z.B. bei der Zwangsversteigerung wegen rückständiger öffentlicher Abgaben), veranlasst der Kostenbeamte die Anforderung der Kosten gemäß § 25. [2]Die Vollstreckungsbehörde meldet die Kosten – unbeschadet sonstiger Einziehungsmöglichkeiten – in dem Zwangsversteigerungsverfahren mit dem Range des Anspruchs des betreibenden Gläubigers auf Befriedigung aus dem Grundstück rechtzeitig an (§ 10 Abs. 2, §§ 12, 37 Nr. 4 ZVG). [3]Dies gilt im Zwangsverwaltungsverfahren entsprechend. [4]Absatz 3 bleibt unberührt.

(5) Für die Behandlung von kleinen Kostenbeträgen gelten die hierfür erlassenen besonderen Bestimmungen.

(6) Sind Kosten zugleich mit einem Geldbetrag im Sinne des § 1 Abs. 1 der Einforderungs- und Beitreibungsanordnung einzuziehen, richtet sich das Verfahren nach der Einforderungs- und Beitreibungsanordnung.

§ 5 Zuständigkeit

(1) [1]Der Kostenansatz richtet sich, soweit Kosten nach dem Gerichtskostengesetz erhoben werden, nach § 19 GKG, soweit Kosten nach dem Gesetz über Gerichtskosten in Familiensachen erhoben werden, nach § 18 FamGKG, und in den Angelegenheiten der freiwilligen Gerichtsbarkeit nach § 18 GNotKG. [2]Kosten der Vollstreckung von freiheitsentziehenden Maßregeln der Besserung und Sicherung werden bei der nach § 19 Abs. 2 GKG zuständigen Behörde angesetzt, soweit nicht die Landesregierungen durch Rechtsverordnung andere Zuständigkeiten begründet haben (§ 138 Abs. 2 StVollzG).

(2) Hat in Strafsachen der Bundesgerichtshof die Sache ganz oder teilweise zur anderweitigen Verhandlung und Entscheidung zurückverwiesen, übersendet die für den Kostenansatz zuständige Behörde eine beglaubigte Abschrift der rechtskräftigen Entscheidung zum Kostenansatz an den Bundesgerichtshof.

(3) Zu den durch die Vorbereitung der öffentlichen Klage entstandenen Kosten (Nrn. 9015, 9016 KV GKG) gehören auch

1. die Auslagen, die der Polizei bei der Ausführung von Ersuchen des Gerichts oder der Staatsanwaltschaft, bei der Tätigkeit der Polizeibeamten als Ermittlungspersonen der Staatsanwaltschaft und in den Fällen entstehen, in denen die Polizei nach § 163 StPO aus eigenem Entschluss Straftaten erforscht,
2. Auslagen, die den zuständigen Verwaltungsbehörden als Verfolgungsorganen in Straf- und Bußgeldsachen erwachsen sind.

(4) [1]Wenn das Gericht in einem Strafverfahren wegen einer Steuerstraftat auf eine Strafe oder Maßnahme oder in einem Bußgeldverfahren wegen einer Steuerordnungswidrigkeit auf eine Geldbuße oder Nebenfolge erkennt, gehören zu den Kosten des gerichtlichen Verfahrens die Auslagen, die einer Finanzbehörde bei der Untersuchung und bei der Teilnahme am gerichtlichen Verfahren entstanden sind. [2]Diese Auslagen sind nicht nach § 464 b StPO festzusetzen, sondern als Gerichtskosten zu berechnen und einzuziehen. [3]Soweit die Auslagen bei einer Bundesfinanzbehörde entstanden sind, werden sie als durchlaufende Gelder behandelt und an sie abgeführt (vgl. § 24 Abs. 7, § 32), wenn sie den Betrag von 25 Euro übersteigen. [4]An die Landesfinanzbehörden werden eingezogene Beträge nicht abgeführt.

(5) [1]Geht ein Mahnverfahren gegen mehrere Antragsgegner nach Widerspruch oder Einspruch in getrennte Streitverfahren bei verschiedenen Gerichten über, übersendet das Mahngericht den übernehmenden Gerichten jeweils einen vollständigen Verfahrensausdruck samt Kostenrechnung. [2]Letztere muss Angaben darüber enthalten, ob die Kosten bereits angefordert (§§ 25 und 26) oder eingezahlt sind. [3]Bei nicht maschineller Bearbeitung hat der Kostenbeamte des abgebenden Gerichts den Kostenbeamten der übernehmenden Gerichte das Original oder eine beglaubigte Abschrift der Kostenrechnung zu übersenden und sie über das sonst von ihm Veranlasste zu unterrichten. [4]Zahlungsanzeigen und sonstige Zahlungsnachweise sind im Original oder in beglaubigter Ablichtung beizufügen.

(6) [1]Die Kosten für

1. die Eröffnung einer Verfügung von Todes wegen,
2. die Abnahme einer eidesstattlichen Versicherung zwecks Erwirkung eines Erbscheins und
3. die Beurkundung der Ausschlagung der Erbschaft oder der Anfechtung der Ausschlagung der Erbschaft werden bei dem nach § 343 FamFG zuständigen Nachlassgericht angesetzt (§ 18 Abs. 1 Nr. 1, Abs. 2 GNotKG).

[2]Erfolgt die Eröffnung oder die Beurkundung bei einem anderen Gericht, ist das Nachlassgericht zu verständigen. [3]Diese Bestimmungen gelten auch dann, wenn die beiden Gerichte in verschiedenen Ländern der Bundesrepublik liegen. [4]Sie gelten nicht für Kosten einer Beurkundung nach § 31 IntErbRVG (§ 18 Abs. 2 Satz 2 GNotKG). [5]Soweit das Landwirtschaftsgericht an die Stelle des Nachlassgerichts tritt, wird auch die Gebühr für die Abnahme einer eidesstattlichen Versicherung zwecks Erwirkung eines Erbscheins beim Landwirtschaftsgericht angesetzt.

§ 6 Kostenansatz bei Verweisung eines Rechtsstreits an ein Gericht eines anderen Landes

(1) Wird ein Rechtsstreit an ein Gericht eines anderen Landes der Bundesrepublik verwiesen, so ist für den Kostenansatz der Kostenbeamte des Gerichts zuständig, das nach der Vereinbarung des Bundes und der Länder über den Ausgleich von Kosten (Abschnitt II der AV d. JM vom 6. Juli 2001 (5600 - I B. 55) in der Fassung vom 13. Januar 2010) die Kosten einzuziehen hat.

(2) Einzuziehende Beträge, die nach § 59 RVG auf die Staatskasse übergegangen sind, werden im Falle der Verweisung eines Rechtsstreits an ein Gericht eines anderen Landes bei dem Gericht angesetzt, an das der Rechtsstreit verwiesen worden ist (vgl. Vereinbarung über den Ausgleich von Kosten – a.a.O.).

§ 7 Voraussetzungen des Kostenansatzes und Feststellung der Kostenschuldner im Allgemeinen

(1) [1]Wer Kostenschuldner ist und in welchem Umfang er haftet, stellt der Kostenbeamte fest. [2]Dabei ist zu beachten, dass nach § 29 Nr. 3 GKG, § 24 Nr. 3 FamGKG, § 27 Nr. 3 GNotKG und § 18 Nr. 3 JVKostG auch Dritte, die kraft Gesetzes für die Kostenschuld eines anderen haften (im letztgenannten Fall nach den Vorschriften des bür-

gerlichen Rechts z.B. Erben, Ehegatten, Vermögensübernehmer), als Kostenschuldner auf Leistung oder Duldung der Zwangsvollstreckung in Anspruch genommen werden können.

(2) Haften mehrere Kostenschuldner als Gesamtschuldner, bestimmt der Kostenbeamte unter Beachtung der Grundsätze in § 8, wer zunächst in Anspruch genommen werden soll.

(3) Die Ermittlung und Feststellung von Personen, die nicht der Staatskasse für die Kostenschuld haften, sondern nur dem Kostenschuldner gegenüber zur Erstattung der Kosten verpflichtet sind, ist nicht Sache des Kostenbeamten.

§ 8 Kostengesamtschuldner

(1) [1]Soweit in Angelegenheiten, für die das Gerichtskostengesetz, das Gesetz über Gerichtskosten in Familiensachen oder das Gerichts- und Notarkostengesetz gilt, einem gesamtschuldnerisch haftenden Kostenschuldner die Kosten durch gerichtliche Entscheidung auferlegt oder von ihm durch eine vor Gericht abgegebene oder ihm mitgeteilte Erklärung übernommen sind, soll die Haftung des anderen gesamtschuldnerisch haftenden Kostenschuldners (Zweitschuldners) nur geltend gemacht werden, wenn eine Zwangsvollstreckung in das bewegliche Vermögen des erstgenannten Kostenschuldners (Erstschuldners) erfolglos geblieben ist oder aussichtslos erscheint (§ 31 Abs. 2 Satz 1, § 18 GKG, § 26 Abs. 2 Satz 1, § 17 FamGKG, § 33 Abs. 1 Satz 1, § 17 GNotKG). [2]Dass die Zwangsvollstreckung aussichtslos sei, kann regelmäßig angenommen werden, wenn ein Erstschuldner mit bekanntem Wohnsitz oder Sitz oder Aufenthaltsort im Ausland der Zahlungsaufforderung nicht nachkommt und gegen ihn ggf. im Ausland vollstreckt werden müsste. [3]Dies gilt insbesondere dann, wenn die Zwangsvollstreckung im Ausland erfahrungsgemäß lange Zeit in Anspruch nimmt oder mit unverhältnismäßig hohen Kosten verbunden wäre.

(2) [1]Soweit einem Kostenschuldner, der aufgrund von § 29 Nr. 1 GKG, § 24 Nr. 1 FamGKG oder § 27 Nr. 1 GNotKG haftet (Entscheidungsschuldner), Prozess- oder Verfahrenskostenhilfe bewilligt worden ist, darf die Haftung eines anderen Kostenschuldners nicht geltend gemacht werden; von diesem bereits erhobene Kosten sind zurückzuzahlen, soweit es sich nicht um eine Zahlung nach § 13 Abs. 1 und 3 des Justizvergütungs- und -entschädigungsgesetzes handelt und die Partei, der Prozess- oder Verfahrenskostenhilfe bewilligt worden ist, der besonderen Vergütung zugestimmt hat. [2]Die Haftung eines anderen Kostenschuldners darf auch nicht geltend gemacht werden, soweit dem Entscheidungsschuldner ein Betrag für die Reise zum Ort einer Verhandlung, Vernehmung oder Untersuchung und für die Rückreise gewährt worden ist (§ 31 Abs. 3 GKG, § 26 Abs. 3 FamGKG, § 33 Abs. 2 GNotKG).

(3) Absatz 2 ist entsprechend anzuwenden, soweit der Kostenschuldner aufgrund von § 29 Nr. 2 GKG, § 24 Nr. 2 FamGKG oder § 27 Nr. 2 GNotKG haftet (Übernahmeschuldner) und wenn

1. der Kostenschuldner die Kosten in einem vor Gericht abgeschlossenen oder durch Schriftsatz gegenüber dem Gericht angenommenen Vergleich übernommen hat,
2. der Vergleich einschließlich der Verteilung der Kosten von dem Gericht vorgeschlagen worden ist und
3. das Gericht in seinem Vergleichsvorschlag ausdrücklich festgestellt hat, dass die Kostenregelung der sonst zu erwartenden Kostenentscheidung entspricht (§ 31 Abs. 4 GKG, § 26 Abs. 4 FamGKG, § 33 Abs. 3 GNotKG).

(4) [1]In allen sonstigen Fällen der gesamtschuldnerischen Haftung für die Kosten bestimmt der Kostenbeamte nach pflichtgemäßem Ermessen, ob der geschuldete Betrag von einem Kostenschuldner ganz oder von mehreren nach Kopfteilen angefordert werden soll. [2]Dabei kann insbesondere berücksichtigt werden,

1. welcher Kostenschuldner die Kosten im Verhältnis zu den übrigen endgültig zu tragen hat,
2. welcher Verwaltungsaufwand durch die Inanspruchnahme nach Kopfteilen entsteht,
3. ob bei einer Verteilung nach Kopfteilen Kleinbeträge oder unter der Vollstreckungsgrenze liegende Beträge anzusetzen wären,
4. ob die Kostenschuldner in Haushaltsgemeinschaft leben,
5. ob anzunehmen ist, dass einer der Gesamtschuldner nicht zur Zahlung oder nur zu Teilzahlungen in der Lage ist.

§ 9 Kosten bei Bewilligung von Prozess- oder Verfahrenskostenhilfe

Bei Bewilligung von Prozess- oder Verfahrenskostenhilfe sind die Durchführungsbestimmungen zur Prozess- und Verfahrenskostenhilfe sowie zur Stundung der Kosten des Insolvenzverfahrens (DB-PKH) zu beachten.

§ 10 Unvermögen des Kostenschuldners in anderen Fällen

(1) [1]In anderen als den in § 8 Abs. 2, 3 und in der Nr. 3.1 der Durchführungsbestimmungen zur Prozess- und Verfahrenskostenhilfe sowie zur Stundung der Kosten des Insolvenzverfahrens (DB-PKH) bezeichneten Fällen darf der Kostenbeamte vom Ansatz der Kosten nur dann absehen, wenn das dauernde Unvermögen des Kostenschuldners zur Zahlung offenkundig oder ihm aus anderen Vorgängen bekannt ist oder wenn sich der Kostenschuldner dauernd an einem Ort aufhält, an dem eine Beitreibung keinen Erfolg verspricht. [2]Das dauernde Unvermögen des Kostenschuldners ist nicht schon deshalb zu verneinen, weil er möglicherweise später einmal in die Lage kommen könnte, die Schuld ganz oder teilweise zu bezahlen. [3]Wenn dagegen bestimmte Gründe vorliegen, die dies mit einiger Sicherheit erwarten lassen, liegt dauerndes Unvermögen nicht vor.

NK-GK

(2) Ohne Rücksicht auf das dauernde Unvermögen des Kostenschuldners sind die Kosten anzusetzen,

1. wenn ein zahlungsfähiger Kostenschuldner für die Kosten mithaftet;

2. wenn anzunehmen ist, dass durch Ausübung des Zurückbehaltungsrechts (§ 23) die Zahlung der Kosten erreicht werden kann, insbesondere dann, wenn ein anderer Empfangsberechtigter an der Aushändigung der zurückbehaltenen Schriftstücke ein Interesse hat;

3. wenn die Kosten zugleich mit einem Geldbetrag im Sinne des § 1 Abs. 1 der Einforderungs- und Beitreibungsanordnung einzuziehen sind (§ 4 Abs. 6);

4. wenn es sich um Gebühren oder Vorschüsse handelt, von deren Entrichtung die Vornahme einer Amtshandlung abhängt (§ 26).

(3) ¹Angaben im Verfahren über die Prozess- oder Verfahrenskostenhilfe, Feststellungen im Strafverfahren über die Einkommens- und Vermögensverhältnisse des Beschuldigten (Nr. 14 der Richtlinien für das Strafverfahren und das Bußgeldverfahren) oder Mitteilungen der Vollstreckungsbehörde können dem Kostenbeamten einen Anhalt für seine Entschließung bieten. ²Er wird dadurch aber nicht von der Verpflichtung entbunden, selbständig zu prüfen und zu entscheiden, ob tatsächlich Unvermögen zur Zahlung anzunehmen ist. ³Nötigenfalls stellt er geeignete Ermittlungen an. ⁴In Strafsachen sind an Stellen außerhalb der Justizverwaltung Anfragen nach den wirtschaftlichen Verhältnissen des Kostenschuldners nur ausnahmsweise und nur dann zu richten, wenn nicht zu befürchten ist, dass dem Kostenschuldner aus diesen Anfragen Schwierigkeiten erwachsen könnten. ⁵Bei der Fassung etwaiger Anfragen ist jeder Hinweis darauf zu vermeiden, dass es sich um Kosten aus einer Strafsache handelt.

(4) Der Kostenbeamte vermerkt in den Akten, dass er die Kosten nicht angesetzt hat; er gibt dabei die Gründe kurz an und verweist auf die Aktenstelle, aus der sie ersichtlich sind.

(5) Nach Absatz 1 außer Ansatz gelassene Kosten sind anzusetzen, wenn Anhaltspunkte dafür bekannt werden, dass eine Einziehung Erfolg haben wird.

§ 11 Nichterhebung von Auslagen

¹Der Kostenbeamte ist befugt, folgende Auslagen außer Ansatz zu lassen:

1. Auslagen, die durch eine von Amts wegen veranlasste Verlegung eines Termins oder Vertagung einer Verhandlung entstanden sind (§ 21 Abs. 1 Satz 2 GKG, § 20 Abs. 1 Satz 2 FamGKG, § 21 Abs. 1 Satz 2 GNotKG),

2. Auslagen, die durch eine vom Gericht fehlerhaft ausgeführte Zustellung angefallen sind (z.B. doppelte Ausführung einer Zustellung, fehlerhafte Adressierung),

3. Auslagen, die entstanden sind, weil eine angeordnete Abladung von Zeugen, Sachverständigen, Übersetzern usw. nicht oder nicht rechtzeitig ausgeführt worden ist.

²Der Kostenbeamte legt die Akten aber dem Gericht mit der Anregung einer Entscheidung vor, wenn dies mit Rücksicht auf rechtliche oder tatsächliche Schwierigkeiten erforderlich erscheint. ³Die Entscheidung des Kostenbeamten nach Satz 1 ist keine das Gericht bindende Anordnung im Sinne von § 21 Abs. 2 Satz 3 GKG, § 20 Abs. 2 Satz 3 FamGKG und § 21 Abs. 2 Satz 3 GNotKG.

§ 12 Absehen von Wertermittlungen

– zu Vorbemerkung 1.1 Abs. 1 KV GNotKG, Vorbemerkung 1.3.1 Abs. 2 KV FamGKG –

Von Wertermittlungen kann abgesehen werden, wenn nicht Anhaltspunkte dafür bestehen, dass das reine Vermögen des Fürsorgebedürftigen mehr als 25.000 Euro beträgt.

§ 13 Kostenansatz bei gegenständlich beschränkter Gebührenfreiheit

¹Bei Erbscheinen und ähnlichen Zeugnissen (Nr. 12210 KV GNotKG), die zur Verwendung in einem bestimmten Verfahren gebührenfrei oder zu ermäßigten Gebühren zu erteilen sind (z.B. gemäß § 317 Abs. 5 LAG, § 64 Abs. 2 SGB X, § 31 Abs. 1 Buchstabe c VermG in Verbindung mit § 181 BEG), hat der Kostenbeamte die Urschrift und Ausfertigung der Urkunde mit dem Vermerk „Zum ausschließlichen Gebrauch für das ....-verfahren gebührenfrei – zu ermäßigten Gebühren – erteilt" zu versehen. ²Die Ausfertigung ist der Behörde oder Dienststelle, bei der das Verfahren anhängig ist, mit dem Ersuchen zu übersenden, den Beteiligten weder die Ausfertigung auszuhändigen noch eine Abschrift zu erteilen.

§ 14 Haftkosten

¹Die Erhebung von Kosten der Vollstreckung von freiheitsentziehenden Maßregeln der Besserung und Sicherung richtet sich nach § 138 Abs. 2, § 50 StVollzG. ²Die Kosten der Untersuchungshaft sowie einer sonstigen Haft außer Zwangshaft, die Kosten einer einstweiligen Unterbringung (§ 126 a StPO), einer Unterbringung zur Beobachtung (§ 81 StPO, § 73 JGG) und einer einstweiligen Unterbringung in einem Heim für Jugendhilfe (§ 71 Abs. 2, § 72 Abs. 4 JGG) werden nur angesetzt, wenn sie auch von einem Gefangenen im Strafvollzug zu erheben wären (Nr. 9011 KV GKG, Nr. 2009 KV FamGKG, Nr. 31011 KV GNotKG, Vorbemerkung 2 KV JVKostG i.V.m. Nr. 9011 KV GKG).

§ 15 Zeit des Kostenansatzes im Allgemeinen

(1) [1]Soweit nichts anderes bestimmt oder zugelassen ist, werden Kosten alsbald nach Fälligkeit angesetzt (z.B. § 6 Abs. 1 und 2, §§ 7 bis 9 GKG, §§ 9 bis 11 FamGKG, §§ 8, 9 GNotKG) und Kostenvorschüsse berechnet, sobald sie zu leisten sind (z.B. §§ 15 bis 18 GKG, §§ 16, 17 FamGKG, §§ 13, 14, 17 GNotKG). [2]Dies gilt insbesondere auch vor Versendung der Akten an das Rechtsmittelgericht.

(2) [1]Auslagen sind in der Regel erst bei Beendigung des Rechtszuges anzusetzen, wenn kein Verlust für die Staatskasse zu befürchten ist. [2]Das Gleiche gilt für die Abrechnung der zu ihrer Deckung erhobenen Vorschüsse. [3]Werden jedoch im Laufe des Verfahrens Gebühren fällig, sind mit ihnen auch die durch Vorschüsse nicht gedeckten Auslagen anzusetzen.

(3) Absatz 2 gilt nicht

1. für Auslagen, die in Verfahren vor einer ausländischen Behörde entstehen,
2. für Auslagen, die einer an der Sache nicht beteiligten Person zur Last fallen.

(4) [1]Steht zu dem in Absatz 1 bezeichneten Zeitpunkt der den Gebühren zugrunde zu legende Wert noch nicht endgültig fest, werden die Gebühren unter dem Vorbehalt späterer Berichtigung nach einer vorläufigen Wertannahme angesetzt. [2]Auf rechtzeitige Berichtigung ist zu achten (vgl. § 20 GKG, § 19 FamGKG, § 20 GNotKG); in Angelegenheiten, auf die das Gerichts- und Notarkostengesetz Anwendung findet, ist erforderlichenfalls dem Kostenschuldner mitzuteilen, dass ein Wertermittlungsverfahren eingeleitet ist (§ 20 Abs. 2 GNotKG). [3]Dasselbe gilt für Angelegenheiten, auf die das Gesetz über Gerichtskosten in Familiensachen Anwendung findet (§ 19 Abs. 2 FamGKG).

§ 16 Zeit des Kostenansatzes in besonderen Fällen

I. Gebühr für die Durchführung des Insolvenzverfahrens
– *zu Nrn. 2320, 2330 KV GKG* –

(1) Die Gebühr für die Durchführung des Insolvenzverfahrens ist spätestens nach Abhaltung des Prüfungstermins (§ 176 InsO) anzusetzen.

(2) Bei Einstellung des Insolvenzverfahrens oder nach Bestätigung des Insolvenzplanes hat der Kostenbeamte den Insolvenzverwalter schriftlich aufzufordern, einen Betrag zurückzubehalten, der zur Deckung der näher zu bezeichnenden Gerichtskosten ausreicht.

II. Kosten in Vormundschafts-, Dauerbetreuungs-, Dauerpflegschafts- und Nachlasssachen
– *zu § 8 GNotKG, § 10 FamGKG* –

[1]Die bei Vormundschaften, Dauerbetreuungen und -pflegschaften sowie bei Nachlasssachen zu Beginn eines jeden Kalenderjahres fällig werdenden Gebühren können, wenn kein Verlust für die Staatskasse zu besorgen ist, gelegentlich der Prüfung der jährlichen Rechnungslegung angesetzt werden. [2]Zur Sicherstellung des rechtzeitigen Ansatzes dieser Gebühren sind die in Betracht kommenden Akten von dem Kostenbeamten in ein Verzeichnis einzutragen, das mindestens folgende Spalten enthält:

1. Lfd. Nr.
2. Aktenzeichen
3. Bezeichnung der Sache
4. Jahresgebühr berechnet am:

III. Kosten in Scheidungsfolgesachen und in Folgesachen
Gebühren in Scheidungsfolgesachen und in Folgesachen eines Verfahrens über die Aufhebung der Lebenspartnerschaft werden erst angesetzt, wenn eine unbedingte Entscheidung über die Kosten ergangen ist oder das Verfahren oder die Instanz durch Vergleich, Zurücknahme oder anderweitige Erledigung beendet ist (§ 9 Abs. 1, § 11 Abs. 1 FamGKG).

§ 17 Heranziehung steuerlicher Werte
– *zu § 46 Abs. 3 Nr. 3, § 48 GNotKG* –

(1) Wird auf einen für Zwecke der Steuererhebung festgesetzten Wert (§ 46 Abs. 3 Nr. 3 GNotKG) oder den Einheitswert von Grundbesitz (§ 48 GNotKG) zurückgegriffen, genügt als Nachweis die Vorlage des Steuerbescheides (Feststellungsbescheides, Einheitswertbescheides), sofern sich der Einheitswert des Grundbesitzes nicht schon aus der steuerlichen Unbedenklichkeitsbescheinigung ergibt.

(2) [1]Das Finanzamt ist um Auskunft über die Höhe der für Zwecke der Steuererhebung festgesetzten Werte, die Höhe des Einheitswertes oder um Erteilung einer Abschrift des entsprechenden Steuerbescheides nur zu ersuchen, wenn der Kostenschuldner den Steuerbescheid nicht vorlegt, ausnahmsweise auch dann, wenn die Wertermittlung besonders schwierig ist. [2]Für die Aufbewahrung des Einheitswertbescheides gelten die Bestimmungen der Aktenordnung entsprechend.

§ 18 Kostenansatz bei gleichzeitiger Belastung mehrerer Grundstücke
– zu § 18 Abs. 3 GNotKG –

[1]Für die Eintragung oder Löschung eines Gesamtrechts sowie für die Eintragung der Veränderung eines solchen Rechts bei mehreren Grundbuchämtern werden die Kosten im Fall der Nummern 14122, 14131 oder 14141 KV GNotKG bei dem Gericht angesetzt, bei dessen Grundbuchamt der Antrag zuerst eingegangen ist. [2]Entsprechendes gilt für die Eintragung oder Löschung eines Gesamtrechts sowie für die Eintragung der Veränderung eines solchen Rechts bei mehreren Registergerichten im Fall der Nummern 14221, 14231 oder 14241 KV GNotKG (§ 18 Abs. 3 GNotKG). [3]Die Kostenbeamten der beteiligten Grundbuchämter bzw. Registergerichte haben sich vorab wegen des Kostenansatzes und des Zeitpunktes des Eingangs der Anträge zu verständigen; das die Kosten ansetzende Grundbuchamt bzw. Registergericht hat eine Abschrift der Kostenrechnung an alle beteiligten Grundbuchämter bzw. Registergerichte zu übermitteln.

§ 19 Gerichtsvollzieherkosten
– zu § 13 Abs. 3 GvKostG –

Hat der Gerichtsvollzieher bei Aufträgen, die ihm vom Gericht erteilt werden, die Gerichtsvollzieherkosten (Gebühren und Auslagen) zu den Akten mitgeteilt und nicht angezeigt, dass er sie eingezogen hat, sind sie als Auslagen des gerichtlichen Verfahrens anzusetzen (vgl. § 13 Abs. 3 GvKostG, § 24 Abs. 7 Satz 3).

§ 20 Kostensicherung

(1) Zur Sicherung des Kosteneingangs sehen die Kostengesetze vor

1. die Erhebung von Kostenvorschüssen, von denen die Vornahme einer Amtshandlung nicht abhängt (z.B. §§ 15, 17 Abs. 3 GKG, § 16 Abs. 3 FamGKG, § 14 Abs. 3 GNotKG);
2. die Zurückstellung von Amtshandlungen bis zur Entrichtung bestimmter Gebühren oder Kostenvorschüsse (z.B. § 12 Abs. 1 und 3 bis 6, §§ 12 a, 13, 17 Abs. 1 und 2 GKG, § 14 Abs. 1 und 3, § 16 Abs. 1 und 2 FamGKG, §§ 13, 14 Abs. 1 und 2 GNotKG, § 8 Abs. 2 JVKostG);
3. die Ausübung des Zurückbehaltungsrechts (§ 23).

(2) [1]Die Erhebung eines Kostenvorschusses, von dessen Zahlung die Amtshandlung nicht abhängt (Absatz 1 Nr. 1), ordnet der Kostenbeamte selbständig an. [2]Das Gleiche gilt in den Fällen der §§ 12, 12 a, 13 GKG und § 14 FamGKG, jedoch ist der Eingang zunächst dem Richter (Rechtspfleger) vorzulegen, wenn sich daraus ergibt, dass die Erledigung der Sache ohne Vorauszahlung angestrebt wird.

(3) Soweit eine gesetzliche Vorschrift die Abhängigmachung der Vornahme des Geschäfts von der Vorauszahlung der Kosten gestattet (z.B. §§ 379 a, 390 Abs. 4 StPO, § 17 Abs. 1 Satz 2, Abs. 2 GKG, § 16 Abs. 1 Satz 2, Abs. 2 FamGKG, §§ 13, 14 Abs. 1 Satz 2, Abs. 2 GNotKG), hat der Kostenbeamte vor der Einforderung des Vorschusses die Entscheidung des Richters (Rechtspflegers) einzuholen; dies gilt nicht in den Fällen der §§ 12, 12 a, 13 GKG und § 14 FamGKG (vgl. Absatz 2 Satz 2).

(4) In Justizverwaltungsangelegenheiten bestimmt der nach § 46 zuständige Beamte die Höhe des Vorschusses.

(5) Ist die Vornahme einer Amtshandlung nicht von der Zahlung eines Auslagenvorschusses abhängig, soll dieser regelmäßig nur eingefordert werden, wenn die Auslagen mehr als 25 Euro betragen oder ein Verlust für die Staatskasse zu befürchten ist.

(6) In den Fällen des Absatzes 1 Nr. 1 und 3 sowie des § 17 Abs. 2 GKG, des § 16 Abs. 2 FamGKG und des § 14 Abs. 2 GNotKG sowie in gleichartigen Fällen ist ein Vorschuss nicht zu erheben, wenn eine Gemeinde, ein Gemeindeverband oder eine sonstige Körperschaft des öffentlichen Rechts Kostenschuldner ist.

§ 21 Sicherstellung der Kosten (Abschnitt 3 GNotKG)

[1]Wird Sicherstellung zugelassen, wird der Vorschuss zwar berechnet, aber nicht nach § 4 Abs. 2 angefordert. [2]Die Sicherheit kann vorbehaltlich anderer Anordnungen des Richters (Rechtspflegers) in der in den §§ 232 bis 240 BGB vorgesehenen Weise geleistet werden. [3]Die Verwertung der Sicherheit ist Sache der Vollstreckungsbehörde, nachdem ihr die aus Anlass des Geschäfts erwachsenen Kosten zur Einziehung überwiesen sind.

§ 22 Jährliche Vorschüsse im Zwangsverwaltungsverfahren
– zu § 15 Abs. 2 GKG –

(1) [1]Der jährlich zu erhebende Gebührenvorschuss soll regelmäßig in Höhe einer Gebühr mit einem Gebührensatz von 0,5 bemessen werden. [2]Daneben ist ein Auslagenvorschuss in Höhe der im laufenden Jahr voraussichtlich erwachsenen Auslagen zu erheben.

(2) [1]In Zwangsverwaltungsverfahren, in denen Einnahmen erzielt werden, deren Höhe die Gebühren und Auslagen deckt, kann die Jahresgebühr, wenn kein Verlust für die Staatskasse zu besorgen ist, anlässlich der Prüfung der jährlichen Rechnungslegung angesetzt werden. [2]§ 16 Abschnitt II Satz 2 gilt entsprechend. [3]Von der Erhebung eines Vorschusses kann in diesem Fall abgesehen werden.

§ 23 Zurückbehaltungsrecht

– zu § 11 GNotKG, § 17 Abs. 2 GKG, § 16 Abs. 2 FamGKG, § 9 JVKostG –

(1) [1]In Angelegenheiten, auf die das Gerichts- und Notarkostengesetz anzuwenden ist, und in Justizverwaltungsangelegenheiten sind Urkunden, Ausfertigungen, Ausdrucke und Kopien sowie gerichtliche Unterlagen regelmäßig bis zur Zahlung der in der Angelegenheit erwachsenen Kosten zurückzubehalten. [2]Die Entscheidung über die Ausübung des Zurückbehaltungsrechts trifft der Kostenbeamte nach billigem Ermessen. [3]Dies gilt entsprechend in den Fällen des § 17 Abs. 2 GKG und des § 16 Abs. 2 FamGKG.

(2) [1]Kosten, von deren Entrichtung die Herausgabe abhängig gemacht wird, sind so bald wie möglich anzusetzen. [2]Können sie noch nicht endgültig berechnet werden, sind sie vorbehaltlich späterer Berichtigung vorläufig anzusetzen.

(3) [1]Ist ein anderer als der Kostenschuldner zum Empfang des Schriftstücks berechtigt, hat ihn der Kostenbeamte von der Ausübung des Zurückbehaltungsrechts zu verständigen. [2]Erhält der Empfangsberechtigte in derselben Angelegenheit eine sonstige Mitteilung, ist die Nachricht, dass das Schriftstück zurückbehalten wird, nach Möglichkeit damit zu verbinden.

(4) Wegen des Vermerks der Ausübung des Zurückbehaltungsrechts und der Aufführung des dritten Empfangsberechtigten in der Kostenrechnung wird auf § 24 Abs. 6 verwiesen.

(5) Für die sichere Verwahrung von Wertpapieren, Sparkassenbüchern, Grundpfandrechtsbriefen und sonstigen Urkunden von besonderem Wert ist Sorge zu tragen.

(6) Die zurückbehaltenen Schriftstücke sind an den Empfangsberechtigten herauszugeben,

1. wenn die Zahlung der Kosten nachgewiesen ist,
2. wenn die Anordnung, dass Schriftstücke zurückzubehalten sind, vom Kostenbeamten oder durch gerichtliche Entscheidung aufgehoben wird.

§ 24 Kostenrechnung

(1) Die Urschrift der Kostenrechnung für die Sachakte enthält

1. die Angabe der Justizbehörde, die Bezeichnung der Sache und die Geschäftsnummer,
2. die einzelnen Kostenansätze und die Kostenvorschüsse unter Hinweis auf die angewendete Vorschrift, bei Wertgebühren auch den der Berechnung zugrunde gelegten Wert,
3. den Gesamtbetrag der Kosten,
4. Namen, Anschriften sowie ggf. Geschäftszeichen und Geburtsdaten der Kostenschuldner.

(2) [1]Haften mehrere als Gesamtschuldner oder hat ein Kostenschuldner die Zwangsvollstreckung in ein bestimmtes Vermögen zu dulden, ist dies in der Urschrift der Kostenrechnung zu vermerken. [2]Bei der anteilmäßigen Inanspruchnahme des Kostenschuldners (z.B. § 8 Abs. 4) ist dort ein eindeutiger Vorbehalt über die Möglichkeit einer weiteren Inanspruchnahme aufzunehmen. [3]Unter Beachtung der Grundsätze in § 8 Abs. 4 ist weiter anzugeben, wie die einzelnen Gesamtschuldner zunächst in Anspruch genommen werden. [4]Erst- und Zweitschuldner (§ 8 Abs. 1) sind ausdrücklich als solche zu bezeichnen. [5]Wird der Zweitschuldner vor dem Erstschuldner in Anspruch genommen (§ 8 Abs. 1), sind die Gründe hierfür kurz anzugeben.

(3) Ist bei mehreren Kostengesamtschuldnern damit zu rechnen, dass der zunächst in Anspruch Genommene die Kosten bezahlen wird, kann die Aufführung der weiteren Gesamtschuldner durch ausdrücklichen Vermerk vorbehalten werden.

(4) [1]Sind Kosten durch Verwendung von Gerichtskostenstemplern entrichtet oder durch Aktenausdrucke nach § 696 Abs. 2 Satz 1 ZPO mit Gerichtskostenrechnungen nachgewiesen, ist zu vermerken, wo sich diese Zahlungsnachweise befinden. [2]Sind Kosten bereits gebucht, ist das Zuordnungsmerkmal des Kassenverfahrens anzugeben.

(5) Ergeben sich aus den Akten Anhaltspunkte dafür, dass noch weitere Kosten geltend gemacht werden können, die vom Kostenschuldner als Auslagen zu erheben sind (z.B. Vergütungen von Pflichtverteidigern, Verfahrensbeiständen oder Sachverständigen), ist ein eindeutiger Vorbehalt über die Möglichkeit einer Inanspruchnahme für die weiteren, nach Art oder voraussichtlicher Höhe zu bezeichnenden Kosten in die Urschrift der Kostenrechnung aufzunehmen.

(6) [1]Die Ausübung des Zurückbehaltungsrechts (§ 23) ist mit kurzer Begründung zu vermerken. [2]Ist ein anderer als der Kostenschuldner zum Empfang des Schriftstücks berechtigt (§ 23 Abs. 3), wird er gleichfalls in der Urschrift der Kostenrechnung aufgeführt.

(7) [1]Enthält die Urschrift der Kostenrechnung Beträge, die anderen Berechtigten als der Staatskasse zustehen und nach der Einziehung an sie auszuzahlen sind (durchlaufende Gelder), hat der Kostenbeamte sicherzustellen, dass er von einer Zahlung Kenntnis erlangt. [2]Der Empfangsberechtigte ist in der Urschrift der Kostenrechnung aufzuführen. [3]Im Falle des § 19 ist der Gerichtsvollzieher als empfangsberechtigt zu bezeichnen.

(8) Wenn für einen Vorschuss Sicherheit geleistet ist (§ 21), ist dies durch einen zu unterstreichenden Vermerk anzugeben.

(9) Der Kostenbeamte hat die Urschrift der Kostenrechnung unter Angabe von Ort, Tag und Amtsbezeichnung zu unterschreiben.

NK-GK

§ 25 Anforderung der Kosten mit Sollstellung

(1) Mit der Sollstellung wird die Buchung des zu erhebenden Betrags im Sachbuch der Kasse, die dortige Überwachung des Zahlungseingangs und im Fall der Nichtzahlung die selbständige Einziehung durch die Vollstreckungsbehörde bewirkt.

(2) [1]Der Kostenbeamte veranlasst die Sollstellung der Kosten nach den näheren Bestimmungen des Bundesministeriums der Justiz und für Verbraucherschutz oder der jeweiligen Landesjustizverwaltung und sorgt dafür, dass jeder Kostenschuldner, der in Anspruch genommen werden soll, einen Ausdruck der ihn betreffenden Inhalte der Kostenrechnung mit einer Zahlungsaufforderung und einer Rechtsbehelfsbelehrung (Kostenanforderung) erhält. [2]In der Zahlungsaufforderung sind der Zahlungsempfänger mit Anschrift und Bankverbindung sowie das Zuordnungsmerkmal der Sollstellung (z.B. Kassenzeichen) anzugeben. [3]Kostenanforderungen, die automationsgestützt erstellt werden, bedürfen weder einer Unterschrift noch eines Abdrucks des Dienstsiegels; auf der Kostenanforderung ist zu vermerken, dass das Schreiben mit einer Datenverarbeitungsanlage erstellt wurde und daher nicht unterzeichnet wird. [4]Manuell erstellte Kostenrechnungen sind stattdessen mit Unterschrift oder mit dem Abdruck des Dienstsiegels zu versehen.

(3) Sofern der Kostenschuldner im automatisierten Mahnverfahren von einem Bevollmächtigten vertreten wird, kann die Kostenanforderung diesem zugesandt werden.

§ 26 Anforderung der Kosten ohne Sollstellung

– zu §§ 379 a, 390 Abs. 4 StPO, §§ 12, 12 a, 13, 17 Abs. 1 Satz 2, Abs. 2 GKG, §§ 14, 16 Abs. 1 Satz 2, Abs. 2 FamGKG, §§ 13, 14 Abs. 1 Satz 2, Abs. 2 GNotKG, § 8 Abs. 2 JVKostG –

(1) [1]Vorweg zu erhebende Gebühren und Kostenvorschüsse, von deren Entrichtung die Vornahme einer Amtshandlung oder die Einleitung oder der Fortgang eines Verfahrens abhängig ist, sind ohne Sollstellung unmittelbar vom Zahlungspflichtigen anzufordern; das gleiche gilt im Falle der Ausübung des Zurückbehaltungsrechts (§ 23). [2]§ 24 Abs. 1 ist zu beachten. [3]Die Kostenanforderung ist mit einer Rechtsbehelfsbelehrung zu versehen. [4]Wegen der Einzelheiten der Kostenanforderung ohne Sollstellung wird auf die näheren Bestimmungen des Bundesministeriums der Justiz und für Verbraucherschutz oder der jeweiligen Landesjustizverwaltung verwiesen.

(2) Steht der Wert des Streitgegenstandes oder der Geschäftswert noch nicht endgültig fest, sind der Berechnung vorläufig die Angaben des Klägers oder Antragstellers zugrunde zu legen, sofern sie nicht offenbar unrichtig sind.

(3) Hat das Gericht den Betrag des Vorschusses und die Zahlungsfrist selbst bestimmt (z.B. in den Fällen der §§ 379, 402 ZPO), kann eine Kostenrechnung (§ 24 Abs. 1) unterbleiben, wenn das gerichtliche Schriftstück alle für die Bewirkung der Zahlung erforderlichen Angaben enthält.

(4) [1]Hat der Zahlungspflichtige auf die Gebühren oder Vorschüsse (Absatz 1) Beträge bezahlt, die zur Deckung nicht völlig ausreichen, ist er auf den Minderbetrag hinzuweisen; hat er noch keine Kostenanforderung erhalten, ist der Minderbetrag ohne Sollstellung entsprechend Absatz 1 anzufordern. [2]Ist der Minderbetrag nur gering, führt der Kostenbeamte zunächst eine Entscheidung des Richters (Rechtspflegers) darüber herbei, ob der Sache gleichwohl Fortgang zu geben sei. [3]Wird der Sache Fortgang gegeben, wird der fehlende Betrag gemäß § 25 mit Sollstellung angefordert, falls er nicht nach den bestehenden Bestimmungen wegen Geringfügigkeit außer Ansatz bleibt; besteht der Richter (Rechtspfleger) dagegen auf der Zahlung des Restbetrages, ist nach Satz 1 zu verfahren.

(5) Wird in den Fällen der §§ 379 a, 390 Abs. 4 StPO der angeforderte Betrag nicht voll gezahlt, sind die Akten alsbald dem Gericht (Vorsitzenden) zur Entscheidung vorzulegen.

(6) Sofern der Zahlungspflichtige von einem Bevollmächtigten, insbesondere dem Prozess- oder Verfahrensbevollmächtigten oder Notar, vertreten wird, soll die Kostenanforderung grundsätzlich diesem zur Vermittlung der Zahlung zugesandt werden.

(7) [1]Ist die Zahlung des Vorschusses an eine Frist geknüpft (z.B. in den Fällen der §§ 379 a, 390 Abs. 4 StPO, § 18 GBO), ist die Kostenanforderung von Amts wegen zuzustellen. [2]In sonstigen Fällen wird sie regelmäßig als Brief abgesandt.

(8) [1]Wird der Kostenanforderung keine Folge geleistet, hat der Kostenbeamte die in der Sache etwa entstandenen oder noch entstehenden Kosten zu berechnen und zum Soll zu stellen (§ 25). [2]Das gleiche gilt, wenn die Anordnung, durch welche die Vornahme eines Geschäfts von der Vorauszahlung abhängig gemacht war, wieder aufgehoben oder wenn von der gesetzlich vorgesehenen Vorwegleistungspflicht eine Ausnahme bewilligt wird (z.B. nach § 14 GKG, § 15 FamGKG, § 16 GNotKG). [3]Kommt der zur Vorwegleistung Verpflichtete in den Fällen des § 12 Abs. 1, 3 Satz 3 und 4 GKG, des § 12 a GKG sowie des § 14 Abs. 1, 3 FamGKG der Zahlungsaufforderung nicht nach, werden die in § 12 Abs. 1, 3 Satz 3 und 4 GKG und § 14 Abs. 1, 3 FamGKG genannten Gebühren nur insoweit angesetzt, als sich der Zahlungspflichtige nicht durch Rücknahme der Klage oder des Antrags von der Verpflichtung zur Zahlung befreien kann.

(9) [1]Von der Übersendung einer Schlusskostenrechnung kann abgesehen werden, wenn sich die endgültig festgestellte Kostenschuld mit dem vorausgezahlten Betrag deckt. [2]Ansonsten ist die Schlusskostenrechnung unverzüglich zu übersenden.

Abschnitt 3

Weitere Pflichten des Kostenbeamten

§ 27 Behandlung von Ersuchen und Mitteilungen der Vollstreckungsbehörde

(1) [1]Ersucht die Vollstreckungsbehörde um Auskunft darüber, ob sich aus den Sachakten Näheres über die Einkommens- und Vermögensverhältnisse eines Kostenschuldners ergibt, insbesondere über das Vorhandensein pfändbarer Ansprüche, hat der Kostenbeamte die notwendigen Feststellungen zu treffen. [2]Befinden sich die Akten beim Rechtsmittelgericht, trifft diese Verpflichtung den Kostenbeamten dieses Gerichts.

(2) [1]Ersucht die Vollstreckungsbehörde um eine Änderung oder Ergänzung der Kostenrechnung, weil sie eine andere Heranziehung von Gesamtschuldnern oder eine Erstreckung der Rechnung auf bisher nicht in Anspruch genommene Kostenschuldner für geboten hält, hat der Kostenbeamte aufgrund der Ermittlungen der Vollstreckungsbehörde die Voraussetzungen für die Heranziehung dieser Kostenschuldner festzustellen (vgl. § 7 Abs. 1) und gegebenenfalls eine neue oder ergänzte Kostenrechnung aufzustellen. [2]Die Gründe für die Inanspruchnahme des weiteren Kostenschuldners sind in der Kostenrechnung anzugeben. [3]Soweit hierbei Kosten eines bereits erledigten Rechtsmittelverfahrens zu berücksichtigen sind, sind die dem Kostenbeamten obliegenden Dienstverrichtungen von dem Kostenbeamten des Rechtsmittelgerichts zu erledigen; eine Zweitschuldneranfrage kann vom Kostenbeamten des Gerichts des ersten Rechtszuges beantwortet werden, falls eine Zweitschuldnerhaftung nicht besteht.

(3) Die Bestimmungen des Absatzes 2 gelten entsprechend, wenn ein Kostenschuldner vorhanden ist, der wegen der Kostenschuld lediglich die Zwangsvollstreckung in ein bestimmtes Vermögen (z.B. der Grundstückseigentümer bei dinglich gesicherten Forderungen, für die er nicht persönlich haftet) zu dulden hat.

(4) Wird dem Kostenbeamten eine Mitteilung über die Niederschlagung oder den (Teil-)Erlass der Kostenforderung vorgelegt, hat er zu prüfen, ob weitere Einziehungsmöglichkeiten bestehen und teilt diese der Vollstreckungsbehörde mit.

(5) [1]Eine Zahlungsanzeige, die sich auf einen zum Soll gestellten Betrag bezieht und nicht bei den Sachakten zu verbleiben hat, ist von dem Kostenbeamten unter Angabe des Grundes der Rückgabe zurückzusenden. [2]Die Rücksendung einer Zahlungsanzeige hat er auf der vorderen Innenseite des Aktenumschlags oder einem Kostenvorblatt zu vermerken. [3]Der Vermerk muss den Einzahler, den Betrag der Einzahlung, die Buchungsnummer und den Grund der Rückgabe enthalten. [4]Abweichend von Satz 2 und 3 kann auch eine Kopie der Zahlungsanzeige zu den Sachakten genommen werden, auf der der Grund der Rückgabe vermerkt ist.

(6) [1]Die Rücksendung einer Zweitschuldneranfrage und das mitgeteilte Ergebnis hat der Kostenbeamte auf der Urschrift der Kostenrechnung zu vermerken. [2]Abweichend hiervon kann auch eine Kopie der Zweitschuldneranfrage zu den Sachakten genommen werden, auf der das mitgeteilte Ergebnis vermerkt ist.

§ 28 Berichtigung des Kostenansatzes

(1) Der Kostenbeamte hat bei jeder Änderung der Kostenforderung den Kostenansatz zu berichtigen und, wenn hierdurch auch die Kosten eines anderen Rechtszuges berührt werden, den Kostenbeamten dieses Rechtszuges zu benachrichtigen, soweit er nicht selbst für den Kostenansatz des anderen Rechtszuges zuständig ist (z.B. § 5 Abs. 2).

(2) [1]Solange eine gerichtliche Entscheidung oder eine Anordnung im Dienstaufsichtsweg nicht ergangen ist, hat er auf Erinnerung oder auch von Amts wegen unrichtige Kostenansätze richtigzustellen. [2]Will er einer Erinnerung des Kostenschuldners nicht oder nicht in vollem Umfang abhelfen oder richtet sich die Erinnerung gegen Kosten, die auf Grund einer Beanstandung des Prüfungsbeamten angesetzt sind, hat er sie mit den Akten dem Prüfungsbeamten vorzulegen.

§ 29 Nachträgliche Änderung der Kostenforderung

(1) Ändert sich nachträglich die Kostenforderung, stellt der Kostenbeamte eine neue Kostenrechnung auf, es sei denn, dass die Kostenforderung völlig erlischt.

(2) Erhöht sich die Kostenforderung, veranlasst er die Nachforderung des Mehrbetrages gemäß § 25 oder § 26.

(3) [1]Vermindert sie sich oder erlischt sie ganz, ordnet er durch eine Kassenanordnung die Löschung im Soll oder die Rückzahlung an. [2]In der Kassenanordnung sind sämtliche in derselben Rechtssache zum Soll gestellten oder eingezahlten Beträge, für die der Kostenschuldner haftet, anzugeben; dabei hat der Kostenbeamte, wenn mehrere Beträge zum Soll stehen, diejenigen Beträge zu bezeichnen, für die weitere Kostenschuldner vorhanden sind. [3]Die Anordnung der Löschung oder Rückzahlung ist unter Angabe des Betrages auf der Urschrift der Kostenrechnung in auffälliger Weise zu vermerken.

(4) [1]Bei Vertretung durch einen Prozess- oder Verfahrensbevollmächtigten (§ 81 ZPO, § 11 FamFG, § 113 Abs. 1 Satz 2 FamFG) ist die Rückzahlung an diesen anzuordnen, es sei denn, die Partei oder der Beteiligte hat der Rückzahlung gegenüber dem Gericht ausdrücklich widersprochen. [2]Stimmt der Bevollmächtigte in diesem Fall der Rückzahlung an die Partei oder den Beteiligten nicht zu, sind die Akten dem Prüfungsbeamten zur Entscheidung vorzulegen.

NK-GK

(5) In anderen Fällen ist die Rückzahlung an einen Bevollmächtigten anzuordnen,

1. wenn er eine Vollmacht seines Auftraggebers zu den Akten einreicht, die ihn allgemein zum Geldempfang oder zum Empfang der im Verfahren etwa zurückzuzahlenden Kosten ermächtigt, und wenn keine Zweifel bezüglich der Gültigkeit der Vollmacht bestehen, oder

2. wenn es sich bei dem Bevollmächtigten um einen Rechtsanwalt, Notar oder Rechtsbeistand handelt und dieser rechtzeitig vor Anordnung der Rückzahlung schriftlich erklärt, dass er die Kosten aus eigenen Mitteln bezahlt hat.

(6) Im Falle der Berichtigung wegen irrtümlichen Ansatzes muss aus der Kostenrechnung und aus der Kassenanordnung hervorgehen, inwiefern der ursprüngliche Ansatz unrichtig war.

(7) Hat die Dienstaufsichtsbehörde oder der Kostenprüfungsbeamte (§ 35) die Berichtigung angeordnet, ist dies zu vermerken.

(8) Im Falle des Kostenerlasses ist die den Kostenerlass anordnende Verfügung zu bezeichnen.

(9) Beruht die Berichtigung oder Änderung auf einer mit Beschwerde anfechtbaren gerichtlichen Entscheidung, ist anzugeben, dass die Entscheidung dem zur Vertretung der Staatskasse zuständigen Beamten vorgelegen hat.

(10) [1]Wird die Rückzahlung von Kosten veranlasst, die durch Verwendung von Gerichtskostenstemplern entrichtet oder sonst ohne Sollstellung eingezahlt sind oder deren Zahlung durch Aktenausdrucke nach § 696 Abs. 2 Satz 1 ZPO mit Gerichtskostenrechnungen nachgewiesen ist, hat ein zweiter Beamter oder Beschäftigter der Geschäftsstelle in der Kassenanordnung zu bescheinigen, dass die Beträge nach den angegebenen Zahlungsnachweisen entrichtet und die Buchungsangaben aus den Zahlungsanzeigen über die ohne Sollstellung eingezahlten Beträge richtig übernommen sind. [2]Die Anordnung der Rückzahlung ist bei oder auf dem betroffenen Zahlungsnachweis in auffälliger Weise zu vermerken; der Vermerk ist zu unterstreichen.

(11) Sind infolge der nachträglichen Änderung der Kostenrechnung nur Kleinbeträge nachzufordern, im Soll zu löschen oder zurückzuzahlen, sind die für die Behandlung solcher Beträge getroffenen besonderen Bestimmungen zu beachten.

(12) Wird eine neue Kostenrechnung aufgestellt (Absatz 1), ist in ihr die frühere Kostenrechnung zu bezeichnen; die frühere Kostenrechnung ist mit einem zu unterstreichenden Hinweis auf die neue Kostenrechnung zu versehen.

§ 30 Nachträgliche Änderung der Kostenhaftung

(1) [1]Tritt zu dem bisher in Anspruch genommenen Kostenschuldner ein neuer hinzu, der vor jenem in Anspruch zu nehmen ist (vgl. § 8), stellt der Kostenbeamte zunächst fest, ob die eingeforderten Kosten bereits entrichtet sind. [2]Nur wenn die Kosten nicht oder nicht ganz bezahlt sind und auch nicht anzunehmen ist, dass der nunmehr in Anspruch zu nehmende Kostenschuldner zahlungsunfähig sein werde, stellt er eine neue Kostenrechnung auf. [3]Er veranlasst sodann die Löschung der den bisherigen Kostenschuldner betreffenden Sollstellung und die Sollstellung (§ 25) gegenüber dem neuen Kostenschuldner.

(2) [1]Erlischt nachträglich die Haftung eines Gesamtschuldners ganz oder teilweise, berichtigt der Kostenbeamte die Kostenrechnung. [2]Er veranlasst die Löschung der gegen den bisherigen Kostenschuldner geltend gemachten Forderung und die Rückzahlung bereits bezahlter Beträge, soweit nunmehr keinerlei Haftungsgrund vorliegt. [3]Soweit ein anderer Kostenschuldner in Anspruch zu nehmen ist, veranlasst er die Kostenanforderung nach § 25.

§ 31 Einrede der Verjährung
– zu § 5 Abs. 2 GKG, § 7 Abs. 2 FamGKG, § 6 Abs. 2 GNotKG, § 5 Abs. 2 JVKostG –

[1]Ist der Anspruch auf Erstattung von Kosten verjährt, hat der Kostenbeamte die Akten dem zur Vertretung der Staatskasse zuständigen Beamten vorzulegen. [2]Soll nach dessen Auffassung die Verjährungseinrede erhoben werden, ist hierzu die Einwilligung des unmittelbar vorgesetzten Präsidenten einzuholen. [3]Von der Erhebung der Verjährungseinrede kann mit Rücksicht auf die Umstände des Falles abgesehen werden. [4]Hat der zur Vertretung der Staatskasse zuständige Beamte dem Kostenbeamten mitgeteilt, dass die Verjährungseinrede nicht erhoben werden soll, ist dies auf der zahlungsbegründenden Unterlage in den Sachakten zu vermerken.

§ 32 Durchlaufende Gelder

(1) Sind durchlaufende Gelder in der Kostenrechnung enthalten (§ 24 Abs. 7), hat der Kostenbeamte nach Eingang der Zahlungsanzeige eine Auszahlungsanordnung zu erteilen.

(2) Sofern durchlaufende Gelder durch Verwendung von Gerichtskostenstemplern entrichtet oder sonst ohne Sollstellung eingezahlt sind, gilt § 29 Abs. 10 Satz 1 entsprechend.

(3) [1]Die Anordnung der Auszahlung ist bei oder auf dem betroffenen Zahlungsnachweis oder auf der Urschrift der Kostenrechnung in auffälliger Weise zu vermerken. [2]Der Vermerk ist zu unterstreichen.

Abschnitt 4
Veränderung von Ansprüchen

§ 33 Veränderung von Ansprüchen

Für die Niederschlagung, die Stundung und den Erlass von Kosten gelten die darüber ergangenen besonderen Bestimmungen.

Abschnitt 5
Kostenprüfung

§ 34 Aufsicht über den Kostenansatz

(1) Die Vorstände der Justizbehörden überwachen im Rahmen ihrer Aufsichtspflichten die ordnungsmäßige Erledigung des Kostenansatzes durch den Kostenbeamten.

(2) Die besondere Prüfung des Kostenansatzes ist Aufgabe der Kostenprüfungsbeamten (§ 35).

(3) Die dem Rechnungshof zustehenden Befugnisse bleiben unberührt.

§ 35 Kostenprüfungsbeamte

Kostenprüfungsbeamte sind

1. der Bezirksrevisor,
2. die weiter bestellten Prüfungsbeamten.

§ 36 Berichtigung des Kostenansatzes im Verwaltungsweg

– zu § 19 Abs. 5 GKG, § 18 Abs. 3 FamGKG, § 18 Abs. 6 GNotKG –

[1]Solange eine gerichtliche Entscheidung nicht ergangen ist, sind die Vorstände der Justizbehörden und die Kostenprüfungsbeamten befugt, den Kostenansatz zu beanstanden und den Kostenbeamten zur Berichtigung des Kostenansatzes anzuweisen. [2]Der Kostenbeamte hat der Weisung Folge zu leisten; er ist nicht berechtigt, deshalb die Entscheidung des Gerichts herbeizuführen.

§ 37 Nichterhebung von Kosten

– zu § 21 GKG, § 20 FamGKG, § 21 GNotKG, § 13 JVKostG –

[1]Die Präsidenten der Gerichte und die Leiter der Staatsanwaltschaften sind für die ihrer Dienstaufsicht unterstellten Behörden zuständig, im Verwaltungsweg anzuordnen, dass in den Fällen des § 21 Abs. 1 GKG, des § 20 Abs. 1 FamGKG, des § 21 Abs. 1 GNotKG und des § 13 JVKostG Kosten nicht zu erheben sind. [2]Über Beschwerden gegen den ablehnenden Bescheid einer dieser Stellen wird im Aufsichtsweg entschieden.

§ 38 Erinnerungen und Beschwerden der Staatskasse

– zu § 66 GKG, § 57 FamGKG, § 81 GNotKG, § 22 JVKostG –

(1) Der Vertreter der Staatskasse soll Erinnerungen gegen den Kostenansatz nur dann einlegen, wenn es wegen der grundsätzlichen Bedeutung der Sache angezeigt erscheint, von einer Berichtigung im Verwaltungsweg (§ 36) abzusehen und eine gerichtliche Entscheidung herbeizuführen.

(2) [1]Alle beschwerdefähigen gerichtlichen Entscheidungen einschließlich der Wertfestsetzungen, durch die der Kostenansatz zuungunsten der Staatskasse geändert wird, hat der Kostenbeamte dem entscheidenden Gerichts dem zur Vertretung der Staatskasse zuständigen Beamten mitzuteilen. [2]Legt der Kostenbeamte eine Erinnerung des Kostenschuldners dem zur Vertretung der Staatskasse zuständigen Beamten vor (§ 28 Abs. 2), prüft dieser, ob der Kostenansatz im Verwaltungsweg zu ändern ist oder ob Anlass besteht, für die Staatskasse ebenfalls Erinnerung einzulegen. [3]Soweit der Erinnerung nicht abgeholfen wird, veranlasst er, dass die Akten unverzüglich dem Gericht vorgelegt werden.

§ 39 Besondere Prüfung des Kostenansatzes

(1) Bei jeder Justizbehörde findet in der Regel einmal im Haushaltsjahr eine unvermutete Prüfung des Kostenansatzes durch einen Kostenprüfungsbeamten (§ 35) statt.

(2) Zeit und Reihenfolge der Prüfungen bestimmt der Dienstvorgesetzte des Prüfungsbeamten, und zwar im Einvernehmen mit dem Dienstvorgesetzten der Staatsanwaltschaft, wenn die Prüfung bei einer Staatsanwaltschaft stattfinden soll.

§ 40 Aufgaben und Befugnisse des Prüfungsbeamten

(1) [1]Der Prüfungsbeamte soll sich nicht auf die schriftliche Beanstandung vorgefundener Mängel und Verstöße beschränken, sondern durch mündliche Erörterung wichtiger Fälle mit dem Kostenbeamten, durch Anregungen und Belehrungen das Prüfungsgeschäft möglichst nutzbringend gestalten und auf die Beachtung einheitlicher Grundsätze beim Kostenansatz hinwirken. [2]Nebensächlichen Dingen soll er nur nachgehen, wenn sich der Verdacht von Unregelmäßigkeiten oder fortgesetzten Nachlässigkeiten ergibt.

(2) [1]Die Einsicht sämtlicher Akten, Bücher, Register, Verzeichnisse und Rechnungsbelege ist ihm gestattet. [2]Sofern Verfahrensunterlagen mittels elektronischer Datenverarbeitung geführt werden, ist sicherzustellen, dass der Prüfungsbeamte Zugriff auf diese Daten erhält.

(3) Von den beteiligten Kostenbeamten kann er mündlich näheren Aufschluss über die Behandlung von Geschäften verlangen.

(4) Aktenstücke über schwebende Rechtsstreitigkeiten sowie in Testaments-, Grundbuch- und Registersachen hat er in der Regel an Ort und Stelle durchzusehen; sonstige Akten kann er sich an seinen Dienstsitz übersenden lassen.

§ 41 Umfang der Kostenprüfung

(1) Der Prüfungsbeamte hat besonders darauf zu achten,

1. ob die Kosten rechtzeitig, richtig und vollständig angesetzt sind und ob sie, soweit erforderlich, mit oder ohne Sollstellung (§ 25 und § 26) angefordert sind;
2. ob Gerichtskostenstempler bestimmungsgemäß verwendet sind und ob der Verbleib der Abdrucke von Gerichtskostenstemplern, falls sich nicht mehr in den Akten befinden, nachgewiesen ist;
3. ob die Auslagen ordnungsgemäß vermerkt sind;
4. ob bei Bewilligung von Prozess- oder Verfahrenskostenhilfe,
    a) die an beigeordnete Anwälte gezahlten Beträge im zulässigen Umfang von dem Zahlungspflichtigen angefordert,
    b) etwaige Ausgleichsansprüche gegen Streitgenossen geltend gemacht und
    c) die Akten dem Rechtspfleger in den Fällen des § 120 Abs. 3, des § 120 a Abs. 1 sowie des § 124 Abs. 1 Nrn. 2 bis 5 ZPO zur Entscheidung vorgelegt worden sind und ob Anlass besteht, von dem Beschwerderecht gemäß § 127 Abs. 3 ZPO Gebrauch zu machen.

(2) Soweit nicht in Absatz 1 etwas anderes bestimmt ist, erstreckt sich die Prüfung nicht auf den Ansatz und die Höhe solcher Auslagen, für deren Prüfung andere Dienststellen zuständig sind.

§ 42 Verfahren bei der Kostenprüfung

(1) [1]Der Prüfungsbeamte soll aus jeder Gattung von Angelegenheiten, in denen Kosten entstehen können, selbst eine Anzahl Akten auswählen und durchsehen, darunter auch solche, die nach ihren Aktenzeichen unmittelbar aufeinanderfolgen. [2]Bei der Auswahl sind auch die Geschäftsregister und das gemäß § 16 Abschnitt II zu führende Verzeichnis zu berücksichtigen und namentlich solche Akten zur Prüfung vorzumerken, in denen höhere Kostenbeträge in Frage kommen.

(2) Bei der Aktenprüfung ist auch darauf zu achten, dass die Sollstellungen und die ohne Sollstellung geleisteten Beträge in der vorgeschriebenen Weise nachgewiesen sind.

(3) Bei der Nachprüfung der Verwendung von Gerichtskostenstemplern ist auch eine Anzahl älterer, insbesondere weggelegter Akten durchzusehen.

(4) Bei der Prüfung der Aktenvermerke über die Auslagen (§ 41 Abs. 1 Nr. 3) ist stichprobenweise festzustellen, ob die Auslagen vorschriftsmäßig in den Sachakten vermerkt und beim Kostenansatz berücksichtigt sind.

§ 43 Beanstandungen

(1) [1]Stellt der Prüfungsbeamte Unrichtigkeiten zum Nachteil der Staatskasse oder eines Kostenschuldners fest, ordnet er die Berichtigung des Kostenansatzes an. [2]Die Anordnung unterbleibt, wenn es sich um Kleinbeträge handelt, von deren Einziehung oder Erstattung nach den darüber getroffenen Bestimmungen abgesehen werden darf.

(2) An die Stelle der Berichtigung tritt ein Vermerk in der Niederschrift (§ 44), wenn eine gerichtliche Entscheidung ergangen ist oder der Kostenansatz auf einer Anordnung der Dienstaufsichtsbehörde beruht.

(3) [1]Die Beanstandungen (Absatz 1 Satz 1) sind für jede Sache auf einem besonderen Blatt zu verzeichnen, das zu den Akten zu nehmen ist. [2]In dem Fall des Absatzes 1 Satz 2 sind sie in kürzester Form unter der Kostenrechnung zu vermerken.

(4) [1]Der Prüfungsbeamte vermerkt die Beanstandungen nach Absatz 1 außerdem in einer Nachweisung. [2]Der Kostenbeamte ergänzt die Nachweisung durch Angabe des Zuordnungsmerkmals der Kassenanordnung oder der sonst erforderlichen Vermerke über die Erledigung; sodann gibt er sie dem Prüfungsbeamten zurück. [3]Der Prüfungsbeamte stellt bei der nächsten Gelegenheit stichprobenweise fest, ob die entsprechenden Buchungen tatsächlich vorgenommen sind. [4]Die Nachweisungen verwahrt er jahrgangsweise.

(5) Stellt der Prüfungsbeamte das Fehlen von Akten fest, hat er alsbald dem Behördenvorstand Anzeige zu erstatten.

§ 44 Niederschrift über die Kostenprüfung

(1) Der Prüfungsbeamte fertigt über die Kostenprüfung eine Niederschrift, die einen Überblick über Gang und Ergebnis des Prüfungsgeschäfts ermöglichen soll.

(2) [1]Er erörtert darin diejenigen Einzelfälle, die grundsätzliche Bedeutung haben, die anderwärts abweichend beurteilt werden oder die sonst von Erheblichkeit sind (vgl. dazu § 43 Abs. 2). [2]Weiter führt er die Fälle auf, in denen ihm die Einlegung der Erinnerung (§ 38 Abs. 1) angezeigt erscheint oder die zu Maßnahmen im Dienstaufsichtsweg Anlass geben können. [3]Die Niederschriften können in geeigneten Fällen für die einzelnen geprüften Geschäftsstellen getrennt gefertigt werden.

(3) [1]Je ein Exemplar der Niederschrift leitet der Prüfungsbeamte den Dienstvorgesetzten zu, die die Prüfung angeordnet oder mitangeordnet haben (§ 39 Abs. 2). [2]Er schlägt dabei die Maßnahmen vor, die er nach seinen Feststellungen bei der Prüfung für angezeigt hält.

§ 45 Jahresberichte

(1) [1]Bis zum 1. Juni eines jeden Jahres erstattet der Prüfungsbeamte seinem Dienstvorgesetzten Bericht über das Gesamtergebnis der Kostenprüfungen im abgelaufenen Haushaltsjahr. [2]Er legt darin insbesondere die Grundsätze dar, von denen er sich bei seinen Anordnungen oder bei der Behandlung einzelner Fälle von allgemeiner Bedeutung hat leiten lassen.

(2) Soweit nicht bei allen Dienststellen Prüfungen haben vorgenommen werden können, sind die Gründe kurz anzugeben.

(3) [1]Die Präsidenten der Landgerichte (Präsidenten der Amtsgerichte) legen die Jahresberichte mit ihrer Stellungnahme dem Präsidenten des Oberlandesgerichts vor. [2]Die Präsidenten der Sozialgerichte legen die Jahresberichte mit ihrer Stellungnahme dem Präsidenten des Landessozialgerichts vor.

(4) [1]Der Präsident des Oberlandesgerichts, der Präsident des Oberverwaltungsgerichts, der Präsident des Finanzgerichts und der Präsident des Landessozialgerichts treffen nach Prüfung der Jahresberichte die für ihren Bezirk notwendigen Anordnungen und berichten über Einzelfragen von allgemeiner Bedeutung der Landesjustizverwaltung. [2]Der Präsident des Oberlandesgerichts teilt die Berichte dem Generalstaatsanwalt mit, soweit sie für diesen von Interesse sind.

Abschnitt 6
Justizverwaltungskosten

§ 46 Entscheidungen nach dem Justizverwaltungskostengesetz

– zu § 4 Abs. 2 und 3, §§ 8 und 10 JVKostG –

Die nach § 4 Abs. 2 und 3, §§ 8 und 10 JVKostG der Behörde übertragenen Entscheidungen obliegen dem Beamten, der die Sachentscheidung zu treffen hat.

§ 47 Laufender Bezug von Abdrucken aus dem Schuldnerverzeichnis

Bei laufendem Bezug von Abdrucken aus dem Schuldnerverzeichnis ist die Absendung der noch nicht abgerechneten Abdrucke in einer Liste unter Angabe des Absendetages, des Empfängers und der Zahl der mitgeteilten Eintragungen zu vermerken.

Abschnitt 7
Notarkosten

§ 48 Einwendungen gegen die Kostenberechnung

– zu §§ 127 bis 130 GNotKG –

(1) [1]Gibt der Kostenansatz eines Notars, dem die Kosten selbst zufließen, der Dienstaufsichtsbehörde zu Beanstandungen Anlass, fordert sie den Notar auf, den Ansatz zu berichtigen, gegebenenfalls zu viel erhobene Beträge zu erstatten oder zu wenig erhobene Beträge nachzufordern und, falls er die Beanstandungen nicht als berechtigt anerkennt, die Entscheidung des Landgerichts herbeizuführen. [2]Die Aufforderung soll unterbleiben, wenn es sich um Kleinbeträge handelt, von deren Erstattung oder Nachforderung nach den für Gerichtskosten im Verkehr mit Privatpersonen getroffenen Bestimmungen abgesehen werden darf. [3]Die Dienstaufsichtsbehörde kann es darüber hinaus dem Notar im Einzelfall gestatten, von der Nachforderung eines Betrages bis zu 25 Euro abzusehen.

(2) Hat der Kostenschuldner die Entscheidung des Landgerichts gegen den Kostenansatz beantragt, kann die Aufsichtsbehörde, wenn sie den Kostenansatz für zu niedrig hält, den Notar anweisen, sich dem Antrag mit dem Ziel der Erhöhung des Kostenansatzes anzuschließen.

(3) Entscheidungen des Landgerichts und Beschwerdeentscheidungen des Oberlandesgerichts, gegen die die Rechtsbeschwerde zulässig ist, hat der Kostenbeamte des Landgerichts mit den Akten alsbald der Dienstaufsichtsbehörde des Notars zur Prüfung vorzulegen, ob der Notar angewiesen werden soll, Beschwerde oder Rechtsbeschwerde zu erheben.

II.
Ergänzungsbestimmungen für Nordrhein-Westfalen

(vom Abdruck wurde abgesehen)

III.

Diese AV tritt am 1. April 2014 in Kraft. Gleichzeitig tritt die AV vom 1. März 1976 (5607 - I B. 3) - JMBl. NRW S. 61 -, zuletzt geändert durch AV d. JM vom 24. Juli 2009 - JMBl. NRW S. 18 -, außer Kraft.

Fundstellen:

KostVfg	Fundstelle	Zuletzt geändert durch ...
Bund	VV v. 6.3.2014 (BAnz AT 7.4.2014 B1)	VV d. v. 10.8.2015 (BAnz AT 25.8.2015 B1)
Baden-Württemberg	VV d. JM v. 11.3.2014 (Justiz S. 92)	VwV d. JuM v. 7.7.2015 (Justiz S. 205)
Bayern	Bek. d. BayStM d. J. v. 26.3.2014 (JMBl. S. 46)	Bek. d. StM d. J. v. 22.7.2015 (JMBl. S. 93)
Berlin	AV d. JB v. 26.3.2014 (ABl. S. 719)	AV d. JB v. 7.8.2015 (ABl. S. 1792)
Brandenburg	AV d. MJ v. 6.3.2014 (JMBl. S. 24)	AV d. MJ v. 29.6.2015 (JMBl. S. 59)
Hamburg	AV d. JB v. 25.2.2014 (HmbJVBl. S. 52)	AV d. JB v. 1.7.2015 (HmbJVBl. S. 55)
Hessen	RdErl. d. HMdJ v. 16.4.2014 (JMBl. S. 229)	RdErl. d. HMdJ v. 7.7.2015 (JMBl. S. 222)
Mecklenburg-Vorpommern	VV d. JM v. 17.3.2014 (AmtsBl. M-V S. 427)	VV d. JM v. 23.7.2015 (AmtsBl. M-V S. 494)
Niedersachsen	AV d. MJ v. 19.2.2014 (NdsRpfl S. 77)	AV d. MJ v. 11.6.2015 (NdsRpfl S. 195)
Nordrhein-Westfalen	AV d. JM v. 24.2.2014 (JMBl. NRW S. 64)	AV d. JM v. 28.9.2015 (5607 - Z. 3) (JMBl. NRW S. 356)
Rheinland-Pfalz	VV d. MJ v. 5.3.2014 (JBl. S. 31)	VV d. MJV v. 20.7.2015 (JBl. S. 67)
Saarland	AV d. MdJ v. 5.3.2014	AV d. MdJ v. 24.6.2015
Sachsen	VwV d. StM d. J. v. 26.5.2014 (SächsJMBl. S. 42)	VwV d. StM d. J. v. 26.10.2015 (SächsJBl. S. 158)
Sachsen-Anhalt	AV d. MJ v. 14.4.2014 (JMBl. LSA S. 79)	AV d. MJ v. 25.6.2015 (JMBl. LSA S. 65)
Schleswig-Holstein	AV d. MJKE v. 26.2.2014 (SchlHA S. 93)	AV d. MJKE v. 23.6.2015 (SchlHA S. 265)
Thüringen	VV d. JM v. 26.3.2014 (JMBl. S. 76)	VV d. MMJV v. 13.8.2015 (JMBl. S. 43)

2. Weitere Verwaltungsvorschriften (Übersichten)

a) Bund

Regelungsbereich	Fundstelle	Zuletzt geändert durch ...
Kostenansatz (allgemein)		
Kostenverfügung (KostVfg) (VV v. 6.3.2014)	BAnz AT 7.4.2014 B1	VV d. v. 10.8.2015 (BAnz AT 25.8.2015 B1)
Einforderung und Beitreibung		
Einforderungs- und Beitreibungsanordnung (EBAO) (VV d. v. 1.8.2011)	BAnz 2011 Beilage 2011, Nr. 112 a	
Straf- und Ordnungswidrigkeitensachen, Haftkosten		
Vereinbarung des Bundes und der Länder über die Kosten in Einlieferungssachen (VV v. 22.7.1993)	BAnz S. 6658	
Zeugen, Sachverständige, Reisekosten		
Verwaltungsvorschrift über die Gewährung von Reiseentschädigungen (VwV Reiseentschädigung) v. 11.9.2006	BAnz S. 6601	VV v. 20.1.2014 (BAnz AT 29.1.2014 B1)
Rechtsanwaltsvergütung		
Verwaltungsvorschrift der aus der Staatskasse zu gewährenden Vergütung (VwV Vergütungsfestsetzung) v. 19.7.2005	BAnz S. 11997	VV d. v. 11.4.2014 (BAnz AT 28.4.2014 B1)

b) Baden-Württemberg

Regelungsbereich	Fundstelle	Zuletzt geändert durch ...
Kostenansatz (allgemein)		
Kostenverfügung (KostVfg) (VV d. JM v. 11.3.2014)	Justiz S. 92	VwV d. JuM v. 7.7.2015 (Justiz S. 205)
Beschleunigung der Festsetzung und Anweisung von Vergütungen, Entschädigungen und Auslagen in Rechtssachen sowie des Kostenansatzes (AV d. JuM v. 14.7.1997)	Justiz S. 371	VwV d. JuM v. 3.9.2004 (Justiz S. 373)
Vereinbarung über den Ausgleich von Kosten (VwV d. JuM v. 10.7.2001)	Justiz S. 372	VwV d. JuM v. 13.1.2010 (Justiz S. 89)
Ansatz und Einziehung der Gerichts- und Justizverwaltungskosten in der Arbeitsgerichtsbarkeit (VwV d. JuM v. 2.3.2004)	Justiz S. 184	
Prozess- und Verfahrenskostenhilfe		
Durchführungsbestimmungen zur Prozess- und Verfahrenskostenhilfe sowie zur Stundung der Kosten des Insolvenzverfahrens (DB-PKH) (VwV d. JuM v. 5.2.2007)	Justiz S. 155	VwV d. JuM v. 11.1.2016 (Justiz S. 49)
Baden-Württembergische Ergänzungsvorschriften zu den Durchführungsbestimmungen zur Prozess- und Verfahrenskostenhilfe sowie zur Stundung der Kosten des Insolvenzverfahrens (ErgDB-PKH) (VwV d. JuM v. 2.10.2007)	Justiz S. 346	VwV d. JuM v. 11.1.2016 (Justiz S. 51)
Sofortige Beschwerde der Staatskasse gegen die Bewilligung der Prozesskostenhilfe (VwV d. JuM v. 9.8.2004)	Justiz S. 353	VwV d. JuM v. 2.7.2009 (Justiz S. 213)

NK-GK/*H. Schneider*

Regelungsbereich	Fundstelle	Zuletzt geändert durch …
Gerichtskostenstempler		
Dienstanweisung für den Einsatz von Gebührenstemplern in der Justiz (VwV d. JuM v. 1.10.2001)	Justiz S. 474	
VwV d. JuM über die Verwendung von Gerichtskostenstemplern v. 4.10.2010	Justiz S. 357	
Vereinbarung über die freizügige Verwendung von Abdrucken von Gerichtskostenstemplern (Bek. d. JuM v. 13.3.2012)	Justiz S. 242	
Stundung, Erlass, Befreiung		
VwV d. JuM über den Erlass von Gerichtskosten und anderen Justizverwaltungsabgaben (VwV Kostenerlass) v. 9.1.2014	Justiz S. 45	
Einforderung und Beitreibung		
Einforderungs- und Beitreibungsanordnung (EBAO) (VwV d. JuM v. 6.7.2011)	Justiz S. 233	
Straf- und Ordnungswidrigkeitensachen, Haftkosten		
VwV d. IM über die Auslagen der Polizei in Straf- und Bußgeldverfahren (VwV Auslagen) (Bek. d. JuM v. 30.11.2011)	GABl. 2011, S. 559 ber. GABl. 2013, S. 415	
VwV d. JM u. IM zur Regelung der Kostentragung zwischen Staatsanwaltschaft und Polizei im Ermittlungsverfahren (VwV d. JM u. IM v. 19.12.2013)	Justiz 2014, S. 22	
Festsetzung der notwendigen Auslagen des Beschuldigten (Nr. 145 RiStBV) (VwV d. JuM v. 10.8.2001)	Justiz S. 399	
Ansatz und Einziehung der Kosten des Strafverfahrens bei Verurteilung zu Freiheitsstrafen (VwV d. JuM v. 18.6.2002)	Justiz S. 402	
Kosten der Vollstreckung von Freiheitsstrafen, Kosten der Sicherungsverwahrung; Kosten der Untersuchungshaft oder einer sonstigen Haft (VwV-Haftkosten) (VwV d. JuM v. 16.12.2003)	Justiz 2004, S. 116	
Zeugen, Sachverständige, Reisekosten		
VvW d. JuM über die Gewährung von Reiseentschädigungen (VwV Reiseentschädigung) v. 22.1.2014	Justiz S. 50	
Durchführung des gerichtsärztlichen Dienstes durch die Gesundheitsämter (Bek d. JuM v. 21.1.2008)	Justiz S. 66	
Rechtsanwaltsvergütung		
VwV d. JuM über die Festsetzung der aus der Staatskasse zu gewährenden Vergütung der Rechtsanwältinnen, Rechtsanwälte, Patentanwältinnen, Patentanwälte, Rechtsbeistände, Steuerberaterinnen und Steuerberater (VwV Vergütungsfestsetzung) v. 27.6.2005	Justiz S. 322	VwV d. JuM v. 16.12.2014 (Justiz 2015, S. 23)
Notare		
VwV d. JM über Geldstellen, Kosteneinzug und Haushaltswesen der Notariate v. 30.10.2015	Justiz 2016, S. 1	

Regelungsbereich	Fundstelle	Zuletzt geändert durch …
Gerichtsvollzieher		
Durchführungsbestimmungen zum Gerichtsvollzieherkostengesetz (DB-GvKostG) (AV d. JuM v. 23.5.2001)	Justiz S. 237	VwV d. JuM v. 30.11.2015 (Justiz 2016, S. 30)
VwV d. JuM über die Vergütung im Gerichtsvollzieherdienst (VwV Vergütung) v. 20.12.2010	Justiz 2011, S. 23	

c) Bayern

Regelungsbereich	Fundstelle	Zuletzt geändert durch …
Kostenansatz (allgemein)		
Kostenverfügung (Bek. d. BayStM d. J v. 26.3.2014)	JMBl. S. 46	Bek. d. StM d. J. v. 22.7.2015 (JMBl. S. 93)
Behandlung von kleinen Kostenbeträgen im Geschäftsbereich des Bayerischen Staatsministeriums der Justiz (Bek. d. StM d. J v. 5.12.1985)	JMBl. 1986, S. 6	Bek. d. StM d. J v. 1.6.2005 (JMBl. S. 57)
Beschleunigung der Festsetzung und Anordnung der Auszahlung (Anweisung) von Vergütungen, Entschädigungen und Auslagen in Rechtssachen sowie des Kostenansatzes (BeschlFAKoBest) (Bek. d. StM d. J v. 25.2.2005)	JMBl. S. 26	
Vereinbarung des Bundes und der Länder über den Ausgleich von Kosten in Verfahren vor den Gerichten (Bek. d. StM d. J v. 11.7.2001)	JMBl. S. 125	Bek. d. StM d. J. v. 8.1.2010 (JMBl. S. 5)
Prozess- und Verfahrenskostenhilfe		
Durchführungsbestimmungen zur Prozess- und Verfahrenskostenhilfe sowie zur Stundung der Kosten des Insolvenzverfahrens (DB-PKH) (Bek. d. StM d. J v. 16.11.2001)	JMBl. 2002, S. 10	Bek. d. StM d. J v. 9.11.2015 (JMBl. S. 111)
Gerichtskostenstempler		
Bestimmungen über die Verwendung von Gerichtskostenstemplern (GK-Stempler-Best) (Bek. d. StM d. J v. 23.1.1997)	JMBl. S. 17	Bek. d. StM d. J v. 22.9.2003 (JMBl. S. 198)
Vereinbarung über die freizügige Verwendung von Abdrucken von Gerichtskostenstemplern (Bek. d. StM d. J v. 29.6.2012)	JMBl. S. 58	
Stundung, Erlass, Befreiung		
Erlaß von Gerichtskosten und anderen Justizverwaltungsabgaben (Bek. d. StM d. J v. 22.9.1998)	JMBl. S. 199	Bek. d. StM d. J v. 14.8.2008 (JMBl. S. 146)
Einforderung und Beitreibung		
Einforderungs- und Beitreibungsanordnung (EBAO) (Bek. d. StM d. J v. 25.7.2011)	JMBl. S. 82	
Ergänzende Bestimmungen zur Einforderungs- und Beitreibungsanordnung (ErgEBAO) (Bek. d. StM d. J v. 22.6.2006)	JMBl. S. 94	
Straf- und Ordnungswidrigkeitensachen, Haftkosten		
Vereinbarung des Bundes und der Länder über den Kostenausgleich in Staatsschutz-Strafsachen (Bek. d. StM d. J v. 26.1.1978)	JMBl. S. 20	Bek. d. StM d. J v. 16.7.2014 (JMBl. S. 130)

NK-GK/*H. Schneider*

Regelungsbereich	Fundstelle	Zuletzt geändert durch …
Vereinbarung des Bundes und der Länder über die Kosten in Einliefe-rungssachen (Bek. d. StM d. J. v. 26.7.1993)	JMBl. S. 114	
Zeugen, Sachverständige, Reisekosten		
Gewährung von Reiseentschädigungen (Bek. d. StM d. J v. 14.6.2006)	JMBl. S. 90	Bek. d. StM d. J v. 7.1.2014 (JMBl. S. 22)
Sachverständigentätigkeit von Fachbehörden der Wasserwirtschaft und ihrer Beamten und Angestellten in gerichtlichen Verfahren, Ordnungs-widrigkeitenverfahren und staatsanwaltschaftlichen Ermittlungsverfahren (Bek. d. StI v. 4.4.1990)	AllMBl. S. 394 (JMBl. S. 59)	
Rechtsanwaltsvergütung		
Festsetzung der aus der Staatskasse zu gewährenden Vergütung der Rechtsanwälte (Vergütungsfestsetzungsbekanntmachung – VergRAFBek) (Bek. d. StM d. J v. 4.11.2005)	JMBl. S. 149	Bek. d. StM d. J v. 22.4.2014 (JMBl. S. 60)
Gerichtsvollzieher		
Durchführungsbestimmungen zum Gerichtsvollzieherkostengesetz (DB-GvKostG) (Bek. d. StM d. J v. 5.6.2001)	JMBl. S. 110	Bek. d. StM d. J v. 20.12.2013 (JMBl. 2014, S. 8)

d) Berlin

Regelungsbereich	Fundstelle	Zuletzt geändert durch …
Kostenansatz (allgemein)		
Kostenverfügung (AV d. JB v. 26.3.2014)	ABl. S. 719	AV d. JB v. 7.8.2015 (ABl. S. 1792)
Für die Gerichte der Arbeitsgerichtsbarkeit: Die vorgenannte AV d. JB v. 26.3.2014 ist einschließlich der Ergänzungs-bestimmungen für die Gerichte der Arbeitsgerichtsbarkeit für anwendbar erklärt durch AV d. JB v. 2.5.2014.	ABl. S. 890	
Prozess- und Verfahrenskostenhilfe		
Durchführungsbestimmungen zur Prozess- und Verfahrenskostenhilfe (DB-PKH) (AV d. JB v. 10.11.2015)	ABl. S. 2563	
Gerichtskostenstempler		
AV über die Verwendung von Gerichtskassenstemplern bei den Gerichts-zahlstellen des Landes Berlin (AV d. JB v. 7.12.2004)	ABl. S. 4844	
Gemeinsame Allgemeine Verfügung über Zulassung und Verwendung von Gerichtskostenstemplern (GKStAllV) (AV d. JB v. 17.9.2008)	ABl. S. 2304	ber. v. 10.11.2008 (ABl. S. 2618)
Vereinbarung über die freizügige Verwendung von Abdrucken von Gerichtskostenstemplern (Bek. d. JB v. 27.3.2012)	ABl. S. 538	
Stundung, Erlass, Befreiung		
Ausführungsvorschriften zum Gesetz über Gebührenbefreiung, Stundung und Erlass von Kosten im Bereich der Gerichtsbarkeiten (AV d. JB v. 14.3.2013)	ABl. S. 459	

Regelungsbereich	Fundstelle	Zuletzt geändert durch ...
Für die Arbeitsgerichte: Ausführungsvorschriften zum Gesetz über Gebührenbefreiung, Stundung und Erlass von Kosten im Bereich der Gerichtsbarkeiten (AV d. S. f. IAF v. 12.11.2013)	ABl. S. 2399	
Einforderung und Beitreibung		
Einforderungs- und Beitreibungsanordnung (EBAO) (AV d. JB v. 22.7.2011)	ABl. S. 2063	
Zeugen, Sachverständige, Reisekosten		
Allgemeine Verfügung über die Gewährung von Reiseentschädigungen (AV d. JB v. 10.1.2014)	ABl. S. 158	
Für die Arbeitsgerichte: Allgemeine Verfügung über die Gewährung von Reiseentschädigungen (AV d. S. f. AIF v. 10.2.2014)	ABl. S. 418	
Ausführungsvorschriften zu § 47 StVollzG, § 60 JStVollzG Bln und § 25 UVollzG Bln (Regelung über die Zeugenentschädigung für Gefangene) (AV d. JB v. 10.11.2015)	ABl. S. 2572	
Rechtsanwaltsvergütung		
Allgemeine Verfügung über die Festsetzung der aus der Staatskasse zu gewährenden Vergütungen (AV Vergütungsfestsetzung) (AV d. JB v. 14.7.2014)	ABl. S. 1435	
Für die Gerichte der Arbeitsgerichtsbarkeit: Die vorgenannte AV d. JB v. 25.8.2009 ist für die Gerichte der Arbeitsgerichtsbarkeit für anwendbar erklärt durch AV d. JB v. 1.10.2014.	ABl. S. 1914	
Gerichtsvollzieher		
Durchführungsbestimmungen zum Gerichtsvollzieherkostengesetz (DB-GvKostG) (AV d. JB v. 20.12.2013)	ABl. 2014, S. 63	

e) Brandenburg

Regelungsbereich	Fundstelle	Zuletzt geändert durch ...
Kostenansatz (allgemein)		
Kostenverfügung (KostVfg) (AV d. MJ v. 6.3.2014)	JMBl. S. 24	AV d. MJ v. 29.6.2015 (JMBl. S. 59)
Behandlung von kleinen Kostenbeträgen (AV d. MJ v. 2.12.2004)	JMBl. S. 129	AV d. MJ v. 7.8.2015 (JMBl. S. 67)
Vereinbarung des Bundes und der Länder über die Änderung der Vereinbarung über den Ausgleich von Kosten in Verfahren vor den Gerichten (Bek. d. MJ v. 13.2.2010)	JMBl. S. 15	
Prozess- und Verfahrenskostenhilfe		
Durchführungsbestimmungen zur Prozess- und Verfahrenskostenhilfe sowie zur Stundung der Kosten des Insolvenzverfahrens (DB-PKH) (AV d. MJ v. 4.2.2002)	JMBl. S. 31	AV d. MJ v. 20.11.2015 (JMBl. S. 115)
Gerichtskostenstempler		
Bestimmungen über die Verwendung von Gerichtskostenstemplern (AV d. JM v. 23.5.1997)	JMBl. S. 83	AV d. MJ v. 5.11.2005 (JMBl. S. 137)

Regelungsbereich	Fundstelle	Zuletzt geändert durch …
Vereinbarung über die freizügige Verwendung von Abdrucken von Gerichtskostenstemplern (AV d. MJ v. 20.7.2012)	JMBl. S. 66	
Stundung, Erlass, Befreiung		
Ausführungsvorschriften zum Erlaß von Kosten nach § 8 des Brandenburgischen Justizkostengesetzes (Gem. AV d. MJ u. d. MASGuF v. 5.8.1997)	JMBl. S. 115	AV d. MJ v. 15.9.2009 (JMBl. S. 135)
Einforderung und Beitreibung		
Einforderungs- und Beitreibungsanordnung (EBAO) (AV d. MJ v. 12.8.2011)	JMBl. S. 104	
Straf- und Ordnungswidrigkeitensachen		
Kostenausgleich in Staatsschutz-Strafsachen (AV d. MJ v. 27.6.2001)	JMBl. S. 162	AV d. MJ v. 16.9.2003 (JMBl. S. 90)
Zeugen, Sachverständige, Reisekosten		
Verwaltungsvorschrift über die Gewährung von Reiseentschädigungen (AV d. MJ v. 23.5.2006)	JMBl. S. 73	AV d. MJ v. 7.1.2014 (JMBl. S. 5)
Rechtsanwaltsvergütung		
Verwaltungsvorschrift über die Festsetzung der aus der Staatskasse zu gewährenden Vergütung (VwV Vergütungsfestsetzung) (AV d. MJ v. 1.8.2005)	JMBl. S. 103	AV d. MJ v. 3.4.2014 (JMBl. S. 45)
Gerichtsvollzieher		
Durchführungsbestimmungen zum Gerichtsvollzieherkostengesetz (DB-GvKostG) (AV d. MJ v. 27.7.2001)	JMBl. S. 175	AV d. MJ v. 7.1.2014 (JMBl. S. 6)

f) Bremen

Regelungsbereich	Fundstelle	Zuletzt geändert durch …
Einforderung und Beitreibung		
Einforderungs- und Beitreibungsanordnung (EBAO) (AV d. JB v. 18.7.2011)	Brem. ABl. S. 1051	

g) Hamburg

Regelungsbereich	Fundstelle	Zuletzt geändert durch …
Kostenansatz (allgemein)		
Kostenverfügung (KostVfg) (AV d. JB v. 25.2.2014)	HmbJVBl. S. 52	AV d. JB v. 1.7.2015 (HmbJVBl. S. 55)
Beschleunigung der Festsetzung und Anweisung von Vergütungen, Entschädigungen und Auslagen in Rechtssachen sowie des Kostenansatzes (AV d. JB v. 23.9.1987)	HmbJVBl. S. 73	AV d. JB v. 3.8.2004 (HmbJVBl. S. 51)
Behandlung von kleinen Kostenbeträgen (AV d. JB v. 22.8.1991)	HmbJVBl. S. 65	AV d. JB v. 27.11.2001 (HmbJVBl. S. 128)
Vereinbarung über den Ausgleich von Kosten (AV d. JB v. 5.9.2001)	HmbJVBl. S. 107	AV d. JB v. 14.1.2010 (HmbJVBl. S. 5)

Regelungsbereich	Fundstelle	Zuletzt geändert durch ...
Prozess- und Verfahrenskostenhilfe		
Durchführungsbestimmungen zur Prozess- und Verfahrenskostenhilfe sowie zur Stundung der Kosten des Insolvenzverfahrens (DB-PKH) (AV d. JB v. 22.2.2016)	HmbJVBl. S. 52	
Gerichtskostenstempler		
Verwendung von Freistempelmaschinen zur Entrichtung von Gerichtskosten (AV d. JB v. 14.8.2013)	HmbJVBl. S. 94	
Vereinbarung über die freizügige Verwendung von Abdrucken von Gerichtskostenstemplern (AV d. JB v. 4.4.2012)	HmbJVBl. S. 25	
Einforderung und Beitreibung		
Einforderungs- und Beitreibungsanordnung (EBAO) (AV d. JB v. 25.7.2011)	HmbJVBl. S. 90	
Straf- und Ordnungswidrigkeitensachen, Haftkosten		
Haftkostenbeitrag Kosten der Vollstreckung von Freiheitsstrafen und von Maßregeln der Besserung und Sicherung (Haftkosten) Kosten der Untersuchungshaft und sonstiger Haft (AV d. JB v. 3.1.1989)	HmbJVBl. S. 19	AV d. JB v. 3.1.2000 (HmbJVBl. S. 1)
Anordnung über den Kostenausgleich in Staatsschutz-Strafsachen (AV d. JB v. 24.4.2002)	HmbJVBl. S. 31	AV d. JB v. 8.12.2010 (HmbJVBl. 2011, S. 12)
Haftkostenbeitrag (zu § 51 HmbStVollzG) (AV d. JB v. 19.12.2007)	HmbJVBl. 2008, S. 6	
Zeugen, Sachverständige, Reisekosten		
Gewährung von Reiseentschädigungen (AV d. JB v. 26.6.2006)	HmbJVBl. S. 71	AV d. JV v. 6.1.2014 (HmbJVBl. S. 49)
Anordnung über den Abschluss von Vereinbarungen mit Sachverständigen, Dolmetschern und Übersetzern (AV d. JB v. 6.12.2004)	HmbJVBl. S. 95	
Anordnung über den Abschluss von Vereinbarungen mit Sachverständigen, Dolmetschern und Übersetzern für Behörden der Freien und Hansestadt Hamburg (AV d. JB v. 12.11.2007)	HmbJVBl. S. 133	
Rechtsanwaltsvergütung		
Festsetzung der aus der Staatskasse zu gewährenden Vergütung (AV d. JB v. 29.6.2005)	HmbJVBl. S. 60	AV d. JB v. 8.4.2014 (HmbJVBl. S. 59)
Gerichtsvollzieher		
Durchführungsbestimmungen zum Gerichtsvollzieherkostengesetz (DB-GvKostG) (AV d. JB v. 30.5.2001)	HmbJVBl. S. 67	AV d. JB v. 23.12.2013 (HmbJVBl. 2014, S. 7)
Hamburgische Ergänzungsbestimmungen zu den Durchführungsbestimmungen zum Gerichtsvollzieherkostengesetz (Hmb-DB-GvKostG) (AV d. JB v. 17.10.2006)	HmbJVBl. S. 105	AV d. JB v. 19.7.2010 (HmbJVBl. S. 30, ber. S. 36, 71)

h) Hessen

Regelungsbereich	Fundstelle	Zuletzt geändert durch ...
Kostenansatz (allgemein)		
Kostenverfügung (KostVfg) und Zusatzbestimmungen zur Kostenverfügung (RdErl. d. HMdJ v. 16.4.2014)	JMBl. S. 229	RdErl. d. HMdJ v. 7.7.2015 (JMBl. S. 222)
Zusatzbestimmungen zur Kostenverfügung (RdErl. d. HMdJ v. 2.6.2015)	JMBl. S. 182	
Behandlung von kleinen Kostenbeträgen (RdErl. d. MdJ v. 21.4.2006)	JMBl. S. 285	
Bestimmungen über die Einziehung von Kosten sowie von Geldbeträgen nach § 1 Abs. 1 der Einforderungs- und Beitreibungsanordnung im Bereich der Justizverwaltung (Kosteneinziehungsbestimmungen – KEBest.) (RdErl. d. HMdJIE v. 22.7.2013)	JMBl. S. 586	
Vereinbarung über den Ausgleich von Kosten (Bek. d. MdJ v. 18.7.2001)	JMBl. S. 506	
Prozess- und Verfahrenskostenhilfe		
Durchführungsbestimmungen zur Prozess- und Verfahrenskostenhilfe sowie zur Stundung der Kosten des Insolvenzverfahrens (DB-PKH) (RdErl. d. MdJ v. 23.11.2015)	JMBl. S. 555	
Gerichtskostenstempler		
Bestimmungen über die Verwendung von Gerichtskostenstemplern (RdErl. d. MdJ v. 22.9.2015)	JMBl. S. 302	
Vereinbarung über die freizügige Verwendung von Gerichtskostenmarken und Abdrucken von Gerichtskostenstemplern (Bek. d. MdJ v. 19.4.2005)	JMBl. S. 265	
Stundung, Erlass, Befreiung		
Stundung, Erlass, Erstattung und Anrechnung von Gerichtskosten und der in § 1 Abs. 1 Nr. 5 bis 9 JBeitrO genannten Ansprüche (RdErl. d. HMdJ v. 9.1.2015)	JMBl. S. 39	
Einforderung und Beitreibung		
Einforderungs- und Beitreibungsanordnung (EBAO) (RdErl. d. MdJIE v. 8.9.2011)	JMBl. S. 469	
Straf- und Ordnungswidrigkeitensachen, Haftkosten		
Einziehung von Haft- und Unterbringungskosten; Mitteilungspflicht der Justizvollzugsanstalten (RdErl. d. MdJuE v. 12.2.1998)	JMBl. S. 260	
Vereinbarung des Bundes und der Länder über den Kostenausgleich in Staatsschutz-Strafsachen (Zusatzbestimmungen) (RdErl. d. MdJ v. 15.11.2005)		Bek. d. MdJ v. 3.9.2008 (JMBl. S. 364)
Zeugen, Sachverständige, Reisekosten		
Gewährung von Reiseentschädigungen (RdErl. d. MdJIE v. 23.12.2011)	JMBl. S. 37	RdErl. d. HMdJ v. 8.4.2014 (JMBl. S. 228)
Entschädigung von Behörden und Behördenbediensteten bei gerichtlicher Sachverständigentätigkeit (RdErl. d. MdIS v. 17.12.2015)	StAnz. 2016, S. 2	

Regelungsbereich	Fundstelle	Zuletzt geändert durch ...
Rechtsanwaltsvergütung		
Festsetzung der aus der Staatskasse zu gewährenden (RdErl. d. MdJIE v. 23.12.2011) Neuinkraftsetzung unter Aufhebung von Abschnitt II durch RdErl. d. HMdJ v. 3.6.2016 (JMBl. S. 237)	JMBl. 2012, S. 29	RdErl. d. MdJ v. 14.7.2014 (JMBl. S. 345)
Gerichtsvollzieher		
Durchführungsbestimmungen zum Gerichtsvollzieherkostengesetz (DB-GvKostG) (RdErl. d. MdJ v. 16.12.2014)	JMBl. 2015, S. 12	

i) Mecklenburg-Vorpommern

Regelungsbereich	Fundstelle	Zuletzt geändert durch ...
Kostenansatz (allgemein)		
Kostenverfügung (VV d. JM v. 17.3.2014)	AmtsBl. M–V S. 427	VV d. JM v. 23.7.2015 (AmtsBl. M–V S. 494)
Beschleunigung der Festsetzung und Anweisung von Vergütungen, Entschädigungen und Auslagen in Rechtssachen sowie des Kostenansatzes (AV d. JM v. 15.5.1991)	AmtsBl. M–V S. 401	AV d. JM v. 3.12.2004 (AmtsBl. M–V S. 1072)
Vereinbarung über den Ausgleich von Kosten	AmtsBl. M–V S. 892	16.2.2010 AmtsBl. M–V S. 78
Prozess- und Verfahrenskostenhilfe		
Durchführungsbestimmungen zur Prozess- und Verfahrenskostenhilfe sowie zur Stundung der Kosten des Insolvenzverfahrens (DB-PKH) (VwV d. JM v. 13.12.2001)	AmtsBl. M–V 2002, S. 14	VwV d. JM v. 16.11.2015 (AmtsBl. M–V S. 788)
Gerichtskostenstempler		
Verwendung von Gerichtskostenstemplern (GK-Stempler-Best) (VwV d. JM v. 10.12.2010)	AmtsBl. M–V S. 857	VwV d. JM v. 7.6.2012 (AmtsBl. M–V S. 522)
Stundung, Erlass, Befreiung		
Stundung und Erlass von Gerichtskosten (VwV d. JM v. 11.6.2012)	AmtsBl. M–V S. 526	
Einforderung und Beitreibung		
Einforderungs- und Beitreibungsanordnung (EBAO) (AV d. JM v. 11.7.2011)	AmtsBl. M–V S. 358	
Straf- und Ordnungswidrigkeitensachen, Haftkosten		
Regelung der Verfahrensweise bei Auslagen der Polizei in Straf- und Ordnungswidrigkeitenverfahren (VwV d. IM v. 12.6.2013)	AmtsBl. M–V S. 520	VwV d. IM v. 23.11.2015 (AmtsBl. M–V S. 803)
Regelung der Kostentragung zwischen Justiz und Polizei in Strafsachen (VwV d. JM u. IM v. 12.6.2013)	AmtsBl. M–V S. 518	VwV d. JM u. IM v. 23.11.2015 (AmtsBl. M–V S. 802)
Vereinbarung des Bundes und der Länder über die Kosten in Einlieferungssachen (Bek. d. JM v. 26.7.1993)	AmtsBl. M–V S. 1423	
Kostenausgleich in Staatsschutz-Strafsachen (VwV d. JM v. 2.11.1998)	AmtsBl. M–V S. 1404	VwV d. JM v. 16.11.2011 (AmtsBl. M–V S. 1079 u. 1149)

Regelungsbereich	Fundstelle	Zuletzt geändert durch ...
Zeugen, Sachverständige, Reisekosten		
Gewährung von Reiseentschädigungen (VwV d. JM v. 12.6.2006)	AmtsBl. M-V S. 447	VwV d. JM v. 31.1.2014 (AmtsBl. M-V S. 66)
Rechtsanwaltsvergütung		
Festsetzung der aus der Staatskasse zu gewährenden Vergütung (VV Vergütungsfestsetzung) (VwV d. JM v. 25.8.2005)	AmtsBl. M-V S. 1039	VwV d. JM v. 13.5.2014 (AmtsBl. M-V S. 619)
Gerichtsvollzieher		
Durchführungsbestimmungen zum Gerichtsvollzieherkostengesetz (DB-GvKostG) (AV d. JM v. 21.6.2001)	AmtsBl. M-V S. 835	VwV d. JM v. 29.7.2014 (AmtsBl. M-V S. 981)

j) Niedersachsen

Regelungsbereich	Fundstelle	Zuletzt geändert durch ...
Kostenansatz (allgemein)		
Kostenverfügung (KostVfg) (AV d. MJ v. 19.2.2014)	NdsRpfl S. 77	AV d. MJ v. 11.6.2015 (NdsRpfl S. 195)
Vereinbarung über den Ausgleich von Kosten (AV d. MJ v. 27.8.2001)	NdsRpfl S. 290	AV d. MJ v. 28.1.2010 (NdsRpfl S. 49)
Prozess- und Verfahrenskostenhilfe		
Durchführungsbestimmungen zur Prozess- und Verfahrenskostenhilfe sowie zur Stundung der Kosten des Insolvenzverfahrens (DB-PKH) (AV d. MJ v. 10.7.2000)	NdsRpfl S. 223	AV d. MJ v. 28.10.2015 (NdsRpfl S. 360)
Gerichtskostenstempler		
Verwendung von Gerichtskostenstemplern (AV d. MJ v. 14.5.2012)	NdsRpfl S. 157	AV d. MJ v. 20.1.2014 (NdsRpfl S. 44)
Stundung, Erlass, Befreiung		
Stundung und Erlass von Kosten in der Gerichtsbarkeit (Gem. RdErl. d. MJ u. d. MS v. 24.11.1994) – gilt als AV d. MJ fort	NdsRpfl S. 354	AV d. MJ v. 18.2.2015 (NdsRpfl S. 113)
Einforderung und Beitreibung		
Einforderungs- und Beitreibungsanordnung (EBAO) (AV d. MJ v. 10.8.2011)	NdsRpfl S. 301	
Vollstreckung von Ansprüchen nach der Justizbeitreibungsordnung (AV d. MJ v. 23.12.2002)	NdsRpfl 2003, S. 32	AV d. MJ v. 22.12.2009 (NdsRpfl 2010, S. 49)
Straf- und Ordnungswidrigkeitensachen, Haftkosten		
Auslagen der Polizei in Straf- und Bußgeldsachen (Bek. d. MJ v. 26.11.2012)	NdsRpfl S. 370	
Polizeiliche Ermittlungskosten der Bundespolizei und der Bundeszollverwaltung (AV d. MJ v. 10.10.2011)	NdsRpfl S. 369	AV d. MJ v. 20.12.2005 (NdsRpfl 2006, S. 12)
Einziehung von Kosten des gerichtlichen Erzwingungshaftverfahrens nach dem Gesetz über Ordnungswidrigkeiten (AV d. MJ v. 12.10.2011)	NdsRpfl S. 371	
Kostenausgleich in Staatsschutz-Strafsachen (AV d. MJ v. 15.6.1977)	NdsRpfl S. 160	AV d. MJ v. 24.7.2014 (NdsRpfl S. 272)

Regelungsbereich	Fundstelle	Zuletzt geändert durch ...
Vereinbarung des Bundes und der Länder über die Kosten in Einlieferungssachen (Bek. d. MJ v. 20.12.1993)	NdsRpfl 1994, S. 14	
Zeugen, Sachverständige, Reisekosten		
Gewährung von Reiseentschädigungen (AV d. MJ v. 26.5.2006)	NdsRpfl S. 177	AV d. MJ v. 28.1.2014 (NdsRpfl S. 88)
Behandlung der Umsatzsteuer bei der Vergütung von Sachverständigen (AV d. MJ v. 3.9.2012)	NdsRpfl S. 302	
Vereinbarung über die Freifahrt von Polizeivollzugsbeamtinnen und Polizeivollzugsbeamten in Uniform in den Zügen der Deutschen Bahn AG (RdErl. d. MI v. 12.6.2003)	Nds. MBl. S. 502	
Vereinbarung über die Freifahrt von Polizeivollzugsbeamtinnen und Polizeivollzugsbeamten in den Zügen der metronom Eisenbahngesellschaft mbH (RdErl. d. MI v. 5.2.2004)	Nds. MBl. S. 228	
Rechtsanwaltsvergütung		
Festsetzung der aus der Staatskasse zu gewährenden Vergütung (AV d. MJ v. 18.7.2005)	NdsRpfl S. 244	AV d. MJ v. 2.4.2014 (NdsRpfl S. 143)
Gerichtsvollzieher		
Durchführungsbestimmungen zum Gerichtsvollzieherkostengesetz (DB-GvKostG) (AV d. MJ v. 23.5.2001)	NdsRpfl S. 175	AV d. MJ v. 18.12.2013 (NdsRpfl 2014, S. 10)

k) Nordrhein-Westfalen

Regelungsbereich	Fundstelle	Zuletzt geändert durch ...
Kostenansatz (allgemein)		
Kostenverfügung (KostVfg) (AV d. JM v. 24.2.2014)	JMBl. NRW S. 64	AV d. JM v. 28.9.2015 (JMBl. NRW S. 356)
Behandlung von kleinen Kostenbeträgen (AV d. JM v. 17.7.2000)	JMBl. NRW S. 181	AV d. JM v. 8.6.2004 (JMBl. NRW S. 159)
Beschleunigung der Festsetzung und Anweisung von Vergütungen, Entschädigungen und Auslagen in Rechtssachen sowie des Kostenansatzes (AV d. JM v. 20.3.1987)	JMBl. NRW S. 91	AV d. JM v. 8.6.2004 (JMBl. NRW S. 159)
Ansatz von Umsatzsteuerbeträgen in gerichtlichen Kostenrechnungen (RV d. JM v. 22.4.1970)	n.v. (JVV NRW)	
Nachweis gezahlter Gerichtskosten mit anderen Beweismitteln als Kostenmarken, Gerichtskostenstempelabdrucken oder Zahlungsanzeigen (RV d. JM v. 21.1.1985)	n.v. (JVV NRW)	RV d. JM v. 14.6.2002 (n.v., JVV NRW)
Vereinbarung des Bundes und der Länder über den Ausgleich von Kosten (AV d. JM v. 6.7.2001)	JMBl. NRW S. 191	AV d. JM v. 13.1.2010 (JMBl. NRW S. 51)
Zahlungen an Empfangsberechtigte im Ausland (RV d. JM v. 12.12.2001)	JMBl. NRW S. 141	
Wertermittlung in Nachlass- und Betreuungssachen (RV d. JM v. 18.9.2014)	n.v. (JVV NRW)	
Auskunft der Finanzämter über Steuer- und Nachlasswerte im Kosteninteresse (AV d. JM v. 30.6.2015)	JMBl. NRW S. 292	

Regelungsbereich	Fundstelle	Zuletzt geändert durch ...
Erteilung von Kopien oder Ausdrucken an Bevollmächtigte (AV d. JM v. 4.5.2015)	JMBl. NRW S. 181	
Prozess- und Verfahrenskostenhilfe		
Durchführungsbestimmungen zur Prozess- und Verfahrenskostenhilfe sowie zur Stundung der Kosten des Insolvenzverfahrens (DB-PKH) (AV d. JM v. 30.10.2001)	JMBl. NRW S. 271	AV d. JM v. 14.10.2015 (JMBl. NRW S. 363)
Gerichtskostenstempler und Kostenmarken		
Bestimmungen über die Verwendung von Gerichtskostenstemplern (AV d. JM v. 12.2.1997)	JMBl. NRW S. 61	AV d. JM v. 18.12.2015 (JMBl. NRW 2016, S. 3)
Bestimmungen über die Verwendung von Elektronischen Kostenmarken (EKM-B) (AV d. JM v. 21.4.2010)	JMBl. NRW S. 133	AV d. JM v. 17.4.2013 (JMBl. NRW S. 98)
Vereinbarung über die freizügige Verwendung von Abdrucken von Gerichtskostenstemplern (AV d. JM v. 16.3.2012)	JMBl. NRW S. 69	
Stundung, Erlass, Befreiung		
Stundung, Niederschlagung und Erlass von Kosten im Bereich der Justiz (RV d. JM v. 2.12.2014)	n.v. (JVV NRW)	
Erteilung von Urteilskopien oder Urteilsausdrucken an die Rechtsanwaltskammern in Gebührenprozessen (AV d. JM v. 3.2.2014)	JMBl. NRW S. 44	AV d. JM v. 15.5.2015 (JMBl. NRW S. 192)
Verzicht auf die Erhebung der Aktenversendungspauschale bei Aktenversendung an die Ärztekammern, die Notar- und Rechtsanwaltskammern in Nordrhein-Westfalen (RV d. JM v. 3.2.2014)	n.v. (JVV NRW)	
Kostenvergünstigungen für Hochschulen (Universitäten und Fachhochschulen) und Universitätskliniken (RV d. JM v. 30.3.1987)	n.v. (JVV NRW)	RV d. JM v. 14.11.2013 (n.v., JVV NRW)
Gebührenbefreiung nach § 122 Abs. 2 Justizgesetz Nordrhein-Westfalen (AV d. JM v. 4.12.2014)	JMBl. NRW S. 325	
Einforderung und Beitreibung		
Einforderungs- und Beitreibungsanordnung (EBAO) (AV d. JM v. 1.8.2011)	JMBl. NRW S. 154	
Straf- und Ordnungswidrigkeitensachen, Haftkosten		
Auslagenerstattung zwischen Justiz und Polizei in Strafsachen (Gem. RdErl. d. JM u. d. IM v. 28.1.2000)	JMBl. NRW S. 166	RV d. JM v. 9.7.2004 (JMBl. NRW S. 192)
Behandlung von Auslagen der Polizei in Straf- und Ordnungswidrigkeitenverfahren (RdErl. d. IM v. 24.6.1977)		RdErl. d. IM v. 18.8.2004 (JMBl. NRW S. 817)
Polizeiliche Ermittlungskosten der Bundespolizei (AV d. JM v. 11.5.1999)	JMBl. NRW S. 129	AV d. JM v. 23.3.2006 (JMBl. NRW S. 86)
Ansatz und Einziehung der Kosten des Strafverfahrens bei Verurteilung zu Freiheitsstrafen RV d. JM v. 14.4.2009	n.v. (JVV NRW)	RV d. JM v. 25.1.2016 n.v. (JVV NRW)
Behandlung der für unmittelbar geladene Personen eingezahlten Entschädigungen (RV d. JM v. 29.8.1980)	n.v. (JVV NRW)	

Regelungsbereich	Fundstelle	Zuletzt geändert durch ...
Kostenausgleich in Staatsschutz-Strafsachen (AV d. JM v. 13.10.1994)	JMBl. NRW S. 255	AV d. JM v. 29.9.2014 (JMBl. NRW S. 289)
Zeugen, Sachverständige, Reisekosten		
Gewährung von Reiseentschädigungen (AV d. JM v. 26.5.2006)	JMBl. NRW S. 145	AV d. JM v. 30.12.2013 (JMBl. NRW 2014, S. 14)
Entschädigung von Zeuginnen, Zeugen und Dritten sowie Vergütung von Sachverständigen, Dolmetscherinnen, Dolmetschern, Übersetzerinnen und Übersetzern Genehmigung der Benutzung bestimmter Verkehrsmittel (RV d. JM v. 15.6.2004)	n.v. (JVV NRW)	
Gewährung von Reiseentschädigungen an mittellose Personen und Vorschusszahlungen an Zeuginnen, Zeugen und Sachverständige, Dolmetscherinnen, Dolmetscher, Übersetzerinnen und Übersetzer, ehrenamtliche Richterinnen, ehrenamtliche Richter und Dritte Beschaffung von Flugscheinen (RV d. JM v. 11.11.2004)	n.v. (JVV NRW)	RV d. JM v. 3.7.2006 (n.v., JVV NRW)
Zeugenentschädigung für Angehörige des öffentlichen Dienstes (RV d. JM v. 16.7.2004)	n.v. (JVV NRW)	RV d. JM v. 24.11.2006 (n.v., JVV NRW)
Feststellung des Auszahlungsbelegs bei der Vergütung von Sachverständigen, Dolmetscherinnen, Dolmetschern, Übersetzerinnen und Übersetzern (RV d. JM v. 21.1.2005)	n.v. (JVV NRW)	
Entschädigung von Aufwand nach dem Justizvergütungs- und -entschädigungsgesetz (JVEG); hier: Übernachtungsgeld (RV d. JM v. 2.2.2006)	n.v. (JVV NRW)	
Rechtsanwaltsvergütung		
Festsetzung der aus der Staatskasse zu gewährenden Vergütung (AV d. JM v. 30.6.2005)	JMBl. NRW S. 181	AV d. JM v. 1.4.2014 (JMBl. NRW S. 139)
Anträge auf Feststellung von Pauschgebühren gemäß §§ 42, 51 RVG (RV d. JM v. 12.5.2005)	n.v. (JVV NRW)	
Gerichtsvollzieher		
Durchführungsbestimmungen zum Gerichtsvollzieherkostengesetz (DB-GvKostG) (AV d. JM v. 25.5.2001)	JMBl. NRW S. 149	AV d. JM v. 20.12.2013 (JMBl. NRW 2014, S. 12)

l) Rheinland-Pfalz

Regelungsbereich	Fundstelle	Zuletzt geändert durch ...
Kostenansatz (allgemein)		
Kostenverfügung (KostVfg) (VV d. MJ v. 5.3.2014)	JBl. S. 31	VV d. MJV v. 20.7.2015 (JBl. S. 67)
Geltendmachung der auf das Land als Kostengläubiger gemäß § 118 des Zwangsversteigerungsgesetzes (ZVG) übertragenen Forderungen (VV d. MJ v. 12.8.1991) Geltungsdauer verlängert durch VV d. MJV v. 21.11.2014 (JBl. S. 117)	JBl. S. 203	JBl. 2009, 150
Vereinbarung über den Ausgleich von Kosten (RdSchr. d. MJ v. 19.7.2001)	JBl. S. 253	RdSchr. d. MJ v. 25.1.2010 (JBl. S. 12)

Regelungsbereich	Fundstelle	Zuletzt geändert durch …
Prozess- und Verfahrenskostenhilfe		
Durchführungsbestimmungen zur Prozess- und Verfahrenskostenhilfe sowie zur Stundung der Kosten des Insolvenzverfahrens (DB-PKH) (VV d. MJ v. 14.9.2011)	JBl. S. 172	VV d. MJV v. 23.11.2015 (JBl. S. 119)
Gerichtskostenstempler		
Bestimmungen über die Verwendung von Gerichtskostenstemplern (VV d. JM v. 3.11.1997)	JBl. S. 503	VV d. JM v. 11.12.2002 (JBl. 2003, S. 4)
Vereinbarung über die freizügige Verwendung von Abdrucken von Gerichtskostenstemplern (Bek. d. MJ v. 28.3.2012)	JBl. S. 143	
Einforderung und Beitreibung		
Einforderungs- und Beitreibungsordnung (EBAO) (VV d. JM v. 3.8.2011)	JBl. S. 96	
Straf- und Ordnungswidrigkeitensachen, Haftkosten		
Auslagen der Polizei in Straf- und Bußgeldverfahren (VV d. MJ u. d. MIS v. 21.7.1994) Geltungsdauer verlängert durch VV d. JM v. 3.12.2013 (JBl. S. 151)	JBl. S. 225	VV d. MJ u. MIS v. 12.7.2004 (JBl. S. 193)
Einziehung von Kosten des Strafverfahrens bei Verurteilung zu Freiheitsstrafe ohne Strafaussetzung zur Bewährung (VV d. JM v. 12.10.1998) Geltungsdauer verlängert durch VV d. JM v. 3.12.2013 (JBl. S. 151)	JBl. S. 323	
Vereinbarung des Bundes und der Länder über die Kosten in Einlieferungssachen (RdSchr. d. MJ v. 28.7.1993)	JBl. S. 214	
Zeugen, Sachverständige, Reisekosten		
Gewährung von Reiseentschädigungen (VV d. MJ v. 9.5.2006)	JBl. S. 91	VV d. JM v. 23.1.2014 (JBl. S. 8)
Verwaltungsvorschrift über die gerichtliche Sachverständigentätigkeit von Behördenangehörigen (VV d. MIS v. 22.1.1981)	MinBl. RP S. 104	
Vollzug des Justizvergütungs- und -entschädigungsgesetzes (JVEG) betreffend die Entschädigung von ehrenamtlichen Richterinnen und ehrenamtlichen Richtern (RdSchr. d. MJ v. 3.8.2004)	JBl. S. 215	
Rechtsanwaltsvergütung		
Festsetzung der aus der Staatskasse zu gewährenden Vergütung (VV d. MJ v. 5.7.2005) Geltungsdauer verlängert durch VV d. MJV v. 21.11.2014 (JBl. S. 117)	JBl. S. 169	VV d. MJ v. 14.4.2014 (JBl. S. 43)
Gerichtsvollzieher		
Durchführungsbestimmungen zum Gerichtsvollzieherkostengesetz (DB-GvKostG) (VV d. JM v. 28.6.2001)	JBl. S. 235	VV d. JM v. 8.1.2014 (JBl. S. 6)

m) Saarland

Hinweis: Der Inhalt der Vorschriften kann in der ELVIS-Datenbank, Verwaltungsvorschriften der saarländischen Landesverwaltung, im Internet abgerufen werden (http://www.vorschriften.saarland.de/verwaltung svorschriften.htmxxx).

Regelungsbereich	Fundstelle	Zuletzt geändert durch …
Kostenansatz (allgemein)		
Kostenverfügung (KostVfg) (AV d. MdJ v. 5.3.2014)		AV d. MdJ v. 24.6.2015
Beschleunigung der Festsetzung und Anweisung von Vergütungen, Entschädigungen und Auslagen in Rechtssachen sowie des Kostenansatzes (AV d. MdJ v. 20.8.1987)		
Vereinbarung des Bundes und der Länder über den Ausgleich von Kosten in Verfahren vor den Gerichten (RV d. MdJ v. 17.7.2001)		
Prozess- und Verfahrenskostenhilfe		
Durchführungsbestimmungen zur Prozess- und Verfahrenskostenhilfe sowie zur Stundung der Kosten des Insolvenzverfahrens (DB-PKH) (AV d. MdJ v. 15.11.2001)	GMBl. Saar S. 864	AV d. MdJ v. 25.11.2015
Gerichtskostenstempler		
Vereinbarung über die Verwendung von Abdrucken von Gerichtskostenstemplern (AV d. MdJ v. 27.4.2012)		
Stundung, Erlass, Befreiung		
Erlaß über die Stundung und den Erlaß von Arbeitsgerichtskosten, Justizverwaltungsabgaben und anderen bei einem saarländischen Gericht für Arbeitssachen entstandenen Ansprüchen (Erl. d. MfASuG v. 30.5.1972)		
Auslagenfreiheit in Grundbuchsachen bei landwirtschaftlichen Siedlungsverfahren (LV d. JM v. 19.2.1963)		AV d. JM v. 20.11.1997
Einforderung und Beitreibung		
Einforderungs- und Beitreibungsanordnung (EBAO) (AV d. MdJ v. 11.7.2011)		
Straf- und Ordnungswidrigkeitensachen, Haftkosten		
Erstattung von Auslagen in Straf-, Gnaden- und Rechtshilfeverfahren zwischen Justiz- und Polizeibehörden des Saarlands (AV d. MiJuGS v. 6.12.2005)		
Ansatz und Einziehung der Kosten des Strafverfahrens bei Verurteilung zu einer Freiheitsstrafe oder einer Maßregel der Besserung und Sicherung sowie der Auslagen nach Nummern 9010, 9011 des Kostenverzeichnisses zu § 11 GKG und Erhebung eines Haftkostenbeitrags (AV d. MfR v. 20.12.1976)		AV d. MdJ v. 29.11.2013
Zeugen, Sachverständige, Reisekosten		
Gewährung von Reiseentschädigungen (AV d. MiJuGS v. 14.6.2006)	Amtsbl. S. 857	AV d. MdJ v. 14.1.2014
Entschädigung von Behördengutachten und Gutachten von Behördengutachten in Rechtssachen vor den ordentlichen Gerichten und Staatsanwaltschaften (Gem. Erl. d. MJ u. MFF v. 19.9.1966)	Amtsbl. S. 761	

NK-GK/*H. Schneider*

Regelungsbereich	Fundstelle	Zuletzt geändert durch …
Rechtsanwaltsvergütung		
Verwaltungsvorschrift des Ministers der Justiz über die Festsetzung der aus der Staatskasse zu gewährenden Vergütung (VwV Vergütungsfestsetzung) (AV d. MiJuGS v. 27.6.2005)		AV d. MdJ v. 2.4.2014
Gerichtsvollzieher		
Durchführungsbestimmungen zum Gerichtsvollzieherkostengesetz (DB-GvKostG) (AV d. MdJ v. 23.5.2001)	GMBl. Saar S. 545	AV d. MdJ v. 20.12.2013 (AmtsBl. 2014, S. 32)

n) Sachsen

Regelungsbereich	Fundstelle	Zuletzt geändert durch …
Kostenansatz (allgemein)		
Verwaltungsvorschrift des Sächsischen Staatsministeriums der Justiz zur Kostenverfügung (VwV KostVfg) (VwV d. StM d. J. v. 26.5.2014)	SächsJMBl. S. 42	VwV d. StM d. J. v. 26.10.2015 (SächsJBl. S. 158)
Verwaltungsvorschrift des Sächsischen Staatsministeriums der Justiz über die Behandlung von Kleinbeträgen im Bereich der Justizverwaltung (Kleinbetragsregelung) (VwV d. StM d. J. v. 2.12.1992)	SächsJMBl. S. 27	VwV d. StM d. J. v. 19.12.2004 (SächsJBl. 2005, S. 2)
Verwaltungsvorschrift des Sächsischen Staatsministeriums der Justiz über den Ausgleich von Kosten (VwV d. StM d. J. v. 19.9.2001)	SächsJMBl. S. 130	VwV d. StM d. J. v. 30.6.2016 (SächsJMBl. S. 49)
Prozess- und Verfahrenskostenhilfe		
Verwaltungsvorschrift des Sächsischen Staatsministeriums der Justiz über die Durchführungsbestimmungen zur Prozess- und Verfahrenskostenhilfe sowie zur Stundung der Kosten des Insolvenzverfahrens (VwV DB-PKH) (VwV d. StM d. J v. 8.3.2010)	SächsJMBl. S. 40	VwV d. StM d. J. v. 3.2.2016 (SächsJMBl. S. 9)
Gerichtskostenstempler		
Verwaltungsvorschrift des Sächsischen Staatsministeriums der Justiz über die Entrichtung von Gerichtskosten und Koten durch die Verwendung von Kostenmarken, Gerichtskostenstemplern und Gebührenstemplern und über die freizügige Verwendung von Gerichtskostenmarken und Abdrucken von Gerichtskostenstemplern (VwV Entrichtung Gerichtskosten – VwVEntrGK) (Vwv d. StM d. J. v. 16.6.2005)	SächsJMBl. S. 48	
Stundung, Erlass, Befreiung		
Verwaltungsvorschrift des Sächsischen Staatsministeriums der Justiz über Stundung, Erlass und Niederschlagung von Kosten im Bereich der ordentlichen Gerichtsbarkeit, der Staatsanwaltschaften, der Verwaltungs-, Finanz-, Arbeits- und Sozialgerichtsbarkeit (VwV Stundung und Erlass) (VwV d. StM d. J. v. 2.7.2001)	SächsJMBl. S. 76	
Einforderung und Beitreibung		
Einforderungs- Beitreibungsanordnung (EBAO) (VwV d. StM d. J. v. 31.8.2011)	SächsJMBl. S. 48, 77	

Regelungsbereich	Fundstelle	Zuletzt geändert durch ...
Straf- und Ordnungswidrigkeitensachen, Haftkosten		
Verwaltungsvorschrift des Sächsischen Staatsministeriums der Justiz über die Kosten der Vollstreckung von Freiheitsstrafen sowie die Kosten der Untersuchungs- und sonstigen Haft (VwV d. StM d. J. v. 26.5.1998)	SächsJMBl. S. 78	VwV d. StM d. J. v. 21.7.2006 (SächsJMBl. S. 83)
Zeugen, Sachverständige, Reisekosten		
Verwaltungsvorschrift des Sächsischen Staatsministeriums der Justiz über die Gewährung von Reiseentschädigungen (VwV Reiseentschädigung) (VwV v. d. StM d. J. 16.5.2006)	SächsJMBl. S. 58	VwV d. StM d. J. v. 17.10.2014 (SächsJMBl. S. 93)
Verwaltungsvorschrift des Sächsischen Staatsministeriums der Justiz über die Zuständigkeit zum Abschluss von Pauschalvereinbarungen nach § 14 JVEG (VwV Pauschalvereinbarungen JVEG) (VwV d. StM d. J v. 10.9.2009)	SächsJMBl. S. 316	
Rechtsanwaltsvergütung		
Verwaltungsvorschrift des Sächsischen Staatsministeriums der Justiz und für Europa über die Festsetzung der aus der Staatskasse zu gewährenden Vergütung (VwV Vergütungsfestsetzung) (VwV d. StM d. J v. 4.12.2009)	SächsJMBl. S. 381	VwV d. StM d. J. v. 16.10.2014 (SächsJMBl. S. 92)
Gerichtsvollzieher		
Verwaltungsvorschrift des Sächsischen Staatsministeriums der Justiz zu den Durchführungsbestimmungen zum Gerichtsvollzieherkostengesetz (VwV DB-GvKostG) (VwV d. StM d. J. v. 25.9.2013)	SächsJMBl. S. 119	VwV d. StM d. J. v. 11.12.2013 (SächsJMBl. S. 327)

o) Sachsen-Anhalt

Regelungsbereich	Fundstelle	Letzte Änderung
Kostenansatz (allgemein)		
Kostenverfügung (KostVfg) (AV d. MJ v. 14.4.2014)	JMBl. LSA S. 79	AV d. MJ v. 25.6.2015 (JMBl. LSA S. 65)
Behandlung von Kleinbeträge (AV d. MJ v. 1.10.2001)	JMBl. LSA S. 315	AV d. MJ v. 10.11.2014 (JMBl. LSA S. 185)
Vereinbarung über den Ausgleich von Kosten (Bek. d. MJ v. 12.7.2001)	JMBl. LSA S. 296	Bek. d. MJ v. 13.1.2010 (JMBl. LSA S. 13)
Prozess- und Verfahrenskostenhilfe		
Durchführungsbestimmungen zur Prozess- und Verfahrenskostenhilfe sowie zur Stundung der Kosten des Insolvenzverfahrens (DB-PKH) (AV d. MJ v. 18.11.2009)	JMBl. LSA S. 307	AV d. MJ v. 2.11.2015 (JMBl. LSA S. 110)
Gerichtskostenstempler		
Bestimmungen über die Verwendung von Gerichtskostenstemplern (AV d. MJ v. 22.2.2008)	JMBl. LSA S. 306	AV d. MJ v. 28.10.2015 (JMBl. LSA S. 109)
Stundung, Erlass, Befreiung		
Stundung, Erlass und Niederschlagung von Gerichts- und Justizverwaltungskosten (AV d. MJ v. 22.8.2007)	JMBl. LSA S. 261	AV d. MJ v. 25.5.2014 (JMBl. LSA S. 115)
Einforderung und Beitreibung		
Einforderungs- und Beitreibungsanordnung (EBAO) (AV d. MJ v. 27.6.2011)	JMBl. LSA S. 107	

NK-GK/*H. Schneider*

Regelungsbereich	Fundstelle	Letzte Änderung
Straf- und Ordnungswidrigkeitensachen, Haftkosten		
Auslagen der Polizei in Straf- und Bußgeldverfahren (RdErl. d. MI v. 30.10.1995)	MBL. LSA S. 2455	RdErl. d. MI v. 21.12.2001 (MBl. LSA S. 226)
Polizeiliche Ermittlungskosten der Bundespolizei (AV d. MJ v. 22.12.2008)	JMBl. LSA 2009, S. 7	AV d. MJ v. 7.7.2014 (JMBl. LSA S. 122)
Kostenausgleich in Staatsschutz-Strafsachen (AV d. MJ v. 22.6.1995)	MBl. LSA S. 1347	AV d. MJ v. 5.5.2014 (JMBl. LSA S. 114)
Zeugen, Sachverständige, Reisekosten		
Gewährung von Reiseentschädigungen (AV d. MJ v. 17.1.2014)	JMBl. LSA S. 27	
Zeugenentschädigung für Gefangene (AV d. MJ v. 27.5.1991)	MBl. LSA S. 338	
Rechtsanwaltsvergütung		
Festsetzung der Staatskasse zu gewährenden Vergütung (Vergütungsfestsetzungs-AV) (AV d. MJ v. 22.4.2014)	JMBl. LSA S. 93	AV d. MJ v. 6.7.2015 (JMBl. LSA S. 68)
Gerichtsvollzieher		
Durchführungsbestimmungen zum Gerichtsvollzieherkostengesetz (DB-GvKostG) (AV d. MJ v. 11.6.2001)	JMBl. LSA S. 223	AV d. MJ v. 19.12.2013 (JMBl. LSA 2014, S. 21)

p) Schleswig-Holstein

Regelungsbereich	Fundstelle	Letzte Änderung
Kostenansatz (allgemein)		
Kostenverfügung (AV d. MJKE v. 26.2.2014)	SchlHA S. 93	AV d. MJKE v. 23.6.2015 (SchlHA S. 265)
Schleswig-Holsteinische Zusatzbestimmungen zur Kostenverfügung (ZBSH-KostVfg) (AV d. MJKE v. 27.11.2014)	SchlHA S. 22	
Vereinbarung über den Ausgleich von Kosten (Gem. AV d. MJF u. MASGV v. 11.7.2001)	SchlHA S. 180	Bek. d. MJGI v. 18.1.2010 (SchlHA S. 59)
Prozess- und Verfahrenskostenhilfe		
Durchführungsbestimmungen zur Prozess- und Verfahrenskostenhilfe sowie zur Stundung der Kosten des Insolvenzverfahrens (DB-PKH) (Gem. AV d. MJF u. d. MASGV v. 20.12.2001)	SchlHA 2002, S. 33	AV d. MJKE v. 10.11.2015 (SchlHA S. 462)
Gerichtskostenstempler		
Bestimmungen über die Verwendung von Gerichtskostenstemplern (AV d. MJAE v. 14.4.2014)	SchlHA S. 134	
Vereinbarung über die freizügige Verwendung von Abdrucken von Gerichtskostenstemplern (AV d. MJGI v. 27.3.2012)	SchlHA S. 132	
Stundung, Erlass, Befreiung		
Stundung und Erlass von Gerichtskosten (AV d. MJAE v. 12.11.2008)	SchlHA S. 447	

Regelungsbereich	Fundstelle	Letzte Änderung
Einforderung und Beitreibung		
Einforderungs- und Beitreibungsanordnung (EBAO) (Bek. d. MJGI v. 23.6.2011)	SchlHA S. 228	
Straf- und Ordnungswidrigkeitensachen, Haftkosten		
Wegfall der Kostenerstattung in Strafsachen zwischen Justizbehörden und Polizeibehörden (AV d. JM v. 23.1.2007)	Abl. Schl.-H. 2007, S. 102	
Vereinbarung des Bundes und der Länder über den Kostenausgleich in Staatsschutz-Strafsachen (Bek. d. MJKE v. 10.2.2014)	SchlHA S. 375	
Zeugen, Sachverständige, Reisekosten		
Gewährung von Reiseentschädigungen (AV d. MJAE v. 29.6.2006)	SchlHA S. 231	AV d. MJKE v. 3.2.2014 (SchlHA S. 92)
Rechtsanwaltsvergütung		
Verwaltungsvorschrift über die Festsetzung der aus der Staatskasse zu gewährenden Vergütung (VwV Vergütungsfestsetzung) (Gem. AV d. MJAE u. MSGF v. 30.8.2005)	SchlHA S. 341	AV d. MJKE v. 21.10.2014 (SchlHA S. 439)
Gerichtsvollzieher		
Durchführungsbestimmungen zum Gerichtsvollzieherkostengesetz (DB-GvKostG) (AV d. MJF v. 23.5.2001)	SchlHA S. 161	AV d. MJF v. 19.12.2013 (SchlHA 2014, S. 8)

q) Thüringen

Regelungsbereich	Fundstelle	Letzte Änderung
Kostenansatz (allgemein)		
Kostenverfügung (KostVfg) (VV d. JM v. 26.3.2014)	JMBl. S. 76	VV d. MMJV v. 13.8.2015 (JMBl. S. 43)
Behandlung von Kleinbeträgen (VV d. JM v. 22.12.2003)	JMBl. S. 15	
Einziehung von Gerichtskosten in Verfahren nach dem Sozialgerichtsgesetz (SGG) (VV d. JM v. 31.7.1991)	JMBl. S. 88	
Vereinbarung über den Ausgleich von Kosten (Bek. d. JM v. 12.7.2001)	JMBl. S. 60	Bek. d. MJ v. 1.2.2010 (JMBl. S. 29)
Prozess- und Verfahrenskostenhilfe		
Durchführungsbestimmungen zur Prozess- und Verfahrenskostenhilfe sowie zur Stundung der Kosten des Insolvenzverfahrens (DB-PKH) (VV d. JM v. 14.7.2004)	JMBl. S. 59	VV d. MMJV v. 23.10.2015 (JMBl. S. 49)
Gerichtskostenstempler		
Verwendung von Gerichtskostenstemplern (Justiz) (VV d. JM v. 15.3.2005)	JMBl. S. 13	VV d. JM v. 13.10.2014 (JMBl. 2015, S. 4)
Verwendung von Gerichtskostenstemplern (Rechtsanwälte) (VV d. JM v. 23.6.2004)	JMBl. S. 40	VV d. JM v. 13.10.2014 (JMBl. 2015, S. 6)
Vereinbarung über die freizügige Verwendung von Abdrucken von Gerichtskostenstemplern (VV d. JM v. 17.10.2013)	JMBl. S. 81	

Anhang II: Gebührentabellen

1. Gerichtsgebühren nach § 34 GKG/§ 28 FamGKG

Wert bis ... €	0,25	0,5	1,0	1,5	2,0	3,0	4,0	5,0	6,0
500	15,00[1]	17,50[2]	35,00	52,50	70,00	105,00	140,00	175,00	210,00
1.000	15,00[1]	26,50[2]	53,00	79,50	106,00	159,00	212,00	265,00	318,00
1.500	17,75	35,50	71,00	106,50	142,00	213,00	284,00	355,00	426,00
2.000	22,25	44,50	89,00	133,50	178,00	267,00	356,00	445,00	534,00
3.000	27,00	54,00	108,00	162,00	216,00	324,00	432,00	540,00	648,00
4.000	31,75	63,50	127,00	190,50	254,00	381,00	508,00	635,00	762,00
5.000	36,50	73,00	146,00	219,00	292,00	438,00	584,00	730,00	876,00
6.000	41,25	82,50	165,00	247,50	330,00	495,00	660,00	825,00	990,00
7.000	46,00	92,00	184,00	276,00	368,00	552,00	736,00	920,00	1.104,00
8.000	50,75	101,50	203,00	304,50	406,00	609,00	812,00	1.015,00	1.218,00
9.000	55,50	111,00	222,00	333,00	444,00	666,00	888,00	1.110,00	1.332,00
10.000	60,25	120,50	241,00	361,50	482,00	723,00	964,00	1.205,00	1.446,00
13.000	66,75	133,50	267,00	400,50	534,00	801,00	1.068,00	1.335,00	1.602,00
16.000	73,25	146,50	293,00	439,50	586,00	879,00	1.172,00	1.465,00	1.758,00
19.000	79,75	159,50	319,00	478,50	638,00	957,00	1.276,00	1.595,00	1.914,00
22.000	86,25	172,50	345,00	517,50	690,00	1.035,00	1.380,00	1.725,00	2.070,00
25.000	92,75	185,50	371,00	556,50	742,00	1.113,00	1.484,00	1.855,00	2.226,00
30.000	101,50	203,00	406,00	609,00	812,00	1.218,00	1.624,00	2.030,00	2.436,00
35.000	110,25	220,50	441,00	661,50	882,00	1.323,00	1.764,00	2.205,00	2.646,00
40.000	119,00	238,00	476,00	714,00	952,00	1.428,00	1.904,00	2.380,00	2.856,00
45.000	127,75	255,50	511,00	766,50	1.022,00	1.533,00	2.044,00	2.555,00	3.066,00
50.000	136,50	273,00	546,00	819,00	1.092,00	1.638,00	2.184,00	2.730,00	3.276,00
65.000	166,50	333,00	666,00	999,00	1.332,00	1.998,00	2.664,00	3.330,00	3.996,00
80.000	196,50	393,00	786,00	1.179,00	1.572,00	2.358,00	3.144,00	3.930,00	4.716,00
95.000	226,50	453,00	906,00	1.359,00	1.812,00	2.718,00	3.624,00	4.530,00	5.436,00
110.000	256,50	513,00	1.026,00	1.539,00	2.052,00	3.078,00	4.104,00	5.130,00	6.156,00
125.000	286,50	573,00	1.146,00	1.719,00	2.292,00	3.438,00	4.584,00	5.730,00	6.876,00
140.000	316,50	633,00	1.266,00	1.899,00	2.532,00	3.798,00	5.064,00	6.330,00	7.596,00
155.000	346,50	693,00	1.386,00	2.079,00	2.772,00	4.158,00	5.544,00	6.930,00	8.316,00
170.000	376,50	753,00	1.506,00	2.259,00	3.012,00	4.518,00	6.024,00	7.530,00	9.036,00
185.000	406,50	813,00	1.626,00	2.439,00	3.252,00	4.878,00	6.504,00	8.130,00	9.756,00
200.000	436,50	873,00	1.746,00	2.619,00	3.492,00	5.238,00	6.984,00	8.730,00	10.476,00
230.000	481,25	962,50	1.925,00	2.887,50	3.850,00	5.775,00	7.700,00	9.625,00	11.550,00
260.000	526,00	1.052,00	2.104,00	3.156,00	4.208,00	6.312,00	8.416,00	10.520,00	12.624,00
290.000	570,75	1.141,50	2.283,00	3.424,50	4.566,00	6.849,00	9.132,00	11.415,00	13.698,00
320.000	615,50	1.231,00	2.462,00	3.693,00	4.924,00	7.386,00	9.848,00	12.310,00	14.772,00
350.000	660,25	1.320,50	2.641,00	3.961,50	5.282,00	7.923,00	10.564,00	13.205,00	15.846,00
380.000	705,00	1.410,00	2.820,00	4.230,00	5.640,00	8.460,00	11.280,00	14.100,00	16.920,00
410.000	749,75	1.499,50	2.999,00	4.498,50	5.998,00	8.997,00	11.996,00	14.995,00	17.994,00
440.000	794,50	1.589,00	3.178,00	4.767,00	6.356,00	9.534,00	12.712,00	15.890,00	19.068,00
470.000	839,25	1.678,50	3.357,00	5.035,50	6.714,00	10.071,00	13.428,00	16.785,00	20.142,00
500.000	884,00	1.768,00	3.536,00	5.304,00	7.072,00	10.608,00	14.144,00	17.680,00	21.216,00
550.000	929,00	1.858,00	3.716,00	5.574,00	7.432,00	11.148,00	14.864,00	18.580,00	22.296,00
600.000	974,00	1.948,00	3.896,00	5.844,00	7.792,00	11.688,00	15.584,00	19.480,00	23.376,00
650.000	1.019,00	2.038,00	4.076,00	6.114,00	8.152,00	12.228,00	16.304,00	20.380,00	24.456,00
700.000	1.064,00	2.128,00	4.256,00	6.384,00	8.512,00	12.768,00	17.024,00	21.280,00	25.536,00

1 Mindestbetrag nach § 34 Abs. 2 GKG und § 28 Abs. 2 FamGKG. **2** Der Mindestbetrag im Verfahren über den Erlass eines Mahnbescheids ist 32,00 € (Nr. 1100 KV GKG).

Wert bis ... €	0,25	0,5	1,0	1,5	2,0	3,0	4,0	5,0	6,0
750.000	1.109,00	2.218,00	4.436,00	6.654,00	8.872,00	13.308,00	17.744,00	22.180,00	26.616,00
800.000	1.154,00	2.308,00	4.616,00	6.924,00	9.232,00	13.848,00	18.464,00	23.080,00	27.696,00
850.000	1.199,00	2.398,00	4.796,00	7.194,00	9.592,00	14.388,00	19.184,00	23.980,00	28.776,00
900.000	1.244,00	2.488,00	4.976,00	7.464,00	9.952,00	14.928,00	19.904,00	24.880,00	29.856,00
950.000	1.289,00	2.578,00	5.156,00	7.734,00	10.312,00	15.468,00	20.624,00	25.780,00	30.936,00
1.000.000	1.334,00	2.668,00	5.336,00	8.004,00	10.672,00	16.008,00	21.344,00	26.680,00	32.016,00
1.050.000	1.379,00	2.758,00	5.516,00	8.274,00	11.032,00	16.548,00	22.064,00	27.580,00	33.096,00
1.100.000	1.424,00	2.848,00	5.696,00	8.544,00	11.392,00	17.088,00	22.784,00	28.480,00	34.176,00
1.150.000	1.469,00	2.938,00	5.876,00	8.814,00	11.752,00	17.628,00	23.504,00	29.380,00	35.256,00
1.200.000	1.514,00	3.028,00	6.056,00	9.084,00	12.112,00	18.168,00	24.224,00	30.280,00	36.336,00
1.250.000	1.559,00	3.118,00	6.236,00	9.354,00	12.472,00	18.708,00	24.944,00	31.180,00	37.416,00
1.300.000	1.604,00	3.208,00	6.416,00	9.624,00	12.832,00	19.248,00	25.664,00	32.080,00	38.496,00
1.350.000	1.649,00	3.298,00	6.596,00	9.894,00	13.192,00	19.788,00	26.384,00	32.980,00	39.576,00
1.400.000	1.694,00	3.388,00	6.776,00	10.164,00	13.552,00	20.328,00	27.104,00	33.880,00	40.656,00
1.450.000	1.739,00	3.478,00	6.956,00	10.434,00	13.912,00	20.868,00	27.824,00	34.780,00	41.736,00
1.500.000	1.784,00	3.568,00	7.136,00	10.704,00	14.272,00	21.408,00	28.544,00	35.680,00	42.816,00
1.550.000	1.829,00	3.658,00	7.316,00	10.974,00	14.632,00	21.948,00	29.264,00	36.580,00	43.896,00
1.600.000	1.874,00	3.748,00	7.496,00	11.244,00	14.992,00	22.488,00	29.984,00	37.480,00	44.976,00
1.650.000	1.919,00	3.838,00	7.676,00	11.514,00	15.352,00	23.028,00	30.704,00	38.380,00	46.056,00
1.700.000	1.964,00	3.928,00	7.856,00	11.784,00	15.712,00	23.568,00	31.424,00	39.280,00	47.136,00
1.750.000	2.009,00	4.018,00	8.036,00	12.054,00	16.072,00	24.108,00	32.144,00	40.180,00	48.216,00
1.800.000	2.054,00	4.108,00	8.216,00	12.324,00	16.432,00	24.648,00	32.864,00	41.080,00	49.296,00
1.850.000	2.099,00	4.198,00	8.396,00	12.594,00	16.792,00	25.188,00	33.584,00	41.980,00	50.376,00
1.900.000	2.144,00	4.288,00	8.576,00	12.864,00	17.152,00	25.728,00	34.304,00	42.880,00	51.456,00
1.950.000	2.189,00	4.378,00	8.756,00	13.134,00	17.512,00	26.268,00	35.024,00	43.780,00	52.536,00
2.000.000	2.234,00	4.468,00	8.936,00	13.404,00	17.872,00	26.808,00	35.744,00	44.680,00	53.616,00
2.050.000	2.279,00	4.558,00	9.116,00	13.674,00	18.232,00	27.348,00	36.464,00	45.580,00	54.696,00
2.100.000	2.324,00	4.648,00	9.296,00	13.944,00	18.592,00	27.888,00	37.184,00	46.480,00	55.776,00
2.150.000	2.369,00	4.738,00	9.476,00	14.214,00	18.952,00	28.428,00	37.904,00	47.380,00	56.856,00
2.200.000	2.414,00	4.828,00	9.656,00	14.484,00	19.312,00	28.968,00	38.624,00	48.280,00	57.936,00
2.250.000	2.459,00	4.918,00	9.836,00	14.754,00	19.672,00	29.508,00	39.344,00	49.180,00	59.016,00
2.300.000	2.504,00	5.008,00	10.016,00	15.024,00	20.032,00	30.048,00	40.064,00	50.080,00	60.096,00
2.350.000	2.549,00	5.098,00	10.196,00	15.294,00	20.392,00	30.588,00	40.784,00	50.980,00	61.176,00
2.400.000	2.594,00	5.188,00	10.376,00	15.564,00	20.752,00	31.128,00	41.504,00	51.880,00	62.256,00
2.450.000	2.639,00	5.278,00	10.556,00	15.834,00	21.112,00	31.668,00	42.224,00	52.780,00	63.336,00
2.500.000	2.684,00	5.368,00	10.736,00	16.104,00	21.472,00	32.208,00	42.944,00	53.680,00	64.416,00
2.550.000	2.729,00	5.458,00	10.916,00	16.374,00	21.832,00	32.748,00	43.664,00	54.580,00	65.496,00
2.600.000	2.774,00	5.548,00	11.096,00	16.644,00	22.192,00	33.288,00	44.384,00	55.480,00	66.576,00
2.650.000	2.819,00	5.638,00	11.276,00	16.914,00	22.552,00	33.828,00	45.104,00	56.380,00	67.656,00
2.700.000	2.864,00	5.728,00	11.456,00	17.184,00	22.912,00	34.368,00	45.824,00	57.280,00	68.736,00
2.750.000	2.909,00	5.818,00	11.636,00	17.454,00	23.272,00	34.908,00	46.544,00	58.180,00	69.816,00
2.800.000	2.954,00	5.908,00	11.816,00	17.724,00	23.632,00	35.448,00	47.264,00	59.080,00	70.896,00
2.850.000	2.999,00	5.998,00	11.996,00	17.994,00	23.992,00	35.988,00	47.984,00	59.980,00	71.976,00
2.900.000	3.044,00	6.088,00	12.176,00	18.264,00	24.352,00	36.528,00	48.704,00	60.880,00	73.056,00
2.950.000	3.089,00	6.178,00	12.356,00	18.534,00	24.712,00	37.068,00	49.424,00	61.780,00	74.136,00
3.000.000	3.134,00	6.268,00	12.536,00	18.804,00	25.072,00	37.608,00	50.144,00	62.680,00	75.216,00
3.050.000	3.179,00	6.358,00	12.716,00	19.074,00	25.432,00	38.148,00	50.864,00	63.580,00	76.296,00
3.100.000	3.224,00	6.448,00	12.896,00	19.344,00	25.792,00	38.688,00	51.584,00	64.480,00	77.376,00
3.150.000	3.269,00	6.538,00	13.076,00	19.614,00	26.152,00	39.228,00	52.304,00	65.380,00	78.456,00
3.200.000	3.314,00	6.628,00	13.256,00	19.884,00	26.512,00	39.768,00	53.024,00	66.280,00	79.536,00
3.250.000	3.359,00	6.718,00	13.436,00	20.154,00	26.872,00	40.308,00	53.744,00	67.180,00	80.616,00
3.300.000	3.404,00	6.808,00	13.616,00	20.424,00	27.232,00	40.848,00	54.464,00	68.080,00	81.696,00

Wert bis ... €	0,25	0,5	1,0	1,5	2,0	3,0	4,0	5,0	6,0
3.350.000	3.449,00	6.898,00	13.796,00	20.694,00	27.592,00	41.388,00	55.184,00	68.980,00	82.776,00
3.400.000	3.494,00	6.988,00	13.976,00	20.964,00	27.952,00	41.928,00	55.904,00	69.880,00	83.856,00
3.450.000	3.539,00	7.078,00	14.156,00	21.234,00	28.312,00	42.468,00	56.624,00	70.780,00	84.936,00
3.500.000	3.584,00	7.168,00	14.336,00	21.504,00	28.672,00	43.008,00	57.344,00	71.680,00	86.016,00
3.550.000	3.629,00	7.258,00	14.516,00	21.774,00	29.032,00	43.548,00	58.064,00	72.580,00	87.096,00
3.600.000	3.674,00	7.348,00	14.696,00	22.044,00	29.392,00	44.088,00	58.784,00	73.480,00	88.176,00
3.650.000	3.719,00	7.438,00	14.876,00	22.314,00	29.752,00	44.628,00	59.504,00	74.380,00	89.256,00
3.700.000	3.764,00	7.528,00	15.056,00	22.584,00	30.112,00	45.168,00	60.224,00	75.280,00	90.336,00
3.750.000	3.809,00	7.618,00	15.236,00	22.854,00	30.472,00	45.708,00	60.944,00	76.180,00	91.416,00
3.800.000	3.854,00	7.708,00	15.416,00	23.124,00	30.832,00	46.248,00	61.664,00	77.080,00	92.496,00
3.850.000	3.899,00	7.798,00	15.596,00	23.394,00	31.192,00	46.788,00	62.384,00	77.980,00	93.576,00
3.900.000	3.944,00	7.888,00	15.776,00	23.664,00	31.552,00	47.328,00	63.104,00	78.880,00	94.656,00
3.950.000	3.989,00	7.978,00	15.956,00	23.934,00	31.912,00	47.868,00	63.824,00	79.780,00	95.736,00
4.000.000	4.034,00	8.068,00	16.136,00	24.204,00	32.272,00	48.408,00	64.544,00	80.680,00	96.816,00
4.050.000	4.079,00	8.158,00	16.316,00	24.474,00	32.632,00	48.948,00	65.264,00	81.580,00	97.896,00
4.100.000	4.124,00	8.248,00	16.496,00	24.744,00	32.992,00	49.488,00	65.984,00	82.480,00	98.976,00
4.150.000	4.169,00	8.338,00	16.676,00	25.014,00	33.352,00	50.028,00	66.704,00	83.380,00	100.056,00
4.200.000	4.214,00	8.428,00	16.856,00	25.284,00	33.712,00	50.568,00	67.424,00	84.280,00	101.136,00
4.250.000	4.259,00	8.518,00	17.036,00	25.554,00	34.072,00	51.108,00	68.144,00	85.180,00	102.216,00
4.300.000	4.304,00	8.608,00	17.216,00	25.824,00	34.432,00	51.648,00	68.864,00	86.080,00	103.296,00
4.350.000	4.349,00	8.698,00	17.396,00	26.094,00	34.792,00	52.188,00	69.584,00	86.980,00	104.376,00
4.400.000	4.394,00	8.788,00	17.576,00	26.364,00	35.152,00	52.728,00	70.304,00	87.880,00	105.456,00
4.450.000	4.439,00	8.878,00	17.756,00	26.634,00	35.512,00	53.268,00	71.024,00	88.780,00	106.536,00
4.500.000	4.484,00	8.968,00	17.936,00	26.904,00	35.872,00	53.808,00	71.744,00	89.680,00	107.616,00
4.550.000	4.529,00	9.058,00	18.116,00	27.174,00	36.232,00	54.348,00	72.464,00	90.580,00	108.696,00
4.600.000	4.574,00	9.148,00	18.296,00	27.444,00	36.592,00	54.888,00	73.184,00	91.480,00	109.776,00
4.650.000	4.619,00	9.238,00	18.476,00	27.714,00	36.952,00	55.428,00	73.904,00	92.380,00	110.856,00
4.700.000	4.664,00	9.328,00	18.656,00	27.984,00	37.312,00	55.968,00	74.624,00	93.280,00	111.936,00
4.750.000	4.709,00	9.418,00	18.836,00	28.254,00	37.672,00	56.508,00	75.344,00	94.180,00	113.016,00
4.800.000	4.754,00	9.508,00	19.016,00	28.524,00	38.032,00	57.048,00	76.064,00	95.080,00	114.096,00
4.850.000	4.799,00	9.598,00	19.196,00	28.794,00	38.392,00	57.588,00	76.784,00	95.980,00	115.176,00
4.900.000	4.844,00	9.688,00	19.376,00	29.064,00	38.752,00	58.128,00	77.504,00	96.880,00	116.256,00
4.950.000	4.889,00	9.778,00	19.556,00	29.334,00	39.112,00	58.668,00	78.224,00	97.780,00	117.336,00
5.000.000	4.934,00	9.868,00	19.736,00	29.604,00	39.472,00	59.208,00	78.944,00	98.680,00	118.416,00
5.050.000	4.979,00	9.958,00	19.916,00	29.874,00	39.832,00	59.748,00	79.664,00	99.580,00	119.496,00
5.100.000	5.024,00	10.048,00	20.096,00	30.144,00	40.192,00	60.288,00	80.384,00	100.480,00	120.576,00
5.150.000	5.069,00	10.138,00	20.276,00	30.414,00	40.552,00	60.828,00	81.104,00	101.380,00	121.656,00
5.200.000	5.114,00	10.228,00	20.456,00	30.684,00	40.912,00	61.368,00	81.824,00	102.280,00	122.736,00
5.250.000	5.159,00	10.318,00	20.636,00	30.954,00	41.272,00	61.908,00	82.544,00	103.180,00	123.816,00
5.300.000	5.204,00	10.408,00	20.816,00	31.224,00	41.632,00	62.448,00	83.264,00	104.080,00	124.896,00
5.350.000	5.249,00	10.498,00	20.996,00	31.494,00	41.992,00	62.988,00	83.984,00	104.980,00	125.976,00
5.400.000	5.294,00	10.588,00	21.176,00	31.764,00	42.352,00	63.528,00	84.704,00	105.880,00	127.056,00
5.450.000	5.339,00	10.678,00	21.356,00	32.034,00	42.712,00	64.068,00	85.424,00	106.780,00	128.136,00
5.500.000	5.384,00	10.768,00	21.536,00	32.304,00	43.072,00	64.608,00	86.144,00	107.680,00	129.216,00

2. Gebührentabelle zu § 34 Abs. 2 GNotKG (Tabelle A)

Geschäftswert bis ... €	0,25	0,3	0,5	1,0	1,5	2,0	3,0	5,0
500	15,00[1]	15,00[1]	17,50	35,00	52,50	70,00	105,00	175,00
1.000	15,00[1]	15,90	26,50	53,00	79,50	106,00	159,00	265,00
1.500	17,75	21,30	35,50	71,00	106,50	142,00	213,00	355,00
2.000	22,25	26,70	44,50	89,00	133,50	178,00	267,00	445,00
3.000	27,00	32,40	54,00	108,00	162,00	216,00	324,00	540,00
4.000	31,75	38,10	63,50	127,00	190,50	254,00	381,00	635,00
5.000	36,50	43,80	73,00	146,00	219,00	292,00	438,00	730,00
6.000	41,25	49,50	82,50	165,00	247,50	330,00	495,00	825,00
7.000	46,00	55,20	92,00	184,00	276,00	368,00	552,00	920,00
8.000	50,75	60,90	101,50	203,00	304,50	406,00	609,00	1.015,00
9.000	55,50	66,60	111,00	222,00	333,00	444,00	666,00	1.110,00
10.000	60,25	72,30	120,50	241,00	361,50	482,00	723,00	1.205,00
13.000	66,75	80,10	133,50	267,00	400,50	534,00	801,00	1.335,00
16.000	73,25	87,90	146,50	293,00	439,50	586,00	879,00	1.465,00
19.000	79,75	95,70	159,50	319,00	478,50	638,00	957,00	1.595,00
22.000	86,25	103,50	172,50	345,00	517,50	690,00	1.035,00	1.725,00
25.000	92,75	111,30	185,50	371,00	556,50	742,00	1.113,00	1.855,00
30.000	101,50	121,80	203,00	406,00	609,00	812,00	1.218,00	2.030,00
35.000	110,25	132,30	220,50	441,00	661,50	882,00	1.323,00	2.205,00
40.000	119,00	142,80	238,00	476,00	714,00	952,00	1.428,00	2.380,00
45.000	127,75	153,30	255,50	511,00	766,50	1.022,00	1.533,00	2.555,00
50.000	136,50	163,80	273,00	546,00	819,00	1.092,00	1.638,00	2.730,00
65.000	166,50	199,80	333,00	666,00	999,00	1.332,00	1.998,00	3.330,00
80.000	196,50	235,80	393,00	786,00	1.179,00	1.572,00	2.358,00	3.930,00
95.000	226,50	271,80	453,00	906,00	1.359,00	1.812,00	2.718,00	4.530,00
110.000	256,50	307,80	513,00	1.026,00	1.539,00	2.052,00	3.078,00	5.130,00
125.000	286,50	343,80	573,00	1.146,00	1.719,00	2.292,00	3.438,00	5.730,00
140.000	316,50	379,80	633,00	1.266,00	1.899,00	2.532,00	3.798,00	6.330,00
155.000	346,50	415,80	693,00	1.386,00	2.079,00	2.772,00	4.158,00	6.930,00
170.000	376,50	451,80	753,00	1.506,00	2.259,00	3.012,00	4.518,00	7.530,00
185.000	406,50	487,80	813,00	1.626,00	2.439,00	3.252,00	4.878,00	8.130,00
200.000	436,50	523,80	873,00	1.746,00	2.619,00	3.492,00	5.238,00	8.730,00
230.000	481,25	577,50	962,50	1.925,00	2.887,50	3.850,00	5.775,00	9.625,00
260.000	526,00	631,20	1.052,00	2.104,00	3.156,00	4.208,00	6.312,00	10.520,00
290.000	570,75	684,90	1.141,50	2.283,00	3.424,50	4.566,00	6.849,00	11.415,00
320.000	615,50	738,60	1.231,00	2.462,00	3.693,00	4.924,00	7.386,00	12.310,00
350.000	660,25	792,30	1.320,50	2.641,00	3.961,50	5.282,00	7.923,00	13.205,00
380.000	705,00	846,00	1.410,00	2.820,00	4.230,00	5.640,00	8.460,00	14.100,00
410.000	749,75	899,70	1.499,50	2.999,00	4.498,50	5.998,00	8.997,00	14.995,00
440.000	794,50	953,40	1.589,00	3.178,00	4.767,00	6.356,00	9.534,00	15.890,00
470.000	839,25	1.007,10	1.678,50	3.357,00	5.035,50	6.714,00	10.071,00	16.785,00
500.000	884,00	1.060,80	1.768,00	3.536,00	5.304,00	7.072,00	10.608,00	17.680,00
550.000	929,00	1.114,80	1.858,00	3.716,00	5.574,00	7.432,00	11.148,00	18.580,00
600.000	974,00	1.168,80	1.948,00	3.896,00	5.844,00	7.792,00	11.688,00	19.480,00
650.000	1.019,00	1.222,80	2.038,00	4.076,00	6.114,00	8.152,00	12.228,00	20.380,00
700.000	1.064,00	1.276,80	2.128,00	4.256,00	6.384,00	8.512,00	12.768,00	21.280,00

1 Der Mindestbetrag einer Gebühr ist 15,00 € (§ 34 Abs. 5 GNotKG).

NK-GK/N. Schneider

Geschäftswert bis ... €	0,25	0,3	0,5	1,0	1,5	2,0	3,0	5,0
750.000	1.109,00	1.330,80	2.218,00	4.436,00	6.654,00	8.872,00	13.308,00	22.180,00
800.000	1.154,00	1.384,80	2.308,00	4.616,00	6.924,00	9.232,00	13.848,00	23.080,00
850.000	1.199,00	1.438,80	2.398,00	4.796,00	7.194,00	9.592,00	14.388,00	23.980,00
900.000	1.244,00	1.492,80	2.488,00	4.976,00	7.464,00	9.952,00	14.928,00	24.880,00
950.000	1.289,00	1.546,80	2.578,00	5.156,00	7.734,00	10.312,00	15.468,00	25.780,00
1.000.000	1.334,00	1.600,80	2.668,00	5.336,00	8.004,00	10.672,00	16.008,00	26.680,00
1.050.000	1.379,00	1.654,80	2.758,00	5.516,00	8.274,00	11.032,00	16.548,00	27.580,00
1.100.000	1.424,00	1.708,80	2.848,00	5.696,00	8.544,00	11.392,00	17.088,00	28.480,00
1.150.000	1.469,00	1.762,80	2.938,00	5.876,00	8.814,00	11.752,00	17.628,00	29.380,00
1.200.000	1.514,00	1.816,80	3.028,00	6.056,00	9.084,00	12.112,00	18.168,00	30.280,00
1.250.000	1.559,00	1.870,80	3.118,00	6.236,00	9.354,00	12.472,00	18.708,00	31.180,00
1.300.000	1.604,00	1.924,80	3.208,00	6.416,00	9.624,00	12.832,00	19.248,00	32.080,00
1.350.000	1.649,00	1.978,80	3.298,00	6.596,00	9.894,00	13.192,00	19.788,00	32.980,00
1.400.000	1.694,00	2.032,80	3.388,00	6.776,00	10.164,00	13.552,00	20.328,00	33.880,00
1.450.000	1.739,00	2.086,80	3.478,00	6.956,00	10.434,00	13.912,00	20.868,00	34.780,00
1.500.000	1.784,00	2.140,80	3.568,00	7.136,00	10.704,00	14.272,00	21.408,00	35.680,00
1.550.000	1.829,00	2.194,80	3.658,00	7.316,00	10.974,00	14.632,00	21.948,00	36.580,00
1.600.000	1.874,00	2.248,80	3.748,00	7.496,00	11.244,00	14.992,00	22.488,00	37.480,00
1.650.000	1.919,00	2.302,80	3.838,00	7.676,00	11.514,00	15.352,00	23.028,00	38.380,00
1.700.000	1.964,00	2.356,80	3.928,00	7.856,00	11.784,00	15.712,00	23.568,00	39.280,00
1.750.000	2.009,00	2.410,80	4.018,00	8.036,00	12.054,00	16.072,00	24.108,00	40.180,00
1.800.000	2.054,00	2.464,80	4.108,00	8.216,00	12.324,00	16.432,00	24.648,00	41.080,00
1.850.000	2.099,00	2.518,80	4.198,00	8.396,00	12.594,00	16.792,00	25.188,00	41.980,00
1.900.000	2.144,00	2.572,80	4.288,00	8.576,00	12.864,00	17.152,00	25.728,00	42.880,00
1.950.000	2.189,00	2.626,80	4.378,00	8.756,00	13.134,00	17.512,00	26.268,00	43.780,00
2.000.000	2.234,00	2.680,80	4.468,00	8.936,00	13.404,00	17.872,00	26.808,00	44.680,00
2.050.000	2.279,00	2.734,80	4.558,00	9.116,00	13.674,00	18.232,00	27.348,00	45.580,00
2.100.000	2.324,00	2.788,80	4.648,00	9.296,00	13.944,00	18.592,00	27.888,00	46.480,00
2.150.000	2.369,00	2.842,80	4.738,00	9.476,00	14.214,00	18.952,00	28.428,00	47.380,00
2.200.000	2.414,00	2.896,80	4.828,00	9.656,00	14.484,00	19.312,00	28.968,00	48.280,00
2.250.000	2.459,00	2.950,80	4.918,00	9.836,00	14.754,00	19.672,00	29.508,00	49.180,00
2.300.000	2.504,00	3.004,80	5.008,00	10.016,00	15.024,00	20.032,00	30.048,00	50.080,00
2.350.000	2.549,00	3.058,80	5.098,00	10.196,00	15.294,00	20.392,00	30.588,00	50.980,00
2.400.000	2.594,00	3.112,80	5.188,00	10.376,00	15.564,00	20.752,00	31.128,00	51.880,00
2.450.000	2.639,00	3.166,80	5.278,00	10.556,00	15.834,00	21.112,00	31.668,00	52.780,00
2.500.000	2.684,00	3.220,80	5.368,00	10.736,00	16.104,00	21.472,00	32.208,00	53.680,00
2.550.000	2.729,00	3.274,80	5.458,00	10.916,00	16.374,00	21.832,00	32.748,00	54.580,00
2.600.000	2.774,00	3.328,80	5.548,00	11.096,00	16.644,00	22.192,00	33.288,00	55.480,00
2.650.000	2.819,00	3.382,80	5.638,00	11.276,00	16.914,00	22.552,00	33.828,00	56.380,00
2.700.000	2.864,00	3.436,80	5.728,00	11.456,00	17.184,00	22.912,00	34.368,00	57.280,00
2.750.000	2.909,00	3.490,80	5.818,00	11.636,00	17.454,00	23.272,00	34.908,00	58.180,00
2.800.000	2.954,00	3.544,80	5.908,00	11.816,00	17.724,00	23.632,00	35.448,00	59.080,00
2.850.000	2.999,00	3.598,80	5.998,00	11.996,00	17.994,00	23.992,00	35.988,00	59.980,00
2.900.000	3.044,00	3.652,80	6.088,00	12.176,00	18.264,00	24.352,00	36.528,00	60.880,00
2.950.000	3.089,00	3.706,80	6.178,00	12.356,00	18.534,00	24.712,00	37.068,00	61.780,00
3.000.000	3.134,00	3.760,80	6.268,00	12.536,00	18.804,00	25.072,00	37.608,00	62.680,00

3. Gebührentabelle zu § 34 Abs. 2 GNotKG (Tabelle B)

Geschäftswert bis ... €	0,1	0,2	0,3	0,5	0,6	0,8	1,0
500	15,00	15,00	15,00	15,00	15,00	15,00	15,00
1.000	15,00	15,00	15,00	15,00	15,00	15,20	19,00
1.500	15,00	15,00	15,00	15,00	15,00	18,40	23,00
2.000	15,00	15,00	15,00	15,00	16,20	21,60	27,00
3.000	15,00	15,00	15,00	16,50	19,80	26,40	33,00
4.000	15,00	15,00	15,00	19,50	23,40	31,20	39,00
5.000	15,00	15,00	15,00	22,50	27,00	36,00	45,00
6.000	15,00	15,00	15,30	25,50	30,60	40,80	51,00
7.000	15,00	15,00	17,10	28,50	34,20	45,60	57,00
8.000	15,00	15,00	18,90	31,50	37,80	50,40	63,00
9.000	15,00	15,00	20,70	34,50	41,40	55,20	69,00
10.000	15,00	15,00	22,50	37,50	45,00	60,00	75,00
13.000	15,00	16,60	24,90	41,50	49,80	66,40	83,00
16.000	15,00	18,20	27,30	45,50	54,60	72,80	91,00
19.000	15,00	19,80	29,70	49,50	59,40	79,20	99,00
22.000	15,00	21,40	32,10	53,50	64,20	85,60	107,00
25.000	15,00	23,00	34,50	57,50	69,00	92,00	115,00
30.000	15,00	25,00	37,50	62,50	75,00	100,00	125,00
35.000	15,00	27,00	40,50	67,50	81,00	108,00	135,00
40.000	15,00	29,00	43,50	72,50	87,00	116,00	145,00
45.000	15,50	31,00	46,50	77,50	93,00	124,00	155,00
50.000	16,50	33,00	49,50	82,50	99,00	132,00	165,00
65.000	19,20	38,40	57,60	96,00	115,20	153,60	192,00
80.000	21,90	43,80	65,70	109,50	131,40	175,20	219,00
95.000	24,60	49,20	73,80	123,00	147,60	196,80	246,00
110.000	27,30	54,60	81,90	136,50	163,80	218,40	273,00
125.000	30,00	60,00	90,00	150,00	180,00	240,00	300,00
140.000	32,70	65,40	98,10	163,50	196,20	261,60	327,00
155.000	35,40	70,80	106,20	177,00	212,40	283,20	354,00
170.000	38,10	76,20	114,30	190,50	228,60	304,80	381,00
185.000	40,80	81,60	122,40	204,00	244,80	326,40	408,00
200.000	43,50	87,00	130,50	217,50	261,00	348,00	435,00
230.000	48,50	97,00	145,50	242,50	291,00	388,00	485,00
260.000	53,50	107,00	160,50	267,50	321,00	428,00	535,00
290.000	58,50	117,00	175,50	292,50	351,00	468,00	585,00
320.000	63,50	127,00	190,50	317,50	381,00	508,00	635,00
350.000	68,50	137,00	205,50	342,50	411,00	548,00	685,00
380.000	73,50	147,00	220,50	367,50	441,00	588,00	735,00
410.000	78,50	157,00	235,50	392,50	471,00	628,00	785,00
440.000	83,50	167,00	250,50	417,50	501,00	668,00	835,00
470.000	88,50	177,00	265,50	442,50	531,00	708,00	885,00
500.000	93,50	187,00	280,50	467,50	561,00	748,00	935,00
550.000	101,50	203,00	304,50	507,50	609,00	812,00	1.015,00
600.000	109,50	219,00	328,50	547,50	657,00	876,00	1.095,00
650.000	117,50	235,00	352,50	587,50	705,00	940,00	1.175,00

Der Mindestbetrag einer Gebühr ist 15,00 € (§ 34 Abs. 5 GNotKG).

NK-GK/N. *Schneider*

1,3	1,5	2,0	2,5	3,5	5,0	Geschäftswert bis ... €
19,50	22,50	30,00	37,50	52,50	75,00	500
24,70	28,50	38,00	47,50	66,50	95,00	1.000
29,90	34,50	46,00	57,50	80,50	115,00	1.500
35,10	40,50	54,00	67,50	94,50	135,00	2.000
42,90	49,50	66,00	82,50	115,50	165,00	3.000
50,70	58,50	78,00	97,50	136,50	195,00	4.000
58,50	67,50	90,00	112,50	157,50	225,00	5.000
66,30	76,50	102,00	127,50	178,50	255,00	6.000
74,10	85,50	114,00	142,50	199,50	285,00	7.000
81,90	94,50	126,00	157,50	220,50	315,00	8.000
89,70	103,50	138,00	172,50	241,50	345,00	9.000
97,50	112,50	150,00	187,50	262,50	375,00	10.000
107,90	124,50	166,00	207,50	290,50	415,00	13.000
118,30	136,50	182,00	227,50	318,50	455,00	16.000
128,70	148,50	198,00	247,50	346,50	495,00	19.000
139,10	160,50	214,00	267,50	374,50	535,00	22.000
149,50	172,50	230,00	287,50	402,50	575,00	25.000
162,50	187,50	250,00	312,50	437,50	625,00	30.000
175,50	202,50	270,00	337,50	472,50	675,00	35.000
188,50	217,50	290,00	362,50	507,50	725,00	40.000
201,50	232,50	310,00	387,50	542,50	775,00	45.000
214,50	247,50	330,00	412,50	577,50	825,00	50.000
249,60	288,00	384,00	480,00	672,00	960,00	65.000
284,70	328,50	438,00	547,50	766,50	1.095,00	80.000
319,80	369,00	492,00	615,00	861,00	1.230,00	95.000
354,90	409,50	546,00	682,50	955,50	1.365,00	110.000
390,00	450,00	600,00	750,00	1.050,00	1.500,00	125.000
425,10	490,50	654,00	817,50	1.144,50	1.635,00	140.000
460,20	531,00	708,00	885,00	1.239,00	1.770,00	155.000
495,30	571,50	762,00	952,50	1.333,50	1.905,00	170.000
530,40	612,00	816,00	1.020,00	1.428,00	2.040,00	185.000
565,50	652,50	870,00	1.087,50	1.522,50	2.175,00	200.000
630,50	727,50	970,00	1.212,50	1.697,50	2.425,00	230.000
695,50	802,50	1.070,00	1.337,50	1.872,50	2.675,00	260.000
760,50	877,50	1.170,00	1.462,50	2.047,50	2.925,00	290.000
825,50	952,50	1.270,00	1.587,50	2.222,50	3.175,00	320.000
890,50	1.027,50	1.370,00	1.712,50	2.397,50	3.425,00	350.000
955,50	1.102,50	1.470,00	1.837,50	2.572,50	3.675,00	380.000
1.020,50	1.177,50	1.570,00	1.962,50	2.747,50	3.925,00	410.000
1.085,50	1.252,50	1.670,00	2.087,50	2.922,50	4.175,00	440.000
1.150,50	1.327,50	1.770,00	2.212,50	3.097,50	4.425,00	470.000
1.215,50	1.402,50	1.870,00	2.337,50	3.272,50	4.675,00	500.000
1.319,50	1.522,50	2.030,00	2.537,50	3.552,50	5.075,00	550.000
1.423,50	1.642,50	2.190,00	2.737,50	3.832,50	5.475,00	600.000
1.527,50	1.762,50	2.350,00	2.937,50	4.112,50	5.875,00	650.000

Geschäftswert bis ... €	0,1	0,2	0,3	0,5	0,6	0,8	1,0
700.000	125,50	251,00	376,50	627,50	753,00	1.004,00	1.255,00
750.000	133,50	267,00	400,50	667,50	801,00	1.068,00	1.335,00
800.000	141,50	283,00	424,50	707,50	849,00	1.132,00	1.415,00
850.000	149,50	299,00	448,50	747,50	897,00	1.196,00	1.495,00
900.000	157,50	315,00	472,50	787,50	945,00	1.260,00	1.575,00
950.000	165,50	331,00	496,50	827,50	993,00	1.324,00	1.655,00
1.000.000	173,50	347,00	520,50	867,50	1.041,00	1.388,00	1.735,00
1.050.000	181,50	363,00	544,50	907,50	1.089,00	1.452,00	1.815,00
1.100.000	189,50	379,00	568,50	947,50	1.137,00	1.516,00	1.895,00
1.150.000	197,50	395,00	592,50	987,50	1.185,00	1.580,00	1.975,00
1.200.000	205,50	411,00	616,50	1.027,50	1.233,00	1.644,00	2.055,00
1.250.000	213,50	427,00	640,50	1.067,50	1.281,00	1.708,00	2.135,00
1.300.000	221,50	443,00	664,50	1.107,50	1.329,00	1.772,00	2.215,00
1.350.000	229,50	459,00	688,50	1.147,50	1.377,00	1.836,00	2.295,00
1.400.000	237,50	475,00	712,50	1.187,50	1.425,00	1.900,00	2.375,00
1.450.000	245,50	491,00	736,50	1.227,50	1.473,00	1.964,00	2.455,00
1.500.000	253,50	507,00	760,50	1.267,50	1.521,00	2.028,00	2.535,00
1.550.000	261,50	523,00	784,50	1.307,50	1.569,00	2.092,00	2.615,00
1.600.000	269,50	539,00	808,50	1.347,50	1.617,00	2.156,00	2.695,00
1.650.000	277,50	555,00	832,50	1.387,50	1.665,00	2.220,00	2.775,00
1.700.000	285,50	571,00	856,50	1.427,50	1.713,00	2.284,00	2.855,00
1.750.000	293,50	587,00	880,50	1.467,50	1.761,00	2.348,00	2.935,00
1.800.000	301,50	603,00	904,50	1.507,50	1.809,00	2.412,00	3.015,00
1.850.000	309,50	619,00	928,50	1.547,50	1.857,00	2.476,00	3.095,00
1.900.000	317,50	635,00	952,50	1.587,50	1.905,00	2.540,00	3.175,00
1.950.000	325,50	651,00	976,50	1.627,50	1.953,00	2.604,00	3.255,00
2.000.000	333,50	667,00	1.000,50	1.667,50	2.001,00	2.668,00	3.335,00
2.050.000	341,50	683,00	1.024,50	1.707,50	2.049,00	2.732,00	3.415,00
2.100.000	349,50	699,00	1.048,50	1.747,50	2.097,00	2.796,00	3.495,00
2.150.000	357,50	715,00	1.072,50	1.787,50	2.145,00	2.860,00	3.575,00
2.200.000	365,50	731,00	1.096,50	1.827,50	2.193,00	2.924,00	3.655,00
2.250.000	373,50	747,00	1.120,50	1.867,50	2.241,00	2.988,00	3.735,00
2.300.000	381,50	763,00	1.144,50	1.907,50	2.289,00	3.052,00	3.815,00
2.350.000	389,50	779,00	1.168,50	1.947,50	2.337,00	3.116,00	3.895,00
2.400.000	397,50	795,00	1.192,50	1.987,50	2.385,00	3.180,00	3.975,00
2.450.000	405,50	811,00	1.216,50	2.027,50	2.433,00	3.244,00	4.055,00
2.500.000	413,50	827,00	1.240,50	2.067,50	2.481,00	3.308,00	4.135,00
2.550.000	421,50	843,00	1.264,50	2.107,50	2.529,00	3.372,00	4.215,00
2.600.000	429,50	859,00	1.288,50	2.147,50	2.577,00	3.436,00	4.295,00
2.650.000	437,50	875,00	1.312,50	2.187,50	2.625,00	3.500,00	4.375,00
2.700.000	445,50	891,00	1.336,50	2.227,50	2.673,00	3.564,00	4.455,00
2.750.000	453,50	907,00	1.360,50	2.267,50	2.721,00	3.628,00	4.535,00
2.800.000	461,50	923,00	1.384,50	2.307,50	2.769,00	3.692,00	4.615,00
2.850.000	469,50	939,00	1.408,50	2.347,50	2.817,00	3.756,00	4.695,00
2.900.000	477,50	955,00	1.432,50	2.387,50	2.865,00	3.820,00	4.775,00
2.950.000	485,50	971,00	1.456,50	2.427,50	2.913,00	3.884,00	4.855,00
3.000.000	493,50	987,00	1.480,50	2.467,50	2.961,00	3.948,00	4.935,00

NK-GK/N. *Schneider*

1,3	1,5	2,0	2,5	3,5	5,0	Geschäftswert bis ... €
1.631,50	1.882,50	2.510,00	3.137,50	4.392,50	6.275,00	700.000
1.735,50	2.002,50	2.670,00	3.337,50	4.672,50	6.675,00	750.000
1.839,50	2.122,50	2.830,00	3.537,50	4.952,50	7.075,00	800.000
1.943,50	2.242,50	2.990,00	3.737,50	5.232,50	7.475,00	850.000
2.047,50	2.362,50	3.150,00	3.937,50	5.512,50	7.875,00	900.000
2.151,50	2.482,50	3.310,00	4.137,50	5.792,50	8.275,00	950.000
2.255,50	2.602,50	3.470,00	4.337,50	6.072,50	8.675,00	1.000.000
2.359,50	2.722,50	3.630,00	4.537,50	6.352,50	9.075,00	1.050.000
2.463,50	2.842,50	3.790,00	4.737,50	6.632,50	9.475,00	1.100.000
2.567,50	2.962,50	3.950,00	4.937,50	6.912,50	9.875,00	1.150.000
2.671,50	3.082,50	4.110,00	5.137,50	7.192,50	10.275,00	1.200.000
2.775,50	3.202,50	4.270,00	5.337,50	7.472,50	10.675,00	1.250.000
2.879,50	3.322,50	4.430,00	5.537,50	7.752,50	11.075,00	1.300.000
2.983,50	3.442,50	4.590,00	5.737,50	8.032,50	11.475,00	1.350.000
3.087,50	3.562,50	4.750,00	5.937,50	8.312,50	11.875,00	1.400.000
3.191,50	3.682,50	4.910,00	6.137,50	8.592,50	12.275,00	1.450.000
3.295,50	3.802,50	5.070,00	6.337,50	8.872,50	12.675,00	1.500.000
3.399,50	3.922,50	5.230,00	6.537,50	9.152,50	13.075,00	1.550.000
3.503,50	4.042,50	5.390,00	6.737,50	9.432,50	13.475,00	1.600.000
3.607,50	4.162,50	5.550,00	6.937,50	9.712,50	13.875,00	1.650.000
3.711,50	4.282,50	5.710,00	7.137,50	9.992,50	14.275,00	1.700.000
3.815,50	4.402,50	5.870,00	7.337,50	10.272,50	14.675,00	1.750.000
3.919,50	4.522,50	6.030,00	7.537,50	10.552,50	15.075,00	1.800.000
4.023,50	4.642,50	6.190,00	7.737,50	10.832,50	15.475,00	1.850.000
4.127,50	4.762,50	6.350,00	7.937,50	11.112,50	15.875,00	1.900.000
4.231,50	4.882,50	6.510,00	8.137,50	11.392,50	16.275,00	1.950.000
4.335,50	5.002,50	6.670,00	8.337,50	11.672,50	16.675,00	2.000.000
4.439,50	5.122,50	6.830,00	8.537,50	11.952,50	17.075,00	2.050.000
4.543,50	5.242,50	6.990,00	8.737,50	12.232,50	17.475,00	2.100.000
4.647,50	5.362,50	7.150,00	8.937,50	12.512,50	17.875,00	2.150.000
4.751,50	5.482,50	7.310,00	9.137,50	12.792,50	18.275,00	2.200.000
4.855,50	5.602,50	7.470,00	9.337,50	13.072,50	18.675,00	2.250.000
4.959,50	5.722,50	7.630,00	9.537,50	13.352,50	19.075,00	2.300.000
5.063,50	5.842,50	7.790,00	9.737,50	13.632,50	19.475,00	2.350.000
5.167,50	5.962,50	7.950,00	9.937,50	13.912,50	19.875,00	2.400.000
5.271,50	6.082,50	8.110,00	10.137,50	14.192,50	20.275,00	2.450.000
5.375,50	6.202,50	8.270,00	10.337,50	14.472,50	20.675,00	2.500.000
5.479,50	6.322,50	8.430,00	10.537,50	14.752,50	21.075,00	2.550.000
5.583,50	6.442,50	8.590,00	10.737,50	15.032,50	21.475,00	2.600.000
5.687,50	6.562,50	8.750,00	10.937,50	15.312,50	21.875,00	2.650.000
5.791,50	6.682,50	8.910,00	11.137,50	15.592,50	22.275,00	2.700.000
5.895,50	6.802,50	9.070,00	11.337,50	15.872,50	22.675,00	2.750.000
5.999,50	6.922,50	9.230,00	11.537,50	16.152,50	23.075,00	2.800.000
6.103,50	7.042,50	9.390,00	11.737,50	16.432,50	23.475,00	2.850.000
6.207,50	7.162,50	9.550,00	11.937,50	16.712,50	23.875,00	2.900.000
6.311,50	7.282,50	9.710,00	12.137,50	16.992,50	24.275,00	2.950.000
6.415,50	7.402,50	9.870,00	12.337,50	17.272,50	24.675,00	3.000.000

4. Ermäßigte Gebührentabelle nach § 91 GNotKG

Geschäftswert bis ... €	Tabelle B: 1,0-Gebühr	0,3	0,5	1,0	2,0	2,5
500	15,00	15,00	15,00	15,00	30,00	37,50
1.000	19,00	15,00	15,00	19,00	38,00	47,50
1.500	23,00	15,00	15,00	23,00	46,00	57,50
2.000	27,00	15,00	15,00	27,00	54,00	67,50
3.000	33,00	15,00	16,50	33,00	66,00	82,50
4.000	39,00	15,00	19,50	39,00	78,00	97,50
5.000	45,00	15,00	22,50	45,00	90,00	112,50
6.000	51,00	15,30	25,50	51,00	102,00	127,50
7.000	57,00	17,10	28,50	57,00	114,00	142,50
8.000	63,00	18,90	31,50	63,00	126,00	157,50
9.000	69,00	20,70	34,50	69,00	138,00	172,50
10.000	75,00	22,50	37,50	75,00	150,00	187,50
13.000	83,00	24,90	41,50	83,00	166,00	207,50
16.000	91,00	27,30	45,50	91,00	182,00	227,50
19.000	99,00	29,70	49,50	99,00	198,00	247,50
22.000	107,00	32,10	53,50	107,00	214,00	267,50
25.000	115,00	34,50	57,50	115,00	230,00	287,50
30.000	125,00	34,50	57,50	115,00	230,00	287,50
35.000	135,00	34,50	57,50	115,00	230,00	287,50
40.000	145,00	34,50	57,50	115,00	230,00	287,50
45.000	155,00	34,50	57,50	115,00	230,00	287,50
50.000	165,00	34,65	57,75	115,50	231,00	288,75
65.000	192,00	40,32	67,20	134,40	268,80	336,00
80.000	219,00	45,99	76,65	153,30	306,60	383,25
95.000	246,00	51,66	86,10	172,20	344,40	430,50
110.000	273,00	57,33	95,55	191,10	382,20	477,75
125.000	300,00	57,33	90,00	180,00	360,00	450,00
140.000	327,00	58,86	98,10	196,20	392,40	490,50
155.000	354,00	63,72	106,20	212,40	424,80	531,00
170.000	381,00	68,58	114,30	228,60	457,20	571,50
185.000	408,00	73,44	122,40	244,80	489,60	612,00
200.000	435,00	78,30	130,50	261,00	522,00	652,50
230.000	485,00	87,30	145,50	291,00	582,00	727,50
260.000	535,00	96,30	160,50	321,00	642,00	802,50
290.000	585,00	96,30	160,50	321,00	642,00	731,25
320.000	635,00	96,30	160,50	321,00	642,00	793,75
350.000	685,00	102,75	171,25	342,50	685,00	856,25
380.000	735,00	110,25	183,75	367,50	735,00	918,75
410.000	785,00	117,75	196,25	392,50	785,00	981,25
440.000	835,00	125,25	208,75	417,50	835,00	1.043,75
470.000	885,00	132,75	221,25	442,50	885,00	1.106,25
500.000	935,00	140,25	233,75	467,50	935,00	1.168,75
550.000	1.015,00	152,25	253,75	507,50	1.015,00	1.268,75
600.000	1.095,00	164,25	273,75	547,50	1.095,00	1.368,75
650.000	1.175,00	176,25	293,75	587,50	1.175,00	1.468,75
700.000	1.255,00	188,25	313,75	627,50	1.255,00	1.568,75

Der Mindestbetrag einer Gebühr ist 15,00 € (§ 34 Abs. 5 GNotKG).

NK-GK/N. *Schneider*

Geschäftswert bis ... €	Tabelle B: 1,0-Gebühr	0,3	0,5	1,0	2,0	2,5
750.000	1.335,00	200,25	333,75	667,50	1.335,00	1.668,75
800.000	1.415,00	212,25	353,75	707,50	1.415,00	1.768,75
850.000	1.495,00	224,25	373,75	747,50	1.495,00	1.868,75
900.000	1.575,00	236,25	393,75	787,50	1.575,00	1.968,75
950.000	1.655,00	248,25	413,75	827,50	1.655,00	2.068,75
1.000.000	1.735,00	260,25	433,75	867,50	1.735,00	2.168,75
1.050.000	1.815,00	260,25	433,75	867,50	1.735,00	2.168,75
1.100.000	1.895,00	260,25	433,75	867,50	1.735,00	2.168,75
1.150.000	1.975,00	260,25	433,75	867,50	1.735,00	2.168,75
1.200.000	2.055,00	260,25	433,75	867,50	1.735,00	2.168,75
1.250.000	2.135,00	260,25	433,75	867,50	1.735,00	2.168,75
1.300.000	2.215,00	265,80	443,00	886,00	1.772,00	2.215,00
1.350.000	2.295,00	275,40	459,00	918,00	1.836,00	2.295,00
1.400.000	2.375,00	285,00	475,00	950,00	1.900,00	2.375,00
1.450.000	2.455,00	294,60	491,00	982,00	1.964,00	2.455,00
1.500.000	2.535,00	304,20	507,00	1.014,00	2.028,00	2.535,00
1.550.000	2.615,00	313,80	523,00	1.046,00	2.092,00	2.615,00
1.600.000	2.695,00	323,40	539,00	1.078,00	2.156,00	2.695,00
1.650.000	2.775,00	333,00	555,00	1.110,00	2.220,00	2.775,00
1.700.000	2.855,00	342,60	571,00	1.142,00	2.284,00	2.855,00
1.750.000	2.935,00	352,20	587,00	1.174,00	2.348,00	2.935,00
1.800.000	3.015,00	361,80	603,00	1.206,00	2.412,00	3.015,00
1.850.000	3.095,00	371,40	619,00	1.238,00	2.476,00	3.095,00
1.900.000	3.175,00	381,00	635,00	1.270,00	2.540,00	3.175,00
1.950.000	3.255,00	390,60	651,00	1.302,00	2.604,00	3.255,00
2.000.000	3.335,00	400,20	667,00	1.334,00	2.668,00	3.335,00
2.050.000	3.415,00	409,80	683,00	1.366,00	2.732,00	3.415,00
2.100.000	3.495,00	419,40	699,00	1.398,00	2.796,00	3.495,00
2.150.000	3.575,00	429,00	715,00	1.430,00	2.860,00	3.575,00
2.200.000	3.655,00	438,60	731,00	1.462,00	2.924,00	3.655,00
2.250.000	3.735,00	448,20	747,00	1.494,00	2.988,00	3.735,00
2.300.000	3.815,00	457,80	763,00	1.526,00	3.052,00	3.815,00
2.350.000	3.895,00	467,40	779,00	1.558,00	3.116,00	3.895,00
2.400.000	3.975,00	477,00	795,00	1.590,00	3.180,00	3.975,00
2.450.000	4.055,00	486,60	811,00	1.622,00	3.244,00	4.055,00
2.500.000	4.135,00	496,20	827,00	1.654,00	3.308,00	4.135,00
2.550.000	4.215,00	505,80	843,00	1.686,00	3.372,00	4.215,00
2.600.000	4.295,00	515,40	859,00	1.718,00	3.436,00	4.295,00
2.650.000	4.375,00	525,00	875,00	1.750,00	3.500,00	4.375,00
2.700.000	4.455,00	534,60	891,00	1.782,00	3.564,00	4.455,00
2.750.000	4.535,00	544,20	907,00	1.814,00	3.628,00	4.535,00
2.800.000	4.615,00	553,80	923,00	1.846,00	3.692,00	4.615,00
2.850.000	4.695,00	563,40	939,00	1.878,00	3.756,00	4.695,00
2.900.000	4.775,00	573,00	955,00	1.910,00	3.820,00	4.775,00
2.950.000	4.855,00	582,60	971,00	1.942,00	3.884,00	4.855,00
3.000.000	4.935,00	592,20	987,00	1.974,00	3.948,00	4.935,00

5. Rechtsanwaltsgebühren nach § 13 Abs. 1 RVG

Wert bis ... €	0,3	0,5	0,65	0,75	0,8	1,0	1,1
500	15,00[1]	22,50	29,25	33,75	36,00	45,00	49,50
1.000	24,00	40,00	52,00	60,00	64,00	80,00	88,00
1.500	34,50	57,50	74,75	86,25	92,00	115,00	126,50
2.000	45,00	75,00	97,50	112,50	120,00	150,00	165,00
3.000	60,30	100,50	130,65	150,75	160,80	201,00	221,10
4.000	75,60	126,00	163,80	189,00	201,60	252,00	277,20
5.000	90,90	151,50	196,95	227,25	242,40	303,00	333,30
6.000	106,20	177,00	230,10	265,50	283,20	354,00	389,40
7.000	121,50	202,50	263,25	303,75	324,00	405,00	445,50
8.000	136,80	228,00	296,40	342,00	364,80	456,00	501,60
9.000	152,10	253,50	329,55	380,25	405,60	507,00	557,70
10.000	167,40	279,00	362,70	418,50	446,40	558,00	613,80
13.000	181,20	302,00	392,60	453,00	483,20	604,00	664,40
16.000	195,00	325,00	422,50	487,50	520,00	650,00	715,00
19.000	208,80	348,00	452,40	522,00	556,80	696,00	765,60
22.000	222,60	371,00	482,30	556,50	593,60	742,00	816,20
25.000	236,40	394,00	512,20	591,00	630,40	788,00	866,80
30.000	258,90	431,50	560,95	647,25	690,40	863,00	949,30
35.000	281,40	469,00	609,70	703,50	750,40	938,00	1.031,80
40.000	303,90	506,50	658,45	759,75	810,40	1.013,00	1.114,30
45.000	326,40	544,00	707,20	816,00	870,40	1.088,00	1.196,80
50.000	348,90	581,50	755,95	872,25	930,40	1.163,00	1.279,30
65.000	374,40	624,00	811,20	936,00	998,40	1.248,00	1.372,80
80.000	399,90	666,50	866,45	999,75	1.066,40	1.333,00	1.466,30
95.000	425,40	709,00	921,70	1.063,50	1.134,40	1.418,00	1.559,80
110.000	450,90	751,50	976,95	1.127,25	1.202,40	1.503,00	1.653,30
125.000	476,40	794,00	1.032,20	1.191,00	1.270,40	1.588,00	1.746,80
140.000	501,90	836,50	1.087,45	1.254,75	1.338,40	1.673,00	1.840,30
155.000	527,40	879,00	1.142,70	1.318,50	1.406,40	1.758,00	1.933,80
170.000	552,90	921,50	1.197,95	1.382,25	1.474,40	1.843,00	2.027,30
185.000	578,40	964,00	1.253,20	1.446,00	1.542,40	1.928,00	2.120,80
200.000	603,90	1.006,50	1.308,45	1.509,75	1.610,40	2.013,00	2.214,30
230.000	639,90	1.066,50	1.386,45	1.599,75	1.706,40	2.133,00	2.346,30
260.000	675,90	1.126,50	1.464,45	1.689,75	1.802,40	2.253,00	2.478,30
290.000	711,90	1.186,50	1.542,45	1.779,75	1.898,40	2.373,00	2.610,30
320.000	747,90	1.246,50	1.620,45	1.869,75	1.994,40	2.493,00	2.742,30
350.000	783,90	1.306,50	1.698,45	1.959,75	2.090,40	2.613,00	2.874,30
380.000	819,90	1.366,50	1.776,45	2.049,75	2.186,40	2.733,00	3.006,30
410.000	855,90	1.426,50	1.854,45	2.139,75	2.282,40	2.853,00	3.138,30
440.000	891,90	1.486,50	1.932,45	2.229,75	2.378,40	2.973,00	3.270,30
470.000	927,90	1.546,50	2.010,45	2.319,75	2.474,40	3.093,00	3.402,30
500.000	963,90	1.606,50	2.088,45	2.409,75	2.570,40	3.213,00	3.534,30
550.000	1.008,90	1.681,50	2.185,95	2.522,25	2.690,40	3.363,00	3.699,30
600.000	1.053,90	1.756,50	2.283,45	2.634,75	2.810,40	3.513,00	3.864,30
650.000	1.098,90	1.831,50	2.380,95	2.747,25	2.930,40	3.663,00	4.029,30
700.000	1.143,90	1.906,50	2.478,45	2.859,75	3.050,40	3.813,00	4.194,30
750.000	1.188,90	1.981,50	2.575,95	2.972,25	3.170,40	3.963,00	4.359,30
800.000	1.233,90	2.056,50	2.673,45	3.084,75	3.290,40	4.113,00	4.524,30

1 Mindestbetrag nach § 13 Abs. 2 RVG.

NK-GK/N. *Schneider*

1,2	1,3	1,5	1,6	1,8	2,0	2,5	Wert bis ... €
54,00	58,50	67,50	72,00	81,00	90,00	112,50	500
96,00	104,00	120,00	128,00	144,00	160,00	200,00	1.000
138,00	149,50	172,50	184,00	207,00	230,00	287,50	1.500
180,00	195,00	225,00	240,00	270,00	300,00	375,00	2.000
241,20	261,30	301,50	321,60	361,80	402,00	502,50	3.000
302,40	327,60	378,00	403,20	453,60	504,00	630,00	4.000
363,60	393,90	454,50	484,80	545,40	606,00	757,50	5.000
424,80	460,20	531,00	566,40	637,20	708,00	885,00	6.000
486,00	526,50	607,50	648,00	729,00	810,00	1.012,50	7.000
547,20	592,80	684,00	729,60	820,80	912,00	1.140,00	8.000
608,40	659,10	760,50	811,20	912,60	1.014,00	1.267,50	9.000
669,60	725,40	837,00	892,80	1.004,40	1.116,00	1.395,00	10.000
724,80	785,20	906,00	966,40	1.087,20	1.208,00	1.510,00	13.000
780,00	845,00	975,00	1.040,00	1.170,00	1.300,00	1.625,00	16.000
835,20	904,80	1.044,00	1.113,60	1.252,80	1.392,00	1.740,00	19.000
890,40	964,60	1.113,00	1.187,20	1.335,60	1.484,00	1.855,00	22.000
945,60	1.024,40	1.182,00	1.260,80	1.418,40	1.576,00	1.970,00	25.000
1.035,60	1.121,90	1.294,50	1.380,80	1.553,40	1.726,00	2.157,50	30.000
1.125,60	1.219,40	1.407,00	1.500,80	1.688,40	1.876,00	2.345,00	35.000
1.215,60	1.316,90	1.519,50	1.620,80	1.823,40	2.026,00	2.532,50	40.000
1.305,60	1.414,40	1.632,00	1.740,80	1.958,40	2.176,00	2.720,00	45.000
1.395,60	1.511,90	1.744,50	1.860,80	2.093,40	2.326,00	2.907,50	50.000
1.497,60	1.622,40	1.872,00	1.996,80	2.246,40	2.496,00	3.120,00	65.000
1.599,60	1.732,90	1.999,50	2.132,80	2.399,40	2.666,00	3.332,50	80.000
1.701,60	1.843,40	2.127,00	2.268,80	2.552,40	2.836,00	3.545,00	95.000
1.803,60	1.953,90	2.254,50	2.404,80	2.705,40	3.006,00	3.757,50	110.000
1.905,60	2.064,40	2.382,00	2.540,80	2.858,40	3.176,00	3.970,00	125.000
2.007,60	2.174,90	2.509,50	2.676,80	3.011,40	3.346,00	4.182,50	140.000
2.109,60	2.285,40	2.637,00	2.812,80	3.164,40	3.516,00	4.395,00	155.000
2.211,60	2.395,90	2.764,50	2.948,80	3.317,40	3.686,00	4.607,50	170.000
2.313,60	2.506,40	2.892,00	3.084,80	3.470,40	3.856,00	4.820,00	185.000
2.415,60	2.616,90	3.019,50	3.220,80	3.623,40	4.026,00	5.032,50	200.000
2.559,60	2.772,90	3.199,50	3.412,80	3.839,40	4.266,00	5.332,50	230.000
2.703,60	2.928,90	3.379,50	3.604,80	4.055,40	4.506,00	5.632,50	260.000
2.847,60	3.084,90	3.559,50	3.796,80	4.271,40	4.746,00	5.932,50	290.000
2.991,60	3.240,90	3.739,50	3.988,80	4.487,40	4.986,00	6.232,50	320.000
3.135,60	3.396,90	3.919,50	4.180,80	4.703,40	5.226,00	6.532,50	350.000
3.279,60	3.552,90	4.099,50	4.372,80	4.919,40	5.466,00	6.832,50	380.000
3.423,60	3.708,90	4.279,50	4.564,80	5.135,40	5.706,00	7.132,50	410.000
3.567,60	3.864,90	4.459,50	4.756,80	5.351,40	5.946,00	7.432,50	440.000
3.711,60	4.020,90	4.639,50	4.948,80	5.567,40	6.186,00	7.732,50	470.000
3.855,60	4.176,90	4.819,50	5.140,80	5.783,40	6.426,00	8.032,50	500.000
4.035,60	4.371,90	5.044,50	5.380,80	6.053,40	6.726,00	8.407,50	550.000
4.215,60	4.566,90	5.269,50	5.620,80	6.323,40	7.026,00	8.782,50	600.000
4.395,60	4.761,90	5.494,50	5.860,80	6.593,40	7.326,00	9.157,50	650.000
4.575,60	4.956,90	5.719,50	6.100,80	6.863,40	7.626,00	9.532,50	700.000
4.755,60	5.151,90	5.944,50	6.340,80	7.133,40	7.926,00	9.907,50	750.000
4.935,60	5.346,90	6.169,50	6.580,80	7.403,40	8.226,00	10.282,50	800.000

Wert bis ... €	0,3	0,5	0,65	0,75	0,8	1,0	1,1
850.000	1.278,90	2.131,50	2.770,95	3.197,25	3.410,40	4.263,00	4.689,30
900.000	1.323,90	2.206,50	2.868,45	3.309,75	3.530,40	4.413,00	4.854,30
950.000	1.368,90	2.281,50	2.965,95	3.422,25	3.650,40	4.563,00	5.019,30
1.000.000	1.413,90	2.356,50	3.063,45	3.534,75	3.770,40	4.713,00	5.184,30
1.050.000	1.458,90	2.431,50	3.160,95	3.647,25	3.890,40	4.863,00	5.349,30
1.100.000	1.503,90	2.506,50	3.258,45	3.759,75	4.010,40	5.013,00	5.514,30
1.150.000	1.548,90	2.581,50	3.355,95	3.872,25	4.130,40	5.163,00	5.679,30
1.200.000	1.593,90	2.656,50	3.453,45	3.984,75	4.250,40	5.313,00	5.844,30
1.250.000	1.638,90	2.731,50	3.550,95	4.097,25	4.370,40	5.463,00	6.009,30
1.300.000	1.683,90	2.806,50	3.648,45	4.209,75	4.490,40	5.613,00	6.174,30
1.350.000	1.728,90	2.881,50	3.745,95	4.322,25	4.610,40	5.763,00	6.339,30
1.400.000	1.773,90	2.956,50	3.843,45	4.434,75	4.730,40	5.913,00	6.504,30
1.450.000	1.818,90	3.031,50	3.940,95	4.547,25	4.850,40	6.063,00	6.669,30
1.500.000	1.863,90	3.106,50	4.038,45	4.659,75	4.970,40	6.213,00	6.834,30
1.550.000	1.908,90	3.181,50	4.135,95	4.772,25	5.090,40	6.363,00	6.999,30
1.600.000	1.953,90	3.256,50	4.233,45	4.884,75	5.210,40	6.513,00	7.164,30
1.650.000	1.998,90	3.331,50	4.330,95	4.997,25	5.330,40	6.663,00	7.329,30
1.700.000	2.043,90	3.406,50	4.428,45	5.109,75	5.450,40	6.813,00	7.494,30
1.750.000	2.088,90	3.481,50	4.525,95	5.222,25	5.570,40	6.963,00	7.659,30
1.800.000	2.133,90	3.556,50	4.623,45	5.334,75	5.690,40	7.113,00	7.824,30
1.850.000	2.178,90	3.631,50	4.720,95	5.447,25	5.810,40	7.263,00	7.989,30
1.900.000	2.223,90	3.706,50	4.818,45	5.559,75	5.930,40	7.413,00	8.154,30
1.950.000	2.268,90	3.781,50	4.915,95	5.672,25	6.050,40	7.563,00	8.319,30
2.000.000	2.313,90	3.856,50	5.013,45	5.784,75	6.170,40	7.713,00	8.484,30
2.050.000	2.358,90	3.931,50	5.110,95	5.897,25	6.290,40	7.863,00	8.649,30
2.100.000	2.403,90	4.006,50	5.208,45	6.009,75	6.410,40	8.013,00	8.814,30
2.150.000	2.448,90	4.081,50	5.305,95	6.122,25	6.530,40	8.163,00	8.979,30
2.200.000	2.493,90	4.156,50	5.403,45	6.234,75	6.650,40	8.313,00	9.144,30
2.250.000	2.538,90	4.231,50	5.500,95	6.347,25	6.770,40	8.463,00	9.309,30
2.300.000	2.583,90	4.306,50	5.598,45	6.459,75	6.890,40	8.613,00	9.474,30
2.350.000	2.628,90	4.381,50	5.695,95	6.572,25	7.010,40	8.763,00	9.639,30
2.400.000	2.673,90	4.456,50	5.793,45	6.684,75	7.130,40	8.913,00	9.804,30
2.450.000	2.718,90	4.531,50	5.890,95	6.797,25	7.250,40	9.063,00	9.969,30
2.500.000	2.763,90	4.606,50	5.988,45	6.909,75	7.370,40	9.213,00	10.134,30
2.550.000	2.808,90	4.681,50	6.085,95	7.022,25	7.490,40	9.363,00	10.299,30
2.600.000	2.853,90	4.756,50	6.183,45	7.134,75	7.610,40	9.513,00	10.464,30
2.650.000	2.898,90	4.831,50	6.280,95	7.247,25	7.730,40	9.663,00	10.629,30
2.700.000	2.943,90	4.906,50	6.378,45	7.359,75	7.850,40	9.813,00	10.794,30
2.750.000	2.988,90	4.981,50	6.475,95	7.472,25	7.970,40	9.963,00	10.959,30
2.800.000	3.033,90	5.056,50	6.573,45	7.584,75	8.090,40	10.113,00	11.124,30
2.850.000	3.078,90	5.131,50	6.670,95	7.697,25	8.210,40	10.263,00	11.289,30
2.900.000	3.123,90	5.206,50	6.768,45	7.809,75	8.330,40	10.413,00	11.454,30
2.950.000	3.168,90	5.281,50	6.865,95	7.922,25	8.450,40	10.563,00	11.619,30
3.000.000	3.213,90	5.356,50	6.963,45	8.034,75	8.570,40	10.713,00	11.784,30

1,2	1,3	1,5	1,6	1,8	2,0	2,5	Wert bis ... €
5.115,60	5.541,90	6.394,50	6.820,80	7.673,40	8.526,00	10.657,50	850.000
5.295,60	5.736,90	6.619,50	7.060,80	7.943,40	8.826,00	11.032,50	900.000
5.475,60	5.931,90	6.844,50	7.300,80	8.213,40	9.126,00	11.407,50	950.000
5.655,60	6.126,90	7.069,50	7.540,80	8.483,40	9.426,00	11.782,50	1.000.000
5.835,60	6.321,90	7.294,50	7.780,80	8.753,40	9.726,00	12.157,50	1.050.000
6.015,60	6.516,90	7.519,50	8.020,80	9.023,40	10.026,00	12.532,50	1.100.000
6.195,60	6.711,90	7.744,50	8.260,80	9.293,40	10.326,00	12.907,50	1.150.000
6.375,60	6.906,90	7.969,50	8.500,80	9.563,40	10.626,00	13.282,50	1.200.000
6.555,60	7.101,90	8.194,50	8.740,80	9.833,40	10.926,00	13.657,50	1.250.000
6.735,60	7.296,90	8.419,50	8.980,80	10.103,40	11.226,00	14.032,50	1.300.000
6.915,60	7.491,90	8.644,50	9.220,80	10.373,40	11.526,00	14.407,50	1.350.000
7.095,60	7.686,90	8.869,50	9.460,80	10.643,40	11.826,00	14.782,50	1.400.000
7.275,60	7.881,90	9.094,50	9.700,80	10.913,40	12.126,00	15.157,50	1.450.000
7.455,60	8.076,90	9.319,50	9.940,80	11.183,40	12.426,00	15.532,50	1.500.000
7.635,60	8.271,90	9.544,50	10.180,80	11.453,40	12.726,00	15.907,50	1.550.000
7.815,60	8.466,90	9.769,50	10.420,80	11.723,40	13.026,00	16.282,50	1.600.000
7.995,60	8.661,90	9.994,50	10.660,80	11.993,40	13.326,00	16.657,50	1.650.000
8.175,60	8.856,90	10.219,50	10.900,80	12.263,40	13.626,00	17.032,50	1.700.000
8.355,60	9.051,90	10.444,50	11.140,80	12.533,40	13.926,00	17.407,50	1.750.000
8.535,60	9.246,90	10.669,50	11.380,80	12.803,40	14.226,00	17.782,50	1.800.000
8.715,60	9.441,90	10.894,50	11.620,80	13.073,40	14.526,00	18.157,50	1.850.000
8.895,60	9.636,90	11.119,50	11.860,80	13.343,40	14.826,00	18.532,50	1.900.000
9.075,60	9.831,90	11.344,50	12.100,80	13.613,40	15.126,00	18.907,50	1.950.000
9.255,60	10.026,90	11.569,50	12.340,80	13.883,40	15.426,00	19.282,50	2.000.000
9.435,60	10.221,90	11.794,50	12.580,80	14.153,40	15.726,00	19.657,50	2.050.000
9.615,60	10.416,90	12.019,50	12.820,80	14.423,40	16.026,00	20.032,50	2.100.000
9.795,60	10.611,90	12.244,50	13.060,80	14.693,40	16.326,00	20.407,50	2.150.000
9.975,60	10.806,90	12.469,50	13.300,80	14.963,40	16.626,00	20.782,50	2.200.000
10.155,60	11.001,90	12.694,50	13.540,80	15.233,40	16.926,00	21.157,50	2.250.000
10.335,60	11.196,90	12.919,50	13.780,80	15.503,40	17.226,00	21.532,50	2.300.000
10.515,60	11.391,90	13.144,50	14.020,80	15.773,40	17.526,00	21.907,50	2.350.000
10.695,60	11.586,90	13.369,50	14.260,80	16.043,40	17.826,00	22.282,50	2.400.000
10.875,60	11.781,90	13.594,50	14.500,80	16.313,40	18.126,00	22.657,50	2.450.000
11.055,60	11.976,90	13.819,50	14.740,80	16.583,40	18.426,00	23.032,50	2.500.000
11.235,60	12.171,90	14.044,50	14.980,80	16.853,40	18.726,00	23.407,50	2.550.000
11.415,60	12.366,90	14.269,50	15.220,80	17.123,40	19.026,00	23.782,50	2.600.000
11.595,60	12.561,90	14.494,50	15.460,80	17.393,40	19.326,00	24.157,50	2.650.000
11.775,60	12.756,90	14.719,50	15.700,80	17.663,40	19.626,00	24.532,50	2.700.000
11.955,60	12.951,90	14.944,50	15.940,80	17.933,40	19.926,00	24.907,50	2.750.000
12.135,60	13.146,90	15.169,50	16.180,80	18.203,40	20.226,00	25.282,50	2.800.000
12.315,60	13.341,90	15.394,50	16.420,80	18.473,40	20.526,00	25.657,50	2.850.000
12.495,60	13.536,90	15.619,50	16.660,80	18.743,40	20.826,00	26.032,50	2.900.000
12.675,60	13.731,90	15.844,50	16.900,80	19.013,40	21.126,00	26.407,50	2.950.000
12.855,60	13.926,90	16.069,50	17.140,80	19.283,40	21.426,00	26.782,50	3.000.000

6. Rechtsanwaltsgebühren nach § 49 RVG (PKH-Gebühren)

Wert bis ... €	0,3	0,5	0,65	0,8	0,95	1,0	1,1	1,2
500	15,00[1]	22,50	29,25	36,00	42,75	45,00	49,50	54,00
1.000	24,00	40,00	52,00	64,00	76,00	80,00	88,00	96,00
1.500	34,50	57,50	74,75	92,00	109,25	115,00	126,50	138,00
2.000	45,00	75,00	97,50	120,00	142,50	150,00	165,00	180,00
3.000	60,30	100,50	130,65	160,80	190,95	201,00	221,10	241,20
4.000	75,60	126,00	163,80	201,60	239,40	252,00	277,20	302,40
5.000	77,10	128,50	167,05	205,60	244,15	257,00	282,70	308,40
6.000	80,10	133,50	173,55	213,60	253,65	267,00	293,70	320,40
7.000	83,10	138,50	180,05	221,60	263,15	277,00	304,70	332,40
8.000	86,10	143,50	186,55	229,60	272,65	287,00	315,70	344,40
9.000	89,10	148,50	193,05	237,60	282,15	297,00	326,70	356,40
10.000	92,10	153,50	199,55	245,60	291,65	307,00	337,70	368,40
13.000	96,30	160,50	208,65	256,80	304,95	321,00	353,10	385,20
16.000	100,50	167,50	217,75	268,00	318,25	335,00	368,50	402,00
19.000	104,70	174,50	226,85	279,20	331,55	349,00	383,90	418,80
22.000	108,90	181,50	235,95	290,40	344,85	363,00	399,30	435,60
25.000	113,10	188,50	245,05	301,60	358,15	377,00	414,70	452,40
30.000	123,60	206,00	267,80	329,60	391,40	412,00	453,20	494,40
darüber hinaus	134,10	223,50	290,55	357,60	424,65	447,00	491,70	536,40

1 Mindestbetrag nach § 13 Abs. 2 RVG.

NK-GK/N. *Schneider*

1,3	1,4	1,5	1,6	1,8	1,9	2,1	2,3	Wert bis … €
58,50	63,00	67,50	72,00	81,00	85,50	94,50	103,50	500
104,00	112,00	120,00	128,00	144,00	152,00	168,00	184,00	1.000
149,50	161,00	172,50	184,00	207,00	218,50	241,50	264,50	1.500
195,00	210,00	225,00	240,00	270,00	285,00	315,00	345,00	2.000
261,30	281,40	301,50	321,60	361,80	381,90	422,10	462,30	3.000
327,60	352,80	378,00	403,20	453,60	478,80	529,20	579,60	4.000
334,10	359,80	385,50	411,20	462,60	488,30	539,70	591,10	5.000
347,10	373,80	400,50	427,20	480,60	507,30	560,70	614,10	6.000
360,10	387,80	415,50	443,20	498,60	526,30	581,70	637,10	7.000
373,10	401,80	430,50	459,20	516,60	545,30	602,70	660,10	8.000
386,10	415,80	445,50	475,20	534,60	564,30	623,70	683,10	9.000
399,10	429,80	460,50	491,20	552,60	583,30	644,70	706,10	10.000
417,30	449,40	481,50	513,60	577,80	609,90	674,10	738,30	13.000
435,50	469,00	502,50	536,00	603,00	636,50	703,50	770,50	16.000
453,70	488,60	523,50	558,40	628,20	663,10	732,90	802,70	19.000
471,90	508,20	544,50	580,80	653,40	689,70	762,30	834,90	22.000
490,10	527,80	565,50	603,20	678,60	716,30	791,70	867,10	25.000
535,60	576,80	618,00	659,20	741,60	782,80	865,20	947,60	30.000
581,10	625,80	670,50	715,20	804,60	849,30	938,70	1.028,10	darüber hinaus

Stichwortverzeichnis

Fette Zahlen bezeichnen die Gesetze (s.u.). Die mageren Zahlen beziehen sich auf die §§ bzw die Nr. des Kostenverzeichnisses (KV) bzw Vergütungsverzeichnisses (VV). Die dann folgenden mageren Zahlen kennzeichnen die Randnummern. „Vorbem." meint die amtliche Vorbemerkung, „Vor" die Vorbemerkung des Autors.

NK-GK

NK-GK

NK-GK

NK-GK

NK-GK

NK-GK

NK-GK

NK-GK

NK-GK

NK-GK

NK-GK

NK-GK

NK-GK

NK-GK

NK-GK

NK-GK